BÍBLIA SAGRADA

HOLY BIBLE

Vida

Editora do grupo

ZONDERVAN
HARPERCOLLINS

■

Editora filiada a

CÂMARA BRASILEIRA DO LIVRO

ASSOCIAÇÃO BRASILEIRA
DE EDITORES CRISTÃOS

ASSOCIAÇÃO NACIONAL
DE LIVRARIAS

ASSOCIAÇÃO NACIONAL DE
LIVRARIAS EVANGÉLICAS

ASSOCIAÇÃO BRASILEIRA
DE MARKETING DIRETO

Direção executiva
EUDE MARTINS

Gerência administrativa
GILSON LOPES

Supervisão de produção
SANDRA LEITE

Gerência de comunicação e marketing
SÉRGIO PAVARINI

Gerência editorial
FABIANI MEDEIROS

Supervisão editorial
ALDO MENEZES

Coordenação editorial
JUDSON CANTO • *obras de interesse geral*
ROGÉRIO PORTELLA • *obras teológicas e*
de consulta
ROSA FERREIRA • *Bíblias*
SILVIA JUSTINO • *obras de autores brasileiros,*
obras infantis e juvenis

Sumário/ Contents

Antigo Testamento/ The Old Testament

Novo Testamento / The New Testament

Prefácio

A *Nova Versão Internacional* (NVI) da Bíblia é a mais recente tradução das Escrituras Sagradas em língua portuguesa a partir das línguas originais.

A realização deste empreendimento tornou-se possível pelos esforços da Sociedade Bíblica Internacional, que em 1990 reuniu uma comissão de estudiosos dedicados a um projeto de quase uma década.

Milhares de horas foram gastas no trabalho individual e em grupo. Muitas foram as reuniões da comissão realizadas em São Paulo, Campinas, Atibaia, Caraguatatuba, Curitiba, São Bento do Sul, Miami, Dallas, Denver e Colorado Springs. Quase vinte estudiosos de diferentes especialidades teológicas e lingüísticas empreenderam o projeto de tradução da NVI. Esses peritos representavam os mais diferentes segmentos denominacionais; todos, porém, plenamente convictos da inspiração e da autoridade das Escrituras Sagradas.

Aliou-se à erudição representada pela Comissão da NVI, além da diversidade teológica e regional (de várias partes do Brasil), o que há de mais elevado em pesquisas teológicas e lingüísticas disponíveis atualmente em hebraico, alemão, inglês, holandês, espanhol, italiano, francês e português. Dezenas de comentários, dicionários, obras de consulta e modernos programas de informática foram consultados durante o projeto.

A também diversidade do grupo de tradutores muito contribuiu para a qualidade da nova tradução. Formou-se uma comissão composta de tradutores brasileiros e estrangeiros (teólogos de vários países: EUA, Inglaterra, Holanda), três de seus membros residindo fora do Brasil (EUA, Israel e Portugal). Convém também ressaltar que dezenas de outras pessoas participaram no auxílio direto ou indireto ao projeto, nas mais diversas tarefas.

O propósito dos estudiosos que traduziram a NVI foi somar à lista das várias traduções existentes em português um texto novo que se definisse por quatro elementos fundamentais: *precisão*, *beleza de estilo*, *clareza* e *dignidade*. Sem dúvida alguma, a língua portuguesa é privilegiada pelo fato de contar com tantas e tão boas traduções das Escrituras Sagradas. A NVI pretende fazer coro a tais esforços, prosseguindo a tarefa de transmitir a Palavra de Deus com fidelidade e com clareza, reconhecendo ao mesmo tempo a necessidade de uma nova tradução das Escrituras em português. Essa necessidade comprova-se particularmente em razão de dois fatores:

1. a dinâmica de transformação constante da linguagem, tanto no vocabulário como na organização de frases (sintaxe);
2. o aperfeiçoamento científico no campo da arqueologia bíblica, do estudo das línguas originais e de línguas cognatas, da crítica textual e da própria ciência lingüística.

A NVI define-se como tradução evangélica, fiel e contemporânea. Seu alvo é comunicar a Palavra de Deus ao leitor moderno com tanta clareza e impacto quanto os exercidos pelo texto bíblico original entre os primeiros leitores. Por essa razão, alguns trechos bíblicos foram traduzidos com maior ou menor grau de literalidade, levando sempre em conta a compreensão do leitor. O texto da NVI não se caracteriza por alta erudição vernacular, nem por um estilo muito popular. Regionalismos, termos vulgares, anacronismos e arcaísmos foram também deliberadamente evitados.

Quanto ao texto original, a NVI baseou-se no trabalho erudito mais respeitado em todo o mundo na área da crítica textual, tanto no caso dos manuscritos hebraico e aramaico do Antigo Testamento (AT) como no caso dos manuscritos gregos do Novo Testamento (NT). Não obstante, a avaliação das opções textuais nunca foi acrítica. Estudiosos da área poderão constatar que, tanto nas notas de rodapé como no texto bíblico, a comissão foi criteriosa e sensata em sua avaliação.

O processo de tradução consistiu inicialmente no trabalho individual dos tradutores, que sempre se submeteram à visão da Comissão e às suas diretrizes. As questões gerais, mais difíceis e teologicamente muito relevantes, sempre foram discutidas e avaliadas em conjunto, para que fossem consideradas de todos os ângulos e não refletissem nenhuma perspectiva particular. Os enfoques teológico, lingüístico, histórico, eclesiástico e estilístico sempre encontraram espaço na avaliação das decisões do grupo.

Com o propósito de melhor apresentar o perfil da NVI, queremos enumerar suas peculiaridades:

1. Fluência de linguagem

Em razão da grande diferença entre a sintaxe do português atual e a das línguas originais, a NVI entende não ser possível comunicar de modo adequado a Palavra de Deus prendendo-se à estrutura frasal do hebraico, do aramaico e do grego. Por essa razão, os versículos são organizados em períodos menores, pontuados conforme as exigências da língua portuguesa e apresentando uma fluência de leitura da qual a Bíblia é digna.

2. Nível de linguagem

O nível de linguagem da NVI prima ao mesmo tempo pela dignidade e pela compreensão. Trata-se de uma versão útil para o estudo aprofundado, para a leitura pessoal, para a leitura pública e para a evangelização. É muito importante destacar

que o nível de formalidade da linguagem foi definido de acordo com o contexto. Para exemplificar, lembramos ao leitor que o tratamento de um servo para com o rei deve necessariamente ser diferente daquele utilizado pelos servos entre si.

3. Imparcialidade teológica

Por ser versão evangélica, a NVI apresenta uma tradução livre de interpretações particulares e denominacionais. No que diz respeito a questões menores que marcam a diversidade do mundo evangélico, a NVI não se permitiu traduzir nenhum texto bíblico com a intenção de ajustá-lo à doutrina particular de qualquer denominação ou corrente teológica.

4. Atenção aos diferentes gêneros de composição

Além da divisão em versículos, comum a todas as traduções da Bíblia, a NVI também organiza o texto bíblico seguindo padrões já estabelecidos de estruturação textual. O leitor encontrará a divisão em parágrafos, muito importante para a subdivisão do texto em unidades menores completas, e a diagramação diferenciada dos gêneros básicos de composição do texto bíblico. Os estilos narrativo, poético e epistolar apresentam diagramação distinta, facilmente identificável em cada caso.

5. Honestidade científica

Nem sempre a melhor tradução será a mais aceita. Em alguns textos haverá leitores que acharão a tradução da NVI muito diferente. Todavia, conscientes da responsabilidade de traduzir fielmente as Escrituras, os membros da Comissão da NVI preferiram seguir o sentido do original, ainda que alguns venham a estranhar a nova tradução. Nos casos em que o texto original apresenta dificuldades especiais de tradução ou permite mais de uma forma de verter o texto, foram incluídas notas de rodapé com a informação necessária.

6. Riqueza exegética

Muitos textos bíblicos, quando avaliados mais profundamente à luz da lingüística e da exegese, transmitem seu conteúdo com muito mais clareza e impacto. O leitor poderá verificar na leitura da NVI a riqueza exegética da tradução. Muitos textos explicitarão mais nitidamente o campo semântico de determinadas palavras, bem como a função de certas construções gramaticais para o benefício de todos.

7. Notas de rodapé

As notas de rodapé são freqüentes na NVI. Tais notas enriquecedoras atendem a várias necessidades: a) tratam de questões de crítica textual (i.e., de leituras alternativas nas línguas originais), b) apresentam traduções alternativas, c) oferecem explicações e d) mostram qual seria a opção literal de tradução. Não há dúvida de que permitirão ao leitor uma compreensão muito maior do texto sagrado.

8. Pesos e medidas

Levando em conta as diferenças culturais entre o mundo atual e o mundo bíblico, a NVI adequou os pesos e as medidas do texto sagrado levando em conta o leitor de hoje. Portanto, o sistema métrico decimal foi utilizado para tornar claras as distâncias. Também as medidas de peso e de capacidade receberam equivalentes contemporâneos.

9. A relação com a *New International Version (NIV)*

A NVI segue o mesmo ponto de partida da *NIV*, versão em língua inglesa reconhecida internacionalmente. A filosofia de tradução é muito semelhante. Todavia, não se deve imaginar que a variante anglófona foi a única fonte de referência da NVI. Muito da contribuição exegética da versão irmã em língua inglesa foi incorporada à NVI. No entanto, a Comissão de Tradução da NVI preferiu em muitos casos opções exegéticas bem distintas da versão inglesa. Jamais houve dependência obrigatória da NVI em relação à *NIV* (ou em relação a qualquer outra versão estrangeira) em qualquer âmbito: teológico, exegético, hermenêutico etc.

Estamos certos de que essa tradução será uma grande bênção para todos os falantes da língua portuguesa em todos os continentes em que ela marca a sua presença. Se milhões de vidas forem abençoadas, compreendendo melhor a Revelação escrita de Deus aos homens e conhecendo de modo profundo a bendita pessoa de nosso Senhor e Salvador Jesus Cristo, nosso propósito terá sido alcançado.

Fevereiro de 2001
Comissão de Tradução

Preface

THE NEW INTERNATIONAL VERSION is a completely new translation of the Holy Bible made by over a hundred scholars working directly from the best available Hebrew, Aramaic and Greek texts. It had its beginning in 1965 when, after several years of exploratory study by committees from the Christian Reformed Church and the National Association of Evangelicals, a group of scholars met at Palos Heights, Illinois, and concurred in the need for a new translation of the Bible in contemporary English. This group, though not made up of official church representatives, was transdenominational. Its conclusion was endorsed by a large number of leaders from many denominations who met in Chicago in 1966.

Responsibility for the new version was delegated by the Palos Heights group to a self-governing body of fifteen, the Committee on Bible Translation, composed for the most part of biblical scholars from colleges, universities and seminaries. In 1967 the New York Bible Society (now the International Bible Society) generously undertook the financial sponsorship of the project—a sponsorship that made it possible to enlist the help of many distinguished scholars. The fact that the participants of the United States, Great Britain, Canada, Australia and New Zealand worked together gave the project its international scope. That they were from many denominations—including Anglican, Assemblies of God, Baptist, Brethren, Christian Reformed, Church of Christ, Evangelical Free, Lutheran, Mennonite, Methodist, Nazarene, Presbyterian, Wesleyan and other churches—helped to safeguard the translation from sectarian bias.

How it was made helps to give the New International Version its distinctiveness. The translation of each book was assigned to team of scholars. Next, one of the Intermediate Editorial Committees revised the initial translation, with constant reference to the Hebrew, Aramaic or Greek. Their work then went to one of the General Editorial Committees, which checked it in detail and made another thorough revision. This revision in turn was carefully reviewed by the Committee on Bible Translation, which made further changes and then released the final version for publication. In this way the entire Bible underwent three revisions, during each of which the translation was examined for its faithfulness to the original languages and for its English style.

All this involved many thousands of hours of research and discussion regarding the meaning of the texts and the precise way of putting them into English. It may well be that no other translation has been made by a more thorough process of review and revision from committee to committee than this one.

From the beginning of the project, the Committee on Bible Translation held to certain goals for the New International Version: that it would be an accurate translation and one that would have clarity and literary quality and so prove suitable for public and private reading, teaching, preaching, memorizing and liturgical use. The Committee also sought to preserve some measure of continuity with the long tradition of translating the Scriptures into English.

In working toward these goals, the translators were united in their commitment to the authority and infallibility of the Bible as God's Word in written form. They believe that it contains the divine answer to the deepest needs of humanity, that it sheds unique light on our path in a dark world, and that it sets forth the way to our eternal well-being.

The first concern of the translators has been the accuracy of the translation and its fidelity to the thought of the biblical writers. They have weighed the significance of the lexical and grammatical details of the Hebrew, Aramaic and Greek texts. At the same time, they have striven for more than a word-for-word translation. Because thought patterns and syntax differ from language to language, faithful communication of the meaning of the writers of the Sible demands frequent modifications in sentence structure and constant regard for the contextual meanings of words.

A sensitive feeling for style does not always accompany scholarship. Accordingly the Committee on Bible Translation submitted the developing version to a number of stylistic consultants. Two of them read every book of both Old and New Testaments twice—once before and once after the major revision—and made invaluable suggestions. Samples of the translation were tested for clarity and ease of reading by various kinds of people—young and old, highly educated and less well educated, ministers and laymen.

Concern for a clear and natural English—that the New International Version should be idiomatic but not idiosyncratic, contemporary but not dated—motivated the translators and consultants. At the same time, they tried to reflect the differing styles of the biblical writers. In view of the international use of English, the translators sought to avoid obvious Americanisms on the one hand and obvious Anglicisms on the other. A British edition reflects the comparatively few differences of significant idiom and of spelling.

As for the traditional pronouns "thou," "thee" and "thine" in reference to the Deity, the translators judged that to use these archaisms (along with the old verb forms such as "doest," "wouldest" and "hadst") would violate accuracy in translation. Neither Hebrew, Aramaic nor Greek uses special pronouns for the persons of the Godhead. A present-day

translation is not enhanced by forms that in the time of the King James Version were used in everyday speech, whether referring to God or man.

For the Old Testament the standard Hebrew text, the Masoretic Text as published in the latest editions of *Biblia Hebraica*, was used throughout. The Dead Sea Scrolls contain material bearing on an earlier stage of the Hebrew text. They were consulted, as were the Samaritan Pentateuch and the ancient scribal traditions relating to textual changes. Sometimes a variant Hebrew reading in the margin of the Masoretic Text was followed instead of the text itself. Such instances, being variants within the Masoretic tradition, are not specified by footnotes. In rare cases, words in the consonantal text were divided differently form the way they appear in the Masoretic Text. Footnotes indicate this. The translators also consulted the more important early versions—the Septuagint; Aquila, Symmachus and Theodotion; the Vulgate; the Syriac Peshitta; the Targums; and for the Psalms the *Juxta Hebraica* of Jerome. Readings from these versions were occasionally followed where the Masoretic Text seemed doubtful and where accepted principles of textual criticism showed that one or more of these textual witnesses appeared to provide the correct reading. Such instances are footnoted. Sometimes vowel letters and vowel signs did not, in the judgement of translators, represent the correct vowels for the original consonantal text. Accordingly some words were read with a different set of vowels. These instances are usually not indicated by footnotes.

The Greek text used in translating the New Testament was an eclectic one. No other piece of ancient literature has such abundance of manuscript witnesses as does the New Testament. Where existing manuscripts differ, the translators made their choice of readings according to accepted principles of New Testament textual criticism. Footnotes call attention to places where there was uncertainty about what the original text was. The best current printed texts of the Greek New Testament were used.

There is a sense in which the work of translation is never wholly finished. This applies to all great literature and uniquely so to the Bible. In 1973 the New Testament in the New International Version was published. Since then, suggestions for corrections and revisions have been received from various sources. The Committee on Bible Translation carefully considered the suggestions and adopted a number of them. These were incorporated in the first printing of the entire Bible in 1978. Additional revisions were made by the Committee on Bible Translation in 1983 and appear in printings after that date.

As in other ancient documents, the precise meaning of the biblical texts is sometimes uncertain. This is more often the case with the Hebrew and Aramaic texts than with the Greek text. Although archaeological and linguistic discoveries in this century aid in understanding difficult passages, some uncertainties remain. The more significant of these have been called to the reader's attention in the footnotes.

In regard to the divine name YHWH, commonly referred to as the *Tetragrammaton*, the translators adopted the device used in most English versions of rendering that name as "LORD" in capital letters to distinguish it from Adonai, another Hebrew word rendered to "Lord," for which small letters are used. Wherever the two names stand together in the Old Testament as a compound name of God, they are rendered "Sovereign LORD."

Because for most readers today the phrases "the Lord of hosts" and "God of hosts" have little meaning, this version renders them "the Lord Almighty" and "God Almighty." These renderings convey the sense of the Hebrew, namely, "he who is sovereign over all the 'hosts' (powers) in heaven and on earth, especially over the 'hosts' (armies) of Israel." For readers unacquainted with Hebrew this does not make clear the distinction between *Sabaoth* ("hosts" or "Almighty") and *Shaddai* (which can also be translated "Almighty"), but the latter occurs infrequently and is always footnoted. When *Adonai* and YHWH *Sabaoth* occur together, they are rendered "the Lord, the LORD Almighty."

As for other proper pronouns, the familiar spellings of the King James Version are generally retained. Names traditionally spelled with "ch," except where it is final, are usually spelled in this translation with "k" or "c," since the biblical languages do not have the sound that "ch" frequently indicates in English—for example, in *chant*. For well-known names such as Zechariah, however, the traditional spelling has been retained. Variation in the spelling of names in the original languages has usually not been indicated. Where a person or place has to or more different names in the Hebrew, Aramaic or Greek texts, the more familiar one has generally been used, with footnotes where needed.

To achieve clarity the translators sometimes supplied words not in the original texts but required by the context. If there was uncertainty about such material, it is enclosed in brackets. Also for the sake of clarity or style, nouns, including some proper nouns, are sometimes substituted for pronouns, and vice versa. And though the Hebrew writers sbifted back and forth between first, second and third personal pronouns without change of antecedent, this translation often makes them uniform, in accordance with English style and without the use of footnotes.

Poetical passages are printed as poetry, that is, with indentation of lines and with separate stanzas. These are generally designed to reflect the structure of Hebrew poetry. This poetry is normally characterized by parallelism in balanced lines.

Most of the poetry in the Bible is in the Old Testament, and scholars differ regarding the scansion of Hebrew lines. The translators determined the stanza divisions for the most part by analysis of the subject matter. The stanzas therefore serve as poetic paragraphs.

As an aid to the reader, italicized sectional headings are inserted in most of the books. They are not to be regarded as part of the NIV text, are not for oral reading, and are not intended to dictate the interpretation of the sections they head.

The footnotes in this version are of several kinds, most of which need no explanation. Those giving alternative translations begin with "Or" and generally introduce the alternative with the last word preceding it in the text, except when it is a single-word alternative; in poetry quoted in a footnote a slant mark indicates a line division. Footnotes introduced by "Or" do not have uniform significance. In some cases two possible translations were considered to have about equal validity. In other cases, though the translators were convinced that the translation in the text was correct, they judged that another interpretation was possible and of sufficient importance to be represented in a footnote.

In the New Testament, footnotes that refer to uncertainty regarding the original texts are introduced by "Some manuscripts" or similar expressions. In the Old Testament, evidence for the reading chosen is given first and evidence for the alternative is added after a semicolon (for example: Septuagint; Hebrew *father*). In such notes the term "Hebrew" refers to the Masoretic Text.

It should be noted that minerals, flora and fauna, architectural details, articles of clothing and jewelry, musical instruments and other articles cannot always be identified with precision. Also measurements of capacity in the biblical period are particularly uncertain (see the table of weights and measures following the text).

Like all translations of the Bible, made as they are by imperfect man, this one undoubtedly falls short of its goals. Yet we are grateful to God for the extent to which he has enabled us to realize these goals and for the strength he has given us and our colleagues to complete our task. We offer this version of the Bible to him in whose name and for whose glory it has been made. We pray that it will lead many into a better understanding of the Holy Scriptures and a fuller knowledge of Jesus Christ the incarnate Word, of whom the Scriptures so faithfully testify.

The Committee on Bible Translation

June 1978
(Revised August 1983)

Names of the translators and editors may be secured from the International Bible Society, translation sponsors of the New International Version, 1820 Jet Stream Drive, Colorado Springs, Colorado, 80921-3696 USA.

ANTIGO TESTAMENTO

Gênesis

O Princípio

1 No princípio Deus criou os céus e a terra.ᵃ ²Era a terra sem forma e vazia; trevas cobriam a face do abismo, e o Espírito de Deus se movia sobre a face das águas.

³Disse Deus: "Haja luz", e houve luz. ⁴Deus viu que a luz era boa, e separou a luz das trevas. ⁵Deus chamou à luz dia, e às trevas chamou noite. Passaram-se a tarde e a manhã; esse foi o primeiro dia.

⁶Depois disse Deus: "Haja entre as águas um firmamento que separe águas de águas". ⁷Então Deus fez o firmamento e separou as águas que ficaram abaixo do firmamento das que ficaram por cima. E assim foi. ⁸Ao firmamento Deus chamou céu. Passaram-se a tarde e a manhã; esse foi o segundo dia.

⁹E disse Deus: "Ajuntem-se num só lugar as águas que estão debaixo do céu, e apareça a parte seca". E assim foi. ¹⁰À parte seca Deus chamou terra, e chamou mares ao conjunto das águas. E Deus viu que ficou bom.

¹¹Então disse Deus: "Cubra-se a terra de vegetação: plantas que dêem sementes e árvores cujos frutos produzam sementes de acordo com as suas espécies". E assim foi. ¹²A terra fez brotar a vegetação: plantas que dão sementes de acordo com as suas espécies, e árvores cujos frutos produzam sementes de acordo com as suas espécies. E Deus viu que ficou bom. ¹³Passaram-se a tarde e a manhã; esse foi o terceiro dia.

¹⁴Disse Deus: "Haja luminares no firmamento do céu para separar o dia da noite. Sirvam eles de sinais para marcar estações, dias e anos, ¹⁵e sirvam de luminares no firmamento do céu para iluminar a terra". E assim foi. ¹⁶Deus fez os dois grandes luminares: o maior para governar o dia e o menor para governar a noite; fez também as estrelas. ¹⁷Deus os colocou no firmamento do céu para iluminar a terra, ¹⁸governar o dia e a noite, e separar a luz das trevas. E Deus viu que ficou bom. ¹⁹Passaram-se a tarde e a manhã; esse foi o quarto dia.

²⁰Disse também Deus: "Encham-se as águas de seres vivos, e voem as aves sobre a terra, sob o firmamento do céu". ²¹Assim Deus criou os grandes animais aquáticos e os demais seres vivos que povoam as águas, de acordo com as suas espécies; e todas as aves, de acordo com as suas espécies. E Deus viu que ficou bom. ²²Então Deus os abençoou, dizendo: "Sejam férteis e multipliquem-se! Encham as águas dos mares! E multipliquem-se as aves na terra". ²³Passaram-se a tarde e a manhã; esse foi o quinto dia.

²⁴E disse Deus: "Produza a terra seres vivos de acordo com as suas espécies: rebanhos domésticos, animais selvagens e os demais seres vivos da terra, cada um de acordo com a sua espécie". E assim foi. ²⁵Deus fez os animais selvagens de acordo com as suas espécies, os rebanhos domésticos de acordo com as suas espécies, e os demais seres vivos da terra de acordo com as suas espécies. E Deus viu que ficou bom.

²⁶Então disse Deus: "Façamos o homem à nossa imagem, conforme a nossa semelhança. Domine eleᵇ sobre os peixes do mar, sobre as aves do céu, sobre os grandes animais de toda a terraᶜ e sobre todos os pequenos animais que se movem rente ao chão".

²⁷Criou Deus o homem à sua imagem,
à imagem de Deus o criou;
homem e mulherᵈ os criou.

²⁸Deus os abençoou, e lhes disse: "Sejam férteis e multipliquem-se! Encham e subjuguem a terra! Dominem sobre

Genesis

The Beginning

1 In the beginning God created the heavens and the earth. ²Now the earth wasᵃ formless and empty, darkness was over the surface of the deep, and the Spirit of God was hovering over the waters.

³And God said, "Let there be light," and there was light. ⁴God saw that the light was good, and he separated the light from the darkness. ⁵God called the light "day," and the darkness he called "night." And there was evening, and there was morning—the first day.

⁶And God said, "Let there be an expanse between the waters to separate water from water." ⁷So God made the expanse and separated the water under the expanse from the water above it. And it was so. ⁸God called the expanse "sky." And there was evening, and there was morning—the second day.

⁹And God said, "Let the water under the sky be gathered to one place, and let dry ground appear." And it was so. ¹⁰God called the dry ground "land," and the gathered waters he called "seas." And God saw that it was good.

¹¹Then God said, "Let the land produce vegetation: seed-bearing plants and trees on the land that bear fruit with seed in it, according to their various kinds." And it was so. ¹²The land produced vegetation: plants bearing seed according to their kinds and trees bearing fruit with seed in it according to their kinds. And God saw that it was good. ¹³And there was evening, and there was morning—the third day.

¹⁴And God said, "Let there be lights in the expanse of the sky to separate the day from the night, and let them serve as signs to mark seasons and days and years, ¹⁵and let them be lights in the expanse of the sky to give light on the earth." And it was so. ¹⁶God made two great lights—the greater light to govern the day and the lesser light to govern the night. He also made the stars. ¹⁷God set them in the expanse of the sky to give light on the earth, ¹⁸to govern the day and the night, and to separate light from darkness. And God saw that it was good. ¹⁹And there was evening, and there was morning—the fourth day.

²⁰And God said, "Let the water teem with living creatures, and let birds fly above the earth across the expanse of the sky." ²¹So God created the great creatures of the sea and every living and moving thing with which the water teems, according to their kinds, and every winged bird according to its kind. And God saw that it was good. ²²God blessed them and said, "Be fruitful and increase in number and fill the water in the seas, and let the birds increase on the earth." ²³And there was evening, and there was morning—the fifth day.

²⁴And God said, "Let the land produce living creatures according to their kinds: livestock, creatures that move along the ground, and wild animals, each according to its kind." And it was so. ²⁵God made the wild animals according to their kinds, the livestock according to their kinds, and all the creatures that move along the ground according to their kinds. And God saw that it was good.

²⁶Then God said, "Let us make man in our image, in our likeness, and let them rule over the fish of the sea and the birds of the air, over the livestock, over all the earth,ᵇ and over all the creatures that move along the ground."

²⁷So God created man in his own image,
in the image of God he created him;
male and female he created them.

²⁸God blessed them and said to them, "Be fruitful and increase in number; fill the earth and subdue it. Rule over

---

ᵃ1.1-3 Ou *Quando Deus começou a criar os céus e a terra* ²*sendo a terra ...*, ³*disse Deus: ...* ᵇ1.26 Hebraico: *Dominem eles.* ᶜ1.26 A Versão Siríaca diz *sobre todos os animais selvagens da terra.* ᵈ1.27 Hebraico: *macho e fêmea.*

ᵃ1:2 Or possibly *became* ᵇ1:26 Hebrew; Syriac *all the wild animals*

os peixes do mar, sobre as aves do céu e sobre todos os animais que se movem pela terra".

29 Disse Deus: "Eis que lhes dou todas as plantas que nascem em toda a terra e produzem sementes, e todas as árvores que dão frutos com sementes. Elas servirão de alimento para vocês. **30** E dou todos os vegetais como alimento a tudo o que tem em si fôlego de vida: a todos os grandes animais da terra[a], a todas as aves do céu e a todas as criaturas que se movem rente ao chão". E assim foi.

31 E Deus viu tudo o que havia feito, e tudo havia ficado muito bom. Passaram-se a tarde e a manhã; esse foi o sexto dia.

2 Assim foram concluídos os céus e a terra, e tudo o que neles há.

2 No sétimo dia Deus já havia concluído a obra que realizara, e nesse dia descansou. **3** Abençoou Deus o sétimo dia e o santificou, porque nele descansou de toda a obra que realizara na criação.

A Origem da Humanidade

4 Esta é a história das origens[b] dos céus e da terra, no tempo em que foram criados:

Quando o Senhor Deus fez a terra e os céus, **5** ainda não tinha brotado nenhum arbusto no campo, e nenhuma planta havia germinado, porque o Senhor Deus ainda não tinha feito chover sobre a terra, e também não havia homem para cultivar o solo. **6** Todavia brotava água[c] da terra e irrigava toda a superfície do solo. **7** Então o Senhor Deus formou o homem[d] do pó da terra e soprou em suas narinas o fôlego de vida, e o homem se tornou um ser vivente.

8 Ora, o Senhor Deus tinha plantado um jardim no Éden, para os lados do leste, e ali colocou o homem que formara. **9** Então o Senhor Deus fez nascer do solo todo tipo de árvores agradáveis aos olhos e boas para alimento. E no meio do jardim estavam a árvore da vida e a árvore do conhecimento do bem e do mal.

10 No Éden nascia um rio que irrigava o jardim, e depois se dividia em quatro. **11** O nome do primeiro é Pisom. Ele percorre toda a terra de Havilá, onde existe ouro. **12** O ouro daquela terra é excelente; lá também existem o bdélio e a pedra de ônix. **13** O segundo, que percorre toda a terra de Cuxe, é o Giom. **14** O terceiro, que corre pelo lado leste da Assíria, é o Tigre. E o quarto rio é o Eufrates.

15 O Senhor Deus colocou o homem no jardim do Éden para cuidar dele e cultivá-lo. **16** E o Senhor Deus ordenou ao homem: "Coma livremente de qualquer árvore do jardim, **17** mas não coma da árvore do conhecimento do bem e do mal, porque no dia em que dela comer, certamente você morrerá".

18 Então o Senhor Deus declarou: "Não é bom que o homem esteja só; farei para ele alguém que o auxilie e lhe corresponda". **19** Depois que formou da terra todos os animais do campo e todas as aves do céu, o Senhor Deus os trouxe ao homem para ver como este lhes chamaria; e o nome que o homem desse a cada ser vivo, esse seria o seu nome. **20** Assim o homem deu nomes a todos os rebanhos domésticos, às aves do céu e a todos os animais selvagens. Todavia não se encontrou para o homem[e] alguém que o auxiliasse e lhe correspondesse.

21 Então o Senhor Deus fez o homem cair em profundo sono e, enquanto este dormia, tirou-lhe uma das costelas[f], fechando o

---

the fish of the sea and the birds of the air and over every living creature that moves on the ground."

29 Then God said, "I give you every seed-bearing plant on the face of the whole earth and every tree that has fruit with seed in it. They will be yours for food. **30** And to all the beasts of the earth and all the birds of the air and all the creatures that move on the ground—everything that has the breath of life in it—I give every green plant for food." And it was so.

31 God saw all that he had made, and it was very good. And there was evening, and there was morning—the sixth day.

2 Thus the heavens and the earth were completed in all their vast array.

2 By the seventh day God had finished the work he had been doing; so on the seventh day he rested[a] from all his work. **3** And God blessed the seventh day and made it holy, because on it he rested from all the work of creating that he had done.

Adam and Eve

4 This is the account of the heavens and the earth when they were created.

When the Lord God made the earth and the heavens— **5** and no shrub of the field had yet appeared on the earth[b] and no plant of the field had yet sprung up, for the Lord God had not sent rain on the earth[c] and there was no man to work the ground, **6** but streams[d] came up from the earth and watered the whole surface of the ground— **7** the Lord God formed the man[e] from the dust of the ground and breathed into his nostrils the breath of life, and the man became a living being.

8 Now the Lord God had planted a garden in the east, in Eden; and there he put the man he had formed. **9** And the Lord God made all kinds of trees grow out of the ground—trees that were pleasing to the eye and good for food. In the middle of the garden were the tree of life and the tree of the knowledge of good and evil.

10 A river watering the garden flowed from Eden; from there it was separated into four headwaters. **11** The name of the first is the Pishon; it winds through the entire land of Havilah, where there is gold. **12** (The gold of that land is good; aromatic resin[f] and onyx are also there.) **13** The name of the second river is the Gihon; it winds through the entire land of Cush.[g] **14** The name of the third river is the Tigris; it runs along the east side of Asshur. And the fourth river is the Euphrates.

15 The Lord God took the man and put him in the Garden of Eden to work it and take care of it. **16** And the Lord God commanded the man, "You are free to eat from any tree in the garden; **17** but you must not eat from the tree of the knowledge of good and evil, for when you eat of it you will surely die."

18 The Lord God said, "It is not good for the man to be alone. I will make a helper suitable for him."

19 Now the Lord God had formed out of the ground all the beasts of the field and all the birds of the air. He brought them to the man to see what he would name them; and whatever the man called each living creature, that was its name. **20** So the man gave names to all the livestock, the birds of the air and all the beasts of the field.

But for Adam[h] no suitable helper was found. **21** So the Lord God caused the man to fall into a deep sleep; and while he was sleeping, he took one of the man's ribs[i] and closed up

---

[a]1.30 Ou *os animais selvagens* [b]2.4 Hebraico: *história da descendência*; a mesma expressão aparece em 5.1; 6.9; 10.1; 11.10,27; 25.12,19; 36.1,9 e 37.2. [c]2.6 Ou *brotavam fontes*; ou ainda *surgia uma neblina* [d]2.7 Os termos homem e Adão (*adam*) assemelham-se à palavra terra (*adamah*) no hebraico. [e]2.20 Ou *Adão* [f]2.21 Ou *parte de um dos lados do homem*; também no versículo 22.

[a]2:2 Or *ceased*; also in verse [b]2:5 Or *land*; also in verse [c]2:5 Or *land*; also in verse [d]2:6 Or *mist* [e]2:7 The Hebrew for *man* (*adam*) sounds like and may be related to the Hebrew for ground (*adamah*); it is also the name *Adam* (see Gen. 2:20). [f]2:12 Or *good; pearls* [g]2:13 Possibly southeast Mesopotamia [h]2:20 Or *the man* [i]2:21 Or *took part of the man's side*

lugar com carne. **22** Com a costela que havia tirado do homem, o Senhor Deus fez uma mulher e a levou até ele. **23** Disse então o homem:

"Esta, sim, é osso dos meus ossos
e carne da minha carne!
Ela será chamada mulher,
porque do homemª foi tirada".

24 Por essa razão, o homem deixará pai e mãe e se unirá à sua mulher, e eles se tornarão uma só carne.

25 O homem e sua mulher viviam nus, e não sentiam vergonha.

O Relato da Queda

3 Ora, a serpente era o mais astuto de todos os animais selvagens que o Senhor Deus tinha feito. E ela perguntou à mulher: "Foi isto mesmo que Deus disse: 'Não comam de nenhum fruto das árvores do jardim'?"

2 Respondeu a mulher à serpente: "Podemos comer do fruto das árvores do jardim, **3** mas Deus disse: 'Não comam do fruto da árvore que está no meio do jardim, nem toquem nele; do contrário vocês morrerão' ".

4 Disse a serpente à mulher: "Certamente não morrerão! **5** Deus sabe que, no dia em que dele comerem, seus olhos se abrirão, e vocês, como Deusᵇ, serão conhecedores do bem e do mal".

6 Quando a mulher viu que a árvore parecia agradável ao paladar, era atraente aos olhos e, além disso, desejável para dela se obter discernimento, tomou do seu fruto, comeu-o e o deu a seu marido, que comeuᶜ também. **7** Os olhos dos dois se abriram, e perceberam que estavam nus; então juntaram folhas de figueira para cobrir-se.

8 Ouvindo o homem e sua mulher os passosᵈ do Senhor Deus que andava pelo jardim quando soprava a brisa do dia, esconderam-se da presença do Senhor Deus entre as árvores do jardim. **9** Mas o Senhor Deus chamou o homem, perguntando: "Onde está você?"

10 E ele respondeu: "Ouvi teus passos no jardim e fiquei com medo, porque estava nu; por isso me escondi".

11 E Deus perguntou: "Quem lhe disse que você estava nu? Você comeu do fruto da árvore da qual lhe proibi comer?"

12 Disse o homem: "Foi a mulher que me deste por companheira que me deu do fruto da árvore, e eu comi".

13 O Senhor Deus perguntou então à mulher: "Que foi que você fez?"

Respondeu a mulher: "A serpente me enganou, e eu comi".

14 Então o Senhor Deus declarou à serpente:

"Uma vez que você fez isso,
maldita é você
entre todos os rebanhos domésticos
e entre todos os animais selvagens!
Sobre o seu ventre você rastejará,
e pó comerá todos os dias da sua vida.
15 Porei inimizade
entre você e a mulher,
entre a sua descendência
e o descendenteᵉ dela;
este lhe ferirá a cabeça,
e você lhe ferirá o calcanhar".

16 À mulher, ele declarou:

"Multiplicarei grandemente
o seu sofrimento na gravidez;
com sofrimento você dará à luz filhos.
Seu desejo será para o seu marido,
e eleᶠ a dominará".

the place with flesh. **22** Then the Lord God made a woman from the ribª he had taken out of the man, and he brought her to the man.

23 The man said,

"This is now bone of my bones
and flesh of my flesh;
she shall be called 'woman,ᵇ'
for she was taken out of man."

24 For this reason a man will leave his father and mother and be united to his wife, and they will become one flesh.

25 The man and his wife were both naked, and they felt no shame.

The Fall of Man

3 Now the serpent was more crafty than any of the wild animals the Lord God had made. He said to the woman, "Did God really say, 'You must not eat from any tree in the garden'?"

2 The woman said to the serpent, "We may eat fruit from the trees in the garden, **3** but God did say, 'You must not eat fruit from the tree that is in the middle of the garden, and you must not touch it, or you will die.' "

4 "You will not surely die," the serpent said to the woman. **5** "For God knows that when you eat of it your eyes will be opened, and you will be like God, knowing good and evil."

6 When the woman saw that the fruit of the tree was good for food and pleasing to the eye, and also desirable for gaining wisdom, she took some and ate it. She also gave some to her husband, who was with her, and he ate it. **7** Then the eyes of both of them were opened, and they realized they were naked; so they sewed fig leaves together and made coverings for themselves.

8 Then the man and his wife heard the sound of the Lord God as he was walking in the garden in the cool of the day, and they hid from the Lord God among the trees of the garden. **9** But the Lord God called to the man, "Where are you?"

10 He answered, "I heard you in the garden, and I was afraid because I was naked; so I hid."

11 And he said, "Who told you that you were naked? Have you eaten from the tree that I commanded you not to eat from?"

12 The man said, "The woman you put here with me—she gave me some fruit from the tree, and I ate it."

13 Then the Lord God said to the woman, "What is this you have done?"

The woman said, "The serpent deceived me, and I ate."

14 So the Lord God said to the serpent, "Because you have done this,

"Cursed are you above all the livestock
and all the wild animals!
You will crawl on your belly
and you will eat dust
all the days of your life.
15 And I will put enmity
between you and the woman,
and between your offspringᶜ and hers;
he will crushᵈ your head,
and you will strike his heel."

16 To the woman he said,

"I will greatly increase your pains in
childbearing;
with pain you will give birth to children.
Your desire will be for your husband,
and he will rule over you."

ª**2.23** Os termos homem (*ish*) e mulher (*ishah*) formam um jogo de palavras no hebraico. ᵇ**3.5** Ou *deuses* ᶜ**3.6** Ou *comeu e estava com ela* ᵈ**3.8** Ou *a voz*; também no versículo 10. ᵉ**3.15** Ou *a descendência*. Hebraico: *semente*. ᶠ**3.16** Ou *será contra o seu marido, mas ele*; ou ainda *a impelirá ao seu marido, e ele*

ª**2:22** Or *part* ᵇ**2:23** The Hebrew for *woman* sounds like the Hebrew for *man*. ᶜ**3:15** Or *seed* ᵈ**3:15** Or *strike*

17 E ao homem declarou:

"Visto que você deu ouvidos à sua mulher
  e comeu do fruto da árvore
  da qual eu lhe ordenara
  que não comesse,
maldita é a terra por sua causa;
  com sofrimento você
  se alimentará dela
  todos os dias da sua vida.
18 Ela lhe dará espinhos e ervas daninhas,
  e você terá que alimentar-se
  das plantas do campo.
19 Com o suor do seu rosto
  você comerá o seu pão,
  até que volte à terra,
  visto que dela foi tirado;
porque você é pó,
  e ao pó voltará".

20 Adão deu à sua mulher o nome de Eva, pois ela seria mãe de toda a humanidade. **21** O Senhor Deus fez roupas de pele e com elas vestiu Adão e sua mulher.

22 Então disse o Senhor Deus: "Agora o homem se tornou como um de nós, conhecendo o bem e o mal. Não se deve, pois, permitir que ele tome também do fruto da árvore da vida e o coma, e viva para sempre". **23** Por isso o Senhor Deus o mandou embora do jardim do Éden para cultivar o solo do qual fora tirado. **24** Depois de expulsar o homem, colocou a leste do jardim do Éden querubins e uma espada flamejante que se movia, guardando o caminho para a árvore da vida.

Caim Mata Abel

4 Adão teve relações com Eva, sua mulher, e ela engravidou e deu à luz Caim. Disse ela: "Com o auxílio do Senhor tive um filho homem". **2** Voltou a dar à luz, desta vez a Abel, irmão dele.

Abel tornou-se pastor de ovelhas, e Caim, agricultor. **3** Passado algum tempo, Caim trouxe do fruto da terra uma oferta ao Senhor. **4** Abel, por sua vez, trouxe as partes gordas das primeiras crias do seu rebanho. O Senhor aceitou com agrado Abel e sua oferta, **5** mas não aceitou Caim e sua oferta. Por isso Caim se enfureceu e o seu rosto se transtornou.

6 O Senhor disse a Caim: "Por que você está furioso? Por que se transtornou o seu rosto? **7** Se você fizer o bem, não será aceito? Mas se não o fizer, saiba que o pecado o ameaça à porta; ele deseja conquistá-lo, mas você deve dominá-lo".

8 Disse, porém, Caim a seu irmão Abel: "Vamos para o campo".ª Quando estavam lá, Caim atacou seu irmão Abel e o matou.

9 Então o Senhor perguntou a Caim: "Onde está seu irmão Abel?"

Respondeu ele: "Não sei; sou eu o responsável por meu irmão?"

10 Disse o Senhor: "O que foi que você fez? Escute! Da terra o sangue do seu irmão está clamando. **11** Agora amaldiçoado é vocêᵇ pela terra, que abriu a boca para receber da sua mão o sangue do seu irmão. **12** Quando você cultivar a terra, esta não lhe dará mais da sua força. Você será um fugitivo errante pelo mundo".

13 Disse Caim ao Senhor: "Meu castigo é maior do que posso suportar. **14** Hoje me expulsas desta terra, e terei que me esconder da tua face; serei um fugitivo errante pelo mundo, e qualquer que me encontrar me matará".

15 Mas o Senhor lhe respondeu: "Não será assim; se alguém matar Caim, sofrerá sete vezes a vingança". E o Senhor colocou

17 To Adam he said, "Because you listened to your wife and ate from the tree about which I commanded you, 'You must not eat of it,'

"Cursed is the ground because of you;
  through painful toil you will eat of it
  all the days of your life.
18 It will produce thorns and thistles for you,
  and you will eat the plants of the field.
19 By the sweat of your brow
  you will eat your food
until you return to the ground,
  since from it you were taken;
for dust you are
  and to dust you will return."

20 Adamª named his wife Eve,ᵇ because she would become the mother of all the living.

21 The Lord God made garments of skin for Adam and his wife and clothed them. **22** And the Lord God said, "The man has now become like one of us, knowing good and evil. He must not be allowed to reach out his hand and take also from the tree of life and eat, and live forever." **23** So the Lord God banished him from the Garden of Eden to work the ground from which he had been taken. **24** After he drove the man out, he placed on the east sideᶜ of the Garden of Eden cherubim and a flaming sword flashing back and forth to guard the way to the tree of life.

Cain and Abel

4 Adamᵈ lay with his wife Eve, and she became pregnant and gave birth to Cain.ᵉ She said, "With the help of the Lord I have brought forthᶠ a man." **2** Later she gave birth to his brother Abel.

Now Abel kept flocks, and Cain worked the soil. **3** In the course of time Cain brought some of the fruits of the soil as an offering to the Lord. **4** But Abel brought fat portions from some of the firstborn of his flock. The Lord looked with favor on Abel and his offering, **5** but on Cain and his offering he did not look with favor. So Cain was very angry, and his face was downcast.

6 Then the Lord said to Cain, "Why are you angry? Why is your face downcast? **7** If you do what is right, will you not be accepted? But if you do not do what is right, sin is crouching at your door; it desires to have you, but you must master it."

8 Now Cain said to his brother Abel, "Let's go out to the field."ᵍ And while they were in the field, Cain attacked his brother Abel and killed him.

9 Then the Lord said to Cain, "Where is your brother Abel?"

"I don't know," he replied. "Am I my brother's keeper?"

10 The Lord said, "What have you done? Listen! Your brother's blood cries out to me from the ground. **11** Now you are under a curse and driven from the ground, which opened its mouth to receive your brother's blood from your hand. **12** When you work the ground, it will no longer yield its crops for you. You will be a restless wanderer on the earth."

13 Cain said to the Lord, "My punishment is more than I can bear. **14** Today you are driving me from the land, and I will be hidden from your presence; I will be a restless wanderer on the earth, and whoever finds me will kill me."

15 But the Lord said to him, "Not soʰ; if anyone kills Cain, he will suffer vengeance seven times over." Then the Lord put

---

ª4.8 Conforme o Pentateuco Samaritano, a Septuaginta, a Vulgata e a Versão Siríaca. O Texto Massorético não traz *"Vamos para o campo"*. ᵇ4.11 Ou *amaldiçoado é você e expulso da terra*; ou ainda *amaldiçoado é você mais do que a terra* ᶜ4.15 Conforme a Septuaginta, a Vulgata e a Versão Siríaca.

ª3:20 Or *The man* ᵇ3:20 *Eve* probably means *living.* ᶜ3:24 Or *placed in front* ᵈ4:1 Or *The man* ᵉ4:1 *Cain* sounds like the Hebrew for *brought forth* or *acquired.* ᶠ4:1 Or *have acquired* ᵍ4:8 Samaritan Pentateuch, Septuagint, Vulgate and Syriac; Masoretic Text does not have *"Let's go out to the field."* ʰ4:15 Septuagint, Vulgate and Syriac; Hebrew *Very well*

em Caim um sinal, para que ninguém que viesse a encontrá-lo o matasse. ¹⁶ Então Caim afastou-se da presença do Senhor e foi viver na terra de Node², a leste do Éden.

Os Descendentes de Caim

¹⁷ Caim teve relações com sua mulher, e ela engravidou e deu à luz Enoque. Depois Caim fundou uma cidade, à qual deu o nome do seu filho Enoque. ¹⁸ A Enoque nasceu Irade, Irade gerou a Meujael, Meujael a Metusael, e Metusael a Lameque.

¹⁹ Lameque tomou duas mulheres: uma chamava-se Ada e a outra, Zilá. ²⁰ Ada deu à luz Jabal, que foi o pai daqueles que moram em tendas e criam rebanhos. ²¹ O nome do irmão dele era Jubal, que foi o pai de todos os que tocam harpa e flauta. ²² Zilá também deu à luz um filho, chamado Tubalcaim, que fabricava todo tipo de ferramentas de bronze e de ferroᵇ. Tubalcaim teve uma irmã chamada Naamá.

²³ Disse Lameque às suas mulheres:

"Ada e Zilá, ouçam-me;
mulheres de Lameque,
    escutem minhas palavras:
Eu matei um homem porque me feriu,
e um menino, porque me machucou.
²⁴ Se Caim é vingado sete vezes,
    Lameque o será setenta e sete".

O Nascimento de Sete

²⁵ Novamente Adão teve relações com sua mulher, e ela deu à luz outro filho, a quem chamou Sete, dizendo: "Deus me concedeu um filho no lugar de Abel, visto que Caim o matou". ²⁶ Também a Sete nasceu um filho, a quem deu o nome de Enos.

Nessa época começou-se a invocarᶜ o nome do Senhor.

A Descendência de Adão

5 Este é o registro da descendência de Adão: Quando Deus criou o homem, à semelhança de Deus o fez; ² homem e mulher os criou. Quando foram criados, ele os abençoou e os chamou Homemᵈ.

³ Aos 130 anos, Adão gerou um filho à sua semelhança, conforme a sua imagem; e deu-lhe o nome de Sete. ⁴ Depois que gerou Sete, Adão viveu 800 anos e gerou outros filhos e filhas. ⁵ Viveu ao todo 930 anos e morreu.

⁶ Aos 105 anos, Sete gerouᵉ Enos. ⁷ Depois que gerou Enos, Sete viveu 807 anos e gerou outros filhos e filhas. ⁸ Viveu ao todo 912 anos e morreu.

⁹ Aos 90 anos, Enos gerou Cainã. ¹⁰ Depois que gerou Cainã, Enos viveu 815 anos e gerou outros filhos e filhas. ¹¹ Viveu ao todo 905 anos e morreu.

¹² Aos 70 anos, Cainã gerou Maalaleel. ¹³ Depois que gerou Maalaleel, Cainã viveu 840 anos e gerou outros filhos e filhas. ¹⁴ Viveu ao todo 910 anos e morreu.

¹⁵ Aos 65 anos, Maalaleel gerou Jarede. ¹⁶ Depois que gerou Jarede, Maalaleel viveu 830 anos e gerou outros filhos e filhas. ¹⁷ Viveu ao todo 895 anos e morreu.

¹⁸ Aos 162 anos, Jarede gerou Enoque. ¹⁹ Depois que gerou Enoque, Jarede viveu 800 anos e gerou outros filhos e filhas. ²⁰ Viveu ao todo 962 anos e morreu.

²¹ Aos 65 anos, Enoque gerou Matusalém. ²² Depois que gerou Matusalém, Enoque andou com Deus 300 anos e gerou outros filhos e filhas. ²³ Viveu ao todo 365 anos. ²⁴ Enoque

a mark on Cain so that no one who found him would kill him. ¹⁶ So Cain went out from the Lord's presence and lived in the land of Nod,ᵃ east of Eden.

¹⁷ Cain lay with his wife, and she became pregnant and gave birth to Enoch. Cain was then building a city, and he named it after his son Enoch. ¹⁸ To Enoch was born Irad, and Irad was the father of Mehujael, and Mehujael was the father of Methushael, and Methushael was the father of Lamech.

¹⁹ Lamech married two women, one named Adah and the other Zillah. ²⁰ Adah gave birth to Jabal; he was the father of those who live in tents and raise livestock. ²¹ His brother's name was Jubal; he was the father of all who play the harp and flute. ²² Zillah also had a son, Tubal-Cain, who forged all kinds of tools out ofᵇ bronze and iron. Tubal-Cain's sister was Naamah.

²³ Lamech said to his wives,

"Adah and Zillah, listen to me;
    wives of Lamech, hear my words.
I have killedᶜ a man for wounding me,
    a young man for injuring me.
²⁴ If Cain is avenged seven times,
    then Lamech seventy-seven times."

²⁵ Adam lay with his wife again, and she gave birth to a son and named him Seth,ᵈ saying, "God has granted me another child in place of Abel, since Cain killed him." ²⁶ Seth also had a son, and he named him Enosh.

At that time men began to call onᵉ the name of the Lord.

From Adam to Noah

5 This is the written account of Adam's line.

When God created man, he made him in the likeness of God. ² He created them male and female and blessed them. And when they were created, he called them "man.ᶠ"

³ When Adam had lived 130 years, he had a son in his own likeness, in his own image; and he named him Seth. ⁴ After Seth was born, Adam lived 800 years and had other sons and daughters. ⁵ Altogether, Adam lived 930 years, and then he died.

⁶ When Seth had lived 105 years, he became the fatherᵍ of Enosh. ⁷ And after he became the father of Enosh, Seth lived 807 years and had other sons and daughters. ⁸ Altogether, Seth lived 912 years, and then he died.

⁹ When Enosh had lived 90 years, he became the father of Kenan. ¹⁰ And after he became the father of Kenan, Enosh lived 815 years and had other sons and daughters. ¹¹ Altogether, Enosh lived 905 years, and then he died.

¹² When Kenan had lived 70 years, he became the father of Mahalalel. ¹³ And after he became the father of Mahalalel, Kenan lived 840 years and had other sons and daughters. ¹⁴ Altogether, Kenan lived 910 years, and then he died.

¹⁵ When Mahalalel had lived 65 years, he became the father of Jared. ¹⁶ And after he became the father of Jared, Mahalalel lived 830 years and had other sons and daughters. ¹⁷ Altogether, Mahalalel lived 895 years, and then he died.

¹⁸ When Jared had lived 162 years, he became the father of Enoch. ¹⁹ And after he became the father of Enoch, Jared lived 800 years and had other sons and daughters. ²⁰ Altogether, Jared lived 962 years, and then he died.

²¹ When Enoch had lived 65 years, he became the father of Methuselah. ²² And after he became the father of Methuselah, Enoch walked with God 300 years and had other sons and daughters. ²³ Altogether, Enoch lived 365 years. ²⁴ Enoch

---

ᵃ4.16 *Node* significa *peregrinação.* ᵇ4.22 Ou *que ensinou todos os que trabalham o bronze e o ferro* ᶜ4.26 Ou *proclamar* ᵈ5.2 Hebraico: *Adam.* ᵉ5.6 *Gerar* pode ter o sentido de *ser ancestral;* também nos versículos 7-26.

ᵃ4:16 *Nod* means *wandering* (see verses 12 and 14). ᵇ4:22 Or *who instructed all who work in* ᶜ4:23 Or *I will kill* ᵈ4:25 *Seth* probably means *granted.* ᵉ4:26 Or *to proclaim* ᶠ5:2 Hebrew *adam* ᵍ5:6 *Father* may mean *ancestor,* also in verses 7-26.

andou com Deus; e já não foi encontrado, pois Deus o havia arrebatado.

25 Aos 187 anos, Matusalém gerou Lameque. **26** Depois que gerou Lameque, Matusalém viveu 782 anos e gerou outros filhos e filhas. **27** Viveu ao todo 969 anos e morreu.

28 Aos 182 anos, Lameque gerou um filho. **29** Deu-lhe o nome de Noé e disse: "Ele nos aliviará do nosso trabalho e do sofrimento de nossas mãos, causados pela terra que o Senhor amaldiçoou". **30** Depois que Noé nasceu, Lameque viveu 595 anos e gerou outros filhos e filhas. **31** Viveu ao todo 777 anos e morreu.

32 Aos 500 anos, Noé tinha gerado Sem, Cam e Jafé.

A Corrupção da Humanidade

6 Quando os homens começaram a multiplicar-se na terra e lhes nasceram filhas, **2** os filhos de Deus viram que as filhas dos homens eram bonitas, e escolheram para si aquelas que lhes agradaram. **3** Então disse o Senhor: "Por causa da perversidade do homemª, meu Espíritoᵇ não contenderá com eleᶜ para sempre; ele só viverá cento e vinte anos".

4 Naqueles dias havia nefilinsᵈ na terra, e também posteriormente, quando os filhos de Deus possuíram as filhas dos homens e elas lhes deram filhos. Eles foram os heróis do passado, homens famosos.

5 O Senhor viu que a perversidade do homem tinha aumentado na terra e que toda a inclinação dos pensamentos do seu coração era sempre e somente para o mal. **6** Então o Senhor arrependeu-se de ter feito o homem sobre a terra, e isso cortou-lhe o coração. **7** Disse o Senhor: "Farei desaparecer da face da terra o homem que criei, os homens e também os grandes animais e os pequenos e as aves do céu. Arrependo-me de havê-los feito".

8 A Noé, porém, o Senhor mostrou benevolência.

A Arca de Noé

9 Esta é a história da família de Noé:

Noé era homem justo, íntegro entre o povo da sua época; ele andava com Deus. **10** Noé gerou três filhos: Sem, Cam e Jafé.

11 Ora, a terra estava corrompida aos olhos de Deus e cheia de violência. **12** Ao ver como a terra se corrompera, pois toda a humanidade havia corrompido a sua conduta, **13** Deus disse a Noé: "Darei fim a todos os seres humanos, porque a terra encheu-se de violência por causa deles. Eu os destruirei com a terra. **14** Você, porém, fará uma arca de madeira de ciprestᵉ; divida-a em compartimentos e revista-a de piche por dentro e por fora. **15** Faça-a com cento e trinta e cinco metros de comprimento, vinte e dois metros e meio de largura e treze metros e meio de alturaᶠ. **16** Faça-lhe um teto com um vão de quarenta e cinco centímetrosᵍ entre o teto e corpo da arca. Coloque uma porta lateral na arca e faça um andar superior, um médio e um inferior.

17 "Eis que vou trazer águas sobre a terra, o Dilúvio, para destruir debaixo do céu toda criatura que tem o fôlego de vida. Tudo o que há na terra perecerá. **18** Mas com você estabelecerei a minha aliança, e você entrará na arca com seus filhos, sua mulher e as mulheres de seus filhos. **19** Faça entrar na arca um casal de cada um dos seres vivos, macho e fêmea, para conservá-los vivos com você. **20** De cada espécie de ave, de cada espécie de animal grande e de cada espécie de animal pequeno que se move rente ao chão virá um casal a você para que sejam conservados vivos. **21** E armazene todo tipo de alimento, para que você e eles tenham mantimento".

22 Noé fez tudo exatamente como Deus lhe tinha ordenado.

walked with God; then he was no more, because God took him away.

25 When Methuselah had lived 187 years, he became the father of Lamech. **26** And after he became the father of Lamech, Methuselah lived 782 years and had other sons and daughters. **27** Altogether, Methuselah lived 969 years, and then he died.

28 When Lamech had lived 182 years, he had a son. **29** He named him Noahª and said, "He will comfort us in the labor and painful toil of our hands caused by the ground the Lord has cursed." **30** After Noah was born, Lamech lived 595 years and had other sons and daughters. **31** Altogether, Lamech lived 777 years, and then he died.

32 After Noah was 500 years old, he became the father of Shem, Ham and Japheth.

The Flood

6 When men began to increase in number on the earth and daughters were born to them, **2** the sons of God saw that the daughters of men were beautiful, and they married any of them they chose. **3** Then the Lord said, "My Spirit will not contend withᵇ man forever, for he is mortalᶜ; his days will be a hundred and twenty years."

4 The Nephilim were on the earth in those days—and also afterward—when the sons of God went to the daughters of men and had children by them. They were the heroes of old, men of renown.

5 The Lord saw how great man's wickedness on the earth had become, and that every inclination of the thoughts of his heart was only evil all the time. **6** The Lord was grieved that he had made man on the earth, and his heart was filled with pain. **7** So the Lord said, "I will wipe mankind, whom I have created, from the face of the earth—men and animals, and creatures that move along the ground, and birds of the air—for I am grieved that I have made them." **8** But Noah found favor in the eyes of the Lord.

9 This is the account of Noah.

Noah was a righteous man, blameless among the people of his time, and he walked with God. **10** Noah had three sons: Shem, Ham and Japheth.

11 Now the earth was corrupt in God's sight and was full of violence. **12** God saw how corrupt the earth had become, for all the people on earth had corrupted their ways. **13** So God said to Noah, "I am going to put an end to all people, for the earth is filled with violence because of them. I am surely going to destroy both them and the earth. **14** So make yourself an ark of cypressᵈ wood; make rooms in it and coat it with pitch inside and out. **15** This is how you are to build it: The ark is to be 450 feet long, 75 feet wide and 45 feet high.ᵉ **16** Make a roof for it and finishᶠ the ark to within 18 inchesᵍ of the top. Put a door in the side of the ark and make lower, middle and upper decks. **17** I am going to bring floodwaters on the earth to destroy all life under the heavens, every creature that has the breath of life in it. Everything on earth will perish. **18** But I will establish my covenant with you, and you will enter the ark—you and your sons and your wife and your sons' wives with you. **19** You are to bring into the ark two of all living creatures, male and female, to keep them alive with you. **20** Two of every kind of bird, of every kind of animal and of every kind of creature that moves along the ground will come to you to be kept alive. **21** You are to take every kind of food that is to be eaten and store it away as food for you and for them."

22 Noah did everything just as God commanded him.

ª6.3 Ou *Por ser o homem mortal* ᵇ6.3 Ou *o espírito que lhe dei* ᶜ6.3 Ou *não permanecerá nele* ᵈ6.4 Possivelmente *gigantes* ou *homens poderosos.* Veja também Nm 13.33. ᵉ6.14 Ou *de cipreste e de juncos* ᶠ6.15 Hebraico: *300 côvados de comprimento, 50 côvados de largura e 30 côvados de altura.* O côvado era uma medida linear de cerca de 45 centímetros. ᵍ6.16 Ou *Faça-lhe uma abertura para a luz no topo, de 45 centímetros,*

ª5:29 *Noah* sounds like the Hebrew for *comfort*. ᵇ6:3 Or *My spirit will not remain in* ᶜ6:3 Or *corrupt* ᵈ6:14 The meaning of the Hebrew for this word is uncertain. ᵉ6:15 Hebrew *300 cubits long, 50 cubits wide and 30 cubits high* (about 140 meters long, 23 meters wide and 13.5 meters high) ᶠ6:16 Or *Make an opening for light by finishing* ᵍ6:16 Hebrew *a cubit* (about 0.5 meter)

7 Então o Senhor disse a Noé: "Entre na arca, você e toda a sua família, porque você é o único justo que encontrei nesta geração. ² Leve com você sete casais de cada espécie de animal puro, macho e fêmea, e um casal de cada espécie de animal impuro, macho e fêmea, ³ e leve também sete casais de aves de cada espécie, macho e fêmea, a fim de preservá-las em toda a terra. ⁴ Daqui a sete dias farei chover sobre a terra quarenta dias e quarenta noites, e farei desaparecer da face da terra todos os seres vivos que fiz".

⁵ E Noé fez tudo como o Senhor lhe tinha ordenado.

O Dilúvio

⁶ Noé tinha seiscentos anos de idade quando as águas do Dilúvio vieram sobre a terra. ⁷ Noé, seus filhos, sua mulher e as mulheres de seus filhos entraram na arca, por causa das águas do Dilúvio. ⁸ Casais de animais grandes, puros e impuros, de aves e de todos os animais pequenos que se movem rente ao chão ⁹ vieram a Noé e entraram na arca, como Deus tinha ordenado a Noé. ¹⁰ E depois dos sete dias, as águas do Dilúvio vieram sobre a terra.

¹¹ No dia em que Noé completou seiscentos anos, um mês e dezessete dias, nesse mesmo dia todas as fontes das grandes profundezas jorraram, e as comportas do céu se abriram. ¹² E a chuva caiu sobre a terra quarenta dias e quarenta noites.

¹³ Naquele mesmo dia, Noé e seus filhos, Sem, Cam e Jafé, com sua mulher e com as mulheres de seus três filhos, entraram na arca. ¹⁴ Com eles entraram todos os animais de acordo com as suas espécies: todos os animais selvagens, todos os rebanhos domésticos, todos os demais seres vivos que se movem rente ao chão e todas as criaturas que têm asas: todas as aves e todos os outros animais que voam. ¹⁵ Casais de animais que tinham fôlego de vida vieram a Noé e entraram na arca. ¹⁶ Os animais que entraram foram um macho e uma fêmea de cada ser vivo, conforme Deus ordenara a Noé. Então o Senhor fechou a porta.

¹⁷ Quarenta dias durou o Dilúvio, e as águas aumentaram e elevaram a arca acima da terra. ¹⁸ As águas prevaleceram, aumentando muito sobre a terra, e a arca flutuava na superfície das águas. ¹⁹ As águas dominavam cada vez mais a terra, e foram cobertas todas as altas montanhas debaixo do céu. ²⁰ As águas subiram até quase sete metrosª acima das montanhas. ²¹ Todos os seres vivos que se movem sobre a terra pereceram: aves, rebanhos domésticos, animais selvagens, todas as pequenas criaturas que povoam a terra e toda a humanidade. ²² Tudo o que havia em terra seca e tinha nas narinas o fôlego de vida morreu. ²³ Todos os seres vivos foram exterminados da face da terra; tanto os homens, como os animais grandes, os animais pequenos que se movem rente ao chão e as aves do céu foram exterminados da terra. Só restaram Noé e aqueles que com ele estavam na arca.

²⁴ E as águas prevaleceram sobre a terra cento e cinqüenta dias.

O Fim do Dilúvio

8 Então Deus lembrou-se de Noé e de todos os animais selvagens e rebanhos domésticos que estavam com ele na arca, e enviou um vento sobre a terra, e as águas começaram a baixar.

² As fontes das profundezas e as comportas do céu se fecharam, e a chuva parou. ³ As águas foram baixando pouco a pouco sobre a terra. Ao fim de cento e cinqüenta dias, as águas tinham diminuído, ⁴ e, no décimo sétimo dia do sétimo mês, a arca pousou nas montanhas de Ararate. ⁵ As águas continuaram a baixar até o décimo mês, e no primeiro dia do décimo mês apareceram os topos das montanhas.

⁶ Passados quarenta dias, Noé abriu a janela que fizera na arca. ⁷ Esperando que a terra já tivesse aparecido, Noé soltou um corvo, mas este ficou dando voltas. ⁸ Depois soltou uma pomba para ver se as águas tinham diminuído na superfície

7 The Lord then said to Noah, "Go into the ark, you and your whole family, because I have found you righteous in this generation. ² Take with you sevenª of every kind of clean animal, a male and its mate, and two of every kind of unclean animal, a male and its mate, ³ and also seven of every kind of bird, male and female, to keep their various kinds alive throughout the earth. ⁴ Seven days from now I will send rain on the earth for forty days and forty nights, and I will wipe from the face of the earth every living creature I have made."

⁵ And Noah did all that the Lord commanded him.

⁶ Noah was six hundred years old when the floodwaters came on the earth. ⁷ And Noah and his sons and his wife and his sons' wives entered the ark to escape the waters of the flood. ⁸ Pairs of clean and unclean animals, of birds and of all creatures that move along the ground, ⁹ male and female, came to Noah and entered the ark, as God had commanded Noah. ¹⁰ And after the seven days the floodwaters came on the earth.

¹¹ In the six hundredth year of Noah's life, on the seventeenth day of the second month—on that day all the springs of the great deep burst forth, and the floodgates of the heavens were opened. ¹² And rain fell on the earth forty days and forty nights.

¹³ On that very day Noah and his sons, Shem, Ham and Japheth, together with his wife and the wives of his three sons, entered the ark. ¹⁴ They had with them every wild animal according to its kind, all livestock according to their kinds, every creature that moves along the ground according to its kind and every bird according to its kind, everything with wings. ¹⁵ Pairs of all creatures that have the breath of life in them came to Noah and entered the ark. ¹⁶ The animals going in were male and female of every living thing, as God had commanded Noah. Then the Lord shut him in.

¹⁷ For forty days the flood kept coming on the earth, and as the waters increased they lifted the ark high above the earth. ¹⁸ The waters rose and increased greatly on the earth, and the ark floated on the surface of the water. ¹⁹ They rose greatly on the earth, and all the high mountains under the entire heavens were covered. ²⁰ The waters rose and covered the mountains to a depth of more than twenty feet.ᵇ,ᶜ ²¹ Every living thing that moved on the earth perished—birds, livestock, wild animals, all the creatures that swarm over the earth, and all mankind. ²² Everything on dry land that had the breath of life in its nostrils died. ²³ Every living thing on the face of the earth was wiped out; men and animals and the creatures that move along the ground and the birds of the air were wiped from the earth. Only Noah was left, and those with him in the ark.

²⁴ The waters flooded the earth for a hundred and fifty days.

8 But God remembered Noah and all the wild animals and the livestock that were with him in the ark, and he sent a wind over the earth, and the waters receded. ² Now the springs of the deep and the floodgates of the heavens had been closed, and the rain had stopped falling from the sky. ³ The water receded steadily from the earth. At the end of the hundred and fifty days the water had gone down, ⁴ and on the seventeenth day of the seventh month the ark came to rest on the mountains of Ararat. ⁵ The waters continued to recede until the tenth month, and on the first day of the tenth month the tops of the mountains became visible.

⁶ After forty days Noah opened the window he had made in the ark ⁷ and sent out a raven, and it kept flying back and forth until the water had dried up from the earth. ⁸ Then he sent out a dove to see if the water had receded from the surface

---

ª7.20 Hebraico: *15 côvados*. O côvado era uma medida linear de cerca de 45 centímetros.

ª7:2 Or *seven pairs*; also in verse 3   ᵇ7:20 Hebrew *fifteen cubits* (about 6.9 meters)   ᶜ7:20 Or *rose more than twenty feet, and the mountains were covered*

da terra. **9** Mas a pomba não encontrou lugar onde pousar os pés porque as águas ainda cobriam toda a superfície da terra e, por isso, voltou para a arca, a Noé. Ele estendeu a mão para fora, apanhou a pomba e a trouxe de volta para dentro da arca. **10** Noé esperou mais sete dias e soltou novamente a pomba. **11** Ao entardecer, quando a pomba voltou, trouxe em seu bico uma folha nova de oliveira. Noé então ficou sabendo que as águas tinham diminuído sobre a terra. **12** Esperou ainda outros sete dias e de novo soltou a pomba, mas desta vez ela não voltou.

13 No primeiro dia do primeiro mês do ano seiscentos e um da vida de Noé, secaram-se as águas na terra. Noé então removeu o teto da arca e viu que a superfície da terra estava seca. **14** No vigésimo sétimo dia do segundo mês, a terra estava completamente seca.

15 Então Deus disse a Noé: **16** "Saia da arca, você e sua mulher, seus filhos e as mulheres deles. **17** Faça que saiam também todos os animais que estão com você: as aves, os grandes animais e os pequenos que se movem rente ao chão. Faça-os sair para que se espalhem pela terra, sejam férteis e se multipliquem".

18 Então Noé saiu da arca com sua mulher e seus filhos e as mulheres deles, **19** e com todos os grandes animais e os pequenos que se movem rente ao chão e todas as aves. Tudo o que se move sobre a terra saiu da arca, uma espécie após outra.

20 Depois Noé construiu um altar dedicado ao SENHOR e, tomando alguns animais e aves puros, ofereceu-os como holocausto^a, queimando-os sobre o altar. **21** O SENHOR sentiu o aroma agradável e disse a si mesmo: "Nunca mais amaldiçoarei a terra por causa do homem, pois o seu coração é inteiramente inclinado para o mal desde a infância. E nunca mais destruirei todos os seres vivos^b como fiz desta vez.

22 "Enquanto durar a terra,
     plantio e colheita,
     frio e calor,
     verão e inverno,
     dia e noite
     jamais cessarão".

A Aliança de Deus com Noé

9 Deus abençoou Noé e seus filhos, dizendo-lhes: "Sejam férteis, multipliquem-se e encham a terra. **2** Todos os animais da terra tremerão de medo diante de vocês: os animais selvagens, as aves do céu, as criaturas que se movem rente ao chão e os peixes do mar; eles estão entregues em suas mãos. **3** Tudo o que vive e se move servirá de alimento para vocês. Assim como lhes dei os vegetais, agora lhes dou todas as coisas.

4 "Mas não comam carne com sangue, que é vida. **5** A todo aquele que derramar sangue, tanto homem como animal, pedirei contas; a cada um pedirei contas da vida do seu próximo.

6 "Quem derramar sangue do homem,
     pelo homem seu sangue será derramado;
porque à imagem de Deus
     foi o homem criado.

7 "Mas vocês, sejam férteis e multipliquem-se; espalhem-se pela terra e proliferem nela^c".

8 Então disse Deus a Noé e a seus filhos, que estavam com ele: **9** "Vou estabelecer a minha aliança com vocês e com os seus futuros descendentes, **10** e com todo ser vivo que está com vocês: as aves, os rebanhos domésticos e os animais selvagens, todos os que saíram da arca com vocês, todos os seres vivos da terra. **11** Estabeleço uma aliança com vocês: Nunca mais será ceifada nenhuma forma de vida pelas águas de um dilúvio; nunca mais haverá dilúvio para destruir a terra".

of the ground. **9** But the dove could find no place to set its feet because there was water over all the surface of the earth; so it returned to Noah in the ark. He reached out his hand and took the dove and brought it back to himself in the ark. **10** He waited seven more days and again sent out the dove from the ark. **11** When the dove returned to him in the evening, there in its beak was a freshly plucked olive leaf! Then Noah knew that the water had receded from the earth. **12** He waited seven more days and sent the dove out again, but this time it did not return to him.

13 By the first day of the first month of Noah's six hundred and first year, the water had dried up from the earth. Noah then removed the covering from the ark and saw that the surface of the ground was dry. **14** By the twenty-seventh day of the second month the earth was completely dry.

15 Then God said to Noah, **16** "Come out of the ark, you and your wife and your sons and their wives. **17** Bring out every kind of living creature that is with you—the birds, the animals, and all the creatures that move along the ground—so they can multiply on the earth and be fruitful and increase in number upon it."

18 So Noah came out, together with his sons and his wife and his sons' wives. **19** All the animals and all the creatures that move along the ground and all the birds—everything that moves on the earth—came out of the ark, one kind after another.

20 Then Noah built an altar to the LORD and, taking some of all the clean animals and clean birds, he sacrificed burnt offerings on it. **21** The LORD smelled the pleasing aroma and said in his heart: "Never again will I curse the ground because of man, even though^a every inclination of his heart is evil from childhood. And never again will I destroy all living creatures, as I have done.

22 "As long as the earth endures,
     seedtime and harvest,
     cold and heat,
     summer and winter,
     day and night
     will never cease."

God's Covenant With Noah

9 Then God blessed Noah and his sons, saying to them, "Be fruitful and increase in number and fill the earth. **2** The fear and dread of you will fall upon all the beasts of the earth and all the birds of the air, upon every creature that moves along the ground, and upon all the fish of the sea; they are given into your hands. **3** Everything that lives and moves will be food for you. Just as I gave you the green plants, I now give you everything.

4 "But you must not eat meat that has its lifeblood still in it. **5** And for your lifeblood I will surely demand an accounting. I will demand an accounting from every animal. And from each man, too, I will demand an accounting for the life of his fellow man.

6 "Whoever sheds the blood of man,
     by man shall his blood be shed;
for in the image of God
     has God made man.

7 As for you, be fruitful and increase in number; multiply on the earth and increase upon it."

8 Then God said to Noah and to his sons with him: **9** "I now establish my covenant with you and with your descendants after you **10** and with every living creature that was with you—the birds, the livestock and all the wild animals, all those that came out of the ark with you—every living creature on earth. **11** I establish my covenant with you: Never again will all life be cut off by the waters of a flood; never again will there be a flood to destroy the earth."

---

a8.20 Isto é, sacrifício totalmente queimado. **b**8.21 Ou *toda a raça humana* **c**9.7 Possivelmente *e a dominem*

a8:21 Or *man, for*

12 E Deus prosseguiu: "Este é o sinal da aliança que estou fazendo entre mim e vocês e com todos os seres vivos que estão com vocês, para todas as gerações futuras: **13** o meu arco que coloquei nas nuvens. Será o sinal da minha aliança com a terra. **14** Quando eu trouxer nuvens sobre a terra e nelas aparecer o arco-íris, **15** então me lembrarei da minha aliança com vocês e com os seres vivos de todas as espécies[a]. Nunca mais as águas se tornarão um dilúvio para destruir toda forma de vida[b]. **16** Toda vez que o arco-íris estiver nas nuvens, olharei para ele e me lembrarei da aliança eterna entre Deus e todos os seres vivos de todas as espécies que vivem na terra".

17 Concluindo, disse Deus a Noé: "Esse é o sinal da aliança que estabeleci entre mim e toda forma de vida que há sobre a terra".

Os Filhos de Noé

18 Os filhos de Noé que saíram da arca foram Sem, Cam e Jafé. Cam é o pai de Canaã. **19** Esses foram os três filhos de Noé; a partir deles toda a terra foi povoada.

20 Noé, que era agricultor, foi o primeiro a plantar uma vinha. **21** Bebeu do vinho, embriagou-se e ficou nu dentro da sua tenda. **22** Cam, pai de Canaã, viu a nudez do pai e foi contar aos dois irmãos que estavam do lado de fora. **23** Mas Sem e Jafé pegaram a capa, levantaram-na sobre os ombros e, andando de costas para não verem a nudez do pai, cobriram-no.

24 Quando Noé acordou do efeito do vinho e descobriu o que seu filho caçula lhe havia feito, **25** disse:

"Maldito seja Canaã!
    Escravo de escravos
    será para os seus irmãos".

26 Disse ainda:

"Bendito seja o SENHOR,
    o Deus de Sem!
E seja Canaã seu escravo.
27 Amplie Deus o território de Jafé;
    habite ele nas tendas de Sem,
    e seja Canaã seu escravo".

28 Depois do Dilúvio Noé viveu trezentos e cinqüenta anos. **29** Viveu ao todo novecentos e cinqüenta anos e morreu.

A Origem dos Povos

10 Este é o registro da descendência de Sem, Cam e Jafé, filhos de Noé. Os filhos deles nasceram depois do Dilúvio.

Os Jafetitas

2 Estes foram os filhos[c] de Jafé:
    Gômer, Magogue, Madai, Javã, Tubal,
    Meseque e Tirás.
3 Estes foram os filhos de Gômer:
    Asquenaz, Rifate e Togarma.
4 Estes foram os filhos de Javã:
    Elisá, Társis, Quitim e Rodanim[d].
5 Deles procedem os povos marítimos, os quais se separaram em seu território, conforme a sua língua, cada um segundo os clãs de suas nações.

Os Camitas

6 Estes foram os filhos de Cam:
    Cuxe, Mizraim[e], Pute e Canaã.
7 Estes foram os filhos de Cuxe:
    Sebá, Havilá, Sabtá, Raamá e Sabtecá.

---

12 And God said, "This is the sign of the covenant I am making between me and you and every living creature with you, a covenant for all generations to come: **13** I have set my rainbow in the clouds, and it will be the sign of the covenant between me and the earth. **14** Whenever I bring clouds over the earth and the rainbow appears in the clouds, **15** I will remember my covenant between me and you and all living creatures of every kind. Never again will the waters become a flood to destroy all life. **16** Whenever the rainbow appears in the clouds, I will see it and remember the everlasting covenant between God and all living creatures of every kind on the earth."

17 So God said to Noah, "This is the sign of the covenant I have established between me and all life on the earth."

The Sons of Noah

18 The sons of Noah who came out of the ark were Shem, Ham and Japheth. (Ham was the father of Canaan.) **19** These were the three sons of Noah, and from them came the people who were scattered over the earth.

20 Noah, a man of the soil, proceeded[a] to plant a vineyard. **21** When he drank some of its wine, he became drunk and lay uncovered inside his tent. **22** Ham, the father of Canaan, saw his father's nakedness and told his two brothers outside. **23** But Shem and Japheth took a garment and laid it across their shoulders; then they walked in backward and covered their father's nakedness. Their faces were turned the other way so that they would not see their father's nakedness.

24 When Noah awoke from his wine and found out what his youngest son had done to him, **25** he said,

"Cursed be Canaan!
    The lowest of slaves
    will he be to his brothers."

26 He also said,

"Blessed be the LORD, the God of Shem!
    May Canaan be the slave of Shem.[b]
27 May God extend the territory of Japheth[c];
    may Japheth live in the tents of Shem,
    and may Canaan be his[d] slave."

28 After the flood Noah lived 350 years. **29** Altogether, Noah lived 950 years, and then he died.

The Table of Nations

10 This is the account of Shem, Ham and Japheth, Noah's sons, who themselves had sons after the flood.

The Japhethites

2 The sons[e] of Japheth:
    Gomer, Magog, Madai, Javan, Tubal, Meshech and Tiras.
3 The sons of Gomer:
    Ashkenaz, Riphath and Togarmah.
4 The sons of Javan:
    Elishah, Tarshish, the Kittim and the Rodanim.[f] (From these the maritime peoples spread out into their territories by their clans within their nations, each with its own language.)

The Hamites

6 The sons of Ham:
    Cush, Mizraim,[g] Put and Canaan.
7 The sons of Cush:
    Seba, Havilah, Sabtah, Raamah and Sabteca.

---

[a]9.15 Hebraico: *de toda carne*; também no versículo 16. [b]9.15 Hebraico: *toda carne*; também no versículo 17. [c]10.2 *Filhos* pode significar *descendentes* ou *sucessores* ou *nações*; também nos versículos 3, 4, 6, 7, 20-23 e 29. [d]10.4 Alguns manuscritos dizem *Dodanim*. [e]10.6 Isto é, Egito; também no versículo 13.

[a]9:20 Or *soil, was the first* [b]9:26 Or *be his slave* [c]9:27 *Japheth* sounds like the Hebrew for *extend.* [d]9:27 Or *their* [e]10:2 *Sons* may mean *descendants* or *successors* or *nations*; also in verses 3, 4, 6, 7, 20-23, 29 and 31. [f]10:4 Some manuscripts of the Masoretic Text and Samaritan Pentateuch (see also Septuagint and 1 Chron. 1:7); most manuscripts of the Masoretic Text *Dodanim* [g]10:6 That is, Egypt; also in verse 13

Estes foram os filhos de Raamá:
　　Sabá e Dedã.

8 Cuxe gerou[a] também Ninrode, o primeiro homem poderoso na terra. **9** Ele foi o mais valente dos caçadores[b], e por isso se diz: "Valente como Ninrode". **10** No início o seu reino abrangia Babel, Ereque, Acade e Calné[c], na terra de Sinear. **11** Dessa terra ele partiu para a Assíria, onde fundou Nínive, Reobote-Ir[e], Calá **12** e Resém, que fica entre Nínive e Calá, a grande cidade.

13 Mizraim gerou os luditas, os anamitas, os leabitas, os naftuítas, **14** os patrusitas, os casluítas, dos quais se originaram os filisteus, e os caftoritas.

15 Canaã gerou Sidom, seu filho mais velho, e Hetef, **16** como também os jebuseus, os amorreus, os girgaseus, **17** os heveus, os arqueus, os sineus, **18** os arvadeus, os zemareus e os hamateus.

Posteriormente, os clãs cananeus se espalharam. **19** As fronteiras de Canaã estendiam-se desde Sidom, iam até Gerar, e chegavam a Gaza e, de lá, prosseguiam até Sodoma, Gomorra, Admá e Zeboim, chegando até Lasa.

20 São esses os descendentes de Cam, conforme seus clãs e línguas, em seus territórios e nações.

Os Semitas

21 Sem, irmão mais velho de Jafé[g], também gerou filhos. Sem foi o antepassado de todos os filhos de Héber.

22 Estes foram os filhos de Sem:
　　Elão, Assur, Arfaxade, Lude e Arã.
23 Estes foram os filhos de Arã:
　　Uz, Hul, Géter e Meseque[h].
24 Arfaxade gerou Salá[i], e este gerou Héber.
25 A Héber nasceram dois filhos: um deles se chamou Pelegue, porque em sua época a terra foi dividida; seu irmão chamou-se Joctã.
26 Joctã gerou Almodá, Salefe, Hazarmavé, Jerá, **27** Adorão, Uzal, Dicla, **28** Obal, Abimael, Sabá, **29** Ofir, Havilá e Jobabe. Todos esses foram filhos de Joctã.
30 A região onde viviam estendia-se de Messa até Sefar, nas colinas ao leste.

31 São esses os descendentes de Sem, conforme seus clãs e línguas, em seus territórios e nações.

32 São esses os clãs dos filhos de Noé, distribuídos em suas nações, conforme a história da sua descendência. A partir deles, os povos se dispersaram pela terra, depois do Dilúvio.

A Torre de Babel

11 No mundo todo havia apenas uma língua, um só modo de falar. **2** Saindo os homens do[j] Oriente, encontraram uma planície em Sinear e ali se fixaram. **3** Disseram uns aos outros: "Vamos fazer tijolos e queimá-los bem". Usavam tijolos em lugar de pedras, e piche em vez de argamassa. **4** Depois disseram: "Vamos construir uma cidade, com uma torre que alcance os céus. Assim nosso nome será famoso e não seremos espalhados pela face da terra". **5** O Senhor desceu para ver a cidade e a torre que os homens estavam construindo. **6** E disse o Senhor: "Eles são um só povo e falam uma só língua, e começaram a construir isso. Em breve nada poderá impedir o que planejam fazer. **7** Venham, desçamos e confundamos a língua que falam, para que não entendam mais uns aos outros".

The sons of Raamah:
　　Sheba and Dedan.

8 Cush was the father[a] of Nimrod, who grew to be a mighty warrior on the earth. **9** He was a mighty hunter before the Lord; that is why it is said, "Like Nimrod, a mighty hunter before the Lord." **10** The first centers of his kingdom were Babylon, Erech, Akkad and Calneh, in[b] Shinar.[c] **11** From that land he went to Assyria, where he built Nineveh, Rehoboth Ir,[d] Calah **12** and Resen, which is between Nineveh and Calah; that is the great city.

13 Mizraim was the father of
　　the Ludites, Anamites, Lehabites, Naphtuhites,
14 Pathrusites, Casluhites (from whom the Philistines came) and Caphtorites.
15 Canaan was the father of
　　Sidon his firstborn,[e] and of the Hittites, **16** Jebusites, Amorites, Girgashites, **17** Hivites, Arkites, Sinites, **18** Arvadites, Zemarites and Hamathites.

Later the Canaanite clans scattered **19** and the borders of Canaan reached from Sidon toward Gerar as far as Gaza, and then toward Sodom, Gomorrah, Admah and Zeboiim, as far as Lasha.

20 These are the sons of Ham by their clans and languages, in their territories and nations. The Semites
21 Sons were also born to Shem, whose older brother was[f] Japheth; Shem was the ancestor of all the sons of Eber.

22 The sons of Shem:
　　Elam, Asshur, Arphaxad, Lud and Aram.
23 The sons of Aram:
　　Uz, Hul, Gether and Meshech.[g]
24 Arphaxad was the father of[h] Shelah,
　　and Shelah the father of Eber.
25 Two sons were born to Eber:
　　One was named Peleg,[i] because in his time the earth was divided; his brother was named Joktan.
26 Joktan was the father of
　　Almodad, Sheleph, Hazarmaveth, Jerah, **27** Hadoram, Uzal, Diklah, **28** Obal, Abimael, Sheba, **29** Ophir, Havilah and Jobab. All these were sons of Joktan.

30 The region where they lived stretched from Mesha toward Sephar, in the eastern hill country.

31 These are the sons of Shem by their clans and languages, in their territories and nations.

32 These are the clans of Noah's sons, according to their lines of descent, within their nations. From these the nations spread out over the earth after the flood.

The Tower of Babel

11 Now the whole world had one language and a common speech. **2** As men moved eastward,[j] they found a plain in Shinar[l] and settled there. **3** They said to each other, "Come, let's make bricks and bake them thoroughly." They used brick instead of stone, and tar for mortar. **4** Then they said, "Come, let us build ourselves a city, with a tower that reaches to the heavens, so that we may make a name for ourselves and not be scattered over the face of the whole earth." **5** But the Lord came down to see the city and the tower that the men were building. **6** The Lord said, "If as one people speaking the same language they have begun to do this, then nothing they plan to do will be impossible for them. **7** Come, let us go down and confuse their language so they will not understand each other."

---

[a]10.8 *Gerar* pode ter o sentido de *ser ancestral* ou *predecessor*, também nos versículos 13, 15, 24 e 26. [b]10.9 Hebraico: *valente caçador diante do Senhor.* [c]10.10 Ou *e todos eles* [d]10.10 Isto é, Babilônia. [e]10.11 Ou *Nínive com as praças da cidade* [f]10.15 Ou *os sidônios, os primeiros, e os hititas* [g]10.21 Ou *Sem, cujo irmão mais velho era Jafé* [h]10.23 Alguns manuscritos dizem *Más.* [i]10.24 A Septuaginta diz *gerou Cainã, e Cainã gerou Salá.* [j]11.2 Ou *para o Oriente*

[a]10:8 *Father* may mean *ancestor* or *predecessor* or *founder*; also in verses 13, 15, 24 and 26. [b]10:10 Or *Erech and Akkad—all of them in* [c]10:10 That is, Babylonia [d]10:11 Or *Nineveh with its city squares* [e]10:15 Or *of the Sidonians, the foremost* [f]10:21 Or *Shem, the older brother of* [g]10:23 See Septuagint and 1 Chron. 1:17; Hebrew *Mash* [h]10:24 Hebrew; Septuagint *father of Cainan, and Cainan was the father of* [i]10:25 *Peleg* means *division.* [j]11:2 Or *from the east; or in the east* [l]11:2 That is, Babylonia

8 Assim o Senhor os dispersou dali por toda a terra, e pararam de construir a cidade. 9 Por isso foi chamada Babela, porque ali o Senhor confundiu a língua de todo o mundo. Dali o Senhor os espalhou por toda a terra.

A Descendência de Sem

10 Este é o registro da descendência de Sem:

Dois anos depois do Dilúvio, aos 100 anos de idade, Sem gerou b Arfaxade. 11 E depois de ter gerado Arfaxade, Sem viveu 500 anos e gerou outros filhos e filhas.

12 Aos 35 anos, Arfaxade gerou Salá. 13 Depois que gerou Salá, Arfaxade viveu 403 anos e gerou outros filhos e filhas. c

14 Aos 30 anos, Salá gerou Héber. 15 Depois que gerou Héber, Salá viveu 403 anos e gerou outros filhos e filhas.

16 Aos 34 anos, Héber gerou Pelegue. 17 Depois que gerou Pelegue, Héber viveu 430 anos e gerou outros filhos e filhas.

18 Aos 30 anos, Pelegue gerou Reú. 19 Depois que gerou Reú, Pelegue viveu 209 anos e gerou outros filhos e filhas.

20 Aos 32 anos, Reú gerou Serugue. 21 Depois que gerou Serugue, Reú viveu 207 anos e gerou outros filhos e filhas.

22 Aos 30 anos, Serugue gerou Naor. 23 Depois que gerou Naor, Serugue viveu 200 anos e gerou outros filhos e filhas.

24 Aos 29 anos, Naor gerou Terá. 25 Depois que gerou Terá, Naor viveu 119 anos e gerou outros filhos e filhas.

26 Aos 70 anos, Terá havia gerado Abrão, Naor e Harã.

27 Esta é a história da família de Terá:

Terá gerou Abrão, Naor e Harã. E Harã gerou Ló. 28 Harã morreu em Ur dos caldeus, sua terra natal, quando ainda vivia Terá, seu pai. 29 Tanto Abrão como Naor casaram-se. O nome da mulher de Abrão era Sarai, e o nome da mulher de Naor era Milca; esta era filha de Harã, pai de Milca e de Iscá. 30 Ora, Sarai era estéril; não tinha filhos.

31 Terá tomou seu filho Abrão, seu neto Ló, filho de Harã, e sua nora Sarai, mulher de seu filho Abrão, e juntos partiram de Ur dos caldeus para Canaã. Mas, ao chegarem a Harã, estabeleceram-se ali.

32 Terá viveu 205 anos e morreu em Harã.

O Chamado de Abrão

12 Então o Senhor disse a Abrão: "Saia da sua terra, do meio dos seus parentes e da casa de seu pai, e vá para a terra que eu lhe mostrarei.

2 "Farei de você um grande povo,
  e o abençoarei.
Tornarei famoso o seu nome,
  e você será uma bênção.
3 Abençoarei os que o abençoarem
e amaldiçoarei os que o amaldiçoarem;
e por meio de você
  todos os povos da terra
  serão abençoados".

---

a11.9 Isto é, Babilônia. b11.10 Gerar pode ter o sentido de ser ancestral ou predecessor; também nos versículos 11-25. c11.12,13 A Septuaginta diz Aos 35 anos, Arfaxade gerou Cainã. 13Depois que gerou Cainã, Arfaxade viveu 430 anos e gerou outros filhos e filhas, e então morreu. Aos 130 anos, Cainã gerou Salá. Depois que gerou Salá, Cainã viveu 330 anos e gerou outros filhos e filhas. Veja Gn 10.24 e Lc 3.35,36.

---

8 So the Lord scattered them from there over all the earth, and they stopped building the city. 9 That is why it was called Babela—because there the Lord confused the language of the whole world. From there the Lord scattered them over the face of the whole earth.

From Shem to Abram

10 This is the account of Shem.

Two years after the flood, when Shem was 100 years old, he became the father b of Arphaxad. 11 And after he became the father of Arphaxad, Shem lived 500 years and had other sons and daughters.

12 When Arphaxad had lived 35 years, he became the father of Shelah. 13 And after he became the father of Shelah, Arphaxad lived 403 years and had other sons and daughters. c

14 When Shelah had lived 30 years, he became the father of Eber. 15 And after he became the father of Eber, Shelah lived 403 years and had other sons and daughters.

16 When Eber had lived 34 years, he became the father of Peleg. 17 And after he became the father of Peleg, Eber lived 430 years and had other sons and daughters.

18 When Peleg had lived 30 years, he became the father of Reu. 19 And after he became the father of Reu, Peleg lived 209 years and had other sons and daughters.

20 When Reu had lived 32 years, he became the father of Serug. 21 And after he became the father of Serug, Reu lived 207 years and had other sons and daughters.

22 When Serug had lived 30 years, he became the father of Nahor. 23 And after he became the father of Nahor, Serug lived 200 years and had other sons and daughters.

24 When Nahor had lived 29 years, he became the father of Terah. 25 And after he became the father of Terah, Nahor lived 119 years and had other sons and daughters.

26 After Terah had lived 70 years, he became the father of Abram, Nahor and Haran.

27 This is the account of Terah.

Terah became the father of Abram, Nahor and Haran. And Haran became the father of Lot. 28 While his father Terah was still alive, Haran died in Ur of the Chaldeans, in the land of his birth. 29 Abram and Nahor both married. The name of Abram's wife was Sarai, and the name of Nahor's wife was Milcah; she was the daughter of Haran, the father of both Milcah and Iscah. 30 Now Sarai was barren; she had no children.

31 Terah took his son Abram, his grandson Lot son of Haran, and his daughter-in-law Sarai, the wife of his son Abram, and together they set out from Ur of the Chaldeans to go to Canaan. But when they came to Haran, they settled there.

32 Terah lived 205 years, and he died in Haran.

The Call of Abram

12 The Lord had said to Abram, "Leave your country, your people and your father's household and go to the land I will show you.

2 "I will make you into a great nation
  and I will bless you;
I will make your name great,
  and you will be a blessing.
3 I will bless those who bless you,
  and whoever curses you I will curse;
and all peoples on earth
  will be blessed through you."

---

a11:9 That is, Babylon; Babel sounds like the Hebrew for confused. b11:10 Father may mean ancestor; also in verses 11-25. c11:12,13 Hebrew; Septuagint (see also Luke 3:35, 36 and note at Gen. 10:24) 35 years, he became the father of Cainan. 13 And after he became the father of Cainan, Arphaxad lived 430 years and had other sons and daughters, and then he died. When Cainan had lived 130 years, he became the father of Shelah. And after he became the father of Shelah, Cainan lived 330 years and had other sons and daughters

4 Partiu Abrão, como lhe ordenara o Senhor, e Ló foi com ele. Abrão tinha setenta e cinco anos quando saiu de Harã. **5** Levou sua mulher Sarai, seu sobrinho Ló, todos os bens que haviam acumulado e os seus servos, comprados em Harã; partiram para a terra de Canaã e lá chegaram. **6** Abrão atravessou a terra até o lugar do carvalho de Moré, em Siquém. Naquela época os cananeus habitavam essa terra.

7 O Senhor apareceu a Abrão e disse: "À sua descendência darei esta terra". Abrão construiu ali um altar dedicado ao Senhor, que lhe havia aparecido. **8** Dali prosseguiu em direção às colinas a leste de Betel, onde armou acampamento, tendo Betel a oeste e Ai a leste. Construiu ali um altar dedicado ao Senhor e invocou o nome do Senhor. **9** Depois Abrão partiu e prosseguiu em direção ao Neguebe.

Abrão no Egito

10 Houve fome naquela terra, e Abrão desceu ao Egito para ali viver algum tempo, pois a fome era rigorosa. **11** Quando estava chegando ao Egito, disse a Sarai, sua mulher: "Bem sei que você é bonita. **12** Quando os egípcios a virem, dirão: 'Esta é a mulher dele'. E me matarão, mas deixarão você viva. **13** Diga que é minha irmã, para que me tratem bem por amor a você e minha vida seja poupada por sua causa".

14 Quando Abrão chegou ao Egito, viram os egípcios que Sarai era uma mulher muito bonita. **15** Vendo-a, os homens da corte do faraó a elogiaram diante do faraó, e ela foi levada ao seu palácio. **16** Ele tratou bem a Abrão por causa dela, e Abrão recebeu ovelhas e bois, jumentos e jumentas, servos e servas, e camelos.

17 Mas o Senhor puniu o faraó e sua corte com graves doenças, por causa de Sarai, mulher de Abrão. **18** Por isso o faraó mandou chamar Abrão e disse: "O que você fez comigo? Por que não me falou que ela era sua mulher? **19** Por que disse que era sua irmã? Foi por isso que eu a tomei para ser minha mulher. Aí está a sua mulher. Tome-a e vá!" **20** A seguir o faraó deu ordens para que providenciassem o necessário para que Abrão partisse, com sua mulher e com tudo o que possuía.

A Desavença entre Abrão e Ló

13 Saiu, pois, Abrão do Egito e foi para o Neguebe, com sua mulher e com tudo o que possuía, e Ló foi com ele. **2** Abrão tinha enriquecido muito, tanto em gado como em prata e ouro.

3 Ele partiu do Neguebe em direção a Betel, indo de um lugar a outro, até que chegou ao lugar entre Betel e Ai onde já havia armado acampamento anteriormente **4** e onde, pela primeira vez, tinha construído um altar. Ali Abrão invocou o nome do Senhor.

5 Ló, que acompanhava Abrão, também possuía rebanhos e tendas. **6** E não podiam morar os dois juntos na mesma região, porque possuíam tantos bens que a terra não podia sustentá-los. **7** Por isso surgiu uma desavença entre os pastores dos rebanhos de Abrão e os de Ló. Nessa época os cananeus e os ferezeus habitavam aquela terra.

8 Então Abrão disse a Ló: "Não haja desavença entre mim e você, ou entre os seus pastores e os meus; afinal somos irmãos! **9** Aí está a terra inteira diante de você. Vamos separar-nos. Se você for para a esquerda, irei para a direita; se for para a direita, irei para a esquerda".

10 Olhou então Ló e viu todo o vale do Jordão, todo ele bem irrigado, até Zoar; era como o jardim do Senhor, como a terra do Egito. Isto se deu antes de o Senhor destruir Sodoma e Gomorra. **11** Ló escolheu todo o vale do Jordão e partiu em direção ao leste. Assim os dois se separaram: **12** Abrão ficou na terra de Canaã, mas Ló mudou seu acampamento para um lugar próximo a Sodoma, entre as cidades do vale. **13** Ora, os homens de Sodoma eram extremamente perversos e pecadores contra o Senhor.

4 So Abram left, as the Lord had told him; and Lot went with him. Abram was seventy-five years old when he set out from Haran. **5** He took his wife Sarai, his nephew Lot, all the possessions they had accumulated and the people they had acquired in Haran, and they set out for the land of Canaan, and they arrived there.

6 Abram traveled through the land as far as the site of the great tree of Moreh at Shechem. At that time the Canaanites were in the land. **7** The Lord appeared to Abram and said, "To your offspring[a] I will give this land." So he built an altar there to the Lord, who had appeared to him.

8 From there he went on toward the hills east of Bethel and pitched his tent, with Bethel on the west and Ai on the east. There he built an altar to the Lord and called on the name of the Lord. **9** Then Abram set out and continued toward the Negev.

Abram in Egypt

10 Now there was a famine in the land, and Abram went down to Egypt to live there for a while because the famine was severe. **11** As he was about to enter Egypt, he said to his wife Sarai, "I know what a beautiful woman you are. **12** When the Egyptians see you, they will say, 'This is his wife.' Then they will kill me but will let you live. **13** Say you are my sister, so that I will be treated well for your sake and my life will be spared because of you."

14 When Abram came to Egypt, the Egyptians saw that she was a very beautiful woman. **15** And when Pharaoh's officials saw her, they praised her to Pharaoh, and she was taken into his palace. **16** He treated Abram well for her sake, and Abram acquired sheep and cattle, male and female donkeys, menservants and maidservants, and camels.

17 But the Lord inflicted serious diseases on Pharaoh and his household because of Abram's wife Sarai. **18** So Pharaoh summoned Abram. "What have you done to me?" he said. "Why didn't you tell me she was your wife? **19** Why did you say, 'She is my sister,' so that I took her to be my wife? Now then, here is your wife. Take her and go!" **20** Then Pharaoh gave orders about Abram to his men, and they sent him on his way, with his wife and everything he had.

Abram and Lot Separate

13 So Abram went up from Egypt to the Negev, with his wife and everything he had, and Lot went with him. **2** Abram had become very wealthy in livestock and in silver and gold.

3 From the Negev he went from place to place until he came to Bethel, to the place between Bethel and Ai where his tent had been earlier **4** and where he had first built an altar. There Abram called on the name of the Lord.

5 Now Lot, who was moving about with Abram, also had flocks and herds and tents. **6** But the land could not support them while they stayed together, for their possessions were so great that they were not able to stay together. **7** And quarreling arose between Abram's herdsmen and the herdsmen of Lot. The Canaanites and Perizzites were also living in the land at that time.

8 So Abram said to Lot, "Let's not have any quarreling between you and me, or between your herdsmen and mine, for we are brothers. **9** Is not the whole land before you? Let's part company. If you go to the left, I'll go to the right; if you go to the right, I'll go to the left."

10 Lot looked up and saw that the whole plain of the Jordan was well watered, like the garden of the Lord, like the land of Egypt, toward Zoar. (This was before the Lord destroyed Sodom and Gomorrah.) **11** So Lot chose for himself the whole plain of the Jordan and set out toward the east. The two men parted company: **12** Abram lived in the land of Canaan, while Lot lived among the cities of the plain and pitched his tents near Sodom. **13** Now the men of Sodom were wicked and were sinning greatly against the Lord.

ᵃ12:7 Or *seed*

A Promessa de Deus a Abrão

14 Disse o Senhor a Abrão, depois que Ló separou-se dele: "De onde você está, olhe para o norte, para o sul, para o leste e para o oeste: **15** toda a terra que você está vendo darei a você e à sua descendência para sempre. **16** Tornarei a sua descendência tão numerosa como o pó da terra. Se for possível contar o pó da terra, também se poderá contar a sua descendência. **17** Percorra esta terra de alto a baixo, de um lado a outro, porque eu a darei a você".

18 Então Abrão mudou seu acampamento e passou a viver próximo aos carvalhos de Manre, em Hebrom, onde construiu um altar dedicado ao Senhor.

Abrão Socorre Ló

14 Naquela época Anrafel, rei de Sinear, Arioque, rei de Elasar, Quedorlaomer, rei de Elão, e Tidal, rei de Goim, **2** foram à guerra contra Bera, rei de Sodoma, contra Birsa, rei de Gomorra, contra Sinabe, rei de Admá, contra Semeber, rei de Zeboim, e contra o rei de Belá, que é Zoar. **3** Todos esses últimos juntaram suas tropas no vale de Sidim, onde fica o mar Salgado³. **4** Doze anos estiveram sujeitos a Quedorlaomer, mas no décimo terceiro ano se rebelaram.

5 No décimo quarto ano, Quedorlaomer e os reis que a ele tinham-se aliado derrotaram os refains em Asterote-Carnaim, os zuzins em Hã, os emins em Savé-Quiriataim **6** e os horeus desde os montes de Seir até El-Parã, próximo ao deserto. **7** Depois, voltaram e foram para En-Mispate, que é Cades, e conquistaram todo o território dos amalequitas e dos amorreus que viviam em Hazazom-Tamar.

8 Então os reis de Sodoma, de Gomorra, de Admá, de Zeboim e de Belá, que é Zoar, marcharam e tomaram posição de combate no vale de Sidim **9** contra Quedorlaomer, rei de Elão, contra Tidal, rei de Goim, contra Anrafel, rei de Sinear, e contra Arioque, rei de Elasar. Eram quatro reis contra cinco. **10** Ora, o vale de Sidim era cheio de poços de betume e, quando os reis de Sodoma e de Gomorra fugiram, alguns dos seus homens caíram nos poços e o restante escapou para os montes. **11** Os vencedores saquearam todos os bens de Sodoma e de Gomorra e todo o seu mantimento, e partiram. **12** Levaram também Ló, sobrinho de Abrão, e os bens que ele possuía, visto que morava em Sodoma.

13 Mas alguém que tinha escapado veio e relatou tudo a Abrão, o hebreu, que vivia próximo aos carvalhos de Manre, o amorreu. Manre e os seus irmãos⁵ Escol e Aner eram aliados de Abrão. **14** Quando Abrão ouviu que seu parente fora levado prisioneiro, mandou convocar os trezentos e dezoito homens treinados, nascidos em sua casa, e saiu em perseguição aos inimigos até Dã. **15** Atacou-os durante a noite em grupos, e assim os derrotou, perseguindo-os até Hobá, ao norte de Damasco. **16** Recuperou todos os bens e trouxe de volta seu parente Ló com tudo o que possuía, com as mulheres e o restante dos prisioneiros.

Melquisedeque Abençoa Abrão

17 Voltando Abrão da vitória sobre Quedorlaomer e sobre os reis que a ele se haviam aliado, o rei de Sodoma foi ao seu encontro no vale de Savé, isto é, o vale do Rei.

18 Então Melquisedeque, rei de Salémᵈ e sacerdote do Deus Altíssimo, trouxe pão e vinho **19** e abençoou Abrão, dizendo:

"Bendito seja Abrão
    pelo Deus Altíssimo,
Criadorᵉ dos céus e da terra.
20 E bendito seja o Deus Altíssimo,
    que entregou seus inimigos
      em suas mãos".

14 The Lord said to Abram after Lot had parted from him, "Lift up your eyes from where you are and look north and south, east and west. **15** All the land that you see I will give to you and your offspringᵃ forever. **16** I will make your offspring like the dust of the earth, so that if anyone could count the dust, then your offspring could be counted. **17** Go, walk through the length and breadth of the land, for I am giving it to you."

18 So Abram moved his tents and went to live near the great trees of Mamre at Hebron, where he built an altar to the Lord.

Abram Rescues Lot

14 At this time Amraphel king of Shinar,ᵇ Arioch king of Ellasar, Kedorlaomer king of Elam and Tidal king of Goiim **2** went to war against Bera king of Sodom, Birsha king of Gomorrah, Shinab king of Admah, Shemeber king of Zeboiim, and the king of Bela (that is, Zoar). **3** All these latter kings joined forces in the Valley of Siddim (the Salt Seaᵃ). **4** For twelve years they had been subject to Kedorlaomer, but in the thirteenth year they rebelled.

5 In the fourteenth year, Kedorlaomer and the kings allied with him went out and defeated the Rephaites in Ashteroth Karnaim, the Zuzites in Ham, the Emites in Shaveh Kiriathaim **6** and the Horites in the hill country of Seir, as far as El Paran near the desert. **7** Then they turned back and went to En Mishpat (that is, Kadesh), and they conquered the whole territory of the Amalekites, as well as the Amorites who were living in Hazazon Tamar.

8 Then the king of Sodom, the king of Gomorrah, the king of Admah, the king of Zeboiim and the king of Bela (that is, Zoar) marched out and drew up their battle lines in the Valley of Siddim **9** against Kedorlaomer king of Elam, Tidal king of Goiim, Amraphel king of Shinar and Arioch king of Ellasar— four kings against five. **10** Now the Valley of Siddim was full of tar pits, and when the kings of Sodom and Gomorrah fled, some of the men fell into them and the rest fled to the hills. **11** The four kings seized all the goods of Sodom and Gomorrah and all their food; then they went away. **12** They also carried off Abram's nephew Lot and his possessions, since he was living in Sodom.

13 One who had escaped came and reported this to Abram the Hebrew. Now Abram was living near the great trees of Mamre the Amorite, a brotherᵈ of Eshcol and Aner, all of whom were allied with Abram. **14** When Abram heard that his relative had been taken captive, he called out the 318 trained men born in his household and went in pursuit as far as Dan. **15** During the night Abram divided his men to attack them and he routed them, pursuing them as far as Hobah, north of Damascus. **16** He recovered all the goods and brought back his relative Lot and his possessions, together with the women and the other people.

17 After Abram returned from defeating Kedorlaomer and the kings allied with him, the king of Sodom came out to meet him in the Valley of Shaveh (that is, the King's Valley).

18 Then Melchizedek king of Salemᵉ brought out bread and wine. He was priest of God Most High, **19** and he blessed Abram, saying,

"Blessed be Abram by God Most High,
    Creatorᶠ of heaven and earth.
20 And blessed beᵍ God Most High,
    who delivered your enemies into your
      hand."

ᵃ14.3 Isto é, o mar Morto. ᵇ14.13 Ou *parentes*; ou ainda *aliados* ᶜ14.15 Hebraico: *à esquerda*. ᵈ14.18 Isto é, Jerusalém. ᵉ14.19 Ou *Dono*; também no versículo 22.

ᵃ13:15 Or *seed*; also in verse 16 ᵇ14:1 That is, Babylonia; also in verse 9 ᶜ14:3 That is, the Dead Sea ᵈ14:13 Or *a relative*; or *an ally* ᵉ14:18 That is, Jerusalem ᶠ14:19 Or *Possessor*; also in verse 22 ᵍ14:20 Or *And praise be to*

E Abrão lhe deu o dízimo de tudo.

21 O rei de Sodoma disse a Abrão: "Dê-me as pessoas e pode ficar com os bens".

22 Mas Abrão respondeu ao rei de Sodoma: "De mãos levantadas ao Senhor, o Deus Altíssimo, Criador dos céus e da terra, juro **23** que não aceitarei nada do que lhe pertence, nem mesmo um cordão ou uma correia de sandália, para que você jamais venha a dizer: 'Eu enriqueci Abrão'. **24** Nada aceitarei, a não ser o que os meus servos comeram e a porção pertencente a Aner, Escol e Manre, os quais me acompanharam. Que eles recebam a sua porção".

A Aliança de Deus com Abrão

15 Depois dessas coisas o Senhor falou a Abrão numa visão:

"Não tenha medo, Abrão!
Eu sou o seu escudo;
grande será a sua recompensa!"

2 Mas Abrão perguntou: "Ó Soberano Senhor, que me darás, se continuo sem filhos e o herdeiro do que possuo é Eliézer de Damasco?" **3** E acrescentou: "Tu não me deste filho algum! Um servo da minha casa será o meu herdeiro!"

4 Então o Senhor deu-lhe a seguinte resposta: "Seu herdeiro não será esse. Um filho gerado por você mesmo será o seu herdeiro". **5** Levando-o para fora da tenda, disse-lhe: "Olhe para o céu e conte as estrelas, se é que pode contá-las". E prosseguiu: "Assim será a sua descendência".

6 Abrão creu no Senhor, e isso lhe foi creditado como justiça. **7** Disse-lhe ainda: "Eu sou o Senhor, que o tirei de Ur dos caldeus para dar-lhe esta terra como herança". **8** Perguntou-lhe Abrão: "Ó Soberano Senhor, como posso saber que tomarei posse dela?"

9 Respondeu-lhe o Senhor: "Traga-me uma novilha, uma cabra e um carneiro, todos com três anos de vida, e também uma rolinha e um pombinho". **10** Abrão trouxe todos esses animais, cortou-os ao meio e colocou cada metade em frente à outra; as aves, porém, ele não cortou. **11** Nisso, aves de rapina começaram a descer sobre os cadáveres, mas Abrão as enxotava.

12 Ao pôr-do-sol, Abrão foi tomado de sono profundo, e eis que vieram sobre ele trevas densas e apavorantes. **13** Então o Senhor lhe disse: "Saiba que os seus descendentes serão estrangeiros numa terra que não lhes pertencerá, onde também serão escravizados e oprimidos por quatrocentos anos. **14** Mas eu castigarei a nação a quem servirão como escravos e, depois de tudo, sairão com muitos bens. **15** Você, porém, irá em paz a seus antepassados e será sepultado em boa velhice. **16** Na quarta geração, os seus descendentes voltarão para cá, porque a maldade dos amorreus ainda não atingiu a medida completa".

17 Depois que o sol se pôs e veio a escuridão, eis que um fogareiro esfumaçante, com uma tocha acesa, passou por entre os pedaços dos animais. **18** Naquele dia o Senhor fez a seguinte aliança com Abrão: "Aos seus descendentes dei esta terra, desde o ribeiro do Egito até o grande rio, o Eufrates: **19** a terra dos queneus, dos quenezeus, dos cadmoneus, **20** dos hititas, dos ferezeus, dos refains, **21** dos amorreus, dos cananeus, dos girgaseus e dos jebuseus".

O Nascimento de Ismael

16 Ora, Sarai, mulher de Abrão, não lhe dera nenhum filho. Como tinha uma serva egípcia, chamada Hagar, **2** disse a Abrão: "Já que o Senhor me impediu de ter filhos,

---

Then Abram gave him a tenth of everything.

21 The king of Sodom said to Abram, "Give me the people and keep the goods for yourself."

22 But Abram said to the king of Sodom, "I have raised my hand to the Lord, God Most High, Creator of heaven and earth, and have taken an oath **23** that I will accept nothing belonging to you, not even a thread or the thong of a sandal, so that you will never be able to say, 'I made Abram rich.' **24** I will accept nothing but what my men have eaten and the share that belongs to the men who went with me—to Aner, Eshcol and Mamre. Let them have their share."

God's Covenant With Abram

15 After this, the word of the Lord came to Abram in a vision:

"Do not be afraid, Abram.
I am your shield,[a]
your very great reward.[b]"

2 But Abram said, "O Sovereign Lord, what can you give me since I remain childless and the one who will inherit[c] my estate is Eliezer of Damascus?" **3** And Abram said, "You have given me no children; so a servant in my household will be my heir."

4 Then the word of the Lord came to him: "This man will not be your heir, but a son coming from your own body will be your heir." **5** He took him outside and said, "Look up at the heavens and count the stars—if indeed you can count them." Then he said to him, "So shall your offspring be."

6 Abram believed the Lord, and he credited it to him as righteousness.

7 He also said to him, "I am the Lord, who brought you out of Ur of the Chaldeans to give you this land to take possession of it."

8 But Abram said, "O Sovereign Lord, how can I know that I will gain possession of it?"

9 So the Lord said to him, "Bring me a heifer, a goat and a ram, each three years old, along with a dove and a young pigeon."

10 Abram brought all these to him, cut them in two and arranged the halves opposite each other; the birds, however, he did not cut in half. **11** Then birds of prey came down on the carcasses, but Abram drove them away.

12 As the sun was setting, Abram fell into a deep sleep, and a thick and dreadful darkness came over him. **13** Then the Lord said to him, "Know for certain that your descendants will be strangers in a country not their own, and they will be enslaved and mistreated four hundred years. **14** But I will punish the nation they serve as slaves, and afterward they will come out with great possessions. **15** You, however, will go to your fathers in peace and be buried at a good old age. **16** In the fourth generation your descendants will come back here, for the sin of the Amorites has not yet reached its full measure."

17 When the sun had set and darkness had fallen, a smoking firepot with a blazing torch appeared and passed between the pieces. **18** On that day the Lord made a covenant with Abram and said, "To your descendants I give this land, from the river[d] of Egypt to the great river, the Euphrates— **19** the land of the Kenites, Kenizzites, Kadmonites, **20** Hittites, Perizzites, Rephaites, **21** Amorites, Canaanites, Girgashites and Jebusites."

Hagar and Ishmael

16 Now Sarai, Abram's wife, had borne him no children. But she had an Egyptian maidservant named Hagar; **2** so she said to Abram, "The Lord has kept me from having children.

---

[a]15:1 Or *sovereign* [b]15:1 Or *shield; / your reward will be very great* [c]15:2 The meaning of the Hebrew for this phrase is uncertain. [d]15:18 Or *Wadi*

possua a minha serva; talvez eu possa formar família por meio dela". Abrão atendeu à proposta de Sarai. **3** Quando isso aconteceu, já fazia dez anos que Abrão, seu marido, vivia em Canaã. Foi nessa ocasião que Sarai, sua mulher, lhe entregou sua serva egípcia Hagar. **4** Ele possuiu Hagar, e ela engravidou.

Quando se viu grávida, começou a olhar com desprezo para a sua senhora. **5** Então Sarai disse a Abrão: "Caia sobre você a afronta que venho sofrendo. Coloquei minha serva em seus braços e, agora que ela sabe que engravidou, despreza-me. Que o Senhor seja o juiz entre mim e você".

6 Respondeu Abrão a Sarai: "Sua serva está em suas mãos. Faça com ela o que achar melhor". Então Sarai tanto maltratou Hagar que esta acabou fugindo.

7 O Anjo do Senhor encontrou Hagar perto de uma fonte no deserto, no caminho de Sur, **8** e perguntou-lhe: "Hagar, serva de Sarai, de onde você vem? Para onde vai?"

Respondeu ela: "Estou fugindo de Sarai, a minha senhora".

9 Disse-lhe então o Anjo do Senhor: "Volte à sua senhora e sujeite-se a ela". **10** Disse mais o Anjo: "Multiplicarei tanto os seus descendentes que ninguém os poderá contar".

11 Disse-lhe ainda o Anjo do Senhor:

"Você está grávida e terá um filho,
     e lhe dará o nome de Ismael,
porque o Senhor a ouviu
     em seu sofrimento.
12 Ele será como jumento selvagem;
     sua mão será contra todos,
     e a mão de todos contra ele,
e ele viverá em hostilidade[a]
     contra todos os seus irmãos".

13 Este foi o nome que ela deu ao Senhor que lhe havia falado: "Tu és o Deus que me vê", pois dissera: "Teria eu visto Aquele que me vê?" **14** Por isso o poço, que fica entre Cades e Berede, foi chamado Beer-Laai-Roi[b].

15 Hagar teve um filho de Abrão, e este lhe deu o nome de Ismael. **16** Abrão estava com oitenta e seis anos de idade quando Hagar lhe deu Ismael.

A Circuncisão: O Sinal da Aliança

17 Quando Abrão estava com noventa e nove anos de idade o Senhor lhe apareceu e disse: "Eu sou o Deus todo-poderoso[c]; ande segundo a minha vontade e seja íntegro. **2** Estabelecerei a minha aliança entre mim e você e multiplicarei muitíssimo a sua descendência".

3 Abrão prostrou-se, rosto em terra, e Deus lhe disse: **4** "De minha parte, esta é a minha aliança com você. Você será o pai de muitas nações. **5** Não será mais chamado Abrão; seu nome será Abraão[d], porque eu o constituí pai de muitas nações. **6** Eu o tornarei extremamente prolífero; de você farei nações e de você procederão reis. **7** Estabelecerei a minha aliança como aliança eterna entre mim e você e os seus futuros descendentes, para ser o seu Deus e o Deus dos seus descendentes. **8** Toda a terra de Canaã, onde agora você é estrangeiro, darei como propriedade perpétua a você e a seus descendentes; e serei o Deus deles.

9 "De sua parte", disse Deus a Abraão, "guarde a minha aliança, tanto você como os seus futuros descendentes. **10** Esta é a minha aliança com você e com os seus descendentes, aliança que terá que ser guardada: Todos os do sexo masculino entre vocês serão circuncidados na carne. **11** Terão que fazer essa marca, que será o sinal da aliança entre mim e vocês. **12** Da sua geração em diante, todo menino de oito dias

Go, sleep with my maidservant; perhaps I can build a family through her."

Abram agreed to what Sarai said. **3** So after Abram had been living in Canaan ten years, Sarai his wife took her Egyptian maidservant Hagar and gave her to her husband to be his wife. **4** He slept with Hagar, and she conceived.

When she knew she was pregnant, she began to despise her mistress. **5** Then Sarai said to Abram, "You are responsible for the wrong I am suffering. I put my servant in your arms, and now that she knows she is pregnant, she despises me. May the Lord judge between you and me."

6 "Your servant is in your hands," Abram said. "Do with her whatever you think best." Then Sarai mistreated Hagar; so she fled from her.

7 The angel of the Lord found Hagar near a spring in the desert; it was the spring that is beside the road to Shur. **8** And he said, "Hagar, servant of Sarai, where have you come from, and where are you going?"

"I'm running away from my mistress Sarai," she answered.

9 Then the angel of the Lord told her, "Go back to your mistress and submit to her." **10** The angel added, "I will so increase your descendants that they will be too numerous to count."

11 The angel of the Lord also said to her:

"You are now with child
     and you will have a son.
You shall name him Ishmael,[a]
     for the Lord has heard of your misery.
12 He will be a wild donkey of a man;
     his hand will be against everyone
     and everyone's hand against him,
and he will live in hostility
     toward[b] all his brothers."

13 She gave this name to the Lord who spoke to her: "You are the God who sees me," for she said, "I have now seen[c] the One who sees me." **14** That is why the well was called Beer Lahai Roi[d]; it is still there, between Kadesh and Bered.

15 So Hagar bore Abram a son, and Abram gave the name Ishmael to the son she had borne. **16** Abram was eighty-six years old when Hagar bore him Ishmael.

The Covenant of Circumcision

17 When Abram was ninety-nine years old, the Lord appeared to him and said, "I am God Almighty[e]; walk before me and be blameless. **2** I will confirm my covenant between me and you and will greatly increase your numbers."

3 Abram fell facedown, and God said to him, **4** "As for me, this is my covenant with you: You will be the father of many nations. **5** No longer will you be called Abram[f]; your name will be Abraham,[g] for I have made you a father of many nations. **6** I will make you very fruitful; I will make nations of you, and kings will come from you. **7** I will establish my covenant as an everlasting covenant between me and you and your descendants after you for the generations to come, to be your God and the God of your descendants after you. **8** The whole land of Canaan, where you are now an alien, I will give as an everlasting possession to you and your descendants after you; and I will be their God."

9 Then God said to Abraham, "As for you, you must keep my covenant, you and your descendants after you for the generations to come. **10** This is my covenant with you and your descendants after you, the covenant you are to keep: Every male among you shall be circumcised. **11** You are to undergo circumcision, and it will be the sign of the covenant between me and you. **12** For the generations to come every male among you who is eight days

---

[a]16.12 Ou *defronte de todos* [b]16.14 Isto é, poço daquele que vive e me vê. [c]17.1 Hebraico: *El-Shaddai.* [d]17.5 *Abrão* significa *pai exaltado; Abraão* significa *pai de muitas nações.*

[a]16:11 *Ishmael* means *God hears.* [b]16:12 Or *live to the east / of* [c]16:13 Or *seen the back of* [d]16:14 *Beer Lahai Roi* means *well of the Living One who sees me.* [e]17:1 Hebrew *El-Shaddai* [f]17:5 *Abram* means *exalted father.* [g]17:5 *Abraham* means *father of many.*

de idade entre vocês terá que ser circuncidado, tanto os nascidos em sua casa quanto os que forem comprados de estrangeiros e que não forem descendentes de vocês. [13] Sejam nascidos em sua casa, sejam comprados, terão que ser circuncidados. Minha aliança, marcada no corpo de vocês, será uma aliança perpétua. [14] Qualquer do sexo masculino que for incircunciso, que não tiver sido circuncidado, será eliminado do meio do seu povo; quebrou a minha aliança".

[15] Disse também Deus a Abraão: "De agora em diante sua mulher já não se chamará Sarai; seu nome será Sara[a]. [16] Eu a abençoarei e também por meio dela darei a você um filho. Sim, eu a abençoarei e dela procederão nações e reis de povos".

[17] Abraão prostrou-se, rosto em terra; riu-se e disse a si mesmo: "Poderá um homem de cem anos de idade gerar um filho? Poderá Sara dar à luz aos noventa anos?" [18] E Abraão disse a Deus: "Permite que Ismael seja o meu herdeiro[b]"

[19] Então Deus respondeu: "Na verdade Sara, sua mulher, lhe dará um filho, e você lhe chamará Isaque. Com ele estabelecerei a minha aliança, que será aliança eterna para os seus futuros descendentes. [20] E no caso de Ismael, levarei em conta o seu pedido. Também o abençoarei; eu o farei prolífero e multiplicarei muito a sua descendência. Ele será pai de doze príncipes e dele farei um grande povo. [21] Mas a minha aliança, eu a estabelecerei com Isaque, filho que Sara lhe dará no ano que vem, por esta época". [22] Quando terminou de falar com Abraão, Deus subiu e retirou-se da presença dele.

[23] Naquele mesmo dia Abraão tomou seu filho Ismael, todos os nascidos em sua casa e os que foram comprados, todos os do sexo masculino de sua casa, e os circuncidou, como Deus lhe ordenara. [24] Abraão tinha noventa e nove anos quando foi circuncidado, [25] e seu filho Ismael tinha treze; [26] Abraão e seu filho Ismael foram circuncidados naquele mesmo dia. [27] E com Abraão foram circuncidados todos os de sua casa, tanto os nascidos em casa como os comprados de estrangeiros.

Deus Promete um Filho a Abraão

18 O Senhor apareceu a Abraão perto dos carvalhos de Manre, quando ele estava sentado à entrada de sua tenda, na hora mais quente do dia. [2] Abraão ergueu os olhos e viu três homens em pé, a pouca distância. Quando os viu, saiu da entrada de sua tenda, correu ao encontro deles e curvou-se até o chão.

[3] Disse ele: "Meu senhor, se mereço o seu favor, não passe pelo seu servo sem fazer uma parada. [4] Mandarei buscar um pouco d'água para que lavem os pés e descansem debaixo desta árvore. [5] Vou trazer-lhes também o que comer, para que recuperem as forças e prossigam pelo caminho, agora que já chegaram até este seu servo".

"Está bem; faça como está dizendo", responderam.

[6] Abraão foi apressadamente à tenda e disse a Sara: "Depressa, pegue três medidas[d] da melhor farinha, amasse-a e faça uns pães".

[7] Depois correu ao rebanho e escolheu o melhor novilho, e o deu a um servo, que se apressou em prepará-lo. [8] Trouxe então coalhada, leite e o novilho que havia sido preparado, e os serviu. Enquanto comiam, ele ficou perto deles em pé, debaixo da árvore.

[9] "Onde está Sara, sua mulher?", perguntaram.

"Ali na tenda", respondeu ele.

[10] Então disse o Senhor[e]: "Voltarei a você na primavera, e Sara, sua mulher, terá um filho".

Sara escutava à entrada da tenda, atrás dele. [11] Abraão e Sara já eram velhos, de idade bem avançada, e Sara já tinha passado da idade de ter filhos. [12] Por isso riu consigo mesma, quando pensou: "Depois de já estar velha e meu senhor[f] já idoso, ainda terei esse prazer?"

old must be circumcised, including those born in your household or bought with money from a foreigner—those who are not your offspring. [13] Whether born in your household or bought with your money, they must be circumcised. My covenant in your flesh is to be an everlasting covenant. [14] Any uncircumcised male, who has not been circumcised in the flesh, will be cut off from his people; he has broken my covenant."

[15] God also said to Abraham, "As for Sarai your wife, you are no longer to call her Sarai; her name will be Sarah. [16] I will bless her and will surely give you a son by her. I will bless her so that she will be the mother of nations; kings of peoples will come from her."

[17] Abraham fell facedown; he laughed and said to himself, "Will a son be born to a man a hundred years old? Will Sarah bear a child at the age of ninety?" [18] And Abraham said to God, "If only Ishmael might live under your blessing!"

[19] Then God said, "Yes, but your wife Sarah will bear you a son, and you will call him Isaac.[a] I will establish my covenant with him as an everlasting covenant for his descendants after him. [20] And as for Ishmael, I have heard you: I will surely bless him; I will make him fruitful and will greatly increase his numbers. He will be the father of twelve rulers, and I will make him into a great nation. [21] But my covenant I will establish with Isaac, whom Sarah will bear to you by this time next year." [22] When he had finished speaking with Abraham, God went up from him.

[23] On that very day Abraham took his son Ishmael and all those born in his household or bought with his money, every male in his household, and circumcised them, as God told him. [24] Abraham was ninety-nine years old when he was circumcised, [25] and his son Ishmael was thirteen; [26] Abraham and his son Ishmael were both circumcised on that same day. [27] And every male in Abraham's household, including those born in his household or bought from a foreigner, was circumcised with him.

The Three Visitors

18 The Lord appeared to Abraham near the great trees of Mamre while he was sitting at the entrance to his tent in the heat of the day. [2] Abraham looked up and saw three men standing nearby. When he saw them, he hurried from the entrance of his tent to meet them and bowed low to the ground.

[3] He said, "If I have found favor in your eyes, my lord,[b] do not pass your servant by. [4] Let a little water be brought, and then you may all wash your feet and rest under this tree. [5] Let me get you something to eat, so you can be refreshed and then go on your way—now that you have come to your servant."

"Very well," they answered, "do as you say."

[6] So Abraham hurried into the tent to Sarah. "Quick," he said, "get three seahs[c] of fine flour and knead it and bake some bread."

[7] Then he ran to the herd and selected a choice, tender calf and gave it to a servant, who hurried to prepare it. [8] He then brought some curds and milk and the calf that had been prepared, and set these before them. While they ate, he stood near them under a tree.

[9] "Where is your wife Sarah?" they asked him.

"There, in the tent," he said.

[10] Then the Lord[d] said, "I will surely return to you about this time next year, and Sarah your wife will have a son."

Now Sarah was listening at the entrance to the tent, which was behind him. [11] Abraham and Sarah were already old and well advanced in years, and Sarah was past the age of childbearing. [12] So Sarah laughed to herself as she thought, "After I am worn out and my master[e] is old, will I now have this pleasure?"

---

[a]17.15 *Sara* significa *princesa*. [b]17.18 Hebraico: *Que Ismael viva na tua presença!* [c]17.19 *Isaque* significa *ele riu.* [d]18.6 Hebraico: *3 seás.* O seá era uma medida de capacidade para secos. As estimativas variam entre 7 e 14 litros. [e]18.10 Hebraico: *disse ele.* [f]18.12 Ou *marido*

[a]17:19 *Isaac* means *he laughs.* [b]18:3 Or *O Lord* [c]18:6 That is, probably about 20 quarts (about 22 liters) [d]18:10 Hebrew *Then he* [e]18:12 Or *husband*

13 Mas o Senhor disse a Abraão: "Por que Sara riu e disse: 'Poderei realmente dar à luz, agora que sou idosa?' **14** Existe alguma coisa impossível para o Senhor? Na primavera voltarei a você, e Sara terá um filho".

15 Sara teve medo, e por isso mentiu: "Eu não ri".

Mas ele disse: "Não negue, você riu".

Abraão Intercede por Sodoma

16 Quando os homens se levantaram para partir, avistaram lá embaixo Sodoma; e Abraão os acompanhou para despedir-se. **17** Então o Senhor disse: "Esconderei de Abraão o que estou para fazer? **18** Abraão será o pai de uma nação grande e poderosa, e por meio dele todas as nações da terra serão abençoadas. **19** Pois eu o escolhi, para que ordene aos seus filhos e aos seus descendentes que se conservem no caminho do Senhor, fazendo o que é justo e direito, para que o Senhor faça vir a Abraão o que lhe prometeu".

20 Disse-lhe, pois, o Senhor: "As acusações contra Sodoma e Gomorra são tantas e o seu pecado é tão grave **21** que descerei para ver se o que eles têm feito corresponde ao que tenho ouvido. Se não, eu saberei".

22 Os homens partiram dali e foram para Sodoma, mas Abraão permaneceu diante do Senhor.ᵃ **23** Abraão aproximou-se dele e disse: "Exterminarás o justo com o ímpio? **24** E se houver cinqüenta justos na cidade? Ainda a destruirás e não pouparás o lugar por amor aos cinqüenta justos que nele estão? **25** Longe de ti fazer tal coisa: matar o justo com o ímpio, tratando o justo e o ímpio da mesma maneira. Longe de ti! Não agirá com justiça o Juizᵇ de toda a terra?"

26 Respondeu o Senhor: "Se eu encontrar cinqüenta justos em Sodoma, pouparei a cidade toda por amor a eles".

27 Mas Abraão tornou a falar: "Sei que já fui muito ousado ao ponto de falar ao Senhor, eu que não passo de pó e cinza. **28** Ainda assim pergunto: E se faltarem cinco para completar os cinqüenta justos? Destruirás a cidade por causa dos cinco?"

Disse ele: "Se encontrar ali quarenta e cinco, não a destruirei".

29 "E se encontrares apenas quarenta?", insistiu Abraão.

Ele respondeu: "Por amor aos quarenta não a destruirei".

30 Então continuou ele: "Não te ires, Senhor, mas permite-me falar. E se apenas trinta forem encontrados ali?"

Ele respondeu: "Se encontrar trinta, não a destruirei".

31 Prosseguiu Abraão: "Agora que já fui tão ousado falando ao Senhor, pergunto: E se apenas vinte forem encontrados ali?"

Ele respondeu: "Por amor aos vinte não a destruirei".

32 Então Abraão disse ainda: "Não te ires, Senhor, mas permite-me falar só mais uma vez. E se apenas dez forem encontrados?"

Ele respondeu: "Por amor aos dez não a destruirei".

33 Tendo acabado de falar com Abraão, o Senhor partiu, e Abraão voltou para casa.

A Destruição de Sodoma e Gomorra

19 Os dois anjos chegaram a Sodoma ao anoitecer, e Ló estava sentado à porta da cidade. Quando os avistou, levantou-se e foi recebê-los. Prostrou-se, rosto em terra, **2** e disse: "Meus senhores, por favor, acompanhem-me à casa do seu servo. Lá poderão lavar os pés, passar a noite e, pela manhã, seguir caminho".

"Não, passaremos a noite na praça", responderam.

3 Mas ele insistiu tanto com eles que, finalmente, o acompanharam e entraram em sua casa. Ló mandou preparar-lhes uma refeição e assar pão sem fermento, e eles comeram.

4 Ainda não tinham ido deitar-se, quando todos os homens de toda parte da cidade de Sodoma, dos mais jovens aos mais velhos, cercaram a casa. **5** Chamaram Ló e lhe disseram: "Onde estão os homens que vieram à sua casa esta noite? Traga-os para nós aqui fora para que tenhamos relações com eles".

---

13 Then the Lord said to Abraham, "Why did Sarah laugh and say, 'Will I really have a child, now that I am old?' **14** Is anything too hard for the Lord? I will return to you at the appointed time next year and Sarah will have a son."

15 Sarah was afraid, so she lied and said, "I did not laugh."

But he said, "Yes, you did laugh."

Abraham Pleads for Sodom

16 When the men got up to leave, they looked down toward Sodom, and Abraham walked along with them to see them on their way. **17** Then the Lord said, "Shall I hide from Abraham what I am about to do? **18** Abraham will surely become a great and powerful nation, and all nations on earth will be blessed through him. **19** For I have chosen him, so that he will direct his children and his household after him to keep the way of the Lord by doing what is right and just, so that the Lord will bring about for Abraham what he has promised him."

20 Then the Lord said, "The outcry against Sodom and Gomorrah is so great and their sin so grievous **21** that I will go down and see if what they have done is as bad as the outcry that has reached me. If not, I will know."

22 The men turned away and went toward Sodom, but Abraham remained standing before the Lord.ᵃ **23** Then Abraham approached him and said: "Will you sweep away the righteous with the wicked? **24** What if there are fifty righteous people in the city? Will you really sweep it away and not spareᵇ the place for the sake of the fifty righteous people in it? **25** Far be it from you to do such a thing—to kill the righteous with the wicked, treating the righteous and the wicked alike. Far be it from you! Will not the Judgeᶜ of all the earth do right?"

26 The Lord said, "If I find fifty righteous people in the city of Sodom, I will spare the whole place for their sake."

27 Then Abraham spoke up again: "Now that I have been so bold as to speak to the Lord, though I am nothing but dust and ashes, **28** what if the number of the righteous is five less than fifty? Will you destroy the whole city because of five people?"

"If I find forty-five there," he said, "I will not destroy it."

29 Once again he spoke to him, "What if only forty are found there?"

He said, "For the sake of forty, I will not do it."

30 Then he said, "May the Lord not be angry, but let me speak. What if only thirty can be found there?"

He answered, "I will not do it if I find thirty there."

31 Abraham said, "Now that I have been so bold as to speak to the Lord, what if only twenty can be found there?"

He said, "For the sake of twenty, I will not destroy it."

32 Then he said, "May the Lord not be angry, but let me speak just once more. What if only ten can be found there?"

He answered, "For the sake of ten, I will not destroy it."

33 When the Lord had finished speaking with Abraham, he left, and Abraham returned home.

Sodom and Gomorrah Destroyed

19 The two angels arrived at Sodom in the evening, and Lot was sitting in the gateway of the city. When he saw them, he got up to meet them and bowed down with his face to the ground. **2** "My lords," he said, "please turn aside to your servant's house. You can wash your feet and spend the night and then go on your way early in the morning."

"No," they answered, "we will spend the night in the square."

3 But he insisted so strongly that they did go with him and entered his house. He prepared a meal for them, baking bread without yeast, and they ate. **4** Before they had gone to bed, all the men from every part of the city of Sodom—both young and old—surrounded the house. **5** They called to Lot, "Where are the men who came to you tonight? Bring them out to us so that we can have sex with them."

ᵃ**18.22** Os massoretas indicam que a ordem original do texto era *o Senhor, porém, permaneceu diante de Abraão.* ᵇ**18.25** Ou *Soberano*

ᵃ**18:22** Masoretic Text; an ancient Hebrew scribal tradition *but the Lord remained standing before Abraham* ᵇ**18:24** Or *forgive*; also in verse 26 ᶜ**18:25** Or *Ruler*

⁶ Ló saiu da casa, fechou a porta atrás de si ⁷ e lhes disse: "Não, meus amigos! Não façam essa perversidade! ⁸ Olhem, tenho duas filhas que ainda são virgens. Vou trazê-las para que vocês façam com elas o que bem entenderem. Mas não façam nada a estes homens, porque se acham debaixo da proteção do meu teto".

⁹ "Saia da frente!", gritaram. E disseram: "Este homem chegou aqui como estrangeiro, e agora quer ser o juiz! Faremos a você pior do que a eles". Então empurraram Ló com violência e avançaram para arrombar a porta. ¹⁰ Nisso, os dois visitantes agarraram Ló, puxaram-no para dentro e fecharam a porta. ¹¹ Depois feriram de cegueira os homens que estavam à porta da casa, dos mais jovens aos mais velhos, de maneira que não conseguiam encontrar a porta.

¹² Os dois homens perguntaram a Ló: "Você tem mais alguém na cidade — genros, filhos ou filhas, ou qualquer outro parente? Tire-os daqui, ¹³ porque estamos para destruir este lugar. As acusações feitas ao Senhor contra este povo são tantas que ele nos enviou para destruir a cidade".

¹⁴ Então Ló foi falar com seus genros, os quais iam casar-se com suas filhas, e lhes disse: "Saiam imediatamente deste lugar, porque o Senhor está para destruir a cidade!" Mas eles pensaram que ele estava brincando.

¹⁵ Ao raiar do dia, os anjos insistiam com Ló, dizendo: "Depressa! Leve daqui sua mulher e suas duas filhas, ou vocês também serão mortos quando a cidade for castigada".

¹⁶ Tendo ele hesitado, os homens o agarraram pela mão, como também a mulher e as duas filhas, e os tiraram dali à força e os deixaram fora da cidade, porque o Senhor teve misericórdia deles. ¹⁷ Assim que os tiraram da cidade, um deles disse a Ló: "Fuja por amor à vida! Não olhe para trás e não pare em lugar nenhum da planície! Fuja para as montanhas, ou você será morto!"

¹⁸ Ló, porém, lhes disse: "Não, meu senhor! ¹⁹ Seu servo foi favorecido por sua benevolência, pois o senhor foi bondoso comigo, poupando-me a vida. Não posso fugir para as montanhas, senão esta calamidade cairá sobre mim, e morrerei. ²⁰ Aqui perto há uma cidade pequena. Está tão próxima que dá para correr até lá. Deixe-me ir para lá! Mesmo sendo tão pequena, e lá estarei a salvo".

²¹ "Está bem", respondeu ele. "Também lhe atenderei esse pedido; não destruirei a cidade da qual você fala. ²² Fuja depressa, porque nada poderei fazer enquanto você não chegar lá". Por isso a cidade foi chamada Zoarᵃ.

²³ Quando Ló chegou a Zoar, o sol já havia nascido sobre a terra. ²⁴ Então o Senhor, o próprio Senhor, fez chover do céu fogo e enxofre sobre Sodoma e Gomorra. ²⁵ Assim ele destruiu aquelas cidades e toda a planície, com todos os habitantes das cidades e a vegetação. ²⁶ Mas a mulher de Ló olhou para trás e se transformou numa coluna de sal.

²⁷ Na manhã seguinte, Abraão se levantou e voltou ao lugar onde tinha estado diante do Senhor. ²⁸ E olhou para Sodoma e Gomorra, para toda a planície, e viu uma densa fumaça subindo da terra, como fumaça de uma fornalha.

²⁹ Quando Deus arrasou as cidades da planície, lembrou-se de Abraão e tirou Ló do meio da catástrofe que destruiu as cidades onde Ló vivia.

Os Descendentes de Ló

³⁰ Ló partiu de Zoar com suas duas filhas e passou a viver nas montanhas, porque tinha medo de permanecer em Zoar. Ele e suas duas filhas ficaram morando numa caverna.

³¹ Um dia, a filha mais velha disse à mais jovem: "Nosso pai já está velho, e não há homens nas redondezas com quem possuamos, segundo o costume de toda a terra. ³² Vamos dar vinho a nosso pai e então nos deitaremos com ele para preservar a sua linhagem".

⁶ Lot went outside to meet them and shut the door behind him ⁷ and said, "No, my friends. Don't do this wicked thing. ⁸ Look, I have two daughters who have never slept with a man. Let me bring them out to you, and you can do what you like with them. But don't do anything to these men, for they have come under the protection of my roof."

⁹ "Get out of our way," they replied. And they said, "This fellow came here as an alien, and now he wants to play the judge! We'll treat you worse than them." They kept bringing pressure on Lot and moved forward to break down the door.

¹⁰ But the men inside reached out and pulled Lot back into the house and shut the door. ¹¹ Then they struck the men who were at the door of the house, young and old, with blindness so that they could not find the door.

¹² The two men said to Lot, "Do you have anyone else here— sons-in-law, sons or daughters, or anyone else in the city who belongs to you? Get them out of here, ¹³ because we are going to destroy this place. The outcry to the Lord against its people is so great that he has sent us to destroy it."

¹⁴ So Lot went out and spoke to his sons-in-law, who were pledged to marryᵃ his daughters. He said, "Hurry and get out of this place, because the Lord is about to destroy the city!" But his sons-in-law thought he was joking.

¹⁵ With the coming of dawn, the angels urged Lot, saying, "Hurry! Take your wife and your two daughters who are here, or you will be swept away when the city is punished."

¹⁶ When he hesitated, the men grasped his hand and the hands of his wife and of his two daughters and led them safely out of the city, for the Lord was merciful to them. ¹⁷ As soon as they had brought them out, one of them said, "Flee for your lives! Don't look back, and don't stop anywhere in the plain! Flee to the mountains or you will be swept away!"

¹⁸ But Lot said to them, "No, my lords,ᵇ please! ¹⁹ Yourᶜ servant has found favor in yourᵈ eyes, and youᵉ have shown great kindness to me in sparing my life. But I can't flee to the mountains; this disaster will overtake me, and I'll die. ²⁰ Look, here is a town near enough to run to, and it is small. Let me flee to it— it is very small, isn't it? Then my life will be spared."

²¹ He said to him, "Very well, I will grant this request too; I will not overthrow the town you speak of. ²² But flee there quickly, because I cannot do anything until you reach it." (That is why the town was called Zoar.ᶠ)

²³ By the time Lot reached Zoar, the sun had risen over the land. ²⁴ Then the Lord rained down burning sulfur on Sodom and Gomorrah—from the Lord out of the heavens. ²⁵ Thus he overthrew those cities and the entire plain, including all those living in the cities—and also the vegetation in the land. ²⁶ But Lot's wife looked back, and she became a pillar of salt.

²⁷ Early the next morning Abraham got up and returned to the place where he had stood before the Lord. ²⁸ He looked down toward Sodom and Gomorrah, toward all the land of the plain, and he saw dense smoke rising from the land, like smoke from a furnace.

²⁹ So when God destroyed the cities of the plain, he remembered Abraham, and he brought Lot out of the catastrophe that overthrew the cities where Lot had lived.

Lot and His Daughters

³⁰ Lot and his two daughters left Zoar and settled in the mountains, for he was afraid to stay in Zoar. He and his two daughters lived in a cave. ³¹ One day the older daughter said to the younger, "Our father is old, and there is no man around here to lie with us, as is the custom all over the earth. ³² Let's get our father to drink wine and then lie with him and preserve our family line through our father."

ᵃ19:14 Or were married to ᵇ19:18 Or No, Lord; or No, my lord ᶜ19:19 The Hebrew is singular. ᵈ19:19 The Hebrew is singular. ᵉ19:19 The Hebrew is singular. ᶠ19:22 Zoar means small.

ᵃ19.22 Zoar significa pequena.

³³ Naquela noite deram vinho ao pai, e a filha mais velha entrou e se deitou com ele. E ele não percebeu quando ela se deitou nem quando se levantou.

³⁴ No dia seguinte a filha mais velha disse à mais nova: "Ontem à noite deitei-me com meu pai. Vamos dar-lhe vinho também esta noite, e você se deitará com ele, para que preservemos a linhagem de nosso pai". ³⁵ Então, outra vez deram vinho ao pai naquela noite, e a mais nova foi e se deitou com ele. E ele não percebeu quando ela se deitou nem quando se levantou.

³⁶ Assim, as duas filhas de Ló engravidaram do próprio pai. ³⁷ A mais velha teve um filho, e deu-lhe o nome de Moabe^a; este é o pai dos moabitas de hoje. ³⁸ A mais nova também teve um filho, e deu-lhe o nome de Ben-Ami^b; este é o pai dos amonitas de hoje.

Abraão em Gerar

20 Abraão partiu dali para a região do Neguebe e foi viver entre Cades e Sur. Depois morou algum tempo em Gerar. ² Ele dizia que Sara, sua mulher, era sua irmã. Então Abimeleque, rei de Gerar, mandou buscar Sara e tomou-a para si.

³ Certa noite Deus veio a Abimeleque num sonho e lhe disse: "Você morrerá! A mulher que você tomou é casada".

⁴ Mas Abimeleque, que ainda não havia tocado nela, disse: "Senhor, destruirias um povo inocente? ⁵ Não foi ele que me disse: 'Ela é minha irmã'? E ela também não disse: 'Ele é meu irmão'? O que fiz foi de coração puro e de mãos limpas".

⁶ Então Deus lhe respondeu no sonho: "Sim, eu sei que você fez isso de coração puro. Eu mesmo impedi que você pecasse contra mim e por isso não lhe permiti tocá-la. ⁷ Agora devolva a mulher ao marido dela. Ele é profeta, e orará em seu favor, para que você não morra. Mas se não a devolver, esteja certo de que você e todos os seus morrerão".

⁸ Na manhã seguinte, Abimeleque convocou todos os seus conselheiros e, quando lhes contou tudo o que acontecera, tiveram muito medo. ⁹ Depois Abimeleque chamou Abraão e disse: "O que fizeste conosco? Em que foi que pequei contra ti para que trouxesses tamanha culpa sobre mim e sobre o meu reino? Você me fizeste não se faz a ninguém!" ¹⁰ E perguntou Abimeleque a Abraão: "O que te levou a fazer isso?"

¹¹ Abraão respondeu: "Eu disse a mim mesmo: Certamente ninguém teme a Deus neste lugar, e irão matar-me por causa da minha mulher. ¹² Além disso, na verdade ela é minha irmã por parte de pai, mas não por parte de mãe; e veio a ser minha mulher. ¹³ E quando Deus me fez sair errante da casa de meu pai, eu disse a ela: Assim você me provará sua lealdade: em qualquer lugar aonde formos, diga que sou seu irmão".

¹⁴ Então Abimeleque trouxe ovelhas e bois, servos e servas, deu-os a Abraão e devolveu-lhe Sara, sua mulher. ¹⁵ E disse Abimeleque: "Minha terra está diante de ti; podes ficar onde quiseres".

¹⁶ A Sara ele disse: "Estou dando a seu irmão mil peças de prata, para reparar a ofensa feita a você^c diante de todos os seus; assim todos saberão que você é inocente".

¹⁷ A seguir Abraão orou a Deus, e Deus curou Abimeleque, sua mulher e suas servas, de forma que puderam novamente ter filhos, ¹⁸ porque o Senhor havia tornado estéreis todas as mulheres da casa de Abimeleque por causa de Sara, mulher de Abraão.

O Nascimento de Isaque

21 O Senhor foi bondoso com Sara, como lhe dissera, e fez por ela o que prometera. ² Sara engravidou e deu um filho a Abraão em sua velhice, na época fixada por Deus

³³ That night they got their father to drink wine, and the older daughter went in and lay with him. He was not aware of it when she lay down or when she got up.

³⁴ The next day the older daughter said to the younger, "Last night I lay with my father. Let's get him to drink wine again tonight, and you go in and lie with him so we can preserve our family line through our father." ³⁵ So they got their father to drink wine that night also, and the younger daughter went and lay with him. Again he was not aware of it when she lay down or when she got up.

³⁶ So both of Lot's daughters became pregnant by their father. ³⁷ The older daughter had a son, and she named him Moab^a; he is the father of the Moabites of today. ³⁸ The younger daughter also had a son, and she named him Ben-Ammi^b; he is the father of the Ammonites of today.

Abraham and Abimelech

20 Now Abraham moved on from there into the region of the Negev and lived between Kadesh and Shur. For a while he stayed in Gerar, ² and there Abraham said of his wife Sarah, "She is my sister." Then Abimelech king of Gerar sent for Sarah and took her.

³ But God came to Abimelech in a dream one night and said to him, "You are as good as dead because of the woman you have taken; she is a married woman."

⁴ Now Abimelech had not gone near her, so he said, "Lord, will you destroy an innocent nation? ⁵ Did he not say to me, 'She is my sister,' and didn't she also say, 'He is my brother'? I have done this with a clear conscience and clean hands."

⁶ Then God said to him in the dream, "Yes, I know you did this with a clear conscience, and so I have kept you from sinning against me. That is why I did not let you touch her. ⁷ Now return the man's wife, for he is a prophet, and he will pray for you and you will live. But if you do not return her, you may be sure that you and all yours will die."

⁸ Early the next morning Abimelech summoned all his officials, and when he told them all that had happened, they were very much afraid. ⁹ Then Abimelech called Abraham in and said, "What have you done to us? How have I wronged you that you have brought such great guilt upon me and my kingdom? You have done things to me that should not be done." ¹⁰ And Abimelech asked Abraham, "What was your reason for doing this?"

¹¹ Abraham replied, "I said to myself, 'There is surely no fear of God in this place, and they will kill me because of my wife.' ¹² Besides, she really is my sister, the daughter of my father though not of my mother; and she became my wife. ¹³ And when God had me wander from my father's household, I said to her, 'This is how you can show your love to me: Everywhere we go, say of me, "He is my brother."'

¹⁴ Then Abimelech brought sheep and cattle and male and female slaves and gave them to Abraham, and he returned Sarah his wife to him. ¹⁵ And Abimelech said, "My land is before you; live wherever you like."

¹⁶ To Sarah he said, "I am giving your brother a thousand shekels^c of silver. This is to cover the offense against you before all who are with you; you are completely vindicated."

¹⁷ Then Abraham prayed to God, and God healed Abimelech, his wife and his slave girls so they could have children again, ¹⁸ for the Lord had closed up every womb in Abimelech's household because of Abraham's wife Sarah.

The Birth of Isaac

21 Now the Lord was gracious to Sarah as he had said, and the Lord did for Sarah what he had promised. ² Sarah became pregnant and bore a son to Abraham in his old age,

---

^a19.37 *Moabe* assemelha-se à expressão hebraica que significa *do pai.* ^b19.38 *Ben-Ami* significa *filho do meu povo.* ^c20.16 Hebraico: *para que lhe seja um véu para os olhos.*

^a19:37 *Moab* sounds like the Hebrew for *from father.* ^b19:38 *Ben-Ammi* means *son of my people.* ^c20:16 That is, about 25 pounds (about 11.5 kilograms)

em sua promessa. ³ Abraão deu o nome de Isaque ao filho que Sara lhe dera. ⁴ Quando seu filho Isaque tinha oito dias de vida, Abraão o circuncidou, conforme Deus lhe havia ordenado. ⁵ Estava ele com cem anos de idade quando lhe nasceu Isaque, seu filho.

⁶ E Sara disse: "Deus me encheu de riso, e todos os que souberem disso rirão comigo".

⁷ E acrescentou: "Quem diria a Abraão que Sara amamentaria filhos? Contudo eu lhe dei um filho em sua velhice!"

Abraão Expulsa Hagar e Ismael

⁸ O menino cresceu e foi desmamado. No dia em que Isaque foi desmamado, Abraão deu uma grande festa. ⁹ Sara, porém, viu que o filho que Hagar, a egípcia, dera a Abraão estava rindo deª Isaque, ¹⁰ e disse a Abraão: "Livre-se daquela escrava e do seu filho, porque ele jamais será herdeiro com o meu filho Isaque".

¹¹ Isso perturbou demais Abraão, pois envolvia um filho seu. ¹² Mas Deus lhe disse: "Não se perturbe por causa do menino e da escrava. Atenda a tudo o que Sara lhe pedir, porque será por meio de Isaque que a sua descendência há de ser considerada. ¹³ Mas também do filho da escrava farei um povo; pois ele é seu descendente".

¹⁴ Na manhã seguinte, Abraão pegou alguns pães e uma vasilha de couro cheia d'água, entregou-os a Hagar e, tendo-os colocado nos ombros dela, despediu-a com o menino. Ela se pôs a caminho e ficou vagando pelo deserto de Bersebaᵇ.

¹⁵ Quando acabou a água da vasilha, ela deixou o menino debaixo de um arbusto ¹⁶ e foi sentar-se perto dali, à distância de um tiro de flecha, porque pensou: "Não posso ver o menino morrer". Sentada ali perto, começou a chorarᶜ.

¹⁷ Deus ouviu o choro do menino, e o anjo de Deus, do céu, chamou Hagar e lhe disse: "O que a aflige, Hagar? Não tenha medo; Deus ouviu o menino chorar, lá onde você o deixou. ¹⁸ Levante o menino e tome-o pela mão, porque dele farei um grande povo".

¹⁹ Então Deus lhe abriu os olhos, e ela viu uma fonte. Foi até lá, encheu de água a vasilha e deu de beber ao menino.

²⁰ Deus estava com o menino. Ele cresceu, viveu no deserto e tornou-se flecheiro. ²¹ Vivia no deserto de Parã, e sua mãe conseguiu-lhe uma mulher da terra do Egito.

O Acordo entre Abraão e Abimeleque

²² Naquela ocasião, Abimeleque, acompanhado de Ficol, comandante do seu exército, disse a Abraão: "Deus está contigo em tudo o que fazes. ²³ Agora, jura-me, diante de Deus, que não vais enganar-me, nem a mim nem a meus filhos e descendentes. Trata a nação que te acolheu como estrangeiro com a mesma bondade com que te tratei".

²⁴ Respondeu Abraão: "Eu juro!"

²⁵ Todavia Abraão reclamou com Abimeleque a respeito de um poço que os servos de Abimeleque lhe tinham tomado à força. ²⁶ Mas Abimeleque lhe respondeu: "Não sei quem fez isso. Nunca me disseste nada, e só fiquei sabendo disso hoje".

²⁷ Então Abraão trouxe ovelhas e bois, deu-os a Abimeleque, e os dois firmaram um acordo. ²⁸ Abraão separou sete ovelhas do rebanho, ²⁹ pelo que Abimeleque lhe perguntou: "Que significam estas sete ovelhas que separaste das demais?"

³⁰ Ele respondeu: "Aceita estas sete ovelhas de minhas mãos como testemunho de que eu cavei este poço".

³¹ Por isso aquele lugar foi chamado Berseba, porque ali os dois fizeram um juramento.

³² Firmado esse acordo em Berseba, Abimeleque e Ficol, comandante das suas tropas, voltaram para a terra dos filisteus. ³³ Abraão, por sua vez, plantou uma tamargueira em Berseba e ali invocou o nome do Senhor, o Deus Eterno. ³⁴ E morou Abraão na terra dos filisteus por longo tempo.

at the very time God had promised him. ³ Abraham gave the name Isaacª to the son Sarah bore him. ⁴ When his son Isaac was eight days old, Abraham circumcised him, as God commanded him. ⁵ Abraham was a hundred years old when his son Isaac was born to him.

⁶ Sarah said, "God has brought me laughter, and everyone who hears about this will laugh with me." ⁷ And she added, "Who would have said to Abraham that Sarah would nurse children? Yet I have borne him a son in his old age."

Hagar and Ishmael Sent Away

⁸ The child grew and was weaned, and on the day Isaac was weaned Abraham held a great feast. ⁹ But Sarah saw that the son whom Hagar the Egyptian had borne to Abraham was mocking, ¹⁰ and she said to Abraham, "Get rid of that slave woman and her son, for that slave woman's son will never share in the inheritance with my son Isaac."

¹¹ The matter distressed Abraham greatly because it concerned his son. ¹² But God said to him, "Do not be so distressed about the boy and your maidservant. Listen to whatever Sarah tells you, because it is through Isaac that your offspringᵇ will be reckoned. ¹³ I will make the son of the maidservant into a nation also, because he is your offspring."

¹⁴ Early the next morning Abraham took some food and a skin of water and gave them to Hagar. He set them on her shoulders and then sent her off with the boy. She went on her way and wandered in the desert of Beersheba.

¹⁵ When the water in the skin was gone, she put the boy under one of the bushes. ¹⁶ Then she went off and sat down nearby, about a bowshot away, for she thought, "I cannot watch the boy die." And as she sat there nearby, sheᶜ began to sob.

¹⁷ God heard the boy crying, and the angel of God called to Hagar from heaven and said to her, "What is the matter, Hagar? Do not be afraid; God has heard the boy crying as he lies there. ¹⁸ Lift the boy up and take him by the hand, for I will make him into a great nation."

¹⁹ Then God opened her eyes and she saw a well of water. So she went and filled the skin with water and gave the boy a drink.

²⁰ God was with the boy as he grew up. He lived in the desert and became an archer. ²¹ While he was living in the Desert of Paran, his mother got a wife for him from Egypt.

The Treaty at Beersheba

²² At that time Abimelech and Phicol the commander of his forces said to Abraham, "God is with you in everything you do. ²³ Now swear to me here before God that you will not deal falsely with me or my children or my descendants. Show to me and the country where you are living as an alien the same kindness I have shown to you."

²⁴ Abraham said, "I swear it."

²⁵ Then Abraham complained to Abimelech about a well of water that Abimelech's servants had seized. ²⁶ But Abimelech said, "I don't know who has done this. You did not tell me, and I heard about it only today."

²⁷ So Abraham brought sheep and cattle and gave them to Abimelech, and the two men made a treaty. ²⁸ Abraham set apart seven ewe lambs from the flock, ²⁹ and Abimelech asked Abraham, "What is the meaning of these seven ewe lambs you have set apart by themselves?"

³⁰ He replied, "Accept these seven lambs from my hand as a witness that I dug this well."

³¹ So that place was called Beersheba,ᵈ because the two men swore an oath there.

³² After the treaty had been made at Beersheba, Abimelech and Phicol the commander of his forces returned to the land of the Philistines. ³³ Abraham planted a tamarisk tree in Beersheba, and there he called upon the name of the Lord, the Eternal God. ³⁴ And Abraham stayed in the land of the Philistines for a long time.

ª21.9 Ou *brincando com* ᵇ21.14 *Berseba* pode significar *poço dos sete* ou *poço do juramento;* também em 21.31,32,33; 22.19; 26.23,33 e 28.10. ᶜ21.16 A Septuaginta diz *e o menino começou a chorar.*

ª21:3 *Isaac* means *he laughs.* ᵇ21:12 Or *seed* ᶜ21:16 Hebrew; Septuagint *the child* ᵈ21:31 *Beersheba* can mean *well of seven* or *well of the oath.*

Deus Prova Abraão

22 Passado algum tempo, Deus pôs Abraão à prova, dizendo-lhe: "Abraão!"

Ele respondeu: "Eis-me aqui".

² Então disse Deus: "Tome seu filho, seu único filho, Isaque, a quem você ama, e vá para a região de Moriá. Sacrifique-o ali como holocaustoª num dos montes que lhe indicarei".

³ Na manhã seguinte, Abraão levantou-se e preparou o seu jumento. Levou consigo dois de seus servos e Isaque, seu filho. Depois de cortar lenha para o holocausto, partiu em direção ao lugar que Deus lhe havia indicado. ⁴ No terceiro dia de viagem, Abraão olhou e viu o lugar ao longe. ⁵ Disse ele a seus servos: "Fiquem aqui com o jumento enquanto eu e o rapaz vamos até lá. Depois de adorarmos, voltaremos".

⁶ Abraão pegou a lenha para o holocausto e a colocou nos ombros de seu filho Isaque, e ele mesmo levou as brasas para o fogo, e a faca. E caminhando os dois juntos, ⁷ Isaque disse a seu pai Abraão: "Meu pai!"

"Sim, meu filho", respondeu Abraão.

Isaque perguntou: "As brasas e a lenha estão aqui, mas onde está o cordeiro para o holocausto?"

⁸ Respondeu Abraão: "Deus mesmo há de prover o cordeiro para o holocausto, meu filho". E os dois continuaram a caminhar juntos.

⁹ Quando chegaram ao lugar que Deus lhe havia indicado, Abraão construiu um altar e sobre ele arrumou a lenha. Amarrou seu filho Isaque e o colocou sobre o altar, em cima da lenha. ¹⁰ Então estendeu a mão e pegou a faca para sacrificar seu filho. ¹¹ Mas o Anjo do Senhor o chamou do céu: "Abraão! Abraão!"

"Eis-me aqui", respondeu ele.

¹² "Não toque no rapaz", disse o Anjo. "Não lhe faça nada. Agora sei que você teme a Deus, porque não me negou seu filho, o seu único filho."

¹³ Abraão ergueu os olhos e viu um carneiro preso pelos chifres num arbusto. Foi lá pegá-lo, e o sacrificou como holocausto em lugar de seu filho. ¹⁴ Abraão deu àquele lugar o nome de "O Senhor Proverá". Por isso até hoje se diz: "No monte do Senhor se proverá".

¹⁵ Pela segunda vez o Anjo do Senhor chamou do céu a Abraão ¹⁶ e disse: "Juro por mim mesmo", declara o Senhor, "que por ter feito o que fez, não me negando seu filho, o seu único filho, ¹⁷ esteja certo de que o abençoarei e farei seus descendentes tão numerosos como as estrelas do céu e como a areia das praias do mar. Sua descendência conquistará as cidades dos que lhe forem inimigos ¹⁸ e, por meio dela, todos os povos da terra serão abençoados, porque você me obedeceu".

¹⁹ Então voltou Abraão a seus servos, e juntos partiram para Berseba, onde passou a viver.

Os Filhos de Naor

²⁰ Passado algum tempo, disseram a Abraão que Milca dera filhos a seu irmão Naor: ²¹ Uz, o mais velho, Buz, seu irmão, Quemuel, pai de Arã, ²² Quésede, Hazo, Pildas, Jidlafe e Betuel. ²³ pai de Rebeca. Estes foram os oito filhos que Milca deu a Naor, irmão de Abraão. ²⁴ E sua concubina, chamada Reumá, teve os seguintes filhos: Tebá, Gaã, Taás e Maaca.

A Morte de Sara

23 Sara viveu cento e vinte e sete anos ² e morreu em Quiriate-Arba, que é Hebrom, em Canaã; e Abraão foi lamentar e chorar por ela.

³ Depois Abraão deixou ali o corpo de sua mulher e foi falar com os hititas: ⁴ "Sou apenas um estrangeiro entre vocês.

Abraham Tested

22 Some time later God tested Abraham. He said to him, "Abraham!"

"Here I am," he replied.

² Then God said, "Take your son, your only son, Isaac, whom you love, and go to the region of Moriah. Sacrifice him there as a burnt offering on one of the mountains I will tell you about."

³ Early the next morning Abraham got up and saddled his donkey. He took with him two of his servants and his son Isaac. When he had cut enough wood for the burnt offering, he set out for the place God had told him about. ⁴ On the third day Abraham looked up and saw the place in the distance. ⁵ He said to his servants, "Stay here with the donkey while I and the boy go over there. We will worship and then we will come back to you."

⁶ Abraham took the wood for the burnt offering and placed it on his son Isaac, and he himself carried the fire and the knife. As the two of them went on together, ⁷ Isaac spoke up and said to his father Abraham, "Father?"

"Yes, my son?" Abraham replied.

"The fire and wood are here," Isaac said, "but where is the lamb for the burnt offering?"

⁸ Abraham answered, "God himself will provide the lamb for the burnt offering, my son." And the two of them went on together.

⁹ When they reached the place God had told him about, Abraham built an altar there and arranged the wood on it. He bound his son Isaac and laid him on the altar, on top of the wood. ¹⁰ Then he reached out his hand and took the knife to slay his son. ¹¹ But the angel of the Lord called out to him from heaven, "Abraham! Abraham!"

"Here I am," he replied.

¹² "Do not lay a hand on the boy," he said. "Do not do anything to him. Now I know that you fear God, because you have not withheld from me your son, your only son."

¹³ Abraham looked up and there in a thicket he saw a ramª caught by its horns. He went over and took the ram and sacrificed it as a burnt offering instead of his son. ¹⁴ So Abraham called that place The Lord Will Provide. And to this day it is said, "On the mountain of the Lord it will be provided."

¹⁵ The angel of the Lord called to Abraham from heaven a second time ¹⁶ and said, "I swear by myself, declares the Lord, that because you have done this and have not withheld your son, your only son, ¹⁷ I will surely bless you and make your descendants as numerous as the stars in the sky and as the sand on the seashore. Your descendants will take possession of the cities of their enemies, ¹⁸ and through your offspringᵇ all nations on earth will be blessed, because you have obeyed me."

¹⁹ Then Abraham returned to his servants, and they set off together for Beersheba. And Abraham stayed in Beersheba.

Nahor's Sons

²⁰ Some time later Abraham was told, "Milcah is also a mother; she has borne sons to your brother Nahor: ²¹ Uz the firstborn, Buz his brother, Kemuel (the father of Aram), ²² Kesed, Hazo, Pildash, Jidlaph and Bethuel." ²³ Bethuel became the father of Rebekah. Milcah bore these eight sons to Abraham's brother Nahor. ²⁴ His concubine, whose name was Reumah, also had sons: Tebah, Gaham, Tahash and Maacah.

The Death of Sarah

23 Sarah lived to be a hundred and twenty-seven years old. ² She died at Kiriath Arba (that is, Hebron) in the land of Canaan, and Abraham went to mourn for Sarah and to weep over her.

³ Then Abraham rose from beside his dead wife and spoke to the Hittites.ᶜ He said, ⁴ "I am an alien and a stranger among you.

ª22.2 Isto é, sacrifício totalmente queimado; também nos versículos 3, 6, 7, 8 e 13.

ª22:13 Many manuscripts of the Masoretic Text, Samaritan Pentateuch, Septuagint and Syriac; most manuscripts of the Masoretic Text *a ram behind him* ᵇ22:18 Or *seed* ᶜ23:3 Or *the sons of Heth*; also in verses 5, 7, 10, 16, 18 and 20

Cedam-me alguma propriedade para sepultura, para que eu tenha onde enterrar a minha mulher".

5 Responderam os hititas a Abraão: **6** "Ouça-nos, senhor; o senhor é um príncipe de Deus[a] em nosso meio. Enterre a sua mulher numa de nossas sepulturas, na que lhe parecer melhor. Nenhum de nós recusará ceder-lhe sua sepultura para que enterre a sua mulher".

7 Abraão levantou-se, curvou-se perante o povo daquela terra, os hititas, **8** e disse-lhes: "Já que vocês me dão permissão para sepultar minha mulher, peço que intercedam por mim junto a Efrom, filho de Zoar, **9** a fim de que ele me ceda a caverna de Macpela, que lhe pertence e se encontra na divisa do seu campo. Peçam-lhe que a ceda a mim pelo preço justo, para que eu tenha uma propriedade para sepultura entre vocês".

10 Efrom, o hitita, estava sentado no meio do seu povo e respondeu a Abraão, sendo ouvido por todos os hititas que tinham vindo à porta da cidade: **11** "Não, meu senhor. Ouça-me, eu lhe cedo o campo e também a caverna que nele está. Cedo-os na presença do meu povo. Sepulte a sua mulher".

12 Novamente Abraão curvou-se perante o povo daquela terra **13** e disse a Efrom, sendo ouvido por todos: "Ouça-me, por favor. Pagarei o preço do campo. Aceite-o, para que eu possa sepultar a minha mulher".

14 Efrom respondeu a Abraão: **15** "Ouça-me, meu senhor: aquele pedaço de terra vale quatrocentas peças de prata, mas o que significa isso entre mim e você? Sepulte a sua mulher".

16 Abraão concordou com Efrom e pesou-lhe o valor por ele estipulado diante dos hititas: quatrocentas peças de prata, de acordo com o peso corrente entre os mercadores.

17 Assim o campo de Efrom em Macpela, perto de Manre, o próprio campo com a caverna que nele há e todas as árvores dentro das divisas do campo, foi transferido **18** a Abraão como sua propriedade diante de todos os hititas que tinham vindo à porta da cidade. **19** Depois disso, Abraão sepultou sua mulher Sara na caverna do campo de Macpela, perto de Manre, que se encontra em Hebrom, na terra de Canaã. **20** Assim o campo e a caverna que nele há foram transferidos a Abraão pelos hititas como propriedade para sepultura.

Uma Esposa para Isaque

24 Abraão já era velho, de idade bem avançada, e o Senhor em tudo o abençoara. **2** Disse ele ao servo mais velho de sua casa, que era o responsável por tudo quanto tinha: "Ponha a mão debaixo da minha coxa **3** e jure pelo Senhor, o Deus dos céus e o Deus da terra, que não buscará mulher para meu filho entre as filhas dos cananeus, no meio dos quais estou vivendo, **4** mas irá à minha terra e buscará entre os meus parentes uma mulher para meu filho Isaque".

5 O servo lhe perguntou: "E se a mulher não quiser vir comigo a esta terra? Devo então levar teu filho de volta à terra de onde vieste?"

6 "Cuidado!", disse Abraão, "Não deixe o meu filho voltar para lá.

7 "O Senhor, o Deus dos céus, que me tirou da casa de meu pai e de minha terra natal e que me prometeu sob juramento que à minha descendência daria esta terra, enviará o seu anjo adiante de você para que de lá traga uma mulher para meu filho. **8** Se a mulher não quiser vir, estará livre do juramento. Mas não leve o meu filho de volta para lá." **9** Então o servo pôs a mão debaixo da coxa de Abraão, seu senhor, e jurou cumprir aquela palavra.

10 O servo partiu, com dez camelos do seu senhor, levando também do que o seu senhor tinha de melhor. Partiu para a Mesopotâmia[b], em direção à cidade onde Naor tinha morado.

Sell me some property for a burial site here so I can bury my dead."

5 The Hittites replied to Abraham, **6** "Sir, listen to us. You are a mighty prince among us. Bury your dead in the choicest of our tombs. None of us will refuse you his tomb for burying your dead."

7 Then Abraham rose and bowed down before the people of the land, the Hittites. **8** He said to them, "If you are willing to let me bury my dead, then listen to me and intercede with Ephron son of Zohar on my behalf **9** so he will sell me the cave of Machpelah, which belongs to him and is at the end of his field. Ask him to sell it to me for the full price as a burial site among you."

10 Ephron the Hittite was sitting among his people and he replied to Abraham in the hearing of all the Hittites who had come to the gate of his city. **11** "No, my lord," he said. "Listen to me; I give[a] you the field, and I give[b] you the cave that is in it. I give[c] it to you in the presence of my people. Bury your dead."

12 Again Abraham bowed down before the people of the land **13** and he said to Ephron in their hearing, "Listen to me, if you will. I will pay the price of the field. Accept it from me so I can bury my dead there."

14 Ephron answered Abraham, **15** "Listen to me, my lord; the land is worth four hundred shekels[d] of silver, but what is that between me and you? Bury your dead."

16 Abraham agreed to Ephron's terms and weighed out for him the price he had named in the hearing of the Hittites: four hundred shekels of silver, according to the weight current among the merchants.

17 So Ephron's field in Machpelah near Mamre—both the field and the cave in it, and all the trees within the borders of the field—was deeded **18** to Abraham as his property in the presence of all the Hittites who had come to the gate of the city. **19** Afterward Abraham buried his wife Sarah in the cave in the field of Machpelah near Mamre (which is at Hebron) in the land of Canaan. **20** So the field and the cave in it were deeded to Abraham by the Hittites as a burial site.

Isaac and Rebekah

24 Abraham was now old and well advanced in years, and the Lord had blessed him in every way. **2** He said to the chief[e] servant in his household, the one in charge of all that he had, "Put your hand under my thigh. **3** I want you to swear by the Lord, the God of heaven and the God of earth, that you will not get a wife for my son from the daughters of the Canaanites, among whom I am living, **4** but will go to my country and my own relatives and get a wife for my son Isaac."

5 The servant asked him, "What if the woman is unwilling to come back with me to this land? Shall I then take your son back to the country you came from?"

6 "Make sure that you do not take my son back there," Abraham said. **7** "The Lord, the God of heaven, who brought me out of my father's household and my native land and who spoke to me and promised me on oath, saying, 'To your offspring[f] I will give this land'—he will send his angel before you so that you can get a wife for my son from there. **8** If the woman is unwilling to come back with you, then you will be released from this oath of mine. Only do not take my son back there." **9** So the servant put his hand under the thigh of his master Abraham and swore an oath to him concerning this matter.

10 Then the servant took ten of his master's camels and left, taking with him all kinds of good things from his master. He set out for Aram Naharaim[g] and made his way to the town of Nahor.

---

a 23.6 Ou *príncipe poderoso*; ou ainda *príncipe dos deuses* **b** 24.10 Hebraico: *Arã Naaraim*.

a 23:11 Or *sell* **b** 23:11 Or *sell* **c** 23:11 Or *sell* **d** 23:15 That is, about 10 pounds (about 4.5 kilograms) **e** 24:2 Or *oldest* **f** 24:7 Or *seed* **g** 24:10 That is, Northwest Mesopotamia

11 Ao cair da tarde, quando as mulheres costumam sair para buscar água, ele fez os camelos se ajoelharem junto ao poço que ficava fora da cidade.

12 Então orou: "Senhor, Deus do meu senhor Abraão, dá-me neste dia bom êxito e seja bondoso com o meu senhor Abraão. **13** Como vês, estou aqui ao lado desta fonte, e as jovens do povo desta cidade estão vindo para tirar água. **14** Concede que a jovem a quem eu disser: Por favor, incline o seu cântaro e dê-me de beber, e ela me responder: 'Bebe. Também darei água aos teus camelos', seja essa a que escolheste para teu servo Isaque. Saberei assim que foste bondoso com o meu senhor".

15 Antes que ele terminasse de orar, surgiu Rebeca, filha de Betuel, filho de Milca, mulher de Naor, irmão de Abraão, trazendo no ombro o seu cântaro. **16** A jovem era muito bonita e virgem; nenhum homem tivera relações com ela. Rebeca desceu à fonte, encheu seu cântaro e voltou.

17 O servo apressou-se ao encontro dela e disse: "Por favor, dê-me um pouco de água do seu cântaro".

18 "Beba, meu senhor", disse ela, e tirou rapidamente dos ombros o cântaro e o serviu.

19 Depois que lhe deu de beber, disse: "Tirarei água também para os seus camelos até saciá-los". **20** Assim ela esvaziou depressa seu cântaro no bebedouro e correu de volta ao poço para tirar mais água para todos os camelos. **21** Sem dizer nada, o homem a observava atentamente para saber se o Senhor tinha ou não coroado de êxito a sua missão.

22 Quando os camelos acabaram de beber, o homem deu à jovem um pendente de ouro de seis gramas[a] e duas pulseiras de ouro de cento e vinte gramas[b], **23** e perguntou: "De quem você é filha? Diga-me, por favor, se há lugar na casa de seu pai para eu e meus companheiros passarmos a noite".

24 "Sou filha de Betuel, o filho que Milca deu a Naor", respondeu ela; **25** e acrescentou: "Temos bastante palha e forragem, e também temos lugar para vocês passarem a noite".

26 Então o homem curvou-se em adoração ao Senhor, **27** dizendo: "Bendito seja o Senhor, o Deus do meu senhor Abraão, que não retirou sua bondade e sua fidelidade do meu senhor. Quanto a mim, o Senhor me conduziu na jornada até a casa dos parentes do meu senhor".

28 A jovem correu para casa e contou tudo à família de sua mãe. **29** Rebeca tinha um irmão chamado Labão. Ele saiu apressado à fonte para conhecer o homem, **30** pois tinha visto o pendente e as pulseiras no braço de sua irmã, e ouvira Rebeca contar o que o homem lhe dissera. Saiu, pois, e foi encontrá-lo parado junto à fonte, ao lado dos camelos. **31** E disse: "Venha, bendito do Senhor! Por que ficar aí fora? Já arrumei a casa e um lugar para os camelos".

32 Assim o homem dirigiu-se à casa, e os camelos foram descarregados. Deram palha e forragem aos camelos, e água ao homem e aos que estavam com ele para lavarem os pés. **33** Depois lhe trouxeram comida, mas ele disse: "Não comerei enquanto não disser o que tenho para dizer".

Disse Labão: "Então fale".

34 E ele disse: "Sou servo de Abraão. **35** O Senhor o abençoou muito, e ele se tornou muito rico. Deu-lhe ovelhas e bois, prata e ouro, servos e servas, camelos e jumentos. **36** Sara, mulher do meu senhor, na velhice lhe deu um filho, que é o herdeiro de tudo o que Abraão possui. **37** E meu senhor fez-me jurar, dizendo: 'Você não buscará mulher para meu filho entre as filhas dos cananeus, em cuja terra estou vivendo, **38** mas irá à família de meu pai, ao meu próprio clã, buscar uma mulher para meu filho'.

39 "Então perguntei a meu senhor: E se a mulher não quiser me acompanhar?

40 "Ele respondeu: 'O Senhor, a quem tenho servido, enviará seu anjo com você e coroará de êxito a sua missão, para

11 He had the camels kneel down near the well outside the town; it was toward evening, the time the women go out to draw water.

12 Then he prayed, "O Lord, God of my master Abraham, give me success today, and show kindness to my master Abraham. **13** See, I am standing beside this spring, and the daughters of the townspeople are coming out to draw water. **14** May it be that when I say to a girl, 'Please let down your jar that I may have a drink,' and she says, 'Drink, and I'll water your camels too'—let her be the one you have chosen for your servant Isaac. By this I will know that you have shown kindness to my master."

15 Before he had finished praying, Rebekah came out with her jar on her shoulder. She was the daughter of Bethuel son of Milcah, who was the wife of Abraham's brother Nahor. **16** The girl was very beautiful, a virgin; no man had ever lain with her. She went down to the spring, filled her jar and came up again.

17 The servant hurried to meet her and said, "Please give me a little water from your jar."

18 "Drink, my lord," she said, and quickly lowered the jar to her hands and gave him a drink.

19 After she had given him a drink, she said, "I'll draw water for your camels too, until they have finished drinking." **20** So she quickly emptied her jar into the trough, ran back to the well to draw more water, and drew enough for all his camels. **21** Without saying a word, the man watched her closely to learn whether or not the Lord had made his journey successful.

22 When the camels had finished drinking, the man took out a gold nose ring weighing a beka[a] and two gold bracelets weighing ten shekels.[b] **23** Then he asked, "Whose daughter are you? Please tell me, is there room in your father's house for us to spend the night?"

24 She answered him, "I am the daughter of Bethuel, the son that Milcah bore to Nahor." **25** And she added, "We have plenty of straw and fodder, as well as room for you to spend the night."

26 Then the man bowed down and worshiped the Lord, **27** saying, "Praise be to the Lord, the God of my master Abraham, who has not abandoned his kindness and faithfulness to my master. As for me, the Lord has led me on the journey to the house of my master's relatives."

28 The girl ran and told her mother's household about these things. **29** Now Rebekah had a brother named Laban, and he hurried out to the man at the spring. **30** As soon as he had seen the nose ring, and the bracelets on his sister's arms, and had heard Rebekah tell what the man said to her, he went out to the man and found him standing by the camels near the spring. **31** "Come, you who are blessed by the Lord," he said. "Why are you standing out here? I have prepared the house and a place for the camels."

32 So the man went to the house, and the camels were unloaded. Straw and fodder were brought for the camels, and water for him and his men to wash their feet. **33** Then food was set before him, but he said, "I will not eat until I have told you what I have to say."

"Then tell us," *Laban* said.

34 So he said, "I am Abraham's servant. **35** The Lord has blessed my master abundantly, and he has become wealthy. He has given him sheep and cattle, silver and gold, menservants and maidservants, and camels and donkeys. **36** My master's wife Sarah has borne him a son in her[c] old age, and he has given him everything he owns. **37** And my master made me swear an oath, and said, 'You must not get a wife for my son from the daughters of the Canaanites, in whose land I live, **38** but go to my father's family and to my own clan, and get a wife for my son.'

39 "Then I asked my master, 'What if the woman will not come back with me?'

40 "He replied, 'The Lord, before whom I have walked, will send his angel with you and make your journey a success, so

---

[a]24.22 Hebraico: *1 beca*. [b]24.22 Hebraico: *10 siclos*. Um siclo equivalia a 12 gramas.

[a]24:22 That is, about 1/5 ounce (about 5.5 grams) [b]24:22 That is, about 4 ounces (about 110 grams) [c]24:36 Or *his*

que você traga para meu filho uma mulher do meu próprio clã, da família de meu pai. **41** Quando chegar aos meus parentes, você estará livre do juramento se eles se recusarem a entregá-la a você. Só então você estará livre do juramento'.

42 "Hoje, quando cheguei à fonte, eu disse: Ó Senhor, Deus do meu senhor Abraão, se assim desejares, dá êxito à missão de que fui incumbido. **43** Aqui estou em pé diante desta fonte; se uma moça vier tirar água e eu lhe disser: Por favor, dê-me de beber um pouco de seu cântaro, **44** e ela me responder: 'Bebe. Também darei água aos teus camelos', seja essa a que o Senhor escolheu para o filho do meu senhor.

45 "Antes de terminar de orar em meu coração, surgiu Rebeca, com o cântaro ao ombro. Dirigiu-se à fonte e tirou água, e eu lhe disse: Por favor, dê-me de beber.

46 "Ela se apressou a tirar o cântaro do ombro e disse: 'Bebe. Também darei água aos teus camelos'. Eu bebi, e ela deu de beber também aos camelos.

47 "Depois lhe perguntei: De quem você é filha?

"Ela me respondeu: 'De Betuel, filho de Naor e Milca'.

"Então coloquei o pendente em seu nariz e as pulseiras em seus braços, **48** e curvei-me em adoração ao Senhor. Bendisse ao Senhor, o Deus do meu senhor Abraão, que me guiou pelo caminho certo para buscar para o filho dele a neta do irmão do meu senhor. **49** Agora, se quiserem mostrar fidelidade e bondade a meu senhor, digam-me; e, se não quiserem, digam-me também, para que eu decida o que fazer".

O Casamento de Isaque e Rebeca

50 Labão e Betuel responderam: "Isso vem do Senhor; nada lhe podemos dizer, nem a favor, nem contra. **51** Aqui está Rebeca; leve-a com você e que ela se torne a mulher do filho do seu senhor, como disse o Senhor".

52 Quando o servo de Abraão ouviu o que disseram, curvou-se até o chão diante do Senhor. **53** Então o servo deu jóias de ouro e de prata e vestidos a Rebeca; deu também presentes valiosos ao irmão dela e à sua mãe. **54** Depois ele e os homens que o acompanhavam comeram, beberam e ali passaram a noite.

Ao se levantarem na manhã seguinte, ele disse: "Deixem-me voltar ao meu senhor".

55 Mas o irmão e a mãe dela responderam: "Deixe a jovem ficar mais uns dez dias conosco; então você^a poderá partir".

56 Mas ele disse: "Não me detenham, agora que o Senhor coroou de êxito a minha missão. Vamos despedir-nos, e voltarei ao meu senhor".

57 Então lhe disseram: "Vamos chamar a jovem e ver o que ela diz". **58** Chamaram Rebeca e lhe perguntaram: "Você quer ir com este homem?"

"Sim, quero", respondeu ela.

59 Despediram-se, pois, de sua irmã Rebeca, de sua ama, do servo de Abraão e dos que o acompanhavam. **60** E abençoaram Rebeca, dizendo-lhe:

"Que você cresça, nossa irmã,
    até ser milhares de milhares;
e que a sua descendência conquiste
    as cidades dos seus inimigos".

61 Então Rebeca e suas servas se aprontaram, montaram seus camelos e partiram com o homem. E assim o servo partiu levando Rebeca.

62 Isaque tinha voltado de Beer-Laai-Roi^b, pois habitava no Neguebe. **63** Certa tarde, saiu ao campo para meditar. Ao erguer os olhos, viu que se aproximavam camelos. **64** Rebeca também ergueu os olhos e viu Isaque. Ela desceu do camelo **65** e perguntou ao servo: "Quem é aquele homem que vem pelo campo ao nosso encontro?"

"É meu senhor", respondeu o servo. Então ela se cobriu com o véu.

that you can get a wife for my son from my own clan and from my father's family. **41** Then, when you go to my clan, you will be released from my oath even if they refuse to give her to you—you will be released from my oath.'

42 "When I came to the spring today, I said, 'O Lord, God of my master Abraham, if you will, please grant success to the journey on which I have come. **43** See, I am standing beside this spring; if a maiden comes out to draw water and I say to her, "Please let me drink a little water from your jar," **44** and if she says to me, "Drink, and I'll draw water for your camels too," let her be the one the Lord has chosen for my master's son.'

45 "Before I finished praying in my heart, Rebekah came out, with her jar on her shoulder. She went down to the spring and drew water, and I said to her, 'Please give me a drink.'

46 "She quickly lowered her jar from her shoulder and said, 'Drink, and I'll water your camels too.' So I drank, and she watered the camels also.

47 "I asked her, 'Whose daughter are you?'

"She said, 'The daughter of Bethuel son of Nahor, whom Milcah bore to him.'

"Then I put the ring in her nose and the bracelets on her arms, **48** and I bowed down and worshiped the Lord. I praised the Lord, the God of my master Abraham, who had led me on the right road to get the granddaughter of my master's brother for his son. **49** Now if you will show kindness and faithfulness to my master, tell me; and if not, tell me, so I may know which way to turn."

50 Laban and Bethuel answered, "This is from the Lord; we can say nothing to you one way or the other. **51** Here is Rebekah; take her and go, and let her become the wife of your master's son, as the Lord has directed."

52 When Abraham's servant heard what they said, he bowed down to the ground before the Lord. **53** Then the servant brought out gold and silver jewelry and articles of clothing and gave them to Rebekah; he also gave costly gifts to her brother and to her mother. **54** Then he and the men who were with him ate and drank and spent the night there.

When they got up the next morning, he said, "Send me on my way to my master."

55 But her brother and her mother replied, "Let the girl remain with us ten days or so; then you^a may go."

56 But he said to them, "Do not detain me, now that the Lord has granted success to my journey. Send me on my way so I may go to my master."

57 Then they said, "Let's call the girl and ask her about it." **58** So they called Rebekah and asked her, "Will you go with this man?"

"I will go," she said.

59 So they sent their sister Rebekah on her way, along with her nurse and Abraham's servant and his men. **60** And they blessed Rebekah and said to her,

"Our sister, may you increase
    to thousands upon thousands;
may your offspring possess
    the gates of their enemies."

61 Then Rebekah and her maids got ready and mounted their camels and went back with the man. So the servant took Rebekah and left.

62 Now Isaac had come from Beer Lahai Roi, for he was living in the Negev. **63** He went out to the field one evening to meditate,^b and as he looked up, he saw camels approaching. **64** Rebekah also looked up and saw Isaac. She got down from her camel **65** and asked the servant, "Who is that man in the field coming to meet us?"

"He is my master," the servant answered. So she took her veil and covered herself.

---

66 Depois o servo contou a Isaque tudo o que havia feito. **67** Isaque levou Rebeca para a tenda de sua mãe Sara; fez dela sua mulher, e a amou; assim Isaque foi consolado após a morte de sua mãe.

A Morte de Abraão

25 Abraão casou-se com outra mulher, chamada Quetura. **2** Ela lhe deu os seguintes filhos: Zinrã, Jocsã, Medã, Midiã, Isbaque e Suá. **3** Jocsã gerou Sabá e Dedã; os descendentes de Dedã foram os assuritas, os letusitas e os leumitas. **4** Os filhos de Midiã foram Efá, Éfer, Enoque, Abida e Elda. Todos esses foram descendentes de Quetura.

5 Abraão deixou tudo o que tinha para Isaque. **6** Mas para os filhos de suas concubinas deu presentes; e, ainda em vida, enviou-os para longe de Isaque, para a terra do oriente.

7 Abraão viveu cento e setenta e cinco anos. **8** Morreu em boa velhice, em idade bem avançada, e foi reunido aos seus antepassados. **9** Seus filhos, Isaque e Ismael, o sepultaram na caverna de Macpela, perto de Manre, no campo de Efrom, filho de Zoar, o hitita, **10** campo que Abraão comprara dos hititas. Foi ali que Abraão e Sara, sua mulher, foram sepultados. **11** Depois da morte de Abraão, Deus abençoou seu filho Isaque. Isaque morava próximo a Beer-Laai-Roi.

Os Filhos de Ismael

12 Este é o registro da descendência de Ismael, o filho de Abraão que Hagar, a serva egípcia de Sara, deu a ele.

13 São estes os nomes dos filhos de Ismael, alistados por ordem de nascimento: Nebaiote, o filho mais velho de Ismael, Quedar, Adbeel, Mibsão, **14** Misma, Dumá, Massá, **15** Hadade, Temá, Jetur, Nafis e Quedemá. **16** Foram esses os doze filhos de Ismael, que se tornaram os líderes de suas tribos; os seus povoados e acampamentos receberam os seus nomes. **17** Ismael viveu cento e trinta e sete anos. Morreu e foi reunido aos seus antepassados. **18** Seus descendentes se estabeleceram na região que vai de Havilá a Sur, próximo à fronteira com o Egito, na direção de quem vai para Assur. E viveram em hostilidade[a] contra todos os seus irmãos.

Esaú e Jacó

19 Esta é a história da família de Isaque, filho de Abraão:

Abraão gerou Isaque, **20** o qual aos quarenta anos se casou com Rebeca, filha de Betuel, o arameu de Padã-Arã[b], e irmã de Labão, também arameu.

21 Isaque orou ao Senhor em favor de sua mulher, porque era estéril. O Senhor respondeu à sua oração, e Rebeca, sua mulher, engravidou. **22** Os meninos se empurravam dentro dela, pelo que disse: "Por que está me acontecendo isso?" Foi então consultar o Senhor.

23 Disse-lhe o Senhor:

"Duas nações estão em seu ventre,
    já desde as suas entranhas
dois povos se separarão;
    um deles será mais forte que o outro,
mas o mais velho servirá ao mais novo".

24 Ao chegar a época de dar à luz, confirmou-se que havia gêmeos em seu ventre. **25** O primeiro a sair era ruivo[c], e todo o seu corpo era como um manto de pêlos; por isso lhe deram o nome de Esaú[d]. **26** Depois saiu seu irmão, com a mão agarrada no calcanhar de Esaú; pelo que lhe deram o nome de Jacó[e]. Tinha Isaque sessenta anos de idade quando Rebeca os deu à luz.

27 Os meninos cresceram. Esaú tornou-se caçador habilidoso e vivia percorrendo os campos, ao passo que Jacó cuidava do rebanho[f] e vivia nas tendas. **28** Isaque preferia Esaú, porque gostava de comer de suas caças; Rebeca preferia Jacó.

The Death of Abraham

25 Abraham took[a] another wife, whose name was Keturah. **2** She bore him Zimran, Jokshan, Medan, Midian, Ishbak and Shuah. **3** Jokshan was the father of Sheba and Dedan; the descendants of Dedan were the Asshurites, the Letushites and the Leummites. **4** The sons of Midian were Ephah, Epher, Hanoch, Abida and Eldaah. All these were descendants of Keturah.

5 Abraham left everything he owned to Isaac. **6** But while he was still living, he gave gifts to the sons of his concubines and sent them away from his son Isaac to the land of the east.

7 Altogether, Abraham lived a hundred and seventy-five years. **8** Then Abraham breathed his last and died at a good old age, an old man and full of years; and he was gathered to his people. **9** His sons Isaac and Ishmael buried him in the cave of Machpelah near Mamre, in the field of Ephron son of Zohar the Hittite, **10** the field Abraham had bought from the Hittites.[b] There Abraham was buried with his wife Sarah. **11** After Abraham's death, God blessed his son Isaac, who then lived near Beer Lahai Roi.

Ishmael's Sons

12 This is the account of Abraham's son Ishmael, whom Sarah's maidservant, Hagar the Egyptian, bore to Abraham.

13 These are the names of the sons of Ishmael, listed in the order of their birth: Nebaioth the firstborn of Ishmael, Kedar, Adbeel, Mibsam, **14** Mishma, Dumah, Massa, **15** Hadad, Tema, Jetur, Naphish and Kedemah. **16** These were the sons of Ishmael, and these are the names of the twelve tribal rulers according to their settlements and camps. **17** Altogether, Ishmael lived a hundred and thirty-seven years. He breathed his last and died, and he was gathered to his people. **18** His descendants settled in the area from Havilah to Shur, near the border of Egypt, as you go toward Asshur. And they lived in hostility toward[c] all their brothers.

Jacob and Esau

19 This is the account of Abraham's son Isaac.

Abraham became the father of Isaac, **20** and Isaac was forty years old when he married Rebekah daughter of Bethuel the Aramean from Paddan Aram[d] and sister of Laban the Aramean.

21 Isaac prayed to the Lord on behalf of his wife, because she was barren. The Lord answered his prayer, and his wife Rebekah became pregnant. **22** The babies jostled each other within her, and she said, "Why is this happening to me?" So she went to inquire of the Lord.

23 The Lord said to her,

"Two nations are in your womb,
    and two peoples from within you will be
      separated;
one people will be stronger than the other,
    and the older will serve the younger."

24 When the time came for her to give birth, there were twin boys in her womb. **25** The first to come out was red, and his whole body was like a hairy garment; so they named him Esau.[e] **26** After this, his brother came out, with his hand grasping Esau's heel; so he was named Jacob.[f] Isaac was sixty years old when Rebekah gave birth to them.

27 The boys grew up, and Esau became a skillful hunter, a man of the open country, while Jacob was a quiet man, staying among the tents. **28** Isaac, who had a taste for wild game, loved Esau, but Rebekah loved Jacob.

---

a25.18 Ou *defronte de todos* **b**25.20 Provavelmente na região noroeste da Mesopotâmia; também em 28.2,-5,-6 e 7. **c**25.25 Ou *moreno* **d**25.25 *Esaú* pode significar *peludo, cabeludo.* **e**25.26 *Jacó* significa *ele agarra o calcanhar* ou *ele age traiçoeiramente*; também em 27.36. **f**25.27 Hebraico: *era homem pacato.*

a25:1 Or *had taken* **b**25:10 Or *The sons of Heth* **c**25:18 Or *lived to the east of* **d**25:20 That is, Northwest Mesopotamia **e**25:25 *Esau* may mean *hairy*; he was also called Edom, which means *red.* **f**25:26 *Jacob* means *he grasps the heel* (figuratively, *he deceives*).

29 Certa vez, quando Jacó preparava um ensopado, Esaú chegou faminto, voltando do campo, **30** e pediu-lhe: "Dê-me um pouco desse ensopado vermelho aí. Estou faminto!" Por isso também foi chamado Edom[a].

31 Respondeu-lhe Jacó: "Venda-me primeiro o seu direito de filho mais velho".

32 Disse Esaú: "Estou quase morrendo. De que me vale esse direito?"

33 Jacó, porém, insistiu: "Jure primeiro". Ele fez um juramento, vendendo o seu direito de filho mais velho a Jacó.

34 Então Jacó serviu a Esaú pão com ensopado de lentilhas. Ele comeu e bebeu, levantou-se e se foi.

Assim Esaú desprezou o seu direito de filho mais velho.

Isaque em Gerar

26 Houve fome naquela terra, como tinha acontecido no tempo de Abraão. Por isso Isaque foi para Gerar, onde Abimeleque era o rei dos filisteus. **2** O Senhor apareceu a Isaque e disse: "Não desça ao Egito; procure estabelecer-se na terra que eu lhe indicar. **3** Permaneça nesta terra mais um pouco, e eu estarei com você e o abençoarei. Porque a você e a seus descendentes darei todas estas terras e confirmarei o juramento que fiz a seu pai, Abraão. **4** Tornarei seus descendentes tão numerosos como as estrelas do céu e lhes darei todas estas terras; e por meio da sua descendência todos os povos da terra serão abençoados, **5** porque Abraão me obedeceu e guardou meus preceitos, meus mandamentos, meus decretos e minhas leis". **6** Assim Isaque ficou em Gerar.

7 Quando os homens do lugar lhe perguntaram sobre a sua mulher, ele disse: "Ela é minha irmã". Teve medo de dizer que era sua mulher, pois pensou: "Os homens deste lugar podem matar-me por causa de Rebeca, por ser ela tão bonita".

8 Isaque estava em Gerar já fazia muito tempo. Certo dia, Abimeleque, rei dos filisteus, estava olhando do alto de uma janela quando viu Isaque acariciando Rebeca, sua mulher. **9** Então Abimeleque chamou Isaque e lhe disse: "Na verdade ela é tua mulher! Por que me disseste que ela era tua irmã?"

Isaque respondeu: "Porque pensei que eu poderia ser morto por causa dela".

10 Então disse Abimeleque: "Tens idéia do que nos fizeste? Qualquer homem bem poderia ter-se deitado com tua mulher, e terias trazido culpa sobre nós".

11 E Abimeleque advertiu todo o povo: "Quem tocar neste homem ou em sua mulher certamente morrerá!"

12 Isaque formou lavoura naquela terra e no mesmo ano colheu a cem por um, porque o Senhor o abençoou. **13** O homem enriqueceu, e a sua riqueza continuou a aumentar, até que ficou riquíssimo. **14** Possuía tantos rebanhos e servos que os filisteus o invejavam. **15** Estes taparam todos os poços que os servos de Abraão, pai de Isaque, tinham cavado na sua época, enchendo-os de terra.

16 Então Abimeleque pediu a Isaque: "Sai de nossa terra, pois já és poderoso demais para nós".

17 Por isso Isaque mudou-se de lá, acampou no vale de Gerar e ali se estabeleceu. **18** Isaque reabriu os poços cavados no tempo de seu pai Abraão, os quais os filisteus fecharam depois que Abraão morreu, e deu-lhes os mesmos nomes que seu pai lhes tinha dado.

19 Os servos de Isaque cavaram no vale e descobriram um veio d'água. **20** Mas os pastores de Gerar discutiram com os pastores de Isaque, dizendo: "A água é nossa!" Por isso Isaque deu ao poço o nome de Eseque, porque discutiram por causa dele. **21** Então os seus servos cavaram outro poço, mas eles também discutiram por causa dele; por isso o chamou Sitna. **22** Isaque mudou-se dali e cavou outro poço, e ninguém discutiu por causa dele. Deu-lhe o nome de Reobote, dizen-

29 Once when Jacob was cooking some stew, Esau came in from the open country, famished. **30** He said to Jacob, "Quick, let me have some of that red stew! I'm famished!" (That is why he was also called Edom.[a])

31 Jacob replied, "First sell me your birthright."

32 "Look, I am about to die," Esau said. "What good is the birthright to me?"

33 But Jacob said, "Swear to me first." So he swore an oath to him, selling his birthright to Jacob.

34 Then Jacob gave Esau some bread and some lentil stew. He ate and drank, and then got up and left.

So Esau despised his birthright.

Isaac and Abimelech

26 Now there was a famine in the land—besides the earlier famine of Abraham's time—and Isaac went to Abimelech king of the Philistines in Gerar. **2** The Lord appeared to Isaac and said, "Do not go down to Egypt; live in the land where I tell you to live. **3** Stay in this land for a while, and I will be with you and will bless you. For to you and your descendants I will give all these lands and will confirm the oath I swore to your father Abraham. **4** I will make your descendants as numerous as the stars in the sky and will give them all these lands, and through your offspring[b] all nations on earth will be blessed, **5** because Abraham obeyed me and kept my requirements, my commands, my decrees and my laws." **6** So Isaac stayed in Gerar.

7 When the men of that place asked him about his wife, he said, "She is my sister," because he was afraid to say, "She is my wife." He thought, "The men of this place might kill me on account of Rebekah, because she is beautiful."

8 When Isaac had been there a long time, Abimelech king of the Philistines looked down from a window and saw Isaac caressing his wife Rebekah. **9** So Abimelech summoned Isaac and said, "She is really your wife! Why did you say, 'She is my sister'?"

Isaac answered him, "Because I thought I might lose my life on account of her."

10 Then Abimelech said, "What is this you have done to us? One of the men might well have slept with your wife, and you would have brought guilt upon us."

11 So Abimelech gave orders to all the people: "Anyone who molests this man or his wife shall surely be put to death."

12 Isaac planted crops in that land and the same year reaped a hundredfold, because the Lord blessed him. **13** The man became rich, and his wealth continued to grow until he became very wealthy. **14** He had so many flocks and herds and servants that the Philistines envied him. **15** So all the wells that his father's servants had dug in the time of his father Abraham, the Philistines stopped up, filling them with earth.

16 Then Abimelech said to Isaac, "Move away from us; you have become too powerful for us."

17 So Isaac moved away from there and encamped in the Valley of Gerar and settled there. **18** Isaac reopened the wells that had been dug in the time of his father Abraham, which the Philistines had stopped up after Abraham died, and he gave them the same names his father had given them.

19 Isaac's servants dug in the valley and discovered a well of fresh water there. **20** But the herdsmen of Gerar quarreled with Isaac's herdsmen and said, "The water is ours!" So he named the well Esek,[c] because they disputed with him. **21** Then they dug another well, but they quarreled over that one also; so he named it Sitnah.[d] **22** He moved on from there and dug another well, and no one quarreled over it. He named it Rehoboth,[e] say-

---

[a]25.30 *Edom* significa *vermelho*.

[a]25:30 *Edom* means *red*. [b]26:4 Or *seed* [c]26:20 *Esek* means *dispute*. [d]26:21 *Sitnah* means *opposition*. [e]26:22 *Rehoboth* means *room*.

do: "Agora o Senhor nos abriu espaço e prosperaremos na terra".

23 Dali Isaque foi para Berseba. 24 Naquela noite, o Senhor lhe apareceu e disse: "Eu sou o Deus de seu pai Abraão. Não tema, porque estou com você; eu o abençoarei e multiplicarei os seus descendentes por amor ao meu servo Abraão".

25 Isaque construiu nesse lugar um altar e invocou o nome do Senhor. Ali armou acampamento, e os seus servos cavaram outro poço.

O Acordo entre Isaque e Abimeleque

26 Por aquele tempo, veio a ele Abimeleque, de Gerar, com Auzate, seu conselheiro pessoal, e Ficol, o comandante dos seus exércitos. 27 Isaque lhes perguntou: "Por que me vieram ver, uma vez que foram hostis e me mandaram embora?"

28 Eles responderam: "Vimos claramente que o Senhor está contigo; por isso dissemos: Façamos um juramento entre nós. Queremos firmar um acordo contigo: 29 Tu não nos farás mal, assim como nada te fizemos, mas sempre te tratamos bem e te despedimos em paz. Agora sabemos que o Senhor te tem abençoado".

30 Então Isaque ofereceu-lhes um banquete, e eles comeram e beberam. 31 Na manhã seguinte os dois fizeram juramento. Depois Isaque os despediu e partiram em paz.

32 Naquele mesmo dia os servos de Isaque vieram falar-lhe sobre o poço que tinham cavado, e disseram: "Achamos água!" 33 Isaque deu-lhe o nome de Seba e, por isso, até o dia de hoje aquela cidade é conhecida como Berseba.

34 Tinha Esaú quarenta anos de idade quando escolheu por mulher a Judite, filha de Beeri, o hitita, e também a Basemate, filha de Elom, o hitita. 35 Elas amarguraram a vida de Isaque e de Rebeca.

Isaque Abençoa Jacó

27 Tendo Isaque envelhecido, seus olhos ficaram tão fracos que ele já não podia enxergar. Certo dia chamou Esaú, seu filho mais velho, e lhe disse: "Meu filho!"

Ele respondeu: "Estou aqui".

2 Disse-lhe Isaque: "Já estou velho e não sei o dia da minha morte. 3 Pegue agora suas armas, o arco e a aljava, e vá ao campo caçar alguma coisa para mim. 4 Prepare-me aquela comida saborosa que tanto aprecio e traga-me, para que eu a coma e o abençoe antes de morrer".

5 Ora, Rebeca estava ouvindo o que Isaque dizia a seu filho Esaú. Quando Esaú saiu ao campo para caçar, 6 Rebeca disse a seu filho Jacó: "Ouvi seu pai dizer a seu irmão Esaú: 7 'Traga-me alguma caça e prepare-me aquela comida saborosa, para que eu a coma e o abençoe na presença do Senhor antes de morrer'. 8 Agora, meu filho, ouça bem e faça o que lhe ordeno: 9 Vá ao rebanho e traga-me dois cabritos escolhidos, para que eu prepare uma comida saborosa para seu pai, como ele aprecia. 10 Leve-a então a seu pai, para que ele a coma e o abençoe antes de morrer".

11 Disse Jacó a Rebeca, sua mãe: "Mas o meu irmão Esaú é homem peludo, e eu tenho a pele lisa. 12 E se meu pai me apalpar? Vai parecer que estou tentando enganá-lo, fazendo-o de tolo e, em vez de bênção, trarei sobre mim maldição".

13 Disse-lhe sua mãe: "Caia sobre mim a maldição, meu filho. Faça apenas o que eu digo: Vá e traga-os para mim".

14 Então ele foi, apanhou-os e os trouxe à sua mãe, que preparou uma comida saborosa, como seu pai apreciava. 15 Rebeca pegou as melhores roupas de Esaú, seu filho mais velho, roupas que tinha em casa, e colocou-as em Jacó, seu filho mais novo. 16 Depois cobriu-lhe as mãos e a parte lisa do pescoço com as peles dos cabritos, 17 e por fim entregou a Jacó a refeição saborosa e o pão que tinha feito.

18 Ele se dirigiu ao pai e disse: "Meu pai".

Respondeu ele: "Sim, meu filho. Quem é você?"

ing, "Now the Lord has given us room and we will flourish in the land."

23 From there he went up to Beersheba. 24 That night the Lord appeared to him and said, "I am the God of your father Abraham. Do not be afraid, for I am with you; I will bless you and will increase the number of your descendants for the sake of my servant Abraham."

25 Isaac built an altar there and called on the name of the Lord. There he pitched his tent, and there his servants dug a well.

26 Meanwhile, Abimelech had come to him from Gerar, with Ahuzzath his personal adviser and Phicol the commander of his forces. 27 Isaac asked them, "Why have you come to me, since you were hostile to me and sent me away?"

28 They answered, "We saw clearly that the Lord was with you; so we said, 'There ought to be a sworn agreement between us'—between us and you. Let us make a treaty with you 29 that you will do us no harm, just as we did not molest you but always treated you well and sent you away in peace. And now you are blessed by the Lord."

30 Isaac then made a feast for them, and they ate and drank. 31 Early the next morning the men swore an oath to each other. Then Isaac sent them on their way, and they left him in peace.

32 That day Isaac's servants came and told him about the well they had dug. They said, "We've found water!" 33 He called it Shibah,[a] and to this day the name of the town has been Beersheba.[b]

34 When Esau was forty years old, he married Judith daughter of Beeri the Hittite, and also Basemath daughter of Elon the Hittite. 35 They were a source of grief to Isaac and Rebekah.

Jacob Gets Isaac's Blessing

27 When Isaac was old and his eyes were so weak that he could no longer see, he called for Esau his older son and said to him, "My son."

"Here I am," he answered.

2 Isaac said, "I am now an old man and don't know the day of my death. 3 Now then, get your weapons—your quiver and bow—and go out to the open country to hunt some wild game for me. 4 Prepare me the kind of tasty food I like and bring it to me to eat, so that I may give you my blessing before I die."

5 Now Rebekah was listening as Isaac spoke to his son Esau. When Esau left for the open country to hunt game and bring it back, 6 Rebekah said to her son Jacob, "Look, I overheard your father say to your brother Esau, 7 'Bring me some game and prepare me some tasty food to eat, so that I may give you my blessing in the presence of the Lord before I die.' 8 Now, my son, listen carefully and do what I tell you: 9 Go out to the flock and bring me two choice young goats, so I can prepare some tasty food for your father, just the way he likes it. 10 Then take it to your father to eat, so that he may give you his blessing before he dies."

11 Jacob said to Rebekah his mother, "But my brother Esau is a hairy man, and I'm a man with smooth skin. 12 What if my father touches me? I would appear to be tricking him and would bring down a curse on myself rather than a blessing."

13 His mother said to him, "My son, let the curse fall on me. Just do what I say; go and get them for me."

14 So he went and got them and brought them to his mother, and she prepared some tasty food, just the way his father liked it. 15 Then Rebekah took the best clothes of Esau her older son, which she had in the house, and put them on her younger son Jacob. 16 She also covered his hands and the smooth part of his neck with the goatskins. 17 Then she handed to her son Jacob the tasty food and the bread she had made.

18 He went to his father and said, "My father."

"Yes, my son," he answered. "Who is it?"

a26:33 *Shibah* can mean *oath* or *seven*. b26:33 *Beersheba* can mean *well of the oath or well of seven*.

19 Jacó disse a seu pai: "Sou Esaú, seu filho mais velho. Fiz como o senhor me disse. Agora, assente-se e coma do que cacei para que me abençoe".

20 Isaque perguntou ao filho: "Como encontrou a caça tão depressa, meu filho?"

Ele respondeu: "O Senhor, o seu Deus, a colocou no meu caminho".

21 Então Isaque disse a Jacó: "Chegue mais perto, meu filho, para que eu possa apalpá-lo e saber se você é realmente meu filho Esaú".

22 Jacó aproximou-se do seu pai Isaque, que o apalpou e disse: "A voz é de Jacó, mas os braços são de Esaú". **23** Não o reconheceu, pois seus braços estavam peludos como os de Esaú, seu irmão; e o abençoou.

24 Isaque perguntou-lhe outra vez: "Você é mesmo meu filho Esaú?"

E ele respondeu: "Sou".

25 Então lhe disse: "Meu filho, traga-me da sua caça para que eu coma e o abençoe".

Jacó a trouxe, e seu pai comeu; também trouxe vinho, e ele bebeu. **26** Então seu pai Isaque lhe disse: "Venha cá, meu filho, dê-me um beijo".

27 Ele se aproximou e o beijou. Quando sentiu o cheiro de suas roupas, Isaque o abençoou, dizendo:

"Ah, o cheiro de meu filho
   é como o cheiro de um campo
   que o Senhor abençoou.
28 Que Deus lhe conceda
   do céu o orvalho
   e da terra a riqueza,
com muito cereal e muito vinho.
29 Que as nações o sirvam
   e os povos se curvem diante de você.
Seja senhor dos seus irmãos,
   e curvem-se diante de você
   os filhos de sua mãe.
Malditos sejam os que o amaldiçoarem
   e benditos sejam
   os que o abençoarem".

30 Quando Isaque acabou de abençoar Jacó, mal tendo ele saído da presença do pai, seu irmão Esaú chegou da caçada. **31** Ele também preparou uma comida saborosa e a trouxe a seu pai. E lhe disse: "Meu pai, levante-se e coma da minha caça, para que o senhor me dê sua bênção".

32 Perguntou-lhe seu pai Isaque: "Quem é você?"

Ele respondeu: "Sou Esaú, seu filho mais velho".

33 Profundamente abalado, Isaque começou a tremer muito e disse: "Quem então apanhou a caça e a trouxe para mim? Acabei de comê-la antes de você entrar e a ele abençoei; e abençoado ele será!"

34 Quando Esaú ouviu as palavras de seu pai, deu um forte grito e, cheio de amargura, implorou ao pai: "Abençoe também a mim, meu pai!"

35 Mas ele respondeu: "Seu irmão chegou astutamente e recebeu a bênção que pertencia a você".

36 E disse Esaú: "Não é com razão que o seu nome é Jacó? Já é a segunda vez que ele me engana! Primeiro tomou o meu direito de filho mais velho, e agora recebeu a minha bênção!" Então perguntou ao pai: "O senhor não reservou nenhuma bênção para mim?"

37 Isaque respondeu a Esaú: "Eu o constituí senhor sobre você, e a todos os seus parentes tornei servos dele; a ele supri de cereal e de vinho. Que é que eu poderia fazer por você, meu filho?"

38 Esaú pediu ao pai: "Meu pai, o senhor tem apenas uma bênção? Abençoe-me também, meu pai!" Então chorou Esaú em alta voz.

19 Jacob said to his father, "I am Esau your firstborn. I have done as you told me. Please sit up and eat some of my game so that you may give me your blessing."

20 Isaac asked his son, "How did you find it so quickly, my son?"

"The Lord your God gave me success," he replied.

21 Then Isaac said to Jacob, "Come near so I can touch you, my son, to know whether you really are my son Esau or not."

22 Jacob went close to his father Isaac, who touched him and said, "The voice is the voice of Jacob, but the hands are the hands of Esau." **23** He did not recognize him, for his hands were hairy like those of his brother Esau; so he blessed him. **24** "Are you really my son Esau?" he asked.

"I am," he replied.

25 Then he said, "My son, bring me some of your game to eat, so that I may give you my blessing."

Jacob brought it to him and he ate; and he brought some wine and he drank. **26** Then his father Isaac said to him, "Come here, my son, and kiss me."

27 So he went to him and kissed him. When Isaac caught the smell of his clothes, he blessed him and said,

"Ah, the smell of my son
   is like the smell of a field
   that the Lord has blessed.
28 May God give you of heaven's dew
   and of earth's richness—
   an abundance of grain and new wine.
29 May nations serve you
   and peoples bow down to you.
Be lord over your brothers,
   and may the sons of your mother bow down
      to you.
May those who curse you be cursed
   and those who bless you be blessed."

30 After Isaac finished blessing him and Jacob had scarcely left his father's presence, his brother Esau came in from hunting. **31** He too prepared some tasty food and brought it to his father. Then he said to him, "My father, sit up and eat some of my game, so that you may give me your blessing."

32 His father Isaac asked him, "Who are you?"

"I am your son," he answered, "your firstborn, Esau."

33 Isaac trembled violently and said, "Who was it, then, that hunted game and brought it to me? I ate it just before you came and I blessed him—and indeed he will be blessed!"

34 When Esau heard his father's words, he burst out with a loud and bitter cry and said to his father, "Bless me—me too, my father!"

35 But he said, "Your brother came deceitfully and took your blessing."

36 Esau said, "Isn't he rightly named Jacob[a]? He has deceived me these two times: He took my birthright, and now he's taken my blessing!" Then he asked, "Haven't you reserved any blessing for me?"

37 Isaac answered Esau, "I have made him lord over you and have made all his relatives his servants, and I have sustained him with grain and new wine. So what can I possibly do for you, my son?"

38 Esau said to his father, "Do you have only one blessing, my father? Bless me too, my father!" Then Esau wept aloud.

---

[a] 27:36 *Jacob* means *he grasps the heel* (figuratively, *he deceives*).

39 Seu pai Isaque respondeu-lhe:

"Sua habitação será
longe das terras férteis,
distante do orvalho
que desce do alto céu.
40 Você viverá por sua espada
e servirá a seu irmão.
Mas quando você não suportar mais,
arrancará do pescoço o jugo".

A Fuga de Jacó

41 Esaú guardou rancor contra Jacó por causa da bênção que seu pai lhe dera. E disse a si mesmo: "Os dias de luto pela morte de meu pai estão próximos; então matarei meu irmão Jacó".

42 Quando contaram a Rebeca o que seu filho Esaú dissera, ela mandou chamar Jacó, seu filho mais novo, e lhe disse: "Esaú está se consolando com a idéia de matá-lo. **43** Ouça, pois, o que lhe digo, meu filho: Fuja imediatamente para a casa de meu irmão Labão, em Harã. **44** Fique com ele algum tempo, até que passe o furor de seu irmão. **45** Quando seu irmão não estiver mais irado contra você e esquecer o que você lhe fez, mandarei buscá-lo. Por que perderia eu vocês dois num só dia?"

46 Então Rebeca disse a Isaque: "Estou desgostosa da vida, por causa destas mulheres hititas. Se Jacó escolher esposa entre as mulheres desta terra, entre mulheres hititas como estas, perderei a razão de viver".

28 Então Isaque chamou Jacó, deu-lhe sua bênção[a] e lhe ordenou: "Não se case com mulher cananéia. **2** Vá a Padã-Arã, à casa de Betuel, seu avô materno, e case-se com uma das filhas de Labão, irmão de sua mãe. **3** Que o Deus todo-poderoso[b] o abençoe, faça-o prolífero e multiplique os seus descendentes, para que você se torne uma comunidade de povos. **4** Que ele dê a você e a seus descendentes a bênção de Abraão, para que você tome posse da terra na qual vive como estrangeiro, a terra dada por Deus a Abraão". **5** Então Isaque despediu Jacó e este foi a Padã-Arã, a Labão, filho do arameu Betuel, irmão de Rebeca, mãe de Jacó e Esaú.

6 Esaú viu que Isaque havia abençoado a Jacó e o havia mandado a Padã-Arã para escolher ali uma mulher e que, ao abençoá-lo, dera-lhe a ordem de não se casar com mulher cananéia. **7** Também soube que Jacó obedecera a seu pai e a sua mãe e fora para Padã-Arã. **8** Percebendo então Esaú que seu pai Isaque não aprovava as mulheres cananéias, **9** foi à casa de Ismael e tomou a Maalate, irmã de Nebaiote, filha de Ismael, filho de Abraão, além das outras mulheres que já tinha.

O Sonho de Jacó em Betel

10 Jacó partiu de Berseba e foi para Harã. **11** Chegando a determinado lugar, parou para pernoitar, porque o sol já se havia posto. Tomando uma das pedras dali, usou-a como travesseiro e deitou-se. **12** E teve um sonho no qual viu uma escada apoiada na terra; o seu topo alcançava os céus, e os anjos de Deus subiam e desciam por ela. **13** Ao lado dele[c] estava o Senhor, que lhe disse: "Eu sou o Senhor, o Deus de seu pai Abraão e o Deus de Isaque. Darei a você e a seus descendentes a terra na qual você está deitado. **14** Seus descendentes serão como o pó da terra, e se espalharão para o Oeste e para o Leste, para o Norte e para o Sul. Todos os povos da terra serão abençoados por meio de você e da sua descendência. **15** Estou com você e cuidarei de você, aonde quer que vá; e eu o trarei de volta a esta terra. Não o deixarei enquanto não fizer o que lhe prometi".

39 His father Isaac answered him,

"Your dwelling will be
away from the earth's richness,
away from the dew of heaven above.
40 You will live by the sword
and you will serve your brother.
But when you grow restless,
you will throw his yoke
from off your neck."

Jacob Flees to Laban

41 Esau held a grudge against Jacob because of the blessing his father had given him. He said to himself, "The days of mourning for my father are near; then I will kill my brother Jacob."

42 When Rebekah was told what her older son Esau had said, she sent for her younger son Jacob and said to him, "Your brother Esau is consoling himself with the thought of killing you. **43** Now then, my son, do what I say: Flee at once to my brother Laban in Haran. **44** Stay with him for a while until your brother's fury subsides. **45** When your brother is no longer angry with you and forgets what you did to him, I'll send word for you to come back from there. Why should I lose both of you in one day?"

46 Then Rebekah said to Isaac, "I'm disgusted with living because of these Hittite women. If Jacob takes a wife from among the women of this land, from Hittite women like these, my life will not be worth living."

28 So Isaac called for Jacob and blessed[a] him and commanded him: "Do not marry a Canaanite woman. **2** Go at once to Paddan Aram,[b] to the house of your mother's father Bethuel. Take a wife for yourself there, from among the daughters of Laban, your mother's brother. **3** May God Almighty[c] bless you and make you fruitful and increase your numbers until you become a community of peoples. **4** May he give you and your descendants the blessing given to Abraham, so that you may take possession of the land where you now live as an alien, the land God gave to Abraham." **5** Then Isaac sent Jacob on his way, and he went to Paddan Aram, to Laban son of Bethuel the Aramean, the brother of Rebekah, who was the mother of Jacob and Esau.

6 Now Esau learned that Isaac had blessed Jacob and had sent him to Paddan Aram to take a wife from there, and that when he blessed him he commanded him, "Do not marry a Canaanite woman," **7** and that Jacob had obeyed his father and mother and had gone to Paddan Aram. **8** Esau then realized how displeasing the Canaanite women were to his father Isaac; **9** so he went to Ishmael and married Mahalath, the sister of Nebaioth and daughter of Ishmael son of Abraham, in addition to the wives he already had.

Jacob's Dream at Bethel

10 Jacob left Beersheba and set out for Haran. **11** When he reached a certain place, he stopped for the night because the sun had set. Taking one of the stones there, he put it under his head and lay down to sleep. **12** He had a dream in which he saw a stairway[d] resting on the earth, with its top reaching to heaven, and the angels of God were ascending and descending on it. **13** There above it[e] stood the Lord, and he said: "I am the Lord, the God of your father Abraham and the God of Isaac. I will give you and your descendants the land on which you are lying. **14** Your descendants will be like the dust of the earth, and you will spread out to the west and to the east, to the north and to the south. All peoples on earth will be blessed through you and your offspring. **15** I am with you and will watch over you wherever you go, and I will bring you back to this land. I will not leave you until I have done what I have promised you."

---

a 28.1 Ou *saudou-o* **b** 28.3 Hebraico: *El-Shaddai*. **c** 28.13 Ou *Acima dela*

a 28:1 Or *greeted* **b** 28:2 That is, Northwest Mesopotamia; also in verses 5, 6 and **c** 28:3 Hebrew *El-Shaddai* **d** 28:12 Or *ladder* **e** 28:13 Or *There beside him*

16 Quando Jacó acordou do sono, disse: "Sem dúvida o Senhor está neste lugar, mas eu não sabia!" **17** Teve medo e disse: "Temível é este lugar! Não é outro, senão a casa de Deus; esta é a porta dos céus".

18 Na manhã seguinte, Jacó pegou a pedra que tinha usado como travesseiro, colocou-a em pé como coluna e derramou óleo sobre o seu topo. **19** E deu o nome de Betel^a àquele lugar, embora a cidade anteriormente se chamasse Luz.

20 Então Jacó fez um voto, dizendo: "Se Deus estiver comigo, cuidar de mim nesta viagem que estou fazendo, prover-me de comida e roupa, **21** e levar-me de volta em segurança à casa de meu pai, então o Senhor será o meu Deus. **22** E esta pedra que hoje coloquei como coluna servirá de santuário^b de Deus; e de tudo o que me deres certamente te darei o dízimo".

Jacó Encontra-se com Raquel

29 Então Jacó seguiu viagem e chegou à Mesopotâmia^c. **2** Certo dia, olhando ao redor, viu um poço no campo e três rebanhos de ovelhas deitadas por perto, pois os rebanhos bebiam daquele poço, que era tapado por uma grande pedra. **3** Por isso, quando todos os rebanhos se reuniam ali, os pastores rolavam a pedra da boca do poço e davam água às ovelhas. Depois recolocavam a pedra em seu lugar, sobre o poço.

4 Jacó perguntou aos pastores: "Meus amigos, de onde são vocês?"

"Somos de Harã", responderam.

5 "Vocês conhecem Labão, neto de Naor?", perguntou-lhes Jacó.

Eles responderam: "Sim, nós o conhecemos".

6 Então Jacó perguntou: "Ele vai bem?"

"Sim, vai bem", disseram eles, "e ali vem sua filha Raquel com as ovelhas."

7 Disse ele: "Olhem, o sol ainda vai alto e não é hora de recolher os rebanhos. Dêem de beber às ovelhas e levem-nas de volta ao pasto".

8 Mas eles responderam: "Não podemos, enquanto os rebanhos não se agruparem e a pedra não for removida da boca do poço. Só então daremos de beber às ovelhas".

9 Ele ainda estava conversando, quando chegou Raquel com as ovelhas de seu pai, pois ela era pastora. **10** Quando Jacó viu Raquel, filha de Labão, irmão de sua mãe, e as ovelhas de Labão, aproximou-se, removeu a pedra da boca do poço e deu de beber às ovelhas de seu tio Labão. **11** Depois Jacó beijou Raquel e começou a chorar bem alto. **12** Então contou a Raquel que era parente do pai dela e filho de Rebeca. E ela foi correndo contar tudo a seu pai.

13 Logo que Labão ouviu as notícias acerca de Jacó, seu sobrinho, correu ao seu encontro, abraçou-o e o beijou. Depois, levou-o para casa, e Jacó contou-lhe tudo o que havia ocorrido. **14** Então Labão lhe disse: "Você é sangue do meu sangue^d".

O Casamento de Jacó

Já fazia um mês que Jacó estava na casa de Labão, **15** quando este lhe disse: "Só por ser meu parente você vai trabalhar de graça? Diga-me qual deve ser o seu salário".

16 Ora, Labão tinha duas filhas; o nome da mais velha era Lia, e o da mais nova, Raquel. **17** Lia tinha olhos meigos^e, mas Raquel era bonita e atraente. **18** Como Jacó gostava muito de Raquel, disse: "Trabalharei sete anos em troca de Raquel, sua filha mais nova".

19 Labão respondeu: "Será melhor dá-la a você do que a algum outro homem. Fique aqui comigo". **20** Então Jacó trabalhou sete anos por Raquel, mas lhe pareceram poucos dias, pelo tanto que a amava.

---

16 When Jacob awoke from his sleep, he thought, "Surely the Lord is in this place, and I was not aware of it." **17** He was afraid and said, "How awesome is this place! This is none other than the house of God; this is the gate of heaven."

18 Early the next morning Jacob took the stone he had placed under his head and set it up as a pillar and poured oil on top of it. **19** He called that place Bethel,^a though the city used to be called Luz.

20 Then Jacob made a vow, saying, "If God will be with me and will watch over me on this journey I am taking and will give me food to eat and clothes to wear **21** so that I return safely to my father's house, then the Lord^b will be my God **22** and^c this stone that I have set up as a pillar will be God's house, and of all that you give me I will give you a tenth."

Jacob Arrives in Paddan Aram

29 Then Jacob continued on his journey and came to the land of the eastern peoples. **2** There he saw a well in the field, with three flocks of sheep lying near it because the flocks were watered from that well. The stone over the mouth of the well was large. **3** When all the flocks were gathered there, the shepherds would roll the stone away from the well's mouth and water the sheep. Then they would return the stone to its place over the mouth of the well.

4 Jacob asked the shepherds, "My brothers, where are you from?"

"We're from Haran," they replied.

5 He said to them, "Do you know Laban, Nahor's grandson?"

"Yes, we know him," they answered.

6 Then Jacob asked them, "Is he well?"

"Yes, he is," they said, "and here comes his daughter Rachel with the sheep."

7 "Look," he said, "the sun is still high; it is not time for the flocks to be gathered. Water the sheep and take them back to pasture."

8 "We can't," they replied, "until all the flocks are gathered and the stone has been rolled away from the mouth of the well. Then we will water the sheep."

9 While he was still talking with them, Rachel came with her father's sheep, for she was a shepherdess. **10** When Jacob saw Rachel daughter of Laban, his mother's brother, and Laban's sheep, he went over and rolled the stone away from the mouth of the well and watered his uncle's sheep. **11** Then Jacob kissed Rachel and began to weep aloud. **12** He had told Rachel that he was a relative of her father and a son of Rebekah. So she ran and told her father.

13 As soon as Laban heard the news about Jacob, his sister's son, he hurried to meet him. He embraced him and kissed him and brought him to his home, and there Jacob told him all these things. **14** Then Laban said to him, "You are my own flesh and blood."

Jacob Marries Leah and Rachel

After Jacob had stayed with him for a whole month, **15** Laban said to him, "Just because you are a relative of mine, should you work for me for nothing? Tell me what your wages should be."

16 Now Laban had two daughters; the name of the older was Leah, and the name of the younger was Rachel. **17** Leah had weak^d eyes, but Rachel was lovely in form, and beautiful. **18** Jacob was in love with Rachel and said, "I'll work for you seven years in return for your younger daughter Rachel."

19 Laban said, "It's better that I give her to you than to some other man. Stay here with me." **20** So Jacob served seven years to get Rachel, but they seemed like only a few days to him because of his love for her.

---

^a28.19 *Betel* significa *casa de Deus.* ^b28.22 Hebraico: *será a casa.* ^c29.1 Hebraico: *à terra dos filhos do oriente.* ^d29.14 Hebraico: *meu osso e minha carne.* ^e29.17 Ou *sem brilho*

^a28:19 *Bethel* means *house of God.* ^b28:20,21 Or *Since God … father's house, the* Lord ^c28:21,22 Or *house, and the* Lord *will be my God,* 22 *then* ^d29:17 Or *delicate*

²¹ Então disse Jacó a Labão: "Entregue-me a minha mulher. Cumpri o prazo previsto e quero deitar-me com ela".

²² Então Labão reuniu todo o povo daquele lugar e deu uma festa. ²³ Mas quando a noite chegou, deu sua filha Lia a Jacó, e Jacó deitou-se com ela. ²⁴ Labão também entregou sua serva Zilpa à sua filha, para que ficasse a serviço dela.

²⁵ Quando chegou a manhã, lá estava Lia. Então Jacó disse a Labão: "Que foi que você me fez? Eu não trabalhei por Raquel? Por que você me enganou?"

²⁶ Labão respondeu: "Aqui não é costume entregar em casamento a filha mais nova antes da mais velha. ²⁷ Deixe passar esta semana de núpcias e lhe daremos também a mais nova, em troca de mais sete anos de trabalho".

²⁸ Jacó concordou. Passou aquela semana de núpcias com Lia, e Labão lhe deu sua filha Raquel por mulher. ²⁹ Labão deu a Raquel sua serva Bila, para que ficasse a serviço dela. ³⁰ Jacó deitou-se também com Raquel, que era a sua preferida. E trabalhou para Labão outros sete anos.

Os Filhos de Jacó

³¹ Quando o Senhor viu que Lia era desprezada, concedeu-lhe filhos; Raquel, porém, era estéril. ³² Lia engravidou, deu à luz um filho, e deu-lhe o nome de Rúben, pois dizia: "O Senhor viu a minha infelicidade. Agora, certamente o meu marido me amará".

³³ Lia engravidou de novo e, quando deu à luz outro filho, disse: "Porque o Senhor ouviu que sou desprezada, deu-me também este". Pelo que o chamou Simeão.

³⁴ De novo engravidou e, quando deu à luz mais um filho, disse: "Agora, finalmente, meu marido se apegará a mim, porque já lhe dei três filhos". Por isso deu-lhe o nome de Levi.

³⁵ Engravidou ainda outra vez e, quando deu à luz mais outro filho, disse: "Desta vez louvarei o Senhor". Assim deu-lhe o nome de Judá. Então parou de ter filhos.

30 Quando Raquel viu que não dava filhos a Jacó, teve inveja de sua irmã. Por isso disse a Jacó: "Dê-me filhos ou morrerei!"

² Jacó ficou irritado e disse: "Por acaso estou no lugar de Deus, que a impediu de ter filhos?"

³ Então ela respondeu: "Aqui está Bila, minha serva. Deite-se com ela, para que tenha filhos em meu lugarᵃ e por meio dela eu também possa formar família".

⁴ Por isso ela deu a Jacó sua serva Bila por mulher. Ele deitou-se com ela, ⁵ Bila engravidou e deu-lhe um filho. ⁶ Então Raquel disse: "Deus me fez justiça, ouviu o meu clamor e deu-me um filho". Por isso deu-lhe o nome de Dã.

⁷ Bila, serva de Raquel, engravidou novamente e deu a Jacó o segundo filho. ⁸ Então disse Raquel: "Tive grande luta com minha irmã e venci". Pelo que o chamou Naftali.

⁹ Quando Lia viu que tinha parado de ter filhos, tomou sua serva Zilpa e a deu a Jacó por mulher. ¹⁰ Zilpa, serva de Lia, deu a Jacó um filho. ¹¹ Então disse Lia: "Que grande sorte!"ᵇ Por isso o chamou Gade.

¹² Zilpa, serva de Lia, deu a Jacó mais um filho. ¹³ Então Lia exclamou: "Como sou feliz! As mulheres dirão que sou feliz". Por isso lhe deu o nome de Aser.

¹⁴ Durante a colheita do trigo, Rúben saiu ao campo, encontrou algumas mandrágorasᶜ e as trouxe a Lia, sua mãe. Então Raquel disse a Lia: "Dê-me algumas mandrágoras do seu filho".

²¹ Then Jacob said to Laban, "Give me my wife. My time is completed, and I want to lie with her."

²² So Laban brought together all the people of the place and gave a feast. ²³ But when evening came, he took his daughter Leah and gave her to Jacob, and Jacob lay with her. ²⁴ And Laban gave his servant girl Zilpah to his daughter as her maidservant.

²⁵ When morning came, there was Leah! So Jacob said to Laban, "What is this you have done to me? I served you for Rachel, didn't I? Why have you deceived me?"

²⁶ Laban replied, "It is not our custom here to give the younger daughter in marriage before the older one. ²⁷ Finish this daughter's bridal week; then we will give you the younger one also, in return for another seven years of work."

²⁸ And Jacob did so. He finished the week with Leah, and then Laban gave him his daughter Rachel to be his wife. ²⁹ Laban gave his servant girl Bilhah to his daughter Rachel as her maidservant. ³⁰ Jacob lay with Rachel also, and he loved Rachel more than Leah. And he worked for Laban another seven years.

Jacob's Children

³¹ When the Lord saw that Leah was not loved, he opened her womb, but Rachel was barren. ³² Leah became pregnant and gave birth to a son. She named him Reuben,ᵃ for she said, "It is because the Lord has seen my misery. Surely my husband will love me now."

³³ She conceived again, and when she gave birth to a son she said, "Because the Lord heard that I am not loved, he gave me this one too." So she named him Simeon.ᵇ

³⁴ Again she conceived, and when she gave birth to a son she said, "Now at last my husband will become attached to me, because I have borne him three sons." So he was named Levi.ᶜ

³⁵ She conceived again, and when she gave birth to a son she said, "This time I will praise the Lord." So she named him Judah.ᵈ Then she stopped having children.

30 When Rachel saw that she was not bearing Jacob any children, she became jealous of her sister. So she said to Jacob, "Give me children, or I'll die!"

² Jacob became angry with her and said, "Am I in the place of God, who has kept you from having children?"

³ Then she said, "Here is Bilhah, my maidservant. Sleep with her so that she can bear children for me and that through her I too can build a family."

⁴ So she gave him her servant Bilhah as a wife. Jacob slept with her, ⁵ and she became pregnant and bore him a son. ⁶ Then Rachel said, "God has vindicated me; he has listened to my plea and given me a son." Because of this she named him Dan.ᵉ

⁷ Rachel's servant Bilhah conceived again and bore Jacob a second son. ⁸ Then Rachel said, "I have had a great struggle with my sister, and I have won." So she named him Naphtali.ᶠ

⁹ When Leah saw that she had stopped having children, she took her maidservant Zilpah and gave her to Jacob as a wife. ¹⁰ Leah's servant Zilpah bore Jacob a son. ¹¹ Then Leah said, "What good fortune!"ᵍ So she named him Gad.ʰ

¹² Leah's servant Zilpah bore Jacob a second son. ¹³ Then Leah said, "How happy I am! The women will call me happy." So she named him Asher.ⁱ

¹⁴ During wheat harvest, Reuben went out into the fields and found some mandrake plants, which he brought to his mother Leah. Rachel said to Leah, "Please give me some of your son's mandrakes."

ᵃ30.3 Hebraico: nos meus joelhos. ᵇ30.11 Ou "Uma tropa está vindo!" ᶜ30.14 Isto é, plantas tidas por afrodisíacas e capazes de favorecer a fertilidade feminina.

ᵃ29:32 Reuben sounds like the Hebrew for he has seen my misery; the name means see, a son. ᵇ29:33 Simeon probably means one who hears. ᶜ29:34 Levi sounds like and may be derived from the Hebrew for attached. ᵈ29:35 Judah sounds like and may be derived from the Hebrew for praise. ᵉ30:6 Dan here means he has vindicated. ᶠ30:8 Naphtali means my struggle. ᵍ30:11 Or "A troop is coming!" ʰ30:11 Gad can mean good fortune or a troop. ⁱ30:13 Asher means happy.

15 Mas ela respondeu: "Não lhe foi suficiente tomar de mim o marido? Vai tomar também as mandrágoras que o meu filho trouxe?" Então disse Raquel: "Jacó se deitará com você esta noite, em troca das mandrágoras trazidas pelo seu filho".

16 Quando Jacó chegou do campo naquela tarde, Lia saiu ao seu encontro e lhe disse: "Hoje você me possuirá, pois eu comprei esse direito com as mandrágoras do meu filho". E naquela noite ele se deitou com ela.

17 Deus ouviu Lia, e ela engravidou e deu a Jacó o quinto filho. **18** Disse Lia: "Deus me recompensou por ter dado a minha serva ao meu marido". Por isso deu-lhe o nome de Issacar.

19 Lia engravidou de novo e deu a Jacó o sexto filho. **20** Disse Lia: "Deus presenteou-me com uma dádiva preciosa. Agora meu marido me tratará melhorª; afinal já lhe dei seis filhos". Por isso deu-lhe o nome de Zebulom.

21 Algum tempo depois, ela deu à luz uma menina a quem chamou Diná.

22 Então Deus lembrou-se de Raquel. Deus ouviu o seu clamor e a tornou fértil. **23** Ela engravidou, e deu à luz um filho e disse: "Deus tirou de mim a minha humilhação". **24** Deu-lhe o nome de José e disse: "Que o Senhor me acrescente ainda outro filho".

A Riqueza de Jacó

25 Depois que Raquel deu à luz José, Jacó disse a Labão: "Deixe-me voltar para a minha terra natal. **26** Dê-me as minhas mulheres, pelas quais o servi, e os meus filhos, e partirei. Você bem sabe quanto trabalhei por você".

27 Mas Labão lhe disse: "Se mereço sua consideração, peço-lhe que fique. Por meio de adivinhação descobri que o Senhor me abençoou por sua causa". **28** E acrescentou: "Diga o seu salário, e eu lhe pagarei".

29 Jacó lhe respondeu: "Você sabe quanto trabalhei para você e como os seus rebanhos cresceram sob os meus cuidados. **30** O pouco que você possuía antes da minha chegada aumentou muito, pois o Senhor o abençoou depois que vim para cá. Contudo, quando farei algo em favor da minha própria família?"

31 Então Labão perguntou: "Que você quer que eu lhe dê?" "Não me dê coisa alguma", respondeu Jacó. "Voltarei a cuidar dos seus rebanhos se você concordar com o seguinte: **32** hoje passarei por todos os seus rebanhos e tirarei do meio deles todas as ovelhas salpicadas e pintadas, todos os cordeiros pretos e todas as cabras salpicadas e pintadas. Eles serão o meu salário. **33** E a minha honestidade dará testemunho de mim no futuro, toda vez que você resolver verificar o meu salário. Se estiver em meu poder alguma cabra que não seja salpicada ou pintada, e algum cordeiro que não seja preto, poderá considerá-los roubados".

34 E disse Labão: "De acordo. Seja como você disse". **35** Naquele mesmo dia Labão separou todos os bodes que tinham listrasᵇ ou manchas brancas, todas as cabras que tinham pintas ou manchas brancas, e todos os cordeiros pretos e os colocou aos cuidados de seus filhos. **36** Afastou-se então de Jacó, à distância equivalente a três dias de viagem, e Jacó continuou a apascentar o resto dos rebanhos de Labão.

37 Jacó pegou galhos verdes de estoraque, amendoeira e plátano e neles fez listras brancas, descascando-os parcialmente e expondo assim a parte branca interna dos galhos. **38** Depois fixou os galhos descascados junto aos bebedouros, na frente dos rebanhos, no lugar onde costumavam beber água. Na época do cio, os rebanhos vinham beber e **39** se acasalavam diante dos galhos. E geravam filhotes listrados, salpicados e pintados. **40** Jacó separava os filhotes do rebanho dos demais, e fazia com que esses ficassem juntos dos animais listrados e pretos de Labão. Assim foi formando o seu próprio rebanho e separou do de Labão. **41** Toda vez que as fêmeas mais fortes estavam no cio, Jacó colocava os galhos nos bebedouros, em frente dos animais,

15 But she said to her, "Wasn't it enough that you took away my husband? Will you take my son's mandrakes too?"

"Very well," Rachel said, "he can sleep with you tonight in return for your son's mandrakes."

16 So when Jacob came in from the fields that evening, Leah went out to meet him. "You must sleep with me," she said. "I have hired you with my son's mandrakes." So he slept with her that night.

17 God listened to Leah, and she became pregnant and bore Jacob a fifth son. **18** Then Leah said, "God has rewarded me for giving my maidservant to my husband." So she named him Issachar.ª

19 Leah conceived again and bore Jacob a sixth son. **20** Then Leah said, "God has presented me with a precious gift. This time my husband will treat me with honor, because I have borne him six sons." So she named him Zebulun.ᵇ

21 Some time later she gave birth to a daughter and named her Dinah.

22 Then God remembered Rachel; he listened to her and opened her womb. **23** She became pregnant and gave birth to a son and said, "God has taken away my disgrace." **24** She named him Joseph,ᶜ and said, "May the Lord add to me another son."

Jacob's Flocks Increase

25 After Rachel gave birth to Joseph, Jacob said to Laban, "Send me on my way so I can go back to my own homeland. **26** Give me my wives and children, for whom I have served you, and I will be on my way. You know how much work I've done for you."

27 But Laban said to him, "If I have found favor in your eyes, please stay. I have learned by divination thatᵈ the Lord has blessed me because of you." **28** He added, "Name your wages, and I will pay them."

29 Jacob said to him, "You know how I have worked for you and how your livestock has fared under my care. **30** The little you had before I came has increased greatly, and the Lord has blessed you wherever I have been. But now, when may I do something for my own household?"

31 "What shall I give you?" he asked.

"Don't give me anything," Jacob replied. "But if you will do this one thing for me, I will go on tending your flocks and watching over them: **32** Let me go through all your flocks today and remove from them every speckled or spotted sheep, every dark-colored lamb and every spotted or speckled goat. They will be my wages. **33** And my honesty will testify for me in the future, whenever you check on the wages you have paid me. Any goat in my possession that is not speckled or spotted, or any lamb that is not dark-colored, will be considered stolen."

34 "Agreed," said Laban. "Let it be as you have said." **35** That same day he removed all the male goats that were streaked or spotted, and all the speckled or spotted female goats (all that had white on them) and all the dark-colored lambs, and he placed them in the care of his sons. **36** Then he put a three-day journey between himself and Jacob, while Jacob continued to tend the rest of Laban's flocks.

37 Jacob, however, took fresh-cut branches from poplar, almond and plane trees and made white stripes on them by peeling the bark and exposing the white inner wood of the branches. **38** Then he placed the peeled branches in all the watering troughs, so that they would be directly in front of the flocks when they came to drink. When the flocks were in heat and came to drink, **39** they mated in front of the branches. And they bore young that were streaked or speckled or spotted. **40** Jacob set apart the young of the flock by themselves, but made the rest face the streaked and dark-colored animals that belonged to Laban. Thus he made separate flocks for himself and did not put them with Laban's animals. **41** Whenever the stronger females were in heat, Jacob would place the branches in the troughs in front of the animals

---

ª30.20 Ou *me honrará* ᵇ30.35 Ou *cauda retorcida*; também em 30.39,40; 31.8,10 e 12.

ª30:18 *Issachar* sounds like the Hebrew for *reward.* ᵇ30:20 *Zebulun* probably means *honor.* ᶜ30:24 *Joseph* means *may he add.* ᵈ30:27 Or possibly *have become rich and*

para que se acasalassem perto dos galhos; **42** mas, se os animais eram fracos, não os colocava ali. Desse modo, os animais fracos ficavam para Labão e os mais fortes para Jacó. **43** Assim o homem ficou extremamente rico, tornando-se dono de grandes rebanhos e de servos e servas, camelos e jumentos.

Jacó Foge de Labão

31 Jacó, porém, ouviu falar que os filhos de Labão estavam dizendo: "Jacó tomou tudo que o nosso pai tinha e juntou toda a sua riqueza à custa do nosso pai". **2** E Jacó percebeu que a atitude de Labão para com ele já não era a mesma de antes.

3 E o SENHOR disse a Jacó: "Volte para a terra de seus pais e de seus parentes, e eu estarei com você".

4 Então Jacó mandou chamar Raquel e Lia para virem ao campo onde estavam os seus rebanhos, **5** e lhes disse: "Vejo que a atitude do seu pai para comigo não é mais a mesma, mas o Deus de meu pai tem estado comigo. **6** Vocês sabem que trabalhei para seu pai com todo o empenho, **7** mas ele tem me feito de tolo, mudando o meu salário dez vezes. Contudo, Deus não permitiu que ele me prejudicasse. **8** Se ele dizia: 'As crias salpicadas serão o seu salário', todos os rebanhos geravam filhotes salpicados; e se ele dizia: 'As que têm listras serão o seu salário', todos os rebanhos geravam filhotes com listras. **9** Foi assim que Deus tirou os rebanhos de seu pai e os deu a mim.

10 "Na época do acasalamento, tive um sonho em que olhei e vi que os machos que fecundavam o rebanho tinham listras, eram salpicados e malhados. **11** O Anjo de Deus me disse no sonho: 'Jacó!' Eu respondi: Eis-me aqui! **12** Então ele disse: 'Olhe e veja que todos os machos que fecundam o rebanho têm listras, são salpicados e malhados, porque tenho visto tudo o que Labão lhe fez. **13** Sou o Deus de Betel, onde você ungiu uma coluna e me fez um voto. Saia agora desta terra e volte para a sua terra natal' ".

14 Raquel e Lia disseram a Jacó: "Temos ainda parte na herança dos bens de nosso pai? **15** Não nos trata ele como estrangeiras? Não apenas nos vendeu como também gastou tudo o que foi pago por nós! **16** Toda a riqueza que Deus tirou de nosso pai é nossa e de nossos filhos. Portanto, faça tudo quanto Deus lhe ordenou".

17 Então Jacó ajudou seus filhos e suas mulheres a montar nos camelos, **18** e conduziu todo o seu rebanho, junto com todos os bens que havia acumulado em Padã-Arã**ª**, para ir à terra de Canaã, à casa de seu pai, Isaque.

19 Enquanto Labão tinha saído para tosquiar suas ovelhas, Raquel roubou de seu pai os ídolos do clã. **20** Foi assim que Jacó enganou a Labão, o arameu, fugindo sem lhe dizer nada. **21** Ele fugiu com tudo o que tinha e, atravessando o Eufrates**b**, foi para os montes de Gileade.

Labão Persegue Jacó

22 Três dias depois, Labão foi informado de que Jacó tinha fugido. **23** Tomando consigo os homens de sua família, perseguiu Jacó por sete dias e o alcançou nos montes de Gileade. **24** Então, de noite, Deus veio em sonho a Labão, o arameu, e o advertiu: "Cuidado! Não diga nada a Jacó, não lhe faça promessas nem ameaças".

25 Labão alcançou Jacó, que estava acampado nos montes de Gileade. Então Labão e os homens se acamparam ali também. **26** Ele perguntou a Jacó: "Que foi que você fez? Não só me enganou como também raptou minhas filhas como se fossem prisioneiras de guerra. **27** Por que você me enganou, fugindo em segredo, sem avisar-me? Eu teria celebrado a sua partida com alegria e cantos, ao som dos tamborins e das harpas. **28** Você sequer me deixou beijar meus netos e minhas filhas para despedir-me deles. Você foi insensato. **29** Tenho poder para

so they would mate near the branches, **42** but if the animals were weak, he would not place them there. So the weak animals went to Laban and the strong ones to Jacob. **43** In this way the man grew exceedingly prosperous and came to own large flocks, and maidservants and menservants, and camels and donkeys.

Jacob Flees From Laban

31 Jacob heard that Laban's sons were saying, "Jacob has taken everything our father owned and has gained all this wealth from what belonged to our father." **2** And Jacob noticed that Laban's attitude toward him was not what it had been.

3 Then the LORD said to Jacob, "Go back to the land of your fathers and to your relatives, and I will be with you."

4 So Jacob sent word to Rachel and Leah to come out to the fields where his flocks were. **5** He said to them, "I see that your father's attitude toward me is not what it was before, but the God of my father has been with me. **6** You know that I've worked for your father with all my strength, **7** yet your father has cheated me by changing my wages ten times. However, God has not allowed him to harm me. **8** If he said, 'The speckled ones will be your wages,' then all the flocks gave birth to speckled young; and if he said, 'The streaked ones will be your wages,' then all the flocks bore streaked young. **9** So God has taken away your father's livestock and has given them to me.

10 "In breeding season I once had a dream in which I looked up and saw that the male goats mating with the flock were streaked, speckled or spotted. **11** The angel of God said to me in the dream, 'Jacob.' I answered, 'Here I am.' **12** And he said, 'Look up and see that all the male goats mating with the flock are streaked, speckled or spotted, for I have seen all that Laban has been doing to you. **13** I am the God of Bethel, where you anointed a pillar and where you made a vow to me. Now leave this land at once and go back to your native land.' "

14 Then Rachel and Leah replied, "Do we still have any share in the inheritance of our father's estate? **15** Does he not regard us as foreigners? Not only has he sold us, but he has used up what was paid for us. **16** Surely all the wealth that God took away from our father belongs to us and our children. So do whatever God has told you."

17 Then Jacob put his children and his wives on camels, **18** and he drove all his livestock ahead of him, along with all the goods he had accumulated in Paddan Aram,**a** to go to his father Isaac in the land of Canaan.

19 When Laban had gone to shear his sheep, Rachel stole her father's household gods. **20** Moreover, Jacob deceived Laban the Aramean by not telling him he was running away. **21** So he fled with all he had, and crossing the River,**b** he headed for the hill country of Gilead.

Laban Pursues Jacob

22 On the third day Laban was told that Jacob had fled. **23** Taking his relatives with him, he pursued Jacob for seven days and caught up with him in the hill country of Gilead. **24** Then God came to Laban the Aramean in a dream at night and said to him, "Be careful not to say anything to Jacob, either good or bad."

25 Jacob had pitched his tent in the hill country of Gilead when Laban overtook him, and Laban and his relatives camped there too. **26** Then Laban said to Jacob, "What have you done? You've deceived me, and you've carried off my daughters like captives in war. **27** Why did you run off secretly and deceive me? Why didn't you tell me, so I could send you away with joy and singing to the music of tambourines and harps? **28** You didn't even let me kiss my grandchildren and my daughters good-by. You have done a foolish thing. **29** I have the power to

---

ª31.18 Provavelmente na região noroeste da Mesopotâmia; também em 33.18, 35.9 e 26. **b31.21** Hebraico: *o Rio.*

a31:18 That is, Northwest Mesopotamia **b31:21** That is, the Euphrates

prejudicá-los; mas, na noite passada, o Deus do pai de vocês me advertiu: 'Cuidado! Não diga nada a Jacó, não lhe faça promessas nem ameaças'. **30** Agora, se você partiu porque tinha saudade da casa de seu pai, por que roubou meus deuses?"

31 Jacó respondeu a Labão: "Tive medo, pois pensei que você tiraria suas filhas de mim à força. **32** Quanto aos seus deuses, quem for encontrado com eles não ficará vivo. Na presença dos nossos parentes, veja você mesmo se está aqui comigo qualquer coisa que lhe pertença, e, se estiver, leve-a de volta". Ora, Jacó não sabia que Raquel os havia roubado.

33 Então Labão entrou na tenda de Jacó, e nas tendas de Lia e de suas duas servas, mas nada encontrou. Depois de sair da tenda de Lia, entrou na tenda de Raquel. **34** Raquel tinha colocado os ídolos dentro da sela do seu camelo e estava sentada em cima. Labão vasculhou toda a tenda, mas nada encontrou.

35 Raquel disse ao pai: "Não se irrite, meu senhor, por não poder me levantar em sua presença, pois estou com o fluxo das mulheres". Ele procurou os ídolos, mas não os encontrou.

36 Jacó ficou irado e queixou-se a Labão: "Qual foi meu crime? Que pecado cometi para que você me persiga furiosamente? **37** Você já vasculhou tudo o que me pertence. Encontrou algo que lhe pertença? Então coloque tudo aqui na frente dos meus parentes e dos seus, e que eles julguem entre nós dois.

38 "Vinte anos estive com você. Suas ovelhas e cabras nunca abortaram, e jamais comi um só carneiro do seu rebanho. **39** Eu nunca levava a você os animais despedaçados por feras; eu mesmo assumia o prejuízo. E você pedia contas de todo animal roubado de dia ou de noite. **40** O calor me consumia de dia, e o frio de noite, e o sono fugia dos meus olhos. **41** Foi assim nos vinte anos em que fiquei em sua casa. Trabalhei para você catorze anos em troca de suas duas filhas e seis anos por seus rebanhos, e dez vezes você alterou o meu salário. **42** Se o Deus de meu pai, o Deus de Abraão, o Temor de Isaque, não estivesse comigo, certamente você me despediria de mãos vazias. Mas Deus viu o meu sofrimento e o trabalho das minhas mãos e, na noite passada, ele manifestou a sua decisão".

O Acordo entre Labão e Jacó

43 Labão respondeu a Jacó: "As mulheres são minhas filhas, os filhos são meus, os rebanhos são meus. Tudo o que você vê é meu. Que posso fazer por essas minhas filhas ou pelos filhos que delas nasceram? **44** Façamos agora, eu e você, um acordo que sirva de testemunho entre nós dois".

45 Então Jacó tomou uma pedra e a colocou em pé como coluna. **46** E disse aos seus parentes: "Juntem algumas pedras". Eles apanharam pedras e as amontoaram. Depois comeram ali, ao lado do monte de pedras. **47** Labão o chamou Jegar-Saaduta, e Jacó o chamou Galeede**ª**.

48 Labão disse: "Este monte de pedras é uma testemunha entre mim e você, no dia de hoje". Por isso foi chamado Galeede. **49** Foi também chamado Mispá**b**, porque ele declarou: "Que o Senhor nos vigie, a mim e a você, quando estivermos separados um do outro. **50** Se você maltratar minhas filhas ou menosprezá-las, tomando outras mulheres além delas, ainda que ninguém saiba, lembre-se de que Deus é testemunha entre mim e você".

51 Disse ainda Labão a Jacó: "Aqui estão este monte de pedras e esta coluna que coloquei entre mim e você. **52** São testemunhas de que não passarei para o lado de lá para prejudicá-lo, nem você passará para o lado de cá para prejudicar-me. **53** Que o Deus de Abraão, o Deus de Naor, o Deus do pai deles, julgue**c** entre nós".

Então Jacó fez um juramento em nome do Temor de seu pai Isaque. **54** Ofereceu um sacrifício no monte e chamou os parentes que lá estavam para uma refeição. Depois de comerem, passaram a noite ali.

harm you; but last night the God of your father said to me, 'Be careful not to say anything to Jacob, either good or bad.' **30** Now you have gone off because you longed to return to your father's house. But why did you steal my gods?"

31 Jacob answered Laban, "I was afraid, because I thought you would take your daughters away from me by force. **32** But if you find anyone who has your gods, he shall not live. In the presence of our relatives, see for yourself whether there is anything of yours here with me; and if so, take it." Now Jacob did not know that Rachel had stolen the gods.

33 So Laban went into Jacob's tent and into Leah's tent and into the tent of the two maidservants, but he found nothing. After he came out of Leah's tent, he entered Rachel's tent. **34** Now Rachel had taken the household gods and put them inside her camel's saddle and was sitting on them. Laban searched through everything in the tent but found nothing.

35 Rachel said to her father, "Don't be angry, my lord, that I cannot stand up in your presence; I'm having my period." So he searched but could not find the household gods.

36 Jacob was angry and took Laban to task. "What is my crime?" he asked Laban. "What sin have I committed that you hunt me down? **37** Now that you have searched through all my goods, what have you found that belongs to your household? Put it here in front of your relatives and mine, and let them judge between the two of us.

38 "I have been with you for twenty years now. Your sheep and goats have not miscarried, nor have I eaten rams from your flocks. **39** I did not bring you animals torn by wild beasts; I bore the loss myself. And you demanded payment from me for whatever was stolen by day or night. **40** This was my situation: The heat consumed me in the daytime and the cold at night, and sleep fled from my eyes. **41** It was like this for the twenty years I was in your household. I worked for you fourteen years for your two daughters and six years for your flocks, and you changed my wages ten times. **42** If the God of my father, the God of Abraham and the Fear of Isaac, had not been with me, you would surely have sent me away empty-handed. But God has seen my hardship and the toil of my hands, and last night he rebuked you."

43 Laban answered Jacob, "The women are my daughters, the children are my children, and the flocks are my flocks. All you see is mine. Yet what can I do today about these daughters of mine, or about the children they have borne? **44** Come now, let's make a covenant, you and I, and let it serve as a witness between us."

45 So Jacob took a stone and set it up as a pillar. **46** He said to his relatives, "Gather some stones." So they took stones and piled them in a heap, and they ate there by the heap. **47** Laban called it Jegar Sahadutha,**a** and Jacob called it Galeed.**b**

48 Laban said, "This heap is a witness between you and me today." That is why it was called Galeed. **49** It was also called Mizpah,**c** because he said, "May the Lord keep watch between you and me when we are away from each other. **50** If you mistreat my daughters or if you take any wives besides my daughters, even though no one is with us, remember that God is a witness between you and me."

51 Laban also said to Jacob, "Here is this heap, and here is this pillar I have set up between you and me. **52** This heap is a witness, and this pillar is a witness, that I will not go past this heap to your side to harm you and that you will not go past this heap and pillar to my side to harm me. **53** May the God of Abraham and the God of Nahor, the God of their father, judge between us."

So Jacob took an oath in the name of the Fear of his father Isaac. **54** He offered a sacrifice there in the hill country and invited his relatives to a meal. After they had eaten, they spent the night there.

ª31.47 Tanto *Jegar-Saaduta* (aramaico) como *Galeede* (hebraico) significam *monte de pedras do testemunho.* **b31.49** *Mispá* significa *torre de vigia.* **c31.53** Conforme a Septuaginta e o Pentateuco Samaritano. O Texto Massorético permite que o versículo seja entendido no plural.

a31:47 The Aramaic *Jegar Sahadutha* means *witness heap.* **b31:47** The Hebrew *Galeed* means *witness heap.* **c31:49** *Mizpah* means *watchtower.*

55 Na manhã seguinte, Labão beijou seus netos e suas filhas e os abençoou, e depois voltou para a sua terra.

Jacó Prepara-se para o Encontro com Esaú

32 Jacó também seguiu o seu caminho, e anjos de Deus vieram ao encontro dele. **2** Quando Jacó os avistou, disse: "Este é o exército de Deus!" Por isso deu àquele lugar o nome de Maanaim.ᵃ

3 Jacó mandou mensageiros adiante dele a seu irmão Esaú, na região de Seir, território de Edom. **4** E lhes ordenou: "Vocês dirão o seguinte ao meu senhor Esaú: Assim diz teu servo Jacó: Morei na casa de Labão e com ele permaneci até agora. **5** Tenho bois e jumentos, ovelhas e cabras, servos e servas. Envio agora esta mensagem ao meu senhor, para que me recebas bem".

6 Quando os mensageiros voltaram a Jacó, disseram-lhe: "Fomos até seu irmão Esaú, e ele está vindo ao seu encontro, com quatrocentos homens".

7 Jacó encheu-se de medo e foi tomado de angústia. Então dividiu em dois grupos todos os que estavam com ele, bem como as ovelhas, as cabras, os bois e os camelos, **8** pois assim pensou: "Se Esaú vier e atacar um dos grupos, o outro poderá escapar".

9 Então Jacó orou: "Ó Deus de meu pai Abraão, Deus de meu pai Isaque, ó Senhor que me disseste: 'Volte para a sua terra e para os seus parentes e eu o farei prosperar'; **10** não sou digno de toda a bondade e lealdade com que trataste o teu servo. Quando atravessei o Jordão eu tinha apenas o meu cajado, mas agora possuo duas caravanas. **11** Livra-me, rogo-te, das mãos de meu irmão Esaú, porque tenho medo que ele venha nos atacar, tanto a mim como às mães e às crianças. **12** Pois tu prometeste: 'Esteja certo de que eu o farei prosperar e farei os seus descendentes tão numerosos como a areia do mar, que não se pode contar' ".

13 Depois de passar ali a noite, escolheu entre os seus rebanhos um presente para o seu irmão Esaú: **14** duzentas cabras e vinte bodes, duzentas ovelhas e vinte carneiros, **15** trinta fêmeas de camelo com seus filhotes, quarenta vacas e dez touros, vinte jumentas e dez jumentos. **16** Colocou cada rebanho sob o cuidado de um servo, e disse-lhes: "Vão à minha frente e mantenham certa distância entre um rebanho e outro".

17 Ao que ia à frente deu a seguinte instrução: "Quando meu irmão Esaú encontrar-se com você e lhe perguntar: 'A quem você pertence, para onde vai e de quem é todo este rebanho à sua frente?', **18** você responderá: É do teu servo Jacó. É um presente para o meu senhor Esaú; e ele mesmo está vindo atrás de nós".

19 Também instruiu o segundo, o terceiro e todos os outros que acompanhavam os rebanhos: "Digam também a mesma coisa a Esaú quando o encontrarem. **20** E acrescentem: Teu servo Jacó está vindo atrás de nós". Porque pensava: "Eu o apaziguarei com esses presentes que estou enviando antes de mim; mais tarde, quando eu o vir, talvez me receba". **21** Assim os presentes de Jacó seguiram à sua frente; ele, porém, passou a noite no acampamento.

Jacó Luta com Deus

22 Naquela noite Jacó levantou-se, tomou suas duas mulheres, suas duas servas e seus onze filhos para atravessar o lugar de passagem do Jaboque. **23** Depois de havê-los feito atravessar o ribeiro, fez passar também tudo o que possuía. **24** E Jacó ficou sozinho. Então veio um homem que se pôs a lutar com ele até o amanhecer. **25** Quando o homem viu que não poderia dominá-lo, tocou na articulação da coxa de Jacó, de forma que lhe deslocou a coxa, enquanto lutavam. **26** Então o homem disse: "Deixe-me ir, pois o dia já desponta". Mas Jacó lhe respondeu: "Não te deixarei ir, a não ser que me abençoes".

55 Early the next morning Laban kissed his grandchildren and his daughters and blessed them. Then he left and returned home.

Jacob Prepares to Meet Esau

32 Jacob also went on his way, and the angels of God met him. **2** When Jacob saw them, he said, "This is the camp of God!" So he named that place Mahanaim.ᵃ

3 Jacob sent messengers ahead of him to his brother Esau in the land of Seir, the country of Edom. **4** He instructed them: "This is what you are to say to my master Esau: 'Your servant Jacob says, I have been staying with Laban and have remained there till now. **5** I have cattle and donkeys, sheep and goats, menservants and maidservants. Now I am sending this message to my lord, that I may find favor in your eyes.' "

6 When the messengers returned to Jacob, they said, "We went to your brother Esau, and now he is coming to meet you, and four hundred men are with him."

7 In great fear and distress Jacob divided the people who were with him into two groups,ᵇ and the flocks and herds and camels as well. **8** He thought, "If Esau comes and attacks one group,ᶜ the groupᵈ that is left may escape."

9 Then Jacob prayed, "O God of my father Abraham, God of my father Isaac, O Lord, who said to me, 'Go back to your country and your relatives, and I will make you prosper,' **10** I am unworthy of all the kindness and faithfulness you have shown your servant. I had only my staff when I crossed this Jordan, but now I have become two groups. **11** Save me, I pray, from the hand of my brother Esau, for I am afraid he will come and attack me, and also the mothers with their children. **12** But you have said, 'I will surely make you prosper and will make your descendants like the sand of the sea, which cannot be counted.' "

13 He spent the night there, and from what he had with him he selected a gift for his brother Esau: **14** two hundred female goats and twenty male goats, two hundred ewes and twenty rams, **15** thirty female camels with their young, forty cows and ten bulls, and twenty female donkeys and ten male donkeys. **16** He put them in the care of his servants, each herd by itself, and said to his servants, "Go ahead of me, and keep some space between the herds."

17 He instructed the one in the lead: "When my brother Esau meets you and asks, 'To whom do you belong, and where are you going, and who owns all these animals in front of you?' **18** then you are to say, 'They belong to your servant Jacob. They are a gift sent to my lord Esau, and he is coming behind us.' "

19 He also instructed the second, the third and all the others who followed the herds: "You are to say the same thing to Esau when you meet him. **20** And be sure to say, 'Your servant Jacob is coming behind us.' " For he thought, "I will pacify him with these gifts I am sending on ahead; later, when I see him, perhaps he will receive me." **21** So Jacob's gifts went on ahead of him, but he himself spent the night in the camp.

Jacob Wrestles With God

22 That night Jacob got up and took his two wives, his two maidservants and his eleven sons and crossed the ford of the Jabbok. **23** After he had sent them across the stream, he sent over all his possessions. **24** So Jacob was left alone, and a man wrestled with him till daybreak. **25** When the man saw that he could not overpower him, he touched the socket of Jacob's hip so that his hip was wrenched as he wrestled with the man. **26** Then the man said, "Let me go, for it is daybreak."

But Jacob replied, "I will not let you go unless you bless me."

ᵃ32.2 *Maanaim* significa *dois exércitos*.

ᵃ32:2 *Mahanaim* means *two camps*. ᵇ32:7 Or *camps*; also in verse 10 ᶜ32:8 Or *camp* ᵈ32:8 Or *camp*

27 O homem lhe perguntou: "Qual é o seu nome?"

"Jacó^a", respondeu ele.

28 Então disse o homem: "Seu nome não será mais Jacó, mas sim Israel^b, porque você lutou com Deus e com homens e venceu".

29 Prosseguiu Jacó: "Peço-te que digas o teu nome".

Mas ele respondeu: "Por que pergunta o meu nome?" E o abençoou ali.

30 Jacó chamou àquele lugar Peniel, pois disse: "Vi a Deus face a face e, todavia, minha vida foi poupada".

31 Ao nascer do sol atravessou Peniel, mancando por causa da coxa. **32** Por isso, até o dia de hoje, os israelitas não comem o músculo ligado à articulação do quadril, porque nesse músculo Jacó foi ferido.

O Encontro de Esaú e Jacó

33 Quando Jacó olhou e viu que Esaú estava se aproximando, com quatrocentos homens, dividiu as crianças entre Lia, Raquel e as duas servas. **2** Colocou as servas e os seus filhos à frente, Lia e seus filhos depois, e Raquel com José por último. **3** Ele mesmo passou à frente e, ao aproximar-se do seu irmão, curvou-se até o chão sete vezes.

4 Mas Esaú correu ao encontro de Jacó e abraçou-se ao seu pescoço, e o beijou. E eles choraram. **5** Então Esaú ergueu o olhar e viu as mulheres e as crianças. E perguntou: "Quem são estes?"

Jacó respondeu: "São os filhos que Deus concedeu ao teu servo".

6 Então as servas e os seus filhos se aproximaram e se curvaram. **7** Depois, Lia e os seus filhos vieram e se curvaram. Por último, chegaram José e Raquel, e também se curvaram.

8 Esaú perguntou: "O que você pretende com todos os rebanhos que encontrei pelo caminho?"

"Ser bem recebido por ti, meu senhor", respondeu Jacó.

9 Disse, porém, Esaú: "Eu já tenho muito, meu irmão. Guarde para você o que é seu".

10 Mas Jacó insistiu: "Não! Se te agradaste de mim, aceita este presente de minha parte, porque ver a tua face é como contemplar a face de Deus; além disso, tu me recebeste tão bem! **11** Aceita, pois, o presente que te foi trazido, pois Deus tem sido favorável para comigo, e eu já tenho tudo o que necessito". Jacó tanto insistiu que Esaú acabou aceitando.

12 Então disse Esaú: "Vamos seguir em frente. Eu o acompanharei".

13 Jacó, porém, lhe disse: "Meu senhor sabe que as crianças são frágeis e que estão sob os meus cuidados ovelhas e vacas que amamentam suas crias. Se forçá-las demais na caminhada, um só dia que seja, todo o rebanho morrerá. **14** Por isso, meu senhor, vai à frente do teu servo, e eu sigo atrás, devagar, no passo dos rebanhos e das crianças, até que eu chegue ao meu senhor em Seir".

15 Esaú sugeriu: "Permita-me, então, deixar alguns homens com você".

Jacó perguntou: "Mas para quê, meu senhor? Ter sido bem recebido já me foi suficiente!"

16 Naquele dia Esaú voltou para Seir. **17** Jacó, todavia, foi para Sucote, onde construiu uma casa para si e abrigos para o seu gado. Foi por isso que o lugar recebeu o nome de Sucote.

18 Tendo voltado de Padã-Arã, Jacó chegou a salvo à^e cidade de Siquém, em Canaã, e acampou próximo da cidade. **19** Por cem peças de prata^d comprou dos filhos de Hamor, pai de Siquém, a parte do campo onde tinha armado acampamento. **20** Ali edificou um altar e lhe chamou El Elohe Israel^e.

27 The man asked him, "What is your name?"

"Jacob," he answered.

28 Then the man said, "Your name will no longer be Jacob, but Israel,^a because you have struggled with God and with men and have overcome."

29 Jacob said, "Please tell me your name."

But he replied, "Why do you ask my name?" Then he blessed him there.

30 So Jacob called the place Peniel,^b saying, "It is because I saw God face to face, and yet my life was spared."

31 The sun rose above him as he passed Peniel,^c and he was limping because of his hip. **32** Therefore to this day the Israelites do not eat the tendon attached to the socket of the hip, because the socket of Jacob's hip was touched near the tendon.

Jacob Meets Esau

33 Jacob looked up and there was Esau, coming with his four hundred men; so he divided the children among Leah, Rachel and the two maidservants. **2** He put the maidservants and their children in front, Leah and her children next, and Rachel and Joseph in the rear. **3** He himself went on ahead and bowed down to the ground seven times as he approached his brother.

4 But Esau ran to meet Jacob and embraced him; he threw his arms around his neck and kissed him. And they wept. **5** Then Esau looked up and saw the women and children. "Who are these with you?" he asked.

Jacob answered, "They are the children God has graciously given your servant."

6 Then the maidservants and their children approached and bowed down. **7** Next, Leah and her children came and bowed down. Last of all came Joseph and Rachel, and they too bowed down.

8 Esau asked, "What do you mean by all these droves I met?"

"To find favor in your eyes, my lord," he said.

9 But Esau said, "I already have plenty, my brother. Keep what you have for yourself."

10 "No, please!" said Jacob. "If I have found favor in your eyes, accept this gift from me. For to see your face is like seeing the face of God, now that you have received me favorably. **11** Please accept the present that was brought to you, for God has been gracious to me and I have all I need." And because Jacob insisted, Esau accepted it.

12 Then Esau said, "Let us be on our way; I'll accompany you."

13 But Jacob said to him, "My lord knows that the children are tender and that I must care for the ewes and cows that are nursing their young. If they are driven hard just one day, all the animals will die. **14** So let my lord go on ahead of his servant, while I move along slowly at the pace of the droves before me and that of the children, until I come to my lord in Seir."

15 Esau said, "Then let me leave some of my men with you."

"But why do that?" Jacob asked. "Just let me find favor in the eyes of my lord."

16 So that day Esau started on his way back to Seir. **17** Jacob, however, went to Succoth, where he built a place for himself and made shelters for his livestock. That is why the place is called Succoth.^d

18 After Jacob came from Paddan Aram,^e he arrived safely at the^f city of Shechem in Canaan and camped within sight of the city. **19** For a hundred pieces of silver,^g he bought from the sons of Hamor, the father of Shechem, the plot of ground where he pitched his tent. **20** There he set up an altar and called it El Elohe Israel.^h

---

^a32.27 *Jacó* significa *ele agarra o calcanhar* ou *ele age traiçoeiramente*; também em 35.10. ^b32.28 *Israel* significa *ele luta com Deus*; também em 35.10. ^c33.18 Ou *chegou a Salém, uma cidade de Siquém*, ^d33.19 Hebraico: *100 quesitas.* Uma *quesita* era uma unidade monetária de peso e valor desconhecidos. ^e33.20 Isto é, *Deus, o Deus de Israel* ou *poderoso é o Deus de Israel.*

^a32:28 *Israel* means *he struggles with God.* ^b32:30 *Peniel* means *face of God.* ^c32:31 Hebrew *Penuel*, a variant of *Peniel* ^d33:17 *Succoth* means *shelters.* ^e33:18 That is, Northwest Mesopotamia ^f33:18 Or *arrived at* *Shalem*, ^g33:19 Hebrew *hundred kesitahs*; a kesitah was a unit of money of unknown weight and value. ^h33:20 *El Elohe Israel* can mean *God, the God of Israel* or *mighty is the God of Israel.*

O Conflito entre os Filhos de Jacó e os Siquemitas

34 Certa vez, Diná, a filha que Lia dera a Jacó, saiu para conhecer as mulheres daquela terra. **2** Siquém, filho de Hamor, o heveu, governador daquela região, viu-a, agarrou-a e a violentou. **3** Mas o seu coração foi atraído por Diná, filha de Jacó, e ele amou a moça e falou-lhe com ternura. **4** Por isso Siquém foi dizer a seu pai Hamor: "Consiga-me aquela moça para que seja minha mulher".

5 Quando Jacó soube que sua filha Diná tinha sido desonrada, seus filhos estavam no campo, com os rebanhos; por isso esperou calado até que regressassem.

6 Então Hamor, pai de Siquém, foi conversar com Jacó. **7** Quando os filhos de Jacó voltaram do campo e souberam do caso, ficaram profundamente entristecidos e irados, porque Siquém tinha cometido um ato vergonhoso em[a] Israel, ao deitar-se com a filha de Jacó — coisa que não se faz.

8 Mas Hamor lhes disse: "Meu filho Siquém apaixonou-se pela filha de vocês. Por favor, entreguem-na a ele para que seja sua mulher. **9** Casem-se entre nós; dêem-nos suas filhas e tomem para si as nossas. **10** Estabeleçam-se entre nós. A terra está aberta para vocês: habitem-na, façam comércio[b] nela e adquiram propriedades".

11 Então Siquém disse ao pai e aos irmãos de Diná: "Concedam-me este favor, e eu lhes darei o que me pedirem. **12** Aumentem quanto quiserem o preço e o presente pela noiva, e pagarei o que me pedirem. Tão-somente me dêem a moça por mulher".

13 Os filhos de Jacó, porém, responderam com falsidade a Siquém e a seu pai Hamor, por ter Siquém desonrado Diná, a irmã deles. **14** Disseram: "Não podemos fazer isso; jamais entregaremos nossa irmã a um homem que não seja circuncidado. Seria uma vergonha para nós. **15** Daremos nosso consentimento a vocês com uma condição: que vocês se tornem como nós, circuncidando todos os do sexo masculino. **16** Só então lhes daremos as nossas filhas e poderemos casar-nos com as suas. Nós nos estabeleceremos entre vocês e seremos um só povo. **17** Mas se não aceitarem circuncidar-se, tomaremos nossa irmã[c] e partiremos". **18** A proposta deles pareceu boa a Hamor e a seu filho Siquém. **19** O jovem, que era o mais respeitado de todos os da casa de seu pai, não demorou em cumprir o que pediram, porque realmente gostava da filha de Jacó.

20 Assim Hamor e seu filho Siquém dirigiram-se à porta da cidade para conversar com os seus concidadãos. E disseram: **21** "Esses homens são de paz. Permitam que eles habitem em nossa terra e façam comércio entre nós; a terra tem bastante lugar para eles. Poderemos casar com as suas filhas, e eles com as nossas. **22** Mas eles só consentirão em viver conosco como um só povo sob a condição de que todos os nossos homens sejam circuncidados, como eles. **23** Lembrem-se de que os seus rebanhos, os seus bens e todos os seus outros animais passarão a ser nossos. Aceitemos então a condição para que se estabeleçam em nosso meio".

24 Todos os que saíram para reunir-se à porta da cidade concordaram com Hamor e com seu filho Siquém, e todos os homens e meninos da cidade foram circuncidados.

25 Três dias depois, quando ainda sofriam dores, dois filhos de Jacó, Simeão e Levi, irmãos de Diná, pegaram suas espadas e atacaram a cidade desprevenida, matando todos os homens. **26** Mataram ao fio da espada Hamor e seu filho Siquém, tiraram Diná da casa de Siquém e partiram. **27** Vieram então os outros filhos de Jacó e, passando pelos corpos, saquearam a cidade onde[d] sua irmã tinha sido desonrada. **28** Apoderaram-se das ovelhas, dos bois e dos jumentos, e de tudo o que havia na cidade e no campo. **29** Levaram as mulheres e as crianças, e saquearam todos os bens e tudo o que havia nas casas.

30 Então Jacó disse a Simeão e a Levi: "Vocês me puseram em grandes apuros, atraindo sobre mim o ódio[e] dos cananeus e

Dinah and the Shechemites

34 Now Dinah, the daughter Leah had borne to Jacob, went out to visit the women of the land. **2** When Shechem son of Hamor the Hivite, the ruler of that area, saw her, he took her and violated her. **3** His heart was drawn to Dinah daughter of Jacob, and he loved the girl and spoke tenderly to her. **4** And Shechem said to his father Hamor, "Get me this girl as my wife."

5 When Jacob heard that his daughter Dinah had been defiled, his sons were in the fields with his livestock; so he kept quiet about it until they came home.

6 Then Shechem's father Hamor went out to talk with Jacob. **7** Now Jacob's sons had come in from the fields as soon as they heard what had happened. They were filled with grief and fury, because Shechem had done a disgraceful thing in[a] Israel by lying with Jacob's daughter—a thing that should not be done.

8 But Hamor said to them, "My son Shechem has his heart set on your daughter. Please give her to him as his wife. **9** Intermarry with us; give us your daughters and take our daughters for yourselves. **10** You can settle among us; the land is open to you. Live in it, trade[b] in it, and acquire property in it."

11 Then Shechem said to Dinah's father and brothers, "Let me find favor in your eyes, and I will give you whatever you ask. **12** Make the price for the bride and the gift I am to bring as great as you like, and I'll pay whatever you ask me. Only give me the girl as my wife."

13 Because their sister Dinah had been defiled, Jacob's sons replied deceitfully as they spoke to Shechem and his father Hamor. **14** They said to them, "We can't do such a thing; we can't give our sister to a man who is not circumcised. That would be a disgrace to us. **15** We will give our consent to you on one condition only: that you become like us by circumcising all your males. **16** Then we will give you our daughters and take your daughters for ourselves. We'll settle among you and become one people with you. **17** But if you will not agree to be circumcised, we'll take our sister[c] and go."

18 Their proposal seemed good to Hamor and his son Shechem. **19** The young man, who was the most honored of all his father's household, lost no time in doing what they said, because he was delighted with Jacob's daughter. **20** So Hamor and his son Shechem went to the gate of their city to speak to their fellow townsmen. **21** "These men are friendly toward us," they said. "Let them live in our land and trade in it; the land has plenty of room for them. We can marry their daughters and they can marry ours. **22** But the men will consent to live with us as one people only on the condition that our males be circumcised, as they themselves are. **23** Won't their livestock, their property and all their other animals become ours? So let us give our consent to them, and they will settle among us."

24 All the men who went out of the city gate agreed with Hamor and his son Shechem, and every male in the city was circumcised.

25 Three days later, while all of them were still in pain, two of Jacob's sons, Simeon and Levi, Dinah's brothers, took their swords and attacked the unsuspecting city, killing every male. **26** They put Hamor and his son Shechem to the sword and took Dinah from Shechem's house and left. **27** The sons of Jacob came upon the dead bodies and looted the city where[d] their sister had been defiled. **28** They seized their flocks and herds and donkeys and everything else of theirs in the city and out in the fields. **29** They carried off all their wealth and all their women and children, taking as plunder everything in the houses.

30 Then Jacob said to Simeon and Levi, "You have brought trouble on me by making me a stench to the Canaanites and

---

a34.7 Ou *contra* **b**34.10 Ou *movam-se livremente*; também no versículo 21. **c**34.17 Hebraico: *filha*. **d**34.27 Ou *porque* **e**34.30 Hebraico: *transformando-me em mau cheiro para os.*

a34:7 Or *against* **b**34:10 Or *move about freely*; also in verse 21 **c**34:17 Hebrew *daughter* **d**34:27 Or *because*

dos ferezeus, habitantes desta terra. Somos poucos, e se eles juntarem suas forças e nos atacarem, eu e a minha família seremos destruídos".

31 Mas eles responderam: "Está certo ele tratar nossa irmã como uma prostituta?"

O Retorno de Jacó a Betel

35 Deus disse a Jacó: "Suba a Betel[a] e estabeleça-se lá, e faça um altar ao Deus que lhe apareceu quando você fugia do seu irmão Esaú".

2 Disse, pois, Jacó aos de sua casa e a todos os que estavam com ele: "Livrem-se dos deuses estrangeiros que estão entre vocês, purifiquem-se e troquem de roupa. **3** Venham! Vamos subir a Betel, onde farei um altar ao Deus que me ouviu no dia da minha angústia e que tem estado comigo por onde tenho andado". **4** Então entregaram a Jacó todos os deuses estrangeiros que possuíam e os brincos que usavam nas orelhas, e Jacó os enterrou ao pé da grande árvore, próximo a Siquém. **5** Quando eles partiram, o terror de Deus caiu de tal maneira sobre as cidades ao redor que ninguém ousou perseguir os filhos de Jacó.

6 Jacó e todos os que com ele estavam chegaram a Luz, que é Betel, na terra de Canaã. **7** Nesse lugar construiu um altar e lhe deu o nome de El-Betel[b], porque ali Deus havia se revelado[c] a ele, quando fugia do seu irmão.

8 Débora, ama de Rebeca, morreu e foi sepultada perto de Betel, ao pé do Carvalho, que por isso foi chamado Alom-Bacute[d].

9 Depois que Jacó retornou de Padã-Arã, Deus lhe apareceu de novo e o abençoou, **10** dizendo: "Seu nome é Jacó, mas você não será mais chamado Jacó; seu nome será Israel". Assim lhe deu o nome de Israel.

11 E Deus ainda lhe disse: "Eu sou o Deus todo-poderoso[e]; seja prolífero e multiplique-se. De você procederão uma nação e uma comunidade de nações, e reis estarão entre os seus descendentes. **12** A terra que dei a Abraão e a Isaque, dou a você; e também aos seus futuros descendentes darei esta terra". **13** A seguir, Deus elevou-se do lugar onde estivera falando com Jacó.

14 Jacó levantou uma coluna de pedra no lugar em que Deus lhe falara, e derramou sobre ela uma oferta de bebidas[f] e a ungiu com óleo. **15** Jacó deu o nome de Betel ao lugar onde Deus tinha falado com ele.

A Morte de Isaque e de Raquel

16 Eles partiram de Betel, e quando ainda estavam a certa distância de Efrata, Raquel começou a dar à luz com grande dificuldade. **17** E, enquanto padecia muito, tentando dar à luz, a parteira lhe disse: "Não tenha medo, pois você ainda terá outro menino". **18** Já a ponto de sair-lhe a vida, quando estava morrendo, deu ao filho o nome de Benoni[g]. Mas o pai deu-lhe o nome de Benjamim[h].

19 Assim morreu Raquel e foi sepultada junto do caminho de Efrata, que é Belém. **20** Sobre a sua sepultura Jacó levantou uma coluna, e até o dia de hoje aquela coluna marca o túmulo de Raquel.

21 Israel partiu novamente e armou acampamento adiante de Migdal-Éder[i]. **22** Na época em que Israel vivia naquela região, Rúben deitou-se com Bila, concubina de seu pai. E Israel ficou sabendo disso.

Jacó teve doze filhos:

23 Estes foram seus filhos com Lia:

Rúben, o filho mais velho de Jacó,

Simeão, Levi, Judá, Issacar e Zebulom.

24 Estes foram seus filhos com Raquel:

José e Benjamim.

Perizzites, the people living in this land. We are few in number, and if they join forces against me and attack me, I and my household will be destroyed."

31 But they replied, "Should he have treated our sister like a prostitute?"

Jacob Returns to Bethel

35 Then God said to Jacob, "Go up to Bethel and settle there, and build an altar there to God, who appeared to you when you were fleeing from your brother Esau."

2 So Jacob said to his household and to all who were with him, "Get rid of the foreign gods you have with you, and purify yourselves and change your clothes. **3** Then come, let us go up to Bethel, where I will build an altar to God, who answered me in the day of my distress and who has been with me wherever I have gone." **4** So they gave Jacob all the foreign gods they had and the rings in their ears, and Jacob buried them under the oak at Shechem. **5** Then they set out, and the terror of God fell upon the towns all around them so that no one pursued them.

6 Jacob and all the people with him came to Luz (that is, Bethel) in the land of Canaan. **7** There he built an altar, and he called the place El Bethel,[a] because it was there that God revealed himself to him when he was fleeing from his brother.

8 Now Deborah, Rebekah's nurse, died and was buried under the oak below Bethel. So it was named Allon Bacuth.[b]

9 After Jacob returned from Paddan Aram,[c] God appeared to him again and blessed him. **10** God said to him, "Your name is Jacob,[d] but you will no longer be called Jacob; your name will be Israel.[e]" So he named him Israel.

11 And God said to him, "I am God Almighty[f]; be fruitful and increase in number. A nation and a community of nations will come from you, and kings will come from your body. **12** The land I gave to Abraham and Isaac I also give to you, and I will give this land to your descendants after you." **13** Then God went up from him at the place where he had talked with him.

14 Jacob set up a stone pillar at the place where God had talked with him, and he poured out a drink offering on it; he also poured oil on it. **15** Jacob called the place where God had talked with him Bethel.[g]

The Deaths of Rachel and Isaac

16 Then they moved on from Bethel. While they were still some distance from Ephrath, Rachel began to give birth and had great difficulty. **17** And as she was having great difficulty in childbirth, the midwife said to her, "Don't be afraid, for you have another son." **18** As she breathed her last—for she was dying—she named her son Ben-Oni.[h] But his father named him Benjamin.[i]

19 So Rachel died and was buried on the way to Ephrath (that is, Bethlehem). **20** Over her tomb Jacob set up a pillar, and to this day that pillar marks Rachel's tomb.

21 Israel moved on again and pitched his tent beyond Migdal Eder. **22** While Israel was living in that region, Reuben went in and slept with his father's concubine Bilhah, and Israel heard of it.

Jacob had twelve sons:

23 The sons of Leah:

Reuben the firstborn of Jacob,

Simeon, Levi, Judah, Issachar and Zebulun.

24 The sons of Rachel:

Joseph and Benjamin.

---

a 35.1 *Betel* significa *casa de Deus.* **b** 35.7 *El-Betel* significa *Deus de Betel.* **c** 35.7 Ou *ali os seres celestiais se revelaram* **d** 35.8 *Alom-Bacute* significa *carvalho do pranto.* **e** 35.11 Hebraico: *El-Shaddai.* **f** 35.14 Veja Nm 28.7. **g** 35.18 *Benoni* significa *filho da minha aflição.* **h** 35.18 *Benjamim* significa *filho da minha direita.* **i** 35.21 *Migdal-Éder* significa *torre do rebanho.*

a 35:7 *El Bethel* means *God of Bethel.* **b** 35:8 *Allon Bacuth* means *oak of weeping.* **c** 35:9 That is, Northwest Mesopotamia; also in verse 26 **d** 35:10 *Jacob* means *he grasps the heel* (figuratively, *he deceives*). **e** 35:10 *Israel* means *he struggles with God.* **f** 35:11 Hebrew *El-Shaddai* **g** 35:15 *Bethel* means *house of God.* **h** 35:18 *Ben-Oni* means *son of my trouble.* **i** 35:18 *Benjamin* means *son of my right hand.*

25 Estes foram seus filhos com Bila, serva de Raquel:
Dã e Naftali.
26 Estes foram seus filhos com Zilpa, serva de Lia:
Gade e Aser.
Foram esses os filhos de Jacó, nascidos em Padã-Arã.
27 Depois Jacó foi visitar seu pai Isaque em Manre, perto de
Quiriate-Arba, que é Hebrom, onde Abraão e Isaque tinham
morado. **28** Isaque viveu cento e oitenta anos. **29** Morreu em idade bem avançada e foi reunido aos seus antepassados. E seus
filhos Esaú e Jacó o sepultaram.

Os Descendentes de Esaú

36
Esta é a história da família de Esaú, que é Edom.
2 Esaú casou-se com mulheres de Canaã: com Ada, filha de Elom, o hitita, e com Oolibama, filha de Aná e neta de
Zibeão, o heveu; **3** e também com Basemate, filha de Ismael e
irmã de Nebaiote.
4 Ada deu a Esaú um filho chamado Elifaz; Basemate deu-
lhe Reuel; **5** e Oolibama deu-lhe Jeús, Jalão e Corá. Esses foram
os filhos de Esaú que lhe nasceram em Canaã.
6 Esaú tomou suas mulheres, seus filhos e filhas e todos os de
sua casa, assim como os seus rebanhos, todos os outros animais e todos os bens que havia adquirido em Canaã, e foi para
outra região, para longe do seu irmão Jacó. **7** Os seus bens eram
tantos que eles já não podiam morar juntos; a terra onde estavam vivendo não podia sustentá-los, por causa dos seus rebanhos. **8** Por isso Esaú, que é Edom, fixou-se nos montes de Seir.
9 Este é o registro da descendência de Esaú, pai dos edomitas,
nos montes de Seir.
10 Estes são os nomes dos filhos de Esaú:
Elifaz, filho de Ada, mulher de Esaú; e Reuel, filho de
Basemate, mulher de Esaú.
11 Estes foram os filhos de Elifaz:
Temã, Omar, Zefô, Gaetã e Quenaz.
12 Elifaz, filho de Esaú, tinha uma concubina chamada Timna,
que lhe deu um filho chamado Amaleque. Foram esses os netos de Ada, mulher de Esaú.
13 Estes foram os filhos de Reuel:
Naate, Zerá, Samá e Mizá. Foram esses os netos de Basemate,
mulher de Esaú.
14 Estes foram os filhos de Oolibama, mulher de Esaú, filha
de Aná e neta de Zibeão, os quais ela deu a Esaú:
Jeús, Jalão e Corá.
15 Foram estes os chefes dentre os descendentes de Esaú:
Os filhos de Elifaz, filho mais velho de Esaú:
Temã, Omar, Zefô, Quenaz, **16** Coráª, Gaetã e Amale-que. Foram esses os chefes descendentes de Elifaz em Edom; eram
netos de Ada.
17 Foram estes os filhos de Reuel, filho de Esaú:
Os chefes Naate, Zerá, Samá e Mizá. Foram esses os chefes
descendentes de Reuel em Edom; netos de Basemate, mulher
de Esaú.
18 Foram estes os filhos de Oolibama, mulher de Esaú:
Os chefes Jeús, Jalão e Corá. Foram esses os chefes descendentes de Oolibama, mulher de Esaú, filha de Aná.
19 Foram esses os filhos de Esaú, que é Edom, e esses foram
os seus chefes.

Os Descendentes de Seir

20 Estes foram os filhos de Seir, o horeu, que estavam habi-
tando aquela região: Lotã, Sobal, Zibeão e Aná, **21** Disom, Ézer e
Disã. Esses filhos de Seir foram chefes dos horeus no território
de Edom.

25 The sons of Rachel's maidservant Bilhah:
Dan and Naphtali.
26 The sons of Leah's maidservant Zilpah:
Gad and Asher.
These were the sons of Jacob, who were born to him in
Paddan Aram.
27 Jacob came home to his father Isaac in Mamre, near Kiriath
Arba (that is, Hebron), where Abraham and Isaac had stayed.
28 Isaac lived a hundred and eighty years. **29** Then he breathed
his last and died and was gathered to his people, old and full
of years. And his sons Esau and Jacob buried him.

Esau's Descendants

36
This is the account of Esau (that is, Edom).
2 Esau took his wives from the women of Canaan:
Adah daughter of Elon the Hittite, and Oholibamah daughter of Anah and granddaughter of Zibeon the Hivite— **3** also
Basmath daughter of Ishmael and sister of Nebaioth.
4 Adah bore Eliphaz to Esau, Basemath bore Reuel, **5** and
Oholibamah bore Jeush, Jalam and Korah. These were
the sons of Esau, who were born to him in Canaan.
6 Esau took his wives and sons and daughters and all the
members of his household, as well as his livestock and all
his other animals and all the goods he had acquired in
Canaan, and moved to a land some distance from his
brother Jacob. **7** Their possessions were too great for them
to remain together; the land where they were staying could
not support them both because of their livestock. **8** So Esau
(that is, Edom) settled in the hill country of Seir.
9 This is the account of Esau the father of the Edomites in
the hill country of Seir.
10 These are the names of Esau's sons:
Eliphaz, the son of Esau's wife Adah, and Reuel, the
son of Esau's wife Basemath.
11 The sons of Eliphaz:
Teman, Omar, Zepho, Gatam and Kenaz.
12 Esau's son Eliphaz also had a concubine named Timna,
who bore him Amalek. These were grandsons of Esau's
wife Adah.
13 The sons of Reuel:
Nahath, Zerah, Shammah and Mizzah. These were
grandsons of Esau's wife Basemath.
14 The sons of Esau's wife Oholibamah daughter of Anah and
granddaughter of Zibeon, whom she bore to Esau:
Jeush, Jalam and Korah.
15 These were the chiefs among Esau's descendants:
The sons of Eliphaz the firstborn of Esau:
Chiefs Teman, Omar, Zepho, Kenaz, **16** Korah,ª Gatam
and Amalek. These were the chiefs descended from
Eliphaz in Edom; they were grandsons of Adah.
17 The sons of Esau's son Reuel:
Chiefs Nahath, Zerah, Shammah and Mizzah. These
were the chiefs descended from Reuel in Edom; they
were grandsons of Esau's wife Basemath.
18 The sons of Esau's wife Oholibamah:
Chiefs Jeush, Jalam and Korah. These were the chiefs
descended from Esau's wife Oholibamah daughter of
Anah.
19 These were the sons of Esau (that is, Edom), and these
were their chiefs.
20 These were the sons of Seir the Horite, who were living in
the region:
Lotan, Shobal, Zibeon, Anah, **21** Dishon, Ezer and
Dishan. These sons of Seir in Edom were Horite chiefs.

ª**36.16** Alguns manuscritos não trazem *Corá*. Veja também o versículo 11 e
1Cr 1.36.

ª**36:16** Masoretic Text; Samaritan Pentateuch (see also Gen. 36:11 and 1 Chron.
1:36) does not have *Korah*.

22 Estes foram os filhos de Lotã:

Hori e Hemã. Timna era irmã de Lotã.

23 Estes foram os filhos de Sobal:

Alvã, Manaate, Ebal, Sefô e Onã.

24 Estes foram os filhos de Zibeão:

Aiá e Aná. Foi este Aná que descobriu as fontes de águas quentesª no deserto, quando levava para pastar os jumentos de Zibeão, seu pai.

25 Estes foram os filhos de Aná:

Disom e Oolibama, a filha de Aná.

26 Estes foram os filhos de Disom:

Hendã, Esbã, Itrã e Querã.

27 Estes foram os filhos de Ézer:

Bilã, Zaavã e Acã.

28 Estes foram os filhos de Disã:

Uz e Arã.

29 Estes foram os chefes dos horeus:

Lotã, Sobal, Zibeão, Aná, **30** Disom, Ézer e Disã. Esses foram os chefes dos horeus, de acordo com as suas divisões tribais na região de Seir.

Os Reis e os Chefes de Edom

31 Estes foram os reis que reinaram no território de Edom antes de haver rei entre os israelitas:

32 Belá, filho de Beor, reinou em Edom. Sua cidade chamava-se Dinabá. **33** Quando Belá morreu, foi sucedido por Jobabe, filho de Zerá, de Bozra.

34 Jobabe morreu, e Husã, da terra dos temanitas, foi o seu sucessor.

35 Husã morreu, e Hadade, filho de Bedade, que tinha derrotado os midianitas na terra de Moabe, foi o seu sucessor. Sua cidade chamava-se Avite.

36 Hadade morreu, e Samlá de Masreca foi o seu sucessor.

37 Samlá morreu, e Saul, de Reobote, próxima ao Eufratesᵇ, foi o seu sucessor.

38 Saul morreu, e Baal-Hanã, filho de Acbor, foi o seu sucessor.

39 Baal-Hanã, filho de Acbor, morreu, e Hadadeᶜ foi o seu sucessor. Sua cidade chamava-se Paú, e o nome de sua mulher era Meetabel, filha de Matrede, neta de Mezaabe.

40 Estes foram os chefes descendentes de Esaú, conforme os seus nomes, clãs e regiões:

Timna, Alva, Jetete, **41** Oolibama, Elá, Pinom, **42** Quenaz, Temã, Mibzar, **43** Magdiel e Irã. Foram esses os chefes de Edom; cada um deles fixou-se numa região da terra que ocuparam.

Os edomitas eram descendentes de Esaú.

Os Sonhos de José

37 Jacó habitou na terra de Canaã, onde seu pai tinha vivido como estrangeiro.

2 Esta é a história da família de Jacó:

Quando José tinha dezessete anos, pastoreava os rebanhos com os seus irmãos. Ajudava os filhos de Bila e os filhos de Zilpa, mulheres de seu pai; e contava ao pai a má fama deles.

3 Ora, Israel gostava mais de José do que de qualquer outro filho, porque lhe havia nascido em sua velhice; por isso mandou fazer para ele uma túnica longaᵈ. **4** Quando os seus irmãos viram

22 The sons of Lotan:

Hori and Homam.ª Timna was Lotan's sister.

23 The sons of Shobal:

Alvan, Manahath, Ebal, Shepho and Onam.

24 The sons of Zibeon:

Aiah and Anah. This is the Anah who discovered the hot springsᵇ in the desert while he was grazing the donkeys of his father Zibeon.

25 The children of Anah:

Dishon and Oholibamah daughter of Anah.

26 The sons of Dishonᶜ:

Hemdan, Eshban, Ithran and Keran.

27 The sons of Ezer:

Bilhan, Zaavan and Akan.

28 The sons of Dishan:

Uz and Aran.

29 These were the Horite chiefs:

Lotan, Shobal, Zibeon, Anah, **30** Dishon, Ezer and Dishan. These were the Horite chiefs, according to their divisions, in the land of Seir.

The Rulers of Edom

31 These were the kings who reigned in Edom before any Israelite king reignedᵈ:

32 Bela son of Beor became king of Edom. His city was named Dinhabah.

33 When Bela died, Jobab son of Zerah from Bozrah succeeded him as king.

34 When Jobab died, Husham from the land of the Temanites succeeded him as king.

35 When Husham died, Hadad son of Bedad, who defeated Midian in the country of Moab, succeeded him as king. His city was named Avith.

36 When Hadad died, Samlah from Masrekah succeeded him as king.

37 When Samlah died, Shaul from Rehoboth on the riverᵉ succeeded him as king.

38 When Shaul died, Baal-Hanan son of Acbor succeeded him as king.

39 When Baal-Hanan son of Acbor died, Hadadᵉ succeeded him as king. His city was named Pau, and his wife's name was Mehetabel daughter of Matred, the daughter of Me-Zahab.

40 These were the chiefs descended from Esau, by name, according to their clans and regions:

Timna, Alvah, Jetheth, **41** Oholibamah, Elah, Pinon, **42** Kenaz, Teman, Mibzar, **43** Magdiel and Iram. These were the chiefs of Edom, according to their settlements in the land they occupied.

This was Esau the father of the Edomites.

Joseph's Dreams

37 Jacob lived in the land where his father had stayed, the land of Canaan.

2 This is the account of Jacob.

Joseph, a young man of seventeen, was tending the flocks with his brothers, the sons of Bilhah and the sons of Zilpah, his father's wives, and he brought their father a bad report about them.

3 Now Israel loved Joseph more than any of his other sons, because he had been born to him in his old age; and he made a richly ornamentedᶠ robe for him. **4** When his brothers saw

---

ª**36:22** Hebrew *Hemam*, a variant of *Homam* (see 1 Chron. 1:39) ᵇ**36:24** Vulgate; Syriac *discovered water;* the meaning of the Hebrew for this word is uncertain. ᶜ**36:26** Hebrew *Dishan*, a variant of *Dishon* ᵈ**36:31** Or *before an Israelite king reigned over them* ᵉ**36:37** Possibly the Euphrates ᵉ**36:39** Many manuscripts of the Masoretic Text, Samaritan Pentateuch and Syriac (see also 1 Chron. 1:50); most manuscripts of the Masoretic Text *Hadar* ᶠ**37:3** The meaning of the Hebrew for *richly ornamented* is uncertain; also in verses 23 and 32.

ª**36.24** Ou *descobriu água* ᵇ**36.37** Hebraico: *ao Rio.* ᶜ**36.39** Vários manuscritos dizem *Hadar.* Veja 1 Cr 1.50. ᵈ**37.3** Ou *de diversas cores;* também nos versículos 23 e 32.

que o pai gostava mais dele do que de qualquer outro filho, odiaram-no e não conseguiam falar com ele amigavelmente.

⁵ Certa vez, José teve um sonho e, quando o contou a seus irmãos, eles passaram a odiá-lo ainda mais.

⁶ "Ouçam o sonho que tive", disse-lhes. ⁷ "Estávamos amarrando os feixes de trigo no campo, quando o meu feixe se levantou e ficou em pé, e os seus feixes se ajuntaram ao redor do meu e se curvaram diante dele."

⁸ Seus irmãos lhe disseram: "Então você vai reinar sobre nós? Quer dizer que você vai nos governar?" E o odiaram ainda mais, por causa do sonho e do que tinha dito.

⁹ Depois teve outro sonho e o contou aos seus irmãos: "Tive outro sonho, e desta vez o sol, a lua e onze estrelas se curvavam diante de mim".

¹⁰ Quando o contou ao pai e aos irmãos, o pai o repreendeu e lhe disse: "Que sonho foi esse que você teve? Será que eu, sua mãe, e seus irmãos viremos a nos curvar até o chão diante de você?" ¹¹ Assim seus irmãos tiveram ciúmes dele; o pai, no entanto, refletia naquilo.

Vendido pelos Irmãos

¹² Os irmãos de José tinham ido cuidar dos rebanhos do pai, perto de Siquém, ¹³ e Israel disse a José: "Como você sabe, seus irmãos estão apascentando os rebanhos perto de Siquém. Quero que você vá até lá".

"Sim, senhor", respondeu ele.

¹⁴ Disse-lhe o pai: "Vá ver se está tudo bem com os seus irmãos e com os rebanhos, e traga-me notícias". Jacó o enviou quando estava no vale de Hebrom.

Mas José se perdeu quando se aproximava de Siquém; ¹⁵ um homem o encontrou vagueando pelos campos e lhe perguntou: "Que é que você está procurando?"

¹⁶ Ele respondeu: "Procuro meus irmãos. Pode me dizer onde eles estão apascentando os rebanhos?"

¹⁷ Respondeu o homem: "Eles já partiram daqui. Eu os ouvi dizer: 'Vamos para Dotã' ".

Assim José foi em busca dos seus irmãos e os encontrou perto de Dotã. ¹⁸ Mas eles o viram de longe e, antes que chegasse, planejaram matá-lo.

¹⁹ "Lá vem aquele sonhador!", diziam uns aos outros. ²⁰ "É agora! Vamos matá-lo e jogá-lo num destes poços, e diremos que um animal selvagem o devorou. Veremos então o que será dos seus sonhos."

²¹ Quando Rúben ouviu isso, tentou livrá-lo das mãos deles, dizendo: "Não lhe tiremos a vida!" ²² E acrescentou: "Não derramem sangue. Joguem-no naquele poço no deserto, mas não toquem nele". Rúben propôs isso com a intenção de livrá-lo e levá-lo de volta ao pai.

²³ Chegando José, seus irmãos lhe arrancaram a túnica longa, ²⁴ agarraram-no e o jogaram no poço, que estava vazio e sem água.

²⁵ Ao se assentarem para comer, viram ao longe uma caravana de ismaelitas que vinha de Gileade. Seus camelos estavam carregados de especiarias, bálsamo e mirra, que eles levavam para o Egito.

²⁶ Judá disse então a seus irmãos: "Que ganharemos se matarmos o nosso irmão e escondermos o seu sangue? ²⁷ Vamos vendê-lo aos ismaelitas. Não tocaremos nele, afinal é nosso irmão, é nosso próprio sangueᵃ". E seus irmãos concordaram.

²⁸ Quando os mercadores ismaelitas de Midiã se aproximaram, seus irmãos tiraram José do poço e o venderam por vinte peças de prata aos ismaelitas, que o levaram para o Egito.

²⁹ Quando Rúben voltou ao poço e viu que José não estava lá, rasgou suas vestes ³⁰ e, voltando a seus irmãos, disse: "O jovem não está lá! Para onde irei agora?"

³¹ Então mataram um bode, mergulharam no sangue a túnica de José ³² e a mandaram ao pai com este recado: "Achamos isto. Veja se é a túnica de teu filho".

that their father loved him more than any of them, they hated him and could not speak a kind word to him.

⁵ Joseph had a dream, and when he told it to his brothers, they hated him all the more. ⁶ He said to them, "Listen to this dream I had: ⁷ We were binding sheaves of grain out in the field when suddenly my sheaf rose and stood upright, while your sheaves gathered around mine and bowed down to it."

⁸ His brothers said to him, "Do you intend to reign over us? Will you actually rule us?" And they hated him all the more because of his dream and what he had said.

⁹ Then he had another dream, and he told it to his brothers. "Listen," he said, "I had another dream, and this time the sun and moon and eleven stars were bowing down to me."

¹⁰ When he told his father as well as his brothers, his father rebuked him and said, "What is this dream you had? Will your mother and I and your brothers actually come and bow down to the ground before you?" ¹¹ His brothers were jealous of him, but his father kept the matter in mind.

Joseph Sold by His Brothers

¹² Now his brothers had gone to graze their father's flocks near Shechem, ¹³ and Israel said to Joseph, "As you know, your brothers are grazing the flocks near Shechem. Come, I am going to send you to them."

"Very well," he replied.

¹⁴ So he said to him, "Go and see if all is well with your brothers and with the flocks, and bring word back to me." Then he sent him off from the Valley of Hebron.

When Joseph arrived at Shechem, ¹⁵ a man found him wandering around in the fields and asked him, "What are you looking for?"

¹⁶ He replied, "I'm looking for my brothers. Can you tell me where they are grazing their flocks?"

¹⁷ "They have moved on from here," the man answered. "I heard them say, 'Let's go to Dothan.' "

So Joseph went after his brothers and found them near Dothan. ¹⁸ But they saw him in the distance, and before he reached them, they plotted to kill him.

¹⁹ "Here comes that dreamer!" they said to each other. ²⁰ "Come now, let's kill him and throw him into one of these cisterns and say that a ferocious animal devoured him. Then we'll see what comes of his dreams."

²¹ When Reuben heard this, he tried to rescue him from their hands. "Let's not take his life," he said. ²² "Don't shed any blood. Throw him into this cistern here in the desert, but don't lay a hand on him." Reuben said this to rescue him from them and take him back to his father.

²³ So when Joseph came to his brothers, they stripped him of his robe—the richly ornamented robe he was wearing— ²⁴ and they took him and threw him into the cistern. Now the cistern was empty; there was no water in it.

²⁵ As they sat down to eat their meal, they looked up and saw a caravan of Ishmaelites coming from Gilead. Their camels were loaded with spices, balm and myrrh, and they were on their way to take them down to Egypt.

²⁶ Judah said to his brothers, "What will we gain if we kill our brother and cover up his blood? ²⁷ Come, let's sell him to the Ishmaelites and not lay our hands on him; after all, he is our brother, our own flesh and blood." His brothers agreed.

²⁸ So when the Midianite merchants came by, his brothers pulled Joseph up out of the cistern and sold him for twenty shekelsᵃ of silver to the Ishmaelites, who took him to Egypt.

²⁹ When Reuben returned to the cistern and saw that Joseph was not there, he tore his clothes. ³⁰ He went back to his brothers and said, "The boy isn't there! Where can I turn now?"

³¹ Then they got Joseph's robe, slaughtered a goat and dipped the robe in the blood. ³² They took the ornamented robe back to their father and said, "We found this. Examine it to see whether it is your son's robe."

ᵃ37.27 Hebraico: *nossa carne.*

ᵃ37:28 That is, about 8 ounces (about 0.2 kilogram)

33 Ele a reconheceu e disse: "É a túnica de meu filho! Um animal selvagem o devorou! José foi despedaçado!"

34 Então Jacó rasgou suas vestes, vestiu-se de pano de saco e chorou muitos dias por seu filho. **35** Todos os seus filhos e filhas vieram consolá-lo, mas ele recusou ser consolado, dizendo: "Não! Chorando descerei à sepultura ᵃ para junto de meu filho". E continuou a chorar por ele.

36 Nesse meio tempo, no Egito, os midianitas venderam José a Potifar, oficial do faraó e capitão da guarda.

A História de Judá e Tamar

38 Por essa época, Judá deixou seus irmãos e passou a viver na casa de um homem de Adulão, chamado Hira. **2** Ali Judá encontrou a filha de um cananeu chamado Suá, e casou-se com ela. Ele a possuiu, **3** ela engravidou e deu à luz um filho, ao qual ele deu o nome de Er. **4** Tornou a engravidar, teve um filho e deu-lhe o nome de Onã. **5** Quando estava em Quezibe, ela teve ainda outro filho e chamou-o Selá.

6 Judá escolheu uma mulher chamada Tamar para Er, seu filho mais velho. **7** Mas o Senhor reprovou a conduta perversa de Er, filho mais velho de Judá, e por isso o matou.

8 Então Judá disse a Onã: "Case-se com a mulher do seu irmão, cumpra as suas obrigações de cunhado para com ela e dê uma descendência a seu irmão". **9** Mas Onã sabia que a descendência não seria sua; assim, toda vez que possuía a mulher do seu irmão, derramava o sêmen no chão para evitar que seu irmão tivesse descendência. **10** O Senhor reprovou o que ele fazia, e por isso o matou também.

11 Disse então Judá à sua nora Tamar: "More como viúva na casa de seu pai até que o meu filho Selá cresça", porque temia que ele viesse a morrer, como os seus irmãos. Assim Tamar foi morar na casa do pai.

12 Tempos depois morreu a mulher de Judá, filha de Suá. Passado o luto, Judá foi ver os tosquiadores do seu rebanho em Timna com o seu amigo Hira, o adulamita.

13 Quando foi dito a Tamar: "Seu sogro está a caminho de Timna para tosquiar suas ovelhas", **14** ela trocou suas roupas de viúva, cobriu-se com um véu para se disfarçar e foi sentar-se à entrada de Enaim, que fica no caminho de Timna. Ela fez isso porque viu que, embora Selá já fosse crescido, ela não lhe tinha sido dada em casamento.

15 Quando a viu, Judá pensou que fosse uma prostituta, porque ela havia encoberto o rosto.

16 Não sabendo que era a sua nora, dirigiu-se a ela, à beira da estrada, e disse: "Venha cá, quero deitar-me com você".

Ela lhe perguntou: "O que você me dará para deitar-se comigo?" **17** Disse ele: "Eu lhe mandarei um cabritinho do meu rebanho".

E ela perguntou: "Você me deixará alguma coisa como garantia até que o mande?"

18 Disse Judá: "Que garantia devo dar-lhe?"

Respondeu ela: "O seu selo com o cordão, e o cajado que você tem na mão". Ele os entregou e a possuiu, e Tamar engravidou dele. **19** Ela se foi, tirou o véu e tornou a vestir as roupas de viúva.

20 Judá mandou o cabritinho por meio de seu amigo adulamita, a fim de reaver da mulher sua garantia, mas ele não a encontrou, **21** e perguntou aos homens do lugar: "Onde está a prostituta cultual que costuma ficar à beira do caminho de Enaim?"

Eles responderam: "Aqui não há nenhuma prostituta cultual".

22 Assim ele voltou a Judá e disse: "Não a encontrei. Além disso, os homens do lugar disseram que lá não há nenhuma prostituta cultual".

Judah and Tamar

38 At that time, Judah left his brothers and went down to stay with a man of Adullam named Hirah. **2** There Judah met the daughter of a Canaanite man named Shua. He married her and lay with her; **3** she became pregnant and gave birth to a son, who was named Er. **4** She conceived again and gave birth to a son and named him Onan. **5** She gave birth to still another son and named him Shelah. It was at Kezib that she gave birth to him.

6 Judah got a wife for Er, his firstborn, and her name was Tamar. **7** But Er, Judah's firstborn, was wicked in the Lord's sight; so the Lord put him to death.

8 Then Judah said to Onan, "Lie with your brother's wife and fulfill your duty to her as a brother-in-law to produce offspring for your brother." **9** But Onan knew that the offspring would not be his; so whenever he lay with his brother's wife, he spilled his semen on the ground to keep from producing offspring for his brother. **10** What he did was wicked in the Lord's sight; so he put him to death also.

11 Judah then said to his daughter-in-law Tamar, "Live as a widow in your father's house until my son Shelah grows up." For he thought, "He may die too, just like his brothers." So Tamar went to live in her father's house.

12 After a long time Judah's wife, the daughter of Shua, died. When Judah had recovered from his grief, he went up to Timnah, to the men who were shearing his sheep, and his friend Hirah the Adullamite went with him.

13 When Tamar was told, "Your father-in-law is on his way to Timnah to shear his sheep," **14** she took off her widow's clothes, covered herself with a veil to disguise herself, and then sat down at the entrance to Enaim, which is on the road to Timnah. For she saw that, though Shelah had now grown up, she had not been given to him as his wife.

15 When Judah saw her, he thought she was a prostitute, for she had covered her face. **16** Not realizing that she was his daughter-in-law, he went over to her by the roadside and said, "Come now, let me sleep with you."

"And what will you give me to sleep with you?" she asked.

17 "I'll send you a young goat from my flock," he said.

"Will you give me something as a pledge until you send it?" she asked.

18 He said, "What pledge should I give you?"

"Your seal and its cord, and the staff in your hand," she answered. So he gave them to her and slept with her, and she became pregnant by him. **19** After she left, she took off her veil and put on her widow's clothes again.

20 Meanwhile Judah sent the young goat by his friend the Adullamite in order to get his pledge back from the woman, but he did not find her. **21** He asked the men who lived there, "Where is the shrine prostitute who was beside the road at Enaim?"

"There hasn't been any shrine prostitute here," they said.

22 So he went back to Judah and said, "I didn't find her. Besides, the men who lived there said, 'There hasn't been any shrine prostitute here.' "

ᵃ**37.35** Hebraico: *Sheol*. Essa palavra também pode ser traduzida por profundezas, pó ou morte.

ᵃ**37:35** Hebrew *Sheol* ᵇ**37:36** Samaritan Pentateuch, Septuagint, Vulgate and Syriac (see also verse 28); Masoretic Text *Medanites*

23 Disse Judá: "Fique ela com o que lhe dei. Não quero que nos tornemos objeto de zombaria. Afinal de contas, mandei a ela este cabritinho, mas você não a encontrou".

24 Cerca de três meses mais tarde, disseram a Judá: "Sua nora Tamar prostituiu-se, e na sua prostituição ficou grávida".

Disse Judá: "Tragam-na para fora e queimem-na viva!"

25 Quando ela estava sendo levada para fora, mandou o seguinte recado ao sogro: "Estou grávida do homem que é dono destas coisas". E acrescentou: "Veja se o senhor reconhece a quem pertencem este selo, este cordão e este cajado".

26 Judá os reconheceu e disse: "Ela é mais justa do que eu, pois eu devia tê-la entregue a meu filho Selá". E não voltou a ter relações com ela.

27 Quando lhe chegou a época de dar à luz, havia gêmeos em seu ventre. **28** Enquanto ela dava à luz, um deles pôs a mão para fora; então a parteira pegou um fio vermelho e amarrou o pulso do menino, dizendo: "Este saiu primeiro". **29** Mas quando ele recolheu a mão, seu irmão saiu e ela disse: "Então você conseguiu uma brecha para sair!" E deu-lhe o nome de Perez. **30** Depois saiu seu irmão que estava com o fio vermelho no pulso, e foi-lhe dado o nome de Zerá.

José é Assediado pela Mulher de Potifar

39 José havia sido levado para o Egito, onde o egípcio Potifar, oficial do faraó e capitão da guarda, comprou-o dos ismaelitas que o tinham levado para lá.

2 O Senhor estava com José, de modo que este prosperou e passou a morar na casa do seu senhor egípcio. **3** Quando este percebeu que o Senhor estava com ele e que o fazia prosperar em tudo o que realizava, **4** agradou-se de José e tornou-o administrador de seus bens. Potifar deixou a seu cuidado a sua casa e lhe confiou tudo o que possuía. **5** Desde que o deixou cuidando de sua casa e de todos os seus bens, o Senhor abençoou a casa do egípcio por causa de José. A bênção do Senhor estava sobre tudo o que Potifar possuía, tanto em casa como no campo. **6** Assim, deixou ele aos cuidados de José tudo o que tinha, e não se preocupava com coisa alguma, exceto com sua própria comida.

José era atraente e de boa aparência, **7** e, depois de certo tempo, a mulher do seu senhor começou a cobiçá-lo e o convidou: "Venha, deite-se comigo!" **8** Mas ele se recusou e lhe disse: "Meu senhor não se preocupa com coisa alguma de sua casa, e tudo o que tem deixou aos meus cuidados. **9** Ninguém nesta casa está acima de mim. Ele nada me negou, a não ser a senhora, porque é a mulher dele. Como poderia eu, então, cometer algo tão perverso e pecar contra Deus?" **10** Assim, embora ela insistisse com José dia após dia, ele se recusava a deitar-se com ela e evitava ficar perto dela.

11 Um dia ele entrou na casa para fazer suas tarefas, e nenhum dos empregados ali se encontrava. **12** Ela o agarrou pelo manto e voltou a convidá-lo: "Vamos, deite-se comigo!" Mas ele fugiu da casa, deixando o manto na mão dela.

13 Quando ela viu que, ao fugir, ele tinha deixado o manto em sua mão, **14** chamou os empregados e lhes disse: "Vejam, este hebreu nos foi trazido para nos insultar! Ele entrou aqui e tentou abusar de mim, mas eu gritei. **15** Quando me ouviu gritar por socorro, largou seu manto ao meu lado e fugiu da casa".

16 Ela conservou o manto consigo até que o senhor de José chegasse à casa. **17** Então repetiu-lhe a história: "Aquele escravo hebreu que você nos trouxe aproximou-se de mim para me insultar. **18** Mas, quando gritei por socorro, ele largou seu manto ao meu lado e fugiu".

19 Quando o seu senhor ouviu o que a sua mulher lhe disse: "Foi assim que o seu escravo me tratou", ficou indignado.

23 Then Judah said, "Let her keep what she has, or we will become a laughingstock. After all, I did send her this young goat, but you didn't find her."

24 About three months later Judah was told, "Your daughter-in-law Tamar is guilty of prostitution, and as a result she is now pregnant."

Judah said, "Bring her out and have her burned to death!"

25 As she was being brought out, she sent a message to her father-in-law. "I am pregnant by the man who owns these," she said. And she added, "See if you recognize whose seal and cord and staff these are."

26 Judah recognized them and said, "She is more righteous than I, since I wouldn't give her to my son Shelah." And he did not sleep with her again.

27 When the time came for her to give birth, there were twin boys in her womb. **28** As she was giving birth, one of them put out his hand; so the midwife took a scarlet thread and tied it on his wrist and said, "This one came out first." **29** But when he drew back his hand, his brother came out, and she said, "So this is how you have broken out!" And he was named Perez.[a] **30** Then his brother, who had the scarlet thread on his wrist, came out and he was given the name Zerah.[b]

Joseph and Potiphar's Wife

39 Now Joseph had been taken down to Egypt. Potiphar, an Egyptian who was one of Pharaoh's officials, the captain of the guard, bought him from the Ishmaelites who had taken him there.

2 The Lord was with Joseph and he prospered, and he lived in the house of his Egyptian master. **3** When his master saw that the Lord was with him and that the Lord gave him success in everything he did, **4** Joseph found favor in his eyes and became his attendant. Potiphar put him in charge of his household, and he entrusted to his care everything he owned. **5** From the time he put him in charge of his household and of all that he owned, the Lord blessed the household of the Egyptian because of Joseph. The blessing of the Lord was on everything Potiphar had, both in the house and in the field. **6** So he left in Joseph's care everything he had; with Joseph in charge, he did not concern himself with anything except the food he ate.

Now Joseph was well-built and handsome, **7** and after a while his master's wife took notice of Joseph and said, "Come to bed with me!"

8 But he refused. "With me in charge," he told her, "my master does not concern himself with anything in the house; everything he owns he has entrusted to my care. **9** No one is greater in this house than I am. My master has withheld nothing from me except you, because you are his wife. How then could I do such a wicked thing and sin against God?" **10** And though she spoke to Joseph day after day, he refused to go to bed with her or even be with her.

11 One day he went into the house to attend to his duties, and none of the household servants was inside. **12** She caught him by his cloak and said, "Come to bed with me!" But he left his cloak in her hand and ran out of the house.

13 When she saw that he had left his cloak in her hand and had run out of the house, **14** she called her household servants. "Look," she said to them, "this Hebrew has been brought to us to make sport of us! He came in here to sleep with me, but I screamed. **15** When he heard me scream for help, he left his cloak beside me and ran out of the house."

16 She kept his cloak beside her until his master came home. **17** Then she told him this story: "That Hebrew slave you brought us came to me to make sport of me. **18** But as soon as I screamed for help, he left his cloak beside me and ran out of the house."

19 When his master heard the story his wife told him, saying, "This is how your slave treated me," he burned with anger.

[a]38:29 *Perez* means *breaking out*. [b]38:30 *Zerah* can mean *scarlet* or *brightness*.

20 Mandou buscar José e lançou-o na prisão em que eram postos os prisioneiros do rei.

José ficou na prisão, **21** mas o Senhor estava com ele e o tratou com bondade, concedendo-lhe a simpatia do carcereiro. **22** Por isso o carcereiro encarregou José de todos os que estavam na prisão, e ele se tornou responsável por tudo o que lá sucedia. **23** O carcereiro não se preocupava com nada do que estava a cargo de José, porque o Senhor estava com José e lhe concedia bom êxito em tudo o que realizava.

José Interpreta os Sonhos de Dois Prisioneiros

40 Algum tempo depois, o copeiro e o padeiro do rei do Egito fizeram uma ofensa ao seu senhor, o rei do Egito. **2** O faraó irou-se com os dois oficiais, o chefe dos copeiros e o chefe dos padeiros, **3** e mandou prendê-los na casa do capitão da guarda, na prisão em que José estava. **4** O capitão da guarda os deixou aos cuidados de José, que os servia.

Depois de certo tempo, **5** o copeiro e o padeiro do rei do Egito, que estavam na prisão, sonharam. Cada um teve um sonho, ambos na mesma noite, e cada sonho tinha a sua própria interpretação.

6 Quando José foi vê-los na manhã seguinte, notou que estavam abatidos. **7** Por isso perguntou aos oficiais do faraó, que também estavam presos na casa do seu senhor: "Por que hoje vocês estão com o semblante triste?"

8 Eles responderam: "Tivemos sonhos, mas não há quem os interprete".

Disse-lhes José: "Não são de Deus as interpretações? Contem-me os sonhos".

9 Então o chefe dos copeiros contou o seu sonho a José: "Em meu sonho vi diante de mim uma videira, **10** com três ramos. Ela brotou, floresceu e deu uvas que amadureciam em cachos. **11** A taça do faraó estava em minha mão. Peguei as uvas, e as espremi na taça do faraó, e a entreguei em sua mão".

12 Disse-lhe José: "Esta é a interpretação: os três ramos são três dias. **13** Dentro de três dias o faraó vai exaltá-lo e restaurá-lo à sua posição, e você servirá a taça na mão dele, como costumava fazer quando era seu copeiro. **14** Quando tudo estiver indo bem com você, lembre-se de mim e seja bondoso comigo; fale de mim ao faraó e tire-me desta prisão, **15** pois fui trazido à força da terra dos hebreus, e também aqui nada fiz para ser jogado neste calabouço".

16 Ouvindo o chefe dos padeiros essa interpretação favorável, disse a José: "Eu também tive um sonho: sobre a minha cabeça havia três cestas de pão branco. **17** Na cesta de cima havia todo tipo de pães e doces que o faraó aprecia, mas as aves vinham comer da cesta que eu trazia na cabeça".

18 E disse José: "Esta é a interpretação: as três cestas são três dias. **19** Dentro de três dias o faraó vai decapitá-lo e pendurá-lo numa árvoreª. E as aves comerão a sua carne".

20 Três dias depois era o aniversário do faraó, e ele ofereceu um banquete a todos os seus conselheiros. Na presença deles reapresentou o chefe dos copeiros e o chefe dos padeiros; **21** restaurou à sua posição o chefe dos copeiros, de modo que ele voltou a ser aquele que servia a taça do faraó, **22** mas ao chefe dos padeiros mandou enforcarᵇ, como José lhes dissera em sua interpretação.

23 O chefe dos copeiros, porém, não se lembrou de José; ao contrário, esqueceu-se dele.

José Interpreta os Sonhos do Faraó

41 Ao final de dois anos, o faraó teve um sonho. Ele estava em pé junto ao rio Nilo, **2** quando saíram do rio sete vacas belas e gordas, que começaram a pastar entre os

20 Joseph's master took him and put him in prison, the place where the king's prisoners were confined.

But while Joseph was there in the prison, **21** the Lord was with him; he showed him kindness and granted him favor in the eyes of the prison warden. **22** So the warden put Joseph in charge of all those held in the prison, and he was made responsible for all that was done there. **23** The warden paid no attention to anything under Joseph's care, because the Lord was with Joseph and gave him success in whatever he did.

The Cupbearer and the Baker

40 Some time later, the cupbearer and the baker of the king of Egypt offended their master, the king of Egypt. **2** Pharaoh was angry with his two officials, the chief cupbearer and the chief baker, **3** and put them in custody in the house of the captain of the guard, in the same prison where Joseph was confined. **4** The captain of the guard assigned them to Joseph, and he attended them.

After they had been in custody for some time, **5** each of the two men—the cupbearer and the baker of the king of Egypt, who were being held in prison—had a dream the same night, and each dream had a meaning of its own.

6 When Joseph came to them the next morning, he saw that they were dejected. **7** So he asked Pharaoh's officials who were in custody with him in his master's house, "Why are your faces so sad today?"

8 "We both had dreams," they answered, "but there is no one to interpret them."

Then Joseph said to them, "Do not interpretations belong to God? Tell me your dreams."

9 So the chief cupbearer told Joseph his dream. He said to him, "In my dream I saw a vine in front of me, **10** and on the vine were three branches. As soon as it budded, it blossomed, and its clusters ripened into grapes. **11** Pharaoh's cup was in my hand, and I took the grapes, squeezed them into Pharaoh's cup and put the cup in his hand."

12 "This is what it means," Joseph said to him. "The three branches are three days. **13** Within three days Pharaoh will lift up your head and restore you to your position, and you will put Pharaoh's cup in his hand, just as you used to do when you were his cupbearer. **14** But when all goes well with you, remember me and show me kindness; mention me to Pharaoh and get me out of this prison. **15** For I was forcibly carried off from the land of the Hebrews, and even here I have done nothing to deserve being put in a dungeon."

16 When the chief baker saw that Joseph had given a favorable interpretation, he said to Joseph, "I too had a dream: On my head were three baskets of bread.ª **17** In the top basket were all kinds of baked goods for Pharaoh, but the birds were eating them out of the basket on my head."

18 "This is what it means," Joseph said. "The three baskets are three days. **19** Within three days Pharaoh will lift off your head and hang you on a tree.ᵇ And the birds will eat away your flesh."

20 Now the third day was Pharaoh's birthday, and he gave a feast for all his officials. He lifted up the heads of the chief cupbearer and the chief baker in the presence of his officials: **21** He restored the chief cupbearer to his position, so that he once again put the cup into Pharaoh's hand, **22** but he hangedᶜ the chief baker, just as Joseph had said to them in his interpretation.

23 The chief cupbearer, however, did not remember Joseph; he forgot him.

Pharaoh's Dreams

41 When two full years had passed, Pharaoh had a dream: He was standing by the Nile, **2** when out of the river there came up seven cows, sleek and fat, and they grazed among the

---

ª40.19 Ou *empalar você numa estaca* ᵇ40.22 Ou *empalar*

ª40:16 Or *three wicker baskets* ᵇ40:19 Or *and impale you on a pole* ᶜ40:22 Or *impaled*

juncos. **3** Depois saíram do rio mais sete vacas, feias e magras, que foram para junto das outras, à beira do Nilo. **4** Então as vacas feias e magras comeram as sete vacas belas e gordas. Nisso o faraó acordou.

5 Tornou a adormecer e teve outro sonho. Sete espigas de trigo, graúdas e boas, cresciam no mesmo pé. **6** Depois brotaram outras sete espigas, mirradas e ressequidas pelo vento leste. **7** As espigas mirradas engoliram as sete espigas graúdas e cheias. Então o faraó acordou; era um sonho.

8 Pela manhã, perturbado, mandou chamar todos os magos e sábios do Egito e lhes contou os sonhos, mas ninguém foi capaz de interpretá-los.

9 Então o chefe dos copeiros disse ao faraó: "Hoje me lembro de minhas faltas. **10** Certa vez o faraó ficou irado com os seus servos e mandou prender-me junto com o chefe dos padeiros, na casa do capitão da guarda. **11** Certa noite cada um de nós teve um sonho, e cada sonho tinha uma interpretação. **12** Pois bem, havia lá conosco um jovem hebreu, servo do capitão da guarda. Contamos a ele os nossos sonhos, e ele os interpretou, dando a cada um de nós a interpretação do seu próprio sonho. **13** E tudo aconteceu conforme ele nos dissera: eu fui restaurado à minha posição e o outro foi enforcado[a]".

14 O faraó mandou chamar José, que foi trazido depressa do calabouço. Depois de se barbear e trocar de roupa, apresentou-se ao faraó.

15 O faraó disse a José: "Tive um sonho que ninguém consegue interpretar. Mas ouvi falar que você, ao ouvir um sonho, é capaz de interpretá-lo".

16 Respondeu-lhe José: "Isso não depende de mim, mas Deus dará ao faraó uma resposta favorável".

17 Então o faraó contou o sonho a José: "Sonhei que estava em pé, à beira do Nilo, **18** quando saíram do rio sete vacas, belas e gordas, que começaram a pastar entre os juncos. **19** Depois saíram outras sete, raquíticas, muito feias e magras. Nunca vi vacas tão feias em toda a terra do Egito. **20** As vacas magras e feias comeram as sete vacas gordas que tinham aparecido primeiro. **21** Mesmo depois de havê-las comido, não parecia que o tivessem feito, pois continuavam tão magras como antes. Então acordei.

22 "Depois tive outro sonho. Vi sete espigas de cereal, cheias e boas, que cresciam num mesmo pé. **23** Depois delas, brotaram outras sete, murchas e mirradas, ressequidas pelo vento leste. **24** As espigas magras engoliram as sete espigas boas. Contei isso aos magos, mas ninguém foi capaz de explicá-lo".

25 "O faraó teve um único sonho", disse-lhe José. "Deus revelou ao faraó o que ele está para fazer. **26** As sete vacas boas são sete anos, e as sete espigas boas são também sete anos; trata-se de um único sonho. **27** As sete vacas magras e feias que surgiram depois das outras, e as sete espigas mirradas, queimadas pelo vento leste, são sete anos. Serão sete anos de fome.

28 "É exatamente como eu disse ao faraó: Deus mostrou ao faraó aquilo que ele vai fazer. **29** Sete anos de muita fartura estão para vir sobre toda a terra do Egito, **30** mas depois virão sete anos de fome. Então todo o tempo de fartura será esquecido, pois a fome arruinará a terra. **31** A fome que virá depois será tão rigorosa que o tempo de fartura não será mais lembrado na terra. **32** O sonho veio ao faraó duas vezes porque a questão já foi decidida por Deus, que se apressa em realizá-la.

33 "Procure agora o faraó um homem criterioso e sábio e coloque-o no comando da terra do Egito. **34** O faraó também deve estabelecer supervisores para recolher um quinto da colheita do Egito durante os sete anos de fartura. **35** Eles deverão recolher o que puderem nos anos bons que virão e fazer estoques de trigo que, sob o controle do faraó, serão armazenados nas cidades. **36** Esse estoque servirá de reserva para os sete anos de

reeds. **3** After them, seven other cows, ugly and gaunt, came up out of the Nile and stood beside those on the riverbank. **4** And the cows that were ugly and gaunt ate up the seven sleek, fat cows. Then Pharaoh woke up.

5 He fell asleep again and had a second dream: Seven heads of grain, healthy and good, were growing on a single stalk. **6** After them, seven other heads of grain sprouted—thin and scorched by the east wind. **7** The thin heads of grain swallowed up the seven healthy, full heads. Then Pharaoh woke up; it had been a dream.

8 In the morning his mind was troubled, so he sent for all the magicians and wise men of Egypt. Pharaoh told them his dreams, but no one could interpret them for him.

9 Then the chief cupbearer said to Pharaoh, "Today I am reminded of my shortcomings. **10** Pharaoh was once angry with his servants, and he imprisoned me and the chief baker in the house of the captain of the guard. **11** Each of us had a dream the same night, and each dream had a meaning of its own. **12** Now a young Hebrew was there with us, a servant of the captain of the guard. We told him our dreams, and he interpreted them for us, giving each man the interpretation of his dream. **13** And things turned out exactly as he interpreted them to us: I was restored to my position, and the other man was hanged.[a]"

14 So Pharaoh sent for Joseph, and he was quickly brought from the dungeon. When he had shaved and changed his clothes, he came before Pharaoh.

15 Pharaoh said to Joseph, "I had a dream, and no one can interpret it. But I have heard it said of you that when you hear a dream you can interpret it."

16 "I cannot do it," Joseph replied to Pharaoh, "but God will give Pharaoh the answer he desires."

17 Then Pharaoh said to Joseph, "In my dream I was standing on the bank of the Nile, **18** when out of the river there came up seven cows, fat and sleek, and they grazed among the reeds. **19** After them, seven other cows came up—scrawny and very ugly and lean. I had never seen such ugly cows in all the land of Egypt. **20** The lean, ugly cows ate up the seven fat cows that came up first. **21** But even after they ate them, no one could tell that they had done so; they looked just as ugly as before. Then I woke up.

22 "In my dreams I also saw seven heads of grain, full and good, growing on a single stalk. **23** After them, seven other heads sprouted—withered and thin and scorched by the east wind. **24** The thin heads of grain swallowed up the seven good heads. I told this to the magicians, but none could explain it to me."

25 Then Joseph said to Pharaoh, "The dreams of Pharaoh are one and the same. God has revealed to Pharaoh what he is about to do. **26** The seven good cows are seven years, and the seven good heads of grain are seven years; it is one and the same dream. **27** The seven lean, ugly cows that came up afterward are seven years, and so are the seven worthless heads of grain scorched by the east wind: They are seven years of famine.

28 "It is just as I said to Pharaoh: God has shown Pharaoh what he is about to do. **29** Seven years of great abundance are coming throughout the land of Egypt, **30** but seven years of famine will follow them. Then all the abundance in Egypt will be forgotten, and the famine will ravage the land. **31** The abundance in the land will not be remembered, because the famine that follows it will be so severe. **32** The reason the dream was given to Pharaoh in two forms is that the matter has been firmly decided by God, and God will do it soon.

33 "And now let Pharaoh look for a discerning and wise man and put him in charge of the land of Egypt. **34** Let Pharaoh appoint commissioners over the land to take a fifth of the harvest of Egypt during the seven years of abundance. **35** They should collect all the food of these good years that are coming and store up the grain under the authority of Pharaoh, to be kept in the cities for food. **36** This food should be held in reserve for the country, to be used during the seven years of

---

a 41.13 Ou *empalado*   **a** 41:13 Or *impaled*

fome que virão sobre o Egito, para que a terra não seja arrasada pela fome."

José no Governo do Egito

37 O plano pareceu bom ao faraó e a todos os seus conselheiros. **38** Por isso o faraó lhes perguntou: "Será que vamos achar alguém como este homem, em quem está o espírito divino?"

39 Disse, pois, o faraó a José: "Uma vez que Deus lhe revelou todas essas coisas, não há ninguém tão criterioso e sábio como você. **40** Você terá o comando de meu palácio, e todo o meu povo se sujeitará às suas ordens. Somente em relação ao trono serei maior que você". **41** E o faraó prosseguiu: "Entrego a você agora o comando de toda a terra do Egito". **42** Em seguida o faraó tirou do dedo o seu anel-selo e o colocou no dedo de José. Mandou-o vestir linho fino e colocou uma corrente de ouro em seu pescoço. **43** Também o fez subir em sua segunda carruagem real, e à frente os arautos iam gritando: "Abram caminho!"ᵃ Assim José foi colocado no comando de toda a terra do Egito.

44 Disse ainda o faraó a José: "Eu sou o faraó, mas sem a sua palavra ninguém poderá levantar a mão nem o pé em todo o Egito". **45** O faraó deu a José o nome de Zafenate-Panéia e lhe deu por mulher Azenate, filha de Potífera, sacerdote de Omᵇ. Depois José foi inspecionar toda a terra do Egito.

46 José tinha trinta anos de idade quando começou a servirᶜ ao faraó, rei do Egito. Ele se ausentou da presença do faraó e foi percorrer todo o Egito. **47** Durante os sete anos de fartura a terra teve grande produção. **48** José recolheu todo o excedente dos sete anos de fartura no Egito e o armazenou nas cidades. Em cada cidade ele armazenava o trigo colhido nas lavouras das redondezas. **49** Assim José estocou muito trigo, como a areia do mar. Tal era a quantidade que ele parou de anotar, porque ia além de toda medida.

50 Antes dos anos de fome, Azenate, filha de Potífera, sacerdote de Om, deu a José dois filhos. **51** Ao primeiro, José deu o nome de Manassés, dizendo: "Deus me fez esquecer todo o meu sofrimento e toda a casa de meu pai". **52** Ao segundo filho chamou Efraim, dizendo: "Deus me fez prosperar na terra onde tenho sofrido".

53 Assim chegaram ao fim os sete anos de fartura no Egito, **54** e começaram os sete anos de fome, como José tinha predito. Houve fome em todas as terras, mas em todo o Egito havia alimento. **55** Quando todo o Egito começou a sofrer com a fome, o povo clamou ao faraó por comida, e este respondeu a todos os egípcios: "Dirijam-se a José e façam o que ele disser". **56** Quando a fome já se havia espalhado por toda a terra, José mandou abrir todos os locais de armazenamento e começou a vender trigo aos egípcios, pois a fome se agravava em todo o Egito. **57** E de toda a terra vinha gente ao Egito para comprar trigo de José, porquanto a fome se agravava em toda parte.

Os Irmãos de José no Egito

42 Quando Jacó soube que no Egito havia trigo, disse a seus filhos: "Por que estão aí olhando uns para os outros?" **2** Disse ainda: "Ouvi dizer que há trigo no Egito. Desçam até lá e comprem trigo para nós, para que possamos continuar vivos e não morramos de fome".

3 Assim dez dos irmãos de José desceram ao Egito para comprar trigo. **4** Jacó não deixou que Benjamim, irmão de José, fosse com eles, temendo que algum mal lhe acontecesse. **5** Os filhos de Israel estavam entre outros que também foram comprar trigo, por causa da fome na terra de Canaã.

6 José era o governador do Egito e era ele que vendia trigo a todo o povo da terra. Por isso, quando os irmãos de José

famine that will come upon Egypt, so that the country may not be ruined by the famine."

37 The plan seemed good to Pharaoh and to all his officials. **38** So Pharaoh asked them, "Can we find anyone like this man, one in whom is the spirit of Godᵃ?"

39 Then Pharaoh said to Joseph, "Since God has made all this known to you, there is no one so discerning and wise as you. **40** You shall be in charge of my palace, and all my people are to submit to your orders. Only with respect to the throne will I be greater than you."

Joseph in Charge of Egypt

41 So Pharaoh said to Joseph, "I hereby put you in charge of the whole land of Egypt." **42** Then Pharaoh took his signet ring from his finger and put it on Joseph's finger. He dressed him in robes of fine linen and put a gold chain around his neck. **43** He had him ride in a chariot as his second-in-command,ᵇ and men shouted before him, "Make wayᶜ!" Thus he put him in charge of the whole land of Egypt.

44 Then Pharaoh said to Joseph, "I am Pharaoh, but without your word no one will lift hand or foot in all Egypt." **45** Pharaoh gave Joseph the name Zaphenath-Paneah and gave him Asenath daughter of Potiphera, priest of On,ᵈ to be his wife. And Joseph went throughout the land of Egypt.

46 Joseph was thirty years old when he entered the service of Pharaoh king of Egypt. And Joseph went out from Pharaoh's presence and traveled throughout Egypt. **47** During the seven years of abundance the land produced plentifully. **48** Joseph collected all the food produced in those seven years of abundance in Egypt and stored it in the cities. In each city he put the food grown in the fields surrounding it. **49** Joseph stored up huge quantities of grain, like the sand of the sea; it was so much that he stopped keeping records because it was beyond measure.

50 Before the years of famine came, two sons were born to Joseph by Asenath daughter of Potiphera, priest of On. **51** Joseph named his firstborn Manassehᵉ and said, "It is because God has made me forget all my trouble and all my father's household." **52** The second son he named Ephraimᶠ and said, "It is because God has made me fruitful in the land of my suffering."

53 The seven years of abundance in Egypt came to an end, **54** and the seven years of famine began, just as Joseph had said. There was famine in all the other lands, but in the whole land of Egypt there was food. **55** When all Egypt began to feel the famine, the people cried to Pharaoh for food. Then Pharaoh told all the Egyptians, "Go to Joseph and do what he tells you."

56 When the famine had spread over the whole country, Joseph opened the storehouses and sold grain to the Egyptians, for the famine was severe throughout Egypt. **57** And all the countries came to Egypt to buy grain from Joseph, because the famine was severe in all the world.

Joseph's Brothers Go to Egypt

42 When Jacob learned that there was grain in Egypt, he said to his sons, "Why do you just keep looking at each other?" **2** He continued, "I have heard that there is grain in Egypt. Go down there and buy some for us, so that we may live and not die."

3 Then ten of Joseph's brothers went down to buy grain from Egypt. **4** But Jacob did not send Benjamin, Joseph's brother, with the others, because he was afraid that harm might come to him. **5** So Israel's sons were among those who went to buy grain, for the famine was in the land of Canaan also.

6 Now Joseph was the governor of the land, the one who sold grain to all its people. So when Joseph's brothers ar-

---

ᵃ41:43 Ou *"Curvem-se!"* ᵇ41:45 Isto é, Heliópolis; também no versículo 50. ᶜ41:46 Ou *quando se apresentou ao faraó*

ᵃ41:38 Or *of the gods* ᵇ41:43 Or *in the chariot of his second-in-command;* or *in his second chariot* ᶜ41:43 Or *Bow down* ᵈ41:45 That is, Heliopolis; also in verse 50 ᵉ41:51 *Manasseh* sounds like and may be derived from the Hebrew for *forget.* ᶠ41:52 *Ephraim* sounds like the Hebrew for *twice fruitful.*

chegaram, curvaram-se diante dele, rosto em terra. **7** José reconheceu os seus irmãos logo que os viu, mas agiu como se não os conhecesse, e lhes falou asperamente: "De onde vocês vêm?"

Responderam eles: "Da terra de Canaã, para comprar comida".

8 José reconheceu os seus irmãos, mas eles não o reconheceram. **9** Lembrou-se então dos sonhos que tivera a respeito deles e lhes disse: "Vocês são espiões! Vieram para ver onde a nossa terra está desprotegida".

10 Eles responderam: "Não, meu senhor. Teus servos vieram comprar comida. **11** Todos nós somos filhos do mesmo pai. Teus servos são homens honestos, e não espiões".

12 Mas José insistiu: "Não! Vocês vieram ver onde a nossa terra está desprotegida".

13 E eles disseram: "Teus servos eram doze irmãos, todos filhos do mesmo pai, na terra de Canaã. O caçula está agora em casa com o pai, e o outro já morreu".

14 José tornou a afirmar: "É como lhes falei: Vocês são espiões! **15** Vocês serão postos à prova. Juro pela vida do faraó que vocês não sairão daqui, enquanto o seu irmão caçula não vier para cá. **16** Mandem algum de vocês buscar o seu irmão enquanto os demais aguardam presos. Assim ficará provado se as suas palavras são verdadeiras ou não. Se não forem, juro pela vida do faraó que ficará confirmado que vocês são espiões!" **17** E os deixou presos três dias.

18 No terceiro dia, José lhes disse: "Eu tenho temor de Deus. Se querem salvar sua vida, façam o seguinte: **19** se vocês são homens honestos, deixem um dos seus irmãos aqui na prisão, enquanto os demais voltam, levando trigo para matar a fome das suas famílias. **20** Tragam-me, porém, o seu irmão caçula, para que se comprovem as suas palavras e vocês não tenham que morrer".

21 Eles se prontificaram a fazer isso e disseram uns aos outros: "Certamente estamos sendo punidos pelo que fizemos a nosso irmão. Vimos como ele estava angustiado, quando nos implorava por sua vida, mas não lhe demos ouvidos; por isso nos sobreveio esta angústia".

22 Rúben respondeu: "Eu não lhes disse que não maltratassem o menino? Mas vocês não quiseram me ouvir! Agora teremos que prestar contas do seu sangue".

23 Eles, porém, não sabiam que José podia compreendê-los, pois ele lhes falava por meio de um intérprete.

24 Nisso José retirou-se e começou a chorar, mas logo depois voltou e conversou de novo com eles. Então escolheu Simeão e mandou acorrentá-lo diante deles.

A Volta para Canaã

25 Em seguida, José deu ordem para que enchessem de trigo suas bagagens, devolvessem a prata de cada um deles, colocando-a nas bagagens, e lhes dessem mantimentos para a viagem. E assim foi feito. **26** Eles puseram a carga de trigo sobre os seus jumentos e partiram.

27 No lugar onde pararam para pernoitar, um deles abriu a bagagem para pegar forragem para o seu jumento e viu a prata na boca da bagagem. **28** E disse a seus irmãos: "Devolveram a minha prata. Está aqui em minha bagagem".

Tomados de pavor em seu coração e tremendo, disseram uns aos outros: "Que é isto que Deus fez conosco?"

29 Ao chegarem à casa de seu pai Jacó, na terra de Canaã, relataram-lhe tudo o que lhes acontecera, dizendo: **30** "O homem que governa aquele país falou asperamente conosco e nos tratou como espiões. **31** Mas nós lhe asseguramos que somos homens honestos e não espiões. **32** Dissemos também que éramos doze irmãos, filhos do mesmo pai, e que um já havia morrido e que o caçula estava com o nosso pai, em Canaã.

33 "Então o homem que governa aquele país nos disse: 'Vejamos se vocês são honestos: um dos seus irmãos ficará aqui comigo, e os outros poderão voltar e levar mantimentos para matar a fome das suas famílias. **34** Tragam-me, porém, o seu irmão

rived, they bowed down to him with their faces to the ground. **7** As soon as Joseph saw his brothers, he recognized them, but he pretended to be a stranger and spoke harshly to them. "Where do you come from?" he asked.

"From the land of Canaan," they replied, "to buy food."

8 Although Joseph recognized his brothers, they did not recognize him. **9** Then he remembered his dreams about them and said to them, "You are spies! You have come to see where our land is unprotected."

10 "No, my lord," they answered. "Your servants have come to buy food. **11** We are all the sons of one man. Your servants are honest men, not spies."

12 "No!" he said to them. "You have come to see where our land is unprotected."

13 But they replied, "Your servants were twelve brothers, the sons of one man, who lives in the land of Canaan. The youngest is now with our father, and one is no more."

14 Joseph said to them, "It is just as I told you: You are spies! **15** And this is how you will be tested: As surely as Pharaoh lives, you will not leave this place unless your youngest brother comes here. **16** Send one of your number to get your brother; the rest of you will be kept in prison, so that your words may be tested to see if you are telling the truth. If you are not, then as surely as Pharaoh lives, you are spies!" **17** And he put them all in custody for three days.

18 On the third day, Joseph said to them, "Do this and you will live, for I fear God: **19** If you are honest men, let one of your brothers stay here in prison, while the rest of you go and take grain back for your starving households. **20** But you must bring your youngest brother to me, so that your words may be verified and that you may not die." This they proceeded to do.

21 They said to one another, "Surely we are being punished because of our brother. We saw how distressed he was when he pleaded with us for his life, but we would not listen; that's why this distress has come upon us."

22 Reuben replied, "Didn't I tell you not to sin against the boy? But you wouldn't listen! Now we must give an accounting for his blood." **23** They did not realize that Joseph could understand them, since he was using an interpreter.

24 He turned away from them and began to weep, but then turned back and spoke to them again. He had Simeon taken from them and bound before their eyes.

25 Joseph gave orders to fill their bags with grain, to put each man's silver back in his sack, and to give them provisions for their journey. After this was done for them, **26** they loaded their grain on their donkeys and left.

27 At the place where they stopped for the night one of them opened his sack to get feed for his donkey, and he saw his silver in the mouth of his sack. **28** "My silver has been returned," he said to his brothers. "Here it is in my sack."

Their hearts sank and they turned to each other trembling and said, "What is this that God has done to us?"

29 When they came to their father Jacob in the land of Canaan, they told him all that had happened to them. They said, **30** "The man who is lord over the land spoke harshly to us and treated us as though we were spying on the land. **31** But we said to him, 'We are honest men; we are not spies. **32** We were twelve brothers, sons of one father. One is no more, and the youngest is now with our father in Canaan.'

33 "Then the man who is lord over the land said to us, 'This is how I will know whether you are honest men: Leave one of your brothers here with me, and take food for your starving households and go. **34** But bring your youngest brother to me

caçula, para que eu comprove que vocês não são espiões, mas sim, homens honestos. Então lhes devolverei o irmão e os autorizarei a fazer negócios nesta terra' ".

35 Ao esvaziarem as bagagens, dentro da bagagem de cada um estava a sua bolsa cheia de prata. Quando eles e seu pai viram as bolsas cheias de prata, ficaram com medo. **36** E disse-lhes seu pai Jacó: "Vocês estão tirando meus filhos de mim! Já fiquei sem José, agora sem Simeão e ainda querem levar Benjamim. Tudo está contra mim!"

37 Então Rúben disse ao pai: "Podes matar meus dois filhos se eu não o trouxer de volta. Deixa-o aos meus cuidados, e eu o trarei".

38 Mas o pai respondeu: "Meu filho não descerá com vocês; seu irmão está morto, e ele é o único que resta. Se qualquer mal lhe acontecer na viagem que estão por fazer, vocês farão estes meus cabelos brancos descerem à sepultura^a com tristeza".

De Volta ao Egito

43 A fome continuava rigorosa na terra. **2** Assim, quando acabou todo o trigo que os filhos de Jacó tinham trazido do Egito, seu pai lhes disse: "Voltem e comprem um pouco mais de comida para nós".

3 Mas Judá lhe disse: "O homem nos advertiu severamente: 'Não voltem à minha presença, a não ser que tragam o seu irmão'. **4** Se enviares o nosso irmão conosco, desceremos e compraremos comida para ti. **5** Mas se não o enviares conosco, não iremos, porque foi assim que o homem falou: 'Não voltem à minha presença, a não ser que tragam o seu irmão' ".

6 Israel perguntou: "Por que me causaram esse mal, contando àquele homem que tinham outro irmão?"

7 E lhe responderam: "Ele nos interrogou sobre nós e sobre nossa família. E também nos perguntou: 'O pai de vocês ainda está vivo? Vocês têm outro irmão?' Nós simplesmente respondemos ao que ele nos perguntou. Como poderíamos saber que ele exigiria que levássemos o nosso irmão?"

8 Então disse Judá a Israel, seu pai: "Deixa o jovem ir comigo e partiremos imediatamente, a fim de que tu, nós e nossas crianças sobrevivamos e não venhamos a morrer. **9** Eu me comprometo pessoalmente pela segurança dele; podes me considerar responsável por ele. Se eu não o trouxer de volta e não o colocar bem aqui na tua presença, serei culpado diante de ti pelo resto da minha vida. **10** Como se vê, se não tivéssemos demorado tanto, já teríamos ido e voltado duas vezes".

11 Então Israel, seu pai, lhes disse: "Se tem que ser assim, que seja! Coloquem alguns dos melhores produtos da nossa terra na bagagem e levem-nos como presente ao tal homem: um pouco de bálsamo, um pouco de mel, algumas especiarias e mirra, algumas nozes de pistache e amêndoas. **12** Levem prata em dobro, e devolvam a prata que foi colocada de volta na boca da bagagem de vocês. Talvez isso tenha acontecido por engano. **13** Peguem também o seu irmão e voltem àquele homem. **14** Que o Deus todo-poderoso^b lhes conceda misericórdia diante daquele homem, para que ele permita que o seu outro irmão e Benjamim voltem com vocês. Quanto a mim, se ficar sem filhos, sem filhos ficarei".

15 Então os homens desceram ao Egito, levando o presente, prata em dobro e Benjamim, e foram à presença de José. **16** Quando José viu Benjamim com eles, disse ao administrador de sua casa: "Leve estes homens à minha casa, mate um animal e prepare-o; eles almoçarão comigo ao meio-dia".

17 Ele fez o que lhe fora ordenado e levou-os à casa de José. **18** Eles ficaram com medo quando foram levados à casa de José, e pensaram: "Trouxeram-nos aqui por causa da prata que foi devolvida às nossas bagagens na primeira vez. Ele quer atacar-nos, subjugar-nos, tornar-nos escravos e tomar de nós os nossos jumentos".

---

^a**42.38** Hebraico: *Sheol*. Essa palavra também pode ser traduzida por profundezas, pó ou morte. ^b**43.14** Hebraico: *El-Shaddai*; também em 48.3 e 49.25.

so I will know that you are not spies but honest men. Then I will give your brother back to you, and you can trade^a in the land.' "

35 As they were emptying their sacks, there in each man's sack was his pouch of silver! When they and their father saw the money pouches, they were frightened. **36** Their father Jacob said to them, "You have deprived me of my children. Joseph is no more and Simeon is no more, and now you want to take Benjamin. Everything is against me!"

37 Then Reuben said to his father, "You may put both of my sons to death if I do not bring him back to you. Entrust him to my care, and I will bring him back."

38 But Jacob said, "My son will not go down there with you; his brother is dead and he is the only one left. If harm comes to him on the journey you are taking, you will bring my gray head down to the grave^b in sorrow."

The Second Journey to Egypt

43 Now the famine was still severe in the land. **2** So when they had eaten all the grain they had brought from Egypt, their father said to them, "Go back and buy us a little more food."

3 But Judah said to him, "The man warned us solemnly, 'You will not see my face again unless your brother is with you.' **4** If you will send our brother along with us, we will go down and buy food for you. **5** But if you will not send him, we will not go down, because the man said to us, 'You will not see my face again unless your brother is with you.' "

6 Israel asked, "Why did you bring this trouble on me by telling the man you had another brother?"

7 They replied, "The man questioned us closely about ourselves and our family. 'Is your father still living?' he asked us. 'Do you have another brother?' We simply answered his questions. How were we to know he would say, 'Bring your brother down here'?"

8 Then Judah said to Israel his father, "Send the boy along with me and we will go at once, so that we and you and our children may live and not die. **9** I myself will guarantee his safety; you can hold me personally responsible for him. If I do not bring him back to you and set him here before you, I will bear the blame before you all my life. **10** As it is, if we had not delayed, we could have gone and returned twice."

11 Then their father Israel said to them, "If it must be, then do this: Put some of the best products of the land in your bags and take them down to the man as a gift—a little balm and a little honey, some spices and myrrh, some pistachio nuts and almonds. **12** Take double the amount of silver with you, for you must return the silver that was put back into the mouths of your sacks. Perhaps it was a mistake. **13** Take your brother also and go back to the man at once. **14** And may God Almighty^c grant you mercy before the man so that he will let your other brother and Benjamin come back with you. As for me, if I am bereaved, I am bereaved."

15 So the men took the gifts and double the amount of silver, and Benjamin also. They hurried down to Egypt and presented themselves to Joseph. **16** When Joseph saw Benjamin with them, he said to the steward of his house, "Take these men to my house, slaughter an animal and prepare dinner; they are to eat with me at noon."

17 The man did as Joseph told him and took the men to Joseph's house. **18** Now the men were frightened when they were taken to his house. They thought, "We were brought here because of the silver that was put back into our sacks the first time. He wants to attack us and overpower us and seize us as slaves and take our donkeys."

---

^a**42:34** Or *move about freely* ^b**42:38** Hebrew *Sheol* ^c**43:14** Hebrew *El-Shaddai*

19 Por isso, dirigiram-se ao administrador da casa de José e lhe disseram à entrada da casa: **20** "Ouça, senhor! A primeira vez que viemos aqui foi realmente para comprar comida. **21** Mas no lugar em que paramos para pernoitar, abrimos nossas bagagens e cada um de nós encontrou a prata que tinha trazido, na quantia exata. Por isso a trouxemos de volta conosco, **22** além de mais prata, para comprar comida. Não sabemos quem pôs a prata em nossa bagagem".

23 "Fiquem tranqüilos", disse o administrador. "Não tenham medo. O seu Deus, o Deus de seu pai, foi quem lhes deu um tesouro em suas bagagens, porque a prata de vocês eu recebi." Então soltou Simeão e o levou à presença deles. **24** Em seguida os levou à casa de José, deu-lhes água para lavarem os pés e forragem para os seus jumentos. **25** Eles então prepararam o presente para a chegada de José ao meio-dia, porque ficaram sabendo que iriam almoçar ali.

26 Quando José chegou, eles o presentearam com o que tinham trazido e curvaram-se diante dele até o chão. **27** Ele então lhes perguntou como passavam e disse em seguida: "Como vai o pai de vocês, o homem idoso de quem me falaram? Ainda está vivo?"

28 Eles responderam: "Teu servo, nosso pai, ainda vive e passa bem". E se curvaram para prestar-lhe honra.

29 Olhando ao redor e vendo seu irmão Benjamim, filho de sua mãe, José perguntou: "É este o irmão caçula de quem me falaram?" E acrescentou: "Deus lhe conceda graça, meu filho". **30** Profundamente emocionado por causa de seu irmão, José apressou-se em sair à procura de um lugar para chorar, e entrando em seu quarto, chorou.

31 Depois de lavar o rosto, saiu e, controlando-se, disse: "Sirvam a comida".

32 Serviram a ele em separado dos seus irmãos e também dos egípcios que comiam com ele, porque os egípcios não podiam comer com os hebreus, pois isso era sacrilégio para eles. **33** Seus irmãos foram colocados à mesa perante ele por ordem de idade, do mais velho ao mais moço, e olhavam perplexos uns para os outros. **34** Então lhes serviram da comida da mesa de José, e a porção de Benjamim era cinco vezes maior que a dos outros. E eles festejaram e beberam à vontade.

A Taça de José na Bagagem de Benjamim

44 José deu as seguintes ordens ao administrador de sua casa: "Encha as bagagens desses homens com todo o mantimento que puderem carregar e coloque a prata de cada um na boca de sua bagagem. **2** Depois coloque a minha taça, a taça de prata, na boca da bagagem do caçula, junto com a prata paga pelo trigo". E ele fez tudo conforme as ordens de José.

3 Assim que despontou a manhã, despediram os homens com os seus jumentos. **4** Ainda não tinham se afastado da cidade, quando José disse ao administrador de sua casa: "Vá atrás daqueles homens e, quando os alcançar, diga-lhes: Por que retribuíram o bem com o mal? **5** Não é esta a taça que o meu senhor usa para beber e para fazer adivinhações? Vocês cometeram grande maldade!"

6 Quando ele os alcançou, repetiu-lhes essas palavras. **7** Mas eles lhe responderam: "Por que o meu senhor diz isso? Longe dos seus servos fazer tal coisa! **8** Nós lhe trouxemos de volta, da terra de Canaã, a prata que encontramos na boca de nossa bagagem. Como roubaríamos prata ou ouro da casa do seu senhor? **9** Se algum dos seus servos for encontrado com ela, morrerá; e nós, os demais, seremos escravos do meu senhor".

10 E disse ele: "Concordo. Somente quem for encontrado com ela será meu escravo; os demais estarão livres".

11 Cada um deles descarregou depressa a sua bagagem e abriu-a. **12** O administrador começou então a busca, desde a bagagem do mais velho até a do mais novo. E a taça foi encontrada na bagagem de Benjamim. **13** Diante disso, eles rasgaram as suas vestes. Em seguida, todos puseram a carga de novo em seus jumentos e retornaram à cidade.

19 So they went up to Joseph's steward and spoke to him at the entrance to the house. **20** "Please, sir," they said, "we came down here the first time to buy food. **21** But at the place where we stopped for the night we opened our sacks and each of us found his silver—the exact weight—in the mouth of his sack. So we have brought it back with us. **22** We have also brought additional silver with us to buy food. We don't know who put our silver in our sacks."

23 "It's all right," he said. "Don't be afraid. Your God, the God of your father, has given you treasure in your sacks; I received your silver." Then he brought Simeon out to them.

24 The steward took the men into Joseph's house, gave them water to wash their feet and provided fodder for their donkeys. **25** They prepared their gifts for Joseph's arrival at noon, because they had heard that they were to eat there.

26 When Joseph came home, they presented to him the gifts they had brought into the house, and they bowed down before him to the ground. **27** He asked them how they were, and then he said, "How is your aged father you told me about? Is he still living?"

28 They replied, "Your servant our father is still alive and well." And they bowed low to pay him honor.

29 As he looked about and saw his brother Benjamin, his own mother's son, he asked, "Is this your youngest brother, the one you told me about?" And he said, "God be gracious to you, my son." **30** Deeply moved at the sight of his brother, Joseph hurried out and looked for a place to weep. He went into his private room and wept there.

31 After he had washed his face, he came out and, controlling himself, said, "Serve the food."

32 They served him by himself, the brothers by themselves, and the Egyptians who ate with him by themselves, because Egyptians could not eat with Hebrews, for that is detestable to Egyptians. **33** The men had been seated before him in the order of their ages, from the firstborn to the youngest; and they looked at each other in astonishment. **34** When portions were served to them from Joseph's table, Benjamin's portion was five times as much as anyone else's. So they feasted and drank freely with him.

A Silver Cup in a Sack

44 Now Joseph gave these instructions to the steward of his house: "Fill the men's sacks with as much food as they can carry, and put each man's silver in the mouth of his sack. **2** Then put my cup, the silver one, in the mouth of the youngest one's sack, along with the silver for his grain." And he did as Joseph said.

3 As morning dawned, the men were sent on their way with their donkeys. **4** They had not gone far from the city when Joseph said to his steward, "Go after those men at once, and when you catch up with them, say to them, 'Why have you repaid good with evil? **5** Isn't this the cup my master drinks from and also uses for divination? This is a wicked thing you have done.' "

6 When he caught up with them, he repeated these words to them. **7** But they said to him, "Why does my lord say such things? Far be it from your servants to do anything like that! **8** We even brought back to you from the land of Canaan the silver we found inside the mouths of our sacks. So why would we steal silver or gold from your master's house? **9** If any of your servants is found to have it, he will die; and the rest of us will become my lord's slaves."

10 "Very well, then," he said, "let it be as you say. Whoever is found to have it will become my slave; the rest of you will be free from blame."

11 Each of them quickly lowered his sack to the ground and opened it. **12** Then the steward proceeded to search, beginning with the oldest and ending with the youngest. And the cup was found in Benjamin's sack. **13** At this, they tore their clothes. Then they all loaded their donkeys and returned to the city.

14 Quando Judá e seus irmãos chegaram à casa de José, ele ainda estava lá. Então eles se lançaram ao chão perante ele. **15** E José lhes perguntou: "Que foi que vocês fizeram? Vocês não sabem que um homem como eu tem poder para adivinhar?"

16 Respondeu Judá: "O que diremos a meu senhor? Que podemos falar? Como podemos provar nossa inocência? Deus trouxe à luz a culpa dos teus servos. Agora somos escravos do meu senhor, como também aquele que foi encontrado com a taça".

17 Disse, porém, José: "Longe de mim fazer tal coisa! Somente aquele que foi encontrado com a taça será meu escravo. Os demais podem voltar em paz para a casa do seu pai".

18 Então Judá dirigiu-se a ele, dizendo: "Por favor, meu senhor, permite-me dizer-te uma palavra. Não se acenda a tua ira contra o teu servo, embora sejas igual ao próprio faraó. **19** Meu senhor perguntou a estes seus servos se ainda tínhamos pai e algum outro irmão. **20** E nós respondemos: Temos um pai já idoso, cujo filho caçula nasceu-lhe em sua velhice. O irmão deste já morreu, e ele é o único filho da mesma mãe que restou, e seu pai o ama muito.

21 "Então disseste a teus servos que o trouxessem a ti para que os teus olhos pudessem vê-lo. **22** E nós respondemos a meu senhor que o jovem não poderia deixar seu pai, pois, caso o fizesse, seu pai morreria. **23** Todavia disseste a teus servos que se o nosso irmão caçula não viesse conosco, nunca mais veríamos a tua face. **24** Quando voltamos a teu servo, a meu pai, contamos-lhe o que o meu senhor tinha dito.

25 "Quando o nosso pai nos mandou voltar para comprar um pouco mais de comida, **26** nós lhe dissemos: Só poderemos voltar para lá, se o nosso irmão caçula for conosco. Pois não poderemos ver a face daquele homem, a não ser que o nosso irmão caçula esteja conosco.

27 "Teu servo, meu pai, nos disse então: 'Vocês sabem que minha mulher me deu apenas dois filhos. **28** Um deles se foi, e eu disse: Com certeza foi despedaçado. E até hoje, nunca mais o vi. **29** Se agora vocês também levarem este de mim, e algum mal lhe acontecer, a tristeza que me causarão fará com que os meus cabelos brancos desçam à sepultura^a'.

30 "Agora, pois, se eu voltar a teu servo, a meu pai, sem levar o jovem conosco, logo que meu pai, que é tão apegado a ele, **31** perceber que o jovem não está conosco, morrerá. Teus servos farão seu velho pai descer seus cabelos brancos à sepultura com tristeza.

32 "Além disso, teu servo garantiu a segurança do jovem a seu pai, dizendo-lhe: Se eu não o trouxer de volta, suportarei essa culpa diante de ti pelo resto da minha vida!

33 "Por isso agora te peço, por favor, deixa o teu servo ficar como escravo do meu senhor no lugar do jovem e permite que ele volte com os seus irmãos. **34** Como poderei eu voltar a meu pai sem levar o jovem comigo? Não! Não posso ver o mal que sobreviria a meu pai".

José Revela a Verdade

45 A essa altura, José já não podia mais conter-se diante de todos os que ali estavam, e gritou: "Façam sair a todos!" Assim, ninguém mais estava presente quando José se revelou a seus irmãos. **2** E ele se pôs a chorar tão alto que os egípcios o ouviram, e a notícia chegou ao palácio do faraó.

3 Então disse José a seus irmãos: "Eu sou José! Meu pai ainda está vivo?" Mas os seus irmãos ficaram tão pasmados diante dele que não conseguiam responder-lhe.

4 "Cheguem mais perto", disse José a seus irmãos. Quando eles se aproximaram, disse-lhes: "Eu sou José, seu irmão, aquele que vocês venderam ao Egito! **5** Agora, não se aflijam nem se recriminem por terem me vendido para cá, pois foi para salvar vidas que Deus me enviou adiante de vocês. **6** Já houve dois anos de fome na terra, e nos próximos cinco anos não haverá cultivo nem colheita. **7** Mas Deus me enviou

14 Joseph was still in the house when Judah and his brothers came in, and they threw themselves to the ground before him. **15** Joseph said to them, "What is this you have done? Don't you know that a man like me can find things out by divination?"

16 "What can we say to my lord?" Judah replied. "What can we say? How can we prove our innocence? God has uncovered your servants' guilt. We are now my lord's slaves—we ourselves and the one who was found to have the cup."

17 But Joseph said, "Far be it from me to do such a thing! Only the man who was found to have the cup will become my slave. The rest of you, go back to your father in peace."

18 Then Judah went up to him and said: "Please, my lord, let your servant speak a word to my lord. Do not be angry with your servant, though you are equal to Pharaoh himself. **19** My lord asked his servants, 'Do you have a father or a brother?' **20** And we answered, 'We have an aged father, and there is a young son born to him in his old age. His brother is dead, and he is the only one of his mother's sons left, and his father loves him.'

21 "Then you said to your servants, 'Bring him down to me so I can see him for myself.' **22** And we said to my lord, 'The boy cannot leave his father; if he leaves him, his father will die.' **23** But you told your servants, 'Unless your youngest brother comes down with you, you will not see my face again.' **24** When we went back to your servant my father, we told him what my lord had said.

25 "Then our father said, 'Go back and buy a little more food.' **26** But we said, 'We cannot go down. Only if our youngest brother is with us will we go. We cannot see the man's face unless our youngest brother is with us.'

27 "Your servant my father said to us, 'You know that my wife bore me two sons. **28** One of them went away from me, and I said, "He has surely been torn to pieces." And I have not seen him since. **29** If you take this one from me too and harm comes to him, you will bring my gray head down to the grave^a in misery.'

30 "So now, if the boy is not with us when I go back to your servant my father and if my father, whose life is closely bound up with the boy's life, **31** sees that the boy isn't there, he will die. Your servants will bring the gray head of our father down to the grave in sorrow. **32** Your servant guaranteed the boy's safety to my father. I said, 'If I do not bring him back to you, I will bear the blame before you, my father, all my life!'

33 "Now then, please let your servant remain here as my lord's slave in place of the boy, and let the boy return with his brothers. **34** How can I go back to my father if the boy is not with me? No! Do not let me see the misery that would come upon my father."

Joseph Makes Himself Known

45 Then Joseph could no longer control himself before all his attendants, and he cried out, "Have everyone leave my presence!" So there was no one with Joseph when he made himself known to his brothers. **2** And he wept so loudly that the Egyptians heard him, and Pharaoh's household heard about it.

3 Joseph said to his brothers, "I am Joseph! Is my father still living?" But his brothers were not able to answer him, because they were terrified at his presence.

4 Then Joseph said to his brothers, "Come close to me." When they had done so, he said, "I am your brother Joseph, the one you sold into Egypt! **5** And now, do not be distressed and do not be angry with yourselves for selling me here, because it was to save lives that God sent me ahead of you. **6** For two years now there has been famine in the land, and for the next five years there will not be plowing and reaping. **7** But God sent me

---

^a44.29 Hebraico: *Sheol*; também no versículo 31. Essa palavra também pode ser traduzida por profundezas, pó ou morte.

^a44:29 Hebrew *Sheol*: also in verse 31

à frente de vocês para lhes preservar um remanescente nesta terra e para salvar-lhes a vida com grande livramento[a].

8 "Assim, não foram vocês que me mandaram para cá, mas sim o próprio Deus. Ele me tornou ministro[b] do faraó, e me fez administrador de todo o palácio e governador de todo o Egito. 9 Voltem depressa a meu pai e digam-lhe: Assim diz o seu filho José: Deus me fez senhor de todo o Egito. Vem para cá, não te demores. 10 Tu viverás na região de Gósen e ficarás perto de mim — tu, os teus filhos, os teus netos, as tuas ovelhas, os teus bois e todos os teus bens. 11 Eu te sustentarei ali, porque ainda haverá cinco anos de fome. Do contrário, tu, a tua família e todos os teus rebanhos acabarão na miséria.

12 "Vocês estão vendo com os seus próprios olhos, e meu irmão Benjamim também, que realmente sou eu que estou falando com vocês. 13 Contem a meu pai quanta honra me prestam no Egito e tudo o que vocês mesmos testemunharam. E tragam meu pai para cá depressa".

14 Então ele se lançou chorando sobre o seu irmão Benjamim e o abraçou, e Benjamim também o abraçou, chorando. 15 Em seguida beijou todos os seus irmãos e chorou com eles. E só depois os seus irmãos conseguiram conversar com ele.

16 Quando se ouviu no palácio do faraó que os irmãos de José haviam chegado, o faraó e todos os seus conselheiros se alegraram. 17 Disse então o faraó a José: "Diga a seus irmãos que ponham as cargas nos seus animais, voltem para a terra de Canaã 18 e retornem para cá, trazendo seu pai e suas famílias. Eu lhes darei o melhor da terra do Egito e vocês poderão desfrutar a fartura desta terra.

19 "Mande-os também levar carruagens do Egito para trazerem as suas mulheres, os seus filhos e seu pai. 20 Não se preocupem com os seus bens, pois o melhor de todo o Egito será de vocês".

21 Assim fizeram os filhos de Israel. José lhes providenciou carruagens, como o faraó tinha ordenado, e também mantimentos para a viagem. 22 A cada um deu uma muda de roupa nova, mas a Benjamim deu trezentas peças de prata e cinco mudas de roupa nova. 23 E a seu pai enviou dez jumentos carregados com o melhor do que havia no Egito e dez jumentas carregadas de trigo, pão e outras provisões para a viagem. 24 Depois despediu-se dos seus irmãos e, ao partirem, disse-lhes: "Não briguem pelo caminho!"

25 Assim partiram do Egito e voltaram a seu pai Jacó, na terra de Canaã, 26 e lhe deram a notícia: "José ainda está vivo! Na verdade ele é o governador de todo o Egito". O coração de Jacó quase parou! Não podia acreditar neles. 27 Mas, quando lhe relataram tudo o que José lhes dissera, e vendo Jacó, seu pai, as carruagens que José enviara para buscá-lo, seu espírito reviveu. 28 E Israel disse: "Basta! Meu filho José ainda está vivo. Irei vê-lo antes que eu morra".

Jacó Emigra para o Egito

46 Israel partiu com tudo o que lhe pertencia. Ao chegar a Berseba[c], ofereceu sacrifícios ao Deus de Isaque, seu pai. 2 E Deus falou a Israel por meio de uma visão noturna: "Jacó! Jacó!"

"Eis-me aqui", respondeu ele.

3 "Eu sou Deus, o Deus de seu pai", disse ele. "Não tenha medo de descer ao Egito, porque lá farei de você uma grande nação. 4 Eu mesmo descerei ao Egito com você e certamente o trarei de volta. E a mão de José fechará os seus olhos."

5 Então Jacó partiu de Berseba. Os filhos de Israel levaram seu pai Jacó, seus filhos e as suas mulheres nas carruagens que o faraó tinha enviado. 6 Também levaram os seus rebanhos e os bens que tinham adquirido em Canaã. Assim Jacó foi para o Egito com toda a sua descendência. 7 Levou consigo

ahead of you to preserve for you a remnant on earth and to save your lives by a great deliverance.[a]

8 "So then, it was not you who sent me here, but God. He made me father to Pharaoh, lord of his entire household and ruler of all Egypt. 9 Now hurry back to my father and say to him, 'This is what your son Joseph says: God has made me lord of all Egypt. Come down to me; don't delay. 10 You shall live in the region of Goshen and be near me—you, your children and grandchildren, your flocks and herds, and all you have. 11 I will provide for you there, because five years of famine are still to come. Otherwise you and your household and all who belong to you will become destitute.'

12 "You can see for yourselves, and so can my brother Benjamin, that it is really I who am speaking to you. 13 Tell my father about all the honor accorded me in Egypt and about everything you have seen. And bring my father down here quickly."

14 Then he threw his arms around his brother Benjamin and wept, and Benjamin embraced him, weeping. 15 And he kissed all his brothers and wept over them. Afterward his brothers talked with him.

16 When the news reached Pharaoh's palace that Joseph's brothers had come, Pharaoh and all his officials were pleased. 17 Pharaoh said to Joseph, "Tell your brothers, 'Do this: Load your animals and return to the land of Canaan, 18 and bring your father and your families back to me. I will give you the best of the land of Egypt and you can enjoy the fat of the land.'

19 "You are also directed to tell them, 'Do this: Take some carts from Egypt for your children and your wives, and get your father and come. 20 Never mind about your belongings, because the best of all Egypt will be yours.' "

21 So the sons of Israel did this. Joseph gave them carts, as Pharaoh had commanded, and he also gave them provisions for their journey. 22 To each of them he gave new clothing, but to Benjamin he gave three hundred shekels[b] of silver and five sets of clothes. 23 And this is what he sent to his father: ten donkeys loaded with the best things of Egypt, and ten female donkeys loaded with grain and bread and other provisions for his journey. 24 Then he sent his brothers away, and as they were leaving he said to them, "Don't quarrel on the way!"

25 So they went up out of Egypt and came to their father Jacob in the land of Canaan. 26 They told him, "Joseph is still alive! In fact, he is ruler of all Egypt." Jacob was stunned; he did not believe them. 27 But when they told him everything Joseph had said to them, and when he saw the carts Joseph had sent to carry him back, the spirit of their father Jacob revived. 28 And Israel said, "I'm convinced! My son Joseph is still alive. I will go and see him before I die."

Jacob Goes to Egypt

46 So Israel set out with all that was his, and when he reached Beersheba, he offered sacrifices to the God of his father Isaac.

2 And God spoke to Israel in a vision at night and said, "Jacob! Jacob!"

"Here I am," he replied.

3 "I am God, the God of your father," he said. "Do not be afraid to go down to Egypt, for I will make you into a great nation there. 4 I will go down to Egypt with you, and I will surely bring you back again. And Joseph's own hand will close your eyes."

5 Then Jacob left Beersheba, and Israel's sons took their father Jacob and their children and their wives in the carts that Pharaoh had sent to transport him. 6 They also took with them their livestock and the possessions they had acquired in Canaan, and Jacob and all his offspring went to Egypt. 7 He took with him

para o Egito seus filhos, seus netos, suas filhas e suas netas, isto é, todos os seus descendentes.

8 Estes são os nomes dos israelitas, Jacó e seus descendentes, que foram para o Egito:

Rúben, o filho mais velho de Jacó.
9 Estes foram os filhos de Rúben:
Enoque, Palu, Hezrom e Carmi.
10 Estes foram os filhos de Simeão:
Jemuel, Jamim, Oade, Jaquim, Zoar e Saul, filho de uma cananéia.
11 Estes foram os filhos de Levi:
Gérson, Coate e Merari.
12 Estes foram os filhos de Judá:
Er, Onã, Selá, Perez e Zerá.
Er e Onã morreram na terra de Canaã.
Estes foram os filhos de Perez:
Hezrom e Hamul.
13 Estes foram os filhos de Issacar:
Tolá, Puá[a], Jasube[b] e Sinrom.
14 Estes foram os filhos de Zebulom:
Serede, Elom e Jaleel.
15 Foram esses os filhos que Lia deu a Jacó em Padã-Arã[c], além de sua filha Diná. Seus descendentes eram ao todo trinta e três.
16 Estes foram os filhos de Gade:
Zefom[d], Hagi, Suni, Esbom, Eri, Arodi e Areli.
17 Estes foram os filhos de Aser:
Imna, Isvá, Isvi e Berias, e a irmã deles, Sera.
Estes foram os filhos de Berias:
Héber e Malquiel.
18 Foram esses os dezesseis descendentes que Zilpa, serva que Labão tinha dado à sua filha Lia, deu a Jacó.
19 Estes foram os filhos de Raquel, mulher de Jacó:
José e Benjamim.
20 Azenate, filha de Potífera, sacerdote de Om[e], deu dois filhos a José no Egito: Manassés e Efraim.
21 Estes foram os filhos de Benjamim:
Belá, Bequer, Asbel, Gera, Naamã, Eí, Rôs, Mupim, Hupim e Arde.
22 Foram esses os catorze descendentes que Raquel deu a Jacó.
23 O filho de Dã foi Husim.
24 Estes foram os filhos de Naftali:
Jazeel, Guni, Jezer e Silém.
25 Foram esses os sete descendentes que Bila, serva que Labão tinha dado à sua filha Raquel, deu a Jacó.

26 Todos os que foram para o Egito com Jacó, todos os seus descendentes, sem contar as mulheres de seus filhos, totalizaram sessenta e seis pessoas. **27** Com mais os dois filhos[f] que nasceram a José no Egito, os membros da família de Jacó que foram para o Egito chegaram a setenta[g].

28 Ora, Jacó enviou Judá à sua frente a José, para saber como ir a Gósen. Quando lá chegaram, **29** José, de carruagem pronta, partiu para Gósen para encontrar-se com seu pai Israel. Assim que o viu, correu para abraçá-lo e, abraçado a ele, chorou longamente.
30 Israel disse a José: "Agora já posso morrer, pois vi o seu rosto e sei que você ainda está vivo".

to Egypt his sons and grandsons and his daughters and granddaughters—all his offspring.

8 These are the names of the sons of Israel (Jacob and his descendants) who went to Egypt:

Reuben the firstborn of Jacob.
9 The sons of Reuben:
Hanoch, Pallu, Hezron and Carmi.
10 The sons of Simeon:
Jemuel, Jamin, Ohad, Jakin, Zohar and Shaul the son of a Canaanite woman.
11 The sons of Levi:
Gershon, Kohath and Merari.
12 The sons of Judah:
Er, Onan, Shelah, Perez and Zerah (but Er and Onan had died in the land of Canaan).
The sons of Perez:
Hezron and Hamul.
13 The sons of Issachar:
Tola, Puah,[a] Jashub[b] and Shimron.
14 The sons of Zebulun:
Sered, Elon and Jahleel.
15 These were the sons Leah bore to Jacob in Paddan Aram,[c] besides his daughter Dinah. These sons and daughters of his were thirty-three in all.
16 The sons of Gad:
Zephon,[d] Haggi, Shuni, Ezbon, Eri, Arodi and Areli.
17 The sons of Asher:
Imnah, Ishvah, Ishvi and Beriah.
Their sister was Serah.
The sons of Beriah:
Heber and Malkiel.
18 These were the children born to Jacob by Zilpah, whom Laban had given to his daughter Leah—sixteen in all.
19 The sons of Jacob's wife Rachel:
Joseph and Benjamin. **20** In Egypt, Manasseh and Ephraim were born to Joseph by Asenath daughter of Potiphera, priest of On.[e]
21 The sons of Benjamin:
Bela, Beker, Ashbel, Gera, Naaman, Ehi, Rosh, Muppim, Huppim and Ard.
22 These were the sons of Rachel who were born to Jacob—fourteen in all.
23 The son of Dan:
Hushim.
24 The sons of Naphtali:
Jahziel, Guni, Jezer and Shillem.
25 These were the sons born to Jacob by Bilhah, whom Laban had given to his daughter Rachel—seven in all.

26 All those who went to Egypt with Jacob—those who were his direct descendants, not counting his sons' wives—numbered sixty-six persons. **27** With the two sons[f] who had been born to Joseph in Egypt, the members of Jacob's family, which went to Egypt, were seventy[g] in all.

28 Now Jacob sent Judah ahead of him to Joseph to get directions to Goshen. When they arrived in the region of Goshen, **29** Joseph had his chariot made ready and went to Goshen to meet his father Israel. As soon as Joseph appeared before him, he threw his arms around his father[h] and wept for a long time.
30 Israel said to Joseph, "Now I am ready to die, since I have seen for myself that you are still alive."

[a]46.13 Alguns manuscritos dizem *Puva*. Veja 1 Cr 7.1. [b]46.13 Alguns manuscritos dizem *Jó*. Veja Nm 26.24 e 1 Cr 7.1. [c]46.15 Provavelmente na região noroeste da Mesopotâmia; também em 48.7. [d]46.16 Alguns manuscritos dizem *Zifiom*. Veja Nm 26.15. [e]46.20 Isto é, Heliópolis. [f]46.27 A Septuaginta diz *nove filhos*. [g]46.27 A Septuaginta diz *setenta e cinco*. Veja Êx 1.5 e At 7.14.

[a]46:13 Samaritan Pentateuch and Syriac (see also 1 Chron. 7:1); Masoretic Text *Puvah* [b]46:13 Samaritan Pentateuch and some Septuagint manuscripts (see also Num. 26:24 and 1 Chron. 7:1); Masoretic Text *Iob* [c]46:15 That is, Northwest Mesopotamia [d]46:16 Samaritan Pentateuch and Septuagint (see also Num.26:15); Masoretic Text *Ziphion* [e]46:20 That is, Heliopolis [f]46:27 Hebrew; Septuagint *the nine children* [g]46:27 Hebrew (see also Exodus 1:5 and footnote); Septuagint (see also Acts 7:14) *seventy-five* [h]46:29 Hebrew *around him*

[31] Então José disse aos seus irmãos e a toda a família de seu pai: "Vou partir e informar ao faraó que os meus irmãos e toda a família de meu pai, que viviam em Canaã, vieram para cá. [32] Direi que os homens são pastores, cuidam de rebanhos, e trouxeram consigo suas ovelhas, seus bois e tudo quanto lhes pertence. [33] Quando o faraó mandar chamá-los e perguntar: 'Em que vocês trabalham?', [34] respondam-lhe assim: 'Teus servos criam rebanhos desde pequenos, como o fizeram nossos antepassados'. Assim lhes será permitido habitar na região de Gósen, pois todos os pastores são desprezados pelos egípcios".

Jacó se Estabelece no Egito

47 José foi dar as notícias ao faraó: "Meu pai e meus irmãos chegaram de Canaã com suas ovelhas, seus bois e tudo o que lhes pertence, e estão agora em Gósen". [2] Depois escolheu cinco de seus irmãos e os apresentou ao faraó. [3] Perguntou-lhes o faraó: "Em que vocês trabalham?"

Eles lhe responderam: "Teus servos são pastores, como os nossos antepassados". [4] Disseram-lhe ainda: "Viemos morar aqui por uns tempos, porque a fome é rigorosa em Canaã, e os rebanhos de teus servos não têm pastagem. Agora, por favor, permite que teus servos se estabeleçam em Gósen". [5] Então o faraó disse a José: "Seu pai e seus irmãos vieram a você, [6] e a terra do Egito está a sua disposição; faça com que seu pai e seus irmãos habitem na melhor parte da terra. Deixe-os morar em Gósen. E se você vê que alguns deles são competentes, coloque-os como responsáveis por meu rebanho". [7] Então José levou seu pai Jacó ao faraó e o apresentou a ele. Depois Jacó abençoou[a] o faraó, [8] e este lhe perguntou: "Quantos anos o senhor tem?" [9] Jacó respondeu ao faraó: "São cento e trinta os anos da minha peregrinação. Foram poucos e difíceis e não chegam aos anos da peregrinação dos meus antepassados". [10] Então, Jacó abençoou[b] o faraó e retirou-se.

[11] José instalou seu pai e seus irmãos e deu-lhes propriedade na melhor parte das terras do Egito, na região de Ramessés, conforme a ordem do faraó. [12] Providenciou também sustento para seu pai, para seus irmãos e para toda a sua família, de acordo com o número de filhos de cada um.

Os Anos de Fome

[13] Não havia mantimento em toda a região, pois a fome era rigorosa; tanto o Egito como Canaã desfaleciam por causa da fome. [14] José recolheu toda a prata que circulava no Egito e em Canaã, dada como pagamento do trigo que o povo comprava, e levou-a ao palácio do faraó. [15] Quando toda a prata do Egito e de Canaã se esgotou, todos os egípcios foram suplicar a José: "Dá-nos comida! Não nos deixes morrer só porque a nossa prata acabou".

[16] E José lhes disse: "Tragam então os seus rebanhos, e em troca lhes darei trigo, uma vez que a prata de vocês acabou". [17] E trouxeram a José os rebanhos, e ele deu-lhes trigo em troca de cavalos, ovelhas, bois e jumentos. Durante aquele ano inteiro ele os sustentou em troca de todos os seus rebanhos.

[18] O ano passou, e no ano seguinte voltaram a José, dizendo: "Não temos como esconder de ti, meu senhor, que uma vez que a nossa prata acabou e os nossos rebanhos lhe pertencem, nada mais nos resta para oferecer, a não ser os nossos próprios corpos e as nossas terras. [19] Não deixes que morramos e que as nossas terras pereçam diante dos teus olhos! Compra-nos, e compra as nossas terras, em troca de trigo, e nós, com as nossas terras, seremos escravos do faraó. Dá-nos sementes para que sobrevivamos e não morramos de fome, a fim de que a terra não fique desolada".

[20] Assim, José comprou todas as terras do Egito para o faraó. Todos os egípcios tiveram que vender os seus campos, pois a fome os obrigou a isso. A terra tornou-se propriedade do faraó.

[31] Then Joseph said to his brothers and to his father's household, "I will go up and speak to Pharaoh and will say to him, 'My brothers and my father's household, who were living in the land of Canaan, have come to me. [32] The men are shepherds; they tend livestock, and they have brought along their flocks and herds and everything they own.' [33] When Pharaoh calls you in and asks, 'What is your occupation?' [34] you should answer, 'Your servants have tended livestock from our boyhood on, just as our fathers did.' Then you will be allowed to settle in the region of Goshen, for all shepherds are detestable to the Egyptians."

47 Joseph went and told Pharaoh, "My father and brothers, with their flocks and herds and everything they own, have come from the land of Canaan and are now in Goshen." [2] He chose five of his brothers and presented them before Pharaoh. [3] Pharaoh asked the brothers, "What is your occupation?"

"Your servants are shepherds," they replied to Pharaoh, "just as our fathers were." [4] They also said to him, "We have come to live here awhile, because the famine is severe in Canaan and your servants' flocks have no pasture. So now, please let your servants settle in Goshen." [5] Pharaoh said to Joseph, "Your father and your brothers have come to you, [6] and the land of Egypt is before you; settle your father and your brothers in the best part of the land. Let them live in Goshen. And if you know of any among them with special ability, put them in charge of my own livestock." [7] Then Joseph brought his father Jacob in and presented him before Pharaoh. After Jacob blessed[a] Pharaoh, [8] Pharaoh asked him, "How old are you?" [9] And Jacob said to Pharaoh, "The years of my pilgrimage are a hundred and thirty. My years have been few and difficult, and they do not equal the years of the pilgrimage of my fathers." [10] Then Jacob blessed[b] Pharaoh and went out from his presence.

[11] So Joseph settled his father and his brothers in Egypt and gave them property in the best part of the land, the district of Rameses, as Pharaoh directed. [12] Joseph also provided his father and his brothers and all his father's household with food, according to the number of their children.

Joseph and the Famine

[13] There was no food, however, in the whole region because the famine was severe; both Egypt and Canaan wasted away because of the famine. [14] Joseph collected all the money that was to be found in Egypt and Canaan in payment for the grain they were buying, and he brought it to Pharaoh's palace. [15] When the money of the people of Egypt and Canaan was gone, all Egypt came to Joseph and said, "Give us food. Why should we die before your eyes? Our money is used up."

[16] "Then bring your livestock," said Joseph. "I will sell you food in exchange for your livestock, since your money is gone." [17] So they brought their livestock to Joseph, and he gave them food in exchange for their horses, their sheep and goats, their cattle and donkeys. And he brought them through that year with food in exchange for all their livestock.

[18] When that year was over, they came to him the following year and said, "We cannot hide from our lord the fact that since our money is gone and our livestock belongs to you, there is nothing left for our lord except our bodies and our land. [19] Why should we perish before your eyes—we and our land as well? Buy us and our land in exchange for food, and we with our land will be in bondage to Pharaoh. Give us seed so that we may live and not die, and that the land may not become desolate."

[20] So Joseph bought all the land in Egypt for Pharaoh. The Egyptians, one and all, sold their fields, because the famine was too severe for them. The land became Pharaoh's,

---

[a]47.7 Ou *saudou* [b]47.10 Ou *despediu-se do*   [a]47:7 Or *greeted* [b]47:10 Or *said farewell to*

21 Quanto ao povo, José o reduziu à servidão[a], de uma à outra extremidade do Egito. **22** Somente as terras dos sacerdotes não foram compradas, porque, por lei, esses recebiam sustento regular do faraó, e disso viviam. Por isso não tiveram que vender as suas terras.

23 Então José disse ao povo: "Ouçam! Hoje comprei vocês e suas terras para o faraó; aqui estão as sementes para que cultivem a terra. **24** Mas vocês darão a quinta parte das suas colheitas ao faraó. Os outros quatro quintos ficarão para vocês como sementes para os campos e como alimento para vocês, seus filhos e os que vivem em suas casas".

25 Eles disseram: "Meu senhor, tu nos salvaste a vida. Visto que nos favoreceste, seremos escravos do faraó".

26 Assim, quanto à terra, José estabeleceu o seguinte decreto no Egito, que permanece até hoje: um quinto da produção pertence ao faraó. Somente as terras dos sacerdotes não se tornaram propriedade do faraó.

O Último Desejo de Jacó

27 Os israelitas se estabeleceram no Egito, na região de Gósen. Lá adquiriram propriedades, foram prolíferos e multiplicaram-se muito.

28 Jacó viveu dezessete anos no Egito, e os anos da sua vida chegaram a cento e quarenta e sete. **29** Aproximando-se a hora da sua morte, Israel chamou seu filho José e lhe disse: "Se quer agradar-me, ponha a mão debaixo da minha coxa e prometa que será bondoso e fiel comigo: Não me sepulte no Egito. **30** Quando eu descansar com meus pais, leve-me daqui do Egito e sepulte-me junto a eles".

José respondeu: "Farei como o senhor me pede".

31 Mas Jacó insistiu: "Jure-me". E José lhe jurou, e Israel curvou-se apoiado em seu bordão[b].

Jacó Abençoa Manassés e Efraim

48 Algum tempo depois, disseram a José: "Seu pai está doente"; e ele foi vê-lo, levando consigo seus dois filhos, Manassés e Efraim. **2** E anunciaram a Jacó: "Seu filho José veio vê-lo". Israel reuniu suas forças e assentou-se na cama.

3 Então disse Jacó a José: "O Deus todo-poderoso apareceu-me em Luz, na terra de Canaã, e ali me abençoou, **4** dizendo: 'Eu o farei prolífero e o multiplicarei. Farei de você uma comunidade de povos e darei esta terra por propriedade perpétua aos seus descendentes'.

5 "Agora, pois, os seus dois filhos que lhe nasceram no Egito, antes da minha vinda para cá, serão reconhecidos como meus; Efraim e Manassés serão meus, como são meus Rúben e Simeão. **6** Os filhos que lhe nascerem depois deles serão seus; serão convocados sob o nome dos seus irmãos para receberem sua herança. **7** Quando eu voltava de Padã, para minha tristeza Raquel morreu em Canaã, quando ainda estávamos a caminho, a pouca distância de Efrata. Eu a sepultei ali, ao lado do caminho para Efrata, que é Belém".

8 Quando Israel viu os filhos de José, perguntou: "Quem são estes?"

9 Respondeu José a seu pai: "São os filhos que Deus me deu aqui".

Então Israel disse: "Traga-os aqui para que eu os abençoe".

10 Os olhos de Israel já estavam enfraquecidos por causa da idade avançada, e ele mal podia enxergar. Por isso José levou seus filhos para perto dele, e seu pai os beijou e os abraçou.

11 E Israel disse a José: "Nunca pensei que veria a sua face novamente, e agora Deus me concede ver também os seus filhos!"

12 Em seguida, José os tirou do colo de Israel e curvou-se, rosto em terra. **13** E José tomou os dois, Efraim à sua direita, perto da mão esquerda de Israel, e Manassés à sua esquerda,

21 and Joseph reduced the people to servitude,[a] from one end of Egypt to the other. **22** However, he did not buy the land of the priests, because they received a regular allotment from Pharaoh and had food enough from the allotment Pharaoh gave them. That is why they did not sell their land.

23 Joseph said to the people, "Now that I have bought you and your land today for Pharaoh, here is seed for you so you can plant the ground. **24** But when the crop comes in, give a fifth of it to Pharaoh. The other four-fifths you may keep as seed for the fields and as food for yourselves and your households and your children."

25 "You have saved our lives," they said. "May we find favor in the eyes of our lord; we will be in bondage to Pharaoh."

26 So Joseph established it as a law concerning land in Egypt—still in force today—that a fifth of the produce belongs to Pharaoh. It was only the land of the priests that did not become Pharaoh's.

27 Now the Israelites settled in Egypt in the region of Goshen. They acquired property there and were fruitful and increased greatly in number.

28 Jacob lived in Egypt seventeen years, and the years of his life were a hundred and forty-seven. **29** When the time drew near for Israel to die, he called for his son Joseph and said to him, "If I have found favor in your eyes, put your hand under my thigh and promise that you will show me kindness and faithfulness. Do not bury me in Egypt, **30** but when I rest with my fathers, carry me out of Egypt and bury me where they are buried."

"I will do as you say," he said.

31 "Swear to me," he said. Then Joseph swore to him, and Israel worshiped as he leaned on the top of his staff.[b]

Manasseh and Ephraim

48 Some time later Joseph was told, "Your father is ill." So he took his two sons Manasseh and Ephraim along with him. **2** When Jacob was told, "Your son Joseph has come to you," Israel rallied his strength and sat up on the bed.

3 Jacob said to Joseph, "God Almighty[c] appeared to me at Luz in the land of Canaan, and there he blessed me **4** and said to me, 'I am going to make you fruitful and will increase your numbers. I will make you a community of peoples, and I will give this land as an everlasting possession to your descendants after you.'

5 "Now then, your two sons born to you in Egypt before I came to you here will be reckoned as mine; Ephraim and Manasseh will be mine, just as Reuben and Simeon are mine. **6** Any children born to you after them will be yours; in the territory they inherit they will be reckoned under the names of their brothers. **7** As I was returning from Paddan,[d] to my sorrow Rachel died in the land of Canaan while we were still on the way, a little distance from Ephrath. So I buried her there beside the road to Ephrath" (that is, Bethlehem).

8 When Israel saw the sons of Joseph, he asked, "Who are these?"

9 "They are the sons God has given me here," Joseph said to his father.

Then Israel said, "Bring them to me so I may bless them."

10 Now Israel's eyes were failing because of old age, and he could hardly see. So Joseph brought his sons close to him, and his father kissed them and embraced them.

11 Israel said to Joseph, "I never expected to see your face again, and now God has allowed me to see your children too."

12 Then Joseph removed them from Israel's knees and bowed down with his face to the ground. **13** And Joseph took both of them, Ephraim on his right toward Israel's left hand

---

[a]47.21 Conforme o Pentateuco Samaritano e a Septuaginta. O Texto Massorético diz *mudou-o para as cidades.* [b]47.31 Conforme a Septuaginta. O Texto Massorético diz *curvou-se à cabeceira de sua cama.*

[a]47:21 Samaritan Pentateuch and Septuagint (see also Vulgate); Masoretic Text *and he moved the people into the cities* [b]47:31 Or *Israel bowed down at the head of his bed* [c]48:3 Hebrew *El-Shaddai* [d]48:7 That is, Northwest Mesopotamia

perto da mão direita de Israel, e os aproximou dele. **14** Israel, porém, estendeu a mão direita e a pôs sobre a cabeça de Efraim, embora este fosse o mais novo e, cruzando os braços, pôs a mão esquerda sobre a cabeça de Manassés, embora Manassés fosse o filho mais velho.

15 E abençoou a José, dizendo:

"Que o Deus, a quem serviram
    meus pais Abraão e Isaque,
o Deus que tem sido o meu pastor
    em toda a minha vida até o dia de hoje,
16 o Anjo que me redimiu de todo o mal,
    abençoe estes meninos.
Sejam eles chamados pelo meu nome
e pelos nomes de meus pais
    Abraão e Isaque,
e cresçam muito na terra".

17 Quando José viu seu pai colocar a mão direita sobre a cabeça de Efraim, não gostou; por isso pegou a mão do pai, a fim de mudá-la da cabeça de Efraim para a de Manassés, **18** e lhe disse: "Não, meu pai, este aqui é o mais velho; ponha a mão direita sobre a cabeça dele".

19 Mas seu pai recusou-se e respondeu: "Eu sei, meu filho, eu sei. Ele também se tornará um povo, também será grande. Apesar disso, seu irmão mais novo será maior do que ele, e seus descendentes se tornarão muitos*ª* povos". **20** Assim, Jacó os abençoou naquele dia, dizendo:

"O povo de Israel usará os seus nomes para abençoar uns aos outros com esta expressão:
Que Deus faça a você como fez a Efraim e a Manassés!"
E colocou Efraim à frente de Manassés.

21 A seguir, Israel disse a José: "Estou para morrer, mas Deus estará com vocês e os levará de volta à terra de seus antepassados. **22** E a você, como alguém que está acima de seus irmãos, dou a região montanhosa*ᵇ* que tomei dos amorreus com a minha espada e com o meu arco".

Jacó Abençoa seus Filhos

49 Então Jacó chamou seus filhos e disse: "Ajuntem-se a meu lado para que eu lhes diga o que lhes acontecerá nos dias que virão.

2 "Reúnam-se para ouvir, filhos de Jacó;
    ouçam o que diz seu pai Israel.

3 "Rúben, você é meu primogênito,
    minha força,
o primeiro sinal do meu vigor,
    superior em honra, superior em poder.
4 Turbulento como as águas,
    já não será superior,
porque você subiu à cama de seu pai,
    ao meu leito, e o desonrou.

5 "Simeão e Levi são irmãos;
    suas espadas são armas de violência.
6 Que eu não entre no conselho deles,
    nem participe da sua assembléia,
porque em sua ira mataram homens
e a seu bel-prazer aleijaram bois,
    cortando-lhes o tendão.
7 Maldita seja a sua ira, tão tremenda,
    e a sua fúria, tão cruel!
Eu os dividirei pelas terras de Jacó
e os dispersarei em Israel.

8 Judá, seus irmãos o louvarão,

and Manasseh on his left toward Israel's right hand, and brought them close to him. **14** But Israel reached out his right hand and put it on Ephraim's head, though he was the younger, and crossing his arms, he put his left hand on Manasseh's head, even though Manasseh was the firstborn.

15 Then he blessed Joseph and said,

"May the God before whom my fathers
    Abraham and Isaac walked,
the God who has been my shepherd
    all my life to this day,
16 the Angel who has delivered me from all harm
    —may he bless these boys.
May they be called by my name
    and the names of my fathers Abraham and Isaac,
and may they increase greatly
    upon the earth."

17 When Joseph saw his father placing his right hand on Ephraim's head he was displeased; so he took hold of his father's hand to move it from Ephraim's head to Manasseh's head. **18** Joseph said to him, "No, my father, this one is the firstborn; put your right hand on his head."

19 But his father refused and said, "I know, my son, I know. He too will become a people, and he too will become great. Nevertheless, his younger brother will be greater than he, and his descendants will become a group of nations." **20** He blessed them that day and said,

"In your*ª* name will Israel pronounce this
    blessing:
'May God make you like Ephraim and
    Manasseh.' "

So he put Ephraim ahead of Manasseh.

21 Then Israel said to Joseph, "I am about to die, but God will be with you*ᵇ* and take you*ᶜ* back to the land of your*ᵈ* fathers. **22** And to you, as one who is over your brothers, I give the ridge of land*ᵉ* I took from the Amorites with my sword and my bow."

Jacob Blesses His Sons

49 Then Jacob called for his sons and said: "Gather around so I can tell you what will happen to you in days to come.

2 "Assemble and listen, sons of Jacob;
    listen to your father Israel.

3 "Reuben, you are my firstborn,
    my might, the first sign of my strength,
excelling in honor, excelling in power.
4 Turbulent as the waters, you will no longer excel,
    for you went up onto your father's bed,
    onto my couch and defiled it.

5 "Simeon and Levi are brothers—
    their swords*ᶠ* are weapons of violence.
6 Let me not enter their council,
    let me not join their assembly,
for they have killed men in their anger
    and hamstrung oxen as they pleased.
7 Cursed be their anger, so fierce,
    and their fury, so cruel!
I will scatter them in Jacob
    and disperse them in Israel.

8 "Judah,*ᵍ* your brothers will praise you;

---

*ª*48.19 Hebraico: *uma plenitude de povos.* *ᵇ*48.22 Ou *E a você dou uma porção a mais do que a seus irmãos, a porção que tomei*

*ª*48:20 The Hebrew is singular. *ᵇ*48:21 The Hebrew is plural. *ᶜ*48:21 The Hebrew is plural. *ᵈ*48:21 The Hebrew is plural. *ᵉ*48:22 Or *And to you I give one portion more than to your brothers—the portion* *ᶠ*49:5 The meaning of the Hebrew for this word is uncertain. *ᵍ*49:8 *Judah* sounds like and may be derived from the Hebrew for *praise.*

sua mão estará sobre o pescoço
  dos seus inimigos;
os filhos de seu pai se curvarão
  diante de você.
⁹ Judá é um leão novo.
Você vem subindo, filho meu,
  depois de matar a presa.
Como um leão, ele se assenta;
  e deita-se como uma leoa;
quem tem coragem de acordá-lo?
¹⁰ O cetro não se apartará de Judá,
  nem o bastão de comando
  de seus descendentes[a],
até que venha aquele
  a quem ele pertence[b],
e a ele as nações obedecerão.
¹¹ Ele amarrará seu jumento
  a uma videira
e o seu jumentinho,
  ao ramo mais seleto;
lavará no vinho as suas roupas,
  no sangue das uvas,
  as suas vestimentas.
¹² Seus olhos serão mais escuros
  que o vinho;
seus dentes, mais brancos que o leite[c].
¹³ Zebulom morará à beira-mar
  e se tornará um porto para os navios;
suas fronteiras se estenderão até Sidom.
¹⁴ Issacar é um jumento forte,
  deitado entre as suas cargas[d].
¹⁵ Quando ele perceber como é bom
  o seu lugar de repouso
  e como é aprazível a sua terra,
curvará seus ombros ao fardo
  e se submeterá a trabalhos forçados.
¹⁶ Dã defenderá o direito do seu povo
  como qualquer das tribos de Israel.
¹⁷ Dã será uma serpente
  à beira da estrada,
uma víbora à margem do caminho,
  que morde o calcanhar do cavalo
e faz cair de costas o seu cavaleiro.
¹⁸ Ó Senhor, eu espero a tua libertação!
¹⁹ Gade será atacado por um bando,
  mas é ele que o atacará e o perseguirá[e].
²⁰ A mesa de Aser será farta;
  ele oferecerá manjares de rei.
²¹ Naftali é uma gazela solta,
  que por isso faz festa[f].
²² José é uma árvore frutífera,
  árvore frutífera à beira de uma fonte,
  cujos galhos passam por cima do muro.[g]
²³ Com rancor arqueiros o atacaram,
  atirando-lhe flechas com hostilidade.
²⁴ Mas o seu arco permaneceu firme,
  os seus braços fortes, ágeis para atirar,
pela mão do Poderoso de Jacó,
  pelo nome do Pastor, a Rocha de Israel,
²⁵ pelo Deus de seu pai, que ajuda você,
  o Todo-poderoso[h], que o abençoa
com bênçãos dos altos céus,

your hand will be on the neck of your enemies;
  your father's sons will bow down to you.
⁹ You are a lion's cub, O Judah;
  you return from the prey, my son.
Like a lion he crouches and lies down,
  like a lioness—who dares to rouse him?
¹⁰ The scepter will not depart from Judah,
  nor the ruler's staff from between his feet,
until he comes to whom it belongs[a]
  and the obedience of the nations is his.
¹¹ He will tether his donkey to a vine,
  his colt to the choicest branch;
he will wash his garments in wine,
  his robes in the blood of grapes.
¹² His eyes will be darker than wine,
  his teeth whiter than milk.[b]
¹³ "Zebulun will live by the seashore
  and become a haven for ships;
  his border will extend toward Sidon.
¹⁴ "Issachar is a rawboned[c] donkey
  lying down between two saddlebags.[d]
¹⁵ When he sees how good is his resting place
  and how pleasant is his land,
he will bend his shoulder to the burden
  and submit to forced labor.
¹⁶ "Dan[e] will provide justice for his people
  as one of the tribes of Israel.
¹⁷ Dan will be a serpent by the roadside,
  a viper along the path,
that bites the horse's heels
  so that its rider tumbles backward.
¹⁸ "I look for your deliverance, O Lord.
¹⁹ "Gad[f] will be attacked by a band of raiders,
  but he will attack them at their heels.
²⁰ "Asher's food will be rich;
  he will provide delicacies fit for a king.
²¹ "Naphtali is a doe set free
  that bears beautiful fawns.[g]
²² "Joseph is a fruitful vine,
  a fruitful vine near a spring,
  whose branches climb over a wall.[h]
²³ With bitterness archers attacked him;
  they shot at him with hostility.
²⁴ But his bow remained steady,
  his strong arms stayed[i] limber,
because of the hand of the Mighty One of Jacob,
  because of the Shepherd, the Rock of Israel,
²⁵ because of your father's God, who helps you,
  because of the Almighty,[j] who blesses you
with blessings of the heavens above,

[a]49.10 Hebraico: de entre seus pés. [b]49.10 Ou até que Siló venha; ou ainda até que venha aquele a quem pertence o tributo [c]49.12 Ou ficarão vermelhos por causa do vinho, seus dentes branqueados pelo leite [d]49.14 Ou os seus currais; ou ainda as suas fogueiras [e]49.19 Hebraico: atacará nos calcanhares. [f]49.21 Ou solta, que pronuncia lindas palavras [g]49.22 Ou José é um potro selvagem, um potro selvagem à beira de uma fonte, um asno selvagem numa colina aterrada. [h]49.25 O Pentateuco Samaritano, a Septuaginta, a Versão Siríaca e alguns manuscritos do Texto Massorético dizem Deus todo-poderoso.

[a]49:10 Or until Shiloh comes; or until he comes to whom tribute belongs [b]49:12 Or will be dull from wine, / his teeth white from milk [c]49:14 Or strong [d]49:14 Or campfires [e]49:16 Dan here means he provides justice. [f]49:19 Gad can mean attack and band of raiders. [g]49:21 Or free; / he utters beautiful words [h]49:22 Or Joseph is a wild colt, / a wild colt near a spring, / a wild donkey on a terraced hill [i]49:23,24 Or archers will attack ... will shoot will remain will stay [j]49:25 Hebrew Shaddai

bênçãos das profundezas,
bênçãos da fertilidade e da fartura^a.

²⁶ As bênçãos de seu pai são superiores
às bênçãos dos montes antigos,
às delícias das colinas eternas^b.
Que todas essas bênçãos repousem
sobre a cabeça de José,
sobre a fronte daquele que foi separado
de entre^c os seus irmãos.

²⁷ Benjamim é um lobo predador;
pela manhã devora a presa
e à tarde divide o despojo".

²⁸ São esses os que formaram as doze tribos de Israel, e foi isso que seu pai lhes disse, ao abençoá-los, dando a cada um a bênção que lhe pertencia.

A Morte de Jacó

²⁹ A seguir, Jacó deu-lhes estas instruções: "Estou para ser reunido aos meus antepassados. Sepultem-me junto aos meus pais na caverna do campo de Efrom, o hitita, ³⁰ na caverna do campo de Macpela, perto de Manre, em Canaã, campo que Abraão comprou de Efrom, o hitita, como propriedade para sepultura. ³¹ Ali foram sepultados Abraão e Sara, sua mulher, e Isaque e Rebeca, sua mulher; ali também sepultei Lia.

³² "Tanto o campo como a caverna que nele está foram comprados dos hititas".

³³ Ao acabar de dar essas instruções a seus filhos, Jacó deitou-se^d, expirou e foi reunido aos seus antepassados.

50

José atirou-se sobre seu pai, chorou sobre ele e o beijou. ² Em seguida deu ordens aos médicos, que estavam ao seu serviço, que embalsamassem seu pai Israel. E eles o embalsamaram. ³ Levaram quarenta dias completos, pois esse era o tempo para o embalsamamento. E os egípcios choraram sua morte setenta dias.

⁴ Passados os dias de luto, José disse à corte do faraó: "Se posso contar com a bondade de vocês, falem com o faraó em meu favor. Digam-lhe que ⁵ meu pai fez-me prestar-lhe o seguinte juramento: 'Estou à beira da morte; sepulte-me no túmulo que preparei para mim na terra de Canaã'. Agora, pois, peçam-lhe que me permita partir e sepultar meu pai; logo depois voltarei".

⁶ Respondeu o faraó: "Vá e faça o sepultamento de seu pai como este o fez jurar".

⁷ Então José partiu para sepultar seu pai. Com ele foram todos os conselheiros do faraó, as autoridades da sua corte e todas as autoridades do Egito, ⁸ e, além deles, todos os da família de José, os seus irmãos e todos os da casa de seu pai. Somente as crianças, as ovelhas e os bois foram deixados em Gósen. ⁹ Carruagens e cavaleiros^e também o acompanharam. A comitiva era imensa.

¹⁰ Chegando à eira de Atade, perto do Jordão, lamentaram-se em alta voz, com grande amargura; e ali José guardou sete dias de pranto pela morte do seu pai. ¹¹ Quando os cananeus que lá habitavam viram aquele pranto na eira de Atade, disseram: "Os egípcios estão celebrando uma cerimônia de luto solene". Por essa razão, aquele lugar, próximo ao Jordão, foi chamado Abel-Mizraim.

¹² Assim fizeram os filhos de Jacó o que este lhes havia ordenado: ¹³ Levaram-no à terra de Canaã e o sepultaram na caverna do campo de Macpela, perto de Manre, que, com o campo, Abraão tinha comprado de Efrom, o hitita, para que lhe servisse de propriedade para sepultura. ¹⁴ Depois de sepultar seu pai, José voltou ao Egito, com os seus irmãos e com todos os demais que o tinham acompanhado.

blessings of the deep that lies below,
blessings of the breast and womb.

²⁶ Your father's blessings are greater
than the blessings of the ancient mountains,
than^a the bounty of the age-old hills.
Let all these rest on the head of Joseph,
on the brow of the prince among^b his brothers.

²⁷ "Benjamin is a ravenous wolf;
in the morning he devours the prey,
in the evening he divides the plunder."

²⁸ All these are the twelve tribes of Israel, and this is what their father said to them when he blessed them, giving each the blessing appropriate to him.

The Death of Jacob

²⁹ Then he gave them these instructions: "I am about to be gathered to my people. Bury me with my fathers in the cave in the field of Ephron the Hittite, ³⁰ the cave in the field of Machpelah, near Mamre in Canaan, which Abraham bought as a burial place from Ephron the Hittite, along with the field. ³¹ There Abraham and his wife Sarah were buried, there Isaac and his wife Rebekah were buried, and there I buried Leah. ³² The field and the cave in it were bought from the Hittites.^c"

³³ When Jacob had finished giving instructions to his sons, he drew his feet up into the bed, breathed his last and was gathered to his people.

50

Joseph threw himself upon his father and wept over him and kissed him. ² Then Joseph directed the physicians in his service to embalm his father Israel. So the physicians embalmed him, ³ taking a full forty days, for that was the time required for embalming. And the Egyptians mourned for him seventy days.

⁴ When the days of mourning had passed, Joseph said to Pharaoh's court, "If I have found favor in your eyes, speak to Pharaoh for me. Tell him, ⁵ 'My father made me swear an oath and said, "I am about to die; bury me in the tomb I dug for myself in the land of Canaan." Now let me go up and bury my father; then I will return.' "

⁶ Pharaoh said, "Go up and bury your father, as he made you swear to do."

⁷ So Joseph went up to bury his father. All Pharaoh's officials accompanied him—the dignitaries of his court and all the dignitaries of Egypt— ⁸ besides all the members of Joseph's household and his brothers and those belonging to his father's household. Only their children and their flocks and herds were left in Goshen. ⁹ Chariots and horsemen^d also went up with him. It was a very large company.

¹⁰ When they reached the threshing floor of Atad, near the Jordan, they lamented loudly and bitterly; and there Joseph observed a seven-day period of mourning for his father. ¹¹ When the Canaanites who lived there saw the mourning at the threshing floor of Atad, they said, "The Egyptians are holding a solemn ceremony of mourning." That is why that place near the Jordan is called Abel Mizraim.^e

¹² So Jacob's sons did as he had commanded them: ¹³ They carried him to the land of Canaan and buried him in the cave in the field of Machpelah, near Mamre, which Abraham had bought as a burial place from Ephron the Hittite, along with the field. ¹⁴ After burying his father, Joseph returned to Egypt, together with his brothers and all the others who had gone with him to bury his father.

---

^a49.25 Hebraico: *dos seios e do ventre*. ^b49.26 Ou *superiores às bênçãos dos meus antepassados, até os limites das colinas eternas* ^c49.26 Ou *a fronte do príncipe entre* ^d49.33 Hebraico: *recolheu seus pés na cama*. ^e50.9 Ou *condutores de carruagem*

^a49:26 Or *of my progenitors, / as great as* ^b49:26 Or *the one separated from* ^c49:32 Or *the sons of Heth* ^d50:9 Or *charioteers* ^e50:11 *Abel Mizraim* means *mourning of the Egyptians*.

A Bondade de José

15 Vendo os irmãos de José que seu pai havia morrido, disseram: "E se José tiver rancor contra nós e resolver retribuir todo o mal que lhe causamos?" **16** Então mandaram um recado a José, dizendo: "Antes de morrer, teu pai nos ordenou **17** que te disséssemos o seguinte: 'Peço-lhe que perdoe os erros e pecados de seus irmãos que o trataram com tanta maldade!' Agora, pois, perdoa os pecados dos servos do Deus do teu pai". Quando recebeu o recado, José chorou.

18 Depois vieram seus irmãos, prostraram-se diante dele e disseram: "Aqui estamos. Somos teus escravos!"

19 José, porém, lhes disse: "Não tenham medo. Estaria eu no lugar de Deus? **20** Vocês planejaram o mal contra mim, mas Deus o tornou em bem, para que hoje fosse preservada a vida de muitos. **21** Por isso, não tenham medo. Eu sustentarei vocês e seus filhos". E assim os tranquilizou e lhes falou amavelmente.

A Morte de José

22 José permaneceu no Egito, com toda a família de seu pai. Viveu cento e dez anos **23** e viu a terceira geração dos filhos de Efraim. Além disso, recebeu como seus[a] os filhos de Maquir, filho de Manassés.

24 Antes de morrer José disse a seus irmãos: "Estou à beira da morte. Mas Deus certamente virá em auxílio de vocês e os tirará desta terra, levando-os para a terra que prometeu com juramento a Abraão, a Isaque e a Jacó". **25** E José fez que os filhos de Israel lhe prestassem um juramento, dizendo-lhes: "Quando Deus intervier em favor de vocês, levem os meus ossos daqui".

26 Morreu José com a idade de cento e dez anos. E, depois de embalsamado, foi colocado num sarcófago no Egito.

Êxodo

A Opressão no Egito

1 São estes, pois, os nomes dos filhos de Israel que entraram com Jacó no Egito, cada um com a sua respectiva família: **2** Rúben, Simeão, Levi e Judá; **3** Issacar, Zebulom e Benjamim; **4** Dã, Naftali, Gade e Aser. **5** Ao todo, os descendentes de Jacó eram setenta[b]; José, porém, já estava no Egito.

6 Ora, morreram José, todos os seus irmãos e toda aquela geração. **7** Os israelitas, porém, eram férteis, proliferaram, tornaram-se numerosos e fortaleceram-se muito, tanto que encheram o país.

8 Então subiu ao trono do Egito um novo rei, que nada sabia sobre José. **9** Disse ele ao seu povo: "Vejam! O povo israelita é agora numeroso e mais forte que nós. **10** Temos que agir com astúcia, para que não se tornem ainda mais numerosos e, no caso de guerra, aliem-se aos nossos inimigos, lutem contra nós e fujam do país".

11 Estabeleceram, pois, sobre eles chefes de trabalhos forçados, para os oprimir com tarefas pesadas. E assim os israelitas construíram para o faraó as cidades-celeiros de Pitom e Ramessés. **12** Todavia, quanto mais eram oprimidos, mais numerosos se tornavam e mais se espalhavam. Por isso os egípcios passaram a temer os israelitas, **13** e os sujeitaram a cruel escravidão. **14** Tornaram-lhes a vida amarga, impondo-lhes a árdua tarefa de preparar o barro e fazer tijolos, e executar todo tipo de trabalho agrícola; em tudo os egípcios os sujeitavam a cruel escravidão.

15 O rei do Egito ordenou às parteiras dos hebreus, que se chamavam Sifrá e Puá: **16** "Quando vocês ajudarem as hebreias a dar à luz, verifiquem se é menino[c]. Se for, matem-no; se for menina, deixem-na viver". **17** Todavia, as parteiras temeram a Deus e não obedeceram às ordens do rei

Joseph Reassures His Brothers

15 When Joseph's brothers saw that their father was dead, they said, "What if Joseph holds a grudge against us and pays us back for all the wrongs we did to him?" **16** So they sent word to Joseph, saying, "Your father left these instructions before he died: **17** 'This is what you are to say to Joseph: I ask you to forgive your brothers the sins and the wrongs they committed in treating you so badly.' Now please forgive the sins of the servants of the God of your father." When their message came to him, Joseph wept.

18 His brothers then came and threw themselves down before him. "We are your slaves," they said.

19 But Joseph said to them, "Don't be afraid. Am I in the place of God? **20** You intended to harm me, but God intended it for good to accomplish what is now being done, the saving of many lives. **21** So then, don't be afraid. I will provide for you and your children." And he reassured them and spoke kindly to them.

The Death of Joseph

22 Joseph stayed in Egypt, along with all his father's family. He lived a hundred and ten years **23** and saw the third generation of Ephraim's children. Also the children of Makir son of Manasseh were placed at birth on Joseph's knees.[a]

24 Then Joseph said to his brothers, "I am about to die. But God will surely come to your aid and take you up out of this land to the land he promised on oath to Abraham, Isaac and Jacob." **25** And Joseph made the sons of Israel swear an oath and said, "God will surely come to your aid, and then you must carry my bones up from this place."

26 So Joseph died at the age of a hundred and ten. And after they embalmed him, he was placed in a coffin in Egypt.

Exodus

The Israelites Oppressed

1 These are the names of the sons of Israel who went to Egypt with Jacob, each with his family: **2** Reuben, Simeon, Levi and Judah; **3** Issachar, Zebulun and Benjamin; **4** Dan and Naphtali; Gad and Asher. **5** The descendants of Jacob numbered seventy[b] in all; Joseph was already in Egypt.

6 Now Joseph and all his brothers and all that generation died, **7** but the Israelites were fruitful and multiplied greatly and became exceedingly numerous, so that the land was filled with them.

8 Then a new king, who did not know about Joseph, came to power in Egypt. **9** "Look," he said to his people, "the Israelites have become much too numerous for us. **10** Come, we must deal shrewdly with them or they will become even more numerous and, if war breaks out, will join our enemies, fight against us and leave the country."

11 So they put slave masters over them to oppress them with forced labor, and they built Pithom and Rameses as store cities for Pharaoh. **12** But the more they were oppressed, the more they multiplied and spread; so the Egyptians came to dread the Israelites **13** and worked them ruthlessly. **14** They made their lives bitter with hard labor in brick and mortar and with all kinds of work in the fields; in all their hard labor the Egyptians used them ruthlessly.

15 The king of Egypt said to the Hebrew midwives, whose names were Shiphrah and Puah, **16** "When you help the Hebrew women in childbirth and observe them on the delivery stool, if it is a boy, kill him; but if it is a girl, let her live." **17** The midwives, however, feared God and did not do what the king of Egypt had told them to do; they let the boys live.

---

[a]50.23 Hebraico: *nasceram sobre os joelhos de José.* [b]1.5 Os manuscritos do mar Morto e a Septuaginta dizem *setenta e cinco.* Veja Gn 46.27 e At 7.14. [c]1.16 Hebraico: *as duas pedras.* Possível eufemismo para os órgãos genitais ou ainda uma referência a um assento onde as mulheres davam à luz.

[a]50:23 That is, were counted as his [b]1:5 Masoretic Text (see also Gen. 46:27); Dead Sea Scrolls and Septuagint (see also Acts 7:14 and note at Gen. 46:27) *seventy-five*

do Egito; deixaram viver os meninos. ¹⁸ Então o rei do Egito convocou as parteiras e lhes perguntou: "Por que vocês fizeram isso? Por que deixaram viver os meninos?"

¹⁹ Responderam as parteiras ao faraó: "As mulheres hebréias não são como as egípcias. São cheias de vigor e dão à luz antes de chegarem as parteiras".

²⁰ Deus foi bondoso com as parteiras; e o povo ia se tornando ainda mais numeroso, cada vez mais forte. ²¹ Visto que as parteiras temeram a Deus, ele concedeu-lhes que tivessem suas próprias famílias.

²² Por isso o faraó ordenou a todo o seu povo: "Lancem ao Nilo todo menino recém-nascidoª, mas deixem viver as meninas".

O Nascimento de Moisés

2 Um homem da tribo de Levi casou-se com uma mulher da mesma tribo, ² e ela engravidou e deu à luz um filho. Vendo que era bonito, ela o escondeu por três meses. ³ Quando já não podia mais escondê-lo, pegou um cesto feito de junco e o vedou com piche e betume. Colocou nele o menino e deixou o cesto entre os juncos, à margem do Nilo. ⁴ A irmã do menino ficou observando de longe para ver o que lhe aconteceria.

⁵ A filha do faraó descera ao Nilo para tomar banho. Enquanto isso, as suas servas andavam pela margem do rio. Nisso viu o cesto entre os juncos e mandou sua criada apanhá-lo. ⁶ Ao abri-lo, viu um bebê chorando. Ficou com pena dele e disse: "Este menino é dos hebreus".

⁷ Então a irmã do menino aproximou-se e perguntou à filha do faraó: "A senhora quer que eu vá chamar uma mulher dos hebreus para amamentar e criar o menino?"

⁸ "Quero", respondeu ela. E a moça foi chamar a mãe do menino. ⁹ Então a filha do faraó disse à mulher: "Leve este menino e amamente-o para mim, e eu lhe pagarei por isso". A mulher levou o menino e o amamentou. ¹⁰ Tendo o menino crescido, ela o levou à filha do faraó, que o adotou e lhe deu o nome de Moisés, dizendo: "Porque eu o tirei das águas".

Moisés Mata um Egípcio e Foge para Midiã

¹¹ Certo dia, sendo Moisés já adulto, foi ao lugar onde estavam os seus irmãos hebreus e descobriu como era pesado o trabalho que realizavam. Viu também um egípcio espancar um dos hebreus. ¹² Correu o olhar por todos os lados e, não vendo ninguém, matou o egípcio e o escondeu na areia.

¹³ No dia seguinte saiu e viu dois hebreus brigando. Então perguntou ao agressor: "Por que você está espancando o seu companheiro?" ¹⁴ O homem respondeu: "Quem o nomeou líder e juiz sobre nós? Quer matar-me como matou o egípcio?" Moisés teve medo e pensou: "Com certeza tudo já foi descoberto!"

¹⁵ Quando o faraó soube disso, procurou matar Moisés, mas este fugiu e foi morar na terra de Midiã. Ali assentou-se à beira de um poço. ¹⁶ Ora, o sacerdote de Midiã tinha sete filhas. Elas foram buscar água para encher os bebedouros e dar de beber ao rebanho de seu pai. ¹⁷ Alguns pastores se aproximaram e começaram a expulsá-las dali; Moisés, porém, veio em auxílio delas e deu água ao rebanho.

¹⁸ Quando as moças voltaram a seu pai Reuelᵇ, este lhes perguntou: "Por que voltaram tão cedo hoje?"

¹⁹ Elas responderam: "Um egípcio defendeu-nos dos pastores e ainda tirou água do poço para nós e deu de beber ao rebanho".

²⁰ "Onde está ele?", perguntou o pai a elas. "Por que o deixaram lá? Convidem-no para comer conosco."

²¹ Moisés aceitou e concordou também em morar na casa daquele homem; este lhe deu por mulher sua filha Zípora. ²² Ela deu à luz um menino, a quem Moisés deu o nome de Gérson, dizendo: "Sou imigrante em terra estrangeira".

---

¹⁸ Then the king of Egypt summoned the midwives and asked them, "Why have you done this? Why have you let the boys live?"

¹⁹ The midwives answered Pharaoh, "Hebrew women are not like Egyptian women; they are vigorous and give birth before the midwives arrive."

²⁰ So God was kind to the midwives and the people increased and became even more numerous. ²¹ And because the midwives feared God, he gave them families of their own.

²² Then Pharaoh gave this order to all his people: "Every boy that is bornª you must throw into the Nile, but let every girl live."

The Birth of Moses

2 Now a man of the house of Levi married a Levite woman, ² and she became pregnant and gave birth to a son. When she saw that he was a fine child, she hid him for three months. ³ But when she could hide him no longer, she got a papyrus basket for him and coated it with tar and pitch. Then she placed the child in it and put it among the reeds along the bank of the Nile. ⁴ His sister stood at a distance to see what would happen to him.

⁵ Then Pharaoh's daughter went down to the Nile to bathe, and her attendants were walking along the river bank. She saw the basket among the reeds and sent her slave girl to get it. ⁶ She opened it and saw the baby. He was crying, and she felt sorry for him. "This is one of the Hebrew babies," she said.

⁷ Then his sister asked Pharaoh's daughter, "Shall I go and get one of the Hebrew women to nurse the baby for you?"

⁸ "Yes, go," she answered. And the girl went and got the baby's mother. ⁹ Pharaoh's daughter said to her, "Take this baby and nurse him for me, and I will pay you." So the woman took the baby and nursed him. ¹⁰ When the child grew older, she took him to Pharaoh's daughter and he became her son. She named him Moses,ᵇ saying, "I drew him out of the water."

Moses Flees to Midian

¹¹ One day, after Moses had grown up, he went out to where his own people were and watched them at their hard labor. He saw an Egyptian beating a Hebrew, one of his own people. ¹² Glancing this way and that and seeing no one, he killed the Egyptian and hid him in the sand. ¹³ The next day he went out and saw two Hebrews fighting. He asked the one in the wrong, "Why are you hitting your fellow Hebrew?"

¹⁴ The man said, "Who made you ruler and judge over us? Are you thinking of killing me as you killed the Egyptian?" Then Moses was afraid and thought, "What I did must have become known."

¹⁵ When Pharaoh heard of this, he tried to kill Moses, but Moses fled from Pharaoh and went to live in Midian, where he sat down by a well. ¹⁶ Now a priest of Midian had seven daughters, and they came to draw water and fill the troughs to water their father's flock. ¹⁷ Some shepherds came along and drove them away, but Moses got up and came to their rescue and watered their flock.

¹⁸ When the girls returned to Reuel their father, he asked them, "Why have you returned so early today?"

¹⁹ They answered, "An Egyptian rescued us from the shepherds. He even drew water for us and watered the flock."

²⁰ "And where is he?" he asked his daughters. "Why did you leave him? Invite him to have something to eat."

²¹ Moses agreed to stay with the man, who gave his daughter Zipporah to Moses in marriage. ²² Zipporah gave birth to a son, and Moses named him Gershom,ᶜ saying, "I have become an alien in a foreign land."

ª1.22 O Pentateuco Samaritano, a Septuaginta e os Targuns dizem *recém-nascido hebreu*. ᵇ2.18 Também chamado *Jetro*. Veja 3.1.

ª1:22 Masoretic Text; Samaritan Pentateuch, Septuagint and Targums *born to the Hebrews* ᵇ2:10 *Moses* sounds like the Hebrew for *draw out*. ᶜ2:22 *Gershom* sounds like the Hebrew for *an alien there*.

²³ Muito tempo depois, morreu o rei do Egito. Os israelitas gemiam e clamavam debaixo da escravidão; e o seu clamor subiu até Deus. ²⁴ Ouviu Deus o lamento deles e lembrou-se da aliança que fizera com Abraão, Isaque e Jacó. ²⁵ Deus olhou para os israelitas e viu a situação deles.

Moisés e a Sarça em Chamas

3 Moisés pastoreava o rebanho de seu sogro Jetro, que era sacerdote de Midiã. Um dia levou o rebanho para o outro lado do deserto e chegou a Horebe, o monte de Deus. ² Ali o Anjo do Senhor lhe apareceu numa chama de fogo que saía do meio de uma sarça. Moisés viu que, embora a sarça estivesse em chamas, não era consumida pelo fogo. ³ "Que impressionante!", pensou. "Por que a sarça não se queima? Vou ver isso de perto."

⁴ O Senhor viu que ele se aproximava para observar. E então, do meio da sarça Deus o chamou: "Moisés, Moisés!"

"Eis-me aqui", respondeu ele.

⁵ Então disse Deus: "Não se aproxime. Tire as sandálias dos pés, pois o lugar em que você está é terra santa." ⁶ Disse ainda: "Eu sou o Deus de seu pai, o Deus de Abraão, o Deus de Isaque, o Deus de Jacó". Então Moisés cobriu o rosto, pois teve medo de olhar para Deus.

⁷ Disse o Senhor: "De fato tenho visto a opressão sobre o meu povo no Egito, tenho escutado o seu clamor, por causa dos seus feitores, e sei quanto eles estão sofrendo. ⁸ Por isso desci para livrá-los das mãos dos egípcios e tirá-los daqui para uma terra boa e vasta, onde manam leite e mel: a terra dos cananeus, dos hititas, dos amorreus, dos ferezeus, dos heveus e dos jebuseus. ⁹ Pois agora o clamor dos israelitas chegou a mim, e tenho visto como os egípcios os oprimem. ¹⁰ Vá, pois, agora; eu o envio ao faraó para tirar do Egito o meu povo, os israelitas". ¹¹ Moisés, porém, respondeu a Deus: "Quem sou eu para apresentar-me ao faraó e tirar os israelitas do Egito?"

¹² Deus afirmou: "Eu estarei com você. Esta é a prova de que sou eu quem o envia: quando você tirar o povo do Egito, vocês prestarão culto a Deus neste monte".

¹³ Moisés perguntou: "Quando eu chegar diante dos israelitas e lhes disser: O Deus dos seus antepassados me enviou a vocês, e eles me perguntarem: 'Qual é o nome dele?' Que lhes direi?"

¹⁴ Disse Deus a Moisés: "Eu Sou o que Sou. É isto que você dirá aos israelitas: Eu Sou me enviou a vocês".

¹⁵ Disse também Deus a Moisés: "Diga aos israelitas: O Senhorᵃ, o Deus dos seus antepassados, o Deus de Abraão, o Deus de Isaque, o Deus de Jacó, enviou-me a vocês. Esse é o meu nome para sempre, nome pelo qual serei lembrado de geração em geração.

¹⁶ "Vá, reúna as autoridades de Israel e diga-lhes: O Senhor, o Deus dos seus antepassados, o Deus de Abraão, de Isaque e de Jacó, apareceu a mim e disse: Eu virei em auxílio de vocês; pois vi o que lhes tem sido feito no Egito. ¹⁷ Prometi tirá-los da opressão do Egito para a terra dos cananeus, dos hititas, dos amorreus, dos ferezeus, dos heveus e dos jebuseus, terra onde manam leite e mel.

¹⁸ "As autoridades de Israel o atenderão. Depois você irá com elas ao rei do Egito e lhe dirá: O Senhor, o Deus dos hebreus, veio ao nosso encontro. Agora, deixe-nos fazer uma caminhada de três dias, adentrando o deserto, para oferecermos sacrifícios ao Senhor, o nosso Deus. ¹⁹ Eu sei que o rei do Egito não os deixará sair, a não ser que uma poderosa mão o force. ²⁰ Por isso estenderei a minha mão e ferirei os egípcios com todas as maravilhas que realizarei no meio deles. Depois disso ele os deixará sair.

²¹ "E farei que os egípcios tenham boa vontade para com o povo, de modo que, quando vocês saírem, não sairão de mãos vazias. ²² Todas as israelitas pedirão às suas vizinhas, e às

²³ During that long period, the king of Egypt died. The Israelites groaned in their slavery and cried out, and their cry for help because of their slavery went up to God. ²⁴ God heard their groaning and he remembered his covenant with Abraham, with Isaac and with Jacob. ²⁵ So God looked on the Israelites and was concerned about them.

Moses and the Burning Bush

3 Now Moses was tending the flock of Jethro his father-in-law, the priest of Midian, and he led the flock to the far side of the desert and came to Horeb, the mountain of God. ² There the angel of the Lord appeared to him in flames of fire from within a bush. Moses saw that though the bush was on fire it did not burn up. ³ So Moses thought, "I will go over and see this strange sight—why the bush does not burn up."

⁴ When the Lord saw that he had gone over to look, God called to him from within the bush, "Moses! Moses!"

And Moses said, "Here I am."

⁵ "Do not come any closer," God said. "Take off your sandals, for the place where you are standing is holy ground." ⁶ Then he said, "I am the God of your father, the God of Abraham, the God of Isaac and the God of Jacob." At this, Moses hid his face, because he was afraid to look at God.

⁷ The Lord said, "I have indeed seen the misery of my people in Egypt. I have heard them crying out because of their slave drivers, and I am concerned about their suffering. ⁸ So I have come down to rescue them from the hand of the Egyptians and to bring them up out of that land into a good and spacious land, a land flowing with milk and honey—the home of the Canaanites, Hittites, Amorites, Perizzites, Hivites and Jebusites. ⁹ And now the cry of the Israelites has reached me, and I have seen the way the Egyptians are oppressing them. ¹⁰ So now, go. I am sending you to Pharaoh to bring my people the Israelites out of Egypt."

¹¹ But Moses said to God, "Who am I, that I should go to Pharaoh and bring the Israelites out of Egypt?"

¹² And God said, "I will be with you. And this will be the sign to you that it is I who have sent you: When you have brought the people out of Egypt, youᵃ will worship God on this mountain."

¹³ Moses said to God, "Suppose I go to the Israelites and say to them, 'The God of your fathers has sent me to you,' and they ask me, 'What is his name?' Then what shall I tell them?"

¹⁴ God said to Moses, "I am who I am.ᵇ This is what you are to say to the Israelites: 'I am has sent me to you.' "

¹⁵ God also said to Moses, "Say to the Israelites, 'The Lord,ᶜ the God of your fathers—the God of Abraham, the God of Isaac and the God of Jacob—has sent me to you.' This is my name forever, the name by which I am to be remembered from generation to generation.

¹⁶ "Go, assemble the elders of Israel and say to them, 'The Lord, the God of your fathers—the God of Abraham, Isaac and Jacob—appeared to me and said: I have watched over you and have seen what has been done to you in Egypt. ¹⁷ And I have promised to bring you up out of your misery in Egypt into the land of the Canaanites, Hittites, Amorites, Perizzites, Hivites and Jebusites—a land flowing with milk and honey.'

¹⁸ "The elders of Israel will listen to you. Then you and the elders are to go to the king of Egypt and say to him, 'The Lord, the God of the Hebrews, has met with us. Let us take a three-day journey into the desert to offer sacrifices to the Lord our God.' ¹⁹ But I know that the king of Egypt will not let you go unless a mighty hand compels him. ²⁰ So I will stretch out my hand and strike the Egyptians with all the wonders that I will perform among them. After that, he will let you go.

²¹ "And I will make the Egyptians favorably disposed toward this people, so that when you leave you will not go empty-handed. ²² Every woman is to ask her neighbor and any

---

ᵃ3.15 Hebraico: *YHWH*. O termo assemelha-se à expressão *Eu sou* em hebraico.

ᵃ3:12 The Hebrew is plural ᵇ3:14 Or I will be what I will be ᶜ3:15 The Hebrew for Lord sounds like and may be derived from the Hebrew for I am in verse 14.

mulheres que estiverem hospedando em casa, objetos de prata e de ouro, e roupas, que vocês porão em seus filhos e em suas filhas. Assim vocês despojarão os egípcios".

Os Sinais Concedidos a Moisés

4 Moisés respondeu: "E se eles não acreditarem em mim nem quiserem me ouvir e disserem: 'O Senhor não lhe apareceu'?"

2 Então o Senhor lhe perguntou: "Que é isso em sua mão?"

"Uma vara", respondeu ele.

3 Disse o Senhor: "Jogue-a ao chão".

Moisés jogou-a, e ela se transformou numa serpente. Moisés fugiu dela, **4** mas o Senhor lhe disse: "Estenda a mão e pegue-a pela cauda". Moisés estendeu a mão, pegou a serpente e esta se transformou numa vara em sua mão. **5** E disse o Senhor: "Isso é para que eles acreditem que o Deus dos seus antepassados, o Deus de Abraão, o Deus de Isaque, o Deus de Jacó, apareceu a você".

6 Disse-lhe mais o Senhor: "Coloque a mão no peito". Moisés obedeceu e, quando a retirou, ela estava leprosa[a]; parecia neve.

7 Ordenou-lhe depois: "Agora, coloque de novo a mão no peito". Moisés tornou a pô-la mão no peito e, quando a tirou, ela estava novamente como o restante da sua pele.

8 Prosseguiu o Senhor: "Se eles não acreditarem em você nem derem atenção ao primeiro sinal miraculoso, acreditarão no segundo. **9** E se ainda assim não acreditarem nestes dois sinais nem lhe derem ouvidos, tire um pouco de água do Nilo e derrame-a em terra seca. Quando você derramar essa água em terra seca ela se transformará em sangue".

10 Disse, porém, Moisés ao Senhor: "Ó Senhor! Nunca tive facilidade para falar, nem no passado nem agora que falaste a teu servo. Não consigo falar bem!"

11 Disse-lhe o Senhor: "Quem deu boca ao homem? Quem o fez surdo ou mudo? Quem lhe concede vista ou o torna cego? Não sou eu, o Senhor? **12** Agora, pois, vá; eu estarei com você, ensinando-lhe o que dizer".

13 Respondeu-lhe, porém, Moisés: "Ah, Senhor! Peço-te que envies outra pessoa".

14 Então o Senhor se irou com Moisés e lhe disse: "Você não tem o seu irmão Arão, o levita? Eu sei que ele fala bem. Ele já está vindo ao seu encontro e se alegrará ao vê-lo. **15** Você falará com ele e lhe dirá o que ele deve dizer; eu estarei com vocês quando falarem, e lhes direi o que fazer. **16** Assim como Deus fala ao profeta, você falará a seu irmão, e ele será o seu porta-voz diante do povo. **17** E leve na mão esta vara; com ela você fará os sinais miraculosos".

A Volta de Moisés ao Egito

18 Depois Moisés voltou a Jetro, seu sogro, e lhe disse: "Preciso voltar ao Egito para ver se meus parentes ainda vivem".

Jetro lhe respondeu: "Vá em paz!"

19 Ora, o Senhor tinha dito a Moisés, em Midiã: "Volte ao Egito, pois já morreram todos os que procuravam matá-lo". **20** Então Moisés levou sua mulher e seus filhos montados num jumento e partiu de volta ao Egito. Levava na mão a vara de Deus.

21 Disse mais o Senhor a Moisés: "Quando você voltar ao Egito, tenha o cuidado de fazer diante do faraó todas as maravilhas que concedi a você o poder de realizar. Mas eu vou endurecer o coração dele, para não deixar o povo ir. **22** Depois diga ao faraó que assim diz o Senhor: Israel é o meu primeiro filho, **23** e eu já lhe disse que deixe o meu filho ir para prestar-me culto. Mas você não quis deixá-lo ir; por isso matarei o seu primeiro filho!"

24 Numa hospedaria ao longo do caminho, o Senhor foi ao encontro de Moisés[b] e procurou matá-lo. **25** Mas Zípora pegou uma pedra afiada, cortou o prepúcio de seu filho e tocou os pés de Moisés[c]. E disse: "Você é para mim um marido de sangue!" **26** Ela disse "marido de sangue", referindo-se à circuncisão. Nessa ocasião o Senhor o deixou.

Signs for Moses

4 Moses answered, "What if they do not believe me or listen to me and say, 'The Lord did not appear to you'?"

2 Then the Lord said to him, "What is that in your hand?"

"A staff," he replied.

3 The Lord said, "Throw it on the ground."

Moses threw it on the ground and it became a snake, and he ran from it. **4** Then the Lord said to him, "Reach out your hand and take it by the tail." So Moses reached out and took hold of the snake and it turned back into a staff in his hand. **5** "This," said the Lord, "is so that they may believe that the Lord, the God of their fathers—the God of Abraham, the God of Isaac and the God of Jacob—has appeared to you."

6 Then the Lord said, "Put your hand inside your cloak." So Moses put his hand into his cloak, and when he took it out, it was leprous,[a] like snow.

7 "Now put it back into your cloak," he said. So Moses put his hand back into his cloak, and when he took it out, it was restored, like the rest of his flesh.

8 Then the Lord said, "If they do not believe you or pay attention to the first miraculous sign, they may believe the second. **9** But if they do not believe these two signs or listen to you, take some water from the Nile and pour it on the dry ground. The water you take from the river will become blood on the ground."

10 Moses said to the Lord, "O Lord, I have never been eloquent, neither in the past nor since you have spoken to your servant. I am slow of speech and tongue."

11 The Lord said to him, "Who gave man his mouth? Who makes him deaf or mute? Who gives him sight or makes him blind? Is it not I, the Lord? **12** Now go; I will help you speak and will teach you what to say."

13 But Moses said, "O Lord, please send someone else to do it."

14 Then the Lord's anger burned against Moses and he said, "What about your brother, Aaron the Levite? I know he can speak well. He is already on his way to meet you, and his heart will be glad when he sees you. **15** You shall speak to him and put words in his mouth; I will help both of you speak and will teach you what to do. **16** He will speak to the people for you, and it will be as if he were your mouth and as if you were God to him. **17** But take this staff in your hand so you can perform miraculous signs with it."

Moses Returns to Egypt

18 Then Moses went back to Jethro his father-in-law and said to him, "Let me go back to my own people in Egypt to see if any of them are still alive."

Jethro said, "Go, and I wish you well."

19 Now the Lord had said to Moses in Midian, "Go back to Egypt, for all the men who wanted to kill you are dead." **20** So Moses took his wife and sons, put them on a donkey and started back to Egypt. And he took the staff of God in his hand.

21 The Lord said to Moses, "When you return to Egypt, see that you perform before Pharaoh all the wonders I have given you the power to do. But I will harden his heart so that he will not let the people go. **22** Then say to Pharaoh, 'This is what the Lord says: Israel is my firstborn son, **23** and I told you, "Let my son go, so he may worship me." But you refused to let him go; so I will kill your firstborn son.' "

24 At a lodging place on the way, the Lord met {Moses}[b] and was about to kill him. **25** But Zipporah took a flint knife, cut off her son's foreskin and touched {Moses'} feet with it.[c] "Surely you are a bridegroom of blood to me," she said. **26** So the Lord let him alone. (At that time she said "bridegroom of blood," referring to circumcision.)

---

27 Então o Senhor disse a Arão: "Vá ao deserto encontrar-se com Moisés". Ele foi, encontrou-se com Moisés no monte de Deus, e o saudou com um beijo. **28** Moisés contou a Arão tudo o que o Senhor lhe tinha mandado dizer, e também falou-lhe de todos os sinais miraculosos que lhe havia ordenado realizar.

29 Assim Moisés e Arão foram e reuniram todas as autoridades dos israelitas, **30** e Arão lhes contou tudo o que o Senhor dissera a Moisés. Em seguida Moisés também realizou os sinais diante do povo, **31** e eles creram. Quando o povo soube que o Senhor decidira vir em seu auxílio, tendo visto a sua opressão, curvou-se em adoração.

O Faraó Aumenta a Opressão

5 Depois disso Moisés e Arão foram falar com o faraó e disseram: "Assim diz o Senhor, o Deus de Israel: 'Deixe o meu povo ir para celebrar-me uma festa no deserto' ".

2 O faraó respondeu: "Quem é o Senhor, para que eu lhe obedeça e deixe Israel sair? Não conheço o Senhor, e não deixarei Israel sair".

3 Eles insistiram: "O Deus dos hebreus veio ao nosso encontro. Agora, permite-nos caminhar três dias no deserto, para oferecer sacrifícios ao Senhor, o nosso Deus; caso contrário, ele nos atingirá com pragas ou com a espada".

4 Mas o rei do Egito respondeu: "Moisés e Arão, por que vocês estão fazendo o povo interromper suas tarefas? Voltem ao trabalho!" **5** E acrescentou: "Essa gente já é tão numerosa, e vocês ainda os fazem parar de trabalhar!"

6 No mesmo dia o faraó deu a seguinte ordem aos feitores e capatazes responsáveis pelo povo: **7** "Não forneçam mais palha ao povo para fazer tijolos, como faziam antes. Eles que tratem de ajuntar palha! **8** Mas exijam que continuem a fazer a mesma quantidade de tijolos; não reduzam a cota. São preguiçosos, e por isso estão clamando: 'Iremos oferecer sacrifícios ao nosso Deus'. **9** Aumentem a carga de trabalho dessa gente para que cumpram suas tarefas e não dêem atenção a mentiras".

10 Os feitores e os capatazes foram dizer ao povo: "Assim diz o faraó: 'Já não lhes darei palha. **11** Saiam e recolham-na onde puderem achá-la, pois o trabalho de vocês em nada será reduzido' ". **12** O povo, então, espalhou-se por todo o Egito, a fim de ajuntar restolho em lugar da palha. **13** Enquanto isso, os feitores os pressionavam, dizendo: "Completem a mesma tarefa diária que lhes foi exigida quando tinham palha". **14** Os capatazes israelitas indicados pelos feitores do faraó eram espancados e interrogados: "Por que não completaram ontem e hoje a mesma cota de tijolos dos dias anteriores?"

15 Então os capatazes israelitas foram apelar para o faraó: "Por que tratas os teus servos dessa maneira? **16** Nós, teus servos, não recebemos palha, e, contudo, nos dizem: 'Façam tijolos!' Os teus servos têm sido espancados, mas a culpa é do teu próprio povo[a]".

17 Respondeu o faraó: "Preguiçosos é o que vocês são! Preguiçosos! Por isso andam dizendo: 'Iremos oferecer sacrifícios ao Senhor'. **18** Agora, voltem ao trabalho. Vocês não receberão palha alguma! Continuem a produzir a cota integral de tijolos!"

19 Os capatazes israelitas se viram em dificuldade quando lhes disseram que não poderiam reduzir a quantidade de tijolos exigida a cada dia. **20** Ao saírem da presença do faraó, encontraram-se com Moisés e Arão, que estavam à espera deles, **21** e lhes disseram: "O Senhor os examine e os julgue! Vocês atraíram o ódio[b] do faraó e dos seus conselheiros sobre nós, e lhes puseram nas mãos uma espada para que nos matem".

Deus Anuncia Libertação

22 Moisés voltou-se para o Senhor e perguntou: "Senhor, por que maltrataste este povo? Afinal, por que me enviaste?

27 The Lord said to Aaron, "Go into the desert to meet Moses." So he met Moses at the mountain of God and kissed him. **28** Then Moses told Aaron everything the Lord had sent him to say, and also about all the miraculous signs he had commanded him to perform.

29 Moses and Aaron brought together all the elders of the Israelites, **30** and Aaron told them everything the Lord had said to Moses. He also performed the signs before the people, **31** and they believed. And when they heard that the Lord was concerned about them and had seen their misery, they bowed down and worshiped.

Bricks Without Straw

5 Afterward Moses and Aaron went to Pharaoh and said, "This is what the Lord, the God of Israel, says: 'Let my people go, so that they may hold a festival to me in the desert.' "

2 Pharaoh said, "Who is the Lord, that I should obey him and let Israel go? I do not know the Lord and I will not let Israel go."

3 Then they said, "The God of the Hebrews has met with us. Now let us take a three-day journey into the desert to offer sacrifices to the Lord our God, or he may strike us with plagues or with the sword."

4 But the king of Egypt said, "Moses and Aaron, why are you taking the people away from their labor? Get back to your work!" **5** Then Pharaoh said, "Look, the people of the land are now numerous, and you are stopping them from working."

6 That same day Pharaoh gave this order to the slave drivers and foremen in charge of the people: **7** "You are no longer to supply the people with straw for making bricks; let them go and gather their own straw. **8** But require them to make the same number of bricks as before; don't reduce the quota. They are lazy; that is why they are crying out, 'Let us go and sacrifice to our God.' **9** Make the work harder for the men so that they keep working and pay no attention to lies."

10 Then the slave drivers and the foremen went out and said to the people, "This is what Pharaoh says: 'I will not give you any more straw. **11** Go and get your own straw wherever you can find it, but your work will not be reduced at all.' " **12** So the people scattered all over Egypt to gather stubble to use for straw. **13** The slave drivers kept pressing them, saying, "Complete the work required of you for each day, just as when you had straw." **14** The Israelite foremen appointed by Pharaoh's slave drivers were beaten and were asked, "Why didn't you meet your quota of bricks yesterday or today, as before?"

15 Then the Israelite foremen went and appealed to Pharaoh: "Why have you treated your servants this way? **16** Your servants are given no straw, yet we are told, 'Make bricks!' Your servants are being beaten, but the fault is with your own people."

17 Pharaoh said, "Lazy, that's what you are—lazy! That is why you keep saying, 'Let us go and sacrifice to the Lord.' **18** Now get to work. You will not be given any straw, yet you must produce your full quota of bricks."

19 The Israelite foremen realized they were in trouble when they were told, "You are not to reduce the number of bricks required of you for each day." **20** When they left Pharaoh, they found Moses and Aaron waiting to meet them, **21** and they said, "May the Lord look upon you and judge you! You have made us a stench to Pharaoh and his officials and have put a sword in their hand to kill us."

God Promises Deliverance

22 Moses returned to the Lord and said, "O Lord, why have you brought trouble upon this people? Is this why you sent me?

---

[a]5.16 Ou *a culpa é tua*; ou ainda *tu estás pecando contra o teu próprio povo*
[b]5.21 Hebraico: *transformaram-nos em mau cheiro para o.*

23 Desde que me dirigi ao faraó para falar em teu nome, ele tem maltratado este povo, e tu de modo algum libertaste o teu povo!"

6 Então o Senhor disse a Moisés: "Agora você verá o que farei ao faraó: Por minha mão poderosa, ele os deixará ir; por minha mão poderosa, ele os expulsará do seu país".

2 Disse Deus ainda a Moisés: "Eu sou o Senhor. **3** Apareci a Abraão, a Isaque e a Jacó como o Deus todo-poderoso[a], mas pelo meu nome, o Senhor[b], não me revelei a eles[c]. **4** Depois estabeleci com eles a minha aliança para dar-lhes a terra de Canaã, terra onde viveram como estrangeiros. **5** E agora ouvi o lamento dos israelitas, a quem os egípcios mantêm escravos, e lembrei-me da minha aliança.

6 "Por isso, diga aos israelitas: Eu sou o Senhor. Eu os livrarei do trabalho imposto pelos egípcios. Eu os libertarei da escravidão e os resgatarei com braço forte e com poderosos atos de juízo. **7** Eu os farei meu povo e serei o Deus de vocês. Então vocês saberão que eu sou o Senhor, o seu Deus, que os livra do trabalho imposto pelos egípcios. **8** E os farei entrar na terra que, com mão levantada, jurei que daria a Abraão, a Isaque e a Jacó. Eu a darei a vocês como propriedade. Eu sou o Senhor".

9 Moisés declarou isso aos israelitas, mas eles não lhe deram ouvidos, por causa da angústia e da cruel escravidão que sofriam.

10 Então o Senhor ordenou a Moisés: **11** "Vá dizer ao faraó, rei do Egito, que deixe os israelitas saírem do país".

12 Moisés, porém, disse na presença do Senhor: "Se os israelitas não me dão ouvidos, como me ouvirá o faraó? Ainda mais que não tenho facilidade para falar[d]!"

13 Mas o Senhor ordenou a Moisés e a Arão que dissessem aos israelitas e ao faraó, rei do Egito, que tinham ordem para tirar do Egito os israelitas.

A Genealogia de Moisés e Arão

14 Estes foram os chefes das famílias israelitas:

Os filhos de Rúben, filho mais velho de Israel, foram: Enoque, Palu, Hezrom e Carmi. Esses foram os clãs de Rúben.

15 Os filhos de Simeão foram: Jemuel, Jamim, Oade, Jaquim, Zoar e Saul, filho de uma cananéia. Esses foram os clãs de Simeão.

16 Estes são os nomes dos filhos de Levi, por ordem de nascimento: Gérson, Coate e Merari. Levi viveu cento e trinta e sete anos.

17 Os filhos de Gérson, conforme seus clãs, foram Libni e Simei.

18 Os filhos de Coate foram Anrão, Isar, Hebrom e Uziel. Coate viveu cento e trinta e três anos.

19 Os filhos de Merari foram Mali e Musi.

Esses foram os clãs de Levi, por ordem de nascimento.

20 Anrão tomou por mulher sua tia Joquebede, que lhe deu à luz Arão e Moisés. Anrão viveu cento e trinta e sete anos.

21 Os filhos de Isar foram Corá, Nefegue e Zicri.

22 Os filhos de Uziel foram Misael, Elzafã e Sitri.

23 Arão tomou por mulher a Eliseba, filha de Aminadabe, irmã de Naassom, e ela lhe deu à luz Nadabe, Abiú, Eleazar e Itamar.

24 Os filhos de Corá foram Assir, Elcana e Abiasafe. Esses foram os clãs dos coraítas.

25 Eleazar, filho de Arão, tomou por mulher uma das filhas de Futiel, e ela lhe deu à luz Finéias.

Esses foram os chefes das famílias dos levitas, conforme seus clãs.

26 Foi a este Arão e a este Moisés que o Senhor disse: "Tirem os israelitas do Egito, organizados segundo as suas divisões".

---

23 Ever since I went to Pharaoh to speak in your name, he has brought trouble upon this people, and you have not rescued your people at all."

6 Then the Lord said to Moses, "Now you will see what I will do to Pharaoh: Because of my mighty hand he will let them go; because of my mighty hand he will drive them out of his country."

2 God also said to Moses, "I am the Lord. **3** I appeared to Abraham, to Isaac and to Jacob as God Almighty,[a] but by my name the Lord[b] I did not make myself known to them.[c] **4** I also established my covenant with them to give them the land of Canaan, where they lived as aliens. **5** Moreover, I have heard the groaning of the Israelites, whom the Egyptians are enslaving, and I have remembered my covenant.

6 "Therefore, say to the Israelites: 'I am the Lord, and I will bring you out from under the yoke of the Egyptians. I will free you from being slaves to them, and I will redeem you with an outstretched arm and with mighty acts of judgment. **7** I will take you as my own people, and I will be your God. Then you will know that I am the Lord your God, who brought you out from under the yoke of the Egyptians. **8** And I will bring you to the land I swore with uplifted hand to give to Abraham, to Isaac and to Jacob. I will give it to you as a possession. I am the Lord.' "

9 Moses reported this to the Israelites, but they did not listen to him because of their discouragement and cruel bondage.

10 Then the Lord said to Moses, **11** "Go, tell Pharaoh king of Egypt to let the Israelites go out of his country."

12 But Moses said to the Lord, "If the Israelites will not listen to me, why would Pharaoh listen to me, since I speak with faltering lips[d]?"

Family Record of Moses and Aaron

13 Now the Lord spoke to Moses and Aaron about the Israelites and Pharaoh king of Egypt, and he commanded them to bring the Israelites out of Egypt.

14 These were the heads of their families[e]:

The sons of Reuben the firstborn son of Israel were Hanoch and Pallu, Hezron and Carmi. These were the clans of Reuben.

15 The sons of Simeon were Jemuel, Jamin, Ohad, Jakin, Zohar and Shaul the son of a Canaanite woman. These were the clans of Simeon.

16 These were the names of the sons of Levi according to their records: Gershon, Kohath and Merari. Levi lived 137 years.

17 The sons of Gershon, by clans, were Libni and Shimei.

18 The sons of Kohath were Amram, Izhar, Hebron and Uzziel. Kohath lived 133 years.

19 The sons of Merari were Mahli and Mushi.

These were the clans of Levi according to their records.

20 Amram married his father's sister Jochebed, who bore him Aaron and Moses. Amram lived 137 years.

21 The sons of Izhar were Korah, Nepheg and Zicri.

22 The sons of Uzziel were Mishael, Elzaphan and Sithri.

23 Aaron married Elisheba, daughter of Amminadab and sister of Nahshon, and she bore him Nadab and Abihu, Eleazar and Ithamar.

24 The sons of Korah were Assir, Elkanah and Abiasaph. These were the Korahite clans.

25 Eleazar son of Aaron married one of the daughters of Putiel, and she bore him Phinehas.

These were the heads of the Levite families, clan by clan.

26 It was this same Aaron and Moses to whom the Lord said, "Bring the Israelites out of Egypt by their divisions."

---

a6.3 Hebraico: *El-Shaddai.* **b**6.3 Hebraico: *YHWH.* O termo assemelha-se à expressão *Eu sou* em hebraico. **c**6.3 Ou *não fui conhecido por eles* **d**6.12 Hebraico: *Eu sou incircunciso de lábios;* também no versículo 30.

a6:3 Hebrew *El-Shaddai* **b**6:3 See note at Exodus 3:15. **c**6:3 Or *Almighty, and by my name the Lord did I not let myself be known to them?* **d**6:12 Hebrew *I am uncircumcised of lips;* also in verse 30 **e**6:14 The Hebrew for *families* here and in verse 25 refers to units larger than clans.

27 Foram eles, Moisés e Arão, que falaram ao faraó, rei do Egito, a fim de tirarem os israelitas do Egito.

Arão: O Porta-voz de Moisés

28 Ora, quando o SENHOR falou com Moisés no Egito, **29** disse-lhe: "Eu sou o SENHOR. Diga ao faraó, rei do Egito, tudo o que eu lhe disser".

30 Moisés, porém, perguntou ao SENHOR: "Como o faraó me dará ouvidos, se não tenho facilidade para falar?"

7 O SENHOR lhe respondeu: "Dou-lhe a minha autoridade[a] perante o faraó, e seu irmão Arão será seu porta-voz. **2** Você falará tudo o que eu lhe ordenar, e o seu irmão Arão dirá ao faraó que deixe os israelitas saírem do país. **3** Eu, porém, farei o coração do faraó resistir; e, embora multiplique meus sinais e maravilhas no Egito, **4** ele não os ouvirá. Então porei a minha mão sobre o Egito, e com poderosos atos de juízo tirarei do Egito os meus exércitos, o meu povo, os israelitas. **5** E os egípcios saberão que eu sou o SENHOR, quando eu estender a minha mão contra o Egito e tirar de lá os israelitas".

6 Moisés e Arão fizeram como o SENHOR lhes havia ordenado. **7** Moisés tinha oitenta anos de idade e Arão oitenta e três, quando falaram com o faraó.

A Vara de Arão Transforma-se em Serpente

8 Disse o SENHOR a Moisés e a Arão: **9** "Quando o faraó lhes pedir que façam algum milagre, diga a Arão que tome a sua vara e a jogue-a diante do faraó; e ela se transformará numa serpente".

10 Moisés e Arão dirigiram-se ao faraó e fizeram como o SENHOR tinha ordenado. Arão jogou a vara diante do faraó e seus conselheiros, e ela se transformou em serpente. **11** O faraó, porém, mandou chamar os sábios e feiticeiros; e também os magos do Egito fizeram a mesma coisa por meio das suas ciências ocultas. **12** Cada um deles jogou ao chão uma vara, e estas se transformaram em serpentes. Mas a vara de Arão engoliu as varas deles. **13** Contudo, o coração do faraó se endureceu e ele não quis dar ouvidos a Moisés e a Arão, como o SENHOR tinha dito.

A Primeira Praga: Sangue

14 Disse o SENHOR a Moisés: "O coração do faraó está obstinado; ele não quer deixar o povo ir. **15** Vá ao faraó de manhã, quando ele estiver indo às águas. Espere-o na margem do rio para encontrá-lo e leve também a vara que se transformou em serpente. **16** Diga-lhe: O SENHOR, o Deus dos hebreus, mandou-me dizer-lhe: Deixe ir o meu povo, para prestar-me culto no deserto. Mas até agora você não me atendeu. **17** Assim diz o SENHOR: Nisto você saberá que eu sou o SENHOR: com a vara que trago na mão ferirei as águas do Nilo, e elas se transformarão em sangue. **18** Os peixes do Nilo morrerão, o rio ficará cheirando mal, e os egípcios não suportarão beber das suas águas".

19 Disse o SENHOR a Moisés: "Diga a Arão que tome a sua vara e estenda a mão sobre as águas do Egito, dos rios, dos canais, dos açudes e de todos os reservatórios, e elas se transformarão em sangue. Haverá sangue por toda a terra do Egito, até nas vasilhas de madeira e nas vasilhas de pedra".

20 Moisés e Arão fizeram como o SENHOR tinha ordenado. Arão levantou a vara e feriu as águas do Nilo na presença do faraó e dos seus conselheiros; e toda a água do rio transformou-se em sangue. **21** Os peixes morreram e o rio cheirava tão mal que os egípcios não conseguiam beber das suas águas. Havia sangue por toda a terra do Egito.

22 Mas os magos do Egito fizeram a mesma coisa por meio de suas ciências ocultas. O coração do faraó se endureceu, e ele não deu ouvidos a Moisés e a Arão, como o SENHOR tinha dito. **23** Ao contrário, deu-lhes as costas e voltou para o seu palácio. Nem assim o faraó levou isso a sério. **24** Todos os egípcios cavaram

---

27 They were the ones who spoke to Pharaoh king of Egypt about bringing the Israelites out of Egypt. It was the same Moses and Aaron.

Aaron to Speak for Moses

28 Now when the LORD spoke to Moses in Egypt, **29** he said to him, "I am the LORD. Tell Pharaoh king of Egypt everything I tell you."

30 But Moses said to the LORD, "Since I speak with faltering lips, why would Pharaoh listen to me?"

7 Then the LORD said to Moses, "See, I have made you like God to Pharaoh, and your brother Aaron will be your prophet. **2** You are to say everything I command you, and your brother Aaron is to tell Pharaoh to let the Israelites go out of his country. **3** But I will harden Pharaoh's heart, and though I multiply my miraculous signs and wonders in Egypt, **4** he will not listen to you. Then I will lay my hand on Egypt and with mighty acts of judgment I will bring out my divisions, my people the Israelites. **5** And the Egyptians will know that I am the LORD when I stretch out my hand against Egypt and bring the Israelites out of it."

6 Moses and Aaron did just as the LORD commanded them. **7** Moses was eighty years old and Aaron eighty-three when they spoke to Pharaoh.

Aaron's Staff Becomes a Snake

8 The LORD said to Moses and Aaron, **9** "When Pharaoh says to you, 'Perform a miracle,' then say to Aaron, 'Take your staff and throw it down before Pharaoh,' and it will become a snake."

10 So Moses and Aaron went to Pharaoh and did just as the LORD commanded. Aaron threw his staff down in front of Pharaoh and his officials, and it became a snake. **11** Pharaoh then summoned wise men and sorcerers, and the Egyptian magicians also did the same things by their secret arts: **12** Each one threw down his staff and it became a snake. But Aaron's staff swallowed up their staffs. **13** Yet Pharaoh's heart became hard and he would not listen to them, just as the LORD had said.

The Plague of Blood

14 Then the LORD said to Moses, "Pharaoh's heart is unyielding; he refuses to let the people go. **15** Go to Pharaoh in the morning as he goes out to the water. Wait on the bank of the Nile to meet him, and take in your hand the staff that was changed into a snake. **16** Then say to him, 'The LORD, the God of the Hebrews, has sent me to say to you: Let my people go, so that they may worship me in the desert. But until now you have not listened. **17** This is what the LORD says: By this you will know that I am the LORD: With the staff that is in my hand I will strike the water of the Nile, and it will be changed into blood. **18** The fish in the Nile will die, and the river will stink; the Egyptians will not be able to drink its water.' "

19 The LORD said to Moses, "Tell Aaron, 'Take your staff and stretch out your hand over the waters of Egypt—over the streams and canals, over the ponds and all the reservoirs'— and they will turn to blood. Blood will be everywhere in Egypt, even in the wooden buckets and stone jars."

20 Moses and Aaron did just as the LORD had commanded. He raised his staff in the presence of Pharaoh and his officials and struck the water of the Nile, and all the water was changed into blood. **21** The fish in the Nile died, and the river smelled so bad that the Egyptians could not drink its water. Blood was everywhere in Egypt.

22 But the Egyptian magicians did the same things by their secret arts, and Pharaoh's heart became hard; he would not listen to Moses and Aaron, just as the LORD had said. **23** Instead, he turned and went into his palace, and did not take even this to heart. **24** And all the Egyptians dug along the

---

a7.1 Hebraico: *Eu o coloco por Deus.*

buracos às margens do Nilo para encontrar água potável, pois da água do rio não podiam mais beber.

25 Passaram-se sete dias depois que o Senhor feriu o Nilo.

A Segunda Praga: Rãs

8 O Senhor falou a Moisés: "Vá ao faraó e diga-lhe que assim diz o Senhor: Deixe o meu povo ir para que me preste culto. 2 Se você não quiser deixá-lo ir, mandarei sobre todo o seu território uma praga de rãs. 3 O Nilo ficará infestado de rãs. Elas subirão e entrarão em seu palácio, em seu quarto, e até em sua cama; estarão também nas casas dos seus conselheiros e do seu povo, dentro dos seus fornos e nas suas amassadeiras. 4 As rãs subirão em você, em seus conselheiros e em seu povo".

5 Depois o Senhor disse a Moisés: "Diga a Arão que estenda a mão com a vara sobre os rios, sobre os canais e sobre os açudes, e faça subir deles rãs sobre a terra do Egito".

6 Assim Arão estendeu a mão sobre as águas do Egito, e as rãs subiram e cobriram a terra do Egito. 7 Mas os magos fizeram a mesma coisa por meio das suas ciências ocultas: fizeram subir rãs sobre a terra do Egito.

8 O faraó mandou chamar Moisés e Arão e disse: "Orem ao Senhor para que ele tire estas rãs de mim e do meu povo; então deixarei o povo ir e oferecer sacrifícios ao Senhor".

9 Moisés disse ao faraó: "Tua é a honra de dizer-me quando devo orar por ti, por teus conselheiros e por teu povo, para que tu e tuas casas fiquem livres das rãs e sobrem apenas as que estão no rio".

10 "Amanhã", disse o faraó.

Moisés respondeu: "Será como tu dizes, para que saibas que não há ninguém como o Senhor, o nosso Deus. 11 As rãs deixarão a ti, a tuas casas, a teus conselheiros e a teu povo; sobrarão apenas as que estão no rio".

12 Depois que Moisés e Arão saíram da presença do faraó, Moisés clamou ao Senhor por causa das rãs que enviara sobre o faraó. 13 E o Senhor atendeu o pedido de Moisés; morreram as rãs que estavam nas casas, nos pátios e nos campos. 14 Foram ajuntadas em montões e, por isso, a terra cheirou mal. 15 Mas quando o faraó percebeu que houve alívio, obstinou-se em seu coração e não deu mais ouvidos a Moisés e a Arão, conforme o Senhor tinha dito.

A Terceira Praga: Piolhos

16 Então o Senhor disse a Moisés: "Diga a Arão que estenda a sua vara e fira o pó da terra, e o pó se transformará em piolhos[a] por toda a terra do Egito". 17 Assim fizeram e, quando Arão estendeu a mão e com a vara feriu o pó da terra, surgiram piolhos nos homens e nos animais. Todo o pó de toda a terra do Egito transformou-se em piolhos. 18 Mas, quando os magos tentaram fazer surgir piolhos por meio das suas ciências ocultas, não conseguiram. E os piolhos infestavam os homens e os animais.

19 Os magos disseram ao faraó: "Isso é o dedo de Deus". Mas o coração do faraó permaneceu endurecido, e ele não quis ouvi-los, conforme o Senhor tinha dito.

A Quarta Praga: Moscas

20 Depois o Senhor disse a Moisés: "Levante-se bem cedo e apresente-se ao faraó, quando ele estiver indo às águas. Diga-lhe que assim diz o Senhor: Deixe o meu povo ir para que me preste culto. 21 Se você não deixar meu povo ir, enviarei enxames de moscas para atacar você, os seus conselheiros, o seu povo e as suas casas. As casas dos egípcios e o chão em que pisam se encherão de moscas.

22 "Mas naquele dia tratarei de maneira diferente a terra de Gósen, onde habita o meu povo; nenhum enxame de moscas se achará ali, para que você saiba que eu, o Senhor, estou nessa terra. 23 Farei distinção[b] entre o meu povo e o seu. Este sinal miraculoso acontecerá amanhã.

The Plague of Frogs

25 Seven days passed after the Lord struck the Nile.

8 Then the Lord said to Moses, "Go to Pharaoh and say to him, 'This is what the Lord says: Let my people go, so that they may worship me. 2 If you refuse to let them go, I will plague your whole country with frogs. 3 The Nile will teem with frogs. They will come up into your palace and your bedroom and onto your bed, into the houses of your officials and on your people, and into your ovens and kneading troughs. 4 The frogs will go up on you and your people and all your officials.' "

5 Then the Lord said to Moses, "Tell Aaron, 'Stretch out your hand with your staff over the streams and canals and ponds, and make frogs come up on the land of Egypt.' "

6 So Aaron stretched out his hand over the waters of Egypt, and the frogs came up and covered the land. 7 But the magicians did the same things by their secret arts; they also made frogs come up on the land of Egypt.

8 Pharaoh summoned Moses and Aaron and said, "Pray to the Lord to take the frogs away from me and my people, and I will let your people go to offer sacrifices to the Lord."

9 Moses said to Pharaoh, "I leave to you the honor of setting the time for me to pray for you and your officials and your people that you and your houses may be rid of the frogs, except for those that remain in the Nile."

10 "Tomorrow," Pharaoh said.

Moses replied, "It will be as you say, so that you may know there is no one like the Lord our God. 11 The frogs will leave you and your houses, your officials and your people; they will remain only in the Nile."

12 After Moses and Aaron left Pharaoh, Moses cried out to the Lord about the frogs he had brought on Pharaoh. 13 And the Lord did what Moses asked. The frogs died in the houses, in the courtyards and in the fields. 14 They were piled into heaps, and the land reeked of them. 15 But when Pharaoh saw that there was relief, he hardened his heart and would not listen to Moses and Aaron, just as the Lord had said.

The Plague of Gnats

16 Then the Lord said to Moses, "Tell Aaron, 'Stretch out your staff and strike the dust of the ground,' and throughout the land of Egypt the dust will become gnats." 17 They did this, and when Aaron stretched out his hand with the staff and struck the dust of the ground, gnats came upon men and animals. All the dust throughout the land of Egypt became gnats. 18 But when the magicians tried to produce gnats by their secret arts, they could not. And the gnats were on men and animals.

19 The magicians said to Pharaoh, "This is the finger of God." But Pharaoh's heart was hard and he would not listen, just as the Lord had said.

The Plague of Flies

20 Then the Lord said to Moses, "Get up early in the morning and confront Pharaoh as he goes to the water and say to him, 'This is what the Lord says: Let my people go, so that they may worship me. 21 If you do not let my people go, I will send swarms of flies on you and your officials, on your people and into your houses. The houses of the Egyptians will be full of flies, and even the ground where they are.

22 " 'But on that day I will deal differently with the land of Goshen, where my people live; no swarms of flies will be there, so that you will know that I, the Lord, am in this land. 23 I will make a distinction[a] between my people and your people. This miraculous sign will occur tomorrow.' "

---

a8.16 Ou *mosquitos* b8.23 Conforme a Septuaginta e a Vulgata. O Texto Massorético diz *Porei uma libertação*.

a8:23 Septuagint and Vulgate; Hebrew *will put a deliverance*

24 E assim fez o Senhor. Grandes enxames de moscas invadiram o palácio do faraó e as casas de seus conselheiros, e em todo o Egito a terra foi arruinada pelas moscas.

25 Então o faraó mandou chamar Moisés e Arão e disse: "Vão oferecer sacrifícios ao seu Deus, mas não saiam do país".

26 "Isso não seria sensato", respondeu Moisés; "os sacrifícios que oferecemos ao Senhor, o nosso Deus, são um sacrilégio para os egípcios. Se oferecermos sacrifícios que lhes pareçam sacrilégio, isso não os levará a nos apedrejar? **27** Faremos três dias de viagem no deserto, e ofereceremos sacrifícios ao Senhor, o nosso Deus, como ele nos ordena."

28 Disse o faraó: "Eu os deixarei ir e oferecer sacrifícios ao Senhor, o seu Deus, no deserto, mas não se afastem muito e orem por mim também".

29 Moisés respondeu: "Assim que sair da tua presença, orarei ao Senhor, e amanhã os enxames de moscas deixarão o faraó, teus conselheiros e teu povo. Mas que o faraó não volte a agir com falsidade, impedindo que o povo vá oferecer sacrifícios ao Senhor".

30 Então Moisés saiu da presença do faraó e orou ao Senhor, **31** e o Senhor atendeu o seu pedido: as moscas deixaram o faraó, seus conselheiros e seu povo; não restou uma só mosca. **32** Mas também dessa vez o faraó obstinou-se em seu coração e não deixou que o povo saísse.

A Quinta Praga: Morte dos Rebanhos

9 Depois o Senhor disse a Moisés: "Vá ao faraó e diga-lhe que assim diz o Senhor, o Deus dos hebreus: Deixe o meu povo ir para que me preste culto. **2** Se você ainda não quiser deixá-lo ir e continuar a impedi-lo, **3** saiba que a mão do Senhor trará uma praga terrível sobre os rebanhos do faraó que estão nos campos: os cavalos, os jumentos, os camelos, os bois e as ovelhas. **4** Mas o Senhor fará distinção entre os rebanhos de Israel e os do Egito. Nenhum animal dos israelitas morrerá".

5 O Senhor estabeleceu um prazo: "Amanhã o Senhor fará o que prometeu nesta terra". **6** No dia seguinte o Senhor o fez. Todos os rebanhos dos egípcios morreram, mas nenhum rebanho dos israelitas morreu. **7** O faraó mandou verificar e constatou que nenhum animal dos israelitas havia morrido. Mesmo assim, seu coração continuou obstinado e não deixou o povo ir.

A Sexta Praga: Feridas Purulentas

8 Disse mais o Senhor a Moisés e a Arão: "Tirem um punhado de cinza de uma fornalha, e Moisés a espalhará no ar, diante do faraó. **9** Ela se tornará como um pó fino sobre toda a terra do Egito, e feridas purulentas surgirão nos homens e nos animais em todo o Egito".

10 Eles tiraram cinza duma fornalha e se puseram diante do faraó. Moisés a espalhou pelo ar, e feridas purulentas começaram a estourar nos homens e nos animais. **11** Nem os magos podiam manter-se diante de Moisés, porque ficaram cobertos de feridas, como os demais egípcios. **12** Mas o Senhor endureceu o coração do faraó, e ele se recusou a atender Moisés e Arão, conforme o Senhor tinha dito a Moisés.

A Sétima Praga: Granizo

13 Disse o Senhor a Moisés: "Levante-se logo cedo, apresente-se ao faraó e diga-lhe que assim diz o Senhor, o Deus dos hebreus: Deixe o meu povo ir para que me preste culto. **14** Caso contrário, mandarei desta vez todas as minhas pragas contra você, contra os seus conselheiros e contra o seu povo, para que você saiba que em toda a terra não há ninguém como eu. **15** Porque eu já poderia ter estendido a mão, ferindo você e o seu povo com uma praga que teria eliminado você da terra. **16** Mas eu o mantive em pé exatamente com este propósito: mostrar-lhe o meu poder e fazer que o meu nome seja procla-

24 And the Lord did this. Dense swarms of flies poured into Pharaoh's palace and into the houses of his officials, and throughout Egypt the land was ruined by the flies.

25 Then Pharaoh summoned Moses and Aaron and said, "Go, sacrifice to your God here in the land."

26 But Moses said, "That would not be right. The sacrifices we offer the Lord our God would be detestable to the Egyptians. And if we offer sacrifices that are detestable in their eyes, will they not stone us? **27** We must take a three-day journey into the desert to offer sacrifices to the Lord our God, as he commands us."

28 Pharaoh said, "I will let you go to offer sacrifices to the Lord your God in the desert, but you must not go very far. Now pray for me."

29 Moses answered, "As soon as I leave you, I will pray to the Lord, and tomorrow the flies will leave Pharaoh and his officials and his people. Only be sure that Pharaoh does not act deceitfully again by not letting the people go to offer sacrifices to the Lord."

30 Then Moses left Pharaoh and prayed to the Lord, **31** and the Lord did what Moses asked: The flies left Pharaoh and his officials and his people; not a fly remained. **32** But this time also Pharaoh hardened his heart and would not let the people go.

The Plague on Livestock

9 Then the Lord said to Moses, "Go to Pharaoh and say to him, 'This is what the Lord, the God of the Hebrews, says: "Let my people go, so that they may worship me." **2** If you refuse to let them go and continue to hold them back, **3** the hand of the Lord will bring a terrible plague on your livestock in the field—on your horses and donkeys and camels and on your cattle and sheep and goats. **4** But the Lord will make a distinction between the livestock of Israel and that of Egypt, so that no animal belonging to the Israelites will die.' "

5 The Lord set a time and said, "Tomorrow the Lord will do this in the land." **6** And the next day the Lord did it: All the livestock of the Egyptians died, but not one animal belonging to the Israelites died. **7** Pharaoh sent men to investigate and found that not even one of the animals of the Israelites had died. Yet his heart was unyielding and he would not let the people go.

The Plague of Boils

8 Then the Lord said to Moses and Aaron, "Take handfuls of soot from a furnace and have Moses toss it into the air in the presence of Pharaoh. **9** It will become fine dust over the whole land of Egypt, and festering boils will break out on men and animals throughout the land."

10 So they took soot from a furnace and stood before Pharaoh. Moses tossed it into the air, and festering boils broke out on men and animals. **11** The magicians could not stand before Moses because of the boils that were on them and on all the Egyptians. **12** But the Lord hardened Pharaoh's heart and he would not listen to Moses and Aaron, just as the Lord had said to Moses.

The Plague of Hail

13 Then the Lord said to Moses, "Get up early in the morning, confront Pharaoh and say to him, 'This is what the Lord, the God of the Hebrews, says: Let my people go, so that they may worship me, **14** or this time I will send the full force of my plagues against you and against your officials and your people, so you may know that there is no one like me in all the earth. **15** For by now I could have stretched out my hand and struck you and your people with a plague that would have wiped you off the earth. **16** But I have raised you up[a] for this very purpose, that I might show you my power and that my name might be

a9:16 Or *have spared you*

mado em toda a terra. **17** Contudo você ainda insiste em colocar-se contra o meu povo e não o deixa ir. **18** Amanhã, a esta hora, enviarei a pior tempestade de granizo que já caiu sobre o Egito, desde o dia da sua fundação até hoje. **19** Agora, mande recolher os seus rebanhos e tudo o que você tem nos campos. Todos os homens e animais que estiverem nos campos, que não tiverem sido abrigados, serão atingidos pelo granizo e morrerão".

20 Os conselheiros do faraó que temiam a palavra do Senhor apressaram-se em recolher aos abrigos os seus rebanhos e os seus escravos. **21** Mas os que não se importaram com a palavra do Senhor deixaram os seus escravos e os seus rebanhos no campo.

22 Então o Senhor disse a Moisés: "Estenda a mão para o céu, e cairá granizo sobre toda a terra do Egito: sobre homens, sobre animais e sobre toda a vegetação do Egito". **23** Quando Moisés estendeu a vara para o céu, o Senhor fez vir trovões e granizo, e raios caíam sobre a terra. Assim o Senhor fez chover granizo sobre a terra do Egito. **24** Caiu granizo, e raios cortavam o céu em todas as direções. Nunca houve uma tempestade de granizo como aquela em todo o Egito, desde que este se tornou uma nação. **25** Em todo o Egito o granizo atingiu tudo o que havia nos campos, tanto homens como animais; destruiu toda a vegetação, além de quebrar todas as árvores. **26** Somente na terra de Gósen, onde estavam os israelitas, não caiu granizo.

27 Então o faraó mandou chamar Moisés e Arão e disse-lhes: "Desta vez eu pequei. O Senhor é justo; eu e o meu povo é que somos culpados. **28** Orem ao Senhor! Os trovões de Deus e o granizo já são demais. Eu os deixarei ir; não precisam mais ficar aqui".

29 Moisés respondeu: "Assim que eu tiver saído da cidade, erguerei as mãos em oração ao Senhor. Os trovões cessarão e não cairá mais granizo, para que saibas que a terra pertence ao Senhor. **30** Mas eu bem sei que tu e os teus conselheiros ainda não sabem o que é tremer diante do Senhor Deus!"

31 (O linho e a cevada foram destruídos, pois a cevada já havia amadurecido e o linho estava em flor. **32** Todavia, o trigo e o centeio nada sofreram, pois só amadurecem mais tarde.)

33 Assim Moisés deixou o faraó, saiu da cidade, e ergueu as mãos ao Senhor. Os trovões e o granizo cessaram, e a chuva parou. **34** Quando o faraó viu que a chuva, o granizo e os trovões haviam cessado, pecou novamente e obstinou-se em seu coração, ele e os seus conselheiros. **35** O coração do faraó continuou endurecido, e ele não deixou que os israelitas saíssem, como o Senhor tinha dito por meio de Moisés.

A Oitava Praga: Gafanhotos

10 O Senhor disse a Moisés: "Vá ao faraó, pois tornei obstinado o coração dele e o de seus conselheiros, a fim de realizar estes meus prodígios entre eles, **2** para que você possa contar a seus filhos e netos como zombei dos egípcios e como realizei meus milagres entre eles. Assim vocês saberão que eu sou o Senhor".

3 Dirigiram-se, pois, Moisés e Arão ao faraó e lhe disseram: "Assim diz o Senhor, o Deus dos hebreus: 'Até quando você se recusará a humilhar-se perante mim? Deixe ir o meu povo, para que me preste culto. **4** Se você não quiser deixá-lo ir, farei vir gafanhotos sobre o seu território amanhã. **5** Eles cobrirão a face[a] da terra até não se poder enxergar o solo. Devorarão o pouco que ainda lhes restou da tempestade de granizo e todas as árvores que estiverem brotando nos campos. **6** Encherão os seus palácios e as casas de todos os seus conselheiros e de todos os egípcios: algo que os seus pais e os seus antepassados jamais viram, desde o dia em que se fixaram nesta terra até o dia de hoje' ". A seguir Moisés virou as costas e saiu da presença do faraó.

7 Os conselheiros do faraó lhe disseram: "Até quando este homem será uma ameaça para nós? Deixa os homens irem prestar culto ao Senhor, o Deus deles. Não percebes que o Egito está arruinado?"

proclaimed in all the earth. **17** You still set yourself against my people and will not let them go. **18** Therefore, at this time tomorrow I will send the worst hailstorm that has ever fallen on Egypt, from the day it was founded till now. **19** Give an order now to bring your livestock and everything you have in the field to a place of shelter, because the hail will fall on every man and animal that has not been brought in and is still out in the field, and they will die.' "

20 Those officials of Pharaoh who feared the word of the Lord hurried to bring their slaves and their livestock inside. **21** But those who ignored the word of the Lord left their slaves and livestock in the field.

22 Then the Lord said to Moses, "Stretch out your hand toward the sky so that hail will fall all over Egypt—on men and animals and on everything growing in the fields of Egypt." **23** When Moses stretched out his staff toward the sky, the Lord sent thunder and hail, and lightning flashed down to the ground. So the Lord rained hail on the land of Egypt; **24** hail fell and lightning flashed back and forth. It was the worst storm in all the land of Egypt since it had become a nation. **25** Throughout Egypt hail struck everything in the fields—both men and animals; it beat down everything growing in the fields and stripped every tree. **26** The only place it did not hail was the land of Goshen, where the Israelites were.

27 Then Pharaoh summoned Moses and Aaron. "This time I have sinned," he said to them. "The Lord is in the right, and I and my people are in the wrong. **28** Pray to the Lord, for we have had enough thunder and hail. I will let you go; you don't have to stay any longer."

29 Moses replied, "When I have gone out of the city, I will spread out my hands in prayer to the Lord. The thunder will stop and there will be no more hail, so you may know that the earth is the Lord's. **30** But I know that you and your officials still do not fear the Lord God."

31 (The flax and barley were destroyed, since the barley had headed and the flax was in bloom. **32** The wheat and spelt, however, were not destroyed, because they ripen later.)

33 Then Moses left Pharaoh and went out of the city. He spread out his hands toward the Lord; the thunder and hail stopped, and the rain no longer poured down on the land. **34** When Pharaoh saw that the rain and hail and thunder had stopped, he sinned again: He and his officials hardened their hearts. **35** So Pharaoh's heart was hard and he would not let the Israelites go, just as the Lord had said through Moses.

The Plague of Locusts

10 Then the Lord said to Moses, "Go to Pharaoh, for I have hardened his heart and the hearts of his officials so that I may perform these miraculous signs of mine among them **2** that you may tell your children and grandchildren how I dealt harshly with the Egyptians and how I performed my signs among them, and that you may know that I am the Lord."

3 So Moses and Aaron went to Pharaoh and said to him, "This is what the Lord, the God of the Hebrews, says: 'How long will you refuse to humble yourself before me? Let my people go, so that they may worship me. **4** If you refuse to let them go, I will bring locusts into your country tomorrow. **5** They will cover the face of the ground so that it cannot be seen. They will devour what little you have left after the hail, including every tree that is growing in your fields. **6** They will fill your houses and those of all your officials and all the Egyptians—something neither your fathers nor your forefathers have ever seen from the day they settled in this land till now.' " Then Moses turned and left Pharaoh.

7 Pharaoh's officials said to him, "How long will this man be a snare to us? Let the people go, so that they may worship the Lord their God. Do you not yet realize that Egypt is ruined?"

a10.5 Hebraico: *olho*; também no versículo 15.

8 Então Moisés e Arão foram trazidos de volta à presença do faraó, que lhes disse: "Vão e prestem culto ao Senhor, o seu Deus. Mas, digam-me, quem irá?"

9 Moisés respondeu: "Temos que levar todos: os jovens e os velhos, os nossos filhos e as nossas filhas, as nossas ovelhas e os nossos bois, porque vamos celebrar uma festa ao Senhor".

10 Disse-lhes o faraó: "Vocês vão mesmo precisar do Senhor quando eu deixá-los ir com as mulheres e crianças! É claro que vocês estão com más intenções. **11** De forma alguma! Só os homens podem ir prestar culto ao Senhor, como vocês têm pedido". E Moisés e Arão foram expulsos da presença do faraó.

12 Mas o Senhor disse a Moisés: "Estenda a mão sobre o Egito para que os gafanhotos venham sobre a terra e devorem toda a vegetação, tudo o que foi deixado pelo granizo".

13 Moisés estendeu a vara sobre o Egito, e o Senhor fez soprar sobre a terra um vento oriental durante todo aquele dia e toda aquela noite. Pela manhã, o vento havia trazido os gafanhotos, **14** os quais invadiram todo o Egito e desceram em grande número sobre toda a sua extensão. Nunca antes houve tantos gafanhotos, nem jamais haverá. **15** Eles cobriram toda a face da terra de tal forma que ela escureceu. Devoraram tudo o que o granizo tinha deixado: toda a vegetação e todos os frutos das árvores. Não restou nada verde nas árvores nem nas plantas do campo, em toda a terra do Egito.

16 O faraó mandou chamar Moisés e Arão imediatamente e disse-lhes: "Pequei contra o Senhor, o seu Deus, e contra vocês! **17** Agora perdoem ainda esta vez o meu pecado e orem ao Senhor, o seu Deus, para que leve esta praga mortal para longe de mim".

18 Moisés saiu da presença do faraó e orou ao Senhor. **19** E o Senhor fez soprar com muito mais força o vento ocidental, e este envolveu os gafanhotos e os lançou no mar Vermelho. Não restou um gafanhoto sequer em toda a extensão do Egito. **20** Mas o Senhor endureceu o coração do faraó, e ele não deixou que os israelitas saíssem.

A Nona Praga: Trevas

21 O Senhor disse a Moisés: "Estenda a mão para o céu, e trevas cobrirão o Egito, trevas tais que poderão ser apalpadas". **22** Moisés estendeu a mão para o céu, e por três dias houve densas trevas em todo o Egito. **23** Ninguém pôde ver ninguém, nem sair do seu lugar durante três dias. Todavia, todos os israelitas tinham luz nos locais em que habitavam.

24 Então o faraó mandou chamar Moisés e disse: "Vão e prestem culto ao Senhor. Deixem somente as ovelhas e os bois; as mulheres e as crianças podem ir".

25 Mas Moisés contestou: "Tu mesmo nos darás os animais para os nossos sacrifícios e holocaustos[a] que ofereceremos ao Senhor. **26** Além disso, os nossos rebanhos também irão conosco; nem um casco de animal será deixado. Temos que escolher alguns deles para prestar culto ao Senhor, o nosso Deus, e, enquanto não chegarmos ao local, não saberemos quais animais sacrificaremos".

27 Mas o Senhor endureceu o coração do faraó, e ele se recusou a deixá-los ir. **28** Disse o faraó a Moisés: "Saia da minha presença! Trate de não aparecer nunca mais diante de mim! No dia em que vir a minha face, você morrerá".

29 Respondeu Moisés: "Será como disseste; nunca mais verei a tua face".

O Anúncio da Décima Praga

11 Disse então o Senhor a Moisés: "Enviarei ainda mais uma praga sobre o faraó e sobre o Egito. Somente depois desta ele os deixará sair daqui e até os expulsará totalmente. **2** Diga ao povo, tanto aos homens como às mulheres, que peça aos seus vizinhos objetos de prata e de ouro". **3** O Senhor tornou os egípcios favoráveis ao povo, e o próprio Moisés era tido em alta estima no Egito pelos conselheiros do faraó e pelo povo.

8 Then Moses and Aaron were brought back to Pharaoh. "Go, worship the Lord your God," he said. "But just who will be going?"

9 Moses answered, "We will go with our young and old, with our sons and daughters, and with our flocks and herds, because we are to celebrate a festival to the Lord."

10 Pharaoh said, "The Lord be with you—if I let you go, along with your women and children! Clearly you are bent on evil.[a] **11** No! Have only the men go; and worship the Lord, since that's what you have been asking for." Then Moses and Aaron were driven out of Pharaoh's presence.

12 And the Lord said to Moses, "Stretch out your hand over Egypt so that locusts will swarm over the land and devour everything growing in the fields, everything left by the hail."

13 So Moses stretched out his staff over Egypt, and the Lord made an east wind blow across the land all that day and all that night. By morning the wind had brought the locusts; **14** they invaded all Egypt and settled down in every area of the country in great numbers. Never before had there been such a plague of locusts, nor will there ever be again. **15** They covered all the ground until it was black. They devoured all that was left after the hail—everything growing in the fields and the fruit on the trees. Nothing green remained on tree or plant in all the land of Egypt.

16 Pharaoh quickly summoned Moses and Aaron and said, "I have sinned against the Lord your God and against you. **17** Now forgive my sin once more and pray to the Lord your God to take this deadly plague away from me."

18 Moses then left Pharaoh and prayed to the Lord. **19** And the Lord changed the wind to a very strong west wind, which caught up the locusts and carried them into the Red Sea.[b] Not a locust was left anywhere in Egypt. **20** But the Lord hardened Pharaoh's heart, and he would not let the Israelites go.

The Plague of Darkness

21 Then the Lord said to Moses, "Stretch out your hand toward the sky so that darkness will spread over Egypt—darkness that can be felt." **22** So Moses stretched out his hand toward the sky, and total darkness covered all Egypt for three days. **23** No one could see anyone else or leave his place for three days. Yet all the Israelites had light in the places where they lived.

24 Then Pharaoh summoned Moses and said, "Go, worship the Lord. Even your women and children may go with you; only leave your flocks and herds behind."

25 But Moses said, "You must allow us to have sacrifices and burnt offerings to present to the Lord our God. **26** Our livestock too must go with us; not a hoof is to be left behind. We have to use some of them in worshiping the Lord our God, and until we get there we will not know what we are to use to worship the Lord."

27 But the Lord hardened Pharaoh's heart, and he was not willing to let them go. **28** Pharaoh said to Moses, "Get out of my sight! Make sure you do not appear before me again! The day you see my face you will die."

29 "Just as you say," Moses replied, "I will never appear before you again."

The Plague on the Firstborn

11 Now the Lord had said to Moses, "I will bring one more plague on Pharaoh and on Egypt. After that, he will let you go from here, and when he does, he will drive you out completely. **2** Tell the people that men and women alike are to ask their neighbors for articles of silver and gold." **3** (The Lord made the Egyptians favorably disposed toward the people, and Moses himself was highly regarded in Egypt by Pharaoh's officials and by the people.)

---

[a]10.25 Isto é, sacrifícios totalmente queimados; também em 18.12.

[a]10:10 Or *Be careful, trouble is in store for you!* [b]10:19 Hebrew *Yam Suph*; that is, Sea of Reeds

4 Disse, pois, Moisés ao faraó: "Assim diz o Senhor: 'Por volta da meia-noite, passarei por todo o Egito. **5** Todos os primogênitos do Egito morrerão, desde o filho mais velho do faraó, herdeiro do trono, até o filho mais velho da escrava que trabalha no moinho, e também todas as primeiras crias do gado. **6** Haverá grande pranto em todo o Egito, como nunca houve antes nem jamais haverá. **7** Entre os israelitas, porém, nem sequer um cão latirá contra homem ou animal'. Então vocês saberão que o Senhor faz distinção entre o Egito e Israel! **8** Todos esses seus conselheiros virão a mim e se ajoelharão diante de mim, suplicando: 'Saiam você e todo o povo que o segue!' Só então eu sairei". E, com grande ira, Moisés saiu da presença do faraó.

9 O Senhor tinha dito a Moisés: "O faraó não lhes dará ouvidos, a fim de que os meus prodígios se multipliquem no Egito". **10** Moisés e Arão realizaram todos esses prodígios diante do faraó, mas o Senhor lhe endureceu o coração, e ele não quis deixar os israelitas saírem do país.

A Páscoa

12 O Senhor disse a Moisés e a Arão, no Egito: **2** "Este deverá ser o primeiro mês do ano para vocês. **3** Digam a toda a comunidade de Israel que no décimo dia deste mês todo homem deverá separar um cordeiro ou um cabrito, para a sua família, um para cada casa. **4** Se uma família for pequena demais para um animal inteiro, deve dividi-lo com seu vizinho mais próximo, conforme o número de pessoas e conforme o que cada um puder comer. **5** O animal escolhido será macho de um ano, sem defeito, e pode ser cordeiro ou cabrito. **6** Guardem-no até o décimo quarto dia do mês, quando toda a comunidade de Israel irá sacrificá-lo, ao pôr-do-sol. **7** Passem, então, um pouco do sangue nas laterais e nas vigas superiores das portas das casas nas quais vocês comerão o animal. **8** Naquela mesma noite comerão a carne assada no fogo, com ervas amargas e pão sem fermento. **9** Não comam a carne crua, nem cozida em água, mas assada no fogo: cabeça, pernas e vísceras. **10** Não deixem sobrar nada até pela manhã; caso isso aconteça, queimem o que restar. **11** Ao comerem, estejam prontos para sair: cinto no lugar, sandálias nos pés e cajado na mão. Comam apressadamente. Esta é a Páscoa do Senhor.

12 "Naquela mesma noite passarei pelo Egito e matarei todos os primogênitos, tanto dos homens como dos animais, e executarei juízo sobre todos os deuses do Egito. Eu sou o Senhor! **13** O sangue será um sinal para indicar as casas em que vocês estiverem; quando eu vir o sangue, passarei adiante. A praga de destruição não os atingirá quando eu ferir o Egito.

14 "Este dia será um memorial que vocês e todos os seus descendentes celebrarão como festa ao Senhor. Celebrem-no como decreto perpétuo. **15** Durante sete dias comam pão sem fermento. No primeiro dia tirem de casa o fermento, porque quem comer qualquer coisa fermentada, do primeiro ao sétimo dia, será eliminado de Israel. **16** Convoquem uma reunião santa no primeiro dia e outra no sétimo. Não façam nenhum trabalho nesses dias, exceto o da preparação da comida para todos. É só o que poderão fazer.

17 "Celebrem a festa dos pães sem fermento, porque foi nesse mesmo dia que eu tirei os exércitos de vocês do Egito. Celebrem esse dia como decreto perpétuo por todas as suas gerações. **18** No primeiro mês comam pão sem fermento, desde o entardecer do décimo quarto dia até o entardecer do vigésimo primeiro. **19** Durante sete dias vocês não deverão ter fermento em casa. Quem comer qualquer coisa fermentada será eliminado da comunidade de Israel, seja estrangeiro, seja natural da terra. **20** Não comam nada fermentado. Onde quer que morarem, comam apenas pão sem fermento".

4 So Moses said, "This is what the Lord says: 'About midnight I will go throughout Egypt. **5** Every firstborn son in Egypt will die, from the firstborn son of Pharaoh, who sits on the throne, to the firstborn son of the slave girl, who is at her hand mill, and all the firstborn of the cattle as well. **6** There will be loud wailing throughout Egypt—worse than there has ever been or ever will be again. **7** But among the Israelites not a dog will bark at any man or animal.' Then you will know that the Lord makes a distinction between Egypt and Israel. **8** All these officials of yours will come to me, bowing down before me and saying, 'Go, you and all the people who follow you!' After that I will leave." Then Moses, hot with anger, left Pharaoh.

9 The Lord had said to Moses, "Pharaoh will refuse to listen to you—so that my wonders may be multiplied in Egypt." **10** Moses and Aaron performed all these wonders before Pharaoh, but the Lord hardened Pharaoh's heart, and he would not let the Israelites go out of his country.

The Passover

12 The Lord said to Moses and Aaron in Egypt, **2** "This month is to be for you the first month, the first month of your year. **3** Tell the whole community of Israel that on the tenth day of this month each man is to take a lamb[a] for his family, one for each household. **4** If any household is too small for a whole lamb, they must share one with their nearest neighbor, having taken into account the number of people there are. You are to determine the amount of lamb needed in accordance with what each person will eat. **5** The animals you choose must be year-old males without defect, and you may take them from the sheep or the goats. **6** Take care of them until the fourteenth day of the month, when all the people of the community of Israel must slaughter them at twilight. **7** Then they are to take some of the blood and put it on the sides and tops of the doorframes of the houses where they eat the lambs. **8** That same night they are to eat the meat roasted over the fire, along with bitter herbs, and bread made without yeast. **9** Do not eat the meat raw or cooked in water, but roast it over the fire—head, legs and inner parts. **10** Do not leave any of it till morning; if some is left till morning, you must burn it. **11** This is how you are to eat it: with your cloak tucked into your belt, your sandals on your feet and your staff in your hand. Eat it in haste; it is the Lord's Passover.

12 "On that same night I will pass through Egypt and strike down every firstborn—both men and animals—and I will bring judgment on all the gods of Egypt. I am the Lord. **13** The blood will be a sign for you on the houses where you are; and when I see the blood, I will pass over you. No destructive plague will touch you when I strike Egypt.

14 "This is a day you are to commemorate; for the generations to come you shall celebrate it as a festival to the Lord—a lasting ordinance. **15** For seven days you are to eat bread made without yeast. On the first day remove the yeast from your houses, for whoever eats anything with yeast in it from the first day through the seventh must be cut off from Israel. **16** On the first day hold a sacred assembly, and another one on the seventh day. Do no work at all on these days, except to prepare food for everyone to eat—that is all you may do.

17 "Celebrate the Feast of Unleavened Bread, because it was on this very day that I brought your divisions out of Egypt. Celebrate this day as a lasting ordinance for the generations to come. **18** In the first month you are to eat bread made without yeast, from the evening of the fourteenth day until the evening of the twenty-first day. **19** For seven days no yeast is to be found in your houses. And whoever eats anything with yeast in it must be cut off from the community of Israel, whether he is an alien or native-born. **20** Eat nothing made with yeast. Wherever you live, you must eat unleavened bread."

[a]12:3 The Hebrew word can mean *lamb* or *kid*; also in verse 4.

A Décima Praga: A Morte dos Primogênitos

21 Então Moisés convocou todas as autoridades de Israel e lhes disse: "Escolham um cordeiro ou um cabrito para cada família. Sacrifiquem-no para celebrar a Páscoa! **22** Molhem um feixe de hissopo no sangue que estiver na bacia e passem o sangue na viga superior e nas laterais das portas. Nenhum de vocês poderá sair de casa até o amanhecer. **23** Quando o Senhor passar pela terra para matar os egípcios, verá o sangue na viga superior e nas laterais da porta e passará sobre aquela porta, e não permitirá que o destruidor entre na casa de vocês para matá-los.

24 "Obedeçam a estas instruções como decreto perpétuo para vocês e para os seus descendentes. **25** Quando entrarem na terra que o Senhor prometeu lhes dar, celebrem essa cerimônia. **26** Quando os seus filhos lhes perguntarem: 'O que significa esta cerimônia?', **27** respondam-lhes: É o sacrifício da Páscoa ao Senhor, que passou sobre as casas dos israelitas no Egito e poupou nossas casas quando matou os egípcios". Então o povo curvou-se em adoração. **28** Depois os israelitas se retiraram e fizeram conforme o Senhor tinha ordenado a Moisés e a Arão.

29 Então, à meia-noite, o Senhor matou todos os primogênitos do Egito, desde o filho mais velho do faraó, herdeiro do trono, até o filho mais velho do prisioneiro que estava no calabouço, e também todas as primeiras crias do gado. **30** No meio da noite o faraó, todos os seus conselheiros e todos os egípcios se levantaram. E houve grande pranto no Egito, pois não havia casa que não tivesse um morto.

O Êxodo

31 Naquela mesma noite o faraó mandou chamar Moisés e Arão e lhes disse: "Saiam imediatamente do meio do meu povo, vocês e os israelitas! Vão prestar culto ao Senhor, como vocês pediram. **32** Levem os seus rebanhos, como tinham dito, e abençoem a mim também".

33 Os egípcios pressionavam o povo para que se apressasse em sair do país, dizendo: "Todos nós morreremos!" **34** Então o povo tomou a massa de pão ainda sem fermento e a carregou nos ombros, nas amassadeiras embrulhadas em suas roupas. **35** Os israelitas obedeceram à ordem de Moisés e pediram aos egípcios objetos de prata e de ouro, bem como roupas. **36** O Senhor concedeu ao povo uma disposição favorável da parte dos egípcios, de modo que lhes davam o que pediam; assim eles despojaram os egípcios.

37 Os israelitas foram de Ramessés até Sucote. Havia cerca de seiscentos mil homens a pé, além de mulheres e crianças. **38** Grande multidão de estrangeiros de todo tipo seguiu com eles, além de grandes rebanhos, tanto de bois como de ovelhas e cabras. **39** Com a massa que haviam trazido do Egito, fizeram pães sem fermento. A massa não tinha fermentado, pois eles foram expulsos do Egito e não tiveram tempo de preparar comida.

40 Ora, o período que os israelitas viveram no Egito[a] foi de quatrocentos e trinta anos. **41** No dia em que se completaram os quatrocentos e trinta anos, todos os exércitos do Senhor saíram do Egito. **42** Assim como o Senhor passou em vigília aquela noite para tirar do Egito os israelitas, estes também devem passar em vigília essa mesma noite, para honrar o Senhor, por todas as suas gerações.

As Leis sobre a Participação na Páscoa

43 Disse o Senhor a Moisés e a Arão: "Estas são as leis da Páscoa: Nenhum estrangeiro poderá comê-la. **44** O escravo comprado poderá comer da Páscoa, depois de circuncidado, **45** mas o residente temporário e o trabalhador contratado dela não comerão. **46** "Vocês a comerão numa só casa; não levem nenhum pedaço de carne para fora da casa, nem quebrem nenhum dos ossos. **47** Toda a comunidade de Israel terá que celebrar a Páscoa.

48 "Qualquer estrangeiro residente entre vocês que quiser celebrar a Páscoa do Senhor terá que circuncidar todos os do sexo masculino da sua família; então poderá participar como o natural da terra. Nenhum incircunciso poderá participar. **49** A mesma lei se aplicará ao natural da terra e ao estrangeiro residente".

21 Then Moses summoned all the elders of Israel and said to them, "Go at once and select the animals for your families and slaughter the Passover lamb. **22** Take a bunch of hyssop, dip it into the blood in the basin and put some of the blood on the top and on both sides of the doorframe. Not one of you shall go out the door of his house until morning. **23** When the Lord goes through the land to strike down the Egyptians, he will see the blood on the top and sides of the doorframe and will pass over that doorway, and he will not permit the destroyer to enter your houses and strike you down.

24 "Obey these instructions as a lasting ordinance for you and your descendants. **25** When you enter the land that the Lord will give you as he promised, observe this ceremony. **26** And when your children ask you, 'What does this ceremony mean to you?' **27** then tell them, 'It is the Passover sacrifice to the Lord, who passed over the houses of the Israelites in Egypt and spared our homes when he struck down the Egyptians.' " Then the people bowed down and worshiped. **28** The Israelites did just what the Lord commanded Moses and Aaron.

29 At midnight the Lord struck down all the firstborn in Egypt, from the firstborn of Pharaoh, who sat on the throne, to the firstborn of the prisoner, who was in the dungeon, and the firstborn of all the livestock as well. **30** Pharaoh and all his officials and all the Egyptians got up during the night, and there was loud wailing in Egypt, for there was not a house without someone dead.

The Exodus

31 During the night Pharaoh summoned Moses and Aaron and said, "Up! Leave my people, you and the Israelites! Go, worship the Lord as you have requested. **32** Take your flocks and herds, as you have said, and go. And also bless me."

33 The Egyptians urged the people to hurry and leave the country. "For otherwise," they said, "we will all die!" **34** So the people took their dough before the yeast was added, and carried it on their shoulders in kneading troughs wrapped in clothing. **35** The Israelites did as Moses instructed and asked the Egyptians for articles of silver and gold and for clothing. **36** The Lord had made the Egyptians favorably disposed toward the people, and they gave them what they asked for; so they plundered the Egyptians.

37 The Israelites journeyed from Rameses to Succoth. There were about six hundred thousand men on foot, besides women and children. **38** Many other people went up with them, as well as large droves of livestock, both flocks and herds. **39** With the dough they had brought from Egypt, they baked cakes of unleavened bread. The dough was without yeast because they had been driven out of Egypt and did not have time to prepare food for themselves.

40 Now the length of time the Israelite people lived in Egypt[a] was 430 years. **41** At the end of the 430 years, to the very day, all the Lord's divisions left Egypt. **42** Because the Lord kept vigil that night to bring them out of Egypt, on this night all the Israelites are to keep vigil to honor the Lord for the generations to come.

Passover Restrictions

43 The Lord said to Moses and Aaron, "These are the regulations for the Passover:

"No foreigner is to eat of it. **44** Any slave you have bought may eat of it after you have circumcised him, **45** but a temporary resident and a hired worker may not eat of it.

46 "It must be eaten inside one house; take none of the meat outside the house. Do not break any of the bones. **47** The whole community of Israel must celebrate it.

48 "An alien living among you who wants to celebrate the Lord's Passover must have all the males in his household circumcised; then he may take part like one born in the land. No uncircumcised male may eat of it. **49** The same law applies to the native-born and to the alien living among you."

---

[a]12.40 O Pentateuco Samaritano e a Septuaginta dizem *no Egito e em Canaã.*

[a]12:40 Masoretic Text; Samaritan Pentateuch and Septuagint *Egypt and Canaan*

50 Todos os israelitas fizeram como o Senhor tinha ordenado a Moisés e a Arão. **51** No mesmo dia o Senhor tirou os israelitas do Egito, organizados segundo as suas divisões.

A Consagração dos Primogênitos

13 E disse o Senhor a Moisés: **2** "Consagre a mim todos os primogênitos. O primeiro filho israelita me pertence, não somente entre os homens, mas também entre os animais".

3 Então disse Moisés ao povo: "Comemorem esse dia em que vocês saíram do Egito, da terra da escravidão, porque o Senhor os tirou dali com mão poderosa. Não comam nada fermentado. **4** Neste dia do mês de abibeᵃ vocês estão saindo. **5** Quando o Senhor os fizer entrar na terra dos cananeus, dos hititas, dos amorreus, dos heveus e dos jebuseus — terra que ele jurou aos seus antepassados que daria a vocês, terra onde manam leite e mel — vocês deverão celebrar esta cerimônia neste mesmo mês. **6** Durante sete dias comam pão sem fermento e, no sétimo dia, façam uma festa dedicada ao Senhor. **7** Comam pão sem fermento durante os sete dias; não haja nada fermentado entre vocês, nem fermento algum dentro do seu território.

8 "Nesse dia cada um dirá a seu filho: Assim faço pelo que o Senhor fez por mim quando saí do Egito. **9** Isto lhe será como sinal em sua mão e memorial em sua testa, para que a lei do Senhor esteja em seus lábios, porque o Senhor o tirou do Egito com mão poderosa. **10** Cumpra esta determinação na época certa, de ano em ano.

11 "Depois que o Senhor os fizer entrar na terra dos cananeus e entregá-la a vocês, como jurou a vocês e aos seus antepassados, **12** separem para o Senhor o primeiro nascido de todo ventre. Todos os primeiros machos dos seus rebanhos pertencem ao Senhor. **13** Resgatem com um cordeiro toda primeira cria dos jumentos, mas se não quiserem resgatá-la, quebrem-lhe o pescoço. Resgatem também todo primogênito entre os seus filhos.

14 "No futuro, quando os seus filhos lhes perguntarem: 'Que significa isto?', digam-lhes: Com mão poderosa o Senhor nos tirou do Egito, da terra da escravidão. **15** Quando o faraó resistiu e recusou deixar-nos sair, o Senhor matou todos os primogênitos do Egito, tanto os de homens como os de animais. Por isso sacrificamos ao Senhor os primeiros machos de todo ventre e resgatamos os nossos primogênitos.

16 "Isto será como sinal em sua mão e símbolo em sua testa de que o Senhor nos tirou do Egito com mão poderosa".

A Partida dos Israelitas

17 Quando o faraó deixou sair o povo, Deus não o guiou pela rota da terra dos filisteus, embora este fosse o caminho mais curto, pois disse: "Se eles se defrontarem com a guerra, talvez se arrependam e voltem para o Egito". **18** Assim, Deus fez o povo dar a volta pelo deserto, seguindo o caminho que leva ao mar Vermelho. Os israelitas saíram do Egito preparados para lutar.

19 Moisés levou os ossos de José, porque José havia feito os filhos de Israel prestarem um juramento, quando disse: "Deus certamente virá em auxílio de vocês; levem então os meus ossos daqui".

20 Os israelitas partiram de Sucote e acamparam em Etã, junto ao deserto. **21** Durante o dia o Senhor ia adiante deles, numa coluna de nuvem, para guiá-los no caminho, e de noite, numa coluna de fogo, para iluminá-los, e assim podiam caminhar de dia e de noite. **22** A coluna de nuvem não se afastava do povo de dia, nem a coluna de fogo, de noite.

A Perseguição dos Egípcios

14 Disse o Senhor a Moisés: **2** "Diga aos israelitas que mudem o rumo e acampem perto de Pi-Hairote, entre Migdol e o mar. Acampem à beira-mar, defronte de Baal-Zefom. **3** O faraó pensará que os israelitas estão vagando confusos, cercados pelo deserto. **4** Então endurecerei o coração do faraó, e ele

50 All the Israelites did just what the Lord had commanded Moses and Aaron. **51** And on that very day the Lord brought the Israelites out of Egypt by their divisions.

Consecration of the Firstborn

13 The Lord said to Moses, **2** "Consecrate to me every firstborn male. The first offspring of every womb among the Israelites belongs to me, whether man or animal."

3 Then Moses said to the people, "Commemorate this day, the day you came out of Egypt, out of the land of slavery, because the Lord brought you out of it with a mighty hand. Eat nothing containing yeast. **4** Today, in the month of Abib, you are leaving. **5** When the Lord brings you into the land of the Canaanites, Hittites, Amorites, Hivites and Jebusites—the land he swore to your forefathers to give you, a land flowing with milk and honey— you are to observe this ceremony in this month: **6** For seven days eat bread made without yeast and on the seventh day hold a festival to the Lord. **7** Eat unleavened bread during those seven days; nothing with yeast in it is to be seen among you, nor shall any yeast be seen anywhere within your borders. **8** On that day tell your son, 'I do this because of what the Lord did for me when I came out of Egypt.' **9** This observance will be for you like a sign on your hand and a reminder on your forehead that the law of the Lord is to be on your lips. For the Lord brought you out of Egypt with his mighty hand. **10** You must keep this ordinance at the appointed time year after year.

11 "After the Lord brings you into the land of the Canaanites and gives it to you, as he promised on oath to you and your forefathers, **12** you are to give over to the Lord the first offspring of every womb. All the firstborn males of your livestock belong to the Lord. **13** Redeem with a lamb every firstborn donkey, but if you do not redeem it, break its neck. Redeem every firstborn among your sons.

14 "In days to come, when your son asks you, 'What does this mean?' say to him, 'With a mighty hand the Lord brought us out of Egypt, out of the land of slavery. **15** When Pharaoh stubbornly refused to let us go, the Lord killed every firstborn in Egypt, both man and animal. This is why I sacrifice to the Lord the first male offspring of every womb and redeem each of my firstborn sons.' **16** And it will be like a sign on your hand and a symbol on your forehead that the Lord brought us out of Egypt with his mighty hand."

Crossing the Sea

17 When Pharaoh let the people go, God did not lead them on the road through the Philistine country, though that was shorter. For God said, "If they face war, they might change their minds and return to Egypt." **18** So God led the people around by the desert road toward the Red Sea.ᵃ The Israelites went up out of Egypt armed for battle.

19 Moses took the bones of Joseph with him because Joseph had made the sons of Israel swear an oath. He had said, "God will surely come to your aid, and then you must carry my bones up with you from this place."ᵇ

20 After leaving Succoth they camped at Etham on the edge of the desert. **21** By day the Lord went ahead of them in a pillar of cloud to guide them on their way and by night in a pillar of fire to give them light, so that they could travel by day or night. **22** Neither the pillar of cloud by day nor the pillar of fire by night left its place in front of the people.

14 Then the Lord said to Moses, **2** "Tell the Israelites to turn back and encamp near Pi Hahiroth, between Migdol and the sea. They are to encamp by the sea, directly opposite Baal Zephon. **3** Pharaoh will think, 'The Israelites are wandering around the land in confusion, hemmed in by the desert.' **4** And I will harden Pharaoh's heart, and he will

---

ᵃ13.4 Aproximadamente março/abril.　　　　　　ᵃ13:18 Hebrew *Yam Suph*; that is, Sea of Reeds ᵇ13:19 See Gen. 50:25.

os perseguirá. Todavia, eu serei glorificado por meio do faraó e de todo o seu exército; e os egípcios saberão que eu sou o SENHOR". E assim fizeram os israelitas.

5 Contaram ao rei do Egito que o povo havia fugido. Então o faraó e os seus conselheiros mudaram de idéia e disseram: "O que foi que fizemos? Deixamos os israelitas saírem e perdemos os nossos escravos!" 6 Então o faraó mandou aprontar a sua carruagem e levou consigo o seu exército. 7 Levou todos os carros de guerra do Egito, inclusive seiscentos dos melhores desses carros, cada um com um oficial no comando. 8 O SENHOR endureceu o coração do faraó, rei do Egito, e este perseguiu os israelitas, que marchavam triunfantemente. 9 Os egípcios, com todos os cavalos e carros de guerra do faraó, os cavaleirosᵃ e a infantaria, saíram em perseguição aos israelitas e os alcançaram quando estavam acampados à beira-mar, perto de Pi-Hairote, defronte de Baal-Zefom.

A Travessia do Mar

10 Ao aproximar-se o faraó, os israelitas olharam e avistaram os egípcios que marchavam na direção deles. E, aterrorizados, clamaram ao SENHOR. 11 Disseram a Moisés: "Foi por falta de túmulos no Egito que você nos trouxe para morrermos no deserto? O que você fez conosco, tirando-nos de lá? 12 Já lhe tínhamos dito no Egito: Deixe-nos em paz! Seremos escravos dos egípcios! Antes ser escravos dos egípcios do que morrer no deserto!"

13 Moisés respondeu ao povo: "Não tenham medo. Fiquem firmes e vejam o livramento que o SENHOR lhes trará hoje, porque vocês nunca mais verão os egípcios que hoje vêem. 14 O SENHOR lutará por vocês; tão-somente acalmem-se".

15 Disse então o SENHOR a Moisés: "Por que você está clamando a mim? Diga aos israelitas que sigam avante. 16 Erga a sua vara e estenda a mão sobre o mar, e as águas se dividirão para que os israelitas atravessem o mar em terra seca. 17 Eu, porém, endurecerei o coração dos egípcios e eles os perseguirão. E serei glorificado com a derrota do faraó e de todo o seu exército, com seus carros de guerra e seus cavaleiros. 18 Os egípcios saberão que eu sou o SENHOR quando eu for glorificado com a derrota do faraó, com seus carros de guerra e seus cavaleiros".

19 A seguir o anjo de Deus que ia à frente dos exércitos de Israel retirou-se, colocando-se atrás deles. A coluna de nuvem também saiu da frente deles e se pôs atrás, 20 entre os egípcios e os israelitas. A nuvem trouxe trevas para um e luz para o outro, de modo que os egípcios não puderam aproximar-se dos israelitas durante toda a noite.

21 Então Moisés estendeu a mão sobre o mar, e o SENHOR afastou o mar e o tornou em terra seca, com um forte vento oriental que soprou toda aquela noite. As águas se dividiram, 22 e os israelitas atravessaram pelo meio do mar em terra seca, tendo uma parede de água à direita e outra à esquerda.

23 Os egípcios os perseguiram, e todos os cavalos, carros de guerra e cavaleiros do faraó foram atrás deles até o meio do mar. 24 No fim da madrugada, do alto da coluna de fogo e de nuvem, o SENHOR viu o exército dos egípcios e o pôs em confusão. 25 Fez que as rodas dos seus carros começassem a soltar-seᵇ, de forma que tinham dificuldade em conduzi-los. E os egípcios gritaram: "Vamos fugir dos israelitas! O SENHOR está lutando por eles contra o Egito".

26 Mas o SENHOR disse a Moisés: "Estenda a mão sobre o mar para que as águas voltem sobre os egípcios, sobre os seus carros de guerra e sobre os seus cavaleiros". 27 Moisés estendeu a mão sobre o mar, e ao raiar do dia o mar voltou ao seu lugar. Quando os egípcios estavam fugindo, foram de encontro às águas, e o SENHOR os lançou ao mar. 28 As águas voltaram e encobriram os seus carros de guerra e os seus cavaleiros, todo o exército do faraó que havia perseguido os israelitas mar adentro. Ninguém sobreviveu.

pursue them. But I will gain glory for myself through Pharaoh and all his army, and the Egyptians will know that I am the LORD." So the Israelites did this.

5 When the king of Egypt was told that the people had fled, Pharaoh and his officials changed their minds about them and said, "What have we done? We have let the Israelites go and have lost their services!" 6 So he had his chariot made ready and took his army with him. 7 He took six hundred of the best chariots, along with all the other chariots of Egypt, with officers over all of them. 8 The LORD hardened the heart of Pharaoh king of Egypt, so that he pursued the Israelites, who were marching out boldly. 9 The Egyptians—all Pharaoh's horses and chariots, horsemenᵃ and troops—pursued the Israelites and overtook them as they camped by the sea near Pi Hahiroth, opposite Baal Zephon.

10 As Pharaoh approached, the Israelites looked up, and there were the Egyptians, marching after them. They were terrified and cried out to the LORD. 11 They said to Moses, "Was it because there were no graves in Egypt that you brought us to the desert to die? What have you done to us by bringing us out of Egypt? 12 Didn't we say to you in Egypt, 'Leave us alone; let us serve the Egyptians'? It would have been better for us to serve the Egyptians than to die in the desert!"

13 Moses answered the people, "Do not be afraid. Stand firm and you will see the deliverance the LORD will bring you today. The Egyptians you see today you will never see again. 14 The LORD will fight for you; you need only to be still."

15 Then the LORD said to Moses, "Why are you crying out to me? Tell the Israelites to move on. 16 Raise your staff and stretch out your hand over the sea to divide the water so that the Israelites can go through the sea on dry ground. 17 I will harden the hearts of the Egyptians so that they will go in after them. And I will gain glory through Pharaoh and all his army, through his chariots and his horsemen. 18 The Egyptians will know that I am the LORD when I gain glory through Pharaoh, his chariots and his horsemen."

19 Then the angel of God, who had been traveling in front of Israel's army, withdrew and went behind them. The pillar of cloud also moved from in front and stood behind them, 20 coming between the armies of Egypt and Israel. Throughout the night the cloud brought darkness to the one side and light to the other side; so neither went near the other all night long.

21 Then Moses stretched out his hand over the sea, and all that night the LORD drove the sea back with a strong east wind and turned it into dry land. The waters were divided, 22 and the Israelites went through the sea on dry ground, with a wall of water on their right and on their left.

23 The Egyptians pursued them, and all Pharaoh's horses and chariots and horsemen followed them into the sea. 24 During the last watch of the night the LORD looked down from the pillar of fire and cloud at the Egyptian army and threw it into confusion. 25 He made the wheels of their chariots come offᵇ so that they had difficulty driving. And the Egyptians said, "Let's get away from the Israelites! The LORD is fighting for them against Egypt."

26 Then the LORD said to Moses, "Stretch out your hand over the sea so that the waters may flow back over the Egyptians and their chariots and horsemen." 27 Moses stretched out his hand over the sea, and at daybreak the sea went back to its place. The Egyptians were fleeing towardᶜ it, and the LORD swept them into the sea. 28 The water flowed back and covered the chariots and horsemen—the entire army of Pharaoh that had followed the Israelites into the sea. Not one of them survived.

ᵃ14.9 Ou *condutores dos carros de guerra*; também nos versículos 17, 18, 23, 26 e 28. ᵇ14.25 Ou *carros emperrassem*

ᵃ14:9 Or *charioteers*; also in verses 17, 18, 23, 26 and 28 ᵇ14:25 Or *He jammed the wheels of their chariots* (see Samaritan Pentateuch, Septuagint and Syriac) ᶜ14:27 Or *from*

²⁹ Mas os israelitas atravessaram o mar pisando em terra seca, tendo uma parede de água à direita e outra à esquerda. ³⁰ Naquele dia o SENHOR salvou Israel das mãos dos egípcios, e os israelitas viram os egípcios mortos na praia. ³¹ Israel viu o grande poder do SENHOR contra os egípcios, temeu o SENHOR e pôs nele a sua confiança, como também em Moisés, seu servo.

O Cântico de Moisés

15 Então Moisés e os israelitas entoaram este cântico ao SENHOR:

"Cantarei ao SENHOR,
  pois triunfou gloriosamente.
Lançou ao mar o cavalo
  e o seu cavaleiro!
² O SENHOR é a minha força
  e a minha canção;
ele é a minha salvação!
Ele é o meu Deus e eu o louvarei,
  é o Deus de meu pai, e eu o exaltarei!
³ O SENHOR é guerreiro,
  o seu nome é SENHOR.
⁴ Ele lançou ao mar
  os carros de guerra
  e o exército do faraó.
Os seus melhores oficiais
  afogaram-se no mar Vermelho.
⁵ Águas profundas os encobriram;
  como pedra desceram ao fundo.

⁶ "SENHOR, a tua mão direita
  foi majestosa em poder.
SENHOR, a tua mão direita
  despedaçou o inimigo.
⁷ Em teu triunfo grandioso,
  derrubaste os teus adversários.
Enviaste o teu furor flamejante,
  que os consumiu como palha.
⁸ Pelo forte sopro das tuas narinas
  as águas se amontoaram.
As águas turbulentas
  firmaram-se como muralha;
as águas profundas
  congelaram-se no coração do mar.

⁹ "O inimigo se gloriava:
  'Eu os perseguirei e os alcançarei,
dividirei o despojo e os devorarei.
Com a espada na mão,
  eu os destruirei'.
¹⁰ Mas enviaste o teu sopro,
  e o mar os encobriu.
Afundaram como chumbo
  nas águas volumosas.

¹¹ "Quem entre os deuses
  é semelhante a ti, SENHOR?
Quem é semelhante a ti?
  Majestoso em santidade,
  terrível em feitos gloriosos,
  autor de maravilhas?
¹² Estendes a tua mão direita
  e a terra os engole.
¹³ Com o teu amor
  conduzes o povo que resgataste;
com a tua força
  tu o levas à tua santa habitação.
¹⁴ As nações ouvem e estremecem;
  angústia se apodera
  do povo da Filístia.

²⁹ But the Israelites went through the sea on dry ground, with a wall of water on their right and on their left. ³⁰ That day the LORD saved Israel from the hands of the Egyptians, and Israel saw the Egyptians lying dead on the shore. ³¹ And when the Israelites saw the great power the LORD displayed against the Egyptians, the people feared the LORD and put their trust in him and in Moses his servant.

The Song of Moses and Miriam

15 Then Moses and the Israelites sang this song to the LORD:

"I will sing to the LORD,
  for he is highly exalted.
The horse and its rider
  he has hurled into the sea.
² The LORD is my strength and my song;
  he has become my salvation.
He is my God, and I will praise him,
  my father's God, and I will exalt him.
³ The LORD is a warrior;
  the LORD is his name.
⁴ Pharaoh's chariots and his army
  he has hurled into the sea.
The best of Pharaoh's officers
  are drowned in the Red Sea.^a
⁵ The deep waters have covered them;
  they sank to the depths like a stone.

⁶ "Your right hand, O LORD,
  was majestic in power.
Your right hand, O LORD,
  shattered the enemy.
⁷ In the greatness of your majesty
  you threw down those who opposed you.
You unleashed your burning anger;
  it consumed them like stubble.
⁸ By the blast of your nostrils
  the waters piled up.
The surging waters stood firm like a wall;
  the deep waters congealed in the heart of
    the sea.

⁹ "The enemy boasted,
  'I will pursue, I will overtake them.
I will divide the spoils;
  I will gorge myself on them.
I will draw my sword
  and my hand will destroy them.'
¹⁰ But you blew with your breath,
  and the sea covered them.
They sank like lead
  in the mighty waters.

¹¹ "Who among the gods is like you, O LORD?
Who is like you—
  majestic in holiness,
  awesome in glory,
  working wonders?
¹² You stretched out your right hand
  and the earth swallowed them.

¹³ "In your unfailing love you will lead
  the people you have redeemed.
In your strength you will guide them
  to your holy dwelling.
¹⁴ The nations will hear and tremble;
  anguish will grip the people of Philistia.

---

^a15:4 Hebrew *Yam Suph;* that is, Sea of Reeds; also in verse 22

15 Os chefes de Edom
    ficam aterrorizados,
  os poderosos de Moabe
    são tomados de tremor,
  o povo de Canaã esmorece;
16 terror e medo caem sobre eles;
  pelo poder do teu braço
    ficam paralisados como pedra,
  até que passe o teu povo,
    ó Senhor,
  até que passe
    o povo que tu comprasteᵃ.
17 Tu o farás entrar e o plantarás
    no monte da tua herança,
  no lugar, ó Senhor,
    que fizeste para a tua habitação,
  no santuário, ó Senhor,
    que as tuas mãos estabeleceram.
18 O Senhor reinará eternamente".

19 Quando os cavalos, os carros de guerra e os cavaleirosᵇ do faraó entraram no mar, o Senhor fez que as águas do mar se voltassem sobre eles, mas os israelitas atravessaram o mar pisando em terra seca. **20** Então Miriã, a profetisa, irmã de Arão, pegou um tamborim e todas as mulheres a seguiram, tocando tamborins e dançando. **21** E Miriã lhes respondia, cantando:

"Cantem ao Senhor,
  pois triunfou gloriosamente.
Lançou ao mar o cavalo
  e o seu cavaleiro".

As Águas de Mara e de Elim

22 Depois Moisés conduziu Israel desde o mar Vermelho até o deserto de Sur. Durante três dias caminharam no deserto sem encontrar água. **23** Então chegaram a Mara, mas não puderam beber das águas de lá porque eram amargas. Esta é a razão por que o lugar chama-se Mara. **24** E o povo começou a reclamar a Moisés, dizendo: "Que beberemos?"
25 Moisés clamou ao Senhor, e este lhe indicou um arbusto. Ele o lançou na água, e esta se tornou boa.
Em Mara o Senhor lhes deu leis e ordenanças, e os colocou à prova, **26** dizendo-lhes: "Se vocês derem atenção ao Senhor, o seu Deus, e fizerem o que ele aprova, se derem ouvidos aos seus mandamentos e obedecerem a todos os seus decretos, não trarei sobre vocês nenhuma das doenças que eu trouxe sobre os egípcios, pois eu sou o Senhor que os cura".
27 Depois chegaram a Elim, onde havia doze fontes de água e setenta palmeiras; e acamparam junto àquelas águas.

O Maná e as Codornizes

16 Toda a comunidade de Israel partiu de Elim e chegou ao deserto de Sim, que fica entre Elim e o Sinai. Foi no décimo quinto dia do segundo mês, depois que saíram do Egito. **2** No deserto, toda a comunidade de Israel reclamou a Moisés e Arão. **3** Disseram-lhes os israelitas: "Quem dera a mão do Senhor nos tivesse matado no Egito! Lá nos sentávamos ao redor das panelas de carne e comíamos pão à vontade, mas vocês nos trouxeram a este deserto para fazer morrer de fome toda esta multidão!"
4 Disse, porém, o Senhor a Moisés: "Eu lhes farei chover pão do céu. O povo sairá e recolherá diariamente a porção necessária para aquele dia. Com isso os porei à prova para ver se seguem ou não as minhas instruções. **5** No sexto dia trarão para ser preparado o dobro do que recolhem nos outros dias".
6 Assim Moisés e Arão disseram a todos os israelitas: "Ao entardecer, vocês saberão que foi o Senhor quem os tirou do

---

15 The chiefs of Edom will be terrified,
  the leaders of Moab will be seized with
    trembling,
  the peopleᵃ of Canaan will melt away;
16 terror and dread will fall upon them.
  By the power of your arm
    they will be as still as a stone—
  until your people pass by, O Lord,
  until the people you boughtᵇ pass by.
17 You will bring them in and plant them
    on the mountain of your inheritance—
  the place, O Lord, you made for your dwelling,
  the sanctuary, O Lord, your hands established.
18 The Lord will reign
    for ever and ever."

19 When Pharaoh's horses, chariots and horsemenᶜ went into the sea, the Lord brought the waters of the sea back over them, but the Israelites walked through the sea on dry ground. **20** Then Miriam the prophetess, Aaron's sister, took a tambourine in her hand, and all the women followed her, with tambourines and dancing. **21** Miriam sang to them:

"Sing to the Lord,
  for he is highly exalted.
The horse and its rider
  he has hurled into the sea."

The Waters of Marah and Elim

22 Then Moses led Israel from the Red Sea and they went into the Desert of Shur. For three days they traveled in the desert without finding water. **23** When they came to Marah, they could not drink its water because it was bitter. (That is why the place is called Marah.ᵈ) **24** So the people grumbled against Moses, saying, "What are we to drink?"
25 Then Moses cried out to the Lord, and the Lord showed him a piece of wood. He threw it into the water, and the water became sweet.
There the Lord made a decree and a law for them, and there he tested them. **26** He said, "If you listen carefully to the voice of the Lord your God and do what is right in his eyes, if you pay attention to his commands and keep all his decrees, I will not bring on you any of the diseases I brought on the Egyptians, for I am the Lord, who heals you."
27 Then they came to Elim, where there were twelve springs and seventy palm trees, and they camped there near the water.

Manna and Quail

16 The whole Israelite community set out from Elim and came to the Desert of Sin, which is between Elim and Sinai, on the fifteenth day of the second month after they had come out of Egypt. **2** In the desert the whole community grumbled against Moses and Aaron. **3** The Israelites said to them, "If only we had died by the Lord's hand in Egypt! There we sat around pots of meat and ate all the food we wanted, but you have brought us out into this desert to starve this entire assembly to death."
4 Then the Lord said to Moses, "I will rain down bread from heaven for you. The people are to go out each day and gather enough for that day. In this way I will test them and see whether they will follow my instructions. **5** On the sixth day they are to prepare what they bring in, and that is to be twice as much as they gather on the other days."
6 So Moses and Aaron said to all the Israelites, "In the evening you will know that it was the Lord who brought you out of

---

ᵃ15.16 Ou *criaste* ᵇ15.19 Ou *condutores dos carros de guerra*

ᵃ15:15 Or *rulers* ᵇ15:16 Or *created* ᶜ15:19 Or *charioteers* ᵈ15:23 *Marah* means *bitter*.

Egito, **7** e amanhã cedo verão a glória do Senhor, porque o Senhor ouviu a queixa de vocês contra ele. Quem somos nós para que vocês reclamem a nós?" **8** Disse ainda Moisés: "O Senhor lhes dará carne para comer ao entardecer e pão à vontade pela manhã, porque ele ouviu as suas queixas contra ele. Quem somos nós? Vocês não estão reclamando de nós, mas do Senhor".

9 Disse Moisés a Arão: "Diga a toda a comunidade de Israel que se apresente ao Senhor, pois ele ouviu as suas queixas".

10 Enquanto Arão falava a toda a comunidade, todos olharam em direção ao deserto, e a glória do Senhor apareceu na nuvem.

11 E o Senhor disse a Moisés: **12** "Ouvi as queixas dos israelitas. Responda-lhes que ao pôr-do-sol vocês comerão carne, e ao amanhecer se fartarão de pão. Assim saberão que eu sou o Senhor, o seu Deus".

13 No final da tarde, apareceram codornizes que cobriram o lugar onde estavam acampados; ao amanhecer havia uma camada de orvalho ao redor do acampamento. **14** Depois que o orvalho secou, flocos finos semelhantes a geada estavam sobre a superfície do deserto. **15** Quando os israelitas viram aquilo, começaram a perguntar uns aos outros: "Que é isso?", pois não sabiam do que se tratava.

Disse-lhes Moisés: "Este é o pão que o Senhor lhes deu para comer. **16** Assim ordenou o Senhor: 'Cada chefe de família recolha quanto precisar: um jarro[a] para cada pessoa da sua tenda' ".

17 Os israelitas fizeram como lhes fora dito; alguns recolheram mais, outros menos. **18** Quando mediram com o jarro, quem tinha recolhido muito não teve demais, e não faltou a quem tinha recolhido pouco. Cada um recolheu quanto precisava.

19 "Ninguém deve guardar nada para a manhã seguinte", ordenou-lhes Moisés.

20 Todavia, alguns deles não deram atenção a Moisés e guardaram um pouco até a manhã seguinte, mas aquilo criou bicho e começou a cheirar mal. Por isso Moisés irou-se contra eles.

21 Cada manhã todos recolhiam quanto precisavam, pois, quando o sol esquentava, aquilo se derretia. **22** No sexto dia recolheram o dobro: dois jarros para cada pessoa; e os líderes da comunidade foram contar isso a Moisés, **23** que lhes explicou: "Foi isto que o Senhor ordenou: 'Amanhã será o dia de descanso, sábado consagrado ao Senhor. Assem e cozinhem o que quiserem. Guardem o que sobrar até a manhã seguinte' ".

24 E eles o guardaram até a manhã seguinte, como Moisés tinha ordenado, e não cheirou mal nem criou bicho. **25** "Comam-no hoje", disse Moisés, "pois hoje é o sábado do Senhor. Hoje, vocês não o encontrarão no terreno. **26** Durante seis dias vocês podem recolhê-lo, mas, no sétimo dia, o sábado, nada acharão."

27 Apesar disso, alguns deles saíram no sétimo dia para recolhê-lo, mas não encontraram nada. **28** Então o Senhor disse a Moisés: "Até quando vocês se recusarão a obedecer aos meus mandamentos e às minhas instruções? **29** Vejam que o Senhor lhes deu o sábado; e por isso, no sexto dia, ele lhes dá pão para dois dias. No sétimo dia, fiquem todos onde estiverem; ninguém deve sair". **30** Então o povo descansou no sétimo dia.

31 O povo de Israel chamou maná[b] àquele pão. Era branco como semente de coentro e tinha gosto de bolo de mel. **32** Disse Moisés: "O Senhor ordenou-lhes que recolham um jarro de maná e que o guardem para as futuras gerações, para que vejam o pão que lhes dei no deserto, quando os tirei do Egito".

33 Então Moisés disse a Arão: "Ponha numa vasilha a medida de um jarro de maná, e coloque-a diante do Senhor, para que seja conservado para as futuras gerações".

Egypt, **7** and in the morning you will see the glory of the Lord, because he has heard your grumbling against him. Who are we, that you should grumble against us?" **8** Moses also said, "You will know that it was the Lord when he gives you meat to eat in the evening and all the bread you want in the morning, because he has heard your grumbling against him. Who are we? You are not grumbling against us, but against the Lord."

9 Then Moses told Aaron, "Say to the entire Israelite community, 'Come before the Lord, for he has heard your grumbling.' "

10 While Aaron was speaking to the whole Israelite community, they looked toward the desert, and there was the glory of the Lord appearing in the cloud.

11 The Lord said to Moses, **12** "I have heard the grumbling of the Israelites. Tell them, 'At twilight you will eat meat, and in the morning you will be filled with bread. Then you will know that I am the Lord your God.' "

13 That evening quail came and covered the camp, and in the morning there was a layer of dew around the camp. **14** When the dew was gone, thin flakes like frost on the ground appeared on the desert floor. **15** When the Israelites saw it, they said to each other, "What is it?" For they did not know what it was.

Moses said to them, "It is the bread the Lord has given you to eat. **16** This is what the Lord has commanded: 'Each one is to gather as much as he needs. Take an omer[a] for each person you have in your tent.' "

17 The Israelites did as they were told; some gathered much, some little. **18** And when they measured it by the omer, he who gathered much did not have too much, and he who gathered little did not have too little. Each one gathered as much as he needed.

19 Then Moses said to them, "No one is to keep any of it until morning."

20 However, some of them paid no attention to Moses; they kept part of it until morning, but it was full of maggots and began to smell. So Moses was angry with them.

21 Each morning everyone gathered as much as he needed, and when the sun grew hot, it melted away. **22** On the sixth day, they gathered twice as much—two omers[b] for each person— and the leaders of the community came and reported this to Moses. **23** He said to them, "This is what the Lord commanded: 'Tomorrow is to be a day of rest, a holy Sabbath to the Lord. So bake what you want to bake and boil what you want to boil. Save whatever is left and keep it until morning.' "

24 So they saved it until morning, as Moses commanded, and it did not stink or get maggots in it. **25** "Eat it today," Moses said, "because today is a Sabbath to the Lord. You will not find any of it on the ground today. **26** Six days you are to gather it, but on the seventh day, the Sabbath, there will not be any."

27 Nevertheless, some of the people went out on the seventh day to gather it, but they found none. **28** Then the Lord said to Moses, "How long will you[c] refuse to keep my commands and my instructions? **29** Bear in mind that the Lord has given you the Sabbath; that is why on the sixth day he gives you bread for two days. Everyone is to stay where he is on the seventh day; no one is to go out." **30** So the people rested on the seventh day.

31 The people of Israel called the bread manna.[d] It was white like coriander seed and tasted like wafers made with honey. **32** Moses said, "This is what the Lord has commanded: 'Take an omer of manna and keep it for the generations to come, so they can see the bread I gave you to eat in the desert when I brought you out of Egypt.' "

33 So Moses said to Aaron, "Take a jar and put an omer of manna in it. Then place it before the Lord to be kept for the generations to come."

---

[a]16.16 Hebraico: *ômer.* O ômer era uma medida de capacidade para secos. As estimativas variam entre 2 e 4 litros. [b]16.31 *Maná* significa *Que é isso?*

[a]16:16 That is, probably about 2 quarts (about 2 liters); also in verses 18, 32, 33 and 36 [b]16:22 That is, probably about 4 quarts (about 4.5 liters) [c]16:28 The Hebrew is plural. [d]16:31 *Manna* means *What is it?* (see verse 15).

34 Em obediência ao que o Senhor tinha ordenado a Moisés, Arão colocou o maná junto às tábuas da aliança, para ali ser guardado. **35** Os israelitas comeram maná durante quarenta anos, até chegarem a uma terra habitável; comeram maná até chegarem às fronteiras de Canaã. **36** (O jarro é a décima parte de uma arroba*.)

Água Jorra da Rocha

17 Toda a comunidade de Israel partiu do deserto de Sim, andando de um lugar para outro, conforme a ordem do Senhor. Acamparam em Refidim, mas lá não havia água para beber. **2** Por essa razão queixaram-se a Moisés e exigiram: "Dê-nos água para beber".

Ele respondeu: "Por que se queixam a mim? Por que colocam o Senhor à prova?"

3 Mas o povo estava sedento e reclamou a Moisés: "Por que você nos tirou do Egito? Foi para matar de sede a nós, aos nossos filhos e aos nossos rebanhos?"

4 Então Moisés clamou ao Senhor: "Que farei com este povo? Estão a ponto de apedrejar-me!"

5 Respondeu-lhe o Senhor: "Passe à frente do povo. Leve com você algumas das autoridades de Israel, tenha na mão a vara com a qual você feriu o Nilo e vá adiante. **6** Eu estarei à sua espera no alto da rocha do monte Horebe. Bata na rocha, e dela sairá água para o povo beber". Assim fez Moisés, à vista das autoridades de Israel. **7** E chamou aquele lugar Massáᵇ e Meribáᶜ, porque ali os israelitas reclamaram e puseram o Senhor à prova, dizendo: "O Senhor está entre nós, ou não?"

A Vitória sobre os Amalequitas

8 Sucedeu que os amalequitas vieram atacar os israelitas em Refidim. **9** Então Moisés disse a Josué: "Escolha alguns dos nossos homens e lute contra os amalequitas. Amanhã tomarei posição no alto da colina, com a vara de Deus em minhas mãos". **10** Josué foi então lutar contra os amalequitas, conforme Moisés tinha ordenado. Moisés, Arão e Hur, porém, subiram ao alto da colina. **11** Enquanto Moisés mantinha as mãos erguidas, os israelitas venciam; quando, porém, as abaixava, os amalequitas venciam. **12** Quando as mãos de Moisés já estavam cansadas, eles pegaram uma pedra e a colocaram debaixo dele, para que nela se assentasse. Arão e Hur mantiveram erguidas as mãos de Moisés, um de cada lado, de modo que as mãos permaneceram firmes até o pôr-do-sol. **13** E Josué derrotou o exército amalequita ao fio da espada.

14 Depois o Senhor disse a Moisés: "Escreva isto num rolo, como memorial, e declare a Josué que farei que os amalequitas sejam esquecidos para sempre debaixo do céu".

15 Moisés construiu um altar e chamou-lhe "o Senhor é minha bandeira". **16** E jurou: "Pelo trono do Senhor!ᵈ O Senhor fará guerra contra os amalequitas de geração em geração".

A Visita de Jetro

18 Jetro, sacerdote de Midiã e sogro de Moisés, soube de tudo o que Deus tinha feito por Moisés e pelo povo de Israel, como o Senhor havia tirado Israel do Egito. **2** Moisés tinha mandado Zípora, sua mulher, para a casa de seu sogro Jetro, que a recebeu **3** com os seus dois filhos. Um deles chamava-se Gérson, pois Moisés dissera: "Tornei-me imigrante em terra estrangeira"; **4** e o outro chamava-se Eliézer, pois dissera: "O Deus de meu pai foi o meu ajudador; livrou-me da espada do faraó". **5** Jetro, sogro de Moisés, veio com os filhos e a mulher de Moisés encontrá-lo no deserto, onde estava acampado, perto do monte de Deus. **6** E Jetro mandou dizer-lhe: "Eu, seu sogro Jetro, estou indo encontrá-lo, e comigo vão sua mulher e seus dois filhos".

---

34 As the Lord commanded Moses, Aaron put the manna in front of the Testimony, that it might be kept. **35** The Israelites ate manna forty years, until they came to a land that was settled; they ate manna until they reached the border of Canaan.

36 (An omer is one tenth of an ephah.)

Water From the Rock

17 The whole Israelite community set out from the Desert of Sin, traveling from place to place as the Lord commanded. They camped at Rephidim, but there was no water for the people to drink. **2** So they quarreled with Moses and said, "Give us water to drink."

Moses replied, "Why do you quarrel with me? Why do you put the Lord to the test?"

3 But the people were thirsty for water there, and they grumbled against Moses. They said, "Why did you bring us up out of Egypt to make us and our children and livestock die of thirst?"

4 Then Moses cried out to the Lord, "What am I to do with these people? They are almost ready to stone me."

5 The Lord answered Moses, "Walk on ahead of the people. Take with you some of the elders of Israel and take in your hand the staff with which you struck the Nile, and go. **6** I will stand there before you by the rock at Horeb. Strike the rock, and water will come out of it for the people to drink." So Moses did this in the sight of the elders of Israel. **7** And he called the place Massahᵃ and Meribahᵇ because the Israelites quarreled and because they tested the Lord saying, "Is the Lord among us or not?"

The Amalekites Defeated

8 The Amalekites came and attacked the Israelites at Rephidim. **9** Moses said to Joshua, "Choose some of our men and go out to fight the Amalekites. Tomorrow I will stand on top of the hill with the staff of God in my hands."

10 So Joshua fought the Amalekites as Moses had ordered, and Moses, Aaron and Hur went to the top of the hill. **11** As long as Moses held up his hands, the Israelites were winning, but whenever he lowered his hands, the Amalekites were winning. **12** When Moses' hands grew tired, they took a stone and put it under him and he sat on it. Aaron and Hur held his hands up—one on one side, one on the other—so that his hands remained steady till sunset. **13** So Joshua overcame the Amalekite army with the sword.

14 Then the Lord said to Moses, "Write this on a scroll as something to be remembered and make sure that Joshua hears it, because I will completely blot out the memory of Amalek from under heaven."

15 Moses built an altar and called it The Lord is my Banner. **16** He said, "For hands were lifted up to the throne of the Lord. Theᶜ Lord will be at war against the Amalekites from generation to generation."

Jethro Visits Moses

18 Now Jethro, the priest of Midian and father-in-law of Moses, heard of everything God had done for Moses and for his people Israel, and how the Lord had brought Israel out of Egypt.

2 After Moses had sent away his wife Zipporah, his father-in-law Jethro received her **3** and her two sons. One son was named Gershom,ᵈ for Moses said, "I have become an alien in a foreign land"; **4** and the other was named Eliezer,ᵉ for he said, "My father's God was my helper; he saved me from the sword of Pharaoh." **5** Jethro, Moses' father-in-law, together with Moses' sons and wife, came to him in the desert, where he was camped near the mountain of God. **6** Jethro had sent word to him, "I, your father-in-law Jethro, am coming to you with your wife and her two sons."

ᵃ16.36 Hebraico: *efa*. O efa era uma medida de capacidade para secos. As estimativas variam entre 20 e 40 litros. ᵇ17.7 *Massá* significa *provação*. ᶜ17.7 *Meribá* significa *rebelião*. ᵈ17.16 Ou "*Mão levantada contra o trono do Senhor!*

ᵃ17:7 *Massah* means *testing*. ᵇ17:7 *Meribah* means *quarreling*. ᶜ17:16 Or "*Because a hand was against the throne of the* Lord, *the* ᵈ18:3 *Gershom* sounds like the Hebrew for *an alien there*. ᵉ18:4 *Eliezer* means *my God is helper*.

7 Então Moisés saiu ao encontro do sogro, curvou-se e beijou-o; trocaram saudações e depois entraram na tenda. **8** Então Moisés contou ao sogro tudo quanto o Senhor tinha feito ao faraó e aos egípcios por amor a Israel e também todas as dificuldades que tinham enfrentado pelo caminho e como o Senhor os livrara.

9 Jetro alegrou-se ao ouvir todas as coisas boas que o Senhor tinha feito a Israel, libertando-o das mãos dos egípcios. **10** Disse ele: "Bendito seja o Senhor que libertou vocês das mãos dos egípcios e do faraó; que livrou o povo das mãos dos egípcios! **11** Agora sei que o Senhor é maior do que todos os outros deuses, pois ele os superou exatamente naquilo de que se vangloriavam". **12** Então Jetro, sogro de Moisés, ofereceu um holocausto e sacrifícios a Deus, e Arão veio com todas as autoridades de Israel para comerem com o sogro de Moisés na presença de Deus.

O Conselho de Jetro

13 No dia seguinte Moisés assentou-se para julgar as questões do povo, e este permaneceu em pé diante dele, desde a manhã até o cair da tarde. **14** Quando o seu sogro viu tudo o que ele estava fazendo pelo povo, disse: "Que é que você está fazendo? Por que só você se assenta para julgar, e todo este povo o espera em pé, desde a manhã até o cair da tarde?"

15 Moisés lhe respondeu: "O povo me procura para que eu consulte a Deus. **16** Toda vez que alguém tem uma questão, esta me é trazida, e eu decido entre as partes, e ensino-lhes os decretos e leis de Deus".

17 Respondeu o sogro de Moisés: "O que você está fazendo não é bom. **18** Você e o seu povo ficarão esgotados, pois essa tarefa lhe é pesada demais. Você não pode executá-la sozinho. **19** Agora, ouça-me! Eu lhe darei um conselho, e que Deus esteja com você! Seja você o representante do povo diante de Deus e leve a Deus as suas questões. **20** Oriente-os quanto aos decretos e leis, mostrando-lhes como devem viver e o que devem fazer. **21** Mas escolha dentre todo o povo homens capazes, tementes a Deus, dignos de confiança e inimigos de ganho desonesto. Estabeleça-os como chefes de mil, de cem, de cinqüenta e de dez. **22** Eles estarão sempre à disposição do povo para julgar as questões. Trarão a você apenas as questões difíceis; as mais simples decidirão sozinhos. Isso tornará mais leve o seu fardo, porque eles o dividirão com você. **23** Se você assim fizer, e se assim Deus ordenar, você será capaz de suportar as dificuldades, e todo este povo voltará para casa satisfeito".

24 Moisés aceitou o conselho do sogro e fez tudo como ele tinha sugerido. **25** Escolheu homens capazes de todo o Israel e colocou-os como líderes do povo: chefes de mil, de cem, de cinqüenta e de dez. **26** Estes ficaram como juízes permanentes do povo. As questões difíceis levavam a Moisés; as mais simples, porém, eles mesmos resolviam.

27 Então Moisés e seu sogro se despediram, e este voltou para a sua terra.

Israel Chega ao Monte Sinai

19 No dia em que se completaram três meses que os israelitas haviam saído do Egito, chegaram ao deserto do Sinai. **2** Depois de saírem de Refidim, entraram no deserto do Sinai, e Israel acampou ali, diante do monte.

3 Logo Moisés subiu o monte para encontrar-se com Deus. E o Senhor o chamou do monte, dizendo: "Diga o seguinte aos descendentes de Jacó e declare aos israelitas: **4** Vocês viram o que fiz ao Egito e como os transportei sobre asas de águias e os trouxe para junto de mim. **5** Agora, se me obedecerem fielmente e guardarem a minha aliança, vocês serão o meu tesouro pessoal dentre todas as nações. Embora toda a terra seja minha, **6** vocêsª serão para mim um reino de sacerdotes e uma nação santa. Essas são as palavras que você dirá aos israelitas".

7 So Moses went out to meet his father-in-law and bowed down and kissed him. They greeted each other and then went into the tent. **8** Moses told his father-in-law about everything the Lord had done to Pharaoh and the Egyptians for Israel's sake and about all the hardships they had met along the way and how the Lord had saved them.

9 Jethro was delighted to hear about all the good things the Lord had done for Israel in rescuing them from the hand of the Egyptians. **10** He said, "Praise be to the Lord, who rescued you from the hand of the Egyptians and of Pharaoh, and who rescued the people from the hand of the Egyptians. **11** Now I know that the Lord is greater than all other gods, for he did this to those who had treated Israel arrogantly." **12** Then Jethro, Moses' father-in-law, brought a burnt offering and other sacrifices to God, and Aaron came with all the elders of Israel to eat bread with Moses' father-in-law in the presence of God.

13 The next day Moses took his seat to serve as judge for the people, and they stood around him from morning till evening. **14** When his father-in-law saw all that Moses was doing for the people, he said, "What is this you are doing for the people? Why do you alone sit as judge, while all these people stand around you from morning till evening?"

15 Moses answered him, "Because the people come to me to seek God's will. **16** Whenever they have a dispute, it is brought to me, and I decide between the parties and inform them of God's decrees and laws."

17 Moses' father-in-law replied, "What you are doing is not good. **18** You and these people who come to you will only wear yourselves out. The work is too heavy for you; you cannot handle it alone. **19** Listen now to me and I will give you some advice, and may God be with you. You must be the people's representative before God and bring their disputes to him. **20** Teach them the decrees and laws, and show them the way to live and the duties they are to perform. **21** But select capable men from all the people—men who fear God, trustworthy men who hate dishonest gain—and appoint them as officials over thousands, hundreds, fifties and tens. **22** Have them serve as judges for the people at all times, but have them bring every difficult case to you; the simple cases they can decide themselves. That will make your load lighter, because they will share it with you. **23** If you do this and God so commands, you will be able to stand the strain, and all these people will go home satisfied."

24 Moses listened to his father-in-law and did everything he said. **25** He chose capable men from all Israel and made them leaders of the people, officials over thousands, hundreds, fifties and tens. **26** They served as judges for the people at all times. The difficult cases they brought to Moses, but the simple ones they decided themselves.

27 Then Moses sent his father-in-law on his way, and Jethro returned to his own country.

At Mount Sinai

19 In the third month after the Israelites left Egypt—on the very day—they came to the Desert of Sinai. **2** After they set out from Rephidim, they entered the Desert of Sinai, and Israel camped there in the desert in front of the mountain.

3 Then Moses went up to God, and the Lord called to him from the mountain and said, "This is what you are to say to the house of Jacob and what you are to tell the people of Israel: **4** 'You yourselves have seen what I did to Egypt, and how I carried you on eagles' wings and brought you to myself. **5** Now if you obey me fully and keep my covenant, then out of all nations you will be my treasured possession. Although the whole earth is mine, **6** youª will be for me a kingdom of priests and a holy nation.' These are the words you are to speak to the Israelites."

ª19.5,6 Ou *nações, pois toda a terra é minha.* **6** *Vocês*

ª19:5,6 Or *possession, for the whole earth is mine.* **6** *You*

7 Moisés voltou, convocou as autoridades do povo e lhes expôs tudo o que o Senhor havia-lhe mandado falar. **8** O povo todo respondeu unânime: "Faremos tudo o que o Senhor ordenou". E Moisés levou ao Senhor a resposta do povo.

9 Disse o Senhor a Moisés: "Virei a você numa densa nuvem, a fim de que o povo, ouvindo-me falar-lhe, passe a confiar sempre em você". Então Moisés relatou ao Senhor o que o povo lhe dissera.

10 E o Senhor disse a Moisés: "Vá ao povo e consagre-o hoje e amanhã. Eles deverão lavar as suas vestes **11** e estar prontos no terceiro dia, porque nesse dia o Senhor descerá sobre o monte Sinai, à vista de todo o povo. **12** Estabeleça limites em torno do monte e diga ao povo: Tenham o cuidado de não subir ao monte e de não tocar na sua base. Quem tocar no monte certamente será morto; **13** será apedrejado ou morto a flechadas. Ninguém deverá tocá-lo com a mão. Seja homem, seja animal, não viverá. Somente quando a corneta soar um toque longo eles poderão subir ao monte".

14 Tendo Moisés descido do monte, consagrou o povo; e eles lavaram as suas vestes. **15** Disse ele então ao povo: "Preparem-se para o terceiro dia, e até lá não se acheguem a mulher".

16 Ao amanhecer do terceiro dia houve trovões e raios, uma densa nuvem cobriu o monte, e uma trombeta ressoou fortemente. Todos no acampamento tremeram de medo. **17** Moisés levou o povo para fora do acampamento, para encontrar-se com Deus, e eles ficaram ao pé do monte. **18** O monte Sinai estava coberto de fumaça, pois o Senhor tinha descido sobre ele em chamas de fogo. Dele subia fumaça como que de uma fornalha; todo o monte^a tremia violentamente, **19** e o som da trombeta era cada vez mais forte. Então Moisés falou, e a voz de Deus lhe respondeu^b.

20 O Senhor desceu ao topo do monte Sinai e chamou Moisés para o alto do monte. Moisés subiu **21** e o Senhor lhe disse: "Desça e alerte o povo que não ultrapasse os limites, para ver o Senhor, e muitos deles pereçam. **22** Mesmo os sacerdotes que se aproximarem do Senhor devem consagrar-se; senão o Senhor os fulminará".

23 Moisés disse ao Senhor: "O povo não pode subir ao monte Sinai, pois tu mesmo nos avisaste: 'Estabeleça um limite em torno do monte e declare-o santo' ".

24 O Senhor respondeu: "Desça e depois torne a subir, acompanhado de Arão. Quanto aos sacerdotes e ao povo, não devem ultrapassar o limite para subir ao Senhor; senão, o Senhor os fulminará".

25 Então Moisés desceu e avisou o povo.

Os Dez Mandamentos

20 E Deus falou todas estas palavras:

2 "Eu sou o Senhor, o teu Deus, que te tirou do Egito, da terra da escravidão.

3 "Não terás outros deuses além de mim.

4 "Não farás para ti nenhum ídolo, nenhuma imagem de qualquer coisa no céu, na terra, ou nas águas debaixo da terra. **5** Não te prostrarás diante deles nem lhes prestarás culto, porque eu, o Senhor, o teu Deus, sou Deus zeloso, que castigo os filhos pelos pecados de seus pais até a terceira e quarta geração daqueles que me desprezam, **6** mas trato com bondade até mil gerações^c aos que me amam e obedecem aos meus mandamentos.

7 "Não tomarás em vão o nome do Senhor, o teu Deus, pois o Senhor não deixará impune quem tomar o seu nome em vão.

8 "Lembra-te do dia de sábado, para santificá-lo. **9** Trabalharás seis dias e neles farás todos os teus trabalhos, **10** mas o sétimo dia é o sábado dedicado ao Senhor, o teu Deus. Nesse dia não

7 So Moses went back and summoned the elders of the people and set before them all the words the Lord had commanded him to speak. **8** The people all responded together, "We will do everything the Lord has said." So Moses brought their answer back to the Lord.

9 The Lord said to Moses, "I am going to come to you in a dense cloud, so that the people will hear me speaking with you and will always put their trust in you." Then Moses told the Lord what the people had said.

10 And the Lord said to Moses, "Go to the people and consecrate them today and tomorrow. Have them wash their clothes **11** and be ready by the third day, because on that day the Lord will come down on Mount Sinai in the sight of all the people. **12** Put limits for the people around the mountain and tell them, 'Be careful that you do not go up the mountain or touch the foot of it. Whoever touches the mountain shall surely be put to death. **13** He shall surely be stoned or shot with arrows; not a hand is to be laid on him. Whether man or animal, he shall not be permitted to live.' Only when the ram's horn sounds a long blast may they go up to the mountain."

14 After Moses had gone down the mountain to the people, he consecrated them, and they washed their clothes. **15** Then he said to the people, "Prepare yourselves for the third day. Abstain from sexual relations."

16 On the morning of the third day there was thunder and lightning, with a thick cloud over the mountain, and a very loud trumpet blast. Everyone in the camp trembled. **17** Then Moses led the people out of the camp to meet with God, and they stood at the foot of the mountain. **18** Mount Sinai was covered with smoke, because the Lord descended on it in fire. The smoke billowed up from it like smoke from a furnace, the whole mountain^a trembled violently, **19** and the sound of the trumpet grew louder and louder. Then Moses spoke and the voice of God answered him.^b

20 The Lord descended to the top of Mount Sinai and called Moses to the top of the mountain. So Moses went up **21** and the Lord said to him, "Go down and warn the people so they do not force their way through to see the Lord and many of them perish. **22** Even the priests, who approach the Lord, must consecrate themselves, or the Lord will break out against them."

23 Moses said to the Lord, "The people cannot come up Mount Sinai, because you yourself warned us, 'Put limits around the mountain and set it apart as holy.' "

24 The Lord replied, "Go down and bring Aaron up with you. But the priests and the people must not force their way through to come up to the Lord, or he will break out against them."

25 So Moses went down to the people and told them.

The Ten Commandments

20 And God spoke all these words:

2 "I am the Lord your God, who brought you out of Egypt, out of the land of slavery.

3 "You shall have no other gods before^c me.

4 "You shall not make for yourself an idol in the form of anything in heaven above or on the earth beneath or in the waters below. **5** You shall not bow down to them or worship them; for I, the Lord your God, am a jealous God, punishing the children for the sin of the fathers to the third and fourth generation of those who hate me, **6** but showing love to a thousand {generations} of those who love me and keep my commandments.

7 "You shall not misuse the name of the Lord your God, for the Lord will not hold anyone guiltless who misuses his name.

8 "Remember the Sabbath day by keeping it holy. **9** Six days you shall labor and do all your work, **10** but the seventh day is a Sabbath to the Lord your God. On it you shall

a19.18 Conforme a maioria dos manuscritos do Texto Massorético. Alguns manuscritos do Texto Massorético e a Septuaginta dizem *o povo.* **b**19.19 Ou *e Deus lhe respondeu com um trovão* **c**20.6 Ou *a milhares que*

a19:18 Most Hebrew manuscripts; a few Hebrew manuscripts and Septuagint *all the people* **b**19:19 Or *and God answered him with thunder* **c**20:3 Or *besides*

farás trabalho algum, nem tu, nem teus filhos ou filhas, nem teus servos ou servas, nem teus animais, nem os estrangeiros que morarem em tuas cidades. **11** Pois em seis dias o Senhor fez os céus e a terra, o mar e tudo o que neles existe, mas no sétimo dia descansou. Portanto, o Senhor abençoou o sétimo dia e o santificou.

12 "Honra teu pai e tua mãe, a fim de que tenhas vida longa na terra que o Senhor, o teu Deus, te dá.

13 "Não matarás.

14 "Não adulterarás.

15 "Não furtarás.

16 "Não darás falso testemunho contra o teu próximo.

17 "Não cobiçarás a casa do teu próximo. Não cobiçarás a mulher do teu próximo, nem seus servos ou servas, nem seu boi ou jumento, nem coisa alguma que lhe pertença".

18 Vendo-se o povo diante dos trovões e dos relâmpagos, e do som da trombeta e do monte fumegando, todos tremeram assustados. Ficaram à distância **19** e disseram a Moisés: "Fala tu mesmo conosco, e ouviremos. Mas que Deus não fale conosco, para que não morramos".

20 Moisés disse ao povo: "Não tenham medo! Deus veio prová-los, para que o temor de Deus esteja em vocês e os livre de pecar".

21 Mas o povo permaneceu à distância, ao passo que Moisés aproximou-se da nuvem escura em que Deus se encontrava.

A Lei sobre o Altar do Senhor

22 O Senhor disse a Moisés: "Diga o seguinte aos israelitas: Vocês viram por si mesmos que do céu lhes falei: **23** não façam ídolos de prata nem de ouro para me representarem.

24 "Façam-me um altar de terra e nele sacrifiquem-me os seus holocaustos[a] e as suas ofertas de comunhão[b], as suas ovelhas e os seus bois. Onde quer que eu faça celebrar o meu nome, virei a vocês e os abençoarei. **25** Se me fizerem um altar de pedras, não o façam com pedras lavradas, porque o uso de ferramentas o profanaria. **26** Não subam por degraus ao meu altar, para que nele não seja exposta a sua nudez.

Leis acerca dos Escravos Hebreus

21 "São estas as leis que você proclamará ao povo: **2** "Se você comprar um escravo hebreu, ele o servirá por seis anos. Mas no sétimo ano será liberto, sem precisar pagar nada. **3** Se chegou solteiro, solteiro receberá liberdade; mas se chegou casado, sua mulher irá com ele. **4** Se o seu senhor lhe tiver dado uma mulher, e esta lhe tiver dado filhos ou filhas, a mulher e os filhos pertencerão ao senhor; somente o homem sairá livre.

5 "Se, porém, o escravo declarar: 'Eu amo o meu senhor, a minha mulher e os meus filhos, e não quero sair livre', **6** o seu senhor o levará perante os juízes[c]. Terá que levá-lo à porta ou à lateral da porta e furar a sua orelha. Assim, ele será seu escravo por toda a vida.

7 "Se um homem vender sua filha como escrava, ela não será liberta como os escravos homens. **8** Se ela não agradar ao seu senhor que a escolheu, ele deverá permitir que ela seja resgatada. Não poderá vendê-la a estrangeiros, pois isso seria deslealdade para com ela. **9** Se o seu senhor a escolher para seu filho, lhe dará os direitos de uma filha. **10** Se o senhor tomar uma segunda mulher para si, não poderá privar a primeira de alimento, de roupas e dos direitos conjugais. **11** Se não lhe garantir essas três coisas, ela poderá ir embora sem precisar pagar nada.

Leis acerca da Violência e dos Acidentes

12 "Quem ferir um homem e o matar terá que ser executado. **13** Todavia, se não o fez intencionalmente, mas Deus o permitiu, designei um lugar para onde poderá fugir. **14** Mas

not do any work, neither you, nor your son or daughter, nor your manservant or maidservant, nor your animals, nor the alien within your gates. **11** For in six days the Lord made the heavens and the earth, the sea, and all that is in them, but he rested on the seventh day. Therefore the Lord blessed the Sabbath day and made it holy.

12 "Honor your father and your mother, so that you may live long in the land the Lord your God is giving you.

13 "You shall not murder.

14 "You shall not commit adultery.

15 "You shall not steal.

16 "You shall not give false testimony against your neighbor.

17 "You shall not covet your neighbor's house. You shall not covet your neighbor's wife, or his manservant or maidservant, his ox or donkey, or anything that belongs to your neighbor."

18 When the people saw the thunder and lightning and heard the trumpet and saw the mountain in smoke, they trembled with fear. They stayed at a distance **19** and said to Moses, "Speak to us yourself and we will listen. But do not have God speak to us or we will die."

20 Moses said to the people, "Do not be afraid. God has come to test you, so that the fear of God will be with you to keep you from sinning."

21 The people remained at a distance, while Moses approached the thick darkness where God was.

Idols and Altars

22 Then the Lord said to Moses, "Tell the Israelites this: 'You have seen for yourselves that I have spoken to you from heaven: **23** Do not make any gods to be alongside me; do not make for yourselves gods of silver or gods of gold.

24 " 'Make an altar of earth for me and sacrifice on it your burnt offerings and fellowship offerings,[a] your sheep and goats and your cattle. Wherever I cause my name to be honored, I will come to you and bless you. **25** If you make an altar of stones for me, do not build it with dressed stones, for you will defile it if you use a tool on it. **26** And do not go up to my altar on steps, lest your nakedness be exposed on it.'

21 "These are the laws you are to set before them:

Hebrew Servants

2 "If you buy a Hebrew servant, he is to serve you for six years. But in the seventh year, he shall go free, without paying anything. **3** If he comes alone, he is to go free alone; but if he has a wife when he comes, she is to go with him. **4** If his master gives him a wife and she bears him sons or daughters, the woman and her children shall belong to her master, and only the man shall go free.

5 "But if the servant declares, 'I love my master and my wife and children and do not want to go free,' **6** then his master must take him before the judges.[b] He shall take him to the door or the doorpost and pierce his ear with an awl. Then he will be his servant for life.

7 "If a man sells his daughter as a servant, she is not to go free as menservants do. **8** If she does not please the master who has selected her for himself,[c] he must let her be redeemed. He has no right to sell her to foreigners, because he has broken faith with her. **9** If he selects her for his son, he must grant her the rights of a daughter. **10** If he marries another woman, he must not deprive the first one of her food, clothing and marital rights. **11** If he does not provide her with these three things, she is to go free, without any payment of money.

Personal Injuries

12 "Anyone who strikes a man and kills him shall surely be put to death. **13** However, if he does not do it intentionally, but God lets it happen, he is to flee to a place I will designate. **14** But

---

[a]20.24 Isto é, sacrifícios totalmente queimados; também em 24.5; 29.18, 25 e 42. [b]20.24 Ou *de paz*; também em 24.5 e 29.28. [c]21.6 Ou *perante Deus*

[a]20:24 Traditionally *peace offerings* [b]21:6 Or *before God* [c]21:8 Or *master so that he does not choose her*

se alguém tiver planejado matar outro deliberadamente, tire-o até mesmo do meu altar e mate-o.

15 "Quem agredir o próprio pai ou a própria mãe terá que ser executado.

16 "Aquele que seqüestrar alguém e vendê-lo ou for apanhado com ele em seu poder, terá que ser executado.

17 "Quem amaldiçoar seu pai ou sua mãe terá que ser executado.

18 "Se dois homens brigarem e um deles ferir o outro com uma pedra ou com o punho[a] e o outro não morrer, mas cair de cama, **19** aquele que o feriu será absolvido, se o outro se levantar e caminhar com o auxílio de uma bengala; todavia, ele terá que indenizar o homem ferido pelo tempo que este perdeu e responsabilizar-se por sua completa recuperação.

20 "Se alguém ferir seu escravo ou escrava com um pedaço de pau, e como resultado o escravo morrer, será punido; **21** mas se o escravo sobreviver um ou dois dias, não será punido, visto que é sua propriedade.

22 "Se homens brigarem e ferirem uma mulher grávida, e ela der à luz prematuramente[b], não havendo, porém, nenhum dano sério, o ofensor pagará a indenização que o marido daquela mulher exigir, conforme a determinação dos juízes[c]. **23** Mas, se houver danos graves, a pena será vida por vida, **24** olho por olho, dente por dente, mão por mão, pé por pé, **25** queimadura por queimadura, ferida por ferida, contusão por contusão.

26 "Se alguém ferir o seu escravo ou sua escrava no olho e o cegar, terá que libertar o escravo como compensação pelo olho. **27** Se quebrar um dente de um escravo ou de uma escrava, terá que libertar o escravo como compensação pelo dente.

28 "Se um boi chifrar um homem ou uma mulher, causando-lhe a morte, o boi terá que ser apedrejado até à morte, e a sua carne não poderá ser comida. Mas o dono do boi será absolvido. **29** Se, todavia, o boi costumava chifrar e o dono, ainda que alertado, não o manteve preso, e o boi matar um homem ou uma mulher, o boi será apedrejado e o dono também terá que ser morto. **30** Caso, porém, lhe peçam um pagamento, poderá resgatar a sua vida pagando o que for exigido. **31** Esta sentença também se aplica no caso de um boi chifrar um menino ou uma menina. **32** Se o boi chifrar um escravo ou escrava, o dono do animal terá que pagar trezentos e sessenta gramas[d] de prata ao dono do escravo, e o boi será apedrejado.

33 "Se alguém abrir ou deixar aberta uma cisterna, não tendo o cuidado de tampá-la, e um jumento ou um boi nela cair, **34** o dono da cisterna terá que pagar o prejuízo, indenizando o dono do animal, e ficará com o animal morto.

35 "Se o boi de alguém ferir o boi de outro e o matar, venderão o boi vivo e dividirão em partes iguais, tanto o valor do boi vivo como o animal morto. **36** Contudo, se o boi costumava chifrar, e o dono não o manteve preso, este terá que pagar boi por boi, e ficará com o que morreu.

Leis acerca da Proteção da Propriedade

22 "Se alguém roubar um boi ou uma ovelha e abatê-lo ou vendê-lo, terá que restituir cinco bois pelo boi e quatro ovelhas pela ovelha.

2 "Se o ladrão que for pego arrombando for ferido e morrer, quem o feriu não será culpado de homicídio, **3** mas se isso acontecer depois do nascer do sol, será culpado de homicídio.

"O ladrão terá que restituir o que roubou, mas, se não tiver nada, será vendido para pagar o roubo. **4** Se o que foi roubado for encontrado vivo em seu poder, seja boi, seja jumento, seja ovelha, ele deverá restituí-lo em dobro.

5 "Se alguém levar seu rebanho para pastar num campo ou numa vinha e soltá-lo de modo que venha a pastar no campo de outro homem, fará restituição com o melhor do seu campo ou da sua vinha.

if a man schemes and kills another man deliberately, take him away from my altar and put him to death.

15 "Anyone who attacks[a] his father or his mother must be put to death.

16 "Anyone who kidnaps another and either sells him or still has him when he is caught must be put to death.

17 "Anyone who curses his father or mother must be put to death.

18 "If men quarrel and one hits the other with a stone or with his fist[b] and he does not die but is confined to bed, **19** the one who struck the blow will not be held responsible if the other gets up and walks around outside with his staff; however, he must pay the injured man for the loss of his time and see that he is completely healed.

20 "If a man beats his male or female slave with a rod and the slave dies as a direct result, he must be punished, **21** but he is not to be punished if the slave gets up after a day or two, since the slave is his property.

22 "If men who are fighting hit a pregnant woman and she gives birth prematurely[c] but there is no serious injury, the offender must be fined whatever the woman's husband demands and the court allows. **23** But if there is serious injury, you are to take life for life, **24** eye for eye, tooth for tooth, hand for hand, foot for foot, **25** burn for burn, wound for wound, bruise for bruise.

26 "If a man hits a manservant or maidservant in the eye and destroys it, he must let the servant go free to compensate for the eye. **27** And if he knocks out the tooth of a manservant or maidservant, he must let the servant go free to compensate for the tooth.

28 "If a bull gores a man or a woman to death, the bull must be stoned to death, and its meat must not be eaten. But the owner of the bull will not be held responsible. **29** If, however, the bull has had the habit of goring and the owner has been warned but has not kept it penned up and it kills a man or woman, the bull must be stoned and the owner also must be put to death. **30** However, if payment is demanded of him, he may redeem his life by paying whatever is demanded. **31** This law also applies if the bull gores a son or daughter. **32** If the bull gores a male or female slave, the owner must pay thirty shekels[d] of silver to the master of the slave, and the bull must be stoned.

33 "If a man uncovers a pit or digs one and fails to cover it and an ox or a donkey falls into it, **34** the owner of the pit must pay for the loss; he must pay its owner, and the dead animal will be his.

35 "If a man's bull injures the bull of another and it dies, they are to sell the live one and divide both the money and the dead animal equally. **36** However, if it was known that the bull had the habit of goring, yet the owner did not keep it penned up, the owner must pay, animal for animal, and the dead animal will be his.

Protection of Property

22 "If a man steals an ox or a sheep and slaughters it or sells it, he must pay back five head of cattle for the ox and four sheep for the sheep.

2 "If a thief is caught breaking in and is struck so that he dies, the defender is not guilty of bloodshed; **3** but if it happens[e] after sunrise, he is guilty of bloodshed.

"A thief must certainly make restitution, but if he has nothing, he must be sold to pay for his theft.

4 "If the stolen animal is found alive in his possession—whether ox or donkey or sheep—he must pay back double.

5 "If a man grazes his livestock in a field or vineyard and lets them stray and they graze in another man's field, he must make restitution from the best of his own field or vineyard.

---

a21.18 Ou *com uma ferramenta* **b**21.22 Hebraico: *e a criança sair.* **c**21.22 Ou *de Deus* **d**21.32 Hebraico: *30 siclos.* Um siclo equivalia a 12 gramas.

a21:15 Or *kills* **b**21:18 Or *with a tool* **c**21:22 Or *she has a miscarriage* **d**21:32 That is, about 12 ounces (about 0.3 kilogram) **e**22:3 Or *if he strikes him*

6 "Se um fogo se espalhar e alcançar os espinheiros, e queimar os feixes colhidos ou o trigo plantado ou até a lavoura toda, aquele que iniciou o incêndio restituirá o prejuízo.

7 "Se alguém entregar ao seu próximo prata ou bens para serem guardados e estes forem roubados da casa deste, o ladrão, se for encontrado, terá que restituí-los em dobro. 8 Mas se o ladrão não for encontrado, o dono da casa terá que comparecer perante os juízes[a] para que se determine se ele não lançou mão dos bens do outro. 9 Sempre que alguém se apossar de boi, jumento, ovelha, roupa ou qualquer outro bem perdido, mas alguém disser: 'Isto me pertence', as duas partes envolvidas levarão o caso aos juízes. Aquele a quem os juízes declararem[b] culpado restituirá o dobro ao seu próximo.

10 "Se alguém der ao seu próximo o seu jumento, ou boi, ou ovelha ou qualquer outro animal para ser guardado, e o animal morrer, for ferido ou for levado, sem que ninguém o veja, 11 a questão entre eles será resolvida prestando-se um juramento diante do Senhor de que um não lançou mão da propriedade do outro. O dono terá que aceitar isso e nenhuma restituição será exigida. 12 Mas se o animal tiver sido roubado do seu próximo, este terá que fazer restituição ao dono. 13 Se tiver sido despedaçado por um animal selvagem, ele trará como prova o que restou dele; e não terá que fazer restituição.

14 "Se alguém pedir emprestado ao seu próximo um animal, e este for ferido ou morrer na ausência do dono, terá que fazer restituição. 15 Mas se o dono estiver presente, o que tomou emprestado não terá que restituí-lo. Se o animal tiver sido alugado, o preço do aluguel cobrirá a perda.

Leis acerca das Responsabilidades Sociais

16 "Se um homem seduzir uma virgem que ainda não tenha compromisso de casamento e deitar-se com ela, terá que pagar o preço do seu dote, e ela será sua mulher. 17 Mas se o pai recusar-se a entregá-la, ainda assim o homem terá que pagar o equivalente ao dote das virgens.

18 "Não deixem viver a feiticeira.

19 "Todo aquele que tiver relações sexuais com animal terá que ser executado.

20 "Quem oferecer sacrifício a qualquer outro deus, e não unicamente ao Senhor, será destruído.

21 "Não maltratem nem oprimam o estrangeiro, pois vocês foram estrangeiros no Egito.

22 "Não prejudiquem as viúvas nem os órfãos; 23 porque se o fizerem, e eles clamarem a mim, eu certamente atenderei ao seu clamor. 24 Com grande ira matarei vocês à espada; suas mulheres ficarão viúvas e seus filhos, órfãos.

25 "Se fizerem empréstimo a alguém do meu povo, a algum necessitado que viva entre vocês, não cobrem juros dele; não emprestem visando lucro. 26 Se tomarem como garantia o manto do seu próximo, devolvam-no até o pôr-do-sol, 27 porque o manto é a única coberta que ele possui para o corpo. Em que mais se deitaria? Quando ele clamar a mim, eu o ouvirei, pois sou misericordioso.

28 "Não blasfemem contra Deus[c] nem amaldiçoem uma autoridade do seu povo.

29 "Não retenham as ofertas de suas colheitas[d].

"Consagrem-me o primeiro filho de vocês 30 e a primeira cria das vacas, das ovelhas e das cabras. Durante sete dias a cria ficará com a mãe, mas, no oitavo dia, entreguem-na a mim.

31 "Vocês serão meu povo santo. Não comam a carne de nenhum animal despedaçado por feras no campo; joguem-na aos cães.

Leis acerca do Exercício da Justiça

23 "Ninguém faça declarações[e] falsas e não seja cúmplice do ímpio, sendo-lhe testemunha mal-intencionada.

6 "If a fire breaks out and spreads into thornbushes so that it burns shocks of grain or standing grain or the whole field, the one who started the fire must make restitution.

7 "If a man gives his neighbor silver or goods for safekeeping and they are stolen from the neighbor's house, the thief, if he is caught, must pay back double. 8 But if the thief is not found, the owner of the house must appear before the judges[a] to determine whether he has laid his hands on the other man's property. 9 In all cases of illegal possession of an ox, a donkey, a sheep, a garment, or any other lost property about which somebody says, 'This is mine,' both parties are to bring their cases before the judges. The one whom the judges declare[b] guilty must pay back double to his neighbor.

10 "If a man gives a donkey, an ox, a sheep or any other animal to his neighbor for safekeeping and it dies or is injured or is taken away while no one is looking, 11 the issue between them will be settled by the taking of an oath before the Lord that the neighbor did not lay hands on the other person's property. The owner is to accept this, and no restitution is required. 12 But if the animal was stolen from the neighbor, he must make restitution to the owner. 13 If it was torn to pieces by a wild animal, he shall bring in the remains as evidence and he will not be required to pay for the torn animal.

14 "If a man borrows an animal from his neighbor and it is injured or dies while the owner is not present, he must make restitution. 15 But if the owner is with the animal, the borrower will not have to pay. If the animal was hired, the money paid for the hire covers the loss.

Social Responsibility

16 "If a man seduces a virgin who is not pledged to be married and sleeps with her, he must pay the bride-price, and she shall be his wife. 17 If her father absolutely refuses to give her to him, he must still pay the bride-price for virgins.

18 "Do not allow a sorceress to live.

19 "Anyone who has sexual relations with an animal must be put to death.

20 "Whoever sacrifices to any god other than the Lord must be destroyed.[c]

21 "Do not mistreat an alien or oppress him, for you were aliens in Egypt.

22 "Do not take advantage of a widow or an orphan. 23 If you do and they cry out to me, I will certainly hear their cry. 24 My anger will be aroused, and I will kill you with the sword; your wives will become widows and your children fatherless.

25 "If you lend money to one of my people among you who is needy, do not be like a moneylender; charge him no interest.[d] 26 If you take your neighbor's cloak as a pledge, return it to him by sunset, 27 because his cloak is the only covering he has for his body. What else will he sleep in? When he cries out to me, I will hear, for I am compassionate.

28 "Do not blaspheme God[e] or curse the ruler of your people.

29 "Do not hold back offerings from your granaries or your vats.[f]

"You must give me the firstborn of your sons. 30 Do the same with your cattle and your sheep. Let them stay with their mothers for seven days, but give them to me on the eighth day.

31 "You are to be my holy people. So do not eat the meat of an animal torn by wild beasts; throw it to the dogs.

Laws of Justice and Mercy

23 "Do not spread false reports. Do not help a wicked man by being a malicious witness.

---

[a]22.8 Ou *perante Deus*; também no versículo 9. [b]22.9 Ou *a quem Deus declarar* [c]22.28 Ou *"Não insultem os juízes* [d]22.29 Ou *do trigo, do vinho e do azeite.* Hebraico: *a sua prosperidade e as suas lágrimas.* [e]23.1 Ou *não espalhe notícias*

[a]22:8 Or *before God*; also in verse [b]22:9 Or *whom God declares* [c]22:20 The Hebrew term refers to the irrevocable giving over of things or persons to the Lord, often by totally destroying them. [d]22:25 Or *excessive interest* [e]22:28 Or *Do not revile the judges* [f]22:29 The meaning of the Hebrew for this phrase is uncertain.

2 "Não acompanhe a maioria para fazer o mal. Ao testemunhar num processo, não perverta a justiça para apoiar a maioria, **3** nem para favorecer o pobre num processo.

4 "Se você encontrar perdido o boi ou o jumento que pertence ao seu inimigo, leve-o de volta a ele. **5** Se você vir o jumento de alguém que o odeia caído sob o peso de sua carga, não o abandone, procure ajudá-lo.

6 "Não perverta o direito dos pobres em seus processos. **7** Não se envolva em falsas acusações nem condene à morte o inocente e o justo, porque não absolverei o culpado.

8 "Não aceite suborno, pois o suborno cega até os que têm discernimento[a] e prejudica a causa do justo.

9 "Não oprima o estrangeiro. Vocês sabem o que é ser estrangeiro, pois foram estrangeiros no Egito.

Leis acerca do Sábado

10 "Plantem e colham em sua terra durante seis anos, **11** mas no sétimo deixem-na descansar sem cultivá-la. Assim os pobres do povo poderão comer o que crescer por si, e o que restar ficará para os animais do campo. Façam o mesmo com as suas vinhas e com os seus olivais.

12 "Em seis dias façam os seus trabalhos, mas no sétimo não trabalhem, para que o seu boi e o seu jumento possam descansar, e o seu escravo e o estrangeiro renovem as forças.

13 "Tenham o cuidado de fazer tudo o que lhes ordenei. Não invoquem o nome de outros deuses; não se ouçam tais nomes dos seus lábios.

Leis acerca das Grandes Festas Anuais

14 "Três vezes por ano vocês me celebrarão festa.

15 "Celebrem a festa dos pães sem fermento; durante sete dias comam pão sem fermento, como eu lhes ordenei. Façam isso na época determinada do mês de abibe[b], pois nesse mês vocês saíram do Egito.

"Ninguém se apresentará a mim de mãos vazias.

16 "Celebrem a festa da colheita dos primeiros frutos do seu trabalho de semeadura.

"Celebrem a festa do encerramento da colheita quando, no final do ano, vocês armazenarem as colheitas.

17 "Três vezes por ano todos os homens devem comparecer diante do Senhor, o Soberano.

18 "Não ofereçam o sangue de um sacrifício feito em minha honra com pão fermentado.

"A gordura das ofertas de minhas festas não deverá ser guardada até a manhã seguinte.

19 "Tragam ao santuário do Senhor, o seu Deus, o melhor dos primeiros frutos das suas colheitas.

"Não cozinhem o cabrito no leite da própria mãe.

Promessas e Advertências sobre a Conquista de Canaã

20 "Eis que envio um anjo à frente de vocês para protegê-los por todo o caminho e fazê-los chegar ao lugar que preparei. **21** Prestem atenção e ouçam o que ele diz. Não se rebelem contra ele, pois não perdoará as suas transgressões, pois nele está o meu nome. **22** Se vocês ouvirem atentamente o que ele disser e fizerem tudo o que lhes ordeno, serei inimigo dos seus inimigos, e adversário dos seus adversários. **23** O meu anjo irá à frente de vocês e os fará chegar à terra dos amorreus, dos hititas, dos ferezeus, dos cananeus, dos heveus e dos jebuseus, e eu os exterminarei. **24** Não se curvem diante dos deuses deles, nem lhes prestem culto, nem sigam as suas práticas. Destruam-nos totalmente e quebrem as suas colunas sagradas. **25** Prestem culto ao Senhor, o Deus de vocês, e ele os abençoará, dando-lhes alimento e água. Tirarei a doença do meio de vocês. **26** Em sua terra nenhuma grávida perderá o filho, nem haverá mulher estéril. Farei completar-se o tempo de duração da vida de vocês.

2 "Do not follow the crowd in doing wrong. When you give testimony in a lawsuit, do not pervert justice by siding with the crowd, **3** and do not show favoritism to a poor man in his lawsuit.

4 "If you come across your enemy's ox or donkey wandering off, be sure to take it back to him. **5** If you see the donkey of someone who hates you fallen down under its load, do not leave it there; be sure you help him with it.

6 "Do not deny justice to your poor people in their lawsuits. **7** Have nothing to do with a false charge and do not put an innocent or honest person to death, for I will not acquit the guilty.

8 "Do not accept a bribe, for a bribe blinds those who see and twists the words of the righteous.

9 "Do not oppress an alien; you yourselves know how it feels to be aliens, because you were aliens in Egypt.

Sabbath Laws

10 "For six years you are to sow your fields and harvest the crops, **11** but during the seventh year let the land lie unplowed and unused. Then the poor among your people may get food from it, and the wild animals may eat what they leave. Do the same with your vineyard and your olive grove.

12 "Six days do your work, but on the seventh day do not work, so that your ox and your donkey may rest and the slave born in your household, and the alien as well, may be refreshed.

13 "Be careful to do everything I have said to you. Do not invoke the names of other gods; do not let them be heard on your lips.

The Three Annual Festivals

14 "Three times a year you are to celebrate a festival to me.

15 "Celebrate the Feast of Unleavened Bread; for seven days eat bread made without yeast, as I commanded you. Do this at the appointed time in the month of Abib, for in that month you came out of Egypt.

"No one is to appear before me empty-handed.

16 "Celebrate the Feast of Harvest with the firstfruits of the crops you sow in your field.

"Celebrate the Feast of Ingathering at the end of the year, when you gather in your crops from the field.

17 "Three times a year all the men are to appear before the Sovereign Lord.

18 "Do not offer the blood of a sacrifice to me along with anything containing yeast.

"The fat of my festival offerings must not be kept until morning.

19 "Bring the best of the firstfruits of your soil to the house of the Lord your God.

"Do not cook a young goat in its mother's milk.

God's Angel to Prepare the Way

20 "See, I am sending an angel ahead of you to guard you along the way and to bring you to the place I have prepared. **21** Pay attention to him and listen to what he says. Do not rebel against him; he will not forgive your rebellion, since my Name is in him. **22** If you listen carefully to what he says and do all that I say, I will be an enemy to your enemies and will oppose those who oppose you. **23** My angel will go ahead of you and bring you into the land of the Amorites, Hittites, Perizzites, Canaanites, Hivites and Jebusites, and I will wipe them out. **24** Do not bow down before their gods or worship them or follow their practices. You must demolish them and break their sacred stones to pieces. **25** Worship the Lord your God, and his blessing will be on your food and water. I will take away sickness from among you, **26** and none will miscarry or be barren in your land. I will give you a full life span.

---

a 23.8 Ou *os juízes* **b 23.15** Aproximadamente março/abril.

27 "Mandarei adiante de vocês o meu terror, que porá em confusão todas as nações que vocês encontrarem. Farei que todos os seus inimigos virem as costas e fujam. **28** Causarei pânicoª entre os heveus, os cananeus e os hititas para expulsá-los de diante de vocês. **29** Não os expulsarei num só ano, pois a terra se tornaria desolada e os animais selvagens se multiplicariam, ameaçando vocês. **30** Eu os expulsarei aos poucos, até que vocês sejam numerosos o suficiente para tomarem posse da terra.

31 "Estabelecerei as suas fronteiras desde o mar Vermelho até o mar dos filisteusᵇ, e desde o deserto até o Eufratesᶜ. Entregarei em suas mãos os povos que vivem na terra, os quais vocês expulsarão de diante de vocês. **32** Não façam aliança com eles nem com os seus deuses. **33** Não deixem que esses povos morem na terra de vocês, senão eles os levarão a pecar contra mim, porque prestar culto aos deuses deles será uma armadilha para vocês".

A Confirmação da Aliança

24 Depois Deus disse a Moisés: "Subam o monte para encontrar-se com o Senhor, você e Arão, Nadabe e Abiú, e setenta autoridades de Israel. Adorem à distância. **2** Somente Moisés se aproximará do Senhor; os outros não. O povo também não subirá com ele".

3 Quando Moisés se dirigiu ao povo e transmitiu-lhes todas as palavras e ordenanças do Senhor, eles responderam em uníssono: "Faremos tudo o que o Senhor ordenou". **4** Moisés, então, escreveu tudo o que o Senhor dissera.

Na manhã seguinte Moisés levantou-se, construiu um altar ao pé do monte e ergueu doze colunas de pedra, representando as doze tribos de Israel. **5** Em seguida enviou jovens israelitas, que ofereceram holocaustos e novilhos como sacrifícios de comunhão ao Senhor. **6** Moisés colocou metade do sangue em tigelas e a outra metade derramou sobre o altar. **7** Em seguida, leu o Livro da Aliança para o povo, e eles disseram: "Faremos fielmente tudo o que o Senhor ordenou".

8 Depois Moisés aspergiu o sangue sobre o povo, dizendo: "Este é o sangue da aliança que o Senhor fez com vocês de acordo com todas essas palavras".

9 Moisés, Arão, Nadabe, Abiú e setenta autoridades de Israel subiram **10** e viram o Deus de Israel, sob cujos pés havia algo semelhante a um pavimento de safira, como o céu em seu esplendor. **11** Deus, porém, não estendeu a mão para punir esses líderes do povo de Israel; eles viram a Deus, e depois comeram e beberam.

Moisés na Presença de Deus

12 Disse o Senhor a Moisés: "Suba o monte, venha até mim, e fique aqui; e lhe darei as tábuas de pedra com a lei e os mandamentos que escrevi para a instrução do povo".

13 Moisés partiu com Josué, seu auxiliar, e subiu ao monte de Deus. **14** Disse ele às autoridades de Israel: "Esperem-nos aqui, até que retornemos. Arão e Hur ficarão com vocês; quem tiver alguma questão para resolver, poderá procurá-los".

15 Quando Moisés subiu, a nuvem cobriu o monte, **16** e a glória do Senhor permaneceu sobre o monte Sinai. Durante seis dias a nuvem cobriu o monte. No sétimo dia o Senhor chamou Moisés do interior da nuvem. **17** Aos olhos dos israelitas a glória do Senhor parecia um fogo consumidor no topo do monte. **18** Moisés entrou na nuvem e foi subindo o monte. E permaneceu no monte quarenta dias e quarenta noites.

As Ofertas para o Tabernáculo

25 Disse o Senhor a Moisés: **2** "Diga aos israelitas que me tragam uma oferta. Receba-a de todo aquele cujo coração o compelir a dar. **3** Estas são as ofertas que deverá

27 "I will send my terror ahead of you and throw into confusion every nation you encounter. I will make all your enemies turn their backs and run. **28** I will send the hornet ahead of you to drive the Hivites, Canaanites and Hittites out of your way. **29** But I will not drive them out in a single year, because the land would become desolate and the wild animals too numerous for you. **30** Little by little I will drive them out before you, until you have increased enough to take possession of the land.

31 "I will establish your borders from the Red Seaª to the Sea of the Philistines,ᵇ and from the desert to the River.ᶜ I will hand over to you the people who live in the land and you will drive them out before you. **32** Do not make a covenant with them or with their gods. **33** Do not let them live in your land, or they will cause you to sin against me, because the worship of their gods will certainly be a snare to you."

The Covenant Confirmed

24 Then he said to Moses, "Come up to the Lord, you and Aaron, Nadab and Abihu, and seventy of the elders of Israel. You are to worship at a distance, **2** but Moses alone is to approach the Lord; the others must not come near. And the people may not come up with him."

3 When Moses went and told the people all the Lord's words and laws, they responded with one voice, "Everything the Lord has said we will do." **4** Moses then wrote down everything the Lord had said.

He got up early the next morning and built an altar at the foot of the mountain and set up twelve stone pillars representing the twelve tribes of Israel. **5** Then he sent young Israelite men, and they offered burnt offerings and sacrificed young bulls as fellowship offeringsᵈ to the Lord. **6** Moses took half of the blood and put it in bowls, and the other half he sprinkled on the altar. **7** Then he took the Book of the Covenant and read it to the people. They responded, "We will do everything the Lord has said; we will obey."

8 Moses then took the blood, sprinkled it on the people and said, "This is the blood of the covenant that the Lord has made with you in accordance with all these words."

9 Moses and Aaron, Nadab and Abihu, and the seventy elders of Israel went up **10** and saw the God of Israel. Under his feet was something like a pavement made of sapphire,ᵉ clear as the sky itself. **11** But God did not raise his hand against these leaders of the Israelites; they saw God, and they ate and drank.

12 The Lord said to Moses, "Come up to me on the mountain and stay here, and I will give you the tablets of stone, with the law and commands I have written for their instruction."

13 Then Moses set out with Joshua his aide, and Moses went up on the mountain of God. **14** He said to the elders, "Wait here for us until we come back to you. Aaron and Hur are with you, and anyone involved in a dispute can go to them."

15 When Moses went up on the mountain, the cloud covered it, **16** and the glory of the Lord settled on Mount Sinai. For six days the cloud covered the mountain, and on the seventh day the Lord called to Moses from within the cloud. **17** To the Israelites the glory of the Lord looked like a consuming fire on top of the mountain. **18** Then Moses entered the cloud as he went on up the mountain. And he stayed on the mountain forty days and forty nights.

Offerings for the Tabernacle

25 The Lord said to Moses, **2** "Tell the Israelites to bring me an offering. You are to receive the offering for me from each man whose heart prompts him to give. **3** These are the offer-

---

ª23.28 Ou *mandarei vespas*; ou ainda *mandarei uma praga* ᵇ23.31 Isto é, o Mediterrâneo. ᶜ23.31 Hebraico: o Rio.

ª23:31 Hebrew *Yam Suph*; that is, Sea of Reeds ᵇ23:31 That is, the Mediterranean ᶜ23:31 That is, the Euphrates ᵈ24:5 Traditionally *peace offerings* ᵉ24:10 Or *lapis lazuli*

receber deles: ouro, prata e bronze, ⁴ fios de tecidos azul, roxo e vermelho, linho fino, pêlos de cabra, ⁵ peles de carneiro tingidas de vermelho, couroᵃ, madeira de acácia, ⁶ azeite para iluminação; especiarias para o óleo da unção e para o incenso aromático; ⁷ pedras de ônix e outras pedras preciosas para serem encravadas no colete sacerdotal e no peitoral.

⁸ "E farão um santuário para mim, e eu habitarei no meio deles. ⁹ Façam tudo como eu lhe mostrar, conforme o modelo do tabernáculo e de cada utensílio.

A Arca da Aliança

¹⁰ "Faça uma arca de madeira de acácia com um metro e dez centímetros de comprimento, setenta centímetros de largura e setenta centímetros de alturaᵇ. ¹¹ Revista-a de ouro puro, por dentro e por fora, e faça uma moldura de ouro ao seu redor. ¹² Mande fundir quatro argolas de ouro para ela e prenda-as em seus quatro pés, com duas argolas de um lado e duas do outro. ¹³ Depois faça varas de madeira de acácia, revista-as de ouro ¹⁴ e coloque-as nas argolas laterais da arca, para que possa ser carregada. ¹⁵ As varas permanecerão nas argolas da arca; não devem ser retiradas. ¹⁶ Então coloque dentro da arca as tábuas da aliança que lhe darei.

¹⁷ "Faça uma tampaᶜ de ouro puro com um metro e dez centímetros de comprimento por setenta centímetros de largura, ¹⁸ com dois querubins de ouro batido nas extremidades da tampa. ¹⁹ Faça um querubim numa extremidade e o segundo na outra, formando uma só peça com a tampa. ²⁰ Os querubins devem ter suas asas estendidas para cima, cobrindo com elas a tampa. Ficarão de frente um para o outro, com o rosto voltado para a tampa. ²¹ Coloque a tampa sobre a arca, e dentro dela as tábuas da aliança que darei a você. ²² Ali, sobre a tampa, no meio dos dois querubins que se encontram sobre a arca da aliançaᵈ, eu me encontrarei com você e lhe darei todos os meus mandamentos destinados aos israelitas.

A Mesa e seus Utensílios

²³ "Faça uma mesa de madeira de acácia com noventa centímetros de comprimento, quarenta e cinco centímetros de largura e setenta centímetros de altura. ²⁴ Revista-a de ouro puro e faça uma moldura de ouro ao seu redor. ²⁵ Faça também ao seu redor uma borda com a largura de quatro dedos e uma moldura de ouro para essa borda. ²⁶ Faça quatro argolas de ouro para a mesa e prenda-as nos quatro cantos dela, onde estão os seus quatro pés. ²⁷ As argolas devem ser presas próximas da borda para que sustentem as varas usadas para carregar a mesa. ²⁸ Faça as varas de madeira de acácia, revestindo-as de ouro; com elas se carregará a mesa. ²⁹ Faça de ouro puro os seus pratos e o recipiente para incenso, as suas tigelas e as bacias nas quais se derramam as ofertas de bebidas. ³⁰ Coloque sobre a mesa os pães da Presença, para que estejam sempre diante de mim.

O Candelabro de Ouro

³¹ "Faça um candelabro de ouro puro e batido. O pedestal, a haste, as taças, as flores e os botões do candelabro formarão com ele uma só peça. ³² Seis braços sairão do candelabro: três de um lado e três do outro. ³³ Haverá três taças com formato de flor de amêndoa num dos braços, cada uma com botão e flor, e três taças com formato de flor de amêndoa no braço seguinte, cada uma com botão e flor. Assim será com os seis braços que saem do candelabro. ³⁴ Na haste do candelabro haverá quatro taças com formato de flor de amêndoa, cada uma com botão e flor. ³⁵ Haverá um botão debaixo de cada par dos seis braços que saem do candelabro. ³⁶ Os braços com seus botões formarão uma só peça com o candelabro, tudo feito de ouro puro e batido.

ings you are to receive from them: gold, silver and bronze; ⁴ blue, purple and scarlet yarn and fine linen; goat hair; ⁵ ram skins dyed red and hides of sea cowsᵃ; acacia wood; ⁶ olive oil for the light; spices for the anointing oil and for the fragrant incense; ⁷ and onyx stones and other gems to be mounted on the ephod and breastpiece.

⁸ "Then have them make a sanctuary for me, and I will dwell among them. ⁹ Make this tabernacle and all its furnishings exactly like the pattern I will show you.

The Ark

¹⁰ "Have them make a chest of acacia wood—two and a half cubits long, a cubit and a half wide, and a cubit and a half high.ᵇ ¹¹ Overlay it with pure gold, both inside and out, and make a gold molding around it. ¹² Cast four gold rings for it and fasten them to its four feet, with two rings on one side and two rings on the other. ¹³ Then make poles of acacia wood and overlay them with gold. ¹⁴ Insert the poles into the rings on the sides of the chest to carry it. ¹⁵ The poles are to remain in the rings of this ark; they are not to be removed. ¹⁶ Then put in the ark the Testimony, which I will give you.

¹⁷ "Make an atonement coverᶜ of pure gold—two and a half cubits long and a cubit and a half wide.ᵈ ¹⁸ And make two cherubim out of hammered gold at the ends of the cover. ¹⁹ Make one cherub on one end and the second cherub on the other; make the cherubim of one piece with the cover, at the two ends. ²⁰ The cherubim are to have their wings spread upward, overshadowing the cover with them. The cherubim are to face each other, looking toward the cover. ²¹ Place the cover on top of the ark and put in the ark the Testimony, which I will give you. ²² There, above the cover between the two cherubim that are over the ark of the Testimony, I will meet with you and give you all my commands for the Israelites.

The Table

²³ "Make a table of acacia wood—two cubits long, a cubit wide and a cubit and a half high.ᵉ ²⁴ Overlay it with pure gold and make a gold molding around it. ²⁵ Also make around it a rim a handbreadthᶠ wide and put a gold molding on the rim. ²⁶ Make four gold rings for the table and fasten them to the four corners, where the four legs are. ²⁷ The rings are to be close to the rim to hold the poles used in carrying the table. ²⁸ Make the poles of acacia wood, overlay them with gold and carry the table with them. ²⁹ And make its plates and dishes of pure gold, as well as its pitchers and bowls for the pouring out of offerings. ³⁰ Put the bread of the Presence on this table to be before me at all times.

The Lampstand

³¹ "Make a lampstand of pure gold and hammer it out, base and shaft; its flowerlike cups, buds and blossoms shall be of one piece with it. ³² Six branches are to extend from the sides of the lampstand—three on one side and three on the other. ³³ Three cups shaped like almond flowers with buds and blossoms are to be on one branch, three on the next branch, and the same for all six branches extending from the lampstand. ³⁴ And on the lampstand there are to be four cups shaped like almond flowers with buds and blossoms. ³⁵ One bud shall be under the first pair of branches extending from the lampstand, a second bud under the second pair, and a third bud under the third pair—six branches in all. ³⁶ The buds and branches shall all be of one piece with the lampstand, hammered out of pure gold.

ᵃ25.5 Possivelmente de animais marinhos; também em 26.14. ᵇ25.10 Hebraico: 2,5 côvados de comprimento, 1,5 côvados de largura e 1,5 côvados de altura. O côvado era uma medida linear de cerca de 45 centímetros. ᶜ25.17 Tradicionalmente *um propiciatório*; também no restante do capítulo e em 26.34. ᵈ25.22 Hebraico: *do Testemunho*. Isto é, das tábuas da aliança; também em 26.33 e 34. ᵉ25.29 Veja Nm 28.7.

ᵃ25:5 That is, dugongs ᵇ25:10 That is, about 3 3/4 feet (about 1.1 meters) long and 2 1/4 feet (about 0.7 meter) wide and high ᶜ25:17 Traditionally *a mercy seat* ᵈ25:17 That is, about 3 3/4 feet (about 1.1 meters) long and 2 1/4 feet (about 0.7 meter) wide ᵉ25:23 That is, about 3 feet (about 0.9 meter) long and 1 1/2 feet (about 0.5 meter) wide and 2 1/4 feet (about 0.7 meter) high ᶠ25:25 That is, about 3 inches (about 8 centimeters)

37 "Faça-lhe também sete lâmpadas e coloque-as nele para que iluminem a frente dele. **38** Seus cortadores de pavio e seus apagadores serão de ouro puro. **39** Com trinta e cinco quilos[a] de ouro puro faça o candelabro e todos esses utensílios. **40** Tenha o cuidado de fazê-lo segundo o modelo que lhe foi mostrado no monte.

O Tabernáculo

26 "Faça o tabernáculo com dez cortinas internas de linho fino trançado e de fios de tecidos azul, roxo e vermelho, e nelas mande bordar querubins. **2** Todas as cortinas internas terão a mesma medida: doze metros e sessenta centímetros de comprimento e um metro e oitenta centímetros de largura[b]. **3** Prenda cinco dessas cortinas internas uma com a outra e faça o mesmo com as outra cinco. **4** Faça laçadas de tecido azul ao longo da borda da cortina interna, na extremidade do primeiro conjunto de cortinas internas; o mesmo será feito à cortina interna na extremidade do outro conjunto. **5** Faça cinqüenta laçadas numa cortina interna e cinqüenta laçadas na cortina interna que está na extremidade do outro conjunto, de modo que as laçadas estejam opostas umas às outras. **6** Faça também cinqüenta colchetes de ouro com os quais se prenderão as cortinas in-ternas uma na outra, para que o tabernáculo seja um todo.

7 "Com o total de onze cortinas internas de pêlos de cabra faça uma tenda para cobrir o tabernáculo. **8** As onze cortinas internas terão o mesmo tamanho: treze metros e meio de comprimento e um metro e oitenta centímetros de largura. **9** Prenda de um lado cinco cortinas internas e também as outras seis do outro lado. Dobre em duas partes a sexta cortina interna na frente da tenda. **10** Faça cinqüenta laçadas ao longo da borda da cortina interna na extremidade do primeiro conjunto de cortinas, e também ao longo da borda da cortina interna do outro conjunto. **11** Em seguida faça cinqüenta colchetes de bronze e ponha-os nas laçadas para unir a tenda como um todo. **12** Quanto à sobra no comprimento das cortinas internas da tenda, a meia cortina interna que sobrar será pendurada na parte de trás do tabernáculo. **13** As dez cortinas internas serão quarenta e cinco centímetros mais compridas de cada lado; e o que sobrar será pendurado nos dois lados do tabernáculo, para cobri-lo. **14** Faça também para a tenda uma cobertura de pele de carneiro tingida de vermelho, e por cima desta uma cobertura de couro.

As Armações do Tabernáculo

15 "Faça armações verticais de madeira de acácia para o tabernáculo. **16** Cada armação terá quatro metros e meio de comprimento por setenta centímetros de largura, **17** com dois encaixes paralelos um ao outro. Todas as armações do tabernáculo devem ser feitas dessa maneira. **18** Faça vinte armações para o lado sul do tabernáculo **19** e quarenta bases de prata debaixo delas: duas bases para cada armação, uma debaixo de cada encaixe. **20** Para o outro lado, o lado norte do tabernáculo, faça vinte armações **21** e quarenta bases de prata, duas debaixo de cada armação. **22** Faça seis armações para o lado ocidental do tabernáculo, **23** e duas armações na parte de trás, nos cantos. **24** As armações nesses dois cantos serão duplas, desde a parte inferior até a superior, colocadas numa única argola; ambas serão assim. **25** Desse modo, haverá oito armações e dezesseis bases de prata, duas debaixo de cada armação.

26 "Faça também travessões de madeira de acácia: cinco para as armações de um lado do tabernáculo, **27** cinco para as do outro lado e cinco para as do lado ocidental, na parte de trás do tabernáculo. **28** O travessão central se estenderá de uma extremidade à outra entre as armações. **29** Revista de ouro as armações e faça argolas de ouro para sustentar os travessões, os quais também terão que ser revestidos de ouro.

37 "Then make its seven lamps and set them up on it so that they light the space in front of it. **38** Its wick trimmers and trays are to be of pure gold. **39** A talent[a] of pure gold is to be used for the lampstand and all these accessories. **40** See that you make them according to the pattern shown you on the mountain.

The Tabernacle

26 "Make the tabernacle with ten curtains of finely twisted linen and blue, purple and scarlet yarn, with cherubim worked into them by a skilled craftsman. **2** All the curtains are to be the same size—twenty-eight cubits long and four cubits wide.[b] **3** Join five of the curtains together, and do the same with the other five. **4** Make loops of blue material along the edge of the end curtain in one set, and do the same with the end curtain in the other set. **5** Make fifty loops on one curtain and fifty loops on the end curtain of the other set, with the loops opposite each other. **6** Then make fifty gold clasps and use them to fasten the curtains together so that the tabernacle is a unit.

7 "Make curtains of goat hair for the tent over the tabernacle—eleven altogether. **8** All eleven curtains are to be the same size—thirty cubits long and four cubits wide.[c] **9** Join five of the curtains together into one set and the other six into another set. Fold the sixth curtain double at the front of the tent. **10** Make fifty loops along the edge of the end curtain in one set and also along the edge of the end curtain in the other set. **11** Then make fifty bronze clasps and put them in the loops to fasten the tent together as a unit. **12** As for the additional length of the tent curtains, the half curtain that is left over is to hang down at the rear of the tabernacle. **13** The tent curtains will be a cubit[d] longer on both sides; what is left will hang over the sides of the tabernacle so as to cover it. **14** Make for the tent a covering of ram skins dyed red, and over that a covering of hides of sea cows.[e]

15 "Make upright frames of acacia wood for the tabernacle. **16** Each frame is to be ten cubits long and a cubit and a half wide,[f] **17** with two projections set parallel to each other. Make all the frames of the tabernacle in this way. **18** Make twenty frames for the south side of the tabernacle **19** and make forty silver bases to go under them—two bases for each frame, one under each projection. **20** For the other side, the north side of the tabernacle, make twenty frames **21** and forty silver bases—two under each frame. **22** Make six frames for the far end, that is, the west end of the tabernacle, **23** and make two frames for the corners at the far end. **24** At these two corners they must be double from the bottom all the way to the top, and fitted into a single ring; both shall be like that. **25** So there will be eight frames and sixteen silver bases—two under each frame.

26 "Also make crossbars of acacia wood: five for the frames on one side of the tabernacle, **27** five for those on the other side, and five for the frames on the west, at the far end of the tabernacle. **28** The center crossbar is to extend from end to end at the middle of the frames. **29** Overlay the frames with gold and make gold rings to hold the crossbars. Also overlay the crossbars with gold.

---

a25.39 Hebraico: *1 talento.* **b26.2** Hebraico: *28 côvados de comprimento e 4 côvados de largura.* O côvado era uma medida linear de cerca de 45 centímetros.

a25:39 That is, about 75 pounds (about 34 kilograms) **b26:2** That is, about 42 feet (about 12.5 meters) long and 6 feet (about 1.8 meters) wide **c26:8** That is, about 45 feet (about 13.5 meters) long and 6 feet (about 1.8 meters) wide **d26:13** That is, about 1 1/2 feet (about 0.5 meter) **e26:14** That is, dugongs **f26:16** That is, about 15 feet (about 4.5 meters) long and 2 1/4 feet (about 0.7 meter) wide

30 "Faça o tabernáculo de acordo com o modelo que lhe foi mostrado no monte.

O Véu

31 "Faça um véu de linho fino trançado e de fios de tecidos azul, roxo e vermelho, e mande bordar nele querubins. **32** Pendure-o com ganchos de ouro em quatro colunas de madeira de acácia revestidas de ouro e fincadas em quatro bases de prata. **33** Pendure o véu pelos colchetes e coloque atrás do véu a arca da aliança. O véu separará o Lugar Santo do Lugar Santíssimo. **34** Coloque a tampa sobre a arca da aliança no Lugar Santíssimo. **35** Coloque a mesa do lado de fora do véu, no lado norte do tabernáculo; e o candelabro em frente dela, no lado sul.

36 "Para a entrada da tenda faça uma cortina de linho fino trançado e de fios de tecidos azul, roxo e vermelho, obra de bordador. **37** Faça ganchos de ouro para essa cortina e cinco colunas de madeira de acácia revestidas de ouro. Mande fundir para eles cinco bases de bronze.

O Altar dos Holocaustos

27 "Faça um altar de madeira de acácia. Será quadrado, com dois metros e vinte e cinco centímetros de largura e um metro e trinta e cinco centímetros de altura[a]. **2** Faça uma ponta em forma de chifre em cada um dos quatro cantos, formando uma só peça com o altar, que será revestido de bronze. **3** Faça de bronze todos os seus utensílios: os recipientes para recolher cinzas, as pás, as bacias de aspersão, os garfos para carne e os braseiros. **4** Faça também para ele uma grelha de bronze em forma de rede e uma argola de bronze em cada um dos quatro cantos da grelha. **5** Coloque-a abaixo da beirada do altar, de maneira que fique a meia altura do altar. **6** Faça varas de madeira de acácia para o altar e revista-as de bronze. **7** Estas varas serão colocadas nas argolas, dos dois lados do altar, quando este for carregado. **8** Faça o altar oco e de tábuas, conforme lhe foi mostrado no monte.

O Pátio

9 "Faça um pátio para o tabernáculo. O lado sul terá quarenta e cinco metros de comprimento, e cortinas externas de linho fino trançado, **10** com vinte colunas e vinte bases de bronze, com ganchos e ligaduras de prata nas colunas. **11** O lado norte também terá quarenta e cinco metros de comprimento e cortinas externas, com vinte colunas e vinte bases de bronze, com ganchos e ligaduras de prata nas colunas.

12 "O lado ocidental, com as suas cortinas externas, terá vinte e dois metros e meio de largura, com dez colunas e dez bases. **13** O lado oriental, que dá para o nascente, também terá vinte e dois metros e meio de largura. **14** Haverá cortinas de seis metros e setenta e cinco centímetros de comprimento num dos lados da entrada, com três colunas e três bases, **15** e cortinas externas de seis metros e setenta e cinco centímetros de comprimento no outro lado, também com três colunas e três bases.

16 "À entrada do pátio, haverá uma cortina de nove metros de comprimento, de linho fino trançado e de fios de tecidos azul, roxo e vermelho, obra de bordador, com quatro colunas e quatro bases. **17** Todas as colunas ao redor do pátio terão ligaduras, ganchos de prata e bases de bronze. **18** O pátio terá quarenta e cinco metros de comprimento e vinte e dois metros e meio de largura, com cortinas de linho fino trançado de dois metros e vinte e cinco centímetros de altura e bases de bronze. **19** Todos os utensílios para o serviço do tabernáculo, inclusive todas as estacas da tenda e as do pátio, serão feitos de bronze.

30 "Set up the tabernacle according to the plan shown you on the mountain.

31 "Make a curtain of blue, purple and scarlet yarn and finely twisted linen, with cherubim worked into it by a skilled craftsman. **32** Hang it with gold hooks on four posts of acacia wood overlaid with gold and standing on four silver bases. **33** Hang the curtain from the clasps and place the ark of the Testimony behind the curtain. The curtain will separate the Holy Place from the Most Holy Place. **34** Put the atonement cover on the ark of the Testimony in the Most Holy Place. **35** Place the table outside the curtain on the north side of the tabernacle and put the lampstand opposite it on the south side.

36 "For the entrance to the tent make a curtain of blue, purple and scarlet yarn and finely twisted linen—the work of an embroiderer. **37** Make gold hooks for this curtain and five posts of acacia wood overlaid with gold. And cast five bronze bases for them.

The Altar of Burnt Offering

27 "Build an altar of acacia wood, three cubits[a] high; it is to be square, five cubits long and five cubits wide.[b] **2** Make a horn at each of the four corners, so that the horns and the altar are of one piece, and overlay the altar with bronze. **3** Make all its utensils of bronze—its pots to remove the ashes, and its shovels, sprinkling bowls, meat forks and firepans. **4** Make a grating for it, a bronze network, and make a bronze ring at each of the four corners of the network. **5** Put it under the ledge of the altar so that it is halfway up the altar. **6** Make poles of acacia wood for the altar and overlay them with bronze. **7** The poles are to be inserted into the rings so they will be on two sides of the altar when it is carried. **8** Make the altar hollow, out of boards. It is to be made just as you were shown on the mountain.

The Courtyard

9 "Make a courtyard for the tabernacle. The south side shall be a hundred cubits[c] long and is to have curtains of finely twisted linen, **10** with twenty posts and twenty bronze bases and with silver hooks and bands on the posts. **11** The north side shall also be a hundred cubits long and is to have curtains, with twenty posts and twenty bronze bases and with silver hooks and bands on the posts.

12 "The west end of the courtyard shall be fifty cubits[d] wide and have curtains, with ten posts and ten bases. **13** On the east end, toward the sunrise, the courtyard shall also be fifty cubits wide. **14** Curtains fifteen cubits[e] long are to be on one side of the entrance, with three posts and three bases, **15** and curtains fifteen cubits long are to be on the other side, with three posts and three bases.

16 "For the entrance to the courtyard, provide a curtain twenty cubits[f] long, of blue, purple and scarlet yarn and finely twisted linen—the work of an embroiderer—with four posts and four bases. **17** All the posts around the courtyard are to have silver bands and hooks, and bronze bases. **18** The courtyard shall be a hundred cubits long and fifty cubits wide,[g] with curtains of finely twisted linen five cubits[h] high, and with bronze bases. **19** All the other articles used in the service of the tabernacle, whatever their function, including all the tent pegs for it and those for the courtyard, are to be of bronze.

---

[a]27.1 Hebraico: *5 côvados de largura e 3 côvados de altura*. O côvado era uma medida linear de cerca de 45 centímetros.

[a]27:1 That is, about 4 1/2 feet (about 1.3 meters) [b]27:1 That is, about 7 1/2 feet (about 2.3 meters) long and wide [c]27:9 That is, about 150 feet (about 46 meters); also in verse 11 [d]27:12 That is, about 75 feet (about 23 meters); also in verse 13 [e]27:14 That is, about 22 1/2 feet (about 6.9 meters); also in verse 15 [f]27:16 That is, about 30 feet (about 9 meters) [g]27:18 That is, about 150 feet (about 46 meters) long and 75 feet (about 23 meters) wide [h]27:18 That is, about 7 1/2 feet (about 2.3 meters)

O Óleo para o Candelabro

20 "Ordene aos israelitas que lhe tragam azeite puro de olivas batidas para a iluminação, para que as lâmpadas fiquem sempre acesas. **21** Na Tenda do Encontro, do lado de fora do véu que se encontra diante das tábuas da aliança, Arão e seus filhos manterão acesas as lâmpadas diante do Senhor, do entardecer até de manhã. Este será um decreto perpétuo entre os israelitas, geração após geração.

As Vestes Sacerdotais

28 "Chame seu irmão Arão e separe-o dentre os israelitas, e também os seus filhos Nadabe e Abiú, Eleazar e Itamar, para que me sirvam como sacerdotes. **2** Para o seu irmão Arão, faça vestes sagradas que lhe confiram dignidade e honra. **3** Diga a todos os homens capazes, aos quais dei habilidade, que façam vestes para a consagração de Arão, para que me sirva como sacerdote. **4** São estas as vestes que farão: um peitoral, um colete sacerdotal, um manto, uma túnica bordada, um turbante e um cinturão. Para que o sacerdote Arão e seus filhos me sirvam como sacerdotes, eles farão essas vestes sagradas **5** e usarão linho fino, fios de ouro e fios de tecidos azul, roxo e vermelho.

O Colete Sacerdotal

6 "Faça o colete sacerdotal de linho fino trançado, de fios de ouro e de fios de tecidos azul, roxo e vermelho, trabalho artesanal. **7** Terá duas ombreiras atadas às suas duas extremidades para uni-lo bem. **8** O cinturão e o colete que por ele é preso serão feitos da mesma peça. O cinturão também será de linho fino trançado, de fios de ouro e de fios de tecidos azul, roxo e vermelho.

9 "Grave em duas pedras de ônix os nomes dos filhos de Israel, **10** por ordem de nascimento: seis nomes numa pedra e seis na outra. **11** Grave os nomes dos filhos de Israel nas duas pedras como o lapidador grava um selo. Em seguida prenda-as com filigranas de ouro, **12** costurando-as nas ombreiras do colete sacerdotal, como pedras memoriais para os filhos de Israel. Assim Arão levará os nomes em seus ombros como memorial diante do Senhor. **13** Faça filigranas de ouro **14** e duas correntes de ouro puro, entrelaçadas como uma corda; e prenda as correntes às filigranas.

O Peitoral

15 "Faça um peitoral de decisões, trabalho artesanal. Faça-o como o colete sacerdotal: de linho fino trançado, de fios de ouro e de fios de tecidos azul, roxo e vermelho. **16** Será quadrado, com um palmo de comprimento e um palmo de largura, e dobrado em dois. **17** Em seguida, fixe nele quatro fileiras de pedras preciosas. Na primeira fileira haverá um rubi, um topázio e um berilo; **18** na segunda, uma turquesa, uma safira e um diamante; **19** na terceira, um jacinto, uma ágata e uma ametista; **20** na quarta, um crisólito, um ônix e um jaspe.ª **21** Serão doze pedras, uma para cada um dos nomes dos filhos de Israel, cada uma gravada como um selo, com o nome de uma das doze tribos.

22 "Faça para o peitoral correntes de ouro puro trançadas como cordas. **23** Faça também duas argolas de ouro e prenda-as às duas extremidades do peitoral. **24** Prenda as duas correntes de ouro às argolas nas extremidades do peitoral, **25** e as outras extremidades das correntes, às duas filigranas, unindo-as às peças das ombreiras do colete sacerdotal, na parte da frente. **26** Faça outras duas argolas de ouro e prenda-as às outras duas extremidades do peitoral, na borda interna, próxima ao colete sacerdotal. **27** Faça mais duas argolas de ouro e prenda-as na parte inferior das ombreiras, na frente do colete sacerdotal, próximas da costura, logo acima do cinturão do colete sacerdotal. **28** As argolas do peitoral serão amarradas às ar-

Oil for the Lampstand

20 "Command the Israelites to bring you clear oil of pressed olives for the light so that the lamps may be kept burning. **21** In the Tent of Meeting, outside the curtain that is in front of the Testimony, Aaron and his sons are to keep the lamps burning before the Lord from evening till morning. This is to be a lasting ordinance among the Israelites for the generations to come.

The Priestly Garments

28 "Have Aaron your brother brought to you from among the Israelites, along with his sons Nadab and Abihu, Eleazar and Ithamar, so they may serve me as priests. **2** Make sacred garments for your brother Aaron, to give him dignity and honor. **3** Tell all the skilled men to whom I have given wisdom in such matters that they are to make garments for Aaron, for his consecration, so he may serve me as priest. **4** These are the garments they are to make: a breastpiece, an ephod, a robe, a woven tunic, a turban and a sash. They are to make these sacred garments for your brother Aaron and his sons, so they may serve me as priests. **5** Have them use gold, and blue, purple and scarlet yarn, and fine linen.

The Ephod

6 "Make the ephod of gold, and of blue, purple and scarlet yarn, and of finely twisted linen—the work of a skilled craftsman. **7** It is to have two shoulder pieces attached to two of its corners, so it can be fastened. **8** Its skillfully woven waistband is to be like it—of one piece with the ephod and made with gold, and with blue, purple and scarlet yarn, and with finely twisted linen.

9 "Take two onyx stones and engrave on them the names of the sons of Israel **10** in the order of their birth—six names on one stone and the remaining six on the other. **11** Engrave the names of the sons of Israel on the two stones the way a gem cutter engraves a seal. Then mount the stones in gold filigree settings **12** and fasten them on the shoulder pieces of the ephod as memorial stones for the sons of Israel. Aaron is to bear the names on his shoulders as a memorial before the Lord. **13** Make gold filigree settings **14** and two braided chains of pure gold, like a rope, and attach the chains to the settings.

The Breastpiece

15 "Fashion a breastpiece for making decisions—the work of a skilled craftsman. Make it like the ephod: of gold, and of blue, purple and scarlet yarn, and of finely twisted linen. **16** It is to be square—a spanª long and a span wide—and folded double. **17** Then mount four rows of precious stones on it. In the first row there shall be a ruby, a topaz and a beryl; **18** in the second row a turquoise, a sapphireᵇ and an emerald; **19** in the third row a jacinth, an agate and an amethyst; **20** in the fourth row a chrysolite, an onyx and a jasper.ᶜ Mount them in gold filigree settings. **21** There are to be twelve stones, one for each of the names of the sons of Israel, each engraved like a seal with the name of one of the twelve tribes.

22 "For the breastpiece make braided chains of pure gold, like a rope. **23** Make two gold rings for it and fasten them to two corners of the breastpiece. **24** Fasten the two gold chains to the rings at the corners of the breastpiece, **25** and the other ends of the chains to the two settings, attaching them to the shoulder pieces of the ephod at the front. **26** Make two gold rings and attach them to the other two corners of the breastpiece on the inside edge next to the ephod. **27** Make two more gold rings and attach them to the bottom of the shoulder pieces on the front of the ephod, close to the seam just above the waistband of the ephod. **28** The rings of the breastpiece are to be tied to the rings of the ephod with blue

---

ª**28.20** A identificação precisa de algumas destas pedras não é conhecida.

ª**28:16** That is, about 9 inches (about 22 centimeters) ᵇ**28:18** Or *lapis lazuli* ᶜ**28:20** The precise identification of some of these precious stones is uncertain.

golas do colete com um cordão azul, ligando o peitoral ao cinturão, para que não se separe do colete sacerdotal.

29 "Toda vez que Arão entrar no Lugar Santo, levará os nomes dos filhos de Israel sobre o seu coração no peitoral de decisões, como memorial permanente perante o Senhor. **30** Ponha também o Urim e o Tumim[a] no peitoral das decisões, para que estejam sobre o coração de Arão sempre que ele entrar na presença do Senhor. Assim, Arão levará sempre sobre o coração, na presença do Senhor, os meios para tomar decisões em Israel.

Outras Vestes Sacerdotais

31 "Faça o manto do colete sacerdotal inteiramente de fios de tecido azul, **32** com uma abertura para a cabeça no centro. Ao redor dessa abertura haverá uma dobra tecida, como uma gola, para que não se rasgue. **33** Faça romãs de fios de tecidos azul, roxo e vermelho em volta da borda do manto, intercaladas com pequenos sinos de ouro. **34** Os sinos de ouro e as romãs se alternarão por toda a volta da borda do manto. **35** Arão o vestirá quando ministrar. O som dos sinos será ouvido quando ele entrar no Lugar Santo diante do Senhor e quando sair, para que não morra.

36 "Faça um diadema de ouro puro e grave nele como se grava um selo: Consagrado ao Senhor. **37** Prenda-o na parte da frente do turbante com uma fita azul. **38** Estará sobre a testa de Arão; assim ele levará a culpa de qualquer pecado que os israelitas cometerem em relação às coisas sagradas, ao fazerem todas as suas ofertas. Estará sempre sobre a testa de Arão, para que as ofertas sejam aceitas pelo Senhor.

39 "Teça a túnica e o turbante com linho fino. O cinturão será feito por um bordador. **40** Faça também túnicas, cinturões e gorros para os filhos de Arão, para conferir-lhes honra e dignidade. **41** Depois de vestir seu irmão Arão e os filhos dele, unja-os e consagre-os, para que me sirvam como sacerdotes.

42 "Faça-lhes calções de linho que vão da cintura até a coxa, para cobrirem a sua nudez. **43** Arão e seus filhos terão que vesti-los sempre que entrarem na Tenda do Encontro ou quando se aproximarem do altar para ministrar no Lugar Santo, para que não incorram em culpa e morram.

"Este é um decreto perpétuo para Arão e para os seus descendentes.

A Consagração dos Sacerdotes

29 "Assim você os consagrará, para que me sirvam como sacerdotes: separe um novilho e dois cordeiros sem defeito. **2** Com a melhor farinha de trigo, sem fermento, faça pães e bolos amassados com azeite, e pães finos, untados com azeite. **3** Coloque-os numa cesta e ofereça-os dentro dela; também ofereça o novilho e os dois cordeiros. **4** Depois traga Arão e seus filhos à entrada da Tenda do Encontro e mande-os lavar-se. **5** Pegue as vestes e vista Arão com a túnica e o peitoral. Prenda o colete sacerdotal sobre ele com o cinturão. **6** Ponha-lhe o turbante na cabeça e prenda a coroa sagrada ao turbante. **7** Unja-o com o óleo da unção, derramando-o sobre a cabeça de Arão. **8** Traga os filhos dele, vista cada um com uma túnica **9** e um gorro na cabeça. Ponha também os cinturões em Arão e em seus filhos. O sacerdócio lhes pertence como ordenança perpétua. Assim você dedicará Arão e seus filhos.

10 "Traga o novilho para a frente da Tenda do Encontro. Arão e seus filhos colocarão as mãos sobre a cabeça do novilho, **11** e você o sacrificará na presença do Senhor, defronte da Tenda do Encontro. **12** Com o dedo, coloque um pouco do sangue do novilho nas pontas do altar e derrame o resto do sangue na base do altar. **13** Depois tire toda a gordura que cobre as vísceras, o lóbulo do fígado, e os dois rins com a gordura que os envolve, e queime-os no altar. **14** Mas queime a carne, o couro e o excremento do novilho fora do acampamento; é oferta pelo pecado.

cord, connecting it to the waistband, so that the breastpiece will not swing out from the ephod.

29 "Whenever Aaron enters the Holy Place, he will bear the names of the sons of Israel over his heart on the breastpiece of decision as a continuing memorial before the Lord. **30** Also put the Urim and the Thummim in the breastpiece, so they may be over Aaron's heart whenever he enters the presence of the Lord. Thus Aaron will always bear the means of making decisions for the Israelites over his heart before the Lord.

Other Priestly Garments

31 "Make the robe of the ephod entirely of blue cloth, **32** with an opening for the head in its center. There shall be a woven edge like a collar[a] around this opening, so that it will not tear. **33** Make pomegranates of blue, purple and scarlet yarn around the hem of the robe, with gold bells between them. **34** The gold bells and the pomegranates are to alternate around the hem of the robe. **35** Aaron must wear it when he ministers. The sound of the bells will be heard when he enters the Holy Place before the Lord and when he comes out, so that he will not die.

36 "Make a plate of pure gold and engrave on it as on a seal: Holy To The Lord. **37** Fasten a blue cord to it to attach it to the turban; it is to be on the front of the turban. **38** It will be on Aaron's forehead, and he will bear the guilt involved in the sacred gifts the Israelites consecrate, whatever their gifts may be. It will be on Aaron's forehead continually so that they will be acceptable to the Lord.

39 "Weave the tunic of fine linen and make the turban of fine linen. The sash is to be the work of an embroiderer. **40** Make tunics, sashes and headbands for Aaron's sons, to give them dignity and honor. **41** After you put these clothes on your brother Aaron and his sons, anoint and ordain them. Consecrate them so they may serve me as priests.

42 "Make linen undergarments as a covering for the body, reaching from the waist to the thigh. **43** Aaron and his sons must wear them whenever they enter the Tent of Meeting or approach the altar to minister in the Holy Place, so that they will not incur guilt and die.

"This is to be a lasting ordinance for Aaron and his descendants.

Consecration of the Priests

29 "This is what you are to do to consecrate them, so they may serve me as priests: Take a young bull and two rams without defect. **2** And from fine wheat flour, without yeast, make bread, and cakes mixed with oil, and wafers spread with oil. **3** Put them in a basket and present them in it—along with the bull and the two rams. **4** Then bring Aaron and his sons to the entrance to the Tent of Meeting and wash them with water. **5** Take the garments and dress Aaron with the tunic, the robe of the ephod, the ephod itself and the breastpiece. Fasten the ephod on him by its skillfully woven waistband. **6** Put the turban on his head and attach the sacred diadem to the turban. **7** Take the anointing oil and anoint him by pouring it on his head. **8** Bring his sons and dress them in tunics **9** and put headbands on them. Then tie sashes on Aaron and his sons.[b] The priesthood is theirs by a lasting ordinance. In this way you shall ordain Aaron and his sons.

10 "Bring the bull to the front of the Tent of Meeting, and Aaron and his sons shall lay their hands on its head. **11** Slaughter it in the Lord's presence at the entrance to the Tent of Meeting. **12** Take some of the bull's blood and put it on the horns of the altar with your finger, and pour out the rest of it at the base of the altar. **13** Then take all the fat around the inner parts, the covering of the liver, and both kidneys with the fat on them, and burn them on the altar. **14** But burn the bull's flesh and its hide and its offal outside the camp. It is a sin offering.

---

[a]**28.30** Objetos utilizados para se conhecer a vontade de Deus.

[a]**28:32** The meaning of the Hebrew for this word is uncertain. [b]**29:9** Hebrew; Septuagint *on them*

15 "Separe um dos cordeiros sobre cuja cabeça Arão e seus filhos terão que colocar as mãos. **16** Sacrifique-o, pegue o sangue e jogue-o nos lados do altar. **17** Corte o cordeiro em pedaços, lave as vísceras e as pernas e coloque-as ao lado da cabeça e das outras partes. **18** Depois queime o cordeiro inteiro sobre o altar; é holocausto dedicado ao Senhor; é oferta de aroma agradável dedicada ao Senhor preparada no fogo.

19 "Pegue depois o outro cordeiro. Arão e seus filhos colocarão as mãos sobre a cabeça do animal, **20** e você o sacrificará. Pegue do sangue e coloque-o na ponta da orelha direita de Arão e dos seus filhos, no polegar da mão direita e do pé direito de cada um deles. Depois derrame o resto do sangue nos lados do altar. **21** Pegue, então, um pouco do sangue do altar e um pouco do óleo da unção, e faça aspersão com eles sobre Arão e suas vestes, sobre seus filhos e as vestes deles. Assim serão consagrados, ele e suas vestes, seus filhos e as vestes deles.

22 "Tire desse cordeiro a gordura, a parte gorda da cauda, a gordura que cobre as vísceras, o lóbulo do fígado, os dois rins e a gordura que os envolve, e a coxa direita. Este é o cordeiro da oferta de ordenação. **23** Da cesta de pães sem fermento, que está diante do Senhor, tire um pão, um bolo assado com azeite e um pão fino. **24** Coloque tudo nas mãos de Arão e de seus filhos, e apresente-os como oferta ritualmente movida perante o Senhor. **25** Em seguida retome-o das mãos deles e queime os pães no altar com o holocausto de aroma agradável ao Senhor; é oferta dedicada ao Senhor preparada no fogo. **26** Tire o peito do cordeiro para a ordenação de Arão e mova-o perante o Senhor, como gesto ritual de apresentação; essa parte pertencerá a você.

27 "Consagre aquelas partes do cordeiro da ordenação que pertencem a Arão e a seus filhos: o peito e a coxa movidos como oferta. **28** Essas partes sempre serão dadas pelos israelitas a Arão e a seus filhos. É a contribuição obrigatória que lhes farão, das suas ofertas de comunhão ao Senhor.

29 "As vestes sagradas de Arão passarão aos seus descendentes, para que as vistam quando forem ungidos e consagrados. **30** O filho que o suceder como sacerdote e vier à Tenda do Encontro para ministrar no Lugar Santo terá que usá-las durante sete dias.

31 "Pegue o cordeiro da ordenação e cozinhe a sua carne num lugar sagrado. **32** À entrada da Tenda do Encontro, Arão e seus filhos deverão comer a carne do cordeiro e o pão que está na cesta. **33** Eles comerão dessas ofertas com as quais se fez propiciação para sua ordenação e consagração; somente os sacerdotes poderão comê-las, pois são sagradas. **34** Se sobrar carne do cordeiro da ordenação ou pão até a manhã seguinte, queime a sobra. Não se deve comê-los, visto que são sagrados.

35 "Para a ordenação de Arão e seus filhos, faça durante sete dias tudo o que lhe mandei. **36** Sacrifique um novilho por dia como oferta pelo pecado para fazer propiciação. Purifique o altar, fazendo propiciação por ele, e unja-o para consagrá-lo. **37** Durante sete dias faça propiciação pelo altar, consagrando-o. Então o altar será santíssimo, e tudo o que nele tocar será santo.

Os Dois Holocaustos Diários

38 "Eis o que você terá que sacrificar regularmente sobre o altar: a cada dia dois cordeiros de um ano. **39** Ofereça um de manhã e o outro ao entardecer. **40** Com o primeiro cordeiro ofereça um jarroª da melhor farinha misturada com um litrob de azeite de olivas batidas, e um litro de vinho como oferta derramada. **41** Ofereça o outro cordeiro ao entardecer com uma oferta de cereal e uma oferta derramada, como de manhã. É oferta de aroma agradável ao Senhor preparada no fogo.

42 "De geração em geração esse holocausto deverá ser feito regularmente à entrada da Tenda do Encontro, diante de Senhor. Nesse local eu os encontrarei e falarei com você; **43** ali me encontrarei com os israelitas, e o lugar será consagrado pela minha glória.

15 "Take one of the rams, and Aaron and his sons shall lay their hands on its head. **16** Slaughter it and take the blood and sprinkle it against the altar on all sides. **17** Cut the ram into pieces and wash the inner parts and the legs, putting them with the head and the other pieces. **18** Then burn the entire ram on the altar. It is a burnt offering to the Lord, a pleasing aroma, an offering made to the Lord by fire.

19 "Take the other ram, and Aaron and his sons shall lay their hands on its head. **20** Slaughter it, take some of its blood and put it on the lobes of the right ears of Aaron and his sons, on the thumbs of their right hands, and on the big toes of their right feet. Then sprinkle blood against the altar on all sides. **21** And take some of the blood on the altar and some of the anointing oil and sprinkle it on Aaron and his garments and on his sons and their garments. Then he and his sons and their garments will be consecrated.

22 "Take from this ram the fat, the fat tail, the fat around the inner parts, the covering of the liver, both kidneys with the fat on them, and the right thigh. (This is the ram for the ordination.) **23** From the basket of bread made without yeast, which is before the Lord, take a loaf, and a cake made with oil, and a wafer. **24** Put all these in the hands of Aaron and his sons and wave them before the Lord as a wave offering. **25** Then take them from their hands and burn them on the altar along with the burnt offering for a pleasing aroma to the Lord, an offering made to the Lord by fire. **26** After you take the breast of the ram for Aaron's ordination, wave it before the Lord as a wave offering, and it will be your share.

27 "Consecrate those parts of the ordination ram that belong to Aaron and his sons: the breast that was waved and the thigh that was presented. **28** This is always to be the regular share from the Israelites for Aaron and his sons. It is the contribution the Israelites are to make to the Lord from their fellowship offerings.ᵃ

29 "Aaron's sacred garments will belong to his descendants so that they can be anointed and ordained in them. **30** The son who succeeds him as priest and comes to the Tent of Meeting to minister in the Holy Place is to wear them seven days.

31 "Take the ram for the ordination and cook the meat in a sacred place. **32** At the entrance to the Tent of Meeting, Aaron and his sons are to eat the meat of the ram and the bread that is in the basket. **33** They are to eat these offerings by which atonement was made for their ordination and consecration. But no one else may eat them, because they are sacred. **34** And if any of the meat of the ordination ram or any bread is left over till morning, burn it up. It must not be eaten, because it is sacred.

35 "Do for Aaron and his sons everything I have commanded you, taking seven days to ordain them. **36** Sacrifice a bull each day as a sin offering to make atonement. Purify the altar by making atonement for it, and anoint it to consecrate it. **37** For seven days make atonement for the altar and consecrate it. Then the altar will be most holy, and whatever touches it will be holy.

38 "This is what you are to offer on the altar regularly each day: two lambs a year old. **39** Offer one in the morning and the other at twilight. **40** With the first lamb offer a tenth of an ephahᵇ of fine flour mixed with a quarter of a hinᶜ of oil from pressed olives, and a quarter of a hin of wine as a drink offering. **41** Sacrifice the other lamb at twilight with the same grain offering and its drink offering as in the morning—a pleasing aroma, an offering made to the Lord by fire.

42 "For the generations to come this burnt offering is to be made regularly at the entrance to the Tent of Meeting before the Lord. There I will meet you and speak to you; **43** there also I will meet with the Israelites, and the place will be consecrated by my glory.

ª**29.40** Hebraico: *1/10 de efa*. O efa era uma medida de capacidade para secos. As estimativas variam entre 20 e 40 litros. b**29.40** Hebraico: *1/4 de him*. O him era uma medida de capacidade para líquidos. As estimativas variam entre 3 e 6 litros.

ª**29:28** Traditionally *peace offerings* b**29:40** That is, probably about 2 quarts (about 2 liters) ᶜ**29:40** That is, probably about 1 quart (about 1 liter)

44 "Assim consagrarei a Tenda do Encontro e o altar, e consagrarei também Arão e seus filhos para me servirem como sacerdotes. 45 E habitarei no meio dos israelitas e serei o seu Deus. 46 Saberão que eu sou o Senhor, o seu Deus, que os tirou do Egito para habitar no meio deles. Eu sou o Senhor, o seu Deus.

O Altar do Incenso

30 "Faça um altar de madeira de acácia para queimar incenso. 2 Será quadrado, com quarenta e cinco centímetros de cada ladoª e noventa centímetros de altura; suas pontas formarão com ele uma só peça. 3 Revista de ouro puro a parte superior, todos os lados e as pontas, e faça uma moldura de ouro ao seu redor. 4 Faça duas argolas de ouro de cada lado do altar, abaixo da moldura, que sustentem as varas utilizadas para carregá-lo, 5 e use madeira de acácia para fazer as varas e revista-as de ouro. 6 Coloque o altar em frente do véu que se encontra diante da arca da aliançaᵇ, diante da tampaᶜ que está sobre ele, onde me encontrarei com você.

7 "Arão queimará incenso aromático sobre o altar todas as manhãs, quando vier cuidar das lâmpadas, 8 e também quando acendê-las ao entardecer. Será queimado incenso continuamente perante o Senhor, pelas suas gerações. 9 Não ofereçam nesse altar nenhum outro tipo de incenso nem holocaustoᵈ nem oferta de cereal nem derramem sobre ele ofertas de bebidasᵉ. 10 Uma vez por ano, Arão fará propiciação sobre as pontas do altar. Essa propiciação anual será realizada com o sangue da oferta para propiciação pelo pecado, geração após geração. Esse altar é santíssimo ao Senhor".

O Preço da Propiciação

11 Disse então o Senhor a Moisés: 12 "Quando você fizer o recenseamento dos israelitas, cada um deles terá que pagar ao Senhor um preço pelo resgate por sua vida quando for contado. Dessa forma nenhuma praga virá sobre eles quando você os contar. 13 Cada recenseado contribuirá com seis gramasᶠ, com base no peso padrãoᵍ do santuário, que tem doze gramasʰ. Os seis gramas são uma oferta ao Senhor. 14 Todos os alistados, da idade de vinte anos para cima, darão ao Senhor essa oferta. 15 Os ricos não contribuirão com mais, nem os pobres darão menos que seis gramas, quando apresentarem a oferta ao Senhor como propiciação por sua vida. 16 Receba dos israelitas o preço da propiciação e use-o para o serviço da Tenda do Encontro. Será um memorial perante o Senhor em favor dos israelitas, para fazerem propiciação por suas vidas".

A Bacia de Bronze

17 Disse então o Senhor a Moisés: 18 "Faça uma bacia de bronze com uma base de bronze, para se lavarem. Coloque-a entre a Tenda do Encontro e o altar, e mande enchê-la de água. 19 Arão e seus filhos lavarão as mãos e os pés com a água da bacia. 20 Toda vez que entrarem na Tenda do Encontro, terão que lavar-se com água, para que não morram. Quando também se aproximarem do altar para ministrar ao Senhor, apresentando uma oferta preparada no fogo, 21 lavarão as mãos e os pés para que não morram. Esse é um decreto perpétuo, para Arão e os seus descendentes, geração após geração".

O Óleo para as Unções

22 Em seguida o Senhor disse a Moisés: 23 "Junte as seguintes especiarias: seis quilos de mirra líquida, a metade disso, ou seja, três quilos de canela, três quilos de cana aromática,

44 "So I will consecrate the Tent of Meeting and the altar and will consecrate Aaron and his sons to serve me as priests. 45 Then I will dwell among the Israelites and be their God. 46 They will know that I am the Lord their God, who brought them out of Egypt so that I might dwell among them. I am the Lord their God.

The Altar of Incense

30 "Make an altar of acacia wood for burning incense. 2 It is to be square, a cubit long and a cubit wide, and two cubits highª —its horns of one piece with it. 3 Overlay the top and all the sides and the horns with pure gold, and make a gold molding around it. 4 Make two gold rings for the altar below the molding—two on opposite sides—to hold the poles used to carry it. 5 Make the poles of acacia wood and overlay them with gold. 6 Put the altar in front of the curtain that is before the ark of the Testimony—before the atonement cover that is over the Testimony—where I will meet with you.

7 "Aaron must burn fragrant incense on the altar every morning when he tends the lamps. 8 He must burn incense again when he lights the lamps at twilight so incense will burn regularly before the Lord for the generations to come. 9 Do not offer on this altar any other incense or any burnt offering or grain offering, and do not pour a drink offering on it. 10 Once a year Aaron shall make atonement on its horns. This annual atonement must be made with the blood of the atoning sin offering for the generations to come. It is most holy to the Lord."

Atonement Money

11 Then the Lord said to Moses, 12 "When you take a census of the Israelites to count them, each one must pay the Lord a ransom for his life at the time he is counted. Then no plague will come on them when you number them. 13 Each one who crosses over to those already counted is to give a half shekel, ᵇ according to the sanctuary shekel, which weighs twenty gerahs. This half shekel is an offering to the Lord. 14 All who cross over, those twenty years old or more, are to give an offering to the Lord. 15 The rich are not to give more than a half shekel and the poor are not to give less when you make the offering to the Lord to atone for your lives. 16 Receive the atonement money from the Israelites and use it for the service of the Tent of Meeting. It will be a memorial for the Israelites before the Lord, making atonement for your lives."

Basin for Washing

17 Then the Lord said to Moses, 18 "Make a bronze basin, with its bronze stand, for washing. Place it between the Tent of Meeting and the altar, and put water in it. 19 Aaron and his sons are to wash their hands and feet with water from it. 20 Whenever they enter the Tent of Meeting, they shall wash with water so that they will not die. Also, when they approach the altar to minister by presenting an offering made to the Lord by fire, 21 they shall wash their hands and feet so that they will not die. This is to be a lasting ordinance for Aaron and his descendants for the generations to come."

Anointing Oil

22 Then the Lord said to Moses, 23 "Take the following fine spices: 500 shekelsᶜ of liquid myrrh, half as much (that is, 250 shekels) of fragrant cinnamon, 250 shekels of fragrant cane,

---

ª30.2 Hebraico: *1 côvado de comprimento e de largura.* ᵇ30.6 Hebraico: *do Testemunho.* Isto é, das tábuas da aliança; também em 30.26; 31.7; 39.35; 40.3,5 e 21. ᶜ30.6 Tradicionalmente *um propiciatório*; também em 31.7; 35.12; 37.6,7,8,9; 39.35 e 40.20. ᵈ30.9 Isto é, *sacrifício totalmente queimado*; também em 30.28; 31.9; 32.6; 35.16; 38.1; 40.6,10 e 29. ᵉ30.9 Veja Nm 28.7. ᶠ30.13 Hebraico: *1/2 siclo.* Um siclo equivalia a 12 gramas. ᵍ30.13 Hebraico: *no siclo*; também no versículo 24 e em 38.24 e 25. ʰ30.13 Hebraico: *20 geras.* Uma gera equivalia a 0,6 gramas.

ª30:2 That is, about 1 1/2 feet (about 0.5 meter) long and wide and about 3 feet (about 0.9 meter) high ᵇ30:13 That is, about 1/5 ounce (about 6 grams); also in verse 15 ᶜ30:23 That is, about 12 1/2 pounds (about 6 kilograms)

24 seis quilos de cássia, com base no peso padrão do santuá-rio, e um galãoª de azeite de oliva. 25 Faça com eles o óleo sagrado para as unções, uma mistura de aromas, obra de perfumista. Este será o óleo sagrado para as unções. 26 Use-o para ungir a Tenda do Encontro, a arca da aliança, 27 a mesa e todos os seus utensílios, o candelabro e os seus utensílios, o altar do incenso, 28 o altar do holocausto e todos os seus utensílios, e a bacia com a sua base. 29 Você os consagrará e serão santíssimos, e tudo o que neles tocar se tornará santo.

30 "Unja Arão e seus filhos e consagre-os para que me sirvam como sacerdotes. 31 Diga aos israelitas: Este será o meu óleo sagrado para as unções, geração após geração. 32 Não o derramem sobre nenhum outro homem, e não façam nenhum outro óleo com a mesma composição. É óleo sagrado, e assim vocês devem considerá-lo. 33 Quem fizer óleo como esse ou usá-lo em alguém que não seja sacerdote, será eliminado do meio do seu povo".

O Incenso

34 Disse ainda o Senhor a Moisés: "Junte as seguintes essên-cias: bálsamo, ônica, gálbano e incenso puro, todos em quanti-dades iguais, 35 e faça um incenso de mistura aromática, obra de perfumista. Levará sal e será puro e santo. 36 Moa parte dele, até virar pó, e coloque-o diante das tábuas da aliança, na Ten-da do Encontro, onde me encontrarei com você. O incenso lhes será santíssimo. 37 Não façam nenhum outro incenso com a mesma composição para uso pessoal; considerem-no sagrado, reservado para o Senhor. 38 Quem fizer um incenso semelhan-te, para usufruir sua fragrância, será eliminado do seu povo".

A Escolha dos Artesãos do Tabernáculo

31 Disse então o Senhor a Moisés: 2 "Eu escolhi Bezalel, filho de Uri, filho de Hur, da tribo de Judá, 3 e o enchi do Espírito de Deus, dando-lhe destreza, habilidade e plena capacidade artística 4 para desenhar e executar trabalhos em ouro, prata e bronze, 5 para talhar e esculpir pedras, para enta-lhar madeira e executar todo tipo de obra artesanal. 6 Além disso, designei Aoliabe, filho de Aisamaque, da tribo de Dã, para auxiliá-lo. Também capacitei todos os artesãos para que executem tudo o que lhe ordenei: 7 a Tenda do Encontro, a arca da aliança e a tampa que está sobre ela, e todos os outros utensílios da tenda — 8 a mesa com os seus utensílios, o can-delabro de ouro puro e os seus utensílios, o altar do incenso, 9 o altar do holocausto com os seus utensílios, a bacia com a sua base — 10 as vestes litúrgicas, tanto as vestes sagradas para Arão, o sacerdote, como as vestes para os seus filhos, quando servirem como sacerdotes, 11 e o óleo para as unções e o incen-so aromático para o Lugar Santo. Tudo deve ser feito exata-mente como eu lhe ordenei".

O Dia de Sábado

12 Disse ainda o Senhor a Moisés: 13 "Diga aos israelitas que guardem os meus sábados. Isso será um sinal entre mim e vocês, geração após geração, a fim de que saibam que eu sou o Senhor, que os santifica. 14 "Guardem o sábado, pois para vocês é santo. Aquele que o profanar terá que ser executado; quem fizer algum trabalho nesse dia será eliminado do meio do seu povo. 15 Em seis dias qualquer trabalho poderá ser feito, mas o sétimo dia é o sába-do, o dia de descanso, consagrado ao Senhor. Quem fizer al-gum trabalho no sábado terá que ser executado. 16 Os israelitas terão que guardar o sábado, eles e os seus descendentes, como uma aliança perpétua. 17 Isso será um sinal perpétuo entre mim e os israelitas, pois em seis dias o Senhor fez os céus e a terra, e no sétimo dia ele não trabalhou e descansou".

18 Quando o Senhor terminou de falar com Moisés no monte Sinai, deu-lhe as duas tábuas da aliança, tábuas de pedra, es-critas pelo dedo de Deus.

24 500 shekels of cassia—all according to the sanctuary shekel—and a hinª of olive oil. 25 Make these into a sacred anointing oil, a fragrant blend, the work of a perfumer. It will be the sacred anointing oil. 26 Then use it to anoint the Tent of Meeting, the ark of the Testimony, 27 the table and all its articles, the lampstand and its accessories, the altar of incense, 28 the altar of burnt offering and all its utensils, and the basin with its stand. 29 You shall consecrate them so they will be most holy, and whatever touches them will be holy.

30 "Anoint Aaron and his sons and consecrate them so they may serve me as priests. 31 Say to the Israelites, 'This is to be my sacred anointing oil for the generations to come. 32 Do not pour it on men's bodies and do not make any oil with the same formula. It is sacred, and you are to consider it sacred. 33 Who-ever makes perfume like it and whoever puts it on anyone other than a priest must be cut off from his people.' "

Incense

34 Then the Lord said to Moses, "Take fragrant spices—gum resin, onycha and galbanum—and pure frankincense, all in equal amounts, 35 and make a fragrant blend of incense, the work of a perfumer. It is to be salted and pure and sacred. 36 Grind some of it to powder and place it in front of the Testi-mony in the Tent of Meeting, where I will meet with you. It shall be most holy to you. 37 Do not make any incense with this formula for yourselves; consider it holy to the Lord. 38 Whoever makes any like it to enjoy its fragrance must be cut off from his people."

Bezalel and Oholiab

31 Then the Lord said to Moses, 2 "See, I have chosen Bezalel son of Uri, the son of Hur, of the tribe of Judah, 3 and I have filled him with the Spirit of God, with skill, ability and knowledge in all kinds of crafts— 4 to make artistic de-signs for work in gold, silver and bronze, 5 to cut and set stones, to work in wood, and to engage in all kinds of craftsmanship. 6 Moreover, I have appointed Oholiab son of Ahisamach, of the tribe of Dan, to help him. Also I have given skill to all the craftsmen to make everything I have commanded you: 7 the Tent of Meeting, the ark of the Testimony with the atonement cover on it, and all the other furnishings of the tent— 8 the table and its articles, the pure gold lampstand and all its ac-cessories, the altar of incense, 9 the altar of burnt offering and all its utensils, the basin with its stand— 10 and also the woven garments, both the sacred garments for Aaron the priest and the garments for his sons when they serve as priests, 11 and the anointing oil and fragrant incense for the Holy Place. They are to make them just as I commanded you."

The Sabbath

12 Then the Lord said to Moses, 13 "Say to the Israelites, 'You must observe my Sabbaths. This will be a sign between me and you for the generations to come, so you may know that I am the Lord, who makes you holy.b 14 " 'Observe the Sabbath, because it is holy to you. Anyone who desecrates it must be put to death; whoever does any work on that day must be cut off from his people. 15 For six days, work is to be done, but the seventh day is a Sabbath of rest, holy to the Lord. Whoever does any work on the Sabbath day must be put to death. 16 The Israelites are to observe the Sabbath, celebrating it for the generations to come as a lasting covenant. 17 It will be a sign between me and the Israelites for-ever, for in six days the Lord made the heavens and the earth, and on the seventh day he abstained from work and rested.' "

18 When the Lord finished speaking to Moses on Mount Sinai, he gave him the two tablets of the Testimony, the tablets of stone inscribed by the finger of God.

ª30.24 Hebraico: 1 him. O him era uma medida de capacidade para líquidos. As estimativas variam entre 3 e 6 litros.

ª30:24 That is, probably about 4 quarts (about 4 liters) b31:13 Or who sanctifies you; or who sets you apart as holy

O Bezerro de Ouro

32 O povo, ao ver que Moisés demorava a descer do monte, juntou-se ao redor de Arão e lhe disse: "Venha, faça para nós deusesª que nos conduzam, pois a esse Moisés, o homem que nos tirou do Egito, não sabemos o que lhe aconteceu".

² Respondeu-lhes Arão: "Tirem os brincos de ouro de suas mulheres, de seus filhos e de suas filhas e tragam-nos a mim". ³ Todos tiraram os seus brincos de ouro e os levaram a Arão. ⁴ Ele os recebeu e os fundiu, transformando tudo num ídolo, que modelou com uma ferramenta própria, dando-lhe a forma de um bezerro. Então disseram: "Eis aí os seus deusesᵇ, ó Israel, que tiraram vocês do Egito!"

⁵ Vendo isso, Arão edificou um altar diante do bezerro e anunciou: "Amanhã haverá uma festa dedicada ao Senhor". ⁶ Na manhã seguinte, ofereceram holocaustos e sacrifícios de comunhãoᶜ. O povo se assentou para comer e beber, e levantou-se para se entregar à farra.

⁷ Então o Senhor disse a Moisés: "Desça, porque o seu povo, que você tirou do Egito, corrompeu-se. ⁸ Muito depressa se desviaram daquilo que lhes ordenei e fizeram um ídolo em forma de bezerro, curvaram-se diante dele, ofereceram-lhe sacrifícios, e disseram: 'Eis aí, ó Israel, os seus deuses que tiraram vocês do Egito' ".

⁹ Disse o Senhor a Moisés: "Tenho visto que este povo é um povo obstinado. ¹⁰ Deixe-me agora, para que a minha ira se acenda contra eles, e eu os destrua. Depois farei de você uma grande nação".

¹¹ Moisés, porém, suplicou ao Senhor, o seu Deus, clamando: "Ó Senhor, por que se acenderia a tua ira contra o teu povo, que tiraste do Egito com grande poder e forte mão? ¹² Por que diriam os egípcios: 'Foi com intenção maligna que ele os libertou, para matá-los nos montes e bani-los da face da terra'? Arrepende-te do fogo da tua ira! Tem piedade, e não tragas este mal sobre o teu povo! ¹³ Lembra-te dos teus servos Abraão, Isaque e Israel, aos quais juraste por ti mesmo: 'Farei que os seus descendentes sejam numerosos como as estrelas do céu e lhes darei toda esta terra que lhes prometi, que será a sua herança para sempre' ". ¹⁴ E sucedeu que o Senhor arrependeu-se do mal que ameaçara trazer sobre o povo.

¹⁵ Então Moisés desceu do monte, levando nas mãos as duas tábuas da aliança; estavam escritas em ambos os lados, frente e verso. ¹⁶ As tábuas tinham sido feitas por Deus; o que nelas estava gravado fora escrito por Deus.

¹⁷ Quando Josué ouviu o barulho do povo gritando, disse a Moisés: "Há barulho de guerra no acampamento".

¹⁸ Respondeu Moisés:

"Não é canto de vitória,
nem canto de derrota;
mas ouço o som de canções!"

¹⁹ Quando Moisés aproximou-se do acampamento e viu o bezerro e as danças, irou-se e jogou as tábuas no chão, ao pé do monte, quebrando-as. ²⁰ Pegou o bezerro que eles tinham feito e o destruiu no fogo; depois de moê-lo até virar pó, espalhou-o na água e fez com que os israelitas a bebessem.

²¹ E perguntou a Arão: "Que lhe fez esse povo para que você o levasse a tão grande pecado?"

²² Respondeu Arão: "Não te enfureças, meu senhor; tu bem sabes como esse povo é propenso para o mal. ²³ Eles me disseram: 'Faça para nós deuses que nos conduzam, pois não sabemos o que aconteceu com esse Moisés, o homem que nos tirou do Egito'. ²⁴ Então eu lhes disse: Quem tiver enfeites de ouro, traga-os para mim. O povo trouxe-me o ouro, eu o joguei no fogo e surgiu esse bezerro!"

The Golden Calf

32 When the people saw that Moses was so long in coming down from the mountain, they gathered around Aaron and said, "Come, make us godsª who will go before us. As for this fellow Moses who brought us up out of Egypt, we don't know what has happened to him."

² Aaron answered them, "Take off the gold earrings that your wives, your sons and your daughters are wearing, and bring them to me." ³ So all the people took off their earrings and brought them to Aaron. ⁴ He took what they handed him and made it into an idol cast in the shape of a calf, fashioning it with a tool. Then they said, "These are your gods,ᵇ O Israel, who brought you up out of Egypt."

⁵ When Aaron saw this, he built an altar in front of the calf and announced, "Tomorrow there will be a festival to the Lord." ⁶ So the next day the people rose early and sacrificed burnt offerings and presented fellowship offerings.ᶜ Afterward they sat down to eat and drink and got up to indulge in revelry.

⁷ Then the Lord said to Moses, "Go down, because your people, whom you brought up out of Egypt, have become corrupt. ⁸ They have been quick to turn away from what I commanded them and have made themselves an idol cast in the shape of a calf. They have bowed down to it and sacrificed to it and have said, 'These are your gods, O Israel, who brought you up out of Egypt.'

⁹ "I have seen these people," the Lord said to Moses, "and they are a stiff-necked people. ¹⁰ Now leave me alone so that my anger may burn against them and that I may destroy them. Then I will make you into a great nation."

¹¹ But Moses sought the favor of the Lord his God. "O Lord," he said, "why should your anger burn against your people, whom you brought out of Egypt with great power and a mighty hand? ¹² Why should the Egyptians say, 'It was with evil intent that he brought them out, to kill them in the mountains and to wipe them off the face of the earth'? Turn from your fierce anger; relent and do not bring disaster on your people. ¹³ Remember your servants Abraham, Isaac and Israel, to whom you swore by your own self: 'I will make your descendants as numerous as the stars in the sky and I will give your descendants all this land I promised them, and it will be their inheritance forever.' " ¹⁴ Then the Lord relented and did not bring on his people the disaster he had threatened.

¹⁵ Moses turned and went down the mountain with the two tablets of the Testimony in his hands. They were inscribed on both sides, front and back. ¹⁶ The tablets were the work of God; the writing was the writing of God, engraved on the tablets.

¹⁷ When Joshua heard the noise of the people shouting, he said to Moses, "There is the sound of war in the camp."

¹⁸ Moses replied:

"It is not the sound of victory,
it is not the sound of defeat;
it is the sound of singing that I hear."

¹⁹ When Moses approached the camp and saw the calf and the dancing, his anger burned and he threw the tablets out of his hands, breaking them to pieces at the foot of the mountain. ²⁰ And he took the calf they had made and burned it in the fire; then he ground it to powder, scattered it on the water and made the Israelites drink it.

²¹ He said to Aaron, "What did these people do to you, that you led them into such great sin?"

²² "Do not be angry, my lord," Aaron answered. "You know how prone these people are to evil. ²³ They said to me, 'Make us gods who will go before us. As for this fellow Moses who brought us up out of Egypt, we don't know what has happened to him.' ²⁴ So I told them, 'Whoever has any gold jewelry, take it off.' Then they gave me the gold, and I threw it into the fire, and out came this calf!"

ª32.1 Ou *um deus*; também nos versículos 23 e 31. ᵇ32.4 Ou *o seu deus*; também no versículo 8. ᶜ32.6 Ou *de paz*

ª32:1 Or *a god*; also in verses 23 and 31 ᵇ32:4 Or *This is your god*; also in verse 8 ᶜ32:6 Traditionally *peace offerings*

25 Moisés viu que o povo estava desenfreado e que Arão o tinha deixado fora de controle, tendo se tornado objeto de riso para os seus inimigos. **26** Então ficou em pé, à entrada do acampamento, e disse: "Quem é pelo Senhor, junte-se a mim". Todos os levitas se juntaram a ele.

27 Declarou-lhes também: "Assim diz o Senhor, o Deus de Israel: 'Pegue cada um sua espada, percorra o acampamento, de tenda em tenda, e mate o seu irmão, o seu amigo e o seu vizinho' ". **28** Fizeram os levitas conforme Moisés ordenou, e naquele dia morreram cerca de três mil dentre o povo. **29** Disse então Moisés: "Hoje vocês se consagraram ao Senhor, pois nenhum de vocês poupou o seu filho e o seu irmão, de modo que o Senhor os abençoou neste dia".

30 No dia seguinte Moisés disse ao povo: "Vocês cometeram um grande pecado. Mas agora subirei ao Senhor, e talvez possa oferecer propiciação pelo pecado de vocês".

31 Assim, Moisés voltou ao Senhor e disse: "Ah, que grande pecado cometeu este povo! Fizeram para si deuses de ouro. **32** Mas agora, eu te rogo, perdoa-lhes o pecado; se não, risca-me do teu livro que escreveste".

33 Respondeu o Senhor a Moisés: "Riscarei do meu livro todo aquele que pecar contra mim. **34** Agora vá, guie o povo ao lugar de que lhe falei, e meu anjo irá à sua frente. Todavia, quando chegar a hora de puni-los, eu os punirei pelos pecados deles".

35 E o Senhor feriu o povo com uma praga porque quiseram que Arão fizesse o bezerro.

33 Depois ordenou o Senhor a Moisés: "Saia deste lugar, com o povo que você tirou do Egito, e vá para a terra que prometi com juramento a Abraão, a Isaque e a Jacó, dizendo: Eu a darei a seus descendentes. **2** Mandarei à sua frente um anjo e expulsarei os cananeus, os amorreus, os hititas, os ferezeus, os heveus e os jebuseus. **3** Vão para a terra onde manam leite e mel. Mas eu não irei com vocês, pois vocês são um povo obstinado, e eu poderia destruí-los no caminho".

4 Quando o povo ouviu essas palavras terríveis, começou a chorar, e ninguém usou enfeite algum. **5** Isso porque o Senhor ordenara que Moisés dissesse aos israelitas: "Vocês são um povo obstinado. Se eu fosse com vocês, ainda que por um só momento, eu os destruiria. Agora tirem os seus enfeites, e eu decidirei o que fazer com vocês". **6** Por isso, do monte Horebe em diante, os israelitas não usaram mais nenhum enfeite.

A Tenda do Encontro

7 Moisés costumava montar uma tenda do lado de fora do acampamento; ele a chamava Tenda do Encontro. Quem quisesse consultar o Senhor ia à tenda, fora do acampamento. **8** Sempre que Moisés ia até lá, todo o povo se levantava e ficava em pé à entrada de suas tendas, observando-o, até que ele entrasse na tenda. **9** Assim que Moisés entrava, a coluna de nuvem descia e ficava à entrada da tenda, enquanto o Senhor falava com Moisés. **10** Quando o povo via a coluna de nuvem parada à entrada da tenda, todos prestavam adoração em pé, cada qual na entrada de sua própria tenda. **11** O Senhor falava com Moisés face a face, como quem fala com seu amigo. Depois Moisés voltava ao acampamento; mas Josué, filho de Num, que lhe servia como auxiliar, não se afastava da tenda.

Moisés diante da Glória de Deus

12 Disse Moisés ao Senhor: "Tu me ordenaste: 'Conduza este povo', mas não me permites saber quem enviarás comigo. Disseste: 'Eu o conheço pelo nome e de você tenho me agradado'. **13** Se me vês com agrado, revela-me os teus propósitos, para que eu te conheça e continue sendo aceito por ti. Lembra-te de que esta nação é o teu povo".

14 Respondeu o Senhor: "Eu mesmo o acompanharei, e lhe darei descanso".

15 Então Moisés lhe declarou: "Se não fores conosco, não nos envies. **16** Como se saberá que eu e o teu povo podemos

25 Moses saw that the people were running wild and that Aaron had let them get out of control and so become a laughingstock to their enemies. **26** So he stood at the entrance to the camp and said, "Whoever is for the Lord, come to me." And all the Levites rallied to him.

27 Then he said to them, "This is what the Lord, the God of Israel, says: 'Each man strap a sword to his side. Go back and forth through the camp from one end to the other, each killing his brother and friend and neighbor.' " **28** The Levites did as Moses commanded, and that day about three thousand of the people died. **29** Then Moses said, "You have been set apart to the Lord today, for you were against your own sons and brothers, and he has blessed you this day."

30 The next day Moses said to the people, "You have committed a great sin. But now I will go up to the Lord; perhaps I can make atonement for your sin."

31 So Moses went back to the Lord and said, "Oh, what a great sin these people have committed! They have made themselves gods of gold. **32** But now, please forgive their sin—but if not, then blot me out of the book you have written."

33 The Lord replied to Moses, "Whoever has sinned against me I will blot out of my book. **34** Now go, lead the people to the place I spoke of, and my angel will go before you. However, when the time comes for me to punish, I will punish them for their sin."

35 And the Lord struck the people with a plague because of what they did with the calf Aaron had made.

33 Then the Lord said to Moses, "Leave this place, you and the people you brought up out of Egypt, and go up to the land I promised on oath to Abraham, Isaac and Jacob, saying, 'I will give it to your descendants.' **2** I will send an angel before you and drive out the Canaanites, Amorites, Hittites, Perizzites, Hivites and Jebusites. **3** Go up to the land flowing with milk and honey. But I will not go with you, because you are a stiff-necked people and I might destroy you on the way."

4 When the people heard these distressing words, they began to mourn and no one put on any ornaments. **5** For the Lord had said to Moses, "Tell the Israelites, 'You are a stiff-necked people. If I were to go with you even for a moment, I might destroy you. Now take off your ornaments and I will decide what to do with you.' " **6** So the Israelites stripped off their ornaments at Mount Horeb.

The Tent of Meeting

7 Now Moses used to take a tent and pitch it outside the camp some distance away, calling it the "tent of meeting." Anyone inquiring of the Lord would go to the tent of meeting outside the camp. **8** And whenever Moses went out to the tent, all the people rose and stood at the entrances to their tents, watching Moses until he entered the tent. **9** As Moses went into the tent, the pillar of cloud would come down and stay at the entrance, while the Lord spoke with Moses. **10** Whenever the people saw the pillar of cloud standing at the entrance to the tent, they all stood and worshiped, each at the entrance to his tent. **11** The Lord would speak to Moses face to face, as a man speaks with his friend. Then Moses would return to the camp, but his young aide Joshua son of Nun did not leave the tent.

Moses and the Glory of the Lord

12 Moses said to the Lord, "You have been telling me, 'Lead these people,' but you have not let me know whom you will send with me. You have said, 'I know you by name and you have found favor with me.' **13** If you are pleased with me, teach me your ways so I may know you and continue to find favor with you. Remember that this nation is your people."

14 The Lord replied, "My Presence will go with you, and I will give you rest."

15 Then Moses said to him, "If your Presence does not go with us, do not send us up from here. **16** How will anyone know that you are

contar com o teu favor, se não nos acompanhares? Que mais poderá distinguir a mim e a teu povo de todos os demais povos da face da terra?"

17 O Senhor disse a Moisés: "Farei o que me pede, porque tenho me agradado de você e o conheço pelo nome".

18 Então disse Moisés: "Peço-te que me mostres a tua glória".

19 E Deus respondeu: "Diante de você farei passar toda a minha bondade, e diante de você proclamarei o meu nome: o Senhor. Terei misericórdia de quem eu quiser ter misericórdia, e terei compaixão de quem eu quiser ter compaixão". **20** E acrescentou: "Você não poderá ver a minha face, porque ninguém poderá ver-me e continuar vivo".

21 E prosseguiu o Senhor: "Há aqui um lugar perto de mim, onde você ficará, em cima de uma rocha. **22** Quando a minha glória passar, eu o colocarei numa fenda da rocha e o cobrirei com a minha mão até que eu tenha acabado de passar. **23** Então tirarei a minha mão e você verá as minhas costas; mas a minha face ninguém poderá ver".

As Novas Tábuas da Lei

34 Disse o Senhor a Moisés: "Talhe duas tábuas de pedra semelhantes às primeiras, e nelas escreverei as palavras que estavam nas primeiras tábuas que você quebrou. **2** Esteja pronto pela manhã para subir ao monte Sinai. E lá mesmo, no alto do monte, apresente-se a mim. **3** Ninguém poderá ir com você nem ficar em lugar algum do monte; nem mesmo ovelhas e bois deverão pastar diante do monte".

4 Assim Moisés lavrou duas tábuas de pedra semelhantes às primeiras e subiu ao monte Sinai, logo de manhã, como o Senhor lhe havia ordenado, levando nas mãos as duas tábuas de pedra. **5** Então o Senhor desceu na nuvem, permaneceu ali com ele e proclamou o seu nome: o Senhor. **6** E passou diante de Moisés, proclamando:

"Senhor, Senhor,

Deus compassivo e misericordioso,

    paciente, cheio de amor e de fidelidade,

7 que mantém o seu amor a milhares

    e perdoa a maldade,

    a rebelião e o pecado.

Contudo, não deixa de punir o culpado;

castiga os filhos e os netos

    pelo pecado de seus pais,

    até a terceira e a quarta gerações".

8 Imediatamente Moisés prostrou-se, rosto em terra, e o adorou, dizendo: **9** "Senhor, se de fato me aceitas com agrado, que o Senhor nos acompanhe. Mesmo sendo esse um povo obstinado, perdoa a nossa maldade e o nosso pecado e faze de nós a tua herança".

A Renovação da Aliança

10 "Faço com você uma aliança", disse o Senhor. "Diante de todo o seu povo farei maravilhas jamais realizadas na presença de nenhum outro povo do mundo. O povo no meio do qual você habita verá a obra maravilhosa que eu, o Senhor, farei. **11** Obedeça às ordens que hoje lhe dou. Expulsarei de diante de você os amorreus, os cananeus, os hititas, os ferezeus, os heveus e os jebuseus. **12** Acautele-se para não fazer acordo com aqueles que vivem na terra para a qual você está indo, pois eles se tornariam uma armadilha. **13** Ao contrário, derrube os altares deles, quebre as suas colunas sagradas e corte os seus postes sagrados. **14** Nunca adore nenhum outro deus, porque o Senhor, cujo nome é Zeloso, é de fato Deus zeloso.

15 "Acautele-se para não fazer acordo com aqueles que já vivem na terra; pois quando eles se prostituírem, seguindo os seus deuses e lhes oferecerem sacrifícios, convidarão você e poderão levá-lo a comer dos seus sacrifícios **16** e a escolher para os seus filhos mulheres dentre as filhas deles. Quando elas se prostituí-

---

pleased with me and with your people unless you go with us? What else will distinguish me and your people from all the other people on the face of the earth?"

17 And the Lord said to Moses, "I will do the very thing you have asked, because I am pleased with you and I know you by name."

18 Then Moses said, "Now show me your glory."

19 And the Lord said, "I will cause all my goodness to pass in front of you, and I will proclaim my name, the Lord, in your presence. I will have mercy on whom I will have mercy, and I will have compassion on whom I will have compassion. **20** But," he said, "you cannot see my face, for no one may see me and live."

21 Then the Lord said, "There is a place near me where you may stand on a rock. **22** When my glory passes by, I will put you in a cleft in the rock and cover you with my hand until I have passed by. **23** Then I will remove my hand and you will see my back; but my face must not be seen."

The New Stone Tablets

34 The Lord said to Moses, "Chisel out two stone tablets like the first ones, and I will write on them the words that were on the first tablets, which you broke. **2** Be ready in the morning, and then come up on Mount Sinai. Present yourself to me there on top of the mountain. **3** No one is to come with you or be seen anywhere on the mountain; not even the flocks and herds may graze in front of the mountain."

4 So Moses chiseled out two stone tablets like the first ones and went up Mount Sinai early in the morning, as the Lord had commanded him; and he carried the two stone tablets in his hands. **5** Then the Lord came down in the cloud and stood there with him and proclaimed his name, the Lord. **6** And he passed in front of Moses, proclaiming, "The Lord, the Lord, the compassionate and gracious God, slow to anger, abounding in love and faithfulness, **7** maintaining love to thousands, and forgiving wickedness, rebellion and sin. Yet he does not leave the guilty unpunished; he punishes the children and their children for the sin of the fathers to the third and fourth generation."

8 Moses bowed to the ground at once and worshiped. **9** "O Lord, if I have found favor in your eyes," he said, "then let the Lord go with us. Although this is a stiff-necked people, forgive our wickedness and our sin, and take us as your inheritance."

10 Then the Lord said: "I am making a covenant with you. Before all your people I will do wonders never before done in any nation in all the world. The people you live among will see how awesome is the work that I, the Lord, will do for you. **11** Obey what I command you today. I will drive out before you the Amorites, Canaanites, Hittites, Perizzites, Hivites and Jebusites. **12** Be careful not to make a treaty with those who live in the land where you are going, or they will be a snare among you. **13** Break down their altars, smash their sacred stones and cut down their Asherah poles.[a] **14** Do not worship any other god, for the Lord, whose name is Jealous, is a jealous God.

15 "Be careful not to make a treaty with those who live in the land; for when they prostitute themselves to their gods and sacrifice to them, they will invite you and you will eat their sacrifices. **16** And when you choose some of their daughters as wives for your sons and those daughters prostitute

---

[a] 34:13 That is, symbols of the goddess Asherah

rem, seguindo os seus deuses, poderão levar os seus filhos a se prostituírem também.

17 "Não faça ídolos de metal para você.

18 "Celebre a festa dos pães sem fermento. Durante sete dias coma pão sem fermento, como lhe ordenei. Faça isso no tempo certo, no mês de abibe[a], porquanto naquele mês você saiu do Egito.

19 "O primeiro a nascer de cada ventre me pertence, todos os machos dentre as primeiras crias dos seus rebanhos: bezerros, cordeiros e cabritos. **20** Resgate com um cordeiro cada primeiro jumentinho que nascer; mas se não o resgatar, quebre-lhe o pescoço. Resgate todos os seus primogênitos.

"Ninguém compareça perante mim de mãos vazias.

21 "Trabalhe seis dias, mas descanse no sétimo; tanto na época de arar como na da colheita.

22 "Celebre a festa das semanas[b], na ocasião dos primeiros frutos da colheita do trigo, e a festa do encerramento da colheita, no fim do ano. **23** Três vezes por ano todos os homens do seu povo comparecerão diante do Soberano, o Senhor, o Deus de Israel. **24** Expulsarei nações de diante de você e ampliarei o seu território. Quando você subir três vezes por ano para apresentar-se ao Senhor, o seu Deus, ninguém cobiçará a sua terra.

25 "Não me ofereça o sangue de nenhum sacrifício misturado com algo fermentado; e não deixe sobra alguma do sacrifício da festa da Páscoa até a manhã seguinte.

26 "Traga o melhor dos primeiros frutos da terra ao santuário do Senhor, o seu Deus.

"Não cozinhe o cabrito no leite da própria mãe."

27 Disse o Senhor a Moisés: "Escreva essas palavras; porque é de acordo com elas que faço aliança com você e com Israel". **28** Moisés ficou ali com o Senhor quarenta dias e quarenta noites, sem comer pão e sem beber água. E escreveu nas tábuas as palavras da aliança: os Dez Mandamentos.

O Rosto Resplandecente de Moisés

29 Ao descer do monte Sinai com as duas tábuas da aliança nas mãos, Moisés não sabia que o seu rosto resplandecia por ter conversado com o Senhor. **30** Quando Arão e todos os israelitas viram Moisés com o rosto resplandecente, tiveram medo de aproximar-se dele. **31** Ele, porém, os chamou; Arão e os líderes da comunidade atenderam, e Moisés falou com eles. **32** Depois, todos os israelitas se aproximaram, e ele lhes transmitiu todos os mandamentos que o Senhor lhe tinha dado no monte Sinai.

33 Quando acabou de falar com eles, cobriu o rosto com um véu. **34** Mas toda vez que entrava para estar na presença do Senhor e falar com ele, tirava o véu até sair. Sempre que saía e contava aos israelitas tudo o que lhe havia sido ordenado, **35** eles viam que o seu rosto resplandecia. Então, de novo Moisés cobria o rosto com o véu até entrar de novo para falar com o Senhor.

A Lei do Sábado

35 Moisés reuniu toda a comunidade de Israel e lhes disse: "Estas são as coisas que o Senhor os mandou fazer: **2** Em seis dias qualquer trabalho poderá ser feito, mas o sétimo dia lhes será santo, um sábado de descanso consagrado ao Senhor. Todo aquele que trabalhar nesse dia terá que ser morto. **3** Nem sequer acendam fogo em nenhuma de suas casas no dia de sábado!"

O Material para o Tabernáculo

4 Disse Moisés a toda a comunidade de Israel: "Foi isto que o Senhor ordenou: **5** 'Separem dentre os seus bens uma oferta para o Senhor. Todo aquele que, de coração, estiver disposto, trará como oferta ao Senhor ouro, prata e bronze; **6** fios de tecidos azul, roxo e vermelho; linho fino e pêlos de cabra; **7** peles de

themselves to their gods, they will lead your sons to do the same.

17 "Do not make cast idols.

18 "Celebrate the Feast of Unleavened Bread. For seven days eat bread made without yeast, as I commanded you. Do this at the appointed time in the month of Abib, for in that month you came out of Egypt.

19 "The first offspring of every womb belongs to me, including all the firstborn males of your livestock, whether from herd or flock. **20** Redeem the firstborn donkey with a lamb, but if you do not redeem it, break its neck. Redeem all your firstborn sons.

"No one is to appear before me empty-handed.

21 "Six days you shall labor, but on the seventh day you shall rest; even during the plowing season and harvest you must rest.

22 "Celebrate the Feast of Weeks with the firstfruits of the wheat harvest, and the Feast of Ingathering at the turn of the year.[a] **23** Three times a year all your men are to appear before the Sovereign Lord, the God of Israel. **24** I will drive out nations before you and enlarge your territory, and no one will covet your land when you go up three times each year to appear before the Lord your God.

25 "Do not offer the blood of a sacrifice to me along with anything containing yeast, and do not let any of the sacrifice from the Passover Feast remain until morning.

26 "Bring the best of the firstfruits of your soil to the house of the Lord your God.

"Do not cook a young goat in its mother's milk."

27 Then the Lord said to Moses, "Write down these words, for in accordance with these words I have made a covenant with you and with Israel." **28** Moses was there with the Lord forty days and forty nights without eating bread or drinking water. And he wrote on the tablets the words of the covenant—the Ten Commandments.

The Radiant Face of Moses

29 When Moses came down from Mount Sinai with the two tablets of the Testimony in his hands, he was not aware that his face was radiant because he had spoken with the Lord. **30** When Aaron and all the Israelites saw Moses, his face was radiant, and they were afraid to come near him. **31** But Moses called to them; so Aaron and all the leaders of the community came back to him, and he spoke to them. **32** Afterward all the Israelites came near him, and he gave them all the commands the Lord had given him on Mount Sinai.

33 When Moses finished speaking to them, he put a veil over his face. **34** But whenever he entered the Lord's presence to speak with him, he removed the veil until he came out. And when he came out and told the Israelites what he had been commanded, **35** they saw that his face was radiant. Then Moses would put the veil back over his face until he went in to speak with the Lord.

Sabbath Regulations

35 Moses assembled the whole Israelite community and said to them, "These are the things the Lord has commanded you to do: **2** For six days, work is to be done, but the seventh day shall be your holy day, a Sabbath of rest to the Lord. Whoever does any work on it must be put to death. **3** Do not light a fire in any of your dwellings on the Sabbath day."

Materials for the Tabernacle

4 Moses said to the whole Israelite community, "This is what the Lord has commanded: **5** From what you have, take an offering for the Lord. Everyone who is willing is to bring to the Lord an offering of gold, silver and bronze; **6** blue, purple and scarlet yarn and fine linen; goat hair; **7** ram skins

---

[a]34.18 Aproximadamente março/abril. [b]34.22 Isto é, do Pentecoste.   [a]34:22 That is, in the fall

carneiro tingidas de vermelho e couro^a; madeira de acácia; **8** óleo para a iluminação; especiarias para o óleo da unção e para o incenso aromático; **9** pedras de ônix e outras pedras preciosas para serem encravadas no colete sacerdotal e no peitoral.

10 "Todos os que dentre vocês forem capazes virão fazer tudo quanto o Senhor ordenou: **11** o tabernáculo com sua tenda e sua cobertura, os ganchos, as armações, os travessões, as colunas e as bases; **12** a arca com suas varas, a tampa e o véu que a protege; **13** a mesa com suas varas e todos os seus utensílios, e os pães da Presença; **14** o candelabro com seus utensílios, as lâmpadas e o óleo para iluminação; **15** o altar do incenso com suas varas, o óleo da unção e o incenso aromático; a cortina divisória à entrada do tabernáculo;.**16** o altar de holocaustos com sua grelha de bronze, suas varas e todos os seus utensílios; a bacia de bronze e sua base; **17** as cortinas externas do pátio com suas colunas e bases, e a cortina da entrada para o pátio; **18** as estacas do tabernáculo e do pátio e suas cordas; **19** as vestes litúrgicas para ministrar no Lugar Santo, tanto as vestes sagradas de Arão, o sacerdote, como as vestes de seus filhos, para quando servirem como sacerdotes'".

20 Então toda a comunidade de Israel saiu da presença de Moisés, **21** e todos os que estavam dispostos, cujo coração os impeliu a isso, trouxeram uma oferta ao Senhor para a obra da Tenda do Encontro, para todos os seus serviços e para as vestes sagradas. **22** Todos os que se dispuseram, tanto homens como mulheres, trouxeram jóias de ouro de todos os tipos: broches, brincos, anéis e ornamentos; e apresentaram seus objetos de ouro como oferta ritualmente movida perante o Senhor. **23** Todos os que possuíam fios de tecidos azul, roxo e vermelho, ou linho fino, ou pêlos de cabra, peles de carneiro tingidas de vermelho, ou couro, trouxeram-nos. **24** Aqueles que apresentaram oferta de prata ou de bronze trouxeram-na como oferta ao Senhor, e todo aquele que possuía madeira de acácia para qualquer das partes da obra, também a trouxe. **25** Todas as mulheres capazes teceram com suas mãos e trouxeram o que haviam feito: tecidos azul, roxo e vermelho e linho fino. **26** Todas as mulheres que se dispuseram e que tinham habilidade teceram os pêlos de cabra. **27** Os líderes trouxeram pedras de ônix e outras pedras preciosas para serem encravadas no colete sacerdotal e no peitoral. **28** Trouxeram também especiarias e azeite de oliva para a iluminação, para o óleo da unção e para o incenso aromático. **29** Todos os israelitas que se dispuseram, tanto homens como mulheres, trouxeram ao Senhor ofertas voluntárias para toda a obra que o Senhor, por meio de Moisés, ordenou-lhes que fizessem.

Os Artesãos do Tabernáculo

30 Disse então Moisés aos israelitas: "O Senhor escolheu Bezalel, filho de Uri, neto de Hur, da tribo de Judá, **31** e o encheu do Espírito de Deus, dando-lhe destreza, habilidade e plena capacidade artística, **32** para desenhar e executar trabalhos em ouro, prata e bronze, **33** para talhar e lapidar pedras e entalhar madeira para todo tipo de obra artesanal. **34** E concedeu tanto a ele como a Aoliabe, filho de Aisamaque, da tribo de Dã, a habilidade de ensinar os outros. **35** A todos esses deu capacidade para realizar todo tipo de obra como artesãos, projetistas, bordadores de linho fino e de fios de tecidos azul, roxo e vermelho, e como tecelões. Eram capazes de projetar e executar qualquer trabalho artesanal.

36 "Assim Bezalel, Aoliabe e todos os homens capazes, a quem o Senhor concedeu destreza e habilidade para fazerem toda a obra de construção do santuário, realizarão a obra como o Senhor ordenou".

2 Então Moisés chamou Bezalel e Aoliabe e todos os homens capazes a quem o Senhor dera habilidade e que estavam dispostos a vir realizar a obra. **3** Receberam de Moisés todas as ofertas que os israelitas tinham trazido para a obra de construção do santuário. E o povo continuava a trazer

dyed red and hides of sea cows^a; acacia wood; **8** olive oil for the light; spices for the anointing oil and for the fragrant incense; **9** and onyx stones and other gems to be mounted on the ephod and breastpiece.

10 "All who are skilled among you are to come and make everything the Lord has commanded: **11** the tabernacle with its tent and its covering, clasps, frames, crossbars, posts and bases; **12** the ark with its poles and the atonement cover and the curtain that shields it; **13** the table with its poles and all its articles and the bread of the Presence; **14** the lampstand that is for light with its accessories, lamps and oil for the light; **15** the altar of incense with its poles, the anointing oil and the fragrant incense; the curtain for the doorway at the entrance to the tabernacle; **16** the altar of burnt offering with its bronze grating, its poles and all its utensils; the bronze basin with its stand; **17** the curtains of the courtyard with its posts and bases, and the curtain for the entrance to the courtyard; **18** the tent pegs for the tabernacle and for the courtyard, and their ropes; **19** the woven garments worn for ministering in the sanctuary—both the sacred garments for Aaron the priest and the garments for his sons when they serve as priests."

20 Then the whole Israelite community withdrew from Moses' presence, **21** and everyone who was willing and whose heart moved him came and brought an offering to the Lord for the work on the Tent of Meeting, for all its service, and for the sacred garments. **22** All who were willing, men and women alike, came and brought gold jewelry of all kinds: brooches, earrings, rings and ornaments. They all presented their gold as a wave offering to the Lord. **23** Everyone who had blue, purple or scarlet yarn or fine linen, or goat hair, ram skins dyed red or hides of sea cows brought them. **24** Those presenting an offering of silver or bronze brought it as an offering to the Lord, and everyone who had acacia wood for any part of the work brought it. **25** Every skilled woman spun with her hands and brought what she had spun—blue, purple or scarlet yarn or fine linen. **26** And all the women who were willing and had the skill spun the goat hair. **27** The leaders brought onyx stones and other gems to be mounted on the ephod and breastpiece. **28** They also brought spices and olive oil for the light and for the anointing oil and for the fragrant incense. **29** All the Israelite men and women who were willing brought to the Lord freewill offerings for all the work the Lord through Moses had commanded them to do.

Bezalel and Oholiab

30 Then Moses said to the Israelites, "See, the Lord has chosen Bezalel son of Uri, the son of Hur, of the tribe of Judah, **31** and he has filled him with the Spirit of God, with skill, ability and knowledge in all kinds of crafts— **32** to make artistic designs for work in gold, silver and bronze, **33** to cut and set stones, to work in wood and to engage in all kinds of artistic craftsmanship. **34** And he has given both him and Oholiab son of Ahisamach, of the tribe of Dan, the ability to teach others. **35** He has filled them with skill to do all kinds of work as craftsmen, designers, embroiderers in blue, purple and scarlet yarn and fine linen, and weavers—all of them master craftsmen and designers.

36 So Bezalel, Oholiab and every skilled person to whom the Lord has given skill and ability to know how to carry out all the work of constructing the sanctuary are to do the work just as the Lord has commanded."

2 Then Moses summoned Bezalel and Oholiab and every skilled person to whom the Lord had given ability and who was willing to come and do the work. **3** They received from Moses all the offerings the Israelites had brought to carry out the work of constructing the sanctuary. And the people continued to bring

---

^a35.7 Possivelmente de animais marinhos; também em 35.23, 36.19 e 39.34.   ^a35:7 That is, dugongs; also in verse 23

voluntariamente ofertas, manhã após manhã. **4** Por isso, todos os artesãos habilidosos que trabalhavam no santuário interromperam o trabalho **5** e disseram a Moisés: "O povo está trazendo mais do que o suficiente para realizar a obra que o Senhor ordenou".

6 Então Moisés ordenou que fosse feita esta proclamação em todo o acampamento: "Nenhum homem ou mulher deverá fazer mais nada para ser oferecido ao santuário". Assim, o povo foi impedido de trazer mais, **7** pois o que já haviam recebido era mais que suficiente para realizar toda a obra.

A Construção do Tabernáculo

8 Todos os homens capazes dentre os trabalhadores fizeram o tabernáculo com dez cortinas internas de linho fino trançado e de fios de tecidos azul, roxo e vermelho, com os querubins bordados sobre eles. **9** Todas as cortinas internas tinham o mesmo tamanho: doze metros e sessenta centímetros de comprimento por um metro e oitenta centímetros de largura**a**. **10** Prenderam cinco cortinas internas, e fizeram o mesmo com as outras cinco. **11** Em seguida fizeram laçadas de tecido azul ao longo da borda da última cortina interna do primeiro conjunto de cortinas internas, fazendo o mesmo com o segundo conjunto. **12** Fizeram também cinquenta laçadas na primeira cortina interna e cinquenta laçadas na última cortina interna do segundo conjunto; as laçadas estavam opostas umas às outras. **13** Depois fizeram cinquenta ganchos de ouro e com eles prenderam um conjunto de cortinas internas ao outro, para que o tabernáculo formasse um todo.

14 Com o total de onze cortinas internas de pêlos de cabra fizeram uma tenda para cobrir o tabernáculo. **15** As onze cortinas internas tinham a mesma medida: treze metros e meio de comprimento por um metro e oitenta centímetros de largura. **16** Prenderam cinco cortinas internas num conjunto e as outras seis noutro conjunto. **17** Depois fizeram cinquenta laçadas em volta da borda da última cortina interna de um dos conjuntos e também na borda da última cortina interna do outro conjunto. **18** Fizeram também cinquenta ganchos de bronze para unir a tenda, formando um todo. **19** Em seguida fizeram para a tenda uma cobertura de pele de carneiro tingida de vermelho, e por cima desta uma cobertura de couro.

20 Fizeram ainda armações verticais de madeira de acácia para o tabernáculo. **21** Cada armação tinha quatro metros e meio de comprimento por setenta centímetros de largura, **22** com dois encaixes paralelos um ao outro. E fizeram todas as armações do tabernáculo dessa madeira. **23** Fizeram também vinte armações para o lado sul do tabernáculo **24** e quarenta bases de prata para serem colocadas debaixo delas; duas bases para cada armação, uma debaixo de cada encaixe. **25** Para o outro lado, o lado norte do tabernáculo, fizeram vinte armações **26** e quarenta bases de prata, duas debaixo de cada armação. **27** Fizeram ainda seis armações na parte de trás do tabernáculo, isto é, para o lado ocidental, **28** e duas armações foram montadas nos cantos, na parte de trás do tabernáculo. **29** Nesses dois cantos as armações eram duplas, desde a parte inferior até a mais alta, colocadas numa só argola, ambas feitas do mesmo modo. **30** Havia, pois, oito armações e dezesseis bases de prata, duas debaixo de cada armação.

31 Também fizeram travessões de madeira de acácia: cinco para as armações de um lado do tabernáculo, **32** cinco para as do outro lado e cinco para as do lado ocidental, na parte de trás do tabernáculo. **33** Fizeram o travessão central de uma extremidade à outra, passando pelo meio das armações. **34** Revestiram de ouro as armações e fizeram argolas de ouro para sustentar os travessões, os quais também revestiram de ouro.

35 Fizeram o véu de linho fino trançado e de fios de tecidos azul, roxo e vermelho, e mandaram bordar nele querubins.

freewill offerings morning after morning. **4** So all the skilled craftsmen who were doing all the work on the sanctuary left their work **5** and said to Moses, "The people are bringing more than enough for doing the work the LORD commanded to be done."

6 Then Moses gave an order and they sent this word throughout the camp: "No man or woman is to make anything else as an offering for the sanctuary." And so the people were restrained from bringing more, **7** because what they already had was more than enough to do all the work.

The Tabernacle

8 All the skilled men among the workmen made the tabernacle with ten curtains of finely twisted linen and blue, purple and scarlet yarn, with cherubim worked into them by a skilled craftsman. **9** All the curtains were the same size—twenty-eight cubits long and four cubits wide.**a** **10** They joined five of the curtains together and did the same with the other five. **11** Then they made loops of blue material along the edge of the end curtain in one set, and the same was done with the end curtain in the other set. **12** They also made fifty loops on one curtain and fifty loops on the end curtain of the other set, with the loops opposite each other. **13** Then they made fifty gold clasps and used them to fasten the two sets of curtains together so that the tabernacle was a unit.

14 They made curtains of goat hair for the tent over the tabernacle—eleven altogether. **15** All eleven curtains were the same size—thirty cubits long and four cubits wide.**b** **16** They joined five of the curtains into one set and the other six into another set. **17** Then they made fifty loops along the edge of the end curtain in one set and also along the edge of the end curtain in the other set. **18** They made fifty bronze clasps to fasten the tent together as a unit. **19** Then they made for the tent a covering of ram skins dyed red, and over that a covering of hides of sea cows.**c**

20 They made upright frames of acacia wood for the tabernacle. **21** Each frame was ten cubits long and a cubit and a half wide,**d** **22** with two projections set parallel to each other. They made all the frames of the tabernacle in this way. **23** They made twenty frames for the south side of the tabernacle **24** and made forty silver bases to go under them—two bases for each frame, one under each projection. **25** For the other side, the north side of the tabernacle, they made twenty frames **26** and forty silver bases—two under each frame. **27** They made six frames for the far end, that is, the west end of the tabernacle, **28** and two frames were made for the corners of the tabernacle at the far end. **29** At these two corners the frames were double from the bottom all the way to the top and fitted into a single ring; both were made alike. **30** So there were eight frames and sixteen silver bases—two under each frame.

31 They also made crossbars of acacia wood: five for the frames on one side of the tabernacle, **32** five for those on the other side, and five for the frames on the west, at the far end of the tabernacle. **33** They made the center crossbar so that it extended from end to end at the middle of the frames. **34** They overlaid the frames with gold and made gold rings to hold the crossbars. They also overlaid the crossbars with gold.

35 They made the curtain of blue, purple and scarlet yarn and finely twisted linen, with cherubim worked into it by a skilled

---

a36.9 Hebraico: *28 côvados de comprimento por 4 côvados de largura*. O côvado era uma medida linear de cerca de 45 centímetros.

a36:9 That is, about 42 feet (about 12.5 meters) long and 6 feet (about 1.8 meters) wide **b36:15** That is, about 45 feet (about 13.5 meters) long and 6 feet (about 1.8 meters) wide **c36:19** That is, dugongs **d36:21** That is, about 15 feet (about 4.5 meters) long and 2 1/4 feet (about 0.7 meter) wide

36 Fizeram-lhe quatro colunas de madeira de acácia e as revestiram de ouro. Fizeram-lhe ainda ganchos de ouro e fundiram as suas bases de prata. **37** Para a entrada da tenda fizeram uma cortina de linho fino trançado e de fios de tecidos azul, roxo e vermelho, obra de bordador, **38** e fizeram-lhe cinco colunas com ganchos. Revestiram de ouro as partes superior e lateral das colunas e fizeram de bronze as suas cinco bases.

A Arca da Aliança

37 Bezalel fez a arca com madeira de acácia, com um metro e dez centímetros de comprimento, setenta centímetros de largura e setenta centímetros de altura[a]. **2** Revestiu-a de ouro puro, por dentro e por fora, e fez uma moldura de ouro ao seu redor. **3** Fundiu quatro argolas de ouro para ela, prendendo-as a seus quatro pés, com duas argolas de um lado e duas do outro. **4** Depois fez varas de madeira de acácia, revestiu-as de ouro **5** e colocou-as nas argolas laterais da arca para que pudesse ser carregada.

6 Fez a tampa de ouro puro com um metro e dez centímetros de comprimento por setenta centímetros de largura. **7** Fez também dois querubins de ouro batido nas extremidades da tampa. **8** Fez ainda um querubim numa extremidade e o segundo na outra, formando uma só peça com a tampa. **9** Os querubins tinham as asas estendidas para cima, cobrindo com elas a tampa. Estavam de frente um para o outro, com o rosto voltado para a tampa.

A Mesa e seus Utensílios

10 Fez a mesa com madeira de acácia com noventa centímetros de comprimento, quarenta e cinco centímetros de largura e setenta centímetros de altura. **11** Revestiu-a de ouro puro e fez uma moldura de ouro ao seu redor. **12** Fez também ao seu redor uma borda com a largura de quatro dedos e uma moldura de ouro para essa borda. **13** Fundiu quatro argolas de ouro para a mesa e prendeu-as nos quatro cantos, onde estavam os seus quatro pés. **14** As argolas foram presas próximas da borda, para que sustentassem as varas usadas para carregar a mesa. **15** Fez as varas para carregar a mesa de madeira de acácia, revestidas de ouro. **16** E de ouro puro fez os utensílios para a mesa: seus pratos e recipientes para incenso, as tigelas e as bacias nas quais se derramam as ofertas de bebidas[b].

O Candelabro de Ouro

17 Fez o candelabro de ouro puro e batido. O pedestal, a haste, as taças, as flores e os botões formavam com ele uma só peça. **18** Seis braços saíam do candelabro: três de um lado e três do outro. **19** Havia três taças com formato de flor de amêndoa, num dos braços, cada uma com botão e flor, e três taças com formato de flor de amêndoa no braço seguinte, cada uma com botão e flor. Assim era com os seis braços que saem do candelabro. **20** Na haste do candelabro havia quatro taças com formato de flor de amêndoa, cada uma com flor e botão. **21** Havia um botão debaixo de cada par dos seis braços que saíam do candelabro. **22** Os braços com seus botões formavam uma só peça com o candelabro, tudo feito de ouro puro e batido. **23** Fez de ouro puro suas sete lâmpadas, seus cortadores de pavio e seus apagadores. **24** Com trinta e cinco quilos[c] de ouro puro fez o candelabro com seus botões e todos esses utensílios.

O Altar do Incenso

25 Fez ainda o altar do incenso de madeira de acácia. Era quadrado, com quarenta e cinco centímetros de cada lado e noventa centímetros de altura; suas pontas formavam com ele uma só peça. **26** Revestiu de ouro puro a parte superior, todos os

craftsman. **36** They made four posts of acacia wood for it and overlaid them with gold. They made gold hooks for them and cast their four silver bases. **37** For the entrance to the tent they made a curtain of blue, purple and scarlet yarn and finely twisted linen—the work of an embroiderer; **38** and they made five posts with hooks for them. They overlaid the tops of the posts and their bands with gold and made their five bases of bronze.

The Ark

37 Bezalel made the ark of acacia wood—two and a half cubits long, a cubit and a half wide, and a cubit and a half high.[a] **2** He overlaid it with pure gold, both inside and out, and made a gold molding around it. **3** He cast four gold rings for it and fastened them to its four feet, with two rings on one side and two rings on the other. **4** Then he made poles of acacia wood and overlaid them with gold. **5** And he inserted the poles into the rings on the sides of the ark to carry it.

6 He made the atonement cover of pure gold—two and a half cubits long and a cubit and a half wide.[b] **7** Then he made two cherubim out of hammered gold at the ends of the cover. **8** He made one cherub on one end and the second cherub on the other; at the two ends he made them of one piece with the cover. **9** The cherubim had their wings spread upward, overshadowing the cover with them. The cherubim faced each other, looking toward the cover.

The Table

10 They[c] made the table of acacia wood—two cubits long, a cubit wide, and a cubit and a half high.[d] **11** Then they overlaid it with pure gold and made a gold molding around it. **12** They also made around it a rim a handbreadth[e] wide and put a gold molding on the rim. **13** They cast four gold rings for the table and fastened them to the four corners, where the four legs were. **14** The rings were put close to the rim to hold the poles used in carrying the table. **15** The poles for carrying the table were made of acacia wood and were overlaid with gold. **16** And they made from pure gold the articles for the table—its plates and dishes and bowls and its pitchers for the pouring out of drink offerings.

The Lampstand

17 They made the lampstand of pure gold and hammered it out, base and shaft; its flowerlike cups, buds and blossoms were of one piece with it. **18** Six branches extended from the sides of the lampstand—three on one side and three on the other. **19** Three cups shaped like almond flowers with buds and blossoms were on one branch, three on the next branch and the same for all six branches extending from the lampstand. **20** And on the lampstand were four cups shaped like almond flowers with buds and blossoms. **21** One bud was under the first pair of branches extending from the lampstand, a second bud under the second pair, and a third bud under the third pair—six branches in all. **22** The buds and the branches were all of one piece with the lampstand, hammered out of pure gold. **23** They made its seven lamps, as well as its wick trimmers and trays, of pure gold. **24** They made the lampstand and all its accessories from one talent[f] of pure gold.

The Altar of Incense

25 They made the altar of incense out of acacia wood. It was square, a cubit long and a cubit wide, and two cubits high[g] —its horns of one piece with it. **26** They overlaid the top and all the

[a]37:1 That is, about 3 3/4 feet (about 1.1 meters) long and 2 1/4 feet (about 0.7 meter) wide and high [b]37:6 That is, about 3 3/4 feet (about 1.1 meters) long and 2 1/4 feet (about 0.7 meter) wide [c]37:10 Or He; also in verses 11-29 [d]37:10 That is, about 3 feet (about 0.9 meter) long, 1 1/2 feet (about 0.5 meter) wide, and 2 1/4 feet (about 0.7 meter) high [e]37:12 That is, about 3 inches (about 8 centimeters) [f]37:24 That is, about 75 pounds (about 34 kilograms) [g]37:25 That is, about 1 1/2 feet (about 0.5 meter) long and wide, and about 3 feet (about 0.9 meter) high

[a]37.1 Hebraico: *2,5 côvados de comprimento e 1,5 côvados de largura e de altura*. O côvado era uma medida linear de cerca de 45 centímetros. [b]37.16 Veja Nm 28.7. [c]37.24 Hebraico: *1 talento*.

lados e as pontas, e fez uma moldura de ouro ao seu redor. **27** Fez também duas argolas de ouro de cada lado do altar, abaixo da moldura, para sustentar as varas utilizadas para carregá-lo, **28** e usou madeira de acácia para fazer as varas e revestiu-as de ouro.

29 Fez ainda o óleo sagrado para as unções e o incenso puro e aromático, obra de perfumista.

O Altar dos Holocaustos

38 Fez um altar de madeira de acácia para os holocaustos, com um metro e trinta e cinco centímetros[a] de altura; era quadrado, com dois metros e vinte e cinco centímetros de cada lado. **2** E fez uma ponta em forma de chifre em cada um dos quatro cantos, formando uma só peça com o altar, o qual revestiu de bronze. **3** De bronze fez todos os seus utensílios: os recipientes para recolher cinzas, as pás, as bacias de aspersão, os garfos para carne e os braseiros. **4** Fez uma grelha de bronze para o altar em forma de rede, abaixo da sua beirada, a meia altura do altar. **5** Fundiu quatro argolas de bronze para sustentar as varas nos quatro cantos da grelha de bronze. **6** Fez as varas de madeira de acácia, revestiu-as de bronze **7** e colocou-as nas argolas, nos dois lados do altar, para que o pudessem carregar. O altar era oco, feito de tábuas.

8 Fez a bacia de bronze e a sua base com os espelhos das mulheres que serviam à entrada da Tenda do Encontro.

O Pátio

9 Fez também o pátio. O lado sul tinha quarenta e cinco metros de comprimento e cortinas externas de linho fino trançado, **10** com vinte colunas e vinte bases de bronze, com ganchos e ligaduras de prata nas colunas. **11** O lado norte também tinha quarenta e cinco metros de comprimento, com vinte colunas e vinte bases de bronze. Os ganchos e as ligaduras das colunas eram de prata. **12** O lado ocidental, com suas cortinas externas, tinha vinte e dois metros e meio de largura, com dez colunas e dez bases, com ganchos e ligaduras de prata nas colunas. **13** O lado oriental, que dá para o nascente, também tinha vinte e dois metros e meio de largura. **14** Havia cortinas de seis metros e setenta e cinco centímetros de comprimento num dos lados da entrada, com três colunas e três bases, **15** e cortinas de seis metros e setenta e cinco centímetros de comprimento no outro lado da entrada do pátio, também com três colunas e três bases. **16** Todas as cortinas ao redor do pátio eram feitas de linho fino trançado. **17** As bases das colunas eram de bronze. Os ganchos e as ligaduras das colunas eram de prata, e o topo das colunas também eram revestidos de prata; de modo que todas as colunas do pátio tinham ligaduras de prata.

18 Na entrada do pátio havia uma cortina de linho fino trançado e de fios de tecidos azul, roxo e vermelho, obra de bordador. Tinha nove metros de comprimento, à semelhança das cortinas do pátio, tinha dois metros e vinte e cinco centímetros de altura, **19** com quatro colunas e quatro bases de bronze. Seus ganchos e ligaduras eram de prata, e o topo das colunas também era revestido de prata. **20** Todas as estacas da tenda do tabernáculo e do pátio que o rodeava eram de bronze.

O Material para a Construção do Tabernáculo

21 Esta é a relação do material usado para o tabernáculo, o tabernáculo da aliança, registrada por ordem de Moisés pelos levitas, sob a direção de Itamar, filho de Arão, o sacerdote. **22** Bezalel, filho de Uri, neto de Hur, da tribo de Judá, fez tudo o que o SENHOR tinha ordenado a Moisés. **23** Com ele estava Aoliabe, filho de Aisamaque, da tribo de Dã, artesão e projetista, e também bordador em linho fino e de fios de tecidos azul, roxo e vermelho. **24** O peso total do ouro recebido na oferta movida

sides and the horns with pure gold, and made a gold molding around it. **27** They made two gold rings below the molding— two on opposite sides—to hold the poles used to carry it. **28** They made the poles of acacia wood and overlaid them with gold.

29 They also made the sacred anointing oil and the pure, fragrant incense—the work of a perfumer.

The Altar of Burnt Offering

38 They[a] built the altar of burnt offering of acacia wood, three cubits[b] high; it was square, five cubits long and five cubits wide.[c] **2** They made a horn at each of the four corners, so that the horns and the altar were of one piece, and they overlaid the altar with bronze. **3** They made all its utensils of bronze—its pots, shovels, sprinkling bowls, meat forks and firepans. **4** They made a grating for the altar, a bronze network, to be under its ledge, halfway up the altar. **5** They cast bronze rings to hold the poles for the four corners of the bronze grating. **6** They made the poles of acacia wood and overlaid them with bronze. **7** They inserted the poles into the rings so they would be on the sides of the altar for carrying it. They made it hollow, out of boards.

Basin for Washing

8 They made the bronze basin and its bronze stand from the mirrors of the women who served at the entrance to the Tent of Meeting.

The Courtyard

9 Next they made the courtyard. The south side was a hundred cubits[d] long and had curtains of finely twisted linen, **10** with twenty posts and twenty bronze bases, and with silver hooks and bands on the posts. **11** The north side was also a hundred cubits long and had twenty posts and twenty bronze bases, with silver hooks and bands on the posts. **12** The west end was fifty cubits[e] wide and had curtains, with ten posts and ten bases, with silver hooks and bands on the posts. **13** The east end, toward the sunrise, was also fifty cubits wide. **14** Curtains fifteen cubits[f] long were on one side of the entrance, with three posts and three bases, **15** and curtains fifteen cubits long were on the other side of the entrance to the courtyard, with three posts and three bases. **16** All the curtains around the courtyard were of finely twisted linen. **17** The bases for the posts were bronze. The hooks and bands on the posts were silver, and their tops were overlaid with silver; so all the posts of the courtyard had silver bands.

18 The curtain for the entrance to the courtyard was of blue, purple and scarlet yarn and finely twisted linen—the work of an embroiderer. It was twenty cubits[g] long and, like the curtains of the courtyard, five cubits[h] high, **19** with four posts and four bronze bases. Their hooks and bands were silver, and their tops were overlaid with silver. **20** All the tent pegs of the tabernacle and of the surrounding courtyard were bronze.

The Materials Used

21 These are the amounts of the materials used for the tabernacle, the tabernacle of the Testimony, which were recorded at Moses' command by the Levites under the direction of Ithamar son of Aaron, the priest. **22** (Bezalel son of Uri, the son of Hur, of the tribe of Judah, made everything the LORD commanded Moses; **23** with him was Oholiab son of Ahisamach, of the tribe of Dan—a craftsman and designer, and an embroiderer in blue, purple and scarlet yarn and fine linen.) **24** The total amount of the gold from the wave offering

---

a38.1 Hebraico: *3 côvados de altura*. O côvado era uma medida linear de cerca de 45 centímetros.

---

a38:1 Or *He*; also in verses 2-9 **b38:1** That is, about 4 1/2 feet (about 1.3 meters) **c38:1** That is, about 7 1/2 feet (about 2.3 meters) long and wide **d38:9** That is, about 150 feet (about 46 meters) **e38:12** That is, about 75 feet (about 23 meters) **f38:14** That is, about 22 1/2 feet (about 6.9 meters) **g38:18** That is, about 30 feet (about 9 meters) **h38:18** That is, about 7 1/2 feet (about 2.3 meters)

e utilizado para a obra do santuário foi de uma tonelada[a], com base no peso padrão do santuário.

²⁵ O peso da prata recebida dos que foram contados no recenseamento da comunidade foi superior a três toneladas e meia[b], com base no peso padrão do santuário: ²⁶ seis gramas[c] para cada um dos recenseados, isto é, para seiscentos e três mil, quinhentos e cinqüenta homens de vinte anos de idade para cima. ²⁷ As três toneladas e meia de prata foram usadas para fundir as bases do santuário e do véu: cem bases feitas das três toneladas e meia, trinta e cinco quilos para cada base. ²⁸ Vinte quilos e trezentos gramas foram usados para fazer os ganchos para as colunas, para revestir a parte superior das colunas e para fazer as suas ligaduras.

²⁹ O peso do bronze da oferta movida foi de duas toneladas e meia[d]. ³⁰ Ele o utilizou para fazer as bases da entrada da Tenda do Encontro, o altar de bronze, a sua grelha e todos os seus utensílios, ³¹ as bases do pátio ao redor e da sua entrada, e todas as estacas do tabernáculo e do pátio em derredor.

As Vestes Sacerdotais

39 Com fios de tecidos azul, roxo e vermelho fizeram as vestes litúrgicas para ministrar no Lugar Santo. Também fizeram as vestes sagradas de Arão, como o SENHOR tinha ordenado a Moisés.

O Colete Sacerdotal

² Fizeram o colete sacerdotal de linho fino trançado e de fios de ouro e de fios de tecidos azul, roxo e vermelho. ³ E bateram o ouro em finas placas das quais cortaram fios de ouro para serem bordados no linho fino com os fios de tecidos azul, roxo e vermelho, trabalho artesanal. ⁴ Fizeram as ombreiras para o colete sacerdotal, atadas às suas duas extremidades, para que pudessem ser amarradas. ⁵ O cinturão e o colete por ele preso foram feitos da mesma peça. O cinturão também foi feito de linho fino trançado, de fios de ouro e de fios de tecidos azul, roxo e vermelho, como o SENHOR tinha ordenado a Moisés.

⁶ Prenderam as pedras de ônix em filigranas de ouro e nelas gravaram os nomes dos filhos de Israel, como um lapidador grava um selo. ⁷ Então as costuraram nas ombreiras do colete sacerdotal, como pedras memoriais para os filhos de Israel, como o SENHOR tinha ordenado a Moisés.

O Peitoral

⁸ Fizeram o peitoral, trabalho artesanal, como o colete sacerdotal: de linho fino trançado, de fios de ouro e de fios de tecidos azul, roxo e vermelho. ⁹ Era quadrado, com um palmo de comprimento e um palmo de largura, e dobrado em dois. ¹⁰ Em seguida fixaram nele quatro fileiras de pedras preciosas. Na primeira fileira havia um rubi, um topázio e um berilo; ¹¹ na segunda, uma turquesa, uma safira e um diamante; ¹² na terceira, um jacinto, uma ágata e uma ametista; ¹³ na quarta, um crisólito, um ônix e um jaspe,[e] todas fixadas em filigranas de ouro. ¹⁴ Havia doze pedras, uma para cada nome dos filhos de Israel, cada uma gravada como um lapidador grava um selo, com o nome de uma das doze tribos.

¹⁵ Para o peitoral fizeram correntes trançadas de ouro puro, como cordas. ¹⁶ De ouro fizeram duas filigranas e duas argolas, as quais prenderam às duas extremidades do peitoral. ¹⁷ Prenderam as duas correntes de ouro às duas argolas nas extremidades do peitoral, ¹⁸ e as outras extremidades das correntes, às duas

used for all the work on the sanctuary was 29 talents and 730 shekels,[a] according to the sanctuary shekel.

²⁵ The silver obtained from those of the community who were counted in the census was 100 talents and 1,775 shekels,[b] according to the sanctuary shekel— one beka per person, that is, half a shekel,[c] according to the sanctuary shekel, from everyone who had crossed over to those counted, twenty years old or more, a total of 603,550 men. ²⁷ The 100 talents[d] of silver were used to cast the bases for the sanctuary and for the curtain—100 bases from the 100 talents, one talent for each base. ²⁸ They used the 1,775 shekels[e] to make the hooks for the posts, to overlay the tops of the posts, and to make their bands.

²⁹ The bronze from the wave offering was 70 talents and 2,400 shekels.[f] ³⁰ They used it to make the bases for the entrance to the Tent of Meeting, the bronze altar with its bronze grating and all its utensils, ³¹ the bases for the surrounding courtyard and those for its entrance and all the tent pegs for the tabernacle and those for the surrounding courtyard.

The Priestly Garments

39 From the blue, purple and scarlet yarn they made woven garments for ministering in the sanctuary. They also made sacred garments for Aaron, as the LORD commanded Moses.

The Ephod

² They[g] made the ephod of gold, and of blue, purple and scarlet yarn, and of finely twisted linen. ³ They hammered out thin sheets of gold and cut strands to be worked into the blue, purple and scarlet yarn and fine linen—the work of a skilled craftsman. ⁴ They made shoulder pieces for the ephod, which were attached to two of its corners, so it could be fastened. ⁵ Its skillfully woven waistband was like it—of one piece with the ephod and made with gold, and with blue, purple and scarlet yarn, and with finely twisted linen, as the LORD commanded Moses.

⁶ They mounted the onyx stones in gold filigree settings and engraved them like a seal with the names of the sons of Israel. ⁷ Then they fastened them on the shoulder pieces of the ephod as memorial stones for the sons of Israel, as the LORD commanded Moses.

The Breastpiece

⁸ They fashioned the breastpiece—the work of a skilled craftsman. They made it like the ephod: of gold, and of blue, purple and scarlet yarn, and of finely twisted linen. ⁹ It was square—a span[h] long and a span wide—and folded double. ¹⁰ Then they mounted four rows of precious stones on it. In the first row there was a ruby, a topaz and a beryl; ¹¹ in the second row a turquoise, a sapphire[i] and an emerald; ¹² in the third row a jacinth, an agate and an amethyst; ¹³ in the fourth row a chrysolite, an onyx and a jasper.[j] They were mounted in gold filigree settings. ¹⁴ There were twelve stones, one for each of the names of the sons of Israel, each engraved like a seal with the name of one of the twelve tribes.

¹⁵ For the breastpiece they made braided chains of pure gold, like a rope. ¹⁶ They made two gold filigree settings and two gold rings, and fastened the rings to two of the corners of the breastpiece. ¹⁷ They fastened the two gold chains to the rings at the corners of the breastpiece, ¹⁸ and the other ends of the chains to the two settings, attaching them to the shoulder pieces

---

[a]38.24 Hebraico: *29 talentos e 730 siclos, segundo o siclo do santuário.* O talento equivalia a 35 quilos e o siclo, a 12 gramas. [b]38.25 Hebraico: *100 talentos e 1.775 siclos, segundo o siclo do santuário.* [c]38.26 Hebraico: *1 beca por cabeça, ou seja, 1/2 siclo, segundo o siclo do santuário.* [d]38.29 Hebraico: *70 talentos e 2.400 siclos.* [e]39.13 A identificação precisa de algumas destas pedras não é conhecida.

[a]38.24 The weight of the gold was a little over one ton (about 1 metric ton). [b]38.25 The weight of the silver was a little over 3 3/4 tons (about 3.4 metric tons). [c]38.26 That is, about 1/5 ounce (about 5.5 grams) [d]38.27 That is, about 3 3/4 tons (about 3.4 metric tons) [e]38.28 That is, about 45 pounds (about 20 kilograms) [f]38.29 The weight of the bronze was about 2 1/2 tons (about 2.4 metric tons). [g]39.2 Or *He;* also in verses 7, 8 and 22 [h]39.9 That is, about 9 inches (about 22 centimeters) [i]39.11 Or *lapis lazuli* [j]39.13 The precise identification of some of these precious stones is uncertain.

filigranas, unindo-as às peças das ombreiras do colete sacerdotal, na parte da frente. **19** Fizeram outras duas argolas de ouro e as prenderam às duas extremidades do peitoral na borda interna, próxima ao colete sacerdotal. **20** Depois fizeram mais duas argolas de ouro e as prenderam na parte inferior das ombreiras, na frente do colete sacerdotal, próximas da costura, logo acima do cinturão do colete sacerdotal. **21** Amarraram as argolas do peitoral às argolas do colete com um cordão azul, ligando-o ao cinturão, para que o peitoral não se separasse do colete sacerdotal, como o Senhor tinha ordenado a Moisés.

Outras Vestes Sacerdotais

22 Fizeram o manto do colete sacerdotal inteiramente de fios de tecido azul, obra de tecelão, **23** com uma abertura no centro. Ao redor dessa abertura havia uma dobra tecida, como uma gola, para que não se rasgasse. **24** Fizeram romãs de linho fino trançado e de fios de tecidos azul, roxo e vermelho em volta da borda do manto. **25** Fizeram ainda pequenos sinos de ouro puro, atando-os em volta da borda, entre as romãs. **26** Os sinos e as romãs se alternavam por toda a borda do manto. Tudo feito para ser usado ao se ministrar, como o Senhor tinha ordenado a Moisés.

27 Para Arão e seus filhos fizeram de linho fino as túnicas, obra de tecelão, **28** o turbante, os gorros, e os calções, de linho fino trançado. **29** O cinturão também era de linho fino trançado e de fios de tecidos azul, roxo e vermelho, obra de bordador, como o Senhor tinha ordenado a Moisés.

30 Fizeram de ouro puro o diadema sagrado, e gravaram nele como se grava um selo: Consagrado ao Senhor. **31** Depois usaram um cordão azul para prendê-lo na parte de cima do turbante, como o Senhor tinha ordenado a Moisés.

A Condução do Trabalho

32 Assim foi encerrada toda a obra do tabernáculo, a Tenda do Encontro. Os israelitas fizeram tudo conforme o Senhor tinha ordenado a Moisés. **33** Então trouxeram o tabernáculo a Moisés; a tenda e todos os seus utensílios, os ganchos, as molduras, as travessões, as colunas e as bases, **34** a cobertura de pele de carneiro tingida de vermelho, a cobertura de couro e o véu protetor, **35** a arca da aliança com as suas varas e a tampa, **36** a mesa com todos os seus utensílios e os pães da Presença, **37** o candelabro de ouro puro com a sua fileira de lâmpadas e todos os seus utensílios e o óleo para iluminação, **38** o altar de ouro, o óleo da unção, o incenso aromático e a cortina de entrada para a tenda, **39** o altar de bronze com a sua grelha, as suas varas e todos os seus utensílios, a bacia e a sua base, **40** as cortinas externas do pátio com as suas colunas e bases e a cortina para a entrada do pátio, as cordas e estacas da tenda do pátio, todos os utensílios para o tabernáculo, a Tenda do Encontro, **41** e as vestes litúrgicas para ministrar no Lugar Santo, tanto as vestes sagradas para Arão, o sacerdote, como as vestes de seus filhos, para quando servissem como sacerdotes.

42 Os israelitas fizeram todo o trabalho conforme o Senhor tinha ordenado a Moisés. **43** Moisés inspecionou a obra e viu que tinham feito tudo como o Senhor tinha ordenado. Então Moisés os abençoou.

O Tabernáculo é Armado

40 Disse o Senhor a Moisés: **2** "Arme o tabernáculo, a Tenda do Encontro, no primeiro dia do primeiro mês. **3** Coloque nele a arca da aliança e proteja-a com o véu. **4** Traga a mesa e arrume sobre ela tudo o que lhe pertence. Depois traga o candelabro e coloque as suas lâmpadas. **5** Ponha o altar de ouro para o incenso diante da arca da aliança e coloque a cortina à entrada do tabernáculo.

6 "Coloque o altar dos holocaustos em frente da entrada do tabernáculo, da Tenda do Encontro; **7** ponha a bacia entre

of the ephod at the front. **19** They made two gold rings and attached them to the other two corners of the breastpiece on the inside edge next to the ephod. **20** Then they made two more gold rings and attached them to the bottom of the shoulder pieces on the front of the ephod, close to the seam just above the waistband of the ephod. **21** They tied the rings of the breastpiece to the rings of the ephod with blue cord, connecting it to the waistband so that the breastpiece would not swing out from the ephod—as the Lord commanded Moses.

Other Priestly Garments

22 They made the robe of the ephod entirely of blue cloth— the work of a weaver— **23** with an opening in the center of the robe like the opening of a collar,ᵃ and a band around this opening, so that it would not tear. **24** They made pomegranates of blue, purple and scarlet yarn and finely twisted linen around the hem of the robe. **25** And they made bells of pure gold and attached them around the hem between the pomegranates. **26** The bells and pomegranates alternated around the hem of the robe to be worn for ministering, as the Lord commanded Moses.

27 For Aaron and his sons, they made tunics of fine linen— the work of a weaver— **28** and the turban of fine linen, the linen headbands and the undergarments of finely twisted linen. **29** The sash was of finely twisted linen and blue, purple and scarlet yarn—the work of an embroiderer—as the Lord commanded Moses.

30 They made the plate, the sacred diadem, out of pure gold and engraved on it, like an inscription on a seal: HOLY TO THE LORD. **31** Then they fastened a blue cord to it to attach it to the turban, as the Lord commanded Moses.

Moses Inspects the Tabernacle

32 So all the work on the tabernacle, the Tent of Meeting, was completed. The Israelites did everything just as the Lord commanded Moses. **33** Then they brought the tabernacle to Moses: the tent and all its furnishings, its clasps, frames, crossbars, posts and bases; **34** the covering of ram skins dyed red, the covering of hides of sea cowsᵇ and the shielding curtain; **35** the ark of the Testimony with its poles and the atonement cover; **36** the table with all its articles and the bread of the Presence; **37** the pure gold lampstand with its row of lamps and all its accessories, and the oil for the light; **38** the gold altar, the anointing oil, the fragrant incense, and the curtain for the entrance to the tent; **39** the bronze altar with its bronze grating, its poles and all its utensils; the basin with its stand; **40** the curtains of the courtyard with its posts and bases, and the curtain for the entrance to the courtyard; the ropes and tent pegs for the courtyard; all the furnishings for the tabernacle, the Tent of Meeting; **41** and the woven garments worn for ministering in the sanctuary, both the sacred garments for Aaron the priest and the garments for his sons when serving as priests.

42 The Israelites had done all the work just as the Lord had commanded Moses. **43** Moses inspected the work and saw that they had done it just as the Lord had commanded. So Moses blessed them.

Setting Up the Tabernacle

40 Then the Lord said to Moses: **2** "Set up the tabernacle, the Tent of Meeting, on the first day of the first month. **3** Place the ark of the Testimony in it and shield the ark with the curtain. **4** Bring in the table and set out what belongs on it. Then bring in the lampstand and set up its lamps. **5** Place the gold altar of incense in front of the ark of the Testimony and put the curtain at the entrance to the tabernacle.

6 "Place the altar of burnt offering in front of the entrance to the tabernacle, the Tent of Meeting; **7** place the basin between

---

ᵃ39:23 The meaning of the Hebrew for this word is uncertain. ᵇ39:34 That is, dugongs

a Tenda do Encontro e o altar, e encha-a de água. **8** Arme ao seu redor o pátio e coloque a cortina na entrada do pátio.

9 "Unja com o óleo da unção o tabernáculo e tudo o que nele há; consagre-o, e com ele tudo o que lhe pertence, e ele será sagrado. **10** Depois unja o altar dos holocaustos e todos os seus utensílios; consagre o altar, e ele será santíssimo. **11** Unja também a bacia com a sua base e consagre-a.

12 "Traga Arão e seus filhos à entrada da Tenda do Encontro e mande-os lavar-se. **13** Vista depois Arão com as vestes sagradas, unja-o e consagre-o para que me sirva como sacerdote. **14** Traga os filhos dele e vista-os com túnicas. **15** Unja-os como você ungiu o pai deles, para que me sirvam como sacerdotes. A unção deles será para um sacerdócio perpétuo, geração após geração". **16** Moisés fez tudo conforme o Senhor lhe havia ordenado.

17 Assim, o tabernáculo foi armado no primeiro dia do primeiro mês do segundo ano. **18** Moisés armou o tabernáculo, colocou as bases em seus lugares, armou as molduras, colocou as vigas e levantou as colunas. **19** Depois estendeu a tenda sobre o tabernáculo e colocou a cobertura sobre ela, como o Senhor tinha ordenado.

20 Colocou também as tábuas da aliança na arca, fixou nela as varas, e pôs sobre ela a tampa. **21** Em seguida trouxe a arca para dentro do tabernáculo e pendurou o véu protetor, cobrindo a arca da aliança, como o Senhor tinha ordenado.

22 Moisés colocou a mesa na Tenda do Encontro, no lado norte do tabernáculo, do lado de fora do véu, **23** e sobre ela colocou os pães da Presença, diante do Senhor, como o Senhor tinha ordenado.

24 Pôs o candelabro na Tenda do Encontro, em frente da mesa, no lado sul do tabernáculo, **25** e colocou as lâmpadas diante do Senhor, como o Senhor tinha ordenado.

26 Moisés também pôs o altar de ouro na Tenda do Encontro, diante do véu, **27** e nele queimou incenso aromático, como o Senhor tinha ordenado. **28** Pôs também a cortina à entrada do tabernáculo.

29 Montou o altar de holocaustos à entrada do tabernáculo, a Tenda do Encontro, e sobre ele ofereceu holocaustos e ofertas de cereal, como o Senhor tinha ordenado.

30 Colocou a bacia entre a Tenda do Encontro e o altar, e encheu-a de água; **31** Moisés, Arão e os filhos deste usavam-na para lavar as mãos e os pés. **32** Sempre que entravam na Tenda do Encontro e se aproximavam do altar, eles se lavavam, como o Senhor tinha ordenado a Moisés.

33 Finalmente, Moisés armou o pátio ao redor do tabernáculo e colocou a cortina à entrada do pátio. Assim, Moisés terminou a obra.

A Glória do Senhor: o Guia de Israel

34 Então a nuvem cobriu a Tenda do Encontro, e a glória do Senhor encheu o tabernáculo. **35** Moisés não podia entrar na Tenda do Encontro, porque a nuvem estava sobre ela, e a glória do Senhor enchia o tabernáculo.

36 Sempre que a nuvem se erguia sobre o tabernáculo os israelitas seguiam viagem; **37** mas se a nuvem não se erguia, eles não prosseguiam; só partiam no dia em que ela se erguia. **38** De dia a nuvem do Senhor ficava sobre o tabernáculo, e de noite havia fogo na nuvem, à vista de toda a nação de Israel, em todas as suas viagens.

Levítico

O Holocausto

1 Da Tenda do Encontro o Senhor chamou Moisés e lhe ordenou: **2** "Diga o seguinte aos israelitas: Quando alguém trouxer um animal como oferta ao Senhor, que seja do gado ou do rebanho de ovelhas.

the Tent of Meeting and the altar and put water in it. **8** Set up the courtyard around it and put the curtain at the entrance to the courtyard.

9 "Take the anointing oil and anoint the tabernacle and everything in it; consecrate it and all its furnishings, and it will be holy. **10** Then anoint the altar of burnt offering and all its utensils; consecrate the altar, and it will be most holy. **11** Anoint the basin and its stand and consecrate them.

12 "Bring Aaron and his sons to the entrance to the Tent of Meeting and wash them with water. **13** Then dress Aaron in the sacred garments, anoint him and consecrate him so he may serve me as priest. **14** Bring his sons and dress them in tunics. **15** Anoint them just as you anointed their father, so they may serve me as priests. Their anointing will be to a priesthood that will continue for all generations to come." **16** Moses did everything just as the Lord commanded him.

17 So the tabernacle was set up on the first day of the first month in the second year. **18** When Moses set up the tabernacle, he put the bases in place, erected the frames, inserted the crossbars and set up the posts. **19** Then he spread the tent over the tabernacle and put the covering over the tent, as the Lord commanded him.

20 He took the Testimony and placed it in the ark, attached the poles to the ark and put the atonement cover over it. **21** Then he brought the ark into the tabernacle and hung the shielding curtain and shielded the ark of the Testimony, as the Lord commanded him.

22 Moses placed the table in the Tent of Meeting on the north side of the tabernacle outside the curtain **23** and set out the bread on it before the Lord, as the Lord commanded him.

24 He placed the lampstand in the Tent of Meeting opposite the table on the south side of the tabernacle **25** and set up the lamps before the Lord, as the Lord commanded him.

26 Moses placed the gold altar in the Tent of Meeting in front of the curtain **27** and burned fragrant incense on it, as the Lord commanded him. **28** Then he put up the curtain at the entrance to the tabernacle.

29 He set the altar of burnt offering near the entrance to the tabernacle, the Tent of Meeting, and offered on it burnt offerings and grain offerings, as the Lord commanded him.

30 He placed the basin between the Tent of Meeting and the altar and put water in it for washing, **31** and Moses and Aaron and his sons used it to wash their hands and feet. **32** They washed whenever they entered the Tent of Meeting or approached the altar, as the Lord commanded Moses.

33 Then Moses set up the courtyard around the tabernacle and altar and put up the curtain at the entrance to the courtyard. And so Moses finished the work.

The Glory of the Lord

34 Then the cloud covered the Tent of Meeting, and the glory of the Lord filled the tabernacle. **35** Moses could not enter the Tent of Meeting because the cloud had settled upon it, and the glory of the Lord filled the tabernacle.

36 In all the travels of the Israelites, whenever the cloud lifted from above the tabernacle, they would set out; **37** but if the cloud did not lift, they did not set out—until the day it lifted. **38** So the cloud of the Lord was over the tabernacle by day, and fire was in the cloud by night, in the sight of all the house of Israel during all their travels.

Leviticus

The Burnt Offering

1 The Lord called to Moses and spoke to him from the Tent of Meeting. He said, **2** "Speak to the Israelites and say to them: 'When any of you brings an offering to the Lord, bring as your offering an animal from either the herd or the flock.

3 "Se o holocausto[a] for de gado, oferecerá um macho sem defeito. Ele o apresentará à entrada da Tenda do Encontro, para que seja aceito pelo Senhor, 4 e porá a mão sobre a cabeça do animal do holocausto para que seja aceito como propiciação em seu lugar. 5 Então o novilho será morto perante o Senhor, e os sacerdotes, descendentes de Arão, trarão o sangue e o derramarão em todos os lados do altar, que está à entrada da Tenda do Encontro. 6 Depois se tirará a pele do animal, que será cortado em pedaços. 7 Então os descendentes do sacerdote Arão acenderão o fogo do altar e arrumarão a lenha sobre o fogo. 8 Em seguida arrumarão os pedaços, inclusive a cabeça e a gordura, sobre a lenha que está no fogo do altar. 9 As vísceras e as pernas serão lavadas com água. E o sacerdote queimará tudo isso no altar. É um holocausto, oferta preparada no fogo, de aroma agradável ao Senhor.

10 "Se a oferta for um holocausto do rebanho, quer de cordeiros quer de cabritos, oferecerá um macho sem defeito. 11 O animal será morto no lado norte do altar, perante o Senhor; os sacerdotes, descendentes de Arão, derramarão o sangue nos lados do altar. 12 Então o animal será cortado em pedaços. O sacerdote arrumará os pedaços, inclusive a cabeça e a gordura, sobre a lenha que está no fogo do altar. 13 As vísceras e as pernas serão lavadas com água. O sacerdote trará tudo isso como oferta e o queimará no altar. É um holocausto, oferta preparada no fogo, de aroma agradável ao Senhor.

14 "Se a sua oferta ao Senhor for um holocausto de aves, traga uma rolinha ou um pombinho. 15 O sacerdote trará a ave ao altar, destroncará o pescoço dela e a queimará, e deixará escorrer o sangue da ave na parede do altar. 16 Ele retirará o papo com o seu conteúdo[b] e o jogará no lado leste do altar, onde ficam as cinzas. 17 Rasgará a ave pelas asas, sem dividi-la totalmente, e então o sacerdote a queimará sobre a lenha acesa no altar. É um holocausto, oferta preparada no fogo, de aroma agradável ao Senhor.

A Oferta de Cereal

2 "Quando alguém trouxer uma oferta de cereal ao Senhor, terá que ser da melhor farinha. Sobre ela derramará óleo, colocará incenso 2 e a levará aos descendentes de Arão, os sacerdotes. Um deles apanhará um punhado da melhor farinha com óleo e com todo o incenso, e os queimará no altar como porção memorial. É oferta preparada no fogo, de aroma agradável ao Senhor. 3 O que restar da oferta de cereal pertence a Arão e a seus descendentes; é parte santíssima das ofertas dedicadas ao Senhor preparadas no fogo.

4 "Se um de vocês trouxer uma oferta de cereal assada no forno, seja da melhor farinha: bolos feitos sem fermento, amassados com óleo, ou[c] pães finos sem fermento e untados com óleo. 5 Se a sua oferta de cereal for preparada numa assadeira, seja da melhor farinha, amassada com óleo e sem fermento. 6 Divida-a em pedaços e derrame óleo sobre ela; é uma oferta de cereal. 7 Se a sua oferta de cereal for cozida numa panela, seja da melhor farinha com óleo. 8 Traga ao Senhor a oferta de cereal feita desses ingredientes e apresente-a ao sacerdote, que a levará ao altar. 9 Ele apanhará a porção memorial da oferta de cereal e a queimará no altar; é oferta preparada no fogo, de aroma agradável ao Senhor. 10 O restante da oferta de cereal pertence a Arão e a seus descendentes; é parte santíssima das ofertas dedicadas ao Senhor preparadas no fogo.

11 "Nenhuma oferta de cereal que vocês trouxerem ao Senhor será feita com fermento, pois vocês não queimarão fermento nem mel como oferta preparada no fogo ao Senhor. 12 Podem trazê-los como oferta dos primeiros frutos ao Senhor, mas não podem oferecê-los no altar como aroma agradável. 13 Temperem com sal todas as suas ofertas de cereal. Não excluam de suas ofertas de cereal o sal da aliança do seu Deus; acrescentem sal a todas as suas ofertas.

3 " 'If the offering is a burnt offering from the herd, he is to offer a male without defect. He must present it at the entrance to the Tent of Meeting so that it[a] will be acceptable to the Lord. 4 He is to lay his hand on the head of the burnt offering, and it will be accepted on his behalf to make atonement for him. 5 He is to slaughter the young bull before the Lord, and then Aaron's sons the priests shall bring the blood and sprinkle it against the altar on all sides at the entrance to the Tent of Meeting. 6 He is to skin the burnt offering and cut it into pieces. 7 The sons of Aaron the priest are to put fire on the altar and arrange wood on the fire. 8 Then Aaron's sons the priests shall arrange the pieces, including the head and the fat, on the burning wood that is on the altar. 9 He is to wash the inner parts and the legs with water, and the priest is to burn all of it on the altar. It is a burnt offering, an offering made by fire, an aroma pleasing to the Lord.

10 " 'If the offering is a burnt offering from the flock, from either the sheep or the goats, he is to offer a male without defect. 11 He is to slaughter it at the north side of the altar before the Lord, and Aaron's sons the priests shall sprinkle its blood against the altar on all sides. 12 He is to cut it into pieces, and the priest shall arrange them, including the head and the fat, on the burning wood that is on the altar. 13 He is to wash the inner parts and the legs with water, and the priest is to bring all of it and burn it on the altar. It is a burnt offering, an offering made by fire, an aroma pleasing to the Lord.

14 " 'If the offering to the Lord is a burnt offering of birds, he is to offer a dove or a young pigeon. 15 The priest shall bring it to the altar, wring off the head and burn it on the altar; its blood shall be drained out on the side of the altar. 16 He is to remove the crop with its contents[b] and throw it to the east side of the altar, where the ashes are. 17 He shall tear it open by the wings, not severing it completely, and then the priest shall burn it on the wood that is on the fire on the altar. It is a burnt offering, an offering made by fire, an aroma pleasing to the Lord.

The Grain Offering

2 " 'When someone brings a grain offering to the Lord, his offering is to be of fine flour. He is to pour oil on it, put incense on it 2 and take it to Aaron's sons the priests. The priest shall take a handful of the fine flour and oil, together with all the incense, and burn this as a memorial portion on the altar, an offering made by fire, an aroma pleasing to the Lord. 3 The rest of the grain offering belongs to Aaron and his sons; it is a most holy part of the offerings made to the Lord by fire.

4 " 'If you bring a grain offering baked in an oven, it is to consist of fine flour: cakes made without yeast and mixed with oil, or[c] wafers made without yeast and spread with oil. 5 If your grain offering is prepared on a griddle, it is to be made of fine flour mixed with oil, and without yeast. 6 Crumble it and pour oil on it; it is a grain offering. 7 If your grain offering is cooked in a pan, it is to be made of fine flour and oil. 8 Bring the grain offering made of these things to the Lord; present it to the priest, who shall take it to the altar. 9 He shall take out the memorial portion from the grain offering and burn it on the altar as an offering made by fire, an aroma pleasing to the Lord. 10 The rest of the grain offering belongs to Aaron and his sons; it is a most holy part of the offerings made to the Lord by fire.

11 " 'Every grain offering you bring to the Lord must be made without yeast, for you are not to burn any yeast or honey in an offering made to the Lord by fire. 12 You may bring them to the Lord as an offering of the firstfruits, but they are not to be offered on the altar as a pleasing aroma. 13 Season all your grain offerings with salt. Do not leave the salt of the covenant of your God out of your grain offerings; add salt to all your offerings.

---

[a]1.3 Isto é, sacrifício totalmente queimado; também em todo o livro de Levítico. [b]1.16 Ou *o papo e as penas* [c]2.4 Ou *e*

[a]1:3 Or *he* [b]1:16 Or *crop and the feathers*; the meaning of the Hebrew for this word is uncertain. [c]2:4 Or *and*

14 "Se você trouxer ao Senhor uma oferta de cereal dos primeiros frutos, ofereça grãos esmagados de cereal novo, tostados no fogo. 15 Sobre ela derrame óleo e coloque incenso; é oferta de cereal. 16 O sacerdote queimará a porção memorial do cereal esmagado e do óleo, juntamente com todo o incenso, como uma oferta ao Senhor preparada no fogo.

A Oferta de Comunhão

3 "Quando a oferta de alguém for sacrifício de comunhão[a], assim se fará: se oferecer um animal do gado, seja macho ou fêmea, apresentará ao Senhor um animal sem defeito. 2 Porá a mão sobre a cabeça do animal, que será morto à entrada da Tenda do Encontro. Os descendentes de Arão, os sacerdotes, derramarão o sangue nos lados do altar. 3 Desse sacrifício de comunhão, oferta preparada no fogo, ele trará ao Senhor toda a gordura que cobre as vísceras e está ligada a elas, 4 os dois rins com a gordura que os cobre e que está perto dos lombos, e o lóbulo do fígado, que ele removerá junto com os rins. 5 Os descendentes de Arão queimarão tudo isso em cima do holocausto que está sobre a lenha acesa no altar como oferta preparada no fogo, de aroma agradável ao Senhor.

6 "Se oferecer um animal do rebanho como sacrifício de comunhão ao Senhor, trará um macho ou uma fêmea sem defeito. 7 Se oferecer um cordeiro, ele o apresentará ao Senhor. 8 Porá a mão sobre a cabeça do animal, que será morto diante da Tenda do Encontro. Então os descendentes de Arão derramarão o sangue nos lados do altar. 9 Desse sacrifício de comunhão, oferta preparada no fogo, ele trará ao Senhor a gordura, tanto a da cauda gorda cortada rente à espinha, como toda a gordura que cobre as vísceras e está ligada a elas, 10 os dois rins com a gordura que os cobre e que está perto dos lombos, e o lóbulo do fígado, que ele removerá junto com os rins. 11 O sacerdote os queimará no altar como alimento oferecido ao Senhor, preparado no fogo.

12 "Se a sua oferta for um cabrito, ele o apresentará ao Senhor. 13 Porá a mão sobre a cabeça do animal, que será morto diante da Tenda do Encontro. Então os descendentes de Arão derramarão o sangue nos lados do altar. 14 Desse animal, que é uma oferta preparada no fogo, trará ao Senhor a gordura que cobre as vísceras e está ligada a elas, 15 os dois rins com a gordura que os cobre e que está perto dos lombos, e o lóbulo do fígado, que ele removerá junto com os rins. 16 O sacerdote os queimará no altar como alimento, como oferta preparada no fogo, de aroma agradável. Toda a gordura será do Senhor.

17 "Este é um decreto perpétuo para as suas gerações, onde quer que vivam: Não comam gordura alguma, nem sangue algum".

A Oferta pelo Pecado

4 O Senhor ordenou a Moisés: 2 "Diga aos israelitas: Quando alguém pecar sem intenção, fazendo o que é proibido em qualquer dos mandamentos do Senhor, assim se fará:

3 "Se for o sacerdote ungido que pecar, trazendo culpa sobre o povo, trará ao Senhor um novilho sem defeito como oferta pelo pecado que cometeu. 4 Apresentará ao Senhor o novilho à entrada da Tenda do Encontro. Porá a mão sobre a cabeça do novilho, que será morto perante o Senhor. 5 Então o sacerdote ungido pegará um pouco do sangue do novilho e o levará à Tenda do Encontro; 6 molhará o dedo no sangue e o aspergirá sete vezes perante o Senhor, diante do véu do santuário. 7 O sacerdote porá um pouco do sangue nas pontas do altar do incenso aromático que está perante o Senhor na Tenda do Encontro. Derramará todo o restante do sangue do novilho na base do altar do holocausto, na entrada da Tenda do Encontro.

14 " 'If you bring a grain offering of firstfruits to the Lord, offer crushed heads of new grain roasted in the fire. 15 Put oil and incense on it; it is a grain offering. 16 The priest shall burn the memorial portion of the crushed grain and the oil, together with all the incense, as an offering made to the Lord by fire.

The Fellowship Offering

3 " 'If someone's offering is a fellowship offering,[a] and he offers an animal from the herd, whether male or female, he is to present before the Lord an animal without defect. 2 He is to lay his hand on the head of his offering and slaughter it at the entrance to the Tent of Meeting. Then Aaron's sons the priests shall sprinkle the blood against the altar on all sides. 3 From the fellowship offering he is to bring a sacrifice made to the Lord by fire: all the fat that covers the inner parts or is connected to them, 4 both kidneys with the fat on them near the loins, and the covering of the liver, which he will remove with the kidneys. 5 Then Aaron's sons are to burn it on the altar on top of the burnt offering that is on the burning wood, as an offering made by fire, an aroma pleasing to the Lord.

6 " 'If he offers an animal from the flock as a fellowship offering to the Lord, he is to offer a male or female without defect. 7 If he offers a lamb, he is to present it before the Lord. 8 He is to lay his hand on the head of his offering and slaughter it in front of the Tent of Meeting. Then Aaron's sons shall sprinkle its blood against the altar on all sides. 9 From the fellowship offering he is to bring a sacrifice made to the Lord by fire: its fat, the entire fat tail cut off close to the backbone, all the fat that covers the inner parts or is connected to them, 10 both kidneys with the fat on them near the loins, and the covering of the liver, which he will remove with the kidneys. 11 The priest shall burn them on the altar as food, an offering made to the Lord by fire.

12 " 'If his offering is a goat, he is to present it before the Lord. 13 He is to lay his hand on its head and slaughter it in front of the Tent of Meeting. Then Aaron's sons shall sprinkle its blood against the altar on all sides. 14 From what he offers he is to make this offering to the Lord by fire: all the fat that covers the inner parts or is connected to them, 15 both kidneys with the fat on them near the loins, and the covering of the liver, which he will remove with the kidneys. 16 The priest shall burn them on the altar as food, an offering made by fire, a pleasing aroma. All the fat is the Lord's.

17 " 'This is a lasting ordinance for the generations to come, wherever you live: You must not eat any fat or any blood.' "

The Sin Offering

4 The Lord said to Moses, 2 "Say to the Israelites: 'When any one sins unintentionally and does what is forbidden in any of the Lord's commands—

3 " 'If the anointed priest sins, bringing guilt on the people, he must bring to the Lord a young bull without defect as a sin offering for the sin he has committed. 4 He is to present the bull at the entrance to the Tent of Meeting before the Lord. He is to lay his hand on its head and slaughter it before the Lord. 5 Then the anointed priest shall take some of the bull's blood and carry it into the Tent of Meeting. 6 He is to dip his finger into the blood and sprinkle some of it seven times before the Lord, in front of the curtain of the sanctuary. 7 The priest shall then put some of the blood on the horns of the altar of fragrant incense that is before the Lord in the Tent of Meeting. The rest of the bull's blood he shall pour out at the base of the altar of burnt offering at the entrance to the Tent of Meeting. 8 He shall remove all the fat from the bull of the sin offering—

---

^a3.1 Ou *de paz*; também em todo o livro de Levítico.

^a3:1 Traditionally *peace offering*; also in verses 3, 6 and

8 Então retirará toda a gordura do novilho da oferta pelo pecado: a gordura que cobre as vísceras e está ligada a elas, **9** os dois rins com a gordura que os cobre e que está perto dos lombos, e o lóbulo do fígado, que ele removerá junto com os rins, **10** como se retira a gordura do boiª sacrificado como oferta de comunhão. Então o sacerdote queimará essas partes no altar dos holocaustos. **11** Mas o couro do novilho e toda a sua carne, bem como a cabeça e as pernas, as vísceras e os excrementos, **12** isto é, tudo o que restar do novilho, ele levará para fora do acampamento, a um local cerimonialmente puro, onde se lançam as cinzas. Ali os queimará sobre a lenha de uma fogueira, sobre o monte de cinzas.

13 "Se for toda a comunidade de Israel que pecar sem intenção, fazendo o que é proibido em qualquer dos mandamentos do Senhor, ainda que não tenha consciência disso, a comunidade será culpada. **14** Quando tiver consciência do pecado que cometeu, a comunidade trará um novilho como oferta pelo pecado e o apresentará diante da Tenda do Encontro. **15** As autoridades da comunidade porão as mãos sobre a cabeça do novilho perante o Senhor. E o novilho será morto perante o Senhor. **16** Então o sacerdote ungido levará um pouco do sangue do novilho para a Tenda do Encontro; **17** molhará o dedo no sangue e o aspergirá sete vezes perante o Senhor, diante do véu. **18** Porá o sangue nas pontas do altar que está perante o Senhor na Tenda do Encontro e derramará todo o restante do sangue na base do altar dos holocaustos, na entrada da Tenda do Encontro. **19** Então retirará toda a gordura do animal e a queimará no altar, **20** e fará com este novilho como se faz com o novilho da oferta pelo pecado. Assim o sacerdote fará propiciação por eles, e serão perdoados. **21** Depois levará o novilho para fora do acampamento e o queimará como queimou o primeiro. É oferta pelo pecado da comunidade.

22 "Quando for um líder que pecar sem intenção, fazendo o que é proibido em qualquer dos mandamentos do Senhor, o seu Deus, será culpado. **23** Quando o conscientizarem do seu pecado, trará como oferta um bode sem defeito. **24** Porá a mão sobre a cabeça do bode, que será morto no local onde o holocausto é sacrificado, perante o Senhor. Esta é a oferta pelo pecado. **25** Então o sacerdote pegará com o dedo um pouco do sangue da oferta pelo pecado e o porá nas pontas do altar dos holocaustos, e derramará o restante do sangue na base do altar. **26** Queimará toda a gordura no altar, como queimou a gordura do sacrifício de comunhão. Assim o sacerdote fará propiciação pelo pecado do líder, e este será perdoado.

27 "Se for alguém da comunidade que pecar sem intenção, fazendo o que é proibido em qualquer dos mandamentos do Senhor, o seu Deus, será culpado. **28** Quando o conscientizarem do seu pecado, trará como oferta pelo pecado que cometeu uma cabra sem defeito. **29** Porá a mão sobre a cabeça do animal da oferta pelo pecado, que será morto no lugar dos holocaustos. **30** Então o sacerdote pegará com o dedo um pouco do sangue e o porá nas pontas do altar dos holocaustos, e derramará o restante do sangue na base do altar. **31** Então retirará toda a gordura, como se retira a gordura do sacrifício de comunhão; o sacerdote a queimará no altar como aroma agradável ao Senhor. Assim o sacerdote fará propiciação por esse homem, e ele será perdoado.

32 "Se trouxer uma ovelha como oferta pelo pecado, terá que ser sem defeito. **33** Porá a mão sobre a cabeça do animal, que será morto como oferta pelo pecado no lugar onde é sacrificado o holocausto. **34** Então o sacerdote pegará com o dedo um pouco do sangue da oferta pelo pecado e o porá nas pontas do altar dos holocaustos, e derramará o restante do sangue na base do altar. **35** Retirará toda a gordura, como se retira a gordura do cordeiro do sacrifício de comunhão; o sacerdote a queimará no altar, em cima das ofertas dedicadas ao Senhor, preparadas no fogo. Assim o sacerdote fará em favor dele propiciação pelo pecado que cometeu, e ele será perdoado.

the fat that covers the inner parts or is connected to them, **9** both kidneys with the fat on them near the loins, and the covering of the liver, which he will remove with the kidneys— **10** just as the fat is removed from the oxª sacrificed as a fellowship offering.ᵇ Then the priest shall burn them on the altar of burnt offering. **11** But the hide of the bull and all its flesh, as well as the head and legs, the inner parts and offal— **12** that is, all the rest of the bull—he must take outside the camp to a place ceremonially clean, where the ashes are thrown, and burn it in a wood fire on the ash heap.

13 " 'If the whole Israelite community sins unintentionally and does what is forbidden in any of the Lord's commands, even though the community is unaware of the matter, they are guilty. **14** When they become aware of the sin they committed, the assembly must bring a young bull as a sin offering and present it before the Tent of Meeting. **15** The elders of the community are to lay their hands on the bull's head before the Lord, and the bull shall be slaughtered before the Lord. **16** Then the anointed priest is to take some of the bull's blood into the Tent of Meeting. **17** He shall dip his finger into the blood and sprinkle it before the Lord seven times in front of the curtain. **18** He is to put some of the blood on the horns of the altar that is before the Lord in the Tent of Meeting. The rest of the blood he shall pour out at the base of the altar of burnt offering at the entrance to the Tent of Meeting. **19** He shall remove all the fat from it and burn it on the altar, **20** and do with this bull just as he did with the bull for the sin offering. In this way the priest will make atonement for them, and they will be forgiven. **21** Then he shall take the bull outside the camp and burn it as he burned the first bull. This is the sin offering for the community.

22 " 'When a leader sins unintentionally and does what is forbidden in any of the commands of the Lord his God, he is guilty. **23** When he is made aware of the sin he committed, he must bring as his offering a male goat without defect. **24** He is to lay his hand on the goat's head and slaughter it at the place where the burnt offering is slaughtered before the Lord. It is a sin offering. **25** Then the priest shall take some of the blood of the sin offering with his finger and put it on the horns of the altar of burnt offering and pour out the rest of the blood at the base of the altar. **26** He shall burn all the fat on the altar as he burned the fat of the fellowship offering. In this way the priest will make atonement for the man's sin, and he will be forgiven.

27 " 'If a member of the community sins unintentionally and does what is forbidden in any of the Lord's commands, he is guilty. **28** When he is made aware of the sin he committed, he must bring as his offering for the sin he committed a female goat without defect. **29** He is to lay his hand on the head of the sin offering and slaughter it at the place of the burnt offering. **30** Then the priest is to take some of the blood with his finger and put it on the horns of the altar of burnt offering and pour out the rest of the blood at the base of the altar. **31** He shall remove all the fat, just as the fat is removed from the fellowship offering, and the priest shall burn it on the altar as an aroma pleasing to the Lord. In this way the priest will make atonement for him, and he will be forgiven.

32 " 'If he brings a lamb as his sin offering, he is to bring a female without defect. **33** He is to lay his hand on its head and slaughter it for a sin offering at the place where the burnt offering is slaughtered. **34** Then the priest shall take some of the blood of the sin offering with his finger and put it on the horns of the altar of burnt offering and pour out the rest of the blood at the base of the altar. **35** He shall remove all the fat, just as the fat is removed from the lamb of the fellowship offering, and the priest shall burn it on the altar on top of the offerings made to the Lord by fire. In this way the priest will make atonement for him for the sin he has committed, and he will be forgiven.

ª4:10 The Hebrew word can include both male and female. ᵇ4:10 Traditionally *peace offering*; also in verses 26, 31 and 35

ª4.10 A palavra hebraica pode significar *boi* ou *vaca*.

5 "Se alguém pecar porque, tendo sido testemunha de algo que viu ou soube, não o declarou, sofrerá as conseqüências da sua iniqüidade.

2 "Se alguém tocar qualquer coisa impura, seja um cadáver de animal selvagem ou de animal do rebanho ou de uma das pequenas criaturas que povoam a terra, ainda que não tenha consciência disso, ele se tornará impuro e será culpado.

3 "Se alguém tocar impureza humana, qualquer coisa que o torne impuro, sem ter consciência disso, quando o souber será culpado.

4 "Se alguém impensadamente jurar fazer algo bom ou mau, em qualquer assunto que alguém possa jurar descuidadamente, ainda que não tenha consciência disso, quando o souber será culpado.

5 "Quando alguém for culpado de qualquer dessas coisas, confessará em que pecou **6** e, pelo pecado que cometeu, trará ao Senhor uma ovelha ou uma cabra do rebanho como oferta de reparação; e em favor dele o sacerdote fará propiciação pelo pecado.

7 "Se não tiver recursos para oferecer uma ovelha, trará pela culpa do seu pecado duas rolinhas ou dois pombinhos ao Senhor: um como oferta pelo pecado e o outro como holocausto. **8** Ele os trará ao sacerdote, que apresentará primeiro a oferta de sacrifício pelo pecado. Ele destroncará o pescoço da ave, sem arrancar-lhe a cabeça totalmente. **9** A seguir aspergirá no lado do altar o sangue da oferta pelo pecado e deixará escorrer o restante do sangue na base do altar. É oferta pelo pecado. **10** O sacerdote então oferecerá a outra ave como holocausto, de acordo com a forma prescrita, e fará propiciação em favor dele pelo pecado que cometeu, e ele será perdoado.

11 "Se, contudo, não tiver recursos para oferecer duas rolinhas ou dois pombinhos, trará como oferta pelo pecado um jarro[a] da melhor farinha como oferta pelo pecado. Mas sobre ela não derramará óleo nem colocará incenso, porquanto é oferta pelo pecado. **12** Ele a trará ao sacerdote, que apanhará um punhado dela como porção memorial e queimará essa porção no altar, em cima das ofertas dedicadas ao Senhor, preparadas no fogo. É oferta pelo pecado. **13** Assim o sacerdote fará propiciação em favor dele por qualquer desses pecados que tiver cometido, e ele será perdoado. O restante da oferta pertence ao sacerdote, como no caso da oferta de cereal".

A Oferta pela Culpa

14 O Senhor disse a Moisés: **15** "Quando alguém cometer um erro, pecando sem intenção em qualquer coisa consagrada ao Senhor, trará ao Senhor um carneiro do rebanho, sem defeito, avaliado em prata com base no peso padrão[b] do santuário, como oferta pela culpa. **16** Fará restituição pelo que deixou de fazer em relação às coisas consagradas, acrescentará um quinto do valor e o entregará ao sacerdote. Este fará propiciação por ele com o carneiro da oferta pela culpa, e ele será perdoado.

17 "Se alguém pecar, fazendo o que é proibido em qualquer dos mandamentos do Senhor, ainda que não o saiba, será culpado e sofrerá as conseqüências da sua iniqüidade. **18** Do rebanho ele trará ao sacerdote um carneiro, sem defeito e devidamente avaliado, como oferta pela culpa. Assim o sacerdote fará propiciação em favor dele pelo erro que cometeu sem intenção, e ele será perdoado. **19** É oferta pela culpa, pois com certeza tornou-se culpado perante o Senhor".

6 Disse ainda o Senhor a Moisés: **2** "Se alguém pecar, cometendo um erro contra o Senhor, enganando o seu próximo no que diz respeito a algo que lhe foi confiado ou deixado como penhor ou roubado, ou se lhe extorquir algo, **3** ou se achar algum bem perdido e mentir a respeito disso, ou se jurar falsamente a respeito de qualquer coisa, cometendo pecado;

5 ' 'If a person sins because he does not speak up when he hears a public charge to testify regarding something he has seen or learned about, he will be held responsible.

2 'Or if a person touches anything ceremonially unclean— whether the carcasses of unclean wild animals or of unclean livestock or of unclean creatures that move along the ground—even though he is unaware of it, he has become unclean and is guilty.

3 'Or if he touches human uncleanness—anything that would make him unclean—even though he is unaware of it, when he learns of it he will be guilty.

4 'Or if a person thoughtlessly takes an oath to do anything, whether good or evil—in any matter one might carelessly swear about—even though he is unaware of it, in any case when he learns of it he will be guilty.

5 ' 'When anyone is guilty in any of these ways, he must confess in what way he has sinned **6** and, as a penalty for the sin he has committed, he must bring to the Lord a female lamb or goat from the flock as a sin offering; and the priest shall make atonement for him for his sin.

7 ' 'If he cannot afford a lamb, he is to bring two doves or two young pigeons to the Lord as a penalty for his sin—one for a sin offering and the other for a burnt offering. **8** He is to bring them to the priest, who shall first offer the one for the sin offering. He is to wring its head from its neck, not severing it completely, **9** and is to sprinkle some of the blood of the sin offering against the side of the altar; the rest of the blood must be drained out at the base of the altar. It is a sin offering. **10** The priest shall then offer the other as a burnt offering in the prescribed way and make atonement for him for the sin he has committed, and he will be forgiven.

11 ' 'If, however, he cannot afford two doves or two young pigeons, he is to bring as an offering for his sin a tenth of an ephah[a] of fine flour for a sin offering. He must not put oil or incense on it, because it is a sin offering. **12** He is to bring it to the priest, who shall take a handful of it as a memorial portion and burn it on the altar on top of the offerings made to the Lord by fire. It is a sin offering. **13** In this way the priest will make atonement for him for any of these sins he has committed, and he will be forgiven. The rest of the offering will belong to the priest, as in the case of the grain offering.' "

The Guilt Offering

14 The Lord said to Moses: **15** "When a person commits a violation and sins unintentionally in regard to any of the Lord's holy things, he is to bring to the Lord as a penalty a ram from the flock, one without defect and of the proper value in silver, according to the sanctuary shekel.[b] It is a guilt offering. **16** He must make restitution for what he has failed to do in regard to the holy things, add a fifth of the value to that and give it all to the priest, who will make atonement for him with the ram as a guilt offering, and he will be forgiven.

17 "If a person sins and does what is forbidden in any of the Lord's commands, even though he does not know it, he is guilty and will be held responsible. **18** He is to bring to the priest as a guilt offering a ram from the flock, one without defect and of the proper value. In this way the priest will make atonement for him for the wrong he has committed unintentionally, and he will be forgiven. **19** It is a guilt offering; he has been guilty of[c] wrongdoing against the Lord."

6 The Lord said to Moses: **2** "If anyone sins and is unfaithful to the Lord by deceiving his neighbor about something entrusted to him or left in his care or stolen, or if he cheats him, **3** or if he finds lost property and lies about it, or if he swears falsely, or if he commits any such sin that people may do—

---

[a]5.11 Hebraico: *1/10 de efa*. O efa era uma medida de capacidade para secos. As estimativas variam entre 20 e 40 litros. [b]5.15 Hebraico: *no siclo*. Um siclo equivalia a 12 gramas.

[a]5:11 That is, probably about 2 quarts (about 2 liters) [b]5:15 That is, about 2/5 ounce (about 11.5 grams) [c]5:19 Or *has made full expiation for his*

4 quando assim pecar, tornando-se por isso culpado, terá que devolver o que roubou ou tomou mediante extorsão, ou o que lhe foi confiado, ou os bens perdidos que achou, **5** ou qualquer coisa sobre a qual tenha jurado falsamente. Fará restituição plena, acrescentará a isso um quinto do valor e dará tudo ao proprietário no dia em que apresentar a sua oferta pela culpa. **6** E por sua culpa trará ao sacerdote uma oferta dedicada ao Senhor: um carneiro do rebanho, sem defeito e devidamente avaliado. **7** Dessa forma o sacerdote fará propiciação por ele perante o Senhor, e ele será perdoado de qualquer dessas coisas que fez e que o tornou culpado".

A Regulamentação acerca do Holocausto

8 O Senhor disse a Moisés: **9** "Dê este mandamento a Arão e a seus filhos, a regulamentação acerca do holocausto: Ele terá que ficar queimando até de manhã sobre as brasas do altar, onde o fogo terá que ser mantido aceso. **10** O sacerdote vestirá suas roupas de linho e os calções de linho por baixo, retirará as cinzas do holocausto que o fogo consumiu no altar e as colocará ao lado do altar. **11** Depois trocará de roupa e levará as cinzas para fora do acampamento, a um lugar cerimonialmente puro. **12** Mantenha-se aceso o fogo no altar; não deve ser apagado. Toda manhã o sacerdote acrescentará lenha, arrumará o holocausto sobre o fogo e queimará sobre ele a gordura das ofertas de comunhão. **13** Mantenha-se o fogo continuamente aceso no altar; não deve ser apagado.

A Regulamentação da Oferta de Cereal

14 "Esta é a regulamentação da oferta de cereal: Os filhos de Arão a apresentarão ao Senhor, em frente do altar. **15** O sacerdote apanhará um punhado da melhor farinha com óleo, juntamente com todo o incenso que está sobre a oferta de cereal, e queimará no altar a porção memorial como aroma agradável ao Senhor. **16** Arão e seus filhos comerão o restante da oferta, mas deverão comê-lo sem fermento e em lugar sagrado, no pátio da Tenda do Encontro. **17** Essa oferta não será assada com fermento; eu a dei a eles como porção das ofertas feitas a mim com fogo. É santíssima, como a oferta pelo pecado e como a oferta pela culpa. **18** Somente os homens descendentes de Arão poderão comer da porção das ofertas dedicadas ao Senhor, preparadas no fogo. É um decreto perpétuo para as suas gerações. Tudo o que nelas tocar se tornará santo*".

19 O Senhor disse também a Moisés: **20** "Esta é a oferta que Arão e os seus descendentes terão que trazer ao Senhor no dia em que ele*b* for ungido: um jarro*c* da melhor farinha, como na oferta regular de cereal, metade pela manhã e metade à tarde. **21** Prepare-a com óleo numa assadeira; traga-a bem misturada e apresente a oferta de cereal partida em pedaços, como aroma agradável ao Senhor. **22** Todo sacerdote ungido, dos descendentes de Arão, também preparará essa oferta. É a porção do Senhor por decreto perpétuo e será totalmente queimada. **23** Toda oferta de cereal do sacerdote será totalmente queimada; não será comida".

A Regulamentação da Oferta pelo Pecado

24 O Senhor disse a Moisés: **25** "Diga a Arão e aos seus filhos a regulamentação da oferta pelo pecado: O animal da oferta pelo pecado será morto perante o Senhor no local onde é sacrificado o holocausto; é uma oferta santíssima. **26** O sacerdote que oferecer o animal o comerá em lugar sagrado, no pátio da Tenda do Encontro. **27** Tudo o que tocar na carne se tornará santo; se o sangue respingar na roupa, será lavada em lugar sagrado. **28** A vasilha de barro em que a carne for cozida deverá ser quebrada; mas, se for cozida numa vasilha de bronze, a vasilha deverá ser esfregada e enxaguada com água. **29** Somente os homens da família dos sacerdotes poderão comê-la; é uma oferta santíssima. **30** Mas toda oferta pelo pecado, cujo sangue for trazido

The Burnt Offering

8 The Lord said to Moses: **9** "Give Aaron and his sons this command: 'These are the regulations for the burnt offering: The burnt offering is to remain on the altar hearth throughout the night, till morning, and the fire must be kept burning on the altar. **10** The priest shall then put on his linen clothes, with linen undergarments next to his body, and shall remove the ashes of the burnt offering that the fire has consumed on the altar and place them beside the altar. **11** Then he is to take off these clothes and put on others, and carry the ashes outside the camp to a place that is ceremonially clean. **12** The fire on the altar must be kept burning; it must not go out. Every morning the priest is to add firewood and arrange the burnt offering on the fire and burn the fat of the fellowship offerings*a* on it. **13** The fire must be kept burning on the altar continuously; it must not go out.

The Grain Offering

14 " 'These are the regulations for the grain offering: Aaron's sons are to bring it before the Lord, in front of the altar. **15** The priest is to take a handful of fine flour and oil, together with all the incense on the grain offering, and burn the memorial portion on the altar as an aroma pleasing to the Lord. **16** Aaron and his sons shall eat the rest of it, but it is to be eaten without yeast in a holy place; they are to eat it in the courtyard of the Tent of Meeting. **17** It must not be baked with yeast; I have given it as their share of the offerings made to me by fire. Like the sin offering and the guilt offering, it is most holy. **18** Any male descendant of Aaron may eat it. It is his regular share of the offerings made to the Lord by fire for the generations to come. Whatever touches them will become holy.*b*' "

19 The Lord also said to Moses, **20** "This is the offering Aaron and his sons are to bring to the Lord on the day he*c* is anointed: a tenth of an ephah*d* of fine flour as a regular grain offering, half of it in the morning and half in the evening. **21** Prepare it with oil on a griddle; bring it well-mixed and present the grain offering broken*e* in pieces as an aroma pleasing to the Lord. **22** The son who is to succeed him as anointed priest shall prepare it. It is the Lord's regular share and is to be burned completely. **23** Every grain offering of a priest shall be burned completely; it must not be eaten."

The Sin Offering

24 The Lord said to Moses, **25** "Say to Aaron and his sons: 'These are the regulations for the sin offering: The sin offering is to be slaughtered before the Lord in the place the burnt offering is slaughtered; it is most holy. **26** The priest who offers it shall eat it; it is to be eaten in a holy place, in the courtyard of the Tent of Meeting. **27** Whatever touches any of the flesh will become holy, and if any of the blood is spattered on a garment, you must wash it in a holy place. **28** The clay pot the meat is cooked in must be broken; but if it is cooked in a bronze pot, the pot is to be scoured and rinsed with water. **29** Any male in a priest's family may eat it; it is most holy. **30** But any sin offering whose blood is brought

---

*a*6.18 Ou *Todo aquele que nelas tocar deve ser santo*; também no versículo 27. *b*6.20 Ou *cada um* *c*6.20 Hebraico: *1/10 de efa*. O efa era uma medida de capacidade para secos. As estimativas variam entre 20 e 40 litros.

*a*6:12 Traditionally *peace offerings* *b*6:18 Or *Whoever touches them must be holy*; similarly in verse 27 *c*6:20 Or *each* *d*6:20 That is, probably about 2 quarts (about 2 liters) *e*6:21 The meaning of the Hebrew for this word is uncertain.

para a Tenda do Encontro para propiciação no Lugar Santo, não será comida; terá que ser queimada.

A Regulamentação da Oferta pela Culpa

7 "Esta é a regulamentação da oferta pela culpa, que é oferta santíssima: **2** O animal da oferta pela culpa será morto no local onde são sacrificados os holocaustos, e seu sangue será derramado nos lados do altar. **3** Toda a sua gordura será oferecida: a parte gorda da cauda e a gordura que cobre as vísceras, **4** os dois rins com a gordura que os cobre e que está perto dos lombos, e o lóbulo do fígado, que será removido juntamente com os rins. **5** O sacerdote os queimará no altar como oferta dedicada ao Senhor, preparada no fogo. É oferta pela culpa. **6** Somente os homens da família dos sacerdotes poderão comê-la, mas deve ser comida em lugar sagrado; é oferta santíssima.

7 "A mesma regulamentação aplica-se tanto à oferta pelo pecado quanto à oferta pela culpa: a carne pertence ao sacerdote que faz propiciação pela culpa. **8** O sacerdote que oferecer um holocausto por alguém ficará com o couro do animal. **9** Toda oferta de cereal, assada num forno ou cozida numa panela ou numa assadeira, pertence ao sacerdote que a oferecer, **10** e toda oferta de cereal, amassada com óleo ou não, pertence igualmente aos descendentes de Arão.

A Regulamentação da Oferta de Comunhão

11 "Esta é a regulamentação da oferta de comunhão que pode ser apresentada ao Senhor:

12 "Se alguém a fizer por gratidão, então, junto com sua oferta de gratidão, terá que oferecer bolos sem fermento e amassados com óleo, pães finos sem fermento e untados com óleo, e bolos da melhor farinha bem amassados e misturados com óleo. **13** Juntamente com sua oferta de comunhão por gratidão, apresentará uma oferta que inclua bolos com fermento. **14** De cada oferta trará uma contribuição ao Senhor, que será dada ao sacerdote que asperge o sangue das ofertas de comunhão. **15** A carne da sua oferta de comunhão por gratidão será comida no dia em que for oferecida; nada poderá sobrar até o amanhecer.

16 "Se, contudo, sua oferta for resultado de um voto ou for uma oferta voluntária, a carne do sacrifício será comida no dia em que for oferecida, e o que sobrar poderá ser comido no dia seguinte. **17** Mas a carne que sobrar do sacrifício até o terceiro dia será queimada no fogo. **18** Se a carne da oferta de comunhão for comida ao terceiro dia, ela não será aceita. A oferta não será atribuída àquele que a ofereceu, pois a carne estará estragada; e quem dela comer sofrerá as conseqüências da sua iniqüidade.

19 "A carne que tocar em qualquer coisa impura não será comida; será queimada no fogo. A carne do sacrifício, porém, poderá ser comida por quem estiver puro. **20** Mas se alguém que, estando impuro, comer da carne da oferta de comunhão que pertence ao Senhor, será eliminado do meio do seu povo. **21** Se alguém tocar em alguma coisa impura, seja impureza humana, seja de animal, seja qualquer outra coisa impura e proibida, e comer da carne da oferta de comunhão que pertence ao Senhor, será eliminado do meio do seu povo".

A Proibição de Comer Gordura e Sangue

22 E disse o Senhor a Moisés: **23** "Diga aos israelitas: Não comam gordura alguma de boi, carneiro ou cabrito. **24** A gordura de um animal encontrado morto ou despedaçado por animais selvagens pode ser usada para qualquer outra finalidade, mas nunca poderá ser comida. **25** Quem comer a gordura de um animal dedicado ao Senhor numa oferta preparada no fogo, será eliminado do meio do seu povo. **26** Onde quer que vocês vivam, não comam o sangue de nenhuma ave nem de animal. **27** Quem comer sangue será eliminado do meio do seu povo".

A Porção dos Sacerdotes

28 Disse mais o Senhor a Moisés: **29** "Diga aos israelitas: Todo aquele que trouxer sacrifício de comunhão ao Senhor terá que

into the Tent of Meeting to make atonement in the Holy Place must not be eaten; it must be burned.

The Guilt Offering

7 " 'These are the regulations for the guilt offering, which is most holy: **2** The guilt offering is to be slaughtered in the place where the burnt offering is slaughtered, and its blood is to be sprinkled against the altar on all sides. **3** All its fat shall be offered: the fat tail and the fat that covers the inner parts, **4** both kidneys with the fat on them near the loins, and the covering of the liver, which is to be removed with the kidneys. **5** The priest shall burn them on the altar as an offering made to the Lord by fire. It is a guilt offering. **6** Any male in a priest's family may eat it, but it must be eaten in a holy place; it is most holy.

7 " 'The same law applies to both the sin offering and the guilt offering: They belong to the priest who makes atonement with them. **8** The priest who offers a burnt offering for anyone may keep its hide for himself. **9** Every grain offering baked in an oven or cooked in a pan or on a griddle belongs to the priest who offers it, **10** and every grain offering, whether mixed with oil or dry, belongs equally to all the sons of Aaron.

The Fellowship Offering

11 " 'These are the regulations for the fellowship offering[a] a person may present to the Lord:

12 " 'If he offers it as an expression of thankfulness, then along with this thank offering he is to offer cakes of bread made without yeast and mixed with oil, wafers made without yeast and spread with oil, and cakes of fine flour well-kneaded and mixed with oil. **13** Along with his fellowship offering of thanksgiving he is to present an offering with cakes of bread made with yeast. **14** He is to bring one of each kind as an offering, a contribution to the Lord; it belongs to the priest who sprinkles the blood of the fellowship offerings. **15** The meat of his fellowship offering of thanksgiving must be eaten on the day it is offered; he must leave none of it till morning.

16 " 'If, however, his offering is the result of a vow or is a freewill offering, the sacrifice shall be eaten on the day he offers it, but anything left over may be eaten on the next day. **17** Any meat of the sacrifice left over till the third day must be burned up. **18** If any meat of the fellowship offering is eaten on the third day, it will not be accepted. It will not be credited to the one who offered it, for it is impure; the person who eats any of it will be held responsible.

19 " 'Meat that touches anything ceremonially unclean must not be eaten; it must be burned up. As for other meat, anyone ceremonially clean may eat it. **20** But if anyone who is unclean eats any meat of the fellowship offering belonging to the Lord, that person must be cut off from his people. **21** If anyone touches something unclean—whether human uncleanness or an unclean animal or any unclean, detestable thing—and then eats any of the meat of the fellowship offering belonging to the Lord, that person must be cut off from his people.' "

Eating Fat and Blood Forbidden

22 The Lord said to Moses, **23** "Say to the Israelites: 'Do not eat any of the fat of cattle, sheep or goats. **24** The fat of an animal found dead or torn by wild animals may be used for any other purpose, but you must not eat it. **25** Anyone who eats the fat of an animal from which an offering by fire may be[b] made to the Lord must be cut off from his people. **26** And wherever you live, you must not eat the blood of any bird or animal. **27** If anyone eats blood, that person must be cut off from his people.' "

The Priests' Share

28 The Lord said to Moses, **29** "Say to the Israelites: 'Anyone who brings a fellowship offering to the Lord is to bring part of

---

a 7:11 Traditionally *peace offering*; also in verses 13-37　b 7:25 Or *fire is*

dedicar parte dele ao Senhor. **30** Com suas próprias mãos trará ao Senhor as ofertas preparadas no fogo; trará a gordura juntamente com o peito, e o moverá perante o Senhor como gesto ritual de apresentação. **31** O sacerdote queimará a gordura no altar, mas o peito pertence a Arão e a seus descendentes. **32** Vocês deverão dar a coxa direita das ofertas de comunhão ao sacerdote como contribuição. **33** O descendente de Arão que oferecer o sangue e a gordura da oferta de comunhão receberá a coxa direita como porção. **34** Das ofertas de comunhão dos israelitas, tomei o peito que é movido ritualmente e a coxa que é ofertada, e os dei ao sacerdote Arão e a seus descendentes por decreto perpétuo para os israelitas".

35 Essa é a parte das ofertas dedicadas ao Senhor, preparadas no fogo, destinada a Arão e a seus filhos no dia em que foram apresentados para servirem ao Senhor como sacerdotes. **36** Foi isso que o Senhor ordenou dar a eles, no dia em que foram ungidos dentre os israelitas. É um decreto perpétuo para as suas gerações.

37 Essa é a regulamentação acerca do holocausto, da oferta de cereal, da oferta pelo pecado, da oferta pela culpa, da oferta de ordenação e da oferta de comunhão. **38** O Senhor entregou-a a Moisés no monte Sinai, no dia em que ordenou aos israelitas que trouxessem suas ofertas ao Senhor, no deserto do Sinai.

A Ordenação de Arão e de seus Filhos

8 O Senhor disse a Moisés: **2** "Traga Arão e seus filhos, suas vestes, o óleo da unção, o novilho para a oferta pelo pecado, os dois carneiros e o cesto de pães sem fermento; **3** e reúna toda a comunidade à entrada da Tenda do Encontro". **4** Moisés fez como o Senhor lhe tinha ordenado, e a comunidade reuniu-se à entrada da Tenda do Encontro.

5 Então Moisés disse à comunidade: "Foi isto que o Senhor mandou fazer"; **6** e levou Arão e seus filhos à frente e mandou-os banhar-se com água; **7** pôs a túnica em Arão, colocou-lhe o cinto e o manto, e pôs sobre ele o colete sacerdotal; depois a ele prendeu o manto sacerdotal com o cinturão; **8** colocou também o peitoral, e nele pôs o Urim e o Tumimª; **9** e colocou no turbante na cabeça de Arão com a lâmina de ouro, isto é, a coroa sagrada, na frente do turbante, conforme o Senhor tinha ordenado a Moisés.

10 Depois Moisés pegou o óleo da unção e ungiu o tabernáculo e tudo o que nele havia, e assim os consagrou. **11** Aspergiu sete vezes o óleo sobre o altar, ungindo o altar e todos os seus utensílios e a bacia com o seu suporte, para consagrá-los. **12** Derramou o óleo da unção sobre a cabeça de Arão para ungi-lo e consagrá-lo. **13** Trouxe então os filhos de Arão à frente, vestiu-os com suas túnicas e cintos, e colocou-lhes gorros, conforme o Senhor lhe havia ordenado.

14 Em seguida trouxe o novilho para a oferta pelo pecado, e Arão e seus filhos puseram as mãos sobre a cabeça do novilho. **15** Moisés sacrificou o novilho, e com o dedo pôs um pouco do sangue em todas as pontas do altar para purificá-lo. Derramou o restante do sangue na base do altar e assim o consagrou para fazer propiciação por ele. **16** Moisés pegou também toda a gordura que cobre as vísceras, o lóbulo do fígado e os dois rins com a gordura que os cobre, e os queimou no altar. **17** Mas o novilho com o seu couro, a sua carne e o seu excremento, ele queimou fora do acampamento, conforme o Senhor lhe havia ordenado.

18 Mandou trazer então o carneiro para o holocausto, e Arão e seus filhos puseram as mãos sobre a cabeça do carneiro. **19** A seguir Moisés sacrificou o carneiro e derramou o sangue nos lados do altar. **20** Depois, cortou o carneiro em pedaços; queimou a cabeça, os pedaços e a gordura. **21** Lavou as vísceras e as pernas, e queimou o carneiro inteiro sobre o altar, como holocausto, oferta de aroma agradável ao Senhor, preparada no fogo, conforme o Senhor lhe havia ordenado.

it as his sacrifice to the Lord. **30** With his own hands he is to bring the offering made to the Lord by fire; he is to bring the fat, together with the breast, and wave the breast before the Lord as a wave offering. **31** The priest shall burn the fat on the altar, but the breast belongs to Aaron and his sons. **32** You are to give the right thigh of your fellowship offerings to the priest as a contribution. **33** The son of Aaron who offers the blood and the fat of the fellowship offering shall have the right thigh as his share. **34** From the fellowship offerings of the Israelites, I have taken the breast that is waved and the thigh that is presented and have given them to Aaron the priest and his sons as their regular share from the Israelites.' "

35 This is the portion of the offerings made to the Lord by fire that were allotted to Aaron and his sons on the day they were presented to serve the Lord as priests. **36** On the day they were anointed, the Lord commanded that the Israelites give this to them as their regular share for the generations to come.

37 These, then, are the regulations for the burnt offering, the grain offering, the sin offering, the guilt offering, the ordination offering and the fellowship offering, **38** which the Lord gave Moses on Mount Sinai on the day he commanded the Israelites to bring their offerings to the Lord, in the Desert of Sinai.

The Ordination of Aaron and His Sons

8 The Lord said to Moses, **2** "Bring Aaron and his sons, their garments, the anointing oil, the bull for the sin offering, the two rams and the basket containing bread made without yeast, **3** and gather the entire assembly at the entrance to the Tent of Meeting." **4** Moses did as the Lord commanded him, and the assembly gathered at the entrance to the Tent of Meeting.

5 Moses said to the assembly, "This is what the Lord has commanded to be done." **6** Then Moses brought Aaron and his sons forward and washed them with water. **7** He put the tunic on Aaron, tied the sash around him, clothed him with the robe and put the ephod on him. He also tied the ephod to him by its skillfully woven waistband; so it was fastened on him. **8** He placed the breastpiece on him and put the Urim and Thummim in the breastpiece. **9** Then he placed the turban on Aaron's head and set the gold plate, the sacred diadem, on the front of it, as the Lord commanded Moses.

10 Then Moses took the anointing oil and anointed the tabernacle and everything in it, and so consecrated them. **11** He sprinkled some of the oil on the altar seven times, anointing the altar and all its utensils and the basin with its stand, to consecrate them. **12** He poured some of the anointing oil on Aaron's head and anointed him to consecrate him. **13** Then he brought Aaron's sons forward, put tunics on them, tied sashes around them and put headbands on them, as the Lord commanded Moses.

14 He then presented the bull for the sin offering, and Aaron and his sons laid their hands on its head. **15** Moses slaughtered the bull and took some of the blood, and with his finger he put it on all the horns of the altar to purify the altar. He poured out the rest of the blood at the base of the altar. So he consecrated it to make atonement for it. **16** Moses also took all the fat around the inner parts, the covering of the liver, and both kidneys and their fat, and burned it on the altar. **17** But the bull with its hide and its flesh and its offal he burned up outside the camp, as the Lord commanded Moses.

18 He then presented the ram for the burnt offering, and Aaron and his sons laid their hands on its head. **19** Then Moses slaughtered the ram and sprinkled the blood against the altar on all sides. **20** He cut the ram into pieces and burned the head, the pieces and the fat. **21** He washed the inner parts and the legs with water and burned the whole ram on the altar as a burnt offering, a pleasing aroma, an offering made to the Lord by fire, as the Lord commanded Moses.

ª**8.8** Objetos utilizados para se conhecer a vontade de Deus.

22 A seguir mandou trazer o outro carneiro, o carneiro para a oferta de ordenação, e Arão e seus filhos colocaram as mãos sobre a cabeça do carneiro. **23** Moisés sacrificou o carneiro e pôs um pouco do sangue na ponta da orelha direita de Arão, no polegar da sua mão direita e no polegar do seu pé direito. **24** Moisés também mandou que os filhos de Arão se aproximassem, e sobre cada um pôs um pouco do sangue na ponta da orelha direita, no polegar da mão direita e no polegar do pé direito; e derramou o restante do sangue nos lados do altar. **25** Apanhou a gordura, a cauda gorda, toda a gordura que cobre as vísceras, o lóbulo do fígado, os dois rins e a gordura que os cobre e a coxa direita. **26** Então, do cesto de pães sem fermento que estava perante o Senhor, apanhou um pão comum, outro feito com óleo e um pão fino, e os colocou sobre as porções de gordura e sobre a coxa direita. **27** Pôs tudo nas mãos de Arão e de seus filhos e moveu esses alimentos perante o Senhor como gesto ritual de apresentação. **28** Depois Moisés os pegou de volta das mãos deles e queimou tudo no altar, em cima do holocausto, como uma oferta de ordenação, preparada no fogo, de aroma agradável ao Senhor. **29** Moisés pegou também o peito que era a sua própria porção do carneiro da ordenação, e o moveu perante o Senhor como gesto ritual de apresentação, como o Senhor lhe havia ordenado.

30 A seguir pegou um pouco do óleo da unção e um pouco do sangue que estava no altar e os aspergiu sobre Arão e suas vestes, bem como sobre seus filhos e suas vestes. Assim consagrou Arão e suas vestes, e seus filhos e suas vestes.

31 Moisés então disse a Arão e a seus filhos: "Cozinhem a carne na entrada da Tenda do Encontro, onde a deverão comer com o pão do cesto das ofertas de ordenação, conforme me foi ordenado[a]: 'Arão e seus filhos deverão comê-la'. **32** Depois queimem o restante da carne e do pão. **33** Não saiam da entrada da Tenda do Encontro por sete dias, até que se completem os dias da ordenação de vocês, pois essa cerimônia de ordenação durará sete dias. **34** O que se fez hoje foi ordenado pelo Senhor para fazer propiciação por vocês. **35** Vocês terão que permanecer dia e noite à entrada da Tenda do Encontro por sete dias e obedecer às exigências do Senhor, para que não morram; pois isso me foi ordenado". **36** Arão e seus filhos fizeram tudo o que o Senhor tinha ordenado por meio de Moisés.

Os Sacerdotes Começam o seu Ministério

9 Oito dias depois Moisés convocou Arão, seus filhos e as autoridades de Israel. **2** E disse a Arão: "Traga um bezerro para a oferta pelo pecado e um carneiro para o holocausto, ambos sem defeito, e apresente-os ao Senhor. **3** Depois diga aos israelitas: Tragam um bode para oferta pelo pecado; um bezerro e um cordeiro, ambos de um ano de idade e sem defeito, para holocausto; **4** e um boi[b] e um carneiro para oferta de comunhão, para os sacrificar perante o Senhor, juntamente com a oferta de cereal amassada com óleo; pois hoje o Senhor aparecerá a vocês".

5 Levaram então tudo o que Moisés tinha determinado para a frente da Tenda do Encontro, e a comunidade inteira aproximou-se e ficou em pé perante o Senhor. **6** Disse-lhes Moisés: "Foi isso que o Senhor ordenou que façam, para que a glória do Senhor apareça a vocês".

7 Disse Moisés a Arão: "Venha até o altar e ofereça o seu sacrifício pelo pecado e o seu holocausto, e faça propiciação por você mesmo e pelo povo; ofereça o sacrifício pelo povo e faça propiciação por ele, conforme o Senhor ordenou".

8 Arão foi até o altar e ofereceu o bezerro como sacrifício pelo pecado por si mesmo. **9** Seus filhos levaram-lhe o sangue, e ele molhou o dedo no sangue e o pôs nas pontas do altar; depois derramou o restante do sangue na base do altar, **10** onde queimou a gordura, os rins e o lóbulo do fígado da oferta pelo pecado, conforme o Senhor tinha ordenado a Moisés; **11** a carne e o couro, porém, queimou fora do acampamento.

22 He then presented the other ram, the ram for the ordination, and Aaron and his sons laid their hands on its head. **23** Moses slaughtered the ram and took some of its blood and put it on the lobe of Aaron's right ear, on the thumb of his right hand and on the big toe of his right foot. **24** Moses also brought Aaron's sons forward and put some of the blood on the lobes of their right ears, on the thumbs of their right hands and on the big toes of their right feet. Then he sprinkled blood against the altar on all sides. **25** He took the fat, the fat tail, all the fat around the inner parts, the covering of the liver, both kidneys and their fat and the right thigh. **26** Then from the basket of bread made without yeast, which was before the Lord, he took a cake of bread, and one made with oil, and a wafer; he put these on the fat portions and on the right thigh. **27** He put all these in the hands of Aaron and his sons and waved them before the Lord as a wave offering. **28** Then Moses took them from their hands and burned them on the altar on top of the burnt offering as an ordination offering, a pleasing aroma, an offering made to the Lord by fire. **29** He also took the breast—Moses' share of the ordination ram—and waved it before the Lord as a wave offering, as the Lord commanded Moses.

30 Then Moses took some of the anointing oil and some of the blood from the altar and sprinkled them on Aaron and his garments and on his sons and their garments. So he consecrated Aaron and his garments and his sons and their garments.

31 Moses then said to Aaron and his sons, "Cook the meat at the entrance to the Tent of Meeting and eat it there with the bread from the basket of ordination offerings, as I commanded, saying,[a] 'Aaron and his sons are to eat it.' **32** Then burn up the rest of the meat and the bread. **33** Do not leave the entrance to the Tent of Meeting for seven days, until the days of your ordination are completed, for your ordination will last seven days. **34** What has been done today was commanded by the Lord to make atonement for you. **35** You must stay at the entrance to the Tent of Meeting day and night for seven days and do what the Lord requires, so you will not die; for that is what I have been commanded." **36** So Aaron and his sons did everything the Lord commanded through Moses.

The Priests Begin Their Ministry

9 On the eighth day Moses summoned Aaron and his sons and the elders of Israel. **2** He said to Aaron, "Take a bull calf for your sin offering and a ram for your burnt offering, both without defect, and present them before the Lord. **3** Then say to the Israelites: 'Take a male goat for a sin offering, a calf and a lamb—both a year old and without defect—for a burnt offering, **4** and an ox[b] and a ram for a fellowship offering[c] to sacrifice before the Lord, together with a grain offering mixed with oil. For today the Lord will appear to you.' "

5 They took the things Moses commanded to the front of the Tent of Meeting, and the entire assembly came near and stood before the Lord. **6** Then Moses said, "This is what the Lord has commanded you to do, so that the glory of the Lord may appear to you."

7 Moses said to Aaron, "Come to the altar and sacrifice your sin offering and your burnt offering and make atonement for yourself and the people; sacrifice the offering that is for the people and make atonement for them, as the Lord has commanded."

8 So Aaron came to the altar and slaughtered the calf as a sin offering for himself. **9** His sons brought the blood to him, and he dipped his finger into the blood and put it on the horns of the altar; the rest of the blood he poured out at the base of the altar. **10** On the altar he burned the fat, the kidneys and the covering of the liver from the sin offering, as the Lord commanded Moses; **11** the flesh and the hide he burned up outside the camp.

---

a 8.31 Ou *conforme ordenei* **b** 9.4 A palavra hebraica pode significar *boi* ou *vaca*.

a 8:31 Or *I was commanded*: **b** 9:4 The Hebrew word can include both male and female; also in verses 18 and 19. **c** 9:4 Traditionally *peace offering*; also in verses 18 and 22

12 Depois sacrificou o holocausto. Seus filhos lhe entregaram o sangue, e ele o derramou nos lados do altar. **13** Entregaram-lhe em seguida o holocausto pedaço por pedaço, inclusive a cabeça, e ele os queimou no altar. **14** Lavou as vísceras e as pernas e as queimou em cima do holocausto sobre o altar.

15 Depois Arão apresentou a oferta pelo povo. Pegou o bode para a oferta pelo pecado do povo e o ofereceu como sacrifício pelo pecado, como fizera com o primeiro. **16** Apresentou o holocausto e ofereceu-o conforme fora prescrito. **17** Também apresentou a oferta de cereal, pegou um punhado dela e a queimou no altar, além do holocausto da manhã.

18 Matou o boi e o carneiro como sacrifício de comunhão pelo povo. Seus filhos levaram-lhe o sangue, e ele o derramou nos lados do altar. **19** Mas as porções de gordura do boi e do carneiro, a cauda gorda, a gordura que cobre as vísceras, os rins e o lóbulo do fígado, **20** puseram em cima do peito; e Arão queimou essas porções no altar. **21** Em seguida, Arão moveu o peito e a coxa direita do animal perante o Senhor como gesto ritual de apresentação, conforme Moisés tinha ordenado.

22 Depois Arão ergueu as mãos em direção ao povo e o abençoou. E, tendo oferecido o sacrifício pelo pecado, o holocausto e o sacrifício de comunhão, desceu.

23 Assim Moisés e Arão entraram na Tenda do Encontro. Quando saíram, abençoaram o povo; e a glória do Senhor apareceu a todos eles. **24** Saiu fogo da presença do Senhor e consumiu o holocausto e as porções de gordura sobre o altar. E, quando todo o povo viu isso, gritou de alegria e prostrou-se, rosto em terra.

A Morte de Nadabe e de Abiú

10 Nadabe e Abiú, filhos de Arão, pegaram cada um o seu incensário, nos quais acenderam fogo, acrescentaram incenso, e trouxeram fogo profano perante o Senhor, sem que tivessem sido autorizados. **2** Então saiu fogo da presença do Senhor e os consumiu. Morreram perante o Senhor. **3** Moisés então disse a Arão: "Foi isto que o Senhor disse:

'Aos que de mim se aproximam
    santo me mostrarei;
à vista de todo o povo
    glorificado serei' ".

Arão, porém, ficou em silêncio.

4 Então Moisés chamou Misael e Elzafã, filhos de Uziel, tio de Arão, e lhes disse: "Venham cá; tirem os seus primos da frente do santuário e levem-nos para fora do acampamento". **5** Eles foram e os puxaram pelas túnicas, para fora do acampamento, conforme Moisés tinha ordenado.

6 Então Moisés disse a Arão e a seus filhos Eleazar e Itamar: "Não andem descabelados, nem rasguem as roupas em sinal de luto, senão vocês morrerão e a ira do Senhor cairá sobre toda a comunidade. Mas os seus parentes, e toda a nação de Israel, poderão chorar por aqueles que o Senhor destruiu pelo fogo. **7** Não saiam da entrada da Tenda do Encontro, senão vocês morrerão, porquanto o óleo da unção do Senhor está sobre vocês". E eles fizeram conforme Moisés tinha ordenado.

8 Depois o Senhor disse a Arão: **9** "Você e seus filhos não devem beber vinho nem outra bebida fermentada antes de entrar na Tenda do Encontro, senão vocês morrerão. É um decreto perpétuo para as suas gerações. **10** Vocês têm que fazer separação entre o santo e o profano, entre o puro e o impuro, **11** e ensinar aos israelitas todos os decretos que o Senhor lhes deu por meio de Moisés".

12 Então Moisés disse a Arão e aos seus filhos que ficaram vivos, Eleazar e Itamar: "Peguem a oferta de cereal que sobrou das ofertas dedicadas ao Senhor, preparadas no fogo, e comam-na sem fermento junto ao altar, pois é santíssima. **13** Comam-na em

12 Then he slaughtered the burnt offering. His sons handed him the blood, and he sprinkled it against the altar on all sides. **13** They handed him the burnt offering piece by piece, including the head, and he burned them on the altar. **14** He washed the inner parts and the legs and burned them on top of the burnt offering on the altar.

15 Aaron then brought the offering that was for the people. He took the goat for the people's sin offering and slaughtered it and offered it for a sin offering as he did with the first one. **16** He brought the burnt offering and offered it in the prescribed way. **17** He also brought the grain offering, took a handful of it and burned it on the altar in addition to the morning's burnt offering.

18 He slaughtered the ox and the ram as the fellowship offering for the people. His sons handed him the blood, and he sprinkled it against the altar on all sides. **19** But the fat portions of the ox and the ram—the fat tail, the layer of fat, the kidneys and the covering of the liver— **20** these they laid on the breasts, and then Aaron burned the fat on the altar. **21** Aaron waved the breasts and the right thigh before the Lord as a wave offering, as Moses commanded.

22 Then Aaron lifted his hands toward the people and blessed them. And having sacrificed the sin offering, the burnt offering and the fellowship offering, he stepped down.

23 Moses and Aaron then went into the Tent of Meeting. When they came out, they blessed the people; and the glory of the Lord appeared to all the people. **24** Fire came out from the presence of the Lord and consumed the burnt offering and the fat portions on the altar. And when all the people saw it, they shouted for joy and fell facedown.

The Death of Nadab and Abihu

10 Aaron's sons Nadab and Abihu took their censers, put fire in them and added incense; and they offered unauthorized fire before the Lord, contrary to his command. **2** So fire came out from the presence of the Lord and consumed them, and they died before the Lord. **3** Moses then said to Aaron, "This is what the Lord spoke of when he said:

" 'Among those who approach me
    I will show myself holy;
in the sight of all the people
    I will be honored.' "

Aaron remained silent.

4 Moses summoned Mishael and Elzaphan, sons of Aaron's uncle Uzziel, and said to them, "Come here; carry your cousins outside the camp, away from the front of the sanctuary." **5** So they came and carried them, still in their tunics, outside the camp, as Moses ordered.

6 Then Moses said to Aaron and his sons Eleazar and Ithamar, "Do not let your hair become unkempt,[a] and do not tear your clothes, or you will die and the Lord will be angry with the whole community. But your relatives, all the house of Israel, may mourn for those the Lord has destroyed by fire. **7** Do not leave the entrance to the Tent of Meeting or you will die, because the Lord's anointing oil is on you." So they did as Moses said.

8 Then the Lord said to Aaron, **9** "You and your sons are not to drink wine or other fermented drink whenever you go into the Tent of Meeting, or you will die. This is a lasting ordinance for the generations to come. **10** You must distinguish between the holy and the common, between the unclean and the clean, **11** and you must teach the Israelites all the decrees the Lord has given them through Moses."

12 Moses said to Aaron and his remaining sons, Eleazar and Ithamar, "Take the grain offering left over from the offerings made to the Lord by fire and eat it prepared without yeast beside the altar, for it is most holy. **13** Eat it in a holy

---

a10:6 Or *Do not uncover your heads*

lugar sagrado, porquanto é a porção que lhes cabe por decreto, a você e a seus filhos, das ofertas dedicadas ao Senhor, preparadas no fogo; pois assim me foi ordenado. ¹⁴ O peito ritualmente movido e a coxa ofertada, você, seus filhos e suas filhas poderão comer num lugar cerimonialmente puro; essa porção foi dada a você e a seus filhos como parte das ofertas de comunhão dos israelitas. ¹⁵ A coxa ofertada e o peito ritualmente movido devem ser trazidos junto com as porções de gordura das ofertas preparadas no fogo, para serem movidos perante o Senhor como gesto ritual de apresentação. Esta será a porção por decreto perpétuo para você e seus descendentes, conforme o Senhor tinha ordenado".

¹⁶ Quando Moisés procurou por toda parte o bode da oferta pelo pecado e soube que já fora queimado, irou-se contra Eleazar e Itamar, os filhos de Arão que ficaram vivos, e perguntou: ¹⁷ "Por que vocês não comeram a carne da oferta pelo pecado no Lugar Santo? É santíssima; foi-lhes dada para retirar a culpa da comunidade e fazer propiciação por ela perante o Senhor. ¹⁸ Como o sangue do animal não foi levado para dentro do Lugar Santo, vocês deviam tê-lo comido ali, conforme ordenei".

¹⁹ Arão respondeu a Moisés: "Hoje eles ofereceram o seu sacrifício pelo pecado e o seu holocausto perante o Senhor; mas, e essas coisas que aconteceram comigo? Será que teria agradado ao Senhor se eu tivesse comido a oferta pelo pecado hoje?" ²⁰ Essa explicação foi satisfatória para Moisés.

Animais Puros e Impuros

11 Disse o Senhor a Moisés e a Arão: ² "Digam aos israelitas: 'De todos os animais que vivem na terra, estes são os que vocês poderão comer: ³ qualquer animal que tem casco fendido e dividido em duas unhas, e que rumina.

⁴ "Vocês não poderão comer aqueles que só ruminam nem os que só têm o casco fendido. O camelo, embora rumine, não tem casco fendido; considerem-no impuro. ⁵ O coelho, embora rumine, não tem casco fendido; é impuro para vocês. ⁶ A lebre, embora rumine, não tem casco fendido; considerem-na impura. ⁷ E o porco, embora tenha casco fendido e dividido em duas unhas, não rumina; considerem-no impuro. ⁸ Vocês não comerão a carne desses animais nem tocarão em seus cadáveres; considerem-nos impuros.

⁹ "De todas as criaturas que vivem nas águas do mar e dos rios, vocês poderão comer todas as que possuem barbatanas e escamas. ¹⁰ Mas todas as criaturas que vivem nos mares ou nos rios, que não possuem barbatanas e escamas, quer dentre todas as pequenas criaturas que povoam as águas, quer dentre todos os outros animais das águas, serão proibidas para vocês. ¹¹ Por isso, não poderão comer sua carne e considerarão impuros os seus cadáveres. ¹² Tudo o que vive na água e não possui barbatanas e escamas será proibido para vocês.

¹³ "Estas são as aves que vocês considerarão impuras, das quais não poderão comer porque são proibidas: a águia, o urubu, a águia-marinha, ¹⁴ o milhafre, o falcão, ¹⁵ qualquer espécie de corvo, ¹⁶ a coruja-de-chifreᵃ, a coruja-de-orelha-pequena, a coruja-orelhudaᵇ, qualquer espécie de gavião, ¹⁷ o mocho, a coruja-pescadora e o corujão, ¹⁸ a coruja-brancaᶜ, a coruja-do-deserto, o abutre, ¹⁹ a cegonha, qualquer tipo de garça, a poupa e o morcego.ᵈ

²⁰ "Todas as pequenas criaturas que enxameiam, que têm asas mas que se movem pelo chão, serão proibidas para vocês. ²¹ Dentre estas, porém, vocês poderão comer aquelas que têm pernas articuladas para saltar no chão. ²² Dessas vocês poderão comer os diversos tipos de gafanhotos. ²³ Mas considerarão impuras as outras criaturas que enxameiam, que têm asas e se movem pelo chão.

²⁴ "Por meio delas vocês ficarão impuros; todo aquele que tocar em seus cadáveres estará impuro até a tarde. ²⁵ Todo o

place, because it is your share and your sons' share of the offerings made to the Lord by fire; for so I have been commanded. ¹⁴ But you and your sons and your daughters may eat the breast that was waved and the thigh that was presented. Eat them in a ceremonially clean place; they have been given to you and your children as your share of the Israelites' fellowship offerings.ᵃ ¹⁵ The thigh that was presented and the breast that was waved must be brought with the fat portions of the offerings made by fire, to be waved before the Lord as a wave offering. This will be the regular share for you and your children, as the Lord has commanded."

¹⁶ When Moses inquired about the goat of the sin offering and found that it had been burned up, he was angry with Eleazar and Ithamar, Aaron's remaining sons, and asked, ¹⁷ "Why didn't you eat the sin offering in the sanctuary area? It is most holy; it was given to you to take away the guilt of the community by making atonement for them before the Lord. ¹⁸ Since its blood was not taken into the Holy Place, you should have eaten the goat in the sanctuary area, as I commanded."

¹⁹ Aaron replied to Moses, "Today they sacrificed their sin offering and their burnt offering before the Lord, but such things as this have happened to me. Would the Lord have been pleased if I had eaten the sin offering today?" ²⁰ When Moses heard this, he was satisfied.

Clean and Unclean Food

11 The Lord said to Moses and Aaron, ² "Say to the Israelites: 'Of all the animals that live on land, these are the ones you may eat: ³ You may eat any animal that has a split hoof completely divided and that chews the cud.

⁴ " 'There are some that only chew the cud or only have a split hoof, but you must not eat them. The camel, though it chews the cud, does not have a split hoof; it is ceremonially unclean for you. ⁵ The coney,ᵇ though it chews the cud, does not have a split hoof; it is unclean for you. ⁶ The rabbit, though it chews the cud, does not have a split hoof; it is unclean for you. ⁷ And the pig, though it has a split hoof completely divided, does not chew the cud; it is unclean for you. ⁸ You must not eat their meat or touch their carcasses; they are unclean for you.

⁹ " 'Of all the creatures living in the water of the seas and the streams, you may eat any that have fins and scales. ¹⁰ But all creatures in the seas or streams that do not have fins and scales—whether among all the swarming things or among all the other living creatures in the water—you are to detest. ¹¹ And since you are to detest them, you must not eat their meat and you must detest their carcasses. ¹² Anything living in the water that does not have fins and scales is to be detestable to you.

¹³ " 'These are the birds you are to detest and not eat because they are detestable: the eagle, the vulture, the black vulture, ¹⁴ the red kite, any kind of black kite, ¹⁵ any kind of raven, ¹⁶ the horned owl, the screech owl, the gull, any kind of hawk, ¹⁷ the little owl, the cormorant, the great owl, ¹⁸ the white owl, the desert owl, the osprey, ¹⁹ the stork, any kind of heron, the hoopoe and the bat.ᶜ

²⁰ " 'All flying insects that walk on all fours are to be detestable to you. ²¹ There are, however, some winged creatures that walk on all fours that you may eat: those that have jointed legs for hopping on the ground. ²² Of these you may eat any kind of locust, katydid, cricket or grasshopper. ²³ But all other winged creatures that have four legs you are to detest.

²⁴ " 'You will make yourselves unclean by these; whoever touches their carcasses will be unclean till evening. ²⁵ Whoever

---

ᵃ11.16 Ou *avestruz* ᵇ11.16 Ou *gaivota* ᶜ11.18 Ou *pelicano* ᵈ11.19 A identificação exata de algumas das aves, insetos e animais deste capítulo é desconhecida. ᵉ11.20 Hebraico: *sobre quatro pés*; também no versículo 23.

ᵃ10:14 Traditionally *peace offerings* ᵇ11:5 That is, the hyrax or rock badger ᶜ11:19 The precise identification of some of the birds, insects and animals in this chapter is uncertain.

que carregar o cadáver de alguma delas lavará as suas roupas e estará impuro até a tarde. **26** "Todo animal de casco não dividido em duas unhas ou que não rumina é impuro para vocês; quem tocar qualquer um deles ficará impuro. **27** Todos os animais de quatro pés, que andam sobre a planta dos pés, são impuros para vocês; todo o que tocar os seus cadáveres ficará impuro até a tarde. **28** Quem carregar o cadáver de algum deles lavará suas roupas, e estará impuro até a tarde. São impuros para vocês.

29 "Dos animais que se movem rente ao chão, estes vocês considerarão impuros: a doninha, o rato, qualquer espécie de lagarto grande, **30** a lagartixa, o lagarto-pintado, o lagarto, o lagarto da areia e o camaleão. **31** De todos os que se movem rente ao chão, esses vocês considerarão impuros. Quem neles tocar depois de mortos estará impuro até a tarde. **32** E tudo sobre o que um deles cair depois de morto, qualquer que seja o seu uso, ficará impuro, seja objeto feito de madeira, de pano, de couro ou de pano de saco. Deverá ser posto em água e estará impuro até a tarde, e então ficará puro. **33** Se um deles cair dentro de uma vasilha de barro, tudo o que nela houver ficará impuro, e vocês quebrarão a vasilha. **34** Qualquer alimento sobre o qual cair essa água ficará impuro, e qualquer bebida que estiver dentro da vasilha ficará impura. **35** Tudo aquilo sobre o que o cadáver de um desses animais cair ficará impuro; se for um forno ou um fogão de barro vocês o quebrarão. Estão impuros, e vocês os considerarão como tais. **36** Mas, se cair numa fonte ou numa cisterna onde se recolhe água, ela permanece pura; mas quem tocar no cadáver ficará impuro. **37** Se um cadáver cair sobre alguma semente a ser plantada, ela permanece pura; **38** mas se foi derramada água sobre a semente, vocês a considerarão impura.

39 "Quando morrer um animal que vocês têm permissão para comer, quem tocar no seu cadáver ficará impuro até a tarde. **40** Quem comer da carne do animal morto terá que lavar as suas roupas e ficará impuro até a tarde. Quem carregar o cadáver do animal terá que lavar as suas roupas, e ficará impuro até a tarde.

41 "Todo animal que se move rente ao chão lhes será proibido e não poderá ser comido. **42** Vocês não poderão comer animal algum que se move rente ao chão, quer se arraste sobre o ventre quer ande de quatro ou com o auxílio de muitos pés; são proibidos a vocês. **43** Não se contaminem com qualquer desses animais. Não se tornem impuros com eles nem deixem que eles os tornem impuros. **44** Pois eu sou o Senhor, o Deus de vocês; consagrem-se e sejam santos, porque eu sou santo. Não se tornem impuros com qualquer animal que se move rente ao chão. **45** Eu sou o Senhor que os tirou da terra do Egito para ser o seu Deus; por isso, sejam santos, porque eu sou santo.

46 "Essa é a regulamentação acerca dos animais, das aves, de todos os seres vivos que se movem na água e de todo animal que se move rente ao chão. **47** Vocês farão separação entre o impuro e o puro, entre os animais que podem ser comidos e os que não podem".

A Purificação após o Parto

12 Disse o Senhor a Moisés: **2** "Diga aos israelitas: Quando uma mulher engravidar e der à luz um menino, estará impura por sete dias, assim como está impura durante o seu período menstrual. **3** No oitavo dia o menino terá que ser circuncidado. **4** Então a mulher aguardará trinta e três dias para ser purificada do seu sangramento. Não poderá tocar em nenhuma coisa sagrada e não poderá ir ao santuário, até que se completem os dias da sua purificação. **5** Se der à luz uma menina, estará impura por duas semanas, como durante o seu período menstrual. Nesse caso aguardará sessenta e seis dias para ser purificada do seu sangramento.

6 "Quando se completarem os dias da sua purificação pelo nascimento de um menino ou de uma menina, ela trará ao sacerdote, à entrada da Tenda do Encontro, um cordeiro de um ano para o holocausto e um pombinho ou uma rolinha como oferta pelo pecado. **7** Ele os oferecerá ao Senhor

picks up one of their carcasses must wash his clothes, and he will be unclean till evening.

26 " 'Every animal that has a split hoof not completely divided or that does not chew the cud is unclean for you; whoever touches *the carcass of* any of them will be unclean. **27** Of all the animals that walk on all fours, those that walk on their paws are unclean for you; whoever touches their carcasses will be unclean till evening. **28** Anyone who picks up their carcasses must wash his clothes, and he will be unclean till evening. They are unclean for you.

29 " 'Of the animals that move about on the ground, these are unclean for you: the weasel, the rat, any kind of great lizard, **30** the gecko, the monitor lizard, the wall lizard, the skink and the chameleon. **31** Of all those that move along the ground, these are unclean for you. Whoever touches them when they are dead will be unclean till evening. **32** When one of them dies and falls on something, that article, whatever its use, will be unclean, whether it is made of wood, cloth, hide or sackcloth. Put it in water; it will be unclean till evening, and then it will be clean. **33** If one of them falls into a clay pot, everything in it will be unclean, and you must break the pot. **34** Any food that could be eaten but has water on it from such a pot is unclean, and any liquid that could be drunk from it is unclean. **35** Anything that one of their carcasses falls on becomes unclean; an oven or cooking pot must be broken up. They are unclean, and you are to regard them as unclean. **36** A spring, however, or a cistern for collecting water remains clean, but anyone who touches one of these carcasses is unclean. **37** If a carcass falls on any seeds that are to be planted, they remain clean. **38** But if water has been put on the seed and a carcass falls on it, it is unclean for you.

39 " 'If an animal that you are allowed to eat dies, anyone who touches the carcass will be unclean till evening. **40** Anyone who eats some of the carcass must wash his clothes, and he will be unclean till evening. Anyone who picks up the carcass must wash his clothes, and he will be unclean till evening.

41 " 'Every creature that moves about on the ground is detestable; it is not to be eaten. **42** You are not to eat any creature that moves about on the ground, whether it moves on its belly or walks on all fours or on many feet; it is detestable. **43** Do not defile yourselves by any of these creatures. Do not make yourselves unclean by means of them or be made unclean by them. **44** I am the Lord your God; consecrate yourselves and be holy, because I am holy. Do not make yourselves unclean by any creature that moves about on the ground. **45** I am the Lord who brought you up out of Egypt to be your God; therefore be holy, because I am holy.

46 " 'These are the regulations concerning animals, birds, every living thing that moves in the water and every creature that moves about on the ground. **47** You must distinguish between the unclean and the clean, between living creatures that may be eaten and those that may not be eaten.' "

Purification After Childbirth

12 The Lord said to Moses, **2** "Say to the Israelites: 'A woman who becomes pregnant and gives birth to a son will be ceremonially unclean for seven days, just as she is unclean during her monthly period. **3** On the eighth day the boy is to be circumcised. **4** Then the woman must wait thirty-three days to be purified from her bleeding. She must not touch anything sacred or go to the sanctuary until the days of her purification are over. **5** If she gives birth to a daughter, for two weeks the woman will be unclean, as during her period. Then she must wait sixty-six days to be purified from her bleeding.

6 " 'When the days of her purification for a son or daughter are over, she is to bring to the priest at the entrance to the Tent of Meeting a year-old lamb for a burnt offering and a young pigeon or a dove for a sin offering. **7** He shall offer them before the Lord

para fazer propiciação por ela, que ficará pura do fluxo do seu sangramento. Essa é a regulamentação para a mulher que der à luz um menino ou uma menina. **8** Se ela não tiver recursos para oferecer um cordeiro, poderá trazer duas rolinhas ou dois pombinhos, um para o holocausto e o outro para a oferta pelo pecado. Assim o sacerdote fará propiciação por ela, e ela ficará pura".

Leis acerca da Lepra

13 Disse o Senhor a Moisés e a Arão: **2** "Quando alguém tiver um inchaço, uma erupção ou uma mancha brilhante na pele que possa ser sinal de lepra[a], será levado ao sacerdote Arão ou a um dos seus filhos[b] que seja sacerdote. **3** Este examinará a parte afetada da pele, e, se naquela parte o pêlo tiver se tornado branco e o lugar parecer mais profundo do que a pele, é sinal de lepra. Depois de examiná-lo, o sacerdote o declarará impuro. **4** Se a mancha na pele for branca, mas não parecer mais profunda do que a pele e sobre ela o pêlo não tiver se tornado branco, o sacerdote o porá em isolamento por sete dias. **5** No sétimo dia o sacerdote o examinará e, se verificar que a parte afetada não se alterou nem se espalhou pela pele, o manterá em isolamento por mais sete dias. **6** Ao sétimo dia o sacerdote o examinará de novo e, se a parte afetada diminuiu e não se espalhou pela pele, o sacerdote o declarará puro; é apenas uma erupção. Então ele lavará as suas roupas, e estará puro. **7** Mas, se depois que se apresentou ao sacerdote para ser declarado puro a erupção se espalhar pela pele, ele terá que se apresentar novamente ao sacerdote. **8** O sacerdote o examinará e, se a erupção espalhou-se pela pele, ele o declarará impuro; trata-se de lepra.

9 "Quando alguém apresentar sinal de lepra, será levado ao sacerdote. **10** Este o examinará e, se houver inchaço branco na pele, o qual tornou branco o pêlo, e se houver carne viva no inchaço, **11** é lepra crônica na pele, e o sacerdote o declarará impuro. Não o porá em isolamento, porquanto já está impuro.

12 "Se a doença se alastrar e cobrir toda a pele da pessoa infectada, da cabeça aos pés, até onde é possível ao sacerdote verificar, **13** este a examinará e, se observar que a lepra cobriu todo o corpo, ele a declarará pura. Visto que tudo ficou branco, ela está pura. **14** Mas quando nela aparecer carne viva, ficará impura. **15** Quando o sacerdote vir a carne viva, ele a declarará impura. A carne viva é impura; trata-se de lepra. **16** Se a carne viva retroceder e a pele se tornar branca, a pessoa voltará ao sacerdote. **17** Este a examinará e, se a parte afetada se tornou branca, o sacerdote declarará pura a pessoa infectada, a qual então estará pura.

18 "Quando alguém tiver uma ferida purulenta em sua pele e ela sarar, **19** e no lugar da ferida aparecer um inchaço branco ou uma mancha avermelhada, ele se apresentará ao sacerdote. **20** Este examinará o local e, se parecer mais profundo do que a pele e o pêlo ali ti-ver se tornado branco, o sacerdote o declarará impuro. É sinal de lepra que se alastrou onde estava a ferida. **21** Mas se, quando o sacerdote o examinar não houver nenhum pêlo branco e o lugar não estiver mais profundo do que a pele e tiver diminuído, então o sacerdote o porá em isolamento por sete dias. **22** Se de fato estiver se espalhando pela pele, o sacerdote o declarará impuro; é sinal de lepra. **23** Mas, se a mancha não tiver se alterado nem se espalhado, é apenas a cicatriz da ferida, e o sacerdote o declarará puro.

to make atonement for her, and then she will be ceremonially clean from her flow of blood.

" 'These are the regulations for the woman who gives birth to a boy or a girl. **8** If she cannot afford a lamb, she is to bring two doves or two young pigeons, one for a burnt offering and the other for a sin offering. In this way the priest will make atonement for her, and she will be clean.' "

Regulations About Infectious Skin Diseases

13 The Lord said to Moses and Aaron, **2** "When anyone has a swelling or a rash or a bright spot on his skin that may become an infectious skin disease,[a] he must be brought to Aaron the priest or to one of his sons[b] who is a priest. **3** The priest is to examine the sore on his skin, and if the hair in the sore has turned white and the sore appears to be more than skin deep,[c] it is an infectious skin disease. When the priest examines him, he shall pronounce him ceremonially unclean. **4** If the spot on his skin is white but does not appear to be more than skin deep and the hair in it has not turned white, the priest is to put the infected person in isolation for seven days. **5** On the seventh day the priest is to examine him, and if he sees that the sore is unchanged and has not spread in the skin, he is to keep him in isolation another seven days. **6** On the seventh day the priest is to examine him again, and if the sore has faded and has not spread in the skin, the priest shall pronounce him clean; it is only a rash. The man must wash his clothes, and he will be clean. **7** But if the rash does spread in his skin after he has shown himself to the priest to be pronounced clean, he must appear before the priest again. **8** The priest is to examine him, and if the rash has spread in the skin, he shall pronounce him unclean; it is an infectious disease.

9 "When anyone has an infectious skin disease, he must be brought to the priest. **10** The priest is to examine him, and if there is a white swelling in the skin that has turned the hair white and if there is raw flesh in the swelling, **11** it is a chronic skin disease and the priest shall pronounce him unclean. He is not to put him in isolation, because he is already unclean.

12 "If the disease breaks out all over his skin and, so far as the priest can see, it covers all the skin of the infected person from head to foot, **13** the priest is to examine him, and if the disease has covered his whole body, he shall pronounce that person clean. Since it is all turned white, he is clean. **14** But whenever raw flesh appears on him, he will be unclean. **15** When the priest sees the raw flesh, he shall pronounce him unclean. The raw flesh is unclean; he has an infectious disease. **16** Should the raw flesh change and turn white, he must go to the priest. **17** The priest is to examine him, and if the sores have turned white, the priest shall pronounce the infected person clean; then he will be clean.

18 "When someone has a boil on his skin and it heals, **19** and in the place where the boil was, a white swelling or reddish-white spot appears, he must present himself to the priest. **20** The priest is to examine it, and if it appears to be more than skin deep and the hair in it has turned white, the priest shall pronounce him unclean. It is an infectious skin disease that has broken out where the boil was. **21** But if, when the priest examines it, there is no white hair in it and it is not more than skin deep and has faded, then the priest is to put him in isolation for seven days. **22** If it is spreading in the skin, the priest shall pronounce him unclean; it is infectious. **23** But if the spot is unchanged and has not spread, it is only a scar from the boil, and the priest shall pronounce him clean.

---

[a]13.2 O termo hebraico não se refere somente à lepra, mas também a diversas doenças da pele; também no restante do capítulo. [b]13.2 Ou *descendentes*

[a]13:2 Traditionally *leprosy*; the Hebrew word was used for various diseases affecting the skin—not necessarily leprosy; also elsewhere in this chapter. [b]13:2 Or *descendants* [c]13:3 Or *be lower than the rest of the skin*; also elsewhere in this chapter

24 "Quando alguém tiver uma queimadura na pele, e uma mancha avermelhada ou branca aparecer na carne viva da queimadura, **25** o sacerdote examinará a mancha e, se o pêlo sobre ela tiver se tornado branco e ela parecer mais profunda do que a pele, é lepra que surgiu na queimadura. O sacerdote o declarará impuro; é sinal de lepra na pele. **26** Mas, se o sacerdote examinar a mancha e nela não houver pêlo branco e esta não estiver mais profunda do que a pele e tiver diminuído, então o sacerdote o porá em isolamento por sete dias. **27** No sétimo dia o sacerdote o examinará e, se a mancha tiver se espalhado pela pele, o sacerdote o declarará impuro; é sinal de lepra. **28** Se, todavia, a mancha não tiver se alterado nem se espalhado pela pele, mas tiver diminuído, é um inchaço da queimadura, e o sacerdote o declarará puro; é apenas a cicatriz da queimadura.

29 "Quando um homem ou uma mulher tiver uma ferida na cabeça ou no queixo, **30** o sacerdote examinará a ferida e, se ela parecer mais profunda do que a pele e o pêlo nela for amarelado e fino, o sacerdote declarará impura aquela pessoa; é sarna, isto é, lepra da cabeça ou do queixo. **31** Mas se, quando o sacerdote examinar o sinal de sarna este não parecer mais profundo do que a pele e não houver pêlo escuro nela, então o sacerdote porá a pessoa infectada em isolamento por sete dias. **32** No sétimo dia o sacerdote examinará a parte afetada e, se a sarna não tiver se espalhado e não houver pêlo amarelado nela e não parecer mais profunda do que a pele, **33** a pessoa rapará os pêlos, exceto na parte afetada, e o sacerdote a porá em isolamento por mais sete dias. **34** No sétimo dia o sacerdote examinará a sarna e, se não tiver se espalhado mais e não parecer mais profunda do que a pele, o sacerdote declarará pura a pessoa. Esta lavará suas roupas e estará pura. **35** Mas, se a sarna se espalhar pela pele depois que a pessoa for declarada pura, **36** o sacerdote a examinará e, se a sarna tiver se espalhado pela pele, o sacerdote não precisará procurar pêlo amarelado; a pessoa está impura. **37** Se, entretanto, verificar que não houve alteração e cresceu pêlo escuro, a sarna está curada. A pessoa está pura, e o sacerdote a declarará pura.

38 "Quando um homem ou uma mulher tiver manchas brancas na pele, **39** o sacerdote examinará as manchas; se forem brancas e sem brilho, é um eczema que se alastrou; essa pessoa está pura. **40** "Quando os cabelos de um homem caírem, ele está calvo, todavia puro. **41** Se lhe caírem os cabelos da frente da cabeça, ele está meio-calvo, porém puro. **42** Mas, se tiver uma ferida avermelhada na parte calva da frente ou de trás da cabeça, é lepra que se alastra pela calva da frente ou de trás da cabeça. **43** O sacerdote o examinará e, se a ferida inchada na parte da frente ou de trás da calva for avermelhada como a lepra de pele, **44** o homem está leproso e impuro. O sacerdote terá que declará-lo impuro devido à ferida na cabeça.

45 "Quem ficar leproso, apresentando quaisquer desses sintomas, usará roupas rasgadas, andará descabelado, cobrirá a parte inferior do rosto e gritará: 'Impuro! Impuro!' **46** Enquanto tiver a doença, estará impuro. Viverá separado, fora do acampamento.

A Lei acerca do Mofo

47 "Quando aparecer mancha de mofo[a] em alguma roupa, seja de lã, seja de linho, **48** ou em qualquer peça tecida ou entrelaçada de linho ou de lã, ou em algum pedaço ou objeto de couro, **49** se a mancha na roupa, ou no pedaço de couro, ou na peça tecida ou entrelaçada, ou em qualquer objeto de couro, for esverdeada ou avermelhada, é mancha de mofo que deverá ser mostrada ao sacerdote. **50** O sacerdote examinará a mancha e isolará o objeto afetado por sete dias. **51** No sétimo dia examinará a mancha e, se ela tiver se espalhado pela roupa, ou pela peça tecida ou entrelaçada, ou pelo pedaço de couro, qualquer que seja o seu uso, é mofo corrosivo; o objeto é impuro. **52** Ele queimará a roupa, ou a peça tecida ou entrelaçada, ou qualquer objeto de couro que tiver a mancha, pois é mofo corrosivo; o objeto será queimado.

24 "When someone has a burn on his skin and a reddish-white or white spot appears in the raw flesh of the burn, **25** the priest is to examine the spot, and if the hair in it has turned white, and it appears to be more than skin deep, it is an infectious disease that has broken out in the burn. The priest shall pronounce him unclean; it is an infectious skin disease. **26** But if the priest examines it and there is no white hair in the spot and if it is not more than skin deep and has faded, then the priest is to put him in isolation for seven days. **27** On the seventh day the priest is to examine him, and if it is spreading in the skin, the priest shall pronounce him unclean; it is an infectious skin disease. **28** If, however, the spot is unchanged and has not spread in the skin but has faded, it is a swelling from the burn, and the priest shall pronounce him clean; it is only a scar from the burn.

29 "If a man or woman has a sore on the head or on the chin, **30** the priest is to examine the sore, and if it appears to be more than skin deep and the hair in it is yellow and thin, the priest shall pronounce that person unclean; it is an itch, an infectious disease of the head or chin. **31** But if, when the priest examines this kind of sore, it does not seem to be more than skin deep and there is no black hair in it, then the priest is to put the infected person in isolation for seven days. **32** On the seventh day the priest is to examine the sore, and if the itch has not spread and there is no yellow hair in it and it does not appear to be more than skin deep, **33** he must be shaved except for the diseased area, and the priest is to keep him in isolation another seven days. **34** On the seventh day the priest is to examine the itch, and if it has not spread in the skin and appears to be no more than skin deep, the priest shall pronounce him clean. He must wash his clothes, and he will be clean. **35** But if the itch does spread in the skin after he is pronounced clean, **36** the priest is to examine him, and if the itch has spread in the skin, the priest does not need to look for yellow hair; the person is unclean. **37** If, however, in his judgment it is unchanged and black hair has grown in it, the itch is healed. He is clean, and the priest shall pronounce him clean.

38 "When a man or woman has white spots on the skin, **39** the priest is to examine them, and if the spots are dull white, it is a harmless rash that has broken out on the skin; that person is clean.

40 "When a man has lost his hair and is bald, he is clean. **41** If he has lost his hair from the front of his scalp and has a bald forehead, he is clean. **42** But if he has a reddish-white sore on his bald head or forehead, it is an infectious disease breaking out on his head or forehead. **43** The priest is to examine him, and if the swollen sore on his head or forehead is reddish-white like an infectious skin disease, **44** the man is diseased and is unclean. The priest shall pronounce him unclean because of the sore on his head.

45 "The person with such an infectious disease must wear torn clothes, let his hair be unkempt,[a] cover the lower part of his face and cry out, 'Unclean! Unclean!' **46** As long as he has the infection he remains unclean. He must live alone; he must live outside the camp.

Regulations About Mildew

47 "If any clothing is contaminated with mildew—any woolen or linen clothing, **48** any woven or knitted material of linen or wool, any leather or anything made of leather— **49** and if the contamination in the clothing, or leather, or woven or knitted material, or any leather article, is greenish or reddish, it is a spreading mildew and must be shown to the priest. **50** The priest is to examine the mildew and isolate the affected article for seven days. **51** On the seventh day he is to examine it, and if the mildew has spread in the clothing, or the woven or knitted material, or the leather, whatever its use, it is a destructive mildew; the article is unclean. **52** He must burn up the clothing, or the woven or knitted material of wool or linen, or any leather article that has the contamination in it, because the mildew is destructive; the article must be burned up.

ᵃ13.47 O termo hebraico é o mesmo traduzido por *lepra* nos versículos anteriores.

ᵃ13:45 Or *clothes, uncover his head*

53 "Mas se, quando o sacerdote o examinar, a mancha não tiver se espalhado pela roupa, ou pela peça tecida ou entrelaçada, ou pelo objeto de couro, **54** ordenará que o objeto afetado seja lavado. Então ele o isolará por mais sete dias. **55** Depois de lavado o objeto afetado, o sacerdote o examinará e, se a mancha não tiver alterado sua cor, ainda que não tenha se espalhado, o objeto estará impuro. Queime-o com fogo, quer o mofo corrosivo tenha afetado um lado, quer o outro do objeto. **56** Se, quando o sacerdote o examinar, a mancha tiver diminuído depois de lavado o objeto, ele cortará a parte afetada da roupa, ou do pedaço de couro, ou da peça tecida ou entrelaçada. **57** Mas, se a mancha ainda aparecer na roupa, ou na peça tecida ou entrelaçada, ou no objeto de couro, é mofo que se alastra, e tudo o que tiver o mofo será queimado com fogo. **58** Mas se, depois de lavada, a mancha desaparecer da roupa, ou da peça tecida ou entrelaçada, ou do objeto de couro, o objeto afetado será lavado de novo, e então estará puro".

59 Essa é a regulamentação acerca da mancha de mofo nas roupas de lã ou de linho, nas peças tecidas ou entrelaçadas, nos objetos de couro, para que sejam declarados puros ou impuros.

A Purificação da Lepra

14 Disse também o Senhor a Moisés: **2** "Esta é a regulamentação acerca da purificação de um leproso: Ele será levado ao sacerdote, **3** que sairá do acampamento e o examinará. Se a pessoa foi curada da lepra[a], **4** o sacerdote ordenará que duas aves puras, vivas, um pedaço de madeira de cedro, um pano vermelho e um ramo de hissopo sejam trazidos em favor daquele que será purificado. **5** Então o sacerdote ordenará que uma das aves seja morta numa vasilha de barro com água da fonte. **6** Então pegará a ave viva e a molhará, com o pedaço de madeira de cedro, com o pano vermelho e com o ramo de hissopo, no sangue da ave morta em água corrente. **7** Sete vezes ele aspergirá aquele que está sendo purificado da lepra e o declarará puro. Depois soltará a ave viva em campo aberto.

8 "Aquele que estiver sendo purificado lavará as suas roupas, rapará todos os seus pêlos e se banhará com água; e assim estará puro. Depois disso poderá entrar no acampamento, mas ficará fora da sua tenda por sete dias. **9** No sétimo dia rapará todos os seus pêlos: o cabelo, a barba, as sobrancelhas e o restante dos pêlos. Lavará suas roupas e banhará o corpo com água; então ficará puro.

10 "No oitavo dia pegará dois cordeiros sem defeito e uma cordeira de um ano sem defeito, juntamente com três jarros[b] da melhor farinha amassada com óleo, como oferta de cereal, e uma caneca[c] de óleo. **11** O sacerdote que faz a purificação apresentará ao Senhor, à entrada da Tenda do Encontro, tanto aquele que estiver para ser purificado como as suas ofertas.

12 "Então o sacerdote pegará um dos cordeiros e o sacrificará como oferta pela culpa, juntamente com a caneca de óleo; ele os moverá perante o Senhor como gesto ritual de apresentação e **13** matará o cordeiro no Lugar Santo, onde são sacrificados a oferta pelo pecado e o holocausto. Como se dá com a oferta pelo pecado, também a oferta pela culpa pertence ao sacerdote; é santíssima. **14** O sacerdote porá um pouco do sangue da oferta pela culpa na ponta da orelha direita daquele que será purificado, no polegar da sua mão direita e no polegar do seu pé direito. **15** Então o sacerdote pegará um pouco de óleo da caneca e o derramará na palma da sua própria mão esquerda, **16** molhará o dedo direito no óleo que está na palma da mão esquerda, e com o dedo o aspergirá sete vezes perante o Senhor. **17** O sacerdote ainda porá um pouco do óleo restante na palma da sua mão, na ponta da orelha direita daquele que está sendo purificado, no polegar da sua mão direita e

53 "But if, when the priest examines it, the mildew has not spread in the clothing, or the woven or knitted material, or the leather article, **54** he shall order that the contaminated article be washed. Then he is to isolate it for another seven days. **55** After the affected article has been washed, the priest is to examine it, and if the mildew has not changed its appearance, even though it has not spread, it is unclean. Burn it with fire, whether the mildew has affected one side or the other. **56** If, when the priest examines it, the mildew has faded after the article has been washed, he is to tear the contaminated part out of the clothing, or the leather, or the woven or knitted material. **57** But if it reappears in the clothing, or in the woven or knitted material, or in the leather article, it is spreading, and whatever has the mildew must be burned with fire. **58** The clothing, or the woven or knitted material, or any leather article that has been washed and is rid of the mildew, must be washed again, and it will be clean."

59 These are the regulations concerning contamination by mildew in woolen or linen clothing, woven or knitted material, or any leather article, for pronouncing them clean or unclean.

Cleansing From Infectious Skin Diseases

14 The Lord said to Moses, **2** "These are the regulations for the diseased person at the time of his ceremonial cleansing, when he is brought to the priest: **3** The priest is to go outside the camp and examine him. If the person has been healed of his infectious skin disease,[a] **4** the priest shall order that two live clean birds and some cedar wood, scarlet yarn and hyssop be brought for the one to be cleansed. **5** Then the priest shall order that one of the birds be killed over fresh water in a clay pot. **6** He is then to take the live bird and dip it, together with the cedar wood, the scarlet yarn and the hyssop, into the blood of the bird that was killed over the fresh water. **7** Seven times he shall sprinkle the one to be cleansed of the infectious disease and pronounce him clean. Then he is to release the live bird in the open fields.

8 "The person to be cleansed must wash his clothes, shave off all his hair and bathe with water; then he will be ceremonially clean. After this he may come into the camp, but he must stay outside his tent for seven days. **9** On the seventh day he must shave off all his hair; he must shave his head, his beard, his eyebrows and the rest of his hair. He must wash his clothes and bathe himself with water, and he will be clean.

10 "On the eighth day he must bring two male lambs and one ewe lamb a year old, each without defect, along with three-tenths of an ephah[b] of fine flour mixed with oil for a grain offering, and one log[c] of oil. **11** The priest who pronounces him clean shall present both the one to be cleansed and his offerings before the Lord at the entrance to the Tent of Meeting.

12 "Then the priest is to take one of the male lambs and offer it as a guilt offering, along with the log of oil; he shall wave them before the Lord as a wave offering. **13** He is to slaughter the lamb in the holy place where the sin offering and the burnt offering are slaughtered. Like the sin offering, the guilt offering belongs to the priest; it is most holy. **14** The priest is to take some of the blood of the guilt offering and put it on the lobe of the right ear of the one to be cleansed, on the thumb of his right hand and on the big toe of his right foot. **15** The priest shall then take some of the log of oil, pour it in the palm of his own left hand, **16** dip his right forefinger into the oil in his palm, and with his finger sprinkle some of it before the Lord seven times. **17** The priest is to put some of the oil remaining in his palm on the lobe of the right ear of the one to be cleansed, on the thumb of his right hand and

---

[a]**14.3** O termo hebraico não se refere somente à lepra, mas também a diversas doenças da pele; também no restante do capítulo. [b]**14.10** Hebraico: *3/10 de efa.* O efa era uma medida de capacidade para secos. As estimativas variam entre 20 e 40 litros. [c]**14.10** Hebraico: *1 logue.* O logue era uma medida de capacidade. As estimativas variam entre 1/4 de litro e 1/2 litro.

[a]**14:3** Traditionally *leprosy*; the Hebrew word was used for various diseases affecting the skin—not necessarily leprosy; also elsewhere in this chapter. [b]**14:10** That is, probably about 6 quarts (about 6.5 liters) [c]**14:10** That is, probably about 2/3 pint (about 0.3 liter); also in verses 12, 15, 21 and 24

no polegar do seu pé direito, em cima do sangue da oferta pela culpa. **18** O óleo que restar na palma da sua mão, o sacerdote derramará sobre a cabeça daquele que está sendo purificado e fará propiciação por ele perante o Senhor.

19 "Então o sacerdote sacrificará a oferta pelo pecado e fará propiciação em favor daquele que está sendo purificado da sua impureza. Depois disso, o sacerdote matará o animal do holocausto **20** e o oferecerá sobre o altar, juntamente com a oferta de cereal; e assim fará propiciação pelo ofertante, o qual estará puro.

21 "Se, todavia, for alguém pobre, sem recursos para isso, pegará um cordeiro como oferta pela culpa, para ser movido e para fazer propiciação por ele, juntamente com um jarro da melhor farinha, amassada com óleo, como oferta de cereal, uma caneca de óleo **22** e duas rolinhas ou dois pombinhos, conforme os seus recursos, um como oferta pelo pecado e o outro como holocausto.

23 "No oitavo dia ele os trará ao sacerdote, para a sua purificação, à entrada da Tenda do Encontro, perante o Senhor. **24** O sacerdote pegará o cordeiro da oferta pela culpa, com uma caneca de óleo, e os moverá perante o Senhor como gesto ritual de apresentação. **25** Matará o cordeiro da oferta pela culpa e pegará um pouco do sangue e o porá na ponta da orelha direita daquele que está sendo purificado, no polegar da sua mão direita e no polegar do seu pé direito. **26** O sacerdote derramará um pouco do óleo na palma da sua mão esquerda, **27** e com o dedo indicador direito aspergirá um pouco do óleo da palma da sua mão esquerda sete vezes perante o Senhor. **28** Ele porá o óleo da palma da sua mão nos mesmos lugares em que pôs o sangue da oferta pela culpa: na ponta da orelha direita daquele que está sendo purificado, no polegar da sua mão direita e no polegar do seu pé direito. **29** O que restar do óleo na palma da sua mão, o sacerdote derramará sobre a cabeça daquele que está sendo purificado, para fazer propiciação por ele perante o Senhor. **30** Depois sacrificará uma das rolinhas ou um dos pombinhos, conforme os seus recursos, **31** um como oferta pelo pecado e o outro como holocausto, juntamente com a oferta de cereal. Assim o sacerdote fará propiciação perante o Senhor em favor daquele que está sendo purificado".

32 Essa é a regulamentação para todo aquele que tem lepra e não tem recursos para fazer a oferta da sua purificação.

A Purificação do Mofo

33 O Senhor disse a Moisés e a Arão: **34** "Quando vocês entrarem na terra de Canaã, que lhes dou como propriedade, e eu puser mancha de mofo numa casa, na terra que lhes pertence, **35** o dono da casa irá ao sacerdote e dirá: Parece-me que há mancha de mofo em minha casa. **36** Antes de examinar o mofo, o sacerdote ordenará que desocupem a casa para que nada que houver na casa se torne impuro. Depois disso, o sacerdote irá examinar a casa. **37** Examinará as manchas nas paredes e, se elas forem esverdeadas ou avermelhadas e parecerem mais profundas do que a superfície da parede, **38** o sacerdote sairá da casa e a deixará fechada por sete dias. **39** No sétimo dia voltará para examinar a casa. Se as manchas se houverem espalhado pelas paredes da casa, **40** ordenará que as pedras contaminadas pelas manchas sejam retiradas e jogadas num local impuro, fora da cidade. **41** Fará que a casa seja raspada por dentro e que o reboco raspado seja jogado num local impuro, fora da cidade. **42** Depois colocarão outras pedras no lugar das primeiras, e rebocarão a casa com barro novo.

43 "Se as manchas tornarem a alastrar-se na casa depois de retiradas as pedras e de raspada e rebocada a casa, **44** o sacerdote irá examiná-la e, se as manchas se espalharam pela casa, é mofo corrosivo; a casa está impura. **45** Ela terá que ser demolida: as pedras, as madeiras e todo o reboco da casa; tudo será levado para um local impuro, fora da cidade.

on the big toe of his right foot, on top of the blood of the guilt offering. **18** The rest of the oil in his palm the priest shall put on the head of the one to be cleansed and make atonement for him before the Lord.

19 "Then the priest is to sacrifice the sin offering and make atonement for the one to be cleansed from his uncleanness. After that, the priest shall slaughter the burnt offering **20** and offer it on the altar, together with the grain offering, and make atonement for him, and he will be clean.

21 "If, however, he is poor and cannot afford these, he must take one male lamb as a guilt offering to be waved to make atonement for him, together with a tenth of an ephah[a] of fine flour mixed with oil for a grain offering, a log of oil, **22** and two doves or two young pigeons, which he can afford, one for a sin offering and the other for a burnt offering.

23 "On the eighth day he must bring them for his cleansing to the priest at the entrance to the Tent of Meeting, before the Lord. **24** The priest is to take the lamb for the guilt offering, together with the log of oil, and wave them before the Lord as a wave offering. **25** He shall slaughter the lamb for the guilt offering and take some of its blood and put it on the lobe of the right ear of the one to be cleansed, on the thumb of his right hand and on the big toe of his right foot. **26** The priest is to pour some of the oil into the palm of his own left hand, **27** and with his right forefinger sprinkle some of the oil from his palm seven times before the Lord. **28** Some of the oil in his palm he is to put on the same places he put the blood of the guilt offering—on the lobe of the right ear of the one to be cleansed, on the thumb of his right hand and on the big toe of his right foot. **29** The rest of the oil in his palm the priest shall put on the head of the one to be cleansed, to make atonement for him before the Lord. **30** Then he shall sacrifice the doves or the young pigeons, which the person can afford, **31** one[b] as a sin offering and the other as a burnt offering, together with the grain offering. In this way the priest will make atonement before the Lord on behalf of the one to be cleansed."

32 These are the regulations for anyone who has an infectious skin disease and who cannot afford the regular offerings for his cleansing.

Cleansing From Mildew

33 The Lord said to Moses and Aaron, **34** "When you enter the land of Canaan, which I am giving you as your possession, and I put a spreading mildew in a house in that land, **35** the owner of the house must go and tell the priest, 'I have seen something that looks like mildew in my house.' **36** The priest is to order the house to be emptied before he goes in to examine the mildew, so that nothing in the house will be pronounced unclean. After this the priest is to go in and inspect the house. **37** He is to examine the mildew on the walls, and if it has greenish or reddish depressions that appear to be deeper than the surface of the wall, **38** the priest shall go out the doorway of the house and close it up for seven days. **39** On the seventh day the priest shall return to inspect the house. If the mildew has spread on the walls, **40** he is to order that the contaminated stones be torn out and thrown into an unclean place outside the town. **41** He must have all the inside walls of the house scraped and the material that is scraped off dumped into an unclean place outside the town. **42** Then they are to take other stones to replace these and take new clay and plaster the house.

43 "If the mildew reappears in the house after the stones have been torn out and the house scraped and plastered, **44** the priest is to go and examine it and, if the mildew has spread in the house, it is a destructive mildew; the house is unclean. **45** It must be torn down—its stones, timbers and all the plaster—and taken out of the town to an unclean place.

a14:21 That is, probably about 2 quarts (about 2 liters) b14:31 Septuagint and Syriac; Hebrew **31** such as the person can afford, one

46 "Quem entrar na casa enquanto estiver fechada estará impuro até a tarde. **47** Aquele que dormir ou comer na casa terá que lavar as suas roupas.

48 "Mas, se o sacerdote for examiná-la e as manchas não se houverem espalhado depois de rebocada a casa, declarará pura a casa, pois as manchas de mofo desapareceram. **49** Para purificar a casa, ele pegará duas aves, um pedaço de madeira de cedro, um pano vermelho e hissopo. **50** Depois matará uma das aves numa vasilha de barro com água da fonte. **51** Então pegará o pedaço de madeira de cedro, o hissopo, o pano vermelho e a ave viva, e os molhará no sangue da ave morta e na água da fonte, e aspergirá a casa sete vezes. **52** Ele purificará a casa com o sangue da ave, com a água da fonte, com a ave viva, com o pedaço de madeira de cedro, com o hissopo e com o pano vermelho. **53** Depois soltará a ave viva em campo aberto, fora da cidade. Assim fará propiciação pela casa, e ela ficará pura".

54 Essa é a regulamentação acerca de qualquer tipo de lepra, de sarna, **55** de mofo nas roupas ou numa casa **56** e de inchaço, erupção ou mancha brilhante, **57** para se determinar quando uma coisa é pura ou impura.

Essa é a regulamentação acerca de qualquer tipo de lepra e de mofo.

Impurezas do Homem e da Mulher

15 O Senhor disse a Moisés e a Arão: **2** "Digam o seguinte aos israelitas: Quando um homem tiver um fluxo que sai do corpo, o fluxo é impuro. **3** Ele ficará impuro por causa do seu fluxo, quer continue, quer fique retido.

4 "A cama em que um homem com fluxo se deitar ficará impura, e qualquer coisa em que se sentar ficará impura. **5** Quem tocar na cama dele, lavará as suas roupas e se banhará com água, e ficará impuro até a tarde. **6** Todo aquele que se sentar sobre qualquer coisa na qual esse homem se sentou, lavará suas roupas e se banhará com água, e estará impuro até a tarde.

7 "Quem tocar no homem que tiver um fluxo lavará as suas roupas e se banhará com água, e ficará impuro até a tarde. **8** "Se o homem cuspir em alguém que está puro, este lavará as suas roupas e se banhará com água, e ficará impuro até a tarde. **9** Tudo aquilo em que o homem se sentar quando montar um animal estará impuro, **10** e todo aquele que tocar em qualquer coisa que tenha estado debaixo dele ficará impuro até a tarde; quem pegar essas coisas lavará as suas roupas e se banhará com água, e ficará impuro até a tarde.

11 "Qualquer pessoa em quem o homem com fluxo tocar sem lavar as mãos, lavará as suas roupas e se banhará com água, e ficará impura até a tarde. **12** "A vasilha de barro na qual ele tocar será quebrada; se tocar numa vasilha de madeira, ela será lavada.

13 "Quando um homem sarar de seu fluxo, contará sete dias para a sua purificação; lavará as suas roupas e se banhará em água corrente, e ficará puro. **14** No oitavo dia pegará duas rolinhas ou dois pombinhos e irá perante o Senhor, à entrada da Tenda do Encontro, e os dará ao sacerdote. **15** O sacerdote os sacrificará, um como oferta pelo pecado e o outro como holocausto, e assim fará propiciação perante o Senhor em favor do homem, por causa do fluxo.

16 "Quando de um homem sair o sêmen, banhará todo o seu corpo com água, e ficará impuro até a tarde. **17** Qualquer peça de roupa ou de couro em que houver sêmen será lavada com água, e ficará impura até a tarde.

18 "Quando um homem se deitar com uma mulher e lhe sair o sêmen, ambos terão que se banhar com água, e estarão impuros até a tarde.

19 "Quando uma mulher tiver fluxo de sangue que sai do corpo, a impureza da sua menstruação durará sete dias, e quem nela tocar ficará impuro até a tarde.

46 "Anyone who goes into the house while it is closed up will be unclean till evening. **47** Anyone who sleeps or eats in the house must wash his clothes.

48 "But if the priest comes to examine it and the mildew has not spread after the house has been plastered, he shall pronounce the house clean, because the mildew is gone. **49** To purify the house he is to take two birds and some cedar wood, scarlet yarn and hyssop. **50** He shall kill one of the birds over fresh water in a clay pot. **51** Then he is to take the cedar wood, the hyssop, the scarlet yarn and the live bird, dip them into the blood of the dead bird and the fresh water, and sprinkle the house seven times. **52** He shall purify the house with the bird's blood, the fresh water, the live bird, the cedar wood, the hyssop and the scarlet yarn. **53** Then he is to release the live bird in the open fields outside the town. In this way he will make atonement for the house, and it will be clean."

54 These are the regulations for any infectious skin disease, for an itch, **55** for mildew in clothing or in a house, **56** and for a swelling, a rash or a bright spot, **57** to determine when something is clean or unclean.

These are the regulations for infectious skin diseases and mildew.

Discharges Causing Uncleanness

15 The Lord said to Moses and Aaron, **2** "Speak to the Israelites and say to them: 'When any man has a bodily discharge, the discharge is unclean. **3** Whether it continues flowing from his body or is blocked, it will make him unclean. This is how his discharge will bring about uncleanness:

4 " 'Any bed the man with a discharge lies on will be unclean, and anything he sits on will be unclean. **5** Anyone who touches his bed must wash his clothes and bathe with water, and he will be unclean till evening. **6** Whoever sits on anything that the man with a discharge sat on must wash his clothes and bathe with water, and he will be unclean till evening.

7 " 'Whoever touches the man who has a discharge must wash his clothes and bathe with water, and he will be unclean till evening.

8 " 'If the man with the discharge spits on someone who is clean, that person must wash his clothes and bathe with water, and he will be unclean till evening.

9 " 'Everything the man sits on when riding will be unclean, **10** and whoever touches any of the things that were under him will be unclean till evening; whoever picks up those things must wash his clothes and bathe with water, and he will be unclean till evening.

11 " 'Anyone the man with a discharge touches without rinsing his hands with water must wash his clothes and bathe with water, and he will be unclean till evening.

12 " 'A clay pot that the man touches must be broken, and any wooden article is to be rinsed with water.

13 " 'When a man is cleansed from his discharge, he is to count off seven days for his ceremonial cleansing; he must wash his clothes and bathe himself with fresh water, and he will be clean. **14** On the eighth day he must take two doves or two young pigeons and come before the Lord to the entrance to the Tent of Meeting and give them to the priest. **15** The priest is to sacrifice them, the one for a sin offering and the other for a burnt offering. In this way he will make atonement before the Lord for the man because of his discharge.

16 " 'When a man has an emission of semen, he must bathe his whole body with water, and he will be unclean till evening. **17** Any clothing or leather that has semen on it must be washed with water, and it will be unclean till evening. **18** When a man lies with a woman and there is an emission of semen, both must bathe with water, and they will be unclean till evening.

19 " 'When a woman has her regular flow of blood, the impurity of her monthly period will last seven days, and anyone who touches her will be unclean till evening.

20 "Tudo sobre o que ela se deitar durante a sua menstruação ficará impuro, e tudo sobre o que ela se sentar ficará impuro. **21** Todo aquele que tocar em sua cama lavará as suas roupas e se banhará com água, e ficará impuro até a tarde. **22** Quem tocar em alguma coisa sobre a qual ela se sentar lavará as suas roupas e se banhará com água, e estará impuro até a tarde. **23** Quer seja a cama, quer seja qualquer coisa sobre a qual ela esteve sentada, quando alguém nisso tocar estará impuro até a tarde.

24 "Se um homem se deitar com ela e a menstruação dela nele tocar, estará impuro por sete dias; qualquer cama sobre a qual ele se deitar estará impura.

25 "Quando uma mulher tiver um fluxo de sangue por muitos dias fora da sua menstruação normal, ou um fluxo que continue além desse período, ela ficará impura enquanto durar o corrimento, como nos dias da sua menstruação. **26** Qualquer cama em que ela se deitar enquanto continuar o seu fluxo estará impura, como acontece com a sua cama durante a sua menstruação, e tudo sobre o que ela se sentar estará impuro, como durante a sua menstruação. **27** Quem tocar em alguma dessas coisas ficará impuro; lavará as suas roupas e se banhará com água, e ficará impuro até a tarde.

28 "Quando sarar do seu fluxo, contará sete dias, e depois disso estará pura. **29** No oitavo dia pegará duas rolinhas ou dois pombinhos e os levará ao sacerdote, à entrada da Tenda do Encontro. **30** O sacerdote sacrificará um como oferta pelo pecado e o outro como holocausto, e assim fará propiciação em favor dela, perante o Senhor, devido à impureza do seu fluxo.

31 "Mantenham os israelitas separados das coisas que os tornam impuros, para que não morram por contaminar com sua impureza o meu tabernáculo, que está entre eles".

32 Essa é a regulamentação acerca do homem que tem fluxo e daquele de quem sai o sêmen, tornando-se impuro, **33** da mulher em sua menstruação, do homem ou da mulher que têm fluxo e do homem que se deita com uma mulher que está impura.

O Dia da Expiação

16 O Senhor falou com Moisés depois que morreram os dois filhos de Arão, por haverem se aproximado do Senhor. **2** O Senhor disse a Moisés: "Diga a seu irmão Arão que não entre a toda hora no Lugar Santíssimo, atrás do véu, diante da tampa da arca, para que não morra; pois aparecerei na nuvem, acima da tampa.

3 "Arão deverá entrar no Lugar Santo com um novilho como oferta pelo pecado e com um carneiro como holocausto. **4** Ele vestirá a túnica sagrada de linho, com calções também de linho por baixo; porá o cinto de linho na cintura e também o turbante de linho. Essas vestes são sagradas; por isso ele se banhará com água antes de vesti-las. **5** Receberá da comunidade de Israel dois bodes como oferta pelo pecado e um carneiro como holocausto.

6 "Arão sacrificará o novilho como oferta pelo seu próprio pecado, para fazer propiciação por si mesmo e por sua família. **7** Depois pegará os dois bodes e os apresentará ao Senhor, à entrada da Tenda do Encontro. **8** E lançará sortes quanto aos dois bodes: uma para o Senhor e a outra para Azazel[a]. **9** Arão trará o bode cuja sorte caiu para o Senhor e o sacrificará como oferta pelo pecado. **10** Mas o bode sobre o qual caiu a sorte para Azazel será apresentado vivo ao Senhor para fazer propiciação, e será enviado para Azazel no deserto.

11 "Arão trará o novilho como oferta por seu próprio pecado para fazer propiciação por si mesmo e por sua família, e ele o oferecerá como sacrifício pelo seu próprio pecado. **12** Pegará o incensário cheio de brasas do altar que está perante o Senhor e dois punhados de incenso aromático em pó, e os levará para trás do véu. **13** Porá o incenso no fogo perante o Senhor,

20 " 'Anything she lies on during her period will be unclean, and anything she sits on will be unclean. **21** Whoever touches her bed must wash his clothes and bathe with water, and he will be unclean till evening. **22** Whoever touches anything she sits on must wash his clothes and bathe with water, and he will be unclean till evening. **23** Whether it is the bed or anything she was sitting on, when anyone touches it, he will be unclean till evening.

24 " 'If a man lies with her and her monthly flow touches him, he will be unclean for seven days; any bed he lies on will be unclean.

25 " 'When a woman has a discharge of blood for many days at a time other than her monthly period or has a discharge that continues beyond her period, she will be unclean as long as she has the discharge, just as in the days of her period. **26** Any bed she lies on while her discharge continues will be unclean, as is her bed during her monthly period, and anything she sits on will be unclean, as during her period. **27** Whoever touches them will be unclean; he must wash his clothes and bathe with water, and he will be unclean till evening.

28 " 'When she is cleansed from her discharge, she must count off seven days, and after that she will be ceremonially clean. **29** On the eighth day she must take two doves or two young pigeons and bring them to the priest at the entrance to the Tent of Meeting. **30** The priest is to sacrifice one for a sin offering and the other for a burnt offering. In this way he will make atonement for her before the Lord for the uncleanness of her discharge.

31 " 'You must keep the Israelites separate from things that make them unclean, so they will not die in their uncleanness for defiling my dwelling place,[a] which is among them.' "

32 These are the regulations for a man with a discharge, for anyone made unclean by an emission of semen, **33** for a woman in her monthly period, for a man or a woman with a discharge, and for a man who lies with a woman who is ceremonially unclean.

The Day of Atonement

16 The Lord spoke to Moses after the death of the two sons of Aaron who died when they approached the Lord. **2** The Lord said to Moses: "Tell your brother Aaron not to come whenever he chooses into the Most Holy Place behind the curtain in front of the atonement cover on the ark, or else he will die, because I appear in the cloud over the atonement cover.

3 "This is how Aaron is to enter the sanctuary area: with a young bull for a sin offering and a ram for a burnt offering. **4** He is to put on the sacred linen tunic, with linen undergarments next to his body; he is to tie the linen sash around him and put on the linen turban. These are sacred garments; so he must bathe himself with water before he puts them on. **5** From the Israelite community he is to take two male goats for a sin offering and a ram for a burnt offering.

6 "Aaron is to offer the bull for his own sin offering to make atonement for himself and his household. **7** Then he is to take the two goats and present them before the Lord at the entrance to the Tent of Meeting. **8** He is to cast lots for the two goats—one lot for the Lord and the other for the scapegoat.[b] **9** Aaron shall bring the goat whose lot falls to the Lord and sacrifice it for a sin offering. **10** But the goat chosen by lot as the scapegoat shall be presented alive before the Lord to be used for making atonement by sending it into the desert as a scapegoat.

11 "Aaron shall bring the bull for his own sin offering to make atonement for himself and his household, and he is to slaughter the bull for his own sin offering. **12** He is to take a censer full of burning coals from the altar before the Lord and two handfuls of finely ground fragrant incense and take them behind the curtain. **13** He is to put the incense on the fire before the Lord,

---

a16.8 Ou *o bode emissário*; também nos versículos 10 e 26.

a15:31 Or *my tabernacle* **b**16:8 That is, the goat of removal; Hebrew *azazel*; also in verses 10 and 26

e a fumaça do incenso cobrirá a tampa que está acima das tábuas da aliança, a fim de que não morra. ¹⁴ Pegará um pouco do sangue do novilho e com o dedo o aspergirá sobre a parte da frente da tampa; depois, com o dedo aspergirá o sangue sete vezes, diante da tampa.

¹⁵ "Então sacrificará o bode da oferta pelo pecado, em favor do povo, e trará o sangue para trás do véu; fará com o sangue o que fez com o sangue do novilho; ele o aspergirá sobre a tampa e na frente dela. ¹⁶ Assim fará propiciação pelo Lugar Santíssimo por causa das impurezas e das rebeliões dos israelitas, quaisquer que tenham sido os seus pecados. Fará o mesmo em favor da Tenda do Encontro, que está entre eles no meio das suas impurezas. ¹⁷ Ninguém estará na Tenda do Encontro quando Arão entrar para fazer propiciação no Lugar Santíssimo, até a saída dele, depois que fizer propiciação por si mesmo, por sua família e por toda a assembléia de Israel.

¹⁸ "Depois irá ao altar que está perante o Senhor e pelo altar fará propiciação. Pegará um pouco do sangue do novilho e do sangue do bode e o porá em todas as pontas do altar. ¹⁹ Com o dedo aspergirá o sangue sete vezes sobre o altar para purificá-lo e santificá-lo das impurezas dos israelitas.

²⁰ "Quando Arão terminar de fazer propiciação pelo Lugar Santíssimo, pela Tenda do Encontro e pelo altar, trará para a frente o bode vivo. ²¹ Então colocará as duas mãos sobre a cabeça do bode vivo e confessará todas as iniqüidades e rebeliões dos israelitas, todos os seus pecados, e os porá sobre a cabeça do bode. Em seguida enviará o bode para o deserto aos cuidados de um homem designado para isso. ²² O bode levará consigo todas as iniqüidades deles para um lugar solitário. E o homem soltará o bode no deserto.

²³ "Depois Arão entrará na Tenda do Encontro, tirará as vestes de linho que usou para entrar no Santo dos Santos e as deixará ali. ²⁴ Ele se banhará com água num lugar sagrado e vestirá as suas próprias roupas. Então sairá e sacrificará o holocausto por si mesmo e o holocausto pelo povo, para fazer propiciação por si mesmo e pelo povo. ²⁵ Também queimará sobre o altar a gordura da oferta pelo pecado.

²⁶ "Aquele que soltar o bode para Azazel lavará as suas roupas e se banhará com água, e depois poderá entrar no acampamento. ²⁷ O novilho e o bode da oferta pelo pecado, cujo sangue foi trazido ao Lugar Santíssimo para fazer propiciação, serão levados para fora do acampamento; o couro, a carne e o excremento deles serão queimados com fogo. ²⁸ Aquele que os queimar lavará as suas roupas e se banhará com água; depois poderá entrar no acampamento.

²⁹ "Este é um decreto perpétuo para vocês: No décimo dia do sétimo mês vocês se humilharãoª e não poderão realizar trabalho algum, nem o natural da terra, nem o estrangeiro residente. ³⁰ Porquanto nesse dia se fará propiciação por vocês, para purificá-los. Então, perante o Senhor, vocês estarão puros de todos os seus pecados. ³¹ Este lhes será um sábado de descanso, quando vocês se humilharão; é um decreto perpétuo. ³² O sacerdote que for ungido e ordenado para suceder seu pai como sumo sacerdote fará a propiciação. Porá as vestes sagradas de linho ³³ e fará propiciação pelo Lugar Santíssimo, pela Tenda do Encontro, pelo altar, por todos os sacerdotes e por todo o povo da assembléia.

³⁴ "Este é um decreto perpétuo para vocês: A propiciação será feita uma vez por ano, por todos os pecados dos israelitas".

E tudo foi feito conforme o Senhor tinha ordenado a Moisés.

A Proibição de Comer Sangue

17 O Senhor disse a Moisés: ² "Diga a Arão e seus filhos e a todos os israelitas o que o Senhor ordenou: ³ Qualquer israelita que sacrificar um boi,ᵇ um cordeiro ou um cabrito dentro ou fora do acampamento, ⁴ e não o trouxer à entrada da

and the smoke of the incense will conceal the atonement cover above the Testimony, so that he will not die. ¹⁴ He is to take some of the bull's blood and with his finger sprinkle it on the front of the atonement cover; then he shall sprinkle some of it with his finger seven times before the atonement cover.

¹⁵ "He shall then slaughter the goat for the sin offering for the people and take its blood behind the curtain and do with it as he did with the bull's blood: He shall sprinkle it on the atonement cover and in front of it. ¹⁶ In this way he will make atonement for the Most Holy Place because of the uncleanness and rebellion of the Israelites, whatever their sins have been. He is to do the same for the Tent of Meeting, which is among them in the midst of their uncleanness. ¹⁷ No one is to be in the Tent of Meeting from the time Aaron goes in to make atonement in the Most Holy Place until he comes out, having made atonement for himself, his household and the whole community of Israel.

¹⁸ "Then he shall come out to the altar that is before the Lord and make atonement for it. He shall take some of the bull's blood and some of the goat's blood and put it on all the horns of the altar. ¹⁹ He shall sprinkle some of the blood on it with his finger seven times to cleanse it and to consecrate it from the uncleanness of the Israelites.

²⁰ "When Aaron has finished making atonement for the Most Holy Place, the Tent of Meeting and the altar, he shall bring forward the live goat. ²¹ He is to lay both hands on the head of the live goat and confess over it all the wickedness and rebellion of the Israelites—all their sins—and put them on the goat's head. He shall send the goat away into the desert in the care of a man appointed for the task. ²² The goat will carry on itself all their sins to a solitary place; and the man shall release it in the desert.

²³ "Then Aaron is to go into the Tent of Meeting and take off the linen garments he put on before he entered the Most Holy Place, and he is to leave them there. ²⁴ He shall bathe himself with water in a holy place and put on his regular garments. Then he shall come out and sacrifice the burnt offering for himself and the burnt offering for the people, to make atonement for himself and for the people. ²⁵ He shall also burn the fat of the sin offering on the altar.

²⁶ "The man who releases the goat as a scapegoat must wash his clothes and bathe himself with water; afterward he may come into the camp. ²⁷ The bull and the goat for the sin offerings, whose blood was brought into the Most Holy Place to make atonement, must be taken outside the camp; their hides, flesh and offal are to be burned up. ²⁸ The man who burns them must wash his clothes and bathe himself with water; afterward he may come into the camp.

²⁹ "This is to be a lasting ordinance for you: On the tenth day of the seventh month you must deny yourselvesª and not do any work—whether native-born or an alien living among you— ³⁰ because on this day atonement will be made for you, to cleanse you. Then, before the Lord, you will be clean from all your sins. ³¹ It is a sabbath of rest, and you must deny yourselves; it is a lasting ordinance. ³² The priest who is anointed and ordained to succeed his father as high priest is to make atonement. He is to put on the sacred linen garments ³³ and make atonement for the Most Holy Place, for the Tent of Meeting and the altar, and for the priests and all the people of the community.

³⁴ "This is to be a lasting ordinance for you: Atonement is to be made once a year for all the sins of the Israelites."

And it was done, as the Lord commanded Moses.

Eating Blood Forbidden

17 The Lord said to Moses, ² "Speak to Aaron and his sons and to all the Israelites and say to them: 'This is what the Lord has commanded: ³ Any Israelite who sacrifices an ox,ᵇ a lamb or a goat in the camp or outside of it ⁴ instead of bringing it to the

---

ª16.29 Ou *jejuarão*, também no versículo 31. ᵇ17.3 A palavra hebraica pode significar *boi* ou *vaca*.

ª16:29 Or *must fast*; also in verse 31 ᵇ17:3 The Hebrew word can include both male and female.

Tenda do Encontro para apresentá-lo como oferta ao Senhor, diante do tabernáculo do Senhor, será considerado culpado de sangue; derramou sangue e será eliminado do meio do seu povo. **5** Os sacrifícios, que os israelitas agora fazem em campo aberto, passarão a trazer ao Senhor, entregando-os ao sacerdote, para oferecê-los ao Senhor, à entrada da Tenda do Encontro, e os sacrificarão como ofertas de comunhão. **6** O sacerdote aspergirá o sangue no altar do Senhor, à entrada da Tenda do Encontro, e queimará a gordura como aroma agradável ao Senhor. **7** Não oferecerão mais sacrifícios aos ídolos em forma de bode, aos quais prestam culto imoral. Este é um decreto perpétuo para eles e para as suas gerações.

8 "Diga-lhes: Todo israelita ou estrangeiro residente que oferecer holocausto ou sacrifício, **9** e não o trouxer à entrada da Tenda do Encontro para oferecê-lo ao Senhor, será eliminado do meio do seu povo.

10 "Todo israelita ou estrangeiro residente que comer sangue de qualquer animal, contra esse eu me voltarei e o eliminarei do meio do seu povo. **11** Pois a vida da carne está no sangue, e eu o dei a vocês para fazerem propiciação por si mesmos no altar; é o sangue que faz propiciação pela vida. **12** Por isso digo aos israelitas: Nenhum de vocês poderá comer sangue, nem também o estrangeiro residente.

13 "Qualquer israelita ou estrangeiro residente que caçar um animal ou ave que se pode comer, derramará o sangue e o cobrirá com terra, **14** porque a vida de toda carne é o seu sangue. Por isso eu disse aos israelitas: Vocês não poderão comer o sangue de nenhum animal, porque a vida de toda carne é o seu sangue; todo aquele que o comer será eliminado.

15 "Todo aquele que, natural da terra ou estrangeiro, comer um animal encontrado morto ou despedaçado por animais selvagens, lavará suas roupas e se banhará com água, e ficará impuro até a tarde; então estará puro. **16** Mas, se não lavar suas roupas nem se banhar, sofrerá as conseqüências da sua iniqüidade".

As Relações Sexuais Ilícitas

18 Disse o Senhor a Moisés: **2** "Diga o seguinte aos israelitas: Eu sou o Senhor, o Deus de vocês. **3** Não procedam como se procede no Egito, onde vocês moraram, nem como se procede na terra de Canaã, para onde os estou levando. Não sigam as suas práticas. **4** Pratiquem as minhas ordenanças, obedeçam aos meus decretos e sigam-nos. Eu sou o Senhor, o Deus de vocês. **5** Obedeçam aos meus decretos e ordenanças, pois o homem que os praticar viverá por eles. Eu sou o Senhor.

6 "Ninguém poderá se aproximar de uma parenta próxima para se envolver sexualmente^a com ela. Eu sou o Senhor.

7 "Não desonre o seu pai, envolvendo-se sexualmente com a sua mãe. Ela é sua mãe; não se envolva sexualmente com ela.

8 "Não se envolva sexualmente com a mulher do seu pai; isso desonraria seu pai.

9 "Não se envolva sexualmente com a sua irmã, filha do seu pai ou da sua mãe, tenha ela nascido na mesma casa ou em outro lugar.

10 "Não se envolva sexualmente com a filha do seu filho ou com a filha da sua filha; isso desonraria você.

11 "Não se envolva sexualmente com a filha da mulher do seu pai, gerada por seu pai; ela é sua irmã.

12 "Não se envolva sexualmente com a irmã do seu pai; ela é parenta próxima do seu pai.

13 "Não se envolva sexualmente com a irmã da sua mãe; ela é parenta próxima da sua mãe.

14 "Não desonre o irmão do seu pai aproximando-se da sua mulher para com ela se envolver sexualmente; ela é sua tia.

15 "Não se envolva sexualmente com a sua nora. Ela é mulher do seu filho; não se envolva sexualmente com ela.

entrance to the Tent of Meeting to present it as an offering to the Lord in front of the tabernacle of the Lord—that man shall be considered guilty of bloodshed; he has shed blood and must be cut off from his people. **5** This is so the Israelites will bring to the Lord the sacrifices they are now making in the open fields. They must bring them to the priest, that is, to the Lord, at the entrance to the Tent of Meeting and sacrifice them as fellowship offerings.^a **6** The priest is to sprinkle the blood against the altar of the Lord at the entrance to the Tent of Meeting and burn the fat as an aroma pleasing to the Lord. **7** They must no longer offer any of their sacrifices to the goat idols^b to whom they prostitute themselves. This is to be a lasting ordinance for them and for the generations to come.'

8 "Say to them: 'Any Israelite or any alien living among them who offers a burnt offering or sacrifice **9** and does not bring it to the entrance to the Tent of Meeting to sacrifice it to the Lord—that man must be cut off from his people.

10 " 'Any Israelite or any alien living among them who eats any blood—I will set my face against that person who eats blood and will cut him off from his people. **11** For the life of a creature is in the blood, and I have given it to you to make atonement for yourselves on the altar; it is the blood that makes atonement for one's life. **12** Therefore I say to the Israelites, "None of you may eat blood, nor may an alien living among you eat blood."

13 " 'Any Israelite or any alien living among you who hunts any animal or bird that may be eaten must drain out the blood and cover it with earth, **14** because the life of every creature is its blood. That is why I have said to the Israelites, "You must not eat the blood of any creature, because the life of every creature is its blood; anyone who eats it must be cut off."

15 " 'Anyone, whether native-born or alien, who eats anything found dead or torn by wild animals must wash his clothes and bathe with water, and he will be ceremonially unclean till evening; then he will be clean. **16** But if he does not wash his clothes and bathe himself, he will be held responsible.' "

Unlawful Sexual Relations

18 The Lord said to Moses, **2** "Speak to the Israelites and say to them: 'I am the Lord your God. **3** You must not do as they do in Egypt, where you used to live, and you must not do as they do in the land of Canaan, where I am bringing you. Do not follow their practices. **4** You must obey my laws and be careful to follow my decrees. I am the Lord your God. **5** Keep my decrees and laws, for the man who obeys them will live by them. I am the Lord.

6 " 'No one is to approach any close relative to have sexual relations. I am the Lord.

7 " 'Do not dishonor your father by having sexual relations with your mother. She is your mother; do not have relations with her.

8 " 'Do not have sexual relations with your father's wife; that would dishonor your father.

9 " 'Do not have sexual relations with your sister, either your father's daughter or your mother's daughter, whether she was born in the same home or elsewhere.

10 " 'Do not have sexual relations with your son's daughter or your daughter's daughter; that would dishonor you.

11 " 'Do not have sexual relations with the daughter of your father's wife, born to your father; she is your sister.

12 " 'Do not have sexual relations with your father's sister; she is your father's close relative.

13 " 'Do not have sexual relations with your mother's sister, because she is your mother's close relative.

14 " 'Do not dishonor your father's brother by approaching his wife to have sexual relations; she is your aunt.

15 " 'Do not have sexual relations with your daughter-in-law. She is your son's wife; do not have relations with her.

---

^a18.6 Hebraico: *descobrir a nudez*; também nos versículos de 7 a 20 e no capítulo 20.

^a17:5 Traditionally *peace offerings* ^b17:7 Or *demons*

16 "Não se envolva sexualmente com a mulher do seu irmão; isso desonraria seu irmão.

17 "Não se envolva sexualmente com uma mulher e sua filha. Não se envolva sexualmente com a filha do seu filho ou com a filha da sua filha; são parentes próximos. É perversidade.

18 "Não tome por mulher a irmã da sua mulher, tornando-a rival, envolvendo-se sexualmente com ela, estando a sua mulher ainda viva.

19 "Não se aproxime de uma mulher para se envolver sexualmente com ela quando ela estiver na impureza da sua menstruação.

20 "Não se deite com a mulher do seu próximo, contaminando-se com ela.

21 "Não entregue os seus filhos para serem sacrificados a Moloque^a. Não profanem o nome do seu Deus. Eu sou o Senhor.

22 "Não se deite com um homem como quem se deita com uma mulher; é repugnante.

23 "Não tenha relações sexuais com um animal, contaminando-se com ele. Mulher nenhuma se porá diante de um animal para ajuntar-se com ele; é depravação.

24 "Não se contaminem com nenhuma dessas coisas, porque assim se contaminaram as nações que vou expulsar da presença de vocês. **25** Até a terra ficou contaminada; e eu castiguei a sua iniquidade, e a terra vomitou os seus habitantes. **26** Mas vocês obedecerão aos meus decretos e às minhas leis. Nem o natural da terra nem o estrangeiro residente entre vocês farão nenhuma dessas abominações, **27** pois todas estas abominações foram praticadas pelos que habitaram essa terra antes de vocês; por isso a terra ficou contaminada. **28** E, se vocês contaminarem a terra, ela os vomitará, como vomitou os povos que ali estavam antes de vocês.

29 "Todo aquele que fizer alguma destas abominações, aqueles que assim procederem serão eliminados do meio do seu povo. **30** Obedeçam aos meus preceitos, e não pratiquem os costumes repugnantes praticados antes de vocês, nem se contaminem com eles. Eu sou o Senhor, o Deus de vocês".

Diversas Leis

19 Disse ainda o Senhor a Moisés: **2** "Diga o seguinte a toda comunidade de Israel: Sejam santos porque eu, o Senhor, o Deus de vocês, sou santo.

3 "Respeite cada um de vocês a sua mãe e o seu pai, e guarde os meus sábados. Eu sou o Senhor, o Deus de vocês.

4 "Não se voltem para os ídolos, nem façam para si deuses de metal. Eu sou o Senhor, o Deus de vocês.

5 "Quando vocês oferecerem um sacrifício de comunhão ao Senhor, ofereçam-no de modo que seja aceito em favor de vocês. **6** Terá que ser comido no dia em que o oferecerem, ou no dia seguinte; o que sobrar até o terceiro dia será queimado. **7** Se alguma coisa for comida no terceiro dia, estará estragada e não será aceita. **8** Quem a comer sofrerá as consequências da sua iniquidade, porque profanou o que é santo ao Senhor; será eliminado do meio do seu povo.

9 "Quando fizerem a colheita da sua terra, não colham até as extremidades da sua lavoura, nem ajuntem as espigas caídas de sua colheita. **10** Não passem das vezes pela sua vinha, nem apanhem as uvas que tiverem caído. Deixem-nas para o necessitado e para o estrangeiro. Eu sou o Senhor, o Deus de vocês.

11 "Não furtem.

"Não mintam.

"Não enganem uns aos outros.

12 "Não jurem falsamente pelo meu nome, profanando assim o nome do seu Deus. Eu sou o Senhor.

13 "Não oprimam nem roubem o seu próximo.

"Não retenham até a manhã do dia seguinte o pagamento de um diarista.

14 "Não amaldiçoem o surdo nem ponham pedra de tropeço à frente do cego, mas temam o seu Deus. Eu sou o Senhor.

---

16 " 'Do not have sexual relations with your brother's wife; that would dishonor your brother.

17 " 'Do not have sexual relations with both a woman and her daughter. Do not have sexual relations with either her son's daughter or her daughter's daughter; they are her close relatives. That is wickedness.

18 " 'Do not take your wife's sister as a rival wife and have sexual relations with her while your wife is living.

19 " 'Do not approach a woman to have sexual relations during the uncleanness of her monthly period.

20 " 'Do not have sexual relations with your neighbor's wife and defile yourself with her.

21 " 'Do not give any of your children to be sacrificed^a to Molech, for you must not profane the name of your God. I am the Lord.

22 " 'Do not lie with a man as one lies with a woman; that is detestable.

23 " 'Do not have sexual relations with an animal and defile yourself with it. A woman must not present herself to an animal to have sexual relations with it; that is a perversion.

24 " 'Do not defile yourselves in any of these ways, because this is how the nations that I am going to drive out before you became defiled. **25** Even the land was defiled; so I punished it for its sin, and the land vomited out its inhabitants. **26** But you must keep my decrees and my laws. The native-born and the aliens living among you must not do any of these detestable things, **27** for all these things were done by the people who lived in the land before you, and the land became defiled. **28** And if you defile the land, it will vomit you out as it vomited out the nations that were before you.

29 " 'Everyone who does any of these detestable things—such persons must be cut off from their people. **30** Keep my requirements and do not follow any of the detestable customs that were practiced before you came and do not defile yourselves with them. I am the Lord your God.' "

Various Laws

19 The Lord said to Moses, **2** "Speak to the entire assembly of Israel and say to them: 'Be holy because I, the Lord your God, am holy.

3 " 'Each of you must respect his mother and father, and you must observe my Sabbaths. I am the Lord your God.

4 " 'Do not turn to idols or make gods of cast metal for yourselves. I am the Lord your God.

5 " 'When you sacrifice a fellowship offering^b to the Lord, sacrifice it in such a way that it will be accepted on your behalf. **6** It shall be eaten on the day you sacrifice it or on the next day; anything left over until the third day must be burned up. **7** If any of it is eaten on the third day, it is impure and will not be accepted. **8** Whoever eats it will be held responsible because he has desecrated what is holy to the Lord; that person must be cut off from his people.

9 " 'When you reap the harvest of your land, do not reap to the very edges of your field or gather the gleanings of your harvest. **10** Do not go over your vineyard a second time or pick up the grapes that have fallen. Leave them for the poor and the alien. I am the Lord your God.

11 " 'Do not steal.

" 'Do not lie.

" 'Do not deceive one another.

12 " 'Do not swear falsely by my name and so profane the name of your God. I am the Lord.

13 " 'Do not defraud your neighbor or rob him.

" 'Do not hold back the wages of a hired man overnight.

14 " 'Do not curse the deaf or put a stumbling block in front of the blind, but fear your God. I am the Lord.

---

15 "Não cometam injustiça num julgamento; não favoreçam os pobres, nem procurem agradar os grandes, mas julguem o seu próximo com justiça.

16 "Não espalhem calúnias entre o seu povo.

"Não se levantem contra a vida do seu próximo. Eu sou o Senhor.

17 "Não guardem ódio contra o seu irmão no coração; antes repreendam com franqueza o seu próximo para que, por causa dele, não sofram as conseqüências de um pecado.

18 "Não procurem vingança, nem guardem rancor contra alguém do seu povo, mas ame cada um o seu próximo como a si mesmo. Eu sou o Senhor.

19 "Obedeçam às minhas leis.

"Não cruzem diferentes espécies de animais.

"Não plantem duas espécies de sementes na sua lavoura.

"Não usem roupas feitas com dois tipos de tecido.

20 "Se um homem deitar-se com uma escrava prometida a outro homem, mas que não tenha sido resgatada nem tenha recebido sua liberdade, aplique-se a devida punição. Contudo não serão mortos, porquanto ela não havia sido libertada. **21** O homem, porém, trará ao Senhor, à entrada da Tenda do Encontro, um carneiro como oferta pela culpa. **22** Com o carneiro da oferta pela culpa o sacerdote fará propiciação por ele perante o Senhor, pelo pecado que cometeu; assim o pecado que ele cometeu será perdoado.

23 "Quando vocês entrarem na terra e plantarem qualquer tipo de árvore frutífera, considerem proibidas^a as suas frutas. Durante três anos vocês as considerarão proibidas; não poderão comê-las. **24** No quarto ano todas as suas frutas serão santas; será uma oferta de louvor ao Senhor. **25** No quinto ano, porém, vocês poderão comer as suas frutas. Assim a sua colheita aumentará. Eu sou Senhor, o Deus de vocês.

26 "Não comam nada com sangue.

"Não pratiquem adivinhação nem feitiçaria.

27 "Não cortem o cabelo dos lados da cabeça, nem aparem as pontas da barba.

28 "Não façam cortes no corpo por causa dos mortos, nem tatuagens em si mesmos. Eu sou o Senhor.

29 "Ninguém desonre a sua filha tornando-a uma prostituta, se não, a terra se entregará à prostituição e se encherá de perversidade.

30 "Guardem os meus sábados e reverenciem o meu santuário. Eu sou o Senhor.

31 "Não recorram aos médiuns, nem busquem a quem consulta espíritos, pois vocês serão contaminados por eles. Eu sou o Senhor, o Deus de vocês.

32 "Levantem-se na presença dos idosos, honrem os anciãos, temam o seu Deus. Eu sou o Senhor.

33 "Quando um estrangeiro viver na terra de vocês, não o maltratem. **34** O estrangeiro residente que viver com vocês deverá ser tratado como o natural da terra. Amem-no como a si mesmos, pois vocês foram estrangeiros no Egito. Eu sou o Senhor, o Deus de vocês.

35 "Não usem medidas desonestas quando medirem comprimento, peso ou quantidade. **36** Usem balanças de pesos honestos, tanto para cereais quanto para liquidos^b. Eu sou o Senhor, o Deus de vocês, que os tirei da terra do Egito.

37 "Obedeçam a todos os meus decretos e a todas as minhas leis e pratiquem-nos. Eu sou o Senhor".

Punições para o Pecado

20 Disse o Senhor a Moisés: **2** "Diga aos israelitas: Qualquer israelita ou estrangeiro residente em Israel que entregar um dos seus filhos a Moloque, terá que ser executado. O povo da terra o apedrejará. **3** Voltarei o meu rosto contra

15 " 'Do not pervert justice; do not show partiality to the poor or favoritism to the great, but judge your neighbor fairly.

16 " 'Do not go about spreading slander among your people.

" 'Do not do anything that endangers your neighbor's life. I am the Lord.

17 " 'Do not hate your brother in your heart. Rebuke your neighbor frankly so you will not share in his guilt.

18 " 'Do not seek revenge or bear a grudge against one of your people, but love your neighbor as yourself. I am the Lord.

19 " 'Keep my decrees.

" 'Do not mate different kinds of animals.

" 'Do not plant your field with two kinds of seed.

" 'Do not wear clothing woven of two kinds of material.

20 " 'If a man sleeps with a woman who is a slave girl promised to another man but who has not been ransomed or given her freedom, there must be due punishment. Yet they are not to be put to death, because she had not been freed. **21** The man, however, must bring a ram to the entrance to the Tent of Meeting for a guilt offering to the Lord. **22** With the ram of the guilt offering the priest is to make atonement for him before the Lord for the sin he has committed, and his sin will be forgiven.

23 " 'When you enter the land and plant any kind of fruit tree, regard its fruit as forbidden.^a For three years you are to consider it forbidden^b; it must not be eaten. **24** In the fourth year all its fruit will be holy, an offering of praise to the Lord. **25** But in the fifth year you may eat its fruit. In this way your harvest will be increased. I am the Lord your God.

26 " 'Do not eat any meat with the blood still in it.

" 'Do not practice divination or sorcery.

27 " 'Do not cut the hair at the sides of your head or clip off the edges of your beard.

28 " 'Do not cut your bodies for the dead or put tattoo marks on yourselves. I am the Lord.

29 " 'Do not degrade your daughter by making her a prostitute, or the land will turn to prostitution and be filled with wickedness.

30 " 'Observe my Sabbaths and have reverence for my sanctuary. I am the Lord.

31 " 'Do not turn to mediums or seek out spiritists, for you will be defiled by them. I am the Lord your God.

32 " 'Rise in the presence of the aged, show respect for the elderly and revere your God. I am the Lord.

33 " 'When an alien lives with you in your land, do not mistreat him. **34** The alien living with you must be treated as one of your native-born. Love him as yourself, for you were aliens in Egypt. I am the Lord your God.

35 " 'Do not use dishonest standards when measuring length, weight or quantity. **36** Use honest scales and honest weights, an honest ephah^c and an honest hin.^d I am the Lord your God, who brought you out of Egypt.

37 " 'Keep all my decrees and all my laws and follow them. I am the Lord.' "

Punishments for Sin

20 The Lord said to Moses, **2** "Say to the Israelites: 'Any Israelite or any alien living in Israel who gives^e any of his children to Molech must be put to death. The people of the community are to stone him. **3** I will set my face against

---

^a19.23 Hebraico: *incircuncisas*. ^b19.36 Hebraico: *efa honesto e him honesto*. ^c20.2 Ou *sacrificar*; também nos versículos 3 e 4.

^a19:23 Hebrew *uncircumcised* ^b19:23 Hebrew *uncircumcised* ^c19:36 An ephah was a dry measure. ^d19:36 A hin was a liquid measure. ^e20:2 Or *sacrifices*; also in verses 3 and

ele e o eliminarei do meio do seu povo; pois deu os seus filhos a Moloque, contaminando assim o meu santuário e profanando o meu santo nome. 4 Se o povo deliberadamente fechar os olhos quando alguém entregar um dos seus filhos a Moloque, e deixar de executá-lo, 5 voltarei o meu rosto contra aquele homem e contra o seu clã, e eliminarei do meio do seu povo tanto ele quanto todos os que o seguem, prostituindo-se com Moloque.

6 "Voltarei o meu rosto contra quem consulta espíritos e contra quem procurar médiuns para segui-los, prostituindo-se com eles. Eu o eliminarei do meio do seu povo.

7 "Consagrem-se, porém, e sejam santos, porque eu sou o Senhor, o Deus de vocês. 8 Obedeçam aos meus decretos e pratiquem-nos. Eu sou o Senhor que os santifica.

9 "Se alguém amaldiçoar seu pai ou sua mãe, terá que ser executado. Por ter amaldiçoado o seu pai ou a sua mãe, merece a morte.

10 "Se um homem cometer adultério com a mulher de outro homem, com a mulher do seu próximo, tanto o adúltero quanto a adúltera terão que ser executados.

11 "Se um homem se deitar com a mulher do seu pai, desonrou seu pai. Tanto o homem quanto a mulher terão que ser executados, pois merecem a morte.

12 "Se um homem se deitar com a sua nora, ambos terão que ser executados. O que fizeram é depravação; merecem a morte.

13 "Se um homem se deitar com outro homem como quem se deita com uma mulher, ambos praticaram um ato repugnante. Terão que ser executados, pois merecem a morte.

14 "Se um homem tomar uma mulher e a mãe dela, comete perversidade. Tanto ele quanto elas serão queimados com fogo, para que não haja perversidade entre vocês.

15 "Se um homem tiver relações sexuais com um animal, terá que ser executado, e vocês matarão também o animal.

16 "Se uma mulher se aproximar de algum animal para ajuntar-se com ele, vocês matarão a mulher e o animal. Ambos terão que ser executados, pois merecem a morte.

17 "Se um homem tomar por mulher sua irmã, filha de seu pai ou de sua mãe, e se envolver sexualmente com ela, pratica um ato vergonhoso. Serão eliminados à vista de todo o povo. Esse homem desonrou sua irmã e sofrerá as conseqüências da sua iniqüidade.

18 "Se um homem se deitar com uma mulher durante a menstruação e com ela se envolver sexualmente, ambos serão eliminados do meio do seu povo, pois expuseram o sangramento dela.

19 "Não se envolva sexualmente com a irmã de sua mãe, nem com a irmã de seu pai; pois quem se envolver sexualmente com uma parenta próxima sofrerá as conseqüências da sua iniqüidade.

20 "Se um homem se deitar com a mulher do seu tio, desonrou seu tio. Eles sofrerão as conseqüências do seu pecado; morrerão sem filhos.

21 "Se um homem tomar por mulher a mulher do seu irmão, comete impureza; desonrou seu irmão. Ficarão sem filhos.

22 "Obedeçam a todos os meus decretos e leis e pratiquem-nos, para que a terra para onde os estou levando para nela habitarem não os vomite. 23 Não sigam os costumes dos povos que vou expulsar de diante de vocês. Por terem feito todas essas coisas, causam-me repugnância. 24 Mas a vocês prometi que herdarão a terra deles; eu a darei a vocês como herança, terra que mana leite e mel. Eu sou o Senhor, o Deus de vocês, que os separou dentre os povos.

25 "Portanto, façam separação entre animais puros e impuros e entre aves puras e impuras. Não se contaminem com animal, ou ave, ou com qualquer criatura que se move rente ao chão, os quais separei de vocês por serem eles impuros. 26 Vocês serão santos para mim, porque eu, o Senhor, sou santo, e os separei dentre os povos para serem meus.

that man and I will cut him off from his people; for by giving his children to Molech, he has defiled my sanctuary and profaned my holy name. 4 If the people of the community close their eyes when that man gives one of his children to Molech and they fail to put him to death, 5 I will set my face against that man and his family and will cut off from their people both him and all who follow him in prostituting themselves to Molech.

6 " 'I will set my face against the person who turns to mediums and spiritists to prostitute himself by following them, and I will cut him off from his people.

7 " 'Consecrate yourselves and be holy, because I am the Lord your God. 8 Keep my decrees and follow them. I am the Lord, who makes you holy.ª

9 " 'If anyone curses his father or mother, he must be put to death. He has cursed his father or his mother, and his blood will be on his own head.

10 " 'If a man commits adultery with another man's wife—with the wife of his neighbor—both the adulterer and the adulteress must be put to death.

11 " 'If a man sleeps with his father's wife, he has dishonored his father. Both the man and the woman must be put to death; their blood will be on their own heads.

12 " 'If a man sleeps with his daughter-in-law, both of them must be put to death. What they have done is a perversion; their blood will be on their own heads.

13 " 'If a man lies with a man as one lies with a woman, both of them have done what is detestable. They must be put to death; their blood will be on their own heads.

14 " 'If a man marries a woman and her mother, it is wicked. Both he and they must be burned in the fire, so that no wickedness will be among you.

15 " 'If a man has sexual relations with an animal, he must be put to death, and you must kill the animal.

16 " 'If a woman approaches an animal to have sexual relations with it, kill both the woman and the animal. They must be put to death; their blood will be on their own heads.

17 " 'If a man marries his sister, the daughter of either his father or his mother, and they have sexual relations, it is a disgrace. They must be cut off before the eyes of their people. He has dishonored his sister and will be held responsible.

18 " 'If a man lies with a woman during her monthly period and has sexual relations with her, he has exposed the source of her flow, and she has also uncovered it. Both of them must be cut off from their people.

19 " 'Do not have sexual relations with the sister of either your mother or your father, for that would dishonor a close relative; both of you would be held responsible.

20 " 'If a man sleeps with his aunt, he has dishonored his uncle. They will be held responsible; they will die childless.

21 " 'If a man marries his brother's wife, it is an act of impurity; he has dishonored his brother. They will be childless.

22 " 'Keep all my decrees and laws and follow them, so that the land where I am bringing you to live may not vomit you out. 23 You must not live according to the customs of the nations I am going to drive out before you. Because they did all these things, I abhorred them. 24 But I said to you, "You will possess their land; I will give it to you as an inheritance, a land flowing with milk and honey." I am the Lord your God, who has set you apart from the nations.

25 " 'You must therefore make a distinction between clean and unclean animals and between unclean and clean birds. Do not defile yourselves by any animal or bird or anything that moves along the ground—those which I have set apart as unclean for you. 26 You are to be holy to meᵇ because I, the Lord, am holy, and I have set you apart from the nations to be my own.

ª20:8 Or who sanctifies you; or who sets you apart as holy ᵇ20:26 Or be my holy ones

27 "Os homens ou mulheres que, entre vocês, forem médiuns ou consultarem os espíritos, terão que ser executados. Serão apedrejados, pois merecem a morte".

Regulamentação para os Sacerdotes

21 Disse ainda o Senhor a Moisés: "Diga o seguinte aos sacerdotes, os filhos de Arão: Um sacerdote não poderá tornar-se impuro por causa de alguém do seu povo que venha a morrer, **2** a não ser por um parente próximo, como mãe ou pai, filho ou filha, irmão, **3** ou irmã virgem dependente dele por ainda não ter marido; por causa dela, poderá tornar-se impuro. **4** Não poderá tornar-se impuro e contaminar-se por causa de parentes por casamentoª.

5 "Os sacerdotes não raparão a cabeça, nem aparrão as pontas da barba, nem farão cortes no corpo. **6** Serão santos ao seu Deus, e não profanarão o nome do seu Deus. Pelo fato de apresentarem ao Senhor as ofertas preparadas no fogo, ofertas de alimento do seu Deus, serão santos.

7 "Não poderão tomar por mulher uma prostituta, uma moça que tenha perdido a virgindade, ou uma mulher divorciada do seu marido, porque o sacerdote é santo ao seu Deus. **8** Considerem-no santo, porque ele oferece o alimento do seu Deus. Considerem-no santo, porque eu, o Senhor, que os santifico, sou santo.

9 "Se a filha de um sacerdote se corromper, tornando-se prostituta, desonra seu pai; deverá morrer queimada.

10 "O sumo sacerdote, aquele entre seus irmãos sobre cuja cabeça tiver sido derramado o óleo da unção, e que tiver sido consagrado para usar as vestes sacerdotais, não andará descabelado, nem rasgará as roupas em sinal de luto. **11** Não entrará onde houver um cadáver. Não se tornará impuro, nem mesmo por causa do seu pai ou da sua mãe; **12** e não deixará o santuário do seu Deus, nem o profanará, porquanto foi consagrado pelo óleo da unção do seu Deus. Eu sou o Senhor.

13 "A mulher que ele tomar terá que ser virgem. **14** Não poderá ser viúva, nem divorciada, nem moça que perdeu a virgindade, nem prostituta, mas terá que ser uma virgem do seu próprio povo, **15** assim ele não profanará a sua descendência entre o seu povo. Eu sou o Senhor, que o santifico".

16 Disse ainda o Senhor a Moisés: **17** "Diga a Arão: Pelas suas gerações, nenhum dos seus descendentes que tenha algum defeito poderá aproximar-se para trazer ao seu Deus ofertas de alimento. **18** Nenhum homem que tenha algum defeito poderá aproximar-se: ninguém que seja cego ou aleijado, que tenha o rosto defeituoso ou o corpo deformado; **19** ninguém que tenha o pé ou a mão defeituosos, **20** ou que seja corcunda ou anão, ou que tenha qualquer defeito na vista, ou que esteja com feridas purulentas ou com fluxo, ou que tenha testículos defeituosos. **21** Nenhum descendente do sacerdote Arão que tenha qualquer defeito poderá aproximar-se para apresentar ao Senhor ofertas preparadas no fogo. Tem defeito; não poderá aproximar-se para trazê-las ao seu Deus. **22** Poderá comer o alimento santíssimo de seu Deus, e também o alimento santo; **23** contudo, por causa do seu defeito, não se aproximará do véu nem do altar, para que não profane o meu santuário. Eu sou o Senhor, que os santifico".

24 Foi isso que Moisés falou a Arão e a seus filhos e a todos os israelitas.

22 Disse o Senhor a Moisés: **2** "Diga a Arão e a seus filhos que tratem com respeito as ofertas sagradas que os israelitas me consagrarem, para que não profanem o meu santo nome. Eu sou o Senhor.

3 "Avise-lhes que se, em suas futuras gerações, algum dos seus descendentes estiver impuro quando se aproximar das ofertas sagradas que os israelitas consagrarem ao Senhor, será eliminado da minha presença. Eu sou o Senhor.

27 " 'A man or woman who is a medium or spiritist among you must be put to death. You are to stone them; their blood will be on their own heads.' "

Rules for Priests

21 The Lord said to Moses, "Speak to the priests, the sons of Aaron, and say to them: 'A priest must not make himself ceremonially unclean for any of his people who die, **2** except for a close relative, such as his mother or father, his son or daughter, his brother, **3** or an unmarried sister who is dependent on him since she has no husband—for her he may make himself unclean. **4** He must not make himself unclean for people related to him by marriage,ª and so defile himself.

5 " 'Priests must not shave their heads or shave off the edges of their beards or cut their bodies. **6** They must be holy to their God and must not profane the name of their God. Because they present the offerings made to the Lord by fire, the food of their God, they are to be holy.

7 " 'They must not marry women defiled by prostitution or divorced from their husbands, because priests are holy to their God. **8** Regard them as holy, because they offer up the food of your God. Consider them holy, because I the Lord am holy—I who make you holy.ᵇ

9 " 'If a priest's daughter defiles herself by becoming a prostitute, she disgraces her father; she must be burned in the fire.

10 " 'The high priest, the one among his brothers who has had the anointing oil poured on his head and who has been ordained to wear the priestly garments, must not let his hair become unkemptᶜ or tear his clothes. **11** He must not enter a place where there is a dead body. He must not make himself unclean, even for his father or mother, **12** nor leave the sanctuary of his God or desecrate it, because he has been dedicated by the anointing oil of his God. I am the Lord.

13 " 'The woman he marries must be a virgin. **14** He must not marry a widow, a divorced woman, or a woman defiled by prostitution, but only a virgin from his own people, **15** so he will not defile his offspring among his people. I am the Lord, who makes him holy.ᵈ' "

16 The Lord said to Moses, **17** "Say to Aaron: 'For the generations to come none of your descendants who has a defect may come near to offer the food of his God. **18** No man who has any defect may come near: no man who is blind or lame, disfigured or deformed; **19** no man with a crippled foot or hand, **20** or who is hunchbacked or dwarfed, or who has any eye defect, or who has festering or running sores or damaged testicles. **21** No descendant of Aaron the priest who has any defect is to come near to present the offerings made to the Lord by fire. He has a defect; he must not come near to offer the food of his God. **22** He may eat the most holy food of his God, as well as the holy food; **23** yet because of his defect, he must not go near the curtain or approach the altar, and so desecrate my sanctuary. I am the Lord, who makes them holy.ᵉ' "

24 So Moses told this to Aaron and his sons and to all the Israelites.

22 The Lord said to Moses, **2** "Tell Aaron and his sons to treat with respect the sacred offerings the Israelites consecrate to me, so they will not profane my holy name. I am the Lord.

3 "Say to them: 'For the generations to come, if any of your descendants is ceremonially unclean and yet comes near the sacred offerings that the Israelites consecrate to the Lord, that person must be cut off from my presence. I am the Lord.

ª21:4 Or *unclean as a leader among his people* ᵇ21:8 Or *who sanctify you;* or *who set you apart as holy* ᶜ21:10 Or *not uncover his head* ᵈ21:15 Or *who sanctifies him;* or *who sets him apart as holy* ᵉ21:23 Or *who sanctifies them;* or *who sets them apart as holy*

ª21.4 Ou *impuro como líder no meio de seu povo*

4 "Nenhum descendente de Arão que tenha lepraª ou fluxo no corpo poderá comer das ofertas sagradas até que esteja purificado. Também estará impuro se tocar em algo contaminado por um cadáver, ou se lhe sair o sêmen, 5 ou se tocar em alguma criatura, ou em alguém que o torne impuro, seja qual for a impureza. 6 Aquele que neles tocar ficará impuro até a tarde. Não poderá comer das ofertas sagradas, a menos que se tenha banhado com água. 7 Depois do pôr-do-sol estará puro, e então poderá comer as ofertas sagradas, pois são o seu alimento. 8 Também não poderá comer animal encontrado morto ou despedaçado por animais selvagens, pois se tornaria impuro por causa deles. Eu sou o Senhor.

9 "Os sacerdotes obedecerão aos meus preceitos, para que não sofram as conseqüências do seu pecado nem sejam executados por tê-los profanado. Eu sou o Senhor, que os santifico.

10 "Somente o sacerdote e a sua família poderão comer da oferta sagrada; não poderá comê-la o seu hóspede, nem o seu empregado. 11 Mas, se um sacerdote comprar um escravo, ou se um escravo nascer em sua casa, esse escravo poderá comer do seu alimento. 12 Se a filha de um sacerdote se casar com alguém que não seja sacerdote, não poderá comer das ofertas sagradas. 13 Mas, se a filha de um sacerdote ficar viúva ou se divorciar, e não tiver filhos, e voltar a viver na casa do pai como na sua juventude, poderá comer do alimento do pai, mas dele não poderá comer ninguém que não seja da família do sacerdote.

14 "Se alguém, sem intenção, comer uma oferta sagrada, fará restituição da oferta ao sacerdote e lhe acrescentará um quinto do seu valor.

15 "Os sacerdotes não profanarão as ofertas sagradas que os israelitas apresentam ao Senhor, 16 permitindo-lhes comê-las e trazendo assim sobre eles culpa que exige reparação. Eu sou o Senhor que os santifico".

Os Sacrifícios Inaceitáveis

17 Disse o Senhor a Moisés: 18 "Diga o seguinte a Arão e a seus filhos e a todos os israelitas: Se algum de vocês, seja israelita, seja estrangeiro residente em Israel, apresentar uma oferta como holocausto ao Senhor, quer para cumprir voto, quer como oferta voluntária, 19 apresentará um macho sem defeito do rebanho, isto é, um boi, um carneiro ou um bode, a fim de que seja aceito em seu favor. 20 Não tragam nenhum animal defeituoso, porque não será aceito em favor de vocês. 21 Quando alguém trouxer um animal do gado ou do rebanho de ovelhas como oferta de comunhão para o Senhor, em cumprimento de voto, ou como oferta voluntária, para ser aceitável o animal terá que ser sem defeito e sem mácula. 22 Não ofereçam ao Senhor animal cego, aleijado, mutilado, ulceroso, cheio de feridas purulentas ou com fluxo. Não coloquem nenhum desses animais sobre o altar como oferta ao Senhor, preparada no fogo. 23 Todavia, poderão apresentar como oferta voluntária um boi ou um carneiro ou um cabrito deformados ou atrofiados, mas no caso do cumprimento de voto não serão aceitos. 24 Não poderão oferecer ao Senhor um animal cujos testículos estejam machucados, esmagados, despedaçados ou cortados. Não façam isso em sua própria terra, 25 nem aceitem animais como esses das mãos de um estrangeiro para oferecê-los como alimento do seu Deus. Não serão aceitos em favor de vocês, pois são deformados e apresentam defeitos".

26 Disse ainda o Senhor a Moisés: 27 "Quando nascer um bezerro, um cordeiro ou um cabrito, ficará sete dias com sua mãe. Do oitavo dia em diante será aceito como oferta ao Senhor preparada no fogo. 28 Não matem uma vaca ou uma ovelha ou uma cabra e sua cria no mesmo dia.

29 "Quando vocês oferecerem um sacrifício de gratidão ao Senhor, ofereçam-no de maneira que seja aceito em favor de vocês. 30 Será comido naquele mesmo dia; não deixem nada até a manhã seguinte. Eu sou o Senhor.

4 " 'If a descendant of Aaron has an infectious skin diseaseª or a bodily discharge, he may not eat the sacred offerings until he is cleansed. He will also be unclean if he touches something defiled by a corpse or by anyone who has an emission of semen, 5 or if he touches any crawling thing that makes him unclean, or any person who makes him unclean, whatever the uncleanness may be. 6 The one who touches any such thing will be unclean till evening. He must not eat any of the sacred offerings unless he has bathed himself with water. 7 When the sun goes down, he will be clean, and after that he may eat the sacred offerings, for they are his food. 8 He must not eat anything found dead or torn by wild animals, and so become unclean through it. I am the Lord.

9 " 'The priests are to keep my requirements so that they do not become guilty and die for treating them with contempt. I am the Lord, who makes them holy.b

10 " 'No one outside a priest's family may eat the sacred offering, nor may the guest of a priest or his hired worker eat it. 11 But if a priest buys a slave with money, or if a slave is born in his household, that slave may eat his food. 12 If a priest's daughter marries anyone other than a priest, she may not eat any of the sacred contributions. 13 But if a priest's daughter becomes a widow or is divorced, yet has no children, and she returns to live in her father's house as in her youth, she may eat of her father's food. No unauthorized person, however, may eat any of it.

14 " 'If anyone eats a sacred offering by mistake, he must make restitution to the priest for the offering and add a fifth of the value to it. 15 The priests must not desecrate the sacred offerings the Israelites present to the Lord 16 by allowing them to eat the sacred offerings and so bring upon them guilt requiring payment. I am the Lord, who makes them holy.' "

Unacceptable Sacrifices

17 The Lord said to Moses, 18 "Speak to Aaron and his sons and to all the Israelites and say to them: 'If any of you—either an Israelite or an alien living in Israel—presents a gift for a burnt offering to the Lord, either to fulfill a vow or as a freewill offering, 19 you must present a male without defect from the cattle, sheep or goats in order that it may be accepted on your behalf. 20 Do not bring anything with a defect, because it will not be accepted on your behalf. 21 When anyone brings from the herd or flock a fellowship offeringc to the Lord to fulfill a special vow or as a freewill offering, it must be without defect or blemish to be acceptable. 22 Do not offer to the Lord the blind, the injured or the maimed, or anything with warts or festering or running sores. Do not place any of these on the altar as an offering made to the Lord by fire. 23 You may, however, present as a freewill offering an oxd or a sheep that is deformed or stunted, but it will not be accepted in fulfillment of a vow. 24 You must not offer to the Lord an animal whose testicles are bruised, crushed, torn or cut. You must not do this in your own land, 25 and you must not accept such animals from the hand of a foreigner and offer them as the food of your God. They will not be accepted on your behalf, because they are deformed and have defects.' "

26 The Lord said to Moses, 27 "When a calf, a lamb or a goat is born, it is to remain with its mother for seven days. From the eighth day on, it will be acceptable as an offering made to the Lord by fire. 28 Do not slaughter a cow or a sheep and its young on the same day.

29 "When you sacrifice a thank offering to the Lord, sacrifice it in such a way that it will be accepted on your behalf. 30 It must be eaten that same day; leave none of it till morning. I am the Lord.

ª22.4 O termo hebraico não se refere somente à lepra, mas também a diversas doenças da pele.

ª22:4 Traditionally *leprosy*; the Hebrew word was used for various diseases affecting the skin—not necessarily leprosy. b22:9 Or *who sanctifies them*; or *who sets them apart as holy*; also in verse 16 c22:21 Traditionally *peace offering* d22:23 The Hebrew word can include both male and female.

31 "Obedeçam aos meus mandamentos e coloquem-nos em prática. Eu sou o Senhor. **32** Não profanem o meu santo nome. Eu serei reconhecido como santo pelos israelitas. Eu sou o Senhor, eu os santifico, **33** eu os tirei do Egito para ser o Deus de vocês. Eu sou o Senhor".

23

Disse o Senhor a Moisés: **2** "Diga o seguinte aos israelitas: Estas são as minhas festas, as festas fixas do Senhor, que vocês proclamarão como reuniões sagradas:

O Sábado

3 "Em seis dias realizem os seus trabalhos, mas o sétimo dia é sábado, dia de descanso e de reunião sagrada. Não realizem trabalho algum; onde quer que morarem, será sábado dedicado ao Senhor.

A Páscoa e os Pães sem Fermento

4 "Estas são as festas fixas do Senhor, as reuniões sagradas que vocês proclamarão no tempo devido: **5** a Páscoa do Senhor, que começa no entardecer do décimo quarto dia do primeiro mês. **6** No décimo quinto dia daquele mês começa a festa do Senhor, a festa dos pães sem fermento; durante sete dias vocês comerão pães sem fermento. **7** No primeiro dia façam uma reunião sagrada e não realizem trabalho algum. **8** Durante sete dias apresentem ao Senhor ofertas preparadas no fogo. E no sétimo dia façam uma reunião sagrada e não realizem trabalho algum".

Os Primeiros Frutos

9 Disse o Senhor a Moisés: **10** "Diga o seguinte aos israelitas: Quando vocês entrarem na terra que lhes dou e fizerem colheita, tragam ao sacerdote um feixe do primeiro cereal que colherem. **11** O sacerdote moverá ritualmente o feixe perante o Senhor para que seja aceito em favor de vocês; ele o moverá no dia seguinte ao sábado. **12** No dia em que moverem o feixe, vocês oferecerão em holocausto ao Senhor um cordeiro de um ano de idade e sem defeito. **13** Apresentem também uma oferta de cereal de dois jarros*a* da melhor farinha amassada com óleo, oferta ao Senhor preparada no fogo, de aroma agradável, e uma oferta derramada de um litro*b* de vinho. **14** Vocês não poderão comer pão algum, nem cereal tostado, nem cereal novo, até o dia em que trouxerem essa oferta ao Deus de vocês. Este é um decreto perpétuo para as suas gerações, onde quer que morarem.

A Festa das Semanas

15 "A partir do dia seguinte ao sábado, o dia em que vocês trarão o feixe da oferta ritualmente movida, contem sete semanas completas. **16** Contem cinqüenta dias, até um dia depois do sétimo sábado, e então apresentem uma oferta de cereal novo ao Senhor. **17** Onde quer que morarem, tragam de casa dois pães feitos com dois jarros da melhor farinha, cozidos com fermento, como oferta movida dos primeiros frutos ao Senhor. **18** Junto com os pães apresentem sete cordeiros, cada um com um ano de idade e sem defeito, um novilho e dois carneiros. Eles serão um holocausto ao Senhor, juntamente com as suas ofertas de cereal e ofertas derramadas; é oferta preparada no fogo, de aroma agradável ao Senhor. **19** Depois sacrifiquem um bode como oferta pelo pecado e dois cordeiros, cada um com um ano de idade, como oferta de comunhão. **20** O sacerdote moverá os dois cordeiros perante o Senhor como gesto ritual de apresentação, juntamente com o pão dos primeiros frutos. São uma oferta sagrada ao Senhor e pertencem ao sacerdote. **21** Naquele mesmo dia vocês proclamarão uma reunião sagrada e não realizarão trabalho algum. Este é um decreto perpétuo para as suas gerações, onde quer que vocês morarem.

31 "Keep my commands and follow them. I am the Lord. **32** Do not profane my holy name. I must be acknowledged as holy by the Israelites. I am the Lord, who makes*a* you holy*b* **33** and who brought you out of Egypt to be your God. I am the Lord."

23

The Lord said to Moses, **2** "Speak to the Israelites and say to them: 'These are my appointed feasts, the appointed feasts of the Lord, which you are to proclaim as sacred assemblies.

The Sabbath

3 " 'There are six days when you may work, but the seventh day is a Sabbath of rest, a day of sacred assembly. You are not to do any work; wherever you live, it is a Sabbath to the Lord.

The Passover and Unleavened Bread

4 " 'These are the Lord's appointed feasts, the sacred assemblies you are to proclaim at their appointed times: **5** The Lord's Passover begins at twilight on the fourteenth day of the first month. **6** On the fifteenth day of that month the Lord's Feast of Unleavened Bread begins; for seven days you must eat bread made without yeast. **7** On the first day hold a sacred assembly and do no regular work. **8** For seven days present an offering made to the Lord by fire. And on the seventh day hold a sacred assembly and do no regular work.' "

Firstfruits

9 The Lord said to Moses, **10** "Speak to the Israelites and say to them: 'When you enter the land I am going to give you and you reap its harvest, bring to the priest a sheaf of the first grain you harvest. **11** He is to wave the sheaf before the Lord so it will be accepted on your behalf; the priest is to wave it on the day after the Sabbath. **12** On the day you wave the sheaf, you must sacrifice as a burnt offering to the Lord a lamb a year old without defect, **13** together with its grain offering of two-tenths of an ephah*c* of fine flour mixed with oil—an offering made to the Lord by fire, a pleasing aroma— and its drink offering of a quarter of a hin*d* of wine. **14** You must not eat any bread, or roasted or new grain, until the very day you bring this offering to your God. This is to be a lasting ordinance for the generations to come, wherever you live.

Feast of Weeks

15 " 'From the day after the Sabbath, the day you brought the sheaf of the wave offering, count off seven full weeks. **16** Count off fifty days up to the day after the seventh Sabbath, and then present an offering of new grain to the Lord. **17** From wherever you live, bring two loaves made of two-tenths of an ephah of fine flour, baked with yeast, as a wave offering of firstfruits to the Lord. **18** Present with this bread seven male lambs, each a year old and without defect, one young bull and two rams. They will be a burnt offering to the Lord, together with their grain offerings and drink offerings—an offering made by fire, an aroma pleasing to the Lord. **19** Then sacrifice one male goat for a sin offering and two lambs, each a year old, for a fellowship offering.*e* **20** The priest is to wave the two lambs before the Lord as a wave offering, together with the bread of the firstfruits. They are a sacred offering to the Lord for the priest. **21** On that same day you are to proclaim a sacred assembly and do no regular work. This is to be a lasting ordinance for the generations to come, wherever you live.

---

*a*23.13 Hebraico: *2/10 de efa*; também no versículo 17. O efa era uma medida de capacidade para secos. As estimativas variam entre 20 e 40 litros. *b*23.13 Hebraico: *1/4 de him*. O him era uma medida de capacidade para líquidos. As estimativas variam entre 3 e 6 litros.

*a*22:32 Or *made* *b*22:32 Or *who sanctifies you*; or *who sets you apart as holy* *c*23:13 That is, probably about 4 quarts (about 4.5 liters); also in verse 17 *d*23:13 That is, probably about 1 quart (about 1 liter) *e*23:19 Traditionally *peace offering*

22 "Quando fizerem a colheita da sua terra, não colham até as extremidades da sua lavoura, nem ajuntem as espigas caídas da sua colheita. Deixem-nas para o necessitado e para o estrangeiro. Eu sou o Senhor, o Deus de vocês".

A Festa das Trombetas

23 Disse o Senhor a Moisés: 24 "Diga também aos israelitas: No primeiro dia do sétimo mês vocês terão um dia de descanso, uma reunião sagrada, celebrada com toques de trombeta. 25 Não realizem trabalho algum, mas apresentem ao Senhor uma oferta preparada no fogo".

O Dia da Expiação

26 Disse o Senhor a Moisés: 27 "O décimo dia deste sétimo mês é o Dia da Expiaçãoª. Façam uma reunião sagrada e humilhem-seb, e apresentem ao Senhor uma oferta preparada no fogo. 28 Não realizem trabalho algum nesse dia, porque é o Dia da Expiação, quando se faz propiciação por vocês perante o Senhor, o Deus de vocês. 29 Quem não se humilhar nesse dia será eliminado do seu povo. 30 Eu destruirei do meio do seu povo todo aquele que realizar algum trabalho nesse dia. 31 Vocês não realizarão trabalho algum. Este é um decreto perpétuo para as suas gerações, onde quer que vocês morarem. 32 É um sábado de descanso para vocês, e vocês se humilharão. Desde o entardecer do nono dia do mês até o entardecer do dia seguinte vocês guardarão esse sábado".

A Festa das Cabanas

33 Disse o Senhor a Moisés: 34 "Diga ainda aos israelitas: No décimo quinto dia deste sétimo mês começa a festa das cabanasᶜ do Senhor, que dura sete dias. 35 No primeiro dia haverá reunião sagrada; não realizem trabalho algum. 36 Durante sete dias apresentem ao Senhor ofertas preparadas no fogo, e no oitavo dia façam outra reunião sagrada, e também apresentem ao Senhor uma oferta preparada no fogo. É reunião solene; não realizem trabalho algum.

37 (Estas são as festas fixas do Senhor, que vocês proclamarão como reuniões sagradas para trazerem ao Senhor ofertas preparadas no fogo, holocaustos e ofertas de cereal, sacrifícios e ofertas derramadas exigidas para cada dia. 38 Isso fora as do sábado do Senhor e fora asᵈ dádivas e os votos de vocês, e todas as ofertas voluntárias que vocês derem ao Senhor.)

39 "Assim, começando no décimo quinto dia do sétimo mês, depois de terem colhido o que a terra produziu, celebrem a festa do Senhor durante sete dias; o primeiro dia e também o oitavo serão dias de descanso. 40 No primeiro dia vocês apanharão os melhores frutos das árvores, folhagem de tamareira, galhos frondosos e salgueiros, e se alegrarão perante o Senhor, o Deus de vocês, durante sete dias. 41 Celebrem essa festa do Senhor durante sete dias todos os anos. Este é um decreto perpétuo para as suas gerações; celebrem-na no sétimo mês. 42 Morem em tendas durante sete dias; todos os israelitas de nascimento morarão em tendas, 43 para que os descendentes de vocês saibam que eu fiz os israelitas morarem em tendas quando os tirei da terra do Egito. Eu sou o Senhor, o Deus de vocês".

44 Assim anunciou Moisés aos israelitas as festas fixas do Senhor.

O Candelabro e os Pães Sagrados

24 Disse o Senhor a Moisés: 2 "Ordene aos israelitas que lhe tragam azeite puro de oliva batida para as lâmpadas, para que fiquem sempre acesas. 3 Na Tenda do Encontro, do lado de fora do véu que esconde as tábuas da aliança, Arão manterá as lâmpadas continuamente acesas diante do Senhor, desde o entardecer até a manhã seguinte. Este é um decreto perpétuo para as suas gerações. 4 Mantenha sempre em ordem as lâmpadas no candelabro de ouro puro perante o Senhor.

22 " 'When you reap the harvest of your land, do not reap to the very edges of your field or gather the gleanings of your harvest. Leave them for the poor and the alien. I am the Lord your God.' "

Feast of Trumpets

23 The Lord said to Moses, 24 "Say to the Israelites: 'On the first day of the seventh month you are to have a day of rest, a sacred assembly commemorated with trumpet blasts. 25 Do no regular work, but present an offering made to the Lord by fire.' "

Day of Atonement

26 The Lord said to Moses, 27 "The tenth day of this seventh month is the Day of Atonement. Hold a sacred assembly and deny yourselves,ª and present an offering made to the Lord by fire. 28 Do no work on that day, because it is the Day of Atonement, when atonement is made for you before the Lord your God. 29 Anyone who does not deny himself on that day must be cut off from his people. 30 I will destroy from among his people anyone who does any work on that day. 31 You shall do no work at all. This is to be a lasting ordinance for the generations to come, wherever you live. 32 It is a sabbath of rest for you, and you must deny yourselves. From the evening of the ninth day of the month until the following evening you are to observe your sabbath."

Feast of Tabernacles

33 The Lord said to Moses, 34 "Say to the Israelites: 'On the fifteenth day of the seventh month the Lord's Feast of Tabernacles begins, and it lasts for seven days. 35 The first day is a sacred assembly; do no regular work. 36 For seven days present offerings made to the Lord by fire, and on the eighth day hold a sacred assembly and present an offering made to the Lord by fire. It is the closing assembly; do no regular work.

37 (" 'These are the Lord's appointed feasts, which you are to proclaim as sacred assemblies for bringing offerings made to the Lord by fire—the burnt offerings and grain offerings, sacrifices and drink offerings required for each day. 38 These offerings are in addition to those for the Lord's Sabbaths andᵇ in addition to your gifts and whatever you have vowed and all the freewill offerings you give to the Lord.)

39 " 'So beginning with the fifteenth day of the seventh month, after you have gathered the crops of the land, celebrate the festival to the Lord for seven days; the first day is a day of rest, and the eighth day also is a day of rest. 40 On the first day you are to take choice fruit from the trees, and palm fronds, leafy branches and poplars, and rejoice before the Lord your God for seven days. 41 Celebrate this as a festival to the Lord for seven days each year. This is to be a lasting ordinance for the generations to come; celebrate it in the seventh month. 42 Live in booths for seven days: All native-born Israelites are to live in booths 43 so your descendants will know that I had the Israelites live in booths when I brought them out of Egypt. I am the Lord your God.' "

44 So Moses announced to the Israelites the appointed feasts of the Lord.

Oil and Bread Set Before the Lord

24 The Lord said to Moses, 2 "Command the Israelites to bring you clear oil of pressed olives for the light so that the lamps may be kept burning continually. 3 Outside the curtain of the Testimony in the Tent of Meeting, Aaron is to tend the lamps before the Lord from evening till morning, continually. This is to be a lasting ordinance for the generations to come. 4 The lamps on the pure gold lampstand before the Lord must be tended continually.

ª23.27 O termo hebraico é o mesmo traduzido por *propiciação*. ᵇ23.27 Ou *e jejuem*; também nos versículos 29 e 32. ᶜ23.34 Ou *dos tabernáculos*; hebraico: *sucote*. ᵈ23.38 Ou *Estas festas são além dos sábados do Senhor, e estas ofertas são as*

ª23:27 Or *and fast*; also in verses 29 and 32 ᵇ23:38 Or *These feasts are in addition to the Lord's Sabbaths, and these offerings are*

5 "Apanhe da melhor farinha e asse doze pães, usando dois jarros[a] para cada pão. 6 Coloque-os em duas fileiras, com seis pães em cada uma, sobre a mesa de ouro puro perante o Senhor. 7 Junto a cada fileira coloque um pouco de incenso puro como porção memorial para representar o pão e ser uma oferta ao Senhor preparada no fogo. 8 Esses pães serão colocados regularmente perante o Senhor, cada sábado, em nome dos israelitas, como aliança perpétua. 9 Pertencem a Arão e a seus descendentes, que os comerão num lugar sagrado, porque é parte santíssima de sua porção regular das ofertas dedicadas ao Senhor, preparadas no fogo. É decreto perpétuo".

O Castigo da Blasfêmia

10 Aconteceu que o filho de uma israelita e de um egípcio saiu e foi para o meio dos israelitas. No acampamento houve uma briga entre ele e um israelita. 11 O filho da israelita blasfemou o Nome com uma maldição; então o levaram a Moisés. O nome de sua mãe era Selomite, filha de Dibri, da tribo de Dã. 12 Deixaram-no preso até que a vontade do Senhor lhes fosse declarada.

13 Então o Senhor disse a Moisés: 14 "Leve o que blasfemou para fora do acampamento. Todos aqueles que o ouviram colocarão as mãos sobre a cabeça dele, e a comunidade toda o apedrejará. 15 Diga aos israelitas: Se alguém amaldiçoar seu Deus, será responsável pelo seu pecado; 16 quem blasfemar o nome do Senhor terá que ser executado. A comunidade toda o apedrejará. Seja estrangeiro, seja natural da terra, se blasfemar o Nome, terá que ser morto.

17 "Se alguém ferir uma pessoa ao ponto de matá-la, terá que ser executado. 18 Quem matar um animal fará restituição: vida por vida. 19 Se alguém ferir seu próximo, deixando-o defeituoso, assim como fez lhe será feito: 20 fratura por fratura, olho por olho, dente por dente. Assim como feriu o outro, deixando-o defeituoso, assim também será ferido. 21 Quem matar um animal fará restituição, mas quem matar um homem será morto. 22 Vocês terão a mesma lei para o estrangeiro e para o natural da terra. Eu sou o Senhor, o Deus de vocês".

23 Depois que Moisés falou aos israelitas, levaram o que blasfemou para fora do acampamento e o apedrejaram. Os israelitas fizeram conforme o Senhor tinha ordenado a Moisés.

O Ano Sabático

25 Então disse o Senhor a Moisés no monte Sinai: 2 "Diga o seguinte aos israelitas: Quando vocês entrarem na terra que lhes dou, a própria terra guardará um sábado para o Senhor. 3 Durante seis anos semeiem as suas lavouras, aparem as suas vinhas e façam a colheita de suas plantações. 4 Mas no sétimo ano a terra terá um sábado de descanso, um sábado dedicado ao Senhor. Não semeiem as suas lavouras, nem aparem as suas vinhas. 5 Não colham o que crescer por si, nem colham as uvas das suas vinhas, que não serão podadas. A terra terá um ano de descanso. 6 Vocês se sustentarão do que a terra produzir no ano de descanso, você, o seu escravo, a sua escrava, o trabalhador contratado e o residente temporário que vive entre vocês, 7 bem como os seus rebanhos e os animais selvagens de sua terra. Tudo o que a terra produzir poderá ser comido.

O Ano do Jubileu

8 "Contem sete semanas de anos, sete vezes sete anos; essas sete semanas de anos totalizam quarenta e nove anos. 9 Então façam soar a trombeta no décimo dia do sétimo mês; no Dia da Expiação façam soar a trombeta por toda a terra de vocês. 10 Consagrem o qüinquagésimo ano e proclamem libertação por toda a terra a todos os seus moradores. Este lhes será um ano de jubileu, quando cada um de vocês voltará para a propriedade da sua família e para o seu próprio clã. 11 O qüinquagésimo ano lhes será jubileu; não semeiem e não ceifem o que cresce por si mesmo nem colham das vinhas não podadas. 12 É jubileu, e lhes será santo; comam apenas o que a terra produzir.

5 "Take fine flour and bake twelve loaves of bread, using two-tenths of an ephah[a] for each loaf. 6 Set them in two rows, six in each row, on the table of pure gold before the Lord. 7 Along each row put some pure incense as a memorial portion to represent the bread and to be an offering made to the Lord by fire. 8 This bread is to be set out before the Lord regularly, Sabbath after Sabbath, on behalf of the Israelites, as a lasting covenant. 9 It belongs to Aaron and his sons, who are to eat it in a holy place, because it is a most holy part of their regular share of the offerings made to the Lord by fire."

A Blasphemer Stoned

10 Now the son of an Israelite mother and an Egyptian father went out among the Israelites, and a fight broke out in the camp between him and an Israelite. 11 The son of the Israelite woman blasphemed the Name with a curse; so they brought him to Moses. (His mother's name was Shelomith, the daughter of Dibri the Danite.) 12 They put him in custody until the will of the Lord should be made clear to them.

13 Then the Lord said to Moses: 14 "Take the blasphemer outside the camp. All those who heard him are to lay their hands on his head, and the entire assembly is to stone him. 15 Say to the Israelites: 'If anyone curses his God, he will be held responsible; 16 anyone who blasphemes the name of the Lord must be put to death. The entire assembly must stone him. Whether an alien or native-born, when he blasphemes the Name, he must be put to death.

17 " 'If anyone takes the life of a human being, he must be put to death. 18 Anyone who takes the life of someone's animal must make restitution—life for life. 19 If anyone injures his neighbor, whatever he has done must be done to him: 20 fracture for fracture, eye for eye, tooth for tooth. As he has injured the other, so he is to be injured. 21 Whoever kills an animal must make restitution, but whoever kills a man must be put to death. 22 You are to have the same law for the alien and the native-born. I am the Lord your God.' "

23 Then Moses spoke to the Israelites, and they took the blasphemer outside the camp and stoned him. The Israelites did as the Lord commanded Moses.

The Sabbath Year

25 The Lord said to Moses on Mount Sinai, 2 "Speak to the Israelites and say to them: 'When you enter the land I am going to give you, the land itself must observe a sabbath to the Lord. 3 For six years sow your fields, and for six years prune your vineyards and gather their crops. 4 But in the seventh year the land is to have a sabbath of rest, a sabbath to the Lord. Do not sow your fields or prune your vineyards. 5 Do not reap what grows of itself or harvest the grapes of your untended vines. The land is to have a year of rest. 6 Whatever the land yields during the sabbath year will be food for you—for yourself, your manservant and maidservant, and the hired worker and temporary resident who live among you, 7 as well as for your livestock and the wild animals in your land. Whatever the land produces may be eaten.

The Year of Jubilee

8 " 'Count off seven sabbaths of years—seven times seven years—so that the seven sabbaths of years amount to a period of forty-nine years. 9 Then have the trumpet sounded everywhere on the tenth day of the seventh month; on the Day of Atonement sound the trumpet throughout your land. 10 Consecrate the fiftieth year and proclaim liberty throughout the land to all its inhabitants. It shall be a jubilee for you; each one of you is to return to his family property and each to his own clan. 11 The fiftieth year shall be a jubilee for you; do not sow and do not reap what grows of itself or harvest the untended vines. 12 For it is a jubilee and is to be holy for you; eat only what is taken directly from the fields.

---

[a]24.5 Hebraico: 2/10 de efa. O efa era uma medida de capacidade para secos. As estimativas variam entre 20 e 40 litros.

[a]24:5 That is, probably about 4 quarts (about 4.5 liters)

13 "Nesse ano do Jubileu cada um de vocês voltará para a sua propriedade.

14 "Se vocês venderem alguma propriedade ao seu próximo ou se comprarem alguma propriedade dele, não explorem o seu irmão. **15** O que comprarem do seu próximo será avaliado com base no número de anos desde o Jubileu. E ele fará a venda com base no número de anos que restam de colheitas. **16** Quando os anos forem muitos, vocês deverão aumentar o preço, mas quando forem poucos, deverão diminuir o preço, pois o que ele está lhes vendendo é o número de colheitas. **17** Não explorem um ao outro, mas temam o Deus de vocês. Eu sou o Senhor, o Deus de vocês.

18 "Pratiquem os meus decretos e obedeçam às minhas ordenanças, e vocês viverão com segurança na terra. **19** Então a terra dará o seu fruto, e vocês comerão até fartar-se e ali viverão em segurança. **20** Vocês poderão perguntar: 'Que iremos comer no sétimo ano, se não plantarmos nem fizermos a colheita?' **21** Saibam que eu lhes enviarei a minha bênção no sexto ano, e a terra produzirá o suficiente para três anos. **22** Quando vocês estiverem plantando no oitavo ano, comerão ainda da colheita anterior e dela continuarão a comer até a colheita do nono ano.

23 "A terra não poderá ser vendida definitivamente, porque ela é minha, e vocês são apenas estrangeiros e imigrantes. **24** Em toda terra em que tiverem propriedade, concedam o direito de resgate da terra.

25 "Se alguém do seu povo empobrecer e vender parte da sua propriedade, seu parente mais próximo virá e resgatará aquilo que o seu compatriota vendeu. **26** Se, contudo, um homem não tiver quem lhe resgate a terra, mas ele mesmo prosperar e adquirir recursos para resgatá-la, **27** calculará os anos desde que a vendeu e devolverá a diferença àquele a quem a vendeu; então poderá voltar para a sua propriedade. **28** Mas, se não adquirir recursos para devolver-lhe o valor, a propriedade que vendeu permanecerá em posse do comprador até o ano do Jubileu. Será devolvida no Jubileu, e ele então poderá voltar para a sua propriedade.

29 "Se um homem vender uma casa numa cidade murada, terá o direito de resgate até que se complete um ano após a venda. Nesse período poderá resgatá-la. **30** Se não for resgatada antes de se completar um ano, a casa da cidade murada pertencerá definitivamente ao comprador e aos seus descendentes; não será devolvida no Jubileu. **31** Mas as casas dos povoados sem muros ao redor serão consideradas campo aberto. Poderão ser resgatadas e serão devolvidas no Jubileu.

32 "No caso das cidades dos levitas, eles sempre terão direito de resgatar suas casas nas cidades que lhes pertencem. **33** Assim, a propriedade dos levitas, isto é, uma casa vendida em qualquer cidade deles, é resgatável e deverá ser devolvida no Jubileu, porque as casas das cidades dos levitas são propriedade deles entre os israelitas. **34** Mas as pastagens pertencentes às suas cidades não serão vendidas; são propriedade permanente deles.

35 "Se alguém do seu povo empobrecer e não puder sustentar-se, ajudem-no como se faz ao estrangeiro e ao residente temporário, para que possa continuar a viver entre vocês. **36** Não cobrem dele juro algum, mas temam o seu Deus, para que o seu próximo continue a viver entre vocês. **37** Vocês não poderão exigir dele juros nem emprestar-lhe mantimento visando lucro. **38** Eu sou o Senhor, o Deus de vocês, que os tirou da terra do Egito para dar-lhes a terra de Canaã e para ser o seu Deus.

39 "Se alguém do seu povo empobrecer e se vender a algum de vocês, não o façam trabalhar como escravo. **40** Ele deverá ser tratado como trabalhador contratado ou como residente temporário; trabalhará para quem o comprou até o ano do Jubileu. **41** Então ele e os seus filhos estarão livres, e ele poderá voltar para o seu próprio clã e para a propriedade dos seus antepassados. **42** Pois os israelitas são meus servos, a quem tirei da terra do Egito; não poderão ser vendidos como escravos. **43** Não dominem impiedosamente sobre eles, mas temam o seu Deus.

13 " 'In this Year of Jubilee everyone is to return to his own property.

14 " 'If you sell land to one of your countrymen or buy any from him, do not take advantage of each other. **15** You are to buy from your countryman on the basis of the number of years since the Jubilee. And he is to sell to you on the basis of the number of years left for harvesting crops. **16** When the years are many, you are to increase the price, and when the years are few, you are to decrease the price, because what he is really selling you is the number of crops. **17** Do not take advantage of each other, but fear your God. I am the Lord your God.

18 " 'Follow my decrees and be careful to obey my laws, and you will live safely in the land. **19** Then the land will yield its fruit, and you will eat your fill and live there in safety. **20** You may ask, "What will we eat in the seventh year if we do not plant or harvest our crops?" **21** I will send you such a blessing in the sixth year that the land will yield enough for three years. **22** While you plant during the eighth year, you will eat from the old crop and will continue to eat from it until the harvest of the ninth year comes in.

23 " 'The land must not be sold permanently, because the land is mine and you are but aliens and my tenants. **24** Throughout the country that you hold as a possession, you must provide for the redemption of the land.

25 " 'If one of your countrymen becomes poor and sells some of his property, his nearest relative is to come and redeem what his countryman has sold. **26** If, however, a man has no one to redeem it for him but he himself prospers and acquires sufficient means to redeem it, **27** he is to determine the value for the years since he sold it and refund the balance to the man to whom he sold it; he can then go back to his own property. **28** But if he does not acquire the means to repay him, what he sold will remain in the possession of the buyer until the Year of Jubilee. It will be returned in the Jubilee, and he can then go back to his property.

29 " 'If a man sells a house in a walled city, he retains the right of redemption a full year after its sale. During that time he may redeem it. **30** If it is not redeemed before a full year has passed, the house in the walled city shall belong permanently to the buyer and his descendants. It is not to be returned in the Jubilee. **31** But houses in villages without walls around them are to be considered as open country. They can be redeemed, and they are to be returned in the Jubilee.

32 " 'The Levites always have the right to redeem their houses in the Levitical towns, which they possess. **33** So the property of the Levites is redeemable—that is, a house sold in any town they hold—and is to be returned in the Jubilee, because the houses in the towns of the Levites are their property among the Israelites. **34** But the pastureland belonging to their towns must not be sold; it is their permanent possession.

35 " 'If one of your countrymen becomes poor and is unable to support himself among you, help him as you would an alien or a temporary resident, so he can continue to live among you. **36** Do not take interest of any kind[a] from him, but fear your God, so that your countryman may continue to live among you. **37** You must not lend him money at interest or sell him food at a profit. **38** I am the Lord your God, who brought you out of Egypt to give you the land of Canaan and to be your God.

39 " 'If one of your countrymen becomes poor among you and sells himself to you, do not make him work as a slave. **40** He is to be treated as a hired worker or a temporary resident among you; he is to work for you until the Year of Jubilee. **41** Then he and his children are to be released, and he will go back to his own clan and to the property of his forefathers. **42** Because the Israelites are my servants, whom I brought out of Egypt, they must not be sold as slaves. **43** Do not rule over them ruthlessly, but fear your God.

---

[a]25:36 Or *take excessive interest*; similarly in verse 37

44 "Os seus escravos e as suas escravas deverão vir dos povos que vivem ao redor de vocês; deles vocês poderão comprar escravos e escravas. **45** Também poderão comprá-los entre os filhos dos residentes temporários que vivem entre vocês e entre os que pertencem aos clãs deles, ainda que nascidos na terra de vocês; eles se tornarão sua propriedade. **46** Vocês poderão deixá-los como herança para os seus filhos e poderão fazê-los escravos para sempre, mas sobre os seus irmãos israelitas vocês não poderão dominar impiedosamente.

47 "Se um estrangeiro ou um residente temporário entre vocês enriquecer e alguém do seu povo empobrecer e se vender a esse estrangeiro ou a alguém que pertence ao clã desse estrangeiro, **48** manterá o direito de resgate mesmo depois de se vender. Um dos seus parentes poderá resgatá-lo: **49** ou tio, ou primo, ou qualquer parente próximo poderá resgatá-lo. Se, todavia, prosperar, poderá resgatar a si mesmo. **50** Ele e o seu comprador contarão o tempo desde o ano em que se vendeu até o ano do Jubileu. O preço do resgate se baseará no salário de um empregado contratado por aquele número de anos. **51** Se restarem muitos anos, pagará o seu resgate proporcionalmente ao preço de compra. **52** Se restarem apenas poucos anos até o ano do Jubileu, fará o cálculo, e pagará o seu resgate proporcionalmente aos anos. **53** Ele deverá ser tratado como um empregado contratado anualmente; não permitam que o seu senhor domine impiedosamente sobre ele.

54 "Se não for resgatado por nenhuma dessas maneiras, ele e os seus filhos estarão livres no ano do Jubileu, **55** porque os israelitas são meus servos, os quais tirei da terra do Egito. Eu sou o Senhor, o Deus de vocês.

A Recompensa da Obediência

26 "Não façam ídolos, nem imagens, nem colunas sagradas para vocês, e não coloquem nenhuma pedra esculpida em sua terra para curvar-se diante dela. Eu sou o Senhor, o Deus de vocês.

2 "Guardem os meus sábados e reverenciem o meu santuário. Eu sou o Senhor.

3 "Se vocês seguirem os meus decretos e obedecerem aos meus mandamentos, e os colocarem em prática, **4** eu lhes mandarei chuva na estação certa, e a terra dará a sua colheita e as árvores do campo darão o seu fruto. **5** A debulha prosseguirá até a colheita das uvas, e a colheita das uvas prosseguirá até a época da plantação, e vocês comerão até ficarem satisfeitos e viverão em segurança em sua terra.

6 "Estabelecerei paz na terra, e vocês se deitarão, e ninguém os amedrontará. Farei desaparecer da terra os animais selvagens, e a espada não passará pela sua terra. **7** Vocês perseguirão os seus inimigos, e estes cairão à espada diante de vocês. **8** Cinco de vocês perseguirão cem, cem de vocês perseguirão dez mil, e os seus inimigos cairão à espada diante de vocês.

9 "Eu me voltarei para vocês e os farei prolíferos; e os multiplicarei e guardarei a minha aliança com vocês. **10** Vocês ainda estarão comendo da colheita armazenada no ano anterior, quando terão que se livrar dela para dar espaço para a nova colheita. **11** Estabelecerei a minha habitação entre vocês e não os rejeitarei. **12** Andarei entre vocês e serei o seu Deus, e vocês serão o meu povo. **13** Eu sou o Senhor, o Deus de vocês, que os tirou da terra do Egito para que não mais fossem escravos deles; quebrei as traves do jugo que os prendia e os fiz andar de cabeça erguida.

O Castigo da Desobediência

14 "Mas, se vocês não me ouvirem e não colocarem em prática todos esses mandamentos, **15** e desprezarem os meus decretos, rejeitarem as minhas ordenanças, deixarem de colocar em prática os meus mandamentos e forem infiéis à minha aliança, **16** então assim os tratarei: eu lhes trarei pavor repentino, doenças e febre que lhes tirarão a visão e lhes definharão a vida. Vocês

44 " 'Your male and female slaves are to come from the nations around you; from them you may buy slaves. **45** You may also buy some of the temporary residents living among you and members of their clans born in your country, and they will become your property. **46** You can will them to your children as inherited property and can make them slaves for life, but you must not rule over your fellow Israelites ruthlessly.

47 " 'If an alien or a temporary resident among you becomes rich and one of your countrymen becomes poor and sells himself to the alien living among you or to a member of the alien's clan, **48** he retains the right of redemption after he has sold himself. One of his relatives may redeem him: **49** An uncle or a cousin or any blood relative in his clan may redeem him. Or if he prospers, he may redeem himself. **50** He and his buyer are to count the time from the year he sold himself up to the Year of Jubilee. The price for his release is to be based on the rate paid to a hired man for that number of years. **51** If many years remain, he must pay for his redemption a larger share of the price paid for him. **52** If only a few years remain until the Year of Jubilee, he is to compute that and pay for his redemption accordingly. **53** He is to be treated as a man hired from year to year; you must see to it that his owner does not rule over him ruthlessly.

54 " 'Even if he is not redeemed in any of these ways, he and his children are to be released in the Year of Jubilee, **55** for the Israelites belong to me as servants. They are my servants, whom I brought out of Egypt. I am the Lord your God.

Reward for Obedience

26 " 'Do not make idols or set up an image or a sacred stone for yourselves, and do not place a carved stone in your land to bow down before it. I am the Lord your God.

2 " 'Observe my Sabbaths and have reverence for my sanctuary. I am the Lord.

3 " 'If you follow my decrees and are careful to obey my commands, **4** I will send you rain in its season, and the ground will yield its crops and the trees of the field their fruit. **5** Your threshing will continue until grape harvest and the grape harvest will continue until planting, and you will eat all the food you want and live in safety in your land.

6 " 'I will grant peace in the land, and you will lie down and no one will make you afraid. I will remove savage beasts from the land, and the sword will not pass through your country. **7** You will pursue your enemies, and they will fall by the sword before you. **8** Five of you will chase a hundred, and a hundred of you will chase ten thousand, and your enemies will fall by the sword before you.

9 " 'I will look on you with favor and make you fruitful and increase your numbers, and I will keep my covenant with you. **10** You will still be eating last year's harvest when you will have to move it out to make room for the new. **11** I will put my dwelling place[a] among you, and I will not abhor you. **12** I will walk among you and be your God, and you will be my people. **13** I am the Lord your God, who brought you out of Egypt so that you would no longer be slaves to the Egyptians; I broke the bars of your yoke and enabled you to walk with heads held high.

Punishment for Disobedience

14 " 'But if you will not listen to me and carry out all these commands, **15** and if you reject my decrees and abhor my laws and fail to carry out all my commands and so violate my covenant, **16** then I will do this to you: I will bring upon you sudden terror, wasting diseases and fever that will de-

---

a 26:11 Or *my tabernacle*

semearão inutilmente, porque os seus inimigos comerão as suas sementes. **17** O meu rosto estará contra vocês, e vocês serão derrotados pelos inimigos; os seus adversários os dominarão, e vocês fugirão mesmo quando ninguém os estiver perseguindo.

18 "Se depois disso tudo vocês não me ouvirem, eu os castigarei sete vezes mais pelos seus pecados. **19** Eu lhes quebrarei o orgulho rebelde e farei que o céu sobre vocês fique como ferro e a terra de vocês fique como bronze. **20** A força de vocês será gasta em vão, porque a terra não lhes dará colheita, nem as árvores da terra lhes darão fruto.

21 "Se continuarem se opondo a mim e recusarem ouvir-me, eu os castigarei sete vezes mais, conforme os seus pecados. **22** Mandarei contra vocês animais selvagens que matarão os seus filhos, acabarei com os seus rebanhos e reduzirei vocês a tão poucos que os seus caminhos ficarão desertos.

23 "Se apesar disso vocês não aceitarem a minha disciplina, mas continuarem a opor-se a mim, **24** eu mesmo me oporei a vocês e os castigarei sete vezes mais por causa dos seus pecados. **25** E trarei a espada contra vocês para vingar a aliança. Quando se refugiarem em suas cidades, eu lhes mandarei uma praga, e vocês serão entregues em mãos inimigas. **26** Quando eu lhes cortar o suprimento de pão, dez mulheres assarão o pão num único forno e repartirão o pão a peso. Vocês comerão, mas não ficarão satisfeitos.

27 "Se apesar disso tudo vocês ainda não me ouvirem, mas continuarem a opor-se a mim, **28** então com furor me oporei a vocês, e eu mesmo os castigarei sete vezes mais por causa dos seus pecados. **29** Vocês comerão a carne dos seus filhos e das suas filhas. **30** Destruirei os seus altares idólatras, despedaçarei os seus altares de incensoᵃ e empilharei os seus cadáveres sobre os seus ídolos mortos, e rejeitarei vocês. **31** Deixarei as cidades de vocês em ruínas e arrasarei os seus santuários, e não terei prazer no aroma das suas ofertas. **32** Desolarei a terra ao ponto de ficarem perplexos os seus inimigos que vierem ocupá-la. **33** Espalharei vocês entre as nações e empunharei a espada contra vocês. Sua terra ficará desolada, e as suas cidades, em ruínas. **34** Então a terra desfrutará os seus anos sabáticos enquanto estiver desolada e enquanto vocês estiverem na terra dos seus inimigos; e a terra descansará e desfrutará os seus sábados. **35** Enquanto estiver desolada, a terra terá o descanso sabático que não teve quando vocês a habitavam.

36 "Quanto aos que sobreviverem, eu lhes encherei o coração de tanto medo na terra do inimigo, que o som de uma folha levada pelo vento os porá em fuga. Correrão como quem foge da espada, e cairão, sem que ninguém os persiga. **37** Tropeçarão uns nos outros, como que fugindo da espada, sem que ninguém os esteja perseguindo. Assim vocês não poderão subsistir diante dos inimigos. **38** Vocês perecerão entre as nações, e a terra dos seus inimigos os devorará. **39** Os que sobreviverem apodrecerão na terra do inimigo por causa dos seus pecados, e também por causa dos pecados dos seus antepassados.

40 "Mas, se confessarem os seus pecados e os pecados dos seus antepassados, sua infidelidade e oposição a mim, **41** que me levaram a opor-me a eles e a enviá-los para a terra dos seus inimigos; se o seu coração obstinadoᵇ se humilhar, e eles aceitarem o castigo do seu pecado, **42** eu me lembrarei da minha aliança com Jacó, da minha aliança com Isaque, e da minha aliança com Abraão, e também me lembrarei da terra, **43** que por eles será abandonada e desfrutará os seus sábados enquanto permanecer desolada. Receberão o castigo pelos seus pecados porque desprezaram as minhas ordenanças e rejeitaram os meus decretos. **44** Apesar disso, quando estiverem na terra do inimigo, não os desprezarei, nem os rejeitarei, para destruí-los totalmente, quebrando a minha aliança com eles, pois eu sou o Senhor, o Deus deles.

stroy your sight and drain away your life. You will plant seed in vain, because your enemies will eat it. **17** I will set my face against you so that you will be defeated by your enemies; those who hate you will rule over you, and you will flee even when no one is pursuing you.

18 " 'If after all this you will not listen to me, I will punish you for your sins seven times over. **19** I will break down your stubborn pride and make the sky above you like iron and the ground beneath you like bronze. **20** Your strength will be spent in vain, because your soil will not yield its crops, nor will the trees of the land yield their fruit.

21 " 'If you remain hostile toward me and refuse to listen to me, I will multiply your afflictions seven times over, as your sins deserve. **22** I will send wild animals against you, and they will rob you of your children, destroy your cattle and make you so few in number that your roads will be deserted.

23 " 'If in spite of these things you do not accept my correction but continue to be hostile toward me, **24** I myself will be hostile toward you and will afflict you for your sins seven times over. **25** And I will bring the sword upon you to avenge the breaking of the covenant. When you withdraw into your cities, I will send a plague among you, and you will be given into enemy hands. **26** When I cut off your supply of bread, ten women will be able to bake your bread in one oven, and they will dole out the bread by weight. You will eat, but you will not be satisfied.

27 " 'If in spite of this you still do not listen to me but continue to be hostile toward me, **28** then in my anger I will be hostile toward you, and I myself will punish you for your sins seven times over. **29** You will eat the flesh of your sons and the flesh of your daughters. **30** I will destroy your high places, cut down your incense altars and pile your dead bodies on the lifeless forms of your idols, and I will abhor you. **31** I will turn your cities into ruins and lay waste your sanctuaries, and I will take no delight in the pleasing aroma of your offerings. **32** I will lay waste the land, so that your enemies who live there will be appalled. **33** I will scatter you among the nations and will draw out my sword and pursue you. Your land will be laid waste, and your cities will lie in ruins. **34** Then the land will enjoy its sabbath years all the time that it lies desolate and you are in the country of your enemies; then the land will rest and enjoy its sabbaths. **35** All the time that it lies desolate, the land will have the rest it did not have during the sabbaths you lived in it.

36 " 'As for those of you who are left, I will make their hearts so fearful in the lands of their enemies that the sound of a windblown leaf will put them to flight. They will run as though fleeing from the sword, and they will fall, even though no one is pursuing them. **37** They will stumble over one another as though fleeing from the sword, even though no one is pursuing them. So you will not be able to stand before your enemies. **38** You will perish among the nations; the land of your enemies will devour you. **39** Those of you who are left will waste away in the lands of their enemies because of their sins; also because of their fathers' sins they will waste away.

40 " 'But if they will confess their sins and the sins of their fathers—their treachery against me and their hostility toward me, **41** which made me hostile toward them so that I sent them into the land of their enemies—then when their uncircumcised hearts are humbled and they pay for their sin, **42** I will remember my covenant with Jacob and my covenant with Isaac and my covenant with Abraham, and I will remember the land. **43** For the land will be deserted by them and will enjoy its sabbaths while it lies desolate without them. They will pay for their sins because they rejected my laws and abhorred my decrees. **44** Yet in spite of this, when they are in the land of their enemies, I will not reject them or abhor them so as to destroy them completely, breaking my covenant with them. I am the Lord their God.

ᵃ26.30 Provavelmente colunas dedicadas ao deus sol. ᵇ26.41 Hebraico: *incircunciso.*

45 Mas por amor deles eu me lembrarei da aliança com os seus antepassados que tirei da terra do Egito à vista das nações, para ser o Deus deles. Eu sou o Senhor".

46 São esses os decretos, as ordenanças e as leis que o Senhor estabeleceu no monte Sinai entre ele próprio e os israelitas, por intermédio de Moisés.

O Resgate do que Pertence ao Senhor

27 Disse também o Senhor a Moisés: **2** "Diga o seguinte aos israelitas: Se alguém fizer um voto especial, dedicando pessoas ao Senhor, faça-o conforme o devido valor; **3** atribua aos homens entre vinte e sessenta anos o valor de seiscentos gramasª de prata, com base no peso padrãoᵇ do santuário; **4** e, se for mulher, atribua-lhe o valor de trezentos e sessenta gramas. **5** Se for alguém que tenha entre cinco e vinte anos, atribua aos homens o valor de duzentos e quarenta gramas e às mulheres o valor de cento e vinte gramas. **6** Se for alguém que tenha entre um mês e cinco anos de idade, atribua aos meninos o valor de sessenta gramas de prata e às meninas o valor de trinta e seis gramas de prata. **7** Se for alguém que tenha de sessenta anos para cima, atribua aos homens o valor de cento e oitenta gramas e às mulheres o valor de cento e vinte gramas. **8** Se quem fizer o voto for pobre demais para pagar o valor especificado, apresentará a pessoa ao sacerdote, que estabelecerá o valor de acordo com as possibilidades do homem que fez o voto.

9 "Se o que ele prometeu mediante voto for um animal aceitável como oferta ao Senhor, um animal assim dado ao Senhor torna-se santo. **10** Ele não poderá trocá-lo nem substituir um animal ruim por um bom, nem um animal bom por um ruim; caso troque um animal por outro, tanto o substituto quanto o substituído se tornarão santos. **11** Se o que ele prometeu mediante voto for um animal impuro, não aceitável como oferta ao Senhor, o animal será apresentado ao sacerdote, **12** que o avaliará por suas qualidades. A avaliação do sacerdote determinará o valor do animal. **13** Se o dono desejar resgatar o animal, terá que acrescentar um quinto ao seu valor.

14 "Se um homem consagrar a sua casa ao Senhor, o sacerdote avaliará a casa por suas qualidades. A avaliação do sacerdote determinará o valor da casa. **15** Se o homem que consagrar a sua casa quiser resgatá-la, terá que acrescentar um quinto ao seu valor, e a casa voltará a ser sua.

16 "Se um homem consagrar ao Senhor parte das terras da sua família, a avaliação será de acordo com a semeadura: seiscentos gramas de prata para cada barrilᶜ de semente de cevada. **17** Se consagrar a sua terra durante o ano do Jubileu, o valor será integral. **18** Mas, se a consagrar depois do Jubileu, o sacerdote calculará o valor de acordo com o número de anos que faltarem para o ano do Jubileu seguinte, e o valor será reduzido. **19** Se o homem que consagrar a sua terra desejar resgatá-la, terá que acrescentar um quinto ao seu valor, e a terra voltará a ser sua. **20** Mas se não a resgatar, ou se a tiver vendido, não poderá mais ser resgatada; **21** quando a terra for liberada no Jubileu, será santa, consagrada ao Senhor, e se tornará propriedade dos sacerdotesᵈ.

22 "Se um homem consagrar ao Senhor terras que tenha comprado, terras que não fazem parte da propriedade da sua família, **23** o sacerdote determinará o valor de acordo com o tempo que falta para o ano do Jubileu; o homem pagará o valor no mesmo dia, consagrando-o ao Senhor. **24** No ano do Jubileu as terras serão devolvidas àquele de quem ele as comprou. **25** Todos os valores serão calculados com base no peso padrão do santuário, que são doze gramasᵉ.

45 But for their sake I will remember the covenant with their ancestors whom I brought out of Egypt in the sight of the nations to be their God. I am the Lord.' "

46 These are the decrees, the laws and the regulations that the Lord established on Mount Sinai between himself and the Israelites through Moses.

Redeeming What Is the Lord's

27 The Lord said to Moses, **2** "Speak to the Israelites and say to them: 'If anyone makes a special vow to dedicate persons to the Lord by giving equivalent values, **3** set the value of a male between the ages of twenty and sixty at fifty shekelsª of silver, according to the sanctuary shekelᵇ; **4** and if it is a female, set her value at thirty shekels.ᶜ **5** If it is a person between the ages of five and twenty, set the value of a male at twenty shekelsᵈ and of a female at ten shekels.ᵉ **6** If it is a person between one month and five years, set the value of a male at five shekelsᶠ of silver and that of a female at three shekelsᵍ of silver. **7** If it is a person sixty years old or more, set the value of a male at fifteen shekelsʰ and of a female at ten shekels. **8** If anyone making the vow is too poor to pay the specified amount, he is to present the person to the priest, who will set the value for him according to what the man making the vow can afford.

9 " 'If what he vowed is an animal that is acceptable as an offering to the Lord, such an animal given to the Lord becomes holy. **10** He must not exchange it or substitute a good one for a bad one, or a bad one for a good one; if he should substitute one animal for another, both it and the substitute become holy. **11** If what he vowed is a ceremonially unclean animal—one that is not acceptable as an offering to the Lord—the animal must be presented to the priest, **12** who will judge its quality as good or bad. Whatever value the priest then sets, that is what it will be. **13** If the owner wishes to redeem the animal, he must add a fifth to its value.

14 " 'If a man dedicates his house as something holy to the Lord, the priest will judge its quality as good or bad. Whatever value the priest then sets, so it will remain. **15** If the man who dedicates his house redeems it, he must add a fifth to its value, and the house will again become his.

16 " 'If a man dedicates to the Lord part of his family land, its value is to be set according to the amount of seed required for it—fifty shekels of silver to a homerⁱ of barley seed. **17** If he dedicates his field during the Year of Jubilee, the value that has been set remains. **18** But if he dedicates his field after the Jubilee, the priest will determine the value according to the number of years that remain until the next Year of Jubilee, and its set value will be reduced. **19** If the man who dedicates the field wishes to redeem it, he must add a fifth to its value, and the field will again become his. **20** If, however, he does not redeem the field, or if he has sold it to someone else, it can never be redeemed. **21** When the field is released in the Jubilee, it will become holy, like a field devoted to the Lord; it will become the property of the priests.ʲ

22 " 'If a man dedicates to the Lord a field he has bought, which is not part of his family land, **23** the priest will determine its value up to the Year of Jubilee, and the man must pay its value on that day as something holy to the Lord. **24** In the Year of Jubilee the field will revert to the person from whom he bought it, the one whose land it was. **25** Every value is to be set according to the sanctuary shekel, twenty gerahs to the shekel.

ª**27.3** Hebraico: *50 siclos*. Um siclo equivalia a 12 gramas. ᵇ**27.3** Hebraico: *no siclo*. ᶜ**27.16** Hebraico: *hômer*. O hômer era uma medida de capacidade para secos. As estimativas variam entre 200 e 400 litros. ᵈ**27.21** Ou *do sacerdote* ᵉ**27.25** Hebraico: *no siclo do santuário, que são 20 geras*. Um gera equivalia a 0,6 gramas.

ª**27:3** That is, about 1 1/4 pounds (about 0.6 kilogram); also in verse 16 ᵇ**27:3** That is, about 2/5 ounce (about 11.5 grams); also in verse 25 ᶜ**27:4** That is, about 12 ounces (about 0.3 kilogram) ᵈ**27:5** That is, about 8 ounces (about 0.2 kilogram) ᵉ**27:5** That is, about 4 ounces (about 110 grams); also in verse ᶠ**27:6** That is, about 2 ounces (about 55 grams) ᵍ**27:6** That is, about 1 1/4 ounces (about 35 grams) ʰ**27:7** That is, about 6 ounces (about 170 grams) ⁱ**27:16** That is, probably about 6 bushels (about 220 liters) ʲ**27:21** Or *priest*

26 "Ninguém poderá consagrar a primeira cria de um animal, pois já pertence ao Senhor; seja cria de vaca, seja de cabra, seja de ovelha, pertence ao Senhor. **27** Mas se for a cria de um animal impuro, poderá resgatá-la pelo valor estabelecido, acrescentando um quinto a esse valor. Se não for resgatada, será vendida pelo valor estabelecido.

28 "Todavia, nada que um homem possua e consagre ao Senhor, seja animal, sejam terras de sua propriedade, poderá ser vendido ou resgatado; todas as coisas assim consagradas são santíssimas ao Senhor.

29 "Nenhuma pessoa consagrada para a destruição poderá ser resgatada; terá que ser executada.

30 "Todos os dízimos da terra, seja dos cereais, seja das frutas, pertencem ao Senhor; são consagrados ao Senhor. **31** Se um homem desejar resgatar parte do seu dízimo, terá que acrescentar um quinto ao seu valor. **32** O dízimo dos seus rebanhos, um de cada dez animais que passem debaixo da vara do pastor, será consagrado ao Senhor. **33** O dono não poderá retirar os bons dentre os ruins, nem fazer qualquer troca. Se fizer alguma troca, tanto o animal quanto o substituto se tornarão consagrados e não poderão ser resgatados".

34 São esses os mandamentos que o Senhor ordenou a Moisés, no monte Sinai, para os israelitas.

Números

O Recenseamento

1 O Senhor falou a Moisés na Tenda do Encontro, no deserto do Sinai, no primeiro dia do segundo mês do segundo ano, depois que os israelitas saíram do Egito. Ele disse: **2** "Façam um recenseamento de toda a comunidade de Israel, pelos seus clãs e famílias, alistando todos os homens, um a um, pelo nome. **3** Você e Arão contarão todos os homens que possam servir no exército, de vinte anos para cima, organizados segundo as suas divisões. **4** Um homem de cada tribo, o chefe dos grupos de famílias, deverá ajudá-los. **5** Estes são os nomes dos homens que os ajudarão:

de Rúben, Elizur, filho de Sedeur;
6 de Simeão, Selumiel,
filho de Zurisadai;
7 de Judá, Naassom,
filho de Aminadabe;
8 de Issacar, Natanael, filho de Zuar;
9 de Zebulom, Eliabe, filho de Helom;
10 dos filhos de José:
de Efraim, Elisama, filho de Amiúde;
de Manassés, Gamaliel,
filho de Pedazur;
11 de Benjamim, Abidã,
filho de Gideoni;
12 de Dã, Aieser, filho de Amisadai;
13 de Aser, Pagiel, filho de Ocrã;
14 de Gade, Eliasafe, filho de Deuel;
15 de Naftali, Aira, filho de Enã".

16 Foram esses os escolhidos dentre a comunidade, líderes das tribos dos seus antepassados, chefes dos clãs de Israel.

17 Moisés e Arão reuniram os homens nomeados **18** e convocaram toda a comunidade no primeiro dia do segundo mês. Os homens de vinte anos para cima inscreveram-se conforme os seus clãs e as suas famílias, um a um, pelo nome, **19** conforme o Senhor tinha ordenado a Moisés. E assim ele os contou no deserto do Sinai, na seguinte ordem:

20 Dos descendentes de Rúben, o filho mais velho de Israel:

26 " 'No one, however, may dedicate the firstborn of an animal, since the firstborn already belongs to the Lord; whether an ox[a] or a sheep, it is the Lord's. **27** If it is one of the unclean animals, he may buy it back at its set value, adding a fifth of the value to it. If he does not redeem it, it is to be sold at its set value.

28 " 'But nothing that a man owns and devotes[b] to the Lord—whether man or animal or family land—may be sold or redeemed; everything so devoted is most holy to the Lord.

29 " 'No person devoted to destruction[c] may be ransomed; he must be put to death.

30 " 'A tithe of everything from the land, whether grain from the soil or fruit from the trees, belongs to the Lord; it is holy to the Lord. **31** If a man redeems any of his tithe, he must add a fifth of the value to it. **32** The entire tithe of the herd and flock—every tenth animal that passes under the shepherd's rod—will be holy to the Lord. **33** He must not pick out the good from the bad or make any substitution. If he does make a substitution, both the animal and its substitute become holy and cannot be redeemed.' "

34 These are the commands the Lord gave Moses on Mount Sinai for the Israelites.

Numbers

The Census

1 The Lord spoke to Moses in the Tent of Meeting in the Desert of Sinai on the first day of the second month of the second year after the Israelites came out of Egypt. He said: **2** "Take a census of the whole Israelite community by their clans and families, listing every man by name, one by one. **3** You and Aaron are to number by their divisions all the men in Israel twenty years old or more who are able to serve in the army. **4** One man from each tribe, each the head of his family, is to help you. **5** These are the names of the men who are to assist you:

from Reuben, Elizur son of Shedeur;
6 from Simeon, Shelumiel son of Zurishaddai;
7 from Judah, Nahshon son of Amminadab;
8 from Issachar, Nethanel son of Zuar;
9 from Zebulun, Eliab son of Helon;
10 from the sons of Joseph:
from Ephraim, Elishama son of Ammihud;
from Manasseh, Gamaliel son of Pedahzur;
11 from Benjamin, Abidan son of Gideoni;
12 from Dan, Ahiezer son of Ammishaddai;
13 from Asher, Pagiel son of Ocran;
14 from Gad, Eliasaph son of Deuel;
15 from Naphtali, Ahira son of Enan."

16 These were the men appointed from the community, the leaders of their ancestral tribes. They were the heads of the clans of Israel.

17 Moses and Aaron took these men whose names had been given, **18** and they called the whole community together on the first day of the second month. The people indicated their ancestry by their clans and families, and the men twenty years old or more were listed by name, one by one, **19** as the Lord commanded Moses. And so he counted them in the Desert of Sinai:

20 From the descendants of Reuben the firstborn son of Israel:
All the men twenty years old or more who were able

---

[a] 27:26 The Hebrew word can include both male and female. [b] 27:28 The Hebrew term refers to the irrevocable giving over of things or persons to the Lord. [c] 27:29 The Hebrew term refers to the irrevocable giving over of things or persons to the Lord, often by totally destroying them.

Todos os homens de vinte anos para cima que podiam servir no exército foram relacionados, cada um pelo seu nome, de acordo com os registros de seus clãs e famílias. ²¹ O número dos da tribo de Rúben foi 46.500.

²² Dos descendentes de Simeão:
Todos os homens de vinte anos para cima que podiam servir no exército foram relacionados, cada um pelo seu nome, de acordo com os registros de seus clãs e famílias. ²³ O número dos da tribo de Simeão foi 59.300.

²⁴ Dos descendentes de Gade:
Todos os homens de vinte anos para cima que podiam servir no exército foram relacionados, cada um pelo seu nome, de acordo com os registros de seus clãs e famílias. ²⁵ O número dos da tribo de Gade foi 45.650.

²⁶ Dos descendentes de Judá:
Todos os homens de vinte anos para cima que podiam servir no exército foram relacionados, cada um pelo seu nome, de acordo com os registros de seus clãs e famílias. ²⁷ O número dos da tribo de Judá foi 74.600.

²⁸ Dos descendentes de Issacar:
Todos os homens de vinte anos para cima que podiam servir no exército foram relacionados, cada um pelo seu nome, de acordo com os registros de seus clãs e famílias. ²⁹ O número dos da tribo de Issacar foi 54.400.

³⁰ Dos descendentes de Zebulom:
Todos os homens de vinte anos para cima que podiam servir no exército foram relacionados, cada um pelo seu nome, de acordo com os registros de seus clãs e famílias. ³¹ O número dos da tribo de Zebulom foi 57.400.

³² Dos filhos de José:
Dos descendentes de Efraim:
Todos os homens de vinte anos para cima que podiam servir no exército foram relacionados, cada um pelo seu nome, de acordo com os registros de seus clãs e famílias. ³³ O número dos da tribo de Efraim foi 40.500.

³⁴ Dos descendentes de Manassés:
Todos os homens de vinte anos para cima que podiam servir no exército foram relacionados, cada um pelo seu nome, de acordo com os registros de seus clãs e famílias. ³⁵ O número dos da tribo de Manassés foi 32.200.

³⁶ Dos descendentes de Benjamim:
Todos os homens de vinte anos para cima que podiam servir no exército foram relacionados, cada um pelo seu nome, de acordo com os registros de seus clãs e famílias. ³⁷ O número dos da tribo de Benjamim foi 35.400.

³⁸ Dos descendentes de Dã:
Todos os homens de vinte anos para cima que podiam servir no exército foram relacionados, cada um pelo seu nome, de acordo com os registros de seus clãs e famílias. ³⁹ O número dos da tribo de Dã foi 62.700.

⁴⁰ Dos descendentes de Aser:
Todos os homens de vinte anos para cima que podiam servir no exército foram relacionados, cada um pelo seu nome, de acordo com os registros de seus clãs e famílias. ⁴¹ O número dos da tribo de Aser foi 41.500.

⁴² Dos descendentes de Naftali:
Todos os homens de vinte anos para cima que podiam servir no exército foram relacionados, cada um pelo seu nome, de acordo com os registros de seus clãs e famílias. ⁴³ O número dos da tribo de Naftali foi 53.400.

⁴⁴ Esses foram os homens contados por Moisés e por Arão e pelos doze líderes de Israel, cada um representando a sua família. ⁴⁵ Todos os israelitas de vinte anos para cima que podiam servir no exército foram contados de acordo com as suas famílias. ⁴⁶ O total foi 603.550 homens.

to serve in the army were listed by name, one by one, according to the records of their clans and families. ²¹ The number from the tribe of Reuben was 46,500.

²² From the descendants of Simeon:
All the men twenty years old or more who were able to serve in the army were counted and listed by name, one by one, according to the records of their clans and families. ²³ The number from the tribe of Simeon was 59,300.

²⁴ From the descendants of Gad:
All the men twenty years old or more who were able to serve in the army were listed by name, according to the records of their clans and families. ²⁵ The number from the tribe of Gad was 45,650.

²⁶ From the descendants of Judah:
All the men twenty years old or more who were able to serve in the army were listed by name, according to the records of their clans and families. ²⁷ The number from the tribe of Judah was 74,600.

²⁸ From the descendants of Issachar:
All the men twenty years old or more who were able to serve in the army were listed by name, according to the records of their clans and families. ²⁹ The number from the tribe of Issachar was 54,400.

³⁰ From the descendants of Zebulun:
All the men twenty years old or more who were able to serve in the army were listed by name, according to the records of their clans and families. ³¹ The number from the tribe of Zebulun was 57,400.

³² From the sons of Joseph:
From the descendants of Ephraim:
All the men twenty years old or more who were able to serve in the army were listed by name, according to the records of their clans and families. ³³ The number from the tribe of Ephraim was 40,500.

³⁴ From the descendants of Manasseh:
All the men twenty years old or more who were able to serve in the army were listed by name, according to the records of their clans and families. ³⁵ The number from the tribe of Manasseh was 32,200.

³⁶ From the descendants of Benjamin:
All the men twenty years old or more who were able to serve in the army were listed by name, according to the records of their clans and families. ³⁷ The number from the tribe of Benjamin was 35,400.

³⁸ From the descendants of Dan:
All the men twenty years old or more who were able to serve in the army were listed by name, according to the records of their clans and families. ³⁹ The number from the tribe of Dan was 62,700.

⁴⁰ From the descendants of Asher:
All the men twenty years old or more who were able to serve in the army were listed by name, according to the records of their clans and families. ⁴¹ The number from the tribe of Asher was 41,500.

⁴² From the descendants of Naphtali:
All the men twenty years old or more who were able to serve in the army were listed by name, according to the records of their clans and families. ⁴³ The number from the tribe of Naphtali was 53,400.

⁴⁴ These were the men counted by Moses and Aaron and the twelve leaders of Israel, each one representing his family. ⁴⁵ All the Israelites twenty years old or more who were able to serve in Israel's army were counted according to their families. ⁴⁶ The total number was 603,550.

A Função dos Levitas

47 As famílias da tribo de Levi, porém, não foram contadas juntamente com as outras, **48** pois o Senhor tinha dito a Moisés: **49** "Não faça o recenseamento da tribo de Levi nem a relacione entre os demais israelitas. **50** Em vez disso, designe os levitas como responsáveis pelo tabernáculo que guarda as tábuas da aliança, por todos os seus utensílios e por tudo o que pertence a ele. Eles transportarão o tabernáculo e todos os seus utensílios; cuidarão dele e acamparão ao seu redor. **51** Sempre que o tabernáculo tiver que ser removido, os levitas o desmontarão e, sempre que tiver que ser armado, os levitas o farão. Qualquer pessoa não autorizada que se aproximar do tabernáculo terá que ser executada. **52** Os israelitas armarão as suas tendas organizadas segundo as suas divisões, cada um em seu próprio acampamento e junto à sua bandeira. **53** Os levitas, porém, armarão as suas tendas ao redor do tabernáculo que guarda as tábuas da aliança, para que a ira divina não caia sobre a comunidade de Israel. Os levitas terão a responsabilidade de cuidar do tabernáculo que guarda as tábuas da aliança".

54 Os israelitas fizeram tudo exatamente como o Senhor tinha ordenado a Moisés.

A Disposição das Tribos no Acampamento

2 O Senhor disse a Moisés e a Arão: **2** "Os israelitas acamparão ao redor da Tenda do Encontro, a certa distância, cada homem junto à sua bandeira com os emblemas da sua família".

3 A leste, os exércitos de Judá acamparão junto à sua bandeira. O líder de Judá será Naassom, filho de Aminadabe. **4** Seu exército é de 74.600 homens.

5 A tribo de Issacar acampará ao lado de Judá. O líder de Issacar será Natanael, filho de Zuar. **6** Seu exército é de 54.400 homens.

7 A tribo de Zebulom virá em seguida. O líder de Zebulom será Eliabe, filho de Helom. **8** Seu exército é de 57.400 homens.

9 O número total dos homens recenseados do acampamento de Judá, de acordo com os seus exércitos, foi 186.400. Esses marcharão primeiro.

10 Ao sul estarão os exércitos do acampamento de Rúben, junto à sua bandeira. O líder de Rúben será Elizur, filho de Sedeur. **11** Seu exército é de 46.500 homens.

12 A tribo de Simeão acampará ao lado de Rúben. O líder de Simeão será Selumiel, filho de Zurisadai. **13** Seu exército é de 59.300 homens.

14 A tribo de Gade virá em seguida. O líder de Gade será Eliasafe, filho de Deuel.[a] **15** Seu exército é de 45.650 homens.

16 O número total dos homens recenseados do acampamento de Rúben, de acordo com os seus exércitos, foi 151.450. Esses marcharão em segundo lugar.

17 Em seguida os levitas marcharão levando a Tenda do Encontro no meio dos outros acampamentos, na mesma ordem em que acamparem, cada um em seu próprio lugar, junto à sua bandeira.

18 A oeste estarão os exércitos do acampamento de Efraim, junto à sua bandeira. O líder de Efraim será Elisama, filho de Amiúde. **19** Seu exército é de 40.500 homens.

20 A tribo de Manassés acampará ao lado de Efraim. O líder de Manassés será Gamaliel, filho de Pedazur. **21** Seu exército é de 32.200 homens.

22 A tribo de Benjamim virá em seguida. O líder de Benjamim será Abidã, filho de Gideoni. **23** Seu exército é de 35.400 homens.

The Arrangement of the Tribal Camps

2 The Lord said to Moses and Aaron: **2** "The Israelites are to camp around the Tent of Meeting some distance from it, each man under his standard with the banners of his family."

3 On the east, toward the sunrise, the divisions of the camp of Judah are to encamp under their standard. The leader of the people of Judah is Nahshon son of Amminadab. **4** His division numbers 74,600.

5 The tribe of Issachar will camp next to them. The leader of the people of Issachar is Nethanel son of Zuar. **6** His division numbers 54,400.

7 The tribe of Zebulun will be next. The leader of the people of Zebulun is Eliab son of Helon. **8** His division numbers 57,400.

9 All the men assigned to the camp of Judah, according to their divisions, number 186,400. They will set out first.

10 On the south will be the divisions of the camp of Reuben under their standard. The leader of the people of Reuben is Elizur son of Shedeur. **11** His division numbers 46,500.

12 The tribe of Simeon will camp next to them. The leader of the people of Simeon is Shelumiel son of Zurishaddai. **13** His division numbers 59,300.

14 The tribe of Gad will be next. The leader of the people of Gad is Eliasaph son of Deuel.[a] **15** His division numbers 45,650.

16 All the men assigned to the camp of Reuben, according to their divisions, number 151,450. They will set out second.

17 Then the Tent of Meeting and the camp of the Levites will set out in the middle of the camps. They will set out in the same order as they encamp, each in his own place under his standard.

18 On the west will be the divisions of the camp of Ephraim under their standard. The leader of the people of Ephraim is Elishama son of Ammihud. **19** His division numbers 40,500.

20 The tribe of Manasseh will be next to them. The leader of the people of Manasseh is Gamaliel son of Pedahzur. **21** His division numbers 32,200.

22 The tribe of Benjamin will be next. The leader of the people of Benjamin is Abidan son of Gideoni. **23** His division numbers 35,400.

---

a 2.14 Alguns manuscritos dizem *Reuel*.

a 2:14 Many manuscripts of the Masoretic Text, Samaritan Pentateuch and Vulgate (see also Num. 1:14); most manuscripts of the Masoretic Text *Reuel*

24 O número total dos homens recenseados do acampamento de Efraim, de acordo com os seus exércitos, foi 108.100. Esses marcharão em terceiro lugar.

25 Ao norte estarão os exércitos do acampamento de Dã, junto à sua bandeira. O líder de Dã será Aieser, filho de Amisadai. **26** Seu exército é de 62.700 homens.

27 A tribo de Aser acampará ao lado de Dã. O líder de Aser será Pagiel, filho de Ocrã. **28** Seu exército é de 41.500 homens.

29 A tribo de Naftali virá em seguida. O líder de Naftali será Aira, filho de Enã. **30** Seu exército é de 53.400 homens. **31** O número total dos homens recenseados do acampamento de Dã, de acordo com os seus exércitos, foi 157.600. Esses marcharão por último, junto às suas bandeiras.

32 Foram esses os israelitas contados de acordo com as suas famílias. O número total dos que foram contados nos acampamentos, de acordo com os seus exércitos, foi 603.550. **33** Os levitas, contudo, não foram contados com os outros israelitas, conforme o Senhor tinha ordenado a Moisés.

34 Assim os israelitas fizeram tudo o que o Senhor tinha ordenado a Moisés; eles acampavam junto às suas bandeiras e depois partiam, cada um com o seu clã e com a sua família.

Os Levitas e suas Responsabilidades

3 Esta é a história da descendência de Arão e de Moisés, quando o Senhor falou com Moisés no monte Sinai. **2** Os nomes dos filhos de Arão são Nadabe, o mais velho, Abiú, Eleazar e Itamar. **3** São esses os nomes dos filhos de Arão, que foram ungidos para o sacerdócio e que foram ordenados sacerdotes. **4** Nadabe e Abiú, entretanto, caíram mortos perante o Senhor quando lhe trouxeram uma oferta com fogo profano, no deserto do Sinai. Como não tinham filhos, somente Eleazar e Itamar serviram como sacerdotes durante a vida de Arão, seu pai.

5 O Senhor disse a Moisés: **6** "Mande chamar a tribo de Levi e apresente-a ao sacerdote Arão para auxiliá-lo. **7** Eles cuidarão das obrigações próprias da Tenda do Encontro, fazendo o serviço do tabernáculo para Arão e para toda a comunidade. **8** Tomarão conta de todos os utensílios da Tenda do Encontro, cumprindo as obrigações dos israelitas no serviço do tabernáculo. **9** Dedique os levitas a Arão e a seus filhos; eles serão escolhidos entre os israelitas para serem inteiramente dedicados a Arão*. **10** Encarregue Arão e os seus filhos de cuidar do sacerdócio; qualquer pessoa não autorizada que se aproximar do santuário terá que ser executada".

11 Disse também o Senhor a Moisés: **12** "Eu mesmo escolho os levitas dentre os israelitas em lugar do primeiro filho de cada mulher israelita. Os levitas são meus, **13** pois todos os primogênitos são meus. Quando feri todos os primogênitos no Egito, separei para mim mesmo todo primogênito de Israel, tanto entre os homens como entre os rebanhos. Serão meus. Eu sou o Senhor".

O Recenseamento dos Levitas

14 E o Senhor disse ainda a Moisés no deserto do Sinai: **15** "Conte os levitas pelas suas famílias e clãs. Serão contados todos os do sexo masculino de um mês de idade para cima". **16** Então Moisés os contou, conforme a ordem que recebera do Senhor.

17 São estes os nomes
    dos filhos de Levi:
    Gérson, Coate e Merari.
18 São estes os nomes
    dos clãs gersonitas:
    Libni e Simei.

24 All the men assigned to the camp of Ephraim, according to their divisions, number 108,100. They will set out third.

25 On the north will be the divisions of the camp of Dan, under their standard. The leader of the people of Dan is Ahiezer son of Ammishaddai. **26** His division numbers 62,700.

27 The tribe of Asher will camp next to them. The leader of the people of Asher is Pagiel son of Ocran. **28** His division numbers 41,500.

29 The tribe of Naphtali will be next. The leader of the people of Naphtali is Ahira son of Enan. **30** His division numbers 53,400.

31 All the men assigned to the camp of Dan number 157,600. They will set out last, under their standards.

32 These are the Israelites, counted according to their families. All those in the camps, by their divisions, number 603,550. **33** The Levites, however, were not counted along with the other Israelites, as the Lord commanded Moses.

34 So the Israelites did everything the Lord commanded Moses; that is the way they encamped under their standards, and that is the way they set out, each with his clan and family.

The Levites

3 This is the account of the family of Aaron and Moses at the time the Lord talked with Moses on Mount Sinai. **2** The names of the sons of Aaron were Nadab the firstborn and Abihu, Eleazar and Ithamar. **3** Those were the names of Aaron's sons, the anointed priests, who were ordained to serve as priests. **4** Nadab and Abihu, however, fell dead before the Lord when they made an offering with unauthorized fire before him in the Desert of Sinai. They had no sons; so only Eleazar and Ithamar served as priests during the lifetime of their father Aaron.

5 The Lord said to Moses, **6** "Bring the tribe of Levi and present them to Aaron the priest to assist him. **7** They are to perform duties for him and for the whole community at the Tent of Meeting by doing the work of the tabernacle. **8** They are to take care of all the furnishings of the Tent of Meeting, fulfilling the obligations of the Israelites by doing the work of the tabernacle. **9** Give the Levites to Aaron and his sons; they are the Israelites who are to be given wholly to him.* **10** Appoint Aaron and his sons to serve as priests; anyone else who approaches the sanctuary must be put to death."

11 The Lord also said to Moses, **12** "I have taken the Levites from among the Israelites in place of the first male offspring of every Israelite woman. The Levites are mine, **13** for all the firstborn are mine. When I struck down all the firstborn in Egypt, I set apart for myself every firstborn in Israel, whether man or animal. They are to be mine. I am the Lord."

14 The Lord said to Moses in the Desert of Sinai, **15** "Count the Levites by their families and clans. Count every male a month old or more." **16** So Moses counted them, as he was commanded by the word of the Lord.

17 These were the names of the sons of Levi:
    Gershon, Kohath and Merari.
18 These were the names of the Gershonite clans:
    Libni and Shimei.

---

*3.9 Conforme a maioria dos manuscritos do Texto Massorético. Alguns manuscritos do Texto Massorético, o Pentateuco Samaritano e a Septuaginta dizem *a mim*. Veja Nm 8.16.

*3:9 Most manuscripts of the Masoretic Text; some manuscripts of the Masoretic Text, Samaritan Pentateuch and Septuagint (see also Num. 8:16) *to me*

19 São estes os nomes
dos clãs coatitas:
Anrão, Isar, Hebrom e Uziel.
20 E estes são os nomes
dos clãs meraritas:
Mali e Musi.
Foram esses os líderes dos clãs levitas.

21 A Gérson pertenciam os clãs dos libnitas e dos simeítas; eram esses os clãs gersonitas. **22** O número de todos os que foram contados do sexo masculino, de um mês de idade para cima, foi 7.500. **23** Os clãs gersonitas tinham que acampar a oeste, atrás do tabernáculo. **24** O líder das famílias dos gersonitas era Eliasafe, filho de Lael. **25** Na Tenda do Encontro os gersonitas tinham a responsabilidade de cuidar do tabernáculo, da tenda, da sua cobertura, da cortina da entrada da Tenda do Encontro, **26** das cortinas externas do pátio, da cortina da entrada do pátio que rodeia o tabernáculo e o altar, das cordas, e de tudo o que estava relacionado com esse serviço.

27 A Coate pertenciam os clãs dos anramitas, dos isaritas, dos hebronitas e dos uzielitas; eram esses os clãs coatitas. **28** O número de todos os do sexo masculino, de um mês de idade para cima, foi 8.600ᵃ. Os coatitas tinham a responsabilidade de cuidar do santuário. **29** Os clãs coatitas tinham que acampar no lado sul do tabernáculo. **30** O líder das famílias dos clãs coatitas era Elisafã, filho de Uziel. **31** Tinham a responsabilidade de cuidar da arca, da mesa, do candelabro, dos altares, dos utensílios do santuário com os quais ministravam, da cortina e de tudo o que estava relacionado com esse serviço. **32** O principal líder dos levitas era Eleazar, filho do sacerdote Arão. Ele tinha a responsabilidade de supervisionar os encarregados de cuidar do santuário.

33 A Merari pertenciam os clãs dos malitas e dos musitas; eram esses os clãs meraritas. **34** O número de todos os que foram contados do sexo masculino, de um mês de idade para cima, foi 6.200. **35** O líder das famílias dos clãs meraritas era Zuriel, filho de Abiail; eles tinham que acampar no lado norte do tabernáculo. **36** Os meraritas tinham a responsabilidade de cuidar das armações do tabernáculo, de seus travessões, das colunas, das bases, de todos os seus utensílios e de tudo o que estava relacionado com esse serviço, **37** bem como das colunas do pátio ao redor, com suas bases, suas estacas e suas cordas.

38 E acamparam a leste do tabernáculo, em frente da Tenda do Encontro, Moisés, Arão e seus filhos. Tinham a responsabilidade de cuidar do santuário em favor dos israelitas. Qualquer pessoa não autorizada que se aproximasse do santuário teria que ser executada.

39 O número total de levitas contados por Moisés e Arão, conforme a ordem do Senhor, segundo os clãs deles, todos os do sexo masculino, de um mês de idade para cima, foi 22.000.

O Resgate dos Primogênitos

40 E o Senhor disse a Moisés: "Conte todos os primeiros filhos dos israelitas, do sexo masculino, de um mês de idade para cima e faça uma relação de seus nomes. **41** Dedique a mim os levitas em lugar de todos os primogênitos dos israelitas, e os rebanhos dos levitas, em lugar de todas as primeiras crias dos rebanhos dos israelitas. Eu sou o Senhor".

42 E Moisés contou todos os primeiros filhos dos israelitas, conforme o Senhor lhe havia ordenado. **43** O número total dos primeiros filhos do sexo masculino, de um mês de idade para cima, relacionados pelo nome, foi 22.273.

44 Disse também o Senhor a Moisés: **45** "Dedique os levitas em lugar de todos os primogênitos dos israelitas, e os rebanhos dos levitas em lugar dos rebanhos dos israelitas. Os levitas serão meus. Eu sou o Senhor. **46** Para o resgate dos primeiros 273 filhos dos israelitas que excedem o número de levitas, **47** recolha sessenta gramas de prataᵇ, com base no

19 The Kohathite clans:
Amram, Izhar, Hebron and Uzziel.
20 The Merarite clans:
Mahli and Mushi.
These were the Levite clans, according to their families.

21 To Gershon belonged the clans of the Libnites and Shimeites; these were the Gershonite clans. **22** The number of all the males a month old or more who were counted was 7,500. **23** The Gershonite clans were to camp on the west, behind the tabernacle. **24** The leader of the families of the Gershonites was Eliasaph son of Lael. **25** At the Tent of Meeting the Gershonites were responsible for the care of the tabernacle and tent, its coverings, the curtain at the entrance to the Tent of Meeting, **26** the curtains of the courtyard, the curtain at the entrance to the courtyard surrounding the tabernacle and altar, and the ropes—and everything related to their use.

27 To Kohath belonged the clans of the Amramites, Izharites, Hebronites and Uzzielites; these were the Kohathite clans. **28** The number of all the males a month old or more was 8,600.ᵃ The Kohathites were responsible for the care of the sanctuary. **29** The Kohathite clans were to camp on the south side of the tabernacle. **30** The leader of the families of the Kohathite clans was Elizaphan son of Uzziel. **31** They were responsible for the care of the ark, the table, the lampstand, the altars, the articles of the sanctuary used in ministering, the curtain, and everything related to their use. **32** The chief leader of the Levites was Eleazar son of Aaron, the priest. He was appointed over those who were responsible for the care of the sanctuary.

33 To Merari belonged the clans of the Mahlites and the Mushites; these were the Merarite clans. **34** The number of all the males a month old or more who were counted was 6,200. **35** The leader of the families of the Merarite clans was Zuriel son of Abihail; they were to camp on the north side of the tabernacle. **36** The Merarites were appointed to take care of the frames of the tabernacle, its crossbars, posts, bases, all its equipment, and everything related to their use, **37** as well as the posts of the surrounding courtyard with their bases, tent pegs and ropes.

38 Moses and Aaron and his sons were to camp to the east of the tabernacle, toward the sunrise, in front of the Tent of Meeting. They were responsible for the care of the sanctuary on behalf of the Israelites. Anyone else who approached the sanctuary was to be put to death.

39 The total number of Levites counted at the Lord's command by Moses and Aaron according to their clans, including every male a month old or more, was 22,000.

40 The Lord said to Moses, "Count all the firstborn Israelite males who are a month old or more and make a list of their names. **41** Take the Levites for me in place of all the firstborn of the Israelites, and the livestock of the Levites in place of all the firstborn of the livestock of the Israelites. I am the Lord."

42 So Moses counted all the firstborn of the Israelites, as the Lord commanded him. **43** The total number of firstborn males a month old or more, listed by name, was 22,273.

44 The Lord also said to Moses, **45** "Take the Levites in place of all the firstborn of Israel, and the livestock of the Levites in place of their livestock. The Levites are to be mine. I am the Lord. **46** To redeem the 273 firstborn Israelites who exceed the number of the Levites, **47** collect five shekelsᵇ for each one, according to the sanctuary shekel, which weighs twenty gerahs. **48** Give

---

ᵃ3.28 Alguns manuscritos da Septuaginta dizem *8.300.* ᵇ3.47 Hebraico: *5 siclos.* Um siclo equivalia a 12 gramas. ᶜ3.47 Hebraico: *no siclo do santuário, 20 geras por siclo.* Uma gera equivalia a 0,6 gramas.

ᵃ3:28 Hebrew; some Septuagint manuscripts *8,300* ᵇ3:47 That is, about 2 ounces (about 55 grams)

peso padrão do santuário, que são doze gramas[c]. [48] Entregue a Arão e aos seus filhos a prata para o resgate do número excedente de israelitas".

[49] Assim Moisés recolheu a prata para o resgate daqueles que excederam o número dos levitas. [50] Dos primeiros filhos dos israelitas ele recolheu prata no peso de quase dezesseis quilos e meio[a], com base no peso padrão do santuário. [51] Moisés entregou a Arão e aos filhos dele a prata para o resgate, conforme a ordem que recebera do Senhor.

Os Coatitas e suas Responsabilidades

4 Disse o Senhor a Moisés e a Arão: [2] "Façam um recenseamento dos coatitas na tribo de Levi, pelos seus clãs e famílias; [3] contem todos os homens entre trinta e cinqüenta anos, aptos para servir, para que façam o serviço da Tenda do Encontro.

[4] "O serviço dos coatitas na Tenda do Encontro será o cuidado das coisas santíssimas. [5] Quando o acampamento tiver que mudar, Arão e os seus filhos entrarão e descerão o véu protetor e com ele cobrirão a arca da aliança[b]. [6] Depois a cobrirão com couro[c], estenderão um pano inteiramente azul sobre ela e colocarão as varas no lugar.

[7] "Sobre a mesa da Presença eles estenderão um pano azul e colocarão os pratos, os recipientes para incenso, as tigelas e as bacias para as ofertas derramadas, e os pães da Presença, que devem estar sempre sobre ela. [8] Sobre tudo isso estenderão um pano vermelho e o cobrirão com couro. Depois colocarão as varas no lugar.

[9] "Pegarão também um pano azul e cobrirão o candelabro usado para iluminação, as suas candeias, as suas tesouras de aparo, os seus apagadores e todos os jarros para o seu suprimento de óleo. [10] Em seguida o embrulharão com todos os seus utensílios numa cobertura de couro e o colocarão num suporte para carregar.

[11] "Sobre o altar de ouro estenderão um pano azul e o cobrirão com couro. E colocarão as suas varas no lugar.

[12] "Apanharão todos os utensílios usados na ministração no santuário, depois os embrulharão num pano azul e os cobrirão com couro; a seguir os colocarão num suporte para carregar.

[13] "Tirarão a cinza do altar de bronze e estenderão sobre ele um pano roxo. [14] Colocarão sobre ele todos os utensílios usados na ministração no altar: os braseiros, os garfos de carne, as pás e as bacias da aspersão. Sobre ele estenderão uma cobertura de couro e colocarão as varas no lugar.

[15] "Quando Arão e os seus filhos terminarem de cobrir os utensílios sagrados e todos os artigos sagrados, e o acampamento estiver pronto para partir, os coatitas virão carregá-los. Mas não tocarão nas coisas sagradas; se o fizerem, morrerão. São esses os utensílios da Tenda do Encontro que os coatitas carregarão.

[16] "Eleazar, filho do sacerdote Arão, ficará encarregado do azeite para a iluminação, do incenso aromático, da oferta costumeira de cereal e do óleo da unção. Ficará encarregado de todo o tabernáculo e de tudo o que nele há, isto é, seus utensílios e seus artigos sagrados".

[17] O Senhor disse ainda a Moisés e a Arão: [18] "Não permitam que o ramo dos clãs coatitas seja eliminado dentre os levitas. [19] Mas, para que continuem vivos e não morram quando se aproximarem das coisas santíssimas, Arão e os seus filhos entrarão no santuário e designarão a cada homem a sua tarefa e o que deverá carregar. [20] Os coatitas não entrarão para ver as coisas sagradas, nem por um breve momento, para que não morram".

Os Gersonitas e as suas Responsabilidades

[21] E o Senhor disse a Moisés: [22] "Faça também um recenseamento dos gersonitas, pelas suas famílias e clãs; [23] conte todos

---

the money for the redemption of the additional Israelites to Aaron and his sons."

[49] So Moses collected the redemption money from those who exceeded the number redeemed by the Levites. [50] From the firstborn of the Israelites he collected silver weighing 1,365 shekels,[a] according to the sanctuary shekel. [51] Moses gave the redemption money to Aaron and his sons, as he was commanded by the word of the Lord.

The Kohathites

4 The Lord said to Moses and Aaron: [2] "Take a census of the Kohathite branch of the Levites by their clans and families. [3] Count all the men from thirty to fifty years of age who come to serve in the work in the Tent of Meeting.

[4] "This is the work of the Kohathites in the Tent of Meeting: the care of the most holy things. [5] When the camp is to move, Aaron and his sons are to go in and take down the shielding curtain and cover the ark of the Testimony with it. [6] Then they are to cover this with hides of sea cows,[b] spread a cloth of solid blue over that and put the poles in place.

[7] "Over the table of the Presence they are to spread a blue cloth and put on it the plates, dishes and bowls, and the jars for drink offerings; the bread that is continually there is to remain on it. [8] Over these they are to spread a scarlet cloth, cover that with hides of sea cows and put its poles in place.

[9] "They are to take a blue cloth and cover the lampstand that is for light, together with its lamps, its wick trimmers and trays, and all its jars for the oil used to supply it. [10] Then they are to wrap it and all its accessories in a covering of hides of sea cows and put it on a carrying frame.

[11] "Over the gold altar they are to spread a blue cloth and cover that with hides of sea cows and put its poles in place.

[12] "They are to take all the articles used for ministering in the sanctuary, wrap them in a blue cloth, cover that with hides of sea cows and put them on a carrying frame.

[13] "They are to remove the ashes from the bronze altar and spread a purple cloth over it. [14] Then they are to place on it all the utensils used for ministering at the altar, including the firepans, meat forks, shovels and sprinkling bowls. Over it they are to spread a covering of hides of sea cows and put its poles in place.

[15] "After Aaron and his sons have finished covering the holy furnishings and all the holy articles, and when the camp is ready to move, the Kohathites are to come to do the carrying. But they must not touch the holy things or they will die. The Kohathites are to carry those things that are in the Tent of Meeting.

[16] "Eleazar son of Aaron, the priest, is to have charge of the oil for the light, the fragrant incense, the regular grain offering and the anointing oil. He is to be in charge of the entire tabernacle and everything in it, including its holy furnishings and articles."

[17] The Lord said to Moses and Aaron, [18] "See that the Kohathite tribal clans are not cut off from the Levites. [19] So that they may live and not die when they come near the most holy things, do this for them: Aaron and his sons are to go into the sanctuary and assign to each man his work and what he is to carry. [20] But the Kohathites must not go in to look at the holy things, even for a moment, or they will die."

The Gershonites

[21] The Lord said to Moses, [22] "Take a census also of the Gershonites by their families and clans. [23] Count all the men

---

[a]3.50 Hebraico: *1.365 siclos, de acordo com o siclo do santuário.* [b]4.5 Hebraico: *do Testemunho.* Isto é, das tábuas da aliança; também em 7.89. [c]4.6 Possivelmente peles de animais marinhos; também nos versículos 8, 10, 11, 12, 14 e 25.

[a]3:50 That is, about 35 pounds (about 15.5 kilograms) [b]4:6 That is, dugongs; also in verses 8, 10, 11, 12, 14 and 25

os homens entre trinta e cinqüenta anos, aptos para servir, para que façam o serviço da Tenda do Encontro.

²⁴ "Este é o serviço dos clãs gersonitas, o que devem fazer e carregar: ²⁵ Eles levarão as cortinas internas do tabernáculo, a Tenda do Encontro, a sua cobertura, a cobertura externa de couro, as cortinas da entrada da Tenda do Encontro. ²⁶ Farão tudo o que for necessário com aquelas coisas e com as cortinas externas do pátio que rodeia o tabernáculo e o altar, com a cortina da entrada, com as cordas e com todos os utensílios usados em seu serviço. ²⁷ Todo o serviço deles, tudo o que devem fazer e carregar estará sob a direção de Arão e de seus filhos. Designe como responsabilidade deles tudo o que tiverem que carregar. ²⁸ Esse é o serviço dos clãs gersonitas na Tenda do Encontro. Suas atividades estarão sob a supervisão de Itamar, filho do sacerdote Arão.

Os Meraritas e as suas Responsabilidades

²⁹ "Conte os meraritas conforme os seus clãs e famílias, ³⁰ todos os homens entre trinta e cinqüenta anos, aptos para servir, para que façam o serviço da Tenda do Encontro. ³¹ Esta é a responsabilidade deles no serviço que deverão realizar na Tenda do Encontro: carregar as armações do tabernáculo, seus travessões, suas colunas e suas bases, ³² bem como as colunas do pátio, que rodeia a tenda, com suas bases, suas estacas e suas cordas; todos os seus utensílios e tudo o que está relacionado com o seu uso. Designe a cada um aquilo que deverá levar. ³³ Esse é o serviço dos clãs meraritas. Todo o serviço deles na Tenda do Encontro estará sob a supervisão de Itamar, filho do sacerdote Arão".

O Recenseamento dos Levitas

³⁴ Moisés, Arão e os líderes da comunidade contaram os coatitas, conforme seus clãs e famílias, ³⁵ todos os homens entre trinta e cinqüenta anos, aptos para servir, para que fizessem o serviço da Tenda do Encontro. ³⁶ Foram contados, conforme os seus clãs, 2.750 homens. ³⁷ Esse foi o total de recenseados dos clãs coatitas que serviam na Tenda do Encontro. Moisés e Arão os contaram de acordo com a ordem do SENHOR, anunciada por Moisés.

³⁸ Os gersonitas foram contados conforme os seus clãs e famílias, ³⁹ todos os homens entre trinta e cinqüenta anos, aptos para servir, para fazer o serviço da Tenda do Encontro. ⁴⁰ Foram contados conforme os seus clãs e famílias 2.630. ⁴¹ Esse foi o total de recenseados dos clãs gersonitas que serviam na Tenda do Encontro. Moisés e Arão os contaram de acordo com a ordem do SENHOR.

⁴² Os meraritas foram contados conforme os seus clãs e famílias, ⁴³ todos os homens entre trinta e cinqüenta anos, aptos para servir, para fazer o serviço da Tenda do Encontro. ⁴⁴ Foram contados conforme os seus clãs 3.200. ⁴⁵ Esse foi o total de recenseados dos clãs meraritas que serviam na Tenda do Encontro. Moisés e Arão os contaram de acordo com a ordem do SENHOR, anunciada por Moisés.

⁴⁶ Assim Moisés, Arão e os líderes de Israel contaram todos os levitas conforme os seus clãs e famílias; ⁴⁷ todos os homens entre trinta e cinqüenta anos de idade que vieram para servir e carregar a Tenda do Encontro ⁴⁸ somavam 8.580. ⁴⁹ Conforme a ordem do SENHOR anunciada por Moisés, a cada um foi designado o seu trabalho e foi dito o que deveria carregar.

Assim foram todos contados, conforme o SENHOR tinha ordenado a Moisés.

A Pureza do Acampamento

5 O SENHOR disse a Moisés: ² "Ordene aos israelitas que mandem para fora do acampamento todo aquele que tiver lepraᵃ, ou que tiver um fluxo, ou que se tornar impuro por tocar um cadáver. ³ Mande-os para fora do acampamento, tanto homens como mulheres, para que não contaminem o seu próprio acampamento, onde habito entre eles". ⁴ Os israelitas assim fizeram e os mandaram para fora do acampamento, como o SENHOR tinha ordenado a Moisés.

ᵃ5.2 O termo hebraico não se refere somente à lepra, mas também a diversas doenças da pele.

from thirty to fifty years of age who come to serve in the work at the Tent of Meeting.

²⁴ "This is the service of the Gershonite clans as they work and carry burdens: ²⁵ They are to carry the curtains of the tabernacle, the Tent of Meeting, its covering and the outer covering of hides of sea cows, the curtains for the entrance to the Tent of Meeting, ²⁶ the curtains of the courtyard surrounding the tabernacle and altar, the curtain for the entrance, the ropes and all the equipment used in its service. The Gershonites are to do all that needs to be done with these things. ²⁷ All their service, whether carrying or doing other work, is to be done under the direction of Aaron and his sons. You shall assign to them as their responsibility all they are to carry. ²⁸ This is the service of the Gershonite clans at the Tent of Meeting. Their duties are to be under the direction of Ithamar son of Aaron, the priest.

The Merarites

²⁹ "Count the Merarites by their clans and families. ³⁰ Count all the men from thirty to fifty years of age who come to serve in the work at the Tent of Meeting. ³¹ This is their duty as they perform service at the Tent of Meeting: to carry the frames of the tabernacle, its crossbars, posts and bases, ³² as well as the posts of the surrounding courtyard with their bases, tent pegs, ropes, all their equipment and everything related to their use. Assign to each man the specific things he is to carry. ³³ This is the service of the Merarite clans as they work at the Tent of Meeting under the direction of Ithamar son of Aaron, the priest."

The Numbering of the Levite Clans

³⁴ Moses, Aaron and the leaders of the community counted the Kohathites by their clans and families. ³⁵ All the men from thirty to fifty years of age who came to serve in the work in the Tent of Meeting, ³⁶ counted by clans, were 2,750. ³⁷ This was the total of all those in the Kohathite clans who served in the Tent of Meeting. Moses and Aaron counted them according to the LORD's command through Moses.

³⁸ The Gershonites were counted by their clans and families. ³⁹ All the men from thirty to fifty years of age who came to serve in the work at the Tent of Meeting, ⁴⁰ counted by their clans and families, were 2,630. ⁴¹ This was the total of those in the Gershonite clans who served at the Tent of Meeting. Moses and Aaron counted them according to the LORD's command.

⁴² The Merarites were counted by their clans and families. ⁴³ All the men from thirty to fifty years of age who came to serve in the work at the Tent of Meeting, ⁴⁴ counted by their clans, were 3,200. ⁴⁵ This was the total of those in the Merarite clans. Moses and Aaron counted them according to the LORD's command through Moses.

⁴⁶ So Moses, Aaron and the leaders of Israel counted all the Levites by their clans and families. ⁴⁷ All the men from thirty to fifty years of age who came to do the work of serving and carrying the Tent of Meeting ⁴⁸ numbered 8,580. ⁴⁹ At the LORD's command through Moses, each was assigned his work and told what to carry.

Thus they were counted, as the LORD commanded Moses.

The Purity of the Camp

5 The LORD said to Moses, ² "Command the Israelites to send away from the camp anyone who has an infectious skin diseaseᵃ or a discharge of any kind, or who is ceremonially unclean because of a dead body. ³ Send away male and female alike; send them outside the camp so they will not defile their camp, where I dwell among them." ⁴ The Israelites did this; they sent them outside the camp. They did just as the LORD had instructed Moses.

ᵃ5:2 Traditionally *leprosy*; the Hebrew word was used for various diseases affecting the skin—not necessarily leprosy.

A Restituição por Danos e Prejuízos

5 E O Senhor disse a Moisés: **6** "Diga aos israelitas: Quando um homem ou uma mulher prejudicar outra pessoaª e, portanto, ofender o Senhor, será culpado. **7** Confessará o pecado que cometeu, fará restituição total, acrescentará um quinto a esse valor e entregará tudo isso a quem ele prejudicou. **8** Mas, se o prejudicado não tiver nenhum parente próximo para receber a restituição, esta pertencerá ao Senhor e será entregue ao sacerdote, juntamente com o carneiro com o qual se faz propiciação pelo culpado. **9** Todas as contribuições, ou seja, todas as dádivas sagradas que os israelitas trouxerem ao sacerdote, pertencerão a ele. **10** As dádivas sagradas de cada pessoa pertencem a ela, mas o que ela der ao sacerdote pertencerá ao sacerdote".

O Teste da Mulher Suspeita de Adultério

11 Então o Senhor disse a Moisés: **12** "Diga o seguinte aos israelitas: Se a mulher de alguém se desviar e lhe for infiel, **13** e outro homem deitar-se com ela, e isso estiver oculto de seu marido, e a impureza dela não for descoberta, por não haver testemunha contra ela nem ter ela sido pega no ato; **14** se o marido dela tiver ciúmes e suspeitar de sua mulher, esteja ela pura ou impura, deverá levá-la ao sacerdote, com uma oferta de um jarroᵇ de farinha de cevada em favor dela. Não derramará azeite nem porá incenso sobre a farinha, porque é uma oferta de cereal pelo ciúme, para que se revele a verdade sobre o pecado.

16 "O sacerdote trará a mulher e a colocará perante o Senhor. **17** Então apanhará um pouco de água sagrada num jarro de barro e colocará na água um pouco do pó do chão do tabernáculo. **18** Depois de colocar a mulher perante o Senhor, o sacerdote soltará o cabelo dela e porá nas mãos dela a oferta memorial, a oferta pelo ciúme, enquanto ele mesmo terá em sua mão a água amarga que traz maldição. **19** Então o sacerdote fará a mulher jurar e lhe dirá: Se nenhum outro homem se deitou com você e se você não foi infiel nem se tornou impura enquanto casada, que esta água amarga que traz maldição não lhe faça mal. **20** Mas, se você foi infiel enquanto casada e se contaminou por ter se deitado com um homem que não é seu marido — **21** então o sacerdote fará a mulher pronunciar este juramento com maldição — que o Senhor faça de você objeto de maldição e de desprezo no meio do povo fazendo que a sua barriga inche e que você jamais tenha filhosᶜ. **22** Que esta água que traz maldição entre em seu corpo, inche a sua barriga e a impeça de ter filhos.

"Então a mulher dirá: Amém. Assim seja.

23 "O sacerdote escreverá essas maldições num documento e depois as lavará na água amarga. **24** Ele a fará beber a água amarga que traz maldição, e essa água entrará nela, causando-lhe amargo sofrimento. **25** O sacerdote apanhará das mãos dela a oferta de cereal pelo ciúme, a moverá ritualmente perante o Senhor e a trará ao altar. **26** Então apanhará um punhado da oferta de cereal como oferta memorial e a queimará sobre o altar; depois disso fará a mulher beber a água. **27** Se ela houver se contaminado, sendo infiel ao seu marido, quando o sacerdote fizer que ela beba a água que traz maldição, essa água entrará nela e causará um amargo sofrimento; sua barriga inchará e ela, incapaz de ter filhos, se tornará objeto de maldição entre o seu povo. **28** Se, porém, a mulher não houver se contaminado, mas estiver pura, não sofrerá punição e será capaz de ter filhos.

29 "Esse é, pois, o ritual quanto ao ciúme, quando uma mulher for infiel e se contaminar enquanto casada, **30** ou quando o ciúme se apoderar de um homem porque suspeita de sua mulher. O sacerdote a colocará perante o Senhor e a fará passar por todo esse ritual. **31** Se a suspeita se confirmar ou não, o marido estará inocente; mas a mulher sofrerá as conseqüências da sua iniqüidade".

Restitution for Wrongs

5 The Lord said to Moses, **6** "Say to the Israelites: 'When a man or woman wrongs another in any wayª and so is unfaithful to the Lord, that person is guilty **7** and must confess the sin he has committed. He must make full restitution for his wrong, add one fifth to it and give it all to the person he has wronged. **8** But if that person has no close relative to whom restitution can be made for the wrong, the restitution belongs to the Lord and must be given to the priest, along with the ram with which atonement is made for him. **9** All the sacred contributions the Israelites bring to a priest will belong to him. **10** Each man's sacred gifts are his own, but what he gives to the priest will belong to the priest.' "

The Test for an Unfaithful Wife

11 Then the Lord said to Moses, **12** "Speak to the Israelites and say to them: 'If a man's wife goes astray and is unfaithful to him **13** by sleeping with another man, and this is hidden from her husband and her impurity is undetected (since there is no witness against her and she has not been caught in the act), **14** and if feelings of jealousy come over her husband and he suspects his wife and she is impure—or if he is jealous and suspects her even though she is not impure— **15** then he is to take his wife to the priest. He must also take an offering of a tenth of an ephahᵇ of barley flour on her behalf. He must not pour oil on it or put incense on it, because it is a grain offering for jealousy, a reminder offering to draw attention to guilt.

16 " 'The priest shall bring her and have her stand before the Lord. **17** Then he shall take some holy water in a clay jar and put some dust from the tabernacle floor into the water. **18** After the priest has had the woman stand before the Lord, he shall loosen her hair and place in her hands the reminder offering, the grain offering for jealousy, while he himself holds the bitter water that brings a curse. **19** Then the priest shall put the woman under oath and say to her, "If no other man has slept with you and you have not gone astray and become impure while married to your husband, may this bitter water that brings a curse not harm you. **20** But if you have gone astray while married to your husband and you have defiled yourself by sleeping with a man other than your husband"— **21** here the priest is to put the woman under this curse of the oath—"may the Lord cause your people to curse and denounce you when he causes your thigh to waste away and your abdomen to swell.ᶜ **22** May this water that brings a curse enter your body so that your abdomen swells and your thigh wastes away.ᵈ"

" 'Then the woman is to say, "Amen. So be it."

23 " 'The priest is to write these curses on a scroll and then wash them off into the bitter water. **24** He shall have the woman drink the bitter water that brings a curse, and this water will enter her and cause bitter suffering. **25** The priest is to take from her hands the grain offering for jealousy, wave it before the Lord and bring it to the altar. **26** The priest is then to take a handful of the grain offering as a memorial offering and burn it on the altar; after that, he is to have the woman drink the water. **27** If she has defiled herself and been unfaithful to her husband, then when she is made to drink the water that brings a curse, it will go into her and cause bitter suffering; her abdomen will swell and her thigh waste away,ᵉ and she will become accursed among her people. **28** If, however, the woman has not defiled herself and is free from impurity, she will be cleared of guilt and will be able to have children.

29 " 'This, then, is the law of jealousy when a woman goes astray and defiles herself while married to her husband, **30** or when feelings of jealousy come over a man because he suspects his wife. The priest is to have her stand before the Lord and is to apply this entire law to her. **31** The husband will be innocent of any wrongdoing, but the woman will bear the consequences of her sin.' "

ª5.6 Ou *cometer qualquer pecado que os homens cometem* ᵇ5.15 Hebraico: *1/10 de efa.* O efa era uma medida de capacidade para secos. As estimativas variam entre 20 e 40 litros. ᶜ5.21 Hebraico: *que a sua coxa caia e seu ventre inche;* também nos versículos 22 e 27.

ª5:6 Or *woman commits any wrong common to mankind* ᵇ5:15 That is, probably about 2 quarts (about 2 liters) ᶜ5:21 Or *Causes you to have a miscarrying womb and barrenness* ᵈ5:22 Or *body and cause you to be barren and have a miscarrying womb* ᵉ5:27 Or *suffering; she will have barrenness and a miscarrying womb*

As Regulamentações do Voto de Nazireu

6 O Senhor disse ainda a Moisés: **2** "Diga o seguinte aos israelitas: Se um homem ou uma mulher fizer um voto especial, um voto de separação para o Senhor como nazireu, **3** terá que se abster de vinho e de outras bebidas fermentadas e não poderá beber vinagre feito de vinho ou de outra bebida fermentada. Não poderá beber suco de uva nem comer uvas nem passas. **4** Enquanto for nazireu, não poderá comer nada que venha da videira, nem mesmo as sementes ou as cascas.

5 "Durante todo o período de seu voto de separação, nenhuma lâmina será usada em sua cabeça. Até que termine o período de sua separação para o Senhor ele estará consagrado e deixará crescer o cabelo de sua cabeça. **6** Durante todo o período de sua separação para o Senhor, não poderá aproximar-se de um cadáver. **7** Mesmo que o seu próprio pai ou mãe ou irmã ou irmão morra, ele não poderá tornar-se impuro por causa deles, pois traz sobre a cabeça o símbolo de sua separação para Deus. **8** Durante todo o período de sua separação, estará consagrado ao Senhor.

9 "Se alguém morrer repentinamente perto dele, contaminando assim o cabelo que consagrou, ele terá que rapar a cabeça sete dias depois, dia da sua purificação. **10** No oitavo dia, trará duas rolinhas ou dois pombinhos ao sacerdote, à entrada da Tenda do Encontro. **11** O sacerdote oferecerá um como oferta pelo pecado e o outro como holocausto[a], para fazer propiciação por ele, pois pecou ao se aproximar de um cadáver. Naquele mesmo dia o nazireu reconsagrará a sua cabeça. **12** Ele se dedicará ao Senhor pelo período de sua separação e trará um cordeiro de um ano de idade como oferta de reparação. Não se contarão os dias anteriores porque ficou contaminado durante a sua separação.

13 "Este é o ritual do nazireu quando terminar o período de sua separação: ele será trazido à entrada da Tenda do Encontro. **14** Ali apresentará a sua oferta ao Senhor: um cordeiro de um ano e sem defeito como holocausto, uma cordeira de um ano e sem defeito como oferta pelo pecado, um carneiro sem defeito como oferta de comunhão[b], **15** juntamente com a sua oferta de cereal, com a oferta derramada e com um cesto de pães sem fermento, bolos feitos da melhor farinha amassada com azeite e pães finos untados com azeite.

16 "O sacerdote os apresentará ao Senhor e oferecerá o sacrifício pelo pecado e o holocausto. **17** Apresentará o cesto de pães sem fermento e oferecerá o cordeiro como sacrifício de comunhão ao Senhor, juntamente com a oferta de cereal e a oferta derramada.

18 "Em seguida, à entrada da Tenda do Encontro, o nazireu rapará o cabelo que consagrou e o jogará no fogo que está embaixo do sacrifício da oferta de comunhão.

19 "Depois que o nazireu rapar o cabelo da sua consagração, o sacerdote lhe colocará nas mãos um ombro cozido do carneiro, um bolo e um pão fino tirados do cesto, ambos sem fermento. **20** O sacerdote os moverá perante o Senhor como gesto ritual de apresentação; são santos e pertencem ao sacerdote, bem como o peito que foi movido e a coxa. Depois disso o nazireu poderá beber vinho.

21 "Esse é o ritual do voto de nazireu e da oferta dedicada ao Senhor de acordo com a sua separação, sem contar qualquer outra coisa que ele possa dedicar. Cumprirá o voto que tiver feito de acordo com o ritual do nazireu".

A Bênção Sacerdotal

22 O Senhor disse a Moisés: **23** "Diga a Arão e aos seus filhos: Assim vocês abençoarão os israelitas:

24 "O Senhor te abençoe e te guarde;

25 o Senhor faça resplandecer
    o seu rosto sobre ti[c]
e te conceda graça;

The Nazirite

6 The Lord said to Moses, **2** "Speak to the Israelites and say to them: 'If a man or woman wants to make a special vow, a vow of separation to the Lord as a Nazirite, **3** he must abstain from wine and other fermented drink and must not drink vinegar made from wine or from other fermented drink. He must not drink grape juice or eat grapes or raisins. **4** As long as he is a Nazirite, he must not eat anything that comes from the grapevine, not even the seeds or skins.

5 " 'During the entire period of his vow of separation no razor may be used on his head. He must be holy until the period of his separation to the Lord is over; he must let the hair of his head grow long. **6** Throughout the period of his separation to the Lord he must not go near a dead body. **7** Even if his own father or mother or brother or sister dies, he must not make himself ceremonially unclean on account of them, because the symbol of his separation to God is on his head. **8** Throughout the period of his separation he is consecrated to the Lord.

9 " 'If someone dies suddenly in his presence, thus defiling the hair he has dedicated, he must shave his head on the day of his cleansing—the seventh day. **10** Then on the eighth day he must bring two doves or two young pigeons to the priest at the entrance to the Tent of Meeting. **11** The priest is to offer one as a sin offering and the other as a burnt offering to make atonement for him because he sinned by being in the presence of the dead body. That same day he is to consecrate his head. **12** He must dedicate himself to the Lord for the period of his separation and must bring a year-old male lamb as a guilt offering. The previous days do not count, because he became defiled during his separation.

13 " 'Now this is the law for the Nazirite when the period of his separation is over. He is to be brought to the entrance to the Tent of Meeting. **14** There he is to present his offerings to the Lord: a year-old male lamb without defect for a burnt offering, a year-old ewe lamb without defect for a sin offering, a ram without defect for a fellowship offering,[a] **15** together with their grain offerings and drink offerings, and a basket of bread made without yeast—cakes made of fine flour mixed with oil, and wafers spread with oil.

16 " 'The priest is to present them before the Lord and make the sin offering and the burnt offering. **17** He is to present the basket of unleavened bread and is to sacrifice the ram as a fellowship offering to the Lord, together with its grain offering and drink offering.

18 " 'Then at the entrance to the Tent of Meeting, the Nazirite must shave off the hair that he dedicated. He is to take the hair and put it in the fire that is under the sacrifice of the fellowship offering.

19 " 'After the Nazirite has shaved off the hair of his dedication, the priest is to place in his hands a boiled shoulder of the ram, and a cake and a wafer from the basket, both made without yeast. **20** The priest shall then wave them before the Lord as a wave offering; they are holy and belong to the priest, together with the breast that was waved and the thigh that was presented. After that, the Nazirite may drink wine.

21 " 'This is the law of the Nazirite who vows his offering to the Lord in accordance with his separation, in addition to whatever else he can afford. He must fulfill the vow he has made, according to the law of the Nazirite.' "

The Priestly Blessing

22 The Lord said to Moses, **23** "Tell Aaron and his sons, 'This is how you are to bless the Israelites. Say to them:

24 " ' "The Lord bless you
and keep you;

25 the Lord make his face shine upon you
and be gracious to you;

---

26 O Senhor volte para ti o seu rosto
e te dê paz.

27 "Assim eles invocarão o meu nome sobre os israelitas, e eu os abençoarei".

Ofertas por Ocasião da Dedicação do Tabernáculo

7 Quando Moisés acabou de armar o tabernáculo, ele o ungiu e o consagrou, juntamente com todos os seus utensílios. Também ungiu e consagrou o altar com todos os seus utensílios. **2** Então os líderes de Israel, os chefes das famílias que eram os líderes das tribos encarregados do recenseamento, apresentaram ofertas. **3** Trouxeram as suas dádivas ao Senhor: seis carroças cobertas e doze bois, um boi de cada líder e uma carroça de cada dois líderes; e as apresentaram diante do tabernáculo.

4 O Senhor disse a Moisés: **5** "Aceite as ofertas deles para que sejam usadas no trabalho da Tenda do Encontro. Entregue-as aos levitas, conforme exigir o trabalho de cada homem".

6 Então Moisés recebeu as carroças e os bois e os entregou aos levitas. **7** Deu duas carroças e quatro bois aos gersonitas, conforme exigia o trabalho deles, **8** e quatro carroças e oito bois aos meraritas, conforme exigia o trabalho deles. Estavam todos sob a supervisão de Itamar, filho do sacerdote Arão. **9** Mas aos coatitas Moisés não deu nada, pois eles deveriam carregar nos ombros os objetos sagrados pelos quais eram responsáveis.

10 Quando o altar foi ungido, os líderes trouxeram as suas ofertas para a dedicação do altar, e as apresentaram diante dele. **11** Pois o Senhor tinha dito a Moisés: "Cada dia um líder deverá trazer a sua oferta para a dedicação do altar".

12 No primeiro dia, Naassom, filho de Aminadabe, da tribo de Judá, trouxe a sua oferta.

13 A oferta dele foi um prato de prata de um quilo e quinhentos e sessenta gramas[a] e uma bacia de prata para as aspersões, de oitocentos e quarenta gramas, ambos pesados com base no peso padrão do santuário, cada um cheio da melhor farinha amassada com óleo, como oferta de cereal; **14** uma vasilha de ouro de cento e vinte gramas, cheia de incenso; **15** um novilho, um carneiro e um cordeiro de um ano como holocausto; **16** um bode como oferta pelo pecado; **17** e dois bois, cinco carneiros, cinco bodes e cinco cordeiros de um ano para serem oferecidos como sacrifício de comunhão. Essa foi a oferta de Naassom, filho de Aminadabe.

18 No segundo dia, Natanael, filho de Zuar e líder de Issacar, trouxe a sua oferta.

19 A oferta dele foi um prato de prata de um quilo e quinhentos e sessenta gramas e uma bacia de prata para as aspersões, de oitocentos e quarenta gramas, ambos pesados com base no peso padrão do santuário, cada um cheio da melhor farinha amassada com óleo, como oferta de cereal; **20** uma vasilha de ouro de cento e vinte gramas, cheia de incenso; **21** um novilho, um carneiro e um cordeiro de um ano como holocausto; **22** um bode como oferta pelo pecado; **23** e dois bois, cinco carneiros, cinco bodes e cinco cordeiros de um ano para serem oferecidos como sacrifício de comunhão. Essa foi a oferta de Natanael, filho de Zuar.

24 No terceiro dia, Eliabe, filho de Helom e líder de Zebulom, trouxe a sua oferta.

25 A oferta dele foi um prato de prata de um quilo e quinhentos e sessenta gramas e uma bacia de prata para as aspersões, de oitocentos e quarenta gramas, ambos pesados com base no peso padrão do santuário, cada um cheio da melhor farinha amassada com óleo, como oferta de cereal; **26** uma vasilha de ouro de cento e vinte gramas, cheia de incenso;

---

26 the Lord turn his face toward you
and give you peace." '

27 "So they will put my name on the Israelites, and I will bless them."

Offerings at the Dedication of the Tabernacle

7 When Moses finished setting up the tabernacle, he anointed it and consecrated it and all its furnishings. He also anointed and consecrated the altar and all its utensils. **2** Then the leaders of Israel, the heads of families who were the tribal leaders in charge of those who were counted, made offerings. **3** They brought as their gifts before the Lord six covered carts and twelve oxen—an ox from each leader and a cart from every two. These they presented before the tabernacle.

4 The Lord said to Moses, **5** "Accept these from them, that they may be used in the work at the Tent of Meeting. Give them to the Levites as each man's work requires."

6 So Moses took the carts and oxen and gave them to the Levites. **7** He gave two carts and four oxen to the Gershonites, as their work required, **8** and he gave four carts and eight oxen to the Merarites, as their work required. They were all under the direction of Ithamar son of Aaron, the priest. **9** But Moses did not give any to the Kohathites, because they were to carry on their shoulders the holy things, for which they were responsible.

10 When the altar was anointed, the leaders brought their offerings for its dedication and presented them before the altar. **11** For the Lord had said to Moses, "Each day one leader is to bring his offering for the dedication of the altar."

12 The one who brought his offering on the first day was Nahshon son of Amminadab of the tribe of Judah.

13 His offering was one silver plate weighing a hundred and thirty shekels,[a] and one silver sprinkling bowl weighing seventy shekels,[b] both according to the sanctuary shekel, each filled with fine flour mixed with oil as a grain offering; **14** one gold dish weighing ten shekels,[c] filled with incense; **15** one young bull, one ram and one male lamb a year old, for a burnt offering; **16** one male goat for a sin offering; **17** and two oxen, five rams, five male goats and five male lambs a year old, to be sacrificed as a fellowship offering.[d] This was the offering of Nahshon son of Amminadab.

18 On the second day Nethanel son of Zuar, the leader of Issachar, brought his offering.

19 The offering he brought was one silver plate weighing a hundred and thirty shekels, and one silver sprinkling bowl weighing seventy shekels, both according to the sanctuary shekel, each filled with fine flour mixed with oil as a grain offering; **20** one gold dish weighing ten shekels, filled with incense; **21** one young bull, one ram and one male lamb a year old, for a burnt offering; **22** one male goat for a sin offering; **23** and two oxen, five rams, five male goats and five male lambs a year old, to be sacrificed as a fellowship offering. This was the offering of Nethanel son of Zuar.

24 On the third day, Eliab son of Helon, the leader of the people of Zebulun, brought his offering.

25 His offering was one silver plate weighing a hundred and thirty shekels, and one silver sprinkling bowl weighing seventy shekels, both according to the sanctuary shekel, each filled with fine flour mixed with oil as a grain offering; **26** one gold dish weighing ten shekels, filled with incense;

---

a7.13 Hebraico: *130 siclos.* Um siclo equivalia a 12 gramas.

a7:13 That is, about 3 1/4 pounds (about 1.5 kilograms); also elsewhere in this chapter **b7:13** That is, about 1 3/4 pounds (about 0.8 kilogram); also elsewhere in this chapter **c7:14** That is, about 4 ounces (about 110 grams); also elsewhere in this chapter **d7:17** Traditionally *peace offering*; also elsewhere in this chapter

27 um novilho, um carneiro e um cordeiro de um ano como holocausto; **28** um bode como oferta pelo pecado; **29** e dois bois, cinco carneiros, cinco bodes e cinco cordeiros de um ano para serem oferecidos como sacrifício de comunhão. Essa foi a oferta de Eliabe, filho de Helom.

30 No quarto dia, Elizur, filho de Sedeur e líder de Rúben, trouxe a sua oferta.

31 A oferta dele foi um prato de prata de um quilo e quinhentos e sessenta gramas e uma bacia de prata para as aspersões, de oitocentos e quarenta gramas, ambos pesados com base no peso padrão do santuário, cada um cheio da melhor farinha amassada com óleo, como oferta de cereal; **32** uma vasilha de ouro de cento e vinte gramas, cheia de incenso; **33** um novilho, um carneiro e um cordeiro de um ano como holocausto; **34** um bode como oferta pelo pecado; **35** e dois bois, cinco carneiros, cinco bodes e cinco cordeiros de um ano para serem oferecidos como sacrifício de comunhão. Essa foi a oferta de Elizur, filho de Sedeur.

36 No quinto dia, Selumiel, filho de Zurisadai e líder de Simeão, trouxe a sua oferta.

37 A oferta dele foi um prato de prata de um quilo e quinhentos e sessenta gramas e uma bacia de prata para as aspersões, de oitocentos e quarenta gramas, ambos pesados com base no peso padrão do santuário, cada um cheio da melhor farinha amassada com óleo, como oferta de cereal; **38** uma vasilha de ouro de cento e vinte gramas, cheia de incenso; **39** um novilho, um carneiro e um cordeiro de um ano como holocausto; **40** um bode como oferta pelo pecado; **41** e dois bois, cinco carneiros, cinco bodes e cinco cordeiros de um ano para serem oferecidos como sacrifício de comunhão. Essa foi a oferta de Selumiel, filho de Zurisadai.

42 No sexto dia, Eliasafe, filho de Deuel e líder de Gade, trouxe a sua oferta.

43 A oferta dele foi um prato de prata de um quilo e quinhentos e sessenta gramas e uma bacia de prata para as aspersões, de oitocentos e quarenta gramas, ambos pesados com base no peso padrão do santuário, cada um cheio da melhor farinha amassada com óleo, como oferta de cereal; **44** uma vasilha de ouro de cento e vinte gramas, cheia de incenso; **45** um novilho, um carneiro e um cordeiro de um ano como holocausto; **46** um bode como oferta pelo pecado; **47** e dois bois, cinco carneiros, cinco bodes e cinco cordeiros de um ano para serem oferecidos como sacrifício de comunhão. Essa foi a oferta de Eliasafe, filho de Deuel.

48 No sétimo dia, Elisama, filho de Amiúde e líder de Efraim, trouxe a sua oferta.

49 A oferta dele foi um prato de prata de um quilo e quinhentos e sessenta gramas e uma bacia de prata para as aspersões, de oitocentos e quarenta gramas, ambos pesados com base no peso padrão do santuário, cada um cheio da melhor farinha amassada com óleo, como oferta de cereal; **50** uma vasilha de ouro de cento e vinte gramas, cheia de incenso; **51** um novilho, um carneiro e um cordeiro de um ano como holocausto; **52** um bode como oferta pelo pecado; **53** e dois bois, cinco carneiros, cinco bodes e cinco cordeiros de um ano para serem oferecidos como sacrifício de comunhão. Essa foi a oferta de Elisama, filho de Amiúde.

54 No oitavo dia, Gamaliel, filho de Pedazur e líder de Manassés, trouxe a sua oferta.

55 A oferta dele foi um prato de prata de um quilo e quinhentos e sessenta gramas e uma bacia de prata para as aspersões, de oitocentos e quarenta gramas, ambos pesados com base no peso padrão do santuário, cada um cheio da melhor farinha amassada com óleo, como oferta de cereal; **56** uma vasilha de ouro de cento e vinte gramas, cheia de incenso; **57** um novilho, um carneiro e um cordeiro de um ano como holocausto; **58** um bode como oferta pelo pecado; **59** e dois bois, cinco carneiros, cinco bodes e cinco cordeiros de um ano para serem oferecidos como sacrifício de comunhão. Essa foi a oferta de Gamaliel, filho de Pedazur.

27 one young bull, one ram and one male lamb a year old, for a burnt offering; **28** one male goat for a sin offering; **29** and two oxen, five rams, five male goats and five male lambs a year old, to be sacrificed as a fellowship offering. This was the offering of Eliab son of Helon.

30 On the fourth day Elizur son of Shedeur, the leader of the people of Reuben, brought his offering. **31** His offering was one silver plate weighing a hundred and thirty shekels, and one silver sprinkling bowl weighing seventy shekels, both according to the sanctuary shekel, each filled with fine flour mixed with oil as a grain offering; **32** one gold dish weighing ten shekels, filled with incense; **33** one young bull, one ram and one male lamb a year old, for a burnt offering; **34** one male goat for a sin offering; **35** and two oxen, five rams, five male goats and five male lambs a year old, to be sacrificed as a fellowship offering. This was the offering of Elizur son of Shedeur.

36 On the fifth day Shelumiel son of Zurishaddai, the leader of the people of Simeon, brought his offering. **37** His offering was one silver plate weighing a hundred and thirty shekels, and one silver sprinkling bowl weighing seventy shekels, both according to the sanctuary shekel, each filled with fine flour mixed with oil as a grain offering; **38** one gold dish weighing ten shekels, filled with incense; **39** one young bull, one ram and one male lamb a year old, for a burnt offering; **40** one male goat for a sin offering; **41** and two oxen, five rams, five male goats and five male lambs a year old, to be sacrificed as a fellowship offering. This was the offering of Shelumiel son of Zurishaddai.

42 On the sixth day Eliasaph son of Deuel, the leader of the people of Gad, brought his offering. **43** His offering was one silver plate weighing a hundred and thirty shekels, and one silver sprinkling bowl weighing seventy shekels, both according to the sanctuary shekel, each filled with fine flour mixed with oil as a grain offering; **44** one gold dish weighing ten shekels, filled with incense; **45** one young bull, one ram and one male lamb a year old, for a burnt offering; **46** one male goat for a sin offering; **47** and two oxen, five rams, five male goats and five male lambs a year old, to be sacrificed as a fellowship offering. This was the offering of Eliasaph son of Deuel.

48 On the seventh day Elishama son of Ammihud, the leader of the people of Ephraim, brought his offering. **49** His offering was one silver plate weighing a hundred and thirty shekels, and one silver sprinkling bowl weighing seventy shekels, both according to the sanctuary shekel, each filled with fine flour mixed with oil as a grain offering; **50** one gold dish weighing ten shekels, filled with incense; **51** one young bull, one ram and one male lamb a year old, for a burnt offering; **52** one male goat for a sin offering; **53** and two oxen, five rams, five male goats and five male lambs a year old, to be sacrificed as a fellowship offering. This was the offering of Elishama son of Ammihud.

54 On the eighth day Gamaliel son of Pedahzur, the leader of the people of Manasseh, brought his offering. **55** His offering was one silver plate weighing a hundred and thirty shekels, and one silver sprinkling bowl weighing seventy shekels, both according to the sanctuary shekel, each filled with fine flour mixed with oil as a grain offering; **56** one gold dish weighing ten shekels, filled with incense; **57** one young bull, one ram and one male lamb a year old, for a burnt offering; **58** one male goat for a sin offering; **59** and two oxen, five rams, five male goats and five male lambs a year old, to be sacrificed as a fellowship offering. This was the offering of Gamaliel son of Pedahzur.

60 No nono dia, Abidã, filho de Gideoni e líder de Benjamim, trouxe a sua oferta.

61 A oferta dele foi um prato de prata de um quilo e quinhentos e sessenta gramas e uma bacia de prata para as aspersões, de oitocentos e quarenta gramas, ambos pesados com base no peso padrão do santuário, cada um cheio da melhor farinha amassada com óleo, como oferta de cereal; **62** uma vasilha de ouro de cento e vinte gramas, cheia de incenso; **63** um novilho, um carneiro e um cordeiro de um ano como holocausto; **64** um bode como oferta pelo pecado; **65** e dois bois, cinco carneiros, cinco bodes e cinco cordeiros de um ano para serem oferecidos como sacrifício de comunhão. Essa foi a oferta de Abidã, filho de Gideoni.

66 No décimo dia, Aieser, filho de Amisadai e líder de Dã, trouxe a sua oferta.

67 A oferta dele foi um prato de prata de um quilo e quinhentos e sessenta gramas e uma bacia de prata para as aspersões, de oitocentos e quarenta gramas, ambos pesados com base no peso padrão do santuário, cada um cheio da melhor farinha amassada com óleo, como oferta de cereal; **68** uma vasilha de ouro de cento e vinte gramas, cheia de incenso; **69** um novilho, um carneiro e um cordeiro de um ano como holocausto; **70** um bode como oferta pelo pecado; **71** e dois bois, cinco carneiros, cinco bodes e cinco cordeiros de um ano para serem oferecidos como sacrifício de comunhão. Essa foi a oferta de Aieser, filho de Amisadai.

72 No décimo primeiro dia, Pagiel, filho de Ocrã e líder de Aser, trouxe a sua oferta.

73 A oferta dele foi um prato de prata de um quilo e quinhentos e sessenta gramas e uma bacia de prata para as aspersões, de oitocentos e quarenta gramas, ambos pesados com base no peso padrão do santuário, cada um cheio da melhor farinha amassada com óleo, como oferta de cereal; **74** uma vasilha de ouro de cento e vinte gramas, cheia de incenso; **75** um novilho, um carneiro e um cordeiro de um ano como holocausto; **76** um bode como oferta pelo pecado; **77** e dois bois, cinco carneiros, cinco bodes e cinco cordeiros de um ano para serem oferecidos como sacrifício de comunhão. Essa foi a oferta de Pagiel, filho de Ocrã.

78 No décimo segundo dia, Aira, filho de Enã e líder de Naftali, trouxe a sua oferta.

79 A oferta dele foi um prato de prata de um quilo e quinhentos e sessenta gramas e uma bacia de prata para as aspersões, de oitocentos e quarenta gramas, ambos pesados com base no peso padrão do santuário, cada um cheio da melhor farinha amassada com óleo, como oferta de cereal; **80** uma vasilha de ouro de cento e vinte gramas, cheia de incenso; **81** um novilho, um carneiro e um cordeiro de um ano como holocausto; **82** um bode como oferta pelo pecado; **83** e dois bois, cinco carneiros, cinco bodes e cinco cordeiros de um ano para serem oferecidos como sacrifício de comunhão. Essa foi a oferta de Aira, filho de Enã.

84 Essas foram as ofertas dos líderes israelitas para a dedicação do altar quando este foi ungido. Ao todo foram: doze pratos de prata, doze bacias de prata para as aspersões e doze vasilhas de ouro. **85** Cada prato de prata pesava um quilo e quinhentos e sessenta gramas, e cada bacia para as aspersões pesava oitocentos e quarenta gramas. O total de peças de prata pesava vinte e oito quilos e oitocentos gramas, com base no peso padrão do santuário. **86** As doze vasilhas de ouro cheias de incenso pesavam cada uma cento e vinte gramas, com base no peso padrão do santuário. O total de vasilhas de ouro pesava um quilo e quatrocentos e quarenta gramas. **87** O total de animais oferecidos em holocausto foi doze novilhos, doze carneiros e doze cordeiros de um ano, juntamente com as ofertas de cereal. Doze bodes foram trazidos para a oferta pelo pecado. **88** O total de animais oferecidos em sacrifício de comunhão foi vinte e quatro bois, sessenta carneiros, sessenta bodes e sessenta cordeiros de um ano. Foram essas as ofertas trazidas para a dedicação do altar depois que este foi ungido.

60 On the ninth day Abidan son of Gideoni, the leader of the people of Benjamin, brought his offering.

61 His offering was one silver plate weighing a hundred and thirty shekels, and one silver sprinkling bowl weighing seventy shekels, both according to the sanctuary shekel, each filled with fine flour mixed with oil as a grain offering; **62** one gold dish weighing ten shekels, filled with incense; **63** one young bull, one ram and one male lamb a year old, for a burnt offering; **64** one male goat for a sin offering; **65** and two oxen, five rams, five male goats and five male lambs a year old, to be sacrificed as a fellowship offering. This was the offering of Abidan son of Gideoni.

66 On the tenth day Ahiezer son of Ammishaddai, the leader of the people of Dan, brought his offering.

67 His offering was one silver plate weighing a hundred and thirty shekels, and one silver sprinkling bowl weighing seventy shekels, both according to the sanctuary shekel, each filled with fine flour mixed with oil as a grain offering; **68** one gold dish weighing ten shekels, filled with incense; **69** one young bull, one ram and one male lamb a year old, for a burnt offering; **70** one male goat for a sin offering; **71** and two oxen, five rams, five male goats and five male lambs a year old, to be sacrificed as a fellowship offering. This was the offering of Ahiezer son of Ammishaddai.

72 On the eleventh day Pagiel son of Ocran, the leader of the people of Asher, brought his offering.

73 His offering was one silver plate weighing a hundred and thirty shekels, and one silver sprinkling bowl weighing seventy shekels, both according to the sanctuary shekel, each filled with fine flour mixed with oil as a grain offering; **74** one gold dish weighing ten shekels, filled with incense; **75** one young bull, one ram and one male lamb a year old, for a burnt offering; **76** one male goat for a sin offering; **77** and two oxen, five rams, five male goats and five male lambs a year old, to be sacrificed as a fellowship offering. This was the offering of Pagiel son of Ocran.

78 On the twelfth day Ahira son of Enan, the leader of the people of Naphtali, brought his offering.

79 His offering was one silver plate weighing a hundred and thirty shekels, and one silver sprinkling bowl weighing seventy shekels, both according to the sanctuary shekel, each filled with fine flour mixed with oil as a grain offering; **80** one gold dish weighing ten shekels, filled with incense; **81** one young bull, one ram and one male lamb a year old, for a burnt offering; **82** one male goat for a sin offering; **83** and two oxen, five rams, five male goats and five male lambs a year old, to be sacrificed as a fellowship offering. This was the offering of Ahira son of Enan.

84 These were the offerings of the Israelite leaders for the dedication of the altar when it was anointed: twelve silver plates, twelve silver sprinkling bowls and twelve gold dishes. **85** Each silver plate weighed a hundred and thirty shekels, and each sprinkling bowl seventy shekels. Altogether, the silver dishes weighed two thousand four hundred shekels,[a] according to the sanctuary shekel. **86** The twelve gold dishes filled with incense weighed ten shekels each, according to the sanctuary shekel. Altogether, the gold dishes weighed a hundred and twenty shekels.[b] **87** The total number of animals for the burnt offering came to twelve young bulls, twelve rams and twelve male lambs a year old, together with their grain offering. Twelve male goats were used for the sin offering. **88** The total number of animals for the sacrifice of the fellowship offering came to twenty-four oxen, sixty rams, sixty male goats and sixty male lambs a year old. These were the offerings for the dedication of the altar after it was anointed.

---

a7:85 That is, about 60 pounds (about 28 kilograms)   **b**7:86 That is, about 3 pounds (about 1.4 kilograms)

89 Quando entrava na Tenda do Encontro para falar com o Senhor, Moisés ouvia a voz que lhe falava do meio dos dois querubins, de cima da tampa da arca da aliança. Era assim que o Senhor falava com ele.

A Preparação das Lâmpadas do Candelabro

8 Disse também o Senhor a Moisés: **2** "Diga o seguinte a Arão: Quando você preparar as sete lâmpadas, estas deverão iluminar a área da frente do candelabro".

3 Arão assim fez; dispôs as lâmpadas de modo que estivessem voltadas para a frente do candelabro, como o Senhor tinha ordenado a Moisés. **4** O candelabro foi feito de ouro batido, do pedestal às flores, conforme o modelo que o Senhor tinha mostrado a Moisés.

A Consagração dos Levitas

5 O Senhor disse a Moisés: **6** "Separe os levitas do meio dos israelitas e purifique-os. **7** A purificação deles será assim: você aspergirá a água da purificação sobre eles; fará com que rapem o corpo todo e lavem as roupas, para que se purifiquem. **8** Depois eles trarão um novilho com a oferta de cereal da melhor farinha amassada com óleo; e você trará um segundo novilho como oferta pelo pecado. **9** Você levará os levitas para a frente da Tenda do Encontro e reunirá toda a comunidade de Israel. **10** Levará os levitas à presença do Senhor, e os israelitas imporão as mãos sobre eles. **11** Arão apresentará os levitas ao Senhor como oferta ritualmente movida da parte dos israelitas: eles serão dedicados ao trabalho do Senhor.

12 "Depois que os levitas impuserem as mãos sobre a cabeça dos novilhos, você oferecerá um novilho como oferta pelo pecado e o outro como holocausto ao Senhor, para fazer propiciação pelos levitas. **13** Disponha os levitas em frente de Arão e dos filhos dele e apresente-os como oferta movida ao Senhor. **14** Dessa maneira você separará os levitas do meio dos israelitas, e os levitas serão meus.

15 "Depois que você purificar os levitas e os apresentar como oferta movida, eles entrarão na Tenda do Encontro para ministrar. **16** Eles são os israelitas que deverão ser inteiramente dedicados a mim. Eu os separei para serem meus em lugar dos primogênitos, do primeiro filho homem de cada mulher israelita. **17** Todo primogênito em Israel, entre os homens e entre os rebanhos, é meu. Eu os separei para mim quando feri todos os primogênitos no Egito, **18** e escolhi os levitas em lugar de todos os primogênitos em Israel. **19** Dentre todos os israelitas, dediquei os levitas como dádivas a Arão e aos seus filhos; eles ministrarão na Tenda do Encontro em nome dos israelitas e farão propiciação por eles, para que nenhuma praga atinja os israelitas quando se aproximarem do santuário". **20** Moisés, Arão e toda a comunidade de Israel fizeram com os levitas como o Senhor tinha ordenado a Moisés. **21** Os levitas se purificaram e lavaram suas roupas; e Arão os apresentou como oferta ritualmente movida perante o Senhor e fez propiciação por eles para purificá-los. **22** Depois disso os levitas passaram a ministrar na Tenda do Encontro sob a supervisão de Arão e dos seus filhos. Fizeram com os levitas como o Senhor tinha ordenado a Moisés.

23 O Senhor disse ainda a Moisés: **24** "Isto diz respeito aos levitas: os homens de vinte e cinco anos para cima, aptos para servir, tomarão parte no trabalho que se faz na Tenda do Encontro, **25** mas aos cinqüenta anos deverão afastar-se do serviço regular e nele não mais trabalharão. **26** Poderão ajudar seus companheiros de ofício na responsabilidade de cuidar da Tenda do Encontro, mas eles mesmos não deverão fazer o trabalho. Assim você designará as responsabilidades dos levitas".

A Celebração da Páscoa

9 O Senhor falou com Moisés no deserto do Sinai, no primeiro mês do segundo ano depois que o povo saiu do Egito. Ele disse: **2** "Os israelitas devem celebrar a Páscoa na ocasião

---

89 When Moses entered the Tent of Meeting to speak with the Lord, he heard the voice speaking to him from between the two cherubim above the atonement cover on the ark of the Testimony. And he spoke with him.

Setting Up the Lamps

8 The Lord said to Moses, **2** "Speak to Aaron and say to him, 'When you set up the seven lamps, they are to light the area in front of the lampstand.' "

3 Aaron did so; he set up the lamps so that they faced forward on the lampstand, just as the Lord commanded Moses. **4** This is how the lampstand was made: It was made of hammered gold—from its base to its blossoms. The lampstand was made exactly like the pattern the Lord had shown Moses.

The Setting Apart of the Levites

5 The Lord said to Moses: **6** "Take the Levites from among the other Israelites and make them ceremonially clean. **7** To purify them, do this: Sprinkle the water of cleansing on them; then have them shave their whole bodies and wash their clothes, and so purify themselves. **8** Have them take a young bull with its grain offering of fine flour mixed with oil; then you are to take a second young bull for a sin offering. **9** Bring the Levites to the front of the Tent of Meeting and assemble the whole Israelite community. **10** You are to bring the Levites before the Lord, and the Israelites are to lay their hands on them. **11** Aaron is to present the Levites before the Lord as a wave offering from the Israelites, so that they may be ready to do the work of the Lord.

12 "After the Levites lay their hands on the heads of the bulls, use the one for a sin offering to the Lord and the other for a burnt offering, to make atonement for the Levites. **13** Have the Levites stand in front of Aaron and his sons and then present them as a wave offering to the Lord. **14** In this way you are to set the Levites apart from the other Israelites, and the Levites will be mine.

15 "After you have purified the Levites and presented them as a wave offering, they are to come to do their work at the Tent of Meeting. **16** They are the Israelites who are to be given wholly to me. I have taken them as my own in place of the firstborn, the first male offspring from every Israelite woman. **17** Every firstborn male in Israel, whether man or animal, is mine. When I struck down all the firstborn in Egypt, I set them apart for myself. **18** And I have taken the Levites in place of all the firstborn sons in Israel. **19** Of all the Israelites, I have given the Levites as gifts to Aaron and his sons to do the work at the Tent of Meeting on behalf of the Israelites and to make atonement for them so that no plague will strike the Israelites when they go near the sanctuary."

20 Moses, Aaron and the whole Israelite community did with the Levites just as the Lord commanded Moses. **21** The Levites purified themselves and washed their clothes. Then Aaron presented them as a wave offering before the Lord and made atonement for them to purify them. **22** After that, the Levites came to do their work at the Tent of Meeting under the supervision of Aaron and his sons. They did with the Levites just as the Lord commanded Moses.

23 The Lord said to Moses, **24** "This applies to the Levites: Men twenty-five years old or more shall come to take part in the work at the Tent of Meeting, **25** but at the age of fifty, they must retire from their regular service and work no longer. **26** They may assist their brothers in performing their duties at the Tent of Meeting, but they themselves must not do the work. This, then, is how you are to assign the responsibilities of the Levites."

The Passover

9 The Lord spoke to Moses in the Desert of Sinai in the first month of the second year after they came out of Egypt. He said, **2** "Have the Israelites celebrate the Passover at the appointed

própria. ³ Celebrem-na no tempo determinado, ao pôr-do-sol do décimo quarto dia deste mês, de acordo com todas as suas leis e ordenanças".

⁴ Então Moisés ordenou aos israelitas que celebrassem a Páscoa; ⁵ eles a celebraram no deserto do Sinai, ao pôr-do-sol do décimo quarto dia do primeiro mês. Os israelitas fizeram tudo conforme o Senhor tinha ordenado a Moisés.

⁶ Mas alguns deles não puderam celebrar a Páscoa naquele dia porque se haviam tornado impuros por terem tocado num cadáver. Por isso procuraram Moisés e Arão naquele mesmo dia ⁷ e disseram a Moisés: "Nós nos tornamos impuros por termos tocado num cadáver, mas por que deveríamos ser impedidos de apresentar a nossa oferta ao Senhor na ocasião própria, como os demais israelitas?"

⁸ Moisés respondeu-lhes: "Esperem até que eu saiba o que o Senhor ordena a respeito de vocês".

⁹ Então o Senhor disse a Moisés: ¹⁰ "Diga o seguinte aos israelitas: Quando algum de vocês ou dos seus descendentes se tornar impuro por tocar algum cadáver ou estiver distante por motivo de viagem, ainda assim poderá celebrar a Páscoa do Senhor. ¹¹ Deverão celebrá-la no décimo quarto dia do segundo mês, ao pôr-do-sol. Comerão o cordeiro com pães sem fermento e com ervas amargas. ¹² Não deixarão sobrar nada até o amanhecer e não quebrarão nenhum osso do cordeiro. Quando a celebrarem, obedeçam a todas as leis da Páscoa. ¹³ Se, porém, um homem estiver puro e não estiver distante por motivo de viagem e ainda assim não celebrar a Páscoa, ele será eliminado do meio do seu povo porque não apresentou a oferta do Senhor na ocasião própria. Ele sofrerá as consequências do seu pecado.

¹⁴ "Um estrangeiro residente entre vocês, que queira celebrar a Páscoa do Senhor, deverá fazê-lo de acordo com as leis e ordenanças da Páscoa. Vocês terão as mesmas leis para o estrangeiro e para o natural da terra".

A Nuvem sobre o Tabernáculo

¹⁵ No dia em que foi armado o tabernáculo, a tenda que guarda as tábuas da aliança, a nuvem o cobriu. Desde o entardecer até o amanhecer a nuvem por cima do tabernáculo tinha a aparência de fogo. ¹⁶ Era assim que sempre acontecia: de dia a nuvem o cobria, e de noite tinha a aparência de fogo. ¹⁷ Sempre que a nuvem se levantava de cima da Tenda, os israelitas partiam; no lugar em que a nuvem descia, ali acampavam. ¹⁸ Conforme a ordem do Senhor os israelitas partiam, e conforme a ordem do Senhor, acampavam. Enquanto a nuvem estivesse por cima do tabernáculo, eles permaneciam acampados. ¹⁹ Quando a nuvem ficava sobre o tabernáculo por muito tempo, os israelitas cumpriam suas responsabilidades para com o Senhor, e não partiam. ²⁰ Às vezes a nuvem ficava sobre o tabernáculo poucos dias; conforme a ordem do Senhor eles acampavam, e também conforme a ordem do Senhor, partiam. ²¹ Outras vezes a nuvem permanecia somente desde o entardecer até o amanhecer, e quando se levantava pela manhã, eles partiam. De dia ou de noite, sempre que a nuvem se levantava, eles partiam. ²² Quer a nuvem ficasse sobre o tabernáculo dois dias, quer um mês, quer mais tempo, os israelitas permaneciam no acampamento e não partiam; mas, quando ela se levantava, partiam. ²³ Conforme a ordem do Senhor acampavam, e conforme a ordem do Senhor partiam. Nesse meio tempo, cumpriam suas responsabilidades para com o Senhor, de acordo com as suas ordens, anunciadas por Moisés.

As Cornetas de Prata

10 O Senhor disse a Moisés: ² "Faça duas cornetas de prata batida a fim de usá-las para reunir a comunidade e para dar aos acampamentos o sinal para partirem. ³ Quando as duas cornetas tocarem, a comunidade inteira se reunirá diante de você, à entrada da Tenda do Encontro. ⁴ Se apenas uma tocar, os líderes, chefes dos clãs de Israel, se reunirão diante de você. ⁵ Quando a corneta der um toque de alerta, as tribos acampadas a leste deverão partir. ⁶ Ao som do segundo toque, os acampamentos do lado sul partirão. O toque de alerta será o sinal

time. ³ Celebrate it at the appointed time, at twilight on the fourteenth day of this month, in accordance with all its rules and regulations."

⁴ So Moses told the Israelites to celebrate the Passover, ⁵ and they did so in the Desert of Sinai at twilight on the fourteenth day of the first month. The Israelites did everything just as the Lord commanded Moses.

⁶ But some of them could not celebrate the Passover on that day because they were ceremonially unclean on account of a dead body. So they came to Moses and Aaron that same day ⁷ and said to Moses, "We have become unclean because of a dead body, but why should we be kept from presenting the Lord's offering with the other Israelites at the appointed time?"

⁸ Moses answered them, "Wait until I find out what the Lord commands concerning you."

⁹ Then the Lord said to Moses, ¹⁰ "Tell the Israelites: 'When any of you or your descendants are unclean because of a dead body or are away on a journey, they may still celebrate the Lord's Passover. ¹¹ They are to celebrate it on the fourteenth day of the second month at twilight. They are to eat the lamb, together with unleavened bread and bitter herbs. ¹² They must not leave any of it till morning or break any of its bones. When they celebrate the Passover, they must follow all the regulations. ¹³ But if a man who is ceremonially clean and not on a journey fails to celebrate the Passover, that person must be cut off from his people because he did not present the Lord's offering at the appointed time. That man will bear the consequences of his sin.

¹⁴ " 'An alien living among you who wants to celebrate the Lord's Passover must do so in accordance with its rules and regulations. You must have the same regulations for the alien and the native-born.' "

The Cloud Above the Tabernacle

¹⁵ On the day the tabernacle, the Tent of the Testimony, was set up, the cloud covered it. From evening till morning the cloud above the tabernacle looked like fire. ¹⁶ That is how it continued to be; the cloud covered it, and at night it looked like fire. ¹⁷ Whenever the cloud lifted from above the Tent, the Israelites set out; wherever the cloud settled, the Israelites encamped. ¹⁸ At the Lord's command the Israelites set out, and at his command they encamped. As long as the cloud stayed over the tabernacle, they remained in camp. ¹⁹ When the cloud remained over the tabernacle a long time, the Israelites obeyed the Lord's order and did not set out. ²⁰ Sometimes the cloud was over the tabernacle only a few days; at the Lord's command they would encamp, and then at his command they would set out. ²¹ Sometimes the cloud stayed only from evening till morning, and when it lifted in the morning, they set out. Whether by day or by night, whenever the cloud lifted, they set out. ²² Whether the cloud stayed over the tabernacle for two days or a month or a year, the Israelites would remain in camp and not set out; but when it lifted, they would set out. ²³ At the Lord's command they encamped, and at the Lord's command they set out. They obeyed the Lord's order, in accordance with his command through Moses.

The Silver Trumpets

10 The Lord said to Moses: ² "Make two trumpets of hammered silver, and use them for calling the community together and for having the camps set out. ³ When both are sounded, the whole community is to assemble before you at the entrance to the Tent of Meeting. ⁴ If only one is sounded, the leaders—the heads of the clans of Israel—are to assemble before you. ⁵ When a trumpet blast is sounded, the tribes camping on the east are to set out. ⁶ At the sounding of a second blast, the camps on the south are to set out. The blast will be the signal for

para partir. **7** Para reunir a assembléia, faça soar as cornetas, mas não com o mesmo toque.

8 "Os filhos de Arão, os sacerdotes, tocarão as cornetas. Este é um decreto perpétuo para vocês e para as suas gerações. **9** Quando em sua terra vocês entrarem em guerra contra um adversário que os esteja oprimindo, toquem as cornetas; e o Senhor, o Deus de vocês, se lembrará de vocês e os libertará dos seus inimigos. **10** Também em seus dias festivos, nas festas fixas e no primeiro dia de cada mês, vocês deverão tocar as cornetas por ocasião dos seus holocaustos e das suas ofertas de comunhãoª, e elas serão um memorial em favor de vocês perante o seu Deus. Eu sou o Senhor, o Deus de vocês".

Os Israelitas Partem do Sinai

11 No vigésimo dia do segundo mês do segundo ano, a nuvem se levantou de cima do tabernáculo que guarda as tábuas da aliança. **12** Então os israelitas partiram do deserto do Sinai e viajaram por etapas, até que a nuvem pousou no deserto de Parã. **13** Assim partiram pela primeira vez, conforme a ordem do Senhor anunciada por Moisés.

14 Os exércitos do acampamento de Judá partiram primeiro, junto à sua bandeira. Naassom, filho de Aminadabe, estava no comando. **15** Natanael, filho de Zuar, comandava os exércitos da tribo de Issacar, **16** e Eliabe, filho de Helom, chefiava os exércitos da tribo de Zebulom. **17** Quando o tabernáculo era desmontado, os gersonitas e os meraritas o carregavam e partiam.

18 Os exércitos do acampamento de Rúben partiram em seguida, junto à sua bandeira. Elizur, filho de Sedeur, estava no comando. **19** Selumiel, filho de Zurisadai, comandava os exércitos da tribo de Simeão, **20** e Eliasafe, filho de Deuel, chefiava os exércitos da tribo de Gade. **21** Então os coatitas partiam carregando as coisas sagradas. Antes que eles chegassem, o tabernáculo já deveria estar armado.

22 Os exércitos do acampamento de Efraim partiram em seguida, junto à sua bandeira. Elisama, filho de Amiúde, estava no comando. **23** Gamaliel, filho de Pedazur, comandava os exércitos da tribo de Manassés, **24** e Abidã, filho de Gideoni, os exércitos da tribo de Benjamim.

25 Finalmente, partiram os exércitos do acampamento de Dã, junto à sua bandeira, como retaguarda para todos os acampamentos. Aieser, filho de Amisadai, estava no comando. **26** Pagiel, filho de Ocrã, comandava os exércitos da tribo de Aser, **27** e Aira, filho de Enã, a divisão da tribo de Naftali. **28** Essa era a ordem que os exércitos israelitas seguiam quando se punham em marcha.

29 Então Moisés disse a Hobabe, filho do midianita Reuel, sogro de Moisés: "Estamos partindo para o lugar a respeito do qual o Senhor disse: 'Eu o darei a vocês'. Venha conosco e o trataremos bem, pois o Senhor prometeu boas coisas para Israel".

30 Ele respondeu: "Não, não irei; voltarei para a minha terra e para o meu povo".

31 Moisés, porém, disse: "Por favor, não nos deixe. Você sabe onde devemos acampar no deserto e pode ser o nosso guiaᵇ. **32** Se vier conosco, partilharemos com você todas as coisas boas que o Senhor nos der".

33 Então eles partiram do monte do Senhor e viajaram três dias. A arca da aliança do Senhor foi à frente deles durante aqueles três dias para encontrar um lugar para descansarem. **34** A nuvem do Senhor estava sobre eles de dia, sempre que partiam de um acampamento.

35 Sempre que a arca partia, Moisés dizia:

"Levanta-te, ó Senhor!
Sejam espalhados os teus inimigos
e fujam de diante de ti
    os teus adversários".

36 Sempre que a arca parava, ele dizia:

"Volta, ó Senhor,
    para os incontáveis milhares
de Israel".

setting out. **7** To gather the assembly, blow the trumpets, but not with the same signal.

8 "The sons of Aaron, the priests, are to blow the trumpets. This is to be a lasting ordinance for you and the generations to come. **9** When you go into battle in your own land against an enemy who is oppressing you, sound a blast on the trumpets. Then you will be remembered by the Lord your God and rescued from your enemies. **10** Also at your times of rejoicing— your appointed feasts and New Moon festivals—you are to sound the trumpets over your burnt offerings and fellowship offerings,ª and they will be a memorial for you before your God. I am the Lord your God."

The Israelites Leave Sinai

11 On the twentieth day of the second month of the second year, the cloud lifted from above the tabernacle of the Testimony. **12** Then the Israelites set out from the Desert of Sinai and traveled from place to place until the cloud came to rest in the Desert of Paran. **13** They set out, this first time, at the Lord's command through Moses.

14 The divisions of the camp of Judah went first, under their standard. Nahshon son of Amminadab was in command. **15** Nethanel son of Zuar was over the division of the tribe of Issachar, **16** and Eliab son of Helon was over the division of the tribe of Zebulun. **17** Then the tabernacle was taken down, and the Gershonites and Merarites, who carried it, set out.

18 The divisions of the camp of Reuben went next, under their standard. Elizur son of Shedeur was in command. **19** Shelumiel son of Zurishaddai was over the division of the tribe of Simeon, **20** and Eliasaph son of Deuel was over the division of the tribe of Gad. **21** Then the Kohathites set out, carrying the holy things. The tabernacle was to be set up before they arrived.

22 The divisions of the camp of Ephraim went next, under their standard. Elishama son of Ammihud was in command. **23** Gamaliel son of Pedahzur was over the division of the tribe of Manasseh, **24** and Abidan son of Gideoni was over the division of the tribe of Benjamin.

25 Finally, as the rear guard for all the units, the divisions of the camp of Dan set out, under their standard. Ahiezer son of Ammishaddai was in command. **26** Pagiel son of Ocran was over the division of the tribe of Asher, **27** and Ahira son of Enan was over the division of the tribe of Naphtali. **28** This was the order of march for the Israelite divisions as they set out.

29 Now Moses said to Hobab son of Reuel the Midianite, Moses' father-in-law, "We are setting out for the place about which the Lord said, 'I will give it to you.' Come with us and we will treat you well, for the Lord has promised good things to Israel."

30 He answered, "No, I will not go; I am going back to my own land and my own people."

31 But Moses said, "Please do not leave us. You know where we should camp in the desert, and you can be our eyes. **32** If you come with us, we will share with you whatever good things the Lord gives us."

33 So they set out from the mountain of the Lord and traveled for three days. The ark of the covenant of the Lord went before them during those three days to find them a place to rest. **34** The cloud of the Lord was over them by day when they set out from the camp.

35 Whenever the ark set out, Moses said,

"Rise up, O Lord!
    May your enemies be scattered;
    may your foes flee before you."

36 Whenever it came to rest, he said,

"Return, O Lord,
    to the countless thousands of Israel."

ª**10.10** Ou *de paz*; também em 15.8. ᵇ**10.31** Hebraico: *os nossos olhos*.

ª**10:10** Traditionally *peace offerings*

O Fogo da Ira do Senhor

11 Aconteceu que o povo começou a queixar-se das suas dificuldades aos ouvidos do Senhor. Quando ele os ouviu, a sua ira acendeu-se e fogo da parte do Senhor queimou entre eles e consumiu algumas extremidades do acampamento. [2] Então o povo clamou a Moisés, este orou ao Senhor, e o fogo extinguiu-se. [3] Por isso aquele lugar foi chamado Taberá, porque o fogo da parte do Senhor queimou entre eles.

A Reclamação do Povo

[4] Um bando de estrangeiros que havia no meio deles encheu-se de gula, e até os próprios israelitas tornaram a queixar-se, e diziam: "Ah, se tivéssemos carne para comer! [5] Nós nos lembramos dos peixes que comíamos de graça no Egito, e também dos pepinos, das melancias, dos alhos porós, das cebolas dos alhos. [6] Mas agora perdemos o apetite; nunca vemos nada, a não ser este maná!"

[7] O maná era como semente de coentro e tinha aparência de resina. [8] O povo saía recolhendo o maná nas redondezas, e o moía num moinho manual ou socava-o num pilão; depois cozinhava o maná e com ele fazia bolos. Tinha gosto de bolo amassado com azeite de oliva. [9] Quando o orvalho caía sobre o acampamento à noite, também caía o maná.

[10] Moisés ouviu gente de todas as famílias se queixando, cada uma à entrada de sua tenda. Então acendeu-se a ira do Senhor, e isso pareceu mal a Moisés. [11] E ele perguntou ao Senhor: "Por que trouxeste este mal sobre o teu servo? Foi por não te agradares de mim, que colocaste sobre os meus ombros a responsabilidade de todo esse povo? [12] Por acaso fui eu quem o concebeu? Fui eu quem o deu à luz? Por que me pedes para carregá-lo nos braços, como uma ama carrega um recém-nascido, para levá-lo à terra que prometeste sob juramento aos seus antepassados? [13] Onde conseguirei carne para todo esse povo? Eles ficam se queixando contra mim, dizendo: 'Dê-nos carne para comer!' [14] Não posso levar todo esse povo sozinho; essa responsabilidade é grande demais para mim. [15] Se é assim que vais me tratar, mata-me agora mesmo; se te agradas de mim, não me deixes ver a minha própria ruína".

A Missão Dada a Setenta Autoridades do Povo

[16] E o Senhor disse a Moisés: "Reúna setenta autoridades de Israel, que você sabe que são líderes e supervisores entre o povo. Leve-os à Tenda do Encontro, para que estejam ali com você. [17] Eu descerei e falarei com você; e tirarei do Espírito que está sobre você e o porei sobre eles. Eles o ajudarão na árdua responsabilidade de conduzir o povo, de modo que você não tenha que assumir tudo sozinho.

[18] "Diga ao povo: Consagrem-se para amanhã, pois vocês comerão carne. O Senhor os ouviu quando se queixaram a ele, dizendo: 'Ah, se tivéssemos carne para comer! Estávamos melhor no Egito!' Agora o Senhor lhes dará carne, e vocês a comerão. [19] Vocês não comerão carne apenas um dia, ou dois, ou cinco, ou dez ou vinte, [20] mas um mês inteiro, até que lhes saia carne pelo nariz e vocês tenham nojo dela, porque rejeitaram o Senhor, que está no meio de vocês, e se queixaram a ele, dizendo: 'Por que saímos do Egito?' "

[21] Disse, porém, Moisés: "Aqui estou eu no meio de seiscentos mil homens em pé, e dizes: 'Darei a eles carne para comerem durante um mês inteiro'? [22] Será que haveria o suficiente para eles se todos os rebanhos fossem abatidos? Será que haveria o suficiente para eles se todos os peixes do mar fossem apanhados?"

[23] O Senhor respondeu a Moisés: "Estará limitado o poder do Senhor? Agora você verá se a minha palavra se cumprirá ou não".

[24] Então Moisés saiu e contou ao povo o que o Senhor tinha dito. Reuniu setenta autoridades dentre eles e as dispôs ao redor da Tenda. [25] O Senhor desceu na nuvem e lhe falou, e tirou do Espírito que estava sobre Moisés e o pôs sobre as setenta autoridades. Quando o Espírito veio sobre elas, profetizaram, mas depois nunca mais tornaram a fazê-lo[a].

Fire From the Lord

11 Now the people complained about their hard-ships in the hearing of the Lord, and when he heard them his anger was aroused. Then fire from the Lord burned among them and consumed some of the outskirts of the camp. [2] When the people cried out to Moses, he prayed to the Lord and the fire died down. [3] So that place was called Taberah,[a] because fire from the Lord had burned among them.

Quail From the Lord

[4] The rabble with them began to crave other food, and again the Israelites started wailing and said, "If only we had meat to eat! [5] We remember the fish we ate in Egypt at no cost—also the cucumbers, melons, leeks, onions and garlic. [6] But now we have lost our appetite; we never see anything but this manna!"

[7] The manna was like coriander seed and looked like resin. [8] The people went around gathering it, and then ground it in a handmill or crushed it in a mortar. They cooked it in a pot or made it into cakes. And it tasted like something made with olive oil. [9] When the dew settled on the camp at night, the manna also came down.

[10] Moses heard the people of every family wailing, each at the entrance to his tent. The Lord became exceedingly angry, and Moses was troubled. [11] He asked the Lord, "Why have you brought this trouble on your servant? What have I done to displease you that you put the burden of all these people on me? [12] Did I conceive all these people? Did I give them birth? Why do you tell me to carry them in my arms, as a nurse carries an infant, to the land you promised on oath to their forefathers? [13] Where can I get meat for all these people? They keep wailing to me, 'Give us meat to eat!' [14] I cannot carry all these people by myself; the burden is too heavy for me. [15] If this is how you are going to treat me, put me to death right now—if I have found favor in your eyes—and do not let me face my own ruin."

[16] The Lord said to Moses: "Bring me seventy of Israel's elders who are known to you as leaders and officials among the people. Have them come to the Tent of Meeting, that they may stand there with you. [17] I will come down and speak with you there, and I will take of the Spirit that is on you and put the Spirit on them. They will help you carry the burden of the people so that you will not have to carry it alone.

[18] "Tell the people: 'Consecrate yourselves in preparation for tomorrow, when you will eat meat. The Lord heard you when you wailed, "If only we had meat to eat! We were better off in Egypt!" Now the Lord will give you meat, and you will eat it. [19] You will not eat it for just one day, or two days, or five, ten or twenty days, [20] but for a whole month—until it comes out of your nostrils and you loathe it—because you have rejected the Lord, who is among you, and have wailed before him, saying, "Why did we ever leave Egypt?" ' "

[21] But Moses said, "Here I am among six hundred thousand men on foot, and you say, 'I will give them meat to eat for a whole month!' [22] Would they have enough if flocks and herds were slaughtered for them? Would they have enough if all the fish in the sea were caught for them?"

[23] The Lord answered Moses, "Is the Lord's arm too short? You will now see whether or not what I say will come true for you."

[24] So Moses went out and told the people what the Lord had said. He brought together seventy of their elders and had them stand around the Tent. [25] Then the Lord came down in the cloud and spoke with him, and he took of the Spirit that was on him and put the Spirit on the seventy elders. When the Spirit rested on them, they prophesied, but they did not do so again.[b]

---

[a]11.25 Ou *profetizaram e continuaram a fazê-lo*

[a]11:3 *Taberah* means *burning.* [b]11:25 Or *prophesied and continued to do so*

26 Entretanto, dois homens, chamados Eldade e Medade, tinham ficado no acampamento. Ambos estavam na lista das autoridades, mas não tinham ido para a Tenda. O Espírito também veio sobre eles, e profetizaram no acampamento. **27** Então, certo jovem correu e contou a Moisés: "Eldade e Medade estão profetizando no acampamento".

28 Josué, filho de Num, que desde jovem era auxiliar de Moisés, interferiu e disse: "Moisés, meu senhor, proíba-os!"

29 Mas Moisés respondeu: "Você está com ciúmes por mim? Quem dera todo o povo do Senhor fosse profeta e que o Senhor pusesse o seu Espírito sobre eles!" **30** Então Moisés e as autoridades de Israel voltaram para o acampamento.

O Senhor Envia Codornizes

31 Depois disso, veio um vento da parte do Senhor que trouxe codornizes do mar e as fez cair por todo o acampamento, a uma altura de noventa centímetros[a], espalhando-as em todas as direções num raio de um dia de caminhada[b]. **32** Durante todo aquele dia e aquela noite e durante todo o dia seguinte, o povo saiu e recolheu codornizes. Ninguém recolheu menos de dez bar-ris[c]. Então eles as estenderam para secar ao redor de todo o acampamento. **33** Mas, enquanto a carne ainda estava entre os seus dentes e antes que a ingerissem, a ira do Senhor acendeu-se contra o povo, e ele o feriu com uma praga terrível. **34** Por isso o lugar foi chamado Quibrote-Hataavá, porque ali foram enterrados os que tinham sido dominados pela gula.

35 De Quibrote-Hataavá o povo partiu para Hazerote, e lá ficou.

Miriã e Arão Criticam Moisés

12 Miriã e Arão começaram a criticar Moisés porque ele havia se casado com uma mulher etíope[d]. **2** "Será que o Senhor tem falado apenas por meio de Moisés?", perguntaram. "Também não tem ele falado por meio de nós?" E o Senhor ouviu isso.

3 Ora, Moisés era um homem muito paciente, mais do que qualquer outro que havia na terra.

4 Imediatamente o Senhor disse a Moisés, a Arão e a Miriã: "Dirijam-se à Tenda do Encontro, vocês três". E os três foram para lá. **5** Então o Senhor desceu numa coluna de nuvem e, pondo-se à entrada da Tenda, chamou Arão e Miriã. Os dois vieram à frente, **6** e ele disse:

"Ouçam as minhas palavras:
Quando entre vocês
há um profeta do Senhor[e],
a ele me revelo em visões,
em sonhos falo com ele.
7 Não é assim, porém,
com meu servo Moisés,
que é fiel em toda a minha casa[f].
8 Com ele falo face a face,
claramente, e não por enigmas;
e ele vê a forma do Senhor.
Por que não temeram
criticar meu servo Moisés?"

9 Então a ira do Senhor acendeu-se contra eles, e ele os deixou. **10** Quando a nuvem se afastou da Tenda, Miriã estava leprosa[g]; sua aparência era como a da neve. Arão voltou-se para Miriã, viu que ela estava com lepra **11** e disse a Moisés: "Por favor, meu senhor, não nos castigue pelo pecado que tão tolamente cometemos. **12** Não permita que ela fique como um feto abortado que sai do ventre de sua mãe com a metade do corpo destruído".

26 However, two men, whose names were Eldad and Medad, had remained in the camp. They were listed among the elders, but did not go out to the Tent. Yet the Spirit also rested on them, and they prophesied in the camp. **27** A young man ran and told Moses, "Eldad and Medad are prophesying in the camp."

28 Joshua son of Nun, who had been Moses' aide since youth, spoke up and said, "Moses, my lord, stop them!"

29 But Moses replied, "Are you jealous for my sake? I wish that all the Lord's people were prophets and that the Lord would put his Spirit on them!" **30** Then Moses and the elders of Israel returned to the camp.

31 Now a wind went out from the Lord and drove quail in from the sea. It brought them[a] down all around the camp to about three feet[b] above the ground, as far as a day's walk in any direction. **32** All that day and night and all the next day the people went out and gathered quail. No one gathered less than ten homers.[c] Then they spread them out all around the camp. **33** But while the meat was still between their teeth and before it could be consumed, the anger of the Lord burned against the people, and he struck them with a severe plague. **34** Therefore the place was named Kibroth Hattaavah,[d] because there they buried the people who had craved other food.

35 From Kibroth Hattaavah the people traveled to Hazeroth and stayed there.

Miriam and Aaron Oppose Moses

12 Miriam and Aaron began to talk against Moses because of his Cushite wife, for he had married a Cushite. **2** "Has the Lord spoken only through[a] Moses?" they asked. "Hasn't he also spoken through us?" And the Lord heard this.

3 (Now Moses was a very humble man, more humble than anyone else on the face of the earth.)

4 At once the Lord said to Moses, Aaron and Miriam, "Come out to the Tent of Meeting, all three of you." So the three of them came out. **5** Then the Lord came down in a pillar of cloud; he stood at the entrance to the Tent and summoned Aaron and Miriam. When both of them stepped forward, **6** he said, "Listen to my words:

"When a prophet of the Lord is among you,
I reveal myself to him in visions,
I speak to him in dreams.
7 But this is not true of my servant Moses;
he is faithful in all my house.
8 With him I speak face to face,
clearly and not in riddles;
he sees the form of the Lord.
Why then were you not afraid
to speak against my servant Moses?"

9 The anger of the Lord burned against them, and he left them.

10 When the cloud lifted from above the Tent, there stood Miriam—leprous,[e] like snow. Aaron turned toward her and saw that she had leprosy; **11** and he said to Moses, "Please, my lord, do not hold against us the sin we have so foolishly committed. **12** Do not let her be like a stillborn infant coming from its mother's womb with its flesh half eaten away."

---

a 11.31 Hebraico: *2 côvados*. O côvado era uma medida linear de cerca de 45 centímetros. b 11.31 Isto é, cerca de 30 quilômetros. c 11.32 Hebraico: *hômeres*. O hômer era uma medida de capacidade para secos. As estimativas variam entre 200 e 400 litros. d 12.1 Hebraico: **cuxita** e 12.6 Ou *profeta, eu, o Senhor* f 12.7 Ou *é o líder de todo o meu povo*, ou ainda *é o mais fiel dos meus servos* g 12.10 O termo hebraico não se refere somente à lepra, mas também a diversas doenças da pele.

a 11:31 Or *They flew* b 11:31 Hebrew *two cubits* (about 1 meter) c 11:32 That is, probably about 60 bushels (about 2.2 kiloliters) d 11:34 *Kibroth Hattaavah* means *graves of craving*. e 12:10 The Hebrew word was used for various diseases affecting the skin—not necessarily leprosy.

13 Então Moisés clamou ao Senhor: "Ó Deus, por misericórdia, concede-lhe cura!"

14 O Senhor respondeu a Moisés: "Se o pai dela lhe tivesse cuspido no rosto, não estaria ela envergonhada sete dias? Que fique isolada fora do acampamento sete dias; depois ela poderá ser trazida de volta". **15** Então Mirià ficou isolada sete dias fora do acampamento, e o povo não partiu enquanto ela não foi trazida de volta.

16 Depois disso, partiram de Hazerote e acamparam no deserto de Parã.

A Missão de Reconhecimento de Canaã

13 E o Senhor disse a Moisés: **2** "Envie alguns homens em missão de reconhecimento à terra de Canaã, terra que dou aos israelitas. Envie um líder de cada tribo dos seus antepassados".

3 Assim Moisés os enviou do deserto de Parã, conforme a ordem do Senhor. Todos eles eram chefes dos israelitas. **4** São estes os seus nomes:

da tribo de Rúben, Samua,
filho de Zacur;
5 da tribo de Simeão, Safate,
filho de Hori;
6 da tribo de Judá, Calebe,
filho de Jefoné;
7 da tribo de Issacar, Igal,
filho de José;
8 da tribo de Efraim, Oséias,
filho de Num;
9 da tribo de Benjamim, Palti,
filho de Rafu;
10 da tribo de Zebulom, Gadiel,
filho de Sodi;
11 da tribo de José, isto é,
da tribo de Manassés, Gadi,
filho de Susi;
12 da tribo de Dã, Amiel,
filho de Gemali;
13 da tribo de Aser, Setur,
filho de Micael;
14 da tribo de Naftali, Nabi,
filho de Vofsi;
15 da tribo de Gade, Güel,
filho de Maqui.

16 São esses os nomes dos homens que Moisés enviou em missão de reconhecimento do território. (A Oséias, filho de Num, Moisés deu o nome de Josué.)

17 Quando Moisés os enviou para observarem Canaã, disse: "Subam pelo Neguebe e prossigam até a região montanhosa. **18** Vejam como é a terra e se o povo que vive lá é forte ou fraco, se são muitos ou poucos; **19** se a terra em que habitam é boa ou ruim; se as cidades em que vivem são cidades sem muros ou fortificadas; **20** se o solo é fértil ou pobre; se existe ali floresta ou não. Sejam corajosos! Tragam alguns frutos da terra". Era a época do início da colheita das uvas.

21 Eles subiram e observaram a terra desde o deserto de Zim até Reobe, na direção de Lebo-Hamate. **22** Subiram do Neguebe e chegaram a Hebrom, onde viviam Aimã, Sesai e Talmai, descendentes de Enaque. (Hebrom havia sido construída sete anos antes de Zoã, no Egito.) **23** Quando chegaram ao vale de Escolª, cortaram um ramo do qual pendia um único cacho de uvas. Dois deles carregaram o cacho, pendurado numa vara. Colheram também romãs e figos. **24** Aquele lugar foi chamado vale de Escol por causa do cacho de uvas que os israelitas cortaram ali. **25** Ao fim de quarenta dias eles voltaram da missão de reconhecimento daquela terra.

13 So Moses cried out to the Lord, "O God, please heal her!"

14 The Lord replied to Moses, "If her father had spit in her face, would she not have been in disgrace for seven days? Confine her outside the camp for seven days; after that she can be brought back." **15** So Miriam was confined outside the camp for seven days, and the people did not move on till she was brought back.

16 After that, the people left Hazeroth and encamped in the Desert of Paran.

Exploring Canaan

13 The Lord said to Moses, **2** "Send some men to explore the land of Canaan, which I am giving to the Israelites. From each ancestral tribe send one of its leaders."

3 So at the Lord's command Moses sent them out from the Desert of Paran. All of them were leaders of the Israelites. **4** These are their names:

from the tribe of Reuben, Shammua son of Zaccur;
5 from the tribe of Simeon, Shaphat son of Hori;
6 from the tribe of Judah, Caleb son of Jephunneh;
7 from the tribe of Issachar, Igal son of Joseph;
8 from the tribe of Ephraim, Hoshea son of Nun;
9 from the tribe of Benjamin, Palti son of Raphu;
10 from the tribe of Zebulun, Gaddiel son of Sodi;
11 from the tribe of Manasseh (a tribe of Joseph), Gaddi son of Susi;
12 from the tribe of Dan, Ammiel son of Gemalli;
13 from the tribe of Asher, Sethur son of Michael;
14 from the tribe of Naphtali, Nahbi son of Vophsi;
15 from the tribe of Gad, Geuel son of Maki.

16 These are the names of the men Moses sent to explore the land. (Moses gave Hoshea son of Nun the name Joshua.)

17 When Moses sent them to explore Canaan, he said, "Go up through the Negev and on into the hill country. **18** See what the land is like and whether the people who live there are strong or weak, few or many. **19** What kind of land do they live in? Is it good or bad? What kind of towns do they live in? Are they unwalled or fortified? **20** How is the soil? Is it fertile or poor? Are there trees on it or not? Do your best to bring back some of the fruit of the land." (It was the season for the first ripe grapes.)

21 So they went up and explored the land from the Desert of Zin as far as Rehob, toward Leboª Hamath. **22** They went up through the Negev and came to Hebron, where Ahiman, Sheshai and Talmai, the descendants of Anak, lived. (Hebron had been built seven years before Zoan in Egypt.) **23** When they reached the Valley of Eshcol,ᵇ they cut off a branch bearing a single cluster of grapes. Two of them carried it on a pole between them, along with some pomegranates and figs. **24** That place was called the Valley of Eshcol because of the cluster of grapes the Israelites cut off there. **25** At the end of forty days they returned from exploring the land.

ª13.23 *Escol* significa *cacho*; também no versículo 24.

ª13:21 Or *toward the entrance to* ᵇ13:23 *Eshcol* means *cluster*; also in verse 24.

O Relatório da Expedição

26 Eles então retornaram a Moisés e a Arão e a toda a comunidade de Israel em Cades, no deserto de Parã, onde prestaram relatório a eles e a toda a comunidade de Israel, e lhes mostraram os frutos da terra. **27** E deram o seguinte relatório a Moisés: "Entramos na terra à qual você nos enviou, onde manam leite e mel! Aqui estão alguns frutos dela. **28** Mas o povo que lá vive é poderoso, e as cidades são fortificadas e muito grandes. Também vimos descendentes de Enaque. **29** Os amalequitas vivem no Neguebe; os hititas, os jebuseus e os amorreus vivem na região montanhosa; os cananeus vivem perto do mar e junto ao Jordão".

30 Então Calebe fez o povo calar-se perante Moisés e disse: "Subamos e tomemos posse da terra. É certo que venceremos!"

31 Mas os homens que tinham ido com ele disseram: "Não podemos atacar aquele povo; é mais forte do que nós". **32** E espalharam entre os israelitas um relatório negativo acerca daquela terra. Disseram: "A terra para a qual fomos em missão de reconhecimento devora os que nela vivem. Todos os que vimos são de grande estatura. **33** Vimos também os gigantes, os descendentes de Enaque, diante de quem parecíamos gafanhotos, a nós e a eles".

A Revolta do Povo

14 Naquela noite toda a comunidade começou a chorar em alta voz. **2** Todos os israelitas queixaram-se contra Moisés e contra Arão, e toda a comunidade lhes disse: "Quem dera tivéssemos morrido no Egito! Ou neste deserto! **3** Por que o Senhor está nos trazendo para esta terra? Só para nos deixar cair à espada? Nossas mulheres e nossos filhos serão tomados como despojo de guerra. Não seria melhor voltar para o Egito?" **4** E disseram uns aos outros: "Escolheremos um chefe e voltaremos para o Egito!"

5 Então Moisés e Arão prostraram-se, rosto em terra, diante de toda a assembléia dos israelitas. **6** Josué, filho de Num, e Calebe, filho de Jefoné, dentre os que haviam observado a terra, rasgaram as suas vestes **7** e disseram a toda a comunidade dos israelitas: "A terra que percorremos em missão de reconhecimento é excelente. **8** Se o Senhor se agradar de nós, ele nos fará entrar nessa terra, onde manam leite e mel, e a dará a nós. **9** Somente não sejam rebeldes contra o Senhor. E não tenham medo do povo da terra, porque nós os devoraremos como se fossem pão. A proteção deles se foi, mas o Senhor está conosco. Não tenham medo deles!"

10 Mas a comunidade toda falou em apedrejá-los. Então a glória do Senhor apareceu a todos os israelitas na Tenda do Encontro. **11** E o Senhor disse a Moisés: "Até quando este povo me tratará com pouco caso? Até quando se recusará a crer em mim, apesar de todos os sinais que realizei entre eles? **12** Eu os ferirei com praga e os destruirei, mas farei de você uma nação maior e mais forte do que eles".

13 Moisés disse ao Senhor: "Então os egípcios ouvirão que pelo teu poder fizeste este povo sair dentre eles, **14** e falarão disso aos habitantes desta terra. Eles ouviram que tu, ó Senhor, estás com este povo e que te vêem face a face, Senhor, e que a tua nuvem paira sobre eles, e que vais adiante deles numa coluna de nuvem de dia e numa coluna de fogo de noite. **15** Se exterminares este povo, as nações que ouvirem falar do que fizeste dirão: **16** 'O Senhor não conseguiu levar esse povo à terra que lhes prometeu em juramento; por isso os matou no deserto'.

17 "Mas agora, que a força do Senhor se manifeste, segundo prometeste: **18** 'O Senhor é muito paciente e grande em fidelidade, e perdoa a iniqüidade e a rebelião, se bem que não deixa o pecado sem punição, e castiga os filhos pela iniqüidade dos pais até a terceira e quarta geração'. **19** Segundo a tua grande fidelidade, perdoa a iniqüidade deste povo, como a este povo tens perdoado desde que saíram do Egito até agora".

20 O Senhor respondeu: "Eu o perdoei, conforme você pediu. **21** No entanto, juro pela glória do Senhor que enche toda a terra,

Report on the Exploration

26 They came back to Moses and Aaron and the whole Israelite community at Kadesh in the Desert of Paran. There they reported to them and to the whole assembly and showed them the fruit of the land. **27** They gave Moses this account: "We went into the land to which you sent us, and it does flow with milk and honey! Here is its fruit. **28** But the people who live there are powerful, and the cities are fortified and very large. We even saw descendants of Anak there. **29** The Amalekites live in the Negev; the Hittites, Jebusites and Amorites live in the hill country; and the Canaanites live near the sea and along the Jordan."

30 Then Caleb silenced the people before Moses and said, "We should go up and take possession of the land, for we can certainly do it."

31 But the men who had gone up with him said, "We can't attack those people; they are stronger than we are." **32** And they spread among the Israelites a bad report about the land they had explored. They said, "The land we explored devours those living in it. All the people we saw there are of great size. **33** We saw the Nephilim there (the descendants of Anak come from the Nephilim). We seemed like grasshoppers in our own eyes, and we looked the same to them."

The People Rebel

14 That night all the people of the community raised their voices and wept aloud. **2** All the Israelites grumbled against Moses and Aaron, and the whole assembly said to them, "If only we had died in Egypt! Or in this desert! **3** Why is the Lord bringing us to this land only to let us fall by the sword? Our wives and children will be taken as plunder. Wouldn't it be better for us to go back to Egypt?" **4** And they said to each other, "We should choose a leader and go back to Egypt."

5 Then Moses and Aaron fell facedown in front of the whole Israelite assembly gathered there. **6** Joshua son of Nun and Caleb son of Jephunneh, who were among those who had explored the land, tore their clothes **7** and said to the entire Israelite assembly, "The land we passed through and explored is exceedingly good. **8** If the Lord is pleased with us, he will lead us into that land, a land flowing with milk and honey, and will give it to us. **9** Only do not rebel against the Lord. And do not be afraid of the people of the land, because we will swallow them up. Their protection is gone, but the Lord is with us. Do not be afraid of them."

10 But the whole assembly talked about stoning them. Then the glory of the Lord appeared at the Tent of Meeting to all the Israelites. **11** The Lord said to Moses, "How long will these people treat me with contempt? How long will they refuse to believe in me, in spite of all the miraculous signs I have performed among them? **12** I will strike them down with a plague and destroy them, but I will make you into a nation greater and stronger than they."

13 Moses said to the Lord, "Then the Egyptians will hear about it! By your power you brought these people up from among them. **14** And they will tell the inhabitants of this land about it. They have already heard that you, O Lord, are with these people and that you, O Lord, have been seen face to face, that your cloud stays over them, and that you go before them in a pillar of cloud by day and a pillar of fire by night. **15** If you put these people to death all at one time, the nations who have heard this report about you will say, **16** 'The Lord was not able to bring these people into the land he promised them on oath; so he slaughtered them in the desert.'

17 "Now may the Lord's strength be displayed, just as you have declared: **18** 'The Lord is slow to anger, abounding in love and forgiving sin and rebellion. Yet he does not leave the guilty unpunished; he punishes the children for the sin of the fathers to the third and fourth generation.' **19** In accordance with your great love, forgive the sin of these people, just as you have pardoned them from the time they left Egypt until now."

20 The Lord replied, "I have forgiven them, as you asked. **21** Nevertheless, as surely as I live and as surely as the glory of

²²que nenhum dos que viram a minha glória e os sinais miraculosos que realizei no Egito e no deserto, e me puseram à prova e me desobedeceram dez vezes — ²³nenhum deles chegará a ver a terra que prometi com juramento aos seus antepassados. Ninguém que me tratou com desprezo a verá. ²⁴Mas, como o meu servo Calebe tem outro espírito e me segue com integridade, eu o farei entrar na terra que foi observar, e seus descendentes a herdarão. ²⁵Visto que os amalequitas e os cananeus habitam nos vales, amanhã dêem meia-volta e partam em direção ao deserto pelo caminho que vai para o mar Vermelho".

O Castigo do Povo

²⁶Disse mais o Senhor a Moisés e a Arão: ²⁷"Até quando esta comunidade ímpia se queixará contra mim? Tenho ouvido as queixas desses israelitas murmuradores. ²⁸Diga-lhes: Juro pelo meu nome, declara o Senhor, que farei a vocês tudo o que pediram: ²⁹Cairão neste deserto os cadáveres de todos vocês, de vinte anos para cima, que foram contados no recenseamento e que se queixaram contra mim. ³⁰Nenhum de vocês entrará na terra que, com mão levantada, jurei dar-lhes para sua habitação, exceto Calebe, filho de Jefoné, e Josué, filho de Num. ³¹Mas, quanto aos seus filhos, sobre os quais vocês disseram que seriam tomados como despojo de guerra, eu os farei entrar para desfrutarem a terra que vocês rejeitaram. ³²Os cadáveres de vocês, porém, cairão neste deserto. ³³Seus filhos serão pastores^a aqui durante quarenta anos, sofrendo pela infidelidade de vocês, até que o último cadáver de vocês seja destruído no deserto. ³⁴Durante quarenta anos vocês sofrerão a conseqüência dos seus pecados e experimentarão a minha rejeição; cada ano corresponderá a cada um dos quarenta dias em que vocês observaram a terra. ³⁵Eu, o Senhor, falei, e certamente farei essas coisas a toda esta comunidade ímpia, que conspirou contra mim. Encontrarão o seu fim neste deserto; aqui morrerão".

³⁶Os homens enviados por Moisés em missão de reconhecimento daquela terra voltaram e fizeram toda a comunidade queixar-se contra ele ao espalharem um relatório negativo; ³⁷esses homens responsáveis por espalhar o relatório negativo sobre a terra morreram subitamente de praga perante o Senhor. ³⁸De todos os que foram observar a terra, somente Josué, filho de Num, e Calebe, filho de Jefoné, sobreviveram.

³⁹Quando Moisés transmitiu essas palavras a todos os israelitas, eles choraram amargamente. ⁴⁰Na madrugada seguinte subiram para o alto da região montanhosa, e disseram: "Subiremos ao lugar que o Senhor prometeu, pois cometemos pecado".

⁴¹Moisés, porém, disse: "Por que vocês estão desobedecendo à ordem do Senhor? Isso não terá sucesso! ⁴²Não subam, porque o Senhor não está com vocês. Vocês serão derrotados pelos inimigos, ⁴³pois os amalequitas e os cananeus os enfrentarão ali, e vocês cairão à espada. Visto que deixaram de seguir o Senhor, ele não estará com vocês".

⁴⁴Apesar disso, eles subiram desafiadoramente ao alto da região montanhosa, mas nem Moisés nem a arca da aliança do Senhor saíram do acampamento. ⁴⁵Então os amalequitas e os cananeus que lá viviam desceram, derrotaram-nos e os perseguiram até Hormá.

Ofertas Suplementares

15 O Senhor disse a Moisés: ²"Diga o seguinte aos israelitas: Quando entrarem na terra que lhes dou para sua habitação, ³e apresentarem ao Senhor uma oferta, de bois ou de ovelhas, preparada no fogo como aroma agradável ao Senhor, seja holocausto, seja sacrifício, para cumprir um voto ou como oferta voluntária ou como oferta relativa a uma festa, ⁴aquele que trouxer a sua oferta apresentará também ao Senhor uma oferta de cereal de um jarro^b da melhor farinha amassada com um

the Lord fills the whole earth, ²²not one of the men who saw my glory and the miraculous signs I performed in Egypt and in the desert but who disobeyed me and tested me ten times— ²³not one of them will ever see the land I promised on oath to their forefathers. No one who has treated me with contempt will ever see it. ²⁴But because my servant Caleb has a different spirit and follows me wholeheartedly, I will bring him into the land he went to, and his descendants will inherit it. ²⁵Since the Amalekites and Canaanites are living in the valleys, turn back tomorrow and set out toward the desert along the route to the Red Sea.^a"

²⁶The Lord said to Moses and Aaron: ²⁷"How long will this wicked community grumble against me? I have heard the complaints of these grumbling Israelites. ²⁸So tell them, 'As surely as I live, declares the Lord, I will do to you the very things I heard you say: ²⁹In this desert your bodies will fall— every one of you twenty years old or more who was counted in the census and who has grumbled against me. ³⁰Not one of you will enter the land I swore with uplifted hand to make your home, except Caleb son of Jephunneh and Joshua son of Nun. ³¹As for your children that you said would be taken as plunder, I will bring them in to enjoy the land you have rejected. ³²But you—your bodies will fall in this desert. ³³Your children will be shepherds here for forty years, suffering for your unfaithfulness, until the last of your bodies lies in the desert. ³⁴For forty years—one year for each of the forty days you explored the land—you will suffer for your sins and know what it is like to have me against you.' ³⁵I, the Lord, have spoken, and I will surely do these things to this whole wicked community, which has banded together against me. They will meet their end in this desert; here they will die."

³⁶So the men Moses had sent to explore the land, who returned and made the whole community grumble against him by spreading a bad report about it— ³⁷these men responsible for spreading the bad report about the land were struck down and died of a plague before the Lord. ³⁸Of the men who went to explore the land, only Joshua son of Nun and Caleb son of Jephunneh survived.

³⁹When Moses reported this to all the Israelites, they mourned bitterly. ⁴⁰Early the next morning they went up toward the high hill country. "We have sinned," they said. "We will go up to the place the Lord promised."

⁴¹But Moses said, "Why are you disobeying the Lord's command? This will not succeed! ⁴²Do not go up, because the Lord is not with you. You will be defeated by your enemies, ⁴³for the Amalekites and Canaanites will face you there. Because you have turned away from the Lord, he will not be with you and you will fall by the sword."

⁴⁴Nevertheless, in their presumption they went up toward the high hill country, though neither Moses nor the ark of the Lord's covenant moved from the camp. ⁴⁵Then the Amalekites and Canaanites who lived in that hill country came down and attacked them and beat them down all the way to Hormah.

Supplementary Offerings

15 The Lord said to Moses, ²"Speak to the Israelites and say to them: 'After you enter the land I am giving you as a home ³and you present to the Lord offerings made by fire, from the herd or the flock, as an aroma pleasing to the Lord—whether burnt offerings or sacrifices, for special vows or freewill offerings or festival offerings— ⁴then the one who brings his offering shall present to the Lord a grain offering of a tenth of an ephah^b of fine flour mixed with a

---

^a14.33 Possivelmente nômades. Veja Nm 32.13.^b15.4 Hebraico: *1/10 de efa*. O efa era uma medida de capacidade para secos. As estimativas variam entre 20 e 40 litros.

^a14:25 Hebrew *Yam Suph*; that is, Sea of Reeds ^b15:4 That is, probably about 2 quarts (about 2 liters)

litro^a de óleo. **5** Para cada cordeiro do holocausto ou do sacrifício, prepare um litro de vinho como oferta derramada.

6 "Para um carneiro, prepare uma oferta de cereal de dois jarros da melhor farinha com um litro de óleo, **7** e um litro de vinho como oferta derramada. Apresente-a como aroma agradável ao Senhor.

8 "Quando algum de vocês preparar um novilho para holocausto ou para sacrifício, para cumprir voto especial ou como oferta de comunhão ao Senhor, **9** traga com o novilho uma oferta de cereal de três jarros da melhor farinha amassada com meio galão^b de óleo. **10** Traga também meio galão de vinho para a oferta derramada. Será uma oferta preparada no fogo, de aroma agradável ao Senhor. **11** Cada novilho ou carneiro ou cordeiro ou cabrito, deverá ser preparado dessa maneira. **12** Façam isso para cada animal, para tantos quantos vocês prepararem.

13 "Todo o que for natural da terra deverá proceder dessa maneira quando trouxer uma oferta preparada no fogo, de aroma agradável ao Senhor. **14** E se um estrangeiro que vive entre vocês, ou entre os descendentes de vocês, apresentar uma oferta preparada no fogo, de aroma agradável ao Senhor, deverá fazer o mesmo. **15** A assembléia deverá ter as mesmas leis, que valerão tanto para vocês como para o estrangeiro que vive entre vocês; este é um decreto perpétuo pelas suas gerações, que, perante o Senhor, valerá tanto para vocês quanto para o estrangeiro residente. **16** A mesma lei e ordenança se aplicará tanto a vocês como ao estrangeiro residente".

17 O Senhor disse ainda a Moisés: **18** "Diga aos israelitas: Quando vocês entrarem na terra para onde os levo **19** e comerem do fruto da terra, apresentem uma porção como contribuição ao Senhor. **20** Apresentem um bolo feito das primícias da farinha de vocês. Apresentem-no como contribuição da sua colheita. **21** Em todas as suas gerações vocês apresentarão das primícias da farinha uma contribuição ao Senhor.

Ofertas pelos Pecados Involuntários

22 "Mas se vocês pecarem e deixarem de cumprir todos esses mandamentos **23** — tudo o que o Senhor lhes ordenou por meio de Moisés, desde o dia em que o ordenou e para todas as suas gerações — **24** e se isso for feito sem intenção e não for do conhecimento da comunidade, toda a comunidade terá que oferecer um novilho para o holocausto de aroma agradável ao Senhor. Também apresentarão com sua oferta de cereal uma oferta derramada, conforme as prescrições, e um bode como oferta pelo pecado. **25** O sacerdote fará propiciação por toda a comunidade de Israel, e eles serão perdoados, pois o seu pecado não foi intencional e eles trouxeram ao Senhor uma oferta preparada no fogo e uma oferta pelo pecado. **26** A comunidade de Israel toda e os estrangeiros residentes entre eles serão perdoados, porque todo o povo esteve envolvido num pecado involuntário.

27 "Se, contudo, apenas uma pessoa pecar sem intenção, ela terá que trazer uma cabra de um ano como oferta pelo pecado. **28** O sacerdote fará propiciação pela pessoa que pecar, cometendo uma falta involuntária perante o Senhor, e ela será perdoada. **29** Somente uma lei haverá para todo aquele que pecar sem intenção, seja ele israelita de nascimento, seja estrangeiro residente.

30 "Mas todo aquele que pecar com atitude desafiadora, seja natural da terra, seja estrangeiro residente, insulta o Senhor, e será eliminado do meio do seu povo. **31** Por ter desprezado a palavra do Senhor e quebrado os seus mandamentos, terá que ser eliminado; sua culpa estará sobre ele".

quarter of a hin^a of oil. **5** With each lamb for the burnt offering or the sacrifice, prepare a quarter of a hin of wine as a drink offering.

6 " 'With a ram prepare a grain offering of two-tenths of an ephah^b of fine flour mixed with a third of a hin^c of oil, **7** and a third of a hin of wine as a drink offering. Offer it as an aroma pleasing to the Lord.

8 " 'When you prepare a young bull as a burnt offering or sacrifice, for a special vow or a fellowship offering^d to the Lord, **9** bring with the bull a grain offering of three-tenths of an ephah^e of fine flour mixed with half a hin^f of oil. **10** Also bring half a hin of wine as a drink offering. It will be an offering made by fire, an aroma pleasing to the Lord. **11** Each bull or ram, each lamb or young goat, is to be prepared in this manner. **12** Do this for each one, for as many as you prepare.

13 " 'Everyone who is native-born must do these things in this way when he brings an offering made by fire as an aroma pleasing to the Lord. **14** For the generations to come, whenever an alien or anyone else living among you presents an offering made by fire as an aroma pleasing to the Lord, he must do exactly as you do. **15** The community is to have the same rules for you and for the alien living among you; this is a lasting ordinance for the generations to come. You and the alien shall be the same before the Lord: **16** The same laws and regulations will apply both to you and to the alien living among you.' "

17 The Lord said to Moses, **18** "Speak to the Israelites and say to them: 'When you enter the land to which I am taking you **19** and you eat the food of the land, present a portion as an offering to the Lord. **20** Present a cake from the first of your ground meal and present it as an offering from the threshing floor. **21** Throughout the generations to come you are to give this offering to the Lord from the first of your ground meal.

Offerings for Unintentional Sins

22 " 'Now if you unintentionally fail to keep any of these commands the Lord gave Moses— **23** any of the Lord's commands to you through him, from the day the Lord gave them and continuing through the generations to come— **24** and if this is done unintentionally without the community being aware of it, then the whole community is to offer a young bull for a burnt offering as an aroma pleasing to the Lord, along with its prescribed grain offering and drink offering, and a male goat for a sin offering. **25** The priest is to make atonement for the whole Israelite community, and they will be forgiven, for it was not intentional and they have brought to the Lord for their wrong an offering made by fire and a sin offering. **26** The whole Israelite community and the aliens living among them will be forgiven, because all the people were involved in the unintentional wrong.

27 " 'But if just one person sins unintentionally, he must bring a year-old female goat for a sin offering. **28** The priest is to make atonement before the Lord for the one who erred by sinning unintentionally, and when atonement has been made for him, he will be forgiven. **29** One and the same law applies to everyone who sins unintentionally, whether he is a native-born Israelite or an alien.

30 " 'But anyone who sins defiantly, whether native-born or alien, blasphemes the Lord, and that person must be cut off from his people. **31** Because he has despised the Lord's word and broken his commands, that person must surely be cut off; his guilt remains on him.' "

---

^a15.4 Hebraico: *1/4 de him*. O him era uma medida de capacidade para líquidos. As estimativas variam entre 3 e 6 litros. ^b15.9 Hebraico: *him*.

^a15:4 That is, probably about 1 quart (about 1 liter); also in verse ^b15:6 That is, probably about 4 quarts (about 4.5 liters) ^c15:6 That is, probably about 1 1/4 quarts (about 1.2 liters); also in verse ^d15:8 Traditionally *peace offering* ^e15:9 That is, probably about 6 quarts (about 6.5 liters) ^f15:9 That is, probably about 2 quarts (about 2 liters); also in verse 10

O Castigo pela Transgressão do Sábado

32 Certo dia, quando os israelitas estavam no deserto, encontraram um homem recolhendo lenha no dia de sábado. **33** Aqueles que o encontraram recolhendo lenha levaram-no a Moisés, a Arão e a toda a comunidade, **34** que o prenderam, porque não sabiam o que deveria ser feito com ele. **35** Então o Senhor disse a Moisés: "O homem terá que ser executado. Toda a comunidade o apedrejará fora do acampamento". **36** Assim, toda a comunidade o levou para fora do acampamento e o apedrejou até a morte, conforme o Senhor tinha ordenado a Moisés.

As Borlas das Roupas

37 O Senhor disse a Moisés: **38** "Diga o seguinte aos israelitas: Façam borlas nas extremidades das suas roupas e ponham um cordão azul em cada uma delas; façam isso por todas as suas gerações. **39** Quando virem essas borlas vocês se lembrarão de todos os mandamentos do Senhor, para que lhes obedeçam e não se prostituam nem sigam as inclinações do seu coração e dos seus olhos. **40** Assim vocês se lembrarão de obedecer a todos os meus mandamentos, e para o seu Deus vocês serão um povo consagrado. **41** Eu sou o Senhor, o seu Deus, que os trouxe do Egito para ser o Deus de vocês. Eu sou o Senhor, o seu Deus".

A Rebelião de Corá, Datã e Abirão

16 Corá, filho de Isar, neto de Coate, bisneto de Levi, reuniu Datã e Abirão, filhos de Eliabe, e Om, filho de Pelete, todos da tribo de Rúben, **2** e eles se insurgiram contra Moisés. Com eles estavam duzentos e cinqüenta israelitas, líderes bem conhecidos na comunidade e que haviam sido nomeados membros do concílio. **3** Eles se ajuntaram contra Moisés e Arão, e lhes disseram: "Basta! A assembléia toda é santa, cada um deles é santo, e o Senhor está no meio deles. Então, por que vocês se colocam acima da assembléia do Senhor?"

4 Quando ouviu isso, Moisés prostrou-se, rosto em terra. **5** Depois disse a Corá e a todos os seus seguidores: "Pela manhã o Senhor mostrará quem lhe pertence e fará aproximar-se dele aquele que é santo, o homem a quem ele escolher. **6** Você, Corá, e todos os seus seguidores deverão fazer o seguinte: peguem incensários **7** e amanhã coloquem neles fogo e incenso perante o Senhor. Quem o Senhor escolher será o homem consagrado. Basta, levitas!"

8 Moisés disse também a Corá: "Agora ouçam-me, levitas! **9** Não lhes é suficiente que o Deus de Israel os tenha separado do restante da comunidade de Israel e os tenha trazido para junto de si a fim de realizarem o trabalho no tabernáculo do Senhor e para estarem preparados para servir a comunidade? **10** Ele trouxe você e todos os seus irmãos levitas para junto dele, e agora vocês querem também o sacerdócio? **11** É contra o Senhor que você e todos os seus seguidores se ajuntaram! Quem é Arão, para que se queixem contra ele?"

12 Então Moisés mandou chamar Datã e Abirão, filhos de Eliabe. Mas eles disseram: "Nós não iremos! **13** Não lhe basta nos ter tirado de uma terra onde manam leite e mel para matar-nos no deserto? E ainda quer se fazer chefe sobre nós? **14** Além disso, você não nos levou a uma terra onde manam leite e mel, nem nos deu uma herança de campos e vinhas. Você pensa que pode cegar os olhos destes homens? Nós não iremos!"

15 Moisés indignou-se e disse ao Senhor: "Não aceites a oferta deles. Não tomei deles nem sequer um jumento, nem prejudiquei a nenhum deles".

16 Moisés disse a Corá: "Você e todos os seus seguidores terão que apresentar-se amanhã ao Senhor, você, eles e Arão. **17** Cada homem pegará o seu incensário, nele colocará incenso e o apresentará ao Senhor. Serão duzentos e cinqüenta incensários ao todo. Você e Arão também apresentarão os seus incensários". **18** Assim, cada um deles pegou o seu incensário, acendeu o incenso, e se colocou com Moisés e com Arão à entrada da Tenda do Encontro. **19** Quando Corá reuniu todos os seus

The Sabbath-Breaker Put to Death

32 While the Israelites were in the desert, a man was found gathering wood on the Sabbath day. **33** Those who found him gathering wood brought him to Moses and Aaron and the whole assembly, **34** and they kept him in custody, because it was not clear what should be done to him. **35** Then the Lord said to Moses, "The man must die. The whole assembly must stone him outside the camp." **36** So the assembly took him outside the camp and stoned him to death, as the Lord commanded Moses.

Tassels on Garments

37 The Lord said to Moses, **38** "Speak to the Israelites and say to them: 'Throughout the generations to come you are to make tassels on the corners of your garments, with a blue cord on each tassel. **39** You will have these tassels to look at and so you will remember all the commands of the Lord, that you may obey them and not prostitute yourselves by going after the lusts of your own hearts and eyes. **40** Then you will remember to obey all my commands and will be consecrated to your God. **41** I am the Lord your God, who brought you out of Egypt to be your God. I am the Lord your God.' "

Korah, Dathan and Abiram

16 Korah son of Izhar, the son of Kohath, the son of Levi, and certain Reubenites—Dathan and Abiram, sons of Eliab, and On son of Peleth—became insolent[a] **2** and rose up against Moses. With them were 250 Israelite men, well-known community leaders who had been appointed members of the council. **3** They came as a group to oppose Moses and Aaron and said to them, "You have gone too far! The whole community is holy, every one of them, and the Lord is with them. Why then do you set yourselves above the Lord's assembly?"

4 When Moses heard this, he fell facedown. **5** Then he said to Korah and all his followers: "In the morning the Lord will show who belongs to him and who is holy, and he will have that person come near him. The man he chooses he will cause to come near him. **6** You, Korah, and all your followers are to do this: Take censers **7** and tomorrow put fire and incense in them before the Lord. The man the Lord chooses will be the one who is holy. You Levites have gone too far!"

8 Moses also said to Korah, "Now listen, you Levites! **9** Isn't it enough for you that the God of Israel has separated you from the rest of the Israelite community and brought you near himself to do the work at the Lord's tabernacle and to stand before the community and minister to them? **10** He has brought you and all your fellow Levites near himself, but now you are trying to get the priesthood too. **11** It is against the Lord that you and all your followers have banded together. Who is Aaron that you should grumble against him?"

12 Then Moses summoned Dathan and Abiram, the sons of Eliab. But they said, "We will not come! **13** Isn't it enough that you have brought us up out of a land flowing with milk and honey to kill us in the desert? And now you also want to lord it over us? **14** Moreover, you haven't brought us into a land flowing with milk and honey or given us an inheritance of fields and vineyards. Will you gouge out the eyes of[b] these men? No, we will not come!"

15 Then Moses became very angry and said to the Lord, "Do not accept their offering. I have not taken so much as a donkey from them, nor have I wronged any of them."

16 Moses said to Korah, "You and all your followers are to appear before the Lord tomorrow—you and they and Aaron. **17** Each man is to take his censer and put incense in it—250 censers in all—and present it before the Lord. You and Aaron are to present your censers also." **18** So each man took his censer, put fire and incense in it, and stood with Moses and Aaron at the entrance to the Tent of Meeting. **19** When Korah had gathered all his

---

a16:1 Or *Peleth—took men* **b**16:14 Or *you make slaves of*; or *you deceive*

seguidores à entrada da Tenda do Encontro, incitando-os contra Moisés e Arão, a glória do SENHOR apareceu a toda a comunidade. **20** E o SENHOR disse a Moisés e a Arão: **21** "Afastem-se dessa comunidade para que eu acabe com eles imediatamente".

22 Mas Moisés e Arão prostraram-se, rosto em terra, e disseram: "Ó Deus, Deus que a todos dá vidaª, ficarás tu irado contra toda a comunidade quando um só homem pecou?"

23 Então o SENHOR disse a Moisés: **24** "Diga à comunidade que se afaste das tendas de Corá, Datã e Abirão".

25 Moisés levantou-se e foi para onde estavam Datã e Abirão, e as autoridades de Israel o seguiram. **26** Ele advertiu a comunidade: "Afastem-se das tendas desses ímpios! Não toquem em nada do que pertence a eles, senão vocês serão eliminados por causa dos pecados deles". **27** Eles se afastaram das tendas de Corá, Datã e Abirão. Datã e Abirão tinham saído e estavam em pé, à entrada de suas tendas, junto com suas mulheres, seus filhos e suas crianças pequenas.

28 E disse Moisés: "Assim vocês saberão que o SENHOR me enviou para fazer todas essas coisas e que isso não partiu de mim. **29** Se estes homens tiverem morte natural e experimentarem somente aquilo que normalmente acontece aos homens, então o SENHOR não me enviou. **30** Mas, se o SENHOR fizer acontecer algo totalmente novo, e a terra abrir a sua boca e os engolir, junto com tudo o que é deles, e eles descerem vivos ao Sheolᵇ, então vocês saberão que estes homens desprezaram o SENHOR".

31 Assim que Moisés acabou de dizer tudo isso, o chão debaixo deles fendeu-se **32** e a terra abriu a sua boca e os engoliu juntamente com suas famílias, com todos os seguidores de Corá e com todos os seus bens. **33** Desceram vivos à sepultura, com tudo o que possuíam; a terra fechou-se sobre eles, e pereceram, desaparecendo do meio da assembléia. **34** Diante dos seus gritos, todos os israelitas ao redor fugiram, gritando: "A terra vai nos engolir também!"

35 Então veio fogo da parte do SENHOR e consumiu os duzentos e cinqüenta homens que ofereciam incenso.

36 O SENHOR disse a Moisés: **37** "Diga a Eleazar, filho do sacerdote Arão, que apanhe os incensários dentre os restos fumegantes e espalhe as brasas, porque os incensários são santos. **38** Os incensários dos homens que pelo seu pecado perderam a vida serão batidos em forma de lâminas e servirão de revestimento do altar, pois foram apresentados ao SENHOR e se tornaram sagrados. Que sejam um sinal para os israelitas".

39 O sacerdote Eleazar juntou os incensários de bronze que tinham sido apresentados pelos que foram consumidos pelo fogo. Os incensários foram batidos e serviram de revestimento do altar, **40** como o SENHOR tinha dito por meio de Moisés. Isso foi feito como memorial para os israelitas, a fim de que ninguém que não fosse descendente de Arão queimasse incenso perante o SENHOR, para não sofrer o que Corá e os seus seguidores sofreram.

41 No dia seguinte a comunidade de Israel começou a queixar-se contra Moisés e Arão, dizendo: "Vocês mataram o povo do SENHOR".

A Revolta do Povo contra Moisés e Arão

42 Quando, porém, a comunidade se ajuntou contra Moisés e contra Arão, e eles se voltaram para a Tenda do Encontro, repentinamente a nuvem a cobriu e a glória do SENHOR apareceu. **43** Então Moisés e Arão foram para a frente da Tenda do Encontro, **44** e o SENHOR disse a Moisés: **45** "Saia do meio dessa comunidade para que eu acabe com eles imediatamente". Mas eles se prostraram, rosto em terra; **46** e Moisés disse a Arão: "Pegue o seu incensário e ponha incenso nele, com fogo tirado do altar, e vá depressa até a comunidade para fazer propiciação por eles, porque saiu grande ira da parte do SENHOR e a praga começou". **47** Arão fez o que Moisés ordenou e correu para o meio da assembléia. A praga já havia começado entre o povo, mas Arão ofereceu o incenso e fez propiciação por eles. **48** Arão se pôs entre os

followers in opposition to them at the entrance to the Tent of Meeting, the glory of the LORD appeared to the entire assembly. **20** The LORD said to Moses and Aaron, **21** "Separate yourselves from this assembly so I can put an end to them at once."

22 But Moses and Aaron fell facedown and cried out, "O God, God of the spirits of all mankind, will you be angry with the entire assembly when only one man sins?"

23 Then the LORD said to Moses, **24** "Say to the assembly, 'Move away from the tents of Korah, Dathan and Abiram.' "

25 Moses got up and went to Dathan and Abiram, and the elders of Israel followed him. **26** He warned the assembly, "Move back from the tents of these wicked men! Do not touch anything belonging to them, or you will be swept away because of all their sins." **27** So they moved away from the tents of Korah, Dathan and Abiram. Dathan and Abiram had come out and were standing with their wives, children and little ones at the entrances to their tents.

28 Then Moses said, "This is how you will know that the LORD has sent me to do all these things and that it was not my idea: **29** If these men die a natural death and experience only what usually happens to men, then the LORD has not sent me. **30** But if the LORD brings about something totally new, and the earth opens its mouth and swallows them, with everything that belongs to them, and they go down alive into the grave,ª then you will know that these men have treated the LORD with contempt."

31 As soon as he finished saying all this, the ground under them split apart **32** and the earth opened its mouth and swallowed them, with their households and all Korah's men and all their possessions. **33** They went down alive into the grave, with everything they owned; the earth closed over them, and they perished and were gone from the community. **34** At their cries, all the Israelites around them fled, shouting, "The earth is going to swallow us too!"

35 And fire came out from the LORD and consumed the 250 men who were offering the incense.

36 The LORD said to Moses, **37** "Tell Eleazar son of Aaron, the priest, to take the censers out of the smoldering remains and scatter the coals some distance away, for the censers are holy— **38** the censers of the men who sinned at the cost of their lives. Hammer the censers into sheets to overlay the altar, for they were presented before the LORD and have become holy. Let them be a sign to the Israelites."

39 So Eleazar the priest collected the bronze censers brought by those who had been burned up, and he had them hammered out to overlay the altar, **40** as the LORD directed him through Moses. This was to remind the Israelites that no one except a descendant of Aaron should come to burn incense before the LORD, or he would become like Korah and his followers.

41 The next day the whole Israelite community grumbled against Moses and Aaron. "You have killed the LORD's people," they said.

42 But when the assembly gathered in opposition to Moses and Aaron and turned toward the Tent of Meeting, suddenly the cloud covered it and the glory of the LORD appeared. **43** Then Moses and Aaron went to the front of the Tent of Meeting, **44** and the LORD said to Moses, **45** "Get away from this assembly so I can put an end to them at once." And they fell facedown.

46 Then Moses said to Aaron, "Take your censer and put incense in it, along with fire from the altar, and hurry to the assembly to make atonement for them. Wrath has come out from the LORD; the plague has started." **47** So Aaron did as Moses said, and ran into the midst of the assembly. The plague had already started among the people, but Aaron offered the incense and made atonement for them. **48** He stood between the

---

ª16.22 Hebraico: *Deus dos espíritos de toda a humanidade.* ᵇ16.30 Essa palavra pode ser traduzida por sepultura, profundezas, pó ou morte; também no versículo 33.

ª16:30 Hebrew *Sheol*; also in verse 33

mortos e os vivos, e a praga cessou. ⁴⁹ Foram catorze mil e setecentos os que morreram daquela praga, além dos que haviam morrido por causa de Corá. ⁵⁰ Então Arão voltou a Moisés, à entrada da Tenda do Encontro, pois a praga já havia cessado.

A Vara de Arão Floresce

17 O Senhor disse a Moisés: ² "Peça aos israelitas que tragam doze varas, uma de cada líder das tribos. Escreva o nome de cada líder em sua vara. ³ Na vara de Levi escreva o nome de Arão, pois é preciso que haja uma vara para cada chefe das tribos. ⁴ Deposite-as na Tenda do Encontro, em frente da arca das tábuas da aliança, onde eu me encontro com vocês. ⁵ A vara daquele que eu escolher florescerá, e eu me livrarei dessa constante queixa dos israelitas contra vocês".

⁶ Assim Moisés falou aos israelitas, e seus líderes deram-lhe doze varas, uma de cada líder das tribos, e a vara de Arão estava entre elas. ⁷ Moisés depositou as varas perante o Senhor na tenda que guarda as tábuas da aliança.

⁸ No dia seguinte Moisés entrou na tenda e viu que a vara de Arão, que representava a tribo de Levi, tinha brotado, produzindo botões e flores, além de amêndoas maduras. ⁹ Então Moisés retirou todas as varas da presença do Senhor e as levou a todos os israelitas. Eles viram as varas, e cada líder pegou a sua.

¹⁰ O Senhor disse a Moisés: "Ponha de volta a vara de Arão em frente da arca das tábuas da aliança, para ser guardada como uma advertência para os rebeldes. Isso porá fim à queixa deles contra mim, para que não morram". ¹¹ Moisés fez conforme o Senhor lhe havia ordenado.

¹² Os israelitas disseram a Moisés: "Nós morreremos! Estamos perdidos, estamos todos perdidos! ¹³ Todo aquele que se aproximar do santuário do Senhor morrerá. Será que todos nós vamos morrer?"

Os Deveres dos Sacerdotes e dos Levitas

18 O Senhor disse a Arão: "Você, os seus filhos e a família de seu pai serão responsáveis pelas ofensas contra o santuário; você e seus filhos serão responsáveis pelas ofensas cometidas no exercício do sacerdócio. ² Traga também os seus irmãos levitas, que pertencem à tribo de seus antepassados, para se unirem a você e o ajudarem quando você e seus filhos ministrarem perante a tenda que guarda as tábuas da aliança. ³ Eles ficarão a seu serviço e cuidarão também do serviço da Tenda, mas não poderão aproximar-se dos utensílios do santuário ou do altar; se o fizerem morrerão, tanto eles como vocês. ⁴ Eles se unirão a vocês e terão a responsabilidade de cuidar da Tenda do Encontro, realizando todos os trabalhos necessários. Ninguém mais poderá aproximar-se de vocês.

⁵ "Vocês terão a responsabilidade de cuidar do santuário e do altar, para que não torne a cair a ira divina sobre os israelitas. ⁶ Eu mesmo escolhi os seus irmãos, os levitas, dentre os israelitas, como um presente para vocês, dedicados ao Senhor para fazerem o trabalho da Tenda do Encontro. ⁷ Mas somente você e seus filhos poderão servir como sacerdotes em tudo o que se refere ao altar e ao que se encontra além do véu. Dou a vocês o serviço do sacerdócio como um presente. Qualquer pessoa não autorizada que se aproximar do santuário terá que ser executada".

As Ofertas Destinadas aos Sacerdotes e aos Levitas

⁸ Então o Senhor disse a Arão: "Eu mesmo o tornei responsável pelas contribuições trazidas a mim; todas as ofertas sagradas que os israelitas me derem, eu as dou como porção a você e a seus filhos. ⁹ Das ofertas santíssimas vocês terão a parte que é poupada do fogo. Dentre todas as dádivas que me trouxerem como ofertas santíssimas, seja oferta de cereal, seja pelo pecado, seja de reparação, tal parte pertence a você e a seus filhos. ¹⁰ Comam-na como algo santíssimo; todos os do sexo masculino a comerão. Considerem-na santa.

living and the dead, and the plague stopped. ⁴⁹ But 14,700 people died from the plague, in addition to those who had died because of Korah. ⁵⁰ Then Aaron returned to Moses at the entrance to the Tent of Meeting, for the plague had stopped.

The Budding of Aaron's Staff

17 The Lord said to Moses, ² "Speak to the Israelites and get twelve staffs from them, one from the leader of each of their ancestral tribes. Write the name of each man on his staff. ³ On the staff of Levi write Aaron's name, for there must be one staff for the head of each ancestral tribe. ⁴ Place them in the Tent of Meeting in front of the Testimony, where I meet with you. ⁵ The staff belonging to the man I choose will sprout, and I will rid myself of this constant grumbling against you by the Israelites."

⁶ So Moses spoke to the Israelites, and their leaders gave him twelve staffs, one for the leader of each of their ancestral tribes, and Aaron's staff was among them. ⁷ Moses placed the staffs before the Lord in the Tent of the Testimony.

⁸ The next day Moses entered the Tent of the Testimony and saw that Aaron's staff, which represented the house of Levi, had not only sprouted but had budded, blossomed and produced almonds. ⁹ Then Moses brought out all the staffs from the Lord's presence to all the Israelites. They looked at them, and each man took his own staff.

¹⁰ The Lord said to Moses, "Put back Aaron's staff in front of the Testimony, to be kept as a sign to the rebellious. This will put an end to their grumbling against me, so that they will not die." ¹¹ Moses did just as the Lord commanded him.

¹² The Israelites said to Moses, "We will die! We are lost, we are all lost! ¹³ Anyone who even comes near the tabernacle of the Lord will die. Are we all going to die?"

Duties of Priests and Levites

18 The Lord said to Aaron, "You, your sons and your father's family are to bear the responsibility for offenses against the sanctuary, and you and your sons alone are to bear the responsibility for offenses against the priesthood. ² Bring your fellow Levites from your ancestral tribe to join you and assist you when you and your sons minister before the Tent of the Testimony. ³ They are to be responsible to you and are to perform all the duties of the Tent, but they must not go near the furnishings of the sanctuary or the altar, or both they and you will die. ⁴ They are to join you and be responsible for the care of the Tent of Meeting — all the work at the Tent — and no one else may come near where you are.

⁵ "You are to be responsible for the care of the sanctuary and the altar, so that wrath will not fall on the Israelites again. ⁶ I myself have selected your fellow Levites from among the Israelites as a gift to you, dedicated to the Lord to do the work at the Tent of Meeting. ⁷ But only you and your sons may serve as priests in connection with everything at the altar and inside the curtain. I am giving you the service of the priesthood as a gift. Anyone else who comes near the sanctuary must be put to death."

Offerings for Priests and Levites

⁸ Then the Lord said to Aaron, "I myself have put you in charge of the offerings presented to me; all the holy offerings the Israelites give me I give to you and your sons as your portion and regular share. ⁹ You are to have the part of the most holy offerings that is kept from the fire. From all the gifts they bring me as most holy offerings, whether grain or sin or guilt offerings, that part belongs to you and your sons. ¹⁰ Eat it as something most holy; every male shall eat it. You must regard it as holy.

11 "Também dou a você, e a seus filhos e filhas, por decreto perpétuo, as contribuições que lhes cabe de todas as ofertas dos israelitas e que devem ser ritualmente movidas. Todos os da sua família que estiverem cerimonialmente puros poderão comê-las.

12 "Dou a você o melhor azeite e o melhor vinho novo e o melhor trigo que eles apresentarem ao Senhor como primeiros frutos da colheita. **13** Todos os primeiros frutos da terra que trouxerem ao Senhor serão de você. Todos os da sua família que estiverem cerimonialmente puros poderão comê-los.

14 "Tudo o que em Israel for consagrado a Deus pertencerá a você. **15** O primeiro nascido de todo ventre, oferecido ao Senhor, seja homem, seja animal, será seu. Mas você deverá resgatar todo filho mais velho, como também toda primeira cria de animais impuros. **16** Quando tiverem um mês de idade, você deverá resgatá-los pelo preço de resgate estabelecido em sessenta gramasª de prata, com base no peso padrão do santuário, que são doze gramasᵇ.

17 "Não resgate, porém, a primeira cria de uma vaca, de uma ovelha ou de uma cabra. Derrame o sangue deles sobre o altar e queime a sua gordura como uma oferta preparada no fogo, de aroma agradável ao Senhor. **18** A carne desses animais pertence a você, como também o peito da oferta movida e a coxa direita. **19** Tudo aquilo que for separado dentre todas as dádivas sagradas que os israelitas apresentarem ao Senhor eu dou a você e a seus filhos e filhas como decreto perpétuo. É uma aliança de sal perpétua perante o Senhor, para você e para os seus descendentes".

20 Disse ainda o Senhor a Arão: "Você não terá herança na terra deles, nem terá porção entre eles; eu sou a sua porção e a sua herança entre os israelitas.

21 "Dou aos levitas todos os dízimos em Israel como retribuição pelo trabalho que fazem ao servirem na Tenda do Encontro. **22** De agora em diante os israelitas não poderão aproximar-se da Tenda do Encontro, caso contrário, sofrerão as conseqüências do seu pecado e morrerão. **23** É dever dos levitas fazer o trabalho na Tenda do Encontro e assumir a responsabilidade pelas ofensas contra ela. Este é um decreto perpétuo pelas suas gerações. Eles não receberão herança alguma entre os israelitas. **24** Em vez disso, dou como herança aos levitas os dízimos que os israelitas apresentarem como contribuição ao Senhor. É por isso que eu disse que eles não teriam herança alguma entre os israelitas".

25 O Senhor disse depois a Moisés: **26** "Diga o seguinte aos levitas: Quando receberem dos israelitas o dízimo que lhes dou como herança, vocês deverão apresentar um décimo daquele dízimo como contribuição pertencente ao Senhor. **27** Essa contribuição será considerada equivalente à do trigo tirado da eira e do vinho do tanque de prensar uvas. **28** Assim, vocês apresentarão uma contribuição ao Senhor de todos os dízimos recebidos dos israelitas. Desses dízimos vocês darão a contribuição do Senhor ao sacerdote Arão. **29** E deverão apresentar como contribuição ao Senhor a melhor parte, a parte sagrada de tudo o que for dado a vocês.

30 "Diga aos levitas: Quando vocês apresentarem a melhor parte, ela será considerada equivalente ao produto da eira e do tanque de prensar uvas. **31** Vocês e suas famílias poderão comer dessa porção em qualquer lugar, pois é o salário pelo trabalho de vocês na Tenda do Encontro. **32** Ao apresentarem a melhor parte, vocês não se tornarão culpados e não profanarão as ofertas sagradas dos israelitas, para que não morram".

A Água da Purificação

19 Disse também o Senhor a Moisés e a Arão: **2** "Esta é uma exigência da lei que o Senhor ordenou: Mande os israelitas trazerem uma novilha vermelha, sem defeito e sem mancha, sobre a qual nunca tenha sido colocada uma canga. **3** Vocês a darão ao sacerdote Eleazar; ela será levada para fora do acampamento e sacrificada na presença dele. **4** Então o sacerdote Eleazar pegará um pouco do sangue com o dedo e o aspergirá sete

11 "This also is yours: whatever is set aside from the gifts of all the wave offerings of the Israelites. I give this to you and your sons and daughters as your regular share. Everyone in your household who is ceremonially clean may eat it.

12 "I give you all the finest olive oil and all the finest new wine and grain they give the Lord as the firstfruits of their harvest. **13** All the land's firstfruits that they bring to the Lord will be yours. Everyone in your household who is ceremonially clean may eat it.

14 "Everything in Israel that is devotedª to the Lord is yours. **15** The first offspring of every womb, both man and animal, that is offered to the Lord is yours. But you must redeem every firstborn son and every firstborn male of unclean animals. **16** When they are a month old, you must redeem them at the redemption price set at five shekelsᵇ of silver, according to the sanctuary shekel, which weighs twenty gerahs.

17 "But you must not redeem the firstborn of an ox, a sheep or a goat; they are holy. Sprinkle their blood on the altar and burn their fat as an offering made by fire, an aroma pleasing to the Lord. **18** Their meat is to be yours, just as the breast of the wave offering and the right thigh are yours. **19** Whatever is set aside from the holy offerings the Israelites present to the Lord I give to you and your sons and daughters as your regular share. It is an everlasting covenant of salt before the Lord for both you and your offspring."

20 The Lord said to Aaron, "You will have no inheritance in their land, nor will you have any share among them; I am your share and your inheritance among the Israelites.

21 "I give to the Levites all the tithes in Israel as their inheritance in return for the work they do while serving at the Tent of Meeting. **22** From now on the Israelites must not go near the Tent of Meeting, or they will bear the consequences of their sin and will die. **23** It is the Levites who are to do the work at the Tent of Meeting and bear the responsibility for offenses against it. This is a lasting ordinance for the generations to come. They will receive no inheritance among the Israelites. **24** Instead, I give to the Levites as their inheritance the tithes that the Israelites present as an offering to the Lord. That is why I said concerning them: 'They will have no inheritance among the Israelites.' "

25 The Lord said to Moses, **26** "Speak to the Levites and say to them: 'When you receive from the Israelites the tithe I give you as your inheritance, you must present a tenth of that tithe as the Lord's offering. **27** Your offering will be reckoned to you as grain from the threshing floor or juice from the winepress. **28** In this way you also will present an offering to the Lord from all the tithes you receive from the Israelites. From these tithes you must give the Lord's portion to Aaron the priest. **29** You must present as the Lord's portion the best and holiest part of everything given to you.'

30 "Say to the Levites: 'When you present the best part, it will be reckoned to you as the product of the threshing floor or the winepress. **31** You and your households may eat the rest of it anywhere, for it is your wages for your work at the Tent of Meeting. **32** By presenting the best part of it you will not be guilty in this matter; then you will not defile the holy offerings of the Israelites, and you will not die.' "

The Water of Cleansing

19 The Lord said to Moses and Aaron: **2** "This is a requirement of the law that the Lord has commanded: Tell the Israelites to bring you a red heifer without defect or blemish and that has never been under a yoke. **3** Give it to Eleazar the priest; it is to be taken outside the camp and slaughtered in his presence. **4** Then Eleazar the priest is to take some of its blood on his finger and sprinkle it seven

---

ª**18.16** Hebraico: *5 siclos*. Um siclo equivalia a 12 gramas. ᵇ**18.16** Hebraico: *no siclo do santuário, que são 20 geras.* Um gera equivalia a 0,6 gramas.

ª**18:14** The Hebrew term refers to the irrevocable giving over of things or persons to the Lord. ᵇ**18:16** That is, about 2 ounces (about 55 grams)

vezes, na direção da entrada da Tenda do Encontro. **5** Na presença dele a novilha será queimada: o couro, a carne, o sangue e o excremento. **6** O sacerdote apanhará um pedaço de madeira de cedro, hissopo e lã vermelha e os atirará ao fogo que estiver queimando a novilha. **7** Depois disso o sacerdote lavará as suas roupas e se banhará com água. Então poderá entrar no acampamento, mas estará impuro até o cair da tarde. **8** Aquele que queimar a novilha também lavará as suas roupas e se banhará com água, e também estará impuro até o cair da tarde.

9 "Um homem cerimonialmente puro recolherá as cinzas da novilha e as colocará num local puro, fora do acampamento. Serão guardadas pela comunidade de Israel para uso na água da purificação, para a purificação de pecados. **10** Aquele que recolher as cinzas da novilha também lavará as suas roupas, e ficará impuro até o cair da tarde. Este é um decreto perpétuo, tanto para os israelitas como para os estrangeiros residentes.

11 "Quem tocar num cadáver humano ficará impuro durante sete dias. **12** Deverá purificar-se com essa água no terceiro e no sétimo dia; então estará puro. Mas, se não se purificar no terceiro e no sétimo dia, não estará puro. **13** Quem tocar num cadáver humano e não se purificar, contamina o tabernáculo do Senhor e será eliminado de Israel. Ficará impuro porque a água da purificação não foi derramada sobre ele; sua impureza permanece sobre ele.

14 "Esta é a lei que se aplica quando alguém morre numa tenda: quem entrar na tenda e quem nela estiver ficará impuro sete dias, **15** e qualquer recipiente que não estiver bem fechado ficará impuro.

16 "Quem estiver no campo e tocar em alguém que tenha sido morto à espada, ou em alguém que tenha sofrido morte natural, ou num osso humano, ou num túmulo, ficará impuro durante sete dias.

17 "Pela pessoa impura, colocarão um pouco das cinzas do holocausto de purificação num jarro e derramarão água da fonte por cima. **18** Então um homem cerimonialmente puro pegará hissopo, molhará na água e a aspergirá sobre a tenda, sobre todos os utensílios e sobre todas as pessoas que estavam ali. Também a aspergirá sobre todo aquele que tiver tocado num osso humano, ou num túmulo, ou em alguém que tenha sido morto ou que tenha sofrido morte natural. **19** Aquele que estiver puro a aspergirá sobre a pessoa impura no terceiro e no sétimo dia, e no sétimo dia deverá purificá-la. Aquele que estiver sendo purificado lavará as suas roupas e se banhará com água, e naquela tarde estará puro. **20** Mas, se aquele que estiver impuro não se purificar, será eliminado da assembléia, pois contaminou o santuário do Senhor. A água da purificação não foi aspergida sobre ele, e ele está impuro. **21** Este é um decreto perpétuo para eles.

"O homem que aspergir a água da purificação também lavará as suas roupas, e todo aquele que tocar na água da purificação ficará impuro até o cair da tarde. **22** Qualquer coisa na qual alguém que estiver impuro tocar se tornará impura, e qualquer pessoa que nela tocar ficará impura até o cair da tarde".

As Águas de Meribá

20 No primeiro mês toda a comunidade de Israel chegou ao deserto de Zim e ficou em Cades. Ali Miriã morreu e foi sepultada.

2 Não havia água para a comunidade, e o povo se juntou contra Moisés e contra Arão. **3** Discutiram com Moisés e disseram: "Quem dera tivéssemos morrido quando os nossos irmãos caíram mortos perante o Senhor! **4** Por que vocês trouxeram a assembléia do Senhor a este deserto, para que nós e os nossos rebanhos morrêssemos aqui? **5** Por que vocês nos tiraram do Egito e nos trouxeram para este lugar terrível? Aqui não há cereal, nem figos, nem uvas, nem romãs, nem água para beber!"

6 Moisés e Arão saíram de diante da assembléia para a entrada da Tenda do Encontro e se prostraram, rosto em terra, e a glória do Senhor lhes apareceu. **7** E o Senhor disse a Moisés: **8** "Pegue a

times toward the front of the Tent of Meeting. **5** While he watches, the heifer is to be burned—its hide, flesh, blood and offal. **6** The priest is to take some cedar wood, hyssop and scarlet wool and throw them onto the burning heifer. **7** After that, the priest must wash his clothes and bathe himself with water. He may then come into the camp, but he will be ceremonially unclean till evening. **8** The man who burns it must also wash his clothes and bathe with water, and he too will be unclean till evening.

9 "A man who is clean shall gather up the ashes of the heifer and put them in a ceremonially clean place outside the camp. They shall be kept by the Israelite community for use in the water of cleansing; it is for purification from sin. **10** The man who gathers up the ashes of the heifer must also wash his clothes, and he too will be unclean till evening. This will be a lasting ordinance both for the Israelites and for the aliens living among them.

11 "Whoever touches the dead body of anyone will be unclean for seven days. **12** He must purify himself with the water on the third day and on the seventh day; then he will be clean. But if he does not purify himself on the third and seventh days, he will not be clean. **13** Whoever touches the dead body of anyone and fails to purify himself defiles the Lord's tabernacle. That person must be cut off from Israel. Because the water of cleansing has not been sprinkled on him, he is unclean; his uncleanness remains on him.

14 "This is the law that applies when a person dies in a tent: Anyone who enters the tent and anyone who is in it will be unclean for seven days, **15** and every open container without a lid fastened on it will be unclean.

16 "Anyone out in the open who touches someone who has been killed with a sword or someone who has died a natural death, or anyone who touches a human bone or a grave, will be unclean for seven days.

17 "For the unclean person, put some ashes from the burned purification offering into a jar and pour fresh water over them. **18** Then a man who is ceremonially clean is to take some hyssop, dip it in the water and sprinkle the tent and all the furnishings and the people who were there. He must also sprinkle anyone who has touched a human bone or a grave or someone who has been killed or someone who has died a natural death. **19** The man who is clean is to sprinkle the unclean person on the third and seventh days, and on the seventh day he is to purify him. The person being cleansed must wash his clothes and bathe with water, and that evening he will be clean. **20** But if a person who is unclean does not purify himself, he must be cut off from the community, because he has defiled the sanctuary of the Lord. The water of cleansing has not been sprinkled on him, and he is unclean. **21** This is a lasting ordinance for them.

"The man who sprinkles the water of cleansing must also wash his clothes, and anyone who touches the water of cleansing will be unclean till evening. **22** Anything that an unclean person touches becomes unclean, and anyone who touches it becomes unclean till evening."

Water From the Rock

20 In the first month the whole Israelite community arrived at the Desert of Zin, and they stayed at Kadesh. There Miriam died and was buried.

2 Now there was no water for the community, and the people gathered in opposition to Moses and Aaron. **3** They quarreled with Moses and said, "If only we had died when our brothers fell dead before the Lord! **4** Why did you bring the Lord's community into this desert, that we and our livestock should die here? **5** Why did you bring us up out of Egypt to this terrible place? It has no grain or figs, grapevines or pomegranates. And there is no water to drink!"

6 Moses and Aaron went from the assembly to the entrance to the Tent of Meeting and fell facedown, and the glory of the Lord appeared to them. **7** The Lord said to Moses, **8** "Take the

vara, e com o seu irmão Arão reúna a comunidade e diante desta fale àquela rocha, e ela verterá água. Vocês tirarão água da rocha para a comunidade e os rebanhos beberem".

⁹ Então Moisés pegou a vara que estava diante do Senhor, como este lhe havia ordenado. ¹⁰ Moisés e Arão reuniram a assembléia em frente da rocha, e Moisés disse: "Escutem, rebeldes, será que teremos que tirar água desta rocha para lhes dar?" ¹¹ Então Moisés ergueu o braço e bateu na rocha duas vezes com a vara. Jorrou água, e a comunidade e os rebanhos beberam.

¹² O Senhor, porém, disse a Moisés e a Arão: "Como vocês não confiaram em mim para honrar minha santidade à vista dos israelitas, vocês não conduzirão esta comunidade para a terra que lhes dou".

¹³ Essas foram as águas de Meribáᵃ, onde os israelitas discutiram com o Senhor e onde ele manifestou sua santidade entre eles.

Edom Nega Passagem a Israel

¹⁴ De Cades, Moisés enviou mensageiros ao rei de Edom, dizendo:

"Assim diz o teu irmão Israel: Tu sabes de todas as dificuldades que vieram sobre nós. ¹⁵ Os nossos antepassados desceram para o Egito, e ali vivemos durante muitos anos. Os egípcios, porém, nos maltrataram, como também a eles, ¹⁶ mas quando clamamos ao Senhor, ele ouviu o nosso clamor, enviou um anjo e nos tirou do Egito.

"Agora estamos em Cades, cidade na fronteira do teu território. ¹⁷ Deixa-nos atravessar a tua terra. Não passaremos por nenhuma plantação ou vinha, nem beberemos água de poço algum. Passaremos pela estrada do rei e não nos desviaremos nem para a direita nem para a esquerda, até que tenhamos atravessado o teu território".

¹⁸ Mas Edom respondeu:

"Vocês não poderão passar por aqui; se tentarem, nós os atacaremos com a espada".

¹⁹ E os israelitas disseram:

"Iremos pela estrada principal; se nós e os nossos rebanhos bebermos de tua água, pagaremos por ela. Queremos apenas atravessar a pé, e nada mais".

²⁰ Mas Edom insistiu:

"Vocês não poderão atravessar".

Então Edom os atacou com um exército grande e poderoso. ²¹ Visto que Edom se recusou a deixá-los atravessar o seu território, Israel desviou-se dele.

A Morte de Arão

²² Toda a comunidade israelita partiu de Cades e chegou ao monte Hor. ²³ Naquele monte, perto da fronteira de Edom, o Senhor disse a Moisés e a Arão: ²⁴ "Arão será reunido aos seus antepassados. Não entrará na terra que dou aos israelitas, porque vocês dois se rebelaram contra a minha ordem junto às águas de Meribá. ²⁵ Leve Arão e seu filho Eleazar para o alto do monte Hor. ²⁶ Tire as vestes de Arão e coloque-as em seu filho Eleazar, pois Arão será reunido aos seus antepassados; ele morrerá ali".

²⁷ Moisés fez conforme o Senhor ordenou; subiram o monte Hor à vista de toda a comunidade. ²⁸ Moisés tirou as vestes de Arão e as colocou em seu filho Eleazar. E Arão morreu no alto do monte. Depois disso, Moisés e Eleazar desceram do monte, ²⁹ e, quando toda a comunidade soube que Arão tinha morrido, toda a nação de Israel pranteou por ele durante trinta dias.

A Vitória sobre o Rei de Arade

21 Quando o rei cananeu de Arade, que vivia no Neguebe, soube que Israel vinha pela estrada de

staff, and you and your brother Aaron gather the assembly together. Speak to that rock before their eyes and it will pour out its water. You will bring water out of the rock for the community so they and their livestock can drink."

⁹ So Moses took the staff from the Lord's presence, just as he commanded him. ¹⁰ He and Aaron gathered the assembly together in front of the rock and Moses said to them, "Listen, you rebels, must we bring you water out of this rock?" ¹¹ Then Moses raised his arm and struck the rock twice with his staff. Water gushed out, and the community and their livestock drank.

¹² But the Lord said to Moses and Aaron, "Because you did not trust in me enough to honor me as holy in the sight of the Israelites, you will not bring this community into the land I give them."

¹³ These were the waters of Meribah,ᵃ where the Israelites quarreled with the Lord and where he showed himself holy among them.

Edom Denies Israel Passage

¹⁴ Moses sent messengers from Kadesh to the king of Edom, saying:

"This is what your brother Israel says: You know about all the hardships that have come upon us. ¹⁵ Our forefathers went down into Egypt, and we lived there many years. The Egyptians mistreated us and our fathers, ¹⁶ but when we cried out to the Lord, he heard our cry and sent an angel and brought us out of Egypt.

"Now we are here at Kadesh, a town on the edge of your territory. ¹⁷ Please let us pass through your country. We will not go through any field or vineyard, or drink water from any well. We will travel along the king's highway and not turn to the right or to the left until we have passed through your territory."

¹⁸ But Edom answered:

"You may not pass through here; if you try, we will march out and attack you with the sword."

¹⁹ The Israelites replied:

"We will go along the main road, and if we or our livestock drink any of your water, we will pay for it. We only want to pass through on foot—nothing else."

²⁰ Again they answered:

"You may not pass through."

Then Edom came out against them with a large and powerful army. ²¹ Since Edom refused to let them go through their territory, Israel turned away from them.

The Death of Aaron

²² The whole Israelite community set out from Kadesh and came to Mount Hor. ²³ At Mount Hor, near the border of Edom, the Lord said to Moses and Aaron, ²⁴ "Aaron will be gathered to his people. He will not enter the land I give the Israelites, because both of you rebelled against my command at the waters of Meribah. ²⁵ Get Aaron and his son Eleazar and take them up Mount Hor. ²⁶ Remove Aaron's garments and put them on his son Eleazar, for Aaron will be gathered to his people; he will die there."

²⁷ Moses did as the Lord commanded: They went up Mount Hor in the sight of the whole community. ²⁸ Moses removed Aaron's garments and put them on his son Eleazar. And Aaron died there on top of the mountain. Then Moses and Eleazar came down from the mountain, ²⁹ and when the whole community learned that Aaron had died, the entire house of Israel mourned for him thirty days.

Arad Destroyed

21 When the Canaanite king of Arad, who lived in the Negev, heard that Israel was coming along the road to

---

ᵃ20.13 *Meribá* significa *rebelião*.   ᵃ20:13 *Meribah* means *quarreling*.

Atarim, atacou os israelitas e capturou alguns deles. ² Então Israel fez este voto ao Senhor: "Se entregares este povo em nossas mãos, destruiremos totalmente as suas cidades". ³ O Senhor ouviu o pedido de Israel e lhes entregou os cananeus. Israel os destruiu completamente, a eles e às suas cidades; de modo que o lugar foi chamado Hormá.

A Serpente de Bronze

⁴ Partiram eles do monte Hor pelo caminho do mar Vermelho, para contornarem a terra de Edom. Mas o povo ficou impaciente no caminho ⁵ e falou contra Deus e contra Moisés, dizendo: "Por que vocês nos tiraram do Egito para morrermos no deserto? Não há pão! Não há água! E nós detestamos esta comida miserável!"

⁶ Então o Senhor enviou serpentes venenosas que morderam o povo, e muitos morreram. ⁷ O povo foi a Moisés e disse: "Pecamos quando falamos contra o Senhor e contra você. Ore pedindo ao Senhor que tire as serpentes do meio de nós". E Moisés orou pelo povo.

⁸ O Senhor disse a Moisés: "Faça uma serpente e coloque-a no alto de um poste; quem for mordido e olhar para ela viverá". ⁹ Moisés fez então uma serpente de bronze e a colocou num poste. Quando alguém era mordido por uma serpente e olhava para a serpente de bronze, permanecia vivo.

A Viagem para Moabe

¹⁰ Os israelitas partiram e acamparam em Obote. ¹¹ Depois partiram de Obote e acamparam em Ijé-Abarim, no deserto defronte de Moabe, ao leste. ¹² Dali partiram e acamparam no vale de Zerede. ¹³ Partiram dali e acamparam do outro lado de Arnom, que fica no deserto que se estende até o território amorreu. O Arnom é a fronteira de Moabe, entre Moabe e os amorreus. ¹⁴ É por isso que se diz no Livro das Guerras do Senhor:

" ... Vaebe, em Sufá, e os vales,
o Arnom ¹⁵ e as ravinas dos vales
    que se estendem até a cidade de Ar
e chegam até a fronteira de Moabe".

¹⁶ De lá prosseguiram até Beer, o poço onde o Senhor disse a Moisés: "Reúna o povo, e eu lhe darei água".

¹⁷ Então Israel cantou esta canção:

"Brote água, ó poço!
Cantem a seu respeito,
¹⁸ a respeito do poço
    que os líderes cavaram,
que os nobres abriram
    com cetros e cajados".

Então saíram do deserto para Maraná, ¹⁹ de Maraná para Naaliel, de Naaliel para Bamote, ²⁰ e de Bamote para o vale de Moabe, onde o topo do Pisga defronta com o deserto de Jesimom.

A Vitória sobre Seom e Ogue

²¹ Israel enviou mensageiros para dizer a Seom, rei dos amorreus: ²² "Deixa-nos atravessar a tua terra. Não entraremos em nenhuma plantação, em nenhuma vinha, nem beberemos água de poço algum. Passaremos pela estrada do rei até que tenhamos atravessado o teu território".

²³ Seom, porém, não deixou Israel atravessar o seu território. Convocou todo o seu exército e atacou Israel no deserto. Quando chegou a Jaza, lutou contra Israel. ²⁴ Porém Israel o destruiu com a espada e tomou-lhe as terras desde o Arnom até o Jaboque, até o território dos amonitas, pois Jazar estava na fronteira dos amonitas. ²⁵ Israel capturou todas as cidades

Atharim, he attacked the Israelites and captured some of them. ² Then Israel made this vow to the Lord: "If you will deliver these people into our hands, we will totally destroy[a] their cities." ³ The Lord listened to Israel's plea and gave the Canaanites over to them. They completely destroyed them and their towns; so the place was named Hormah.[b]

The Bronze Snake

⁴ They traveled from Mount Hor along the route to the Red Sea,[c] to go around Edom. But the people grew impatient on the way; ⁵ they spoke against God and against Moses, and said, "Why have you brought us up out of Egypt to die in the desert? There is no bread! There is no water! And we detest this miserable food!"

⁶ Then the Lord sent venomous snakes among them; they bit the people and many Israelites died. ⁷ The people came to Moses and said, "We sinned when we spoke against the Lord and against you. Pray that the Lord will take the snakes away from us." So Moses prayed for the people.

⁸ The Lord said to Moses, "Make a snake and put it up on a pole; anyone who is bitten can look at it and live." ⁹ So Moses made a bronze snake and put it up on a pole. Then when anyone was bitten by a snake and looked at the bronze snake, he lived.

The Journey to Moab

¹⁰ The Israelites moved on and camped at Oboth. ¹¹ Then they set out from Oboth and camped in Iye Abarim, in the desert that faces Moab toward the sunrise. ¹² From there they moved on and camped in the Zered Valley. ¹³ They set out from there and camped alongside the Arnon, which is in the desert extending into Amorite territory. The Arnon is the border of Moab, between Moab and the Amorites. ¹⁴ That is why the Book of the Wars of the Lord says:

"...Waheb in Suphah[d] and the ravines,
    the Arnon ¹⁵ and[e] the slopes of the ravines
that lead to the site of Ar
and lie along the border of Moab."

¹⁶ From there they continued on to Beer, the well where the Lord said to Moses, "Gather the people together and I will give them water."

¹⁷ Then Israel sang this song:

"Spring up, O well!
    Sing about it,
¹⁸ about the well that the princes dug,
    that the nobles of the people sank—
the nobles with scepters and staffs."

Then they went from the desert to Mattanah, ¹⁹ from Mattanah to Nahaliel, from Nahaliel to Bamoth, ²⁰ and from Bamoth to the valley in Moab where the top of Pisgah overlooks the wasteland.

Defeat of Sihon and Og

²¹ Israel sent messengers to say to Sihon king of the Amorites:

²² "Let us pass through your country. We will not turn aside into any field or vineyard, or drink water from any well. We will travel along the king's highway until we have passed through your territory."

²³ But Sihon would not let Israel pass through his territory. He mustered his entire army and marched out into the desert against Israel. When he reached Jahaz, he fought with Israel. ²⁴ Israel, however, put him to the sword and took over his land from the Arnon to the Jabbok, but only as far as the Ammonites, because their border was fortified. ²⁵ Israel captured all the cities

---

ᵃ21:2 The Hebrew term refers to the irrevocable giving over of things or persons to the Lord, often by totally destroying them; also in verse 3. ᵇ21:3 Hormah means destruction. ᶜ21:4 Hebrew Yam Suph; that is, Sea of Reeds ᵈ21:14 The meaning of the Hebrew for this phrase is uncertain. ᵉ21:14,15 Or "I have been given from Suphah and the ravines / of the Arnon ¹⁵ to

dos amorreus e as ocupou, inclusive Hesbom e todos os seus povoados. **26** Hesbom era a cidade de Seom, rei dos amorreus, que havia lutado contra o antigo rei de Moabe, tendo tomado todas as suas terras até o Arnom.

27 É por isso que os poetas dizem:

"Venham a Hesbom!
Seja ela reconstruída;
seja restaurada a cidade de Seom!

28 "Fogo saiu de Hesbom,
uma chama da cidade de Seom;
consumiu Ar, de Moabe,
os senhores do alto Arnom.

29 Ai de você, Moabe!
Você está destruído, ó povo de Camos!
Ele fez de seus filhos, fugitivos,
e de suas filhas,
prisioneiras de Seom,
rei dos amorreus.

30 "Mas nós os derrotamos;
Hesbom está destruída
por todo o caminho até Dibom.
Nós os arrasamos até Nofá,
e até Medeba".

31 Assim Israel habitou na terra dos amorreus.

32 Moisés enviou espiões a Jazar, e os israelitas tomaram os povoados ao redor e expulsaram os amorreus que ali estavam. **33** Depois voltaram e subiram pelo caminho de Basã, e Ogue, rei de Basã, com todo o seu exército, marchou para enfrentá-los em Edrei.

34 Mas o Senhor disse a Moisés: "Não tenha medo dele, pois eu o entreguei a você, juntamente com todo o seu exército e com a sua terra. Você fará com ele o que fez com Seom, rei dos amorreus, que habitava em Hesbom".

35 Então eles o derrotaram, bem como os seus filhos e todo o seu exército, não lhes deixando sobrevivente algum. E tomaram posse da terra dele.

Balaque Manda Chamar Balaão

22 Os israelitas partiram e acamparam nas campinas de Moabe, para além do Jordão, perto de Jericó.ᵃ

2 Balaque, filho de Zipor, viu tudo o que Israel tinha feito aos amorreus, **3** e Moabe teve muito medo do povo, porque era muita gente. Moabe teve pavor dos israelitas.

4 Então os moabitas disseram aos líderes de Midiã: "Essa multidão devorará tudo o que há ao nosso redor, como o boi devora o capim do pasto".

Balaque, filho de Zipor, rei de Moabe naquela época, **5** enviou mensageiros para chamar Balaão, filho de Beor, que estava em Petor, perto do Eufratesᵇ, em sua terra natal. A mensagem de Balaque dizia:

"Um povo que saiu do Egito cobre a face da terra e se estabeleceu perto de mim. **6** Venha agora lançar uma maldição contra ele, pois é forte demais para mim. Talvez então eu tenha condições de derrotá-lo e de expulsá-lo da terra. Pois sei que aquele que você abençoa é abençoado, e aquele que você amaldiçoa é amaldiçoado".

7 Os líderes de Moabe e os de Midiã partiram, levando consigo a quantia necessária para pagar os encantamentos mágicos. Quando chegaram, comunicaram a Balaão o que Balaque tinha dito.

8 Disse-lhes Balaão: "Passem a noite aqui, e eu lhes trarei a resposta que o Senhor me der". E os líderes moabitas ficaram com ele.

9 Deus veio a Balaão e lhe perguntou: "Quem são esses homens que estão com você?"

of the Amorites and occupied them, including Heshbon and all its surrounding settlements. **26** Heshbon was the city of Sihon king of the Amorites, who had fought against the former king of Moab and had taken from him all his land as far as the Arnon.

27 That is why the poets say:

"Come to Heshbon and let it be rebuilt;
let Sihon's city be restored.

28 "Fire went out from Heshbon,
a blaze from the city of Sihon.
It consumed Ar of Moab,
the citizens of Arnon's heights.

29 Woe to you, O Moab!
You are destroyed, O people of Chemosh!
He has given up his sons as fugitives
and his daughters as captives
to Sihon king of the Amorites.

30 "But we have overthrown them;
Heshbon is destroyed all the way to Dibon.
We have demolished them as far as Nophah,
which extends to Medeba."

31 So Israel settled in the land of the Amorites.

32 After Moses had sent spies to Jazer, the Israelites captured its surrounding settlements and drove out the Amorites who were there. **33** Then they turned and went up along the road toward Bashan, and Og king of Bashan and his whole army marched out to meet them in battle at Edrei.

34 The Lord said to Moses, "Do not be afraid of him, for I have handed him over to you, with his whole army and his land. Do to him what you did to Sihon king of the Amorites, who reigned in Heshbon."

35 So they struck him down, together with his sons and his whole army, leaving them no survivors. And they took possession of his land.

Balak Summons Balaam

22 Then the Israelites traveled to the plains of Moab and camped along the Jordan across from Jericho.ᵃ

2 Now Balak son of Zippor saw all that Israel had done to the Amorites, **3** and Moab was terrified because there were so many people. Indeed, Moab was filled with dread because of the Israelites.

4 The Moabites said to the elders of Midian, "This horde is going to lick up everything around us, as an ox licks up the grass of the field."

So Balak son of Zippor, who was king of Moab at that time, **5** sent messengers to summon Balaam son of Beor, who was at Pethor, near the River,ᵇ in his native land. Balak said:

"A people has come out of Egypt; they cover the face of the land and have settled next to me. **6** Now come and put a curse on these people, because they are too powerful for me. Perhaps then I will be able to defeat them and drive them out of the country. For I know that those you bless are blessed, and those you curse are cursed."

7 The elders of Moab and Midian left, taking with them the fee for divination. When they came to Balaam, they told him what Balak had said.

8 "Spend the night here," Balaam said to them, "and I will bring you back the answer the Lord gives me." So the Moabite princes stayed with him.

9 God came to Balaam and asked, "Who are these men with you?"

ᵃ22.1 Hebraico: *Jordão de Jericó*. Possivelmente um antigo nome do rio Jordão; também em 26.3 e 63. ᵇ22.5 Hebraico: o Rio.

ᵃ22:1 Hebrew *Jordan of Jericho*; possibly an ancient name for the Jordan River ᵇ22:5 That is, the Euphrates

10 Balaão respondeu a Deus: "Balaque, filho de Zipor, rei de Moabe, enviou-me esta mensagem: **11** 'Um povo que saiu do Egito cobre a face da terra. Venha agora lançar uma maldição contra ele. Talvez então eu tenha condições de derrotá-lo e de expulsá-lo' ".

12 Mas Deus disse a Balaão: "Não vá com eles. Você não poderá amaldiçoar este povo, porque é povo abençoado".

13 Na manhã seguinte Balaão se levantou e disse aos líderes de Balaque: "Voltem para a sua terra, pois o Senhor não permitiu que eu os acompanhe".

14 Os líderes moabitas voltaram a Balaque e lhe disseram: "Balaão recusou-se a acompanhar-nos".

15 Balaque enviou outros líderes, em maior número e mais importantes do que os primeiros. **16** Eles foram a Balaão e lhe disseram:

"Assim diz Balaque, filho de Zipor: 'Que nada o impeça de vir a mim, **17** porque o recompensarei generosamente e farei tudo o que você me disser. Venha, por favor, e lance para mim uma maldição contra este povo' ".

18 Balaão, porém, respondeu aos conselheiros de Balaque: "Mesmo que Balaque me desse o seu palácio cheio de prata e de ouro, eu não poderia fazer coisa alguma, grande ou pequena, que vá além da ordem do Senhor, o meu Deus. **19** Agora, fiquem vocês também aqui esta noite, e eu descobrirei o que mais o Senhor tem para dizer-me".

20 Naquela noite Deus veio a Balaão e lhe disse: "Visto que esses homens vieram chamá-lo, vá com eles, mas faça apenas o que eu lhe disser".

O Anjo do Senhor e a Jumenta de Balaão

21 Balaão levantou-se pela manhã, pôs a sela sobre a sua jumenta e foi com os líderes de Moabe. **22** Mas acendeu-se a ira de Deus quando ele foi, e o Anjo do Senhor pôs-se no caminho para impedi-lo de prosseguir. Balaão ia montado em sua jumenta, e seus dois servos o acompanhavam. **23** Quando a jumenta viu o Anjo do Senhor parado no caminho, empunhando uma espada, saiu do caminho e foi-se pelo campo. Balaão bateu nela para fazê-la voltar ao caminho.

24 Então o Anjo do Senhor se pôs num caminho estreito entre duas vinhas, com muros dos dois lados. **25** Quando a jumenta viu o Anjo do Senhor, encostou-se no muro, apertando o pé de Balaão contra ele. Por isso ele bateu nela de novo.

26 O Anjo do Senhor foi adiante e se colocou num lugar estreito, onde não havia espaço para desviar-se, nem para a direita nem para a esquerda. **27** Quando a jumenta viu o Anjo do Senhor, deitou-se debaixo de Balaão. Acendeu-se a ira de Balaão, que bateu nela com uma vara. **28** Então o Senhor abriu a boca da jumenta, e ela disse a Balaão: "Que foi que eu lhe fiz, para você bater em mim três vezes?"

29 Balaão respondeu à jumenta: "Você me fez de tolo! Quem dera eu tivesse uma espada na mão; eu a mataria agora mesmo".

30 Mas a jumenta disse a Balaão: "Não sou sua jumenta, que você sempre montou até o dia de hoje? Tenho eu o costume de fazer isso com você?"

"Não", disse ele.

31 Então o Senhor abriu os olhos de Balaão, e ele viu o Anjo do Senhor parado no caminho, empunhando a sua espada. Então Balaão inclinou-se e prostrou-se, rosto em terra.

32 E o Anjo do Senhor lhe perguntou: "Por que você bateu três vezes em sua jumenta? Eu vim aqui para impedi-lo de prosseguir porque o seu caminho me desagrada. **33** A jumenta me viu e se afastou de mim por três vezes. Se ela não se afastasse, certamente eu já o teria matado; mas a jumenta eu teria poupado".

34 Balaão disse ao Anjo do Senhor: "Pequei. Não percebi que estavas parado no caminho para me impedires de prosseguir. Agora, se o que estou fazendo te desagrada, eu voltarei".

35 Então o Anjo do Senhor disse a Balaão: "Vá com os homens, mas fale apenas o que eu lhe disser". Assim Balaão foi com os príncipes de Balaque.

10 Balaam said to God, "Balak son of Zippor, king of Moab, sent me this message: **11** 'A people that has come out of Egypt covers the face of the land. Now come and put a curse on them for me. Perhaps then I will be able to fight them and drive them away.' "

12 But God said to Balaam, "Do not go with them. You must not put a curse on those people, because they are blessed."

13 The next morning Balaam got up and said to Balak's princes, "Go back to your own country, for the Lord has refused to let me go with you."

14 So the Moabite princes returned to Balak and said, "Balaam refused to come with us."

15 Then Balak sent other princes, more numerous and more distinguished than the first. **16** They came to Balaam and said:

"This is what Balak son of Zippor says: Do not let anything keep you from coming to me, **17** because I will reward you handsomely and do whatever you say. Come and put a curse on these people for me."

18 But Balaam answered them, "Even if Balak gave me his palace filled with silver and gold, I could not do anything great or small to go beyond the command of the Lord my God. **19** Now stay here tonight as the others did, and I will find out what else the Lord will tell me."

20 That night God came to Balaam and said, "Since these men have come to summon you, go with them, but do only what I tell you."

Balaam's Donkey

21 Balaam got up in the morning, saddled his donkey and went with the princes of Moab. **22** But God was very angry when he went, and the angel of the Lord stood in the road to oppose him. Balaam was riding on his donkey, and his two servants were with him. **23** When the donkey saw the angel of the Lord standing in the road with a drawn sword in his hand, she turned off the road into a field. Balaam beat her to get her back on the road.

24 Then the angel of the Lord stood in a narrow path between two vineyards, with walls on both sides. **25** When the donkey saw the angel of the Lord, she pressed close to the wall, crushing Balaam's foot against it. So he beat her again.

26 Then the angel of the Lord moved on ahead and stood in a narrow place where there was no room to turn, either to the right or to the left. **27** When the donkey saw the angel of the Lord, she lay down under Balaam, and he was angry and beat her with his staff. **28** Then the Lord opened the donkey's mouth, and she said to Balaam, "What have I done to you to make you beat me these three times?"

29 Balaam answered the donkey, "You have made a fool of me! If I had a sword in my hand, I would kill you right now."

30 The donkey said to Balaam, "Am I not your own donkey, which you have always ridden, to this day? Have I been in the habit of doing this to you?"

"No," he said.

31 Then the Lord opened Balaam's eyes, and he saw the angel of the Lord standing in the road with his sword drawn. So he bowed low and fell facedown.

32 The angel of the Lord asked him, "Why have you beaten your donkey these three times? I have come here to oppose you because your path is a reckless one before me.ª **33** The donkey saw me and turned away from me these three times. If she had not turned away, I would certainly have killed you by now, but I would have spared her."

34 Balaam said to the angel of the Lord, "I have sinned. I did not realize you were standing in the road to oppose me. Now if you are displeased, I will go back."

35 The angel of the Lord said to Balaam, "Go with the men, but speak only what I tell you." So Balaam went with the princes of Balak.

ª22:32 The meaning of the Hebrew for this clause is uncertain.

Balaque Reencontra-se com Balaão

36 Quando Balaque soube que Balaão estava chegando, foi ao seu encontro na cidade moabita da fronteira do Arnom, no limite do seu território. **37** E Balaque disse a Balaão: "Não mandei chamá-lo urgentemente? Por que não veio? Acaso não tenho condições de recompensá-lo?"

38 "Aqui estou!", respondeu Balaão. "Mas, seria eu capaz de dizer alguma coisa? Direi somente o que Deus puser em minha boca".

39 Então Balaão foi com Balaque até Quiriate-Huzote. **40** Balaque sacrificou bois e ovelhas, e deu parte da carne a Balaão e aos líderes que com ele estavam. **41** Na manhã seguinte Balaque levou Balaão até o alto de Bamote-Baal, de onde viu uma parte do povo.

O Primeiro Oráculo de Balaão

23 Balaão disse a Balaque: "Construa para mim aqui sete altares e prepare-me sete novilhos e sete carneiros". **2** Balaque fez o que Balaão pediu, e os dois ofereceram um novilho e um carneiro em cada altar.

3 E Balaão disse a Balaque: "Fique aqui junto ao seu holocausto, enquanto eu me retiro. Talvez o Senhor venha ao meu encontro. O que ele me revelar eu lhe contarei". E foi para um monte.

4 Deus o encontrou, e Balaão disse: "Preparei sete altares, e em cada altar ofereci um novilho e um carneiro".

5 O Senhor pôs uma mensagem na boca de Balaão e disse: "Volte a Balaque e dê-lhe essa mensagem".

6 Ele voltou a Balaque e o encontrou ao lado de seu holocausto, e com ele todos os líderes de Moabe. **7** Então Balaão pronunciou este oráculo:

"Balaque trouxe-me de Arã,
    o rei de Moabe
       buscou-me nas montanhas do oriente.
'Venha, amaldiçoe a Jacó para mim',
       disse ele,
'venha, pronuncie ameaças
       contra Israel!'
8 Como posso amaldiçoar
    a quem Deus não amaldiçoou?
Como posso pronunciar ameaças
    contra quem o Senhor não quis ameaçar?
9 Dos cumes rochosos eu os vejo,
    dos montes eu os avisto.
Vejo um povo que vive separado
    e não se considera
    como qualquer nação.
10 Quem pode contar o pó de Jacó
    ou o número da quarta parte de Israel?
Morra eu a morte dos justos,
    e seja o meu fim como o deles!"

11 Então Balaque disse a Balaão: "Que foi que você me fez? Eu o chamei para amaldiçoar meus inimigos, mas você nada fez senão abençoá-los!"

12 E ele respondeu: "Será que não devo dizer o que o Senhor põe em minha boca?"

O Segundo Oráculo de Balaão

13 Balaque lhe disse: "Venha comigo a outro lugar de onde você poderá vê-los; você verá só uma parte, mas não todos eles. E dali amaldiçoe este povo para mim". **14** Então ele o levou para o campo de Zofim, no topo do Pisga, e ali construiu sete altares e ofereceu um novilho e um carneiro em cada altar.

15 Balaão disse a Balaque: "Fique aqui ao lado de seu holocausto enquanto vou me encontrar com ele ali adiante".

16 Encontrando-se o Senhor com Balaão, pôs uma mensagem em sua boca e disse: "Volte a Balaque e dê-lhe essa mensagem".

17 Ele voltou e o encontrou ao lado de seu holocausto, e com ele os líderes de Moabe. Balaque perguntou-lhe: "O que o Senhor disse?"

Balaam's First Oracle

36 When Balak heard that Balaam was coming, he went out to meet him at the Moabite town on the Arnon border, at the edge of his territory. **37** Balak said to Balaam, "Did I not send you an urgent summons? Why didn't you come to me? Am I really not able to reward you?"

38 "Well, I have come to you now," Balaam replied. "But can I say just anything? I must speak only what God puts in my mouth."

39 Then Balaam went with Balak to Kiriath Huzoth. **40** Balak sacrificed cattle and sheep, and gave some to Balaam and the princes who were with him. **41** The next morning Balak took Balaam up to Bamoth Baal, and from there he saw part of the people.

Balaam's First Oracle

23 Balaam said, "Build me seven altars here, and prepare seven bulls and seven rams for me." **2** Balak did as Balaam said, and the two of them offered a bull and a ram on each altar.

3 Then Balaam said to Balak, "Stay here beside your offering while I go aside. Perhaps the Lord will come to meet with me. Whatever he reveals to me I will tell you." Then he went off to a barren height.

4 God met with him, and Balaam said, "I have prepared seven altars, and on each altar I have offered a bull and a ram."

5 The Lord put a message in Balaam's mouth and said, "Go back to Balak and give him this message."

6 So he went back to him and found him standing beside his offering, with all the princes of Moab. **7** Then Balaam uttered his oracle:

"Balak brought me from Aram,
    the king of Moab from the eastern mountains.
'Come,' he said, 'curse Jacob for me;
    come, denounce Israel.'
8 How can I curse
    those whom God has not cursed?
How can I denounce
    those whom the Lord has not denounced?
9 From the rocky peaks I see them,
    from the heights I view them.
I see a people who live apart
    and do not consider themselves one of the
       nations.
10 Who can count the dust of Jacob
    or number the fourth part of Israel?
Let me die the death of the righteous,
    and may my end be like theirs!"

11 Balak said to Balaam, "What have you done to me? I brought you to curse my enemies, but you have done nothing but bless them!"

12 He answered, "Must I not speak what the Lord puts in my mouth?"

Balaam's Second Oracle

13 Then Balak said to him, "Come with me to another place where you can see them; you will see only a part but not all of them. And from there, curse them for me." **14** So he took him to the field of Zophim on the top of Pisgah, and there he built seven altars and offered a bull and a ram on each altar.

15 Balaam said to Balak, "Stay here beside your offering while I meet with him over there."

16 The Lord met with Balaam and put a message in his mouth and said, "Go back to Balak and give him this message."

17 So he went to him and found him standing beside his offering, with the princes of Moab. Balak asked him, "What did the Lord say?"

18 Então ele pronunciou este oráculo:

"Levante-se, Balaque, e ouça-me;
    escute-me, filho de Zipor.
19 Deus não é homem para que minta,
    nem filho de homem
        para que se arrependa.
Acaso ele fala, e deixa de agir?
Acaso promete, e deixa de cumprir?
20 Recebi uma ordem para abençoar;
    ele abençoou, e não o posso mudar.
21 Nenhuma desgraça se vê em Jacó,
    nenhum sofrimento em Israel.ª
O Senhor, o seu Deus, está com eles;
    o brado de aclamação do Rei
        está no meio deles.
22 Deus os está trazendo do Egito;
    eles têm a força do boi selvagem.
23 Não há magia que possa contra Jacó,
    nem encantamento contra Israel.
Agora se dirá de Jacó e de Israel:
    'Vejam o que Deus tem feito!'
24 O povo se levanta como leoa,
    levanta-se como o leão,
        que não se deita
        até que devore a sua presa
    e beba o sangue das suas vítimas".

25 Balaque disse então a Balaão: "Não os amaldiçoes nem os abençoe!"

26 Balaão respondeu: "Não lhe disse que devo fazer tudo o que o Senhor disser?"

O Terceiro Oráculo de Balaão

27 Balaque disse a Balaão: "Venha, deixe-me levá-lo a outro lugar. Talvez Deus se agrade que dali você os amaldiçoe para mim". **28** E Balaque levou Balaão para o topo do Peor, de onde se vê o deserto de Jesimom.

29 Balaão disse a Balaque: "Edifique-me aqui sete altares e prepare-me sete novilhos e sete carneiros". **30** Balaque fez o que Balaão disse, e ofereceu um novilho e um carneiro em cada altar.

24 Quando Balaão viu que agradava ao Senhor abençoar Israel, não recorreu à magia como nas outras vezes, mas voltou o rosto para o deserto. **2** Então viu Israel acampado, tribo por tribo; e o Espírito de Deus veio sobre ele, **3** e ele pronunciou este oráculo:

"Palavra de Balaão, filho de Beor,
    palavra daquele cujos olhos
        vêem claramente,
4 palavra daquele que ouve
    as palavras de Deus,
daquele que vê a visão
    que vem do Todo-poderosoᵇ,
daquele que cai prostrado
    e vê com clareza:
5 "Quão belas são as suas tendas,
    ó Jacó,
    as suas habitações, ó Israel!
6 Como vales estendem-se,
    como jardins que margeiam rios,
    como aloés plantados pelo Senhor,
    como cedros junto às águas.
7 Seus reservatórios de água
    transbordarão;
    suas lavouras serão bem irrigadas.

"O seu rei será maior do que Agague;

18 Then he uttered his oracle:

"Arise, Balak, and listen;
    hear me, son of Zippor.
19 God is not a man, that he should lie,
    nor a son of man, that he should change
        his mind.
Does he speak and then not act?
    Does he promise and not fulfill?
20 I have received a command to bless;
    he has blessed, and I cannot change it.
21 "No misfortune is seen in Jacob,
    no misery observed in Israel.ª
The Lord their God is with them;
    the shout of the King is among them.
22 God brought them out of Egypt;
    they have the strength of a wild ox.
23 There is no sorcery against Jacob,
    no divination against Israel.
It will now be said of Jacob
    and of Israel, 'See what God has done!'
24 The people rise like a lioness;
    they rouse themselves like a lion
    that does not rest till he devours his prey
    and drinks the blood of his victims."

25 Then Balak said to Balaam, "Neither curse them at all nor bless them at all!"

26 Balaam answered, "Did I not tell you I must do whatever the Lord says?"

Balaam's Third Oracle

27 Then Balak said to Balaam, "Come, let me take you to another place. Perhaps it will please God to let you curse them for me from there." **28** And Balak took Balaam to the top of Peor, overlooking the wasteland.

29 Balaam said, "Build me seven altars here, and prepare seven bulls and seven rams for me." **30** Balak did as Balaam had said, and offered a bull and a ram on each altar.

24 Now when Balaam saw that it pleased the Lord to bless Israel, he did not resort to sorcery as at other times, but turned his face toward the desert. **2** When Balaam looked out and saw Israel encamped tribe by tribe, the Spirit of God came upon him **3** and he uttered his oracle:

"The oracle of Balaam son of Beor,
    the oracle of one whose eye sees clearly,
4 the oracle of one who hears the words of God,
    who sees a vision from the Almighty,ᵇ
    who falls prostrate, and whose eyes are
        opened:
5 "How beautiful are your tents, O Jacob,
    your dwelling places, O Israel!
6 "Like valleys they spread out,
    like gardens beside a river,
    like aloes planted by the Lord,
    like cedars beside the waters.
7 Water will flow from their buckets;
    their seed will have abundant water.

"Their king will be greater than Agag;

ª23.21 Ou *Ele não olhou para as ofensas de Jacó, nem para os erros encontrados em Israel.* ᵇ24.4 Hebraico: *Shaddai*; também no versículo 16.

ª23:21 Or *He has not looked on Jacob's offenses / or on the wrongs found in Israel.* ᵇ24:4 Hebrew *Shaddai*; also in verse 16

o seu reino será exaltado.
8 Deus os está trazendo do Egito;
    eles têm a força do boi selvagem.
Devoram nações inimigas
    e despedaçam seus ossos;
com suas flechas os atravessam.
9 Como o leão e a leoa
    eles se abaixam e se deitam,
quem ousará despertá-los?

    Sejam abençoados
    os que os abençoarem,
e amaldiçoados
    os que os amaldiçoarem!"

10 Então acendeu-se a ira de Balaque contra Balaão, e, batendo as palmas das mãos, disse: "Eu o chamei para amaldiçoar meus inimigos, mas você já os abençoou três vezes! **11** Agora, fuja para a sua casa! Eu disse que lhe daria generosa recompensa, mas o Senhor o impediu de recebê-la".

12 Mas Balaão respondeu a Balaque: "Eu não disse aos mensageiros que você me enviou; **13** Mesmo que Balaque me desse o seu palácio cheio de prata e de ouro, eu não poderia fazer coisa alguma de minha própria vontade, boa ou má, que vá além da ordem do Senhor, e devo dizer somente o que o Senhor disser. **14** Agora estou voltando para o meu povo, mas venha, deixe-me adverti-lo do que este povo fará ao seu povo nos dias futuros".

O Quarto Oráculo de Balaão

15 Então pronunciou este seu oráculo:

"Palavra de Balaão, filho de Beor,
palavra daquele cujos olhos
    vêem claramente,
16 daquele que ouve
    as palavras de Deus,
que possui o conhecimento
    do Altíssimo,
daquele que vê a visão
    que vem do Todo-poderoso,
daquele que cai prostrado,
    e vê com clareza:
17 Eu o vejo, mas não agora;
    eu o avisto, mas não de perto.
Uma estrela surgirá de Jacó;
    um cetro se levantará de Israel.
Ele esmagará as frontes de Moabe
    e o crânio[a] de todos
    os descendentes de Sete[b].
18 Edom será dominado;
    Seir, seu inimigo,
    também será dominado;
mas Israel se fortalecerá.
19 De Jacó sairá o governo;
    ele destruirá os sobreviventes
    das cidades".

Os Últimos Oráculos de Balaão

20 Balaão viu Amaleque e pronunciou este oráculo:

"Amaleque foi o primeiro
    entre as nações,
mas o seu fim será destruição".

21 Depois viu os queneus e pronunciou este oráculo:

"Sua habitação é segura,
seu ninho está firmado na rocha;
22 todavia, vocês, queneus,
    serão destruídos
quando Assur
    os levar prisioneiros".

their kingdom will be exalted.
8 "God brought them out of Egypt;
    they have the strength of a wild ox.
They devour hostile nations
    and break their bones in pieces;
    with their arrows they pierce them.
9 Like a lion they crouch and lie down,
    like a lioness—who dares to rouse them?

"May those who bless you be blessed
    and those who curse you be cursed!"

10 Then Balak's anger burned against Balaam. He struck his hands together and said to him, "I summoned you to curse my enemies, but you have blessed them these three times. **11** Now leave at once and go home! I said I would reward you handsomely, but the Lord has kept you from being rewarded."

12 Balaam answered Balak, "Did I not tell the messengers you sent me, **13** 'Even if Balak gave me his palace filled with silver and gold, I could not do anything of my own accord, good or bad, to go beyond the command of the Lord—and I must say only what the Lord says'? **14** Now I am going back to my people, but come, let me warn you of what this people will do to your people in days to come."

Balaam's Fourth Oracle

15 Then he uttered his oracle:

"The oracle of Balaam son of Beor,
    the oracle of one whose eye sees clearly,
16 the oracle of one who hears the words of God,
    who has knowledge from the Most High,
who sees a vision from the Almighty,
    who falls prostrate, and whose eyes are opened:

17 "I see him, but not now;
    I behold him, but not near.
A star will come out of Jacob;
    a scepter will rise out of Israel.
He will crush the foreheads of Moab,
    the skulls[a] of[b] all the sons of Sheth.[c]
18 Edom will be conquered;
    Seir, his enemy, will be conquered,
    but Israel will grow strong.
19 A ruler will come out of Jacob
    and destroy the survivors of the city."

Balaam's Final Oracles

20 Then Balaam saw Amalek and uttered his oracle:

"Amalek was first among the nations,
    but he will come to ruin at last."

21 Then he saw the Kenites and uttered his oracle:

"Your dwelling place is secure,
    your nest is set in a rock;
22 yet you Kenites will be destroyed
    when Asshur takes you captive."

---

[a]24.17 Conforme o Pentateuco Samaritano. Veja Jr 48.45. [b]24.17 Ou *todos os arrogantes*

[a]24:17 Samaritan Pentateuch (see also Jer. 48:45); the meaning of the word in the Masoretic Text is uncertain. [b]24:17 Or possibly *Moab, / batter* [c]24:17 Or all the noisy boasters

23 Finalmente pronunciou este oráculo:

"Ah, quem poderá viver
    quando Deus fizer isto?ª
24 Navios virão da costa de Quitim
    e subjugarão Assur e Héber,
mas o seu fim
    também será destruição".

25 Então Balaão se levantou e voltou para casa, e Balaque seguiu o seu caminho.

A Adoração a Baal-Peor

25 Enquanto Israel estava em Sitim, o povo começou a entregar-se à imoralidade sexual com mulheres moabitas, **2** que os convidavam aos sacrifícios de seus deuses. O povo comia e se prostrava perante esses deuses. **3** Assim Israel se juntou à adoração a Baal-Peor. E a ira do Senhor acendeu-se contra Israel.

4 E o Senhor disse a Moisés: "Prenda todos os chefes desse povo, enforque-os diante do Senhor, à luz do sol, para que o fogo da ira do Senhor se afaste de Israel".

5 Então Moisés disse aos juízes de Israel: "Cada um de vocês terá que matar aqueles que dentre os seus homens se juntaram à adoração a Baal-Peor".

6 Um israelita trouxe para casa uma mulher midianita, na presença de Moisés e de toda a comunidade de Israel, que choravam à entrada da Tenda do Encontro. **7** Quando Finéias, filho de Eleazar, neto do sacerdote Arão, viu isso, apanhou uma lança, **8** seguiu o israelita até o interior da tenda e atravessou os dois com a lança; atravessou o corpo do israelita e o da mulher. Então cessou a praga contra os israelitas. **9** Mas os que morreram por causa da praga foram vinte e quatro mil.

10 E o Senhor disse a Moisés: **11** "Finéias, filho de Eleazar, neto do sacerdote Arão, desviou a minha ira de sobre os israelitas, pois foi zeloso, com o mesmo zelo que tenho por eles, para que em meu zelo eu não os consumisse. **12** Diga-lhe, pois, que estabeleço com ele a minha aliança de paz. **13** Dele e dos seus descendentes será a aliança do sacerdócio perpétuo, porque ele foi zeloso pelo seu Deus e fez propiciação pelos israelitas".

14 O nome do israelita que foi morto com a midianita era Zinri, filho de Salu, líder de uma família simeonita. **15** E o nome da mulher midianita que morreu era Cosbi, filha de Zur, chefe de um clã midianita.

16 O Senhor disse a Moisés: **17** "Tratem os midianitas como inimigos e matem-nos, **18** porque trataram vocês como inimigos quando os enganaram no caso de Peor e de Cosbi, filha de um líder midianita, mulher do povo deles que foi morta pela praga que enviei por causa de Peor".

O Segundo Recenseamento

26 Depois da praga, o Senhor disse a Moisés e a Eleazar, filho do sacerdote Arão: **2** "Façam um recenseamento de toda a comunidade de Israel, segundo as suas famílias; contem todos os de vinte anos para cima que possam servir no exército de Israel". **3** Nas campinas de Moabe, junto ao Jordão, frente a Jericó, Moisés e o sacerdote Eleazar falaram com eles e disseram: **4** "Façam um recenseamento dos homens de vinte anos para cima", conforme o Senhor tinha ordenado a Moisés.

Estes foram os israelitas que saíram do Egito:

5 Os descendentes de Rúben, filho mais velho de Israel, foram:
    de Enoque, o clã enoquita;
    de Palu, o clã paluíta;

23 Then he uttered his oracle:

"Ah, who can live when God does this?ª
24 Ships will come from the shores of Kittim;
    they will subdue Asshur and Eber,
    but they too will come to ruin."

25 Then Balaam got up and returned home and Balak went his own way.

Moab Seduces Israel

25 While Israel was staying in Shittim, the men began to indulge in sexual immorality with Moabite women, **2** who invited them to the sacrifices to their gods. The people ate and bowed down before these gods. **3** So Israel joined in worshiping the Baal of Peor. And the Lord's anger burned against them.

4 The Lord said to Moses, "Take all the leaders of these people, kill them and expose them in broad daylight before the Lord, so that the Lord's fierce anger may turn away from Israel."

5 So Moses said to Israel's judges, "Each of you must put to death those of your men who have joined in worshiping the Baal of Peor."

6 Then an Israelite man brought to his family a Midianite woman right before the eyes of Moses and the whole assembly of Israel while they were weeping at the entrance to the Tent of Meeting. **7** When Phinehas son of Eleazar, the son of Aaron, the priest, saw this, he left the assembly, took a spear in his hand **8** and followed the Israelite into the tent. He drove the spear through both of them—through the Israelite and into the woman's body. Then the plague against the Israelites was stopped; **9** but those who died in the plague numbered 24,000.

10 The Lord said to Moses, **11** "Phinehas son of Eleazar, the son of Aaron, the priest, has turned my anger away from the Israelites; for he was as zealous as I am for my honor among them, so that in my zeal I did not put an end to them. **12** Therefore tell him I am making my covenant of peace with him. **13** He and his descendants will have a covenant of a lasting priesthood, because he was zealous for the honor of his God and made atonement for the Israelites."

14 The name of the Israelite who was killed with the Midianite woman was Zimri son of Salu, the leader of a Simeonite family. **15** And the name of the Midianite woman who was put to death was Cozbi daughter of Zur, a tribal chief of a Midianite family.

16 The Lord said to Moses, **17** "Treat the Midianites as enemies and kill them, **18** because they treated you as enemies when they deceived you in the affair of Peor and their sister Cozbi, the daughter of a Midianite leader, the woman who was killed when the plague came as a result of Peor."

The Second Census

26 After the plague the Lord said to Moses and Eleazar son of Aaron, the priest, **2** "Take a census of the whole Israelite community by families—all those twenty years old or more who are able to serve in the army of Israel." **3** So on the plains of Moab by the Jordan across from Jericho,ᵇ Moses and Eleazar the priest spoke with them and said, **4** "Take a census of the men twenty years old or more, as the Lord commanded Moses."

These were the Israelites who came out of Egypt:

5 The descendants of Reuben, the firstborn son of Israel, were:
    through Hanoch, the Hanochite clan;
    through Pallu, the Palluite clan;

ª24.23 Ou *Um povo se ajuntará vindo do norte.*

ª24:23 Masoretic Text; with a different word division of the Hebrew *A people will gather from the north.* ᵇ26:3 Hebrew *Jordan of Jericho;* possibly an ancient name for the Jordan River; also in verse 63

6 de Hezrom, o clã hezronita;
de Carmi, o clã carmita.

7 Esses foram os clãs de Rúben; foram contados 43.730 homens.

8 O filho de Palu foi Eliabe, **9** e os filhos de Eliabe foram Nemuel, Datã e Abirão. Estes, Datã e Abirão, foram os líderes da comunidade que se rebelaram contra Moisés e contra Arão, estando entre os seguidores de Corá quando se rebelaram contra o SENHOR. **10** A terra abriu a boca e os engoliu juntamente com Corá, cujos seguidores morreram quando o fogo devorou duzentos e cinqüenta homens, que serviram como sinal de advertência. **11** A descendência de Corá, contudo, não desapareceu.

12 Os descendentes de Simeão segundo os seus clãs foram:
de Nemuel, o clã nemuelita;
de Jamim, o clã jaminita;
de Jaquim, o clã jaquinita;
13 de Zerá, o clã zeraíta;
de Saul, o clã saulita.

14 Esses foram os clãs de Simeão; havia 22.200 homens.

15 Os descendentes de Gade segundo os seus clãs foram:
de Zefom, o clã zefonita;
de Hagi, o clã hagita;
de Suni, o clã sunita;
16 de Ozni, o clã oznita;
de Eri, o clã erita;
17 de Arodia, o clã arodita;
de Areli, o clã arelita.

18 Esses foram os clãs de Gade; foram contados 40.500 homens.

19 Er e Onã eram filhos de Judá, mas morreram em Canaã. **20** Os descendentes de Judá segundo os seus clãs foram:
de Selá, o clã selanita;
de Perez, o clã perezita;
de Zerá, o clã zeraíta.
21 Os descendentes de Perez foram:
de Hezrom, o clã hezronita;
de Hamul, o clã hamulita.

22 Esses foram os clãs de Judá; foram contados 76.500 homens.

23 Os descendentes de Issacar segundo os seus clãs foram:
de Tolá, o clã tolaíta;
de Puá, o clã punitab;
24 de Jasube, o clã jasubita;
de Sinrom, o clã sinronita.

25 Esses foram os clãs de Issacar; foram contados 64.300 homens.

26 Os descendentes de Zebulom segundo os seus clãs foram:
de Serede, o clã seredita;
de Elom, o clã elonita;
de Jaleel, o clã jaleelita.

27 Esses foram os clãs de Zebulom; foram contados 60.500 homens.

28 Os descendentes de José segundo os seus clãs, por meio de Manassés e Efraim, foram:

29 Os descendentes de Manassés:
de Maquir, o clã maquirita
(Maquir foi o pai de Gileade);
de Gileade, o clã gileadita.
30 Estes foram os descendentes de Gileade:
de Jezer, o clã jezerita;
de Heleque, o clã helequita;
31 de Asriel, o clã asrielita;
de Siquém, o clã siquemita;

6 through Hezron, the Hezronite clan;
through Carmi, the Carmite clan.

7 These were the clans of Reuben; those numbered were 43,730.

8 The son of Pallu was Eliab, **9** and the sons of Eliab were Nemuel, Dathan and Abiram. The same Dathan and Abiram were the community officials who rebelled against Moses and Aaron and were among Korah's followers when they rebelled against the LORD. **10** The earth opened its mouth and swallowed them along with Korah, whose followers died when the fire devoured the 250 men. And they served as a warning sign. **11** The line of Korah, however, did not die out.

12 The descendants of Simeon by their clans were:
through Nemuel, the Nemuelite clan;
through Jamin, the Jaminite clan;
through Jakin, the Jakinite clan;
13 through Zerah, the Zerahite clan;
through Shaul, the Shaulite clan.

14 These were the clans of Simeon; there were 22,200 men.

15 The descendants of Gad by their clans were:
through Zephon, the Zephonite clan;
through Haggi, the Haggite clan;
through Shuni, the Shunite clan;
16 through Ozni, the Oznite clan;
through Eri, the Erite clan;
17 through Arodi,a the Arodite clan;
through Areli, the Arelite clan.

18 These were the clans of Gad; those numbered were 40,500.

19 Er and Onan were sons of Judah, but they died in Canaan. **20** The descendants of Judah by their clans were:
through Shelah, the Shelanite clan;
through Perez, the Perezite clan;
through Zerah, the Zerahite clan.
21 The descendants of Perez were:
through Hezron, the Hezronite clan;
through Hamul, the Hamulite clan.

22 These were the clans of Judah; those numbered were 76,500.

23 The descendants of Issachar by their clans were:
through Tola, the Tolaite clan;
through Puah, the Puiteb clan;
24 through Jashub, the Jashubite clan;
through Shimron, the Shimronite clan.

25 These were the clans of Issachar; those numbered were 64,300.

26 The descendants of Zebulun by their clans were:
through Sered, the Seredite clan;
through Elon, the Elonite clan;
through Jahleel, the Jahleelite clan.

27 These were the clans of Zebulun; those numbered were 60,500.

28 The descendants of Joseph by their clans through Manasseh and Ephraim were:

29 The descendants of Manasseh:
through Makir, the Makirite clan (Makir was the father of Gilead);
through Gilead, the Gileadite clan.
30 These were the descendants of Gilead:
through Iezer, the Iezerite clan;
through Helek, the Helekite clan;
31 through Asriel, the Asrielite clan;
through Shechem, the Shechemite clan;

---

a26.17 Alguns manuscritos dizem *Arode*. Veja Gn 46.16. b26.23 Alguns manuscritos dizem *por meio de Puva, o clã puvita*. Veja 1 Cr 7.1.

a26:17 Samaritan Pentateuch and Syriac (see also Gen. 46:16); Masoretic Text *Arod* b26:23 Samaritan Pentateuch, Septuagint, Vulgate and Syriac (see also 1 Chron. 7:1); Masoretic Text *through Puvah, the Punite*

32 de Semida, o clã semidaíta;
de Héfer, o clã heferita.
33 (Zelofeade, filho de Héfer,
não teve filhos; teve somente filhas,
cujos nomes eram
Maalá, Noa, Hogla, Milca e Tirza.)
34 Esses foram os clãs de Manassés; foram contados 52.700 homens.

35 Os descendentes de Efraim segundo os seus clãs foram:
de Sutela, o clã sutelaíta;
de Bequer, o clã bequerita;
de Taã, o clã taanita.
36 Estes foram os descendentes de Sutela:
de Erã, o clã eranita.
37 Esses foram os clãs de Efraim; foram contados 32.500 homens.

Esses foram os descendentes de José segundo os seus clãs.

38 Os descendentes de Benjamim segundo os seus clãs foram:
de Belá, o clã belaíta;
de Asbel, o clã asbelita;
de Airã, o clã airamita;
39 de Sufãª, o clã sufamita;
de Hufã, o clã hufamita.
40 Os descendentes de Belá, por meio de Arde e Naamã, foram:
de Arde**ᵇ**, o clã ardita;
de Naamã, o clã naamanita.
41 Esses foram os clãs de Benjamim; foram contados 45.600 homens.

42 Os descendentes de Dã segundo os seus clãs foram:
de Suã, o clã suamita.
Esses foram os clãs de Dã, **43** todos eles clãs suamitas; foram contados 64.400 homens.

44 Os descendentes de Aser segundo os seus clãs foram:
de Imna, o clã imnaíta;
de Isvi, o clã isvita;
de Berias, o clã beriaíta;
45 e dos descendentes de Berias:
de Héber, o clã heberita;
de Malquiel, o clã malquielita.
46 Aser teve uma filha chamada Sera.
47 Esses foram os clãs de Aser; foram contados 53.400 homens.

48 Os descendentes de Naftali segundo os seus clãs foram:
de Jazeel, o clã jazeelita;
de Guni, o clã gunita;
49 de Jezer, o clã jezerita;
de Silém, o clã silemita.
50 Esses foram os clãs de Naftali; foram contados 45.400 homens.

51 O número total dos homens de Israel foi 601.730.

As Normas para a Repartição da Terra

52 Disse ainda o Senhor a Moisés: **53** "A terra será repartida entre eles como herança, de acordo com o número dos nomes alistados. **54** A um clã maior dê uma herança maior, e a um clã menor, uma herança menor; cada um receberá a sua herança de acordo com o seu número de recenseados. **55** A terra, porém, será distribuída por sorteio. Cada um herdará sua parte de acordo com o nome da tribo de seus antepassados. **56** Cada herança será distribuída por sorteio entre os clãs maiores e os menores".

O Segundo Recenseamento dos Levitas

57 Estes foram os levitas contados segundo os seus clãs:
de Gérson, o clã gersonita;

32 through Shemida, the Shemidaite clan;
through Hepher, the Hepherite clan.
33 (Zelophehad son of Hepher had no sons; he had only daughters, whose names were Mahlah, Noah, Hoglah, Milcah and Tirzah.)
34 These were the clans of Manasseh; those numbered were 52,700.

35 These were the descendants of Ephraim by their clans:
through Shuthelah, the Shuthelahite clan;
through Beker, the Bekerite clan;
through Tahan, the Tahanite clan.
36 These were the descendants of Shuthelah:
through Eran, the Eranite clan.
37 These were the clans of Ephraim; those numbered were 32,500.

These were the descendants of Joseph by their clans.

38 The descendants of Benjamin by their clans were:
through Bela, the Belaite clan;
through Ashbel, the Ashbelite clan;
through Ahiram, the Ahiramite clan;
39 through Shupham,ª the Shuphamite clan;
through Hupham, the Huphamite clan.
40 The descendants of Bela through Ard and Naaman were:
through Ard,**ᵇ** the Ardite clan;
through Naaman, the Naamite clan.
41 These were the clans of Benjamin; those numbered were 45,600.

42 These were the descendants of Dan by their clans:
through Shuham, the Shuhamite clan.
These were the clans of Dan: **43** All of them were Shuhamite clans; and those numbered were 64,400.

44 The descendants of Asher by their clans were:
through Imnah, the Imnite clan;
through Ishvi, the Ishvite clan;
through Beriah, the Beriite clan;
45 and through the descendants of Beriah:
through Heber, the Heberite clan;
through Malkiel, the Malkielite clan.
46 (Asher had a daughter named Serah.)
47 These were the clans of Asher; those numbered were 53,400.

48 The descendants of Naphtali by their clans were:
through Jahzeel, the Jahzeelite clan;
through Guni, the Gunite clan;
49 through Jezer, the Jezerite clan;
through Shillem, the Shillemite clan.
50 These were the clans of Naphtali; those numbered were 45,400.

51 The total number of the men of Israel was 601,730.

52 The Lord said to Moses, **53** "The land is to be allotted to them as an inheritance based on the number of names. **54** To a larger group give a larger inheritance, and to a smaller group a smaller one; each is to receive its inheritance according to the number of those listed. **55** Be sure that the land is distributed by lot. What each group inherits will be according to the names for its ancestral tribe. **56** Each inheritance is to be distributed by lot among the larger and smaller groups."

57 These were the Levites who were counted by their clans:
through Gershon, the Gershonite clan;

ª**26.39** Muitos manuscritos dizem *Sefufã*. **ᵇ26.40** Conforme o Pentateuco Samaritano e a Vulgata. O Texto Massorético não traz *de Arde*.

ª**26:39** A few manuscripts of the Masoretic Text, Samaritan Pentateuch, Vulgate and Syriac (see also Septuagint); most manuscripts of the Masoretic Text *Shephupham* **ᵇ26:40** Samaritan Pentateuch and Vulgate (see also Septuagint); Masoretic Text does not have *through Ard.*

de Coate, o clã coatita;
de Merari, o clã merarita.
58 Estes também eram clãs levitas:
o clã libnita;
o clã hebronita;
o clã malita;
o clã musita;
o clã coreíta.

Coate foi o pai de Anrão; **59** o nome da mulher de Anrão era Joquebede, descendente de Levi, que nasceu no Egito. Ela lhe deu à luz Arão, Moisés e Miriã, irmã deles. **60** Arão foi o pai de Nadabe, Abiú, Eleazar e Itamar. **61** Mas Nadabe e Abiú morreram quando apresentaram uma oferta com fogo profano perante o Senhor.

62 O total de levitas do sexo masculino, de um mês de idade para cima, que foram contados foi 23.000. Não foram contados junto com os outros israelitas porque não receberam herança entre eles.

63 São esses os que foram recenseados por Moisés e pelo sacerdote Eleazar quando contaram os israelitas nas campinas de Moabe, junto ao Jordão, frente a Jericó. **64** Nenhum deles estava entre os que foram contados por Moisés e pelo sacerdote Arão quando contaram os israelitas no deserto do Sinai. **65** Pois o Senhor tinha dito àqueles israelitas que eles iriam morrer no deserto, e nenhum deles sobreviveu, exceto Calebe, filho de Jefoné, e Josué, filho de Num.

A Herança das Filhas de Zelofeade

27 Aproximaram-se as filhas de Zelofeade, filho de Héfer, neto de Gileade, bisneto de Maquir, trineto de Manassés; pertencia aos clãs de Manassés, filho de José. Os nomes das suas filhas eram Maalá, Noa, Hogla, Milca e Tirza. **2** Elas se prostraram à entrada da Tenda do Encontro diante de Moisés, do sacerdote Eleazar, dos líderes de toda a comunidade, e disseram: **3** "Nosso pai morreu no deserto. Ele não estava entre os seguidores de Corá, que se ajuntaram contra o Senhor, mas morreu por causa do seu próprio pecado e não deixou filhos. **4** Por que o nome de nosso pai deveria desaparecer de seu clã por não ter tido um filho? Dê-nos propriedade entre os parentes de nosso pai".

5 Moisés levou o caso perante o Senhor, **6** e o Senhor lhe disse: **7** "As filhas de Zelofeade têm razão. Você lhes dará propriedade como herança entre os parentes do pai delas, e lhes passará a herança do pai.

8 "Diga aos israelitas: Se um homem morrer e não deixar filho, transfiram a sua herança para a sua filha. **9** Se ele não tiver filha, dêem a sua herança aos irmãos dele. **10** Se não tiver irmãos, dêem-na aos irmãos de seu pai. **11** Se ainda seu pai não tiver irmãos, dêem a herança ao parente mais próximo em seu clã". Esta será uma exigência legal para os israelitas, como o Senhor ordenou a Moisés.

Josué, Sucessor de Moisés

12 Então o Senhor disse a Moisés: "Suba este monte da serra de Abarim e veja a terra que dei aos israelitas. **13** Depois de vê-la, você também será reunido ao seu povo, como seu irmão Arão, **14** pois, quando a comunidade se rebelou nas águas do deserto de Zim, vocês dois desobedeceram à minha ordem de honrar minha santidade perante eles". Isso aconteceu nas águas de Meribá, em Cades, no deserto de Zim.

15 Moisés disse ao Senhor: **16** "Que o Senhor, o Deus que a todos dá vida[a], designe um homem como líder desta comunidade **17** para conduzi-los em suas batalhas, para que a comunidade do Senhor não seja como ovelhas sem pastor".

18 Então o Senhor disse a Moisés: "Chame Josué, filho de Num, homem em quem está o Espírito[b], e imponha as mãos sobre ele.

through Kohath, the Kohathite clan;
through Merari, the Merarite clan.
58 These also were Levite clans:
the Libnite clan,
the Hebronite clan,
the Mahlite clan,
the Mushite clan,
the Korahite clan.

(Kohath was the forefather of Amram; **59** the name of Amram's wife was Jochebed, a descendant of Levi, who was born to the Levites[a] in Egypt. To Amram she bore Aaron, Moses and their sister Miriam. **60** Aaron was the father of Nadab and Abihu, Eleazar and Ithamar. **61** But Nadab and Abihu died when they made an offering before the Lord with unauthorized fire.)

62 All the male Levites a month old or more numbered 23,000. They were not counted along with the other Israelites because they received no inheritance among them.

63 These are the ones counted by Moses and Eleazar the priest when they counted the Israelites on the plains of Moab by the Jordan across from Jericho. **64** Not one of them was among those counted by Moses and Aaron the priest when they counted the Israelites in the Desert of Sinai. **65** For the Lord had told those Israelites they would surely die in the desert, and not one of them was left except Caleb son of Jephunneh and Joshua son of Nun.

Zelophehad's Daughters

27 The daughters of Zelophehad son of Hepher, the son of Gilead, the son of Makir, the son of Manasseh, belonged to the clans of Manasseh son of Joseph. The names of the daughters were Mahlah, Noah, Hoglah, Milcah and Tirzah. They approached **2** the entrance to the Tent of Meeting and stood before Moses, Eleazar the priest, the leaders and the whole assembly, and said, **3** "Our father died in the desert. He was not among Korah's followers, who banded together against the Lord, but he died for his own sin and left no sons. **4** Why should our father's name disappear from his clan because he had no son? Give us property among our father's relatives."

5 So Moses brought their case before the Lord **6** and the Lord said to him, **7** "What Zelophehad's daughters are saying is right. You must certainly give them property as an inheritance among their father's relatives and turn their father's inheritance over to them.

8 "Say to the Israelites, 'If a man dies and leaves no son, turn his inheritance over to his daughter. **9** If he has no daughter, give his inheritance to his brothers. **10** If he has no brothers, give his inheritance to his father's brothers. **11** If his father had no brothers, give his inheritance to the nearest relative in his clan, that he may possess it. This is to be a legal requirement for the Israelites, as the Lord commanded Moses.' "

Joshua to Succeed Moses

12 Then the Lord said to Moses, "Go up this mountain in the Abarim range and see the land I have given the Israelites. **13** After you have seen it, you too will be gathered to your people, as your brother Aaron, **14** for when the community rebelled at the waters in the Desert of Zin, both of you disobeyed my command to honor me as holy before their eyes." (These were the waters of Meribah Kadesh, in the Desert of Zin.)

15 Moses said to the Lord, **16** "May the Lord, the God of the spirits of all mankind, appoint a man over this community **17** to go out and come in before them, one who will lead them out and bring them in, so the Lord's people will not be like sheep without a shepherd."

18 So the Lord said to Moses, "Take Joshua son of Nun, a man in whom is the spirit,[b] and lay your hand on him. **19** Have

---

[a]27.16 Hebraico: *o Deus dos espíritos de toda a humanidade.* [b]27.18 Ou *homem capaz*

[a]26:59 Or *Jochebed, a daughter of Levi, who was born to Levi* [b]27:18 Or *Spirit*

19 Faça-o apresentar-se ao sacerdote Eleazar e a toda a comunidade e o comissione na presença deles. **20** Dê-lhe parte da sua autoridade para que toda a comunidade de Israel lhe obedeça. **21** Ele deverá apresentar-se ao sacerdote Eleazar, que lhe dará diretrizes ao consultar o Urima perante o Senhor. Josué e toda a comunidade dos israelitas seguirão suas instruções quando saírem para a batalha".

22 Moisés fez como o Senhor lhe ordenou. Chamou Josué e o apresentou ao sacerdote Eleazar e a toda a comunidade. **23** Impôs as mãos sobre ele e o comissionou. Tudo conforme o Senhor tinha dito por meio de Moisés.

As Ofertas Diárias

28 O Senhor disse a Moisés: **2** "Ordene aos israelitas e diga-lhes: Tenham o cuidado de apresentar-me na época designada a comida para as minhas ofertas preparadas no fogo, como um aroma que me seja agradável. **3** Diga-lhes: Esta é a oferta preparada no fogo que vocês apresentarão ao Senhor: dois cordeiros de um ano, sem defeito, como holocausto diário. **4** Ofereçam um cordeiro pela manhã e um ao cair da tarde, **5** juntamente com uma oferta de cereal de um jarrob da melhor farinha amassada com um litroc de azeite de olivas batidas. **6** Este é o holocausto diário instituído no monte Sinai, de aroma agradável; é oferta dedicada ao Senhor, preparada no fogo. **7** A oferta derramada que a acompanha será um litro de bebida fermentada para cada cordeiro. Derramem a oferta de bebida para o Senhor no Lugar Santo. **8** Ofereçam o segundo cordeiro ao cair da tarde, juntamente com o mesmo tipo de oferta de cereal e de oferta derramada que vocês prepararem de manhã. É uma oferta preparada no fogo, de aroma agradável ao Senhor.

As Ofertas do Sábado

9 "No dia de sábado, façam uma oferta de dois cordeiros de um ano de idade e sem defeito, juntamente com a oferta derramada e com uma oferta de cereal de dois jarros da melhor farinha amassada com óleo. **10** Este é o holocausto para cada sábado, além do holocausto diário e da oferta derramada.

As Ofertas Mensais

11 "No primeiro dia de cada mês, apresentem ao Senhor um holocausto de dois novilhos, um carneiro e sete cordeiros de um ano, todos sem defeito. **12** Para cada novilho deverá haver uma oferta de cereal de três jarros da melhor farinha amassada com óleo; para o carneiro, uma oferta de cereal de dois jarros da melhor farinha amassada com óleo; **13** e para cada cordeiro, uma oferta de cereal de um jarro da melhor farinha amassada com óleo. É um holocausto, de aroma agradável, uma oferta dedicada ao Senhor, preparada no fogo. **14** Para cada novilho deverá haver uma oferta derramada de meio galãod de vinho; para o carneiro, um litro; e para cada cordeiro, um litro. É o holocausto mensal, que deve ser oferecido cada lua nova durante o ano. **15** Além do holocausto diário com a oferta derramada, um bode será oferecido ao Senhor como sacrifício pelo pecado.

As Ofertas da Páscoa

16 "No décimo quarto dia do primeiro mês é a Páscoa do Senhor. **17** No décimo quinto dia desse mês haverá uma festa; durante sete dias comam pão sem fermento. **18** No primeiro dia da convoquem uma santa assembléia e não façam trabalho algum. **19** Apresentem ao Senhor uma oferta preparada no fogo, um holocausto de dois novilhos, um carneiro e sete cordeiros de um ano, todos sem defeito. **20** Para cada novilho preparem uma oferta de cereal de três jarros da melhor farinha amassada com óleo; para o carneiro, dois jarros; **21** e para cada cordeiro, um jarro.

him stand before Eleazar the priest and the entire assembly and commission him in their presence. **20** Give him some of your authority so the whole Israelite community will obey him. **21** He is to stand before Eleazar the priest, who will obtain decisions for him by inquiring of the Urim before the Lord. At his command he and the entire community of the Israelites will go out, and at his command they will come in."

22 Moses did as the Lord commanded him. He took Joshua and had him stand before Eleazar the priest and the whole assembly. **23** Then he laid his hands on him and commissioned him, as the Lord instructed through Moses.

Daily Offerings

28 The Lord said to Moses, **2** "Give this command to the Israelites and say to them: 'See that you present to me at the appointed time the food for my offerings made by fire, as an aroma pleasing to me.' **3** Say to them: 'This is the offering made by fire that you are to present to the Lord: two lambs a year old without defect, as a regular burnt offering each day. **4** Prepare one lamb in the morning and the other at twilight, **5** together with a grain offering of a tenth of an ephaha of fine flour mixed with a quarter of a hinb of oil from pressed olives. **6** This is the regular burnt offering instituted at Mount Sinai as a pleasing aroma, an offering made to the Lord by fire. **7** The accompanying drink offering is to be a quarter of a hin of fermented drink with each lamb. Pour out the drink offering to the Lord at the sanctuary. **8** Prepare the second lamb at twilight, along with the same kind of grain offering and drink offering that you prepare in the morning. This is an offering made by fire, an aroma pleasing to the Lord.

Sabbath Offerings

9 'On the Sabbath day, make an offering of two lambs a year old without defect, together with its drink offering and a grain offering of two-tenths of an ephahc of fine flour mixed with oil. **10** This is the burnt offering for every Sabbath, in addition to the regular burnt offering and its drink offering.

Monthly Offerings

11 " 'On the first of every month, present to the Lord a burnt offering of two young bulls, one ram and seven male lambs a year old, all without defect. **12** With each bull there is to be a grain offering of three-tenths of an ephahd of fine flour mixed with oil; with the ram, a grain offering of two-tenths of an ephah of fine flour mixed with oil; **13** and with each lamb, a grain offering of a tenth of an ephah of fine flour mixed with oil. This is for a burnt offering, a pleasing aroma, an offering made to the Lord by fire. **14** With each bull there is to be a drink offering of half a hine of wine; with the ram, a third of a hinf; and with each lamb, a quarter of a hin. This is the monthly burnt offering to be made at each new moon during the year. **15** Besides the regular burnt offering with its drink offering, one male goat is to be presented to the Lord as a sin offering.

The Passover

16 " 'On the fourteenth day of the first month the Lord's Passover is to be held. **17** On the fifteenth day of this month there is to be a festival; for seven days eat bread made without yeast. **18** On the first day hold a sacred assembly and do no regular work. **19** Present to the Lord an offering made by fire, a burnt offering of two young bulls, one ram and seven male lambs a year old, all without defect. **20** With each bull prepare a grain offering of three-tenths of an ephah of fine flour mixed with oil; with the ram, two-tenths; **21** and with each of the seven lambs, one-tenth.

---

a27.21 Objeto usado para se conhecer a vontade de Deus. b28.5 Hebraico: *1/10 de efa*. O efa era uma medida de capacidade para secos. As estimativas variam entre 20 e 40 litros. c28.5 Hebraico: *1/4 de him*. O him era uma medida de capacidade para líquidos. As estimativas variam entre 3 e 6 litros. d28.14 Hebraico: *him*.

a28:5 That is, probably about 2 quarts (about 2 liters); also in verses 13, 21 and 29 b28:5 That is, probably about 1 quart (about 1 liter); also in verses 7 and 14 c28:9 That is, probably about 4 quarts (about 4.5 liters); also in verses 12, 20 and 28 d28:12 That is, probably about 6 quarts (about 6.5 liters); also in verses 20 and 28 e28:14 That is, probably about 2 quarts (about 2 liters) f28:14 That is, probably about 1 1/4 quarts (about 1.2 liters)

22 Ofereçam um bode como sacrifício pela culpa, para fazer propiciação por vocês. **23** Apresentem essas ofertas além do holocausto diário oferecido pela manhã. **24** Façam assim diariamente, durante sete dias: apresentem a comida para a oferta preparada no fogo, de aroma agradável ao Senhor; isso será feito além do holocausto diário e da sua oferta derramada. **25** No sétimo dia convoquem uma santa reunião e não façam trabalho algum.

As Ofertas da Festa das Semanas

26 "No dia da festa da colheita dos primeiros frutos, a festa das semanas[a], quando apresentarem ao Senhor uma oferta do cereal novo, convoquem uma santa assembléia e não façam trabalho algum. **27** Apresentem um holocausto de dois novilhos, de um carneiro e de sete cordeiros de um ano, como aroma agradável ao Senhor. **28** Para cada novilho deverá haver uma oferta de cereal de três jarros da melhor farinha amassada com óleo; para o carneiro, dois jarros; **29** e para cada um dos cordeiros, um jarro. **30** Ofereçam também um bode para fazer propiciação por vocês. **31** Preparem tudo isso junto com a oferta derramada, além do holocausto diário e da oferta de cereal. Verifiquem que os animais sejam sem defeito.

As Ofertas da Festa das Trombetas

29 "No primeiro dia do sétimo mês convoquem uma santa assembléia e não façam trabalho algum. Nesse dia vocês tocarão as trombetas. **2** Como aroma agradável ao Senhor, ofereçam um holocausto de um novilho, um carneiro e sete cordeiros de um ano, todos sem defeito. **3** Para o novilho preparem uma oferta de cereal de três jarros[b] da melhor farinha amassada com óleo; para o carneiro, dois jarros; **4** e para cada um dos sete cordeiros, um jarro. **5** Ofereçam também um bode como sacrifício pelo pecado, para fazer propiciação por vocês, **6** além dos holocaustos mensais e diários com as ofertas de cereal e com as ofertas derramadas, conforme prescritas. São ofertas preparadas no fogo, de aroma agradável ao Senhor.

As Ofertas do Dia da Expiação

7 "No décimo dia desse sétimo mês convoquem uma santa assembléia. Vocês se humilharão[c] e não farão trabalho algum. **8** Apresentem como aroma agradável ao Senhor um holocausto de um novilho, de um carneiro e de sete cordeiros de um ano de idade, todos sem defeito. **9** Para o novilho preparem uma oferta de cereal de três jarros da melhor farinha amassada com óleo; para o carneiro, dois jarros; **10** e para cada um dos sete cordeiros, um jarro. **11** Ofereçam também um bode como sacrifício pelo pecado, além do sacrifício pelo pecado para fazer propiciação e do holocausto diário com a oferta de cereal e com as ofertas derramadas.

As Ofertas da Festa dos Tabernáculos

12 "No décimo quinto dia do sétimo mês convoquem uma santa assembléia e não façam trabalho algum. Celebrem uma festa ao Senhor durante sete dias. **13** Apresentem a seguinte oferta preparada no fogo, de aroma agradável ao Senhor: um holocausto de treze novilhos, dois carneiros e catorze cordeiros de um ano de idade, todos sem defeito. **14** Para cada um dos treze novilhos preparem uma oferta de cereal de três jarros da melhor farinha amassada com óleo; para cada um dos carneiros, dois jarros; **15** e para cada um dos catorze cordeiros, um jarro. **16** Ofereçam também um bode como sacrifício pelo pecado, além do holocausto diário com a oferta de cereal e com a oferta derramada.

17 "No segundo dia preparem doze novilhos, dois carneiros e catorze cordeiros de um ano de idade, todos sem defeito. **18** Para a oferta de novilhos, carneiros e cordeiros, preparem ofertas derramadas e de cereal, de acordo com o número especificado.

22 Include one male goat as a sin offering to make atonement for you. **23** Prepare these in addition to the regular morning burnt offering. **24** In this way prepare the food for the offering made by fire every day for seven days as an aroma pleasing to the Lord; it is to be prepared in addition to the regular burnt offering and its drink offering. **25** On the seventh day hold a sacred assembly and do no regular work.

Feast of Weeks

26 " 'On the day of firstfruits, when you present to the Lord an offering of new grain during the Feast of Weeks, hold a sacred assembly and do no regular work. **27** Present a burnt offering of two young bulls, one ram and seven male lambs a year old as an aroma pleasing to the Lord. **28** With each bull there is to be a grain offering of three-tenths of an ephah of fine flour mixed with oil; with the ram, two-tenths; **29** and with each of the seven lambs, one-tenth. **30** Include one male goat to make atonement for you. **31** Prepare these together with their drink offerings, in addition to the regular burnt offering and its grain offering. Be sure the animals are without defect.

Feast of Trumpets

29 " 'On the first day of the seventh month hold a sacred assembly and do no regular work. It is a day for you to sound the trumpets. **2** As an aroma pleasing to the Lord, prepare a burnt offering of one young bull, one ram and seven male lambs a year old, all without defect. **3** With the bull prepare a grain offering of three-tenths of an ephah[a] of fine flour mixed with oil; with the ram, two-tenths[b]; **4** and with each of the seven lambs, one-tenth.[c] **5** Include one male goat as a sin offering to make atonement for you. **6** These are in addition to the monthly and daily burnt offerings with their grain offerings and drink offerings as specified. They are offerings made to the Lord by fire—a pleasing aroma.

Day of Atonement

7 " 'On the tenth day of this seventh month hold a sacred assembly. You must deny yourselves[d] and do no work. **8** Present as an aroma pleasing to the Lord a burnt offering of one young bull, one ram and seven male lambs a year old, all without defect. **9** With the bull prepare a grain offering of three-tenths of an ephah of fine flour mixed with oil; with the ram, two-tenths; **10** and with each of the seven lambs, one-tenth. **11** Include one male goat as a sin offering, in addition to the sin offering for atonement and the regular burnt offering with its grain offering, and their drink offerings.

Feast of Tabernacles

12 " 'On the fifteenth day of the seventh month, hold a sacred assembly and do no regular work. Celebrate a festival to the Lord for seven days. **13** Present an offering made by fire as an aroma pleasing to the Lord, a burnt offering of thirteen young bulls, two rams and fourteen male lambs a year old, all without defect. **14** With each of the thirteen bulls prepare a grain offering of three-tenths of an ephah of fine flour mixed with oil; with each of the two rams, two-tenths; **15** and with each of the fourteen lambs, one-tenth. **16** Include one male goat as a sin offering, in addition to the regular burnt offering with its grain offering and drink offering.

17 " 'On the second day prepare twelve young bulls, two rams and fourteen male lambs a year old, all without defect. **18** With the bulls, rams and lambs, prepare their grain offerings and drink offerings according to the number specified.

---

a28.26 Isto é, do Pentecoste. b29.3 Hebraico: *3/10 de efa.* O efa era uma medida de capacidade para secos. As estimativas variam entre 20 e 40 litros. c29.7 Ou *devem jejuar*

a29:3 That is, probably about 6 quarts (about 6.5 liters); also in verses 9 and 14
b29:3 That is, probably about 4 quarts (about 4.5 liters); also in verses 9 and 14
c29:4 That is, probably about 2 quarts (about 2 liters); also in verses 10 and 15
d29:7 Or *must fast*

19 Ofereçam também um bode como sacrifício pelo pecado, além do holocausto diário com a oferta derramada e com a oferta de cereal.

20 "No terceiro dia preparem onze novilhos, dois carneiros e catorze cordeiros de um ano de idade, todos sem defeito. **21** Para a oferta de novilhos, carneiros e cordeiros, preparem ofertas derramadas e de cereal, de acordo com o número especificado. **22** Ofereçam também um bode como sacrifício pelo pecado, além do holocausto diário com a oferta derramada e com a oferta de cereal.

23 "No quarto dia preparem dez novilhos, dois carneiros e catorze cordeiros de um ano de idade, todos sem defeito. **24** Para a oferta de novilhos, carneiros e cordeiros, preparem ofertas derramadas e de cereal, de acordo com o número especificado. **25** Ofereçam também um bode como sacrifício pelo pecado, além do holocausto diário com a oferta derramada e com a oferta de cereal.

26 "No quinto dia preparem nove novilhos, dois carneiros e catorze cordeiros de um ano de idade, todos sem defeito. **27** Para a oferta de novilhos, carneiros e cordeiros, preparem ofertas derramadas e de cereal, de acordo com o número especificado. **28** Ofereçam também um bode como sacrifício pelo pecado, além do holocausto diário com a oferta derramada e com a oferta de cereal.

29 "No sexto dia preparem oito novilhos, dois carneiros e catorze cordeiros de um ano de idade, todos sem defeito. **30** Para a oferta de novilhos, carneiros e cordeiros, preparem ofertas derramadas e de cereal, de acordo com o número especificado. **31** Ofereçam também um bode como sacrifício pelo pecado, além do holocausto diário com a oferta derramada e com a oferta de cereal.

32 "No sétimo dia preparem sete novilhos, dois carneiros e catorze cordeiros de um ano de idade, todos sem defeito. **33** Para a oferta de novilhos, carneiros e cordeiros, preparem ofertas derramadas e de cereal, de acordo com o número especificado. **34** Ofereçam também um bode como sacrifício pelo pecado, além do holocausto diário com a oferta derramada e com a oferta de cereal.

35 "No oitavo dia convoquem uma assembléia e não façam trabalho algum. **36** Apresentem uma oferta preparada no fogo, de aroma agradável ao Senhor, um holocausto de um novilho, um carneiro e sete cordeiros de um ano, todos sem defeito. **37** Para a oferta do novilho, do carneiro e dos cordeiros, preparem ofertas derramadas e de cereal, de acordo com o número especificado. **38** Ofereçam também um bode como sacrifício pelo pecado, além do holocausto diário com a oferta derramada e com a oferta de cereal.

39 "Além dos votos que fizerem e das ofertas voluntárias, preparem isto para o Senhor nas festas que lhes são designadas: os holocaustos, as ofertas derramadas, de cereal e de comunhão a".

40 E Moisés comunicou aos israelitas tudo o que o Senhor lhe tinha ordenado.

A Regulamentação dos Votos

30 Moisés disse aos chefes das tribos de Israel: "É isto que o Senhor ordena: **2** Quando um homem fizer um voto ao Senhor ou um juramento que o obrigar a algum compromisso, não poderá quebrar a sua palavra, mas terá que cumprir tudo o que disse.

3 "Quando uma moça que ainda vive na casa de seu pai fizer um voto ao Senhor ou obrigar-se por um compromisso **4** e seu pai souber do voto ou compromisso, mas nada lhe disser, então todos os votos e cada um dos compromissos pelos quais se obrigou serão válidos. **5** Mas, se o pai a proibir quando souber do voto, nenhum dos votos ou dos compromissos pelos quais se obrigou será válido; o Senhor a livrará porque o seu pai a proibiu.

19 Include one male goat as a sin offering, in addition to the regular burnt offering with its grain offering, and their drink offerings.

20 " 'On the third day prepare eleven bulls, two rams and fourteen male lambs a year old, all without defect. **21** With the bulls, rams and lambs, prepare their grain offerings and drink offerings according to the number specified. **22** Include one male goat as a sin offering, in addition to the regular burnt offering with its grain offering and drink offering.

23 " 'On the fourth day prepare ten bulls, two rams and fourteen male lambs a year old, all without defect. **24** With the bulls, rams and lambs, prepare their grain offerings and drink offerings according to the number specified. **25** Include one male goat as a sin offering, in addition to the regular burnt offering with its grain offering and drink offering.

26 " 'On the fifth day prepare nine bulls, two rams and fourteen male lambs a year old, all without defect. **27** With the bulls, rams and lambs, prepare their grain offerings and drink offerings according to the number specified. **28** Include one male goat as a sin offering, in addition to the regular burnt offering with its grain offering and drink offering.

29 " 'On the sixth day prepare eight bulls, two rams and fourteen male lambs a year old, all without defect. **30** With the bulls, rams and lambs, prepare their grain offerings and drink offerings according to the number specified. **31** Include one male goat as a sin offering, in addition to the regular burnt offering with its grain offering and drink offering.

32 " 'On the seventh day prepare seven bulls, two rams and fourteen male lambs a year old, all without defect. **33** With the bulls, rams and lambs, prepare their grain offerings and drink offerings according to the number specified. **34** Include one male goat as a sin offering, in addition to the regular burnt offering with its grain offering and drink offering.

35 " 'On the eighth day hold an assembly and do no regular work. **36** Present an offering made by fire as an aroma pleasing to the Lord, a burnt offering of one bull, one ram and seven male lambs a year old, all without defect. **37** With the bull, the ram and the lambs, prepare their grain offerings and drink offerings according to the number specified. **38** Include one male goat as a sin offering, in addition to the regular burnt offering with its grain offering and drink offering.

39 " 'In addition to what you vow and your freewill offerings, prepare these for the Lord at your appointed feasts: your burnt offerings, grain offerings, drink offerings and fellowship offerings.a' "

40 Moses told the Israelites all that the Lord commanded him.

Vows

30 Moses said to the heads of the tribes of Israel: "This is what the Lord commands: **2** When a man makes a vow to the Lord or takes an oath to obligate himself by a pledge, he must not break his word but must do everything he said.

3 "When a young woman still living in her father's house makes a vow to the Lord or obligates herself by a pledge **4** and her father hears about her vow or pledge but says nothing to her, then all her vows and every pledge by which she obligated herself will stand. **5** But if her father forbids her when he hears about it, none of her vows or the pledges by which she obligated herself will stand; the Lord will release her because her father has forbidden her.

a 29.39 Ou *de paz*   a 29:39 Traditionally *peace offerings*

6 "Se ela se casar depois de fazer um voto ou depois de seus lábios proferirem uma promessa precipitada pela qual se obriga a si mesma **7** e o seu marido o souber, mas nada lhe disser no dia em que ficar sabendo, então os seus votos ou compromissos pelos quais ela se obrigou serão válidos. **8** Mas, se o seu marido a proibir quando o souber, anulará o voto que a obriga ou a promessa precipitada pela qual ela se obrigou, e o Senhor a livrará.

9 "Qualquer voto ou compromisso assumido por uma viúva ou por uma mulher divorciada será válido.

10 "Se uma mulher que vive com o seu marido fizer um voto ou obrigar-se por juramento a um compromisso **11** e o seu marido o souber, mas nada lhe disser e não a proibir, então todos os votos ou compromissos pelos quais ela se obrigou serão válidos. **12** Mas, se o seu marido os anular quando deles souber, então nenhum dos votos ou compromissos que saíram de seus lábios será válido. Seu marido os anulou, e o Senhor a livrará. **13** O marido poderá confirmar ou anular qualquer voto ou qualquer compromisso que a obrigue a humilhar-se². **14** Mas, se o marido nada lhe disser a respeito disso até o dia seguinte, com isso confirma todos os seus votos ou compromissos pelos quais se obrigou. Ele os confirma por nada lhe dizer quando os ouviu. **15** Se, contudo, ele os anular algum tempo depois de ouvi-los, ele sofrerá as conseqüências de sua iniqüidade".

16 São essas as ordenanças que o Senhor deu a Moisés a respeito do relacionamento entre um homem e sua mulher, e entre um pai e sua filha moça que ainda vive na casa do pai.

A Vingança contra os Midianitas

31 O Senhor disse a Moisés: **2** "Vingue-se dos midianitas pelo que fizeram aos israelitas. Depois disso você será reunido aos seus antepassados".

3 Então Moisés disse ao povo: "Armem alguns dos homens para irem à guerra contra os midianitas e executarem a vingança do Senhor contra eles. **4** Enviem à batalha mil homens de cada tribo de Israel". **5** Doze mil homens armados para a guerra, mil de cada tribo, foram mandados pelos clãs de Israel. **6** Moisés os enviou à guerra, mil de cada tribo, juntamente com Finéias, filho do sacerdote Eleazar, que levou consigo objetos do santuário e as cornetas para o toque de guerra.

7 Lutaram então contra Midiã, conforme o Senhor tinha ordenado a Moisés, e mataram todos os homens. **8** Entre os mortos estavam os cinco reis de Midiã: Evi, Requém, Zur, Hur e Reba. Também mataram à espada Balaão, filho de Beor. **9** Os israelitas capturaram as mulheres e as crianças midianitas e tomaram como despojo todos os rebanhos e bens dos midianitas. **10** Queimaram todas as cidades em que os midianitas haviam se estabelecido, bem como todos os seus acampamentos. **11** Tomaram todos os despojos, incluindo pessoas e animais, **12** e levaram os prisioneiros, homens e mulheres, e os despojos a Moisés, ao sacerdote Eleazar e à comunidade de Israel, em seu acampamento, nas campinas de Moabe, frente a Jericóᵇ.

13 Moisés, o sacerdote Eleazar e todos os líderes da comunidade saíram para recebê-los fora do acampamento. **14** Mas Moisés indignou-se contra os oficiais do exército que voltaram da guerra, os líderes de milhares e os líderes de centenas.

15 "Vocês deixaram todas as mulheres vivas?", perguntou-lhes. **16** "Foram elas que seguiram o conselho de Balaão e levaram Israel a ser infiel ao Senhor no caso de Peor, de modo que uma praga feriu a comunidade do Senhor. **17** Agora matem todos os meninos. E matem também todas as mulheres que se deitaram com homem, **18** mas poupem todas as meninas virgens.

19 "Todos vocês que mataram alguém ou que tocaram em algum morto ficarão sete dias fora do acampamento. No ter-

6 "If she marries after she makes a vow or after her lips utter a rash promise by which she obligates herself **7** and her husband hears about it but says nothing to her, then her vows or the pledges by which she obligated herself will stand. **8** But if her husband forbids her when he hears about it, he nullifies the vow that obligates her or the rash promise by which she obligates herself, and the Lord will release her.

9 "Any vow or obligation taken by a widow or divorced woman will be binding on her.

10 "If a woman living with her husband makes a vow or obligates herself by a pledge under oath **11** and her husband hears about it but says nothing to her and does not forbid her, then all her vows or the pledges by which she obligated herself will stand. **12** But if her husband nullifies them when he hears about them, then none of the vows or pledges that came from her lips will stand. Her husband has nullified them, and the Lord will release her. **13** Her husband may confirm or nullify any vow she makes or any sworn pledge to deny herself. **14** But if her husband says nothing to her about it from day to day, then he confirms all her vows or the pledges binding on her. He confirms them by saying nothing to her when he hears about them. **15** If, however, he nullifies them some time after he hears about them, then he is responsible for her guilt."

16 These are the regulations the Lord gave Moses concerning relationships between a man and his wife, and between a father and his young daughter still living in his house.

Vengeance on the Midianites

31 The Lord said to Moses, **2** "Take vengeance on the Midianites for the Israelites. After that, you will be gathered to your people."

3 So Moses said to the people, "Arm some of your men to go to war against the Midianites and to carry out the Lord's vengeance on them. **4** Send into battle a thousand men from each of the tribes of Israel." **5** So twelve thousand men armed for battle, a thousand from each tribe, were supplied from the clans of Israel. **6** Moses sent them into battle, a thousand from each tribe, along with Phinehas son of Eleazar, the priest, who took with him articles from the sanctuary and the trumpets for signaling.

7 They fought against Midian, as the Lord commanded Moses, and killed every man. **8** Among their victims were Evi, Rekem, Zur, Hur and Reba—the five kings of Midian. They also killed Balaam son of Beor with the sword. **9** The Israelites captured the Midianite women and children and took all the Midianite herds, flocks and goods as plunder. **10** They burned all the towns where the Midianites had settled, as well as all their camps. **11** They took all the plunder and spoils, including the people and animals, **12** and brought the captives, spoils and plunder to Moses and Eleazar the priest and the Israelite assembly at their camp on the plains of Moab, by the Jordan across from Jericho.ᵃ

13 Moses, Eleazar the priest and all the leaders of the community went to meet them outside the camp. **14** Moses was angry with the officers of the army—the commanders of thousands and commanders of hundreds—who returned from the battle.

15 "Have you allowed all the women to live?" he asked them. **16** "They were the ones who followed Balaam's advice and were the means of turning the Israelites away from the Lord in what happened at Peor, so that a plague struck the Lord's people. **17** Now kill all the boys. And kill every woman who has slept with a man, **18** but save for yourselves every girl who has never slept with a man.

19 "All of you who have killed anyone or touched anyone who was killed must stay outside the camp seven days. On the

---

ª30.13 Ou *jejuar* ᵇ31.12 Hebraico: *Jordão de Jericó*. Possivelmente um antigo nome do rio Jordão; também em 33.48,50; 34.15; 35.1 e 36.13.

ª31:12 Hebrew *Jordan of Jericho*; possibly an ancient name for the Jordan River

ceiro e no sétimo dia vocês deverão purificar-se a si mesmos e aos seus prisioneiros. ²⁰ Purifiquem toda roupa e também tudo o que é feito de couro, de pêlo de bode ou de madeira."

²¹ Depois o sacerdote Eleazar disse aos soldados que tinham ido à guerra: "Esta é a exigência da lei que o Senhor ordenou a Moisés: ²² Ouro, prata, bronze, ferro, estanho, chumbo ²³ e tudo o que resista ao fogo, vocês terão que passar pelo fogo para purificá-los, mas também deverão purificá-los com a água da purificação. E tudo o que não resistir ao fogo terá que passar pela água. ²⁴ No sétimo dia lavem as suas roupas, e vocês ficarão puros. Depois poderão entrar no acampamento".

A Divisão dos Despojos

²⁵ O Senhor disse a Moisés: ²⁶ "Você, o sacerdote Eleazar e os chefes das famílias da comunidade deverão contar todo o povo e os animais capturados. ²⁷ Dividam os despojos entre os guerreiros que participaram da batalha e o restante da comunidade. ²⁸ Daquilo que os guerreiros trouxeram da guerra, separem como tributo ao Senhor um de cada quinhentos, sejam pessoas, bois, jumentos, ovelhas ou bodes. ²⁹ Tomem esse tributo da metade que foi dada como porção a eles e entreguem-no ao sacerdote Eleazar como a porção do Senhor. ³⁰ Da metade dada aos israelitas, escolham um de cada cinqüenta, sejam pessoas, bois, jumentos, ovelhas ou bodes. Entreguem-nos aos levitas, encarregados de cuidar do tabernáculo do Senhor". ³¹ Moisés e o sacerdote Eleazar fizeram como o Senhor tinha ordenado a Moisés.

³² Os despojos que restaram da presa tomada pelos soldados foram 675.000 ovelhas, ³³ 72.000 cabeças de gado, ³⁴ 61.000 jumentos ³⁵ e 32.000 mulheres virgens.

³⁶ A metade dada aos que lutaram na guerra foi esta: 337.500 ovelhas, ³⁷ das quais o tributo para o Senhor foram 675;

³⁸ 36.000 cabeças de gado, das quais o tributo para o Senhor foram 72;

³⁹ 30.500 jumentos, dos quais o tributo para o Senhor foram 61;

⁴⁰ 16.000 pessoas, das quais o tributo para o Senhor foram 32.

⁴¹ Moisés deu o tributo ao sacerdote Eleazar como contribuição ao Senhor, conforme o Senhor tinha ordenado a Moisés.

⁴² A outra metade, pertencente aos israelitas, Moisés separou da dos combatentes; ⁴³ essa era a metade pertencente à comunidade, com 337.500 ovelhas, ⁴⁴ 36.000 cabeças de gado, ⁴⁵ 30.500 jumentos ⁴⁶ e 16.000 pessoas. ⁴⁷ Da metade pertencente aos israelitas, Moisés escolheu um de cada cinqüenta, tanto de pessoas como de animais, conforme o Senhor lhe tinha ordenado, e os entregou aos levitas, encarregados de cuidar do tabernáculo do Senhor.

⁴⁸ Então os oficiais que estavam sobre as unidades do exército, os líderes de milhares e os líderes de centenas foram a Moisés ⁴⁹ e lhe disseram: "Seus servos contaram os soldados sob o nosso comando, e não está faltando ninguém. ⁵⁰ Por isso trouxemos como oferta ao Senhor os artigos de ouro dos quais cada um de nós se apossou: braceletes, pulseiras, anéis-selo, brincos e colares; para fazer propiciação por nós perante o Senhor".

⁵¹ Moisés e o sacerdote Eleazar receberam deles todas as jóias de ouro. ⁵² Todo o ouro dado pelos líderes de milhares e pelos líderes de centenas que Moisés e Eleazar apresentaram como contribuição ao Senhor pesou duzentos quilosª. ⁵³ Cada soldado tinha tomado despojos para si mesmo. ⁵⁴ Moisés e o sacerdote Eleazar receberam o ouro dado pelos líderes de milhares e pelos líderes de centenas e o levaram para a Tenda do Encontro como memorial, para que o Senhor se lembrasse dos israelitas.

ª31.52 Hebraico: *16.750 siclos*. Um siclo equivalia a 12 gramas.

---

third and seventh days you must purify yourselves and your captives. ²⁰ Purify every garment as well as everything made of leather, goat hair or wood."

²¹ Then Eleazar the priest said to the soldiers who had gone into battle, "This is the requirement of the law that the Lord gave Moses: ²² Gold, silver, bronze, iron, tin, lead ²³ and anything else that can withstand fire must be put through the fire, and then it will be clean. But it must also be purified with the water of cleansing. And whatever cannot withstand fire must be put through that water. ²⁴ On the seventh day wash your clothes and you will be clean. Then you may come into the camp."

Dividing the Spoils

²⁵ The Lord said to Moses, ²⁶ "You and Eleazar the priest and the family heads of the community are to count all the people and animals that were captured. ²⁷ Divide the spoils between the soldiers who took part in the battle and the rest of the community. ²⁸ From the soldiers who fought in the battle, set apart as tribute for the Lord one out of every five hundred, whether persons, cattle, donkeys, sheep or goats. ²⁹ Take this tribute from their half share and give it to Eleazar the priest as the Lord's part. ³⁰ From the Israelites' half, select one out of every fifty, whether persons, cattle, donkeys, sheep, goats or other animals. Give them to the Levites, who are responsible for the care of the Lord's tabernacle." ³¹ So Moses and Eleazar the priest did as the Lord commanded Moses.

³² The plunder remaining from the spoils that the soldiers took was 675,000 sheep, ³³ 72,000 cattle, ³⁴ 61,000 donkeys ³⁵ and 32,000 women who had never slept with a man.

³⁶ The half share of those who fought in the battle was:

337,500 sheep, ³⁷ of which the tribute for the Lord was 675;

³⁸ 36,000 cattle, of which the tribute for the Lord was 72;

³⁹ 30,500 donkeys, of which the tribute for the Lord was 61;

⁴⁰ 16,000 people, of which the tribute for the Lord was 32.

⁴¹ Moses gave the tribute to Eleazar the priest as the Lord's part, as the Lord commanded Moses.

⁴² The half belonging to the Israelites, which Moses set apart from that of the fighting men— ⁴³ the community's half—was 337,500 sheep, ⁴⁴ 36,000 cattle, ⁴⁵ 30,500 donkeys ⁴⁶ and 16,000 people. ⁴⁷ From the Israelites' half, Moses selected one out of every fifty persons and animals, as the Lord commanded him, and gave them to the Levites, who were responsible for the care of the Lord's tabernacle.

⁴⁸ Then the officers who were over the units of the army— the commanders of thousands and commanders of hundreds— went to Moses ⁴⁹ and said to him, "Your servants have counted the soldiers under our command, and not one is missing. ⁵⁰ So we have brought as an offering to the Lord the gold articles each of us acquired—armlets, bracelets, signet rings, earrings and necklaces—to make atonement for ourselves before the Lord."

⁵¹ Moses and Eleazar the priest accepted from them the gold—all the crafted articles. ⁵² All the gold from the commanders of thousands and commanders of hundreds that Moses and Eleazar presented as a gift to the Lord weighed 16,750 shekels.ª ⁵³ Each soldier had taken plunder for himself. ⁵⁴ Moses and Eleazar the priest accepted the gold from the commanders of thousands and commanders of hundreds and brought it into the Tent of Meeting as a memorial for the Israelites before the Lord.

ª31:52 That is, about 420 pounds (about 190 kilograms)

As Tribos de Rúben e de Gade se Estabelecem na Transjordânia

32 As tribos de Rúben e de Gade, donas de numerosos rebanhos, viram que as terras de Jazar e de Gileade eram próprias para a criação de gado. ² Por isso foram a Moisés, ao sacerdote Eleazar e aos líderes da comunidade, e disseram: ³ "Atarote, Dibom, Jazar, Ninra, Hesbom, Eleale, Sebã, Nebo e Beom, ⁴ terras que o Senhor subjugou perante a comunidade de Israel, são próprias para a criação de gado, e os seus servos possuem gado". ⁵ E acrescentaram: "Se podemos contar com o favor de vocês, deixem que essa terra seja dada a estes seus servos como herança. Não nos façam atravessar o Jordão".

⁶ Moisés respondeu aos homens de Gade e de Rúben: "E os seus compatriotas irão à guerra enquanto vocês ficam aqui? ⁷ Por que vocês desencorajam os israelitas de entrar na terra que o Senhor lhes deu? ⁸ Foi isso que os pais de vocês fizeram quando os enviei de Cades-Barnéia para verem a terra. ⁹ Depois de subirem ao vale de Escol e examinarem a terra, desencorajaram os israelitas de entrar na terra que o Senhor lhes tinha dado. ¹⁰ A ira do Senhor se acendeu naquele dia, e ele fez este juramento: ¹¹ 'Como não me seguiram de coração íntegro, nenhum dos homens de vinte anos para cima que saíram do Egito verá a terra que prometi sob juramento a Abraão, a Isaque e a Jacó, ¹² com exceção de Calebe, filho de Jefoné, o quenezeu, e Josué, filho de Num, que seguiram o Senhor com integridade de coração'. ¹³ A ira do Senhor acendeu-se contra Israel, e ele os fez andar errantes no deserto durante quarenta anos, até que passou toda a geração daqueles que lhe tinham desagradado com seu mau procedimento.

¹⁴ "E aí estão vocês, raça de pecadores, pondo-se no lugar dos seus antepassados e acendendo ainda mais a ira do Senhor contra Israel. ¹⁵ Se deixarem de segui-lo, de novo ele os abandonará no deserto, e vocês serão o motivo da destruição de todo este povo".

¹⁶ Então se aproximaram de Moisés e disseram: "Gostaríamos de construir aqui currais para o nosso gado e cidades para as nossas mulheres e para os nossos filhos. ¹⁷ Mas nós nos armaremos e estaremos prontos para ir à frente dos israelitas até que os tenhamos levado ao seu lugar. Enquanto isso, nossas mulheres e nossos filhos morarão em cidades fortificadas para se protegerem dos habitantes da terra. ¹⁸ Não retornaremos aos nossos lares enquanto todos os israelitas não receberem a sua herança. ¹⁹ Não receberemos herança alguma com eles do outro lado do Jordão, uma vez que a nossa herança nos seja dada no lado leste do Jordão".

²⁰ Disse-lhes Moisés: "Se fizerem isso, se perante o Senhor vocês se armarem para a guerra, ²¹ e se, armados, todos vocês atravessarem o Jordão perante o Senhor até que ele tenha expulsado os seus inimigos da frente dele, ²² então, quando a terra estiver subjugada perante o Senhor, vocês poderão voltar e estarão livres da sua obrigação para com o Senhor e para com Israel. E esta terra será propriedade de vocês perante o Senhor.

²³ "Mas, se vocês não fizerem isso, estarão pecando contra o Senhor; e estejam certos de que vocês não escaparão do pecado cometido. ²⁴ Construam cidades para as suas mulheres e crianças, e currais para os seus rebanhos, mas façam o que vocês prometeram".

²⁵ Então os homens de Gade e de Rúben disseram a Moisés: "Nós, seus servos, faremos como o meu senhor ordena. ²⁶ Nossos filhos e nossas mulheres, e todos os nossos rebanhos ficarão aqui nas cidades de Gileade. ²⁷ Mas os seus servos, todos os homens armados para a batalha, atravessarão para lutar perante o Senhor, como o meu senhor está dizendo".

²⁸ Moisés deu as seguintes instruções acerca deles ao sacerdote Eleazar, a Josué, filho de Num, e aos chefes de família das tribos israelitas: ²⁹ "Se os homens de Gade e de Rúben, todos eles armados para a batalha, atravessarem o Jordão com vocês perante o Senhor, então, quando a terra for subjugada perante vocês, entreguem-lhes como propriedade a terra de Gileade. ³⁰ Mas, se não atravessarem armados com vocês, terão que aceitar a propriedade deles com vocês em Canaã".

The Transjordan Tribes

32 The Reubenites and Gadites, who had very large herds and flocks, saw that the lands of Jazer and Gilead were suitable for livestock. ² So they came to Moses and Eleazar the priest and to the leaders of the community, and said, ³ "Ataroth, Dibon, Jazer, Nimrah, Heshbon, Elealeh, Sebam, Nebo and Beon— ⁴ the land the Lord subdued before the people of Israel—are suitable for livestock, and your servants have livestock. ⁵ If we have found favor in your eyes," they said, "let this land be given to your servants as our possession. Do not make us cross the Jordan."

⁶ Moses said to the Gadites and Reubenites, "Shall your countrymen go to war while you sit here? ⁷ Why do you discourage the Israelites from going over into the land the Lord has given them? ⁸ This is what your fathers did when I sent them from Kadesh Barnea to look over the land. ⁹ After they went up to the Valley of Eshcol and viewed the land, they discouraged the Israelites from entering the land the Lord had given them. ¹⁰ The Lord's anger was aroused that day and he swore this oath: ¹¹ 'Because they have not followed me wholeheartedly, not one of the men twenty years old or more who came up out of Egypt will see the land I promised on oath to Abraham, Isaac and Jacob— ¹² not one except Caleb son of Jephunneh the Kenizzite and Joshua son of Nun, for they followed the Lord wholeheartedly.' ¹³ The Lord's anger burned against Israel and he made them wander in the desert forty years, until the whole generation of those who had done evil in his sight was gone.

¹⁴ "And here you are, a brood of sinners, standing in the place of your fathers and making the Lord even more angry with Israel. ¹⁵ If you turn away from following him, he will again leave all this people in the desert, and you will be the cause of their destruction."

¹⁶ Then they came up to him and said, "We would like to build pens here for our livestock and cities for our women and children. ¹⁷ But we are ready to arm ourselves and go ahead of the Israelites until we have brought them to their place. Meanwhile our women and children will live in fortified cities, for protection from the inhabitants of the land. ¹⁸ We will not return to our homes until every Israelite has received his inheritance. ¹⁹ We will not receive any inheritance with them on the other side of the Jordan, because our inheritance has come to us on the east side of the Jordan."

²⁰ Then Moses said to them, "If you will do this—if you will arm yourselves before the Lord for battle, ²¹ and if all of you will go armed over the Jordan before the Lord until he has driven his enemies out before him— ²² then when the land is subdued before the Lord, you may return and be free from your obligation to the Lord and to Israel. And this land will be your possession before the Lord.

²³ "But if you fail to do this, you will be sinning against the Lord; and you may be sure that your sin will find you out. ²⁴ Build cities for your women and children, and pens for your flocks, but do what you have promised."

²⁵ The Gadites and Reubenites said to Moses, "We your servants will do as our lord commands. ²⁶ Our children and wives, our flocks and herds will remain here in the cities of Gilead. ²⁷ But your servants, every man armed for battle, will cross over to fight before the Lord, just as our lord says."

²⁸ Then Moses gave orders about them to Eleazar the priest and Joshua son of Nun and to the family heads of the Israelite tribes. ²⁹ He said to them, "If the Gadites and Reubenites, every man armed for battle, cross over the Jordan with you before the Lord, then when the land is subdued before you, give them the land of Gilead as their possession. ³⁰ But if they do not cross over with you armed, they must accept their possession with you in Canaan."

31 Os homens de Gade e de Rúben responderam: "Os seus servos farão o que o Senhor disse. **32** Atravessaremos o Jordão perante o Senhor e entraremos armados em Canaã, mas a propriedade que receberemos como herança estará deste lado do Jordão".

33 Então Moisés deu às tribos de Gade e de Rúben e à metade da tribo de Manassés, filho de José, o reino de Seom, rei dos amorreus, e o reino de Ogue, rei de Basã, toda a terra com as suas cidades e o território ao redor delas.

34 A tribo de Gade construiu Dibom, Atarote, Aroer, **35** Atarote-Sofã, Jazar, Jogbeá, **36** Bete-Ninra e Bete-Harã como cidades fortificadas, e fez currais para os seus rebanhos. **37** E a tribo de Rúben reconstruiu Hesbom, Eleale e Quiriataim, **38** bem como Nebo e Baal-Meom (esses nomes foram mudados) e Sibma. E deu outros nomes a essas cidades.

39 Os descendentes de Maquir, filho de Manassés, foram a Gileade, tomaram posse dela e expulsaram os amorreus que lá estavam. **40** Então Moisés deu Gileade aos maquiritas, descendentes de Manassés, e eles passaram a habitar ali. **41** Jair, descendente de Manassés, conquistou os povoados deles e os chamou Havote-Jair[a]. **42** E Noba conquistou Quenate e os seus povoados e a chamou Noba, dando-lhe seu próprio nome.

As Etapas da Viagem desde o Egito

33 Estas são as jornadas dos israelitas quando saíram do Egito, organizados segundo as suas divisões, sob a liderança de Moisés e Arão. **2** Por ordem do Senhor Moisés registrou as etapas da jornada deles. Esta foi a jornada deles, por etapas:

3 Os israelitas partiram de Ramessés no décimo quinto dia do primeiro mês, no dia seguinte ao da Páscoa. Saíram, marchando desafiadoramente à vista de todos os egípcios, **4** enquanto estes sepultavam o primeiro filho de cada um deles, que o Senhor matou. O Senhor impôs castigo aos seus deuses.

5 Os israelitas partiram de Ramessés e acamparam em Sucote.

6 Partiram de Sucote e acamparam em Etã, nos limites do deserto.

7 Partiram de Etã, voltaram para Pi-Hairote, a leste de Baal-Zefom, e acamparam perto de Migdol.

8 Partiram de Pi-Hairote e atravessaram o mar, chegando ao deserto, e, depois de viajarem três dias no deserto de Etã, acamparam em Mara.

9 Partiram de Mara e foram para Elim, onde havia doze fontes e setenta palmeiras, e acamparam ali.

10 Partiram de Elim e acamparam junto ao mar Vermelho.

11 Partiram do mar Vermelho e acamparam no deserto de Sim.

12 Partiram do deserto de Sim e acamparam em Dofca.

13 Partiram de Dofca e acamparam em Alus.

14 Partiram de Alus e acamparam em Refidim, onde não havia água para o povo beber.

15 Partiram de Refidim e acamparam no deserto do Sinai.

16 Partiram do deserto do Sinai e acamparam em Quibrote-Hataavá.

17 Partiram de Quibrote-Hataavá e acamparam em Hazerote.

18 Partiram de Hazerote e acamparam em Ritmá.

19 Partiram de Ritmá e acamparam em Rimom-Perez.

20 Partiram de Rimom-Perez e acamparam em Libna.

21 Partiram de Libna e acamparam em Rissa.

22 Partiram de Rissa e acamparam em Queelata.

23 Partiram de Queelata e acamparam no monte Séfer.

24 Partiram do monte Séfer e acamparam em Harada.

25 Partiram de Harada e acamparam em Maquelote.

26 Partiram de Maquelote e acamparam em Taate.

27 Partiram de Taate e acamparam em Terá.

28 Partiram de Terá e acamparam em Mitca.

29 Partiram de Mitca e acamparam em Hasmona.

31 The Gadites and Reubenites answered, "Your servants will do what the Lord has said. **32** We will cross over before the Lord into Canaan armed, but the property we inherit will be on this side of the Jordan."

33 Then Moses gave to the Gadites, the Reubenites and the half-tribe of Manasseh son of Joseph the kingdom of Sihon king of the Amorites and the kingdom of Og king of Bashan—the whole land with its cities and the territory around them.

34 The Gadites built up Dibon, Ataroth, Aroer, **35** Atroth Shophan, Jazer, Jogbehah, **36** Beth Nimrah and Beth Haran as fortified cities, and built pens for their flocks. **37** And the Reubenites rebuilt Heshbon, Elealeh and Kiriathaim, **38** as well as Nebo and Baal Meon (these names were changed) and Sibmah. They gave names to the cities they rebuilt.

39 The descendants of Makir son of Manasseh went to Gilead, captured it and drove out the Amorites who were there. **40** So Moses gave Gilead to the Makirites, the descendants of Manasseh, and they settled there. **41** Jair, a descendant of Manasseh, captured their settlements and called them Havvoth Jair.[a] **42** And Nobah captured Kenath and its surrounding settlements and called it Nobah after himself.

Stages in Israel's Journey

33 Here are the stages in the journey of the Israelites when they came out of Egypt by divisions under the leadership of Moses and Aaron. **2** At the Lord's command Moses recorded the stages in their journey. This is their journey by stages:

3 The Israelites set out from Rameses on the fifteenth day of the first month, the day after the Passover. They marched out boldly in full view of all the Egyptians, **4** who were burying all their firstborn, whom the Lord had struck down among them; for the Lord had brought judgment on their gods.

5 The Israelites left Rameses and camped at Succoth.

6 They left Succoth and camped at Etham, on the edge of the desert.

7 They left Etham, turned back to Pi Hahiroth, to the east of Baal Zephon, and camped near Migdol.

8 They left Pi Hahiroth[b] and passed through the sea into the desert, and when they had traveled for three days in the Desert of Etham, they camped at Marah.

9 They left Marah and went to Elim, where there were twelve springs and seventy palm trees, and they camped there.

10 They left Elim and camped by the Red Sea.[c]

11 They left the Red Sea and camped in the Desert of Sin.

12 They left the Desert of Sin and camped at Dophkah.

13 They left Dophkah and camped at Alush.

14 They left Alush and camped at Rephidim, where there was no water for the people to drink.

15 They left Rephidim and camped in the Desert of Sinai.

16 They left the Desert of Sinai and camped at Kibroth Hattaavah.

17 They left Kibroth Hattaavah and camped at Hazeroth.

18 They left Hazeroth and camped at Rithmah.

19 They left Rithmah and camped at Rimmon Perez.

20 They left Rimmon Perez and camped at Libnah.

21 They left Libnah and camped at Rissah.

22 They left Rissah and camped at Kehelathah.

23 They left Kehelathah and camped at Mount Shepher.

24 They left Mount Shepher and camped at Haradah.

25 They left Haradah and camped at Makheloth.

26 They left Makheloth and camped at Tahath.

27 They left Tahath and camped at Terah.

28 They left Terah and camped at Mithcah.

29 They left Mithcah and camped at Hashmonah.

---

[a]32:41 Or *them the settlements of Jair* [b]33:8 Many manuscripts of the Masoretic Text, Samaritan Pentateuch and Vulgate; most manuscripts of the Masoretic Text *left from before Hahiroth* [c]33:10 Hebrew *Yam Suph*; that is, Sea of Reeds; also in verse 11

[a]32.41 Ou *povoados de Jair*

30 Partiram de Hasmona e acamparam em Moserote.

31 Partiram de Moserote e acamparam em Bene-Jaacã.

32 Partiram de Bene-Jaacã e acamparam em Hor-Gidgade.

33 Partiram de Hor-Gidgade e acamparam em Jotbatá.

34 Partiram de Jotbatá e acamparam em Abrona.

35 Partiram de Abrona e acamparam em Eziom-Geber.

36 Partiram de Eziom-Geber e acamparam em Cades, no deserto de Zim.

37 Partiram de Cades e acamparam no monte Hor, na fronteira de Edom. **38** Por ordem do Senhor, o sacerdote Arão subiu o monte Hor, onde morreu no primeiro dia do quinto mês do quadragésimo ano depois que os israelitas saíram do Egito. **39** Arão tinha cento e vinte e três anos de idade quando morreu no monte Hor.

40 O rei cananeu de Arade, que vivia no Neguebe, na terra de Canaã, soube que os israelitas estavam chegando.

41 Eles partiram do monte Hor e acamparam em Zalmona.

42 Partiram de Zalmona e acamparam em Punom.

43 Partiram de Punom e acamparam em Obote.

44 Partiram de Obote e acamparam em Ijé-Abarim, na fronteira de Moabe.

45 Partiram de Ijimª e acamparam em Dibom-Gade.

46 Partiram de Dibom-Gade e acamparam em Almom-Diblataim.

47 Partiram de Almom-Diblataim e acamparam nos montes de Abarim, defronte de Nebo.

48 Partiram dos montes de Abarim e acamparam nas campinas de Moabe junto ao Jordão, frente a Jericó. **49** Nas campinas de Moabe eles acamparam junto ao Jordão, desde Bete-Jesimote até Abel-Sitim.

As Normas para a
Ocupação e Distribuição de Canaã

50 Nas campinas de Moabe, junto ao Jordão, frente a Jericó, o Senhor disse a Moisés: **51** "Diga aos israelitas: Quando vocês atravessarem o Jordão para entrar em Canaã, **52** expulsem da frente de vocês todos os habitantes da terra. Destruam todas as imagens esculpidas e todos os ídolos fundidos, e derrubem todos os altares idólatras deles. **53** Apoderem-se da terra e instalem-se nela, pois eu lhes dei a terra para que dela tomem posse. **54** Distribuam a terra por sorteio, de acordo com os seus clãs. Aos clãs maiores vocês darão uma herança maior, e aos menores, uma herança menor. Cada clã receberá a terra que lhe cair por sorte. Distribuam-na entre as tribos dos seus antepassados.

55 "Se, contudo, vocês não expulsarem os habitantes da terra, aqueles que vocês permitirem ficar se tornarão farpas em seus olhos e espinhos em suas costas. Eles lhes causarão problemas na terra em que vocês irão morar. **56** Então farei a vocês o mesmo que planejo fazer a eles".

As Fronteiras de Canaã

34 Disse mais o Senhor a Moisés: **2** "Dê ordem aos israelitas e diga-lhes: Quando vocês entrarem em Canaã, a terra que lhes será sorteada como herança terá estas fronteiras:

3 "O lado sul começará no deserto de Zim, junto à fronteira de Edom. No leste, sua fronteira sul começará na extremidade do mar Salgadoᵇ, **4** passará pelo sul da subida de Acrabime, prosseguirá até Zim e irá para o sul de Cades-Barnéia. Depois passará por Hazar-Adar e irá até Azmom, **5** onde fará uma curva e se juntará ao ribeiro do Egito, indo terminar no Marᵈ.

6 A fronteira ocidental de vocês será o litoral do mar Grande. Será essa a fronteira do oeste.

7 Esta será a fronteira norte: façam uma linha desde o mar Grande até o monte Hor, **8** e do monte Hor até Lebo-Hamate,

30 They left Hashmonah and camped at Moseroth.

31 They left Moseroth and camped at Bene Jaakan.

32 They left Bene Jaakan and camped at Hor Haggidgad.

33 They left Hor Haggidgad and camped at Jotbathah.

34 They left Jotbathah and camped at Abronah.

35 They left Abronah and camped at Ezion Geber.

36 They left Ezion Geber and camped at Kadesh, in the Desert of Zin.

37 They left Kadesh and camped at Mount Hor, on the border of Edom. **38** At the Lord's command Aaron the priest went up Mount Hor, where he died on the first day of the fifth month of the fortieth year after the Israelites came out of Egypt. **39** Aaron was a hundred and twenty-three years old when he died on Mount Hor.

40 The Canaanite king of Arad, who lived in the Negev of Canaan, heard that the Israelites were coming.

41 They left Mount Hor and camped at Zalmonah.

42 They left Zalmonah and camped at Punon.

43 They left Punon and camped at Oboth.

44 They left Oboth and camped at Iye Abarim, on the border of Moab.

45 They left Iyimª and camped at Dibon Gad.

46 They left Dibon Gad and camped at Almon Diblathaim.

47 They left Almon Diblathaim and camped in the mountains of Abarim, near Nebo.

48 They left the mountains of Abarim and camped on the plains of Moab by the Jordan across from Jericho.ᵇ **49** There on the plains of Moab they camped along the Jordan from Beth Jeshimoth to Abel Shittim.

50 On the plains of Moab by the Jordan across from Jericho the Lord said to Moses, **51** "Speak to the Israelites and say to them: 'When you cross the Jordan into Canaan, **52** drive out all the inhabitants of the land before you. Destroy all their carved images and their cast idols, and demolish all their high places. **53** Take possession of the land and settle in it, for I have given you the land to possess. **54** Distribute the land by lot, according to your clans. To a larger group give a larger inheritance, and to a smaller group a smaller one. Whatever falls to them by lot will be theirs. Distribute it according to your ancestral tribes.

55 " 'But if you do not drive out the inhabitants of the land, those you allow to remain will become barbs in your eyes and thorns in your sides. They will give you trouble in the land where you will live. **56** And then I will do to you what I plan to do to them.' "

Boundaries of Canaan

34 The Lord said to Moses, **2** "Command the Israelites and say to them: 'When you enter Canaan, the land that will be allotted to you as an inheritance will have these boundaries:

3 " 'Your southern side will include some of the Desert of Zin along the border of Edom. On the east, your southern boundary will start from the end of the Salt Sea,ᶜ **4** cross south of Scorpionᵈ Pass, continue on to Zin and go south of Kadesh Barnea. Then it will go to Hazar Addar and over to Azmon, **5** where it will turn, join the Wadi of Egypt and end at the Sea.ᵉ

6 " 'Your western boundary will be the coast of the Great Sea. This will be your boundary on the west.

7 " 'For your northern boundary, run a line from the Great Sea to Mount Hor **8** and from Mount Hor to Leboᶠ Hamath.

ª33.45 Isto é, Ijé-Abarim. ᵇ34.3 Isto é, o mar Morto; também no versículo 12. ᶜ34.4 Isto é, dos Escorpiões. ᵈ34.5 Isto é, o Mediterrâneo; também nos versículos 6 e 7.

ª33:45 That is, Iye Abarim ᵇ33:48 Hebrew *Jordan of Jericho*; possibly an ancient name for the Jordan River; also in verse 50 ᶜ34:3 That is, the Dead Sea; also in verse 12 ᵈ34:4 Hebrew *Akrabbim* ᵉ34:5 That is, the Mediterranean; also in verses 6 and ᶠ34:8 Or *to the entrance to*

O limite da fronteira será Zedade, ⁹ prosseguirá até Zifrom e terminará em Hazar-Enã. Será essa a fronteira norte de vocês.

¹⁰ Esta será a fronteira oriental: façam uma linha de Hazar-Enã até Sefã. ¹¹ A fronteira descerá de Sefã até Ribla, no lado oriental de Aim, e prosseguirá ao longo das encostas a leste do mar de Quineretᵃ. ¹² A fronteira descerá ao longo do Jordão e terminará no mar Salgado.

Será essa a terra de vocês, com as suas fronteiras de todos os lados".

¹³ Moisés ordenou aos israelitas: "Distribuam a terra por sorteio como herança. O Senhor ordenou que seja dada às nove tribos e meia, ¹⁴ porque as famílias da tribo de Rúben, da tribo de Gade e da metade da tribo de Manassés já receberam a herança delas. ¹⁵ Estas duas tribos e meia receberam sua herança no lado leste do Jordão, frente a Jericó, na direção do nascer do sol".

¹⁶ O Senhor disse a Moisés: ¹⁷ "Estes são os nomes dos homens que deverão distribuir a terra a vocês como herança: o sacerdote Eleazar e Josué, filho de Num. ¹⁸ Designem um líder de cada tribo para ajudar a distribuir a terra. ¹⁹ Estes são os seus nomes:

Calebe, filho de Jefoné,
da tribo de Judá;
²⁰ Samuel, filho de Amiúde,
da tribo de Simeão;
²¹ Elidade, filho de Quislom,
da tribo de Benjamim;
²² Buqui, filho de Jogli,
o líder da tribo de Dã;
²³ Haniel, filho de Éfode,
o líder da tribo de Manassés,
filho de José;
²⁴ Quemuel, filho de Siftã,
o líder da tribo de Efraim,
filho de José;
²⁵ Elisafã, filho de Parnaque,
o líder da tribo de Zebulom;
²⁶ Paltiel, filho de Azã,
o líder da tribo de Issacar;
²⁷ Aiúde, filho de Selomi,
o líder da tribo de Aser;
²⁸ Pedael, filho de Amiúde,
o líder da tribo de Naftali".

²⁹ Foram esses os homens a quem o Senhor ordenou que distribuíssem a herança aos israelitas na terra de Canaã.

As Cidades dos Levitas

35 Nas campinas de Moabe, junto ao Jordão, frente a Jericó, o Senhor disse a Moisés: ² "Ordene aos israelitas que, da herança que possuem, dêem cidades para os levitas morarem. E dêem-lhes também pastagens ao redor das cidades. ³ Assim eles terão cidades para habitar e pastagens para o gado, para os rebanhos e para todos os seus outros animais de criação.

⁴ "As pastagens ao redor das cidades que vocês derem aos levitas se estenderão para fora quatrocentos e cinqüenta metrosᵇ, a partir do muro da cidade. ⁵ Do lado de fora da cidade, meçam novecentos metros para o lado leste, para o lado sul, para o lado oeste e para o lado norte, tendo a cidade no centro. Eles terão essa área para pastagens das cidades.

⁶ "Seis das cidades que vocês derem aos levitas serão cidades de refúgio, para onde poderá fugir quem tiver matado alguém. Além disso, dêem a eles outras quarenta e duas cidades. ⁷ Ao todo, vocês darão aos levitas quarenta e oito cidades, juntamente com as suas pastagens. ⁸ As cidades que

Then the boundary will go to Zedad, ⁹ continue to Ziphron and end at Hazar Enan. This will be your boundary on the north.

¹⁰ " 'For your eastern boundary, run a line from Hazar Enan to Shepham. ¹¹ The boundary will go down from Shepham to Riblah on the east side of Ain and continue along the slopes east of the Sea of Kinnereth.ᵃ ¹² Then the boundary will go down along the Jordan and end at the Salt Sea.

" 'This will be your land, with its boundaries on every side.' "

¹³ Moses commanded the Israelites: "Assign this land by lot as an inheritance. The Lord has ordered that it be given to the nine and a half tribes, ¹⁴ because the families of the tribe of Reuben, the tribe of Gad and the half-tribe of Manasseh have received their inheritance. ¹⁵ These two and a half tribes have received their inheritance on the east side of the Jordan of Jericho,ᵇ toward the sunrise."

¹⁶ The Lord said to Moses, ¹⁷ "These are the names of the men who are to assign the land for you as an inheritance: Eleazar the priest and Joshua son of Nun. ¹⁸ And appoint one leader from each tribe to help assign the land. ¹⁹ These are their names:

Caleb son of Jephunneh,
from the tribe of Judah;
²⁰ Shemuel son of Ammihud,
from the tribe of Simeon;
²¹ Elidad son of Kislon,
from the tribe of Benjamin;
²² Bukki son of Jogli,
the leader from the tribe of Dan;
²³ Hanniel son of Ephod,
the leader from the tribe of Manasseh son of Joseph;
²⁴ Kemuel son of Shiphtan,
the leader from the tribe of Ephraim son of Joseph;
²⁵ Elizaphan son of Parnach,
the leader from the tribe of Zebulun;
²⁶ Paltiel son of Azzan,
the leader from the tribe of Issachar;
²⁷ Ahihud son of Shelomi,
the leader from the tribe of Asher;
²⁸ Pedahel son of Ammihud,
the leader from the tribe of Naphtali."

²⁹ These are the men the Lord commanded to assign the inheritance to the Israelites in the land of Canaan.

Towns for the Levites

35 On the plains of Moab by the Jordan across from Jericho,ᶜ the Lord said to Moses, ² "Command the Israelites to give the Levites towns to live in from the inheritance the Israelites will possess. And give them pasturelands around the towns. ³ Then they will have towns to live in and pasturelands for their cattle, flocks and all their other livestock.

⁴ "The pasturelands around the towns that you give the Levites will extend out fifteen hundred feetᵈ from the town wall. ⁵ Outside the town, measure three thousand feetᵉ on the east side, three thousand on the south side, three thousand on the west and three thousand on the north, with the town in the center. They will have this area as pastureland for the towns.

Cities of Refuge

⁶ "Six of the towns you give the Levites will be cities of refuge, to which a person who has killed someone may flee. In addition, give them forty-two other towns. ⁷ In all you must give the Levites forty-eight towns, together with their pasturelands. ⁸ The towns

ᵃ34.11 Isto é, mar da Galiléia. ᵇ35.4 Hebraico: *1.000 côvados*. O côvado era uma medida linear de cerca de 45 centímetros.

ᵃ34:11 That is, Galilee ᵇ34:15 *Jordan of Jericho* was possibly an ancient name for the Jordan River. ᶜ35:1 Hebrew *Jordan of Jericho*; possibly an ancient name for the Jordan River ᵈ35:4 Hebrew *a thousand cubits* (about 450 meters) ᵉ35:5 Hebrew *two thousand cubits* (about 900 meters)

derem aos levitas, das terras dos israelitas, deverão ser dadas proporcionalmente à herança de cada tribo; tomem muitas cidades da tribo que tem muitas, mas poucas da que tem poucas".

As Cidades de Refúgio

9 Disse também O SENHOR a Moisés: 10 "Diga aos israelitas: Quando vocês atravessarem o Jordão e entrarem em Canaã, 11 escolham algumas cidades para serem suas cidades de refúgio, para onde poderá fugir quem tiver matado alguém sem intenção. 12 Elas serão locais de refúgio contra o vingador da vítima, a fim de que alguém acusado de assassinato não morra antes de apresentar-se para julgamento perante a comunidade. 13 As seis cidades que vocês derem serão suas cidades de refúgio. 14 Designem três cidades de refúgio deste lado do Jordão e três outras em Canaã. 15 As seis cidades servirão de refúgio para os israelitas, para os estrangeiros residentes e para quaisquer outros estrangeiros que vivam entre eles, para que todo aquele que tiver matado alguém sem intenção possa fugir para lá.

16 "Se um homem ferir alguém com um objeto de ferro de modo que essa pessoa morra, ele é assassino; o assassino terá que ser executado. 17 Ou, se alguém tiver nas mãos uma pedra que possa matar, e ferir uma pessoa de modo que ela morra, é assassino; o assassino terá que ser executado. 18 Ou, se alguém tiver nas mãos um pedaço de madeira que possa matar, e ferir uma pessoa de modo que ela morra, é assassino; o assassino terá que ser executado. 19 O vingador da vítima matará o assassino; quando o encontrar o matará. 20 Se alguém, com ódio, empurrar uma pessoa premeditadamente ou atirar alguma coisa contra ela de modo que ela morra, 21 ou se com hostilidade der-lhe um soco provocando a sua morte, ele terá que ser executado; é assassino. O vingador da vítima matará o assassino quando encontrá-lo.

22 "Todavia, se alguém, sem hostilidade, empurrar uma pessoa ou atirar alguma coisa contra ela sem intenção, 23 ou se, sem vê-la, deixar cair sobre ela uma pedra que possa matá-la, e ela morrer, então, como não era sua inimiga e não pretendia feri-la, 24 a comunidade deverá julgar entre ele e o vingador da vítima de acordo com essas leis. 25 A comunidade protegerá o acusado de assassinato do vingador da vítima e o enviará de volta à cidade de refúgio para onde tinha fugido. Ali permanecerá até a morte do sumo sacerdote, que foi ungido com o óleo santo.

26 "Se, contudo, o acusado sair dos limites da cidade de refúgio para onde fugiu 27 e o vingador da vítima o encontrar fora da cidade, ele poderá matar o acusado sem ser culpado de assassinato. 28 O acusado deverá permanecer em sua cidade de refúgio até a morte do sumo sacerdote; somente depois da morte do sumo sacerdote poderá voltar à sua propriedade.

29 "Estas exigências legais serão para vocês e para as suas futuras gerações, onde quer que vocês vivam. 30 "Quem matar uma pessoa terá que ser executado como assassino mediante depoimento de testemunhas. Mas ninguém será executado mediante o depoimento de apenas uma testemunha. 31 "Não aceitem resgate pela vida de um assassino; ele merece morrer. Certamente terá que ser executado. 32 "Não aceitem resgate por alguém que tenha fugido para uma cidade de refúgio, permitindo que ele retorne e viva em sua própria terra antes da morte do sumo sacerdote. 33 "Não profanem a terra onde vocês estão. O derramamento de sangue profana a terra, e só se pode fazer propiciação em favor da terra em que se derramou sangue, mediante o sangue do assassino que o derramou. 34 Não contaminem a terra onde vocês vivem e onde eu habito, pois eu, o SENHOR, habito entre os israelitas".

A Lei da Herança das Mulheres:
o Caso das Filhas de Zelofeade

36 Os chefes de família do clã de Gileade, filho de Maquir, neto de Manassés, que pertenciam aos clãs dos descendentes de José, foram falar com Moisés e com os líderes,

you give the Levites from the land the Israelites possess are to be given in proportion to the inheritance of each tribe: Take many towns from a tribe that has many, but few from one that has few."

9 Then the LORD said to Moses: 10 "Speak to the Israelites and say to them: 'When you cross the Jordan into Canaan, 11 select some towns to be your cities of refuge, to which a person who has killed someone accidentally may flee. 12 They will be places of refuge from the avenger, so that a person accused of murder may not die before he stands trial before the assembly. 13 These six towns you give will be your cities of refuge. 14 Give three on this side of the Jordan and three in Canaan as cities of refuge. 15 These six towns will be a place of refuge for Israelites, aliens and any other people living among them, so that anyone who has killed another accidentally can flee there.

16 " 'If a man strikes someone with an iron object so that he dies, he is a murderer; the murderer shall be put to death. 17 Or if anyone has a stone in his hand that could kill, and he strikes someone so that he dies, he is a murderer; the murderer shall be put to death. 18 Or if anyone has a wooden object in his hand that could kill, and he hits someone so that he dies, he is a murderer; the murderer shall be put to death. 19 The avenger of blood shall put the murderer to death; when he meets him, he shall put him to death. 20 If anyone with malice aforethought shoves another or throws something at him intentionally so that he dies 21 or if in hostility he hits him with his fist so that he dies, that person shall be put to death; he is a murderer. The avenger of blood shall put the murderer to death when he meets him.

22 " 'But if without hostility someone suddenly shoves another or throws something at him unintentionally 23 or, without seeing him, drops a stone on him that could kill him, and he dies, then since he was not his enemy and he did not intend to harm him, 24 the assembly must judge between him and the avenger of blood according to these regulations. 25 The assembly must protect the one accused of murder from the avenger of blood and send him back to the city of refuge to which he fled. He must stay there until the death of the high priest, who was anointed with the holy oil.

26 " 'But if the accused ever goes outside the limits of the city of refuge to which he has fled 27 and the avenger of blood finds him outside the city, the avenger of blood may kill the accused without being guilty of murder. 28 The accused must stay in his city of refuge until the death of the high priest; only after the death of the high priest may he return to his own property.

29 " 'These are to be legal requirements for you throughout the generations to come, wherever you live.

30 " 'Anyone who kills a person is to be put to death as a murderer only on the testimony of witnesses. But no one is to be put to death on the testimony of only one witness.

31 " 'Do not accept a ransom for the life of a murderer, who deserves to die. He must surely be put to death.

32 " 'Do not accept a ransom for anyone who has fled to a city of refuge and so allow him to go back and live on his own land before the death of the high priest.

33 " 'Do not pollute the land where you are. Bloodshed pollutes the land, and atonement cannot be made for the land on which blood has been shed, except by the blood of the one who shed it. 34 Do not defile the land where you live and where I dwell, for I, the LORD, dwell among the Israelites.' "

Inheritance of Zelophehad's Daughters

36 The family heads of the clan of Gilead son of Makir, the son of Manasseh, who were from the clans of the descendants of Joseph, came and spoke before Moses and the

os chefes das famílias israelitas. ² E disseram: "Quando o Se-nhor ordenou ao meu senhor que, por sorteio, desse a terra como herança aos israelitas, ordenou que vocês dessem a herança de nosso irmão Zelofeade às suas filhas. ³ Agora, suponham que elas se casem com homens de outras tribos israelitas; nesse caso a herança delas será tirada da herança dos nossos antepassados e acrescentada à herança da tribo com a qual se unirem pelo casamento. ⁴ Quando chegar o ano do Jubileu para os israelitas, a herança delas será acrescentada à da tribo com a qual se unirem pelo casamento, e a propriedade delas será tirada da herança da tribo de nossos antepassados".

⁵ Então, instruído pelo Senhor, Moisés deu esta ordem aos israelitas: "A tribo dos descendentes de José tem razão. ⁶ É isto que o Senhor ordena quanto às filhas de Zelofeade: Elas poderão casar-se com quem lhes agradar, contanto que se casem dentro do clã da tribo de seu pai. ⁷ Nenhuma herança em Israel poderá passar de uma tribo para outra, pois todos os israelitas manterão as terras das tribos que herdaram de seus antepassados. ⁸ Toda filha que herdar terras em qualquer tribo israelita se casará com alguém do clã da tribo de seu pai, para que cada israelita possua a herança dos seus antepassados. ⁹ Nenhuma herança poderá passar de uma tribo para outra, pois cada tribo israelita deverá manter as terras que herdou".

¹⁰ As filhas de Zelofeade fizeram conforme o Senhor havia ordenado a Moisés. ¹¹ As filhas de Zelofeade, Maalá, Tirza, Hogla, Milca e Noa, casaram-se com seus primos paternos, ¹² dentro dos clãs dos descendentes de Manassés, filho de José, e a herança delas permaneceu no clã e na tribo de seu pai.

¹³ São esses os mandamentos e as ordenanças que o Senhor deu aos israelitas por intermédio de Moisés nas campinas de Moabe, junto ao Jordão, frente a Jericó.

Deuteronômio

A Ordem para Partir de Horebe

1 Estas são as palavras ditas por Moisés a todo o Israel no deserto, a leste do Jordão, na Arabá, defronte de Sufe, entre Parã e Tofel, Labã, Hazerote e Di-Zaabe. ² Em onze dias se vai de Horebe a Cades-Barnéia pelo caminho dos montes de Seir.

³ No quadragésimo ano, no primeiro dia do décimo primeiro mês, Moisés proclamou aos israelitas todas as ordens do Senhor acerca deles. ⁴ Isso foi depois que ele derrotou Seom, rei dos amorreus, que habitava em Hesbom, e em Edrei, derrotou Ogue, rei de Basã, que habitava em Asterote.

⁵ A leste do Jordão, na terra de Moabe, Moisés tomou sobre si a responsabilidade de expor esta lei:

⁶ "O Senhor, o nosso Deus, disse-nos em Horebe: 'Vocês já ficaram bastante tempo nesta montanha. ⁷ Levantem acampamento e avancem para a serra dos amorreus; vão a todos os povos vizinhos na Arabá, nas montanhas, na Sefeláᵃ, no Neguebe e ao longo do litoral, à terra dos cananeus e ao Líbano, até o grande rio, o Eufrates.

⁸ ' 'Ponho esta terra diante de vocês. Entrem e tomem posse da terra que o Senhor prometeu sob juramento dar aos seus antepassados, Abraão, Isaque e Jacó, e aos seus descendentes'.

A Nomeação de Líderes

⁹ "Naquela ocasião eu lhes disse: Não posso levá-los sozinho. ¹⁰ O Senhor, o seu Deus, os fez multiplicar-se de tal modo que hoje vocês são tão numerosos quanto as estrelas do céu. ¹¹ Que o Senhor, o Deus dos seus antepassados, os multiplique mil vezes mais e os abençoe, conforme lhes prometeu! ¹² Mas como

leaders, the heads of the Israelite families. ² They said, "When the Lord commanded my lord to give the land as an inheritance to the Israelites by lot, he ordered you to give the inheritance of our brother Zelophehad to his daughters. ³ Now suppose they marry men from other Israelite tribes; then their inheritance will be taken from our ancestral inheritance and added to that of the tribe they marry into. And so part of the inheritance allotted to us will be taken away. ⁴ When the Year of Jubilee for the Israelites comes, their inheritance will be added to that of the tribe into which they marry, and their property will be taken from the tribal inheritance of our forefathers."

⁵ Then at the Lord's command Moses gave this order to the Israelites: "What the tribe of the descendants of Joseph is saying is right. ⁶ This is what the Lord commands for Zelophehad's daughters: They may marry anyone they please as long as they marry within the tribal clan of their father. ⁷ No inheritance in Israel is to pass from tribe to tribe, for every Israelite shall keep the tribal land inherited from his forefathers. ⁸ Every daughter who inherits land in any Israelite tribe must marry someone in her father's tribal clan, so that every Israelite will possess the inheritance of his fathers. ⁹ No inheritance may pass from tribe to tribe, for each Israelite tribe is to keep the land it inherits."

¹⁰ So Zelophehad's daughters did as the Lord commanded Moses. ¹¹ Zelophehad's daughters—Mahlah, Tirzah, Hoglah, Milcah and Noah—married their cousins on their father's side. ¹² They married within the clans of the descendants of Manasseh son of Joseph, and their inheritance remained in their father's clan and tribe.

¹³ These are the commands and regulations the Lord gave through Moses to the Israelites on the plains of Moab by the Jordan across from Jericho.ᵃ

Deuteronomy

The Command to Leave Horeb

1 These are the words Moses spoke to all Israel in the desert east of the Jordan—that is, in the Arabah—opposite Suph, between Paran and Tophel, Laban, Hazeroth and Dizahab. ² (It takes eleven days to go from Horeb to Kadesh Barnea by the Mount Seir road.)

³ In the fortieth year, on the first day of the eleventh month, Moses proclaimed to the Israelites all that the Lord had commanded him concerning them. ⁴ This was after he had defeated Sihon king of the Amorites, who reigned in Heshbon, and at Edrei had defeated Og king of Bashan, who reigned in Ashtaroth.

⁵ East of the Jordan in the territory of Moab, Moses began to expound this law, saying:

⁶ The Lord our God said to us at Horeb, "You have stayed long enough at this mountain. ⁷ Break camp and advance into the hill country of the Amorites; go to all the neighboring peoples in the Arabah, in the mountains, in the western foothills, in the Negev and along the coast, to the land of the Canaanites and to Lebanon, as far as the great river, the Euphrates. ⁸ See, I have given you this land. Go in and take possession of the land that the Lord swore he would give to your fathers—to Abraham, Isaac and Jacob—and to their descendants after them."

The Appointment of Leaders

⁹ At that time I said to you, "You are too heavy a burden for me to carry alone. ¹⁰ The Lord your God has increased your numbers so that today you are as many as the stars in the sky. ¹¹ May the Lord, the God of your fathers, increase you a thousand times and bless you as he has promised! ¹² But how

---

ᵃ1.7 Pequena faixa de terra de relevo variável entre a planície costeira e as montanhas.

ᵃ36:13 Hebrew Jordan of Jericho; possibly an ancient name for the Jordan River

poderei levar sozinho as suas cargas, os seus problemas, e as suas disputas? ¹³Escolham homens sábios, criteriosos e experientes de cada uma de suas tribos, e eu os colocarei como chefes de vocês.

¹⁴"Vocês me disseram que essa era uma boa proposta.

¹⁵"Então convoquei os chefes das tribos, homens sábios e experientes, e os designei para chefes de mil, de cem, de cinqüenta e de dez, além de oficiais para cada tribo.

¹⁶"Naquela ocasião ordenei aos seus juízes: Atendam as demandas de seus irmãos e julguem com justiça, não só as questões entre os seus compatriotas mas também entre um israelita e um estrangeiro. ¹⁷Não sejam parciais no julgamento! Atendam tanto o pequeno como o grande. Não se deixem intimidar por ninguém, pois o veredicto pertence a Deus. Tragam-me os casos mais difíceis e eu os ouvirei. ¹⁸Naquela ocasião eu lhes ordenei tudo o que deveriam fazer.

A Expedição de Reconhecimento da Terra

¹⁹"Depois, conforme o Senhor, o nosso Deus, nos tinha ordenado, partimos de Horebe e fomos para a serra dos amorreus, passando por todo aquele imenso e terrível deserto que vocês viram, e assim chegamos a Cades-Barnéia. ²⁰Então eu lhes disse: Vocês chegaram à serra dos amorreus, a qual o Senhor, o nosso Deus, nos dá. ²¹Vejam, o Senhor, o seu Deus, põe diante de vocês esta terra. Entrem na terra e tomem posse dela, conforme o Senhor, o Deus dos seus antepassados, lhes disse. Não tenham medo nem desanimem.

²²"Vocês todos vieram dizer-me: 'Mandemos alguns homens à nossa frente em missão de reconhecimento da região, para que nos indiquem por qual caminho subiremos e a quais cidades iremos'.

²³"A sugestão pareceu-me boa; por isso escolhi doze de vocês, um homem de cada tribo. ²⁴Eles subiram a região montanhosa, chegaram ao vale de Escol e o exploraram. ²⁵Trouxeram alguns frutos da região, com o seguinte relato: 'Essa terra que o Senhor, o nosso Deus, nos dá é boa'.

A Rebelião contra o Senhor

²⁶"Vocês, contudo, não quiseram ir, e se rebelaram contra a ordem do Senhor, o seu Deus. ²⁷Queixaram-se em suas tendas, dizendo: 'O Senhor nos odeia; por isso nos trouxe do Egito para nos entregar nas mãos dos amorreus e destruir-nos. ²⁸Para onde iremos? Nossos compatriotas nos desanimaram quando disseram: "O povo é mais forte e mais alto do que nós; as cidades são grandes, com muros que vão até o céu. Vimos ali os enaquins" '.

²⁹"Então eu lhes disse: Não fiquem apavorados; não tenham medo deles. ³⁰O Senhor, o seu Deus, que está indo à frente de vocês, lutará por vocês, diante de seus próprios olhos, como fez no Egito. ³¹Também no deserto vocês viram como o Senhor, o seu Deus, os carregou, como um pai carrega seu filho, por todo o caminho que percorreram até chegarem a este lugar.

³²"Apesar disso, vocês não confiaram no Senhor, o seu Deus, ³³que foi à frente de vocês, numa coluna de fogo de noite e numa nuvem de dia, procurando lugares para vocês acamparem e mostrando-lhes o caminho que deviam seguir.

O Castigo dos Israelitas

³⁴"Quando o Senhor ouviu o que vocês diziam, irou-se e jurou: ³⁵'Ninguém desta geração má verá a boa terra que jurei dar aos seus antepassados, ³⁶exceto Calebe, filho de Jefoné. Ele a verá, e eu darei a ele e a seus descendentes a terra em que pisou, pois seguiu o Senhor de todo o coração'.

³⁷"Por causa de vocês o Senhor irou-se contra mim e me disse: 'Você também não entrará na terra. ³⁸Mas o seu auxiliar, Josué, filho de Num, entrará. Encoraje-o, pois ele fará com que Israel tome posse dela. ³⁹E as crianças que vocês disseram que seriam levadas como despojo, os seus filhos que ainda não distinguem entre o bem e o mal, eles entrarão na terra. Eu a darei a eles, e eles tomarão posse dela. ⁴⁰Mas quanto a vocês, dêem meia-volta e partam para o deserto pelo caminho do mar Vermelho'.

can I bear your problems and your burdens and your disputes all by myself? ¹³Choose some wise, understanding and respected men from each of your tribes, and I will set them over you."

¹⁴You answered me, "What you propose to do is good."

¹⁵So I took the leading men of your tribes, wise and respected men, and appointed them to have authority over you—as commanders of thousands, of hundreds, of fifties and of tens and as tribal officials. ¹⁶And I charged your judges at that time: Hear the disputes between your brothers and judge fairly, whether the case is between brother Israelites or between one of them and an alien. ¹⁷Do not show partiality in judging; hear both small and great alike. Do not be afraid of any man, for judgment belongs to God. Bring me any case too hard for you, and I will hear it. ¹⁸And at that time I told you everything you were to do.

Spies Sent Out

¹⁹Then, as the Lord our God commanded us, we set out from Horeb and went toward the hill country of the Amorites through all that vast and dreadful desert that you have seen, and so we reached Kadesh Barnea. ²⁰Then I said to you, "You have reached the hill country of the Amorites, which the Lord our God is giving us. ²¹See, the Lord your God has given you the land. Go up and take possession of it as the Lord, the God of your fathers, told you. Do not be afraid; do not be discouraged."

²²Then all of you came to me and said, "Let us send men ahead to spy out the land for us and bring back a report about the route we are to take and the towns we will come to."

²³The idea seemed good to me; so I selected twelve of you, one man from each tribe. ²⁴They left and went up into the hill country, and came to the Valley of Eshcol and explored it. ²⁵Taking with them some of the fruit of the land, they brought it down to us and reported, "It is a good land that the Lord our God is giving us."

Rebellion Against the Lord

²⁶But you were unwilling to go up; you rebelled against the command of the Lord your God. ²⁷You grumbled in your tents and said, "The Lord hates us; so he brought us out of Egypt to deliver us into the hands of the Amorites to destroy us. ²⁸Where can we go? Our brothers have made us lose heart. They say, 'The people are stronger and taller than we are; the cities are large, with walls up to the sky. We even saw the Anakites there.' "

²⁹Then I said to you, "Do not be terrified; do not be afraid of them. ³⁰The Lord your God, who is going before you, will fight for you, as he did for you in Egypt, before your very eyes, ³¹and in the desert. There you saw how the Lord your God carried you, as a father carries his son, all the way you went until you reached this place."

³²In spite of this, you did not trust in the Lord your God, ³³who went ahead of you on your journey, in fire by night and in a cloud by day, to search out places for you to camp and to show you the way you should go.

³⁴When the Lord heard what you said, he was angry and solemnly swore: ³⁵"Not a man of this evil generation shall see the good land I swore to give your forefathers, ³⁶except Caleb son of Jephunneh. He will see it, and I will give him and his descendants the land he set his feet on, because he followed the Lord wholeheartedly."

³⁷Because of you the Lord became angry with me also and said, "You shall not enter it, either. ³⁸But your assistant, Joshua son of Nun, will enter it. Encourage him, because he will lead Israel to inherit it. ³⁹And the little ones that you said would be taken captive, your children who do not yet know good from bad—they will enter the land. I will give it to them and they will take possession of it. ⁴⁰But as for you, turn around and set out toward the desert along the route to the Red Sea.ᵃ"

ᵃ1:40 Hebrew *Yam Suph*; that is, Sea of Reeds

41 "Então vocês responderam: 'Pecamos contra o Senhor. Nós subiremos e lutaremos, conforme tudo o que o Senhor, o nosso Deus, nos ordenou'. Cada um de vocês preparou-se com as suas armas de guerra, achando que seria fácil subir a região montanhosa.

42 "Mas o Senhor me disse: 'Diga-lhes que não subam nem lutem, porque não estarei com eles. Serão derrotados pelos seus inimigos'.

43 "Eu lhes disse isso, mas vocês não me deram ouvidos, rebelaram-se contra o Senhor e, com presunção, subiram a região montanhosa. **44** Os amorreus que lá viviam os atacaram, os perseguiram como um enxame de abelhas e os arrasaram desde Seir até Hormá. **45** Vocês voltaram e choraram perante o Senhor, mas ele não ouviu o seu clamor nem lhes deu atenção. **46** Então vocês ficaram em Cades, onde permaneceram muito tempo.

Os Anos no Deserto

2 "Então demos meia-volta e partimos para o deserto pelo caminho do mar Vermelho, como o Senhor me havia ordenado. E por muitos anos caminhamos em redor dos montes de Seir.

2 "Então o Senhor me disse: **3** 'Vocês já caminharam bastante tempo ao redor destas montanhas; agora vão para o norte. **4** E diga ao povo: Vocês estão passando pelo território de seus irmãos, os descendentes de Esaú, que vivem em Seir. Eles terão medo de vocês, mas tenham muito cuidado. **5** Não os provoquem, pois não darei a vocês parte alguma da terra deles, nem mesmo o espaço de um pé. Já dei a Esaú a posse dos montes de Seir. **6** Vocês lhe pagarão com prata a comida que comerem e a água que beberem'.

7 "Pois o Senhor, o seu Deus, os tem abençoado em tudo o que vocês têm feito. Ele cuidou de vocês em sua jornada por este grande deserto. Nestes quarenta anos o Senhor, o seu Deus, tem estado com vocês, e não lhes tem faltado coisa alguma.

8 "Assim, passamos ao largo de nossos irmãos, os descendentes de Esaú, que habitam em Seir. Saímos da rota da Arabá, de Elate e de Eziom-Geber. Voltamos e fomos pela rota do deserto de Moabe.

9 "Então o Senhor me disse: 'Não perturbem os moabitas nem os provoquem à guerra, pois não darei a vocês parte alguma da terra deles, pois já entreguei a região de Ar aos descendentes de Ló'.

10 (Antigamente os emins habitavam nessa terra; eram um povo forte e numeroso, alto como os enaquins. **11** Como os enaquins, eles também eram considerados refains, mas os moabitas os chamavam emins. **12** Também em Seir antigamente habitavam os horeus. Mas os descendentes de Esaú os expulsaram e os exterminaram e se estabeleceram no seu lugar, tal como Israel fez com a terra que o Senhor lhe deu.)

13 " 'Agora levantem-se! Atravessem o vale de Zerede.' Assim atravessamos o vale.

14 "Passaram-se trinta e oito anos entre a época em que partimos de Cades-Barnéia, e a nossa travessia do vale de Zerede, período no qual pereceu do acampamento toda aquela geração de homens de guerra, conforme o Senhor lhes havia jurado. **15** A mão do Senhor caiu sobre eles e por fim os eliminou completamente do acampamento.

16 "Depois que todos os guerreiros do povo tinham morrido, **17** o Senhor me disse: **18** 'Vocês estão prestes a passar pelo território de Moabe, pela região de Ar, vão chegar perto da fronteira dos amonitas. Não sejam hostis a eles, pois não darei a vocês parte alguma da terra dos amonitas, pois eu a entreguei aos descendentes de Ló'.

20 (Essa região também era considerada terra dos refains, que ali habitaram no passado. Os amonitas os chamavam zanzumins. **21** Eram fortes, numerosos e altos como os enaquins. O Senhor os exterminou, e os amonitas os expulsaram e se estabeleceram em seu lugar. **22** O Senhor fez o mesmo em favor dos descendentes de

41 Then you replied, "We have sinned against the Lord. We will go up and fight, as the Lord our God commanded us." So every one of you put on his weapons, thinking it easy to go up into the hill country.

42 But the Lord said to me, "Tell them, 'Do not go up and fight, because I will not be with you. You will be defeated by your enemies.' "

43 So I told you, but you would not listen. You rebelled against the Lord's command and in your arrogance you marched up into the hill country. **44** The Amorites who lived in those hills came out against you; they chased you like a swarm of bees and beat you down from Seir all the way to Hormah. **45** You came back and wept before the Lord, but he paid no attention to your weeping and turned a deaf ear to you. **46** And so you stayed in Kadesh many days—all the time you spent there.

Wanderings in the Desert

2 Then we turned back and set out toward the desert along the route to the Red Sea,[a] as the Lord had directed me. For a long time we made our way around the hill country of Seir.

2 Then the Lord said to me, **3** "You have made your way around this hill country long enough; now turn north. **4** Give the people these orders: 'You are about to pass through the territory of your brothers the descendants of Esau, who live in Seir. They will be afraid of you, but be very careful. **5** Do not provoke them to war, for I will not give you any of their land, not even enough to put your foot on. I have given Esau the hill country of Seir as his own. **6** You are to pay them in silver for the food you eat and the water you drink.' "

7 The Lord your God has blessed you in all the work of your hands. He has watched over your journey through this vast desert. These forty years the Lord your God has been with you, and you have not lacked anything.

8 So we went on past our brothers the descendants of Esau, who live in Seir. We turned from the Arabah road, which comes up from Elath and Ezion Geber, and traveled along the desert road of Moab.

9 Then the Lord said to me, "Do not harass the Moabites or provoke them to war, for I will not give you any part of their land. I have given Ar to the descendants of Lot as a possession."

10 (The Emites used to live there—a people strong and numerous, and as tall as the Anakites. **11** Like the Anakites, they too were considered Rephaites, but the Moabites called them Emites. **12** Horites used to live in Seir, but the descendants of Esau drove them out. They destroyed the Horites from before them and settled in their place, just as Israel did in the land the Lord gave them as their possession.)

13 And the Lord said, "Now get up and cross the Zered Valley." So we crossed the valley.

14 Thirty-eight years passed from the time we left Kadesh Barnea until we crossed the Zered Valley. By then, that entire generation of fighting men had perished from the camp, as the Lord had sworn to them. **15** The Lord's hand was against them until he had completely eliminated them from the camp.

16 Now when the last of these fighting men among the people had died, **17** the Lord said to me, **18** "Today you are to pass by the region of Moab at Ar. **19** When you come to the Ammonites, do not harass them or provoke them to war, for I will not give you possession of any land belonging to the Ammonites. I have given it as a possession to the descendants of Lot."

20 (That too was considered a land of the Rephaites, who used to live there; but the Ammonites called them Zamzummites. **21** They were a people strong and numerous, and as tall as the Anakites. The Lord destroyed them from before the Ammonites, who drove them out and settled in their place. **22** The Lord had done the same for the descendants of

---

a 2:1 Hebrew *Yam Suph*, that is, Sea of Reeds

Esaú que vivem em Seir, quando exterminou os horeus diante deles. Os descendentes de Esaú os expulsaram e se estabeleceram em seu lugar até hoje. ²³ Foi o que também aconteceu aos aveus, que viviam em povoados próximos de Gaza; os caftoritas, vindos de Caftorª, os destruíram e se estabeleceram em seu lugar.)

A Vitória sobre Seom, Rei de Hesbom

²⁴ " 'Vão agora e atravessem o ribeiro do Arnom. Vejam que eu entreguei em suas mãos o amorreu Seom, rei de Hesbom, e a terra dele. Comecem a ocupação, entrem em guerra contra ele. ²⁵ Hoje mesmo começarei a infundir pavor e medo de vocês em todos os povos debaixo do céu. Quando ouvirem da fama de vocês, tremerão e ficarão angustiados.'

²⁶ "Do deserto de Quedemote enviei mensageiros a Seom, rei de Hesbom, oferecendo paz e dizendo: ²⁷ Deixa-nos passar pela tua terra. Iremos somente pela estrada; não nos desviaremos nem para a direita nem para a esquerda. ²⁸ Por prata nos venderás tanto a comida que comermos como a água que bebermos. Apenas deixa-nos passar a pé, ²⁹ como fizeram os descendentes de Esaú, que habitam em Seir, e os moabitas, que habitam em Ar. Assim chegaremos ao Jordão, e, atravessando-o, à terra que o Senhor, o nosso Deus, nos dá. ³⁰ Mas Seom, rei de Hesbom, não quis deixar-nos passar; pois o Senhor, o Deus de vocês, tornou-lhe obstinado o espírito e endureceu-lhe o coração, para entregá-lo nas mãos de vocês, como hoje se vê.

³¹ "O Senhor me disse: 'Estou entregando a você Seom e sua terra. Comece a ocupação, tome posse da terra dele!'

³² "Então Seom saiu à batalha contra nós em Jaza, com todo o seu exército. ³³ Mas o Senhor, o nosso Deus, entregou-o a nós, e o derrotamos, a ele, aos seus filhos e a todo o seu exército. ³⁴ Naquela ocasião conquistamos todas as suas cidades e as destruímos totalmente, matando homens, mulheres e crianças, sem deixar nenhum sobrevivente. ³⁵ Tomamos como presa somente os animais e o despojo das cidades que conquistamos. ³⁶ Desde Aroer, junto ao ribeiro do Arnom, e a cidade que fica no mesmo vale, até Gileade, não houve cidade de muros altos demais para nós. O Senhor, o nosso Deus, entregou-nos tudo. ³⁷ Somente da terra dos amonitas vocês não se aproximaram, ou seja, toda a extensão do vale do rio Jaboque, e as cidades da região montanhosa, conforme o Senhor, o nosso Deus, tinha ordenado.

A Vitória sobre Ogue, Rei de Basã

3 "Depois, voltamos e subimos rumo a Basã. Ogue, rei de Basã, atacou-nos com todo o seu exército, em Edrei. ² O Senhor me disse: 'Não tenha medo dele, pois eu o entreguei em suas mãos, com todo o seu exército, e dei-lhe também a terra dele. Você fará com ele como fez com Seom, rei dos amorreus, que habitava em Hesbom'.

³ "Então o Senhor, o nosso Deus, também entregou em nossas mãos Ogue, rei de Basã, e todo o seu exército. Nós os derrotamos, sem deixar nenhum sobrevivente. ⁴ Naquela ocasião conquistamos todas as suas cidades. Não houve cidade que não tomássemos. Foram sessenta em toda a região de Argobe, o reino de Ogue, em Basã. ⁵ Todas elas eram fortificadas com muros altos, portas e trancas. Além delas havia muitas cidades sem muros. ⁶ Nós as destruímos completamente, tal como havíamos feito com Seom, rei de Hesbom, destruindo todas as cidades, matando também os homens, as mulheres e as crianças. ⁷ Mas os animais todos e o despojo das cidades tomamos como espólio de guerra.

⁸ "Foi assim que, naquela ocasião, tomamos desses dois reis amorreus o território a leste do Jordão, que vai desde o ribeiro do Arnom até o monte Hermom. ⁹ (Os sidônios chamam o Hermom de Siriom; os amorreus o chamam Senir.) ¹⁰ Conquistamos todas

Esau, who lived in Seir, when he destroyed the Horites from before them. They drove them out and have lived in their place to this day. ²³ And as for the Avvites who lived in villages as far as Gaza, the Caphtorites coming out from Caphtorª destroyed them and settled in their place.)

Defeat of Sihon King of Heshbon

²⁴ "Set out now and cross the Arnon Gorge. See, I have given into your hand Sihon the Amorite, king of Heshbon, and his country. Begin to take possession of it and engage him in battle. ²⁵ This very day I will begin to put the terror and fear of you on all the nations under heaven. They will hear reports of you and will tremble and be in anguish because of you."

²⁶ From the desert of Kedemoth I sent messengers to Sihon king of Heshbon offering peace and saying, ²⁷ "Let us pass through your country. We will stay on the main road; we will not turn aside to the right or to the left. ²⁸ Sell us food to eat and water to drink for their price in silver. Only let us pass through on foot— ²⁹ as the descendants of Esau, who live in Seir, and the Moabites, who live in Ar, did for us—until we cross the Jordan into the land the Lord our God is giving us." ³⁰ But Sihon king of Heshbon refused to let us pass through. For the Lord your God had made his spirit stubborn and his heart obstinate in order to give him into your hands, as he has now done.

³¹ The Lord said to me, "See, I have begun to deliver Sihon and his country over to you. Now begin to conquer and possess his land."

³² When Sihon and all his army came out to meet us in battle at Jahaz, ³³ the Lord our God delivered him over to us and we struck him down, together with his sons and his whole army. ³⁴ At that time we took all his towns and completely destroyedᵇ them—men, women and children. We left no survivors. ³⁵ But the livestock and the plunder from the towns we had captured we carried off for ourselves. ³⁶ From Aroer on the rim of the Arnon Gorge, and from the town in the gorge, even as far as Gilead, not one town was too strong for us. The Lord our God gave us all of them. ³⁷ But in accordance with the command of the Lord our God, you did not encroach on any of the land of the Ammonites, neither the land along the course of the Jabbok nor that around the towns in the hills.

Defeat of Og King of Bashan

3 Next we turned and went up along the road toward Bashan, and Og king of Bashan with his whole army marched out to meet us in battle at Edrei. ² The Lord said to me, "Do not be afraid of him, for I have handed him over to you with his whole army and his land. Do to him what you did to Sihon king of the Amorites, who reigned in Heshbon."

³ So the Lord our God also gave into our hands Og king of Bashan and all his army. We struck them down, leaving no survivors. ⁴ At that time we took all his cities. There was not one of the sixty cities that we did not take from them—the whole region of Argob, Og's kingdom in Bashan. ⁵ All these cities were fortified with high walls and with gates and bars, and there were also a great many unwalled villages. ⁶ We completely destroyedᶜ them, as we had done with Sihon king of Heshbon, destroyingᵈ every city—men, women and children. ⁷ But all the livestock and the plunder from their cities we carried off for ourselves.

⁸ So at that time we took from these two kings of the Amorites the territory east of the Jordan, from the Arnon Gorge as far as Mount Hermon. ⁹ (Hermon is called Sirion by the Sidonians; the Amorites call it Senir.) ¹⁰ We took all the

ª2:23 That is, Crete ᵇ2:34 The Hebrew term refers to the irrevocable giving over of things or persons to the Lord, often by totally destroying them. ᶜ3:6 The Hebrew term refers to the irrevocable giving over of things or persons to the Lord, often by totally destroying them. ᵈ3:6 The Hebrew term refers to the irrevocable giving over of things or persons to the Lord, often by totally destroying them.

ª2.23 Isto é, Creta.

as cidades do planalto, toda a Gileade, e também toda a Basã, até Salcá e Edrei, cidades do reino de Ogue, em Basã. ¹¹ Ogue, rei de Basã, era o único sobrevivente dos refains. Sua cama³ era de ferro e tinha, pela medida comum, quatro metros de comprimento e um metro e oitenta centímetros de largura⁵. Ela ainda está em Rabá dos amonitas.

A Divisão da Terra

¹² "Da terra da qual tomamos posse naquela época, o território que vai de Aroer, junto ao ribeiro do Arnom, até mais da metade dos montes de Gileade com as suas cidades, dei-o às tribos de Rúben e de Gade. ¹³ O restante de Gileade e também toda a Basã, o reino de Ogue, dei-o à metade da tribo de Manassés. (Toda a região de Argobe em Basã era conhecida no passado como a terra dos refains. ¹⁴ Jair, um descendente de Manassés, conquistou toda a região de Argobe até a fronteira dos gesuritas e dos maacatitas; essa região recebeu o seu nome, de modo que até hoje Basã é chamada povoados de Jair.) ¹⁵ E dei Gileade a Maquir. ¹⁶ Às tribos de Rúben e de Gade dei a região que vai de Gileade até o ribeiro do Arnom (a fronteira passava bem no meio do vale) e até o vale do Jaboque, na fronteira dos amonitas. ¹⁷ Dei-lhes também a Arabá, tendo como fronteira ocidental o Jordão, desde Quinerete até o mar da Arabá, que é o mar Salgado⁶, abaixo das encostas do Pisga.

¹⁸ "Naquela ocasião eu lhes ordenei o seguinte: O Senhor, o Deus de vocês, deu-lhes esta terra para que dela tomem posse. Todos os guerreiros devem marchar à frente dos seus irmãos israelitas, armados para a guerra! ¹⁹ Deixem nas cidades que lhes dei as mulheres, as crianças e os grandes rebanhos, que eu sei que vocês possuem, ²⁰ até que o Senhor conceda descanso aos seus outros irmãos israelitas como deu a vocês, e tomem eles posse da terra que o Senhor, o Deus de vocês, está dando a eles do outro lado do Jordão. Depois vocês poderão retornar, cada um à propriedade que lhe dei.

²¹ "Naquela ocasião também ordenei a Josué: Você viu com os seus próprios olhos tudo o que o Senhor, o Deus de vocês, fez com estes dois reis. Assim o Senhor fará com todos os reinos pelos quais vocês terão que passar. ²² Não tenham medo deles. O Senhor, o seu Deus, é quem lutará por vocês.

Moisés É Impedido de Entrar em Canaã

²³ "Naquela ocasião implorei ao Senhor: ²⁴ Ó Soberano Senhor, tu começaste a mostrar ao teu servo a tua grandeza e a tua mão poderosa! Que Deus existe no céu ou na terra que possa realizar as tuas obras e os teus feitos poderosos? ²⁵ Deixa-me atravessar, eu te suplico, e ver a boa terra do outro lado do Jordão, a bela região montanhosa e o Líbano!

²⁶ "Todavia, por causa de vocês, o Senhor irou-se contra mim e não quis me atender. 'Basta!', ele disse. 'Não me fale mais sobre isso. ²⁷ Suba ao ponto mais alto do Pisga e olhe para o norte, para o sul, para o leste, e para o oeste. Veja a terra com os seus próprios olhos, pois você não atravessará o Jordão. ²⁸ Portanto, dê ordens a Josué, fortaleça-o e encoraje-o; porque será ele que atravessará à frente deste povo, e lhes repartirá por herança a terra que você apenas verá.'

²⁹ "Então ficamos acampados no vale, diante de Bete-Peor.

Exortação à Obediência

4 "E agora, ó Israel, ouça os decretos e as leis que lhes estou ensinando a cumprir, para que vivam e tomem posse da terra, que o Senhor, o Deus dos seus antepassados, dá a vocês. ² Nada acrescentem às palavras que eu lhes ordeno e delas nada retirem, mas obedeçam aos mandamentos do Senhor, o seu Deus, que eu lhes ordeno.

towns on the plateau, and all Gilead, and all Bashan as far as Salecah and Edrei, towns of Og's kingdom in Bashan. ¹¹ (Only Og king of Bashan was left of the remnant of the Rephaites. His bed³ was made of iron and was more than thirteen feet long and six feet wide.⁵ It is still in Rabbah of the Ammonites.)

Division of the Land

¹² Of the land that we took over at that time, I gave the Reubenites and the Gadites the territory north of Aroer by the Arnon Gorge, including half the hill country of Gilead, together with its towns. ¹³ The rest of Gilead and also all of Bashan, the kingdom of Og, I gave to the half tribe of Manasseh. (The whole region of Argob in Bashan used to be known as a land of the Rephaites. ¹⁴ Jair, a descendant of Manasseh, took the whole region of Argob as far as the border of the Geshurites and the Maacathites; it was named after him, so that to this day Bashan is called Havvoth Jair.ᶜ) ¹⁵ And I gave Gilead to Makir. ¹⁶ But to the Reubenites and the Gadites I gave the territory extending from Gilead down to the Arnon Gorge (the middle of the gorge being the border) and out to the Jabbok River, which is the border of the Ammonites. ¹⁷ Its western border was the Jordan in the Arabah, from Kinnereth to the Sea of the Arabah (the Salt Seaᵈ), below the slopes of Pisgah.

¹⁸ I commanded you at that time: "The Lord your God has given you this land to take possession of it. But all your able-bodied men, armed for battle, must cross over ahead of your brother Israelites. ¹⁹ However, your wives, your children and your livestock (I know you have much livestock) may stay in the towns I have given you, ²⁰ until the Lord gives rest to your brothers as he has to you, and they too have taken over the land that the Lord your God is giving them, across the Jordan. After that, each of you may go back to the possession I have given you."

Moses Forbidden to Cross the Jordan

²¹ At that time I commanded Joshua: "You have seen with your own eyes all that the Lord your God has done to these two kings. The Lord will do the same to all the kingdoms over there where you are going. ²² Do not be afraid of them; the Lord your God himself will fight for you."

²³ At that time I pleaded with the Lord: ²⁴ "O Sovereign Lord, you have begun to show to your servant your greatness and your strong hand. For what god is there in heaven or on earth who can do the deeds and mighty works you do? ²⁵ Let me go over and see the good land beyond the Jordan—that fine hill country and Lebanon."

²⁶ But because of you the Lord was angry with me and would not listen to me. "That is enough," the Lord said. "Do not speak to me anymore about this matter. ²⁷ Go up to the top of Pisgah and look west and north and south and east. Look at the land with your own eyes, since you are not going to cross this Jordan. ²⁸ But commission Joshua, and encourage and strengthen him, for he will lead this people across and will cause them to inherit the land that you will see." ²⁹ So we stayed in the valley near Beth Peor.

Obedience Commanded

4 Hear now, O Israel, the decrees and laws I am about to teach you. Follow them so that you may live and may go in and take possession of the land that the Lord, the God of your fathers, is giving you. ² Do not add to what I command you and do not subtract from it, but keep the commands of the Lord your God that I give you.

ᵃ3.11 Ou *sarcófago* ᵇ3.11 Hebraico: *9 côvados de comprimento e 4 côvados de largura*. O côvado era uma medida linear de cerca de 45 centímetros. ᶜ3.17 Isto é, o mar Morto.

ᵃ3:11 Or *sarcophagus* ᵇ3:11 Hebrew *nine cubits long and four cubits wide* (about 4 meters long and 1.8 meters wide) ᶜ3:14 Or *called the settlements of Jair* ᵈ3:17 That is, the Dead Sea

³ "Vocês viram com os seus próprios olhos o que o Senhor fez em Baal-Peor. O Senhor, o seu Deus, destruiu do meio de vocês todos os que seguiram a Baal-Peor, ⁴ mas vocês, que permaneceram fiéis ao Senhor, o seu Deus, hoje estão todos vivos.

⁵ "Eu lhes ensinei decretos e leis, como me ordenou o Senhor, o meu Deus, para que sejam cumpridos na terra na qual vocês estão entrando para dela tomar posse. ⁶ Vocês devem obedecer-lhes e cumpri-los, pois assim os outros povos verão a sabedoria e o discernimento de vocês. Quando eles ouvirem todos estes decretos dirão: 'De fato esta grande nação é um povo sábio e inteligente'. ⁷ Pois, que grande nação tem um Deus tão próximo como o Senhor, o nosso Deus, sempre que o invocamos? ⁸ Ou, que grande nação tem decretos e preceitos tão justos como esta lei que estou apresentando a vocês hoje?

⁹ "Apenas tenham cuidado! Tenham muito cuidado para que vocês nunca se esqueçam das coisas que os seus olhos viram; conservem-nas por toda a sua vida na memória. Contem-nas a seus filhos e a seus netos. ¹⁰ Lembrem-se do dia em que vocês estiveram diante do Senhor, o seu Deus, em Horebe, quando o Senhor me disse: 'Reúna o povo diante de mim para ouvir as minhas palavras, a fim de que aprendam a me temer enquanto viverem sobre a terra, e as ensinem a seus filhos'. ¹¹ Vocês se aproximaram e ficaram ao pé do monte. O monte ardia em chamas que subiam até o céu, e estava envolvido por uma nuvem escura e densa. ¹² Então o Senhor falou a vocês do meio do fogo. Vocês ouviram as palavras, mas não viram forma alguma; apenas se ouvia a voz. ¹³ Ele lhes anunciou a sua aliança, os Dez Mandamentos. Escreveu-os sobre duas tábuas de pedra e ordenou que os cumprissem. ¹⁴ Naquela ocasião, o Senhor mandou-me ensinar-lhes decretos e leis para que vocês os cumprissem na terra da qual vão tomar posse.

A Proibição da Idolatria

¹⁵ "No dia em que o Senhor lhes falou do meio do fogo em Horebe, vocês não viram forma alguma. Portanto, tenham muito cuidado, ¹⁶ para que não se corrompam fazendo para si um ídolo, uma imagem de alguma forma semelhante a homem ou mulher, ¹⁷ ou a qualquer animal da terra, a qualquer ave que voa no céu, ¹⁸ a qualquer criatura que se move rente ao chão ou a qualquer peixe que vive nas águas debaixo da terra. ¹⁹ E para que, ao erguerem os olhos ao céu e virem o sol, a lua e as estrelas, todos os corpos celestes, vocês não se desviem e se prostrem diante deles, e prestem culto àquilo que o Senhor, o seu Deus, distribuiu a todos os povos debaixo do céu. ²⁰ A vocês, porém, o Senhor tomou e tirou da fornalha de fundir ferro, do Egito, para serem o povo de sua herança, como hoje se pode ver.

²¹ "O Senhor irou-se contra mim por causa de vocês e jurou que eu não atravessaria o Jordão e não entraria na boa terra que o Senhor, o seu Deus, está lhes dando por herança. ²² Eu morrerei nesta terra; não atravessarei o Jordão. Mas vocês atravessarão e tomarão posse daquela boa terra. ²³ Tenham o cuidado de não esquecer a aliança que o Senhor, o seu Deus, fez com vocês; não façam para si ídolo algum com a forma de qualquer coisa que o Senhor, o seu Deus, proibiu. ²⁴ Pois o Senhor, o seu Deus, é Deus zeloso; é fogo consumidor.

²⁵ "Quando vocês tiverem filhos e netos, e já estiverem há muito tempo na terra, e se corromperem e fizerem ídolos de qualquer tipo, fazendo o que o Senhor, o seu Deus, reprova, provocando a sua ira, ²⁶ invoco hoje o céu e a terra como testemunhas contra vocês de que vocês serão rapidamente eliminados da terra, da qual estão tomando posse ao atravessar o Jordão. Vocês não viverão muito ali; serão totalmente destruídos. ²⁷ O Senhor os espalhará entre os povos, e restarão apenas alguns de vocês entre as nações às quais o Senhor os levará. ²⁸ Lá vocês prestarão culto a deuses de madeira e de pedra, deuses feitos por mãos humanas, deuses que não podem ver, nem ouvir, nem comer, nem cheirar. ²⁹ E lá procurarão o Senhor, o seu Deus, e o acharão, se o procurarem de todo o seu coração e de toda a sua alma. ³⁰ Quando vocês estiverem sofrendo e todas essas coisas tiverem acontecido com vocês, então, em dias futuros, vocês voltarão para o Senhor, o seu Deus, e lhe obedecerão.

³ You saw with your own eyes what the Lord did at Baal Peor. The Lord your God destroyed from among you everyone who followed the Baal of Peor, ⁴ but all of you who held fast to the Lord your God are still alive today.

⁵ See, I have taught you decrees and laws as the Lord my God commanded me, so that you may follow them in the land you are entering to take possession of it. ⁶ Observe them carefully, for this will show your wisdom and understanding to the nations, who will hear about all these decrees and say, "Surely this great nation is a wise and understanding people." ⁷ What other nation is so great as to have their gods near them the way the Lord our God is near us whenever we pray to him? ⁸ And what other nation is so great as to have such righteous decrees and laws as this body of laws I am setting before you today?

⁹ Only be careful, and watch yourselves closely so that you do not forget the things your eyes have seen or let them slip from your heart as long as you live. Teach them to your children and to their children after them. ¹⁰ Remember the day you stood before the Lord your God at Horeb, when he said to me, "Assemble the people before me to hear my words so that they may learn to revere me as long as they live in the land and may teach them to their children." ¹¹ You came near and stood at the foot of the mountain while it blazed with fire to the very heavens, with black clouds and deep darkness. ¹² Then the Lord spoke to you out of the fire. You heard the sound of words but saw no form; there was only a voice. ¹³ He declared to you his covenant, the Ten Commandments, which he commanded you to follow and then wrote them on two stone tablets. ¹⁴ And the Lord directed me at that time to teach you the decrees and laws you are to follow in the land that you are crossing the Jordan to possess.

Idolatry Forbidden

¹⁵ You saw no form of any kind the day the Lord spoke to you at Horeb out of the fire. Therefore watch yourselves very carefully, ¹⁶ so that you do not become corrupt and make for yourselves an idol, an image of any shape, whether formed like a man or a woman, ¹⁷ or like any animal on earth or any bird that flies in the air, ¹⁸ or like any creature that moves along the ground or any fish in the waters below. ¹⁹ And when you look up to the sky and see the sun, the moon and the stars—all the heavenly array—do not be enticed into bowing down to them and worshiping things the Lord your God has apportioned to all the nations under heaven. ²⁰ But as for you, the Lord took you and brought you out of the iron-smelting furnace, out of Egypt, to be the people of his inheritance, as you now are.

²¹ The Lord was angry with me because of you, and he solemnly swore that I would not cross the Jordan and enter the good land the Lord your God is giving you as your inheritance. ²² I will die in this land; I will not cross the Jordan; but you are about to cross over and take possession of that good land. ²³ Be careful not to forget the covenant of the Lord your God that he made with you; do not make for yourselves an idol in the form of anything the Lord your God has forbidden. ²⁴ For the Lord your God is a consuming fire, a jealous God.

²⁵ After you have had children and grandchildren and have lived in the land a long time—if you then become corrupt and make any kind of idol, doing evil in the eyes of the Lord your God and provoking him to anger, ²⁶ I call heaven and earth as witnesses against you this day that you will quickly perish from the land that you are crossing the Jordan to possess. You will not live there long but will certainly be destroyed. ²⁷ The Lord will scatter you among the peoples, and only a few of you will survive among the nations to which the Lord will drive you. ²⁸ There you will worship man-made gods of wood and stone, which cannot see or hear or eat or smell. ²⁹ But if from there you seek the Lord your God, you will find him if you look for him with all your heart and with all your soul. ³⁰ When you are in distress and all these things have happened to you, then in later days you will return to the Lord your God and obey him.

31 Pois o S<small>ENHOR</small>, o seu Deus, é Deus misericordioso; ele não os abandonará, nem os destruirá, nem se esquecerá da aliança que com juramento fez com os seus antepassados.

O S<small>ENHOR</small> é Deus

32 "Perguntem, agora, aos tempos antigos, antes de vocês existirem, desde o dia em que Deus criou o homem sobre a terra; perguntem de um lado ao outro do céu: Já aconteceu algo tão grandioso ou já se ouviu algo parecido? **33** Que povo ouviu a voz de Deus[a] falando do meio do fogo, como vocês ouviram, e continua vivo? **34** Ou que deus decidiu tirar uma nação do meio de outra para lhe pertencer, com provas, sinais, maravilhas e lutas, com mão poderosa e braço forte, e com feitos temíveis e grandiosos, conforme tudo o que o S<small>ENHOR</small> fez por vocês no Egito, como vocês viram com os seus próprios olhos?

35 "Tudo isso foi mostrado a vocês para que soubessem que o S<small>ENHOR</small> é Deus, e que não há outro além dele. **36** Do céu ele fez com que vocês ouvissem a sua voz, para discipliná-los. Na terra, mostrou-lhes o seu grande fogo, e vocês ouviram as suas palavras vindas do meio do fogo. **37** E porque amou os seus antepassados e escolheu a descendência deles, ele foi em pessoa tirá-los do Egito com o seu grande poder, **38** para expulsar de diante de vocês nações maiores e mais fortes, a fim de fazê-los entrar e possuir como herança a terra delas, como hoje se vê.

39 "Reconheçam isso hoje, e ponham no coração que o S<small>ENHOR</small> é Deus em cima nos céus e embaixo na terra. Não há nenhum outro. **40** Obedeçam aos seus decretos e mandamentos que hoje eu lhes ordeno, para que tudo vá bem com vocês e com seus descendentes, e para que vivam muito tempo na terra que o S<small>ENHOR</small>, o seu Deus, lhes dá para sempre".

As Cidades de Refúgio

41 Então Moisés separou três cidades a leste do Jordão, **42** para onde poderia fugir quem tivesse matado alguém sem intenção e sem premeditação. O perseguido poderia fugir para uma dessas cidades a fim de salvar sua vida. **43** As cidades eram as seguintes: Bezer, no planalto do deserto, para a tribo de Rúben; Ramote, em Gileade, para a tribo de Gade; e Golã, em Basã, para a tribo de Manassés.

A Introdução da Lei

44 Esta é a lei que Moisés apresentou aos israelitas. **45** Estes são os mandamentos, os decretos e as ordenanças que Moisés promulgou como leis para os israelitas quando saíram do Egito. **46** Estavam do outro lado do Jordão, no vale fronteiro a Bete-Peor, na terra de Seom, rei dos amorreus, que habitava em Hesbom, a quem Moisés e os israelitas derrotaram quando saíram do Egito. **47** Eles tomaram posse da terra dele e da terra de Ogue, rei de Basã, os dois reis amorreus que viviam a leste do Jordão. **48** Essa terra estendia-se desde Aroer, na margem do ribeiro do Arnom, até o monte Siom[b], isto é, o Hermom, **49** e incluía toda a região da Arabá, a leste do Jordão, até o mar da Arabá[c], abaixo das encostas do Pisga.

Os Dez Mandamentos

5 Então Moisés convocou todo o Israel e lhe disse: "Ouça, ó Israel, os decretos e as ordenanças que hoje lhe estou anunciando. Aprenda-os e tenha o cuidado de cumpri-los. **2** O S<small>ENHOR</small>, o nosso Deus, fez conosco uma aliança em Horebe. **3** Não foi com os nossos antepassados que o S<small>ENHOR</small> fez essa aliança, mas conosco, com todos nós que hoje estamos vivos aqui. **4** O S<small>ENHOR</small> falou com você face a face, do meio do fogo, no monte. **5** Naquela ocasião eu fiquei entre o S<small>ENHOR</small> e você para declarar-lhe a palavra do S<small>ENHOR</small>, porque você teve medo do fogo e não subiu o monte. E ele disse:

The L<small>ORD</small> Is God

32 Ask now about the former days, long before your time, from the day God created man on the earth; ask from one end of the heavens to the other. Has anything so great as this ever happened, or has anything like it ever been heard of? **33** Has any other people heard the voice of God[a] speaking out of fire, as you have, and lived? **34** Has any god ever tried to take for himself one nation out of another nation, by testings, by miraculous signs and wonders, by war, by a mighty hand and an outstretched arm, or by great and awesome deeds, like all the things the L<small>ORD</small> your God did for you in Egypt before your very eyes?

35 You were shown these things so that you might know that the L<small>ORD</small> is God; besides him there is no other. **36** From heaven he made you hear his voice to discipline you. On earth he showed you his great fire, and you heard his words from out of the fire. **37** Because he loved your forefathers and chose their descendants after them, he brought you out of Egypt by his Presence and his great strength, **38** to drive out before you nations greater and stronger than you and to bring you into their land to give it to you for your inheritance, as it is today.

39 Acknowledge and take to heart this day that the L<small>ORD</small> is God in heaven above and on the earth below. There is no other. **40** Keep his decrees and commands, which I am giving you today, so that it may go well with you and your children after you and that you may live long in the land the L<small>ORD</small> your God gives you for all time.

Cities of Refuge

41 Then Moses set aside three cities east of the Jordan, **42** to which anyone who had killed a person could flee if he had unintentionally killed his neighbor without malice aforethought. He could flee into one of these cities and save his life. **43** The cities were these: Bezer in the desert plateau, for the Reubenites; Ramoth in Gilead, for the Gadites; and Golan in Bashan, for the Manassites.

Introduction to the Law

44 This is the law Moses set before the Israelites. **45** These are the stipulations, decrees and laws Moses gave them when they came out of Egypt **46** and were in the valley near Beth Peor east of the Jordan, in the land of Sihon king of the Amorites, who reigned in Heshbon and was defeated by Moses and the Israelites as they came out of Egypt. **47** They took possession of his land and the land of Og king of Bashan, the two Amorite kings east of the Jordan. **48** This land extended from Aroer on the rim of the Arnon Gorge to Mount Siyon[b] (that is, Hermon), **49** and included all the Arabah east of the Jordan, as far as the Sea of the Arabah,[c] below the slopes of Pisgah.

The Ten Commandments

5 Moses summoned all Israel and said: Hear, O Israel, the decrees and laws I declare in your hearing today. Learn them and be sure to follow them. **2** The L<small>ORD</small> our God made a covenant with us at Horeb. **3** It was not with our fathers that the L<small>ORD</small> made this covenant, but with us, with all of us who are alive here today. **4** The L<small>ORD</small> spoke to you face to face out of the fire on the mountain. **5** (At that time I stood between the L<small>ORD</small> and you to declare to you the word of the L<small>ORD</small>, because you were afraid of the fire and did not go up the mountain.) And he said:

---

a4.33 Ou *de um deus* b4.48 A Versão Siríaca diz *Siriom*. Veja Dt 3.9. c4.49 Isto é, o mar Morto.

a4:33 Or *of a god* b4:48 Hebrew; Syriac (see also Deut. 3:9) *Sirion* c4:49 That is, the Dead Sea

6 " 'Eu sou o Senhor, o teu Deus, que te tirei do Egito, da terra da escravidão.

7 " 'Não terás outros deuses além de mim.

8 " 'Não farás para ti nenhum ídolo, nenhuma imagem de qualquer coisa no céu, na terra ou nas águas debaixo da terra. 9 Não te prostrarás diante deles nem lhes prestarás culto, porque eu, o Senhor, o teu Deus, sou Deus zeloso, que castigo os filhos pelo pecado de seus pais até a terceira e quarta geração daqueles que me desprezam, 10 mas trato com bondade até mil gerações os[a] que me amam e obedecem aos meus mandamentos.

11 " 'Não tomarás em vão o nome do Senhor, o teu Deus, pois o Senhor não deixará impune quem usar o seu nome em vão.

12 " 'Guardarás o dia de sábado a fim de santificá-lo, conforme o Senhor, o teu Deus, te ordenou. 13 Trabalharás seis dias e neles farás todos os teus trabalhos, 14 mas o sétimo dia é um sábado para o Senhor, o teu Deus. Nesse dia não farás trabalho algum, nem tu nem teu filho ou filha, nem o teu servo ou serva, nem o teu boi, teu jumento ou qualquer dos teus animais, nem o estrangeiro que estiver em tua propriedade; para que o teu servo e a tua serva descansem como tu. 15 Lembra-te de que foste escravo no Egito e que o Senhor, o teu Deus, te tirou de lá com mão poderosa e com braço forte. Por isso o Senhor, o teu Deus, te ordenou que guardes o dia de sábado.

16 " 'Honra teu pai e tua mãe, como te ordenou o Senhor, o teu Deus, para que tenhas longa vida e tudo te vá bem na terra que o Senhor, o teu Deus, te dá.

17 " 'Não matarás.

18 " 'Não adulterarás.

19 " 'Não furtarás.

20 " 'Não darás falso testemunho contra o teu próximo.

21 " 'Não cobiçarás a mulher do teu próximo. Não desejarás a casa do teu próximo, nem sua propriedade, nem seu servo ou serva, nem seu boi ou jumento, nem coisa alguma que lhe pertença'.

22 "Essas foram as palavras que o Senhor falou a toda a assembléia de vocês, em alta voz, no monte, do meio do fogo, da nuvem e da densa escuridão; e nada mais acrescentou. Então as escreveu em duas tábuas de pedra e as deu a mim.

23 "Quando vocês ouviram a voz que vinha do meio da escuridão, estando o monte em chamas, aproximaram-se de mim todos os chefes das tribos de vocês, com as suas autoridades. 24 E vocês disseram: 'O Senhor, o nosso Deus, mostrou-nos sua glória e sua majestade, e nós ouvimos a sua voz vinda de dentro do fogo. Hoje vimos que Deus fala com o homem e que este ainda continua vivo! 25 Mas, agora, por que deveríamos morrer? Este grande fogo por certo nos consumirá. Se continuarmos a ouvir a voz do Senhor, o nosso Deus, morreremos. 26 Pois, que homem mortal chegou a ouvir a voz do Deus vivo falando de dentro do fogo, como nós o ouvimos, e sobreviveu? 27 Aproxime-se você, Moisés, e ouça tudo o que o Senhor, o nosso Deus, disser; você nos relatará tudo o que o Senhor, o nosso Deus, lhe disser. Nós ouviremos e obedeceremos'.

28 "O Senhor ouviu quando vocês me falaram e me disse: 'Ouvi o que este povo lhe disse, e eles têm razão em tudo o que disseram. 29 Quem dera eles tivessem sempre no coração esta disposição para temer-me e para obedecer os meus mandamentos. Assim tudo iria bem com eles e com seus descendentes para sempre!

30 " 'Vá, diga-lhes que voltem às suas tendas. 31 Você ficará aqui comigo, e lhe anunciarei toda a lei, isto é, os decretos e as ordenanças que você lhes ensinará e que eles deverão cumprir na terra que eu dou a eles como propriedade'.

6 "I am the Lord your God, who brought you out of Egypt, out of the land of slavery.

7 "You shall have no other gods before[a] me.

8 "You shall not make for yourself an idol in the form of anything in heaven above or on the earth beneath or in the waters below. 9 You shall not bow down to them or worship them; for I, the Lord your God, am a jealous God, punishing the children for the sin of the fathers to the third and fourth generation of those who hate me, 10 but showing love to a thousand *generations* of those who love me and keep my commandments.

11 "You shall not misuse the name of the Lord your God, for the Lord will not hold anyone guiltless who misuses his name.

12 "Observe the Sabbath day by keeping it holy, as the Lord your God has commanded you. 13 Six days you shall labor and do all your work, 14 but the seventh day is a Sabbath to the Lord your God. On it you shall not do any work, neither you, nor your son or daughter, nor your manservant or maidservant, nor your ox, your donkey or any of your animals, nor the alien within your gates, so that your manservant and maidservant may rest, as you do. 15 Remember that you were slaves in Egypt and that the Lord your God brought you out of there with a mighty hand and an outstretched arm. Therefore the Lord your God has commanded you to observe the Sabbath day.

16 "Honor your father and your mother, as the Lord your God has commanded you, so that you may live long and that it may go well with you in the land the Lord your God is giving you.

17 "You shall not murder.

18 "You shall not commit adultery.

19 "You shall not steal.

20 "You shall not give false testimony against your neighbor.

21 "You shall not covet your neighbor's wife. You shall not set your desire on your neighbor's house or land, his manservant or maidservant, his ox or donkey, or anything that belongs to your neighbor."

22 These are the commandments the Lord proclaimed in a loud voice to your whole assembly there on the mountain from out of the fire, the cloud and the deep darkness; and he added nothing more. Then he wrote them on two stone tablets and gave them to me.

23 When you heard the voice out of the darkness, while the mountain was ablaze with fire, all the leading men of your tribes and your elders came to me. 24 And you said, "The Lord our God has shown us his glory and his majesty, and we have heard his voice from the fire. Today we have seen that a man can live even if God speaks with him. 25 But now, why should we die? This great fire will consume us, and we will die if we hear the voice of the Lord our God any longer. 26 For what mortal man has ever heard the voice of the living God speaking out of fire, as we have, and survived? 27 Go near and listen to all that the Lord our God says. Then tell us whatever the Lord our God tells you. We will listen and obey."

28 The Lord heard you when you spoke to me and the Lord said to me, "I have heard what this people said to you. Everything they said was good. 29 Oh, that their hearts would be inclined to fear me and keep all my commands always, so that it might go well with them and their children forever!

30 "Go, tell them to return to their tents. 31 But you stay here with me so that I may give you all the commands, decrees and laws you are to teach them to follow in the land I am giving them to possess."

32 "Por isso, tenham o cuidado de fazer tudo como o Senhor, o seu Deus, lhes ordenou; não se desviem, nem para a direita, nem para a esquerda. **33** Andem sempre pelo caminho que o Senhor, o seu Deus, lhes ordenou, para que tenham vida, tudo lhes vá bem e os seus dias se prolonguem na terra da qual tomarão posse.

O Grande Mandamento: Amar a Deus

6 "Esta é a lei, isto é, os decretos e as ordenanças, que o Senhor, o seu Deus, ordenou que eu lhes ensinasse, para que vocês os cumpram na terra para a qual estão indo para dela tomar posse. **2** Desse modo vocês, seus filhos e seus netos temerão o Senhor, o seu Deus, e obedecerão a todos os seus decretos e mandamentos, que eu lhes ordeno, todos os dias da sua vida, para que tenham vida longa. **3** Ouça e obedeça, ó Israel! Assim tudo lhe irá bem e você será muito numeroso numa terra onde manam leite e mel, como lhe prometeu o Senhor, o Deus dos seus antepassados.

4 "Ouça, ó Israel: O Senhor, o nosso Deus, é o único Senhor.ᵃ **5** Ame o Senhor, o seu Deus, de todo o seu coração, de toda a sua alma e de todas as suas forças. **6** Que todas estas palavras que hoje lhe ordeno estejam em seu coração. **7** Ensine-as com persistência a seus filhos. Converse sobre elas quando estiver sentado em casa, quando estiver andando pelo caminho, quando se deitar e quando se levantar. **8** Amarre-as como um sinal nos braços e prenda-as na testa. **9** Escreva-as nos batentes das portas de sua casa e em seus portões.

Exortação à Obediência

10 "O Senhor, o seu Deus, os conduzirá à terra que jurou aos seus antepassados, Abraão, Isaque e Jacó, dar a vocês, terra com grandes e boas cidades que vocês não construíram, **11** com casas cheias de tudo o que há de melhor, de coisas que vocês não produziram, com cisternas que vocês não cavaram, com vinhas e oliveiras que vocês não plantaram. Quando isso acontecer, e vocês comerem e ficarem satisfeitos, **12** tenham cuidado! Não esqueçam o Senhor que os tirou do Egito, da terra da escravidão. **13** Temam o Senhor, o seu Deus, e só a ele prestem culto, e jurem somente pelo seu nome. **14** Não sigam outros deuses, os deuses dos povos ao redor; **15** pois o Senhor, o seu Deus, que está no meio de vocês, é Deus zeloso; a ira do Senhor, o seu Deus, se acenderá contra vocês, e ele os banirá da face da terra. **16** Não ponham à prova o Senhor, o seu Deus, como fizeram em Massá. **17** Obedeçam cuidadosamente aos mandamentos do Senhor, o seu Deus, e aos preceitos e decretos que ele lhes ordenou. **18** Façam o que é justo e bom perante o Senhor, para que tudo lhes vá bem e vocês entrem e tomem posse da boa terra que o Senhor prometeu, sob juramento, a seus antepassados, **19** expulsando todos os seus inimigos de diante de vocês, conforme o Senhor prometeu.

20 "No futuro, quando os seus filhos lhes perguntarem: 'O que significam estes preceitos, decretos e ordenanças que o Senhor, o nosso Deus, ordenou a vocês?' **21** Vocês lhes responderão: 'Fomos escravos do faraó no Egito, mas o Senhor nos tirou de lá com mão poderosa. **22** O Senhor realizou, diante dos nossos olhos, sinais e maravilhas grandiosas e terríveis contra o Egito e contra o faraó e toda a sua família. **23** Mas ele nos tirou do Egito para nos trazer para cá e nos dar a terra que, sob juramento, prometeu a nossos antepassados. **24** O Senhor nos ordenou que obedecêssemos a todos estes decretos e que temêssemos o Senhor, o nosso Deus, para que sempre fôssemos bem-sucedidos e que fôssemos preservados em vida, como hoje se pode ver. **25** E, se nós nos aplicarmos a obedecer a toda esta lei perante o Senhor, o nosso Deus, conforme ele nos ordenou, esta será a nossa justiça'.

32 So be careful to do what the Lord your God has commanded you; do not turn aside to the right or to the left. **33** Walk in all the way that the Lord your God has commanded you, so that you may live and prosper and prolong your days in the land that you will possess.

Love the Lord Your God

6 These are the commands, decrees and laws the Lord your God directed me to teach you to observe in the land that you are crossing the Jordan to possess, **2** so that you, your children and their children after them may fear the Lord your God as long as you live by keeping all his decrees and commands that I give you, and so that you may enjoy long life. **3** Hear, O Israel, and be careful to obey so that it may go well with you and that you may increase greatly in a land flowing with milk and honey, just as the Lord, the God of your fathers, promised you.

4 Hear, O Israel: The Lord our God, the Lord is one.ᵃ **5** Love the Lord your God with all your heart and with all your soul and with all your strength. **6** These commandments that I give you today are to be upon your hearts. **7** Impress them on your children. Talk about them when you sit at home and when you walk along the road, when you lie down and when you get up. **8** Tie them as symbols on your hands and bind them on your foreheads. **9** Write them on the doorframes of your houses and on your gates.

10 When the Lord your God brings you into the land he swore to your fathers, to Abraham, Isaac and Jacob, to give you—a land with large, flourishing cities you did not build, **11** houses filled with all kinds of good things you did not provide, wells you did not dig, and vineyards and olive groves you did not plant—then when you eat and are satisfied, **12** be careful that you do not forget the Lord, who brought you out of Egypt, out of the land of slavery.

13 Fear the Lord your God, serve him only and take your oaths in his name. **14** Do not follow other gods, the gods of the peoples around you; **15** for the Lord your God, who is among you, is a jealous God and his anger will burn against you, and he will destroy you from the face of the land. **16** Do not test the Lord your God as you did at Massah. **17** Be sure to keep the commands of the Lord your God and the stipulations and decrees he has given you. **18** Do what is right and good in the Lord's sight, so that it may go well with you and you may go in and take over the good land that the Lord promised on oath to your forefathers, **19** thrusting out all your enemies before you, as the Lord said.

20 In the future, when your son asks you, "What is the meaning of the stipulations, decrees and laws the Lord our God has commanded you?" **21** tell him: "We were slaves of Pharaoh in Egypt, but the Lord brought us out of Egypt with a mighty hand. **22** Before our eyes the Lord sent miraculous signs and wonders—great and terrible—upon Egypt and Pharaoh and his whole household. **23** But he brought us out from there to bring us in and give us the land that he promised on oath to our forefathers. **24** The Lord commanded us to obey all these decrees and to fear the Lord our God, so that we might always prosper and be kept alive, as is the case today. **25** And if we are careful to obey all this law before the Lord our God, as he has commanded us, that will be our righteousness."

ᵃ**6.4** Ou *O Senhor, o nosso Deus, é um só Senhor*; ou *O Senhor é nosso Deus, o Senhor é um só*; ou ainda *O Senhor é nosso Deus, o Senhor somente*.

ᵃ**6:4** Or *The Lord our God is one Lord*; or *The Lord is our God, the Lord is one*; or *The Lord is our God, the Lord alone*

As Nações Idólatras Serão Expulsas

7 "Quando o Senhor, o seu Deus, os fizer entrar na terra, para a qual vocês estão indo para dela tomarem posse, ele expulsará de diante de vocês muitas nações: os hititas, os girgaseus, os amorreus, os cananeus, os ferezeus, os heveus e os jebuseus. São sete nações maiores e mais fortes do que vocês; ² e quando o Senhor, o seu Deus, as tiver dado a vocês, e vocês as tiverem derrotado, então vocês as destruirão totalmente. Não façam com elas tratado algum, e não tenham piedade delas. ³ Não se casem com pessoas de lá. Não dêem suas filhas aos filhos delas, nem tomem as filhas delas para os seus filhos, ⁴ pois elas desviariam seus filhos de seguir-me para servir a outros deuses e, por causa disso, a ira do Senhor se acenderia contra vocês e rapidamente os destruiria. ⁵ Assim vocês tratarão essas nações: derrubem os seus altares, quebrem as suas colunas sagradas, cortem os seus postes sagrados e queimem os seus ídolos. ⁶ Pois vocês são um povo santo para o Senhor, o seu Deus. O Senhor, o seu Deus, os escolheu dentre todos os povos da face da terra para ser o seu povo, o seu tesouro pessoal.

⁷ "O Senhor não se afeiçoou a vocês nem os escolheu por serem mais numerosos do que os outros povos, pois vocês eram o menor de todos os povos. ⁸ Mas foi porque o Senhor os amou e por causa do juramento que fez aos seus antepassados. Por isso ele os tirou com mão poderosa e os redimiu da terra da escravidão, do poder do faraó, rei do Egito. ⁹ Saibam, portanto, que o Senhor, o seu Deus, é Deus; ele é o Deus fiel, que mantém a aliança e a bondade por mil gerações daqueles que o amam e obedecem aos seus mandamentos. ¹⁰ Mas àqueles que o desprezam, retribuirá com destruição; ele não demora em retribuir àqueles que o desprezam. ¹¹ Obedeçam, pois, à lei, isto é, aos decretos e às ordenanças que hoje lhes ordeno.

As Bênçãos da Obediência

¹² "Se vocês obedecerem a essas ordenanças, as guardarem e as cumprirem, então o Senhor, o seu Deus, manterá com vocês a aliança e a bondade que prometeu sob juramento aos seus antepassados. ¹³ Ele os amará, os abençoará e fará com que vocês se multipliquem. Ele abençoará os seus filhos e os frutos da sua terra: o cereal, o vinho novo e o azeite, as crias das vacas e das ovelhas, na terra que aos seus antepassados jurou dar a vocês. ¹⁴ Vocês serão mais abençoados do que qualquer outro povo! Nenhum dos seus homens ou mulheres será estéril, nem mesmo os animais do seu rebanho. ¹⁵ O Senhor guardará de todas as doenças. Não infligirá a vocês as doenças terríveis que, como sabem, atingiram o Egito, mas as infligirá a todos os seus inimigos. ¹⁶ Vocês destruirão todos os povos que o Senhor, o seu Deus, lhes entregar. Não olhem com piedade para eles, nem sirvam aos seus deuses, pois isso lhes seria uma armadilha.

¹⁷ "Talvez vocês digam a si mesmos: 'Essas nações são mais fortes do que nós. Como poderemos expulsá-las?' ¹⁸ Não tenham medo delas! Lembrem-se bem do que o Senhor, o seu Deus, fez ao faraó e a todo o Egito. ¹⁹ Vocês viram com os seus próprios olhos as grandes provas, os sinais miraculosos e as maravilhas, a mão poderosa e o braço forte com que o Senhor, o seu Deus, os tirou de lá. O Senhor, o seu Deus, fará o mesmo com todos os povos que agora vocês temem. ²⁰ Além disso, o Senhor, o seu Deus, causará pânicoª entre eles até destruir o restante deles, os que se esconderam de vocês. ²¹ Não fiquem apavorados por causa deles, pois o Senhor, o seu Deus, que está com vocês, é Deus grande e temível. ²² O Senhor, o seu Deus, expulsará, aos poucos, essas nações de diante de vocês. Vocês não deverão eliminá-las de uma só vez, se não os animais selvagens se multiplicarão, ameaçando-os. ²³ Mas o Senhor, o seu Deus, as entregará a vocês, lançando-as em grande confusão, até que sejam destruídas. ²⁴ Ele entregará nas mãos

Driving Out the Nations

7 When the Lord your God brings you into the land you are entering to possess and drives out before you many nations—the Hittites, Girgashites, Amorites, Canaanites, Perizzites, Hivites and Jebusites, seven nations larger and stronger than you— ² and when the Lord your God has delivered them over to you and you have defeated them, then you must destroy them totally.ᵃ Make no treaty with them, and show them no mercy. ³ Do not intermarry with them. Do not give your daughters to their sons or take their daughters for your sons, ⁴ for they will turn your sons away from following me to serve other gods, and the Lord's anger will burn against you and will quickly destroy you. ⁵ This is what you are to do to them: Break down their altars, smash their sacred stones, cut down their Asherah polesᵇ and burn their idols in the fire. ⁶ For you are a people holy to the Lord your God. The Lord your God has chosen you out of all the peoples on the face of the earth to be his people, his treasured possession.

⁷ The Lord did not set his affection on you and choose you because you were more numerous than other peoples, for you were the fewest of all peoples. ⁸ But it was because the Lord loved you and kept the oath he swore to your forefathers that he brought you out with a mighty hand and redeemed you from the land of slavery, from the power of Pharaoh king of Egypt. ⁹ Know therefore that the Lord your God is God; he is the faithful God, keeping his covenant of love to a thousand generations of those who love him and keep his commands. ¹⁰ But

those who hate him he will repay to their face
    by destruction;
he will not be slow to repay to their face those
    who hate him.

¹¹ Therefore, take care to follow the commands, decrees and laws I give you today.

¹² If you pay attention to these laws and are careful to follow them, then the Lord your God will keep his covenant of love with you, as he swore to your forefathers. ¹³ He will love you and bless you and increase your numbers. He will bless the fruit of your womb, the crops of your land—your grain, new wine and oil—the calves of your herds and the lambs of your flocks in the land that he swore to your forefathers to give you. ¹⁴ You will be blessed more than any other people; none of your men or women will be childless, nor any of your livestock without young. ¹⁵ The Lord will keep you free from every disease. He will not inflict on you the horrible diseases you knew in Egypt, but he will inflict them on all who hate you. ¹⁶ You must destroy all the peoples the Lord your God gives over to you. Do not look on them with pity and do not serve their gods, for that will be a snare to you.

¹⁷ You may say to yourselves, "These nations are stronger than we are. How can we drive them out?" ¹⁸ But do not be afraid of them; remember well what the Lord your God did to Pharaoh and to all Egypt. ¹⁹ You saw with your own eyes the great trials, the miraculous signs and wonders, the mighty hand and outstretched arm, with which the Lord your God brought you out. The Lord your God will do the same to all the peoples you now fear. ²⁰ Moreover, the Lord your God will send the hornet among them until even the survivors who hide from you have perished. ²¹ Do not be terrified by them, for the Lord your God, who is among you, is a great and awesome God. ²² The Lord your God will drive out those nations before you, little by little. You will not be allowed to eliminate them all at once, or the wild animals will multiply around you. ²³ But the Lord your God will deliver them over to you, throwing them into great confusion until they are destroyed. ²⁴ He will give their kings into your hand,

---

ª7.20 Ou *mandará vespas*; ou ainda *a praga*

ᵃ7:2 The Hebrew term refers to the irrevocable giving over of things or persons to the Lord, often by totally destroying them; also in verse 26. ᵇ7:5 That is, symbols of the goddess Asherah; here and elsewhere in Deuteronomy

de vocês os reis dessas nações, e vocês apagarão o nome deles de debaixo do céu. Ninguém conseguirá resistir a vocês até que os tenham destruído. ²⁵ Vocês queimarão as imagens dos deuses dessas nações. Não cobicem a prata e o ouro de que são revestidas; isso lhes seria uma armadilha. Para o Senhor, o seu Deus, isso é detestável. ²⁶ Não levem coisa alguma que seja detestável para dentro de casa, se não também vocês serão separados para a destruição. Considerem tudo isso proibido e detestem-no totalmente, pois está separado para a destruição.

A Disciplina do Senhor
no Caminho para a Boa Terra

8 "Tenham o cuidado de obedecer a toda a lei que eu hoje lhes ordeno, para que vocês vivam, multipliquem-se e tomem posse da terra que o Senhor prometeu, com juramento, aos seus antepassados.

² "Lembrem-se de como o Senhor, o seu Deus, os conduziu por todo o caminho no deserto, durante estes quarenta anos, para humilhá-los e pô-los à prova, a fim de conhecer suas intenções, se iriam obedecer aos seus mandamentos ou não. ³ Assim, ele os humilhou e os deixou passar fome. Mas depois os sustentou com maná, que nem vocês nem os seus antepassados conheciam, para mostrar-lhes que nem só de pão viverá o homem, mas de toda palavra que procede da boca do Senhor. ⁴ As roupas de vocês não se gastaram e os seus pés não incharam durante esses quarenta anos. ⁵ Saibam, pois, em seu coração que, assim como um homem disciplina o seu filho, da mesma forma o Senhor, o seu Deus, os disciplina.

⁶ "Obedeçam aos mandamentos do Senhor, o seu Deus, andando em seus caminhos e dele tendo temor. ⁷ Pois o Senhor, o seu Deus, os está levando a uma boa terra, cheia de riachos e tanques de água, de fontes que jorram nos vales e nas colinas; ⁸ terra de trigo e cevada, videiras e figueiras, de romãzeiras, azeite de oliva e mel; ⁹ terra onde não faltará pão e onde não terão falta de nada; terra onde as rochas têm ferro e onde vocês poderão extrair cobre das colinas.

Advertência contra a Ingratidão

¹⁰ "Depois que tiverem comido até ficarem satisfeitos, louvem o Senhor, o seu Deus, pela boa terra que lhes deu. ¹¹ Tenham o cuidado de não se esquecer do Senhor, o seu Deus, deixando de obedecer aos seus mandamentos, às suas ordenanças e aos seus decretos que hoje lhes ordeno. ¹² Não aconteça que, depois de terem comido até ficarem satisfeitos, de terem construído boas casas e nelas morado, ¹³ de aumentarem os seus rebanhos, a sua prata e o seu ouro, e todos os seus bens, ¹⁴ o seu coração fique orgulhoso e vocês se esqueçam do Senhor, o seu Deus, que os tirou do Egito, da terra da escravidão. ¹⁵ Ele os conduziu pelo imenso e pavoroso deserto, por aquela terra seca e sem água, de serpentes e escorpiões venenosos. Ele tirou água da rocha para vocês, ¹⁶ e os sustentou no deserto com maná, que os seus antepassados não conheciam, para humilhá-los e prová-los, a fim de que tudo fosse bem com vocês. ¹⁷ Não digam, pois, em seu coração: 'A minha capacidade e a força das minhas mãos ajuntaram para mim toda esta riqueza'. ¹⁸ Mas, lembrem-se do Senhor, o seu Deus, pois é ele que lhes dá a capacidade de produzir riqueza, confirmando a aliança que jurou aos seus antepassados, conforme hoje se vê.

¹⁹ "Mas se vocês se esquecerem do Senhor, o seu Deus, e seguirem outros deuses, prestando-lhes culto e curvando-se diante deles, asseguro-lhes hoje que vocês serão destruídos. ²⁰ Por não obedecerem ao Senhor, o seu Deus, vocês serão destruídos como o foram as outras nações que o Senhor destruiu perante vocês.

O Mérito Não Foi de Israel

9 "Ouça, ó Israel: Hoje você está atravessando o Jordão para entrar na terra e conquistar nações maiores e mais poderosas do que você, as quais têm cidades grandes, com muros que vão até o céu. ² O povo é forte e alto. São enaquins! Você já ouviu

and you will wipe out their names from under heaven. No one will be able to stand up against you; you will destroy them. ²⁵ The images of their gods you are to burn in the fire. Do not covet the silver and gold on them, and do not take it for yourselves, or you will be ensnared by it, for it is detestable to the Lord your God. ²⁶ Do not bring a detestable thing into your house or you, like it, will be set apart for destruction. Utterly abhor and detest it, for it is set apart for destruction.

Do Not Forget the Lord

8 Be careful to follow every command I am giving you today, so that you may live and increase and may enter and possess the land that the Lord promised on oath to your forefathers. ² Remember how the Lord your God led you all the way in the desert these forty years, to humble you and to test you in order to know what was in your heart, whether or not you would keep his commands. ³ He humbled you, causing you to hunger and then feeding you with manna, which neither you nor your fathers had known, to teach you that man does not live on bread alone but on every word that comes from the mouth of the Lord. ⁴ Your clothes did not wear out and your feet did not swell during these forty years. ⁵ Know then in your heart that as a man disciplines his son, so the Lord your God disciplines you.

⁶ Observe the commands of the Lord your God, walking in his ways and revering him. ⁷ For the Lord your God is bringing you into a good land—a land with streams and pools of water, with springs flowing in the valleys and hills; ⁸ a land with wheat and barley, vines and fig trees, pomegranates, olive oil and honey; ⁹ a land where bread will not be scarce and you will lack nothing; a land where the rocks are iron and you can dig copper out of the hills.

¹⁰ When you have eaten and are satisfied, praise the Lord your God for the good land he has given you. ¹¹ Be careful that you do not forget the Lord your God, failing to observe his commands, his laws and his decrees that I am giving you this day. ¹² Otherwise, when you eat and are satisfied, when you build fine houses and settle down, ¹³ and when your herds and flocks grow large and your silver and gold increase and all you have is multiplied, ¹⁴ then your heart will become proud and you will forget the Lord your God, who brought you out of Egypt, out of the land of slavery. ¹⁵ He led you through the vast and dreadful desert, that thirsty and waterless land, with its venomous snakes and scorpions. He brought you water out of hard rock. ¹⁶ He gave you manna to eat in the desert, something your fathers had never known, to humble and to test you so that in the end it might go well with you. ¹⁷ You may say to yourself, "My power and the strength of my hands have produced this wealth for me." ¹⁸ But remember the Lord your God, for it is he who gives you the ability to produce wealth, and so confirms his covenant, which he swore to your forefathers, as it is today.

¹⁹ If you ever forget the Lord your God and follow other gods and worship and bow down to them, I testify against you today that you will surely be destroyed. ²⁰ Like the nations the Lord destroyed before you, so you will be destroyed for not obeying the Lord your God.

Not Because of Israel's Righteousness

9 Hear, O Israel. You are now about to cross the Jordan to go in and dispossess nations greater and stronger than you, with large cities that have walls up to the sky. ² The people are strong and tall—Anakites! You know about them

falar deles e até conhece o que se diz: 'Quem é capaz de resistir aos enaquins?' ³Esteja, hoje, certo de que o Senhor, o seu Deus, ele mesmo, vai adiante de você como fogo consumidor. Ele os exterminará e os subjugará diante de você. E você os expulsará e os destruirá, como o Senhor lhe prometeu.

⁴"Depois que o Senhor, o seu Deus, os tiver expulsado da presença de você, não diga a si mesmo: 'O Senhor me trouxe aqui para tomar posse desta terra por causa da minha justiça'. Não! É devido à impiedade destas nações que o Senhor vai expulsá-las da presença de você. ⁵Não é por causa de sua justiça ou de sua retidão que você conquistará a terra delas. Mas é por causa da maldade destas nações que o Senhor, o seu Deus, as expulsará de diante de você, para cumprir a palavra que o Senhor prometeu, sob juramento, aos seus antepassados, Abraão, Isaque e Jacó. ⁶Portanto, esteja certo de que não é por causa de sua justiça que o Senhor, o seu Deus, lhe dá esta boa terra para dela tomar posse, pois você é um povo obstinado.

O Bezerro de Ouro

⁷"Lembrem-se disto e jamais esqueçam como vocês provocaram a ira do Senhor, o seu Deus, no deserto. Desde o dia em que saíram do Egito até chegarem aqui, vocês têm sido rebeldes contra o Senhor. ⁸Até mesmo em Horebe vocês provocaram a ira do Senhor, e ele ficou furioso, ao ponto de querer exterminá-los. ⁹Quando subi o monte para receber as tábuas de pedra, as tábuas da aliança que o Senhor tinha feito com vocês, fiquei no monte quarenta dias e quarenta noites; não comi pão, nem bebi água. ¹⁰O Senhor me deu as duas tábuas de pedra escritas pelo dedo de Deus. Nelas estavam escritas todas as palavras que o Senhor proclamou a vocês no monte, de dentro do fogo, no dia da assembléia.

¹¹"Passados os quarenta dias e quarenta noites, o Senhor me deu as duas tábuas de pedra, as tábuas da aliança, ¹²e me disse: 'Desça imediatamente, pois o seu povo, que você tirou do Egito, corrompeu-se. Eles se afastaram bem depressa do caminho que eu lhes ordenei e fizeram um ídolo de metal para si'.

¹³"E o Senhor me disse: 'Vejo que este povo é realmente um povo obstinado! ¹⁴Deixe que eu os destrua e apague o nome deles de debaixo do céu. E farei de você uma nação mais forte e mais numerosa do que eles'.

¹⁵"Então voltei e desci do monte, enquanto este ardia em chamas. E as duas tábuas da aliança estavam em minhas mãos.ª ¹⁶E vi que vocês tinham pecado contra o Senhor, o seu Deus. Fizeram para si um ídolo de metal em forma de bezerro. Bem depressa vocês se desviaram do caminho que o Senhor, o Deus de vocês, lhes tinha ordenado. ¹⁷Então peguei as duas tábuas e as lancei das minhas mãos, quebrando-as diante dos olhos de vocês.

¹⁸"Depois prostrei-me perante o Senhor outros quarenta dias e quarenta noites; não comi pão, nem bebi água, por causa do grande pecado que vocês tinham cometido, fazendo o que o Senhor reprova, provocando a ira dele. ¹⁹Tive medo da ira e do furor do Senhor, pois ele estava irado ao ponto de destruí-los, mas de novo o Senhor me escutou. ²⁰O Senhor irou-se contra Arão a ponto de querer destruí-lo, mas naquela ocasião também orei por Arão. ²¹Então peguei o bezerro, o bezerro do pecado de vocês, e o queimei no fogo; depois o esmigalhei e o moí até virar pó, e o joguei no riacho que desce do monte.

²²"Além disso, vocês tornaram a provocar a ira do Senhor em Taberá, em Massá e em Quibrote-Hataavá.

²³"E, quando o Senhor os enviou de Cades-Barnéia, disse: 'Entrem lá e tomem posse da terra que lhes dei'. Mas vocês se rebelaram contra a ordem do Senhor, o seu Deus. Não confiaram nele, nem lhe obedeceram. ²⁴Vocês têm sido rebeldes contra o Senhor desde que os conheço.

and have heard it said: "Who can stand up against the Anakites?" ³But be assured today that the Lord your God is the one who goes across ahead of you like a devouring fire. He will destroy them; he will subdue them before you. And you will drive them out and annihilate them quickly, as the Lord has promised you.

⁴After the Lord your God has driven them out before you, do not say to yourself, "The Lord has brought me here to take possession of this land because of my righteousness." No, it is on account of the wickedness of these nations that the Lord is going to drive them out before you. ⁵It is not because of your righteousness or your integrity that you are going in to take possession of their land; but on account of the wickedness of these nations, the Lord your God will drive them out before you, to accomplish what he swore to your fathers, to Abraham, Isaac and Jacob. ⁶Understand, then, that it is not because of your righteousness that the Lord your God is giving you this good land to possess, for you are a stiff-necked people.

The Golden Calf

⁷Remember this and never forget how you provoked the Lord your God to anger in the desert. From the day you left Egypt until you arrived here, you have been rebellious against the Lord. ⁸At Horeb you aroused the Lord's wrath so that he was angry enough to destroy you. ⁹When I went up on the mountain to receive the tablets of stone, the tablets of the covenant that the Lord had made with you, I stayed on the mountain forty days and forty nights; I ate no bread and drank no water. ¹⁰The Lord gave me two stone tablets inscribed by the finger of God. On them were all the commandments the Lord proclaimed to you on the mountain out of the fire, on the day of the assembly.

¹¹At the end of the forty days and forty nights, the Lord gave me the two stone tablets, the tablets of the covenant. ¹²Then the Lord told me, "Go down from here at once, because your people whom you brought out of Egypt have become corrupt. They have turned away quickly from what I commanded them and have made a cast idol for themselves."

¹³And the Lord said to me, "I have seen this people, and they are a stiff-necked people indeed! ¹⁴Let me alone, so that I may destroy them and blot out their name from under heaven. And I will make you into a nation stronger and more numerous than they."

¹⁵So I turned and went down from the mountain while it was ablaze with fire. And the two tablets of the covenant were in my hands.ª ¹⁶When I looked, I saw that you had sinned against the Lord your God; you had made for yourselves an idol cast in the shape of a calf. You had turned aside quickly from the way that the Lord had commanded you. ¹⁷So I took the two tablets and threw them out of my hands, breaking them to pieces before your eyes.

¹⁸Then once again I fell prostrate before the Lord for forty days and forty nights; I ate no bread and drank no water, because of all the sin you had committed, doing what was evil in the Lord's sight and so provoking him to anger. ¹⁹I feared the anger and wrath of the Lord, for he was angry enough with you to destroy you. But again the Lord listened to me. ²⁰And the Lord was angry enough with Aaron to destroy him, but at that time I prayed for Aaron too. ²¹Also I took that sinful thing of yours, the calf you had made, and burned it in the fire. Then I crushed it and ground it to powder as fine as dust and threw the dust into a stream that flowed down the mountain.

²²You also made the Lord angry at Taberah, at Massah and at Kibroth Hattaavah.

²³And when the Lord sent you out from Kadesh Barnea, he said, "Go up and take possession of the land I have given you." But you rebelled against the command of the Lord your God. You did not trust him or obey him. ²⁴You have been rebellious against the Lord ever since I have known you.

ª9.15 Ou *E eu tinha as duas tábuas da aliança comigo, uma em cada mão.*

ª9:15 Or *And I had the two tablets of the covenant with me, one in each hand*

25 "Fiquei prostrado perante o Senhor durante aqueles quarenta dias e quarenta noites porque o Senhor tinha dito que ia destruí-los. 26 Foi quando orei ao Senhor, dizendo: Ó Soberano Senhor, não destruas o teu povo, a tua própria herança! Tu o redimiste com a tua grandeza e o tiraste da terra do Egito com mão poderosa. 27 Lembra-te de teus servos Abraão, Isaque e Jacó. Não leves em conta a obstinação deste povo, a sua maldade e o seu pecado, 28 se não os habitantes da terra de onde nos tiraste dirão: 'Como o Senhor não conseguiu levá-los à terra que lhes havia prometido, e como ele os odiava, tirou-os para fazê-los morrer no deserto'. 29 Mas eles são o teu povo, a tua herança, que tiraste do Egito com o teu grande poder e com o teu braço forte.

Tábuas Iguais às Primeiras

10 "Naquela ocasião o Senhor me ordenou: 'Corte duas tábuas de pedra, como as primeiras, e suba para encontrar-se comigo no monte. Faça também uma arca de madeira. 2 Eu escreverei nas tábuas as palavras que estavam nas primeiras, que você quebrou, e você as colocará na arca'.

3 "Então fiz a arca de madeira de acácia, cortei duas tábuas de pedra como as primeiras e subi o monte com as duas tábuas nas mãos. 4 O Senhor escreveu nelas o que tinha escrito anteriormente, os Dez Mandamentos que havia proclamado a vocês no monte, do meio do fogo, no dia em que estavam todos reunidos. O Senhor as entregou a mim, 5 e eu voltei, desci do monte e coloquei as tábuas na arca que eu tinha feito. E lá ficaram, conforme o Senhor tinha ordenado.

6 (Os israelitas partiram dos poços dos jaacanitas e foram até Moserá. Ali Arão morreu e foi sepultado, e o seu filho Eleazar foi o seu sucessor como sacerdote. 7 Dali foram para Gudgodá e de lá para Jotbatá, terra de riachos. 8 Naquela ocasião o Senhor separou a tribo de Levi para carregar a arca da aliança do Senhor, para estar perante o Senhor a fim de ministrar e pronunciar bênçãos em seu nome, como se faz ainda hoje. 9 É por isso que os levitas não têm nenhuma porção de terra ou herança entre os seus irmãos; o Senhor é a sua herança, conforme o Senhor, o seu Deus, lhes prometeu.)

10 "Assim eu fiquei no monte quarenta dias e quarenta noites, como da primeira vez; e também desta vez o Senhor me atendeu e não quis destruí-los. 11 'Vá', o Senhor me disse. 'Conduza o povo em seu caminho, para que tome posse da terra que jurei aos seus antepassados dar a você.'

Exortação ao Temor do Senhor

12 "E agora, ó Israel, que é que o Senhor, o seu Deus, lhe pede, senão que tema o Senhor, o seu Deus, que ande em todos os seus caminhos, que o ame e que sirva ao Senhor, o seu Deus, de todo o seu coração e de toda a sua alma, 13 e que obedeça aos mandamentos e aos decretos do Senhor, que hoje lhe dou para o seu próprio bem?

14 "Ao Senhor, o seu Deus, pertencem os céus e até os mais altos céus, a terra e tudo o que nela existe. 15 No entanto, o Senhor se afeiçoou aos seus antepassados e os amou, e a vocês, descendentes deles, escolheu entre todas as nações, como hoje se vê. 16 Sejam fiéis, de coraçãoᵃ, à sua aliança; e deixem de ser obstinados. 17 Pois o Senhor, o seu Deus, é o Deus dos deuses e o Soberano dos soberanos, o grande Deus, poderoso e temível, que não age com parcialidade nem aceita suborno. 18 Ele defende a causa do órfão e da viúva e ama o estrangeiro, dando-lhe alimento e roupa. 19 Amem os estrangeiros, pois vocês mesmos foram estrangeiros no Egito. 20 Temam o Senhor, o seu Deus, e sirvam-no. Apeguem-se a ele e façam os seus juramentos somente em nome dele. 21 Seja ele o motivo do seu louvor, pois ele é o seu Deus, que por vocês fez aquelas grandes e temíveis maravilhas que vocês viram com os próprios olhos. 22 Os seus antepassados que desceram ao Egito eram setenta ao todo, mas agora o Senhor, o seu Deus, os tornou tão numerosos quanto as estrelas do céu.

25 I lay prostrate before the Lord those forty days and forty nights because the Lord had said he would destroy you. 26 I prayed to the Lord and said, "O Sovereign Lord, do not destroy your people, your own inheritance that you redeemed by your great power and brought out of Egypt with a mighty hand. 27 Remember your servants Abraham, Isaac and Jacob. Overlook the stubbornness of this people, their wickedness and their sin. 28 Otherwise, the country from which you brought us will say, 'Because the Lord was not able to take them into the land he had promised them, and because he hated them, he brought them out to put them to death in the desert.' 29 But they are your people, your inheritance that you brought out by your great power and your outstretched arm."

Tablets Like the First Ones

10 At that time the Lord said to me, "Chisel out two stone tablets like the first ones and come up to me on the mountain. Also make a wooden chest.ᵃ 2 I will write on the tablets the words that were on the first tablets, which you broke. Then you are to put them in the chest."

3 So I made the ark out of acacia wood and chiseled out two stone tablets like the first ones, and I went up on the mountain with the two tablets in my hands. 4 The Lord wrote on these tablets what he had written before, the Ten Commandments he had proclaimed to you on the mountain, out of the fire, on the day of the assembly. And the Lord gave them to me. 5 Then I came back down the mountain and put the tablets in the ark I had made, as the Lord commanded me, and they are there now.

6 (The Israelites traveled from the wells of the Jaakanites to Moserah. There Aaron died and was buried, and Eleazar his son succeeded him as priest. 7 From there they traveled to Gudgodah and on to Jotbathah, a land with streams of water. 8 At that time the Lord set apart the tribe of Levi to carry the ark of the covenant of the Lord, to stand before the Lord to minister and to pronounce blessings in his name, as they still do today. 9 That is why the Levites have no share or inheritance among their brothers; the Lord is their inheritance, as the Lord your God told them.)

10 Now I had stayed on the mountain forty days and nights, as I did the first time, and the Lord listened to me at this time also. It was not his will to destroy you. 11 "Go," the Lord said to me, "and lead the people on their way, so that they may enter and possess the land that I swore to their fathers to give them."

Fear the Lord

12 And now, O Israel, what does the Lord your God ask of you but to fear the Lord your God, to walk in all his ways, to love him, to serve the Lord your God with all your heart and with all your soul, 13 and to observe the Lord's commands and decrees that I am giving you today for your own good?

14 To the Lord your God belong the heavens, even the highest heavens, the earth and everything in it. 15 Yet the Lord set his affection on your forefathers and loved them, and he chose you, their descendants, above all the nations, as it is today. 16 Circumcise your hearts, therefore, and do not be stiff-necked any longer. 17 For the Lord your God is God of gods and Lord of lords, the great God, mighty and awesome, who shows no partiality and accepts no bribes. 18 He defends the cause of the fatherless and the widow, and loves the alien, giving him food and clothing. 19 And you are to love those who are aliens, for you yourselves were aliens in Egypt. 20 Fear the Lord your God and serve him. Hold fast to him and take your oaths in his name. 21 He is your praise; he is your God, who performed for you those great and awesome wonders you saw with your own eyes. 22 Your forefathers who went down into Egypt were seventy in all, and now the Lord your God has made you as numerous as the stars in the sky.

ᵃ10.16 Hebraico: *Circuncidem o coração de vocês.*   ᵃ10:1 That is, an ark

Exortação ao Amor e à Obediência

11 "Amem o Senhor, o seu Deus e obedeçam sempre aos seus preceitos, aos seus decretos, às suas ordenanças e aos seus mandamentos. ² Lembrem-se hoje de que não foram os seus filhos que experimentaram e viram a disciplina do Senhor, o seu Deus, a sua majestade, a sua mão poderosa, o seu braço forte. ³ Vocês viram os sinais que ele realizou e tudo o que fez no coração do Egito, tanto com o faraó, rei do Egito, quanto com toda a sua terra; ⁴ o que fez com o exército egípcio, com os seus cavalos e carros, como os surpreendeu com as águas do mar Vermelho, quando estavam perseguindo vocês, e como o Senhor os destruiu para sempre. ⁵ Vocês também viram o que ele fez por vocês no deserto até chegarem a este lugar, ⁶ e o que fez a Datã e a Abirão, filhos de Eliabe, da tribo de Rúben, quando a terra abriu a boca no meio de todo o Israel e os engoliu com suas famílias, suas tendas e tudo o que lhes pertencia. ⁷ Vocês mesmos viram com os seus próprios olhos todas essas coisas grandiosas que o Senhor fez.

⁸ "Obedeçam, portanto, a toda a lei que hoje lhes estou dando, para que tenham forças para invadir e conquistar a terra para onde estão indo, ⁹ e para que vivam muito tempo na terra que o Senhor jurou dar aos seus antepassados e aos descendentes deles, terra onde manam leite e mel. ¹⁰ A terra da qual vocês vão tomar posse não é como a terra do Egito, de onde vocês vieram e onde plantavam as sementes e tinham que fazer a irrigação a pé, como numa horta. ¹¹ Mas a terra em que vocês, atravessando o Jordão, vão entrar para dela tomar posse, é terra de montes e vales, que bebe chuva do céu. ¹² É uma terra da qual o Senhor, o seu Deus, cuida; os olhos do Senhor, o seu Deus, estão continuamente sobre ela, do início ao fim do ano.

¹³ "Portanto, se vocês obedecerem fielmente aos mandamentos que hoje lhes dou, amando o Senhor, o seu Deus, e servindo-o de todo o coração e de toda a alma, ¹⁴ então, no devido tempo, enviarei chuva sobre a sua terra, chuva de outono e de primavera, para que vocês recolham o seu cereal, e tenham vinho novo e azeite. ¹⁵ Ela dará pasto nos campos para os seus rebanhos, e quanto a vocês, terão o que comer e ficarão satisfeitos.

¹⁶ "Por isso, tenham cuidado para não serem enganados e levados a desviar-se para adorar outros deuses e a prostrar-se perante eles. ¹⁷ Caso contrário, a ira do Senhor se acenderá contra vocês e ele fechará o céu para que não chova e para que a terra nada produza, e assim vocês logo desaparecerão da boa terra que o Senhor lhes está dando. ¹⁸ Gravem estas minhas palavras no coração e na mente; amarrem-nas como sinal nas mãos e prendam-nas na testa. ¹⁹ Ensinem-nas a seus filhos, conversando a respeito delas quando estiverem sentados em casa e quando estiverem andando pelo caminho, quando se deitarem e quando se levantarem. ²⁰ Escrevam-nas nos batentes das portas de suas casas, e nos seus portões, ²¹ para que, na terra que o Senhor jurou que daria aos seus antepassados, os seus dias e os dias dos seus filhos sejam muitos, sejam tantos como os dias durante os quais o céu está acima da terra.

²² "Se vocês obedecerem a todos os mandamentos que lhes mando cumprir, amando o Senhor, o seu Deus, andando em todos os seus caminhos e apegando-se a ele, ²³ então o Senhor expulsará todas essas nações da presença de vocês, e vocês despojarão nações maiores e mais fortes do que vocês. ²⁴ Todo lugar onde vocês puserem os pés será de vocês. O seu território se estenderá do deserto do Líbano e do rio Eufrates ao mar Ocidentalª. ²⁵ Ninguém conseguirá resisti-los. O Senhor, o seu Deus, conforme lhes prometeu, trará pavor e medo de vocês a todos os povos daquela terra, aonde quer que vocês forem.

²⁶ "Prestem atenção! Hoje estou pondo diante de vocês a bênção e a maldição. ²⁷ Vocês terão bênção, se obedecerem aos mandamentos do Senhor, o seu Deus, que hoje lhes estou dando; ²⁸ mas terão maldição, se desobedecerem aos mandamentos do Senhor, o seu Deus, e se afastarem do caminho

Love and Obey the Lord

11 Love the Lord your God and keep his requirements, his decrees, his laws and his commands always. ² Remember today that your children were not the ones who saw and experienced the discipline of the Lord your God: his majesty, his mighty hand, his outstretched arm; ³ the signs he performed and the things he did in the heart of Egypt, both to Pharaoh king of Egypt and to his whole country; ⁴ what he did to the Egyptian army, to its horses and chariots, how he overwhelmed them with the waters of the Red Seaª as they were pursuing you, and how the Lord brought lasting ruin on them. ⁵ It was not your children who saw what he did for you in the desert until you arrived at this place, ⁶ and what he did to Dathan and Abiram, sons of Eliab the Reubenite, when the earth opened its mouth right in the middle of all Israel and swallowed them up with their households, their tents and every living thing that belonged to them. ⁷ But it was your own eyes that saw all these great things the Lord has done.

⁸ Observe therefore all the commands I am giving you today, so that you may have the strength to go in and take over the land that you are crossing the Jordan to possess, ⁹ and so that you may live long in the land that the Lord swore to your forefathers to give to them and their descendants, a land flowing with milk and honey. ¹⁰ The land you are entering to take over is not like the land of Egypt, from which you have come, where you planted your seed and irrigated it by foot as in a vegetable garden. ¹¹ But the land you are crossing the Jordan to take possession of is a land of mountains and valleys that drinks rain from heaven. ¹² It is a land the Lord your God cares for; the eyes of the Lord your God are continually on it from the beginning of the year to its end.

¹³ So if you faithfully obey the commands I am giving you today—to love the Lord your God and to serve him with all your heart and with all your soul— ¹⁴ then I will send rain on your land in its season, both autumn and spring rains, so that you may gather in your grain, new wine and oil. ¹⁵ I will provide grass in the fields for your cattle, and you will eat and be satisfied.

¹⁶ Be careful, or you will be enticed to turn away and worship other gods and bow down to them. ¹⁷ Then the Lord's anger will burn against you, and he will shut the heavens so that it will not rain and the ground will yield no produce, and you will soon perish from the good land the Lord is giving you. ¹⁸ Fix these words of mine in your hearts and minds; tie them as symbols on your hands and bind them on your foreheads. ¹⁹ Teach them to your children, talking about them when you sit at home and when you walk along the road, when you lie down and when you get up. ²⁰ Write them on the doorframes of your houses and on your gates, ²¹ so that your days and the days of your children may be many in the land that the Lord swore to give your forefathers, as many as the days that the heavens are above the earth.

²² If you carefully observe all these commands I am giving you to follow—to love the Lord your God, to walk in all his ways and to hold fast to him— ²³ then the Lord will drive out all these nations before you, and you will dispossess nations larger and stronger than you. ²⁴ Every place where you set your foot will be yours: Your territory will extend from the desert to Lebanon, and from the Euphrates River to the western sea.ᵇ ²⁵ No man will be able to stand against you. The Lord your God, as he promised you, will put the terror and fear of you on the whole land, wherever you go.

²⁶ See, I am setting before you today a blessing and a curse— ²⁷ the blessing if you obey the commands of the Lord your God that I am giving you today; ²⁸ the curse if you disobey the commands of the Lord your God and turn from the way

---

ª11.24 Isto é, o Mediterrâneo.

ª11:4 Hebrew *Yam Suph;* that is, Sea of Reeds ᵇ11:24 That is, the Mediterranean

que hoje lhes ordeno, para seguir deuses desconhecidos. ²⁹ Quando o Senhor, o seu Deus, os tiver levado para a terra da qual vão tomar posse, vocês terão que proclamar a bênção no monte Gerizim, e a maldição no monte Ebal. ³⁰ Como sabem, esses montes estão do outro lado do Jordão, a oeste da estradaᵃ, na direção do poente, perto dos carvalhos de Moré, no território dos cananeus que vivem na Arabá, próximos de Gilgal. ³¹ Vocês estão a ponto de atravessar o Jordão e de tomar posse da terra que o Senhor, o seu Deus, lhes está dando. Quando vocês a tiverem conquistado e estiverem vivendo nela, ³² tenham o cuidado de obedecer a todos os decretos e ordenanças que hoje estou dando a vocês.

O Único Local de Adoração

12 "Estes são os decretos e ordenanças que vocês devem ter o cuidado de cumprir enquanto viverem na terra que o Senhor, o Deus dos seus antepassados, deu a vocês como herança. ² Destruam completamente todos os lugares nos quais as nações que vocês estão desalojando adoram os seus deuses, tanto nos altos montes como nas colinas e à sombra de toda árvore frondosa. ³ Derrubem os seus altares, esmigalhem as suas colunas sagradas e queimem os seus postes sagrados; despedacem os ídolos dos seus deuses e eliminem os nomes deles daqueles lugares.

⁴ "Vocês, porém, não adorarão o Senhor, o seu Deus, como eles adoram os seus deuses. ⁵ Mas procurarão o local que o Senhor, o seu Deus, escolher dentre todas as tribos para ali pôr o seu Nome e sua habitação. Para lá vocês deverão ir ⁶ e levar holocaustosᵇ e sacrifícios, dízimos e dádivas especiais, o que em voto tiverem prometido, as suas ofertas voluntárias e a primeira cria de todos os rebanhos. ⁷ Ali, na presença do Senhor, o seu Deus, vocês e suas famílias comerão e se alegrarão com tudo o que tiverem feito, pois o Senhor, o seu Deus, os terá abençoado.

⁸ "Vocês não agirão como estamos agindo aqui, cada um fazendo o que bem entende, ⁹ pois ainda não chegaram ao lugar de descanso e à herança que o Senhor, o seu Deus, lhes está dando. ¹⁰ Mas vocês atravessarão o Jordão e se estabelecerão na terra que o Senhor, o seu Deus, lhes dá como herança, e ele lhes concederá descanso de todos os inimigos que os cercam, para que vocês vivam em segurança. ¹¹ Então, para o lugar que o Senhor, o seu Deus, escolher como habitação do seu Nome, vocês levarão tudo o que eu lhes ordenar: holocaustos e sacrifícios, dízimos e dádivas especiais e tudo o que tiverem prometido em voto ao Senhor. ¹² E regozijem-se ali perante o Senhor, o seu Deus, vocês, os seus filhos e filhas, os seus servos e servas, e os levitas que vivem nas cidades de vocês por não terem recebido terras nem propriedades. ¹³ Tenham o cuidado de não sacrificar os seus holocaustos em qualquer lugar que lhes agrade. ¹⁴ Ofereçam-nos somente no local que o Senhor escolher numa das suas tribos, e ali ponham em prática tudo o que eu lhes ordenar.

¹⁵ "No entanto, vocês poderão abater os seus animais em qualquer das suas cidades e comer quanta carne desejarem, como se fosse carne de gazela ou de veado, de acordo com a bênção que o Senhor, o seu Deus, lhes der. Tanto quem estiver cerimonialmente impuro quanto quem estiver puro poderá comê-la. ¹⁶ Mas não poderão comer o sangue; derramem-no no chão como se fosse água. ¹⁷ Vocês não poderão comer em suas próprias cidades o dízimo do cereal, do vinho novo e do azeite, nem a primeira cria dos rebanhos, nem o que, em voto, tiverem prometido, nem as suas ofertas voluntárias ou dádivas especiais. ¹⁸ Ao invés disso, vocês os comerão na presença do Senhor, o seu Deus, no local que o Senhor, o seu Deus, escolher; vocês, os seus filhos e filhas, os seus servos e servas, e os levitas das suas cidades. Alegrem-se perante o Senhor, o seu Deus, em tudo o que fizerem. ¹⁹ Tenham o cuidado de não abandonar os levitas enquanto vocês viverem na sua própria terra.

that I command you today by following other gods, which you have not known. ²⁹ When the Lord your God has brought you into the land you are entering to possess, you are to proclaim on Mount Gerizim the blessings, and on Mount Ebal the curses. ³⁰ As you know, these mountains are across the Jordan, west of the road,ᵃ toward the setting sun, near the great trees of Moreh, in the territory of those Canaanites living in the Arabah in the vicinity of Gilgal. ³¹ You are about to cross the Jordan to enter and take possession of the land the Lord your God is giving you. When you have taken it over and are living there, ³² be sure that you obey all the decrees and laws I am setting before you today.

The One Place of Worship

12 These are the decrees and laws you must be careful to follow in the land that the Lord, the God of your fathers, has given you to possess—as long as you live in the land. ² Destroy completely all the places on the high mountains and on the hills and under every spreading tree where the nations you are dispossessing worship their gods. ³ Break down their altars, smash their sacred stones and burn their Asherah poles in the fire; cut down the idols of their gods and wipe out their names from those places.

⁴ You must not worship the Lord your God in their way. ⁵ But you are to seek the place the Lord your God will choose from among all your tribes to put his Name there for his dwelling. To that place you must go; ⁶ there bring your burnt offerings and sacrifices, your tithes and special gifts, what you have vowed to give and your freewill offerings, and the firstborn of your herds and flocks. ⁷ There, in the presence of the Lord your God, you and your families shall eat and shall rejoice in everything you have put your hand to, because the Lord your God has blessed you.

⁸ You are not to do as we do here today, everyone as he sees fit, ⁹ since you have not yet reached the resting place and the inheritance the Lord your God is giving you. ¹⁰ But you will cross the Jordan and settle in the land the Lord your God is giving you as an inheritance, and he will give you rest from all your enemies around you so that you will live in safety. ¹¹ Then to the place the Lord your God will choose as a dwelling for his Name—there you are to bring everything I command you: your burnt offerings and sacrifices, your tithes and special gifts, and all the choice possessions you have vowed to the Lord. ¹² And there rejoice before the Lord your God, you, your sons and daughters, your menservants and maidservants, and the Levites from your towns, who have no allotment or inheritance of their own. ¹³ Be careful not to sacrifice your burnt offerings anywhere you please. ¹⁴ Offer them only at the place the Lord will choose in one of your tribes, and there observe everything I command you.

¹⁵ Nevertheless, you may slaughter your animals in any of your towns and eat as much of the meat as you want, as if it were gazelle or deer, according to the blessing the Lord your God gives you. Both the ceremonially unclean and the clean may eat it. ¹⁶ But you must not eat the blood; pour it out on the ground like water. ¹⁷ You must not eat in your own towns the tithe of your grain and new wine and oil, or the firstborn of your herds and flocks, or whatever you have vowed to give, or your freewill offerings or special gifts. ¹⁸ Instead, you are to eat them in the presence of the Lord your God at the place the Lord your God will choose—you, your sons and daughters, your menservants and maidservants, and the Levites from your towns—and you are to rejoice before the Lord your God in everything you put your hand to. ¹⁹ Be careful not to neglect the Levites as long as you live in your land.

ᵃ11.30 Ou *Jordão, na direção oeste* ᵇ12.6 Isto é, sacrifícios totalmente queimados.   ᵃ11:30 Or *Jordan, westward*

20 "Quando o Senhor, o seu Deus, tiver aumentado o seu território conforme lhes prometeu, e vocês desejarem comer carne e disserem: 'Gostaríamos de um pouco de carne', poderão comer o quanto quiserem. 21 Se o local que o Senhor, o seu Deus, escolher para pôr o seu Nome ficar longe demais, vocês poderão abater animais de todos os rebanhos que o Senhor lhes der, conforme lhes ordenei, e em suas próprias cidades poderão comer quanta carne desejarem. 22 Vocês a comerão como comeriam carne de gazela ou de veado. Tanto os cerimonialmente impuros quanto os puros poderão comer. 23 Mas não comam o sangue, porque o sangue é a vida, e vocês não poderão comer a vida com o sangue. 24 Vocês não comerão o sangue; derramem-no no chão como se fosse água. 25 Não o comam, para que tudo vá bem com vocês e com os seus filhos, porque estarão fazendo o que é justo perante o Senhor.

26 "Todavia, apanhem os seus objetos consagrados e o que, em voto, tiverem prometido, e dirijam-se ao local que o Senhor escolher. 27 Apresentem os seus holocaustos colocando-os no altar do Senhor, o seu Deus, tanto a carne quanto o sangue. O sangue dos seus sacrifícios será derramado ao lado do altar do Senhor, o seu Deus, mas vocês poderão comer a carne. 28 Tenham o cuidado de obedecer a todos estes regulamentos que lhes estou dando, para que sempre vá tudo bem com vocês e com os seus filhos, porque estarão fazendo o que é bom e certo perante o Senhor, o seu Deus.

29 "O Senhor, o seu Deus, eliminará da sua presença as nações que vocês estão a ponto de invadir e expulsar. Mas, quando vocês as tiverem expulsado e tiverem se estabelecido na terra delas, 30 e depois que elas forem destruídas, tenham cuidado para não serem enganados e para não se interessarem pelos deuses delas, dizendo: 'Como essas nações servem aos seus deuses? Faremos o mesmo!' 31 Não adorem o Senhor, o seu Deus, da maneira como fazem essas nações, porque, ao adorarem os seus deuses, elas fazem todo tipo de coisas repugnantes que o Senhor odeia, como queimar seus filhos e filhas no fogo em sacrifícios aos seus deuses.

32 "Apliquem-se a fazer tudo o que eu lhes ordeno; não acrescentem nem tirem coisa alguma.

A Adoração a Outros Deuses

13 "Se aparecer entre vocês um profeta ou alguém que faz predições por meio de sonhos e lhes anunciar um sinal miraculoso ou um prodígio, 2 e se o sinal ou prodígio de que ele falou acontecer, e ele disser: 'Vamos seguir outros deuses que vocês não conhecem e vamos adorá-los', 3 não dêem ouvidos às palavras daquele profeta ou sonhador. O Senhor, o seu Deus, está pondo vocês à prova para ver se o amam de todo o coração e de toda a alma. 4 Sigam somente o Senhor, o seu Deus, e temam a ele somente. Cumpram os seus mandamentos e obedeçam-lhe; sirvam-no e apeguem-se a ele. 5 Aquele profeta ou sonhador terá que ser morto, pois pregou rebelião contra o Senhor, o seu Deus, que os tirou do Egito e os redimiu da terra da escravidão; ele tentou afastá-los do caminho que o Senhor, o seu Deus, lhes ordenou que seguissem. Eliminem o mal do meio de vocês.

6 "Se o seu próprio irmão ou filho ou filha, ou a mulher que você ama ou o seu amigo mais chegado secretamente instigá-lo, dizendo: 'Vamos adorar outros deuses!' — deuses que nem você nem os seus antepassados conheceram, 7 deuses dos povos que vivem ao seu redor, quer próximos, quer distantes, de um ao outro lado da terra — 8 não se deixe convencer nem ouça o que ele diz. Não tenha piedade nem compaixão dele e não o proteja. 9 Você terá que matá-lo. Seja a sua mão a primeira a levantar-se para matá-lo, e depois as mãos de todo o povo. 10 Apedreje-o até a morte, porque tentou desviá-lo do Senhor, o seu Deus, que o tirou do Egito, da terra da escravidão. 11 Então todo o Israel saberá disso; todos temerão e ninguém tornará a cometer uma maldade dessas.

20 When the Lord your God has enlarged your territory as he promised you, and you crave meat and say, "I would like some meat," then you may eat as much of it as you want. 21 If the place where the Lord your God chooses to put his Name is too far away from you, you may slaughter animals from the herds and flocks the Lord has given you, as I have commanded you, and in your own towns you may eat as much of them as you want. 22 Eat them as you would gazelle or deer. Both the ceremonially unclean and the clean may eat. 23 But be sure you do not eat the blood, because the blood is the life, and you must not eat the life with the meat. 24 You must not eat the blood; pour it out on the ground like water. 25 Do not eat it, so that it may go well with you and your children after you, because you will be doing what is right in the eyes of the Lord.

26 But take your consecrated things and whatever you have vowed to give, and go to the place the Lord will choose. 27 Present your burnt offerings on the altar of the Lord your God, both the meat and the blood. The blood of your sacrifices must be poured beside the altar of the Lord your God, but you may eat the meat. 28 Be careful to obey all these regulations I am giving you, so that it may always go well with you and your children after you, because you will be doing what is good and right in the eyes of the Lord your God.

29 The Lord your God will cut off before you the nations you are about to invade and dispossess. But when you have driven them out and settled in their land, 30 and after they have been destroyed before you, be careful not to be ensnared by inquiring about their gods, saying, "How do these nations serve their gods? We will do the same." 31 You must not worship the Lord your God in their way, because in worshiping their gods, they do all kinds of detestable things the Lord hates. They even burn their sons and daughters in the fire as sacrifices to their gods.

32 See that you do all I command you; do not add to it or take away from it.

Worshiping Other Gods

13 If a prophet, or one who foretells by dreams, appears among you and announces to you a miraculous sign or wonder, 2 and if the sign or wonder of which he has spoken takes place, and he says, "Let us follow other gods" (gods you have not known) "and let us worship them," 3 you must not listen to the words of that prophet or dreamer. The Lord your God is testing you to find out whether you love him with all your heart and with all your soul. 4 It is the Lord your God you must follow, and him you must revere. Keep his commands and obey him; serve him and hold fast to him. 5 That prophet or dreamer must be put to death, because he preached rebellion against the Lord your God, who brought you out of Egypt and redeemed you from the land of slavery; he has tried to turn you from the way the Lord your God commanded you to follow. You must purge the evil from among you.

6 If your very own brother, or your son or daughter, or the wife you love, or your closest friend secretly entices you, saying, "Let us go and worship other gods" (gods that neither you nor your fathers have known, 7 gods of the peoples around you, whether near or far, from one end of the land to the other), 8 do not yield to him or listen to him. Show him no pity. Do not spare him or shield him. 9 You must certainly put him to death. Your hand must be the first in putting him to death, and then the hands of all the people. 10 Stone him to death, because he tried to turn you away from the Lord your God, who brought you out of Egypt, out of the land of slavery. 11 Then all Israel will hear and be afraid, and no one among you will do such an evil thing again.

¹²"Se vocês ouvirem dizer que numa das cidades que o Senhor, o seu Deus, lhes dá para nelas morarem, ¹³surgiram homens perversos e desviaram os seus habitantes, dizendo: 'Vamos adorar outros deuses!', deuses que vocês não conhecem, ¹⁴vocês deverão verificar e investigar. Se for verdade e ficar comprovado que se praticou esse ato detestável entre vocês, ¹⁵matem ao fio da espada todos os que viverem naquela cidade. Destruam totalmente a cidade, matando tanto os seus habitantes quanto os seus animais. ¹⁶Ajuntem todos os despojos no meio da praça pública e queimem totalmente a cidade e todos os seus despojos, como oferta ao Senhor, o seu Deus. Fique ela em ruínas para sempre, e nunca mais seja reconstruída. ¹⁷Não seja encontrado em suas mãos nada do que foi destinado à destruição, para que o Senhor se afaste do fogo da sua ira. Ele terá misericórdia e compaixão de vocês, e os fará multiplicar-se, conforme prometeu sob juramento aos seus antepassados, ¹⁸somente se obedecerem ao Senhor, o seu Deus, guardando todos os seus mandamentos, que lhes estou dando, e fazendo o que é justo para ele.

Animais Puros e Impuros

14 "Vocês são os filhos do Senhor, o seu Deus. Não façam cortes no corpo nem rapem a frente da cabeça por causa dos mortos, ²pois vocês são povo consagrado ao Senhor, o seu Deus. Dentre todos os povos da face da terra, o Senhor os escolheu para serem o seu tesouro pessoal.

³"Não comam nada que seja proibido. ⁴São estes os animais que vocês podem comer: o boi, a ovelha, o bode, ⁵o veado, a gazela, a corça, o bode montês, o antílope, o bode selvagem e a ovelha montês.^a ⁶Vocês poderão comer qualquer animal que tenha o casco fendido e dividido em duas unhas e que rumine. ⁷Contudo, dos que ruminam ou têm o casco fendido, vocês não poderão comer o camelo, o coelho e o rato silvestre. Embora ruminem, não têm casco fendido; são impuros para vocês. ⁸O porco também é impuro; embora tenha casco fendido, não rumina. Vocês não poderão comer a carne desses animais nem tocar em seus cadáveres.

⁹"De todas as criaturas que vivem nas águas vocês poderão comer as que possuem barbatanas e escamas. ¹⁰Mas não poderão comer nenhuma criatura que não tiver barbatanas nem escamas; é impura para vocês.

¹¹"Vocês poderão comer qualquer ave pura. ¹²Mas estas vocês não poderão comer: a águia, o urubu, a águia-marinha, ¹³o milhafre, qualquer espécie de falcão, ¹⁴qualquer espécie de corvo, ¹⁵a coruja-de-chifre^b, a coruja-de-orelha-pequena, a coruja-orelhuda^c, qualquer espécie de gavião, ¹⁶o mocho, o corujão, a coruja-branca^d, ¹⁷a coruja-do-deserto, o abutre, a coruja-pescadora, ¹⁸a cegonha, qualquer tipo de garça, a poupa e o morcego.

¹⁹"Todas as pequenas criaturas que enxameiam e têm asas são impuras para vocês; não as comam. ²⁰Mas qualquer criatura que tem asas, sendo pura, vocês poderão comer.

²¹"Não comam nada que encontrarem morto. Vocês poderão dá-lo a um estrangeiro residente de qualquer cidade de vocês, e ele poderá comê-lo, ou vocês poderão vendê-lo a outros estrangeiros. Mas vocês são povo consagrado ao Senhor, o seu Deus.

"Não cozinhem o cabrito no leite da própria mãe.

A Entrega dos Dízimos

²²"Separem o dízimo de tudo o que a terra produzir anualmente. ²³Comam o dízimo do cereal, do vinho novo e do azeite, e a primeira cria de todos os seus rebanhos na presença do Senhor, o seu Deus, no local que ele escolher como habitação do seu Nome, para que aprendam a temer sempre o Senhor, o seu Deus. ²⁴Mas, se o local for longe demais e vocês tiverem sido abençoados pelo Senhor, o seu Deus, e não puderem carregar o dízimo, pois o local escolhido pelo Senhor para ali pôr o seu

¹²If you hear it said about one of the towns the Lord your God is giving you to live in ¹³that wicked men have arisen among you and have led the people of their town astray, saying, "Let us go and worship other gods" (gods you have not known), ¹⁴then you must inquire, probe and investigate it thoroughly. And if it is true and it has been proved that this detestable thing has been done among you, ¹⁵you must certainly put to the sword all who live in that town. Destroy it completely,^a both its people and its livestock. ¹⁶Gather all the plunder of the town into the middle of the public square and completely burn the town and all its plunder as a whole burnt offering to the Lord your God. It is to remain a ruin forever, never to be rebuilt. ¹⁷None of those condemned things^b shall be found in your hands, so that the Lord will turn from his fierce anger; he will show you mercy, have compassion on you, and increase your numbers, as he promised on oath to your forefathers, ¹⁸because you obey the Lord your God, keeping all his commands that I am giving you today and doing what is right in his eyes.

Clean and Unclean Food

14 You are the children of the Lord your God. Do not cut yourselves or shave the front of your heads for the dead, ²for you are a people holy to the Lord your God. Out of all the peoples on the face of the earth, the Lord has chosen you to be his treasured possession.

³Do not eat any detestable thing. ⁴These are the animals you may eat: the ox, the sheep, the goat, ⁵the deer, the gazelle, the roe deer, the wild goat, the ibex, the antelope and the mountain sheep.^c ⁶You may eat any animal that has a split hoof divided in two and that chews the cud. ⁷However, of those that chew the cud or that have a split hoof completely divided you may not eat the camel, the rabbit or the coney.^d Although they chew the cud, they do not have a split hoof; they are ceremonially unclean for you. ⁸The pig is also unclean; although it has a split hoof, it does not chew the cud. You are not to eat their meat or touch their carcasses.

⁹Of all the creatures living in the water, you may eat any that has fins and scales. ¹⁰But anything that does not have fins and scales you may not eat; for you it is unclean.

¹¹You may eat any clean bird. ¹²But these you may not eat: the eagle, the vulture, the black vulture, ¹³the red kite, the black kite, any kind of falcon, ¹⁴any kind of raven, ¹⁵the horned owl, the screech owl, the gull, any kind of hawk, ¹⁶the little owl, the great owl, the white owl, ¹⁷the desert owl, the osprey, the cormorant, ¹⁸the stork, any kind of heron, the hoopoe and the bat.

¹⁹All flying insects that swarm are unclean to you; do not eat them. ²⁰But any winged creature that is clean you may eat.

²¹Do not eat anything you find already dead. You may give it to an alien living in any of your towns, and he may eat it, or you may sell it to a foreigner. But you are a people holy to the Lord your God.

Do not cook a young goat in its mother's milk.

Tithes

²²Be sure to set aside a tenth of all that your fields produce each year. ²³Eat the tithe of your grain, new wine and oil, and the firstborn of your herds and flocks in the presence of the Lord your God at the place he will choose as a dwelling for his Name, so that you may learn to revere the Lord your God always. ²⁴But if that place is too distant and you have been blessed by the Lord your God and cannot carry your tithe (because the place where the Lord will choose to put his

---

^a14.5 A identificação exata de algumas aves, insetos e animais deste capítulo não é conhecida. ^b14.15 Ou *o avestruz* ^c14.15 Ou *a gaivota* ^d14.16 Ou *o pelicano*

^a13:15 The Hebrew term refers to the irrevocable giving over of things or persons to the Lord, often by totally destroying them. ^b13:17 The Hebrew term refers to the irrevocable giving over of things or persons to the Lord, often by totally destroying them. ^c14:5 The precise identification of some of the birds and animals in this chapter is uncertain. ^d14:7 That is, the hyrax or rock badger

Nome é longe demais, **25** troquem o dízimo por prata, e levem a prata ao local que o Senhor, o seu Deus, tiver escolhido. **26** Com prata comprem o que quiserem: bois, ovelhas, vinho ou outra bebida fermentada, ou qualquer outra coisa que desejarem. Então juntamente com suas famílias comam e alegrem-se ali, na presença do Senhor, o seu Deus. **27** E nunca se esqueçam dos levitas que vivem em suas cidades, pois eles não possuem propriedade nem herança próprias.

28 "Ao final de cada três anos, tragam todos os dízimos da colheita do terceiro ano, armazenando-os em sua própria cidade, **29** para que os levitas, que não possuem propriedade nem herança, e os estrangeiros, os órfãos e as viúvas que vivem na sua cidade venham comer e saciar-se, e para que o Senhor, o seu Deus, os abençoe em todo o trabalho das suas mãos.

O Ano do Cancelamento das Dívidas

15 "No final de cada sete anos as dívidas deverão ser canceladas. **2** Isso deverá ser feito da seguinte forma: todo credor cancelará o empréstimo que fez ao seu próximo. Nenhum israelita exigirá pagamento de seu próximo ou de seu parente, porque foi proclamado o tempo do Senhor para o cancelamento das dívidas. **3** Vocês poderão exigir pagamento do estrangeiro, mas terão que cancelar qualquer dívida de seus irmãos israelitas. **4** Assim, não deverá haver pobre algum no meio de vocês, pois na terra que o Senhor, o seu Deus, lhes está dando como herança para que dela tomem posse, ele os abençoará ricamente, **5** contanto que obedeçam em tudo ao Senhor, o seu Deus, e ponham em prática toda esta lei que hoje lhes estou dando. **6** Pois o Senhor, o seu Deus, os abençoará conforme prometeu, e vocês emprestarão a muitas nações, mas de nenhuma tomarão emprestado. Vocês dominarão muitas nações, mas por nenhuma serão dominados.

7 "Se houver algum israelita pobre em qualquer das cidades da terra que o Senhor, o seu Deus, lhes está dando, não endureçam o coração, nem fechem a mão para com o seu irmão pobre. **8** Ao contrário, tenham mão aberta e emprestem-lhe liberalmente o que ele precisar. **9** Cuidado! Que nenhum de vocês alimente este pensamento ímpio: 'O sétimo ano, o ano do cancelamento das dívidas, está se aproximando, e não quero ajudar o meu irmão pobre'. Ele poderá apelar para o Senhor contra você, e você será culpado desse pecado. **10** Dê-lhe generosamente, e sem relutância no coração; pois, por isso, o Senhor, o seu Deus, o abençoará em todo o seu trabalho e em tudo o que você fizer. **11** Sempre haverá pobres na terra. Portanto, eu lhe ordeno que abra o coração para o seu irmão israelita, tanto para o pobre como para o necessitado de sua terra.

A Libertação de Escravos

12 "Se seu compatriota hebreu, homem ou mulher, vender-se a você e servi-lo seis anos, no sétimo ano dê-lhe a liberdade. **13** E, quando o fizer, não o mande embora de mãos vazias. **14** Dê-lhe com generosidade dos animais do seu rebanho e do produto da sua eira e do seu tanque de prensar uvas. Dê-lhe conforme a bênção que o Senhor, o seu Deus, lhe tem dado. **15** Lembre-se de que você foi escravo no Egito e que o Senhor, o seu Deus, o redimiu. É por isso que hoje lhe dou essa ordem.

16 "Mas se o seu escravo lhe disser que não quer deixá-lo, porque ama você e sua família e não tem falta de nada, **17** então apanhe um furador e fure a orelha dele contra a porta, e ele se tornará seu escravo para o resto da vida. Faça o mesmo com a sua escrava.

18 "Não se sinta prejudicado ao libertar o seu escravo, pois o serviço que ele prestou a você nesses seis anos custou a metade do serviço de um trabalhador contratado. Além disso, o Senhor, o seu Deus, o abençoará em tudo o que você fizer.

As Primeiras Crias

19 "Separe para o Senhor, o seu Deus, todo primeiro macho de todos os seus rebanhos. Não use a primeira cria das suas vacas para trabalhar, nem tosquie a primeira cria das suas ovelhas. **20** Todo ano você e a sua família as comerão na pre-

Name is so far away), **25** then exchange your tithe for silver, and take the silver with you and go to the place the Lord your God will choose. **26** Use the silver to buy whatever you like: cattle, sheep, wine or other fermented drink, or anything you wish. Then you and your household shall eat there in the presence of the Lord your God and rejoice. **27** And do not neglect the Levites living in your towns, for they have no allotment or inheritance of their own.

28 At the end of every three years, bring all the tithes of that year's produce and store it in your towns, **29** so that the Levites (who have no allotment or inheritance of their own) and the aliens, the fatherless and the widows who live in your towns may come and eat and be satisfied, and so that the Lord your God may bless you in all the work of your hands.

The Year for Canceling Debts

15 At the end of every seven years you must cancel debts. **2** This is how it is to be done: Every creditor shall cancel the loan he has made to his fellow Israelite. He shall not require payment from his fellow Israelite or brother, because the Lord's time for canceling debts has been proclaimed. **3** You may require payment from a foreigner, but you must cancel any debt your brother owes you. **4** However, there should be no poor among you, for in the land the Lord your God is giving you to possess as your inheritance, he will richly bless you, **5** if only you fully obey the Lord your God and are careful to follow all these commands I am giving you today. **6** For the Lord your God will bless you as he has promised, and you will lend to many nations but will borrow from none. You will rule over many nations but none will rule over you.

7 If there is a poor man among your brothers in any of the towns of the land that the Lord your God is giving you, do not be hardhearted or tightfisted toward your poor brother. **8** Rather be openhanded and freely lend him whatever he needs. **9** Be careful not to harbor this wicked thought: "The seventh year, the year for canceling debts, is near," so that you do not show ill will toward your needy brother and give him nothing. He may then appeal to the Lord against you, and you will be found guilty of sin. **10** Give generously to him and do so without a grudging heart; then because of this the Lord your God will bless you in all your work and in everything you put your hand to. **11** There will always be poor people in the land. Therefore I command you to be openhanded toward your brothers and toward the poor and needy in your land.

Freeing Servants

12 If a fellow Hebrew, a man or a woman, sells himself to you and serves you six years, in the seventh year you must let him go free. **13** And when you release him, do not send him away empty-handed. **14** Supply him liberally from your flock, your threshing floor and your winepress. Give to him as the Lord your God has blessed you. **15** Remember that you were slaves in Egypt and the Lord your God redeemed you. That is why I give you this command today.

16 But if your servant says to you, "I do not want to leave you," because he loves you and your family and is well off with you, **17** then take an awl and push it through his ear lobe into the door, and he will become your servant for life. Do the same for your maidservant.

18 Do not consider it a hardship to set your servant free, because his service to you these six years has been worth twice as much as that of a hired hand. And the Lord your God will bless you in everything you do.

The Firstborn Animals

19 Set apart for the Lord your God every firstborn male of your herds and flocks. Do not put the firstborn of your oxen to work, and do not shear the firstborn of your sheep. **20** Each year you and your family are to eat them in the presence of the

sença do Senhor, o seu Deus, no local que ele escolher. **21** Se o animal tiver defeito, ou for manco ou cego, ou tiver qualquer outro defeito grave, você não poderá sacrificá-lo ao Senhor, o seu Deus. **22** Coma-o na cidade onde estiver morando. Tanto o cerimonialmente impuro quanto o puro o comerão, como se come a carne da gazela ou do veado. **23** Mas não poderá comer o sangue; derrame-o no chão como se fosse água.

A Páscoa

16 "Observem o mês de abibe[a] e celebrem a Páscoa do Senhor, o seu Deus, pois no mês de abibe, de noite, ele os tirou do Egito. **2** Ofereçam como sacrifício da Páscoa ao Senhor, o seu Deus, um animal dos rebanhos de bois ou de ovelhas, no local que o Senhor escolher para habitação do seu Nome. **3** Não o comam com pão fermentado, mas durante sete dias comam pães sem fermento, o pão da aflição, pois foi às pressas que vocês saíram do Egito, para que todos os dias da sua vida vocês se lembrem da época em que saíram do Egito. **4** Durante sete dias não permitam que seja encontrado fermento com vocês em toda a sua terra. Tampouco permitam que alguma carne sacrificada à tarde do primeiro dia permaneça até a manhã seguinte.

5 "Não ofereçam o sacrifício da Páscoa em nenhuma das cidades que o Senhor, o seu Deus, lhes der; **6** sacrifiquem-na apenas no local que ele escolher para habitação do seu Nome. Ali vocês oferecerão o sacrifício da Páscoa à tarde, ao pôr-do-sol, na data[b] da sua partida do Egito. **7** Vocês cozinharão a carne do animal e a comerão no local que o Senhor, o seu Deus, escolher. E, pela manhã, cada um de vocês voltará para a sua tenda. **8** Durante seis dias comam pão sem fermento, e no sétimo dia façam uma assembléia em honra ao Senhor, o seu Deus; não façam trabalho algum.

A Festa das Semanas

9 "Contem sete semanas a partir da época em que vocês começarem a colheita do cereal. **10** Celebrem então a festa das semanas[c] ao Senhor, o seu Deus, e tragam uma oferta voluntária conforme às bênçãos recebidas do Senhor, o seu Deus. **11** E alegrem-se perante o Senhor, o seu Deus, no local que ele escolher para habitação do seu Nome, junto com os seus filhos e as suas filhas, os seus servos e as suas servas, os levitas que vivem na sua cidade, os estrangeiros, os órfãos e as viúvas que vivem com vocês. **12** Lembrem-se de que vocês foram escravos no Egito e obedeçam fielmente a estes decretos.

A Festa das Cabanas

13 "Celebrem também a festa das cabanas[d] durante sete dias, depois que ajuntarem o produto da eira e do tanque de prensar uvas. **14** Alegrem-se nessa festa com os seus filhos e as suas filhas, os seus servos e as suas servas, os levitas, os estrangeiros, os órfãos e as viúvas que vivem na sua cidade. **15** Durante sete dias celebrem a festa, dedicada ao Senhor, o seu Deus, no local que o Senhor escolher. Pois o Senhor, o seu Deus, os abençoará em toda a sua colheita e em todo o trabalho de suas mãos, e a sua alegria será completa.

16 "Três vezes por ano todos os seus homens se apresentarão ao Senhor, o seu Deus, no local que ele escolher, por ocasião da festa dos pães sem fermento, da festa das semanas e da festa das cabanas. Nenhum deles deverá apresentar-se ao Senhor de mãos vazias: **17** cada um de vocês trará uma dádiva conforme as bênçãos recebidas do Senhor, o seu Deus.

Os Juízes e suas Funções

18 "Nomeiem juízes e oficiais para cada uma de suas tribos em todas as cidades que o Senhor, o seu Deus, lhes dá, para que eles julguem o povo com justiça. **19** Não pervertam a justiça nem mostrem parcialidade. Não aceitem suborno, pois o suborno cega até

Lord your God at the place he will choose. **21** If an animal has a defect, is lame or blind, or has any serious flaw, you must not sacrifice it to the Lord your God. **22** You are to eat it in your own towns. Both the ceremonially unclean and the clean may eat it, as if it were gazelle or deer. **23** But you must not eat the blood; pour it out on the ground like water.

Passover

16 Observe the month of Abib and celebrate the Passover of the Lord your God, because in the month of Abib he brought you out of Egypt by night. **2** Sacrifice as the Passover to the Lord your God an animal from your flock or herd at the place the Lord will choose as a dwelling for his Name. **3** Do not eat it with bread made with yeast, but for seven days eat unleavened bread, the bread of affliction, because you left Egypt in haste—so that all the days of your life you may remember the time of your departure from Egypt. **4** Let no yeast be found in your possession in all your land for seven days. Do not let any of the meat you sacrifice on the evening of the first day remain until morning.

5 You must not sacrifice the Passover in any town the Lord your God gives you **6** except in the place he will choose as a dwelling for his Name. There you must sacrifice the Passover in the evening, when the sun goes down, on the anniversary[a] of your departure from Egypt. **7** Roast it and eat it at the place the Lord your God will choose. Then in the morning return to your tents. **8** For six days eat unleavened bread and on the seventh day hold an assembly to the Lord your God and do no work.

Feast of Weeks

9 Count off seven weeks from the time you begin to put the sickle to the standing grain. **10** Then celebrate the Feast of Weeks to the Lord your God by giving a freewill offering in proportion to the blessings the Lord your God has given you. **11** And rejoice before the Lord your God at the place he will choose as a dwelling for his Name—you, your sons and daughters, your menservants and maidservants, the Levites in your towns, the aliens, the fatherless and the widows living among you. **12** Remember that you were slaves in Egypt, and follow carefully these decrees.

Feast of Tabernacles

13 Celebrate the Feast of Tabernacles for seven days after you have gathered the produce of your threshing floor and your winepress. **14** Be joyful at your Feast—you, your sons and daughters, your menservants and maidservants, and the Levites, the aliens, the fatherless and the widows who live in your towns. **15** For seven days celebrate the Feast to the Lord your God at the place the Lord will choose. For the Lord your God will bless you in all your harvest and in all the work of your hands, and your joy will be complete.

16 Three times a year all your men must appear before the Lord your God at the place he will choose: at the Feast of Unleavened Bread, the Feast of Weeks and the Feast of Tabernacles. No man should appear before the Lord empty-handed: **17** Each of you must bring a gift in proportion to the way the Lord your God has blessed you.

Judges

18 Appoint judges and officials for each of your tribes in every town the Lord your God is giving you, and they shall judge the people fairly. **19** Do not pervert justice or show partiality. Do not accept a bribe, for a bribe blinds the eyes

---

a16.1 Aproximadamente março/abril. **b**16.6 Ou *hora* **c**16.10 Isto é, do Pentecoste; também no versículo 16. **d**16.13 Ou *dos tabernáculos*; hebraico: *sucote*; também no versículo 16.

a16:6 Or *down, at the time of day*

os sábios[a] e prejudica a causa dos justos. **20** Sigam única e exclusivamente a justiça, para que tenham vida e tomem posse da terra que o Senhor, o seu Deus, lhes dá.

Advertência contra a Idolatria

21 "Não ergam nenhum poste sagrado além do altar que construírem em honra ao Senhor, o seu Deus, **22** e não levantem nenhuma coluna sagrada, pois isto é detestável para o Senhor, o seu Deus.

17 "Não sacrifiquem para o Senhor, o seu Deus, um boi ou uma ovelha que tenha qualquer defeito ou imperfeição; isso seria detestável para ele. **2** "Se um homem ou uma mulher que vive numa das cidades que o Senhor lhes dá, for encontrado fazendo o que o Senhor, o seu Deus, reprova, violando a sua aliança, **3** e, desobedecendo ao meu mandamento, estiver adorando outros deuses, prostrando-se diante deles, ou diante do sol, ou diante da lua, ou diante das estrelas do céu, **4** e vocês ficarem sabendo disso, investiguem o caso a fundo. Se for verdade e ficar comprovado que se fez tal abominação em Israel, **5** levem o homem ou a mulher que tiver praticado esse pecado à porta da sua cidade e apedreje-o até morrer. **6** Pelo depoimento de duas ou três testemunhas tal pessoa poderá ser morta, mas ninguém será morto pelo depoimento de uma única testemunha. **7** As mãos das testemunhas serão as primeiras a proceder à sua execução, e depois as mãos de todo o povo. Eliminem o mal do meio de vocês.

O Julgamento dos Casos Difíceis

8 "Se para os seus tribunais vierem casos difíceis demais de julgar, sejam crimes de sangue, litígios ou agressões, dirijam-se ao local escolhido pelo Senhor, o seu Deus, **9** e procurem os sacerdotes levitas e o juiz que estiver exercendo o cargo na ocasião. Apresentem-lhes o caso, e eles lhes darão o veredicto. **10** Procedam de acordo com a decisão que eles proclamarem no local que o Senhor escolher. Tratem de fazer tudo o que eles ordenarem. **11** Procedam de acordo com a sentença e as orientações que eles lhes derem. Não se desviem daquilo que eles lhes determinarem, nem para a direita, nem para a esquerda. **12** Mas quem agir com rebeldia contra o juiz ou contra o sacerdote que ali estiver no serviço do Senhor, terá que ser morto. Eliminem o mal do meio de Israel. **13** Assim, todo o povo temerá e não ousará mais agir com rebeldia.

Os Decretos do Rei

14 "Se quando entrarem na terra que o Senhor, o seu Deus, lhes dá, tiverem tomado posse dela, e nela tiverem se estabelecido, vocês disserem: 'Queremos um rei que nos governe, como têm todas as nações vizinhas', **15** tenham o cuidado de nomear o rei que o Senhor, o seu Deus, escolher. Ele deve vir dentre os seus próprios irmãos israelitas. Não coloquem um estrangeiro como rei, alguém que não seja israelita. **16** Esse rei, porém, não deverá adquirir muitos cavalos, nem fazer o povo voltar ao Egito para conseguir mais cavalos, pois o Senhor lhes disse: 'Jamais voltem por este caminho'. **17** Ele não deverá tomar para si muitas mulheres; se o fizer, desviará o seu coração. Também não deverá acumular muita prata e muito ouro.

18 "Quando subir ao trono do seu reino, mandará fazer num rolo, para o seu uso pessoal, uma cópia da lei que está aos cuidados dos sacerdotes levitas. **19** Trará sempre essa cópia consigo e terá que lê-la todos os dias da sua vida, para que aprenda a temer o Senhor, o seu Deus, e a cumprir fielmente todas as palavras desta lei, e todos estes decretos. **20** Isso fará que ele não se considere superior aos seus irmãos israelitas e que não se desvie da lei, nem para a direita, nem para a esquerda. Assim prolongará o seu reinado sobre Israel, bem como o dos seus descendentes.

---

of the wise and twists the words of the righteous. **20** Follow justice and justice alone, so that you may live and possess the land the Lord your God is giving you.

Worshiping Other Gods

21 Do not set up any wooden Asherah pole[a] beside the altar you build to the Lord your God, **22** and do not erect a sacred stone, for these the Lord your God hates.

17 Do not sacrifice to the Lord your God an ox or a sheep that has any defect or flaw in it, for that would be detestable to him. **2** If a man or woman living among you in one of the towns the Lord gives you is found doing evil in the eyes of the Lord your God in violation of his covenant, **3** and contrary to my command has worshiped other gods, bowing down to them or to the sun or the moon or the stars of the sky, **4** and this has been brought to your attention, then you must investigate it thoroughly. If it is true and it has been proved that this detestable thing has been done in Israel, **5** take the man or woman who has done this evil deed to your city gate and stone that person to death. **6** On the testimony of two or three witnesses a man shall be put to death, but no one shall be put to death on the testimony of only one witness. **7** The hands of the witnesses must be the first in putting him to death, and then the hands of all the people. You must purge the evil from among you.

Law Courts

8 If cases come before your courts that are too difficult for you to judge—whether bloodshed, lawsuits or assaults—take them to the place the Lord your God will choose. **9** Go to the priests, who are Levites, and to the judge who is in office at that time. Inquire of them and they will give you the verdict. **10** You must act according to the decisions they give you at the place the Lord will choose. Be careful to do everything they direct you to do. **11** Act according to the law they teach you and the decisions they give you. Do not turn aside from what they tell you, to the right or to the left. **12** The man who shows contempt for the judge or for the priest who stands ministering there to the Lord your God must be put to death. You must purge the evil from Israel. **13** All the people will hear and be afraid, and will not be contemptuous again.

The King

14 When you enter the land the Lord your God is giving you and have taken possession of it and settled in it, and you say, "Let us set a king over us like all the nations around us," **15** be sure to appoint over you the king the Lord your God chooses. He must be from among your own brothers. Do not place a foreigner over you, one who is not a brother Israelite. **16** The king, moreover, must not acquire great numbers of horses for himself or make the people return to Egypt to get more of them, for the Lord has told you, "You are not to go back that way again." **17** He must not take many wives, or his heart will be led astray. He must not accumulate large amounts of silver and gold.

18 When he takes the throne of his kingdom, he is to write for himself on a scroll a copy of this law, taken from that of the priests, who are Levites. **19** It is to be with him, and he is to read it all the days of his life so that he may learn to revere the Lord his God and follow carefully all the words of this law and these decrees **20** and not consider himself better than his brothers and turn from the law to the right or to the left. Then he and his descendants will reign a long time over his kingdom in Israel.

---

[a]16.19 Ou *juízes*

[a]16:21 Or *Do not plant any tree dedicated to Asherah*

A Herança dos Sacerdotes e dos Levitas

18 "Os sacerdotes levitas e todo o restante da tribo de Levi não terão posse nem herança em Israel. Viverão das ofertas sacrificadas para o Senhor, preparadas no fogo, pois esta é a sua herança. ² Não terão herança alguma entre os seus compatriotas; o Senhor é a sua herança, conforme lhes prometeu.

³ "Quando o povo sacrificar um novilho ou uma ovelha, os sacerdotes receberão a porção devida: a espádua, a queixada e o estômago. ⁴ Vocês terão que dar-lhes as primícias do trigo, do vinho e do azeite, e a primeira lã da tosquia das ovelhas, ⁵ pois, de todas as tribos, o Senhor, o seu Deus, escolheu os levitas e os seus descendentes para estarem na presença do Senhor e para ministrarem sempre em seu nome.

⁶ "Se um levita que estiver morando em qualquer cidade de Israel desejar ir ao local escolhido pelo Senhor, ⁷ poderá ministrar em nome do Senhor, o seu Deus, à semelhança de todos os outros levitas que ali servem na presença do Senhor. ⁸ Ele receberá uma porção de alimento igual à dos outros levitas; além disso, ficará com o que receber com a venda dos bens da sua família.

Advertência contra Práticas Pagãs

⁹ "Quando entrarem na terra que o Senhor, o seu Deus, lhes dá, não procurem imitar as coisas repugnantes que as nações de lá praticam. ¹⁰ Não permitam que se ache alguém entre vocês que queime em sacrifício o seu filho ou a sua filha; que pratique adivinhação, ou se dedique à magia, ou faça presságios, ou pratique feitiçaria ¹¹ ou faça encantamentos; que seja médium, consulte os espíritos ou consulte os mortos. ¹² O Senhor tem repugnância por quem pratica essas coisas, e é por causa dessas abominações que o Senhor, o seu Deus, vai expulsar aquelas nações da presença de vocês. ¹³ Permaneçam inculpáveis perante o Senhor, o seu Deus.

O Profeta do Senhor

¹⁴ "As nações que vocês vão expulsar dão ouvidos aos que praticam magia e adivinhação. Mas, a vocês, o Senhor, o seu Deus, não permitiu tais práticas. ¹⁵ O Senhor, o seu Deus, levantará do meio de seus próprios irmãos um profeta como eu; ouçam-no. ¹⁶ Pois foi isso que pediram ao Senhor, o seu Deus, em Horebe, no dia em que se reuniram, quando disseram: 'Não queremos ouvir a voz do Senhor, do nosso Deus, nem ver o seu grande fogo, senão morreremos!'

¹⁷ "O Senhor me disse: 'Eles têm razão! ¹⁸ Levantarei do meio dos seus irmãos um profeta como você; porei minhas palavras na sua boca, e ele lhes dirá tudo o que eu lhe ordenar. ¹⁹ Se alguém não ouvir as minhas palavras, que o profeta falará em meu nome, eu mesmo lhe pedirei contas. ²⁰ Mas o profeta que ousar falar em meu nome alguma coisa que não lhe ordenei, ou que falar em nome de outros deuses, terá que ser morto'.

²¹ "Mas talvez vocês perguntem a si mesmos: 'Como saberemos se uma mensagem não vem do Senhor?' ²² Se o que o profeta proclamar em nome do Senhor não acontecer nem se cumprir, essa mensagem não vem do Senhor. Aquele profeta falou com presunção. Não tenham medo dele.

As Cidades de Refúgio

19 "Quando o Senhor, o seu Deus, tiver destruído as nações cuja terra lhes dá, e quando vocês as expulsarem e ocuparem as cidades e as casas dessas nações, ² separem três cidades de refúgio na parte central da terra que o Senhor, o seu Deus, está dando a vocês para que dela tomem posse. ³ Dividam em três partes a terra que o Senhor, o seu Deus, lhes está dando como herança e façam nela vias de acesso, para que aquele que matar alguém possa fugir para lá.

Offerings for Priests and Levites

18 The priests, who are Levites—indeed the whole tribe of Levi—are to have no allotment or inheritance with Israel. They shall live on the offerings made to the Lord by fire, for that is their inheritance. ² They shall have no inheritance among their brothers; the Lord is their inheritance, as he promised them.

³ This is the share due the priests from the people who sacrifice a bull or a sheep: the shoulder, the jowls and the inner parts. ⁴ You are to give them the firstfruits of your grain, new wine and oil, and the first wool from the shearing of your sheep, ⁵ for the Lord your God has chosen them and their descendants out of all your tribes to stand and minister in the Lord's name always.

⁶ If a Levite moves from one of your towns anywhere in Israel where he is living, and comes in all earnestness to the place the Lord will choose, ⁷ he may minister in the name of the Lord his God like all his fellow Levites who serve there in the presence of the Lord. ⁸ He is to share equally in their benefits, even though he has received money from the sale of family possessions.

Detestable Practices

⁹ When you enter the land the Lord your God is giving you, do not learn to imitate the detestable ways of the nations there. ¹⁰ Let no one be found among you who sacrifices his son or daughter in[a] the fire, who practices divination or sorcery, interprets omens, engages in witchcraft, ¹¹ or casts spells, or who is a medium or spiritist or who consults the dead. ¹² Anyone who does these things is detestable to the Lord, and because of these detestable practices the Lord your God will drive out those nations before you. ¹³ You must be blameless before the Lord your God.

The Prophet

¹⁴ The nations you will dispossess listen to those who practice sorcery or divination. But as for you, the Lord your God has not permitted you to do so. ¹⁵ The Lord your God will raise up for you a prophet like me from among your own brothers. You must listen to him. ¹⁶ For this is what you asked of the Lord your God at Horeb on the day of the assembly when you said, "Let us not hear the voice of the Lord our God nor see this great fire anymore, or we will die."

¹⁷ The Lord said to me: "What they say is good. ¹⁸ I will raise up for them a prophet like you from among their brothers; I will put my words in his mouth, and he will tell them everything I command him. ¹⁹ If anyone does not listen to my words that the prophet speaks in my name, I myself will call him to account. ²⁰ But a prophet who presumes to speak in my name anything I have not commanded him to say, or a prophet who speaks in the name of other gods, must be put to death."

²¹ You may say to yourselves, "How can we know when a message has not been spoken by the Lord?" ²² If what a prophet proclaims in the name of the Lord does not take place or come true, that is a message the Lord has not spoken. That prophet has spoken presumptuously. Do not be afraid of him.

Cities of Refuge

19 When the Lord your God has destroyed the nations whose land he is giving you, and when you have driven them out and settled in their towns and houses, ² then set aside for yourselves three cities centrally located in the land the Lord your God is giving you to possess. ³ Build roads to them and divide into three parts the land the Lord your God is giving you as an inheritance, so that anyone who kills a man may flee there.

ᵃ18:10 Or *who makes his son or daughter pass through*

⁴"Este é o caso em que um homem que matar outro poderá fugir para lá para salvar a vida: se matar o seu próximo sem intenção, sem que houvesse inimizade entre eles. ⁵Por exemplo, se um homem for com o seu amigo cortar lenha na floresta e, ao levantar o machado para derrubar uma árvore, o ferro escapar e atingir o seu amigo e matá-lo, ele poderá fugir para uma daquelas cidades para salvar a vida. ⁶Do contrário, o vingador da vítima poderia persegui-lo enfurecido e alcançá-lo, caso a distância fosse grande demais, e poderia matá-lo, muito embora este não merecesse morrer, pois não havia inimizade entre ele e o seu próximo. ⁷É por isso que lhes ordeno que separem três cidades.

⁸"Se o Senhor, o seu Deus, aumentar o seu território, como prometeu sob juramento aos seus antepassados, e lhes der toda a terra que prometeu a eles, ⁹separem mais três cidades. Isso acontecerá se vocês obedecerem fielmente a toda esta lei que hoje lhes ordeno: Amar o Senhor, o seu Deus, e sempre andar nos seus caminhos. ¹⁰Façam isso para que não se derrame sangue inocente na sua terra, a qual o Senhor, o seu Deus, lhes dá por herança, e para que não sejam culpados de derramamento de sangue.

¹¹"Mas, se alguém odiar o seu próximo, ficar à espreita dele, atacá-lo e matá-lo, e fugir para uma dessas cidades, ¹²as autoridades da sua cidade mandarão buscá-lo na cidade de refúgio, e o entregarão nas mãos do vingador da vítima, para que morra. ¹³Não tenham piedade dele. Eliminem de Israel a culpa pelo derramamento de sangue inocente, para que tudo lhes vá bem.

¹⁴"Não mudem os marcos de divisa da propriedade do seu vizinho, que os seus antecessores colocaram na herança que vocês receberão na terra que o Senhor, o seu Deus, lhes dá para que dela tomem posse.

As Testemunhas

¹⁵"Uma só testemunha não é suficiente para condenar alguém de algum crime ou delito. Qualquer acusação precisa ser confirmada pelo depoimento de duas ou três testemunhas.

¹⁶"Se uma testemunha falsa quiser acusar um homem de algum crime, ¹⁷os dois envolvidos na questão deverão apresentar-se ao Senhor, diante dos sacerdotes e juízes que estiverem exercendo o cargo naquela ocasião. ¹⁸Os juízes investigarão o caso e, se ficar provado que a testemunha mentiu e deu falso testemunho contra o seu próximo, ¹⁹dêem-lhe a punição que ele planejava para o seu irmão. Eliminem o mal do meio de vocês. ²⁰O restante do povo saberá disso e terá medo, e nunca mais se fará uma coisa dessas entre vocês. ²¹Não tenham piedade. Exijam vida por vida, olho por olho, dente por dente, mão por mão, pé por pé.

As Leis sobre a Guerra

20 "Quando vocês forem à guerra contra os seus inimigos e virem cavalos e carros, e um exército maior do que o seu, não tenham medo, pois o Senhor, o seu Deus, que os tirou do Egito, estará com vocês. ²Quando chegar a hora da batalha, o sacerdote virá à frente e dirá ao exército: ³'Ouça, ó Israel. Hoje vocês vão lutar contra os seus inimigos. Não desanimem nem tenham medo; não fiquem apavorados nem aterrorizados por causa deles, ⁴pois o Senhor, o seu Deus, os acompanhará e lutará por vocês contra os seus inimigos, para lhes dar a vitória'.

⁵"Os oficiais dirão ao exército: 'Há alguém que construiu uma casa e ainda não a dedicou? Volte ele para sua casa, para que não morra na guerra e outro a dedique. ⁶Há alguém que plantou uma vinha e ainda não desfrutou dela? Volte ele para sua casa, para que não morra na guerra e outro desfrute da vinha. ⁷Há alguém comprometido para casar-se que ainda não recebeu sua mulher? Volte ele para sua casa, para que não morra na guerra e outro se case com ela'. ⁸Por fim os oficiais acrescentarão: 'Alguém está com medo e não tem coragem? Volte ele para sua casa, para que seus irmãos israelitas também não fiquem desanimados'. ⁹Quando os oficiais terminarem de falar ao exército, designarão chefes para comandar as tropas.

⁴This is the rule concerning the man who kills another and flees there to save his life—one who kills his neighbor unintentionally, without malice aforethought. ⁵For instance, a man may go into the forest with his neighbor to cut wood, and as he swings his ax to fell a tree, the head may fly off and hit his neighbor and kill him. That man may flee to one of these cities and save his life. ⁶Otherwise, the avenger of blood might pursue him in a rage, overtake him if the distance is too great, and kill him even though he is not deserving of death, since he did it to his neighbor without malice aforethought. ⁷This is why I command you to set aside for yourselves three cities.

⁸If the Lord your God enlarges your territory, as he promised on oath to your forefathers, and gives you the whole land he promised them, ⁹because you carefully follow all these laws I command you today—to love the Lord your God and to walk always in his ways—then you are to set aside three more cities. ¹⁰Do this so that innocent blood will not be shed in your land, which the Lord your God is giving you as your inheritance, and so that you will not be guilty of bloodshed.

¹¹But if a man hates his neighbor and lies in wait for him, assaults and kills him, and then flees to one of these cities, ¹²the elders of his town shall send for him, bring him back from the city, and hand him over to the avenger of blood to die. ¹³Show him no pity. You must purge from Israel the guilt of shedding innocent blood, so that it may go well with you.

¹⁴Do not move your neighbor's boundary stone set up by your predecessors in the inheritance you receive in the land the Lord your God is giving you to possess.

Witnesses

¹⁵One witness is not enough to convict a man accused of any crime or offense he may have committed. A matter must be established by the testimony of two or three witnesses.

¹⁶If a malicious witness takes the stand to accuse a man of a crime, ¹⁷the two men involved in the dispute must stand in the presence of the Lord before the priests and the judges who are in office at the time. ¹⁸The judges must make a thorough investigation, and if the witness proves to be a liar, giving false testimony against his brother, ¹⁹then do to him as he intended to do to his brother. You must purge the evil from among you. ²⁰The rest of the people will hear of this and be afraid, and never again will such an evil thing be done among you. ²¹Show no pity: life for life, eye for eye, tooth for tooth, hand for hand, foot for foot.

Going to War

20 When you go to war against your enemies and see horses and chariots and an army greater than yours, do not be afraid of them, because the Lord your God, who brought you up out of Egypt, will be with you. ²When you are about to go into battle, the priest shall come forward and address the army. ³He shall say: "Hear, O Israel, today you are going into battle against your enemies. Do not be fainthearted or afraid; do not be terrified or give way to panic before them. ⁴For the Lord your God is the one who goes with you to fight for you against your enemies to give you victory."

⁵The officers shall say to the army: "Has anyone built a new house and not dedicated it? Let him go home, or he may die in battle and someone else may dedicate it. ⁶Has anyone planted a vineyard and not begun to enjoy it? Let him go home, or he may die in battle and someone else enjoy it. ⁷Has anyone become pledged to a woman and not married her? Let him go home, or he may die in battle and someone else marry her." ⁸Then the officers shall add, "Is any man afraid or fainthearted? Let him go home so that his brothers will not become disheartened too." ⁹When the officers have finished speaking to the army, they shall appoint commanders over it.

10 "Quando vocês avançarem para atacar uma cidade, enviem-lhe primeiro uma proposta de paz. **11** Se os seus habitantes aceitarem e abrirem suas portas, serão seus escravos e se sujeitarão a trabalhos forçados. **12** Mas se eles recusarem a paz e entrarem em guerra contra vocês, sitiem a cidade. **13** Quando o Senhor, o seu Deus, entregá-la em suas mãos, matem ao fio da espada todos os homens que nela houver. **14** Mas as mulheres, as crianças, os rebanhos e tudo o que acharem na cidade, será de vocês; vocês poderão ficar com os despojos dos seus inimigos dados pelo Senhor, o seu Deus. **15** É assim que vocês tratarão todas as cidades distantes que não pertencem às nações vizinhas de vocês.

16 "Contudo, nas cidades das nações que o Senhor, o seu Deus, lhes dá por herança, não deixem vivo nenhum ser que respira. **17** Conforme a ordem do Senhor, o seu Deus, destruam totalmente os hititas, os amorreus, os cananeus, os ferezeus, os heveus e os jebuseus. **18** Se não, eles os ensinarão a praticar todas as coisas repugnantes que fazem quando adoram os seus deuses, e vocês pecarão contra o Senhor, o seu Deus.

19 "Quando sitiarem uma cidade por um longo período, lutando contra ela para conquistá-la, não destruam as árvores dessa cidade a golpes de machado, pois vocês poderão comer as suas frutas. Não as derrubem. Por acaso as árvores são gente, para que vocês as sitiem?ª **20** Entretanto, poderão derrubar as árvores que vocês sabem que não são frutíferas, para utilizá-las em obras que ajudem o cerco, até que caia a cidade que está em guerra contra vocês.

Os Casos de Homicídio Não Desvendado

21 "Se alguém for encontrado morto no campo, na terra que o Senhor, o seu Deus, lhes dá para dela tomarem posse, sem que se saiba quem o matou, **2** as autoridades e os juízes sairão e medirão a distância do corpo até as cidades vizinhas. **3** Então as autoridades da cidade mais próxima do corpo apanharão uma novilha que nunca foi usada no trabalho e sobre a qual nunca foi posto jugo, **4** e a levarão a um vale de terras nunca aradas nem semeadas e onde haja um ribeiro de águas perenes. Vocês quebrarão o pescoço da novilha. **5** Depois, os sacerdotes, descendentes de Levi, se aproximarão, pois o Senhor, o seu Deus, os escolheu para ministrarem e para pronunciarem bênçãos em nome do Senhor e resolverem todos os casos de litígio e de violência. **6** Então todas as autoridades da cidade mais próxima do corpo lavarão as mãos sobre a novilha cujo pescoço foi quebrado no vale, **7** e declararão: 'As nossas mãos não derramaram este sangue, nem os nossos olhos viram quem fez isso. **8** Aceita, Senhor, esta propiciação em favor de Israel, o teu povo, a quem resgataste, e não consideres o teu povo culpado do sangue de um inocente'. Assim a culpa do derramamento de sangue será propiciada. **9** Desse modo vocês eliminarão de vocês mesmos a culpa pelo derramamento de sangue inocente, pois fizeram o que o Senhor aprova.

O Casamento com uma Prisioneira

10 "Quando vocês guerrearem contra os seus inimigos e o Senhor, o seu Deus, os entregar em suas mãos e vocês fizerem prisioneiros, **11** um de vocês poderá ver entre eles uma mulher muito bonita, agradar-se dela e tomá-la como esposa. **12** Leve-a para casa; ela rapará a cabeça, cortará as unhas **13** e se desfará das roupas que estava usando quando foi capturada. Ficará em casa e pranteará seu pai e sua mãe um mês inteiro. Depois você poderá chegar-se a ela e tornar-se o seu marido, e ela será sua mulher. **14** Se você já não se agradar dela, deixe-a ir para onde quiser, mas não poderá vendê-la nem tratá-la como escrava, pois você a desonrou.

O Direito do Filho Mais Velho

15 "Se um homem tiver duas mulheres e preferir uma delas, e ambas lhe derem filhos, e o filho mais velho for filho da

10 When you march up to attack a city, make its people an offer of peace. **11** If they accept and open their gates, all the people in it shall be subject to forced labor and shall work for you. **12** If they refuse to make peace and they engage you in battle, lay siege to that city. **13** When the Lord your God delivers it into your hand, put to the sword all the men in it. **14** As for the women, the children, the livestock and everything else in the city, you may take these as plunder for yourselves. And you may use the plunder the Lord your God gives you from your enemies. **15** This is how you are to treat all the cities that are at a distance from you and do not belong to the nations nearby.

16 However, in the cities of the nations the Lord your God is giving you as an inheritance, do not leave alive anything that breathes. **17** Completely destroyª them—the Hittites, Amorites, Canaanites, Perizzites, Hivites and Jebusites—as the Lord your God has commanded you. **18** Otherwise, they will teach you to follow all the detestable things they do in worshiping their gods, and you will sin against the Lord your God.

19 When you lay siege to a city for a long time, fighting against it to capture it, do not destroy its trees by putting an ax to them, because you can eat their fruit. Do not cut them down. Are the trees of the field people, that you should besiege them?ᵇ **20** However, you may cut down trees that you know are not fruit trees and use them to build siege works until the city at war with you falls.

Atonement for an Unsolved Murder

21 If a man is found slain, lying in a field in the land the Lord your God is giving you to possess, and it is not known who killed him, **2** your elders and judges shall go out and measure the distance from the body to the neighboring towns. **3** Then the elders of the town nearest the body shall take a heifer that has never been worked and has never worn a yoke **4** and lead her down to a valley that has not been plowed or planted and where there is a flowing stream. There in the valley they are to break the heifer's neck. **5** The priests, the sons of Levi, shall step forward, for the Lord your God has chosen them to minister and to pronounce blessings in the name of the Lord and to decide all cases of dispute and assault. **6** Then all the elders of the town nearest the body shall wash their hands over the heifer whose neck was broken in the valley, **7** and they shall declare: "Our hands did not shed this blood, nor did our eyes see it done. **8** Accept this atonement for your people Israel, whom you have redeemed, O Lord, and do not hold your people guilty of the blood of an innocent man." And the bloodshed will be atoned for. **9** So you will purge from yourselves the guilt of shedding innocent blood, since you have done what is right in the eyes of the Lord.

Marrying a Captive Woman

10 When you go to war against your enemies and the Lord your God delivers them into your hands and you take captives, **11** if you notice among the captives a beautiful woman and are attracted to her, you may take her as your wife. **12** Bring her into your home and have her shave her head, trim her nails **13** and put aside the clothes she was wearing when captured. After she has lived in your house and mourned her father and mother for a full month, then you may go to her and be her husband and she shall be your wife. **14** If you are not pleased with her, let her go wherever she wishes. You must not sell her or treat her as a slave, since you have dishonored her.

The Right of the Firstborn

15 If a man has two wives, and he loves one but not the other, and both bear him sons but the firstborn is the son of the

---

ª**20.19** Ou *derrubem para utilizá-las no cerco, pois as árvores frutíferas são para o benefício do homem.*

ª**20:17** The Hebrew term refers to the irrevocable giving over of things or persons to the Lord, often by totally destroying them. ᵇ**20:19** Or *down to use in the siege, for the fruit trees are for the benefit of man.*

mulher que ele não prefere, **16** quando der a herança de sua propriedade aos filhos, não poderá dar os direitos do filho mais velho ao filho da mulher preferida, se o filho da mulher que ele não prefere for de fato o mais velho. **17** Ele terá que reconhecer como primogênito o filho da mulher que ele não prefere, dando-lhe porção dupla de tudo o que possui. Aquele filho é o primeiro sinal da força de seu pai e o direito do filho mais velho lhe pertence.

O Castigo dos Filhos Rebeldes

18 "Se um homem tiver um filho obstinado e rebelde que não obedece ao seu pai nem à sua mãe e não os escuta quando o disciplinam, **19** o pai e a mãe o levarão aos líderes da sua comunidade, à porta da cidade, **20** e dirão aos líderes: 'Este nosso filho é obstinado e rebelde. Não nos obedece! É devasso e vive bêbado'. **21** Então todos os homens da cidade o apedrejarão até a morte. Eliminem o mal do meio de vocês. Todo o Israel saberá disso e temerá.

Diversas Leis

22 "Se um homem culpado de um crime que merece a morte for morto e pendurado num madeiro, **23** não deixem o corpo no madeiro durante a noite. Enterrem-no naquele mesmo dia, porque qualquer que for pendurado num madeiro está debaixo da maldição de Deus. Não contaminem a terra que o Senhor, o seu Deus, lhes dá por herança.

22 "Se o boi ou a ovelha de um israelita se extraviar e você o vir, não ignore o fato, mas faça questão de levar o animal de volta ao dono. **2** Se este não morar perto de você ou se você não o conhecer, leve o animal para casa e fique com ele até que o seu compatriota venha procurá-lo e você possa devolvê-lo. **3** Faça o mesmo com o jumento, com a capa e com qualquer coisa perdida que encontrar. Não ignore o fato.

4 "Se você vir o jumento ou o boi de um israelita caído no caminho, não o ignore. Ajude-o a pôr o animal em pé.

5 "A mulher não usará roupas de homem, e o homem não usará roupas de mulher, pois o Senhor, o seu Deus, tem aversão por todo aquele que assim procede.

6 "Se você passar por um ninho de pássaros, numa árvore ou no chão, e a mãe estiver sobre os filhotes ou sobre os ovos, não apanhe a mãe com os filhotes. **7** Você poderá apanhar os filhotes, mas deixe a mãe solta, para que tudo vá bem com você e você tenha vida longa.

8 "Quando você construir uma casa nova, faça um parapeito em torno do terraço, para que não traga sobre a sua casa a culpa pelo derramamento de sangue inocente, caso alguém caia do terraço.

9 "Não plante dois tipos de semente em sua vinha; se o fizer, tanto a semente que plantar como o fruto da vinha estarão contaminados[a].

10 "Não are a terra usando um boi e um jumento sob o mesmo jugo.

11 "Não use roupas de lã e de linho misturados no mesmo tecido.

12 "Faça borlas nas quatro pontas do manto que você usa para cobrir-se.

As Violações do Casamento

13 "Se um homem casar-se e, depois de deitar-se com a mulher, rejeitá-la **14** e falar mal dela e difamá-la, dizendo: 'Casei-me com esta mulher, mas quando me cheguei a ela, descobri que não era virgem', **15** o pai e a mãe da moça trarão aos líderes da cidade, junto à porta, a prova da sua virgindade. **16** Então o pai da moça dirá aos líderes: 'Dei a minha filha em casamento a este homem, mas ele a rejeita. **17** Ele também a difamou e disse: "Descobri que a sua filha não era virgem". Mas aqui está a prova da virgindade da minha filha'. Então os pais dela apresentarão a prova aos líderes da cidade, **18** e eles castigarão o

wife he does not love, **16** when he wills his property to his sons, he must not give the rights of the firstborn to the son of the wife he loves in preference to his actual firstborn, the son of the wife he does not love. **17** He must acknowledge the son of his unloved wife as the firstborn by giving him a double share of all he has. That son is the first sign of his father's strength. The right of the firstborn belongs to him.

A Rebellious Son

18 If a man has a stubborn and rebellious son who does not obey his father and mother and will not listen to them when they discipline him, **19** his father and mother shall take hold of him and bring him to the elders at the gate of his town. **20** They shall say to the elders, "This son of ours is stubborn and rebellious. He will not obey us. He is a profligate and a drunkard." **21** Then all the men of his town shall stone him to death. You must purge the evil from among you. All Israel will hear of it and be afraid.

Various Laws

22 If a man guilty of a capital offense is put to death and his body is hung on a tree, **23** you must not leave his body on the tree overnight. Be sure to bury him that same day, because anyone who is hung on a tree is under God's curse. You must not desecrate the land the Lord your God is giving you as an inheritance.

22 If you see your brother's ox or sheep straying, do not ignore it but be sure to take it back to him. **2** If the brother does not live near you or if you do not know who he is, take it home with you and keep it until he comes looking for it. Then give it back to him. **3** Do the same if you find your brother's donkey or his cloak or anything he loses. Do not ignore it.

4 If you see your brother's donkey or his ox fallen on the road, do not ignore it. Help him get it to its feet.

5 A woman must not wear men's clothing, nor a man wear women's clothing, for the Lord your God detests anyone who does this.

6 If you come across a bird's nest beside the road, either in a tree or on the ground, and the mother is sitting on the young or on the eggs, do not take the mother with the young. **7** You may take the young, but be sure to let the mother go, so that it may go well with you and you may have a long life.

8 When you build a new house, make a parapet around your roof so that you may not bring the guilt of bloodshed on your house if someone falls from the roof.

9 Do not plant two kinds of seed in your vineyard; if you do, not only the crops you plant but also the fruit of the vineyard will be defiled[a].

10 Do not plow with an ox and a donkey yoked together.

11 Do not wear clothes of wool and linen woven together.

12 Make tassels on the four corners of the cloak you wear.

Marriage Violations

13 If a man takes a wife and, after lying with her, dislikes her **14** and slanders her and gives her a bad name, saying, "I married this woman, but when I approached her, I did not find proof of her virginity," **15** then the girl's father and mother shall bring proof that she was a virgin to the town elders at the gate. **16** The girl's father will say to the elders, "I gave my daughter in marriage to this man, but he dislikes her. **17** Now he has slandered her and said, 'I did not find your daughter to be a virgin.' But here is the proof of my daughter's virginity." Then her parents shall display the cloth before the elders of the town, **18** and the elders shall

---

homem. **19** Aplicarão a ele a multa de cem peças de prata, que serão dadas ao pai da moça, pois aquele homem prejudicou a reputação de uma virgem israelita. E ele não poderá divorciar-se dela enquanto viver.

20 "Se, contudo, a acusação for verdadeira e não se encontrar prova de virgindade da moça, **21** ela será levada à porta da casa do seu pai e ali os homens da sua cidade a apedrejarão até a morte. Ela cometeu um ato vergonhoso em Israel, prostituindo-se enquanto estava na casa de seu pai. Eliminem o mal do meio de vocês.

22 "Se um homem for surpreendido deitado com a mulher de outro, os dois terão que morrer, o homem e a mulher com quem se deitou. Eliminem o mal do meio de Israel.

23 "Se numa cidade um homem se encontrar com uma jovem prometida em casamento e se deitar com ela, **24** levem os dois à porta daquela cidade e apedrejem-nos até a morte: a moça porque estava na cidade e não gritou por socorro, e o homem porque desonrou a mulher doutro homem. Eliminem o mal do meio de vocês.

25 "Se, contudo, um homem encontrar no campo uma jovem prometida em casamento e a forçar, somente o homem morrerá. **26** Não façam nada à moça, pois ela não cometeu pecado algum que mereça a morte. Este caso é semelhante ao daquele que ataca e mata o seu próximo, **27** pois o homem encontrou a moça virgem no campo, e, ainda que a jovem prometida em casamento gritasse, ninguém poderia socorrê-la.

28 "Se um homem se encontrar com uma moça sem compromisso de casamento e a violentar, e eles forem descobertos, **29** ele pagará ao pai da moça cinqüenta peças de prata e terá que casar-se com a moça, pois a violentou. Jamais poderá divorciar-se dela.

30 "Nenhum homem poderá tomar por mulher a mulher do seu pai, pois isso desonraria a cama de seu pai.

Os Casos de Exclusão da Assembléia

23 "Qualquer que tenha os testículos esmagados ou tenha amputado o membro viril, não poderá entrar na assembléia do Senhor.

2 "Quem nasceu de união ilícita não poderá entrar na assembléia do Senhor, como também os seus descendentes, até a décima geração.

3 "Nenhum amonita ou moabita ou qualquer dos seus descendentes, até a décima geração, poderá entrar na assembléia do Senhor. **4** Pois eles não vieram encontrar-se com vocês com pão e água no caminho, quando vocês saíram do Egito; além disso convocaram Balaão, filho de Beor, para vir de Petor, na Mesopotâmia**a**, para pronunciar maldição contra vocês. **5** No entanto, o Senhor, o seu Deus, não atendeu Balaão, e transformou a maldição em bênção para vocês, pois o Senhor, o seu Deus, os ama. **6** Não façam um tratado de amizade com eles enquanto vocês viverem.

7 "Não rejeitem o edomita, pois ele é seu irmão. Também não rejeitem o egípcio, pois vocês viveram como estrangeiros na terra deles. **8** A terceira geração dos filhos deles poderá entrar na assembléia do Senhor.

A Pureza do Acampamento

9 "Quando estiverem acampados, em guerra contra os seus inimigos, mantenham-se afastados de todas as coisas impuras. **10** Se um de seus homens estiver impuro devido à poluição noturna, ele terá que sair do acampamento. **11** Mas ao entardecer ele se lavará, e ao pôr-do-sol poderá voltar ao acampamento. **12** "Determinem um local fora do acampamento onde se possa evacuar. **13** Como parte do seu equipamento, tenham algo com que cavar, e quando evacuarem, façam um buraco e cubram as fezes. **14** Pois o Senhor, o seu Deus, anda pelo seu acampamento para protegê-los e entregar-lhes os seus inimigos. O acampamento terá que ser santo, para que ele não veja no meio de vocês alguma coisa desagradável e se afaste de vocês.

take the man and punish him. **19** They shall fine him a hundred shekels of silver**a** and give them to the girl's father, because this man has given an Israelite virgin a bad name. She shall continue to be his wife; he must not divorce her as long as he lives.

20 If, however, the charge is true and no proof of the girl's virginity can be found, **21** she shall be brought to the door of her father's house and there the men of her town shall stone her to death. She has done a disgraceful thing in Israel by being promiscuous while still in her father's house. You must purge the evil from among you.

22 If a man is found sleeping with another man's wife, both the man who slept with her and the woman must die. You must purge the evil from Israel.

23 If a man happens to meet in a town a virgin pledged to be married and he sleeps with her, **24** you shall take both of them to the gate of that town and stone them to death—the girl because she was in a town and did not scream for help, and the man because he violated another man's wife. You must purge the evil from among you.

25 But if out in the country a man happens to meet a girl pledged to be married and rapes her, only the man who has done this shall die. **26** Do nothing to the girl; she has committed no sin deserving death. This case is like that of someone who attacks and murders his neighbor, **27** for the man found the girl out in the country, and though the betrothed girl screamed, there was no one to rescue her.

28 If a man happens to meet a virgin who is not pledged to be married and rapes her and they are discovered, **29** he shall pay the girl's father fifty shekels of silver.**b** He must marry the girl, for he has violated her. He can never divorce her as long as he lives.

30 A man is not to marry his father's wife; he must not dishonor his father's bed.

Exclusion From the Assembly

23 No one who has been emasculated by crushing or cutting may enter the assembly of the Lord.

2 No one born of a forbidden marriage**c** nor any of his descendants may enter the assembly of the Lord, even down to the tenth generation.

3 No Ammonite or Moabite or any of his descendants may enter the assembly of the Lord, even down to the tenth generation. **4** For they did not come to meet you with bread and water on your way when you came out of Egypt, and they hired Balaam son of Beor from Pethor in Aram Naharaim**d** to pronounce a curse on you. **5** However, the Lord your God would not listen to Balaam but turned the curse into a blessing for you, because the Lord your God loves you. **6** Do not seek a treaty of friendship with them as long as you live.

7 Do not abhor an Edomite, for he is your brother. Do not abhor an Egyptian, because you lived as an alien in his country. **8** The third generation of children born to them may enter the assembly of the Lord.

Uncleanness in the Camp

9 When you are encamped against your enemies, keep away from everything impure. **10** If one of your men is unclean because of a nocturnal emission, he is to go outside the camp and stay there. **11** But as evening approaches he is to wash himself, and at sunset he may return to the camp.

12 Designate a place outside the camp where you can go to relieve yourself. **13** As part of your equipment have something to dig with, and when you relieve yourself, dig a hole and cover up your excrement. **14** For the Lord your God moves about in your camp to protect you and to deliver your enemies to you. Your camp must be holy, so that he will not see among you anything indecent and turn away from you.

---

a22:19 That is, about 2 1/2 pounds (about 1 kilogram) **b**22:29 That is, about 1 1/4 pounds (about 0.6 kilogram) **c**23:2 Or *one of illegitimate birth* **d**23:4 That is, Northwest Mesopotamia

a23.4 Hebraico: *Arã Naaraim.*

Diversas Leis

15 "Se um escravo refugiar-se entre vocês, não o entreguem nas mãos do seu senhor. **16** Deixem-no viver no meio de vocês pelo tempo que ele desejar e em qualquer cidade que ele escolher. Não o oprimam.

17 "Nenhum israelita, homem ou mulher, poderá tornar-se prostituto cultual. **18** Não tragam ao santuário do Senhor, o seu Deus, os ganhos de uma prostituta ou de um prostituto[a], a fim de pagar algum voto, pois o Senhor, o seu Deus, por ambos tem repugnância.

19 "Não cobrem juros de um israelita, por dinheiro, alimento, ou qualquer outra coisa que possa render juros. **20** Vocês poderão cobrar juros do estrangeiro, mas não do seu irmão israelita, para que o Senhor, o seu Deus, os abençoe em tudo o que vocês fizerem na terra em que estão entrando para dela tomar posse.

21 "Se um de vocês fizer um voto ao Senhor, o seu Deus, não demore a cumpri-lo, pois o Senhor, o seu Deus, certamente lhe pedirá contas, e você será culpado de pecado se não o cumprir. **22** Mas se você não fizer o voto, de nada será culpado. **23** Faça tudo para cumprir o que os seus lábios prometeram, pois com a sua própria boca você fez, espontaneamente, o seu voto ao Senhor, o seu Deus.

24 "Se vocês entrarem na vinha do seu próximo, poderão comer as uvas que desejarem, mas nada poderão levar em sua cesta. **25** Se entrarem na plantação de trigo do seu próximo, poderão apanhar espigas com as mãos, mas nunca usem foice para ceifar o trigo do seu próximo.

24 "Se um homem casar-se com uma mulher e depois não a quiser mais por encontrar nela algo que ele reprova, dará certidão de divórcio à mulher e a mandará embora. **2** Se, depois de sair da casa, ela se tornar mulher de outro homem, **3** e este não gostar mais dela, lhe dará certidão de divórcio, e a mandará embora. Ou se o segundo marido morrer, **4** o primeiro, que se divorciou dela, não poderá casar-se com ela de novo, visto que ela foi contaminada. Seria detestável para o Senhor. Não tragam pecado sobre a terra que o Senhor, o seu Deus, lhes dá por herança.

5 "Se um homem tiver se casado recentemente, não será enviado à guerra, nem assumirá nenhum compromisso público. Durante um ano estará livre para ficar em casa e fazer feliz a mulher com quem se casou.

6 "Não tomem as duas pedras de moinho, nem mesmo apenas a pedra de cima, como garantia de uma dívida, pois isso seria tomar como garantia o meio de subsistência do devedor.

7 "Se um homem for pego seqüestrando um dos seus irmãos israelitas, tratando-o como escravo ou vendendo-o, o seqüestrador terá que morrer. Eliminem o mal do meio de vocês.

8 "Nos casos de doenças de lepra[b], tenham todo o cuidado de seguir exatamente as instruções dos sacerdotes levitas. Sigam cuidadosamente o que eu ordenei a eles. **9** Lembrem-se do que o Senhor, o seu Deus, fez com Miriã no caminho, depois que vocês saíram do Egito.

10 "Quando um de vocês fizer um empréstimo de qualquer tipo ao seu próximo, não entre na casa dele para apanhar o que ele lhe oferecer como penhor. **11** Fique do lado de fora e deixe que o homem, a quem você está fazendo o empréstimo, traga a você o penhor. **12** Se o homem for pobre, não vá dormir tendo com você o penhor. **13** Devolva-lhe o manto ao pôr-do-sol, para que ele possa usá-lo para dormir, e lhe seja grato. Isso será considerado um ato de justiça pelo Senhor, o seu Deus.

14 "Não se aproveitem do pobre e necessitado, seja ele um irmão israelita ou um estrangeiro que viva numa das suas cidades. **15** Paguem-lhe o seu salário diariamente, antes do pôr-do-sol, pois ele é necessitado e depende disso. Se não, ele poderá clamar ao Senhor contra você, e você será culpado de pecado.

Miscellaneous Laws

15 If a slave has taken refuge with you, do not hand him over to his master. **16** Let him live among you wherever he likes and in whatever town he chooses. Do not oppress him.

17 No Israelite man or woman is to become a shrine prostitute. **18** You must not bring the earnings of a female prostitute or of a male prostitute[a] into the house of the Lord your God to pay any vow, because the Lord your God detests them both.

19 Do not charge your brother interest, whether on money or food or anything else that may earn interest. **20** You may charge a foreigner interest, but not a brother Israelite, so that the Lord your God may bless you in everything you put your hand to in the land you are entering to possess.

21 If you make a vow to the Lord your God, do not be slow to pay it, for the Lord your God will certainly demand it of you and you will be guilty of sin. **22** But if you refrain from making a vow, you will not be guilty. **23** Whatever your lips utter you must be sure to do, because you made your vow freely to the Lord your God with your own mouth.

24 If you enter your neighbor's vineyard, you may eat all the grapes you want, but do not put any in your basket. **25** If you enter your neighbor's grainfield, you may pick kernels with your hands, but you must not put a sickle to his standing grain.

24 If a man marries a woman who becomes displeasing to him because he finds something indecent about her, and he writes her a certificate of divorce, gives it to her and sends her from his house, **2** and if after she leaves his house she becomes the wife of another man, **3** and her second husband dislikes her and writes her a certificate of divorce, gives it to her and sends her from his house, or if he dies, **4** then her first husband, who divorced her, is not allowed to marry her again after she has been defiled. That would be detestable in the eyes of the Lord. Do not bring sin upon the land the Lord your God is giving you as an inheritance.

5 If a man has recently married, he must not be sent to war or have any other duty laid on him. For one year he is to be free to stay at home and bring happiness to the wife he has married.

6 Do not take a pair of millstones—not even the upper one—as security for a debt, because that would be taking a man's livelihood as security.

7 If a man is caught kidnapping one of his brother Israelites and treats him as a slave or sells him, the kidnapper must die. You must purge the evil from among you.

8 In cases of leprous[b] diseases be very careful to do exactly as the priests, who are Levites, instruct you. You must follow carefully what I have commanded them. **9** Remember what the Lord your God did to Miriam along the way after you came out of Egypt.

10 When you make a loan of any kind to your neighbor, do not go into his house to get what he is offering as a pledge. **11** Stay outside and let the man to whom you are making the loan bring the pledge out to you. **12** If the man is poor, do not go to sleep with his pledge in your possession. **13** Return his cloak to him by sunset so that he may sleep in it. Then he will thank you, and it will be regarded as a righteous act in the sight of the Lord your God.

14 Do not take advantage of a hired man who is poor and needy, whether he is a brother Israelite or an alien living in one of your towns. **15** Pay him his wages each day before sunset, because he is poor and is counting on it. Otherwise he may cry to the Lord against you, and you will be guilty of sin.

---

[a]**23.18** Hebraico: *de um cachorro*. Forma depreciativa de se referir a homens que se prostituíam. [b]**24.8** O termo hebraico não se refere somente à lepra, mas também a diversas doenças da pele.

[a]**23:18** Hebrew *of a dog* [b]**24:8** The Hebrew word was used for various diseases affecting the skin—not necessarily leprosy.

16 "Os pais não serão mortos em lugar dos filhos, nem os filhos em lugar dos pais; cada um morrerá pelo seu próprio pecado.

17 "Não neguem justiça ao estrangeiro e ao órfão, nem tomem como penhor o manto de uma viúva. **18** Lembrem-se de que vocês foram escravos no Egito e de que o Senhor, o seu Deus, os libertou; por isso lhes ordeno que façam tudo isso.

19 "Quando vocês estiverem fazendo a colheita de sua lavoura e deixarem um feixe de trigo para trás, não voltem para apanhá-lo. Deixem-no para o estrangeiro, para o órfão e para a viúva, para que o Senhor, o seu Deus, os abençoe em todo o trabalho das suas mãos. **20** Quando sacudirem as azeitonas das suas oliveiras, não voltem para colher o que ficar nos ramos. Deixem o que sobrar para o estrangeiro, para o órfão e para a viúva. **21** E quando colherem as uvas da sua vinha, não passem de novo por ela. Deixem o que sobrar para o estrangeiro, para o órfão e para a viúva. **22** Lembrem-se de que vocês foram escravos no Egito; por isso lhes ordeno que façam tudo isso.

25 "Quando dois homens se envolverem numa briga, terão que levar a causa ao tribunal, e os juízes decidirão a questão, absolvendo o inocente e condenando o culpado. **2** Se o culpado merecer açoitamento, o juiz ordenará que ele se deite e seja açoitado em sua presença com o número de açoites que o seu crime merecer, **3** desde que nunca ultrapasse quarenta açoites. Açoitá-lo além disso seria humilhar publicamente um israelita.

4 "Não amordacem o boi enquanto está debulhando o cereal.

5 "Se dois irmãos morarem juntos, e um deles morrer sem deixar filhos, a sua viúva não se casará com alguém de fora da família. O irmão do marido se casará com ela e cumprirá com ela o dever de cunhado. **6** O primeiro filho que ela tiver levará o nome do irmão falecido, para que o seu nome não seja apagado de Israel.

7 "Se, todavia, ele não quiser casar-se com a mulher do seu irmão, ela irá aos líderes do lugar, à porta da cidade, e dirá: 'O irmão do meu marido está se recusando a dar continuidade ao nome do seu irmão em Israel. Ele não quer cumprir para comigo o dever de cunhado'. **8** Os líderes da cidade o convocarão e conversarão com ele. Se ele insistir em dizer: 'Não quero me casar com ela', **9** a viúva do seu irmão se aproximará dele, na presença dos líderes, tirará uma das sandálias dele, cuspirá no seu rosto e dirá: 'É isso que se faz com o homem que não perpetua a descendência do seu irmão'. **10** E a descendência daquele homem será conhecida em Israel como 'a família do descalçado'.

11 "Se dois homens estiverem brigando, e a mulher de um deles vier para livrar o marido daquele que o ataca e pegá-lo pelos órgãos genitais, **12** cortem a mão dela. Não tenham piedade.

13 "Não tenham na bolsa dois padrões para o mesmo peso, um maior e outro menor. **14** Não tenham em casa dois padrões para a mesma medida, um maior e outro menor. **15** Tenham pesos e medidas exatos e honestos, para que vocês vivam muito tempo na terra que o Senhor, o seu Deus, lhes dá. **16** Pois o Senhor, o seu Deus, detesta quem faz essas coisas, quem negocia desonestamente.

17 "Lembrem-se do que os amalequitas lhes fizeram no caminho, quando vocês saíram do Egito. **18** Quando vocês estavam cansados e exaustos, eles se encontraram com vocês no caminho e eliminaram todos os que ficaram para trás; não tiveram temor de Deus. **19** Quando o Senhor, o seu Deus, der a vocês o descanso de todos os inimigos ao seu redor, na terra que ele lhes dá para dela tomarem posse como herança, vocês farão que os amalequitas sejam esquecidos debaixo do céu. Não se esqueçam!

Os Primeiros Frutos e os Dízimos

26 "Quando vocês tiverem entrado na terra que o Senhor, o seu Deus, lhes dá por herança e dela tiverem tomado posse e lá estiverem estabelecidos, **2** apanhem alguns dos primeiros frutos de tudo o que produzirem na terra que o Senhor, o seu

16 Fathers shall not be put to death for their children, nor children put to death for their fathers; each is to die for his own sin.

17 Do not deprive the alien or the fatherless of justice, or take the cloak of the widow as a pledge. **18** Remember that you were slaves in Egypt and the Lord your God redeemed you from there. That is why I command you to do this.

19 When you are harvesting in your field and you overlook a sheaf, do not go back to get it. Leave it for the alien, the fatherless and the widow, so that the Lord your God may bless you in all the work of your hands. **20** When you beat the olives from your trees, do not go over the branches a second time. Leave what remains for the alien, the fatherless and the widow. **21** When you harvest the grapes in your vineyard, do not go over the vines again. Leave what remains for the alien, the fatherless and the widow. **22** Remember that you were slaves in Egypt. That is why I command you to do this.

25 When men have a dispute, they are to take it to court and the judges will decide the case, acquitting the innocent and condemning the guilty. **2** If the guilty man deserves to be beaten, the judge shall make him lie down and have him flogged in his presence with the number of lashes his crime deserves, **3** but he must not give him more than forty lashes. If he is flogged more than that, your brother will be degraded in your eyes.

4 Do not muzzle an ox while it is treading out the grain.

5 If brothers are living together and one of them dies without a son, his widow must not marry outside the family. Her husband's brother shall take her and marry her and fulfill the duty of a brother-in-law to her. **6** The first son she bears shall carry on the name of the dead brother so that his name will not be blotted out from Israel.

7 However, if a man does not want to marry his brother's wife, she shall go to the elders at the town gate and say, "My husband's brother refuses to carry on his brother's name in Israel. He will not fulfill the duty of a brother-in-law to me." **8** Then the elders of his town shall summon him and talk to him. If he persists in saying, "I do not want to marry her," **9** his brother's widow shall go up to him in the presence of the elders, take off one of his sandals, spit in his face and say, "This is what is done to the man who will not build up his brother's family line." **10** That man's line shall be known in Israel as The Family of the Unsandaled.

11 If two men are fighting and the wife of one of them comes to rescue her husband from his assailant, and she reaches out and seizes him by his private parts, **12** you shall cut off her hand. Show her no pity.

13 Do not have two differing weights in your bag—one heavy, one light. **14** Do not have two differing measures in your house—one large, one small. **15** You must have accurate and honest weights and measures, so that you may live long in the land the Lord your God is giving you. **16** For the Lord your God detests anyone who does these things, anyone who deals dishonestly.

17 Remember what the Amalekites did to you along the way when you came out of Egypt. **18** When you were weary and worn out, they met you on your journey and cut off all who were lagging behind; they had no fear of God. **19** When the Lord your God gives you rest from all the enemies around you in the land he is giving you to possess as an inheritance, you shall blot out the memory of Amalek from under heaven. Do not forget!

Firstfruits and Tithes

26 When you have entered the land the Lord your God is giving you as an inheritance and have taken possession of it and settled in it, **2** take some of the firstfruits of all that you produce from the soil of the land the Lord your

Deus, lhes dá e ponham tudo numa cesta. Depois vocês deverão ir ao local que o Senhor, o seu Deus, escolher para habitação do seu Nome ³e dizer ao sacerdote que estiver exercendo o cargo naquela ocasião: 'Declaro hoje ao Senhor, o seu Deus, que vim para a terra que o Senhor jurou aos nossos antepassados que nos daria'. ⁴O sacerdote apanhará a cesta das suas mãos e a colocará em frente do altar do Senhor, o seu Deus. ⁵Então vocês declararão perante o Senhor, o seu Deus: 'O meu pai era um arameu errante. Ele desceu ao Egito com pouca gente e ali viveu e se tornou uma grande nação, poderosa e numerosa. ⁶Mas os egípcios nos maltrataram e nos oprimiram, sujeitando-nos a trabalhos forçados. ⁷Então clamamos ao Senhor, o Deus dos nossos antepassados, e o Senhor ouviu a nossa voz e viu o nosso sofrimento, a nossa fadiga e a opressão que sofríamos. ⁸Por isso o Senhor nos tirou do Egito com mão poderosa e braço forte, com feitos temíveis e com sinais e maravilhas. ⁹Ele nos trouxe a este lugar e nos deu esta terra, terra onde manam leite e mel. ¹⁰E agora trago os primeiros frutos do solo que tu, ó Senhor, me deste'. Ponham a cesta perante o Senhor, o seu Deus, e curvem-se perante ele. ¹¹Vocês e os levitas e os estrangeiros que estiverem no meio de vocês se alegrarão com todas as coisas boas que o Senhor, o seu Deus, dá a vocês e às suas famílias.

¹²"Quando tiverem separado o dízimo de tudo quanto produziram no terceiro ano, o ano do dízimo, entreguem-no ao levita, ao estrangeiro, ao órfão e à viúva, para que possam comer até saciar-se nas cidades de vocês. ¹³Depois digam ao Senhor, o seu Deus: 'Retirei da minha casa a porção sagrada e dei-a ao levita, ao estrangeiro, ao órfão e à viúva, de acordo com tudo o que ordenaste. Não me afastei dos teus mandamentos nem esqueci nenhum deles. ¹⁴Não comi nada da porção sagrada enquanto estive de luto, nada retirei dela enquanto estive impuro, e dela não ofereci nada aos mortos. Obedeci ao Senhor, o meu Deus; fiz tudo o que me ordenaste. ¹⁵Olha dos céus, da tua santa habitação, e abençoa Israel, o teu povo, e a terra que nos deste, conforme prometeste sob juramento aos nossos antepassados, terra onde manam leite e mel'.

Exortação à Obediência

¹⁶"O Senhor, o seu Deus, lhes ordena hoje que sigam esses decretos e ordenanças; obedeçam-lhes atentamente, de todo o seu coração e de toda a sua alma. ¹⁷Hoje vocês declararam que o Senhor é o seu Deus e que vocês andarão nos seus caminhos, que guardarão os seus decretos, os seus mandamentos e as suas ordenanças, e que vocês lhe obedecerão. ¹⁸E hoje o Senhor declarou que vocês são o seu povo, o seu tesouro pessoal, conforme ele prometeu, e que vocês terão que obedecer a todos os seus mandamentos. ¹⁹Ele declarou que lhes dará uma posição de glória, fama e honra muito acima de todas as nações que ele fez, e que vocês serão um povo santo para o Senhor, o seu Deus, conforme ele prometeu".

O Altar no Monte Ebal

27 Moisés, acompanhado das autoridades de Israel, ordenou ao povo: "Obedeçam a toda esta lei que hoje lhes dou. ²Quando vocês atravessarem o Jordão, e entrarem na terra que o Senhor, o seu Deus, lhes dá, levantem algumas pedras grandes e pintem-nas com cal. ³Escravam nelas todas as palavras desta lei, assim que tiverem atravessado para entrar na terra que o Senhor, o seu Deus, lhes dá, terra onde manam leite e mel, como o Senhor, o Deus dos seus antepassados, lhes prometeu. ⁴E, quando tiverem atravessado o Jordão, levantem essas pedras no monte Ebal, como hoje lhes ordeno, e pintem-nas com cal. ⁵Construam ali um altar ao Senhor, o seu Deus, um altar de pedras. Não utilizem ferramenta de ferro nas pedras. ⁶Façam o altar do Senhor, o seu Deus, com pedras brutas, e sobre ele ofereçam holocaustos^a ao Senhor, o seu Deus. ⁷Ofereçam também sacrifícios de comunhão^b, e comam e alegrem-se na presença do Senhor, o seu Deus.

God is giving you and put them in a basket. Then go to the place the Lord your God will choose as a dwelling for his Name ³and say to the priest in office at the time, "I declare today to the Lord your God that I have come to the land the Lord swore to our forefathers to give us." ⁴The priest shall take the basket from your hands and set it down in front of the altar of the Lord your God. ⁵Then you shall declare before the Lord your God: "My father was a wandering Aramean, and he went down into Egypt with a few people and lived there and became a great nation, powerful and numerous. ⁶But the Egyptians mistreated us and made us suffer, putting us to hard labor. ⁷Then we cried out to the Lord, the God of our fathers, and the Lord heard our voice and saw our misery, toil and oppression. ⁸So the Lord brought us out of Egypt with a mighty hand and an outstretched arm, with great terror and with miraculous signs and wonders. ⁹He brought us to this place and gave us this land, a land flowing with milk and honey; ¹⁰and now I bring the firstfruits of the soil that you, O Lord, have given me." Place the basket before the Lord your God and bow down before him. ¹¹And you and the Levites and the aliens among you shall rejoice in all the good things the Lord your God has given to you and your household.

¹²When you have finished setting aside a tenth of all your produce in the third year, the year of the tithe, you shall give it to the Levite, the alien, the fatherless and the widow, so that they may eat in your towns and be satisfied. ¹³Then say to the Lord your God: "I have removed from my house the sacred portion and have given it to the Levite, the alien, the fatherless and the widow, according to all you commanded. I have not turned aside from your commands nor have I forgotten any of them. ¹⁴I have not eaten any of the sacred portion while I was in mourning, nor have I removed any of it while I was unclean, nor have I offered any of it to the dead. I have obeyed the Lord my God; I have done everything you commanded me. ¹⁵Look down from heaven, your holy dwelling place, and bless your people Israel and the land you have given us as you promised on oath to our forefathers, a land flowing with milk and honey."

Follow the Lord's Commands

¹⁶The Lord your God commands you this day to follow these decrees and laws; carefully observe them with all your heart and with all your soul. ¹⁷You have declared this day that the Lord is your God and that you will walk in his ways, that you will keep his decrees, commands and laws, and that you will obey him. ¹⁸And the Lord has declared this day that you are his people, his treasured possession as he promised, and that you are to keep all his commands. ¹⁹He has declared that he will set you in praise, fame and honor high above all the nations he has made and that you will be a people holy to the Lord your God, as he promised.

The Altar on Mount Ebal

27 Moses and the elders of Israel commanded the people: "Keep all these commands that I give you today. ²When you have crossed the Jordan into the land the Lord your God is giving you, set up some large stones and coat them with plaster. ³Write on them all the words of this law when you have crossed over to enter the land the Lord your God is giving you, a land flowing with milk and honey, just as the Lord, the God of your fathers, promised you. ⁴And when you have crossed the Jordan, set up these stones on Mount Ebal, as I command you today, and coat them with plaster. ⁵Build there an altar to the Lord your God, an altar of stones. Do not use any iron tool upon them. ⁶Build the altar of the Lord your God with fieldstones and offer burnt offerings on it to the Lord your God. ⁷Sacrifice fellowship offerings^a there, eating them and rejoicing in the presence of the Lord your God.

---

^a27.6 Isto é, sacrifícios totalmente queimados. ^b27.7 Ou *de paz*   ^a27:7 Traditionally *peace offerings*

8 E nessas pedras que levantarem, vocês escreverão com bastante clareza todas as palavras desta lei".

As Maldições Proferidas do Monte Ebal

9 Então Moisés, tendo ao seu lado os sacerdotes levitas, disse a todo o Israel: "Faça silêncio e escute, ó Israel! Agora você se tornou o povo do Senhor, o seu Deus. 10 Obedeça ao Senhor, o seu Deus, e siga os seus mandamentos e decretos que hoje lhe dou".

11 No mesmo dia Moisés ordenou ao povo:

12 "Quando vocês tiverem atravessado o Jordão, as tribos que estarão no monte Gerizim para abençoar o povo serão: Simeão, Levi, Judá, Issacar, José e Benjamim. 13 E as tribos que estarão no monte Ebal para declararem maldições serão: Rúben, Gade, Aser, Zebulom, Dã e Naftali.

14 "E os levitas recitarão a todo o povo de Israel em alta voz:

15 " 'Maldito quem esculpir uma imagem ou fizer um
       ídolo fundido, obra de artesãos, detestável ao
       Senhor, e levantá-lo secretamente'.
     Todo o povo dirá: 'Amém!'
16 'Maldito quem desonrar o seu pai ou a sua mãe'.
     Todo o povo dirá: 'Amém!'
17 'Maldito quem mudar o marco de divisa da
       propriedade do seu próximo'.
     Todo o povo dirá: 'Amém!'
18 'Maldito quem fizer o cego errar o caminho'.
     Todo o povo dirá: 'Amém!'
19 'Maldito quem negar justiça ao estrangeiro, ao órfão
       ou à viúva'.
     Todo o povo dirá: 'Amém!'
20 'Maldito quem se deitar com a mulher do seu pai,
       desonrando a cama do seu pai'.
     Todo o povo dirá: 'Amém!'
21 'Maldito quem tiver relações sexuais com algum
       animal'.
     Todo o povo dirá: 'Amém!'
22 'Maldito quem se deitar com a sua irmã, filha do seu
       pai ou da sua mãe'.
     Todo o povo dirá: 'Amém!'
23 'Maldito quem se deitar com a sua sogra'.
     Todo o povo dirá: 'Amém!'
24 'Maldito quem matar secretamente o seu próximo'.
     Todo o povo dirá: 'Amém!'
25 'Maldito quem aceitar pagamento para matar um
       inocente'.
     Todo o povo dirá: 'Amém!'
26 'Maldito quem não puser em prática as palavras desta
       lei'.
     Todo o povo dirá: 'Amém!'

As Bênçãos da Obediência

28 "Se vocês obedecerem fielmente ao Senhor, o seu Deus, e seguirem cuidadosamente todos os seus mandamentos que hoje lhes dou, o Senhor, o seu Deus, os colocará muito acima de todas as nações da terra. 2 Todas estas bênçãos virão sobre vocês e os acompanharão, se vocês obedecerem ao Senhor, o seu Deus:

3 "Vocês serão abençoados na cidade
     e serão abençoados no campo.
4 Os filhos do seu ventre
     serão abençoados,
como também as colheitas da sua terra
     e os bezerros e os cordeiros
dos seus rebanhos.
5 A sua cesta e a sua amassadeira
     serão abençoadas.

8 And you shall write very clearly all the words of this law on these stones you have set up."

Curses From Mount Ebal

9 Then Moses and the priests, who are Levites, said to all Israel, "Be silent, O Israel, and listen! You have now become the people of the Lord your God. 10 Obey the Lord your God and follow his commands and decrees that I give you today."

11 On the same day Moses commanded the people:

12 When you have crossed the Jordan, these tribes shall stand on Mount Gerizim to bless the people: Simeon, Levi, Judah, Issachar, Joseph and Benjamin. 13 And these tribes shall stand on Mount Ebal to pronounce curses: Reuben, Gad, Asher, Zebulun, Dan and Naphtali.

14 The Levites shall recite to all the people of Israel in a loud voice:

15 "Cursed is the man who carves an image or casts an idol—a thing detestable to the Lord, the work of the craftsman's hands—and sets it up in secret."
     Then all the people shall say, "Amen!"
16 "Cursed is the man who dishonors his father or his mother."
     Then all the people shall say, "Amen!"
17 "Cursed is the man who moves his neighbor's boundary stone."
     Then all the people shall say, "Amen!"
18 "Cursed is the man who leads the blind astray on the road."
     Then all the people shall say, "Amen!"
19 "Cursed is the man who withholds justice from the alien, the fatherless or the widow."
     Then all the people shall say, "Amen!"
20 "Cursed is the man who sleeps with his father's wife, for he dishonors his father's bed."
     Then all the people shall say, "Amen!"
21 "Cursed is the man who has sexual relations with any animal."
     Then all the people shall say, "Amen!"
22 "Cursed is the man who sleeps with his sister, the daughter of his father or the daughter of his mother."
     Then all the people shall say, "Amen!"
23 "Cursed is the man who sleeps with his mother-in-law."
     Then all the people shall say, "Amen!"
24 "Cursed is the man who kills his neighbor secretly."
     Then all the people shall say, "Amen!"
25 "Cursed is the man who accepts a bribe to kill an innocent person."
     Then all the people shall say, "Amen!"
26 "Cursed is the man who does not uphold the words of this law by carrying them out."
     Then all the people shall say, "Amen!"

Blessings for Obedience

28 If you fully obey the Lord your God and carefully follow all his commands I give you today, the Lord your God will set you high above all the nations on earth. 2 All these blessings will come upon you and accompany you if you obey the Lord your God:

3 You will be blessed in the city and blessed in the country.
4 The fruit of your womb will be blessed, and the crops of your land and the young of your livestock—the calves of your herds and the lambs of your flocks.
5 Your basket and your kneading trough will be blessed.

6 Vocês serão abençoados
em tudo o que fizerem.

7 "O Senhor concederá que sejam derrotados diante de vocês os inimigos que os atacarem. Virão a vocês por um caminho, e por sete fugirão.

8 "O Senhor enviará bênçãos aos seus celeiros e a tudo o que as suas mãos fizerem. O Senhor, o seu Deus, os abençoará na terra que lhes dá.

9 "O Senhor fará de vocês o seu povo santo, conforme prometeu sob juramento, se obedecerem aos mandamentos do Senhor, o seu Deus, e andarem nos caminhos dele. 10 Então todos os povos da terra verão que vocês pertencem ao Senhor e terão medo de vocês. 11 O Senhor lhes concederá grande prosperidade, no fruto do seu ventre, nas crias dos seus animais e nas colheitas da sua terra, nesta terra que ele jurou aos seus antepassados que daria a vocês.

12 "O Senhor abrirá o céu, o depósito do seu tesouro, para enviar chuva à sua terra no devido tempo e para abençoar todo o trabalho das suas mãos. Vocês emprestarão a muitas nações, e de nenhuma tomarão emprestado. 13 O Senhor fará de vocês a cabeça das nações, e não a cauda. Se obedecerem aos mandamentos do Senhor, o seu Deus, que hoje lhes dou e os seguirem cuidadosamente, vocês estarão sempre por cima, nunca por baixo. 14 Não se desviem, nem para a direita nem para a esquerda, de qualquer dos mandamentos que hoje lhes dou, para seguir outros deuses e prestar-lhes culto.

As Maldições da Desobediência

15 "Entretanto, se vocês não obedecerem ao Senhor, o seu Deus, e não seguirem cuidadosamente todos os seus mandamentos e decretos que hoje lhes dou, todas estas maldições cairão sobre vocês e os atingirão:

16 "Vocês serão amaldiçoados na cidade
e serão amaldiçoados no campo.
17 A sua cesta e a sua amassadeira
serão amaldiçoadas.
18 Os filhos do seu ventre
serão amaldiçoados,
como também as colheitas da sua terra,
e os bezerros e os cordeiros
dos seus rebanhos.
19 Vocês serão amaldiçoados
em tudo o que fizerem.

20 "O Senhor enviará sobre vocês maldições, confusão e repreensão em tudo o que fizerem, até que vocês sejam destruídos e sofram repentina ruína pelo mal que praticaram ao se esquecerem deleª. 21 O Senhor os encherá de doenças até bani-los da terra em que vocês estão entrando para dela tomar posse. 22 O Senhor os ferirá com doenças devastadoras, febre e inflamação, com calor abrasador e seca, com ferrugem e mofo, que os infestarão até que morram. 23 O céu sobre a sua cabeça será como bronze; o chão debaixo de vocês, como ferro. 24 Na sua terra o Senhor transformará a chuva em cinza e pó, que descerão do céu até que vocês sejam destruídos. 25 "O Senhor fará que vocês sejam derrotados pelos inimigos. Vocês irão a eles por um caminho, e por sete fugirão, e vocês se tornarão motivo de horror para todos os reinos da terra. 26 Os seus cadáveres servirão de alimento para todas as aves do céu e para os animais da terra e não haverá quem os espante. 27 O Senhor os castigará com as úlceras do Egito e com tumores, feridas purulentas e sarna, males dos quais vocês não poderão curar-se. 28 O Senhor os afligirá com loucura, cegueira e confusão mental. 29 Ao meio-dia vocês ficarão tateando às voltas, como um cego na escuridão. Vocês não serão bem-sucedidos em nada que fizerem; dia após dia serão oprimidos e roubados, sem que ninguém os salve.

6 You will be blessed when you come in and blessed when you go out.

7 The Lord will grant that the enemies who rise up against you will be defeated before you. They will come at you from one direction but flee from you in seven.

8 The Lord will send a blessing on your barns and on everything you put your hand to. The Lord your God will bless you in the land he is giving you.

9 The Lord will establish you as his holy people, as he promised you on oath, if you keep the commands of the Lord your God and walk in his ways. 10 Then all the peoples on earth will see that you are called by the name of the Lord, and they will fear you. 11 The Lord will grant you abundant prosperity—in the fruit of your womb, the young of your livestock and the crops of your ground—in the land he swore to your forefathers to give you.

12 The Lord will open the heavens, the storehouse of his bounty, to send rain on your land in season and to bless all the work of your hands. You will lend to many nations but will borrow from none. 13 The Lord will make you the head, not the tail. If you pay attention to the commands of the Lord your God that I give you this day and carefully follow them, you will always be at the top, never at the bottom. 14 Do not turn aside from any of the commands I give you today, to the right or to the left, following other gods and serving them.

Curses for Disobedience

15 However, if you do not obey the Lord your God and do not carefully follow all his commands and decrees I am giving you today, all these curses will come upon you and overtake you:

16 You will be cursed in the city and cursed in the country.
17 Your basket and your kneading trough will be cursed.
18 The fruit of your womb will be cursed, and the crops of your land, and the calves of your herds and the lambs of your flocks.
19 You will be cursed when you come in and cursed when you go out.

20 The Lord will send on you curses, confusion and rebuke in everything you put your hand to, until you are destroyed and come to sudden ruin because of the evil you have done in forsaking him.ª 21 The Lord will plague you with diseases until he has destroyed you from the land you are entering to possess. 22 The Lord will strike you with wasting disease, with fever and inflammation, with scorching heat and drought, with blight and mildew, which will plague you until you perish. 23 The sky over your head will be bronze, the ground beneath you iron. 24 The Lord will turn the rain of your country into dust and powder; it will come down from the skies until you are destroyed.

25 The Lord will cause you to be defeated before your enemies. You will come at them from one direction but flee from them in seven, and you will become a thing of horror to all the kingdoms on earth. 26 Your carcasses will be food for all the birds of the air and the beasts of the earth, and there will be no one to frighten them away. 27 The Lord will afflict you with the boils of Egypt and with tumors, festering sores and the itch, from which you cannot be cured. 28 The Lord will afflict you with madness, blindness and confusion of mind. 29 At midday you will grope about like a blind man in the dark. You will be unsuccessful in everything you do; day after day you will be oppressed and robbed, with no one to rescue you.

ª28.20 Hebraico: de mim.   ª28:20 Hebrew me

30 "Você ficará noivo de uma mulher, mas outro homem a possuirá. Construirá uma casa, mas não morará nela. Plantará uma vinha, mas não provará dos seus frutos. **31** O seu boi será abatido diante dos seus olhos, mas você não comerá da sua carne. O seu jumento lhe será tirado à força e não lhe será devolvido. As suas ovelhas serão dadas aos inimigos, e ninguém as livrará. **32** Os seus filhos e as suas filhas serão entregues a outra nação e os seus olhos se consumirão à espera deles, dia após dia, sem que você possa erguer uma só mão para trazê-los de volta. **33** Um povo que vocês não conhecem comerá aquilo que a terra e o seu trabalho produzirem, e vocês sofrerão opressão cruel todos os seus dias. **34** Aquilo que os seus olhos virem os levará à loucura. **35** O Senhor affligirá os seus joelhos e as suas pernas com feridas dolorosas e incuráveis, que se espalharão sobre vocês desde a sola do pé até o alto da cabeça.

36 "O Senhor os levará, e também o rei que os governar, a uma nação que vocês e seus antepassados nunca conheceram. Lá vocês adorarão outros deuses, deuses de madeira e de pedra. **37** Vocês serão motivo de horror e objeto de zombaria e de riso para todas as nações para onde o Senhor os levar.

38 "Vocês semearão muito em sua terra, mas colherão bem pouco, porque gafanhotos devorarão quase tudo. **39** Plantarão vinhas e as cultivarão, mas não beberão o vinho nem colherão as uvas, porque os vermes as comerão. **40** Vocês terão oliveiras em todo o país, mas vocês mesmos não utilizarão o azeite, porque as azeitonas cairão. **41** Os seus filhos e filhas não ficarão com vocês, porque serão levados para o cativeiro. **42** Enxames de gafanhotos se apoderarão de todas as suas árvores e das plantações da sua terra.

43 "Os estrangeiros que vivem no meio de vocês progredirão cada vez mais, e cada vez mais vocês regredirão. **44** Eles lhes emprestarão dinheiro, mas vocês não emprestarão a eles. Eles serão a cabeça, e vocês serão a cauda.

45 "Todas essas maldições cairão sobre vocês. Elas os perseguirão e os alcançarão até que sejam destruídos, porque não obedeceram ao Senhor, o seu Deus, nem guardaram os mandamentos e decretos que ele lhes deu. **46** Essas maldições serão um sinal e um prodígio para vocês e para os seus descendentes para sempre. **47** Uma vez que vocês não serviram com júbilo e alegria ao Senhor, o seu Deus, na época da prosperidade, **48** então, em meio à fome e à sede, em nudez e pobreza extrema, vocês servirão aos inimigos que o Senhor enviará contra vocês. Ele porá um jugo de ferro sobre o seu pescoço, até que os tenha destruído.

49 "O Senhor trará de um lugar longínquo, dos confins da terra, uma nação que virá contra vocês como a águia em mergulho, nação cujo idioma não compreenderão, **50** nação de aparência feroz, sem respeito pelos idosos nem piedade para com os moços. **51** Ela devorará as crias dos seus animais e as plantações da sua terra até que vocês sejam destruídos. Ela não lhes deixará cereal, vinho, azeite, como também nenhum bezerro ou cordeiro dos seus rebanhos, até que vocês sejam arruinados. **52** Ela sitiará todas as cidades da sua terra, até que caiam os altos muros fortificados em que vocês confiam. Sitiará todas as suas cidades, em toda a terra que o Senhor, o seu Deus, lhes dá.

53 "Por causa do sofrimento que o seu inimigo lhes infligirá durante o cerco, vocês comerão o fruto do seu próprio ventre, a carne dos filhos e filhas que o Senhor, o seu Deus, lhes deu. **54** Até mesmo o homem mais gentil e educado entre vocês não terá compaixão do seu irmão, da mulher que ama e dos filhos que sobreviverem, **55** de modo que não dará a nenhum deles nenhum pedaço da carne dos seus filhos que estiver comendo, pois nada lhe sobrará devido aos sofrimentos que o seu inimigo lhe infligirá durante o cerco de todas as suas cidades. **56** A mulher mais gentil e delicada entre vocês, tão delicada e gentil que não ousaria encostar no chão a sola do pé, será mesquinha com o marido a quem ama e com o filho e a filha, **57** não lhes dando a placenta do ventre nem os filhos que gerar. Pois a intenção dela é comê-los secretamente durante o cerco e no sofrimento que o seu inimigo infligirá a vocês em suas cidades.

30 You will be pledged to be married to a woman, but another will take her and ravish her. You will build a house, but you will not live in it. You will plant a vineyard, but you will not even begin to enjoy its fruit. **31** Your ox will be slaughtered before your eyes, but you will eat none of it. Your donkey will be forcibly taken from you and will not be returned. Your sheep will be given to your enemies, and no one will rescue them. **32** Your sons and daughters will be given to another nation, and you will wear out your eyes watching for them day after day, powerless to lift a hand. **33** A people that you do not know will eat what your land and labor produce, and you will have nothing but cruel oppression all your days. **34** The sights you see will drive you mad. **35** The Lord will afflict your knees and legs with painful boils that cannot be cured, spreading from the soles of your feet to the top of your head.

36 The Lord will drive you and the king you set over you to a nation unknown to you or your fathers. There you will worship other gods, gods of wood and stone. **37** You will become a thing of horror and an object of scorn and ridicule to all the nations where the Lord will drive you.

38 You will sow much seed in the field but you will harvest little, because locusts will devour it. **39** You will plant vineyards and cultivate them but you will not drink the wine or gather the grapes, because worms will eat them. **40** You will have olive trees throughout your country but you will not use the oil, because the olives will drop off. **41** You will have sons and daughters but you will not keep them, because they will go into captivity. **42** Swarms of locusts will take over all your trees and the crops of your land.

43 The alien who lives among you will rise above you higher and higher, but you will sink lower and lower. **44** He will lend to you, but you will not lend to him. He will be the head, but you will be the tail.

45 All these curses will come upon you. They will pursue you and overtake you until you are destroyed, because you did not obey the Lord your God and observe the commands and decrees he gave you. **46** They will be a sign and a wonder to you and your descendants forever. **47** Because you did not serve the Lord your God joyfully and gladly in the time of prosperity, **48** therefore in hunger and thirst, in nakedness and dire poverty, you will serve the enemies the Lord sends against you. He will put an iron yoke on your neck until he has destroyed you.

49 The Lord will bring a nation against you from far away, from the ends of the earth, like an eagle swooping down, a nation whose language you will not understand, **50** a fierce-looking nation without respect for the old or pity for the young. **51** They will devour the young of your livestock and the crops of your land until you are destroyed. They will leave you no grain, new wine or oil, nor any calves of your herds or lambs of your flocks until you are ruined. **52** They will lay siege to all the cities throughout your land until the high fortified walls in which you trust fall down. They will besiege all the cities throughout the land the Lord your God is giving you.

53 Because of the suffering that your enemy will inflict on you during the siege, you will eat the fruit of the womb, the flesh of the sons and daughters the Lord your God has given you. **54** Even the most gentle and sensitive man among you will have no compassion on his own brother or the wife he loves or his surviving children, **55** and he will not give to one of them any of the flesh of his children that he is eating. It will be all he has left because of the suffering your enemy will inflict on you during the siege of all your cities. **56** The most gentle and sensitive woman among you—so sensitive and gentle that she would not venture to touch the ground with the sole of her foot—will begrudge the husband she loves and her own son or daughter **57** the afterbirth from her womb and the children she bears. For she intends to eat them secretly during the siege and in the distress that your enemy will inflict on you in your cities.

⁵⁸ "Se vocês não seguirem fielmente todas as palavras desta lei, escritas neste livro, e não temerem este nome glorioso e terrível, o Senhor, o seu Deus, ⁵⁹ ele enviará pestes terríveis sobre vocês e sobre os seus descendentes, desgraças horríveis e prolongadas, doenças graves e persistentes. ⁶⁰ Ele trará sobre vocês todas as temíveis doenças do Egito, e vocês as contrairão. ⁶¹ O Senhor também fará vir sobre vocês todo tipo de enfermidade e desgraça não registradas neste Livro da Lei, até que sejam destruídos. ⁶² Vocês, que no passado foram tantos quanto as estrelas do céu, ficarão reduzidos a um pequeno número, porque não obedeceram ao Senhor, o seu Deus. ⁶³ Assim como foi agradável ao Senhor fazê-los prosperar e aumentar em número, também lhe será agradável arruiná-los e destruí-los. Vocês serão desarraigados da terra em que estão entrando para a tomar posse.

⁶⁴ "Então o Senhor os espalhará pelas nações, de um lado ao outro da terra. Ali vocês adorarão outros deuses; deuses de madeira e de pedra, que vocês e os seus antepassados nunca conheceram. ⁶⁵ No meio daquelas nações vocês não encontrarão repouso, nem mesmo um lugar de descanso para a sola dos pés. Lá o Senhor lhes dará coração desesperado, olhos exaustos de tanto esperar, e alma ansiosa. ⁶⁶ Vocês viverão em constante incerteza, cheios de terror, dia e noite, sem nenhuma segurança na vida. ⁶⁷ De manhã dirão: 'Quem me dera fosse noite!' E de noite: 'Ah, quem me dera fosse dia!', por causa do terror que lhes encherá o coração e por aquilo que os seus olhos verão. ⁶⁸ O Senhor os enviará de volta ao Egito, ou em navios ou pelo caminho que eu lhes disse que nunca mais poderiam percorrer. Lá vocês serão postos à venda como escravos e escravas, mas ninguém os comprará".

A Renovação da Aliança

29 São estes os termos da aliança que o Senhor ordenou que Moisés fizesse com os israelitas em Moabe, além da aliança que tinha feito com eles em Horebe.

² Moisés convocou todos os israelitas e lhes disse:

"Os seus olhos viram tudo o que o Senhor fez no Egito ao faraó, a todos os seus oficiais e a toda a sua terra. ³ Com os seus próprios olhos vocês viram aquelas grandes provas, aqueles sinais e grandes maravilhas. ⁴ Mas até hoje o Senhor não lhes deu mente que entenda, olhos que vejam, e ouvidos que ouçam. ⁵ 'Durante os quarenta anos em que os conduzi pelo deserto', disse ele, 'nem as suas roupas, nem as sandálias dos seus pés se gastaram. ⁶ Vocês não comeram pão, nem beberam vinho, nem qualquer outra bebida fermentada. Fiz isso para que vocês soubessem que eu sou o Senhor, o seu Deus.'

⁷ "Quando vocês chegaram a este lugar, Seom, rei de Hesbom, e Ogue, rei de Basã, atacaram-nos, mas nós os derrotamos. ⁸ Conquistamos a terra deles e a demos por herança às tribos de Rúben e de Gade e à metade da tribo de Manassés.

⁹ "Sigam fielmente os termos desta aliança, para que vocês prosperem em tudo o que fizerem. ¹⁰ Hoje todos vocês estão na presença do Senhor, o seu Deus: os seus chefes e homens destacados, os seus líderes e oficiais, e todos os demais homens de Israel, ¹¹ juntamente com os seus filhos e as suas mulheres e os estrangeiros que vivem nos seus acampamentos cortando lenha e carregando água para vocês. ¹² Vocês estão aqui presentes para entrar em aliança com o Senhor, o seu Deus, aliança que ele está fazendo com vocês hoje, selando-a sob juramento, ¹³ para hoje confirmá-los como seu povo, para que ele seja o seu Deus, conforme lhes prometeu e jurou aos seus antepassados, Abraão, Isaque e Jacó. ¹⁴ Não faço esta aliança, sob juramento, somente com vocês ¹⁵ que estão aqui conosco na presença do Senhor, o nosso Deus, mas também com aqueles que não estão aqui hoje.

¹⁶ "Vocês mesmos sabem como vivemos no Egito e como passamos por várias nações até chegarmos aqui. ¹⁷ Vocês viram nelas as suas imagens e os seus ídolos detestáveis, feitos de madeira, de pedra, de prata e de ouro. ¹⁸ Cuidem que não haja entre vocês nenhum homem ou mulher, clã ou tribo cujo coração se afaste do Senhor, o nosso Deus, para adorar os deuses

⁵⁸ If you do not carefully follow all the words of this law, which are written in this book, and do not revere this glorious and awesome name—the Lord your God— ⁵⁹ the Lord will send fearful plagues on you and your descendants, harsh and prolonged disasters, and severe and lingering illnesses. ⁶⁰ He will bring upon you all the diseases of Egypt that you dreaded, and they will cling to you. ⁶¹ The Lord will also bring on you every kind of sickness and disaster not recorded in this Book of the Law, until you are destroyed. ⁶² You who were as numerous as the stars in the sky will be left but few in number, because you did not obey the Lord your God. ⁶³ Just as it pleased the Lord to make you prosper and increase in number, so it will please him to ruin and destroy you. You will be uprooted from the land you are entering to possess.

⁶⁴ Then the Lord will scatter you among all nations, from one end of the earth to the other. There you will worship other gods—gods of wood and stone, which neither you nor your fathers have known. ⁶⁵ Among those nations you will find no repose, no resting place for the sole of your foot. There the Lord will give you an anxious mind, eyes weary with longing, and a despairing heart. ⁶⁶ You will live in constant suspense, filled with dread both night and day, never sure of your life. ⁶⁷ In the morning you will say, "If only it were evening!" and in the evening, "If only it were morning!"—because of the terror that will fill your hearts and the sights that your eyes will see. ⁶⁸ The Lord will send you back in ships to Egypt on a journey I said you should never make again. There you will offer yourselves for sale to your enemies as male and female slaves, but no one will buy you.

Renewal of the Covenant

29 These are the terms of the covenant the Lord commanded Moses to make with the Israelites in Moab, in addition to the covenant he had made with them at Horeb.

² Moses summoned all the Israelites and said to them:

Your eyes have seen all that the Lord did in Egypt to Pharaoh, to all his officials and to all his land. ³ With your own eyes you saw those great trials, those miraculous signs and great wonders. ⁴ But to this day the Lord has not given you a mind that understands or eyes that see or ears that hear. ⁵ During the forty years that I led you through the desert, your clothes did not wear out, nor did the sandals on your feet. ⁶ You ate no bread and drank no wine or other fermented drink. I did this so that you might know that I am the Lord your God.

⁷ When you reached this place, Sihon king of Heshbon and Og king of Bashan came out to fight against us, but we defeated them. ⁸ We took their land and gave it as an inheritance to the Reubenites, the Gadites and the half-tribe of Manasseh.

⁹ Carefully follow the terms of this covenant, so that you may prosper in everything you do. ¹⁰ All of you are standing today in the presence of the Lord your God—your leaders and chief men, your elders and officials, and all the other men of Israel, ¹¹ together with your children and your wives, and the aliens living in your camps who chop your wood and carry your water. ¹² You are standing here in order to enter into a covenant with the Lord your God, a covenant the Lord is making with you this day and sealing with an oath, ¹³ to confirm you this day as his people, that he may be your God as he promised you and as he swore to your fathers, Abraham, Isaac and Jacob. ¹⁴ I am making this covenant, with its oath, not only with you ¹⁵ who are standing here with us today in the presence of the Lord our God but also with those who are not here today.

¹⁶ You yourselves know how we lived in Egypt and how we passed through the countries on the way here. ¹⁷ You saw among them their detestable images and idols of wood and stone, of silver and gold. ¹⁸ Make sure there is no man or woman, clan or tribe among you today whose heart turns away from the Lord our God to go and worship the gods of

daquelas nações, e para que não haja no meio de vocês nenhuma raiz que produza esse veneno amargo.

19 "Se alguém, cujo coração se afastou do Senhor para adorar outros deuses, ouvir as palavras deste juramento, invocar uma bênção sobre si mesmo e pensar: 'Estarei em segurança, muito embora persista em seguir o meu próprio caminho', trará desgraça tanto à terra irrigada quanto à terra seca. **20** O Senhor jamais se disporá a perdoá-lo; a sua ira e o seu zelo se acenderão contra tal pessoa. Todas as maldições escritas neste livro cairão sobre ela, e o Senhor apagará o seu nome de debaixo do céu. **21** O Senhor a separará de todas as tribos de Israel para que sofra desgraça, de acordo com todas as maldições da aliança escrita neste Livro da Lei.

22 "Os seus filhos, os seus descendentes e os estrangeiros que vierem de terras distantes verão as desgraças que terão caído sobre a terra e as doenças com que o Senhor a terá afligido. **23** A terra inteira será um deserto abrasador de sal e enxofre, no qual nada que for plantado brotará, onde nenhuma vegetação crescerá. Será como a destruição de Sodoma e Gomorra, de Admá e Zeboim, que o Senhor destruiu com ira e furor. **24** Todas as nações perguntarão: 'Por que o Senhor fez isto a esta terra? Por que tanta ira e tanto furor?'

25 "E a resposta será: 'Foi porque este povo abandonou a aliança do Senhor, o Deus dos seus antepassados, aliança feita com eles quando os tirou do Egito. **26** Eles foram adorar outros deuses e se prostraram diante deles, deuses que eles não conheciam antes, deuses que o Senhor não lhes tinha dado. **27** Por isso a ira do Senhor acendeu-se contra esta terra, e ele trouxe sobre ela todas as maldições escritas neste livro. **28** Cheio de ira, indignação e grande furor, o Senhor os desarraigou da sua terra e os lançou numa outra terra, como hoje se vê'.

29 "As coisas encobertas pertencem ao Senhor, o nosso Deus, mas as reveladas pertencem a nós e aos nossos filhos para sempre, para que sigamos todas as palavras desta lei.

Misericórdia para Quem se Arrepende

30 "Quando todas essas bênçãos e maldições que coloquei diante de vocês lhes sobrevierem, e elas se atingirem onde quer que o Senhor, o seu Deus, os dispersar entre as nações, **2** e quando vocês e os seus filhos voltarem para o Senhor, o seu Deus, e lhe obedecerem de todo o coração e de toda a alma, de acordo com tudo o que hoje lhes ordeno, **3** então o Senhor, o seu Deus, lhes trará restauração[a], terá compaixão de vocês e os reunirá novamente de todas as nações por onde os tiver espalhado. **4** Mesmo que tenham sido levados para a terra mais distante debaixo do céu, de lá o Senhor, o seu Deus, os reunirá e os trará de volta. **5** Ele os trará para a terra dos seus antepassados, e vocês tomarão posse dela. Ele fará com que vocês sejam mais prósperos e mais numerosos do que os seus antepassados. **6** O Senhor, o seu Deus, dará um coração fiel a vocês[b] e aos seus descendentes, para que o amem de todo o coração e de toda a alma e vivam. **7** O Senhor, o seu Deus, enviará então todas essas maldições sobre os inimigos que os odeiam e os perseguem. **8** Vocês obedecerão de novo ao Senhor e seguirão todos os seus mandamentos que lhes dou hoje. **9** Então o Senhor, o seu Deus, abençoará o que as suas mãos fizerem, os filhos do seu ventre, a cria dos seus animais e as colheitas da sua terra. O Senhor se alegrará novamente em vocês e os tornará prósperos, como se alegrou em seus antepassados, **10** se vocês obedecerem ao Senhor, o seu Deus, e guardarem os seus mandamentos e decretos que estão escritos neste Livro da Lei, e se vocês se voltarem para o Senhor, o seu Deus, de todo o coração e de toda a alma.

Vida ou Morte

11 "O que hoje lhes estou ordenando não é difícil fazer, nem está além do seu alcance. **12** Não está lá em cima no céu,

---

those nations; make sure there is no root among you that produces such bitter poison.

19 When such a person hears the words of this oath, he invokes a blessing on himself and therefore thinks, "I will be safe, even though I persist in going my own way." This will bring disaster on the watered land as well as the dry.[a] **20** The Lord will never be willing to forgive him; his wrath and zeal will burn against that man. All the curses written in this book will fall upon him, and the Lord will blot out his name from under heaven. **21** The Lord will single him out from all the tribes of Israel for disaster, according to all the curses of the covenant written in this Book of the Law.

22 Your children who follow you in later generations and foreigners who come from distant lands will see the calamities that have fallen on the land and the diseases with which the Lord has afflicted it. **23** The whole land will be a burning waste of salt and sulfur—nothing planted, nothing sprouting, no vegetation growing on it. It will be like the destruction of Sodom and Gomorrah, Admah and Zeboiim, which the Lord overthrew in fierce anger. **24** All the nations will ask: "Why has the Lord done this to this land? Why this fierce, burning anger?"

25 And the answer will be: "It is because this people abandoned the covenant of the Lord, the God of their fathers, the covenant he made with them when he brought them out of Egypt. **26** They went off and worshiped other gods and bowed down to them, gods they did not know, gods he had not given them. **27** Therefore the Lord's anger burned against this land, so that he brought on it all the curses written in this book. **28** In furious anger and in great wrath the Lord uprooted them from their land and thrust them into another land, as it is now."

29 The secret things belong to the Lord our God, but the things revealed belong to us and to our children forever, that we may follow all the words of this law.

Prosperity After Turning to the Lord

30 When all these blessings and curses I have set before you come upon you and you take them to heart wherever the Lord your God disperses you among the nations, **2** and when you and your children return to the Lord your God and obey him with all your heart and with all your soul according to everything I command you today, **3** then the Lord your God will restore your fortunes[b] and have compassion on you and gather you again from all the nations where he scattered you. **4** Even if you have been banished to the most distant land under the heavens, from there the Lord your God will gather you and bring you back. **5** He will bring you to the land that belonged to your fathers, and you will take possession of it. He will make you more prosperous and numerous than your fathers. **6** The Lord your God will circumcise your hearts and the hearts of your descendants, so that you may love him with all your heart and with all your soul, and live. **7** The Lord your God will put all these curses on your enemies who hate and persecute you. **8** You will again obey the Lord and follow all his commands I am giving you today. **9** Then the Lord your God will make you most prosperous in all the work of your hands and in the fruit of your womb, the young of your livestock and the crops of your land. The Lord will again delight in you and make you prosperous, just as he delighted in your fathers, **10** if you obey the Lord your God and keep his commands and decrees that are written in this Book of the Law and turn to the Lord your God with all your heart and with all your soul.

The Offer of Life or Death

11 Now what I am commanding you today is not too difficult for you or beyond your reach. **12** It is not up in heaven,

---

de modo que vocês tenham que perguntar: "Quem subirá ao céu para trazê-lo e proclamá-lo a nós a fim de que lhe obedeçamos?" [13] Nem está além do mar, de modo que vocês tenham que perguntar: "Quem atravessará o mar para trazê-lo e, voltando, proclamá-lo a nós a fim de que lhe obedeçamos?" [14] Nada disso! A palavra está bem próxima de vocês; está em sua boca e em seu coração; por isso vocês poderão obedecer-lhe.

[15] "Vejam que hoje ponho diante de vocês vida e prosperidade, ou morte e destruição. [16] Pois hoje lhes ordeno que amem o Senhor, o seu Deus, andem nos seus caminhos e guardem os seus mandamentos, decretos e ordenanças; então vocês terão vida e aumentarão em número, e o Senhor, o seu Deus, os abençoará na terra em que vocês estão entrando para dela tomar posse.

[17] "Se, todavia, o seu coração se desviar e vocês não forem obedientes, e se deixarem levar, prostrando-se diante de outros deuses para adorá-los, [18] eu hoje lhes declaro que, sem dúvida, vocês serão destruídos. Vocês não viverão muito tempo na terra em que vão entrar e da qual vão tomar posse, depois de atravessarem o Jordão.

[19] "Hoje invoco os céus e a terra como testemunhas contra vocês, de que coloquei diante de vocês a vida e a morte, a bênção e a maldição. Agora escolham a vida, para que vocês e os seus filhos vivam, [20] e para que vocês amem o Senhor, o seu Deus, ouçam a sua voz e se apeguem firmemente a ele. Pois o Senhor é a sua vida, e ele lhes dará muitos anos na terra que jurou dar aos seus antepassados, Abraão, Isaque e Jacó".

Josué, o Sucessor de Moisés

31 Moisés disse ainda estas palavras a todo o Israel: [2] "Estou com cento e vinte anos de idade e já não sou capaz de liderá-los. O Senhor me disse: 'Você não atravessará o Jordão'. [3] O Senhor, o seu Deus, o atravessará pessoalmente à frente de vocês. Ele destruirá estas nações perante vocês, e vocês tomarão posse da terra deles. Josué também atravessará à frente de vocês, conforme o Senhor disse. [4] E o Senhor fará com elas como fez com Seom e Ogue, os reis dos amorreus, os quais destruiu juntamente com a sua terra. [5] O Senhor as entregará a vocês, e vocês deverão fazer com elas tudo o que lhes ordenei. [6] Sejam fortes e corajosos. Não tenham medo nem fiquem apavorados por causa delas, pois o Senhor, o seu Deus, vai com vocês; nunca os deixará, nunca os abandonará".

[7] Então Moisés convocou Josué e lhe disse na presença de todo o Israel: "Seja forte e corajoso, pois você irá com este povo para a terra que o Senhor jurou aos seus antepassados que lhes daria, e você a repartirá entre eles como herança. [8] O próprio Senhor irá à sua frente e estará com você; ele nunca o deixará, nunca o abandonará. Não tenha medo! Não desanime!"

A Leitura da Lei

[9] Moisés escreveu esta lei e a deu aos sacerdotes, filhos de Levi, que transportavam a arca da aliança do Senhor, e a todos os líderes de Israel. [10] E Moisés lhes ordenou: "Ao final de cada sete anos, no ano do cancelamento das dívidas, durante a festa das cabanasª, [11] quando todo o Israel vier apresentar-se ao Senhor, o seu Deus, no local que ele escolher, vocês lerão esta lei perante eles para que a escutem. [12] Reúnam o povo, homens, mulheres e crianças, e os estrangeiros que moraram nas suas cidades, para que ouçam e aprendam a temer o Senhor, o seu Deus, e sigam fielmente todas as palavras desta lei. [13] Os seus filhos, que não conhecem esta lei, terão que ouvi-la e aprender a temer o Senhor, o seu Deus, enquanto vocês viverem na terra da qual tomarão posse quando atravessarem o Jordão".

A Predição da Rebeldia de Israel

[14] O Senhor disse a Moisés: "O dia da sua morte se aproxima. Chame Josué e apresentem-se na Tenda do Encontro, onde

---

ª **31.10** Ou *dos tabernáculos*; hebraico: *sucote*.

so that you have to ask, "Who will ascend into heaven to get it and proclaim it to us so we may obey it?" [13] Nor is it beyond the sea, so that you have to ask, "Who will cross the sea to get it and proclaim it to us so we may obey it?" [14] No, the word is very near you; it is in your mouth and in your heart so you may obey it.

[15] See, I set before you today life and prosperity, death and destruction. [16] For I command you today to love the Lord your God, to walk in his ways, and to keep his commands, decrees and laws; then you will live and increase, and the Lord your God will bless you in the land you are entering to possess.

[17] But if your heart turns away and you are not obedient, and if you are drawn away to bow down to other gods and worship them, [18] I declare to you this day that you will certainly be destroyed. You will not live long in the land you are crossing the Jordan to enter and possess.

[19] This day I call heaven and earth as witnesses against you that I have set before you life and death, blessings and curses. Now choose life, so that you and your children may live [20] and that you may love the Lord your God, listen to his voice, and hold fast to him. For the Lord is your life, and he will give you many years in the land he swore to give to your fathers, Abraham, Isaac and Jacob.

Joshua to Succeed Moses

31 Then Moses went out and spoke these words to all Israel: [2] "I am now a hundred and twenty years old and I am no longer able to lead you. The Lord has said to me, 'You shall not cross the Jordan.' [3] The Lord your God himself will cross over ahead of you. He will destroy these nations before you, and you will take possession of their land. Joshua also will cross over ahead of you, as the Lord said. [4] And the Lord will do to them what he did to Sihon and Og, the kings of the Amorites, whom he destroyed along with their land. [5] The Lord will deliver them to you, and you must do to them all that I have commanded you. [6] Be strong and courageous. Do not be afraid or terrified because of them, for the Lord your God goes with you; he will never leave you nor forsake you."

[7] Then Moses summoned Joshua and said to him in the presence of all Israel, "Be strong and courageous, for you must go with this people into the land that the Lord swore to their forefathers to give them, and you must divide it among them as their inheritance. [8] The Lord himself goes before you and will be with you; he will never leave you nor forsake you. Do not be afraid; do not be discouraged."

The Reading of the Law

[9] So Moses wrote down this law and gave it to the priests, the sons of Levi, who carried the ark of the covenant of the Lord, and to all the elders of Israel. [10] Then Moses commanded them: "At the end of every seven years, in the year for canceling debts, during the Feast of Tabernacles, [11] when all Israel comes to appear before the Lord your God at the place he will choose, you shall read this law before them in their hearing. [12] Assemble the people—men, women and children, and the aliens living in your towns—so they can listen and learn to fear the Lord your God and follow carefully all the words of this law. [13] Their children, who do not know this law, must hear it and learn to fear the Lord your God as long as you live in the land you are crossing the Jordan to possess."

Israel's Rebellion Predicted

[14] The Lord said to Moses, "Now the day of your death is near. Call Joshua and present yourselves at the Tent of Meeting, where

darei incumbências a ele". Então Moisés e Josué vieram e se apresentaram na Tenda do Encontro.

15 Então o Senhor apareceu na Tenda, numa coluna de nuvem, e a coluna pairou sobre a entrada da Tenda. **16** E o Senhor disse a Moisés: "Você vai descansar com os seus antepassados, e este povo logo irá prostituir-se, seguindo aos deuses estrangeiros da terra em que vão entrar. Eles se esquecerão de mim e quebrarão a aliança que fiz com eles. **17** Naquele dia se acenderá a minha ira contra eles e eu me esquecerei deles; esconderei deles o meu rosto, e eles serão destruídos. Muitas desgraças e sofrimentos os atingirão, e naquele dia perguntarão: 'Será que essas desgraças não estão acontecendo conosco porque o nosso Deus não está mais conosco?' **18** E com certeza esconderei deles o meu rosto naquele dia, por causa de todo o mal que praticaram, voltando-se para outros deuses.

19 "Agora escrevam para vocês esta canção, ensinem-na aos israelitas e façam-nos cantá-la, para que seja uma testemunha a meu favor contra eles. **20** Quando eu os tiver introduzido na terra onde manam leite e mel, terra que prometi sob juramento aos seus antepassados, e quando tiverem comido com fartura e tiverem prosperado, eles se voltarão para outros deuses e os adorarão, rejeitando-me e quebrando a minha aliança. **21** E, quando muitas desgraças e dificuldades lhes sobrevierem, esta canção testemunhará contra eles, porque não será esquecida pelos seus descendentes. Sei o que estão dispostos a fazer antes mesmo de levá-los para a terra que lhes prometi sob juramento". **22** Então, naquele dia, Moisés escreveu esta canção e ensinou-a aos israelitas.

23 O Senhor deu esta ordem a Josué, filho de Num: "Seja forte e corajoso, pois você conduzirá os israelitas à terra que lhes prometi sob juramento, e eu mesmo estarei com você".

24 Depois que Moisés terminou de escrever num livro as palavras desta lei do início ao fim, **25** deu esta ordem aos levitas que transportavam a arca da aliança do Senhor: **26** "Coloquem este Livro da Lei ao lado da arca da aliança do Senhor, do seu Deus, onde ficará como testemunha contra vocês. **27** Pois sei quão rebeldes e obstinados vocês são. Se vocês têm sido rebeldes contra o Senhor enquanto ainda estou vivo, quanto mais depois que eu morrer! **28** Reúnam na minha presença todos os líderes das suas tribos e todos os seus oficiais, para que eu fale estas palavras de modo que ouçam, e ainda invoque os céus e a terra para testemunharem contra eles. **29** Pois sei que depois da minha morte vocês com certeza se corromperão e se afastarão do caminho que lhes ordenei. Nos dias futuros a desgraça cairá sobre vocês, porque vocês farão o que o Senhor reprova e o provocarão à ira por aquilo que as mãos de vocês terão feito".

A Canção de Moisés

30 E Moisés recitou as palavras desta canção, do começo ao fim, na presença de toda a assembléia de Israel:

32 "Escutem, ó céus, e eu falarei;
ouça, ó terra, as palavras da minha boca.
2 Que o meu ensino caia como chuva
e as minhas palavras
desçam como orvalho,
como chuva branda sobre o pasto novo,
como garoa sobre tenras plantas.

3 "Proclamarei o nome do Senhor.
Louvem a grandeza do nosso Deus!
4 Ele é a Rocha,
as suas obras são perfeitas,
e todos os seus caminhos são justos.
É Deus fiel, que não comete erros;
justo e reto ele é.

5 "Seus filhos têm agido corruptamente
para com ele,
e não como filhos;

I will commission him." So Moses and Joshua came and presented themselves at the Tent of Meeting.

15 Then the Lord appeared at the Tent in a pillar of cloud, and the cloud stood over the entrance to the Tent. **16** And the Lord said to Moses: "You are going to rest with your fathers, and these people will soon prostitute themselves to the foreign gods of the land they are entering. They will forsake me and break the covenant I made with them. **17** On that day I will become angry with them and forsake them; I will hide my face from them, and they will be destroyed. Many disasters and difficulties will come upon them, and on that day they will ask, 'Have not these disasters come upon us because our God is not with us?' **18** And I will certainly hide my face on that day because of all their wickedness in turning to other gods.

19 "Now write down for yourselves this song and teach it to the Israelites and have them sing it, so that it may be a witness for me against them. **20** When I have brought them into the land flowing with milk and honey, the land I promised on oath to their forefathers, and when they eat their fill and thrive, they will turn to other gods and worship them, rejecting me and breaking my covenant. **21** And when many disasters and difficulties come upon them, this song will testify against them, because it will not be forgotten by their descendants. I know what they are disposed to do, even before I bring them into the land I promised them on oath." **22** So Moses wrote down this song that day and taught it to the Israelites.

23 The Lord gave this command to Joshua son of Nun: "Be strong and courageous, for you will bring the Israelites into the land I promised them on oath, and I myself will be with you."

24 After Moses finished writing in a book the words of this law from beginning to end, **25** he gave this command to the Levites who carried the ark of the covenant of the Lord: **26** "Take this Book of the Law and place it beside the ark of the covenant of the Lord your God. There it will remain as a witness against you. **27** For I know how rebellious and stiff-necked you are. If you have been rebellious against the Lord while I am still alive and with you, how much more will you rebel after I die! **28** Assemble before me all the elders of your tribes and all your officials, so that I can speak these words in their hearing and call heaven and earth to testify against them. **29** For I know that after my death you are sure to become utterly corrupt and to turn from the way I have commanded you. In days to come, disaster will fall upon you because you will do evil in the sight of the Lord and provoke him to anger by what your hands have made."

The Song of Moses

30 And Moses recited the words of this song from beginning to end in the hearing of the whole assembly of Israel:

32 Listen, O heavens, and I will speak;
hear, O earth, the words of my mouth.
2 Let my teaching fall like rain
and my words descend like dew,
like showers on new grass,
like abundant rain on tender plants.

3 I will proclaim the name of the Lord.
Oh, praise the greatness of our God!
4 He is the Rock, his works are perfect,
and all his ways are just.
A faithful God who does no wrong,
upright and just is he.

5 They have acted corruptly toward him;
to their shame they are no longer his children,

que vergonha!
São geração pervertida e transviada.ª

6 É assim que retribuem ao Senhor,
povo insensato e ignorante?
Não é ele o Pai de vocês, o seu Criadorᵇ,
que os fez e os formou?

7 "Lembrem-se dos dias do passado;
considerem as gerações
há muito passadas.
Perguntem aos seus pais,
e estes lhes contarão,
aos seus líderes, e eles lhes explicarão.

8 Quando o Altíssimo deu às nações
a sua herança,
quando dividiu toda a humanidade,
estabeleceu fronteiras para os povos
de acordo com o número
dos filhos de Israelᶜ.

9 Pois o povo preferido do Senhor
é este povo,
Jacó é a herança que lhe coube.

10 "Numa terra deserta ele o encontrou,
numa região árida e de ventos uivantes.
Ele o protegeu e dele cuidou;
guardou-o como
a menina dos seus olhos,

11 como a águia
que desperta a sua ninhada,
paira sobre os seus filhotes,
e depois estende as asas
para apanhá-los,
levando-os sobre elas.

12 O Senhor sozinho o levou;
nenhum deus estrangeiro o ajudou.

13 Ele o fez cavalgar
nos lugares altos da terra
e o alimentou com o fruto dos campos.
Ele o nutriu com mel tirado da rocha,
e com óleo extraído
do penhasco pedregoso,

14 com coalhada e leite
do gado e do rebanho,
e com cordeiros e bodes cevados;
com os melhores carneiros de Basã
e com as mais excelentes
sementes de trigo.
Você bebeu o espumoso
sangue das uvas.

15 "Jesurumᵈ engordou e deu pontapés;
você engordou, tornou-se pesado
e farto de comida.
Abandonou o Deus que o fez
e rejeitou a Rocha, que é o seu Salvador.

16 Eles o deixaram com ciúmes
por causa dos deuses estrangeiros,
e o provocaram
com os seus ídolos abomináveis.

17 Sacrificaram a demônios
que não são Deus,
a deuses que não conheceram,
a deuses que surgiram recentemente,
a deuses que os seus antepassados
não adoraram.

18 Vocês abandonaram a Rocha,
que os gerou;

but a warped and crooked generation.ª

6 Is this the way you repay the Lord,
O foolish and unwise people?
Is he not your Father, your Creator,ᵇ
who made you and formed you?

7 Remember the days of old;
consider the generations long past.
Ask your father and he will tell you,
your elders, and they will explain to you.

8 When the Most High gave the nations their
inheritance,
when he divided all mankind,
he set up boundaries for the peoples
according to the number of the sons of Israel.ᶜ

9 For the Lord's portion is his people,
Jacob his allotted inheritance.

10 In a desert land he found him,
in a barren and howling waste.
He shielded him and cared for him;
he guarded him as the apple of his eye,

11 like an eagle that stirs up its nest
and hovers over its young,
that spreads its wings to catch them
and carries them on its pinions.

12 The Lord alone led him;
no foreign god was with him.

13 He made him ride on the heights of the land
and fed him with the fruit of the fields.
He nourished him with honey from the rock,
and with oil from the flinty crag,

14 with curds and milk from herd and flock
and with fattened lambs and goats,
with choice rams of Bashan
and the finest kernels of wheat.
You drank the foaming blood of the grape.

15 Jeshurunᵈ grew fat and kicked;
filled with food, he became heavy and sleek.
He abandoned the God who made him
and rejected the Rock his Savior.

16 They made him jealous with their foreign gods
and angered him with their detestable idols.

17 They sacrificed to demons, which are not God—
gods they had not known,
gods that recently appeared,
gods your fathers did not fear.

18 You deserted the Rock, who fathered you;

ª32.5 Ou *Corruptos são eles e não os seus filhos, uma geração pervertida e trans-
viada para a sua vergonha.* ᵇ32.6 Ou *que os comprou* ᶜ32.8 Os manuscritos do
mar Morto dizem *filhos de Deus.* ᵈ32.15 *Jesurum* (nome poético de Israel) significa *o íntegro*; também em 33.5 e 26.

ª32:5 Or *Corrupt are they and not his children, / a generation warped and twisted
to their shame* ᵇ32:6 Or *Father, who bought you* ᶜ32:8 Masoretic Text; Dead Sea
Scrolls (see also Septuagint) *sons of God* ᵈ32:15 *Jeshurun* means *the upright
one,* that is, Israel.

vocês se esqueceram do Deus
    que os fez nascer.

19 "O Senhor viu isso e os rejeitou,
    porque foi provocado
        pelos seus filhos e suas filhas.
20 'Esconderei o meu rosto deles', disse,
    'e verei qual o fim que terão;
    pois são geração perversa,
        filhos infiéis.
21 Provocaram-me os ciúmes
    com aquilo que nem deus é
    e irritaram-me
        com seus ídolos inúteis.
    Farei que tenham ciúmes
        de quem não é meu povo;
    eu os provocarei à ira
        por meio de uma nação insensata.
22 Pois um fogo foi aceso pela minha ira,
    fogo que queimará
        até as profundezas do Sheol^a.
    Ele devorará a terra e as suas colheitas
    e consumirá os alicerces dos montes.
23 " 'Amontoarei desgraças sobre eles
    e contra eles gastarei as minhas flechas.
24 Enviarei dentes de feras,
        uma fome devastadora,
        uma peste avassaladora
        e uma praga mortal;
    enviarei contra eles
        dentes de animais selvagens,
        e veneno de víboras
        que se arrastam no pó.
25 Nas ruas a espada
    os deixará sem filhos;
    em seus lares reinará o terror.
    Morrerão moços e moças,
    crianças e homens já grisalhos.
26 Eu disse que os dispersaria
    e que apagaria da humanidade
        a lembrança deles.
27 Mas temi a provocação do inimigo,
    que o adversário entendesse mal
    e dissesse: "A nossa mão triunfou;
        o Senhor nada fez".'
28 "É uma nação sem juízo
    e sem discernimento.
29 Quem dera fossem sábios
    e entendessem;
    e compreendessem qual será o seu fim!
30 Como poderia um só homem
        perseguir mil,
    ou dois porem em fuga dez mil,
        a não ser que a sua Rocha
        os tivesse vendido,
    a não ser que o Senhor
        os tivesse abandonado?
31 Pois a rocha deles
        não é como a nossa Rocha,
    com o que até mesmo
        os nossos inimigos concordam.
32 A vinha deles é de Sodoma
    e das lavouras de Gomorra.
    Suas uvas estão cheias de veneno,
        e seus cachos, de amargura.
33 O vinho deles
    é a peçonha das serpentes,
    o veneno mortal das cobras.

    you forgot the God who gave you birth.

19 The Lord saw this and rejected them
    because he was angered by his sons and
        daughters.
20 "I will hide my face from them," he said,
    "and see what their end will be;
    for they are a perverse generation,
        children who are unfaithful.
21 They made me jealous by what is no god
    and angered me with their worthless idols.
    I will make them envious by those who are not
        a people;
    I will make them angry by a nation that has no
        understanding.
22 For a fire has been kindled by my wrath,
    one that burns to the realm of death^a below.
    It will devour the earth and its harvests
    and set afire the foundations of the mountains.
23 "I will heap calamities upon them
    and spend my arrows against them.
24 I will send wasting famine against them,
    consuming pestilence and deadly plague;
    I will send against them the fangs of wild beasts,
    the venom of vipers that glide in the dust.
25 In the street the sword will make them
        childless;
    in their homes terror will reign.
    Young men and young women will perish,
    infants and gray-haired men.
26 I said I would scatter them
    and blot out their memory from mankind,
27 but I dreaded the taunt of the enemy,
    lest the adversary misunderstand
    and say, 'Our hand has triumphed;
        the Lord has not done all this.' "
28 They are a nation without sense,
    there is no discernment in them.
29 If only they were wise and would
        understand this
    and discern what their end will be!
30 How could one man chase a thousand,
    or two put ten thousand to flight,
    unless their Rock had sold them,
    unless the Lord had given them up?
31 For their rock is not like our Rock,
    as even our enemies concede.
32 Their vine comes from the vine of Sodom
    and from the fields of Gomorrah.
    Their grapes are filled with poison,
    and their clusters are bitterness.
33 Their wine is the venom of serpents,
    the deadly poison of cobras.

---

^a32.22 Essa palavra pode ser traduzida por sepultura, profundezas, pó ou morte.   ^a32:22 Hebrew *to Sheol*

34 " 'Acaso não guardei isto em segredo?
Não o selei em meus tesouros?
35 A mim pertence a vingança
e a retribuição.
No devido tempo
os pés deles escorregarão;
o dia da sua desgraça está chegando
e o seu próprio destino
se apressa sobre eles.'

36 "O Senhor julgará o seu povo
e terá compaixão dos seus servos,
quando vir que a força deles se esvaiu
e que ninguém sobrou,
nem escravo nem livre.
37 Ele dirá:
'Agora, onde estão os seus deuses,
a rocha em que se refugiaram,
38 os deuses que comeram
a gordura dos seus sacrifícios
e beberam o vinho
das suas ofertas derramadas?
Que eles se levantem para ajudá-los!
Que eles lhes ofereçam abrigo!

39 " 'Vejam agora que eu sou o único,
eu mesmo.
Não há Deus além de mim.
Faço morrer e faço viver,
feri e curarei,
e ninguém é capaz
de livrar-se da minha mão.
40 Ergo a minha mão para os céus
e declaro:
Juro pelo meu nome que,
41 quando eu afiar
a minha espada refulgente
e a minha mão empunhá-la para julgar,
eu me vingarei dos meus adversários
e retribuirei àqueles que me odeiam.
42 Embeberei as minhas flechas
em sangue,
enquanto a minha espada devorar carne:
o sangue dos mortos e dos cativos,
as cabeças dos líderes inimigos'.

43 "Cantem de alegria, ó nações,
com o povo dele,[a][b]
pois ele vingará
o sangue dos seus servos;
retribuirá com vingança
aos seus adversários
e fará propiciação
por sua terra e por seu povo".

44 Moisés veio com Josué[c], filho de Num, e recitou todas as palavras dessa canção na presença do povo. **45** Quando Moisés terminou de recitar todas essas palavras a todo o Israel, **46** disse-lhes: "Guardem no coração todas as palavras que hoje lhes declarei solenemente, para que ordenem aos seus filhos que obedeçam fielmente a todas as palavras desta lei. **47** Elas não são palavras inúteis. São a sua vida. Por meio delas vocês viverão muito tempo na terra da qual tomarão posse do outro lado do Jordão".

A Morte de Moisés no Monte Nebo

48 Naquele mesmo dia o Senhor disse a Moisés: **49** "Suba as montanhas de Abarim, até o monte Nebo, em Moabe, em frente de Jericó, e contemple Canaã, a terra que dou aos israelitas como propriedade. **50** Ali, na montanha que você tiver subido, você morrerá e será reunido aos seus antepassados, assim como o seu irmão Arão morreu no monte Hor e foi reunido aos seus

34 "Have I not kept this in reserve
and sealed it in my vaults?
35 It is mine to avenge; I will repay.
In due time their foot will slip;
their day of disaster is near
and their doom rushes upon them."

36 The Lord will judge his people
and have compassion on his servants
when he sees their strength is gone
and no one is left, slave or free.
37 He will say: "Now where are their gods,
the rock they took refuge in,
38 the gods who ate the fat of their sacrifices
and drank the wine of their drink offerings?
Let them rise up to help you!
Let them give you shelter!

39 "See now that I myself am He!
There is no god besides me.
I put to death and I bring to life,
I have wounded and I will heal,
and no one can deliver out of my hand.
40 I lift my hand to heaven and declare:
As surely as I live forever,
41 when I sharpen my flashing sword
and my hand grasps it in judgment,
I will take vengeance on my adversaries
and repay those who hate me.
42 I will make my arrows drunk with blood,
while my sword devours flesh:
the blood of the slain and the captives,
the heads of the enemy leaders."

43 Rejoice, O nations, with his people,[a][b]
for he will avenge the blood of his servants;
he will take vengeance on his enemies
and make atonement for his land and people.

44 Moses came with Joshua[c] son of Nun and spoke all the words of this song in the hearing of the people. **45** When Moses finished reciting all these words to all Israel, **46** he said to them, "Take to heart all the words I have solemnly declared to you this day, so that you may command your children to obey carefully all the words of this law. **47** They are not just idle words for you—they are your life. By them you will live long in the land you are crossing the Jordan to possess."

Moses to Die on Mount Nebo

48 On that same day the Lord told Moses, **49** "Go up into the Abarim Range to Mount Nebo in Moab, across from Jericho, and view Canaan, the land I am giving the Israelites as their own possession. **50** There on the mountain that you have climbed you will die and be gathered to your people, just as your brother Aaron died on Mount Hor and was gathered to

---

[a]32.43 Ou *Façam o povo dele cantar de alegria, ó nações,* [b]32.43 Os manuscritos do mar Morto dizem *povo dele, e todos os anjos o adorem,* [c]32.44 Hebraico: *Oséias,* variante de *Josué.*

[a]32:43 Or *Make his people rejoice, O nations* [b]32:43 Masoretic Text; Dead Sea Scrolls (see also Septuagint) *people, / and let all the angels worship him* [c]32:44 Hebrew *Hoshea,* a variant of *Joshua*

antepassados. **51** Assim será porque vocês dois foram infiéis para comigo na presença dos israelitas, junto às águas de Meribá, em Cades, no deserto de Zim, e porque vocês não sustentaram a minha santidade no meio dos israelitas. **52** Portanto, você verá a terra somente à distância, mas não entrará na terra que estou dando ao povo de Israel".

A Bênção de Moisés

33 Esta é a bênção com a qual Moisés, homem de Deus, abençoou os israelitas antes da sua morte. **2** Ele disse:

"O Senhor veio do Sinai
e alvoreceu sobre eles desde o Seir,
resplandeceu desde o monte Parã.
Veio com miríades de santos desde o sul,
    desde as encostas de suas montanhas.
3 Certamente és tu que amas o povo;
    todos os santos estão em tuas mãos.
A teus pés todos eles se prostram
e de ti recebem instrução,
4 a lei que Moisés nos deu,
    a herança da assembléia de Jacó.
5 Ele era rei sobre Jesurum,
    quando os chefes do povo se reuniam,
    juntamente com as tribos de Israel.

6 "Que Rúben viva e não morra,
    mesmo sendo poucos os seus homens".

7 E disse a respeito de Judá:

"Ouve, ó Senhor, o grito de Judá;
    traze-o para o seu povo.
Que as suas próprias mãos
    sejam suficientes,
e que haja auxílio
    contra os seus adversários!"

8 A respeito de Levi disse:

"O teu Urim e o teu Tumim[a] pertencem
    ao homem a quem favoreceste.
Tu o provaste em Massá[b];
    disputaste com ele
junto às águas de Meribá[c].
9 Levi disse do seu pai e da sua mãe:
    'Não tenho consideração por eles'.
Não reconheceu os seus irmãos,
    nem conheceu os próprios filhos,
apesar de que guardaram a tua palavra
    e observaram a tua aliança.
10 Ele ensina as tuas ordenanças a Jacó
    e a tua lei a Israel.
Ele te oferece incenso
    e holocaustos completos no teu altar.
11 Abençoa todos os seus esforços,
    ó Senhor,
e aprova a obra das suas mãos.
Despedaça os lombos
    dos seus adversários,
dos que o odeiam,
    sejam quem forem".

12 A respeito de Benjamim disse:

"Que o amado do Senhor
    descanse nele em segurança,
pois ele o protege o tempo inteiro,
e aquele a quem o Senhor ama
    descansa nos seus braços".

13 A respeito de José disse:

his people. **51** This is because both of you broke faith with me in the presence of the Israelites at the waters of Meribah Kadesh in the Desert of Zin and because you did not uphold my holiness among the Israelites. **52** Therefore, you will see the land only from a distance; you will not enter the land I am giving to the people of Israel."

Moses Blesses the Tribes

33 This is the blessing that Moses the man of God pronounced on the Israelites before his death. **2** He said:

"The Lord came from Sinai
    and dawned over them from Seir;
he shone forth from Mount Paran.
He came with[a] myriads of holy ones
    from the south, from his mountain slopes.[b]
3 Surely it is you who love the people;
    all the holy ones are in your hand.
At your feet they all bow down,
    and from you receive instruction,
4 the law that Moses gave us,
    the possession of the assembly of Jacob.
5 He was king over Jeshurun[c]
    when the leaders of the people assembled,
    along with the tribes of Israel.

6 "Let Reuben live and not die,
    nor[d] his men be few."

7 And this he said about Judah:

"Hear, O Lord, the cry of Judah;
    bring him to his people.
With his own hands he defends his cause.
Oh, be his help against his foes!"

8 About Levi he said:

"Your Thummim and Urim belong
    to the man you favored.
You tested him at Massah;
    you contended with him at the waters of
        Meribah.
9 He said of his father and mother,
    'I have no regard for them.'
He did not recognize his brothers
    or acknowledge his own children,
but he watched over your word
    and guarded your covenant.
10 He teaches your precepts to Jacob
    and your law to Israel.
He offers incense before you
    and whole burnt offerings on your altar.
11 Bless all his skills, O Lord,
    and be pleased with the work of his hands.
Smite the loins of those who rise up against him;
    strike his foes till they rise no more."

12 About Benjamin he said:

"Let the beloved of the Lord rest secure in him,
    for he shields him all day long,
and the one the Lord loves rests between his
        shoulders."

13 About Joseph he said:

---

a33.8 Objetos utilizados para se conhecer a vontade de Deus. **b33.8** *Massá* significa *provação*. **c33.8** *Meribá* significa *rebelião*.

a33:2 Or *from* **b33:2** The meaning of the Hebrew for this phrase is uncertain. **c33:5** *Jeshurun* means *the upright one*, that is, Israel; also in verse 26. **d33:6** Or *but let*

"Que o Senhor abençoe a sua terra
  com o precioso orvalho
  que vem de cima, do céu,
  e com as águas das profundezas;
14 com o melhor que o sol amadurece
  e com o melhor que a lua possa dar;
15 com as dádivas mais bem escolhidas
    dos montes antigos
  e com a fertilidade das colinas eternas;
16 com os melhores frutos da terra
    e a sua plenitude,
  e com o favor daquele
    que apareceu na sarça ardente.
  Que tudo isso repouse
    sobre a cabeça de José,
  sobre a fronte do escolhido
    entre os seus irmãos.
17 É majestoso como a primeira cria
    de um touro;
  seus chifres são os chifres
    de um boi selvagem,
  com os quais ferirá as nações
    até os confins da terra.
  Assim são as dezenas de milhares
    de Efraim;
  assim são os milhares de Manassés".

18 A respeito de Zebulom disse:

"Alegre-se, Zebulom,
    em suas viagens,
  e você, Issacar, em suas tendas.
19 Eles convocarão povos para o monte
  e ali oferecerão sacrifícios de justiça;
  farão um banquete
    com a riqueza dos mares,
  com os tesouros ocultos das praias".

20 A respeito de Gade disse:

"Bendito é aquele
    que amplia os domínios de Gade!
  Gade fica à espreita como um leão;
    despedaça um braço e também a cabeça.
21 Escolheu para si o melhor;
    a porção do líder lhe foi reservada.
  Tornou-se o chefe do povo
    e executou a justa vontade do Senhor
  e os seus juízos sobre Israel".

22 A respeito de Dã disse:

"Dã é um filhote de leão,
    que vem saltando desde Basã".

23 A respeito de Naftali disse:

"Naftali tem fartura do favor do Senhor
  e está repleto de suas bênçãos;
  suas posses estendem-se para o sul,
    em direção ao mar".

24 A respeito de Aser disse:

"Bendito é Aser entre os filhos;
  seja ele favorecido por seus irmãos,
    e banhe os seus pés no azeite!
25 Sejam de ferro e bronze
    as trancas das suas portas,
  e dure a sua força como os seus dias.

26 "Não há ninguém
    como o Deus de Jesurum,
  que cavalga os céus para ajudá-lo,
  e cavalga as nuvens em sua majestade!
27 O Deus eterno é o seu refúgio,

"May the Lord bless his land
  with the precious dew from heaven above
  and with the deep waters that lie below;
14 with the best the sun brings forth
  and the finest the moon can yield;
15 with the choicest gifts of the ancient mountains
  and the fruitfulness of the everlasting hills;
16 with the best gifts of the earth and its fullness
  and the favor of him who dwelt in the
    burning bush.
  Let all these rest on the head of Joseph,
  on the brow of the prince amonga his
    brothers.
17 In majesty he is like a firstborn bull;
  his horns are the horns of a wild ox.
  With them he will gore the nations,
    even those at the ends of the earth.
  Such are the ten thousands of Ephraim;
  such are the thousands of Manasseh."

18 About Zebulun he said:

"Rejoice, Zebulun, in your going out,
  and you, Issachar, in your tents.
19 They will summon peoples to the mountain
  and there offer sacrifices of righteousness;
  they will feast on the abundance of the seas,
    on the treasures hidden in the sand."

20 About Gad he said:

"Blessed is he who enlarges Gad's domain!
  Gad lives there like a lion,
  tearing at arm or head.
21 He chose the best land for himself;
    the leader's portion was kept for him.
  When the heads of the people assembled,
    he carried out the Lord's righteous will,
  and his judgments concerning Israel."

22 About Dan he said:

"Dan is a lion's cub,
    springing out of Bashan."

23 About Naphtali he said:

"Naphtali is abounding with the favor of the Lord
  and is full of his blessing;
  he will inherit southward to the lake."

24 About Asher he said:

"Most blessed of sons is Asher;
  let him be favored by his brothers,
  and let him bathe his feet in oil.
25 The bolts of your gates will be iron and bronze,
  and your strength will equal your days.

26 "There is no one like the God of Jeshurun,
  who rides on the heavens to help you
  and on the clouds in his majesty.
27 The eternal God is your refuge,

---

a33:16 Or *of the one separated from*

e para segurá-lo
estão os braços eternos.
Ele expulsará os inimigos
da sua presença,
dizendo: 'Destrua-os!'
28 Somente Israel viverá em segurança;
a fonte de Jacó está segura
numa terra de trigo e de vinho novo,
onde os céus gotejam orvalho.
29 Como você é feliz, Israel!
Quem é como você,
povo salvo pelo Senhor?
Ele é o seu abrigo, o seu ajudador
e a sua espada gloriosa.
Os seus inimigos se encolherão
diante de você,
mas você pisará os seus altos".

A Morte de Moisés

34 Então, das campinas de Moabe Moisés subiu ao monte Nebo, ao topo do Pisga, em frente de Jericó. Ali o Senhor lhe mostrou a terra toda: de Gileade a Dã, 2 toda a região de Naftali, o território de Efraim e Manassés, toda a terra de Judá até o mar ocidentala, 3 o Neguebe e toda a região que vai do vale de Jericó, a cidade das Palmeiras, até Zoar. 4 E o Senhor lhe disse: "Esta é a terra que prometi sob juramento a Abraão, a Isaque e a Jacó, quando lhes disse: Eu a darei a seus descendentes. Permiti que você a visse com os seus próprios olhos, mas você não atravessará o rio, não entrará nela".

5 Moisés, o servo do Senhor, morreu ali, em Moabe, como Senhor dissera. 6 Ele o sepultoub em Moabe, no vale que fica diante de Bete-Peor, mas até hoje ninguém sabe onde está localizado seu túmulo. 7 Moisés tinha cento e vinte anos de idade quando morreu; todavia, nem os seus olhos nem o seu vigor tinham se enfraquecido. 8 Os israelitas choraram Moisés nas campinas de Moabe durante trinta dias, até passar o período de pranto e luto.

9 Ora, Josué, filho de Num, estava cheio do Espíritoc de sabedoria, porque Moisés tinha imposto as suas mãos sobre ele. De modo que os israelitas lhe obedeceram e fizeram o que o Senhor tinha ordenado a Moisés.

10 Em Israel nunca mais se levantou profeta como Moisés, a quem o Senhor conheceu face a face, 11 e que fez todos aqueles sinais e maravilhas que o Senhor o tinha enviado para fazer no Egito, contra o faraó, contra todos os seus servos e contra toda a sua terra. 12 Pois ninguém jamais mostrou tamanho poder como Moisés nem executou os feitos temíveis que Moisés realizou aos olhos de todo o Israel.

Josué

Palavra do Senhor a Josué

1 Depois da morte de Moisés, servo do Senhor, disse o Senhor a Josué, filho de Num, auxiliar de Moisés: 2 "Meu servo Moisés está morto. Agora, pois, você e todo este povo preparem-se para atravessar o rio Jordão e entrar na terra que eu estou para dar aos israelitas. 3 Como prometi a Moisés, todo lugar onde puserem os pés eu darei a vocês. 4 Seu território se estenderá do deserto ao Líbanod, e do grande rio, o Eufrates, toda a terra dos hititas, até o mar Grandee, no oeste. 5 Ninguém conseguirá resistir a você todos os dias da sua vida. Assim como estive com Moisés, estarei com você; nunca o deixarei, nunca o abandonarei.

6 "Seja forte e corajoso, porque você conduzirá este povo para herdar a terra que prometi sob juramento aos seus an-

and underneath are the everlasting arms.
He will drive out your enemy before you,
saying, 'Destroy him!'
28 So Israel will live in safety alone;
Jacob's spring is secure
in a land of grain and new wine,
where the heavens drop dew.
29 Blessed are you, O Israel!
Who is like you,
a people saved by the Lord?
He is your shield and helper
and your glorious sword.
Your enemies will cower before you,
and you will trample down their high places.a"

The Death of Moses

34 Then Moses climbed Mount Nebo from the plains of Moab to the top of Pisgah, across from Jericho. There the Lord showed him the whole land—from Gilead to Dan, 2 all of Naphtali, the territory of Ephraim and Manasseh, all the land of Judah as far as the western sea,b 3 the Negev and the whole region from the Valley of Jericho, the City of Palms, as far as Zoar. 4 Then the Lord said to him, "This is the land I promised on oath to Abraham, Isaac and Jacob when I said, 'I will give it to your descendants.' I have let you see it with your eyes, but you will not cross over into it."

5 And Moses the servant of the Lord died there in Moab, as the Lord had said. 6 He buried himc in Moab, in the valley opposite Beth Peor, but to this day no one knows where his grave is. 7 Moses was a hundred and twenty years old when he died, yet his eyes were not weak nor his strength gone. 8 The Israelites grieved for Moses in the plains of Moab thirty days, until the time of weeping and mourning was over.

9 Now Joshua son of Nun was filled with the spiritd of wisdom because Moses had laid his hands on him. So the Israelites listened to him and did what the Lord had commanded Moses.

10 Since then, no prophet has risen in Israel like Moses, whom the Lord knew face to face, 11 who did all those miraculous signs and wonders the Lord sent him to do in Egypt—to Pharaoh and to all his officials and to his whole land. 12 For no one has ever shown the mighty power or performed the awesome deeds that Moses did in the sight of all Israel.

Joshua

The Lord Commands Joshua

1 After the death of Moses the servant of the Lord, the Lord said to Joshua son of Nun, Moses' aide: 2 "Moses my servant is dead. Now then, you and all these people, get ready to cross the Jordan River into the land I am about to give to them—to the Israelites. 3 I will give you every place where you set your foot, as I promised Moses. 4 Your territory will extend from the desert to Lebanon, and from the great river, the Euphrates—all the Hittite country—to the Great Seae on the west. 5 No one will be able to stand up against you all the days of your life. As I was with Moses, so I will be with you; I will never leave you nor forsake you.

6 "Be strong and courageous, because you will lead these people to inherit the land I swore to their forefathers to give

---

a34.2 Isto é, o mar Mediterrâneo. b34.6 Ou *Ele foi sepultad* c34.9 Ou *cheio de sabedoria* d1.4 Hebraico: *a este Líbano.* Provavelmente montanhas do Líbano. e1.4 Isto é, o mar Mediterrâneo; também em 9.1; 15.12,47 e 23.4.

a33:29 Or *will tread upon their bodies* b34:2 That is, the Mediterranean c34:6 Or *He was buried* d34:9 Or *Spirit* e1:4 That is, the Mediterranean

tepassados. **7** Somente seja forte e muito corajoso! Tenha o cuidado de obedecer a toda a lei que o meu servo Moisés lhe ordenou; não se desvie dela, nem para a direita nem para a esquerda, para que você seja bem-sucedido por onde quer que andar. **8** Não deixe de falar as palavras deste Livro da Lei e de meditar nelas de dia e de noite, para que você cumpra fielmente tudo o que nele está escrito. Só então os seus caminhos prosperarão e você será bem-sucedido. **9** Não fui eu que lhe ordenei? Seja forte e corajoso! Não se apavore, nem desanime, pois o Senhor, o seu Deus, estará com você por onde você andar".

Os Preparativos para a Conquista da Terra

10 Assim Josué ordenou aos oficiais do povo: **11** "Percorram o acampamento e ordenem ao povo que prepare as provisões. Daqui a três dias vocês atravessarão o Jordão neste ponto, para entrar e tomar posse da terra que o Senhor, o seu Deus, lhes dá".

12 Mas às tribos de Rúben, de Gade e à metade da tribo de Manassés Josué disse: **13** "Lembrem-se da ordem que Moisés, servo do Senhor, deu a vocês, quando o Senhor, o seu Deus, lhes prometeu descanso e dar-lhes esta terra: **14** 'As suas mulheres, os seus filhos e os seus rebanhos poderão ficar na terra que Moisés lhes deu a leste do Jordão, mas todos os homens de guerra, preparados para lutar, atravessarão à frente dos seus irmãos israelitas'. Vocês os ajudarão **15** até que o Senhor conceda um lugar de descanso para eles, como deu a vocês, e até que eles também tenham tomado posse da terra que o Senhor, o seu Deus, lhes dá. Depois disso vocês poderão voltar e ocupar a sua própria terra, que Moisés, servo do Senhor, lhes deu a leste do Jordão, na direção do nascer do sol".

16 Então eles responderam a Josué: "Tudo o que você nos ordenar faremos, e aonde quer que nos enviar iremos. **17** Assim como obedecemos totalmente a Moisés, também obedeceremos a você. Somente que o Senhor, o seu Deus, seja com você, como foi com Moisés. **18** Todo aquele que se rebelar contra as suas instruções e não obedecer às suas ordens, seja o que for que você lhe ordenar, será morto. Somente seja forte e corajoso!"

Raabe e os Espiões

2 Então Josué, filho de Num, enviou secretamente de Sitim dois espiões e lhes disse: "Vão examinar a terra, especialmente Jericó". Eles foram e entraram na casa de uma prostituta chamada Raabe, e ali passaram a noite.

2 Todavia, o rei de Jericó foi avisado: "Alguns israelitas vieram aqui esta noite para espionar a terra". **3** Diante disso, o rei de Jericó enviou esta mensagem a Raabe: "Mande embora os homens que entraram em sua casa, pois vieram espionar a terra toda".

4 Mas a mulher que tinha escondido os dois homens respondeu: "É verdade que os homens vieram a mim, mas eu não sabia de onde tinham vindo. **5** Ao anoitecer, na hora de fechar a porta da cidade, eles partiram. Não sei por onde foram. Corram atrás deles. Talvez os alcancem". **6** Ela, porém, os tinha levado para o terraço e os tinha escondido sob os talos de linho que havia arrumado lá.

7 Os perseguidores partiram atrás deles pelo caminho que vai para o lugar de passagem do Jordão. E logo que saíram, a porta foi trancada.

8 Antes de os espiões se deitarem, Raabe subiu ao terraço **9** e lhes disse: "Sei que o Senhor lhes deu esta terra. Vocês nos causaram um medo terrível, e todos os habitantes desta terra estão apavorados por causa de vocês. **10** Pois temos ouvido como o Senhor secou as águas do mar Vermelho perante vocês quando saíram do Egito, e o que vocês fizeram a leste do Jordão com Seom e Ogue, os dois reis amorreus que vocês aniquilaram.

them. **7** Be strong and very courageous. Be careful to obey all the law my servant Moses gave you; do not turn from it to the right or to the left, that you may be successful wherever you go. **8** Do not let this Book of the Law depart from your mouth; meditate on it day and night, so that you may be careful to do everything written in it. Then you will be prosperous and successful. **9** Have I not commanded you? Be strong and courageous. Do not be terrified; do not be discouraged, for the Lord your God will be with you wherever you go."

10 So Joshua ordered the officers of the people: **11** "Go through the camp and tell the people, 'Get your supplies ready. Three days from now you will cross the Jordan here to go in and take possession of the land the Lord your God is giving you for your own.' "

12 But to the Reubenites, the Gadites and the half-tribe of Manasseh, Joshua said, **13** "Remember the command that Moses the servant of the Lord gave you: 'The Lord your God is giving you rest and has granted you this land.' **14** Your wives, your children and your livestock may stay in the land that Moses gave you east of the Jordan, but all your fighting men, fully armed, must cross over ahead of your brothers. You are to help your brothers **15** until the Lord gives them rest, as he has done for you, and until they too have taken possession of the land that the Lord your God is giving them. After that, you may go back and occupy your own land, which Moses the servant of the Lord gave you east of the Jordan toward the sunrise."

16 Then they answered Joshua, "Whatever you have commanded us we will do, and wherever you send us we will go. **17** Just as we fully obeyed Moses, so we will obey you. Only may the Lord your God be with you as he was with Moses. **18** Whoever rebels against your word and does not obey your words, whatever you may command them, will be put to death. Only be strong and courageous!"

Rahab and the Spies

2 Then Joshua son of Nun secretly sent two spies from Shittim. "Go, look over the land," he said, "especially Jericho." So they went and entered the house of a prostitute[a] named Rahab and stayed there.

2 The king of Jericho was told, "Look! Some of the Israelites have come here tonight to spy out the land." **3** So the king of Jericho sent this message to Rahab: "Bring out the men who came to you and entered your house, because they have come to spy out the whole land."

4 But the woman had taken the two men and hidden them. She said, "Yes, the men came to me, but I did not know where they had come from. **5** At dusk, when it was time to close the city gate, the men left. I don't know which way they went. Go after them quickly. You may catch up with them." **6** (But she had taken them up to the roof and hidden them under the stalks of flax she had laid out on the roof.) **7** So the men set out in pursuit of the spies on the road that leads to the fords of the Jordan, and as soon as the pursuers had gone out, the gate was shut.

8 Before the spies lay down for the night, she went up on the roof **9** and said to them, "I know that the Lord has given this land to you and that a great fear of you has fallen on us, so that all who live in this country are melting in fear because of you. **10** We have heard how the Lord dried up the water of the Red Sea[b] for you when you came out of Egypt, and what you did to Sihon and Og, the two kings of the Amorites east of the Jordan, whom you completely destroyed.[c]

---

[a]2:1 Or possibly *an innkeeper*   [b]2:10 Hebrew *Yam Suph*; that is, Sea of Reeds   [c]2:10 The Hebrew term refers to the irrevocable giving over of things or persons to the Lord, often by totally destroying them.

11 Quando soubemos disso, o povo desanimou-se completamente, e por causa de vocês todos perderam a coragem, pois o Senhor, o seu Deus, é Deus em cima nos céus e embaixo na terra. **12** Jurem-me pelo Senhor que, assim como eu fui bondosa com vocês, vocês também serão bondosos com a minha família. Dêem-me um sinal seguro **13** de que pouparão a vida de meu pai e de minha mãe, de meus irmãos e de minhas irmãs, e de tudo o que lhes pertence. Livrem-nos da morte".

14 "A nossa vida pela de vocês!", os homens lhe garantiram. "Se você não contar o que estamos fazendo, nós a trataremos com bondade e fidelidade quando o Senhor nos der a terra."

15 Então Raabe os ajudou a descer pela janela com uma corda, pois a casa em que morava fazia parte do muro da cidade, **16** e lhes disse: "Vão para aquela montanha, para que os perseguidores não os encontrem. Escondam-se lá por três dias, até que eles voltem; depois poderão seguir o seu caminho".

17 Os homens lhe disseram: "Estaremos livres do juramento que você nos levou a fazer **18** se, quando entrarmos na terra, você não tiver amarrado este cordão vermelho na janela pela qual nos ajudou a descer, e se não tiver trazido para a sua casa o seu pai e a sua mãe, os seus irmãos e toda a sua família. **19** Qualquer pessoa que sair da casa será responsável por sua própria morte; nós seremos inocentes. Mas, seremos responsáveis pela morte de quem estiver na casa com você, caso alguém toque nessa pessoa. **20** E se você contar o que estamos fazendo, estaremos livres do juramento que você nos levou a fazer".

21 "Seja como vocês disseram", respondeu Raabe. Assim ela os despediu, e eles partiram. Depois ela amarrou o cordão vermelho na janela.

22 Quando partiram, foram para a montanha e ali ficaram três dias, até que os seus perseguidores regressassem. Estes os procuraram ao longo de todo o caminho e não os acharam. **23** Por fim os dois homens voltaram; desceram a montanha, atravessaram o rio e chegaram a Josué, filho de Num, e lhe contaram tudo o que lhes havia acontecido. **24** E disseram a Josué: "Sem dúvida o Senhor entregou a terra toda em nossas mãos; todos estão apavorados por nossa causa".

A Travessia do Jordão

3 De manhã bem cedo Josué e todos os israelitas partiram de Sitim e foram para o Jordão, onde acamparam antes de atravessar o rio. **2** Três dias depois, os oficiais percorreram o acampamento, **3** e deram esta ordem ao povo: "Quando virem a arca da aliança do Senhor, o seu Deus, e os sacerdotes levitas carregando-a, saiam das suas posições e sigam-na. **4** Mas mantenham a distância de cerca de novecentos metros^b entre vocês e a arca; não se aproximem! Desse modo saberão que caminho seguir, pois vocês nunca passaram por lá".

5 Josué ordenou ao povo: "Santifiquem-se, pois amanhã o Senhor fará maravilhas entre vocês".

6 E disse aos sacerdotes: "Levantem a arca da aliança e passem à frente do povo". Eles a levantaram e foram na frente.

7 E o Senhor disse a Josué: "Hoje começarei a exaltá-lo à vista de todo o Israel, para que saibam que estarei com você como estive com Moisés. **8** Portanto, você é quem dará a seguinte ordem aos sacerdotes que carregam a arca da aliança: Quando chegarem às margens das águas do Jordão, parem junto ao rio".

9 Então Josué disse aos israelitas: "Venham ouvir as palavras do Senhor, o seu Deus. **10** Assim saberão que o Deus vivo está no meio de vocês e que certamente expulsará de diante de vocês os cananeus, os hititas, os heveus, os ferezeus, os girgaseus, os amorreus e os jebuseus. **11** Vejam, a arca da aliança do Soberano de toda a terra atravessará o Jordão à frente de vocês.

11 When we heard of it, our hearts melted and everyone's courage failed because of you, for the Lord your God is God in heaven above and on the earth below. **12** Now then, please swear to me by the Lord that you will show kindness to my family, because I have shown kindness to you. Give me a sure sign **13** that you will spare the lives of my father and mother, my brothers and sisters, and all who belong to them, and that you will save us from death."

14 "Our lives for your lives!" the men assured her. "If you don't tell what we are doing, we will treat you kindly and faithfully when the Lord gives us the land."

15 So she let them down by a rope through the window, for the house she lived in was part of the city wall. **16** Now she had said to them, "Go to the hills so the pursuers will not find you. Hide yourselves there three days until they return, and then go on your way."

17 The men said to her, "This oath you made us swear will not be binding on us **18** unless, when we enter the land, you have tied this scarlet cord in the window through which you let us down, and unless you have brought your father and mother, your brothers and all your family into your house. **19** If anyone goes outside your house into the street, his blood will be on his own head; we will not be responsible. As for anyone who is in the house with you, his blood will be on our head if a hand is laid on him. **20** But if you tell what we are doing, we will be released from the oath you made us swear."

21 "Agreed," she replied. "Let it be as you say." So she sent them away and they departed. And she tied the scarlet cord in the window.

22 When they left, they went into the hills and stayed there three days, until the pursuers had searched all along the road and returned without finding them. **23** Then the two men started back. They went down out of the hills, forded the river and came to Joshua son of Nun and told him everything that had happened to them. **24** They said to Joshua, "The Lord has surely given the whole land into our hands; all the people are melting in fear because of us."

Crossing the Jordan

3 Early in the morning Joshua and all the Israelites set out from Shittim and went to the Jordan, where they camped before crossing over. **2** After three days the officers went throughout the camp, **3** giving orders to the people: "When you see the ark of the covenant of the Lord your God, and the priests, who are Levites, carrying it, you are to move out from your positions and follow it. **4** Then you will know which way to go, since you have never been this way before. But keep a distance of about a thousand yards^a between you and the ark; do not go near it."

5 Joshua told the people, "Consecrate yourselves, for tomorrow the Lord will do amazing things among you."

6 Joshua said to the priests, "Take up the ark of the covenant and pass on ahead of the people." So they took it up and went ahead of them.

7 And the Lord said to Joshua, "Today I will begin to exalt you in the eyes of all Israel, so they may know that I am with you as I was with Moses. **8** Tell the priests who carry the ark of the covenant: 'When you reach the edge of the Jordan's waters, go and stand in the river.' "

9 Joshua said to the Israelites, "Come here and listen to the words of the Lord your God. **10** This is how you will know that the living God is among you and that he will certainly drive out before you the Canaanites, Hittites, Hivites, Perizzites, Girgashites, Amorites and Jebusites. **11** See, the ark of the covenant of the Lord of all the earth will go into the Jordan ahead of you.

---

a3.3 Alguns manuscritos do Texto Massorético e as Versões Grega, Siríaca e Aramaica dizem *e os levitas*. **b3.4** Hebraico: *cerca de 2.000 côvados*. O côvado era uma medida linear de cerca de 45 centímetros.

a3:4 Hebrew *about two thousand cubits* (about 900 meters)

¹²Agora, escolham doze israelitas, um de cada tribo. ¹³Quando os sacerdotes que carregam a arca do Senhor, o Soberano de toda a terra, puserem os pés no Jordão, a correnteza será represada e as águas formarão uma muralha".

¹⁴Quando, pois, o povo desmontou o acampamento para atravessar o Jordão, os sacerdotes que carregavam a arca da aliança foram adiante. ¹⁵(O Jordão transborda em ambas as margens na época da colheita.) Assim que os sacerdotes que carregavam a arca da aliança chegaram ao Jordão e seus pés tocaram as águas, ¹⁶a correnteza que descia parou de correr e formou uma muralha a grande distância, perto de uma cidade chamada Adã, nas proximidades de Zaretã; e as águas que desciam para o mar da Arabá, o mar Salgado*a*, escoaram totalmente. E assim o povo atravessou o rio em frente de Jericó. ¹⁷Os sacerdotes que carregavam a arca da aliança do Senhor ficaram parados em terra seca no meio do Jordão, enquanto todo o Israel passava, até que toda a nação o atravessou pisando em terra seca.

O Memorial das Doze Pedras

4 Quando toda a nação terminou de atravessar o Jordão, o Senhor disse a Josué: ²"Escolha doze homens dentre o povo, um de cada tribo, ³e mande que apanhem doze pedras do meio do Jordão, do lugar onde os sacerdotes ficaram parados. Levem-nas com vocês para o local onde forem passar a noite".

⁴Josué convocou os doze homens que escolhera dentre os israelitas, um de cada tribo, ⁵e lhes disse: "Passem adiante da arca do Senhor, o seu Deus, até o meio do Jordão. Ponha cada um de vocês uma pedra nos ombros, conforme o número das tribos dos israelitas. ⁶Elas servirão de sinal para vocês. No futuro, quando os seus filhos lhes perguntarem: 'Que significam essas pedras?', ⁷respondam que as águas do Jordão foram interrompidas diante da arca da aliança do Senhor. Quando a arca atravessou o Jordão, as águas foram interrompidas. Essas pedras serão um memorial perpétuo para o povo de Israel".

⁸Os israelitas fizeram como Josué lhes havia ordenado. Apanharam doze pedras do meio do Jordão, conforme o número das tribos de Israel, como o Senhor tinha ordenado a Josué; e as levaram ao acampamento, onde as deixaram. ⁹Josué ergueu também doze pedras no meio*b* do Jordão, no local onde os sacerdotes que carregavam a arca da aliança tinham ficado. E elas estão lá até hoje.

¹⁰Os sacerdotes que carregavam a arca permaneceram em pé no meio do Jordão até que o povo fez tudo o que o Senhor ordenara a Josué, por meio de Moisés. E o povo atravessou apressadamente. ¹¹Quando todos tinham acabado de atravessar, a arca do Senhor e os sacerdotes passaram para o outro lado, diante do povo. ¹²Os homens das tribos de Rúben, de Gade e da metade da tribo de Manassés atravessaram preparados para lutar, à frente dos israelitas, como Moisés os tinha orientado. ¹³Cerca de quarenta mil homens preparados para guerra passaram perante o Senhor, rumo à planície de Jericó.

¹⁴Naquele dia o Senhor exaltou Josué à vista de todo o Israel; e eles o respeitaram enquanto viveu, como tinham respeitado Moisés.

¹⁵Então o Senhor disse a Josué: ¹⁶"Ordene aos sacerdotes que carregam a arca da aliança*c* que saiam do Jordão".

¹⁷E Josué lhes ordenou que saíssem.

¹⁸Quando os sacerdotes que carregavam a arca da aliança do Senhor saíram do Jordão, mal tinham posto os pés em terra seca, as águas do Jordão voltaram ao seu lugar, e cobriram como antes as suas margens.

¹²Now then, choose twelve men from the tribes of Israel, one from each tribe. ¹³And as soon as the priests who carry the ark of the Lord—the Lord of all the earth—set foot in the Jordan, its waters flowing downstream will be cut off and stand up in a heap."

¹⁴So when the people broke camp to cross the Jordan, the priests carrying the ark of the covenant went ahead of them. ¹⁵Now the Jordan is at flood stage all during harvest. Yet as soon as the priests who carried the ark reached the Jordan and their feet touched the water's edge, ¹⁶the water from upstream stopped flowing. It piled up in a heap a great distance away, at a town called Adam in the vicinity of Zarethan, while the water flowing down to the Sea of the Arabah (the Salt Sea*a*) was completely cut off. So the people crossed over opposite Jericho. ¹⁷The priests who carried the ark of the covenant of the Lord stood firm on dry ground in the middle of the Jordan, while all Israel passed by until the whole nation had completed the crossing on dry ground.

4 When the whole nation had finished crossing the Jordan, the Lord said to Joshua, ²"Choose twelve men from among the people, one from each tribe, ³and tell them to take up twelve stones from the middle of the Jordan from right where the priests stood and to carry them over with you and put them down at the place where you stay tonight."

⁴So Joshua called together the twelve men he had appointed from the Israelites, one from each tribe, ⁵and said to them, "Go over before the ark of the Lord your God into the middle of the Jordan. Each of you is to take up a stone on his shoulder, according to the number of the tribes of the Israelites, ⁶to serve as a sign among you. In the future, when your children ask you, 'What do these stones mean?' ⁷tell them that the flow of the Jordan was cut off before the ark of the covenant of the Lord. When it crossed the Jordan, the waters of the Jordan were cut off. These stones are to be a memorial to the people of Israel forever."

⁸So the Israelites did as Joshua commanded them. They took twelve stones from the middle of the Jordan, according to the number of the tribes of the Israelites, as the Lord had told Joshua; and they carried them over with them to their camp, where they put them down. ⁹Joshua set up the twelve stones that had been*b* in the middle of the Jordan at the spot where the priests who carried the ark of the covenant had stood. And they are there to this day.

¹⁰Now the priests who carried the ark remained standing in the middle of the Jordan until everything the Lord had commanded Joshua was done by the people, just as Moses had directed Joshua. The people hurried over, ¹¹and as soon as all of them had crossed, the ark of the Lord and the priests came to the other side while the people watched. ¹²The men of Reuben, Gad and the half-tribe of Manasseh crossed over, armed, in front of the Israelites, as Moses had directed them. ¹³About forty thousand armed for battle crossed over before the Lord to the plains of Jericho for war.

¹⁴That day the Lord exalted Joshua in the sight of all Israel; and they revered him all the days of his life, just as they had revered Moses.

¹⁵Then the Lord said to Joshua, ¹⁶"Command the priests carrying the ark of the Testimony to come up out of the Jordan."

¹⁷So Joshua commanded the priests, "Come up out of the Jordan."

¹⁸And the priests came up out of the river carrying the ark of the covenant of the Lord. No sooner had they set their feet on the dry ground than the waters of the Jordan returned to their place and ran at flood stage as before.

---

*a*3.16 Isto é, o mar Morto; também em 12.3; 15.2,5 e 18.19. *b*4.9 Ou *ergueu as doze pedras que haviam estado no meio* *c*4.16 Hebraico: *do Testemunho*. Isto é, das tábuas da aliança.

*a*3:16 That is, the Dead Sea *b*4:9 Or *Joshua also set up twelve stones*

19 No décimo dia do primeiro mês o povo subiu do Jordão e acampou em Gilgal, na fronteira leste de Jericó. **20** E em Gilgal Josué ergueu as doze pedras tiradas do Jordão. **21** Disse ele aos israelitas: "No futuro, quando os filhos perguntarem aos seus pais: 'Que significam essas pedras?', **22** expliquem a eles: Aqui Israel atravessou o Jordão em terra seca. **23** Pois o Senhor, o seu Deus, secou o Jordão perante vocês até que o tivessem atravessado. O Senhor, o seu Deus, fez com o Jordão como fizera com o mar Vermelho, quando o secou diante de nós até que o tivéssemos atravessado. **24** Ele assim fez para que todos os povos da terra saibam que a mão do Senhor é poderosa e para que vocês sempre temam o Senhor, o seu Deus".

A Circuncisão dos Israelitas em Gilgal

5 Todos os reis amorreus que habitavam a oeste do Jordão e todos os reis cananeus que viviam ao longo do litoral souberam como o Senhor tinha secado o Jordão diante dos israelitas até que tivéssemos atravessado. Por isso, desanimaram-se e perderam a coragem de enfrentar os israelitas.

2 Naquela ocasião o Senhor disse a Josué: "Faça facas de pedra e circuncide os israelitas". **3** Josué fez facas de pedra e circuncidou os israelitas em Gibeate-Aralote[a].

4 Ele fez isso porque todos os homens aptos para a guerra morreram no deserto depois de terem saído do Egito. **5** Todos os que saíram haviam sido circuncidados, mas todos os que nasceram no deserto, no caminho, depois da saída do Egito, não passaram pela circuncisão. **6** Os israelitas andaram quarenta anos pelo deserto, até que todos os guerreiros que tinham saído do Egito morressem, visto que não tinham obedecido ao Senhor. Pois o Senhor lhes havia jurado que não veriam a terra que prometera aos seus antepassados que nos daria, terra onde manam leite e mel. **7** Assim, em lugar deles colocou os seus filhos, e estes foram os que Josué circuncidou. Ainda estavam incircuncisos porque não tinham sido circuncidados durante a viagem. **8** E, depois que a nação inteira foi circuncidada, eles ficaram onde estavam, no acampamento, até se recuperarem.

9 Então o Senhor disse a Josué: "Hoje removi de vocês a humilhação sofrida no Egito". Por isso até hoje o lugar se chama Gilgal.

10 Na tarde do décimo quarto dia do mês, enquanto estavam acampados em Gilgal, na planície de Jericó, os israelitas celebraram a Páscoa. **11** No dia seguinte ao da Páscoa, nesse mesmo dia, eles comeram pães sem fermento e grãos de trigo tostados, produtos daquela terra. **12** Um dia depois de comerem do produto da terra, o maná cessou. Já não havia maná para os israelitas, e naquele mesmo ano eles comeram do fruto da terra de Canaã.

A Queda de Jericó

13 Estando Josué já perto de Jericó, olhou para cima e viu um homem em pé, empunhando uma espada. Aproximou-se dele e perguntou-lhe: "Você é por nós, ou por nossos inimigos?"

14 "Nem uma coisa nem outra", respondeu ele. "Venho na qualidade de comandante do exército do Senhor." Então Josué prostrou-se, rosto em terra, em sinal de respeito, e lhe perguntou: "Que mensagem o meu senhor tem para o seu servo?"

15 O comandante do exército do Senhor respondeu: "Tire as sandálias dos pés, pois o lugar em que você está é santo". E Josué as tirou.

6 Jericó estava completamente fechada por causa dos israelitas. Ninguém saía nem entrava.

2 Então o Senhor disse a Josué: "Saiba que entreguei nas suas mãos Jericó, seu rei e seus homens de guerra. **3** Marche

19 On the tenth day of the first month the people went up from the Jordan and camped at Gilgal on the eastern border of Jericho. **20** And Joshua set up at Gilgal the twelve stones they had taken out of the Jordan. **21** He said to the Israelites, "In the future when your descendants ask their fathers, 'What do these stones mean?' **22** tell them, 'Israel crossed the Jordan on dry ground.' **23** For the Lord your God dried up the Jordan before you until you had crossed over. The Lord your God did to the Jordan just what he had done to the Red Sea[a] when he dried it up before us until we had crossed over. **24** He did this so that all the peoples of the earth might know that the hand of the Lord is powerful and so that you might always fear the Lord your God."

Circumcision at Gilgal

5 Now when all the Amorite kings west of the Jordan and all the Canaanite kings along the coast heard how the Lord had dried up the Jordan before the Israelites until we had crossed over, their hearts melted and they no longer had the courage to face the Israelites.

2 At that time the Lord said to Joshua, "Make flint knives and circumcise the Israelites again." **3** So Joshua made flint knives and circumcised the Israelites at Gibeath Haaraloth.[b]

4 Now this is why he did so: All those who came out of Egypt—all the men of military age—died in the desert on the way after leaving Egypt. **5** All the people that came out had been circumcised, but all the people born in the desert during the journey from Egypt had not. **6** The Israelites had moved about in the desert forty years until all the men who were of military age when they left Egypt had died, since they had not obeyed the Lord. For the Lord had sworn to them that they would not see the land that he had solemnly promised their fathers to give us, a land flowing with milk and honey. **7** So he raised up their sons in their place, and these were the ones Joshua circumcised. They were still uncircumcised because they had not been circumcised on the way. **8** And after the whole nation had been circumcised, they remained where they were in camp until they were healed.

9 Then the Lord said to Joshua, "Today I have rolled away the reproach of Egypt from you." So the place has been called Gilgal[c] to this day.

10 On the evening of the fourteenth day of the month, while camped at Gilgal on the plains of Jericho, the Israelites celebrated the Passover. **11** The day after the Passover, that very day, they ate some of the produce of the land: unleavened bread and roasted grain. **12** The manna stopped the day after[d] they ate this food from the land; there was no longer any manna for the Israelites, but that year they ate of the produce of Canaan.

The Fall of Jericho

13 Now when Joshua was near Jericho, he looked up and saw a man standing in front of him with a drawn sword in his hand. Joshua went up to him and asked, "Are you for us or for our enemies?"

14 "Neither," he replied, "but as commander of the army of the Lord I have now come." Then Joshua fell facedown to the ground in reverence, and asked him, "What message does my Lord[e] have for his servant?"

15 The commander of the Lord's army replied, "Take off your sandals, for the place where you are standing is holy." And Joshua did so.

6 Now Jericho was tightly shut up because of the Israelites. No one went out and no one came in.

2 Then the Lord said to Joshua, "See, I have delivered Jericho into your hands, along with its king and its fighting men. **3** March

---

[a]4:23 Hebrew *Yam Suph*; that is, Sea of Reeds [b]5:3 *Gibeath Haaraloth* means *hill of foreskins*. [c]5:9 *Gilgal* sounds like the Hebrew for *roll*. [d]5:12 Or *the day* [e]5:14 Or *lord*

[a]5.3 Gibeate-Aralote significa colina dos prepúcios.

uma vez ao redor da cidade, com todos os homens armados. Faça isso durante seis dias. ⁴Sete sacerdotes levarão cada um uma trombeta de chifre de carneiro à frente da arca. No sétimo dia, marchem todos sete vezes ao redor da cidade, e os sacerdotes toquem as trombetas. ⁵Quando as trombetas soarem um longo toque, todo o povo dará um forte grito; o muro da cidade cairá e o povo atacará, cada um do lugar onde estiver".

⁶Josué, filho de Num, chamou os sacerdotes e lhes disse: "Levem a arca da aliança do Senhor. Sete de vocês levarão trombetas à frente da arca". ⁷E ordenou ao povo: "Avancem! Marchem ao redor da cidade! Os soldados armados irão à frente da arca do Senhor".

⁸Quando Josué terminou de falar ao povo, os sete sacerdotes que levavam suas trombetas perante o Senhor saíram à frente, tocando as trombetas. E a arca da aliança do Senhor ia atrás deles. ⁹Os soldados armados marchavam à frente dos sacerdotes que tocavam as trombetas, e o restante dos soldados seguia a arca. Durante todo esse tempo tocavam-se as trombetas. ¹⁰Mas, Josué tinha ordenado ao povo: "Não dêem o brado de guerra, não levantem a voz, não digam palavra alguma, até o dia em que eu lhes ordenar. Então vocês gritarão!" ¹¹Assim se fez a arca do Senhor rodear a cidade, dando uma volta em torno dela. Então o povo voltou para o acampamento, onde passou a noite.

¹²Josué levantou-se na manhã seguinte, e os sacerdotes levaram a arca do Senhor. ¹³Os sete sacerdotes que levavam as trombetas iam adiante da arca do Senhor, tocando as trombetas. Os homens armados iam à frente deles, e o restante dos soldados seguia a arca do Senhor, enquanto as trombetas tocavam continuamente. ¹⁴No segundo dia também rodearam a cidade uma vez, e voltaram ao acampamento. E durante seis dias repetiram aquela ação.

¹⁵No sétimo dia, levantaram-se ao romper da manhã e marcharam da mesma maneira sete vezes ao redor da cidade; foi apenas nesse dia que rodearam a cidade sete vezes. ¹⁶Na sétima vez, quando os sacerdotes deram o toque de trombeta, Josué ordenou ao povo: "Gritem! O Senhor lhes entregou a cidade! ¹⁷A cidade, com tudo o que nela existe, será consagrada ao Senhor para destruição. Somente a prostituta Raabe e todos os que estão com ela em sua casa serão poupados, pois ela escondeu os espiões que enviamos. ¹⁸Mas fiquem longe das coisas consagradas, não se apossem de nenhuma delas, para que não sejam destruídos. Do contrário trarão destruição e desgraça ao acampamento de Israel. ¹⁹Toda a prata, todo o ouro e todos os utensílios de bronze e de ferro são sagrados e pertencem ao Senhor e deverão ser levados para o seu tesouro".

²⁰Quando soaram as trombetas o povo gritou. Ao som das trombetas e do forte grito, o muro caiu. Cada um atacou do lugar onde estava, e tomaram a cidade. ²¹Consagraram a cidade ao Senhor, destruindo ao fio da espada homens, mulheres, jovens, velhos, bois, ovelhas e jumentos; todos os seres vivos que nela havia.

²²Josué disse aos dois homens que tinham espionado a terra: "Entrem na casa da prostituta e tirem-na de lá com todos os seus parentes, conforme o juramento que fizeram a ela". ²³Então os jovens que tinham espionado a terra entraram e trouxeram Raabe, seu pai, sua mãe, seus irmãos e todos os seus parentes. Tiraram de lá todos os da sua família e os deixaram num local fora do acampamento de Israel.

²⁴Depois incendiaram a cidade inteira e tudo o que nela havia, mas entregaram a prata, o ouro e os utensílios de bronze e de ferro ao tesouro do santuário do Senhor. ²⁵E Josué poupou a prostituta Raabe, a sua família, e todos os seus pertences, pois ela escondeu os homens que Josué tinha enviado a Jericó como espiões. E Raabe vive entre os israelitas até hoje.

²⁶Naquela ocasião Josué pronunciou este juramento solene: "Maldito seja diante do Senhor o homem que reconstruir a cidade de Jericó:

around the city once with all the armed men. Do this for six days. ⁴Have seven priests carry trumpets of rams' horns in front of the ark. On the seventh day, march around the city seven times, with the priests blowing the trumpets. ⁵When you hear them sound a long blast on the trumpets, have all the people give a loud shout; then the wall of the city will collapse and the people will go up, every man straight in."

⁶So Joshua son of Nun called the priests and said to them, "Take up the ark of the covenant of the Lord and have seven priests carry trumpets in front of it." ⁷And he ordered the people, "Advance! March around the city, with the armed guard going ahead of the ark of the Lord."

⁸When Joshua had spoken to the people, the seven priests carrying the seven trumpets before the Lord went forward, blowing their trumpets, and the ark of the Lord's covenant followed them. ⁹The armed guard marched ahead of the priests who blew the trumpets, and the rear guard followed the ark. All this time the trumpets were sounding. ¹⁰But Joshua had commanded the people, "Do not give a war cry, do not raise your voices, do not say a word until the day I tell you to shout. Then shout!" ¹¹So he had the ark of the Lord carried around the city, circling it once. Then the people returned to camp and spent the night there.

¹²Joshua got up early the next morning and the priests took up the ark of the Lord. ¹³The seven priests carrying the seven trumpets went forward, marching before the ark of the Lord and blowing the trumpets. The armed men went ahead of them and the rear guard followed the ark of the Lord, while the trumpets kept sounding. ¹⁴So on the second day they marched around the city once and returned to the camp. They did this for six days.

¹⁵On the seventh day, they got up at daybreak and marched around the city seven times in the same manner, except that on that day they circled the city seven times. ¹⁶The seventh time around, when the priests sounded the trumpet blast, Joshua commanded the people, "Shout! For the Lord has given you the city! ¹⁷The city and all that is in it are to be devotedª to the Lord. Only Rahab the prostituteᵇ and all who are with her in her house shall be spared, because she hid the spies we sent. ¹⁸But keep away from the devoted things, so that you will not bring about your own destruction by taking any of them. Otherwise you will make the camp of Israel liable to destruction and bring trouble on it. ¹⁹All the silver and gold and the articles of bronze and iron are sacred to the Lord and must go into his treasury."

²⁰When the trumpets sounded, the people shouted, and at the sound of the trumpet, when the people gave a loud shout, the wall collapsed; so every man charged straight in, and they took the city. ²¹They devoted the city to the Lord and destroyed with the sword every living thing in it—men and women, young and old, cattle, sheep and donkeys.

²²Joshua said to the two men who had spied out the land, "Go into the prostitute's house and bring her out and all who belong to her, in accordance with your oath to her." ²³So the young men who had done the spying went in and brought out Rahab, her father and mother and brothers and all who belonged to her. They brought out her entire family and put them in a place outside the camp of Israel.

²⁴Then they burned the whole city and everything in it, but they put the silver and gold and the articles of bronze and iron into the treasury of the Lord's house. ²⁵But Joshua spared Rahab the prostitute, with her family and all who belonged to her, because she hid the men Joshua had sent as spies to Jericho— and she lives among the Israelites to this day.

²⁶At that time Joshua pronounced this solemn oath: "Cursed before the Lord is the man who undertakes to rebuild this city, Jericho:

ª6:17 The Hebrew term refers to the irrevocable giving over of things or persons to the Lord, often by totally destroying them; also in verses 18 and 21.
ᵇ6:17 Or possibly innkeeper; also in verses 22 and 25

"Ao preço de seu filho mais velho
   lançará os alicerces da cidade;
ao preço de seu filho mais novo
   porá suas portas!"

27 Assim o Senhor esteve com Josué, cuja fama espalhou-se por toda a região.

O Pecado de Acã e suas Conseqüências

7 Mas os israelitas foram infiéis com relação às coisas consagradas. Acã, filho de Carmi, filho de Zinri[a], filho de Zerá, da tribo de Judá, apossou-se de algumas delas. E a ira do Senhor acendeu-se contra Israel.

2 Sucedeu que Josué enviou homens de Jericó a Ai, que fica perto de Bete-Áven, a leste de Betel, e ordenou-lhes: "Subam e espionem a região". Os homens subiram e espionaram Ai.

3 Quando voltaram a Josué, disseram: "Não é preciso que todos avancem contra Ai. Envie uns dois ou três mil homens para atacá-la. Não canse todo o exército, pois eles são poucos". **4** Por isso cerca de três mil homens atacaram a cidade; mas os homens de Ai os puseram em fuga, **5** chegando a matar trinta e seis deles. Eles perseguiram os israelitas desde a porta da cidade até Sebarim[b], e os feriram na descida. Diante disso o povo desanimou-se completamente.

6 Então Josué, com as autoridades de Israel, rasgou as vestes, prostrou-se, rosto em terra, diante da arca do Senhor, cobrindo de terra a cabeça, e ali permaneceu até à tarde. **7** Disse então Josué: "Ah, Soberano Senhor, por que fizeste este povo atravessar o Jordão? Foi para nos entregar nas mãos dos amorreus e nos destruir? Antes nos contentássemos em continuar no outro lado do Jordão! **8** Que poderei dizer, Senhor, agora que Israel foi derrotado por seus inimigos? **9** Os cananeus e os demais habitantes desta terra saberão disso, nos cercarão e eliminarão o nosso nome da terra. Que farás, então, pelo teu grande nome?"

10 O Senhor disse a Josué: "Levante-se! Por que você está aí prostrado? **11** Israel pecou. Violou a aliança que eu lhe ordenei. Apossou-se de coisas consagradas, roubou-as, escondeu-as e as colocou junto de seus bens. **12** Por isso os israelitas não conseguem resistir aos inimigos; fogem deles porque se tornaram merecedores da sua destruição. Não estarei mais com vocês, se não destruírem do meio de vocês o que foi consagrado à destruição.

13 "Vá, santifique o povo! Diga-lhes: Santifiquem-se para amanhã, pois assim diz o Senhor, o Deus de Israel: Há coisas consagradas à destruição no meio de vocês, ó Israel. Vocês não conseguirão resistir aos seus inimigos enquanto não as retirarem.

14 "Apresentem-se de manhã, uma tribo de cada vez. A tribo que o Senhor escolher virá à frente, um clã de cada vez; o clã que o Senhor escolher virá à frente, uma família de cada vez; e a família que o Senhor escolher virá à frente, um homem de cada vez. **15** Aquele que for pego com as coisas consagradas será queimado no fogo com tudo o que lhe pertence. Violou a aliança do Senhor e cometeu loucura em Israel!"

16 Na manhã seguinte Josué mandou os israelitas virem à frente segundo as suas tribos, e a de Judá foi a escolhida. **17** Os clãs de Judá vieram à frente, e ele escolheu os zeraítas. Fez o clã dos zeraítas vir à frente, família por família, e o escolhido foi Zinri. **18** Josué fez a família de Zinri vir à frente, homem por homem, e Acã, filho de Carmi, filho de Zinri, filho de Zerá, da tribo de Judá, foi o escolhido.

19 Então Josué disse a Acã: "Meu filho, para a glória do Senhor, o Deus de Israel, diga a verdade. Conte-me o que você fez; não me esconda nada".

"At the cost of his firstborn son
   will he lay its foundations;
at the cost of his youngest
   will he set up its gates."

27 So the Lord was with Joshua, and his fame spread throughout the land.

Achan's Sin

7 But the Israelites acted unfaithfully in regard to the devoted things[a]; Achan son of Carmi, the son of Zimri,[b] the son of Zerah, of the tribe of Judah, took some of them. So the Lord's anger burned against Israel.

2 Now Joshua sent men from Jericho to Ai, which is near Beth Aven to the east of Bethel, and told them, "Go up and spy out the region." So the men went up and spied out Ai.

3 When they returned to Joshua, they said, "Not all the people will have to go up against Ai. Send two or three thousand men to take it and do not weary all the people, for only a few men are there." **4** So about three thousand men went up; but they were routed by the men of Ai, **5** who killed about thirty-six of them. They chased the Israelites from the city gate as far as the stone quarries[c] and struck them down on the slopes. At this the hearts of the people melted and became like water.

6 Then Joshua tore his clothes and fell facedown to the ground before the ark of the Lord, remaining there till evening. The elders of Israel did the same, and sprinkled dust on their heads. **7** And Joshua said, "Ah, Sovereign Lord, why did you ever bring this people across the Jordan to deliver us into the hands of the Amorites to destroy us? If only we had been content to stay on the other side of the Jordan! **8** O Lord, what can I say, now that Israel has been routed by its enemies? **9** The Canaanites and the other people of the country will hear about this and they will surround us and wipe out our name from the earth. What then will you do for your own great name?"

10 The Lord said to Joshua, "Stand up! What are you doing down on your face? **11** Israel has sinned; they have violated my covenant, which I commanded them to keep. They have taken some of the devoted things; they have stolen, they have lied, they have put them with their own possessions. **12** That is why the Israelites cannot stand against their enemies; they turn their backs and run because they have been made liable to destruction. I will not be with you anymore unless you destroy whatever among you is devoted to destruction.

13 "Go, consecrate the people. Tell them, 'Consecrate yourselves in preparation for tomorrow; for this is what the Lord, the God of Israel, says: That which is devoted is among you, O Israel. You cannot stand against your enemies until you remove it.

14 " 'In the morning, present yourselves tribe by tribe. The tribe that the Lord takes shall come forward clan by clan; the clan that the Lord takes shall come forward family by family; and the family that the Lord takes shall come forward man by man. **15** He who is caught with the devoted things shall be destroyed by fire, along with all that belongs to him. He has violated the covenant of the Lord and has done a disgraceful thing in Israel!' "

16 Early the next morning Joshua had Israel come forward by tribes, and Judah was taken. **17** The clans of Judah came forward, and he took the Zerahites. He had the clan of the Zerahites come forward by families, and Zimri was taken. **18** Joshua had his family come forward man by man, and Achan son of Carmi, the son of Zimri, the son of Zerah, of the tribe of Judah, was taken.

19 Then Joshua said to Achan, "My son, give glory to the Lord,[d] the God of Israel, and give him the praise.[e] Tell me what you have done; do not hide it from me."

---

a7:1 The Hebrew term refers to the irrevocable giving over of things or persons to the Lord, often by totally destroying them; also in verses 11, 12, 13 and 15. **b7:1** See Septuagint and 1 Chron. 2:6; Hebrew *Zabdi*; also in verses 17 and 18. **c7:5** Or *as far as Shebarim* **d7:19** A solemn charge to tell the truth **e7:19** Or *and confess to him*

a7.1 Alguns manuscritos dizem *Zabdi*; também nos versículos 17 e 18. Veja 1Cr 2.6. **b7.5** Ou *as pedreiras*

20 Acã respondeu: "É verdade que pequei contra o Senhor, o Deus de Israel. O que fiz foi o seguinte: **21** quando vi entre os despojos uma bela capa feita na Babilônia^a, dois quilos e quatrocentos gramas de prata e uma barra de ouro de seiscentos gramas^b, eu os cobicei e me apossei deles. Estão escondidos no chão da minha tenda, com a prata por baixo".

22 Josué enviou alguns homens que correram à tenda de Acã; lá estavam escondidas as coisas, com a prata por baixo. **23** Retiraram-nas da tenda e as levaram a Josué e a todos os israelitas, e as puseram perante o Senhor.

24 Então Josué, junto com todo o Israel, levou Acã, bisneto de Zerá, e a prata, a capa, a barra de ouro, seus filhos e filhas, seus bois, seus jumentos, suas ovelhas, sua tenda e tudo o que lhe pertencia, ao vale de Acor. **25** Disse Josué: "Por que você nos causou esta desgraça? Hoje o Senhor lhe causará desgraça^c". E todo o Israel o apedrejou, e depois apedrejou também os seus, e queimou tudo e todos eles no fogo. **26** Sobre Acã ergueram um grande monte de pedras, que existe até hoje. Então o Senhor se afastou do fogo da sua ira. Por isso foi dado àquele lugar o nome de vale de Acor, nome que permanece até hoje.

A Destruição de Ai

8 E disse o Senhor a Josué: "Não tenha medo! Não desanime! Leve todo o exército com você e avance contra Ai. Eu entreguei nas suas mãos o rei de Ai, seu povo, sua cidade e sua terra. **2** Você fará com Ai e seu rei o que fez com Jericó e seu rei; e desta vez vocês poderão se apossar dos despojos e dos animais. Prepare uma emboscada atrás da cidade".

3 Então Josué e todo o exército se prepararam para atacar a cidade de Ai. Ele escolheu trinta mil dos seus melhores homens de guerra e os enviou de noite **4** com a seguinte ordem: "Atenção! Preparem uma emboscada atrás da cidade, e não se afastem muito dela. Fiquem todos alerta. **5** Eu e todos os que estiverem comigo nos aproximaremos da cidade. Quando os homens nos atacarem como fizeram antes, fugiremos deles. **6** Eles nos perseguirão até que os tenhamos atraído para longe da cidade, pois dirão: 'Estão fugindo de nós como fizeram antes'. Quando estivermos fugindo, **7** vocês sairão da emboscada e tomarão a cidade. O Senhor, o seu Deus, a entregará em suas mãos. **8** Depois que tomarem a cidade, vocês a incendiarão. Façam o que o Senhor ordenou. Atentem bem para as minhas instruções".

9 Então Josué os enviou. Eles foram e ficaram de emboscada entre Betel e Ai, a oeste de Ai. Josué, porém, passou aquela noite com o povo.

10 Na manhã seguinte Josué passou em revista os homens, e ele e os líderes de Israel partiram à frente deles para atacar a cidade. **11** Todos os homens de guerra que estavam com ele avançaram, aproximaram-se da cidade pela frente e armaram acampamento ao norte de Ai, onde o vale os separava da cidade. **12** Josué pôs de emboscada cerca de cinco mil homens entre Betel e Ai, a oeste da cidade. **13** Os que estavam no acampamento ao norte da cidade, e os que estavam na emboscada a oeste, tomaram posição. Naquela noite Josué foi ao vale.

14 Quando o rei de Ai viu isso, ele e todos os homens da cidade se apressaram, levantaram-se logo cedo e saíram para enfrentar Israel no campo de batalha, no local de onde se avista a Arabá. Ele não sabia da emboscada armada contra ele atrás da cidade. **15** Josué e todo o Israel deixaram-se perseguir por eles e fugiram para o deserto. **16** Todos os homens de Ai foram chamados para persegui-los. Eles perseguiram Josué e foram atraídos para longe da cidade. **17** Nem um só homem ficou em Ai e em Betel; todos foram atrás de Israel. Deixaram a cidade aberta e saíram em perseguição de Israel.

18 Disse então o Senhor a Josué: "Estende a lança que você tem na mão na direção de Ai, pois nas suas mãos entregarei a

20 Achan replied, "It is true! I have sinned against the Lord, the God of Israel. This is what I have done: **21** When I saw in the plunder a beautiful robe from Babylonia,^a two hundred shekels^b of silver and a wedge of gold weighing fifty shekels,^c I coveted them and took them. They are hidden in the ground inside my tent, with the silver underneath."

22 So Joshua sent messengers, and they ran to the tent, and there it was, hidden in his tent, with the silver underneath. **23** They took the things from the tent, brought them to Joshua and all the Israelites and spread them out before the Lord.

24 Then Joshua, together with all Israel, took Achan son of Zerah, the silver, the robe, the gold wedge, his sons and daughters, his cattle, donkeys and sheep, his tent and all that he had, to the Valley of Achor. **25** Joshua said, "Why have you brought this trouble on us? The Lord will bring trouble on you today."

Then all Israel stoned him, and after they had stoned the rest, they burned them. **26** Over Achan they heaped up a large pile of rocks, which remains to this day. Then the Lord turned from his fierce anger. Therefore that place has been called the Valley of Achor^d ever since.

Ai Destroyed

8 Then the Lord said to Joshua, "Do not be afraid; do not be discouraged. Take the whole army with you, and go up and attack Ai. For I have delivered into your hands the king of Ai, his people, his city and his land. **2** You shall do to Ai and its king as you did to Jericho and its king, except that you may carry off their plunder and livestock for yourselves. Set an ambush behind the city."

3 So Joshua and the whole army moved out to attack Ai. He chose thirty thousand of his best fighting men and sent them out at night **4** with these orders: "Listen carefully. You are to set an ambush behind the city. Don't go very far from it. All of you be on the alert. **5** I and all those with me will advance on the city, and when the men come out against us, as they did before, we will flee from them. **6** They will pursue us until we have lured them away from the city, for they will say, 'They are running away from us as they did before.' So when we flee from them, **7** you are to rise up from ambush and take the city. The Lord your God will give it into your hand. **8** When you have taken the city, set it on fire. Do what the Lord has commanded. See to it; you have my orders."

9 Then Joshua sent them off, and they went to the place of ambush and lay in wait between Bethel and Ai, to the west of Ai—but Joshua spent that night with the people.

10 Early the next morning Joshua mustered his men, and he and the leaders of Israel marched before them to Ai. **11** The entire force that was with him marched up and approached the city and arrived in front of it. They set up camp north of Ai, with the valley between them and the city. **12** Joshua had taken about five thousand men and set them in ambush between Bethel and Ai, to the west of the city. **13** They had the soldiers take up their positions—all those in the camp to the north of the city and the ambush to the west of it. That night Joshua went into the valley.

14 When the king of Ai saw this, he and all the men of the city hurried out early in the morning to meet Israel in battle at a certain place overlooking the Arabah. But he did not know that an ambush had been set against him behind the city. **15** Joshua and all Israel let themselves be driven back before them, and they fled toward the desert. **16** All the men of Ai were called to pursue them, and they pursued Joshua and were lured away from the city. **17** Not a man remained in Ai or Bethel who did not go after Israel. They left the city open and went in pursuit of Israel.

18 Then the Lord said to Joshua, "Hold out toward Ai the javelin that is in your hand, for into your hand I will deliver the

cidade". Josué estendeu a lança na direção de Ai, **19** e assim que o fez, os homens da emboscada saíram correndo da sua posição, entraram na cidade, tomaram-na e depressa a incendiaram.

20 Quando os homens de Ai olharam para trás e viram a fumaça da cidade subindo ao céu, não tinham para onde escapar, pois os israelitas que fugiam para o deserto se voltaram contra os seus perseguidores. **21** Vendo Josué e todo o Israel que os homens da emboscada tinham tomado a cidade e que desta subia fumaça, deram meia-volta e atacaram os homens de Ai. **22** Os outros israelitas também saíram da cidade para lutar contra eles, de modo que foram cercados, tendo os israelitas dos dois lados. Então os israelitas os mataram, sem deixar sobreviventes nem fugitivos, **23** mas prenderam vivo o rei de Ai e o levaram a Josué.

24 Israel terminou de matar os habitantes de Ai no campo e no deserto, onde os tinha perseguido; eles morreram ao fio da espada. Depois disso, todos os israelitas voltaram à cidade de Ai e mataram os que lá haviam ficado. **25** Doze mil homens e mulheres caíram mortos naquele dia. Era toda a população de Ai. **26** Pois Josué não recuou a lança até exterminar todos os habitantes de Ai. **27** Mas Israel se apossou dos animais e dos despojos daquela cidade, conforme a ordem que o Senhor tinha dado a Josué.

28 Assim Josué incendiou Ai e fez dela um perpétuo monte de ruínas, um lugar abandonado até hoje. **29** Enforcou o rei de Ai numa árvore e ali o deixou até a tarde. Ao pôr-do-sol Josué ordenou que tirassem o corpo da árvore e que o atirassem à entrada da cidade. E sobre ele ergueram um grande monte de pedras, que perdura até hoje.

A Renovação da Aliança no Monte Ebal

30 Então Josué construiu no monte Ebal um altar ao Senhor, o Deus de Israel, **31** conforme Moisés, servo do Senhor, tinha ordenado aos israelitas. Ele o construiu de acordo com o que está escrito no Livro da Lei de Moisés: um altar de pedras não lavradas, nas quais não se usou ferramenta de ferro. Sobre ele ofereceram ao Senhor holocaustosª e sacrifícios de comunhãoᵇ. **32** Ali, na presença dos israelitas, Josué copiou nas pedras a Lei que Moisés havia escrito. **33** Todo o Israel, estrangeiros e naturais da terra, com os seus líderes, os seus oficiais e os seus juízes, estavam em pé dos dois lados da arca da aliança do Senhor, diante dos sacerdotes levitas, que a carregavam. Metade do povo estava em pé, defronte do monte Gerizim, e metade, defronte do monte Ebal. Tudo conforme Moisés, servo de Israel, tinha ordenado anteriormente, para que o povo de Israel fosse abençoado.

34 Em seguida Josué leu todas as palavras da lei, a bênção e a maldição, segundo o que está escrito no Livro da Lei. **35** Não houve uma só palavra de tudo o que Moisés tinha ordenado que Josué não lesse para toda a assembléia de Israel, inclusive mulheres, crianças, e os estrangeiros que viviam no meio deles.

A Astúcia dos Gibeonitas: o Acordo com Josué

9 E souberam disso todos os reis que viviam a oeste do Jordão, nas montanhas, na Sefeláᶜ e em todo o litoral do mar Grande, até o Líbano. Eram os reis dos hititas, dos amorreus, dos cananeus, dos ferezeus, dos heveus e dos jebuseus. **2** Eles se ajuntaram para guerrear contra Josué e contra Israel.

3 Contudo, quando os habitantes de Gibeom souberam o que Josué tinha feito com Jericó e Ai, **4** recorreram a um ardil. Enviaram uma delegação, trazendo jumentos carregados de sacos

city." So Joshua held out his javelin toward Ai. **19** As soon as he did this, the men in the ambush rose quickly from their position and rushed forward. They entered the city and captured it and quickly set it on fire.

20 The men of Ai looked back and saw the smoke of the city rising against the sky, but they had no chance to escape in any direction, for the Israelites who had been fleeing toward the desert had turned back against their pursuers. **21** For when Joshua and all Israel saw that the ambush had taken the city and that smoke was going up from the city, they turned around and attacked the men of Ai. **22** The men of the ambush also came out of the city against them, so that they were caught in the middle, with Israelites on both sides. Israel cut them down, leaving them neither survivors nor fugitives. **23** But they took the king of Ai alive and brought him to Joshua.

24 When Israel had finished killing all the men of Ai in the fields and in the desert where they had chased them, and when every one of them had been put to the sword, all the Israelites returned to Ai and killed those who were in it. **25** Twelve thousand men and women fell that day—all the people of Ai. **26** For Joshua did not draw back the hand that held out his javelin until he had destroyedª all who lived in Ai. **27** But Israel did carry off for themselves the livestock and plunder of this city, as the Lord had instructed Joshua.

28 So Joshua burned Ai and made it a permanent heap of ruins, a desolate place to this day. **29** He hung the king of Ai on a tree and left him there until evening. At sunset, Joshua ordered them to take his body from the tree and throw it down at the entrance of the city gate. And they raised a large pile of rocks over it, which remains to this day.

The Covenant Renewed at Mount Ebal

30 Then Joshua built on Mount Ebal an altar to the Lord, the God of Israel, **31** as Moses the servant of the Lord had commanded the Israelites. He built it according to what is written in the Book of the Law of Moses—an altar of uncut stones, on which no iron tool had been used. On it they offered to the Lord burnt offerings and sacrificed fellowship offerings.ᵇ **32** There, in the presence of the Israelites, Joshua copied on stones the law of Moses, which he had written. **33** All Israel, aliens and citizens alike, with their elders, officials and judges, were standing on both sides of the ark of the covenant of the Lord, facing those who carried it—the priests, who were Levites. Half of the people stood in front of Mount Gerizim and half of them in front of Mount Ebal, as Moses the servant of the Lord had formerly commanded when he gave instructions to bless the people of Israel.

34 Afterward, Joshua read all the words of the law—the blessings and the curses—just as it is written in the Book of the Law. **35** There was not a word of all that Moses had commanded that Joshua did not read to the whole assembly of Israel, including the women and children, and the aliens who lived among them.

The Gibeonite Deception

9 Now when all the kings west of the Jordan heard about these things—those in the hill country, in the western foothills, and along the entire coast of the Great Seaᶜ as far as Lebanon (the kings of the Hittites, Amorites, Canaanites, Perizzites, Hivites and Jebusites)— **2** they came together to make war against Joshua and Israel.

3 However, when the people of Gibeon heard what Joshua had done to Jericho and Ai, **4** they resorted to a ruse: They went as a delegation whose donkeys were loadedᵈ with worn-

---

ª8:26 The Hebrew term refers to the irrevocable giving over of things or persons to the Lord, often by totally destroying them. ᵇ8:31 Traditionally *peace offerings* ᶜ9:1 That is, the Mediterranean ᵈ9:4 Most Hebrew manuscripts; some Hebrew manuscripts, Vulgate and Syriac (see also Septuagint) *They prepared provisions and loaded their donkeys*

ª8.31 Isto é, sacrifícios totalmente queimados. ᵇ8.31 Ou *de paz* ᶜ9.1 Pequena faixa de terra de relevo variável entre a planície costeira e as montanhas; também em 10.40; 11.2,16; 12.8 e 15.33.

gastos e vasilhas de couro velhas, rachadas e remendadas. **5** Os homens calçavam sandálias gastas e remendadas e vestiam roupas velhas. Todos os pães do suprimento deles estavam secos e esmigalhados. **6** Foram a Josué, no acampamento de Gilgal, e disseram a ele e aos homens de Israel: "Viemos de uma terra distante. Queremos que façam um acordo conosco".

7 Os israelitas disseram aos heveus: "Talvez vocês vivam perto de nós. Como poderemos fazer um acordo com vocês?"

8 "Somos seus servos", disseram a Josué.

Josué, porém, perguntou: "Quem são vocês? De onde vocês vêm?"

9 Eles responderam: "Seus servos vieram de uma terra muito distante por causa da fama do Senhor, o seu Deus. Pois ouvimos falar dele, de tudo o que fez no Egito, **10** e de tudo o que fez aos dois reis dos amorreus a leste do Jordão: Seom, rei de Hesbom, e Ogue, rei de Basã, que reinava em Asterote. **11** E os nossos líderes e todos os habitantes da nossa terra nos disseram: 'Juntem provisões para a viagem, vão encontrar-se com eles e digam-lhes: Somos seus servos, façam um acordo conosco'. **12** Este nosso pão estava quente quando o embrulhamos em casa no dia em que saímos de viagem para cá. Mas vejam como agora está seco e esmigalhado. **13** Estas vasilhas de couro que enchemos de vinho eram novas, mas agora estão rachadas. E as nossas roupas e sandálias estão gastas por causa da longa viagem".

14 Os israelitas examinaram[a] as provisões dos heveus, mas não consultaram o Senhor. **15** Então Josué fez um acordo de paz com eles, garantindo poupar-lhes a vida, e os líderes da comunidade o confirmaram com juramento.

16 Três dias depois de fazerem o acordo com os gibeonitas, os israelitas souberam que eram vizinhos e que viviam perto deles. **17** Por isso partiram de viagem, e três dias depois chegaram às cidades dos heveus, que eram Gibeom, Quefira, Beerote e Quiriate-Jearim. **18** Mas não os atacaram, porque os líderes da comunidade lhes haviam feito um juramento em nome do Senhor, o Deus de Israel.

Toda a comunidade, porém, queixou-se contra os líderes, **19** que lhes responderam: "Fizemos a eles o nosso juramento em nome do Senhor, o Deus de Israel; por isso não podemos tocar neles. **20** Todavia, nós os trataremos assim: vamos deixá-los viver, para que não caia sobre nós a ira divina por quebrarmos o juramento que lhes fizemos". **21** E acrescentaram: "Eles ficarão vivos, mas serão lenhadores e carregadores de água para toda a comunidade". E assim se manteve a promessa dos líderes.

22 Então Josué convocou os gibeonitas e disse: "Por que vocês nos enganaram dizendo que viviam muito longe de nós, quando na verdade vivem perto? **23** Agora vocês estão debaixo de maldição: nunca deixarão de ser escravos, rachando lenha e carregando água para a casa do meu Deus".

24 Eles responderam a Josué: "Os seus servos ficaram sabendo como o Senhor, o seu Deus, ordenou que o seu servo Moisés lhes desse toda esta terra e que eliminasse todos os seus habitantes da presença de vocês. Tivemos medo do que poderia acontecer conosco por causa de vocês. Por isso agimos assim. **25** Estamos agora nas suas mãos. Faça conosco o que lhe parecer bom e justo".

26 Josué então os protegeu e não permitiu que os matassem. **27** Mas naquele dia fez dos gibeonitas lenhadores e carregadores de água para a comunidade e para o altar do Senhor, no local que o Senhor escolhesse. É o que eles são até hoje.

O Dia em que o Sol Parou

10 Sucedeu que Adoni-Zedeque, rei de Jerusalém, soube que Josué tinha conquistado Ai e a tinha destruído totalmente, fazendo com Ai e seu rei o que fizera com Jericó e seu rei, e que o povo de Gibeom tinha feito a paz com Israel e estava vivendo no meio deles. **2** Ele e o seu povo ficaram

out sacks and old wineskins, cracked and mended. **5** The men put worn and patched sandals on their feet and wore old clothes. All the bread of their food supply was dry and moldy. **6** Then they went to Joshua in the camp at Gilgal and said to him and the men of Israel, "We have come from a distant country; make a treaty with us."

7 The men of Israel said to the Hivites, "But perhaps you live near us. How then can we make a treaty with you?"

8 "We are your servants," they said to Joshua.

But Joshua asked, "Who are you and where do you come from?"

9 They answered: "Your servants have come from a very distant country because of the fame of the Lord your God. For we have heard reports of him: all that he did in Egypt, **10** and all that he did to the two kings of the Amorites east of the Jordan—Sihon king of Heshbon, and Og king of Bashan, who reigned in Ashtaroth. **11** And our elders and all those living in our country said to us, 'Take provisions for your journey; go and meet them and say to them, "We are your servants; make a treaty with us." ' **12** This bread of ours was warm when we packed it at home on the day we left to come to you. But now see how dry and moldy it is. **13** And these wineskins that we filled were new, but see how cracked they are. And our clothes and sandals are worn out by the very long journey."

14 The men of Israel sampled their provisions but did not inquire of the Lord. **15** Then Joshua made a treaty of peace with them to let them live, and the leaders of the assembly ratified it by oath.

16 Three days after they made the treaty with the Gibeonites, the Israelites heard that they were neighbors, living near them. **17** So the Israelites set out and on the third day came to their cities: Gibeon, Kephirah, Beeroth and Kiriath Jearim. **18** But the Israelites did not attack them, because the leaders of the assembly had sworn an oath to them by the Lord, the God of Israel.

The whole assembly grumbled against the leaders, **19** but all the leaders answered, "We have given them our oath by the Lord, the God of Israel, and we cannot touch them now. **20** This is what we will do to them: We will let them live, so that wrath will not fall on us for breaking the oath we swore to them." **21** They continued, "Let them live, but let them be woodcutters and water carriers for the entire community." So the leaders' promise to them was kept.

22 Then Joshua summoned the Gibeonites and said, "Why did you deceive us by saying, 'We live a long way from you,' while actually you live near us? **23** You are now under a curse: You will never cease to serve as woodcutters and water carriers for the house of my God."

24 They answered Joshua, "Your servants were clearly told how the Lord your God had commanded his servant Moses to give you the whole land and to wipe out all its inhabitants from before you. So we feared for our lives because of you, and that is why we did this. **25** We are now in your hands. Do to us whatever seems good and right to you."

26 So Joshua saved them from the Israelites, and they did not kill them. **27** That day he made the Gibeonites woodcutters and water carriers for the community and for the altar of the Lord at the place the Lord would choose. And that is what they are to this day.

The Sun Stands Still

10 Now Adoni-Zedek king of Jerusalem heard that Joshua had taken Ai and totally destroyed[a] it, doing to Ai and its king as he had done to Jericho and its king, and that the people of Gibeon had made a treaty of peace with Israel and were living near them. **2** He and his people were

---

[a] 9.14 Ou *provaram*

[a] 10:1 The Hebrew term refers to the irrevocable giving over of things or persons to the Lord, often by totally destroying them; also in verses 28, 35, 37, 39 and 40.

com muito medo, pois Gibeom era tão importante como uma cidade governada por um rei; era maior do que Ai, e todos os seus homens eram bons guerreiros. ³ Por isso Adoni-Zedeque, rei de Jerusalém, fez o seguinte apelo a Hoão, rei de Hebrom, a Piram, rei de Jarmute, a Jafia, rei de Láquis, e a Debir, rei de Eglom: ⁴ "Venham para cá e ajudem-me a atacar Gibeom, pois ela fez a paz com Josué e com os israelitas".

⁵ Então os cinco reis dos amorreus, os reis de Jerusalém, de Hebrom, de Jarmute, de Láquis e de Eglom reuniram-se e vieram com todos os seus exércitos. Cercaram Gibeom e a atacaram.

⁶ Os gibeonitas enviaram esta mensagem a Josué, no acampamento de Gilgal: "Não abandone os seus servos. Venha depressa! Salve-nos! Ajude-nos, pois todos os reis amorreus que vivem nas montanhas se uniram contra nós!"

⁷ Josué partiu de Gilgal com todo o seu exército, inclusive com os seus melhores guerreiros. ⁸ E disse o Senhor a Josué: "Não tenha medo desses reis; eu os entreguei nas suas mãos. Nenhum deles conseguirá resistir a você".

⁹ Depois de uma noite inteira de marcha desde Gilgal, Josué os apanhou de surpresa. ¹⁰ O Senhor os lançou em confusão diante de Israel, que lhes impôs grande derrota em Gibeom. Os israelitas os perseguiram na subida para Bete-Horom e os mataram por todo o caminho, até Azeca e Maquedá. ¹¹ Enquanto fugiam de Israel na descida de Bete-Horom para Azeca, do céu o Senhor lançou sobre eles grandes pedras de granizo, que mataram mais gente do que as espadas dos israelitas.

¹² No dia em que o Senhor entregou os amorreus aos israelitas, Josué exclamou ao Senhor, na presença de Israel:

"Sol, pare sobre Gibeom!
E você, ó lua, sobre o vale de Aijalom!"
¹³ O sol parou,
    e a lua se deteve,
até a nação vingar-se
    dosª seus inimigos,

como está escrito no Livro de Jasar.

O sol parou no meio do céu e por quase um dia inteiro não se pôs. ¹⁴ Nunca antes nem depois houve um dia como aquele, quando o Senhor atendeu a um homem. Sem dúvida o Senhor lutava por Israel!

¹⁵ Então Josué voltou com todo o Israel ao acampamento em Gilgal.

Os Cinco Reis Amorreus São Mortos

¹⁶ Os cinco reis fugiram e se esconderam na caverna de Maquedá. ¹⁷ Avisaram a Josué que eles tinham sido achados numa caverna em Maquedá. ¹⁸ Disse ele: "Rolem grandes pedras até a entrada da caverna, e deixem ali alguns homens de guarda. ¹⁹ Mas não se detenham! Persigam os inimigos. Ataquem-nos pela retaguarda e não os deixem chegar às suas cidades, pois o Senhor, o seu Deus, os entregou em suas mãos".

²⁰ Assim Josué e os israelitas os derrotaram por completo, quase exterminando-os. Mas alguns conseguiram escapar e se refugiaram em suas cidades fortificadas. ²¹ O exército inteiro voltou então em segurança a Josué, ao acampamento de Maquedá, e depois disso, ninguém mais ousou abrir a boca para provocar os israelitas.

²² Então disse Josué: "Abram a entrada da caverna e tragam-me aqueles cinco reis". ²³ Os cinco reis foram tirados da caverna. Eram os reis de Jerusalém, de Hebrom, de Jarmute, de Láquis e de Eglom. ²⁴ Quando os levaram a Josué, ele convocou todos os homens de Israel e disse aos comandantes do exército que o tinham acompanhado: "Venham aqui e ponham o pé no pescoço destes reis". E eles obedeceram.

²⁵ Disse-lhes Josué: "Não tenham medo! Não desanimem! Sejam fortes e corajosos! É isso que o Senhor fará com todos os inimigos que vocês tiverem que combater". ²⁶ Depois Josué matou os reis e mandou pendurá-los em cinco árvores, onde ficaram até a tarde.

very much alarmed at this, because Gibeon was an important city, like one of the royal cities; it was larger than Ai, and all its men were good fighters. ³ So Adoni-Zedek king of Jerusalem appealed to Hoham king of Hebron, Piram king of Jarmuth, Japhia king of Lachish and Debir king of Eglon. ⁴ "Come up and help me attack Gibeon," he said, "because it has made peace with Joshua and the Israelites."

⁵ Then the five kings of the Amorites—the kings of Jerusalem, Hebron, Jarmuth, Lachish and Eglon—joined forces. They moved up with all their troops and took up positions against Gibeon and attacked it.

⁶ The Gibeonites then sent word to Joshua in the camp at Gilgal: "Do not abandon your servants. Come up to us quickly and save us! Help us, because all the Amorite kings from the hill country have joined forces against us."

⁷ So Joshua marched up from Gilgal with his entire army, including all the best fighting men. ⁸ The Lord said to Joshua, "Do not be afraid of them; I have given them into your hand. Not one of them will be able to withstand you."

⁹ After an all-night march from Gilgal, Joshua took them by surprise. ¹⁰ The Lord threw them into confusion before Israel, who defeated them in a great victory at Gibeon. Israel pursued them along the road going up to Beth Horon and cut them down all the way to Azekah and Makkedah. ¹¹ As they fled before Israel on the road down from Beth Horon to Azekah, the Lord hurled large hailstones down on them from the sky, and more of them died from the hailstones than were killed by the swords of the Israelites.

¹² On the day the Lord gave the Amorites over to Israel, Joshua said to the Lord in the presence of Israel:

"O sun, stand still over Gibeon,
    O moon, over the Valley of Aijalon."
¹³ So the sun stood still,
    and the moon stopped,
    till the nation avenged itself onª its enemies,

as it is written in the Book of Jashar.

The sun stopped in the middle of the sky and delayed going down about a full day. ¹⁴ There has never been a day like it before or since, a day when the Lord listened to a man. Surely the Lord was fighting for Israel!

¹⁵ Then Joshua returned with all Israel to the camp at Gilgal.

Five Amorite Kings Killed

¹⁶ Now the five kings had fled and hidden in the cave at Makkedah. ¹⁷ When Joshua was told that the five kings had been found hiding in the cave at Makkedah, ¹⁸ he said, "Roll large rocks up to the mouth of the cave, and post some men there to guard it. ¹⁹ But don't stop! Pursue your enemies, attack them from the rear and don't let them reach their cities, for the Lord your God has given them into your hand."

²⁰ So Joshua and the Israelites destroyed them completely—almost to a man—but the few who were left reached their fortified cities. ²¹ The whole army then returned safely to Joshua in the camp at Makkedah, and no one uttered a word against the Israelites.

²² Joshua said, "Open the mouth of the cave and bring those five kings out to me." ²³ So they brought the five kings out of the cave—the kings of Jerusalem, Hebron, Jarmuth, Lachish and Eglon. ²⁴ When they had brought these kings to Joshua, he summoned all the men of Israel and said to the army commanders who had come with him, "Come here and put your feet on the necks of these kings." So they came forward and placed their feet on their necks.

²⁵ Joshua said to them, "Do not be afraid; do not be discouraged. Be strong and courageous. This is what the Lord will do to all the enemies you are going to fight." ²⁶ Then Joshua struck and killed the kings and hung them on five trees, and they were left hanging on the trees until evening.

ª10.13 Ou *derrotar os*   ª10:13 Or *nation triumphed over*

27 Ao pôr-do-sol, sob as ordens de Josué, eles foram tirados das árvores e jogados na caverna onde haviam se escondido. Na entrada da caverna colocaram grandes pedras, que lá estão até hoje. **28** Naquele dia Josué tomou Maquedá. Atacou a cidade e matou o seu rei à espada e exterminou todos os que nela viviam, sem deixar sobreviventes. E fez com o rei de Maquedá o que tinha feito com o rei de Jericó.

A Conquista das Cidades do Sul

29 Então Josué, e todo o Israel com ele, avançou de Maquedá para Libna e a atacou. **30** O Senhor entregou também aquela cidade e seu rei nas mãos dos israelitas. Josué atacou a cidade e matou à espada todos os que nela viviam, sem deixar nenhum sobrevivente ali. E fez com o seu rei o que fizera com o rei de Jericó. **31** Depois Josué, e todo o Israel com ele, avançou de Libna para Láquis, cercou-a e a atacou. **32** O Senhor entregou Láquis nas mãos dos israelitas, e Josué tomou-a no dia seguinte. Atacou a cidade e matou à espada todos os que nela viviam, como tinha feito com Libna. **33** Nesse meio tempo Horão, rei de Gezer, fora socorrer Láquis, mas Josué o derrotou, a ele e ao seu exército, sem deixar sobrevivente algum. **34** Josué, e todo o Israel com ele, avançou de Láquis para Eglom, cercou-a e a atacou. **35** Eles a conquistaram naquele mesmo dia, feriram-na à espada e exterminaram os que nela viviam, como tinham feito com Láquis. **36** Então Josué, e todo o Israel com ele, foi de Eglom para Hebrom e a atacou. **37** Tomaram a cidade e a feriram à espada, como também o seu rei, os seus povoados e todos os que nela viviam, sem deixar sobrevivente algum. Destruíram totalmente a cidade e todos os que nela viviam, como tinham feito com Eglom. **38** Depois Josué, e todo o Israel com ele, voltou e atacou Debir. **39** Tomaram a cidade, seu rei e seus povoados, e os mataram à espada. Exterminaram os que nela viviam, sem deixar sobrevivente algum. Fizeram com Debir e seu rei o que tinham feito com Libna e seu rei e com Hebrom. **40** Assim Josué conquistou a região toda, incluindo a serra central, o Neguebe, a Sefelá e as vertentes, e derrotou todos os seus reis, sem deixar sobrevivente algum. Exterminou tudo o que respirava, conforme o Senhor, o Deus de Israel, tinha ordenado. **41** Josué os derrotou desde Cades-Barnéia até Gaza, e toda a região de Gósen, e de lá até Gibeom. **42** Também subjugou todos esses reis e conquistou suas terras numa única campanha, pois o Senhor, o Deus de Israel, lutou por Israel. **43** Então Josué retornou com todo o Israel ao acampamento em Gilgal.

A Vitória sobre os Reis do Norte

11 Quando Jabim, rei de Hazor, soube disso, enviou mensagem a Jobabe, rei de Madom, aos reis de Sinrom e Acsafe, **2** e aos reis do norte que viviam nas montanhas, na Arabá ao sul de Quinerete, na Sefelá e em Nafote-Dor[a], a oeste; **3** aos cananeus a leste e a oeste; aos amorreus, aos hititas, aos ferezeus e aos jebuseus das montanhas; e aos heveus do sopé do Hermom, na região de Mispá. **4** Saíram com todas as suas tropas, um exército imenso, tão numeroso como a areia da praia, além de um grande número de cavalos e carros. **5** Todos esses reis se uniram e acamparam junto às águas de Merom, para lutar contra Israel. **6** E o Senhor disse a Josué: "Não tenha medo deles, porque amanhã a esta hora os entregarei todos mortos a Israel. A você cabe cortar os tendões dos cavalos deles e queimar os seus carros". **7** Josué e todo o seu exército os surpreenderam junto às águas de Merom e os atacaram, **8** e o Senhor os entregou nas mãos de Israel, que os derrotou e os perseguiu até Sidom, a grande, até Misrefote-Maim e até o vale de Mispá, a leste. Eles os mataram sem deixar sobrevivente algum. **9** Josué os

27 At sunset Joshua gave the order and they took them down from the trees and threw them into the cave where they had been hiding. At the mouth of the cave they placed large rocks, which are there to this day. **28** That day Joshua took Makkedah. He put the city and its king to the sword and totally destroyed everyone in it. He left no survivors. And he did to the king of Makkedah as he had done to the king of Jericho.

Southern Cities Conquered

29 Then Joshua and all Israel with him moved on from Makkedah to Libnah and attacked it. **30** The Lord also gave that city and its king into Israel's hand. The city and everyone in it Joshua put to the sword. He left no survivors there. And he did to its king as he had done to the king of Jericho. **31** Then Joshua and all Israel with him moved on from Libnah to Lachish; he took up positions against it and attacked it. **32** The Lord handed Lachish over to Israel, and Joshua took it on the second day. The city and everyone in it he put to the sword, just as he had done to Libnah. **33** Meanwhile, Horam king of Gezer had come up to help Lachish, but Joshua defeated him and his army—until no survivors were left. **34** Then Joshua and all Israel with him moved on from Lachish to Eglon; they took up positions against it and attacked it. **35** They captured it that same day and put it to the sword and totally destroyed everyone in it, just as they had done to Lachish. **36** Then Joshua and all Israel with him went up from Eglon to Hebron and attacked it. **37** They took the city and put it to the sword, together with its king, its villages and everyone in it. They left no survivors. Just as at Eglon, they totally destroyed it and everyone in it. **38** Then Joshua and all Israel with him turned around and attacked Debir. **39** They took the city, its king and its villages, and put them to the sword. Everyone in it they totally destroyed. They left no survivors. They did to Debir and its king as they had done to Libnah and its king and to Hebron. **40** So Joshua subdued the whole region, including the hill country, the Negev, the western foothills and the mountain slopes, together with all their kings. He left no survivors. He totally destroyed all who breathed, just as the Lord, the God of Israel, had commanded. **41** Joshua subdued them from Kadesh Barnea to Gaza and from the whole region of Goshen to Gibeon. **42** All these kings and their lands Joshua conquered in one campaign, because the Lord, the God of Israel, fought for Israel. **43** Then Joshua returned with all Israel to the camp at Gilgal.

Northern Kings Defeated

11 When Jabin king of Hazor heard of this, he sent word to Jobab king of Madon, to the kings of Shimron and Acshaph, **2** and to the northern kings who were in the mountains, in the Arabah south of Kinnereth, in the western foothills and in Naphoth Dor[a] on the west; **3** to the Canaanites in the east and west; to the Amorites, Hittites, Perizzites and Jebusites in the hill country; and to the Hivites below Hermon in the region of Mizpah. **4** They came out with all their troops and a large number of horses and chariots—a huge army, as numerous as the sand on the seashore. **5** All these kings joined forces and made camp together at the Waters of Merom, to fight against Israel. **6** The Lord said to Joshua, "Do not be afraid of them, because by this time tomorrow I will hand all of them over to Israel, slain. You are to hamstring their horses and burn their chariots." **7** So Joshua and his whole army came against them suddenly at the Waters of Merom and attacked them, **8** and the Lord gave them into the hand of Israel. They defeated them and pursued them all the way to Greater Sidon, to Misrephoth Maim, and to the Valley of Mizpah on the east, until no survivors were left. **9** Joshua

---

[a] 11.2 Ou *no planalto de Dor*, também em 12.23.

[a] 11:2 Or *in the heights of Dor*

tratou como o Senhor lhe tinha ordenado. Cortou os tendões dos seus cavalos e queimou os seus carros.

¹⁰ Na mesma ocasião Josué voltou, conquistou Hazor e matou o seu rei à espada. (Hazor tinha sido a capital de todos esses reinos.) ¹¹ Matou à espada todos os que nela estavam. Exterminou-os totalmente, sem poupar nada que respirasse, e incendiou Hazor.

¹² Josué conquistou todas essas cidades e matou à espada os reis que as governavam. Destruiu-as totalmente, como Moisés, servo do Senhor, tinha ordenado. ¹³ Contudo, Israel não incendiou nenhuma das cidades construídas nas colinas, com exceção de Hazor, que Josué incendiou. ¹⁴ Os israelitas tomaram posse de todos os despojos e dos animais dessas cidades, mas mataram todo o povo à espada, até exterminá-lo completamente, sem poupar ninguém. ¹⁵ Tudo o que o Senhor tinha ordenado a seu servo Moisés, Moisés ordenou a Josué, e Josué obedeceu, sem deixar de cumprir nada de tudo o que o Senhor tinha ordenado a Moisés.

¹⁶ Assim Josué conquistou toda aquela terra: a serra central, todo o Neguebe, toda a região de Gósen, a Sefelá, a Arabá e os montes de Israel e suas planícies, ¹⁷ desde o monte Halaque, que se ergue na direção de Seir, até Baal-Gade, no vale do Líbano, no sopé do monte Hermom. Ele capturou todos os seus reis e os matou. ¹⁸ Josué guerreou contra todos esses reis por muito tempo. ¹⁹ Com exceção dos heveus que viviam em Gibeom, nenhuma cidade fez a paz com os israelitas, que a todas conquistou em combate. ²⁰ Pois foi o próprio Senhor que lhes endureceu o coração para guerrearem contra Israel, para que ele os destruísse totalmente, exterminando-os sem misericórdia, como o Senhor tinha ordenado a Moisés.

²¹ Naquela ocasião Josué exterminou os enaquins dos montes de Hebrom, de Debir e de Anabe, de todos os montes de Judá, e de Israel. Josué destruiu-os totalmente, e também as suas cidades. ²² Nenhum enaquim foi deixado vivo no território israelita; somente em Gaza, em Gate e em Asdode é que alguns sobreviveram. ²³ Foi assim que Josué conquistou toda a terra, conforme o Senhor tinha dito a Moisés, e deu-a por herança a Israel, repartindo-a entre as suas tribos.

E a terra teve descanso da guerra.

A Lista dos Reis Derrotados

12 São estes os reis que os israelitas derrotaram, e de cujo território se apossaram a leste do Jordão, desde o ribeiro do Arnom até o monte Hermom, inclusive todo o lado leste da Arabá:

² Seom, rei dos amorreus, que reinou em Hesbom. Governou desde Aroer, na borda do ribeiro do Arnom, desde o meio do ribeiro, até o rio Jaboque, que é a fronteira dos amonitas. Esse território incluía a metade de Gileade. ³ Também governou a Arabá oriental, desde o mar de Quinerete^a até o mar da Arabá, o mar Salgado, até Bete-Jesimote, e mais ao sul, ao pé das encostas do Pisga.

⁴ Tomaram o território de Ogue, rei de Basã, um dos últimos refains, que reinou em Asterote e Edrei. ⁵ Ele governou o monte Hermom, Salcá, toda a Basã, até a fronteira do povo de Gesur e de Maaca, e metade de Gileade, até a fronteira de Seom, rei de Hesbom.

⁶ Moisés, servo do Senhor, e os israelitas os derrotaram. E Moisés, servo do Senhor, deu a terra deles como propriedade às tribos de Rúben, de Gade e à metade do tribo de Manassés.

⁷ São estes os reis que Josué e os israelitas derrotaram no lado ocidental do Jordão, desde Baal-Gade, no vale do Líbano, até o

did to them as the Lord had directed: He hamstrung their horses and burned their chariots.

¹⁰ At that time Joshua turned back and captured Hazor and put its king to the sword. (Hazor had been the head of all these kingdoms.) ¹¹ Everyone in it they put to the sword. They totally destroyed^a them, not sparing anything that breathed, and he burned up Hazor itself.

¹² Joshua took all these royal cities and their kings and put them to the sword. He totally destroyed them, as Moses the servant of the Lord had commanded. ¹³ Yet Israel did not burn any of the cities built on their mounds—except Hazor, which Joshua burned. ¹⁴ The Israelites carried off for themselves all the plunder and livestock of these cities, but all the people they put to the sword until they completely destroyed them, not sparing anyone that breathed. ¹⁵ As the Lord commanded his servant Moses, so Moses commanded Joshua, and Joshua did it; he left nothing undone of all that the Lord commanded Moses.

¹⁶ So Joshua took this entire land: the hill country, all the Negev, the whole region of Goshen, the western foothills, the Arabah and the mountains of Israel with their foothills, ¹⁷ from Mount Halak, which rises toward Seir, to Baal Gad in the Valley of Lebanon below Mount Hermon. He captured all their kings and struck them down, putting them to death. ¹⁸ Joshua waged war against all these kings for a long time. ¹⁹ Except for the Hivites living in Gibeon, not one city made a treaty of peace with the Israelites, who took them all in battle. ²⁰ For it was the Lord himself who hardened their hearts to wage war against Israel, so that he might destroy them totally, exterminating them without mercy, as the Lord had commanded Moses.

²¹ At that time Joshua went and destroyed the Anakites from the hill country: from Hebron, Debir and Anab, from all the hill country of Judah, and from all the hill country of Israel. Joshua totally destroyed them and their towns. ²² No Anakites were left in Israelite territory; only in Gaza, Gath and Ashdod did any survive. ²³ So Joshua took the entire land, just as the Lord had directed Moses, and he gave it as an inheritance to Israel according to their tribal divisions.

Then the land had rest from war.

List of Defeated Kings

12 These are the kings of the land whom the Israelites had defeated and whose territory they took over east of the Jordan, from the Arnon Gorge to Mount Hermon, including all the eastern side of the Arabah:

² Sihon king of the Amorites,
who reigned in Heshbon. He ruled from Aroer on the rim of the Arnon Gorge—from the middle of the gorge—to the Jabbok River, which is the border of the Ammonites. This included half of Gilead. ³ He also ruled over the eastern Arabah from the Sea of Kinnereth^b to the Sea of the Arabah (the Salt Sea^c), to Beth Jeshimoth, and then southward below the slopes of Pisgah.

⁴ And the territory of Og king of Bashan,
one of the last of the Rephaites, who reigned in Ashtaroth and Edrei. ⁵ He ruled over Mount Hermon, Salecah, all of Bashan to the border of the people of Geshur and Maacah, and half of Gilead to the border of Sihon king of Heshbon.

⁶ Moses, the servant of the Lord, and the Israelites conquered them. And Moses the servant of the Lord gave their land to the Reubenites, the Gadites and the half-tribe of Manasseh to be their possession.

⁷ These are the kings of the land that Joshua and the Israelites conquered on the west side of the Jordan, from Baal Gad in the Valley of Lebanon to Mount Halak, which rises

---

^a11:11 The Hebrew term refers to the irrevocable giving over of things or persons to the Lord, often by totally destroying them; also in verses 12, 20 and 21.
^b12:3 That is, Galilee ^c12:3 That is, the Dead Sea

^a12.3 Isto é, o mar da Galiléia; também em 13.27.

monte Halaque, que se ergue na direção de Seir. Josué deu a terra deles por herança às tribos de Israel, repartindo-a entre elas — **8** a serra central, a Sefelá, a Arabá, as encostas das montanhas, o deserto e o Neguebe — as terras dos hititas, dos amorreus, dos cananeus, dos ferezeus, dos heveus e dos jebuseus:

9 o rei de Jericó, o rei de Ai, próxima a Betel, **10** o rei de Jerusalém, o rei de Hebrom, **11** o rei de Jarmute, o rei de Láquis, **12** o rei de Eglom, o rei de Gezer, **13** o rei de Debir, o rei de Geder, **14** o rei de Hormá, o rei de Arade, **15** o rei de Libna, o rei de Adulão, **16** o rei de Maquedá, o rei de Betel, **17** o rei de Tapua, o rei de Héfer, **18** o rei de Afeque, o rei de Lasarom, **19** o rei de Madom, o rei de Hazor, **20** o rei de Sinrom-Merom, o rei de Acsafe, **21** o rei de Taanaque, o rei de Megido, **22** o rei de Quedes, o rei de Jocneão do Carmelo, **23** o rei de Dor em Nafote-Dor, o rei de Goim de Gilgal, **24** e o rei de Tirza. Trinta e um reis ao todo.

Terras a Serem Conquistadas

13 Sendo Josué já velho, de idade bastante avançada, o Senhor lhe disse: "Você já está velho, e ainda há muita terra para ser conquistada.

2 "Esta é a terra que resta: todas as regiões dos filisteus e dos gesuritas; **3** desde o rio Sior, próximo ao Egito, até o território de Ecrom, ao norte, todo esse território considerado cananeu. Abrange a região dos aveus, isto é, dos cinco chefes filisteus, governantes de Gaza, de Asdode, de Ascalom, de Gate e de Ecrom. **4** Resta ainda, desde o sul, toda a terra dos cananeus, desde Ara dos sidônios até Afeque, a região dos amorreus, **5** a dos gibleus e todo o Líbano, para o leste, desde Baal-Gade, ao pé do monte Hermom, até Lebo-Hamate.

6 "Todos os habitantes das montanhas, desde o Líbano até Misrefote-Maim, isto é, todos os sidônios; eu mesmo os expulsarei da presença dos israelitas. Você, porém, distribuirá essa terra a Israel por herança, como lhe ordenei, **7** repartindo-a agora entre as nove tribos e a metade da tribo de Manassés".

A Divisão das Terras a Leste do Jordão

8 Com a outra metade da tribo de Manassés, as tribos de Rúben e de Gade já haviam recebido a herança a leste do Jordão, conforme Moisés, servo do Senhor, lhes tinha designado.

9 Esse território se estendia de Aroer, na margem do ribeiro do Arnom, e da cidade situada no meio do vale desse ribeiro,

toward Seir (their lands Joshua gave as an inheritance to the tribes of Israel according to their tribal divisions— **8** the hill country, the western foothills, the Arabah, the mountain slopes, the desert and the Negev—the lands of the Hittites, Amorites, Canaanites, Perizzites, Hivites and Jebusites):

9 the king of Jericho	one
the king of Ai (near Bethel)	one
10 the king of Jerusalem	one
the king of Hebronp	one
11 the king of Jarmuth	one
the king of Lachish	one
12 the king of Eglon	one
the king of Gezer	one
13 the king of Debir	one
the king of Geder	one
14 the king of Hormah	one
the king of Arad	one
15 the king of Libnah	one
the king of Adullam	one
16 the king of Makkedah	one
the king of Bethel	one
17 the king of Tappuah	one
the king of Hepher	one
18 the king of Aphek	one
the king of Lasharon	one
19 the king of Madon	one
the king of Hazor	one
20 the king of Shimron Meron	one
the king of Acshaph	one
21 the king of Taanach	one
the king of Megiddo	one
22 the king of Kedesh	one
the king of Jokneam in Carmel	one
23 the king of Dor (in Naphoth Dorª)	one
the king of Goyim in Gilgal	one
24 the king of Tirzah	one

thirty-one kings in all.

Land Still to Be Taken

13 When Joshua was old and well advanced in years, the Lord said to him, "You are very old, and there are still very large areas of land to be taken over.

2 "This is the land that remains: all the regions of the Philistines and Geshurites: **3** from the Shihor River on the east of Egypt to the territory of Ekron on the north, all of it counted as Canaanite (the territory of the five Philistine rulers in Gaza, Ashdod, Ashkelon, Gath and Ekron—that of the Avvites); **4** from the south, all the land of the Canaanites, from Arah of the Sidonians as far as Aphek, the region of the Amorites, **5** the area of the Gebalitesb; and all Lebanon to the east, from Baal Gad below Mount Hermon to Leboc Hamath.

6 "As for all the inhabitants of the mountain regions from Lebanon to Misrephoth Maim, that is, all the Sidonians, I myself will drive them out before the Israelites. Be sure to allocate this land to Israel for an inheritance, as I have instructed you, **7** and divide it as an inheritance among the nine tribes and half of the tribe of Manasseh."

Division of the Land East of the Jordan

8 The other half of Manasseh,d the Reubenites and the Gadites had received the inheritance that Moses had given them east of the Jordan, as he, the servant of the Lord, had assigned it to them.

9 It extended from Aroer on the rim of the Arnon Gorge, and from the town in the middle of the gorge,

ª12:23 Or *in the heights of Dor* b13:5 That is, the area of Byblos c13:5 Or *to the entrance to* d13:8 Hebrew *With it* (that is, with the other half of Manasseh)

incluindo todo o planalto de Medeba, até Dibom, **10** e todas as cidades de Seom, rei dos amorreus, que governava em Hesbom, e prosseguia até a fronteira dos amonitas. **11** Também incluía Gileade, o território dos gesuritas e maacatitas, toda a região do monte Hermom e toda a Basã, até Salcá, **12** isto é, todo o reino de Ogue, em Basã, que tinha reinado em Asterote e Edrei, um dos últimos refains sobreviventes. Moisés os tinha derrotado e tomado as suas terras. **13** Mas os israelitas não expulsaram os gesuritas e maacatitas, de modo que até hoje continuam a viver no meio deles.

14 Mas à tribo de Levi não deu herança alguma, visto que as ofertas preparadas no fogo ao Senhor, o Deus de Israel, são a herança deles, como já lhes dissera.

15 À tribo de Rúben, clã por clã, Moisés dera o seguinte território:

16 Desde Aroer, na margem do ribeiro do Arnom, e desde a cidade situada no meio do vale desse ribeiro, e todo o planalto depois de Medeba, **17** até Hesbom e todas as suas cidades no planalto, inclusive Dibom, Bamote-Baal, Bete-Baal-Meom, **18** Jaza, Quedemote, Mefaate, **19** Quiriataim, Sibma, Zerete-Saar, na encosta do vale, **20** Bete-Peor, as encostas do Pisga, e Bete-Jesimote: **21** todas as cidades do planalto e todo o domínio de Seom, rei dos amorreus, que governava em Hesbom. Moisés o tinha derrotado, bem como aos líderes midianitas Evi, Requém, Zur, Hur e Reba, aliados de Seom, que viviam naquela terra. **22** Além dos que foram mortos na guerra, os israelitas mataram à espada Balaão, filho de Beor, que praticava adivinhação. **23** A fronteira da tribo de Rúben era a margem do Jordão. Essas cidades e os seus povoados foram a herança de Rúben, clã por clã.

24 À tribo de Gade, clã por clã, Moisés dera o seguinte território:

25 O território de Jazar, todas as cidades de Gileade e metade do território amonita até Aroer, perto de Rabá. **26** Estendia-se desde Hesbom até Ramate-Mispá e Betonim, e desde Maanaim até o território de Debir. **27** No vale do Jordão incluía Bete-Arã, Bete-Ninra, Sucote e Zafom; o restante do domínio de Seom, rei de Hesbom. Abrangia a margem leste do Jordão até o mar de Quinerete. **28** Essa região com suas cidades e povoados foram a herança de Gade, clã por clã.

29 À metade da tribo de Manassés, isto é, à metade dos descendentes de Manassés, clã por clã, Moisés dera o seguinte território:

30 O seu território se estendia desde Maanaim e incluía toda a região de Basã, todo o domínio de Ogue, rei de Basã: todos os povoados de Jair em Basã, sessenta cidades; **31** metade de Gileade, e Asterote e Edrei, cidades do reino de Ogue, em Basã. Esse foi o território destinado à metade dos descendentes de Maquir, filho de Manassés, clã por clã.

32 Essa foi a herança que Moisés lhes deu quando estava na planície de Moabe, do outro lado do Jordão, a leste de Jericó. **33** Mas à tribo de Levi Moisés não deu herança alguma; o Senhor, o Deus de Israel, é a herança deles, como já lhes dissera.

A Divisão das Terras a Oeste do Jordão

14 Foram estas as terras que os israelitas receberam por herança em Canaã, e que o sacerdote Eleazar, Josué, filho de Num, e os chefes dos clãs das tribos dos israelitas repartiram entre eles. **2** A divisão da herança foi decidida por sorteio entre as nove tribos e meia, como o Senhor tinha ordenado por meio de Moisés, **3** pois Moisés já tinha dado herança às duas

and included the whole plateau of Medeba as far as Dibon, **10** and all the towns of Sihon king of the Amorites, who ruled in Heshbon, out to the border of the Ammonites. **11** It also included Gilead, the territory of the people of Geshur and Maacah, all of Mount Hermon and all Bashan as far as Salecah— **12** that is, the whole kingdom of Og in Bashan, who had reigned in Ashtaroth and Edrei and had survived as one of the last of the Rephaites. Moses had defeated them and taken over their land. **13** But the Israelites did not drive out the people of Geshur and Maacah, so they continue to live among the Israelites to this day.

14 But to the tribe of Levi he gave no inheritance, since the offerings made by fire to the Lord, the God of Israel, are their inheritance, as he promised them.

15 This is what Moses had given to the tribe of Reuben, clan by clan:

16 The territory from Aroer on the rim of the Arnon Gorge, and from the town in the middle of the gorge, and the whole plateau past Medeba **17** to Heshbon and all its towns on the plateau, including Dibon, Bamoth Baal, Beth Baal Meon, **18** Jahaz, Kedemoth, Mephaath, **19** Kiriathaim, Sibmah, Zereth Shahar on the hill in the valley, **20** Beth Peor, the slopes of Pisgah, and Beth Jeshimoth **21**—all the towns on the plateau and the entire realm of Sihon king of the Amorites, who ruled at Heshbon. Moses had defeated him and the Midianite chiefs, Evi, Rekem, Zur, Hur and Reba—princes allied with Sihon—who lived in that country. **22** In addition to those slain in battle, the Israelites had put to the sword Balaam son of Beor, who practiced divination. **23** The boundary of the Reubenites was the bank of the Jordan. These towns and their villages were the inheritance of the Reubenites, clan by clan.

24 This is what Moses had given to the tribe of Gad, clan by clan:

25 The territory of Jazer, all the towns of Gilead and half the Ammonite country as far as Aroer, near Rabbah; **26** and from Heshbon to Ramath Mizpah and Betonim, and from Mahanaim to the territory of Debir; **27** and in the valley, Beth Haram, Beth Nimrah, Succoth and Zaphon with the rest of the realm of Sihon king of Heshbon (the east side of the Jordan, the territory up to the end of the Sea of Kinnereth[a]). **28** These towns and their villages were the inheritance of the Gadites, clan by clan.

29 This is what Moses had given to the half-tribe of Manasseh, that is, to half the family of the descendants of Manasseh, clan by clan:

30 The territory extending from Mahanaim and including all of Bashan, the entire realm of Og king of Bashan—all the settlements of Jair in Bashan, sixty towns, **31** half of Gilead, and Ashtaroth and Edrei (the royal cities of Og in Bashan). This was for the descendants of Makir son of Manasseh—for half of the sons of Makir, clan by clan.

32 This is the inheritance Moses had given when he was in the plains of Moab across the Jordan east of Jericho. **33** But to the tribe of Levi, Moses had given no inheritance; the Lord, the God of Israel, is their inheritance, as he promised them.

Division of the Land West of the Jordan

14 Now these are the areas the Israelites received as an inheritance in the land of Canaan, which Eleazar the priest, Joshua son of Nun and the heads of the tribal clans of Israel allotted to them. **2** Their inheritances were assigned by lot to the nine-and-a-half tribes, as the Lord had commanded through Moses. **3** Moses had granted the two-and-a-half

a13:27 That is, Galilee

tribos e meia a leste do Jordão. Mas aos levitas não dera herança entre os demais. **4** Os filhos de José formaram as duas tribos de Manassés e Efraim. Os levitas não receberam porção alguma da terra; receberam apenas cidades onde viver, com pastagens para os seus rebanhos. **5** Os israelitas dividiram a terra conforme o Senhor tinha ordenado a Moisés.

Calebe Recebe Hebrom

6 Os homens de Judá vieram a Josué em Gilgal, e Calebe, filho do quenezeu Jefoné, lhe disse: "Você sabe o que o Senhor disse a Moisés, homem de Deus, em Cades-Barnéia, sobre mim e sobre você. **7** Eu tinha quarenta anos quando Moisés, servo do Senhor, enviou-me de Cades-Barnéia para espionar a terra. Eu lhe dei um relatório digno de confiança, **8** mas os meus irmãos israelitas que foram comigo fizeram o povo desanimar-se de medo. Eu, porém, fui inteiramente fiel ao Senhor, o meu Deus. **9** Por isso naquele dia Moisés me jurou: 'Certamente a terra em que você pisou será uma herança perpétua para você e para os seus descendentes, porquanto você foi inteiramente fiel ao Senhor, o meu Deus'.

10 "Pois bem, o Senhor manteve-me vivo, como prometeu. E foi há quarenta e cinco anos que ele disse isso a Moisés, quando Israel caminhava pelo deserto. Por isso aqui estou hoje, com oitenta e cinco anos de idade! **11** Ainda estou tão forte como no dia em que Moisés me enviou; tenho agora tanto vigor para ir à guerra como tinha naquela época. **12** Dê-me, pois, a região montanhosa que naquela ocasião o Senhor me prometeu. Na época, você ficou sabendo que os enaquins lá viviam com suas cidades grandes e fortificadas; mas, se o Senhor estiver comigo, eu os expulsarei de lá, como ele prometeu".

13 Então Josué abençoou Calebe, filho de Jefoné, e lhe deu Hebrom por herança. **14** Por isso, até hoje, Hebrom pertence aos descendentes de Calebe, filho do quenezeu Jefoné, pois ele foi inteiramente fiel ao Senhor, o Deus de Israel. **15** Hebrom era chamada Quiriate-Arba, em homenagem a Arba, o maior dos enaquins.

E a terra teve descanso da guerra.

As Terras da Tribo de Judá

15 As terras distribuídas à tribo de Judá, clã por clã, estendiam-se para o sul até a fronteira com Edom, até o deserto de Zim, no extremo sul.

2 Sua fronteira sul começava na ponta de terra do extremo sul do mar Salgado, **3** passava pelo sul da subida de Acrabim[a], prosseguia até Zim e daí até o sul de Cades-Barnéia. Depois passava por Hezrom, indo até Adar e fazia uma curva em direção a Carca. **4** Dali continuava até Azmom, indo até o ribeiro do Egito e terminando no mar. Essa era a fronteira sul deles[b].

5 A fronteira oriental era o mar Salgado, até a foz do Jordão.

A fronteira norte começava na enseada, na foz do Jordão, **6** subia até Bete-Hogla e passava ao norte de Bete-Arabá, até a Pedra de Boã, filho de Rúben. **7** A fronteira subia então do vale de Acor até Debir, e virava para o norte, na direção de Gilgal, que fica defronte da subida de Adumim, ao sul do ribeiro. Passava pelas águas de En-Semes, indo até En-Rogel. **8** Depois subia pelo vale de Ben-Hinom, ao longo da encosta sul da cidade dos jebuseus, isto é, Jerusalém. Dali subia até o alto da montanha, a oeste do vale de Hinom, no lado norte do vale de Refaim. **9** Do alto da montanha a fronteira prosseguia para a fonte de Neftoa, ia para as cidades do monte Efrom e descia na direção de Baalá, que é Quiriate-Jearim. **10** De Baalá fazia uma curva em direção ao oeste, até o monte Seir, prosseguia pela encosta

tribes their inheritance east of the Jordan but had not granted the Levites an inheritance among the rest, **4** for the sons of Joseph had become two tribes—Manasseh and Ephraim. The Levites received no share of the land but only towns to live in, with pasturelands for their flocks and herds. **5** So the Israelites divided the land, just as the Lord had commanded Moses.

Hebron Given to Caleb

6 Now the men of Judah approached Joshua at Gilgal, and Caleb son of Jephunneh the Kenizzite said to him, "You know what the Lord said to Moses the man of God at Kadesh Barnea about you and me. **7** I was forty years old when Moses the servant of the Lord sent me from Kadesh Barnea to explore the land. And I brought him back a report according to my convictions, **8** but my brothers who went up with me made the hearts of the people melt with fear. I, however, followed the Lord my God wholeheartedly. **9** So on that day Moses swore to me, 'The land on which your feet have walked will be your inheritance and that of your children forever, because you have followed the Lord my God wholeheartedly.'[a]

10 "Now then, just as the Lord promised, he has kept me alive for forty-five years since the time he said this to Moses, while Israel moved about in the desert. So here I am today, eighty-five years old! **11** I am still as strong today as the day Moses sent me out; I'm just as vigorous to go out to battle now as I was then. **12** Now give me this hill country that the Lord promised me that day. You yourself heard then that the Anakites were there and their cities were large and fortified, but, the Lord helping me, I will drive them out just as he said."

13 Then Joshua blessed Caleb son of Jephunneh and gave him Hebron as his inheritance. **14** So Hebron has belonged to Caleb son of Jephunneh the Kenizzite ever since, because he followed the Lord, the God of Israel, wholeheartedly. **15** (Hebron used to be called Kiriath Arba after Arba, who was the greatest man among the Anakites.)

Then the land had rest from war.

Allotment for Judah

15 The allotment for the tribe of Judah, clan by clan, extended down to the territory of Edom, to the Desert of Zin in the extreme south.

2 Their southern boundary started from the bay at the southern end of the Salt Sea,[b] **3** crossed south of Scorpion Pass, continued on to Zin and went over to the south of Kadesh Barnea. Then it ran past Hezron up to Addar and curved around to Karka. **4** It then passed along to Azmon and joined the Wadi of Egypt, ending at the sea. This is their[d] southern boundary.

5 The eastern boundary is the Salt Sea as far as the mouth of the Jordan.

The northern boundary started from the bay of the sea at the mouth of the Jordan, **6** went up to Beth Hoglah and continued north of Beth Arabah to the Stone of Bohan son of Reuben. **7** The boundary then went up to Debir from the Valley of Achor and turned north to Gilgal, which faces the Pass of Adummim south of the gorge. It continued along to the waters of En Shemesh and came out at En Rogel. **8** Then it ran up the Valley of Ben Hinnom along the southern slope of the Jebusite city (that is, Jerusalem). From there it climbed to the top of the hill west of the Hinnom Valley at the northern end of the Valley of Rephaim. **9** From the hilltop the boundary headed toward the spring of the waters of Nephtoah, came out at the towns of Mount Ephron and went down toward Baalah (that is, Kiriath Jearim). **10** Then it curved westward from Baalah to Mount Seir, ran along the northern slope

---

[a]15.3 Isto é, dos Escorpiões. [b]15.4 Hebraico: *de vocês.*

[a]14:9 Deut. 1:36 [b]15:2 That is, the Dead Sea; also in verse 5 [c]15:3 Hebrew *Akrabbim* [d]15:4 Hebrew *your*

norte do monte Jearim, isto é, Quesalom; em seguida continuava descendo até Bete-Semes e passava por Timna. **11** Depois ia para a encosta norte de Ecrom, virava na direção de Sicrom, continuava até o monte Baalá e chegava a Jabneel, terminando no mar.

12 A fronteira ocidental era o litoral do mar Grande.

Eram essas as fronteiras que demarcavam Judá por todos os lados, de acordo com os seus clãs.

13 Conforme a ordem dada pelo Senhor, Josué deu a Calebe, filho de Jefoné, uma porção de terra em Judá, que foi Quiriate-Arba, isto é, Hebrom. Arba era antepassado de Enaque. **14** Calebe expulsou de Hebrom os três enaquins: Sesai, Aimã e Talmai, descendentes de Enaque. **15** Dali avançou contra o povo de Debir, anteriormente chamada Quiriate-Sefer. **16** E Calebe disse: "Darei minha filha Acsa por mulher ao homem que atacar e conquistar Quiriate-Sefer". **17** Otoniel, filho de Quenaz, irmão de Calebe, a conquistou; e Calebe lhe deu sua filha Acsa por mulher.

18 Quando Acsa foi viver com Otoniel, ela oª pressionou para que pedisse um campo ao pai dela. Assim que ela desceu do jumento, perguntou-lhe Calebe: "O que você quer?"

19 "Quero um presente", respondeu ela. "Já que me deu terras no Neguebe, dê-me também fontes de água." Então Calebe lhe deu as fontes superiores e as inferiores.

20 Esta é a herança da tribo de Judá, clã por clã.

21 As cidades que ficavam no extremo sul da tribo de Judá, no Neguebe, na direção da fronteira de Edom, eram:

Cabzeel, Éder, Jagur, **22** Quiná, Dimona, Adada, **23** Quedes, Hazor, Itnã, **24** Zife, Telém, Bealote, **25** Hazor-Hadata, Queriote-Hezrom, que é Hazor, **26** Amã, Sema, Moladá, **27** Hazar-Gada, Hesmom, Bete-Pelete, **28** Hazar-Sual, Berseba, Biziotiá, **29** Baalá, Iim, Azém, **30** Eltolade, Quesil, Hormá, **31** Ziclague, Madmana, Sansana, **32** Lebaote, Silim, Aim e Rimom. Eram vinte e nove cidades com seus povoados.

33 Na Sefelá:

Estaol, Zorá, Asná, **34** Zanoa, En-Ganim, Tapua, Enã, **35** Jarmute, Adulão, Socó, Azeca, **36** Saaraim, Aditaim, e Gederá ouᵇ Gederotaim. Eram catorze cidades com seus povoados.

37 Zenã, Hadasa, Migdal-Gade, **38** Dileã, Mispá, Jocteel, **39** Láquis, Bozcate, Eglom, **40** Cabom, Laamás, Quitlis, **41** Gederote, Bete-Dagom, Naamá e Maquedá. Eram dezesseis cidades com seus povoados.

42 Libna, Eter, Asã, **43** Iftá, Asná, Nezibe, **44** Queila, Aczibe e Maressa. Eram nove cidades com seus povoados.

45 Ecrom, com suas vilas e seus povoados; **46** de Ecrom até o mar, todas as cidades nas proximidades de Asdode, com os seus povoados; **47** Asdode, com suas vilas e seus povoados; e Gaza, com suas vilas e seus povoados, até o ribeiro do Egito e o litoral do mar Grande.

48 Na região montanhosa:

Samir, Jatir, Socó, **49** Daná, Quiriate-Sana, que é Debir, **50** Anabe, Estemo, Anim, **51** Gósen, Holom e Gilo. Eram onze cidades com seus povoados.

52 Arabe, Dumá, Esã, **53** Janim, Bete-Tapua, Afeca, **54** Hunta, Quiriate-Arba, que é Hebrom e Zior. Eram nove cidades com seus povoados.

55 Maom, Carmelo, Zife, Jutá, **56** Jezreel, Jocdeão, Zanoa, **57** Caim, Gibeá e Timna. Eram dez cidades com seus povoados.

of Mount Jearim (that is, Kesalon), continued down to Beth Shemesh and crossed to Timnah. **11** It went to the northern slope of Ekron, turned toward Shikkeron, passed along to Mount Baalah and reached Jabneel. The boundary ended at the sea.

12 The western boundary is the coastline of the Great Sea.ª These are the boundaries around the people of Judah by their clans.

13 In accordance with the Lord's command to him, Joshua gave to Caleb son of Jephunneh a portion in Judah—Kiriath Arba, that is, Hebron. (Arba was the forefather of Anak.) **14** From Hebron Caleb drove out the three Anakites—Sheshai, Ahiman and Talmai—descendants of Anak. **15** From there he marched against the people living in Debir (formerly called Kiriath Sepher). **16** And Caleb said, "I will give my daughter Acsah in marriage to the man who attacks and captures Kiriath Sepher." **17** Othniel son of Kenaz, Caleb's brother, took it; so Caleb gave his daughter Acsah to him in marriage.

18 One day when she came to Othniel, she urged himᵇ to ask her father for a field. When she got off her donkey, Caleb asked her, "What can I do for you?"

19 She replied, "Do me a special favor. Since you have given me land in the Negev, give me also springs of water." So Caleb gave her the upper and lower springs.

20 This is the inheritance of the tribe of Judah, clan by clan:

21 The southernmost towns of the tribe of Judah in the Negev toward the boundary of Edom were:

Kabzeel, Eder, Jagur, **22** Kinah, Dimonah, Adadah, **23** Kedesh, Hazor, Ithnan, **24** Ziph, Telem, Bealoth, **25** Hazor Hadattah, Kerioth Hezron (that is, Hazor), **26** Amam, Shema, Moladah, **27** Hazar Gaddah, Heshmon, Beth Pelet, **28** Hazar Shual, Beersheba, Biziothiah, **29** Baalah, Iim, Ezem, **30** Eltolad, Kesil, Hormah, **31** Ziklag, Madmannah, Sansannah, **32** Lebaoth, Shilhim, Ain and Rimmon—a total of twenty-nine towns and their villages.

33 In the western foothills:

Eshtaol, Zorah, Ashnah, **34** Zanoah, En Gannim, Tappuah, Enam, **35** Jarmuth, Adullam, Socoh, Azekah, **36** Shaaraim, Adithaim and Gederah (or Gederothaim)ᶜ— fourteen towns and their villages.

37 Zenan, Hadashah, Migdal Gad, **38** Dilean, Mizpah, Joktheel, **39** Lachish, Bozkath, Eglon, **40** Cabbon, Lahmas, Kitlish, **41** Gederoth, Beth Dagon, Naamah and Makkedah—sixteen towns and their villages.

42 Libnah, Ether, Ashan, **43** Iphtah, Ashnah, Nezib, **44** Keilah, Aczib and Mareshah—nine towns and their villages.

45 Ekron, with its surrounding settlements and villages; **46** west of Ekron, all that were in the vicinity of Ashdod, together with their villages; **47** Ashdod, its surrounding settlements and villages; and Gaza, its settlements and villages, as far as the Wadi of Egypt and the coastline of the Great Sea.

48 In the hill country:

Shamir, Jattir, Socoh, **49** Dannah, Kiriath Sannah (that is, Debir), **50** Anab, Eshtemoh, Anim, **51** Goshen, Holon and Giloh—eleven towns and their villages.

52 Arab, Dumah, Eshan, **53** Janim, Beth Tappuah, Aphekah, **54** Humtah, Kiriath Arba (that is, Hebron) and Zior—nine towns and their villages.

55 Maon, Carmel, Ziph, Juttah, **56** Jezreel, Jokdeam, Zanoah, **57** Kain, Gibeah and Timnah—ten towns and their villages.

ª15.18 Conforme o Texto Massorético e alguns manuscritos da Septuaginta. Alguns manuscritos da Septuaginta dizem *ele a*. Veja Jz 1.14 e a nota. ᵇ15.36 Ou *e*

ª15:12 That is, the Mediterranean; also in verse 47 ᵇ15:18 Hebrew and some Septuagint manuscripts; other Septuagint manuscripts (see also note at Judges 1:14) *Othniel, he urged her* ᶜ15:36 Or *Gederah and Gederothaim*

58 Halul, Bete-Zur, Gedor, **59** Maarate, Bete-Anote e Eltecom. Eram seis cidades com seus povoados.

60 Quiriate-Baal, que é Quiriate-Jearim e Rabá. Eram duas cidades com seus povoados.

61 No deserto:

Bete-Arabá, Midim, Secacá, **62** Nibsã, Cidade do Sal e En-Gedi. Eram seis cidades com seus povoados.

63 Os descendentes de Judá não conseguiram expulsar os jebuseus, que viviam em Jerusalém; até hoje os jebuseus vivem ali com o povo de Judá.

As Terras das Tribos de Efraim e Manassés

16 As terras distribuídas aos descendentes de José iam desde o Jordão, perto de Jericó, a leste das águas de Jericó, e daí subiam pelo deserto até a serra que vai de Jericó a Betel. **2** De Betel, que é Luz[a], iam para o território dos arquitas, em Atarote, **3** desciam para o oeste, até o território dos jafletitas, chegando à região de Bete-Horom Baixa, e prosseguiam até Gezer, terminando no mar.

4 Assim os descendentes de Manassés e Efraim, filhos de José, receberam a sua herança.

A Herança de Efraim

5 Este era o território de Efraim, clã por clã:

A fronteira da sua herança ia de Atarote-Adar, a leste, até Bete-Horom Alta, **6** e prosseguia até o mar. De Micmetá, ao norte, fazia uma curva para o leste, até Taanate-Siló, e, passando por ela, ia até Janoa, a leste. **7** Depois descia de Janoa para Atarote e Naarate, encostava em Jericó e terminava no Jordão. **8** De Tapua a fronteira seguia rumo oeste até o ribeiro de Caná e terminava no mar. Essa foi a herança da tribo dos efraimitas, clã por clã, **9** que incluía todas as cidades com os seus povoados, separadas para os efraimitas na herança dos manassitas.

10 Os cananeus de Gezer não foram expulsos, e até hoje vivem no meio do povo de Efraim, mas são sujeitos a trabalhos forçados.

A Herança de Manassés

17 Estas foram as terras distribuídas à tribo de Manassés, filho mais velho de José. Foram entregues a Maquir, filho mais velho de Manassés. Maquir, pai de Gileade, guerreiro valente, recebeu Gileade e Basã. **2** Também foram dadas terras para os clãs dos outros filhos de Manassés: Abiezer, Heleque, Asriel, Siquém, Héfer e Semida. Esses são os filhos homens de Manassés, filho de José, de acordo com os seus clãs.

3 Zelofeade, porém, filho de Héfer, neto de Gileade, bisneto de Maquir, trineto de Manassés, não teve nenhum filho, somente filhas. Seus nomes eram Maalá, Noa, Hogla, Milca e Tirza. **4** Elas foram ao sacerdote Eleazar, a Josué, filho de Num, e aos líderes, e disseram: "O Senhor ordenou a Moisés que nos desse uma herança entre os nossos parentes". Josué deu-lhes então uma herança entre os irmãos de seu pai, de acordo com a ordem do Senhor. **5** A tribo de Manassés recebeu dez quinhões de terra, além de Gileade e Basã, que ficam a leste do Jordão, **6** pois tanto as descendentes de Manassés como os filhos dele receberam herança. A terra de Gileade ficou para os outros descendentes de Manassés.

7 O território de Manassés estendia-se desde Aser até Micmetá, a leste de Siquém. A fronteira ia dali para o sul, chegando até o povo que vivia em En-Tapua. **8** As terras de Tapua eram de Manassés, mas a cidade de Tapua, na fronteira de Manassés, pertencia aos efraimitas. **9** Depois a fronteira descia até o ribeiro de Caná. Ao sul do ribeiro havia cidades pertencentes a Efraim que ficavam em meio às cidades de Manassés,

58 Halhul, Beth Zur, Gedor, **59** Maarath, Beth Anoth and Eltekon—six towns and their villages.

60 Kiriath Baal (that is, Kiriath Jearim) and Rabbah—two towns and their villages.

61 In the desert:

Beth Arabah, Middin, Secacah, **62** Nibshan, the City of Salt and En Gedi—six towns and their villages.

63 Judah could not dislodge the Jebusites, who were living in Jerusalem; to this day the Jebusites live there with the people of Judah.

Allotment for Ephraim and Manasseh

16 The allotment for Joseph began at the Jordan of Jericho,[a] east of the waters of Jericho, and went up from there through the desert into the hill country of Bethel. **2** It went on from Bethel (that is, Luz),[b] crossed over to the territory of the Arkites in Ataroth, **3** descended westward to the territory of the Japhletites as far as the region of Lower Beth Horon and on to Gezer, ending at the sea.

4 So Manasseh and Ephraim, the descendants of Joseph, received their inheritance.

5 This was the territory of Ephraim, clan by clan:

The boundary of their inheritance went from Ataroth Addar in the east to Upper Beth Horon **6** and continued to the sea. From Micmethath on the north it curved eastward to Taanath Shiloh, passing by it to Janoah on the east. **7** Then it went down from Janoah to Ataroth and Naarah, touched Jericho and came out at the Jordan. **8** From Tappuah the border went west to the Kanah Ravine and ended at the sea. This was the inheritance of the tribe of the Ephraimites, clan by clan. **9** It also included all the towns and their villages that were set aside for the Ephraimites within the inheritance of the Manassites.

10 They did not dislodge the Canaanites living in Gezer; to this day the Canaanites live among the people of Ephraim but are required to do forced labor.

17 This was the allotment for the tribe of Manasseh as Joseph's firstborn, that is, for Makir, Manasseh's firstborn. Makir was the ancestor of the Gileadites, who had received Gilead and Bashan because the Makirites were great soldiers. **2** So this allotment was for the rest of the people of Manasseh—the clans of Abiezer, Helek, Asriel, Shechem, Hepher and Shemida. These are the other male descendants of Manasseh son of Joseph by their clans.

3 Now Zelophehad son of Hepher, the son of Gilead, the son of Makir, the son of Manasseh, had no sons but only daughters, whose names were Mahlah, Noah, Hoglah, Milcah and Tirzah. **4** They went to Eleazar the priest, Joshua son of Nun, and the leaders and said, "The Lord commanded Moses to give us an inheritance among our brothers." So Joshua gave them an inheritance along with the brothers of their father, according to the Lord's command. **5** Manasseh's share consisted of ten tracts of land besides Gilead and Bashan east of the Jordan, **6** because the daughters of the tribe of Manasseh received an inheritance among the sons. The land of Gilead belonged to the rest of the descendants of Manasseh.

7 The territory of Manasseh extended from Asher to Micmethath east of Shechem. The boundary ran southward from there to include the people living at En Tappuah. **8** (Manasseh had the land of Tappuah, but Tappuah itself, on the boundary of Manasseh, belonged to the Ephraimites.) **9** Then the boundary continued south to the Kanah Ravine. There were towns belonging to Ephraim lying among the towns of Manasseh,

---

[a]16.2 Conforme a Septuaginta. O Texto Massorético diz *De Betel vai até Luz.*

[a]16:1 *Jordan of Jericho* was possibly an ancient name for the Jordan River. [b]16:2 Septuagint; Hebrew *Bethel to Luz*

mas a fronteira de Manassés ficava ao norte do ribeiro e terminava no mar. **10** Do lado sul a terra pertencia a Efraim; do lado norte, a Manassés. O território de Manassés chegava até o mar e alcançava Aser, ao norte, e Issacar, a leste.

11 Em Issacar e Aser, Manassés tinha também Bete-Seã, Ibleã e as populações de Dor, En-Dor, Taanaque e Megido, com os seus respectivos povoados. A terceira da lista, isto é, Dor, é Nafoteª.

12 Mas os manassitas não conseguiram expulsar os habitantes dessas cidades, pois os cananeus estavam decididos a viver naquela região. **13** Entretanto, quando os israelitas se fortaleceram, submeteram os cananeus a trabalhos forçados, mas não os expulsaram totalmente.

14 Os descendentes de José disseram então a Josué: "Por que nos deste apenas um quinhão, uma só porção de herança? Somos um povo numeroso, e o Senhor nos tem abençoado ricamente".

15 Respondeu Josué: "Se vocês são tão numerosos, e se os montes de Efraim têm pouco espaço para vocês, subam, entrem na floresta e limpem o terreno para vocês na terra dos ferezeus e dos refains".

16 Os descendentes de José responderam: "Os montes não são suficientes para nós; além disso todos os cananeus que vivem na planície possuem carros de ferro, tanto os que vivem em Bete-Seã e seus povoados como os que vivem no vale de Jezreel".

17 Josué, porém, disse à tribo de José, a Efraim e a Manassés: "Vocês são numerosos e poderosos. Vocês não terão apenas um quinhão. **18** Os montes cobertos de floresta serão de vocês. Limpem o terreno, e será de vocês, até os seus limites mais distantes. Embora os cananeus possuam carros de ferro e sejam fortes, vocês poderão expulsá-los".

A Divisão do Restante da Terra

18 Toda a comunidade dos israelitas reuniu-se em Siló e ali armou a Tenda do Encontro. A terra foi dominada por eles; **2** mas sete tribos ainda não tinham recebido a sua herança.

3 Então Josué disse aos israelitas: "Até quando vocês vão negligenciar a posse da terra que o Senhor, o Deus dos seus antepassados, lhes deu? **4** Escolham três homens de cada tribo, e eu os enviarei. Eles vão examinar a terra e mapeá-la, conforme a herança de cada tribo. Depois voltarão a mim. **5** Dividam a terra em sete partes. Judá ficará em seu território ao sul, e a tribo de José em seu território ao norte. Depois que fizerem um mapa das sete partes da terra, tragam-no para mim, e eu farei sorteio para vocês na presença do Senhor, o nosso Deus. **7** Mas os levitas nada receberão entre vocês, pois o sacerdócio do Senhor é a herança deles. Gade, Rúben e a metade da tribo de Manassés já receberam a sua herança no lado leste do Jordão, dada a eles por Moisés, servo do Senhor".

8 Quando os homens estavam de partida para mapear a terra, Josué os instruiu: "Vão examinar a terra e façam uma descrição dela. Depois voltem, e eu farei um sorteio para vocês aqui em Siló, na presença do Senhor". **9** Os homens partiram e percorreram a terra. Descreveram-na num rolo, cidade por cidade, em sete partes, e retornaram a Josué, ao acampamento de Siló. **10** Josué fez então um sorteio para eles em Siló, na presença do Senhor, e ali distribuiu a terra aos israelitas, conforme a porção devida a cada tribo.

As Terras da Tribo de Benjamim

11 Saiu a sorte para a tribo de Benjamim, clã por clã. O território sorteado ficava entre as tribos de Judá e de José.

12 No lado norte a sua fronteira começava no Jordão, passava pela encosta norte de Jericó e prosseguia para o oeste,

but the boundary of Manasseh was the northern side of the ravine and ended at the sea. **10** On the south the land belonged to Ephraim, on the north to Manasseh. The territory of Manasseh reached the sea and bordered Asher on the north and Issachar on the east.

11 Within Issachar and Asher, Manasseh also had Beth Shan, Ibleam and the people of Dor, Endor, Taanach and Megiddo, together with their surrounding settlements (the third in the list is Naphothª).

12 Yet the Manassites were not able to occupy these towns, for the Canaanites were determined to live in that region. **13** However, when the Israelites grew stronger, they subjected the Canaanites to forced labor but did not drive them out completely.

14 The people of Joseph said to Joshua, "Why have you given us only one allotment and one portion for an inheritance? We are a numerous people and the Lord has blessed us abundantly."

15 "If you are so numerous," Joshua answered, "and if the hill country of Ephraim is too small for you, go up into the forest and clear land for yourselves there in the land of the Perizzites and Rephaites."

16 The people of Joseph replied, "The hill country is not enough for us, and all the Canaanites who live in the plain have iron chariots, both those in Beth Shan and its settlements and those in the Valley of Jezreel."

17 But Joshua said to the house of Joseph—to Ephraim and Manasseh—"You are numerous and very powerful. You will have not only one allotment **18** but the forested hill country as well. Clear it, and its farthest limits will be yours; though the Canaanites have iron chariots and though they are strong, you can drive them out."

Division of the Rest of the Land

18 The whole assembly of the Israelites gathered at Shiloh and set up the Tent of Meeting there. The country was brought under their control, **2** but there were still seven Israelite tribes who had not yet received their inheritance.

3 So Joshua said to the Israelites: "How long will you wait before you begin to take possession of the land that the Lord, the God of your fathers, has given you? **4** Appoint three men from each tribe. I will send them out to make a survey of the land and to write a description of it, according to the inheritance of each. Then they will return to me. **5** You are to divide the land into seven parts. Judah is to remain in its territory on the south and the house of Joseph in its territory on the north. **6** After you have written descriptions of the seven parts of the land, bring them here to me and I will cast lots for you in the presence of the Lord our God. **7** The Levites, however, do not get a portion among you, because the priestly service of the Lord is their inheritance. And Gad, Reuben and the half-tribe of Manasseh have already received their inheritance on the east side of the Jordan. Moses the servant of the Lord gave it to them."

8 As the men started on their way to map out the land, Joshua instructed them, "Go and make a survey of the land and write a description of it. Then return to me, and I will cast lots for you here at Shiloh in the presence of the Lord." **9** So the men left and went through the land. They wrote its description on a scroll, town by town, in seven parts, and returned to Joshua in the camp at Shiloh. **10** Joshua then cast lots for them in Shiloh in the presence of the Lord, and there he distributed the land to the Israelites according to their tribal divisions.

Allotment for Benjamin

11 The lot came up for the tribe of Benjamin, clan by clan. Their allotted territory lay between the tribes of Judah and Joseph:

12 On the north side their boundary began at the Jordan, passed the northern slope of Jericho and headed west

---

para a região montanhosa, terminando no deserto de Bete-Áven. **13** Dali ia para a encosta sul de Luz, que é Betel, e descia para Atarote-Adar, na montanha que está ao sul de Bete-Horom Baixa.

14 Da montanha que fica defronte de Bete-Horom, no sul, a fronteira virava para o sul, ao longo do lado ocidental, e terminava em Quiriate-Baal, que é Quiriate-Jearim, cidade do povo de Judá. Esse era o lado ocidental.

15 A fronteira sul começava no oeste, nos arredores de Quiriate-Jearim, e chegava à fonte de Neftoa. **16** A fronteira descia até o sopé da montanha que fica defronte do vale de Ben-Hinom, ao norte do vale de Refaim. Depois, prosseguia, descendo pelo vale de Hinom ao longo da encosta sul da cidade dos jebuseus e chegava até En-Rogel. **17** Fazia então uma curva para o norte, ia para En-Semes, continuava até Gelilote, que fica defronte da subida de Adumim, e descia até a Pedra de Boã, filho de Rúben. **18** Prosseguia para a encosta norte de Bete-Arabá[a], e daí descia para a Arabá. **19** Depois ia para a encosta norte de Bete-Hogla e terminava na baía norte do mar Salgado, na foz do Jordão, no sul. Essa era a fronteira sul.

20 O Jordão delimitava a fronteira oriental.

Essas eram as fronteiras que demarcavam por todos os lados a herança dos clãs de Benjamim.

21 A tribo de Benjamim, clã por clã, recebeu as seguintes cidades:

Jericó, Bete-Hogla, Emeque-Queziz, **22** Bete-Arabá, Zemaraim, Betel, **23** Avim, Pará, Ofra, **24** Quefar-Amonai, Ofni e Geba. Eram doze cidades com os seus povoados.

25 Gibeom, Ramá, Beerote, **26** Mispá, Quefira, Mosa, **27** Requém, Irpeel, Tarala, **28** Zela, Elefe, Jebus, que é Jerusalém, Gibeá e Quiriate. Eram catorze cidades com os seus povoados.

Essa foi a herança dos clãs de Benjamim.

As Terras da Tribo de Simeão

19 Na segunda vez, a sorte saiu para a tribo de Simeão, clã por clã. A herança deles ficava dentro do território de Judá. **2** Eles receberam:

Berseba ou Seba, Moladá, **3** Hazar-Sual, Balá, Azém, **4** Eltolade, Betul, Hormá, **5** Ziclague, Bete-Marcabôte, Hazar-Susa, **6** Bete-Lebaote e Saruém. Eram treze cidades com os seus povoados.

7 Aim, Rimom, Eter e Asã, quatro cidades com os seus povoados, **8** e todos os povoados ao redor dessas cidades, até Baalate-Beer, que é Ramá, no Neguebe.

Essa foi a herança da tribo dos simeonitas, clã por clã. **9** A herança dos simeonitas foi tirada de Judá, pois Judá recebera mais terras do que precisava. Assim os simeonitas receberam a sua herança dentro do território de Judá.

As Terras da Tribo de Zebulom

10 Na terceira vez, a sorte saiu para Zebulom, clã por clã.

A fronteira da sua herança ia até Saride. **11** De lá ia para o oeste, chegava a Maralá, alcançava Dabesete, e se estendia até o ribeiro próximo a Jocneão. **12** De Saride fazia uma curva para o leste, para o lado do nascente, em direção ao território de Quislote-Tabor, prosseguia até Daberate e subia para Jafia. **13** Depois continuava para o leste, até Gate-Héfer e Ete-Cazim, chegava a Rimom e fazia uma curva na direção de Neá. **14** Do norte a fronteira voltava até Hanatom e terminava no vale de Iftá-El. **15** Aí também estavam Catate, Naalal, Sinrom, Idala e Belém. Eram doze cidades com os seus povoados.

16 Essas cidades com os seus povoados foram a herança de Zebulom, clã por clã.

into the hill country, coming out at the desert of Beth Aven. **13** From there it crossed to the south slope of Luz (that is, Bethel) and went down to Ataroth Addar on the hill south of Lower Beth Horon.

14 From the hill facing Beth Horon on the south the boundary turned south along the western side and came out at Kiriath Baal (that is, Kiriath Jearim), a town of the people of Judah. This was the western side.

15 The southern side began at the outskirts of Kiriath Jearim on the west, and the boundary came out at the spring of the waters of Nephtoah. **16** The boundary went down to the foot of the hill facing the Valley of Ben Hinnom, north of the Valley of Rephaim. It continued down the Hinnom Valley along the southern slope of the Jebusite city and so to En Rogel. **17** It then curved north, went to En Shemesh, continued to Geliloth, which faces the Pass of Adummim, and ran down to the Stone of Bohan son of Reuben. **18** It continued to the northern slope of Beth Arabah[a] and on down into the Arabah. **19** It then went to the northern slope of Beth Hoglah and came out at the northern bay of the Salt Sea,[b] at the mouth of the Jordan in the south. This was the southern boundary.

20 The Jordan formed the boundary on the eastern side.

These were the boundaries that marked out the inheritance of the clans of Benjamin on all sides.

21 The tribe of Benjamin, clan by clan, had the following cities:

Jericho, Beth Hoglah, Emek Keziz, **22** Beth Arabah, Zemaraim, Bethel, **23** Avvim, Parah, Ophrah, **24** Kephar Ammoni, Ophni and Geba—twelve towns and their villages.

25 Gibeon, Ramah, Beeroth, **26** Mizpah, Kephirah, Mozah, **27** Rekem, Irpeel, Taralah, **28** Zelah, Haeleph, the Jebusite city (that is, Jerusalem), Gibeah and Kiriath—fourteen towns and their villages.

This was the inheritance of Benjamin for its clans.

Allotment for Simeon

19 The second lot came out for the tribe of Simeon, clan by clan. Their inheritance lay within the territory of Judah. **2** It included:

Beersheba (or Sheba),[c] Moladah, **3** Hazar Shual, Balah, Ezem, **4** Eltolad, Bethul, Hormah, **5** Ziklag, Beth Marcaboth, Hazar Susah, **6** Beth Lebaoth and Sharuhen—thirteen towns and their villages;

7 Ain, Rimmon, Ether and Ashan—four towns and their villages— **8** and all the villages around these towns as far as Baalath Beer (Ramah in the Negev).

This was the inheritance of the tribe of the Simeonites, clan by clan. **9** The inheritance of the Simeonites was taken from the share of Judah, because Judah's portion was more than they needed. So the Simeonites received their inheritance within the territory of Judah.

Allotment for Zebulun

10 The third lot came up for Zebulun, clan by clan:

The boundary of their inheritance went as far as Sarid. **11** Going west it ran to Maralah, touched Dabbesheth, and extended to the ravine near Jokneam. **12** It turned east from Sarid toward the sunrise to the territory of Kisloth Tabor and went on to Daberath and up to Japhia. **13** Then it continued eastward to Gath Hepher and Eth Kazin; it came out at Rimmon and turned toward Neah. **14** There the boundary went around on the north to Hannathon and ended at the Valley of Iphtah El. **15** Included were Kattath, Nahalal, Shimron, Idalah and Bethlehem. There were twelve towns and their villages.

16 These towns and their villages were the inheritance of Zebulun, clan by clan.

---

[a]**18.18** Conforme a Septuaginta. O Texto Massorético diz *encosta norte defronte da Arabá.*

[a]**18:18** Septuagint; Hebrew *slope facing the Arabah* [b]**18:19** That is, the Dead Sea [c]**19:2** Or *Beersheba, Sheba*; 1 Chron. 4:28 does not have *Sheba.*

As Terras da Tribo de Issacar

17 Na quarta vez, a sorte saiu para Issacar, clã por clã. **18** Seu território abrangia:

Jezreel, Quesulote, Suném, **19** Hafaraim, Siom, Anaarate, **20** Rabite, Quisiom, Ebes, **21** Remete, En-Ganim, En-Hadá e Bete-Pazes. **22** A fronteira chegava a Tabor, Saazima e Bete-Semes, e terminava no Jordão. Eram dezesseis cidades com os seus povoados.

23 Essas cidades com os seus povoados foram a herança da tribo de Issacar, clã por clã.

As Terras da Tribo de Aser

24 Na quinta vez, a sorte saiu para Aser, clã por clã. **25** Seu território abrangia:

Helcate, Hali, Béten, Acsafe, **26** Alameleque, Amade e Misal. A oeste a fronteira alcançava o Carmelo e Sior-Libnate. **27** De lá virava para o leste em direção a Bete-Dagom, alcançava Zebulom e o vale de Iftá-El, e ia para o norte, para Bete-Emeque e Neiel, passando por Cabul, à esquerda, **28** Ebrom, Reobe, Hamom e Caná, até Sidom, a grande. **29** Depois a fronteira voltava para Ramá e ia para a cidade fortificada de Tiro, virava na direção de Hosa e terminava no mar, na região de Aczibe, **30** Umá, Afeque e Reobe. Eram vinte e duas cidades com os seus povoados.

31 Essas cidades com os seus povoados foram a herança da tribo de Aser, clã por clã.

As Terras da Tribo de Naftali

32 Na sexta vez, a sorte saiu para Naftali, clã por clã.

33 Sua fronteira ia desde Helefe e do carvalho de Zaanim, passava por Adami-Neguebe e Jabneel, e ia até Lacum, terminando no Jordão. **34** Voltando para o oeste, a fronteira passava por Aznote-Tabor e ia para Hucoque. Atingia Zebulom ao sul, Aser a oeste e o Jordão[a] a leste. **35** As cidades fortificadas eram Zidim, Zer, Hamate, Racate, Quinerete, **36** Adamá, Ramá, Hazor, **37** Quedes, Edrei, En-Hazor, **38** Irom, Migdal-El, Horém, Bete-Anate e Bete-Semes. Eram dezenove cidades com os seus povoados.

39 Essas cidades com os seus povoados foram a herança da tribo de Naftali, clã por clã.

As Terras da Tribo de Dã

40 Na sétima vez, a sorte saiu para Dã, clã por clã. **41** O território da sua herança abrangia:

Zorá, Estaol, Ir-Semes, **42** Saalabim, Aijalom, Itla, **43** Elom, Timna, Ecrom, **44** Elteque, Gibetom, Baalate, **45** Jeúde, Bene-Beraque, Gate-Rimom, **46** Me-Jarcom e Racom, e a região situada defronte de Jope.

47 Mas a tribo de Dã teve dificuldade para tomar posse do seu território. Por isso atacaram Lesém, conquistaram-na, passaram-na ao fio da espada e a ocuparam. Estabeleceram-se em Lesém e lhe deram o nome de Dã, por causa do seu antepassado. **48** Essas cidades com os seus povoados foram a herança da tribo de Dã, clã por clã.

As Terras Dadas a Josué

49 Quando terminaram de dividir a terra em territórios delimitados, os israelitas deram a Josué, filho de Num, uma herança no meio deles, **50** como o Senhor tinha ordenado. Deram-lhe a cidade que ele havia pedido, Timnate-Será[b], nos montes de Efraim, onde ele reconstruiu a cidade e se estabeleceu.

51 Foram esses os territórios que o sacerdote Eleazar, Josué, filho de Num, e os chefes dos clãs das tribos de Israel repartiram por sorteio em Siló, na presença do Senhor, à entrada da Tenda do Encontro. E assim terminaram de dividir a terra.

Allotment for Issachar

17 The fourth lot came out for Issachar, clan by clan. **18** Their territory included:

Jezreel, Kesulloth, Shunem, **19** Hapharaim, Shion, Anaharath, **20** Rabbith, Kishion, Ebez, **21** Remeth, En Gannim, En Haddah and Beth Pazzez. **22** The boundary touched Tabor, Shahazumah and Beth Shemesh, and ended at the Jordan. There were sixteen towns and their villages.

23 These towns and their villages were the inheritance of the tribe of Issachar, clan by clan.

Allotment for Asher

24 The fifth lot came out for the tribe of Asher, clan by clan. **25** Their territory included:

Helkath, Hali, Beten, Acshaph, **26** Allammelech, Amad and Mishal. On the west the boundary touched Carmel and Shihor Libnath. **27** It then turned east toward Beth Dagon, touched Zebulun and the Valley of Iphtah El, and went north to Beth Emek and Neiel, passing Cabul on the left. **28** It went to Abdon,[a] Rehob, Hammon and Kanah, as far as Greater Sidon. **29** The boundary then turned back toward Ramah and went to the fortified city of Tyre, turned toward Hosah and came out at the sea in the region of Aczib, **30** Ummah, Aphek and Rehob. There were twenty-two towns and their villages.

31 These towns and their villages were the inheritance of the tribe of Asher, clan by clan.

Allotment for Naphtali

32 The sixth lot came out for Naphtali, clan by clan:

33 Their boundary went from Heleph and the large tree in Zaanannim, passing Adami Nekeb and Jabneel to Lakkum and ending at the Jordan. **34** The boundary ran west through Aznoth Tabor and came out at Hukkok. It touched Zebulun on the south, Asher on the west and the Jordan[b] on the east. **35** The fortified cities were Ziddim, Zer, Hammath, Rakkath, Kinnereth, **36** Adamah, Ramah, Hazor, **37** Kedesh, Edrei, En Hazor, **38** Iron, Migdal El, Horem, Beth Anath and Beth Shemesh. There were nineteen towns and their villages.

39 These towns and their villages were the inheritance of the tribe of Naphtali, clan by clan.

Allotment for Dan

40 The seventh lot came out for the tribe of Dan, clan by clan. **41** The territory of their inheritance included:

Zorah, Eshtaol, Ir Shemesh, **42** Shaalabbin, Aijalon, Ithlah, **43** Elon, Timnah, Ekron, **44** Eltekeh, Gibbethon, Baalath, **45** Jehud, Bene Berak, Gath Rimmon, **46** Me Jarkon and Rakkon, with the area facing Joppa.

47 (But the Danites had difficulty taking possession of their territory, so they went up and attacked Leshem, took it, put it to the sword and occupied it. They settled in Leshem and named it Dan after their forefather.) **48** These towns and their villages were the inheritance of the tribe of Dan, clan by clan.

Allotment for Joshua

49 When they had finished dividing the land into its allotted portions, the Israelites gave Joshua son of Nun an inheritance among them, **50** as the Lord had commanded. They gave him the town he asked for—Timnath Serah[c] in the hill country of Ephraim. And he built up the town and settled there.

51 These are the territories that Eleazar the priest, Joshua son of Nun and the heads of the tribal clans of Israel assigned by lot at Shiloh in the presence of the Lord at the entrance to the Tent of Meeting. And so they finished dividing the land.

---

a19.34 Conforme a Septuaginta. O Texto Massorético diz *oeste, e Judá, o Jordão.*
b19.50 Também conhecida como *Timnate-Heres.* Veja Jz 2.9.

a19:28 Some Hebrew manuscripts (see also Joshua 21:30); most Hebrew manuscripts *Ebron* **b19:34** Septuagint; Hebrew *west, and Judah, the Jordan,* **c19:50** Also known as *Timnath Heres* (see Judges 2:9)

As Cidades de Refúgio

20 Disse o S{\sc enhor} a Josué: ² "Diga aos israelitas que designem as cidades de refúgio, como lhes ordenei por meio de Moisés, ³ para que todo aquele que matar alguém sem intenção e acidentalmente possa fugir para lá e proteger-se do vingador da vítima.

⁴ "Quando o homicida involuntário fugir para uma dessas cidades, terá que colocar-se junto à porta da cidade e expor o caso às autoridades daquela cidade. Eles o receberão e lhe darão um local para morar entre eles. ⁵ Caso o vingador da vítima o persiga, eles não o entregarão, pois matou seu próximo acidentalmente, sem maldade e sem premeditação. ⁶ Todavia, ele terá que permanecer naquela cidade até comparecer a julgamento perante a comunidade e até morrer o sumo sacerdote que estiver servindo naquele período. Então poderá voltar para a sua própria casa, à cidade de onde fugiu".

⁷ Assim eles separaram Quedes, na Galiléia, nos montes de Naftali, Siquém, nos montes de Efraim, e Quiriate-Arba, que é Hebrom, nos montes de Judá. ⁸ No lado leste do Jordão, perto de Jericó, designaram Bezer, no planalto desértico da tribo de Rúben; Ramote, em Gileade, na tribo de Gade; e Golã, em Basã, na tribo de Manassés. ⁹ Qualquer israelita ou estrangeiro residente que matasse alguém sem intenção, poderia fugir para qualquer dessas cidades para isso designadas e escapar do vingador da vítima, antes de comparecer a julgamento perante a comunidade.

As Cidades dos Levitas

21 Os chefes de família dos levitas se aproximaram do sacerdote Eleazar, de Josué, filho de Num, e dos chefes das outras famílias das tribos dos israelitas ² em Siló, na terra de Canaã, e lhes disseram: "O S{\sc enhor} ordenou por meio de Moisés que vocês nos dessem cidades onde pudéssemos habitar, e pastagens para os nossos animais". ³ Por isso, de acordo com a ordem do S{\sc enhor}, os israelitas deram da sua própria herança as seguintes cidades com suas pastagens aos levitas:

⁴ A sorte saiu primeiro para os coatitas, clã por clã. Os levitas, que eram descendentes do sacerdote Arão, receberam treze cidades das tribos de Judá, de Simeão e de Benjamim. ⁵ Os outros descendentes de Coate receberam dez cidades dos clãs das tribos de Efraim e de Dã, e da metade da tribo de Manassés.

⁶ Os descendentes de Gérson receberam treze cidades dos clãs das tribos de Issacar, de Aser e de Naftali, e da metade da tribo de Manassés estabelecida em Basã.

⁷ Os descendentes de Merari, clã por clã, receberam doze cidades das tribos de Rúben, de Gade e de Zebulom.

⁸ Dessa maneira os israelitas deram aos levitas essas cidades com suas pastagens, como o S{\sc enhor} tinha ordenado por meio de Moisés.

⁹ Das tribos de Judá e de Simeão, os israelitas deram as seguintes cidades, indicadas nominalmente. ¹⁰ Foram dadas aos descendentes de Arão que pertenciam aos clãs coatitas dos levitas, pois para eles saiu a primeira sorte:

¹¹ Quiriate-Arba, que é Hebrom, com as suas pastagens ao redor, nos montes de Judá. (Arba era antepassado de Enaque.) ¹² Mas os campos e os povoados em torno da cidade foram dados a Calebe, filho de Jefoné, como sua propriedade.

¹³ Assim, aos descendentes do sacerdote Arão deram Hebrom, cidade de refúgio para os acusados de homicídio, Libna, ¹⁴ Jatir, Estemoa, ¹⁵ Holom, Debir, ¹⁶ Aim, Jutá e Bete-Semes, cada qual com os seus arredores. Foram nove cidades dadas por essas duas tribos.

¹⁷ Da tribo de Benjamim deram-lhes Gibeom, Geba, ¹⁸ Anatote e Almom, cada qual com os seus arredores. Eram quatro cidades.

¹⁹ Todas as cidades dadas aos sacerdotes, descendentes de Arão, foram treze; cada qual com os seus arredores.

Cities of Refuge

20 Then the L{\sc ord} said to Joshua: ² "Tell the Israelites to designate the cities of refuge, as I instructed you through Moses, ³ so that anyone who kills a person accidentally and unintentionally may flee there and find protection from the avenger of blood.

⁴ "When he flees to one of these cities, he is to stand in the entrance of the city gate and state his case before the elders of that city. Then they are to admit him into their city and give him a place to live with them. ⁵ If the avenger of blood pursues him, they must not surrender the one accused, because he killed his neighbor unintentionally and without malice aforethought. ⁶ He is to stay in that city until he has stood trial before the assembly and until the death of the high priest who is serving at that time. Then he may go back to his own home in the town from which he fled."

⁷ So they set apart Kedesh in Galilee in the hill country of Naphtali, Shechem in the hill country of Ephraim, and Kiriath Arba (that is, Hebron) in the hill country of Judah. ⁸ On the east side of the Jordan of Jericho\a they designated Bezer in the desert on the plateau in the tribe of Reuben, Ramoth in Gilead in the tribe of Gad, and Golan in Bashan in the tribe of Manasseh. ⁹ Any of the Israelites or any alien living among them who killed someone accidentally could flee to these designated cities and not be killed by the avenger of blood prior to standing trial before the assembly.

Towns for the Levites

21 Now the family heads of the Levites approached Eleazar the priest, Joshua son of Nun, and the heads of the other tribal families of Israel ² at Shiloh in Canaan and said to them, "The L{\sc ord} commanded through Moses that you give us towns to live in, with pasturelands for our livestock." ³ So, as the L{\sc ord} had commanded, the Israelites gave the Levites the following towns and pasturelands out of their own inheritance:

⁴ The first lot came out for the Kohathites, clan by clan. The Levites who were descendants of Aaron the priest were allotted thirteen towns from the tribes of Judah, Simeon and Benjamin. ⁵ The rest of Kohath's descendants were allotted ten towns from the clans of the tribes of Ephraim, Dan and half of Manasseh.

⁶ The descendants of Gershon were allotted thirteen towns from the clans of the tribes of Issachar, Asher, Naphtali and the half-tribe of Manasseh in Bashan.

⁷ The descendants of Merari, clan by clan, received twelve towns from the tribes of Reuben, Gad and Zebulun.

⁸ So the Israelites allotted to the Levites these towns and their pasturelands, as the L{\sc ord} had commanded through Moses.

⁹ From the tribes of Judah and Simeon they allotted the following towns by name ¹⁰ (these towns were assigned to the descendants of Aaron who were from the Kohathite clans of the Levites, because the first lot fell to them):

¹¹ They gave them Kiriath Arba (that is, Hebron), with its surrounding pastureland, in the hill country of Judah. (Arba was the forefather of Anak.) ¹² But the fields and villages around the city they had given to Caleb son of Jephunneh as his possession.

¹³ So to the descendants of Aaron the priest they gave Hebron (a city of refuge for one accused of murder), Libnah, ¹⁴ Jattir, Eshtemoa, ¹⁵ Holon, Debir, ¹⁶ Ain, Juttah and Beth Shemesh, together with their pasturelands— nine towns from these two tribes.

¹⁷ And from the tribe of Benjamin they gave them Gibeon, Geba, ¹⁸ Anathoth and Almon, together with their pasturelands—four towns.

¹⁹ All the towns for the priests, the descendants of Aaron, were thirteen, together with their pasturelands.

ª20:8 *Jordan of Jericho* was possibly an ancient name for the Jordan River.

20 Os outros clãs coatitas dos levitas receberam cidades da tribo de Efraim.

21 Nos montes de Efraim receberam Siquém, cidade de refúgio para os acusados de homicídio, Gezer, **22** Quibzaim e Bete-Horom, cada qual com os seus arredores. Foram quatro cidades.

23 Também da tribo de Dã receberam Elteque, Gibetom, **24** Aijalom e Gate-Rimom, cada qual com os seus arredores. Foram quatro cidades.

25 Da meia tribo de Manassés receberam Taanaque e Gate-Rimom, cada qual com os seus arredores. Foram duas cidades.

26 Todas essas dez cidades e seus arredores foram dadas aos outros clãs coatitas.

27 Os clãs levitas gersonitas receberam da metade da tribo de Manassés: Golã, em Basã, cidade de refúgio para os acusados de homicídio, e Beesterá, cada qual com os seus arredores. Foram duas cidades.

28 Receberam da tribo de Issacar:

Quisiom, Daberate, **29** Jarmute e En-Ganim, cada qual com os seus arredores. Foram quatro cidades.

30 Receberam da tribo de Aser:

Misal, Abdom, **31** Helcate e Reobe, cada qual com os seus arredores. Foram quatro cidades.

32 Receberam da tribo de Naftali:

Quedes, na Galiléia, cidade de refúgio dos acusados de homicídio, Hamote-Dor e Cartã, cada qual com os seus arredores. Foram três cidades.

33 Todas as cidades dos clãs gersonitas foram treze.

34 Os clãs meraritas, o restante dos levitas, receberam as seguintes cidades:

Da tribo de Zebulom:

Jocneão, Cartá, **35** Dimna e Naalal, cada qual com os seus arredores. Foram quatro cidades.

36 Da tribo de Rúben:

Bezer, Jaza, **37** Quedemote e Mefaate, cada qual com os seus arredores. Foram quatro cidades.

38 Da tribo de Gade:

em Gileade, Ramote, cidade de refúgio dos acusados de homicídio, Maanaim, **39** Hesbom e Jazar, cada qual com os seus arredores. Foram cidades ao todo.

40 Todas as cidades dadas aos clãs meraritas, que eram o restante dos levitas, foram doze.

41 No total, as cidades dos levitas nos territórios dos outros israelitas foram quarenta e oito cidades com os seus arredores. **42** Cada uma de todas essas cidades tinha pastagens ao seu redor.

43 Assim o Senhor deu aos israelitas toda a terra que tinha prometido sob juramento aos seus antepassados, e eles tomaram posse dela e se estabeleceram ali. **44** O Senhor lhes concedeu descanso de todos os lados, como tinha jurado aos seus antepassados. Nenhum dos seus inimigos pôde resistir-lhes, pois o Senhor entregou todos eles em suas mãos. **45** De todas as boas promessas do Senhor à nação de Israel, nenhuma delas falhou; todas se cumpriram.

O Regresso das Tribos do Leste

22 Josué convocou as tribos de Rúben, de Gade e a metade da tribo de Manassés **2** e lhes disse: "Vocês fizeram tudo o que Moisés, servo do Senhor, ordenou. **3** Durante muito tempo, e até hoje, vocês não abandonaram os seus irmãos, mas cumpriram a missão que o Senhor, o seu Deus, lhes entregou. **4** Agora que o Senhor, o seu Deus, já concedeu descanso aos seus irmãos israelitas, como tinha prometido, voltem para casa, para a terra que Moisés, servo do Senhor, lhes deu no outro lado do Jordão. **5** Mas guardem fielmente o mandamento e a lei que Moisés, servo do Senhor, lhes deu, que amem o

20 The rest of the Kohathite clans of the Levites were allotted towns from the tribe of Ephraim:

21 In the hill country of Ephraim they were given Shechem (a city of refuge for one accused of murder) and Gezer, **22** Kibzaim and Beth Horon, together with their pasturelands—four towns.

23 Also from the tribe of Dan they received Eltekeh, Gibbethon, **24** Aijalon and Gath Rimmon, together with their pasturelands—four towns.

25 From half the tribe of Manasseh they received Taanach and Gath Rimmon, together with their pasturelands—two towns.

26 All these ten towns and their pasturelands were given to the rest of the Kohathite clans.

27 The Levite clans of the Gershonites were given:

from the half-tribe of Manasseh,

Golan in Bashan (a city of refuge for one accused of murder) and Be Eshtarah, together with their pasturelands—two towns;

28 from the tribe of Issachar,

Kishion, Daberath, **29** Jarmuth and En Gannim, together with their pasturelands—four towns;

30 from the tribe of Asher,

Mishal, Abdon, **31** Helkath and Rehob, together with their pasturelands—four towns;

32 from the tribe of Naphtali,

Kedesh in Galilee (a city of refuge for one accused of murder), Hammoth Dor and Kartan, together with their pasturelands—three towns.

33 All the towns of the Gershonite clans were thirteen, together with their pasturelands.

34 The Merarite clans (the rest of the Levites) were given:

from the tribe of Zebulun,

Jokneam, Kartah, **35** Dimnah and Nahalal, together with their pasturelands—four towns;

36 from the tribe of Reuben,

Bezer, Jahaz, **37** Kedemoth and Mephaath, together with their pasturelands—four towns;

38 from the tribe of Gad,

Ramoth in Gilead (a city of refuge for one accused of murder), Mahanaim, **39** Heshbon and Jazer, together with their pasturelands—four towns in all.

40 All the towns allotted to the Merarite clans, who were the rest of the Levites, were twelve.

41 The towns of the Levites in the territory held by the Israelites were forty-eight in all, together with their pasturelands. **42** Each of these towns had pasturelands surrounding it; this was true for all these towns.

43 So the Lord gave Israel all the land he had sworn to give their forefathers, and they took possession of it and settled there. **44** The Lord gave them rest on every side, just as he had sworn to their forefathers. Not one of their enemies withstood them; the Lord handed all their enemies over to them. **45** Not one of all the Lord's good promises to the house of Israel failed; every one was fulfilled.

Eastern Tribes Return Home

22 Then Joshua summoned the Reubenites, the Gadites and the half-tribe of Manasseh **2** and said to them, "You have done all that Moses the servant of the Lord commanded, and you have obeyed me in everything I commanded. **3** For a long time now—to this very day—you have not deserted your brothers but have carried out the mission the Lord your God gave you. **4** Now that the Lord your God has given your brothers rest as he promised, return to your homes in the land that Moses the servant of the Lord gave you on the other side of the Jordan. **5** But be very careful to keep the commandment and the law that Moses the servant of the Lord gave you: to love the

SENHOR, o seu Deus, andem em todos os seus caminhos, obedeçam aos seus mandamentos, apeguem-se a ele e o sirvam de todo o coração e de toda a alma".

⁶ Então Josué os abençoou e os despediu, e eles foram para casa. ⁷ (À metade da tribo de Manassés Moisés dera terras em Basã, e à outra metade da tribo Josué dera terras no lado oeste do Jordão, junto com os outros israelitas.) Ao mandá-los para casa, Josué os abençoou, ⁸ dizendo: "Voltem para casa com as riquezas que juntaram: grandes rebanhos, prata, ouro, bronze e ferro, e muitas roupas. Dividam com os seus irmãos os despojos de seus inimigos".

⁹ Assim as tribos de Rúben, de Gade e a metade da tribo de Manassés deixaram os outros israelitas em Siló, na terra de Canaã, para voltarem para Gileade, sua própria terra, da qual se apossaram de acordo com a ordem do SENHOR, dada por meio de Moisés.

¹⁰ Quando chegaram a Gelilote, perto do Jordão, em Canaã, as tribos de Rúben, de Gade e a metade da tribo de Manassés construíram um imponente altar ali, junto ao Jordão. ¹¹ Quando os outros israelitas souberam que eles tinham construído o altar na fronteira de Canaã, em Gelilote, perto do Jordão, no lado israelita, ¹² toda a comunidade de Israel reuniu-se em Siló para guerrear contra eles.

¹³ Então os israelitas enviaram Finéias, filho do sacerdote Eleazar, à terra de Gileade, às tribos de Rúben e Gade e à metade da tribo de Manassés. ¹⁴ Com ele enviaram dez líderes, um de cada tribo de Israel, sendo cada um deles chefe de suas respectivas famílias dentre os clãs israelitas.

¹⁵ Quando chegaram a Gileade, às tribos de Rúben e de Gade e à metade da tribo de Manassés, disseram-lhes: ¹⁶ "Assim diz toda a comunidade do SENHOR: 'Como foi que vocês cometeram essa infidelidade para com o Deus de Israel? Como foi que se afastaram do SENHOR, construindo um altar para vocês, rebelando-se assim contra ele? ¹⁷ Já não nos bastou o pecado de Peor? Até hoje não nos purificamos daquele pecado, muito embora uma praga tenha caído sobre a comunidade do SENHOR! ¹⁸ E agora vocês estão abandonando o SENHOR!

" 'Se hoje vocês se rebelarem contra o SENHOR, amanhã a sua ira cairá sobre toda a comunidade de Israel. ¹⁹ Se a terra que vocês receberam como propriedade está contaminada, passem então para a terra que pertence ao SENHOR, onde está o tabernáculo do SENHOR, e se apossem de um território entre nós. Mas não se rebelem contra o SENHOR nem contra nós, construindo para vocês um altar que não seja o altar do SENHOR, o nosso Deus. ²⁰ Quando Acã, filho de Zerá, foi infiel com relação às coisas consagradas, não caiu a ira sobre toda a comunidade de Israel? E ele não foi o único que morreu por causa do seu pecado' ".

²¹ Então as tribos de Rúben, de Gade e a metade da tribo de Manassés responderam aos chefes dos clãs de Israel: ²² "O Poderoso, Deus, o SENHOR! O Poderoso, Deus, o SENHOR! Ele sabe! E que Israel o saiba! Se agimos com rebelião ou infidelidade para com o SENHOR, não nos poupem hoje. ²³ Se construímos nosso próprio altar para nos afastarmos do SENHOR e para oferecermos holocaustosᵃ e ofertas de cereal, ou sacrifícios de comunhãoᵇ sobre ele, que o próprio SENHOR nos peça contas disso!

²⁴ "Ao contrário! Fizemos isso temendo que no futuro os seus descendentes digam aos nossos: 'Que relação vocês têm com o SENHOR, com o Deus de Israel? ²⁵ Homens de Rúben e de Gade! O SENHOR fez do Jordão uma fronteira entre nós e vocês. Vocês não têm parte com o SENHOR'. Assim os seus descendentes poderiam levar os nossos a deixarem de temer o SENHOR.

²⁶ "É por isso que resolvemos construir um altar, não para holocaustos ou sacrifícios, ²⁷ mas, para que esse altar sirva de testemunho entre nós e vocês e as gerações futuras, de que cultuaremos o SENHOR em seu santuário com nossos holocaustos, sacrifícios e ofertas de comunhão. Então, no futuro, os seus descendentes não poderão dizer aos nossos: 'Vocês não têm parte com o SENHOR'.

LORD your God, to walk in all his ways, to obey his commands, to hold fast to him and to serve him with all your heart and all your soul."

⁶ Then Joshua blessed them and sent them away, and they went to their homes. ⁷ (To the half-tribe of Manasseh Moses had given land in Bashan, and to the other half of the tribe Joshua gave land on the west side of the Jordan with their brothers.) When Joshua sent them home, he blessed them, ⁸ saying, "Return to your homes with your great wealth—with large herds of livestock, with silver, gold, bronze and iron, and a great quantity of clothing—and divide with your brothers the plunder from your enemies."

⁹ So the Reubenites, the Gadites and the half-tribe of Manasseh left the Israelites at Shiloh in Canaan to return to Gilead, their own land, which they had acquired in accordance with the command of the LORD through Moses.

¹⁰ When they came to Geliloth near the Jordan in the land of Canaan, the Reubenites, the Gadites and the half-tribe of Manasseh built an imposing altar there by the Jordan. ¹¹ And when the Israelites heard that they had built the altar on the border of Canaan at Geliloth near the Jordan on the Israelite side, ¹² the whole assembly of Israel gathered at Shiloh to go to war against them.

¹³ So the Israelites sent Phinehas son of Eleazar, the priest, to the land of Gilead—to Reuben, Gad and the half-tribe of Manasseh. ¹⁴ With him they sent ten of the chief men, one for each of the tribes of Israel, each the head of a family division among the Israelite clans.

¹⁵ When they went to Gilead—to Reuben, Gad and the half-tribe of Manasseh—they said to them: ¹⁶ "The whole assembly of the LORD says: 'How could you break faith with the God of Israel like this? How could you turn away from the LORD and build yourselves an altar in rebellion against him now? ¹⁷ Was not the sin of Peor enough for us? Up to this very day we have not cleansed ourselves from that sin, even though a plague fell on the community of the LORD! ¹⁸ And are you now turning away from the LORD?

" 'If you rebel against the LORD today, tomorrow he will be angry with the whole community of Israel. ¹⁹ If the land you possess is defiled, come over to the LORD's land, where the LORD's tabernacle stands, and share the land with us. But do not rebel against the LORD or against us by building an altar for yourselves, other than the altar of the LORD our God. ²⁰ When Achan son of Zerah acted unfaithfully regarding the devoted things,ᵃ did not wrath come upon the whole community of Israel? He was not the only one who died for his sin.' "

²¹ Then Reuben, Gad and the half-tribe of Manasseh replied to the heads of the clans of Israel: ²² "The Mighty One, God, the LORD! The Mighty One, God, the LORD! He knows! And let Israel know! If this has been in rebellion or disobedience to the LORD, do not spare us this day. ²³ If we have built our own altar to turn away from the LORD and to offer burnt offerings and grain offerings, or to sacrifice fellowship offeringsᵇ on it, may the LORD himself call us to account.

²⁴ "No! We did it for fear that some day your descendants might say to ours, 'What do you have to do with the LORD, the God of Israel? ²⁵ The LORD has made the Jordan a boundary between us and you—you Reubenites and Gadites! You have no share in the LORD.' So your descendants might cause ours to stop fearing the LORD.

²⁶ "That is why we said, 'Let us get ready and build an altar—but not for burnt offerings or sacrifices.' ²⁷ On the contrary, it is to be a witness between us and you and the generations that follow, that we will worship the LORD at his sanctuary with our burnt offerings, sacrifices and fellowship offeringsᵇ. Then in the future your descendants will not be able to say to ours, 'You have no share in the LORD.'

ᵃ22.23 Isto é, sacrifícios totalmente queimados; também nos versículos 26, 27, 28 e 29. ᵇ22.23 Ou *de paz*; também no versículo 27.

ᵃ22:20 The Hebrew term refers to the irrevocable giving over of things or persons to the LORD, often by totally destroying them. ᵇ22:23 Traditionally *peace offerings*; also in verse 27

28 "E dissemos: Se algum dia disserem isso a nós ou aos nossos descendentes, responderemos: Vejam a réplica do altar do Senhor que os nossos antepassados construíram, não para holocaustos ou sacrifícios, mas como testemunho entre nós e vocês.

29 "Longe de nós nos rebelarmos contra o Senhor e nos afastarmos dele, construindo para holocaustos, ofertas de cereal e sacrifícios um altar que não seja o altar do Senhor, o nosso Deus, que está diante do seu tabernáculo!"

30 Quando o sacerdote Finéias e os líderes da comunidade, os chefes dos clãs dos israelitas, ouviram o que os homens de Rúben, de Gade e de Manassés disseram, deram-se por satisfeitos. **31** E Finéias, filho do sacerdote Eleazar, disse a Rúben, a Gade e a Manassés: "Hoje sabemos que o Senhor está conosco, pois vocês não foram infiéis para com o Senhor. Assim vocês livraram os israelitas da mão do Senhor".

32 Então Finéias, filho do sacerdote Eleazar, e os líderes voltaram do encontro com os homens de Rúben e de Gade em Gileade, e foram para Canaã dar relatório aos outros israelitas. **33** Estes se alegraram com o relatório e louvaram a Deus. E não mais falaram em guerrear contra as tribos de Rúben e de Gade, nem em devastar a região onde eles viviam.

34 Os homens de Rúben e de Gade deram ao altar este nome: Um Testemunho Entre Nós de que o Senhor é Deus.

A Despedida de Josué

23 Passado muito tempo, depois que o Senhor concedeu a Israel descanso de todos os inimigos ao redor, Josué, agora velho, de idade muito avançada, **2** convocou todo o Israel, com as autoridades, os líderes, os juízes e os oficiais, e lhes disse: "Estou velho, com idade muito avançada. **3** Vocês mesmos viram tudo o que o Senhor, o seu Deus, fez com todas essas nações por amor a vocês; foi o Senhor, o seu Deus, que lutou por vocês. **4** Lembrem-se de que eu reparti por herança para as tribos de vocês toda a terra das nações, tanto as que ainda restam como as que conquistei entre o Jordão e o mar Grande, a oeste. **5** O Senhor, o seu Deus, as expulsará da presença de vocês. Ele as empurrará de diante de vocês, e vocês se apossarão da terra delas, como o Senhor lhes prometeu.

6 "Façam todo o esforço para obedecer e cumprir tudo o que está escrito no Livro da Lei de Moisés, sem se desviar, nem para a direita nem para a esquerda. **7** Não se associem com essas nações que restam no meio de vocês. Não invoquem os nomes dos seus deuses nem jurem por eles. Não lhes prestem culto nem se inclinem perante eles. **8** Mas apeguem-se somente ao Senhor, o seu Deus, como fizeram até hoje.

9 "O Senhor expulsou de diante de vocês nações grandes e poderosas; até hoje ninguém conseguiu resistir a vocês. **10** Um só de vocês faz fugir mil, pois o Senhor, o seu Deus, luta por vocês, conforme prometeu. **11** Por isso dediquem-se com zelo a amar o Senhor, o seu Deus.

12 "Se, todavia, vocês se afastarem e se aliarem aos sobreviventes dessas nações que restam no meio de vocês, e se casarem com eles e se associarem com eles, **13** estejam certos de que o Senhor, o seu Deus, já não expulsará essas nações de diante de vocês. Ao contrário, elas se tornarão armadilhas e laços para vocês, chicote em suas costas e espinhos em seus olhos, até que vocês desapareçam desta boa terra que o Senhor, o seu Deus, deu a vocês.

14 "Agora estou prestes a ir pelo caminho de toda a terra. Vocês sabem, lá no fundo do coração e da alma, que nenhuma das boas promessas que o Senhor, o seu Deus, lhes fez deixou de cumprir-se. Todas se cumpriram; nenhuma delas falhou. **15** Mas, assim como cada uma das boas promessas do Senhor, o seu Deus, se cumpriu, também o Senhor fará cumprir-se em vocês todo o mal com que os ameaçou, até eliminá-los desta boa terra que lhes deu. **16** Se violarem a aliança que o Senhor, o

28 "And we said, 'If they ever say this to us, or to our descendants, we will answer: Look at the replica of the Lord's altar, which our fathers built, not for burnt offerings and sacrifices, but as a witness between us and you.'

29 "Far be it from us to rebel against the Lord and turn away from him today by building an altar for burnt offerings, grain offerings and sacrifices, other than the altar of the Lord our God that stands before his tabernacle."

30 When Phinehas the priest and the leaders of the community—the heads of the clans of the Israelites—heard what Reuben, Gad and Manasseh had to say, they were pleased. **31** And Phinehas son of Eleazar, the priest, said to Reuben, Gad and Manasseh, "Today we know that the Lord is with us, because you have not acted unfaithfully toward the Lord in this matter. Now you have rescued the Israelites from the Lord's hand."

32 Then Phinehas son of Eleazar, the priest, and the leaders returned to Canaan from their meeting with the Reubenites and Gadites in Gilead and reported to the Israelites. **33** They were glad to hear the report and praised God. And they talked no more about going to war against them to devastate the country where the Reubenites and the Gadites lived.

34 And the Reubenites and the Gadites gave the altar this name: A Witness Between Us that the Lord is God.

Joshua's Farewell to the Leaders

23 After a long time had passed and the Lord had given Israel rest from all their enemies around them, Joshua, by then old and well advanced in years, **2** summoned all Israel—their elders, leaders, judges and officials—and said to them: "I am old and well advanced in years. **3** You yourselves have seen everything the Lord your God has done to all these nations for your sake; it was the Lord your God who fought for you. **4** Remember how I have allotted as an inheritance for your tribes all the land of the nations that remain—the nations I conquered—between the Jordan and the Great Sea[a] in the west. **5** The Lord your God himself will drive them out of your way. He will push them out before you, and you will take possession of their land, as the Lord your God promised you.

6 "Be very strong; be careful to obey all that is written in the Book of the Law of Moses, without turning aside to the right or to the left. **7** Do not associate with these nations that remain among you; do not invoke the names of their gods or swear by them. You must not serve them or bow down to them. **8** But you are to hold fast to the Lord your God, as you have until now.

9 "The Lord has driven out before you great and powerful nations; to this day no one has been able to withstand you. **10** One of you routs a thousand, because the Lord your God fights for you, just as he promised. **11** So be very careful to love the Lord your God.

12 "But if you turn away and ally yourselves with the survivors of these nations that remain among you and if you intermarry with them and associate with them, **13** then you may be sure that the Lord your God will no longer drive out these nations before you. Instead, they will become snares and traps for you, whips on your backs and thorns in your eyes, until you perish from this good land, which the Lord your God has given you.

14 "Now I am about to go the way of all the earth. You know with all your heart and soul that not one of all the good promises the Lord your God gave you has failed. Every promise has been fulfilled; not one has failed. **15** But just as every good promise of the Lord your God has come true, so the Lord will bring on you all the evil he has threatened, until he has destroyed you from this good land he has given you. **16** If you violate the

---

a 23:4 That is, the Mediterranean

seu Deus, lhes ordenou, e passarem a cultuar outros deuses e a inclinar-se diante deles, a ira do Senhor se acenderá contra vocês, e vocês logo desaparecerão da boa terra que ele lhes deu".

A Renovação da Aliança em Siquém

24 Então Josué reuniu todas as tribos de Israel em Siquém. Convocou as autoridades, os líderes, os juízes e os oficiais de Israel, e eles compareceram diante de Deus.

2 Josué disse a todo o povo: "Assim diz o Senhor, o Deus de Israel: 'Há muito tempo, os seus antepassados, inclusive Terá, pai de Abraão e de Naor, viviam além do Eufrates[a] e prestavam culto a outros deuses. 3 Mas eu tirei seu pai Abraão da terra que fica além do Eufrates e o conduzi por toda a Canaã e lhe dei muitos descendentes. Dei-lhe Isaque, 4 e a Isaque dei Jacó e Esaú. A Esaú dei os montes de Seir, mas Jacó e seus filhos desceram para o Egito.

5 " 'Então enviei Moisés e Arão e feri os egípcios com pragas, com as quais os castiguei, e depois tirei vocês de lá. 6 Quando tirei os seus antepassados do Egito, vocês vieram para o mar, e os egípcios os perseguiram com carros de guerra e cavaleiros[b] até o mar Vermelho. 7 Mas os seus antepassados clamaram a mim, e eu coloquei trevas entre vocês e os egípcios; fiz voltar o mar sobre eles e os encobri. Vocês viram com os seus próprios olhos o que eu fiz com os egípcios. Depois disso vocês viveram no deserto longo tempo.

8 " 'Eu os trouxe para a terra dos amorreus que viviam a leste do Jordão. Eles lutaram contra vocês, mas eu os entreguei nas suas mãos. Eu os destruí diante de vocês, e vocês se apossaram da terra deles. 9 Quando Balaque, rei de Moabe, filho de Zipor, se preparava para lutar contra Israel, mandou buscar Balaão, filho de Beor, para lançar maldição sobre vocês. 10 Mas eu não quis ouvir Balaão, de modo que ele os abençoou vez após vez, e eu os livrei das mãos dele.

11 " 'Depois vocês atravessaram o Jordão e chegaram a Jericó. Os chefes de Jericó lutaram contra vocês, assim como os amorreus, os ferezeus, os cananeus, os hititas, os girgaseus, os heveus e os jebuseus, mas eu os entreguei nas mãos de vocês. 12 Eu lhes causei pânico[c] para expulsá-los de diante de vocês, como fiz aos dois reis amorreus. Não foram a espada e o arco que lhes deram a vitória. 13 Foi assim que lhes dei uma terra que vocês não cultivaram e cidades que vocês não construíram. Nelas vocês moram, e comem de vinhas e olivais que não plantaram'.

14 "Agora temam o Senhor e sirvam-no com integridade e fidelidade. Joguem fora os deuses que os seus antepassados adoraram além do Eufrates e no Egito, e sirvam ao Senhor. 15 Se, porém, não lhes agrada servir ao Senhor, escolham hoje a quem irão servir, se aos deuses que os seus antepassados serviram além do Eufrates, ou aos deuses dos amorreus, em cuja terra vocês estão vivendo. Mas, eu e a minha família serviremos ao Senhor".

16 Então o povo respondeu: "Longe de nós abandonar o Senhor para servir outros deuses! 17 Foi o próprio Senhor, o nosso Deus, que nos tirou, a nós e a nossos pais, do Egito, daquela terra de escravidão, e realizou aquelas grandes maravilhas diante dos nossos olhos. Ele nos protegeu no caminho e entre as nações pelas quais passamos. 18 Além disso, o Senhor expulsou de diante de nós todas as nações, inclusive os amorreus, que viviam nesta terra. Nós também serviremos ao Senhor, porque ele é o nosso Deus".

19 Josué disse ao povo: "Vocês não têm condições de servir ao Senhor. Ele é Deus santo! É Deus zeloso! Ele não perdoará a rebelião e o pecado de vocês. 20 Se abandonarem o Senhor e servirem a deuses estrangeiros, ele se voltará contra vocês e os castigará. Mesmo depois de ter sido bondoso com vocês, ele os exterminará".

covenant of the Lord your God, which he commanded you, and go and serve other gods and bow down to them, the Lord's anger will burn against you, and you will quickly perish from the good land he has given you."

The Covenant Renewed at Shechem

24 Then Joshua assembled all the tribes of Israel at Shechem. He summoned the elders, leaders, judges and officials of Israel, and they presented themselves before God.

2 Joshua said to all the people, "This is what the Lord, the God of Israel, says: 'Long ago your forefathers, including Terah the father of Abraham and Nahor, lived beyond the River[a] and worshiped other gods. 3 But I took your father Abraham from the land beyond the River and led him throughout Canaan and gave him many descendants. I gave him Isaac, 4 and to Isaac I gave Jacob and Esau. I assigned the hill country of Seir to Esau, but Jacob and his sons went down to Egypt.

5 " 'Then I sent Moses and Aaron, and I afflicted the Egyptians by what I did there, and I brought you out. 6 When I brought your fathers out of Egypt, you came to the sea, and the Egyptians pursued them with chariots and horsemen[b] as far as the Red Sea.[c] 7 But they cried to the Lord for help, and he put darkness between you and the Egyptians; he brought the sea over them and covered them. You saw with your own eyes what I did to the Egyptians. Then you lived in the desert for a long time.

8 " 'I brought you to the land of the Amorites who lived east of the Jordan. They fought against you, but I gave them into your hands. I destroyed them from before you, and you took possession of their land. 9 When Balak son of Zippor, the king of Moab, prepared to fight against Israel, he sent for Balaam son of Beor to put a curse on you. 10 But I would not listen to Balaam, so he blessed you again and again, and I delivered you out of his hand.

11 " 'Then you crossed the Jordan and came to Jericho. The citizens of Jericho fought against you, as did also the Amorites, Perizzites, Canaanites, Hittites, Girgashites, Hivites and Jebusites, but I gave them into your hands. 12 I sent the hornet ahead of you, which drove them out before you—also the two Amorite kings. You did not do it with your own sword and bow. 13 So I gave you a land on which you did not toil and cities you did not build; and you live in them and eat from vineyards and olive groves that you did not plant.'

14 "Now fear the Lord and serve him with all faithfulness. Throw away the gods your forefathers worshiped beyond the River and in Egypt, and serve the Lord. 15 But if serving the Lord seems undesirable to you, then choose for yourselves this day whom you will serve, whether the gods your forefathers served beyond the River, or the gods of the Amorites, in whose land you are living. But as for me and my household, we will serve the Lord."

16 Then the people answered, "Far be it from us to forsake the Lord to serve other gods! 17 It was the Lord our God himself who brought us and our fathers up out of Egypt, from that land of slavery, and performed those great signs before our eyes. He protected us on our entire journey and among all the nations through which we traveled. 18 And the Lord drove out before us all the nations, including the Amorites, who lived in the land. We too will serve the Lord, because he is our God."

19 Joshua said to the people, "You are not able to serve the Lord. He is a holy God; he is a jealous God. He will not forgive your rebellion and your sins. 20 If you forsake the Lord and serve foreign gods, he will turn and bring disaster on you and make an end of you, after he has been good to you."

---

[a]24.2 Hebraico: *do Rio*; também nos versículos 3, 14 e 15. [b]24.6 Ou *condutores de carros de guerra* [c]24.12 Ou *enviei vespas à sua frente*; ou ainda *enviei praga à sua frente*

---

[a]24:2 That is, the Euphrates; also in verses 3, 14 and 15 [b]24:6 Or *charioteers* [c]24:6 Hebrew *Yam Suph*; that is, Sea of Reeds

21 O povo, porém, respondeu a Josué: "De maneira nenhuma! Nós serviremos ao Senhor".

22 Disse então Josué: "Vocês são testemunhas contra vocês mesmos de que escolheram servir ao Senhor".

"Somos", responderam eles.

23 Disse Josué: "Agora, então, joguem fora os deuses estrangeiros que estão com vocês e voltem-se de coração para o Senhor, o Deus de Israel".

24 E o povo disse a Josué: "Serviremos ao Senhor, o nosso Deus, e lhe obedeceremos".

25 Naquele dia Josué firmou um acordo com o povo em Siquém, e lhe deu decretos e leis. **26** Josué registrou essas coisas no Livro da Lei de Deus. Depois ergueu uma grande pedra ali, sob a Grande Árvore, perto do santuário do Senhor.

27 Então disse ele a todo o povo: "Vejam esta pedra! Ela será uma testemunha contra nós, pois ouviu todas as palavras que o Senhor nos disse. Será uma testemunha contra vocês, caso sejam infiéis ao seu Deus".

A Morte de Josué

28 Depois Josué despediu o povo, e cada um foi para a sua propriedade.

29 Passado algum tempo, Josué, filho de Num, servo do Senhor, morreu. Tinha cento e dez anos de idade. **30** E o sepultaram na terra que tinha recebido por herança, em Timnate-Sera, nos montes de Efraim, ao norte do monte Gaás.

31 Israel serviu ao Senhor durante toda a vida de Josué e dos líderes que lhe sobreviveram e que sabiam de tudo o que o Senhor fizera em favor de Israel.

32 Os ossos de José, que os israelitas haviam trazido do Egito, foram enterrados em Siquém, no quinhão de terra que Jacó havia comprado dos filhos de Hamor, pai de Siquém, por cem peças de prata. Aquele terreno tornou-se herança dos descendentes de José.

33 Sucedeu também que Eleazar, filho de Arão, morreu e foi sepultado em Gibeá, que fora dada a seu filho Finéias, nos montes de Efraim.

Juízes

A Guerra contra os Cananeus Restantes

1 Depois da morte de Josué, os israelitas perguntaram ao Senhor: "Quem de nós será o primeiro a atacar os cananeus?"

2 O Senhor respondeu: "Judá será o primeiro; eu entreguei a terra em suas mãos".

3 Então os homens de Judá disseram aos seus irmãos de Simeão: "Venham conosco ao território que nos foi designado por sorteio, e lutemos contra os cananeus. Iremos com vocês para o território que lhes foi dado". E os homens de Simeão foram com eles.

4 Quando os homens de Judá atacaram, o Senhor entregou os cananeus e os ferezeus nas mãos deles, e eles mataram dez mil homens em Bezeque. **5** Foi lá que encontraram Adoni-Bezeque, lutaram contra ele e derrotaram os cananeus e os ferezeus. **6** Adoni-Bezeque fugiu, mas eles o perseguiram e o prenderam, e lhe cortaram os polegares das mãos e dos pés.

7 Então Adoni-Bezeque disse: "Setenta reis com os polegares das mãos e dos pés cortados apanhavam migalhas debaixo da minha mesa. Agora Deus me retribuiu aquilo que lhes fiz". Eles o levaram para Jerusalém, onde morreu.

8 Os homens de Judá atacaram também Jerusalém e a conquistaram. Mataram seus habitantes ao fio da espada e a incendiaram.

9 Depois disso eles desceram para lutar contra os cananeus que viviam na serra, no Neguebe e na Sefelá[b]. **10** Avançaram contra os cananeus que viviam em Hebrom, anteriormente chamada Quiriate-Arba, e derrotaram Sesai, Aimã e Talmai.

21 But the people said to Joshua, "No! We will serve the Lord."

22 Then Joshua said, "You are witnesses against yourselves that you have chosen to serve the Lord."

"Yes, we are witnesses," they replied.

23 "Now then," said Joshua, "throw away the foreign gods that are among you and yield your hearts to the Lord, the God of Israel."

24 And the people said to Joshua, "We will serve the Lord our God and obey him."

25 On that day Joshua made a covenant for the people, and there at Shechem he drew up for them decrees and laws. **26** And Joshua recorded these things in the Book of the Law of God. Then he took a large stone and set it up there under the oak near the holy place of the Lord.

27 "See!" he said to all the people. "This stone will be a witness against us. It has heard all the words the Lord has said to us. It will be a witness against you if you are untrue to your God."

Buried in the Promised Land

28 Then Joshua sent the people away, each to his own inheritance.

29 After these things, Joshua son of Nun, the servant of the Lord, died at the age of a hundred and ten. **30** And they buried him in the land of his inheritance, at Timnath Serah[a] in the hill country of Ephraim, north of Mount Gaash.

31 Israel served the Lord throughout the lifetime of Joshua and of the elders who outlived him and who had experienced everything the Lord had done for Israel.

32 And Joseph's bones, which the Israelites had brought up from Egypt, were buried at Shechem in the tract of land that Jacob bought for a hundred pieces of silver[b] from the sons of Hamor, the father of Shechem. This became the inheritance of Joseph's descendants.

33 And Eleazar son of Aaron died and was buried at Gibeah, which had been allotted to his son Phinehas in the hill country of Ephraim.

Judges

Israel Fights the Remaining Canaanites

1 After the death of Joshua, the Israelites asked the Lord, "Who will be the first to go up and fight for us against the Canaanites?"

2 The Lord answered, "Judah is to go; I have given the land into their hands."

3 Then the men of Judah said to the Simeonites their brothers, "Come up with us into the territory allotted to us, to fight against the Canaanites. We in turn will go with you into yours." So the Simeonites went with them.

4 When Judah attacked, the Lord gave the Canaanites and Perizzites into their hands and they struck down ten thousand men at Bezek. **5** It was there that they found Adoni-Bezek and fought against him, putting to rout the Canaanites and Perizzites. **6** Adoni-Bezek fled, but they chased him and caught him, and cut off his thumbs and big toes.

7 Then Adoni-Bezek said, "Seventy kings with their thumbs and big toes cut off have picked up scraps under my table. Now God has paid me back for what I did to them." They brought him to Jerusalem, and he died there.

8 The men of Judah attacked Jerusalem also and took it. They put the city to the sword and set it on fire.

9 After that, the men of Judah went down to fight against the Canaanites living in the hill country, the Negev and the western foothills. **10** They advanced against the Canaanites living in Hebron (formerly called Kiriath Arba) and defeated Sheshai, Ahiman and Talmai.

ª**24.32** Hebraico: *100 quesitas*. A quesita era uma unidade monetária de peso e valor desconhecidos. ᵇ**1.9** Pequena faixa de terra de relevo variável entre a planície costeira e as montanhas.

ª**24:30** Also known as *Timnath Heres* (see Judges 2:9) ᵇ**24:32** Hebrew *hundred kesitahs*; a kesitah was a unit of money of unknown weight and value.

11 Dali avançaram contra o povo que morava em Debir, anteriormente chamada Quiriate-Sefer. **12** E disse Calebe: "Darei minha filha Acsa em casamento ao homem que atacar e conquistar Quiriate-Sefer". **13** Otoniel, filho de Quenaz, irmão mais novo de Calebe, conquistou a cidade; por isso Calebe lhe deu sua filha Acsa por mulher.

14 Um dia, quando já vivia com Otoniel, ela o persuadiuª a pedir um campo ao pai dela. Assim que ela desceu do jumento, Calebe lhe perguntou: "O que você quer?"

15 Ela respondeu: "Dê-me um presente. Já que o senhor me deu terras no Neguebe, dê-me também fontes de água". E Calebe lhe deu as fontes superiores e as inferiores.

16 Os descendentes do sogro de Moisés, o quenu, saíram da Cidade das Palmeirasᵇ com os homens de Judá e passaram a viver entre o povo do deserto de Judá, no Neguebe, perto de Arade.

17 Depois os homens de Judá foram com seus irmãos de Simeão e derrotaram os cananeus que viviam em Zefate, e destruíram totalmente a cidade. Por essa razão ela foi chamada Hormáᶜ. **18** Os homens de Judá também conquistaramᵈ Gaza, Ascalom e Ecrom, com os seus territórios.

19 O Senhor estava com os homens de Judá. Eles ocuparam a serra central, mas não conseguiram expulsar os habitantes dos vales, pois estes possuíam carros de guerra feitos de ferro. **20** Conforme Moisés havia prometido, Hebrom foi dada a Calebe, que expulsou de lá os três filhos de Enaque. **21** Já os benjamitas deixaram de expulsar os jebuseus que estavam morando em Jerusalém. Os jebuseus vivem ali com os benjamitas até o dia de hoje.

22 Os homens das tribos de José, por sua vez, atacaram Betel, e o Senhor estava com eles. **23** Enviaram espias a Betel, anteriormente chamada Luz. **24** Quando os espias viram um homem saindo da cidade disseram-lhe: "Mostre-nos como entrar na cidade, e nós lhe pouparemos a vida". **25** Ele mostrou como entrar, e eles mataram os habitantes da cidade ao fio da espada, mas pouparam o homem e toda a sua família. **26** Ele foi, então, para a terra dos hititas, onde fundou uma cidade e lhe deu o nome de Luz, que é o seu nome até o dia de hoje.

27 Manassés, porém, não expulsou o povo de Bete-Seã, o de Taanaque, o de Dor, o de Ibleã, o de Megido, nem tampouco o dos povoados ao redor dessas cidades, pois os cananeus estavam decididos a permanecer naquela terra. **28** Quando Israel se tornou forte, impôs trabalhos forçados aos cananeus, mas não os expulsou completamente. **29** Efraim também não expulsou os cananeus que viviam em Gezer, mas os cananeus continuaram a viver entre eles. **30** Nem Zebulom expulsou os cananeus que viviam em Quitrom e em Naalol, mas estes permaneceram entre eles, e foram submetidos a trabalhos forçados. **31** Nem Aser expulsou os que viviam em Aco, Sidom, Alabe, Aczibe, Helba, Afeque e Reobe, **32** e, por esse motivo, o povo de Aser viveu entre os cananeus que habitavam naquela terra. **33** Nem Naftali expulsou os que viviam em Bete-Semes e em Bete-Anate; mas o povo de Naftali também vivia entre os cananeus que habitavam a terra, e aqueles que viviam em Bete-Semes e em Bete-Anate passaram a fazer trabalhos forçados para eles. **34** Os amorreus confinaram a tribo de Dã à serra central, não permitindo que descessem ao vale. **35** E os amorreus igualmente estavam decididos a resistir no monte Heres, em Aijalom e em Saalbim, mas, quando as tribos de José ficaram mais poderosas, eles também foram submetidos a trabalhos forçados. **36** A fronteira dos amorreus ia da subida de Acrabimᵉ até Selá, e mais adiante.

O Anjo do Senhor em Boquim

2 O Anjo do Senhor subiu de Gilgal a Boquim e disse: "Tirei vocês do Egito e os trouxe para a terra que prometi com juramento dar a seus antepassados. Eu disse: Jamais quebrarei a minha aliança com vocês. **2** E vocês não farão acordo com o povo desta terra, mas demolirão os seus altares.

ª1.14 Conforme o Texto Massorético. A Septuaginta e a Vulgata dizem *ele a persuadiu*. ᵇ1.16 Isto é, Jericó. ᶜ1.17 Hormá significa destruição. ᵈ1.18 A Septuaginta diz *Judá não conquistaram*. ᵉ1.36 Isto é, dos Escorpiões.

---

11 From there they advanced against the people living in Debir (formerly called Kiriath Sepher). **12** And Caleb said, "I will give my daughter Acsah in marriage to the man who attacks and captures Kiriath Sepher." **13** Othniel son of Kenaz, Caleb's younger brother, took it; so Caleb gave his daughter Acsah to him in marriage.

14 One day when she came to Othniel, she urged himª to ask her father for a field. When she got off her donkey, Caleb asked her, "What can I do for you?"

15 She replied, "Do me a special favor. Since you have given me land in the Negev, give me also springs of water." Then Caleb gave her the upper and lower springs.

16 The descendants of Moses' father-in-law, the Kenite, went up from the City of Palmsᵇ with the men of Judah to live among the people of the Desert of Judah in the Negev near Arad.

17 Then the men of Judah went with the Simeonites their brothers and attacked the Canaanites living in Zephath, and they totally destroyedᶜ the city. Therefore it was called Hormah.ᵈ **18** The men of Judah also tookᵉ Gaza, Ashkelon and Ekron—each city with its territory.

19 The Lord was with the men of Judah. They took possession of the hill country, but they were unable to drive the people from the plains, because they had iron chariots. **20** As Moses had promised, Hebron was given to Caleb, who drove from it the three sons of Anak. **21** The Benjamites, however, failed to dislodge the Jebusites, who were living in Jerusalem; to this day the Jebusites live there with the Benjamites.

22 Now the house of Joseph attacked Bethel, and the Lord was with them. **23** When they sent men to spy out Bethel (formerly called Luz), **24** the spies saw a man coming out of the city and they said to him, "Show us how to get into the city and we will see that you are treated well." **25** So he showed them, and they put the city to the sword but spared the man and his whole family. **26** He then went to the land of the Hittites, where he built a city and called it Luz, which is its name to this day.

27 But Manasseh did not drive out the people of Beth Shan or Taanach or Dor or Ibleam or Megiddo and their surrounding settlements, for the Canaanites were determined to live in that land. **28** When Israel became strong, they pressed the Canaanites into forced labor but never drove them out completely. **29** Nor did Ephraim drive out the Canaanites living in Gezer, but the Canaanites continued to live there among them. **30** Neither did Zebulun drive out the Canaanites living in Kitron or Nahalol, who remained among them; but they did subject them to forced labor. **31** Nor did Asher drive out those living in Acco or Sidon or Ahlab or Aczib or Helbah or Aphek or Rehob, **32** and because of this the people of Asher lived among the Canaanite inhabitants of the land. **33** Neither did Naphtali drive out those living in Beth Shemesh or Beth Anath; but the Naphtalites too lived among the Canaanite inhabitants of the land, and those living in Beth Shemesh and Beth Anath became forced laborers for them. **34** The Amorites confined the Danites to the hill country, not allowing them to come down into the plain. **35** And the Amorites were determined also to hold out in Mount Heres, Aijalon and Shaalbim, but when the power of the house of Joseph increased, they too were pressed into forced labor. **36** The boundary of the Amorites was from Scorpionᶠ Pass to Sela and beyond.

The Angel of the Lord at Bokim

2 The angel of the Lord went up from Gilgal to Bokim and said, "I brought you up out of Egypt and led you into the land that I swore to give to your forefathers. I said, 'I will never break my covenant with you, **2** and you shall not make a covenant with the people of this land, but you shall break down their altars.'

ª1:14 Hebrew; Septuagint and Vulgate *Othniel, he urged her* ᵇ1:16 That is, Jericho ᶜ1:17 The Hebrew term refers to the irrevocable giving over of things or persons to the Lord, often by totally destroying them. ᵈ1:17 *Hormah* means *destruction.* ᵉ1:18 Hebrew; Septuagint *Judah did not take* ᶠ1:36 Hebrew *Akrabbim*

Por que vocês não me obedeceram? **3** Portanto, agora lhes digo que não os expulsarei da presença de vocês; eles serão seus adversários, e os deuses deles serão uma armadilha para vocês".

4 Quando o Anjo do Senhor acabou de falar a todos os israelitas, o povo chorou em alta voz, **5** e ao lugar chamaram Boquim[a]. Ali ofereceram sacrifícios ao Senhor.

Desobediência e Derrota

6 Depois que Josué despediu os israelitas, eles saíram para ocupar a terra, cada um a sua herança. **7** O povo prestou culto ao Senhor durante toda a vida de Josué e dos líderes que sobreviveram a Josué e que tinham visto todos os grandes feitos do Senhor em favor de Israel.

8 Josué, filho de Num, servo do Senhor, morreu com a idade de cento e dez anos. **9** Foi sepultado na terra de sua herança, em Timnate-Heres[b], nos montes de Efraim, ao norte do monte Gaás.

10 Depois que toda aquela geração foi reunida a seus antepassados, surgiu uma nova geração que não conhecia o Senhor e o que ele havia feito por Israel. **11** Então os israelitas fizeram o que o Senhor reprova e prestaram culto aos baalins. **12** Abandonaram o Senhor, o Deus dos seus antepassados, que os havia tirado do Egito, e seguiram e adoraram vários deuses dos povos ao seu redor, provocando a ira do Senhor. **13** Abandonaram o Senhor e prestaram culto a Baal e a Astarote. **14** A ira do Senhor se acendeu contra Israel, e ele os entregou nas mãos de invasores que os saquearam. Ele os entregou aos inimigos ao seu redor, aos quais já não conseguiam resistir. **15** Sempre que os israelitas saíam para a batalha, a mão do Senhor era contra eles para derrotá-los, conforme lhes havia advertido e jurado. Grande angústia os dominava.

16 Então o Senhor levantou juízes[c], que os libertaram das mãos daqueles que os atacavam. **17** Mesmo assim eles não quiseram ouvir os juízes, antes se prostituíram com outros deuses e os adoraram. Ao contrário dos seus antepassados, logo se desviaram do caminho pelo qual os seus antepassados tinham andado, o caminho da obediência aos mandamentos do Senhor. **18** Sempre que o Senhor lhes levantava um juiz, ele estava com o juiz e os salvava das mãos de seus inimigos enquanto o juiz vivia; pois o Senhor tinha misericórdia por causa dos gemidos deles diante daqueles que os oprimiam e os afligiam. **19** Mas, quando o juiz morria, o povo voltava a caminhos ainda piores do que os caminhos dos seus antepassados, seguindo outros deuses, prestando-lhes culto e adorando-os. Recusavam-se a abandonar suas práticas e seu caminho obstinado.

20 Por isso a ira do Senhor acendeu-se contra Israel, e ele disse: "Como este povo violou a aliança que fiz com os seus antepassados e não tem ouvido a minha voz, **21** não expulsarei de diante dele nenhuma das nações que Josué deixou quando morreu. **22** Eu as usarei para pôr Israel à prova e ver se guardará o caminho do Senhor e se andará nele como o fizeram os seus antepassados". **23** O Senhor havia permitido que essas nações permanecessem; não as expulsou de imediato, e não as entregou nas mãos de Josué.

3 São estas as nações que o Senhor deixou para pôr à prova todos os israelitas que não tinham visto nenhuma das guerras em Canaã **2** (fez isso apenas para treinar na guerra os descendentes dos israelitas, pois não tinham tido experiência anterior de combate): **3** os cinco governantes dos filisteus, todos os cananeus, os sidônios e os heveus que viviam nos montes do Líbano, desde o monte Baal-Hermom até Lebo-Hamate. **4** Essas nações foram deixadas para que por elas os israelitas fossem postos à prova, se obedeceriam aos mandamentos que o Senhor dera aos seus antepassados por meio de Moisés.

5 Os israelitas viviam entre os cananeus, os hititas, os amorreus, os ferezeus, os heveus e os jebuseus. **6** Tomaram as

Yet you have disobeyed me. Why have you done this? **3** Now therefore I tell you that I will not drive them out before you; they will be *thorns* in your sides and their gods will be a snare to you."

4 When the angel of the Lord had spoken these things to all the Israelites, the people wept aloud, **5** and they called that place Bokim.[a] There they offered sacrifices to the Lord.

Disobedience and Defeat

6 After Joshua had dismissed the Israelites, they went to take possession of the land, each to his own inheritance. **7** The people served the Lord throughout the lifetime of Joshua and of the elders who outlived him and who had seen all the great things the Lord had done for Israel.

8 Joshua son of Nun, the servant of the Lord, died at the age of a hundred and ten. **9** And they buried him in the land of his inheritance, at Timnath Heres[b] in the hill country of Ephraim, north of Mount Gaash.

10 After that whole generation had been gathered to their fathers, another generation grew up, who knew neither the Lord nor what he had done for Israel. **11** Then the Israelites did evil in the eyes of the Lord and served the Baals. **12** They forsook the Lord, the God of their fathers, who had brought them out of Egypt. They followed and worshiped various gods of the peoples around them. They provoked the Lord to anger **13** because they forsook him and served Baal and the Ashtoreths. **14** In his anger against Israel the Lord handed them over to raiders who plundered them. He sold them to their enemies all around, whom they were no longer able to resist. **15** Whenever Israel went out to fight, the hand of the Lord was against them to defeat them, just as he had sworn to them. They were in great distress.

16 Then the Lord raised up judges,[c] who saved them out of the hands of these raiders. **17** Yet they would not listen to their judges but prostituted themselves to other gods and worshiped them. Unlike their fathers, they quickly turned from the way in which their fathers had walked, the way of obedience to the Lord's commands. **18** Whenever the Lord raised up a judge for them, he was with the judge and saved them out of the hands of their enemies as long as the judge lived; for the Lord had compassion on them as they groaned under those who oppressed and afflicted them. **19** But when the judge died, the people returned to ways even more corrupt than those of their fathers, following other gods and serving and worshiping them. They refused to give up their evil practices and stubborn ways.

20 Therefore the Lord was very angry with Israel and said, "Because this nation has violated the covenant that I laid down for their forefathers and has not listened to me, **21** I will no longer drive out before them any of the nations Joshua left when he died. **22** I will use them to test Israel and see whether they will keep the way of the Lord and walk in it as their forefathers did." **23** The Lord had allowed those nations to remain; he did not drive them out at once by giving them into the hands of Joshua.

3 These are the nations the Lord left to test all those Israelites who had not experienced any of the wars in Canaan **2** (he did this only to teach warfare to the descendants of the Israelites who had not had previous battle experience): **3** the five rulers of the Philistines, all the Canaanites, the Sidonians, and the Hivites living in the Lebanon mountains from Mount Baal Hermon to Lebo[d] Hamath. **4** They were left to test the Israelites to see whether they would obey the Lord's commands, which he had given their forefathers through Moses.

5 The Israelites lived among the Canaanites, Hittites, Amorites, Perizzites, Hivites and Jebusites. **6** They took their

---

a2.5 *Boquim* significa *pranteadores*. **b**2.9 Também conhecida como *Timnate-Sera*. Veja Js 19.50 e 24.30. **c**2.16 Ou *líderes*; também nos versículos 17-19.

a2:5 *Bokim* means *weepers*. **b**2:9 Also known as *Timnath Serah* (see Joshua 19:50 and 24:30) **c**2:16 Or *leaders*; similarly in verses 17-19 **d**3:3 Or *to the entrance to*

filhas deles em casamento e deram suas filhas aos filhos deles, e prestaram culto aos deuses deles.

Otoniel

7 Os israelitas fizeram o que o Senhor reprova, pois esqueceram-se do Senhor, o seu Deus, e prestaram culto aos baalins e a Aserá. **8** Acendeu-se a ira de Deus de tal forma contra Israel que ele os entregou nas mãos de Cuchã-Risataim, rei da Mesopotâmiaª, por quem os israelitas foram subjugados durante oito anos. **9** Mas, quando clamaram ao Senhor, ele lhes levantou um libertador, Otoniel, filho de Quenaz, o irmão mais novo de Calebe, que os libertou. **10** O Espírito do Senhor veio sobre ele, de modo que liderou Israel e foi à guerra. O Senhor entregou Cuchã-Risataim, rei da Mesopotâmia, nas mãos de Otoniel, que prevaleceu contra ele. **11** E a terra teve paz durante quarenta anos, até a morte de Otoniel, filho de Quenaz.

Eúde

12 Mais uma vez os israelitas fizeram o que o Senhor reprova, e por isso o Senhor deu a Eglom, rei de Moabe, poder sobre Israel. **13** Conseguindo uma aliança com os amonitas e com os amalequitas, Eglom veio e derrotou Israel, e conquistou a Cidade das Palmeirasᵇ. **14** Os israelitas ficaram sob o domínio de Eglom, rei de Moabe, durante dezoito anos.

15 Novamente os israelitas clamaram ao Senhor, que lhes deu um libertador chamado Eúde, homem canhoto, filho do benjamita Gera. Os israelitas o enviaram com o pagamento de tributos a Eglom, rei de Moabe. **16** Eúde havia feito uma espada de dois gumes, de quarenta e cinco centímetrosᶜ de comprimento, e a tinha amarrado na coxa direita, debaixo da roupa. **17** Ele entregou o tributo a Eglom, rei de Moabe, homem muito gordo. **18** Em seguida, Eúde mandou embora os carregadores. **19** Junto aos ídolosᵈ que estão perto de Gilgal, ele voltou e disse: "Tenho uma mensagem secreta para ti, ó rei".

O rei respondeu: "Calado!" E todos os seus auxiliares saíram de sua presença.

20 Eúde aproximou-se do rei, que estava sentado sozinho na sala superior do palácio de verão, e repetiu: "Tenho uma mensagem de Deus para ti". Quando o rei se levantou do trono, **21** Eúde estendeu a mão esquerda, apanhou a espada de sua coxa direita e cravou-a na barriga do rei. **22** Até o cabo penetrou com a lâmina; e, como não tirou a espada, a gordura se fechou sobre ela. **23** Então Eúde saiu para o pórtico, depois de fechar e trancar as portas da sala atrás de si.

24 Depois que ele saiu, vieram os servos e encontraram trancadas as portas da sala superior, e disseram: "Ele deve estar fazendo suas necessidades em seu cômodo privativo". **25** Cansaram-se de esperar, e como ele não abria a porta da sala, pegaram a chave e a abriram. E lá estava o seu senhor, caído no chão, morto!

26 Enquanto esperavam, Eúde escapou. Passou pelos ídolos e fugiu para Seirá. **27** Quando chegou, tocou a trombeta nos montes de Efraim, e os israelitas desceram dos montes, com ele à sua frente. **28** "Sigam-me", ordenou, "pois o Senhor entregou Moabe, o inimigo de vocês, em suas mãos." Eles o seguiram, tomaram posse do lugar de passagem do Jordão que levava a Moabe e não deixaram ninguém atravessar o rio. **29** Naquela ocasião mataram cerca de dez mil moabitas, todos eles fortes e vigorosos; nem um só homem escapou. **30** Naquele dia Moabe foi subjugado por Israel, e a terra teve paz durante oitenta anos.

Sangar

31 Depois de Eúde veio Sangar, filho de Anate, que matou seiscentos filisteus com uma aguilhada de bois. Ele também libertou Israel.

daughters in marriage and gave their own daughters to their sons, and served their gods.

Othniel

7 The Israelites did evil in the eyes of the Lord; they forgot the Lord their God and served the Baals and the Asherahs. **8** The anger of the Lord burned against Israel so that he sold them into the hands of Cushan-Rishathaim king of Aram Naharaim,ª to whom the Israelites were subject for eight years. **9** But when they cried out to the Lord, he raised up for them a deliverer, Othniel son of Kenaz, Caleb's younger brother, who saved them. **10** The Spirit of the Lord came upon him, so that he became Israel's judgeᵇ and went to war. The Lord gave Cushan-Rishathaim king of Aram into the hands of Othniel, who overpowered him. **11** So the land had peace for forty years, until Othniel son of Kenaz died.

Ehud

12 Once again the Israelites did evil in the eyes of the Lord, and because they did this evil the Lord gave Eglon king of Moab power over Israel. **13** Getting the Ammonites and Amalekites to join him, Eglon came and attacked Israel, and they took possession of the City of Palms.ᶜ **14** The Israelites were subject to Eglon king of Moab for eighteen years.

15 Again the Israelites cried out to the LORD, and he gave them a deliverer—Ehud, a left-handed man, the son of Gera the Benjamite. The Israelites sent him with tribute to Eglon king of Moab. **16** Now Ehud had made a double-edged sword about a foot and a halfᵈ long, which he strapped to his right thigh under his clothing. **17** He presented the tribute to Eglon king of Moab, who was a very fat man. **18** After Ehud had presented the tribute, he sent on their way the men who had carried it. **19** At the idolsᵉ near Gilgal he himself turned back and said, "I have a secret message for you, O king."

The king said, "Quiet!" And all his attendants left him.

20 Ehud then approached him while he was sitting alone in the upper room of his summer palaceᶠ and said, "I have a message from God for you." As the king rose from his seat, **21** Ehud reached with his left hand, drew the sword from his right thigh and plunged it into the king's belly. **22** Even the handle sank in after the blade, which came out his back. Ehud did not pull the sword out, and the fat closed in over it. **23** Then Ehud went out to the porchᵍ; he shut the doors of the upper room behind him and locked them.

24 After he had gone, the servants came and found the doors of the upper room locked. They said, "He must be relieving himself in the inner room of the house." **25** They waited to the point of embarrassment, but when he did not open the doors of the room, they took a key and unlocked them. There they saw their Lord fallen to the floor, dead.

26 While they waited, Ehud got away. He passed by the idols and escaped to Seirah. **27** When he arrived there, he blew a trumpet in the hill country of Ephraim, and the Israelites went down with him from the hills, with him leading them.

28 "Follow me," he ordered, "for the Lord has given Moab, your enemy, into your hands." So they followed him down and, taking possession of the fords of the Jordan that led to Moab, they allowed no one to cross over. **29** At that time they struck down about ten thousand Moabites, all vigorous and strong; not a man escaped. **30** That day Moab was made subject to Israel, and the land had peace for eighty years.

Shamgar

31 After Ehud came Shamgar son of Anath, who struck down six hundred Philistines with an oxgoad. He too saved Israel.

ª**3.8** Hebraico: *Arã Naaraim; também no versículo 10.* ᵇ**3.13** Isto é, Jericó. ᶜ**3.16** Hebraico: *1 côvado.* ᵈ**3.19** Ou *às pedreiras;* também no versículo 26.

ª**3:8** That is, Northwest Mesopotamia ᵇ**3:10** Or *leader* ᶜ**3:13** That is, Jericho ᵈ**3:16** Hebrew *a cubit* (about 0.5 meter) ᵉ**3:19** Or *the stone quarries;* also in verse 26 ᶠ**3:20** The meaning of the Hebrew for this phrase is uncertain. ᵍ**3:23** The meaning of the Hebrew for this word is uncertain.

Débora

4 Depois da morte de Eúde, mais uma vez os israelitas fizeram o que o Senhor reprova. **2** Assim o Senhor os entregou nas mãos de Jabim, rei de Canaã, que reinava em Hazor. O comandante do seu exército era Sísera, que habitava em Harosete-Hagoim. **3** Os israelitas clamaram ao Senhor, porque Jabim, que tinha novecentos carros de ferro, os havia oprimido cruelmente durante vinte anos.

4 Débora, uma profetisa, mulher de Lapidote, liderava Israel naquela época. **5** Ela se sentava debaixo da tamareira de Débora, entre Ramá e Betel, nos montes de Efraim, e os israelitas a procuravam, para que ela decidisse as suas questões. **6** Débora mandou chamar Baraque, filho de Abinoão, de Quedes, em Naftali, e lhe disse: "O Senhor, o Deus de Israel, lhe ordena que reúna dez mil homens de Naftali e Zebulom e vá ao monte Tabor. **7** Ele fará que Sísera, o comandante do exército de Jabim, vá atacá-lo, com seus carros de guerra e tropas, junto ao rio Quisom, e os entregará em suas mãos".

8 Baraque disse a ela: "Se você for comigo, irei; mas, se não for, não irei".

9 Respondeu Débora: "Está bem, irei com você. Mas saiba que, por causa do seu modo de agir^a, a honra não será sua; porque o Senhor entregará Sísera nas mãos de uma mulher". Então Débora foi a Quedes com Baraque, **10** onde ele convocou Zebulom e Naftali. Dez mil homens o seguiram, e Débora também foi com ele.

11 Ora, o queneu Héber se havia separado dos outros queneus, descendentes de Hobabe, sogro de Moisés, e tinha armado sua tenda junto ao carvalho de Zaanim, perto de Quedes.

12 Quando disseram a Sísera que Baraque, filho de Abinoão, tinha subido o monte Tabor, **13** Sísera reuniu seus novecentos carros de ferro e todos os seus soldados, de Harosete-Hagoim ao rio Quisom.

14 E Débora disse também a Baraque: "Vá! Este é o dia em que o Senhor entregou Sísera em suas mãos. O Senhor está indo à sua frente!" Então Baraque desceu o monte Tabor, seguido por dez mil homens. **15** Diante do avanço de Baraque, o Senhor derrotou Sísera e todos os seus carros de guerra e seu exército ao fio da espada, e Sísera desceu do seu carro e fugiu a pé. **16** Baraque perseguiu os carros de guerra e o exército até Harosete-Hagoim. Todo o exército de Sísera caiu ao fio da espada; não sobrou um só homem.

17 Sísera, porém, fugiu a pé para a tenda de Jael, mulher do queneu Héber, pois havia paz entre Jabim, rei de Hazor, e o clã do queneu Héber.

18 Jael saiu ao encontro de Sísera e o convidou: "Venha, entre na minha tenda, meu senhor. Não tenha medo!" Ele entrou, e ela o cobriu com um pano.

19 "Estou com sede", disse ele. "Por favor, dê-me um pouco de água." Ela abriu uma vasilha de leite feita de couro, deu-lhe de beber, e tornou a cobri-lo.

20 E Sísera disse à mulher: "Fique à entrada da tenda. Se alguém passar e perguntar se há alguém aqui, responda que não".

21 Entretanto, Jael, mulher de Héber, apanhou uma estaca da tenda e um martelo e aproximou-se silenciosamente enquanto ele, exausto, dormia um sono profundo. E cravou-lhe a estaca na têmpora até penetrar o chão, e ele morreu.

22 Baraque passou à procura de Sísera, e Jael saiu ao seu encontro. "Venha", disse ela, "eu lhe mostrarei o homem que você está procurando." E entrando ele na tenda, viu ali caído Sísera, morto, com a estaca atravessada nas têmporas.

23 Naquele dia Deus subjugou Jabim, o rei cananeu, perante os israelitas. **24** E os israelitas atacaram cada vez mais a Jabim, o rei cananeu, até que eles o destruíram.

O Cântico de Débora

5 Naquele dia Débora e Baraque, filho de Abinoão, entoaram este cântico:

Deborah

4 After Ehud died, the Israelites once again did evil in the eyes of the Lord. **2** So the Lord sold them into the hands of Jabin, a king of Canaan, who reigned in Hazor. The commander of his army was Sisera, who lived in Harosheth Haggoyim. **3** Because he had nine hundred iron chariots and had cruelly oppressed the Israelites for twenty years, they cried to the Lord for help.

4 Deborah, a prophetess, the wife of Lappidoth, was leading^a Israel at that time. **5** She held court under the Palm of Deborah between Ramah and Bethel in the hill country of Ephraim, and the Israelites came to her to have their disputes decided. **6** She sent for Barak son of Abinoam from Kedesh in Naphtali and said to him, "The Lord, the God of Israel, commands you: 'Go, take with you ten thousand men of Naphtali and Zebulun and lead the way to Mount Tabor. **7** I will lure Sisera, the commander of Jabin's army, with his chariots and his troops to the Kishon River and give him into your hands.' "

8 Barak said to her, "If you go with me, I will go; but if you don't go with me, I won't go."

9 "Very well," Deborah said, "I will go with you. But because of the way you are going about this,^b the honor will not be yours, for the Lord will hand Sisera over to a woman." So Deborah went with Barak to Kedesh, **10** where he summoned Zebulun and Naphtali. Ten thousand men followed him, and Deborah also went with him.

11 Now Heber the Kenite had left the other Kenites, the descendants of Hobab, Moses' brother-in-law,^c and pitched his tent by the great tree in Zaanannim near Kedesh.

12 When they told Sisera that Barak son of Abinoam had gone up to Mount Tabor, **13** Sisera gathered together his nine hundred iron chariots and all the men with him, from Harosheth Haggoyim to the Kishon River.

14 Then Deborah said to Barak, "Go! This is the day the Lord has given Sisera into your hands. Has not the Lord gone ahead of you?" So Barak went down Mount Tabor, followed by ten thousand men. **15** At Barak's advance, the Lord routed Sisera and all his chariots and army by the sword, and Sisera abandoned his chariot and fled on foot. **16** But Barak pursued the chariots and army as far as Harosheth Haggoyim. All the troops of Sisera fell by the sword; not a man was left.

17 Sisera, however, fled on foot to the tent of Jael, the wife of Heber the Kenite, because there were friendly relations between Jabin king of Hazor and the clan of Heber the Kenite.

18 Jael went out to meet Sisera and said to him, "Come, my Lord, come right in. Don't be afraid." So he entered her tent, and she put a covering over him.

19 "I'm thirsty," he said. "Please give me some water." She opened a skin of milk, gave him a drink, and covered him up.

20 "Stand in the doorway of the tent," he told her. "If someone comes by and asks you, 'Is anyone here?' say 'No.' "

21 But Jael, Heber's wife, picked up a tent peg and a hammer and went quietly to him while he lay fast asleep, exhausted. She drove the peg through his temple into the ground, and he died.

22 Barak came by in pursuit of Sisera, and Jael went out to meet him. "Come," she said, "I will show you the man you're looking for." So he went in with her, and there lay Sisera with the tent peg through his temple—dead.

23 On that day God subdued Jabin, the Canaanite king, before the Israelites. **24** And the hand of the Israelites grew stronger and stronger against Jabin, the Canaanite king, until they destroyed him.

The Song of Deborah

5 On that day Deborah and Barak son of Abinoam sang this song:

---

2 "Consagrem-se para a guerra
os chefes de Israel.
Voluntariamente o povo se apresenta.
Louvem o S{{enhor}}!

3 "Ouçam, ó reis!
Governantes, escutem!
Cantarei ao^a S{{enhor}}, cantarei;
comporei músicas ao^b S{{enhor}},
o Deus de Israel.

4 "Ó S{{enhor}}, quando saíste de Seir,
quando marchaste
desde os campos de Edom,
a terra estremeceu, os céus gotejaram,
as nuvens despejaram água!

5 Os montes tremeram
perante o S{{enhor}}, o Deus do Sinai,
perante o S{{enhor}}, o Deus de Israel.

6 "Nos dias de Sangar, filho de Anate,
nos dias de Jael,
as estradas estavam desertas;
os que viajavam seguiam
caminhos tortuosos.

7 Já tinham desistido
os camponeses de Israel,^c
já tinham desistido,
até que eu, Débora, me levantei;^d
levantou-se uma mãe em Israel.

8 Quando escolheram novos deuses,
a guerra chegou às portas,
e não se via um só escudo ou lança
entre quarenta mil de Israel.

9 Meu coração está
com os comandantes de Israel,
com os voluntários dentre o povo.
Louvem o S{{enhor}}!

10 "Vocês, que cavalgam
em brancos jumentos,
que se assentam em ricos tapetes,
que caminham pela estrada, considerem!

11 Mais alto que a voz
dos que distribuem água^e
junto aos bebedouros,
recitem-se os justos feitos do S{{enhor}},
os justos feitos
em favor dos camponeses^f de Israel.

"Então o povo do S{{enhor}}
desceu às portas.

12 'Desperte, Débora! Desperte!
Desperte, desperte, irrompa em cânticos!
Levante-se, Baraque!
Leve presos os seus prisioneiros,
ó filho de Abinoão!'

13 "Então desceram os restantes
e foram aos nobres;
o povo do S{{enhor}}
veio a mim contra os poderosos.

14 Alguns vieram de Efraim,
das raízes de Amaleque;
Benjamim estava com o povo
que seguiu você.
De Maquir desceram comandantes;
de Zebulom, os que levam
a vara de oficial.

15 Os líderes de Issacar
estavam com Débora;

2 "When the princes in Israel take the lead,
when the people willingly offer themselves—
praise the L{{ord}}!

3 "Hear this, you kings! Listen, you rulers!
I will sing to^a the L{{ord}}, I will sing;
I will make music to^b the L{{ord}}, the God of Israel.

4 "O L{{ord}}, when you went out from Seir,
when you marched from the land of Edom,
the earth shook, the heavens poured,
the clouds poured down water.

5 The mountains quaked before the LORD, the One
of Sinai,
before the L{{ord}}, the God of Israel.

6 "In the days of Shamgar son of Anath,
in the days of Jael, the roads were abandoned;
travelers took to winding paths.

7 Village life^c in Israel ceased,
ceased until I,^d Deborah, arose,
arose a mother in Israel.

8 When they chose new gods,
war came to the city gates,
and not a shield or spear was seen
among forty thousand in Israel.

9 My heart is with Israel's princes,
with the willing volunteers among the people.
Praise the L{{ord}}!

10 "You who ride on white donkeys,
sitting on your saddle blankets,
and you who walk along the road,
consider 11 the voice of the singers^e at the
watering places.
They recite the righteous acts of the L{{ord}},
the righteous acts of his warriors^f in Israel.

"Then the people of the L{{ord}}
went down to the city gates.

12 'Wake up, wake up, Deborah!
Wake up, wake up, break out in song!
Arise, O Barak!
Take captive your captives, O son of Abinoam.'

13 "Then the men who were left
came down to the nobles;
the people of the L{{ord}}
came to me with the mighty.

14 Some came from Ephraim, whose roots were in
Amalek;
Benjamin was with the people who followed you.
From Makir captains came down,
from Zebulun those who bear a
commander's staff.

15 The princes of Issachar were with Deborah;

---

sim, Issacar também estava
   com Baraque,
apressando-se após ele até o vale.
Nas divisões de Rúben
   houve muita inquietação.
¹⁶ Por que vocês permaneceram
   entre as fogueiras[a]
   a ouvir o balido dos rebanhos?
Nas divisões de Rúben
   houve muita indecisão.
¹⁷ Gileade permaneceu
   do outro lado do Jordão.
E Dã, por que se deteve
   junto aos navios?
Aser permaneceu no litoral
   e em suas enseadas ficou.
¹⁸ O povo de Zebulom arriscou a vida,
como o fez Naftali
   nas altas regiões do campo.

¹⁹ "Vieram reis e lutaram.
Os reis de Canaã lutaram
   em Taanaque, junto às águas de Megido,
mas não levaram prata alguma,
   despojo algum.
²⁰ Desde o céu lutaram as estrelas,
   desde as suas órbitas
   lutaram contra Sísera.
²¹ O rio Quisom os levou,
   o antigo rio, o rio Quisom.
Avante, minh'alma! Seja forte!
²² Os cascos dos cavalos
   faziam tremer o chão;
galopavam,
   galopavam os seus poderosos cavalos.
²³ 'Amaldiçoem Meroz',
   disse o anjo do SENHOR.
'Amaldiçoem o seu povo,
   pois não vieram ajudar o SENHOR,
ajudar o SENHOR contra os poderosos.'

²⁴ "Que Jael seja
   a mais bendita das mulheres,
Jael, mulher de Héber, o queneu!
Seja ela bendita entre as mulheres
   que habitam em tendas!
²⁵ Ele pediu água, e ela lhe deu leite;
   numa tigela digna de príncipes
   trouxe-lhe coalhada.
²⁶ Ela estendeu a mão e apanhou
   a estaca da tenda;
e com a mão direita
   o martelo do trabalhador.
Golpeou Sísera, esmigalhou sua cabeça,
   esmagou e traspassou suas têmporas.
²⁷ Aos seus pés ele se curvou,
   caiu e ali ficou prostrado.
Aos seus pés ele se curvou e caiu;
   onde caiu, ali ficou. Morto!

²⁸ "Pela janela olhava a mãe de Sísera;
   atrás da grade ela exclamava:
'Por que o seu carro
   se demora tanto?
Por que custa a chegar
   o ruído de seus carros?'
²⁹ As mais sábias de suas damas
   respondiam,
e ela continuava falando consigo mesma:
³⁰ 'Estarão achando e repartindo
   os despojos?

yes, Issachar was with Barak,
   rushing after him into the valley.
In the districts of Reuben
   there was much searching of heart.
¹⁶ Why did you stay among the campfires[a]
   to hear the whistling for the flocks?
In the districts of Reuben
   there was much searching of heart.
¹⁷ Gilead stayed beyond the Jordan.
   And Dan, why did he linger by the ships?
Asher remained on the coast
   and stayed in his coves.
¹⁸ The people of Zebulun risked their very lives;
   so did Naphtali on the heights of the field.

¹⁹ "Kings came, they fought;
   the kings of Canaan fought
at Taanach by the waters of Megiddo,
   but they carried off no silver, no plunder.
²⁰ From the heavens the stars fought,
   from their courses they fought against Sisera.
²¹ The river Kishon swept them away,
   the age-old river, the river Kishon.
March on, my soul; be strong!
²² Then thundered the horses' hoofs—
   galloping, galloping go his mighty steeds.
²³ 'Curse Meroz,' said the angel of the LORD.
   'Curse its people bitterly,
because they did not come to help the LORD,
   to help the LORD against the mighty.'

²⁴ "Most blessed of women be Jael,
   the wife of Heber the Kenite,
most blessed of tent-dwelling women.
²⁵ He asked for water, and she gave him milk;
   in a bowl fit for nobles she brought him
   curdled milk.
²⁶ Her hand reached for the tent peg,
   her right hand for the workman's hammer.
She struck Sisera, she crushed his head,
   she shattered and pierced his temple.
²⁷ At her feet he sank,
   he fell; there he lay.
At her feet he sank, he fell;
   where he sank, there he fell—dead.

²⁸ "Through the window peered Sisera's mother;
   behind the lattice she cried out,
'Why is his chariot so long in coming?
   Why is the clatter of his chariots delayed?'
²⁹ The wisest of her ladies answer her;
   indeed, she keeps saying to herself,
³⁰ 'Are they not finding and dividing the spoils:

Uma ou duas moças
  para cada homem,
roupas coloridas
  como despojo para Sísera,
roupas coloridas e bordadas,
  tecidos bordados
  para o meu pescoço,
tudo isso como despojo?'

31 "Assim pereçam
  todos os teus inimigos, ó Senhor!
Mas os que te amam sejam como o sol
  quando se levanta na sua força".

E a terra teve paz durante quarenta anos.

Gideão

6 De novo os israelitas fizeram o que o Senhor reprova, e durante sete anos ele os entregou nas mãos dos midianitas. 2 Os midianitas dominaram Israel; por isso os israelitas fizeram para si esconderijos nas montanhas, nas cavernas e nas fortalezas. 3 Sempre que os israelitas faziam as suas plantações, os midianitas, os amalequitas e outros povos da região a leste deles as invadiam. 4 Acampavam na terra e destruíam as plantações ao longo de todo o caminho, até Gaza, e não deixavam nada vivo em Israel, nem ovelhas nem gado nem jumentos. 5 Eles subiam trazendo os seus animais e suas tendas, e vinham como enxames de gafanhotos; era impossível contar os homens e os seus camelos. Invadiam a terra para devastá-la. 6 Por causa de Midiã, Israel empobreceu tanto que os israelitas clamaram por socorro ao Senhor.

7 Quando os israelitas clamaram ao Senhor por causa de Midiã, 8 ele lhes enviou um profeta, que disse: "Assim diz o Senhor, o Deus de Israel: 'Tirei vocês do Egito, da terra da escravidão. 9 Eu os livrei do poder do Egito e das mãos de todos os seus opressores. Expulsei-os e dei a vocês a terra deles. 10 E também disse a vocês: Eu sou o Senhor, o seu Deus; não adorem os deuses dos amorreus, em cuja terra vivem, mas vocês não me deram ouvidos' ".

11 Então o Anjo do Senhor veio e sentou-se sob a grande árvore de Ofra, que pertencia ao abiezrita Joás. Gideão, filho de Joás, estava malhando o trigo num tanque de prensar uvas, para escondê-lo dos midianitas. 12 Então o Anjo do Senhor apareceu a Gideão e lhe disse: "O Senhor está com você, poderoso guerreiro".

13 "Ah, Senhor", Gideão respondeu, "se o Senhor está conosco, por que aconteceu tudo isso? Onde estão todas as suas maravilhas que os nossos pais nos contam quando dizem: 'Não foi o Senhor que nos tirou do Egito?' Mas agora o Senhor nos abandonou e nos entregou nas mãos de Midiã".

14 O Senhor se voltou para ele e disse: "Com a força que você tem, vá libertar Israel das mãos de Midiã. Não sou eu quem o está enviando?"

15 "Ah, Senhorª", respondeu Gideão, "como posso libertar Israel? Meu clã é o menos importante de Manassés, e eu sou o menor da minha família."

16 "Eu estarei com você", respondeu o Senhor, "e você derrotará todos os midianitas como se fossem um só homem."

17 E Gideão prosseguiu: "Se de fato posso contar com o teu favor, dá-me um sinal de que és tu que estás falando comigo. 18 Peço-te que não vás embora até que eu volte e traga minha oferta e a coloque diante de ti".

E o Senhor respondeu: "Esperarei até você voltar".

19 Gideão foi para casa, preparou um cabrito, e com uma arrobaᵇ de farinha fez pães sem fermento. Pôs a carne num cesto e o caldo numa panela, trouxe-os para fora e ofereceu-os a ele sob a grande árvore.

---

a girl or two for each man,
colorful garments as plunder for Sisera,
colorful garments embroidered,
highly embroidered garments for my neck—
all this as plunder?'

31 "So may all your enemies perish, O Lord!
  But may they who love you be like the sun
    when it rises in its strength."

Then the land had peace forty years.

Gideon

6 Again the Israelites did evil in the eyes of the Lord, and for seven years he gave them into the hands of the Midianites. 2 Because the power of Midian was so oppressive, the Israelites prepared shelters for themselves in mountain clefts, caves and strongholds. 3 Whenever the Israelites planted their crops, the Midianites, Amalekites and other eastern peoples invaded the country. 4 They camped on the land and ruined the crops all the way to Gaza and did not spare a living thing for Israel, neither sheep nor cattle nor donkeys. 5 They came up with their livestock and their tents like swarms of locusts. It was impossible to count the men and their camels; they invaded the land to ravage it. 6 Midian so impoverished the Israelites that they cried out to the Lord for help.

7 When the Israelites cried to the Lord because of Midian, 8 he sent them a prophet, who said, "This is what the Lord, the God of Israel, says: I brought you up out of Egypt, out of the land of slavery. 9 I snatched you from the power of Egypt and from the hand of all your oppressors. I drove them from before you and gave you their land. 10 I said to you, 'I am the Lord your God; do not worship the gods of the Amorites, in whose land you live.' But you have not listened to me."

11 The angel of the Lord came and sat down under the oak in Ophrah that belonged to Joash the Abiezrite, where his son Gideon was threshing wheat in a winepress to keep it from the Midianites. 12 When the angel of the Lord appeared to Gideon, he said, "The Lord is with you, mighty warrior."

13 "But sir," Gideon replied, "if the Lord is with us, why has all this happened to us? Where are all his wonders that our fathers told us about when they said, 'Did not the Lord bring us up out of Egypt?' But now the Lord has abandoned us and put us into the hand of Midian."

14 The Lord turned to him and said, "Go in the strength you have and save Israel out of Midian's hand. Am I not sending you?"

15 "But Lord,ª" Gideon asked, "how can I save Israel? My clan is the weakest in Manasseh, and I am the least in my family."

16 The Lord answered, "I will be with you, and you will strike down all the Midianites together."

17 Gideon replied, "If now I have found favor in your eyes, give me a sign that it is really you talking to me. 18 Please do not go away until I come back and bring my offering and set it before you."

And the Lord said, "I will wait until you return."

19 Gideon went in, prepared a young goat, and from an ephahᵇ of flour he made bread without yeast. Putting the meat in a basket and its broth in a pot, he brought them out and offered them to him under the oak.

ª6.15 Ou senhor ᵇ6.19 Hebraico: 1 efa. O efa era uma capacidade de medidas para secos. As estimativas variam entre 20 e 40 litros.

ª6:15 Or sir ᵇ6:19 That is, probably about 3/5 bushel (about 22 liters)

20 E o Anjo de Deus lhe disse: "Apanhe a carne e os pães sem fermento, ponha-os sobre esta rocha e derrame o caldo". Gideão assim o fez. **21** Com a ponta do cajado que estava em sua mão, o Anjo do Senhor tocou a carne e os pães sem fermento. Fogo subiu da rocha, consumindo a carne e os pães. E o Anjo do Senhor desapareceu. **22** Quando Gideão viu que era o Anjo do Senhor, exclamou: "Ah, Senhor Soberano! Vi o Anjo do Senhor face a face!"

23 Disse-lhe, porém, o Senhor: "Paz seja com você! Não tenha medo. Você não morrerá".

24 Gideão construiu ali um altar em honra ao Senhor e lhe deu este nome: O Senhor é Paz. Até hoje o altar está em Ofra dos abiezritas.

25 Naquela mesma noite o Senhor lhe disse: "Separe o segundo novilho* do rebanho de seu pai, aquele de sete anos de idade. Despedace o altar de Baal, que pertence a seu pai, e corte o poste sagrado de Aserá que está ao lado do altar. **26** Depois faça um altar para o Senhor, o seu Deus, no topo desta elevação. Ofereça o segundo novilho em holocausto^b com a madeira do poste sagrado que você irá cortar".

27 Assim Gideão chamou dez dos seus servos e fez como o Senhor lhe ordenara. Mas, com medo da sua família e dos homens da cidade, fez tudo de noite, e não durante o dia.

28 De manhã, quando os homens da cidade se levantaram, lá estava demolido o altar de Baal, com o poste sagrado ao seu lado, cortado, e com o segundo novilho sacrificado no altar recém-construído!

29 Perguntaram uns aos outros: "Quem fez isso?"

Depois de investigar, concluíram: "Foi Gideão, filho de Joás".

30 Os homens da cidade disseram a Joás: "Traga seu filho para fora. Ele deve morrer, pois derrubou o altar de Baal e quebrou o poste sagrado que ficava ao seu lado".

31 Joás, porém, respondeu à multidão hostil que o cercava: "Vocês vão defender a causa de Baal? Estão tentando salvá-lo? Quem lutar por ele será morto pela manhã! Se Baal fosse realmente um deus, poderia defender-se quando derrubaram o seu altar". **32** Por isso naquele dia chamaram Gideão de "Jerubaal", dizendo: "Que Baal dispute com ele, pois derrubou o seu altar".

33 Nesse meio tempo, todos os midianitas, amalequitas e outros povos que vinham do leste uniram os seus exércitos, atravessaram o Jordão e acamparam no vale de Jezreel. **34** Então o Espírito do Senhor apoderou-se de Gideão, e ele, com toque de trombeta, convocou os abiezritas para segui-lo. **35** Enviou mensageiros a todo o Manassés, chamando-o às armas, e também a Aser, a Zebulom e a Naftali, que também subiram ao seu encontro.

36 E Gideão disse a Deus: "Quero saber se vais libertar Israel por meu intermédio, como prometeste. **37** Vê, colocarei uma porção de lã na eira. Se o orvalho molhar apenas a lã e todo o chão estiver seco, saberei que tu libertarás Israel por meu intermédio, como prometeste". **38** E assim aconteceu. Gideão levantou-se bem cedo no dia seguinte, torceu a lã e encheu uma tigela de água do orvalho.

39 Disse ainda Gideão a Deus: "Não se acenda a tua ira contra mim. Deixa-me fazer só mais um pedido. Permite-me fazer mais um teste com a lã. Desta vez faze ficar seca a lã e o chão coberto de orvalho". **40** E Deus assim fez naquela noite. Somente a lã estava seca; o chão estava todo coberto de orvalho.

A Vitória de Gideão sobre os Midianitas

7 De madrugada Jerubaal, isto é, Gideão, e todo o seu exército acampou junto à fonte de Harode. O acampamento de Midiã estava ao norte deles, no vale, perto do monte Moré. **2** E o Senhor disse a Gideão: "Você tem gente demais, para eu entregar Midiã nas suas mãos. A fim de que Israel não se

20 The angel of God said to him, "Take the meat and the unleavened bread, place them on this rock, and pour out the broth." And Gideon did so. **21** With the tip of the staff that was in his hand, the angel of the Lord touched the meat and the unleavened bread. Fire flared from the rock, consuming the meat and the bread. And the angel of the Lord disappeared. **22** When Gideon realized that it was the angel of the Lord, he exclaimed, "Ah, Sovereign Lord! I have seen the angel of the Lord face to face!"

23 But the Lord said to him, "Peace! Do not be afraid. You are not going to die."

24 So Gideon built an altar to the Lord there and called it The Lord is Peace. To this day it stands in Ophrah of the Abiezrites.

25 That same night the Lord said to him, "Take the second bull from your father's herd, the one seven years old.^a Tear down your father's altar to Baal and cut down the Asherah pole^b beside it. **26** Then build a proper kind of^c altar to the Lord your God on the top of this height. Using the wood of the Asherah pole that you cut down, offer the second^d bull as a burnt offering."

27 So Gideon took ten of his servants and did as the Lord told him. But because he was afraid of his family and the men of the town, he did it at night rather than in the daytime.

28 In the morning when the men of the town got up, there was Baal's altar, demolished, with the Asherah pole beside it cut down and the second bull sacrificed on the newly built altar!

29 They asked each other, "Who did this?"

When they carefully investigated, they were told, "Gideon son of Joash did it."

30 The men of the town demanded of Joash, "Bring out your son. He must die, because he has broken down Baal's altar and cut down the Asherah pole beside it."

31 But Joash replied to the hostile crowd around him, "Are you going to plead Baal's cause? Are you trying to save him? Whoever fights for him shall be put to death by morning! If Baal really is a god, he can defend himself when someone breaks down his altar." **32** So that day they called Gideon "Jerub-Baal,^e" saying, "Let Baal contend with him," because he broke down Baal's altar.

33 Now all the Midianites, Amalekites and other eastern peoples joined forces and crossed over the Jordan and camped in the Valley of Jezreel. **34** Then the Spirit of the Lord came upon Gideon, and he blew a trumpet, summoning the Abiezrites to follow him. **35** He sent messengers throughout Manasseh, calling them to arms, and also into Asher, Zebulun and Naphtali, so that they too went up to meet them.

36 Gideon said to God, "If you will save Israel by my hand as you have promised— **37** look, I will place a wool fleece on the threshing floor. If there is dew only on the fleece and all the ground is dry, then I will know that you will save Israel by my hand, as you said." **38** And that is what happened. Gideon rose early the next day; he squeezed the fleece and wrung out the dew—a bowlful of water.

39 Then Gideon said to God, "Do not be angry with me. Let me make just one more request. Allow me one more test with the fleece. This time make the fleece dry and the ground covered with dew." **40** That night God did so. Only the fleece was dry; all the ground was covered with dew.

Gideon Defeats the Midianites

7 Early in the morning, Jerub-Baal (that is, Gideon) and all his men camped at the spring of Harod. The camp of Midian was north of them in the valley near the hill of Moreh. **2** The Lord said to Gideon, "You have too many men for me to deliver Midian into their hands. In order that Israel may not

---

^a6.25 Ou *um touro bem crescido*; também nos versículos 26 e 28. ^b6.26 Isto é, sacrifício totalmente queimado; também em 11.31; 13.16,23; 20.26 e 21.4.

^a6:25 Or *Take a full-grown, mature bull from your father's herd* ^b6:25 That is, a symbol of the goddess Asherah; here and elsewhere in Judges ^c6:26 Or *build with layers of stone an* ^d6:26 Or *full-grown*; also in verse 28 ^e6:32 *Jerub-Baal* means *let Baal contend*.

orgulhe contra mim, dizendo que a sua própria força o libertou, ³anuncie, pois, ao povo que todo aquele que estiver tremendo de medo poderá ir embora do monte Gileade". Então vinte e dois mil homens partiram, e ficaram apenas dez mil.

⁴Mas o Senhor tornou a dizer a Gideão: "Ainda há gente demais. Desça com eles à beira d'água, e eu separarei os que ficarão com você. Se eu disser: Este irá com você, ele irá; mas, se eu disser: Este não irá com você, ele não irá".

⁵Assim Gideão levou os homens à beira d'água, e o Senhor lhe disse: "Separe os que beberem a água lambendo-a como faz o cachorro, daqueles que se ajoelharem para beber". ⁶O número dos que lamberam a água levando-a com as mãos à boca foi de trezentos homens. Todos os demais se ajoelharam para beber.

⁷O Senhor disse a Gideão: "Com os trezentos homens que lamberam a água livrarei vocês e entregarei os midianitas nas suas mãos. Mande para casa todos os outros homens". ⁸Gideão mandou os israelitas para as suas tendas, mas reteve os trezentos. E estes ficaram com as provisões e as trombetas dos que partiram.

O acampamento de Midiã ficava abaixo deles, no vale. ⁹Naquela noite o Senhor disse a Gideão: "Levante-se e desça ao acampamento, pois vou entregá-lo nas suas mãos. ¹⁰Se você está com medo de atacá-los, desça ao acampamento com o seu servo Pura ¹¹e ouça o que estiverem dizendo. Depois disso você terá coragem para atacar". Então ele e o seu servo Pura desceram até os postos avançados do acampamento. ¹²Os midianitas, os amalequitas e todos os outros povos que vinham do leste haviam se instalado no vale; eram numerosos como nuvens de gafanhotos. Assim como não se pode contar a areia da praia, também não se podia contar os seus camelos.

¹³Gideão chegou bem no momento em que um homem estava contando seu sonho a um amigo. "Tive um sonho", dizia ele. "Um pão de cevada vinha rolando dentro do acampamento midianita, e atingiu a tenda com tanta força que ela tombou e se desmontou."

¹⁴Seu amigo respondeu: "Não pode ser outra coisa senão a espada de Gideão, filho de Joás, o israelita. Deus entregou os midianitas e todo o acampamento nas mãos dele".

¹⁵Quando Gideão ouviu o sonho e a sua interpretação, adorou a Deus. Voltou para o acampamento de Israel e gritou: "Levantem-se! O Senhor entregou o acampamento midianita nas mãos de vocês". ¹⁶Dividiu os trezentos homens em três companhias e pôs nas mãos de todos eles trombetas e jarros vazios, com tochas dentro.

¹⁷E ele lhes disse: "Observem-me. Façam o que eu fizer. Quando eu chegar à extremidade do acampamento, façam o que eu fizer. ¹⁸Quando eu e todos os que estiverem comigo tocarmos as nossas trombetas ao redor do acampamento, toquem as suas, e gritem: Pelo Senhor e por Gideão!"

¹⁹Gideão e os cem homens que o acompanhavam chegaram aos postos avançados do acampamento pouco depois da meia-noiteª, assim que foram trocadas as sentinelas. Então tocaram as suas trombetas e quebraram os jarros que tinham nas mãos; ²⁰as três companhias tocaram as trombetas e despedaçaram os jarros. Empunhando as tochas com a mão esquerda e as trombetas com a direita, gritaram: "À espada, pelo Senhor e por Gideão!" ²¹Cada homem mantinha a sua posição em torno do acampamento, e todos os midianitas fugiam correndo e gritando.

²²Quando as trezentas trombetas soaram, o Senhor fez que em todo o acampamento os homens se voltassem uns contra os outros com as suas espadas. Mas muitos fugiram para Bete-Sita, na direção de Zererá, até a fronteira de Abel-Meolá, perto de Tabate. ²³Os israelitas de Naftali, de Aser e de todo o Manassés foram convocados, e perseguiram os midianitas. ²⁴Gideão enviou mensageiros a todos os montes de Efraim, dizendo: "Desçam para atacar os midianitas e cerquem as águas do Jordão à frente deles até Bete-Bara".

boast against me that her own strength has saved her, ³announce now to the people, 'Anyone who trembles with fear may turn back and leave Mount Gilead.'" So twenty-two thousand men left, while ten thousand remained.

⁴But the Lord said to Gideon, "There are still too many men. Take them down to the water, and I will sift them for you there. If I say, 'This one shall go with you,' he shall go; but if I say, 'This one shall not go with you,' he shall not go."

⁵So Gideon took the men down to the water. There the Lord told him, "Separate those who lap the water with their tongues like a dog from those who kneel down to drink." ⁶Three hundred men lapped with their hands to their mouths. All the rest got down on their knees to drink.

⁷The Lord said to Gideon, "With the three hundred men that lapped I will save you and give the Midianites into your hands. Let all the other men go, each to his own place." ⁸So Gideon sent the rest of the Israelites to their tents but kept the three hundred, who took over the provisions and trumpets of the others.

Now the camp of Midian lay below him in the valley. ⁹During that night the Lord said to Gideon, "Get up, go down against the camp, because I am going to give it into your hands. ¹⁰If you are afraid to attack, go down to the camp with your servant Purah ¹¹and listen to what they are saying. Afterward, you will be encouraged to attack the camp." So he and Purah his servant went down to the outposts of the camp. ¹²The Midianites, the Amalekites and all the other eastern peoples had settled in the valley, thick as locusts. Their camels could no more be counted than the sand on the seashore.

¹³Gideon arrived just as a man was telling a friend his dream. "I had a dream," he was saying. "A round loaf of barley bread came tumbling into the Midianite camp. It struck the tent with such force that the tent overturned and collapsed."

¹⁴His friend responded, "This can be nothing other than the sword of Gideon son of Joash, the Israelite. God has given the Midianites and the whole camp into his hands."

¹⁵When Gideon heard the dream and its interpretation, he worshiped God. He returned to the camp of Israel and called out, "Get up! The Lord has given the Midianite camp into your hands." ¹⁶Dividing the three hundred men into three companies, he placed trumpets and empty jars in the hands of all of them, with torches inside.

¹⁷"Watch me," he told them. "Follow my lead. When I get to the edge of the camp, do exactly as I do. ¹⁸When I and all who are with me blow our trumpets, then from all around the camp blow yours and shout, 'For the Lord and for Gideon.'"

¹⁹Gideon and the hundred men with him reached the edge of the camp at the beginning of the middle watch, just after they had changed the guard. They blew their trumpets and broke the jars that were in their hands. ²⁰The three companies blew the trumpets and smashed the jars. Grasping the torches in their left hands and holding in their right hands the trumpets they were to blow, they shouted, "A sword for the Lord and for Gideon!" ²¹While each man held his position around the camp, all the Midianites ran, crying out as they fled.

²²When the three hundred trumpets sounded, the Lord caused the men throughout the camp to turn on each other with their swords. The army fled to Beth Shittah toward Zererah as far as the border of Abel Meholah near Tabbath. ²³Israelites from Naphtali, Asher and all Manasseh were called out, and they pursued the Midianites. ²⁴Gideon sent messengers throughout the hill country of Ephraim, saying, "Come down against the Midianites and seize the waters of the Jordan ahead of them as far as Beth Barah."

ª7.19 Hebraico: *no início da vigília da meia-noite.*

Foram, pois, convocados todos os homens de Efraim, e eles ocuparam as águas do Jordão até Bete-Bara. 25 Eles prenderam dois líderes midianitas, Orebe e Zeebe. Mataram Orebe na rocha de Orebe, e Zeebe no tanque de prensar uvas de Zeebe. E, depois de perseguir os midianitas, trouxeram a cabeça de Orebe e a de Zeebe a Gideão, que estava do outro lado do Jordão.

A Derrota de Zeba e Zalmuna

8 Os efraimitas perguntaram, então, a Gideão: "Por que você nos tratou dessa forma? Por que não nos chamou quando foi lutar contra Midiã?" E o criticaram duramente.

2 Ele, porém, lhes respondeu: "Que é que eu fiz, em comparação com vocês? O resto das uvas de Efraim não são melhores do que toda a colheita de Abiezer? 3 Deus entregou os líderes midianitas Orebe e Zeebe nas mãos de vocês. O que pude fazer não se compara com o que vocês fizeram!" Diante disso, acalmou-se a indignação deles contra Gideão.

4 Gideão e seus trezentos homens, já exaustos, continuaram a perseguição, chegaram ao Jordão e o atravessaram. 5 Em Sucote, disse ele aos homens dali: "Peço-lhes um pouco de pão para as minhas tropas; os homens estão cansados, e eu ainda estou perseguindo os reis de Midiã, Zeba e Zalmuna".

6 Os líderes de Sucote, porém, disseram: "Ainda não estão em seu poder Zeba e Zalmuna? Por que deveríamos dar pão às suas tropas?"

7 "É assim?", replicou Gideão. "Quando o Senhor entregar Zeba e Zalmuna em minhas mãos, rasgarei a carne de vocês com espinhos e espinheiros do deserto."

8 Dali subiu a Peniel e fez o mesmo pedido aos homens de Peniel, mas eles responderam como os de Sucote. 9 Aos homens de Peniel ele disse: "Quando eu voltar triunfante, destruirei esta fortaleza".

10 Ora, Zeba e Zalmuna estavam em Carcor, e com eles cerca de quinze mil homens. Estes foram todos os que sobraram dos exércitos dos povos que vinham do leste, pois cento e vinte mil homens que portavam espada tinham sido mortos. 11 Gideão subiu pela rota dos nômades, a leste de Noba e Jogbeá, e atacou de surpresa o exército. 12 Zeba e Zalmuna, os dois reis de Midiã, fugiram, mas ele os perseguiu e os capturou, derrotando também o exército.

13 Depois Gideão, filho de Joás, voltou da batalha, pela subida de Heres. 14 Ele capturou um jovem de Sucote e o interrogou, e o jovem escreveu para Gideão os nomes dos setenta e sete líderes e autoridades da cidade. 15 Gideão foi então a Sucote e disse aos homens de lá: "Aqui estão Zeba e Zalmuna, acerca dos quais vocês zombaram de mim, dizendo: 'Ainda não estão em seu poder Zeba e Zalmuna? Por que deveríamos dar pão aos seus homens exaustos?' " 16 Gideão prendeu os líderes da cidade de Sucote, castigando-os com espinhos e espinheiros do deserto; 17 depois derrubou a fortaleza de Peniel e matou os homens daquela cidade.

18 Então perguntou a Zeba e a Zalmuna: "Como eram os homens que vocês mataram em Tabor?"

"Eram como você", responderam, "cada um tinha o porte de um príncipe."

19 Gideão prosseguiu: "Aqueles homens eram meus irmãos, filhos da minha própria mãe. Juro pelo nome do Senhor que, se vocês tivessem poupado a vida deles, eu não mataria vocês". 20 E Gideão voltou-se para Jéter, seu filho mais velho, e lhe disse: "Mate-os!" Jéter, porém, teve medo e não desembainhou a espada, pois era muito jovem.

21 Mas Zeba e Zalmuna disseram: "Venha, mate-nos você mesmo. Isso exige coragem de homem". Então Gideão avançou e os matou, e tirou os enfeites do pescoço dos camelos deles.

O Manto Sacerdotal de Gideão

22 Os israelitas disseram a Gideão: "Reine sobre nós, você, seu filho e seu neto, pois você nos libertou das mãos de Midiã".

So all the men of Ephraim were called out and they took the waters of the Jordan as far as Beth Barah. 25 They also captured two of the Midianite leaders, Oreb and Zeeb. They killed Oreb at the rock of Oreb, and Zeeb at the winepress of Zeeb. They pursued the Midianites and brought the heads of Oreb and Zeeb to Gideon, who was by the Jordan.

Zebah and Zalmunna

8 Now the Ephraimites asked Gideon, "Why have you treated us like this? Why didn't you call us when you went to fight Midian?" And they criticized him sharply.

2 But he answered them, "What have I accomplished compared to you? Aren't the gleanings of Ephraim's grapes better than the full grape harvest of Abiezer? 3 God gave Oreb and Zeeb, the Midianite leaders, into your hands. What was I able to do compared to you?" At this, their resentment against him subsided.

4 Gideon and his three hundred men, exhausted yet keeping up the pursuit, came to the Jordan and crossed it. 5 He said to the men of Succoth, "Give my troops some bread; they are worn out, and I am still pursuing Zebah and Zalmunna, the kings of Midian."

6 But the officials of Succoth said, "Do you already have the hands of Zebah and Zalmunna in your possession? Why should we give bread to your troops?"

7 Then Gideon replied, "Just for that, when the Lord has given Zebah and Zalmunna into my hand, I will tear your flesh with desert thorns and briers."

8 From there he went up to Peniel[a] and made the same request of them, but they answered as the men of Succoth had. 9 So he said to the men of Peniel, "When I return in triumph, I will tear down this tower."

10 Now Zebah and Zalmunna were in Karkor with a force of about fifteen thousand men, all that were left of the armies of the eastern peoples; a hundred and twenty thousand swordsmen had fallen. 11 Gideon went up by the route of the nomads east of Nobah and Jogbehah and fell upon the unsuspecting army. 12 Zebah and Zalmunna, the two kings of Midian, fled, but he pursued them and captured them, routing their entire army.

13 Gideon son of Joash then returned from the battle by the Pass of Heres. 14 He caught a young man of Succoth and questioned him, and the young man wrote down for him the names of the seventy-seven officials of Succoth, the elders of the town. 15 Then Gideon came and said to the men of Succoth, "Here are Zebah and Zalmunna, about whom you taunted me by saying, 'Do you already have the hands of Zebah and Zalmunna in your possession? Why should we give bread to your exhausted men?' " 16 He took the elders of the town and taught the men of Succoth a lesson by punishing them with desert thorns and briers. 17 He also pulled down the tower of Peniel and killed the men of the town.

18 Then he asked Zebah and Zalmunna, "What kind of men did you kill at Tabor?"

"Men like you," they answered, "each one with the bearing of a prince."

19 Gideon replied, "Those were my brothers, the sons of my own mother. As surely as the Lord lives, if you had spared their lives, I would not kill you." 20 Turning to Jether, his oldest son, he said, "Kill them!" But Jether did not draw his sword, because he was only a boy and was afraid.

21 Zebah and Zalmunna said, "Come, do it yourself. 'As is the man, so is his strength.' " So Gideon stepped forward and killed them, and took the ornaments off their camels' necks.

Gideon's Ephod

22 The Israelites said to Gideon, "Rule over us—you, your son and your grandson—because you have saved us out of the hand of Midian."

---

a8:8 Hebrew *Penuel*, a variant of *Peniel*; also in verses 9 and 17

23 "Não reinarei sobre vocês", respondeu-lhes Gideão, "nem meu filho reinará sobre vocês. O Senhor reinará sobre vocês." **24** E prosseguiu: "Só lhes faço um pedido: que cada um de vocês me dê um brinco da sua parte dos despojos". (Os ismaelitas[a] costumavam usar brincos de ouro.)

25 Eles responderam: "De boa vontade os daremos a você!" Então estenderam uma capa, e cada homem jogou sobre ela um brinco tirado de seus despojos. **26** O peso dos brincos de ouro chegou a vinte quilos e meio[b], sem contar os enfeites, os pendentes e as roupas de púrpura que os reis de Midiã usavam e os colares que estavam no pescoço de seus camelos. **27** Gideão usou o ouro para fazer um manto sacerdotal, que ele colocou em sua cidade, em Ofra. Todo o Israel prostituiu-se, fazendo dele objeto de adoração; e veio a ser uma armadilha para Gideão e sua família.

A Morte de Gideão

28 Assim Midiã foi subjugado pelos israelitas, e não tornou a erguer a cabeça. Durante a vida de Gideão a terra desfrutou paz quarenta anos.

29 Jerubaal, filho de Joás, retirou-se e foi para casa, onde ficou morando. **30** Teve setenta filhos, todos gerados por ele, pois tinha muitas mulheres. **31** Sua concubina, que morava em Siquém, também lhe deu um filho, a quem ele deu o nome de Abimeleque. **32** Gideão, filho de Joás, morreu em idade avançada e foi sepultado no túmulo de seu pai, Joás, em Ofra dos abiezritas.

33 Logo depois que Gideão morreu, os israelitas voltaram a prostituir-se com os baalins, cultuando-os. Ergueram Baal-Berite como seu deus, e **34** não se lembraram do Senhor, o seu Deus, que os tinha livrado das mãos dos seus inimigos em redor. **35** Também não foram bondosos com a família de Jerubaal, isto é, Gideão, pois não reconheceram todo o bem que ele tinha feito a Israel.

Abimeleque

9 Abimeleque, filho de Jerubaal, foi aos irmãos de sua mãe em Siquém e disse a eles e a todo o clã da família de sua mãe: **2** "Perguntem a todos os cidadãos de Siquém o que é melhor para eles, ter todos os setenta filhos de Jerubaal governando sobre eles, ou somente um homem? Lembrem-se de que eu sou sangue do seu sangue[c]".

3 Os irmãos de sua mãe repetiram tudo aos cidadãos de Siquém, e estes se mostraram propensos a seguir Abimeleque, pois disseram: "Ele é nosso irmão". **4** Deram-lhe setenta peças[d] de prata tiradas do templo de Baal-Berite, as quais Abimeleque usou para contratar alguns desocupados e vadios, que se tornaram seus seguidores. **5** Foi à casa de seu pai em Ofra e matou seus setenta irmãos, filhos de Jerubaal, sobre uma rocha. Mas Jotão, o filho mais novo de Jerubaal, escondeu-se e escapou. **6** Então todos os cidadãos de Siquém e de Bete-Milo reuniram-se ao lado do Carvalho, junto à coluna de Siquém, para coroar Abimeleque rei.

7 Quando Jotão soube disso, subiu ao topo do monte Gerizim e gritou para eles: "Ouçam-me, cidadãos de Siquém, para que Deus os ouça. **8** Certo dia as árvores saíram para ungir um rei para si. Disseram à oliveira: 'Seja o nosso rei.'

9 "A oliveira, porém, respondeu: 'Deveria eu renunciar ao meu azeite, com o qual se presta honra aos deuses e aos homens, para dominar sobre as árvores?'

10 "Então as árvores disseram à figueira: 'Venha ser o nosso rei!'

11 "A figueira, porém, respondeu: 'Deveria eu renunciar ao meu fruto saboroso e doce, para dominar sobre as árvores?'

12 "Depois as árvores disseram à videira: 'Venha ser o nosso rei!'

23 But Gideon told them, "I will not rule over you, nor will my son rule over you. The Lord will rule over you." **24** And he said, "I do have one request, that each of you give me an earring from your share of the plunder." (It was the custom of the Ishmaelites to wear gold earrings.)

25 They answered, "We'll be glad to give them." So they spread out a garment, and each man threw a ring from his plunder onto it. **26** The weight of the gold rings he asked for came to seventeen hundred shekels,[a] not counting the ornaments, the pendants and the purple garments worn by the kings of Midian or the chains that were on their camels' necks. **27** Gideon made the gold into an ephod, which he placed in Ophrah, his town. All Israel prostituted themselves by worshiping it there, and it became a snare to Gideon and his family.

Gideon's Death

28 Thus Midian was subdued before the Israelites and did not raise its head again. During Gideon's lifetime, the land enjoyed peace forty years.

29 Jerub-Baal son of Joash went back home to live. **30** He had seventy sons of his own, for he had many wives. **31** His concubine, who lived in Shechem, also bore him a son, whom he named Abimelech. **32** Gideon son of Joash died at a good old age and was buried in the tomb of his father Joash in Ophrah of the Abiezrites.

33 No sooner had Gideon died than the Israelites again prostituted themselves to the Baals. They set up Baal-Berith as their god and **34** did not remember the Lord their God, who had rescued them from the hands of all their enemies on every side. **35** They also failed to show kindness to the family of Jerub-Baal (that is, Gideon) for all the good things he had done for them.

Abimelech

9 Abimelech son of Jerub-Baal went to his mother's brothers in Shechem and said to them and to all his mother's clan, **2** "Ask all the citizens of Shechem, 'Which is better for you: to have all seventy of Jerub-Baal's sons rule over you, or just one man?' Remember, I am your flesh and blood."

3 When the brothers repeated all this to the citizens of Shechem, they were inclined to follow Abimelech, for they said, "He is our brother." **4** They gave him seventy shekels[b] of silver from the temple of Baal-Berith, and Abimelech used it to hire reckless adventurers, who became his followers. **5** He went to his father's home in Ophrah and on one stone murdered his seventy brothers, the sons of Jerub-Baal. But Jotham, the youngest son of Jerub-Baal, escaped by hiding. **6** Then all the citizens of Shechem and Beth Millo gathered beside the great tree at the pillar in Shechem to crown Abimelech king.

7 When Jotham was told about this, he climbed up on the top of Mount Gerizim and shouted to them, "Listen to me, citizens of Shechem, so that God may listen to you. **8** One day the trees went out to anoint a king for themselves. They said to the olive tree, 'Be our king.'

9 "But the olive tree answered, 'Should I give up my oil, by which both gods and men are honored, to hold sway over the trees?'

10 "Next, the trees said to the fig tree, 'Come and be our king.'

11 "But the fig tree replied, 'Should I give up my fruit, so good and sweet, to hold sway over the trees?'

12 "Then the trees said to the vine, 'Come and be our king.'

---

a 8.24 Os ismaelitas eram parentes dos midianitas. **b** 8.26 Hebraico: *1.700 siclos.* Um siclo equivalia a 12 gramas. **c** 9.2 Hebraico: *osso e carne de vocês.* **d** 9.4 Hebraico: *siclos.* Um siclo equivalia a 12 gramas.

a 8:26 That is, about 43 pounds (about 19.5 kilograms) **b** 9:4 That is, about 1 3/4 pounds (about 0.8 kilogram)

13 "A videira, porém, respondeu: 'Deveria eu renunciar ao meu vinho, que alegra os deuses e os homens, para ter domínio sobre as árvores?'

14 "Finalmente todas as árvores disseram ao espinheiro: 'Venha ser o nosso rei!'

15 "O espinheiro disse às árvores: 'Se querem realmente ungir-me rei sobre vocês, venham abrigar-se à minha sombra; do contrário, sairá fogo do espinheiro e consumirá até os cedros do Líbano!'

16 "Será que vocês agiram de fato com sinceridade quando fizeram Abimeleque rei? Foram justos com Jerubaal e sua família, como ele merecia? **17** Meu pai lutou por vocês e arriscou a vida para livrá-los das mãos de Midiã. **18** Hoje, porém, vocês se revoltaram contra a família de meu pai, mataram seus setenta filhos sobre a mesma rocha, e proclamaram Abimeleque, o filho de sua escrava, rei sobre os cidadãos de Siquém pelo fato de ser irmão de vocês. **19** Se hoje vocês de fato agiram com sinceridade para com Jerubaal e sua família, alegrem-se com Abimeleque, e alegre-se ele com vocês! **20** Entretanto, se não foi assim, que saia fogo de Abimeleque e consuma os cidadãos de Siquém e de Bete-Milo, e que saia fogo dos cidadãos de Siquém e de Bete-Milo, e consuma Abimeleque!"

21 Depois Jotão fugiu para Beer, onde ficou morando, longe de seu irmão Abimeleque.

22 Fazia três anos que Abimeleque governava Israel, **23** quando Deus enviou um espírito maligno entre Abimeleque e os cidadãos de Siquém, e estes agiram traiçoeiramente contra Abimeleque. **24** Isso aconteceu para que o crime contra os setenta filhos de Jerubaal, o derramamento do sangue deles, fosse vingado em seu irmão Abimeleque e nos cidadãos de Siquém que o ajudaram a assassinar os seus irmãos. **25** Os cidadãos de Siquém enviaram homens para o alto das colinas para emboscarem os que passassem por ali, e Abimeleque foi informado disso.

26 Nesse meio tempo Gaal, filho de Ebede, mudou-se com seus parentes para Siquém, cujos cidadãos confiavam nele. **27** Sucedeu que foram ao campo, colheram uvas, pisaram-nas, e fizeram uma festa no templo do seu deus. Comendo e bebendo, amaldiçoaram Abimeleque. **28** Então Gaal, filho de Ebede, disse: "Quem é Abimeleque para que o sirvamos? E quem é Siquém? Não é ele o filho de Jerubaal, e não é Zebul o seu representante? Sirvam aos homens de Hamor, o pai de Siquém! Por que servir a Abimeleque? **29** Ah! Se eu tivesse esse povo sob o meu comando! Eu me livraria de Abimeleque e lhe diria: Mobilize o seu exército e venha!ᵃ"

30 Quando Zebul, o governante da cidade, ouviu o que dizia Gaal, filho de Ebede, ficou indignado. **31** Secretamente enviou mensageiros a Abimeleque dizendo: "Gaal, filho de Ebede, e seus parentes vieram a Siquém e estão agitando a cidade contra você. **32** Venha de noite, você e seus homens, e fiquem à espera no campo. **33** De manhã, ao nascer do sol, avance contra a cidade. Quando Gaal e sua tropa atacarem, faça com eles o que achar melhor."

34 E assim Abimeleque e todas as suas tropas partiram de noite e prepararam emboscadas perto de Siquém, em quatro companhias. **35** Ora, Gaal, filho de Ebede, tinha saído e estava à porta da cidade quando Abimeleque e seus homens saíram da sua emboscada.

36 Quando Gaal os viu, disse a Zebul: "Veja, vem gente descendo do alto das colinas!"

Zebul, porém, respondeu: "Você está confundindo as sombras dos montes com homens".

37 Mas Gaal tornou a falar: "Veja, vem gente descendo da parte central do territórioᵇ, e uma companhia está vindo pelo caminho do carvalho dos Adivinhadores".

38 Disse-lhe Zebul: "Onde está toda aquela sua conversa? Você dizia: 'Quem é Abimeleque, para que o sirvamos?' Não são estes os homens que você ridicularizou? Saia e lute contra eles!"

13 "But the vine answered, 'Should I give up my wine, which cheers both gods and men, to hold sway over the trees?'

14 "Finally all the trees said to the thornbush, 'Come and be our king.'

15 "The thornbush said to the trees, 'If you really want to anoint me king over you, come and take refuge in my shade; but if not, then let fire come out of the thornbush and consume the cedars of Lebanon!'

16 "Now if you have acted honorably and in good faith when you made Abimelech king, and if you have been fair to Jerub-Baal and his family, and if you have treated him as he deserves— **17** and to think that my father fought for you, risked his life to rescue you from the hand of Midian **18** (but today you have revolted against my father's family, murdered his seventy sons on a single stone, and made Abimelech, the son of his slave girl, king over the citizens of Shechem because he is your brother)— **19** if then you have acted honorably and in good faith toward Jerub-Baal and his family today, may Abimelech be your joy, and may you be his, too! **20** But if you have not, let fire come out from Abimelech and consume you, citizens of Shechem and Beth Millo, and let fire come out from you, citizens of Shechem and Beth Millo, and consume Abimelech!"

21 Then Jotham fled, escaping to Beer, and he lived there because he was afraid of his brother Abimelech.

22 After Abimelech had governed Israel three years, **23** God sent an evil spirit between Abimelech and the citizens of Shechem, who acted treacherously against Abimelech. **24** God did this in order that the crime against Jerub-Baal's seventy sons, the shedding of their blood, might be avenged on their brother Abimelech and on the citizens of Shechem, who had helped him murder his brothers. **25** In opposition to him these citizens of Shechem set men on the hilltops to ambush and rob everyone who passed by, and this was reported to Abimelech.

26 Now Gaal son of Ebed moved with his brothers into Shechem, and its citizens put their confidence in him. **27** After they had gone out into the fields and gathered the grapes and trodden them, they held a festival in the temple of their god. While they were eating and drinking, they cursed Abimelech. **28** Then Gaal son of Ebed said, "Who is Abimelech, and who is Shechem, that we should be subject to him? Isn't he Jerub-Baal's son, and isn't Zebul his deputy? Serve the men of Hamor, Shechem's father! Why should we serve Abimelech? **29** If only this people were under my command! Then I would get rid of him. I would say to Abimelech, 'Call out your whole army!' "ᵃ

30 When Zebul the governor of the city heard what Gaal son of Ebed said, he was very angry. **31** Under cover he sent messengers to Abimelech, saying, "Gaal son of Ebed and his brothers have come to Shechem and are stirring up the city against you. **32** Now then, during the night you and your men should come and lie in wait in the fields. **33** In the morning at sunrise, advance against the city. When Gaal and his men come out against you, do whatever your hand finds to do."

34 So Abimelech and all his troops set out by night and took up concealed positions near Shechem in four companies. **35** Now Gaal son of Ebed had gone out and was standing at the entrance to the city gate just as Abimelech and his soldiers came out from their hiding place.

36 When Gaal saw them, he said to Zebul, "Look, people are coming down from the tops of the mountains!"

Zebul replied, "You mistake the shadows of the mountains for men."

37 But Gaal spoke up again: "Look, people are coming down from the center of the land, and a company is coming from the direction of the soothsayers' tree."

38 Then Zebul said to him, "Where is your big talk now, you who said, 'Who is Abimelech that we should be subject to him?' Aren't these the men you ridiculed? Go out and fight them!"

ᵃ**9.29** Conforme a Septuaginta. O Texto Massorético diz *E ele disse a Abimeleque: 'Convoque todo o seu exército!'* ᵇ**9.37** Hebraico: *do Umbigo da Terra.*

ᵃ**9:29** Septuagint; Hebrew *him."* Then he said to Abimelech, "Call out your whole army!"

39 Então Gaal conduziu para fora os[a] cidadãos de Siquém e lutou contra Abimeleque. **40** Abimeleque o perseguiu, e ele fugiu. Muitos dos homens de Siquém caíram mortos ao longo de todo o caminho, até a porta da cidade. **41** Abimeleque permaneceu em Arumá, e Zebul expulsou Gaal e os seus parentes de Siquém.

42 No dia seguinte o povo de Siquém saiu aos campos, e Abimeleque ficou sabendo disso. **43** Então dividiu os seus homens em três companhias e armou emboscadas no campo. Quando viu o povo saindo da cidade, levantou-se contra ele e atacou-o. **44** Abimeleque e as tropas que estavam com ele avançaram até a porta da cidade. Então duas companhias avançaram sobre os que estavam nos campos e os mataram. **45** E Abimeleque atacou a cidade o dia todo, até conquistá-la e matar o seu povo. Depois destruiu a cidade e espalhou sal sobre ela.

46 Ao saberem disso, os cidadãos que estavam na torre de Siquém entraram na fortaleza do templo de El-Berite. **47** Quando Abimeleque soube que se haviam reunido lá, **48** ele e todos os seus homens subiram o monte Zalmom. Ele apanhou um machado, cortou um galho de árvore e o pôs nos ombros. Então deu esta ordem aos homens que estavam com ele: "Rápido! Façam o que eu estou fazendo!" **49** Todos os homens cortaram galhos e seguiram Abimeleque. Empilharam os galhos junto à fortaleza e a incendiaram. Assim morreu também o povo que estava na torre de Siquém, cerca de mil homens e mulheres.

50 A seguir Abimeleque foi a Tebes, sitiou-a e conquistou-a. **51** Mas dentro da cidade havia uma torre bastante forte, para a qual fugiram todos os homens e mulheres, todo o povo da cidade. Trancaram-se por dentro e subiram para o telhado da torre. **52** Abimeleque foi para a torre e atacou-a. E, quando se aproximava da entrada da torre para incendiá-la, **53** uma mulher jogou uma pedra de moinho na cabeça dele, e lhe rachou o crânio.

54 Imediatamente ele chamou seu escudeiro e lhe ordenou: "Tire a espada e mate-me, para que não digam que uma mulher me matou". Então o jovem o atravessou, e ele morreu. **55** Quando os israelitas viram que Abimeleque estava morto, voltaram para casa.

56 Assim Deus retribuiu a maldade que Abimeleque praticara contra o seu pai, matando os seus setenta irmãos. **57** Deus fez também os homens de Siquém pagarem por toda a sua maldade. A maldição de Jotão, filho de Jerubaal, caiu sobre eles.

Tolá

10 Depois de Abimeleque, um homem de Issacar chamado Tolá, filho de Puá, filho de Dodô, levantou-se para libertar Israel. Ele morava em Samir, nos montes de Efraim, **2** e liderou Israel durante vinte e três anos; então morreu e foi sepultado em Samir.

Jair

3 Depois dele veio Jair, de Gileade, que liderou Israel durante vinte e dois anos. **4** Teve trinta filhos, que montavam trinta jumentos. Eles tinham autoridade sobre trinta cidades, as quais até hoje são chamadas "povoados de Jair" e ficam em Gileade. **5** Quando Jair morreu, foi sepultado em Camom.

Jefté

6 Mais uma vez os israelitas fizeram o que o Senhor reprova. Serviram aos baalins, às imagens de Astarote, aos deuses de Arã, aos deuses de Sidom, aos deuses de Moabe, aos deuses dos amonitas e aos deuses dos filisteus. E como os israelitas abandonaram o Senhor e não mais lhe prestaram culto, **7** a ira do Senhor se acendeu contra eles. Ele os entregou nas mãos dos filisteus e dos amonitas, **8** que naquele ano os humilharam e oprimiram. Durante dezoito anos oprimiram todos os israelitas do lado leste do Jordão, em Gileade, terra dos amorreus.

---

39 So Gaal led out[a] the citizens of Shechem and fought Abimelech. **40** Abimelech chased him, and many fell wounded in the flight—all the way to the entrance to the gate. **41** Abimelech stayed in Arumah, and Zebul drove Gaal and his brothers out of Shechem.

42 The next day the people of Shechem went out to the fields, and this was reported to Abimelech. **43** So he took his men, divided them into three companies and set an ambush in the fields. When he saw the people coming out of the city, he rose to attack them. **44** Abimelech and the companies with him rushed forward to a position at the entrance to the city gate. Then two companies rushed upon those in the fields and struck them down. **45** All that day Abimelech pressed his attack against the city until he had captured it and killed its people. Then he destroyed the city and scattered salt over it.

46 On hearing this, the citizens in the tower of Shechem went into the stronghold of the temple of El-Berith. **47** When Abimelech heard that they had assembled there, **48** he and all his men went up Mount Zalmon. He took an ax and cut off some branches, which he lifted to his shoulders. He ordered the men with him, "Quick! Do what you have seen me do!" **49** So all the men cut branches and followed Abimelech. They piled them against the stronghold and set it on fire over the people inside. So all the people in the tower of Shechem, about a thousand men and women, also died.

50 Next Abimelech went to Thebez and besieged it and captured it. **51** Inside the city, however, was a strong tower, to which all the men and women—all the people of the city—fled. They locked themselves in and climbed up on the tower roof. **52** Abimelech went to the tower and stormed it. But as he approached the entrance to the tower to set it on fire, **53** a woman dropped an upper millstone on his head and cracked his skull.

54 Hurriedly he called to his armor-bearer, "Draw your sword and kill me, so that they can't say, 'A woman killed him.' " So his servant ran him through, and he died. **55** When the Israelites saw that Abimelech was dead, they went home.

56 Thus God repaid the wickedness that Abimelech had done to his father by murdering his seventy brothers. **57** God also made the men of Shechem pay for all their wickedness. The curse of Jotham son of Jerub-Baal came on them.

Tola

10 After the time of Abimelech a man of Issachar, Tola son of Puah, the son of Dodo, rose to save Israel. He lived in Shamir, in the hill country of Ephraim. **2** He led[b] Israel twenty-three years; then he died, and was buried in Shamir.

Jair

3 He was followed by Jair of Gilead, who led Israel twenty-two years. **4** He had thirty sons, who rode thirty donkeys. They controlled thirty towns in Gilead, which to this day are called Havvoth Jair.[c] **5** When Jair died, he was buried in Kamon.

Jephthah

6 Again the Israelites did evil in the eyes of the Lord. They served the Baals and the Ashtoreths, and the gods of Aram, the gods of Sidon, the gods of Moab, the gods of the Ammonites and the gods of the Philistines. And because the Israelites forsook the Lord and no longer served him, **7** he became angry with them. He sold them into the hands of the Philistines and the Ammonites, **8** who that year shattered and crushed them. For eighteen years they oppressed all the Israelites on the east side of the Jordan in Gilead, the land of the Amorites.

---

[a]9.39 Ou *Gaal saiu à vista dos*

[a]9:39 Or *Gaal went out in the sight of* [b]10:2 Traditionally *judged*; also in verse [c]10:4 Or *called the settlements of Jair*

9 Os amonitas também atravessaram o Jordão para lutar contra Judá, contra Benjamim e contra a tribo de Efraim; e grande angústia dominou Israel. **10** Então os israelitas clamaram ao Senhor, dizendo: "Temos pecado contra ti, pois abandonamos o nosso Deus e prestamos culto aos baalins!"

11 O Senhor respondeu: "Quando os egípcios, os amorreus, os amonitas, os filisteus, **12** os sidônios, os amalequitas e os maonitasª oprimiram, e vocês clamaram a mim, eu os libertei das mãos deles. **13** Mas vocês me abandonaram e prestaram culto a outros deuses. Por isso não os livrarei mais. **14** Clamem aos deuses que vocês escolheram. Que eles os livrem na hora do aperto!"

15 Os israelitas, porém, disseram ao Senhor: "Nós pecamos. Faze conosco o que achares melhor, mas te rogamos, livra-nos agora". **16** Então eles se desfizeram dos deuses estrangeiros que havia entre eles e prestaram culto ao Senhor. E ele não pôde mais suportar o sofrimento de Israel.

17 Quando os amonitas foram convocados e acamparam em Gileade, os israelitas reuniram-se e acamparam em Mispá. **18** Os líderes do povo de Gileade disseram uns aos outros: "Quem iniciar o ataque contra os amonitas será chefe dos que vivem em Gileade".

11

Jefté, o gileadita, era um guerreiro valente. Sua mãe era uma prostituta; seu pai chamava-se Gileade. **2** A mulher de Gileade também lhe deu filhos, que, quando já estavam grandes, expulsaram Jefté, dizendo: "Você não vai receber nenhuma herança de nossa família, pois é filho de outra mulher". **3** Então Jefté fugiu dos seus irmãos e se estabeleceu em Tobe. Ali um bando de vadios uniu-se a ele e o seguia.

4 Algum tempo depois, quando os amonitas entraram em guerra contra Israel, **5** os líderes de Gileade foram buscar Jefté em Tobe. **6** "Venha", disseram. "Seja nosso comandante, para que possamos combater os amonitas."

7 Disse-lhes Jefté: "Vocês não me odiavam e não me expulsaram da casa de meu pai? Por que me procuram agora, quando estão em dificuldades?"

8 "Apesar disso, agora estamos apelando para você", responderam os líderes de Gileade. "Venha conosco combater os amonitas, e você será o chefe de todos os que vivem em Gileade."

9 Jefté respondeu: "Se vocês me levarem de volta para combater os amonitas e o Senhor os entregar a mim, serei o chefe de vocês?"

10 Os líderes de Gileade responderam: "O Senhor é nossa testemunha; faremos conforme você diz". **11** Assim Jefté foi com os líderes de Gileade, e o povo o fez chefe e comandante sobre todos. E ele repetiu perante o Senhor, em Mispá, todas as palavras que tinha dito.

12 Jefté enviou mensageiros ao rei amonita com a seguinte pergunta: "Que é que tens contra nós, para teres atacado a nossa terra?"

13 O rei dos amonitas respondeu aos mensageiros de Jefté: "Quando Israel veio do Egito tomou as minhas terras, desde o Arnom até o Jaboque e até o Jordão. Agora, devolvam-me essas terras pacificamente".

14 Jefté mandou de novo mensageiros ao rei amonita, **15** dizendo:

"Assim diz Jefté: Israel não tomou a terra de Moabe, e tampouco a terra dos amonitas. **16** Quando veio do Egito, Israel foi pelo deserto até o mar Vermelho e daí para Cades. **17** Então Israel enviou mensageiros ao rei de Edom, dizendo: 'Deixa-nos atravessar a tua terra', mas o rei de Edom não quis ouvi-lo. Enviou o mesmo pedido ao rei de Moabe, e ele também não consentiu. Assim Israel permaneceu em Cades.

9 The Ammonites also crossed the Jordan to fight against Judah, Benjamin and the house of Ephraim; and Israel was in great distress. **10** Then the Israelites cried out to the Lord, "We have sinned against you, forsaking our God and serving the Baals."

11 The Lord replied, "When the Egyptians, the Amorites, the Ammonites, the Philistines, **12** the Sidonians, the Amalekites and the Maonitesª oppressed you and you cried to me for help, did I not save you from their hands? **13** But you have forsaken me and served other gods, so I will no longer save you. **14** Go and cry out to the gods you have chosen. Let them save you when you are in trouble!"

15 But the Israelites said to the Lord, "We have sinned. Do with us whatever you think best, but please rescue us now." **16** Then they got rid of the foreign gods among them and served the Lord. And he could bear Israel's misery no longer.

17 When the Ammonites were called to arms and camped in Gilead, the Israelites assembled and camped at Mizpah. **18** The leaders of the people of Gilead said to each other, "Whoever will launch the attack against the Ammonites will be the head of all those living in Gilead."

11

Jephthah the Gileadite was a mighty warrior. His father was Gilead; his mother was a prostitute. **2** Gilead's wife also bore him sons, and when they were grown up, they drove Jephthah away. "You are not going to get any inheritance in our family," they said, "because you are the son of another woman." **3** So Jephthah fled from his brothers and settled in the land of Tob, where a group of adventurers gathered around him and followed him.

4 Some time later, when the Ammonites made war on Israel, **5** the elders of Gilead went to get Jephthah from the land of Tob. **6** "Come," they said, "be our commander, so we can fight the Ammonites."

7 Jephthah said to them, "Didn't you hate me and drive me from my father's house? Why do you come to me now, when you're in trouble?"

8 The elders of Gilead said to him, "Nevertheless, we are turning to you now; come with us to fight the Ammonites, and you will be our head over all who live in Gilead."

9 Jephthah answered, "Suppose you take me back to fight the Ammonites and the Lord gives them to me—will I really be your head?"

10 The elders of Gilead replied, "The Lord is our witness; we will certainly do as you say." **11** So Jephthah went with the elders of Gilead, and the people made him head and commander over them. And he repeated all his words before the Lord in Mizpah.

12 Then Jephthah sent messengers to the Ammonite king with the question: "What do you have against us that you have attacked our country?"

13 The king of the Ammonites answered Jephthah's messengers, "When Israel came up out of Egypt, they took away my land from the Arnon to the Jabbok, all the way to the Jordan. Now give it back peaceably."

14 Jephthah sent back messengers to the Ammonite king, **15** saying:

"This is what Jephthah says: Israel did not take the land of Moab or the land of the Ammonites. **16** But when they came up out of Egypt, Israel went through the desert to the Red Seaᵇ and on to Kadesh. **17** Then Israel sent messengers to the king of Edom, saying, 'Give us permission to go through your country,' but the king of Edom would not listen. They sent also to the king of Moab, and he refused. So Israel stayed at Kadesh.

ª10.12 Alguns manuscritos da Septuaginta dizem *midianitas.*

ª10:12 Hebrew; some Septuagint manuscripts *Midianites* **ᵇ11:16** Hebrew *Yam Suph;* that is, Sea of Reeds

¹⁸ "Em seguida os israelitas viajaram pelo deserto e contornaram Edom e Moabe; passaram a leste de Moabe e acamparam do outro lado do Arnom. Não entraram no território de Moabe, pois o Arnom era a sua fronteira.

¹⁹ "Depois Israel enviou mensageiros a Seom, rei dos amorreus, em Hesbom, e lhe pediu: 'Deixa-nos atravessar a tua terra para irmos ao lugar que nos pertence!' ²⁰ Seom, porém, não acreditou que Israel fosse apenasᵃ atravessar o seu território; assim convocou todos os seus homens, acampou em Jaza e lutou contra Israel.

²¹ "Então o Senhor, o Deus de Israel, entregou Seom e todos os seus homens nas mãos de Israel, e este os derrotou. Israel tomou posse de todas as terras dos amorreus que viviam naquela região, ²² conquistando-a por inteiro, desde o Arnom até o Jaboque, e desde o deserto até o Jordão.

²³ "Agora que o Senhor, o Deus de Israel, expulsou os amorreus da presença de Israel, seu povo, queres tu tomá-la? ²⁴ Acaso não tomas posse daquilo que o teu deus Camos te dá? Da mesma forma tomaremos posse do que o Senhor, o nosso Deus, nos deu. ²⁵ És tu melhor do que Balaque, filho de Zipor, rei de Moabe? Entrou ele alguma vez em conflito com Israel ou lutou com ele? ²⁶ Durante trezentos anos Israel ocupou Hesbom, Aroer, os povoados ao redor e todas as cidades às margens do Arnom. Por que não os reconquistaste todo esse tempo? ²⁷ Nada fiz contra ti, mas tu estás cometendo um erro, lutando contra mim. Que o Senhor, o Juiz, julgue hoje a disputa entre os israelitas e os amonitas".

²⁸ Entretanto, o rei de Amom não deu atenção à mensagem de Jefté.

²⁹ Então o Espírito do Senhor se apossou de Jefté. Este atravessou Gileade e Manassés, passou por Mispá de Gileade, e daí avançou contra os amonitas. ³⁰ E Jefté fez este voto ao Senhor: "Se entregares os amonitas nas minhas mãos, ³¹ aquele que estiver saindo da porta da minha casa ao meu encontro, quando eu retornar da vitória sobre os amonitas, será do Senhor, e eu o oferecerei em holocausto".

³² Então Jefté foi combater os amonitas, e o Senhor os entregou nas suas mãos. ³³ Ele conquistou vinte cidades, desde Aroer até as vizinhanças de Minite, chegando a Abel-Queramim. Assim os amonitas foram subjugados pelos Israelitas.

³⁴ Quando Jefté chegou à sua casa em Mispá, sua filha saiu ao seu encontro, dançando ao som de tamborins. E ela era filha única. Ele não tinha outro filho ou filha. ³⁵ Quando a viu, rasgou suas vestes e gritou: "Ah, minha filha! Estou angustiado e desesperado por sua causa, pois fiz ao Senhor um voto que não posso quebrar".

³⁶ "Meu pai", respondeu ela, "sua palavra foi dada ao Senhor. Faça comigo o que prometeu, agora que o Senhor o vingou dos seus inimigos, os amonitas". ³⁷ E prosseguiu: "Mas conceda-me dois meses para vagar pelas colinas e chorar com as minhas amigas, porque jamais me casarei".

³⁸ "Vá!", disse ele. E deixou que ela fosse por dois meses. Ela e suas amigas foram para as colinas e choraram porque ela jamais se casaria. ³⁹ Passados os dois meses, ela voltou a seu pai, e ele fez com ela o que tinha prometido no voto. Assim, ela nunca deixou de ser virgem.

Daí vem o costume em Israel ⁴⁰ de saírem as moças durante quatro dias, todos os anos, para celebrar a memória da filha de Jefté, o gileadita.

O Conflito de Jefté contra Efraim

12 Os homens de Efraim foram convocados para a batalha; dirigiram-se para Zafom e disseram a Jefté: "Por que você foi lutar contra os amonitas sem nos chamar para irmos juntos? Vamos queimar a sua casa e você junto!"

ᵃ11.20 Ou *porém, não quis fazer acordo com Israel, permitindo-lhe*

¹⁸ "Next they traveled through the desert, skirted the lands of Edom and Moab, passed along the eastern side of the country of Moab, and camped on the other side of the Arnon. They did not enter the territory of Moab, for the Arnon was its border.

¹⁹ "Then Israel sent messengers to Sihon king of the Amorites, who ruled in Heshbon, and said to him, 'Let us pass through your country to our own place.' ²⁰ Sihon, however, did not trust Israelᵃ to pass through his territory. He mustered all his men and encamped at Jahaz and fought with Israel.

²¹ "Then the Lord, the God of Israel, gave Sihon and all his men into Israel's hands, and they defeated them. Israel took over all the land of the Amorites who lived in that country, ²² capturing all of it from the Arnon to the Jabbok and from the desert to the Jordan.

²³ "Now since the Lord, the God of Israel, has driven the Amorites out before his people Israel, what right have you to take it over? ²⁴ Will you not take what your god Chemosh gives you? Likewise, whatever the Lord our God has given us, we will possess. ²⁵ Are you better than Balak son of Zippor, king of Moab? Did he ever quarrel with Israel or fight with them? ²⁶ For three hundred years Israel occupied Heshbon, Aroer, the surrounding settlements and all the towns along the Arnon. Why didn't you retake them during that time? ²⁷ I have not wronged you, but you are doing me wrong by waging war against me. Let the Lord, the Judge,ᵇ decide the dispute this day between the Israelites and the Ammonites."

²⁸ The king of Ammon, however, paid no attention to the message Jephthah sent him.

²⁹ Then the Spirit of the Lord came upon Jephthah. He crossed Gilead and Manasseh, passed through Mizpah of Gilead, and from there he advanced against the Ammonites. ³⁰ And Jephthah made a vow to the Lord: "If you give the Ammonites into my hands, ³¹ whatever comes out of the door of my house to meet me when I return in triumph from the Ammonites will be the Lord's, and I will sacrifice it as a burnt offering."

³² Then Jephthah went over to fight the Ammonites, and the Lord gave them into his hands. ³³ He devastated twenty towns from Aroer to the vicinity of Minnith, as far as Abel Keramim. Thus Israel subdued Ammon.

³⁴ When Jephthah returned to his home in Mizpah, who should come out to meet him but his daughter, dancing to the sound of tambourines! She was an only child. Except for her he had neither son nor daughter. ³⁵ When he saw her, he tore his clothes and cried, "Oh! My daughter! You have made me miserable and wretched, because I have made a vow to the Lord that I cannot break."

³⁶ "My father," she replied, "you have given your word to the Lord. Do to me just as you promised, now that the Lord has avenged you of your enemies, the Ammonites. ³⁷ But grant me this one request," she said. "Give me two months to roam the hills and weep with my friends, because I will never marry."

³⁸ "You may go," he said. And he let her go for two months. She and the girls went into the hills and wept because she would never marry. ³⁹ After the two months, she returned to her father and he did to her as he had vowed. And she was a virgin.

From this comes the Israelite custom ⁴⁰ that each year the young women of Israel go out for four days to commemorate the daughter of Jephthah the Gileadite.

Jephthah and Ephraim

12 The men of Ephraim called out their forces, crossed over to Zaphon and said to Jephthah, "Why did you go to fight the Ammonites without calling us to go with you? We're going to burn down your house over your head."

ᵃ11:20 Or *however, would not make an agreement for Israel* ᵇ11:27 Or *Ruler*

² Jefté respondeu: "Eu e meu povo estávamos envolvidos numa grande contenda com os amonitas, e, embora eu os tenha chamado, vocês não me livraram das mãos deles. ³ Quando vi que vocês não ajudariam, arrisquei a vida e fui lutar contra os amonitas, e o Senhor me deu a vitória sobre eles. E, por que vocês vieram para cá hoje? Para lutar contra mim?"

⁴ Jefté reuniu então todos os homens de Gileade e lutou contra Efraim. Os gileaditas feriram os efraimitas porque estes tinham dito: "Vocês, gileaditas, são desertores de Efraim e de Manassés". ⁵ Os gileaditas tomaram as passagens do Jordão que conduziam a Efraim. Sempre que um fugitivo de Efraim dizia: "Deixem-me atravessar", os homens de Gileade perguntavam: "Você é efraimita?" Se respondesse que não, ⁶ diziam: "Então diga: Chibolete". Se ele dissesse: "Sibolete", sem conseguir pronunciar corretamente a palavra, prendiam-no e matavam-no no lugar de passagem do Jordão. Quarenta e dois mil efraimitas foram mortos naquela ocasião.

⁷ Jefté liderou Israel durante seis anos. Então o gileadita Jefté morreu, e foi sepultado numa cidade de Gileade.

Ibsã, Elom e Abdom

⁸ Depois de Jefté, Ibsã, de Belém, liderou Israel. ⁹ Teve trinta filhos e trinta filhas. Deu suas filhas em casamento a homens de fora do seu clã, e trouxe para os seus filhos trinta mulheres de fora do seu clã. Ibsã liderou Israel durante sete anos. ¹⁰ Então Ibsã morreu, e foi sepultado em Belém.

¹¹ Depois dele, Elom, da tribo de Zebulom, liderou Israel durante dez anos. ¹² Elom morreu, e foi sepultado em Aijalom, na terra de Zebulom.

¹³ Depois dele, Abdom, filho de Hilel, de Piratom, liderou Israel. ¹⁴ Teve quarenta filhos e trinta netos, que montavam setenta jumentos. Abdom liderou Israel durante oito anos. ¹⁵ Então Abdom, filho de Hilel, morreu, e foi sepultado em Piratom, na terra de Efraim, na serra dos amalequitas.

O Nascimento de Sansão

13 Os israelitas voltaram a fazer o que o Senhor reprova, e por isso o Senhor os entregou nas mãos dos filisteus durante quarenta anos.

² Certo homem de Zorá, chamado Manoá, do clã da tribo de Dã, tinha mulher estéril. ³ Certo dia o Anjo do Senhor apareceu a ela e lhe disse: "Você é estéril, não tem filhos, mas engravidará e dará à luz um filho. ⁴ Todavia, tenha cuidado, não beba vinho nem outra bebida fermentada, e não coma nada impuro; ⁵ e não se passará navalha na cabeça do filho que você vai ter, porque o menino será nazireu, consagrado a Deus desde o nascimento; ele iniciará a libertação de Israel das mãos dos filisteus".

⁶ Então a mulher foi contar tudo ao seu marido: "Um homem de Deus veio falar comigo. Era como um anjo de Deus, de aparência impressionante. Não lhe perguntei de onde tinha vindo, e ele não me disse o seu nome, ⁷ mas ele me assegurou: 'Você engravidará e dará à luz um filho. Todavia, não beba vinho nem outra bebida fermentada, e não coma nada impuro, porque o menino será nazireu, consagrado a Deus, desde o nascimento até o dia da sua morte' ".

⁸ Então Manoá orou ao Senhor: "Senhor, eu te imploro que o homem de Deus que enviaste volte para nos instruir sobre o que fazer com o menino que vai nascer".

⁹ Deus ouviu a oração de Manoá, e o Anjo de Deus veio novamente falar com a mulher quando ela estava sentada no campo; Manoá, seu marido, não estava com ela. ¹⁰ Mas ela foi correndo contar ao marido: "O homem que me apareceu outro dia está aqui!"

¹¹ Manoá levantou-se e seguiu a mulher. Quando se aproximou do homem, perguntou: "Foste tu que falaste com a minha mulher?"

² Jephthah answered, "I and my people were engaged in a great struggle with the Ammonites, and although I called, you didn't save me out of their hands. ³ When I saw that you wouldn't help, I took my life in my hands and crossed over to fight the Ammonites, and the Lord gave me the victory over them. Now why have you come up today to fight me?"

⁴ Jephthah then called together the men of Gilead and fought against Ephraim. The Gileadites struck them down because the Ephraimites had said, "You Gileadites are renegades from Ephraim and Manasseh." ⁵ The Gileadites captured the fords of the Jordan leading to Ephraim, and whenever a survivor of Ephraim said, "Let me cross over," the men of Gilead asked him, "Are you an Ephraimite?" If he replied, "No," ⁶ they said, "All right, say 'Shibboleth.' " If he said, "Sibboleth," because he could not pronounce the word correctly, they seized him and killed him at the fords of the Jordan. Forty-two thousand Ephraimites were killed at that time.

⁷ Jephthah led**ª** Israel six years. Then Jephthah the Gileadite died, and was buried in a town in Gilead.

Ibzan, Elon and Abdon

⁸ After him, Ibzan of Bethlehem led Israel. ⁹ He had thirty sons and thirty daughters. He gave his daughters away in marriage to those outside his clan, and for his sons he brought in thirty young women as wives from outside his clan. Ibzan led Israel seven years. ¹⁰ Then Ibzan died, and was buried in Bethlehem.

¹¹ After him, Elon the Zebulunite led Israel ten years. ¹² Then Elon died, and was buried in Aijalon in the land of Zebulun.

¹³ After him, Abdon son of Hillel, from Pirathon, led Israel. ¹⁴ He had forty sons and thirty grandsons, who rode on seventy donkeys. He led Israel eight years. ¹⁵ Then Abdon son of Hillel died, and was buried at Pirathon in Ephraim, in the hill country of the Amalekites.

The Birth of Samson

13 Again the Israelites did evil in the eyes of the Lord, so the Lord delivered them into the hands of the Philistines for forty years.

² A certain man of Zorah, named Manoah, from the clan of the Danites, had a wife who was sterile and remained childless. ³ The angel of the Lord appeared to her and said, "You are sterile and childless, but you are going to conceive and have a son. ⁴ Now see to it that you drink no wine or other fermented drink and that you do not eat anything unclean, ⁵ because you will conceive and give birth to a son. No razor may be used on his head, because the boy is to be a Nazirite, set apart to God from birth, and he will begin the deliverance of Israel from the hands of the Philistines."

⁶ Then the woman went to her husband and told him, "A man of God came to me. He looked like an angel of God, very awesome. I didn't ask him where he came from, and he didn't tell me his name. ⁷ But he said to me, 'You will conceive and give birth to a son. Now then, drink no wine or other fermented drink and do not eat anything unclean, because the boy will be a Nazirite of God from birth until the day of his death.' "

⁸ Then Manoah prayed to the Lord: "O Lord, I beg you, let the man of God you sent to us come again to teach us how to bring up the boy who is to be born."

⁹ God heard Manoah, and the angel of God came again to the woman while she was out in the field; but her husband Manoah was not with her. ¹⁰ The woman hurried to tell her husband, "He's here! The man who appeared to me the other day!"

¹¹ Manoah got up and followed his wife. When he came to the man, he said, "Are you the one who talked to my wife?"

ª12:7 Traditionally *judged*; also in verses 8-14

"Sim", disse ele.

12 "Quando as tuas palavras se cumprirem", Manoá perguntou, "como devemos criar o menino? O que ele deverá fazer?" **13** O Anjo do SENHOR respondeu: "Sua mulher terá que seguir tudo o que eu lhe ordenei. **14** Ela não poderá comer nenhum produto da videira, nem vinho ou bebida fermentada, nem comer nada impuro. Terá que obedecer a tudo o que lhe ordenei".

15 Manoá disse ao Anjo do SENHOR: "Gostaríamos que ficasses conosco; queremos oferecer-te um cabrito".

16 O Anjo do SENHOR respondeu: "Se eu ficar, não comerei nada. Mas, se você preparar um holocausto, ofereça-o ao SENHOR". Manoá não sabia que ele era o Anjo do SENHOR.

17 Então Manoá perguntou ao Anjo do SENHOR: "Qual é o teu nome, para que te prestemos homenagem quando se cumprir a tua palavra?"

18 Ele respondeu: "Por que pergunta o meu nome? Meu nome está além do entendimento**ª**". **19** Então Manoá apanhou um cabrito e a oferta de cereal, e os ofereceu ao SENHOR sobre uma rocha. E o SENHOR fez algo estranho enquanto Manoá e sua mulher observavam: **20** quando a chama do altar subiu ao céu, o Anjo do SENHOR subiu na chama. Vendo isso, Manoá e sua mulher prostraram-se, rosto em terra. **21** Como o Anjo do SENHOR não voltou a manifestar-se a Manoá e à sua mulher, Manoá percebeu que era o Anjo do SENHOR.

22 "Sem dúvida vamos morrer!" disse ele à mulher, "pois vimos a Deus!"

23 Mas a mulher respondeu: "Se o SENHOR tivesse a intenção de nos matar, não teria aceitado o holocausto e a oferta de cereal das nossas mãos, não nos teria mostrado todas essas coisas e não nos teria revelado o que agora nos revelou".

24 A mulher deu à luz um menino e pôs-lhe o nome de Sansão. Ele cresceu, e o SENHOR o abençoou, **25** e o Espírito do SENHOR começou a agir nele quando ele se achava em Maané-Dã, entre Zorá e Estaol.

O Casamento de Sansão

14 Sansão desceu a Timna e viu ali uma mulher do povo filisteu. **2** Quando voltou para casa, disse a seu pai e a sua mãe: "Vi uma mulher filistéia em Timna; consigam essa mulher para ser minha esposa".

3 Seu pai e sua mãe lhe perguntaram: "Será que não há mulher entre os seus parentes ou entre todo o seu povo? Você tem que ir aos filisteus incircuncisos para conseguir esposa?"

Sansão, porém, disse ao pai: "Consiga-a para mim. É ela que me agrada". **4** Seus pais não sabiam que isso vinha do SENHOR, que buscava ocasião contra os filisteus; pois naquela época eles dominavam Israel. **5** Sansão foi para Timna com seu pai e sua mãe. Quando se aproximavam das vinhas de Timna, de repente um leão forte veio rugindo na direção dele. **6** O Espírito do SENHOR apossou-se de Sansão, e ele, sem nada nas mãos, rasgou o leão como se fosse um cabrito. Mas não contou nem ao pai nem à mãe o que fizera. **7** Então foi conversar com a mulher de quem gostava.

8 Algum tempo depois, quando voltou para casar-se com ela, Sansão saiu do caminho para olhar o cadáver do leão, e nele havia um enxame de abelhas e mel. **9** Tirou o mel com as mãos e o foi comendo pelo caminho. Quando voltou aos seus pais, repartiu com eles o mel, e eles também comeram. Mas não lhes contou que tinha tirado o mel do cadáver do leão.

10 Seu pai desceu à casa da mulher, e Sansão deu ali uma festa, como era costume dos noivos. **11** Quando ele chegou, trouxeram-lhe trinta rapazes para o acompanharem na festa.

12 "Vou propor-lhes um enigma", disse-lhes Sansão. "Se vocês puderem dar-me a resposta certa durante os sete dias da festa, então eu lhes darei trinta vestes de linho e trinta mudas de roupas. **13** Se não conseguirem dar-me a resposta, vocês me

"I am," he said.

12 So Manoah asked him, "When your words are fulfilled, what is to be the rule for the boy's life and work?"

13 The angel of the LORD answered, "Your wife must do all that I have told her. **14** She must not eat anything that comes from the grapevine, nor drink any wine or other fermented drink nor eat anything unclean. She must do everything I have commanded her."

15 Manoah said to the angel of the LORD, "We would like you to stay until we prepare a young goat for you."

16 The angel of the LORD replied, "Even though you detain me, I will not eat any of your food. But if you prepare a burnt offering, offer it to the LORD." (Manoah did not realize that it was the angel of the LORD.)

17 Then Manoah inquired of the angel of the LORD, "What is your name, so that we may honor you when your word comes true?"

18 He replied, "Why do you ask my name? It is beyond understanding.**ª**" **19** Then Manoah took a young goat, together with the grain offering, and sacrificed it on a rock to the LORD. And the LORD did an amazing thing while Manoah and his wife watched: **20** As the flame blazed up from the altar toward heaven, the angel of the LORD ascended in the flame. Seeing this, Manoah and his wife fell with their faces to the ground. **21** When the angel of the LORD did not show himself again to Manoah and his wife, Manoah realized that it was the angel of the LORD.

22 "We are doomed to die!" he said to his wife. "We have seen God!"

23 But his wife answered, "If the LORD had meant to kill us, he would not have accepted a burnt offering and grain offering from our hands, nor shown us all these things or now told us this."

24 The woman gave birth to a boy and named him Samson. He grew and the LORD blessed him, **25** and the Spirit of the LORD began to stir him while he was in Mahaneh Dan, between Zorah and Eshtaol.

Samson's Marriage

14 Samson went down to Timnah and saw there a young Philistine woman. **2** When he returned, he said to his father and mother, "I have seen a Philistine woman in Timnah; now get her for me as my wife."

3 His father and mother replied, "Isn't there an acceptable woman among your relatives or among all our people? Must you go to the uncircumcised Philistines to get a wife?"

But Samson said to his father, "Get her for me. She's the right one for me." **4** (His parents did not know that this was from the LORD, who was seeking an occasion to confront the Philistines; for at that time they were ruling over Israel.) **5** Samson went down to Timnah together with his father and mother. As they approached the vineyards of Timnah, suddenly a young lion came roaring toward him. **6** The Spirit of the LORD came upon him in power so that he tore the lion apart with his bare hands as he might have torn a young goat. But he told neither his father nor his mother what he had done. **7** Then he went down and talked with the woman, and he liked her.

8 Some time later, when he went back to marry her, he turned aside to look at the lion's carcass. In it was a swarm of bees and some honey, **9** which he scooped out with his hands and ate as he went along. When he rejoined his parents, he gave them some, and they too ate it. But he did not tell them that he had taken the honey from the lion's carcass.

10 Now his father went down to see the woman. And Samson made a feast there, as was customary for bridegrooms. **11** When he appeared, he was given thirty companions.

12 "Let me tell you a riddle," Samson said to them. "If you can give me the answer within the seven days of the feast, I will give you thirty linen garments and thirty sets of clothes.

ª13.18 Ou *nome é maravilhoso*   **ª13:18** Or *is wonderful*

darão trinta vestes de linho e trinta mudas de roupas."

"Proponha-nos o seu enigma", disseram. "Vamos ouvi-lo."

14 Disse ele então:

"Do que come saiu comida;
do que é forte saiu doçura".

Durante três dias eles não conseguiram dar a resposta.

15 No quarto[a] dia disseram à mulher de Sansão: "Convença o seu marido a explicar o enigma. Caso contrário, poremos fogo em você e na família de seu pai, e vocês morrerão. Você nos convidou para nos roubar?"

16 Então a mulher de Sansão implorou-lhe aos prantos: "Você me odeia! Você não me ama! Você deu ao meu povo um enigma, mas não me contou a resposta!"

"Nem a meu pai nem à minha mãe expliquei o enigma", respondeu ele. "Por que deveria explicá-lo a você?" **17** Ela chorou durante o restante da semana da festa. Por fim, no sétimo dia, ele lhe contou, pois ela continuava a perturbá-lo. Ela, por sua vez, revelou o enigma ao seu povo.

18 Antes do pôr-do-sol do sétimo dia, os homens da cidade vieram lhe dizer:

"O que é mais doce que o mel?
O que é mais forte que o leão?"

Sansão lhes disse:

"Se vocês não tivessem arado
com a minha novilha,
não teriam solucionado o meu enigma".

19 Então o Espírito do Senhor apossou-se de Sansão. Ele desceu a Ascalom, matou trinta homens, pegou as suas roupas e as deu aos que tinham explicado o enigma. Depois, enfurecido, foi para a casa do seu pai. **20** E a mulher de Sansão foi dada ao amigo que tinha sido o acompanhante dele no casamento.

A Vingança de Sansão

15 Algum tempo depois, na época da colheita do trigo, Sansão foi visitar a sua mulher e levou-lhe um cabrito. "Vou ao quarto da minha mulher", disse ele. Mas o pai dela não quis deixá-lo entrar.

2 "Eu estava tão certo de que você a odiava", disse ele, "que a dei ao seu amigo. A sua irmã mais nova não é mais bonita? Fique com ela no lugar da irmã".

3 Sansão lhes disse: "Desta vez ninguém poderá me culpar quando eu acertar as contas com os filisteus!" **4** Então saiu, capturou trezentas raposas e as amarrou aos pares pela cauda. Depois prendeu uma tocha em cada par de caudas, **5** acendeu as tochas e soltou as raposas no meio das plantações dos filisteus. Assim ele queimou os feixes, o cereal que iam colher, e também as vinhas e os olivais.

6 Os filisteus perguntaram: "Quem fez isso?" Responderam-lhes: "Foi Sansão, o genro do timnita, porque a sua mulher foi dada ao seu amigo". Então os filisteus foram e queimaram a mulher e seu pai.

7 Sansão lhes disse: "Já que fizeram isso, não sossegarei enquanto não me vingar de vocês". **8** Ele os atacou sem dó nem piedade e fez terrível matança. Depois desceu e ficou numa caverna da rocha de Etã.

9 Os filisteus foram para Judá e lá acamparam, espalhando-se pelas proximidades de Leí. **10** Os homens de Judá perguntaram: "Por que vocês vieram lutar contra nós?"

Eles responderam: "Queremos levar Sansão amarrado, para tratá-lo como ele nos tratou".

11 Três mil homens de Judá desceram então à caverna da rocha de Etã e disseram a Sansão: "Você não sabe que os filisteus dominam sobre nós? Você viu o que nos fez?"

---

13 If you can't tell me the answer, you must give me thirty linen garments and thirty sets of clothes."

"Tell us your riddle," they said. "Let's hear it."

14 He replied,

"Out of the eater, something to eat;
out of the strong, something sweet."

For three days they could not give the answer.

15 On the fourth[a] day, they said to Samson's wife, "Coax your husband into explaining the riddle for us, or we will burn you and your father's household to death. Did you invite us here to rob us?"

16 Then Samson's wife threw herself on him, sobbing, "You hate me! You don't really love me. You've given my people a riddle, but you haven't told me the answer."

"I haven't even explained it to my father or mother," he replied, "so why should I explain it to you?" **17** She cried the whole seven days of the feast. So on the seventh day he finally told her, because she continued to press him. She in turn explained the riddle to her people.

18 Before sunset on the seventh day the men of the town said to him,

"What is sweeter than honey?
What is stronger than a lion?"

Samson said to them,

"If you had not plowed with my heifer,
you would not have solved my riddle."

19 Then the Spirit of the Lord came upon him in power. He went down to Ashkelon, struck down thirty of their men, stripped them of their belongings and gave their clothes to those who had explained the riddle. Burning with anger, he went up to his father's house. **20** And Samson's wife was given to the friend who had attended him at his wedding.

Samson's Vengeance on the Philistines

15 Later on, at the time of wheat harvest, Samson took a young goat and went to visit his wife. He said, "I'm going to my wife's room." But her father would not let him go in.

2 "I was so sure you thoroughly hated her," he said, "that I gave her to your friend. Isn't her younger sister more attractive? Take her instead."

3 Samson said to them, "This time I have a right to get even with the Philistines; I will really harm them." **4** So he went out and caught three hundred foxes and tied them tail to tail in pairs. He then fastened a torch to every pair of tails, **5** lit the torches and let the foxes loose in the standing grain of the Philistines. He burned up the shocks and standing grain, together with the vineyards and olive groves.

6 When the Philistines asked, "Who did this?" they were told, "Samson, the Timnite's son-in-law, because his wife was given to his friend."

So the Philistines went up and burned her and her father to death. **7** Samson said to them, "Since you've acted like this, I won't stop until I get my revenge on you." **8** He attacked them viciously and slaughtered many of them. Then he went down and stayed in a cave in the rock of Etam.

9 The Philistines went up and camped in Judah, spreading out near Lehi. **10** The men of Judah asked, "Why have you come to fight us?"

"We have come to take Samson prisoner," they answered, "to do to him as he did to us."

11 Then three thousand men from Judah went down to the cave in the rock of Etam and said to Samson, "Don't you realize that the Philistines are rulers over us? What have you done to us?"

---

[a]14.15 Conforme alguns manuscritos da Septuaginta e a Versão Siríaca. O Texto Massorético diz *sétimo*.

[a]14:15 Some Septuagint manuscripts and Syriac; Hebrew *seventh*

Ele respondeu: "Fiz a eles apenas o que eles me fizeram". **12** Disseram-lhe: "Viemos amarrá-lo para entregá-lo aos filisteus".

Sansão disse: "Jurem-me que vocês mesmos não me matarão". **13** "Certamente que não!", responderam. "Somente vamos amarrá-lo e entregá-lo nas mãos deles. Não o mataremos". E o prenderam com duas cordas novas e o fizeram sair da rocha. **14** Quando ia chegando a Leí, os filisteus foram ao encontro dele aos gritos. Mas o Espírito do Senhor apossou-se dele. As cordas em seus braços se tornaram como fibra de linho queimada, e os laços caíram das suas mãos. **15** Encontrando a carcaça de um jumento, pegou a queixada e com ela matou mil homens.

16 Disse ele então:

"Com uma queixada de jumento
  fiz deles montões[a].
Com uma queixada de jumento
  matei mil homens".

17 Quando acabou de falar, jogou fora a queixada; e o local foi chamado Ramate-Leí[b].

18 Sansão estava com muita sede e clamou ao Senhor: "Deste pela mão de teu servo esta grande vitória. Morrerei eu agora de sede para cair nas mãos dos incircuncisos?" **19** Deus então abriu a rocha que há em Leí, e dela saiu água. Sansão bebeu, suas forças voltaram, e ele recobrou o ânimo. Por esse motivo essa fonte foi chamada En-Hacoré[c], e ainda lá está, em Leí.

20 Sansão liderou Israel durante vinte anos, no tempo do domínio dos filisteus.

Sansão e Dalila

16 Certa vez Sansão foi a Gaza, viu ali uma prostituta, e passou a noite com ela. **2** Disseram ao povo de Gaza: "Sansão está aqui!" Então cercaram o local e ficaram à espera dele a noite toda, junto à porta da cidade. Não se moveram a noite inteira, dizendo: "Ao amanhecer o mataremos".

3 Sansão, porém, ficou deitado só até a meia-noite. Levantou-se, agarrou firme a porta da cidade, com os dois batentes, e os arrancou, com tranca e tudo. Pôs tudo nos ombros e o levou ao topo da colina que fica defronte de Hebrom.

4 Depois dessas coisas, ele se apaixonou por uma mulher do vale de Soreque, chamada Dalila. **5** Os líderes dos filisteus foram dizer a ela: "Veja se você consegue induzi-lo a mostrar-lhe o segredo da sua grande força e como poderemos dominá-lo, para que o amarremos e o subjuguemos. Cada um de nós dará a você treze quilos[d] de prata".

6 Disse, pois, Dalila a Sansão: "Conte-me, por favor, de onde vem a sua grande força e como você pode ser amarrado e subjugado".

7 Respondeu-lhe Sansão: "Se alguém me amarrar com sete tiras de couro[e] ainda úmidas, ficarei tão fraco quanto qualquer outro homem".

8 Então os líderes dos filisteus trouxeram a ela sete tiras de couro ainda úmidas, e Dalila o amarrou com elas. **9** Tendo homens escondidos no quarto, ela o chamou: "Sansão, os filisteus o estão atacando!" Mas ele arrebentou as tiras de couro como se fossem um fio de estopa posto perto do fogo. Assim, não se descobriu de onde vinha a sua força.

10 Disse Dalila a Sansão: "Você me fez de boba; mentiu para mim! Agora conte-me, por favor, como você pode ser amarrado".

11 Ele disse: "Se me amarrarem firmemente com cordas que nunca tenham sido usadas, ficarei tão fraco quanto qualquer outro homem".

He answered, "I merely did to them what they did to me." **12** They said to him, "We've come to tie you up and hand you over to the Philistines."

Samson said, "Swear to me that you won't kill me yourselves." **13** "Agreed," they answered. "We will only tie you up and hand you over to them. We will not kill you." So they bound him with two new ropes and led him up from the rock. **14** As he approached Lehi, the Philistines came toward him shouting. The Spirit of the Lord came upon him in power. The ropes on his arms became like charred flax, and the bindings dropped from his hands. **15** Finding a fresh jawbone of a donkey, he grabbed it and struck down a thousand men.

16 Then Samson said,

"With a donkey's jawbone
  I have made donkeys of them.[a]
With a donkey's jawbone
  I have killed a thousand men."

17 When he finished speaking, he threw away the jawbone; and the place was called Ramath Lehi.[b]

18 Because he was very thirsty, he cried out to the Lord, "You have given your servant this great victory. Must I now die of thirst and fall into the hands of the uncircumcised?" **19** Then God opened up the hollow place in Lehi, and water came out of it. When Samson drank, his strength returned and he revived. So the spring was called En Hakkore,[c] and it is still there in Lehi.

20 Samson led[d] Israel for twenty years in the days of the Philistines.

Samson and Delilah

16 One day Samson went to Gaza, where he saw a prostitute. He went in to spend the night with her. **2** The people of Gaza were told, "Samson is here!" So they surrounded the place and lay in wait for him all night at the city gate. They made no move during the night, saying, "At dawn we'll kill him."

3 But Samson lay there only until the middle of the night. Then he got up and took hold of the doors of the city gate, together with the two posts, and tore them loose, bar and all. He lifted them to his shoulders and carried them to the top of the hill that faces Hebron.

4 Some time later, he fell in love with a woman in the Valley of Sorek whose name was Delilah. **5** The rulers of the Philistines went to her and said, "See if you can lure him into showing you the secret of his great strength and how we can overpower him so we may tie him up and subdue him. Each one of us will give you eleven hundred shekels[e] of silver."

6 So Delilah said to Samson, "Tell me the secret of your great strength and how you can be tied up and subdued."

7 Samson answered her, "If anyone ties me with seven fresh thongs[f] that have not been dried, I'll become as weak as any other man."

8 Then the rulers of the Philistines brought her seven fresh thongs that had not been dried, and she tied him with them. **9** With men hidden in the room, she called to him, "Samson, the Philistines are upon you!" But he snapped the thongs as easily as a piece of string snaps when it comes close to a flame. So the secret of his strength was not discovered.

10 Then Delilah said to Samson, "You have made a fool of me; you lied to me. Come now, tell me how you can be tied."

11 He said, "If anyone ties me securely with new ropes that have never been used, I'll become as weak as any other man."

---

[a]15.16 Ou *jumentos*. Há um jogo de palavras no hebraico entre jumento e montão. [b]15.17 *Ramate-Leí* significa *colina da queixada*. [c]15.19 *En-Hacoré* significa *a fonte do que clama*. [d]16.5 Hebraico: *1.100 siclos*. Um siclo equivalia a 12 gramas. [e]16.7 Ou *sete cordas de arco*; também nos versículos 8 e 9.

[a]15:16 Or *made a heap or two*; the Hebrew for *donkey* sounds like the Hebrew for *heap*. [b]15:17 *Ramath Lehi* means *jawbone hill*. [c]15:19 *En Hakkore* means *caller's spring*. [d]15:20 Traditionally *judged* [e]16:5 That is, about 28 pounds (about 13 kilograms) [f]16:7 Or *bowstrings*; also in verses 8 and 9

12 Dalila o amarrou com cordas novas. Depois, tendo homens escondidos no quarto, ela o chamou: "Sansão, os filisteus o estão atacando!" Mas ele arrebentou as cordas de seus braços como se fossem uma linha.

13 Disse Dalila a Sansão: "Até agora você me fez de boba e mentiu para mim. Diga-me como pode ser amarrado".

Ele respondeu: "Se você tecer num pano as sete tranças da minha cabeça e o prender com uma lançadeira, ficarei tão fraco quanto qualquer outro homem". Assim, enquanto ele dormia, Dalila teceu as sete tranças da sua cabeça num pano **14** eª o prendeu com a lançadeira.

Novamente ela o chamou: "Sansão, os filisteus o estão atacando!" Ele despertou do sono e arrancou a lançadeira e o tear, com os fios.

15 Então ela lhe disse: "Como você pode dizer que me ama, se não confia em mim? Esta é a terceira vez que você me fez de boba e não contou o segredo da sua grande força". **16** Importunando-o o tempo todo, ela o cansava dia após dia, ficando ele a ponto de morrer.

17 Por isso ele lhe contou o segredo: "Jamais se passou navalha em minha cabeça", disse ele, "pois sou nazireu, desde o ventre materno. Se fosse rapado o cabelo da minha cabeça, a minha força se afastaria de mim, e eu ficaria tão fraco quanto qualquer outro homem".

18 Quando Dalila viu que Sansão lhe tinha contado todo o segredo, enviou esta mensagem aos líderes dos filisteus: "Subam mais esta vez, pois ele me contou todo o segredo". Os líderes dos filisteus voltaram a ela levando a prata. **19** Fazendo-o dormir no seu colo, ela chamou um homem para cortar as sete tranças do cabelo dele, e assim começou a subjugá-loᵇ. E a sua força o deixou.

20 Então ela chamou: "Sansão, os filisteus o estão atacando!" Ele acordou do sono e pensou: "Sairei como antes e me livrarei". Mas não sabia que o Senhor o tinha deixado.

21 Os filisteus o prenderam, furaram os seus olhos e o levaram para Gaza. Prenderam-no com algemas de bronze, e o puseram a girar um moinho na prisão. **22** Mas, logo o cabelo da sua cabeça começou a crescer de novo.

A Morte de Sansão

23 Os líderes dos filisteus se reuniram para oferecer um grande sacrifício a seu deus Dagom e para festejar. Comemorando sua vitória, diziam: "O nosso deus entregou o nosso inimigo Sansão em nossas mãos".

24 Quando o povo o viu, louvou o seu deus:

"O nosso deus nos entregou
    o nosso inimigo,
o devastador da nossa terra,
    aquele que multiplicava
    os nossos mortos."

25 Com o coração cheio de alegria, gritaram: "Tragam-nos Sansão para nos divertir!" E mandaram trazer Sansão da prisão, e ele os divertia.

Quando o puseram entre as colunas, **26** Sansão disse ao jovem que o guiava pela mão: "Ponha-me onde eu possa apalpar as colunas que sustentam o templo, para que eu me apóie nelas". **27** Homens e mulheres lotavam o templo; todos os líderes dos filisteus estavam presentes e, no alto, na galeria, havia cerca de três mil homens e mulheres vendo Sansão, que os divertia. **28** E Sansão orou ao Senhor: "Ó Soberano Senhor, lembra-te de mim! Ó Deus, eu te suplico, dá-me forças, mais uma vez, e faze com que eu me vingue dos filisteus por causa dos meus dois olhos!" **29** Então Sansão forçou as duas colunas centrais sobre as quais o templo se firmava. Apoiando-se nelas, tendo a mão direita numa coluna e a esquerda na outra, **30** disse: "Que eu morra com os filisteus!" Em seguida ele as empurrou com toda a

12 So Delilah took new ropes and tied him with them. Then, with men hidden in the room, she called to him, "Samson, the Philistines are upon you!" But he snapped the ropes off his arms as if they were threads.

13 Delilah then said to Samson, "Until now, you have been making a fool of me and lying to me. Tell me how you can be tied."

He replied, "If you weave the seven braids of my head into the fabric *on the loom* and tighten it with the pin, I'll become as weak as any other man." So while he was sleeping, Delilah took the seven braids of his head, wove them into the fabric **14** andª tightened it with the pin.

Again she called to him, "Samson, the Philistines are upon you!" He awoke from his sleep and pulled up the pin and the loom, with the fabric.

15 Then she said to him, "How can you say, 'I love you,' when you won't confide in me? This is the third time you have made a fool of me and haven't told me the secret of your great strength." **16** With such nagging she prodded him day after day until he was tired to death.

17 So he told her everything. "No razor has ever been used on my head," he said, "because I have been a Nazirite set apart to God since birth. If my head were shaved, my strength would leave me, and I would become as weak as any other man."

18 When Delilah saw that he had told her everything, she sent word to the rulers of the Philistines, "Come back once more; he has told me everything." So the rulers of the Philistines returned with the silver in their hands. **19** Having put him to sleep on her lap, she called a man to shave off the seven braids of his hair, and so began to subdue him.ᵇ And his strength left him.

20 Then she called, "Samson, the Philistines are upon you!"

He awoke from his sleep and thought, "I'll go out as before and shake myself free." But he did not know that the Lord had left him.

21 Then the Philistines seized him, gouged out his eyes and took him down to Gaza. Binding him with bronze shackles, they set him to grinding in the prison. **22** But the hair on his head began to grow again after it had been shaved.

The Death of Samson

23 Now the rulers of the Philistines assembled to offer a great sacrifice to Dagon their god and to celebrate, saying, "Our god has delivered Samson, our enemy, into our hands."

24 When the people saw him, they praised their god, saying,

"Our god has delivered our enemy
    into our hands,
the one who laid waste our land
    and multiplied our slain."

25 While they were in high spirits, they shouted, "Bring out Samson to entertain us." So they called Samson out of the prison, and he performed for them.

When they stood him among the pillars, **26** Samson said to the servant who held his hand, "Put me where I can feel the pillars that support the temple, so that I may lean against them." **27** Now the temple was crowded with men and women; all the rulers of the Philistines were there, and on the roof were about three thousand men and women watching Samson perform. **28** Then Samson prayed to the Lord, "O Sovereign Lord, remember me. O God, please strengthen me just once more, and let me with one blow get revenge on the Philistines for my two eyes." **29** Then Samson reached toward the two central pillars on which the temple stood. Bracing himself against them, his right hand on the one and his left hand on the other, **30** Samson said, "Let me die with the Philistines!" Then he pushed with all his

---

ª16.13,14 Conforme alguns manuscritos da Septuaginta. O Texto Massorético diz *"Só se você tecer num pano as sete tranças da minha cabeça".* **14** *Assim, ela.*
ᵇ16.19 Alguns manuscritos da Septuaginta dizem *e ele começou a enfraquecer.*

ª16:13,14 Some Septuagint manuscripts; Hebrew *"I can if you weave the seven braids of my head into the fabric on the loom."* **14** *So she* ᵇ16:19 Hebrew; some Septuagint manuscripts *and he began to weaken*

força, e o templo desabou sobre os líderes e sobre todo o povo que ali estava. Assim, na sua morte, Sansão matou mais homens do que em toda a sua vida.

³¹ Foram, então, os seus irmãos e toda a família do seu pai para buscá-lo. Trouxeram-no e o sepultaram entre Zorá e Estaol, no túmulo de Manoá, seu pai. Sansão liderou Israel durante vinte anos.

Os Ídolos de Mica

17 Havia um homem chamado Mica, dos montes de Efraim, ² que disse certa vez à sua mãe: "Os treze quilos^a de prata que lhe foram roubados e pelos quais eu a ouvi pronunciar uma maldição, na verdade a prata está comigo; eu a peguei".

Disse-lhe sua mãe: "O Senhor o abençoe, meu filho!"

³ Quando ele devolveu os treze quilos de prata à mãe, ela disse: "Consagro solenemente a minha prata ao Senhor para que o meu filho faça uma imagem esculpida e um ídolo de metal. Eu a devolvo a você".

⁴ Mas ele devolveu a prata à sua mãe, e ela separou dois quilos e quatrocentos gramas, e os deu a um ourives, que deles fez a imagem e o ídolo. E estes foram postos na casa de Mica.

⁵ Ora, esse homem, Mica, possuía um santuário, fez um manto sacerdotal e alguns ídolos da família e pôs um dos seus filhos como seu sacerdote. ⁶ Naquela época não havia rei em Israel; cada um fazia o que lhe parecia certo.

⁷ Um jovem levita de Belém de Judá, procedente do clã de Judá, ⁸ saiu daquela cidade em busca de outro lugar para morar. Em sua viagem^b, chegou à casa de Mica, nos montes de Efraim.

⁹ Mica lhe perguntou: "De onde você vem?"

"Sou levita, de Belém de Judá", respondeu ele. "Estou procurando um lugar para morar".

¹⁰ "Fique comigo", disse-lhe Mica. "Seja meu pai e sacerdote, e eu lhe darei cento e vinte gramas de prata por ano, roupas e comida." ¹¹ O jovem levita concordou em ficar com Mica, e tornou-se como um dos seus filhos. ¹² Mica acolheu o levita, e o jovem se tornou seu sacerdote, e ficou morando em sua casa. ¹³ E Mica disse: "Agora sei que o Senhor me tratará com bondade, pois esse levita se tornou meu sacerdote".

A Tribo de Dã se Estabelece em Lais

18 Naquela época não havia rei em Israel, e a tribo de Dã estava procurando um local onde estabelecer-se, pois ainda não tinha recebido herança entre as tribos de Israel. ² Então enviaram cinco guerreiros de Zorá e de Estaol para espionarem a terra e explorá-la. Esses homens representavam todos os clãs da tribo. Disseram-lhes: "Vão, explorem a terra".

Os homens chegaram aos montes de Efraim e foram à casa de Mica, onde passaram a noite. ³ Quando estavam perto da casa de Mica, reconheceram a voz do jovem levita; aproximaram-se e lhe perguntaram: "Quem o trouxe para cá? O que você está fazendo neste lugar? Por que você está aqui?"

⁴ O jovem lhes contou o que Mica fizera por ele, e disse: "Ele me contratou, e eu sou seu sacerdote".

⁵ Então eles lhe pediram: "Pergunte a Deus se a nossa viagem será bem-sucedida".

⁶ O sacerdote lhes respondeu: "Vão em paz. Sua viagem tem a aprovação do Senhor".

⁷ Os cinco homens partiram e chegaram a Laís, onde viram que o povo vivia em segurança, como os sidônios, despreocupado e tranqüilo, e gozava prosperidade, pois a sua terra não lhe deixava faltar nada. Viram também que o povo vivia longe dos sidônios e não tinha relações com nenhum outro povo^c.

might, and down came the temple on the rulers and all the people in it. Thus he killed many more when he died than while he lived.

³¹ Then his brothers and his father's whole family went down to get him. They brought him back and buried him between Zorah and Eshtaol in the tomb of Manoah his father. He had led^a Israel twenty years.

Micah's Idols

17 Now a man named Micah from the hill country of Ephraim ² said to his mother, "The eleven hundred shekels^b of silver that were taken from you and about which I heard you utter a curse—I have that silver with me; I took it."

Then his mother said, "The Lord bless you, my son!"

³ When he returned the eleven hundred shekels of silver to his mother, she said, "I solemnly consecrate my silver to the Lord for my son to make a carved image and a cast idol. I will give it back to you."

⁴ So he returned the silver to his mother, and she took two hundred shekels^c of silver and gave them to a silversmith, who made them into the image and the idol. And they were put in Micah's house.

⁵ Now this man Micah had a shrine, and he made an ephod and some idols and installed one of his sons as his priest. ⁶ In those days Israel had no king; everyone did as he saw fit.

⁷ A young Levite from Bethlehem in Judah, who had been living within the clan of Judah, ⁸ left that town in search of some other place to stay. On his way^d he came to Micah's house in the hill country of Ephraim.

⁹ Micah asked him, "Where are you from?"

"I'm a Levite from Bethlehem in Judah," he said, "and I'm looking for a place to stay."

¹⁰ Then Micah said to him, "Live with me and be my father and priest, and I'll give you ten shekels^e of silver a year, your clothes and your food." ¹¹ So the Levite agreed to live with him, and the young man was to him like one of his sons. ¹² Then Micah installed the Levite, and the young man became his priest and lived in his house. ¹³ And Micah said, "Now I know that the Lord will be good to me, since this Levite has become my priest."

Danites Settle in Laish

18 In those days Israel had no king.
And in those days the tribe of the Danites was seeking a place of their own where they might settle, because they had not yet come into an inheritance among the tribes of Israel. ² So the Danites sent five warriors from Zorah and Eshtaol to spy out the land and explore it. These men represented all their clans. They told them, "Go, explore the land."

The men entered the hill country of Ephraim and came to the house of Micah, where they spent the night. ³ When they were near Micah's house, they recognized the voice of the young Levite; so they turned in there and asked him, "Who brought you here? What are you doing in this place? Why are you here?"

⁴ He told them what Micah had done for him, and said, "He has hired me and I am his priest."

⁵ Then they said to him, "Please inquire of God to learn whether our journey will be successful."

⁶ The priest answered them, "Go in peace. Your journey has the Lord's approval."

⁷ So the five men left and came to Laish, where they saw that the people were living in safety, like the Sidonians, unsuspecting and secure. And since their land lacked nothing, they were prosperous.^f Also, they lived a long way from the Sidonians and had no relationship with anyone else.^g

---

^a16:31 Traditionally *judged* ^b17:2 That is, about 28 pounds (about 13 kilograms) ^c17:4 That is, about 5 pounds (about 2.3 kilograms) ^d17:8 Or *To carry on his profession* ^e17:10 That is, about 4 ounces (about 110 grams) ^f18:7 The meaning of the Hebrew for this clause is uncertain. ^g18:7 Hebrew; some Septuagint manuscripts *with the Arameans*

---

^a17.2 Hebraico: *1.100 siclos.* Um siclo equivalia a 12 gramas. ^b17.8 Ou *Querendo exercer a sua profissão* ^c18.7 Alguns manuscritos da Septuaginta dizem *com os arameus.*

8 Quando voltaram a Zorá e a Estaol, seus irmãos lhes perguntaram: "O que descobriram?"

9 Eles responderam: "Vamos atacá-los! Vimos que a terra é muito boa. Vocês vão ficar aí sem fazer nada? Não hesitem em ir apossar-se dela. **10** Chegando lá, vocês encontrarão um povo despreocupado e uma terra espaçosa que Deus pôs nas mãos de vocês, terra onde não falta coisa alguma!"

11 Então seiscentos homens da tribo de Dã partiram de Zorá e de Estaol, armados para a guerra. **12** Na viagem armaram acampamento perto de Quiriate-Jearim, em Judá. É por isso que até hoje o local, a oeste de Quiriate-Jearim, é chamado Maané-Dã[a]. **13** Dali foram para os montes de Efraim e chegaram à casa de Mica.

14 Os cinco homens que haviam espionado a terra de Laís disseram a seus irmãos: "Vocês sabiam que numa dessas casas há um manto sacerdotal, ídolos da família, uma imagem esculpida e um ídolo de metal? Agora vocês sabem o que devem fazer". **15** Então eles se aproximaram e foram à casa do jovem levita, à casa de Mica, e o saudaram. **16** Os seiscentos homens de Dã, armados para a guerra, ficaram junto à porta. **17** Os cinco homens que haviam espionado a terra entraram e apanharam a imagem, o manto sacerdotal, os ídolos da família e o ídolo de metal, enquanto o sacerdote e os seiscentos homens armados permaneciam à porta.

18 Quando os homens entraram na casa de Mica e apanharam a imagem, o manto sacerdotal, os ídolos da família e o ídolo de metal, o sacerdote lhes perguntou: "Que é que vocês estão fazendo?"

19 Eles responderam: "Silêncio! Não diga nada. Venha conosco, e seja nosso pai e sacerdote. Não será melhor para você servir como sacerdote uma tribo e um clã de Israel do que apenas a família de um só homem?" **20** Então o sacerdote se alegrou, apanhou o manto sacerdotal, os ídolos da família e a imagem esculpida e se juntou à tropa. **21** Pondo os seus filhos, os seus animais e os seus bens na frente deles, partiram de volta.

22 Quando já estavam a certa distância da casa, os homens que moravam perto de Mica foram convocados e alcançaram os homens de Dã. **23** Como vinham gritando atrás deles, estes se voltaram e perguntaram a Mica: "Qual é o seu problema? Por que convocou os seus homens para lutar?"

24 Ele respondeu: "Vocês estão levando embora os deuses que fiz e o meu sacerdote. O que me sobrou? Como é que ainda podem perguntar: 'Qual é o seu problema?' "

25 Os homens de Dã responderam: "Não discuta conosco, senão alguns homens de temperamento violento o atacarão, e você e a sua família perderão a vida". **26** E assim os homens de Dã seguiram seu caminho. Vendo que eles eram fortes demais para ele, Mica virou-se e voltou para casa.

27 Os homens de Dã levaram o que Mica fizera e o seu sacerdote, e foram para Laís, lugar de um povo pacífico e despreocupado. Eles mataram todos ao fio da espada e queimaram a cidade. **28** Não houve quem os livrasse, pois viviam longe de Sidom e não tinham relações com nenhum outro povo. A cidade ficava num vale que se estende até Bete-Reobe.

Os homens de Dã reconstruíram a cidade e se estabeleceram nela. **29** Deram à cidade anteriormente chamada Laís o nome de Dã, em homenagem a seu antepassado Dã, filho de Israel. **30** Eles levantaram para si o ídolo, e Jônatas, filho de Gérson, neto de Moisés[b], e os seus filhos foram sacerdotes da tribo de Dã até que o povo foi para o exílio. **31** Ficaram com o ídolo feito por Mica durante todo o tempo em que o santuário de Deus esteve em Siló.

O Levita e a Morte da sua Concubina

19 Naquela época não havia rei em Israel. Aconteceu que um levita que vivia nos montes de Efraim, numa região afastada, tomou para si uma concubina, que era de Belém de

8 When they returned to Zorah and Eshtaol, their brothers asked them, "How did you find things?"

9 They answered, "Come on, let's attack them! We have seen that the land is very good. Aren't you going to do something? Don't hesitate to go there and take it over. **10** When you get there, you will find an unsuspecting people and a spacious land that God has put into your hands, a land that lacks nothing whatever."

11 Then six hundred men from the clan of the Danites, armed for battle, set out from Zorah and Eshtaol. **12** On their way they set up camp near Kiriath Jearim in Judah. This is why the place west of Kiriath Jearim is called Mahaneh Dan[a] to this day. **13** From there they went on to the hill country of Ephraim and came to Micah's house.

14 Then the five men who had spied out the land of Laish said to their brothers, "Do you know that one of these houses has an ephod, other household gods, a carved image and a cast idol? Now you know what to do." **15** So they turned in there and went to the house of the young Levite at Micah's place and greeted him. **16** The six hundred Danites, armed for battle, stood at the entrance to the gate. **17** The five men who had spied out the land went inside and took the carved image, the ephod, the other household gods and the cast idol while the priest and the six hundred armed men stood at the entrance to the gate.

18 When these men went into Micah's house and took the carved image, the ephod, the other household gods and the cast idol, the priest said to them, "What are you doing?"

19 They answered him, "Be quiet! Don't say a word. Come with us, and be our father and priest. Isn't it better that you serve a tribe and clan in Israel as priest rather than just one man's household?" **20** Then the priest was glad. He took the ephod, the other household gods and the carved image and went along with the people. **21** Putting their little children, their livestock and their possessions in front of them, they turned away and left.

22 When they had gone some distance from Micah's house, the men who lived near Micah were called together and overtook the Danites. **23** As they shouted after them, the Danites turned and said to Micah, "What's the matter with you that you called out your men to fight?"

24 He replied, "You took the gods I made, and my priest, and went away. What else do I have? How can you ask, 'What's the matter with you?' "

25 The Danites answered, "Don't argue with us, or some hot-tempered men will attack you, and you and your family will lose your lives." **26** So the Danites went their way, and Micah, seeing that they were too strong for him, turned around and went back home.

27 Then they took what Micah had made, and his priest, and went on to Laish, against a peaceful and unsuspecting people. They attacked them with the sword and burned down their city. **28** There was no one to rescue them because they lived a long way from Sidon and had no relationship with anyone else. The city was in a valley near Beth Rehob.

The Danites rebuilt the city and settled there. **29** They named it Dan after their forefather Dan, who was born to Israel—though the city used to be called Laish. **30** There the Danites set up for themselves the idols, and Jonathan son of Gershom, the son of Moses,[b] and his sons were priests for the tribe of Dan until the time of the captivity of the land. **31** They continued to use the idols Micah had made, all the time the house of God was in Shiloh.

A Levite and His Concubine

19 In those days Israel had no king.
Now a Levite who lived in a remote area in the hill country of Ephraim took a concubine from Bethlehem in

---

[a]18.12 *Maané-Dã* significa *campo de Dã*. [b]18.30 Conforme uma antiga tradição de escribas hebreus. O Texto Massorético diz *Manassés*.

[a]18:12 *Mahaneh Dan* means *Dan's camp*. [b]18:30 An ancient Hebrew scribal tradition, some Septuagint manuscripts and Vulgate; Masoretic Text *Manasseh*

Judá. ² Mas ela lhe foi infiel. Deixou-o e voltou para a casa do seu pai, em Belém de Judá. Quatro meses depois, ³ seu marido foi convencê-la a voltar. Ele tinha levado o seu servo e dois jumentos. A mulher o levou para dentro da casa do seu pai, e quando seu pai o viu, alegrou-se. ⁴ O sogro dele o convenceu a ficar ali; e ele permaneceu com eles três dias; todos comendo, bebendo e dormindo ali.

⁵ No quarto dia, eles se levantaram cedo, e o levita se preparou para partir, mas o pai da moça disse ao genro: "Coma alguma coisa, e depois vocês poderão partir". ⁶ Os dois se assentaram para comer e beber juntos. Mas o pai da moça disse: "Eu lhe peço que fique esta noite, e que se alegre". ⁷ E, quando o homem se levantou para partir, seu sogro o convenceu a ficar ainda aquela noite. ⁸ Na manhã do quinto dia, quando ele se preparou para partir, o pai da moça disse: "Vamos comer! Espere até a tarde!" E os dois comeram juntos.

⁹ Então, quando o homem, sua concubina e seu servo levantaram-se para partir, o pai da moça, disse outra vez: "Veja, o dia está quase acabando, é quase noite; passe a noite aqui. Fique e alegre-se. Amanhã de madrugada vocês poderão levantar-se e ir para casa". ¹⁰ Não desejando ficar outra noite, o homem partiu rumo a Jebus, isto é, Jerusalém, com dois jumentos selados e com a sua concubina.

¹¹ Quando estavam perto de Jebus e já se findava o dia, o servo disse a seu senhor: "Venha. Vamos parar nesta cidade dos jebuseus e passar a noite aqui".

¹² O seu senhor respondeu: "Não. Não vamos entrar numa cidade estrangeira, cujo povo não é israelita. Iremos para Gibeá". ¹³ E acrescentou: "Ande! Vamos tentar chegar a Gibeá ou a Ramá e passar a noite num desses lugares". ¹⁴ Então prosseguiram, e o sol se pôs quando se aproximavam de Gibeá de Benjamim. ¹⁵ Ali entraram para passar a noite. Foram sentar-se na praça da cidade. E ninguém os convidou para passarem a noite em sua casa.

¹⁶ Naquela noite um homem idoso procedente dos montes de Efraim e que estava morando em Gibeá (os homens do lugar eram benjamitas), voltava de seu trabalho no campo. ¹⁷ Quando viu o viajante na praça da cidade, o homem idoso perguntou: "Para onde você está indo? De onde vem?"

¹⁸ Ele respondeu: "Estamos de viagem, indo de Belém de Judá para uma região afastada, nos montes de Efraim, onde moro. Fui a Belém de Judá, e agora estou indo ao santuário do Senhorª. Mas aqui ninguém me recebeu em casa. ¹⁹ Temos palha e forragem para os nossos jumentos, e para nós mesmos, que somos seus servos, temos pão e vinho, para mim, para a sua serva e para o jovem que está conosco. Não temos falta de nada".

²⁰ "Você é bem-vindo em minha casa", disse o homem idoso. "Vou atendê-lo no que você precisar. Não passe a noite na praça." ²¹ E os levou para a sua casa e alimentou os jumentos. Depois de lavarem os pés, comeram e beberam alguma coisa.

²² Quando estavam entretidos, alguns vadios da cidade cercaram a casa. Esmurrando a porta, gritaram para o homem idoso, dono da casa: "Traga para fora o homem que entrou em sua casa para que tenhamos relações com ele!"

²³ O dono da casa saiu e lhes disse: "Não sejam tão perversos, meus amigos. Já que esse homem é meu hóspede, não cometam essa loucura. ²⁴ Vejam, aqui está minha filha virgem e a concubina do meu hóspede. Eu as trarei para vocês, e vocês poderão usá-las e fazer com elas o que quiserem. Mas, nada façam com esse homem, não cometam tal loucura!"

²⁵ Mas os homens não quiseram ouvi-lo. Então o levita mandou a sua concubina para fora, e eles a violentaram e abusaram dela a noite toda. Ao alvorecer a deixaram. ²⁶ Ao romper do dia a mulher voltou para a casa onde o seu senhor estava hospedado, caiu junto à porta e ali ficou até o dia clarear.

Judah. ² But she was unfaithful to him. She left him and went back to her father's house in Bethlehem, Judah. After she had been there four months, ³ her husband went to her to persuade her to return. He had with him his servant and two donkeys. She took him into her father's house, and when her father saw him, he gladly welcomed him. ⁴ His father-in-law, the girl's father, prevailed upon him to stay; so he remained with him three days, eating and drinking, and sleeping there.

⁵ On the fourth day they got up early and he prepared to leave, but the girl's father said to his son-in-law, "Refresh yourself with something to eat; then you can go." ⁶ So the two of them sat down to eat and drink together. Afterward the girl's father said, "Please stay tonight and enjoy yourself." ⁷ And when the man got up to go, his father-in-law persuaded him, so he stayed there that night. ⁸ On the morning of the fifth day, when he rose to go, the girl's father said, "Refresh yourself. Wait till afternoon!" So the two of them ate together.

⁹ Then when the man, with his concubine and his servant, got up to leave, his father-in-law, the girl's father, said, "Now look, it's almost evening. Spend the night here; the day is nearly over. Stay and enjoy yourself. Early tomorrow morning you can get up and be on your way home." ¹⁰ But, unwilling to stay another night, the man left and went toward Jebus (that is, Jerusalem), with his two saddled donkeys and his concubine.

¹¹ When they were near Jebus and the day was almost gone, the servant said to his master, "Come, let's stop at this city of the Jebusites and spend the night."

¹² His master replied, "No. We won't go into an alien city, whose people are not Israelites. We will go on to Gibeah." ¹³ He added, "Come, let's try to reach Gibeah or Ramah and spend the night in one of those places." ¹⁴ So they went on, and the sun set as they neared Gibeah in Benjamin. ¹⁵ There they stopped to spend the night. They went and sat in the city square, but no one took them into his home for the night.

¹⁶ That evening an old man from the hill country of Ephraim, who was living in Gibeah (the men of the place were Benjamites), came in from his work in the fields. ¹⁷ When he looked and saw the traveler in the city square, the old man asked, "Where are you going? Where did you come from?"

¹⁸ He answered, "We are on our way from Bethlehem in Judah to a remote area in the hill country of Ephraim where I live. I have been to Bethlehem in Judah and now I am going to the house of the Lord. No one has taken me into his house. ¹⁹ We have both straw and fodder for our donkeys and bread and wine for ourselves your servants—me, your maidservant, and the young man with us. We don't need anything."

²⁰ "You are welcome at my house," the old man said. "Let me supply whatever you need. Only don't spend the night in the square." ²¹ So he took him into his house and fed his donkeys. After they had washed their feet, they had something to eat and drink.

²² While they were enjoying themselves, some of the wicked men of the city surrounded the house. Pounding on the door, they shouted to the old man who owned the house, "Bring out the man who came to your house so we can have sex with him."

²³ The owner of the house went outside and said to them, "No, my friends, don't be so vile. Since this man is my guest, don't do this disgraceful thing. ²⁴ Look, here is my virgin daughter, and his concubine. I will bring them out to you now, and you can use them and do to them whatever you wish. But to this man, don't do such a disgraceful thing."

²⁵ But the men would not listen to him. So the man took his concubine and sent her outside to them, and they raped her and abused her throughout the night, and at dawn they let her go. ²⁶ At daybreak the woman went back to the house where her master was staying, fell down at the door and lay there until daylight.

ª19.18 A Septuaginta diz *para a minha casa.*

27 Quando o seu senhor se levantou de manhã, abriu a porta da casa e saiu para prosseguir viagem, lá estava a sua concubina, caída à entrada da casa, com as mãos na soleira da porta. **28** Ele lhe disse: "Levante-se, vamos!" Não houve resposta. Então o homem a pôs em seu jumento e foi para casa.

29 Quando chegou, apanhou uma faca e cortou o corpo da sua concubina em doze partes, e as enviou a todas as regiões de Israel. **30** Todos os que viram isso disseram: "Nunca se viu nem se fez uma coisa dessas desde o dia em que os israelitas saíram do Egito. Pensem! Reflitam! Digam o que se deve fazer!"

A Guerra entre os Israelitas e os Benjamitas

20 Então todos os israelitas, de Dã a Berseba, e de Gileade, saíram como um só homem e se reuniram em assembléia perante o Senhor, em Mispá. **2** Os líderes de todo o povo das tribos de Israel tomaram seus lugares na assembléia do povo de Deus, quatrocentos mil soldados armados de espada. **3** (Os benjamitas souberam que os israelitas haviam subido a Mispá.) Os israelitas perguntaram: "Como aconteceu essa perversidade?"

4 Então o levita, marido da mulher assassinada, disse: "Eu e a minha concubina chegamos a Gibeá de Benjamim para passar a noite. **5** Durante a noite os homens de Gibeá vieram para atacar-me e cercaram a casa, com a intenção de matar-me. Então violentaram minha concubina, e ela morreu. **6** Peguei minha concubina, cortei-a em pedaços e enviei um pedaço a cada região da herança de Israel, pois eles cometeram essa perversidade e esse ato vergonhoso em Israel. **7** Agora, todos vocês israelitas, manifestem-se e dêem o seu veredicto".

8 Todo o povo se levantou como se fosse um só homem, dizendo: "Nenhum de nós irá para casa. Nenhum de nós voltará para o seu lar. **9** Mas é isto que faremos agora contra Gibeá: separaremos, por sorteio, de todas as tribos de Israel, **10** de cada cem homens dez, de cada mil homens cem, de cada dez mil homens mil, para conseguirem provisões para o exército poder chegar a Gibeáª de Benjamim e dar a eles o que merecem por esse ato vergonhoso cometido em Israel". **11** E todos os israelitas se ajuntaram e se uniram como um só homem contra a cidade.

12 As tribos de Israel enviaram homens a toda a tribo de Benjamim, dizendo: "O que vocês dizem dessa maldade terrível que foi cometida no meio de vocês? **13** Agora, entreguem esses canalhas de Gibeá, para que os matemos e eliminemos esse mal de Israel".

Mas os benjamitas não quiseram ouvir seus irmãos israelitas. **14** Vindos de suas cidades, reuniram-se em Gibeá para lutar contra os israelitas. **15** Naquele dia os benjamitas mobilizaram vinte e seis mil homens armados de espada que vieram das suas cidades, além dos setecentos melhores soldados que viviam em Gibeá. **16** Dentre todos esses soldados havia setecentos canhotos, muito hábeis, e cada um deles podia atirar com a funda uma pedra num cabelo sem errar.

17 Israel, sem os de Benjamim, convocou quatrocentos mil homens armados de espada, todos eles homens de guerra.

18 Os israelitas subiram a Betelᵇ e consultaram a Deus. "Quem de nós irá lutar primeiro contra os benjamitas?", perguntaram.

O Senhor respondeu: "Judá irá primeiro".

19 Na manhã seguinte os israelitas se levantaram e armaram acampamento perto de Gibeá.

20 Os homens de Israel saíram para lutar contra os benjamitas e tomaram posição de combate contra eles em Gibeá. **21** Os benjamitas saíram de Gibeá e naquele dia mataram vinte e dois mil israelitas no campo de batalha. **22** Mas os homens de Israel procuraram animar-se uns aos outros, e novamente ocuparam as mesmas posições do primeiro dia.

27 When her master got up in the morning and opened the door of the house and stepped out to continue on his way, there lay his concubine, fallen in the doorway of the house, with her hands on the threshold. **28** He said to her, "Get up; let's go." But there was no answer. Then the man put her on his donkey and set out for home.

29 When he reached home, he took a knife and cut up his concubine, limb by limb, into twelve parts and sent them into all the areas of Israel. **30** Everyone who saw it said, "Such a thing has never been seen or done, not since the day the Israelites came up out of Egypt. Think about it! Consider it! Tell us what to do!"

Israelites Fight the Benjamites

20 Then all the Israelites from Dan to Beersheba and from the land of Gilead came out as one man and assembled before the Lord in Mizpah. **2** The leaders of all the people of the tribes of Israel took their places in the assembly of the people of God, four hundred thousand soldiers armed with swords. **3** (The Benjamites heard that the Israelites had gone up to Mizpah.) Then the Israelites said, "Tell us how this awful thing happened."

4 So the Levite, the husband of the murdered woman, said, "I and my concubine came to Gibeah in Benjamin to spend the night. **5** During the night the men of Gibeah came after me and surrounded the house, intending to kill me. They raped my concubine, and she died. **6** I took my concubine, cut her into pieces and sent one piece to each region of Israel's inheritance, because they committed this lewd and disgraceful act in Israel. **7** Now, all you Israelites, speak up and give your verdict."

8 All the people rose as one man, saying, "None of us will go home. No, not one of us will return to his house. **9** But now this is what we'll do to Gibeah: We'll go up against it as the lot directs. **10** We'll take ten men out of every hundred from all the tribes of Israel, and a hundred from a thousand, and a thousand from ten thousand, to get provisions for the army. Then, when the army arrives at Gibeahª in Benjamin, it can give them what they deserve for all this vileness done in Israel." **11** So all the men of Israel got together and united as one man against the city.

12 The tribes of Israel sent men throughout the tribe of Benjamin, saying, "What about this awful crime that was committed among you? **13** Now surrender those wicked men of Gibeah so that we may put them to death and purge the evil from Israel."

But the Benjamites would not listen to their fellow Israelites. **14** From their towns they came together at Gibeah to fight against the Israelites. **15** At once the Benjamites mobilized twenty-six thousand swordsmen from their towns, in addition to seven hundred chosen men from those living in Gibeah. **16** Among all these soldiers there were seven hundred chosen men who were left-handed, each of whom could sling a stone at a hair and not miss.

17 Israel, apart from Benjamin, mustered four hundred thousand swordsmen, all of them fighting men.

18 The Israelites went up to Bethelᵇ and inquired of God. They said, "Who of us shall go first to fight against the Benjamites?"

The Lord replied, "Judah shall go first."

19 The next morning the Israelites got up and pitched camp near Gibeah. **20** The men of Israel went out to fight the Benjamites and took up battle positions against them at Gibeah. **21** The Benjamites came out of Gibeah and cut down twenty-two thousand Israelites on the battlefield that day. **22** But the men of Israel encouraged one another and again took up their positions where they had stationed themselves the first day.

ª**20.10** Muitos manuscritos dizem *Geba*, variante de *Gibeá*. ᵇ**20.18** Ou *subiram à casa de Deus*; também no versículo 26.

ª**20:10** One Hebrew manuscript; most Hebrew manuscripts *Geba*, a variant of *Gibeah* ᵇ**20:18** Or *to the house of God*; also in verse 26

23 Os israelitas subiram, choraram perante o Senhor até a tarde, e consultaram o Senhor: "Devemos atacar de novo os nossos irmãos benjamitas?"

O Senhor respondeu: "Vocês devem atacar".

24 Então os israelitas avançaram contra os benjamitas no segundo dia. **25** Dessa vez, quando os benjamitas saíram de Gibeá para enfrentá-los, derrubaram outros dezoito mil israelitas, todos eles armados de espada.

26 Então todos os israelitas subiram a Betel, e ali se assentaram, chorando perante o Senhor. Naquele dia jejuaram até a tarde e apresentaram holocaustos e ofertas de comunhãoª ao Senhor. **27** E os israelitas consultaram ao Senhor. (Naqueles dias a arca da aliança estava ali, **28** e Finéias, filho de Eleazar, filho de Arão, ministrava perante ela.) Perguntaram: "Sairemos de novo ou não, para lutar contra os nossos irmãos benjamitas?"

O Senhor respondeu: "Vão, pois amanhã eu os entregarei nas suas mãos".

29 Então os israelitas armaram uma emboscada em torno de Gibeá. **30** Avançaram contra os benjamitas no terceiro dia e tomaram posição contra Gibeá, como tinham feito antes. **31** Os benjamitas saíram para enfrentá-los e foram atraídos para longe da cidade. Começaram a ferir alguns dos israelitas como tinham feito antes, e uns trinta homens foram mortos em campo aberto e nas estradas, uma que vai para Betel e a outra que vai para Gibeá.

32 Enquanto os benjamitas diziam: "Nós os derrotamos como antes", os israelitas diziam: "Vamos retirar-nos e atraí-los para longe da cidade, para as estradas".

33 Todos os homens de Israel saíram dos seus lugares e ocuparam posições em Baal-Tamar, e a emboscada israelita atacou da sua posição a oesteᵇ de Gibeá. **34** Então dez mil dos melhores soldados de Israel iniciaram um ataque frontal contra Gibeá. O combate foi duro, e os benjamitas não perceberam que a desgraça estava próxima deles. **35** O Senhor derrotou Benjamim perante Israel, e naquele dia os israelitas feriram vinte e cinco mil e cem benjamitas, todos armados de espada. **36** Então os benjamitas viram que estavam derrotados.

Os israelitas bateram em retirada diante de Benjamim, pois confiavam na emboscada que tinham preparado perto de Gibeá. **37** Os da emboscada avançaram repentinamente para dentro de Gibeá, espalharam-se e mataram todos os habitantes da cidade à espada. **38** Os israelitas tinham combinado com os da emboscada que estes fariam subir da cidade uma grande nuvem de fumaça, **39** e então os israelitas voltariam a combater.

Os benjamitas tinham começado a ferir os israelitas, matando cerca de trinta deles, e disseram: "Nós os derrotamos como na primeira batalha". **40** Mas, quando a coluna de fumaça começou a se levantar da cidade, os benjamitas se viraram e viram a fumaça subindo ao céu. **41** Então os israelitas se voltaram contra eles, e os homens de Benjamim ficaram apavorados, pois perceberam que a sua desgraça havia chegado. **42** Assim, fugiram da presença dos israelitas tomando o caminho do deserto, mas não conseguiram escapar do combate. E os homens de Israel que saíram das cidades os mataram ali. **43** Cercaram os benjamitas e os perseguiram, e facilmente os alcançaram nas proximidades de Gibeá, no lado leste. **44** Dezoito mil benjamitas morreram, todos eles soldados valentes. **45** Quando se viraram e fugiram rumo ao deserto, para a rocha de Rimom, os israelitas abateram cinco mil homens ao longo das estradas. Até Gidom eles pressionaram os benjamitas e mataram mais de dois mil homens.

46 Naquele dia vinte e cinco mil benjamitas que portavam espada morreram, todos eles soldados valentes. **47** Seiscentos homens, porém, viraram as costas e fugiram para o deserto, para a rocha de Rimom, onde ficaram durante

23 The Israelites went up and wept before the Lord until evening, and they inquired of the Lord. They said, "Shall we go up again to battle against the Benjamites, our brothers?"

The Lord answered, "Go up against them."

24 Then the Israelites drew near to Benjamin the second day. **25** This time, when the Benjamites came out from Gibeah to oppose them, they cut down another eighteen thousand Israelites, all of them armed with swords.

26 Then the Israelites, all the people, went up to Bethel, and there they sat weeping before the Lord. They fasted that day until evening and presented burnt offerings and fellowship offeringsª to the Lord. **27** And the Israelites inquired of the Lord. (In those days the ark of the covenant of God was there, **28** with Phinehas son of Eleazar, the son of Aaron, ministering before it.) They asked, "Shall we go up again to battle with Benjamin our brother, or not?"

The Lord responded, "Go, for tomorrow I will give them into your hands."

29 Then Israel set an ambush around Gibeah. **30** They went up against the Benjamites on the third day and took up positions against Gibeah as they had done before. **31** The Benjamites came out to meet them and were drawn away from the city. They began to inflict casualties on the Israelites as before, so that about thirty men fell in the open field and on the roads—the one leading to Bethel and the other to Gibeah.

32 While the Benjamites were saying, "We are defeating them as before," the Israelites were saying, "Let's retreat and draw them away from the city to the roads."

33 All the men of Israel moved from their places and took up positions at Baal Tamar, and the Israelite ambush charged out of its place on the westᵇ of Gibeah.ᶜ **34** Then ten thousand of Israel's finest men made a frontal attack on Gibeah. The fighting was so heavy that the Benjamites did not realize how near disaster was. **35** The Lord defeated Benjamin before Israel, and on that day the Israelites struck down 25,100 Benjamites, all armed with swords. **36** Then the Benjamites saw that they were beaten.

Now the men of Israel had given way before Benjamin, because they relied on the ambush they had set near Gibeah. **37** The men who had been in ambush made a sudden dash into Gibeah, spread out and put the whole city to the sword. **38** The men of Israel had arranged with the ambush that they should send up a great cloud of smoke from the city, **39** and then the men of Israel would turn in the battle.

The Benjamites had begun to inflict casualties on the men of Israel (about thirty), and they said, "We are defeating them as in the first battle." **40** But when the column of smoke began to rise from the city, the Benjamites turned and saw the smoke of the whole city going up into the sky. **41** Then the men of Israel turned on them, and the men of Benjamin were terrified, because they realized that disaster had come upon them. **42** So they fled before the Israelites in the direction of the desert, but they could not escape the battle. And the men of Israel who came out of the towns cut them down there. **43** They surrounded the Benjamites, chased them and easily overran them in the vicinity of Gibeah on the east. **44** Eighteen thousand Benjamites fell, all of them valiant fighters. **45** As they turned and fled toward the desert to the rock of Rimmon, the Israelites cut down five thousand men along the roads. They kept pressing after the Benjamites as far as Gidom and struck down two thousand more.

46 On that day twenty-five thousand Benjamite swordsmen fell, all of them valiant fighters. **47** But six hundred men turned and fled into the desert to the rock of Rimmon, where they stayed

---

ª20.26 Ou *de paz* ᵇ20.33 Conforme alguns manuscritos da Septuaginta e a Vulgata.

ª20:26 Traditionally *peace offerings* ᵇ20:33 Some Septuagint manuscripts and Vulgate; the meaning of the Hebrew for this word is uncertain. ᶜ20:33 Hebrew *Geba,* a variant of *Gibeah* ᵈ20:43 The meaning of the Hebrew for this word is uncertain.

quatro meses. **48** Os israelitas voltaram a Benjamim e passaram todas as cidades à espada, matando inclusive os animais e tudo o que encontraram nelas. E incendiaram todas as cidades por onde passaram.

Mulheres para os Benjamitas

21 Os homens de Israel tinham feito este juramento em Mispá: "Nenhum de nós dará sua filha em casamento a um benjamita".

2 O povo foi a Betel^a, onde esteve sentado perante Deus até a tarde, chorando alto e amargamente. **3** "Ó Senhor Deus de Israel", lamentaram, "por que aconteceu isso em Israel? Por que teria que faltar hoje uma tribo em Israel?"

4 Na manhã do dia seguinte o povo se levantou cedo, construiu um altar e apresentou holocaustos e ofertas de comunhão^b.

5 Os israelitas perguntaram: "Quem dentre todas as tribos de Israel deixou de vir à assembléia perante o Senhor?" Pois tinham feito um juramento solene de que qualquer que deixasse de se reunir perante o Senhor em Mispá seria morto.

6 Os israelitas prantearam pelos seus irmãos benjamitas. "Hoje uma tribo foi eliminada de Israel", diziam. **7** "Como poderemos conseguir mulheres para os sobreviventes, visto que juramos pelo Senhor não lhes dar em casamento nenhuma de nossas filhas?" **8** Então perguntaram: "Qual das tribos de Israel deixou de reunir-se perante o Senhor em Mispá?" Descobriu-se então que ninguém de Jabes-Gileade tinha vindo ao acampamento para a assembléia. **9** Quando contaram o povo, verificaram que ninguém do povo de Jabes-Gileade estava ali.

10 Então a comunidade enviou doze mil homens de guerra com instruções para irem a Jabes-Gileade e matarem à espada todos os que viviam lá, inclusive mulheres e crianças. **11** "É isto o que vocês deverão fazer", disseram, "matem todos os homens e todas as mulheres que não forem virgens." **12** Entre o povo que vivia em Jabes-Gileade encontraram quatrocentas moças virgens e as levaram para o acampamento de Siló, em Canaã.

13 Depois a comunidade toda enviou uma oferta de comunhão aos benjamitas que estavam na rocha de Rimom. **14** Os benjamitas voltaram naquela ocasião e receberam as mulheres de Jabes-Gileade que tinham sido poupadas. Mas não havia mulheres suficientes para todos eles.

15 O povo pranteou Benjamim, pois o Senhor tinha aberto uma lacuna nas tribos de Israel. **16** E os líderes da comunidade disseram: "Mortas as mulheres de Benjamim, como conseguiremos mulheres para os homens que restaram? **17** Os benjamitas sobreviventes precisam ter herdeiros, para que uma tribo de Israel não seja destruída. **18** Não podemos dar-lhes nossas filhas em casamento, pois nós israelitas fizemos este juramento: Maldito seja todo aquele que der mulher a um benjamita. **19** Há, porém, a festa anual do Senhor em Siló, ao norte de Betel, a leste da estrada que vai de Betel a Siquém, e ao sul de Lebona".

20 Então mandaram para lá os benjamitas, dizendo: "Vão, escondam-se nas vinhas **21** e fiquem observando. Quando as moças de Siló forem para as danças, saiam correndo das vinhas e cada um de vocês apodere-se de uma das moças de Siló e vá para a terra de Benjamim. **22** Quando os pais ou irmãos delas se queixarem a nós, diremos: Tenham misericórdia deles, pois não conseguimos mulheres para eles durante a guerra, e vocês são inocentes, visto que não lhes deram suas filhas".

23 Foi o que os benjamitas fizeram. Quando as moças estavam dançando, cada homem tomou uma para fazer dela sua mulher. Depois voltaram para a sua herança, reconstruíram as cidades e se estabeleceram nelas.

24 Na mesma ocasião os israelitas saíram daquele local e voltaram para as suas tribos e para os seus clãs, cada um para a sua própria herança.

25 Naquela época não havia rei em Israel; cada um fazia o que lhe parecia certo.

four months. **48** The men of Israel went back to Benjamin and put all the towns to the sword, including the animals and everything else they found. All the towns they came across they set on fire.

Wives for the Benjamites

21 The men of Israel had taken an oath at Mizpah: "Not one of us will give his daughter in marriage to a Benjamite."

2 The people went to Bethel,^a where they sat before God until evening, raising their voices and weeping bitterly. **3** "O LORD, the God of Israel," they cried, "why has this happened to Israel? Why should one tribe be missing from Israel today?"

4 Early the next day the people built an altar and presented burnt offerings and fellowship offerings.^b

5 Then the Israelites asked, "Who from all the tribes of Israel has failed to assemble before the LORD?" For they had taken a solemn oath that anyone who failed to assemble before the LORD at Mizpah should certainly be put to death.

6 Now the Israelites grieved for their brothers, the Benjamites. "Today one tribe is cut off from Israel," they said. **7** "How can we provide wives for those who are left, since we have taken an oath by the LORD not to give them any of our daughters in marriage?" **8** Then they asked, "Which one of the tribes of Israel failed to assemble before the LORD at Mizpah?" They discovered that no one from Jabesh Gilead had come to the camp for the assembly. **9** For when they counted the people, they found that none of the people of Jabesh Gilead were there.

10 So the assembly sent twelve thousand fighting men with instructions to go to Jabesh Gilead and put to the sword those living there, including the women and children. **11** "This is what you are to do," they said. "Kill every male and every woman who is not a virgin." **12** They found among the people living in Jabesh Gilead four hundred young women who had never slept with a man, and they took them to the camp at Shiloh in Canaan.

13 Then the whole assembly sent an offer of peace to the Benjamites at the rock of Rimmon. **14** So the Benjamites returned at that time and were given the women of Jabesh Gilead who had been spared. But there were not enough for all of them.

15 The people grieved for Benjamin, because the LORD had made a gap in the tribes of Israel. **16** And the elders of the assembly said, "With the women of Benjamin destroyed, how shall we provide wives for the men who are left? **17** The Benjamite survivors must have heirs," they said, "so that a tribe of Israel will not be wiped out. **18** We can't give them our daughters as wives, since we Israelites have taken this oath: 'Cursed be anyone who gives a wife to a Benjamite.' **19** But look, there is the annual festival of the LORD in Shiloh, to the north of Bethel, and east of the road that goes from Bethel to Shechem, and to the south of Lebonah."

20 So they instructed the Benjamites, saying, "Go and hide in the vineyards **21** and watch. When the girls of Shiloh come out to join in the dancing, then rush from the vineyards and each of you seize a wife from the girls of Shiloh and go to the land of Benjamin. **22** When their fathers or brothers complain to us, we will say to them, 'Do us a kindness by helping them, because we did not get wives for them during the war, and you are innocent, since you did not give your daughters to them.' "

23 So that is what the Benjamites did. While the girls were dancing, each man caught one and carried her off to be his wife. Then they returned to their inheritance and rebuilt the towns and settled in them.

24 At that time the Israelites left that place and went home to their tribes and clans, each to his own inheritance.

25 In those days Israel had no king; everyone did as he saw fit.

---

^a21.2 Ou *foi à casa de Deus* ^b21.4 Ou *de paz*; também no versículo 13.   ^a21:2 Or *to the house of God* ^b21:4 Traditionally *peace offerings*

Rute

A Família de Elimeleque em Moabe

1 Na época dos juízes houve fome na terra. Um homem de Belém de Judá, com a mulher e os dois filhos, foi viver por algum tempo nas terras de Moabe. ² O homem chamava-se Elimeleque, sua mulher Noemi e seus dois filhos Malom e Quiliom. Eram efrateus de Belém de Judá. Chegaram a Moabe, e lá ficaram. ³ Morreu Elimeleque, marido de Noemi, e ela ficou sozinha, com seus dois filhos. ⁴ Eles se casaram com mulheres moabitas, uma chamada Orfa e a outra Rute. Depois de terem morado lá por quase dez anos, ⁵ morreram também Malom e Quiliom, e Noemi ficou sozinha, sem os seus dois filhos e sem o seu marido.

Noemi e Rute Voltam para Belém

⁶ Quando Noemi soube em Moabe que o Senhor viera em auxílio do seu povo, dando-lhe alimento, decidiu voltar com suas duas noras para a sua terra. ⁷ Assim, ela, com as duas noras, partiu do lugar onde tinha morado.

Enquanto voltavam para a terra de Judá, ⁸ disse-lhes Noemi: "Vão! Retornem para a casa de suas mães! Que o Senhor seja leal com vocês, como vocês foram leais com os falecidos e comigo. ⁹ O Senhor conceda que cada uma de vocês encontre segurança no lar doutro marido".

Então deu-lhes beijos de despedida. Mas elas começaram a chorar alto ¹⁰ e lhe disseram:

"Não! Voltaremos com você para junto de seu povo!"

¹¹ Disse, porém, Noemi: "Voltem, minhas filhas! Por que viriam comigo? Poderia eu ainda ter filhos, que viessem a ser seus maridos? ¹² Voltem, minhas filhas! Vão! Estou velha demais para ter outro marido. E mesmo que eu pensasse que ainda há esperança para mim — ainda que eu me casasse esta noite e depois desse à luz filhos, ¹³ iriam vocês esperar até que eles crescessem? Ficariam sem se casar à espera deles? De jeito nenhum, minhas filhas! Para mim é mais amargo do que para vocês, pois a mão do Senhor voltou-se contra mim!"

¹⁴ Elas, então, começaram a chorar alto de novo. Depois Orfa deu um beijo de despedida em sua sogra, mas Rute ficou com ela.

¹⁵ Então Noemi a aconselhou: "Veja, sua concunhada está voltando para o seu povo e para o seu deus. Volte com ela!"

¹⁶ Rute, porém, respondeu:

"Não insistas comigo que te deixe
 e que não mais te acompanhe.
Aonde fores irei,
 onde ficares ficarei!
O teu povo será o meu povo
 e o teu Deus será o meu Deus!
¹⁷ Onde morreres morrerei,
 e ali serei sepultada.
Que o Senhor me castigue
 com todo o rigor,
se outra coisa que não a morte
 me separar de ti!"

¹⁸ Quando Noemi viu que Rute estava de fato decidida a acompanhá-la, não insistiu mais.

¹⁹ Prosseguiram, pois, as duas até Belém. Ali chegando, todo o povoado ficou alvoroçado por causa delas. "Será que é Noemi?", perguntavam as mulheres. ²⁰ Mas ela respondeu:

"Não me chamem Noemiᵃ,
 melhor que me chamem de Marabᵇ,
pois o Todo-poderosoᶜ
 tornou minha vida muito amarga!
²¹ De mãos cheias eu parti,

Ruth

Naomi and Ruth

1 In the days when the judges ruled,ᵃ there was a famine in the land, and a man from Bethlehem in Judah, together with his wife and two sons, went to live for a while in the country of Moab. ² The man's name was Elimelech, his wife's name Naomi, and the names of his two sons were Mahlon and Kilion. They were Ephrathites from Bethlehem, Judah. And they went to Moab and lived there.

³ Now Elimelech, Naomi's husband, died, and she was left with her two sons. ⁴ They married Moabite women, one named Orpah and the other Ruth. After they had lived there about ten years, ⁵ both Mahlon and Kilion also died, and Naomi was left without her two sons and her husband.

⁶ When she heard in Moab that the Lord had come to the aid of his people by providing food for them, Naomi and her daughters-in-law prepared to return home from there. ⁷ With her two daughters-in-law she left the place where she had been living and set out on the road that would take them back to the land of Judah.

⁸ Then Naomi said to her two daughters-in-law, "Go back, each of you, to your mother's home. May the Lord show kindness to you, as you have shown to your dead and to me. ⁹ May the Lord grant that each of you will find rest in the home of another husband."

Then she kissed them and they wept aloud ¹⁰ and said to her, "We will go back with you to your people."

¹¹ But Naomi said, "Return home, my daughters. Why would you come with me? Am I going to have any more sons, who could become your husbands? ¹² Return home, my daughters; I am too old to have another husband. Even if I thought there was still hope for me—even if I had a husband tonight and then gave birth to sons— ¹³ would you wait until they grew up? Would you remain unmarried for them? No, my daughters. It is more bitter for me than for you, because the Lord's hand has gone out against me!"

¹⁴ At this they wept again. Then Orpah kissed her mother-in-law good-by, but Ruth clung to her.

¹⁵ "Look," said Naomi, "your sister-in-law is going back to her people and her gods. Go back with her."

¹⁶ But Ruth replied, "Don't urge me to leave you or to turn back from you. Where you go I will go, and where you stay I will stay. Your people will be my people and your God my God. ¹⁷ Where you die I will die, and there I will be buried. May the Lord deal with me, be it ever so severely, if anything but death separates you and me." ¹⁸ When Naomi realized that Ruth was determined to go with her, she stopped urging her.

¹⁹ So the two women went on until they came to Bethlehem. When they arrived in Bethlehem, the whole town was stirred because of them, and the women exclaimed, "Can this be Naomi?"

²⁰ "Don't call me Naomi,ᵇ" she told them. "Call me Mara,ᶜ because the Almightyᵈ has made my life very bitter. ²¹ I went away

mas de mãos vazias
   o Senhor me trouxe de volta.
Por que me chamam Noemi?
   O Senhor colocou-se contra mim!ª
   O Todo-poderoso me trouxe desgraça!"

22 Foi assim que Noemi voltou das terras de Moabe, com sua nora Rute, a moabita. Elas chegaram a Belém no início da colheita da cevada.

Rute nas Plantações de Boaz

2 Noemi tinha um parente por parte do marido. Era um homem rico e influente, pertencia ao clã de Elimeleque e chamava-se Boaz.

2 Rute, a moabita, disse a Noemi: "Vou recolher espigas no campo daquele que me permitir".

"Vá, minha filha", respondeu-lhe Noemi. 3 Então ela foi e começou a recolher espigas atrás dos ceifeiros. Casualmente entrou justo na parte da plantação que pertencia a Boaz, que era do clã de Elimeleque.

4 Naquele exato momento, Boaz chegou de Belém e saudou os ceifeiros: "O Senhor esteja com vocês!"

Eles responderam: "O Senhor te abençoe!"

5 Boaz perguntou ao capataz dos ceifeiros: "A quem pertence aquela moça?"

6 O capataz respondeu: "É uma moabita que voltou de Moabe com Noemi. 7 Ela me pediu que a deixasse recolher e juntar espigas entre os feixes, após os ceifeiros. Ela chegou cedo e está em pé até agora. Só sentou-se um pouco no abrigo".

8 Disse então Boaz a Rute: "Ouça bem, minha filha, não vá colher noutra lavoura, nem se afaste daqui. Fique com minhas servas. 9 Preste atenção onde os homens estão ceifando, e vá atrás das moças que vão colher. Darei ordem aos rapazes para que não toquem em você. Quando tiver sede, beba da água dos potes que os rapazes encheram".

10 Ela inclinou-se e, prostrada, rosto em terra, exclamou: "Por que achei favor a seus olhos, ao ponto de o senhor se importar comigo, uma estrangeira?"

11 Boaz respondeu: "Contaram-me tudo o que você tem feito por sua sogra, depois que você perdeu o seu marido: como deixou seu pai, sua mãe e sua terra natal para viver com um povo que você não conhecia bem. 12 O Senhor lhe retribua o que você tem feito! Que seja ricamente recompensada pelo Senhor, o Deus de Israel, sob cujas asas você veio buscar refúgio."

13 E disse ela: "Continue eu a ser bem acolhida, meu senhor! O senhor me deu ânimo e encorajou sua servab — e eu sequer sou uma de suas servas!"

14 Na hora da refeição, Boaz lhe disse: "Venha cá! Pegue um pedaço de pão e molhe-o no vinagre".

Quando ela se sentou junto aos ceifeiros, Boaz lhe ofereceu grãos tostados. Ela comeu até ficar satisfeita e ainda sobrou. 15 Quando ela se levantou para recolher espigas, Boaz deu estas ordens a seus servos: "Mesmo que ela recolha entre os feixes, não a repreendam! 16 Ao contrário, quando estiverem colhendo, tirem para ela algumas espigas dos feixes e deixem-nas cair para que ela as recolha, e não a impeçam".

17 E assim Rute colheu na lavoura até o entardecer. Depois debulhou o que tinha ajuntado: quase uma arrobac de cevada. 18 Carregou-a para o povoado, e sua sogra viu quanto Rute havia recolhido quando ela lhe ofereceu o que havia sobrado da refeição.

19 A sogra lhe perguntou: "Onde você colheu hoje? Onde trabalhou? Bendito seja aquele que se importou com você!"

full, but the Lord has brought me back empty. Why call me Naomi? The Lord has afflicteda me; the Almighty has brought misfortune upon me."

22 So Naomi returned from Moab accompanied by Ruth the Moabitess, her daughter-in-law, arriving in Bethlehem as the barley harvest was beginning.

Ruth Meets Boaz

2 Now Naomi had a relative on her husband's side, from the clan of Elimelech, a man of standing, whose name was Boaz.

2 And Ruth the Moabitess said to Naomi, "Let me go to the fields and pick up the leftover grain behind anyone in whose eyes I find favor."

Naomi said to her, "Go ahead, my daughter." 3 So she went out and began to glean in the fields behind the harvesters. As it turned out, she found herself working in a field belonging to Boaz, who was from the clan of Elimelech.

4 Just then Boaz arrived from Bethlehem and greeted the harvesters, "The Lord be with you!"

"The Lord bless you!" they called back.

5 Boaz asked the foreman of his harvesters, "Whose young woman is that?"

6 The foreman replied, "She is the Moabitess who came back from Moab with Naomi. 7 She said, 'Please let me glean and gather among the sheaves behind the harvesters.' She went into the field and has worked steadily from morning till now, except for a short rest in the shelter."

8 So Boaz said to Ruth, "My daughter, listen to me. Don't go and glean in another field and don't go away from here. Stay here with my servant girls. 9 Watch the field where the men are harvesting, and follow along after the girls. I have told the men not to touch you. And whenever you are thirsty, go and get a drink from the water jars the men have filled."

10 At this, she bowed down with her face to the ground. She exclaimed, "Why have I found such favor in your eyes that you notice me—a foreigner?"

11 Boaz replied, "I've been told all about what you have done for your mother-in-law since the death of your husband—how you left your father and mother and your homeland and came to live with a people you did not know before. 12 May the Lord repay you for what you have done. May you be richly rewarded by the Lord, the God of Israel, under whose wings you have come to take refuge."

13 "May I continue to find favor in your eyes, my lord," she said. "You have given me comfort and have spoken kindly to your servant—though I do not have the standing of one of your servant girls."

14 At mealtime Boaz said to her, "Come over here. Have some bread and dip it in the wine vinegar."

When she sat down with the harvesters, he offered her some roasted grain. She ate all she wanted and had some left over. 15 As she got up to glean, Boaz gave orders to his men, "Even if she gathers among the sheaves, don't embarrass her. 16 Rather, pull out some stalks for her from the bundles and leave them for her to pick up, and don't rebuke her."

17 So Ruth gleaned in the field until evening. Then she threshed the barley she had gathered, and it amounted to about an ephah.b 18 She carried it back to town, and her mother-in-law saw how much she had gathered. Ruth also brought out and gave her what she had left over after she had eaten enough.

19 Her mother-in-law asked her, "Where did you glean today? Where did you work? Blessed be the man who took notice of you!"

ª1.21 Ou me trouxe sofrimento! b2.13 Ou falou com carinho à sua serva c2.17 Hebraico: efa. O efa era uma medida de capacidade para secos; as estimativas variam entre 20 e 40 litros.

ª1:21 Or has testified against b2:17 That is, probably about 3/5 bushel (about 22 liters)

Então Rute contou à sogra com quem tinha trabalhado: "O nome do homem com quem trabalhei hoje é Boaz".

20 E Noemi exclamou: "Seja ele abençoado pelo S*enhor*, que não deixa de ser leal e bondoso com os vivos e com os mortos!" E acrescentou: "Aquele homem é nosso parente; é um de nossos resgatadores*a*!"

21 E Rute, a moabita, continuou: "Pois ele mesmo me disse também: 'Fique com os meus ceifeiros até que terminem toda a minha colheita' ".

22 Então Noemi aconselhou à sua nora Rute: "É melhor mesmo você ir com as servas dele, minha filha. Noutra lavoura poderiam molestá-la".

23 Assim Rute ficou com as servas de Boaz para recolher espigas, até acabarem as colheitas de cevada e de trigo. E continuou morando com a sua sogra.

Na Eira de Boaz

3 Certo dia, Noemi, sua sogra, lhe disse: "Minha filha, tenho que procurar um lar seguro*b*, para a sua felicidade. **2** Boaz, senhor das servas com quem você esteve, é nosso parente próximo. Esta noite ele estará limpando cevada na eira. **3** Lave-se, perfume-se, vista sua melhor roupa e desça para a eira. Mas não deixe que ele perceba você até que tenha comido e bebido. **4** Quando ele for dormir, note bem o lugar em que ele se deitar. Então vá, descubra os pés dele e deite-se. Ele lhe dirá o que fazer".

5 Respondeu Rute: "Farei tudo o que você está me dizendo". **6** Então ela desceu para a eira e fez tudo o que a sua sogra lhe tinha recomendado.

7 Quando Boaz terminou de comer e beber, ficou alegre e foi deitar-se perto do monte de grãos. Rute aproximou-se sem ser notada, descobriu os pés dele, e deitou-se. **8** No meio da noite, o homem acordou de repente. Ele se virou e assustou-se ao ver uma mulher deitada a seus pés.

9 "Quem é você?", perguntou ele.

"Sou sua serva Rute", disse ela. "Estenda a sua capa sobre a sua serva, pois o senhor é resgatador."

10 Boaz lhe respondeu: "O S*enhor* a abençoe, minha filha! Este seu gesto de bondade é ainda maior do que o primeiro, pois você poderia ter ido atrás dos mais jovens, ricos ou pobres! **11** Agora, minha filha, não tenha medo; farei por você tudo o que me pedir. Todos os meus concidadãos sabem que você é mulher virtuosa. **12** É verdade que sou resgatador, mas há um outro que é parente mais próximo do que eu. **13** Passe a noite aqui. De manhã veremos: se ele quiser resgatá-la, muito bem, que resgate. Se não quiser, juro pelo nome do S*enhor* que eu a resgatarei. Deite-se aqui até de manhã".

14 Ela ficou deitada aos pés dele até de manhã, mas levantou-se antes de clarear para não ser reconhecida. Boaz pensou: "Ninguém deve saber que esta mulher esteve na eira".

15 Por isso disse: "Traga-me o manto que você está usando e segure-o". Ela o segurou, e o homem despejou nele seis medidas de cevada e o pôs sobre os ombros dela. Depois ele*c* voltou para a cidade.

16 Quando Rute voltou à sua sogra, esta lhe perguntou: "Como foi, minha filha?"

Rute lhe contou tudo o que Boaz lhe tinha feito, **17** e acrescentou: "Ele me deu estas seis medidas de cevada, dizendo: 'Não volte para a sua sogra de mãos vazias' ".

18 Disse então Noemi: "Agora espere, minha filha, até saber o que acontecerá. Sem dúvida aquele homem não descansará enquanto não resolver esta questão hoje mesmo!"

Then Ruth told her mother-in-law about the one at whose place she had been working. "The name of the man I worked with today is Boaz," she said.

20 "The L*ord* bless him!" Naomi said to her daughter-in-law. "He has not stopped showing his kindness to the living and the dead." She added, "That man is our close relative; he is one of our kinsman-redeemers."

21 Then Ruth the Moabitess said, "He even said to me, 'Stay with my workers until they finish harvesting all my grain.' "

22 Naomi said to Ruth her daughter-in-law, "It will be good for you, my daughter, to go with his girls, because in someone else's field you might be harmed."

23 So Ruth stayed close to the servant girls of Boaz to glean until the barley and wheat harvests were finished. And she lived with her mother-in-law.

Ruth and Boaz at the Threshing Floor

3 One day Naomi her mother-in-law said to her, "My daughter, should I not try to find a home*a* for you, where you will be well provided for? **2** Is not Boaz, with whose servant girls you have been, a kinsman of ours? Tonight he will be winnowing barley on the threshing floor. **3** Wash and perfume yourself, and put on your best clothes. Then go down to the threshing floor, but don't let him know you are there until he has finished eating and drinking. **4** When he lies down, note the place where he is lying. Then go and uncover his feet and lie down. He will tell you what to do."

5 "I will do whatever you say," Ruth answered. **6** So she went down to the threshing floor and did everything her mother-in-law told her to do.

7 When Boaz had finished eating and drinking and was in good spirits, he went over to lie down at the far end of the grain pile. Ruth approached quietly, uncovered his feet and lay down. **8** In the middle of the night something startled the man, and he turned and discovered a woman lying at his feet.

9 "Who are you?" he asked.

"I am your servant Ruth," she said. "Spread the corner of your garment over me, since you are a kinsman-redeemer."

10 "The L*ord* bless you, my daughter," he replied. "This kindness is greater than that which you showed earlier: You have not run after the younger men, whether rich or poor. **11** And now, my daughter, don't be afraid. I will do for you all you ask. All my fellow townsmen know that you are a woman of noble character. **12** Although it is true that I am near of kin, there is a kinsman-redeemer nearer than I. **13** Stay here for the night, and in the morning if he wants to redeem, good; let him redeem. But if he is not willing, as surely as the L*ord* lives I will do it. Lie here until morning."

14 So she lay at his feet until morning, but got up before anyone could be recognized; and he said, "Don't let it be known that a woman came to the threshing floor."

15 He also said, "Bring me the shawl you are wearing and hold it out." When she did so, he poured into it six measures of barley and put it on her. Then he*b* went back to town.

16 When Ruth came to her mother-in-law, Naomi asked, "How did it go, my daughter?"

Then she told her everything Boaz had done for her **17** and added, "He gave me these six measures of barley, saying, 'Don't go back to your mother-in-law empty-handed.' "

18 Then Naomi said, "Wait, my daughter, until you find out what happens. For the man will not rest until the matter is settled today."

---

*a*2.20 Isto é, o responsável por garantir os direitos de subsistência, descendência e propriedade; também nos capítulos 3 e 4. *b*3.1 Hebraico: *encontrar descanso*. Veja Rt 1.9. *c*3.15 Conforme a maioria dos manuscritos do Texto Massorético. Muitos manuscritos do Texto Massorético, a Vulgata e a Versão Siríaca dizem *ela*.

*a*3:1 Hebrew *find rest* (see Ruth 1:9) *b*3:15 Most Hebrew manuscripts; many Hebrew manuscripts, Vulgate and Syriac *she*

O Resgate de Noemi e de Rute

4 Enquanto isso, Boaz subiu à porta da cidade e sentou-se, exatamente quando o resgatador que ele havia mencionado estava passando por ali. Boaz o chamou e disse: "Meu amigo, venha cá e sente-se". Ele foi e sentou-se. ² Boaz reuniu dez líderes da cidade e disse: "Sentem-se aqui". E eles se sentaram. ³ Depois disse ao resgatador: "Noemi, que voltou de Moabe, está vendendo o pedaço de terra que pertencia ao nosso irmão Elimeleque. ⁴ Pensei que devia apresentar-lhe o assunto, na presença dos líderes do povo, e sugerir-lhe que adquira o terreno. Se quiser resgatar esta propriedade, resgate-a. Se nãoª, diga-me, para que eu o saiba. Pois ninguém tem esse direito, a não ser você; e depois eu".

"Eu a resgatarei", respondeu ele.

⁵ Boaz, porém, lhe disse: "No dia em que você adquirir as terras de Noemi e da moabita Rute, estará adquirindoᵇ também a viúva do falecido, para manter o nome dele em sua herança".

⁶ Diante disso, o resgatador respondeu: "Nesse caso não poderei resgatá-la, pois poria em risco a minha propriedade. Resgate-a você mesmo. Eu não poderei fazê-lo!"

⁷ (Antigamente, em Israel, para que o resgate e a transferência de propriedade fossem válidos, a pessoa tirava a sandália e a dava ao outro. Assim oficializavam os negócios em Israel.)

⁸ Quando, pois, o resgatador disse a Boaz: "Adquira-a você mesmo!", tirou a sandália.

⁹ Então Boaz anunciou aos líderes e a todo o povo ali presente: "Vocês hoje são testemunhas de que estou adquirindo de Noemi toda a propriedade de Elimeleque, de Quiliom e de Malom. ¹⁰ Também estou adquirindo o direito de ter como mulher a moabita Rute, viúva de Malom, para manter o nome do falecido sobre a sua herança e para que o seu nome não desapareça do meio da sua família ou dos registros da cidade. Vocês hoje são testemunhas disso!"

¹¹ Os líderes e todos os que estavam na porta confirmaram: "Somos testemunhas! Faça o Senhor com essa mulher que está entrando em sua família como fez com Raquel e Lia, que, juntas, formaram as tribos de Israel. Seja poderoso em Efrata e ganhe fama em Belém! ¹² E com os filhos que o Senhor lhe conceder dessa jovem, seja a sua família como a de Perez, que Tamar deu a Judá!"

O Casamento de Boaz e Rute

¹³ Boaz casou-se com Rute, e ela se tornou sua mulher. Boaz a possuiu e o Senhor concedeu que ela engravidasse dele e desse à luz um filho. ¹⁴ As mulheres disseram a Noemi: "Louvado seja o Senhor, que hoje não a deixou sem resgatador! Que o seu nome seja celebrado em Israel! ¹⁵ O menino lhe dará nova vida e a sustentará na velhice, pois é filho da sua nora, que a ama e que lhe é melhor do que sete filhos!"

¹⁶ Noemi pôs o menino no colocᶜ, e passou a cuidar dele. ¹⁷ As mulheres da vizinhança celebraram o seu nome e disseram: "Noemi tem um filho!", e lhe deram o nome de Obede. Este foi o pai de Jessé, pai de Davi.

A Genealogia de Davi

¹⁸ Esta é a história dos antepassados de Davi, desde Perez:

Perez gerou Hezrom;
¹⁹ Hezrom gerou Rão;
Rão gerou Aminadabe;
²⁰ Aminadabe gerou Naassom;
Naassom gerou Salmomᵈ;
²¹ Salmom gerou Boaz;
Boaz gerou Obede;
²² Obede gerou Jessé;
e Jessé gerou Davi.

Boaz Marries Ruth

4 Meanwhile Boaz went up to the town gate and sat there. When the kinsman-redeemer he had mentioned came along, Boaz said, "Come over here, my friend, and sit down." So he went over and sat down. ² Boaz took ten of the elders of the town and said, "Sit here," and they did so. ³ Then he said to the kinsman-redeemer, "Naomi, who has come back from Moab, is selling the piece of land that belonged to our brother Elimelech. ⁴ I thought I should bring the matter to your attention and suggest that you buy it in the presence of these seated here and in the presence of the elders of my people. If you will redeem it, do so. But if youª will not, tell me, so I will know. For no one has the right to do it except you, and I am next in line."

"I will redeem it," he said.

⁵ Then Boaz said, "On the day you buy the land from Naomi and from Ruth the Moabitess, you acquireᵇ the dead man's widow, in order to maintain the name of the dead with his property."

⁶ At this, the kinsman-redeemer said, "Then I cannot redeem it because I might endanger my own estate. You redeem it yourself. I cannot do it."

⁷ (Now in earlier times in Israel, for the redemption and transfer of property to become final, one party took off his sandal and gave it to the other. This was the method of legalizing transactions in Israel.)

⁸ So the kinsman-redeemer said to Boaz, "Buy it yourself." And he removed his sandal.

⁹ Then Boaz announced to the elders and all the people, "Today you are witnesses that I have bought from Naomi all the property of Elimelech, Kilion and Mahlon. ¹⁰ I have also acquired Ruth the Moabitess, Mahlon's widow, as my wife, in order to maintain the name of the dead with his property, so that his name will not disappear from among his family or from the town records. Today you are witnesses!"

¹¹ Then the elders and all those at the gate said, "We are witnesses. May the Lord make the woman who is coming into your home like Rachel and Leah, who together built up the house of Israel. May you have standing in Ephrathah and be famous in Bethlehem. ¹² Through the offspring the Lord gives you by this young woman, may your family be like that of Perez, whom Tamar bore to Judah."

The Genealogy of David

¹³ So Boaz took Ruth and she became his wife. Then he went to her, and the Lord enabled her to conceive, and she gave birth to a son. ¹⁴ The women said to Naomi: "Praise be to the Lord, who this day has not left you without a kinsman-redeemer. May he become famous throughout Israel! ¹⁵ He will renew your life and sustain you in your old age. For your daughter-in-law, who loves you and who is better to you than seven sons, has given him birth."

¹⁶ Then Naomi took the child, laid him in her lap and cared for him. ¹⁷ The women living there said, "Naomi has a son." And they named him Obed. He was the father of Jesse, the father of David.

¹⁸ This, then, is the family line of Perez:

Perez was the father of Hezron,
¹⁹ Hezron the father of Ram,
Ram the father of Amminadab,
²⁰ Amminadab the father of Nahshon,
Nahshon the father of Salmon,ᶜ
²¹ Salmon the father of Boaz,
Boaz the father of Obed,
²² Obed the father of Jesse,
and Jesse the father of David.

ª**4.4** Conforme muitos manuscritos do Texto Massorético, a Septuaginta, a Vulgata e a Versão Siríaca. A maioria dos manuscritos do Texto Massorético diz *se ele não.* ᵇ**4.5** Conforme o Texto Massorético. A Vulgata e a Versão Siríaca dizem *Noemi, você estará adquirindo a moabita Rute.* ᶜ**4.16** Possivelmente adotou o menino. ᵈ**4.20** Muitos manuscritos dizem *Salma.* Veja Rt 4.21 e 1 Cr 2.11.

ª**4:4** Many Hebrew manuscripts, Septuagint, Vulgate and Syriac; most Hebrew manuscripts *he* ᵇ**4:5** Hebrew; Vulgate and Syriac *Naomi, you acquire Ruth the Moabitess,* ᶜ**4:20** A few Hebrew manuscripts, some Septuagint manuscripts and Vulgate (see also verse 21 and Septuagint of 1 Chron. 2:11); most Hebrew manuscripts *Salma*

1Samuel

O Nascimento de Samuel

1 Havia certo homem de Ramataim, zufita[a], dos montes de Efraim, chamado Elcana, filho de Jeroão, neto de Eliú e bisneto de Toú, filho do efraimita Zufe. [2] Ele tinha duas mulheres: uma se chamava Ana, e a outra Penina. Penina tinha filhos, Ana, porém, não tinha.

[3] Todos os anos esse homem subia de sua cidade a Siló para adorar e sacrificar ao Senhor dos Exércitos. Lá, Hofni e Finéias, os dois filhos de Eli, eram sacerdotes do Senhor. [4] No dia em que Elcana oferecia sacrifícios, dava porções à sua mulher Penina e a todos os filhos e filhas dela. [5] Mas a Ana dava uma porção dupla, porque a amava, apesar de que o Senhor a tinha deixado estéril. [6] E porque o Senhor a tinha deixado estéril, sua rival a provocava continuamente, a fim de irritá-la. [7] Isso acontecia ano após ano. Sempre que Ana subia à casa do Senhor, sua rival a provocava e ela chorava e não comia. [8] Elcana, seu marido, lhe pergunta: "Ana, por que você está chorando? Por que não come? Por que está triste? Será que eu não sou melhor para você do que dez filhos?"

[9] Certa vez quando terminou de comer e beber em Siló, estando o sacerdote Eli sentado numa cadeira junto à entrada do santuário do Senhor, Ana se levantou [10] e, com a alma amargurada, chorou muito e orou ao Senhor. [11] E fez um voto, dizendo: "Ó Senhor dos Exércitos, se tu deres atenção à humilhação de tua serva, te lembrares de mim e não te esqueceres de tua serva, mas lhe deres um filho, então eu o dedicarei ao Senhor por todos os dias de sua vida, e o seu cabelo e a sua barba nunca serão cortados".

[12] Enquanto ela continuava a orar diante do Senhor, Eli observava sua boca. [13] Como Ana orava silenciosamente, seus lábios se mexiam mas não se ouvia sua voz. Então Eli pensou que ela estivesse embriagada [14] e lhe disse: "Até quando você continuará embriagada? Abandone o vinho!"

[15] Ana respondeu: "Não se trata disso, meu senhor. Sou uma mulher muito angustiada. Não bebi vinho nem bebida fermentada; eu estava derramando minha alma diante do Senhor. [16] Não julgues tua serva uma mulher vadia; estou orando aqui até agora por causa de minha grande angústia e tristeza".

[17] Eli respondeu: "Vá em paz, e que o Deus de Israel lhe conceda o que você pediu".

[18] Ela disse: "Espero que sejas benevolente para com tua serva!" Então ela seguiu seu caminho, comeu, e seu rosto já não estava mais abatido.

[19] Na manhã seguinte, eles se levantaram e adoraram o Senhor; então voltaram para casa, em Ramá. Elcana teve relações com sua mulher Ana, e o Senhor se lembrou dela. [20] Assim Ana engravidou e, no devido tempo, deu à luz um filho. E deu-lhe o nome de Samuel[b], dizendo: "Eu o pedi ao Senhor".

Ana Consagra Samuel

[21] Quando no ano seguinte Elcana subiu com toda a família para oferecer o sacrifício anual ao Senhor e para cumprir o seu voto, [22] Ana não foi e disse a seu marido: "Depois que o menino for desmamado, eu o levarei e o apresentarei ao Senhor, e ele morará ali para sempre".

[23] Disse Elcana, seu marido: "Faça o que lhe parecer melhor. Fique aqui até desmamá-lo; que o Senhor apenas confirme a palavra[c] dele!" Então ela ficou em casa e criou seu filho até que o desmamou.

[24] Depois de desmamá-lo, levou o menino, ainda pequeno, à casa do Senhor, em Siló, com um novilho de três anos de idade,[d] uma arroba[e] de farinha e uma vasilha de couro cheia de vinho.

---

[a]1.1 Ou *de Ramataim-Zofim* [b]1.20 *Samuel* assemelha-se à palavra hebraica para *ouvido por Deus*. [c]1.23 Os manuscritos do mar Morto, a Septuaginta e a Versão Siríaca dizem *a palavra que você disse*. [d]1.24 Conforme os manuscritos do mar Morto, a Septuaginta e a Versão Siríaca. O Texto Massorético diz *com três novilhos*. [e]1.24 Hebraico: *1 efa*. O efa era uma medida de capacidade para secos. As estimativas variam entre 20 e 40 litros.

1Samuel

The Birth of Samuel

1 There was a certain man from Ramathaim, a Zuphite[a] from the hill country of Ephraim, whose name was Elkanah son of Jeroham, the son of Elihu, the son of Tohu, the son of Zuph, an Ephraimite. [2] He had two wives; one was called Hannah and the other Peninnah. Peninnah had children, but Hannah had none.

[3] Year after year this man went up from his town to worship and sacrifice to the Lord Almighty at Shiloh, where Hophni and Phinehas, the two sons of Eli, were priests of the Lord. [4] Whenever the day came for Elkanah to sacrifice, he would give portions of the meat to his wife Peninnah and to all her sons and daughters. [5] But to Hannah he gave a double portion because he loved her, and the Lord had closed her womb. [6] And because the Lord had closed her womb, her rival kept provoking her in order to irritate her. [7] This went on year after year. Whenever Hannah went up to the house of the Lord, her rival provoked her till she wept and would not eat. [8] Elkanah her husband would say to her, "Hannah, why are you weeping? Why don't you eat? Why are you downhearted? Don't I mean more to you than ten sons?"

[9] Once when they had finished eating and drinking in Shiloh, Hannah stood up. Now Eli the priest was sitting on a chair by the doorpost of the Lord's temple.[b] [10] In bitterness of soul Hannah wept much and prayed to the Lord. [11] And she made a vow, saying, "O Lord Almighty, if you will only look upon your servant's misery and remember me, and not forget your servant but give her a son, then I will give him to the Lord for all the days of his life, and no razor will ever be used on his head."

[12] As she kept on praying to the Lord, Eli observed her mouth. [13] Hannah was praying in her heart, and her lips were moving but her voice was not heard. Eli thought she was drunk [14] and said to her, "How long will you keep on getting drunk? Get rid of your wine."

[15] "Not so, my lord," Hannah replied, "I am a woman who is deeply troubled. I have not been drinking wine or beer; I was pouring out my soul to the Lord. [16] Do not take your servant for a wicked woman; I have been praying here out of my great anguish and grief."

[17] Eli answered, "Go in peace, and may the God of Israel grant you what you have asked of him."

[18] She said, "May your servant find favor in your eyes." Then she went her way and ate something, and her face was no longer downcast.

[19] Early the next morning they arose and worshiped before the Lord and then went back to their home at Ramah. Elkanah lay with Hannah his wife, and the Lord remembered her. [20] So in the course of time Hannah conceived and gave birth to a son. She named him Samuel,[c] saying, "Because I asked the Lord for him."

Hannah Dedicates Samuel

[21] When the man Elkanah went up with all his family to offer the annual sacrifice to the Lord and to fulfill his vow, [22] Hannah did not go. She said to her husband, "After the boy is weaned, I will take him and present him before the Lord, and he will live there always."

[23] "Do what seems best to you," Elkanah her husband told her. "Stay here until you have weaned him; only may the Lord make good his[d] word." So the woman stayed at home and nursed her son until she had weaned him.

[24] After he was weaned, she took the boy with her, young as he was, along with a three-year-old bull,[e] an ephah[f] of flour and a skin of wine, and brought him to the house of the Lord at Shiloh.

---

[a]1:1 Or *from Ramathaim Zuphim* [b]1:9 That is, tabernacle [c]1:20 *Samuel* sounds like the Hebrew for *heard of God.* [d]1:23 Masoretic Text; Dead Sea Scrolls, Septuagint and Syriac *your* [e]1:24 Dead Sea Scrolls, Septuagint and Syriac; Masoretic Text *with three bulls* [f]1:24 That is, probably about 3/5 bushel (about 22 liters)

25 Eles sacrificaram o novilho e levaram o menino a Eli, **26** e ela lhe disse: "Meu senhor, juro por tua vida que eu sou a mulher que esteve aqui a teu lado, orando ao Senhor. **27** Era este menino que eu pedia, e o Senhor concedeu-me o pedido. **28** Por isso, agora, eu o dedico ao Senhor. Por toda a sua vida será dedicado ao Senhor". E ali adorou o Senhor.

A Oração de Ana

2 Então Ana orou assim:

"Meu coração exulta no Senhor;
no Senhor minha força[a] é exaltada.
Minha boca se exalta
    sobre os meus inimigos,
pois me alegro em tua libertação.

2 "Não há ninguém santo[b]
    como o Senhor;
não há outro além de ti;
não há rocha alguma
    como o nosso Deus.

3 "Não falem tão orgulhosamente,
nem saia de suas bocas tal arrogância,
pois o Senhor é Deus sábio;
é ele quem julga os atos dos homens.

4 "O arco dos fortes é quebrado,
mas os fracos são revestidos de força.
5 Os que tinham muito,
    agora trabalham por comida,
mas os que estavam famintos,
    agora não passam fome.
A que era estéril deu à luz sete filhos,
mas a que tinha muitos filhos
    ficou sem vigor.

6 "O Senhor mata e preserva a vida;
    ele faz descer à sepultura[c] e dela resgata.
7 O Senhor é quem dá
    pobreza e riqueza;
ele humilha e exalta.
8 Levanta do pó o necessitado
    e do monte de cinzas ergue o pobre;
ele os faz sentar-se com príncipes
    e lhes dá lugar de honra.

"Pois os alicerces da terra
    são do Senhor;
sobre eles estabeleceu o mundo.
9 Ele guardará os pés dos seus santos,
    mas os ímpios
serão silenciados nas trevas,
pois não é pela força
    que o homem prevalece.

10 Aqueles que se opõem ao Senhor
    serão despedaçados.
Ele trovejará do céu contra eles;
    o Senhor julgará
    até os confins da terra.

"Ele dará poder a seu rei
    e exaltará a força do seu ungido".

11 Então Elcana voltou para casa em Ramá, mas o menino começou a servir o Senhor sob a direção do sacerdote Eli.

A Maldade dos Filhos de Eli

12 Os filhos de Eli eram ímpios; não se importavam com o Senhor **13** nem cumpriam os deveres de sacerdotes para com o povo;

---

25 When they had slaughtered the bull, they brought the boy to Eli, **26** and she said to him, "As surely as you live, my lord, I am the woman who stood here beside you praying to the Lord. **27** I prayed for this child, and the Lord has granted me what I asked of him. **28** So now I give him to the Lord. For his whole life he will be given over to the Lord." And he worshiped the Lord there.

Hannah's Prayer

2 Then Hannah prayed and said:

"My heart rejoices in the Lord;
    in the Lord my horn[a] is lifted high.
My mouth boasts over my enemies,
    for I delight in your deliverance.

2 "There is no one holy[b] like the Lord;
    there is no one besides you;
    there is no Rock like our God.

3 "Do not keep talking so proudly
    or let your mouth speak such arrogance,
for the Lord is a God who knows,
    and by him deeds are weighed.

4 "The bows of the warriors are broken,
    but those who stumbled are armed with strength.
5 Those who were full hire themselves out for food,
    but those who were hungry hunger no more.
She who was barren has borne seven children,
    but she who has had many sons pines away.

6 "The Lord brings death and makes alive;
    he brings down to the grave[c] and raises up.
7 The Lord sends poverty and wealth;
    he humbles and he exalts.
8 He raises the poor from the dust
    and lifts the needy from the ash heap;
he seats them with princes
    and has them inherit a throne of honor.

"For the foundations of the earth are the Lord's;
    upon them he has set the world.
9 He will guard the feet of his saints,
    but the wicked will be silenced in darkness.

"It is not by strength that one prevails;
10 those who oppose the Lord will be shattered.
He will thunder against them from heaven;
    the Lord will judge the ends of the earth.

"He will give strength to his king
    and exalt the horn of his anointed."

11 Then Elkanah went home to Ramah, but the boy ministered before the Lord under Eli the priest.

Eli's Wicked Sons

12 Eli's sons were wicked men; they had no regard for the Lord. **13** Now it was the practice of the priests with the people

---

[a]2.1 Hebraico: *meu chifre*; também no versículo 10. [b]2.2 Ou *Não há nenhum Santo* [c]2.6 Hebraico: *Sheol*. Essa palavra também pode ser traduzida por profundezas, pó ou morte.

[a]2:1 *Horn* here symbolizes strength; also in verse 10. [b]2:2 Or *no Holy One* [c]2:6 Hebrew *Sheol*

sempre que alguém oferecia um sacrifício, o auxiliar do sacerdote vinha com um garfo de três dentes, **14** e, enquanto a carne estava cozinhando, ele enfiava o garfo na panela, ou travessa, ou caldeirão, ou caçarola, e o sacerdote pegava para si tudo o que vinha no garfo. Assim faziam com todos os israelitas que iam a Siló. **15** Mas, antes mesmo de queimarem a gordura, vinha o auxiliar do sacerdote e dizia ao homem que estava oferecendo o sacrifício: "Dê um pedaço desta carne para o sacerdote assar; ele não aceitará de você carne cozida, somente crua".

16 Se o homem lhe dissesse: "Deixe primeiro a gordura se queimar e então pegue o que quiser", o auxiliar respondia: "Não. Entregue a carne agora. Se não, eu a tomarei à força".

17 O pecado desses jovens era muito grande à vista do Senhor, pois eles estavam tratando com desprezo a oferta do Senhor.

18 Samuel, contudo, ainda menino, ministrava perante o Senhor, vestindo uma túnica de linho. **19** Todos os anos sua mãe fazia uma pequena túnica e a levava para ele, quando subia a Siló com o marido para oferecer o sacrifício anual. **20** Eli abençoava Elcana e sua mulher, dizendo: "O Senhor dê a você filhos desta mulher no lugar daquele por quem ela pediu e dedicou ao Senhor". Então voltavam para casa. **21** O Senhor foi bondoso com Ana; ela engravidou e deu à luz três filhos e duas filhas. Enquanto isso, o menino Samuel crescia na presença do Senhor.

22 Eli, já bem idoso, ficou sabendo de tudo o que seus filhos faziam a todo o Israel e que eles se deitavam com as mulheres que serviam junto à entrada da Tenda do Encontro. **23** Por isso lhes perguntou: "Por que vocês fazem estas coisas? De todo o povo ouço a respeito do mal que vocês fazem. **24** Não, meus filhos; não é bom o que escuto se espalhando entre o povo do Senhor. **25** Se um homem pecar contra outro homem, os juízes poderão[a] intervir em seu favor; mas, se pecar contra o Senhor, quem intercederá por ele?" Seus filhos, contudo, não deram atenção à repreensão de seu pai, pois o Senhor queria matá-los.

26 E o menino Samuel continuava a crescer, sendo cada vez mais estimado pelo Senhor e pelo povo.

Profecia contra a Família de Eli

27 E veio um homem de Deus a Eli e lhe disse: "Assim diz o Senhor: 'Acaso não me revelei claramente à família de seu pai, quando eles estavam no Egito, sob o domínio do faraó? **28** Escolhi seu pai dentre todas as tribos de Israel para ser o meu sacerdote, subir ao meu altar, queimar incenso e usar um colete sacerdotal na minha presença. Também dei à família de seu pai todas as ofertas preparadas no fogo pelos israelitas. **29** Por que vocês zombam de meu sacrifício e da oferta que determinei para a minha habitação? Por que você honra seus filhos mais do que a mim, deixando-os engordar com as melhores partes de todas as ofertas feitas por Israel, o meu povo?'

30 "Portanto, o Senhor, o Deus de Israel, declara: 'Prometi à sua família e à linhagem de seu pai, que ministrariam diante de mim para sempre'. Mas agora o Senhor declara: 'Longe de mim tal coisa! Honrarei aqueles que me honram, mas aqueles que me desprezam serão tratados com desprezo. **31** É chegada a hora em que eliminarei a sua força e a força da família[b] de seu pai, e não haverá mais nenhum idoso na sua família, **32** e você verá aflição na minha habitação. Embora Israel prospere, na sua família ninguém alcançará idade avançada. **33** E todo descendente seu que eu não eliminar de meu altar será poupado apenas para lhe consumir os olhos com lágrimas[c] e para lhe entristecer o coração, e todos os seus descendentes morrerão no vigor da vida.

34 " 'E o acontecer a seus dois filhos, Hofni e Finéias, será um sinal para você: os dois morrerão no mesmo dia. **35** Levantarei para mim um sacerdote fiel, que agirá de acordo com o meu coração e o meu pensamento. Edificarei firmemente a família dele, e ele ministrará sempre perante o meu rei ungido.

that whenever anyone offered a sacrifice and while the meat was being boiled, the servant of the priest would come with a three-pronged fork in his hand. **14** He would plunge it into the pan or kettle or caldron or pot, and the priest would take for himself whatever the fork brought up. This is how they treated all the Israelites who came to Shiloh. **15** But even before the fat was burned, the servant of the priest would come and say to the man who was sacrificing, "Give the priest some meat to roast; he won't accept boiled meat from you, but only raw."

16 If the man said to him, "Let the fat be burned up first, and then take whatever you want," the servant would then answer, "No, hand it over now; if you don't, I'll take it by force."

17 This sin of the young men was very great in the Lord's sight, for they[a] were treating the Lord's offering with contempt.

18 But Samuel was ministering before the Lord—a boy wearing a linen ephod. **19** Each year his mother made him a little robe and took it to him when she went up with her husband to offer the annual sacrifice. **20** Eli would bless Elkanah and his wife, saying, "May the Lord give you children by this woman to take the place of the one she prayed for and gave to the Lord." Then they would go home. **21** And the Lord was gracious to Hannah; she conceived and gave birth to three sons and two daughters. Meanwhile, the boy Samuel grew up in the presence of the Lord.

22 Now Eli, who was very old, heard about everything his sons were doing to all Israel and how they slept with the women who served at the entrance to the Tent of Meeting. **23** So he said to them, "Why do you do such things? I hear from all the people about these wicked deeds of yours. **24** No, my sons; it is not a good report that I hear spreading among the Lord's people. **25** If a man sins against another man, God[b] may mediate for him; but if a man sins against the Lord, who will intercede for him?" His sons, however, did not listen to their father's rebuke, for it was the Lord's will to put them to death.

26 And the boy Samuel continued to grow in stature and in favor with the Lord and with men.

Prophecy Against the House of Eli

27 Now a man of God came to Eli and said to him, "This is what the Lord says: 'Did I not clearly reveal myself to your father's house when they were in Egypt under Pharaoh? **28** I chose your father out of all the tribes of Israel to be my priest, to go up to my altar, to burn incense, and to wear an ephod in my presence. I also gave your father's house all the offerings made with fire by the Israelites. **29** Why do you[c] scorn my sacrifice and offering that I prescribed for my dwelling? Why do you honor your sons more than me by fattening yourselves on the choice parts of every offering made by my people Israel?'

30 "Therefore the Lord, the God of Israel, declares: 'I promised that your house and your father's house would minister before me forever.' But now the Lord declares: 'Far be it from me! Those who honor me I will honor, but those who despise me will be disdained. **31** The time is coming when I will cut short your strength and the strength of your father's house, so that there will not be an old man in your family line **32** and you will see distress in my dwelling. Although good will be done to Israel, in your family line there will never be an old man. **33** Every one of you that I do not cut off from my altar will be spared only to blind your eyes with tears and to grieve your heart, and all your descendants will die in the prime of life.

34 " 'And what happens to your two sons, Hophni and Phinehas, will be a sign to you—they will both die on the same day. **35** I will raise up for myself a faithful priest, who will do according to what is in my heart and mind. I will firmly establish his house, and he will minister before my anointed one always.

a 2.25 Ou *Deus poderá* **b** 2.31 Hebraico: *cortarei o seu braço e o braço da casa.* **c** 2.33 Ou *cegar os olhos*; ou ainda *consumir os olhos de inveja*

a 2:17 Or *men* **b** 2:25 Or *the judges* **c** 2:29 The Hebrew is plural.

36 Então todo o que restar da sua família virá e se prostrará perante ele, para obter uma moeda de prata e um pedaço de pão. E lhe implorará que o ponha em alguma função sacerdotal, para ter o que comer' ".

O Chamado de Samuel

3 O menino Samuel ministrava perante o Senhor, sob a direção de Eli; naqueles dias raramente o Senhor falava, e as visões não eram freqüentes.

2 Certa noite, Eli, cujos olhos estavam ficando tão fracos que já não conseguia mais enxergar, estava deitado em seu lugar de costume. **3** A lâmpada de Deus ainda não havia se apagado, e Samuel estava deitado no santuário do Senhor, onde se encontrava a arca de Deus. **4** Então o Senhor chamou Samuel.

Samuel respondeu: "Estou aqui". **5** E correu até Eli e disse: "Estou aqui; o senhor me chamou?"

Eli, porém, disse: "Não o chamei; volte e deite-se". Então, ele foi e se deitou.

6 De novo o Senhor chamou: "Samuel!" E Samuel se levantou e foi até Eli e disse: "Estou aqui; o senhor me chamou?"

Disse Eli: "Meu filho, não o chamei; volte e deite-se".

7 Ora, Samuel ainda não conhecia o Senhor. A palavra do Senhor ainda não lhe havia sido revelada.

8 O Senhor chamou Samuel pela terceira vez. Ele se levantou, foi até Eli e disse: "Estou aqui; o senhor me chamou?"

Eli percebeu que o Senhor estava chamando o menino **9** e lhe disse: "Vá e deite-se; se ele chamá-lo, diga: 'Fala, Senhor, pois o teu servo está ouvindo' ". Então Samuel foi se deitar.

10 O Senhor voltou a chamá-lo como nas outras vezes: "Samuel, Samuel!"

Samuel disse: "Fala, pois o teu servo está ouvindo".

11 E o Senhor disse a Samuel: "Vou realizar em Israel algo que fará tinir os ouvidos de todos os que ficarem sabendo. **12** Nessa ocasião executarei contra Eli tudo o que falei contra sua família, do começo ao fim. **13** Pois eu lhe disse que julgaria sua família para sempre, por causa do pecado dos seus filhos, do qual ele tinha consciência; seus filhos se fizeram desprezíveis*, e ele não os puniu. **14** Por isso jurei à família de Eli: 'Jamais se fará propiciação pela culpa da família de Eli mediante sacrifício ou oferta' ".

15 Samuel ficou deitado até de manhã e então abriu as portas da casa do Senhor. Ele teve medo de contar a visão a Eli, **16** mas este o chamou e disse: "Samuel, meu filho".

"Estou aqui", respondeu Samuel.

17 Eli perguntou: "O que o Senhor lhe disse? Não esconda de mim. Deus o castigue, e o faça com muita severidade, se você esconder de mim qualquer coisa que ele lhe falou". **18** Então, Samuel lhe contou tudo, e nada escondeu. Então Eli disse: "Ele é o Senhor; que faça o que lhe parecer melhor".

19 Enquanto Samuel crescia, o Senhor estava com ele, e fazia com que todas as suas palavras se cumprissem. **20** Todo o Israel, desde Dã até Berseba, reconhecia que Samuel estava confirmado como profeta do Senhor. **21** O Senhor continuou aparecendo em Siló, onde havia se revelado a Samuel por meio de sua palavra.

4 E a palavra de Samuel espalhou-se por todo o Israel.

Os Filisteus Tomam a Arca

Nessa época os israelitas saíram à guerra contra os filisteus. Eles acamparam em Ebenézer, e os filisteus em Afeque. **2** Os filisteus dispuseram suas forças em linha para enfrentar Israel, e, intensificando-se o combate, Israel foi derrotado pelos filisteus, que mataram cerca de quatro mil deles no campo de batalha. **3** Quando os soldados voltaram ao acampamento, as autoridades de Israel perguntaram: "Por que o Senhor

a3.13 Uma antiga tradição dos escribas hebreus e a Septuaginta dizem *filhos blasfemaram contra Deus.*

The LORD Calls Samuel

3 The boy Samuel ministered before the LORD under Eli. In those days the word of the LORD was rare; there were not many visions.

2 One night Eli, whose eyes were becoming so weak that he could barely see, was lying down in his usual place. **3** The lamp of God had not yet gone out, and Samuel was lying down in the temple[a] of the LORD, where the ark of God was. **4** Then the LORD called Samuel.

Samuel answered, "Here I am." **5** And he ran to Eli and said, "Here I am; you called me."

But Eli said, "I did not call; go back and lie down." So he went and lay down.

6 Again the LORD called, "Samuel!" And Samuel got up and went to Eli and said, "Here I am; you called me."

"My son," Eli said, "I did not call; go back and lie down."

7 Now Samuel did not yet know the LORD: The word of the LORD had not yet been revealed to him.

8 The LORD called Samuel a third time, and Samuel got up and went to Eli and said, "Here I am; you called me."

Then Eli realized that the LORD was calling the boy. **9** So Eli told Samuel, "Go and lie down, and if he calls you, say, 'Speak, LORD, for your servant is listening.' " So Samuel went and lay down in his place.

10 The LORD came and stood there, calling as at the other times, "Samuel! Samuel!"

Then Samuel said, "Speak, for your servant is listening."

11 And the LORD said to Samuel: "See, I am about to do something in Israel that will make the ears of everyone who hears of it tingle. **12** At that time I will carry out against Eli everything I spoke against his family—from beginning to end. **13** For I told him that I would judge his family forever because of the sin he knew about; his sons made themselves contemptible,[b] and he failed to restrain them. **14** Therefore, I swore to the house of Eli, 'The guilt of Eli's house will never be atoned for by sacrifice or offering.' "

15 Samuel lay down until morning and then opened the doors of the house of the LORD. He was afraid to tell Eli the vision, **16** but Eli called him and said, "Samuel, my son."

Samuel answered, "Here I am."

17 "What was it he said to you?" Eli asked. "Do not hide it from me. May God deal with you, be it ever so severely, if you hide from me anything he told you." **18** So Samuel told him everything, hiding nothing from him. Then Eli said, "He is the LORD; let him do what is good in his eyes."

19 The LORD was with Samuel as he grew up, and he let none of his words fall to the ground. **20** And all Israel from Dan to Beersheba recognized that Samuel was attested as a prophet of the LORD. **21** The LORD continued to appear at Shiloh, and there he revealed himself to Samuel through his word.

4 And Samuel's word came to all Israel.

The Philistines Capture the Ark

Now the Israelites went out to fight against the Philistines. The Israelites camped at Ebenezer, and the Philistines at Aphek. **2** The Philistines deployed their forces to meet Israel, and as the battle spread, Israel was defeated by the Philistines, who killed about four thousand of them on the battlefield. **3** When the soldiers returned to camp, the elders of Israel asked, "Why did the LORD

a3:3 That is, tabernacle   **b3:13** Masoretic Text; an ancient Hebrew scribal tradition and Septuagint *sons blasphemed God*

deixou que os filisteus nos derrotassem?" E acrescentaram: "Vamos a Siló buscar a arca da aliança do Senhor, para que ele vá conosco e nos salve das mãos de nossos inimigos".

4 Então mandaram trazer de Siló a arca da aliança do Senhor dos Exércitos, que tem o seu trono entre os querubins. E os dois filhos de Eli, Hofni e Finéias, acompanharam a arca da aliança de Deus.

5 Quando a arca da aliança do Senhor entrou no acampamento, todos os israelitas gritaram tão alto que o chão estremeceu. **6** Os filisteus, ouvindo os gritos, perguntaram: "O que significam todos esses gritos no acampamento dos hebreus?"

Quando souberam que a arca do Senhor viera para o acampamento, **7** os filisteus ficaram com medo e disseram: "Deuses chegaram ao acampamento. Ai de nós! Nunca nos aconteceu uma coisa dessas! **8** Ai de nós! Quem nos livrará das mãos desses deuses poderosos? São os deuses que feriram os egípcios com toda espécie de pragas, no deserto. **9** Sejam fortes, filisteus! Sejam homens, ou vocês se tornarão escravos dos hebreus, assim como eles foram escravos de vocês. Sejam homens e lutem!"

10 Então os filisteus lutaram e Israel foi derrotado; cada homem fugiu para a sua tenda. O massacre foi muito grande: Israel perdeu trinta mil homens de infantaria. **11** A arca de Deus foi tomada, e os dois filhos de Eli, Hofni e Finéias, morreram.

A Morte de Eli

12 Naquele mesmo dia um benjamita correu da linha de batalha até Siló, com as roupas rasgadas e terra na cabeça. **13** Quando ele chegou, Eli estava sentado em sua cadeira, ao lado da estrada. Estava preocupado, pois em seu coração temia pela arca de Deus. O homem entrou na cidade, contou o que havia acontecido, e a cidade começou a gritar.

14 Eli ouviu os gritos e perguntou: "O que significa esse tumulto?"

O homem correu para contar tudo a Eli. **15** Eli tinha noventa e oito anos de idade e seus olhos estavam imóveis; ele já não conseguia enxergar. **16** O homem lhe disse: "Acabei de chegar da linha de batalha; fugi de lá hoje mesmo".

Eli perguntou: "O que aconteceu, meu filho?"

17 O mensageiro respondeu: "Israel fugiu dos filisteus, e houve uma grande matança entre os soldados. Também os seus dois filhos, Hofni e Finéias, estão mortos, e a arca de Deus foi tomada".

18 Quando ele mencionou a arca de Deus, Eli caiu da cadeira para trás, ao lado do portão, quebrou o pescoço, e morreu, pois era velho e pesado. Ele liderou Israel durante quarenta anos.

19 Sua nora, a mulher de Finéias, estava grávida e perto de dar à luz. Quando ouviu a notícia de que a arca de Deus havia sido tomada e que seu sogro e seu marido estavam mortos, entrou em trabalho de parto e deu à luz, mas não resistiu às dores do parto. **20** Enquanto morria, as mulheres que a ajudavam disseram: "Não se desespere; você teve um menino". Mas ela não respondeu nem deu atenção.

21 Ela deu ao menino o nome de Icabode[a], e disse: "A glória se foi de Israel", porque a arca foi tomada e por causa da morte do sogro e do marido. **22** E ainda acrescentou: "A glória se foi de Israel, pois a arca de Deus foi tomada".

A Arca em Asdode e Ecrom

5 Depois que os filisteus tomaram a arca de Deus, eles a levaram de Ebenézer para Asdode **2** e a colocaram dentro do templo de Dagom, ao lado de sua estátua. **3** Quando o povo de Asdode se levantou na madrugada do dia seguinte, lá estava Dagom caído, rosto em terra, diante da arca do Senhor! Eles levantaram Dagom e o colocaram de volta em seu lugar. **4** Mas, na manhã seguinte, quando se levantaram de madrugada, lá estava Dagom caído, rosto em terra, diante da arca do Senhor! Sua cabeça e mãos tinham sido quebradas e estavam sobre a soleira;

bring defeat upon us today before the Philistines? Let us bring the ark of the Lord's covenant from Shiloh, so that it[a] may go with us and save us from the hand of our enemies."

4 So the people sent men to Shiloh, and they brought back the ark of the covenant of the Lord Almighty, who is enthroned between the cherubim. And Eli's two sons, Hophni and Phinehas, were there with the ark of the covenant of God.

5 When the ark of the Lord's covenant came into the camp, all Israel raised such a great shout that the ground shook. **6** Hearing the uproar, the Philistines asked, "What's all this shouting in the Hebrew camp?"

When they learned that the ark of the Lord had come into the camp, **7** the Philistines were afraid. "A god has come into the camp," they said. "We're in trouble! Nothing like this has happened before. **8** Woe to us! Who will deliver us from the hand of these mighty gods? They are the gods who struck the Egyptians with all kinds of plagues in the desert. **9** Be strong, Philistines! Be men, or you will be subject to the Hebrews, as they have been to you. Be men, and fight!"

10 So the Philistines fought, and the Israelites were defeated and every man fled to his tent. The slaughter was very great; Israel lost thirty thousand foot soldiers. **11** The ark of God was captured, and Eli's two sons, Hophni and Phinehas, died.

Death of Eli

12 That same day a Benjamite ran from the battle line and went to Shiloh, his clothes torn and dust on his head. **13** When he arrived, there was Eli sitting on his chair by the side of the road, watching, because his heart feared for the ark of God. When the man entered the town and told what had happened, the whole town sent up a cry.

14 Eli heard the outcry and asked, "What is the meaning of this uproar?"

The man hurried over to Eli, **15** who was ninety-eight years old and whose eyes were set so that he could not see. **16** He told Eli, "I have just come from the battle line; I fled from it this very day."

Eli asked, "What happened, my son?"

17 The man who brought the news replied, "Israel fled before the Philistines, and the army has suffered heavy losses. Also your two sons, Hophni and Phinehas, are dead, and the ark of God has been captured."

18 When he mentioned the ark of God, Eli fell backward off his chair by the side of the gate. His neck was broken and he died, for he was an old man and heavy. He had led[b] Israel forty years.

19 His daughter-in-law, the wife of Phinehas, was pregnant and near the time of delivery. When she heard the news that the ark of God had been captured and that her father-in-law and her husband were dead, she went into labor and gave birth, but was overcome by her labor pains. **20** As she was dying, the women attending her said, "Don't despair; you have given birth to a son." But she did not respond or pay any attention.

21 She named the boy Ichabod,[c] saying, "The glory has departed from Israel"—because of the capture of the ark of God and the deaths of her father-in-law and her husband. **22** She said, "The glory has departed from Israel, for the ark of God has been captured."

The Ark in Ashdod and Ekron

5 After the Philistines had captured the ark of God, they took it from Ebenezer to Ashdod. **2** Then they carried the ark into Dagon's temple and set it beside Dagon. **3** When the people of Ashdod rose early the next day, there was Dagon, fallen on his face on the ground before the ark of the Lord! They took Dagon and put him back in his place. **4** But the following morning when they rose, there was Dagon, fallen on his face on the ground before the ark of the Lord! His head and hands had been broken off and were lying on the threshold;

---

a4.21 *Icabode* significa *glória nenhuma.*

a4:3 Or *he* **b4:18** Traditionally *judged* **c4:21** *Ichabod* means *no glory.*

só o seu corpo ficou no lugar. **5** Por isso, até hoje, os sacerdotes de Dagom e todos os que entram em seu templo, em Asdode, não pisam na soleira.

6 Depois disso a mão do Senhor pesou sobre o povo de Asdode e dos arredores, trazendo devastação sobre eles e afligindo-os com tumores.ª **7** Quando os homens de Asdode viram o que estava acontecendo, disseram: "A arca do deus de Israel não deve ficar aqui conosco, pois a mão dele pesa sobre nós e sobre nosso deus Dagom". **8** Então reuniram todos os governantes dos filisteus e lhes perguntaram: "O que faremos com a arca do deus de Israel?"

Eles responderam: "Levem a arca do deus de Israel para Gate". E então levaram a arca do Deus de Israel.

9 Mas, quando a arca chegou, a mão do Senhor castigou aquela cidade e lhe trouxe grande pânico. Ele afligiu o povo da cidade, jovens e velhos, com uma epidemia de tumoresᵇ. **10** Então enviaram a arca de Deus para Ecrom.

Quando a arca de Deus estava entrando na cidade de Ecrom, o povo começou a gritar: "Eles trouxeram a arca do deus de Israel para cá a fim de matar a nós e a nosso povo". **11** Então reuniram todos os governantes dos filisteus e disseram: "Levem embora a arca do deus de Israel; que ela volte ao seu lugar; caso contrário elaᶜ matará a nós e a nosso povo". Pois havia pânico mortal em toda a cidade; a mão de Deus pesava muito sobre ela. **12** Aqueles que não morreram foram afligidos com tumores, e o clamor da cidade subiu até o céu.

O Retorno da Arca a Israel

6 Quando já fazia sete meses que a arca do Senhor estava em território filisteu, **2** os filisteus chamaram os sacerdotes e adivinhos e disseram: "O que faremos com a arca do Senhor? Digam-nos com o que devemos mandá-la de volta a seu lugar".

3 Eles responderam: "Se vocês devolverem a arca do deus de Israel, não mandem de volta só a arca, mas enviem também uma oferta pela culpa. Então vocês serão curados e saberão por que a sua mão não tem se afastado de vocês".

4 Os filisteus perguntaram: "Que oferta pela culpa devemos enviar-lhe?"

Eles responderam: "Cinco tumores de ouro e cinco ratos de ouro, de acordo com o número de governantes filisteus, porquanto a mesma praga atingiu vocês e todos os seus governantes. **5** Façam imagens dos tumores e dos ratos que estão assolando o país e dêem glória ao deus de Israel. Talvez ele alivie a sua mão de sobre vocês, seus deuses e sua terra. **6** Por que ter o coração obstinado como os egípcios e o faraó? Só quando esse deusᵈ os tratou severamente, eles deixaram os israelitas seguirem o seu caminho.

7 "Agora, então, preparem uma carroça nova, com duas vacas que deram cria e sobre as quais nunca foi colocado jugo. Amarrem-nas à carroça, mas afastem delas os seus bezerros e ponham-nos no curral. **8** Coloquem a arca do Senhor sobre a carroça, e ponham numa caixa ao lado os objetos de ouro que vocês estão lhe enviando como oferta pela culpa. Enviem a carroça, **9** e fiquem observando. Se ela for para o seu próprio território, na direção de Bete-Semes, então foi o Senhor quem trouxe essa grande desgraça sobre nós. Mas, se ela não for, então saberemos que não foi a sua mão que nos atingiu e que isso aconteceu conosco por acaso".

10 E assim fizeram. Pegaram duas vacas com cria, amarraram-nas a uma carroça e prenderam seus bezerros no curral. **11** Colocaram a arca do Senhor na carroça e junto dela a caixa com os ratos de ouro e as imagens dos tumores. **12** Então as vacas foram diretamente para Bete-Semes, mantendo-se na estrada e mugindo por todo o caminho; não se desviaram nem para a direita nem para a esquerda. Os governantes dos filisteus as seguiram até a fronteira de Bete-Semes.

only his body remained. **5** That is why to this day neither the priests of Dagon nor any others who enter Dagon's temple at Ashdod step on the threshold.

6 The Lord's hand was heavy upon the people of Ashdod and its vicinity; he brought devastation upon them and afflicted them with tumors.ª **7** When the men of Ashdod saw what was happening, they said, "The ark of the god of Israel must not stay here with us, because his hand is heavy upon us and upon Dagon our god." **8** So they called together all the rulers of the Philistines and asked them, "What shall we do with the ark of the god of Israel?"

They answered, "Have the ark of the god of Israel moved to Gath." So they moved the ark of the God of Israel.

9 But after they had moved it, the Lord's hand was against that city, throwing it into a great panic. He afflicted the people of the city, both young and old, with an outbreak of tumors.ᵇ **10** So they sent the ark of God to Ekron.

As the ark of God was entering Ekron, the people of Ekron cried out, "They have brought the ark of the god of Israel around to us to kill us and our people." **11** So they called together all the rulers of the Philistines and said, "Send the ark of the god of Israel away; let it go back to its own place, or itᶜ will kill us and our people." For death had filled the city with panic; God's hand was very heavy upon it. **12** Those who did not die were afflicted with tumors, and the outcry of the city went up to heaven.

The Ark Returned to Israel

6 When the ark of the Lord had been in Philistine territory seven months, **2** the Philistines called for the priests and the diviners and said, "What shall we do with the ark of the Lord? Tell us how we should send it back to its place."

3 They answered, "If you return the ark of the god of Israel, do not send it away empty, but by all means send a guilt offering to him. Then you will be healed, and you will know why his hand has not been lifted from you."

4 The Philistines asked, "What guilt offering should we send to him?"

They replied, "Five gold tumors and five gold rats, according to the number of the Philistine rulers, because the same plague has struck both you and your rulers. **5** Make models of the tumors and of the rats that are destroying the country, and pay honor to Israel's god. Perhaps he will lift his hand from you and your gods and your land. **6** Why do you harden your hearts as the Egyptians and Pharaoh did? When heᵈ treated them harshly, did they not send the Israelites out so they could go on their way?

7 "Now then, get a new cart ready, with two cows that have calved and have never been yoked. Hitch the cows to the cart, but take their calves away and pen them up. **8** Take the ark of the Lord and put it on the cart, and in a chest beside it put the gold objects you are sending back to him as a guilt offering. Send it on its way, **9** but keep watching it. If it goes up to its own territory, toward Beth Shemesh, then the Lord has brought this great disaster on us. But if it does not, then we will know that it was not his hand that struck us and that it happened to us by chance."

10 So they did this. They took two such cows and hitched them to the cart and penned up their calves. **11** They placed the ark of the Lord on the cart and along with it the chest containing the gold rats and the models of the tumors. **12** Then the cows went straight up toward Beth Shemesh, keeping on the road and lowing all the way; they did not turn to the right or to the left. The rulers of the Philistines followed them as far as the border of Beth Shemesh.

ª**5.6** A Septuaginta e a Vulgata acrescentam *E ratos surgiram na região, e a morte e a destruição estavam por toda a cidade.* ᵇ**5.9** Ou *com tumores na virilha* ᶜ**5.11** Ou *ele* ᵈ**6.6** Isto é, Deus.

ª**5:6** Hebrew; Septuagint and Vulgate *tumors. And rats appeared in their land, and death and destruction were throughout the city* ᵇ**5:9** Or *with tumors in the groin* (see Septuagint) ᶜ**5:11** Or *he* ᵈ**6:6** That is, God

13 Ora, o povo de Bete-Semes estava colhendo trigo no vale e, quando viram a arca, alegraram-se muito. **14** A carroça chegou ao campo de Josué, de Bete-Semes, e ali parou ao lado de uma grande rocha. Então cortaram a madeira da carroça e ofereceram as vacas como holocausto[a] ao Senhor. **15** Os levitas tinham descido a arca do Senhor e a caixa com os objetos de ouro e as tinham colocado sobre a grande rocha. Naquele dia, o povo de Bete-Semes ofereceu holocaustos e sacrifícios ao Senhor. **16** Os cinco governantes dos filisteus viram tudo isso e voltaram naquele mesmo dia a Ecrom.

17 Os filisteus enviaram ao Senhor como oferta pela culpa estes tumores de ouro: um por Asdode, outro por Gaza, outro por Ascalom, outro por Gate e outro por Ecrom. **18** O número dos ratos de ouro foi conforme o número das cidades filistéias que pertenciam aos cinco governantes; tanto as cidades fortificadas como os povoados do campo. A grande rocha, sobre a qual puseram[b] a arca do Senhor, é até hoje uma testemunha no campo de Josué, de Bete-Semes.

19 O Senhor, contudo, feriu alguns dos homens de Bete-Semes, matando setenta[c] deles, por terem olhado para dentro da arca do Senhor. O povo chorou por causa da grande matança que o Senhor fizera, **20** e os homens de Bete-Semes perguntaram: "Quem pode permanecer na presença do Senhor, esse Deus santo? A quem enviaremos a arca, para que ele se afaste de nós?"

21 Então enviaram mensageiros ao povo de Quiriate-Jearim, dizendo: "Os filisteus devolveram a arca do Senhor. Venham e levem-na para vocês".

7 Os homens de Quiriate-Jearim vieram para levar a arca do Senhor. Eles a levaram para a casa de Abinadabe, na colina, e consagraram seu filho Eleazar para guardar a arca do Senhor.

Samuel Subjuga os Filisteus em Mispá

2 A arca permaneceu em Quiriate-Jearim muito tempo; foram vinte anos. E todo o povo de Israel buscava o Senhor com súplicas[d]. **3** E Samuel disse a toda a nação de Israel: "Se vocês querem voltar-se para o Senhor de todo o coração, livrem-se então dos deuses estrangeiros e das imagens de Astarote, consagrem-se ao Senhor e prestem culto somente a ele, e ele os libertará das mãos dos filisteus". **4** Assim, os israelitas se livraram dos baalins e dos postes sagrados, e começaram a prestar culto somente ao Senhor.

5 E Samuel prosseguiu: "Reúnam todo o Israel em Mispá, e eu intercederei ao Senhor a favor de vocês". **6** Quando eles se reuniram em Mispá, tiraram água e a derramaram perante o Senhor. Naquele dia jejuaram e ali disseram: "Temos pecado contra o Senhor". E foi em Mispá que Samuel liderou os israelitas como juiz.

7 Quando os filisteus souberam que os israelitas estavam reunidos em Mispá, os governantes dos filisteus saíram para atacá-los. Quando os israelitas souberam disso, ficaram com medo. **8** E disseram a Samuel: "Não pares de clamar por nós ao Senhor, o nosso Deus, para que nos salve das mãos dos filisteus". **9** Então Samuel pegou um cordeiro ainda não desmamado e o ofereceu inteiro como holocausto ao Senhor. Ele clamou ao Senhor em favor de Israel, e o Senhor lhe respondeu.

10 Enquanto Samuel oferecia o holocausto, os filisteus se aproximaram para combater Israel. Naquele dia, porém, o Senhor trovejou com fortíssimo estrondo contra os filisteus e os colocou em pânico, e foram derrotados por Israel. **11** Os soldados de Israel saíram de Mispá e perseguiram os filisteus até um lugar abaixo de Bete-Car, matando-os pelo caminho.

12 Então Samuel pegou uma pedra e a ergueu entre Mispá e Sem; e deu-lhe o nome de Ebenézer[e], dizendo: "Até aqui o Senhor

13 Now the people of Beth Shemesh were harvesting their wheat in the valley, and when they looked up and saw the ark, they rejoiced at the sight. **14** The cart came to the field of Joshua of Beth Shemesh, and there it stopped beside a large rock. The people chopped up the wood of the cart and sacrificed the cows as a burnt offering to the Lord. **15** The Levites took down the ark of the Lord, together with the chest containing the gold objects, and placed them on the large rock. On that day the people of Beth Shemesh offered burnt offerings and made sacrifices to the Lord. **16** The five rulers of the Philistines saw all this and then returned that same day to Ekron.

17 These are the gold tumors the Philistines sent as a guilt offering to the Lord—one each for Ashdod, Gaza, Ashkelon, Gath and Ekron. **18** And the number of the gold rats was according to the number of Philistine towns belonging to the five rulers—the fortified towns with their country villages. The large rock, on which[a] they set the ark of the Lord, is a witness to this day in the field of Joshua of Beth Shemesh.

19 But God struck down some of the men of Beth Shemesh, putting seventy[b] of them to death because they had looked into the ark of the Lord. The people mourned because of the heavy blow the Lord had dealt them, **20** and the men of Beth Shemesh asked, "Who can stand in the presence of the Lord, this holy God? To whom will the ark go up from here?"

21 Then they sent messengers to the people of Kiriath Jearim, saying, "The Philistines have returned the ark of the Lord. Come down and take it up to your place."

7 So the men of Kiriath Jearim came and took up the ark of the Lord. They took it to Abinadab's house on the hill and consecrated Eleazar his son to guard the ark of the Lord.

Samuel Subdues the Philistines at Mizpah

2 It was a long time, twenty years in all, that the ark remained at Kiriath Jearim, and all the people of Israel mourned and sought after the Lord. **3** And Samuel said to the whole house of Israel, "If you are returning to the Lord with all your hearts, then rid yourselves of the foreign gods and the Ashtoreths and commit yourselves to the Lord and serve him only, and he will deliver you out of the hand of the Philistines." **4** So the Israelites put away their Baals and Ashtoreths, and served the Lord only.

5 Then Samuel said, "Assemble all Israel at Mizpah and I will intercede with the Lord for you." **6** When they had assembled at Mizpah, they drew water and poured it out before the Lord. On that day they fasted and there they confessed, "We have sinned against the Lord." And Samuel was leader[c] of Israel at Mizpah.

7 When the Philistines heard that Israel had assembled at Mizpah, the rulers of the Philistines came up to attack them. And when the Israelites heard of it, they were afraid because of the Philistines. **8** They said to Samuel, "Do not stop crying out to the Lord our God for us, that he may rescue us from the hand of the Philistines." **9** Then Samuel took a suckling lamb and offered it up as a whole burnt offering to the Lord. He cried out to the Lord on Israel's behalf, and the Lord answered him.

10 While Samuel was sacrificing the burnt offering, the Philistines drew near to engage Israel in battle. But that day the Lord thundered with loud thunder against the Philistines and threw them into such a panic that they were routed before the Israelites. **11** The men of Israel rushed out of Mizpah and pursued the Philistines, slaughtering them along the way to a point below Beth Car.

12 Then Samuel took a stone and set it up between Mizpah and Shen. He named it Ebenezer,[d] saying, "Thus far has the Lord

---

[a]6.14 Isto é, sacrifício totalmente queimado; também em todo o livro de 1 Samuel. [b]6.18 Conforme alguns manuscritos do Texto Massorético. A maioria dos manuscritos do Texto Massorético diz *povoados do campo até Abel Maior, onde puseram*. [c]6.19 Conforme alguns manuscritos do Texto Massorético. A maioria dos manuscritos do Texto Massorético e a Septuaginta dizem *50.070*. [d]7.2 Hebraico: *lamentava-se após o Senhor*. [e]7.12 *Ebenézer* significa *pedra de ajuda*.

[a]6:18 A few Hebrew manuscripts (see also Septuagint); most Hebrew manuscripts *villages as far as Greater Abel, where* [b]6:19 A few Hebrew manuscripts; most Hebrew manuscripts and Septuagint *50,070* [c]7:6 Traditionally *judge* [d]7:12 *Ebenezer* means *stone of help*.

nos ajudou". [13] Assim os filisteus foram dominados e não voltaram a invadir o território israelita.

A mão do Senhor esteve contra os filisteus durante toda a vida de Samuel. [14] As cidades que os filisteus haviam conquistado foram devolvidas a Israel, desde Ecrom até Gate. Israel libertou os territórios ao redor delas do poder dos filisteus. E houve também paz entre Israel e os amorreus.

[15] Samuel continuou como juiz de Israel durante todos os dias de sua vida. [16] A cada ano percorria Betel, Gilgal e Mispá, decidindo as questões de Israel em todos esses lugares. [17] Mas sempre retornava a Ramá, onde ficava sua casa; ali ele liderava Israel como juiz e naquele lugar construiu um altar em honra ao Senhor.

Israel Pede um Rei

8 Quando envelheceu, Samuel nomeou seus filhos como líderes de Israel. [2] Seu filho mais velho chamava-se Joel e o segundo, Abias. Eles eram líderes em Berseba. [3] Mas os filhos dele não andaram em seus caminhos. Eles se tornaram gananciosos, aceitavam suborno e pervertiam a justiça.

[4] Por isso todas as autoridades de Israel reuniram-se e foram falar com Samuel, em Ramá. [5] E disseram-lhe: "Tu já estás idoso, e teus filhos não andam em teus caminhos; escolhe agora um rei para que nos lidere, à semelhança das outras nações".

[6] Quando, porém, disseram: "Dá-nos um rei para que nos lidere", isso desagradou a Samuel; então ele orou ao Senhor. [7] E o Senhor lhe respondeu: "Atenda a tudo o que o povo está lhe pedindo; não foi a você que rejeitaram; foi a mim que rejeitaram como rei. [8] Assim como fizeram comigo desde o dia em que os tirei do Egito, até hoje, abandonando-me e prestando culto a outros deuses, também estão fazendo com você. [9] Agora atenda-os; mas advirta-os solenemente e diga-lhes quais direitos reivindicará o rei que os governará".

[10] Samuel transmitiu todas as palavras do Senhor ao povo, que estava lhe pedindo um rei, [11] dizendo: "O rei que reinará sobre vocês reivindicará como seu direito o seguinte: ele tomará os filhos de vocês para servi-lo em seus carros de guerra e em sua cavalaria, e para correr à frente dos seus carros de guerra. [12] Colocará alguns como comandantes de mil e outros como comandantes de cinqüenta. Ele os fará arar as terras dele, fazer a colheita, e fabricar armas de guerra e equipamentos para os seus carros de guerra. [13] Tomará as filhas de vocês para serem perfumistas, cozinheiras e padeiras. [14] Tomará de vocês o melhor das plantações, das vinhas e dos olivais, e o dará aos criados dele. [15] Tomará um décimo dos cereais e da colheita das uvas e o dará a seus oficiais e a seus criados. [16] Também tomará de vocês para seu uso particular os servos e as servas, e o melhor do gado[a] e dos jumentos. [17] E tomará de vocês um décimo dos rebanhos, e vocês mesmos se tornarão escravos dele. [18] Naquele dia, vocês clamarão por causa do rei que vocês mesmos escolheram, e o Senhor não os ouvirá".

[19] Todavia, o povo recusou-se a ouvir Samuel, e disse: "Não! Queremos ter um rei. [20] Seremos como todas as outras nações; um rei nos governará, e sairá à nossa frente para combater em nossas batalhas".

[21] Depois de ter ouvido tudo o que o povo disse, Samuel o repetiu perante o Senhor. [22] E o Senhor respondeu: "Atenda-os e dê-lhes um rei".

Então Samuel disse aos homens de Israel: "Volte cada um para a sua cidade".

O Encontro entre Saul e Samuel

9 Havia um homem de Benjamim, rico e influente, chamado Quis, filho de Abiel, neto de Zeror, bisneto de Becorate e trineto de Afia. [2] Ele tinha um filho chamado Saul, jovem de boa aparência, sem igual entre os israelitas; os mais altos batiam nos seus ombros.

helped us." [13] So the Philistines were subdued and did not invade Israelite territory again.

Throughout Samuel's lifetime, the hand of the Lord was against the Philistines. [14] The towns from Ekron to Gath that the Philistines had captured from Israel were restored to her, and Israel delivered the neighboring territory from the power of the Philistines. And there was peace between Israel and the Amorites.

[15] Samuel continued as judge over Israel all the days of his life. [16] From year to year he went on a circuit from Bethel to Gilgal to Mizpah, judging Israel in all those places. [17] But he always went back to Ramah, where his home was, and there he also judged Israel. And he built an altar there to the Lord.

Israel Asks for a King

8 When Samuel grew old, he appointed his sons as judges for Israel. [2] The name of his firstborn was Joel and the name of his second was Abijah, and they served at Beersheba. [3] But his sons did not walk in his ways. They turned aside after dishonest gain and accepted bribes and perverted justice.

[4] So all the elders of Israel gathered together and came to Samuel at Ramah. [5] They said to him, "You are old, and your sons do not walk in your ways; now appoint a king to lead[a] us, such as all the other nations have."

[6] But when they said, "Give us a king to lead us," this displeased Samuel; so he prayed to the Lord. [7] And the Lord told him: "Listen to all that the people are saying to you; it is not you they have rejected, but they have rejected me as their king. [8] As they have done from the day I brought them up out of Egypt until this day, forsaking me and serving other gods, so they are doing to you. [9] Now listen to them; but warn them solemnly and let them know what the king who will reign over them will do."

[10] Samuel told all the words of the Lord to the people who were asking him for a king. [11] He said, "This is what the king who will reign over you will do: He will take your sons and make them serve with his chariots and horses, and they will run in front of his chariots. [12] Some he will assign to be commanders of thousands and commanders of fifties, and others to plow his ground and reap his harvest, and still others to make weapons of war and equipment for his chariots. [13] He will take your daughters to be perfumers and cooks and bakers. [14] He will take the best of your fields and vineyards and olive groves and give them to his attendants. [15] He will take a tenth of your grain and of your vintage and give it to his officials and attendants. [16] Your menservants and maidservants and the best of your cattle[b] and donkeys he will take for his own use. [17] He will take a tenth of your flocks, and you yourselves will become his slaves. [18] When that day comes, you will cry out for relief from the king you have chosen, and the Lord will not answer you in that day."

[19] But the people refused to listen to Samuel. "No!" they said. "We want a king over us. [20] Then we will be like all the other nations, with a king to lead us and to go out before us and fight our battles."

[21] When Samuel heard all that the people said, he repeated it before the Lord. [22] The Lord answered, "Listen to them and give them a king."

Then Samuel said to the men of Israel, "Everyone go back to his town."

Samuel Anoints Saul

9 There was a Benjamite, a man of standing, whose name was Kish son of Abiel, the son of Zeror, the son of Becorath, the son of Aphiah of Benjamin. [2] He had a son named Saul, an impressive young man without equal among the Israelites—a head taller than any of the others.

---

[a]8.16 Conforme a Septuaginta. O Texto Massorético diz *jovens*.

[a]8:5 Traditionally *judge*; also in verses 6 and 20 [b]8:16 Septuagint; Hebrew *young men*

3 E aconteceu que as jumentas de Quis, pai de Saul, extraviaram-se. E ele disse a Saul: "Chame um dos servos e vá procurar as jumentas". **4** Eles atravessaram os montes de Efraim e a região de Salisa, mas não as encontraram. Prosseguindo, entraram no distrito de Saalim, mas as jumentas não estavam lá. Então atravessaram o território de Benjamim, e mesmo assim não as encontraram.

5 Chegando ao distrito de Zufe, disse Saul ao seu servo: "Vamos voltar, ou meu pai deixará de pensar nas jumentas para começar a preocupar-se conosco".

6 O servo, contudo, respondeu: "Nesta cidade mora um homem de Deus que é muito respeitado. Tudo o que ele diz acontece. Vamos falar com ele. Talvez ele nos aponte o caminho a seguir".

7 Saul disse a seu servo: "Se formos, o que lhe poderemos dar? A comida de nossos sacos de viagem acabou. Não temos nenhum presente para levar ao homem de Deus. O que temos para oferecer?"

8 O servo lhe respondeu: "Tenho três gramas^a de prata. Darei isto ao homem de Deus para que ele nos aponte o caminho a seguir. **9** (Antigamente em Israel, quando alguém ia consultar a Deus, dizia: "Vamos ao vidente", pois o profeta de hoje era chamado vidente.)

10 E Saul concordou: "Muito bem, vamos!" Assim, foram em direção à cidade onde estava o homem de Deus.

11 Ao subirem a colina para chegar à cidade, encontraram algumas jovens que estavam saindo para buscar água e perguntaram a elas: "O vidente está na cidade?"

12 Elas responderam: "Sim. Ele está ali adiante. Apressem-se; ele chegou hoje à nossa cidade, porque o povo vai oferecer um sacrifício no altar que há no monte. **13** Assim que entrarem na cidade, vocês o encontrarão antes que suba ao altar do monte para comer. O povo não começará a comer antes que ele chegue, pois ele deve abençoar o sacrifício; depois disso, os convidados irão comer. Subam agora e vocês logo o encontrarão".

14 Eles foram à cidade e, ao entrarem, Samuel vinha na direção deles a caminho do altar do monte.

15 No dia anterior à chegada de Saul, o Senhor havia revelado isto a Samuel: **16** "Amanhã, por volta desta hora, enviarei a você um homem da terra de Benjamim. Unja-o como líder sobre Israel, o meu povo; ele libertará o meu povo das mãos dos filisteus. Atentei para o meu povo, pois o seu clamor chegou a mim".

17 Quando Samuel viu Saul, o Senhor lhe disse: "Este é o homem de quem lhe falei; ele governará o meu povo".

18 Saul aproximou-se de Samuel na entrada da cidade e lhe perguntou: "Por favor, pode me dizer onde é a casa do vidente?"

19 Respondeu Samuel: "Eu sou o vidente. Vá na minha frente para o altar, pois hoje você comerá comigo. Amanhã cedo eu lhe contarei tudo o que você quer saber e o deixarei ir. **20** Quanto às jumentas que você perdeu há três dias, não se preocupe com elas; já foram encontradas. E a quem pertencerá tudo o que é precioso em Israel, senão a você e a toda a família de seu pai?"

21 Saul respondeu: "Acaso não sou eu um benjamita, da menor das tribos de Israel, e não é o meu clã o mais insignificante de todos os clãs da tribo de Benjamim? Por que estás me dizendo tudo isso?"

22 Então Samuel levou Saul e seu servo para a sala e lhes deu o lugar de honra entre os convidados, cerca de trinta pessoas. **23** E disse ao cozinheiro: "Traga-me a porção de carne que lhe entreguei e mandei reservar".

24 O cozinheiro pegou a coxa do animal com o que estava sobre ela e colocou tudo diante de Saul. E disse Samuel: "Aqui está o que lhe foi reservado. Coma, pois desde o momento em que eu disse: Tenho convidados, essa parte foi separada para você para esta ocasião". E Saul comeu com Samuel naquele dia.

3 Now the donkeys belonging to Saul's father Kish were lost, and Kish said to his son Saul, "Take one of the servants with you and go and look for the donkeys." **4** So he passed through the hill country of Ephraim and through the area around Shalisha, but they did not find them. They went on into the district of Shaalim, but the donkeys were not there. Then he passed through the territory of Benjamin, but they did not find them.

5 When they reached the district of Zuph, Saul said to the servant who was with him, "Come, let's go back, or my father will stop thinking about the donkeys and start worrying about us."

6 But the servant replied, "Look, in this town there is a man of God; he is highly respected, and everything he says comes true. Let's go there now. Perhaps he will tell us what way to take."

7 Saul said to his servant, "If we go, what can we give the man? The food in our sacks is gone. We have no gift to take to the man of God. What do we have?"

8 The servant answered him again. "Look," he said, "I have a quarter of a shekel^a of silver. I will give it to the man of God so that he will tell us what way to take." **9** (Formerly in Israel, if a man went to inquire of God, he would say, "Come, let us go to the seer," because the prophet of today used to be called a seer.)

10 "Good," Saul said to his servant. "Come, let's go." So they set out for the town where the man of God was.

11 As they were going up the hill to the town, they met some girls coming out to draw water, and they asked them, "Is the seer here?"

12 "He is," they answered. "He's ahead of you. Hurry now; he has just come to our town today, for the people have a sacrifice at the high place. **13** As soon as you enter the town, you will find him before he goes up to the high place to eat. The people will not begin eating until he comes, because he must bless the sacrifice; afterward, those who are invited will eat. Go up now; you should find him about this time."

14 They went up to the town, and as they were entering it, there was Samuel, coming toward them on his way up to the high place.

15 Now the day before Saul came, the Lord had revealed this to Samuel: **16** "About this time tomorrow I will send you a man from the land of Benjamin. Anoint him leader over my people Israel; he will deliver my people from the hand of the Philistines. I have looked upon my people, for their cry has reached me."

17 When Samuel caught sight of Saul, the Lord said to him, "This is the man I spoke to you about; he will govern my people."

18 Saul approached Samuel in the gateway and asked, "Would you please tell me where the seer's house is?"

19 "I am the seer," Samuel replied. "Go up ahead of me to the high place, for today you are to eat with me, and in the morning I will let you go and will tell you all that is in your heart. **20** As for the donkeys you lost three days ago, do not worry about them; they have been found. And to whom is all the desire of Israel turned, if not to you and all your father's family?"

21 Saul answered, "But am I not a Benjamite, from the smallest tribe of Israel, and is not my clan the least of all the clans of the tribe of Benjamin? Why do you say such a thing to me?"

22 Then Samuel brought Saul and his servant into the hall and seated them at the head of those who were invited—about thirty in number. **23** Samuel said to the cook, "Bring the piece of meat I gave you, the one I told you to lay aside."

24 So the cook took up the leg with what was on it and set it in front of Saul. Samuel said, "Here is what has been kept for you. Eat, because it was set aside for you for this occasion, from the time I said, 'I have invited guests.' " And Saul dined with Samuel that day.

---

^a**9.8** Hebraico: *1/4 de siclo. Um siclo equivalia a 12 gramas.*   ^a**9:8** That is, about 1/10 ounce (about 3 grams)

25 Depois que desceu do altar do monte para a cidade, Samuel conversou com Saul no terraço de sua casa. **26** Ao romper do dia, quando se levantaram, Samuel chamou Saul no terraço e disse: "Levante-se, e eu o acompanharei, e depois você seguirá viagem". Saul se levantou e saiu junto com Samuel. **27** Enquanto desciam para a saída da cidade, Samuel disse a Saul: "Diga ao servo que vá na frente". O servo foi e Samuel prosseguiu: "Fique você aqui um instante, para que eu lhe dê uma mensagem da parte de Deus".

Saul é Ungido Rei

10 Samuel apanhou um jarro de óleo, derramou-o sobre a cabeça de Saul e o beijou, dizendo: "O Senhor o ungiu como líder da herança dele.[a] **2** Hoje, quando você partir, encontrará dois homens perto do túmulo de Raquel, em Zelza, na fronteira de Benjamim. Eles lhe dirão: 'As jumentas que você foi procurar já foram encontradas. Agora seu pai deixou de se importar com elas e está preocupado com vocês. Ele está perguntando: "Como encontrarei meu filho?" '

3 "Então, dali, você prosseguirá para o carvalho de Tabor. Três homens virão subindo ao santuário de Deus em Betel, e encontrarão você ali. Um estará levando três cabritos, outro três pães, e outro uma vasilha de couro cheia de vinho. **4** Eles o cumprimentarão e lhe oferecerão dois pães, que você deve aceitar.

5 "Depois você irá a Gibeá de Deus, onde há um destacamento filisteu. Ao chegar à cidade, você encontrará um grupo de profetas que virão descendo do altar do monte tocando liras, tamborins, flautas e harpas; e eles estarão profetizando. **6** O Espírito do Senhor se apossará de você, e com eles você profetizará[b], e será um novo homem. **7** Assim que esses sinais se cumprirem, faça o que achar melhor, pois Deus está com você.

8 "Vá na minha frente até Gilgal. Depois eu irei também, para oferecer holocaustos e sacrifícios de comunhão[c], mas você deve esperar sete dias, até que eu chegue e lhe diga o que fazer".

9 Quando se virou para afastar-se de Samuel, Deus mudou o coração de Saul, e todos aqueles sinais se cumpriram naquele dia. **10** Chegando a Gibeá, um grupo veio em sua direção; o Espírito de Deus se apossou dele, e ele profetizou no meio deles. **11** Quando os que já o conheciam viram-no profetizando com os profetas, perguntaram uns aos outros: "O que aconteceu ao filho de Quis? Saul também está entre os profetas?"

12 Um homem daquele lugar respondeu: "E quem é o pai deles?" De modo que isto se tornou um ditado: "Saul também está entre os profetas?" **13** Depois que Saul parou de profetizar, foi para o altar do monte.

14 Então o tio de Saul perguntou a ele e ao seu servo: "Aonde vocês foram?"

Ele respondeu: "Procurar as jumentas. Quando, porém, vimos que não seriam encontradas, fomos falar com Samuel".

15 "O que Samuel lhes disse?", perguntou o tio.

16 Saul respondeu: "Ele nos garantiu que as jumentas tinham sido encontradas". Todavia, Saul não contou ao tio o que Samuel tinha dito sobre o reino.

17 Samuel convocou o povo de Israel ao Senhor, em Mispá, **18** e lhes disse: "Assim diz o Senhor, o Deus de Israel: 'Eu tirei Israel do Egito, e libertei vocês do poder do Egito e de todos os reinos que os oprimiam'. **19** Mas vocês agora rejeitaram o Deus que os salva de todas as suas desgraças e angústias. E disseram: 'Não! Escolhe um rei para nós'. Por isso, agora, apresentem-se perante o Senhor, de acordo com as suas tribos e os seus clãs".

25 After they came down from the high place to the town, Samuel talked with Saul on the roof of his house. **26** They rose about daybreak and Samuel called to Saul on the roof, "Get ready, and I will send you on your way." When Saul got ready, he and Samuel went outside together. **27** As they were going down to the edge of the town, Samuel said to Saul, "Tell the servant to go on ahead of us"—and the servant did so—"but you stay here awhile, so that I may give you a message from God."

10 Then Samuel took a flask of oil and poured it on Saul's head and kissed him, saying, "Has not the Lord anointed you leader over his inheritance?[a] **2** When you leave me today, you will meet two men near Rachel's tomb, at Zelzah on the border of Benjamin. They will say to you, 'The donkeys you set out to look for have been found. And now your father has stopped thinking about them and is worried about you. He is asking, "What shall I do about my son?" '

3 "Then you will go on from there until you reach the great tree of Tabor. Three men going up to God at Bethel will meet you there. One will be carrying three young goats, another three loaves of bread, and another a skin of wine. **4** They will greet you and offer you two loaves of bread, which you will accept from them.

5 "After that you will go to Gibeah of God, where there is a Philistine outpost. As you approach the town, you will meet a procession of prophets coming down from the high place with lyres, tambourines, flutes and harps being played before them, and they will be prophesying. **6** The Spirit of the Lord will come upon you in power, and you will prophesy with them; and you will be changed into a different person. **7** Once these signs are fulfilled, do whatever your hand finds to do, for God is with you.

8 "Go down ahead of me to Gilgal. I will surely come down to you to sacrifice burnt offerings and fellowship offerings,[b] but you must wait seven days until I come to you and tell you what you are to do."

Saul Made King

9 As Saul turned to leave Samuel, God changed Saul's heart, and all these signs were fulfilled that day. **10** When they arrived at Gibeah, a procession of prophets met him; the Spirit of God came upon him in power, and he joined in their prophesying. **11** When all those who had formerly known him saw him prophesying with the prophets, they asked each other, "What is this that has happened to the son of Kish? Is Saul also among the prophets?"

12 A man who lived there answered, "And who is their father?" So it became a saying: "Is Saul also among the prophets?" **13** After Saul stopped prophesying, he went to the high place.

14 Now Saul's uncle asked him and his servant, "Where have you been?"

"Looking for the donkeys," he said. "But when we saw they were not to be found, we went to Samuel."

15 Saul's uncle said, "Tell me what Samuel said to you."

16 Saul replied, "He assured us that the donkeys had been found." But he did not tell his uncle what Samuel had said about the kingship.

17 Samuel summoned the people of Israel to the Lord at Mizpah **18** and said to them, "This is what the Lord, the God of Israel, says: 'I brought Israel up out of Egypt, and I delivered you from the power of Egypt and all the kingdoms that oppressed you.' **19** But you have now rejected your God, who saves you out of all your calamities and distresses. And you have said, 'No, set a king over us.' So now present yourselves before the Lord by your tribes and clans."

---

[a] **10.1** A Septuaginta e a Vulgata dizem *líder de Israel, o seu povo. Você reinará sobre o povo do Senhor e o salvará do poder de seus inimigos ao redor. E isto lhe será um sinal de que o Senhor o ungiu como líder sobre a herança dele.* [b] **10.6** Ou *você estará em transe*; também no versículo 10 e em 19.24. Veja 18.10. [c] **10.8** Ou *de paz*

[a] **10:1** Hebrew; Septuagint and Vulgate *over his people Israel? You will reign over the Lord's people and save them from the power of their enemies round about. And this will be a sign to you that the Lord has anointed you leader over his inheritance;* [b] **10:8** Traditionally *peace offerings*

20 Tendo Samuel feito todas as tribos de Israel se aproximarem, a de Benjamim foi escolhida. **21** Então fez ir à frente a tribo de Benjamim, clã por clã, e o clã de Matri foi escolhido. Finalmente foi escolhido Saul, filho de Quis. Quando, porém, o procuraram, ele não foi encontrado. **22** Consultaram novamente o Senhor: "Ele já chegou?"

E o Senhor disse: "Sim, ele está escondido no meio da bagagem".

23 Correram e o tiraram de lá. Quando ficou em pé no meio do povo, os mais altos só chegavam aos seus ombros. **24** E Samuel disse a todos: "Vocês vêem o homem que o Senhor escolheu? Não há ninguém como ele entre todo o povo".

Então todos gritaram: "Viva o rei!"

25 Samuel expôs ao povo as leis do reino. Ele as escreveu num livro e o pôs perante o Senhor. Depois disso, Samuel mandou o povo de volta para as suas casas.

26 Saul também foi para sua casa em Gibeá, acompanhado por guerreiros, cujo coração Deus tinha tocado. **27** Alguns vadios, porém, disseram: "Como este homem pode nos salvar?" Desprezaram-no e não lhe trouxeram presente algum. Mas Saul ficou calado.

Saul Liberta a Cidade de Jabes

11 O amonita Naás avançou contra a cidade de Jabes-Gileade e a cercou. E os homens de Jabes lhe disseram: "Faça um tratado conosco, e nos sujeitaremos a você".

2 Contudo, Naás, o amonita, respondeu: "Só farei um tratado com vocês sob a condição de que eu arranque o olho direito de cada um de vocês e assim humilhe todo o Israel".

3 As autoridades de Jabes lhe disseram: "Dê-nos sete dias para que possamos enviar mensageiros a todo o Israel; se ninguém vier nos socorrer, nós nos renderemos".

4 Quando os mensageiros chegaram a Gibeá, cidade de Saul, e relataram essas coisas ao povo, todos choraram em alta voz. **5** Naquele momento, Saul estava trazendo o gado do campo e perguntou: "O que há com o povo? Por que estão chorando?" Então lhe contaram o que os homens de Jabes tinham dito.

6 Quando Saul ouviu isso, o Espírito de Deus apoderou-se dele, e ele ficou furioso. **7** Apanhou dois bois, cortou-os em pedaços e, por meio dos mensageiros, enviou os pedaços a todo o Israel, proclamando: "Isto é o que acontecerá aos bois de quem não seguir Saul e Samuel". Então o temor do Senhor caiu sobre o povo, e eles vieram unânimes. **8** Quando Saul os reuniu em Bezeque, havia trezentos mil homens de Israel e trinta mil de Judá.

9 E disseram aos mensageiros de Jabes: "Digam aos homens de Jabes-Gileade: 'Amanhã, na hora mais quente do dia, haverá libertação para vocês' ". Quando relataram isso aos habitantes de Jabes, eles se alegraram. **10** Então, os homens de Jabes disseram aos amonitas: "Amanhã nós nos renderemos a vocês, e poderão fazer conosco o que quiserem".

11 No dia seguinte, Saul dividiu os soldados em três grupos; entraram no acampamento amonita na alta madrugada e os mataram até a hora mais quente do dia. Aqueles que sobreviveram se dispersaram de tal modo que não ficaram dois juntos.

Saul Confirmado como Rei

12 Então o povo disse a Samuel: "Quem foi que perguntou: 'Será que Saul vai reinar sobre nós?' Traze-nos esses homens, e nós os mataremos".

13 Saul, porém, disse: "Hoje ninguém será morto, pois neste dia o Senhor trouxe libertação a Israel".

14 Então Samuel disse ao povo: "Venham, vamos a Gilgal e reafirmemos ali o reino". **15** Assim, todo o povo foi a Gilgal e proclamou Saul como rei na presença do Senhor. Ali ofereceram sacrifícios de comunhão^a ao Senhor, e Saul e todos os israelitas tiveram momentos de grande alegria.

---

20 When Samuel brought all the tribes of Israel near, the tribe of Benjamin was chosen. **21** Then he brought forward the tribe of Benjamin, clan by clan, and Matri's clan was chosen. Finally Saul son of Kish was chosen. But when they looked for him, he was not to be found. **22** So they inquired further of the Lord, "Has the man come here yet?"

And the Lord said, "Yes, he has hidden himself among the baggage."

23 They ran and brought him out, and as he stood among the people he was a head taller than any of the others. **24** Samuel said to all the people, "Do you see the man the Lord has chosen? There is no one like him among all the people."

Then the people shouted, "Long live the king!"

25 Samuel explained to the people the regulations of the kingship. He wrote them down on a scroll and deposited it before the Lord. Then Samuel dismissed the people, each to his own home.

26 Saul also went to his home in Gibeah, accompanied by valiant men whose hearts God had touched. **27** But some troublemakers said, "How can this fellow save us?" They despised him and brought him no gifts. But Saul kept silent.

Saul Rescues the City of Jabesh

11 Nahash the Ammonite went up and besieged Jabesh Gilead. And all the men of Jabesh said to him, "Make a treaty with us, and we will be subject to you."

2 But Nahash the Ammonite replied, "I will make a treaty with you only on the condition that I gouge out the right eye of every one of you and so bring disgrace on all Israel."

3 The elders of Jabesh said to him, "Give us seven days so we can send messengers throughout Israel; if no one comes to rescue us, we will surrender to you."

4 When the messengers came to Gibeah of Saul and reported these terms to the people, they all wept aloud. **5** Just then Saul was returning from the fields, behind his oxen, and he asked, "What is wrong with the people? Why are they weeping?" Then they repeated to him what the men of Jabesh had said.

6 When Saul heard their words, the Spirit of God came upon him in power, and he burned with anger. **7** He took a pair of oxen, cut them into pieces, and sent the pieces by messengers throughout Israel, proclaiming, "This is what will be done to the oxen of anyone who does not follow Saul and Samuel." Then the terror of the Lord fell on the people, and they turned out as one man. **8** When Saul mustered them at Bezek, the men of Israel numbered three hundred thousand and the men of Judah thirty thousand.

9 They told the messengers who had come, "Say to the men of Jabesh Gilead, 'By the time the sun is hot tomorrow, you will be delivered.' " When the messengers went and reported this to the men of Jabesh, they were elated. **10** They said to the Ammonites, "Tomorrow we will surrender to you, and you can do to us whatever seems good to you."

11 The next day Saul separated his men into three divisions; during the last watch of the night they broke into the camp of the Ammonites and slaughtered them until the heat of the day. Those who survived were scattered, so that no two of them were left together.

Saul Confirmed as King

12 The people then said to Samuel, "Who was it that asked, 'Shall Saul reign over us?' Bring these men to us and we will put them to death."

13 But Saul said, "No one shall be put to death today, for this day the Lord has rescued Israel."

14 Then Samuel said to the people, "Come, let us go to Gilgal and there reaffirm the kingship." **15** So all the people went to Gilgal and confirmed Saul as king in the presence of the Lord. There they sacrificed fellowship offerings^a before the Lord, and Saul and all the Israelites held a great celebration.

---

^a11.15 Ou *de paz*

^a11:15 Traditionally *peace offerings*

A Palavra de Despedida de Samuel

12 Samuel disse a todo o Israel: "Atendi tudo o que vocês me pediram e estabeleci um rei para vocês. ² Agora vocês têm um rei que os governará. Quanto a mim, estou velho e de cabelos brancos, e meus filhos estão aqui com vocês. Tenho vivido diante de vocês desde a minha juventude até agora. ³ Aqui estou. Se tomei um boi ou um jumento de alguém, ou se explorei ou oprimi alguém, ou se das mãos de alguém aceitei suborno, fechando os olhos para a sua culpa, testemunhem contra mim na presença do Senhor e do seu ungido. Se alguma dessas coisas pratiquei, eu farei restituição".

⁴ E responderam: "Tu não nos exploraste nem nos oprimiste. Tu não tiraste coisa alguma das mãos de ninguém".

⁵ Samuel lhes disse: "O Senhor é testemunha diante de vocês, como também o seu ungido é hoje testemunha, de que vocês não encontraram culpa alguma em minhas mãos".

E disseram: "Ele é testemunha".

⁶ Então Samuel disse ao povo: "O Senhor designou Moisés e Arão e tirou os seus antepassados do Egito. ⁷ Agora, pois, fiquem aqui, porque vou entrar em julgamento com vocês perante o Senhor, com base nos atos justos realizados pelo Senhor em favor de vocês e dos seus antepassados.

⁸ "Depois que Jacó entrou no Egito, eles clamaram ao Senhor, e ele enviou Moisés e Arão para tirar os seus antepassados do Egito e os estabelecer neste lugar.

⁹ "Seus antepassados, porém, se esqueceram do Senhor seu Deus; então ele os vendeu a Sísera, o comandante do exército de Hazor, aos filisteus e ao rei de Moabe, que lutaram contra eles. ¹⁰ Eles clamaram ao Senhor, dizendo: 'Pecamos, abandonando o Senhor e prestando culto aos baalins e aos postes sagrados. Agora, porém, liberta-nos das mãos dos nossos inimigos, e nós prestaremos culto a ti'. ¹¹ Então o Senhor enviou Jerubaalᵃ, Baraqueᵇ, Jefté e Samuelᶜ, e os libertou das mãos dos inimigos que os rodeavam, de modo que vocês viveram em segurança.

¹² "Quando porém, vocês viram que Naás, rei dos amonitas, estava avançando contra vocês, me disseram: 'Não! Escolha um rei para nós', embora o Senhor, o seu Deus, fosse o rei. ¹³ Agora, aqui está o rei que vocês escolheram, aquele que vocês pediram; o Senhor deu um rei a vocês. ¹⁴ Se vocês temerem, servirem e obedecerem ao Senhor, e não se rebelarem contra suas ordens, e, se vocês e o rei que reinar sobre vocês seguirem o Senhor, o seu Deus, tudo lhes irá bem! ¹⁵ Todavia, se vocês desobedecerem ao Senhor e se rebelarem contra o seu mandamento, sua mão se oporá a vocês da mesma forma como se opôs aos seus antepassados.

¹⁶ "Agora, preparem-se para ver este grande feito que o Senhor vai realizar diante de vocês! ¹⁷ Não estamos na época da colheita do trigo? Pedirei ao Senhor que envie trovões e chuva para que vocês reconheçam que fizeram o que o Senhor reprova totalmente, quando pediram um rei".

¹⁸ Então Samuel clamou ao Senhor, e naquele mesmo dia o Senhor enviou trovões e chuva. E assim todo o povo temeu grandemente o Senhor e Samuel.

¹⁹ E todo o povo disse a Samuel: "Ora ao Senhor, o teu Deus, em favor dos teus servos, para que não morramos, pois a todos os nossos pecados acrescentamos o mal de pedir um rei".

²⁰ Respondeu Samuel: "Não tenham medo. De fato, vocês fizeram todo esse mal. Contudo, não deixem de seguir o Senhor, mas sirvam o Senhor de todo o coração. ²¹ Não se desviem, para seguir ídolos inúteis, que de nada valem nem podem livrá-los, pois são inúteis. ²² Por causa de seu grande nome, o Senhor não os rejeitará, pois o Senhor teve prazer em torná-los o seu próprio povo. ²³ E longe de mim esteja pecar contra o Senhor, deixando de orar por vocês. Também lhes ensinarei o caminho que é bom e direito. ²⁴ Somente temam o Senhor e

Samuel's Farewell Speech

12 Samuel said to all Israel, "I have listened to everything you said to me and have set a king over you. ² Now you have a king as your leader. As for me, I am old and gray, and my sons are here with you. I have been your leader from my youth until this day. ³ Here I stand. Testify against me in the presence of the Lord and his anointed. Whose ox have I taken? Whose donkey have I taken? Whom have I cheated? Whom have I oppressed? From whose hand have I accepted a bribe to make me shut my eyes? If I have done any of these, I will make it right."

⁴ "You have not cheated or oppressed us," they replied. "You have not taken anything from anyone's hand."

⁵ Samuel said to them, "The Lord is witness against you, and also his anointed is witness this day, that you have not found anything in my hand."

"He is witness," they said.

⁶ Then Samuel said to the people, "It is the Lord who appointed Moses and Aaron and brought your forefathers up out of Egypt. ⁷ Now then, stand here, because I am going to confront you with evidence before the Lord as to all the righteous acts performed by the Lord for you and your fathers.

⁸ "After Jacob entered Egypt, they cried to the Lord for help, and the Lord sent Moses and Aaron, who brought your forefathers out of Egypt and settled them in this place.

⁹ "But they forgot the Lord their God; so he sold them into the hand of Sisera, the commander of the army of Hazor, and into the hands of the Philistines and the king of Moab, who fought against them. ¹⁰ They cried out to the Lord and said, 'We have sinned; we have forsaken the Lord and served the Baals and the Ashtoreths. But now deliver us from the hands of our enemies, and we will serve you.' ¹¹ Then the Lord sent Jerub-Baal,ᵃ Barak,ᵇ Jephthah and Samuel,ᶜ and he delivered you from the hands of your enemies on every side, so that you lived securely.

¹² "But when you saw that Nahash king of the Ammonites was moving against you, you said to me, 'No, we want a king to rule over us'—even though the Lord your God was your king. ¹³ Now here is the king you have chosen, the one you asked for; see, the Lord has set a king over you. ¹⁴ If you fear the Lord and serve and obey him and do not rebel against his commands, and if both you and the king who reigns over you follow the Lord your God—good! ¹⁵ But if you do not obey the Lord, and if you rebel against his commands, his hand will be against you, as it was against your fathers.

¹⁶ "Now then, stand still and see this great thing the Lord is about to do before your eyes! ¹⁷ Is it not wheat harvest now? I will call upon the Lord to send thunder and rain. And you will realize what an evil thing you did in the eyes of the Lord when you asked for a king."

¹⁸ Then Samuel called upon the Lord, and that same day the Lord sent thunder and rain. So all the people stood in awe of the Lord and of Samuel.

¹⁹ The people all said to Samuel, "Pray to the Lord your God for your servants so that we will not die, for we have added to all our other sins the evil of asking for a king."

²⁰ "Do not be afraid," Samuel replied. "You have done all this evil; yet do not turn away from the Lord, but serve the Lord with all your heart. ²¹ Do not turn away after useless idols. They can do you no good, nor can they rescue you, because they are useless. ²² For the sake of his great name the Lord will not reject his people, because the Lord was pleased to make you his own. ²³ As for me, far be it from me that I should sin against the Lord by failing to pray for you. And I will teach you the way that is good and right. ²⁴ But be sure to fear the Lord and

---

ᵃ12.11 Também chamado *Gideão*. ᵇ12.11 Conforme alguns manuscritos da Septuaginta e a Versão Siríaca. O Texto Massorético diz *Bedã*. ᶜ12.11 Alguns manuscritos da Septuaginta e a Versão Siríaca dizem *Sansão*.

ᵃ12:11 Also called *Gideon* ᵇ12:11 Some Septuagint manuscripts and Syriac; Hebrew *Bedan* ᶜ12:11 Hebrew; some Septuagint manuscripts and Syriac *Samson*

sirvam-no fielmente de todo o coração; e considerem as grandes coisas que ele tem feito por vocês. **25** Todavia, se insistirem em fazer o mal, vocês e o seu rei serão destruídos".

Samuel Repreende Saul

13 Saul tinha trinta[a] anos de idade quando começou a reinar, e reinou sobre Israel quarenta[b] e dois anos.

2 Saul[c] escolheu três mil homens de Israel; dois mil ficaram com ele em Micmás e nos montes de Betel, e mil ficaram com Jônatas em Gibeá de Benjamim. O restante dos homens ele mandou de volta para suas tendas.

3 Jônatas atacou os destacamentos dos filisteus em Gibeá[d], e os filisteus foram informados disso. Então Saul mandou tocar a trombeta por todo o país dizendo: "Que os hebreus fiquem sabendo disto!" **4** E todo o Israel ouviu a notícia de que Saul tinha atacado o destacamento dos filisteus, atraindo o ódio dos filisteus sobre Israel[e]. Então os homens foram convocados para se unirem a Saul em Gilgal.

5 Os filisteus reuniram-se para lutar contra Israel, com três mil[f] carros de guerra, seis mil condutores de carros e tantos soldados quanto a areia da praia. Eles foram a Micmás, a leste de Bete-Áven e lá acamparam. **6** Quando os soldados de Israel viram que a situação era difícil e que o seu exército estava sendo muito pressionado, esconderam-se em cavernas e buracos, entre as rochas e em poços e cisternas. **7** Alguns hebreus até atravessaram o Jordão para chegar à terra de Gade e de Gileade.

Saul ficou em Gilgal, e os soldados que estavam com ele tremiam de medo. **8** Ele esperou sete dias, o prazo estabelecido por Samuel; mas este não chegou a Gilgal, e os soldados de Saul começaram a se dispersar. **9** E ele ordenou: "Tragam-me o holocausto e os sacrifícios de comunhão[g]". Saul então ofereceu o holocausto; **10** quando terminou de oferecê-lo, Samuel chegou, e Saul foi saudá-lo.

11 Perguntou-lhe Samuel: "O que você fez?"

Saul respondeu: "Quando vi que os soldados estavam se dispersando e que não tinhas chegado no prazo estabelecido, e que os filisteus estavam reunidos em Micmás, **12** pensei: Agora, os filisteus me atacarão em Gilgal, e eu não busquei o Senhor. Por isso senti-me obrigado a oferecer o holocausto".

13 Disse Samuel: "Você agiu como tolo, desobedecendo ao mandamento que o Senhor, o seu Deus, lhe deu; se você tivesse obedecido, ele teria estabelecido para sempre o seu reinado sobre Israel. **14** Mas agora o seu reinado não permanecerá; o Senhor procurou um homem segundo o seu coração e o designou líder de seu povo, pois você não obedeceu ao mandamento do Senhor".

15 Então Samuel partiu de Gilgal[h] e foi a Gibeá de Benjamim, e Saul contou os soldados que estavam com ele. Eram cerca de seiscentos.

A Desvantagem Militar de Israel

16 Saul e seu filho Jônatas, acompanhados de seus soldados, ficaram em Gibeá de Benjamim, enquanto os filisteus estavam acampados em Micmás. **17** Uma tropa de ataque saiu do acampamento filisteu em três divisões. Uma foi em direção a Ofra, nos arredores de Sual, **18** outra em direção a Bete-Horom, e a terceira em direção à região fronteiriça de onde se avista o vale de Zeboim, diante do deserto.

19 Naquela época não havia nem mesmo um único ferreiro em toda a terra de Israel, pois os filisteus não queriam que os hebreus

---

serve him faithfully with all your heart; consider what great things he has done for you. **25** Yet if you persist in doing evil, both you and your king will be swept away."

Samuel Rebukes Saul

13 Saul was *thirty*[a] years old when he became king, and he reigned over Israel *forty*[b] two years.

2 Saul[c] chose three thousand men from Israel; two thousand were with him at Micmash and in the hill country of Bethel, and a thousand were with Jonathan at Gibeah in Benjamin. The rest of the men he sent back to their homes.

3 Jonathan attacked the Philistine outpost at Geba, and the Philistines heard about it. Then Saul had the trumpet blown throughout the land and said, "Let the Hebrews hear!" **4** So all Israel heard the news: "Saul has attacked the Philistine outpost, and now Israel has become a stench to the Philistines." And the people were summoned to join Saul at Gilgal.

5 The Philistines assembled to fight Israel, with three thousand[d] chariots, six thousand charioteers, and soldiers as numerous as the sand on the seashore. They went up and camped at Micmash, east of Beth Aven. **6** When the men of Israel saw that their situation was critical and that their army was hard pressed, they hid in caves and thickets, among the rocks, and in pits and cisterns. **7** Some Hebrews even crossed the Jordan to the land of Gad and Gilead.

Saul remained at Gilgal, and all the troops with him were quaking with fear. **8** He waited seven days, the time set by Samuel; but Samuel did not come to Gilgal, and Saul's men began to scatter. **9** So he said, "Bring me the burnt offering and the fellowship offerings.[e]" And Saul offered up the burnt offering. **10** Just as he finished making the offering, Samuel arrived, and Saul went out to greet him.

11 "What have you done?" asked Samuel.

Saul replied, "When I saw that the men were scattering, and that you did not come at the set time, and that the Philistines were assembling at Micmash, **12** I thought, 'Now the Philistines will come down against me at Gilgal, and I have not sought the Lord's favor.' So I felt compelled to offer the burnt offering."

13 "You acted foolishly," Samuel said. "You have not kept the command the Lord your God gave you; if you had, he would have established your kingdom over Israel for all time. **14** But now your kingdom will not endure; the Lord has sought out a man after his own heart and appointed him leader of his people, because you have not kept the Lord's command."

15 Then Samuel left Gilgal[f] and went up to Gibeah in Benjamin, and Saul counted the men who were with him. They numbered about six hundred.

Israel Without Weapons

16 Saul and his son Jonathan and the men with them were staying in Gibeah[g] in Benjamin, while the Philistines camped at Micmash. **17** Raiding parties went out from the Philistine camp in three detachments. One turned toward Ophrah in the vicinity of Shual, **18** another toward Beth Horon, and the third toward the borderland overlooking the Valley of Zeboim facing the desert.

19 Not a blacksmith could be found in the whole land of Israel, because the Philistines had said, "Otherwise the Hebrews

---

[a]13.1 Conforme alguns manuscritos da Septuaginta. O Texto Massorético não traz *trinta*. [b]13.1 Veja o número arredondado em At 13.21. O Texto Massorético não traz *quarenta*. [c]13.1,2 Ou *com dois anos de reinado*, **2** *Saul* [d]13.3 Conforme dois manuscritos do Texto Massorético. A maioria dos manuscritos do Texto Massorético diz *Geba*, variante de *Gibeá*; também no versículo 16. [e]13.4 Hebraico: *transformando Israel em mau cheiro para os filisteus*. [f]13.5 Conforme alguns manuscritos da Septuaginta e a Versão Siríaca. O Texto Massorético diz *trinta mil*. [g]13.9 Ou *de paz* [h]13.15 A Septuaginta diz *Gilgal e seguiu seu caminho; o restante do povo foi com Saul encontrar-se com o exército, e saíram de Gilgal.*

[a]13:1 A few late manuscripts of the Septuagint; Hebrew does not have *thirty*. [b]13:1 See the round number in Acts 13:21; Hebrew does not have *forty-*. [c]13:1,2 Or *and when he had reigned over Israel two years,* **2** *he* [d]13:5 Some Septuagint manuscripts and Syriac; Hebrew *thirty thousand* [e]13:9 Traditionally *peace offerings* [f]13:15 Hebrew; Septuagint *Gilgal and went his way; the rest of the people went after Saul to meet the army, and they went out of Gilgal* [g]13:16 Two Hebrew manuscripts; most Hebrew manuscripts *Geba*, a variant of *Gibeah*

fizessem espadas e lanças. **20** Assim, eles tinham que ir aos filisteus para afiar seus arados, enxadas, machados e foices**ª**. **21** O preço para afiar rastelos e enxadas era oito gramas**b** de prata, e quatro gramas**c** de prata para afiar tridentes, machados e pontas de aguilhadas.

22 Por isso, no dia da batalha, nenhum soldado de Saul e Jônatas tinha espada ou lança nas mãos, exceto o próprio Saul e seu filho Jônatas.

Jônatas Ataca os Filisteus

23 Aconteceu que um destacamento filisteu foi para o desfiladeiro de Micmás.

14 Certo dia, Jônatas, filho de Saul, disse ao seu jovem escudeiro: "Vamos ao destacamento filisteu, do outro lado". Ele, porém, não contou isso a seu pai.

2 Saul estava sentado debaixo de uma romãzeira na fronteira de Gibeá, em Migrom. Com ele estavam uns seiscentos soldados, **3** entre os quais Aías, que levava o colete sacerdotal. Ele era filho de Aitube, irmão de Icabode, filho de Finéias e neto de Eli, o sacerdote do SENHOR em Siló. Ninguém sabia que Jônatas havia saído.

4 Em cada lado do desfiladeiro que Jônatas pretendia atravessar para chegar ao destacamento filisteu, havia um penhasco íngreme; um se chamava Bozez, o outro, Sené. **5** Havia um penhasco ao norte, na direção de Micmás, e outro ao sul, na direção de Geba.

6 E Jônatas disse a seu escudeiro: "Vamos ao destacamento daqueles incircuncisos. Talvez o SENHOR aja em nosso favor, pois nada pode impedir o SENHOR de salvar, seja com muitos ou com poucos".

7 Disse o seu escudeiro: "Faze tudo o que tiveres em mente; eu irei contigo".

8 Jônatas disse: "Venha, vamos atravessar na direção dos soldados e deixaremos que nos avistem. **9** Se nos disserem: 'Esperem aí até que cheguemos perto', ficaremos onde estivermos e não avançaremos. **10** Mas, se disserem: 'Subam até aqui', subiremos, pois este será um sinal para nós de que o SENHOR os entregou em nossas mãos".

11 Então os dois se deixaram ver pelo destacamento dos filisteus, que disseram: "Vejam, os hebreus estão saindo dos buracos onde estavam escondidos". **12** E gritaram para Jônatas e seu escudeiro: "Subam até aqui e lhes daremos uma lição".

Diante disso, Jônatas disse a seu escudeiro: "Siga-me; o SENHOR os entregou nas mãos de Israel".

13 Jônatas escalou o desfiladeiro, usando as mãos e os pés, e o escudeiro foi logo atrás. Jônatas os derrubava e seu escudeiro, logo atrás dele, os matava. **14** Naquele primeiro ataque, Jônatas e seu escudeiro mataram cerca de vinte homens numa pequena área de terra**d**.

A Vitória de Israel sobre os Filisteus

15 Então caiu terror sobre todo o exército, tanto sobre os que estavam no acampamento e no campo, como sobre os que estavam nos destacamentos, e até mesmo nas tropas de ataque. O chão tremeu e houve um pânico terrível.

16 As sentinelas de Saul em Gibeá de Benjamim viram o exército filisteu se dispersando, correndo em todas as direções. **17** Então Saul disse aos seus soldados: "Contem os soldados e vejam quem está faltando". Quando o fizeram, viram que Jônatas e seu escudeiro não estavam presentes.

18 Saul ordenou a Aías: "Traga a arca de Deus". Naquele tempo ela estava com os israelitas.**f 19** Enquanto Saul falava com o sacerdote, o tumulto no acampamento filisteu ia crescendo cada vez mais. Então Saul disse ao sacerdote: "Não precisa trazer a arca"**g**.

will make swords or spears!" **20** So all Israel went down to the Philistines to have their plowshares, mattocks, axes and sickles**ª** sharpened. **21** The price was two thirds of a shekel**b** for sharpening plowshares and mattocks, and a third of a shekel**c** for sharpening forks and axes and for repointing goads.

22 So on the day of the battle not a soldier with Saul and Jonathan had a sword or spear in his hand; only Saul and his son Jonathan had them.

Jonathan Attacks the Philistines

23 Now a detachment of Philistines had gone out to the pass at Micmash.

14 One day Jonathan son of Saul said to the young man bearing his armor, "Come, let's go over to the Philistine outpost on the other side." But he did not tell his father.

2 Saul was staying on the outskirts of Gibeah under a pomegranate tree in Migron. With him were about six hundred men, **3** among whom was Ahijah, who was wearing an ephod. He was a son of Ichabod's brother Ahitub son of Phinehas, the son of Eli, the LORD's priest in Shiloh. No one was aware that Jonathan had left.

4 On each side of the pass that Jonathan intended to cross to reach the Philistine outpost was a cliff; one was called Bozez, and the other Seneh. **5** One cliff stood to the north toward Micmash, the other to the south toward Geba.

6 Jonathan said to his young armor-bearer, "Come, let's go over to the outpost of those uncircumcised fellows. Perhaps the LORD will act in our behalf. Nothing can hinder the LORD from saving, whether by many or by few."

7 "Do all that you have in mind," his armor-bearer said. "Go ahead; I am with you heart and soul."

8 Jonathan said, "Come, then; we will cross over toward the men and let them see us. **9** If they say to us, 'Wait there until we come to you,' we will stay where we are and not go up to them. **10** But if they say, 'Come up to us,' we will climb up, because that will be our sign that the LORD has given them into our hands."

11 So both of them showed themselves to the Philistine outpost. "Look!" said the Philistines. "The Hebrews are crawling out of the holes they were hiding in." **12** The men of the outpost shouted to Jonathan and his armor-bearer, "Come up to us and we'll teach you a lesson."

So Jonathan said to his armor-bearer, "Climb up after me; the LORD has given them into the hand of Israel."

13 Jonathan climbed up, using his hands and feet, with his armor-bearer right behind him. The Philistines fell before Jonathan, and his armor-bearer followed and killed behind him. **14** In that first attack Jonathan and his armor-bearer killed some twenty men in an area of about half an acre.**d**

Israel Routs the Philistines

15 Then panic struck the whole army—those in the camp and field, and those in the outposts and raiding parties—and the ground shook. It was a panic sent by God.**e**

16 Saul's lookouts at Gibeah in Benjamin saw the army melting away in all directions. **17** Then Saul said to the men who were with him, "Muster the forces and see who has left us." When they did, it was Jonathan and his armor-bearer who were not there.

18 Saul said to Ahijah, "Bring the ark of God." (At that time it was with the Israelites.)**f 19** While Saul was talking to the priest, the tumult in the Philistine camp increased more and more. So Saul said to the priest, "Withdraw your hand."

ª13.20 Conforme a Septuaginta. O Texto Massorético diz *arados*. **b13.21** Hebraico: *1 pim*. **c13.21** Hebraico: *1/3 de siclo*. Um siclo equivalia a 12 gramas. **d14.14** Isto é, a terra arada por um jugo de bois num dia. **e14.15** Ou *um pânico de Deus*. **f14.18** A Septuaginta diz *"Traga o colete sacerdotal"*. Naquele tempo ele usava o colete sacerdotal diante dos israelitas. **g14.19** Hebraico: *"Retire a sua mão"*.

ª13:20 Septuagint; Hebrew *plowshares* **b13:21** Hebrew *pim*; that is, about 1/4 ounce (about 8 grams) **c13:21** That is, about 1/8 ounce (about 4 grams) **d14:14** Hebrew *half a yoke*; a "yoke" was the land plowed by a yoke of oxen in one day. **e14:15** Or *a terrible panic* **f14:18** Hebrew; Septuagint *"Bring the ephod."* (At that time he wore the ephod before the Israelites.)

20 Na mesma hora Saul e todos os soldados se reuniram e foram para a batalha. Encontraram os filisteus em total confusão, ferindo uns aos outros com suas espadas. **21** Alguns hebreus que antes estavam do lado dos filisteus e que com eles tinham ido ao acampamento filisteu, passaram para o lado dos israelitas que estavam com Saul e Jônatas. **22** Quando todos os israelitas que haviam se escondido nos montes de Efraim ouviram que os filisteus batiam em retirada, também entraram na batalha, perseguindo-os. **23** Assim o Senhor concedeu vitória a Israel naquele dia, e a batalha se espalhou para além de Bete-Áven.

O Juramento Impensado de Saul

24 Os homens de Israel estavam exaustos naquele dia, pois Saul lhes havia imposto um juramento, dizendo: "Maldito seja todo o que comer antes do anoitecer, antes que eu tenha me vingado de meus inimigos!" Por isso ninguém tinha comido nada. **25** O exército inteiro entrou num bosque, onde havia mel no chão. **26** Eles viram o mel escorrendo, contudo ninguém comeu, pois temiam o juramento. **27** Jônatas, porém, não sabia do juramento que seu pai havia imposto ao exército, de modo que estendeu a ponta da vara que tinha na mão e a molhou no favo de mel. Quando comeu, seus olhos brilharam.ᵃ **28** Então um dos soldados lhe disse: "Seu pai impôs ao exército um juramento severo, dizendo: 'Maldito seja todo o que comer hoje!' Por isso os homens estão exaustos".

29 Jônatas disse: "Meu pai trouxe desgraça para nós. Veja como meus olhos brilhamᵇ desde que provei um pouco deste mel. **30** Como teria sido bem melhor se os homens tivessem comido hoje um pouco do que tomaram dos seus inimigos. A matança de filisteus não teria sido ainda maior?"

31 Naquele dia, depois de derrotarem os filisteus, desde Micmás até Aijalom, os israelitas estavam completamente exaustos. **32** Eles então se lançaram sobre os despojos e pegaram ovelhas, bois e bezerros, e mataram-nos ali mesmo e comeram a carne com o sangue. **33** E alguém disse a Saul: "Veja, os soldados estão pecando contra o Senhor, comendo carne com sangue".

Ele disse: "Vocês foram infiéis. Rolem uma grande pedra até aqui. **34** Saiam entre os soldados e digam-lhes: Cada um traga a mim seu boi ou sua ovelha, abatam-nos e comam a carne aqui. Não pequem contra o Senhor comendo carne com sangue".

Assim, cada um levou seu boi naquela noite e ali o abateu. **35** Então, Saul edificou um altar para o Senhor; foi a primeira vez que fez isso.

36 Saul disse ainda: "Desçamos atrás dos filisteus à noite; vamos saqueá-los até o amanhecer, e não deixemos vivo nem um só deles".

Eles responderam: "Faze o que achares melhor".

O sacerdote, porém, disse: "Consultemos aqui a Deus".

37 Então Saul perguntou a Deus: "Devo perseguir os filisteus? Tu os entregarás nas mãos de Israel?" Mas naquele dia Deus não lhe respondeu.

38 Disse então Saul: "Venham cá, todos vocês que são líderes do exército, e descubramos que pecado foi cometido hoje. **39** Juro pelo nome do Senhor, o libertador de Israel; mesmo que seja meu filho Jônatas, ele morrerá". Mas ninguém disse uma só palavra.

40 A seguir disse Saul a todos os israelitas: "Fiquem vocês de um lado; eu e meu filho Jônatas ficaremos do outro".

E eles responderam: "Faze o que achares melhor".

41 E Saul orou ao Senhor, ao Deus de Israel: "Dá-me a resposta certa".ᶜ A sorte caiu em Jônatas e Saul, e os soldados saíram livres. **42** Saul disse: "Lancem sortes entre mim e meu filho Jônatas". E Jônatas foi indicado.

Jonathan Eats Honey

20 Then Saul and all his men assembled and went to the battle. They found the Philistines in total confusion, striking each other with their swords. **21** Those Hebrews who had previously been with the Philistines and had gone up with them to their camp went over to the Israelites who were with Saul and Jonathan. **22** When all the Israelites who had hidden in the hill country of Ephraim heard that the Philistines were on the run, they joined the battle in hot pursuit. **23** So the Lord rescued Israel that day, and the battle moved on beyond Beth Aven.

24 Now the men of Israel were in distress that day, because Saul had bound the people under an oath, saying, "Cursed be any man who eats food before evening comes, before I have avenged myself on my enemies!" So none of the troops tasted food.

25 The entire armyᵃ entered the woods, and there was honey on the ground. **26** When they went into the woods, they saw the honey oozing out, yet no one put his hand to his mouth, because they feared the oath. **27** But Jonathan had not heard that his father had bound the people with the oath, so he reached out the end of the staff that was in his hand and dipped it into the honeycomb. He raised his hand to his mouth, and his eyes brightened.ᵇ **28** Then one of the soldiers told him, "Your father bound the army under a strict oath, saying, 'Cursed be any man who eats food today!' That is why the men are faint."

29 Jonathan said, "My father has made trouble for the country. See how my eyes brightenedᶜ when I tasted a little of this honey. **30** How much better it would have been if the men had eaten today some of the plunder they took from their enemies. Would not the slaughter of the Philistines have been even greater?"

31 That day, after the Israelites had struck down the Philistines from Micmash to Aijalon, they were exhausted. **32** They pounced on the plunder and, taking sheep, cattle and calves, they butchered them on the ground and ate them, together with the blood. **33** Then someone said to Saul, "Look, the men are sinning against the Lord by eating meat that has blood in it."

"You have broken faith," he said. "Roll a large stone over here at once." **34** Then he said, "Go out among the men and tell them, 'Each of you bring me your cattle and sheep, and slaughter them here and eat them. Do not sin against the Lord by eating meat with blood still in it.' "

So everyone brought his ox that night and slaughtered it there. **35** Then Saul built an altar to the Lord; it was the first time he had done this.

36 Saul said, "Let us go down after the Philistines by night and plunder them till dawn, and let us not leave one of them alive."

"Do whatever seems best to you," they replied.

But the priest said, "Let us inquire of God here."

37 So Saul asked God, "Shall I go down after the Philistines? Will you give them into Israel's hand?" But God did not answer him that day.

38 Saul therefore said, "Come here, all you who are leaders of the army, and let us find out what sin has been committed today. **39** As surely as the Lord who rescues Israel lives, even if it lies with my son Jonathan, he must die." But not one of the men said a word.

40 Saul then said to all the Israelites, "You stand over there; I and Jonathan my son will stand over here."

"Do what seems best to you," the men replied.

41 Then Saul prayed to the Lord, the God of Israel, "Give me the right answer."ᵈ And Jonathan and Saul were taken by lot, and the men were cleared. **42** Saul said, "Cast the lot between me and Jonathan my son." And Jonathan was taken.

ᵃ14.27 Ou *suas forças se renovaram* ᵇ14.29 Ou *como minhas forças se renovaram* ᶜ14.41 A Septuaginta diz *"Por que não respondeste a teu servo hoje? Se a falta está em mim ou no meu filho Jônatas, responde pelo Urim, mas, se os homens de Israel pecaram, responde pelo Tumim".*

ᵃ14:25 Or *Now all the people of the land* ᵇ14:27 Or *his strength was renewed* ᶜ14:29 or *my strength was renewed* ᵈ14:41 Hebrew; Septuagint *"Why have you not answered your servant today? If the fault is in me or my son Jonathan, respond with Urim, but if the men of Israel are at fault, respond with Thummim."*

43 Então Saul disse a Jônatas: "Diga-me o que você fez".

E Jônatas lhe contou: "Eu provei um pouco de mel com a ponta de minha vara. Estou pronto para morrer".

44 Saul disse: "Que Deus me castigue com todo rigor, caso você não morra, Jônatas!"

45 Os soldados, porém, disseram a Saul: "Será que Jônatas, que trouxe esta grande libertação para Israel, deve morrer? Nunca! Juramos pelo nome do Senhor: Nem um só cabelo de sua cabeça cairá ao chão, pois o que ele fez hoje foi com o auxílio de Deus". Então os homens resgataram Jônatas, e ele não foi morto.

46 E Saul parou de perseguir os filisteus, e eles voltaram para a sua própria terra.

47 Quando Saul assumiu o reinado sobre Israel, lutou contra os seus inimigos em redor: moabitas, amonitas, edomitas, os reis[a] de Zobá e os filisteus. Para qualquer lado que fosse, infligia-lhes castigo[b]. **48** Lutou corajosamente e derrotou os amalequitas, libertando Israel das mãos daqueles que os saqueavam.

A Família de Saul

49 Os filhos de Saul foram Jônatas, Isvi e Malquisua. O nome de sua filha mais velha era Merabe, e o da mais nova era Mical. **50** Sua mulher chamava-se Ainoã e era filha de Aimaás. O nome do comandante do exército de Saul era Abner, filho de Ner, tio de Saul. **51** Quis, pai de Saul, e Ner, pai de Abner, eram filhos de Abiel.

52 Houve guerra acirrada contra os filisteus durante todo o reinado de Saul. Por isso, sempre que Saul conhecia um homem forte e corajoso, alistava-o no seu exército.

O Senhor Rejeita Saul como Rei

15 Samuel disse a Saul: "Eu sou aquele a quem o Senhor enviou para ungi-lo como rei de Israel, o povo dele; por isso escute agora a mensagem do Senhor. **2** Assim diz o Senhor dos Exércitos: 'Castigarei os amalequitas pelo que fizeram a Israel, atacando-o quando saía do Egito. **3** Agora vão, ataquem os amalequitas e consagrem ao Senhor para destruição tudo o que lhes pertence. Não os poupem; matem homens, mulheres, crianças, recém-nascidos, bois, ovelhas, camelos e jumentos' ".

4 Então convocou Saul os homens e os reuniu em Telaim: duzentos mil soldados de infantaria e dez mil homens de Judá. **5** Saul foi à cidade de Amaleque e armou uma emboscada no vale. **6** Depois disse aos queneus: "Retirem-se, saiam do meio dos amalequitas para que eu não os destrua junto com eles; pois vocês foram bondosos com os israelitas, quando eles estavam vindo do Egito". Então os queneus saíram do meio dos amalequitas.

7 E Saul atacou os amalequitas por todo o caminho, desde Havilá até Sur, a leste do Egito. **8** Capturou vivo Agague, rei dos amalequitas, e exterminou o seu povo. **9** Mas Saul e o exército pouparam Agague e o melhor das ovelhas e dos bois, os bezerros gordos e os cordeiros. Pouparam tudo o que era bom, mas tudo o que era desprezível e inútil destruíram por completo.

10 Então o Senhor falou a Samuel: **11** "Arrependo-me de ter posto Saul como rei, pois ele me abandonou e não seguiu as minhas instruções". Samuel ficou irado e clamou ao Senhor toda aquela noite.

12 De madrugada Samuel foi ao encontro de Saul, mas lhe disseram: "Saul foi para o Carmelo, onde ergueu um monumento em sua própria honra e depois foi para Gilgal".

13 Quando Samuel o encontrou, Saul disse: "O Senhor te abençoe! Eu segui as instruções do Senhor".

---

43 Then Saul said to Jonathan, "Tell me what you have done."

So Jonathan told him, "I merely tasted a little honey with the end of my staff. And now must I die?"

44 Saul said, "May God deal with me, be it ever so severely, if you do not die, Jonathan."

45 But the men said to Saul, "Should Jonathan die—he who has brought about this great deliverance in Israel? Never! As surely as the Lord lives, not a hair of his head will fall to the ground, for he did this today with God's help." So the men rescued Jonathan, and he was not put to death.

46 Then Saul stopped pursuing the Philistines, and they withdrew to their own land.

47 After Saul had assumed rule over Israel, he fought against their enemies on every side: Moab, the Ammonites, Edom, the kings[a] of Zobah, and the Philistines. Wherever he turned, he inflicted punishment on them.[b] **48** He fought valiantly and defeated the Amalekites, delivering Israel from the hands of those who had plundered them.

Saul's Family

49 Saul's sons were Jonathan, Ishvi and Malki-Shua. The name of his older daughter was Merab, and that of the younger was Michal. **50** His wife's name was Ahinoam daughter of Ahimaaz. The name of the commander of Saul's army was Abner son of Ner, and Ner was Saul's uncle. **51** Saul's father Kish and Abner's father Ner were sons of Abiel.

52 All the days of Saul there was bitter war with the Philistines, and whenever Saul saw a mighty or brave man, he took him into his service.

The Lord Rejects Saul as King

15 Samuel said to Saul, "I am the one the Lord sent to anoint you king over his people Israel; so listen now to the message from the Lord. **2** This is what the Lord Almighty says: 'I will punish the Amalekites for what they did to Israel when they waylaid them as they came up from Egypt. **3** Now go, attack the Amalekites and totally destroy[c] everything that belongs to them. Do not spare them; put to death men and women, children and infants, cattle and sheep, camels and donkeys.' "

4 So Saul summoned the men and mustered them at Telaim—two hundred thousand foot soldiers and ten thousand men from Judah. **5** Saul went to the city of Amalek and set an ambush in the ravine. **6** Then he said to the Kenites, "Go away, leave the Amalekites so that I do not destroy you along with them; for you showed kindness to all the Israelites when they came up out of Egypt." So the Kenites moved away from the Amalekites.

7 Then Saul attacked the Amalekites all the way from Havilah to Shur, to the east of Egypt. **8** He took Agag king of the Amalekites alive, and all his people he totally destroyed with the sword. **9** But Saul and the army spared Agag and the best of the sheep and cattle, the fat calves[d] and lambs—everything that was good. These they were unwilling to destroy completely, but everything that was despised and weak they totally destroyed.

10 Then the word of the Lord came to Samuel: **11** "I am grieved that I have made Saul king, because he has turned away from me and has not carried out my instructions." Samuel was troubled, and he cried out to the Lord all that night.

12 Early in the morning Samuel got up and went to meet Saul, but he was told, "Saul has gone to Carmel. There he has set up a monument in his own honor and has turned and gone on down to Gilgal."

13 When Samuel reached him, Saul said, "The Lord bless you! I have carried out the Lord's instructions."

---

[a]14:47 Masoretic Text; Dead Sea Scrolls and Septuagint king [b]14:47 Hebrew; Septuagint he was victorious [c]15:3 The Hebrew term refers to the irrevocable giving over of things or persons to the Lord, often by totally destroying them; also in verses 8, 9, 15, 18, 20 and 21. [d]15:9 Or the grown bulls; the meaning of the Hebrew for this phrase is uncertain.

[a]14.47 Os manuscritos do mar Morto e a Septuaginta dizem o rei. [b]14.47 A Septuaginta diz era vitorioso.

14 Samuel, porém, perguntou: "Então que balido de ovelhas é esse que ouço com meus próprios ouvidos? Que mugido de bois é esse que estou ouvindo?" **15** Respondeu Saul: "Os soldados os trouxeram dos amalequitas; eles pouparam o melhor das ovelhas e dos bois para sacrificarem ao Senhor, o teu Deus, mas destruímos totalmente o restante". **16** Samuel disse a Saul: "Fique quieto! Eu lhe direi o que o Senhor me falou esta noite".

Respondeu Saul: "Dize-me".

17 E Samuel disse: "Embora pequeno aos seus próprios olhos, você não se tornou o líder das tribos de Israel? O Senhor o ungiu como rei sobre Israel **18** e o enviou numa missão, ordenando: 'Vá e destrua completamente aquele povo ímpio, os amalequitas; guerreie contra eles até que os tenha eliminado'. **19** Por que você não obedeceu ao Senhor? Por que se lançou sobre os despojos e fez o que o Senhor reprova?"

20 Disse Saul: "Mas eu obedeci ao Senhor! Cumpri a missão que o Senhor me designou. Trouxe Agague, o rei dos amalequitas, mas exterminei os amalequitas. **21** Os soldados tomaram ovelhas e bois do despojo, o melhor do que estava consagrado a Deus para destruição, a fim de os sacrificarem ao Senhor seu Deus, em Gilgal".

22 Samuel, porém, respondeu:

"Acaso tem o Senhor tanto prazer
    em holocaustos e em sacrifícios
quanto em que se obedeça
    à sua palavra?
A obediência é melhor
    do que o sacrifício,
e a submissão é melhor
    do que a gordura de carneiros.
23 Pois a rebeldia
    é como o pecado da feitiçaria,
e a arrogância como o mal da idolatria.
Assim como você rejeitou
    a palavra do Senhor,
ele o rejeitou como rei".

24 "Pequei", disse Saul. "Violei a ordem do Senhor e as instruções que tu me deste. Tive medo dos soldados e os atendi. **25** Agora eu te imploro, perdoa o meu pecado e volta comigo, para que eu adore o Senhor". **26** Samuel, contudo, lhe disse: "Não voltarei com você. Você rejeitou a palavra do Senhor, e o Senhor o rejeitou como rei de Israel!"

27 Quando Samuel se virou para sair, Saul agarrou-se à barra do manto dele, e o manto se rasgou. **28** E Samuel lhe disse: "O Senhor rasgou de você, hoje, o reino de Israel, e o entregou a alguém que é melhor que você. **29** Aquele que é a Glória de Israel não mente nem se arrepende, pois não é homem para se arrepender".

30 Saul repetiu: "Pequei. Agora, honra-me perante as autoridades do meu povo e perante Israel; volta comigo, para que eu possa adorar o Senhor, o teu Deus". **31** E assim Samuel voltou com ele, e Saul adorou o Senhor.

32 Então Samuel disse: "Traga-me Agague, o rei dos amalequitas".

Agague veio confiante, pensando[a]: "Com certeza já passou a amargura da morte".

33 Samuel, porém, disse:

"Assim como a sua espada
    deixou mulheres sem filhos,
também sua mãe, entre as mulheres,
    ficará sem o seu filho".

E Samuel despedaçou Agague perante o Senhor, em Gilgal.

34 Então Samuel partiu para Ramá, e Saul foi para a sua casa, em Gibeá de Saul. **35** Nunca mais Samuel viu Saul, até o dia de sua

14 But Samuel said, "What then is this bleating of sheep in my ears? What is this lowing of cattle that I hear?"

15 Saul answered, "The soldiers brought them from the Amalekites; they spared the best of the sheep and cattle to sacrifice to the Lord your God, but we totally destroyed the rest."

16 "Stop!" Samuel said to Saul. "Let me tell you what the Lord said to me last night."

"Tell me," Saul replied.

17 Samuel said, "Although you were once small in your own eyes, did you not become the head of the tribes of Israel? The Lord anointed you king over Israel. **18** And he sent you on a mission, saying, 'Go and completely destroy those wicked people, the Amalekites; make war on them until you have wiped them out.' **19** Why did you not obey the Lord? Why did you pounce on the plunder and do evil in the eyes of the Lord?"

20 "But I did obey the Lord," Saul said. "I went on the mission the Lord assigned me. I completely destroyed the Amalekites and brought back Agag their king. **21** The soldiers took sheep and cattle from the plunder, the best of what was devoted to God, in order to sacrifice them to the Lord your God at Gilgal."

22 But Samuel replied:

"Does the Lord delight in burnt offerings and
    sacrifices
    as much as in obeying the voice of the Lord?
To obey is better than sacrifice,
    and to heed is better than the fat of rams.
23 For rebellion is like the sin of divination,
    and arrogance like the evil of idolatry.
Because you have rejected the word of the
    Lord,
    he has rejected you as king."

24 Then Saul said to Samuel, "I have sinned. I violated the Lord's command and your instructions. I was afraid of the people and so I gave in to them. **25** Now I beg you, forgive my sin and come back with me, so that I may worship the Lord."

26 But Samuel said to him, "I will not go back with you. You have rejected the word of the Lord, and the Lord has rejected you as king over Israel!"

27 As Samuel turned to leave, Saul caught hold of the hem of his robe, and it tore. **28** Samuel said to him, "The Lord has torn the kingdom of Israel from you today and has given it to one of your neighbors—to one better than you. **29** He who is the Glory of Israel does not lie or change his mind; for he is not a man, that he should change his mind."

30 Saul replied, "I have sinned. But please honor me before the elders of my people and before Israel; come back with me, so that I may worship the Lord your God." **31** So Samuel went back with Saul, and Saul worshiped the Lord.

32 Then Samuel said, "Bring me Agag king of the Amalekites." Agag came to him confidently,[a] thinking, "Surely the bitterness of death is past."

33 But Samuel said,

"As your sword has made women childless,
    so will your mother be childless among
    women."

And Samuel put Agag to death before the Lord at Gilgal.

34 Then Samuel left for Ramah, but Saul went up to his home in Gibeah of Saul. **35** Until the day Samuel died, he did not go to see

---

[a]15.32 Ou *veio tremendo, mas ao mesmo tempo pensava*

[a]15.32 Or *him trembling, yet*

morte, embora se entristecesse por causa dele porque o Senhor arrependeu-se de ter estabelecido Saul como rei de Israel.

Samuel Unge Davi

16 O Senhor disse a Samuel: "Até quando você irá se entristecer por causa de Saul? Eu o rejeitei como rei de Israel. Encha um chifre com óleo e vá a Belém; eu o enviarei a Jessé. Escolhi um de seus filhos para fazê-lo rei".

² Samuel, porém, disse: "Como poderei ir? Saul saberá disto e me matará".

O Senhor disse: "Leve um novilho com você e diga que foi sacrificar ao Senhor. ³ Convide Jessé para o sacrifício, e eu lhe mostrarei o que fazer. Você irá ungir para mim aquele que eu indicar".

⁴ Samuel fez o que o Senhor disse. Quando chegou a Belém, as autoridades da cidade foram encontrar-se com ele, tremendo de medo, e perguntaram: "Vens em paz?"

⁵ Respondeu Samuel: "Sim, venho em paz; vim sacrificar ao Senhor. Consagrem-se e venham ao sacrifício comigo". Então ele consagrou Jessé e os filhos dele e os convidou para o sacrifício.

⁶ Quando chegaram, Samuel viu Eliabe e pensou: "Com certeza é este que o Senhor quer ungir".

⁷ O Senhor, contudo, disse a Samuel: "Não considere sua aparência nem sua altura, pois eu o rejeitei. O Senhor não vê como o homem: o homem vê a aparência, mas o Senhor vê o coração".

⁸ Então Jessé chamou Abinadabe e o levou a Samuel. Ele, porém, disse: "O Senhor também não escolheu este". ⁹ Em seguida Jessé levou Samá a Samuel, mas este disse: "Também não foi este que o Senhor escolheu". ¹⁰ Jessé levou a Samuel sete de seus filhos, mas Samuel lhe disse: "O Senhor não escolheu nenhum destes". ¹¹ Então perguntou a Jessé: "Estes são todos os filhos que você tem?"

Jessé respondeu: "Ainda tenho o caçula, mas ele está cuidando das ovelhas".

Samuel disse: "Traga-o aqui; não nos sentaremos para comer enquanto ele não chegar".

¹² Jessé mandou chamá-lo e ele veio. Ele era ruivoª, de belos olhos e boa aparência.

Então o Senhor disse a Samuel: "É este! Levante-se e unja-o".

¹³ Samuel apanhou o chifre cheio de óleo e o ungiu na presença de seus irmãos, e, a partir daquele dia, o Espírito do Senhor apoderou-se de Davi. E Samuel voltou para Ramá.

Davi a Serviço de Saul

¹⁴ O Espírito do Senhor se retirou de Saul, e um espírito maligno, vindo da parte do Senhor, o atormentava.

¹⁵ Os oficiais de Saul lhe disseram: "Há um espírito malignoᵇ, mandado por Deus, te atormentando. ¹⁶ Que o nosso soberano mande estes seus servos procurar um homem que saiba tocar harpa. Quando o espírito maligno, vindo da parte de Deus, se apoderar de ti, o homem tocará harpa e tu te sentirás melhor".

¹⁷ E Saul respondeu aos que o serviam: "Encontrem alguém que toque bem e tragam-no até aqui".

¹⁸ Um dos oficiais respondeu: "Conheço um filho de Jessé, de Belém, que sabe tocar harpa. É um guerreiro valente, sabe falar bem, tem boa aparência e o Senhor está com ele".

¹⁹ Então Saul mandou mensageiros a Jessé com a seguinte mensagem: "Envie-me seu filho Davi, que cuida das ovelhas".
²⁰ Jessé apanhou um jumento e o carregou de pães, uma vasilha de couro cheia de vinho e um cabrito e os enviou a Saul por meio de Davi, seu filho.

²¹ Davi apresentou-se a Saul e passou a trabalhar para ele. Saul gostou muito dele, e Davi tornou-se seu escudeiro. ²² Então Saul enviou a seguinte mensagem a Jessé: "Deixe que Davi continue trabalhando para mim, pois estou satisfeito com ele".

Saul again, though Samuel mourned for him. And the Lord was grieved that he had made Saul king over Israel.

Samuel Anoints David

16 The Lord said to Samuel, "How long will you mourn for Saul, since I have rejected him as king over Israel? Fill your horn with oil and be on your way; I am sending you to Jesse of Bethlehem. I have chosen one of his sons to be king."

² But Samuel said, "How can I go? Saul will hear about it and kill me."

The Lord said, "Take a heifer with you and say, 'I have come to sacrifice to the Lord.' ³ Invite Jesse to the sacrifice, and I will show you what to do. You are to anoint for me the one I indicate."

⁴ Samuel did what the Lord said. When he arrived at Bethlehem, the elders of the town trembled when they met him. They asked, "Do you come in peace?"

⁵ Samuel replied, "Yes, in peace; I have come to sacrifice to the Lord. Consecrate yourselves and come to the sacrifice with me." Then he consecrated Jesse and his sons and invited them to the sacrifice.

⁶ When they arrived, Samuel saw Eliab and thought, "Surely the Lord's anointed stands here before the Lord."

⁷ But the Lord said to Samuel, "Do not consider his appearance or his height, for I have rejected him. The Lord does not look at the things man looks at. Man looks at the outward appearance, but the Lord looks at the heart."

⁸ Then Jesse called Abinadab and had him pass in front of Samuel. But Samuel said, "The Lord has not chosen this one either." ⁹ Jesse then had Shammah pass by, but Samuel said, "Nor has the Lord chosen this one." ¹⁰ Jesse had seven of his sons pass before Samuel, but Samuel said to him, "The Lord has not chosen these." ¹¹ So he asked Jesse, "Are these all the sons you have?"

"There is still the youngest," Jesse answered, "but he is tending the sheep."

Samuel said, "Send for him; we will not sit downª until he arrives."

¹² So he sent and had him brought in. He was ruddy, with a fine appearance and handsome features.

Then the Lord said, "Rise and anoint him; he is the one."

¹³ So Samuel took the horn of oil and anointed him in the presence of his brothers, and from that day on the Spirit of the Lord came upon David in power. Samuel then went to Ramah.

David in Saul's Service

¹⁴ Now the Spirit of the Lord had departed from Saul, and an evilᵇ spirit from the Lord tormented him.

¹⁵ Saul's attendants said to him, "See, an evil spirit from God is tormenting you. ¹⁶ Let our lord command his servants here to search for someone who can play the harp. He will play when the evil spirit from God comes upon you, and you will feel better."

¹⁷ So Saul said to his attendants, "Find someone who plays well and bring him to me."

¹⁸ One of the servants answered, "I have seen a son of Jesse of Bethlehem who knows how to play the harp. He is a brave man and a warrior. He speaks well and is a fine-looking man. And the Lord is with him."

¹⁹ Then Saul sent messengers to Jesse and said, "Send me your son David, who is with the sheep." ²⁰ So Jesse took a donkey loaded with bread, a skin of wine and a young goat and sent them with his son David to Saul.

²¹ David came to Saul and entered his service. Saul liked him very much, and David became one of his armor-bearers. ²² Then Saul sent word to Jesse, saying, "Allow David to remain in my service, for I am pleased with him."

ª16:11 Some Septuagint manuscripts; Hebrew *not gather around* ᵇ16:14 Or *injurious*; also in verses 15, 16 and 23

ª16.12 Ou *moreno* ᵇ16.15 Ou *arruinador*

23 Sempre que o espírito mandado por Deus se apoderava de Saul, Davi apanhava sua harpa e tocava. Então Saul sentia alívio e melhorava, e o espírito maligno o deixava.

Davi e Golias

17 Os filisteus juntaram suas forças para a guerra e se reuniram em Socó, de Judá. E acamparam em Efes-Damim, entre Socó e Azeca. **2** Saul e os israelitas reuniram-se e acamparam no vale de Elá, posicionando-se em linha de batalha para enfrentar os filisteus. **3** Os filisteus ocuparam uma colina e os israelitas outra, estando o vale entre eles.

4 Um guerreiro chamado Golias, que era de Gate, veio do acampamento filisteu. Tinha dois metros e noventa centímetrosª de altura. **5** Ele usava um capacete de bronze e vestia uma couraça de escamas de bronze que pesava sessenta quilosᵇ; **6** nas pernas usava caneleiras de bronze e tinha um dardo de bronze pendurado nas costas. **7** A haste de sua lança era parecida com uma lançadeira de tecelão, e sua ponta de ferro pesava sete quilos e duzentos gramas. Seu escudeiro ia à frente dele.

8 Golias parou e gritou às tropas de Israel: "Por que vocês estão se posicionando para a batalha? Não sou eu um filisteu, e vocês os servos de Saul? Escolham um homem para lutar comigo. **9** Se ele puder lutar e vencer-me, nós seremos seus escravos; todavia, se eu o vencer e o puser fora de combate, vocês serão nossos escravos e nos servirão". **10** E acrescentou: "Eu desafio hoje as tropas de Israel! Mandem-me um homem para lutar sozinho comigo". **11** Ao ouvirem as palavras do filisteu, Saul e todos os israelitas ficaram atônitos e apavorados.

12 Davi era filho de Jessé, o efrateu de Belém de Judá. Jessé tinha oito filhos e já era idoso na época de Saul. **13** Os três filhos mais velhos de Jessé tinham ido para a guerra com Saul: Eliabe, o mais velho, Abinadabe, o segundo, e Samá, o terceiro. **14** Davi era o caçula. Os três mais velhos seguiram Saul, **15** mas Davi ia ao acampamento de Saul e voltava para apascentar as ovelhas de seu pai, em Belém.

16 Durante quarenta dias o filisteu aproximou-se, de manhã e de tarde, e tomou posição.

17 Nessa ocasião Jessé disse a seu filho Davi: "Pegue uma arrobaᶜ de grãos tostados e dez pães e leve-os depressa a seus irmãos no acampamento. **18** Leve também estes dez queijos ao comandante da unidadeᵈ deles. Veja como estão seus irmãos e traga-me alguma garantiaᵉ de que estão bem. **19** Eles estão com Saul e com todos os homens de Israel no vale de Elá, lutando contra os filisteus".

20 Levantando-se de madrugada, Davi deixou o rebanho com outro pastor, pegou a carga e partiu, conforme Jessé lhe havia ordenado. Chegou ao acampamento na hora em que, com o grito de batalha, o exército israelita saindo para suas posições de combate. **21** Israel e os filisteus estavam se posicionando em linha de batalha, frente a frente. **22** Davi deixou o que havia trazido com o responsável pelos suprimentos e correu para a linha de batalha para saber como estavam seus irmãos. **23** Enquanto conversava com eles, Golias, o guerreiro filisteu de Gate, avançou e lançou seu desafio habitual; e Davi o ouviu. **24** Quando os israelitas viram o homem, todos fugiram cheios de medo.

25 Os israelitas diziam entre si: "Vocês viram aquele homem? Ele veio desafiar Israel. O rei dará grandes riquezas a quem o vencer. Também lhe dará sua filha em casamento e isentará de impostos em Israel a família de seu pai".

26 Davi perguntou aos soldados que estavam ao seu lado: "O que receberá o homem que matar esse filisteu e salvar a honra de Israel? Quem é esse filisteu incircunciso para desafiar os exércitos do Deus vivo?"

23 Whenever the spirit from God came upon Saul, David would take his harp and play. Then relief would come to Saul; he would feel better, and the evil spirit would leave him.

David and Goliath

17 Now the Philistines gathered their forces for war and assembled at Socoh in Judah. They pitched camp at Ephes Dammim, between Socoh and Azekah. **2** Saul and the Israelites assembled and camped in the Valley of Elah and drew up their battle line to meet the Philistines. **3** The Philistines occupied one hill and the Israelites another, with the valley between them.

4 A champion named Goliath, who was from Gath, came out of the Philistine camp. He was over nine feetª tall. **5** He had a bronze helmet on his head and wore a coat of scale armor of bronze weighing five thousand shekelsᵇ; **6** on his legs he wore bronze greaves, and a bronze javelin was slung on his back. **7** His spear shaft was like a weaver's rod, and its iron point weighed six hundred shekels.ᶜ His shield bearer went ahead of him.

8 Goliath stood and shouted to the ranks of Israel, "Why do you come out and line up for battle? Am I not a Philistine, and are you not the servants of Saul? Choose a man and have him come down to me. **9** If he is able to fight and kill me, we will become your subjects; but if I overcome him and kill him, you will become our subjects and serve us." **10** Then the Philistine said, "This day I defy the ranks of Israel! Give me a man and let us fight each other." **11** On hearing the Philistine's words, Saul and all the Israelites were dismayed and terrified.

12 Now David was the son of an Ephrathite named Jesse, who was from Bethlehem in Judah. Jesse had eight sons, and in Saul's time he was old and well advanced in years. **13** Jesse's three oldest sons had followed Saul to the war: The firstborn was Eliab; the second, Abinadab; and the third, Shammah. **14** David was the youngest. The three oldest followed Saul, **15** but David went back and forth from Saul to tend his father's sheep at Bethlehem.

16 For forty days the Philistine came forward every morning and evening and took his stand.

17 Now Jesse said to his son David, "Take this ephahᵈ of roasted grain and these ten loaves of bread for your brothers and hurry to their camp. **18** Take along these ten cheeses to the commander of their unit.ᵉ See how your brothers are and bring back some assuranceᶠ from them. **19** They are with Saul and all the men of Israel in the Valley of Elah, fighting against the Philistines."

20 Early in the morning David left the flock with a shepherd, loaded up and set out, as Jesse had directed. He reached the camp as the army was going out to its battle positions, shouting the war cry. **21** Israel and the Philistines were drawing up their lines facing each other. **22** David left his things with the keeper of supplies, ran to the battle lines and greeted his brothers. **23** As he was talking with them, Goliath, the Philistine champion from Gath, stepped out from his lines and shouted his usual defiance, and David heard it. **24** When the Israelites saw the man, they all ran from him in great fear.

25 Now the Israelites had been saying, "Do you see how this man keeps coming out? He comes out to defy Israel. The king will give great wealth to the man who kills him. He will also give him his daughter in marriage and will exempt his father's family from taxes in Israel."

26 David asked the men standing near him, "What will be done for the man who kills this Philistine and removes this disgrace from Israel? Who is this uncircumcised Philistine that he should defy the armies of the living God?"

ª**17.4** Hebraico: *tinha 6 côvados e 1 palmo.* O côvado era uma medida linear de cerca de 45 centímetros. ᵇ**17.5** Hebraico: *5.000 siclos.* Um siclo equivalia a 12 gramas. ᶜ**17.17** Hebraico: *1 efa.* O efa era uma medida de capacidade para secos. As estimativas variam entre 20 e 40 litros. ᵈ**17.18** Hebraico: *dos mil.* ᵉ**17.18** Ou *algum sinal*

ª**17:4** Hebrew *was six cubits and a span* (about 3 meters) ᵇ**17:5** That is, about 125 pounds (about 57 kilograms) ᶜ**17:7** That is, about 15 pounds (about 7 kilograms) ᵈ**17:17** That is, probably about 3/5 bushel (about 22 liters) ᵉ**17:18** Hebrew *thousand* ᶠ**17:18** Or *some token*; or *some pledge of spoils*

27 Repetiram a Davi o que haviam comentado e lhe disseram: "É isso que receberá o homem que matá-lo".

28 Quando Eliabe, o irmão mais velho, ouviu Davi falando com os soldados, ficou muito irritado com ele e perguntou: "Por que você veio até aqui? Com quem deixou aquelas poucas ovelhas no deserto? Sei que você é presunçoso e que o seu coração é mau; você veio só para ver a batalha".

29 E disse Davi: "O que fiz agora? Será que não posso nem mesmo conversar?" **30** Ele então se virou para outro e perguntou a mesma coisa, e os homens responderam-lhe como antes.

31 As palavras de Davi chegaram aos ouvidos de Saul, que o mandou chamar.

32 Davi disse a Saul: "Ninguém deve ficar com o coração abatido por causa desse filisteu; teu servo irá e lutará com ele".

33 Respondeu Saul: "Você não tem condições de lutar contra esse filisteu; você é apenas um rapaz, e ele é um guerreiro desde a mocidade".

34 Davi, entretanto, disse a Saul: "Teu servo toma conta das ovelhas de seu pai. Quando aparece um leão ou um urso e leva uma ovelha do rebanho, **35** eu vou atrás dele, dou-lhe golpes e livro a ovelha de sua boca. Quando se vira contra mim, eu o pego pela juba e lhe dou golpes até matá-lo. **36** Teu servo pôde matar um leão e um urso; esse filisteu incircunciso será como um deles, pois desafiou os exércitos do Deus vivo. **37** O Senhor que me livrou das garras do leão e das garras do urso me livrará das mãos desse filisteu".

Diante disso Saul disse a Davi: "Vá, e que o Senhor esteja com você".

38 Saul vestiu Davi com sua própria túnica, colocou-lhe uma armadura e lhe pôs um capacete de bronze na cabeça. **39** Davi prendeu sua espada sobre a túnica e tentou andar, pois não estava acostumado com aquilo.

E disse a Saul: "Não consigo andar com isto, pois não estou acostumado". Então tirou tudo aquilo **40** e em seguida pegou seu cajado, escolheu no riacho cinco pedras lisas, colocou-as na bolsa, isto é, no seu alforje de pastor e, com sua atiradeira na mão, aproximou-se do filisteu.

41 Enquanto isso, o filisteu, com seu escudeiro à frente, vinha se aproximando de Davi. **42** Olhou para Davi com desprezo, viu que era só um rapaz, ruivoª e de boa aparência, e fez pouco caso dele. **43** Disse ele a Davi: "Por acaso sou um cão, para que você venha contra mim com pedaços de pau?" E o filisteu amaldiçoou Davi, invocando seus deuses, **44** e disse: "Venha aqui, e darei sua carne às aves do céu e aos animais do campo!"

45 Davi, porém, disse ao filisteu: "Você vem contra mim com espada, com lança e com dardos, mas eu vou contra você em nome do Senhor dos Exércitos, o Deus dos exércitos de Israel, a quem você desafiou. **46** Hoje mesmo o Senhor o entregará nas minhas mãos, eu o matarei e cortarei a sua cabeça. Hoje mesmo darei os cadáveres do exército filisteu às aves do céu e aos animais selvagens, e toda a terra saberá que há Deus em Israel. **47** Todos os que estão aqui saberão que não é por espada ou por lança que o Senhor concede vitória; pois a batalha é do Senhor, e ele entregará todos vocês em nossas mãos".

48 Quando o filisteu começou a vir na direção de Davi, este correu para a linha de batalha para enfrentá-lo. **49** Tirando uma pedra de seu alforje, arremessou-a com a atiradeira e atingiu o filisteu na testa, de tal modo que ela ficou encravada, e ele caiu, dando com o rosto no chão.

50 Assim Davi venceu o filisteu com uma atiradeira e uma pedra; sem espada na mão, derrubou o filisteu e o matou.

51 Davi correu, pôs os pés sobre ele, e, desembainhando a espada do filisteu, acabou de matá-lo, cortando-lhe a cabeça com ela.

---

27 They repeated to him what they had been saying and told him, "This is what will be done for the man who kills him."

28 When Eliab, David's oldest brother, heard him speaking with the men, he burned with anger at him and asked, "Why have you come down here? And with whom did you leave those few sheep in the desert? I know how conceited you are and how wicked your heart is; you came down only to watch the battle."

29 "Now what have I done?" said David. "Can't I even speak?" **30** He then turned away to someone else and brought up the same matter, and the men answered him as before. **31** What David said was overheard and reported to Saul, and Saul sent for him.

32 David said to Saul, "Let no one lose heart on account of this Philistine; your servant will go and fight him."

33 Saul replied, "You are not able to go out against this Philistine and fight him; you are only a boy, and he has been a fighting man from his youth."

34 But David said to Saul, "Your servant has been keeping his father's sheep. When a lion or a bear came and carried off a sheep from the flock, **35** I went after it, struck it and rescued the sheep from its mouth. When it turned on me, I seized it by its hair, struck it and killed it. **36** Your servant has killed both the lion and the bear; this uncircumcised Philistine will be like one of them, because he has defied the armies of the living God. **37** The Lord who delivered me from the paw of the lion and the paw of the bear will deliver me from the hand of this Philistine."

Saul said to David, "Go, and the Lord be with you." Ⓐ

38 Then Saul dressed David in his own tunic. He put a coat of armor on him and a bronze helmet on his head. **39** David fastened on his sword over the tunic and tried walking around, because he was not used to them. Ⓑ

"I cannot go in these," he said to Saul, "because I am not used to them." So he took them off. **40** Then he took his staff in his hand, chose five smooth stones from the stream, put them in the pouch of his shepherd's bag and, with his sling in his hand, approached the Philistine.

41 Meanwhile, the Philistine, with his shield bearer in front of him, kept coming closer to David. **42** He looked David over and saw that he was only a boy, ruddy and handsome, and he despised him. **43** He said to David, "Am I a dog, that you come at me with sticks?" And the Philistine cursed David by his gods. **44** "Come here," he said, "and I'll give your flesh to the birds of the air and the beasts of the field!"

45 David said to the Philistine, "You come against me with sword and spear and javelin, but I come against you in the name of the Lord Almighty, the God of the armies of Israel, whom you have defied. **46** This day the Lord will hand you over to me, and I'll strike you down and cut off your head. Today I will give the carcasses of the Philistine army to the birds of the air and the beasts of the earth, and the whole world will know that there is a God in Israel. **47** All those gathered here will know that it is not by sword or spear that the Lord saves; for the battle is the Lord's, and he will give all of you into our hands."

48 As the Philistine moved closer to attack him, David ran quickly toward the battle line to meet him. **49** Reaching into his bag and taking out a stone, he slung it and struck the Philistine on the forehead. The stone sank into his forehead, and he fell facedown on the ground.

50 So David triumphed over the Philistine with a sling and a stone; without a sword in his hand he struck down the Philistine and killed him.

51 David ran and stood over him. He took hold of the Philistine's sword and drew it from the scabbard. After he killed him, he cut off his head with the sword.

ª17.42 Ou *moreno*

Quando os filisteus viram que o seu guerreiro estava morto, recuaram e fugiram. 52 Então os homens de Israel e de Judá deram o grito de guerra e perseguiram os filisteus até a entrada de Gateª, e até as portas de Ecrom. Cadáveres de filisteus ficaram espalhados ao longo da estrada de Saaraim até Gate e Ecrom. 53 Quando os israelitas voltaram da perseguição aos filisteus, levaram tudo o que havia no acampamento deles. 54 Davi pegou a cabeça do filisteu, levou-a para Jerusalém e guardou as armas do filisteu em sua própria tenda.

55 Quando Saul viu Davi avançando para enfrentar o filisteu, perguntou a Abner, o comandante do exército: "Abner, quem é o pai daquele rapaz?"

Abner respondeu: "Juro por tua vida, ó rei, que eu não sei". 56 E o rei ordenou-lhe: "Descubra quem é o pai dele".

57 Logo que Davi voltou, depois de ter matado o filisteu, Abner levou-o perante Saul. Davi ainda segurava a cabeça de Golias.

58 E Saul lhe perguntou: "De quem você é filho, meu jovem?"

Respondeu Davi: "Sou filho de teu servo Jessé, de Belém".

A Inveja de Saul

18 Depois dessa conversa de Davi com Saul, surgiu tão grande amizade entre Jônatas e Davi que Jônatas tornou-se o seu melhor amigo. 2 Daquele dia em diante, Saul manteve Davi consigo e não o deixou voltar à casa de seu pai. 3 E Jônatas fez um acordo de amizade com Davi, pois se tornara o seu melhor amigo. 4 Jônatas tirou o manto que estava vestindo e o deu a Davi, com sua túnica, e até sua espada, seu arco e seu cinturão.

5 Tudo o que Saul lhe ordenava fazer, Davi fazia com tanta habilidadeᵇ que Saul lhe deu um posto elevado no exército. Isso agradou a todo o povo, bem como aos conselheiros de Saul.

6 Quando os soldados voltavam para casa, depois que Davi matou o filisteu, as mulheres saíram de todas as cidades de Israel ao encontro do rei Saul com cânticos e danças, com tamborins, com músicas alegres e instrumentos de três cordas. 7 As mulheres dançavam e cantavam:

"Saul matou milhares,
e Davi, dezenas de milhares".

8 Saul ficou muito irritado com esse refrão e, aborrecido, disse: "Atribuíram a Davi dezenas de milhares. O que mais lhe falta senão o reino?" 9 Daí em diante Saul olhava com inveja para Davi.

10 No dia seguinte, um espírito malignoᶜ mandado por Deus apoderou-se de Saul e ele entrou em transeᵈ em sua casa, enquanto Davi tocava harpa, como costumava fazer. Saul estava com uma lança na mão 11 e a atirou, dizendo: "Encravarei Davi na parede". Mas Davi desviou-se duas vezes.

12 Saul tinha medo de Davi porque o SENHOR o havia abandonado e agora estava com Davi. 13 Então afastou Davi de sua presença e deu-lhe o comando de uma tropa de mil soldados, que Davi conduzia em suas campanhas. 14 Ele tinha êxitoᵉ em tudo o que fazia, pois o SENHOR estava com ele. 15 Vendo isso, Saul teve muito medo dele. 16 Todo o Israel e todo o Judá, porém, gostavam de Davi, pois ele os conduzia em suas batalhas.

17 Saul disse a Davi: "Aqui está a minha filha mais velha, Merabe. Eu a darei em casamento a você; apenas sirva-me com bravura e lute as batalhas do SENHOR". Pois Saul pensou: "Não o matarei. Deixo isso para os filisteus!"

18 Mas Davi disse a Saul: "Quem sou eu, e o que é minha família ou o clã de meu pai em Israel, para que eu me torne genro do rei?" 19 Por isso,ᶠ quando chegou a época de Merabe, a filha de Saul, ser dada em casamento a Davi, ela foi dada a Adriel, de Meolá.

When the Philistines saw that their hero was dead, they turned and ran. 52 Then the men of Israel and Judah surged forward with a shout and pursued the Philistines to the entrance of Gathª and to the gates of Ekron. Their dead were strewn along the Shaaraim road to Gath and Ekron. 53 When the Israelites returned from chasing the Philistines, they plundered their camp. 54 David took the Philistine's head and brought it to Jerusalem, and he put the Philistine's weapons in his own tent.

55 As Saul watched David going out to meet the Philistine, he said to Abner, commander of the army, "Abner, whose son is that young man?"

Abner replied, "As surely as you live, O king, I don't know." 56 The king said, "Find out whose son this young man is."

57 As soon as David returned from killing the Philistine, Abner took him and brought him before Saul, with David still holding the Philistine's head.

58 "Whose son are you, young man?" Saul asked him.

David said, "I am the son of your servant Jesse of Bethlehem."

Saul's Jealousy of David

18 After David had finished talking with Saul, Jonathan became one in spirit with David, and he loved him as himself. 2 From that day Saul kept David with him and did not let him return to his father's house. 3 And Jonathan made a covenant with David because he loved him as himself. 4 Jonathan took off the robe he was wearing and gave it to David, along with his tunic, and even his sword, his bow and his belt.

5 Whatever Saul sent him to do, David did it so successfullyᵇ that Saul gave him a high rank in the army. This pleased all the people, and Saul's officers as well.

6 When the men were returning home after David had killed the Philistine, the women came out from all the towns of Israel to meet King Saul with singing and dancing, with joyful songs and with tambourines and lutes. 7 As they danced, they sang:

"Saul has slain his thousands,
and David his tens of thousands."

8 Saul was very angry; this refrain galled him. "They have credited David with tens of thousands," he thought, "but me with only thousands. What more can he get but the kingdom?" 9 And from that time on Saul kept a jealous eye on David.

10 The next day an evilᶜ spirit from God came forcefully upon Saul. He was prophesying in his house, while David was playing the harp, as he usually did. Saul had a spear in his hand 11 and he hurled it, saying to himself, "I'll pin David to the wall." But David eluded him twice.

12 Saul was afraid of David, because the LORD was with David but had left Saul. 13 So he sent David away from him and gave him command over a thousand men, and David led the troops in their campaigns. 14 In everything he did he had great success,ᵈ because the LORD was with him. 15 When Saul saw how successfulᵉ he was, he was afraid of him. 16 But all Israel and Judah loved David, because he led them in their campaigns.

17 Saul said to David, "Here is my older daughter Merab. I will give her to you in marriage; only serve me bravely and fight the battles of the LORD." For Saul said to himself, "I will not raise a hand against him. Let the Philistines do that!"

18 But David said to Saul, "Who am I, and what is my family or my father's clan in Israel, that I should become the king's son-in-law?" 19 Soᶠ when the time came for Merab, Saul's daughter, to be given to David, she was given in marriage to Adriel of Meholah.

ª17.52 Conforme alguns manuscritos da Septuaginta. O Texto Massorético diz *até um vale.*ᵇ18.5 Ou *sabedoria*; também nos versículos 15 e 30. ᶜ18.10 Ou *arruinador* ᵈ18.10 Ou *e ele profetizou*; também em 19.20,-21 e 23. Veja 10.6. ᵉ18.14 Ou *Ele era muito sábio* ᶠ18.19 Ou *Todavia,*

ª17:52 Some Septuagint manuscripts; Hebrew *a valley* ᵇ18:5 Or *wisely* ᶜ18:10 Or *injurious* ᵈ18:14 Or *he was very wise* ᵉ18:15 Or *wise* ᶠ18:19 Or *However,*

20 Mical, a outra filha de Saul, gostava de Davi. Quando disseram isso a Saul, ele ficou contente e pensou: **21** "Eu a darei a ele, para que lhe sirva de armadilha, fazendo-o cair nas mãos dos filisteus". Então Saul disse a Davi: "Hoje você tem uma segunda oportunidade de tornar-se meu genro".

22 Então Saul ordenou aos seus conselheiros que falassem em particular com Davi, dizendo: "O rei está satisfeito com você, e todos os seus conselheiros o estimam. Torne-se, agora, seu genro".

23 Quando falaram com Davi, ele disse: "Vocês acham que tornar-se genro do rei é fácil? Sou homem pobre e sem recursos".

24 Quando os conselheiros de Saul lhe contaram o que Davi tinha dito, **25** Saul ordenou que dissessem a Davi: "O rei não quer outro preço pela noiva além de cem prepúcios de filisteus, para vingar-se de seus inimigos". O plano de Saul era que Davi fosse morto pelos filisteus.

26 Quando os conselheiros falaram novamente com Davi, ele gostou da idéia de tornar-se genro do rei. Por isso, antes de terminar o prazo estipulado, **27** Davi e seus soldados saíram e mataram duzentos filisteus. Ele trouxe os prepúcios e apresentou-os ao rei para que se tornasse seu genro. Então Saul lhe deu em casamento sua filha Mical.

28 Quando Saul viu claramente que o Senhor estava com Davi e que sua filha Mical o amava, **29** temeu-o ainda mais e continuou seu inimigo pelo resto de sua vida.

30 Os comandantes filisteus continuaram saindo para a batalha, e, todas as vezes que o faziam, Davi tinha mais habilidade do que os outros oficiais de Saul, e assim tornou-se ainda mais famoso.

Saul Procura Matar Davi

19 Saul falou a seu filho Jônatas e a todos os seus conselheiros sobre a sua intenção de matar Davi. Jônatas, porém, gostava muito de Davi **2** e o alertou: "Meu pai está procurando uma oportunidade para matá-lo. Tenha cuidado amanhã cedo. Vá para um esconderijo e fique por lá. **3** Sairei e ficarei com meu pai no campo onde você estiver. Falarei a ele sobre você e, depois, contarei a você o que eu descobrir".

4 Jônatas falou bem de Davi a Saul, seu pai, e lhe disse: "Que o rei não faça mal a seu servo Davi; ele não lhe fez mal nenhum. Ao contrário, o que ele fez trouxe grandes benefícios ao rei. **5** Ele arriscou a vida quando matou o filisteu. O Senhor trouxe grande vitória para o Israel; tu mesmo viste tudo e ficaste contente. Por que, então, farias mal a um inocente como Davi, matando-o sem motivo?"

6 Saul atendeu a Jônatas e fez este juramento: "Juro pelo nome do Senhor que Davi não será morto".

7 Então Jônatas chamou Davi e lhe contou a conversa toda. Levou-o até Saul, e Davi voltou a servir a Saul como anteriormente.

8 E houve guerra outra vez, e Davi foi lutar contra os filisteus. Ele lhes impôs uma grande derrota, e eles fugiram dele.

9 Mas um espírito maligno[a] mandado pelo Senhor apoderou-se de Saul quando ele estava sentado em sua casa, com sua lança na mão. Enquanto Davi estava tocando harpa, **10** Saul tentou encravá-lo na parede com sua lança, mas Davi desviou-se e a lança encravou na parede. E Davi conseguiu escapar. Naquela mesma noite, **11** Saul enviou alguns homens à casa de Davi para vigiá-lo e matá-lo de manhã; mas Mical, a mulher de Davi, o alertou: "Se você não fugir esta noite para salvar sua vida, amanhã estará morto". **12** Então Mical fez Davi descer por uma janela, e ele fugiu. **13** Depois Mical pegou um ídolo do clã e o deitou na cama, pôs uma almofada de pêlos de cabra na cabeceira e o cobriu com um manto.

14 Quando chegaram os homens que Saul tinha enviado para prenderem Davi, Mical disse: "Ele está doente".

20 Now Saul's daughter Michal was in love with David, and when they told Saul about it, he was pleased. **21** "I will give her to him," he thought, "so that she may be a snare to him and so that the hand of the Philistines may be against him." So Saul said to David, "Now you have a second opportunity to become my son-in-law."

22 Then Saul ordered his attendants: "Speak to David privately and say, 'Look, the king is pleased with you, and his attendants all like you; now become his son-in-law.' "

23 They repeated these words to David. But David said, "Do you think it is a small matter to become the king's son-in-law? I'm only a poor man and little known."

24 When Saul's servants told him what David had said, **25** Saul replied, "Say to David, 'The king wants no other price for the bride than a hundred Philistine foreskins, to take revenge on his enemies.' " Saul's plan was to have David fall by the hands of the Philistines.

26 When the attendants told David these things, he was pleased to become the king's son-in-law. So before the allotted time elapsed, **27** David and his men went out and killed two hundred Philistines. He brought their foreskins and presented the full number to the king so that he might become the king's son-in-law. Then Saul gave him his daughter Michal in marriage.

28 When Saul realized that the Lord was with David and that his daughter Michal loved David, **29** Saul became still more afraid of him, and he remained his enemy the rest of his days.

30 The Philistine commanders continued to go out to battle, and as often as they did, David met with more success[a] than the rest of Saul's officers, and his name became well known.

Saul Tries to Kill David

19 Saul told his son Jonathan and all the attendants to kill David. But Jonathan was very fond of David **2** and warned him, "My father Saul is looking for a chance to kill you. Be on your guard tomorrow morning; go into hiding and stay there. **3** I will go out and stand with my father in the field where you are. I'll speak to him about you and will tell you what I find out."

4 Jonathan spoke well of David to Saul his father and said to him, "Let not the king do wrong to his servant David; he has not wronged you, and what he has done has benefited you greatly. **5** He took his life in his hands when he killed the Philistine. The Lord won a great victory for all Israel, and you saw it and were glad. Why then would you do wrong to an innocent man like David by killing him for no reason?"

6 Saul listened to Jonathan and took this oath: "As surely as the Lord lives, David will not be put to death."

7 So Jonathan called David and told him the whole conversation. He brought him to Saul, and David was with Saul as before.

8 Once more war broke out, and David went out and fought the Philistines. He struck them with such force that they fled before him.

9 But an evil[b] spirit from the Lord came upon Saul as he was sitting in his house with his spear in his hand. While David was playing the harp, **10** Saul tried to pin him to the wall with his spear, but David eluded him as Saul drove the spear into the wall. That night David made good his escape.

11 Saul sent men to David's house to watch it and to kill him in the morning. But Michal, David's wife, warned him, "If you don't run for your life tonight, tomorrow you'll be killed." **12** So Michal let David down through a window, and he fled and escaped. **13** Then Michal took an idol[c] and laid it on the bed, covering it with a garment and putting some goats' hair at the head.

14 When Saul sent the men to capture David, Michal said, "He is ill."

---

[a] 19.9 Ou *arruinador*

[a]18:30 Or *David acted more wisely* [b]19:9 Or *injurious* [c]19:13 Hebrew *teraphim*; also in verse 16

15 Então Saul enviou os homens de volta para verem Davi, dizendo: "Tragam-no até aqui em sua cama para que eu o mate". **16** Quando, porém, os homens entraram, o ídolo do clã estava na cama, e na cabeceira havia uma almofada de pêlos de cabra. **17** Saul disse a Mical: "Por que você me enganou desse modo e deixou que o meu inimigo escapasse?"

Ela lhe respondeu: "Ele me disse que o deixasse fugir, se não me mataria."

18 Depois que fugiu, Davi foi falar com Samuel em Ramá e lhe contou tudo o que Saul lhe havia feito. Então ele e Samuel foram a Naiote e ficaram lá. **19** E Saul foi informado: "Davi está em Naiote, em Ramá", disseram-lhe. **20** Então Saul enviou alguns homens para capturá-lo. Todavia, quando viram um grupo de profetas profetizando, dirigidos por Samuel, o Espírito de Deus apoderou-se dos mensageiros de Saul, e eles também entraram em transe. **21** Contaram isso a Saul, e ele enviou mais mensageiros, e estes também entraram em transe. Depois mandou um terceiro grupo e eles também entraram em transe. **22** Finalmente, ele mesmo foi para Ramá. Chegando à grande cisterna do lugar chamado Seco, perguntou onde estavam Samuel e Davi. E lhe responderam: "Em Naiote de Ramá".

23 Então Saul foi para lá. Entretanto, o Espírito de Deus apoderou-se dele, e ele foi andando pelo caminho em transe, até chegar a Naiote. **24** Despindo-se de suas roupas, também profetizou na presença de Samuel, e, despido, ficou deitado todo aquele dia e toda aquela noite. Por isso, o povo diz: "Está Saul também entre os profetas?"

A Amizade entre Davi e Jônatas

20 Depois Davi fugiu de Naiote, em Ramá, foi falar com Jônatas e lhe perguntou: "O que foi que eu fiz? Qual é o meu crime? Qual foi o pecado que cometi contra seu pai para que ele queira tirar a minha vida?"

2 "Nem pense nisso", respondeu Jônatas, "você não será morto! Meu pai não fará coisa alguma sem antes me avisar, seja importante ou não. Por que ele iria esconder isso de mim? Não é nada disso!"

3 Davi, contudo, fez um juramento e disse: "Seu pai sabe muito bem que eu conto com a sua simpatia, e pensou: 'Jônatas não deve saber disso para não se entristecer'. No entanto, eu juro pelo nome do Senhor e por sua vida que estou a um passo da morte".

4 Jônatas disse a Davi: "Eu farei o que você achar necessário".

5 Então disse Davi: "Amanhã é a festa da lua nova, e devo jantar com o rei; mas deixe que eu vá esconder-me no campo até o final da tarde de depois de amanhã. **6** Se seu pai sentir minha falta, diga-lhe: Davi insistiu comigo que lhe permitisse ir a Belém, sua cidade natal, por causa do sacrifício anual que está sendo feito lá por todo o seu clã. **7** Se ele disser: 'Está bem', então seu servo estará seguro. Se ele, porém, ficar muito irado, você pode estar certo de que está decidido a me fazer mal. **8** Mas seja leal a seu servo, porque fizemos um acordo perante o Senhor. Se sou culpado, mate-me você mesmo! Por que entregar-me a seu pai?"

9 Disse Jônatas: "Nem pense nisso! Se eu tiver a menor suspeita de que meu pai está decidido a matá-lo, certamente o avisarei!"

10 Davi perguntou: "Quem irá contar-me, se seu pai lhe responder asperamente?"

11 Jônatas disse: "Venha, vamos ao campo". Eles foram, **12** e Jônatas disse a Davi: "Pelo Senhor, o Deus de Israel, prometo que sondarei meu pai, a esta hora, depois de amanhã! Saberei se as suas intenções são boas ou não para com você, e mandarei avisá-lo. **13** E, se meu pai quiser fazer-lhe mal, que o Senhor me castigue com todo o rigor, se eu não lhe informar disso e não deixá-lo ir em segurança. O Senhor esteja com você assim como esteve com meu pai. **14** Se eu continuar vivo, seja leal comigo, com a lealdade do Senhor; mas se eu morrer,

15 Then Saul sent the men back to see David and told them, "Bring him up to me in his bed so that I may kill him." **16** But when the men entered, there was the idol in the bed, and at the head was some goats' hair.

17 Saul said to Michal, "Why did you deceive me like this and send my enemy away so that he escaped?"

Michal told him, "He said to me, 'Let me get away. Why should I kill you?'"

18 When David had fled and made his escape, he went to Samuel at Ramah and told him all that Saul had done to him. Then he and Samuel went to Naioth and stayed there. **19** Word came to Saul: "David is in Naioth at Ramah"; **20** so he sent men to capture him. But when they saw a group of prophets prophesying, with Samuel standing there as their leader, the Spirit of God came upon Saul's men and they also prophesied. **21** Saul was told about it, and he sent more men, and they prophesied too. Saul sent men a third time, and they also prophesied. **22** Finally, he himself left for Ramah and went to the great cistern at Secu. And he asked, "Where are Samuel and David?"

"Over in Naioth at Ramah," they said.

23 So Saul went to Naioth at Ramah. But the Spirit of God came even upon him, and he walked along prophesying until he came to Naioth. **24** He stripped off his robes and also prophesied in Samuel's presence. He lay that way all that day and night. This is why people say, "Is Saul also among the prophets?"

David and Jonathan

20 Then David fled from Naioth at Ramah and went to Jonathan and asked, "What have I done? What is my crime? How have I wronged your father, that he is trying to take my life?"

2 "Never!" Jonathan replied. "You are not going to die! Look, my father doesn't do anything, great or small, without confiding in me. Why would he hide this from me? It's not so!"

3 But David took an oath and said, "Your father knows very well that I have found favor in your eyes, and he has said to himself, 'Jonathan must not know this or he will be grieved.' Yet as surely as the Lord lives and as you live, there is only a step between me and death."

4 Jonathan said to David, "Whatever you want me to do, I'll do for you."

5 So David said, "Look, tomorrow is the New Moon festival, and I am supposed to dine with the king; but let me go and hide in the field until the evening of the day after tomorrow. **6** If your father misses me at all, tell him, 'David earnestly asked my permission to hurry to Bethlehem, his hometown, because an annual sacrifice is being made there for his whole clan.' **7** If he says, 'Very well,' then your servant is safe. But if he loses his temper, you can be sure that he is determined to harm me. **8** As for you, show kindness to your servant, for you have brought him into a covenant with you before the Lord. If I am guilty, then kill me yourself! Why hand me over to your father?"

9 "Never!" Jonathan said. "If I had the least inkling that my father was determined to harm you, wouldn't I tell you?"

10 David asked, "Who will tell me if your father answers you harshly?"

11 "Come," Jonathan said, "let's go out into the field." So they went there together.

12 Then Jonathan said to David: "By the Lord, the God of Israel, I will surely sound out my father by this time the day after tomorrow! If he is favorably disposed toward you, will I not send you word and let you know? **13** But if my father is inclined to harm you, may the Lord deal with me, be it ever so severely, if I do not let you know and send you away safely. May the Lord be with you as he has been with my father. **14** But show me unfailing kindness like that of the Lord as long as I live, so that I may not be killed,

15 jamais deixe de ser leal com a minha família, mesmo quando o Senhor eliminar da face da terra todos os inimigos de Davi".

16 Assim Jônatas fez uma aliança com a família de Davi, dizendo: "Que o Senhor chame os inimigos de Davi para prestarem contas". **17** E Jônatas fez Davi reafirmar seu juramento de amizade, pois era seu amigo leal.

18 Então Jônatas disse a Davi: "Amanhã é a festa da lua nova. Vão sentir sua falta, pois sua cadeira estará vazia. **19** Depois de amanhã, vá ao lugar onde você se escondeu quando tudo isto começou, e espere junto à pedra de Ezel. **20** Atirarei três flechas para o lado dela, como se estivesse atirando num alvo, **21** e mandarei um menino procurar as flechas. Se eu gritar para ele: As flechas estão mais para cá, traga-as aqui, você poderá vir, pois juro pelo nome do Senhor que você estará seguro; não haverá perigo algum. **22** Mas, se eu gritar para ele: Olhe, as flechas estão mais para lá, vá embora, pois o Senhor o manda ir. **23** Quanto ao nosso acordo, o Senhor é testemunha entre mim e você para sempre". **24** Então Davi escondeu-se no campo. Quando chegou a festa da lua nova, o rei sentou-se à mesa. **25** Ocupou o lugar de costume, junto à parede, em frente de Jônatas,ª e Abner sentou-se ao lado de Saul, mas o lugar de Davi ficou vazio. **26** Saul não disse nada naquele dia, pois pensou: "Algo deve ter acontecido a Davi, deixando-o cerimonialmente impuro. Com certeza ele está impuro". **27** No dia seguinte, o segundo dia da festa da lua nova, o lugar de Davi continuou vazio. Então Saul perguntou a seu filho Jônatas: "Por que o filho de Jessé não veio para a refeição, nem ontem nem hoje?"

28 Jônatas respondeu: "Davi me pediu, com insistência, permissão para ir a Belém, **29** dizendo: 'Deixe-me ir, pois nossa família oferecerá um sacrifício na cidade, e meu irmão ordenou que eu estivesse lá. Se conto com a sua simpatia, deixe-me ir ver meus irmãos'. Por isso ele não veio à mesa do rei".

30 A ira de Saul se acendeu contra Jônatas, e ele lhe disse: "Filho de uma mulher perversa e rebelde! Será que eu não sei que você tem apoiado o filho de Jessé para a sua própria vergonha e para vergonha daquela que o deu à luz? **31** Enquanto o filho de Jessé viver, nem você nem seu reino serão estabelecidos. Agora mande chamá-lo e traga-o a mim, pois ele deve morrer!"

32 Jônatas perguntou a seu pai: "Por que ele deve morrer? O que ele fez?" **33** Então Saul atirou sua lança contra Jônatas para matá-lo. E assim Jônatas viu que seu pai estava mesmo decidido a matar Davi.

34 Jônatas levantou-se da mesa muito irado; naquele segundo dia da festa da lua nova ele não comeu, entristecido porque seu pai havia humilhado Davi.

35 Pela manhã, Jônatas saiu ao campo para o encontro combinado com Davi. Levava consigo um menino **36** e lhe disse: "Vá correndo buscar as flechas que eu atirar". O menino correu, e Jônatas atirou uma flecha para além dele. **37** Quando o menino chegou ao lugar onde a flecha havia caído, Jônatas gritou: "A flecha não está mais para lá? **38** Vamos! Rápido! Não pare!" O menino apanhou a flecha e voltou **39** sem saber de nada, pois somente Jônatas e Davi sabiam do que tinham combinado. **40** Então Jônatas deu suas armas ao menino e disse: "Vá, leve-as de volta à cidade".

41 Depois que o menino foi embora, Davi saiu do lado sul da pedra e inclinou-se três vezes perante Jônatas, rosto em terra. Então despediram-se beijando um ao outro e chorando; Davi chorou ainda mais do que Jônatas.

42 E ele disse a Davi: "Vá em paz, pois temos jurado um ao outro, em nome do Senhor, quando dissemos: O Senhor para sempre é testemunha entre nós e entre os nossos descendentes". **43** Então Davi partiu, e Jônatas voltou à cidade.

15 and do not ever cut off your kindness from my family—not even when the Lord has cut off every one of David's enemies from the face of the earth."

16 So Jonathan made a covenant with the house of David, saying, "May the Lord call David's enemies to account." **17** And Jonathan had David reaffirm his oath out of love for him, because he loved him as he loved himself.

18 Then Jonathan said to David: "Tomorrow is the New Moon festival. You will be missed, because your seat will be empty. **19** The day after tomorrow, toward evening, go to the place where you hid when this trouble began, and wait by the stone Ezel. **20** I will shoot three arrows to the side of it, as though I were shooting at a target. **21** Then I will send a boy and say, 'Go, find the arrows.' If I say to him, 'Look, the arrows are on this side of you; bring them here,' then come, because, as surely as the Lord lives, you are safe; there is no danger. **22** But if I say to the boy, 'Look, the arrows are beyond you,' then you must go, because the Lord has sent you away. **23** And about the matter you and I discussed—remember, the Lord is witness between you and me forever."

24 So David hid in the field, and when the New Moon festival came, the king sat down to eat. **25** He sat in his customary place by the wall, opposite Jonathan,ª and Abner sat next to Saul, but David's place was empty. **26** Saul said nothing that day, for he thought, "Something must have happened to David to make him ceremonially unclean—surely he is unclean." **27** But the next day, the second day of the month, David's place was empty again. Then Saul said to his son Jonathan, "Why hasn't the son of Jesse come to the meal, either yesterday or today?"

28 Jonathan answered, "David earnestly asked me for permission to go to Bethlehem. **29** He said, 'Let me go, because our family is observing a sacrifice in the town and my brother has ordered me to be there. If I have found favor in your eyes, let me get away to see my brothers.' That is why he has not come to the king's table."

30 Saul's anger flared up at Jonathan and he said to him, "You son of a perverse and rebellious woman! Don't I know that you have sided with the son of Jesse to your own shame and to the shame of the mother who bore you? **31** As long as the son of Jesse lives on this earth, neither you nor your kingdom will be established. Now send and bring him to me, for he must die!"

32 "Why should he be put to death? What has he done?" Jonathan asked his father. **33** But Saul hurled his spear at him to kill him. Then Jonathan knew that his father intended to kill David.

34 Jonathan got up from the table in fierce anger; on that second day of the month he did not eat, because he was grieved at his father's shameful treatment of David.

35 In the morning Jonathan went out to the field for his meeting with David. He had a small boy with him, **36** and he said to the boy, "Run and find the arrows I shoot." As the boy ran, he shot an arrow beyond him. **37** When the boy came to the place where Jonathan's arrow had fallen, Jonathan called out after him, "Isn't the arrow beyond you?" **38** Then he shouted, "Hurry! Go quickly! Don't stop!" The boy picked up the arrow and returned to his master. **39** (The boy knew nothing of all this; only Jonathan and David knew.) **40** Then Jonathan gave his weapons to the boy and said, "Go, carry them back to town."

41 After the boy had gone, David got up from the south side *of the stone* and bowed down before Jonathan three times, with his face to the ground. Then they kissed each other and wept together—but David wept the most.

42 Jonathan said to David, "Go in peace, for we have sworn friendship with each other in the name of the Lord, saying, 'The Lord is witness between you and me, and between your descendants and my descendants forever.' " Then David left, and Jonathan went back to the town.

ª**20.25** Conforme a Septuaginta. O Texto Massorético diz *parede. Jônatas se levantou.*

ª**20:25** Septuagint; Hebrew *wall. Jonathan arose*

Davi Vai para Nobe

21 Davi foi falar com o sacerdote Aimeleque, em Nobe. Aimeleque tremia de medo quando se encontrou com ele, e perguntou: "Por que você está sozinho? Ninguém veio com você?"

2 Respondeu Davi: "O rei me encarregou de uma certa missão e me disse: 'Ninguém deve saber coisa alguma sobre sua missão e sobre as suas instruções'. E eu ordenei aos meus soldados que se encontrassem comigo num certo lugar. **3** Agora, então, o que você pode oferecer-me? Dê-me cinco pães ou algo que tiver".

4 O sacerdote, contudo, respondeu a Davi: "Não tenho pão comum; somente pão consagrado; se os soldados não tiveram relações com mulheres recentemente, podem comê-lo".

5 Davi respondeu: "Certamente que não, pois esse é o nosso costume sempre que saímos em campanha. Não tocamos em mulher. Esses homens mantêm o corpo puro mesmo em missões comuns. Quanto mais hoje!" **6** Então, o sacerdote lhe deu os pães consagrados, visto que não havia outro além do pão da Presença, que era retirado de diante do Senhor e substituído por pão quente no dia em que era tirado.

7 Aconteceu que um dos servos de Saul estava ali naquele dia, cumprindo seus deveres diante do Senhor; era o edomita Doegue, chefe dos pastores de Saul.

8 Davi perguntou a Aimeleque: "Você tem uma lança ou uma espada aqui? Não trouxe minha espada nem qualquer outra arma, pois o rei exigiu urgência".

9 O sacerdote respondeu: "A espada de Golias, o filisteu que você matou no vale de Elá, está enrolada num pano atrás do colete sacerdotal. Se quiser, pegue-a; não há nenhuma outra espada".

Davi disse: "Não há outra melhor; dê-me essa espada".

Davi Foge para Gate

10 Naquele dia, Davi fugiu de Saul e foi procurar Aquis, rei de Gate. **11** Todavia os conselheiros de Aquis lhe disseram: "Não é este Davi, o rei da terra de Israel? Não é aquele acerca de quem cantavam em suas danças:

'Saul abateu seus milhares,
    e Davi suas dezenas de milhares'?"

12 Davi levou a sério aquelas palavras e ficou com muito medo de Aquis, rei de Gate. **13** Por isso, na presença deles fingiu que estava louco; enquanto esteve com eles, agiu como um louco, riscando as portas da cidade e deixando escorrer saliva pela barba.

14 Aquis disse a seus conselheiros: "Vejam este homem! Ele está louco! Por que trazê-lo aqui? **15** Será que me faltam loucos para que vocês o tragam para agir como doido na minha frente? O que ele veio fazer no meu palácio?"

Davi Refugia-se em Adulão e em Mispá

22 Davi fugiu da cidade de Gate e foi para a caverna de Adulão. Quando seus irmãos e a família de seu pai souberam disso, foram até lá para encontrá-lo. **2** Também juntaram-se a ele todos os que estavam em dificuldades, os endividados e os descontentes; e ele se tornou o líder deles. Havia cerca de quatrocentos homens com ele.

3 De lá Davi foi para Mispá, em Moabe, e disse ao rei de Moabe: "Posso deixar meu pai e minha mãe virem para cá e ficarem contigo até que eu saiba o que Deus fará comigo?" **4** E assim ele os deixou com o rei de Moabe, e lá eles ficaram enquanto Davi permaneceu na fortaleza.

5 Contudo, o profeta Gade disse a Davi: "Não fique na fortaleza. Vá para Judá". Então Davi foi para a floresta de Herete.

Saul Mata os Sacerdotes de Nobe

6 Saul ficou sabendo que Davi e seus homens tinham sido descobertos. Saul estava sentado, com a lança na mão, debaixo

David at Nob

21 David went to Nob, to Ahimelech the priest. Ahimelech trembled when he met him, and asked, "Why are you alone? Why is no one with you?"

2 David answered Ahimelech the priest, "The king charged me with a certain matter and said to me, 'No one is to know anything about your mission and your instructions.' As for my men, I have told them to meet me at a certain place. **3** Now then, what do you have on hand? Give me five loaves of bread, or whatever you can find."

4 But the priest answered David, "I don't have any ordinary bread on hand; however, there is some consecrated bread here—provided the men have kept themselves from women."

5 David replied, "Indeed women have been kept from us, as usual whenever[a] I set out. The men's things[b] are holy even on missions that are not holy. How much more so today!" **6** So the priest gave him the consecrated bread, since there was no bread there except the bread of the Presence that had been removed from before the Lord and replaced by hot bread on the day it was taken away.

7 Now one of Saul's servants was there that day, detained before the Lord; he was Doeg the Edomite, Saul's head shepherd.

8 David asked Ahimelech, "Don't you have a spear or a sword here? I haven't brought my sword or any other weapon, because the king's business was urgent."

9 The priest replied, "The sword of Goliath the Philistine, whom you killed in the Valley of Elah, is here; it is wrapped in a cloth behind the ephod. If you want it, take it; there is no sword here but that one."

David said, "There is none like it; give it to me."

David at Gath

10 That day David fled from Saul and went to Achish king of Gath. **11** But the servants of Achish said to him, "Isn't this David, the king of the land? Isn't he the one they sing about in their dances:

" 'Saul has slain his thousands,
    and David his tens of thousands'?"

12 David took these words to heart and was very much afraid of Achish king of Gath. **13** So he pretended to be insane in their presence; and while he was in their hands he acted like a madman, making marks on the doors of the gate and letting saliva run down his beard.

14 Achish said to his servants, "Look at the man! He is insane! Why bring him to me? **15** Am I so short of madmen that you have to bring this fellow here to carry on like this in front of me? Must this man come into my house?"

David at Adullam and Mizpah

22 David left Gath and escaped to the cave of Adullam. When his brothers and his father's household heard about it, they went down to him there. **2** All those who were in distress or in debt or discontented gathered around him, and he became their leader. About four hundred men were with him.

3 From there David went to Mizpah in Moab and said to the king of Moab, "Would you let my father and mother come and stay with you until I learn what God will do for me?" **4** So he left them with the king of Moab, and they stayed with him as long as David was in the stronghold.

5 But the prophet Gad said to David, "Do not stay in the stronghold. Go into the land of Judah." So David left and went to the forest of Hereth.

Saul Kills the Priests of Nob

6 Now Saul heard that David and his men had been discovered. And Saul, spear in hand, was seated under the tamarisk

a21:5 Or *from us in the past few days since* **b**21:5 Or *bodies*

da tamargueira, na colina de Gibeá, com todos os seus oficiais ao redor, **7** e ele lhes disse: "Ouçam, homens de Benjamim! Será que o filho de Jessé dará a todos vocês terras e vinhas? Será que ele os fará todos comandantes de mil e comandantes de cem? **8** É por isso que todos vocês têm conspirado contra mim? Ninguém me informa quando meu filho faz acordo com o filho de Jessé. Nenhum de vocês se preocupa comigo nem me avisa que meu filho incitou meu servo a ficar à minha espreita, como ele está fazendo hoje".

9 Entretanto, Doegue, o edomita, que estava com os oficiais de Saul, disse: "Vi o filho de Jessé chegar em Nobe e encontrar-se com Aimeleque, filho de Aitube. **10** Aimeleque consultou o Senhor em favor dele; também lhe deu provisões e a espada de Golias, o filisteu".

11 Então o rei mandou chamar o sacerdote Aimeleque, filho de Aitube, e toda a família de seu pai, que eram os sacerdotes em Nobe, e todos foram falar com o rei. **12** E Saul disse: "Ouça agora, filho de Aitube".

Ele respondeu: "Sim, meu senhor".

13 Saul lhe disse: "Por que vocês conspiraram contra mim, você e o filho de Jessé? Porque você lhe deu comida e espada, e consultou a Deus em favor dele, para que se rebelasse contra mim e me armasse cilada, como ele está fazendo?"

14 Aimeleque respondeu ao rei: "Quem dentre todos os teus oficiais é tão leal quanto Davi, o genro do rei, capitão de sua guarda pessoal e altamente respeitado em sua casa? **15** Será que foi essa a primeira vez que consultei a Deus em favor dele? Certamente que não! Que o rei não acuse a mim, seu servo, nem a qualquer um da família de meu pai, pois seu servo nada sabe acerca do que está acontecendo".

16 O rei, porém, disse: "Com certeza você será morto, Aimeleque, você e toda a família de seu pai".

17 Em seguida o rei ordenou aos guardas que estavam ao seu lado: "Matem os sacerdotes do Senhor, pois eles também apóiam Davi. Sabiam que ele estava fugindo, mas nada me informaram".

Contudo, os oficiais do rei recusaram erguer as mãos para matar os sacerdotes do Senhor.

18 Então o rei ordenou a Doegue: "Mate os sacerdotes", e ele os matou. E naquele dia, matou oitenta e cinco homens que vestiam túnica de linho. **19** Além disso, Saul mandou matar os habitantes de Nobe, a cidade dos sacerdotes: homens, mulheres, crianças, recém-nascidos, bois, jumentos e ovelhas.

20 Entretanto, Abiatar, filho de Aimeleque e neto de Aitube, escapou e fugiu para juntar-se a Davi, **21** e lhe contou que Saul havia matado os sacerdotes do Senhor. **22** Então Davi disse a Abiatar: "Naquele dia, quando o edomita Doegue estava ali, eu sabia que ele não deixaria de levar a informação a Saul. Sou responsável pela morte de toda a família de seu pai. **23** Fique comigo, não tenha medo; o homem que está atrás de sua vida também está atrás da minha. Mas você estará a salvo comigo".

Davi Liberta o Povo de Queila

23 Quando disseram a Davi que os filisteus estavam atacando a cidade de Queila e saqueando as eiras, **2** ele perguntou ao Senhor: "Devo atacar esses filisteus?"

O Senhor lhe respondeu: "Vá, ataque os filisteus e liberte Queila".

3 Os soldados de Davi, porém, lhe disseram: "Aqui em Judá estamos com medo. Quanto mais, se formos a Queila lutar contra as tropas dos filisteus!"

4 Davi consultou o Senhor novamente. "Levante-se", disse o Senhor, "vá à cidade de Queila, pois estou entregando os filisteus em suas mãos." **5** Então Davi e seus homens foram a Queila, combateram os filisteus e se apoderaram de seus rebanhos, impondo-lhes grande derrota e libertando o povo daquela cidade. **6** Ora, Abiatar, filho de Aimeleque, tinha levado o colete sacerdotal quando fugiu para se juntar a Davi, em Queila.

tree on the hill at Gibeah, with all his officials standing around him. **7** Saul said to them, "Listen, men of Benjamin! Will the son of Jesse give all of you fields and vineyards? Will he make all of you commanders of thousands and commanders of hundreds? **8** Is that why you have all conspired against me? No one tells me when my son makes a covenant with the son of Jesse. None of you is concerned about me or tells me that my son has incited my servant to lie in wait for me, as he does today."

9 But Doeg the Edomite, who was standing with Saul's officials, said, "I saw the son of Jesse come to Ahimelech son of Ahitub at Nob. **10** Ahimelech inquired of the Lord for him; he also gave him provisions and the sword of Goliath the Philistine."

11 Then the king sent for the priest Ahimelech son of Ahitub and his father's whole family, who were the priests at Nob, and they all came to the king. **12** Saul said, "Listen now, son of Ahitub."

"Yes, my lord," he answered.

13 Saul said to him, "Why have you conspired against me, you and the son of Jesse, giving him bread and a sword and inquiring of God for him, so that he has rebelled against me and lies in wait for me, as he does today?"

14 Ahimelech answered the king, "Who of all your servants is as loyal as David, the king's son-in-law, captain of your bodyguard and highly respected in your household? **15** Was that day the first time I inquired of God for him? Of course not! Let not the king accuse your servant or any of his father's family, for your servant knows nothing at all about this whole affair."

16 But the king said, "You will surely die, Ahimelech, you and your father's whole family."

17 Then the king ordered the guards at his side: "Turn and kill the priests of the Lord, because they too have sided with David. They knew he was fleeing, yet they did not tell me."

But the king's officials were not willing to raise a hand to strike the priests of the Lord.

18 The king then ordered Doeg, "You turn and strike down the priests." So Doeg the Edomite turned and struck them down. That day he killed eighty-five men who wore the linen ephod. **19** He also put to the sword Nob, the town of the priests, with its men and women, its children and infants, and its cattle, donkeys and sheep.

20 But Abiathar, a son of Ahimelech son of Ahitub, escaped and fled to join David. **21** He told David that Saul had killed the priests of the Lord. **22** Then David said to Abiathar: "That day, when Doeg the Edomite was there, I knew he would be sure to tell Saul. I am responsible for the death of your father's whole family. **23** Stay with me; don't be afraid; the man who is seeking your life is seeking mine also. You will be safe with me."

David Saves Keilah

23 When David was told, "Look, the Philistines are fighting against Keilah and are looting the threshing floors," **2** he inquired of the Lord, saying, "Shall I go and attack these Philistines?"

The Lord answered him, "Go, attack the Philistines and save Keilah."

3 But David's men said to him, "Here in Judah we are afraid. How much more, then, if we go to Keilah against the Philistine forces!"

4 Once again David inquired of the Lord, and the Lord answered him, "Go down to Keilah, for I am going to give the Philistines into your hand." **5** So David and his men went to Keilah, fought the Philistines and carried off their livestock. He inflicted heavy losses on the Philistines and saved the people of Keilah. **6** (Now Abiathar son of Ahimelech had brought the ephod down with him when he fled to David at Keilah.)

Saul Persegue Davi

7 Foi dito a Saul que Davi tinha ido a Queila, e ele disse: "Deus o entregou nas minhas mãos, pois Davi se aprisionou ao entrar numa cidade com portas e trancas". **8** E Saul convocou todo o seu exército para a batalha, para irem a Queila e cercarem Davi e os homens que o seguiam.

9 Quando Davi soube que Saul tramava atacá-lo, disse a Abiatar: "Traga o colete sacerdotal". **10** Então orou: "Ó SENHOR, Deus de Israel, este teu servo ouviu claramente que Saul planeja vir a Queila e destruir a cidade por minha causa. **11** Será que os cidadãos de Queila me entregarão a ele? Saul virá de fato, conforme teu servo ouviu? Ó SENHOR, Deus de Israel, responde-me".

E o SENHOR lhe disse: "Ele virá".

12 E Davi, novamente, perguntou: "Será que os cidadãos de Queila entregarão a mim e a meus soldados a Saul?"

E o SENHOR respondeu: "Entregarão".

13 Então Davi e seus soldados, que eram cerca de seiscentos, partiram de Queila, e ficaram andando sem direção definida. Quando informaram a Saul que Davi tinha fugido de Queila, ele interrompeu a marcha.

14 Davi permaneceu nas fortalezas do deserto e nas colinas do deserto de Zife. Dia após dia Saul o procurava, mas Deus não entregou Davi em suas mãos.

15 Quando Davi estava em Horesa, no deserto de Zife, soube que Saul tinha saído para matá-lo. **16** E Jônatas, filho de Saul, foi falar com ele, em Horesa, e o ajudou a encontrar forças em Deus. **17** "Não tenha medo", disse ele, "meu pai não porá as mãos em você. Você será rei de Israel, e eu lhe serei o segundo em comando. Até meu pai sabe disso." **18** Os dois fizeram um acordo perante o SENHOR. Então, Jônatas foi para casa, mas Davi ficou em Horesa.

19 Alguns zifeus foram dizer a Saul, em Gibeá: "Davi está se escondendo entre nós nas fortalezas de Horesa, na colina de Haquilá, ao sul do deserto de Jesimom. **20** Agora, ó rei, vai quando quiseres, e nós seremos responsáveis por entregá-lo em tuas mãos".

21 Saul respondeu: "O SENHOR os abençoe por terem compaixão de mim. **22** Vão e façam mais preparativos. Descubram aonde Davi geralmente vai e quem o tem visto ali. Dizem que ele é muito astuto. **23** Descubram todos os esconderijos dele e voltem aqui com informações exatas[a]. Então irei com vocês; se ele estiver na região, eu o procurarei entre todos os clãs de Judá".

24 E eles voltaram para Zife, antes de Saul. Davi e seus soldados estavam no deserto de Maom, na Arabá, ao sul do deserto de Jesimom. **25** Depois, Saul e seus soldados saíram e começaram a busca, e, ao ser informado, Davi desceu à rocha e permaneceu no deserto de Maom. Sabendo disso, Saul foi para lá em perseguição a Davi.

26 Saul ia por um lado da montanha, e, pelo outro, Davi e seus soldados fugiam depressa para escapar de Saul. Quando Saul e suas tropas estavam cercando Davi e seus soldados para capturá-los, **27** um mensageiro veio dizer a Saul: "Venha depressa! Os filisteus estão atacando Israel". **28** Então Saul interrompeu a perseguição a Davi e foi enfrentar os filisteus. Por isso chamam esse lugar Selá-Hamalecote[b]. **29** E Davi saiu daquele lugar e foi viver nas fortalezas de En-Gedi.

Davi Poupa a Vida de Saul

24 Saul voltou da luta contra os filisteus e disseram-lhe que Davi estava no deserto de En-Gedi. **2** Então Saul tomou três mil de seus melhores soldados de todo o Israel e partiu à procura de Davi e seus homens, perto dos rochedos dos Bodes Selvagens.

3 Ele foi aos currais de ovelhas que ficavam junto ao caminho; havia ali uma caverna, e Saul entrou nela para fazer suas necessidades. Davi e seus soldados estavam bem no

Saul Pursues David

7 Saul was told that David had gone to Keilah, and he said, "God has handed him over to me, for David has imprisoned himself by entering a town with gates and bars." **8** And Saul called up all his forces for battle, to go down to Keilah to besiege David and his men.

9 When David learned that Saul was plotting against him, he said to Abiathar the priest, "Bring the ephod." **10** David said, "O LORD, God of Israel, your servant has heard definitely that Saul plans to come to Keilah and destroy the town on account of me. **11** Will the citizens of Keilah surrender me to him? Will Saul come down, as your servant has heard? O LORD, God of Israel, tell your servant."

And the LORD said, "He will."

12 Again David asked, "Will the citizens of Keilah surrender me and my men to Saul?"

And the LORD said, "They will."

13 So David and his men, about six hundred in number, left Keilah and kept moving from place to place. When Saul was told that David had escaped from Keilah, he did not go there.

14 David stayed in the desert strongholds and in the hills of the Desert of Ziph. Day after day Saul searched for him, but God did not give David into his hands.

15 While David was at Horesh in the Desert of Ziph, he learned that Saul had come out to take his life. **16** And Saul's son Jonathan went to David at Horesh and helped him find strength in God. **17** "Don't be afraid," he said. "My father Saul will not lay a hand on you. You will be king over Israel, and I will be second to you. Even my father Saul knows this." **18** The two of them made a covenant before the LORD. Then Jonathan went home, but David remained at Horesh.

19 The Ziphites went up to Saul at Gibeah and said, "Is not David hiding among us in the strongholds at Horesh, on the hill of Hakilah, south of Jeshimon? **20** Now, O king, come down whenever it pleases you to do so, and we will be responsible for handing him over to the king."

21 Saul replied, "The LORD bless you for your concern for me. **22** Go and make further preparation. Find out where David usually goes and who has seen him there. They tell me he is very crafty. **23** Find out about all the hiding places he uses and come back to me with definite information.[a] Then I will go with you; if he is in the area, I will track him down among all the clans of Judah."

24 So they set out and went to Ziph ahead of Saul. Now David and his men were in the Desert of Maon, in the Arabah south of Jeshimon. **25** Saul and his men began the search, and when David was told about it, he went down to the rock and stayed in the Desert of Maon. When Saul heard this, he went into the Desert of Maon in pursuit of David.

26 Saul was going along one side of the mountain, and David and his men were on the other side, hurrying to get away from Saul. As Saul and his forces were closing in on David and his men to capture them, **27** a messenger came to Saul, saying, "Come quickly! The Philistines are raiding the land." **28** Then Saul broke off his pursuit of David and went to meet the Philistines. That is why they call this place Sela Hammahlekoth.[b] **29** And David went up from there and lived in the strongholds of En Gedi.

David Spares Saul's Life

24 After Saul returned from pursuing the Philistines, he was told, "David is in the Desert of En Gedi." **2** So Saul took three thousand chosen men from all Israel and set out to look for David and his men near the Crags of the Wild Goats.

3 He came to the sheep pens along the way; a cave was there, and Saul went in to relieve himself. David and his men were far

---

[a]**23.23** Ou *a mim em Nacom* [b]**23.28** *Selá-Hamalecote* significa *rocha da separação.*   [a]**23:23** Or *me at Nacon* [b]**23:28** *Sela Hammahlekoth* means *rock of parting.*

fundo da caverna. **4** Eles disseram: "Este é o dia sobre o qual o Senhor lhe falou:ª 'Entregarei nas suas mãos o seu inimigo para que você faça com ele o que quiser' ". Então Davi foi com muito cuidado e cortou uma ponta do manto de Saul, sem que este percebesse.

5 Mas Davi sentiu bater-lhe o coração de remorso por ter cortado uma ponta do manto de Saul, **6** e então disse a seus soldados: "Que o Senhor me livre de fazer tal coisa a meu senhor, de erguer a mão contra ele, pois é o ungido do Senhor". **7** Com essas palavras Davi repreendeu os soldados e não permitiu que atacassem Saul. E este saiu da caverna e seguiu seu caminho.

8 Então Davi saiu da caverna e gritou para Saul: "Ó rei, meu senhor!" Quando Saul olhou para trás, Davi inclinou-se, rosto em terra, **9** e depois disse: "Por que o rei dá atenção aos que dizem que eu pretendo fazer-lhe mal? **10** Hoje o rei pode ver com seus próprios olhos como o Senhor o entregou em minhas mãos na caverna. Alguns insistiram que eu o matasse, mas eu o poupei, pois disse: Não erguerei a mão contra meu senhor, pois ele é o ungido do Senhor. **11** Olha, meu pai, olha para este pedaço de teu manto em minha mão! Cortei a ponta de teu manto, mas não te matei. Agora entende e reconhece que não sou culpado de fazer-te mal ou de rebelar-me. Não te fiz mal algum, embora estejas à minha procura para tirar-me a vida. **12** O Senhor julgue entre mim e ti. Vingue ele os males que tens feito contra mim, mas não levantarei a mão contra ti. **13** Como diz o provérbio antigo: 'Dos ímpios vêm coisas ímpias'; por isso não levantarei a minha mão contra ti.

14 "Contra quem saiu o rei de Israel? A quem está perseguindo? A um cão morto? A uma pulga? **15** O Senhor seja o juiz e nos julgue. Considere ele minha causa e a sustente; que ele julgue, livrando-me de tuas mãos".

16 Tendo Davi falado todas essas palavras, Saul perguntou: "É você, meu filho Davi?" E chorou em alta voz. **17** "Você é mais justo do que eu", disse a Davi. "Você me tratou bem, mas eu o tratei mal. **18** Você acabou de mostrar o bem que me tem feito; o Senhor me entregou em suas mãos, mas você não me matou. **19** Quando um homem encontra um inimigo e o deixa ir sem fazer-lhe mal? O Senhor o recompense com o bem, pelo modo como você me tratou hoje. **20** Agora tenho certeza de que você será rei e de que o reino de Israel será firmado em suas mãos. **21** Portanto, jure-me pelo Senhor que você não eliminará meus descendentes nem fará meu nome desaparecer da família de meu pai".

22 Então Davi fez seu juramento a Saul. E este voltou para casa, mas Davi e seus soldados foram para a fortaleza.

A Morte de Samuel

25 Samuel morreu, e todo o Israel se reuniu e o pranteou; e o sepultaram onde tinha vivido, em Ramá.

Davi e Abigail

Depois Davi foi para o deserto de Maomᵇ. **2** Certo homem de Maom, que tinha seus bens na cidade de Carmelo, era muito rico. Possuía mil cabras e três mil ovelhas, as quais estavam sendo tosquiadas em Carmelo. **3** Seu nome era Nabal e o nome de sua mulher era Abigail, mulher inteligente e bonita; mas seu marido, descendente de Calebe, era rude e mau.

4 No deserto, Davi ficou sabendo que Nabal estava tosquiando as ovelhas. **5** Por isso, enviou dez rapazes, dizendo-lhes: "Levem minha mensagem a Nabal, em Carmelo, e cumprimentem-no em meu nome. **6** Digam-lhe: Longa vida para o senhor! Muita paz para o senhor e sua família! E muita prosperidade para tudo o que é seu!

7 "Sei que você está tosquiando suas ovelhas. Quando os seus pastores estavam conosco, nós não os maltratamos, e durante todo o tempo em que estiveram em Carmelo não se perdeu nada que fosse deles. **8** Pergunte a eles, e eles lhe dirão. Por isso, seja favorável, pois estamos vindo em época de festa. Por favor, dê a nós, seus servos, e a seu filho Davi o que puder".

back in the cave. **4** The men said, "This is the day the Lord spoke of when he saidª to you, 'I will give your enemy into your hands for you to deal with as you wish.' " Then David crept up unnoticed and cut off a corner of Saul's robe.

5 Afterward, David was conscience-stricken for having cut off a corner of his robe. **6** He said to his men, "The Lord forbid that I should do such a thing to my master, the Lord's anointed, or lift my hand against him; for he is the anointed of the Lord." **7** With these words David rebuked his men and did not allow them to attack Saul. And Saul left the cave and went his way.

8 Then David went out of the cave and called out to Saul, "My lord the king!" When Saul looked behind him, David bowed down and prostrated himself with his face to the ground. **9** He said to Saul, "Why do you listen when men say, 'David is bent on harming you'? **10** This day you have seen with your own eyes how the Lord delivered you into my hands in the cave. Some urged me to kill you, but I spared you; I said, 'I will not lift my hand against my master, because he is the Lord's anointed.' **11** See, my father, look at this piece of your robe in my hand! I cut off the corner of your robe but did not kill you. Now understand and recognize that I am not guilty of wrongdoing or rebellion. I have not wronged you, but you are hunting me down to take my life. **12** May the Lord judge between you and me. And may the Lord avenge the wrongs you have done to me, but my hand will not touch you. **13** As the old saying goes, 'From evildoers come evil deeds,' so my hand will not touch you.

14 "Against whom has the king of Israel come out? Whom are you pursuing? A dead dog? A flea? **15** May the Lord be our judge and decide between us. May he consider my cause and uphold it; may he vindicate me by delivering me from your hand."

16 When David finished saying this, Saul asked, "Is that your voice, David my son?" And he wept aloud. **17** "You are more righteous than I," he said. "You have treated me well, but I have treated you badly. **18** You have just now told me of the good you did to me; the Lord delivered me into your hands, but you did not kill me. **19** When a man finds his enemy, does he let him get away unharmed? May the Lord reward you well for the way you treated me today. **20** I know that you will surely be king and that the kingdom of Israel will be established in your hands. **21** Now swear to me by the Lord that you will not cut off my descendants or wipe out my name from my father's family."

22 So David gave his oath to Saul. Then Saul returned home, but David and his men went up to the stronghold.

David, Nabal and Abigail

25 Now Samuel died, and all Israel assembled and mourned for him; and they buried him at his home in Ramah.

Then David moved down into the Desert of Maon.ᵇ **2** A certain man in Maon, who had property there at Carmel, was very wealthy. He had a thousand goats and three thousand sheep, which he was shearing in Carmel. **3** His name was Nabal and his wife's name was Abigail. She was an intelligent and beautiful woman, but her husband, a Calebite, was surly and mean in his dealings.

4 While David was in the desert, he heard that Nabal was shearing sheep. **5** So he sent ten young men and said to them, "Go up to Nabal at Carmel and greet him in my name. **6** Say to him: 'Long life to you! Good health to you and your household! And good health to all that is yours!

7 "'Now I hear that it is sheep-shearing time. When your shepherds were with us, we did not mistreat them, and the whole time they were at Carmel nothing of theirs was missing. **8** Ask your own servants and they will tell you. Therefore be favorable toward my young men, since we come at a festive time. Please give your servants and your son David whatever you can find for them.'"

ª24.4 Ou *"Hoje o Senhor está dizendo;* ᵇ25.1 Conforme alguns manuscritos da Septuaginta. O Texto Massorético diz *Parã.*

ª24:4 Or *"Today the Lord is saying* ᵇ25:1 Some Septuagint manuscripts; Hebrew *Paran.*

⁹Os rapazes foram e deram a Nabal essa mensagem, em nome de Davi. E ficaram esperando.

¹⁰Nabal respondeu então aos servos de Davi: "Quem é Davi? Quem é esse filho de Jessé? Hoje em dia muitos servos estão fugindo de seus senhores. ¹¹Por que deveria eu pegar meu pão e minha água, e a carne do gado que abati para meus tosquiadores, e dá-los a homens que vêm não se sabe de onde?"

¹²Então, os mensageiros de Davi voltaram e lhe relataram cada uma dessas palavras. ¹³Davi ordenou a seus homens: "Ponham suas espadas na cintura!" Assim eles fizeram e também Davi. Cerca de quatrocentos homens acompanharam Davi, enquanto duzentos permaneceram com a bagagem.

¹⁴Um dos servos disse a Abigail, mulher de Nabal: "Do deserto, Davi enviou mensageiros para saudar o nosso senhor, mas ele os insultou. ¹⁵No entanto, aqueles homens foram muito bons para conosco. Não nos maltrataram, e, durante todo o tempo em que estivemos com eles nos campos, nada perdemos. ¹⁶Dia e noite eles eram como um muro ao nosso redor, durante todo o tempo em que estivemos com eles cuidando de nossas ovelhas. ¹⁷Agora, leve isso em consideração e veja o que a senhora pode fazer, pois a destruição paira sobre o nosso senhor e sobre toda a sua família. Ele é um homem tão mau que ninguém consegue conversar com ele".

¹⁸Imediatamente, Abigail pegou duzentos pães, duas vasilhas de couro cheias de vinho, cinco ovelhas preparadas, cinco medidasᵃ de grãos torrados, cem bolos de uvas passas e duzentos bolos de figos prensados, e os carregou em jumentos. ¹⁹E disse a seus servos: "Vocês vão na frente; eu os seguirei". Ela, porém, nada disse a Nabal, seu marido.

²⁰Enquanto ela ia montada num jumento, encoberta pela montanha, Davi e seus soldados estavam descendo em sua direção, e ela os encontrou. ²¹Davi tinha dito: "De nada adiantou proteger os bens daquele homem no deserto, para que nada se perdesse. Ele me pagou o bem com o mal. ²²Que Deus castigue Daviᵇ, e o faça com muita severidade, caso até de manhã eu deixe vivo um só do sexo masculinoᶜ de todos os que pertencem a Nabal!"

²³Quando Abigail viu Davi, desceu depressa do jumento e prostrou-se perante Davi, rosto em terra. ²⁴Ela caiu a seus pés e disse: "Meu senhor, a culpa é toda minha. Por favor, permite que tua serva te fale; ouve o que ela tem a dizer. ²⁵Meu senhor, não dês atenção àquele homem mau, Nabal. Ele é insensato, conforme o significado do seu nome; e a insensatez o acompanha. Contudo, eu, tua serva, não vi os rapazes que meu senhor enviou.

²⁶"Agora, meu senhor, juro pelo nome do Senhor e por tua vida que foi o Senhor que te impediu de derramar sangue e de te vingares com tuas próprias mãos. Que teus inimigos e todos os que pretendem fazer-te mal sejam castigados como Nabal. ²⁷E que este presente que esta tua serva trouxe ao meu senhor seja dado aos homens que te seguem. ²⁸Esquece, eu te suplico, a ofensa de tua serva, pois o Senhor certamente fará um reino duradouro para ti, que travas os combates do Senhor. E em toda a tua vida, nenhuma culpa se ache em ti. ²⁹Mesmo que alguém te persiga para tirar-te a vida, a vida de meu senhor estará firmemente segura como a dos que são protegidos pelo Senhor, o teu Deus. Mas a vida de teus inimigos será atirada para longe como por uma atiradeira. ³⁰Quando o Senhor tiver feito a meu senhor todo o bem que prometeu e te tiver nomeado líder sobre Israel, ³¹meu senhor não terá no coração o peso de ter derramado sangue desnecessariamente, nem de ter feito justiça com tuas próprias mãos. E, quando o Senhor tiver abençoado a ti, lembra-te de tua serva".

³²Davi disse a Abigail: "Bendito seja o Senhor, o Deus de Israel, que hoje a enviou ao meu encontro. ³³Seja você abençoada pelo seu bom senso e por evitar que eu hoje derrame sangue e me vingue com minhas próprias mãos. ³⁴De outro modo,

---

⁹When David's men arrived, they gave Nabal this message in David's name. Then they waited.

¹⁰Nabal answered David's servants, "Who is this David? Who is this son of Jesse? Many servants are breaking away from their masters these days. ¹¹Why should I take my bread and water, and the meat I have slaughtered for my shearers, and give it to men coming from who knows where?"

¹²David's men turned around and went back. When they arrived, they reported every word. ¹³David said to his men, "Put on your swords!" So they put on their swords, and David put on his. About four hundred men went up with David, while two hundred stayed with the supplies.

¹⁴One of the servants told Nabal's wife Abigail: "David sent messengers from the desert to give our master his greetings, but he hurled insults at them. ¹⁵Yet these men were very good to us. They did not mistreat us, and the whole time we were out in the fields near them nothing was missing. ¹⁶Night and day they were a wall around us all the time we were herding our sheep near them. ¹⁷Now think it over and see what you can do, because disaster is hanging over our master and his whole household. He is such a wicked man that no one can talk to him."

¹⁸Abigail lost no time. She took two hundred loaves of bread, two skins of wine, five dressed sheep, five seahsᵃ of roasted grain, a hundred cakes of raisins and two hundred cakes of pressed figs, and loaded them on donkeys. ¹⁹Then she told her servants, "Go on ahead; I'll follow you." But she did not tell her husband Nabal.

²⁰As she came riding her donkey into a mountain ravine, there were David and his men descending toward her, and she met them. ²¹David had just said, "It's been useless—all my watching over this fellow's property in the desert so that nothing of his was missing. He has paid me back evil for good. ²²May God deal with David,ᵇ be it ever so severely, if by morning I leave alive one male of all who belong to him!"

²³When Abigail saw David, she quickly got off her donkey and bowed down before David with her face to the ground. ²⁴She fell at his feet and said: "My lord, let the blame be on me alone. Please let your servant speak to you; hear what your servant has to say. ²⁵May my lord pay no attention to that wicked man Nabal. He is just like his name—his name is Fool, and folly goes with him. But as for me, your servant, I did not see the men my master sent.

²⁶"Now since the Lord has kept you, my master, from bloodshed and from avenging yourself with your own hands, as surely as the Lord lives and as you live, may your enemies and all who intend to harm my master be like Nabal. ²⁷And let this gift, which your servant has brought to my master, be given to the men who follow you. ²⁸Please forgive your servant's offense, for the Lord will certainly make a lasting dynasty for my master, because he fights the Lord's battles. Let no wrongdoing be found in you as long as you live. ²⁹Even though someone is pursuing you to take your life, the life of my master will be bound securely in the bundle of the living by the Lord your God. But the lives of your enemies he will hurl away as from the pocket of a sling. ³⁰When the Lord has done for my master every good thing he promised concerning him and has appointed him leader over Israel, ³¹my master will not have on his conscience the staggering burden of needless bloodshed or of having avenged himself. And when the Lord has brought my master success, remember your servant."

³²David said to Abigail, "Praise be to the Lord, the God of Israel, who has sent you today to meet me. ³³May you be blessed for your good judgment and for keeping me from bloodshed this day and from avenging myself with my own hands. ³⁴Otherwise,

---

ᵃ25.18 Hebraico: *5 seás*. O seá era uma medida de capacidade para secos. As estimativas variam entre 7 e 14 litros. ᵇ25.22 Conforme alguns manuscritos da Septuaginta. O texto Massorético diz *os inimigos de Davi*. ᶜ25.22 Hebraico: *dos que urinam na parede*; também no versículo 34.

ᵃ25:18 That is, probably about a bushel (about 37 liters) ᵇ25:22 Some Septuagint manuscripts; Hebrew *with David's enemies*

juro pelo nome do Senhor, o Deus de Israel, que evitou que eu lhe fizesse mal, que, se você não tivesse vindo depressa encontrar-me, nem um só do sexo masculino pertencente a Nabal teria sido deixado vivo ao romper do dia".

35 Então Davi aceitou o que Abigail lhe tinha trazido e disse: "Vá para sua casa em paz. Ouvi o que você disse e atenderei o seu pedido".

36 Quando Abigail retornou a Nabal, ele estava dando um banquete em casa, como um banquete de rei. Ele estava alegre e bastante bêbado, e ela nada lhe falou até o amanhecer. **37** De manhã, quando Nabal estava sóbrio, sua mulher lhe contou tudo; ele sofreu um ataque e ficou paralisado como uma pedra. **38** Cerca de dez dias depois, o Senhor feriu Nabal, e ele morreu.

39 Quando Davi soube que Nabal estava morto, disse: "Bendito seja o Senhor, que defendeu a minha causa contra Nabal, por ter me tratado com desprezo. O Senhor impediu seu servo de praticar o mal e fez com que a maldade de Nabal caísse sobre a sua própria cabeça".

Então Davi enviou uma mensagem a Abigail, pedindo-lhe que se tornasse sua mulher. **40** Seus servos foram a Carmelo e disseram a Abigail: "Davi nos mandou buscá-la para que seja sua mulher".

41 Ela se levantou, inclinou-se, rosto em terra, e disse: "Aqui está a sua serva, pronta para servi-los e lavar os pés dos servos de meu senhor". **42** Abigail logo montou num jumento e, acompanhada por suas cinco servas, foi com os mensageiros de Davi e tornou-se sua mulher. **43** Davi também casou-se com Ainoã, de Jezreel; as duas foram suas mulheres. **44** Saul, porém, tinha dado sua filha Mical, mulher de Davi, a Paltiel[a], filho de Laís, de Galim.

Davi Poupa Novamente a Vida de Saul

26 Os zifeus foram falar com Saul, em Gibeá, e disseram: "Davi está escondido na colina de Haquilá, em frente do deserto de Jesimom".

2 Então Saul desceu ao deserto de Zife com três mil dos melhores soldados de Israel, em busca de Davi. **3** Saul acampou ao lado da estrada, na colina de Haquilá, em frente do deserto de Jesimom, mas Davi permaneceu no deserto. Quando viu que Saul o estava seguindo, **4** enviou espiões e soube que Saul havia, de fato, chegado.[b]

5 Então Davi foi para onde Saul estava acampado. E viu o lugar onde Saul e Abner, filho de Ner, comandante de seu exército, haviam se deitado. Saul estava deitado no acampamento, com o exército acampado ao redor.

6 Davi perguntou ao hitita Aimeleque e a Abisai, filho de Zeruia, irmão de Joabe: "Quem descerá comigo ao acampamento de Saul?"

Disse Abisai: "Irei com você".

7 Davi e Abisai entraram à noite no acampamento. Saul estava dormindo, e tinha fincado sua lança no chão, perto da cabeça. Abner e os soldados estavam deitados à sua volta.

8 Abisai disse a Davi: "Hoje Deus entregou o seu inimigo nas suas mãos. Agora deixe que eu crave a lança nele até o chão, com um só golpe; não precisarei de outro".

9 Davi, contudo, disse a Abisai: "Não o mate! Quem pode levantar a mão contra o ungido do Senhor e permanecer inocente? **10** Juro pelo nome do Senhor", disse ele, "o Senhor mesmo o matará; ou chegará a sua hora e ele morrerá, ou irá para a batalha e perecerá. **11** O Senhor me livre de levantar a mão contra o seu ungido. Agora, vamos pegar a lança e o jarro com água que estão perto da cabeça dele, e vamos embora".

12 Dito isso, Davi apanhou a lança e o jarro que estavam perto da cabeça de Saul, e eles foram embora. Ninguém os viu, ninguém percebeu nada e ninguém acordou. Estavam todos dormindo, pois um sono pesado vindo do Senhor havia caído sobre eles.

as surely as the Lord, the God of Israel, lives, who has kept me from harming you, if you had not come quickly to meet me, not one male belonging to Nabal would have been left alive by daybreak."

35 Then David accepted from her hand what she had brought him and said, "Go home in peace. I have heard your words and granted your request."

36 When Abigail went to Nabal, he was in the house holding a banquet like that of a king. He was in high spirits and very drunk. So she told him nothing until daybreak. **37** Then in the morning, when Nabal was sober, his wife told him all these things, and his heart failed him and he became like a stone. **38** About ten days later, the Lord struck Nabal and he died.

39 When David heard that Nabal was dead, he said, "Praise be to the Lord, who has upheld my cause against Nabal for treating me with contempt. He has kept his servant from doing wrong and has brought Nabal's wrongdoing down on his own head."

Then David sent word to Abigail, asking her to become his wife. **40** His servants went to Carmel and said to Abigail, "David has sent us to you to take you to become his wife."

41 She bowed down with her face to the ground and said, "Here is your maidservant, ready to serve you and wash the feet of my master's servants." **42** Abigail quickly got on a donkey and, attended by her five maids, went with David's messengers and became his wife. **43** David had also married Ahinoam of Jezreel, and they both were his wives. **44** But Saul had given his daughter Michal, David's wife, to Paltiel[a] son of Laish, who was from Gallim.

David Again Spares Saul's Life

26 The Ziphites went to Saul at Gibeah and said, "Is not David hiding on the hill of Hakilah, which faces Jeshimon?"

2 So Saul went down to the Desert of Ziph, with his three thousand chosen men of Israel, to search there for David. **3** Saul made his camp beside the road on the hill of Hakilah facing Jeshimon, but David stayed in the desert. When he saw that Saul had followed him there, **4** he sent out scouts and learned that Saul had definitely arrived.[b]

5 Then David set out and went to the place where Saul had camped. He saw where Saul and Abner son of Ner, the commander of the army, had lain down. Saul was lying inside the camp, with the army encamped around him.

6 David then asked Ahimelech the Hittite and Abishai son of Zeruiah, Joab's brother, "Who will go down into the camp with me to Saul?"

"I'll go with you," said Abishai.

7 So David and Abishai went to the army by night, and there was Saul, lying asleep inside the camp with his spear stuck in the ground near his head. Abner and the soldiers were lying around him.

8 Abishai said to David, "Today God has delivered your enemy into your hands. Now let me pin him to the ground with one thrust of my spear; I won't strike him twice."

9 But David said to Abishai, "Don't destroy him! Who can lay a hand on the Lord's anointed and be guiltless? **10** As surely as the Lord lives," he said, "the Lord himself will strike him; either his time will come and he will die, or he will go into battle and perish. **11** But the Lord forbid that I should lay a hand on the Lord's anointed. Now get the spear and water jug that are near his head, and let's go."

12 So David took the spear and water jug near Saul's head, and they left. No one saw or knew about it, nor did anyone wake up. They were all sleeping, because the Lord had put them into a deep sleep.

---

a25.44 Hebraico: *Palti*, variante de *Paltiel*. **b**26.4 Ou *tinha vindo a Nacom*.   **a**25.44 Hebrew *Palti*, a variant of *Paltiel* **b**26:4 Or *had come to Nacon*

13 Então Davi foi para o outro lado e colocou-se no topo da colina, ao longe, a uma boa distância deles. **14** E gritou para o exército e para Abner, filho de Ner: "Você não vai me responder, Abner?"

Abner respondeu: "Quem é que está gritando para o rei?"

15 Disse Davi: "Você é homem, não é? Quem é como você em Israel? Por que você não protegeu o rei, seu senhor? Alguém foi até aí para matá-lo. **16** Não é bom isso que você fez! Juro pelo Senhor que todos vocês merecem morrer, pois não protegeram o seu rei, o ungido do Senhor. Agora, olhem! Onde estão a lança e o jarro de água do rei, que estavam perto da cabeça dele?"

17 Saul reconheceu a voz de Davi e disse: "É você, meu filho Davi?"

Davi respondeu: "Sim, ó rei, meu senhor". **18** E acrescentou: "Por que meu senhor está perseguindo este seu servo? O que eu fiz, e de que mal sou culpado? **19** Que o rei, meu senhor, escute as palavras de seu servo. Se o Senhor o instigou contra mim, queira ele aceitar uma oferta; se, porém, são homens que o fizeram, que sejam amaldiçoados perante o Senhor! Eles agora me afastaram de minha porção na herança do Senhor e disseram: 'Vá, preste culto a outros deuses'. **20** Agora, que o meu sangue não seja derramado longe da presença do Senhor. O rei de Israel saiu à procura de uma pulga, como alguém que sai à caça de uma perdiz nos montes".

21 Então Saul disse: "Pequei! Volte, meu filho Davi! Como hoje você considerou preciosa a minha vida, não lhe farei mal de novo. Tenho agido como um tolo e cometi um grande erro".

22 Respondeu Davi: "Aqui está a lança do rei. Venha um de seus servos pegá-la. **23** O Senhor recompensa a justiça e a fidelidade de cada um. Ele te entregou nas minhas mãos hoje, mas eu não levantaria a mão contra o ungido do Senhor. **24** Assim como eu hoje considerei a tua vida de grande valor, que o Senhor também considere a minha vida e me livre de toda a angústia".

25 Então Saul disse a Davi: "Seja você abençoado, meu filho Davi; você fará muitas coisas e em tudo será bem-sucedido".

Assim Davi seguiu seu caminho, e Saul voltou para casa.

Davi entre os Filisteus

27 Davi, contudo, pensou: "Algum dia serei morto por Saul. É melhor fugir para a terra dos filisteus. Então Saul desistirá de procurar-me por todo o Israel, e escaparei dele".

2 Assim, Davi e os seiscentos homens que estavam com ele foram até Aquis, filho de Maoque, rei de Gate. **3** Davi e seus soldados se estabeleceram em Gate, acolhidos por Aquis. Cada homem levou sua família, e Davi, suas duas mulheres: Ainoã, de Jezreel, e Abigail, que fora mulher de Nabal, de Carmelo. **4** Quando contaram a Saul que Davi havia fugido para Gate, ele parou de persegui-lo.

5 Então Davi disse a Aquis: "Se eu conto com a tua simpatia, dá-me um lugar numa das cidades desta terra onde eu possa viver. Por que este teu servo viveria contigo na cidade real?"

6 Naquele dia Aquis deu-lhe Ziclague. Por isso, Ziclague pertence aos reis de Judá até hoje. **7** Davi morou em território filisteu durante um ano e quatro meses.

8 Ele e seus soldados atacavam os gesuritas, os gersitas e os amalequitas, povos que, desde tempos antigos, habitavam a terra que se estende de Sur até o Egito. **9** Quando Davi atacava a região, não poupava homens nem mulheres, e tomava ovelhas, bois, jumentos, camelos e roupas. Depois retornava a Aquis.

10 Quando Aquis perguntava: "Quem você atacou hoje?" Davi respondia: "O Neguebe de Judá" ou "O Neguebe de Jerameel" ou "O Neguebe dos queneus". **11** Ele matava todos, homens e mulheres, para que não fossem levados a Gate,

13 Then David crossed over to the other side and stood on top of the hill some distance away; there was a wide space between them. **14** He called out to the army and to Abner son of Ner, "Aren't you going to answer me, Abner?"

Abner replied, "Who are you who calls to the king?"

15 David said, "You're a man, aren't you? And who is like you in Israel? Why didn't you guard your lord the king? Someone came to destroy your lord the king. **16** What you have done is not good. As surely as the Lord lives, you and your men deserve to die, because you did not guard your master, the Lord's anointed. Look around you. Where are the king's spear and water jug that were near his head?"

17 Saul recognized David's voice and said, "Is that your voice, David my son?"

David replied, "Yes it is, my lord the king." **18** And he added, "Why is my lord pursuing his servant? What have I done, and what wrong am I guilty of? **19** Now let my lord the king listen to his servant's words. If the Lord has incited you against me, then may he accept an offering. If, however, men have done it, may they be cursed before the Lord! They have now driven me from my share in the Lord's inheritance and have said, 'Go, serve other gods.' **20** Now do not let my blood fall to the ground far from the presence of the Lord. The king of Israel has come out to look for a flea—as one hunts a partridge in the mountains."

21 Then Saul said, "I have sinned. Come back, David my son. Because you considered my life precious today, I will not try to harm you again. Surely I have acted like a fool and have erred greatly."

22 "Here is the king's spear," David answered. "Let one of your young men come over and get it. **23** The Lord rewards every man for his righteousness and faithfulness. The Lord delivered you into my hands today, but I would not lay a hand on the Lord's anointed. **24** As surely as I valued your life today, so may the Lord value my life and deliver me from all trouble."

25 Then Saul said to David, "May you be blessed, my son David; you will do great things and surely triumph."

So David went on his way, and Saul returned home.

David Among the Philistines

27 But David thought to himself, "One of these days I will be destroyed by the hand of Saul. The best thing I can do is to escape to the land of the Philistines. Then Saul will give up searching for me anywhere in Israel, and I will slip out of his hand."

2 So David and the six hundred men with him left and went over to Achish son of Maoch king of Gath. **3** David and his men settled in Gath with Achish. Each man had his family with him, and David had his two wives: Ahinoam of Jezreel and Abigail of Carmel, the widow of Nabal. **4** When Saul was told that David had fled to Gath, he no longer searched for him.

5 Then David said to Achish, "If I have found favor in your eyes, let a place be assigned to me in one of the country towns, that I may live there. Why should your servant live in the royal city with you?"

6 So on that day Achish gave him Ziklag, and it has belonged to the kings of Judah ever since. **7** David lived in Philistine territory a year and four months.

8 Now David and his men went up and raided the Geshurites, the Girzites and the Amalekites. (From ancient times these peoples had lived in the land extending to Shur and Egypt.) **9** Whenever David attacked an area, he did not leave a man or woman alive, but took sheep and cattle, donkeys and camels, and clothes. Then he returned to Achish.

10 When Achish asked, "Where did you go raiding today?" David would say, "Against the Negev of Judah" or "Against the Negev of Jerahmeel" or "Against the Negev of the Kenites." **11** He did not leave a man or woman alive to be brought to Gath,

pois pensava: "Eles poderão denunciar-me". Este foi o seu procedimento enquanto viveu em território filisteu. ¹² Aquis confiava em Davi e dizia: "Ele se tornou tão odiado por seu povo, os israelitas, que será meu servo para sempre".

Saul e a Médium de En-Dor

28 Naqueles dias os filisteus reuniram suas tropas para lutar contra Israel. Aquis disse a Davi: "Saiba que você e seus soldados me acompanharão no exército".

² Disse Davi a Aquis: "Então tu saberás o que teu servo é capaz de fazer".

Aquis respondeu-lhe: "Muito bem, eu o colocarei como minha guarda pessoal permanente".

³ Samuel já havia morrido, e todo o Israel o havia pranteado e sepultado em Ramá, sua cidade natal. Saul havia expulsado do país os médiuns e os que consultavam os espíritos.

⁴ Depois que os filisteus se reuniram, vieram e acamparam em Suném, enquanto Saul reunia todos os israelitas e acampava em Gilboa. ⁵ Quando Saul viu o acampamento filisteu, teve medo; ficou apavorado. ⁶ Ele consultou o Senhor, mas este não lhe respondeu nem por sonhos nem por Urim³ nem por profetas. ⁷ Então Saul disse aos seus auxiliares: "Procurem uma mulher que invoca espíritos, para que eu a consulte".

Eles disseram: "Existe uma em En-Dor".

⁸ Saul então se disfarçou, vestindo outras roupas, e foi à noite, com dois homens, até a casa da mulher. Ele disse a ela: "Invoque um espírito para mim, fazendo subir aquele cujo nome eu disser".

⁹ A mulher, porém, lhe disse: "Certamente você sabe o que Saul fez. Ele eliminou os médiuns e os que consultam os espíritos da terra de Israel. Por que você está preparando uma armadilha contra mim, que me levará à morte?"

¹⁰ Saul jurou-lhe pelo Senhor: "Juro pelo nome do Senhor que você não será punida por isso".

¹¹ "Quem devo fazer subir?", perguntou a mulher.

Ele respondeu: "Samuel".

¹² Quando a mulher viu Samuel, gritou e disse a Saul: "Por que me enganaste? Tu mesmo és Saul!"

¹³ O rei lhe disse: "Não tenha medo. O que você está vendo?"

A mulher respondeu: "Vejo um ser b que sobe do chão".

¹⁴ Ele perguntou: "Qual a aparência dele?"

E disse ela: "Um ancião vestindo um manto está subindo". Então Saul ficou sabendo que era Samuel, inclinou-se e prostrou-se, rosto em terra.

¹⁵ Samuel perguntou a Saul: "Por que você me perturbou, fazendo-me subir?"

Respondeu Saul: "Estou muito angustiado. Os filisteus estão me atacando e Deus se afastou de mim. Ele já não responde nem por profetas nem por sonhos; por isso te chamei para me dizeres o que fazer".

¹⁶ Disse Samuel: "Por que você me chamou, já que o Senhor se afastou de você e se tornou seu inimigo? ¹⁷ O Senhor fez o que predisse por meu intermédio: rasgou de suas mãos o reino e o deu a seu próximo, a Davi. ¹⁸ Porque você não obedeceu ao Senhor nem executou a grande ira dele contra os amalequitas, ele lhe faz isso hoje. ¹⁹ O Senhor entregará você e o povo de Israel nas mãos dos filisteus, e amanhã você e seus filhos estarão comigo. O Senhor também entregará o exército de Israel nas mãos dos filisteus".

²⁰ Na mesma hora Saul caiu estendido no chão, aterrorizado pelas palavras de Samuel. Suas forças se esgotaram, pois ele tinha passado todo aquele dia e toda aquela noite sem comer.

²¹ Quando a mulher se aproximou de Saul e viu que ele estava profundamente perturbado, disse: "Olha, tua serva te obedeceu. Arrisquei minha vida e fiz o que me ordenaste.

for he thought, "They might inform on us and say, 'This is what David did.'" And such was his practice as long as he lived in Philistine territory. ¹² Achish trusted David and said to himself, "He has become so odious to his people, the Israelites, that he will be my servant forever."

Saul and the Witch of Endor

28 In those days the Philistines gathered their forces to fight against Israel. Achish said to David, "You must understand that you and your men will accompany me in the army."

² David said, "Then you will see for yourself what your servant can do."

Achish replied, "Very well, I will make you my bodyguard for life."

³ Now Samuel was dead, and all Israel had mourned for him and buried him in his own town of Ramah. Saul had expelled the mediums and spiritists from the land.

⁴ The Philistines assembled and came and set up camp at Shunem, while Saul gathered all the Israelites and set up camp at Gilboa. ⁵ When Saul saw the Philistine army, he was afraid; terror filled his heart. ⁶ He inquired of the Lord, but the Lord did not answer him by dreams or Urim or prophets. ⁷ Saul then said to his attendants, "Find me a woman who is a medium, so I may go and inquire of her."

"There is one in Endor," they said.

⁸ So Saul disguised himself, putting on other clothes, and at night he and two men went to the woman. "Consult a spirit for me," he said, "and bring up for me the one I name."

⁹ But the woman said to him, "Surely you know what Saul has done. He has cut off the mediums and spiritists from the land. Why have you set a trap for my life to bring about my death?"

¹⁰ Saul swore to her by the Lord, "As surely as the Lord lives, you will not be punished for this."

¹¹ Then the woman asked, "Whom shall I bring up for you?"

"Bring up Samuel," he said.

¹² When the woman saw Samuel, she cried out at the top of her voice and said to Saul, "Why have you deceived me? You are Saul!"

¹³ The king said to her, "Don't be afraid. What do you see?" The woman said, "I see a spirit a coming up out of the ground."

¹⁴ "What does he look like?" he asked.

"An old man wearing a robe is coming up," she said.

Then Saul knew it was Samuel, and he bowed down and prostrated himself with his face to the ground.

¹⁵ Samuel said to Saul, "Why have you disturbed me by bringing me up?"

"I am in great distress," Saul said. "The Philistines are fighting against me, and God has turned away from me. He no longer answers me, either by prophets or by dreams. So I have called on you to tell me what to do."

¹⁶ Samuel said, "Why do you consult me, now that the Lord has turned away from you and become your enemy? ¹⁷ The Lord has done what he predicted through me. The Lord has torn the kingdom out of your hands and given it to one of your neighbors—to David. ¹⁸ Because you did not obey the Lord or carry out his fierce wrath against the Amalekites, the Lord has done this to you today. ¹⁹ The Lord will hand over both Israel and you to the Philistines, and tomorrow you and your sons will be with me. The Lord will also hand over the army of Israel to the Philistines."

²⁰ Immediately Saul fell full length on the ground, filled with fear because of Samuel's words. His strength was gone, for he had eaten nothing all that day and all that night.

²¹ When the woman came to Saul and saw that he was greatly shaken, she said, "Look, your maidservant has obeyed you. I took my life in my hands and did what you told me to do.

ª28.6 Objeto utilizado para se conhecer a vontade de Deus. b28.13 Ou *deuses*; ou ainda *um espírito*. Hebraico: *Vejo elohim subindo do chão.*

ª28:13 Or *see spirits*; or *see gods*

22 Agora, por favor, ouve tua serva e come um pouco para que tenhas forças para seguir teu caminho".

23 Ele recusou e disse: "Não vou comer".

Seus homens, porém, insistiram com ele, e a mulher também; e ele os atendeu. Ele se levantou do chão e sentou-se na cama.

24 A mulher matou depressa um bezerro gordo que tinha em casa; apanhou um pouco de farinha, amassou-a e assou pão sem fermento. **25** Então ela serviu a Saul e a seus homens, e eles comeram. E naquela mesma noite eles partiram.

Os Filisteus Desconfiam de Davi

29 Os filisteus reuniram todas as suas tropas em Afeque, e Israel acampou junto à fonte de Jezreel. **2** Enquanto os governantes filisteus avançavam com seus grupos de cem e de mil, Davi e seus homens iam na retaguarda com Aquis. **3** Os comandantes dos filisteus perguntaram: "O que estes hebreus fazem aqui?"

Aquis respondeu: "Este é Davi, que era oficial de Saul, rei de Israel. Ele já está comigo há mais de um ano e, desde o dia em que deixou Saul, nada fez que mereça desconfiança".

4 Contudo, os comandantes filisteus se iraram contra ele e disseram: "Mande embora este homem para a cidade que você lhe designou. Ele não deve ir para a guerra conosco, senão se tornará nosso adversário durante o combate. Qual seria a melhor maneira de recuperar a boa vontade de seu senhor, senão à custa da cabeça de nossos homens? **5** Não é ele o Davi de quem cantavam em suas danças:

'Saul abateu seus milhares,
e Davi, suas dezenas de milhares'?"

6 Então Aquis chamou Davi e lhe disse: "Juro, pelo nome do Senhor, que você tem sido leal, e ficaria contente em tê-lo servindo comigo no exército. Desde o dia em que você veio a mim, nunca desconfiei de você, mas os governantes não o aprovam. **7** Agora, volte e vá em paz! Não faça nada que desagrade os governantes filisteus".

8 Davi perguntou: "O que foi que eu fiz? O que descobriste contra teu servo, desde o dia em que cheguei? Por que não posso ir lutar contra os inimigos do rei, meu senhor?"

9 Aquis respondeu: "Reconheço que você tem feito o que eu aprovo, como um anjo de Deus. Os comandantes filisteus, no entanto, dizem que você não deve ir à batalha conosco. **10** Agora, levante-se bem cedo, junto com os servos de seu senhor que vieram com você, e partam de manhã, assim que clarear o dia".

11 Então Davi e seus soldados levantaram-se de madrugada para voltar à terra dos filisteus. E os filisteus foram para Jezreel.

Davi Derrota os Amalequitas

30 Quando Davi e seus soldados chegaram a Ziclague, no terceiro dia, os amalequitas tinham atacado o Neguebe e incendiado a cidade de Ziclague. **2** Levaram como prisioneiros todos os que lá estavam: as mulheres, os jovens e os idosos. A ninguém mataram, mas os levaram consigo, quando prosseguiram seu caminho.

3 Ao chegarem a Ziclague, Davi e seus soldados encontraram a cidade destruída pelo fogo e viram que suas mulheres, seus filhos e suas filhas tinham sido levados como prisioneiros. **4** Então Davi e seus soldados choraram em alta voz até não terem mais forças. **5** As duas mulheres de Davi também tinham sido levadas: Ainoã, de Jezreel, e Abigail, de Carmelo, a que fora mulher de Nabal. **6** Davi ficou profundamente angustiado, pois os homens falavam em apedrejá-lo; todos estavam amargurados por causa de seus filhos e de suas filhas. Davi, porém, fortaleceu-se no Senhor, o seu Deus.

7 Então Davi disse ao sacerdote Abiatar, filho de Aimeleque: "Traga-me o colete sacerdotal". Abiatar o trouxe a Davi, **8** e ele perguntou ao Senhor: "Devo perseguir esse bando de invasores? Irei alcançá-los?"

Achish Sends David Back to Ziklag

29 The Philistines gathered all their forces at Aphek, and Israel camped by the spring in Jezreel. **2** As the Philistine rulers marched with their units of hundreds and thousands, David and his men were marching at the rear with Achish. **3** The commanders of the Philistines asked, "What about these Hebrews?"

Achish replied, "Is this not David, who was an officer of Saul king of Israel? He has already been with me for over a year, and from the day he left Saul until now, I have found no fault in him."

4 But the Philistine commanders were angry with him and said, "Send the man back, that he may return to the place you assigned him. He must not go with us into battle, or he will turn against us during the fighting. How better could he regain his master's favor than by taking the heads of our own men? **5** Isn't this the David they sang about in their dances:

" 'Saul has slain his thousands,
and David his tens of thousands'?"

6 So Achish called David and said to him, "As surely as the Lord lives, you have been reliable, and I would be pleased to have you serve with me in the army. From the day you came to me until now, I have found no fault in you, but the rulers don't approve of you. **7** Turn back and go in peace; do nothing to displease the Philistine rulers."

8 "But what have I done?" asked David. "What have you found against your servant from the day I came to you until now? Why can't I go and fight against the enemies of my lord the king?"

9 Achish answered, "I know that you have been as pleasing in my eyes as an angel of God; nevertheless, the Philistine commanders have said, 'He must not go up with us into battle.' **10** Now get up early, along with your master's servants who have come with you, and leave in the morning as soon as it is light."

11 So David and his men got up early in the morning to go back to the land of the Philistines, and the Philistines went up to Jezreel.

David Destroys the Amalekites

30 David and his men reached Ziklag on the third day. Now the Amalekites had raided the Negev and Ziklag. They had attacked Ziklag and burned it, **2** and had taken captive the women and all who were in it, both young and old. They killed none of them, but carried them off as they went on their way.

3 When David and his men came to Ziklag, they found it destroyed by fire and their wives and sons and daughters taken captive. **4** So David and his men wept aloud until they had no strength left to weep. **5** David's two wives had been captured—Ahinoam of Jezreel and Abigail, the widow of Nabal of Carmel. **6** David was greatly distressed because the men were talking of stoning him; each one was bitter in spirit because of his sons and daughters. But David found strength in the Lord his God.

7 Then David said to Abiathar the priest, the son of Ahimelech, "Bring me the ephod." Abiathar brought it to him, **8** and David inquired of the Lord, "Shall I pursue this raiding party? Will I overtake them?"

E o Senhor respondeu: "Persiga-os; é certo que você os alcançará e conseguirá libertar os prisioneiros".

⁹ Davi e os seiscentos homens que estavam com ele foram ao ribeiro de Besor, onde ficaram alguns, ¹⁰ pois duzentos deles estavam exaustos demais para atravessar o ribeiro. Todavia, Davi e quatrocentos homens continuaram a perseguição.

¹¹ Encontraram um egípcio no campo e o trouxeram a Davi. Deram-lhe água e comida: ¹² um pedaço de bolo de figos prensados e dois bolos de uvas passas. Ele comeu e recobrou as forças, pois tinha ficado três dias e três noites sem comer e sem beber.

¹³ Davi lhe perguntou: "A quem você pertence e de onde vem?"

Ele respondeu: "Sou um jovem egípcio, servo de um amalequita. Meu senhor me abandonou quando fiquei doente há três dias. ¹⁴ Nós atacamos o Neguebe dos queretitas, o território que pertence a Judá e o Neguebe de Calebe. E incendiamos a cidade de Ziclague".

¹⁵ Davi lhe perguntou: "Você pode levar-me até esse bando de invasores?"

Ele respondeu: "Jura, diante de Deus, que não me matarás nem me entregarás nas mãos de meu senhor, e te levarei até eles".

¹⁶ Quando ele levou Davi até lá, os amalequitas estavam espalhados pela região, comendo, bebendo e festejando os muitos bens que haviam tomado da terra dos filisteus e de Judá. ¹⁷ Davi os atacou no dia seguinte, desde o amanhecer até a tarde, e nenhum deles escapou, com exceção de quatrocentos jovens que montaram em camelos e fugiram. ¹⁸ Davi recuperou tudo o que os amalequitas tinham levado, incluindo suas duas mulheres. ¹⁹ Nada faltou: nem jovens, nem velhos, nem filhos, nem filhas, nem bens, nem qualquer outra coisa que fora levada. Davi recuperou tudo. ²⁰ E tomou também todos os rebanhos dos amalequitas, e seus soldados os conduziram à frente dos outros animais, dizendo: "Estes são os despojos de Davi".

²¹ Então Davi foi até os duzentos homens que estavam exaustos demais para segui-lo e tinham ficado no ribeiro de Besor. Eles saíram para receber Davi e os que estavam com ele. Ao se aproximar com seus soldados, Davi os saudou. ²² Mas todos os elementos maus e vadios que tinham ido com Davi disseram: "Uma vez que não saíram conosco, não repartiremos com eles os bens que recuperamos. No entanto, cada um poderá pegar sua mulher e seus filhos e partir".

²³ Davi respondeu: "Não, meus irmãos! Não façam isso com o que o Senhor nos deu. Ele nos protegeu e entregou em nossas mãos os bandidos que vieram contra nós. ²⁴ Quem concordará com o que vocês estão dizendo? A parte de quem ficou com a bagagem será a mesma de quem foi à batalha. Todos receberão partes iguais". ²⁵ Davi fez disso um decreto e uma ordenança para Israel, desde aquele dia até hoje.

²⁶ Quando Davi chegou a Ziclague, enviou parte dos bens às autoridades de Judá, que eram seus amigos, dizendo: "Eis um presente para vocês, tirado dos bens dos inimigos do Senhor".

²⁷ Ele enviou esse presente às autoridades de Betel, de Ramote do Neguebe, de Jatir, ²⁸ de Aroer, de Sifmote, de Estemoa, ²⁹ de Racal, das cidades dos jerameelitas e dos queneus, ³⁰ de Hormá, de Corasã, de Atace, ³¹ de Hebrom e de todos os lugares onde Davi e seus soldados tinham passado.

O Suicídio de Saul

31 E aconteceu que, em combate com os filisteus, os israelitas foram postos em fuga e muitos caíram mortos no monte Gilboa. ² Os filisteus perseguiram Saul e seus filhos, e mataram Jônatas, Abinadabe e Malquisua, filhos de Saul. ³ O combate foi se tornando cada vez mais violento em torno de Saul, até que os flecheiros o alcançaram e o feriram gravemente.

⁴ Então Saul ordenou ao seu escudeiro: "Tire sua espada e mate-me com ela, senão sofrerei a vergonha de cair nas mãos desses incircuncisos".

"Pursue them," he answered. "You will certainly overtake them and succeed in the rescue."

⁹ David and the six hundred men with him came to the Besor Ravine, where some stayed behind, ¹⁰ for two hundred men were too exhausted to cross the ravine. But David and four hundred men continued the pursuit.

¹¹ They found an Egyptian in a field and brought him to David. They gave him water to drink and food to eat— ¹² part of a cake of pressed figs and two cakes of raisins. He ate and was revived, for he had not eaten any food or drunk any water for three days and three nights.

¹³ David asked him, "To whom do you belong, and where do you come from?"

He said, "I am an Egyptian, the slave of an Amalekite. My master abandoned me when I became ill three days ago. ¹⁴ We raided the Negev of the Kerethites and the territory belonging to Judah and the Negev of Caleb. And we burned Ziklag."

¹⁵ David asked him, "Can you lead me down to this raiding party?"

He answered, "Swear to me before God that you will not kill me or hand me over to my master, and I will take you down to them."

¹⁶ He led David down, and there they were, scattered over the countryside, eating, drinking and reveling because of the great amount of plunder they had taken from the land of the Philistines and from Judah. ¹⁷ David fought them from dusk until the evening of the next day, and none of them got away, except four hundred young men who rode off on camels and fled. ¹⁸ David recovered everything the Amalekites had taken, including his two wives. ¹⁹ Nothing was missing: young or old, boy or girl, plunder or anything else they had taken. David brought everything back. ²⁰ He took all the flocks and herds, and his men drove them ahead of the other livestock, saying, "This is David's plunder."

²¹ Then David came to the two hundred men who had been too exhausted to follow him and who were left behind at the Besor Ravine. They came out to meet David and the people with him. As David and his men approached, he greeted them. ²² But all the evil men and troublemakers among David's followers said, "Because they did not go out with us, we will not share with them the plunder we recovered. However, each man may take his wife and children and go."

²³ David replied, "No, my brothers, you must not do that with what the Lord has given us. He has protected us and handed over to us the forces that came against us. ²⁴ Who will listen to what you say? The share of the man who stayed with the supplies is to be the same as that of him who went down to the battle. All will share alike." ²⁵ David made this a statute and ordinance for Israel from that day to this.

²⁶ When David arrived in Ziklag, he sent some of the plunder to the elders of Judah, who were his friends, saying, "Here is a present for you from the plunder of the Lord's enemies."

²⁷ He sent it to those who were in Bethel, Ramoth Negev and Jattir; ²⁸ to those in Aroer, Siphmoth, Eshtemoa ²⁹ and Racal; to those in the towns of the Jerahmeelites and the Kenites; ³⁰ to those in Hormah, Bor Ashan, Athach ³¹ and Hebron; and to those in all the other places where David and his men had roamed.

Saul Takes His Life

31 Now the Philistines fought against Israel; the Israelites fled before them, and many fell slain on Mount Gilboa. ² The Philistines pressed hard after Saul and his sons, and they killed his sons Jonathan, Abinadab and Malki-Shua. ³ The fighting grew fierce around Saul, and when the archers overtook him, they wounded him critically.

⁴ Saul said to his armor-bearer, "Draw your sword and run me through, or these uncircumcised fellows will come and run me through and abuse me."

Mas seu escudeiro estava apavorado e não quis fazê-lo. Saul, então, pegou sua própria espada e jogou-se sobre ela. ⁵ Quando o escudeiro viu que Saul estava morto, jogou-se também sobre sua espada e morreu com ele. ⁶ Assim foi que Saul, seus três filhos, seu escudeiro e todos os seus soldados morreram naquele dia.

⁷ Quando os israelitas que habitavam do outro lado do vale e a leste do Jordão viram que o exército tinha fugido e que Saul e seus filhos estavam mortos, fugiram, abandonando suas cidades. Depois os filisteus foram ocupá-las.

⁸ No dia seguinte, quando os filisteus foram saquear os mortos, encontraram Saul e seus três filhos caídos no monte Gilboa. ⁹ Cortaram a cabeça de Saul, pegaram suas armas, e enviaram mensageiros por toda a terra dos filisteus para proclamarem a notícia nos templos de seus ídolos e entre o seu povo. ¹⁰ Expuseram as armas de Saul no templo de Astarote e penduraram seu corpo no muro de Bete-Seã.

¹¹ Quando os habitantes de Jabes-Gileade ficaram sabendo o que os filisteus tinham feito com Saul, ¹² os mais corajosos dentre eles foram durante a noite a Bete-Seã. Baixaram os corpos de Saul e de seus filhos do muro de Bete-Seã e os levaram para Jabes, onde os queimaram. ¹³ Depois enterraram seus ossos debaixo de uma tamargueira em Jabes, e jejuaram durante sete dias.

2Samuel

Davi Recebe a Notícia da Morte de Saul

1 Depois da morte de Saul, Davi retornou de sua vitória sobre os amalequitas. Fazia dois dias que ele estava em Ziclague ² quando, no terceiro dia, chegou um homem que vinha do acampamento de Saul, com as roupas rasgadas e terra na cabeça. Ao aproximar-se de Davi, prostrou-se, rosto em terra, em sinal de respeito.

³ Davi então lhe perguntou: "De onde você vem?"
Ele respondeu: "Fugi do acampamento israelita".

⁴ Disse Davi: "Conte-me o que aconteceu".
E o homem contou: "O nosso exército fugiu da batalha, e muitos morreram. Saul e Jônatas também estão mortos".

⁵ Então Davi perguntou ao jovem que lhe trouxera as notícias: "Como você sabe que Saul e Jônatas estão mortos?"

⁶ O jovem respondeu: "Cheguei por acaso ao monte Gilboa, e lá estava Saul, apoiado em sua lança. Os carros de guerra e os oficiais da cavalaria estavam a ponto de alcançá-lo. ⁷ Quando ele se virou e me viu, chamou-me gritando, e eu disse: Aqui estou.

⁸ "Ele me perguntou: 'Quem é você?'
"Sou amalequita, respondi.

⁹ "Então ele me ordenou: 'Venha aqui e mate-me! Estou na angústia da morte!'.

¹⁰ "Por isso aproximei-me dele e o matei, pois sabia que ele não sobreviveria ao ferimento. Peguei a coroa e o bracelete dele e trouxe-os a ti, meu senhor".

¹¹ Então Davi rasgou suas vestes; e os homens que estavam com ele fizeram o mesmo. ¹² E se lamentaram, chorando e jejuando até o fim da tarde, por Saul e por seu filho Jônatas, pelo exército do Senhor e pelo povo de Israel, porque muitos haviam sido mortos à espada.

¹³ E Davi perguntou ao jovem que lhe trouxera as notícias: "De onde você é?"
E ele respondeu: "Sou filho de um estrangeiro, sou amalequita".

¹⁴ Davi lhe perguntou: "Como você não temeu levantar a mão para matar o ungido do Senhor?"

¹⁵ Então Davi chamou um dos seus soldados e lhe disse: "Venha aqui e mate-o!" O servo o feriu, e o homem morreu. ¹⁶ Davi tinha dito ao jovem: "Você é responsável por sua própria morte. Sua boca testemunhou contra você, quando disse: 'Matei o ungido do Senhor' ".

But his armor-bearer was terrified and would not do it; so Saul took his own sword and fell on it. ⁵ When the armor-bearer saw that Saul was dead, he too fell on his sword and died with him. ⁶ So Saul and his three sons and his armor-bearer and all his men died together that same day.

⁷ When the Israelites along the valley and those across the Jordan saw that the Israelite army had fled and that Saul and his sons had died, they abandoned their towns and fled. And the Philistines came and occupied them.

⁸ The next day, when the Philistines came to strip the dead, they found Saul and his three sons fallen on Mount Gilboa. ⁹ They cut off his head and stripped off his armor, and they sent messengers throughout the land of the Philistines to proclaim the news in the temple of their idols and among their people. ¹⁰ They put his armor in the temple of the Ashtoreths and fastened his body to the wall of Beth Shan.

¹¹ When the people of Jabesh Gilead heard of what the Philistines had done to Saul, ¹² all their valiant men journeyed through the night to Beth Shan. They took down the bodies of Saul and his sons from the wall of Beth Shan and went to Jabesh, where they burned them. ¹³ Then they took their bones and buried them under a tamarisk tree at Jabesh, and they fasted seven days.

2Samuel

David Hears of Saul's Death

1 After the death of Saul, David returned from defeating the Amalekites and stayed in Ziklag two days. ² On the third day a man arrived from Saul's camp, with his clothes torn and with dust on his head. When he came to David, he fell to the ground to pay him honor.

³ "Where have you come from?" David asked him.
He answered, "I have escaped from the Israelite camp."

⁴ "What happened?" David asked. "Tell me."
He said, "The men fled from the battle. Many of them fell and died. And Saul and his son Jonathan are dead."

⁵ Then David said to the young man who brought him the report, "How do you know that Saul and his son Jonathan are dead?"

⁶ "I happened to be on Mount Gilboa," the young man said, "and there was Saul, leaning on his spear, with the chariots and riders almost upon him. ⁷ When he turned around and saw me, he called out to me, and I said, 'What can I do?'

⁸ "He asked me, 'Who are you?'
" 'An Amalekite,' I answered.

⁹ "Then he said to me, 'Stand over me and kill me! I am in the throes of death, but I'm still alive.'

¹⁰ "So I stood over him and killed him, because I knew that after he had fallen he could not survive. And I took the crown that was on his head and the band on his arm and have brought them here to my lord."

¹¹ Then David and all the men with him took hold of their clothes and tore them. ¹² They mourned and wept and fasted till evening for Saul and his son Jonathan, and for the army of the Lord and the house of Israel, because they had fallen by the sword.

¹³ David said to the young man who brought him the report, "Where are you from?"
"I am the son of an alien, an Amalekite," he answered.

¹⁴ David asked him, "Why were you not afraid to lift your hand to destroy the Lord's anointed?"

¹⁵ Then David called one of his men and said, "Go, strike him down!" So he struck him down, and he died. ¹⁶ For David had said to him, "Your blood be on your own head. Your own mouth testified against you when you said, 'I killed the Lord's anointed.' "

Davi Lamenta-se por Saul e Jônatas

17 Davi cantou este lamento sobre Saul e seu filho Jônatas, **18** e ordenou que se ensinasse aos homens de Judá; é o Lamento do Arco, que foi registrado no Livro de Jasar:

19 "O seu esplendor, ó Israel,
    está morto sobre os seus montes.
Como caíram os guerreiros!

20 "Não conte isso em Gate,
não o proclame nas ruas de Ascalom,
para que não se alegrem
    as filhas dos filisteus
nem exultem as filhas dos incircuncisos.

21 "Ó colinas de Gilboa,
nunca mais haja orvalho
nem chuva sobre vocês,
nem campos que produzam trigo
    para as ofertas.
Porque ali foi profanado
    o escudo dos guerreiros,
    o escudo de Saul,
que nunca mais será polido com óleo.

22 Do sangue dos mortos,
    da carne[a] dos guerreiros,
o arco de Jônatas nunca recuou,
a espada de Saul
    sempre cumpriu a sua tarefa.

23 "Saul e Jônatas, mui amados,
nem na vida nem na morte
    foram separados.
Eram mais ágeis que as águias,
mais fortes que os leões.

24 "Chorem por Saul,
    ó filhas de Israel!
Chorem aquele que as vestia
    de rubros ornamentos,
e suas roupas enfeitava
    com adornos de ouro.

25 "Como caíram os guerreiros
    no meio da batalha!
Jônatas está morto
    sobre os montes de Israel.

26 Como estou triste por você,
    Jônatas, meu irmão!
Como eu lhe queria bem!
Sua amizade era, para mim, mais preciosa
que o amor das mulheres!

27 "Caíram os guerreiros!
    As armas de guerra foram destruídas!"

Davi é Ungido Rei de Judá

2 Passado algum tempo, Davi perguntou ao Senhor: "Devo ir para uma das cidades de Judá?" O Senhor respondeu que sim, e Davi perguntou por qual delas.

"Para Hebrom", respondeu o Senhor.

2 Então Davi foi para Hebrom com suas duas mulheres, Ainoã, de Jezreel, e Abigail, viúva de Nabal, o carmelita. **3** Davi também levou os homens que o acompanhavam, cada um com sua família, e estabeleceram-se em Hebrom e nos povoados vizinhos. **4** Então os homens de Judá foram a Hebrom e ali ungiram Davi rei da tribo de Judá.

Informado de que os habitantes de Jabes-Gileade tinham sepultado Saul, **5** Davi enviou-lhes mensageiros que lhes disseram: "O Senhor os abençoe pelo seu ato de lealdade, dando

David's Lament for Saul and Jonathan

17 David took up this lament concerning Saul and his son Jonathan, **18** and ordered that the men of Judah be taught this lament of the bow (it is written in the Book of Jashar):

19 "Your glory, O Israel, lies slain on your heights.
    How the mighty have fallen!

20 "Tell it not in Gath,
    proclaim it not in the streets of Ashkelon,
lest the daughters of the Philistines be glad,
    lest the daughters of the uncircumcised
      rejoice.

21 "O mountains of Gilboa,
    may you have neither dew nor rain,
    nor fields that yield offerings *of grain*.
For there the shield of the mighty was defiled,
    the shield of Saul—no longer rubbed with oil.

22 From the blood of the slain,
    from the flesh of the mighty,
the bow of Jonathan did not turn back,
    the sword of Saul did not return unsatisfied.

23 "Saul and Jonathan—
    in life they were loved and gracious,
    and in death they were not parted.
They were swifter than eagles,
    they were stronger than lions.

24 "O daughters of Israel,
    weep for Saul,
who clothed you in scarlet and finery,
    who adorned your garments with ornaments
      of gold.

25 "How the mighty have fallen in battle!
    Jonathan lies slain on your heights.

26 I grieve for you, Jonathan my brother;
    you were very dear to me.
Your love for me was wonderful,
    more wonderful than that of women.

27 "How the mighty have fallen!
    The weapons of war have perished!"

David Anointed King Over Judah

2 In the course of time, David inquired of the Lord. "Shall I go up to one of the towns of Judah?" he asked.

The Lord said, "Go up."

David asked, "Where shall I go?"

"To Hebron," the Lord answered.

2 So David went up there with his two wives, Ahinoam of Jezreel and Abigail, the widow of Nabal of Carmel. **3** David also took the men who were with him, each with his family, and they settled in Hebron and its towns. **4** Then the men of Judah came to Hebron and there they anointed David king over the house of Judah.

When David was told that it was the men of Jabesh Gilead who had buried Saul, **5** he sent messengers to the men of Jabesh Gilead to say to them, "The Lord bless you for showing this kindness to

sepultura a Saul, seu rei. **6** Seja o Senhor leal e fiel para com vocês. Também eu firmarei minha amizade com vocês, por terem feito essa boa ação. **7** Mas, agora, sejam fortes e corajosos, pois Saul, seu senhor, está morto, e já fui ungido rei pela tribo de Judá".

Is-Bosete Proclamado Rei de Israel

8 Enquanto isso, Abner, filho de Ner, comandante do exército de Saul, levou Is-Bosete, filho de Saul, a Maanaim, **9** onde o proclamou rei sobre Gileade, Assuria, Jezreel, Efraim, Benjamim e sobre todo o Israel.

10 Is-Bosete, filho de Saul, tinha quarenta anos de idade quando começou a reinar em Israel, e reinou dois anos. Entretanto, a tribo de Judá seguia Davi, **11** que a governou em Hebrom por sete anos e seis meses.

A Guerra entre Judá e Israel

12 Abner, filho de Ner, e os soldados de Is-Bosete, filho de Saul, partiram de Maanaim e marcharam para Gibeom. **13** Joabe, filho de Zeruia, e os soldados de Davi foram ao encontro deles no açude de Gibeom. Um grupo posicionou-se num lado do açude, o outro grupo, no lado oposto.

14 Então Abner disse a Joabe: "Vamos fazer alguns soldados lutarem diante de nós".

Joabe respondeu: "De acordo".

15 Então doze soldados aliados de Benjamim e Is-Bosete, filho de Saul, atravessaram o açude para enfrentar doze soldados aliados de Davi. **16** Cada soldado pegou o adversário pela cabeça e fincou-lhe o punhal no lado, e juntos caíram mortos. Por isso aquele lugar, situado em Gibeom, foi chamado Helcate-Hazurim.

17 Houve uma violenta batalha naquele dia, e Abner e os soldados de Israel foram derrotados pelos soldados de Davi.

18 Estavam lá Joabe, Abisai e Asael, os três filhos de Zeruia. E Asael, que corria como uma gazela em terreno plano, **19** perseguiu Abner, sem se desviar nem para a direita nem para a esquerda. **20** Abner olhou para trás e perguntou: "É você, Asael?"

"Sou eu", respondeu ele.

21 Disse-lhe então Abner: "É melhor você se desviar para a direita ou para a esquerda, capturar um dos soldados e ficar com as armas dele". Mas Asael não quis parar de persegui-lo.

22 Então Abner advertiu Asael mais uma vez: "Pare de me perseguir! Não quero matá-lo. Como eu poderia olhar seu irmão Joabe nos olhos de novo?"

23 Como, porém, Asael não desistiu de persegui-lo, Abner cravou no estômago dele a ponta da lança, que saiu pelas costas. E ele caiu, morrendo ali mesmo. E paravam todos os que chegavam ao lugar onde Asael estava caído.

24 Então Joabe e Abisai perseguiram Abner. Ao pôr-do-sol, chegaram à colina de Amá, defronte de Gia, no caminho para o deserto de Gibeom. **25** Os soldados de Benjamim, seguindo Abner, reuniram-se formando um só grupo e ocuparam o alto de uma colina.

26 Então Abner gritou para Joabe: "O derramamento de sangue vai continuar? Não vê que isso vai trazer amargura? Quando é que você vai mandar o seu exército parar de perseguir os seus irmãos?"

27 Respondeu Joabe: "Juro pelo nome de Deus que, se você não tivesse falado, o meu exército perseguiria os seus irmãos até de manhã".

28 Então Joabe tocou a trombeta, e o exército parou de perseguir Israel e de lutar.

29 Abner e seus soldados marcharam pela Arabá durante toda a noite. Atravessaram o Jordão, marcharam durante a manhã inteira e chegaram a Maanaim.

Saul your master by burying him. **6** May the Lord now show you kindness and faithfulness, and I too will show you the same favor because you have done this. **7** Now then, be strong and brave, for Saul your master is dead, and the house of Judah has anointed me king over them."

War Between the Houses of David and Saul

8 Meanwhile, Abner son of Ner, the commander of Saul's army, had taken Ish-Bosheth son of Saul and brought him over to Mahanaim. **9** He made him king over Gilead, Ashuria and Jezreel, and also over Ephraim, Benjamin and all Israel.

10 Ish-Bosheth son of Saul was forty years old when he became king over Israel, and he reigned two years. The house of Judah, however, followed David. **11** The length of time David was king in Hebron over the house of Judah was seven years and six months.

12 Abner son of Ner, together with the men of Ish-Bosheth son of Saul, left Mahanaim and went to Gibeon. **13** Joab son of Zeruiah and David's men went out and met them at the pool of Gibeon. One group sat down on one side of the pool and one group on the other side.

14 Then Abner said to Joab, "Let's have some of the young men get up and fight hand to hand in front of us."

"All right, let them do it," Joab said.

15 So they stood up and were counted off—twelve men for Benjamin and Ish-Bosheth son of Saul, and twelve for David. **16** Then each man grabbed his opponent by the head and thrust his dagger into his opponent's side, and they fell down together. So that place in Gibeon was called Helkath Hazzurim.

17 The battle that day was very fierce, and Abner and the men of Israel were defeated by David's men.

18 The three sons of Zeruiah were there: Joab, Abishai and Asahel. Now Asahel was as fleet-footed as a wild gazelle. **19** He chased Abner, turning neither to the right nor to the left as he pursued him. **20** Abner looked behind him and asked, "Is that you, Asahel?"

"It is," he answered.

21 Then Abner said to him, "Turn aside to the right or to the left; take on one of the young men and strip him of his weapons." But Asahel would not stop chasing him.

22 Again Abner warned Asahel, "Stop chasing me! Why should I strike you down? How could I look your brother Joab in the face?"

23 But Asahel refused to give up the pursuit; so Abner thrust the butt of his spear into Asahel's stomach, and the spear came out through his back. He fell there and died on the spot. And every man stopped when he came to the place where Asahel had fallen and died.

24 But Joab and Abishai pursued Abner, and as the sun was setting, they came to the hill of Ammah, near Giah on the way to the wasteland of Gibeon. **25** Then the men of Benjamin rallied behind Abner. They formed themselves into a group and took their stand on top of a hill.

26 Abner called out to Joab, "Must the sword devour forever? Don't you realize that this will end in bitterness? How long before you order your men to stop pursuing their brothers?"

27 Joab answered, "As surely as God lives, if you had not spoken, the men would have continued the pursuit of their brothers until morning."

28 So Joab blew the trumpet, and all the men came to a halt; they no longer pursued Israel, nor did they fight anymore.

29 All that night Abner and his men marched through the Arabah. They crossed the Jordan, continued through the whole Bithron and came to Mahanaim.

---

a2.9 Ou *Aser* b2.16 Helcate-Hazurim significa *campo de punhais* ou *campo de hostilidades.* c2.29 Ou *por toda a região de Bitrom;* ou ainda *pelo vale*

a2:9 Or *Asher* b2:16 *Helkath Hazzurim* means *field of daggers* or *field of hostilities.* c2:27 Or *spoken this morning, the men would not have taken up the pursuit of their brothers; or spoken, the men would have given up the pursuit of their brothers by morning* d2:29 Or *morning;* or *ravine;* the meaning of the Hebrew for this word is uncertain.

30 Quando Joabe voltou da perseguição a Abner, reuniu todo o exército. E viram que faltavam dezenove soldados, além de Asael. **31** Mas os soldados de Davi tinham matado trezentos e sessenta benjamitas que estavam com Abner. **32** Levaram Asael e o sepultaram no túmulo de seu pai, em Belém. Depois disso, Joabe e seus soldados marcharam durante toda a noite e chegaram a Hebrom ao amanhecer.

3 A guerra entre as famílias de Saul e de Davi durou muito tempo. Davi tornava-se cada vez mais forte, enquanto que a família de Saul se enfraquecia.

Os Filhos de Davi em Hebrom

2 Estes foram os filhos de Davi
nascidos em Hebrom:
O seu filho mais velho era Amnom,
filho de Ainoã, de Jezreel;
3 o segundo, Quileabe,
de Abigail, viúva de Nabal,
de Carmelo;
o terceiro, Absalão, de Maaca,
filha de Talmai, rei de Gesur;
4 o quarto, Adonias, de Hagite;
o quinto, Sefatias, de Abital;
5 e o sexto, Itreão, de sua mulher Eglá.
Esses foram os filhos de Davi
que lhe nasceram em Hebrom.

O Apoio de Abner a Davi

6 Enquanto transcorria a guerra entre as famílias de Saul e de Davi, Abner foi se tornando poderoso na família de Saul. **7** Saul tivera uma concubina chamada Rispa, filha de Aiá. Certa vez Is-Bosete perguntou a Abner: "Por que você se deitou com a concubina de meu pai?"

8 Abner ficou furioso com a pergunta de Is-Bosete e exclamou: "Por acaso eu sou um cão a serviço de Judá? Até agora tenho sido leal à família de Saul, seu pai, e aos parentes e amigos dele, e não deixei que você caísse nas mãos de Davi; agora você me acusa de um delito envolvendo essa mulher! **9** Que Deus me castigue com todo o rigor, se eu não fizer por Davi o que o Senhor lhe prometeu sob juramento: **10** tirar o reino da família de Saul e estabelecer o trono de Davi sobre Israel e Judá, de Dã a Berseba". **11** Is-Bosete não respondeu nada a Abner, pois tinha medo dele.

12 Então Abner enviou mensageiros a Davi com esta proposta: "A quem pertence esta terra? Faze um acordo comigo e eu te ajudarei a conseguir o apoio de todo o Israel".

13 "Está bem", disse Davi. "Farei um acordo com você, mas com uma condição: não compareça à minha presença, quando vier me ver, sem trazer-me Mical, filha de Saul." **14** E Davi enviou mensageiros a Is-Bosete, filho de Saul, exigindo: "Entregue-me minha mulher Mical, com quem me casei pelo preço de cem prepúcios de filisteus".

15 Diante disso, Is-Bosete mandou que a tirassem do seu marido Paltiel, filho de Laís. **16** Mas Paltiel foi atrás dela, e a seguiu chorando até Baurim. Então Abner ordenou-lhe que voltasse para casa, e ele voltou.

17 Nesse meio tempo, Abner enviou esta mensagem às autoridades de Israel: "Já faz algum tempo que vocês querem Davi como rei. **18** Agora é o momento de agir! Porque o Senhor prometeu a Davi: 'Por meio de Davi, meu servo, livrarei Israel do poder dos filisteus e de todos os seus inimigos' ".

19 Abner também falou pessoalmente com os benjamitas. Depois foi a Hebrom dizer a Davi tudo o que Israel e a tribo de Benjamim haviam aprovado. **20** Quando Abner, acompanhado de vinte homens, apresentou-se a Davi em Hebrom, este ofereceu um banquete para ele e para os homens que o acompanhavam. **21** Disse então Abner a Davi: "Deixa que eu me vá e reúna todo o Israel, meu senhor, para que façam um acordo contigo, ó rei, e reines sobre tudo o que desejares". Davi o deixou ir, e ele se foi em paz.

30 Then Joab returned from pursuing Abner and assembled all his men. Besides Asahel, nineteen of David's men were found missing. **31** But David's men had killed three hundred and sixty Benjamites who were with Abner. **32** They took Asahel and buried him in his father's tomb at Bethlehem. Then Joab and his men marched all night and arrived at Hebron by daybreak.

3 The war between the house of Saul and the house of David lasted a long time. David grew stronger and stronger, while the house of Saul grew weaker and weaker.

2 Sons were born to David in Hebron:
His firstborn was Amnon the son of Ahinoam
of Jezreel;
3 his second, Kileab the son of Abigail the widow
of Nabal of Carmel;
the third, Absalom the son of Maacah daughter
of Talmai king of Geshur;
4 the fourth, Adonijah the son of Haggith;
the fifth, Shephatiah the son of Abital;
5 and the sixth, Ithream the son of David's wife
Eglah.
These were born to David in Hebron.

Abner Goes Over to David

6 During the war between the house of Saul and the house of David, Abner had been strengthening his own position in the house of Saul. **7** Now Saul had had a concubine named Rizpah daughter of Aiah. And Ish-Bosheth said to Abner, "Why did you sleep with my father's concubine?"

8 Abner was very angry because of what Ish-Bosheth said and he answered, "Am I a dog's head—on Judah's side? This very day I am loyal to the house of your father Saul and to his family and friends. I haven't handed you over to David. Yet now you accuse me of an offense involving this woman! **9** May God deal with Abner, be it ever so severely, if I do not do for David what the Lord promised him on oath **10** and transfer the kingdom from the house of Saul and establish David's throne over Israel and Judah from Dan to Beersheba." **11** Ish-Bosheth did not dare to say another word to Abner, because he was afraid of him.

12 Then Abner sent messengers on his behalf to say to David, "Whose land is it? Make an agreement with me, and I will help you bring all Israel over to you."

13 "Good," said David. "I will make an agreement with you. But I demand one thing of you: Do not come into my presence unless you bring Michal daughter of Saul when you come to see me." **14** Then David sent messengers to Ish-Bosheth son of Saul, demanding, "Give me my wife Michal, whom I betrothed to myself for the price of a hundred Philistine foreskins."

15 So Ish-Bosheth gave orders and had her taken away from her husband Paltiel son of Laish. **16** Her husband, however, went with her, weeping behind her all the way to Bahurim. Then Abner said to him, "Go back home!" So he went back.

17 Abner conferred with the elders of Israel and said, "For some time you have wanted to make David your king. **18** Now do it! For the Lord promised David, 'By my servant David I will rescue my people Israel from the hand of the Philistines and from the hand of all their enemies.' "

19 Abner also spoke to the Benjamites in person. Then he went to Hebron to tell David everything that Israel and the whole house of Benjamin wanted to do. **20** When Abner, who had twenty men with him, came to David at Hebron, David prepared a feast for him and his men. **21** Then Abner said to David, "Let me go at once and assemble all Israel for my lord the king, so that they may make a compact with you, and that you may rule over all that your heart desires." So David sent Abner away, and he went in peace.

Joabe Mata Abner

22 Naquele momento os soldados de Davi e Joabe voltavam de um ataque, trazendo muitos bens. Abner, porém, já não estava com Davi em Hebrom, porque Davi o tinha deixado partir em paz. **23** Quando Joabe chegou com todo o seu exército, contaram-lhe que Abner, filho de Ner, se apresentara ao rei, que o tinha deixado ir em paz.

24 Então Davi foi falar com o rei e lhe disse: "Que foi que fizeste? Abner veio à tua presença e o deixaste ir? **25** Conheces Abner, filho de Ner; ele veio para enganar-te, observar os teus movimentos e descobrir tudo o que estás fazendo".

26 Saindo da presença de Davi, Joabe enviou mensageiros atrás de Abner, e eles o trouxeram de volta, desde a cisterna de Sirá. Mas Davi não ficou sabendo disso. **27** Quando Abner retornou a Hebrom, Joabe o chamou à parte, na porta da cidade, sob o pretexto de falar-lhe em particular, e ali mesmo o feriu no estômago. E Abner morreu por ter derramado o sangue de Asael, irmão de Joabe.

28 Mais tarde, quando Davi soube o que tinha acontecido, disse: "Eu e o meu reino, perante o Senhor, somos para sempre inocentes do sangue de Abner, filho de Ner. **29** Caia a responsabilidade pela morte dele sobre a cabeça de Joabe e de toda a sua família! Jamais falte entre os seus descendentes quem sofra fluxo ou lepraª, quem use muletas, quem morra à espada, ou quem passe fome".

30 Assim, Joabe e seu irmão Abisai mataram Abner, porque ele havia matado Asael, irmão deles, na batalha de Gibeom. **31** Então Davi disse a Joabe e a todo o exército que o acompanhava: "Rasguem suas vestes, vistam roupas de luto e vão chorando à frente de Abner". E o rei Davi seguiu atrás da maca que levava o corpo. **32** Enterraram-no em Hebrom, e o rei chorou em alta voz junto ao túmulo de Abner, como também todo o povo.

33 Então o rei cantou este lamento por Abner:

"Por que morreu Abner
    como morrem os insensatos?
34 Suas mãos não estavam algemadas,
    nem seus pés acorrentados.
Você caiu como quem cai
    perante homens perversos".

E todo o povo chorou ainda mais por ele.

35 Depois, quando o povo insistiu com Davi que comesse alguma coisa enquanto ainda era dia, Davi fez este juramento: "Deus me castigue com todo o rigor, caso eu prove pão ou qualquer outra coisa antes do pôr-do-sol!"

36 Todo o povo ouviu isso e o aprovou; de fato, tudo o que o rei fazia o povo aprovava. **37** Assim, naquele dia, todo o povo e todo o Israel reconheceram que o rei não tivera participação no assassinato de Abner, filho de Ner.

38 Então o rei disse aos seus conselheiros: "Não percebem que caiu hoje em Israel um líder, um grande homem? **39** Embora rei ungido, ainda sou fraco, e esses filhos de Zeruia são mais fortes do que eu. Que o Senhor retribua ao malfeitor de acordo com as suas más obras!"

O Assassinato de Is-Bosete

4 Ao saber que Abner havia morrido em Hebrom, Is-Bosete, filho de Saul, perdeu a coragem, e todo o Israel ficou alarmado. **2** Ora, o filho de Saul tinha a seu serviço dois líderes de grupos de ataque. Um deles chamava-se Baaná e o outro, Recabe; ambos filhos de Rimom, de Beerote, da tribo de Benjamim; a cidade de Beerote era considerada parte de Benjamim. **3** O povo de Beerote fugiu para Gitaim e até hoje vive ali como estrangeiro.

4 (Jônatas, filho de Saul, tinha um filho aleijado dos pés. Ele tinha cinco anos de idade quando chegou a notícia de Jezreel de que Saul e Jônatas haviam morrido. Sua ama o apanhou e fugiu, mas, na pressa, ela o deixou cair, e ele ficou manco. Seu nome era Mefibosete.)

ª3.29 O termo hebraico não se refere somente à lepra, mas também a diversas doenças da pele.

Joab Murders Abner

22 Just then David's men and Joab returned from a raid and brought with them a great deal of plunder. But Abner was no longer with David in Hebron, because David had sent him away, and he had gone in peace. **23** When Joab and all the soldiers with him arrived, he was told that Abner son of Ner had come to the king and that the king had sent him away and that he had gone in peace.

24 So Joab went to the king and said, "What have you done? Look, Abner came to you. Why did you let him go? Now he is gone! **25** You know Abner son of Ner; he came to deceive you and observe your movements and find out everything you are doing."

26 Joab then left David and sent messengers after Abner, and they brought him back from the well of Sirah. But David did not know it. **27** Now when Abner returned to Hebron, Joab took him aside into the gateway, as though to speak with him privately. And there, to avenge the blood of his brother Asahel, Joab stabbed him in the stomach, and he died.

28 Later, when David heard about this, he said, "I and my kingdom are forever innocent before the Lord concerning the blood of Abner son of Ner. **29** May his blood fall upon the head of Joab and upon all his father's house! May Joab's house never be without someone who has a running sore or leprosyª or who leans on a crutch or who falls by the sword or who lacks food."

30 (Joab and his brother Abishai murdered Abner because he had killed their brother Asahel in the battle at Gibeon.)

31 Then David said to Joab and all the people with him, "Tear your clothes and put on sackcloth and walk in mourning in front of Abner." King David himself walked behind the bier. **32** They buried Abner in Hebron, and the king wept aloud at Abner's tomb. All the people wept also.

33 The king sang this lament for Abner:

"Should Abner have died as the lawless die?
34 Your hands were not bound,
    your feet were not fettered.
You fell as one falls before wicked men."

And all the people wept over him again.

35 Then they all came and urged David to eat something while it was still day; but David took an oath, saying, "May God deal with me, be it ever so severely, if I taste bread or anything else before the sun sets!"

36 All the people took note and were pleased; indeed, everything the king did pleased them. **37** So on that day all the people and all Israel knew that the king had no part in the murder of Abner son of Ner.

38 Then the king said to his men, "Do you not realize that a prince and a great man has fallen in Israel this day? **39** And today, though I am the anointed king, I am weak, and these sons of Zeruiah are too strong for me. May the Lord repay the evildoer according to his evil deeds!"

Ish-Bosheth Murdered

4 When Ish-Bosheth son of Saul heard that Abner had died in Hebron, he lost courage, and all Israel became alarmed. **2** Now Saul's son had two men who were leaders of raiding bands. One was named Baanah and the other Recab; they were sons of Rimmon the Beerothite from the tribe of Benjamin—Beeroth is considered part of Benjamin, **3** because the people of Beeroth fled to Gittaim and have lived there as aliens to this day.

4 (Jonathan son of Saul had a son who was lame in both feet. He was five years old when the news about Saul and Jonathan came from Jezreel. His nurse picked him up and fled, but as she hurried to leave, he fell and became crippled. His name was Mephibosheth.)

ª3:29 The Hebrew word was used for various diseases affecting the skin—not necessarily leprosy.

5 Aconteceu então que Recabe e Baaná, filhos de Rimom, de Beerote, foram à casa de Is-Bosete na hora mais quente do dia, na hora do seu descanso do meio-dia. **6** Os dois entraram na casa como se fossem buscar trigo, transpassaram-lhe o estômago e depois fugiram.

7 Eles haviam entrado na casa enquanto Is-Bosete estava deitado em seu quarto. Depois de o transpassarem e o matarem, cortaram-lhe a cabeça. E, levando-a, viajaram toda a noite pela rota da Arabá. **8** Levaram a cabeça de Is-Bosete a Davi, em Hebrom, e lhe disseram: "Aqui está a cabeça de Is-Bosete, filho de Saul, teu inimigo, que tentou tirar-te a vida. Hoje o Senhor vingou o nosso rei e senhor, de Saul e de sua descendência".

9 Davi respondeu a Recabe e a Baaná, seu irmão, filhos de Rimom, de Beerote: "Juro pelo nome do Senhor, que me tem livrado de todas as aflições: **10** quando um homem me disse que Saul estava morto, pensando que me trazia boa notícia, eu o agarrei e o matei em Ziclague, como recompensa pela notícia que trouxe! **11** Muito mais agora, que homens ímpios mataram um inocente em sua própria casa e em sua própria cama! Vou castigá-los e eliminá-los da face da terra porque vocês fizeram correr o sangue dele!"

12 Então Davi deu ordem a seus soldados, e eles os mataram. Depois cortaram as mãos e os pés deles e penduraram os corpos junto ao açude de Hebrom. Mas sepultaram a cabeça de Is-Bosete no túmulo de Abner, em Hebrom.

Davi Torna-se Rei de Israel

5 Representantes de todas as tribos de Israel foram dizer a Davi, em Hebrom: "Somos sangue do teu sangue[a]. **2** No passado, mesmo quando Saul era rei, eras tu quem liderava Israel em suas batalhas. E o Senhor te disse: 'Você pastoreará Israel, o meu povo, e será o seu governante' ".

3 Então todas as autoridades de Israel foram ao encontro do rei Davi em Hebrom; o rei fez um acordo com eles em Hebrom perante o Senhor, e eles ungiram Davi rei de Israel.

4 Davi tinha trinta anos de idade quando começou a reinar, e reinou durante quarenta anos. **5** Em Hebrom, reinou sobre Judá sete anos e meio, e em Jerusalém reinou sobre todo o Israel e Judá trinta e três anos.

A Conquista de Jerusalém

6 O rei e seus soldados marcharam para Jerusalém para atacar os jebuseus que viviam lá. E os jebuseus disseram a Davi: "Você não entrará aqui! Até os cegos e os aleijados podem se defender de você". Eles achavam que Davi não conseguiria entrar, **7** mas Davi conquistou a fortaleza de Sião, que veio a ser a Cidade de Davi.

8 Naquele dia disse Davi: "Quem quiser vencer os jebuseus terá que utilizar a passagem de água para chegar àqueles cegos e aleijados, inimigos de Davi[b]". É por isso que dizem: "Os 'cegos e aleijados' não entrarão no palácio[c]".

9 Davi passou a morar na fortaleza e chamou-a Cidade de Davi. Construiu defesas na parte interna da cidade desde o Milo[d]. **10** E foi se tornando cada vez mais poderoso, pois o Senhor, o Deus dos Exércitos estava com ele.

11 Pouco depois Hirão, rei de Tiro, enviou a Davi uma delegação, que trouxe toras de cedro e também carpinteiros e pedreiros que construíram um palácio para Davi. **12** Então Davi teve certeza de que o Senhor o confirmara como rei de Israel e que seu reino estava prosperando por amor de Israel, o seu povo.

13 Depois de mudar-se de Hebrom para Jerusalém, Davi tomou mais concubinas e esposas, e gerou mais filhos e filhas. **14** Estes são os nomes dos que lhe nasceram ali: Samua, Sobabe, Natã, Salomão, **15** Ibar, Elisua, Nefegue, Jafia, **16** Elisama, Eliada e Elifelete.

David Becomes King Over Israel

5 All the tribes of Israel came to David at Hebron and said, "We are your own flesh and blood. **2** In the past, while Saul was king over us, you were the one who led Israel on their military campaigns. And the Lord said to you, 'You will shepherd my people Israel, and you will become their ruler.' "

3 When all the elders of Israel had come to King David at Hebron, the king made a compact with them at Hebron before the Lord, and they anointed David king over Israel. **4** David was thirty years old when he became king, and he reigned forty years. **5** In Hebron he reigned over Judah seven years and six months, and in Jerusalem he reigned over all Israel and Judah thirty-three years.

David Conquers Jerusalem

6 The king and his men marched to Jerusalem to attack the Jebusites, who lived there. The Jebusites said to David, "You will not get in here; even the blind and the lame can ward you off." They thought, "David cannot get in here." **7** Nevertheless, David captured the fortress of Zion, the City of David.

8 On that day, David said, "Anyone who conquers the Jebusites will have to use the water shaft[a] to reach those 'lame and blind' who are David's enemies.[b]" That is why they say, "The 'blind and lame' will not enter the palace."

9 David then took up residence in the fortress and called it the City of David. He built up the area around it, from the supporting terraces[c] inward. **10** And he became more and more powerful, because the Lord God Almighty was with him.

11 Now Hiram king of Tyre sent messengers to David, along with cedar logs and carpenters and stonemasons, and they built a palace for David. **12** And David knew that the Lord had established him as king over Israel and had exalted his kingdom for the sake of his people Israel.

13 After he left Hebron, David took more concubines and wives in Jerusalem, and more sons and daughters were born to him. **14** These are the names of the children born to him there: Shammua, Shobab, Nathan, Solomon, **15** Ibhar, Elishua, Nepheg, Japhia, **16** Elishama, Eliada and Eliphelet.

Now Recab and Baanah

5 Now Recab and Baanah, the sons of Rimmon the Beerothite, set out for the house of Ish-Bosheth, and they arrived there in the heat of the day while he was taking his noonday rest. **6** They went into the inner part of the house as if to get some wheat, and they stabbed him in the stomach. Then Recab and his brother Baanah slipped away.

7 They had gone into the house while he was lying on the bed in his bedroom. After they stabbed and killed him, they cut off his head. Taking it with them, they traveled all night by way of the Arabah. **8** They brought the head of Ish-Bosheth to David at Hebron and said to the king, "Here is the head of Ish-Bosheth son of Saul, your enemy, who tried to take your life. This day the Lord has avenged my lord the king against Saul and his offspring."

9 David answered Recab and his brother Baanah, the sons of Rimmon the Beerothite, "As surely as the Lord lives, who has delivered me out of all trouble, **10** when a man told me, 'Saul is dead,' and thought he was bringing good news, I seized him and put him to death in Ziklag. That was the reward I gave him for his news! **11** How much more—when wicked men have killed an innocent man in his own house and on his own bed—should I not now demand his blood from your hand and rid the earth of you!"

12 So David gave an order to his men, and they killed them. They cut off their hands and feet and hung the bodies by the pool in Hebron. But they took the head of Ish-Bosheth and buried it in Abner's tomb at Hebron.

---

a5.1 Hebraico: *teu osso e tua carne.* *b5.8* Ou *odiados por Davi* *c5.8* Ou *templo* *d5.9* Ou *desde o aterro*

a5:8 Or *use scaling hooks* *b5:8* Or *are hated by Davi* *c5:9* Or *the Millo*

Davi Derrota os Filisteus

17 Ao saberem que Davi tinha sido ungido rei de Israel, os filisteus foram com todo o exército prendê-lo, mas Davi soube disso e foi para a fortaleza. **18** Tendo os filisteus se espalhado pelo vale de Refaim, **19** Davi perguntou ao Senhor: "Devo atacar os filisteus? Tu os entregarás nas minhas mãos?"

O Senhor lhe respondeu: "Vá, eu os entregarei nas suas mãos".

20 Então Davi foi a Baal-Perazim e lá os derrotou. E disse: "Assim como as águas de uma enchente causam destruição, pelas minhas mãos o Senhor destruiu os meus inimigos diante de mim". Então aquele lugar passou a ser chamado Baal-Perazimª. **21** Como os filisteus haviam abandonado os seus ídolos ali, Davi e seus soldados os apanharam.

22 Mais uma vez os filisteus marcharam e se espalharam pelo vale de Refaim; **23** então Davi consultou o Senhor de novo, que lhe respondeu: "Não ataque pela frente, mas dê a volta por trás deles e ataque-os em frente das amoreiras. **24** Assim que você ouvir um som de passos por cima das amoreiras, saia rapidamente, pois será esse o sinal de que o Senhor saiu à sua frente para ferir o exército filisteu". **25** Davi fez como o Senhor lhe tinha ordenado, e derrotou os filisteus por todo o caminho, desde Gibeomᵇ até Gezer.

A Arca é Levada para Jerusalém

6 De novo Davi reuniu os melhores guerreiros de Israel, trinta mil ao todo. **2** Ele e todos os que o acompanhavam partiram para Baalá, em Judáᶜ, para buscar a arca de Deus, arca sobre a qual é invocado o Nome, o nome do Senhor dos Exércitos, que tem o seu trono entre os querubins acima dela. **3** Puseram a arca de Deus num carroção novo e a levaram da casa de Abinadabe, na colina. Uzá e Aiô, filhos de Abinadabe, conduziam o carroção **4** com a arca de Deusᵈ; Aiô andava na frente dela. **5** Davi e todos os israelitas iam cantando e dançando perante o Senhor, ao som de todo tipo de instrumentos de pinho: harpas, liras, tamborins, chocalhos e címbalos.

6 Quando chegaram à eira de Nacom, Uzá esticou o braço e segurou a arca de Deus, porque os bois haviam tropeçado. **7** A ira do Senhor acendeu-se contra Uzá por seu ato de irreverência. Por isso Deus o feriu, e ele morreu ali mesmo, ao lado da arca de Deus.

8 Davi ficou contrariado porque o Senhor, em sua ira, havia fulminado Uzá. Até hoje aquele lugar é chamado Perez-Uzáᵉ.

9 Naquele dia Davi teve medo do Senhor e se perguntou: "Como vou conseguir levar a arca do Senhor?" **10** Por isso ele desistiu de levar a arca do Senhor para a Cidade de Davi. Em vez disso, levou-a para a casa de Obede-Edom, de Gate. **11** A arca do Senhor ficou na casa dele por três meses, e o Senhor o abençoou e a toda a sua família.

12 E disseram ao rei Davi: "O Senhor tem abençoado a família de Obede-Edom e tudo o que ele possui, por causa da arca de Deus". Então Davi, com grande festa, foi à casa de Obede-Edom e ordenou que levassem a arca de Deus para a Cidade de Davi. **13** Quando os que carregavam a arca do Senhor davam seis passos, ele sacrificava um boi e um novilho gordo. **14** Davi, vestindo o colete sacerdotal de linho, foi dançando com todas as suas forças perante o Senhor, **15** enquanto ele e todos os israelitas levavam a arca do Senhor ao som de gritos de alegria e de trombetas.

David Defeats the Philistines

17 When the Philistines heard that David had been anointed king over Israel, they went up in full force to search for him, but David heard about it and went down to the stronghold. **18** Now the Philistines had come and spread out in the Valley of Rephaim; **19** so David inquired of the Lord, "Shall I go and attack the Philistines? Will you hand them over to me?"

The Lord answered him, "Go, for I will surely hand the Philistines over to you."

20 So David went to Baal Perazim, and there he defeated them. He said, "As waters break out, the Lord has broken out against my enemies before me." So that place was called Baal Perazim.ª **21** The Philistines abandoned their idols there, and David and his men carried them off.

22 Once more the Philistines came up and spread out in the Valley of Rephaim; **23** so David inquired of the Lord, and he answered, "Do not go straight up, but circle around behind them and attack them in front of the balsam trees. **24** As soon as you hear the sound of marching in the tops of the balsam trees, move quickly, because that will mean the Lord has gone out in front of you to strike the Philistine army." **25** So David did as the Lord commanded him, and he struck down the Philistines all the way from Gibeonᵇ to Gezer.

The Ark Brought to Jerusalem

6 David again brought together out of Israel chosen men, thirty thousand in all. **2** He and all his men set out from Baalah of Judahᶜ to bring up from there the ark of God, which is called by the Name,ᵈ the name of the Lord Almighty, who is enthroned between the cherubim that are on the ark. **3** They set the ark of God on a new cart and brought it from the house of Abinadab, which was on the hill. Uzzah and Ahio, sons of Abinadab, were guiding the new cart **4** with the ark of God on it,ᵉ and Ahio was walking in front of it. **5** David and the whole house of Israel were celebrating with all their might before the Lord, with songsᶠ and with harps, lyres, tambourines, sistrums and cymbals.

6 When they came to the threshing floor of Nacon, Uzzah reached out and took hold of the ark of God, because the oxen stumbled. **7** The Lord's anger burned against Uzzah because of his irreverent act; therefore God struck him down and he died there beside the ark of God.

8 Then David was angry because the Lord's wrath had broken out against Uzzah, and to this day that place is called Perez Uzzah.ᵍ

9 David was afraid of the Lord that day and said, "How can the ark of the Lord ever come to me?" **10** He was not willing to take the ark of the Lord to be with him in the City of David. Instead, he took it aside to the house of Obed-Edom the Gittite. **11** The ark of the Lord remained in the house of Obed-Edom the Gittite for three months, and the Lord blessed him and his entire household.

12 Now King David was told, "The Lord has blessed the household of Obed-Edom and everything he has, because of the ark of God." So David went down and brought up the ark of God from the house of Obed-Edom to the City of David with rejoicing. **13** When those who were carrying the ark of the Lord had taken six steps, he sacrificed a bull and a fattened calf. **14** David, wearing a linen ephod, danced before the Lord with all his might, **15** while he and the entire house of Israel brought up the ark of the Lord with shouts and the sound of trumpets.

ª5.20 *Baal-Perazim* significa *o senhor que destrói.* ᵇ5.25 Conforme a Septuaginta. O Texto Massorético diz *Geba.* Veja 1Cr 14.16. ᶜ6.2 Isto é, Quiriate-Jearim. ᵈ6.3,4 Conforme os manuscritos do mar Morto e alguns manuscritos da Septuaginta. O Texto Massorético diz *carroção* ᵉe *o trouxeram com a arca de Deus desde a casa de Abinadabe, na colina.* ᶠ6.8 *Perez-Uzá* significa *destruição de Uzá.*

ª5:20 *Baal Perazim* means *the lord who breaks out.* ᵇ5:25 Septuagint (see also 1 Chron. 14:16); Hebrew *Geba* ᶜ6:2 That is, Kiriath Jearim; Hebrew *Baale Judah,* a variant of *Baalah of Judah* ᵈ6:2 Hebrew; Septuagint and Vulgate do not have *the Name.* ᵉ6:3,4 Dead Sea Scrolls and some Septuagint manuscripts; Masoretic Text *cart* **4** *and they brought it with the ark of God from the house of Abinadab, which was on the hill* ᶠ6:5 See Dead Sea Scrolls, Septuagint and 1 Chronicles 13:8; Masoretic Text *celebrating before the Lord with all kinds of instruments made of pine.* ᵍ6:8 *Perez Uzzah* means *outbreak against Uzzah.*

16 Aconteceu que, entrando a arca do Senhor na Cidade de Davi, Mical, filha de Saul, observava de uma janela. E, ao ver o rei Davi dançando e celebrando perante o Senhor, ela o desprezou em seu coração.

17 Eles trouxeram a arca do Senhor e a colocaram na tenda que Davi lhe havia preparado; e Davi ofereceu holocaustos[a] e sacrifícios de comunhão[b] perante o Senhor. **18** Após oferecer os holocaustos e os sacrifícios de comunhão, ele abençoou o povo em nome do Senhor dos Exércitos, **19** e deu um pão, um bolo de tâmaras[c] e um bolo de uvas passas a cada homem e a cada mulher israelita. Depois todo o povo partiu, cada um para a sua casa.

20 Voltando Davi para casa para abençoar sua família, Mical, filha de Saul, saiu ao seu encontro e lhe disse: "Como o rei de Israel se destacou hoje, tirando o manto na frente das escravas de seus servos, como um homem vulgar!"

21 Mas Davi disse a Mical: "Foi perante o Senhor que eu dancei, perante aquele que me escolheu em lugar de seu pai ou de qualquer outro da família dele, quando me designou soberano sobre o povo do Senhor, sobre Israel; perante o Senhor celebrarei **22** e me rebaixarei ainda mais, e me humilharei aos meus próprios olhos. Mas serei honrado por essas escravas que você mencionou".

23 E até o dia de sua morte, Mical, filha de Saul, jamais teve filhos.

A Promessa de Deus a Davi

7 O rei Davi já morava em seu palácio e o Senhor lhe dera descanso de todos os seus inimigos ao redor. **2** Certo dia ele disse ao profeta Natã: "Aqui estou eu, morando num palácio de cedro, enquanto a arca de Deus permanece numa simples tenda".

3 Natã respondeu ao rei: "Faze o que tiveres em mente, pois o Senhor está contigo".

4 E naquela mesma noite o Senhor falou a Natã:

5 "Vá dizer a meu servo Davi que assim diz o Senhor: Você construirá uma casa para eu morar? **6** Não tenho morado em nenhuma casa desde o dia em que tirei os israelitas do Egito. Tenho ido de uma tenda para outra, de um tabernáculo para outro. **7** Por onde tenho acompanhado os israelitas, alguma vez perguntei a algum líder deles, a quem ordenei que pastoreasse Israel, o meu povo: Por que você não me construiu um templo de cedro?

8 "Agora, pois, diga ao meu servo Davi: Assim diz o Senhor dos Exércitos: Eu o tirei das pastagens, onde você cuidava dos rebanhos, para ser o soberano de Israel, o meu povo. **9** Sempre estive com você por onde você andou, e eliminei todos os seus inimigos. Agora eu o farei tão famoso quanto os homens mais importantes da terra. **10** E providenciarei um lugar para Israel, o meu povo, e os plantarei lá, para que tenham o seu próprio lar e não mais sejam incomodados. Povos ímpios não mais os oprimirão, como fizeram no início **11** e têm feito desde a época em que nomeei juízes sobre Israel, o meu povo. Também subjugarei todos os seus inimigos. Saiba também que eu, o Senhor, lhe estabelecerei uma dinastia. **12** Quando a sua vida chegar ao fim e você descansar com os seus antepassados, escolherei um dos seus filhos para sucedê-lo, um fruto do seu próprio corpo, e eu estabelecerei o reino dele. **13** Será ele quem construirá um templo em honra ao meu nome, e eu firmarei o trono dele para sempre. **14** Eu serei seu pai, e ele será meu filho. Quando ele cometer algum erro, eu o punirei com o castigo dos homens, com açoites aplicados por homens. **15** Mas nunca retirarei dele o meu amor, como retirei de Saul, a quem tirei do seu caminho. **16** Quanto a você, sua dinastia e seu reino

16 As the ark of the Lord was entering the City of David, Michal daughter of Saul watched from a window. And when she saw King David leaping and dancing before the Lord, she despised him in her heart.

17 They brought the ark of the Lord and set it in its place inside the tent that David had pitched for it, and David sacrificed burnt offerings and fellowship offerings[a] before the Lord. **18** After he had finished sacrificing the burnt offerings and fellowship offerings, he blessed the people in the name of the Lord Almighty. **19** Then he gave a loaf of bread, a cake of dates and a cake of raisins to each person in the whole crowd of Israelites, both men and women. And all the people went to their homes.

20 When David returned home to bless his household, Michal daughter of Saul came out to meet him and said, "How the king of Israel has distinguished himself today, disrobing in the sight of the slave girls of his servants as any vulgar fellow would!"

21 David said to Michal, "It was before the Lord, who chose me rather than your father or anyone from his house when he appointed me ruler over the Lord's people Israel—I will celebrate before the Lord. **22** I will become even more undignified than this, and I will be humiliated in my own eyes. But by these slave girls you spoke of, I will be held in honor."

23 And Michal daughter of Saul had no children to the day of her death.

God's Promise to David

7 After the king was settled in his palace and the Lord had given him rest from all his enemies around him, **2** he said to Nathan the prophet, "Here I am, living in a palace of cedar, while the ark of God remains in a tent."

3 Nathan replied to the king, "Whatever you have in mind, go ahead and do it, for the Lord is with you."

4 That night the word of the Lord came to Nathan, saying:

5 "Go and tell my servant David, 'This is what the Lord says: Are you the one to build me a house to dwell in? **6** I have not dwelt in a house from the day I brought the Israelites up out of Egypt to this day. I have been moving from place to place with a tent as my dwelling. **7** Wherever I have moved with all the Israelites, did I ever say to any of their rulers whom I commanded to shepherd my people Israel, "Why have you not built me a house of cedar?" '

8 "Now then, tell my servant David, 'This is what the Lord Almighty says: I took you from the pasture and from following the flock to be ruler over my people Israel. **9** I have been with you wherever you have gone, and I have cut off all your enemies from before you. Now I will make your name great, like the names of the greatest men of the earth. **10** And I will provide a place for my people Israel and will plant them so that they can have a home of their own and no longer be disturbed. Wicked people will not oppress them anymore, as they did at the beginning **11** and have done ever since the time I appointed leaders[b] over my people Israel. I will also give you rest from all your enemies.

" 'The Lord declares to you that the Lord himself will establish a house for you: **12** When your days are over and you rest with your fathers, I will raise up your offspring to succeed you, who will come from your own body, and I will establish his kingdom. **13** He is the one who will build a house for my Name, and I will establish the throne of his kingdom forever. **14** I will be his father, and he will be my son. When he does wrong, I will punish him with the rod of men, with floggings inflicted by men. **15** But my love will never be taken away from him, as I took it away from Saul, whom I removed from before you. **16** Your house and your kingdom

ᵃ6.17 Isto é, sacrifícios totalmente queimados. ᵇ6.17 Ou de paz ᶜ6.19 Ou um pedaço de carne; ou ainda um pouco de vinho

ᵃ6:17 Traditionally peace offerings; also in verse 18 ᵇ7:11 Traditionally judges

permanecerão para sempre diante de mim[a]; o seu trono será estabelecido para sempre".

[17] E Natã transmitiu a Davi tudo o que o Senhor lhe tinha falado e revelado.

A Oração de Davi

[18] Então o rei Davi entrou no tabernáculo, assentou-se diante do Senhor, e orou:

"Quem sou eu, ó Soberano Senhor, e o que é a minha família, para que me trouxesses a este ponto? [19] E, como se isso não bastasse para ti, ó Soberano Senhor, também falaste sobre o futuro da família deste teu servo. É assim que procedes com os homens, ó Soberano Senhor?

[20] "Que mais Davi poderá dizer-te? Tu conheces o teu servo, ó Soberano Senhor. [21] Por amor de tua palavra e de acordo com tua vontade, realizaste este feito grandioso e o revelaste ao teu servo.

[22] "Quão grande és tu, ó Soberano Senhor! Não há ninguém como tu, nem há outro Deus além de ti, conforme tudo o que sabemos. [23] E quem é como Israel, o teu povo, a única nação da terra que tu, ó Deus, resgataste para dela fazeres um povo para ti mesmo, e assim tornaste o teu nome famoso, realizaste grandes e impressionantes maravilhas ao expulsar nações e seus deuses de diante desta mesma nação que libertaste do Egito[b]? [24] Tu mesmo fizeste de Israel o teu povo particular para sempre, e tu, ó Senhor, te tornaste o seu Deus.

[25] "Agora, Senhor Deus, confirma para sempre a promessa que fizeste a respeito de teu servo e de sua descendência. Faze conforme prometeste, [26] para que o teu nome seja engrandecido para sempre e os homens digam: 'O Senhor dos Exércitos é o Deus de Israel!' E a descendência de teu servo Davi se manterá firme diante de ti.

[27] "Ó Senhor dos Exércitos, Deus de Israel, tu mesmo o revelaste a teu servo, quando disseste: 'Estabelecerei uma dinastia para você'. Por isso o teu servo achou coragem para orar a ti. [28] Ó Soberano Senhor, tu és Deus! Tuas palavras são verdadeiras, e tu fizeste essa boa promessa a teu servo. [29] Agora, por tua bondade, abençoa a família de teu servo, para que ela continue para sempre na tua presença. Tu, ó Soberano Senhor, o prometeste! E, abençoada por ti, bendita será para sempre a família de teu servo".

As Vitórias Militares de Davi

8 Depois disso Davi derrotou os filisteus, subjugou-os, e tirou do controle deles Metegue-Amá.

[2] Davi derrotou também os moabitas. Ele os fez deitar-se no chão e mandou que os medissem com uma corda; os moabitas que ficavam dentro das duas primeiras medidas da corda eram mortos, mas os que ficavam dentro da terceira eram poupados. Assim, os moabitas ficaram sujeitos a Davi, pagando-lhe impostos.

[3] Além disso, Davi derrotou Hadadezer, filho de Reobe, rei de Zobá, quando Hadadezer tentava recuperar o controle na região do rio Eufrates. [4] Davi se apossou de mil dos seus carros de guerra, sete mil[c] cavaleiros[d] e vinte mil soldados de infantaria. Ainda levou cem cavalos de carros de guerra, e aleijou todos os outros.

[5] Quando os arameus de Damasco vieram ajudar Hadadezer, rei de Zobá, Davi matou vinte e dois mil deles. [6] Em seguida estabeleceu guarnições militares no reino dos arameus de Damasco, sujeitando-os a lhe pagarem impostos. E o Senhor dava vitórias a Davi em todos os lugares aonde ia.

will endure forever before me[a]; your throne will be established forever.' "

[17] Nathan reported to David all the words of this entire revelation.

David's Prayer

[18] Then King David went in and sat before the Lord, and he said:

"Who am I, O Sovereign Lord, and what is my family, that you have brought me this far? [19] And as if this were not enough in your sight, O Sovereign Lord, you have also spoken about the future of the house of your servant. Is this your usual way of dealing with man, O Sovereign Lord?

[20] "What more can David say to you? For you know your servant, O Sovereign Lord. [21] For the sake of your word and according to your will, you have done this great thing and made it known to your servant.

[22] "How great you are, O Sovereign Lord! There is no one like you, and there is no God but you, as we have heard with our own ears. [23] And who is like your people Israel—the one nation on earth that God went out to redeem as a people for himself, and to make a name for himself, and to perform great and awesome wonders by driving out nations and their gods from before your people, whom you redeemed from Egypt?[b] [24] You have established your people Israel as your very own forever, and you, O Lord, have become their God.

[25] "And now, Lord God, keep forever the promise you have made concerning your servant and his house. Do as you promised, [26] so that your name will be great forever. Then men will say, 'The Lord Almighty is God over Israel!' And the house of your servant David will be established before you.

[27] "O Lord Almighty, God of Israel, you have revealed this to your servant, saying, 'I will build a house for you.' So your servant has found courage to offer you this prayer. [28] O Sovereign Lord, you are God! Your words are trustworthy, and you have promised these good things to your servant. [29] Now be pleased to bless the house of your servant, that it may continue forever in your sight; for you, O Sovereign Lord, have spoken, and with your blessing the house of your servant will be blessed forever."

David's Victories

8 In the course of time, David defeated the Philistines and subdued them, and he took Metheg Ammah from the control of the Philistines.

[2] David also defeated the Moabites. He made them lie down on the ground and measured them off with a length of cord. Every two lengths of them were put to death, and the third length was allowed to live. So the Moabites became subject to David and brought tribute.

[3] Moreover, David fought Hadadezer son of Rehob, king of Zobah, when he went to restore his control along the Euphrates River. [4] David captured a thousand of his chariots, seven thousand charioteers[c] and twenty thousand foot soldiers. He hamstrung all but a hundred of the chariot horses.

[5] When the Arameans of Damascus came to help Hadadezer king of Zobah, David struck down twenty-two thousand of them. [6] He put garrisons in the Aramean kingdom of Damascus, and the Arameans became subject to him and brought tribute. The Lord gave David victory wherever he went.

---

[a]7.16 Conforme alguns manuscritos do Texto Massorético e a Septuaginta. A maioria dos manuscritos do Texto Massorético diz *de você*. [b]7.23 O Texto Massorético diz *maravilhas para tua terra e perante teu povo, o qual resgataste do Egito, das nações e de seus deuses*. Veja 1Cr 17.21. [c]8.4 Conforme a Septuaginta. O Texto Massorético diz *capturou mil e setecentos*. Veja 1Cr 18.4. [d]8.4 Ou *condutores de carros*

[a]7:16 Some Hebrew manuscripts and Septuagint; most Hebrew manuscripts *you* [b]7:23 See Septuagint and 1 Chron. 17:21; Hebrew *wonders for your land and before your people, whom you redeemed from Egypt, from the nations and their gods.* [c]8:4 Septuagint (see also Dead Sea Scrolls and 1 Chron. 18:4); Masoretic Text *captured seventeen hundred of his charioteers*

7 Davi também levou para Jerusalém os escudos de ouro usados pelos oficiais de Hadadezer. **8** De Tebáᵃ e Berotai, cidades que pertenciam a Hadadezer, o rei Davi levou grande quantidade de bronze.

9 Quando Toú, rei de Hamate, soube que Davi tinha derrotado todo o exército de Hadadezer, **10** enviou seu filho Jorãoᵇ ao rei Davi para saudá-lo e parabenizá-lo por sua vitória na batalha contra Hadadezer, que tinha estado em guerra contra Toú. E, com Jorão, mandou todo tipo de utensílios de prata, de ouro e de bronze. **11** O rei Davi consagrou esses utensílios ao Senhor, como fizera com a prata e com o ouro tomados de todas as nações que havia subjugado: **12** Edomᶜ e Moabe, os amonitas e os filisteus, e Amaleque. Também consagrou os bens tomados de Hadadezer, filho de Reobe, rei de Zobá.

13 Davi ficou ainda mais famoso ao retornar da batalha em que matou dezoito mil edomitasᵈ no vale do Sal.

14 Ele estabeleceu guarnições militares por todo o território de Edom, sujeitando todos os edomitas. O Senhor dava vitórias a Davi em todos os lugares aonde ia.

Os Oficiais de Davi

15 Davi reinou sobre todo o Israel, administrando o direito e a justiça a todo o seu povo. **16** Joabe, filho de Zeruia, era comandante do exército; Josafá, filho de Ailude, era o arquivista real; **17** Zadoque, filho de Aitube, e Aimeleque, filho de Abiatar, eram sacerdotes; Seraías era secretário; **18** Benaia, filho de Joiada, comandava os queretitas e os peletitas; e os filhos de Davi eram sacerdotes.

Davi e Mefibosete

9 Certa ocasião Davi perguntou: "Resta ainda alguém da família de Saul a quem eu possa mostrar lealdade, por causa de minha amizade com Jônatas?"

2 Então chamaram Ziba, um dos servos de Saul, para apresentar-se a Davi, e o rei lhe perguntou: "Você é Ziba?"

"Sou teu servo", respondeu ele.

3 Perguntou-lhe Davi: "Resta ainda alguém da família de Saul a quem eu possa mostrar a lealdade de Deus?"

Respondeu Ziba: "Ainda há um filho de Jônatas, aleijado dos pés".

4 "Onde está ele?", perguntou o rei.

Ziba respondeu: "Na casa de Maquir, filho de Amiel, em Lo-Debar".

5 Então o rei Davi mandou trazê-lo de Lo-Debar.

6 Quando Mefibosete, filho de Jônatas e neto de Saul, compareceu diante de Davi, prostrou-se, rosto em terra.

"Mefibosete?", perguntou Davi.

Ele respondeu: "Sim, sou teu servo".

7 "Não tenha medo", disse-lhe Davi, "pois é certo que eu o tratarei com bondade por causa de minha amizade com Jônatas, seu pai. Vou devolver-lhe todas as terras que pertenciam a seu avô Saul, e você comerá sempre à minha mesa."

8 Mefibosete prostrou-se e disse: "Quem é o teu servo, para que te preocupes com um cão morto como eu?"

9 Então o rei convocou Ziba e disse-lhe: "Devolvi ao neto de Saul, seu senhor, tudo o que pertencia a ele e à família dele. **10** Você, seus filhos e seus servos cultivarão a terra para ele. Você trará a colheita para que haja provisões na casa do neto de seu senhor. Mas Mefibosete comerá sempre à minha mesa". Ziba tinha quinze filhos e vinte servos.

7 David took the gold shields that belonged to the officers of Hadadezer and brought them to Jerusalem. **8** From Tebahᵃ and Berothai, towns that belonged to Hadadezer, King David took a great quantity of bronze.

9 When Touᵇ king of Hamath heard that David had defeated the entire army of Hadadezer, **10** he sent his son Joramᶜ to King David to greet him and congratulate him on his victory in battle over Hadadezer, who had been at war with Tou. Joram brought with him articles of silver and gold and bronze.

11 King David dedicated these articles to the Lord, as he had done with the silver and gold from all the nations he had subdued: **12** Edomᵈ and Moab, the Ammonites and the Philistines, and Amalek. He also dedicated the plunder taken from Hadadezer son of Rehob, king of Zobah.

13 And David became famous after he returned from striking down eighteen thousand Edomitesᵉ in the Valley of Salt.

14 He put garrisons throughout Edom, and all the Edomites became subject to David. The Lord gave David victory wherever he went.

David's Officials

15 David reigned over all Israel, doing what was just and right for all his people. **16** Joab son of Zeruiah was over the army; Jehoshaphat son of Ahilud was recorder; **17** Zadok son of Ahitub and Ahimelech son of Abiathar were priests; Seraiah was secretary; **18** Benaiah son of Jehoiada was over the Kerethites and Pelethites; and David's sons were royal advisers.ᶠ

David and Mephibosheth

9 David asked, "Is there anyone still left of the house of Saul to whom I can show kindness for Jonathan's sake?"

2 Now there was a servant of Saul's household named Ziba. They called him to appear before David, and the king said to him, "Are you Ziba?"

"Your servant," he replied.

3 The king asked, "Is there no one still left of the house of Saul to whom I can show God's kindness?"

Ziba answered the king, "There is still a son of Jonathan; he is crippled in both feet."

4 "Where is he?" the king asked.

Ziba answered, "He is at the house of Makir son of Ammiel in Lo Debar."

5 So King David had him brought from Lo Debar, from the house of Makir son of Ammiel.

6 When Mephibosheth son of Jonathan, the son of Saul, came to David, he bowed down to pay him honor.

David said, "Mephibosheth!"

"Your servant," he replied.

7 "Don't be afraid," David said to him, "for I will surely show you kindness for the sake of your father Jonathan. I will restore to you all the land that belonged to your grandfather Saul, and you will always eat at my table."

8 Mephibosheth bowed down and said, "What is your servant, that you should notice a dead dog like me?"

9 Then the king summoned Ziba, Saul's servant, and said to him, "I have given your master's grandson everything that belonged to Saul and his family. **10** You and your sons and your servants are to farm the land for him and bring in the crops, so that your master's grandson may be provided for. And Mephibosheth, grandson of your master, will always eat at my table." (Now Ziba had fifteen sons and twenty servants.)

ᵃ8:8 Muitos manuscritos dizem *Betá*. Veja 1Cr 18.8. **ᵇ8:10** Variante de *Adorão*. **ᶜ8:12** Muitos manuscritos dizem *Arã*. Veja 1Cr 18.11. **ᵈ8:13** Muitos manuscritos dizem *arameus*. Veja 1Cr 18.12.

ᵃ8:8 See some Septuagint manuscripts (see also 1 Chron. 18:8); Hebrew *Betah*. **ᵇ8:9** Hebrew *Toi*, a variant of *Tou*; also in verse 10 **ᶜ8:10** A variant of *Hadoram* **ᵈ8:12** Some Hebrew manuscripts, Septuagint and Syriac (see also 1 Chron. 18:11); most Hebrew manuscripts *Aram* **ᵉ8:13** A few Hebrew manuscripts, Septuagint and Syriac (see also 1 Chron. 18:12); most Hebrew manuscripts *Aram* (that is, Arameans) **ᶠ8:18** Or *were priests*

11 Então Ziba disse ao rei: "O teu servo fará tudo o que o rei, meu senhor, ordenou". Assim, Mefibosete passou a comer à mesa de Davia como se fosse um dos seus filhos.

12 Mefibosete tinha um filho ainda jovem chamado Mica. E todos os que moravam na casa de Ziba tornaram-se servos de Mefibosete. **13** Então Mefibosete, que era aleijado dos pés, foi morar em Jerusalém, pois passou a comer sempre à mesa do rei.

A Guerra contra os Amonitas

10 Algum tempo depois o rei dos amonitas morreu, e seu filho Hanum foi o seu sucessor. **2** Davi pensou: "Serei bondoso com Hanum, filho de Naás, como seu pai foi bondoso comigo". Então Davi enviou uma delegação para transmitir a Hanum seu pesar pela morte do pai dele.

Mas, quando os mensageiros de Davi chegaram à terra dos amonitas, **3** os líderes amonitas disseram a Hanum, seu senhor: "Achas que Davi está honrando teu pai ao enviar mensageiros para expressar condolências? Não é nada disso! Davi os enviou como espiões para examinarem a cidade, a fim de destruí-la". **4** Então Hanum prendeu os mensageiros de Davi, rapou metade da barba de cada um, cortou metade de suas roupas até as nádegas, e os mandou embora.

5 Quando Davi soube disso, enviou mensageiros ao encontro deles, pois haviam sido profundamente humilhados, e lhes mandou dizer: "Fiquem em Jericó até que a barba cresça, e então voltem para casa".

6 Vendo que tinham atraído sobre si o ódio deb Davi, os amonitas contrataram vinte mil soldados de infantaria dos arameus de Bete-Reobe e de Zobá, mil homens do rei de Maaca e doze mil dos homens de Tobe.

7 Ao saber disso, Davi ordenou a Joabe que marchasse com todo o exército. **8** Os amonitas saíram e se puseram em posição de combate à entrada da cidade, e os arameus de Zobá e de Reobe e os homens de Tobe e de Maaca posicionaram-se em campo aberto.

9 Vendo Joabe que estava cercado pelas linhas de combate, escolheu alguns dos melhores soldados de Israel e os posicionou contra os arameus. **10** Pôs o restante dos homens sob o comando de seu irmão Abisai e os posicionou contra os amonitas. **11** E Joabe disse a Abisai: "Se os arameus forem fortes demais para mim, venha me ajudar; mas, se os amonitas forem fortes demais para você, eu irei ajudá-lo. **12** Seja forte e lutemos com bravura pelo nosso povo e pelas cidades do nosso Deus. E que o Senhor faça o que for de sua vontade".

13 Então Joabe e seus soldados avançaram contra os arameus, que fugiram dele. **14** Quando os amonitas viram que os arameus estavam fugindo de Joabe, também fugiram de seu irmão Abisai e entraram na cidade. Assim, Joabe parou a batalha contra os amonitas e voltou para Jerusalém.

15 Vendo-se derrotados por Israel, os arameus tornaram a agrupar-se. **16** Hadadezer mandou trazer os arameus que viviam do outro lado do Eufratesc. Estes chegaram a Helã, tendo à frente Soboque, comandante do exército de Hadadezer.

17 Informado disso, Davi reuniu todo o Israel, atravessou o Jordão e chegou a Helã. Os arameus estavam em posição de combate para enfrentá-lo, **18** mas acabaram fugindo de diante de Israel. E Davi matou setecentos condutores de carros de guerra e quarenta mil soldados de infantariad dos arameus. Soboque, o comandante do exército, também foi ferido e morreu ali mesmo. **19** Quando todos os reis vassalos de Hadadezer viram que tinham sido derrotados por Israel, fizeram a paz com os israelitas e sujeitaram-se a eles.

E os arameus ficaram com medo de voltar a ajudar os amonitas.

David Defeats the Ammonites

10 In the course of time, the king of the Ammonites died, and his son Hanun succeeded him as king. **2** David thought, "I will show kindness to Hanun son of Nahash, just as his father showed kindness to me." So David sent a delegation to express his sympathy to Hanun concerning his father.

When David's men came to the land of the Ammonites, **3** the Ammonite nobles said to Hanun their lord, "Do you think David is honoring your father by sending men to you to express sympathy? Hasn't David sent them to you to explore the city and spy it out and overthrow it?" **4** So Hanun seized David's men, shaved off half of each man's beard, cut off their garments in the middle at the buttocks, and sent them away.

5 When David was told about this, he sent messengers to meet the men, for they were greatly humiliated. The king said, "Stay at Jericho till your beards have grown, and then come back."

6 When the Ammonites realized that they had become a stench in David's nostrils, they hired twenty thousand Aramean foot soldiers from Beth Rehob and Zobah, as well as the king of Maacah with a thousand men, and also twelve thousand men from Tob.

7 On hearing this, David sent Joab out with the entire army of fighting men. **8** The Ammonites came out and drew up in battle formation at the entrance to their city gate, while the Arameans of Zobah and Rehob and the men of Tob and Maacah were by themselves in the open country.

9 Joab saw that there were battle lines in front of him and behind him; so he selected some of the best troops in Israel and deployed them against the Arameans. **10** He put the rest of the men under the command of Abishai his brother and deployed them against the Ammonites. **11** Joab said, "If the Arameans are too strong for me, then you are to come to my rescue; but if the Ammonites are too strong for you, then I will come to rescue you. **12** Be strong and let us fight bravely for our people and the cities of our God. The Lord will do what is good in his sight."

13 Then Joab and the troops with him advanced to fight the Arameans, and they fled before him. **14** When the Ammonites saw that the Arameans were fleeing, they fled before Abishai and went inside the city. So Joab returned from fighting the Ammonites and came to Jerusalem.

15 After the Arameans saw that they had been routed by Israel, they regrouped. **16** Hadadezer had Arameans brought from beyond the Rivere; they went to Helam, with Shobach the commander of Hadadezer's army leading them.

17 When David was told of this, he gathered all Israel, crossed the Jordan and went to Helam. The Arameans formed their battle lines to meet David and fought against him. **18** But they fled before Israel, and David killed seven hundred of their charioteers and forty thousand of their foot soldiers.a He also struck down Shobach the commander of their army, and he died there. **19** When all the kings who were vassals of Hadadezer saw that they had been defeated by Israel, they made peace with the Israelites and became subject to them.

So the Arameans were afraid to help the Ammonites anymore.

---

a9.11 Conforme a Septuaginta. O Texto Massorético diz *à minha mesa.***b10.6** Hebraico: *se transformado em mau cheiro para.* **c10.16** Hebraico: *do Rio.* **d10.18** Conforme alguns manuscritos da Septuaginta. O Texto Massorético diz *cavaleiros.* Veja 1Cr 19.18.

a9:11 Septuagint; Hebrew *my* **b10:16** That is, the Euphrates **c10:18** Some Septuagint manuscripts (see also 1 Chron. 19:18); Hebrew *horsemen*

Davi Comete Adultério

11 Na primavera, época em que os reis saíam para a guerra, Davi enviou para a batalha Joabe com seus oficiais e todo o exército de Israel; e eles derrotaram os amonitas e cercaram Rabá. Mas Davi permaneceu em Jerusalém.

² Uma tarde Davi levantou-se da cama e foi passear pelo terraço do palácio. Do terraço viu uma mulher muito bonita tomando banho, ³ e mandou alguém procurar saber quem era. Disseram-lhe: "É Bate-Seba, filha de Eliã e mulher de Urias, o hitita". ⁴ Davi mandou que a trouxessem, e se deitou com ela, que havia acabado de se purificar da impureza da sua menstruação. Depois, voltou para casa. ⁵ A mulher engravidou e mandou um recado a Davi, dizendo que estava grávida.

⁶ Em face disso, Davi mandou esta mensagem a Joabe: "Envie-me Urias, o hitita". E Joabe o enviou. ⁷ Quando Urias chegou, Davi perguntou-lhe como estavam Joabe e os soldados e como estava indo a guerra; ⁸ e lhe disse: "Vá descansar um pouco em sua casa". Urias saiu do palácio e logo lhe foi mandado um presente da parte do rei. ⁹ Mas Urias dormiu na entrada do palácio, onde dormiam os guardas de seu senhor, e não foi para casa.

¹⁰ Quando informaram a Davi que Urias não tinha ido para casa, ele lhe perguntou: "Depois da viagem que você fez, por que não foi para casa?"

¹¹ Urias respondeu: "A arca e os homens de Israel e de Judá repousam em tendas; o meu senhor Joabe e os seus soldados estão acampados ao ar livre. Como poderia eu ir para casa para comer, beber e deitar-me com minha mulher? Juro por teu nome e por tua vida que não farei uma coisa dessas!"

¹² Então Davi lhe disse: "Fique aqui mais um dia; amanhã eu o mandarei de volta". Urias ficou em Jerusalém, mas no dia seguinte ¹³ Davi o convidou para comer e beber, e o embriagou. À tarde, porém, Urias saiu para dormir em sua esteira onde os guardas de seu senhor dormiam, e não foi para casa.

¹⁴ De manhã, Davi enviou uma carta a Joabe por meio de Urias. ¹⁵ Nela escreveu: "Ponha Urias na linha de frente e deixe-o onde o combate estiver mais violento, para que seja ferido e morra".

¹⁶ Como Joabe tinha cercado a cidade, colocou Urias no lugar onde sabia que os inimigos eram mais fortes. ¹⁷ Quando os homens da cidade saíram e lutaram contra Joabe, alguns dos oficiais da guarda de Davi morreram, e morreu também Urias, o hitita.

¹⁸ Joabe enviou a Davi um relatório completo da batalha, ¹⁹ dando a seguinte instrução ao mensageiro: "Ao acabar de apresentar ao rei este relatório, ²⁰ pode ser que o rei fique muito indignado e lhe pergunte: 'Por que vocês se aproximaram tanto da cidade para combater? Não sabiam que eles atirariam flechas da muralha? ²¹ Em Tebes, quem matou Abimeleque, filho de Jerubesete[a]? Não foi uma mulher que da muralha atirou-lhe uma pedra de moinho, e ele morreu? Por que vocês se aproximaram tanto da muralha?' Se ele perguntar isso, diga-lhe: E morreu também o teu servo Urias, o hitita".

²² O mensageiro partiu e, ao chegar, contou a Davi tudo o que Joabe lhe havia mandado falar, ²³ dizendo: "Eles nos sobrepujaram e saíram contra nós em campo aberto, mas nós os fizemos retroceder para a porta da cidade. ²⁴ Então os flecheiros atiraram do alto da muralha contra os teus servos, e mataram alguns deles. E morreu também o teu servo Urias, o hitita".

²⁵ Davi mandou o mensageiro dizer a Joabe: "Não fique preocupado com isso, pois a espada não escolhe a quem devorar. Reforce o ataque à cidade até destruí-la". E ainda insistiu com o mensageiro que encorajasse Joabe.

²⁶ Quando a mulher de Urias soube que o seu marido havia morrido, chorou por ele. ²⁷ Passado o luto, Davi mandou que a trouxessem para o palácio; ela se tornou sua mulher e teve um filho dele. Mas o que Davi fez desagradou ao SENHOR.

David and Bathsheba

11 In the spring, at the time when kings go off to war, David sent Joab out with the king's men and the whole Israelite army. They destroyed the Ammonites and besieged Rabbah. But David remained in Jerusalem.

² One evening David got up from his bed and walked around on the roof of the palace. From the roof he saw a woman bathing. The woman was very beautiful, ³ and David sent someone to find out about her. The man said, "Isn't this Bathsheba, the daughter of Eliam and the wife of Uriah the Hittite?" ⁴ Then David sent messengers to get her. She came to him, and he slept with her. (She had purified herself from her uncleanness.) Then[a] she went back home. ⁵ The woman conceived and sent word to David, saying, "I am pregnant."

⁶ So David sent this word to Joab: "Send me Uriah the Hittite." And Joab sent him to David. ⁷ When Uriah came to him, David asked him how Joab was, how the soldiers were and how the war was going. ⁸ Then David said to Uriah, "Go down to your house and wash your feet." So Uriah left the palace, and a gift from the king was sent after him. ⁹ But Uriah slept at the entrance to the palace with all his master's servants and did not go down to his house.

¹⁰ When David was told, "Uriah did not go home," he asked him, "Haven't you just come from a distance? Why didn't you go home?"

¹¹ Uriah said to David, "The ark and Israel and Judah are staying in tents, and my master Joab and my lord's men are camped in the open fields. How could I go to my house to eat and drink and lie with my wife? As surely as you live, I will not do such a thing!"

¹² Then David said to him, "Stay here one more day, and tomorrow I will send you back." So Uriah remained in Jerusalem that day and the next. ¹³ At David's invitation, he ate and drank with him, and David made him drunk. But in the evening Uriah went out to sleep on his mat among his master's servants; he did not go home.

¹⁴ In the morning David wrote a letter to Joab and sent it with Uriah. ¹⁵ In it he wrote, "Put Uriah in the front line where the fighting is fiercest. Then withdraw from him so he will be struck down and die."

¹⁶ So while Joab had the city under siege, he put Uriah at a place where he knew the strongest defenders were. ¹⁷ When the men of the city came out and fought against Joab, some of the men in David's army fell; moreover, Uriah the Hittite died.

¹⁸ Joab sent David a full account of the battle. ¹⁹ He instructed the messenger: "When you have finished giving the king this account of the battle, ²⁰ the king's anger may flare up, and he may ask you, 'Why did you get so close to the city to fight? Didn't you know they would shoot arrows from the wall? ²¹ Who killed Abimelech son of Jerub-Besheth[b]? Didn't a woman throw an upper millstone on him from the wall, so that he died in Thebez? Why did you get so close to the wall?' If he asks you this, then say to him, 'Also, your servant Uriah the Hittite is dead.' "

²² The messenger set out, and when he arrived he told David everything Joab had sent him to say. ²³ The messenger said to David, "The men overpowered us and came out against us in the open, but we drove them back to the entrance to the city gate. ²⁴ Then the archers shot arrows at your servants from the wall, and some of the king's men died. Moreover, your servant Uriah the Hittite is dead."

²⁵ David told the messenger, "Say this to Joab: 'Don't let this upset you; the sword devours one as well as another. Press the attack against the city and destroy it.' Say this to encourage Joab."

²⁶ When Uriah's wife heard that her husband was dead, she mourned for him. ²⁷ After the time of mourning was over, David had her brought to his house, and she became his wife and bore him a son. But the thing David had done displeased the LORD.

---

[a]11.21 Também conhecido como *Jerubaal* (isto é, Gideão).

[a]11:4 Or *with her. When she purified herself from her uncleanness.* [b]11:21 Also known as *Jerub-Baal* (that is, Gideon)

Natã Repreende Davi

12 E o Senhor enviou a Davi o profeta Natã. Ao chegar, ele disse a Davi: "Dois homens viviam numa cidade, um era rico e o outro, pobre. ²O rico possuía muitas ovelhas e bois, ³mas o pobre nada tinha, senão uma cordeirinha que havia comprado. Ele a criou, e ela cresceu com ele e com seus filhos. Ela comia junto dele, bebia do seu copo e até dormia em seus braços. Era como uma filha para ele.

⁴"Certo dia, um viajante chegou à casa do rico, e este não quis pegar uma de suas próprias ovelhas ou de seus bois para preparar-lhe uma refeição. Em vez disso, preparou para o visitante a cordeira que pertencia ao pobre".

⁵Então Davi encheu-se de ira contra o homem e disse a Natã: "Juro pelo nome do Senhor que o homem que fez isso merece a morte! ⁶Deverá pagar quatro vezes o preço da cordeira, porquanto agiu sem misericórdia".

⁷"Você é esse homem!", disse Natã a Davi. E continuou: "Assim diz o Senhor, o Deus de Israel: 'Eu o ungi rei de Israel e o livrei das mãos de Saul. ⁸Dei-lhe a casa e as mulheres do seu senhor. Dei-lhe a nação de Israel e Judá. E, se tudo isso não fosse suficiente, eu lhe teria dado mais ainda. ⁹Por que você desprezou a palavra do Senhor, fazendo o que ele reprova? Você matou Urias, o hitita, com a espada dos amonitas e ficou com a mulher dele. ¹⁰Por isso, a espada nunca se afastará de sua família, pois você me desprezou e tomou a mulher de Urias, o hitita, para ser sua mulher'.

¹¹"Assim diz o Senhor: 'De sua própria família trarei desgraça sobre você. Tomarei as suas mulheres diante dos seus próprios olhos e as darei a outro; e ele se deitará com elas em plena luz do dia. ¹²Você fez isso às escondidas, mas eu o farei diante de todo o Israel, em plena luz do dia' ".

¹³Então Davi disse a Natã: "Pequei contra o Senhor!"

E Natã respondeu: "O Senhor perdoou o seu pecado. Você não morrerá. ¹⁴Entretanto, uma vez que você insultou o Senhor[a], o menino morrerá".

¹⁵Depois que Natã foi para casa, o Senhor fez adoecer o filho que a mulher de Urias dera a Davi. ¹⁶E Davi implorou a Deus em favor da criança. Ele jejuou e, entrando em casa, passou a noite deitado no chão. ¹⁷Os oficiais do palácio tentaram fazê-lo levantar-se do chão, mas ele não quis, e recusou comer.

¹⁸Sete dias depois a criança morreu. Os conselheiros de Davi ficaram com medo de dizer-lhe que a criança estava morta, e comentaram: "Enquanto a criança ainda estava viva, falamos com ele, e ele não quis escutar-nos. Como vamos dizer-lhe que a criança morreu? Ele poderá cometer alguma loucura!"

¹⁹Davi, percebendo que seus conselheiros cochichavam entre si, compreendeu que a criança estava morta e perguntou: "A criança morreu?"

"Sim, morreu", responderam eles.

²⁰Então Davi levantou-se do chão, lavou-se, perfumou-se e trocou de roupa. Depois entrou no santuário do Senhor e o adorou. E, voltando ao palácio, pediu que lhe preparassem uma refeição e comeu.

²¹Seus conselheiros lhe perguntaram: "Por que ages assim? Enquanto a criança estava viva, jejuaste e choraste; mas, agora que a criança está morta, te levantas e comes!"

²²Ele respondeu: "Enquanto a criança ainda estava viva, jejuei e chorei. Eu pensava: Quem sabe? Talvez o Senhor tenha misericórdia de mim e deixe a criança viver. ²³Mas agora que ela morreu, por que deveria jejuar? Poderei eu trazê-la de volta à vida? Eu irei até ela, mas ela não voltará para mim".

Nathan Rebukes David

12 The Lord sent Nathan to David. When he came to him, he said, "There were two men in a certain town, one rich and the other poor. ²The rich man had a very large number of sheep and cattle, ³but the poor man had nothing except one little ewe lamb he had bought. He raised it, and it grew up with him and his children. It shared his food, drank from his cup and even slept in his arms. It was like a daughter to him.

⁴"Now a traveler came to the rich man, but the rich man refrained from taking one of his own sheep or cattle to prepare a meal for the traveler who had come to him. Instead, he took the ewe lamb that belonged to the poor man and prepared it for the one who had come to him."

⁵David burned with anger against the man and said to Nathan, "As surely as the Lord lives, the man who did this deserves to die! ⁶He must pay for that lamb four times over, because he did such a thing and had no pity."

⁷Then Nathan said to David, "You are the man! This is what the Lord, the God of Israel, says: 'I anointed you king over Israel, and I delivered you from the hand of Saul. ⁸I gave your master's house to you, and your master's wives into your arms. I gave you the house of Israel and Judah. And if all this had been too little, I would have given you even more. ⁹Why did you despise the word of the Lord by doing what is evil in his eyes? You struck down Uriah the Hittite with the sword and took his wife to be your own. You killed him with the sword of the Ammonites. ¹⁰Now, therefore, the sword will never depart from your house, because you despised me and took the wife of Uriah the Hittite to be your own.'

¹¹"This is what the Lord says: 'Out of your own household I am going to bring calamity upon you. Before your very eyes I will take your wives and give them to one who is close to you, and he will lie with your wives in broad daylight. ¹²You did it in secret, but I will do this thing in broad daylight before all Israel.' "

¹³Then David said to Nathan, "I have sinned against the Lord."

Nathan replied, "The Lord has taken away your sin. You are not going to die. ¹⁴But because by doing this you have made the enemies of the Lord show utter contempt,[a] the son born to you will die."

¹⁵After Nathan had gone home, the Lord struck the child that Uriah's wife had borne to David, and he became ill. ¹⁶David pleaded with God for the child. He fasted and went into his house and spent the nights lying on the ground. ¹⁷The elders of his household stood beside him to get him up from the ground, but he refused, and he would not eat any food with them.

¹⁸On the seventh day the child died. David's servants were afraid to tell him that the child was dead, for they thought, "While the child was still living, we spoke to David but he would not listen to us. How can we tell him the child is dead? He may do something desperate."

¹⁹David noticed that his servants were whispering among themselves and he realized the child was dead. "Is the child dead?" he asked.

"Yes," they replied, "he is dead."

²⁰Then David got up from the ground. After he had washed, put on lotions and changed his clothes, he went into the house of the Lord and worshiped. Then he went to his own house, and at his request they served him food, and he ate.

²¹His servants asked him, "Why are you acting this way? While the child was alive, you fasted and wept, but now that the child is dead, you get up and eat!"

²²He answered, "While the child was still alive, I fasted and wept. I thought, 'Who knows? The Lord may be gracious to me and let the child live.' ²³But now that he is dead, why should I fast? Can I bring him back again? I will go to him, but he will not return to me."

---

a12.14 Conforme um manuscrito da Septuaginta. O Texto Massorético diz *os inimigos do Senhor*.

a12:14 Masoretic Text; an ancient Hebrew scribal tradition *this you have shown utter contempt for the Lord*

24 Depois Davi consolou sua mulher Bate-Seba e deitou-se com ela, e ela teve um menino, a quem Davi deu o nome de Salomão. O Senhor o amou **25** e enviou o profeta Natã com uma mensagem a Davi. E Natã deu ao menino o nome de Jedidias[a].

26 Enquanto isso, Joabe atacou Rabá dos amonitas e conquistou a fortaleza real. **27** Feito isso, mandou mensageiros a Davi, dizendo: "Lutei contra Rabá e apoderei-me dos seus reservatórios de água. **28** Agora, convoca o restante do exército, cerca a cidade e conquista-a. Se não, eu terei a fama de havê-la conquistado".

29 Então Davi convocou todo o exército, foi a Rabá, atacou a cidade e a conquistou. **30** A seguir tirou a coroa da cabeça de Moloque[b], uma coroa de ouro de trinta e cinco quilos[c]; ornamentada com pedras preciosas. E ela foi colocada na cabeça de Davi. Ele trouxe uma grande quantidade de bens da cidade **31** e trouxe também os seus habitantes, designando-lhes trabalhos com serras, picaretas e machados, além da fabricação de tijolos. Davi fez assim com todas as cidades amonitas. Depois voltou com todo o seu exército para Jerusalém.

Tamar é Violentada por Amnom

13 Depois de algum tempo, Amnom, filho de Davi, apaixonou-se por Tamar; ela era muito bonita e era irmã de Absalão, outro filho de Davi.

2 Amnom ficou angustiado ao ponto de adoecer por causa de sua meia-irmã Tamar, pois ela era virgem, e parecia-lhe impossível aproximar-se dela.

3 Amnom tinha um amigo muito astuto chamado Jonadabe, filho de Siméia, irmão de Davi. **4** Ele perguntou a Amnom: "Filho do rei, por que todo dia você está abatido? Quer me contar o que se passa?"

Amnom lhe disse: "Estou apaixonado por Tamar, irmã de meu irmão Absalão".

5 "Vá para a cama e finja estar doente", disse Jonadabe. "Quando seu pai vier visitá-lo, diga-lhe: Permite que minha irmã Tamar venha dar-me de comer. Gostaria que ela preparasse a comida aqui mesmo e me servisse. Assim poderei vê-la."

6 Amnom aceitou a idéia e deitou-se, fingindo-se doente. Quando o rei foi visitá-lo, Amnom lhe disse: "Eu gostaria que minha irmã Tamar viesse e preparasse dois bolos aqui mesmo e me servisse".

7 Davi mandou dizer a Tamar no palácio: "Vá à casa de seu irmão Amnom e prepare algo para ele comer". **8** Tamar foi à casa de seu irmão, que estava deitado. Ela amassou a farinha, preparou os bolos na presença dele e os assou. **9** Depois pegou a assadeira e lhe serviu os bolos, mas ele não quis comer.

Então Amnom deu ordem para que todos saíssem e, depois que todos saíram, **10** disse a Tamar: "Traga os bolos e sirva-me aqui no meu quarto". Tamar levou os bolos que havia preparado ao quarto de seu irmão. **11** Mas quando ela se aproximou para servi-lo, ele a agarrou e disse: "Deite-se comigo, minha irmã".

12 Mas ela lhe disse: "Não, meu irmão! Não me faça essa violência. Não se faz uma coisa dessas em Israel! Não cometa essa loucura. **13** O que seria de mim? Como eu poderia livrar-me da minha desonra? E o que seria de você? Você cairia em desgraça em Israel. Fale com o rei; ele deixará que eu me case com você". **14** Mas Amnom não quis ouvi-la e, sendo mais forte que ela, violentou-a.

15 Logo depois Amnom sentiu uma forte aversão por ela, mais forte que a paixão que sentira. E lhe disse: "Levante-se e saia!"

16 Mas ela lhe disse: "Não, meu irmão, mandar-me embora seria pior do que o mal que você já me fez".

24 Then David comforted his wife Bathsheba, and he went to her and lay with her. She gave birth to a son, and they named him Solomon. The Lord loved him; **25** and because the Lord loved him, he sent word through Nathan the prophet to name him Jedidiah.[a]

26 Meanwhile Joab fought against Rabbah of the Ammonites and captured the royal citadel. **27** Joab then sent messengers to David, saying, "I have fought against Rabbah and taken its water supply. **28** Now muster the rest of the troops and besiege the city and capture it. Otherwise I will take the city, and it will be named after me."

29 So David mustered the entire army and went to Rabbah, and attacked and captured it. **30** He took the crown from the head of their king[b]—its weight was a talent[c] of gold, and it was set with precious stones—and it was placed on David's head. He took a great quantity of plunder from the city **31** and brought out the people who were there, consigning them to labor with saws and with iron picks and axes, and he made them work at brickmaking.[d] He did this to all the Ammonite towns. Then David and his entire army returned to Jerusalem.

Amnon and Tamar

13 In the course of time, Amnon son of David fell in love with Tamar, the beautiful sister of Absalom son of David.

2 Amnon became frustrated to the point of illness on account of his sister Tamar, for she was a virgin, and it seemed impossible for him to do anything to her.

3 Now Amnon had a friend named Jonadab son of Shimeah, David's brother. Jonadab was a very shrewd man. **4** He asked Amnon, "Why do you, the king's son, look so haggard morning after morning? Won't you tell me?"

Amnon said to him, "I'm in love with Tamar, my brother Absalom's sister."

5 "Go to bed and pretend to be ill," Jonadab said. "When your father comes to see you, say to him, 'I would like my sister Tamar to come and give me something to eat. Let her prepare the food in my sight so I may watch her and then eat it from her hand.'"

6 So Amnon lay down and pretended to be ill. When the king came to see him, Amnon said to him, "I would like my sister Tamar to come and make some special bread in my sight, so I may eat from her hand."

7 David sent word to Tamar at the palace: "Go to the house of your brother Amnon and prepare some food for him." **8** So Tamar went to the house of her brother Amnon, who was lying down. She took some dough, kneaded it, made the bread in his sight and baked it. **9** Then she took the pan and served him the bread, but he refused to eat.

"Send everyone out of here," Amnon said. So everyone left him. **10** Then Amnon said to Tamar, "Bring the food here into my bedroom so I may eat from your hand." And Tamar took the bread she had prepared and brought it to her brother Amnon in his bedroom. **11** But when she took it to him to eat, he grabbed her and said, "Come to bed with me, my sister."

12 "Don't, my brother!" she said to him. "Don't force me. Such a thing should not be done in Israel! Don't do this wicked thing. **13** What about me? Where could I get rid of my disgrace? And what about you? You would be like one of the wicked fools in Israel. Please speak to the king; he will not keep me from being married to you." **14** But he refused to listen to her, and since he was stronger than she, he raped her.

15 Then Amnon hated her with intense hatred. In fact, he hated her more than he had loved her. Amnon said to her, "Get up and get out!"

16 "No!" she said to him. "Sending me away would be a greater wrong than what you have already done to me."

---

a12.25 *Jedidias* significa *amado pelo* Senhor. **b**12.30 Conforme a Septuaginta. O Texto Massorético diz *do rei deles*.**c**12.30 Hebraico: *1 talento*.

a12:25 *Jedidiah* means *loved by the* Lord. **b**12:30 Or *of Milcom* (that is, Molech) **c**12:30 That is, about 75 pounds (about 34 kilograms) **d**12:31 The meaning of the Hebrew for this clause is uncertain.

Ele, porém, não quis ouvi-la **¹⁷**e, chamando seu servo, disse-lhe: "Ponha esta mulher para fora daqui e tranque a porta". **¹⁸**Então o servo a pôs para fora e trancou a porta. Ela estava vestindo uma túnica longaª, pois esse era o tipo de roupa que as filhas virgens do rei usavam desde a puberdade. **¹⁹**Tamar pôs cinza na cabeça, rasgou a túnica longa que estava usando e se pôs a caminho, com as mãos sobre a cabeça e chorando em alta voz.

²⁰Absalão, seu irmão, lhe perguntou: "Seu irmão, Amnom, lhe fez algum mal? Acalme-se, minha irmã; ele é seu irmão! Não se deixe dominar pela angústia". E Tamar, muito triste, ficou na casa de seu irmão Absalão.

²¹Ao saber de tudo isso, o rei Davi ficou indignado. **²²**E Absalão não falou nada com Amnom, nem bem, nem mal, embora o odiasse por ter violentado sua irmã Tamar.

Absalão Mata Amnom

²³Dois anos depois, quando os tosquiadores de ovelhas de Absalão estavam em Baal-Hazor, perto da fronteira de Efraim, Absalão convidou todos os filhos do rei para se reunirem com ele. **²⁴**Absalão foi ao rei e lhe disse: "Eu, teu servo, estou tosquiando as ovelhas e gostaria que o rei e os seus conselheiros estivessem comigo".

²⁵Respondeu o rei: "Não, meu filho. Não iremos todos, pois isso seria um peso para você". Embora Absalão insistisse, ele se recusou a ir, mas o abençoou.

²⁶Então Absalão lhe disse: "Se não queres ir, permite, por favor, que o meu irmão Amnom vá conosco".

O rei perguntou: "Por que ele iria com você?" **²⁷**Mas Absalão insistiu tanto que o rei acabou deixando que Amnom e os seus outros filhos fossem com ele.

²⁸Absalão ordenou aos seus homens: "Ouçam! Quando Amnom estiver embriagado de vinho e eu disser: Matem Amnom!, vocês o matarão. Não tenham medo; eu assumo a responsabilidade. Sejam fortes e corajosos!" **²⁹**Assim os homens de Absalão mataram Amnom, obedecendo às suas ordens. Então todos os filhos do rei montaram em suas mulas e fugiram.

³⁰Estando eles ainda a caminho, chegou a seguinte notícia ao rei: "Absalão matou todos os teus filhos; nenhum deles escapou". **³¹**O rei levantou-se, rasgou as suas vestes, prostrou-se, rosto em terra, e todos os conselheiros que estavam com ele também rasgaram as vestes.

³²Mas Jonadabe, filho de Siméia, irmão de Davi, disse: "Não pense o meu senhor que mataram todos os seus filhos. Somente Amnom foi morto. Essa era a intenção de Absalão desde o dia em que Amnom violentou Tamar, irmã dele. **³³**O rei, meu senhor, não deve acreditar que todos os seus filhos estão mortos. Apenas Amnom morreu."

³⁴Enquanto isso, Absalão fugiu.

Nesse meio tempo a sentinela viu muita gente que vinha pela estrada de Horonaim, descendo pela encosta da colina, e disse ao rei: "Vejo homens vindo pela estrada de Horonaim, na encosta da colina"ᵇ.

³⁵E Jonadabe disse ao rei: "São os filhos do rei! Aconteceu como o teu servo disse".

³⁶Acabando de falar, os filhos do rei chegaram, chorando em alta voz. Também o rei e todos os seus conselheiros choraram muito.

³⁷Absalão fugiu para o território de Talmai, filho de Amiúde, rei de Gesur. E o rei Davi pranteava por seu filho todos os dias.

³⁸Depois que Absalão fugiu para Gesur e lá permaneceu três anos, **³⁹**a ira do rei contra Absalão cessouᶜ, pois ele se sentia consolado da morte de Amnom.

Absalão Volta para Jerusalém

14 Joabe, filho de Zeruia, percebendo que o rei estava com saudade de Absalão, **²**mandou buscar uma mulher

---

But he refused to listen to her. **¹⁷**He called his personal servant and said, "Get this woman out of here and bolt the door after her." **¹⁸**So his servant put her out and bolted the door after her. She was wearing a richly ornamentedª robe, for this was the kind of garment the virgin daughters of the king wore. **¹⁹**Tamar put ashes on her head and tore the ornamentedᵇ robe she was wearing. She put her hand on her head and went away, weeping aloud as she went.

²⁰Her brother Absalom said to her, "Has that Amnon, your brother, been with you? Be quiet now, my sister; he is your brother. Don't take this thing to heart." And Tamar lived in her brother Absalom's house, a desolate woman.

²¹When King David heard all this, he was furious. **²²**Absalom never said a word to Amnon, either good or bad; he hated Amnon because he had disgraced his sister Tamar.

Absalom Kills Amnon

²³Two years later, when Absalom's sheepshearers were at Baal Hazor near the border of Ephraim, he invited all the king's sons to come there. **²⁴**Absalom went to the king and said, "Your servant has had shearers come. Will the king and his officials please join me?"

²⁵"No, my son," the king replied. "All of us should not go; we would only be a burden to you." Although Absalom urged him, he still refused to go, but gave him his blessing.

²⁶Then Absalom said, "If not, please let my brother Amnon come with us."

The king asked him, "Why should he go with you?" **²⁷**But Absalom urged him, so he sent with him Amnon and the rest of the king's sons.

²⁸Absalom ordered his men, "Listen! When Amnon is in high spirits from drinking wine and I say to you, 'Strike Amnon down,' then kill him. Don't be afraid. Have not I given you this order? Be strong and brave." **²⁹**So Absalom's men did to Amnon what Absalom had ordered. Then all the king's sons got up, mounted their mules and fled.

³⁰While they were on their way, the report came to David: "Absalom has struck down all the king's sons; not one of them is left." **³¹**The king stood up, tore his clothes and lay down on the ground; and all his servants stood by with their clothes torn.

³²But Jonadab son of Shimeah, David's brother, said, "My lord should not think that they killed all the princes; only Amnon is dead. This has been Absalom's expressed intention ever since the day Amnon raped his sister Tamar. **³³**My lord the king should not be concerned about the report that all the king's sons are dead. Only Amnon is dead."

³⁴Meanwhile, Absalom had fled.

Now the man standing watch looked up and saw many people on the road west of him, coming down the side of the hill. The watchman went and told the king, "I see men in the direction of Horonaim, on the side of the hill."ᶜ

³⁵Jonadab said to the king, "See, the king's sons are here; it has happened just as your servant said."

³⁶As he finished speaking, the king's sons came in, wailing loudly. The king, too, and all his servants wept very bitterly.

³⁷Absalom fled and went to Talmai son of Ammihud, the king of Geshur. But King David mourned for his son every day.

³⁸After Absalom fled and went to Geshur, he stayed there three years. **³⁹**And the spirit of the kingᵈ longed to go to Absalom, for he was consoled concerning Amnon's death.

Absalom Returns to Jerusalem

14 Joab son of Zeruiah knew that the king's heart longed for Absalom. **²**So Joab sent someone to Tekoa and had

---

ª**13.18** Ou *de diversas cores*; também no versículo 19. ᵇ**13.34** Conforme a Septuaginta. O Texto Massorético não traz esta sentença. ᶜ**13.39** Ou *o rei teve saudade de Absalão*. Conforme os manuscritos do mar Morto e alguns manuscritos da Septuaginta.

ª**13:18** The meaning of the Hebrew for this phrase is uncertain. ᵇ**13:19** The meaning of the Hebrew for this word is uncertain. ᶜ**13:34** Septuagint; Hebrew does not have this sentence. ᵈ**13:39** Dead Sea Scrolls and some Septuagint manuscripts; Masoretic Text *But the spirit of David the king*

astuta em Tecoa, e lhe disse: "Finja que está de luto: vista-se de preto e não se perfume. Aja como uma mulher que há algum tempo está de luto. ³Vá dizer ao rei estas palavras", e a instruiu sobre o que ela deveria dizer.

⁴Quando a mulher apresentou-seª ao rei, prostrou-se, rosto em terra, em sinal de respeito, e lhe disse: "Ajuda-me, ó rei!"

⁵"Qual é o seu problema?", perguntou-lhe o rei, e ela respondeu:

"Sou viúva, meu marido morreu ⁶deixando-me com dois filhos. Eles brigaram no campo e, não havendo ninguém para separá-los, um acabou matando o outro. ⁷Agora, todo o clã levantou-se contra a tua serva, exigindo: 'Entregue o assassino, para que o matemos pela vida do irmão, e nos livremos também do herdeiro'. Eles querem apagar a última centelha que me restou, deixando meu marido sem nome nem descendência na face da terra".

⁸O rei disse à mulher: "Vá para casa. Eu mandarei que cuidem do seu caso".

⁹Mas a mulher de Tecoa lhe disse: "Ó rei, meu senhor, é sobre mim e sobre a família de meu pai que pesará a iniqüidade; não pesa culpa sobre o rei e sobre o seu trono".

¹⁰O rei respondeu: "Se alguém ameaçá-la, traga-o a mim, e ele não mais a incomodará".

¹¹Ela acrescentou: "Peço então ao rei que, em nome do Senhor, o seu Deus, não permita que o vingador da vítima cause maior destruição, matando meu outro filho".

E disse ele: "Eu juro pelo nome do Senhor: Nem um só fio de cabelo da cabeça de seu filho cairá".

¹²Disse-lhe ainda a mulher: "Permite que a tua serva fale mais uma coisa ao rei, meu senhor".

"Fale", respondeu ele.

¹³Disse então a mulher: "Por que terá o rei agido contra o povo de Deus? O rei está se condenando com o que acaba de dizer, pois não permitiu a volta do que foi banido. ¹⁴Que teremos que morrer um dia, é tão certo como não se pode recolher a água que se espalhou pela terra. Mas Deus não tira a vida; ao contrário, cria meios para que o banido não permaneça afastado dele.

¹⁵"E eu vim falar sobre isso ao rei, meu senhor, porque o povo me ameaçou. Tua serva pensou que se falasse com o rei, talvez ele atendesse o seu pedido ¹⁶e concordasse em livrar a sua serva das mãos do homem que está tentando eliminar tanto a mim como a meu filho da herança que Deus nos deu.

¹⁷"E agora a tua serva diz: Traga-me descanso a decisão do rei, o meu senhor, pois o rei, meu senhor, é como um anjo de Deus, capaz de discernir entre o bem e o mal. Que o Senhor, o teu Deus, esteja contigo!"

¹⁸Então o rei disse à mulher: "Não me esconda nada do que vou lhe perguntar".

"Fale o rei, meu senhor", disse a mulher.

¹⁹O rei perguntou: "Não é Joabe que está por trás de tudo isso?"

A mulher respondeu: "Juro por tua vida, ó rei, ninguém é capaz de desviar-se para a direita ou para a esquerda do que tu dizes. Sim, foi o teu servo Joabe que me mandou aqui para dizer tudo isso. ²⁰O teu servo Joabe agiu assim para mudar essa situação. Mas o meu senhor é sábio como um anjo de Deus, e nada lhe escapa de tudo o que acontece no país".

²¹Depois o rei disse a Joabe: "Muito bem, atenderei esse pedido. Vá e traga de volta o jovem Absalão".

²²Joabe prostrou-se, rosto em terra, abençoou o rei e disse: "Hoje o teu servo ficou sabendo que o vês com bons olhos, pois o rei atendeu o pedido de seu servo".

a wise woman brought from there. He said to her, "Pretend you are in mourning. Dress in mourning clothes, and don't use any cosmetic lotions. Act like a woman who has spent many days grieving for the dead. ³Then go to the king and speak these words to him." And Joab put the words in her mouth.

⁴When the woman from Tekoa wentª to the king, she fell with her face to the ground to pay him honor, and she said, "Help me, O king!"

⁵The king asked her, "What is troubling you?"

She said, "I am indeed a widow; my husband is dead. ⁶I your servant had two sons. They got into a fight with each other in the field, and no one was there to separate them. One struck the other and killed him. ⁷Now the whole clan has risen up against your servant; they say, 'Hand over the one who struck his brother down, so that we may put him to death for the life of his brother whom he killed; then we will get rid of the heir as well.' They would put out the only burning coal I have left, leaving my husband neither name nor descendant on the face of the earth."

⁸The king said to the woman, "Go home, and I will issue an order in your behalf."

⁹But the woman from Tekoa said to him, "My lord the king, let the blame rest on me and on my father's family, and let the king and his throne be without guilt."

¹⁰The king replied, "If anyone says anything to you, bring him to me, and he will not bother you again."

¹¹She said, "Then let the king invoke the Lord his God to prevent the avenger of blood from adding to the destruction, so that my son will not be destroyed."

"As surely as the Lord lives," he said, "not one hair of your son's head will fall to the ground."

¹²Then the woman said, "Let your servant speak a word to my lord the king."

"Speak," he replied.

¹³The woman said, "Why then have you devised a thing like this against the people of God? When the king says this, does he not convict himself, for the king has not brought back his banished son? ¹⁴Like water spilled on the ground, which cannot be recovered, so we must die. But God does not take away life; instead, he devises ways so that a banished person may not remain estranged from him.

¹⁵"And now I have come to say this to my lord the king because the people have made me afraid. Your servant thought, 'I will speak to the king; perhaps he will do what his servant asks. ¹⁶Perhaps the king will agree to deliver his servant from the hand of the man who is trying to cut off both me and my son from the inheritance God gave us.'

¹⁷"And now your servant says, 'May the word of my lord the king bring me rest, for my lord the king is like an angel of God in discerning good and evil. May the Lord your God be with you.' "

¹⁸Then the king said to the woman, "Do not keep from me the answer to what I am going to ask you."

"Let my lord the king speak," the woman said.

¹⁹The king asked, "Isn't the hand of Joab with you in all this?"

The woman answered, "As surely as you live, my lord the king, no one can turn to the right or to the left from anything my lord the king says. Yes, it was your servant Joab who instructed me to do this and who put all these words into the mouth of your servant. ²⁰Your servant Joab did this to change the present situation. My lord has wisdom like that of an angel of God—he knows everything that happens in the land."

²¹The king said to Joab, "Very well, I will do it. Go, bring back the young man Absalom."

²²Joab fell with his face to the ground to pay him honor, and he blessed the king. Joab said, "Today your servant knows that he has found favor in your eyes, my lord the king, because the king has granted his servant's request."

ª14.4 Conforme muitos manuscritos do Texto Massorético, a Septuaginta, a Vulgata e a Versão Siríaca. A maioria dos manuscritos do Texto Massorético diz *falou*.

ª14:4 Many Hebrew manuscripts, Septuagint, Vulgate and Syriac; most Hebrew manuscripts *spoke*

23 Então Joabe foi a Gesur e trouxe Absalão de volta para Jerusalém. **24** Mas o rei disse: "Ele irá para a casa dele; não virá à minha presença". Assim, Absalão foi para a sua casa e não compareceu mais à presença do rei.

25 Em todo o Israel não havia homem tão elogiado por sua beleza como Absalão. Da cabeça aos pés não havia nele nenhum defeito. **26** Sempre que o cabelo lhe ficava pesado demais, ele o cortava e o pesava: eram dois quilos e quatrocentos gramasª, segundo o padrão do rei.

27 Ele teve três filhos e uma filha, chamada Tamar, que se tornou uma linda mulher.

28 Absalão morou dois anos em Jerusalém sem ser recebido pelo rei. **29** Então mandou chamar Joabe para enviá-lo ao rei, mas Joabe não quis ir. Mandou chamá-lo pela segunda vez, mas ele, novamente, não quis ir. **30** Então Absalão disse a seus servos: "Vejam, a propriedade de Joabe é vizinha da minha, e ele tem uma plantação de cevada. Tratem de incendiá-la". E os servos de Absalão puseram fogo na plantação.

31 Então Joabe foi à casa de Absalão e lhe perguntou: "Por que os seus servos puseram fogo na minha propriedade?"

32 Absalão respondeu: "Mandei chamá-lo para enviá-lo ao rei com a seguinte mensagem: Por que voltei de Gesur? Melhor seria que eu lá permanecesse! Quero ser recebido pelo rei; e, se eu for culpado de alguma coisa, que ele mande me matar".

33 Então Joabe foi contar tudo ao rei, que mandou chamar Absalão. Ele entrou e prostrou-se, rosto em terra, perante o rei. E o rei saudou-o com um beijo.

A Conspiração de Absalão

15 Algum tempo depois, Absalão adquiriu uma carruagem, cavalos e uma escolta de cinqüenta homens. **2** Ele se levantava cedo e ficava junto ao caminho que levava à porta da cidade. Sempre que alguém trazia uma causa para ser decidida pelo rei, Absalão o chamava e perguntava de que cidade vinha. A pessoa respondia que era de uma das tribos de Israel, **3** e Absalão dizia: "A sua causa é válida e legítima, mas não há nenhum representante do rei para ouvi-lo". **4** E Absalão acrescentava: "Quem me dera ser designado juiz desta terra! Todos os que tivessem uma causa ou uma questão legal viriam a mim, e eu lhe faria justiça".

5 E sempre que alguém se aproximava dele para prostrar-se em sinal de respeito, Absalão estendia a mão, abraçava-o e beijava-o. **6** Absalão agia assim com todos os israelitas que vinham pedir que o rei lhes fizesse justiça. Assim ele foi conquistando a lealdade dos homens de Israel.

7 Ao final de quatroᵇ anos, Absalão disse ao rei: "Deixa-me ir a Hebrom para cumprir um voto que fiz ao Senhor. **8** Quando o teu servo estava em Gesur, na Síria, fez este voto: Se o Senhor me permitir voltar a Jerusalém, prestarei culto a ele em Hebromᶜ".

9 "Vá em paz!", disse o rei. E ele foi para Hebrom.

10 Absalão enviou secretamente mensageiros a todas as tribos de Israel, dizendo: "Assim que vocês ouvirem o som das trombetas, digam: Absalão é rei em Hebrom". **11** Absalão levou duzentos homens de Jerusalém. Eles tinham sido convidados e nada sabiam nem suspeitavam do que estava acontecendo. **12** Depois de oferecer sacrifícios, Absalão mandou chamar Aitofel, da cidade de Gilo, conselheiro de Davi. A conspiração ganhou força, e cresceu o número dos que seguiam Absalão.

A Fuga de Davi

13 Então um mensageiro chegou e disse a Davi: "Os israelitas estão com Absalão!"

23 Then Joab went to Geshur and brought Absalom back to Jerusalem. **24** But the king said, "He must go to his own house; he must not see my face." So Absalom went to his own house and did not see the face of the king.

25 In all Israel there was not a man so highly praised for his handsome appearance as Absalom. From the top of his head to the sole of his foot there was no blemish in him. **26** Whenever he cut the hair of his head—he used to cut his hair from time to time when it became too heavy for him—he would weigh it, and its weight was two hundred shekelsª by the royal standard.

27 Three sons and a daughter were born to Absalom. The daughter's name was Tamar, and she became a beautiful woman.

28 Absalom lived two years in Jerusalem without seeing the king's face. **29** Then Absalom sent for Joab in order to send him to the king, but Joab refused to come to him. So he sent a second time, but he refused to come. **30** Then he said to his servants, "Look, Joab's field is next to mine, and he has barley there. Go and set it on fire." So Absalom's servants set the field on fire.

31 Then Joab did go to Absalom's house and he said to him, "Why have your servants set my field on fire?"

32 Absalom said to Joab, "Look, I sent word to you and said, 'Come here so I can send you to the king to ask, "Why have I come from Geshur? It would be better for me if I were still there!" ' Now then, I want to see the king's face, and if I am guilty of anything, let him put me to death."

33 So Joab went to the king and told him this. Then the king summoned Absalom, and he came in and bowed down with his face to the ground before the king. And the king kissed Absalom.

Absalom's Conspiracy

15 In the course of time, Absalom provided him-self with a chariot and horses and with fifty men to run ahead of him. **2** He would get up early and stand by the side of the road leading to the city gate. Whenever anyone came with a complaint to be placed before the king for a decision, Absalom would call out to him, "What town are you from?" He would answer, "Your servant is from one of the tribes of Israel." **3** Then Absalom would say to him, "Look, your claims are valid and proper, but there is no representative of the king to hear you." **4** And Absalom would add, "If only I were appointed judge in the land! Then everyone who has a complaint or case could come to me and I would see that he gets justice."

5 Also, whenever anyone approached him to bow down before him, Absalom would reach out his hand, take hold of him and kiss him. **6** Absalom behaved in this way toward all the Israelites who came to the king asking for justice, and so he stole the hearts of the men of Israel.

7 At the end of fourᵇ years, Absalom said to the king, "Let me go to Hebron and fulfill a vow I made to the Lord. **8** While your servant was living at Geshur in Aram, I made this vow: 'If the Lord takes me back to Jerusalem, I will worship the Lord in Hebron.ᶜ' "

9 The king said to him, "Go in peace." So he went to Hebron.

10 Then Absalom sent secret messengers throughout the tribes of Israel to say, "As soon as you hear the sound of the trumpets, then say, 'Absalom is king in Hebron.' " **11** Two hundred men from Jerusalem had accompanied Absalom. They had been invited as guests and went quite innocently, knowing nothing about the matter. **12** While Absalom was offering sacrifices, he also sent for Ahithophel the Gilonite, David's counselor, to come from Giloh, his hometown. And so the conspiracy gained strength, and Absalom's following kept on increasing.

David Flees

13 A messenger came and told David, "The hearts of the men of Israel are with Absalom."

ª**14.26** Hebraico: *200 siclos*. Um siclo equivalia a 12 gramas. ᵇ**15.7** Conforme alguns manuscritos da Septuaginta, a Versão Siríaca e Josefo. O Texto Massorético diz *quarenta*. ᶜ**15.8** Conforme alguns manuscritos da Septuaginta. O Texto Massorético não traz *em Hebrom*.

ª**14:26** That is, about 5 pounds (about 2.3 kilograms) ᵇ**15:7** Some Septuagint manuscripts, Syriac and Josephus; Hebrew *forty* ᶜ**15:8** Some Septuagint manuscripts; Hebrew does not have *in Hebron*.

14 Em vista disso, Davi disse aos conselheiros que estavam com ele em Jerusalém: "Vamos fugir; caso contrário não escaparemos de Absalão. Se não partirmos imediatamente ele nos alcançará, causará a nossa ruína e matará o povo à espada".

15 Os conselheiros do rei lhe responderam: "Teus servos estão dispostos a fazer tudo o que o rei, nosso senhor, decidir".

16 O rei partiu, seguido por todos os de sua família; deixou, porém, dez concubinas para tomarem conta do palácio. **17** Assim, o rei partiu com todo o povo. Pararam na última casa da cidade, **18** e todos os seus soldados marcharam, passando por ele: todos os queretitas e peletitas, e os seiscentos giteus que o acompanhavam desde Gate.

19 O rei disse então a Itai, de Gate: "Por que você está indo conosco? Volte e fique com o novo rei, pois você é estrangeiro, um exilado de sua terra. **20** Faz pouco tempo que você chegou. Como eu poderia fazê-lo acompanhar-me? Volte e leve consigo os seus irmãos. Que o Senhor o trate com bondade e fidelidade!"

21 Itai, contudo, respondeu ao rei: "Juro pelo nome do Senhor e por tua vida que onde quer que o rei, meu senhor, esteja, ali estará o seu servo, para viver ou para morrer!"

22 Então Davi disse a Itai: "Está bem, pode ir adiante". E Itai, o giteu, marchou, com todos os seus soldados e com as famílias que estavam com ele.

23 Todo o povo do lugar chorava em alta voz enquanto o exército passava. O rei atravessou o vale do Cedrom e todo o povo foi com ele em direção ao deserto.

24 Zadoque também estava lá, e com ele todos os levitas que carregavam a arca da aliança de Deus; Abiatar também estava lá. Puseram no chão a arca de Deus até que todo o povo saísse da cidade.

25 Então o rei disse a Zadoque: "Leve a arca de Deus de volta para a cidade. Se o Senhor mostrar benevolência a mim, ele me trará de volta e me deixará ver a arca e o lugar onde ela deve permanecer. **26** Mas, se ele disser que já não sou do seu agrado, aqui estou! Faça ele comigo a sua vontade".

27 Disse ainda o rei ao sacerdote Zadoque: "Fique alerta! Volte em paz para a cidade, você, Aimaás, seu filho, e Jônatas, filho de Abiatar. **28** Pelos desfiladeiros do deserto ficarei esperando notícias de vocês". **29** Então Zadoque e Abiatar levaram a arca de Deus de volta para Jerusalém, e lá permaneceram.

30 Davi, porém, continuou subindo o monte das Oliveiras, caminhando e chorando, com a cabeça coberta e os pés descalços. E todos os que iam com ele também tinham a cabeça coberta e subiam chorando. **31** Quando informaram a Davi que Aitofel era um dos conspiradores que apoiavam Absalão, Davi orou: "Ó Senhor, transforma em loucura os conselhos de Aitofel".

32 Quando Davi chegou ao alto do monte, ao lugar onde o povo costumava adorar a Deus, veio ao seu encontro o arquita Husai, com a roupa rasgada e com terra sobre a cabeça. **33** E Davi lhe disse: "Não adianta você vir comigo. **34** Mas se voltar à cidade, poderá dizer a Absalão: Estarei a teu serviço, ó rei. No passado estive a serviço de teu pai, mas agora estarei a teu serviço. Assim você me ajudará, frustrando o conselho de Aitofel. **35** Os sacerdotes Zadoque e Abiatar estarão lá com você. Informe-os do que você souber no palácio. **36** Também estão lá os dois filhos deles: Aimaás e Jônatas. Por meio deles me informe de tudo o que você ouvir".

37 Husai, amigo de Davi, chegou a Jerusalém quando Absalão estava entrando na cidade.

Davi e Ziba

16 Mal Davi tinha passado pelo alto do monte, lá estava à sua espera Ziba, criado de Mefibosete. Ele trazia dois jumentos carregando duzentos pães, cem bolos de uvas passas, cem frutas da estação e uma vasilha de couro cheia de vinho.

14 Then David said to all his officials who were with him in Jerusalem, "Come! We must flee, or none of us will escape from Absalom. We must leave immediately, or he will move quickly to overtake us and bring ruin upon us and put the city to the sword."

15 The king's officials answered him, "Your servants are ready to do whatever our lord the king chooses."

16 The king set out, with his entire household following him; but he left ten concubines to take care of the palace. **17** So the king set out, with all the people following him, and they halted at a place some distance away. **18** All his men marched past him, along with all the Kerethites and Pelethites; and all the six hundred Gittites who had accompanied him from Gath marched before the king.

19 The king said to Ittai the Gittite, "Why should you come along with us? Go back and stay with King Absalom. You are a foreigner, an exile from your homeland. **20** You came only yesterday. And today shall I make you wander about with us, when I do not know where I am going? Go back, and take your countrymen. May kindness and faithfulness be with you."

21 But Ittai replied to the king, "As surely as the Lord lives, and as my lord the king lives, wherever my lord the king may be, whether it means life or death, there will your servant be."

22 David said to Ittai, "Go ahead, march on." So Ittai the Gittite marched on with all his men and the families that were with him.

23 The whole countryside wept aloud as all the people passed by. The king also crossed the Kidron Valley, and all the people moved on toward the desert.

24 Zadok was there, too, and all the Levites who were with him were carrying the ark of the covenant of God. They set down the ark of God, and Abiathar offered sacrifices[a] until all the people had finished leaving the city.

25 Then the king said to Zadok, "Take the ark of God back into the city. If I find favor in the Lord's eyes, he will bring me back and let me see it and his dwelling place again. **26** But if he says, 'I am not pleased with you,' then I am ready; let him do to me whatever seems good to him."

27 The king also said to Zadok the priest, "Aren't you a seer? Go back to the city in peace, with your son Ahimaaz and Jonathan son of Abiathar. You and Abiathar take your two sons with you. **28** I will wait at the fords in the desert until word comes from you to inform me." **29** So Zadok and Abiathar took the ark of God back to Jerusalem and stayed there.

30 But David continued up the Mount of Olives, weeping as he went; his head was covered and he was barefoot. All the people with him covered their heads too and were weeping as they went up. **31** Now David had been told, "Ahithophel is among the conspirators with Absalom." So David prayed, "O Lord, turn Ahithophel's counsel into foolishness."

32 When David arrived at the summit, where people used to worship God, Hushai the Arkite was there to meet him, his robe torn and dust on his head. **33** David said to him, "If you go with me, you will be a burden to me. **34** But if you return to the city and say to Absalom, 'I will be your servant, O king; I was your father's servant in the past, but now I will be your servant,' then you can help me by frustrating Ahithophel's advice. **35** Won't the priests Zadok and Abiathar be there with you? Tell them anything you hear in the king's palace. **36** Their two sons, Ahimaaz son of Zadok and Jonathan son of Abiathar, are there with them. Send them to me with anything you hear."

37 So David's friend Hushai arrived at Jerusalem as Absalom was entering the city.

David and Ziba

16 When David had gone a short distance beyond the summit, there was Ziba, the steward of Mephibosheth, waiting to meet him. He had a string of donkeys saddled and loaded with two hundred loaves of bread, a hundred cakes of raisins, a hundred cakes of figs and a skin of wine.

[a]15:24 Or *Abiathar went up*

² O rei perguntou a Ziba: "Por que você trouxe essas coisas?"

Ziba respondeu: "Os jumentos servirão de montaria para a família do rei, os pães e as frutas são para os homens comerem, e o vinho servirá para reanimar os que ficarem exaustos no deserto".

³ "Onde está Mefibosete, neto de seu senhor?", perguntou o rei.

Respondeu-lhe Ziba: "Ele ficou em Jerusalém, pois acredita que os israelitas lhe restituirão o reino de seu avô".

⁴ Então o rei disse a Ziba: "Tudo o que pertencia a Mefibosete agora é seu".

"Humildemente me prostro", disse Ziba. "Que o rei, meu senhor, agrade-se de mim".

Simei Amaldiçoa Davi

⁵ Chegando o rei Davi a Baurim, um homem do clã da família de Saul chamado Simei, filho de Gera, saiu da cidade proferindo maldições contra ele. ⁶ Ele atirava pedras em Davi e em todos os conselheiros do rei, embora todo o exército e a guarda de elite estivessem à direita e à esquerda de Davi. ⁷ Enquanto amaldiçoava, Simei dizia: "Saia daqui, saia daqui! Assassino! Bandido! ⁸ O Senhor retribuiu a você todo o sangue derramado na família de Saul, em cujo lugar você reinou. O Senhor entregou o reino nas mãos de seu filho Absalão. Você está arruinado porque é um assassino!"

⁹ Então Abisai, filho de Zeruia, disse ao rei: "Por que esse cão morto amaldiçoa o rei, meu senhor? Permite que eu lhe corte a cabeça".

¹⁰ Mas o rei disse: "Que é que vocês têm com isso, filhos de Zeruia? Ele me amaldiçoa porque o Senhor lhe disse que amaldiçoasse Davi. Portanto, quem poderá questioná-lo?"

¹¹ Disse então Davi a Abisai e a todos os seus conselheiros: "Até meu filho, sangue do meu sangueᵃ, procura matar-me. Quanto mais este benjamita! Deixem-no em paz! Que amaldiçoe, pois foi o Senhor que mandou fazer isso. ¹² Talvez o Senhor considere a minha aflição e me retribua com o bem a maldição que hoje recebo".

¹³ Assim, Davi e os seus soldados prosseguiram pela estrada, enquanto Simei ia pela encosta do monte, no lado oposto, amaldiçoando e jogando pedras e terra. ¹⁴ O rei e todo o povo que estava com ele chegaram exaustos a seu destino. E lá descansaram.

O Conselho de Husai e de Aitofel

¹⁵ Enquanto isso, Absalão e todos os homens de Israel entraram em Jerusalém, e Aitofel estava com eles. ¹⁶ Então Husai, o arquita, amigo de Davi, aproximou-se de Absalão e exclamou: "Viva o rei! Viva o rei!"

¹⁷ Mas Absalão disse a Husai: "É essa a lealdade que você tem para com o seu amigo? Por que você não foi com ele?"

¹⁸ Respondeu Husai: "Não! Sou do escolhido do Senhor, deste povo e de todos os israelitas, e com ele permanecerei. ¹⁹ Além disso, a quem devo servir? Não deveria eu servir o filho? Assim como servi a teu pai, também te servirei".

²⁰ Então Absalão disse a Aitofel: "Dê-nos o seu conselho. Que devemos fazer?"

²¹ Aitofel respondeu: "Aconselho que tenhas relações com as concubinas de teu pai, que ele deixou para tomar conta do palácio. Então todo o Israel ficará sabendo que te tornaste repugnante para teu pai, e todos os que estão contigo se encherão de coragem". ²² E assim armaram uma tenda no terraço do palácio para Absalão, e ele teve relações com as concubinas de seu pai à vista de todo o Israel.

²³ Naquela época, tanto Davi como Absalão consideravam os conselhos de Aitofel como se fossem a palavra do próprio Deus.

² The king asked Ziba, "Why have you brought these?"

Ziba answered, "The donkeys are for the king's household to ride on, the bread and fruit are for the men to eat, and the wine is to refresh those who become exhausted in the desert."

³ The king then asked, "Where is your master's grandson?"

Ziba said to him, "He is staying in Jerusalem, because he thinks, 'Today the house of Israel will give me back my grandfather's kingdom.' "

⁴ Then the king said to Ziba, "All that belonged to Mephibosheth is now yours."

"I humbly bow," Ziba said. "May I find favor in your eyes, my lord the king."

Shimei Curses David

⁵ As King David approached Bahurim, a man from the same clan as Saul's family came out from there. His name was Shimei son of Gera, and he cursed as he came out. ⁶ He pelted David and all the king's officials with stones, though all the troops and the special guard were on David's right and left. ⁷ As he cursed, Shimei said, "Get out, get out, you man of blood, you scoundrel! ⁸ The Lord has repaid you for all the blood you shed in the household of Saul, in whose place you have reigned. The Lord has handed the kingdom over to your son Absalom. You have come to ruin because you are a man of blood!"

⁹ Then Abishai son of Zeruiah said to the king, "Why should this dead dog curse my lord the king? Let me go over and cut off his head."

¹⁰ But the king said, "What do you and I have in common, you sons of Zeruiah? If he is cursing because the Lord said to him, 'Curse David,' who can ask, 'Why do you do this?' "

¹¹ David then said to Abishai and all his officials, "My son, who is of my own flesh, is trying to take my life. How much more, then, this Benjamite! Leave him alone; let him curse, for the Lord has told him to. ¹² It may be that the Lord will see my distress and repay me with good for the cursing I am receiving today."

¹³ So David and his men continued along the road while Shimei was going along the hillside opposite him, cursing as he went and throwing stones at him and showering him with dirt. ¹⁴ The king and all the people with him arrived at their destination exhausted. And there he refreshed himself.

The Advice of Hushai and Ahithophel

¹⁵ Meanwhile, Absalom and all the men of Israel came to Jerusalem, and Ahithophel was with him. ¹⁶ Then Hushai the Arkite, David's friend, went to Absalom and said to him, "Long live the king! Long live the king!"

¹⁷ Absalom asked Hushai, "Is this the love you show your friend? Why didn't you go with your friend?"

¹⁸ Hushai said to Absalom, "No, the one chosen by the Lord, by these people, and by all the men of Israel—his I will be, and I will remain with him. ¹⁹ Furthermore, whom should I serve? Should I not serve the son? Just as I served your father, so I will serve you."

²⁰ Absalom said to Ahithophel, "Give us your advice. What should we do?"

²¹ Ahithophel answered, "Lie with your father's concubines whom he left to take care of the palace. Then all Israel will hear that you have made yourself a stench in your father's nostrils, and the hands of everyone with you will be strengthened." ²² So they pitched a tent for Absalom on the roof, and he lay with his father's concubines in the sight of all Israel.

²³ Now in those days the advice Ahithophel gave was like that of one who inquires of God. That was how both David and Absalom regarded all of Ahithophel's advice.

ᵃ 16.11 Hebraico: *que saiu das minhas entranhas.*

17 Aitofel disse a Absalão: "Permite-me escolher doze mil homens, e partirei esta noite em perseguição a Davi. ²Eu o atacarei enquanto ele está exausto e fraco; vou causar-lhe pânico, e seu exército fugirá. Depois matarei somente o rei, ³e trarei todo o exército de volta a ti. É somente um homem que procuras matar. Assim, todo o exército ficará em paz". ⁴Esse plano pareceu bom a Absalão e a todas as autoridades de Israel.

⁵Entretanto, Absalão disse: "Chamem também Husai, o arquita, para que ouçamos a opinião dele". ⁶Quando Husai entrou, Absalão lhe disse: "Aitofel deu-nos o conselho dele. Devemos fazer o que ele diz, ou você tem outra opinião?"

⁷Husai respondeu: "O conselho que Aitofel deu desta vez não é bom. ⁸Sabes que o teu pai e os homens que estão com ele são guerreiros e estão furiosos como uma ursa selvagem da qual roubaram os filhotes. Além disso, teu pai é um solda-do experiente e não passará a noite com o exército. ⁹Ele, ago-ra, já deve estar escondido numa caverna ou nalgum outro lugar. Se alguns dos teus soldados forem mortos no primeiro ataque,ᵃ quem souber disso dirá: 'Houve matança no meio do exército de Absalão'. ¹⁰Então, até o mais bravo soldado, cora-joso como leão, ficará morrendo de medo, pois todo o Israel sabe que teu pai é um guerreiro valente e que seus soldados são corajosos.

¹¹"Por isso, dou o seguinte conselho: que se reúnam a ti todos os homens de Israel, desde Dã até Berseba, tantos como a areia da praia, e que tu mesmo os conduzas na batalha. ¹²En-tão o atacaremos onde quer que ele se encontre, e cairemos sobre ele como o orvalho cai sobre a terra. Ele e todos os seus homens não escaparão. ¹³Se ele se refugiar em alguma cidade, todo o Israel levará cordas para lá, e arrastaremos aquela cida-de para o vale, até que não reste ali sequer uma pequena pe-dra".

¹⁴Absalão e todos os homens de Israel consideraram o con-selho de Husai, o arquita, melhor do que o de Aitofel; pois o Senhor tinha decidido frustrar o eficiente conselho de Aitofel, a fim de trazer ruína sobre Absalão.

¹⁵Husai contou aos sacerdotes Zadoque e Abiatar o conse-lho que Aitofel dera a Absalão e às autoridades de Israel, e o que ele mesmo lhes tinha aconselhado em seguida. ¹⁶Então pediu que enviassem imediatamente esta mensagem a Davi: "Não passe a noite nos pontos de travessia do Jordão, no de-serto, mas atravesse logo o rio, senão o rei e todo o seu exérci-to serão exterminados".

¹⁷Jônatas e Aimaás estavam em En-Rogel, e uma serva os informava regularmente, pois não podiam arriscar-se a se-rem vistos na cidade. Eles, por sua vez, iam relatar ao rei Davi o que tinham ouvido. ¹⁸Mas um jovem os viu e avisou Absalão. Então eles partiram rapidamente e foram para a casa de um habitante de Baurim, que tinha um poço no quin-tal. Eles desceram ao poço, ¹⁹e a dona da casa colocou a tampa no poço. Para disfarçar, espalhou grãos de cereal por cima.

²⁰Os soldados de Absalão chegaram à casa da mulher e lhe perguntaram: "Onde estão Aimaás e Jônatas?"

A mulher respondeu: "Eles atravessaram as águas"ᵇ. Os ho-mens os procuraram sem sucesso, e voltaram a Jerusalém.

²¹Tendo eles ido embora, os dois saíram do poço e foram informar o rei Davi. Falaram-lhe do conselho que Aitofel dera contra ele, e lhe disseram que atravessasse imediatamente o Jordão. ²²Então Davi e todo o seu exército saíram e, quando o sol nasceu, todos tinham atravessado o Jordão.

²³Vendo Aitofel que o seu conselho não havia sido aceito, selou seu jumento e foi para casa, para a sua cidade natal; pôs seus negócios em ordem e depois se enforcou. Ele foi sepulta-do no túmulo de seu pai.

17 Ahithophel said to Absalom, "I wouldᵃ choose twelve thousand men and set out tonight in pursuit of David. ²I wouldᵇ attack him while he is weary and weak. I wouldᶜ strike him with terror, and then all the people with him will flee. I wouldᵈ strike down only the king ³and bring all the people back to you. The death of the man you seek will mean the return of all; all the people will be unharmed." ⁴This plan seemed good to Absalom and to all the elders of Israel.

⁵But Absalom said, "Summon also Hushai the Arkite, so we can hear what he has to say." ⁶When Hushai came to him, Absalom said, "Ahithophel has given this advice. Should we do what he says? If not, give us your opinion."

⁷Hushai replied to Absalom, "The advice Ahithophel has given is not good this time. ⁸You know your father and his men; they are fighters, and as fierce as a wild bear robbed of her cubs. Besides, your father is an experienced fighter; he will not spend the night with the troops. ⁹Even now, he is hidden in a cave or some other place. If he should attack your troops first,ᵉ whoever hears about it will say, 'There has been a slaugh-ter among the troops who follow Absalom.' ¹⁰Then even the bravest soldier, whose heart is like the heart of a lion, will melt with fear, for all Israel knows that your father is a fighter and that those with him are brave.

¹¹"So I advise you: Let all Israel, from Dan to Beersheba—as numerous as the sand on the seashore—be gathered to you, with you yourself leading them into battle. ¹²Then we will at-tack him wherever he may be found, and we will fall on him as dew settles on the ground. Neither he nor any of his men will be left alive. ¹³If he withdraws into a city, then all Israel will bring ropes to that city, and we will drag it down to the valley until not even a piece of it can be found."

¹⁴Absalom and all the men of Israel said, "The advice of Hushai the Arkite is better than that of Ahithophel." For the Lord had determined to frustrate the good advice of Ahithophel in order to bring disaster on Absalom.

¹⁵Hushai told Zadok and Abiathar, the priests, "Ahithophel has advised Absalom and the elders of Israel to do such and such, but I have advised them to do so and so. ¹⁶Now send a message immediately and tell David, 'Do not spend the night at the fords in the desert; cross over without fail, or the king and all the people with him will be swallowed up.' "

¹⁷Jonathan and Ahimaaz were staying at En Rogel. A ser-vant girl was to go and inform them, and they were to go and tell King David, for they could not risk being seen entering the city. ¹⁸But a young man saw them and told Absalom. So the two of them left quickly and went to the house of a man in Bahurim. He had a well in his courtyard, and they climbed down into it. ¹⁹His wife took a covering and spread it out over the opening of the well and scattered grain over it. No one knew anything about it.

²⁰When Absalom's men came to the woman at the house, they asked, "Where are Ahimaaz and Jonathan?"

The woman answered them, "They crossed over the brook."ᶠ The men searched but found no one, so they re-turned to Jerusalem.

²¹After the men had gone, the two climbed out of the well and went to inform King David. They said to him, "Set out and cross the river at once; Ahithophel has advised such and such against you." ²²So David and all the people with him set out and crossed the Jordan. By daybreak, no one was left who had not crossed the Jordan.

²³When Ahithophel saw that his advice had not been fol-lowed, he saddled his donkey and set out for his house in his hometown. He put his house in order and then hanged him-self. So he died and was buried in his father's tomb.

ᵃ17.9 Ou *Quando alguns dos homens caírem no primeiro ataque,* ᵇ17.20 Ou *"Passaram pelo curral de ovelhas e foram na direção da água".*

ᵃ17:1 Or *Let me* ᵇ17:2 Or *will* ᶜ17:2 Or *will* ᵈ17:2 Or *will* ᵉ17:9 Or *When some of the men fall at the first attack* ᶠ17:20 Or *"They passed by the sheep pen toward the water."*

24 Davi já tinha chegado a Maanaim quando Absalão atravessou o Jordão com todos os homens de Israel. **25** Absalão havia nomeado Amasa comandante do exército em lugar de Joabe. Amasa era filho de Jéter*a*, um israelita*b* que havia possuído Abigail, filha de Naás e irmã de Zeruia, mãe de Joabe. **26** Absalão e os israelitas acamparam em Gileade.

27 Quando Davi chegou a Maanaim, Sobi, filho de Naás, de Rabá dos amonitas, Maquir, filho de Amiel, de Lo-Debar, e o gileadita Barzilai, de Rogelim, **28** trouxeram a Davi e ao seu exército camas, bacias e utensílios de cerâmica e também trigo, cevada, farinha, grãos torrados, feijão e lentilhas*c*, **29** mel e coalhada, ovelhas e queijo de leite de vaca; pois sabiam que o exército estava cansado, com fome e com sede no deserto.

A Morte de Absalão

18 Davi passou em revista o exército e nomeou comandantes de batalhões de mil e de cem. **2** Depois dividiu o exército em três companhias: uma sob o comando de Joabe, outra sob o comando de Abisai, irmão de Joabe, filho de Zeruia, e outra sob o comando de Itai, o giteu. Disse então o rei ao exército: "Eu também marcharei com vocês".

3 Mas os homens disseram: "Não faças isso! Se tivermos que fugir, eles não se preocuparão conosco, e mesmo que metade de nós morra em batalha, eles não se importarão. Tu, porém, vales por dez mil de nós.*d* Melhor será que fiques na cidade e dali nos dês apoio".

4 O rei respondeu: "Farei o que acharem melhor".

E o rei ficou junto à porta, enquanto os soldados marchavam, saindo em unidades de cem e de mil. **5** O rei ordenou a Joabe, a Abisai e a Itai: "Por amor a mim, tratem bem o jovem Absalão!" E todo o exército ouviu quando o rei deu essa ordem sobre Absalão a cada um dos comandantes.

6 O exército saiu a campo para enfrentar Israel, e a batalha aconteceu na floresta de Efraim, **7** onde o exército de Israel foi derrotado pelos soldados de Davi. Houve grande matança naquele dia, elevando-se o número de mortos a vinte mil. **8** A batalha espalhou-se por toda a região e, naquele dia, a floresta matou mais que a espada.

9 Durante a batalha, Absalão, montado em sua mula, encontrou-se com os soldados de Davi. Passando a mula debaixo dos galhos de uma grande árvore, Absalão ficou preso nos galhos pela cabeça. Ficou pendurado entre o céu e a terra, e a mula prosseguiu.

10 Um homem o viu e informou a Joabe: "Acabei de ver Absalão pendurado numa grande árvore".

11 "Você o viu?", perguntou Joabe ao homem. "E por que não o matou ali mesmo? Eu teria dado a você dez peças de prata e um cinturão de guerreiro!"

12 Mas o homem respondeu: "Mesmo que fossem pesadas e colocadas em minhas mãos mil peças de prata, eu não levantaria a mão contra o filho do rei. Ouvimos o rei ordenar a ti, a Abisai e a Itai: 'Protejam, por amor a mim, o jovem Absalão'*e*. **13** Por outro lado, se eu tivesse atentado traiçoeiramente contra a vida dele, o rei ficaria sabendo, pois não se pode esconder nada dele, e tu mesmo ficarias contra mim".

14 E Joabe disse: "Não vou perder mais tempo com você". Então pegou três dardos e com eles traspassou o coração de Absalão, quando ele ainda estava vivo na árvore. **15** E dez dos escudeiros de Joabe cercaram Absalão e acabaram de matá-lo.

24 David went to Mahanaim, and Absalom crossed the Jordan with all the men of Israel. **25** Absalom had appointed Amasa over the army in place of Joab. Amasa was the son of a man named Jether,*a* an Israelite*b* who had married Abigail,*c* the daughter of Nahash and sister of Zeruiah the mother of Joab. **26** The Israelites and Absalom camped in the land of Gilead.

27 When David came to Mahanaim, Shobi son of Nahash from Rabbah of the Ammonites, and Makir son of Ammiel from Lo Debar, and Barzillai the Gileadite from Rogelim **28** brought bedding and bowls and articles of pottery. They also brought wheat and barley, flour and roasted grain, beans and lentils,*d* **29** honey and curds, sheep, and cheese from cows' milk for David and his people to eat. For they said, "The people have become hungry and tired and thirsty in the desert."

Absalom's Death

18 David mustered the men who were with him and appointed over them commanders of thousands and commanders of hundreds. **2** David sent the troops out—a third under the command of Joab, a third under Joab's brother Abishai son of Zeruiah, and a third under Ittai the Gittite. The king told the troops, "I myself will surely march out with you."

3 But the men said, "You must not go out; if we are forced to flee, they won't care about us. Even if half of us die, they won't care; but you are worth ten thousand of us.*e* It would be better now for you to give us support from the city."

4 The king answered, "I will do whatever seems best to you." So the king stood beside the gate while all the men marched out in units of hundreds and of thousands. **5** The king commanded Joab, Abishai and Ittai, "Be gentle with the young man Absalom for my sake." And all the troops heard the king giving orders concerning Absalom to each of the commanders.

6 The army marched into the field to fight Israel, and the battle took place in the forest of Ephraim. **7** There the army of Israel was defeated by David's men, and the casualties that day were great—twenty thousand men. **8** The battle spread out over the whole countryside, and the forest claimed more lives that day than the sword.

9 Now Absalom happened to meet David's men. He was riding his mule, and as the mule went under the thick branches of a large oak, Absalom's head got caught in the tree. He was left hanging in midair, while the mule he was riding kept on going.

10 When one of the men saw this, he told Joab, "I just saw Absalom hanging in an oak tree."

11 Joab said to the man who had told him this, "What! You saw him? Why didn't you strike him to the ground right there? Then I would have had to give you ten shekels*f* of silver and a warrior's belt."

12 But the man replied, "Even if a thousand shekels*g* were weighed out into my hands, I would not lift my hand against the king's son. In our hearing the king commanded you and Abishai and Ittai, 'Protect the young man Absalom for my sake.*h*' **13** And if I had put my life in jeopardy*i*—and nothing is hidden from the king—you would have kept your distance from me."

14 Joab said, "I'm not going to wait like this for you." So he took three javelins in his hand and plunged them into Absalom's heart while Absalom was still alive in the oak tree. **15** And ten of Joab's armor-bearers surrounded Absalom, struck him and killed him.

*a*17.25 Hebraico: *Itra*, variante de *Jéter*. *b*17.25 Conforme o Texto Massorético e alguns manuscritos da Septuaginta. Outros manuscritos da Septuaginta dizem *ismaelita*. Veja 1Cr 2.17. *c*17.28 Conforme a maioria dos manuscritos da Septuaginta e a Versão Siríaca. O Texto Massorético diz *lentilha, e grãos torrados*. *d*18.3 Conforme dois manuscritos do Texto Massorético, alguns manuscritos da Septuaginta e a Vulgata. A maioria dos manuscritos do Texto Massorético diz *importarão, pois agora existem dez mil como nós*. *e*18.12 Conforme alguns manuscritos do Texto Massorético, a Septuaginta, a Vulgata e a Versão Siríaca. A maioria dos manuscritos do Texto Massorético diz *'Protejam o jovem Absalão, não importa quem vocês sejam'*.

*a*17:25 Hebrew *Ithra*, a variant of *Jether* *b*17:25 Hebrew and some Septuagint manuscripts; other Septuagint manuscripts (see also 1 Chron. 2:17) *Ishmaelite* or *Jezreelite* *c*17:25 Hebrew *Abigal*, a variant of *Abigail* *d*17:28 Most Septuagint manuscripts and Syriac; Hebrew *lentils, and roasted grain* *e*18:3 Two Hebrew manuscripts, some Septuagint manuscripts and Vulgate; most Hebrew manuscripts *care; for now there are ten thousand like us* *f*18:11 That is, about 4 ounces (about 115 grams) *g*18:12 That is, about 25 pounds (about 11 kilograms) *h*18:12 A few Hebrew manuscripts, Septuagint, Vulgate and Syriac; most Hebrew manuscripts may be translated *Absalom, whoever you may be*. *i*18:13 Or *Otherwise, if I had acted treacherously toward him*

16 A seguir Joabe tocou a trombeta para que o exército parasse de perseguir Israel, e assim deteve o exército. **17** Retiraram o corpo de Absalão, jogaram-no num grande fosso na floresta e fizeram um grande monte de pedras sobre ele. Enquanto isso, todos os israelitas fugiam para casa.

18 Quando em vida, Absalão tinha levantado um monumento para si mesmo no vale do Rei, dizendo: "Não tenho nenhum filho para preservar a minha memória". Por isso deu à coluna o seu próprio nome. Chama-se ainda hoje Monumento de Absalão.

A Tristeza de Davi

19 Então Aimaás, filho de Zadoque, disse: "Deixa-me correr e levar ao rei a notícia de que o Senhor lhe fez justiça, livrando-o de seus inimigos".

20 "Não é você quem deve levar a notícia hoje", disse-lhe Joabe. "Deixe isso para outra ocasião. Hoje não, porque o filho do rei morreu."

21 Então Joabe ordenou a um etíope[a]: "Vá dizer ao rei o que você viu". O etíope inclinou-se diante de Joabe e saiu correndo para levar a notícia.

22 Todavia Aimaás, filho de Zadoque, disse de novo a Joabe: "Não importa o que aconteça, deixa-me ir com o etíope".

Joabe, porém, respondeu: "Por que está querendo tanto ir, meu filho? Você não receberá nenhuma recompensa pela notícia".

23 Mas ele insistiu: "Não importa o que aconteça, quero ir". Disse então Joabe: "Pois vá!" E Aimaás correu pelo caminho da planície[b] e passou à frente do etíope.

24 Davi estava sentado entre a porta interna e a externa da cidade. E quando a sentinela subiu ao terraço que havia sobre a porta, junto à muralha, viu um homem que vinha correndo sozinho. **25** A sentinela gritou, avisando o rei.

O rei disse: "Se ele está sozinho, deve trazer boa notícia". E o homem foi se aproximando.

26 Então a sentinela viu outro homem que vinha correndo e gritou ao porteiro: "Vem outro homem correndo sozinho!"

"Esse também deve estar trazendo boa notícia!", exclamou o rei.

27 A sentinela disse: "Está me parecendo, pelo jeito de correr, que o da frente é Aimaás, filho de Zadoque".

"É um bom homem", disse o rei. "Ele traz boas notícias."

28 Então Aimaás aproximou-se do rei e o saudou. Prostrou-se, rosto em terra, diante do rei e disse: "Bendito seja o Senhor, o teu Deus! Ele entregou os homens que se rebelaram contra o rei, meu senhor".

29 O rei perguntou: "O jovem Absalão está bem?"

Aimaás respondeu: "Vi que houve grande confusão quando Joabe, o servo do rei, ia enviar teu servo, mas não sei o que aconteceu".

30 O rei disse: "Fique ali ao lado esperando". E Aimaás ficou esperando.

31 Então o etíope chegou e disse: "Ó rei, meu senhor, ouve a boa notícia! Hoje o Senhor te livrou de todos os que se levantaram contra ti".

32 O rei perguntou ao etíope: "O jovem Absalão está bem?"

O etíope respondeu: "Que os inimigos do rei, meu senhor, e todos os que se levantam para te fazer mal acabem como aquele jovem!"

33 Então o rei, abalado, subiu ao quarto que ficava por cima da porta e chorou. Foi subindo e clamando: "Ah, meu filho Absalão! Meu filho, meu filho Absalão! Quem me dera ter morrido em seu lugar! Ah, Absalão, meu filho, meu filho!"

O Luto de Davi

19 Informaram a Joabe que o rei estava chorando e se lamentando por Absalão. **2** Para todo o exército a vitória daquele dia se transformou em luto, porque as tropas ouviram dizer: "O rei está de luto por seu filho". **3** Naquele dia o

16 Then Joab sounded the trumpet, and the troops stopped pursuing Israel, for Joab halted them. **17** They took Absalom, threw him into a big pit in the forest and piled up a large heap of rocks over him. Meanwhile, all the Israelites fled to their homes.

18 During his lifetime Absalom had taken a pillar and erected it in the King's Valley as a monument to himself, for he thought, "I have no son to carry on the memory of my name." He named the pillar after himself, and it is called Absalom's Monument to this day.

David Mourns

19 Now Ahimaaz son of Zadok said, "Let me run and take the news to the king that the Lord has delivered him from the hand of his enemies."

20 "You are not the one to take the news today," Joab told him. "You may take the news another time, but you must not do so today, because the king's son is dead."

21 Then Joab said to a Cushite, "Go, tell the king what you have seen." The Cushite bowed down before Joab and ran off.

22 Ahimaaz son of Zadok again said to Joab, "Come what may, please let me run behind the Cushite."

But Joab replied, "My son, why do you want to go? You don't have any news that will bring you a reward."

23 He said, "Come what may, I want to run."

So Joab said, "Run!" Then Ahimaaz ran by way of the plain[a] and outran the Cushite.

24 While David was sitting between the inner and outer gates, the watchman went up to the roof of the gateway by the wall. As he looked out, he saw a man running alone. **25** The watchman called out to the king and reported it.

The king said, "If he is alone, he must have good news." And the man came closer and closer.

26 Then the watchman saw another man running, and he called down to the gatekeeper, "Look, another man running alone!"

The king said, "He must be bringing good news, too."

27 The watchman said, "It seems to me that the first one runs like Ahimaaz son of Zadok."

"He's a good man," the king said. "He comes with good news."

28 Then Ahimaaz called out to the king, "All is well!" He bowed down before the king with his face to the ground and said, "Praise be to the Lord your God! He has delivered up the men who lifted their hands against my lord the king."

29 The king asked, "Is the young man Absalom safe?"

Ahimaaz answered, "I saw great confusion just as Joab was about to send the king's servant and me, your servant, but I don't know what it was."

30 The king said, "Stand aside and wait here." So he stepped aside and stood there.

31 Then the Cushite arrived and said, "My lord the king, hear the good news! The Lord has delivered you today from all who rose up against you."

32 The king asked the Cushite, "Is the young man Absalom safe?"

The Cushite replied, "May the enemies of my lord the king and all who rise up to harm you be like that young man."

33 The king was shaken. He went up to the room over the gateway and wept. As he went, he said: "O my son Absalom! My son, my son Absalom! If only I had died instead of you—O Absalom, my son, my son!"

19 Joab was told, "The king is weeping and mourning for Absalom." **2** And for the whole army the victory that day was turned into mourning, because on that day the troops heard it said, "The king is grieving for his son." **3** The men stole

---

[a]**18.21** Hebraico: *cuxita; também em 18.21,22,23,31 e 32.* [b]**18.23** Isto é, a planície do Jordão.

[a]**18:23** That is, the plain of the Jordan

exército ficou em silêncio na cidade, como fazem os que fogem humilhados da batalha. **4** O rei, com o rosto coberto, gritava: "Ah, meu filho Absalão! Ah, Absalão, meu filho, meu filho!"

Joabe Repreende Davi

5 Então Joabe entrou no palácio e foi falar com o rei: "Hoje humilhaste todos os teus soldados, os quais salvaram a tua vida, bem como a de teus filhos e filhas, e de tuas mulheres e concubinas. **6** Amas os que te odeiam e odeias os que te amam. Hoje deixaste claro que os comandantes e os seus soldados nada significam para ti. Vejo que ficarias satisfeito se, hoje, Absalão estivesse vivo e todos nós, mortos. **7** Agora, vai e encoraja teus soldados! Juro pelo Senhor que, se não fores, nem um só deles permanecerá contigo esta noite, o que para ti seria pior do que todas as desgraças que já te aconteceram desde a tua juventude".

8 Então o rei levantou-se e sentou-se junto à porta da cidade. Quando o exército soube que o rei estava sentado junto à porta, todos os soldados juntaram-se a ele.

Davi Retorna para Jerusalém

Enquanto isso os israelitas fugiam para casa. **9** Em todas as tribos de Israel o povo discutia, dizendo: "Davi nos livrou das mãos de nossos inimigos; foi ele que nos libertou dos filisteus. Mas agora fugiu do país por causa de Absalão; **10** e Absalão, a quem tínhamos ungido rei, morreu em combate. E, por que não falam em trazer o rei de volta?"

11 Quando chegou aos ouvidos do rei o que todo o Israel estava comentando, Davi mandou a seguinte mensagem aos sacerdotes Zadoque e Abiatar: "Perguntem às autoridades de Judá: Por que vocês seriam os últimos a conduzir o rei de volta ao seu palácio? **12** Vocês são meus irmãos, sangue do meu sangue[a]! Por que seriam os últimos a ajudar no meu retorno?" **13** E digam a Amasa: "Você é sangue do meu sangue! Que Deus me castigue com todo o rigor se, de agora em diante, você não for o comandante do meu exército em lugar de Joabe".

14 As palavras de Davi conquistaram a lealdade unânime de todos os homens de Judá. E eles mandaram dizer ao rei que voltasse com todos os seus servos. **15** Então o rei voltou e chegou ao Jordão.

E os homens de Judá foram a Gilgal, ao encontro do rei, para ajudá-lo a atravessar o Jordão. **16** Simei, filho de Gera, benjamita de Baurim, foi depressa com os homens de Judá para encontrar-se com o rei Davi. **17** Com ele estavam outros mil benjamitas e também Ziba, supervisor da casa de Saul, com seus quinze filhos e vinte servos. Eles entraram no Jordão antes do rei **18** e atravessaram o rio a fim de ajudar a família real na travessia e fazer o que o rei desejasse.

Simei, filho de Gera, atravessou o Jordão, prostrou-se perante o rei **19** e lhe disse: "Que o meu senhor não leve em conta o meu crime. E que não te lembres do mal que o teu servo cometeu no dia em que o rei, meu senhor, saiu de Jerusalém. Que o rei não pense mais nisso! **20** Eu, teu servo, reconheço que pequei. Por isso, de toda a tribo de José, fui o primeiro a vir ao encontro do rei, meu senhor".

21 Então Abisai, filho de Zeruia, disse: "Simei amaldiçoou o ungido do Senhor; ele deve ser morto!"

22 Davi respondeu: "Que é que vocês têm com isso, filhos de Zeruia? Acaso se tornaram agora meus adversários? Deve alguém ser morto hoje em Israel? Ou não tenho hoje a garantia de que voltei a reinar sobre Israel?" **23** E o rei prometeu a Simei, sob juramento: "Você não será morto".

24 Mefibosete, neto de Saul, também foi ao encontro do rei. Ele não havia lavado os pés nem aparado a barba nem lavado as roupas, desde o dia em que o rei partira até o dia em que voltou em segurança. **25** Quando chegou de Jerusalém e encontrou-se com o rei, este lhe perguntou: "Por que você não foi comigo, Mefibosete?"

into the city that day as men steal in who are ashamed when they flee from battle. **4** The king covered his face and cried aloud, "O my son Absalom! O Absalom, my son, my son!"

5 Then Joab went into the house to the king and said, "Today you have humiliated all your men, who have just saved your life and the lives of your sons and daughters and the lives of your wives and concubines. **6** You love those who hate you and hate those who love you. You have made it clear today that the commanders and their men mean nothing to you. I see that you would be pleased if Absalom were alive today and all of us were dead. **7** Now go out and encourage your men. I swear by the Lord that if you don't go out, not a man will be left with you by nightfall. This will be worse for you than all the calamities that have come upon you from your youth till now."

8 So the king got up and took his seat in the gateway. When the men were told, "The king is sitting in the gateway," they all came before him.

David Returns to Jerusalem

Meanwhile, the Israelites had fled to their homes. **9** Throughout the tribes of Israel, the people were all arguing with each other, saying, "The king delivered us from the hand of our enemies; he is the one who rescued us from the hand of the Philistines. But now he has fled the country because of Absalom; **10** and Absalom, whom we anointed to rule over us, has died in battle. So why do you say nothing about bringing the king back?"

11 King David sent this message to Zadok and Abiathar, the priests: "Ask the elders of Judah, 'Why should you be the last to bring the king back to his palace, since what is being said throughout Israel has reached the king at his quarters? **12** You are my brothers, my own flesh and blood. So why should you be the last to bring back the king?' **13** And say to Amasa, 'Are you not my own flesh and blood? May God deal with me, be it ever so severely, if from now on you are not the commander of my army in place of Joab.'"

14 He won over the hearts of all the men of Judah as though they were one man. They sent word to the king, "Return, you and all your men." **15** Then the king returned and went as far as the Jordan.

Now the men of Judah had come to Gilgal to go out and meet the king and bring him across the Jordan. **16** Shimei son of Gera, the Benjamite from Bahurim, hurried down with the men of Judah to meet King David. **17** With him were a thousand Benjamites, along with Ziba, the steward of Saul's household, and his fifteen sons and twenty servants. They rushed to the Jordan, where the king was. **18** They crossed at the ford to take the king's household over and to do whatever he wished.

When Shimei son of Gera crossed the Jordan, he fell prostrate before the king **19** and said to him, "May my lord not hold me guilty. Do not remember how your servant did wrong on the day my lord the king left Jerusalem. May the king put it out of his mind. **20** For I your servant know that I have sinned, but today I have come here as the first of the whole house of Joseph to come down and meet my lord the king."

21 Then Abishai son of Zeruiah said, "Shouldn't Shimei be put to death for this? He cursed the Lord's anointed."

22 David replied, "What do you and I have in common, you sons of Zeruiah? This day you have become my adversaries! Should anyone be put to death in Israel today? Do I not know that today I am king over Israel?" **23** So the king said to Shimei, "You shall not die." And the king promised him on oath.

24 Mephibosheth, Saul's grandson, also went down to meet the king. He had not taken care of his feet or trimmed his mustache or washed his clothes from the day the king left until the day he returned safely. **25** When he came from Jerusalem to meet the king, the king asked him, "Why didn't you go with me, Mephibosheth?"

---

[a] **19.12** Hebraico: *meu osso e minha carne*; também no versículo 13.

26 Ele respondeu: "Ó rei, meu senhor! Eu, teu servo, sendo aleijado, mandei selar o meu jumento para montá-lo e acompanhar o rei. Mas o meu servo me enganou. **27** Ele falou mal de mim ao rei, meu senhor. Tu és como um anjo de Deus! Faze o que achares melhor. **28** Todos os descendentes do meu avô nada mereciam do meu senhor e rei, senão a morte. Entretanto, deste a teu servo um lugar entre os que comem à tua mesa. Que direito tenho eu, pois, de te pedir qualquer outro favor?"

29 Disse-lhe então o rei: "Você já disse o suficiente. Minha decisão é que você e Ziba dividam a propriedade".

30 Mas Mefibosete disse ao rei: "Deixa que ele fique com tudo, agora que o rei, meu senhor, chegou em segurança ao seu lar".

31 Barzilai, de Gileade, também saiu de Rogelim, acompanhando o rei até o Jordão, para despedir-se dele. **32** Barzilai era bastante idoso; tinha oitenta anos. Foi ele que sustentou o rei durante a sua permanência em Maanaim, pois era muito rico. **33** O rei disse a Barzilai: "Venha comigo para Jerusalém, e eu cuidarei de você".

34 Barzilai, porém, respondeu: "Quantos anos de vida ainda me restam, para que eu vá com o rei e viva com ele em Jerusalém? **35** Já fiz oitenta anos. Como eu poderia distinguir entre o que é bom e o que é mau? Teu servo mal pode sentir o gosto daquilo que come e bebe. Nem consigo apreciar a voz de homens e mulheres cantando! Eu seria mais um peso para o rei, meu senhor. **36** Teu servo acompanhará o rei um pouco mais, atravessando o Jordão, mas não há motivo para uma recompensa dessas. **37** Permite que o teu servo volte! E que eu possa morrer na minha própria cidade, perto do túmulo de meu pai e de minha mãe. Mas aqui está o meu servo Quimã. Que ele vá com o meu senhor e rei. Faze por ele o que achares melhor!"

38 O rei disse: "Quimã virá comigo! Farei por ele o que você achar melhor. E tudo o mais que desejar de mim, eu o farei por você".

39 Então todo o exército atravessou o Jordão, e também o rei o atravessou. O rei beijou Barzilai e o abençoou. E Barzilai voltou para casa.

40 O rei seguiu para Gilgal; e com ele foi Quimã. Todo o exército de Judá e a metade do exército de Israel acompanharam o rei.

41 Logo os homens de Israel chegaram ao rei para reclamar: "Por que os nossos irmãos, os de Judá, seqüestraram o rei e o levaram para o outro lado do Jordão, como também a família dele e todos os seus homens?"

42 Todos os homens de Judá responderam aos israelitas: "Fizemos isso porque o rei é nosso parente mais chegado. Por que vocês estão irritados? Acaso comemos das provisões do rei ou tomamos dele alguma coisa?"

43 Então os israelitas disseram aos homens de Judá: "Somos dez com o rei; e muito maior é o nosso direito sobre Davi do que o de vocês. Por que nos desprezam? Nós fomos os primeiros a propor o retorno do nosso rei!"

Mas os homens de Judá falaram ainda mais asperamente do que os israelitas.

A Rebelião de Seba contra Davi

20 Também estava lá um desordeiro chamado Seba, filho de Bicri, de Benjamim. Ele tocou a trombeta e gritou:

"Não temos parte alguma com Davi,
nenhuma herança com o filho de Jessé!
Para casa todos, ó Israel!"

2 Então todos os de Israel abandonaram Davi para seguir Seba, filho de Bicri. Mas os de Judá permaneceram com seu rei e o acompanharam desde o Jordão até Jerusalém.

3 Quando Davi voltou ao palácio, em Jerusalém, mandou confinar numa casa, sob guarda, as dez concubinas que tinha deixado tomando conta do palácio. Ele as sustentou, mas nunca mais as possuiu. Ficaram confinadas, vivendo como viúvas até a morte.

26 He said, "My lord the king, since I your servant am lame, I said, 'I will have my donkey saddled and will ride on it, so I can go with the king.' But Ziba my servant betrayed me. **27** And he has slandered your servant to my lord the king. My lord the king is like an angel of God; so do whatever pleases you. **28** All my grandfather's descendants deserved nothing but death from my lord the king, but you gave your servant a place among those who eat at your table. So what right do I have to make any more appeals to the king?"

29 The king said to him, "Why say more? I order you and Ziba to divide the fields."

30 Mephibosheth said to the king, "Let him take everything, now that my lord the king has arrived home safely."

31 Barzillai the Gileadite also came down from Rogelim to cross the Jordan with the king and to send him on his way from there. **32** Now Barzillai was a very old man, eighty years of age. He had provided for the king during his stay in Mahanaim, for he was a very wealthy man. **33** The king said to Barzillai, "Cross over with me and stay with me in Jerusalem, and I will provide for you."

34 But Barzillai answered the king, "How many more years will I live, that I should go up to Jerusalem with the king? **35** I am now eighty years old. Can I tell the difference between what is good and what is not? Can your servant taste what he eats and drinks? Can I still hear the voices of men and women singers? Why should your servant be an added burden to my lord the king? **36** Your servant will cross over the Jordan with the king for a short distance, but why should the king reward me in this way? **37** Let your servant return, that I may die in my own town near the tomb of my father and mother. But here is your servant Kimham. Let him cross over with my lord the king. Do for him whatever pleases you."

38 The king said, "Kimham shall cross over with me, and I will do for him whatever pleases you. And anything you desire from me I will do for you."

39 So all the people crossed the Jordan, and then the king crossed over. The king kissed Barzillai and gave him his blessing, and Barzillai returned to his home.

40 When the king crossed over to Gilgal, Kimham crossed with him. All the troops of Judah and half the troops of Israel had taken the king over.

41 Soon all the men of Israel were coming to the king and saying to him, "Why did our brothers, the men of Judah, steal the king away and bring him and his household across the Jordan, together with all his men?"

42 All the men of Judah answered the men of Israel, "We did this because the king is closely related to us. Why are you angry about it? Have we eaten any of the king's provisions? Have we taken anything for ourselves?"

43 Then the men of Israel answered the men of Judah, "We have ten shares in the king; and besides, we have a greater claim on David than you have. So why do you treat us with contempt? Were we not the first to speak of bringing back our king?"

But the men of Judah responded even more harshly than the men of Israel.

Sheba Rebels Against David

20 Now a troublemaker named Sheba son of Bicri, a Benjamite, happened to be there. He sounded the trumpet and shouted,

"We have no share in David,
no part in Jesse's son!
Every man to his tent, O Israel!"

2 So all the men of Israel deserted David to follow Sheba son of Bicri. But the men of Judah stayed by their king all the way from the Jordan to Jerusalem.

3 When David returned to his palace in Jerusalem, he took the ten concubines he had left to take care of the palace and put them in a house under guard. He provided for them, but did not lie with them. They were kept in confinement till the day of their death, living as widows.

4 E o rei disse a Amasa: "Convoque os homens de Judá e, dentro de três dias, apresente-se aqui com eles". **5** Mas Amasa levou mais tempo para convocar Judá do que o prazo estabelecido pelo rei.

6 Disse então Davi a Abisai: "Agora Seba, filho de Bicri, será pior para nós do que Absalão. Chame os meus soldados e persiga-o, antes que ele encontre alguma cidade fortificada e, depois, nos arranque os olhos". **7** Assim, os soldados de Joabe, os queretitas, os peletitas e todos os guerreiros saíram de Jerusalém para perseguir Seba, filho de Bicri.

8 Quando estavam junto à grande rocha de Gibeom, Amasa encontrou-se com eles. Joabe vestia seu traje militar e tinha um cinto com um punhal na bainha. Ao aproximar-se de Amasa, deixou cair a adaga.

9 "Como vai, meu irmão?", disse Joabe, pegando Amasa pela barba com a mão direita, para beijá-lo. **10** E Amasa, não percebendo o punhal na mão esquerda de Joabe, foi por ele golpeado no estômago. Suas entranhas se derramaram no chão, e ele morreu, sem necessidade de um segundo golpe. Então Joabe e Abisai, seu irmão, perseguiram Seba, filho de Bicri.

11 Um dos soldados de Joabe ficou ao lado do corpo de Amasa e disse: "Quem estiver do lado de Joabe e de Davi, que siga Joabe!" **12** Amasa jazia numa poça de sangue no meio da estrada. Quando o homem viu que todos os que se aproximavam do corpo de Amasa paravam, arrastou-o para fora da estrada e o cobriu com uma coberta. **13** Depois que o corpo de Amasa foi retirado da estrada, todos os homens seguiram com Joabe em perseguição a Seba, filho de Bicri.

14 Seba atravessou todas as tribos de Israel e chegou até Abel-Bete-Maaca,ᵃ e todos os bicritasᵇ se reuniram para segui-lo. **15** O exército de Joabe veio, cercou Seba em Abel-Bete-Maaca e construiu contra a cidade uma rampa que chegou até a muralha externa. Quando o exército de Joabe estava para derrubar a muralha, **16** uma mulher sábia gritou da cidade: "Ouçam! Ouçam! Digam a Joabe que venha aqui para que eu fale com ele". **17** Quando ele se aproximou, a mulher perguntou: "Tu és Joabe?"

Ele respondeu: "Sim".

Ela disse: "Ouve o que a tua serva tem para dizer-te".

"Estou ouvindo", disse ele.

18 E ela prosseguiu: "Antigamente se dizia: 'Peça conselho na cidade de Abel', e isso resolvia a questão. **19** Nós somos pacíficos e fiéis em Israel. Tu procuras destruir uma cidade que é mãe em Israel. Por que queres arruinar a herança do Senhor?"

20 Respondeu Joabe: "Longe de mim uma coisa dessas! Longe de mim arruinar e destruir esta cidade! **21** Não é esse o problema. Mas um homem chamado Seba, filho de Bicri, dos montes de Efraim, rebelou-se contra o rei Davi. Entreguem-me esse homem, e iremos embora".

A mulher disse a Joabe: "A cabeça dele te será jogada do alto da muralha".

22 Então a mulher foi falar com todo o povo, dando o seu sábio conselho, e eles cortaram a cabeça de Seba, filho de Bicri, e a jogaram para Joabe. Ele tocou a trombeta, e seus homens se dispersaram, abandonaram o cerco da cidade e cada um voltou para sua casa. E Joabe voltou ao rei, em Jerusalém.

23 Joabe comandava todo o exército de Israel; Benaia, filho de Joiada, comandava os queretitas e os peletitas; **24** Adonirãoᶜ era chefe do trabalho forçado; Josafá, filho de Ailude, era arquivista real; **25** Seva era secretário; Zadoque e Abiatar eram sacerdotes; **26** e Ira, de Jair, era sacerdote de Davi.

Os Gibeonitas São Vingados

21 Durante o reinado de Davi houve uma fome que durou três anos. Davi consultou o Senhor, que lhe dis-

4 Then the king said to Amasa, "Summon the men of Judah to come to me within three days, and be here yourself." **5** But when Amasa went to summon Judah, he took longer than the time the king had set for him.

6 David said to Abishai, "Now Sheba son of Bicri will do us more harm than Absalom did. Take your master's men and pursue him, or he will find fortified cities and escape from us." **7** So Joab's men and the Kerethites and Pelethites and all the mighty warriors went out under the command of Abishai. They marched out from Jerusalem to pursue Sheba son of Bicri.

8 While they were at the great rock in Gibeon, Amasa came to meet them. Joab was wearing his military tunic, and strapped over it at his waist was a belt with a dagger in its sheath. As he stepped forward, it dropped out of its sheath.

9 Joab said to Amasa, "How are you, my brother?" Then Joab took Amasa by the beard with his right hand to kiss him. **10** Amasa was not on his guard against the dagger in Joab's hand, and Joab plunged it into his belly, and his intestines spilled out on the ground. Without being stabbed again, Amasa died. Then Joab and his brother Abishai pursued Sheba son of Bicri.

11 One of Joab's men stood beside Amasa and said, "Whoever favors Joab, and whoever is for David, let him follow Joab!" **12** Amasa lay wallowing in his blood in the middle of the road, and the man saw that all the troops came to a halt there. When he realized that everyone who came up to Amasa stopped, he dragged him from the road into a field and threw a garment over him. **13** After Amasa had been removed from the road, all the men went on with Joab to pursue Sheba son of Bicri.

14 Sheba passed through all the tribes of Israel to Abel Beth Maacahᵃ and through the entire region of the Berites, who gathered together and followed him. **15** All the troops with Joab came and besieged Sheba in Abel Beth Maacah. They built a siege ramp up to the city, and it stood against the outer fortifications. While they were battering the wall to bring it down, **16** a wise woman called from the city, "Listen! Listen! Tell Joab to come here so I can speak to him." **17** He went toward her, and she asked, "Are you Joab?"

"I am," he answered.

She said, "Listen to what your servant has to say."

"I'm listening," he said.

18 She continued, "Long ago they used to say, 'Get your answer at Abel,' and that settled it. **19** We are the peaceful and faithful in Israel. You are trying to destroy a city that is a mother in Israel. Why do you want to swallow up the Lord's inheritance?"

20 "Far be it from me!" Joab replied, "Far be it from me to swallow up or destroy! **21** That is not the case. A man named Sheba son of Bicri, from the hill country of Ephraim, has lifted up his hand against the king, against David. Hand over this one man, and I'll withdraw from the city."

The woman said to Joab, "His head will be thrown to you from the wall."

22 Then the woman went to all the people with her wise advice, and they cut off the head of Sheba son of Bicri and threw it to Joab. So he sounded the trumpet, and his men dispersed from the city, each returning to his home. And Joab went back to the king in Jerusalem.

23 Joab was over Israel's entire army; Benaiah son of Jehoiada was over the Kerethites and Pelethites; **24** Adoniramᵇ was in charge of forced labor; Jehoshaphat son of Ahilud was recorder; **25** Sheva was secretary; Zadok and Abiathar were priests; **26** Ira the Jairite was David's priest.

The Gibeonites Avenged

21 During the reign of David, there was a famine for three successive years; so David sought the face of the Lord.

ᵃ20.14 Ou *Abel, inclusive Bete-Maaca*; também no versículo 15. ᵇ20.14 Conforme a Septuaginta e a Vulgata. O Texto Massorético diz *beritas*. ᶜ20.24 Conforme alguns manuscritos da Septuaginta. O Texto Massorético diz *Adorão*. Veja 1Rs 4.6 e 5.14.

ᵃ20:14 Or *Abel, even Beth Maacah*; also in verse 15 ᵇ20:24 Some Septuagint manuscripts (see also 1 Kings 4:6 and 5:14); Hebrew *Adoram*

se: "A fome veio por causa de Saul e de sua família sanguinária, por terem matado os gibeonitas".

2 O rei então mandou chamar os gibeonitas e falou com eles. (Os gibeonitas não eram de origem israelita, mas remanescentes dos amorreus. Os israelitas tinham feito com eles um acordo sob juramento; mas Saul, em seu zelo por Israel e Judá, havia tentado exterminá-los.) 3 Davi perguntou aos gibeonitas: "Que posso fazer por vocês? Como posso reparar o que foi feito, para que abençoem a herança do Senhor?"

4 Os gibeonitas responderam: "Não exigimos de Saul ou de sua família prata ou ouro, nem queremos matar ninguém em Israel".

Davi perguntou: "O que querem que eu faça por vocês?", 5 e eles responderam: "Quanto ao homem que quase nos exterminou e que pretendia destruir-nos, para que não tivéssemos lugar em Israel, 6 que sete descendentes dele sejam executados perante o Senhor, em Gibeá de Saul, no monte do Senhor".

"Eu os entregarei a vocês", disse o rei.

7 O rei poupou Mefibosete, filho de Jônatas e neto de Saul, por causa do juramento feito perante o Senhor entre Davi e Jônatas, filho de Saul. 8 Mas o rei mandou buscar Armoni e Mefibosete, os dois filhos que Rispa, filha de Aiá, tinha dado a Saul. Com eles também os cinco filhos que Merabeª, filha de Saul, tinha dado a Adriel, filho de Barzilai, de Meolá. 9 Ele os entregou aos gibeonitas, que os executaram no monte, perante o Senhor. Os sete foram mortos ao mesmo tempo, nos primeiros dias da colheita de cevada.

10 Então Rispa, filha de Aiá, pegou um pano de saco e o estendeu para si sobre uma rocha. Desde o início da colheita até cair chuva do céu sobre os corpos, ela não deixou que as aves de rapina os tocassem de dia, nem os animais selvagens à noite. 11 Quando Davi foi informado do que Rispa, filha de Aiá, concubina de Saul, havia feito, 12 mandou recolher os ossos de Saul e de Jônatas, tomando-os dos cidadãos de Jabes-Gileade. (Eles haviam roubado os ossos da praça de Bete-Seã, onde os filisteus os tinham pendurado, no dia em que mataram Saul no monte Gilboa.) 13 Davi trouxe de lá os ossos de Saul e de seu filho Jônatas, recolhidos dentre os ossos dos que haviam sido executados.

14 Enterraram os ossos de Saul e de Jônatas no túmulo de Quis, pai de Saul, em Zela, na terra de Benjamim, e fizeram tudo o que o rei tinha ordenado. Depois disso Deus respondeu as orações em favor da terra de Israel.

Guerras contra os Filisteus

15 Houve, ainda, outra batalha entre os filisteus e Israel; Davi e seus soldados foram lutar contra os filisteus. Davi se cansou muito, 16 e Isbi-Benobe, descendente de Rafa, prometeu matar Davi. (A ponta de bronze da lança de Isbi-Benobe pesava três quilos e seiscentos gramasᵇ, e, além disso, ele estava armado com uma espada nova.) 17 Mas Abisai, filho de Zeruia, foi em socorro de Davi e matou o filisteu. Então os soldados de Davi lhe juraram, dizendo: "Nunca mais sairás conosco à guerra, para que não apagues a lâmpada de Israel".

18 Houve depois outra batalha contra os filisteus, em Gobe. Naquela ocasião Sibecai, de Husate, matou Safe, um dos descendentes de Rafa.

19 Noutra batalha contra os filisteus em Gobe, Elanã, filho de Jaaré-Oregim,ᶜ de Belém, matou Golias,ᵈ de Gate, que possuía uma lança cuja haste parecia uma lançadeira de tecelão.

20 Noutra batalha, em Gate, havia um homem de grande estatura e que tinha seis dedos em cada mão e seis dedos em cada pé, vinte e quatro dedos ao todo. Ele também era descendente de

The Lord said, "It is on account of Saul and his blood-stained house; it is because he put the Gibeonites to death."

2 The king summoned the Gibeonites and spoke to them. (Now the Gibeonites were not a part of Israel but were survivors of the Amorites; the Israelites had sworn to *spare* them, but Saul in his zeal for Israel and Judah had tried to annihilate them.) 3 David asked the Gibeonites, "What shall I do for you? How shall I make amends so that you will bless the Lord's inheritance?"

4 The Gibeonites answered him, "We have no right to demand silver or gold from Saul or his family, nor do we have the right to put anyone in Israel to death."

"What do you want me to do for you?" David asked.

5 They answered the king, "As for the man who destroyed us and plotted against us so that we have been decimated and have no place anywhere in Israel, 6 let seven of his male descendants be given to us to be killed and exposed before the Lord at Gibeah of Saul—the Lord's chosen one."

So the king said, "I will give them to you."

7 The king spared Mephibosheth son of Jonathan, the son of Saul, because of the oath before the Lord between David and Jonathan son of Saul. 8 But the king took Armoni and Mephibosheth, the two sons of Aiah's daughter Rizpah, whom she had borne to Saul, together with the five sons of Saul's daughter Merab,ª whom she had borne to Adriel son of Barzillai the Meholathite. 9 He handed them over to the Gibeonites, who killed and exposed them on a hill before the Lord. All seven of them fell together; they were put to death during the first days of the harvest, just as the barley harvest was beginning.

10 Rizpah daughter of Aiah took sackcloth and spread it out for herself on a rock. From the beginning of the harvest till the rain poured down from the heavens on the bodies, she did not let the birds of the air touch them by day or the wild animals by night. 11 When David was told what Aiah's daughter Rizpah, Saul's concubine, had done, 12 he went and took the bones of Saul and his son Jonathan from the citizens of Jabesh Gilead. (They had taken them secretly from the public square at Beth Shan, where the Philistines had hung them after they struck Saul down on Gilboa.) 13 David brought the bones of Saul and his son Jonathan from there, and the bones of those who had been killed and exposed were gathered up.

14 They buried the bones of Saul and his son Jonathan in the tomb of Saul's father Kish, at Zela in Benjamin, and did everything the king commanded. After that, God answered prayer in behalf of the land.

Wars Against the Philistines

15 Once again there was a battle between the Philistines and Israel. David went down with his men to fight against the Philistines, and he became exhausted. 16 And Ishbi-Benob, one of the descendants of Rapha, whose bronze spearhead weighed three hundred shekelsᵇ and who was armed with a new *sword*, said he would kill David. 17 But Abishai son of Zeruiah came to David's rescue; he struck the Philistine down and killed him. Then David's men swore to him, saying, "Never again will you go out with us to battle, so that the lamp of Israel will not be extinguished."

18 In the course of time, there was another battle with the Philistines, at Gob. At that time Sibbecai the Hushathite killed Saph, one of the descendants of Rapha.

19 In another battle with the Philistines at Gob, Elhanan son of Jaare-Oregimᶜ the Bethlehemite killed Goliathᵈ the Gittite, who had a spear with a shaft like a weaver's rod.

20 In still another battle, which took place at Gath, there was a huge man with six fingers on each hand and six toes on each foot—twenty-four in all. He also was descended from

---

ª21.8 Conforme dois manuscritos do Texto Massorético, alguns manuscritos da Septuaginta e a Versão Siríaca. A maioria dos manuscritos do Texto Massorético e da Septuaginta diz *Mical*. Veja 1Sm 18.19. ᵇ21.16 Hebraico: *300 siclos*. Um siclo equivalia a 12 gramas. ᶜ21.19 Ou *filho do tecelão Jair*, ᵈ21.19 Conforme o Texto Massorético e a Septuaginta. 1Cr 20.5 diz *filho de Jair, matou Lami, o irmão de Golias*.

ª21:8 Two Hebrew manuscripts, some Septuagint manuscripts and Syriac (see also 1 Samuel 18:19); most Hebrew and Septuagint manuscripts *Michal* ᵇ21:16 That is, about 7 1/2 pounds (about 3.5 kilograms) ᶜ21:19 Or *son of Jair the weaver* ᵈ21:19 Hebrew and Septuagint; 1 Chron. 20:5 *son of Jair killed Lahmi the brother of Goliath*

Rafa, **21** e desafiou Israel, mas Jônatas, filho de Siméia, irmão de Davi, o matou.

22 Esses quatro eram descendentes de Rafa, em Gate, e foram mortos por Davi e seus soldados.

Cântico de Louvor de Davi

22 Davi cantou ao S\ENHOR este cântico, quando ele o livrou das mãos de todos os seus inimigos e das mãos de Saul, **2** dizendo:

"O S\ENHOR é a minha rocha,
   a minha fortaleza e o meu libertador;
3 o meu Deus é a minha rocha,
   em que me refugio;
o meu escudo
   e o meu poderoso\ª salvador.
Ele é a minha torre alta,
   o meu abrigo seguro.
Tu, Senhor,
   és o meu salvador,
   e me salvas dos violentos.
4 Clamo ao S\ENHOR,
   que é digno de louvor,
   e sou salvo dos meus inimigos.

5 "As ondas da morte me cercaram;
   as torrentes da destruição
   me aterrorizaram.
6 As cordas da sepultura\b me envolveram,
   as armadilhas da morte
   me confrontaram.
7 Na minha angústia, clamei ao S\ENHOR;
   clamei ao meu Deus.
Do seu templo ele ouviu a minha voz;
   o meu grito de socorro
   chegou aos seus ouvidos.

8 "A terra abalou-se e tremeu,
   os alicerces dos céus\c estremeceram;
   tremeram porque ele estava irado.
9 Das suas narinas saiu fumaça,
   da sua boca saiu fogo consumidor;
   dele saíram brasas vivas e flamejantes.
10 Ele abriu os céus e desceu;
   nuvens escuras estavam debaixo
   dos seus pés.
11 Montou sobre um querubim e voou;
   elevou-se\d sobre as asas do vento.
12 Pôs as trevas ao seu redor;
   das densas\e nuvens de chuva
   fez o seu abrigo.
13 Do brilho da sua presença
   flamejavam carvões em brasa.
14 Dos céus o S\ENHOR trovejou;
   ressoou a voz do Altíssimo.
15 Ele atirou flechas
   e dispersou os inimigos,
   arremessou raios
   e os fez bater em retirada.
16 Os vales apareceram,
   e os fundamentos da terra
   foram expostos,
diante da repreensão do S\ENHOR,
   com o forte sopro de suas narinas.

Rapha. **21** When he taunted Israel, Jonathan son of Shimeah, David's brother, killed him.

22 These four were descendants of Rapha in Gath, and they fell at the hands of David and his men.

David's Song of Praise

22 David sang to the L\ORD the words of this song when the L\ORD delivered him from the hand of all his enemies and from the hand of Saul. **2** He said:

"The L\ORD is my rock, my fortress and my
   deliverer;
3 my God is my rock, in whom I take refuge,
   my shield and the horn\ª of my salvation.
He is my stronghold, my refuge and my savior—
   from violent men you save me.
4 I call to the L\ORD, who is worthy of praise,
   and I am saved from my enemies.

5 "The waves of death swirled about me;
   the torrents of destruction overwhelmed me.
6 The cords of the grave\b coiled around me;
   the snares of death confronted me.
7 In my distress I called to the L\ORD;
   I called out to my God.
From his temple he heard my voice;
   my cry came to his ears.

8 "The earth trembled and quaked,
   the foundations of the heavens\c shook;
   they trembled because he was angry.
9 Smoke rose from his nostrils;
   consuming fire came from his mouth,
   burning coals blazed out of it.
10 He parted the heavens and came down;
   dark clouds were under his feet.
11 He mounted the cherubim and flew;
   he soared\d on the wings of the wind.
12 He made darkness his canopy around him—
   the dark\e rain clouds of the sky.
13 Out of the brightness of his presence
   bolts of lightning blazed forth.
14 The L\ORD thundered from heaven;
   the voice of the Most High resounded.
15 He shot arrows and scattered *the enemies*,
   bolts of lightning and routed them.
16 The valleys of the sea were exposed
   and the foundations of the earth laid bare
at the rebuke of the L\ORD,
   at the blast of breath from his nostrils.

ª22.3 Hebraico: *chifre*, que aqui simboliza a força. b22.6 Hebraico: *Sheol*. Essa palavra também pode ser traduzida por profundezas, pó ou morte. c22.8 A Vulgata e a Versão Siríaca dizem *montes*. Veja Sl 18.7. d22.11 Conforme muitos manuscritos do Texto Massorético. A maioria dos manuscritos do Texto Massorético diz *apareceu*. Veja Sl 18.10. e22.12 Conforme a Septuaginta e a Vulgata. O Texto Massorético diz *escuras*. Veja Sl 18.11.

ª22:3 *Horn* here symbolizes strength. b22:6 Hebrew *Sheol* c22:8 Hebrew; Vulgate and Syriac (see also Psalm 18:7) *mountains* d22:11 Many Hebrew manuscripts (see also Psalm 18:10); most Hebrew manuscripts *appeared* e22:12 Septuagint and Vulgate (see also Psalm 18:11); Hebrew *massed*

17 "Das alturas estendeu a mão
e me segurou;
tirou-me de águas profundas.
18 Livrou-me do meu inimigo poderoso,
dos meus adversários,
que eram fortes demais para mim.
19 Eles me atacaram
no dia da minha calamidade,
mas o Senhor foi o meu amparo.
20 Deu-me ampla liberdade;
livrou-me, pois me quer bem.

21 "O Senhor me tratou
conforme a minha retidão;
conforme a pureza das minhas mãos
me recompensou.
22 Pois guardei os caminhos do Senhor;
não cometi a perversidade
de afastar-me do meu Deus.
23 Todos os seus mandamentos
estão diante de mim;
não me afastei dos seus decretos.
24 Tenho sido irrepreensível
para com ele
e guardei-me de pecar.
25 O Senhor recompensou-me
segundo a minha retidão,
conforme a pureza das minhas mãos
perante ele.

26 "Ao fiel te revelas fiel,
ao irrepreensível
te revelas irrepreensível,
27 ao puro te revelas puro,
mas ao perverso te revelas astuto.
28 Salvas os humildes,
mas os teus olhos
estão sobre os orgulhosos
para os humilhar[a].
29 Tu és a minha lâmpada, ó Senhor!
O Senhor ilumina-me as trevas.
30 Contigo posso avançar
contra uma tropa[b];
com o meu Deus
posso transpor muralhas.

31 "Este é o Deus
cujo caminho é perfeito;
a palavra do Senhor
é comprovadamente genuína.
Ele é escudo
para todos os que nele se refugiam.
32 Pois quem é Deus além do Senhor?
E quem é Rocha senão o nosso Deus?
33 É Deus quem me reveste de força[c]
e torna perfeito o meu caminho.
34 Ele me faz correr veloz como a gazela
e me firma os passos nos lugares altos.
35 É ele que treina as minhas mãos
para a batalha,
e assim os meus braços vergam
o arco de bronze.
36 Tu me dás o teu escudo de livramento;
a tua ajuda me fez forte.
37 Alargas sob mim o meu caminho,
para que os meus tornozelos
não se torçam.

17 "He reached down from on high and took hold
of me;
he drew me out of deep waters.
18 He rescued me from my powerful enemy,
from my foes, who were too strong for me.
19 They confronted me in the day of my disaster,
but the Lord was my support.
20 He brought me out into a spacious place;
he rescued me because he delighted in me.

21 "The Lord has dealt with me according to my
righteousness;
according to the cleanness of my hands he has
rewarded me.
22 For I have kept the ways of the Lord;
I have not done evil by turning from my God.
23 All his laws are before me;
I have not turned away from his decrees.
24 I have been blameless before him
and have kept myself from sin.
25 The Lord has rewarded me according to my
righteousness,
according to my cleanness[a] in his sight.

26 "To the faithful you show yourself faithful,
to the blameless you show yourself blameless,
27 to the pure you show yourself pure,
but to the crooked you show yourself shrewd.
28 You save the humble,
but your eyes are on the haughty to bring them
low.
29 You are my lamp, O Lord;
the Lord turns my darkness into light.
30 With your help I can advance against a troop[b];
with my God I can scale a wall.

31 "As for God, his way is perfect;
the word of the Lord is flawless.
He is a shield
for all who take refuge in him.
32 For who is God besides the Lord?
And who is the Rock except our God?
33 It is God who arms me with strength[c]
and makes my way perfect.
34 He makes my feet like the feet of a deer;
he enables me to stand on the heights.
35 He trains my hands for battle;
my arms can bend a bow of bronze.
36 You give me your shield of victory;
you stoop down to make me great.
37 You broaden the path beneath me,
so that my ankles do not turn.

---

a22.28 Um manuscrito da Septuaginta e o texto paralelo do Sl 18.27 dizem *mas humilhas os de olhos altivos.* **b22.30** Ou *posso vencer uma barricada* **c22.33** Conforme alguns manuscritos do mar Morto, alguns manuscritos da Septuaginta, a Vulgata e a Versão Siríaca. O Texto Massorético diz *Deus que é minha fortaleza.* Veja Sl 18.32.

a22:25 Hebrew; Septuagint and Vulgate (see also Psalm 18:24) *to the cleanness of my hands* **b22:30** Or *can run through a barricade* **c22:33** Dead Sea Scrolls, some Septuagint manuscripts, Vulgate and Syriac (see also Psalm 18:32); Masoretic Text *who is my strong refuge*

38 "Persegui os meus inimigos
    e os derrotei;
não voltei
    enquanto não foram destruídos.
39 Esmaguei-os completamente,
    e não puderam levantar-se;
caíram debaixo dos meus pés.
40 Tu me revestiste de força
    para a batalha;
fizeste cair aos meus pés
    os meus adversários.
41 Fizeste que os meus inimigos
    fugissem de mim;
destruí os que me odiavam.
42 Gritaram por socorro,
    mas não havia quem os salvasse;
gritaram ao Senhor,
    mas ele não respondeu.
43 Eu os reduzi a pó, como o pó da terra;
    esmaguei-os
e os amassei como a lama das ruas.
44 "Tu me livraste dos ataques
    do meu povo;
preservaste-me como líder de nações.
Um povo que eu não conhecia
    me é sujeito.
45 Estrangeiros me bajulam;
    assim que me ouvem, me obedecem.
46 Todos eles perdem a coragem;
    saem tremendo das suas fortalezasª.
47 "O Senhor vive!
    Bendita seja a minha Rocha!
Exaltado seja Deus,
    a Rocha que me salva!
48 Este é o Deus que em meu favor
    executa vingança,
que sujeita nações ao meu poder,
49 que me livrou dos meus inimigos.
Tu me exaltaste
    acima dos meus agressores;
de homens violentos me libertaste.
50 Por isso te louvarei entre as nações,
    ó Senhor;
cantarei louvores ao teu nome.
51 Ele concede grandes vitórias ao seu rei;
    é bondoso com o seu ungido,
com Davi e seus descendentes para sempre".

As Últimas Palavras de Davi

23 Estas são as últimas palavras de Davi:

"Palavras de Davi, filho de Jessé;
palavras do homem que foi exaltado,
do ungido pelo Deus de Jacó,
do cantor dos cânticos de Israelᵇ:

2 "O Espírito do Senhor
    falou por meu intermédio;
sua palavra esteve em minha língua.
3 O Deus de Israel falou,
    a Rocha de Israel me disse:
'Quem governa o povo com justiça,
    quem o governa com o temor de Deus,
4 é como a luz da manhã
    ao nascer do sol,
numa manhã sem nuvens.

38 "I pursued my enemies and crushed them;
    I did not turn back till they were destroyed.
39 I crushed them completely, and they could not rise;
    they fell beneath my feet.
40 You armed me with strength for battle;
    you made my adversaries bow at my feet.
41 You made my enemies turn their backs in flight,
    and I destroyed my foes.
42 They cried for help, but there was no one to save
    them—
to the Lord, but he did not answer.
43 I beat them as fine as the dust of the earth;
    I pounded and trampled them like mud in the
    streets.
44 "You have delivered me from the attacks of my
    people;
you have preserved me as the head of nations.
People I did not know are subject to me,
45 and foreigners come cringing to me;
    as soon as they hear me, they obey me.
46 They all lose heart;
    they come tremblingª from their strongholds.
47 "The Lord lives! Praise be to my Rock!
    Exalted be God, the Rock, my Savior!
48 He is the God who avenges me,
    who puts the nations under me,
49 who sets me free from my enemies.
You exalted me above my foes;
    from violent men you rescued me.
50 Therefore I will praise you, O Lord, among the nations;
    I will sing praises to your name.
51 He gives his king great victories;
    he shows unfailing kindness to his anointed,
to David and his descendants forever."

The Last Words of David

23 These are the last words of David:

"The oracle of David son of Jesse,
the oracle of the man exalted by the Most High,
the man anointed by the God of Jacob,
Israel's singer of songsᵇ:

2 "The Spirit of the Lord spoke through me;
    his word was on my tongue.
3 The God of Israel spoke,
    the Rock of Israel said to me:
'When one rules over men in righteousness,
    when he rules in the fear of God,
4 he is like the light of morning at sunrise
    on a cloudless morning,
like the brightness after rain

ª**22.46** Conforme alguns manuscritos da Septuaginta e a Vulgata. O Texto Massorético diz *desde suas fortalezas eles se armam*. Veja Sl 18.45. ᵇ**23.1** Ou *o amado cantor de Israel*

ª**22:46** Some Septuagint manuscripts and Vulgate (see also Psalm 18:45); Masoretic Text *they arm themselves*. ᵇ**23:1** Or *Israel's beloved singer*

É como a claridade depois da chuva,
que faz crescer as plantas da terra'.

5 "A minha dinastia
    está de bem com Deus.
Ele fez uma aliança eterna comigo,
    firmada e garantida
    em todos os aspectos.
Certamente me fará prosperar em tudo
e me concederá tudo quanto eu desejo.
6 Mas os perversos serão lançados fora
    como espinhos,
que não se ajuntam com as mãos;
7 quem quer tocá-los usa uma ferramenta
    ou o cabo de madeira da lança.
Os espinhos serão totalmente queimados
    onde estiverem".

Os Principais Guerreiros de Davi

8 Estes são os nomes dos principais guerreiros de Davi:
Jabesão[a], um tacmonita[b], chefe dos três guerreiros principais; numa ocasião, com uma lança, enfrentou[c] oitocentos homens numa mesma batalha e os matou.
9 Depois dele, Eleazar, filho do aoíta Dodô. Ele era um dos três principais guerreiros e esteve com Davi quando os filisteus se reuniram em Pas-Damim para a batalha. Os israelitas recuaram, 10 mas ele manteve a sua posição e feriu os filisteus até a sua mão ficar dormente e grudar na espada. O Senhor concedeu uma grande vitória a Israel naquele dia, e o exército voltou para onde Eleazar estava, mas somente para saquear os mortos.
11 Depois dele, Samá, filho de Agé, de Harar. Os filisteus reuniram-se em Leí, onde havia uma plantação de lentilha. O exército de Israel fugiu dos filisteus, 12 mas Samá tomou posição no meio da plantação, defendeu-a e derrotou os filisteus. O Senhor concedeu-lhe uma grande vitória.
13 Durante a colheita, três chefes do batalhão dos Trinta foram encontrar Davi na caverna de Adulão, enquanto um grupo de filisteus acampava no vale de Refaim. 14 Estando Davi nessa fortaleza e o destacamento filisteu em Belém, 15 Davi expressou este forte desejo: "Quem me dera me trouxessem água da cisterna da porta de Belém!" 16 Então aqueles três atravessaram o acampamento filisteu, tiraram água da cisterna e a trouxeram a Davi. Mas ele se recusou a beber; em vez disso, derramou-a como uma oferta ao Senhor e disse: 17 "O Senhor me livre de beber desta água! Seria como beber o sangue dos que arriscaram a vida para trazê-la!" E Davi não bebeu daquela água.
Foram esses os feitos dos três principais guerreiros.
18 Abisai, irmão de Joabe e filho de Zeruia, era o chefe do batalhão dos Trinta[d]. Certa ocasião, com sua lança matou trezentos homens, tornando-se tão famoso quanto os três. 19 Foi mais honrado que o batalhão dos Trinta e tornou-se o chefe deles. Mas nunca igualou-se aos três principais guerreiros.
20 Benaia, filho de Joiada, era um corajoso soldado de Cabzeel, que realizou grandes feitos. Matou dois dos melhores guerreiros de Moabe e, num dia de neve, desceu num buraco e matou um leão. 21 Também matou um egípcio de grande estatura. O egípcio tinha na mão uma lança, e Benaia o enfrentou com um cajado. Arrancou a lança da mão do egípcio e com ela o matou. 22 Esses foram os grandes feitos de Benaia, filho de Joiada, que também teve fama como os três principais guerreiros de Davi. 23 Foi mais honrado do que qualquer dos Trinta, mas nunca igualou-se aos três. E Davi lhe deu o comando da sua guarda pessoal.

5 "Is not my house right with God?
    Has he not made with me an everlasting covenant,
    arranged and secured in every part?
Will he not bring to fruition my salvation
    and grant me my every desire?
6 But evil men are all to be cast aside like thorns,
    which are not gathered with the hand.
7 Whoever touches thorns
    uses a tool of iron or the shaft of a spear;
    they are burned up where they lie."

David's Mighty Men

8 These are the names of David's mighty men:
Josheb-Basshebeth,[a] a Tahkemonite,[b] was chief of the Three; he raised his spear against eight hundred men, whom he killed[c] in one encounter.
9 Next to him was Eleazar son of Dodai the Ahohite. As one of the three mighty men, he was with David when they taunted the Philistines gathered at Pas Dammim[d] for battle. Then the men of Israel retreated, 10 but he stood his ground and struck down the Philistines till his hand grew tired and froze to the sword. The Lord brought about a great victory that day. The troops returned to Eleazar, but only to strip the dead.
11 Next to him was Shammah son of Agee the Hararite. When the Philistines banded together at a place where there was a field full of lentils, Israel's troops fled from them. 12 But Shammah took his stand in the middle of the field. He defended it and struck the Philistines down, and the Lord brought about a great victory.
13 During harvest time, three of the thirty chief men came down to David at the cave of Adullam, while a band of Philistines was encamped in the Valley of Rephaim. 14 At that time David was in the stronghold, and the Philistine garrison was at Bethlehem. 15 David longed for water and said, "Oh, that someone would get me a drink of water from the well near the gate of Bethlehem!" 16 So the three mighty men broke through the Philistine lines, drew water from the well near the gate of Bethlehem and carried it back to David. But he refused to drink it; instead, he poured it out before the Lord. 17 "Far be it from me, O Lord, to do this!" he said. "Is it not the blood of men who went at the risk of their lives?" And David would not drink it.
Such were the exploits of the three mighty men.
18 Abishai the brother of Joab son of Zeruiah was chief of the Three.[e] He raised his spear against three hundred men, whom he killed, and so he became as famous as the Three. 19 Was he not held in greater honor than the Three? He became their commander, even though he was not included among them.
20 Benaiah son of Jehoiada was a valiant fighter from Kabzeel, who performed great exploits. He struck down two of Moab's best men. He also went down into a pit on a snowy day and killed a lion. 21 And he struck down a huge Egyptian. Although the Egyptian had a spear in his hand, Benaiah went against him with a club. He snatched the spear from the Egyptian's hand and killed him with his own spear. 22 Such were the exploits of Benaiah son of Jehoiada; he too was as famous as the three mighty men. 23 He was held in greater honor than any of the Thirty, but he was not included among the Three. And David put him in charge of his bodyguard.

---

[a]23.8 Alguns manuscritos da Septuaginta sugerem *Is-Bosete*, isto é, Esbaal ou Josebe-Bassebete. Veja 1Cr 11.11. [b]23.8 Provavelmente variante de *hacmonita*. Veja 1Cr 11.11. [c]23.8 Conforme alguns manuscritos da Septuaginta. O Texto Massorético e outros manuscritos da Septuaginta dizem *três; foi o esnita Adino que matou oitocentos homens*. Veja 1Cr 11.11. [d]23.18 Conforme a maioria dos manuscritos do Texto Massorético. Dois manuscritos do Texto Massorético e a Versão Siríaca dizem *chefe dos três*. Veja 1Cr 11.20.

[a]23:8 Hebrew; some Septuagint manuscripts suggest *Ish-Bosheth*, that is, *Esh-Baal* (see also 1 Chron. 11:11 *Jashobeam*). [b]23:8 Probably a variant of *Hacmonite* (see 1 Chron. 11:11) [c]23:8 Some Septuagint manuscripts (see also 1 Chron. 11:11); Hebrew and other Septuagint manuscripts *Three; it was Adino the Eznite who killed eight hundred men* [d]23:9 See 1 Chron. 11:13; Hebrew *gathered there.* [e]23:18 Most Hebrew manuscripts (see also 1 Chron. 11:20); two Hebrew manuscripts and Syriac *Thirty*

24 Entre os Trinta estavam:
Asael, irmão de Joabe;
Elanã, filho de Dodô, de Belém;
25 Samá e Elica, de Harode;
26 Helez, de Pelete;
Ira, filho de Iques, de Tecoa;
27 Abiezer, de Anatote;
Mebunai[a], de Husate;
28 Zalmom, de Aoí;
Maarai, de Netofate;
29 Helede[b], filho de Baaná, de Netofate;
Itai, filho de Ribai,
de Gibeá de Benjamim;
30 Benaia, de Piratom;
Hidai[c], dos riachos de Gaás;
31 Abi-Albom, de Arbate;
Azmavete, de Baurim;
32 Eliaba, de Saalbom;
os filhos de Jasém;
Jônatas,
33 filho de[d] Samá, de Harar;
Aião, filho de Sarar[e], de Harar;
34 Elifelete, filho de Aasbai, de Maaca;
Eliã, filho de Aitofel, de Gilo;
35 Hezrai, de Carmelo;
Paarai, de Arabe;
36 Igal, filho de Natã, de Zobá;
o filho de Hagri[f];
37 Zeleque, de Amom;
Naarai, de Beerote,
escudeiro de Joabe, filho de Zeruia;
38 Ira e Garebe, de Jatir,
39 e o hitita Urias.
Foram ao todo trinta e sete.

O Recenseamento e a sua Punição

24 Mais uma vez irou-se o SENHOR contra Israel e incitou Davi contra o povo, levando-o a fazer um censo de Israel e de Judá.

2 Então o rei disse a Joabe e aos outros comandantes do exército: "Vão por todas as tribos de Israel, de Dã a Berseba, e contem o povo, para que eu saiba quantos são".

3 Joabe, porém, respondeu ao rei: "Que o SENHOR, o teu Deus, multiplique o povo por cem, e que os olhos do rei, meu senhor, o vejam! Mas, por que o rei, meu senhor, deseja fazer isso?"

4 Mas a palavra do rei prevaleceu sobre a de Joabe e sobre a dos comandantes do exército; então eles saíram da presença do rei para contar o povo de Israel.

5 E atravessando o Jordão, começaram em Aroer, ao sul da cidade, no vale; depois foram para Gade e de lá para Jazar, **6** Gileade e Cades dos hititas[h], chegaram a Dã-Jaã e às proximidades de Sidom. **7** Dali seguiram na direção da fortaleza de Tiro e de todas as cidades dos heveus e dos cananeus. Por último, foram até Berseba, no Neguebe de Judá.

8 Percorreram todo o país e voltaram a Jerusalém ao fim de nove meses e vinte dias.

9 Então Joabe apresentou ao rei o relatório do recenseamento do povo: havia em Israel oitocentos mil homens habilitados para o serviço militar, e em Judá, quinhentos mil.

---

24 Among the Thirty were:
Asahel the brother of Joab,
Elhanan son of Dodo from Bethlehem,
25 Shammah the Harodite,
Elika the Harodite,
26 Helez the Paltite,
Ira son of Ikkesh from Tekoa,
27 Abiezer from Anathoth,
Mebunnai[a] the Hushathite,
28 Zalmon the Ahohite,
Maharai the Netophathite,
29 Heled[b] son of Baanah the Netophathite,
Ithai son of Ribai from Gibeah in Benjamin,
30 Benaiah the Pirathonite,
Hiddai[c] from the ravines of Gaash,
31 Abi-Albon the Arbathite,
Azmaveth the Barhumite,
32 Eliahba the Shaalbonite,
the sons of Jashen,
Jonathan **33** son of[d] Shammah the Hararite,
Ahiam son of Sharar[e] the Hararite,
34 Eliphelet son of Ahasbai the Maacathite,
Eliam son of Ahithophel the Gilonite,
35 Hezro the Carmelite,
Paarai the Arbite,
36 Igal son of Nathan from Zobah,
the son of Hagri,[f]
37 Zelek the Ammonite,
Naharai the Beerothite, the armor-bearer of Joab
son of Zeruiah,
38 Ira the Ithrite,
Gareb the Ithrite
39 and Uriah the Hittite.
There were thirty-seven in all.

David Counts the Fighting Men

24 Again the anger of the LORD burned against Israel, and he incited David against them, saying, "Go and take a census of Israel and Judah."

2 So the king said to Joab and the army commanders[g] with him, "Go throughout the tribes of Israel from Dan to Beersheba and enroll the fighting men, so that I may know how many there are."

3 But Joab replied to the king, "May the LORD your God multiply the troops a hundred times over, and may the eyes of my lord the king see it. But why does my lord the king want to do such a thing?"

4 The king's word, however, overruled Joab and the army commanders; so they left the presence of the king to enroll the fighting men of Israel.

5 After crossing the Jordan, they camped near Aroer, south of the town in the gorge, and then went through Gad and on to Jazer. **6** They went to Gilead and the region of Tahtim Hodshi, and on to Dan Jaan and around toward Sidon. **7** Then they went toward the fortress of Tyre and all the towns of the Hivites and Canaanites. Finally, they went on to Beersheba in the Negev of Judah.

8 After they had gone through the entire land, they came back to Jerusalem at the end of nine months and twenty days.

9 Joab reported the number of the fighting men to the king: In Israel there were eight hundred thousand able-bodied men who could handle a sword, and in Judah five hundred thousand.

---

a23.27 Alguns manuscritos da Septuaginta dizem *Sibecai*. Veja 1Cr 11.29. **b23.29** Muitos manuscritos dizem *Helebe*. Veja 1Cr 11.30. **c23.30** Alguns manuscritos da Septuaginta dizem *Hurai*. Veja 1Cr 11.32. **d23.33** Conforme alguns manuscritos da Septuaginta. O Texto Massorético não diz *filho de*. Veja 1Cr 11.34. **e23.33** Alguns manuscritos dizem *Sacar*. Veja 1Cr 11.35. **f23.36** Vários manuscritos dizem *Hagadi*. Veja 1Cr 11.38. **g24.2** Conforme a Septuaginta. O Texto Massorético diz *Joabe, o comandante do exército*. Veja o versículo 4 e 1Cr 21.2. **h24.6** Hebraico: *Tatim-Hodsi*.

a23.27 Hebrew; some Septuagint manuscripts (see also 1 Chron. 11:29) *Sibbecai* **b23.29** Some Hebrew manuscripts and Vulgate (see also 1 Chron. 11:30); most Hebrew manuscripts *Heleb* **c23.30** Hebrew; some Septuagint manuscripts (see also 1 Chron. 11:32) *Hurai* **d23.33** Some Septuagint manuscripts (see also 1 Chron. 11:34); Hebrew does not have *son of.* **e23.33** Hebrew; some Septuagint manuscripts (see also 1 Chron. 11:35) *Sacar* **f23.36** Some Septuagint manuscripts (see also 1 Chron. 11:38); Hebrew *Haggadi* **g24.2** Septuagint (see also verse 4 and 1 Chron. 21:2); Hebrew *Joab the army commander*

10 Depois de contar o povo, Davi sentiu remorso e disse ao Senhor: "Pequei gravemente com o que fiz! Agora, Senhor, eu imploro que perdoes o pecado do teu servo, porque cometi uma grande loucura!"

11 Levantando-se Davi pela manhã, o Senhor já tinha falado a Gade, o vidente dele: **12** "Vá dizer a Davi: Assim diz o Senhor: 'Estou lhe dando três opções de punição; escolha uma delas, e eu a executarei contra você' ".

13 Então Gade foi a Davi e lhe perguntou: "O que você prefere: trêsª anos de fome em sua terra; três meses fugindo de seus adversários, que o perseguirão; ou três dias de praga em sua terra? Pense bem e díga-me o que deverei responder àquele que me enviou".

14 Davi respondeu: "É grande a minha angústia! Prefiro cair nas mãos do Senhor, pois grande é a sua misericórdia, a cair nas mãos dos homens".

15 Então o Senhor enviou uma praga sobre Israel, desde aquela manhã até a hora que tinha determinado. E morreram setenta mil homens do povo, de Dã a Berseba. **16** Quando o anjo estendeu a mão para destruir Jerusalém, o Senhor arrependeu-se de trazer essa catástrofe, e disse ao anjo destruidor: "Pare! Já basta!" Naquele momento o anjo do Senhor estava perto da eira de Araúna, o jebuseu.

17 Ao ver o anjo que estava matando o povo, disse Davi ao Senhor: "Fui eu que pequei e cometi iniqüidade. Estes não passam de ovelhas. O que eles fizeram? Que o teu castigo caia sobre mim e sobre a minha família!"

Davi Constrói um Altar

18 Naquele mesmo dia Gade foi dizer a Davi: "Vá e edifique um altar ao Senhor na eira de Araúna, o jebuseu". **19** Davi foi para lá, em obediência à ordem que Gade tinha dado em nome do Senhor. **20** Quando Araúna viu o rei e seus soldados vindo ao encontro dele, saiu e prostrou-se perante o rei, rosto em terra, **21** e disse: "Por que o meu senhor e rei veio ao seu servo?"

Respondeu Davi: "Para comprar sua eira e edificar nela um altar ao Senhor, para que cesse a praga no meio do povo".

22 Araúna disse a Davi: "O meu senhor e rei pode ficar com o que desejar e oferecê-lo em sacrifício. Aqui estão os bois para o holocaustoᵇ, e o debulhador e o jugo dos bois para a lenha. **23** Ó rei, eu dou tudo isso a ti". E acrescentou: "Que o Senhor, o teu Deus, aceite a tua oferta".

24 Mas o rei respondeu a Araúna: "Não! Faço questão de pagar o preço justo. Não oferecerei ao Senhor, o meu Deus, holocaustos que não me custem nada", e comprou a eira e os bois por cinqüenta peçasᶜ de prata. **25** Davi edificou ali um altar ao Senhor e ofereceu holocaustos e sacrifícios de comunhãoᵈ. Então o Senhor aceitou as súplicas em favor da terra e terminou a praga que destruía Israel.

1Reis

Adonias Declara-se Rei

1 Quando o rei Davi envelheceu, estando já de idade bem avançada, cobriam-no de cobertores, mas ele não se aquecia. **2** Por isso os seus servos lhe propuseram: "Vamos procurar uma jovem virgem para servir e cuidar do rei. Ela se deitará ao seu lado, a fim de aquecer o rei".

3 Então procuraram em todo o território de Israel uma jovem que fosse bonita e encontraram Abisague, uma sunamita, e a levaram ao rei. **4** A jovem, muito bonita, cuidava do rei e o servia, mas o rei não teve relações com ela.

10 David was conscience-stricken after he had counted the fighting men, and he said to the Lord, "I have sinned greatly in what I have done. Now, O Lord, I beg you, take away the guilt of your servant. I have done a very foolish thing."

11 Before David got up the next morning, the word of the Lord had come to Gad the prophet, David's seer: **12** "Go and tell David, 'This is what the Lord says: I am giving you three options. Choose one of them for me to carry out against you.' "

13 So Gad went to David and said to him, "Shall there come upon you threeª years of famine in your land? Or three months of fleeing from your enemies while they pursue you? Or three days of plague in your land? Now then, think it over and decide how I should answer the one who sent me."

14 David said to Gad, "I am in deep distress. Let us fall into the hands of the Lord, for his mercy is great; but do not let me fall into the hands of men."

15 So the Lord sent a plague on Israel from that morning until the end of the time designated, and seventy thousand of the people from Dan to Beersheba died. **16** When the angel stretched out his hand to destroy Jerusalem, the Lord was grieved because of the calamity and said to the angel who was afflicting the people, "Enough! Withdraw your hand." The angel of the Lord was then at the threshing floor of Araunah the Jebusite.

17 When David saw the angel who was striking down the people, he said to the Lord, "I am the one who has sinned and done wrong. These are but sheep. What have they done? Let your hand fall upon me and my family."

David Builds an Altar

18 On that day Gad went to David and said to him, "Go up and build an altar to the Lord on the threshing floor of Araunah the Jebusite." **19** So David went up, as the Lord had commanded through Gad. **20** When Araunah looked and saw the king and his men coming toward him, he went out and bowed down before the king with his face to the ground.

21 Araunah said, "Why has my lord the king come to his servant?"

"To buy your threshing floor," David answered, "so I can build an altar to the Lord, that the plague on the people may be stopped."

22 Araunah said to David, "Let my lord the king take whatever pleases him and offer it up. Here are oxen for the burnt offering, and here are threshing sledges and ox yokes for the wood. **23** O king, Araunah gives all this to the king." Araunah also said to him, "May the Lord your God accept you."

24 But the king replied to Araunah, "No, I insist on paying you for it. I will not sacrifice to the Lord my God burnt offerings that cost me nothing."

So David bought the threshing floor and the oxen and paid fifty shekelsᵇ of silver for them. **25** David built an altar to the Lord there and sacrificed burnt offerings and fellowship offerings.ᶜ Then the Lord answered prayer in behalf of the land, and the plague on Israel was stopped.

1Kings

Adonijah Sets Himself Up as King

1 When King David was old and well advanced in years, he could not keep warm even when they put covers over him. **2** So his servants said to him, "Let us look for a young virgin to attend the king and take care of him. She can lie beside him so that our lord the king may keep warm."

3 Then they searched throughout Israel for a beautiful girl and found Abishag, a Shunammite, and brought her to the king. **4** The girl was very beautiful; she took care of the king and waited on him, but the king had no intimate relations with her.

ª24.13 Conforme a Septuaginta. O Texto Massorético diz *sete*. Veja 1Cr 21.12. ᵇ24.22 Isto é, sacrifício totalmente queimado; também nos versículos 24 e 25. ᶜ24.24 Hebraico: *50 siclos*. Um siclo equivalia a 12 gramas. ᵈ24.25 Ou *de paz*

ª24:13 Septuagint (see also 1 Chron. 21:12); Hebrew *seven* ᵇ24:24 That is, about 1 1/4 pounds (about 0.6 kilogram) ᶜ24:25 Traditionally *peace offerings*

⁵Ora, Adonias, cuja mãe se chamava Hagite, tomou a dianteira e disse: "Eu serei o rei". Providenciou uma carruagem e cavalosª, além de cinqüenta homens para correrem à sua frente. ⁶Seu pai nunca o havia contrariado; nunca lhe perguntava: "Por que você age assim?" Adonias também tinha boa aparência e havia nascido depois de Absalão.

⁷Adonias fez acordo com Joabe, filho de Zeruia, e com o sacerdote Abiatar, e eles o seguiram e o apoiaram. ⁸Mas o sacerdote Zadoque, Benaia, filho de Joiada, o profeta Natã, Simei, Reí e a guarda especial de Davi não deram apoio a Adonias.

⁹Então Adonias sacrificou ovelhas, bois e novilhos gordos junto à pedra de Zoelete, próximo a En-Rogel. Convidou todos os seus irmãos, filhos do rei, e todos os homens de Judá que eram conselheiros do rei, ¹⁰mas não convidou o profeta Natã nem Benaia nem a guarda especial nem o seu irmão Salomão.

¹¹Natã perguntou então a Bate-Seba, mãe de Salomão: "Você ainda não sabe que Adonias, o filho de Hagite, tornou-se rei, sem que o nosso senhor Davi ficasse sabendo? ¹²Agora, vou dar-lhe um conselho para salvar a sua vida e também a vida do seu filho Salomão. ¹³Vá perguntar ao rei Davi: Ó rei, meu senhor, não juraste a esta tua serva, prometendo: 'Pode estar certa de que o seu filho Salomão me sucederá como rei, e se assentará no meu trono'? Por que foi, então, que Adonias se tornou rei? ¹⁴Enquanto você ainda estiver conversando com o rei, eu entrarei e confirmarei as suas palavras".

¹⁵Então Bate-Seba foi até o quarto do rei, já idoso, onde a sunamita Abisague cuidava dele. ¹⁶Bate-Seba ajoelhou-se e prostrou-se, rosto em terra, diante do rei.

"O que você quer?", o rei perguntou.

¹⁷Ela respondeu: "Meu senhor, tu mesmo juraste a esta tua serva, pelo Senhor, o teu Deus: 'Seu filho Salomão me sucederá como rei e se assentará no meu trono'. ¹⁸Mas agora Adonias se tornou rei, sem que o rei, meu senhor, o soubesse. ¹⁹Ele sacrificou muitos bois, novilhos gordos e ovelhas, e convidou todos os filhos do rei, o sacerdote Abiatar, e Joabe, o comandante do exército, mas não convidou o teu servo Salomão. ²⁰Agora, ó rei, meu senhor, os olhos de todo o Israel estão sobre ti para saber de tua parte quem sucederá ao rei, meu senhor, no trono. ²¹De outro modo, tão logo o rei, meu senhor, descanse com os seus antepassados, eu e o meu filho Salomão seremos tratados como traidores".

²²Ela ainda conversava com o rei, quando o profeta Natã chegou. ²³Assim que informaram o rei que o profeta Natã havia chegado, ele entrou e prostrou-se, rosto em terra, diante do rei.

²⁴E Natã lhe perguntou: "Ó rei, meu senhor, por acaso declaraste que Adonias te sucederia como rei e que ele se assentaria no teu trono? ²⁵Hoje ele foi matar muitos bois, novilhos gordos e ovelhas. Convidou todos os filhos do rei, os comandantes do exército e o sacerdote Abiatar. Agora eles estão comendo e bebendo com ele e celebrando: 'Viva o rei Adonias!' ²⁶Mas ele não convidou a mim, que sou teu servo, nem ao sacerdote Zadoque, nem a Benaia, filho de Joiada, nem a teu servo Salomão. ²⁷Seria isto algo que o rei, meu senhor, fez sem deixar que os seus conselheiros soubessem quem sucederia ao rei, meu senhor, no trono?"

O Início do Reinado de Salomão

²⁸Então o rei Davi ordenou: "Chamem Bate-Seba". Ela entrou e ficou em pé diante dele.

²⁹O rei fez um juramento: "Juro pelo nome do Senhor, o qual me livrou de todas as adversidades, ³⁰que, sem dúvida, hoje mesmo vou executar o que jurei pelo Senhor, o Deus de Israel. O meu filho Salomão me sucederá como rei e se assentará no meu trono em meu lugar".

³¹Então Bate-Seba prostrou-se, rosto em terra, e, ajoelhando-se diante do rei, disse: "Que o rei Davi, meu senhor, viva para sempre!"

⁵Now Adonijah, whose mother was Haggith, put himself forward and said, "I will be king." So he got chariots and horsesª ready, with fifty men to run ahead of him. ⁶(His father had never interfered with him by asking, "Why do you behave as you do?" He was also very handsome and was born next after Absalom.)

⁷Adonijah conferred with Joab son of Zeruiah and with Abiathar the priest, and they gave him their support. ⁸But Zadok the priest, Benaiah son of Jehoiada, Nathan the prophet, Shimei and Reiᵇ and David's special guard did not join Adonijah.

⁹Adonijah then sacrificed sheep, cattle and fattened calves at the Stone of Zoheleth near En Rogel. He invited all his brothers, the king's sons, and all the men of Judah who were royal officials, ¹⁰but he did not invite Nathan the prophet or Benaiah or the special guard or his brother Solomon.

¹¹Then Nathan asked Bathsheba, Solomon's mother, "Have you not heard that Adonijah, the son of Haggith, has become king without our lord David's knowing it? ¹²Now then, let me advise you how you can save your own life and the life of your son Solomon. ¹³Go in to King David and say to him, 'My lord the king, did you not swear to me your servant: "Surely Solomon your son shall be king after me, and he will sit on my throne"? Why then has Adonijah become king?' ¹⁴While you are still there talking to the king, I will come in and confirm what you have said."

¹⁵So Bathsheba went to see the aged king in his room, where Abishag the Shunammite was attending him. ¹⁶Bathsheba bowed low and knelt before the king.

"What is it you want?" the king asked.

¹⁷She said to him, "My lord, you yourself swore to me your servant by the Lord your God: 'Solomon your son shall be king after me, and he will sit on my throne.' ¹⁸But now Adonijah has become king, and you, my lord the king, do not know about it. ¹⁹He has sacrificed great numbers of cattle, fattened calves, and sheep, and has invited all the king's sons, Abiathar the priest and Joab the commander of the army, but he has not invited Solomon your servant. ²⁰My lord the king, the eyes of all Israel are on you, to learn from you who will sit on the throne of my lord the king after him. ²¹Otherwise, as soon as my lord the king is laid to rest with his fathers, I and my son Solomon will be treated as criminals."

²²While she was still speaking with the king, Nathan the prophet arrived. ²³And they told the king, "Nathan the prophet is here." So he went before the king and bowed with his face to the ground.

²⁴Nathan said, "Have you, my lord the king, declared that Adonijah shall be king after you, and that he will sit on your throne? ²⁵Today he has gone down and sacrificed great numbers of cattle, fattened calves, and sheep. He has invited all the king's sons, the commanders of the army and Abiathar the priest. Right now they are eating and drinking with him and saying, 'Long live King Adonijah!' ²⁶But me your servant, and Zadok the priest, and Benaiah son of Jehoiada, and your servant Solomon he did not invite. ²⁷Is this something my lord the king has done without letting his servants know who should sit on the throne of my lord the king after him?"

David Makes Solomon King

²⁸Then King David said, "Call in Bathsheba." So she came into the king's presence and stood before him.

²⁹The king then took an oath: "As surely as the Lord lives, who has delivered me out of every trouble, ³⁰I will surely carry out today what I swore to you by the Lord, the God of Israel: Solomon your son shall be king after me, and he will sit on my throne in my place."

³¹Then Bathsheba bowed low with her face to the ground and, kneeling before the king, said, "May my lord King David live forever!"

ª1.5 Ou condutores de carros

ª1:5 Or charioteers ᵇ1:8 Or and his friends

32 O rei Davi ordenou: "Chamem o sacerdote Zadoque, o profeta Natã e Benaia, filho de Joiada". Quando eles chegaram à presença do rei, **33** ele os instruiu: "Levem os conselheiros do seu senhor com vocês, ponham o meu filho Salomão sobre a minha mula e levem-no a Giom. **34** Ali o sacerdote Zadoque e o profeta Natã o ungirão rei sobre Israel. Nesse momento toquem a trombeta e gritem: Viva o rei Salomão! **35** Depois acompanhem-no, e ele virá assentar-se no meu trono e reinará em meu lugar. Eu o designei para governar Israel e Judá".

36 Benaia, filho de Joiada, respondeu ao rei: "Assim se fará! Que o Senhor, o Deus do rei, meu senhor, o confirme. **37** Assim como o Senhor esteve com o rei, meu senhor, também esteja ele com Salomão para que ele tenha um reinado ainda mais glorioso[a] que o reinado de meu senhor, o rei Davi!"

38 Então o sacerdote Zadoque, o profeta Natã, Benaia, filho de Joiada, os queretitas e os peletitas fizeram Salomão montar a mula do rei Davi e o escoltaram até Giom. **39** O sacerdote Zadoque pegou na Tenda o chifre com óleo e ungiu Salomão. A seguir tocaram a trombeta e todo o povo gritou: "Viva o rei Salomão!" **40** E todo o povo o acompanhou, tocando flautas e celebrando, de tal forma que o chão tremia com o barulho.

41 Adonias e todos os seus convidados souberam disso quando estavam terminando o banquete. Ao ouvir o toque da trombeta, Joabe perguntou: "O que significa essa gritaria, esse alvoroço na cidade?"

42 Falava ele ainda, quando chegou Jônatas, filho do sacerdote Abiatar. E Adonias lhe disse: "Entre, pois um homem digno como você deve estar trazendo boas notícias!"

43 "De modo algum", respondeu Jônatas a Adonias. "Davi, o nosso rei e senhor, constituiu rei a Salomão. **44** O rei enviou com ele o sacerdote Zadoque, o profeta Natã, Benaia, filho de Joiada, os queretitas e os peletitas, e eles o fizeram montar a mula do rei. **45** Depois o sacerdote Zadoque e o profeta Natã o ungiram rei em Giom. De lá eles saíram celebrando, e a cidade está alvoroçada. É esse o barulho que vocês ouvem. **46** Além disso, Salomão já se assentou no trono real. **47** Até mesmo os oficiais do rei foram cumprimentar Davi, o nosso rei e senhor, dizendo: 'Que o teu Deus torne o nome de Salomão mais famoso que o teu, e o seu reinado mais glorioso do que o teu!' E o rei curvou-se reverentemente em sua cama, **48** e disse: 'Bendito seja o Senhor, o Deus de Israel, que permitiu que os meus olhos vissem hoje um sucessor em meu trono' ".

49 Diante disso, todos os convidados de Adonias entraram em pânico e se dispersaram. **50** Mas Adonias, com medo de Salomão, foi agarrar-se às pontas do altar. **51** Então informaram a Salomão: "Adonias está com medo do rei Salomão e está agarrado às pontas do altar. Ele diz: 'Que o rei Salomão jure que não matará este seu servo pela espada' ".

52 Salomão respondeu: "Se ele se mostrar confiável, não cairá nem um só fio de cabelo da sua cabeça; mas se nele se descobrir alguma maldade, ele morrerá". **53** Então o rei enviou alguns soldados, e eles o fizeram descer do altar. E Adonias veio e se curvou solenemente perante o rei Salomão, que lhe disse: "Vá para casa".

As Instruções de Davi a Salomão

2 Quando se aproximava o dia de sua morte, Davi deu instruções ao seu filho Salomão:

2 "Estou para seguir o caminho de toda a terra. Por isso, seja forte e seja homem. **3** Obedeça ao que o Senhor, o seu Deus, exige: ande nos seus caminhos e obedeça aos seus decretos, aos seus mandamentos, às suas ordenanças e aos seus testemunhos, conforme se acham escritos na Lei de Moisés; assim você prosperará em tudo o que fizer e por onde quer que for, **4** e o Senhor manterá a promessa que me fez: 'Se os seus descendentes cuidarem de sua conduta, e se me seguirem fielmente de todo o coração e de toda a alma, você jamais ficará sem descendente no trono de Israel'.

32 King David said, "Call in Zadok the priest, Nathan the prophet and Benaiah son of Jehoiada." When they came before the king, **33** he said to them: "Take your lord's servants with you and set Solomon my son on my own mule and take him down to Gihon. **34** There have Zadok the priest and Nathan the prophet anoint him king over Israel. Blow the trumpet and shout, 'Long live King Solomon!' **35** Then you are to go up with him, and he is to come and sit on my throne and reign in my place. I have appointed him ruler over Israel and Judah."

36 Benaiah son of Jehoiada answered the king, "Amen! May the Lord, the God of my lord the king, so declare it. **37** As the Lord was with my lord the king, so may he be with Solomon to make his throne even greater than the throne of my lord King David!"

38 So Zadok the priest, Nathan the prophet, Benaiah son of Jehoiada, the Kerethites and the Pelethites went down and put Solomon on King David's mule and escorted him to Gihon. **39** Zadok the priest took the horn of oil from the sacred tent and anointed Solomon. Then they sounded the trumpet and all the people shouted, "Long live King Solomon!" **40** And all the people went up after him, playing flutes and rejoicing greatly, so that the ground shook with the sound.

41 Adonijah and all the guests who were with him heard it as they were finishing their feast. On hearing the sound of the trumpet, Joab asked, "What's the meaning of all the noise in the city?"

42 Even as he was speaking, Jonathan son of Abiathar the priest arrived. Adonijah said, "Come in. A worthy man like you must be bringing good news."

43 "Not at all!" Jonathan answered. "Our lord King David has made Solomon king. **44** The king has sent with him Zadok the priest, Nathan the prophet, Benaiah son of Jehoiada, the Kerethites and the Pelethites, and they have put him on the king's mule, **45** and Zadok the priest and Nathan the prophet have anointed him king at Gihon. From there they have gone up cheering, and the city resounds with it. That's the noise you hear. **46** Moreover, Solomon has taken his seat on the royal throne. **47** Also, the royal officials have come to congratulate our lord King David, saying, 'May your God make Solomon's name more famous than yours and his throne greater than yours!' And the king bowed in worship on his bed **48** and said, 'Praise be to the Lord, the God of Israel, who has allowed my eyes to see a successor on my throne today.' "

49 At this, all Adonijah's guests rose in alarm and dispersed. **50** But Adonijah, in fear of Solomon, went and took hold of the horns of the altar. **51** Then Solomon was told, "Adonijah is afraid of King Solomon and is clinging to the horns of the altar. He says, 'Let King Solomon swear to me today that he will not put his servant to death with the sword.' "

52 Solomon replied, "If he shows himself to be a worthy man, not a hair of his head will fall to the ground; but if evil is found in him, he will die." **53** Then King Solomon sent men, and they brought him down from the altar. And Adonijah came and bowed down to King Solomon, and Solomon said, "Go to your home."

David's Charge to Solomon

2 When the time drew near for David to die, he gave a charge to Solomon his son.

2 "I am about to go the way of all the earth," he said. "So be strong, show yourself a man, **3** and observe what the Lord your God requires: Walk in his ways, and keep his decrees and commands, his laws and requirements, as written in the Law of Moses, so that you may prosper in all you do and wherever you go, **4** and that the Lord may keep his promise to me: 'If your descendants watch how they live, and if they walk faithfully before me with all their heart and soul, you will never fail to have a man on the throne of Israel.'

---

a1.37 Hebraico: *torne o seu trono ainda maior*; também no versículo 47.

5 "Você sabe muito bem o que Joabe, filho de Zeruia, me fez; o que fez com os dois comandantes dos exércitos de Israel, Abner, filho de Ner, e Amasa, filho de Jéter. Ele os matou, derramando sangue em tempos de paz; agiu como se estivesse em guerra, e com aquele sangue manchou o seu cinto e as suas sandálias. **6** Proceda com a sabedoria que você tem, e não o deixe envelhecer e descer em paz à sepultura^a.

7 "Mas seja bondoso com os filhos de Barzilai, de Gileade; admita-os entre os que comem à mesa com você, pois eles me apoiaram quando fugi do seu irmão Absalão.

8 "Saiba que também está com você Simei, filho de Gera, o benjamita de Baurim. Ele lançou terríveis maldições contra mim no dia em que fui a Maanaim. Mas depois desceu ao meu encontro no Jordão e lhe prometi, jurando pelo Senhor, que não o mataria à espada. **9** Mas, agora, não o considere inocente. Você é um homem sábio e saberá o que fazer com ele. Apesar de ele já ser idoso, faça-o descer ensangüentado à sepultura".

10 Então Davi descansou com os seus antepassados e foi sepultado na Cidade de Davi. **11** Ele reinou quarenta anos em Israel: sete anos em Hebrom e trinta e três em Jerusalém. **12** Salomão assentou-se no trono de Davi, seu pai, e o seu reinado foi firmemente estabelecido.

O Reinado de Salomão

13 Adonias, o filho de Hagite, foi até Bate-Seba, mãe de Salomão, que lhe perguntou: "Você vem em paz?"

Ele respondeu: "Sim". **14** E acrescentou: "Tenho algo para lhe dizer".

Ela disse: "Fale!"

15 "Você sabe", disse ele, "que o reino era meu. Todo o Israel me via como o seu rei. Mas as circunstâncias mudaram, e o reino foi para o meu irmão; pois o Senhor o concedeu a ele. **16** Agora, quero fazer-lhe um pedido e espero que não me seja negado."

Ela disse: "Fale!"

17 Então ele prosseguiu: "Peça, por favor, ao rei Salomão que me dê a sunamita Abisague por mulher, pois ele não deixará de atender você".

18 "Está bem", respondeu Bate-Seba, "falarei com o rei em seu favor."

19 Quando Bate-Seba foi falar ao rei em favor de Adonias, Salomão levantou-se para recebê-la e inclinou-se diante dela. Depois assentou-se no seu trono, mandou que trouxessem um trono para a sua mãe, e ela se assentou à sua direita.

20 "Tenho um pequeno pedido para lhe fazer", disse ela. "Não deixe de me atender."

O rei respondeu: "Faça o pedido, minha mãe; não deixarei de atendê-lo".

21 Então ela disse: "Dê a sunamita Abisague por mulher a seu irmão Adonias".

22 O rei Salomão perguntou à sua mãe: "Por que você pede somente a sunamita Abisague para Adonias? Peça logo o reino para ele, para o sacerdote Abiatar e para Joabe, filho de Zeruia; afinal ele é o meu irmão mais velho!"

23 Então o rei Salomão jurou pelo Senhor: "Que Deus me castigue com todo o rigor, se isso que Adonias falou não lhe custar a sua própria vida! **24** E agora eu juro pelo nome do Senhor, que me estabeleceu no trono de meu pai Davi, e, conforme prometeu, fundou uma dinastia para mim, que hoje mesmo Adonias será morto!" **25** E o rei Salomão deu ordem a Benaia, filho de Joiada, e este feriu e matou Adonias.

26 Ao sacerdote Abiatar o rei ordenou: "Vá para Anatote, para as suas terras! Você merece morrer, mas hoje eu não o matarei, pois você carregou a arca do Soberano, o Senhor, diante de Davi, meu pai, e partilhou de todas as aflições dele". **27** Então Salomão expulsou Abiatar do sacerdócio do Senhor, cumprindo a palavra que o Senhor tinha dito em Siló a respeito da família de Eli.

5 "Now you yourself know what Joab son of Zeruiah did to me—what he did to the two commanders of Israel's armies, Abner son of Ner and Amasa son of Jether. He killed them, shedding their blood in peacetime as if in battle, and with that blood stained the belt around his waist and the sandals on his feet. **6** Deal with him according to your wisdom, but do not let his gray head go down to the grave^a in peace.

7 "But show kindness to the sons of Barzillai of Gilead and let them be among those who eat at your table. They stood by me when I fled from your brother Absalom.

8 "And remember, you have with you Shimei son of Gera, the Benjamite from Bahurim, who called down bitter curses on me the day I went to Mahanaim. When he came down to meet me at the Jordan, I swore to him by the Lord: 'I will not put you to death by the sword.' **9** But now, do not consider him innocent. You are a man of wisdom; you will know what to do to him. Bring his gray head down to the grave in blood."

10 Then David rested with his fathers and was buried in the City of David. **11** He had reigned forty years over Israel—seven years in Hebron and thirty-three in Jerusalem. **12** So Solomon sat on the throne of his father David, and his rule was firmly established.

Solomon's Throne Established

13 Now Adonijah, the son of Haggith, went to Bathsheba, Solomon's mother. Bathsheba asked him, "Do you come peacefully?"

He answered, "Yes, peacefully." **14** Then he added, "I have something to say to you."

"You may say it," she replied.

15 "As you know," he said, "the kingdom was mine. All Israel looked to me as their king. But things changed, and the kingdom has gone to my brother; for it has come to him from the Lord. **16** Now I have one request to make of you. Do not refuse me."

"You may make it," she said.

17 So he continued, "Please ask King Solomon—he will not refuse you—to give me Abishag the Shunammite as my wife."

18 "Very well," Bathsheba replied, "I will speak to the king for you."

19 When Bathsheba went to King Solomon to speak to him for Adonijah, the king stood up to meet her, bowed down to her and sat down on his throne. He had a throne brought for the king's mother, and she sat down at his right hand.

20 "I have one small request to make of you," she said. "Do not refuse me."

The king replied, "Make it, my mother; I will not refuse you."

21 So she said, "Let Abishag the Shunammite be given in marriage to your brother Adonijah."

22 King Solomon answered his mother, "Why do you request Abishag the Shunammite for Adonijah? You might as well request the kingdom for him—after all, he is my older brother—yes, for him and for Abiathar the priest and Joab son of Zeruiah!"

23 Then King Solomon swore by the Lord: "May God deal with me, be it ever so severely, if Adonijah does not pay with his life for this request! **24** And now, as surely as the Lord lives—he who has established me securely on the throne of my father David and has founded a dynasty for me as he promised—Adonijah shall be put to death today!" **25** So King Solomon gave orders to Benaiah son of Jehoiada, and he struck down Adonijah and he died.

26 To Abiathar the priest the king said, "Go back to your fields in Anathoth. You deserve to die, but I will not put you to death now, because you carried the ark of the Sovereign Lord before my father David and shared all my father's hardships." **27** So Solomon removed Abiathar from the priesthood of the Lord, fulfilling the word the Lord had spoken at Shiloh about the house of Eli.

---

a2.6 Hebraico: *Sheol*. Essa palavra também pode ser traduzida por profundezas, pó ou morte; também no versículo 9.

a2:6 Hebrew *Sheol*; also in verse

28 Quando a notícia chegou a Joabe, que havia conspirado com Adonias, ainda que não com Absalão, ele fugiu para a Tenda do Senhor e agarrou-se às pontas do altar. **29** Foi dito ao rei Salomão que Joabe havia se refugiado na Tenda do Senhor e estava ao lado do altar. Então Salomão ordenou a Benaia, filho de Joiada: "Vá matá-lo!"

30 Então Benaia entrou na Tenda do Senhor e disse a Joabe: "O rei lhe ordena que saia".

"Não", respondeu ele, "Vou morrer aqui."

Benaia relatou ao rei a resposta de Joabe.

31 Então o rei ordenou a Benaia: "Faça o que ele diz. Mate-o e sepulte-o, e assim você retirará de mim e da minha família a culpa do sangue inocente que Joabe derramou. **32** O Senhor fará recair sobre a cabeça dele o sangue que derramou: ele atacou dois homens mais justos e melhores do que ele, sem o conhecimento de meu pai Davi, e os matou à espada. Os dois homens eram Abner, filho de Ner, comandante do exército de Israel, e Amasa, filho de Jéter, comandante do exército de Judá. **33** Que o sangue deles recaia sobre a cabeça de Joabe e sobre a dos seus descendentes para sempre. Mas que a paz do Senhor esteja para sempre sobre Davi, sobre os seus descendentes, sobre a sua dinastia e sobre o seu trono".

34 Então Benaia, filho de Joiada, atacou Joabe e o matou, e ele foi sepultado em sua casa no campoª. **35** No lugar dele o rei nomeou Benaia, filho de Joiada, para o comando do exército, e o sacerdote Zadoque no lugar de Abiatar.

36 Depois o rei mandou chamar Simei e lhe ordenou: "Construa para você uma casa em Jerusalém. Você morará nela e não poderá ir para nenhum outro lugar. **37** Esteja certo de que no dia em que sair e atravessar o vale de Cedrom, você será morto; e você será responsável por sua própria morte".

38 Simei respondeu ao rei: "A ordem do rei é boa! O teu servo te obedecerá". E Simei permaneceu em Jerusalém por muito tempo.

39 Mas três anos depois, dois escravos de Simei fugiram para a casa de Aquis, filho de Maaca, rei de Gate. Alguém contou a Simei: "Seus escravos estão em Gate". **40** Então Simei selou um jumento e foi até Aquis, em Gate, procurar os seus escravos. E de lá Simei trouxe os escravos de volta.

41 Quando Salomão soube que Simei tinha ido a Gate e voltado a Jerusalém, **42** mandou chamá-lo e lhe perguntou: "Eu não fiz você jurar pelo Senhor e não o adverti: No dia em que for para qualquer outro lugar, esteja certo de que você morrerá? E você me respondeu: 'Esta ordem é boa! Obedecerei'. **43** Por que não manteve o juramento ao Senhor e não obedeceu à ordem que lhe dei?"

44 E acrescentou: "No seu coração você sabe quanto você prejudicou o meu pai Davi. Agora o Senhor faz recair sua maldade sobre a sua cabeça. **45** Mas o rei Salomão será abençoado, e o trono de Davi será estabelecido perante o Senhor para sempre".

46 Então o rei deu ordem a Benaia, filho de Joiada, e este atacou Simei e o matou.

Assim o reino ficou bem estabelecido nas mãos de Salomão.

Salomão Pede Sabedoria

3 Salomão aliou-se ao faraó, rei do Egito, casando-se com a filha dele. Ele a trouxe à Cidade de Davi até terminar a construção do seu palácio e do templo do Senhor, e do muro em torno de Jerusalém. **2** O povo, porém, sacrificava nos lugares sagrados, pois ainda não tinha sido construído um templo em honra ao nome do Senhor. **3** Salomão amava o Senhor, o que demonstrava andando de acordo com os decretos do seu pai Davi; mas oferecia sacrifícios e queimava incenso nos lugares sagrados.

4 O rei Salomão foi a Gibeom para oferecer sacrifícios, pois ali ficava o principal lugar sagrado, e ofereceu naquele altar mil holocaustosᵇ. **5** Em Gibeom o Senhor apareceu a Salomão

28 When the news reached Joab, who had conspired with Adonijah though not with Absalom, he fled to the tent of the Lord and took hold of the horns of the altar. **29** King Solomon was told that Joab had fled to the tent of the Lord and was beside the altar. Then Solomon ordered Benaiah son of Jehoiada, "Go, strike him down!"

30 So Benaiah entered the tent of the Lord and said to Joab, "The king says, 'Come out!' "

But he answered, "No, I will die here."

Benaiah reported to the king, "This is how Joab answered me."

31 Then the king commanded Benaiah, "Do as he says. Strike him down and bury him, and so clear me and my father's house of the guilt of the innocent blood that Joab shed. **32** The Lord will repay him for the blood he shed, because without the knowledge of my father David he attacked two men and killed them with the sword. Both of them—Abner son of Ner, commander of Israel's army, and Amasa son of Jether, commander of Judah's army—were better men and more upright than he. **33** May the guilt of their blood rest on the head of Joab and his descendants forever. But on David and his descendants, his house and his throne, may there be the Lord's peace forever."

34 So Benaiah son of Jehoiada went up and struck down Joab and killed him, and he was buried on his own landª in the desert. **35** The king put Benaiah son of Jehoiada over the army in Joab's position and replaced Abiathar with Zadok the priest.

36 Then the king sent for Shimei and said to him, "Build yourself a house in Jerusalem and live there, but do not go anywhere else. **37** The day you leave and cross the Kidron Valley, you can be sure you will die; your blood will be on your own head."

38 Shimei answered the king, "What you say is good. Your servant will do as my lord the king has said." And Shimei stayed in Jerusalem for a long time.

39 But three years later, two of Shimei's slaves ran off to Achish son of Maacah, king of Gath, and Shimei was told, "Your slaves are in Gath." **40** At this, he saddled his donkey and went to Achish at Gath in search of his slaves. So Shimei went away and brought the slaves back from Gath.

41 When Solomon was told that Shimei had gone from Jerusalem to Gath and had returned, **42** the king summoned Shimei and said to him, "Did I not make you swear by the Lord and warn you, 'On the day you leave to go anywhere else, you can be sure you will die'? At that time you said to me, 'What you say is good. I will obey.' **43** Why then did you not keep your oath to the Lord and obey the command I gave you?"

44 The king also said to Shimei, "You know in your heart all the wrong you did to my father David. Now the Lord will repay you for your wrongdoing. **45** But King Solomon will be blessed, and David's throne will remain secure before the Lord forever."

46 Then the king gave the order to Benaiah son of Jehoiada, and he went out and struck Shimei down and killed him.

The kingdom was now firmly established in Solomon's hands.

Solomon Asks for Wisdom

3 Solomon made an alliance with Pharaoh king of Egypt and married his daughter. He brought her to the City of David until he finished building his palace and the temple of the Lord, and the wall around Jerusalem. **2** The people, however, were still sacrificing at the high places, because a temple had not yet been built for the Name of the Lord. **3** Solomon showed his love for the Lord by walking according to the statutes of his father David, except that he offered sacrifices and burned incense on the high places.

4 The king went to Gibeon to offer sacrifices, for that was the most important high place, and Solomon offered a thousand burnt offerings on that altar. **5** At Gibeon the Lord appeared to Solomon

---

ª2.34 Ou *sepultado em seu túmulo no deserto* ᵇ3.4 Isto é, sacrifícios totalmente queimados; também no versículo 15.

ª2:34 Or *buried in his tomb*

num sonho, à noite, e lhe disse: "Peça-me o que quiser, e eu lhe darei".

6 Salomão respondeu: "Tu foste muito bondoso para com o teu servo, o meu pai Davi, pois ele foi fiel a ti, e foi justo e reto de coração. Tu mantiveste grande bondade para com ele e lhe deste um filho que hoje se assenta no seu trono.

7 "Agora, Senhor, meu Deus, fizeste o teu servo reinar em lugar de meu pai Davi. Mas eu não passo de um jovem e não sei o que fazer. **8** Teu servo está aqui entre o povo que escolheste, um povo tão grande que nem se pode contar. **9** Dá, pois, ao teu servo um coração cheio de discernimento para governar o teu povo e capaz de distinguir entre o bem e o mal. Pois, quem pode governar este teu grande povo?"

10 O pedido que Salomão fez agradou ao Senhor. **11** Por isso Deus lhe disse: "Já que você pediu isso e não uma vida longa nem riqueza, nem pediu a morte dos seus inimigos, mas discernimento para ministrar a justiça, **12** farei o que você pediu. Eu lhe darei um coração sábio e capaz de discernir, de modo que nunca houve nem haverá ninguém como você. **13** Também lhe darei o que você não pediu: riquezas e fama, de forma que não haverá rei igual a você durante toda a sua vida. **14** E, se você andar nos meus caminhos e obedecer aos meus decretos e aos meus mandamentos, como o seu pai Davi, eu prolongarei a sua vida". **15** Então Salomão acordou e percebeu que tinha sido um sonho.

A seguir voltou a Jerusalém, pôs-se perante a arca da aliança do Senhor, sacrificou holocaustos e apresentou ofertas de comunhãoª. Depois ofereceu um banquete a toda a sua corte.

Um Sábio Veredicto

16 Certo dia duas prostitutas compareceram diante do rei. **17** Uma delas disse: "Ah meu senhor! Esta mulher mora comigo na mesma casa. Eu dei à luz um filho e ela estava comigo na casa. **18** Três dias depois de nascer o meu filho, esta mulher também deu à luz um filho. Estávamos sozinhas; não havia mais ninguém na casa.

19 "Certa noite esta mulher se deitou sobre o seu filho, e ele morreu. **20** Então ela se levantou no meio da noite e pegou o meu filho enquanto eu, tua serva, dormia, e o pôs ao seu lado. E pôs o filho dela, morto, ao meu lado. **21** Ao levantar-me de madrugada para amamentar o meu filho, ele estava morto. Mas quando olhei bem para ele de manhã, vi que não era o filho que eu dera à luz".

22 A outra mulher disse: "Não! O que está vivo é meu filho; o morto é seu".

Mas a primeira insistia: "Não! O morto é seu; o vivo é meu". Assim elas discutiram diante do rei.

23 O rei disse: "Esta afirma: 'Meu filho está vivo, e o seu filho está morto', enquanto aquela diz: 'Não! Seu filho está morto, e o meu está vivo' ".

24 Então o rei ordenou: "Tragam-me uma espada". Trouxeram-lhe. **25** Ele ordenou: "Cortem a criança viva ao meio e dêem metade a uma e metade à outra".

26 A mãe do filho que estava vivo, movida pela compaixão materna, clamou: "Por favor, meu senhor, dê a criança viva a ela! Não a mate!"

A outra, porém, disse: "Não será nem minha nem sua. Cortem-na ao meio!"

27 Então o rei deu o seu veredicto: "Não matem a criança! Dêem-na à primeira mulher. Ela é a mãe".

28 Quando todo o Israel ouviu o veredicto do rei, passou a respeitá-lo profundamente, pois viu que a sabedoria de Deus estava nele para fazer justiça.

Os Assessores de Salomão

4 E assim o rei Salomão tornou-se rei sobre todo o Israel. **2** Estes foram os seus principais assessores:

during the night in a dream, and God said, "Ask for whatever you want me to give you."

6 Solomon answered, "You have shown great kindness to your servant, my father David, because he was faithful to you and righteous and upright in heart. You have continued this great kindness to him and have given him a son to sit on his throne this very day.

7 "Now, O Lord my God, you have made your servant king in place of my father David. But I am only a little child and do not know how to carry out my duties. **8** Your servant is here among the people you have chosen, a great people, too numerous to count or number. **9** So give your servant a discerning heart to govern your people and to distinguish between right and wrong. For who is able to govern this great people of yours?"

10 The Lord was pleased that Solomon had asked for this. **11** So God said to him, "Since you have asked for this and not for long life or wealth for yourself, nor have asked for the death of your enemies but for discernment in administering justice, **12** I will do what you have asked. I will give you a wise and discerning heart, so that there will never have been anyone like you, nor will there ever be. **13** Moreover, I will give you what you have not asked for—both riches and honor—so that in your lifetime you will have no equal among kings. **14** And if you walk in my ways and obey my statutes and commands as David your father did, I will give you a long life." **15** Then Solomon awoke—and he realized it had been a dream.

He returned to Jerusalem, stood before the ark of the Lord's covenant and sacrificed burnt offerings and fellowship offerings.ª Then he gave a feast for all his court.

A Wise Ruling

16 Now two prostitutes came to the king and stood before him. **17** One of them said, "My lord, this woman and I live in the same house. I had a baby while she was there with him. **18** The third day after my child was born, this woman also had a baby. We were alone; there was no one in the house but the two of us.

19 "During the night this woman's son died because she lay on him. **20** So she got up in the middle of the night and took my son from my side while I your servant was asleep. She put him by her breast and put her dead son by my breast. **21** The next morning, I got up to nurse my son—and he was dead! But when I looked at him closely in the morning light, I saw that it wasn't the son I had borne."

22 The other woman said, "No! The living one is my son; the dead one is yours."

But the first one insisted, "No! The dead one is yours; the living one is mine." And so they argued before the king.

23 The king said, "This one says, 'My son is alive and your son is dead,' while that one says, 'No! Your son is dead and mine is alive.' "

24 Then the king said, "Bring me a sword." So they brought a sword for the king. **25** He then gave an order: "Cut the living child in two and give half to one and half to the other."

26 The woman whose son was alive was filled with compassion for her son and said to the king, "Please, my lord, give her the living baby! Don't kill him!"

But the other said, "Neither I nor you shall have him. Cut him in two!"

27 Then the king gave his ruling: "Give the living baby to the first woman. Do not kill him; she is his mother."

28 When all Israel heard the verdict the king had given, they held the king in awe, because they saw that he had wisdom from God to administer justice.

Solomon's Officials and Governors

4 So King Solomon ruled over all Israel. **2** And these were his chief officials:

ª3.15 Ou *de paz*

ª3:15 Traditionally *peace offerings*

Azarias, filho de Zadoque: o sacerdote;

3 Eliorefe e Aías, filhos de Sisa: secretários;

Josafá, filho de Ailude: arquivista real;

4 Benaia, filho de Joiada: comandante do exército;

Zadoque e Abiatar: sacerdotes;

5 Azarias, filho de Natã: responsável pelos governadores distritais;

Zabude, filho de Natã: sacerdote e conselheiro pessoal do rei;

6 Aisar: responsável pelo palácio;

Adonirão, filho de Abda: chefe do trabalho forçado.

7 Salomão tinha também doze governadores distritais em todo o Israel, que forneciam provisões para o rei e para o palácio real. Cada um deles tinha que fornecer suprimentos durante um mês do ano. 8 Estes são os seus nomes:

Ben-Hur, nos montes de Efraim;

9 Ben-Dequer, em Macaz, Saalbim, Bete-Semes e Elom-Bete-Hanã;

10 Ben-Hesede, em Arubote, Socó e em toda a terra de Héfer;

11 Ben-Abinadabe, em Nafote-Dorᵃ. Tafate, filha de Salomão, era sua mulher;

12 Baaná, filho de Ailude, em Taanaque e em Megido, e em toda a Bete-Seã, próxima de Zaretã, abaixo de Jezreel, desde Bete-Seã até Abel-Meolá, indo além dos limites de Jocmeão;

13 Ben-Geder, em Ramote-Gileade e nos povoados de Jair, filho de Manassés, em Gileade, bem como no distrito de Argobe, em Basã, e em suas sessenta grandes cidades muradas com trancas de bronze em suas portas;

14 Ainadabe, filho de Ido, em Maanaim;

15 Aimaás, em Naftali. Ele se casou com Basemate, filha de Salomão;

16 Baaná, filho de Husai, em Aser e em Bealote;

17 Josafá, filho de Parua, em Issacar;

18 Simei, filho de Elá, em Benjamim;

19 Geber, filho de Uri, em Gileade, a terra de Seom, rei dos amorreus, e de Ogue, rei de Basã. Ele era o único governador desse distrito.

As Provisões Diárias de Salomão

20 O povo de Judá e de Israel era tão numeroso como a areia da praia; eles comiam, bebiam e eram felizes. 21 E Salomão governava todos os reinos, desde o Eufratesᵇ até a terra dos filisteus, chegando até a fronteira do Egito. Esses reinos traziam tributos e foram submissos a Salomão durante toda a sua vida.

22 As provisões diárias de Salomão eram trinta tonéisᶜ da melhor farinha e sessenta tonéis de farinha comum, 23 dez cabeças de gado engordado em cocheiras, vinte de gado engordado no pasto e cem ovelhas e bodes, bem como cervos, gazelas, corças e aves escolhidas. 24 Ele governava todos os reinos a oeste do Eufrates, desde Tifsa até Gaza, e tinha paz em todas as fronteiras. 25 Durante a vida de Salomão, Judá e Israel viveram em segurança, cada homem debaixo da sua videira e da sua figueira, desde Dã até Berseba.

26 Salomão possuía quatroᵈ mil cocheiras para cavalos de carros de guerra, e doze mil cavalosᵉ.

27 Todo mês um dos governadores distritais fornecia provisões ao rei Salomão e a todos os que vinham participar de sua mesa. Cuidavam para que não faltasse nada. 28 Também traziam ao devido lugar suas quotas de cevada e de palha para os cavalos de carros de guerra e para os outros cavalos.

Azariah son of Zadok—the priest;

3 Elihoreph and Ahijah, sons of Shisha—secretaries;

Jehoshaphat son of Ahilud—recorder;

4 Benaiah son of Jehoiada—commander in chief;

Zadok and Abiathar—priests;

5 Azariah son of Nathan—in charge of the district officers;

Zabud son of Nathan—a priest and personal adviser to the king;

6 Ahishar—in charge of the palace;

Adoniram son of Abda—in charge of forced labor.

7 Solomon also had twelve district governors over all Israel, who supplied provisions for the king and the royal household. Each one had to provide supplies for one month in the year. 8 These are their names:

Ben-Hur—in the hill country of Ephraim;

9 Ben-Deker—in Makaz, Shaalbim, Beth Shemesh and Elon Bethhanan;

10 Ben-Hesed—in Arubboth (Socoh and all the land of Hepher were his);

11 Ben-Abinadab—in Naphoth Dorᵃ (he was married to Taphath daughter of Solomon);

12 Baana son of Ahilud—in Taanach and Megiddo, and in all of Beth Shan next to Zarethan below Jezreel, from Beth Shan to Abel Meholah across to Jokmeam;

13 Ben-Geber—in Ramoth Gilead (the settlements of Jair son of Manasseh in Gilead were his, as well as the district of Argob in Bashan and its sixty large walled cities with bronze gate bars);

14 Ahinadab son of Iddo—in Mahanaim;

15 Ahimaaz—in Naphtali (he had married Basemath daughter of Solomon);

16 Baana son of Hushai—in Asher and in Aloth;

17 Jehoshaphat son of Paruah—in Issachar;

18 Shimei son of Ela—in Benjamin;

19 Geber son of Uri—in Gilead (the country of Sihon king of the Amorites and the country of Og king of Bashan). He was the only governor over the district.

Solomon's Daily Provisions

20 The people of Judah and Israel were as numerous as the sand on the seashore; they ate, they drank and they were happy. 21 And Solomon ruled over all the kingdoms from the Riverᵇ to the land of the Philistines, as far as the border of Egypt. These countries brought tribute and were Solomon's subjects all his life.

22 Solomon's daily provisions were thirty corsᶜ of fine flour and sixty corsᵈ of meal, 23 ten head of stall-fed cattle, twenty of pasture-fed cattle and a hundred sheep and goats, as well as deer, gazelles, roebucks and choice fowl. 24 For he ruled over all the kingdoms west of the River, from Tiphsah to Gaza, and had peace on all sides. 25 During Solomon's lifetime Judah and Israel, from Dan to Beersheba, lived in safety, each man under his own vine and fig tree.

26 Solomon had fourᵉ thousand stalls for chariot horses, and twelve thousand horses.ᶠ

27 The district officers, each in his month, supplied provisions for King Solomon and all who came to the king's table. They saw to it that nothing was lacking. 28 They also brought to the proper place their quotas of barley and straw for the chariot horses and the other horses.

ᵃ4.11 Ou *no planalto de Dor* ᵇ4.21 Hebraico: o *Rio*; também no versículo 24. ᶜ4.22 Hebraico: *30 coros*. O coro era uma medida de capacidade. As estimativas variam entre 200 e 400 litros. ᵈ4.26 Conforme alguns manuscritos da Septuaginta. O Texto Massorético diz *40*. Veja 2Cr 9.25. ᵉ4.26 Ou *condutores de carros*

ᵃ4:11 Or *in the heights of Dor* ᵇ4:21 That is, the Euphrates; also in verse 24 ᶜ4:22 That is, probably about 185 bushels (about 6.6 kiloliters) ᵈ4:22 That is, probably about 375 bushels (about 13.2 kiloliters) ᵉ4:26 Some Septuagint manuscripts (see also 2 Chron. 9:25); Hebrew *forty* ᶠ4:26 Or *charioteers*

A Sabedoria de Salomão

²⁹ Deus deu a Salomão sabedoria, discernimento extraordinário e uma abrangência de conhecimento tão imensurável quanto a areia do mar. ³⁰ A sabedoria de Salomão era maior do que a de todos os homens do oriente, e do que toda a sabedoria do Egito. ³¹ Ele era mais sábio do que qualquer outro homem, mais do que o ezraíta Etã; mais sábio do que Hemã, Calcol e Darda, filhos de Maol. Sua fama espalhou-se por todas as nações em redor. ³² Ele compôs três mil provérbios, e os seus cânticos chegaram a mil e cinco. ³³ Descreveu as plantas, desde o cedro do Líbano até o hissopo que brota nos muros. Também discorreu sobre os quadrúpedes, as aves, os animais que se movem rente ao chão e os peixes. ³⁴ Homens de todas as nações vinham ouvir a sabedoria de Salomão. Eram enviados por todos os reis que tinham ouvido falar de sua sabedoria.

Os Preparativos para a Construção do Templo

5 Quando Hirão, rei de Tiro, soube que Salomão tinha sido ungido rei, mandou seus conselheiros a Salomão, pois sempre tinha sido amigo leal de Davi. ² Salomão enviou esta mensagem a Hirão:

³ "Tu bem sabes que foi por causa das guerras travadas de todos os lados contra meu pai Davi que ele não pôde construir um templo em honra ao nome do Senhor, o seu Deus, até que o Senhor pusesse os seus inimigos debaixo dos seus pés. ⁴ Mas agora o Senhor, o meu Deus, concedeu-me paz em todas as fronteiras, e não tenho que enfrentar nem inimigos nem calamidades. ⁵ Pretendo, por isso, construir um templo em honra ao nome ao Senhor, o meu Deus, conforme o Senhor disse a meu pai Davi: 'O seu filho, a quem colocarei no trono em seu lugar, construirá o templo em honra ao meu nome'

⁶ "Agora te peço que ordenes que cortem para mim cedros do Líbano. Os meus servos trabalharão com os teus, e eu pagarei a teus servos o salário que determinares. Sabes que não há entre nós ninguém tão hábil em cortar árvores quanto os sidônios".

⁷ Hirão ficou muito alegre quando ouviu a mensagem de Salomão, e exclamou: "Bendito seja o Senhor, pois deu a Davi um filho sábio para governar essa grande nação".

⁸ E Hirão respondeu a Salomão:

"Recebi a mensagem que me enviaste e atenderei ao teu pedido, enviando-te madeira de cedro e de pinho. ⁹ Meus servos levarão a madeira do Líbano até o mar, e eu a farei flutuar em jangadas até o lugar que me indicares. Ali eu a deixarei e tu poderás levá-la. E em troca, fornecerás alimento para a minha corte".

¹⁰ Assim Hirão se tornou fornecedor de toda a madeira de cedro e de pinho que Salomão desejava, ¹¹ e Salomão deu a Hirão vinte mil tonéisᵃ de trigo para suprir de mantimento a sua corte, além de vinte mil tonéisᵇ de azeite de oliva puro. Era o que Salomão dava anualmente a Hirão. ¹² O Senhor deu sabedoria a Salomão, como lhe havia prometido. Houve paz entre Hirão e Salomão, e os dois fizeram um tratado.

¹³ O rei Salomão arregimentou trinta mil trabalhadores de todo o Israel. ¹⁴ Ele os mandou para o Líbano em grupos de dez mil por mês, e eles se revezavam: passavam um mês no Líbano e dois em casa. Adonirão chefiava o trabalho. ¹⁵ Salomão tinha setenta mil carregadores e oitenta mil cortadores de pedra nas colinas, ¹⁶ e três mil e trezentosᶜ capatazes que supervisionavam o trabalho e comandavam os operários. ¹⁷ Por ordem do rei retiravam da pedreira grandes blocos de pedra de ótima qualidade para servirem de alicerce de pedras lavradas para o templo. ¹⁸ Os construtores

Solomon's Wisdom

²⁹ God gave Solomon wisdom and very great insight, and a breadth of understanding as measureless as the sand on the seashore. ³⁰ Solomon's wisdom was greater than the wisdom of all the men of the East, and greater than all the wisdom of Egypt. ³¹ He was wiser than any other man, including Ethan the Ezrahite—wiser than Heman, Calcol and Darda, the sons of Mahol. And his fame spread to all the surrounding nations. ³² He spoke three thousand proverbs and his songs numbered a thousand and five. ³³ He described plant life, from the cedar of Lebanon to the hyssop that grows out of walls. He also taught about animals and birds, reptiles and fish. ³⁴ Men of all nations came to listen to Solomon's wisdom, sent by all the kings of the world, who had heard of his wisdom.

Preparations for Building the Temple

5 When Hiram king of Tyre heard that Solomon had been anointed king to succeed his father David, he sent his envoys to Solomon, because he had always been on friendly terms with David. ² Solomon sent back this message to Hiram:

³ "You know that because of the wars waged against my father David from all sides, he could not build a temple for the Name of the Lord his God until the Lord put his enemies under his feet. ⁴ But now the Lord my God has given me rest on every side, and there is no adversary or disaster. ⁵ I intend, therefore, to build a temple for the Name of the Lord my God, as the Lord told my father David, when he said, 'Your son whom I will put on the throne in your place will build the temple for my Name.'

⁶ "So give orders that cedars of Lebanon be cut for me. My men will work with yours, and I will pay you for your men whatever wages you set. You know that we have no one so skilled in felling timber as the Sidonians."

⁷ When Hiram heard Solomon's message, he was greatly pleased and said, "Praise be to the Lord today, for he has given David a wise son to rule over this great nation."

⁸ So Hiram sent word to Solomon:

"I have received the message you sent me and will do all you want in providing the cedar and pine logs. ⁹ My men will haul them down from Lebanon to the sea, and I will float them in rafts by sea to the place you specify. There I will separate them and you can take them away. And you are to grant my wish by providing food for my royal household."

¹⁰ In this way Hiram kept Solomon supplied with all the cedar and pine logs he wanted, ¹¹ and Solomon gave Hiram twenty thousand corsᵃ of wheat as food for his household, in addition to twenty thousand bathsᵇ,ᶜ of pressed olive oil. Solomon continued to do this for Hiram year after year. ¹² The Lord gave Solomon wisdom, just as he had promised him. There were peaceful relations between Hiram and Solomon, and the two of them made a treaty.

¹³ King Solomon conscripted laborers from all Israel—thirty thousand men. ¹⁴ He sent them off to Lebanon in shifts of ten thousand a month, so that they spent one month in Lebanon and two months at home. Adoniram was in charge of the forced labor. ¹⁵ Solomon had seventy thousand carriers and eighty thousand stonecutters in the hills, ¹⁶ as well as thirty-three hundredᵈ foremen who supervised the project and directed the workmen. ¹⁷ At the king's command they removed from the quarry large blocks of quality stone to provide a foundation of dressed stone for the temple. ¹⁸ The craftsmen of

ᵃ5.11 Hebraico: *20.000 coros*. O coro era uma medida de capacidade. As estimativas variam entre 200 e 400 litros. ᵇ5.11 Conforme a Septuaginta. O Texto Massorético diz *20 coros*. Veja 2Cr 2.10. ᶜ5.16 Alguns manuscritos da Septuaginta dizem *3600*. Veja 2Cr 2.2,18.

ᵃ5:11 That is, probably about 125,000 bushels (about 4,400 kiloliters) ᵇ5:11 Septuagint (see also 2 Chron. 2:10); Hebrew *twenty cors* ᶜ5:11 That is, about 115,000 gallons (about 440 kiloliters) ᵈ5:16 Hebrew; some Septuagint manuscripts (see also 2 Chron. 2:2, 18) *thirty-six hundred*

de Salomão e de Hirão e os homens de Gebalª cortavam e preparavam a madeira e as pedras para a construção do templo.

A Construção do Templo

6 Quatrocentos e oitentaᵇ anos depois que os israelitas saíram do Egito, no quarto ano do reinado de Salomão em Israel, no mês de zive, o segundo mês, ele começou a construir o templo do Senhor.

² O templo que o rei Salomão construiu para o Senhor media vinte e sete metros de comprimento, nove metros de largura e treze metros e meio de alturaᵈ. ³ O pórtico da entrada do santuário tinha a largura do templo, que era de nove metros, e avançava quatro metros e meio à frente do templo. ⁴ Ele fez para o templo janelas com grades estreitas. ⁵ Junto às paredes do átrio principal e do santuário interior, construiu uma estrutura em torno do edifício, na qual havia salas laterais. ⁶ O andar inferior tinha dois metros e vinte e cinco centímetros de largura, o andar intermediário tinha dois metros e setenta centímetros e o terceiro andar tinha três metros e quinze centímetros. Ele fez saliências de apoio nas paredes externas do templo, de modo que não houve necessidade de perfurar as paredes.

⁷ Na construção do templo só foram usados blocos lavrados nas pedreiras, e não se ouviu no templo nenhum barulho de martelo, nem de talhadeira, nem de qualquer outra ferramenta de ferro durante a sua construção.

⁸ A entrada para o andar inferiore ficava no lado sul do templo; uma escada conduzia até o andar intermediário e dali ao terceiro. ⁹ Assim ele construiu o templo e o terminou, fazendo-lhe um forro com vigas e tábuas de cedro. ¹⁰ E fez as salas laterais ao longo de todo o templo. Cada uma tinha dois metros e vinte e cinco centímetros de altura, e elas estavam ligadas ao templo por vigas de cedro.

¹¹ E a palavra do Senhor veio a Salomão dizendo: ¹² "Quanto a este templo que você está construindo, se você seguir os meus decretos, executar os meus juízos e obedecer a todos os meus mandamentos, cumprirei por meio de você a promessa que fiz ao seu pai Davi, ¹³ e viverei no meio dos israelitas e não abandonarei Israel, o meu povo".

¹⁴ Assim Salomão concluiu a construção do templo. ¹⁵ Forrou as paredes do templo por dentro com tábuas de cedro, cobrindo-as desde o chão até o teto, e fez o soalho do templo com tábuas de pinho. ¹⁶ Separou nove metros na parte de trás do templo, fazendo uma divisão com tábuas de cedro, do chão ao teto, para formar dentro do templo o santuário interno, o Lugar Santíssimo. ¹⁷ O átrio principal em frente dessa sala media dezoito metros de comprimento. ¹⁸ O interior do templo era de cedro, com figuras entalhadas de frutos e flores abertas. Tudo era de cedro; não se via pedra alguma.

¹⁹ Preparou também o santuário interno no templo para ali colocar a arca da aliança do Senhor. ²⁰ O santuário interno tinha nove metros de comprimento, nove de largura e nove de altura. Ele revestiu o interior de ouro puro, e também revestiu de ouro o altar de cedro. ²¹ Salomão cobriu o interior do templo de ouro puro, e estendeu correntes de ouro em frente do santuário interno, que também foi revestido de ouro. ²² Assim, revestiu de ouro todo o interior do templo e também o altar que pertencia ao santuário interno.

²³ No santuário interno ele esculpiu dois querubins de madeira de oliveira, cada um com quatro metros e meio de altura. ²⁴ As asas abertas dos querubins mediam dois metros e vinte e cinco centímetros: quatro metros e meio da ponta de

Solomon Builds the Temple

6 In the four hundred and eightiethᵇ year after the Israelites had come out of Egypt, in the fourth year of Solomon's reign over Israel, in the month of Ziv, the second month, he began to build the temple of the Lord.

² The temple that King Solomon built for the Lord was sixty cubits long, twenty wide and thirty high.ᶜ ³ The portico at the front of the main hall of the temple extended the width of the temple, that is twenty cubits,ᵈ and projected ten cubitse from the front of the temple. ⁴ He made narrow clerestory windows in the temple. ⁵ Against the walls of the main hall and inner sanctuary he built a structure around the building, in which there were side rooms. ⁶ The lowest floor was five cubitsf wide, the middle floor six cubitsg and the third floor seven.ʰ He made offset ledges around the outside of the temple so that nothing would be inserted into the temple walls.

⁷ In building the temple, only blocks dressed at the quarry were used, and no hammer, chisel or any other iron tool was heard at the temple site while it was being built.

⁸ The entrance to the lowesti floor was on the south side of the temple; a stairway led up to the middle level and from there to the third. ⁹ So he built the temple and completed it, roofing it with beams and cedar planks. ¹⁰ And he built the side rooms all along the temple. The height of each was five cubits, and they were attached to the temple by beams of cedar.

¹¹ The word of the Lord came to Solomon: ¹² "As for this temple you are building, if you follow my decrees, carry out my regulations and keep all my commands and obey them, I will fulfill through you the promise I gave to David your father. ¹³ And I will live among the Israelites and will not abandon my people Israel."

¹⁴ So Solomon built the temple and completed it. ¹⁵ He lined its interior walls with cedar boards, paneling them from the floor of the temple to the ceiling, and covered the floor of the temple with planks of pine. ¹⁶ He partitioned off twenty cubitsj at the rear of the temple with cedar boards from floor to ceiling to form within the temple an inner sanctuary, the Most Holy Place. ¹⁷ The main hall in front of this room was forty cubitsk long. ¹⁸ The inside of the temple was cedar, carved with gourds and open flowers. Everything was cedar; no stone was to be seen.

¹⁹ He prepared the inner sanctuary within the temple to set the ark of the covenant of the Lord there. ²⁰ The inner sanctuary was twenty cubits long, twenty wide and twenty high.l He overlaid the inside with pure gold, and he also overlaid the altar of cedar. ²¹ Solomon covered the inside of the temple with pure gold, and he extended gold chains across the front of the inner sanctuary, which was overlaid with gold. ²² So he overlaid the whole interior with gold. He also overlaid with gold the altar that belonged to the inner sanctuary.

²³ In the inner sanctuary he made a pair of cherubim of olive wood, each ten cubitsm high. ²⁴ One wing of the first cherub was five cubits long, and the other wing five cubits—ten cubits

---

ª5.18 Isto é, Biblos. ᵇ6.1 A Septuaginta diz *440.* ᶜ6.1 Aproximadamente abril/maio; também no versículo 37. ᵈ6.2 Hebraico: *60 côvados de comprimento, 20 de largura e 30 de altura.* O côvado era uma medida linear de cerca de 45 centímetros. e6.8 Conforme a Septuaginta. O Texto Massorético diz *intermediário.*

ª5:18 That is, Byblos. ᵇ6:1 Hebrew; Septuagint *four hundred and fortieth* ᶜ6:2 That is, about 90 feet (about 27 meters) long and 30 feet (about 9 meters) wide and 45 feet (about 13.5 meters) high ᵈ6:3 That is, about 30 feet (about 9 meters) e6:3 That is, about 15 feet (about 4.5 meters) f6:6 That is, about 7 1/2 feet (about 2.3 meters); also in verses 10 and 24 g6:6 That is, about 9 feet (about 2.7 meters) ʰ6:6 That is, about 10 1/2 feet (about 3.1 meters) i6:8 Septuagint; Hebrew *middle* j6:16 That is, about 30 feet (about 9 meters) k6:17 That is, about 60 feet (about 18 meters) l6:20 That is, about 30 feet (about 9 meters) long, wide and high m6:23 That is, about 15 feet (about 4.5 meters)

uma asa à ponta da outra. 25 Os dois querubins tinham a mesma medida e a mesma forma. 26 A altura de cada querubim era de quatro metros e meio. 27 Ele colocou os querubins, com as asas abertas, no santuário interno do templo. A asa de um querubim encostava numa parede, e a do outro encostava na outra. As suas outras asas encostavam uma na outra no meio do santuário. 28 Ele revestiu os querubins de ouro.

29 Nas paredes ao redor do templo, tanto na parte interna como na externa, ele esculpiu querubins, tamareiras e flores abertas. 30 Também revestiu de ouro os pisos, tanto na parte interna como na externa do templo.

31 Para a entrada do santuário interno fez portas de oliveira com batentes de cinco lados. 32 E nas duas portas de madeira de oliveira esculpiu querubins, tamareiras e flores abertas, e revestiu os querubins e as tamareiras de ouro batido. 33 Também fez pilares de quatro lados, de madeira de oliveira para a entrada do templo. 34 Fez também duas portas de pinho, cada uma com duas folhas que se articulavam por meio de dobradiças. 35 Entalhou figuras de querubins, de tamareiras e de flores abertas nas portas e as revestiu de ouro batido.

36 E construiu o pátio interno com três camadas de pedra lavrada e uma de vigas de cedro.

37 O alicerce do templo do Senhor foi lançado no mês de zive, do quarto ano. 38 No mês de bula, o oitavo mês, do décimo primeiro ano, o templo foi terminado em todos os seus detalhes, de acordo com as suas especificações. Salomão levou sete anos para construí-lo.

7 A Construção do Palácio de Salomão

Salomão levou treze anos para terminar a construção do seu palácio. 2 Ele construiu o Palácio da Floresta do Líbano com quarenta e cinco metros de comprimento, vinte e dois metros e meio de largura e treze metros e meio de alturab, sustentado por quatro fileiras de colunas de cedro sobre as quais apoiavam-se vigas de cedro aparelhadas. 3 O forro, de cedro, ficava sobre as quarenta e cinco vigas, quinze por fileira, que se apoiavam nas colunas. 4 Havia janelas dispostas de três em três, uma em frente da outra. 5 Todas as portas tinham estrutura retangular; ficavam na parte da frente, dispostas de três em três, uma em frente da outra.

6 Fez um pórtico de colunas de vinte e dois metros e meio de comprimento e treze metros e meio de largura. Em frente havia outro pórtico com colunas e uma cobertura que se estendia além das colunas.

7 Construiu a Sala do Trono, isto é, a Sala da Justiça, onde iria julgar, e revestiu-a de cedro desde o chão até o tetoc. 8 E o palácio para sua moradia, no outro pátio, tinha um formato semelhante. Salomão fez também um palácio como esse para a filha do faraó, com quem tinha se casado.

9 Todas essas construções, desde o lado externo até o grande pátio e do alicerce até o beiral, foram feitas de pedra de qualidade superior, cortadas sob medida e desbastadas com uma serra nos lados interno e externo. 10 Os alicerces foram lançados com pedras grandes de qualidade superior, algumas medindo quatro metros e meio e outras três metros e sessenta centímetros. 11 Na parte de cima havia pedras de qualidade superior, cortadas sob medida, e vigas de cedro. 12 O grande pátio era cercado por um muro de três camadas de pedras lavradas e uma camada de vigas de cedro aparelhadas, da mesma maneira que o pátio interior do templo do Senhor, com o seu pórtico.

---

from wing tip to wing tip. 25 The second cherub also measured ten cubits, for the two cherubim were identical in size and shape. 26 The height of each cherub was ten cubits. 27 He placed the cherubim inside the innermost room of the temple, with their wings spread out. The wing of one cherub touched one wall, while the wing of the other touched the other wall, and their wings touched each other in the middle of the room. 28 He overlaid the cherubim with gold.

29 On the walls all around the temple, in both the inner and outer rooms, he carved cherubim, palm trees and open flowers. 30 He also covered the floors of both the inner and outer rooms of the temple with gold.

31 For the entrance of the inner sanctuary he made doors of olive wood with five-sided jambs. 32 And on the two olive wood doors he carved cherubim, palm trees and open flowers, and overlaid the cherubim and palm trees with beaten gold. 33 In the same way he made four-sided jambs of olive wood for the entrance to the main hall. 34 He also made two pine doors, each having two leaves that turned in sockets. 35 He carved cherubim, palm trees and open flowers on them and overlaid them with gold hammered evenly over the carvings.

36 And he built the inner courtyard of three courses of dressed stone and one course of trimmed cedar beams.

37 The foundation of the temple of the Lord was laid in the fourth year, in the month of Ziv. 38 In the eleventh year in the month of Bul, the eighth month, the temple was finished in all its details according to its specifications. He had spent seven years building it.

Solomon Builds His Palace

7 It took Solomon thirteen years, however, to complete the construction of his palace. 2 He built the Palace of the Forest of Lebanon a hundred cubits long, fifty wide and thirty high,a with four rows of cedar columns supporting trimmed cedar beams. 3 It was roofed with cedar above the beams that rested on the columns—forty-five beams, fifteen to a row. 4 Its windows were placed high in sets of three, facing each other. 5 All the doorways had rectangular frames; they were in the front part in sets of three, facing each other.b

6 He made a colonnade fifty cubits long and thirty wide.c In front of it was a portico, and in front of that were pillars and an overhanging roof.

7 He built the throne hall, the Hall of Justice, where he was to judge, and he covered it with cedar from floor to ceiling.d 8 And the palace in which he was to live, set farther back, was similar in design. Solomon also made a palace like this hall for Pharaoh's daughter, whom he had married.

9 All these structures, from the outside to the great courtyard and from foundation to eaves, were made of blocks of high-grade stone cut to size and trimmed with a saw on their inner and outer faces. 10 The foundations were laid with large stones of good quality, some measuring ten cubitse and some eight.f 11 Above were high-grade stones, cut to size, and cedar beams. 12 The great courtyard was surrounded by a wall of three courses of dressed stone and one course of trimmed cedar beams, as was the inner courtyard of the temple of the Lord with its portico.

---

a6.38 Aproximadamente outubro/novembro. b7.2 Hebraico: 100 côvados de comprimento, 50 de largura e 30 de altura. O côvado era uma medida linear de cerca de 45 centímetros. c7.7 Conforme a Vulgata e a Versão Siríaca. O Texto Massorético diz de cedro desde o chão.

a7:2 That is, about 150 feet (about 46 meters) long, 75 feet (about 23 meters) wide and 45 feet (about 13.5 meters) high b7:5 The meaning of the Hebrew for this verse is uncertain. c7:6 That is, about 75 feet (about 23 meters) long and 45 feet (about 13.5 meters) wide d7:7 Vulgate and Syriac; Hebrew floor e7:10 That is, about 15 feet (about 4.5 meters) f7:10 That is, about 12 feet (about 3.6 meters)

Os Utensílios do Templo

13 O rei Salomão enviara mensageiros a Tiro e trouxera Hurão[a], **14** filho de uma viúva da tribo de Naftali e de um cidadão de Tiro, artífice em bronze. Hurão era extremamente hábil e experiente, e sabia fazer todo tipo de trabalho em bronze. Apresentou-se ao rei Salomão e fez depois todo o trabalho que lhe foi designado.

15 Ele fundiu duas colunas de bronze, cada uma com oito metros e dez centímetros de altura e cinco metros e quarenta centímetros de circunferência, medidas pelo fio apropriado. **16** Também fez dois capitéis de bronze fundido para colocar no alto das colunas; cada capitel tinha dois metros e vinte e cinco centímetros de altura. **17** Conjuntos de correntes entrelaçadas ornamentavam os capitéis no alto das colunas, sete em cada capitel. **18** Fez também romãs em duas fileiras[b] que circundavam cada conjunto de correntes para cobrir os capitéis no alto das colunas[c]. Fez o mesmo com cada capitel. **19** Os capitéis no alto das colunas do pórtico tinham o formato de lírios, com um metro e oitenta centímetros de altura. **20** Nos capitéis das duas colunas, acima da parte que tinha formato de taça, perto do conjunto de correntes, havia duzentas romãs enfileiradas ao redor. **21** Ele levantou as colunas na frente do pórtico do templo. Deu o nome de Jaquim[d] à coluna ao sul e de Boaze à coluna ao norte. **22** Os capitéis no alto tinham a forma de lírios. E assim completou-se o trabalho das colunas.

23 Fez o tanque de metal fundido, redondo, medindo quatro metros e meio de diâmetro e dois metros e vinte e cinco centímetros de altura. Era preciso um fio de treze metros e meio para medir a sua circunferência. **24** Abaixo da borda e ao seu redor havia duas fileiras de frutos, de cinco em cinco centímetros, fundidas numa só peça com o tanque. **25** O tanque ficava sobre doze touros, três voltados para o norte, três para o oeste, três para o sul e três para o leste. Ficava em cima deles, e as pernas traseiras dos touros eram voltadas para o centro. **26** A espessura do tanque era de quatro dedos, e sua borda era como a borda de um cálice, como uma flor de lírio. Sua capacidade era de quarenta mil litros[f].

27 Também fez dez carrinhos de bronze; cada um tinha um metro e oitenta centímetros de comprimento e de largura, e um metro e trinta e cinco centímetros de altura. **28** Os carrinhos eram feitos assim: tinham placas laterais presas a armações. **29** Nas placas, entre as armações, havia figuras de leões, bois e querubins; sobre as armações, acima e abaixo dos leões e bois, havia grinaldas de metal batido. **30** Em cada carrinho havia quatro rodas de bronze com eixos de bronze, cada um com uma bacia apoiada em quatro pés e fundida ao lado de cada grinalda. **31** No lado de dentro do carrinho havia uma abertura circular com quarenta e cinco centímetros de profundidade. Essa abertura era redonda e, com sua base, media setenta centímetros. Havia esculturas em torno da abertura. As placas dos carrinhos eram quadradas, e não redondas. **32** As quatro rodas ficavam sob as placas, e os eixos das rodas ficavam presos ao estrado. O diâmetro de cada roda era de setenta centímetros. **33** As rodas eram feitas como rodas de carros; os eixos, os aros, os raios e os cubos eram todos de metal fundido.

34 Havia quatro cabos que se projetavam do carrinho, um em cada canto. **35** No alto do carrinho havia uma lâmina circular

The Temple's Furnishings

13 King Solomon sent to Tyre and brought Huram,[a] **14** whose mother was a widow from the tribe of Naphtali and whose father was a man of Tyre and a craftsman in bronze. Huram was highly skilled and experienced in all kinds of bronze work. He came to King Solomon and did all the work assigned to him.

15 He cast two bronze pillars, each eighteen cubits high and twelve cubits around,[b] by line. **16** He also made two capitals of cast bronze to set on the tops of the pillars; each capital was five cubits[c] high. **17** A network of interwoven chains festooned the capitals on top of the pillars, seven for each capital. **18** He made pomegranates in two rows[d] encircling each network to decorate the capitals on top of the pillars.[e] He did the same for each capital. **19** The capitals on top of the pillars in the portico were in the shape of lilies, four cubits[f] high. **20** On the capitals of both pillars, above the bowl-shaped part next to the network, were the two hundred pomegranates in rows all around. **21** He erected the pillars at the portico of the temple. The pillar to the south he named Jakin[g] and the one to the north Boaz.[h] **22** The capitals on top were in the shape of lilies. And so the work on the pillars was completed.

23 He made the Sea of cast metal, circular in shape, measuring ten cubits[i] from rim to rim and five cubits high. It took a line of thirty cubits[j] to measure around it. **24** Below the rim, gourds encircled it—ten to a cubit. The gourds were cast in two rows in one piece with the Sea.

25 The Sea stood on twelve bulls, three facing north, three facing west, three facing south and three facing east. The Sea rested on top of them, and their hindquarters were toward the center. **26** It was a handbreadth[k] in thickness, and its rim was like the rim of a cup, like a lily blossom. It held two thousand baths.[l]

27 He also made ten movable stands of bronze; each was four cubits long, four wide and three high.[m] **28** This is how the stands were made: They had side panels attached to uprights. **29** On the panels between the uprights were lions, bulls and cherubim—and on the uprights as well. Above and below the lions and bulls were wreaths of hammered work. **30** Each stand had four bronze wheels with bronze axles, and each had a basin resting on four supports, cast with wreaths on each side. **31** On the inside of the stand there was an opening that had a circular frame one cubit[n] deep. This opening was round, and with its basework it measured a cubit and a half.[o] Around its opening there was engraving. The panels of the stands were square, not round. **32** The four wheels were under the panels, and the axles of the wheels were attached to the stand. The diameter of each wheel was a cubit and a half. **33** The wheels were made like chariot wheels; the axles, rims, spokes and hubs were all of cast metal.

34 Each stand had four handles, one on each corner, projecting from the stand. **35** At the top of the stand there was a circular

---

a7:13 Hebrew *Hiram*, a variant of *Huram*; also in verses 40 and 45 **b7:15** That is, about 27 feet (about 8.1 meters) high and 18 feet (about 5.4 meters) around **c7:16** That is, about 7 1/2 feet (about 2.3 meters); also in verse 23 **d7:18** Two Hebrew manuscripts and Septuagint; most Hebrew manuscripts *made the pillars, and there were two rows* **e7:18** Many Hebrew manuscripts and Syriac; most Hebrew manuscripts *pomegranates* **f7:19** That is, about 6 feet (about 1.8 meters); also in verse 38 **g7:21** *Jakin* probably means *he establishes*. **h7:21** *Boaz* probably means *in him is strength*. **i7:23** That is, about 15 feet (about 4.5 meters) **j7:23** That is, about 45 feet (about 13.5 meters) **k7:26** That is, about 3 inches (about 8 centimeters) **l7:26** That is, probably about 11,500 gallons (about 44 kiloliters); the Septuagint does not have this sentence. **m7:27** That is, about 6 feet (about 1.8 meters) long and wide and about 4 1/2 feet (about 1.3 meters) high **n7:31** That is, about 1 1/2 feet (about 0.5 meter) **o7:31** That is, about 2 1/4 feet (about 0.7 meter); also in verse 32

de vinte e dois centímetros de altura. Os apoios e as placas estavam fixados no alto do carrinho. **36** Ele esculpiu figuras de querubins, leões e tamareiras na superfície dos apoios e nas placas, em cada espaço disponível, com grinaldas ao redor. **37** Foi assim que fez os dez carrinhos. Foram todos fundidos nos mesmos moldes e eram idênticos no tamanho e na forma.

38 Depois ele fez dez pias de bronze, cada uma com capacidade de oitocentos litros, medindo um metro e oitenta centímetros de diâmetro; uma pia para cada um dos dez carrinhos. **39** Ele pôs cinco carrinhos no lado sul do templo e cinco no lado norte. Pôs o tanque no lado sul, no canto sudeste do templo. **40** Também fez os jarros, as pás e as bacias para aspersão.

Assim, Hurão completou todo o trabalho de que fora encarregado pelo rei Salomão, no templo do S<small>ENHOR</small>:

41 as duas colunas;
os dois capitéis em forma de taça no alto das colunas;
os dois conjuntos de correntes que decoravam os dois capitéis;
42 as quatrocentas romãs para os dois conjuntos de correntes, sendo duas fileiras de romãs para cada conjunto;
43 os dez carrinhos com as suas dez pias;
44 o tanque e os doze touros debaixo dele;
45 e os jarros, as pás e as bacias de aspersão.

Todos esses utensílios que Hurão fez a pedido do rei Salomão para o templo do S<small>ENHOR</small> eram de bronze polido. **46** Foi na planície do Jordão, entre Sucote e Zaretã, que o rei os mandou fundir, em moldes de barro. **47** Salomão não mandou pesar esses utensílios; eram tantos que o peso do bronze não foi determinado.

48 Além desses, Salomão mandou fazer também estes outros utensílios para o templo do S<small>ENHOR</small>:

O altar de ouro;
a mesa de ouro sobre a qual ficavam os pães da Presença;
49 os candelabros de ouro puro, cinco à direita e cinco à esquerda, em frente do santuário interno;
as flores, as lâmpadas e as tenazes de ouro;
50 as bacias, os cortadores de pavio, as bacias para aspersão, as tigelas e os incensários;
e as dobradiças de ouro para as portas da sala interna, isto é, o Lugar Santíssimo, e também para as portas do átrio principal.

51 Terminada toda a obra que Salomão realizou para o templo do S<small>ENHOR</small>, ele trouxe tudo o que seu pai havia consagrado e colocou junto com os tesouros do templo do S<small>ENHOR</small>: a prata, o ouro e os utensílios.

O Transporte da Arca para o Templo

8 Então o rei Salomão reuniu em Jerusalém as autoridades de Israel, todos os líderes das tribos e os chefes das famílias israelitas, para levarem de Sião, a Cidade de Davi, a arca da aliança do S<small>ENHOR</small>. **2** E todos os homens de Israel uniram-se ao rei Salomão por ocasião da festa, no mês de etanim<small>a</small>, que é o sétimo mês. **3** Quando todas as autoridades de Israel chegaram, os sacerdotes pegaram **4** a arca do S<small>ENHOR</small> e a levaram, com a Tenda do Encontro e com todos os seus utensílios sagrados. Foram os sacerdotes e os levitas que levaram tudo. **5** O rei Salomão e toda a comunidade de Israel, que se havia reunido a ele diante da arca, sacrificaram tantas ovelhas e bois que nem era possível contar.

band half a cubit<small>a</small> deep. The supports and panels were attached to the top of the stand. **36** He engraved cherubim, lions and palm trees on the surfaces of the supports and on the panels, in every available space, with wreaths all around. **37** This is the way he made the ten stands. They were all cast in the same molds and were identical in size and shape.

38 He then made ten bronze basins, each holding forty baths<small>b</small> and measuring four cubits across, one basin to go on each of the ten stands. **39** He placed five of the stands on the south side of the temple and five on the north. He placed the Sea on the south side, at the southeast corner of the temple. **40** He also made the basins and shovels and sprinkling bowls.

So Huram finished all the work he had undertaken for King Solomon in the temple of the L<small>ORD</small>:

41 the two pillars;
the two bowl-shaped capitals on top of the pillars;
the two sets of network decorating the two bowl-shaped capitals on top of the pillars;
42 the four hundred pomegranates for the two sets of network (two rows of pomegranates for each network, decorating the bowl-shaped capitals on top of the pillars);
43 the ten stands with their ten basins;
44 the Sea and the twelve bulls under it;
45 the pots, shovels and sprinkling bowls.

All these objects that Huram made for King Solomon for the temple of the L<small>ORD</small> were of burnished bronze. **46** The king had them cast in clay molds in the plain of the Jordan between Succoth and Zarethan. **47** Solomon left all these things unweighed, because there were so many; the weight of the bronze was not determined.

48 Solomon also made all the furnishings that were in the L<small>ORD</small>'s temple:

the golden altar;
the golden table on which was the bread of the Presence;
49 the lampstands of pure gold (five on the right and five on the left, in front of the inner sanctuary);
the gold floral work and lamps and tongs;
50 the pure gold basins, wick trimmers, sprinkling bowls, dishes and censers;
and the gold sockets for the doors of the innermost room, the Most Holy Place, and also for the doors of the main hall of the temple.

51 When all the work King Solomon had done for the temple of the L<small>ORD</small> was finished, he brought in the things his father David had dedicated—the silver and gold and the furnishings—and he placed them in the treasuries of the L<small>ORD</small>'s temple.

The Ark Brought to the Temple

8 Then King Solomon summoned into his presence at Jerusalem the elders of Israel, all the heads of the tribes and the chiefs of the Israelite families, to bring up the ark of the L<small>ORD</small>'s covenant from Zion, the City of David. **2** All the men of Israel came together to King Solomon at the time of the festival in the month of Ethanim, the seventh month.

3 When all the elders of Israel had arrived, the priests took up the ark, **4** and they brought up the ark of the L<small>ORD</small> and the Tent of Meeting and all the sacred furnishings in it. The priests and Levites carried them up, **5** and King Solomon and the entire assembly of Israel that had gathered about him were before the ark, sacrificing so many sheep and cattle that they could not be recorded or counted.

<small>a</small>**8.2** Aproximadamente setembro/outubro.

<small>a</small>**7:35** That is, about 3/4 foot (about 0.2 meter) <small>b</small>**7:38** That is, about 230 gallons (about 880 liters)

6 Os sacerdotes levaram a arca da aliança do Senhor para o seu lugar no santuário interno do templo, isto é, no Lugar Santíssimo, e a colocaram debaixo das asas dos querubins. **7** Os querubins tinham suas asas estendidas sobre o lugar da arca e cobriam a arca e as varas utilizadas para o transporte. **8** Essas varas eram tão compridas que as suas pontas, que se estendiam para fora da arca, podiam ser vistas da frente do santuário interno, mas não de fora dele; e elas estão lá até hoje. **9** Na arca havia só as duas tábuas de pedra que Moisés tinha colocado quando estava em Horebe, onde o Senhor fez uma aliança com os israelitas depois que saíram do Egito.

10 Quando os sacerdotes se retiraram do Lugar Santo, uma nuvem encheu o templo do Senhor, **11** de forma que os sacerdotes não podiam desempenhar o seu serviço, pois a glória do Senhor encheu o seu templo.

12 E Salomão exclamou: "O Senhor disse que habitaria numa nuvem escura! **13** Na realidade construí para ti um templo magnífico, um lugar para nele habitares para sempre!"

14 Depois o rei virou-se e abençoou toda a assembléia de Israel, que estava ali em pé. **15** E disse:

"Bendito seja o Senhor, o Deus de Israel, que com sua mão cumpriu o que com sua própria boca havia prometido a meu pai Davi, quando lhe disse: **16** 'Desde o dia em que tirei Israel, o meu povo, do Egito, não escolhi nenhuma cidade das tribos de Israel para nela construir um templo em honra ao meu nome. Mas escolhi Davi para governar Israel, o meu povo'.

17 "Meu pai Davi tinha no coração o propósito de construir um templo em honra ao nome do Senhor, o Deus de Israel. **18** Mas o Senhor lhe disse: 'Você fez bem em ter no coração o plano de construir um templo em honra ao meu nome; **19** no entanto, não será você que o construirá, mas o seu filho, que procederá de você; ele construirá o templo em honra ao meu nome'.

20 "E o Senhor cumpriu a sua promessa: Sou o sucessor de meu pai Davi, e agora ocupo o trono de Israel, como o Senhor tinha prometido, e construí o templo em honra ao nome do Senhor, o Deus de Israel. **21** Providenciei nele um lugar para a arca, na qual estão as tábuas da aliança do Senhor, aliança que fez com os nossos antepassados quando os tirou do Egito".

A Oração de Dedicação

22 Depois Salomão colocou-se diante do altar do Senhor, diante de toda a assembléia de Israel, levantou as mãos para o céu **23** e orou:

"Senhor, Deus de Israel, não há Deus como tu em cima nos céus nem embaixo na terra! Tu que guardas a tua aliança de amor com os teus servos que, de todo o coração, andam segundo a tua vontade. **24** Cumpriste a tua promessa a teu servo Davi, meu pai; com tua boca prometeste e com tua mão a cumpriste, conforme hoje se vê.

25 "Agora, Senhor, Deus de Israel, cumpre a outra promessa que fizeste a teu servo Davi, meu pai, quando disseste: 'Você nunca deixará de ter, diante de mim, um descendente que se assente no trono de Israel, se tão-somente os seus descendentes tiverem o cuidado de, em tudo, andarem segundo a minha vontade, como você tem feito'. **26** Agora, ó Deus de Israel, que se confirme a palavra que falaste a teu servo Davi, meu pai.

27 "Mas será possível que Deus habite na terra? Os céus, mesmo os mais altos céus, não podem conter-te. Muito menos este templo que construí! **28** Ainda assim, atende à oração do teu servo e ao seu pedido de misericórdia, ó Senhor, meu Deus. Ouve o clamor e a oração que o teu servo faz hoje na tua presença. **29** Estejam os teus olhos voltados dia e noite para este templo, lugar do qual disseste que nele porias o teu nome, para que ouças a oração que o teu servo fizer voltado para este lugar. **30** Ouve as súplicas do teu servo e de Israel, o teu povo, quando orarem voltados para este lugar. Ouve desde os céus, lugar da tua habitação, e, quando ouvires, dá-lhes o teu perdão.

6 The priests then brought the ark of the Lord's covenant to its place in the inner sanctuary of the temple, the Most Holy Place, and put it beneath the wings of the cherubim. **7** The cherubim spread their wings over the place of the ark and overshadowed the ark and its carrying poles. **8** These poles were so long that their ends could be seen from the Holy Place in front of the inner sanctuary, but not from outside the Holy Place; and they are still there today. **9** There was nothing in the ark except the two stone tablets that Moses had placed in it at Horeb, where the Lord made a covenant with the Israelites after they came out of Egypt.

10 When the priests withdrew from the Holy Place, the cloud filled the temple of the Lord. **11** And the priests could not perform their service because of the cloud, for the glory of the Lord filled his temple.

12 Then Solomon said, "The Lord has said that he would dwell in a dark cloud; **13** I have indeed built a magnificent temple for you, a place for you to dwell forever."

14 While the whole assembly of Israel was standing there, the king turned around and blessed them. **15** Then he said:

"Praise be to the Lord, the God of Israel, who with his own hand has fulfilled what he promised with his own mouth to my father David. For he said, **16** 'Since the day I brought my people Israel out of Egypt, I have not chosen a city in any tribe of Israel to have a temple built for my Name to be there, but I have chosen David to rule my people Israel.'

17 "My father David had it in his heart to build a temple for the Name of the Lord, the God of Israel. **18** But the Lord said to my father David, 'Because it was in your heart to build a temple for my Name, you did well to have this in your heart. **19** Nevertheless, you are not the one to build the temple, but your son, who is your own flesh and blood—he is the one who will build the temple for my Name.'

20 "The Lord has kept the promise he made: I have succeeded David my father and now I sit on the throne of Israel, just as the Lord promised, and I have built the temple for the Name of the Lord, the God of Israel. **21** I have provided a place there for the ark, in which is the covenant of the Lord that he made with our fathers when he brought them out of Egypt."

Solomon's Prayer of Dedication

22 Then Solomon stood before the altar of the Lord in front of the whole assembly of Israel, spread out his hands toward heaven **23** and said:

"O Lord, God of Israel, there is no God like you in heaven above or on earth below—you who keep your covenant of love with your servants who continue wholeheartedly in your way. **24** You have kept your promise to your servant David my father; with your mouth you have promised and with your hand you have fulfilled it—as it is today.

25 "Now Lord, God of Israel, keep for your servant David my father the promises you made to him when you said, 'You shall never fail to have a man to sit before me on the throne of Israel, if only your sons are careful in all they do to walk before me as you have done.' **26** And now, O God of Israel, let your word that you promised your servant David my father come true.

27 "But will God really dwell on earth? The heavens, even the highest heaven, cannot contain you. How much less this temple I have built! **28** Yet give attention to your servant's prayer and his plea for mercy, O Lord my God. Hear the cry and the prayer that your servant is praying in your presence this day. **29** May your eyes be open toward this temple night and day, this place of which you said, 'My Name shall be there,' so that you will hear the prayer your servant prays toward this place. **30** Hear the supplication of your servant and of your people Israel when they pray toward this place. Hear from heaven, your dwelling place, and when you hear, forgive.

31 "Quando um homem pecar contra seu próximo e tiver que fazer um juramento, e vier jurar diante do teu altar neste templo, **32** ouve dos céus e age. Julga os teus servos; condena o culpado, fazendo recair sobre a sua própria cabeça a conseqüência da sua conduta, e declara sem culpa o inocente, dando-lhe o que a sua inocência merece.

33 "Quando Israel, o teu povo, for derrotado por um inimigo por ter pecado contra ti, e voltar-se para ti e invocar o teu nome, orando e suplicando a ti neste templo, **34** ouve dos céus e perdoa o pecado de Israel, o teu povo, e traze-o de volta à terra que deste aos seus antepassados.

35 "Quando se fechar o céu, e não houver chuva por haver o teu povo pecado contra ti, e, se o teu povo, voltado para este lugar, invocar o teu nome e afastar-se do seu pecado por o haveres castigado, **36** ouve dos céus e perdoa o pecado dos teus servos, de Israel, teu povo. Ensina-lhes o caminho certo e envia chuva sobre a tua terra, que deste por herança ao teu povo.

37 "Quando houver fome ou praga no país, ferrugem e mofo, gafanhotos peregrinos e gafanhotos devastadores, ou quando inimigos sitiarem suas cidades, quando, em meio a qualquer praga ou epidemia, **38** uma oração ou súplica por misericórdia for feita por um israelita ou por todo o Israel, teu povo, cada um sentindo as suas próprias aflições e dores, estendendo as mãos na direção deste templo, **39** ouve dos céus, o lugar da tua habitação. Perdoa e age; trata cada um de acordo com o que merece, visto que conheces o seu coração. Sim, só tu conheces o coração do homem. **40** Assim eles te temerão durante todo o tempo em que viverem na terra que deste aos nossos antepassados.

41 "Quanto ao estrangeiro, que não pertence a Israel, o teu povo, e que veio de uma terra distante por causa do teu nome — **42** pois ouvirão acerca do teu grande nome, da tua mão poderosa e do teu braço forte — quando ele vier e orar voltado para este templo, **43** ouve dos céus, lugar da tua habitação, e atende o pedido do estrangeiro, a fim de que todos os povos da terra conheçam o teu nome e te temam, como faz Israel, o teu povo, e saibam que este templo que construí traz o teu nome.

44 "Quando o teu povo for à guerra contra os seus inimigos, por onde quer que tu o enviares, e orar ao Senhor voltado para a cidade que escolheste e para o templo que construí em honra ao teu nome, **45** ouve dos céus a sua oração e a sua súplica, e defende a sua causa.

46 "Quando pecarem contra ti, pois não há ninguém que não peque, e ficares irado com eles e os entregares ao inimigo, que os leve prisioneiros para a sua terra, distante ou próxima; **47** se eles caírem em si, na terra para a qual tiverem sido deportados, e se arrependerem e lá orarem: 'Pecamos, praticamos o mal e fomos rebeldes'; **48** e se lá eles se voltarem para ti de todo o seu coração e de toda a sua alma, na terra dos inimigos que os tiverem levado como prisioneiros, e orarem voltados para a terra que deste aos seus antepassados, para a cidade que escolheste e para o templo que construí em honra ao teu nome, **49** então, desde os céus, o lugar da tua habitação, ouve a sua oração e a sua súplica, e defende a sua causa. **50** Perdoa o teu povo, que pecou contra ti; perdoa todas as transgressões que cometeram contra ti, e faze com que os seus conquistadores tenham misericórdia deles; **51** pois são o teu povo e a tua herança, que tiraste do Egito, da fornalha de fundição.

52 "Que os teus olhos estejam abertos para a súplica do teu servo e para a súplica de Israel, o teu povo, e que os ouças sempre que clamarem a ti. **53** Pois tu os escolheste dentre todos os povos da terra para serem a tua herança, como declaraste por meio do teu servo Moisés, quando tu, ó Soberano Senhor, tiraste os nossos antepassados do Egito".

31 "When a man wrongs his neighbor and is required to take an oath and he comes and swears the oath before your altar in this temple, **32** then hear from heaven and act. Judge between your servants, condemning the guilty and bringing down on his own head what he has done. Declare the innocent not guilty, and so establish his innocence.

33 "When your people Israel have been defeated by an enemy because they have sinned against you, and when they turn back to you and confess your name, praying and making supplication to you in this temple, **34** then hear from heaven and forgive the sin of your people Israel and bring them back to the land you gave to their fathers.

35 "When the heavens are shut up and there is no rain because your people have sinned against you, and when they pray toward this place and confess your name and turn from their sin because you have afflicted them, **36** then hear from heaven and forgive the sin of your servants, your people Israel. Teach them the right way to live, and send rain on the land you gave your people for an inheritance.

37 "When famine or plague comes to the land, or blight or mildew, locusts or grasshoppers, or when an enemy besieges them in any of their cities, whatever disaster or disease may come, **38** and when a prayer or plea is made by any of your people Israel—each one aware of the afflictions of his own heart, and spreading out his hands toward this temple— **39** then hear from heaven, your dwelling place. Forgive and act; deal with each man according to all he does, since you know his heart (for you alone know the hearts of all men), **40** so that they will fear you all the time they live in the land you gave our fathers.

41 "As for the foreigner who does not belong to your people Israel but has come from a distant land because of your name— **42** for men will hear of your great name and your mighty hand and your outstretched arm—when he comes and prays toward this temple, **43** then hear from heaven, your dwelling place, and do whatever the foreigner asks of you, so that all the peoples of the earth may know your name and fear you, as do your own people Israel, and may know that this house I have built bears your Name.

44 "When your people go to war against their enemies, wherever you send them, and when they pray to the Lord toward the city you have chosen and the temple I have built for your Name, **45** then hear from heaven their prayer and their plea, and uphold their cause.

46 "When they sin against you—for there is no one who does not sin—and you become angry with them and give them over to the enemy, who takes them captive to his own land, far away or near; **47** and if they have a change of heart in the land where they are held captive, and repent and plead with you in the land of their conquerors and say, 'We have sinned, we have done wrong, we have acted wickedly'; **48** and if they turn back to you with all their heart and soul in the land of their enemies who took them captive, and pray to you toward the land you gave their fathers, toward the city you have chosen and the temple I have built for your Name; **49** then from heaven, your dwelling place, hear their prayer and their plea, and uphold their cause. **50** And forgive your people, who have sinned against you; forgive all the offenses they have committed against you, and cause their conquerors to show them mercy; **51** for they are your people and your inheritance, whom you brought out of Egypt, out of that iron-smelting furnace.

52 "May your eyes be open to your servant's plea and to the plea of your people Israel, and may you listen to them whenever they cry out to you. **53** For you singled them out from all the nations of the world to be your own inheritance, just as you declared through your servant Moses when you, O Sovereign Lord, brought our fathers out of Egypt."

54 Quando Salomão terminou a oração e a súplica ao Senhor, levantou-se diante do altar do Senhor, onde tinha se ajoelhado e estendido as mãos para o céu. **55** Pôs-se em pé e abençoou em alta voz toda a assembléia de Israel, dizendo:

56 "Bendito seja o Senhor, que deu descanso a Israel, o seu povo, como havia prometido. Não ficou sem cumprimento nem uma de todas as boas promessas que ele fez por meio do seu servo Moisés. **57** Que o Senhor, o nosso Deus, esteja conosco, assim como esteve com os nossos antepassados. Que ele jamais nos deixe nem nos abandone! **58** E faça com que de coração nos voltemos para ele, a fim de andarmos em todos os seus caminhos e obedecermos aos seus mandamentos, decretos e ordenanças, que deu aos nossos antepassados. **59** E que as palavras da minha súplica ao Senhor tenham acesso ao Senhor, o nosso Deus, dia e noite, para que ele defenda a causa do seu servo e a causa de Israel, o seu povo, de acordo com o que precisarem. **60** Assim, todos os povos da terra saberão que o Senhor é Deus e que não há nenhum outro. **61** Mas vocês, tenham coração íntegro para com o Senhor, o nosso Deus, para viverem por seus decretos e obedecerem aos seus mandamentos, como acontece hoje".

A Dedicação do Templo

62 Então o rei Salomão e todo o Israel ofereceram sacrifícios ao Senhor; **63** ele ofereceu em sacrifício de comunhão[a] ao Senhor vinte e dois mil bois e cento e vinte mil ovelhas. Assim o rei e todos os israelitas fizeram a dedicação do templo do Senhor.

64 Naquele mesmo dia o rei consagrou a parte central do pátio, que ficava na frente do templo do Senhor, e ali ofereceu holocaustos[b], ofertas de cereal e a gordura das ofertas de comunhão, pois o altar de bronze diante do Senhor era pequeno demais para comportar os holocaustos, as ofertas de cereal e a gordura das ofertas de comunhão.

65 E foi assim que Salomão, com todo o Israel, celebrou a festa naquela data; era uma grande multidão, gente vinda desde Lebo-Hamate até o ribeiro do Egito. Celebraram-na diante do Senhor, o nosso Deus, durante sete dias[c]. **66** No oitavo dia Salomão mandou o povo para casa. Eles abençoaram o rei e foram embora, jubilosos e de coração alegre por todas as coisas boas que o Senhor havia feito por seu servo Davi e por Israel, o seu povo.

O Senhor Aparece a Salomão

9 Quando Salomão acabou de construir o templo do Senhor, o palácio real e tudo mais que desejara construir, **2** o Senhor lhe apareceu pela segunda vez, como lhe havia aparecido em Gibeom. **3** O Senhor lhe disse:

"Ouvi a oração e a súplica que você fez diante de mim; consagrei este templo que você construiu, para que nele habite o meu nome para sempre. Os meus olhos e o meu coração estarão sempre nele.

4 "E se você andar segundo a minha vontade, com integridade de coração e com retidão, como fez o seu pai Davi, se fizer tudo o que eu lhe ordeno, obedecendo aos meus decretos e às minhas ordenanças, **5** firmarei para sempre sobre Israel o seu trono, conforme prometi a Davi, seu pai, quando lhe disse: Nunca lhe faltará descendente para governar Israel.

6 "Mas, se você ou seus filhos se afastarem de mim e não obedecerem aos mandamentos e aos decretos que lhes dei, e prestarem culto a outros deuses e adorá-los, **7** desarraigarei Israel da terra que lhes dei, e lançarei para longe da minha presença este templo que consagrei ao meu nome. Israel se tornará então objeto de zombaria entre todos os povos. **8** E, embora este templo seja agora imponente, todos os que passarem por ele ficarão espantados e perguntarão: 'Por que o Senhor fez uma coisa dessas a esta terra e a este templo?'

54 When Solomon had finished all these prayers and supplications to the Lord, he rose from before the altar of the Lord, where he had been kneeling with his hands spread out toward heaven. **55** He stood and blessed the whole assembly of Israel in a loud voice, saying:

56 "Praise be to the Lord, who has given rest to his people Israel just as he promised. Not one word has failed of all the good promises he gave through his servant Moses. **57** May the Lord our God be with us as he was with our fathers; may he never leave us nor forsake us. **58** May he turn our hearts to him, to walk in all his ways and to keep the commands, decrees and regulations he gave our fathers. **59** And may these words of mine, which I have prayed before the Lord, be near to the Lord our God day and night, that he may uphold the cause of his servant and the cause of his people Israel according to each day's need, **60** so that all the peoples of the earth may know that the Lord is God and that there is no other. **61** But your hearts must be fully committed to the Lord our God, to live by his decrees and obey his commands, as at this time."

The Dedication of the Temple

62 Then the king and all Israel with him offered sacrifices before the Lord. **63** Solomon offered a sacrifice of fellowship offerings[a] to the Lord: twenty-two thousand cattle and a hundred and twenty thousand sheep and goats. So the king and all the Israelites dedicated the temple of the Lord.

64 On that same day the king consecrated the middle part of the courtyard in front of the temple of the Lord, and there he offered burnt offerings, grain offerings and the fat of the fellowship offerings, because the bronze altar before the Lord was too small to hold the burnt offerings, the grain offerings and the fat of the fellowship offerings.

65 So Solomon observed the festival at that time, and all Israel with him—a vast assembly, people from Lebo[b] Hamath to the Wadi of Egypt. They celebrated it before the Lord our God for seven days and seven days more, fourteen days in all. **66** On the following day he sent the people away. They blessed the king and then went home, joyful and glad in heart for all the good things the Lord had done for his servant David and his people Israel.

The Lord Appears to Solomon

9 When Solomon had finished building the temple of the Lord and the royal palace, and had achieved all he had desired to do, **2** the Lord appeared to him a second time, as he had appeared to him at Gibeon. **3** The Lord said to him:

"I have heard the prayer and plea you have made before me; I have consecrated this temple, which you have built, by putting my Name there forever. My eyes and my heart will always be there.

4 "As for you, if you walk before me in integrity of heart and uprightness, as David your father did, and do all I command and observe my decrees and laws, **5** I will establish your royal throne over Israel forever, as I promised David your father when I said, 'You shall never fail to have a man on the throne of Israel.'

6 "But if you[c] or your sons turn away from me and do not observe the commands and decrees I have given you[d] and go off to serve other gods and worship them, **7** then I will cut off Israel from the land I have given them and will reject this temple I have consecrated for my Name. Israel will then become a byword and an object of ridicule among all peoples. **8** And though this temple is now imposing, all who pass by will be appalled and will scoff and say, 'Why has the Lord done such a thing to this land and to this temple?'

---

a8.63 Ou *de paz* **b**8.64 Isto é, sacrifícios totalmente queimados. **c**8.65 Conforme a Septuaginta. O Texto Massorético acrescenta: *e mais 7 dias, 14 no total.*

a8:63 Traditionally *peace offerings*; also in verse 64 **b**8:65 Or *from the entrance to* **c**9:6 The Hebrew is plural. **d**9:6 The Hebrew is plural

⁹ E a resposta será: 'Porque abandonaram o Senhor, o seu Deus, que tirou os seus antepassados do Egito, e se apegaram a outros deuses, adorando-os e prestando-lhes culto; por isso o Senhor trouxe sobre eles toda esta desgraça' ".

Outros Feitos de Salomão

¹⁰ Depois de vinte anos, durante os quais construiu estes dois edifícios, o templo do Senhor e o palácio real, ¹¹ o rei Salomão deu vinte cidades da Galiléia a Hirão, rei de Tiro, pois Hirão lhe havia fornecido toda a madeira de cedro e de pinho e o ouro de que ele precisou. ¹² Mas, quando este veio de Tiro para ver as cidades que Salomão lhe dera, não gostou. ¹³ "Que cidades são essas que tu me deste, meu irmão?", ele perguntou. E as chamou terra de Cabulª, nome que elas têm até hoje. ¹⁴ Hirão tinha enviado ao rei quatro mil e duzentos quilosᵇ de ouro!

¹⁵ O rei Salomão impôs trabalhos forçados para que se construísse o templo do Senhor, seu próprio palácio, o Miloᶜ, o muro de Jerusalém, bem como Hazor, Megido e Gezer. ¹⁶ O faraó, rei do Egito, havia atacado e conquistado Gezer. Incendiou a cidade e matou os seus habitantes, que eram cananeus, e a deu como presente de casamento à sua filha, mulher de Salomão. ¹⁷ E Salomão reconstruiu Gezer. Ele construiu Bete-Horom Baixa, ¹⁸ Baalate, e Tamorᵈ, no deserto dessa região, ¹⁹ bem como todas as cidades-armazéns e as cidades onde ficavam os seus carros de guerra e os seus cavalosᵉ. Construiu tudo o que desejou em Jerusalém, no Líbano e em todo o território que governou.

²⁰ Salomão recrutou para o trabalho forçado todos os não israelitas, descendentes dos amorreus, dos hititas, dos ferezeus, dos heveus e dos jebuseus, ²¹ que não tinham sido mortos pelos israelitas, e nesse trabalho continuam. ²² Mas Salomão não obrigou nenhum israelita a trabalhos forçados; eles eram seus homens de guerra, seus capitães, os comandantes dos seus carros de guerra e os condutores de carros. ²³ Também eram israelitas os principais oficiais encarregados das construções de Salomão: quinhentos e cinqüenta oficiais que supervisionavam os trabalhadores.

²⁴ Somente depois que a filha do faraó mudou-se da Cidade de Davi para o palácio que Salomão havia construído para ela, foi que ele construiu o Milo.

²⁵ Três vezes por ano Salomão oferecia holocaustosᶠ e sacrifícios de comunhãoᵍ no altar que havia construído para o Senhor, e ao mesmo tempo queimava incenso diante do Senhor. E Salomão concluiu o templo.

²⁶ O rei Salomão também construiu navios em Eziom-Geber, que fica perto de Elate, na terra de Edom, às margens do mar Vermelho. ²⁷ E Hirão enviou em navios os seus marinheiros, homens experimentados que conheciam o mar, para trabalharem com os marinheiros de Salomão. ²⁸ Navegaram até Ofir, e de lá trouxeram catorze mil e setecentos quilos de ouro para o rei Salomão.

A Rainha de Sabá Visita Salomão

10 A rainha de Sabá soube da fama que Salomão tinha alcançado, graças ao nome do Senhor, e foi a Jerusalém para pô-lo à prova com perguntas difíceis. ² Quando chegou, acompanhada de uma enorme caravana, com camelos carregados de especiarias, grande quantidade de ouro e pedras preciosas, fez a Salomão todas as perguntas que tinha em mente. ³ Salomão respondeu a todas; nenhuma lhe foi tão difícil que não pudesse responder. ⁴ Vendo toda a sabedoria de Salomão, bem como o palácio que ele havia construído, ⁵ o que

---

ª9.13 *Cabul* assemelha-se à palavra hebraica que significa *inútil*. ᵇ9.14 Hebraico: *120 talentos*. Um talento equivalia a 35 quilos. ᶜ9.15 Ou *aterro*; também no versículo 24. ᵈ9.18 Ou *Tamar* ᵉ9.19 Ou *condutores de carros* ᶠ9.25 Isto é, sacrifícios totalmente queimados; também em 10.5. ᵍ9.25 Ou *de paz*

---

⁹ People will answer, 'Because they have forsaken the Lord their God, who brought their fathers out of Egypt, and have embraced other gods, worshiping and serving them—that is why the Lord brought all this disaster on them.' "

Solomon's Other Activities

¹⁰ At the end of twenty years, during which Solomon built these two buildings—the temple of the Lord and the royal palace— ¹¹ King Solomon gave twenty towns in Galilee to Hiram king of Tyre, because Hiram had supplied him with all the cedar and pine and gold he wanted. ¹² But when Hiram went from Tyre to see the towns that Solomon had given him, he was not pleased with them. ¹³ "What kind of towns are these you have given me, my brother?" he asked. And he called them the Land of Cabul,ª a name they have to this day. ¹⁴ Now Hiram had sent to the king 120 talentsᵇ of gold.

¹⁵ Here is the account of the forced labor King Solomon conscripted to build the Lord's temple, his own palace, the supporting terraces,ᶜ the wall of Jerusalem, and Hazor, Megiddo and Gezer. ¹⁶ (Pharaoh king of Egypt had attacked and captured Gezer. He had set it on fire. He killed its Canaanite inhabitants and then gave it as a wedding gift to his daughter, Solomon's wife. ¹⁷ And Solomon rebuilt Gezer.) He built up Lower Beth Horon, ¹⁸ Baalath, and Tamorᵈ in the desert, within his land, ¹⁹ as well as all his store cities and the towns for his chariots and for his horsesᵉ—whatever he desired to build in Jerusalem, in Lebanon and throughout all the territory he ruled.

²⁰ All the people left from the Amorites, Hittites, Perizzites, Hivites and Jebusites (these peoples were not Israelites), ²¹ that is, their descendants remaining in the land, whom the Israelites could not exterminateᶠ—these Solomon conscripted for his slave labor force, as it is to this day. ²² But Solomon did not make slaves of any of the Israelites; they were his fighting men, his government officials, his officers, his captains, and the commanders of his chariots and charioteers. ²³ They were also the chief officials in charge of Solomon's projects—550 officials supervising the men who did the work.

²⁴ After Pharaoh's daughter had come up from the City of David to the palace Solomon had built for her, he constructed the supporting terraces.

²⁵ Three times a year Solomon sacrificed burnt offerings and fellowship offeringsᵍ on the altar he had built for the Lord, burning incense before the Lord along with them, and so fulfilled the temple obligations.

²⁶ King Solomon also built ships at Ezion Geber, which is near Elath in Edom, on the shore of the Red Sea.ʰ ²⁷ And Hiram sent his men—sailors who knew the sea—to serve in the fleet with Solomon's men. ²⁸ They sailed to Ophir and brought back 420 talentsⁱ of gold, which they delivered to King Solomon.

The Queen of Sheba Visits Solomon

10 When the queen of Sheba heard about the fame of Solomon and his relation to the name of the Lord, she came to test him with hard questions. ² Arriving at Jerusalem with a very great caravan—with camels carrying spices, large quantities of gold, and precious stones—she came to Solomon and talked with him about all that she had on her mind. ³ Solomon answered all her questions; nothing was too hard for the king to explain to her. ⁴ When the queen of Sheba saw all the wisdom of Solomon and the palace he had built, ⁵ the

---

ª9:13 *Cabul* sounds like the Hebrew for *good-for-nothing.* ᵇ9:14 That is, about 4 1/2 tons (about 4 metric tons) ᶜ9:15 Or *the Millo;* also in verse 24 ᵈ9:18 The Hebrew may also be read *Tamar.* ᵉ9:19 Or *charioteers* ᶠ9:21 The Hebrew term refers to the irrevocable giving over of things or persons to the Lord, often by totally destroying them. ᵍ9:25 Traditionally *peace offerings* ʰ9:26 Hebrew *Yam Suph;* that is, Sea of Reeds ⁱ9:28 That is, about 16 tons (about 14.5 metric tons)

era servido em sua mesa, o alojamento de seus oficiais, os criados e os copeiros, todos uniformizados, e os holocaustos[a] que ele fazia no[b] templo do Senhor, a visitante ficou impressionada.

6 Então ela disse ao rei: "Tudo o que ouvi em meu país acerca de tuas realizações e de tua sabedoria é verdade. **7** Mas eu não acreditava no que diziam, até ver com os meus próprios olhos. Na realidade, não me contaram nem a metade; tu ultrapassas em muito o que ouvi, tanto em sabedoria como em riqueza. **8** Como devem ser felizes os homens da tua corte, que continuamente estão diante de ti e ouvem a tua sabedoria! **9** Bendito seja o Senhor, o teu Deus, que se agradou de ti e te colocou no trono de Israel. Por causa do amor eterno do Senhor para com Israel, ele te fez rei, para manter a justiça e a retidão".

10 E ela deu ao rei quatro mil e duzentos quilos[c] de ouro e grande quantidade de especiarias e pedras preciosas. Nunca mais foram trazidas tantas especiarias quanto as que a rainha de Sabá deu ao rei Salomão.

11 (Os navios de Hirão, que carregavam ouro de Ofir, também trouxeram de lá grande quantidade de madeira de junípero e pedras preciosas. **12** O rei utilizou a madeira para fazer a escadaria do templo do Senhor e a do palácio real, além de harpas e liras para os músicos. Nunca mais foi importada nem se viu tanta madeira de junípero.)

13 O rei Salomão deu à rainha de Sabá tudo o que ela desejou e pediu, além do que já lhe tinha dado por sua generosidade real. Então ela e os seus servos voltaram para o seu país.

O Esplendor do Reino de Salomão

14 O peso do ouro que Salomão recebia anualmente era de vinte e três mil e trezentos quilos, **15** fora os impostos pagos por mercadores e comerciantes, por todos os reis da Arábia e pelos governadores do país.

16 O rei Salomão fez duzentos escudos grandes de ouro batido, utilizando três quilos e seiscentos gramas[d] de ouro em cada um. **17** Também fez trezentos escudos pequenos de ouro batido, com um quilo e oitocentos gramas em cada um. O rei os colocou no Palácio da Floresta do Líbano.

18 O rei mandou fazer ainda um grande trono de marfim revestido de ouro puro. **19** O trono tinha seis degraus, e o seu encosto tinha a parte alta arredondada. Nos dois lados do assento havia braços, com um leão junto a cada braço. **20** Havia doze leões nos seis degraus, um em cada ponta de cada degrau. Nada igual havia sido feito em nenhum outro reino. **21** Todas as taças do rei Salomão eram de ouro, bem como todos os utensílios do Palácio da Floresta do Líbano. Não havia nada de prata, pois a prata quase não tinha valor nos dias de Salomão. **22** O rei tinha no mar uma frota de navios mercantes[e] junto com os navios de Hirão. Cada três anos a frota voltava, trazendo ouro, prata, marfim, macacos e pavões.

23 O rei Salomão era o mais rico e o mais sábio de todos os reis da terra. **24** Gente de todo o mundo pedia audiência a Salomão para ouvir a sabedoria que Deus lhe tinha dado. **25** Ano após ano, todos os visitantes traziam algum presente: utensílios de prata e de ouro, mantos, armas e especiarias, cavalos e mulas.

26 Salomão juntou carros e cavalos; possuía mil e quatrocentos carros e doze mil cavalos[f], dos quais mantinha uma parte nas guarnições de algumas cidades e a outra perto dele, em Jerusalém. **27** O rei tornou a prata tão comum em Jerusalém quanto as pedras, e o cedro tão numeroso quanto as figueiras bravas da Sefelá. **28** Os cavalos de Salomão eram importados do Egito[h] e da Cilícia[i], onde os fornecedores do rei os compravam. **29** Importavam do Egito um carro por sete quilos e duzentos gramas[j] de prata, e um cavalo por um quilo e oitocentos gramas, e os exportavam para todos os reis dos hititas e dos arameus.

---

food on his table, the seating of his officials, the attending servants in their robes, his cupbearers, and the burnt offerings he made at[a] the temple of the Lord, she was overwhelmed.

6 She said to the king, "The report I heard in my own country about your achievements and your wisdom is true. **7** But I did not believe these things until I came and saw with my own eyes. Indeed, not even half was told me; in wisdom and wealth you have far exceeded the report I heard. **8** How happy your men must be! How happy your officials, who continually stand before you and hear your wisdom! **9** Praise be to the Lord your God, who has delighted in you and placed you on the throne of Israel. Because of the Lord's eternal love for Israel, he has made you king, to maintain justice and righteousness."

10 And she gave the king 120 talents[b] of gold, large quantities of spices, and precious stones. Never again were so many spices brought in as those the queen of Sheba gave to King Solomon.

11 (Hiram's ships brought gold from Ophir; and from there they brought great cargoes of almugwood[c] and precious stones. **12** The king used the almugwood to make supports for the temple of the Lord and for the royal palace, and to make harps and lyres for the musicians. So much almugwood has never been imported or seen since that day.)

13 King Solomon gave the queen of Sheba all she desired and asked for, besides what he had given her out of his royal bounty. Then she left and returned with her retinue to her own country.

Solomon's Splendor

14 The weight of the gold that Solomon received yearly was 666 talents,[d] **15** not including the revenues from merchants and traders and from all the Arabian kings and the governors of the land.

16 King Solomon made two hundred large shields of hammered gold; six hundred bekas[e] of gold went into each shield. **17** He also made three hundred small shields of hammered gold, with three minas[f] of gold in each shield. The king put them in the Palace of the Forest of Lebanon.

18 Then the king made a great throne inlaid with ivory and overlaid with fine gold. **19** The throne had six steps, and its back had a rounded top. On both sides of the seat were armrests, with a lion standing beside each of them. **20** Twelve lions stood on the six steps, one at either end of each step. Nothing like it had ever been made for any other kingdom. **21** All King Solomon's goblets were gold, and all the household articles in the Palace of the Forest of Lebanon were pure gold. Nothing was made of silver, because silver was considered of little value in Solomon's days. **22** The king had a fleet of trading ships[g] at sea along with the ships of Hiram. Once every three years it returned, carrying gold, silver and ivory, and apes and baboons.

23 King Solomon was greater in riches and wisdom than all the other kings of the earth. **24** The whole world sought audience with Solomon to hear the wisdom God had put in his heart. **25** Year after year, everyone who came brought a gift—articles of silver and gold, robes, weapons and spices, and horses and mules.

26 Solomon accumulated chariots and horses; he had fourteen hundred chariots and twelve thousand horses,[h] which he kept in the chariot cities and also with him in Jerusalem. **27** The king made silver as common in Jerusalem as stones, and cedar as plentiful as sycamore-fig trees in the foothills. **28** Solomon's horses were imported from Egypt[i] and from Kue[j] — the royal merchants purchased them from Kue. **29** They imported a chariot from Egypt for six hundred shekels[k] of silver, and a horse for a hundred and fifty.[l] They also exported them to all the kings of the Hittites and of the Arameans.

---

a10.5 Isto é, sacrifícios totalmente queimados. **b**10.5 Ou *e o caminho pelo qual subia até o* **c**10.10 Hebraico: *120 talentos*. Um talento equivalia a 35 quilos. **d**10.16 Hebraico: *6 minas*. Uma mina equivalia a 600 gramas. **e**10.22 Hebraico: *de Társis*. **f**10.26 Ou *condutores de carros* **g**10.27 Pequena faixa de terra de relevo variável entre a planície costeira e as montanhas. **h**10.28 Ou *Muzur*, região da Cilícia; também no versículo 29. **i**10.28 Hebraico: *Cuve*. **j**10.29 Hebraico: *600 siclos*. Um siclo equivalia a 12 gramas.

a10:5 Or *the ascent by which he went up to* **b**10:10 That is, about 4 1/2 tons (about 4 metric tons) **c**10:11 Probably a variant of *algumwood*; also in verse 12 **d**10:14 That is, about 25 tons (about 23 metric tons) **e**10:16 That is, about 7 1/2 pounds (about 3.5 kilograms) **f**10:17 That is, about 3 3/4 pounds (about 1.7 kilograms) **g**10:22 Hebrew *of ships of Tarshish* **h**10:26 Or *charioteers* **i**10:28 Or possibly *Muzur*, a region in Cilicia; also in verse 29 **j**10:28 Probably *Cilicia* **k**10:29 That is, about 15 pounds (about 7 kilograms) **l**10:29 That is, about 3 3/4 pounds (about 1.7 kilograms)

As Mulheres de Salomão

11 O rei Salomão amou muitas mulheres estrangeiras, além da filha do faraó. Eram mulheres moabitas, amonitas, edomitas, sidônias e hititas. ² Elas eram das nações a respeito das quais o Senhor tinha dito aos israelitas: "Vocês não poderão tomar mulheres dentre essas nações, porque elas os farão desviar-se para seguir os seus deuses". No entanto, Salomão apegou-se amorosamente a elas. ³ Casou com setecentas princesas e trezentas concubinas, e as suas mulheres o levaram a desviar-se. ⁴ À medida que Salomão foi envelhecendo, suas mulheres o induziram a voltar-se para outros deuses, e o seu coração já não era totalmente dedicado ao Senhor, o seu Deus, como fora o coração do seu pai Davi. ⁵ Ele seguiu Astarote, a deusa dos sidônios, e Moloque, o repugnante deus dos amonitas. ⁶ Dessa forma Salomão fez o que o Senhor reprova; não seguiu completamente o Senhor, como o seu pai Davi.

⁷ No monte que fica a leste de Jerusalém, Salomão construiu um altar para Camos, o repugnante deus de Moabe, e para Moloque, o repugnante deus dos amonitas. ⁸ Também fez altares para os deuses de todas as suas outras mulheres estrangeiras, que queimavam incenso e ofereciam sacrifícios a eles.

⁹ O Senhor irou-se contra Salomão por ter se desviado do Senhor, o Deus de Israel, que lhe havia aparecido duas vezes. ¹⁰ Embora ele tivesse proibido Salomão de seguir outros deuses, Salomão não lhe obedeceu. ¹¹ Então o Senhor lhe disse: "Já que essa é a sua atitude e você não obedeceu à minha aliança e aos meus decretos, os quais lhe ordenei, certamente lhe tirarei o reino e o darei a um dos seus servos. ¹² No entanto, por amor a Davi, seu pai, não farei isso enquanto você viver. Eu o tirarei da mão do seu filho. ¹³ Mas, não tirarei dele o reino inteiro, eu lhe darei uma tribo por amor de Davi, meu servo, e por amor de Jerusalém, a cidade que escolhi".

Os Adversários de Salomão

¹⁴ Então o Senhor levantou contra Salomão um adversário, o edomita Hadade, da linhagem real de Edom. ¹⁵ Anteriormente, quando Davi estava lutando contra Edom, Joabe, o comandante do exército, que tinha ido para lá enterrar os mortos, exterminara todos os homens de Edom. ¹⁶ Joabe e todo o exército israelita permaneceram lá seis meses, até matarem todos os edomitas. ¹⁷ Mas Hadade, sendo ainda menino, fugiu para o Egito com alguns dos oficiais edomitas que tinham servido a seu pai. ¹⁸ Partiram de Midiã e foram a Parã. Lá reuniram alguns homens e foram ao Egito, até o faraó, rei do Egito, que deu uma casa e terras a Hadade e lhe forneceu alimento.

¹⁹ O faraó acolheu bem a Hadade, ao ponto de dar-lhe em casamento uma irmã de sua própria mulher, a rainha Tafnes. ²⁰ A irmã de Tafnes deu-lhe um filho, chamado Genubate, que fora criado por Tafnes no palácio real. Ali Genubate viveu com os próprios filhos do faraó.

²¹ Enquanto estava no Egito, Hadade soube que Davi tinha descansado com seus antepassados e que Joabe, o comandante do exército, também estava morto. Então Hadade disse ao faraó: "Deixa-me voltar para a minha terra".

²² "O que lhe falta aqui para que você queira voltar para a sua terra?", perguntou o faraó.

"Nada me falta", respondeu Hadade, "mas deixa-me ir!"

²³ E Deus fez um outro adversário levantar-se contra Salomão: Rezom, filho de Eliada, que tinha fugido do seu senhor, Hadadezer, rei de Zobá. ²⁴ Quando Davi destruiu o exército de Zobá, Rezom reuniu alguns homens e tornou-se líder de um bando de rebeldes. Eles foram para Damasco, onde se instalaram e assumiram o controle. ²⁵ Rezom foi adversário de Israel enquanto Salomão viveu, e trouxe-lhe muitos problemas, além dos causados por Hadade. Assim Rezom governou a Síria e foi hostil a Israel.

A Rebelião de Jeroboão contra Salomão

²⁶ Também Jeroboão, filho de Nebate, rebelou-se contra o rei. Ele era um dos oficiais de Salomão, um efraimita de Zeredá, e a sua mãe era uma viúva chamada Zerua.

Solomon's Wives

11 King Solomon, however, loved many foreign women besides Pharaoh's daughter—Moabites, Ammonites, Edomites, Sidonians and Hittites. ² They were from nations about which the Lord had told the Israelites, "You must not intermarry with them, because they will surely turn your hearts after their gods." Nevertheless, Solomon held fast to them in love. ³ He had seven hundred wives of royal birth and three hundred concubines, and his wives led him astray. ⁴ As Solomon grew old, his wives turned his heart after other gods, and his heart was not fully devoted to the Lord his God, as the heart of David his father had been. ⁵ He followed Ashtoreth the goddess of the Sidonians, and Molechᵃ the detestable god of the Ammonites. ⁶ So Solomon did evil in the eyes of the Lord; he did not follow the Lord completely, as David his father had done.

⁷ On a hill east of Jerusalem, Solomon built a high place for Chemosh the detestable god of Moab, and for Molech the detestable god of the Ammonites. ⁸ He did the same for all his foreign wives, who burned incense and offered sacrifices to their gods.

⁹ The Lord became angry with Solomon because his heart had turned away from the Lord, the God of Israel, who had appeared to him twice. ¹⁰ Although he had forbidden Solomon to follow other gods, Solomon did not keep the Lord's command. ¹¹ So the Lord said to Solomon, "Since this is your attitude and you have not kept my covenant and my decrees, which I commanded you, I will most certainly tear the kingdom away from you and give it to one of your subordinates. ¹² Nevertheless, for the sake of David your father, I will not do it during your lifetime. I will tear it out of the hand of your son. ¹³ Yet I will not tear the whole kingdom from him, but will give him one tribe for the sake of David my servant and for the sake of Jerusalem, which I have chosen."

Solomon's Adversaries

¹⁴ Then the Lord raised up against Solomon an adversary, Hadad the Edomite, from the royal line of Edom. ¹⁵ Earlier when David was fighting with Edom, Joab the commander of the army, who had gone up to bury the dead, had struck down all the men in Edom. ¹⁶ Joab and all the Israelites stayed there for six months, until they had destroyed all the men in Edom. ¹⁷ But Hadad, still only a boy, fled to Egypt with some Edomite officials who had served his father. ¹⁸ They set out from Midian and went to Paran. Then taking men from Paran with them, they went to Egypt, to Pharaoh king of Egypt, who gave Hadad a house and land and provided him with food.

¹⁹ Pharaoh was so pleased with Hadad that he gave him a sister of his own wife, Queen Tahpenes, in marriage. ²⁰ The sister of Tahpenes bore him a son named Genubath, whom Tahpenes brought up in the royal palace. There Genubath lived with Pharaoh's own children.

²¹ While he was in Egypt, Hadad heard that David rested with his fathers and that Joab the commander of the army was also dead. Then Hadad said to Pharaoh, "Let me go, that I may return to my own country."

²² "What have you lacked here that you want to go back to your own country?" Pharaoh asked.

"Nothing," Hadad replied, "but do let me go!"

²³ And God raised up against Solomon another adversary, Rezon son of Eliada, who had fled from his master, Hadadezer king of Zobah. ²⁴ He gathered men around him and became the leader of a band of rebels when David destroyed the forcesᵇ of Zobah; the rebels went to Damascus, where they settled and took control. ²⁵ Rezon was Israel's adversary as long as Solomon lived, adding to the trouble caused by Hadad. So Rezon ruled in Aram and was hostile toward Israel.

Jeroboam Rebels Against Solomon

²⁶ Also, Jeroboam son of Nebat rebelled against the king. He was one of Solomon's officials, an Ephraimite from Zeredah, and his mother was a widow named Zeruah.

ᵃ11:5 Hebrew *Milcom*; also in verse 33   ᵇ11:24 Hebrew *destroyed them*

²⁷ Foi assim que ele se revoltou contra o rei: Salomão tinha construído o Milo[a] e havia tapado a abertura no muro da Cidade de Davi, seu pai. ²⁸ Ora, Jeroboão era homem capaz, e, quando Salomão viu como ele fazia bem o seu trabalho, encarregou-o de todos os que faziam trabalho forçado, pertencentes às tribos de José.

²⁹ Naquela ocasião, Jeroboão saiu de Jerusalém, e Aías, o profeta de Siló, que estava usando uma capa nova, encontrou-se com ele no caminho. Os dois estavam sozinhos no campo, ³⁰ e Aías segurou firmemente a capa que estava usando, rasgou-a em doze pedaços ³¹ e disse a Jeroboão: "Apanhe dez pedaços para você, pois assim diz o Senhor, o Deus de Israel: 'Saiba que vou tirar o reino das mãos de Salomão e dar a você dez tribos. ³² Mas, por amor ao meu servo Davi e à cidade de Jerusalém, a qual escolhi dentre todas as tribos de Israel, ele terá uma tribo. ³³ Farei isso porque eles me abandonaram[b] e adoraram Astarote, a deusa dos sidônios, Camos, deus dos moabitas, e Moloque, deus dos amonitas, e não andaram nos meus caminhos, nem fizeram o que eu aprovo, nem obedeceram aos meus decretos e às minhas ordenanças, como fez Davi, pai de Salomão.

³⁴ " 'Mas não tirarei o reino todo das mãos de Salomão; eu o fiz governante todos os dias de sua vida por amor ao meu servo Davi, a quem escolhi e que obedeceu aos meus mandamentos e aos meus decretos. ³⁵ Tirarei o reino das mãos do seu filho e darei dez tribos a você. ³⁶ Darei uma tribo ao seu filho a fim de que o meu servo Davi sempre tenha diante de mim um descendente no trono[c] em Jerusalém, a cidade onde eu quis pôr o meu nome. ³⁷ Quanto a você, eu o farei reinar sobre tudo o que o seu coração desejar; você será rei de Israel. ³⁸ Se você fizer tudo o que eu lhe ordenar e andar nos meus caminhos e fizer o que eu aprovo, obedecendo aos meus decretos e aos meus mandamentos, como fez o meu servo Davi, estarei com você. Edificarei para você uma dinastia tão permanente quanto a que edifiquei para Davi, e darei Israel a você. ³⁹ Humilharei os descendentes de Davi por causa disso, mas não para sempre' ".

⁴⁰ Salomão tentou matar Jeroboão, mas ele fugiu para o Egito, para o rei Sisaque, e lá permaneceu até a morte de Salomão.

A Morte de Salomão

⁴¹ Os demais acontecimentos do reinado de Salomão, tudo o que fez e a sabedoria que teve, estão todos escritos nos registros históricos de Salomão. ⁴² Salomão reinou quarenta anos em Jerusalém sobre todo o Israel. ⁴³ Então descansou com os seus antepassados e foi sepultado na Cidade de Davi, seu pai. E o seu filho Roboão foi o seu sucessor.

A Revolta de Israel contra Roboão

12 Roboão foi a Siquém, onde todos os israelitas tinham se reunido para proclamá-lo rei. ² Assim que Jeroboão, filho de Nebate, que estava no Egito para onde tinha fugido do rei Salomão, soube disso, voltou de lá. ³ Depois disso mandaram chamá-lo. Então ele e toda a assembléia de Israel foram ao encontro de Roboão e disseram: ⁴ "Teu pai colocou sobre nós um jugo pesado, mas agora diminui o trabalho árduo e este jugo pesado, e nós te serviremos".

⁵ Roboão respondeu: "Voltem a mim daqui a três dias". Então o povo foi embora.

⁶ O rei Roboão perguntou às autoridades que haviam servido ao seu pai Salomão durante a vida dele: "Como vocês me aconselham a responder a este povo?"

⁷ Eles responderam: "Se hoje fores um servo deste povo e servi-lo, dando-lhe uma resposta favorável, eles sempre serão teus servos".

⁸ Roboão, contudo, rejeitou o conselho que as autoridades de Israel lhe tinham dado e consultou os jovens que haviam crescido com ele e o estavam servindo. ⁹ Perguntou-lhes: "Que conselho vocês me dão? Como devemos responder a este povo que me diz: 'Diminui o jugo que teu pai colocou sobre nós'?"

²⁷ Here is the account of how he rebelled against the king: Solomon had built the supporting terraces[a] and had filled in the gap in the wall of the city of David his father. ²⁸ Now Jeroboam was a man of standing, and when Solomon saw how well the young man did his work, he put him in charge of the whole labor force of the house of Joseph.

²⁹ About that time Jeroboam was going out of Jerusalem, and Ahijah the prophet of Shiloh met him on the way, wearing a new cloak. The two of them were alone out in the country, ³⁰ and Ahijah took hold of the new cloak he was wearing and tore it into twelve pieces. ³¹ Then he said to Jeroboam, "Take ten pieces for yourself, for this is what the Lord, the God of Israel, says: 'See, I am going to tear the kingdom out of Solomon's hand and give you ten tribes. ³² But for the sake of my servant David and the city of Jerusalem, which I have chosen out of all the tribes of Israel, he will have one tribe. ³³ I will do this because they have[b] forsaken me and worshiped Ashtoreth the goddess of the Sidonians, Chemosh the god of the Moabites, and Molech the god of the Ammonites, and have not walked in my ways, nor done what is right in my eyes, nor kept my statutes and laws as David, Solomon's father, did.

³⁴ " 'But I will not take the whole kingdom out of Solomon's hand; I have made him ruler all the days of his life for the sake of David my servant, whom I chose and who observed my commands and statutes. ³⁵ I will take the kingdom from his son's hands and give you ten tribes. ³⁶ I will give one tribe to his son so that David my servant may always have a lamp before me in Jerusalem, the city where I chose to put my Name. ³⁷ However, as for you, I will take you, and you will rule over all that your heart desires; you will be king over Israel. ³⁸ If you do whatever I command you and walk in my ways and do what is right in my eyes by keeping my statutes and commands, as David my servant did, I will be with you. I will build you a dynasty as enduring as the one I built for David and will give Israel to you. ³⁹ I will humble David's descendants because of this, but not forever.' "

⁴⁰ Solomon tried to kill Jeroboam, but Jeroboam fled to Egypt, to Shishak the king, and stayed there until Solomon's death.

Solomon's Death

⁴¹ As for the other events of Solomon's reign—all he did and the wisdom he displayed—are they not written in the book of the annals of Solomon? ⁴² Solomon reigned in Jerusalem over all Israel forty years. ⁴³ Then he rested with his fathers and was buried in the city of David his father. And Rehoboam his son succeeded him as king.

Israel Rebels Against Rehoboam

12 Rehoboam went to Shechem, for all the Israelites had gone there to make him king. ² When Jeroboam son of Nebat heard this (he was still in Egypt, where he had fled from King Solomon), he returned from[c] Egypt. ³ So they sent for Jeroboam, and he and the whole assembly of Israel went to Rehoboam and said to him: ⁴ "Your father put a heavy yoke on us, but now lighten the harsh labor and the heavy yoke he put on us, and we will serve you."

⁵ Rehoboam answered, "Go away for three days and then come back to me." So the people went away.

⁶ Then King Rehoboam consulted the elders who had served his father Solomon during his lifetime. "How would you advise me to answer these people?" he asked.

⁷ They replied, "If today you will be a servant to these people and serve them and give them a favorable answer, they will always be your servants."

⁸ But Rehoboam rejected the advice the elders gave him and consulted the young men who had grown up with him and were serving him. ⁹ He asked them, "What is your advice? How should we answer these people who say to me, 'Lighten the yoke your father put on us'?"

ᵃ11.27 Ou *aterro* ᵇ11.33 A Septuaginta, a Vulgata e a Versão Siríaca dizem *porque ele me abandonou.* ᶜ11.36 Hebraico: *haja uma lâmpada para Davi.*

ᵃ11:27 Or *the Millo* ᵇ11:33 Hebrew; Septuagint, Vulgate and Syriac *because he has* ᶜ12:2 Or *he remained in*

10 Os jovens que haviam crescido com ele responderam: "A este povo que te disse: 'Teu pai colocou sobre nós um jugo pesado; torna-o mais leve', dize: Meu dedo mínimo é mais grosso do que a cintura do meu pai. **11** Pois bem, meu pai lhes impôs um jugo pesado; eu o tornarei ainda mais pesado. Meu pai os castigou com simples chicotes; eu os castigarei com chicotes pontiagudosᵃ".

12 Três dias depois, Jeroboão e todo o povo voltaram a Roboão, segundo a orientação dada pelo rei: "Voltem a mim daqui a três dias". **13** E o rei lhes respondeu asperamente. Rejeitando o conselho das autoridades de Israel, **14** seguiu o conselho dos jovens e disse: "Meu pai lhes tornou pesado o jugo; eu o tornarei ainda mais pesado. Meu pai os castigou com simples chicotes; eu os castigarei com chicotes pontiagudos". **15** E o rei não ouviu o povo, pois esta mudança nos acontecimentos vinha da parte do Senhor, para que se cumprisse a palavra que o Senhor havia falado a Jeroboão, filho de Nebate, por meio do silonita Aías.

16 Quando todo o Israel viu que o rei se recusava a ouvi-los, respondeu ao rei:

"Que temos em comum com Davi?
Que temos em comum
com o filho de Jessé?
Para as suas tendas, ó Israel!
Cuide da sua própria casa, ó Davi!"

E assim os israelitas foram para as suas casas. **17** Quanto, porém, aos israelitas que moravam nas cidades de Judá, Roboão continuou como rei deles.

18 O rei Roboão enviou Adonirãoᵇ, chefe do trabalho forçado, mas todo o Israel o apedrejou até a morte. O rei, contudo, conseguiu subir em sua carruagem e fugir para Jerusalém. **19** Dessa forma Israel se rebelou contra a dinastia de Davi, e assim permanece até hoje.

20 Quando todos os israelitas souberam que Jeroboão tinha voltado, mandaram chamá-lo para a reunião da comunidade e o fizeram rei sobre todo o Israel. Somente a tribo de Judá permaneceu leal à dinastia de Davi.

21 Quando Roboão, filho de Salomão, chegou em Jerusalém, convocou cento e oitenta mil homens de combate, das tribos de Judá e de Benjamim, para guerrearem contra Israel e recuperarem o reino. **22** Entretanto, veio esta palavra de Deus a Semaías, homem de Deus: **23** "Diga a Roboão, filho de Salomão, rei de Judá, às tribos de Judá e Benjamim, e ao restante do povo: **24** Assim diz o Senhor: Não saiam à guerra contra os seus irmãos israelitas. Voltem para casa, todos vocês, pois fui eu que fiz isso". E eles obedeceram à palavra do Senhor e voltaram para as suas casas, conforme o Senhor tinha ordenado.

Bezerros de Ouro em Betel e em Dã

25 Jeroboão fortificou Siquém, nos montes de Efraim, onde passou a morar. Depois saiu e fortificou Peniel.

26 Jeroboão pensou: "O reino agora provavelmente voltará para a dinastia de Davi. **27** Se este povo subir a Jerusalém para oferecer sacrifícios no templo do Senhor, novamente dedicarão sua lealdade ao senhor deles, Roboão, rei de Judá. Eles vão me matar e vão voltar para o rei Roboão". **28** Depois de aconselhar-se, o rei fez dois bezerros de ouro e disse ao povo: "Vocês já subiram muito a Jerusalém. Aqui estão os seus deuses, ó Israel, que tiraramᵃ vocês do Egito". **29** Mandou pôr um bezerro em Betel, e o outro em Dã. **30** E isso veio a ser um pecado, pois o povo ia até Dã para adorar aquele bezerro. **31** Jeroboão construiu altares idólatras e designou sacerdotes dentre o povo, apesar de não serem levitas. **32** Instituiu uma festa no décimo quinto dia do oitavo mês, semelhante à festa realizada em Judá, e ofereceu sacrifícios no altar. Ele

10 The young men who had grown up with him replied, "Tell these people who have said to you, 'Your father put a heavy yoke on us, but make our yoke lighter'—tell them, 'My little finger is thicker than my father's waist. **11** My father laid on you a heavy yoke; I will make it even heavier. My father scourged you with whips; I will scourge you with scorpions.' "

12 Three days later Jeroboam and all the people returned to Rehoboam, as the king had said, "Come back to me in three days." **13** The king answered the people harshly. Rejecting the advice given him by the elders, **14** he followed the advice of the young men and said, "My father made your yoke heavy; I will make it even heavier. My father scourged you with whips; I will scourge you with scorpions." **15** So the king did not listen to the people, for this turn of events was from the Lord, to fulfill the word the Lord had spoken to Jeroboam son of Nebat through Ahijah the Shilonite.

16 When all Israel saw that the king refused to listen to them, they answered the king:

"What share do we have in David,
what part in Jesse's son?
To your tents, O Israel!
Look after your own house, O David!"

So the Israelites went home. **17** But as for the Israelites who were living in the towns of Judah, Rehoboam still ruled over them.

18 King Rehoboam sent out Adoniram,ᵃ who was in charge of forced labor, but all Israel stoned him to death. King Rehoboam, however, managed to get into his chariot and escape to Jerusalem. **19** So Israel has been in rebellion against the house of David to this day.

20 When all the Israelites heard that Jeroboam had returned, they sent and called him to the assembly and made him king over all Israel. Only the tribe of Judah remained loyal to the house of David.

21 When Rehoboam arrived in Jerusalem, he mustered the whole house of Judah and the tribe of Benjamin—a hundred and eighty thousand fighting men—to make war against the house of Israel and to regain the kingdom for Rehoboam son of Solomon.

22 But this word of God came to Shemaiah the man of God: **23** "Say to Rehoboam son of Solomon king of Judah, to the whole house of Judah and Benjamin, and to the rest of the people, **24** 'This is what the Lord says: Do not go up to fight against your brothers, the Israelites. Go home, every one of you, for this is my doing.' " So they obeyed the word of the Lord and went home again, as the Lord had ordered.

Golden Calves at Bethel and Dan

25 Then Jeroboam fortified Shechem in the hill country of Ephraim and lived there. From there he went out and built up Peniel.ᵇ

26 Jeroboam thought to himself, "The kingdom will now likely revert to the house of David. **27** If these people go up to offer sacrifices at the temple of the Lord in Jerusalem, they will again give their allegiance to their lord, Rehoboam king of Judah. They will kill me and return to King Rehoboam." **28** After seeking advice, the king made two golden calves. He said to the people, "It is too much for you to go up to Jerusalem. Here are your gods, O Israel, who brought you up out of Egypt." **29** One he set up in Bethel, and the other in Dan. **30** And this thing became a sin; the people went even as far as Dan to worship the one there.

31 Jeroboam built shrines on high places and appointed priests from all sorts of people, even though they were not Levites. **32** He instituted a festival on the fifteenth day of the eighth month, like the festival held in Judah, and offered sacrifices on the altar. This

---

ᵃ**12.11** Ou *com escorpiões*; também no versículo 14. ᵇ**12.18** Conforme alguns manuscritos da Septuaginta e a Versão Siríaca. O Texto Massorético diz *Adorão*. Veja 1Rs 4.6 e 5.14.

ᵃ**12:18** Some Septuagint manuscripts and Syriac (see also 1 Kings 4:6 and 5:14); Hebrew *Adoram* ᵇ**12:25** Hebrew *Penuel*, a variant of *Peniel*

fez isso em Betel, onde sacrificou aos bezerros que havia feito. Também estabeleceu lá sacerdotes nos seus altares idólatras. ³³ No décimo quinto dia do oitavo mês, data que ele mesmo escolheu, ofereceu sacrifícios no altar que havia construído em Betel. Assim ele instituiu a festa para os israelitas e foi ao altar para queimar incenso.

O Homem de Deus que Veio de Judá

13 Por ordem do Senhor um homem de Deus foi de Judá a Betel, quando Jeroboão estava em pé junto ao altar para queimar incenso. ² Ele clamou contra o altar, segundo a ordem do Senhor: "Ó altar, ó altar! Assim diz o Senhor: 'Um filho nascerá na família de Davi e se chamará Josias. Sobre você ele sacrificará os sacerdotes dos altares idólatras que agora queimam incenso aqui, e ossos humanos serão queimados sobre você' ". ³ Naquele mesmo dia o homem de Deus deu um sinal: "Este é o sinal que o Senhor declarou: O altar se fenderá, e as cinzas que estão sobre ele se derramarão".

⁴ Quando o rei Jeroboão ouviu o que o homem de Deus proclamava contra o altar de Betel, apontou para ele e ordenou: "Prendam-no!" Mas o braço que ele tinha estendido ficou paralisado, e não voltava ao normal. ⁵ Além disso, o altar se fendeu, e as suas cinzas se derramaram, conforme o sinal dado pelo homem de Deus por ordem do Senhor.

⁶ Então o rei disse ao homem de Deus: "Interceda junto ao Senhor, o seu Deus, e ore por mim para que meu braço se recupere". O homem de Deus intercedeu junto ao Senhor, e o braço do rei recuperou-se e voltou ao normal.

⁷ O rei disse ao homem de Deus: "Venha à minha casa e coma algo, e eu o recompensarei".

⁸ Mas o homem de Deus respondeu ao rei: "Mesmo que me desse a metade dos seus bens, eu não iria com você, nem comeria, nem beberia nada neste lugar. ⁹ Pois recebi estas ordens pela palavra do Senhor: 'Não coma pão nem beba água nem volte pelo mesmo caminho por onde foi' ". ¹⁰ Por isso, quando ele voltou, não foi pelo caminho por onde tinha vindo a Betel.

¹¹ Ora, havia um certo profeta, já idoso, que morava em Betel. Seus filhos lhe contaram tudo o que o homem de Deus havia feito naquele dia e também o que ele dissera ao rei. ¹² O pai lhes perguntou: "Por qual caminho ele foi?" E os seus filhos lhe mostraram por onde tinha ido o homem de Deus que viera de Judá. ¹³ Então disse aos filhos: "Selem o jumento para mim". E, depois de selarem o jumento, ele montou ¹⁴ e cavalgou à procura do homem de Deus, até que o encontrou sentado embaixo da Grande Árvore. E lhe perguntou: "Você é o homem de Deus que veio de Judá?"

"Sou", respondeu.

¹⁵ Então o profeta lhe disse: "Venha à minha casa comer alguma coisa".

¹⁶ O homem de Deus disse: "Não posso ir com você, nem posso comer pão ou beber água neste lugar. ¹⁷ A palavra do Senhor deu-me esta ordem: 'Não coma pão nem beba água lá, nem volte pelo mesmo caminho por onde você foi' ".

¹⁸ O profeta idoso respondeu: "Eu também sou profeta como você. E um anjo me disse por ordem do Senhor: 'Faça-o voltar com você para a sua casa para que coma pão e beba água' ". Mas ele estava mentindo. ¹⁹ E o homem de Deus voltou com ele e foi comer e beber em sua casa.

²⁰ Enquanto ainda estavam sentados à mesa, a palavra do Senhor veio ao profeta idoso que o havia feito voltar ²¹ e ele bradou ao homem de Deus que tinha vindo de Judá: "Assim diz o Senhor: 'Você desafiou a palavra do Senhor e não obedeceu à ordem que o Senhor, o seu Deus, lhe deu. ²² Você voltou e comeu pão e bebeu água no lugar onde ele lhe falou que não comesse nem bebesse. Por isso o seu corpo não será sepultado no túmulo dos seus antepassados' ".

²³ Quando o homem de Deus acabou de comer e beber, o profeta idoso selou seu jumento para ele. ²⁴ No caminho, um leão o atacou e o matou, e o seu corpo ficou estendido no

he did in Bethel, sacrificing to the calves he had made. And at Bethel he also installed priests at the high places he had made. ³³ On the fifteenth day of the eighth month, a month of his own choosing, he offered sacrifices on the altar he had built at Bethel. So he instituted the festival for the Israelites and went up to the altar to make offerings.

The Man of God From Judah

13 By the word of the Lord a man of God came from Judah to Bethel, as Jeroboam was standing by the altar to make an offering. ² He cried out against the altar by the word of the Lord: "O altar, altar! This is what the Lord says: 'A son named Josiah will be born to the house of David. On you he will sacrifice the priests of the high places who now make offerings here, and human bones will be burned on you.' " ³ That same day the man of God gave a sign: "This is the sign the Lord has declared: The altar will be split apart and the ashes on it will be poured out."

⁴ When King Jeroboam heard what the man of God cried out against the altar at Bethel, he stretched out his hand from the altar and said, "Seize him!" But the hand he stretched out toward the man shriveled up, so that he could not pull it back. ⁵ Also, the altar was split apart and its ashes poured out according to the sign given by the man of God by the word of the Lord.

⁶ Then the king said to the man of God, "Intercede with the Lord your God and pray for me that my hand may be restored." So the man of God interceded with the Lord, and the king's hand was restored and became as it was before.

⁷ The king said to the man of God, "Come home with me and have something to eat, and I will give you a gift."

⁸ But the man of God answered the king, "Even if you were to give me half your possessions, I would not go with you, nor would I eat bread or drink water here. ⁹ For I was commanded by the word of the Lord: 'You must not eat bread or drink water or return by the way you came.' " ¹⁰ So he took another road and did not return by the way he had come to Bethel.

¹¹ Now there was a certain old prophet living in Bethel, whose sons came and told him all that the man of God had done there that day. They also told their father what he had said to the king. ¹² Their father asked them, "Which way did he go?" And his sons showed him which road the man of God from Judah had taken. ¹³ So he said to his sons, "Saddle the donkey for me." And when they had saddled the donkey for him, he mounted it ¹⁴ and rode after the man of God. He found him sitting under an oak tree and asked, "Are you the man of God who came from Judah?"

"I am," he replied.

¹⁵ So the prophet said to him, "Come home with me and eat."

¹⁶ The man of God said, "I cannot turn back and go with you, nor can I eat bread or drink water with you in this place. ¹⁷ I have been told by the word of the Lord: 'You must not eat bread or drink water there or return by the way you came.' "

¹⁸ The old prophet answered, "I too am a prophet, as you are. And an angel said to me by the word of the Lord: 'Bring him back with you to your house so that he may eat bread and drink water.' " (But he was lying to him.) ¹⁹ So the man of God returned with him and ate and drank in his house.

²⁰ While they were sitting at the table, the word of the Lord came to the old prophet who had brought him back. ²¹ He cried out to the man of God who had come from Judah, "This is what the Lord says: 'You have defied the word of the Lord and have not kept the command the Lord your God gave you. ²² You came back and ate bread and drank water in the place where he told you not to eat or drink. Therefore your body will not be buried in the tomb of your fathers.' "

²³ When the man of God had finished eating and drinking, the prophet who had brought him back saddled his donkey for him. ²⁴ As he went on his way, a lion met him on the road and killed him, and his body was thrown down on the road, with both the

chão, ao lado do leão e do jumento. **25** Algumas pessoas que passaram viram o cadáver estendido ali, com o leão ao lado, e foram dar a notícia na cidade onde o profeta idoso vivia. **26** Quando este soube disso, exclamou: "É o homem de Deus que desafiou a palavra do SENHOR! O SENHOR o entregou ao leão, que o feriu e o matou, conforme a palavra do SENHOR o tinha advertido".

27 O profeta disse aos seus filhos: "Selem o jumento para mim", e eles o fizeram. **28** Ele foi e encontrou o cadáver caído no caminho, com o jumento e o leão ao seu lado. O leão não tinha comido o corpo nem ferido o jumento. **29** O profeta apanhou o corpo do homem de Deus, colocou-o sobre o jumento, e o levou de volta para Betel[a], a fim de chorar por ele e sepultá-lo. **30** Ele o pôs no seu próprio túmulo, e se lamentaram por ele, cada um exclamando: "Ah, meu irmão!"

31 Depois de sepultá-lo, disse aos seus filhos: "Quando eu morrer, enterrem-me no túmulo onde está sepultado o homem de Deus; ponham os meus ossos ao lado dos ossos dele. **32** Pois a mensagem que declarou por ordem do SENHOR contra o altar de Betel e contra todos os altares idólatras das cidades de Samaria certamente se cumprirá".

33 Mesmo depois disso Jeroboão não mudou o seu mau procedimento, mas continuou a nomear dentre o povo sacerdotes para os altares idólatras. Ele consagrava para esses altares todo aquele que quisesse tornar-se sacerdote. **34** Esse foi o pecado da família de Jeroboão, que levou à sua queda e à sua eliminação da face da terra.

A Profecia de Aías contra Jeroboão

14 Naquela época, Abias, filho de Jeroboão, ficou doente, **2** e este disse à sua mulher: "Use um disfarce para não ser reconhecida como a mulher de Jeroboão, e vá a Siló, onde vive o profeta Aías, aquele que me disse que eu seria rei sobre este povo. **3** Leve para ele dez pães, alguns bolos e uma garrafa de mel. Ele lhe dirá o que vai acontecer com o menino". **4** A mulher de Jeroboão atendeu o seu pedido e foi à casa de Aías, em Siló.

Ora, Aías já não conseguia enxergar; tinha ficado cego por causa da idade. **5** Mas o SENHOR lhe tinha dito: "A mulher de Jeroboão está vindo para lhe perguntar acerca do filho dela, pois ele está doente, e você deve responder-lhe assim e assim. Quando ela chegar, vai fingir que é outra pessoa".

6 Quando Aías ouviu o som dos passos junto da porta, disse: "Entre, mulher de Jeroboão. Por que esse fingimento? Fui encarregado de lhe dar más notícias. **7** Vá dizer a Jeroboão que é isto o que o SENHOR, o Deus de Israel, diz: 'Tirei-o dentre o povo e o tornei líder sobre Israel, o meu povo. **8** Tirei o reino da família de Davi e o dei a você, mas você não tem sido como o meu servo Davi, que obedecia aos meus mandamentos e me seguia de todo o coração, fazendo apenas o que eu aprovo. **9** Você tem feito mais mal do que todos os que viveram antes de você, pois fez para si outros deuses, ídolos de metal; você provocou a minha ira e voltou as costas para mim.

10 " 'Por isso, trarei desgraça à família de Jeroboão. Matarei de Jeroboão até o último indivíduo do sexo masculino[b] em Israel, seja escravo ou livre. Queimarei a família de Jeroboão até o fim como quem queima esterco. **11** Dos que pertencem a Jeroboão, os cães comerão os que morrerem na cidade, e as aves do céu se alimentarão dos que morrerem no campo. O SENHOR falou!'

12 "Quanto a você, volte para casa. Quando você puser os pés na cidade, o menino morrerá. **13** Todo o Israel chorará por ele e o sepultará. Ele é o único da família de Jeroboão que será sepultado, pois é o único da família de Jeroboão em quem o SENHOR, o Deus de Israel, encontrou alguma coisa boa.

14 "O SENHOR levantará para si um rei sobre Israel que eli-

donkey and the lion standing beside it. **25** Some people who passed by saw the body thrown down there, with the lion standing beside the body, and they went and reported it in the city where the old prophet lived.

26 When the prophet who had brought him back from his journey heard of it, he said, "It is the man of God who defied the word of the LORD. The LORD has given him over to the lion, which has mauled him and killed him, as the word of the LORD had warned him."

27 The prophet said to his sons, "Saddle the donkey for me," and they did so. **28** Then he went out and found the body thrown down on the road, with the donkey and the lion standing beside it. The lion had neither eaten the body nor mauled the donkey. **29** So the prophet picked up the body of the man of God, laid it on the donkey, and brought it back to his own city to mourn for him and bury him. **30** Then he laid the body in his own tomb, and they mourned over him and said, "Oh, my brother!"

31 After burying him, he said to his sons, "When I die, bury me in the grave where the man of God is buried; lay my bones beside his bones. **32** For the message he declared by the word of the LORD against the altar in Bethel and against all the shrines on the high places in the towns of Samaria will certainly come true."

33 Even after this, Jeroboam did not change his evil ways, but once more appointed priests for the high places from all sorts of people. Anyone who wanted to become a priest he consecrated for the high places. **34** This was the sin of the house of Jeroboam that led to its downfall and to its destruction from the face of the earth.

Ahijah's Prophecy Against Jeroboam

14 At that time Abijah son of Jeroboam became ill, **2** and Jeroboam said to his wife, "Go, disguise yourself, so you won't be recognized as the wife of Jeroboam. Then go to Shiloh. Ahijah the prophet is there—the one who told me I would be king over this people. **3** Take ten loaves of bread with you, some cakes and a jar of honey, and go to him. He will tell you what will happen to the boy." **4** So Jeroboam's wife did what he said and went to Ahijah's house in Shiloh.

Now Ahijah could not see; his sight was gone because of his age. **5** But the LORD had told Ahijah, "Jeroboam's wife is coming to ask you about her son, for he is ill, and you are to give her such and such an answer. When she arrives, she will pretend to be someone else."

6 So when Ahijah heard the sound of her footsteps at the door, he said, "Come in, wife of Jeroboam. Why this pretense? I have been sent to you with bad news. **7** Go, tell Jeroboam that this is what the LORD, the God of Israel, says: 'I raised you up from among the people and made you a leader over my people Israel. **8** I tore the kingdom away from the house of David and gave it to you, but you have not been like my servant David, who kept my commands and followed me with all his heart, doing only what was right in my eyes. **9** You have done more evil than all who lived before you. You have made for yourself other gods, idols made of metal; you have provoked me to anger and thrust me behind your back.

10 " 'Because of this, I am going to bring disaster on the house of Jeroboam. I will cut off from Jeroboam every last male in Israel—slave or free. I will burn up the house of Jeroboam as one burns dung, until it is all gone. **11** Dogs will eat those belonging to Jeroboam who die in the city, and the birds of the air will feed on those who die in the country. The LORD has spoken!'

12 "As for you, go back home. When you set foot in your city, the boy will die. **13** All Israel will mourn for him and bury him. He is the only one belonging to Jeroboam who will be buried, because he is the only one in the house of Jeroboam in whom the LORD, the God of Israel, has found anything good.

14 "The LORD will raise up for himself a king over Israel who

---

minará a família de Jeroboão. O dia virá! Quando? Agora mesmo. **15** E o Senhor ferirá Israel, de maneira que ficará como junco balançando na água. Ele desarraigará Israel desta boa terra que deu aos seus antepassados e os espalhará para além do Eufrates**ᵃ**, pois provocaram a ira do Senhor com os postes sagrados que fizeram. **16** E ele abandonará Israel por causa dos pecados que Jeroboão cometeu e tem feito Israel cometer."

17 Então a mulher de Jeroboão levantou-se e voltou para Tirza. Assim que entrou em casa, o menino morreu. **18** Eles o sepultaram, e todo o Israel chorou por ele, conforme o Senhor predissera por meio do seu servo, o profeta Aías.

19 Os demais acontecimentos do reinado de Jeroboão, suas guerras e como governou, estão escritos nos registros históricos dos reis de Israel. **20** Ele reinou durante vinte e dois anos, e então descansou com os seus antepassados. E o seu filho Nadabe foi o seu sucessor.

O Reinado de Roboão, Rei de Judá

21 Roboão, filho de Salomão, foi rei de Judá. Tinha quarenta e um anos de idade quando começou a reinar, e reinou dezessete anos em Jerusalém, cidade que o Senhor havia escolhido dentre todas as tribos de Israel para nela pôr o seu nome. Sua mãe, uma amonita, chamava-se Naamá.

22 Judá fez o que o Senhor reprova. Pelos pecados que cometeram, eles despertaram a sua ira zelosa mais do que os seus antepassados o tinham feito. **23** Também construíram para si altares idólatras, colunas sagradas e postes sagrados sobre todos os montes e debaixo de todas as árvores frondosas. **24** Havia no país até prostitutos cultuais; o povo se envolvia em todas as práticas detestáveis das nações que o Senhor havia expulsado de diante dos israelitas.

25 No quinto ano do reinado de Roboão, Sisaque, rei do Egito, atacou Jerusalém. **26** Levou embora todos os tesouros do templo do Senhor e do palácio real, inclusive os escudos de ouro que Salomão havia feito. **27** Por isso o rei Roboão mandou fazer escudos de bronze para substituí-los, e os entregou aos chefes da guarda da entrada do palácio real. **28** Sempre que o rei ia ao templo do Senhor, os guardas empunhavam os escudos, e, em seguida, os devolviam à sala da guarda.

29 Os demais acontecimentos do reinado de Roboão, e tudo o que fez, estão escritos nos registros históricos dos reis de Judá. **30** Houve guerra constante entre Roboão e Jeroboão. **31** Roboão descansou com os seus antepassados e foi sepultado com eles na Cidade de Davi. Sua mãe, uma amonita, chamava-se Naamá. E o seu filho Abias foi o seu sucessor.

O Reinado de Abias, Rei de Judá

15 No décimo oitavo ano do reinado de Jeroboão, filho de Nebate, Abias tornou-se rei de Judá, **2** e reinou três anos em Jerusalém. O nome de sua mãe era Maaca, filha de Absalão.

3 Ele cometeu todos os pecados que o seu pai tinha cometido; seu coração não era inteiramente consagrado ao Senhor, ao seu Deus, quanto fora o coração de Davi, seu predecessor. **4** No entanto, por amor de Davi, o Senhor, o seu Deus, concedeu-lhe uma lâmpada em Jerusalém, dando-lhe um filho como sucessor e fortalecendo Jerusalém. **5** Pois Davi fizera o que o Senhor aprova e não deixara de obedecer a nenhum dos mandamentos do Senhor durante todos os dias da sua vida, exceto no caso de Urias, o hitita.

---

will cut off the family of Jeroboam. This is the day! What? Yes, even now.**ᵃ 15** And the Lord will strike Israel, so that it will be like a reed swaying in the water. He will uproot Israel from this good land that he gave to their forefathers and scatter them beyond the River,**ᵇ** because they provoked the Lord to anger by making Asherah poles.**ᶜ 16** And he will give Israel up because of the sins Jeroboam has committed and has caused Israel to commit."

17 Then Jeroboam's wife got up and left and went to Tirzah. As soon as she stepped over the threshold of the house, the boy died. **18** They buried him, and all Israel mourned for him, as the Lord had said through his servant the prophet Ahijah.

19 The other events of Jeroboam's reign, his wars and how he ruled, are written in the book of the annals of the kings of Israel. **20** He reigned for twenty-two years and then rested with his fathers. And Nadab his son succeeded him as king.

Rehoboam King of Judah

21 Rehoboam son of Solomon was king in Judah. He was forty-one years old when he became king, and he reigned seventeen years in Jerusalem, the city the Lord had chosen out of all the tribes of Israel in which to put his Name. His mother's name was Naamah; she was an Ammonite.

22 Judah did evil in the eyes of the Lord. By the sins they committed they stirred up his jealous anger more than their fathers had done. **23** They also set up for themselves high places, sacred stones and Asherah poles on every high hill and under every spreading tree. **24** There were even male shrine prostitutes in the land; the people engaged in all the detestable practices of the nations the Lord had driven out before the Israelites.

25 In the fifth year of King Rehoboam, Shishak king of Egypt attacked Jerusalem. **26** He carried off the treasures of the temple of the Lord and the treasures of the royal palace. He took everything, including all the gold shields Solomon had made. **27** So King Rehoboam made bronze shields to replace them and assigned these to the commanders of the guard on duty at the entrance to the royal palace. **28** Whenever the king went to the Lord's temple, the guards bore the shields, and afterward they returned them to the guardroom.

29 As for the other events of Rehoboam's reign, and all he did, are they not written in the book of the annals of the kings of Judah? **30** There was continual warfare between Rehoboam and Jeroboam. **31** And Rehoboam rested with his fathers and was buried with them in the City of David. His mother's name was Naamah; she was an Ammonite. And Abijah**ᵈ** his son succeeded him as king.

Abijah King of Judah

15 In the eighteenth year of the reign of Jeroboam son of Nebat, Abijah**ᵉ** became king of Judah, **2** and he reigned in Jerusalem three years. His mother's name was Maacah daughter of Abishalom.**ᶠ**

3 He committed all the sins his father had done before him; his heart was not fully devoted to the Lord his God, as the heart of David his forefather had been. **4** Nevertheless, for David's sake the Lord his God gave him a lamp in Jerusalem by raising up a son to succeed him and by making Jerusalem strong. **5** For David had done what was right in the eyes of the Lord and had not failed to keep any of the Lord's commands all the days of his life—except in the case of Uriah the Hittite.

ᵃ14:14 The meaning of the Hebrew for this sentence is uncertain. **ᵇ14:15** That is, the Euphrates **ᶜ14:15** That is, symbols of the goddess Asherah; here and elsewhere in 1 Kings **ᵈ14:31** Some Hebrew manuscripts and Septuagint (see also 2 Chron. 12:16); most Hebrew manuscripts *Abijam* **ᵉ15:1** Some Hebrew manuscripts and Septuagint (see also 2 Chron. 12:16); most Hebrew manuscripts *Abijam*; also in verses 7 and 8 **ᶠ15:2** A variant of *Absalom*; also in verse 10

ᵃ14.15 Hebraico: do Rio.

6 E houve guerra entre Roboão e Jeroboão durante toda a vida de Abias[a]. **7** Os demais acontecimentos do reinado de Abias e todas as suas realizações estão escritos nos registros históricos dos reis de Judá. Também houve guerra entre Abias e Jeroboão. **8** E Abias descansou com os seus antepassados e foi sepultado na Cidade de Davi. E o seu filho Asa foi o seu sucessor.

O Reinado de Asa, Rei de Judá

9 No vigésimo ano do reinado de Jeroboão, rei de Israel, Asa tornou-se rei de Judá, **10** e reinou quarenta e um anos em Jerusalém. O nome da sua avó era Maaca, filha de Absalão. **11** Asa fez o que o Senhor aprova, tal como Davi, seu predecessor. **12** Expulsou do país os prostitutos cultuais e se desfez de todos os ídolos que seu pai havia feito. **13** Chegou até a depor sua avó Maaca da posição de rainha-mãe, pois ela havia feito um poste sagrado repugnante. Asa derrubou o poste e o queimou no vale do Cedrom. **14** Embora os altares idólatras não tenham sido eliminados, o coração de Asa foi totalmente dedicado ao Senhor durante toda a sua vida. **15** Ele trouxe para o templo do Senhor a prata, o ouro e os utensílios que ele e seu pai haviam consagrado.

16 Houve guerra entre Asa e Baasa, rei de Israel, durante todo o reinado deles. **17** Baasa, rei de Israel, invadiu Judá e fortificou Ramá, para que ninguém pudesse entrar nem sair do território de Asa, rei de Judá. **18** Então Asa ajuntou a prata e o ouro que haviam sobrado no tesouro do templo do Senhor e do seu próprio palácio. Confiou tudo isso a alguns dos seus oficiais e os enviou a Ben-Hadade, filho de Tabriom e neto de Heziom, rei da Síria, que governava em Damasco, **19** com uma mensagem que dizia: "Façamos um tratado, como fizeram meu pai e o teu. Estou te enviando como presente prata e ouro. Agora, rompe o tratado que tens com Baasa, rei de Israel, para que ele saia do meu país". **20** Ben-Hadade aceitou a proposta do rei Asa e ordenou aos comandantes das suas forças que atacassem as cidades de Israel. Ele conquistou Ijom, Dã, Abel-Bete-Maaca e todo o Quinerete, além de Naftali. **21** Quando Baasa soube disso, abandonou a construção dos muros de Ramá e foi para Tirza. **22** Então o rei Asa reuniu todos homens de Judá — ninguém foi isentado — e eles retiraram de Ramá as pedras e a madeira que Baasa estivera usando. Com esse material Asa fortificou Geba, em Benjamim, e também Mispá.

23 Os demais acontecimentos do reinado de Asa, todas as suas realizações, todos os seus atos e todas as cidades que construiu, tudo isso está escrito nos registros históricos dos reis de Judá. Na velhice Asa sofreu uma doença nos pés, **24** e quando descansou com os seus antepassados, foi sepultado com eles na Cidade de Davi, seu predecessor. E seu filho Josafá foi o seu sucessor.

O Reinado de Nadabe, Rei de Israel

25 Nadabe, filho de Jeroboão, tornou-se rei de Israel no segundo ano do reinado de Asa, rei de Judá, e reinou dois anos sobre Israel. **26** Fez o que o Senhor reprova, andando nos caminhos do seu pai e no pecado que ele tinha levado Israel a cometer. **27** Baasa, filho de Aías, da tribo de Issacar, conspirou contra ele, e o matou na cidade filistéia de Gibetom, enquanto Nadabe e todo o exército de Israel a sitiavam. **28** Baasa matou Nadabe no terceiro ano do reinado de Asa, rei de Judá, e foi o seu sucessor.

29 Assim que começou a reinar, matou toda a família de Jeroboão. Dos pertencentes a Jeroboão não deixou ninguém vivo; destruiu todos, de acordo com a palavra do Senhor anunciada por seu servo, o silonita Aías. **30** Isso aconteceu por causa dos pecados que Jeroboão havia cometido e havia feito Israel cometer, e porque ele tinha provocado a ira do Senhor, o Deus de Israel.

6 There was war between Rehoboam[a] and Jeroboam throughout *Abijah's* lifetime. **7** As for the other events of Abijah's reign, and all he did, are they not written in the book of the annals of the kings of Judah? There was war between Abijah and Jeroboam. **8** And Abijah rested with his fathers and was buried in the City of David. And Asa his son succeeded him as king.

Asa King of Judah

9 In the twentieth year of Jeroboam king of Israel, Asa became king of Judah, **10** and he reigned in Jerusalem forty-one years. His grandmother's name was Maacah daughter of Abishalom. **11** Asa did what was right in the eyes of the Lord, as his father David had done. **12** He expelled the male shrine prostitutes from the land and got rid of all the idols his fathers had made. **13** He even deposed his grandmother Maacah from her position as queen mother, because she had made a repulsive Asherah pole. Asa cut the pole down and burned it in the Kidron Valley. **14** Although he did not remove the high places, Asa's heart was fully committed to the Lord all his life. **15** He brought into the temple of the Lord the silver and gold and the articles that he and his father had dedicated.

16 There was war between Asa and Baasha king of Israel throughout their reigns. **17** Baasha king of Israel went up against Judah and fortified Ramah to prevent anyone from leaving or entering the territory of Asa king of Judah.

18 Asa then took all the silver and gold that was left in the treasuries of the Lord's temple and of his own palace. He entrusted it to his officials and sent them to Ben-Hadad son of Tabrimmon, the son of Hezion, the king of Aram, who was ruling in Damascus. **19** "Let there be a treaty between me and you," he said, "as there was between my father and your father. See, I am sending you a gift of silver and gold. Now break your treaty with Baasha king of Israel so he will withdraw from me." **20** Ben-Hadad agreed with King Asa and sent the commanders of his forces against the towns of Israel. He conquered Ijon, Dan, Abel Beth Maacah and all Kinnereth in addition to Naphtali. **21** When Baasha heard this, he stopped building Ramah and withdrew to Tirzah. **22** Then King Asa issued an order to all Judah—no one was exempt—and they carried away from Ramah the stones and timber Baasha had been using there. With them King Asa built up Geba in Benjamin, and also Mizpah.

23 As for all the other events of Asa's reign, all his achievements, all he did and the cities he built, are they not written in the book of the annals of the kings of Judah? In his old age, however, his feet became diseased. **24** Then Asa rested with his fathers and was buried with them in the city of his father David. And Jehoshaphat his son succeeded him as king.

Nadab King of Israel

25 Nadab son of Jeroboam became king of Israel in the second year of Asa king of Judah, and he reigned over Israel two years. **26** He did evil in the eyes of the Lord, walking in the ways of his father and in his sin, which he had caused Israel to commit.

27 Baasha son of Ahijah of the house of Issachar plotted against him, and he struck him down at Gibbethon, a Philistine town, while Nadab and all Israel were besieging it. **28** Baasha killed Nadab in the third year of Asa king of Judah and succeeded him as king.

29 As soon as he began to reign, he killed Jeroboam's whole family. He did not leave Jeroboam anyone that breathed, but destroyed them all, according to the word of the Lord given through his servant Ahijah the Shilonite— **30** because of the sins Jeroboam had committed and had caused Israel to commit, and because he provoked the Lord, the God of Israel, to anger.

[a]15.6 Alguns manuscritos dizem *Abião*, variante de *Abias*.

[a]15:6 Most Hebrew manuscripts; some Hebrew manuscripts and Syriac *Abijam* (that is, Abijah)

31 Os demais acontecimentos do reinado de Nadabe e tudo o que fez, estão escritos nos registros históricos dos reis de Israel. **32** Houve guerra entre Asa e Baasa, rei de Israel, durante todo o reinado deles.

O Reinado de Baasa, Rei de Israel

33 No terceiro ano do reinado de Asa, rei de Judá, Baasa, filho de Aías, tornou-se rei de todo o Israel, em Tirza, e reinou vinte e quatro anos. **34** Fez o que o Senhor reprova, andando nos caminhos de Jeroboão e nos pecados que ele tinha levado Israel a cometer.

16 Então a palavra do Senhor contra Baasa veio a Jeú, filho de Hanani: **2** "Eu o levantei do pó e o tornei líder de Israel, o meu povo, mas você andou nos caminhos de Jeroboão e fez o meu povo pecar e provocar a minha ira por causa dos pecados deles. **3** Por isso estou na iminência de destruir Baasa e a sua família, fazendo a ela o que fiz à de Jeroboão, filho de Nebate. **4** Cães comerão os da família de Baasa que morrerem na cidade, e as aves do céu se alimentarão dos que morrerem no campo".

5 Os demais acontecimentos do reinado de Baasa, seus atos e suas realizações, estão escritos nos registros históricos dos reis de Israel. **6** Baasa descansou com os seus antepassados e foi sepultado em Tirza. E seu filho Elá foi o seu sucessor.

7 A palavra do Senhor veio por meio do profeta Jeú, filho de Hanani, a Baasa e sua família, por terem feito o que o Senhor reprova, provocando a sua ira, tornando-se como a família de Jeroboão — e também porque Baasa destruiu a família de Jeroboão.

O Reinado de Elá, Rei de Israel

8 No vigésimo sexto ano do reinado de Asa, rei de Judá, Elá, filho de Baasa, tornou-se rei de Israel, e reinou dois anos em Tirza.

9 Zinri, um dos seus oficiais, que comandava metade dos seus carros de guerra, conspirou contra ele. Elá estava em Tirza naquela ocasião, embriagando-se na casa de Arsa, o encarregado do palácio de Tirza. **10** Zinri entrou, feriu-o e matou-o, no vigésimo sétimo ano do reinado de Asa, rei de Judá. E foi o seu sucessor.

11 Assim que começou a reinar, logo que se assentou no trono, eliminou toda a família de Baasa. Não poupou uma só pessoa do sexo masculino*a*, fosse parente ou amigo. **12** Assim Zinri destruiu toda a família de Baasa, de acordo com a palavra do Senhor que o profeta Jeú dissera contra Baasa, **13** por causa de todos os pecados que este e seu filho Elá haviam cometido e levado Israel a cometer, pois, com os seus ídolos inúteis, provocaram a ira do Senhor, o Deus de Israel.

14 Os demais acontecimentos do reinado de Elá e tudo o que fez estão escritos nos registros históricos dos reis de Israel.

O Reinado de Zinri, Rei de Israel

15 No vigésimo sétimo ano do reinado de Asa, rei de Judá, Zinri reinou sete dias em Tirza. O exército estava acampado perto da cidade filistéia de Gibetom. **16** Quando os acampados souberam que Zinri havia conspirado contra o rei e o tinha assassinado, no mesmo dia, ali no acampamento, proclamaram Onri, o comandante do exército, rei sobre Israel. **17** Então Onri e todo o seu exército saíram de Gibetom e sitiaram Tirza. **18** Quando Zinri viu que a cidade tinha sido tomada, entrou na cidadela do palácio real e incendiou o palácio em torno de si, e morreu. **19** Tudo por causa dos pecados que ele havia cometido, fazendo o que o Senhor reprova e andando nos caminhos de Jeroboão e no pecado que ele tinha cometido e levado Israel a cometer.

20 Os demais acontecimentos do reinado de Zinri e a rebelião que liderou estão escritos nos registros históricos dos reis de Israel.

Baasha King of Israel

31 As for the other events of Nadab's reign, and all he did, are they not written in the book of the annals of the kings of Israel? **32** There was war between Asa and Baasha king of Israel throughout their reigns.

Baasha King of Israel

33 In the third year of Asa king of Judah, Baasha son of Ahijah became king of all Israel in Tirzah, and he reigned twenty-four years. **34** He did evil in the eyes of the Lord, walking in the ways of Jeroboam and in his sin, which he had caused Israel to commit.

16 Then the word of the Lord came to Jehu son of Hanani against Baasha: **2** "I lifted you up from the dust and made you leader of my people Israel, but you walked in the ways of Jeroboam and caused my people Israel to sin and to provoke me to anger by their sins. **3** So I am about to consume Baasha and his house, and I will make your house like that of Jeroboam son of Nebat. **4** Dogs will eat those belonging to Baasha who die in the city, and the birds of the air will feed on those who die in the country."

5 As for the other events of Baasha's reign, what he did and his achievements, are they not written in the book of the annals of the kings of Israel? **6** Baasha rested with his fathers and was buried in Tirzah. And Elah his son succeeded him as king.

7 Moreover, the word of the Lord came through the prophet Jehu son of Hanani to Baasha and his house, because of all the evil he had done in the eyes of the Lord, provoking him to anger by the things he did, and becoming like the house of Jeroboam—and also because he destroyed it.

Elah King of Israel

8 In the twenty-sixth year of Asa king of Judah, Elah son of Baasha became king of Israel, and he reigned in Tirzah two years.

9 Zimri, one of his officials, who had command of half his chariots, plotted against him. Elah was in Tirzah at the time, getting drunk in the home of Arza, the man in charge of the palace at Tirzah. **10** Zimri came in, struck him down and killed him in the twenty-seventh year of Asa king of Judah. Then he succeeded him as king.

11 As soon as he began to reign and was seated on the throne, he killed off Baasha's whole family. He did not spare a single male, whether relative or friend. **12** So Zimri destroyed the whole family of Baasha, in accordance with the word of the Lord spoken against Baasha through the prophet Jehu— **13** because of all the sins Baasha and his son Elah had committed and had caused Israel to commit, so that they provoked the Lord, the God of Israel, to anger by their worthless idols.

14 As for the other events of Elah's reign, and all he did, are they not written in the book of the annals of the kings of Israel?

Zimri King of Israel

15 In the twenty-seventh year of Asa king of Judah, Zimri reigned in Tirzah seven days. The army was encamped near Gibbethon, a Philistine town. **16** When the Israelites in the camp heard that Zimri had plotted against the king and murdered him, they proclaimed Omri, the commander of the army, king over Israel that very day there in the camp. **17** Then Omri and all the Israelites with him withdrew from Gibbethon and laid siege to Tirzah. **18** When Zimri saw that the city was taken, he went into the citadel of the royal palace and set the palace on fire around him. So he died, **19** because of the sins he had committed, doing evil in the eyes of the Lord and walking in the ways of Jeroboam and in the sin he had committed and had caused Israel to commit.

20 As for the other events of Zimri's reign, and the rebellion he carried out, are they not written in the book of the annals of the kings of Israel?

---

a16.11 Hebraico: dos que urinam na parede.

O Reinado de Onri, Rei de Israel

21 Então o povo de Israel dividiu-se em duas facções: metade apoiava Tibni, filho de Ginate, para fazê-lo rei, e a outra metade apoiava Onri. **22** Mas os seguidores de Onri revelaram-se mais fortes do que os de Tibni, filho de Ginate. E aconteceu que Tibni morreu e Onri tornou-se rei.

23 No trigésimo primeiro ano do reinado de Asa, rei de Judá, Onri tornou-se rei de Israel e reinou doze anos, seis deles em Tirza. **24** Por setenta quilos[a] de prata ele comprou de Sêmer, a colina de Samaria, onde construiu uma cidade, a qual chamou Samaria, por causa de Sêmer, o nome do antigo proprietário da colina.

25 Onri, porém, fez o que o Senhor reprova e pecou mais do que todos os que reinaram antes dele. **26** Andou nos caminhos de Jeroboão, filho de Nebate, e no pecado que ele tinha levado Israel a cometer, e assim, com os seus ídolos inúteis, provocou a ira do Senhor, o Deus de Israel.

27 Os demais acontecimentos do reinado de Onri, seus atos e suas realizações, tudo está escrito nos registros históricos dos reis de Israel. **28** Onri descansou com os seus antepassados e foi sepultado em Samaria. E seu filho Acabe foi o seu sucessor.

O Reinado de Acabe, Rei de Israel

29 No trigésimo oitavo ano do reinado de Asa, rei de Judá, Acabe, filho de Onri, tornou-se rei de Israel, e reinou vinte e dois anos sobre Israel, em Samaria. **30** Acabe, filho de Onri, fez o que o Senhor reprova, mais do que qualquer outro antes dele. **31** Ele não apenas achou que não tinha importância cometer os pecados de Jeroboão, filho de Nebate, mas também se casou com Jezabel, filha de Etbaal, rei dos sidônios, e passou a prestar culto a Baal e a adorá-lo. **32** No templo de Baal, que ele mesmo tinha construído em Samaria, Acabe ergueu um altar para Baal. **33** Fez também um poste sagrado. Ele provocou a ira do Senhor, o Deus de Israel, mais do que todos os reis de Israel antes dele.

34 Durante o seu reinado, Hiel, de Betel, reconstruiu Jericó. Lançou os alicerces à custa da vida do seu filho mais velho, Abirão, e instalou as suas portas à custa da vida do seu filho mais novo, Segube, de acordo com a palavra que o Senhor tinha falado por meio de Josué, filho de Num.

Elias Alimentado por Corvos

17 Ora, Elias, de Tisbe[b], em Gileade, disse a Acabe: "Juro pelo nome do Senhor, o Deus de Israel, a quem sirvo, que não cairá orvalho nem chuva nos anos seguintes, exceto mediante a minha palavra".

2 Depois disso a palavra do Senhor veio a Elias: **3** "Saia daqui, vá para o leste e esconda-se perto do riacho de Querite, a leste do Jordão. **4** Você beberá do riacho, e dei ordens aos corvos para o alimentarem lá".

5 E ele fez o que o Senhor lhe tinha dito. Foi para o riacho de Querite, a leste do Jordão, e ficou lá. **6** Os corvos lhe traziam pão e carne de manhã e de tarde, e ele bebia água do riacho.

A Viúva de Sarepta

7 Algum tempo depois, o riacho secou-se por falta de chuva. **8** Então a palavra do Senhor veio a Elias: **9** "Vá imediatamente para a cidade de Sarepta de Sidom e fique por lá. Ordenei a uma viúva daquele lugar que lhe forneça comida". **10** E ele foi. Quando chegou à porta da cidade, encontrou uma viúva que estava colhendo gravetos. Ele a chamou e perguntou: "Pode me trazer um pouco d'água numa jarra para eu beber?" **11** Enquanto ela ia buscar água, ele gritou: "Por favor, traga também um pedaço de pão".

12 Mas ela respondeu: "Juro pelo nome do Senhor, o teu Deus, que não tenho nenhum pedaço de pão; só um punhado de farinha num jarro e um pouco de azeite numa botija. Estou colhendo uns dois gravetos para levar para casa e preparar uma refeição para mim e para o meu filho, para que a comamos e depois morramos."

Omri King of Israel

21 Then the people of Israel were split into two factions; half supported Tibni son of Ginath for king, and the other half supported Omri. **22** But Omri's followers proved stronger than those of Tibni son of Ginath. So Tibni died and Omri became king.

23 In the thirty-first year of Asa king of Judah, Omri became king of Israel, and he reigned twelve years, six of them in Tirzah. **24** He bought the hill of Samaria from Shemer for two talents[a] of silver and built a city on the hill, calling it Samaria, after Shemer, the name of the former owner of the hill.

25 But Omri did evil in the eyes of the Lord and sinned more than all those before him. **26** He walked in all the ways of Jeroboam son of Nebat and in his sin, which he had caused Israel to commit, so that they provoked the Lord, the God of Israel, to anger by their worthless idols.

27 As for the other events of Omri's reign, what he did and the things he achieved, are they not written in the book of the annals of the kings of Israel? **28** Omri rested with his fathers and was buried in Samaria. And Ahab his son succeeded him as king.

Ahab Becomes King of Israel

29 In the thirty-eighth year of Asa king of Judah, Ahab son of Omri became king of Israel, and he reigned in Samaria over Israel twenty-two years. **30** Ahab son of Omri did more evil in the eyes of the Lord than any of those before him. **31** He not only considered it trivial to commit the sins of Jeroboam son of Nebat, but he also married Jezebel daughter of Ethbaal king of the Sidonians, and began to serve Baal and worship him. **32** He set up an altar for Baal in the temple of Baal that he built in Samaria. **33** Ahab also made an Asherah pole and did more to provoke the Lord, the God of Israel, to anger than did all the kings of Israel before him.

34 In Ahab's time, Hiel of Bethel rebuilt Jericho. He laid its foundations at the cost of his firstborn son Abiram, and he set up its gates at the cost of his youngest son Segub, in accordance with the word of the Lord spoken by Joshua son of Nun.

Elijah Fed by Ravens

17 Now Elijah the Tishbite, from Tishbe[b] in Gilead, said to Ahab, "As the Lord, the God of Israel, lives, whom I serve, there will be neither dew nor rain in the next few years except at my word."

2 Then the word of the Lord came to Elijah: **3** "Leave here, turn eastward and hide in the Kerith Ravine, east of the Jordan. **4** You will drink from the brook, and I have ordered the ravens to feed you there."

5 So he did what the Lord had told him. He went to the Kerith Ravine, east of the Jordan, and stayed there. **6** The ravens brought him bread and meat in the morning and bread and meat in the evening, and he drank from the brook.

The Widow at Zarephath

7 Some time later the brook dried up because there had been no rain in the land. **8** Then the word of the Lord came to him: **9** "Go at once to Zarephath of Sidon and stay there. I have commanded a widow in that place to supply you with food." **10** So he went to Zarephath. When he came to the town gate, a widow was there gathering sticks. He called to her and asked, "Would you bring me a little water in a jar so I may have a drink?" **11** As she was going to get it, he called, "And bring me, please, a piece of bread."

12 "As surely as the Lord your God lives," she replied, "I don't have any bread—only a handful of flour in a jar and a little oil in a jug. I am gathering a few sticks to take home and make a meal for myself and my son, that we may eat it—and die."

---

a16.24 Hebraico: *2 talentos*. Um talento equivalia a 35 quilos. **b**17.1 Ou *o tesbita* Elias, *dos colonizadores*

a16:24 That is, about 150 pounds (about 70 kilograms) **b**17:1 Or *Tishbite, of the settlers*

¹³ Elias, porém, lhe disse: "Não tenha medo. Vá para casa e faça o que disse. Mas primeiro faça um pequeno bolo com o que você tem e traga para mim, e depois faça algo para você e para o seu filho. ¹⁴ Pois assim diz o Senhor, o Deus de Israel: 'A farinha na vasilha não se acabará e o azeite na botija não se secará até o dia em que o Senhor fizer chover sobre a terra' ".

¹⁵ Ela foi e fez conforme Elias lhe dissera. E aconteceu que a comida durou muito tempo, para Elias e para a mulher e sua família. ¹⁶ Pois a farinha na vasilha não se acabou e o azeite na botija não se secou, conforme a palavra do Senhor proferida por Elias.

¹⁷ Algum tempo depois o filho da mulher, dona da casa, ficou doente, foi piorando e finalmente parou de respirar. ¹⁸ E a mulher reclamou a Elias: "Que foi que eu te fiz, ó homem de Deus? Vieste para lembrar-me do meu pecado e matar o meu filho?"

¹⁹ "Dê-me o seu filho", respondeu Elias. Ele o apanhou dos braços dela, levou-o para o quarto de cima onde estava hospedado, e o pôs na cama. ²⁰ Então clamou ao Senhor: "Ó Senhor, meu Deus, trouxeste também desgraça sobre esta viúva, com quem estou hospedado, fazendo morrer o seu filho?" ²¹ Então ele se deitou sobre o menino três vezes e clamou ao Senhor: "Ó Senhor, meu Deus, faze voltar a vida a este menino!"

²² O Senhor ouviu o clamor de Elias, e a vida voltou ao menino, e ele viveu. ²³ Então Elias levou o menino para baixo, entregou-o à mãe e disse: "Veja, seu filho está vivo!"

²⁴ Então a mulher disse a Elias: "Agora sei que tu és um homem de Deus e que a palavra do Senhor, vinda da tua boca, é verdade".

Elias e Obadias

18 Depois de um longo tempo, no terceiro ano da seca, a palavra do Senhor veio a Elias: "Vá apresentar-se a Acabe, pois enviarei chuva sobre a terra". ² E Elias foi.

Como a fome era grande em Samaria, ³ Acabe convocou Obadias, o responsável por seu palácio, homem que temia muito o Senhor. ⁴ Jezabel estava exterminando os profetas do Senhor. Por isso Obadias reuniu cem profetas e os escondeu em duas cavernas, cinqüenta em cada uma, e lhes forneceu comida e água. ⁵ Certa vez Acabe disse a Obadias: "Vamos a todas as fontes e vales do país. Talvez consigamos achar um pouco de capim para manter vivos os cavalos e as mulas e assim não será preciso matar nenhum animal". ⁶ Para isso dividiram o território que iam percorrer; Acabe foi numa direção e Obadias noutra.

⁷ Quando Obadias estava a caminho, Elias o encontrou. Obadias o reconheceu, inclinou-se até o chão e perguntou: "És tu mesmo, meu senhor Elias?"

⁸ "Sou", respondeu Elias. "Vá dizer ao seu senhor: Elias está aqui."

⁹ "O que eu fiz de errado", perguntou Obadias, "para que entregues o teu servo a Acabe para ser morto? ¹⁰ Juro pelo nome do Senhor, o teu Deus, que não há uma só nação ou reino aonde o rei, meu senhor, não enviou alguém para procurar por ti. E, sempre que uma nação ou reino afirmava que tu não estavas lá, ele os fazia jurar que não conseguiram encontrar-te. ¹¹ Mas agora me dizes para ir dizer ao meu senhor: 'Elias está aqui'. ¹² Não sei para onde o Espírito do Senhor poderá levar-te quando eu te deixar. Se eu for dizer isso a Acabe e ele não te encontrar, ele me matará. E eu, que sou teu servo, tenho adorado o Senhor desde a minha juventude. ¹³ Por acaso não ouviste, meu senhor, o que eu fiz enquanto Jezabel estava matando os profetas do Senhor? Escondi cem dos profetas do Senhor em duas cavernas, cinqüenta em cada uma, e os abasteci de comida e água. ¹⁴ E agora me dizes que vá dizer ao meu senhor: 'Elias está aqui'. Ele vai me matar!"

¹⁵ E disse Elias: "Juro pelo nome do Senhor dos Exércitos, a quem eu sirvo, que hoje eu me apresentarei a Acabe".

Elias no Monte Carmelo

¹⁶ Então Obadias dirigiu-se a Acabe, passou-lhe a informação, e Acabe foi ao encontro de Elias. ¹⁷ Quando viu Elias, disse-lhe: "É você mesmo, perturbador de Israel?"

¹³ Elijah said to her, "Don't be afraid. Go home and do as you have said. But first make a small cake of bread for me from what you have and bring it to me, and then make something for yourself and your son. ¹⁴ For this is what the Lord, the God of Israel, says: 'The jar of flour will not be used up and the jug of oil will not run dry until the day the Lord gives rain on the land.' "

¹⁵ She went away and did as Elijah had told her. So there was food every day for Elijah and for the woman and her family. ¹⁶ For the jar of flour was not used up and the jug of oil did not run dry, in keeping with the word of the Lord spoken by Elijah.

¹⁷ Some time later the son of the woman who owned the house became ill. He grew worse and worse, and finally stopped breathing. ¹⁸ She said to Elijah, "What do you have against me, man of God? Did you come to remind me of my sin and kill my son?"

¹⁹ "Give me your son," Elijah replied. He took him from her arms, carried him to the upper room where he was staying, and laid him on his bed. ²⁰ Then he cried out to the Lord, "O Lord my God, have you brought tragedy also upon this widow I am staying with, by causing her son to die?" ²¹ Then he stretched himself out on the boy three times and cried to the Lord, "O Lord my God, let this boy's life return to him!"

²² The Lord heard Elijah's cry, and the boy's life returned to him, and he lived. ²³ Elijah picked up the child and carried him down from the room into the house. He gave him to his mother and said, "Look, your son is alive!"

²⁴ Then the woman said to Elijah, "Now I know that you are a man of God and that the word of the Lord from your mouth is the truth."

Elijah and Obadiah

18 After a long time, in the third year, the word of the Lord came to Elijah: "Go and present yourself to Ahab, and I will send rain on the land." ² So Elijah went to present himself to Ahab.

Now the famine was severe in Samaria, ³ and Ahab had summoned Obadiah, who was in charge of his palace. (Obadiah was a devout believer in the Lord. ⁴ While Jezebel was killing off the Lord's prophets, Obadiah had taken a hundred prophets and hidden them in two caves, fifty in each, and had supplied them with food and water.) ⁵ Ahab had said to Obadiah, "Go through the land to all the springs and valleys. Maybe we can find some grass to keep the horses and mules alive so we will not have to kill any of our animals." ⁶ So they divided the land they were to cover, Ahab going in one direction and Obadiah in another.

⁷ As Obadiah was walking along, Elijah met him. Obadiah recognized him, bowed down to the ground, and said, "Is it really you, my lord Elijah?"

⁸ "Yes," he replied. "Go tell your master, 'Elijah is here.' "

⁹ "What have I done wrong," asked Obadiah, "that you are handing your servant over to Ahab to be put to death? ¹⁰ As surely as the Lord your God lives, there is not a nation or kingdom where my master has not sent someone to look for you. And whenever a nation or kingdom claimed you were not there, he made them swear they could not find you. ¹¹ But now you tell me to go to my master and say, 'Elijah is here.' ¹² I don't know where the Spirit of the Lord may carry you when I leave you. If I go and tell Ahab and he doesn't find you, he will kill me. Yet I your servant have worshiped the Lord since my youth. ¹³ Haven't you heard, my lord, what I did while Jezebel was killing the prophets of the Lord? I hid a hundred of the Lord's prophets in two caves, fifty in each, and supplied them with food and water. ¹⁴ And now you tell me to go to my master and say, 'Elijah is here.' He will kill me!"

¹⁵ Elijah said, "As the Lord Almighty lives, whom I serve, I will surely present myself to Ahab today."

Elijah on Mount Carmel

¹⁶ So Obadiah went to meet Ahab and told him, and Ahab went to meet Elijah. ¹⁷ When he saw Elijah, he said to him, "Is that you, you troubler of Israel?"

18 "Não tenho perturbado Israel", Elias respondeu. "Mas você e a família do seu pai têm. Vocês abandonaram os mandamentos do Senhor e seguiram os baalins. **19** Agora convoque todo o povo de Israel para encontrar-se comigo no monte Carmelo. E traga os quatrocentos e cinqüenta profetas de Baal e os quatrocentos profetas de Aserá, que comem à mesa de Jezabel."

20 Acabe convocou então todo o Israel e reuniu os profetas no monte Carmelo. **21** Elias dirigiu-se ao povo e disse: "Até quando vocês vão oscilar para um lado e para o outro? Se o Senhor é Deus, sigam-no; mas, se Baal é Deus, sigam-no".

O povo, porém, nada respondeu.

22 Disse então Elias: "Eu sou o único que restou dos profetas do Senhor, mas Baal tem quatrocentos e cinqüenta profetas. **23** Tragam dois novilhos. Escolham eles um, cortem-no em pedaços e o ponham sobre a lenha, mas não acendam fogo. Eu prepararei o outro novilho e o colocarei sobre a lenha, e também não acenderei fogo nela. **24** Então vocês invocarão o nome do seu deus, e eu invocarei o nome do Senhor. O deus que responder por meio do fogo, esse é Deus".

Então todo o povo disse: "O que você disse é bom".

25 Elias disse aos profetas de Baal: "Escolham um dos novilhos e preparem-no primeiro, visto que vocês são tantos. Clamem pelo nome do seu deus, mas não acendam o fogo". **26** Então pegaram o novilho que lhes foi dado e o prepararam.

E clamaram pelo nome de Baal desde a manhã até o meio-dia. "Ó Baal, responde-nos!", gritavam. E dançavam em volta do altar que haviam feito. Mas não houve nenhuma resposta; ninguém respondeu.

27 Ao meio-dia Elias começou a zombar deles. "Gritem mais alto!", dizia, "já que ele é um deus. Quem sabe está meditando, ou ocupado, ou viajando. Talvez esteja dormindo e precise ser despertado." **28** Então passaram a gritar ainda mais alto e a ferir-se com espadas e lanças, de acordo com o costume deles, até sangrarem. **29** Passou o meio-dia, e eles continuaram profetizando em transe até a hora do sacrifício da tarde. Mas não houve resposta alguma; ninguém respondeu, ninguém deu atenção.

30 Então Elias disse a todo o povo: "Aproximem-se de mim". O povo aproximou-se, e Elias reparou o altar do Senhor, que estava em ruínas. **31** Depois apanhou doze pedras, uma para cada tribo dos descendentes de Jacó, a quem a palavra do Senhor tinha sido dirigida, dizendo-lhe: "Seu nome será Israel". **32** Com as pedras construiu um altar em honra ao nome do Senhor e cavou ao redor do altar uma valeta na qual poderiam ser semeadas duas medidas[a] de sementes. **33** Depois arrumou a lenha, cortou o novilho em pedaços e o pôs sobre a lenha. Então lhes disse: "Encham de água quatro jarras grandes e derramem-na sobre o holocausto[b] e sobre a lenha".

34 "Façam-no novamente", disse, e eles o fizeram de novo.

"Façam-no pela terceira vez", ordenou, e eles o fizeram pela terceira vez. **35** A água escorria do altar, chegando a encher a valeta.

36 À hora do sacrifício, o profeta Elias colocou-se à frente do altar e orou: "Ó Senhor, Deus de Abraão, de Isaque e de Israel, que hoje fique conhecido que tu és Deus em Israel e que sou o teu servo e que fiz todas estas coisas por ordem tua. **37** Responde-me, ó Senhor, responde-me, para que este povo saiba que tu, ó Senhor, és Deus, e que fazes o coração deles voltar para ti".

38 Então o fogo do Senhor caiu e queimou completamente o holocausto, a lenha, as pedras e o chão, e também secou totalmente a água na valeta.

39 Quando o povo viu isso, todos caíram prostrados e gritaram: "O Senhor é Deus! O Senhor é Deus!"

40 Então Elias ordenou-lhes: "Prendam os profetas de Baal. Não deixem nenhum escapar!" Eles os prenderam, e Elias os fez descer ao riacho de Quisom e lá os matou.

---

18 "I have not made trouble for Israel," Elijah replied. "But you and your father's family have. You have abandoned the Lord's commands and have followed the Baals. **19** Now summon the people from all over Israel to meet me on Mount Carmel. And bring the four hundred and fifty prophets of Baal and the four hundred prophets of Asherah, who eat at Jezebel's table."

20 So Ahab sent word throughout all Israel and assembled the prophets on Mount Carmel. **21** Elijah went before the people and said, "How long will you waver between two opinions? If the Lord is God, follow him; but if Baal is God, follow him."

But the people said nothing.

22 Then Elijah said to them, "I am the only one of the Lord's prophets left, but Baal has four hundred and fifty prophets. **23** Get two bulls for us. Let them choose one for themselves, and let them cut it into pieces and put it on the wood but not set fire to it. I will prepare the other bull and put it on the wood but not set fire to it. **24** Then you call on the name of your god, and I will call on the name of the Lord. The god who answers by fire—he is God."

Then all the people said, "What you say is good."

25 Elijah said to the prophets of Baal, "Choose one of the bulls and prepare it first, since there are so many of you. Call on the name of your god, but do not light the fire." **26** So they took the bull given them and prepared it.

Then they called on the name of Baal from morning till noon. "O Baal, answer us!" they shouted. But there was no response; no one answered. And they danced around the altar they had made.

27 At noon Elijah began to taunt them. "Shout louder!" he said. "Surely he is a god! Perhaps he is deep in thought, or busy, or traveling. Maybe he is sleeping and must be awakened." **28** So they shouted louder and slashed themselves with swords and spears, as was their custom, until their blood flowed. **29** Midday passed, and they continued their frantic prophesying until the time for the evening sacrifice. But there was no response, no one answered, no one paid attention.

30 Then Elijah said to all the people, "Come here to me." They came to him, and he repaired the altar of the Lord, which was in ruins. **31** Elijah took twelve stones, one for each of the tribes descended from Jacob, to whom the word of the Lord had come, saying, "Your name shall be Israel." **32** With the stones he built an altar in the name of the Lord, and he dug a trench around it large enough to hold two seahs[a] of seed. **33** He arranged the wood, cut the bull into pieces and laid it on the wood. Then he said to them, "Fill four large jars with water and pour it on the offering and on the wood."

34 "Do it again," he said, and they did it again.

"Do it a third time," he ordered, and they did it the third time. **35** The water ran down around the altar and even filled the trench.

36 At the time of sacrifice, the prophet Elijah stepped forward and prayed: "O Lord, God of Abraham, Isaac and Israel, let it be known today that you are God in Israel and that I am your servant and have done all these things at your command. **37** Answer me, O Lord, answer me, so these people will know that you, O Lord, are God, and that you are turning their hearts back again."

38 Then the fire of the Lord fell and burned up the sacrifice, the wood, the stones and the soil, and also licked up the water in the trench.

39 When all the people saw this, they fell prostrate and cried, "The Lord—he is God! The Lord—he is God!"

40 Then Elijah commanded them, "Seize the prophets of Baal. Don't let anyone get away!" They seized them, and Elijah had them brought down to the Kishon Valley and slaughtered there.

---

[a]18.32 Hebraico: *2 seás*. O seá era uma medida de capacidade para secos. As estimativas variam entre 7 e 14 litros. [b]18.33 Isto é, sacrifício totalmente queimado.

[a]18:32 That is, probably about 13 quarts (about 15 liters)

41 E Elias disse a Acabe: "Vá comer e beber, pois já ouço o barulho de chuva pesada". **42** Então Acabe foi comer e beber, mas Elias subiu até o alto do Carmelo, dobrou-se até o chão e pôs o rosto entre os joelhos.

43 "Vá e olhe na direção do mar", disse ao seu servo. E ele foi e olhou.

"Não há nada lá", disse ele.

Sete vezes Elias mandou: "Volte para ver".

44 Na sétima vez o servo disse: "Uma nuvem tão pequena quanto a mão de um homem está se levantando do mar".

Então Elias disse: "Vá dizer a Acabe: Prepare o seu carro e desça, antes que a chuva o impeça".

45 Enquanto isso, nuvens escuras apareceram no céu, começou a ventar e a chover forte, e Acabe partiu de carro para Jezreel. **46** O poder do SENHOR veio sobre Elias, e ele, prendendo a capa com o cinto, correu à frente de Acabe por todo o caminho até Jezreel.

A Fuga de Elias para Horebe

19 Ora, Acabe contou a Jezabel tudo o que Elias tinha feito e como havia matado todos aqueles profetas à espada. **2** Por isso Jezabel mandou um mensageiro a Elias para dizer-lhe: "Que os deuses me castiguem com todo o rigor, se amanhã nesta hora eu não fizer com a sua vida o que você fez com a deles".

3 Elias teve medo e fugiu para salvar a vida. Em Berseba de Judá ele deixou o seu servo **4** e entrou no deserto, caminhando um dia. Chegou a um pé de giesta, sentou-se debaixo dele e orou, pedindo a morte: "Já tive o bastante, SENHOR. Tira a minha vida; não sou melhor do que os meus antepassados". **5** Depois se deitou debaixo da árvore e dormiu.

De repente um anjo tocou nele e disse: "Levante-se e coma". **6** Elias olhou ao redor e ali, junto à sua cabeça, havia um pão assado sobre brasas quentes e um jarro de água. Ele comeu, bebeu e deitou-se de novo.

7 O anjo do SENHOR voltou, tocou nele e disse: "Levante-se e coma, pois a sua viagem será muito longa". **8** Então ele se levantou, comeu e bebeu. Fortalecido com aquela comida, viajou quarenta dias e quarenta noites, até chegar a Horebe, o monte de Deus. **9** Ali entrou numa caverna e passou a noite.

O SENHOR Aparece a Elias

E a palavra do SENHOR veio a ele: "O que você está fazendo aqui, Elias?"

10 Ele respondeu: "Tenho sido muito zeloso pelo SENHOR, o Deus dos Exércitos. Os israelitas rejeitaram a tua aliança, quebraram os teus altares, e mataram os teus profetas à espada. Sou o único que sobrou, e agora também estão procurando matar-me".

11 O SENHOR lhe disse: "Saia e fique no monte, na presença do SENHOR, pois o SENHOR vai passar".

Então veio um vento fortíssimo que separou os montes e esmigalhou as rochas diante do SENHOR, mas o SENHOR não estava no vento. Depois do vento houve um terremoto, mas o SENHOR não estava no terremoto. **12** Depois do terremoto houve um fogo, mas o SENHOR não estava nele. E depois do fogo houve o murmúrio de uma brisa suave. **13** Quando Elias ouviu, puxou a capa para cobrir o rosto, saiu e ficou à entrada da caverna.

E uma voz lhe perguntou: "O que você está fazendo aqui, Elias?"

14 Ele respondeu: "Tenho sido muito zeloso pelo SENHOR, o Deus dos Exércitos. Os israelitas rejeitaram a tua aliança, quebraram os teus altares, e mataram os teus profetas à espada. Sou o único que sobrou, e agora também estão procurando matar-me".

15 O SENHOR lhe disse: "Volte pelo caminho por onde veio, e vá para o deserto de Damasco. Chegando lá, unja Hazael como rei da Síria. **16** Unja também Jeú, filho de Ninsi, como rei de Israel, e unja Eliseu, filho de Safate, de Abel-Meolá, para suceder a você como profeta. **17** Jeú matará todo aquele que

41 And Elijah said to Ahab, "Go, eat and drink, for there is the sound of a heavy rain." **42** So Ahab went off to eat and drink, but Elijah climbed to the top of Carmel, bent down to the ground and put his face between his knees.

43 "Go and look toward the sea," he told his servant. And he went up and looked.

"There is nothing there," he said.

Seven times Elijah said, "Go back."

44 The seventh time the servant reported, "A cloud as small as a man's hand is rising from the sea."

So Elijah said, "Go and tell Ahab, 'Hitch up your chariot and go down before the rain stops you.' "

45 Meanwhile, the sky grew black with clouds, the wind rose, a heavy rain came on and Ahab rode off to Jezreel. **46** The power of the LORD came upon Elijah and, tucking his cloak into his belt, he ran ahead of Ahab all the way to Jezreel.

Elijah Flees to Horeb

19 Now Ahab told Jezebel everything Elijah had done and how he had killed all the prophets with the sword. **2** So Jezebel sent a messenger to Elijah to say, "May the gods deal with me, be it ever so severely, if by this time tomorrow I do not make your life like that of one of them."

3 Elijah was afraid[a] and ran for his life. When he came to Beersheba in Judah, he left his servant there, **4** while he himself went a day's journey into the desert. He came to a broom tree, sat down under it and prayed that he might die. "I have had enough, LORD," he said. "Take my life; I am no better than my ancestors." **5** Then he lay down under the tree and fell asleep.

All at once an angel touched him and said, "Get up and eat." **6** He looked around, and there by his head was a cake of bread baked over hot coals, and a jar of water. He ate and drank and then lay down again.

7 The angel of the LORD came back a second time and touched him and said, "Get up and eat, for the journey is too much for you." **8** So he got up and ate and drank. Strengthened by that food, he traveled forty days and forty nights until he reached Horeb, the mountain of God. **9** There he went into a cave and spent the night.

The LORD Appears to Elijah

And the word of the LORD came to him: "What are you doing here, Elijah?"

10 He replied, "I have been very zealous for the LORD God Almighty. The Israelites have rejected your covenant, broken down your altars, and put your prophets to death with the sword. I am the only one left, and now they are trying to kill me too."

11 The LORD said, "Go out and stand on the mountain in the presence of the LORD, for the LORD is about to pass by."

Then a great and powerful wind tore the mountains apart and shattered the rocks before the LORD, but the LORD was not in the wind. After the wind there was an earthquake, but the LORD was not in the earthquake. **12** After the earthquake came a fire, but the LORD was not in the fire. And after the fire came a gentle whisper. **13** When Elijah heard it, he pulled his cloak over his face and went out and stood at the mouth of the cave.

Then a voice said to him, "What are you doing here, Elijah?"

14 He replied, "I have been very zealous for the LORD God Almighty. The Israelites have rejected your covenant, broken down your altars, and put your prophets to death with the sword. I am the only one left, and now they are trying to kill me too."

15 The LORD said to him, "Go back the way you came, and go to the Desert of Damascus. When you get there, anoint Hazael king over Aram. **16** Also, anoint Jehu son of Nimshi king over Israel, and anoint Elisha son of Shaphat from Abel Meholah to succeed you as prophet. **17** Jehu will put to death any who

---

[a] **19:3** Or *Elijah saw*

escapar da espada de Hazael, e Eliseu matará todo aquele que escapar da espada de Jeú. ¹⁸ No entanto, fiz sobrar sete mil em Israel, todos aqueles cujos joelhos não se inclinaram diante de Baal e todos aqueles cujas bocas não o beijaram".

O Chamado de Eliseu

¹⁹ Então Elias saiu de lá e encontrou Eliseu, filho de Safate. Ele estava arando com doze parelhas de bois, e estava conduzindo a décima segunda parelha. Elias o alcançou e lançou sua capa sobre ele. ²⁰ Eliseu deixou os bois e correu atrás de Elias. "Deixa-me dar um beijo de despedida em meu pai e minha mãe", disse, "e então irei contigo".

"Vá e volte", respondeu Elias; "lembre-se do que lhe fiz."

²¹ E Eliseu voltou, apanhou a sua parelha de bois e os matou. Queimou o equipamento de arar para cozinhar a carne e a deu ao povo, e eles comeram. Depois partiu com Elias, tornando-se o seu auxiliar.

Ben-Hadade Ataca Samaria

20 O rei Ben-Hadade, da Síria, convocou todo o seu exército e, acompanhado de trinta e dois reis com seus cavalos e carros de guerra, cercou e atacou Samaria. ² Ele enviou mensageiros à cidade, a Acabe, o rei de Israel, que lhe disseram: "Isto é o que diz Ben-Hadade: ³ 'A sua prata e o seu ouro são meus, e o melhor de suas mulheres e filhos também' ".

⁴ O rei respondeu: "Que seja conforme tu dizes, ó rei, meu senhor. Eu e tudo o que tenho somos teus".

⁵ Os mensageiros voltaram ao rei e disseram: "Assim diz Ben-Hadade: 'Mandei tomar sua prata e seu ouro, suas mulheres e seus filhos. ⁶ Mas amanhã, a esta hora, enviarei meus oficiais para vasculharem o seu palácio e as casas dos seus oficiais. Eles me trarão tudo o que você considera de valor' ".

⁷ O rei de Israel convocou todas as autoridades de Israel e lhes disse: "Vejam como esse homem está querendo a nossa desgraça! Quando mandou tomar as minhas mulheres e os meus filhos, a minha prata e o meu ouro, eu não lhe neguei!"

⁸ As autoridades e todo o povo responderam: "Não lhe dês atenção nem concordes com as suas exigências".

⁹ E ele respondeu aos mensageiros de Ben-Hadade: "Digam ao rei, meu senhor: Teu servo fará tudo o que exigiste na primeira vez, mas não posso atender a esta exigência". E eles levaram a resposta a Ben-Hadade.

¹⁰ Então Ben-Hadade mandou esta outra mensagem a Acabe: "Que os deuses me castiguem com todo o rigor, caso fique em Samaria pó suficiente para dar um punhado a cada um dos meus homens".

¹¹ O rei de Israel respondeu: "Digam-lhe: 'Quem está vestindo a sua armadura não deve se gabar como aquele que a está tirando' ".

¹² Ben-Hadade recebeu essa mensagem quando ele e os reis estavam bebendo em suas tendasª, e ordenou aos seus homens: "Preparem-se para atacar a cidade". E eles lhe obedeceram.

A Derrota de Ben-Hadade

¹³ Nessa ocasião, um profeta foi até Acabe, rei de Israel, e anunciou: "Assim diz o Senhor: 'Vê este exército enorme? Hoje eu o entregarei nas suas mãos, e então você saberá que eu sou o Senhor' ".

¹⁴ "Mas quem fará isso?", perguntou Acabe.

O profeta respondeu: "Assim diz o Senhor: 'Os jovens soldados dos líderes das províncias o farão' ".

"E quem começará a batalha?", perguntou.

O profeta respondeu: "Você".

¹⁵ Então Acabe convocou os jovens soldados dos líderes das províncias, duzentos e trinta e dois homens. Em seguida reuniu o restante dos israelitas, sete mil ao todo. ¹⁶ Eles partiram ao meio-dia, enquanto Ben-Hadade e os trinta e dois reis aliados a ele estavam se embriagando nas suas tendas. ¹⁷ Os jovens soldados dos líderes das províncias sairam primeiro.

escape the sword of Hazael, and Elisha will put to death any who escape the sword of Jehu. ¹⁸ Yet I reserve seven thousand in Israel—all whose knees have not bowed down to Baal and all whose mouths have not kissed him."

The Call of Elisha

¹⁹ So Elijah went from there and found Elisha son of Shaphat. He was plowing with twelve yoke of oxen, and he himself was driving the twelfth pair. Elijah went up to him and threw his cloak around him. ²⁰ Elisha then left his oxen and ran after Elijah. "Let me kiss my father and mother good-by," he said, "and then I will come with you."

"Go back," Elijah replied. "What have I done to you?"

²¹ So Elisha left him and went back. He took his yoke of oxen and slaughtered them. He burned the plowing equipment to cook the meat and gave it to the people, and they ate. Then he set out to follow Elijah and became his attendant.

Ben-Hadad Attacks Samaria

20 Now Ben-Hadad king of Aram mustered his entire army. Accompanied by thirty-two kings with their horses and chariots, he went up and besieged Samaria and attacked it. ² He sent messengers into the city to Ahab king of Israel, saying, "This is what Ben-Hadad says: ³ 'Your silver and gold are mine, and the best of your wives and children are mine.' "

⁴ The king of Israel answered, "Just as you say, my lord the king. I and all I have are yours."

⁵ The messengers came again and said, "This is what Ben-Hadad says: 'I sent to demand your silver and gold, your wives and your children. ⁶ But about this time tomorrow I am going to send my officials to search your palace and the houses of your officials. They will seize everything you value and carry it away.' "

⁷ The king of Israel summoned all the elders of the land and said to them, "See how this man is looking for trouble! When he sent for my wives and my children, my silver and my gold, I did not refuse him."

⁸ The elders and the people all answered, "Don't listen to him or agree to his demands."

⁹ So he replied to Ben-Hadad's messengers, "Tell my lord the king, 'Your servant will do all you demanded the first time, but this demand I cannot meet.' " They left and took the answer back to Ben-Hadad.

¹⁰ Then Ben-Hadad sent another message to Ahab: "May the gods deal with me, be it ever so severely, if enough dust remains in Samaria to give each of my men a handful."

¹¹ The king of Israel answered, "Tell him: 'One who puts on his armor should not boast like one who takes it off.' "

¹² Ben-Hadad heard this message while he and the kings were drinking in their tents,ª and he ordered his men: "Prepare to attack." So they prepared to attack the city.

Ahab Defeats Ben-Hadad

¹³ Meanwhile a prophet came to Ahab king of Israel and announced, "This is what the Lord says: 'Do you see this vast army? I will give it into your hand today, and then you will know that I am the Lord.' "

¹⁴ "But who will do this?" asked Ahab.

The prophet replied, "This is what the Lord says: 'The young officers of the provincial commanders will do it.' "

"And who will start the battle?" he asked.

The prophet answered, "You will."

¹⁵ So Ahab summoned the young officers of the provincial commanders, 232 men. Then he assembled the rest of the Israelites, 7,000 in all. ¹⁶ They set out at noon while Ben-Hadad and the 32 kings allied with him were in their tents getting drunk. ¹⁷ The young officers of the provincial commanders went out first.

ª20.12 Ou *em Sucote*

ª20:12 Or *in Succoth;* also in verse 16

Nisso, uma patrulha de Ben-Hadade informou: "Saíram alguns homens de Samaria".

18 Ele disse: "Quer tenham saído para a paz, quer para a guerra, tragam-nos vivos".

19 Os jovens soldados dos líderes das províncias marcharam para fora da cidade, com o exército na retaguarda, **20** e cada um matou o seu adversário. Diante disso, os arameus fugiram, perseguidos pelos israelitas. Mas Ben-Hadade, rei da Síria, escapou a cavalo com alguns de seus cavaleiros. **21** O rei de Israel avançou e matou os cavalos e destruiu os carros de guerra e infligiu pesadas baixas aos arameus.

22 Depois disso, o profeta foi ao rei de Israel e disse: "Fortaleça a sua posição e veja o que deve ser feito, pois na próxima primavera o rei da Síria o atacará de novo".

23 Enquanto isso, os conselheiros do rei da Síria lhe diziam: "Os deuses deles são deuses das montanhas. É por isso que eles foram fortes demais para nós. Mas, se os combatermos nas planícies, com certeza seremos mais fortes do que eles. **24** Deves tirar todos os reis dos seus comandos e substituí-los por outros comandantes. **25** Também deves organizar um exército como o que perdeste, cavalo por cavalo e carro por carro, para que possamos combater Israel nas planícies. Então é certo que os venceremos". Ele concordou com eles e fez como foi aconselhado.

26 Na primavera seguinte Ben-Hadade convocou os arameus e marchou até Afeque para lutar contra Israel. **27** Os israelitas foram convocados e, tendo recebido provisões, saíram para enfrentar os arameus. Os israelitas acamparam no lado oposto como dois pequenos rebanhos de cabras, enquanto os arameus cobriam todo o campo.

28 O homem de Deus foi ao rei de Israel e lhe disse: "Assim diz o Senhor: 'Como os arameus pensam que o Senhor é um deus das montanhas e não um deus dos vales, eu entregarei esse exército enorme nas suas mãos, e vocês saberão que eu sou o Senhor' ".

29 Durante sete dias estiveram acampados em frente um do outro, e no sétimo dia entraram em combate. Num só dia os israelitas mataram cem mil soldados de infantaria arameus. **30** O restante deles escapou para a cidade de Afeque, onde o muro caiu sobre vinte e sete mil deles. Ben-Hadade também fugiu para a cidade e se escondeu, ora numa casa, ora noutra.

31 Seus oficiais lhe disseram: "Soubemos que os reis do povo de Israel são misericordiosos. Nós vamos até o rei de Israel vestidos com panos de saco e com cordas no pescoço. Talvez ele poupe a tua vida".

32 Vestindo panos de saco e tendo cordas envolvendo o pescoço, foram ao rei de Israel e disseram: "Teu servo Ben-Hadade diz: 'Rogo-te que me deixes viver' ".

O rei respondeu: "Ele ainda está vivo? Ele é meu irmão!"

33 Os homens interpretaram isso como um bom sinal e de imediato aproveitaram o que ele tinha dito. "Isso mesmo, teu irmão Ben-Hadade!", disseram.

"Tragam-no aqui", disse o rei. Quando Ben-Hadade chegou, Acabe o fez subir no seu carro.

34 "Devolverei as cidades que o meu pai tomou do teu pai", ofereceu Ben-Hadade. "Tu poderás estabelecer os teus próprios mercados em Damasco, como fez meu pai em Samaria."

Acabe disse: "Mediante um tratado, libertarei você". Então fizeram um tratado, e Acabe o deixou ir.

Um Profeta Condena Acabe

35 Por ordem do Senhor um dos discípulos dos profetas disse ao seu companheiro: "Fira-me", mas o homem se recusou a fazê-lo.

36 Então o profeta disse: "Como você não obedeceu ao Senhor, assim que você sair daqui um leão o ferirá". E, logo que o homem partiu, um leão o atacou e o feriu.

37 O profeta encontrou outro homem e lhe disse: "Fira-me, por favor". Este o atingiu e o feriu. **38** Então o profeta saiu e ficou ao lado da estrada, à espera do rei. Ele se disfarçou, cobrindo os olhos com sua testeira. **39** Quando o rei ia passando, o profeta gritou para ele: "Em pleno combate teu servo entrou, e alguém veio a mim com um prisioneiro

Now Ben-Hadad had dispatched scouts, who reported, "Men are advancing from Samaria."

18 He said, "If they have come out for peace, take them alive; if they have come out for war, take them alive."

19 The young officers of the provincial commanders marched out of the city with the army behind them **20** and each one struck down his opponent. At that, the Arameans fled, with the Israelites in pursuit. But Ben-Hadad king of Aram escaped on horseback with some of his horsemen. **21** The king of Israel advanced and overpowered the horses and chariots and inflicted heavy losses on the Arameans.

22 Afterward, the prophet came to the king of Israel and said, "Strengthen your position and see what must be done, because next spring the king of Aram will attack you again."

23 Meanwhile, the officials of the king of Aram advised him, "Their gods are gods of the hills. That is why they were too strong for us. But if we fight them on the plains, surely we will be stronger than they. **24** Do this: Remove all the kings from their commands and replace them with other officers. **25** You must also raise an army like the one you lost—horse for horse and chariot for chariot—so we can fight Israel on the plains. Then surely we will be stronger than they." He agreed with them and acted accordingly.

26 The next spring Ben-Hadad mustered the Arameans and went up to Aphek to fight against Israel. **27** When the Israelites were also mustered and given provisions, they marched out to meet them. The Israelites camped opposite them like two small flocks of goats, while the Arameans covered the countryside.

28 The man of God came up and told the king of Israel, "This is what the Lord says: 'Because the Arameans think the Lord is a god of the hills and not a god of the valleys, I will deliver this vast army into your hands, and you will know that I am the Lord.' "

29 For seven days they camped opposite each other, and on the seventh day the battle was joined. The Israelites inflicted a hundred thousand casualties on the Aramean foot soldiers in one day. **30** The rest of them escaped to the city of Aphek, where the wall collapsed on twenty-seven thousand of them. And Ben-Hadad fled to the city and hid in an inner room.

31 His officials said to him, "Look, we have heard that the kings of the house of Israel are merciful. Let us go to the king of Israel with sackcloth around our waists and ropes around our heads. Perhaps he will spare your life."

32 Wearing sackcloth around their waists and ropes around their heads, they went to the king of Israel and said, "Your servant Ben-Hadad says: 'Please let me live.' "

The king answered, "Is he still alive? He is my brother."

33 The men took this as a good sign and were quick to pick up his word. "Yes, your brother Ben-Hadad!" they said.

"Go and get him," the king said. When Ben-Hadad came out, Ahab had him come up into his chariot.

34 "I will return the cities my father took from your father," Ben-Hadad offered. "You may set up your own market areas in Damascus, as my father did in Samaria."

Ahab said, "On the basis of a treaty I will set you free." So he made a treaty with him, and let him go.

A Prophet Condemns Ahab

35 By the word of the Lord one of the sons of the prophets said to his companion, "Strike me with your weapon," but the man refused.

36 So the prophet said, "Because you have not obeyed the Lord, as soon as you leave me a lion will kill you." And after the man went away, a lion found him and killed him.

37 The prophet found another man and said, "Strike me, please." So the man struck him and wounded him. **38** Then the prophet went and stood by the road waiting for the king. He disguised himself with his headband down over his eyes. **39** As the king passed by, the prophet called out to him, "Your servant went into the thick of the battle, and someone came to me with a captive

e me disse: 'Vigie este homem. Se ele escapar, será a sua vida pela dele, ou você deverá pagar trinta e cinco quilos[a] de prata'. **40** Enquanto o teu servo estava ocupado com outras coisas, o homem desapareceu."

"Essa é a sua sentença", disse o rei de Israel. "Você mesmo a pronunciou."

41 Então o profeta rapidamente removeu a testeira dos olhos, e o rei o reconheceu como um dos profetas. **42** Ele disse ao rei: "Assim diz o Senhor: 'Você libertou um homem que eu havia decidido que devia morrer. Por isso, é a sua vida pela vida dele, o seu povo pelo povo dele' ". **43** Aborrecido e irritado, o rei de Israel voltou para o seu palácio em Samaria.

A Vinha de Nabote

21 Algum tempo depois houve um incidente envolvendo uma vinha que pertencia a Nabote, de Jezreel. A vinha ficava em Jezreel, ao lado do palácio de Acabe, rei de Samaria. **2** Acabe tinha dito a Nabote: "Dê-me a sua vinha para eu usar como horta, já que fica ao lado do meu palácio. Em troca eu lhe darei uma vinha melhor ou, se preferir, eu lhe pagarei, seja qual for o seu valor".

3 Nabote, contudo, respondeu: "O Senhor me livre de dar a ti a herança dos meus pais!"

4 Então Acabe foi para casa aborrecido e indignado porque Nabote, de Jezreel, lhe dissera: "Não te darei a herança dos meus pais". Deitou-se na cama, virou o rosto para a parede e recusou-se a comer.

5 Sua mulher Jezabel entrou e lhe perguntou: "Por que você está tão aborrecido? Por que não come?"

6 Ele respondeu-lhe: "Porque eu disse a Nabote, de Jezreel: Venda-me a sua vinha; ou, se preferir, eu lhe darei outra vinha em lugar dessa. Mas ele disse: 'Não te darei minha vinha' ".

7 Disse-lhe Jezabel, sua mulher: "É assim que você age como rei de Israel? Levante-se e coma! Anime-se. Conseguirei para você a vinha de Nabote, de Jezreel".

8 Então ela escreveu cartas em nome de Acabe, pôs nelas o selo do rei, e as enviou às autoridades e aos nobres da cidade de Nabote. **9** Naquelas cartas ela escreveu:

"Decretem um dia de jejum e ponham Nabote sentado num lugar de destaque entre o povo. **10** E mandem dois homens vadios sentar-se em frente dele e façam com que testemunhem que ele amaldiçoou tanto a Deus quanto ao rei. Levem-no para fora e apedrejem-no até a morte".

11 As autoridades e os nobres da cidade de Nabote fizeram conforme Jezabel os orientara nas cartas que lhes tinha escrito. **12** Decretaram jejum e fizeram Nabote sentar-se num local destacado no meio do povo. **13** Então dois homens vadios vieram e se sentaram em frente dele e o acusaram diante do povo, dizendo: "Nabote amaldiçoou tanto a Deus quanto ao rei". Por isso o levaram para fora da cidade e o apedrejaram até a morte. **14** Então mandaram informar a Jezabel: "Nabote foi apedrejado e está morto".

15 Assim que Jezabel soube que Nabote tinha sido apedrejado até a morte, disse a Acabe: "Levante-se e tome posse da vinha que Nabote, de Jezreel, recusou-se a vender-lhe. Ele não está mais vivo; está morto!" **16** Quando Acabe ouviu que Nabote estava morto, levantou-se e foi tomar posse da vinha.

17 Então a palavra do Senhor veio ao tesbita Elias: **18** "Vá encontrar-se com Acabe, o rei de Israel, que reina em Samaria. Agora ele está na vinha de Nabote para tomar posse dela. **19** Diga-lhe que assim diz o Senhor: 'Você assassinou um homem e ainda se apossou de sua propriedade?' E acrescente: Assim diz o Senhor: 'No local onde os cães lamberam o sangue de Nabote, lamberão também o seu sangue; isso mesmo, o seu sangue!' "

and said, 'Guard this man. If he is missing, it will be your life for his life, or you must pay a talent[a] of silver.' **40** While your servant was busy here and there, the man disappeared."

"That is your sentence," the king of Israel said. "You have pronounced it yourself."

41 Then the prophet quickly removed the headband from his eyes, and the king of Israel recognized him as one of the prophets. **42** He said to the king, "This is what the Lord says: 'You have set free a man I had determined should die.[b] Therefore it is your life for his life, your people for his people.' " **43** Sullen and angry, the king of Israel went to his palace in Samaria.

Naboth's Vineyard

21 Some time later there was an incident involving a vineyard belonging to Naboth the Jezreelite. The vineyard was in Jezreel, close to the palace of Ahab king of Samaria. **2** Ahab said to Naboth, "Let me have your vineyard to use for a vegetable garden, since it is close to my palace. In exchange I will give you a better vineyard or, if you prefer, I will pay you whatever it is worth."

3 But Naboth replied, "The Lord forbid that I should give you the inheritance of my fathers."

4 So Ahab went home, sullen and angry because Naboth the Jezreelite had said, "I will not give you the inheritance of my fathers." He lay on his bed sulking and refused to eat.

5 His wife Jezebel came in and asked him, "Why are you so sullen? Why won't you eat?"

6 He answered her, "Because I said to Naboth the Jezreelite, 'Sell me your vineyard; or if you prefer, I will give you another vineyard in its place.' But he said, 'I will not give you my vineyard.' "

7 Jezebel his wife said, "Is this how you act as king over Israel? Get up and eat! Cheer up. I'll get you the vineyard of Naboth the Jezreelite."

8 So she wrote letters in Ahab's name, placed his seal on them, and sent them to the elders and nobles who lived in Naboth's city with him. **9** In those letters she wrote:

"Proclaim a day of fasting and seat Naboth in a prominent place among the people. **10** But seat two scoundrels opposite him and have them testify that he has cursed both God and the king. Then take him out and stone him to death."

11 So the elders and nobles who lived in Naboth's city did as Jezebel directed in the letters she had written to them. **12** They proclaimed a fast and seated Naboth in a prominent place among the people. **13** Then two scoundrels came and sat opposite him and brought charges against Naboth before the people, saying, "Naboth has cursed both God and the king." So they took him outside the city and stoned him to death. **14** Then they sent word to Jezebel: "Naboth has been stoned and is dead."

15 As soon as Jezebel heard that Naboth had been stoned to death, she said to Ahab, "Get up and take possession of the vineyard of Naboth the Jezreelite that he refused to sell you. He is no longer alive, but dead." **16** When Ahab heard that Naboth was dead, he got up and went down to take possession of Naboth's vineyard.

17 Then the word of the Lord came to Elijah the Tishbite: **18** "Go down to meet Ahab king of Israel, who rules in Samaria. He is now in Naboth's vineyard, where he has gone to take possession of it. **19** Say to him, 'This is what the Lord says: Have you not murdered a man and seized his property?' Then say to him, 'This is what the Lord says: In the place where dogs licked up Naboth's blood, dogs will lick up your blood—yes, yours!' "

---

a20:39 That is, about 75 pounds (about 34 kilograms) **b20:42** The Hebrew term refers to the irrevocable giving over of things or persons to the Lord, often by totally destroying them.

a20.39 Hebraico: *1 talento.*

20 Acabe disse a Elias: "Então você me encontrou, meu inimigo!"

"Eu o encontrei", ele respondeu, "porque você se vendeu para fazer o que o Senhor reprova. **21** E ele diz: 'Vou trazer desgraça sobre você. Devorarei os seus descendentes e eliminarei da sua família todos os do sexo masculino[a] em Israel, sejam escravos ou livres. **22** Farei à sua família o que fiz à de Jeroboão, filho de Nebate, e à de Baasa, filho de Aías, pois você provocou a minha ira e fez Israel pecar'.

23 "E acerca de Jezabel o Senhor diz: 'Os cães devorarão Jezabel junto ao muro de[b] Jezreel'.

24 "Os cães comerão os que pertencem a Acabe e que morrerem na cidade, e as aves do céu se alimentarão dos que morrerem no campo."

25 (Nunca existiu ninguém como Acabe que, pressionado por sua mulher Jezabel, vendeu-se para fazer o que o Senhor reprova. **26** Ele se comportou da maneira mais detestável possível, indo atrás de ídolos, como faziam os amorreus, que o Senhor tinha expulsado de diante de Israel.)

27 Quando Acabe ouviu essas palavras, rasgou as suas vestes, vestiu-se de pano de saco e jejuou. Passou a dormir sobre panos de saco e agia com mansidão.

28 Então a palavra do Senhor veio ao tesbita Elias: **29** "Você notou como Acabe se humilhou diante de mim? Visto que se humilhou, não trarei essa desgraça durante o seu reinado, mas durante o reinado de seu filho".

A Profecia contra Acabe

22 Durante três anos não houve guerra entre a Síria e Israel. **2** Mas no terceiro ano, Josafá, rei de Judá, foi visitar o rei de Israel. **3** Este havia perguntado aos seus oficiais: "Por acaso vocês não sabem que Ramote-Gileade nos pertence, e ainda assim não estamos fazendo nada para retomá-la do rei da Síria?"

4 Então perguntou a Josafá: "Irás comigo lutar contra Ramote-Gileade?"

Josafá respondeu ao rei de Israel: "Sou como tu, e meu povo é como o teu povo, e os meus cavalos são como se fossem teus". **5** Mas acrescentou: "Peço-te que busques primeiro o conselho do Senhor".

6 Então o rei de Israel reuniu quatrocentos profetas, e lhes perguntou: "Devo ir à guerra contra Ramote-Gileade, ou não?"

Eles responderam: "Sim, pois o Senhor a entregará nas mãos do rei".

7 Josafá, porém, perguntou: "Não existe aqui mais nenhum profeta do Senhor, a quem possamos consultar?"

8 O rei de Israel respondeu a Josafá: "Ainda há um homem por meio de quem podemos consultar o Senhor, mas eu o odeio, porque nunca profetiza coisas boas a meu respeito, mas sempre coisas ruins. É Micaías, filho de Inlá".

"O rei não deveria dizer isso", Josafá respondeu.

9 Então o rei de Israel chamou um dos seus oficiais e disse: "Traga Micaías, filho de Inlá, imediatamente".

10 Usando vestes reais, o rei de Israel e Josafá, rei de Judá, estavam sentados em seus tronos, na eira, junto à porta de Samaria, e todos os profetas estavam profetizando em transe diante deles. **11** E Zedequias, filho de Quenaaná, tinha feito chifres de ferro, e declarou: "Assim diz o Senhor: 'Com estes chifres tu ferirás os arameus até que sejam destruídos' ".

12 Todos os outros profetas estavam profetizando a mesma coisa, dizendo: "Ataca Ramote-Gileade, e serás vitorioso, pois o Senhor a entregará nas mãos do rei".

---

20 Ahab said to Elijah, "So you have found me, my enemy!"

"I have found you," he answered, "because you have sold yourself to do evil in the eyes of the Lord. **21** 'I am going to bring disaster on you. I will consume your descendants and cut off from Ahab every last male in Israel—slave or free. **22** I will make your house like that of Jeroboam son of Nebat and that of Baasha son of Ahijah, because you have provoked me to anger and have caused Israel to sin.'

23 "And also concerning Jezebel the Lord says: 'Dogs will devour Jezebel by the wall of[a] Jezreel.'

24 "Dogs will eat those belonging to Ahab who die in the city, and the birds of the air will feed on those who die in the country."

25 (There was never a man like Ahab, who sold himself to do evil in the eyes of the Lord, urged on by Jezebel his wife. **26** He behaved in the vilest manner by going after idols, like the Amorites the Lord drove out before Israel.)

27 When Ahab heard these words, he tore his clothes, put on sackcloth and fasted. He lay in sackcloth and went around meekly.

28 Then the word of the Lord came to Elijah the Tishbite: **29** "Have you noticed how Ahab has humbled himself before me? Because he has humbled himself, I will not bring this disaster in his day, but I will bring it on his house in the days of his son."

Micaiah Prophesies Against Ahab

22 For three years there was no war between Aram and Israel. **2** But in the third year Jehoshaphat king of Judah went down to see the king of Israel. **3** The king of Israel had said to his officials, "Don't you know that Ramoth Gilead belongs to us and yet we are doing nothing to retake it from the king of Aram?"

4 So he asked Jehoshaphat, "Will you go with me to fight against Ramoth Gilead?"

Jehoshaphat replied to the king of Israel, "I am as you are, my people as your people, my horses as your horses." **5** But Jehoshaphat also said to the king of Israel, "First seek the counsel of the Lord."

6 So the king of Israel brought together the prophets—about four hundred men—and asked them, "Shall I go to war against Ramoth Gilead, or shall I refrain?"

"Go," they answered, "for the Lord will give it into the king's hand."

7 But Jehoshaphat asked, "Is there not a prophet of the Lord here whom we can inquire of?"

8 The king of Israel answered Jehoshaphat, "There is still one man through whom we can inquire of the Lord, but I hate him because he never prophesies anything good about me, but always bad. He is Micaiah son of Imlah."

"The king should not say that," Jehoshaphat replied.

9 So the king of Israel called one of his officials and said, "Bring Micaiah son of Imlah at once."

10 Dressed in their royal robes, the king of Israel and Jehoshaphat king of Judah were sitting on their thrones at the threshing floor by the entrance of the gate of Samaria, with all the prophets prophesying before them. **11** Now Zedekiah son of Kenaanah had made iron horns and he declared, "This is what the Lord says: 'With these you will gore the Arameans until they are destroyed.' "

12 All the other prophets were prophesying the same thing. "Attack Ramoth Gilead and be victorious," they said, "for the Lord will give it into the king's hand."

---

[a]21.21 Hebraico: *os que urinam na parede*. [b]21.23 Conforme a maioria dos manuscritos do Texto Massorético. Alguns manuscritos do Texto Massorético, a Vulgata e a Versão Siríaca dizem *no campo de*. Veja 2Rs 9.26.

[a]21:23 Most Hebrew manuscripts; a few Hebrew manuscripts, Vulgate and Syriac (see also 2 Kings 9:26) *the plot of ground at*

13 O mensageiro que tinha ido chamar Micaías lhe disse: "Veja, todos os outros profetas estão predizendo que o rei terá sucesso. Sua palavra também deve ser favorável".

14 Micaías, porém, disse: "Juro pelo nome do SENHOR que direi o que o SENHOR me mandar".

15 Quando ele chegou, o rei lhe perguntou: "Micaías, devemos ir à guerra contra Ramote-Gileade, ou não?"

Ele respondeu: "Ataca, e serás vitorioso, pois o SENHOR a entregará nas mãos do rei".

16 O rei lhe disse: "Quantas vezes devo fazer você jurar que irá me dizer somente a verdade em nome do SENHOR?"

17 Então Micaías respondeu: "Vi todo o Israel espalhado pelas colinas, como ovelhas sem pastor, e ouvi o SENHOR dizer: 'Estes não têm dono. Cada um volte para casa em paz' ".

18 O rei de Israel disse a Josafá: "Não lhe disse que ele nunca profetiza nada de bom a meu respeito, mas apenas coisas ruins?"

19 Micaías prosseguiu: "Ouça a palavra do SENHOR: Vi o SENHOR assentado em seu trono, com todo o exército dos céus ao seu redor, à sua direita e à sua esquerda. **20** E o SENHOR disse: 'Quem enganará Acabe para que ataque Ramote-Gileade e morra lá?'

"E um sugeria uma coisa, outro sugeria outra, **21** até que, finalmente, um espírito colocou-se diante do SENHOR e disse: 'Eu o enganarei'.

22 " 'De que maneira?', perguntou o SENHOR.

"Ele respondeu: 'Irei e serei um espírito mentiroso na boca de todos os profetas do rei'.

"Disse o SENHOR: 'Você conseguirá enganá-lo; vá e engane-o'.

23 "E o SENHOR pôs um espírito mentiroso na boca destes seus profetas. O SENHOR decretou a sua desgraça".

24 Então Zedequias, filho de Quenaaná, aproximou-se, deu um tapa no rosto de Micaías e perguntou: "Por qual caminho foi o espírito da parte do[a] SENHOR, quando saiu de mim para falar a você?"

25 Micaías respondeu: "Você descobrirá no dia em que estiver se escondendo de quarto em quarto".

26 O rei então ordenou: "Enviem Micaías de volta a Amom, o governador da cidade, e a Joás, filho do rei, **27** e digam: Assim diz o rei: Ponham este homem na prisão a pão e água, até que eu volte em segurança".

28 Micaías declarou: "Se você de fato voltar em segurança, o SENHOR não falou por meu intermédio". E acrescentou: "Ouçam o que estou dizendo, todos vocês!"

A Morte de Acabe

29 Então o rei de Israel e Josafá, rei de Judá, foram atacar Ramote-Gileade. **30** E o rei de Israel disse a Josafá: "Entrarei disfarçado em combate, mas tu, usa as tuas vestes reais". O rei de Israel disfarçou-se, e ambos foram para o combate.

31 O rei da Síria havia ordenado aos seus trinta e dois chefes de carros de guerra: "Não lutem contra ninguém, seja soldado, seja oficial, senão contra o rei de Israel". **32** Quando os chefes dos carros viram Josafá, pensaram: "É o rei de Israel", e o cercaram para atacá-lo, mas Josafá gritou, **33** e quando os comandantes dos carros viram que não era o rei de Israel, deixaram de persegui-lo.

34 De repente, um soldado disparou seu arco ao acaso e atingiu o rei de Israel entre os encaixes da sua armadura. Então o rei disse ao condutor do seu carro: "Tire-me do combate. Fui ferido!" **35** A batalha foi violenta durante todo o dia e, assim, o rei teve que enfrentar os arameus em pé no seu carro. O sangue de seu ferimento ficou escorrendo até o piso do carro de guerra, e ao cair da tarde, ele morreu. **36** Quando o sol estava se pondo, propagou-se um grito por todo o exército: "Cada homem para a sua cidade; cada um para a sua terra!"

37 Assim o rei morreu e foi levado para Samaria, e ali o sepultaram. **38** Lavaram o seu carro de guerra num açude em Samaria onde as prostitutas se banhavam,[b] e os cães lamberam o seu sangue, conforme a palavra do SENHOR havia declarado.

13 The messenger who had gone to summon Micaiah said to him, "Look, as one man the other prophets are predicting success for the king. Let your word agree with theirs, and speak favorably."

14 But Micaiah said, "As surely as the LORD lives, I can tell him only what the LORD tells me."

15 When he arrived, the king asked him, "Micaiah, shall we go to war against Ramoth Gilead, or shall I refrain?"

"Attack and be victorious," he answered, "for the LORD will give it into the king's hand."

16 The king said to him, "How many times must I make you swear to tell me nothing but the truth in the name of the LORD?"

17 Then Micaiah answered, "I saw all Israel scattered on the hills like sheep without a shepherd, and the LORD said, 'These people have no master. Let each one go home in peace.' "

18 The king of Israel said to Jehoshaphat, "Didn't I tell you that he never prophesies anything good about me, but only bad?"

19 Micaiah continued, "Therefore hear the word of the LORD: I saw the LORD sitting on his throne with all the host of heaven standing around him on his right and on his left. **20** And the LORD said, 'Who will entice Ahab into attacking Ramoth Gilead and going to his death there?'

"One suggested this, and another that. **21** Finally, a spirit came forward, stood before the LORD and said, 'I will entice him.'

22 " 'By what means?' the LORD asked.

" 'I will go out and be a lying spirit in the mouths of all his prophets,' he said.

" 'You will succeed in enticing him,' said the LORD. 'Go and do it.'

23 "So now the LORD has put a lying spirit in the mouths of all these prophets of yours. The LORD has decreed disaster for you."

24 Then Zedekiah son of Kenaanah went up and slapped Micaiah in the face. "Which way did the spirit from[a] the LORD go when he went from me to speak to you?" he asked.

25 Micaiah replied, "You will find out on the day you go to hide in an inner room."

26 The king of Israel then ordered, "Take Micaiah and send him back to Amon the ruler of the city and to Joash the king's son **27** and say, 'This is what the king says: Put this fellow in prison and give him nothing but bread and water until I return safely.' "

28 Micaiah declared, "If you ever return safely, the LORD has not spoken through me." Then he added, "Mark my words, all you people!"

Ahab Killed at Ramoth Gilead

29 So the king of Israel and Jehoshaphat king of Judah went up to Ramoth Gilead. **30** The king of Israel said to Jehoshaphat, "I will enter the battle in disguise, but you wear your royal robes." So the king of Israel disguised himself and went into battle.

31 Now the king of Aram had ordered his thirty-two chariot commanders, "Do not fight with anyone, small or great, except the king of Israel." **32** When the chariot commanders saw Jehoshaphat, they thought, "Surely this is the king of Israel." So they turned to attack him, but when Jehoshaphat cried out, **33** the chariot commanders saw that he was not the king of Israel and stopped pursuing him.

34 But someone drew his bow at random and hit the king of Israel between the sections of his armor. The king told his chariot driver, "Wheel around and get me out of the fighting. I've been wounded." **35** All day long the battle raged, and the king was propped up in his chariot facing the Arameans. The blood from his wound ran onto the floor of the chariot, and that evening he died. **36** As the sun was setting, a cry spread through the army: "Every man to his town; everyone to his land!"

37 So the king died and was brought to Samaria, and they buried him there. **38** They washed the chariot at a pool in Samaria (where the prostitutes bathed),[b] and the dogs licked up his blood, as the word of the LORD had declared.

---

[a]22.24 Ou *o Espírito do* [b]22.38 Ou *Samaria e limparam as armas,*

[a]22:24 Or *Spirit of* [b]22:38 Or *Samaria and cleaned the weapons*

39 Os demais acontecimentos do reinado de Acabe, e tudo o que fez, o palácio que construiu com revestimento de marfim, e as cidades que fortificou, tudo está escrito nos registros históricos dos reis de Israel. **40** Acabe descansou com os seus antepassados, e seu filho Acazias foi o seu sucessor.

O Reinado de Josafá, Rei de Judá

41 Josafá, filho de Asa, tornou-se rei de Judá no quarto ano do reinado de Acabe, rei de Israel. **42** Josafá tinha trinta e cinco anos de idade quando se tornou rei, e reinou vinte e cinco anos em Jerusalém. O nome da sua mãe era Azuba, filha de Sili. **43** Em tudo andou nos caminhos de seu pai Asa, e não se desviou deles; fez o que o SENHOR aprova. Contudo, não acabou com os altares idólatras, nos quais o povo continuou a oferecer sacrifícios e a queimar incenso. **44** Josafá teve paz com o rei de Israel.

45 Os demais acontecimentos do reinado de Josafá, suas realizações e suas façanhas militares, tudo está escrito nos registros históricos dos reis de Judá. **46** Ele livrou o país dos prostitutos cultuais que restaram depois do reinado de seu pai Asa. **47** Ora, na época não havia rei em Edom, mas sim um governador nomeado.

48 Josafá construiu uma frota de navios mercantes[a] para buscar ouro em Ofir, mas nunca o trouxeram, pois eles naufragaram em Eziom-Geber. **49** Naquela ocasião, Acazias, filho de Acabe, disse a Josafá: "Os meus marinheiros poderão navegar com os teus", mas Josafá recusou.

50 Josafá descansou com os seus antepassados e foi sepultado junto deles na Cidade de Davi, seu predecessor. E seu filho Jeorão foi o seu sucessor.

O Reinado de Acazias, Rei de Israel

51 Acazias, filho de Acabe, tornou-se rei de Israel em Samaria no décimo sétimo ano do reinado de Josafá, rei de Judá, e reinou dois anos sobre Israel. **52** Fez o que o SENHOR reprova, pois andou nos caminhos de seu pai e de sua mãe e nos caminhos de Jeroboão, filho de Nebate, que fez Israel pecar. **53** Prestou culto a Baal e o adorou, provocando assim a ira do SENHOR, o Deus de Israel, como o seu pai tinha feito.

2Reis

O Julgamento do SENHOR contra Acazias

1 Depois da morte de Acabe, Moabe rebelou-se contra Israel.

2 Certo dia, Acazias caiu da sacada do seu quarto no palácio de Samaria e ficou muito ferido. Então enviou mensageiros para consultar Baal-Zebube, deus de Ecrom, para saber se ele se recuperaria.

3 Mas o anjo do SENHOR disse ao tesbita Elias: "Vá encontrar-se com os mensageiros do rei de Samaria e pergunte a eles: Acaso não há Deus em Israel? Por que vocês vão consultar Baal-Zebube, deus de Ecrom? **4** Por isso, assim diz o SENHOR: 'Você não se levantará mais dessa cama e certamente morrerá!' " E Elias foi embora.

5 Quando os mensageiros voltaram ao rei, ele lhes perguntou: "Por que vocês voltaram?"

6 Eles responderam: "Um homem veio ao nosso encontro e nos disse: 'Voltem ao rei que os enviou e digam-lhe: Assim diz o SENHOR: "Acaso não há Deus em Israel? Por que você mandou consultar Baal-Zebube, deus de Ecrom? Por isso você não se levantará mais dessa cama e certamente morrerá!" ' "

7 O rei lhes perguntou: "Como era o homem que os encontrou e lhes disse isso?"

8 Eles responderam: "Ele vestia roupas de pêlos[b] e usava um cinto de couro".

Jehoshaphat King of Judah

41 Jehoshaphat son of Asa became king of Judah in the fourth year of Ahab king of Israel. **42** Jehoshaphat was thirty-five years old when he became king, and he reigned in Jerusalem twenty-five years. His mother's name was Azubah daughter of Shilhi. **43** In everything he walked in the ways of his father Asa and did not stray from them; he did what was right in the eyes of the LORD. The high places, however, were not removed, and the people continued to offer sacrifices and burn incense there. **44** Jehoshaphat was also at peace with the king of Israel.

45 As for the other events of Jehoshaphat's reign, the things he achieved and his military exploits, are they not written in the book of the annals of the kings of Judah? **46** He rid the land of the rest of the male shrine prostitutes who remained there even after the reign of his father Asa. **47** There was then no king in Edom; a deputy ruled.

48 Now Jehoshaphat built a fleet of trading ships[a] to go to Ophir for gold, but they never set sail—they were wrecked at Ezion Geber. **49** At that time Ahaziah son of Ahab said to Jehoshaphat, "Let my men sail with your men," but Jehoshaphat refused.

50 Then Jehoshaphat rested with his fathers and was buried with them in the city of David his father. And Jehoram his son succeeded him.

Ahaziah King of Israel

51 Ahaziah son of Ahab became king of Israel in Samaria in the seventeenth year of Jehoshaphat king of Judah, and he reigned over Israel two years. **52** He did evil in the eyes of the LORD, because he walked in the ways of his father and mother and in the ways of Jeroboam son of Nebat, who caused Israel to sin. **53** He served and worshiped Baal and provoked the LORD, the God of Israel, to anger, just as his father had done.

2Kings

The LORD's Judgment on Ahaziah

1 After Ahab's death, Moab rebelled against Israel. **2** Now Ahaziah had fallen through the lattice of his upper room in Samaria and injured himself. So he sent messengers, saying to them, "Go and consult Baal-Zebub, the god of Ekron, to see if I will recover from this injury."

3 But the angel of the LORD said to Elijah the Tishbite, "Go up and meet the messengers of the king of Samaria and ask them, 'Is it because there is no God in Israel that you are going off to consult Baal-Zebub, the god of Ekron?' **4** Therefore this is what the LORD says: 'You will not leave the bed you are lying on. You will certainly die!' " So Elijah went.

5 When the messengers returned to the king, he asked them, "Why have you come back?"

6 "A man came to meet us," they replied. "And he said to us, 'Go back to the king who sent you and tell him, "This is what the LORD says: Is it because there is no God in Israel that you are sending men to consult Baal-Zebub, the god of Ekron? Therefore you will not leave the bed you are lying on. You will certainly die!" ' "

7 The king asked them, "What kind of man was it who came to meet you and told you this?"

8 They replied, "He was a man with a garment of hair and with a leather belt around his waist."

---

a22.48 Hebraico: *navios de Társis*. **b**1.8 Ou *Era um homem cabeludo*

a22:48 Hebrew *of ships of Tarshish*

O rei concluiu: "Era o tesbita Elias".

⁹ Em seguida mandou um oficial com cinqüenta soldados procurar Elias. O oficial o encontrou sentado no alto de uma colina, e lhe disse: "Homem de Deus, o rei ordena que tu desças".

¹⁰ Elias respondeu ao oficial: "Se sou homem de Deus, que desça fogo do céu e consuma você e seus cinqüenta soldados!" E desceu fogo do céu e consumiu o oficial e seus soldados.

¹¹ Depois disso o rei enviou outro oficial com mais cinqüenta soldados. E ele disse a Elias: "Homem de Deus, o rei ordena que tu desças imediatamente".

¹² Respondeu Elias: "Se sou homem de Deus, que desça fogo do céu e consuma você e seus cinqüenta soldados!" De novo, fogo de Deus desceu do céu e consumiu o oficial e seus soldados.

¹³ Então o rei enviou um terceiro oficial com outros cinqüenta soldados. O oficial subiu o monte, caiu de joelhos diante de Elias e implorou: "Homem de Deus, tem consideração por minha vida e pela vida destes cinqüenta soldados, teus servos! ¹⁴ Sei que desceu fogo do céu e consumiu os dois primeiros oficiais com todos os seus soldados. Mas agora, tem consideração por minha vida!"

¹⁵ O anjo do SENHOR disse a Elias: "Acompanhe-o; não tenha medo dele". Então Elias se levantou, desceu com ele e foi falar com o rei.

¹⁶ Ao chegar, disse ao rei: "Assim diz o SENHOR: 'Acaso não há Deus em Israel? Por que você mandou consultar Baal-Zebube, deus de Ecrom? Por isso você não se levantará mais dessa cama e certamente morrerá!' " ¹⁷ E Acazias morreu, conforme a palavra do SENHOR anunciada por Elias. Como não tinha filhos, Jorão foi o seu sucessor no segundo ano do reinado de Jeorão, rei de Judá, filho de Josafá. ¹⁸ Os demais acontecimentos do reinado de Acazias e suas realizações estão escritos nos registros históricos dos reis de Israel.

Elias é Levado aos Céus

2 Quando o SENHOR levou Elias aos céus num redemoinho, aconteceu o seguinte: Elias e Eliseu saíram de Gilgal, ² e no caminho disse-lhe Elias: "Fique aqui, pois o SENHOR me enviou a Betel".

Eliseu, porém, disse: "Juro pelo nome do SENHOR e por tua vida que não te deixarei ir só". Então foram a Betel.

³ Em Betel os discípulos dos profetas foram falar com Eliseu e perguntaram: "Você sabe que hoje o SENHOR vai levar para os céus o seu mestre, separando-o de você?"

Respondeu Eliseu: "Sim, eu sei, mas não falem nisso".

⁴ Então Elias lhe disse: "Fique aqui, Eliseu, pois o SENHOR me enviou a Jericó".

Ele respondeu: "Juro pelo nome do SENHOR e por tua vida que não te deixarei ir só". Desceram então a Jericó.

⁵ Em Jericó os discípulos dos profetas foram falar com Eliseu e lhe perguntaram: "Você sabe que hoje o SENHOR vai levar para os céus o seu mestre, separando-o de você?"

Respondeu Eliseu: "Sim, eu sei, mas não falem nisso".

⁶ Em seguida Elias lhe disse: "Fique aqui, pois o SENHOR me enviou ao rio Jordão".

Ele respondeu: "Juro pelo nome do SENHOR e por tua vida que não te deixarei ir só!" Então partiram juntos.

⁷ Cinqüenta discípulos dos profetas os acompanharam e ficaram olhando à distância, quando Elias e Eliseu pararam à margem do Jordão. ⁸ Então Elias tirou o manto, enrolou-o e com ele bateu nas águas. As águas se dividiram, e os dois atravessaram em chão seco.

⁹ Depois de atravessar, Elias disse a Eliseu: "O que posso fazer em seu favor antes que eu seja levado para longe de você?"

Respondeu Eliseu: "Faze de mim o principal herdeiroª de teu espírito profético".

The king said, "That was Elijah the Tishbite."

⁹ Then he sent to Elijah a captain with his company of fifty men. The captain went up to Elijah, who was sitting on the top of a hill, and said to him, "Man of God, the king says, 'Come down!' "

¹⁰ Elijah answered the captain, "If I am a man of God, may fire come down from heaven and consume you and your fifty men!" Then fire fell from heaven and consumed the captain and his men.

¹¹ At this the king sent to Elijah another captain with his fifty men. The captain said to him, "Man of God, this is what the king says, 'Come down at once!' "

¹² "If I am a man of God," Elijah replied, "may fire come down from heaven and consume you and your fifty men!" Then the fire of God fell from heaven and consumed him and his fifty men.

¹³ So the king sent a third captain with his fifty men. This third captain went up and fell on his knees before Elijah. "Man of God," he begged, "please have respect for my life and the lives of these fifty men, your servants! ¹⁴ See, fire has fallen from heaven and consumed the first two captains and all their men. But now have respect for my life!"

¹⁵ The angel of the LORD said to Elijah, "Go down with him; do not be afraid of him." So Elijah got up and went down with him to the king.

¹⁶ He told the king, "This is what the LORD says: Is it because there is no God in Israel for you to consult that you have sent messengers to consult Baal-Zebub, the god of Ekron? Because you have done this, you will never leave the bed you are lying on. You will certainly die!" ¹⁷ So he died, according to the word of the LORD that Elijah had spoken.

Because Ahaziah had no son, Joramª succeeded him as king in the second year of Jehoram son of Jehoshaphat king of Judah. ¹⁸ As for all the other events of Ahaziah's reign, and what he did, are they not written in the book of the annals of the kings of Israel?

Elijah Taken Up to Heaven

2 When the LORD was about to take Elijah up to heaven in a whirlwind, Elijah and Elisha were on their way from Gilgal. ² Elijah said to Elisha, "Stay here; the LORD has sent me to Bethel."

But Elisha said, "As surely as the LORD lives and as you live, I will not leave you." So they went down to Bethel.

³ The company of the prophets at Bethel came out to Elisha and asked, "Do you know that the LORD is going to take your master from you today?"

"Yes, I know," Elisha replied, "but do not speak of it."

⁴ Then Elijah said to him, "Stay here, Elisha; the LORD has sent me to Jericho."

And he replied, "As surely as the LORD lives and as you live, I will not leave you." So they went to Jericho.

⁵ The company of the prophets at Jericho went up to Elisha and asked him, "Do you know that the LORD is going to take your master from you today?"

"Yes, I know," he replied, "but do not speak of it."

⁶ Then Elijah said to him, "Stay here; the LORD has sent me to the Jordan."

And he replied, "As surely as the LORD lives and as you live, I will not leave you." So the two of them walked on.

⁷ Fifty men of the company of the prophets went and stood at a distance, facing the place where Elijah and Elisha had stopped at the Jordan. ⁸ Elijah took his cloak, rolled it up and struck the water with it. The water divided to the right and to the left, and the two of them crossed over on dry ground.

⁹ When they had crossed, Elijah said to Elisha, "Tell me, what can I do for you before I am taken from you?"

"Let me inherit a double portion of your spirit," Elisha replied.

ª 2.9 Hebraico: *Dá-me porção dupla do teu espírito.*   ª 1:17 Hebrew *Jehoram*, a variant of *Joram*

10 Disse Elias: "Seu pedido é difícil; mas, se você me vir quando eu for separado de você, terá o que pediu; do contrário, não será atendido".

11 De repente, enquanto caminhavam e conversavam, apareceu um carro de fogo e puxado por cavalos de fogo que os separou, e Elias foi levado aos céus num redemoinho. **12** Quando viu isso, Eliseu gritou: "Meu pai! Meu pai! Tu eras como os carros de guerra e os cavaleiros de Israel!" E quando já não podia mais vê-lo, Eliseu pegou as próprias vestes e as rasgou ao meio.

13 Depois pegou o manto de Elias, que tinha caído, e voltou para a margem do Jordão. **14** Então bateu nas águas do rio com o manto e perguntou: "Onde está agora o Senhor, o Deus de Elias?" Tendo batido nas águas, elas se dividiram e ele atravessou.

15 Quando os discípulos dos profetas, vindos de Jericó, viram isso, disseram: "O espírito profético de Elias repousa sobre Eliseu". Então foram ao seu encontro, prostraram-se diante dele e disseram: **16** "Olha, nós, teus servos, temos cinquenta homens fortes. Deixa-os sair à procura do teu mestre. Talvez o Espírito do Senhor o tenha levado e deixado em algum monte ou em algum vale".

Respondeu Eliseu: "Não mandem ninguém".

17 Mas eles insistiram até que, constrangido, consentiu: "Podem mandar os homens". E mandaram cinquenta homens, que procuraram Elias por três dias, mas não o encontraram. **18** Quando voltaram a Eliseu, que tinha ficado em Jericó, ele lhes falou: "Não lhes disse que não fossem?"

A Purificação da Água

19 Alguns homens da cidade foram dizer a Eliseu: "Como podes ver, esta cidade está bem localizada, mas a água não é boa e a terra é improdutiva".

20 E disse ele: "Ponham sal numa tigela nova e tragam-na para mim". Quando a levaram, **21** ele foi à nascente, jogou o sal ali e disse: "Assim diz o Senhor: 'Purifiquei esta água. Não causará mais mortes nem deixará a terra improdutiva' ". **22** E até hoje a água permanece pura, conforme a palavra de Eliseu.

O Castigo dos Zombadores

23 De Jericó Eliseu foi para Betel. No caminho, alguns meninos que vinham da cidade começaram a caçoar dele, gritando: "Suma daqui, careca!" **24** Voltando-se, olhou para eles e os amaldiçoou em nome do Senhor. Então, duas ursas saíram do bosque e despedaçaram quarenta e dois meninos. **25** De Betel prosseguiu até o monte Carmelo e dali voltou a Samaria.

A Rebelião de Moabe

3 Jorão, filho de Acabe, tornou-se rei de Israel em Samaria no décimo oitavo ano de Josafá, rei de Judá, e reinou doze anos. **2** Fez o que o Senhor reprova, mas não como seu pai e sua mãe, pois derrubou a coluna sagrada de Baal, que seu pai havia feito. **3** No entanto, persistiu nos pecados que Jeroboão, filho de Nebate, levara Israel a cometer e deles não se afastou.

4 Ora, Messa, rei de Moabe, tinha muitos rebanhos e pagava como tributo ao rei de Israel cem mil cordeiros e a lã de cem mil carneiros. **5** Mas, depois que Acabe morreu, o rei de Moabe rebelou-se contra o rei de Israel. **6** Então, naquela ocasião, o rei Jorão partiu de Samaria e mobilizou todo o Israel. **7** Também enviou esta mensagem a Josafá, rei de Judá: "O rei de Moabe rebelou-se contra mim. Irás acompanhar-me na luta contra Moabe?"

Ele respondeu: "Sim, eu irei. Serei teu aliado, os meus soldados e os teus, os meus cavalos e os teus serão um só exército". **8** E perguntou: "Por qual caminho atacaremos?"

Respondeu Jorão: "Pelo deserto de Edom".

10 "You have asked a difficult thing," Elijah said, "yet if you see me when I am taken from you, it will be yours—otherwise not."

11 As they were walking along and talking together, suddenly a chariot of fire and horses of fire appeared and separated the two of them, and Elijah went up to heaven in a whirlwind. **12** Elisha saw this and cried out, "My father! My father! The chariots and horsemen of Israel!" And Elisha saw him no more. Then he took hold of his own clothes and tore them apart.

13 He picked up the cloak that had fallen from Elijah and went back and stood on the bank of the Jordan. **14** Then he took the cloak that had fallen from him and struck the water with it. "Where now is the Lord, the God of Elijah?" he asked. When he struck the water, it divided to the right and to the left, and he crossed over.

15 The company of the prophets from Jericho, who were watching, said, "The spirit of Elijah is resting on Elisha." And they went to meet him and bowed to the ground before him. **16** "Look," they said, "we your servants have fifty able men. Let them go and look for your master. Perhaps the Spirit of the Lord has picked him up and set him down on some mountain or in some valley."

"No," Elisha replied, "do not send them."

17 But they persisted until he was too ashamed to refuse. So he said, "Send them." And they sent fifty men, who searched for three days but did not find him. **18** When they returned to Elisha, who was staying in Jericho, he said to them, "Didn't I tell you not to go?"

Healing of the Water

19 The men of the city said to Elisha, "Look, our lord, this town is well situated, as you can see, but the water is bad and the land is unproductive."

20 "Bring me a new bowl," he said, "and put salt in it." So they brought it to him.

21 Then he went out to the spring and threw the salt into it, saying, "This is what the Lord says: 'I have healed this water. Never again will it cause death or make the land unproductive.' " **22** And the water has remained wholesome to this day, according to the word Elisha had spoken.

Elisha Is Jeered

23 From there Elisha went up to Bethel. As he was walking along the road, some youths came out of the town and jeered at him. "Go on up, you baldhead!" they said. "Go on up, you baldhead!" **24** He turned around, looked at them and called down a curse on them in the name of the Lord. Then two bears came out of the woods and mauled forty-two of the youths. **25** And he went on to Mount Carmel and from there returned to Samaria.

Moab Revolts

3 Joram[a] son of Ahab became king of Israel in Samaria in the eighteenth year of Jehoshaphat king of Judah, and he reigned twelve years. **2** He did evil in the eyes of the Lord, but not as his father and mother had done. He got rid of the sacred stone of Baal that his father had made. **3** Nevertheless he clung to the sins of Jeroboam son of Nebat, which he had caused Israel to commit; he did not turn away from them.

4 Now Mesha king of Moab raised sheep, and he had to supply the king of Israel with a hundred thousand lambs and with the wool of a hundred thousand rams. **5** But after Ahab died, the king of Moab rebelled against the king of Israel. **6** So at that time King Joram set out from Samaria and mobilized all Israel. **7** He also sent this message to Jehoshaphat king of Judah: "The king of Moab has rebelled against me. Will you go with me to fight against Moab?"

"I will go with you," he replied. "I am as you are, my people as your people, my horses as your horses."

8 "By what route shall we attack?" he asked.

"Through the Desert of Edom," he answered.

a 3:1 Hebrew Jehoram, a variant of Joram; also in verse

9 Então o rei de Israel partiu com os reis de Judá e de Edom. Depois de uma marcha de sete dias, já havia acabado a água para os homens e para os animais.

10 Exclamou, então, o rei de Israel: "E agora? Será que o Senhor ajuntou a nós, os três reis, para nos entregar nas mãos de Moabe?"

11 Mas Josafá perguntou: "Será que não há aqui profeta do Senhor, para que possamos consultar o Senhor por meio dele?"

Um conselheiro do rei de Israel respondeu: "Eliseu, filho de Safate, está aqui. Ele era auxiliar[a] de Elias".

12 Josafá prosseguiu: "A palavra do Senhor está com ele". Então o rei de Israel, Josafá e o rei de Edom foram falar com ele.

13 Eliseu disse ao rei de Israel: "Nada tenho que ver com você. Vá consultar os profetas de seu pai e de sua mãe".

Mas o rei de Israel insistiu: "Não, pois foi o Senhor que nos ajuntou, três reis, para entregar-nos nas mãos de Moabe".

14 Então Eliseu disse: "Juro pelo nome do Senhor dos Exércitos, a quem sirvo, que se não fosse por respeito a Josafá, rei de Judá, eu não olharia para você nem mesmo lhe daria atenção. **15** Mas agora tragam-me um harpista".

Enquanto o harpista estava tocando, o poder do Senhor veio sobre Eliseu, **16** e ele disse: "Assim diz o Senhor: Cavem muitas cisternas neste vale. **17** Pois assim diz o Senhor: Vocês não verão vento nem chuva; contudo, este vale ficará cheio de água, e vocês, seus rebanhos e seus outros animais beberão. **18** Mas para o Senhor isso ainda é pouco; ele também lhes entregará Moabe nas suas mãos. **19** Vocês destruirão todas as suas cidades fortificadas e todas as suas cidades importantes. Derrubarão toda árvore frutífera, taparão todas as fontes e encherão de pedras todas as terras de cultivo".

20 No dia seguinte, na hora do sacrifício da manhã, a água veio descendo da direção de Edom e alagou a região.

21 Quando os moabitas ficaram sabendo que os reis tinham vindo para atacá-los, todos os que eram capazes de empunhar armas, do mais jovem ao mais velho, foram convocados e posicionaram-se na fronteira. **22** Ao se levantarem na manhã seguinte, o sol refletia na água. Para os moabitas que estavam defronte dela, a água era vermelha como sangue. **23** Então gritaram: "É sangue! Os reis lutaram entre si e se mataram. Agora, ao saque, Moabe!"

24 Quando, porém, os moabitas chegaram ao acampamento de Israel, os israelitas os atacaram e os puseram em fuga. Entraram no território de Moabe e o arrasaram. **25** Destruíram as cidades e, quando passavam por um campo cultivável, cada homem atirava uma pedra até que ficasse coberto. Taparam todas as fontes e derrubaram toda árvore frutífera. Só Quir-Haresete ficou com as pedras no lugar, mas homens armados de atiradeiras a cercaram e também a atacaram.

26 Quando o rei de Moabe viu que estava perdendo a batalha, reuniu setecentos homens armados de espadas para forçar a passagem, para alcançar o rei de Edom, mas fracassou. **27** Então pegou seu filho mais velho, que devia sucedê-lo como rei, e o sacrificou sobre o muro da cidade. Isso trouxe grande ira contra Israel, de modo que eles se retiraram e voltaram para a sua própria terra.

O Milagre do Azeite

4 Certo dia, a mulher de um dos discípulos dos profetas foi falar a Eliseu: "Teu servo, meu marido, morreu, e tu sabes que ele temia o Senhor. Mas agora veio um credor que está querendo levar meus dois filhos como escravos".

2 Eliseu perguntou-lhe: "Como posso ajudá-la? Diga-me, o que você tem em casa?"

E ela respondeu: "Tua serva não tem nada além de uma vasilha de azeite".

9 So the king of Israel set out with the king of Judah and the king of Edom. After a roundabout march of seven days, the army had no more water for themselves or for the animals with them.

10 "What!" exclaimed the king of Israel. "Has the Lord called us three kings together only to hand us over to Moab?"

11 But Jehoshaphat asked, "Is there no prophet of the Lord here, that we may inquire of the Lord through him?"

An officer of the king of Israel answered, "Elisha son of Shaphat is here. He used to pour water on the hands of Elijah.[a]"

12 Jehoshaphat said, "The word of the Lord is with him." So the king of Israel and Jehoshaphat and the king of Edom went down to him.

13 Elisha said to the king of Israel, "What do we have to do with each other? Go to the prophets of your father and the prophets of your mother."

"No," the king of Israel answered, "because it was the Lord who called us three kings together to hand us over to Moab."

14 Elisha said, "As surely as the Lord Almighty lives, whom I serve, if I did not have respect for the presence of Jehoshaphat king of Judah, I would not look at you or even notice you. **15** But now bring me a harpist."

While the harpist was playing, the hand of the Lord came upon Elisha **16** and he said, "This is what the Lord says: Make this valley full of ditches. **17** For this is what the Lord says: You will see neither wind nor rain, yet this valley will be filled with water, and you, your cattle and your other animals will drink. **18** This is an easy thing in the eyes of the Lord; he will also hand Moab over to you. **19** You will overthrow every fortified city and every major town. You will cut down every good tree, stop up all the springs, and ruin every good field with stones."

20 The next morning, about the time for offering the sacrifice, there it was—water flowing from the direction of Edom! And the land was filled with water.

21 Now all the Moabites had heard that the kings had come to fight against them; so every man, young and old, who could bear arms was called up and stationed on the border. **22** When they got up early in the morning, the sun was shining on the water. To the Moabites across the way, the water looked red—like blood. **23** "That's blood!" they said. "Those kings must have fought and slaughtered each other. Now to the plunder, Moab!"

24 But when the Moabites came to the camp of Israel, the Israelites rose up and fought them until they fled. And the Israelites invaded the land and slaughtered the Moabites. **25** They destroyed the towns, and each man threw a stone on every good field until it was covered. They stopped up all the springs and cut down every good tree. Only Kir Hareseth was left with its stones in place, but men armed with slings surrounded it and attacked it as well.

26 When the king of Moab saw that the battle had gone against him, he took with him seven hundred swordsmen to break through to the king of Edom, but they failed. **27** Then he took his firstborn son, who was to succeed him as king, and offered him as a sacrifice on the city wall. The fury against Israel was great; they withdrew and returned to their own land.

The Widow's Oil

4 The wife of a man from the company of the prophets cried out to Elisha, "Your servant my husband is dead, and you know that he revered the Lord. But now his creditor is coming to take my two boys as his slaves."

2 Elisha replied to her, "How can I help you? Tell me, what do you have in your house?"

"Your servant has nothing there at all," she said, "except a little oil."

---

a3.11 Hebraico: *Ele costumava derramar água nas mãos.*

a3:11 That is, he was Elijah's personal servant.

3 Então disse Eliseu: "Vá pedir emprestadas vasilhas a todos os vizinhos. Mas peça muitas. **4** Depois entre em casa com seus filhos e feche a porta. Derrame daquele azeite em cada vasilha e vá separando as que você for enchendo".

5 Depois disso ela foi embora, fechou-se em casa com seus filhos e começou a encher as vasilhas que eles lhe traziam. **6** Quando todas as vasilhas estavam cheias, ela disse a um dos filhos: "Traga-me mais uma".

Mas ele respondeu: "Já acabaram". Então o azeite parou de correr.

7 Ela foi e contou tudo ao homem de Deus, que lhe disse: "Vá, venda o azeite e pague suas dívidas. E você e seus filhos ainda poderão viver do que sobrar".

A Ressurreição do Filho da Sunamita

8 Certo dia, Eliseu foi a Suném, onde uma mulher rica insistiu que ele fosse tomar uma refeição em sua casa. Depois disso, sempre que passava por ali, ele parava para uma refeição. **9** Em vista disso, ela disse ao marido: "Sei que esse homem que sempre vem aqui é um santo homem de Deus. **10** Vamos construir lá em cima um quartinho de tijolos e colocar nele uma cama, uma mesa, uma cadeira e uma lamparina para ele. Assim, sempre que nos visitar ele poderá ocupá-lo".

11 Um dia, quando Eliseu chegou, subiu ao seu quarto e deitou-se. **12** Ele mandou o seu servo Geazi chamar a sunamita. Ele a chamou, e, quando ela veio, **13** Eliseu mandou Geazi dizer-lhe: "Você teve todo este trabalho por nossa causa. O que podemos fazer por você? Quer que eu interceda por você junto ao rei ou ao comandante do exército?"

Ela respondeu: "Estou bem entre a minha própria gente".

14 Mais tarde Eliseu perguntou a Geazi: "O que se pode fazer por ela?"

Ele respondeu: "Bem, ela não tem filhos, e seu marido é idoso".

15 Então Eliseu mandou chamá-la de novo. Geazi a chamou, ela veio até a porta **16** e ele disse: "Por volta desta época, no ano que vem, você estará com um filho nos braços".

Ela contestou: "Não, meu senhor. Não iludas a tua serva, ó homem de Deus!"

17 Mas, como Eliseu lhe dissera, a mulher engravidou e, no ano seguinte, por volta daquela mesma época, deu à luz um filho.

18 O menino cresceu e, certo dia, foi encontrar-se com seu pai, que estava com os ceiferos. **19** De repente ele começou a chamar o pai, gritando: "Ai, minha cabeça! Ai, minha cabeça!"

O pai disse a um servo: "Leve-o para a mãe dele". **20** O servo o pegou e o levou à mãe. O menino ficou no colo dela até o meio-dia, e morreu. **21** Ela subiu ao quarto do homem de Deus, deitou o menino na cama, saiu e fechou a porta.

22 Ela chamou o marido e disse: "Preciso de um servo e de uma jumenta para ir falar com o homem de Deus. Vou e volto logo".

23 Ele perguntou: "Mas, por que hoje? Não é lua nova nem sábado!"

Ela respondeu: "Não se preocupe".

24 Ela mandou selar a jumenta e disse ao servo: "Vamos rápido; só pare quando eu mandar". **25** Assim ela partiu para encontrar-se com o homem de Deus no monte Carmelo.

Quando ele a viu à distância, disse a seu servo Geazi: "Olhe! É a sunamita! **26** Corra ao seu encontro e pergunte a ela: 'Está tudo bem com você? Tudo bem com seu marido? E com seu filho?' "

Ela respondeu a Geazi: "Está tudo bem".

27 Ao encontrar o homem de Deus no monte, ela se abraçou aos seus pés. Geazi veio para afastá-la, mas o homem de Deus lhe disse: "Deixe-a em paz! Ela está muito angustiada, mas o Senhor nada me revelou e escondeu de mim a razão de sua angústia".

28 E disse a mulher: "Acaso eu te pedi um filho, meu senhor? Não te disse para não me dar falsas esperanças?"

29 Então Eliseu disse a Geazi: "Ponha a capa por dentro do cinto, pegue o meu cajado e corra. Se você encontrar alguém, não o cumprimente e, se alguém o cumprimentar, não responda. Quando lá chegar, ponha o meu cajado sobre o rosto do menino".

3 Elisha said, "Go around and ask all your neighbors for empty jars. Don't ask for just a few. **4** Then go inside and shut the door behind you and your sons. Pour oil into all the jars, and as each is filled, put it to one side."

5 She left him and afterward shut the door behind her and her sons. They brought the jars to her and she kept pouring. **6** When all the jars were full, she said to her son, "Bring me another one."

But he replied, "There is not a jar left." Then the oil stopped flowing.

7 She went and told the man of God, and he said, "Go, sell the oil and pay your debts. You and your sons can live on what is left."

The Shunammite's Son Restored to Life

8 One day Elisha went to Shunem. And a well-to-do woman was there, who urged him to stay for a meal. So whenever he came by, he stopped there to eat. **9** She said to her husband, "I know that this man who often comes our way is a holy man of God. **10** Let's make a small room on the roof and put in it a bed and a table, a chair and a lamp for him. Then he can stay there whenever he comes to us."

11 One day when Elisha came, he went up to his room and lay down there. **12** He said to his servant Gehazi, "Call the Shunammite." So he called her, and she stood before him. **13** Elisha said to him, "Tell her, 'You have gone to all this trouble for us. Now what can be done for you? Can we speak on your behalf to the king or the commander of the army?' "

She replied, "I have a home among my own people."

14 "What can be done for her?" Elisha asked.

Gehazi said, "Well, she has no son and her husband is old."

15 Then Elisha said, "Call her." So he called her, and she stood in the doorway. **16** "About this time next year," Elisha said, "you will hold a son in your arms."

"No, my lord," she objected. "Don't mislead your servant, O man of God!"

17 But the woman became pregnant, and the next year about that same time she gave birth to a son, just as Elisha had told her.

18 The child grew, and one day he went out to his father, who was with the reapers. **19** "My head! My head!" he said to his father.

His father told a servant, "Carry him to his mother." **20** After the servant had lifted him up and carried him to his mother, the boy sat on her lap until noon, and then he died. **21** She went up and laid him on the bed of the man of God, then shut the door and went out.

22 She called her husband and said, "Please send me one of the servants and a donkey so I can go to the man of God quickly and return."

23 "Why go to him today?" he asked. "It's not the New Moon or the Sabbath."

"It's all right," she said.

24 She saddled the donkey and said to her servant, "Lead on; don't slow down for me unless I tell you." **25** So she set out and came to the man of God at Mount Carmel.

When he saw her in the distance, the man of God said to his servant Gehazi, "Look! There's the Shunammite! **26** Run to meet her and ask her, 'Are you all right? Is your husband all right? Is your child all right?' "

"Everything is all right," she said.

27 When she reached the man of God at the mountain, she took hold of his feet. Gehazi came over to push her away, but the man of God said, "Leave her alone! She is in bitter distress, but the Lord has hidden it from me and has not told me why."

28 "Did I ask you for a son, my lord?" she said. "Didn't I tell you, 'Don't raise my hopes'?"

29 Elisha said to Gehazi, "Tuck your cloak into your belt, take my staff in your hand and run. If you meet anyone, do not greet him, and if anyone greets you, do not answer. Lay my staff on the boy's face."

30 Mas a mãe do menino disse: "Juro pelo nome do Senhor e por tua vida que, se ficares, não irei". Então ele foi com ela. **31** Geazi chegou primeiro e pôs o cajado sobre o rosto do menino, mas ele não falou nem reagiu. Então Geazi voltou para encontrar-se com Eliseu e lhe disse: "O menino não voltou a si". **32** Quando Eliseu chegou à casa, lá estava o menino, morto, estendido na cama. **33** Ele entrou, fechou a porta e orou ao Senhor. **34** Depois deitou-se sobre o menino, boca a boca, olhos com olhos, mãos com mãos. Enquanto se debruçava sobre ele, o corpo do menino foi se aquecendo. **35** Eliseu levantou-se e começou a andar pelo quarto; depois subiu na cama e debruçou-se mais uma vez sobre ele. O menino espirrou sete vezes e abriu os olhos. **36** Eliseu chamou Geazi e o mandou chamar a sunamita. E ele obedeceu. Quando ela chegou, Eliseu disse: "Pegue seu filho". **37** Ela entrou, prostrou-se a seus pés, curvando-se até o chão. Então pegou o filho e saiu.

A Morte na Panela

38 Depois Eliseu voltou a Gilgal. Nesse tempo a fome assolava a região. Quando os discípulos dos profetas estavam reunidos com ele, ordenou ao seu servo: "Ponha o caldeirão no fogo e faça um ensopado para estes homens". **39** Um deles foi ao campo apanhar legumes e encontrou uma trepadeira. Apanhou alguns de seus frutos e encheu deles o seu manto. Quando voltou, cortou-os em pedaços e colocou-os no caldeirão do ensopado, embora ninguém soubesse o que era. **40** O ensopado foi servido aos homens, mas, logo que o provaram, gritaram: "Homem de Deus, há morte na panela!" E não puderam mais tomá-lo. **41** Então Eliseu pediu um pouco de farinha, colocou no caldeirão e disse: "Sirvam a todos". E já não havia mais perigo no caldeirão.

O Milagre dos Pães

42 Veio um homem de Baal-Salisa, trazendo ao homem de Deus vinte pães de cevada, feitos dos primeiros grãos da colheita, e também algumas espigas verdes. Então Eliseu ordenou ao seu servo: "Sirva a todos". **43** O auxiliar de Eliseu perguntou: "Como poderei servir isso a cem homens?"

Eliseu, porém, respondeu: "Sirva a todos, pois assim diz o Senhor: 'Eles comerão, e ainda sobrará' ". **44** Então ele serviu a todos e, conforme a palavra do Senhor, eles comeram e ainda sobrou.

A Cura da Lepra de Naamã

5 Naamã, comandante do exército do rei da Síria, era muito respeitado e honrado pelo seu senhor, pois por meio dele o Senhor dera vitória à Síria. Mas esse grande guerreiro ficou leprosoª.

2 Ora, tropas da Síria haviam atacado Israel e levado cativa uma menina, que passou a servir à mulher de Naamã. **3** Um dia ela disse à sua senhora: "Se o meu senhor procurasse o profeta que está em Samaria, ele o curaria da lepra". **4** Naamã foi contar ao seu senhor o que a menina israelita dissera. **5** O rei da Síria respondeu: "Vá. Eu lhe darei uma carta que você entregará ao rei de Israel". Então Naamã partiu, levando consigo trezentos e cinqüenta quilosᵇ de prata, setenta e dois quilosᵇ de ouro e dez mudas de roupas finas. **6** A carta que levou ao rei de Israel dizia: "Junto com esta carta estou te enviando meu oficial Naamã, para que o cures da lepra". **7** Assim que o rei de Israel leu a carta, rasgou as vestes e disse: "Por acaso sou Deus, capaz de conceder vida ou morte? Por que este homem me envia alguém para que eu o cure da lepra? Vejam como ele procura um motivo para se desentender comigo!"

30 But the child's mother said, "As surely as the Lord lives and as you live, I will not leave you." So he got up and followed her. **31** Gehazi went on ahead and laid the staff on the boy's face, but there was no sound or response. So Gehazi went back to meet Elisha and told him, "The boy has not awakened." **32** When Elisha reached the house, there was the boy lying dead on his couch. **33** He went in, shut the door on the two of them and prayed to the Lord. **34** Then he got on the bed and lay upon the boy, mouth to mouth, eyes to eyes, hands to hands. As he stretched himself out upon him, the boy's body grew warm. **35** Elisha turned away and walked back and forth in the room and then got on the bed and stretched out upon him once more. The boy sneezed seven times and opened his eyes. **36** Elisha summoned Gehazi and said, "Call the Shunammite." And he did. When she came, he said, "Take your son." **37** She came in, fell at his feet and bowed to the ground. Then she took her son and went out.

Death in the Pot

38 Elisha returned to Gilgal and there was a famine in that region. While the company of the prophets was meeting with him, he said to his servant, "Put on the large pot and cook some stew for these men." **39** One of them went out into the fields to gather herbs and found a wild vine. He gathered some of its gourds and filled the fold of his cloak. When he returned, he cut them up into the pot of stew, though no one knew what they were. **40** The stew was poured out for the men, but as they began to eat it, they cried out, "O man of God, there is death in the pot!" And they could not eat it. **41** Elisha said, "Get some flour." He put it into the pot and said, "Serve it to the people to eat." And there was nothing harmful in the pot.

Feeding of a Hundred

42 A man came from Baal Shalishah, bringing the man of God twenty loaves of barley bread baked from the first ripe grain, along with some heads of new grain. "Give it to the people to eat," Elisha said. **43** "How can I set this before a hundred men?" his servant asked.

But Elisha answered, "Give it to the people to eat. For this is what the Lord says: 'They will eat and have some left over.' " **44** Then he set it before them, and they ate and had some left over, according to the word of the Lord.

Naaman Healed of Leprosy

5 Now Naaman was commander of the army of the king of Aram. He was a great man in the sight of his master and highly regarded, because through him the Lord had given victory to Aram. He was a valiant soldier, but he had leprosy.ª

2 Now bands from Aram had gone out and had taken captive a young girl from Israel, and she served Naaman's wife. **3** She said to her mistress, "If only my master would see the prophet who is in Samaria! He would cure him of his leprosy." **4** Naaman went to his master and told him what the girl from Israel had said. **5** "By all means, go," the king of Aram replied. "I will send a letter to the king of Israel." So Naaman left, taking with him ten talentsᵇ of silver, six thousand shekelsᶜ of gold and ten sets of clothing. **6** The letter that he took to the king of Israel read: "With this letter I am sending my servant Naaman to you so that you may cure him of his leprosy."

7 As soon as the king of Israel read the letter, he tore his robes and said, "Am I God? Can I kill and bring back to life? Why does this fellow send someone to me to be cured of his leprosy? See how he is trying to pick a quarrel with me!"

ª5.1 O termo hebraico não se refere somente à lepra, mas também a diversas doenças da pele; também nos versículos 3, 6, 7, 11 e 27. ᵇ5.5 Hebraico: *10 talentos*. Um talento equivalia a 35 quilos. ᶜ5.5 Hebraico: *6.000 siclos*. Um siclo equivalia a 12 gramas.

ª5:1 The Hebrew word was used for various diseases affecting the skin—not necessarily leprosy; also in verses 3, 6, 7, 11 and 27. ᵇ5:5 That is, about 750 pounds (about 340 kilograms) ᶜ5:5 That is, about 150 pounds (about 70 kilograms)

8 Quando Eliseu, o homem de Deus, soube que o rei de Israel havia rasgado suas vestes, mandou-lhe esta mensagem: "Por que rasgaste tuas vestes? Envia o homem a mim, e ele saberá que há profeta em Israel". **9** Então Naamã foi com seus cavalos e carros e parou à porta da casa de Eliseu. **10** Eliseu enviou um mensageiro para lhe dizer: "Vá e lave-se sete vezes no rio Jordão; sua pele[a] será restaurada e você ficará purificado".

11 Mas Naamã ficou indignado e saiu dizendo: "Eu estava certo de que ele sairia para receber-me, invocaria em pé o nome do Senhor, o seu Deus, moveria a mão sobre o lugar afetado e me curaria da lepra. **12** Não são os rios Abana e Farfar, em Damasco, melhores do que todas as águas de Israel? Será que não poderia lavar-me neles e ser purificado?" E foi embora dali furioso.

13 Mas os seus servos lhe disseram: "Meu pai, se o profeta lhe tivesse pedido alguma coisa difícil, o senhor não faria? Quanto mais quando ele apenas lhe diz que se lave, e será purificado!" **14** Assim ele desceu ao Jordão, mergulhou sete vezes conforme a ordem do homem de Deus e foi purificado; sua pele tornou-se como a de uma criança.

15 Então Naamã e toda a sua comitiva voltaram à casa do homem de Deus. Ao chegar diante do profeta, Naamã lhe disse: "Agora sei que não há Deus em nenhum outro lugar, senão em Israel. Por favor, aceita um presente do teu servo".

16 O profeta respondeu: "Juro pelo nome do Senhor, a quem sirvo, que nada aceitarei". Embora Naamã insistisse, ele recusou.

17 E disse Naamã: "Já que não aceitas o presente, ao menos permite que eu leve duas mulas carregadas de terra, pois teu servo nunca mais fará holocaustos[b] e sacrifícios a nenhum outro deus senão ao Senhor. **18** Mas que o Senhor me perdoe por uma única coisa: quando meu senhor vai adorar no templo de Rimom, eu também tenho que me ajoelhar ali, pois ele se apóia em meu braço. Que o Senhor perdoe o teu servo por isso".

19 Disse Eliseu: "Vá em paz".

O Castigo de Geazi

Quando Naamã já estava a certa distância, **20** Geazi, servo de Eliseu, o homem de Deus, pensou: "Meu senhor foi bom demais para Naamã, aquele arameu, não aceitando o que ele lhe ofereceu. Juro pelo nome do Senhor que correrei atrás dele para ver se ganho alguma coisa".

21 Então Geazi correu para alcançar Naamã, que, vendo-o se aproximar, desceu da carruagem para encontrá-lo e perguntou: "Está tudo bem?"

22 Geazi respondeu: "Sim, tudo bem. Mas o meu senhor enviou-me para dizer que dois jovens, discípulos dos profetas, acabaram de chegar, vindos dos montes de Efraim. Por favor, dê-lhes trinta e cinco quilos de prata e duas mudas de roupas finas".

23 "Claro", respondeu Naamã, "leve setenta quilos". Ele insistiu com Geazi para que os aceitasse e colocou os setenta quilos de prata em duas sacolas, com as duas mudas de roupas, entregando tudo a dois de seus servos, os quais foram à frente de Geazi, levando as sacolas. **24** Quando Geazi chegou à colina onde morava, pegou as sacolas das mãos dos servos e as guardou em casa. Mandou os homens de volta, e eles partiram. **25** Depois entrou e apresentou-se ao seu senhor Eliseu.

E este perguntou: "Onde você esteve, Geazi?"

Geazi respondeu: "Teu servo não foi a lugar algum".

26 Mas Eliseu lhe disse: "Você acha que eu não estava com você em espírito quando o homem desceu da carruagem para encontrar-se com você? Este não era o momento de aceitar prata nem roupas, nem de cobiçar olivais, vinhas, ovelhas, bois, servos e servas. **27** Por isso a lepra de Naamã atingirá você e os seus descendentes para sempre". Então Geazi saiu da presença de Eliseu já leproso, parecendo neve.

8 When Elisha the man of God heard that the king of Israel had torn his robes, he sent him this message: "Why have you torn your robes? Have the man come to me and he will know that there is a prophet in Israel." **9** So Naaman went with his horses and chariots and stopped at the door of Elisha's house. **10** Elisha sent a messenger to say to him, "Go, wash yourself seven times in the Jordan, and your flesh will be restored and you will be cleansed."

11 But Naaman went away angry and said, "I thought that he would surely come out to me and stand and call on the name of the Lord his God, wave his hand over the spot and cure me of my leprosy. **12** Are not Abana and Pharpar, the rivers of Damascus, better than any of the waters of Israel? Couldn't I wash in them and be cleansed?" So he turned and went off in a rage.

13 Naaman's servants went to him and said, "My father, if the prophet had told you to do some great thing, would you not have done it? How much more, then, when he tells you, 'Wash and be cleansed'!" **14** So he went down and dipped himself in the Jordan seven times, as the man of God had told him, and his flesh was restored and became clean like that of a young boy.

15 Then Naaman and all his attendants went back to the man of God. He stood before him and said, "Now I know that there is no God in all the world except in Israel. Please accept now a gift from your servant."

16 The prophet answered, "As surely as the Lord lives, whom I serve, I will not accept a thing." And even though Naaman urged him, he refused.

17 "If you will not," said Naaman, "please let me, your servant, be given as much earth as a pair of mules can carry, for your servant will never again make burnt offerings and sacrifices to any other god but the Lord. **18** But may the Lord forgive your servant for this one thing: When my master enters the temple of Rimmon to bow down and he is leaning on my arm and I bow there also—when I bow down in the temple of Rimmon, may the Lord forgive your servant for this."

19 "Go in peace," Elisha said.

After Naaman had traveled some distance, **20** Gehazi, the servant of Elisha the man of God, said to himself, "My master was too easy on Naaman, this Aramean, by not accepting from him what he brought. As surely as the Lord lives, I will run after him and get something from him."

21 So Gehazi hurried after Naaman. When Naaman saw him running toward him, he got down from the chariot to meet him. "Is everything all right?" he asked.

22 "Everything is all right," Gehazi answered. "My master sent me to say, 'Two young men from the company of the prophets have just come to me from the hill country of Ephraim. Please give them a talent[a] of silver and two sets of clothing.' "

23 "By all means, take two talents," said Naaman. He urged Gehazi to accept them, and then tied up the two talents of silver in two bags, with two sets of clothing. He gave them to two of his servants, and they carried them ahead of Gehazi. **24** When Gehazi came to the hill, he took the things from the servants and put them away in the house. He sent the men away and they left. **25** Then he went in and stood before his master Elisha.

"Where have you been, Gehazi?" Elisha asked.

"Your servant didn't go anywhere," Gehazi answered.

26 But Elisha said to him, "Was not my spirit with you when the man got down from his chariot to meet you? Is this the time to take money, or to accept clothes, olive groves, vineyards, flocks, herds, or menservants and maidservants? **27** Naaman's leprosy will cling to you and to your descendants forever." Then Gehazi went from Elisha's presence and he was leprous, as white as snow.

---

a5.10 Hebraico: *carne*. **b**5.17 Isto é, *sacrifícios totalmente queimados*.

a5:22 That is, about 75 pounds (about 34 kilograms)

Eliseu Faz Flutuar um Machado

6 Os discípulos dos profetas disseram a Eliseu: "Como vês, o lugar onde nos reunimos contigo é pequeno demais para nós. ² Vamos ao rio Jordão onde cada um de nós poderá cortar um tronco para construirmos ali um lugar de reuniões".

Eliseu disse: "Podem ir".

³ Então um deles perguntou: "Não gostarias de ir com os teus servos?"

"Sim", ele respondeu. ⁴ E foi com eles.

Foram ao Jordão e começaram a derrubar árvores. ⁵ Quando um deles estava cortando um tronco, o ferro do machado caiu na água. E ele gritou: "Ah, meu senhor, era emprestado!"

⁶ O homem de Deus perguntou: "Onde caiu?" Quando o homem lhe mostrou o lugar, Eliseu cortou um galho e o jogou ali, fazendo o ferro flutuar, ⁷ e disse: "Pegue-o". O homem esticou o braço e o pegou.

O Exército Arameu É Ferido de Cegueira

⁸ Ora, o rei da Síria estava em guerra contra Israel. Depois de reunir-se com os seus conselheiros, disse: "Montarei o meu acampamento em tal lugar".

⁹ Mas o homem de Deus mandava uma mensagem ao rei de Israel: "Evite passar por tal lugar, pois os arameus estão descendo para lá". ¹⁰ Assim, o rei de Israel investigava o lugar indicado pelo homem de Deus. Repetidas vezes Eliseu alertou o rei, que tomava as devidas precauções.

¹¹ Isso enfureceu o rei da Síria, que, convocando seus conselheiros, perguntou-lhes: "Vocês não me apontarão qual dos nossos está do lado do rei de Israel?"

¹² Respondeu um dos conselheiros: "Nenhum de nós, majestade. É Eliseu, o profeta que está em Israel, que revela ao rei de Israel até as palavras que tu falas em teu quarto".

¹³ Ordenou o rei: "Descubram onde ele está, para que eu mande capturá-lo". Quando lhe informaram que o profeta estava em Dotã, ¹⁴ ele enviou para lá uma grande tropa com cavalos e carros de guerra. Eles chegaram de noite e cercaram a cidade.

¹⁵ O servo do homem de Deus levantou-se bem cedo pela manhã e, quando saía, viu que uma tropa com cavalos e carros de guerra havia cercado a cidade. Então ele exclamou: "Ah, meu senhor! O que faremos?"

¹⁶ O profeta respondeu: "Não tenha medo. Aqueles que estão conosco são mais numerosos do que eles".

¹⁷ E Eliseu orou: "Senhor, abre os olhos dele para que veja". Então o Senhor abriu os olhos do rapaz, que olhou e viu as colinas cheias de cavalos e carros de fogo ao redor de Eliseu.

¹⁸ Quando os arameus desceram na direção de Eliseu, ele orou ao Senhor: "Fere estes homens de cegueira". Então ele os feriu de cegueira, conforme Eliseu havia pedido.

¹⁹ Eliseu lhes disse: "Este não é o caminho nem esta é a cidade de que procuram. Sigam-me, e eu os levarei ao homem que vocês estão procurando". E os guiou até a cidade de Samaria.

²⁰ Assim que entraram na cidade, Eliseu disse: "Senhor, abre os olhos destes homens para que possam ver". Então o Senhor abriu-lhes os olhos, e eles viram que estavam dentro de Samaria.

²¹ Quando o rei de Israel os viu, perguntou a Eliseu: "Devo matá-los, meu pai? Devo matá-los?"

²² Ele respondeu: "Não! O rei costuma matar prisioneiros que captura com a espada e o arco? Ordena que lhes sirvam comida e bebida e deixe que voltem ao seu senhor". ²³ Então o rei preparou-lhes um grande banquete e, terminando eles de comer e beber, mandou-os de volta para o seu senhor. Assim, as tropas da Síria pararam de invadir o território de Israel.

Fome durante o Cerco de Samaria

²⁴ Algum tempo depois, Ben-Hadade, rei da Síria, mobilizou todo o seu exército e cercou Samaria. ²⁵ O cerco durou tanto e causou tamanha fome que uma cabeça de jumento

An Axhead Floats

6 The company of the prophets said to Elisha, "Look, the place where we meet with you is too small for us. ² Let us go to the Jordan, where each of us can get a pole; and let us build a place there for us to live."

And he said, "Go."

³ Then one of them said, "Won't you please come with your servants?"

"I will," Elisha replied. ⁴ And he went with them.

They went to the Jordan and began to cut down trees. ⁵ As one of them was cutting down a tree, the iron axhead fell into the water. "Oh, my lord," he cried out, "it was borrowed!"

⁶ The man of God asked, "Where did it fall?" When he showed him the place, Elisha cut a stick and threw it there, and made the iron float. ⁷ "Lift it out," he said. Then the man reached out his hand and took it.

Elisha Traps Blinded Arameans

⁸ Now the king of Aram was at war with Israel. After conferring with his officers, he said, "I will set up my camp in such and such a place."

⁹ The man of God sent word to the king of Israel: "Beware of passing that place, because the Arameans are going down there." ¹⁰ So the king of Israel checked on the place indicated by the man of God. Time and again Elisha warned the king, so that he was on his guard in such places.

¹¹ This enraged the king of Aram. He summoned his officers and demanded of them, "Will you not tell me which of us is on the side of the king of Israel?"

¹² "None of us, my lord the king," said one of his officers, "but Elisha, the prophet who is in Israel, tells the king of Israel the very words you speak in your bedroom."

¹³ "Go, find out where he is," the king ordered, "so I can send men and capture him." The report came back: "He is in Dothan." ¹⁴ Then he sent horses and chariots and a strong force there. They went by night and surrounded the city.

¹⁵ When the servant of the man of God got up and went out early the next morning, an army with horses and chariots had surrounded the city. "Oh, my lord, what shall we do?" the servant asked.

¹⁶ "Don't be afraid," the prophet answered. "Those who are with us are more than those who are with them."

¹⁷ And Elisha prayed, "O LORD, open his eyes so he may see." Then the LORD opened the servant's eyes, and he looked and saw the hills full of horses and chariots of fire all around Elisha.

¹⁸ As the enemy came down toward him, Elisha prayed to the LORD, "Strike these people with blindness." So he struck them with blindness, as Elisha had asked.

¹⁹ Elisha told them, "This is not the road and this is not the city. Follow me, and I will lead you to the man you are looking for." And he led them to Samaria.

²⁰ After they entered the city, Elisha said, "LORD, open the eyes of these men so they can see." Then the LORD opened their eyes and they looked, and there they were, inside Samaria.

²¹ When the king of Israel saw them, he asked Elisha, "Shall I kill them, my father? Shall I kill them?"

²² "Do not kill them," he answered. "Would you kill men you have captured with your own sword or bow? Set food and water before them so that they may eat and drink and then go back to their master." ²³ So he prepared a great feast for them, and after they had finished eating and drinking, he sent them away, and they returned to their master. So the bands from Aram stopped raiding Israel's territory.

Famine in Besieged Samaria

²⁴ Some time later, Ben-Hadad king of Aram mobilized his entire army and marched up and laid siege to Samaria. ²⁵ There was a great famine in the city; the siege lasted so long that a donkey's

chegou a valer oitenta peças^a de prata, e uma caneca^b de esterco de pomba, cinco peças de prata.

26 Um dia, quando o rei de Israel inspecionava os muros da cidade, uma mulher gritou para ele: "Socorro, majestade!"

27 O rei respondeu: "Se o S<small>ENHOR</small> não a socorrer, como poderei ajudá-la? Acaso há trigo na eira ou vinho no tanque de prensar uvas?" **28** Contudo ele perguntou: "Qual é o problema?"

Ela respondeu: "Esta mulher me disse: 'Vamos comer o seu filho hoje, e amanhã comeremos o meu'. **29** Então cozinhamos o meu filho e o comemos. No dia seguinte eu disse a ela que era a vez de comermos o seu filho, mas ela o havia escondido".

30 Quando o rei ouviu as palavras da mulher, rasgou as próprias vestes. Como estava sobre os muros, o povo viu que ele estava usando pano de saco por baixo, junto ao corpo. **31** E ele disse: "Deus me castigue com todo o rigor, se a cabeça de Eliseu, filho de Safate, continuar hoje sobre seus ombros!"

32 Ora, Eliseu estava sentado em sua casa, reunido com as autoridades de Israel. O rei havia mandado um mensageiro à sua frente, mas, antes que ele chegasse, Eliseu disse às autoridades: "Aquele assassino mandou alguém para cortar-me a cabeça? Quando o mensageiro chegar, fechem a porta e mantenham-na trancada. Vocês não estão ouvindo os passos do seu senhor que vem atrás dele?"

33 Enquanto ainda lhes falava, o mensageiro chegou. Na mesma hora o rei disse: "Esta desgraça vem do S<small>ENHOR</small>. Por que devo ainda ter esperança no S<small>ENHOR</small>?"

7 Eliseu respondeu: "Ouçam a palavra do S<small>ENHOR</small>! Assim diz o S<small>ENHOR</small>: 'Amanhã, por volta desta hora, na porta de Samaria, tanto uma medida^c de farinha como duas medidas de cevada serão vendidas por uma peça^d de prata' ".

2 O oficial, em cujo braço o rei estava se apoiando, disse ao homem de Deus: "Ainda que o S<small>ENHOR</small> abrisse as comportas do céu, será que isso poderia acontecer?"

Mas Eliseu advertiu: "Você o verá com os próprios olhos, mas não comerá coisa alguma!"

O Cerco

3 Havia quatro leprosos^e junto à porta da cidade. Eles disseram uns aos outros: "Por que ficar aqui esperando a morte? **4** Se resolvermos entrar na cidade, morreremos de fome, mas se ficarmos aqui, também morreremos. Vamos, pois, ao acampamento dos arameus para nos render. Se eles nos pouparem, viveremos; se nos matarem, morreremos".

5 Ao anoitecer, eles foram ao acampamento dos arameus. Quando chegaram às imediações do acampamento, viram que não havia ninguém ali, **6** pois o Senhor tinha feito os arameus ouvirem o ruído de um grande exército com cavalos e carros de guerra, de modo que disseram uns aos outros: "Ouçam, o rei de Israel contratou os reis dos hititas e dos egípcios para nos atacarem!" **7** Então, para salvar sua vida, fugiram ao anoitecer, abandonando tendas, cavalos e jumentos, deixando o acampamento como estava.

8 Tendo chegado às imediações do acampamento, os leprosos entraram numa das tendas. Comeram e beberam, pegaram prata, ouro e roupas e saíram para esconder tudo. Depois voltaram e entraram noutra tenda, pegaram o que quiseram e esconderam isso também.

9 Então disseram uns aos outros: "Não estamos agindo certo. Este é um dia de boas notícias, e não podemos ficar calados. Se esperarmos até o amanhecer, seremos castigados. Vamos imediatamente contar tudo no palácio do rei".

head sold for eighty shekels^a of silver, and a quarter of a cab^b of seed pods^c for five shekels.^d

26 As the king of Israel was passing by on the wall, a woman cried to him, "Help me, my lord the king!"

27 The king replied, "If the L<small>ORD</small> does not help you, where can I get help for you? From the threshing floor? From the winepress?" **28** Then he asked her, "What's the matter?"

She answered, "This woman said to me, 'Give up your son so we may eat him today, and tomorrow we'll eat my son.' **29** So we cooked my son and ate him. The next day I said to her, 'Give up your son so we may eat him,' but she had hidden him."

30 When the king heard the woman's words, he tore his robes. As he went along the wall, the people looked, and there, underneath, he had sackcloth on his body. **31** He said, "May God deal with me, be it ever so severely, if the head of Elisha son of Shaphat remains on his shoulders today!"

32 Now Elisha was sitting in his house, and the elders were sitting with him. The king sent a messenger ahead, but before he arrived, Elisha said to the elders, "Don't you see how this murderer is sending someone to cut off my head? Look, when the messenger comes, shut the door and hold it shut against him. Is not the sound of his master's footsteps behind him?"

33 While he was still talking to them, the messenger came down to him. And *the king* said, "This disaster is from the L<small>ORD</small>. Why should I wait for the L<small>ORD</small> any longer?"

7 Elisha said, "Hear the word of the L<small>ORD</small>. This is what the L<small>ORD</small> says: About this time tomorrow, a seah^e of flour will sell for a shekel^f and two seahs^g of barley for a shekel at the gate of Samaria."

2 The officer on whose arm the king was leaning said to the man of God, "Look, even if the L<small>ORD</small> should open the floodgates of the heavens, could this happen?"

"You will see it with your own eyes," answered Elisha, "but you will not eat any of it!"

The Siege Lifted

3 Now there were four men with leprosy^h at the entrance of the city gate. They said to each other, "Why stay here until we die? **4** If we say, 'We'll go into the city'—the famine is there, and we will die. And if we stay here, we will die. So let's go over to the camp of the Arameans and surrender. If they spare us, we live; if they kill us, then we die."

5 At dusk they got up and went to the camp of the Arameans. When they reached the edge of the camp, not a man was there, **6** for the Lord had caused the Arameans to hear the sound of chariots and horses and a great army, so that they said to one another, "Look, the king of Israel has hired the Hittite and Egyptian kings to attack us!" **7** So they got up and fled in the dusk and abandoned their tents and their horses and donkeys. They left the camp as it was and ran for their lives.

8 The men who had leprosy reached the edge of the camp and entered one of the tents. They ate and drank, and carried away silver, gold and clothes, and went off and hid them. They returned and entered another tent and took some things from it and hid them also.

9 Then they said to each other, "We're not doing right. This is a day of good news and we are keeping it to ourselves. If we wait until daylight, punishment will overtake us. Let's go at once and report this to the royal palace."

---

^a6.25 Hebraico: *80 siclos*. Um siclo equivalia a 12 gramas. ^b6.25 Hebraico: *1/4 de cabo*. O cabo era uma medida de capacidade para líquidos. As estimativas variam entre 1 e 2 litros. ^c7.1 Hebraico: *1 seá*. O seá era uma medida de capacidade para secos. As estimativas variam entre 7 e 14 litros. ^d7.1 Hebraico: *1 siclo*. Um siclo equivalia a 12 gramas. ^e7.3 O termo hebraico não se refere somente à lepra, mas também a diversas doenças da pele; também no versículo 8.

^a6:25 That is, about 2 pounds (about 1 kilogram) ^b6:25 That is, probably about 1/2 pint (about 0.3 liter) ^c6:25 Or *of dove's dung* ^d6:25 That is, about 2 ounces (about 55 grams) ^e7:1 That is, probably about 7 quarts (about 7.3 liters); also in verses 16 and 18 ^f7:1 That is, about 2/5 ounce (about 11 grams); also in verses 16 and 18 ^g7:1 That is, probably about 13 quarts (about 15 liters); also in verses 16 and 18 ^h7:3 The Hebrew word is used for various diseases affecting the skin—not necessarily leprosy; also in verse 8.

10 Então foram, chamaram as sentinelas da porta da cidade e lhes contaram: "Entramos no acampamento arameu e não vimos nem ouvimos ninguém. Havia apenas cavalos e jumentos amarrados, e tendas abandonadas". **11** As sentinelas da porta proclamaram a notícia, e ela foi anunciada dentro do palácio.

12 O rei se levantou de noite e disse aos seus conselheiros: "Eu lhes explicarei o que os arameus planejaram. Como sabem que estamos passando fome, deixaram o acampamento e se esconderam no campo, pensando: 'Com certeza eles sairão, e então os pegaremos vivos e entraremos na cidade' ".

13 Um de seus conselheiros respondeu: "Manda que alguns homens apanhem cinco dos cavalos que restam na cidade. O destino desses homens será o mesmo de todos os israelitas que ficarem, sim, como toda esta multidão condenada. Por isso vamos enviá-los para descobrir o que aconteceu".

14 Assim que prepararam dois carros de guerra com seus cavalos, o rei os enviou atrás do exército arameu, ordenando aos condutores: "Vão e descubram o que aconteceu". **15** Eles seguiram as pegadas do exército até o Jordão e encontraram todo o caminho cheio de roupas e armas que os arameus haviam deixado para trás enquanto fugiam. Os mensageiros voltaram e relataram tudo ao rei. **16** Então o povo saiu e saqueou o acampamento dos arameus. Assim, tanto uma medida de farinha como duas medidas de cevada passaram a ser vendidas por uma peça de prata, conforme o Senhor tinha dito.

17 Ora, o rei havia posto o oficial em cujo braço tinha se apoiado como encarregado da porta da cidade, mas quando o povo saiu, atropelou-o junto à porta, e ele morreu, conforme o homem de Deus havia predito quando o rei foi à sua casa. **18** Aconteceu conforme o homem de Deus dissera ao rei: "Amanhã, por volta desta hora, na porta de Samaria, tanto uma medida de farinha como duas medidas de cevada serão vendidas por uma peça de prata".

19 O oficial tinha contestado o homem de Deus perguntando: "Ainda que o Senhor abrisse as comportas do céu, será que isso poderia acontecer?" O homem de Deus havia respondido: "Você verá com os próprios olhos, mas não comerá coisa alguma!" **20** E foi exatamente isso que lhe aconteceu, pois o povo o pisoteou junto à porta da cidade, e ele morreu.

A Sunamita Recebe de Volta sua Propriedade

8 Eliseu tinha prevenido a mãe do menino que ele havia ressuscitado: "Saia do país com sua família e vá morar onde puder, pois o Senhor determinou para esta terra uma fome, que durará sete anos". **2** A mulher seguiu o conselho do homem de Deus, partiu com sua família e passou sete anos na terra dos filisteus.

3 Ao final dos sete anos ela voltou a Israel e fez um apelo ao rei para readquirir sua casa e sua propriedade. **4** O rei estava conversando com Geazi, servo do homem de Deus, e disse: "Conte-me todos os prodígios que Eliseu tem feito". **5** Enquanto Geazi contava ao rei como Eliseu havia ressuscitado o menino, a própria mãe chegou para apresentar sua petição ao rei a fim de readquirir sua casa e sua propriedade.

Geazi exclamou: "Esta é a mulher, ó rei, meu senhor, e este é o filho dela, a quem Eliseu ressuscitou". **6** O rei pediu que ela contasse o ocorrido, e ela confirmou os fatos.

Então ele designou um oficial para cuidar do caso dela e lhe ordenou: "Devolva tudo o que lhe pertencia, inclusive toda a renda das colheitas, desde que ela saiu do país até hoje".

A Morte de Ben-Hadade

7 Certa ocasião, Eliseu foi a Damasco. Ben-Hadade, rei da Síria, estava doente. Quando disseram ao rei: "O homem de Deus está na cidade", **8** ele ordenou a Hazael: "Vá encontrar-se com o homem de Deus e leve-lhe um presente. Consulte o Senhor por meio dele; pergunte-lhe se vou me recuperar desta doença".

10 So they went and called out to the city gatekeepers and told them, "We went into the Aramean camp and not a man was there—not a sound of anyone—only tethered horses and donkeys, and the tents left just as they were." **11** The gatekeepers shouted the news, and it was reported within the palace.

12 The king got up in the night and said to his officers, "I will tell you what the Arameans have done to us. They know we are starving; so they have left the camp to hide in the countryside, thinking, 'They will surely come out, and then we will take them alive and get into the city.'"

13 One of his officers answered, "Have some men take five of the horses that are left in the city. Their plight will be like that of all the Israelites left here—yes, they will only be like all these Israelites who are doomed. So let us send them to find out what happened."

14 So they selected two chariots with their horses, and the king sent them after the Aramean army. He commanded the drivers, "Go and find out what has happened." **15** They followed them as far as the Jordan, and they found the whole road strewn with the clothing and equipment the Arameans had thrown away in their headlong flight. So the messengers returned and reported to the king. **16** Then the people went out and plundered the camp of the Arameans. So a seah of flour sold for a shekel, and two seahs of barley sold for a shekel, as the Lord had said.

17 Now the king had put the officer on whose arm he leaned in charge of the gate, and the people trampled him in the gateway, and he died, just as the man of God had foretold when the king came down to his house. **18** It happened as the man of God had said to the king: "About this time tomorrow, a seah of flour will sell for a shekel and two seahs of barley for a shekel at the gate of Samaria."

19 The officer had said to the man of God, "Look, even if the Lord should open the floodgates of the heavens, could this happen?" The man of God had replied, "You will see it with your own eyes, but you will not eat any of it!" **20** And that is exactly what happened to him, for the people trampled him in the gateway, and he died.

The Shunammite's Land Restored

8 Now Elisha had said to the woman whose son he had restored to life, "Go away with your family and stay for a while wherever you can, because the Lord has decreed a famine in the land that will last seven years." **2** The woman proceeded to do as the man of God said. She and her family went away and stayed in the land of the Philistines seven years.

3 At the end of the seven years she came back from the land of the Philistines and went to the king to beg for her house and land. **4** The king was talking to Gehazi, the servant of the man of God, and had said, "Tell me about all the great things Elisha has done." **5** Just as Gehazi was telling the king how Elisha had restored the dead to life, the woman whose son Elisha had brought back to life came to beg the king for her house and land.

Gehazi said, "This is the woman, my lord the king, and this is her son whom Elisha restored to life." **6** The king asked the woman about it, and she told him.

Then he assigned an official to her case and said to him, "Give back everything that belonged to her, including all the income from her land from the day she left the country until now."

Hazael Murders Ben-Hadad

7 Elisha went to Damascus, and Ben-Hadad king of Aram was ill. When the king was told, "The man of God has come all the way up here," **8** he said to Hazael, "Take a gift with you and go to meet the man of God. Consult the Lord through him; ask him, 'Will I recover from this illness?'"

9 Hazael foi encontrar-se com Eliseu, levando consigo de tudo o que havia de melhor em Damasco, um presente carregado por quarenta camelos. Ao chegar diante dele, Hazael disse: "Teu filho Ben-Hadade, rei da Síria, enviou-me para perguntar se ele vai recuperar-se da sua doença".

10 Eliseu respondeu: "Vá e diga-lhe: 'Com certeza te recuperarás', no entantoᵃ o Senhor me revelou que de fato ele vai morrer". **11** Eliseu ficou olhando fixamente para Hazael até deixá-lo constrangido. Então o homem de Deus começou a chorar.

12 E perguntou Hazael: "Por que meu senhor está chorando?" Ele respondeu: "Porque sei das coisas terríveis que você fará aos israelitas. Você incendiará suas fortalezas, matará seus jovens à espada, esmagará as crianças e rasgará o ventre das suas mulheres grávidas".

13 Hazael disse: "Como poderia teu servo, que não passa de um cão, realizar algo assim?"

Respondeu Eliseu: "O Senhor me mostrou que você se tornará rei da Síria".

14 Então Hazael saiu dali e voltou para seu senhor. Quando Ben-Hadade perguntou: "O que Eliseu lhe disse?", Hazael respondeu: "Ele me falou que certamente te recuperarás". **15** Mas, no dia seguinte, ele apanhou um cobertor, encharcou-o e com ele sufocou o rei, até matá-lo. E assim Hazael foi o seu sucessor.

O Reinado de Jeorão, Rei de Judá

16 No quinto ano de Jorão, filho de Acabe, rei de Israel, sendo ainda Josafá rei de Judá, Jeorão, seu filho, começou a reinar em Judá. **17** Ele tinha trinta e dois anos de idade quando começou a reinar, e reinou oito anos em Jerusalém. **18** Andou nos caminhos dos reis de Israel, como a família de Acabe havia feito, pois se casou com uma filha de Acabe. E fez o que o Senhor reprova. **19** Entretanto, por amor ao seu servo Davi, o Senhor não quis destruir Judá. Ele havia prometido manter para sempre um descendente de Davi no tronoᵇ.

20 Nos dias de Jeorão, os edomitas rebelaram-se contra o domínio de Judá, proclamando seu próprio rei. **21** Por isso Jeorão foi a Zair com todos os seus carros de guerra. Lá os edomitas cercaram Jeorão e os chefes dos seus carros de guerra, mas ele os atacou de noite e rompeu o cerco inimigo, e seu exército conseguiu fugir para casa. **22** E até hoje Edom continua independente de Judá. Nessa mesma época, a cidade de Libna também tornou-se independente.

23 Os demais acontecimentos do reinado de Jeorão e todas as suas realizações estão escritos nos registros históricos dos reis de Judá. **24** Jeorão descansou com seus antepassados e foi sepultado com eles na Cidade de Davi. E seu filho Acazias foi o seu sucessor.

O Reinado de Acazias, Rei de Judá

25 No décimo segundo ano do reinado de Jorão, filho de Acabe, rei de Israel, Acazias, filho de Jeorão, rei de Judá, começou a reinar. **26** Ele tinha vinte e dois anos de idade quando começou a reinar, e reinou um ano em Jerusalém. O nome de sua mãe era Atalia, neta de Onri, rei de Israel. **27** Ele andou nos caminhos da família de Acabe e fez o que o Senhor reprova, como a família de Acabe havia feito, pois casou-se com uma mulher da família de Acabe.

28 Acazias aliou-se a Jorão, filho de Acabe, e saiu à guerra contra Hazael, rei da Síria, em Ramote-Gileade. Jorão foi ferido **29** e voltou a Jezreel para recuperar-se dos ferimentos sofridos em Ramoteᶜ, na batalha contra Hazael, rei da Síria.

Acazias, rei de Judá, foi a Jezreel visitar Jorão, que se recuperava de seus ferimentos.

Jeú é Consagrado Rei de Israel

9 Enquanto isso o profeta Eliseu chamou um dos discípulos dos profetas e lhe disse: "Ponha a capa por dentro do

---

Jehoram King of Judah

9 Hazael went to meet Elisha, taking with him as a gift forty camel-loads of all the finest wares of Damascus. He went in and stood before him, and said, "Your son Ben-Hadad king of Aram has sent me to ask, 'Will I recover from this illness?' "

10 Elisha answered, "Go and say to him, 'You will certainly recover'; butᵃ the Lord has revealed to me that he will in fact die." **11** He stared at him with a fixed gaze until Hazael felt ashamed. Then the man of God began to weep.

12 "Why is my lord weeping?" asked Hazael.

"Because I know the harm you will do to the Israelites," he answered. "You will set fire to their fortified places, kill their young men with the sword, dash their little children to the ground, and rip open their pregnant women."

13 Hazael said, "How could your servant, a mere dog, accomplish such a feat?"

"The Lord has shown me that you will become king of Aram," answered Elisha.

14 Then Hazael left Elisha and returned to his master. When Ben-Hadad asked, "What did Elisha say to you?" Hazael replied, "He told me that you would certainly recover." **15** But the next day he took a thick cloth, soaked it in water and spread it over the king's face, so that he died. Then Hazael succeeded him as king.

Jehoram King of Judah

16 In the fifth year of Joram son of Ahab king of Israel, when Jehoshaphat was king of Judah, Jehoram son of Jehoshaphat began his reign as king of Judah. **17** He was thirty-two years old when he became king, and he reigned in Jerusalem eight years. **18** He walked in the ways of the kings of Israel, as the house of Ahab had done, for he married a daughter of Ahab. He did evil in the eyes of the Lord. **19** Nevertheless, for the sake of his servant David, the Lord was not willing to destroy Judah. He had promised to maintain a lamp for David and his descendants forever.

20 In the time of Jehoram, Edom rebelled against Judah and set up its own king. **21** So Jehoramᵇ went to Zair with all his chariots. The Edomites surrounded him and his chariot commanders, but he rose up and broke through by night; his army, however, fled back home. **22** To this day Edom has been in rebellion against Judah. Libnah revolted at the same time.

23 As for the other events of Jehoram's reign, and all he did, are they not written in the book of the annals of the kings of Judah? **24** Jehoram rested with his fathers and was buried with them in the City of David. And Ahaziah his son succeeded him as king.

Ahaziah King of Judah

25 In the twelfth year of Joram son of Ahab king of Israel, Ahaziah son of Jehoram king of Judah began to reign. **26** Ahaziah was twenty-two years old when he became king, and he reigned in Jerusalem one year. His mother's name was Athaliah, a granddaughter of Omri king of Israel. **27** He walked in the ways of the house of Ahab and did evil in the eyes of the Lord, as the house of Ahab had done, for he was related by marriage to Ahab's family.

28 Ahaziah went with Joram son of Ahab to war against Hazael king of Aram at Ramoth Gilead. The Arameans wounded Joram; **29** so King Joram returned to Jezreel to recover from the wounds the Arameans had inflicted on him at Ramothᶜ in his battle with Hazael king of Aram.

Then Ahaziah son of Jehoram king of Judah went down to Jezreel to see Joram son of Ahab, because he had been wounded.

Jehu Anointed King of Israel

9 The prophet Elisha summoned a man from the company of the prophets and said to him, "Tuck your cloak into your

---

ᵃ**8.10** Ou *'Com certeza não te recuperarás', pois* ᵇ**8.19** Hebraico: *uma lâmpada para ele e seus descendentes.* ᶜ**8.29** Hebraico: *Ramá*, variante de *Ramote.*

ᵃ**8:10** The Hebrew may also be read *Go and say, 'You will certainly not recover,'* for. ᵇ**8:21** Hebrew *Joram*, a variant of *Jehoram*; also in verses 23 and 24 ᶜ**8:29** Hebrew *Ramah*, a variant of *Ramoth*

cinto, pegue este frasco de óleo e vá a Ramote-Gileade. ² Quando lá chegar, procure Jeú, filho de Josafá e neto de Ninsi. Dirija-se a ele e leve-o para uma sala, longe dos seus companheiros. ³ Depois pegue o frasco, derrame o óleo sobre a cabeça dele e declare: 'Assim diz o Senhor: Eu o estou ungindo rei sobre Israel'. Em seguida abra a porta e fuja sem demora!"

⁴ Então o jovem profeta foi a Ramote-Gileade. ⁵ Ao chegar, encontrou os comandantes do exército reunidos e disse: "Trago uma mensagem para ti, comandante".

"Para qual de nós?", perguntou Jeú.

Ele respondeu: "Para ti, comandante".

⁶ Jeú levantou-se e entrou na casa. Então o jovem profeta derramou o óleo na cabeça de Jeú e declarou-lhe: "Assim diz o Senhor, o Deus de Israel: 'Eu o estou ungindo rei de Israel, o povo do Senhor. ⁷ Você dará fim à família de Acabe, seu senhor, e assim eu vingarei o sangue de meus servos, os profetas, e o sangue de todos os servos do Senhor, derramado por Jezabel. ⁸ Toda a família de Acabe perecerá. Eliminarei todos os de sexo masculinoª de sua família em Israel, seja escravo seja livre. ⁹ Tratarei a família de Acabe como tratei a de Jeroboão, filho de Nebate, e a de Baasa, filho de Aías. ¹⁰ E Jezabel será devorada por cães num terreno em Jezreel, e ninguém a sepultará' ". Então ele abriu a porta e saiu correndo.

¹¹ Quando Jeú voltou para junto dos outros oficiais do rei, um deles lhe perguntou: "Está tudo bem? O que esse louco queria com você?"

Jeú respondeu: "Vocês conhecem essa gente e sabem as coisas que eles dizem".

¹² Mas insistiram: "Não nos engane! Conte-nos o que ele disse".

Então Jeú contou: "Ele me disse o seguinte: 'Assim diz o Senhor: Eu o estou ungindo rei sobre Israel' ".

¹³ Imediatamente eles pegaram os seus mantos e os estenderam sobre os degraus diante dele. Em seguida tocaram a trombeta e gritaram: "Jeú é rei!"

A Morte de Jorão e de Acazias

¹⁴ Então Jeú, filho de Josafá e neto de Ninsi, começou uma conspiração contra o rei Jorão, na época em que ele defendeu, com todo o Israel, Ramote-Gileade contra Hazael, rei da Síria. ¹⁵ O rei Jorão tinha voltado a Jezreel para recuperar-se dos ferimentos sofridos na batalha contra Hazael, rei da Síria. Jeú propôs: "Se vocês me apóiam, não deixem ninguém sair escondido da cidade para nos denunciar em Jezreel". ¹⁶ Então ele subiu em seu carro e foi para Jezreel, porque Jorão estava lá se recuperando; e Acazias, rei de Judá, tinha ido visitá-lo.

¹⁷ Quando a sentinela que estava na torre de vigia de Jezreel percebeu a tropa de Jeú se aproximando, gritou: "Estou vendo uma tropa!"

Jorão ordenou: "Envie um cavaleiro ao encontro deles para perguntar se eles vêm em paz".

¹⁸ O cavaleiro foi ao encontro de Jeú e disse: "O rei pergunta: 'Vocês vêm em paz?' "

Jeú respondeu: "Não me venha falar em paz. Saia da minha frente".

A sentinela relatou: "O mensageiro chegou a eles, mas não está voltando".

¹⁹ Então o rei enviou um segundo cavaleiro. Quando chegou a eles disse: "O rei pergunta: 'Vocês vêm em paz?' "

Jeú respondeu: "Não me venha falar em paz. Saia da minha frente".

²⁰ A sentinela relatou: "Ele chegou a eles, mas também não está voltando". E acrescentou: "O jeito do chefe da tropa guiar o carro é como o de Jeú, neto de Ninsi; dirige como louco".

²¹ Jorão ordenou que preparassem seu carro de guerra. Assim que ficou pronto, Jorão, rei de Israel, e Acazias, rei de Judá,

belt, take this flask of oil with you and go to Ramoth Gilead. ² When you get there, look for Jehu son of Jehoshaphat, the son of Nimshi. Go to him, get him away from his companions and take him into an inner room. ³ Then take the flask and pour the oil on his head and declare, 'This is what the Lord says: I anoint you king over Israel.' Then open the door and run; don't delay!"

⁴ So the young man, the prophet, went to Ramoth Gilead. ⁵ When he arrived, he found the army officers sitting together. "I have a message for you, commander," he said.

"For which of us?" asked Jehu.

"For you, commander," he replied.

⁶ Jehu got up and went into the house. Then the prophet poured the oil on Jehu's head and declared, "This is what the Lord, the God of Israel, says: 'I anoint you king over the Lord's people Israel. ⁷ You are to destroy the house of Ahab your master, and I will avenge the blood of my servants the prophets and the blood of all the Lord's servants shed by Jezebel. ⁸ The whole house of Ahab will perish. I will cut off from Ahab every last male in Israel—slave or free. ⁹ I will make the house of Ahab like the house of Jeroboam son of Nebat and like the house of Baasha son of Ahijah. ¹⁰ As for Jezebel, dogs will devour her on the plot of ground at Jezreel, and no one will bury her.' " Then he opened the door and ran.

¹¹ When Jehu went out to his fellow officers, one of them asked him, "Is everything all right? Why did this madman come to you?"

"You know the man and the sort of things he says," Jehu replied.

¹² "That's not true!" they said. "Tell us."

Jehu said, "Here is what he told me: 'This is what the Lord says: I anoint you king over Israel.' "

¹³ They hurried and took their cloaks and spread them under him on the bare steps. Then they blew the trumpet and shouted, "Jehu is king!"

Jehu Kills Joram and Ahaziah

¹⁴ So Jehu son of Jehoshaphat, the son of Nimshi, conspired against Joram. (Now Joram and all Israel had been defending Ramoth Gilead against Hazael king of Aram, ¹⁵ but King Joramª had returned to Jezreel to recover from the wounds the Arameans had inflicted on him in the battle with Hazael king of Aram.) Jehu said, "If this is the way you feel, don't let anyone slip out of the city to go and tell the news in Jezreel." ¹⁶ Then he got into his chariot and rode to Jezreel, because Joram was resting there and Ahaziah king of Judah had gone down to see him.

¹⁷ When the lookout standing on the tower in Jezreel saw Jehu's troops approaching, he called out, "I see some troops coming."

"Get a horseman," Joram ordered. "Send him to meet them and ask, 'Do you come in peace?' "

¹⁸ The horseman rode off to meet Jehu and said, "This is what the king says: 'Do you come in peace?' "

"What do you have to do with peace?" Jehu replied. "Fall in behind me."

The lookout reported, "The messenger has reached them, but he isn't coming back."

¹⁹ So the king sent out a second horseman. When he came to them he said, "This is what the king says: 'Do you come in peace?' "

Jehu replied, "What do you have to do with peace? Fall in behind me."

²⁰ The lookout reported, "He has reached them, but he isn't coming back either. The driving is like that of Jehu son of Nimshi—he drives like a madman."

²¹ "Hitch up my chariot," Joram ordered. And when it was hitched up, Joram king of Israel and Ahaziah king of Judah

---

ª9.8 Hebraico: *os que urinam na parede.*   ª9:15 Hebrew *Jehoram*, a variant of *Joram*; also in verses 17 and 21-24

saíram, cada um em seu carro, ao encontro de Jeú. Eles o encontraram na propriedade que havia pertencido a Nabote, de Jezrel. ²² Quando Jorão viu Jeú, perguntou: "Você vem em paz, Jeú?"

Jeú respondeu: "Como pode haver paz, enquanto continuam toda a idolatria e as feitiçarias de sua mãe Jezabel?"

²³ Jorão deu meia-volta e fugiu, gritando para Acazias: "Traição, Acazias!"

²⁴ Então Jeú disparou seu arco com toda a força e atingiu Jorão nas costas. A flecha atravessou-lhe o coração e ele caiu morto. ²⁵ Jeú disse a Bidcar, seu oficial: "Pegue o cadáver e jogue-o nesta propriedade que pertencia a Nabote, de Jezrel. Lembre-se da advertência que o Senhor proferiu contra Acabe, pai dele, quando juntos acompanhávamos sua comitiva. Ele disse: ²⁶ 'Ontem, vi o sangue de Nabote e o sangue dos seus filhos, declara o Senhor, e com certeza farei você pagar por isso nesta mesma propriedade, declara o Senhor'. Agora, então, pegue o cadáver e jogue-o nesta propriedade, conforme a palavra do Senhor".

²⁷ Vendo isso, Acazias, rei de Judá, fugiu na direção de Bete-Hagã. Mas Jeú o perseguiu, gritando: "Matem-no também!" Eles o atingiram em seu carro de guerra na subida para Gur, perto de Ibleã, mas ele conseguiu refugiar-se em Megido, onde morreu. ²⁸ Seus oficiais o levaram a Jerusalém e o sepultaram com seus antepassados em seu túmulo, na Cidade de Davi. ²⁹ Acazias havia se tornado rei de Judá no décimo primeiro ano de Jorão, filho de Acabe.

A Morte de Jezabel

³⁰ Em seguida Jeú entrou em Jezrel. Ao saber disso, Jezabel pintou os olhos, arrumou o cabelo e ficou olhando de uma janela do palácio. ³¹ Quando Jeú passou pelo portão, ela gritou: "Como vai, Zinri, assassino do seu senhor?"

³² Ele ergueu os olhos para a janela e gritou: "Quem de vocês está do meu lado?" Dois ou três oficiais olharam para ele. ³³ Então Jeú ordenou: "Joguem essa mulher para baixo!" Eles a jogaram e o sangue dela espirrou na parede e nos cavalos, e Jeú a atropelou.

³⁴ Jeú entrou, comeu, bebeu e ordenou: "Peguem aquela maldita e sepultem-na; afinal era filha de rei". ³⁵ Mas, quando foram sepultá-la, só encontraram o crânio, os pés e as mãos. ³⁶ Então voltaram e contaram isso a Jeú, que disse: "Cumpriu-se a palavra do Senhor anunciada por meio do seu servo Elias, o tesbita: Num terreno em Jezrel cães devorarão a carne de Jezabel, ³⁷ os seus restos mortais serão espalhados num terreno em Jezrel, como esterco no campo, de modo que ninguém será capaz de dizer: 'Esta é Jezabel' ".

A Morte da Família de Acabe

10 Ora, viviam em Samaria setenta descendentes de Acabe. Jeú escreveu uma carta e a enviou a Samaria, aos líderes da cidadeª, às autoridades e aos tutores dos descendentes de Acabe. A carta dizia: ² "Assim que receberem esta carta, vocês, que cuidam dos filhos do rei e que têm carros de guerra e cavalos, uma cidade fortificada e armas, ³ escolham o melhor e o mais capaz dos filhos do rei e coloquem-no no trono de seu pai. E lutem pela dinastia de seu senhor."

⁴ Eles, porém, estavam aterrorizados e disseram: "Se dois reis não puderam enfrentá-lo, como poderemos nós?"

⁵ Por isso o administrador do palácio, o governador da cidade, as autoridades e os tutores enviaram esta mensagem a Jeú: "Somos teus servos e faremos tudo o que exigires de nós. Não proclamaremos nenhum rei. Faze o que achares melhor".

⁶ Então Jeú escreveu-lhes uma segunda carta que dizia: "Se vocês estão do meu lado e estão dispostos a obedecer-me, tra-

rode out, each in his own chariot, to meet Jehu. They met him at the plot of ground that had belonged to Naboth the Jezreelite. ²² When Joram saw Jehu he asked, "Have you come in peace, Jehu?"

"How can there be peace," Jehu replied, "as long as all the idolatry and witchcraft of your mother Jezebel abound?"

²³ Joram turned about and fled, calling out to Ahaziah, "Treachery, Ahaziah!"

²⁴ Then Jehu drew his bow and shot Joram between the shoulders. The arrow pierced his heart and he slumped down in his chariot. ²⁵ Jehu said to Bidkar, his chariot officer, "Pick him up and throw him on the field that belonged to Naboth the Jezreelite. Remember how you and I were riding together in chariots behind Ahab his father when the Lord made this prophecy about him: ²⁶ 'Yesterday I saw the blood of Naboth and the blood of his sons, declares the Lord, and I will surely make you pay for it on this plot of ground, declares the Lord.'ª Now then, pick him up and throw him on that plot, in accordance with the word of the Lord."

²⁷ When Ahaziah king of Judah saw what had happened, he fled up the road to Beth Haggan.ᵇ Jehu chased him, shouting, "Kill him too!" They wounded him in his chariot on the way up to Gur near Ibleam, but he escaped to Megiddo and died there. ²⁸ His servants took him by chariot to Jerusalem and buried him with his fathers in his tomb in the City of David. ²⁹ (In the eleventh year of Joram son of Ahab, Ahaziah had become king of Judah.)

Jezebel Killed

³⁰ Then Jehu went to Jezreel. When Jezebel heard about it, she painted her eyes, arranged her hair and looked out of a window. ³¹ As Jehu entered the gate, she asked, "Have you come in peace, Zimri, you murderer of your master?"ᶜ

³² He looked up at the window and called out, "Who is on my side? Who?" Two or three eunuchs looked down at him. ³³ "Throw her down!" Jehu said. So they threw her down, and some of her blood spattered the wall and the horses as they trampled her underfoot.

³⁴ Jehu went in and ate and drank. "Take care of that cursed woman," he said, "and bury her, for she was a king's daughter." ³⁵ But when they went out to bury her, they found nothing except her skull, her feet and her hands. ³⁶ They went back and told Jehu, who said, "This is the word of the Lord that he spoke through his servant Elijah the Tishbite: On the plot of ground at Jezreel dogs will devour Jezebel's flesh.ᵈ ³⁷ Jezebel's body will be like refuse on the ground in the plot at Jezreel, so that no one will be able to say, 'This is Jezebel.' "

Ahab's Family Killed

10 Now there were in Samaria seventy sons of the house of Ahab. So Jehu wrote letters and sent them to Samaria: to the officials of Jezreel,ᵉ to the elders and to the guardians of Ahab's children. He said, ² "As soon as this letter reaches you, since your master's sons are with you and you have chariots and horses, a fortified city and weapons, ³ choose the best and most worthy of your master's sons and set him on his father's throne. Then fight for your master's house."

⁴ But they were terrified and said, "If two kings could not resist him, how can we?"

⁵ So the palace administrator, the city governor, the elders and the guardians sent this message to Jehu: "We are your servants and we will do anything you say. We will not appoint anyone as king; you do whatever you think best."

⁶ Then Jehu wrote them a second letter, saying, "If you are on my side and will obey me, take the heads of your master's

---

ª10.1 Conforme alguns manuscritos da Septuaginta e a Vulgata. O Texto Massorético diz de Jezrael.

ª9:26 See 1 Kings 21:19. ᵇ9:27 Or fled by way of the garden house ᶜ9:31 Or "Did Zimri have peace, who murdered his master?" ᵈ9:36 See 1 Kings 21:23. ᵉ10:1 Hebrew; some Septuagint manuscripts and Vulgate of the city

gam-me as cabeças dos descendentes de seu senhor a Jezreel, amanhã a esta hora".

Os setenta descendentes de Acabe estavam sendo criados pelas autoridades da cidade. [7] Logo que receberam a carta, decapitaram todos os setenta, colocaram as cabeças em cestos e as enviaram a Jeú, em Jezreel. [8] Ao ser informado de que tinham trazido as cabeças, Jeú ordenou: "Façam com elas dois montes junto à porta da cidade, para que fiquem expostas lá até amanhã".

[9] Na manhã seguinte Jeú saiu e declarou a todo o povo: "Vocês são inocentes! Fui eu que conspirei contra meu senhor e o matei, mas quem matou todos estes? [10] Saibam, então, que não deixará de se cumprir uma só palavra que o Senhor falou contra a família de Acabe. O Senhor fez o que prometeu por meio de seu servo Elias". [11] Então Jeú matou todos os que restavam da família de Acabe em Jezreel, bem como todos os seus aliados influentes, os seus amigos pessoais e os seus sacerdotes, não lhe deixando sobrevivente algum.

[12] Depois Jeú partiu para Samaria. Em Bete-Equede dos Pastores [13] encontrou alguns parentes de Acazias, rei de Judá, e perguntou: "Quem são vocês?"

Eles responderam: "Somos parentes de Acazias e estamos indo visitar as famílias do rei e da rainha-mãe".

[14] Então Jeú ordenou aos seus soldados: "Peguem-nos vivos!" Então os pegaram e os mataram junto ao poço de Bete-Equede. Eram quarenta e dois homens, e nenhum deles foi deixado vivo.

[15] Saindo dali, Jeú encontrou Jonadabe, filho de Recabe, que tinha ido falar com ele. Depois de saudá-lo Jeú perguntou: "Você está de acordo com o que estou fazendo?"

Jonadabe respondeu: "Estou".

E disse Jeú: "Então, dê-me a mão". Jonadabe estendeu-lhe a mão, e Jeú o ajudou a subir no carro, [16] e lhe disse: "Venha comigo e veja o meu zelo pelo Senhor". E o levou em seu carro.

[17] Quando Jeú chegou a Samaria, matou todos os que restavam da família de Acabe na cidade; ele os exterminou, conforme a palavra que o Senhor tinha dito a Elias.

A Morte dos Ministros de Baal

[18] Jeú reuniu todo o povo e declarou: "Acabe não cultuou a deus Baal o bastante; eu, Jeú, o cultuarei muito mais. [19] Por isso convoquem todos os profetas de Baal, todos os seus ministros e todos os seus sacerdotes. Ninguém deverá faltar, pois oferecerei um grande sacrifício a Baal. Quem não vier, morrerá". Mas Jeú estava agindo traiçoeiramente, a fim de exterminar os ministros de Baal.

[20] Então Jeú ordenou: "Convoquem uma assembléia em honra a Baal". Foi feita a proclamação [21] e ele enviou mensageiros por todo o Israel. Todos os ministros de Baal vieram; nem um deles faltou. Eles se reuniram no templo de Baal, que ficou completamente lotado. [22] E Jeú disse ao encarregado das vestes cultuais: "Traga os mantos para todos os ministros de Baal". E ele os trouxe.

[23] Depois Jeú entrou no templo com Jonadabe, filho de Recabe, e disse aos ministros de Baal: "Olhem em volta e certifiquem-se de que nenhum servo do Senhor está aqui com vocês, mas somente ministros de Baal". [24] E eles se aproximaram para oferecer sacrifícios e holocaustos[a]. Jeú havia posto oitenta homens do lado de fora, fazendo-lhes esta advertência: "Se um de vocês deixar escapar um só dos homens que estou entregando a vocês, será a sua vida pela dele".

[25] Logo que Jeú terminou de oferecer o holocausto, ordenou aos guardas e oficiais: "Entrem e matem todos! Não deixem ninguém escapar!" E eles os mataram ao fio da espada, jogaram os corpos para fora e depois entraram no santuário interno do templo de Baal. [26] Levaram a coluna sagrada para fora do templo de Baal e a queimaram. [27] Assim destruíram a coluna sagrada de Baal e demoliram o seu templo, e até hoje o local tem sido usado como latrina.

sons and come to me in Jezreel by this time tomorrow."

Now the royal princes, seventy of them, were with the leading men of the city, who were rearing them. [7] When the letter arrived, these men took the princes and slaughtered all seventy of them. They put their heads in baskets and sent them to Jehu in Jezreel. [8] When the messenger arrived, he told Jehu, "They have brought the heads of the princes."

Then Jehu ordered, "Put them in two piles at the entrance of the city gate until morning."

[9] The next morning Jehu went out. He stood before all the people and said, "You are innocent. It was I who conspired against my master and killed him, but who killed all these? [10] Know then, that not a word the Lord has spoken against the house of Ahab will fail. The Lord has done what he promised through his servant Elijah." [11] So Jehu killed everyone in Jezreel who remained of the house of Ahab, as well as all his chief men, his close friends and his priests, leaving him no survivor.

[12] Jehu then set out and went toward Samaria. At Beth Eked of the Shepherds, [13] he met some relatives of Ahaziah king of Judah and asked, "Who are you?"

They said, "We are relatives of Ahaziah, and we have come down to greet the families of the king and of the queen mother."

[14] "Take them alive!" he ordered. So they took them alive and slaughtered them by the well of Beth Eked—forty-two men. He left no survivor.

[15] After he left there, he came upon Jehonadab son of Recab, who was on his way to meet him. Jehu greeted him and said, "Are you in accord with me, as I am with you?"

"I am," Jehonadab answered.

"If so," said Jehu, "give me your hand." So he did, and Jehu helped him up into the chariot. [16] Jehu said, "Come with me and see my zeal for the Lord." Then he had him ride along in his chariot.

[17] When Jehu came to Samaria, he killed all who were left there of Ahab's family; he destroyed them, according to the word of the Lord spoken to Elijah.

Ministers of Baal Killed

[18] Then Jehu brought all the people together and said to them, "Ahab served Baal a little; Jehu will serve him much. [19] Now summon all the prophets of Baal, all his ministers and all his priests. See that no one is missing, because I am going to hold a great sacrifice for Baal. Anyone who fails to come will no longer live." But Jehu was acting deceptively in order to destroy the ministers of Baal.

[20] Jehu said, "Call an assembly in honor of Baal." So they proclaimed it. [21] Then he sent word throughout Israel, and all the ministers of Baal came; not one stayed away. They crowded into the temple of Baal until it was full from one end to the other. [22] And Jehu said to the keeper of the wardrobe, "Bring robes for all the ministers of Baal." So he brought out robes for them.

[23] Then Jehu and Jehonadab son of Recab went into the temple of Baal. Jehu said to the ministers of Baal, "Look around and see that no servants of the Lord are here with you—only ministers of Baal." [24] So they went in to make sacrifices and burnt offerings. Now Jehu had posted eighty men outside with this warning: "If one of you lets any of the men I am placing in your hands escape, it will be your life for his life."

[25] As soon as Jehu had finished making the burnt offering, he ordered the guards and officers: "Go in and kill them; let no one escape." So they cut them down with the sword. The guards and officers threw the bodies out and then entered the inner shrine of the temple of Baal. [26] They brought the sacred stone out of the temple of Baal and burned it. [27] They demolished the sacred stone of Baal and tore down the temple of Baal, and people have used it for a latrine to this day.

---

[a]10.24 Isto é, sacrifícios totalmente queimados; também no versículo 25.

28 Assim Jeú eliminou a adoração a Baal em Israel. **29** No entanto, não se afastou dos pecados de Jeroboão, filho de Nebate, pois levou Israel a cometer o pecado de adorar os bezerros de ouro em Betel e em Dã.

30 E o Senhor disse a Jeú: "Como você executou corretamente o que eu aprovo, fazendo com a família de Acabe tudo o que eu queria, seus descendentes ocuparão o trono de Israel até a quarta geração". **31** Entretanto, Jeú não se preocupou em obedecer de todo o coração à lei do Senhor, Deus de Israel, nem se afastou dos pecados que Jeroboão levara Israel a cometer.

32 Naqueles dias, o Senhor começou a reduzir o tamanho de Israel. O rei Hazael conquistou todo o território israelita **33** a leste do Jordão, incluindo toda a terra de Gileade. Conquistou desde Aroer, junto à garganta do Arnom, até Basã, passando por Gileade, terras das tribos de Gade, de Rúben e de Manassés.

34 Os demais acontecimentos do reinado de Jeú, todos os seus atos e todas as suas realizações, estão escritos nos registros históricos dos reis de Israel. **35** Jeú descansou com os seus antepassados e foi sepultado em Samaria. Seu filho Jeoacaz foi seu sucessor. **36** Reinou Jeú vinte e oito anos sobre Israel em Samaria.

Joás Escapa de Atalia

11 Quando Atalia, mãe de Acazias, soube que seu filho estava morto, mandou matar toda a família real. **2** Mas Jeoseba, filha do rei Jeorão e irmã de Acazias, pegou Joás, um dos filhos do rei que iam ser assassinados, e o colocou num quarto, junto com a sua ama, para escondê-lo de Atalia; assim ele não foi morto. **3** Seis anos ele ficou escondido com ela no templo do Senhor, enquanto Atalia governava o país.

4 No sétimo ano, o sacerdote Joiada mandou chamar à sua presença no templo do Senhor os líderes dos batalhões de cem dos cários[a] e dos guardas. E fez um acordo com eles no templo do Senhor, com juramento. Depois lhes mostrou o filho do rei **5** e lhes ordenou: "Vocês vão fazer o seguinte: Quando entrarem de serviço no sábado, uma companhia ficará de guarda no palácio real, **6** outra, na porta de Sur e a terceira, na porta que fica atrás das outras companhias. Elas montarão guarda no templo por turnos. **7** As outras duas companhias, que normalmente não estão de serviço[b] no sábado, ficarão de guarda no templo, para proteger o rei. **8** Posicionem-se ao redor do rei, de armas na mão. Matem todo o que se aproximar de suas fileiras[c]. Acompanhem o rei aonde quer que ele for".

9 Os líderes dos batalhões de cem fizeram como o sacerdote Joiada havia ordenado. Cada um levou seus soldados, tanto os que estavam entrando em serviço no sábado como os que estavam saindo, ao sacerdote Joiada. **10** Então ele deu aos líderes dos batalhões de cem as lanças e os escudos que haviam pertencido ao rei Davi e que estavam no templo do Senhor. **11** Os guardas, todos armados, posicionaram-se em volta do rei, junto do altar e em torno do templo, desde o lado sul até o lado norte do templo.

12 Depois Joiada trouxe para fora Joás, o filho do rei, colocou nele a coroa e lhe entregou uma cópia da aliança. Então o proclamaram rei, ungindo-o, e o povo aplaudia e gritava: "Viva o rei!"

13 Quando Atalia ouviu o barulho dos guardas e do povo, foi ao templo do Senhor, onde estava o povo, **14** e onde ela viu o rei, em pé junto à coluna, conforme o costume. Os oficiais e os tocadores de corneta estavam ao lado do rei, e todo o povo se alegrava ao som das cornetas. Então Atalia rasgou suas vestes e gritou: "Traição! Traição!"

28 So Jehu destroyed Baal worship in Israel. **29** However, he did not turn away from the sins of Jeroboam son of Nebat, which he had caused Israel to commit—the worship of the golden calves at Bethel and Dan.

30 The Lord said to Jehu, "Because you have done well in accomplishing what is right in my eyes and have done to the house of Ahab all I had in mind to do, your descendants will sit on the throne of Israel to the fourth generation." **31** Yet Jehu was not careful to keep the law of the Lord, the God of Israel, with all his heart. He did not turn away from the sins of Jeroboam, which he had caused Israel to commit.

32 In those days the Lord began to reduce the size of Israel. Hazael overpowered the Israelites throughout their territory **33** east of the Jordan in all the land of Gilead (the region of Gad, Reuben and Manasseh), from Aroer by the Arnon Gorge through Gilead to Bashan.

34 As for the other events of Jehu's reign, all he did, and all his achievements, are they not written in the book of the annals of the kings of Israel?

35 Jehu rested with his fathers and was buried in Samaria. And Jehoahaz his son succeeded him as king. **36** The time that Jehu reigned over Israel in Samaria was twenty-eight years.

Athaliah and Joash

11 When Athaliah the mother of Ahaziah saw that her son was dead, she proceeded to destroy the whole royal family. **2** But Jehosheba, the daughter of King Jehoram[a] and sister of Ahaziah, took Joash son of Ahaziah and stole him away from among the royal princes, who were about to be murdered. She put him and his nurse in a bedroom to hide him from Athaliah; so he was not killed. **3** He remained hidden with his nurse at the temple of the Lord for six years while Athaliah ruled the land.

4 In the seventh year Jehoiada sent for the commanders of units of a hundred, the Carites and the guards and had them brought to him at the temple of the Lord. He made a covenant with them and put them under oath at the temple of the Lord. Then he showed them the king's son. **5** He commanded them, saying, "This is what you are to do: You who are in the three companies that are going on duty on the Sabbath—a third of you guarding the royal palace, **6** a third at the Sur Gate, and a third at the gate behind the guard, who take turns guarding the temple— **7** and you who are in the other two companies that normally go off Sabbath duty are all to guard the temple for the king. **8** Station yourselves around the king, each man with his weapon in his hand. Anyone who approaches your ranks[b] must be put to death. Stay close to the king wherever he goes."

9 The commanders of units of a hundred did just as Jehoiada the priest ordered. Each one took his men—those who were going on duty on the Sabbath and those who were going off duty—and came to Jehoiada the priest. **10** Then he gave the commanders the spears and shields that had belonged to King David and that were in the temple of the Lord. **11** The guards, each with his weapon in his hand, stationed themselves around the king—near the altar and the temple, from the south side to the north side of the temple.

12 Jehoiada brought out the king's son and put the crown on him; he presented him with a copy of the covenant and proclaimed him king. They anointed him, and the people clapped their hands and shouted, "Long live the king!"

13 When Athaliah heard the noise made by the guards and the people, she went to the people at the temple of the Lord. **14** She looked and there was the king, standing by the pillar, as the custom was. The officers and the trumpeters were beside the king, and all the people of the land were rejoicing and blowing trumpets. Then Athaliah tore her robes and called out, "Treason! Treason!"

[a]11.4 Isto é, mercenários que vinham da Ásia Menor; também no versículo 19. [b]11.7 Ou *As duas companhias que saírem do serviço* [c]11.8 Ou *do local*; também no versículo 15.

[a]11:2 Hebrew *Joram*, a variant of *Jehoram* [b]11:8 Or *approaches the precincts*

15 O sacerdote Joiada ordenou aos líderes dos batalhões de cem que estavam no comando das tropas: "Levem-na para fora por entre as fileiras, e matem à espada quem a seguir". Pois o sacerdote dissera: "Ela não será morta no templo do Senhor". **16** Então eles a prenderam e a levaram ao lugar onde os cavalos entram no terreno do palácio, e lá a mataram.

17 E Joiada fez uma aliança entre o Senhor, o rei e o povo, para que fossem o povo do Senhor; também fez um acordo entre o rei e o povo. **18** Depois todo o povo foi ao templo de Baal e o derrubou. Despedaçaram os altares e os ídolos e mataram Matã, sacerdote de Baal, em frente dos altares.

A seguir o sacerdote Joiada colocou guardas no templo do Senhor. **19** Levou consigo os líderes dos batalhões de cem cários, os guardas e todo o povo e, juntos, conduziram o rei do templo ao palácio, passando pela porta da guarda. O rei então ocupou seu lugar no trono real, **20** e todo o povo se alegrou. E a cidade acalmou-se depois que Atalia foi morta à espada no palácio.

21 Joás tinha sete anos de idade quando começou a reinar.

A Reparação do Templo

12 No sétimo ano do reinado de Jeú, Joás começou a reinar, e reinou quarenta anos em Jerusalém. O nome de sua mãe era Zíbia; ela era de Berseba. **2** Joás fez o que o Senhor aprova durante todos os anos em que o sacerdote Joiada o orientou. **3** Contudo, os altares idólatras não foram derrubados; o povo continuava a oferecer sacrifícios e a queimar incenso neles.

4 Joás ordenou aos sacerdotes: "Reúnam toda a prata trazida como dádiva sagrada ao templo do Senhor: a prata recolhida no recenseamento, a prata recebida de votos pessoais e a que foi trazida voluntariamente ao templo. **5** Cada sacerdote recolha a prata de um dos tesoureiros para que seja usada na reforma do templo".

6 Contudo, no vigésimo terceiro ano do reinado de Joás, os sacerdotes ainda não tinham feito as reformas. **7** Por isso o rei Joás chamou o sacerdote Joiada e os outros sacerdotes e lhes perguntou: "Por que vocês não estão fazendo as reformas no templo? Não recolham mais prata com seus tesoureiros, mas deixem-na para as reformas". **8** Os sacerdotes concordaram em não mais receberem nenhuma prata do povo e em não serem mais os encarregados dessas reformas.

9 Então o sacerdote Joiada pegou uma caixa, fez um furo na tampa e colocou-a ao lado do altar, à direita de quem entra no templo do Senhor. Os sacerdotes que guardavam a entrada colocavam na caixa toda a prata trazida ao templo do Senhor. **10** Sempre que havia uma grande quantidade de prata na caixa, o secretário real e o sumo sacerdote vinham, pesavam a prata trazida ao templo do Senhor e a colocavam em sacolas. **11** Depois de pesada, entregavam a prata aos supervisores do trabalho no templo. Assim pagavam aqueles que trabalhavam no templo do Senhor: os carpinteiros e os construtores, **12** os pedreiros e os cortadores de pedras. Também compravam madeira e pedras lavradas para os consertos a serem feitos no templo do Senhor e cobriam todas as outras despesas.

13 A prata trazida ao templo não era utilizada na confecção de bacias de prata, cortadores de pavio, bacias para aspersão, cornetas ou quaisquer outros utensílios de ouro ou prata para o templo do Senhor; **14** era usada como pagamento dos trabalhadores, e eles a empregavam para o reparo do templo. **15** Não se exigia prestação de contas dos que pagavam os trabalhadores, pois agiam com honestidade. **16** Mas a prata das ofertas pela culpa e das ofertas pelo pecado não era levada

15 Jehoiada the priest ordered the commanders of units of a hundred, who were in charge of the troops: "Bring her out between the ranks[a] and put to the sword anyone who follows her." For the priest had said, "She must not be put to death in the temple of the Lord." **16** So they seized her as she reached the place where the horses enter the palace grounds, and there she was put to death.

17 Jehoiada then made a covenant between the Lord and the king and people that they would be the Lord's people. He also made a covenant between the king and the people. **18** All the people of the land went to the temple of Baal and tore it down. They smashed the altars and idols to pieces and killed Mattan the priest of Baal in front of the altars.

Then Jehoiada the priest posted guards at the temple of the Lord. **19** He took with him the commanders of hundreds, the Carites, the guards and all the people of the land, and together they brought the king down from the temple of the Lord and went into the palace, entering by way of the gate of the guards. The king then took his place on the royal throne, **20** and all the people of the land rejoiced. And the city was quiet, because Athaliah had been slain with the sword at the palace.

21 Joash[b] was seven years old when he began to reign.

Joash Repairs the Temple

12 In the seventh year of Jehu, Joash[c] became king, and he reigned in Jerusalem forty years. His mother's name was Zibiah; she was from Beersheba. **2** Joash did what was right in the eyes of the Lord all the years Jehoiada the priest instructed him. **3** The high places, however, were not removed; the people continued to offer sacrifices and burn incense there.

4 Joash said to the priests, "Collect all the money that is brought as sacred offerings to the temple of the Lord—the money collected in the census, the money received from personal vows and the money brought voluntarily to the temple. **5** Let every priest receive the money from one of the treasurers, and let it be used to repair whatever damage is found in the temple."

6 But by the twenty-third year of King Joash the priests still had not repaired the temple. **7** Therefore King Joash summoned Jehoiada the priest and the other priests and asked them, "Why aren't you repairing the damage done to the temple? Take no more money from your treasurers, but hand it over for repairing the temple." **8** The priests agreed that they would not collect any more money from the people and that they would not repair the temple themselves.

9 Jehoiada the priest took a chest and bored a hole in its lid. He placed it beside the altar, on the right side as one enters the temple of the Lord. The priests who guarded the entrance put into the chest all the money that was brought to the temple of the Lord. **10** Whenever they saw that there was a large amount of money in the chest, the royal secretary and the high priest came, counted the money that had been brought into the temple of the Lord and put it into bags. **11** When the amount had been determined, they gave the money to the men appointed to supervise the work on the temple. With it they paid those who worked on the temple of the Lord—the carpenters and builders, **12** the masons and stonecutters. They purchased timber and dressed stone for the repair of the temple of the Lord, and met all the other expenses of restoring the temple.

13 The money brought into the temple was not spent for making silver basins, wick trimmers, sprinkling bowls, trumpets or any other articles of gold or silver for the temple of the Lord; **14** it was paid to the workmen, who used it to repair the temple. **15** They did not require an accounting from those to whom they gave the money to pay the workers, because they acted with complete honesty. **16** The money from the guilt offerings and

---

a 11:15 Or *out from the precincts* **b** 11:21 Hebrew *Jehoash*, a variant of *Joash* **c** 12:1 Hebrew *Jehoash*, a variant of *Joash*; also in verses 2, 4, 6, 7 and 18

ao templo do Senhor, pois pertencia aos sacerdotes.

17 Nessa época, Hazael, rei da Síria, atacou Gate e a conquistou. Depois decidiu atacar Jerusalém. **18** Então Joás, rei de Judá, apanhou todos os objetos consagrados por seus antepassados Josafá, Jeorão e Acazias, reis de Judá, e os que ele mesmo havia consagrado, e todo o ouro encontrado no depósito do templo do Senhor e do palácio real, e enviou tudo a Hazael, rei da Síria, que, assim, desistiu de atacar Jerusalém.

19 Os demais acontecimentos do reinado de Joás e as suas realizações estão todos escritos no livro dos registros históricos dos reis de Judá. **20** Dois de seus oficiais conspiraram contra ele e o assassinaram em Bete-Milo, no caminho que desce para Sila. **21** Os oficiais que o assassinaram foram Jozabade, filho de Simeate, e Jeozabade, filho de Somer. Ele morreu e foi sepultado junto aos seus antepassados na Cidade de Davi. E seu filho Amazias foi o seu sucessor.

O Reinado de Jeoacaz, Rei de Israel

13 No vigésimo terceiro ano do reinado de Joás, filho de Acazias, rei de Judá, Jeoacaz, filho de Jeú, tornou-se rei de Israel em Samaria, e reinou dezessete anos. **2** Ele fez o que o Senhor reprova, seguindo os pecados que Jeroboão, filho de Nebate, levara Israel a cometer; e não se afastou deles. **3** Por isso a ira do Senhor se acendeu contra Israel, e por longo tempo ele os manteve sob o poder de Hazael, rei da Síria, e de seu filho Ben-Hadade.

4 Então Jeoacaz buscou o favor do Senhor, e este o atendeu, pois viu quanto o rei da Síria oprimia Israel. **5** O Senhor providenciou um libertador para Israel, que escapou do poder da Síria. Assim os israelitas moraram em suas casas como anteriormente. **6** Mas continuaram a praticar os pecados que a dinastia de Jeroboão havia levado Israel a cometer, permanecendo neles. Inclusive o poste sagrado permanecia em pé em Samaria.

7 De todo o exército de Jeoacaz só restaram cinqüenta cavaleiros, dez carros de guerra e dez mil soldados de infantaria, pois o rei da Síria havia destruído a maior parte, reduzindo-a a pó.

8 Os demais acontecimentos do reinado de Jeoacaz, os seus atos e tudo o que realizou, estão escritos nos registros históricos dos reis de Israel. **9** Jeoacaz descansou com os seus antepassados e foi sepultado em Samaria. Seu filho Jeoás foi o seu sucessor.

O Reinado de Jeoás, Rei de Israel

10 No trigésimo sétimo ano do reinado de Joás, rei de Judá, Jeoás, filho de Jeoacaz, tornou-se rei de Israel em Samaria, e reinou dezesseis anos. **11** Ele fez o que o Senhor reprova e não se desviou de nenhum dos pecados que Jeroboão, filho de Nebate, levara Israel a cometer; antes permaneceu neles.

12 Os demais acontecimentos do reinado de Jeoás, os seus atos e as suas realizações, inclusive sua guerra contra Amazias, rei de Judá, estão escritos no livro dos registros históricos dos reis de Israel. **13** Jeoás descansou com os seus antepassados e Jeroboão o sucedeu no trono. Jeoás foi sepultado com os reis de Israel em Samaria.

14 Ora, Eliseu estava sofrendo da doença da qual morreria. Então Jeoás, rei de Israel, foi visitá-lo e, curvado sobre ele, chorou gritando: "Meu pai! Meu pai! Tu és como os carros e os cavaleiros de Israel!"

15 E Eliseu lhe disse: "Traga um arco e algumas flechas", e ele assim fez. **16** "Pegue o arco em suas mãos", disse ao rei de Israel. Quando pegou, Eliseu pôs suas mãos sobre as mãos do rei **17** e lhe disse: "Abra a janela que dá para o leste e atire". O rei o fez, e Eliseu declarou: "Esta é a flecha da vitória do Senhor, a

sin offerings was not brought into the temple of the Lord; it belonged to the priests.

17 About this time Hazael king of Aram went up and attacked Gath and captured it. Then he turned to attack Jerusalem. **18** But Joash king of Judah took all the sacred objects dedicated by his fathers—Jehoshaphat, Jehoram and Ahaziah, the kings of Judah—and the gifts he himself had dedicated and all the gold found in the treasuries of the temple of the Lord and of the royal palace, and he sent them to Hazael king of Aram, who then withdrew from Jerusalem.

19 As for the other events of the reign of Joash, and all he did, are they not written in the book of the annals of the kings of Judah? **20** His officials conspired against him and assassinated him at Beth Millo, on the road down to Silla. **21** The officials who murdered him were Jozabad son of Shimeath and Jehozabad son of Shomer. He died and was buried with his fathers in the City of David. And Amaziah his son succeeded him as king.

Jehoahaz King of Israel

13 In the twenty-third year of Joash son of Ahaziah king of Judah, Jehoahaz son of Jehu became king of Israel in Samaria, and he reigned seventeen years. **2** He did evil in the eyes of the Lord by following the sins of Jeroboam son of Nebat, which he had caused Israel to commit, and he did not turn away from them. **3** So the Lord's anger burned against Israel, and for a long time he kept them under the power of Hazael king of Aram and Ben-Hadad his son.

4 Then Jehoahaz sought the Lord's favor, and the Lord listened to him, for he saw how severely the king of Aram was oppressing Israel. **5** The Lord provided a deliverer for Israel, and they escaped from the power of Aram. So the Israelites lived in their own homes as they had before. **6** But they did not turn away from the sins of the house of Jeroboam, which had caused Israel to commit; they continued in them. Also, the Asherah pole[a] remained standing in Samaria.

7 Nothing had been left of the army of Jehoahaz except fifty horsemen, ten chariots and ten thousand foot soldiers, for the king of Aram had destroyed the rest and made them like the dust at threshing time.

8 As for the other events of the reign of Jehoahaz, all he did and his achievements, are they not written in the book of the annals of the kings of Israel? **9** Jehoahaz rested with his fathers and was buried in Samaria. And Jehoash[b] his son succeeded him as king.

Jehoash King of Israel

10 In the thirty-seventh year of Joash king of Judah, Jehoash son of Jehoahaz became king of Israel in Samaria, and he reigned sixteen years. **11** He did evil in the eyes of the Lord and did not turn away from any of the sins of Jeroboam son of Nebat, which he had caused Israel to commit; he continued in them.

12 As for the other events of the reign of Jehoash, all he did and his achievements, including his war against Amaziah king of Judah, are they not written in the book of the annals of the kings of Israel? **13** Jehoash rested with his fathers, and Jeroboam succeeded him on the throne. Jehoash was buried in Samaria with the kings of Israel.

14 Now Elisha was suffering from the illness from which he died. Jehoash king of Israel went down to see him and wept over him. "My father! My father!" he cried. "The chariots and horsemen of Israel!"

15 Elisha said, "Get a bow and some arrows," and he did so. **16** "Take the bow in your hands," he said to the king of Israel. When he had taken it, Elisha put his hands on the king's hands.

17 "Open the east window," he said, and he opened it. "Shoot!" Elisha said, and he shot. "The Lord's arrow of victory, the ar-

---

a 13:6 That is, a symbol of the goddess Asherah; here and elsewhere in 2 Kings
b 13:9 Hebrew Joash, a variant of Jehoash; also in verses 12-14 and 25

flecha da vitória sobre a Síria! Você destruirá totalmente os arameus, em Afeque".

18 Em seguida Eliseu mandou o rei pegar as flechas e golpear o chão. Ele golpeou o chão três vezes e parou. **19** O homem de Deus ficou irado com ele e disse: "Você deveria ter golpeado o chão cinco ou seis vezes; assim iria derrotar a Síria e a destruiria completamente. Mas agora você a vencerá somente três vezes".

20 Então Eliseu morreu e foi sepultado.

Ora, tropas moabitas costumavam entrar no país a cada primavera. **21** Certa vez, enquanto alguns israelitas sepultavam um homem, viram de repente uma dessas tropas; então jogaram o corpo do homem no túmulo de Eliseu e fugiram. Assim que o cadáver encostou nos ossos de Eliseu, o homem voltou à vida e se levantou.

22 Hazael, rei da Síria, oprimiu os israelitas durante todo o reinado de Jeoacaz. **23** Mas o Senhor foi bondoso para com eles, teve compaixão e mostrou preocupação por eles, por causa da sua aliança com Abraão, Isaque e Jacó. Até hoje ele não se dispôs a destruí-los ou a eliminá-los de sua presença.

24 E Hazael, rei da Síria, morreu, e seu filho Ben-Hadade foi o seu sucessor. **25** Então Jeoás, filho de Jeoacaz, conquistou de Ben-Hadade, filho de Hazael, as cidades que em combate Hazael havia tomado de seu pai Jeoacaz. Três vezes Jeoás o venceu e, assim, reconquistou aquelas cidades israelitas.

O Reinado de Amazias, Rei de Judá

14 No segundo ano do reinado de Jeoás, filho de Jeoacaz, rei de Israel, Amazias, filho de Joás, rei de Judá, começou a reinar. **2** Ele tinha vinte e cinco anos de idade quando começou a reinar, e reinou vinte e nove anos em Jerusalém. O nome de sua mãe era Jeoadã; ela era de Jerusalém. **3** Ele fez o que o Senhor aprova, mas não como Davi, seu predecessor. Em tudo seguiu o exemplo do seu pai Joás. **4** Mas os altares não foram derrubados; o povo continuava a oferecer sacrifícios e a queimar incenso neles.

5 Quando Amazias sentiu que tinha o reino sob pleno controle, mandou executar os oficiais que haviam assassinado o rei, seu pai. **6** Contudo, não matou os filhos dos assassinos, de acordo com o que está escrito no Livro da Lei de Moisés, onde o Senhor ordenou: "Os pais não morrerão no lugar dos filhos, nem os filhos no lugar dos pais; cada um morrerá pelo seu próprio pecado"ª.

7 Foi ele que derrotou dez mil edomitas no vale do Sal e conquistou a cidade de Selá em combate, dando-lhe o nome de Jocteel, nome que tem até hoje.

8 Então Amazias enviou mensageiros a Jeoás, filho de Jeoacaz e neto de Jeú, rei de Israel, com este desafio: "Venha me enfrentar".

9 Jeoás, porém, respondeu a Amazias: "O espinheiro do Líbano enviou uma mensagem ao cedro do Líbano: 'Dê sua filha em casamento a meu filho'. Mas um animal selvagem do Líbano veio e pisoteou o espinheiro. **10** De fato, você derrotou Edom e agora está arrogante. Comemore a sua vitória, mas fique em casa! Por que provocar uma desgraça que levará você e também Judá à ruína?"

11 Amazias não quis ouvi-lo, e Jeoás, rei de Israel, o atacou. Ele e Amazias, rei de Judá, enfrentaram-se em Bete-Semes, em Judá. **12** Judá foi derrotado por Israel, e seus soldados fugiram para as suas casas. **13** Jeoás capturou Amazias, filho de Joás e neto de Acazias, em Bete-Semes. Então Jeoás foi a Jerusalém e derrubou cento e oitenta metrosᵇ do muro da cidade, desde a porta de Efraim até a porta da Esquina. **14** Ele se apoderou de todo o ouro, de toda a prata e de todos os utensílios encontrados no templo do Senhor e nos depósitos do palácio real. Também fez reféns e, então, voltou para Samaria.

row of victory over Aram!" Elisha declared. "You will completely destroy the Arameans at Aphek."

18 Then he said, "Take the arrows," and the king took them. Elisha told him, "Strike the ground." He struck it three times and stopped. **19** The man of God was angry with him and said, "You should have struck the ground five or six times; then you would have defeated Aram and completely destroyed it. But now you will defeat it only three times."

20 Elisha died and was buried.

Now Moabite raiders used to enter the country every spring. **21** Once while some Israelites were burying a man, suddenly they saw a band of raiders; so they threw the man's body into Elisha's tomb. When the body touched Elisha's bones, the man came to life and stood up on his feet.

22 Hazael king of Aram oppressed Israel throughout the reign of Jehoahaz. **23** But the Lord was gracious to them and had compassion and showed concern for them because of his covenant with Abraham, Isaac and Jacob. To this day he has been unwilling to destroy them or banish them from his presence.

24 Hazael king of Aram died, and Ben-Hadad his son succeeded him as king. **25** Then Jehoash son of Jehoahaz recaptured from Ben-Hadad son of Hazael the towns he had taken in battle from his father Jehoahaz. Three times Jehoash defeated him, and so he recovered the Israelite towns.

Amaziah King of Judah

14 In the second year of Jehoashª son of Jehoahaz king of Israel, Amaziah son of Joash king of Judah began to reign. **2** He was twenty-five years old when he became king, and he reigned in Jerusalem twenty-nine years. His mother's name was Jehoaddin; she was from Jerusalem. **3** He did what was right in the eyes of the Lord, but not as his father David had done. In everything he followed the example of his father Joash. **4** The high places, however, were not removed; the people continued to offer sacrifices and burn incense there.

5 After the kingdom was firmly in his grasp, he executed the officials who had murdered his father the king. **6** Yet he did not put the sons of the assassins to death, in accordance with what is written in the Book of the Law of Moses where the Lord commanded: "Fathers shall not be put to death for their children, nor children put to death for their fathers; each is to die for his own sins."ᵇ

7 He was the one who defeated ten thousand Edomites in the Valley of Salt and captured Sela in battle, calling it Joktheel, the name it has to this day.

8 Then Amaziah sent messengers to Jehoash son of Jehoahaz, the son of Jehu, king of Israel, with the challenge: "Come, meet me face to face."

9 But Jehoash king of Israel replied to Amaziah king of Judah: "A thistle in Lebanon sent a message to a cedar in Lebanon, 'Give your daughter to my son in marriage.' Then a wild beast in Lebanon came along and trampled the thistle underfoot. **10** You have indeed defeated Edom and now you are arrogant. Glory in your victory, but stay at home! Why ask for trouble and cause your own downfall and that of Judah also?"

11 Amaziah, however, would not listen, so Jehoash king of Israel attacked. He and Amaziah king of Judah faced each other at Beth Shemesh in Judah. **12** Judah was routed by Israel, and every man fled to his home. **13** Jehoash king of Israel captured Amaziah king of Judah, the son of Joash, the son of Ahaziah, at Beth Shemesh. Then Jehoash went to Jerusalem and broke down the wall of Jerusalem from the Ephraim Gate to the Corner Gate—a section about six hundred feet longᶜ. **14** He took all the gold and silver and all the articles found in the temple of the Lord and in the treasuries of the royal palace. He also took hostages and returned to Samaria.

ª14.6 Dt 24.16. ᵇ14.13 Hebraico: 400 côvados. O côvado era uma medida linear de cerca de 45 centímetros.

ª14:1 Hebrew Joash, a variant of Jehoash; also in verses 13, 23 and 27 ᵇ14:6 Deut. 24:16 ᶜ14:13 Hebrew four hundred cubits (about 180 meters)

15 Os demais acontecimentos do reinado de Jeoás, os seus atos e todas as suas realizações, inclusive sua guerra contra Amazias, rei de Judá, estão escritos nos registros históricos dos reis de Israel. **16** Jeoás descansou com seus antepassados e foi sepultado com os reis de Israel em Samaria. E seu filho Jeroboão foi o seu sucessor.

17 Amazias, filho de Joás, rei de Judá, viveu ainda mais quinze anos depois da morte de Jeoás, filho de Jeoacaz, rei de Israel. **18** Os demais acontecimentos do reinado de Amazias estão escritos nos registros históricos dos reis de Judá.

19 Vítima de uma conspiração em Jerusalém, ele fugiu para Láquis, mas o perseguiram até lá e o mataram. **20** Seu corpo foi trazido de volta a cavalo e sepultado em Jerusalém, junto aos seus antepassados, na Cidade de Davi.

21 Então todo o povo de Judá proclamou rei a Azarias[a], de dezesseis anos de idade, no lugar de seu pai, Amazias. **22** Foi ele que reconquistou e reconstruiu a cidade de Elate para Judá, depois que Amazias descansou com os seus antepassados.

O Reinado de Jeroboão, Rei de Israel

23 No décimo quinto ano do reinado de Amazias, filho de Joás, rei de Judá, Jeroboão, filho de Jeoás, rei de Israel, tornou-se rei em Samaria e reinou quarenta e um anos. **24** Ele fez o que o Senhor reprova e não se desviou de nenhum dos pecados que Jeroboão, filho de Nebate, levara Israel a cometer. **25** Foi ele que restabeleceu as fronteiras de Israel desde Lebo-Hamate até o mar da Arabá[b], conforme a palavra do Senhor, Deus de Israel, anunciada pelo seu servo Jonas, filho de Amitai, profeta de Gate-Héfer.

26 O Senhor viu a amargura com que todos em Israel, tanto escravos quanto livres, estavam sofrendo; não havia ninguém para socorrê-los. **27** Visto que o Senhor não dissera que apagaria o nome de Israel de debaixo do céu, ele os libertou pela mão de Jeroboão, filho de Jeoás.

28 Os demais acontecimentos do reinado de Jeroboão, os seus atos e as suas realizações militares, inclusive a maneira pela qual recuperou para Israel Damasco e Hamate, que haviam pertencido a Iaudi[c], estão escritos nos registros históricos dos reis de Israel. **29** Jeroboão descansou com os seus antepassados, os reis de Israel. Seu filho Zacarias foi o seu sucessor.

O Reinado de Azarias, Rei de Judá

15 No vigésimo sétimo ano do reinado de Jeroboão, rei de Israel, Azarias, filho de Amazias, rei de Judá, começou a reinar. **2** Tinha dezesseis anos de idade quando se tornou rei, e reinou cinquenta e dois anos em Jerusalém. Sua mãe era de Jerusalém e chamava-se Jecolias. **3** Ele fez o que o Senhor aprova, tal como o seu pai Amazias. **4** Contudo, os altares idólatras não foram derrubados; o povo continuava a oferecer sacrifícios e a queimar incenso neles.

5 O Senhor feriu o rei com lepra[d], até o dia de sua morte. Durante todo esse tempo ele morou numa casa separada[e]. Jotão, filho do rei, tomava conta do palácio e governava o povo.

6 Os demais acontecimentos do reinado de Azarias e todas as suas realizações estão escritos nos registros históricos dos reis de Judá. **7** Azarias descansou com os seus antepassados e foi sepultado junto a eles na Cidade de Davi. Seu filho Jotão foi o seu sucessor.

O Reinado de Zacarias, Rei de Israel

8 No trigésimo oitavo ano do reinado de Azarias, rei de Judá, Zacarias, filho de Jeroboão, tornou-se rei de Israel em Samaria, e reinou seis meses. **9** Ele fez o que o Senhor reprova, como seus antepassados haviam feito. Não se desviou dos pecados

15 As for the other events of the reign of Jehoash, what he did and his achievements, including his war against Amaziah king of Judah, are they not written in the book of the annals of the kings of Israel? **16** Jehoash rested with his fathers and was buried in Samaria with the kings of Israel. And Jeroboam his son succeeded him as king.

17 Amaziah son of Joash king of Judah lived for fifteen years after the death of Jehoash son of Jehoahaz king of Israel. **18** As for the other events of Amaziah's reign, are they not written in the book of the annals of the kings of Judah?

19 They conspired against him in Jerusalem, and he fled to Lachish, but they sent men after him to Lachish and killed him there. **20** He was brought back by horse and was buried in Jerusalem with his fathers, in the City of David.

21 Then all the people of Judah took Azariah,[a] who was sixteen years old, and made him king in place of his father Amaziah. **22** He was the one who rebuilt Elath and restored it to Judah after Amaziah rested with his fathers.

Jeroboam II King of Israel

23 In the fifteenth year of Amaziah son of Joash king of Judah, Jeroboam son of Jehoash king of Israel became king in Samaria, and he reigned forty-one years. **24** He did evil in the eyes of the Lord and did not turn away from any of the sins of Jeroboam son of Nebat, which he had caused Israel to commit. **25** He was the one who restored the boundaries of Israel from Lebo[b] Hamath to the Sea of the Arabah,[c] in accordance with the word of the Lord, the God of Israel, spoken through his servant Jonah son of Amittai, the prophet from Gath Hepher.

26 The Lord had seen how bitterly everyone in Israel, whether slave or free, was suffering; there was no one to help them. **27** And since the Lord had not said he would blot out the name of Israel from under heaven, he saved them by the hand of Jeroboam son of Jehoash.

28 As for the other events of Jeroboam's reign, all he did, and his military achievements, including how he recovered for Israel both Damascus and Hamath, which had belonged to Yaudi,[d] are they not written in the book of the annals of the kings of Israel? **29** Jeroboam rested with his fathers, the kings of Israel. And Zechariah his son succeeded him as king.

Azariah King of Judah

15 In the twenty-seventh year of Jeroboam king of Israel, Azariah son of Amaziah king of Judah began to reign. **2** He was sixteen years old when he became king, and he reigned in Jerusalem fifty-two years. His mother's name was Jecoliah; she was from Jerusalem. **3** He did what was right in the eyes of the Lord, just as his father Amaziah had done. **4** The high places, however, were not removed; the people continued to offer sacrifices and burn incense there.

5 The Lord afflicted the king with leprosy[e] until the day he died, and he lived in a separate house.[f] Jotham the king's son had charge of the palace and governed the people of the land.

6 As for the other events of Azariah's reign, and all he did, are they not written in the book of the annals of the kings of Judah? **7** Azariah rested with his fathers and was buried near them in the City of David. And Jotham his son succeeded him as king.

Zechariah King of Israel

8 In the thirty-eighth year of Azariah king of Judah, Zechariah son of Jeroboam became king of Israel in Samaria, and he reigned six months. **9** He did evil in the eyes of the Lord, as his fathers had done. He did not turn away from the sins of

---

a14.21 Também chamado *Uzias*. **b**14.25 Isto é, o mar Morto. **c**14.28 Ou *Judá*. **d**15.5 O termo hebraico não se refere somente à lepra, mas também a diversas doenças da pele. **e**15.5 Ou *casa onde estava desobrigado de suas responsabilidades*

a14:21 Also called *Uzziah* **b**14:25 Or *from the entrance to* **c**14:25 That is, the Dead Sea **d**14:28 Or *Judah* **e**15:5 The Hebrew word was used for various diseases affecting the skin—not necessarily leprosy. **f**15:5 Or *in a house where he was relieved of responsibility*

que Jeroboão, filho de Nebate, levara Israel a cometer.

¹⁰ Salum, filho de Jabes, conspirou contra Zacarias. Ele o atacou na frente do povoª, assassinou-o e foi o seu sucessor. ¹¹ Os demais acontecimentos do reinado de Zacarias estão escritos nos registros históricos dos reis de Israel. ¹² Assim se cumpriu a palavra do Senhor anunciada a Jeú: "Seus descendentes ocuparão o trono de Israel até a quarta geração".

O Reinado de Salum, Rei de Israel

¹³ Salum, filho de Jabes, começou a reinar no trigésimo oitavo ano do reinado de Uzias, rei de Judá, e reinou um mês em Samaria. ¹⁴ Então Menaém, filho de Gadi, foi de Tirza a Samaria e atacou Salum, filho de Jabes, assassinou-o e foi o seu sucessor. ¹⁵ Os demais acontecimentos do reinado de Salum e a conspiração que liderou estão escritos nos registros históricos dos reis de Israel.

¹⁶ Naquela ocasião Menaém, partindo de Tirza, atacou Tifsa e todos que estavam na cidade e seus arredores, porque eles se recusaram a abrir as portas da cidade. Saqueou Tifsa e rasgou ao meio todas as mulheres grávidas.

O Reinado de Menaém, Rei de Israel

¹⁷ No trigésimo nono ano do reinado de Azarias, rei de Judá, Menaém, filho de Gadi, tornou-se rei de Israel, e reinou dez anos em Samaria. ¹⁸ Ele fez o que o Senhor reprova. Durante todo o seu reinado não se desviou dos pecados que Jeroboão, filho de Nebate, levara Israel a cometer.

¹⁹ Então Pulᵇ, rei da Assíria, invadiu o país, e Menaém lhe deu trinta e cinco toneladasᶜ de prata para obter seu apoio e manter-se no trono. ²⁰ Menaém cobrou essa quantia de Israel. Todos os homens de posses tiveram de contribuir com seiscentos gramasᵈ de prata no pagamento ao rei da Assíria. Então ele interrompeu a invasão e foi embora.

²¹ Os demais acontecimentos do reinado de Menaém e todas as suas realizações estão escritos nos registros históricos dos reis de Israel. ²² Menaém descansou com os seus antepassados, e seu filho Pecaías foi o seu sucessor.

O Reinado de Pecaías, Rei de Israel

²³ No qüinquagésimo ano do reinado de Azarias, rei de Judá, Pecaías, filho de Menaém, tornou-se rei de Israel em Samaria, e reinou dois anos. ²⁴ Pecaías fez o que o Senhor reprova. Não se desviou dos pecados que Jeroboão, filho de Nebate, levara Israel a cometer. ²⁵ Um dos seus principais oficiais, Peca, filho de Remalias, conspirou contra ele. Levando consigo cinqüenta homens de Gileade, assassinou Pecaías e também Argobe e Arié, na cidadela do palácio real em Samaria. Assim Peca matou Pecaías e foi o seu sucessor.

²⁶ Os demais acontecimentos do reinado de Pecaías e todas as suas realizações estão escritos nos registros históricos dos reis de Israel.

O Reinado de Peca, Rei de Israel

²⁷ No qüinquagésimo segundo ano do reinado de Azarias, rei de Judá, Peca, filho de Remalias, tornou-se rei de Israel em Samaria, e reinou vinte anos. ²⁸ Ele fez o que o Senhor reprova. Não se desviou dos pecados que Jeroboão, filho de Nebate, levara Israel a cometer.

²⁹ Durante o seu reinado, Tiglate-Pileser, rei da Assíria, invadiu e conquistou Ijom, Abel-Bete-Maaca, Janoa, Quedes e Hazor. Tomou Gileade e a Galiléia, inclusive toda a terra de Naftali, e deportou o povo para a Assíria. ³⁰ Então Oséias, filho de Elá, conspirou contra Peca, filho de Remalias. Ele o atacou e o assassinou, tornando-se o seu sucessor no vigésimo ano do reinado de Jotão, filho de Uzias.

³¹ Os demais acontecimentos do reinado de Peca e todas as suas realizações estão escritos nos registros históricos dos reis de Israel.

Jeroboam son of Nebat, which he had caused Israel to commit.

¹⁰ Shallum son of Jabesh conspired against Zechariah. He attacked him in front of the people,ª assassinated him and succeeded him as king. ¹¹ The other events of Zechariah's reign are written in the book of the annals of the kings of Israel. ¹² So the word of the Lord spoken to Jehu was fulfilled: "Your descendants will sit on the throne of Israel to the fourth generation."ᵇ

Shallum King of Israel

¹³ Shallum son of Jabesh became king in the thirty-ninth year of Uzziah king of Judah, and he reigned in Samaria one month. ¹⁴ Then Menahem son of Gadi went from Tirzah up to Samaria. He attacked Shallum son of Jabesh in Samaria, assassinated him and succeeded him as king.

¹⁵ The other events of Shallum's reign, and the conspiracy he led, are written in the book of the annals of the kings of Israel.

¹⁶ At that time Menahem, starting out from Tirzah, attacked Tiphsah and everyone in the city and its vicinity, because they refused to open their gates. He sacked Tiphsah and ripped open all the pregnant women.

Menahem King of Israel

¹⁷ In the thirty-ninth year of Azariah king of Judah, Menahem son of Gadi became king of Israel, and he reigned in Samaria ten years. ¹⁸ He did evil in the eyes of the Lord. During his entire reign he did not turn away from the sins of Jeroboam son of Nebat, which he had caused Israel to commit.

¹⁹ Then Pulᶜ king of Assyria invaded the land, and Menahem gave him a thousand talentsᵈ of silver to gain his support and strengthen his own hold on the kingdom. ²⁰ Menahem exacted this money from Israel. Every wealthy man had to contribute fifty shekelsᵉ of silver to be given to the king of Assyria. So the king of Assyria withdrew and stayed in the land no longer.

²¹ As for the other events of Menahem's reign, and all he did, are they not written in the book of the annals of the kings of Israel? ²² Menahem rested with his fathers. And Pekahiah his son succeeded him as king.

Pekahiah King of Israel

²³ In the fiftieth year of Azariah king of Judah, Pekahiah son of Menahem became king of Israel in Samaria, and he reigned two years. ²⁴ Pekahiah did evil in the eyes of the Lord. He did not turn away from the sins of Jeroboam son of Nebat, which he had caused Israel to commit. ²⁵ One of his chief officers, Pekah son of Remaliah, conspired against him. Taking fifty men of Gilead with him, he assassinated Pekahiah, along with Argob and Arieh, in the citadel of the royal palace at Samaria. So Pekah killed Pekahiah and succeeded him as king.

²⁶ The other events of Pekahiah's reign, and all he did, are written in the book of the annals of the kings of Israel.

Pekah King of Israel

²⁷ In the fifty-second year of Azariah king of Judah, Pekah son of Remaliah became king of Israel in Samaria, and he reigned twenty years. ²⁸ He did evil in the eyes of the Lord. He did not turn away from the sins of Jeroboam son of Nebat, which he had caused Israel to commit.

²⁹ In the time of Pekah king of Israel, Tiglath-Pileser king of Assyria came and took Ijon, Abel Beth Maacah, Janoah, Kedesh and Hazor. He took Gilead and Galilee, including all the land of Naphtali, and deported the people to Assyria. ³⁰ Then Hoshea son of Elah conspired against Pekah son of Remaliah. He attacked and assassinated him, and then succeeded him as king in the twentieth year of Jotham son of Uzziah.

³¹ As for the other events of Pekah's reign, and all he did, are they not written in the book of the annals of the kings of Israel?

ª15.10 Alguns manuscritos da Septuaginta dizem *atacou em Ibleã.* ᵇ15.19 Também chamado *Tiglate-Pileser.* ᶜ15.19 Hebraico: *1.000 talentos.* Um talento equivalia a 35 quilos. ᵈ15.20 Hebraico: *50 siclos.* Um siclo equivalia a 12 gramas.

ª15:10 Hebrew; some Septuagint manuscripts *in Ibleam* ᵇ15:12 2 Kings 10:30 ᶜ15:19 Also called *Tiglath-Pileser* ᵈ15:19 That is, about 37 tons (about 34 metric tons) ᵉ15:20 That is, about 1 1/4 pounds (about 0.6 kilogram)

O Reinado de Jotão, Rei de Judá

32 No segundo ano do reinado de Peca, filho de Remalias, rei de Israel, Jotão, filho de Uzias, rei de Judá, começou a reinar. **33** Ele tinha vinte e cinco anos de idade quando começou a reinar, e reinou dezesseis anos em Jerusalém. O nome da sua mãe era Jerusa, filha de Zadoque. **34** Ele fez o que o Senhor aprova, tal como seu pai Uzias. **35** Contudo, os altares idólatras não foram derrubados; o povo continuou a oferecer sacrifícios e a queimar incenso neles. Jotão reconstruiu a porta superior do templo do Senhor.

36 Os demais acontecimentos do reinado de Jotão e as suas realizações estão escritos nos registros históricos dos reis de Judá. **37** (Naqueles dias o Senhor começou a enviar Rezim, rei da Síria, e Peca, filho de Remalias, contra Judá.) **38** Jotão descansou com os seus antepassados e foi sepultado junto a eles na Cidade de Davi, seu predecessor. Seu filho Acaz foi o seu sucessor.

O Reinado de Acaz, Rei de Judá

16 No décimo sétimo ano do reinado de Peca, filho de Remalias, Acaz, filho de Jotão, rei de Judá, começou a reinar. **2** Acaz tinha vinte anos de idade quando começou a reinar e reinou dezesseis anos em Jerusalém. Ao contrário de Davi, seu predecessor, não fez o que o Senhor, o seu Deus, aprova. **3** Andou nos caminhos dos reis de Israel e chegou até a queimar o seu filho em sacrifício, imitando os costumes detestáveis das nações que o Senhor havia expulsado de diante dos israelitas. **4** Também ofereceu sacrifícios e queimou incenso nos altares idólatras, no alto das colinas e debaixo de toda árvore frondosa.

5 Então Rezim, rei da Síria, e Peca, filho de Remalias, rei de Israel, saíram para lutar contra Acaz e sitiaram Jerusalém, mas não conseguiram vencê-lo. **6** Naquela ocasião, Rezim recuperou Elate para a Síria, expulsando os homens de Judá. Os edomitas então se mudaram para Elate, onde vivem até hoje. **7** Acaz enviou mensageiros para dizer a Tiglate-Pileser, rei da Assíria: "Sou teu servo e teu vassalo. Vem salvar-me das mãos do rei da Síria e do rei de Israel, que estão me atacando". **8** Acaz ajuntou a prata e o ouro encontrados no templo do Senhor e nos depósitos do palácio real e enviou-os como presente ao rei da Assíria. **9** Este atendeu o pedido, atacou Damasco e a conquistou. Deportou seus habitantes para Quir e matou Rezim.

10 Então o rei Acaz foi a Damasco encontrar-se com Tiglate-Pileser, rei da Assíria. Ele viu o altar que havia em Damasco e mandou ao sacerdote Urias um modelo do altar, com informações detalhadas para a sua construção. **11** O sacerdote Urias construiu um altar conforme as instruções que o rei Acaz tinha enviado de Damasco e o terminou antes do retorno do rei Acaz. **12** Quando o rei voltou de Damasco e viu o altar, aproximou-se dele e apresentou ofertas[a] sobre ele. **13** Ofereceu seu holocausto[b] e sua oferta de cereal, derramou sua oferta de bebidas[c] e aspergiu sobre o altar o sangue dos seus sacrifícios de comunhão[d]. **14** Ele tirou da frente do templo, da parte entre o altar e o templo do Senhor, o altar de bronze que ficava diante do Senhor e o colocou no lado norte do altar.

15 Então o rei Acaz deu estas ordens ao sacerdote Urias: "No altar grande, ofereça o holocausto da manhã e a oferta de cereal da tarde, o holocausto do rei e sua oferta de cereal, e o holocausto, a oferta de cereal e a oferta derramada de todo o povo. Espalhe sobre o altar todo o sangue dos holocaustos e dos sacrifícios. Mas utilizarei o altar de bronze para buscar orientação". **16** E o sacerdote Urias fez como o rei Acaz tinha ordenado.

17 O rei tirou os painéis laterais e retirou as pias dos estrados móveis. Tirou o tanque de cima dos touros de bronze que o sustentavam e o colocou sobre uma base de pedra. **18** Por

Jotham King of Judah

32 In the second year of Pekah son of Remaliah king of Israel, Jotham son of Uzziah king of Judah began to reign. **33** He was twenty-five years old when he became king, and he reigned in Jerusalem sixteen years. His mother's name was Jerusha daughter of Zadok. **34** He did what was right in the eyes of the Lord, just as his father Uzziah had done. **35** The high places, however, were not removed; the people continued to offer sacrifices and burn incense there. Jotham rebuilt the Upper Gate of the temple of the Lord.

36 As for the other events of Jotham's reign, and what he did, are they not written in the book of the annals of the kings of Judah? **37** (In those days the Lord began to send Rezin king of Aram and Pekah son of Remaliah against Judah.) **38** Jotham rested with his fathers and was buried with them in the City of David, the city of his father. And Ahaz his son succeeded him as king.

Ahaz King of Judah

16 In the seventeenth year of Pekah son of Remaliah, Ahaz son of Jotham king of Judah began to reign. **2** Ahaz was twenty years old when he became king, and he reigned in Jerusalem sixteen years. Unlike David his father, he did not do what was right in the eyes of the Lord his God. **3** He walked in the ways of the kings of Israel and even sacrificed his son in[a] the fire, following the detestable ways of the nations the Lord had driven out before the Israelites. **4** He offered sacrifices and burned incense at the high places, on the hilltops and under every spreading tree.

5 Then Rezin king of Aram and Pekah son of Remaliah king of Israel marched up to fight against Jerusalem and besieged Ahaz, but they could not overpower him. **6** At that time, Rezin king of Aram recovered Elath for Aram by driving out the men of Judah. Edomites then moved into Elath and have lived there to this day. **7** Ahaz sent messengers to say to Tiglath-Pileser king of Assyria, "I am your servant and vassal. Come up and save me out of the hand of the king of Aram and of the king of Israel, who are attacking me." **8** And Ahaz took the silver and gold found in the temple of the Lord and in the treasuries of the royal palace and sent it as a gift to the king of Assyria. **9** The king of Assyria complied by attacking Damascus and capturing it. He deported its inhabitants to Kir and put Rezin to death.

10 Then King Ahaz went to Damascus to meet Tiglath-Pileser king of Assyria. He saw an altar in Damascus and sent to Uriah the priest a sketch of the altar, with detailed plans for its construction. **11** So Uriah the priest built an altar in accordance with all the plans that King Ahaz had sent from Damascus and finished it before King Ahaz returned. **12** When the king came back from Damascus and saw the altar, he approached it and presented offerings[b] on it. **13** He offered up his burnt offering and grain offering, poured out his drink offering, and sprinkled the blood of his fellowship offerings[c] on the altar. **14** The bronze altar that stood before the Lord he brought from the front of the temple—from between the new altar and the temple of the Lord—and put it on the north side of the new altar.

15 King Ahaz then gave these orders to Uriah the priest: "On the large new altar, offer the morning burnt offering and the evening grain offering, the king's burnt offering and his grain offering, and the burnt offering of all the people of the land, and their grain offering and their drink offering. Sprinkle on the altar all the blood of the burnt offerings and sacrifices. But I will use the bronze altar for seeking guidance." **16** And Uriah the priest did just as King Ahaz had ordered.

17 King Ahaz took away the side panels and removed the basins from the movable stands. He removed the Sea from the bronze bulls that supported it and set it on a stone base. **18** He

---

a16.12 Ou *e subiu* **b**16.13 Isto é, sacrifício totalmente queimado. **c**16.13 Veja Nm 28.7. **d**16.13 Ou *de paz*

a16:3 Or *even made his son pass through* **b**16:12 Or *and went up* **c**16:13 Traditionally *peace offerings*

causa do rei da Assíria, tirou a cobertura que se usava no sábado[a], que fora construída no templo, e suprimiu a entrada real do lado de fora do templo do S ENHOR.

¹⁹ Os demais acontecimentos do reinado de Acaz e suas realizações estão escritos nos registros históricos dos reis de Judá. ²⁰ Acaz descansou com os seus antepassados e foi sepultado junto a eles na Cidade de Davi. Seu filho Ezequias foi o seu sucessor.

O Reinado de Oséias, o Último Rei de Israel

17 No décimo segundo ano do reinado de Acaz, rei de Judá, Oséias, filho de Elá, tornou-se rei de Israel em Samaria, e reinou nove anos. ² Ele fez o que o S ENHOR reprova, mas não como os reis de Israel que o precederam.

³ Salmaneser, rei da Assíria, foi atacar Oséias, que fora seu vassalo e lhe pagara tributo. ⁴ Mas o rei da Assíria descobriu que Oséias era um traidor, pois havia mandado emissários a Sô, rei do Egito, e já não pagava mais o tributo, como costumava fazer anualmente. Por isso, Salmaneser mandou lançá-lo na prisão. ⁵ O rei da Assíria invadiu todo o país, marchou contra Samaria e a sitiou por três anos. ⁶ No nono ano do reinado de Oséias, o rei assírio conquistou Samaria e deportou os israelitas para a Assíria. Ele os colocou em Hala, em Gozã do rio Habor e nas cidades dos medos.

Israel é Castigado com o Exílio

⁷ Tudo isso aconteceu porque os israelitas haviam pecado contra o S ENHOR, o seu Deus, que os tirara do Egito, de sob o poder do faraó, rei do Egito. Eles prestaram culto a outros deuses ⁸ e seguiram os costumes das nações que o S ENHOR havia expulsado de diante deles, bem como os costumes que os reis de Israel haviam introduzido. ⁹ Os israelitas praticaram o mal secretamente contra o S ENHOR, o seu Deus. Em todas as suas cidades, desde as torres das sentinelas até as cidades fortificadas, eles construíram altares idólatras. ¹⁰ Ergueram colunas sagradas e postes sagrados em todo monte alto e debaixo de toda árvore frondosa. ¹¹ Em todos os altares idólatras queimavam incenso, como faziam as nações que o S ENHOR havia expulsado de diante deles. Fizeram males que provocaram o S ENHOR à ira. ¹² Prestaram culto a ídolos, embora o S ENHOR houvesse dito: "Não façam isso". ¹³ O S ENHOR advertiu Israel e Judá por meio de todos os seus profetas e videntes: "Desviem-se de seus maus caminhos. Obedeçam às minhas ordenanças e aos meus decretos, de acordo com toda a Lei que ordenei aos seus antepassados que obedecessem e que lhes entreguei por meio de meus servos, os profetas".

¹⁴ Mas eles não quiseram ouvir e foram obstinados como seus antepassados, que não confiaram no S ENHOR, o seu Deus. ¹⁵ Rejeitaram os seus decretos, a aliança que ele tinha feito com os seus antepassados e as suas advertências. Seguiram ídolos inúteis, tornando-se eles mesmos inúteis. Imitaram as nações ao seu redor, embora o S ENHOR lhes tivesse ordenado: "Não as imitem".

¹⁶ Abandonaram todos os mandamentos do S ENHOR, o seu Deus, e fizeram para si dois ídolos de metal na forma de bezerros e um poste sagrado de Aserá. Inclinaram-se diante de todos os exércitos celestiais e prestaram culto a Baal. ¹⁷ Queimaram seus filhos e filhas em sacrifício. Praticaram adivinhação e feitiçaria e venderam-se para fazer o que o S ENHOR reprova, provocando-o à ira.

¹⁸ Então o S ENHOR indignou-se muito contra Israel e os expulsou da sua presença. Só a tribo de Judá escapou, ¹⁹ mas nem ela obedeceu aos mandamentos do S ENHOR, o seu Deus. Seguiram os costumes que Israel havia introduzido. ²⁰ Por isso o S ENHOR rejeitou todo o povo de Israel; ele o afligiu e o entregou nas mãos de saqueadores, até expulsá-lo da sua presença.

took away the Sabbath canopy[a] that had been built at the temple and removed the royal entryway outside the temple of the L ORD, in deference to the king of Assyria.

¹⁹ As for the other events of the reign of Ahaz, and what he did, are they not written in the book of the annals of the kings of Judah? ²⁰ Ahaz rested with his fathers and was buried with them in the City of David. And Hezekiah his son succeeded him as king.

Hoshea Last King of Israel

17 In the twelfth year of Ahaz king of Judah, Hoshea son of Elah became king of Israel in Samaria, and he reigned nine years. ² He did evil in the eyes of the L ORD, but not like the kings of Israel who preceded him.

³ Shalmaneser king of Assyria came up to attack Hoshea, who had been Shalmaneser's vassal and had paid him tribute. ⁴ But the king of Assyria discovered that Hoshea was a traitor, for he had sent envoys to Sô[b] king of Egypt, and he no longer paid tribute to the king of Assyria, as he had done year by year. Therefore Shalmaneser seized him and put him in prison. ⁵ The king of Assyria invaded the entire land, marched against Samaria and laid siege to it for three years. ⁶ In the ninth year of Hoshea, the king of Assyria captured Samaria and deported the Israelites to Assyria. He settled them in Halah, in Gozan on the Habor River and in the towns of the Medes.

Israel Exiled Because of Sin

⁷ All this took place because the Israelites had sinned against the L ORD their God, who had brought them up out of Egypt from under the power of Pharaoh king of Egypt. They worshiped other gods ⁸ and followed the practices of the nations the L ORD had driven out before them, as well as the practices that the kings of Israel had introduced. ⁹ The Israelites secretly did things against the L ORD their God that were not right. From watchtower to fortified city they built themselves high places in all their towns. ¹⁰ They set up sacred stones and Asherah poles on every high hill and under every spreading tree. ¹¹ At every high place they burned incense, as the nations whom the L ORD had driven out before them had done. They did wicked things that provoked the L ORD to anger. ¹² They worshiped idols, though the L ORD had said, "You shall not do this."[c] ¹³ The L ORD warned Israel and Judah through all his prophets and seers: "Turn from your evil ways. Observe my commands and decrees, in accordance with the entire Law that I commanded your fathers to obey and that I delivered to you through my servants the prophets."

¹⁴ But they would not listen and were as stiff-necked as their fathers, who did not trust in the L ORD their God. ¹⁵ They rejected his decrees and the covenant he had made with their fathers and the warnings he had given them. They followed worthless idols and themselves became worthless. They imitated the nations around them although the L ORD had ordered them, "Do not do as they do," and they did the things the L ORD had forbidden them to do.

¹⁶ They forsook all the commands of the L ORD their God and made for themselves two idols cast in the shape of calves, and an Asherah pole. They bowed down to all the starry hosts, and they worshiped Baal. ¹⁷ They sacrificed their sons and daughters in[d] the fire. They practiced divination and sorcery and sold themselves to do evil in the eyes of the L ORD, provoking him to anger.

¹⁸ So the L ORD was very angry with Israel and removed them from his presence. Only the tribe of Judah was left, ¹⁹ and even Judah did not keep the commands of the L ORD their God. They followed the practices Israel had introduced. ²⁰ Therefore the L ORD rejected all the people of Israel; he afflicted them and gave them into the hands of plunderers, until he thrust them from his presence.

---

[a]16.18 Ou *a plataforma de seu trono*

[a]16:18 Or *the dais of his throne* (see Septuagint) [b]17:4 Or *to Sais, to the; So* is possibly an abbreviation for *Osorkon.* [c]17:12 Exodus 20:4, [d]17:17 Or *They made their sons and daughters pass through*

21 Quando o Senhor separou Israel da dinastia de Davi, os israelitas escolheram como rei Jeroboão, filho de Nebate, que induziu Israel a deixar de seguir o Senhor e o levou a cometer grande pecado. **22** Os israelitas permaneceram em todos os pecados de Jeroboão e não se desviaram deles, **23** até que o Senhor os afastou de sua presença, conforme os havia advertido por meio de todos os seus servos, os profetas. Assim, o povo de Israel foi tirado de sua terra e levado para o exílio na Assíria, onde ainda hoje permanecem.

O Repovoamento de Samaria

24 O rei da Assíria trouxe gente da Babilônia, de Cuta, de Ava, de Hamate e de Sefarvaim e os estabeleceu nas cidades de Samaria para substituir os israelitas. Eles ocuparam Samaria e habitaram em suas cidades. **25** Quando começaram a viver ali, não adoravam o Senhor; por isso ele enviou leões para o meio deles, que mataram alguns dentre o povo. **26** Então informaram o rei da Assíria: "Os povos que deportaste e fizeste morar nas cidades de Samaria não sabem o que o Deus daquela terra exige. Ele enviou leões para matá-los, pois desconhecem as suas exigências".

27 Então o rei da Assíria deu esta ordem: "Façam um dos sacerdotes de Samaria que vocês levaram prisioneiros retornar e viver ali para ensinar as exigências do deus da terra". **28** Então um dos sacerdotes exilados de Samaria veio morar em Betel e lhes ensinou a adorar o Senhor.

29 No entanto, cada grupo fez seus próprios deuses nas diversas cidades em que moravam e os puseram nos altares idólatras que o povo de Samaria havia feito. **30** Os da Babilônia fizeram Sucote-Benote, os de Cuta fizeram Nergal e os de Hamate fizeram Asima; **31** os aveus fizeram Nibaz e Tartaque; os sefarvitas queimavam seus filhos em sacrifício a Adrameleque e Anameleque, deuses de Sefarvaim. **32** Eles adoravam o Senhor, mas também nomeavam qualquer pessoa para lhes servir como sacerdote nos altares idólatras. **33** Adoravam o Senhor, mas também prestavam culto aos seus próprios deuses, conforme os costumes das nações de onde haviam sido trazidos.

34 Até hoje eles continuam em suas antigas práticas. Não adoram o Senhor nem se comprometem com os decretos, com as ordenanças, com as leis e com os mandamentos que o Senhor deu aos descendentes de Jacó, a quem deu o nome de Israel. **35** Quando o Senhor fez uma aliança com os israelitas, ele lhes ordenou: "Não adorem outros deuses, não se inclinem diante deles, não lhes prestem culto nem lhes ofereçam sacrifício. **36** Mas o Senhor, que os tirou do Egito com grande poder e com braço forte, é quem vocês adorarão. Diante dele vocês se inclinarão e lhe oferecerão sacrifícios. **37** Vocês sempre tomarão o cuidado de obedecer aos decretos, às ordenanças, às leis e aos mandamentos que lhes prescreveu. Não adorem outros deuses. **38** Não esqueçam a aliança que fiz com vocês e não adorem outros deuses. **39** Antes, adorem o Senhor, o seu Deus; ele os livrará das mãos de todos os seus inimigos".

40 Contudo, eles não lhe deram atenção, mas continuaram em suas antigas práticas. **41** Mesmo quando esses povos adoravam o Senhor, também prestavam culto aos seus ídolos. Até hoje seus filhos e seus netos continuam a fazer o que os seus antepassados faziam.

O Reinado de Ezequias, Rei de Judá

18 No terceiro ano do reinado de Oséias, filho de Elá, rei de Israel, Ezequias, filho de Acaz, rei de Judá, começou a reinar. **2** Ele tinha vinte e cinco anos de idade quando começou a reinar, e reinou vinte e nove anos em Jerusalém. O nome de sua mãe era Abiaª, filha de Zacarias. **3** Ele fez o que o Senhor aprova, tal como tinha feito Davi, seu predecessor. **4** Removeu os altares idólatras, quebrou as colunas sagradas e

21 When he tore Israel away from the house of David, they made Jeroboam son of Nebat their king. Jeroboam enticed Israel away from following the Lord and caused them to commit a great sin. **22** The Israelites persisted in all the sins of Jeroboam and did not turn away from them **23** until the Lord removed them from his presence, as he had warned through all his servants the prophets. So the people of Israel were taken from their homeland into exile in Assyria, and they are still there.

Samaria Resettled

24 The king of Assyria brought people from Babylon, Cuthah, Avva, Hamath and Sepharvaim and settled them in the towns of Samaria to replace the Israelites. They took over Samaria and lived in its towns. **25** When they first lived there, they did not worship the Lord; so he sent lions among them and they killed some of the people. **26** It was reported to the king of Assyria: "The people you deported and resettled in the towns of Samaria do not know what the god of that country requires. He has sent lions among them, which are killing them off, because the people do not know what he requires."

27 Then the king of Assyria gave this order: "Have one of the priests you took captive from Samaria go back to live there and teach the people what the god of the land requires." **28** So one of the priests who had been exiled from Samaria came to live in Bethel and taught them how to worship the Lord.

29 Nevertheless, each national group made its own gods in the several towns where they settled, and set them up in the shrines the people of Samaria had made at the high places. **30** The men from Babylon made Succoth Benoth, the men from Cuthah made Nergal, and the men from Hamath made Ashima; **31** the Avvites made Nibhaz and Tartak, and the Sepharvites burned their children in the fire as sacrifices to Adrammelech and Anammelech, the gods of Sepharvaim. **32** They worshiped the Lord, but they also appointed all sorts of their own people to officiate for them as priests in the shrines at the high places. **33** They worshiped the Lord, but they also served their own gods in accordance with the customs of the nations from which they had been brought.

34 To this day they persist in their former practices. They neither worship the Lord nor adhere to the decrees and ordinances, the laws and commands that the Lord gave the descendants of Jacob, whom he named Israel. **35** When the Lord made a covenant with the Israelites, he commanded them: "Do not worship any other gods or bow down to them, serve them or sacrifice to them. **36** But the Lord, who brought you up out of Egypt with mighty power and outstretched arm, is the one you must worship. To him you shall bow down and to him offer sacrifices. **37** You must always be careful to keep the decrees and ordinances, the laws and commands he wrote for you. Do not worship other gods. **38** Do not forget the covenant I have made with you, and do not worship other gods. **39** Rather, worship the Lord your God; it is he who will deliver you from the hand of all your enemies."

40 They would not listen, however, but persisted in their former practices. **41** Even while these people were worshiping the Lord, they were serving their idols. To this day their children and grandchildren continue to do as their fathers did.

Hezekiah King of Judah

18 In the third year of Hoshea son of Elah king of Israel, Hezekiah son of Ahaz king of Judah began to reign. **2** He was twenty-five years old when he became king, and he reigned in Jerusalem twenty-nine years. His mother's name was Abijahª daughter of Zechariah. **3** He did what was right in the eyes of the Lord, just as his father David **4** He removed the high places, smashed the sacred

---

ª18.2 Hebraico: *Abi*, variante de *Abia*.

ª18:2 Hebrew *Abi*, a variant of *Abijah*.

derrubou os postes sagrados. Despedaçou a serpente de bronze que Moisés havia feito, pois até aquela época os israelitas lhe queimavam incenso. Era chamada[a] Neustã.

⁵ Ezequias confiava no SENHOR, o Deus de Israel. Nunca houve ninguém como ele entre todos os reis de Judá, nem antes nem depois dele. ⁶ Ele se apegou ao SENHOR e não deixou de segui-lo; obedeceu aos mandamentos que o SENHOR tinha dado a Moisés. ⁷ E o SENHOR estava com ele; era bem-sucedido em tudo o que fazia. Rebelou-se contra o rei da Assíria e deixou de submeter-se a ele. ⁸ Desde as torres das sentinelas até a cidade fortificada, ele derrotou os filisteus, até Gaza e o seu território.

⁹ No quarto ano do reinado do rei Ezequias, o sétimo ano do reinado de Oséias, filho de Elá, rei de Israel, Salmaneser, rei da Assíria, marchou contra Samaria e a cercou. ¹⁰ Ao fim de três anos, os assírios a tomaram. Assim a cidade foi conquistada no sexto ano do reinado de Ezequias, o nono ano do reinado de Oséias, rei de Israel. ¹¹ O rei assírio deportou os israelitas para a Assíria e os estabeleceu em Hala, em Gozã do rio Habor e nas cidades dos medos. ¹² Isso aconteceu porque os israelitas não obedeceram ao SENHOR, o seu Deus, mas violaram a sua aliança: tudo o que Moisés, o servo do SENHOR, tinha ordenado. Não o ouviram nem lhe obedeceram.

¹³ No décimo quarto ano do reinado do rei Ezequias, Senaqueribe, rei da Assíria, atacou todas as cidades fortificadas de Judá e as conquistou. ¹⁴ Então Ezequias, rei de Judá, enviou esta mensagem ao rei da Assíria, em Láquis: "Cometi um erro. Pára de atacar-me, e eu pagarei tudo o que exigires". O rei da Assíria cobrou de Ezequias, rei de Judá, dez toneladas e meia[b] de prata e um mil e cinqüenta quilos de ouro. ¹⁵ Assim, Ezequias lhes deu toda a prata que se encontrou no templo e na tesouraria do palácio real.

¹⁶ Nessa ocasião Ezequias, rei de Judá, retirou o ouro com que havia coberto as portas e os batentes do templo do SENHOR, e o deu ao rei da Assíria.

A Ameaça de Senaqueribe a Jerusalém

¹⁷ De Láquis o rei da Assíria enviou ao rei Ezequias, em Jerusalém, seu general, seu oficial principal e seu comandante de campo com um grande exército. Eles subiram a Jerusalém e pararam no aqueduto do açude superior, na estrada que leva ao campo do Lavandeiro. ¹⁸ Eles chamaram pelo rei; e o administrador do palácio, Eliaquim, filho de Hilquias, o secretário Sebna e o arquivista real Joá, filho de Asafe, foram ao seu encontro.

¹⁹ O comandante de campo lhes disse: "Digam isto a Ezequias: "Assim diz o grande rei, o rei da Assíria: 'Em que você baseia sua confiança? ²⁰ Você pensa que meras palavras já são estratégia e poderio militar. Em quem você está confiando para se rebelar contra mim? ²¹ Você está confiando no Egito, aquele caniço quebrado que espeta e perfura a mão do homem que nele se apóia! Assim o faraó, rei do Egito, retribui a quem confia nele. ²² Mas, se vocês me disserem: "Estamos confiando no SENHOR, o nosso Deus"; não é ele aquele cujos santuários e altares Ezequias removeu, dizendo a Judá e Jerusalém: "Vocês devem adorar diante deste altar em Jerusalém"?'

²³ "Aceite, pois, agora, o desafio do meu senhor, o rei da Assíria: 'Eu lhe darei dois mil cavalos, se você tiver cavaleiros para eles!' ²⁴ Como você pode derrotar o mais insignificante guerreiro do meu senhor? Você confia no Egito para lhe dar carros de guerra e cavaleiros? ²⁵ Além disso, será que vim atacar e destruir este local sem uma palavra da parte do SENHOR? O próprio SENHOR me disse que marchasse contra este país e o destruísse".

cut down the Asherah poles. He broke into pieces the bronze snake Moses had made, for up to that time the Israelites had been burning incense to it. (It was called[a] Nehushtan.[b])

⁵ Hezekiah trusted in the LORD, the God of Israel. There was no one like him among all the kings of Judah, either before him or after him. ⁶ He held fast to the LORD and did not cease to follow him; he kept the commands the LORD had given Moses. ⁷ And the LORD was with him; he was successful in whatever he undertook. He rebelled against the king of Assyria and did not serve him. ⁸ From watchtower to fortified city, he defeated the Philistines, as far as Gaza and its territory.

⁹ In King Hezekiah's fourth year, which was the seventh year of Hoshea son of Elah king of Israel, Shalmaneser king of Assyria marched against Samaria and laid siege to it. ¹⁰ At the end of three years the Assyrians took it. So Samaria was captured in Hezekiah's sixth year, which was the ninth year of Hoshea king of Israel. ¹¹ The king of Assyria deported Israel to Assyria and settled them in Halah, in Gozan on the Habor River and in towns of the Medes. ¹² This happened because they had not obeyed the LORD their God, but had violated his covenant—all that Moses the servant of the LORD commanded. They neither listened to the commands nor carried them out.

¹³ In the fourteenth year of King Hezekiah's reign, Sennacherib king of Assyria attacked all the fortified cities of Judah and captured them. ¹⁴ So Hezekiah king of Judah sent this message to the king of Assyria at Lachish: "I have done wrong. Withdraw from me, and I will pay whatever you demand of me." The king of Assyria exacted from Hezekiah king of Judah three hundred talents[c] of silver and thirty talents[d] of gold. ¹⁵ So Hezekiah gave him all the silver that was found in the temple of the LORD and in the treasuries of the royal palace.

¹⁶ At this time Hezekiah king of Judah stripped off the gold with which he had covered the doors and doorposts of the temple of the LORD, and gave it to the king of Assyria.

Sennacherib Threatens Jerusalem

¹⁷ The king of Assyria sent his supreme commander, his chief officer and his field commander with a large army, from Lachish to King Hezekiah at Jerusalem. They came up to Jerusalem and stopped at the aqueduct of the Upper Pool, on the road to the Washerman's Field. ¹⁸ They called for the king; and Eliakim son of Hilkiah the palace administrator, Shebna the secretary, and Joah son of Asaph the recorder went out to them.

¹⁹ The field commander said to them, "Tell Hezekiah:

" 'This is what the great king, the king of Assyria, says: On what are you basing this confidence of yours? ²⁰ You say you have strategy and military strength—but you speak only empty words. On whom are you depending, that you rebel against me? ²¹ Look now, you are depending on Egypt, that splintered reed of a staff, which pierces a man's hand and wounds him if he leans on it! Such is Pharaoh king of Egypt to all who depend on him. ²² And if you say to me, "We are depending on the LORD our God"—isn't he the one whose high places and altars Hezekiah removed, saying to Judah and Jerusalem, "You must worship before this altar in Jerusalem"?

²³ " 'Come now, make a bargain with my master, the king of Assyria: I will give you two thousand horses— if you can put riders on them! ²⁴ How can you repulse one officer of the least of my master's officials, even though you are depending on Egypt for chariots and horsemen?[e] ²⁵ Furthermore, have I come to attack and destroy this place without word from the LORD? The LORD himself told me to march against this country and destroy it.' "

`8.4 Ou Ele lhe deu o nome de   `b18.14 Hebraico: 300 talentos. Um talento valia a 35 quilos.

ᵃ18:4 Or He called it   ᵇ18:4 Nehushtan sounds like the Hebrew for bronze and snake and unclean thing.   ᶜ18:14 That is, about 11 tons (about 10 metric tons)   ᵈ18:14 That is, about 1 ton (about 1 metric ton)   ᵉ18:24 Or charioteers

26 Então Eliaquim, filho de Hilquias, Sebna e Joá disseram ao comandante de campo: "Por favor, fala com teus servos em aramaico, porque entendemos essa língua. Não fales em hebraico, pois assim o povo que está sobre os muros o entenderá".

27 O comandante, porém, respondeu: "Será que meu senhor enviou-me para dizer essas coisas somente para o seu senhor e para você, e não para os que estão sentados no muro, que, como vocês, terão que comer as próprias fezes e beber a própria urina?"

28 Então o comandante levantou-se e gritou em hebraico: "Ouçam a palavra do grande rei, o rei da Assíria! **29** Assim diz o rei: 'Não deixem que Ezequias os engane. Ele não poderá livrá-los de minha mão. **30** Não deixem Ezequias convencê-los a confiar no Senhor, quando diz: "Com certeza o Senhor nos livrará; esta cidade não será entregue nas mãos do rei da Assíria" '.

31 "Não dêem ouvidos a Ezequias. Assim diz o rei da Assíria: 'Façam paz comigo e rendam-se. Então cada um de vocês comerá de sua própria videira e de sua própria figueira e beberá água de sua própria cisterna, **32** até que eu venha e os leve para uma terra igual à de vocês, terra de cereais, de vinho, terra de pão e de vinhas, terra de oliveiras e de mel. Escolham a vida e não a morte! Não dêem ouvidos a Ezequias, pois ele os está iludindo, quando diz: "O Senhor nos livrará" '.

33 "Será que o deus de alguma nação conseguiu livrar sua terra das mãos do rei da Assíria? **34** Onde estão os deuses de Hamate e de Arpade? Onde estão os deuses de Sefarvaim, de Hena e de Iva? Acaso livraram Samaria das minhas mãos? **35** Qual dentre todos os deuses dessas nações conseguiu livrar sua terra do meu poder? Como então o Senhor poderá livrar Jerusalém das minhas mãos?"

36 Mas o povo permaneceu calado e nada disse em resposta, pois o rei tinha ordenado: "Não lhe respondam".

37 Então o administrador do palácio, Eliaquim, filho de Hilquias, o secretário Sebna e o arquivista real Joá, filho de Asafe, retornaram com as vestes rasgadas a Ezequias e lhe relataram o que o comandante de campo tinha dito.

A Predição da Libertação de Jerusalém

19 Ao ouvir o relato, o rei Ezequias rasgou as suas vestes, pôs roupas de luto e entrou no templo do Senhor. **2** Ele enviou o administrador do palácio, Eliaquim, o secretário Sebna e os sacerdotes principais, todos vestidos com pano de saco, ao profeta Isaías, filho de Amoz. **3** Eles lhe disseram: "Assim diz Ezequias: 'Hoje é dia de angústia, de repreensão e de humilhação; estamos como a mulher que está para dar à luz filhos, mas não tem forças para fazê-los nascer. **4** Talvez o Senhor, o teu Deus, ouça todas as palavras do comandante de campo, a quem o senhor dele, o rei da Assíria, enviou para zombar do Deus vivo. E que o Senhor, o teu Deus, o repreenda pelas palavras que ouviu. Portanto, suplica a Deus pelo remanescente que ainda sobrevive' ".

5 Quando os oficiais do rei Ezequias chegaram a Isaías, **6** este lhes disse: "Digam a seu senhor que assim diz o Senhor: 'Não tenha medo das palavras que você ouviu, das blasfêmias que os servos do rei da Assíria lançaram contra mim. **7** Ouça! Eu o farei tomar a decisão deᵃ retornar ao seu próprio país, quando ele ouvir certa notícia. E lá o farei morrer à espada' ".

8 Quando o comandante de campo soube que o rei da Assíria havia partido de Láquis, retirou-se e encontrou o rei lutando contra Libna.

9 Ora, Senaqueribe fora informado de que Tiraca, rei etíopeᵇ do Egito, estava vindo lutar contra ele, de modo que mandou novamente mensageiros a Ezequias com este recado: **10** "Digam a Ezequias, rei de Judá: 'Não deixe que o Deus no qual você confia o engane, quando diz: "Jerusalém não cairá nas mãos do rei da Assíria". **11** Com certeza você ouviu o que os reis da Assíria têm feito a todas as nações, como as destruíram por completo.

26 Then Eliakim son of Hilkiah, and Shebna and Joah said to the field commander, "Please speak to your servants in Aramaic, since we understand it. Don't speak to us in Hebrew in the hearing of the people on the wall."

27 But the commander replied, "Was it only to your master and you that my master sent me to say these things, and not to the men sitting on the wall—who, like you, will have to eat their own filth and drink their own urine?"

28 Then the commander stood and called out in Hebrew: "Hear the word of the great king, the king of Assyria! **29** This is what the king says: Do not let Hezekiah deceive you. He cannot deliver you from my hand. **30** Do not let Hezekiah persuade you to trust in the Lord when he says, 'The Lord will surely deliver us; this city will not be given into the hand of the king of Assyria.'

31 "Do not listen to Hezekiah. This is what the king of Assyria says: Make peace with me and come out to me. Then every one of you will eat from his own vine and fig tree and drink water from his own cistern, **32** until I come and take you to a land like your own, a land of grain and new wine, a land of bread and vineyards, a land of olive trees and honey. Choose life and not death!

"Do not listen to Hezekiah, for he is misleading you when he says, 'The Lord will deliver us.' **33** Has the god of any nation ever delivered his land from the hand of the king of Assyria? **34** Where are the gods of Hamath and Arpad? Where are the gods of Sepharvaim, Hena and Ivvah? Have they rescued Samaria from my hand? **35** Who of all the gods of these countries has been able to save his land from me? How then can the Lord deliver Jerusalem from my hand?"

36 But the people remained silent and said nothing in reply, because the king had commanded, "Do not answer him."

37 Then Eliakim son of Hilkiah the palace administrator, Shebna the secretary and Joah son of Asaph the recorder went to Hezekiah, with their clothes torn, and told him what the field commander had said.

Jerusalem's Deliverance Foretold

19 When King Hezekiah heard this, he tore his clothes and put on sackcloth and went into the temple of the Lord. **2** He sent Eliakim the palace administrator, Shebna the secretary and the leading priests, all wearing sackcloth, to the prophet Isaiah son of Amoz. **3** They told him, "This is what Hezekiah says: This day is a day of distress and rebuke and disgrace, as when children come to the point of birth and there is no strength to deliver them. **4** It may be that the Lord your God will hear all the words of the field commander, whom his master, the king of Assyria, has sent to ridicule the living God, and that he will rebuke him for the words the Lord your God has heard. Therefore pray for the remnant that still survives."

5 When King Hezekiah's officials came to Isaiah, **6** Isaiah said to them, "Tell your master, 'This is what the Lord says: Do not be afraid of what you have heard—those words with which the underlings of the king of Assyria have blasphemed me. **7** Listen! I am going to put such a spirit in him that when he hears a certain report, he will return to his own country, and there I will have him cut down with the sword.' "

8 When the field commander heard that the king of Assyria had left Lachish, he withdrew and found the king fighting against Libnah.

9 Now Sennacherib received a report that Tirhakah, the Cushiteᵃ king *of Egypt*, was marching out to fight against him. So he again sent messengers to Hezekiah with this word: **10** "Say to Hezekiah king of Judah: Do not let the god you depend on deceive you when he says, 'Jerusalem will not be handed over to the king of Assyria.' **11** Surely you have heard what the kings of Assyria have done to all the countries, destroying them completely.

ᵃ19.7 Ou *Colocarei nele um espírito que o fará* ᵇ19.9 Hebraico: *cuxita*.   ᵃ19:9 That is, from the upper Nile region

E você haveria de livrar-se? ¹²Acaso os deuses das nações que foram destruídas por meus antepassados as livraram: os deuses de Gozã, Harã, Rezefe e do povo de Éden, que estava em Telassar? ¹³Onde estão o rei de Hamate, o rei de Arpade, o rei da cidade de Sefarvaim, de Hena e de Iva?' "

A Oração de Ezequias

¹⁴Ezequias recebeu a carta das mãos dos mensageiros e a leu. Então subiu ao templo do S ENHOR e estendeu-a perante o S ENHOR. ¹⁵E Ezequias orou ao S ENHOR: "S ENHOR, Deus de Israel, que reinas em teu trono, entre os querubins, só tu és Deus sobre todos os reinos da terra. Tu criaste os céus e a terra. ¹⁶Dá ouvidos, S ENHOR, e vê; ouve as palavras que Senaqueribe enviou para insultar o Deus vivo.

¹⁷"É verdade, S ENHOR, que os reis assírios fizeram de todas essas nações e seus territórios um deserto. ¹⁸Atiraram os deuses delas no fogo e os destruíram, pois não eram deuses; eram apenas madeira e pedra moldadas por mãos humanas. ¹⁹Agora, S ENHOR nosso Deus, salva-nos das mãos dele, para que todos os reinos da terra saibam que só tu, S ENHOR, és Deus".

A Profecia de Isaías sobre a Queda de Senaqueribe

²⁰Então Isaías, filho de Amoz, enviou uma mensagem a Ezequias: "Assim diz o S ENHOR, o Deus de Israel: 'Ouvi a sua oração acerca de Senaqueribe, o rei da Assíria'. ²¹Esta é a palavra que o S ENHOR falou contra ele:

" 'A virgem, a filha de Sião,
    o despreza e zomba de você.
A filha de Jerusalém
    meneia a cabeça enquanto você foge.
²²De quem você zombou
    e contra quem blasfemou?
Contra quem você levantou a voz
    e contra quem ergueu o
    seu olhar arrogante?
Contra o Santo de Israel!
²³Sim, você insultou o Senhor
    por meio dos seus mensageiros.
E declarou:
"Com carros sem conta subi,
    aos pontos mais elevados
    e às inacessíveis alturas do Líbano.
Derrubei os seus mais altos cedros,
    os seus melhores pinheiros.
Entrei em suas regiões mais remotas,
    e nas suas mais densas florestas.
²⁴Em terras estrangeiras
    cavei poços e bebi água.
Com as solas de meus pés
    sequei todos os rios do Egito".
²⁵" 'Você não percebe
    que há muito tempo
    eu já havia determinado tudo isso.
Desde a antiguidade planejei
    o que agora faço acontecer,
que você deixaria cidades
    fortificadas em ruínas.
²⁶Seus habitantes, sem forças,
    desanimam-se envergonhados.
São como pastagens,
    como brotos tenros e verdes,
como ervas no telhado,
    queimadas antes de crescer.
²⁷Eu, porém, sei onde você está,
    sei quando você sai e quando retorna;
    e como você se enfurece contra mim.
²⁸Sim, contra mim você se enfureceu
    e o seu atrevimento
    chegou aos meus ouvidos.
Por isso porei o meu anzol
    em seu nariz

And will you be delivered? ¹²Did the gods of the nations that were destroyed by my forefathers deliver them: the gods of Gozan, Haran, Rezeph and the people of Eden who were in Tel Assar? ¹³Where is the king of Hamath, the king of Arpad, the king of the city of Sepharvaim, or of Hena or Ivvah?"

Hezekiah's Prayer

¹⁴Hezekiah received the letter from the messengers and read it. Then he went up to the temple of the L ORD and spread it out before the L ORD. ¹⁵And Hezekiah prayed to the L ORD: "O L ORD, God of Israel, enthroned between the cherubim, you alone are God over all the kingdoms of the earth. You have made heaven and earth. ¹⁶Give ear, O L ORD, and hear; open your eyes, O L ORD, and see; listen to the words Sennacherib has sent to insult the living God.

¹⁷"It is true, O L ORD, that the Assyrian kings have laid waste these nations and their lands. ¹⁸They have thrown their gods into the fire and destroyed them, for they were not gods but only wood and stone, fashioned by men's hands. ¹⁹Now, O L ORD our God, deliver us from his hand, so that all kingdoms on earth may know that you alone, O L ORD, are God."

Isaiah Prophesies Sennacherib's Fall

²⁰Then Isaiah son of Amoz sent a message to Hezekiah: "This is what the L ORD, the God of Israel, says: I have heard your prayer concerning Sennacherib king of Assyria. ²¹This is the word that the L ORD has spoken against him:

" 'The Virgin Daughter of Zion
    despises you and mocks you.
The Daughter of Jerusalem
    tosses her head as you flee.
²²Who is it you have insulted and blasphemed?
    Against whom have you raised your voice
and lifted your eyes in pride?
    Against the Holy One of Israel!
²³By your messengers
    you have heaped insults on the Lord.
And you have said,
    "With my many chariots
I have ascended the heights of the mountains,
    the utmost heights of Lebanon.
I have cut down its tallest cedars,
    the choicest of its pines.
I have reached its remotest parts,
    the finest of its forests.
²⁴I have dug wells in foreign lands
    and drunk the water there.
With the soles of my feet
    I have dried up all the streams of Egypt."
²⁵" 'Have you not heard?
    Long ago I ordained it.
In days of old I planned it;
    now I have brought it to pass,
that you have turned fortified cities
    into piles of stone.
²⁶Their people, drained of power,
    are dismayed and put to shame.
They are like plants in the field,
    like tender green shoots,
like grass sprouting on the roof,
    scorched before it grows up.
²⁷" 'But I know where you stay
    and when you come and go
    and how you rage against me.
²⁸Because you rage against me
    and your insolence has reached my ears,
I will put my hook in your nose

e o meu freio em sua boca,
   e o farei voltar
     pelo caminho por onde veio.

29 " 'A você, Ezequias, darei este sinal:
   Neste ano vocês comerão
     do que crescer por si,
e no próximo o que daquilo brotar.
   Mas no terceiro ano
     semeiem e colham,
plantem vinhas e comam o seu fruto.
30 Mais uma vez, um remanescente
   da tribo de Judá sobreviverá,
lançará raízes na terra
   e se encherão de frutos
     os seus ramos.
31 De Jerusalém sairão sobreviventes,
   e um remanescente do monte Sião.

O zelo do Senhor dos Exércitos
   o executará'.

32 "Portanto, assim diz o Senhor
   acerca do rei da Assíria:

'Ele não invadirá esta cidade
   nem disparará contra ela
     uma só flecha.
Não a enfrentará com escudo
   nem construirá rampas de cerco
     contra ela.
33 Pelo caminho por onde veio voltará;
   não invadirá esta cidade',
     declara o Senhor.
34 'Eu a defenderei e a salvarei,
   por amor de mim mesmo
     e do meu servo Davi' ".

35 Naquela noite o anjo do Senhor saiu e matou cento e oitenta e cinco mil homens no acampamento assírio. Quando o povo se levantou na manhã seguinte, o lugar estava repleto de cadáveres! **36** Então Senaqueribe, rei da Assíria, desmontou o acampamento e foi embora. Voltou para Nínive e lá ficou. **37** Certo dia, enquanto ele estava adorando no templo de seu deus Nisroque, seus filhos Adrameleque e Sarezer mataram-no à espada e fugiram para a terra de Ararate. Seu filho Esar-Hadom foi o seu sucessor.

A Doença de Ezequias

20 Naquele tempo Ezequias ficou doente e quase morreu. O profeta Isaías, filho de Amoz, foi visitá-lo e lhe disse: "Assim diz o Senhor: 'Ponha em ordem a sua casa, pois você vai morrer; não se recuperará' ". **2** Ezequias virou o rosto para a parede e orou ao Senhor: **3** "Lembra-te, Senhor, como tenho te servido com fidelidade e com devoção sincera. Tenho feito o que tu aprovas". E Ezequias chorou amargamente.

4 Antes de Isaías deixar o pátio intermediário, a palavra do Senhor veio a ele: **5** "Volte e diga a Ezequias, líder do meu povo: Assim diz o Senhor, Deus de Davi, seu predecessor: Ouvi sua oração e vi suas lágrimas; eu o curarei. Daqui a três dias você subirá ao templo do Senhor. **6** Acrescentarei quinze anos à sua vida. E livrarei você e esta cidade das mãos do rei da Assíria. Defenderei esta cidade por causa de mim mesmo e do meu servo Davi".

7 Então disse Isaías: "Preparem um emplastro de figos". Eles o fizeram e o aplicaram na úlcera; e ele se recuperou.

8 Ezequias havia perguntado a Isaías: "Qual será o sinal de que o Senhor me curará e de que de hoje a três dias subirei ao templo do Senhor?"

9 Isaías respondeu: "O sinal de que o Senhor vai cumprir o que prometeu é este: você prefere que a sombra avance ou recue dez degraus na escadaria?"

   and my bit in your mouth,
   and I will make you return
     by the way you came.'

29 "This will be the sign for you, O Hezekiah:

"This year you will eat what grows by itself,
   and the second year what springs from that.
But in the third year sow and reap,
   plant vineyards and eat their fruit.
30 Once more a remnant of the house of Judah
   will take root below and bear fruit above.
31 For out of Jerusalem will come a remnant,
   and out of Mount Zion a band of survivors.

The zeal of the Lord Almighty will accomplish this.

32 "Therefore this is what the Lord says concerning the king of Assyria:

"He will not enter this city
   or shoot an arrow here.
He will not come before it with shield
   or build a siege ramp against it.
33 By the way that he came he will return;
   he will not enter this city,
          declares the Lord.
34 I will defend this city and save it,
   for my sake and for the sake of David my
     servant."

35 That night the angel of the Lord went out and put to death a hundred and eighty-five thousand men in the Assyrian camp. When the people got up the next morning—there were all the dead bodies! **36** So Sennacherib king of Assyria broke camp and withdrew. He returned to Nineveh and stayed there.

37 One day, while he was worshiping in the temple of his god Nisroch, his sons Adrammelech and Sharezer cut him down with the sword, and they escaped to the land of Ararat. And Esarhaddon his son succeeded him as king.

Hezekiah's Illness

20 In those days Hezekiah became ill and was at the point of death. The prophet Isaiah son of Amoz went to him and said, "This is what the Lord says: Put your house in order, because you are going to die; you will not recover." **2** Hezekiah turned his face to the wall and prayed to the Lord, **3** "Remember, O Lord, how I have walked before you faithfully and with wholehearted devotion and have done what is good in your eyes." And Hezekiah wept bitterly.

4 Before Isaiah had left the middle court, the word of the Lord came to him: **5** "Go back and tell Hezekiah, the leader of my people, 'This is what the Lord, the God of your father David, says: I have heard your prayer and seen your tears; I will heal you. On the third day from now you will go up to the temple of the Lord. **6** I will add fifteen years to your life. And I will deliver you and this city from the hand of the king of Assyria. I will defend this city for my sake and for the sake of my servant David.' "

7 Then Isaiah said, "Prepare a poultice of figs." They did so and applied it to the boil, and he recovered.

8 Hezekiah had asked Isaiah, "What will be the sign that the Lord will heal me and that I will go up to the temple of the Lord on the third day from now?"

9 Isaiah answered, "This is the Lord's sign to you that the Lord will do what he has promised: Shall the shadow go forward ten steps, or shall it go back ten steps?"

10 Disse Ezequias: "Como é fácil a sombra avançar dez degraus, prefiro que ela recue dez degraus".

11 Então o profeta Isaías clamou ao Senhor, e este fez a sombra recuar os dez degraus que havia descido na escadaria de Acaz.

Mensageiros da Babilônia

12 Naquela época, o rei da Babilônia, Merodaque-Baladã, filho de Baladã, enviou cartas e um presente para Ezequias, pois soubera da sua doença. **13** Ezequias recebeu em audiência os mensageiros e mostrou-lhes tudo o que havia em seus armazéns: a prata, o ouro, as especiarias e o azeite finíssimo, o seu arsenal e tudo o que havia em seus tesouros. Não houve nada em seu palácio ou em seu reino que Ezequias não lhes mostrasse.

14 Então o profeta Isaías foi ao rei Ezequias e lhe perguntou: "O que esses homens disseram? De onde vieram?"

Ezequias respondeu: "De uma terra distante. Vieram da Babilônia".

15 O profeta perguntou: "O que eles viram em seu palácio?"

Disse Ezequias: "Viram tudo em meu palácio. Não há nada em meus tesouros que eu não lhes tenha mostrado".

16 Então Isaías disse a Ezequias: "Ouça a palavra do Senhor: **17** 'Um dia, tudo o que se encontra em seu palácio, bem como tudo o que os seus antepassados acumularam até hoje, será levado para a Babilônia. Nada restará', diz o Senhor. **18** 'Alguns dos seus próprios descendentes serão levados, e eles se tornarão eunucos no palácio do rei da Babilônia' ".

19 Respondeu Ezequias ao profeta: "Boa é a palavra do Senhor que anunciaste", pois ele entendeu que durante sua vida haveria paz e segurança.

20 Os demais acontecimentos do reinado de Ezequias, todas as suas realizações, inclusive a construção do açude e do túnel que canalizou água para a cidade, estão escritos no livro dos registros históricos dos reis de Judá. **21** Ezequias descansou com os seus antepassados, e seu filho Manassés foi o seu sucessor.

O Reinado de Manassés, Rei de Judá

21 Manassés tinha doze anos de idade quando começou a reinar, e reinou cinqüenta e cinco anos em Jerusalém. O nome de sua mãe era Hefzibá. **2** Ele fez o que o Senhor reprova, imitando as práticas detestáveis das nações que o Senhor havia expulsado de diante dos israelitas. **3** Reconstruiu os altares idólatras que seu pai Ezequias havia demolido e também ergueu altares para Baal e fez um poste sagrado para Aserá, como fizera Acabe, rei de Israel. Inclinou-se diante de todos os exérci-tos celestes e lhes prestou culto. **4** Construiu altares no templo do Senhor, do qual este havia dito: "Em Jerusalém porei o meu nome". **5** Nos dois pátios do templo do Senhor ele construiu altares para todos os exércitos celestes. **6** Chegou a queimar o próprio filho em sacrifício, praticou feitiçaria e adivinhação e recorreu a médiuns e a quem consultava os espíritos. Fez o que o Senhor reprova, provocando-o à ira.

7 Ele tomou o poste sagrado que havia feito e o pôs no templo, do qual o Senhor tinha dito a Davi e a seu filho Salomão: "Neste templo e em Jerusalém, que escolhi dentre todas as tribos de Israel, porei o meu nome para sempre. **8** Não farei os pés dos israelitas andarem errantes novamente, longe da terra que dei aos seus antepassados, se tão-somente tiverem o cuidado de fazer tudo o que lhes ordenei e de obedecer a toda a Lei que meu servo Moisés lhes deu". **9** Mas o povo não quis ouvir. Manassés os desviou, ao ponto de fazerem pior do que as nações que o Senhor havia destruído diante dos israelitas.

10 E o Senhor disse por meio dos seus servos, os profetas: **11** "Manassés, rei de Judá, cometeu esses atos repugnantes. Agiu pior do que os amorreus que o antecederam e também levou Judá a pecar com os ídolos que fizera. **12** Portanto, assim diz o Senhor, o Deus de Israel: Causarei uma tal desgraça

Envoys From Babylon

12 At that time Merodach-Baladan son of Baladan king of Babylon sent Hezekiah letters and a gift, because he had heard of Hezekiah's illness. **13** Hezekiah received the messengers and showed them all that was in his storehouses—the silver, the gold, the spices and the fine oil—his armory and everything found among his treasures. There was nothing in his palace or in all his kingdom that Hezekiah did not show them.

14 Then Isaiah the prophet went to King Hezekiah and asked, "What did those men say, and where did they come from?"

"From a distant land," Hezekiah replied. "They came from Babylon."

15 The prophet asked, "What did they see in your palace?"

"They saw everything in my palace," Hezekiah said. "There is nothing among my treasures that I did not show them."

16 Then Isaiah said to Hezekiah, "Hear the word of the Lord: **17** The time will surely come when everything in your palace, and all that your fathers have stored up until this day, will be carried off to Babylon. Nothing will be left, says the Lord. **18** And some of your descendants, your own flesh and blood, that will be born to you, will be taken away, and they will become eunuchs in the palace of the king of Babylon."

19 "The word of the Lord you have spoken is good," Hezekiah replied. For he thought, "Will there not be peace and security in my lifetime?"

20 As for the other events of Hezekiah's reign, all his achievements and how he made the pool and the tunnel by which he brought water into the city, are they not written in the book of the annals of the kings of Judah? **21** Hezekiah rested with his fathers. And Manasseh his son succeeded him as king.

Manasseh King of Judah

21 Manasseh was twelve years old when he became king, and he reigned in Jerusalem fifty-five years. His mother's name was Hephzibah. **2** He did evil in the eyes of the Lord, following the detestable practices of the nations the Lord had driven out before the Israelites. **3** He rebuilt the high places his father Hezekiah had destroyed; he also erected altars to Baal and made an Asherah pole, as Ahab king of Israel had done. He bowed down to all the starry hosts and worshiped them. **4** He built altars in the temple of the Lord, of which the Lord had said, "In Jerusalem I will put my Name." **5** In both courts of the temple of the Lord, he built altars to all the starry hosts. **6** He sacrificed his own son in[a] the fire, practiced sorcery and divination, and consulted mediums and spiritists. He did much evil in the eyes of the Lord, provoking him to anger.

7 He took the carved Asherah pole he had made and put it in the temple, of which the Lord had said to David and to his son Solomon, "In this temple and in Jerusalem, which I have chosen out of all the tribes of Israel, I will put my Name forever. **8** I will not again make the feet of the Israelites wander from the land I gave their forefathers, if only they will be careful to do everything I commanded them and will keep the whole Law that my servant Moses gave them." **9** But the people did not listen. Manasseh led them astray, so that they did more evil than the nations the Lord had destroyed before the Israelites.

10 The Lord said through his servants the prophets: **11** "Manasseh king of Judah has committed these detestable sins. He has done more evil than the Amorites who preceded him and has led Judah into sin with his idols. **12** Therefore this is what the Lord, the God of Israel, says: I am going to bring such disaster

---

[a] 21:6 Or *He made his own son pass through*

em Jerusalém e em Judá que os ouvidos de quem ouvir a respeito ficarão zumbindo. ¹³ Estenderei sobre Jerusalém o fio de medir utilizado contra Samaria e o fio de prumo usado contra a família de Acabe. Limparei Jerusalém como se limpa um prato, lavando-o e virando-o de cabeça para baixo. ¹⁴ Abandonarei o remanescente da minha herança e o entregarei nas mãos de seus inimigos. Serão despojados e saqueados por todos os seus adversários, ¹⁵ pois fizeram o que eu reprovo e me provocaram à ira, desde o dia em que os seus antepassados saíram do Egito até hoje".

¹⁶ Manassés também derramou tanto sangue inocente que encheu Jerusalém de um extremo ao outro; além disso levou Judá a cometer pecado e fazer o que o Senhor reprova.

¹⁷ Os demais acontecimentos do reinado de Manassés e todas as suas realizações, inclusive o pecado que cometeu, estão escritos no livro dos registros históricos dos reis de Judá. ¹⁸ Manassés descansou com os seus antepassados e foi sepultado no jardim do seu palácio, o jardim de Uzá. E seu filho Amom foi o seu sucessor.

O Reinado de Amom, Rei de Judá

¹⁹ Amom tinha vinte e dois anos de idade quando começou a reinar, e reinou dois anos em Jerusalém. O nome de sua mãe era Mesulemete, filha de Haruz; ela era de Jotbá. ²⁰ Ele fez o que o Senhor reprova, como fizera Manassés, seu pai. ²¹ Imitou o seu pai em tudo; prestou culto aos ídolos aos quais seu pai havia cultuado e inclinou-se diante deles. ²² Abandonou o Senhor, o Deus dos seus antepassados, e não andou no caminho do Senhor.

²³ Os oficiais de Amom conspiraram contra ele e o assassinaram em seu palácio. ²⁴ Mas o povo matou todos os que haviam conspirado contra o rei Amom, e a seu filho Josias proclamou rei em seu lugar.

²⁵ Os demais acontecimentos do reinado de Amom e as suas realizações estão escritos no livro dos registros históricos dos reis de Judá. ²⁶ Ele foi sepultado em seu túmulo no jardim de Uzá. Seu filho Josias foi o seu sucessor.

O Livro da Lei é Encontrado

22 Josias tinha oito anos de idade quando começou a reinar, e reinou trinta e um anos em Jerusalém. O nome de sua mãe era Jedida, filha de Adaías; ela era de Bozcate. ² Ele fez o que o Senhor aprova e andou nos caminhos de Davi, seu predecessor, sem desviar-se nem para a direita nem para a esquerda.

³ No décimo oitavo ano do seu reinado, o rei Josias enviou o secretário Safã, filho de Azalias e neto de Mesulão, ao templo do Senhor, dizendo: ⁴ "Vá ao sumo sacerdote Hilquias e mande-o ajuntar a prata que foi trazida ao templo do Senhor, que os guardas das portas recolheram do povo. ⁵ Eles deverão entregar a prata aos homens nomeados para supervisionar a reforma do templo, para poderem pagar os trabalhadores que fazem os reparos no templo do Senhor: ⁶ os carpinteiros, os construtores e os pedreiros. Além disso comprarão madeira e pedras lavradas para os reparos no templo. ⁷ Mas eles não precisarão prestar contas da prata que lhes foi confiada, pois estão agindo com honestidade".

⁸ Então o sumo sacerdote Hilquias disse ao secretário Safã: "Encontrei o Livro da Lei no templo do Senhor". Ele o entregou a Safã, que o leu. ⁹ O secretário Safã voltou ao rei e lhe informou: "Teus servos entregaram a prata que havia no templo do Senhor e a confiaram aos trabalhadores e aos supervisores no templo". ¹⁰ E o secretário Safã acrescentou: "O sacerdote Hilquias entregou-me um livro". E Safã o leu para o rei.

¹¹ Assim que o rei ouviu as palavras do Livro da Lei, rasgou suas vestes ¹² e deu estas ordens ao sacerdote Hilquias, a Aicam, filho de Safã, a Acbor, filho de Micaías, ao secretário Safã e ao auxiliar real Asaías: ¹³ "Vão consultar o Senhor

on Jerusalem and Judah that the ears of everyone who hears of it will tingle. ¹³ I will stretch out over Jerusalem the measuring line used against Samaria and the plumb line used against the house of Ahab. I will wipe out Jerusalem as one wipes a dish, wiping it and turning it upside down. ¹⁴ I will forsake the remnant of my inheritance and hand them over to their enemies. They will be looted and plundered by all their foes, ¹⁵ because they have done evil in my eyes and have provoked me to anger from the day their forefathers came out of Egypt until this day."

¹⁶ Moreover, Manasseh also shed so much innocent blood that he filled Jerusalem from end to end—besides the sin that he had caused Judah to commit, so that they did evil in the eyes of the Lord.

¹⁷ As for the other events of Manasseh's reign, and all he did, including the sin he committed, are they not written in the book of the annals of the kings of Judah? ¹⁸ Manasseh rested with his fathers and was buried in his palace garden, the garden of Uzza. And Amon his son succeeded him as king.

Amon King of Judah

¹⁹ Amon was twenty-two years old when he became king, and he reigned in Jerusalem two years. His mother's name was Meshullemeth daughter of Haruz; she was from Jotbah. ²⁰ He did evil in the eyes of the Lord, as his father Manasseh had done. ²¹ He walked in all the ways of his father; he worshiped the idols his father had worshiped, and bowed down to them. ²² He forsook the Lord, the God of his fathers, and did not walk in the way of the Lord.

²³ Amon's officials conspired against him and assassinated the king in his palace. ²⁴ Then the people of the land killed all who had plotted against King Amon, and they made Josiah his son king in his place.

²⁵ As for the other events of Amon's reign, and what he did, are they not written in the book of the annals of the kings of Judah? ²⁶ He was buried in his grave in the garden of Uzza. And Josiah his son succeeded him as king.

The Book of the Law Found

22 Josiah was eight years old when he became king, and he reigned in Jerusalem thirty-one years. His mother's name was Jedidah daughter of Adaiah; she was from Bozkath. ² He did what was right in the eyes of the Lord and walked in all the ways of his father David, not turning aside to the right or to the left.

³ In the eighteenth year of his reign, King Josiah sent the secretary, Shaphan son of Azaliah, the son of Meshullam, to the temple of the Lord. He said: ⁴ "Go up to Hilkiah the high priest and have him get ready the money that has been brought into the temple of the Lord, which the doorkeepers have collected from the people. ⁵ Have them entrust it to the men appointed to supervise the work on the temple. And have these men pay the workers who repair the temple of the Lord— ⁶ the carpenters, the builders and the masons. Also have them purchase timber and dressed stone to repair the temple. ⁷ But they need not account for the money entrusted to them, because they are acting faithfully."

⁸ Hilkiah the high priest said to Shaphan the secretary, "I have found the Book of the Law in the temple of the Lord." He gave it to Shaphan, who read it. ⁹ Then Shaphan the secretary went to the king and reported to him: "Your officials have paid out the money that was in the temple of the Lord and have entrusted it to the workers and supervisors at the temple." ¹⁰ Then Shaphan the secretary informed the king, "Hilkiah the priest has given me a book." And Shaphan read from it in the presence of the king.

¹¹ When the king heard the words of the Book of the Law, he tore his robes. ¹² He gave these orders to Hilkiah the priest, Ahikam son of Shaphan, Acbor son of Micaiah, Shaphan the secretary and Asaiah the king's attendant: ¹³ "Go and inquire of the Lord

por mim, pelo povo e por todo o Judá acerca do que está escrito neste livro que foi encontrado. A ira do Senhor contra nós deve ser grande, pois os nossos antepassados não obedeceram às palavras deste livro, nem agiram de acordo com tudo o que nele está escrito a nosso respeito".

14 O sacerdote Hilquias, Aicam, Acbor, Safã e Asaías foram falar com a profetisa Hulda, mulher de Salum, filho de Ticvá e neto de Harás, responsável pelo guarda-roupa do templo. Ela morava no bairro novo de Jerusalém.

15 Ela lhes disse: "Assim diz o Senhor, o Deus de Israel: 'Digam ao homem que os enviou a mim **16** que assim diz o Senhor: Trarei desgraça sobre este lugar e sobre os seus habitantes; tudo o que está escrito no livro que o rei de Judá leu. **17** Porque me abandonaram e queimaram incenso a outros deuses, provocando a minha ira por meio de todos os ídolos que as mãos deles têm feitoª, a chama da minha ira arderá contra este lugar e não será apagada'. **18** Digam ao rei de Judá, que os enviou para consultar o Senhor: Assim diz o Senhor, o Deus de Israel, acerca das palavras que você ouviu: **19** 'Já que o seu coração se abriu e você se humilhou diante do Senhor ao ouvir o que falei contra este lugar e contra os seus habitantes, que seriam arrasados e amaldiçoados, e porque você rasgou as vestes e chorou na minha presença, eu o ouvi', declara o Senhor. **20** 'Portanto, eu o reunirei aos seus antepassados, e você será sepultado em paz. Seus olhos não verão toda a desgraça que vou trazer sobre este lugar' ".

Então eles levaram a resposta ao rei.

Josias Renova a Aliança

23 Depois disso, o rei convocou todas as autoridades de Judá e de Jerusalém. **2** Em seguida o rei subiu ao templo do Senhor acompanhado por todos os homens de Judá, todo o povo de Jerusalém, os sacerdotes e os profetas; todo o povo, dos mais simples aos mais importantesᵇ. Para todos o rei leu em alta voz todas as palavras do Livro da Aliança que havia sido encontrado no templo do Senhor. **3** O rei colocou-se junto à coluna real e, na presença do Senhor, fez uma aliança, comprometendo-se a seguir o Senhor e a obedecer de todo o coração e de toda a alma aos seus mandamentos, aos seus preceitos e aos seus decretos, confirmando assim as palavras da aliança escritas naquele livro. Então todo o povo se comprometeu com a aliança.

4 O rei deu ordens ao sumo sacerdote Hilquias, aos sacerdotes auxiliares e aos guardas das portas que retirassem do templo do Senhor todos os utensílios feitos para Baal e Aserá e para todos os exércitos celestes. Ele os queimou fora de Jerusalém, nos campos do vale de Cedrom e levou as cinzas para Betel. **5** E eliminou os sacerdotes pagãos nomeados pelos reis de Judá para queimarem incenso nos altares idólatras das cidades de Judá e dos arredores de Jerusalém, aqueles que queimavam incenso a Baal, ao sol e à lua, às constelações e a todos os exércitos celestes. **6** Também mandou levar o poste sagrado do templo do Senhor para o vale de Cedrom, fora de Jerusalém, para ser queimado e reduzido a cinzas, que foram espalhadas sobre os túmulos de um cemitério público. **7** Também derrubou as acomodações dos prostitutos cultuais, que ficavam no templo do Senhor, onde as mulheres teciam para Aserá.

8 Josias trouxe todos os sacerdotes das cidades de Judá e, desde Geba até Berseba, profanou os altares onde os sacerdotes haviam queimado incenso. Derrubou os altares idólatras junto às portas, inclusive o altar da entrada da porta de Josué, o governador da cidade, que fica à esquerda da porta da cidade. **9** Embora os sacerdotes dos altares não servissem no altar do Senhor em Jerusalém, comiam pães sem fermento junto com os sacerdotes, seus colegas.

---

for me and for the people and for all Judah about what is written in this book that has been found. Great is the Lord's anger that burns against us because our fathers have not obeyed the words of this book; they have not acted in accordance with all that is written there concerning us."

14 Hilkiah the priest, Ahikam, Acbor, Shaphan and Asaiah went to speak to the prophetess Huldah, who was the wife of Shallum son of Tikvah, the son of Harhas, keeper of the wardrobe. She lived in Jerusalem, in the Second District.

15 She said to them, "This is what the Lord, the God of Israel, says: Tell the man who sent you to me, **16** 'This is what the Lord says: I am going to bring disaster on this place and its people, according to everything written in the book the king of Judah has read. **17** Because they have forsaken me and burned incense to other gods and provoked me to anger by all the idols their hands have made,ª my anger will burn against this place and will not be quenched.' **18** Tell the king of Judah, who sent you to inquire of the Lord, 'This is what the Lord, the God of Israel, says concerning the words you heard: **19** Because your heart was responsive and you humbled yourself before the Lord when you heard what I have spoken against this place and its people, that they would become accursed and laid waste, and because you tore your robes and wept in my presence, I have heard you, declares the Lord. **20** Therefore I will gather you to your fathers, and you will be buried in peace. Your eyes will not see all the disaster I am going to bring on this place.' "

So they took her answer back to the king.

Josiah Renews the Covenant

23 Then the king called together all the elders of Judah and Jerusalem. **2** He went up to the temple of the Lord with the men of Judah, the people of Jerusalem, the priests and the prophets—all the people from the least to the greatest. He read in their hearing all the words of the Book of the Covenant, which had been found in the temple of the Lord. **3** The king stood by the pillar and renewed the covenant in the presence of the Lord—to follow the Lord and keep his commands, regulations and decrees with all his heart and all his soul, thus confirming the words of the covenant written in this book. Then all the people pledged themselves to the covenant.

4 The king ordered Hilkiah the high priest, the priests next in rank and the doorkeepers to remove from the temple of the Lord all the articles made for Baal and Asherah and all the starry hosts. He burned them outside Jerusalem in the fields of the Kidron Valley and took the ashes to Bethel. **5** He did away with the pagan priests appointed by the kings of Judah to burn incense on the high places of the towns of Judah and on those around Jerusalem—those who burned incense to Baal, to the sun and moon, to the constellations and to all the starry hosts. **6** He took the Asherah pole from the temple of the Lord to the Kidron Valley outside Jerusalem and burned it there. He ground it to powder and scattered the dust over the graves of the common people. **7** He also tore down the quarters of the male shrine prostitutes, which were in the temple of the Lord and where women did weaving for Asherah.

8 Josiah brought all the priests from the towns of Judah and desecrated the high places, from Geba to Beersheba, where the priests had burned incense. He broke down the shrinesᵇ at the gates—at the entrance to the Gate of Joshua, the city governor, which is on the left of the city gate. **9** Although the priests of the high places did not serve at the altar of the Lord in Jerusalem, they ate unleavened bread with their fellow priests.

ª22.17 Ou *por meio de tudo o que eles têm feito* ᵇ23.2 Ou *dos mais jovens aos mais velhos*

ª22:17 Or *by everything they have done* ᵇ23:8 Or *high places*

10 Também profanou Tofete, que ficava no vale de Ben-Hinom, de modo que ninguém mais pudesse usá-lo para sacrificar seu filho ou sua filha a Moloque.ᵃ **11** Acabou com os cavalos, que os reis de Judá tinham consagrado ao sol, e que ficavam na entrada do templo do Senhor, perto da sala de um oficial chamado Natã-Meleque. Também queimou as carruagens consagradas ao sol.

12 Derrubou os altares que os seus antecessores haviam erguido no terraço, em cima do quarto superior de Acaz, e os altares que Manassés havia construído nos dois pátios do templo do Senhor. Retirou-os dali, despedaçou-os e atirou o entulho no vale de Cedrom. **13** O rei também profanou os altares que ficavam a leste de Jerusalém, ao sul do monte da Destruiçãoᵇ, os quais Salomão, rei de Israel, havia construído para Astarote, a detestável deusa dos sidônios, para Camos, o detestável deus de Moabe, e para Moloque, o detestável deus do povo de Amom. **14** Josias despedaçou as colunas sagradas, derrubou os postes sagrados e cobriu os locais com ossos humanos.

15 Até o altar de Betel, o altar idólatra edificado por Jeroboão, filho de Nebate, que levou Israel a pecar; até aquele altar e o seu santuário ele os demoliu. Queimou o santuário e o reduziu a pó, queimando também o poste sagrado. **16** Quando Josias olhou em volta e viu os túmulos que havia na encosta da colina, mandou retirar os ossos dos túmulos e queimá-los no altar a fim de contaminá-lo, conforme a palavra do Senhor proclamada pelo homem de Deus que predisse essas coisas.

17 O rei perguntou: "Que monumento é este que estou vendo?" Os homens da cidade disseram: "É o túmulo do homem de Deus que veio de Judá e proclamou estas coisas que tu fizeste ao altar de Betel".

18 Então ele disse: "Deixem-no em paz. Ninguém toque nos seus ossos". Assim pouparam seus ossos bem como os do profeta que tinha vindo de Samaria.

19 Como havia feito em Betel, Josias tirou e profanou todos os santuários idólatras que os reis de Israel haviam construído nas cidades de Samaria e que provocaram a ira do Senhor. **20** Josias também mandou sacrificar todos os sacerdotes daqueles altares idólatras e queimou ossos humanos sobre os altares. Depois voltou a Jerusalém.

21 Então o rei deu a seguinte ordem a todo o povo: "Celebrem a Páscoa ao Senhor, o seu Deus, conforme está escrito neste Livro da Aliança". **22** Nem nos dias dos juízes que lideraram Israel, nem durante todos os dias dos reis de Israel e dos reis de Judá, foi celebrada uma Páscoa como esta. **23** Mas no décimo oitavo ano do reinado de Josias, esta Páscoa foi celebrada ao Senhor em Jerusalém.

24 Além disso, Josias eliminou os médiuns, os que consultavam espíritos, os ídolos da família, os outros ídolos e todas as outras coisas repugnantes que havia em Judá e em Jerusalém. Ele fez isto para cumprir as exigências da Lei escritas no livro que o sacerdote Hilquias havia descoberto no templo do Senhor. **25** Nem antes nem depois de Josias houve um rei como ele, que se voltasse para o Senhor de todo o coração, de toda a alma e de todas as suas forças, de acordo com toda a Lei de Moisés.

26 Entretanto, o Senhor manteve o furor de sua grande ira, que se acendeu contra Judá por causa de tudo o que Manassés fizera para provocar a sua ira. **27** Por isso o Senhor disse: "Também retirarei Judá da minha presença, tal como retirei Israel, e rejeitarei Jerusalém, a cidade que escolhi, e este templo, do qual eu disse: 'Ali porei o meu nome' ".

28 Os demais acontecimentos do reinado de Josias e todas as suas realizações estão escritos no livro dos registros históricos dos reis de Judá.

29 Durante o seu reinado, o faraó Neco, rei do Egito, avançou até o rio Eufrates ao encontro do rei da Assíria. O rei

10 He desecrated Topheth, which was in the Valley of Ben Hinnom, so no one could use it to sacrifice his son or daughter inᵃ the fire to Molech. **11** He removed from the entrance to the temple of the Lord the horses that the kings of Judah had dedicated to the sun. They were in the court near the room of an official named Nathan-Melech. Josiah then burned the chariots dedicated to the sun.

12 He pulled down the altars the kings of Judah had erected on the roof near the upper room of Ahaz, and the altars Manasseh had built in the two courts of the temple of the Lord. He removed them from there, smashed them to pieces and threw the rubble into the Kidron Valley. **13** The king also desecrated the high places that were east of Jerusalem on the south of the Hill of Corruption—the ones Solomon king of Israel had built for Ashtoreth the vile goddess of the Sidonians, for Chemosh the vile god of Moab, and for Molechᵇ the detestable god of the people of Ammon. **14** Josiah smashed the sacred stones and cut down the Asherah poles and covered the sites with human bones.

15 Even the altar at Bethel, the high place made by Jeroboam son of Nebat, who had caused Israel to sin—even that altar and high place he demolished. He burned the high place and ground it to powder, and burned the Asherah pole also. **16** Then Josiah looked around, and when he saw the tombs that were there on the hillside, he had the bones removed from them and burned on the altar to defile it, in accordance with the word of the Lord proclaimed by the man of God who foretold these things.

17 The king asked, "What is that tombstone I see?" The men of the city said, "It marks the tomb of the man of God who came from Judah and pronounced against the altar of Bethel the very things you have done to it."

18 "Leave it alone," he said. "Don't let anyone disturb his bones." So they spared his bones and those of the prophet who had come from Samaria.

19 Just as he had done at Bethel, Josiah removed and defiled all the shrines at the high places that the kings of Israel had built in the towns of Samaria that had provoked the Lord to anger. **20** Josiah slaughtered all the priests of those high places on the altars and burned human bones on them. Then he went back to Jerusalem.

21 The king gave this order to all the people: "Celebrate the Passover to the Lord your God, as it is written in this Book of the Covenant." **22** Not since the days of the judges who led Israel, nor throughout the days of the kings of Israel and the kings of Judah, had any such Passover been observed. **23** But in the eighteenth year of King Josiah, this Passover was celebrated to the Lord in Jerusalem.

24 Furthermore, Josiah got rid of the mediums and spiritists, the household gods, the idols and all the other detestable things seen in Judah and Jerusalem. This he did to fulfill the requirements of the law written in the book that Hilkiah the priest had discovered in the temple of the Lord. **25** Neither before nor after Josiah was there a king like him who turned to the Lord as he did—with all his heart and with all his soul and with all his strength, in accordance with all the Law of Moses.

26 Nevertheless, the Lord did not turn away from the heat of his fierce anger, which burned against Judah because of all that Manasseh had done to provoke him to anger. **27** So the Lord said, "I will remove Judah also from my presence as I removed Israel, and I will reject Jerusalem, the city I chose, and this temple, about which I said, 'There shall my Name be.'ᶜ"

28 As for the other events of Josiah's reign, and all he did, are they not written in the book of the annals of the kings of Judah?

29 While Josiah was king, Pharaoh Neco king of Egypt went up to the Euphrates River to help the king of Assyria. King

---

ᵃ23.10 Ou Moloque, fazendo-os passar pelo fogo   ᵇ23.13 Isto é, o monte das Oliveiras.

ᵃ23:10 Or to make his son or daughter pass through   ᵇ23:13 Hebrew Milcom   ᶜ23:27 1 Kings 8:29

Josias marchou para combatê-lo, mas o faraó Neco o enfrentou e o matou em Megido. ³⁰ Os oficiais de Josias levaram o seu corpo de Megido para Jerusalém e o sepultaram em seu próprio túmulo. O povo tomou Jeoacaz, filho de Josias, ungiu-o e o proclamou rei no lugar de seu pai.

O Reinado de Jeoacaz, Rei de Judá

³¹ Jeoacaz tinha vinte e três anos de idade quando começou a reinar, e reinou três meses em Jerusalém. O nome de sua mãe era Hamutal, filha de Jeremias; ela era de Libna. ³² Ele fez o que o Senhor reprova, tal como os seus antepassados. ³³ O faraó Neco o prendeu em Ribla, na terra de Hamate,ª de modo que não mais reinou em Jerusalém. O faraó também impôs a Judá um tributo de três toneladas e meiaᵇ de prata e trinta e cinco quilos de ouro. ³⁴ Colocou Eliaquim, filho de Josias, como rei no lugar do seu pai Josias, e mudou o nome de Eliaquim para Jeoaquim. Mas levou Jeoacaz consigo para o Egito, onde ele morreu. ³⁵ Jeoaquim pagou ao faraó Neco a prata e o ouro. Mas, para cumprir as exigências do faraó, Jeoaquim impôs tributos ao povo, cobrando a prata e o ouro de cada um conforme suas posses.

O Reinado de Jeoaquim, Rei de Judá

³⁶ Jeoaquim tinha vinte e cinco anos de idade quando começou a reinar, e reinou onze anos em Jerusalém. O nome de sua mãe era Zebida, filha de Pedaías; ela era de Ruma. ³⁷ Ele fez o que o Senhor reprova, tal como os seus antepassados.

24 Durante o reinado de Jeoaquim, Nabucodonosor, rei da Babilônia, invadiu o país, e Jeoaquim tornou-se seu vassalo por três anos. Então ele voltou atrás e rebelou-se contra Nabucodonosor. ² O Senhor enviou contra ele tropas babilônicasᶜ, aramaicas, moabitas e amonitas para destruir Judá, de acordo com a palavra do Senhor proclamada por seus servos, os profetas. ³ Isso aconteceu a Judá conforme a ordem do Senhor, a fim de removê-los da sua presença, por causa de todos os pecados que Manassés cometeu, ⁴ inclusive o derramamento de sangue inocente. Pois ele havia enchido Jerusalém de sangue inocente, e o Senhor não o quis perdoar.

⁵ Os demais acontecimentos do reinado de Jeoaquim e todas as suas realizações estão escritos no livro dos registros históricos dos reis de Judá. ⁶ Jeoaquim descansou com os seus antepassados. Seu filho Joaquim foi o seu sucessor. ⁷ O rei do Egito não mais se atreveu a sair com seu exército de suas próprias fronteiras, pois o rei da Babilônia havia ocupado todo o território entre o ribeiro do Egito e o rio Eufrates, que antes pertencera ao Egito.

O Reinado de Joaquim, Rei de Judá

⁸ Joaquim tinha dezoito anos de idade quando começou a reinar, e reinou três meses em Jerusalém. O nome da sua mãe era Neusta, filha de Elnatã; ela era de Jerusalém. ⁹ Ele fez o que o Senhor reprova, tal como seu pai. ¹⁰ Naquela ocasião os oficiais de Nabucodonosor, rei da Babilônia, avançaram até Jerusalém e a cercaram. ¹¹ Enquanto os seus oficiais a cercavam, o próprio Nabucodonosor veio à cidade. ¹² Então Joaquim, rei de Judá, sua mãe, seus conselheiros, seus nobres e seus oficiais se entregaram; todos se renderam a ele.

No oitavo ano do reinado do rei da Babilônia, Nabucodonosor levou Joaquim como prisioneiro. ¹³ Conforme o Senhor tinha declarado, ele retirou todos os tesouros do templo do Senhor e do palácio real, quebrando todos os utensílios de ouro que Salomão, rei de Israel, fizera para o templo do Senhor. ¹⁴ Levou para o exílio toda Jerusalém: todos os líderes e os homens de combate, todos os artesãos e artífices. Era um total de dez mil pessoas; só ficaram os mais pobres.

Josiah marched out to meet him in battle, but Neco faced him and killed him at Megiddo. ³⁰ Josiah's servants brought his body in a chariot from Megiddo to Jerusalem and buried him in his own tomb. And the people of the land took Jehoahaz son of Josiah and anointed him and made him king in place of his father.

Jehoahaz King of Judah

³¹ Jehoahaz was twenty-three years old when he became king, and he reigned in Jerusalem three months. His mother's name was Hamutal daughter of Jeremiah; she was from Libnah. ³² He did evil in the eyes of the Lord, just as his fathers had done. ³³ Pharaoh Neco put him in chains at Riblah in the land of Hamathª so that he might not reign in Jerusalem, and he imposed on Judah a levy of a hundred talentsᵇ of silver and a talentᶜ of gold. ³⁴ Pharaoh Neco made Eliakim son of Josiah king in place of his father Josiah and changed Eliakim's name to Jehoiakim. But he took Jehoahaz and carried him off to Egypt, and there he died. ³⁵ Jehoiakim paid Pharaoh Neco the silver and gold he demanded. In order to do so, he taxed the land and exacted the silver and gold from the people of the land according to their assessments.

Jehoiakim King of Judah

³⁶ Jehoiakim was twenty-five years old when he became king, and he reigned in Jerusalem eleven years. His mother's name was Zebidah daughter of Pedaiah; she was from Rumah. ³⁷ And he did evil in the eyes of the Lord, just as his fathers had done.

24 During Jehoiakim's reign, Nebuchadnezzar king of Babylon invaded the land, and Jehoiakim became his vassal for three years. But then he changed his mind and rebelled against Nebuchadnezzar. ² The Lord sent Babylonian,ᵈ Aramean, Moabite and Ammonite raiders against him. He sent them to destroy Judah, in accordance with the word of the Lord proclaimed by his servants the prophets. ³ Surely these things happened to Judah according to the Lord's command, in order to remove them from his presence because of the sins of Manasseh and all he had done, ⁴ including the shedding of innocent blood. For he had filled Jerusalem with innocent blood, and the Lord was not willing to forgive.

⁵ As for the other events of Jehoiakim's reign, and all he did, are they not written in the book of the annals of the kings of Judah? ⁶ Jehoiakim rested with his fathers. And Jehoiachin his son succeeded him as king. ⁷ The king of Egypt did not march out from his own country again, because the king of Babylon had taken all his territory, from the Wadi of Egypt to the Euphrates River.

Jehoiachin King of Judah

⁸ Jehoiachin was eighteen years old when he became king, and he reigned in Jerusalem three months. His mother's name was Nehushta daughter of Elnathan; she was from Jerusalem. ⁹ He did evil in the eyes of the Lord, just as his father had done. ¹⁰ At that time the officers of Nebuchadnezzar king of Babylon advanced on Jerusalem and laid siege to it, ¹¹ and Nebuchadnezzar himself came up to the city while his officers were besieging it. ¹² Jehoiachin king of Judah, his mother, his attendants, his nobles and his officials all surrendered to him.

In the eighth year of the reign of the king of Babylon, he took Jehoiachin prisoner. ¹³ As the Lord had declared, Nebuchadnezzar removed all the treasures from the temple of the Lord and from the royal palace, and took away all the gold articles that Solomon king of Israel had made for the temple of the Lord. ¹⁴ He carried into exile all Jerusalem: all the officers and fighting men, and all the craftsmen and artisans—a total of ten thousand. Only the poorest people of the land were left.

ª23.33 A Septuaginta diz *Neco, em Ribla de Hamate, o levou.* Veja 2Cr 36.3. ᵇ23.33 Hebraico: *100 talentos.* Um talento equivalia a 35 quilos. ᶜ24.2 Ou *caldaicas*

ª23.33 Hebrew; Septuagint (see also 2 Chron. 36:3) *Neco at Riblah in Hamath removed him* ᵇ23.33 That is, about 3 3/4 tons (about 3.4 metric tons) ᶜ23.33 That is, about 75 pounds (about 34 kilograms) ᵈ24:2 Or *Chaldean*

15 Nabucodonosor levou prisioneiro Joaquim para a Babilônia. Também levou de Jerusalém para a Babilônia a mãe do rei, suas mulheres, seus oficiais e os líderes do país. **16** O rei da Babilônia também deportou para a Babilônia toda a força de sete mil homens de combate, homens fortes e preparados para a guerra, e mil artífices e artesãos. **17** Fez Matanias, tio de Joaquim, reinar em seu lugar, e mudou seu nome para Zedequias.

O Reinado de Zedequias, Rei de Judá

18 Zedequias tinha vinte e um anos de idade quando começou a reinar, e reinou onze anos em Jerusalém. O nome de sua mãe era Hamutal, filha de Jeremias; ela era de Libna. **19** Ele fez o que o Senhor reprova, tal como fizera Jeoaquim. **20** Por causa da ira do Senhor tudo isso aconteceu a Jerusalém e a Judá; por fim ele os lançou para longe da sua presença.

A Queda de Jerusalém

Ora, Zedequias rebelou-se contra o rei da Babilônia.

25 Então, no nono ano do reinado de Zedequias, no décimo dia do décimo mês, Nabucodonosor, rei da Babilônia, marchou contra Jerusalém com todo o seu exército. Ele acampou em frente da cidade e construiu rampas de ataque ao redor dela. **2** A cidade foi mantida sob cerco até o décimo primeiro ano do reinado de Zedequias. **3** No nono dia do quarto mês, a fome na cidade havia se tornado tão rigorosa que não havia nada para o povo comer. **4** Então o muro da cidade foi rompido, e todos os soldados fugiram de noite pela porta entre os dois muros próximos ao jardim do rei, embora os babilônios^a estivessem em torno da cidade. Fugiram na direção da Arabá^b, **5** mas o exército babilônio perseguiu o rei e o alcançou nas planícies de Jericó. Todos os seus soldados o abandonaram, **6** e ele foi capturado. Foi levado ao rei da Babilônia, em Ribla, onde pronunciaram a sentença contra ele. **7** Executaram os filhos de Zedequias na sua frente, furaram os seus olhos, prenderam-no com algemas de bronze e o levaram para a Babilônia.

8 No sétimo dia do quinto mês do décimo nono ano do reinado de Nabucodonosor, rei da Babilônia, Nebuzaradã, comandante da guarda imperial, conselheiro do rei da Babilônia, foi a Jerusalém. **9** Incendiou o templo do Senhor, o palácio real, todas as casas de Jerusalém e todos os edifícios importantes. **10** Todo o exército babilônio que acompanhava Nebuzaradã derrubou os muros de Jerusalém. **11** E ele levou para o exílio o povo que sobrou na cidade, os que passaram para o lado do rei da Babilônia e o restante da população. **12** Mas o comandante deixou para trás alguns dos mais pobres do país, para trabalharem nas vinhas e nos campos.

13 Os babilônios destruíram as colunas de bronze, os suportes e o tanque de bronze que estavam no templo do Senhor, e levaram o bronze para a Babilônia. **14** Também levaram as panelas, as pás, os cortadores de pavio, as vasilhas e todos os utensílios de bronze utilizados no serviço do templo. **15** O comandante da guarda imperial levou os incensários e as bacias de aspersão, tudo o que era feito de ouro puro ou de prata.

16 As duas colunas, o tanque e os suportes, que Salomão fizera para o templo do Senhor, eram mais do que podia ser pesado. **17** Cada coluna tinha oito metros e dez centímetros^c de altura. O capitel de bronze no alto de cada coluna tinha um metro e trinta e cinco centímetros de altura e era decorado com uma fileira de romãs de bronze ao redor.

18 O comandante da guarda levou como prisioneiros o sumo sacerdote Seraías, Sofonias, o segundo sacerdote, e os três guardas da porta. **19** Dos que ainda estavam na cidade, ele levou o

15 Nebuchadnezzar took Jehoiachin captive to Babylon. He also took from Jerusalem to Babylon the king's mother, his wives, his officials and the leading men of the land. **16** The king of Babylon also deported to Babylon the entire force of seven thousand fighting men, strong and fit for war, and a thousand craftsmen and artisans. **17** He made Mattaniah, Jehoiachin's uncle, king in his place and changed his name to Zedekiah.

Zedekiah King of Judah

18 Zedekiah was twenty-one years old when he became king, and he reigned in Jerusalem eleven years. His mother's name was Hamutal daughter of Jeremiah; she was from Libnah. **19** He did evil in the eyes of the Lord, just as Jehoiakim had done. **20** It was because of the Lord's anger that all this happened to Jerusalem and Judah, and in the end he thrust them from his presence.

The Fall of Jerusalem

Now Zedekiah rebelled against the king of Babylon.

25 So in the ninth year of Zedekiah's reign, on the tenth day of the tenth month, Nebuchadnezzar king of Babylon marched against Jerusalem with his whole army. He encamped outside the city and built siege works all around it. **2** The city was kept under siege until the eleventh year of King Zedekiah. **3** By the ninth day of the *fourth*^a month the famine in the city had become so severe that there was no food for the people to eat. **4** Then the city wall was broken through, and the whole army fled at night through the gate between the two walls near the king's garden, though the Babylonians^b were surrounding the city. They fled toward the Arabah,^c **5** but the Babylonian^d army pursued the king and overtook him in the plains of Jericho. All his soldiers were separated from him and scattered, **6** and he was captured. He was taken to the king of Babylon at Riblah, where sentence was pronounced on him. **7** They killed the sons of Zedekiah before his eyes. Then they put out his eyes, bound him with bronze shackles and took him to Babylon.

8 On the seventh day of the fifth month, in the nineteenth year of Nebuchadnezzar king of Babylon, Nebuzaradan commander of the imperial guard, an official of the king of Babylon, came to Jerusalem. **9** He set fire to the temple of the Lord, the royal palace and all the houses of Jerusalem. Every important building he burned down. **10** The whole Babylonian army, under the commander of the imperial guard, broke down the walls around Jerusalem. **11** Nebuzaradan the commander of the guard carried into exile the people who remained in the city, along with the rest of the populace and those who had gone over to the king of Babylon. **12** But the commander left behind some of the poorest people of the land to work the vineyards and fields.

13 The Babylonians broke up the bronze pillars, the movable stands and the bronze Sea that were at the temple of the Lord and they carried the bronze to Babylon. **14** They also took away the pots, shovels, wick trimmers, dishes and all the bronze articles used in the temple service. **15** The commander of the imperial guard took away the censers and sprinkling bowls— all that were made of pure gold or silver.

16 The bronze from the two pillars, the Sea and the movable stands, which Solomon had made for the temple of the Lord, was more than could be weighed. **17** Each pillar was twenty-seven feet^e high. The bronze capital on top of one pillar was four and a half feet^f high and was decorated with a network and pomegranates of bronze all around. The other pillar, with its network, was similar.

18 The commander of the guard took as prisoners Seraiah the chief priest, Zephaniah the priest next in rank and the three doorkeepers. **19** Of those still in the city, he took the

---

a25.4 Ou *caldeus*; também nos versículos 5, 10, 13, 24, 25 e 26. **b**25.4 Ou *direção do vale do Jordão* **c**25.17 Hebraico: *18 côvados*. O côvado era uma medida linear de cerca de 45 centímetros.

a25:3 See Jer. 52:6. **b**25:4 Or *Chaldeans*; also in verses 13, 25 and 26 **c**25:4 Or *the Jordan Valley* **d**25:5 Or *Chaldean*; also in verses 10 and 24 **e**25:17 Hebrew *eighteen cubits* (about 8.1 meters) **f**25:17 Hebrew *three cubits* (about 1.3 meters)

oficial responsável pelos homens de combate e cinco conselheiros reais. Também levou o secretário, principal líder responsável pelo alistamento militar no país, e sessenta homens do povo. **20** O comandante Nebuzaradã levou todos ao rei da Babilônia, em Ribla. **21** Lá, em Ribla, na terra de Hamate, o rei mandou executá-los.

Assim Judá foi para o exílio, para longe da sua terra.

22 Nabucodonosor, rei da Babilônia, nomeou Gedalias, filho de Aicam e neto de Safã, como governador do povo que havia sido deixado em Judá. **23** Quando Ismael, filho de Netanias, Joanã, filho de Careá, Seraías, filho do netofatita Tanumete, e Jazanias, filho de um maacatita, todos os líderes do exército, souberam que o rei da Babilônia havia nomeado Gedalias como governador, eles e os seus soldados foram falar com Gedalias em Mispá. **24** Gedalias fez um juramento a esses líderes e a seus soldados, dizendo: "Não tenham medo dos oficiais babilônios. Estabeleçam-se nesta terra e sirvam o rei da Babilônia, e tudo lhes irá bem".

25 Mas no sétimo mês, Ismael, filho de Netanias e neto de Elisama, que tinha sangue real, foi com dez homens e assassinou Gedalias e os judeus e os babilônios que estavam com ele em Mispá. **26** Então todo o povo, desde as crianças até os velhos, inclusive os líderes do exército, fugiram para o Egito, com medo dos babilônios.

Joaquim é Libertado da Prisão

27 No trigésimo sétimo ano do exílio de Joaquim, rei de Judá, no ano em que Evil-Merodaque[a] se tornou rei da Babilônia, ele tirou Joaquim da prisão, no vigésimo sétimo dia do décimo segundo mês. **28** Ele o tratou com bondade e deu-lhe o lugar mais honrado entre os outros reis que estavam com ele na Babilônia. **29** Assim, Joaquim deixou suas vestes de prisão e pelo resto de sua vida comeu à mesa do rei. **30** E diariamente, enquanto viveu, Joaquim recebeu uma pensão do rei.

1Crônicas

A Descendência de Adão

1 Adão, Sete, Enos, **2** Cainã, Maalaleel, Jarede, **3** Enoque, Matusalém, Lameque, Noé.

4 Estes foram os filhos de Noé[b]:
Sem, Cam e Jafé.

Os Descendentes dos Filhos de Noé

5 Estes foram os filhos[c] de Jafé:
Gômer, Magogue, Madai, Javã,
Tubal, Meseque e Tirás.
6 Estes foram os filhos de Gômer:
Asquenaz, Rifate[d] e Togarma.
7 Estes foram os filhos de Javã:
Elisá, Társis, Quitim e Rodanim[e].
8 Estes foram os filhos de Cam:
Cuxe, Mizraim[f], Fute e Canaã.
9 Estes foram os filhos de Cuxe:
Sebá, Havilá, Sabtá, Raamá e Sabtecá.
Estes foram os filhos de Raamá:
Sabá e Dedã.
10 Cuxe gerou[g] Ninrode,
o primeiro homem poderoso na terra.

---

officer in charge of the fighting men and five royal advisers. He also took the secretary who was chief officer in charge of conscripting the people of the land and sixty of his men who were found in the city. **20** Nebuzaradan the commander took them all and brought them to the king of Babylon at Riblah. **21** There at Riblah, in the land of Hamath, the king had them executed.

So Judah went into captivity, away from her land.

22 Nebuchadnezzar king of Babylon appointed Gedaliah son of Ahikam, the son of Shaphan, to be over the people he had left behind in Judah. **23** When all the army officers and their men heard that the king of Babylon had appointed Gedaliah as governor, they came to Gedaliah at Mizpah—Ishmael son of Nethaniah, Johanan son of Kareah, Seraiah son of Tanhumeth the Netophathite, Jaazaniah the son of the Maacathite, and their men. **24** Gedaliah took an oath to reassure them and their men. "Do not be afraid of the Babylonian officials," he said. "Settle down in the land and serve the king of Babylon, and it will go well with you."

25 In the seventh month, however, Ishmael son of Nethaniah, the son of Elishama, who was of royal blood, came with ten men and assassinated Gedaliah and also the men of Judah and the Babylonians who were with him at Mizpah. **26** At this, all the people from the least to the greatest, together with the army officers, fled to Egypt for fear of the Babylonians.

Jehoiachin Released

27 In the thirty-seventh year of the exile of Jehoiachin king of Judah, in the year Evil-Merodach[a] became king of Babylon, he released Jehoiachin from prison on the twenty-seventh day of the twelfth month. **28** He spoke kindly to him and gave him a seat of honor higher than those of the other kings who were with him in Babylon. **29** So Jehoiachin put aside his prison clothes and for the rest of his life ate regularly at the king's table. **30** Day by day the king gave Jehoiachin a regular allowance as long as he lived.

1Chronicles

Historical Records From Adam to Abraham To Noah's Sons

1 Adam, Seth, Enosh, **2** Kenan, Mahalalel, Jared, **3** Enoch, Methuselah, Lamech, Noah.

4 The sons of Noah:[b]
Shem, Ham and Japheth. The Japhethites
5 The sons[c] of Japheth:
Gomer, Magog, Madai, Javan, Tubal, Meshech and Tiras.
6 The sons of Gomer:
Ashkenaz, Riphath[d] and Togarmah.
7 The sons of Javan:
Elishah, Tarshish, the Kittim and the Rodanim.

The Hamites

8 The sons of Ham:
Cush, Mizraim,[e] Put and Canaan.
9 The sons of Cush:
Seba, Havilah, Sabta, Raamah and Sabteca.
The sons of Raamah:
Sheba and Dedan.
10 Cush was the father[f] of
Nimrod, who grew to be a mighty warrior on earth.

---

a25.27 Também chamado *Amel-Marduque*. **b1.4** Conforme a Septuaginta. O Texto Massorético não traz *os filhos de Noé*. **c1.5** *Filhos* pode significar *descendentes* ou *sucessores* ou *nações*; também nos versículos 6,9,17 e 23. **d1.6** Muitos manuscritos dizem *Difate*. **e1.7** Muitos manuscritos dizem *Dodanim*. **f1.8** Isto é, Egito; também no versículo 11. **g1.10** *Gerar* pode ter o sentido de *ser ancestral* ou *ser predecessor*; também nos versículos 11, 13, 18, 20.

a25:27 Also called *Amel-Marduk* **b1:4** Septuagint; Hebrew does not have *The sons of Noah*: **c1:5** *Sons* may mean *descendants* or *successors* or *nations*; also in verses 6-10, 17 and 20. **d1:6** Many Hebrew manuscripts and Vulgate (see also Septuagint and Gen. 10:3); most Hebrew manuscripts *Diphath* **e1:8** That is, Egypt; also in verse 11 **f1:10** *Father* may mean *ancestor* or *predecessor* or *founder*; also in verses 11, 13, 18 and 20.

11 Mizraim gerou os luditas, os anamitas, os leabitas, os naftuítas,
12 os patrusitas, os casluítas, dos quais se originaram os filisteus e os caftoritas.
13 Canaã gerou Sidom, seu filho mais velho^a, e Hete^b,
14 como também os jebuseus, os amorreus, os girgaseus,
15 os heveus, os arqueus, os sineus,
16 os arvadeus, os zemareus e os hamateus.

17 Estes foram os filhos de Sem:
Elão, Assur, Arfaxade, Lude e Arã.
Estes foram os filhos de Arã:^c
Uz, Hul, Géter e Meseque.
18 Arfaxade gerou Salá, e este gerou Héber.
19 A Héber nasceram dois filhos:
um deles se chamou Pelegue^d, porque em sua época a terra foi dividida; seu irmão chamou-se Joctã.
20 Joctã gerou Almodá, Salefe, Hazarmavé, Jerá,
21 Adorão, Uzal, Dicla,
22 Obal^e, Abimael, Sabá,
23 Ofir, Havilá e Jobabe.
Todos esses foram filhos de Joctã.
A Descendência de Sem
24 Sem, Arfaxade^f, Salá,
25 Héber, Pelegue, Reú,
26 Serugue, Naor, Terá
27 e Abrão, que é Abraão.

Os Descendentes de Abraão

28 Estes foram os filhos de Abraão:
Isaque e Ismael.
29 Foram estes os seus descendentes:
Nebaiote, o filho mais velho de Ismael, Quedar, Adbeel, Mibsão,
30 Misma, Dumá, Massá, Hadade, Temá,
31 Jetur, Nafis e Quedemá.
Esses foram os filhos de Ismael.
32 Estes foram os filhos de Abraão com sua concubina Quetura:
Zinrã, Jocsã, Medã, Midiã, Isbaque e Suá.
Foram estes os filhos de Jocsã:
Sabá e Dedã.
33 Foram estes os filhos de Midiã:
Efá, Éfer, Enoque, Abida e Elda.
Todos esses foram descendentes de Quetura.
34 Abraão gerou Isaque.
Estes foram os filhos de Isaque:
Esaú e Israel.

Os Descendentes de Esaú

35 Estes foram os filhos de Esaú:
Elifaz, Reuel, Jeús, Jalão e Corá.
36 Estes foram os filhos de Elifaz:
Temã, Omar, Zefô^g, Gaetã e Quenaz;

11 Mizraim was the father of
the Ludites, Anamites, Lehabites, Naphtuhites,
12 Pathrusites, Casluhites (from whom the Philistines came) and Caphtorites.
13 Canaan was the father of
Sidon his firstborn,^a and of the Hittites, **14** Jebusites, Amorites, Girgashites, **15** Hivites, Arkites, Sinites, **16** Arvadites, Zemarites and Hamathites.

The Semites

17 The sons of Shem:
Elam, Asshur, Arphaxad, Lud and Aram.
The sons of Aram^b:
Uz, Hul, Gether and Meshech.
18 Arphaxad was the father of Shelah, and Shelah the father of Eber.
19 Two sons were born to Eber:
One was named Peleg,^c because in his time the earth was divided; his brother was named Joktan.
20 Joktan was the father of
Almodad, Sheleph, Hazarmaveth, Jerah, **21** Hadoram, Uzal, Diklah, **22** Obal,^d Abimael, Sheba, **23** Ophir, Havilah and Jobab. All these were sons of Joktan.

24 Shem, Arphaxad,^e Shelah,
25 Eber, Peleg, Reu,
26 Serug, Nahor, Terah
27 and Abram (that is, Abraham).

The Family of Abraham

28 The sons of Abraham:
Isaac and Ishmael.

Descendants of Hagar

29 These were their descendants:
Nebaioth the firstborn of Ishmael, Kedar, Adbeel, Mibsam, **30** Mishma, Dumah, Massa, Hadad, Tema, **31** Jetur, Naphish and Kedemah. These were the sons of Ishmael.

Descendants of Keturah

32 The sons born to Keturah, Abraham's concubine:
Zimran, Jokshan, Medan, Midian, Ishbak and Shuah.
The sons of Jokshan:
Sheba and Dedan.
33 The sons of Midian:
Ephah, Epher, Hanoch, Abida and Eldaah.
All these were descendants of Keturah.

Descendants of Sarah

34 Abraham was the father of Isaac.
The sons of Isaac:
Esau and Israel.

Esau's Sons

35 The sons of Esau:
Eliphaz, Reuel, Jeush, Jalam and Korah.
36 The sons of Eliphaz:
Teman, Omar, Zepho,^f Gatam and Kenaz;

---

^a1.13 Ou *os sidônios, os primeiros* ^b1.13 Ou *e os hititas* ^c1.17 Muitos manuscritos não trazem essa linha. Veja Gn 10.23. ^d1.19 *Pelegue* significa *divisão.* ^e1.22 Muitos manuscritos dizem *Ebal.* ^f1.24 Conforme o Texto Massorético. Alguns manuscritos da Septuaginta dizem *Arfaxade, Cainã.* Veja Gn 11.12,13. ^g1.36 Muitos manuscritos dizem *Zefi.* Veja Gn 36.11.

^a1:13 Or *of the Sidonians, the foremost* ^b1:17 One Hebrew manuscript and some Septuagint manuscripts (see also Gen. 10:23); most Hebrew manuscripts do not have this line. ^c1:19 *Peleg* means *division.* ^d1:22 Some Hebrew manuscripts and Syriac (see also Gen. 10:28); most Hebrew manuscripts *Ebal* ^e1:24 Hebrew; some Septuagint manuscripts *Arphaxad, Cainan* (see also note at Gen. 11:10) ^f1:36 Many Hebrew manuscripts, some Septuagint manuscripts and Syriac (see also Gen. 36:11); most Hebrew manuscripts *Zephi*

e Amaleque, de Timna,
sua concubinaᵃ.
37 Estes foram os filhos de Reuel:
Naate, Zerá, Samá e Mizá.

Os Descendentes de Seir

38 Estes foram os filhos de Seir:
Lotã, Sobal, Zibeão, Aná,
Disom, Ézer e Disã.
39 Estes foram os filhos de Lotã:
Hori e Homã.

Lotã tinha uma irmã chamada Timna.

40 Estes foram os filhos de Sobal:
Alvãᵇ, Manaate, Ebal, Sefô e Onã.
Estes foram os filhos de Zibeão:
Aiá e Aná.
41 Este foi o filho de Aná: Disom.
Estes foram os filhos de Disom:
Hendãᶜ, Esbã, Itrã e Querã.
42 Estes foram os filhos de Ézer:
Bilã, Zaavã e Acãᵈ.
Estes foram os filhos de Disãᵉ:
Uz e Arã.

Os Reis e os Chefes de Edom

43 Estes foram os reis que reinaram no território de Edom antes que os israelitas tivessem um rei:
Belá, filho de Beor. Sua cidade chamava-se Dinabá.
44 Belá morreu, e Jobabe, filho de Zerá, de Bozra, foi o seu sucessor.
45 Jobabe morreu, e Husã, da terra dos temanitas, foi o seu sucessor.
46 Husã morreu, e Hadade, filho de Bedade, que tinha derrotado os midianitas na terra de Moabe, foi o seu sucessor. Sua cidade chamava-se Avite.
47 Hadade morreu, e Samlá de Masreca foi o seu sucessor.
48 Samlá morreu, e Saul, de Reobote, próxima ao Eufratesᶠ, foi o seu sucessor.
49 Saul morreu, e Baal-Hanã, filho de Acbor, foi o seu sucessor.
50 Baal-Hanã morreu, e Hadade foi o seu sucessor. Sua cidade chamava-se Paúᵍ, e o nome de sua mulher era Meetabel, filha de Matrede e neta de Mezaabe.
51 Após a morte de Hadade, Edom foi governada pelos seguintes chefes:
Timna, Alva, Jetete, **52** Oolibama, Elá, Pinom, **53** Quenaz, Temã, Mibzar, **54** Magdiel e Irã. Foram esses os chefes de Edom.

Os Filhos de Israel

2 Estes foram os filhos de Israel:
Rúben, Simeão, Levi, Judá, Issacar, Zebulom, **2** Dã, José, Benjamim, Naftali, Gade e Aser.

Os Descendentes de Judá

3 Estes foram os filhos de Judá:
Er, Onã e Selá. Ele teve esses três filhos com uma mulher cananéia, a filha de Suá. Mas o Senhor reprovou a conduta perversa de Er, filho mais velho de Judá, e por isso o matou.
4 Tamar, nora de Judá, deu-lhe os filhos Perez e Zerá. A Judá nasceram ao todo cinco filhos.

by Timna: Amalek.ᵃ
37 The sons of Reuel:
Nahath, Zerah, Shammah and Mizzah.

The People of Seir in Edom

38 The sons of Seir:
Lotan, Shobal, Zibeon, Anah, Dishon, Ezer and Dishan.
39 The sons of Lotan:
Hori and Homam. Timna was Lotan's sister.
40 The sons of Shobal:
Alvan,ᵇ Manahath, Ebal, Shepho and Onam.
The sons of Zibeon:
Aiah and Anah.
41 The son of Anah:
Dishon.
The sons of Dishon:
Hemdan,ᶜ Eshban, Ithran and Keran.
42 The sons of Ezer:
Bilhan, Zaavan and Akan.ᵈ
The sons of Dishanᵉ:
Uz and Aran.

The Rulers of Edom

43 These were the kings who reigned in Edom before any Israelite king reignedᶠ:
Bela son of Beor, whose city was named Dinhabah.
44 When Bela died, Jobab son of Zerah from Bozrah succeeded him as king.
45 When Jobab died, Husham from the land of the Temanites succeeded him as king.
46 When Husham died, Hadad son of Bedad, who defeated Midian in the country of Moab, succeeded him as king. His city was named Avith.
47 When Hadad died, Samlah from Masrekah succeeded him as king.
48 When Samlah died, Shaul from Rehoboth on the riverᵍ succeeded him as king.
49 When Shaul died, Baal-Hanan son of Acbor succeeded him as king.
50 When Baal-Hanan died, Hadad succeeded him as king. His city was named Pau,ʰ and his wife's name was Mehetabel daughter of Matred, the daughter of Me-Zahab. **51** Hadad also died.

The chiefs of Edom were:
Timna, Alvah, Jetheth, **52** Oholibamah, Elah, Pinon, **53** Kenaz, Teman, Mibzar, **54** Magdiel and Iram. These were the chiefs of Edom.

Israel's Sons

2 These were the sons of Israel:
Reuben, Simeon, Levi, Judah, Issachar, Zebulun, **2** Dan, Joseph, Benjamin, Naphtali, Gad and Asher.

Judah To Hezron's Sons

3 The sons of Judah:
Er, Onan and Shelah. These three were born to him by a Canaanite woman, the daughter of Shua. Er, Judah's firstborn, was wicked in the Lord's sight; so the Lord put him to death. **4** Tamar, Judah's daughter-in-law, bore him Perez and Zerah. Judah had five sons in all.

ᵃ**1.36** Muitos manuscritos dizem *Gaetã, Quenaz, Timna e Amaleque*. Veja Gn 36.12.ᵇ**1.40** Muitos manuscritos dizem *Aliã*. Veja Gn 36.23. ᶜ**1.41** Muitos manuscritos dizem *Hanrão*. Veja Gn 36.26. ᵈ**1.42** Muitos manuscritos dizem *Jaacã*. Veja Gn 36.27. ᵉ**1.42** Hebraico: *Disom*, variante de *Disã*. ᶠ**1.48** Hebraico: *ao Rio*. ᵍ**1.50** Muitos manuscritos dizem *Paí*. Veja Gn 36.39.

ᵃ**1:36** Some Septuagint manuscripts (see also Gen. 36:12); Hebrew *Gatam, Kenaz, Timna and Amalek* ᵇ**1:40** Many Hebrew manuscripts and some Septuagint manuscripts (see also Gen. 36:23); most Hebrew manuscripts *Alian* ᶜ**1:41** Many Hebrew manuscripts and some Septuagint manuscripts (see also Gen. 36:26); most Hebrew manuscripts *Hamran* ᵈ**1:42** Many Hebrew and Septuagint manuscripts (see also Gen. 36:27); most Hebrew manuscripts *Zaavan, Jaakan* ᵉ**1:42** Hebrew *Dishon*, a variant of *Dishan* ᶠ**1:43** Or *before an Israelite king reigned over them* ᵍ**1:48** Possibly the Euphrates ʰ**1:50** Many Hebrew manuscripts, some Septuagint manuscripts, Vulgate and Syriac (see also Gen. 36:39); most Hebrew manuscripts *Pai*

5 Estes foram os filhos de Perez:
Hezrom e Hamul.
6 Estes foram os filhos de Zerá:
Zinri, Etã, Hemã, Calcol e Dardaᵃ. Foram cinco ao todo.
7 O filho de Carmi foi Acarᵇ. Ele causou desgraça a Israel ao violar a proibição de se apossar das coisas consagradas.
8 Este foi o filho de Etã: Azarias.
9 Os filhos que nasceram a Hezrom foram Jerameel, Rão e Calebᶜ.

10 Rão gerou Aminadabe, e Aminadabe gerou Naassom, o líder da tribo de Judá. **11** Naassom gerou Salmomᵈ, Salmom gerou Boaz, **12** Boaz gerou Obede, e Obede gerou Jessé. **13** Jessé gerou Eliabe, o seu filho mais velho; o segundo foi Abinadabe, o terceiro Siméia, **14** o quarto Natanael, o quinto Radai, **15** o sexto Ozém, e o sétimo Davi. **16** As irmãs deles foram Zeruia e Abigail. Os três filhos de Zeruia foram Abisai, Joabe e Asael. **17** Abigail deu à luz Amasa, filho do ismaelita Jéter.

18 Calebe, filho de Hezrom, teve, com sua mulher Azuba, uma filha chamada Jeriote. Estes foram os filhos de Azuba: Jeser, Sobabe e Ardom. **19** Quando Azuba morreu, Calebe tomou por mulher a Efrate, com quem teve Hur. **20** Hur gerou Uri, e Uri gerou Bezalel.

21 Depois disso, Hezrom, aos sessenta anos, tomou por mulher a filha de Maquir, paiᵉ de Gileade, e ela deu-lhe um filho chamado Segube. **22** Segube gerou Jair, que governou vinte e três cidades em Gileade. **23** Gesur e Arã conquistaram Havote-Jairᶠ, bem como Quenate e os povoados ao redor; ao todo sessenta cidades. Todos esses foram descendentes de Maquir, pai de Gileade.

24 Depois que Hezrom morreu em Calebe-Efrata, Abia, a mulher de Hezrom, deu-lhe Asur, fundadorᵍ de Tecoa.

25 Estes foram os filhos de Jerameel, o filho mais velho de Hezrom:
Rão, o mais velho, Buna, Orém, Ozém e Aíasʰ. **26** Jerameel teve outra mulher, chamada Atara, que foi a mãe de Onã.
27 Estes foram os filhos de Rão, o filho mais velho de Jerameel:
Maaz, Jamim e Equer.
28 Estes foram os filhos de Onã:
Samai e Jada.
Estes foram os filhos de Samai:
Nadabe e Abisur.
29 O nome da mulher de Abisur era Abiail. Ela deu-lhe dois filhos: Abã e Molide.
30 Estes foram os filhos de Nadabe:
Selede e Apaim. Selede morreu sem filhos.
31 O filho de Apaim foi Isi,
pai de Sesã, pai de Alai.

Hezron and Hamul.
6 The sons of Zerah:
Zimri, Ethan, Heman, Calcol and Dardaᵃ—five in all.
7 The son of Carmi:
Achar,ᵇ who brought trouble on Israel by violating the ban on taking devoted things.ᶜ
8 The son of Ethan:
Azariah.
9 The sons born to Hezron were:
Jerahmeel, Ram and Caleb.ᵈ

From Ram Son of Hezron

10 Ram was the father of
Amminadab, and Amminadab the father of Nahshon, the leader of the people of Judah. **11** Nahshon was the father of Salmon,ᵉ Salmon the father of Boaz, **12** Boaz the father of Obed and Obed the father of Jesse.

13 Jesse was the father of
Eliab his firstborn; the second son was Abinadab, the third Shimea, **14** the fourth Nethanel, the fifth Raddai, **15** the sixth Ozem and the seventh David. **16** Their sisters were Zeruiah and Abigail. Zeruiah's three sons were Abishai, Joab and Asahel. **17** Abigail was the mother of Amasa, whose father was Jether the Ishmaelite.

Caleb Son of Hezron

18 Caleb son of Hezron had children by his wife Azubah (and by Jerioth). These were her sons: Jesher, Shobab and Ardon. **19** When Azubah died, Caleb married Ephrath, who bore him Hur. **20** Hur was the father of Uri, and Uri the father of Bezalel.

21 Later, Hezron lay with the daughter of Makir the father of Gilead (he had married her when he was sixty years old), and she bore him Segub. **22** Segub was the father of Jair, who controlled twenty-three towns in Gilead. **23** (But Geshur and Aram captured Havvoth Jair,ᶠ as well as Kenath with its surrounding settlements—sixty towns.) All these were descendants of Makir the father of Gilead.

24 After Hezron died in Caleb Ephrathah, Abijah the wife of Hezron bore him Ashhur the fatherᵍ of Tekoa.

Jerahmeel Son of Hezron

25 The sons of Jerahmeel the firstborn of Hezron:
Ram his firstborn, Bunah, Oren, Ozem andʰ Ahijah.
26 Jerahmeel had another wife, whose name was Atarah; she was the mother of Onam.
27 The sons of Ram the firstborn of Jerahmeel:
Maaz, Jamin and Eker.
28 The sons of Onam:
Shammai and Jada.
The sons of Shammai:
Nadab and Abishur.
29 Abishur's wife was named Abihail, who bore him Ahban and Molid.
30 The sons of Nadab:
Seled and Appaim. Seled died without children.
31 The son of Appaim:
Ishi, who was the father of Sheshan.
Sheshan was the father of Ahlai.

ᵃ2.6 Muitos manuscritos dizem *Dara.* Veja 1Rs 4.31. ᵇ2.7 *Acar*, também conhecido por *Acã*, significa *desgraça.* Veja Js 7.1. ᶜ2.9 Hebraico: *Quelubai*, variante de *Calebe.* ᵈ2.11 Conforme a Septuaginta. O Texto Massorético diz *Salma.* Veja Rt 4.21. ᵉ2.21 *Pai* pode significar *líder civil* ou *líder militar*; também no restante do capítulo. Veja 2.24, 4.4, 4.5 e 8.29. ᶠ2.23 Ou *os povoados de Jair* ᵍ2.24 Hebraico: *pai*; também nos versículos 50-52. Veja 2.21, 4.4, 4.5 e 8.29. ʰ2.25 Ou *por meio de Aías*

ᵃ2:6 Many Hebrew manuscripts, some Septuagint manuscripts and Syriac (see also 1 Kings 4:31); most Hebrew manuscripts *Dara* ᵇ2:7 *Achar* means *trouble*; *Achar* is called *Achan* in Joshua. ᶜ2:7 The Hebrew term refers to the irrevocable giving over of things or persons to the LORD, often by totally destroying them. ᵈ2:9 Hebrew *Kelubai*, a variant of *Caleb* ᵉ2:11 Septuagint (see also Ruth 4:21); Hebrew *Salma* ᶠ2:23 Or *captured the settlements of Jair* ᵍ2:24 *Father* may mean *civic leader* or *military leader*; also in verses 42, 45, 49-52 and possibly elsewhere. ʰ2:25 Or *Oren and Ozem, by*

32 Estes foram os filhos de Jada, irmão de Samai: Jéter e Jônatas. Jéter morreu sem filhos. **33** Estes foram os filhos de Jônatas: Pelete e Zaza.

Foram esses os descendentes de Jerameel.

34 Sesã não teve filhos, apenas filhas. Tinha ele um escravo egípcio chamado Jará, **35** a quem deu uma de suas filhas por mulher. E ela deu-lhe um filho chamado Atai. **36** Atai gerou Natã, Natã gerou Zabade, **37** Zabade gerou Eflal, Eflal gerou Obede, **38** Obede gerou Jeú, Jeú gerou Azarias, **39** Azarias gerou Helez, Helez gerou Eleasa, **40** Eleasa gerou Sismai, Sismai gerou Salum, **41** Salum gerou Jecamias, e Jecamias gerou Elisama.

42 Estes foram os filhos de Calebe, irmão de Jerameel: Messa, o mais velho, que foi o pai de Zife, e seu filho Maressa, pai de Hebrom.

43 Estes foram os filhos de Hebrom: Corá, Tapua, Requém e Sema. **44** Sema gerou Raão, pai de Jorqueão. Requém gerou Samai. **45** O filho de Samai foi Maom, e Maom foi o pai de Bete-Zur.

46 A concubina de Calebe, Efá, teve três filhos: Harã, Mosa e Gazez. Harã gerou Gazez.

47 Estes foram os filhos de Jadai: Regém, Jotão, Gesã, Pelete, Efá e Saafe.

48 A concubina de Calebe, Maaca, teve dois filhos: Seber e Tiraná. **49** Ela também teve Saafe, pai de Madmana, e Seva, pai de Macbena e de Gibeá. A filha de Calebe chamava-se Acsa.

50 Calebe teve também estes outros descendentes.

Os filhos de Hur, o filho mais velho de Efrate: Sobal, fundador de Quiriate-Jearim, **51** Salma, fundador de Belém, e Harefe, fundador de Bete-Gader.

52 Os descendentes de Sobal, fundador de Quiriate-Jearim: O povo de Haroé, metade dos manaatitas, **53** e os clãs de Quiriate-Jearim: os itritas, os fateus, os sumateus e os misraeus. Desses descenderam os zoratitas e os estaoleus.

54 Os descendentes de Salma: O povo de Belém e de Atarote-Bete-Joabe, os netofatitas, metade dos manaatitas, os zoreus, **55** e os clãs dos escribas[a] que viviam em Jabez: os tiratitas, os simeatitas e os sucatitas. Esses foram os queneus, descendentes de Hamate, antepassado da família de Recabe[b].

Os Filhos de Davi

3 Estes foram os filhos de Davi nascidos em Hebrom: O seu filho mais velho era Amnom, filho de Ainoã de Jezreel;

o segundo, Daniel, de Abigail, de Carmelo;

2 o terceiro, Absalão, de Maaca, filha de Talmai, rei de Gesur;

---

32 The sons of Jada, Shammai's brother: Jether and Jonathan. Jether died without children. **33** The sons of Jonathan: Peleth and Zaza.

These were the descendants of Jerahmeel.

34 Sheshan had no sons—only daughters.

He had an Egyptian servant named Jarha. **35** Sheshan gave his daughter in marriage to his servant Jarha, and she bore him Attai.

36 Attai was the father of Nathan, Nathan the father of Zabad, **37** Zabad the father of Ephlal, Ephlal the father of Obed, **38** Obed the father of Jehu, Jehu the father of Azariah, **39** Azariah the father of Helez, Helez the father of Eleasah, **40** Eleasah the father of Sismai, Sismai the father of Shallum, **41** Shallum the father of Jekamiah, and Jekamiah the father of Elishama.

The Clans of Caleb

42 The sons of Caleb the brother of Jerahmeel: Mesha his firstborn, who was the father of Ziph, and his son Mareshah,[a] who was the father of Hebron.

43 The sons of Hebron: Korah, Tappuah, Rekem and Shema. **44** Shema was the father of Raham, and Raham the father of Jorkeam. Rekem was the father of Shammai. **45** The son of Shammai was Maon, and Maon was the father of Beth Zur.

46 Caleb's concubine Ephah was the mother of Haran, Moza and Gazez. Haran was the father of Gazez.

47 The sons of Jahdai: Regem, Jotham, Geshan, Pelet, Ephah and Shaaph.

48 Caleb's concubine Maacah was the mother of Sheber and Tirhanah. **49** She also gave birth to Shaaph the father of Madmannah and to Sheva the father of Macbenah and Gibea. Caleb's daughter was Acsah. **50** These were the descendants of Caleb.

The sons of Hur the firstborn of Ephrathah: Shobal the father of Kiriath Jearim, **51** Salma the father of Bethlehem, and Hareph the father of Beth Gader.

52 The descendants of Shobal the father of Kiriath Jearim were: Haroeh, half the Manahathites, **53** and the clans of Kiriath Jearim: the Ithrites, Puthites, Shumathites and Mishraites. From these descended the Zorathites and Eshtaolites.

54 The descendants of Salma: Bethlehem, the Netophathites, Atroth Beth Joab, half the Manahathites, the Zorites, **55** and the clans of scribes[b] who lived at Jabez: the Tirathites, Shimeathites and Sucathites. These are the Kenites who came from Hammath, the father of the house of Recab.[c]

The Sons of David

3 These were the sons of David born to him in Hebron: The firstborn was Amnon the son of Ahinoam of Jezreel;

the second, Daniel the son of Abigail of Carmel;

2 the third, Absalom the son of Maacah daughter of Talmai king of Geshur;

---

[a]2.55 Ou dos soferitas [b]2.55 Ou Bete-Recabe

[a]2:42 The meaning of the Hebrew for this phrase is uncertain. [b]2:55 Or of the Sopherites [c]2:55 Or father of Beth Recab

o quarto, Adonias, de Hagite;
3 o quinto, Sefatias, de Abital;
e o sexto, Itreão, de sua mulher Eglá.

4 São esses os seis filhos de Davi que nasceram em Hebrom, onde ele reinou sete anos e seis meses. E, em Jerusalém, **5** onde Davi reinou trinta e três anos, nasceram-lhe os seguintes filhos:

Siméia, Sobabe, Natã e Salomão, os quatro filhos que ele teve com Bate-Sebaª, filha de Amiel. **6** Davi teve ainda mais nove filhos: Ibar, Elisuaᵇ, Elpalete, **7** Nogá, Nefegue, Jafia, **8** Elisama, Eliada e Elifelete. **9** Todos esses foram filhos de Davi, além dos que teve com suas concubinas, e a filha Tamar, irmã deles.

Os Reis de Judá

10 O filho de Salomão foi Roboão;
o filho de Roboão foi Abias;
o filho de Abias, Asa;
o filho de Asa, Josafá;
11 o filho de Josafá, Jeorão;
o filho de Jeorão, Acazias;
o filho de Acazias, Joás;
12 o filho de Joás, Amazias;
o filho de Amazias, Azarias;
o filho de Azarias, Jotão;
13 o filho de Jotão, Acaz;
o filho de Acaz, Ezequias;
o filho de Ezequias, Manassés;
14 o filho de Manassés, Amom;
o filho de Amom, Josias.
15 Os filhos de Josias foram:
Joanã, o primeiro,
Jeoaquim, o segundo,
Zedequias, o terceiro,
e Salum, o quarto.
16 Os sucessores de Jeoaquim foram:
Joaquimᶜ e Zedequias.

A Linhagem Real após o Exílio

17 Estes foram os filhos de Joaquim, que foi levado para o cativeiro:
Sealtiel, **18** Malquirão, Pedaías,
Senazar, Jecamias, Hosama e Nedabias.
19 Estes foram os filhos de Pedaías:
Zorobabel e Simei.
Estes foram os filhos de Zorobabel:
Mesulão, Hananias e
Selomite, irmã deles.
20 Teve ainda mais cinco filhos:
Hasubá, Oel, Berequias,
Hasadias e Jusabe-Hesede.
21 Estes foram os descendentes de Hananias:
Pelatias e Jesaías, e os filhos de Refaías,
de Arnã, de Obadias e de Secanias.
22 Estes foram os descendentes de Secanias:
Semaías e seus filhos Hatus, Igal, Bariá,
Nearias e Safate; seis descendentes ao todo.
23 Estes foram os três filhos de Nearias:
Elioenai, Ezequias e Azricão.
24 Estes foram os sete filhos de Elioenai:
Hodavias, Eliasibe, Pelaías, Acube,
Joanã, Delaías e Anani.

the fourth, Adonijah the son of Haggith;
3 the fifth, Shephatiah the son of Abital;
and the sixth, Ithream, by his wife Eglah.
4 These six were born to David in Hebron, where he reigned seven years and six months.
David reigned in Jerusalem thirty-three years, **5** and these were the children born to him there:
Shammua,ª Shobab, Nathan and Solomon. These four were by Bathshebaᵇ daughter of Ammiel. **6** There were also Ibhar, Elishua,ᶜ Eliphelet, **7** Nogah, Nepheg, Japhia, **8** Elishama, Eliada and Eliphelet—nine in all. **9** All these were the sons of David, besides his sons by his concubines. And Tamar was their sister.

The Kings of Judah

10 Solomon's son was Rehoboam,
Abijah his son,
Asa his son,
Jehoshaphat his son,
11 Jehoramᵈ his son,
Ahaziah his son,
Joash his son,
12 Amaziah his son,
Azariah his son,
Jotham his son,
13 Ahaz his son,
Hezekiah his son,
Manasseh his son,
14 Amon his son,
Josiah his son.
15 The sons of Josiah:
Johanan the firstborn,
Jehoiakim the second son,
Zedekiah the third,
Shallum the fourth.
16 The successors of Jehoiakim:
Jehoiachinᵉ his son,
and Zedekiah.

The Royal Line After the Exile

17 The descendants of Jehoiachin the captive:
Shealtiel his son, **18** Malkiram, Pedaiah, Shenazzar,
Jekamiah, Hoshama and Nedabiah.
19 The sons of Pedaiah:
Zerubbabel and Shimei.
The sons of Zerubbabel:
Meshullam and Hananiah.
Shelomith was their sister.
20 There were also five others:
Hashubah, Ohel, Berekiah, Hasadiah and Jushab-Hesed.
21 The descendants of Hananiah:
Pelatiah and Jeshaiah, and the sons of Rephaiah, of Arnan, of Obadiah and of Shecaniah.
22 The descendants of Shecaniah:
Shemaiah and his sons:
Hattush, Igal, Bariah, Neariah and Shaphat—six in all.
23 The sons of Neariah:
Elioenai, Hizkiah and Azrikam—three in all.
24 The sons of Elioenai:
Hodaviah, Eliashib, Pelaiah, Akkub, Johanan, Delaiah and Anani—seven in all.

ª3.5 Muitos manuscritos dizem *Bate-Sua*. Veja 2Sm 11.3. ᵇ3.6 Muitos manuscritos dizem *Elisama*. Veja 2Sm 5.15 e 1Cr 14.5. ᶜ3.16 Hebraico: *Jeconias*, também conhecido como *Joaquim*; também no versículo 17.

ª3:5 Hebrew *Shimea*, a variant of *Shammua*. ᵇ3:5 One Hebrew manuscript and Vulgate (see also Septuagint and 2 Samuel 11:3); most Hebrew manuscripts *Bathshua*. ᶜ3:6 Two Hebrew manuscripts (see also 2 Samuel 5:15 and 1 Chron. 14:5); most Hebrew manuscripts *Elishama* ᵈ3:11 Hebrew *Joram*, a variant of *Jehoram* ᵉ3:16 Hebrew *Jeconiah*, a variant of *Jehoiachin*; also in verse 17

Os Outros Descendentes de Judá

4 Estes também foram os descendentes de Judá:
Perez, Hezrom, Carmi, Hur e Sobal.

2 Reaías, filho de Sobal, gerou Jaate, e Jaate gerou Aumai e Laade. Esses foram os clãs dos zoratitas.

3 Estes foram os filhos[a] de Etã:
Jezreel, Isma e Idbás. A irmã deles chamava-se Hazelelponi. **4** E ainda Penuel, pai[b] de Gedor, e Ézer, pai de Husá. Esses foram os descendentes de Hur, o filho mais velho de Efrate e pai de Belém.

5 Asur, fundador[c] de Tecoa, teve duas mulheres: Helá e Naará. **6** Naará lhe deu Auzã, Héfer, Temeni e Haastari. Esses foram os filhos de Naará.

7 Estes foram os filhos de Helá:
Zerete, Zoar, Etnã **8** e Coz, que gerou Anube e Zobeba e os clãs de Aarel, filho de Harum.

9 Jabez foi o homem mais respeitado de sua família. Sua mãe lhe deu o nome de Jabez, dizendo: "Com muitas dores o dei à luz". **10** Jabez orou ao Deus de Israel: "Ah, abençoa-me e aumenta as minhas terras! Que a tua mão esteja comigo, guardando-me de males e livrando-me de dores". E Deus atendeu ao seu pedido.

11 Quelube, irmão de Suá, gerou Meir, pai de Estom. **12** Estom gerou Bete-Rafa, Paséia e Teína, fundador de Ir-Naás. Esses habitaram em Reca.

13 Estes foram os filhos de Quenaz:
Otoniel e Seraías.
Estes foram os filhos de Otoniel:
Hatate e Meonotai[d].
14 Meonotai gerou Ofra.
Seraías gerou Joabe,
fundador de Ge-Harasim[e],
que recebeu esse nome
porque os seus habitantes eram artesãos.

15 Estes foram os filhos de Calebe, filho de Jefoné:
Iru, Elá e Naã.
O filho de Elá foi Quenaz.

16 Estes foram os filhos de Jealelel:
Zife, Zifa, Tiria e Asareel.

17 Estes foram os filhos de Ezra:
Jéter, Merede, Éfer e Jalom. Merede casou-se com Bitia, filha do faraó, e teve os seguintes filhos: Miriã, Samai e Isbá, fundador de Estemoa. **18** Sua mulher judia deu à luz a Jerede, fundador de Gedor, a Héber, fundador de Socó, e a Jecutiel, fundador de Zanoa.

19 Estes foram os filhos da mulher de Hodias, irmã de Naã:
o pai de Queila, o garmita, e Estemoa, o maacatita.

20 Estes foram os filhos de Simão:
Amnom, Rina, Bene-Hanã e Tilom.
Estes foram os filhos de Isi:
Zoete e Ben-Zoete.

21 Estes foram os filhos de Selá, filho de Judá:
Er, pai de Leca; Lada, pai de Maressa. Selá também foi antepassado dos clãs daqueles que trabalhavam com linho em Bete-Asbéia, **22** de Joquim, dos homens de Cozeba, de Joás e de Sarafe, que governavam em Moabe e em Jasubi-Leém.

Other Clans of Judah

4 The descendants of Judah:
Perez, Hezron, Carmi, Hur and Shobal.

2 Reaiah son of Shobal was the father of Jahath, and Jahath the father of Ahumai and Lahad. These were the clans of the Zorathites.

3 These were the sons[a] of Etam:
Jezreel, Ishma and Idbash. Their sister was named Hazzelelponi. **4** Penuel was the father of Gedor, and Ezer the father of Hushah.
These were the descendants of Hur, the firstborn of Ephrathah and father[b] of Bethlehem.

5 Ashhur the father of Tekoa had two wives, Helah and Naarah.

6 Naarah bore him Ahuzzam, Hepher, Temeni and Haahashtari. These were the descendants of Naarah.

7 The sons of Helah:
Zereth, Zohar, Ethnan, **8** and Koz, who was the father of Anub and Hazzobebah and of the clans of Aharhel son of Harum.

9 Jabez was more honorable than his brothers. His mother had named him Jabez,[c] saying, "I gave birth to him in pain." **10** Jabez cried out to the God of Israel, "Oh, that you would bless me and enlarge my territory! Let your hand be with me, and keep me from harm so that I will be free from pain." And God granted his request.

11 Kelub, Shuhah's brother, was the father of Mehir, who was the father of Eshton. **12** Eshton was the father of Beth Rapha, Paseah and Tehinnah the father of Ir Nahash.[d] These were the men of Recah.

13 The sons of Kenaz:
Othniel and Seraiah.
The sons of Othniel:
Hathath and Meonothai.[e] **14** Meonothai was the father of Ophrah.
Seraiah was the father of Joab,
the father of Ge Harashim.[f] It was called this because its people were craftsmen.

15 The sons of Caleb son of Jephunneh:
Iru, Elah and Naam.
The son of Elah:
Kenaz.

16 The sons of Jehallelel:
Ziph, Ziphah, Tiria and Asarel.

17 The sons of Ezrah:
Jether, Mered, Epher and Jalon. One of Mered's wives gave birth to Miriam, Shammai and Ishbah the father of Eshtemoa. **18** (His Judean wife gave birth to Jered the father of Gedor, Heber the father of Soco, and Jekuthiel the father of Zanoah.) These were the children of Pharaoh's daughter Bithiah, whom Mered had married.

19 The sons of Hodiah's wife, the sister of Naham:
the father of Keilah the Garmite, and Eshtemoa the Maacathite.

20 The sons of Shimon:
Amnon, Rinnah, Ben-Hanan and Tilon.
The descendants of Ishi:
Zoheth and Ben-Zoheth.

21 The sons of Shelah son of Judah:
Er the father of Lecah, Laadah the father of Mareshah and the clans of the linen workers at Beth Ashbea, **22** Jokim, the men of Cozeba, and Joash and Saraph, who ruled in Moab and Jashubi Lehem. (These

---

a4.3 Conforme alguns manuscritos da Septuaginta. O Texto Massorético diz *pai*. **b4.4** *Pai* pode significar *líder civil* ou *líder militar*; também no restante do capítulo. Veja 2.21, 2.24, 4.5 e 8.29 **c4.5** Hebraico: *pai*; também nos versículos 12, 14, 17 e 18. Veja 2.21, 2.24, 4.4 e 8.29. **d4.13** Conforme alguns manuscritos da Septuaginta e a Vulgata. O Texto Massorético não traz *e Meonotai*. **e4.14** *Ge-Harasim* significa *vale dos Artesãos*.

a4:3 Some Septuagint manuscripts (see also Vulgate); Hebrew *father* **b4:4** *Father* may mean *civic leader* or *military leader*; also in verses 12, 14, 17, 18 and possibly elsewhere. **c4:9** *Jabez* sounds like the Hebrew for *pain*. **d4:12** Or *of the city of Nahash* **e4:13** Some Septuagint manuscripts and Vulgate; Hebrew does not have *and Meonothai*. **f4:14** *Ge Harashim* means *valley of craftsmen*.

(Estes registros são de épocas antigas.) **23** Eles eram oleiros e habitavam em Netaim e em Gederá, perto do rei, para quem trabalhavam.

Os Descendentes de Simeão

24 Estes foram os filhos de Simeão:

Nemuel, Jamim, Jaribe, Zerá e Saul.

25 O filho de Saul era Salum, pai de Mibsão, que foi o pai de Misma.

26 Estes foram os descendentes de Misma:

seu filho Hamuel, pai de Zacur, que foi o pai de Simei.

27 Simei teve dezesseis filhos e seis filhas, mas seus irmãos não tiveram muitos filhos; por isso todos os seus clãs não se igualam em número à tribo de Judá. **28** Eles viviam em Berseba, Moladá, Hazar-Sual, **29** Bila, Azém, Tolade, **30** Betuel, Hormá, Ziclague, **31** Bete-Marcabote, Hazar-Susim, Bete-Biri e Saaraim. Essas foram as suas cidades até o reinado de Davi. **32** Tinham também as cinco cidades de Etã, Aim, Rimom, Toquém e Asã, **33** com todos os povoados ao redor delas até Baalate[a]. Nessas cidades viviam e mantinham um registro genealógico.

34 Mesobabe, Janleque, Josa,
filho de Amazias,
35 Joel, Jeú, filho de Josibias,
neto de Seraías e bisneto de Asiel;
36 também Elioenai, Jaacobá, Jesoaías,
Asaías, Adiel, Jesimiel, Benaia
37 e Ziza, filho de Sifi, neto de Alom,
bisneto de Jedaías, trineto de Sinri
e tetraneto de Semaías.

38 Essa é a lista dos líderes dos seus clãs. Suas famílias cresceram muito **39** e, por isso, foram para os arredores de Gedor, a leste do vale, em busca de pastagens para os seus rebanhos. **40** Encontraram muitas pastagens boas, numa região vasta, pacífica e tranqüila, onde alguns camitas tinham vivido anteriormente. **41** Durante o reinado de Ezequias, rei de Judá, esses homens aqui alistados chegaram e atacaram os camitas e os meunitas da região e os destruíram totalmente, como até hoje se pode ver. Depois ocuparam o lugar daqueles povos, pois havia pastagens para os seus rebanhos. **42** E quinhentos desses simeonitas, liderados por Pelatias, Nearias, Refaías e Uziel, filhos de Isi, invadiram as colinas de Seir. **43** Eles mataram o restante dos amalequitas que tinha escapado, e ali vivem até hoje.

Os Descendentes de Rúben

5 Estes são os filhos de Rúben, o filho mais velho de Israel. (De fato ele era o mais velho, mas, por ter desonrado o leito de seu pai, seus direitos de filho mais velho foram dados aos filhos de José, filho de Israel, de modo que não foi alistado nos registros genealógicos como o primeiro filho. **2** Embora Judá tenha sido o mais poderoso de seus irmãos e dele tenha vindo um líder, os direitos de filho mais velho foram dados a José.) **3** Os filhos de Rúben, filho mais velho de Israel, foram:

Enoque, Palu, Hezrom e Carmi.

4 Estes foram os descendentes de Joel:

Seu filho Semaías, pai de Gogue, que foi o pai de Simei, **5** pai de Mica, que foi o pai de Reaías, pai de Baal, **6** que foi o pai de Beera, a quem Tiglate-Pileser, rei da Assíria, levou para o exílio. Beera era um líder da tribo de Rúben.

7 Estes foram os parentes dele, de acordo com seus clãs, alistados conforme os seus registros genealógicos:

Jeiel, o chefe, Zacarias **8** e Belá, filho de Azaz, neto de Sema e bisneto de Joel. Eles foram viver na região que vai desde

records are from ancient times.) **23** They were the potters who lived at Netaim and Gederah; they stayed there and worked for the king.

Simeon

24 The descendants of Simeon:

Nemuel, Jamin, Jarib, Zerah and Shaul.

25 Shallum was Shaul's son, Mibsam his son and Mishma his son.

26 The descendants of Mishma:

Hammuel his son, Zaccur his son and Shimei his son.

27 Shimei had sixteen sons and six daughters, but his brothers did not have many children; so their entire clan did not become as numerous as the people of Judah. **28** They lived in Beersheba, Moladah, Hazar Shual, **29** Bilhah, Ezem, Tolad, **30** Bethuel, Hormah, Ziklag, **31** Beth Marcaboth, Hazar Susim, Beth Biri and Shaaraim. These were their towns until the reign of David. **32** Their surrounding villages were Etam, Ain, Rimmon, Token and Ashan—five towns— **33** and all the villages around these towns as far as Baalath.[a] These were their settlements. And they kept a genealogical record.

34 Meshobab, Jamlech, Joshah son of Amaziah, **35** Joel, Jehu son of Joshibiah, the son of Seraiah, the son of Asiel, **36** also Elioenai, Jaakobah, Jeshohaiah, Asaiah, Adiel, Jesimiel, Benaiah, **37** and Ziza son of Shiphi, the son of Allon, the son of Jedaiah, the son of Shimri, the son of Shemaiah.

38 The men listed above by name were leaders of their clans. Their families increased greatly, **39** and they went to the outskirts of Gedor to the east of the valley in search of pasture for their flocks. **40** They found rich, good pasture, and the land was spacious, peaceful and quiet. Some Hamites had lived there formerly. **41** The men whose names were listed came in the days of Hezekiah king of Judah. They attacked the Hamites in their dwellings and also the Meunites who were there and completely destroyed[b] them, as is evident to this day. Then they settled in their place, because there was pasture for their flocks. **42** And five hundred of these Simeonites, led by Pelatiah, Neariah, Rephaiah and Uzziel, the sons of Ishi, invaded the hill country of Seir. **43** They killed the remaining Amalekites who had escaped, and they have lived there to this day.

Reuben

5 The sons of Reuben the firstborn of Israel (he was the firstborn, but when he defiled his father's marriage bed, his rights as firstborn were given to the sons of Joseph son of Israel; so he could not be listed in the genealogical record in accordance with his birthright, **2** and though Judah was the strongest of his brothers and a ruler came from him, the rights of the firstborn belonged to Joseph)— **3** the sons of Reuben the firstborn of Israel:

Hanoch, Pallu, Hezron and Carmi.

4 The descendants of Joel:

Shemaiah his son, Gog his son,
Shimei his son, **5** Micah his son,
Reaiah his son, Baal his son,
6 and Beerah his son, whom Tiglath-Pileser[c] king of Assyria took into exile. Beerah was a leader of the Reubenites.

7 Their relatives by clans, listed according to their genealogical records:

Jeiel the chief, Zechariah, **8** and Bela son of Azaz, the son of Shema, the son of Joel. They settled in the area

Aroer até o monte Nebo e Baal-Meom. ⁹A leste ocuparam a terra que vai até o deserto que se estende na direção do rio Eufrates, pois os seus rebanhos tinham aumentado muito em Gileade.

¹⁰Durante o reinado de Saul eles entraram em guerra contra os hagarenos e os derrotaram, passando a ocupar o acampamento deles por toda a região a leste de Gileade.

Os Descendentes de Gade

¹¹Ao lado da tribo de Rúben ficou a tribo de Gade, desde a região de Basã até Salcá.

¹²Joel foi o primeiro chefe de clãs em Basã, Safã, o segundo; os outros foram Janai e Safate.

¹³Estes foram os parentes deles, por famílias:
Micael, Mesulão, Seba, Jorai, Jacã, Zia e Héber. Eram sete ao todo.

¹⁴Eles eram descendentes de Abiail, filho de Huri, neto de Jaroa, bisneto de Gileade e trineto de Micael, que foi filho de Jesisai, neto de Jado e bisneto de Buz. ¹⁵Aí, filho de Abdiel e neto de Guni, foi o chefe dessas famílias.

¹⁶A tribo de Gade habitou em Gileade, em Basã e seus povoados, e em toda a extensão das terras de pastagem de Sarom.

¹⁷Todos esses entraram nos registros genealógicos durante os reinados de Jotão, rei de Judá, e de Jeroboão, rei de Israel.

¹⁸As tribos de Rúben, Gade e a metade da tribo de Manassés tinham juntas quarenta e quatro mil e setecentos e sessenta homens de combate, capazes de empunhar escudo e espada, de usar o arco, e treinados para a guerra. ¹⁹Eles entraram em guerra contra os hagarenos e seus aliados Jetur, Nafis e Nodabe. ²⁰Durante a batalha clamaram a Deus, que os ajudou, entregando os hagarenos e todos os seus aliados nas suas mãos. Deus os atendeu, porque confiaram nele. ²¹Tomaram dos hagarenos o rebanho de cinquenta mil camelos, duzentas e cinquenta mil ovelhas e dois mil jumentos. Também fizeram cem mil prisioneiros. ²²E muitos foram os inimigos mortos, pois a batalha era de Deus. Eles ocuparam aquela terra até a época do exílio.

Os Descendentes da Metade da Tribo de Manassés

²³A metade da tribo de Manassés era numerosa e se estabeleceu na região que vai de Basã a Baal-Hermom, isto é, até Senir, o monte Hermom.

²⁴Estes eram os chefes das famílias dessa tribo: Éfer, Isi, Eliel, Azriel, Jeremias, Hodavias e Jadiel. Eram soldados valentes, homens famosos, e chefes das famílias. ²⁵Mas foram infiéis para com o Deus dos seus antepassados e se prostituíram, seguindo os deuses dos povos que Deus tinha destruído diante deles. ²⁶Por isso o Deus de Israel incitou Pul, que é Tiglate-Pileser, rei da Assíria, a levar as tribos de Rúben, de Gade e a metade da tribo de Manassés para Hala, Habor, Hara e para o rio Gozã, onde estão até hoje.

Os Descendentes de Levi

6 Estes foram os filhos de Levi:
Gérson, Coate e Merari.

²Estes foram os filhos de Coate:
Anrão, Isar, Hebrom e Uziel.

³Estes foram os filhos de Anrão:
Arão, Moisés e Miriã.
Estes foram os filhos de Arão:
Nadabe, Abiú, Eleazar e Itamar.

⁴Eleazar gerou Finéias,
Finéias gerou Abisua,

⁵Abisua gerou Buqui,
Buqui gerou Uzi,

⁶Uzi gerou Zeraías,
Zeraías gerou Meraiote,

from Aroer to Nebo and Baal Meon. ⁹To the east they occupied the land up to the edge of the desert that extends to the Euphrates River, because their livestock had increased in Gilead.

¹⁰During Saul's reign they waged war against the Hagrites, who were defeated at their hands; they occupied the dwellings of the Hagrites throughout the entire region east of Gilead.

Gad

¹¹The Gadites lived next to them in Bashan, as far as Salecah:

¹²Joel was the chief, Shapham the second, then Janai and Shaphat, in Bashan.

¹³Their relatives, by families, were:
Michael, Meshullam, Sheba, Jorai, Jacan, Zia and Eber—seven in all.

¹⁴These were the sons of Abihail son of Huri, the son of Jaroah, the son of Gilead, the son of Michael, the son of Jeshishai, the son of Jahdo, the son of Buz.

¹⁵Ahi son of Abdiel, the son of Guni, was head of their family.

¹⁶The Gadites lived in Gilead, in Bashan and its outlying villages, and on all the pasturelands of Sharon as far as they extended.

¹⁷All these were entered in the genealogical records during the reigns of Jotham king of Judah and Jeroboam king of Israel.

¹⁸The Reubenites, the Gadites and the half-tribe of Manasseh had 44,760 men ready for military service—able-bodied men who could handle shield and sword, who could use a bow, and who were trained for battle. ¹⁹They waged war against the Hagrites, Jetur, Naphish and Nodab. ²⁰They were helped in fighting them, and God handed the Hagrites and all their allies over to them, because they cried out to him during the battle. He answered their prayers, because they trusted in him. ²¹They seized the livestock of the Hagrites—fifty thousand camels, two hundred fifty thousand sheep and two thousand donkeys. They also took one hundred thousand people captive, ²²and many others fell slain, because the battle was God's. And they occupied the land until the exile.

The Half-Tribe of Manasseh

²³The people of the half-tribe of Manasseh were numerous; they settled in the land from Bashan to Baal Hermon, that is, to Senir (Mount Hermon).

²⁴These were the heads of their families: Epher, Ishi, Eliel, Azriel, Jeremiah, Hodaviah and Jahdiel. They were brave warriors, famous men, and heads of their families. ²⁵But they were unfaithful to the God of their fathers and prostituted themselves to the gods of the peoples of the land, whom God had destroyed before them. ²⁶So the God of Israel stirred up the spirit of Pul king of Assyria (that is, Tiglath-Pileser king of Assyria), who took the Reubenites, the Gadites and the half-tribe of Manasseh into exile. He took them to Halah, Habor, Hara and the river of Gozan, where they are to this day.

Levi

6 The sons of Levi:
Gershon, Kohath and Merari.

²The sons of Kohath:
Amram, Izhar, Hebron and Uzziel.

³The children of Amram:
Aaron, Moses and Miriam.
The sons of Aaron:
Nadab, Abihu, Eleazar and Ithamar.

⁴Eleazar was the father of Phinehas,
Phinehas the father of Abishua,

⁵Abishua the father of Bukki,
Bukki the father of Uzzi,

⁶Uzzi the father of Zerahiah,
Zerahiah the father of Meraioth,

7 Meraiote gerou Amarias,
Amarias gerou Aitube,
8 Aitube gerou Zadoque,
Zadoque gerou Aimaás,
9 Aimaás gerou Azarias,
Azarias gerou Joanã,
10 Joanã gerou Azarias,
que foi sacerdote no templo
construído por Salomão em Jerusalém;
11 Azarias gerou Amarias,
Amarias gerou Aitube,
12 Aitube gerou Zadoque,
Zadoque gerou Salum,
13 Salum gerou Hilquias,
Hilquias gerou Azarias,
14 Azarias gerou Seraías,
e Seraías gerou Jeozadaque.

15 Jeozadaque foi levado prisioneiro
quando o Senhor enviou Judá
e Jerusalém para o exílio
por meio de Nabucodonosor.

16 Estes foram os filhos de Levi:
Gérson, Coate e Merari.
17 Estes são os nomes
dos filhos de Gérson:
Libni e Simei.
18 Estes foram os filhos de Coate:
Anrão, Isar, Hebrom e Uziel.
19 Estes foram os filhos de Merari:
Mali e Musi.
Estes são os clãs dos levitas alistados
de acordo com os seus antepassados:
20 De Gérson:
Seu filho Libni, que foi o pai de Jaate,
pai de Zima,
21 que foi o pai de Joá,
pai de Ido, pai de Zerá,
que foi o pai de Jeaterai.
22 De Coate:
Seu filho Aminadabe, pai de Corá,
que foi o pai de Assir,
23 pai de Elcana, pai de Ebiasafe,
que foi o pai de Assir,
24 pai de Taate, pai de Uriel,
pai de Uzias,
que foi o pai de Saul.
25 De Elcana:
Amasai, Aimote
26 e Elcana, pai de Zofai,ᵃ pai de Naate,
27 que foi o pai de Eliabe,
pai de Jeroão,
pai de Elcana,
que foi o pai de Samuel.ᵇ
28 De Samuel:
Joelᶜ, o mais velho,
e Abias, o segundo.
29 De Merari:
Mali, pai de Libni,
pai de Simei,
que foi o pai de Uzá,
30 pai de Siméia,
pai de Hagias,
que foi o pai de Asaías.

7 Meraioth the father of Amariah,
Amariah the father of Ahitub,
8 Ahitub the father of Zadok,
Zadok the father of Ahimaaz,
9 Ahimaaz the father of Azariah,
Azariah the father of Johanan,
10 Johanan the father of Azariah (it was he who
served as priest in the temple Solomon built
in Jerusalem),
11 Azariah the father of Amariah,
Amariah the father of Ahitub,
12 Ahitub the father of Zadok,
Zadok the father of Shallum,
13 Shallum the father of Hilkiah,
Hilkiah the father of Azariah,
14 Azariah the father of Seraiah,
and Seraiah the father of Jehozadak.

15 Jehozadak was deported when the Lord sent Judah and
Jerusalem into exile by the hand of Nebuchadnezzar.

16 The sons of Levi:
Gershon,ᵃ Kohath and Merari.
17 These are the names of the sons of Gershon:
Libni and Shimei.
18 The sons of Kohath:
Amram, Izhar, Hebron and Uzziel.
19 The sons of Merari:
Mahli and Mushi.
These are the clans of the Levites listed according to
their fathers:
20 Of Gershon:
Libni his son, Jehath his son,
Zimmah his son, **21** Joah his son,
Iddo his son, Zerah his son
and Jeatherai his son.
22 The descendants of Kohath:
Amminadab his son, Korah his son,
Assir his son, **23** Elkanah his son,
Ebiasaph his son, Assir his son,
24 Tahath his son, Uriel his son,
Uzziah his son and Shaul his son.
25 The descendants of Elkanah:
Amasai, Ahimoth,
26 Elkanah his son,ᵇ Zophai his son,
Nahath his son, **27** Eliab his son,
Jeroham his son, Elkanah his son
and Samuel his son.ᶜ
28 The sons of Samuel:
Joelᵈ the firstborn
and Abijah the second son.
29 The descendants of Merari:
Mahli, Libni his son,
Shimei his son, Uzzah his son,
30 Shimea his son, Haggiah his son
and Asaiah his son.

ᵃ**6.26** Muitos manuscritos dizem *e Elcana. De Elcana. Seu filho Zofai.* ᵇ**6.27** Conforme alguns manuscritos da Septuaginta. O Texto Massorético não traz essa linha. Veja 1Sm 1.19,20 e 1Cr 6.33,34. ᶜ**6.28** Muitos manuscritos não trazem *Joel.* Veja 1Sm 8.2 e 1Cr 6.33.

ᵃ6:16 Hebrew *Gershom,* a variant of *Gershon;* also in verses 17, 20, 43, 62 and 71 ᵇ6:26 Some Hebrew manuscripts, Septuagint and Syriac; most Hebrew manuscripts *Ahimoth* 26*and Elkanah. The sons of Elkanah:* ᶜ6:27 Some Septuagint manuscripts (see also 1 Samuel 1:19,20 and 1 Chron. 6:33,34); Hebrew does not have *and Samuel his son.* ᵈ6:28 Some Septuagint manuscripts and Syriac (see also 1 Samuel 8:2 and 1 Chron. 6:33); Hebrew does not have *Joel.*

Os Músicos do Templo

31 Estes são os homens a quem Davi encarregou de dirigir os cânticos no templo do Senhor depois que a arca foi levada para lá. **32** Eles ministraram o louvor diante do tabernáculo, da Tenda do Encontro, até quando Salomão construiu o templo do Senhor em Jerusalém. Eles exerciam suas funções de acordo com as normas estabelecidas.

33 Estes são os que ministravam, junto com seus filhos:
Dentre os coatitas:
O músico Hemã, filho de Joel,

filho de Samuel,
34 filho de Elcana, filho de Jeroão,
filho de Eliel, filho de Toá,
35 filho de Zufe, filho de Elcana,
filho de Maate, filho de Amasai,
36 filho de Elcana, filho de Joel,
filho de Azarias, filho de Sofonias,
37 filho de Taate, filho de Assir,
filho de Ebiasafe, filho de Corá,
38 filho de Isar, filho de Coate,
filho de Levi, filho de Israel.

39 À direita de Hemã
ficava seu parente Asafe,

filho de Berequias,
filho de Siméia,
40 filho de Micael, filho de Baaséias[a]
filho de Malquias, **41** filho de Etni,
filho de Zerá, filho de Adaías,
42 filho de Etã, filho de Zima,
filho de Simei, **43** filho de Jaate,
filho de Gérson, filho de Levi.

44 Dentre os meraritas:
À esquerda de Hemã,
parente dos meraritas,

ficava Etã, filho de Quisi, filho de Abdi,
filho de Maluque, **45** filho de Hasabias,
filho de Amazias, filho de Hilquias,
46 filho de Anzi, filho de Bani,
filho de Sêmer, **47** filho de Mali,
filho de Musi, filho de Merari, filho de Levi.

48 Seus parentes, os outros levitas, foram encarregados de cuidar de todo o serviço do tabernáculo, o templo de Deus. **49** Mas eram Arão e seus descendentes que cuidavam dos sacrifícios no altar do holocausto[b], das ofertas no altar de incenso e de todo o serviço do Lugar Santíssimo, como também dos sacrifícios de propiciação por Israel, conforme tudo o que Moisés, servo de Deus, tinha ordenado.

50 Estes foram os descendentes de Arão:
o seu filho Eleazar, pai de Finéias,
que foi o pai de Abisua,
51 pai de Buqui, pai de Uzi,
que foi o pai de Zeraías,
52 pai de Meraiote, pai de Amarias,
que foi o pai de Aitube,
53 pai de Zadoque, pai de Aimaás.

As Cidades dos Levitas

54 Estas foram as cidades e as regiões dadas aos levitas para nelas habitarem. Dentre os descendentes de Arão, o clã coatita foi sorteado primeiro; **55** foi-lhe dada Hebrom, em Judá, com suas pastagens ao redor. **56** Mas os campos e os povoados em torno da cidade foram dados a Calebe, filho de Jefoné.

57 Assim os descendentes de Arão receberam Hebrom, cidade de refúgio, e Libna, Jatir, Estemoa, **58** Hilém, Debir,

The Temple Musicians

31 These are the men David put in charge of the music in the house of the Lord after the ark came to rest there. **32** They ministered with music before the tabernacle, the Tent of Meeting, until Solomon built the temple of the Lord in Jerusalem. They performed their duties according to the regulations laid down for them.

33 Here are the men who served, together with their sons:
From the Kohathites:
Heman, the musician,
the son of Joel, the son of Samuel,
34 the son of Elkanah, the son of Jeroham,
the son of Eliel, the son of Toah,
35 the son of Zuph, the son of Elkanah,
the son of Mahath, the son of Amasai,
36 the son of Elkanah, the son of Joel,
the son of Azariah, the son of Zephaniah,
37 the son of Tahath, the son of Assir,
the son of Ebiasaph, the son of Korah,
38 the son of Izhar, the son of Kohath,
the son of Levi, the son of Israel;
39 and Heman's associate Asaph, who served at his right hand:
Asaph son of Berekiah, the son of Shimea,
40 the son of Michael, the son of Baaseiah,[a]
the son of Malkijah, **41** the son of Ethni,
the son of Zerah, the son of Adaiah,
42 the son of Ethan, the son of Zimmah,
the son of Shimei, **43** the son of Jahath,
the son of Gershon, the son of Levi;
44 and from their associates, the Merarites, at his left hand:
Ethan son of Kishi, the son of Abdi,
the son of Malluch, **45** the son of Hashabiah,
the son of Amaziah, the son of Hilkiah,
46 the son of Amzi, the son of Bani,
the son of Shemer, **47** the son of Mahli,
the son of Mushi, the son of Merari,
the son of Levi.

48 Their fellow Levites were assigned to all the other duties of the tabernacle, the house of God. **49** But Aaron and his descendants were the ones who presented offerings on the altar of burnt offering and on the altar of incense in connection with all that was done in the Most Holy Place, making atonement for Israel, in accordance with all that Moses the servant of God had commanded.

50 These were the descendants of Aaron:
Eleazar his son, Phinehas his son,
Abishua his son, **51** Bukki his son,
Uzzi his son, Zerahiah his son,
52 Meraioth his son, Amariah his son,
Ahitub his son, **53** Zadok his son
and Ahimaaz his son.

54 These were the locations of their settlements allotted as their territory (they were assigned to the descendants of Aaron who were from the Kohathite clan, because the first lot was for them):
55 They were given Hebron in Judah with its surrounding pasturelands. **56** But the fields and villages around the city were given to Caleb son of Jephunneh.
57 So the descendants of Aaron were given Hebron (a city of refuge), and Libnah,[b] Jattir, Eshtemoa, **58** Hilen, Debir,

---

[a]6.40 Alguns manuscritos dizem *Maaséias*. [b]6.49 Isto é, sacrifício totalmente queimado.

[a]6:40 Most Hebrew manuscripts; some Hebrew manuscripts, one Septuagint manuscript and Syriac *Maaseiah* [b]6:57 See Joshua 21:13; Hebrew *given the cities of refuge: Hebron, Libnah*.

59 Asã, Jutáª e Bete-Semes, com suas respectivas pastagens. **60** E da tribo de Benjamim receberam Gibeãoᵇ, Geba, Alemete e Anatote, com suas respectivas pastagens.

Ao todo treze cidades foram distribuídas entre os seus clãs.

61 Para os demais descendentes de Coate foram sorteadas dez cidades pertencentes aos clãs da metade da tribo de Manassés.

62 Para os descendentes de Gérson, clã por clã, foram sorteadas treze cidades das tribos de Issacar, de Aser e de Naftali, e da metade da tribo de Manassés que fica em Basã.

63 Para os descendentes de Merari, clã por clã, foram sorteadas doze cidades das tribos de Rúben, de Gade e de Zebulom.

64 Assim os israelitas deram aos levitas essas cidades com suas respectivas pastagens. **65** As cidades anteriormente mencionadas dos territórios de Judá, de Simeão e de Benjamim também lhes foram dadas por sorteio.

66 Alguns dos clãs coatitas receberam as seguintes cidades no território da tribo de Efraim:

67 Siquém, cidade de refúgio, nos montes de Efraim, e Gezer, **68** Jocmeão, Bete-Horom, **69** Aijalom e Gate-Rimom, com suas respectivas pastagens.

70 E da metade da tribo de Manassés o restante dos clãs coatitas recebeu Aner e Bileã, com suas respectivas pastagens.

71 Os gersonitas receberam as seguintes cidades:
Do clã da metade da tribo de Manassés,
Golã, em Basã, e também Asterote, com suas respectivas pastagens;

72 da tribo de Issacar,
Quedes, Daberate, **73** Ramote e Aném, com suas respectivas pastagens;

74 da tribo de Aser,
Masal, Abdom, **75** Hucoque e Reobe, com suas respectivas pastagens;

76 e da tribo de Naftali,
Quedes, na Galiléia, Hamom e Quiriataim, com suas respectivas pastagens.

77 E estas foram as cidades que os outros meraritas receberam:
Da tribo de Zebulom,
Rimono e Tabor, com suas respectivas pastagens;

78 da tribo de Rúben, do outro lado do Jordão, a leste de Jericó,
Bezer, no deserto, Jaza, **79** Quedemote e Mefaate, com suas respectivas pastagens;

80 e da tribo de Gade,
Ramote, em Gileade, Maanaim, **81** Hesbom e Jazar, com suas respectivas pastagens.

Os Descendentes de Issacar

7 Estes foram os quatro filhos de Issacar:
Tolá, Puá, Jasube e Sinrom.

2 Estes foram os filhos de Tolá:
Uzi, Refaías, Jeriel, Jamai, Ibsão e Samuel, chefes dos seus clãs. No reinado de Davi, os descendentes de Tolá alistados em suas genealogias como homens de combate eram 22.600.

3 O filho de Uzi foi Israías.
Estes foram os filhos de Israías:

59 Ashan, Juttahª and Beth Shemesh, together with their pasturelands. **60** And from the tribe of Benjamin they were given Gibeon,ᵇ Geba, Alemeth and Anathoth, together with their pasturelands.

These towns, which were distributed among the Kohathite clans, were thirteen in all.

61 The rest of Kohath's descendants were allotted ten towns from the clans of half the tribe of Manasseh.

62 The descendants of Gershon, clan by clan, were allotted thirteen towns from the tribes of Issachar, Asher and Naphtali, and from the part of the tribe of Manasseh that is in Bashan.

63 The descendants of Merari, clan by clan, were allotted twelve towns from the tribes of Reuben, Gad and Zebulun.

64 So the Israelites gave the Levites these towns and their pasturelands. **65** From the tribes of Judah, Simeon and Benjamin they allotted the previously named towns.

66 Some of the Kohathite clans were given as their territory towns from the tribe of Ephraim.

67 In the hill country of Ephraim they were given Shechem (a city of refuge), and Gezer,ᶜ **68** Jokmeam, Beth Horon, **69** Aijalon and Gath Rimmon, together with their pasturelands.

70 And from half the tribe of Manasseh the Israelites gave Aner and Bileam, together with their pasturelands, to the rest of the Kohathite clans.

71 The Gershonites received the following:
From the clan of the half-tribe of Manasseh
they received Golan in Bashan and also Ashtaroth, together with their pasturelands;

72 from the tribe of Issachar
they received Kedesh, Daberath, **73** Ramoth and Anem, together with their pasturelands;

74 from the tribe of Asher
they received Mashal, Abdon, **75** Hukok and Rehob, together with their pasturelands;

76 and from the tribe of Naphtali
they received Kedesh in Galilee, Hammon and Kiriathaim, together with their pasturelands.

77 The Merarites (the rest of the Levites) received the following:
From the tribe of Zebulun
they received Jokneam, Kartah,ᵈ Rimmono and Tabor, together with their pasturelands;

78 from the tribe of Reuben across the Jordan east of Jericho
they received Bezer in the desert, Jahzah, **79** Kedemoth and Mephaath, together with their pasturelands;

80 and from the tribe of Gad
they received Ramoth in Gilead, Mahanaim, **81** Heshbon and Jazer, together with their pasturelands.

Issachar

7 The sons of Issachar:
Tola, Puah, Jashub and Shimron—four in all.

2 The sons of Tola:
Uzzi, Rephaiah, Jeriel, Jahmai, Ibsam and Samuel—heads of their families. During the reign of David, the descendants of Tola listed as fighting men in their genealogy numbered 22,600.

3 The son of Uzzi:
Izrahiah.
The sons of Izrahiah:

ª**6.59** Conforme a Versão Siríaca. O Texto Massorético não traz *Jutá*. Veja Js 21.16. ᵇ**6.60** O Texto Massorético não traz *Gibeão*. Veja Js 21.17.

ª**6:59** Syriac (see also Septuagint and Joshua 21:16); Hebrew does not have *Juttah*. ᵇ**6:60** See Joshua 21:17; Hebrew does not have *Gibeon*. ᶜ**6:67** See Joshua 21:21; Hebrew *given the cities of refuge: Shechem, Gezer*. ᵈ**6:77** See Septuagint and Joshua 21:34; Hebrew does not have *Jokneam, Kartah*.

Micael, Obadias, Joel e Issias. Todos os cinco eram chefes ⁴que tinham muitas mulheres e muitos filhos. Por isso, conforme a genealogia de sua família, eles contavam com 36.000 homens prontos para o combate.

⁵Incluindo seus parentes, os homens de combate de todos os clãs de Issacar, conforme alistados em sua genealogia, eram ao todo 87.000.

Os Descendentes de Benjamim

⁶Estes foram os três filhos de Benjamim:
Belá, Bequer e Jediael.
⁷Estes foram os filhos de Belá:
Esbom, Uzi, Uziel, Jeremote e Iri, cinco chefes de famílias. Seu registro genealógico alistava 22.034 homens de combate.
⁸Estes foram os filhos de Bequer:
Zemira, Joás, Eliézer, Elioenai, Onri, Jeremote, Abias, Anatote e Alemete. Todos esses eram filhos de Bequer. ⁹O registro genealógico deles alistava os chefes de famílias e 20.200 homens de combate.
¹⁰O filho de Jediael foi Bilã.
Estes foram os filhos de Bilã:
Jeús, Benjamim, Eúde, Quenaaná, Zetã, Társis e Aisaar. ¹¹Todos esses descendentes de Jediael eram chefes de famílias que contavam com 17.200 homens de combate prontos para a guerra.
¹²Supim e Hupim eram filhos de Ir; e Husim era filho de Aer.

Os Descendentes de Naftali

¹³Estes foram os filhos de Naftali:
Jaziel, Guni, Jezer e Silémª, netos de Bila.

Os Descendentes de Manassés

¹⁴Estes foram os descendentes de Manassés:
Asriel, filho de sua concubina araméia, que também deu à luz Maquir, pai de Gileade. ¹⁵Maquir casou-se com Maaca, irmã de Hupim e Supim.
Outro descendente de Manassés chamava-se Zelofeade, o qual só teve filhas.
¹⁶Maaca, mulher de Maquir, deu à luz um filho, a quem deu o nome de Perez. O nome de seu irmão era Seres, cujos filhos chamavam-se Ulão e Requém.
¹⁷O filho de Ulão foi Bedã.
Esses foram os descendentes de Gileade, filho de Maquir e neto de Manassés. ¹⁸Sua irmã Hamolequete deu à luz Isode, Abiezer e Maalá.
¹⁹Estes foram os filhos de Semida:
Aiã, Siquém, Liqui e Anião.

Os Descendentes de Efraim

²⁰Estes foram os descendentes de Efraim:
Sutela, que foi o pai de Berede,
pai de Taate, pai de Eleada,
que foi o pai de Taate, ²¹pai de Zabade, pai de Sutela.
Ézer e Eleade, filhos de Efraim, foram mortos por homens da cidade de Gate, quando tentavam roubar os rebanhos deles. ²²Efraim chorou muitos dias por eles, e seus parentes vieram consolá-lo. ²³Depois ele se deitou de novo com sua mulher, ela engravidou e deu à luz um filho. Ele o chamou Berias, pois tinha acontecido uma desgraça em sua família. ²⁴Sua filha chamava-se Seerá. Foi ela que fundou Bete-Horom Alta e Bete-Horom Baixa, e também Uzém-Seerá.

Michael, Obadiah, Joel and Isshiah. All five of them were chiefs. ⁴According to their family genealogy, they had 36,000 men ready for battle, for they had many wives and children.

⁵The relatives who were fighting men belonging to all the clans of Issachar, as listed in their genealogy, were 87,000 in all.

Benjamin

⁶Three sons of Benjamin:
Bela, Beker and Jediael.
⁷The sons of Bela:
Ezbon, Uzzi, Uzziel, Jerimoth and Iri, heads of families—five in all. Their genealogical record listed 22,034 fighting men.
⁸The sons of Beker:
Zemirah, Joash, Eliezer, Elioenai, Omri, Jeremoth, Abijah, Anathoth and Alemeth. All these were the sons of Beker. ⁹Their genealogical record listed the heads of families and 20,200 fighting men.
¹⁰The son of Jediael:
Bilhan.
The sons of Bilhan:
Jeush, Benjamin, Ehud, Kenaanah, Zethan, Tarshish and Ahishahar. ¹¹All these sons of Jediael were heads of families. There were 17,200 fighting men ready to go out to war.
¹²The Shuppites and Huppites were the descendants of Ir, and the Hushites the descendants of Aher.

Naphtali

¹³The sons of Naphtali:
Jahziel, Guni, Jezer and Shillemª—the descendants of Bilhah.

Manasseh

¹⁴The descendants of Manasseh:
Asriel was his descendant through his Aramean concubine. She gave birth to Makir the father of Gilead. ¹⁵Makir took a wife from among the Huppites and Shuppites. His sister's name was Maacah.
Another descendant was named Zelophehad, who had only daughters.
¹⁶Makir's wife Maacah gave birth to a son and named him Peresh. His brother was named Sheresh, and his sons were Ulam and Rakem.
¹⁷The son of Ulam:
Bedan.
These were the sons of Gilead son of Makir, the son of Manasseh. ¹⁸His sister Hammoleketh gave birth to Ishhod, Abiezer and Mahlah.
¹⁹The sons of Shemida were:
Ahian, Shechem, Likhi and Aniam.

Ephraim

²⁰The descendants of Ephraim:
Shuthelah, Bered his son,
Tahath his son, Eleadah his son,
Tahath his son, ²¹Zabad his son
and Shuthelah his son.
Ezer and Elead were killed by the native-born men of Gath, when they went down to seize their livestock. ²²Their father Ephraim mourned for them many days, and his relatives came to comfort him. ²³Then he lay with his wife again, and she became pregnant and gave birth to a son. He named him Beriah,ᵇ because there had been misfortune in his family. ²⁴His daughter was Sheerah, who built Lower and Upper Beth Horon as well as Uzzen Sheerah.

ª7.13 Muitos manuscritos dizem *Salum*. Veja Gn 46.24 e Nm 26.49.

ª7:13 Some Hebrew and Septuagint manuscripts (see also Gen. 46:24 and Num. 26:49); most Hebrew manuscripts *Shallum* ᵇ7:23 *Beriah* sounds like the Hebrew for *misfortune*.

25 O filho de Berias foi Refa, pai de Resefe[a], que foi o pai de Telá, pai de Taã, **26** pai de Ladã, pai de Amiúde, que foi o pai de Elisama, **27** pai de Num, que foi o pai de Josué.

28 Suas terras e cidades incluíam Betel e os povoados ao redor, Naarã a leste, Gezer e seus povoados a oeste, e Siquém e Aiá com os seus povoados. **29** A tribo de Manassés controlava as cidades de Bete-Seã, Taanaque, Megido e Dor, com seus respectivos povoados. Os descendentes de José, filho de Israel, viviam nessas cidades.

Os Descendentes de Aser

30 Estes foram os filhos de Aser:
Imna, Isvá, Isvi e Berias. A irmã deles chamava-se Sera.
31 Estes foram os filhos de Berias:
Héber e Malquiel, que foi o pai de Birzavite.
32 Héber gerou Jaflete, Somer e Hotão, e a irmã deles, Suá.
33 Estes foram os filhos de Jaflete:
Pasaque, Bimal e Asvate.
Esses foram os filhos de Jaflete.
34 Estes foram os filhos de Somer:
Aí, Roga, Jeubá e Arã.
35 Estes foram os filhos de Helém[b], irmão de Somer:
Zofa, Imna, Seles e Amal.
36 Estes foram os filhos de Zofa:
Suá, Harnefer, Sual, Beri, Inra, **37** Bezer, Hode, Samá, Silsa, Itrã e Beera.
38 Estes foram os filhos de Jéter:
Jefoné, Pispa e Ara.
39 Estes foram os filhos de Ula:
Ara, Haniel e Rizia.

40 Todos esses foram descendentes de Aser. Eram chefes de famílias, homens escolhidos, soldados valentes e líderes de destaque. O número dos alistados para combate no exército deles foi 26.000.

Os Descendentes de Benjamim

8 Benjamim gerou Belá, seu filho mais velho; Asbel, seu segundo filho, Aará, o terceiro, **2** Noá, o quarto, e Rafa, o quinto. **3** Estes foram os filhos de Belá:
Adar, Gera, pai de Eúde, **4** Abisua, Naamã, Aoá, **5** Gera, Sefufá e Hurão.
6 Estes foram os descendentes de Eúde, chefes das famílias dos habitantes de Geba, que foram deportados para Manaate: **7** Naamã, Aías e Gera. Esse Gera, pai de Uzá e de Aiúde, foi quem os deportou.
8 Depois de ter se divorciado de suas mulheres Husim e Baara, Saaraim teve filhos na terra de Moabe. **9** Com sua mulher Hodes ele gerou Jobabe, Zíbia, Messa, Malcã, **10** Jeús, Saquias e Mirma. Esses foram seus filhos, chefes de famílias. **11** Com Husim ele gerou Abitube e Elpaal.
12 Estes foram os filhos de Elpaal:
Héber, Misã, Semede, que fundou Ono e Lode com seus povoados. **13** Berias e Sema foram os chefes das famílias dos habitantes de Aijalom, e foram eles que expulsaram os habitantes de Gate.
14 Aiô, Sasaque, Jeremote, **15** Zebadias, Arade, Éder, **16** Micael, Ispa e Joá foram descendentes de Berias.
17 Zebadias, Mesulão, Hizqui, Héber, **18** Ismerai, Izlias e Jobabe foram descendentes de Elpaal.
19 Jaquim, Zicri, Zabdi, **20** Elienai, Ziletai, Eliel, **21** Adaías, Beraías e Sinrate foram descendentes de Simei.

25 Rephah was his son, Resheph his son,[a] Telah his son, Tahan his son, **26** Ladan his son, Ammihud his son, Elishama his son, **27** Nun his son and Joshua his son.

28 Their lands and settlements included Bethel and its surrounding villages, Naaran to the east, Gezer and its villages to the west, and Shechem and its villages all the way to Ayyah and its villages. **29** Along the borders of Manasseh were Beth Shan, Taanach, Megiddo and Dor, together with their villages. The descendants of Joseph son of Israel lived in these towns.

Asher

30 The sons of Asher:
Imnah, Ishvah, Ishvi and Beriah. Their sister was Serah.
31 The sons of Beriah:
Heber and Malkiel, who was the father of Birzaith.
32 Heber was the father of Japhlet, Shomer and Hotham and of their sister Shua.
33 The sons of Japhlet:
Pasach, Bimhal and Ashvath.
These were Japhlet's sons.
34 The sons of Shomer:
Ahi, Rohgah,[b] Hubbah and Aram.
35 The sons of his brother Helem:
Zophah, Imna, Shelesh and Amal.
36 The sons of Zophah:
Suah, Harnepher, Shual, Beri, Imrah, **37** Bezer, Hod, Shamma, Shilshah, Ithran[c] and Beera.
38 The sons of Jether:
Jephunneh, Pispah and Ara.
39 The sons of Ulla:
Arah, Hanniel and Rizia.

40 All these were descendants of Asher—heads of families, choice men, brave warriors and outstanding leaders. The number of men ready for battle, as listed in their genealogy, was 26,000.

The Genealogy of Saul the Benjamite

8 Benjamin was the father of Bela his firstborn, Ashbel the second son, Aharah the third, **2** Nohah the fourth and Rapha the fifth. **3** The sons of Bela were:
Addar, Gera, Abihud,[d] **4** Abishua, Naaman, Ahoah, **5** Gera, Shephuphan and Huram.
6 These were the descendants of Ehud, who were heads of families of those living in Geba and were deported to Manahath: **7** Naaman, Ahijah, and Gera, who deported them and who was the father of Uzza and Ahihud.
8 Sons were born to Shaharaim in Moab after he had divorced his wives Hushim and Baara. **9** By his wife Hodesh he had Jobab, Zibia, Mesha, Malcam, **10** Jeuz, Sakia and Mirmah. These were his sons, heads of families. **11** By Hushim he had Abitub and Elpaal.
12 The sons of Elpaal:
Eber, Misham, Shemed (who built Ono and Lod with its surrounding villages), **13** and Beriah and Shema, who were heads of families of those living in Aijalon and who drove out the inhabitants of Gath.
14 Ahio, Shashak, Jeremoth, **15** Zebadiah, Arad, Eder, **16** Michael, Ishpah and Joha were the sons of Beriah.
17 Zebadiah, Meshullam, Hizki, Heber, **18** Ishmerai, Izliah and Jobab were the sons of Elpaal.
19 Jakim, Zicri, Zabdi, **20** Elienai, Zillethai, Eliel, **21** Adaiah, Beraiah and Shimrath were the sons of Shimei.

---

[a]7.25 Conforme alguns manuscritos da Septuaginta. O Texto Massorético não traz *pai de.* [b]7.35 Chamado *Hotão* no versículo 32.

[a]7:25 Some Septuagint manuscripts; Hebrew does not have *his son.* [b]7:34 Or *of his brother Shomer: Rohgah* [c]7:37 Possibly a variant of *Jether* [d]8:3 Or *Gera the father of Ehud*

22 Ispã, Héber, Eliel, **23** Abdom, Zicri, Hanã, **24** Hananias, Elão, Antotias, **25** Ifdéias e Penuel foram descendentes de Sasaque. **26** Sanserai, Searias, Atalias, **27** Jaaresias, Elias e Zicri foram descendentes de Jeroão.

28 Todos esses foram chefes de famílias, líderes conforme alistados em suas genealogias, e moravam em Jerusalém.

29 Jeiel[a], pai[b] de Gibeom, morou na cidade de Gibeom. O nome de sua mulher era Maaca, **30** o de seu filho mais velho, Abdom, e o de seus outros filhos, Zur, Quis, Baal, Ner[c], Nadabe, **31** Gedor, Aiô, Zequer **32** e Miclote, que gerou Siméia. Eles também moravam perto de seus parentes, em Jerusalém.

33 Ner gerou Quis, que gerou Saul. Saul gerou Jônatas, Malquisua, Abinadabe e Esbaal[d].

34 O filho de Jônatas foi Meribe-Baal[e], que gerou Mica.

35 Estes foram os filhos de Mica:

Pitom, Meleque, Taréia e Acaz.

36 Acaz gerou Jeoada, Jeoada gerou Alemete, Azmavete e Zinri, e Zinri gerou Mosa. **37** Mosa gerou Bineá, pai de Rafa, que foi o pai de Eleasa, pai de Azel.

38 Azel teve seis filhos chamados Azricão, Bocru, Ismael, Searias, Obadias e Hanã. Todos esses foram filhos de Azel.

39 Estes foram os filhos de Eseque, seu irmão:

Ulão, o mais velho, Jeús, o segundo e Elifelete, o terceiro.

40 Os filhos de Ulão eram soldados valentes e bons flecheiros. Tiveram muitos filhos e netos; eram cento e cinquenta ao todo.

Todos esses foram descendentes de Benjamim.

9 Todos os israelitas foram alistados nas genealogias dos registros históricos dos reis de Israel.

O Povo de Jerusalém

Por sua infidelidade o povo de Judá foi levado prisioneiro para a Babilônia. **2** Os primeiros a voltarem às suas propriedades e às suas cidades foram algumas pessoas do povo e alguns sacerdotes, levitas e servidores do templo.

3 Os de Judá, de Benjamim e de Efraim e Manassés que se instalaram em Jerusalém foram:

4 Utai, filho de Amiúde, neto de Onri, bisneto de Inri e trineto de Bani, um descendente de Perez, filho de Judá.

5 Dos descendentes de Selá:

O primogênito Asaías com seus filhos.

6 Dos descendentes de Zerá:

Jeuel.

Os de Judá eram 690.

7 Dos benjamitas:

Salu, filho de Mesulão, neto de Hodavias e bisneto de Hassenua;

8 Ibnéias, filho de Jeroão; Elá, filho de Uzi, filho de Micri; e Mesulão, filho de Sefatias, filho de Reuel, filho de Ibnias.

9 Da tribo de Benjamim, relacionados em sua genealogia, eram 956. Todos esses homens eram chefes de suas famílias.

10 Dos sacerdotes:

Jedaías, Jeoiaribe, Jaquim;

11 Azarias, filho de Hilquias, neto de Mesulão, bisneto

22 Ishpan, Eber, Eliel, **23** Abdon, Zicri, Hanan, **24** Hananiah, Elam, Anthothijah, **25** Iphdeiah and Penuel were the sons of Shashak. **26** Shamsherai, Shehariah, Athaliah, **27** Jaareshiah, Elijah and Zicri were the sons of Jeroham.

28 All these were heads of families, chiefs as listed in their genealogy, and they lived in Jerusalem.

29 Jeiel[a] the father[b] of Gibeon lived in Gibeon.

His wife's name was Maacah, **30** and his firstborn son was Abdon, followed by Zur, Kish, Baal, Ner,[c] Nadab, **31** Gedor, Ahio, Zeker **32** and Mikloth, who was the father of Shimeah. They too lived near their relatives in Jerusalem.

33 Ner was the father of Kish, Kish the father of Saul, and Saul the father of Jonathan, Malki-Shua, Abinadab and Esh-Baal.[d]

34 The son of Jonathan:

Merib-Baal,[e] who was the father of Micah.

35 The sons of Micah:

Pithon, Melech, Tarea and Ahaz.

36 Ahaz was the father of Jehoaddah, Jehoaddah was the father of Alemeth, Azmaveth and Zimri, and Zimri was the father of Moza.

37 Moza was the father of Binea; Raphah was his son, Eleasah his son and Azel his son.

38 Azel had six sons, and these were their names:

Azrikam, Bokeru, Ishmael, Sheariah, Obadiah and Hanan. All these were the sons of Azel.

39 The sons of his brother Eshek:

Ulam his firstborn, Jeush the second son and Eliphelet the third. **40** The sons of Ulam were brave warriors who could handle the bow. They had many sons and grandsons—150 in all.

All these were the descendants of Benjamin.

9 All Israel was listed in the genealogies recorded in the book of the kings of Israel.

The People in Jerusalem

The people of Judah were taken captive to Babylon because of their unfaithfulness. **2** Now the first to resettle on their own property in their own towns were some Israelites, priests, Levites and temple servants.

3 Those from Judah, from Benjamin, and from Ephraim and Manasseh who lived in Jerusalem were:

4 Uthai son of Ammihud, the son of Omri, the son of Imri, the son of Bani, a descendant of Perez son of Judah.

5 Of the Shilonites:

Asaiah the firstborn and his sons.

6 Of the Zerahites:

Jeuel.

The people from Judah numbered 690.

7 Of the Benjamites:

Sallu son of Meshullam, the son of Hodaviah, the son of Hassenuah;

8 Ibneiah son of Jeroham; Elah son of Uzzi, the son of Micri; and Meshullam son of Shephatiah, the son of Reuel, the son of Ibnijah.

9 The people from Benjamin, as listed in their genealogy, numbered 956. All these men were heads of their families.

10 Of the priests:

Jedaiah; Jehoiarib; Jakin;

11 Azariah son of Hilkiah, the son of Meshullam, the son

---

a8.29 Conforme alguns manuscritos da Septuaginta. O Texto Massorético não traz *Jeiel*. Veja 1Cr 9.35. **b8.29** Ou *líder*; ou ainda *fundador*. Veja 2.21, 2.24, 4.4 e 4.5. **c8.30** Conforme alguns manuscritos da Septuaginta. O Texto Massorético não traz *Ner*. Veja 1Cr 9.36. **d8.33** Também conhecido como *Is-Bosete*; também em 9.39. **e8.34** Também conhecido como *Mefibosete*; também em 9.40.

a8:29 Some Septuagint manuscripts (see also 1 Chron. 9:35); Hebrew does not have *Jeiel*. **b8:29** *Father* may mean *civic leader* or *military leader*. **c8:30** Some Septuagint manuscripts (see also 1 Chron. 9:36); Hebrew does not have *Ner*. **d8:33** Also known as *Ish-Bosheth* **e8:34** Also known as *Mephibosheth*

de Zadoque, trineto de Meraiote e tetraneto de Aitube, o líder encarregado do templo de Deus; ¹²Adaías, filho de Jeroão, neto de Pasur e bisneto de Malquias; e Masai, filho de Adiel, neto de Jazera, bisneto de Mesulão, trineto de Mesilemite e tetraneto de Imer.

¹³O número de sacerdotes que eram chefes de famílias era 1.760. Eram homens capazes, e sua responsabilidade era ministrar no templo de Deus.

¹⁴Dos levitas:

Semaías, filho de Hassube, neto de Azricão e bisneto de Hasabias, um merarita; ¹⁵Baquebacar, Heres, Galal e Matanias, filho de Mica, neto de Zicri e bisneto de Asafe; ¹⁶Obadias, filho de Semaías, neto de Galal e bisneto de Jedutum; e Berequias, filho de Asa e neto de Elcana, que vivia nos povoados dos netofatitas.

¹⁷Os guardas das portas eram:

Salum, o chefe, Acube, Talmom, Aimã e os irmãos deles, sendo até hoje ¹⁸os guardas da porta do Rei, a leste. Salum era o chefe. Esses eram os guardas das portas, que pertenciam ao acampamento dos levitas. ¹⁹Salum, filho de Coré, neto de Ebiasafe e bisneto de Corá, e seus parentes, os coreítas, guardas das portas, responsáveis por guardar as entradas da Tendaª, como os seus antepassados tinham sido responsáveis por guardar a entrada da habitação do Senhor. ²⁰Naquela época, Finéias, filho de Eleazar, estivera encarregado dos guardas das portas, e o Senhor estava com ele. ²¹Zacarias, filho de Meselemias, era o guarda das portas da entrada da Tenda do Encontro.

²²A soma total dos escolhidos para serem guardas das portas, registrados nas genealogias dos seus povoados, era de 212. Eles haviam sido designados para esses postos de confiança por Davi e pelo vidente Samuel. ²³Eles e os seus descendentes foram encarregados de vigiar as portas do templo do Senhor, o templo chamado Tenda. ²⁴Os guardas vigiavam as portas nos quatro lados: norte, sul, leste e oeste. ²⁵Seus parentes, residentes em seus povoados, tinham que vir de tempos em tempos e trabalhar com eles por períodos de sete dias. ²⁶Mas os quatro principais guardas das portas, que eram levitas, receberam a responsabilidade de tomar conta das salas e da tesouraria do templo de Deus. ²⁷Eles passavam a noite perto do templo de Deus, pois tinham o dever de vigiá-lo e de abrir as portas todas as manhãs.

²⁸Alguns levitas estavam encarregados dos utensílios utilizados no culto no templo; eles os contavam quando eram retirados e quando eram devolvidos. ²⁹Outros eram responsáveis pelos móveis e por todos os demais utensílios do santuário, bem como pela farinha, pelo vinho, pelo óleo, pelo incenso e pelas especiarias. ³⁰E ainda outros cuidavam da manipulação das especiarias. ³¹Um levita chamado Matitias, filho mais velho do coreíta Salum, tinha a responsabilidade de assar os pães para as ofertas. ³²E dentre os coatitas, seus irmãos, alguns estavam encarregados de preparar os pães que eram postos sobre a mesa todo sábado.

³³Os cantores, chefes de famílias levitas, permaneciam nas salas do templo e estavam isentos de outros deveres, pois dia e noite se dedicavam à sua própria tarefa.

³⁴Todos esses eram chefes de famílias levitas, alistados como líderes em suas genealogias, e moravam em Jerusalém.

A Genealogia de Saul

³⁵Jeiel, paiᵇ de Gibeom, morava em Gibeom.

O nome de sua mulher era Maaca, ³⁶e o de seu filho mais velho, Abdom.

Depois nasceram Zur, Quis, Baal, Ner, Nadabe, ³⁷Gedor, Aiô, Zacarias e Miclote.

---

of Zadok, the son of Meraioth, the son of Ahitub, the official in charge of the house of God; ¹²Adaiah son of Jeroham, the son of Pashhur, the son of Malkijah; and Maasai son of Adiel, the son of Jahzerah, the son of Meshullam, the son of Meshillemith, the son of Immer.

¹³The priests, who were heads of families, numbered 1,760. They were able men, responsible for ministering in the house of God.

¹⁴Of the Levites:

Shemaiah son of Hasshub, the son of Azrikam, the son of Hashabiah, a Merarite; ¹⁵Bakbakkar, Heresh, Galal and Mattaniah son of Mica, the son of Zicri, the son of Asaph; ¹⁶Obadiah son of Shemaiah, the son of Galal, the son of Jeduthun; and Berekiah son of Asa, the son of Elkanah, who lived in the villages of the Netophathites.

¹⁷The gatekeepers:

Shallum, Akkub, Talmon, Ahiman and their brothers, Shallum their chief ¹⁸being stationed at the King's Gate on the east, up to the present time. These were the gatekeepers belonging to the camp of the Levites. ¹⁹Shallum son of Kore, the son of Ebiasaph, the son of Korah, and his fellow gatekeepers from his family (the Korahites) were responsible for guarding the thresholds of the Tentª just as their fathers had been responsible for guarding the entrance to the dwelling of the Lord. ²⁰In earlier times Phinehas son of Eleazar was in charge of the gatekeepers, and the Lord was with him. ²¹Zechariah son of Meshelemiah was the gatekeeper at the entrance to the Tent of Meeting.

²²Altogether, those chosen to be gatekeepers at the thresholds numbered 212. They were registered by genealogy in their villages. The gatekeepers had been assigned to their positions of trust by David and Samuel the seer. ²³They and their descendants were in charge of guarding the gates of the house of the Lord—the house called the Tent. ²⁴The gatekeepers were on the four sides: east, west, north and south. ²⁵Their brothers in their villages had to come from time to time and share their duties for seven-day periods. ²⁶But the four principal gatekeepers, who were Levites, were entrusted with the responsibility for the rooms and treasuries in the house of God. ²⁷They would spend the night stationed around the house of God, because they had to guard it; and they had charge of the key for opening it each morning.

²⁸Some of them were in charge of the articles used in temple service; they counted them when they were brought in and when they were taken out. ²⁹Others were assigned to take care of the furnishings and all the other articles of the sanctuary, as well as the flour and wine, and the oil, incense and spices. ³⁰But some of the priests took care of mixing the spices. ³¹A Levite named Mattithiah, the firstborn son of Shallum the Korahite, was entrusted with the responsibility for baking the offering bread. ³²Some of their Kohathite brothers were in charge of preparing for every Sabbath the bread set out on the table.

³³Those who were musicians, heads of Levite families, stayed in the rooms of the temple and were exempt from other duties because they were responsible for the work day and night.

³⁴All these were heads of Levite families, chiefs as listed in their genealogy, and they lived in Jerusalem.

The Genealogy of Saul

³⁵Jeiel the fatherᵇ of Gibeon lived in Gibeon.

His wife's name was Maacah, ³⁶and his firstborn son was Abdon, followed by Zur, Kish, Baal, Ner, Nadab, ³⁷Gedor, Ahio, Zechariah and Mikloth.

ª9.19 Isto é, do templo; também nos versículos 21 e 23. ᵇ9.35 Pai pode significar líder civil ou líder militar.

ª9:19 That is, the temple; also in verses 21 and 23 ᵇ9:35 Father may mean civic leader or military leader.

38 Miclote gerou Siméia.
Eles também moravam perto
de seus parentes em Jerusalém.
39 Ner gerou Quis, Quis gerou Saul,
Saul gerou Jônatas, Malquisua,
Abinadabe e Esbaal.
40 Este foi o filho de Jônatas:
Meribe-Baal, que gerou Mica.
41 Estes foram os filhos de Mica:
Pitom, Meleque, Taréia e Acaz**ª**.
42 Acaz gerou Jadá, Jadá**b** gerou Alemete,
Azmavete e Zinri, e Zinri gerou Mosa.
43 Mosa gerou Bineá,
cujo filho foi Refaías;
o filho deste foi Eleasa, pai de Azel.
44 Azel teve seis filhos,
e os nomes deles foram:
Azricão, Bocru, Ismael, Searias,
Obadias e Hanã.
Esses foram os filhos de Azel.

O Suicídio de Saul

10 E aconteceu que, em combate com os filisteus, os israelitas foram postos em fuga, e muitos caíram mortos no monte Gilboa. **2** Os filisteus perseguiram Saul e seus filhos, e mataram Jônatas, Abinadabe e Malquisua, filhos de Saul. **3** O combate foi se tornando cada vez mais violento em torno de Saul, até que os flecheiros o alcançaram e o feriram gravemente.

4 Então Saul ordenou ao seu escudeiro: "Tire sua espada e mate-me, se não sofrerei a vergonha de cair nas mãos desses incircuncisos".

Mas o seu escudeiro estava apavorado e não quis fazê-lo. Saul, então, apanhou a própria espada e jogou-se sobre ela. **5** Quando o escudeiro viu que Saul estava morto, jogou-se também sobre sua espada e morreu. **6** Dessa maneira Saul e seus três filhos morreram e, assim, toda a descendência real.

7 Quando os israelitas que habitavam no vale viram que o exército tinha fugido e que Saul e seus filhos estavam mortos, fugiram, abandonando suas cidades. Depois os filisteus foram ocupá-las.

8 No dia seguinte, quando os filisteus foram saquear os mortos, encontraram Saul e seus filhos caídos no monte Gilboa. **9** Cortaram a cabeça de Saul, pegaram suas armas e enviaram mensageiros por toda a terra dos filisteus proclamando a notícia entre os seus ídolos e o seu povo. **10** Expuseram suas armas num dos templos dos seus deuses e penduraram sua cabeça no templo de Dagom.

11 Quando os habitantes de Jabes-Gileade ficaram sabendo o que os filisteus haviam feito com Saul, **12** os mais corajosos dentre eles foram e apanharam os corpos de Saul e de seus filhos e os levaram a Jabes. Lá sepultaram seus ossos sob a Grande Árvore, e jejuaram por sete dias.

13 Saul morreu dessa forma porque foi infiel ao SENHOR; não foi obediente à palavra do SENHOR e chegou a consultar uma médium em busca de orientação, **14** em vez de consultar o SENHOR. Por isso o SENHOR o entregou à morte e deu o reino a Davi, filho de Jessé.

O Reinado de Davi, Rei de Israel

11 Todo o Israel reuniu-se com Davi em Hebrom e disse: "Somos sangue do teu sangue.**c** **2** No passado, mesmo quando Saul era rei, eras tu quem liderava Israel em suas batalhas. E o SENHOR, o teu Deus, te disse: 'Você pastoreará Israel, o meu povo, e será o seu governante' ".

38 Mikloth was the father of Shimeam. They too lived near their relatives in Jerusalem.
39 Ner was the father of Kish, Kish the father of Saul, and Saul the father of Jonathan, Malki-Shua, Abinadab and Esh-Baal.
40 The son of Jonathan:
Merib-Baal,**b** who was the father of Micah.
41 The sons of Micah:
Pithon, Melech, Tahrea and Ahaz.**c**
42 Ahaz was the father of Jadah, Jadah**d** was the father of Alemeth, Azmaveth and Zimri, and Zimri was the father of Moza. **43** Moza was the father of Binea; Rephaiah was his son, Eleasah his son and Azel his son.
44 Azel had six sons, and these were their names:
Azrikam, Bokeru, Ishmael, Sheariah, Obadiah and Hanan. These were the sons of Azel.

Saul Takes His Life

10 Now the Philistines fought against Israel; the Israelites fled before them, and many fell slain on Mount Gilboa. **2** The Philistines pressed hard after Saul and his sons, and they killed his sons Jonathan, Abinadab and Malki-Shua. **3** The fighting grew fierce around Saul, and when the archers overtook him, they wounded him.

4 Saul said to his armor-bearer, "Draw your sword and run me through, or these uncircumcised fellows will come and abuse me."

But his armor-bearer was terrified and would not do it; so Saul took his own sword and fell on it. **5** When the armorbearer saw that Saul was dead, he too fell on his sword and died. **6** So Saul and his three sons died, and all his house died together.

7 When all the Israelites in the valley saw that the army had fled and that Saul and his sons had died, they abandoned their towns and fled. And the Philistines came and occupied them.

8 The next day, when the Philistines came to strip the dead, they found Saul and his sons fallen on Mount Gilboa. **9** They stripped him and took his head and his armor, and sent messengers throughout the land of the Philistines to proclaim the news among their idols and their people. **10** They put his armor in the temple of their gods and hung up his head in the temple of Dagon.

11 When all the inhabitants of Jabesh Gilead heard of everything the Philistines had done to Saul, **12** all their valiant men went and took the bodies of Saul and his sons and brought them to Jabesh. Then they buried their bones under the great tree in Jabesh, and they fasted seven days.

13 Saul died because he was unfaithful to the LORD; he did not keep the word of the LORD and even consulted a medium for guidance, **14** and did not inquire of the LORD. So the LORD put him to death and turned the kingdom over to David son of Jesse.

David Becomes King Over Israel

11 All Israel came together to David at Hebron and said, "We are your own flesh and blood. **2** In the past, even while Saul was king, you were the one who led Israel on their military campaigns. And the LORD your God said to you, 'You will shepherd my people Israel, and you will become their ruler.' "

ª9.41 Conforme a Vulgata e a Versão Siríaca. O Texto Massorético não traz *e Acaz.* Veja 1Cr 8.35. **b**9.42 Muitos manuscritos dizem *Jaerá.* Veja 1Cr 8.36.**c**11.1 Hebraico: *teu osso e tua carne.*

ª9:39 Also known as *Ish-Bosheth* **b**9:40 Also known as *Mephibosheth* **c**9:41 Vulgate and Syriac (see also Septuagint and 1 Chron. 8:35); Hebrew does not have *and Ahaz.* **d**9:42 Some Hebrew manuscripts and Septuagint (see also 1 Chron. 8:36); most Hebrew manuscripts *Jarah, Jarah*

³ Então todas as autoridades de Israel foram ao encontro do rei Davi em Hebrom, onde este fez um acordo com elas perante o Senhor, e ali ungiram Davi rei de Israel, conforme o Senhor havia anunciado por meio de Samuel.

A Conquista de Jerusalém

⁴ Davi e todos os israelitas marcharam para Jerusalém, que é Jebus. Os jebuseus, habitantes da cidade, ⁵ disseram a Davi: "Você não entrará aqui". No entanto, Davi conquistou a fortaleza de Sião, a Cidade de Davi.

⁶ Naquele dia Davi disse: "O primeiro que atacar os jebuseus se tornará o comandante do exército". Joabe, filho de Zeruia, foi o primeiro e por isso recebeu o comando do exército.

⁷ Davi passou a morar na fortaleza e por isso ela foi chamada Cidade de Davi. ⁸ Ele reconstruiu a cidade ao redor da fortaleza, desde o Milo[a] até os muros ao redor, e Joabe restaurou o restante da cidade. ⁹ E Davi foi se tornando cada vez mais poderoso, pois o Senhor dos Exércitos estava com ele.

Os Principais Guerreiros de Davi

¹⁰ Estes foram os chefes dos principais guerreiros de Davi, que junto com todo o Israel, deram um grande apoio para estender o seu reinado a todo o país, conforme o Senhor havia prometido. ¹¹ Esta é a lista deles:

Jasobeão[b], um hacmonita, chefe dos oficiais[c]; foi ele que, empunhando sua lança, matou trezentos homens numa mesma batalha.

¹² Depois, Eleazar, filho de Dodô, de Aoí, um dos três principais guerreiros. ¹³ Ele estava com Davi na plantação de cevada de Pas-Damim, onde os filisteus se reuniram para a guerra. As tropas israelitas fugiram dos filisteus, ¹⁴ mas eles mantiveram sua posição no meio da plantação. Eles a defenderam e feriram os filisteus, e o Senhor lhes deu uma grande vitória.

¹⁵ Quando um grupo de filisteus estava acampado no vale de Refaim, três chefes do batalhão dos Trinta foram encontrar Davi na rocha que há perto da caverna de Adulão. ¹⁶ Estando Davi nessa fortaleza e o destacamento filisteu em Belém, ¹⁷ Davi expressou seu desejo: "Quem me dera me trouxessem água da cisterna que fica junto à porta de Belém!" ¹⁸ Então aqueles três infiltraram-se no acampamento filisteu, tiraram água daquela cisterna e a trouxeram a Davi. Mas ele se recusou a bebê-la; em vez disso, derramou-a como uma oferta ao Senhor. ¹⁹ "Longe de mim fazer isso, ó meu Deus!", disse Davi. "Esta água representa o sangue desses homens que arriscaram a própria vida!" Eles arriscaram a vida para trazê-la. E não quis bebê-la. Foram essas as proezas dos três principais guerreiros.

²⁰ Abisai, o irmão de Joabe, era o chefe do batalhão dos Trinta[d]. Com uma lança enfrentou trezentos homens e os matou, tornando-se famoso como os três. ²¹ Foi honrado duas vezes mais do que o batalhão dos Trinta e se tornou chefe deles, mas nunca igualou-se aos três principais guerreiros.

²² Benaia, filho de Joiada, era um corajoso soldado de Cabzeel, e realizou grandes feitos. Matou dois dos melhores guerreiros de Moabe e, num dia de neve, desceu ao fundo de uma cova e matou um leão. ²³ Também matou um egípcio de dois metros e vinte e cinco centímetros[e] de altura. Embora o egípcio tivesse na mão uma lança parecida com uma lançadeira de tecelão, Benaia o enfrentou com um cajado. Arrancou a lança da mão do egípcio e com ela o matou. ²⁴ Esses foram os grandes feitos de Benaia, filho de Joiada, que também foi famoso como os três principais guerreiros de Davi. ²⁵ Foi mais honrado do que qualquer dos Trinta, mas nunca igualou-se aos três. E Davi lhe deu o comando da sua guarda pessoal.

²⁶ Os outros guerreiros foram:

---

³ When all the elders of Israel had come to King David at Hebron, he made a compact with them at Hebron before the Lord, and they anointed David king over Israel, as the Lord had promised through Samuel.

David Conquers Jerusalem

⁴ David and all the Israelites marched to Jerusalem (that is, Jebus). The Jebusites who lived there ⁵ said to David, "You will not get in here." Nevertheless, David captured the fortress of Zion, the City of David.

⁶ David had said, "Whoever leads the attack on the Jebusites will become commander-in-chief." Joab son of Zeruiah went up first, and so he received the command.

⁷ David then took up residence in the fortress, and so it was called the City of David. ⁸ He built up the city around it, from the supporting terraces[a] to the surrounding wall, while Joab restored the rest of the city. ⁹ And David became more and more powerful, because the Lord Almighty was with him.

David's Mighty Men

¹⁰ These were the chiefs of David's mighty men—they, together with all Israel, gave his kingship strong support to extend it over the whole land, as the Lord had promised— ¹¹ this is the list of David's mighty men:

Jashobeam,[b] a Hacmonite, was chief of the officers[c]; he raised his spear against three hundred men, whom he killed in one encounter.

¹² Next to him was Eleazar son of Dodai the Ahohite, one of the three mighty men. ¹³ He was with David at Pas Dammim when the Philistines gathered there for battle. At a place where there was a field full of barley, the troops fled from the Philistines. ¹⁴ But they took their stand in the middle of the field. They defended it and struck the Philistines down, and the Lord brought about a great victory.

¹⁵ Three of the thirty chiefs came down to David to the rock at the cave of Adullam, while a band of Philistines was encamped in the Valley of Rephaim. ¹⁶ At that time David was in the stronghold, and the Philistine garrison was at Bethlehem. ¹⁷ David longed for water and said, "Oh, that someone would get me a drink of water from the well near the gate of Bethlehem!" ¹⁸ So the Three broke through the Philistine lines, drew water from the well near the gate of Bethlehem and carried it back to David. But he refused to drink it; instead, he poured it out before the Lord. ¹⁹ "God forbid that I should do this!" he said. "Should I drink the blood of these men who went at the risk of their lives?" Because they risked their lives to bring it back, David would not drink it.

Such were the exploits of the three mighty men.

²⁰ Abishai the brother of Joab was chief of the Three. He raised his spear against three hundred men, whom he killed, and so he became as famous as the Three. ²¹ He was doubly honored above the Three and became their commander, even though he was not included among them.

²² Benaiah son of Jehoiada was a valiant fighter from Kabzeel, who performed great exploits. He struck down two of Moab's best men. He also went down into a pit on a snowy day and killed a lion. ²³ And he struck down an Egyptian who was seven and a half feet[d] tall. Although the Egyptian had a spear like a weaver's rod in his hand, Benaiah went against him with a club. He snatched the spear from the Egyptian's hand and killed him with his own spear. ²⁴ Such were the exploits of Benaiah son of Jehoiada; he too was as famous as the three mighty men. ²⁵ He was held in greater honor than any of the Thirty, but he was not included among the Three. And David put him in charge of his bodyguard.

²⁶ The mighty men were:

ᵃ11.8 Ou *desde o aterro* ᵇ11.11 Possivelmente variante de *Jasobe-Baal*. ᶜ11.11 Ou *Trinta*. Veja 2Sm 23.8. ᵈ11.20 Conforme a Versão Siríaca e muitas versões. O Texto Massorético diz *chefe dos três*. Também no versículo 21. ᵉ11.23 Hebraico: *5 côvados*. O côvado era uma medida linear de cerca de 45 centímetros.

ᵃ11:8 Or *the Millo* ᵇ11:11 Possibly a variant of *Jashob-Baal* ᶜ11:11 Or *Thirty*; some Septuagint manuscripts *Three* (see also 2 Samuel 23:8) ᵈ11:23 Hebrew *five cubits* (about 2.3 meters)

Asael, irmão de Joabe;
Elanã, filho de Dodô, de Belém;
27 Samote, de Haror;
Helez, de Pelom;
28 Ira, filho de Iques, de Tecoa;
Abiezer, de Anatote;
29 Sibecai, de Husate;
Ilai, de Aoí;
30 Maarai, de Netofate;
Helede, filho de Baaná, de Netofate;
31 Itai, filho de Ribai,
de Gibeá de Benjamim;
Benaia, de Piratom;
32 Hurai, dos riachos de Gaás;
Abiel, de Arbate;
33 Azmavete, de Baurim;
Eliaba, de Saalbom;
34 os filhos de Hasém, de Gizom;
Jônatas, filho de Sage, de Harar;
35 Aião, filho de Sacar, de Harar;
Elifal, filho de Ur;
36 Héfer, de Mequerate;
Aías, de Pelom;
37 Hezro, de Carmelo;
Naarai, filho de Ezbai;
38 Joel, irmão de Natã;
Mibar, filho de Hagri;
39 o amonita Zeleque;
Naarai, de Beerote, escudeiro de Joabe,
filho de Zeruia;
40 Ira e Garebe, de Jatir;
41 Urias, o hitita;
Zabade, filho de Alai;
42 Adina, filho de Siza, de Rúben,
chefe dos rubenitas
e do batalhão dos Trinta;
43 Hanã, filho de Maaca;
Josafá, de Mitene;
44 Uzia, de Asterote;
Sama e Jeiel, filhos de Hotão,
de Aroer;
45 Jediael, filho de Sinri,
seu irmão, Joá, de Tiz;
46 Eliel, de Maave;
Jeribai e Josavias, filhos de Elnaão;
Itma, um moabita,
47 e Eliel, Obede e Jaasiel, de Mezoba.

Os Aliados de Davi

12 Estes são os que se juntaram a Davi em Ziclague, onde se escondia de Saul, filho de Quis. Eles estavam entre os combatentes que o ajudaram na guerra; 2 tanto com a mão direita como com a esquerda utilizavam arco e flecha, e a funda para atirar pedras; pertenciam à tribo de Benjamim e eram parentes de Saul:

3 Aiezer, o chefe deles,
e Joás, filhos de Semaá, de Gibeá;
Jeziel e Pelete, filhos de Azmavete;
Beraca, Jeú, de Anatote,
4 e Ismaías, de Gibeom,
um grande guerreiro
do batalhão dos Trinta,
e chefe deles;
Jeremias, Jaaziel, Joanã,
Jozabade, de Gederate,
5 Eluzai, Jeremote, Bealias,
Semarias e Sefatias, de Harufe;
6 os coreitas Elcana, Issias, Azareel,
Joezer e Jasobeão;

Asahel the brother of Joab,
Elhanan son of Dodo from Bethlehem,
27 Shammoth the Harorite,
Helez the Pelonite,
28 Ira son of Ikkesh from Tekoa,
Abiezer from Anathoth,
29 Sibbecai the Hushathite,
Ilai the Ahohite,
30 Maharai the Netophathite,
Heled son of Baanah the Netophathite,
31 Ithai son of Ribai from Gibeah in Benjamin,
Benaiah the Pirathonite,
32 Hurai from the ravines of Gaash,
Abiel the Arbathite,
33 Azmaveth the Baharumite,
Eliahba the Shaalbonite,
34 the sons of Hashem the Gizonite,
Jonathan son of Shagee the Hararite,
35 Ahiam son of Sacar the Hararite,
Eliphal son of Ur,
36 Hepher the Mekerathite,
Ahijah the Pelonite,
37 Hezro the Carmelite,
Naarai son of Ezbai,
38 Joel the brother of Nathan,
Mibhar son of Hagri,
39 Zelek the Ammonite,
Naharai the Berothite, the armor-bearer of Joab son of Zeruiah,
40 Ira the Ithrite,
Gareb the Ithrite,
41 Uriah the Hittite,
Zabad son of Ahlai,
42 Adina son of Shiza the Reubenite, who was chief of the Reubenites, and the thirty with him,
43 Hanan son of Maacah,
Joshaphat the Mithnite,
44 Uzzia the Ashterathite,
Shama and Jeiel the sons of Hotham the Aroerite,
45 Jediael son of Shimri,
his brother Joha the Tizite,
46 Eliel the Mahavite,
Jeribai and Joshaviah the sons of Elnaam,
Ithmah the Moabite,
47 Eliel, Obed and Jaasiel the Mezobaite.

Warriors Join David

12 These were the men who came to David at Ziklag, while he was banished from the presence of Saul son of Kish (they were among the warriors who helped him in battle; 2 they were armed with bows and were able to shoot arrows or to sling stones right-handed or left-handed; they were kinsmen of Saul from the tribe of Benjamin):

3 Ahiezer their chief and Joash the sons of Shemaah the Gibeathite; Jeziel and Pelet the sons of Azmaveth; Beracah, Jehu the Anathothite, 4 and Ishmaiah the Gibeonite, a mighty man among the Thirty, who was a leader of the Thirty; Jeremiah, Jahaziel, Johanan, Jozabad the Gederathite, 5 Eluzai, Jerimoth, Bealiah, Shemariah and Shephatiah the Haruphite; 6 Elkanah, Isshiah, Azarel, Joezer and Jashobeam the Korahites;

7 e Joela e Zebadias,
filhos de Jeroão, de Gedor.

8 Da tribo de Gade alguns aliaram-se a Davi em sua fortaleza no deserto. Eram guerreiros corajosos, prontos para o combate, e sabiam lutar com escudo e com lança. Tinham a bravura de um leão e eram ágeis como gazelas nos montes.
9 Ézer era o primeiro;
Obadias, o segundo; Eliabe, o terceiro;
10 Mismana, o quarto; Jeremias, o quinto;
11 Atai, o sexto; Eliel, o sétimo;
12 Joanã, o oitavo; Elzabade, o nono;
13 Jeremias, o décimo; e Macbanai era o décimo primeiro.
14 Todos esses de Gade eram chefes de exército; o menor valia por[a] cem, e o maior enfrentava mil. **15** Foram eles que atravessaram o Jordão no primeiro mês do ano, quando o rio transborda em todas as suas margens, e puseram em fuga todos os que moravam nos vales, a leste e a oeste.
16 Alguns outros benjamitas e certos homens de Judá também vieram a Davi em sua fortaleza. **17** Davi saiu ao encontro deles e lhes disse: "Se vocês vieram em paz, para me ajudarem, estou pronto a recebê-los. Mas, se querem trair-me e entregar-me aos meus inimigos, sendo que as minhas mãos não cometeram violência, que o Deus de nossos antepassados veja isso e julgue vocês".
18 Então o Espírito veio sobre Amasai, chefe do batalhão dos Trinta, e ele disse:

"Somos teus, ó Davi!
Estamos contigo, ó filho de Jessé!
Paz, paz seja contigo,
   e com os teus aliados,
pois o teu Deus te ajudará".

Davi os recebeu e os nomeou chefes dos seus grupos de ataque.
19 Alguns soldados de Manassés desertaram para Davi quando ele foi com os filisteus guerrear contra Saul. Eles não ajudaram os filisteus, porque os seus chefes os aconselharam e os mandaram embora, dizendo: "Pagaremos com a vida, caso Davi deserte e passe para Saul, seu senhor". **20** Estes foram os homens de Manassés que desertaram para Davi quando ele foi a Ziclague: Adna, Jozabade, Jediael, Micael, Jozabade, Eliú e Ziletai, chefes de batalhões de mil em Manassés. **21** Eles ajudaram Davi contra grupos de ataque, pois todos eles eram guerreiros valentes, e eram líderes no exército dele. **22** Diariamente chegavam soldados para ajudar Davi, até que o seu exército tornou-se tão grande como o exército de Deus[b].

O Crescimento do Exército de Davi

23 Este é o número dos soldados armados para a guerra que vieram a Davi em Hebrom para lhe entregar o reino de Saul, conforme o Senhor tinha dito:
24 da tribo de Judá, 6.800 armados para a guerra, com escudo e lança;
25 da tribo de Simeão, 7.100 guerreiros prontos para o combate;
26 da tribo de Levi, 4.600, **27** inclusive Joiada, líder da família de Arão, com 3.700 homens, **28** e Zadoque, um jovem e valente guerreiro, com 22 oficiais de sua família;
29 da tribo de Benjamim, parentes de Saul, 3.000, a maioria dos quais era até então fiel à família de Saul;
30 da tribo de Efraim, 20.800 soldados valentes, famosos em seus próprios clãs;
31 da metade da tribo de Manassés, 18.000, indicados por nome para fazerem Davi rei;
32 da tribo de Issacar, 200 chefes que sabiam como Israel deveria agir em qualquer circunstância. Comandavam todos os seus parentes;

7 and Joelah and Zebadiah the sons of Jeroham from Gedor.

8 Some Gadites defected to David at his stronghold in the desert. They were brave warriors, ready for battle and able to handle the shield and spear. Their faces were the faces of lions, and they were as swift as gazelles in the mountains.
9 Ezer was the chief,
Obadiah the second in command, Eliab the third,
10 Mishmannah the fourth, Jeremiah the fifth,
11 Attai the sixth, Eliel the seventh,
12 Johanan the eighth, Elzabad the ninth,
13 Jeremiah the tenth and Macbannai the eleventh.
14 These Gadites were army commanders; the least was a match for a hundred, and the greatest for a thousand. **15** It was they who crossed the Jordan in the first month when it was overflowing all its banks, and they put to flight everyone living in the valleys, to the east and to the west.
16 Other Benjamites and some men from Judah also came to David in his stronghold. **17** David went out to meet them and said to them, "If you have come to me in peace, to help me, I am ready to have you unite with me. But if you have come to betray me to my enemies when my hands are free from violence, may the God of our fathers see it and judge you."
18 Then the Spirit came upon Amasai, chief of the Thirty, and he said:

"We are yours, O David!
We are with you, O son of Jesse!
Success, success to you,
   and success to those who help you,
      for your God will help you."

So David received them and made them leaders of his raiding bands.
19 Some of the men of Manasseh defected to David when he went with the Philistines to fight against Saul. (He and his men did not help the Philistines because, after consultation, their rulers sent him away. They said, "It will cost us our heads if he deserts to his master Saul.") **20** When David went to Ziklag, these were the men of Manasseh who defected to him: Adnah, Jozabad, Jediael, Michael, Jozabad, Elihu and Zillethai, leaders of units of a thousand in Manasseh. **21** They helped David against raiding bands, for all of them were brave warriors, and they were commanders in his army. **22** Day after day men came to help David, until he had a great army, like the army of God.[a]

Others Join David at Hebron

23 These are the numbers of the men armed for battle who came to David at Hebron to turn Saul's kingdom over to him, as the Lord had said:
24 men of Judah, carrying shield and spear—6,800 armed for battle;
25 men of Simeon, warriors ready for battle—7,100;
26 men of Levi—4,600, **27** including Jehoiada, leader of the family of Aaron, with 3,700 men, **28** and Zadok, a brave young warrior, with 22 officers from his family;
29 men of Benjamin, Saul's kinsmen—3,000, most of whom had remained loyal to Saul's house until then;
30 men of Ephraim, brave warriors, famous in their own clans—20,800;
31 men of half the tribe of Manasseh, designated by name to come and make David king—18,000;
32 men of Issachar, who understood the times and knew what Israel should do—200 chiefs, with all their relatives under their command;

---

[a] 12.14 Ou *comandava* [b] 12.22 Ou *um exército grande e poderoso*   [a] 12:22 Or *a great and mighty army*

33 da tribo de Zebulom, 50.000 soldados experientes, preparados para guerrear com qualquer tipo de arma, totalmente decididos a ajudar Davi;

34 da tribo de Naftali, 1.000 líderes com 37.000 homens armados de escudos e lanças;

35 da tribo de Dã, 28.600 preparados para o combate;

36 da tribo de Aser, 40.000 soldados experientes, preparados para o combate;

37 e do leste do Jordão, das tribos de Rúben e de Gade, e da metade da tribo de Manassés, 120.000 completamente armados.

38 Todos esses eram homens de combate e se apresentaram voluntariamente para servir nas fileiras. Vieram a Hebrom totalmente decididos a fazer de Davi rei sobre todo o Israel. E todos os outros israelitas tinham esse mesmo propósito. **39** Ficaram com Davi três dias, comendo e bebendo, pois as suas famílias haviam fornecido provisões para eles. **40** Os habitantes das tribos vizinhas e também de lugares distantes como Issacar, Zebulom e Naftali, trouxeram-lhes muitas provisões em jumentos, camelos, mulas e bois. Havia grande fartura de suprimentos: farinha, bolos de figo, bolos de uvas passas, vinho, azeite, bois e ovelhas, pois havia grande alegria em Israel.

O Retorno da Arca

13 Depois de consultar todos os seus oficiais, os comandantes de mil e de cem, **2** Davi disse a toda a assembléia de Israel: "Se vocês estão de acordo e se esta é a vontade do Senhor, o nosso Deus, enviemos uma mensagem a nossos irmãos em todo o território de Israel, e também aos sacerdotes e aos levitas que estão com eles em suas cidades, para virem unir-se a nós. **3** Vamos trazer de volta a arca de nosso Deus, pois não nos importamos com ela^a durante o reinado de Saul." **4** Toda a assembléia concordou, pois isso pareceu bom a todo o povo.

5 Então Davi reuniu todos os israelitas, desde o rio Sior, no Egito, até Lebo-Hamate, para trazerem de Quiriate-Jearim a arca de Deus. **6** Davi e todos os israelitas foram a Baalá, que é Quiriate-Jearim, em Judá, para buscar a arca de Deus, o Senhor, que tem o seu trono entre os querubins; a arca sobre a qual o seu nome é invocado.

7 Da casa de Abinadabe levaram a arca de Deus num carroção novo, conduzido por Uzá e Aiô. **8** Davi e todos os israelitas iam dançando e cantando com todo o vigor diante de Deus, ao som de harpas, liras, tamborins, címbalos e cornetas.

9 Quando chegaram à eira de Quidom, Uzá esticou o braço e segurou a arca, porque os bois haviam tropeçado. **10** A ira do Senhor acendeu-se contra Uzá, e ele o feriu por ter tocado na arca. Uzá morreu ali mesmo, diante de Deus.

11 Davi ficou contrariado porque o Senhor, em sua ira, havia fulminado Uzá. Até hoje aquele lugar é chamado Perez-Uzá^b.

12 Naquele dia Davi teve medo de Deus e se perguntou: "Como vou conseguir levar a arca de Deus?" **13** Por isso desistiu de trazer a arca para a Cidade de Davi. Em vez disso, levou-a para a casa de Obede-Edom, de Gate. **14** A arca de Deus ficou na casa dele por três meses, e o Senhor abençoou sua família e tudo o que possuía.

O Palácio e a Família de Davi

14 Hirão, rei de Tiro, enviou a Davi uma delegação, que lhe trouxe toras de cedro, e também pedreiros e carpinteiros para lhe construírem um palácio. **2** Então Davi teve certeza de que o Senhor o confirmara como rei de Israel e que estava fazendo prosperar o seu reino por amor de Israel, seu povo.

33 men of Zebulun, experienced soldiers prepared for battle with every type of weapon, to help David with undivided loyalty—50,000;

34 men of Naphtali—1,000 officers, together with 37,000 men carrying shields and spears;

35 men of Dan, ready for battle—28,600;

36 men of Asher, experienced soldiers prepared for battle—40,000;

37 and from east of the Jordan, men of Reuben, Gad and the half-tribe of Manasseh, armed with every type of weapon—120,000.

38 All these were fighting men who volunteered to serve in the ranks. They came to Hebron fully determined to make David king over all Israel. All the rest of the Israelites were also of one mind to make David king. **39** The men spent three days there with David, eating and drinking, for their families had supplied provisions for them. **40** Also, their neighbors from as far away as Issachar, Zebulun and Naphtali came bringing food on donkeys, camels, mules and oxen. There were plentiful supplies of flour, fig cakes, raisin cakes, wine, oil, cattle and sheep, for there was joy in Israel.

Bringing Back the Ark

13 David conferred with each of his officers, the commanders of thousands and commanders of hundreds. **2** He then said to the whole assembly of Israel, "If it seems good to you and if it is the will of the Lord our God, let us send word far and wide to the rest of our brothers throughout the territories of Israel, and also to the priests and Levites who are with them in their towns and pasturelands, to come and join us. **3** Let us bring the ark of our God back to us, for we did not inquire of^a it^b during the reign of Saul." **4** The whole assembly agreed to do this, because it seemed right to all the people.

5 So David assembled all the Israelites, from the Shihor River in Egypt to Lebo Hamath, to bring the ark of God from Kiriath Jearim. **6** David and all the Israelites with him went to Baalah of Judah (Kiriath Jearim) to bring up from there the ark of God the Lord, who is enthroned between the cherubim—the ark that is called by the Name.

7 They moved the ark of God from Abinadab's house on a new cart, with Uzzah and Ahio guiding it. **8** David and all the Israelites were celebrating with all their might before God, with songs and with harps, lyres, tambourines, cymbals and trumpets.

9 When they came to the threshing floor of Kidon, Uzzah reached out his hand to steady the ark, because the oxen stumbled. **10** The Lord's anger burned against Uzzah, and he struck him down because he had put his hand on the ark. So he died there before God.

11 Then David was angry because the Lord's wrath had broken out against Uzzah, and to this day that place is called Perez Uzzah.^d

12 David was afraid of God that day and asked, "How can I ever bring the ark of God to me?" **13** He did not take the ark to be with him in the City of David. Instead, he took it aside to the house of Obed-Edom the Gittite. **14** The ark of God remained with the family of Obed-Edom in his house for three months, and the Lord blessed his household and everything he had.

David's House and Family

14 Now Hiram king of Tyre sent messengers to David, along with cedar logs, stonemasons and carpenters to build a palace for him. **2** And David knew that the Lord had established him as king over Israel and that his kingdom had been highly exalted for the sake of his people Israel.

---

^a13.3 Ou *a consultamos*; ou ainda *o consultamos* ^b13.11 *Perez-Uzá* significa *destruição de Uzá*.

^a13:3 Or *we neglected* ^b13:3 Or *him* ^c13:5 Or *to the entrance to* ^d13:11 *Perez Uzzah* means *outbreak against Uzzah*.

3 Em Jerusalém Davi tomou para si mais mulheres e gerou mais filhos e filhas. **4** Estes são os nomes dos que lhe nasceram ali: Samua, Sobabe, Natã, Salomão, **5** Ibar, Elisua, Elpalete, **6** Nogá, Nefegue, Jafia, **7** Elisama, Beeliada**a** e Elifelete.

Davi Derrota os Filisteus

8 Quando os filisteus ficaram sabendo que Davi tinha sido ungido rei de todo o Israel, foram com todo o exército prendê-lo, mas Davi soube disso e saiu para enfrentá-los. **9** Tendo os filisteus invadido o vale de Refaim, **10** Davi perguntou a Deus: "Devo atacar os filisteus? Tu os entregarás nas minhas mãos?"

O Senhor lhe respondeu: "Vá, eu os entregarei nas suas mãos".

11 Então Davi e seus soldados foram a Baal-Perazim, e Davi os derrotou e disse: "Assim como as águas de uma enchente causam destruição, pelas minhas mãos Deus destruiu os meus inimigos". E aquele lugar passou a ser chamado Baal-Perazim**b**. **12** Como os filisteus haviam abandonado os seus ídolos ali, Davi ordenou que fossem queimados.

13 Os filisteus voltaram a atacar o vale; **14** de novo Davi consultou Deus, que lhe respondeu: "Não ataque pela frente, mas dê a volta por trás deles e ataque-os em frente das amoreiras. **15** Assim que você ouvir um som de passos por cima das amoreiras, saia para o combate, pois este é o sinal de que Deus saiu à sua frente para ferir o exército filisteu". **16** E Davi fez como Deus lhe tinha ordenado, e eles derrotaram o exército filisteu por todo o caminho, desde Gibeom até Gezer.

17 Assim a fama de Davi espalhou-se por todas as terras, e o Senhor fez com que todas as nações o temessem.

A Arca é Levada para Jerusalém

15 Depois que Davi tinha construído casas**c** para si na Cidade de Davi, ele preparou um lugar para a arca de Deus e armou uma tenda para ela. **2** Então Davi disse: "Somente os levitas poderão carregar a arca de Deus, pois para isso o Senhor os escolheu e para ficarem sempre a seu serviço".

3 Davi reuniu todo o Israel em Jerusalém para trazer a arca do Senhor para o lugar que ele lhe havia preparado. **4** Reuniu também os descendentes de Arão e os levitas:

5 dos descendentes de Coate, Uriel, liderando 120;
6 dos descendentes de Merari, Asaías, liderando 220;
7 dos descendentes de Gérson, Joel, liderando 130;
8 dos descendentes de Elisafã, Semaías, liderando 200;
9 dos descendentes de Hebrom, Eliel, liderando 80;
10 dos descendentes de Uziel, Aminadabe, liderando 112.

11 Em seguida Davi convocou os sacerdotes Zadoque e Abiatar, e os levitas Uriel, Asaías, Joel, Semaías, Eliel e Aminadabe, e **12** lhes disse: "Vocês são os chefes das famílias levitas; vocês e seus companheiros levitas deverão consagrar-se e trazer a arca do Senhor, o Deus de Israel, para o local que preparei para ela. **13** Pelo fato de vocês não terem carregado a arca na primeira vez, a ira do Senhor, o nosso Deus, causou destruição entre nós. Nós não o tínhamos consultado sobre como proceder". **14** Então os sacerdotes e os levitas se consagraram para transportar a arca do Senhor, o Deus de Israel. **15** E os levitas carregaram a arca de Deus apoiando as varas da arca sobre os ombros, conforme Moisés tinha ordenado, de acordo com a palavra do Senhor.

16 Davi também ordenou aos líderes dos levitas que encarregassem os músicos que havia entre eles de cantar músicas alegres, acompanhados por instrumentos musicais: liras, harpas e címbalos sonoros.

3 In Jerusalem David took more wives and became the father of more sons and daughters. **4** These are the names of the children born to him there: Shammua, Shobab, Nathan, Solomon, **5** Ibhar, Elishua, Elpelet, **6** Nogah, Nepheg, Japhia, **7** Elishama, Beeliada**a** and Eliphelet.

David Defeats the Philistines

8 When the Philistines heard that David had been anointed king over all Israel, they went up in full force to search for him, but David heard about it and went out to meet them. **9** Now the Philistines had come and raided the Valley of Rephaim; **10** so David inquired of God: "Shall I go and attack the Philistines? Will you hand them over to me?"

The Lord answered him, "Go, I will hand them over to you."

11 So David and his men went up to Baal Perazim, and there he defeated them. He said, "As waters break out, God has broken out against my enemies by my hand." So that place was called Baal Perazim.**b** **12** The Philistines had abandoned their gods there, and David gave orders to burn them in the fire.

13 Once more the Philistines raided the valley; **14** so David inquired of God again, and God answered him, "Do not go straight up, but circle around them and attack them in front of the balsam trees. **15** As soon as you hear the sound of marching in the tops of the balsam trees, move out to battle, because that will mean God has gone out in front of you to strike the Philistine army." **16** So David did as God commanded him, and they struck down the Philistine army, all the way from Gibeon to Gezer.

17 So David's fame spread throughout every land, and the Lord made all the nations fear him.

The Ark Brought to Jerusalem

15 After David had constructed buildings for him self in the City of David, he prepared a place for the ark of God and pitched a tent for it. **2** Then David said, "No one but the Levites may carry the ark of God, because the Lord chose them to carry the ark of the Lord and to minister before him forever."

3 David assembled all Israel in Jerusalem to bring up the ark of the Lord to the place he had prepared for it. **4** He called together the descendants of Aaron and the Levites:

5 From the descendants of Kohath,
Uriel the leader and 120 relatives;
6 from the descendants of Merari,
Asaiah the leader and 220 relatives;
7 from the descendants of Gershon,**c**
Joel the leader and 130 relatives;
8 from the descendants of Elizaphan,
Shemaiah the leader and 200 relatives;
9 from the descendants of Hebron,
Eliel the leader and 80 relatives;
10 from the descendants of Uzziel,
Amminadab the leader and 112 relatives.

11 Then David summoned Zadok and Abiathar the priests, and Uriel, Asaiah, Joel, Shemaiah, Eliel and Amminadab the Levites. **12** He said to them, "You are the heads of the Levitical families; you and your fellow Levites are to consecrate yourselves and bring up the ark of the Lord, the God of Israel, to the place I have prepared for it. **13** It was because you, the Levites, did not bring it up the first time that the Lord our God broke out in anger against us. We did not inquire of him about how to do it in the prescribed way." **14** So the priests and Levites consecrated themselves in order to bring up the ark of the Lord, the God of Israel. **15** And the Levites carried the ark of God with the poles on their shoulders, as Moses had commanded in accordance with the word of the Lord.

16 David told the leaders of the Levites to appoint their brothers as singers to sing joyful songs, accompanied by musical instruments: lyres, harps and cymbals.

---

a14.7 Variante de *Eliada*. **b**14.11 *Baal-Perazim* significa *o senhor que destrói.* **c**15.1 Ou *um palácio*

a14:7 A variant of *Eliada* **b**14:11 *Baal Perazim* means *the lord who breaks out.* **c**15:7 Hebrew *Gershom*, a variant of *Gershon*

[17] Assim, os levitas escolheram Hemã, filho de Joel, e Asafe, um parente dele; dentre os meraritas, seus parentes, escolheram Etã, filho de Cuxaías; [18] e com eles seus parentes que estavam no segundo escalão: Zacariasª, Jaaziel, Semiramote, Jeiel, Uni, Eliabe, Benaia, Maaséias, Matitias, Elifeleu, Micnéias, Obede-Edom e Jeielᵇ, os porteiros.

[19] Os músicos Hemã, Asafe e Etã deviam tocar os címbalos de bronze; [20] Zacarias, Aziel, Semiramote, Jeiel, Uni, Eliabe, Maaséias e Benaia deviam tocar as liras, acompanhando o soprano, [21] e Matitias, Elifeleu, Micnéias, Obede-Edom, Jeiel e Azarias deviam tocar as harpas em oitava, marcando o ritmo. [22] Quenanias, o chefe dos levitas, ficou encarregado dos cânticos; essa era sua responsabilidade, pois ele tinha competência para isso.

[23] Berequias e Elcana seriam porteiros e deveriam proteger a arca. [24] Os sacerdotes Sebanias, Josafá, Natanael, Amasai, Zacarias, Benaia e Eliézer deviam tocar as cornetas diante da arca de Deus. Obede-Edom e Jeías também deviam ser porteiros e vigiar a arca.

[25] Assim, com grande festa, Davi, as autoridades de Israel e os líderes dos batalhões de mil foram buscar a arca da aliança do Senhor que estava na casa de Obede-Edom. [26] Como Deus havia poupado os levitas que carregavam a arca da aliança do Senhor, sete novilhos e sete carneiros foram sacrificados. [27] Davi vestia um manto de linho fino, como também todos os levitas que carregavam a arca, os músicos e Quenanias, chefe dos músicos. Davi vestia também o colete sacerdotal de linho. [28] E todo o Israel acompanhou a arca da aliança do Senhor alegremente, ao som de trombetas, cornetas e címbalos, ao toque de liras e harpas.

[29] Quando a arca da aliança do Senhor estava entrando na Cidade de Davi, Mical, filha de Saul, observava de uma janela. E, aconteceu que ao ver o rei Davi dançando e celebrando, ela o desprezou em seu coração.

16

Eles trouxeram a arca de Deus e a colocaram na tenda que Davi lhe havia preparado, e ofereceram holocaustosᶜ e sacrifícios de comunhãoᵈ diante de Deus. [2] Após oferecer os holocaustos e os sacrifícios de comunhão, Davi abençoou o povo em nome do Senhor [3] e deu um pão, um bolo de tâmarasᵉ e um bolo de uvas passas a cada homem e a cada mulher israelita.

[4] Davi nomeou alguns dos levitas para ministrarem diante da arca do Senhor, fazendo petições, dando graças e louvando o Senhor, o Deus de Israel. [5] Desses, Asafe era o chefe, Zacarias vinha em seguida, e depois Jeiel, Semiramote, Jeiel, Matitias, Eliabe, Benaia, Obede-Edom e Jeiel. Eles deviam tocar lira e harpa, enquanto Asafe tocava os címbalos. [6] Os sacerdotes Benaia e Jaaziel deviam tocar diariamente as trombetas diante da arca da aliança de Deus.

O Salmo de Gratidão de Davi

[7] Foi naquele dia que, pela primeira vez, Davi encarregou Asafe e seus parentes de louvarem o Senhor com salmos de gratidão:

[8] "Dêem graças ao Senhor,
    clamem pelo seu nome,
divulguem entre as nações
    o que ele tem feito.
[9] Cantem para ele, louvem-no;
    contem todos os seus atos maravilhosos.
[10] Gloriem-se no seu santo nome;
    alegre-se o coração
        dos que buscam o Senhor.

[17] So the Levites appointed Heman son of Joel; from his brothers, Asaph son of Berekiah; and from their brothers the Merarites, Ethan son of Kushaiah; [18] and with them their brothers next in rank: Zechariah,ª Jaaziel, Shemiramoth, Jehiel, Unni, Eliab, Benaiah, Maaseiah, Mattithiah, Eliphelehu, Mikneiah, Obed-Edom and Jeiel,ᵇ the gatekeepers.

[19] The musicians Heman, Asaph and Ethan were to sound the bronze cymbals; [20] Zechariah, Aziel, Shemiramoth, Jehiel, Unni, Eliab, Maaseiah and Benaiah were to play the lyres according to *alamoth*,ᶜ [21] and Mattithiah, Eliphelehu, Mikneiah, Obed-Edom, Jeiel and Azaziah were to play the harps, directing according to *sheminith*.ᵈ [22] Kenaniah the head Levite was in charge of the singing; that was his responsibility because he was skillful at it.

[23] Berekiah and Elkanah were to be doorkeepers for the ark. [24] Shebaniah, Joshaphat, Nethanel, Amasai, Zechariah, Benaiah and Eliezer the priests were to blow trumpets before the ark of God. Obed-Edom and Jehiah were also to be doorkeepers for the ark.

[25] So David and the elders of Israel and the commanders of units of a thousand went to bring up the ark of the covenant of the Lord from the house of Obed-Edom, with rejoicing. [26] Because God had helped the Levites who were carrying the ark of the covenant of the Lord, seven bulls and seven rams were sacrificed. [27] Now David was clothed in a robe of fine linen, as were all the Levites who were carrying the ark, and as were the singers, and Kenaniah, who was in charge of the singing of the choirs. David also wore a linen ephod. [28] So all Israel brought up the ark of the covenant of the Lord with shouts, with the sounding of rams' horns and trumpets, and of cymbals, and the playing of lyres and harps.

[29] As the ark of the covenant of the Lord was entering the City of David, Michal daughter of Saul watched from a window. And when she saw King David dancing and celebrating, she despised him in her heart.

16

They brought the ark of God and set it inside the tent that David had pitched for it, and they presented burnt offerings and fellowship offeringsᵉ before God. [2] After David had finished sacrificing the burnt offerings and fellowship offerings, he blessed the people in the name of the Lord. [3] Then he gave a loaf of bread, a cake of dates and a cake of raisins to each Israelite man and woman.

[4] He appointed some of the Levites to minister before the ark of the Lord, to make petition, to give thanks, and to praise the Lord, the God of Israel: [5] Asaph was the chief, Zechariah second, then Jeiel, Shemiramoth, Jehiel, Mattithiah, Eliab, Benaiah, Obed-Edom and Jeiel. They were to play the lyres and harps, Asaph was to sound the cymbals, [6] and Benaiah and Jahaziel the priests were to blow the trumpets regularly before the ark of the covenant of God.

David's Psalm of Thanks

[7] That day David first committed to Asaph and his associates this psalm of thanks to the Lord:

[8] Give thanks to the Lord, call on his name;
    make known among the nations what he has
        done.
[9] Sing to him, sing praise to him;
    tell of all his wonderful acts.
[10] Glory in his holy name;
    let the hearts of those who seek the Lord rejoice.

ª15.18 Muitos manuscritos dizem *Zacarias filho e* ou *Zacarias, Bene e*. Veja o versículo 20 e 1Cr 16.5. ᵇ15.18 A Septuaginta diz *Jeiel e Azarias*. Veja o versículo 21. ᶜ16.1 Isto é, sacrifícios totalmente queimados; também no versículo 40. ᵈ16.1 Ou *de paz* ᵉ16.3 Ou *um pedaço de carne*; ou ainda *um pouco de vinho*

ª15.18 Three Hebrew manuscripts and most Septuagint manuscripts (see also verse 20 and 1 Chron. 16:5); most Hebrew manuscripts *Zechariah son and* or *Zechariah, Ben and* ᵇ15.18 Hebrew; Septuagint (see also verse 21) *Jeiel and Azaziah* ᶜ15:20 Probably a musical term ᵈ15:21 Probably a musical term ᵉ16:1 Traditionally *peace offerings*; also in verse

11 Olhem para o Senhor
e para a sua força;
busquem sempre a sua face.
12 Lembrem-se das maravilhas
que ele fez,
dos seus prodígios
e das ordenanças que pronunciou,
13 ó descendentes de Israel, seu servo,
ó filhos de Jacó, seus escolhidos.

14 "Ele é o Senhor, o nosso Deus;
seu domínio alcança toda a terra.
15 Para sempre se lembraᵃ da sua aliança,
da palavra que ordenou
para mil gerações,
16 da aliança que fez com Abraão,
do juramento que fez a Isaque,
17 que confirmou para Jacó
como um decreto,
e para Israel como uma aliança eterna,
dizendo:
18 'A vocês darei a terra de Canaã,
a herança que possuirão'.

19 "Quando eles ainda eram poucos,
muito poucos,
sendo estrangeiros nela,
20 e vagueando de nação em nação,
de um reino a outro,
21 ele não permitiu que ninguém
os oprimisse;
por causa deles repreendeu reis,
ordenando:
22 'Não maltratem os meus ungidos;
não façam mal aos meus profetas'.

23 "Cantem ao Senhor, todas as terras!
Proclamem a sua salvação dia após dia!
24 Anunciem a sua glória entre as nações,
seus feitos maravilhosos
entre todos os povos!
25 Pois o Senhor é grande
e muitíssimo digno de louvor;
ele deve ser mais temido
que todos os deuses.
26 Pois todos os deuses das nações
não passam de ídolos,
mas o Senhor fez os céus.
27 O esplendor e a majestade
estão diante dele;
força e alegria na sua habitação.
28 Dêem ao Senhor,
ó famílias das nações,
dêem ao Senhor glória e força!
29 Dêem ao Senhor
a glória devida ao seu nome.
Tragam ofertas
e venham à sua presença.
Adorem o Senhor
no esplendor da sua santidade,
30 tremam diante dele, todas as nações!
Firmou o mundo, e este não se abalará!
31 Que os céus se alegrem
e a terra exulte,
e diga-se entre as nações:
'O Senhor reina!'
32 Ressoe o mar,
e tudo o que nele existe;

11 Look to the Lord and his strength;
seek his face always.
12 Remember the wonders he has done,
his miracles, and the judgments he
pronounced,
13 O descendants of Israel his servant,
O sons of Jacob, his chosen ones.

14 He is the Lord our God;
his judgments are in all the earth.
15 He remembersᵃ his covenant forever,
the word he commanded, for a thousand generations,
16 the covenant he made with Abraham,
the oath he swore to Isaac.
17 He confirmed it to Jacob as a decree,
to Israel as an everlasting covenant:
18 "To you I will give the land of Canaan
as the portion you will inherit."

19 When they were but few in number,
few indeed, and strangers in it,
20 theyᵇ wandered from nation to nation,
from one kingdom to another.
21 He allowed no man to oppress them;
for their sake he rebuked kings:
22 "Do not touch my anointed ones;
do my prophets no harm."

23 Sing to the Lord, all the earth;
proclaim his salvation day after day.
24 Declare his glory among the nations,
his marvelous deeds among all peoples.
25 For great is the Lord and most worthy of praise;
he is to be feared above all gods.
26 For all the gods of the nations are idols,
but the Lord made the heavens.
27 Splendor and majesty are before him;
strength and joy in his dwelling place.
28 Ascribe to the Lord, O families of nations,
ascribe to the Lord glory and strength,
29 ascribe to the Lord the glory due his name.
Bring an offering and come before him;
worship the Lord in the splendor of hisᶜ holiness.
30 Tremble before him, all the earth!
The world is firmly established; it cannot be moved.
31 Let the heavens rejoice, let the earth be glad;
let them say among the nations, "The Lord reigns!"
32 Let the sea resound, and all that is in it;

ᵃ16.15 Conforme alguns manuscritos da Septuaginta. O Texto Massorético diz *lembrem-se*. Veja Sl 105.8.

ᵃ16:15 Some Septuagint manuscripts (see also Psalm 105:8); Hebrew *Remember*
ᵇ16:18-20 One Hebrew manuscript, Septuagint and Vulgate (see also Psalm 105:12); most Hebrew manuscripts *inherit,* / **19** *though you are but few in number,* / *few indeed, and strangers in it."* / **20** *They* ᶜ16:29 Or Lord *with the splendor of*

exultem os campos,
 e tudo o que neles há!
33 Então as árvores da floresta
 cantarão de alegria,
cantarão diante do Senhor,
 pois ele vem julgar a terra.

34 "Rendam graças ao Senhor,
 pois ele é bom;
o seu amor dura para sempre.
35 Clamem: 'Salva-nos, ó Deus,
 nosso Salvador!
Reúne-nos e livra-nos das nações,
 para que demos graças
 ao teu santo nome
e façamos do teu louvor a nossa glória'.
36 Bendito seja o Senhor,
 o Deus de Israel,
de eternidade a eternidade".

Então todo o povo exclamou: "Amém!" e "Louvado seja o Senhor!"

37 Davi deixou Asafe e seus parentes diante da arca da aliança do Senhor para ali ministrarem regularmente, de acordo com as prescrições para cada dia. 38 Também deixou Obede-Edom e seus sessenta e oito parentes para ministrarem com eles. Obede-Edom, filho de Jedutum, e também Hosa, foram porteiros.

39 Davi deixou o sacerdote Zadoque e seus parentes sacerdotes diante do tabernáculo do Senhor em Gibeom 40 para, regularmente, de manhã e à tarde, apresentarem holocaustos no altar de holocaustos, de acordo com tudo o que está escrito na Lei do Senhor, que ele deu a Israel. 41 Com eles estavam Hemã e Jedutum e os outros designados para darem graças ao Senhor, exclamando: "O seu amor dura para sempre". 42 Hemã e Jedutum eram responsáveis pelas trombetas, pelos címbalos e pelos outros instrumentos musicais para o culto. Os filhos de Jedutum foram nomeados como porteiros.

43 Então todo o povo partiu, cada um para a sua casa, e Davi voltou para casa para abençoar sua família.

A Promessa de Deus a Davi

17 O rei Davi já morava em seu palácio quando, certo dia, disse ao profeta Natã: "Aqui estou eu, morando num palácio de cedro, enquanto a arca da aliança do Senhor permanece numa simples tenda".
2 Natã respondeu a Davi: "Faze o que tiveres em mente, pois Deus está contigo".
3 E naquela mesma noite Deus falou a Natã:

4 "Vá dizer ao meu servo Davi que assim diz o Senhor: Não é você que vai construir uma casa para eu morar. 5 Não tenho morado em nenhuma casa, desde o dia em que tirei Israel do Egito, mas fui de uma tenda para outra, e de um tabernáculo para outro. 6 Por onde tenho acompanhado todo o Israel, alguma vez perguntei a algum líder deles, que mandei pastorear o meu povo: Por que você não me construiu um templo de cedro?
7 "Agora pois, diga ao meu servo Davi: Assim diz o Senhor dos Exércitos: Eu o tirei das pastagens, onde você cuidava dos rebanhos, para ser o soberano sobre Israel, o meu povo. 8 Sempre estive com você por onde você andou, e eliminei todos os seus inimigos. Agora eu o farei tão famoso quanto os homens mais importantes da terra. 9 E providenciarei um lugar para Israel, o meu povo, e os plantarei lá, para que tenham o seu próprio lar e não mais sejam incomodados. Povos ímpios não mais os oprimirão, como fizeram

let the fields be jubilant, and everything in them!
33 Then the trees of the forest will sing,
 they will sing for joy before the Lord,
 for he comes to judge the earth.

34 Give thanks to the Lord, for he is good;
 his love endures forever.
35 Cry out, "Save us, O God our Savior;
 gather us and deliver us from the nations,
 that we may give thanks to your holy name,
 that we may glory in your praise."
36 Praise be to the Lord, the God of Israel,
 from everlasting to everlasting.

Then all the people said "Amen" and "Praise the Lord."

37 David left Asaph and his associates before the ark of the covenant of the Lord to minister there regularly, according to each day's requirements. 38 He also left Obed-Edom and his sixty-eight associates to minister with them. Obed-Edom son of Jeduthun, and also Hosah, were gatekeepers.

39 David left Zadok the priest and his fellow priests before the tabernacle of the Lord at the high place in Gibeon 40 to present burnt offerings to the Lord on the altar of burnt offering regularly, morning and evening, in accordance with everything written in the Law of the Lord, which he had given Israel. 41 With them were Heman and Jeduthun and the rest of those chosen and designated by name to give thanks to the Lord, "for his love endures forever." 42 Heman and Jeduthun were responsible for the sounding of the trumpets and cymbals and for the playing of the other instruments for sacred song. The sons of Jeduthun were stationed at the gate.

43 Then all the people left, each for his own home, and David returned home to bless his family.

God's Promise to David

17 After David was settled in his palace, he said to Nathan the prophet, "Here I am, living in a palace of cedar, while the ark of the covenant of the Lord is under a tent."
2 Nathan replied to David, "Whatever you have in mind, do it, for God is with you."
3 That night the word of God came to Nathan, saying:

4 "Go and tell my servant David, 'This is what the Lord says: You are not the one to build me a house to dwell in. 5 I have not dwelt in a house from the day I brought Israel up out of Egypt to this day. I have moved from one tent site to another, from one dwelling place to another. 6 Wherever I have moved with all the Israelites, did I ever say to any of their leaders[a] whom I commanded to shepherd my people, "Why have you not built me a house of cedar?" '
7 "Now then, tell my servant David, 'This is what the Lord Almighty says: I took you from the pasture and from following the flock, to be ruler over my people Israel. 8 I have been with you wherever you have gone, and I have cut off all your enemies from before you. Now I will make your name like the names of the greatest men of the earth. 9 And I will provide a place for my people Israel and will plant them so that they can have a home of their own and no longer be disturbed. Wicked people will not oppress them anymore, as they

---

[a]17:6 Traditionally *judges*; also in verse 10

no início [10] e têm feito desde a época em que nomeei juízes sobre Israel, o meu povo. Também subjugarei todos os seus inimigos. Saiba também que eu, o Senhor, lhe estabelecerei uma dinastia. [11] Quando a sua vida chegar ao fim e você se juntar aos seus antepassados, escolherei um dos seus filhos para sucedê-lo, e eu estabelecerei o reino dele. [12] É ele que vai construir um templo para mim, e eu firmarei o trono dele para sempre. [13] Eu serei seu pai, e ele será meu filho. Nunca retirarei dele o meu amor, como retirei de Saul. [14] Eu o farei líder do meu povo e do meu reino para sempre; seu reinado será estabelecido para sempre".

[15] E Natã transmitiu a Davi tudo o que o Senhor lhe tinha falado e revelado.

A Oração de Davi

[16] Então o rei Davi entrou no tabernáculo, assentou-se diante do Senhor, e orou:

"Quem sou eu, ó Senhor Deus, e o que é a minha família, para que me trouxesses a este ponto? [17] E, como se isso não bastasse para ti, ó Deus, tu falaste sobre o futuro da família deste teu servo. Tens me tratado como a um homem de grande importância, ó Senhor Deus.

[18] "O que mais Davi poderá dizer-te por honrares o teu servo? Tu conheces o teu servo, [19] ó Senhor. Por amor do teu servo e de acordo com tua vontade, realizaste este feito grandioso e tornaste conhecidas todas essas grandes promessas.

[20] "Não há ninguém como tu, ó Senhor, nem há outro Deus além de ti, conforme tudo o que sabemos. [21] E quem é como Israel, o teu povo, a única nação da terra que tu, ó Deus, resgataste para ti mesmo, e assim tornaste o teu nome famoso, realizando grandes e impressionantes maravilhas ao expulsar nações de diante do povo que libertaste do Egito? [22] Tu fizeste de Israel o teu povo especial para sempre, e tu, ó Senhor, te tornaste o seu Deus.

[23] "Agora, Senhor, que a promessa que fizeste a respeito de teu servo e de sua descendência se confirme para sempre. Faze conforme prometeste, [24] para que tudo se confirme, para que o teu nome seja engrandecido para sempre e os homens digam: 'O Senhor dos Exércitos, o Deus de Israel, é Deus para Israel!' E a descendência de teu servo Davi se manterá firme diante de ti.

[25] "Tu, meu Deus, revelaste a teu servo que formarás uma dinastia para ele. Por isso teu servo achou coragem para orar a ti. [26] Ó Senhor, tu és Deus! Tu fizeste essa boa promessa a teu servo. [27] Agora, por tua bondade, abençoa a família de teu servo, para que ela continue para sempre na tua presença; pois o que tu, Senhor, abençoas, abençoado está para sempre".

As Vitórias Militares de Davi

18 Depois disso Davi derrotou os filisteus e os subjugou, e tirou do controle deles a cidade de Gate e seus povoados. [2] Davi derrotou também os moabitas, que ficaram sujeitos a ele, pagando-lhe impostos.

[3] Além disso, Davi derrotou Hadadezer, rei de Zobá, nas proximidades de Hamate, quando Hadadezer tentava obter o controle na região do rio Eufrates. [4] Davi se apossou de mil dos seus carros de guerra, sete mil cavaleiros[a] e vinte mil soldados de infantaria. Ainda levou cem cavalos de carros de guerra e aleijou todos os outros.

[5] Quando os arameus de Damasco vieram ajudar Hadadezer, rei de Zobá, Davi matou vinte e dois mil deles.

---

[a]18.4 Ou *condutores de carros*

did at the beginning [10] and have done ever since the time I appointed leaders over my people Israel. I will also subdue all your enemies.

" 'I declare to you that the Lord will build a house for you: [11] When your days are over and you go to be with your fathers, I will raise up your offspring to succeed you, one of your own sons, and I will establish his kingdom. [12] He is the one who will build a house for me, and I will establish his throne forever. [13] I will be his father, and he will be my son. I will never take my love away from him, as I took it away from your predecessor. [14] I will set him over my house and my kingdom forever; his throne will be established forever.' "

[15] Nathan reported to David all the words of this entire revelation.

David's Prayer

[16] Then King David went in and sat before the Lord, and he said:

"Who am I, O Lord God, and what is my family, that you have brought me this far? [17] And as if this were not enough in your sight, O God, you have spoken about the future of the house of your servant. You have looked on me as though I were the most exalted of men, O Lord God.

[18] "What more can David say to you for honoring your servant? For you know your servant, [19] O Lord. For the sake of your servant and according to your will, you have done this great thing and made known all these great promises.

[20] "There is no one like you, O Lord, and there is no God but you, as we have heard with our own ears. [21] And who is like your people Israel—the one nation on earth whose God went out to redeem a people for himself, and to make a name for yourself, and to perform great and awesome wonders by driving out nations from before your people, whom you redeemed from Egypt? [22] You made your people Israel your very own forever, and you, O Lord, have become their God.

[23] "And now, Lord, let the promise you have made concerning your servant and his house be established forever. Do as you promised, [24] so that it will be established and that your name will be great forever. Then men will say, 'The Lord Almighty, the God over Israel, is Israel's God!' And the house of your servant David will be established before you.

[25] "You, my God, have revealed to your servant that you will build a house for him. So your servant has found courage to pray to you. [26] O Lord, you are God! You have promised these good things to your servant. [27] Now you have been pleased to bless the house of your servant, that it may continue forever in your sight; for you, O Lord, have blessed it, and it will be blessed forever."

David's Victories

18 In the course of time, David defeated the Philistines and subdued them, and he took Gath and its surrounding villages from the control of the Philistines. [2] David also defeated the Moabites, and they became subject to him and brought tribute.

[3] Moreover, David fought Hadadezer king of Zobah, as far as Hamath, when he went to establish his control along the Euphrates River. [4] David captured a thousand of his chariots, seven thousand charioteers and twenty thousand foot soldiers. He hamstrung all but a hundred of the chariot horses.

[5] When the Arameans of Damascus came to help Hadadezer king of Zobah, David struck down twenty-two thousand of them.

6 Em seguida estabeleceu guarnições militares no reino dos arameus de Damasco, sujeitando-os a lhe pagarem impostos. E o Senhor dava vitórias a Davi em todos os lugares aonde ia.

7 Davi também trouxe para Jerusalém os escudos de ouro usados pelos oficiais de Hadadezer. **8** De Tebáª e Cum, cidades que pertenciam a Hadadezer, o rei Davi trouxe grande quantidade de bronze, que Salomão usou para fazer o tanque de bronze, as colunas e vários utensílios.

9 Quando Toú, rei de Hamate, soube que Davi tinha derrotado todo o exército de Hadadezer, rei de Zobá, **10** enviou seu filho Adorão ao rei Davi para saudá-lo e parabenizá-lo por sua vitória na batalha contra Hadadezer, que tinha estado em guerra contra Toú. Com Adorão, mandou todo tipo de utensílios de ouro, de prata e de bronze. **11** O rei Davi consagrou esses utensílios ao Senhor, como fizera com a prata e o ouro tomados de todas estas nações: Edom e Moabe, os amonitas e os filisteus, e Amaleque.

12 Abisai, filho de Zeruia, derrotou dezoito mil edomitas no vale do Sal. **13** Depois colocou guarnições militares em Edom, sujeitando todos os edomitas a Davi. O Senhor dava vitórias a Davi em todos os lugares aonde ia.

Os Oficiais de Davi

14 Davi reinou sobre todo o Israel, administrando o direito e a justiça a todo o seu povo. **15** Joabe, filho de Zeruia, era comandante do exército; Josafá, filho de Ailude, era o arquivista real; **16** Zadoque, filho de Aitube, e Aimelequeᵇ, filho de Abiatar, eram sacerdotes; Sausa era secretário; **17** Benaia, filho de Joiada, comandava os queretitas e os peletitas; e os filhos do rei Davi eram seus principais oficiais.

A Guerra contra os Amonitas

19 Algum tempo depois, Naás, rei dos amonitas, morreu, e seu filho foi o seu sucessor. **2** Davi pensou: "Serei bondoso com Hanum, filho de Naás, porque seu pai foi bondoso comigo". Então Davi enviou uma delegação para transmitir a Hanum seu pesar pela morte do pai.

Mas, quando os mensageiros de Davi chegaram à terra dos amonitas para expressar condolências a Hanum, **3** os líderes amonitas lhe disseram: "Achas que Davi está honrando teu pai ao enviar mensageiros para expressar condolências? Não é nada disso! Davi os enviou como espiões para examinar o país e destruí-lo". **4** Então Hanum prendeu os mensageiros de Davi, rapou-lhes a barba, cortou metade de suas roupas até as nádegas, e os mandou embora.

5 Quando Davi soube disso, enviou mensageiros ao encontro deles, pois haviam sido profundamente humilhados, e lhes mandou dizer: "Fiquem em Jericó até que a barba cresça, e então voltem para casa".

6 Vendo Hanum e os amonitas que tinham atraído sobre si o ódio deᶜ Davi, alugaram da Mesopotâmiaᵈ, de Arã Maaca e de Zobá, carros de guerra e condutores de carros, por trinta e cinco toneladasᵉ de prata. **7** Alugaram trinta e dois mil carros e seus condutores, contrataram o rei de Maaca com suas tropas, o qual veio e acampou perto de Medeba, e os amonitas foram convocados de suas cidades e partiram para a batalha.

8 Ao saber disso, Davi ordenou a Joabe que marchasse com todo o exército. **9** Os amonitas saíram e se puseram em posição de combate na entrada da cidade, e os reis que tinham vindo posicionaram-se em campo aberto.

10 Vendo Joabe que estava cercado pelas linhas de combate, escolheu alguns dos melhores soldados de Israel e os posicionou contra os arameus. **11** Pôs o restante dos homens sob o comando de seu irmão Abisai e os posicionou contra os amonitas. **12** E Joabe disse a Abisai: "Se os arameus forem

6 He put garrisons in the Aramean kingdom of Damascus, and the Arameans became subject to him and brought tribute. The Lord gave David victory everywhere he went.

7 David took the gold shields carried by the officers of Hadadezer and brought them to Jerusalem. **8** From Tebahª and Cun, towns that belonged to Hadadezer, David took a great quantity of bronze, which Solomon used to make the bronze Sea, the pillars and various bronze articles.

9 When Tou king of Hamath heard that David had defeated the entire army of Hadadezer king of Zobah, **10** he sent his son Hadoram to King David to greet him and congratulate him on his victory in battle over Hadadezer, who had been at war with Tou. Hadoram brought all kinds of articles of gold and silver and bronze.

11 King David dedicated these articles to the Lord, as he had done with the silver and gold he had taken from all these nations: Edom and Moab, the Ammonites and the Philistines, and Amalek.

12 Abishai son of Zeruiah struck down eighteen thousand Edomites in the Valley of Salt. **13** He put garrisons in Edom, and all the Edomites became subject to David. The Lord gave David victory everywhere he went.

David's Officials

14 David reigned over all Israel, doing what was just and right for all his people. **15** Joab son of Zeruiah was over the army; Jehoshaphat son of Ahilud was recorder; **16** Zadok son of Ahitub and Ahimelechᵇ son of Abiathar were priests; Shavsha was secretary; **17** Benaiah son of Jehoiada was over the Kerethites and Pelethites; and David's sons were chief officials at the king's side.

The Battle Against the Ammonites

19 In the course of time, Nahash king of the Ammonites died, and his son succeeded him as king. **2** David thought, "I will show kindness to Hanun son of Nahash, because his father showed kindness to me." So David sent a delegation to express his sympathy to Hanun concerning his father.

When David's men came to Hanun in the land of the Ammonites to express sympathy to him, **3** the Ammonite nobles said to Hanun, "Do you think David is honoring your father by sending men to you to express sympathy? Haven't his men come to you to explore and spy out the country and overthrow it?" **4** So Hanun seized David's men, shaved them, cut off their garments in the middle at the buttocks, and sent them away.

5 When someone came and told David about the men, he sent messengers to meet them, for they were greatly humiliated. The king said, "Stay at Jericho till your beards have grown, and then come back."

6 When the Ammonites realized that they had become a stench in David's nostrils, Hanun and the Ammonites sent a thousand talentsᶜ of silver to hire chariots and charioteers from Aram Naharaim,ᵈ Aram Maacah and Zobah. **7** They hired thirty-two thousand chariots and charioteers, as well as the king of Maacah with his troops, who came and camped near Medeba, while the Ammonites were mustered from their towns and moved out for battle.

8 On hearing this, David sent Joab out with the entire army of fighting men. **9** The Ammonites came out and drew up in battle formation at the entrance to their city, while the kings who had come were by themselves in the open country.

10 Joab saw that there were battle lines in front of him and behind him; so he selected some of the best troops in Israel and deployed them against the Arameans. **11** He put the rest of the men under the command of Abishai his brother, and they were deployed against the Ammonites. **12** Joab said, "If the Arameans

---

fortes demais para mim, venha me ajudar; mas, se os amonitas forem fortes demais para você, eu irei ajudá-lo. **13** Seja forte e lutemos com bravura pelo nosso povo e pelas cidades do nosso Deus. E que o Senhor faça o que for de sua vontade".

14 Então Joabe e seus soldados avançaram contra os arameus, que fugiram dele. **15** Quando os amonitas viram que os arameus estavam fugindo de Joabe, também fugiram de seu irmão Abisai e entraram na cidade. Assim, Joabe voltou para Jerusalém.

16 Ao perceberem os arameus que haviam sido derrotados por Israel, enviaram mensageiros para trazer arameus que viviam do outro lado do Eufratesª, e Sofaque, o comandante do exército de Hadadezer, veio à frente deles.

17 Informado disso, Davi reuniu todo o Israel e atravessou o Jordão; avançou contra eles e formou linhas de combate defronte deles. Mas, começado o combate, **18** eles fugiram de diante de Israel, e Davi matou sete mil dos seus condutores de carros de guerra e quarenta mil dos seus soldados de infantaria. Também matou Sofaque, o comandante do exército deles.

19 Quando os vassalos de Hadadezer viram que tinham sido derrotados por Israel, fizeram a paz com Davi e se sujeitaram a ele. E os arameus não quiseram mais ajudar os amonitas.

A Conquista de Rabá

20 Na primavera seguinte, na época em que os reis saem à guerra, Joabe conduziu o seu exército até a terra dos amonitas e a arrasou. Enquanto Davi ainda estava em Jerusalém, Joabe cercou Rabá, a capital, atacou-a e deixou-a em ruínas. **2** Davi tirou a coroa da cabeça de Moloqueᵇ, uma coroa de ouro de trinta e cinco quilosᶜ, ornamentada com pedras preciosas. E ela foi colocada na cabeça de Davi. Ele trouxe uma grande quantidade de bens da cidade, **3** e trouxe também os seus habitantes, designando-lhes trabalhos com serras, picaretas de ferro e machados. Davi fez assim com todas as cidades amonitas. Depois voltou com todo seu exército para Jerusalém.

Guerras contra os Filisteus

4 Houve depois disso uma guerra contra os filisteus, em Gezer. Naquela época, Sibecai, de Husate, matou Sipai, um dos descendentes dos refains, e os filisteus foram subjugados.

5 Noutra batalha contra os filisteus, Elanã, filho de Jair, matou Lami, irmão de Golias, de Gate, que possuía uma lança cuja haste parecia uma lançadeira de tecelão.

6 Noutra batalha, em Gate, havia um homem de grande estatura e que tinha seis dedos em cada mão e seis dedos em cada pé; vinte e quatro dedos ao todo. Ele também era descendente de Rafa, **7** e desafiou Israel, mas Jônatas, filho de Siméia, irmão de Davi, o matou.

8 Esses eram descendentes de Rafa, em Gate, e foram mortos por Davi e seus soldados.

O Recenseamento e a sua Punição

21 Satanás levantou-se contra Israel e levou Davi a fazer um recenseamento do povo. **2** Davi disse a Joabe e aos outros comandantes do exército: "Vão e contem os israelitas desde Berseba até Dã e tragam-me um relatório para que eu saiba quantos são".

3 Joabe, porém, respondeu: "Que o Senhor multiplique o povo dele por cem. Ó rei, meu senhor, não são, porventura, todos eles súditos do meu senhor? Por que o meu senhor deseja fazer isso? Por que deveria trazer culpa sobre Israel?"

4 Mas a palavra do rei prevaleceu, de modo que Joabe partiu, percorreu todo o Israel e então voltou a Jerusalém. **5** Joabe

are too strong for me, then you are to rescue me; but if the Ammonites are too strong for you, then I will rescue you. **13** Be strong and let us fight bravely for our people and the cities of our God. The Lord will do what is good in his sight."

14 Then Joab and the troops with him advanced to fight the Arameans, and they fled before him. **15** When the Ammonites saw that the Arameans were fleeing, they too fled before his brother Abishai and went inside the city. So Joab went back to Jerusalem.

16 After the Arameans saw that they had been routed by Israel, they sent messengers and had Arameans brought from beyond the River,ª with Shophach the commander of Hadadezer's army leading them.

17 When David was told of this, he gathered all Israel and crossed the Jordan; he advanced against them and formed his battle lines opposite them. David formed his lines to meet the Arameans in battle, and they fought against him. **18** But they fled before Israel, and David killed seven thousand of their charioteers and forty thousand of their foot soldiers. He also killed Shophach the commander of their army.

19 When the vassals of Hadadezer saw that they had been defeated by Israel, they made peace with David and became subject to him.

So the Arameans were not willing to help the Ammonites anymore.

The Capture of Rabbah

20 In the spring, at the time when kings go off to war, Joab led out the armed forces. He laid waste the land of the Ammonites and went to Rabbah and besieged it, but David remained in Jerusalem. Joab attacked Rabbah and left it in ruins. **2** David took the crown from the head of their kingᵇ— its weight was found to be a talentᶜ of gold, and it was set with precious stones—and it was placed on David's head. He took a great quantity of plunder from the city **3** and brought out the people who were there, consigning them to labor with saws and with iron picks and axes. David did this to all the Ammonite towns. Then David and his entire army returned to Jerusalem.

War With the Philistines

4 In the course of time, war broke out with the Philistines, at Gezer. At that time Sibbecai the Hushathite killed Sippai, one of the descendants of the Rephaites, and the Philistines were subjugated.

5 In another battle with the Philistines, Elhanan son of Jair killed Lahmi the brother of Goliath the Gittite, who had a spear with a shaft like a weaver's rod.

6 In still another battle, which took place at Gath, there was a huge man with six fingers on each hand and six toes on each foot—twenty-four in all. He also was descended from Rapha. **7** When he taunted Israel, Jonathan son of Shimea, David's brother, killed him.

8 These were descendants of Rapha in Gath, and they fell at the hands of David and his men.

David Numbers the Fighting Men

21 Satan rose up against Israel and incited David to take a census of Israel. **2** So David said to Joab and the commanders of the troops, "Go and count the Israelites from Beersheba to Dan. Then report back to me so that I may know how many there are."

3 But Joab replied, "May the Lord multiply his troops a hundred times over. My lord the king, are they not all my lord's subjects? Why does my lord want to do this? Why should he bring guilt on Israel?"

4 The king's word, however, overruled Joab; so Joab left and went throughout Israel and then came back to Jerusalem. **5** Joab

---

ª19.16 Hebraico: *do Rio.* ᵇ20.2 Conforme a Septuaginta. O Texto Massorético diz *do rei deles* ᶜ20.2 Hebraico: *1 talento.*

ª19:16 That is, the Euphrates ᵇ20:2 Or *of Milcom,* that is, Molech ᶜ20:2 That is, about 75 pounds (about 34 kilograms)

apresentou a Davi o relatório com o número dos homens de combate: Em todo o Israel havia um milhão e cem mil homens habilitados para o serviço militar, sendo quatrocentos e setenta mil de Judá.

6 Mas Joabe não incluiu as tribos de Levi e de Benjamim na contagem, pois a ordem do rei lhe parecera absurda. **7** Essa ordem foi reprovada por Deus, e por isso ele puniu Israel.

8 Então Davi disse a Deus: "Pequei gravemente com o que fiz. Agora eu te imploro que perdoes o pecado do teu servo, porque cometi uma grande loucura!"

9 O Senhor disse a Gade, o vidente de Davi: **10** "Vá dizer a Davi: Assim diz o Senhor: Estou lhe dando três opções. Escolha uma delas, e eu a executarei contra você".

11 Gade foi a Davi e lhe disse: "Assim diz o Senhor: 'Escolha entre **12** três anos de fome, três meses fugindo de seus adversários, perseguido pela espada deles, ou três dias da espada do Senhor, isto é, três dias de praga, com o anjo do Senhor assolando todas as regiões de Israel'. Decida agora como devo responder àquele que me enviou".

13 Davi respondeu: "É grande a minha angústia! Prefiro cair nas mãos do Senhor, pois é grande a sua misericórdia, a cair nas mãos dos homens".

14 O Senhor enviou, assim, uma praga sobre Israel, e setenta mil homens de Israel morreram. **15** E Deus enviou um anjo para destruir Jerusalém. Mas quando o anjo ia fazê-lo, o Senhor olhou e arrependeu-se de trazer a catástrofe, e disse ao anjo destruidor: "Pare! Já basta!" Naquele momento o anjo do Senhor estava perto da eira de Araúnaᵃ, o jebuseu.

16 Davi olhou para cima e viu o anjo do Senhor entre o céu e a terra, com uma espada na mão, erguida sobre Jerusalém. Então Davi e as autoridades de Israel, vestidos de luto, prostraram-se, rosto em terra.

17 Davi disse a Deus: "Não fui eu que ordenei contar o povo? Fui eu que pequei e fiz o mal. Estes não passam de ovelhas. O que eles fizeram? Ó Senhor meu Deus, que o teu castigo caia sobre mim e sobre a minha família, mas não sobre o teu povo!"

18 Depois disso, o anjo do Senhor mandou Gade dizer a Davi que construísse um altar ao Senhor na eira de Araúna, o jebuseu. **19** Davi foi para lá, em obediência à palavra que Gade havia falado em nome do Senhor.

20 Araúna estava debulhando o trigo; virando-se, viu o anjo, e ele e seus quatro filhos que estavam com ele se esconderam. **21** Nisso chegou Davi e, quando Araúna o viu, saiu da eira e prostrou-se diante de Davi, rosto em terra.

22 E Davi lhe pediu: "Ceda-me o terreno da sua eira para eu construir um altar em honra ao Senhor, para que cesse a praga sobre o povo. Venda-me o terreno pelo preço justo".

23 Mas Araúna disse a Davi: "Considera-o teu! Que o meu rei e senhor faça dele o que desejar. Eu darei os bois para os holocaustosᵇ, o debulhador para servir de lenha, e o trigo para a oferta de cereal. Tudo isso eu dou a ti".

24 O rei Davi, porém, respondeu a Araúna: "Não! Faço questão de pagar o preço justo. Não darei ao Senhor aquilo que pertence a você, nem oferecerei um holocausto que não me custe nada".

25 Então Davi pagou a Araúna sete quilos e duzentos gramasᶜ de ouro pelo terreno. **26** E Davi edificou ali um altar ao Senhor e ofereceu holocaustos e sacrifícios de comunhãoᵈ. Davi invocou o Senhor, e o Senhor lhe respondeu com fogo que veio do céu sobre o altar de holocaustos.

27 O Senhor ordenou ao anjo que pusesse a espada na bainha. **28** Nessa ocasião viu Davi que o Senhor lhe havia respondido na eira de Araúna, o jebuseu, e passou a oferecer sacri-

reported the number of the fighting men to David: In all Israel there were one million one hundred thousand men who could handle a sword, including four hundred and seventy thousand in Judah.

6 But Joab did not include Levi and Benjamin in the numbering, because the king's command was repulsive to him. **7** This command was also evil in the sight of God; so he punished Israel.

8 Then David said to God, "I have sinned greatly by doing this. Now, I beg you, take away the guilt of your servant. I have done a very foolish thing."

9 The Lord said to Gad, David's seer, **10** "Go and tell David, 'This is what the Lord says: I am giving you three options. Choose one of them for me to carry out against you.' "

11 So Gad went to David and said to him, "This is what the Lord says: 'Take your choice: **12** three years of famine, three months of being swept awayᵃ before your enemies, with their swords overtaking you, or three days of the sword of the Lord— days of plague in the land, with the angel of the Lord ravaging every part of Israel.' Now then, decide how I should answer the one who sent me."

13 David said to Gad, "I am in deep distress. Let me fall into the hands of the Lord, for his mercy is very great; but do not let me fall into the hands of men."

14 So the Lord sent a plague on Israel, and seventy thousand men of Israel fell dead. **15** And God sent an angel to destroy Jerusalem. But as the angel was doing so, the Lord saw it and was grieved because of the calamity and said to the angel who was destroying the people, "Enough! Withdraw your hand." The angel of the Lord was then standing at the threshing floor of Araunahᵇ the Jebusite.

16 David looked up and saw the angel of the Lord standing between heaven and earth, with a drawn sword in his hand extended over Jerusalem. Then David and the elders, clothed in sackcloth, fell facedown.

17 David said to God, "Was it not I who ordered the fighting men to be counted? I am the one who has sinned and done wrong. These are but sheep. What have they done? O Lord my God, let your hand fall upon me and my family, but do not let this plague remain on your people."

18 Then the angel of the Lord ordered Gad to tell David to go up and build an altar to the Lord on the threshing floor of Araunah the Jebusite. **19** So David went up in obedience to the word that Gad had spoken in the name of the Lord.

20 While Araunah was threshing wheat, he turned and saw the angel; his four sons who were with him hid themselves. **21** Then David approached, and when Araunah looked and saw him, he left the threshing floor and bowed down before David with his face to the ground.

22 David said to him, "Let me have the site of your threshing floor so I can build an altar to the Lord, that the plague on the people may be stopped. Sell it to me at the full price."

23 Araunah said to David, "Take it! Let my lord the king do whatever pleases him. Look, I will give the oxen for the burnt offerings, the threshing sledges for the wood, and the wheat for the grain offering. I will give all this."

24 But King David replied to Araunah, "No, I insist on paying the full price. I will not take for the Lord what is yours, or sacrifice a burnt offering that costs me nothing."

25 So David paid Araunah six hundred shekelsᶜ of gold for the site. **26** David built an altar to the Lord there and sacrificed burnt offerings and fellowship offerings.ᵈ He called on the Lord, and the Lord answered him with fire from heaven on the altar of burnt offering.

27 Then the Lord spoke to the angel, and he put his sword back into its sheath. **28** At that time, when David saw that the Lord had answered him on the threshing floor of Araunah

---

ᵃ21.15 Hebraico: Ornã, variante de Araúna; também nos versículos 18-28. ᵇ21.23 Isto é, sacrifícios totalmente queimados; também nos versículos 24, 26 e 29. ᶜ21.25 Hebraico: 600 siclos. Um siclo equivalia a 12 gramas. ᵈ21.26 Ou de paz

ᵃ21:12 Hebrew; Septuagint and Vulgate (see also 2 Samuel 24:13) of fleeing ᵇ21:15 Hebrew Ornan, a variant of Araunah; also in verses 18-28 ᶜ21:25 That is, about 15 pounds (about 7 kilograms) ᵈ21:26 Traditionally peace offerings

fícios ali. **29** Naquela época, o tabernáculo do Senhor que Moisés fizera no deserto e o altar de holocaustos estavam em Gibeomᵃ. **30** Mas Davi não podia consultar a Deus lá, pois tinha medo da espada do anjo do Senhor.

22

Então disse Davi: "Este é o lugar para o templo de Deus, o Senhor, e do altar de holocaustosᵇ para Israel".

Preparativos para o Templo

2 Davi deu ordens para que se reunissem os estrangeiros que viviam em Israel, e dentre eles designou cortadores de pedra para prepararem pedras lavradas para a construção do templo de Deus. **3** Ele providenciou grande quantidade de ferro para a fabricação de pregos e dobradiças para as portas, e mais bronze do que se podia pesar. **4** Também providenciou mais toras de cedro do que se podia contar, pois os sidônios e os tírios haviam trazido muito cedro para Davi. **5** Davi pensava: "Meu filho Salomão é jovem e inexperiente, e o templo que será construído para o Senhor deve ser extraordinariamente magnífico, famoso e cheio de esplendor à vista de todas as nações. Por isso deixarei tudo preparado para a construção". Assim, Davi deixou tudo preparado antes de morrer.

6 Davi mandou chamar seu filho Salomão e ordenou que ele construísse um templo para o Senhor, o Deus de Israel, **7** dizendo: "Meu filho, eu tinha no coração o propósito de construir um templo em honra ao nome do Senhor, o meu Deus. **8** Mas veio a mim esta palavra do Senhor: 'Você matou muita gente e empreendeu muitas guerras. Por isso não construirá um templo em honra ao meu nome, pois derramou muito sangue na terra, diante de mim. **9** Mas você terá um filho que será um homem de paz, e eu farei com que ele tenha paz com todos os inimigos ao redor dele. Seu nome será Salomão, e eu darei paz e tranqüilidade a Israel durante o reinado dele. **10** É ele que vai construir um templo em honra ao meu nome. Eu serei seu pai e ele será meu filho. E eu firmarei para sempre o trono do reinado dele sobre Israel'.

11 "Agora, meu filho, que o Senhor seja com você, para que você consiga construir o templo do Senhor, o seu Deus, conforme ele disse que você faria. **12** Que o Senhor lhe dê prudência e entendimento para que você obedeça à lei do Senhor, o seu Deus, quando ele o puser como líder de Israel. **13** E você prosperará se for cuidadoso em obedecer aos decretos e às leis que o Senhor deu a Israel por meio de Moisés. Seja forte e corajoso! Não tenha medo nem se desanime!

14 "Com muito esforço providenciei para o templo do Senhor três mil e quinhentas toneladasᶜ de ouro, trinta e cinco mil toneladas de prata, e mais bronze e ferro do que se pode calcular, além de madeira e pedra. E você ainda poderá aumentar a quantidade desse material. **15** Você tem muitos trabalhadores: cortadores de pedras, pedreiros e carpinteiros, bem como especialistas em todo tipo de trabalho **16** em ouro, prata, bronze e ferro. Agora comece o trabalho, e que o Senhor esteja com você".

17 Então Davi ordenou a todos os líderes de Israel que ajudassem seu filho Salomão. **18** Disse ele: "Certamente o Senhor, o seu Deus, está com vocês, e lhes concedeu paz. Pois ele entregou os habitantes dessa terra em minhas mãos, e ela foi submetida ao Senhor e ao seu povo. **19** Agora consagrem o coração e a alma para buscarem o Senhor, o seu Deus. Comecem a construir o santuário de Deus, o Senhor, para que vocês possam trazer a arca da aliança do Senhor e os utensílios sagrados que pertencem a Deus para dentro do templo que será construído em honra ao nome do Senhor".

the Jebusite, he offered sacrifices there. **29** The tabernacle of the Lord, which Moses had made in the desert, and the altar of burnt offering were at that time on the high place at Gibeon. **30** But David could not go before it to inquire of God, because he was afraid of the sword of the angel of the Lord.

22

Then David said, "The house of the Lord God is to be here, and also the altar of burnt offering for Israel."

Preparations for the Temple

2 So David gave orders to assemble the aliens living in Israel, and from among them he appointed stonecutters to prepare dressed stone for building the house of God. **3** He provided a large amount of iron to make nails for the doors of the gateways and for the fittings, and more bronze than could be weighed. **4** He also provided more cedar logs than could be counted, for the Sidonians and Tyrians had brought large numbers of them to David.

5 David said, "My son Solomon is young and inexperienced, and the house to be built for the Lord should be of great magnificence and fame and splendor in the sight of all the nations. Therefore I will make preparations for it." So David made extensive preparations before his death.

6 Then he called for his son Solomon and charged him to build a house for the Lord, the God of Israel. **7** David said to Solomon: "My son, I had it in my heart to build a house for the Name of the Lord my God. **8** But this word of the Lord came to me: 'You have shed much blood and have fought many wars. You are not to build a house for my Name, because you have shed much blood on the earth in my sight. **9** But you will have a son who will be a man of peace and rest, and I will give him rest from all his enemies on every side. His name will be Solomon,ᵃ and I will grant Israel peace and quiet during his reign. **10** He is the one who will build a house for my Name. He will be my son, and I will be his father. And I will establish the throne of his kingdom over Israel forever.'

11 "Now, my son, the Lord be with you, and may you have success and build the house of the Lord your God, as he said you would. **12** May the Lord give you discretion and understanding when he puts you in command over Israel, so that you may keep the law of the Lord your God. **13** Then you will have success if you are careful to observe the decrees and laws that the Lord gave Moses for Israel. Be strong and courageous. Do not be afraid or discouraged.

14 "I have taken great pains to provide for the temple of the Lord a hundred thousand talentsᵇ of gold, a million talentsᶜ of silver, quantities of bronze and iron too great to be weighed, and wood and stone. And you may add to them. **15** You have many workmen: stonecutters, masons and carpenters, as well as men skilled in every kind of work **16** in gold and silver, bronze and iron—craftsmen beyond number. Now begin the work, and the Lord be with you."

17 Then David ordered all the leaders of Israel to help his son Solomon. **18** He said to them, "Is not the Lord your God with you? And has he not granted you rest on every side? For he has handed the inhabitants of the land over to me, and the land is subject to the Lord and to his people. **19** Now devote your heart and soul to seeking the Lord your God. Begin to build the sanctuary of the Lord God, so that you may bring the ark of the covenant of the Lord and the sacred articles belonging to God into the temple that will be built for the Name of the Lord."

ᵃ21.29 Hebraico: *no alto de Gibeom.* ᵇ22.1 Isto é, sacrifícios totalmente queimados. ᶜ22.14 Hebraico: *100.000 talentos.* Um talento equivalia a 35 quilos.

ᵃ22:9 *Solomon* sounds like and may be derived from the Hebrew for *peace.* ᵇ22:14 That is, about 3,750 tons (about 3,450 metric tons) ᶜ22:14 That is, about 37,500 tons (about 34,500 metric tons)

Os Levitas

23 Já envelhecido, de idade avançada, Davi fez do seu filho Salomão rei sobre Israel.

² Ele reuniu todos os líderes de Israel, bem como os sacerdotes e os levitas. ³ Os levitas de trinta anos para cima foram contados, e o número total deles chegou a trinta e oito mil. ⁴ Davi escolheu vinte e quatro mil deles para supervisionarem o trabalho do templo do Senhor e seis mil para serem oficiais e juízes, ⁵ quatro mil para serem guardas das portas e quatro mil para louvarem o Senhor com os instrumentos musicais que Davi tinha preparado com esse propósito.

⁶ Davi repartiu os levitas em grupos que descendiam de Gérson, Coate e Merari, filhos de Levi.

Os Descendentes de Gérson

⁷ Dos filhos de Gérson:
Ladã e Simei.
⁸ Estes foram os filhos de Ladã:
Jeiel, o primeiro, Zetã e Joel,
três ao todo.
⁹ Estes foram os filhos de Simei:
Selomote, Haziel e Harã, três ao todo.
Esses foram os chefes
das famílias de Ladã.
¹⁰ E os filhos de Simei foram:
Jaate, Ziza,ᵃ Jeús e Berias.
Esses foram os filhos de Simei,
quatro ao todo.
¹¹ Jaate foi o primeiro e Ziza, o segundo,
mas Jeús e Berias
não tiveram muitos descendentes,
por isso foram contados
como uma única família.

Os Descendentes de Coate

¹² Dos filhos de Coate:
Anrão, Isar, Hebrom e Uziel,
quatro ao todo.
¹³ Estes foram os filhos de Anrão:
Arão e Moisés.
Arão foi separado,
ele e seus descendentes, para sempre,
para consagrar as coisas santíssimas,
oferecer sacrifícios ao Senhor,
ministrar diante dele
e pronunciar bênçãos
em seu nome.
¹⁴ Os filhos de Moisés,
homem de Deus,
foram contados
como parte da tribo de Levi.
¹⁵ Estes foram os filhos de Moisés:
Gérson e Eliézer.
¹⁶ Sebuel foi o chefe
dos descendentes de Gérson.
¹⁷ Reabias foi o chefe
dos descendentes de Eliézer.
Eliézer não teve nenhum outro filho,
mas Reabias teve muitos filhos.
¹⁸ Selomite foi o chefe
dos filhos de Isar.
¹⁹ Estes foram os filhos de Hebrom:
Jerias foi o primeiro,
Amarias, o segundo,
Jaaziel, o terceiro,
e Jecameão foi o quarto.
²⁰ Estes foram os filhos de Uziel:
Mica, o primeiro,
e Issias, o segundo.

The Levites

23 When David was old and full of years, he made his son Solomon king over Israel.

² He also gathered together all the leaders of Israel, as well as the priests and Levites. ³ The Levites thirty years old or more were counted, and the total number of men was thirty-eight thousand. ⁴ David said, "Of these, twenty-four thousand are to supervise the work of the temple of the Lord and six thousand are to be officials and judges. ⁵ Four thousand are to be gatekeepers and four thousand are to praise the Lord with the musical instruments I have provided for that purpose."

⁶ David divided the Levites into groups corresponding to the sons of Levi: Gershon, Kohath and Merari.

Gershonites

⁷ Belonging to the Gershonites:
Ladan and Shimei.
⁸ The sons of Ladan:
Jehiel the first, Zetham and Joel—three in all.
⁹ The sons of Shimei:
Shelomoth, Haziel and Haran—three in all.
These were the heads of the families of Ladan.
¹⁰ And the sons of Shimei:
Jahath, Ziza,ᵃ Jeush and Beriah.
These were the sons of Shimei—four in all.
¹¹ Jahath was the first and Ziza the second, but Jeush and Beriah did not have many sons; so they were counted as one family with one assignment.

Kohathites

¹² The sons of Kohath:
Amram, Izhar, Hebron and Uzziel—four in all.
¹³ The sons of Amram:
Aaron and Moses.
Aaron was set apart, he and his descendants forever, to consecrate the most holy things, to offer sacrifices before the Lord, to minister before him and to pronounce blessings in his name forever. ¹⁴ The sons of Moses the man of God were counted as part of the tribe of Levi.
¹⁵ The sons of Moses:
Gershom and Eliezer.
¹⁶ The descendants of Gershom:
Shubael was the first.
¹⁷ The descendants of Eliezer:
Rehabiah was the first.
Eliezer had no other sons, but the sons of Rehabiah were very numerous.
¹⁸ The sons of Izhar:
Shelomith was the first.
¹⁹ The sons of Hebron:
Jeriah the first, Amariah the second, Jahaziel the third and Jekameam the fourth.
²⁰ The sons of Uzziel:
Micah the first and Isshiah the second.

ᵃ**23.10** Muitos manuscritos dizem *Zina.*

ᵃ**23:10** One Hebrew manuscript, Septuagint and Vulgate (see also verse 11); most Hebrew manuscripts *Zina*

Os Descendentes de Merari

21 Dos filhos de Merari:

Mali e Musi.

Estes foram os filhos de Mali:

Eleazar e Quis.

22 Eleazar morreu sem ter filhos,
teve apenas filhas.

Os primos delas, os filhos de Quis,
casaram-se com elas.

23 Estes foram os filhos de Musi:

Mali, Éder e Jeremote, três ao todo.

24 Esses foram os descendentes de Levi pelas suas famílias: os chefes de famílias conforme registrados por seus nomes e contados individualmente, ou seja, os de vinte anos para cima, que serviam no templo do Senhor. **25** Pois Davi dissera: "Uma vez que o Senhor, o Deus de Israel, concedeu descanso ao seu povo e veio habitar para sempre em Jerusalém, **26** os levitas não mais precisam carregar o tabernáculo nem os utensílios usados em seu serviço". **27** De acordo com as instruções finais de Davi, foram contados os levitas de vinte anos para cima.

28 O dever dos levitas era ajudar os descendentes de Arão no serviço do templo do Senhor. Encarregavam-se dos pátios, das salas laterais, da purificação de todas as coisas sagradas e das outras tarefas da casa de Deus. **29** Estavam encarregados do pão consagrado, da farinha para as ofertas de cereal, dos bolos sem fermento, de assar o pão e misturar a massa, e de todos os pesos e medidas. **30** Além disso, deviam se apresentar todas as manhãs e todas as tardes para dar graças e louvar ao Senhor, e fazer o mesmo **31** sempre que holocaustos[a] fossem apresentados ao Senhor nos sábados, nas festas da lua nova e nas festas fixas. Deviam servir regularmente diante do Senhor, conforme o número prescrito para eles.

32 Dessa maneira os levitas ficaram responsáveis pela Tenda do Encontro, pelo Lugar Santo e, pela assistência aos seus irmãos, os descendentes de Arão, e pelo serviço do templo do Senhor.

O Serviço dos Sacerdotes

24 Os filhos de Arão foram assim agrupados: Os filhos de Arão foram Nadabe, Abiú, Eleazar e Itamar. **2** Mas Nadabe e Abiú morreram antes de seu pai e não tiveram filhos; apenas Eleazar e Itamar serviram como sacerdotes. **3** Com a ajuda de Zadoque, descendente de Eleazar, e de Aimeleque, descendente de Itamar, Davi os dividiu em grupos para que cumprissem as suas responsabilidades. **4** Havia um número maior de chefes de família entre os descendentes de Eleazar do que entre os de Itamar, e por isso eles foram assim divididos: dezesseis chefes de famílias dentre os descendentes de Eleazar, e oito dentre os descendentes de Itamar. **5** Eles eram divididos de maneira imparcial mediante sorteio, pois havia líderes do santuário e líderes de Deus tanto entre os descendentes de Eleazar como entre os de Itamar.

6 O escriba Semaías, filho do levita Natanael, registrou os nomes deles na presença do rei, dos líderes, dos sacerdotes Zadoque e Aimeleque, filho de Abiatar, e dos chefes de famílias dos sacerdotes e dos levitas; as famílias de Eleazar e de Itamar foram sorteadas alternadamente.

7 A primeira sorte caiu para Jeoiaribe,
a segunda para Jedaías,

8 a terceira para Harim,
a quarta para Seorim,

9 a quinta para Malquias,
a sexta para Miamim,

10 a sétima para Hacoz,
a oitava para Abias,

11 a nona para Jesua,

Merarites

21 The sons of Merari:

Mahli and Mushi.

The sons of Mahli:

Eleazar and Kish.

22 Eleazar died without having sons: he had only daughters. Their cousins, the sons of Kish, married them.

23 The sons of Mushi:

Mahli, Eder and Jerimoth—three in all.

24 These were the descendants of Levi by their families—the heads of families as they were registered under their names and counted individually, that is, the workers twenty years old or more who served in the temple of the Lord. **25** For David had said, "Since the Lord, the God of Israel, has granted rest to his people and has come to dwell in Jerusalem forever, **26** the Levites no longer need to carry the tabernacle or any of the articles used in its service." **27** According to the last instructions of David, the Levites were counted from those twenty years old or more.

28 The duty of the Levites was to help Aaron's descendants in the service of the temple of the Lord: to be in charge of the courtyards, the side rooms, the purification of all sacred things and the performance of other duties at the house of God. **29** They were in charge of the bread set out on the table, the flour for the grain offerings, the unleavened wafers, the baking and the mixing, and all measurements of quantity and size. **30** They were also to stand every morning to thank and praise the Lord. They were to do the same in the evening **31** and whenever burnt offerings were presented to the Lord on Sabbaths and at New Moon festivals and at appointed feasts. They were to serve before the Lord regularly in the proper number and in the way prescribed for them.

32 And so the Levites carried out their responsibilities for the Tent of Meeting, for the Holy Place and, under their brothers the descendants of Aaron, for the service of the temple of the Lord.

The Divisions of Priests

24 These were the divisions of the sons of Aaron:

The sons of Aaron were Nadab, Abihu, Eleazar and Ithamar. **2** But Nadab and Abihu died before their father did, and they had no sons; so Eleazar and Ithamar served as the priests. **3** With the help of Zadok a descendant of Eleazar and Ahimelech a descendant of Ithamar, David separated them into divisions for their appointed order of ministering. **4** A larger number of leaders were found among Eleazar's descendants than among Ithamar's, and they were divided accordingly: sixteen heads of families from Eleazar's descendants and eight heads of families from Ithamar's descendants. **5** They divided them impartially by drawing lots, for there were officials of the sanctuary and officials of God among the descendants of both Eleazar and Ithamar.

6 The scribe Shemaiah son of Nethanel, a Levite, recorded their names in the presence of the king and of the officials: Zadok the priest, Ahimelech son of Abiathar and the heads of families of the priests and of the Levites—one family being taken from Eleazar and then one from Ithamar.

7 The first lot fell to Jehoiarib,
the second to Jedaiah,

8 the third to Harim,
the fourth to Seorim,

9 the fifth to Malkijah,
the sixth to Mijamin,

10 the seventh to Hakkoz,
the eighth to Abijah,

11 the ninth to Jeshua,

---

*23.31 Isto é, sacrifícios totalmente queimados.

a décima para Secanias,
12 a décima primeira para Eliasibe,
a décima segunda para Jaquim,
13 a décima terceira para Hupá,
a décima quarta para Jesebeabe,
14 a décima quinta para Bilga,
a décima sexta para Imer,
15 a décima sétima para Hezir,
a décima oitava para Hapises,
16 a décima nona para Petaías,
a vigésima para Jeezquel,
17 a vigésima primeira para Jaquim,
a vigésima segunda para Gamul,
18 a vigésima terceira para Delaias,
e a vigésima quarta para Maazias.

19 Conforme essa ordem eles deveriam ministrar quando entrassem no templo do Senhor, de acordo com as prescrições deixadas por Arão, antepassado deles, conforme o Senhor, o Deus de Israel, havia lhe ordenado.

O Restante dos Levitas

20 Estes foram os chefes
dos outros levitas:

dos descendentes de Anrão: Subael;
dos descendentes de Subael: Jedias.
21 Quanto a Reabias,
Issias foi o chefe dos seus filhos.
22 Dos descendentes de Isar: Selomote;
dos filhos de Selomote: Jaate.
23 Dos descendentes de Hebrom:
Jerias, o primeiro[a],
Amarias, o segundo,
Jaaziel, o terceiro,
e Jecameão, o quarto.
24 Dos descendentes de Uziel: Mica;
dos filhos de Mica: Samir.
25 Dos descendentes de Issias,
irmão de Mica, Zacarias.
26 Dos filhos de Merari: Mali e Musi.
Dos filhos de Jaazias: Beno.
27 Os descendentes de Merari, por Jaazias:
Beno, Soão, Zacur e Ibri.
28 De Mali: Eleazar, que não teve filhos.
29 De Quis: Jerameel.
30 E foram estes os filhos de Musi:
Mali, Éder e Jeremote.

Esses foram os levitas, de acordo com as suas famílias. 31 Eles também tiraram sortes na presença do rei Davi, de Zadoque, de Aimeleque, e dos chefes de famílias dos sacerdotes e dos levitas, assim como fizeram seus irmãos, os descendentes de Arão. As famílias dos irmãos mais velhos foram tratadas da mesma maneira que as dos mais novos.

Os Músicos

25 Davi, junto com os comandantes do exército, separou alguns dos filhos de Asafe, de Hemã e de Jedutum para o ministério de profetizar ao som de harpas, liras e címbalos. Esta é a lista dos escolhidos para essa função:

2 Dos filhos de Asafe:
Zacur, José, Netanias e Asarela. Os filhos de Asafe estavam sob a sua supervisão, e ele, por sua vez, profetizava sob a supervisão do rei.
3 Dos filhos de Jedutum:

the tenth to Shecaniah,
12 the eleventh to Eliashib,
the twelfth to Jakim,
13 the thirteenth to Huppah,
the fourteenth to Jeshebeab,
14 the fifteenth to Bilgah,
the sixteenth to Immer,
15 the seventeenth to Hezir,
the eighteenth to Happizzez,
16 the nineteenth to Pethahiah,
the twentieth to Jehezkel,
17 the twenty-first to Jakin,
the twenty-second to Gamul,
18 the twenty-third to Delaiah
and the twenty-fourth to Maaziah.

19 This was their appointed order of ministering when they entered the temple of the Lord, according to the regulations prescribed for them by their forefather Aaron, as the Lord, the God of Israel, had commanded him.

The Rest of the Levites

20 As for the rest of the descendants of Levi:
from the sons of Amram: Shubael;
from the sons of Shubael: Jehdeiah.
21 As for Rehabiah, from his sons:
Isshiah was the first.
22 From the Izharites: Shelomoth;
from the sons of Shelomoth: Jahath.
23 The sons of Hebron: Jeriah the first,[a] Amariah the second, Jahaziel the third and Jekameam the fourth.
24 The son of Uzziel: Micah;
from the sons of Micah: Shamir.
25 The brother of Micah: Isshiah;
from the sons of Isshiah: Zechariah.
26 The sons of Merari: Mahli and Mushi.
The son of Jaaziah: Beno.
27 The sons of Merari:
from Jaaziah: Beno, Shoham, Zaccur and Ibri.
28 From Mahli: Eleazar, who had no sons.
29 From Kish: the son of Kish:
Jerahmeel.
30 And the sons of Mushi: Mahli, Eder and Jerimoth.

These were the Levites, according to their families. 31 They also cast lots, just as their brothers the descendants of Aaron did, in the presence of King David and of Zadok, Ahimelech, and the heads of families of the priests and of the Levites. The families of the oldest brother were treated the same as those of the youngest.

The Singers

25 David, together with the commanders of the army, set apart some of the sons of Asaph, Heman and Jeduthun for the ministry of prophesying, accompanied by harps, lyres and cymbals. Here is the list of the men who performed this service:

2 From the sons of Asaph:
Zaccur, Joseph, Nethaniah and Asarelah. The sons of Asaph were under the supervision of Asaph, who prophesied under the king's supervision.
3 As for Jeduthun, from his sons:

---

a24.23 Muitos manuscritos dizem *Os filhos de Jerias*. Veja 1Cr 23.19.

a24:23 Two Hebrew manuscripts and some Septuagint manuscripts (see also 1 Chron. 23:19); most Hebrew manuscripts *The sons of Jeriah:*

Gedalias, Zeri, Jesaías, Simei[a], Hasabias e Matitias, seis ao todo, sob a supervisão de seu pai, Jedutum, que profetizava ao som da harpa para dar graças e louvar ao Senhor. **4** Dos filhos de Hemã:

Buquias, Matanias, Uziel, Sebuel, Jeremote, Hananias, Hanani, Eliata, Gidalti, Romanti-Ézer, Josbecasa, Maloti, Hotir e Maaziote. **5** Todos esses eram filhos de Hemã, o vidente do rei. Esses lhe nasceram conforme as promessas de que Deus haveria de torná-lo poderoso[b]. E Deus deu a Hemã catorze filhos e três filhas.

6 Todos esses homens estavam sob a supervisão de seus pais quando ministravam a música do templo do Senhor, com címbalos, liras e harpas, na casa de Deus. Asafe, Jedutum e Hemã estavam sob a supervisão do rei. **7** Eles e seus parentes, todos capazes e preparados para o louvor do Senhor, totalizavam 288. **8** Então tiraram sortes entre jovens e velhos, mestres e discípulos para designar-lhes suas responsabilidades.

9 A primeira sorte caiu para José,
filho de Asafe,
com seus filhos e parentes[c];
eram ao todo doze[d];
a segunda, para Gedalias,
com seus filhos e parentes;
eram ao todo doze;
10 a terceira, para Zacur,
com seus filhos e parentes;
eram ao todo doze;
11 a quarta, para Izri[e],
com seus filhos e parentes;
eram ao todo doze;
12 a quinta, para Netanias,
com seus filhos e parentes;
eram ao todo doze;
13 a sexta, para Buquias,
com seus filhos e parentes;
eram ao todo doze;
14 a sétima, para Jesarela[f],
com seus filhos e parentes;
eram ao todo doze;
15 a oitava, para Jesaías,
com seus filhos e parentes;
eram ao todo doze;
16 a nona, para Matanias,
com seus filhos e parentes;
eram ao todo doze;
17 a décima, para Simei,
com seus filhos e parentes;
eram ao todo doze;
18 a décima primeira, para Azareel[g],
com seus filhos e parentes;
eram ao todo doze;
19 a décima segunda, para Hasabias,
com seus filhos e parentes;
eram ao todo doze;
20 a décima terceira, para Subael,
com seus filhos e parentes;
eram ao todo doze;
21 a décima quarta, para Matitias,
com seus filhos e parentes;
eram ao todo doze;
22 a décima quinta, para Jeremote,
com seus filhos e parentes;
eram ao todo doze;

Gedaliah, Zeri, Jeshaiah, Shimei,[a] Hashabiah and Mattithiah, six in all, under the supervision of their father Jeduthun, who prophesied, using the harp in thanking and praising the Lord.

4 As for Heman, from his sons:

Bukkiah, Mattaniah, Uzziel, Shubael and Jerimoth; Hananiah, Hanani, Eliathah, Giddalti and Romamti-Ezer; Joshbekashah, Mallothi, Hothir and Mahazioth. **5** All these were sons of Heman the king's seer. They were given him through the promises of God to exalt him.[b] God gave Heman fourteen sons and three daughters.

6 All these men were under the supervision of their fathers for the music of the temple of the Lord, with cymbals, lyres and harps, for the ministry at the house of God. Asaph, Jeduthun and Heman were under the supervision of the king. **7** Along with their relatives—all of them trained and skilled in music for the Lord—they numbered 288. **8** Young and old alike, teacher as well as student, cast lots for their duties.

9 The first lot, which was for Asaph, fell to
Joseph,
his sons and relatives,[c]   12[d]
the second to Gedaliah,
he and his relatives and sons,   12
10 the third to Zaccur,
his sons and relatives,   12
11 the fourth to Izri,[e]
his sons and relatives,   12
12 the fifth to Nethaniah,
his sons and relatives,   12
13 the sixth to Bukkiah,
his sons and relatives,   12
14 the seventh to Jesarelah,[f]
his sons and relatives,   12
15 the eighth to Jeshaiah,
his sons and relatives,   12
16 the ninth to Mattaniah,
his sons and relatives,   12
17 the tenth to Shimei,
his sons and relatives,   12
18 the eleventh to Azarel,[g]
his sons and relatives,   12
19 the twelfth to Hashabiah,
his sons and relatives,   12
20 the thirteenth to Shubael,
his sons and relatives,   12
21 the fourteenth to Mattithiah,
his sons and relatives,   12
22 the fifteenth to Jerimoth,
his sons and relatives,   12

---

[a]25.3 Muitos manuscritos não trazem *Simei*. [b]25.5 Hebraico: *exaltar o chifre*. [c]25.9 O Texto Massorético não traz *seus filhos e parentes*. [d]25.9 O Texto Massorético não traz *doze*. [e]25.11 Variante de *Zeri*. [f]25.14 Variante de *Asarela*. [g]25.18 Variante de *Uziel*.

[a]25:3 One Hebrew manuscript and some Septuagint manuscripts (see also verse 17); most Hebrew manuscripts do not have *Shimei*. [b]25:5 Hebrew *exalt the horn* [c]25:9 See Septuagint; Hebrew does not have *his sons and relatives.* [d]25:9 See the total in verse 7; Hebrew does not have *twelve.* [e]25:11 A variant of *Zeri* [f]25:14 A variant of *Asarelah* [g]25:18 A variant of *Uzziel*

23 a décima sexta, para Hananias,
com seus filhos e parentes;
eram ao todo doze;
24 a décima sétima, para Josbecasa,
com seus filhos e parentes;
eram ao todo doze;
25 a décima oitava, para Hanani,
com seus filhos e parentes;
eram ao todo doze;
26 a décima nona, para Maloti,
com seus filhos e parentes;
eram ao todo doze;
27 a vigésima, para Eliata,
com seus filhos e parentes;
eram ao todo doze;
28 a vigésima primeira, para Hotir,
com seus filhos e parentes;
eram ao todo doze;
29 a vigésima segunda, para Gidalti,
com seus filhos e parentes;
eram ao todo doze;
30 a vigésima terceira, para Maaziote,
com seus filhos e parentes;
eram ao todo doze;
31 a vigésima quarta, para Romanti-Ézer,
com seus filhos e parentes;
eram ao todo doze.

Os Porteiros

26 Esta é a relação dos grupos dos porteiros:

Dos coreítas, Meselemias, filho de Coré,
da família de Asafe.
2 Foram estes os filhos de Meselemias:
Zacarias, o primeiro,
Jediael, o segundo,
Zebadias, o terceiro,
Jatniel, o quarto,
3 Elão, o quinto,
Joanã, o sexto,
e Elioenai, o sétimo.
4 Foram estes os filhos de Obede-Edom:
Semaías, o primeiro,
Jeozabade, o segundo,
Joá, o terceiro,
Sacar, o quarto,
Natanael, o quinto,
5 Amiel, o sexto,
Issacar, o sétimo,
e Peuletai, o oitavo.
Pois Deus havia abençoado
Obede-Edom.

6 Seu filho Semaías também teve filhos,
que foram líderes na família do seu pai,
pois eram homens capazes.
7 Foram estes os filhos de Semaías:
Otni, Rafael, Obede e Elzabade.
Os parentes dele, Eliú e Semaquias,
também foram homens capazes.
8 Todos esses foram
descendentes de Obede-Edom;
eles e os seus filhos e parentes
eram capazes e aptos para a obra.
Eram ao todo 62 descendentes
de Obede-Edom.
9 Meselemias teve 18 filhos
e parentes chegados,
todos eles homens capazes.

23 the sixteenth to Hananiah,
his sons and relatives,   12
24 the seventeenth to Joshbekashah,
his sons and relatives,   12
25 the eighteenth to Hanani,
his sons and relatives,   12
26 the nineteenth to Mallothi,
his sons and relatives,   12
27 the twentieth to Eliathah,
his sons and relatives,   12
28 the twenty-first to Hothir,
his sons and relatives,   12
29 the twenty-second to Giddalti,
his sons and relatives,   12
30 the twenty-third to Mahazioth,
his sons and relatives,   12
31 the twenty-fourth to Romamti-Ezer,
his sons and relatives,   12

The Gatekeepers

26 The divisions of the gatekeepers:

From the Korahites: Meshelemiah son of Kore,
one of the sons of Asaph.
2 Meshelemiah had sons:
Zechariah the firstborn,
Jediael the second,
Zebadiah the third,
Jathniel the fourth,
3 Elam the fifth,
Jehohanan the sixth
and Eliehoenai the seventh.
4 Obed-Edom also had sons:
Shemaiah the firstborn,
Jehozabad the second,
Joah the third,
Sacar the fourth,
Nethanel the fifth,
5 Ammiel the sixth,
Issachar the seventh
and Peullethai the eighth.
(For God had blessed Obed-Edom.)

6 His son Shemaiah also had sons, who were leaders in their
father's family because they were very capable men.
7 The sons of Shemaiah: Othni, Rephael, Obed and
Elzabad; his relatives Elihu and Semakiah were also
able men. **8** All these were descendants of Obed-Edom;
they and their sons and their relatives were capable
men with the strength to do the work—descendants
of Obed-Edom, 62 in all.
9 Meshelemiah had sons and relatives, who were able men—
18 in all.

¹⁰ Foram estes os filhos de Hosa,
o merarita:
Sinri, que foi nomeado chefe
por seu pai,
mesmo não sendo o mais velho,
¹¹ Hilquias, o segundo,
Tebalias, o terceiro,
e Zacarias, o quarto.
Os filhos e parentes de Hosa
foram 13 ao todo.

¹² Essas foram as divisões dos porteiros, feitas pelos chefes deles; eles cumpriam tarefas no serviço do templo do Senhor, assim como seus parentes. ¹³ Lançaram sortes entre as famílias, incluindo jovens e velhos, para que cuidassem de cada porta.
¹⁴ A porta leste coube a Selemiasᵃ. Então lançaram sortes para seu filho Zacarias, sábio conselheiro, e a porta norte foi sorteada para ele. ¹⁵ A sorte da porta sul saiu para Obede-Edom, e a do depósito, para seus filhos. ¹⁶ A sorte da porta oeste e da porta Salequete, na rua de cima, saiu para Supim e Hosa. Os guardas ficavam um ao lado do outro. ¹⁷ Havia seis levitas por dia no leste, quatro no norte, quatro no sul e dois de cada vez no depósito. ¹⁸ Quanto ao pátio a oeste, havia quatro na rua e dois no próprio pátio.
¹⁹ Foram essas as divisões dos porteiros, descendentes de Coré e Merari.

Os Tesoureiros e Outros Oficiais

²⁰ Outros dos seus irmãos levitas estavam encarregadosᵇ dos depósitos dos tesouros do templo de Deus e do depósito das dádivas sagradas.
²¹ Os gersonitas, descendentes de Ladã, que eram chefes de famílias pertencentes a Ladã, foram Jeieli ²² e seus filhos Zetã e Joel, seu irmão. Estavam encarregados da tesouraria do templo do Senhor.
²³ Dos filhos de Anrão, de Isar, de Hebrom e de Uziel:
²⁴ Sebuel, um descendente de Gérson, filho de Moisés, era o oficial encarregado dos depósitos dos tesouros.
²⁵ Seus parentes por parte de Eliézer foram seu filho Reabias, que foi o pai de Jesaías, o avô de Jorão, o bisavô de Zicri, o trisavô de Selomote. ²⁶ Selomote e seus parentes estavam encarregados de todos os tesouros consagrados pelo rei Davi, pelos chefes de famílias que eram os comandantes de mil e de cem, e pelos outros líderes do exército. ²⁷ Eles consagravam parte dos despojos tomados em combate para a manutenção do templo do Senhor. ²⁸ E todas as dádivas consagradas pelo vidente Samuel, por Saul, filho de Quis, por Abner, filho de Ner, por Joabe, filho de Zeruia, e todas as demais dádivas sagradas estavam sob os cuidados de Selomote e seus parentes.
²⁹ Dos filhos de Isar, Quenanias e seus filhos ficaram responsáveis pelos negócios públicos de Israel, atuando como oficiais e juízes.
³⁰ Dos filhos de Hebrom, Hasabias e seus parentes ficaram responsáveis por todo o trabalho do Senhor e pelo serviço do rei em Israel, a oeste do Jordão; ao todo eram mil e setecentos homens capazes. ³¹ De acordo com os registros genealógicos das famílias hebronitas, Jerias foi o chefe delas. No ano quarenta do reinado de Davi fez-se uma busca nos registros, e entre os descendentes de Hebrom encontraram-se homens capazes em Jazar de Gileade. ³² Jerias tinha dois mil e setecentos parentes, homens capazes e chefes de famílias, que o rei Davi encarregou de todas as questões pertinentes a Deus e aos negócios do rei nas tribos de Rúben e de Gade, e na metade da tribo de Manassés.

¹⁰ Hosah the Merarite had sons: Shimri the first (although he was not the firstborn, his father had appointed him the first), ¹¹ Hilkiah the second, Tabaliah the third and Zechariah the fourth. The sons and relatives of Hosah were 13 in all.
¹² These divisions of the gatekeepers, through their chief men, had duties for ministering in the temple of the Lord, just as their relatives had. ¹³ Lots were cast for each gate, according to their families, young and old alike.
¹⁴ The lot for the East Gate fell to Shelemiah.ᵃ Then lots were cast for his son Zechariah, a wise counselor, and the lot for the North Gate fell to him. ¹⁵ The lot for the South Gate fell to Obed-Edom, and the lot for the storehouse fell to his sons. ¹⁶ The lots for the West Gate and the Shalleketh Gate on the upper road fell to Shuppim and Hosah.
Guard was alongside of guard: ¹⁷ There were six Levites a day on the east, four a day on the north, four a day on the south and two at a time at the storehouse. ¹⁸ As for the court to the west, there were four at the road and two at the court itself.
¹⁹ These were the divisions of the gatekeepers who were descendants of Korah and Merari.

The Treasurers and Other Officials

²⁰ Their fellow Levites wereᵇ in charge of the treasuries of the house of God and the treasuries for the dedicated things.
²¹ The descendants of Ladan, who were Gershonites through Ladan and who were heads of families belonging to Ladan the Gershonite, were Jehieli, ²² the sons of Jehieli, Zetham and his brother Joel. They were in charge of the treasuries of the temple of the Lord.
²³ From the Amramites, the Izharites, the Hebronites and the Uzzielites:
²⁴ Shubael, a descendant of Gershom son of Moses, was the officer in charge of the treasuries. ²⁵ His relatives through Eliezer: Rehabiah his son, Jeshaiah his son, Joram his son, Zicri his son and Shelomith his son. ²⁶ Shelomith and his relatives were in charge of all the treasuries for the things dedicated by King David, by the heads of families who were the commanders of thousands and commanders of hundreds, and by the other army commanders. ²⁷ Some of the plunder taken in battle they dedicated for the repair of the temple of the Lord. ²⁸ And everything dedicated by Samuel the seer and by Saul son of Kish, Abner son of Ner and Joab son of Zeruiah, and all the other dedicated things were in the care of Shelomith and his relatives.
²⁹ From the Izharites: Kenaniah and his sons were assigned duties away from the temple, as officials and judges over Israel.
³⁰ From the Hebronites: Hashabiah and his relatives—seventeen hundred able men—were responsible in Israel west of the Jordan for all the work of the Lord and for the king's service. ³¹ As for the Hebronites, Jeriah was their chief according to the genealogical records of their families. In the fortieth year of David's reign a search was made in the records, and capable men among the Hebronites were found at Jazer in Gilead. ³² Jeriah had twenty-seven hundred relatives, who were able men and heads of families, and King David put them in charge of the Reubenites, the Gadites and the half-tribe of Manasseh for every matter pertaining to God and for the affairs of the king.

ᵃ26.14 Variante de *Meselemias*. ᵇ26.20 Conforme a Septuaginta. O Texto Massorético diz *Quanto aos levitas, Aías estava encarregado*.

ᵃ26:14 A variant of *Meshelemiah*. ᵇ26:20 Septuagint; Hebrew *As for the Levites, Ahijah was*

As Divisões do Exército

27 Esta é a lista dos israelitas, chefes de famílias, comandantes de mil e comandantes de cem, oficiais que serviam o rei na supervisão das divisões do exército que estavam de serviço mês a mês, durante o ano. Cada divisão era constituída por 24.000 homens.

² Encarregado da primeira divisão de 24.000 homens, para o primeiro mês, estava Jasobeão, filho de Zabdiel. ³ Ele era descendente de Perez e chefe de todos os oficiais do exército para o primeiro mês.

⁴ Encarregado da divisão para o segundo mês estava Dodai, descendente de Aoí; Miclote era o líder da sua divisão, que contava 24.000 homens.

⁵ O terceiro comandante do exército, para o terceiro mês, foi Benaia, filho do sacerdote Joiada. Ele era chefe da sua divisão de 24.000 homens. ⁶ Esse Benaia foi guerreiro, chefe do batalhão dos Trinta. Seu filho Amizabade estava encarregado da sua divisão.

⁷ O quarto, para o quarto mês, foi Asael, irmão de Joabe; seu filho Zebadias foi o seu sucessor. Havia 24.000 homens em sua divisão.

⁸ O quinto, para o quinto mês, foi o comandante Samute, o izraíta. Havia 24.000 homens em sua divisão.

⁹ O sexto, para o sexto mês, foi Ira, filho de Iques, de Tecoa. Havia 24.000 homens em sua divisão.

¹⁰ O sétimo, para o sétimo mês, foi Helez, de Pelom, descendente de Efraim. Havia 24.000 homens em sua divisão.

¹¹ O oitavo, para o oitavo mês, foi Sibecai, de Husate, da família de Zerá. Havia 24.000 homens em sua divisão.

¹² O nono, para o nono mês, foi Abiezer, de Anatote, da tribo de Benjamim. Havia 24.000 homens em sua divisão.

¹³ O décimo, para o décimo mês, foi Maarai, de Netofate, da família de Zerá. Havia 24.000 homens em sua divisão.

¹⁴ O décimo primeiro, para o décimo primeiro mês, foi Benaia, de Piratom, descendente de Efraim. Havia 24.000 homens em sua divisão.

¹⁵ O décimo segundo, para o décimo segundo mês, foi Heldai, de Netofate, da família de Otoniel. Havia 24.000 homens em sua divisão.

Os Líderes das Tribos

¹⁶ Estes foram os líderes das tribos de Israel:

de Rúben: Eliézer, filho de Zicri;
de Simeão: Sefatias, filho de Maaca;
¹⁷ de Levi: Hasabias, filho de Quemuel;
de Arão: Zadoque;
¹⁸ de Judá: Eliú, irmão de Davi;
de Issacar: Onri, filho de Micael;
¹⁹ de Zebulom: Ismaías, filho de Obadias;
de Naftali: Jeremote, filho de Azriel;
²⁰ dos descendentes de Efraim: Oséias, filho de Azazias;
da metade da tribo de Manassés: Joel, filho de Pedaías;
²¹ da outra metade da tribo de Manassés, em Gileade: Ido, filho de Zacarias;
de Benjamim: Jaasiel, filho de Abner;
²² de Dã: Azareel, filho de Jeroão.
Foram esses os líderes das tribos de Israel.

²³ Davi não contou os homens com menos de vinte anos, pois o Senhor havia prometido tornar Israel tão numeroso quanto as estrelas do céu. ²⁴ Joabe, filho de Zeruia, começou a contar os homens, mas não pôde terminar. A ira divina caiu sobre Israel por causa desse recenseamento, e o resultado não entrou nos registros históricos do rei Davi.

Army Divisions

27 This is the list of the Israelites—heads of families, commanders of thousands and commanders of hundreds, and their officers, who served the king in all that concerned the army divisions that were on duty month by month throughout the year. Each division consisted of 24,000 men.

² In charge of the first division, for the first month, was Jashobeam son of Zabdiel. There were 24,000 men in his division. ³ He was a descendant of Perez and chief of all the army officers for the first month.

⁴ In charge of the division for the second month was Dodai the Ahohite; Mikloth was the leader of his division. There were 24,000 men in his division.

⁵ The third army commander, for the third month, was Benaiah son of Jehoiada the priest. He was chief and there were 24,000 men in his division. ⁶ This was the Benaiah who was a mighty man among the Thirty and was over the Thirty. His son Ammizabad was in charge of his division.

⁷ The fourth, for the fourth month, was Asahel the brother of Joab; his son Zebadiah was his successor. There were 24,000 men in his division.

⁸ The fifth, for the fifth month, was the commander Shamhuth the Izrahite. There were 24,000 men in his division.

⁹ The sixth, for the sixth month, was Ira the son of Ikkesh the Tekoite. There were 24,000 men in his division.

¹⁰ The seventh, for the seventh month, was Helez the Pelonite, an Ephraimite. There were 24,000 men in his division.

¹¹ The eighth, for the eighth month, was Sibbecai the Hushathite, a Zerahite. There were 24,000 men in his division.

¹² The ninth, for the ninth month, was Abiezer the Anathothite, a Benjamite. There were 24,000 men in his division.

¹³ The tenth, for the tenth month, was Maharai the Netophathite, a Zerahite. There were 24,000 men in his division.

¹⁴ The eleventh, for the eleventh month, was Benaiah the Pirathonite, an Ephraimite. There were 24,000 men in his division.

¹⁵ The twelfth, for the twelfth month, was Heldai the Netophathite, from the family of Othniel. There were 24,000 men in his division.

Officers of the Tribes

¹⁶ The officers over the tribes of Israel:

over the Reubenites: Eliezer son of Zicri;
over the Simeonites: Shephatiah son of Maacah;
¹⁷ over Levi: Hashabiah son of Kemuel;
over Aaron: Zadok;
¹⁸ over Judah: Elihu, a brother of David;
over Issachar: Omri son of Michael;
¹⁹ over Zebulun: Ishmaiah son of Obadiah;
over Naphtali: Jerimoth son of Azriel;
²⁰ over the Ephraimites: Hoshea son of Azaziah;
over half the tribe of Manasseh: Joel son of Pedaiah;
²¹ over the half-tribe of Manasseh in Gilead: Iddo son of Zechariah; over Benjamin: Jaasiel son of Abner;
²² over Dan: Azarel son of Jeroham.
These were the officers over the tribes of Israel.

²³ David did not take the number of the men twenty years old or less, because the Lord had promised to make Israel as numerous as the stars in the sky. ²⁴ Joab son of Zeruiah began to count the men but did not finish. Wrath came on Israel on account of this numbering, and the number was not entered in the bookᵃ of the annals of King David.

ᵃ27:24 Septuagint; Hebrew *number*

Os Superintendentes do Rei

25 Azmavete, filho de Adiel, estava encarregado dos tesouros do palácio.

Jônatas, filho de Uzias, estava encarregado dos depósitos do rei nos distritos distantes, nas cidades, nos povoados e nas torres de sentinela.

26 Ezri, filho de Quelube, estava encarregado dos trabalhadores rurais, que cultivavam a terra.

27 Simei, de Ramá, estava encarregado das vinhas.

Zabdi, de Sifá, estava encarregado do vinho que era armazenado em tonéis.

28 Baal-Hanã, de Gederá, estava encarregado das oliveiras e das figueiras bravas, na Sefeláª.

Joás estava encarregado do fornecimento de azeite.

29 Sitrai, de Sarom, estava encarregado dos rebanhos que pastavam em Sarom.

Safate, filho de Adlai, estava encarregado dos rebanhos nos vales.

30 O ismaelita Obil estava encarregado dos camelos.

Jedias, de Meronote, estava encarregado dos jumentos.

31 O hagareno Jaziz estava encarregado das ovelhas.

Todos esses eram encarregados de cuidar dos bens do rei Davi.

32 Jônatas, tio de Davi, era conselheiro; homem sábio e também escriba. Jeiel, filho de Hacmoni, cuidava dos filhos do rei.

33 Aitofel era conselheiro do rei.

Husai, o arquita, era amigo do rei. **34** Aitofel foi sucedido por Joiada, filho de Benaia, e por Abiatar.

Joabe era o comandante do exército real.

O Plano de Davi para o Templo

28 Davi reuniu em Jerusalém todos os líderes de Israel: os líderes das tribos, os líderes das divisões a serviço do rei, os comandantes de mil e de cem, e os líderes encarregados de todos os bens e rebanhos que pertenciam ao rei e a seus filhos, junto com os oficiais do palácio, os principais guerreiros e todos os soldados valentes.

2 O rei Davi se pôs em pé e disse: "Escutem-me, meus irmãos e meu povo. Eu tinha no coração o propósito de construir um templo para nele colocar a arca da aliança do Senhor, o estrado dos pés de nosso Deus; fiz planos para construí-lo, **3** mas Deus me disse: 'Você não construirá um templo em honra ao meu nome, pois você é um guerreiro e matou muita gente'.

4 "No entanto, o Senhor, o Deus de Israel, escolheu-me dentre toda a minha família para ser rei em Israel, para sempre. Ele escolheu Judá como líder, e da tribo de Judá escolheu minha família, e entre os filhos de meu pai ele quis fazer-me rei de todo o Israel. **5** E, dentre todos os muitos filhos que me deu, ele escolheu Salomão para sentar-se no trono de Israel, o reino do Senhor. **6** Ele me disse: 'Seu filho Salomão é quem construirá o meu templo e os meus pátios, pois eu o escolhi para ser meu filho, e eu serei o pai dele. **7** Firmarei para sempre o reino dele, se ele continuar a obedecer os meus mandamentos e as minhas ordenanças, como faz agora'.

8 "Por isso, agora declaro-lhes perante todo o Israel e a assembléia do Senhor, e diante dos ouvidos de nosso Deus: Tenham o cuidado de obedecer a todos os mandamentos do Senhor, o seu Deus, para que mantenham a posse dessa boa terra e a dêem por herança aos seus descendentes para sempre.

9 E você, meu filho Salomão, reconheça o Deus de seu pai, e sirva-o de todo o coração e espontaneamente, pois o Senhor sonda todos os corações e conhece a motivação dos pensamentos. Se você o buscar, o encontrará, mas, se você o abandonar, ele o rejeitará para sempre. **10** Veja que o Senhor o escolheu para construir um templo que sirva de santuário. Seja forte e mãos ao trabalho!"

ª**27.28** Pequena faixa de terra de relevo variável entre a planície costeira e as montanhas.

The King's Overseers

25 Azmaveth son of Adiel was in charge of the royal storehouses.

Jonathan son of Uzziah was in charge of the storehouses in the outlying districts, in the towns, the villages and the watchtowers.

26 Ezri son of Kelub was in charge of the field workers who farmed the land.

27 Shimei the Ramathite was in charge of the vineyards.

Zabdi the Shiphmite was in charge of the produce of the vineyards for the wine vats.

28 Baal-Hanan the Gederite was in charge of the olive and sycamore-fig trees in the western foothills.

Joash was in charge of the supplies of olive oil.

29 Shitrai the Sharonite was in charge of the herds grazing in Sharon.

Shaphat son of Adlai was in charge of the herds in the valleys.

30 Obil the Ishmaelite was in charge of the camels.

Jehdeiah the Meronothite was in charge of the donkeys.

31 Jaziz the Hagrite was in charge of the flocks.

All these were the officials in charge of King David's property.

32 Jonathan, David's uncle, was a counselor, a man of insight and a scribe. Jehiel son of Hacmoni took care of the king's sons.

33 Ahithophel was the king's counselor.

Hushai the Arkite was the king's friend. **34** Ahithophel was succeeded by Jehoiada son of Benaiah and by Abiathar.

Joab was the commander of the royal army.

David's Plans for the Temple

28 David summoned all the officials of Israel to assemble at Jerusalem: the officers over the tribes, the commanders of the divisions in the service of the king, the commanders of thousands and commanders of hundreds, and the officials in charge of all the property and livestock belonging to the king and his sons, together with the palace officials, the mighty men and all the brave warriors.

2 King David rose to his feet and said: "Listen to me, my brothers and my people. I had it in my heart to build a house as a place of rest for the ark of the covenant of the Lord, for the footstool of our God, and I made plans to build it. **3** But God said to me, 'You are not to build a house for my Name, because you are a warrior and have shed blood.'

4 "Yet the Lord, the God of Israel, chose me from my whole family to be king over Israel forever. He chose Judah as leader, and from the house of Judah he chose my family, and from my father's sons he was pleased to make me king over all Israel. **5** Of all my sons—and the Lord has given me many—he has chosen my son Solomon to sit on the throne of the kingdom of the Lord over Israel. **6** He said to me: 'Solomon your son is the one who will build my house and my courts, for I have chosen him to be my son, and I will be his father. **7** I will establish his kingdom forever if he is unswerving in carrying out my commands and laws, as is being done at this time.'

8 "So now I charge you in the sight of all Israel and of the assembly of the Lord, and in the hearing of our God: Be careful to follow all the commands of the Lord your God, that you may possess this good land and pass it on as an inheritance to your descendants forever.

9 "And you, my son Solomon, acknowledge the God of your father, and serve him with wholehearted devotion and with a willing mind, for the Lord searches every heart and understands every motive behind the thoughts. If you seek him, he will be found by you; but if you forsake him, he will reject you forever. **10** Consider now, for the Lord has chosen you to build a temple as a sanctuary. Be strong and do the work."

11 Então Davi deu a seu filho Salomão a planta do pórtico do templo, dos seus edifícios, dos seus depósitos, dos andares superiores e suas salas, e do lugar do propiciatório. **12** Entregou-lhe também as plantas de tudo o que o Espírito havia posto em seu coraçãoª acerca dos pátios do templo do Senhor e de todas as salas ao redor, acerca dos depósitos dos tesouros do templo de Deus e dos depósitos das dádivas sagradas. **13** Deu-lhe instruções sobre as divisões dos sacerdotes e dos levitas e sobre a execução de todas as tarefas no templo do Senhor e os utensílios que seriam utilizados. **14** Determinou o peso do ouro para todos os utensílios de ouro e o peso da prata para todos os utensílios de prata, que seriam utilizados nas diferentes tarefas: **15** o peso de ouro para cada candelabro e suas lâmpadas; e o peso de prata para cada candelabro de prata e suas lâmpadas, de acordo com a finalidade de cada um; **16** o peso de ouro para cada mesa de pães consagrados; o peso de prata para as mesas de prata; **17** o peso de ouro puro para os garfos, para as bacias de aspersão e para os jarros; o peso de ouro para cada tigela de ouro; o peso de prata para cada tigela de prata; **18** e o peso de ouro refinado para o altar de incenso. Também lhe deu o desenho do carro dos querubins de ouro que, com suas asas estendidas, abrigam a arca da aliança do Senhor.

19 Disse Davi a Salomão: "Tudo isso a mão do Senhor me deu por escrito, e ele me deu entendimento para executar todos esses projetos."

20 E acrescentou: "Seja forte e corajoso! Mãos ao trabalho! Não tenha medo nem desanime, pois Deus, o Senhor, o meu Deus, está com você. Ele não o deixará nem o abandonará até que se termine toda a construção do templo do Senhor. **21** As divisões dos sacerdotes e dos levitas estão definidas para todas as tarefas que se farão no templo de Deus, e você receberá ajuda de homens peritos em todo tipo de serviço. Os líderes e todo o povo obedecerão a todas as suas ordens".

Dádivas para a Construção do Templo

29 Então o rei Davi disse a toda a assembléia: "Deus escolheu meu filho Salomão, e mais ninguém. Mas ele é jovem e inexperiente e a tarefa é grande, pois o palácio não será feito para homens, mas para o Senhor, o nosso Deus. **2** Forneci grande quantidade de recursos para o trabalho do templo do meu Deus: ouro, prata, bronze, ferro e madeira, bem como ônix para os engastes, e ainda turquesas, pedras de várias cores e todo tipo de pedras preciosas, e mármore. **3** Além disso, pelo amor ao templo do meu Deus, agora entrego, das minhas próprias riquezas, ouro e prata para o templo do meu Deus, além de tudo o que já tenho dado para este santo templo. **4** Ofereço, pois, cento e cinco toneladasᵇ de ouro puro de Ofir e duzentos e quarenta e cinco toneladas de prata refinada, para o revestimento das paredes do templo, **5** para o trabalho em ouro e em prata, e para todo o trabalho dos artesãos. Agora, quem hoje está disposto a ofertar dádivas ao Senhor?"

6 Então os chefes das famílias, os líderes das tribos de Israel, os comandantes de mil e de cem, e os oficiais encarregados do trabalho do rei ofertaram espontaneamente. **7** Para a obra do templo de Deus eles deram cento e setenta e cinco toneladas de ouro e dez mil moedasᶜ de ouro, trezentos e cinqüenta toneladas de prata, seiscentas e trinta toneladas de bronze e três mil e quinhentas toneladas de ferro. **8** Quem tinha pedras preciosas deu-as para o depósito dos tesouros do templo do Senhor, cujo responsável era Jeiel, o gersonita. **9** O povo

11 Then David gave his son Solomon the plans for the portico of the temple, its buildings, its storerooms, its upper parts, its inner rooms and the place of atonement. **12** He gave him the plans of all that the Spirit had put in his mind for the courts of the temple of the Lord and all the surrounding rooms, for the treasuries of the temple of God and for the treasuries for the dedicated things. **13** He gave him instructions for the divisions of the priests and Levites, and for all the work of serving in the temple of the Lord, as well as for all the articles to be used in its service. **14** He designated the weight of gold for all the gold articles to be used in various kinds of service, and the weight of silver for all the silver articles to be used in various kinds of service: **15** the weight of gold for the gold lampstands and their lamps, with the weight for each lampstand and its lamps; and the weight of silver for each silver lampstand and its lamps, according to the use of each lampstand; **16** the weight of gold for each table for consecrated bread; the weight of silver for the silver tables; **17** the weight of pure gold for the forks, sprinkling bowls and pitchers; the weight of gold for each gold dish; the weight of silver for each silver dish; **18** and the weight of the refined gold for the altar of incense. He also gave him the plan for the chariot, that is, the cherubim of gold that spread their wings and shelter the ark of the covenant of the Lord.

19 "All this," David said, "I have in writing from the hand of the Lord upon me, and he gave me understanding in all the details of the plan."

20 David also said to Solomon his son, "Be strong and courageous, and do the work. Do not be afraid or discouraged, for the Lord God, my God, is with you. He will not fail you or forsake you until all the work for the service of the temple of the Lord is finished. **21** The divisions of the priests and Levites are ready for all the work on the temple of God, and every willing man skilled in any craft will help you in all the work. The officials and all the people will obey your every command."

Gifts for Building the Temple

29 Then King David said to the whole assembly: "My son Solomon, the one whom God has chosen, is young and inexperienced. The task is great, because this palatial structure is not for man but for the Lord God. **2** With all my resources I have provided for the temple of my God—gold for the gold work, silver for the silver, bronze for the bronze, iron for the iron and wood for the wood, as well as onyx for the settings, turquoise,ª stones of various colors, and all kinds of fine stone and marble—all of these in large quantities. **3** Besides, in my devotion to the temple of my God I now give my personal treasures of gold and silver for the temple of my God, over and above everything I have provided for this holy temple: **4** three thousand talentsᵇ of gold (gold of Ophir) and seven thousand talentsᶜ of refined silver, for the overlaying of the walls of the buildings, **5** for the gold work and the silver work, and for all the work to be done by the craftsmen. Now, who is willing to consecrate himself today to the Lord?"

6 Then the leaders of families, the officers of the tribes of Israel, the commanders of thousands and commanders of hundreds, and the officials in charge of the king's work gave willingly. **7** They gave toward the work on the temple of God five thousand talentsᵈ and ten thousand daricsᵉ of gold, ten thousand talentsᶠ of silver, eighteen thousand talentsᵍ of bronze and a hundred thousand talentsʰ of iron. **8** Any who had precious stones gave them to the treasury of the temple of the Lord in the custody of Jehiel the Gershonite. **9** The people

---

ª**28.12** Ou *tudo o que tinha em mente* ᵇ**29.4** Hebraico: *3.000 talentos*. Um talento equivalia a 35 quilos. ᶜ**29.7** Hebraico: *dáricos*.

ª**29:2** The meaning of the Hebrew for this word is uncertain. ᵇ**29:4** That is, about 110 tons (about 100 metric tons) ᶜ**29:4** That is, about 260 tons (about 240 metric tons) ᵈ**29:7** That is, about 190 tons (about 170 metric tons) ᵉ**29:7** That is, about 185 pounds (about 84 kilograms) ᶠ**29:7** That is, about 375 tons (about 345 metric tons) ᵍ**29:7** That is, about 675 tons (about 610 metric tons) ʰ**29:7** That is, about 3,750 tons (about 3,450 metric tons)

alegrou-se diante da atitude de seus líderes, pois fizeram essas ofertas voluntariamente e de coração íntegro ao Senhor. E o rei Davi também encheu-se de alegria.

A Oração de Davi

¹⁰ Davi louvou o Senhor na presença de toda a assembléia, dizendo:

"Bendito sejas, ó Senhor,
    Deus de Israel, nosso pai,
de eternidade a eternidade.
¹¹ Teus, ó Senhor,
    são a grandeza, o poder,
    a glória, a majestade e o esplendor,
pois tudo o que há
    nos céus e na terra é teu.
Teu, ó Senhor, é o reino;
    tu estás acima de tudo.
¹² A riqueza e a honra vêm de ti;
    tu dominas sobre todas as coisas.
Nas tuas mãos estão a força e o poder
    para exaltar e dar força a todos.
¹³ Agora, nosso Deus, damos-te graças,
    e louvamos o teu glorioso nome.

¹⁴ "Mas quem sou eu, e quem é o meu povo para que pudéssemos contribuir tão generosamente como fizemos? Tudo vem de ti, e nós apenas te demos o que vem das tuas mãos. ¹⁵ Diante de ti somos estrangeiros e forasteiros, como os nossos antepassados. Os nossos dias na terra são como uma sombra, sem esperança. ¹⁶ Ó Senhor, nosso Deus, toda essa riqueza que ofertamos para construir um templo em honra ao teu santo nome vem das tuas mãos, e toda ela pertence a ti. ¹⁷ Sei, ó meu Deus, que sondas o coração e que te agradas com a integridade. Tudo o que dei foi espontaneamente e com integridade de coração. E agora vi com alegria com quanta disposição o teu povo, que aqui está, tem contribuído. ¹⁸ Ó Senhor, Deus de nossos antepassados Abraão, Isaque e Israel, conserva sempre este desejo no coração de teu povo, e mantém o coração deles leal a ti. ¹⁹ E dá ao meu filho Salomão um coração íntegro para obedecer aos teus mandamentos, aos teus preceitos e aos teus decretos, a fim de construir este templo para o qual fiz os preparativos necessários".

²⁰ Então Davi disse a toda a assembléia: "Louvem o Senhor, o seu Deus". E todos eles louvaram o Senhor, o Deus dos seus antepassados, inclinando-se e prostrando-se diante do Senhor e diante do rei.

Salomão é Ungido Rei

²¹ No dia seguinte fizeram sacrifícios ao Senhor e lhe apresentaram holocaustosª: mil novilhos, mil carneiros e mil cordeiros, acompanhados de ofertas derramadas, e muitos outros sacrifícios, em favor de todo o Israel. ²² Naquele dia comeram e beberam com grande alegria na presença do Senhor.

Assim, pela segunda vez, proclamaram Salomão, filho de Davi, rei, ungindo-o diante do Senhor como soberano, e Zadoque como sacerdote. ²³ De maneira que Salomão assentou-se como rei no trono do Senhor, em lugar de Davi, seu pai. Ele prosperou, e todo o Israel lhe obedecia. ²⁴ Todos os líderes e principais guerreiros, bem como todos os filhos do rei Davi, prometeram submissão ao rei Salomão.

²⁵ O Senhor exaltou muitíssimo Salomão em todo o Israel e concedeu-lhe tal esplendor em seu reinado como nenhum rei de Israel jamais tivera.

A Morte de Davi

²⁶ Davi, filho de Jessé, reinou sobre todo o Israel. ²⁷ Reinou quarenta anos em Israel: sete anos em Hebrom e trinta e três em Jerusalém. ²⁸ Morreu em boa velhice, tendo desfrutado vida longa, riqueza e honra. Seu filho Salomão foi o seu sucessor.

ª29.21 Isto é, sacrifícios totalmente queimados.

rejoiced at the willing response of their leaders, for they had given freely and wholeheartedly to the Lord. David the king also rejoiced greatly.

David's Prayer

¹⁰ David praised the Lord in the presence of the whole assembly, saying,

"Praise be to you, O Lord,
    God of our father Israel,
    from everlasting to everlasting.
¹¹ Yours, O Lord, is the greatness and the power
    and the glory and the majesty and the
    splendor,
    for everything in heaven and earth is yours.
Yours, O Lord, is the kingdom;
    you are exalted as head over all.
¹² Wealth and honor come from you;
    you are the ruler of all things.
In your hands are strength and power
    to exalt and give strength to all.
¹³ Now, our God, we give you thanks,
    and praise your glorious name.

¹⁴ "But who am I, and who are my people, that we should be able to give as generously as this? Everything comes from you, and we have given you only what comes from your hand. ¹⁵ We are aliens and strangers in your sight, as were all our forefathers. Our days on earth are like a shadow, without hope. ¹⁶ O Lord our God, as for all this abundance that we have provided for building you a temple for your Holy Name, it comes from your hand, and all of it belongs to you. ¹⁷ I know, my God, that you test the heart and are pleased with integrity. All these things have I given willingly and with honest intent. And now I have seen with joy how willingly your people who are here have given to you. ¹⁸ O Lord, God of our fathers Abraham, Isaac and Israel, keep this desire in the hearts of your people forever, and keep their hearts loyal to you. ¹⁹ And give my son Solomon the wholehearted devotion to keep your commands, requirements and decrees and to do everything to build the palatial structure for which I have provided."

²⁰ Then David said to the whole assembly, "Praise the Lord your God." So they all praised the Lord, the God of their fathers; they bowed low and fell prostrate before the Lord and the king.

Solomon Acknowledged as King

²¹ The next day they made sacrifices to the Lord and presented burnt offerings to him: a thousand bulls, a thousand rams and a thousand male lambs, together with their drink offerings, and other sacrifices in abundance for all Israel. ²² They ate and drank with great joy in the presence of the Lord that day.

Then they acknowledged Solomon son of David as king a second time, anointing him before the Lord to be ruler and Zadok to be priest. ²³ So Solomon sat on the throne of the Lord as king in place of his father David. He prospered and all Israel obeyed him. ²⁴ All the officers and mighty men, as well as all of King David's sons, pledged their submission to King Solomon.

²⁵ The Lord highly exalted Solomon in the sight of all Israel and bestowed on him royal splendor such as no king over Israel ever had before.

The Death of David

²⁶ David son of Jesse was king over all Israel. ²⁷ He ruled over Israel forty years—seven in Hebron and thirty-three in Jerusalem. ²⁸ He died at a good old age, having enjoyed long life, wealth and honor. His son Solomon succeeded him as king.

²⁹ Os feitos do rei Davi, desde o início até o fim do seu reinado, estão escritos nos registros históricos do vidente Samuel, do profeta Natã e do vidente Gade, ³⁰ incluindo os detalhes do seu reinado e do seu poder, e os acontecimentos relacionados com ele, com Israel e com os reinos das outras terras.

2Crônicas

Salomão Pede Sabedoria

1 Salomão, filho de Davi, estabeleceu-se com firmeza em seu reino, pois o Senhor, o seu Deus, estava com ele e o tornou muito poderoso.

² Salomão falou a todo o Israel: os líderes de mil e de cem, os juízes, todos os líderes de Israel e os chefes de famílias. ³ Depois o rei foi com toda a assembléia ao lugar sagrado, no alto de Gibeom, pois ali estava a Tenda do Encontro que Moisés, servo do Senhor, havia feito no deserto. ⁴ Davi tinha transportado a arca de Deus de Quiriate-Jearim para a tenda que ele tinha armado para ela em Jerusalém. ⁵ O altar de bronze que Bezalel, filho de Uri e neto de Hur, fizera, estava em Gibeom, em frente do tabernáculo do Senhor; ali Salomão e a assembléia consultaram o Senhor. ⁶ Salomão ofereceu ao Senhor mil holocaustos^a sobre o altar de bronze, na Tenda do Encontro.

⁷ Naquela noite Deus apareceu a Salomão e lhe disse: "Peça-me o que quiser, e eu lhe darei".

⁸ Salomão respondeu: "Tu foste muito bondoso para com meu pai Davi e me fizeste rei em seu lugar. ⁹ Agora, Senhor Deus, que se confirme a tua promessa a meu pai Davi, pois me fizeste rei sobre um povo tão numeroso quanto o pó da terra. ¹⁰ Dá-me sabedoria e conhecimento, para que eu possa liderar esta nação, pois quem pode governar este teu grande povo?"

¹¹ Deus disse a Salomão: "Já que este é o desejo de seu coração e você não pediu riquezas, nem bens, nem honra, nem a morte dos seus inimigos, nem vida longa, mas sabedoria e conhecimento para governar o meu povo, sobre o qual o fiz rei, ¹² você receberá o que pediu, mas também lhe darei riquezas, bens e honra, como nenhum rei antes de você teve e nenhum depois de você terá".

¹³ Então Salomão voltou de Gibeom, de diante da Tenda do Encontro, para Jerusalém, e reinou sobre Israel.

¹⁴ Salomão juntou carros e cavalos; chegou a ter mil e quatrocentos carros e doze mil cavalos^b, dos quais mantinha uma parte nas guarnições de algumas cidades e a outra perto dele, em Jerusalém. ¹⁵ O rei tornou tão comuns a prata e o ouro em Jerusalém quanto as pedras, e o cedro tão numeroso quanto as figueiras bravas da Sefelá^c. ¹⁶ Os cavalos de Salomão eram importados do Egito^d e da Cilícia^e, onde os fornecedores do rei os compravam. ¹⁷ Importavam do Egito um carro por sete quilos e duzentos gramas^f de prata, e um cavalo por um quilo e oitocentos gramas, e os exportavam para todos os reis dos hititas e dos arameus.

Os Preparativos para a Construção do Templo

2 Salomão deu ordens para a construção de um templo em honra ao nome do Senhor e de um palácio para si mesmo. ² Ele designou setenta mil homens como carregadores, oitenta mil como cortadores de pedras nas colinas e três mil e seiscentos como capatazes.

---

^a1.6 Isto é, sacrifícios totalmente queimados; também em todo o livro de 2 Crônicas. ^b1.14 Ou *condutores de carros* ^c1.15 Pequena faixa de terra de relevo variável entre a planície costeira e as montanhas; também em 9.27, 26.10 e 28.18. ^d1.16 Ou *Muzur*, região da Cilícia; também no versículo 17. ^e1.16 Hebraico: *Cuve*. ^f1.17 Hebraico: *600 siclos*. Um siclo equivalia a 12 gramas.

2Chronicles

Solomon Asks for Wisdom

1 Solomon son of David established himself firmly over his kingdom, for the Lord his God was with him and made him exceedingly great.

² Then Solomon spoke to all Israel—to the commanders of thousands and commanders of hundreds, to the judges and to all the leaders in Israel, the heads of families— ³ and Solomon and the whole assembly went to the high place at Gibeon, for God's Tent of Meeting was there, which Moses the Lord's servant had made in the desert. ⁴ Now David had brought up the ark of God from Kiriath Jearim to the place he had prepared for it, because he had pitched a tent for it in Jerusalem. ⁵ But the bronze altar that Bezalel son of Uri, the son of Hur, had made was in Gibeon in front of the tabernacle of the Lord; so Solomon and the assembly inquired of him there. ⁶ Solomon went up to the bronze altar before the Lord in the Tent of Meeting and offered a thousand burnt offerings on it.

⁷ That night God appeared to Solomon and said to him, "Ask for whatever you want me to give you."

⁸ Solomon answered God, "You have shown great kindness to David my father and have made me king in his place. ⁹ Now, Lord God, let your promise to my father David be confirmed, for you have made me king over a people who are as numerous as the dust of the earth. ¹⁰ Give me wisdom and knowledge, that I may lead this people, for who is able to govern this great people of yours?"

¹¹ God said to Solomon, "Since this is your heart's desire and you have not asked for wealth, riches or honor, nor for the death of your enemies, and since you have not asked for a long life but for wisdom and knowledge to govern my people over whom I have made you king, ¹² therefore wisdom and knowledge will be given you. And I will also give you wealth, riches and honor, such as no king who was before you ever had and none after you will have."

¹³ Then Solomon went to Jerusalem from the high place at Gibeon, from before the Tent of Meeting. And he reigned over Israel.

¹⁴ Solomon accumulated chariots and horses; he had fourteen hundred chariots and twelve thousand horses,^a which he kept in the chariot cities and also with him in Jerusalem. ¹⁵ The king made silver and gold as common in Jerusalem as stones, and cedar as plentiful as sycamore-fig trees in the foothills. ¹⁶ Solomon's horses were imported from Egypt^b and from Kue— the royal merchants purchased them from Kue. ¹⁷ They imported a chariot from Egypt for six hundred shekels^d of silver, and a horse for a hundred and fifty.^e They also exported them to all the kings of the Hittites and of the Arameans.

Preparations for Building the Temple

2 Solomon gave orders to build a temple for the Name of the Lord and a royal palace for himself. ² He conscripted seventy thousand men as carriers and eighty thousand as stonecutters in the hills and thirty-six hundred as foremen over them.

---

^a1:14 Or *charioteers* ^b1:16 Or possibly *Muzur*, a region in Cilicia; also in verse 17 ^c1:16 Probably Cilicia ^d1:17 That is, about 15 pounds (about 7 kilograms) ^e1:17 That is, about 3 3/4 pounds (about 1.7 kilograms)

3 Depois Salomão enviou esta mensagem a Hirão[a], rei de Tiro:

"Envia-me cedros como fizeste para meu pai Davi, quando ele construiu seu palácio. 4 Agora estou para construir um templo em honra ao nome do Senhor, o meu Deus, e dedicá-lo a ele, para queimar incenso aromático diante dele, apresentar regularmente o pão consagrado e fazer holocaustos todas as manhãs e todas as tardes, nos sábados, nas luas novas e nas festas fixas do Senhor, o nosso Deus. Esse é um decreto perpétuo para Israel.

5 "O templo que vou construir será grande, pois o nosso Deus é maior do que todos os outros deuses. 6 Mas, quem é capaz de construir um templo para ele, visto que os céus não podem contê-lo, nem mesmo os mais altos céus? Quem sou eu, então, para lhe construir um templo, a não ser como um lugar para queimar sacrifícios perante ele?

7 "Por isso, manda-me um homem competente no trabalho com ouro, com prata, com bronze, com ferro e com tecido roxo, vermelho e azul, e experiente em esculturas, para trabalhar em Judá e em Jerusalém com os meus hábeis artesãos, preparados por meu pai Davi.

8 "Também envia-me do Líbano madeira de cedro, de pinho e de junípero, pois eu sei que os teus servos são hábeis em cortar a madeira de lá. Os meus servos trabalharão com os teus 9 para me fornecerem madeira em grande quantidade, pois é preciso que o templo que vou edificar seja grande e imponente. 10 E eu darei como sustento a teus servos, os lenhadores, vinte mil tonéis[b] de trigo, vinte mil tonéis de cevada, dois mil barris[c] de vinho e dois mil barris de azeite".

11 Hirão, rei de Tiro, respondeu por carta a Salomão:

"O Senhor ama o seu povo, e por isso te fez rei sobre ele".

12 E acrescentou:

"Bendito seja o Senhor, o Deus de Israel, que fez os céus e a terra, pois deu ao rei Davi um filho sábio, que tem inteligência e discernimento, e que vai construir um templo para o Senhor e um palácio para si.

13 "Estou te enviando Hurão-Abi, homem de grande habilidade. 14 Sua mãe era de Dã e seu pai, de Tiro. Ele foi treinado para trabalhar com ouro e prata, bronze e ferro, pedra e madeira, e em tecido roxo, azul e vermelho, em linho fino e em todo tipo de entalhe. Ele pode executar qualquer projeto que lhe for dado. Trabalhará com os teus artesãos e com os de meu senhor Davi, teu pai.

15 "Agora, envia meu senhor a teus servos o trigo, a cevada, o azeite e o vinho que o meu senhor prometeu, 16 e cortaremos toda a madeira do Líbano necessária, e a faremos flutuar em jangadas pelo mar, descendo até Jope. De lá poderás levá-la a Jerusalém".

17 Salomão fez um recenseamento de todos os estrangeiros que viviam em Israel, como o que fizera seu pai Davi; e descobriu-se que eram cento e cinqüenta e três mil e seiscentos. 18 Ele designou setenta mil deles para serem carregadores e oitenta mil para serem cortadores de pedras nas colinas, com três mil e seiscentos capatazes para manter o povo trabalhando.

A Construção do Templo

3 Então Salomão começou a construir o templo do Senhor em Jerusalém, no monte Moriá, onde o Senhor havia aparecido a seu pai Davi, na eira de Araúna[d], o jebuseu, local que havia sido providenciado por Davi. 2 Começou a construção no segundo dia do segundo mês do quarto ano de seu reinado.

3 Solomon sent this message to Hiram[a] king of Tyre:

"Send me cedar logs as you did for my father David when you sent him cedar to build a palace to live in. 4 Now I am about to build a temple for the Name of the Lord my God and to dedicate it to him for burning fragrant incense before him, for setting out the consecrated bread regularly, and for making burnt offerings every morning and evening and on Sabbaths and New Moons and at the appointed feasts of the Lord our God. This is a lasting ordinance for Israel.

5 "The temple I am going to build will be great, because our God is greater than all other gods. 6 But who is able to build a temple for him, since the heavens, even the highest heavens, cannot contain him? Who then am I to build a temple for him, except as a place to burn sacrifices before him?

7 "Send me, therefore, a man skilled to work in gold and silver, bronze and iron, and in purple, crimson and blue yarn, and experienced in the art of engraving, to work in Judah and Jerusalem with my skilled craftsmen, whom my father David provided.

8 "Send me also cedar, pine and algum[b] logs from Lebanon, for I know that your men are skilled in cutting timber there. My men will work with yours 9 to provide me with plenty of lumber, because the temple I build must be large and magnificent. 10 I will give your servants, the woodsmen who cut the timber, twenty thousand cors[c] of ground wheat, twenty thousand cors of barley, twenty thousand baths[d] of wine and twenty thousand baths of olive oil."

11 Hiram king of Tyre replied by letter to Solomon:

"Because the Lord loves his people, he has made you their king."

12 And Hiram added:

"Praise be to the Lord, the God of Israel, who made heaven and earth! He has given King David a wise son, endowed with intelligence and discernment, who will build a temple for the Lord and a palace for himself.

13 "I am sending you Huram-Abi, a man of great skill, 14 whose mother was from Dan and whose father was from Tyre. He is trained to work in gold and silver, bronze and iron, stone and wood, and with purple and blue and crimson yarn and fine linen. He is experienced in all kinds of engraving and can execute any design given to him. He will work with your craftsmen and with those of my Lord, David your father.

15 "Now let my Lord send his servants the wheat and barley and the olive oil and wine he promised, 16 and we will cut all the logs from Lebanon that you need and will float them in rafts by sea down to Joppa. You can then take them up to Jerusalem."

17 Solomon took a census of all the aliens who were in Israel, after the census his father David had taken; and they were found to be 153,600. 18 He assigned 70,000 of them to be carriers and 80,000 to be stonecutters in the hills, with 3,600 foremen over them to keep the people working.

Solomon Builds the Temple

3 Then Solomon began to build the temple of the Lord in Jerusalem on Mount Moriah, where the Lord had appeared to his father David. It was on the threshing floor of Araunah[e] the Jebusite, the place provided by David. 2 He began building on the second day of the second month in the fourth year of his reign.

---

a2.3 Hebraico: Hurão, variante de Hirão; também no versículo 11 e em 8.2,18 e 9.21. b2.10 Hebraico: 20.000 coros. O coro era uma medida de capacidade. As estimativas variam entre 200 e 400 litros. c2.10 Hebraico: 20.000 batos. O bato era uma medida de capacidade para líquidos. As estimativas variam entre 20 e 40 litros. d3.1 Hebraico: Ornã, variante de Araúna.

a2:3 Hebrew Huram, a variant of Hiram; also in verses 11 and 12 b2:8 Probably a variant of almug; possibly juniper c2:10 That is, probably about 125,000 bushels (about 4,400 kiloliters) d2:10 That is, probably about 115,000 gallons (about 440 kiloliters) e3:1 Hebrew Ornan, a variant of Araunah

3 Os alicerces que Salomão lançou para o templo de Deus tinham vinte e sete metros de comprimento e nove metros de largura[a], pela medida[b] antiga. **4** O pórtico da entrada do templo tinha nove metros de largura e nove metros[c] de altura. Ele revestiu de ouro puro o seu interior. **5** Recobriu de pinho o átrio principal, revestiu-o de ouro puro e o decorou com desenhos de tamareiras e correntes. **6** Ornamentou o templo com pedras preciosas. O ouro utilizado era de Parvaim. **7** Também revestiu de ouro as vigas do forro, os batentes, as paredes e as portas do templo, e esculpiu querubins nas paredes.

8 Fez o Lugar Santíssimo, com nove metros de comprimento e nove metros de largura, igual à largura do templo. Revestiu o seu interior de vinte e uma toneladas[d] de ouro puro. **9** Os pregos de ouro pesavam seiscentos gramas[e]. Também revestiu de ouro as salas superiores.

10 No Lugar Santíssimo esculpiu e revestiu de ouro dois querubins, **11** os quais, de asas abertas, mediam juntos nove metros. Cada asa, de dois metros e vinte e cinco centímetros, tocava, de um lado, na parede do templo, **12** e do outro lado, na asa do outro querubim. **13** Assim os querubins, com asas que se estendiam por nove metros, estavam em pé, de frente para o átrio principal[f].

14 Ele fez o véu de tecido azul, roxo, vermelho e linho fino, com querubins desenhados nele.

15 Fez na frente do templo duas colunas, que, juntas, tinham dezesseis metros, cada uma tendo em cima um capitel com dois metros e vinte e cinco centímetros. **16** Fez correntes entrelaçadas[g] e colocou-as no alto das colunas. Fez também cem romãs, colocando-as nas correntes. **17** Depois levantou as colunas na frente do templo, uma ao sul, outra ao norte; à que ficava ao sul deu o nome de Jaquim[h], e à que ficava ao norte, Boaz[i].

Os Utensílios do Templo

4 Salomão também mandou fazer um altar de bronze de nove metros de comprimento, nove metros de largura e quatro metros e meio de altura[j]. **2** Fez o tanque de metal fundido, redondo, medindo quatro metros e meio de diâmetro e dois metros e vinte e cinco centímetros de altura. Era preciso um fio de treze metros e meio para medir a sua circunferência. **3** Abaixo da borda e ao seu redor havia figuras de touro, de cinco em cinco centímetros. Os touros foram fundidos em duas fileiras e numa só peça com o tanque.

4 O tanque ficava sobre doze touros, três voltados para o norte, três para o oeste, três para o sul e três para o leste. Ficava em cima deles, e as pernas traseiras dos touros eram voltadas para o centro. **5** A espessura do tanque era de quatro dedos, e sua borda era como a borda de um cálice, como uma flor de lírio. Sua capacidade era de sessenta mil litros[l].

6 Fez dez pias, colocando cinco no lado sul e cinco no lado norte. Nelas era lavado tudo o que era usado nos holocaustos, enquanto que o tanque servia para os sacerdotes se lavarem.

3 The foundation Solomon laid for building the temple of God was sixty cubits long and twenty cubits wide[a] (using the cubit of the old standard). **4** The portico at the front of the temple was twenty cubits[b] long across the width of the building and twenty cubits[c] high.

He overlaid the inside with pure gold. **5** He paneled the main hall with pine and covered it with fine gold and decorated it with palm tree and chain designs. **6** He adorned the temple with precious stones. And the gold he used was gold of Parvaim. **7** He overlaid the ceiling beams, doorframes, walls and doors of the temple with gold, and he carved cherubim on the walls.

8 He built the Most Holy Place, its length corresponding to the width of the temple—twenty cubits long and twenty cubits wide. He overlaid the inside with six hundred talents[d] of fine gold. **9** The gold nails weighed fifty shekels.[e] He also overlaid the upper parts with gold.

10 In the Most Holy Place he made a pair of sculptured cherubim and overlaid them with gold. **11** The total wingspan of the cherubim was twenty cubits. One wing of the first cherub was five cubits[f] long and touched the temple wall, while its other wing, also five cubits long, touched the wing of the other cherub. **12** Similarly one wing of the second cherub was five cubits long and touched the other temple wall, and its other wing, also five cubits long, touched the wing of the first cherub. **13** The wings of these cherubim extended twenty cubits. They stood on their feet, facing the main hall.[g]

14 He made the curtain of blue, purple and crimson yarn and fine linen, with cherubim worked into it.

15 In the front of the temple he made two pillars, which *together* were thirty-five cubits[h] long, each with a capital on top measuring five cubits. **16** He made interwoven chains[i] and put them on top of the pillars. He also made a hundred pomegranates and attached them to the chains. **17** He erected the pillars in the front of the temple, one to the south and one to the north. The one to the south he named Jakin[j] and the one to the north Boaz.[k]

The Temple's Furnishings

4 He made a bronze altar twenty cubits long, twenty cubits wide and ten cubits high.[l] **2** He made the Sea of cast metal, circular in shape, measuring ten cubits from rim to rim and five cubits[m] high. It took a line of thirty cubits[n] to measure around it. **3** Below the rim, figures of bulls encircled it—ten to a cubit.[o] The bulls were cast in two rows in one piece with the Sea.

4 The Sea stood on twelve bulls, three facing north, three facing west, three facing south and three facing east. The Sea rested on top of them, and their hindquarters were toward the center. **5** It was a handbreadth[p] in thickness, and its rim was like the rim of a cup, like a lily blossom. It held three thousand baths.[q]

6 He then made ten basins for washing and placed five on the south side and five on the north. In them the things to be used for the burnt offerings were rinsed, but the Sea was to be used by the priests for washing.

---

a3.3 Hebraico: *60 côvados de comprimento e 20 côvados de largura*. O côvado era uma medida linear de cerca de 45 centímetros. **b3.3** Hebraico: *pelo côvado*. **c3.4** Conforme alguns manuscritos da Septuaginta e da Versão Siríaca. O Texto Massorético diz *e 120 côvados*. **d3.8** Hebraico: *600 talentos*. Um talento equivalia a 35 quilos. **e3.9** Hebraico: *50 siclos*. Um siclo equivalia a 12 gramas. **f3.13** Ou *pé, voltados para dentro* **g3.16** Ou *correntes no santuário interior* **h3.17** *Jaquim* provavelmente significa *ele firma*. **i3.17** *Boaz* provavelmente significa *nele há força*. **j4.1** Hebraico: *20 côvados de largura e largura, e 10 côvados de altura*. O côvado era uma medida linear de cerca de 45 centímetros. **l4.5** Hebraico: *3.000 batos*. O bato era uma medida de capacidade para líquidos. As estimativas variam entre 20 e 40 litros.

a3:3 That is, about 90 feet (about 27 meters) long and 30 feet (about 9 meters) wide **b3:4** That is, about 30 feet (about 9 meters); also in verses 8, 11 and 13 **c3:4** Some Septuagint and Syriac manuscripts; Hebrew *and a hundred and twenty* **d3:8** That is, about 23 tons (about 21 metric tons) **e3:9** That is, about 1 1/4 pounds (about 0.6 kilogram) **f3:11** That is, about 7 1/2 feet (about 2.3 meters); also in verse 15 **g3:13** Or *facing inward* **h3:15** That is, about 52 feet (about 16 meters) **i3:16** Or possibly *made chains in the inner sanctuary*; the meaning of the Hebrew for this phrase is uncertain. **j3:17** *Jakin* probably means *he establishes*. **k3:17** *Boaz* probably means *in him is strength*. **l4:1** That is, about 30 feet (about 9 meters) long and wide, and about 15 feet (about 4.5 meters) high **m4:2** That is, about 7 1/2 feet (about 2.3 meters) **n4:2** That is, about 45 feet (about 13.5 meters) **o4:3** That is, about 1 1/2 feet (about 0.5 meter) **p4:5** That is, about 3 inches (about 8 centimeters) **q4:5** That is, about 17,500 gallons (about 66 kiloliters)

7 Fez dez candelabros de ouro, de acordo com as especificações, e os colocou no templo, cinco no lado sul e cinco no lado norte.

8 Fez dez mesas e as colocou no templo, cinco no lado sul e cinco no lado norte. Também fez cem bacias de ouro para aspersão.

9 Fez ainda o pátio dos sacerdotes e o pátio principal com suas portas, e revestiu de bronze as suas portas. **10** Pôs o tanque no lado sul, no canto sudeste do templo.

11 Também fez os jarros, as pás e as bacias para aspersão.

Hurão-Abi terminou assim o trabalho de que fora encarregado pelo rei Salomão, no templo de Deus:

12 As duas colunas;
os dois capitéis em forma de taça no alto das colunas;
os dois conjuntos de correntes que decoravam os dois capitéis;
13 as quatrocentas romãs para os dois conjuntos de correntes, sendo duas fileiras de romãs para cada conjunto;
14 os dez carrinhos com as suas dez pias;
15 o tanque e os doze touros debaixo dele;
16 os jarros, as pás, os garfos de carne e todos os utensílios afins.

Todos esses utensílios que Hurão-Abi fez para o templo do SENHOR, a pedido do rei Salomão, eram de bronze polido. **17** Foi na planície do Jordão, entre Sucote e Zeredá, que o rei os mandou fundir, em moldes de barro. **18** Salomão os fez em tão grande quantidade que não se pôde determinar o peso do bronze utilizado.

19 Além desses, Salomão mandou fazer também todos estes outros utensílios para o templo de Deus:

O altar de ouro;
as mesas sobre as quais ficavam os pães da Presença;
20 os candelabros de ouro puro com suas lâmpadas, para alumiarem diante do santuário interno, conforme determinado;
21 as flores, as lâmpadas e as tenazes de ouro maciço;
22 os cortadores de pavio, as bacias para aspersão, as tigelas, os incensários de ouro puro e as portas de ouro do templo: tanto as portas da sala interna, o Lugar Santíssimo, quanto as portas do átrio principal.

5 Terminada toda a obra que Salomão havia realizado para o templo do SENHOR, ele trouxe as coisas que seu pai Davi tinha consagrado e as colocou junto com os tesouros do templo de Deus: a prata, o ouro e todos os utensílios.

O Transporte da Arca para o Templo

2 Então Salomão reuniu em Jerusalém as autoridades de Israel e todos os líderes das tribos e os chefes das famílias israelitas, para levarem de Sião, a Cidade de Davi, a arca da aliança do SENHOR. **3** E todos os homens de Israel uniram-se ao rei por ocasião da festa, no sétimo mês.

4 Quando todas as autoridades de Israel chegaram, os levitas pegaram a arca **5** e a levaram com a Tenda do Encontro e com todos os seus utensílios sagrados. Foram os sacerdotes levitas que levaram tudo. **6** O rei Salomão e toda a comunidade de Israel que se havia reunido a ele diante da arca, sacrificaram tantas ovelhas e bois que nem era possível contar.

7 Os sacerdotes levaram a arca da aliança do SENHOR para o seu lugar no santuário interno do templo, no Lugar Santíssimo, e a colocaram debaixo das asas dos querubins. **8** Os querubins tinham suas asas estendidas sobre o lugar da arca e cobriam a arca e as varas utilizadas para o transporte. **9** Essas varas eram tão compridas que as suas pontas se estendiam para fora da arca e podiam ser vistas da parte da frente do santuário interno, mas não de fora dele; e elas estão lá até hoje. **10** Na arca havia só as

7 He made ten gold lampstands according to the specifications for them and placed them in the temple, five on the south side and five on the north.

8 He made ten tables and placed them in the temple, five on the south side and five on the north. He also made a hundred gold sprinkling bowls.

9 He made the courtyard of the priests, and the large court and the doors for the court, and overlaid the doors with bronze. **10** He placed the Sea on the south side, at the southeast corner.

11 He also made the pots and shovels and sprinkling bowls.

So Huram finished the work he had undertaken for King Solomon in the temple of God:

12 the two pillars;
the two bowl-shaped capitals on top of the pillars;
the two sets of network decorating the two bowl-shaped capitals on top of the pillars;
13 the four hundred pomegranates for the two sets of network (two rows of pomegranates for each network, decorating the bowl-shaped capitals on top of the pillars);
14 the stands with their basins;
15 the Sea and the twelve bulls under it;
16 the pots, shovels, meat forks and all related articles.

All the objects that Huram-Abi made for King Solomon for the temple of the LORD were of polished bronze. **17** The king had them cast in clay molds in the plain of the Jordan between Succoth and Zarethan.[a] **18** All these things that Solomon made amounted to so much that the weight of the bronze was not determined.

19 Solomon also made all the furnishings that were in God's temple:

the golden altar;
the tables on which was the bread of the Presence;
20 the lampstands of pure gold with their lamps, to burn in front of the inner sanctuary as prescribed;
21 the gold floral work and lamps and tongs (they were solid gold);
22 the pure gold wick trimmers, sprinkling bowls, dishes and censers; and the gold doors of the temple: the inner doors to the Most Holy Place and the doors of the main hall.

5 When all the work Solomon had done for the temple of the LORD was finished, he brought in the things his father David had dedicated—the silver and gold and all the furnishings—and he placed them in the treasuries of God's temple.

The Ark Brought to the Temple

2 Then Solomon summoned to Jerusalem the elders of Israel, all the heads of the tribes and the chiefs of the Israelite families, to bring up the ark of the LORD's covenant from Zion, the City of David. **3** And all the men of Israel came together to the king at the time of the festival in the seventh month.

4 When all the elders of Israel had arrived, the Levites took up the ark, **5** and they brought up the ark and the Tent of Meeting and all the sacred furnishings in it. The priests, who were Levites, carried them up; **6** and King Solomon and the entire assembly of Israel that had gathered about him were before the ark, sacrificing so many sheep and cattle that they could not be recorded or counted.

7 The priests then brought the ark of the LORD's covenant to its place in the inner sanctuary of the temple, the Most Holy Place, and put it beneath the wings of the cherubim. **8** The cherubim spread their wings over the place of the ark and covered the ark and its carrying poles. **9** These poles were so long that their ends, extending from the ark, could be seen from in front of the inner sanctuary, but not from outside the Holy Place; and they are still there today. **10** There was nothing in the ark

a4:17 Hebrew *Zeredatha*, a variant of *Zarethan*

duas tábuas que Moisés tinha colocado quando estava em Horebe, onde o Senhor fez uma aliança com os israelitas depois que saíram do Egito.

¹¹ Os sacerdotes saíram do Lugar Santo. Todos eles haviam se consagrado, não importando a divisão a que pertenciam. ¹² E todos os levitas que eram músicos — Asafe, Hemã, Jedutum e os filhos e parentes deles — ficaram a leste do altar, vestidos de linho fino, tocando címbalos, harpas e liras, e os acompanhavam cento e vinte sacerdotes tocando cornetas. ¹³ Os que tocavam cornetas e os cantores, em uníssono, louvaram e agradeceram ao Senhor. Ao som de cornetas, címbalos e outros instrumentos, levantaram suas vozes em louvor ao Senhor e cantaram:

"Ele é bom;
o seu amor dura para sempre".

Então uma nuvem encheu o templo do Senhor, ¹⁴ de forma que os sacerdotes não podiam desempenhar o seu serviço, pois a glória do Senhor encheu o templo de Deus.

6 E Salomão exclamou: "O Senhor disse que habitaria numa nuvem escura! ² Na realidade construí para ti um templo magnífico, um lugar para nele habitares para sempre!"

³ Depois o rei virou-se e abençoou toda a assembléia de Israel, que estava ali em pé. ⁴ E disse:

"Bendito seja o Senhor, o Deus de Israel, que por suas mãos cumpriu o que prometeu com sua própria boca a meu pai Davi, quando lhe disse: ⁵ 'Desde o dia em que tirei meu povo do Egito, não escolhi nenhuma cidade das tribos de Israel para nela construir um templo em honra ao meu nome, nem escolhi ninguém para ser o líder de Israel, o meu povo. ⁶ Mas, agora, escolhi Jerusalém para o meu nome ali estar e escolhi Davi para governar Israel, o meu povo'.

⁷ "Meu pai Davi tinha no coração o propósito de construir um templo em honra ao nome do Senhor, o Deus de Israel. ⁸ Mas o Senhor lhe disse: 'Você fez bem em ter no coração o plano de construir um templo em honra ao meu nome; ⁹ no entanto, não será você que o construirá, mas o seu filho, que procederá de você; ele construirá o templo em honra ao meu nome'.

¹⁰ "E o Senhor cumpriu a sua promessa. Sou o sucessor de meu pai Davi, e agora ocupo o trono de Israel, como o Senhor tinha prometido, e construí o templo em honra ao nome do Senhor, o Deus de Israel. ¹¹ Coloquei nele a arca, na qual estão as tábuas da aliança do Senhor, aliança que ele fez com os israelitas".

A Oração de Dedicação

¹² Depois Salomão colocou-se diante do altar do Senhor, e de toda a assembléia de Israel, e levantou as mãos para orar. ¹³ Ele havia mandado fazer uma plataforma de bronze com dois metros e vinte e cinco centímetrosᵃ de comprimento e de largura, e um metro e trinta e cinco centímetros de altura, no centro do pátio externo. O rei ficou em pé na plataforma e depois ajoelhou-se diante de toda a assembléia de Israel, levantou as mãos para o céu, ¹⁴ e orou:

"Senhor, Deus de Israel, não há Deus como tu nos céus e na terra! Tu que guardas a tua aliança de amor com os teus servos que, de todo o coração, andam segundo a tua vontade. ¹⁵ Cumpriste a tua promessa a teu servo Davi, meu pai; com tua boca a fizeste e com tua mão a cumpriste, conforme hoje se vê.

¹⁶ "Agora, Senhor, Deus de Israel, cumpre a outra promessa que fizeste a teu servo Davi, meu pai, quando disseste: 'Você nunca deixará de ter, diante de mim, um descendente que se assente no trono de Israel, se tão-somente os seus descendentes tiverem o cuidado de, em tudo, andar segundo a

except the two tablets that Moses had placed in it at Horeb, where the Lord made a covenant with the Israelites after they came out of Egypt.

¹¹ The priests then withdrew from the Holy Place. All the priests who were there had consecrated themselves, regardless of their divisions. ¹² All the Levites who were musicians—Asaph, Heman, Jeduthun and their sons and relatives—stood on the east side of the altar, dressed in fine linen and playing cymbals, harps and lyres. They were accompanied by 120 priests sounding trumpets. ¹³ The trumpeters and singers joined in unison, as with one voice, to give praise and thanks to the Lord. Accompanied by trumpets, cymbals and other instruments, they raised their voices in praise to the Lord and sang:

"He is good;
his love endures forever."

Then the temple of the Lord was filled with a cloud, ¹⁴ and the priests could not perform their service because of the cloud, for the glory of the Lord filled the temple of God.

6 Then Solomon said, "The Lord has said that he would dwell in a dark cloud; ² I have built a magnificent temple for you, a place for you to dwell forever."

³ While the whole assembly of Israel was standing there, the king turned around and blessed them. ⁴ Then he said:

"Praise be to the Lord, the God of Israel, who with his hands has fulfilled what he promised with his mouth to my father David. For he said, ⁵ 'Since the day I brought my people out of Egypt, I have not chosen a city in any tribe of Israel to have a temple built for my Name to be there, nor have I chosen anyone to be the leader over my people Israel. ⁶ But now I have chosen Jerusalem for my Name to be there, and I have chosen David to rule my people Israel.'

⁷ "My father David had it in his heart to build a temple for the Name of the Lord, the God of Israel. ⁸ But the Lord said to my father David, 'Because it was in your heart to build a temple for my Name, you did well to have this in your heart. ⁹ Nevertheless, you are not the one to build the temple, but your son, who is your own flesh and blood—he is the one who will build the temple for my Name.'

¹⁰ "The Lord has kept the promise he made. I have succeeded David my father and now I sit on the throne of Israel, just as the Lord promised, and I have built the temple for the Name of the Lord, the God of Israel. ¹¹ There I have placed the ark, in which is the covenant of the Lord that he made with the people of Israel."

Solomon's Prayer of Dedication

¹² Then Solomon stood before the altar of the Lord in front of the whole assembly of Israel and spread out his hands. ¹³ Now he had made a bronze platform, five cubitsᵃ long, five cubits wide and three cubitsᵇ high, and had placed it in the center of the outer court. He stood on the platform and then knelt down before the whole assembly of Israel and spread out his hands toward heaven. ¹⁴ He said:

"O Lord, God of Israel, there is no God like you in heaven or on earth—you who keep your covenant of love with your servants who continue wholeheartedly in your way. ¹⁵ You have kept your promise to your servant David my father; with your mouth you have promised and with your hand you have fulfilled it—as it is today.

¹⁶ "Now Lord, God of Israel, keep for your servant David my father the promises you made to him when you said, 'You shall never fail to have a man to sit before me on the throne of Israel, if only your sons are careful in all they do to walk before me according to

---

ᵃ6.13 Hebraico: 5 côvados. O côvado era uma medida linear de cerca de 45 centímetros.

ᵃ6:13 That is, about 7 1/2 feet (about 2.3 meters) ᵇ6:13 That is, about 4 1/2 feet (about 1.3 meters)

minha lei, como você tem feito'. **17** Agora, ó Senhor, Deus de Israel, que se confirme a palavra que falaste a teu servo Davi.

18 "Mas será possível que Deus habite na terra com os homens? Os céus, mesmo os mais altos céus, não podem conter-te. Muito menos este templo que construí! **19** Ainda assim, atende à oração do teu servo e ao seu pedido de misericórdia, ó Senhor, meu Deus. Ouve o clamor e a oração que o teu servo faz hoje na tua presença. **20** Estejam os teus olhos voltados dia e noite para este templo, lugar do qual disseste que nele porias o teu nome, para que ouças a oração que o teu servo fizer voltado para este lugar. **21** Ouve as súplicas do teu servo e de Israel, o teu povo, quando orarem voltados para este lugar. Ouve desde os céus, lugar da tua habitação, e, quando ouvires, dá-lhes o teu perdão.

22 "Quando um homem pecar contra seu próximo e tiver que fazer um juramento, e vier jurar diante do teu altar neste templo, **23** ouve dos céus e age. Julga os teus servos; retribui ao culpado, fazendo recair sobre a sua própria cabeça o resultado da sua conduta, e declara sem culpa o inocente, dando-lhe o que a sua inocência merece.

24 "Quando Israel, o teu povo, for derrotado por um inimigo por ter pecado contra ti, e voltar-se para ti e invocar o teu nome, orando e suplicando a ti neste templo, **25** ouve dos céus e perdoa o pecado de Israel, o teu povo, e traze-o de volta à terra que deste a ele e aos seus antepassados.

26 "Quando se fechar o céu, e não houver chuva por haver o teu povo pecado contra ti, e o teu povo, voltado para este lugar, invocar o teu nome e afastar-se do seu pecado por o haveres castigado, **27** ouve dos céus e perdoa o pecado dos teus servos, de Israel, o teu povo. Ensina-lhes o caminho certo e envia chuva sobre a tua terra, que deste por herança ao teu povo.

28 "Quando houver fome ou praga no país, ferrugem e mofo, gafanhotos peregrinos e gafanhotos devastadores, ou quando inimigos sitiarem suas cidades, quando, em meio a qualquer praga ou epidemia, **29** uma oração ou uma súplica por misericórdia for feita por um israelita ou por todo o Israel, teu povo, cada um sentindo as suas próprias aflições e dores, estendendo as mãos na direção deste templo, **30** ouve dos céus, o lugar da tua habitação. Perdoa e trata cada um de acordo com o que merece, visto que conheces o seu coração. Sim, só tu conheces o coração do homem. **31** Assim eles te temerão, e andarão segundo a tua vontade durante todo o tempo em que viverem na terra que deste aos nossos antepassados.

32 "Quanto ao estrangeiro, que não pertence a Israel, o teu povo, e que veio de uma terra distante por causa do teu grande nome, da tua mão poderosa e do teu braço forte; quando ele vier e orar voltado para este templo, **33** ouve dos céus, lugar da tua habitação, e atende o pedido do estrangeiro, a fim de que todos os povos da terra conheçam o teu nome e te temam, como faz Israel, o teu povo, e saibam que este templo que construí traz o teu nome.

34 "Quando o teu povo for à guerra contra os seus inimigos, por onde quer que tu o enviares, e orar a ti, voltado para a cidade que escolheste e para o templo que construí em honra ao teu nome, **35** ouve dos céus a sua oração e a sua súplica, e defende a sua causa.

36 "Quando pecarem contra ti, pois não há ninguém que não peque, e ficares irado com eles e os entregares ao inimigo, e este os levar prisioneiros para uma terra distante ou próxima; **37** se eles caírem em si, na terra para a qual foram deportados, e se arrependerem e lá orarem: 'Pecamos, praticamos o mal e fomos rebeldes'; **38** e se lá eles se voltarem para ti de todo o coração e de toda a sua alma, na terra de seu cativeiro para onde foram levados, e orarem voltados para a terra que deste aos seus antepassados, para a cidade que escolheste

my law, as you have done.' **17** And now, O Lord, God of Israel, let your word that you promised your servant David come true.

18 "But will God really dwell on earth with men? The heavens, even the highest heavens, cannot contain you. How much less this temple I have built! **19** Yet give attention to your servant's prayer and his plea for mercy, O Lord my God. Hear the cry and the prayer that your servant is praying in your presence. **20** May your eyes be open toward this temple day and night, this place of which you said you would put your Name there. May you hear the prayer your servant prays toward this place. **21** Hear the supplications of your servant and of your people Israel when they pray toward this place. Hear from heaven, your dwelling place; and when you hear, forgive.

22 "When a man wrongs his neighbor and is required to take an oath and he comes and swears the oath before your altar in this temple, **23** then hear from heaven and act. Judge between your servants, repaying the guilty by bringing down on his own head what he has done. Declare the innocent not guilty and so establish his innocence.

24 "When your people Israel have been defeated by an enemy because they have sinned against you and when they turn back and confess your name, praying and making supplication before you in this temple, **25** then hear from heaven and forgive the sin of your people Israel and bring them back to the land you gave to them and their fathers.

26 "When the heavens are shut up and there is no rain because your people have sinned against you, and when they pray toward this place and confess your name and turn from their sin because you have afflicted them, **27** then hear from heaven and forgive the sin of your servants, your people Israel. Teach them the right way to live, and send rain on the land you gave your people for an inheritance.

28 "When famine or plague comes to the land, or blight or mildew, locusts or grasshoppers, or when enemies besiege them in any of their cities, whatever disaster or disease may come, **29** and when a prayer or plea is made by any of your people Israel—each one aware of his afflictions and pains, and spreading out his hands toward this temple— **30** then hear from heaven, your dwelling place. Forgive, and deal with each man according to all he does, since you know his heart (for you alone know the hearts of men), **31** so that they will fear you and walk in your ways all the time they live in the land you gave our fathers.

32 "As for the foreigner who does not belong to your people Israel but has come from a distant land because of your great name and your mighty hand and your outstretched arm—when he comes and prays toward this temple, **33** then hear from heaven, your dwelling place, and do whatever the foreigner asks of you, so that all the peoples of the earth may know your name and fear you, as do your own people Israel, and may know that this house I have built bears your Name.

34 "When your people go to war against their enemies, wherever you send them, and when they pray to you toward this city you have chosen and the temple I have built for your Name, **35** then hear from heaven their prayer and their plea, and uphold their cause.

36 "When they sin against you—for there is no one who does not sin—and you become angry with them and give them over to the enemy, who takes them captive to a land far away or near; **37** and if they have a change of heart in the land where they are held captive, and repent and plead with you in the land of their captivity and say, 'We have sinned, we have done wrong and acted wickedly'; **38** and if they turn back to you with all their heart and soul in the land of their captivity where they were taken, and pray toward the land you gave their fathers, toward the city you have chosen

e para o templo que construí em honra ao teu nome, **39** então, dos céus, lugar da tua habitação, ouve a sua oração e a sua súplica, e defende a sua causa. Perdoa o teu povo, que pecou contra ti.

40 "Assim, meu Deus, que os teus olhos estejam abertos e teus ouvidos atentos às orações feitas neste lugar.

41 "Agora, levanta-te, ó Senhor, ó Deus,
    e vem para o teu lugar de descanso,
tu e a arca do teu poder.
Estejam os teus sacerdotes
    vestidos de salvação,
    ó Senhor, ó Deus;
que os teus santos se regozijem
    em tua bondade.
42 Ó Senhor, ó Deus,
    não rejeites o teu ungido.
Lembra-te da fidelidade
    prometida a teu servo Davi".

A Dedicação do Templo

7 Assim que Salomão acabou de orar, desceu fogo do céu e consumiu o holocausto e os sacrifícios, e a glória do Senhor encheu o templo. **2** Os sacerdotes não conseguiam entrar no templo do Senhor, porque a glória do Senhor o enchia. **3** Quando todos os israelitas viram o fogo descendo e a glória do Senhor sobre o templo, ajoelharam-se no pavimento, rosto em terra, adoraram e deram graças ao Senhor, dizendo:

"Ele é bom;
o seu amor dura para sempre".

4 Então o rei e todo o Israel ofereceram sacrifícios ao Senhor. **5** O rei Salomão ofereceu em sacrifício vinte e dois mil bois e cento e vinte mil ovelhas. Assim o rei e todo o povo fizeram a dedicação do templo de Deus. **6** Os sacerdotes tomaram seus lugares, bem como os levitas, com os instrumentos musicais do Senhor feitos pelo rei Davi para louvar o Senhor, cantando: "O seu amor dura para sempre". No outro lado, de frente para os levitas, os sacerdotes tocavam suas cornetas. Todo o povo estava em pé.

7 Salomão consagrou a parte central do pátio, que ficava na frente do templo do Senhor, e ali ofereceu holocaustos e a gordura das ofertas de comunhão[a], pois o altar de bronze que Salomão tinha construído não comportava os holocaustos, as ofertas de cereal e as porções de gordura.

8 Durante sete dias, Salomão, com todo o Israel, celebrou a festa; era uma grande multidão, gente vinda desde Lebo-Hamate até o ribeiro do Egito. **9** No oitavo dia realizaram uma assembléia solene. Levaram sete dias para a dedicação do altar, e a festa se prolongou por mais sete dias. **10** No vigésimo terceiro dia do sétimo mês, o rei mandou o povo para as suas casas. E todos se foram, jubilosos e de coração alegre pelas coisas boas que o Senhor havia feito por Davi e Salomão e por Israel, o seu povo.

O Senhor Aparece a Salomão

11 Quando Salomão acabou de construir o templo do Senhor e o palácio real, executando bem tudo o que pretendia realizar no templo do Senhor e em seu próprio palácio, **12** o Senhor lhe apareceu de noite e disse:

"Ouvi sua oração, e escolhi este lugar para mim, como um templo para sacrifícios.

13 "Se eu fechar o céu para que não chova ou mandar que os gafanhotos devorem o país ou sobre o meu povo enviar uma praga, **14** se o meu povo, que se chama pelo meu nome, se humilhar e orar, buscar a minha face e se afastar dos seus maus caminhos, dos céus o ouvirei, perdoarei o seu pecado e curarei a sua terra. **15** De hoje

and toward the temple I have built for your Name; **39** then from heaven, your dwelling place, hear their prayer and their pleas, and uphold their cause. And forgive your people, who have sinned against you.

40 "Now, my God, may your eyes be open and your ears attentive to the prayers offered in this place.

41 "Now arise, O Lord God, and come to
    your resting place,
    you and the ark of your might.
May your priests, O Lord God, be
    clothed with salvation,
    may your saints rejoice in your goodness.
42 O Lord God, do not reject your anointed one.
    Remember the great love promised to
    David your servant."

The Dedication of the Temple

7 When Solomon finished praying, fire came down from heaven and consumed the burnt offering and the sacrifices, and the glory of the Lord filled the temple. **2** The priests could not enter the temple of the Lord because the glory of the Lord filled it. **3** When all the Israelites saw the fire coming down and the glory of the Lord above the temple, they knelt on the pavement with their faces to the ground, and they worshiped and gave thanks to the Lord, saying,

"He is good;
    his love endures forever."

4 Then the king and all the people offered sacrifices before the Lord. **5** And King Solomon offered a sacrifice of twenty-two thousand head of cattle and a hundred and twenty thousand sheep and goats. So the king and all the people dedicated the temple of God. **6** The priests took their positions, as did the Levites with the Lord's musical instruments, which King David had made for praising the Lord and which were used when he gave thanks, saying, "His love endures forever." Opposite the Levites, the priests blew their trumpets, and all the Israelites were standing.

7 Solomon consecrated the middle part of the courtyard in front of the temple of the Lord, and there he offered burnt offerings and the fat of the fellowship offerings,[a] because the bronze altar he had made could not hold the burnt offerings, the grain offerings and the fat portions.

8 So Solomon observed the festival at that time for seven days, and all Israel with him—a vast assembly, people from Lebo[b] Hamath to the Wadi of Egypt. **9** On the eighth day they held an assembly, for they had celebrated the dedication of the altar for seven days and the festival for seven days more. **10** On the twenty-third day of the seventh month he sent the people to their homes, joyful and glad in heart for the good things the Lord had done for David and Solomon and for his people Israel.

The Lord Appears to Solomon

11 When Solomon had finished the temple of the Lord and the royal palace, and had succeeded in carrying out all he had in mind to do in the temple of the Lord and in his own palace, **12** the Lord appeared to him at night and said:

"I have heard your prayer and have chosen this place for myself as a temple for sacrifices.

13 "When I shut up the heavens so that there is no rain, or command locusts to devour the land or send a plague among my people, **14** if my people, who are called by my name, will humble themselves and pray and seek my face and turn from their wicked ways, then will I hear from heaven and will forgive their sin and will heal their land. **15** Now

---

[a]7.7 Ou *de paz*   [a]7:7 Traditionally *peace offerings* [b]7:8 Or *from the entrance to*

em diante os meus olhos estarão abertos e os meus ouvidos atentos às orações feitas neste lugar. **16** Escolhi e consagrei este templo para que o meu nome esteja nele para sempre. Meus olhos e meu coração nele sempre estarão. **17** "E se você andar segundo a minha vontade, como fez seu pai Davi, e fizer tudo o que eu lhe ordeno, obedecendo aos meus decretos e às minhas leis, **18** firmarei o seu trono, conforme a aliança que fiz com Davi, seu pai, quando eu lhe disse: Você nunca deixará de ter um descendente para governar Israel.

19 "Mas, se vocês se afastarem de mim e abandonarem os decretos e os mandamentos que lhes dei, e prestarem culto a outros deuses e adorá-los, **20** desarraigarei Israel da minha terra, que lhes dei, e lançarei para longe da minha presença este templo que consagrei ao meu nome. Farei que ele se torne objeto de zombaria entre todos os povos. **21** E todos os que passarem por este templo, agora imponente, ficarão espantados e perguntarão: 'Por que o SENHOR fez uma coisa dessas a esta terra e a este templo?' **22** E a resposta será: 'Porque abandonaram o SENHOR, o Deus dos seus antepassados, que os tirou do Egito, e se apegaram a outros deuses, adorando-os e prestando-lhes culto; por isso ele trouxe sobre eles toda esta desgraça' ".

Outros Feitos de Salomão

8 Depois de vinte anos, durante os quais Salomão construiu o templo do SENHOR e o seu próprio palácio, **2** ele reconstruiu as cidades que Hirão lhe tinha dado, e nelas estabeleceu israelitas. **3** Depois atacou Hamate-Zobá e a conquistou. **4** Também reconstruiu Tadmor, no deserto, e todas as cidades-armazéns que havia construído em Hamate. **5** Reconstruiu Bete-Horom Alta e Bete-Horom Baixa, cidades fortificadas com muros, portas e trancas, **6** e também Baalate e todas as cidades-armazéns que possuía, e todas as cidades onde ficavam os seus carros e os seus cavalos**ª**. Construiu tudo o que desejou em Jerusalém, no Líbano e em todo o território que governou.

7 Todos os que não eram israelitas, descendentes dos hititas, dos amorreus, dos ferezeus, dos heveus e dos jebuseus, **8** que não tinham sido mortos pelos israelitas, Salomão recrutou para o trabalho forçado, e nisso continuam até hoje. **9** Mas Salomão não obrigou nenhum israelita a trabalhos forçados; eles eram seus homens de guerra, chefes de seus capitães, comandantes dos seus carros e condutores de carros. **10** Também eram israelitas os principais oficiais do rei Salomão, duzentos e cinqüenta oficiais que supervisionavam os trabalhadores.

11 Salomão levou a filha do faraó da Cidade de Davi para o palácio que ele havia construído para ela, pois dissera: "Minha mulher não deve morar no palácio de Davi, rei de Israel, pois os lugares onde entrou a arca do SENHOR são sagrados".

12 Sobre o altar do SENHOR, que havia construído diante do pórtico, Salomão passou a sacrificar holocaustos ao SENHOR, **13** conforme as determinações de Moisés acerca das ofertas diárias e dos sábados, das luas novas e das três festas anuais: a festa dos pães sem fermento, a festa das semanas**b** e a festa das cabanas**c**. **14** De acordo com a ordem de seu pai Davi, designou os grupos dos sacerdotes para as suas tarefas, e os levitas para conduzirem o louvor e ajudarem os sacerdotes, conforme as determinações diárias. Também designou, por divisões, os porteiros das várias portas, conforme o que Davi, homem de Deus, tinha ordenado. **15** Todas as ordens dadas pelo rei aos sacerdotes e aos levitas, inclusive as ordens relativas aos tesouros, foram seguidas à risca.

16 Todo o trabalho de Salomão foi executado, desde o dia em que foram lançados os alicerces do templo do SENHOR até seu término. Assim foi concluído o templo do SENHOR.

my eyes will be open and my ears attentive to the prayers offered in this place. **16** I have chosen and consecrated this temple so that my Name may be there forever. My eyes and my heart will always be there.

17 "As for you, if you walk before me as David your father did, and do all I command, and observe my decrees and laws, **18** I will establish your royal throne, as I covenanted with David your father when I said, 'You shall never fail to have a man to rule over Israel.'

19 "But if you**ª** turn away and forsake the decrees and commands I have given you**b** and go off to serve other gods and worship them, **20** then I will uproot Israel from my land, which I have given them, and will reject this temple I have consecrated for my Name. I will make it a byword and an object of ridicule among all peoples. **21** And though this temple is now so imposing, all who pass by will be appalled and say, 'Why has the LORD done such a thing to this land and to this temple?' **22** People will answer, 'Because they have forsaken the LORD, the God of their fathers, who brought them out of Egypt, and have embraced other gods, worshiping and serving them—that is why he brought all this disaster on them.' "

Solomon's Other Activities

8 At the end of twenty years, during which Solomon built the temple of the LORD and his own palace, **2** Solomon rebuilt the villages that Hiram**c** had given him, and settled Israelites in them. **3** Solomon then went to Hamath Zobah and captured it. **4** He also built up Tadmor in the desert and all the store cities he had built in Hamath. **5** He rebuilt Upper Beth Horon and Lower Beth Horon as fortified cities, with walls and with gates and bars, **6** as well as Baalath and all his store cities, and all the cities for his chariots and for his horses**d**—whatever he desired to build in Jerusalem, in Lebanon and throughout all the territory he ruled.

7 All the people left from the Hittites, Amorites, Perizzites, Hivites and Jebusites (these peoples were not Israelites), **8** that is, their descendants remaining in the land, whom the Israelites had not destroyed—these Solomon conscripted for his slave labor force, as it is to this day. **9** But Solomon did not make slaves of the Israelites for his work; they were his fighting men, commanders of his captains, and commanders of his chariots and charioteers. **10** They were also King Solomon's chief officials—two hundred and fifty officials supervising the men.

11 Solomon brought Pharaoh's daughter up from the City of David to the palace he had built for her, for he said, "My wife must not live in the palace of David king of Israel, because the places the ark of the LORD has entered are holy."

12 On the altar of the LORD that he had built in front of the portico, Solomon sacrificed burnt offerings to the LORD, **13** according to the daily requirement for offerings commanded by Moses for Sabbaths, New Moons and the three annual feasts—the Feast of Unleavened Bread, the Feast of Weeks and the Feast of Tabernacles. **14** In keeping with the ordinance of his father David, he appointed the divisions of the priests for their duties, and the Levites to lead the praise and to assist the priests according to each day's requirement. He also appointed the gatekeepers by divisions for the various gates, because this was what David the man of God had ordered. **15** They did not deviate from the king's commands to the priests or to the Levites in any matter, including that of the treasuries.

16 All Solomon's work was carried out, from the day the foundation of the temple of the LORD was laid until its completion. So the temple of the LORD was finished.

ª8.6 Ou *condutores de carros* **b8.13** Isto é, do Pentecoste. **c8.13** Ou *dos tabernáculos*; Hebraico: *sucote*.

ª7:19 The Hebrew is plural. **b7:19** The Hebrew is plural. **c8:2** Hebrew *Huram*, a variant of *Hiram*; also in verse 18 **d8:6** Or *charioteers*

17 Depois Salomão foi a Eziom-Geber e a Elate, no litoral de Edom. **18** E Hirão enviou-lhe navios comandados por seus próprios marinheiros, homens que conheciam o mar. Eles navegaram com os marinheiros de Salomão até Ofir, e de lá trouxeram quinze mil e setecentos e cinqüenta quilos[a] de ouro para o rei Salomão.

A Rainha de Sabá Visita Salomão

9 A rainha de Sabá soube da fama de Salomão e foi a Jerusalém para pô-lo à prova com perguntas difíceis. Quando chegou, acompanhada de uma enorme caravana, com camelos carregados de especiarias, grande quantidade de ouro e pedras preciosas, foi até Salomão e lhe fez todas as perguntas que tinha em mente. **2** Salomão respondeu a todas; nenhuma lhe foi tão difícil que não pudesse responder. **3** Vendo a sabedoria de Salomão, bem como o palácio que ele havia construído, **4** o que era servido em sua mesa, o lugar de seus oficiais, os criados e os copeiros, todos uniformizados, e os holocaustos que ele fazia no[b] templo do Senhor, ela ficou impressionada.

5 Disse ela então ao rei: "Tudo o que ouvi em meu país acerca de tuas realizações e de tua sabedoria era verdade. **6** Mas eu não acreditava no que diziam, até ver com os meus próprios olhos. Na realidade, não me contaram nem a metade da grandeza de tua sabedoria; tu ultrapassas em muito o que ouvi. **7** Como devem ser felizes os homens da tua corte, que continuamente estão diante de ti e ouvem a tua sabedoria! **8** Bendito seja o Senhor, o teu Deus, que se agradou de ti e te colocou no trono dele para reinar pelo Senhor, pelo teu Deus. Por causa do amor de teu Deus para com Israel e do seu desejo de preservá-lo para sempre, ele te fez rei, para manter a justiça e a retidão".

9 E ela deu ao rei quatro mil e duzentos quilos[c] de ouro e grande quantidade de especiarias e de pedras preciosas. Nunca se viram tantas e tais especiarias como as que a rainha de Sabá deu ao rei Salomão.

10 (Os marinheiros de Hirão e de Salomão trouxeram ouro de Ofir, e também madeira de junípero e pedras preciosas. **11** O rei utilizou a madeira para fazer a escadaria do templo do Senhor e do palácio real, além de harpas e liras para os músicos. Nunca se tinha visto algo semelhante em Judá.)

12 O rei Salomão deu à rainha de Sabá tudo o que ela desejou e pediu; muito mais do que ela lhe tinha trazido. Então ela e seus servos voltaram para o seu país.

O Esplendor do Reino de Salomão

13 O peso do ouro que Salomão recebia anualmente era de vinte e três mil e trezentos quilos, **14** fora o que os mercadores e os comerciantes traziam. Também todos os reis da Arábia e os governadores do país traziam ouro e prata para Salomão. **15** O rei Salomão fez duzentos escudos grandes de ouro batido, utilizando três quilos e seiscentos gramas de ouro em cada um. **16** Também fez trezentos escudos pequenos de ouro batido, com um quilo e oitocentos gramas de ouro em cada um, e os colocou no Palácio da Floresta do Líbano. **17** O rei mandou fazer ainda um grande trono de marfim revestido de ouro puro. **18** O trono tinha seis degraus, e um estrado de ouro fixo nele. Nos dois lados do assento havia braços, com um leão junto a cada braço. **19** Doze leões ficavam nos seis degraus, um de cada lado. Nada igual havia sido feito em nenhum outro reino. **20** Todas as taças do rei Salomão eram de ouro, bem como todos os utensílios do Palácio da Floresta do Líbano. Não havia nada de prata, pois a prata quase não tinha valor nos dias de Salomão. **21** O rei tinha uma frota de navios mercantes[d] tripulados por marinheiros do rei Hirão. Cada três anos a frota voltava, trazendo ouro, prata, marfim, macacos e pavões.

17 Then Solomon went to Ezion Geber and Elath on the coast of Edom. **18** And Hiram sent him ships commanded by his own officers, men who knew the sea. These, with Solomon's men, sailed to Ophir and brought back four hundred and fifty talents[a] of gold, which they delivered to King Solomon.

The Queen of Sheba Visits Solomon

9 When the queen of Sheba heard of Solomon's fame, she came to Jerusalem to test him with hard questions. Arriving with a very great caravan—with camels carrying spices, large quantities of gold, and precious stones—she came to Solomon and talked with him about all she had on her mind. **2** Solomon answered all her questions; nothing was too hard for him to explain to her. **3** When the queen of Sheba saw the wisdom of Solomon, as well as the palace he had built, **4** the food on his table, the seating of his officials, the attending servants in their robes, the cupbearers in their robes and the burnt offerings he made at[b] the temple of the Lord, she was overwhelmed.

5 She said to the king, "The report I heard in my own country about your achievements and your wisdom is true. **6** But I did not believe what they said until I came and saw with my own eyes. Indeed, not even half the greatness of your wisdom was told me; you have far exceeded the report I heard. **7** How happy your men must be! How happy your officials, who continually stand before you and hear your wisdom! **8** Praise be to the Lord your God, who has delighted in you and placed you on his throne as king to rule for the Lord your God. Because of the love of your God for Israel and his desire to uphold them forever, he has made you king over them, to maintain justice and righteousness."

9 Then she gave the king 120 talents[c] of gold, large quantities of spices, and precious stones. There had never been such spices as those the queen of Sheba gave to King Solomon.

10 (The men of Hiram and the men of Solomon brought gold from Ophir; they also brought algumwood[d] and precious stones. **11** The king used the algumwood to make steps for the temple of the Lord and for the royal palace, and to make harps and lyres for the musicians. Nothing like them had ever been seen in Judah.)

12 King Solomon gave the queen of Sheba all she desired and asked for; he gave her more than she had brought to him. Then she left and returned with her retinue to her own country.

Solomon's Splendor

13 The weight of the gold that Solomon received yearly was 666 talents,[e] **14** not including the revenues brought in by merchants and traders. Also all the kings of Arabia and the governors of the land brought gold and silver to Solomon.

15 King Solomon made two hundred large shields of hammered gold; six hundred bekas[f] of hammered gold went into each shield. **16** He also made three hundred small shields of hammered gold, with three hundred bekas[g] of gold in each shield. The king put them in the Palace of the Forest of Lebanon.

17 Then the king made a great throne inlaid with ivory and overlaid with pure gold. **18** The throne had six steps, and a footstool of gold was attached to it. On both sides of the seat were armrests, with a lion standing beside each of them. **19** Twelve lions stood on the six steps, one at either end of each step. Nothing like it had ever been made for any other kingdom. **20** All King Solomon's goblets were gold, and all the household articles in the Palace of the Forest of Lebanon were pure gold. Nothing was made of silver, because silver was considered of little value in Solomon's day. **21** The king had a fleet of trading ships[h] manned by Hiram's[i] men. Once every three years it returned, carrying gold, silver and ivory, and apes and baboons.

---

[a]8.18 Hebraico: *450 talentos*. Um talento equivalia a 35 quilos. [b]9.4 Ou *e o caminho pelo qual subia até o* [c]9.9 Hebraico: *120 talentos*. Um talento equivalia a 35 quilos. [d]9.21 Hebraico: *navios que iam para Társis*. Veja 20.36.

[a]8:18 That is, about 17 tons (about 16 metric tons) [b]9:4 Or *the ascent by which he went up to* [c]9:9 That is, about 4 1/2 tons (about 4 metric tons) [d]9:10 Probably a variant of *almugwood* [e]9:13 That is, about 25 tons (about 23 metric tons) [f]9:15 That is, about 7 1/2 pounds (about 3.5 kilograms) [g]9:16 That is, about 3 3/4 pounds (about 1.7 kilograms) [h]9:21 Hebrew *of ships that could go to Tarshish* [i]9:21 Hebrew *Huram*, a variant of *Hiram*

22 O rei Salomão era o mais rico e o mais sábio de todos os reis da terra. **23** Estes pediam audiência a Salomão para ouvi-rem a sabedoria que Deus lhe tinha dado. **24** Ano após ano, todos os que vinham traziam algum presente: utensílios de prata e de ouro, mantos, armas e especiarias, cavalos e mulas. **25** Salomão possuía quatro mil estábulos para cavalos e car-ros, e doze mil cavalosª, dos quais mantinha uma parte nas guarnições de algumas cidades e a outra perto dele, em Jeru-salém. **26** Ele dominava sobre todos os reis desde o Eufratesᵇ até a terra dos filisteus, junto à fronteira do Egito. **27** O rei tor-nou a prata tão comum em Jerusalém quanto as pedras, e o cedro tão numeroso quanto as figueiras bravas da Sefelá. **28** Os cavalos de Salomão eram importados do Egitoᶜ e de todos os outros países.

A Morte de Salomão

29 Os demais acontecimentos do reinado de Salomão, desde o início até o fim, estão escritos nos relatos do profeta Natã, nas profecias do silonita Aías e nas visões do vidente Ido acer-ca de Jeroboão, filho de Nebate. **30** Salomão reinou quarenta anos em Jerusalém, sobre todo o Israel. **31** Então descansou com os seus antepassados e foi sepultado na Cidade de Davi, seu pai. E o seu filho Roboão foi o seu sucessor.

A Revolta de Israel contra Roboão

10 Roboão foi a Siquém, onde todos os israelitas tinham se reunido para proclamá-lo rei. **2** Jeroboão, filho de Nebate, tinha fugido do rei Salomão e estava no Egito. Assim que soube da reunião em Siquém, voltou do Egito. **3** E man-daram chamá-lo. Então ele e todo o Israel foram ao encontro de Roboão e disseram: **4** "Teu pai colocou sobre nós um jugo pesado, mas agora diminui o trabalho árduo e este jugo pesa-do, e nós te serviremos".

5 Roboão respondeu: "Voltem a mim daqui a três dias". E o povo foi embora.

6 O rei Roboão perguntou às autoridades que haviam servi-do ao seu pai Salomão durante a vida dele: "Como vocês me aconselham a responder a este povo?"

7 Eles responderam: "Se hoje fores bom para esse povo, se o agradares e lhe deres resposta favorável, eles sempre serão teus servos".

8 Roboão, contudo, rejeitou o conselho que as autoridades de Israel lhe deram e consultou os jovens que haviam crescido com ele e o estavam servindo. **9** Perguntou-lhes: "Qual é o con-selho de vocês? Como devemos responder a este povo que me diz: 'Diminui o jugo que teu pai colocou sobre nós'?"

10 Os jovens que haviam crescido com ele responderam: "A este povo que te disse: 'Teu pai colocou sobre nós um jugo pesado; torna-o mais leve' — dize: 'Meu dedo mínimo é mais grosso do que a cintura do meu pai. **11** Pois bem, meu pai lhes impôs um jugo pesado; eu o tornarei ainda mais pesado. Meu pai os castigou com simples chicotes; eu os castigarei com chicotes pontiagudosᵈ' ".

12 Três dias depois, Jeroboão e todo o povo voltaram a Roboão, segundo a orientação dada pelo rei: "Voltem a mim daqui a três dias". **13** Mas o rei lhes respondeu asperamente. Rejeitando o conselho das autoridades de Israel, **14** seguiu o conselho dos jovens e disse: "Meu pai lhes tornou pesado o jugo; eu o tornarei ainda mais pesado. Meu pai os castigou com simples chicotes; eu os castigarei com chicotes pontiagu-dos". **15** E o rei não atendeu o povo, pois esta mudança nos acontecimentos vinha da parte de Deus, para que se cumprisse a palavra que o Senhor havia falado a Jeroboão, filho de Nebate, por meio do silonita Aías.

16 Quando todo o Israel viu que o rei se recusava a ouvi-lo, respondeu ao rei:

22 King Solomon was greater in riches and wisdom than all the other kings of the earth. **23** All the kings of the earth sought audience with Solomon to hear the wisdom God had put in his heart. **24** Year after year, everyone who came brought a gift— articles of silver and gold, and robes, weapons and spices, and horses and mules. **25** Solomon had four thousand stalls for horses and chari-ots, and twelve thousand horses,ª which he kept in the chariot cities and also with him in Jerusalem. **26** He ruled over all the kings from the Riverᵇ to the land of the Philistines, as far as the border of Egypt. **27** The king made silver as common in Jerusalem as stones, and cedar as plentiful as sycamore-fig trees in the foothills. **28** Solomon's horses were imported from Egyptᶜ and from all other countries.

Solomon's Death

29 As for the other events of Solomon's reign, from beginning to end, are they not written in the records of Nathan the prophet, in the prophecy of Ahijah the Shilonite and in the visions of Iddo the seer concerning Jeroboam son of Nebat? **30** Solomon reigned in Jerusalem over all Israel forty years. **31** Then he rested with his fathers and was buried in the city of David his father. And Rehoboam his son succeeded him as king.

Israel Rebels Against Rehoboam

10 Rehoboam went to Shechem, for all the Israelites had gone there to make him king. **2** When Jeroboam son of Nebat heard this (he was in Egypt, where he had fled from King Solomon), he returned from Egypt. **3** So they sent for Jeroboam, and he and all Israel went to Rehoboam and said to him: **4** "Your father put a heavy yoke on us, but now lighten the harsh labor and the heavy yoke he put on us, and we will serve you."

5 Rehoboam answered, "Come back to me in three days." So the people went away.

6 Then King Rehoboam consulted the elders who had served his father Solomon during his lifetime. "How would you advise me to answer these people?" he asked.

7 They replied, "If you will be kind to these people and please them and give them a favorable answer, they will always be your servants."

8 But Rehoboam rejected the advice the elders gave him and consulted the young men who had grown up with him and were serving him. **9** He asked them, "What is your advice? How should we answer these people who say to me, 'Lighten the yoke your father put on us'?"

10 The young men who had grown up with him replied, "Tell the people who have said to you, 'Your father put a heavy yoke on us, but make our yoke lighter'—tell them, 'My little finger is thicker than my father's waist. **11** My father laid on you a heavy yoke; I will make it even heavier. My father scourged you with whips; I will scourge you with scorpions.' "

12 Three days later Jeroboam and all the people returned to Rehoboam, as the king had said, "Come back to me in three days." **13** The king answered them harshly. Rejecting the advice of the elders, **14** he followed the advice of the young men and said, "My father made your yoke heavy; I will make it even heavier. My father scourged you with whips; I will scourge you with scorpions." **15** So the king did not listen to the people, for this turn of events was from God, to fulfill the word the Lord had spoken to Jeroboam son of Nebat through Ahijah the Shilonite.

16 When all Israel saw that the king refused to listen to them, they answered the king:

ª9.25 Ou *condutores de carros* ᵇ9.26 Hebraico: *o Rio.* ᶜ9.28 Ou *Muzur*, região da Cilícia. ᵈ10.11 Ou *com escorpiões*; também no versículo 14.

ª9:25 Or *charioteers* ᵇ9:26 That is, the Euphrates ᶜ9:28 Or possibly *Muzur*, a region in Cilicia

"Que temos em comum com Davi?
Que temos em comum
com o filho de Jessé?
Para as suas tendas, ó Israel!
Cuide da sua própria casa, ó Davi!"

E assim os israelitas foram para as suas casas. ¹⁷ Quanto, porém, aos israelitas que moravam nas cidades de Judá, Roboão continuou como rei deles.

¹⁸ O rei Roboão enviou Adonirão[a], chefe do trabalho forçado, mas todo o Israel o apedrejou até a morte. O rei, contudo, conseguiu subir em sua carruagem e fugir para Jerusalém. ¹⁹ Desta forma Israel se rebelou contra a dinastia de Davi, e assim permanece até hoje.

11 Quando Roboão chegou a Jerusalém, convocou cento e oitenta mil homens de combate, das tribos de Judá e de Benjamim, para guerrearem contra Israel e recuperarem o reino para Roboão.

² Entretanto, veio esta palavra do Senhor a Semaías, homem de Deus: ³ "Diga a Roboão, filho de Salomão, rei de Judá, e a todos os israelitas de Judá e de Benjamim: ⁴ Assim diz o Senhor: Não saiam à guerra contra os seus irmãos. Voltem para casa, todos vocês, pois fui eu que fiz isso". E eles obedeceram à palavra do Senhor e desistiram de marchar contra Jeroboão.

A Fortificação das Cidades de Judá

⁵ Roboão morou em Jerusalém e reconstruiu algumas cidades para a defesa de Judá. Foram elas: ⁶ Belém, Etã, Tecoa, ⁷ Bete-Zur, Socó, Adulão, ⁸ Gate, Maressa, Zife, ⁹ Ado-raim, Láquis, Azeca, ¹⁰ Zorá, Aijalom e Hebrom. Essas cidades foram fortificadas em Judá e em Benjamim. ¹¹ Ele fortaleceu as suas defesas e nelas colocou comandantes, com suprimentos de alimentos, azeite e vinho. ¹² Armazenou escudos grandes e lanças em todas as cidades, tornando-as muito fortes. Assim, Judá e Benjamim continuaram sob o seu domínio.

¹³ Os sacerdotes e os levitas de todos os distritos de Israel o apoiaram. ¹⁴ Os levitas chegaram até a abandonar as suas pastagens e os seus bens, e foram para Judá e para Jerusalém, porque Jeroboão e seus filhos os haviam rejeitado como sacerdotes do Senhor, ¹⁵ nomeando seus próprios sacerdotes para os altares idólatras e para os ídolos que haviam feito em forma de bodes e de bezerros. ¹⁶ De todas as tribos de Israel aqueles que estavam realmente dispostos a buscar o Senhor, o Deus de Israel, seguiram os levitas até Jerusalém para oferecerem sacrifícios ao Senhor, ao Deus dos seus antepassados. ¹⁷ Eles fortaleceram o reino de Judá e durante três anos apoiaram Roboão, filho de Salomão, andando nos caminhos de Davi e de Salomão durante esse tempo.

A Família de Roboão

¹⁸ Roboão casou-se com Maalate, filha de Jeremote e neta de Davi. A mãe de Maalate era Abiail, filha de Eliabe e neta de Jessé. ¹⁹ Ela deu-lhe três filhos: Jeús, Semarias e Zão. ²⁰ Depois ele casou-se com Maaca, filha de Absalão, a qual lhe deu os filhos Abias, Atai, Ziza e Selomite. ²¹ Roboão amava Maaca, filha de Absalão, mais do que a qualquer outra de suas esposas e concubinas. Ao todo ele teve dezoito esposas e sessenta concubinas, vinte e oito filhos e sessenta filhas.

²² Roboão nomeou Abias, filho de Maaca, chefe entre os seus irmãos, com o intuito de fazê-lo rei. ²³ Ele agiu com sabedoria, dispersando seus filhos pelos distritos de Judá e de Benjamim, e pelas cidades fortificadas. Garantiu-lhes fartas provisões e lhes conseguiu muitas mulheres.

Sisaque Ataca Jerusalém

12 Depois que Roboão se fortaleceu e se firmou como rei, ele e todo o Israel[b] abandonaram a lei do Senhor.

"What share do we have in David,
what part in Jesse's son?
To your tents, O Israel!
Look after your own house, O David!"

So all the Israelites went home. ¹⁷ But as for the Israelites who were living in the towns of Judah, Rehoboam still ruled over them.

¹⁸ King Rehoboam sent out Adoniram,[a] who was in charge of forced labor, but the Israelites stoned him to death. King Rehoboam, however, managed to get into his chariot and escape to Jerusalem. ¹⁹ So Israel has been in rebellion against the house of David to this day.

11 When Rehoboam arrived in Jerusalem, he mustered the house of Judah and Benjamin—a hundred and eighty thousand fighting men—to make war against Israel and to regain the kingdom for Rehoboam.

² But this word of the Lord came to Shemaiah the man of God: ³ "Say to Rehoboam son of Solomon king of Judah and to all the Israelites in Judah and Benjamin, ⁴ 'This is what the Lord says: Do not go up to fight against your brothers. Go home, every one of you, for this is my doing.' " So they obeyed the words of the Lord and turned back from marching against Jeroboam.

Rehoboam Fortifies Judah

⁵ Rehoboam lived in Jerusalem and built up towns for defense in Judah: ⁶ Bethlehem, Etam, Tekoa, ⁷ Beth Zur, Soco, Adullam, ⁸ Gath, Mareshah, Ziph, ⁹ Adoraim, Lachish, Azekah, ¹⁰ Zorah, Aijalon and Hebron. These were fortified cities in Judah and Benjamin. ¹¹ He strengthened their defenses and put commanders in them, with supplies of food, olive oil and wine. ¹² He put shields and spears in all the cities, and made them very strong. So Judah and Benjamin were his.

¹³ The priests and Levites from all their districts throughout Israel sided with him. ¹⁴ The Levites even abandoned their pasturelands and property, and came to Judah and Jerusalem because Jeroboam and his sons had rejected them as priests of the Lord. ¹⁵ And he appointed his own priests for the high places and for the goat and calf idols he had made. ¹⁶ Those from every tribe of Israel who set their hearts on seeking the Lord, the God of Israel, followed the Levites to Jerusalem to offer sacrifices to the Lord, the God of their fathers. ¹⁷ They strengthened the kingdom of Judah and supported Rehoboam son of Solomon three years, walking in the ways of David and Solomon during this time.

Rehoboam's Family

¹⁸ Rehoboam married Mahalath, who was the daughter of David's son Jerimoth and of Abihail, the daughter of Jesse's son Eliab. ¹⁹ She bore him sons: Jeush, Shemariah and Zaham. ²⁰ Then he married Maacah daughter of Absalom, who bore him Abijah, Attai, Ziza and Shelomith. ²¹ Rehoboam loved Maacah daughter of Absalom more than any of his other wives and concubines. In all, he had eighteen wives and sixty concubines, twenty-eight sons and sixty daughters.

²² Rehoboam appointed Abijah son of Maacah to be the chief prince among his brothers, in order to make him king. ²³ He acted wisely, dispersing some of his sons throughout the districts of Judah and Benjamin, and to all the fortified cities. He gave them abundant provisions and took many wives for them.

Shishak Attacks Jerusalem

12 After Rehoboam's position as king was established and he had become strong, he and all Israel[b] with him aban-

---

[a]10.18 Conforme alguns manuscritos da Septuaginta. O Texto Massorético diz *Adorão*. Veja 1Rs 4.6 e 5.14. [b]12.1 Isto é, Judá, como ocorre freqüentemente em 2 Crônicas.

[a]10:18 Hebrew *Hadoram*, a variant of *Adoniram* [b]12:1 That is, Judah, as frequently in 2 Chron.

2 Por terem sido infiéis ao Senhor, Sisaque, rei do Egito, atacou Jerusalém no quinto ano do reinado de Roboão. **3** Com mil e duzentos carros de guerra, sessenta mil cavaleiros e um exército incontável de líbios, suquitas e etíopes^a, que vieram do Egito com ele, **4** conquistou as cidades fortificadas de Judá e chegou até Jerusalém.

5 Então o profeta Semaías apresentou-se a Roboão e aos líderes de Judá que se haviam reunido em Jerusalém, fugindo de Sisaque, e lhes disse: "Assim diz o Senhor: 'Vocês me abandonaram; por isso eu agora os abandono, entregando-os a Sisaque' ".

6 Os líderes de Israel e o rei se humilharam e disseram: "O Senhor é justo".

7 Quando o Senhor viu que eles se humilharam, veio a Semaías esta palavra do Senhor: "Visto que eles se humilharam, não os destruirei, mas em breve lhes darei livramento. Minha ira não será derramada sobre Jerusalém por meio de Sisaque. **8** Eles, contudo, ficarão sujeitos a ele, para que aprendam a diferença entre servir a mim e servir aos reis de outras terras".

9 Quando Sisaque, rei do Egito, atacou Jerusalém, levou todos os tesouros do templo do Senhor e do palácio real, inclusive os escudos de ouro que Salomão havia feito. **10** Por isso o rei Roboão mandou fazer escudos de bronze para substituí-los, e os entregou aos chefes da guarda da entrada do palácio real. **11** Sempre que o rei ia ao templo do Senhor, os guardas empunhavam os escudos e, em seguida, os devolviam à sala da guarda.

12 Como Roboão se humilhou, a ira do Senhor afastou-se dele, e ele não foi totalmente destruído. Na verdade, em Judá ainda havia algo de bom.

13 O rei Roboão firmou-se no poder em Jerusalém e continuou a reinar. Tinha quarenta e um anos de idade quando começou a reinar, e reinou dezessete anos em Jerusalém, cidade que o Senhor havia escolhido dentre todas as tribos de Israel para nela pôr o seu nome. Sua mãe, uma amonita, chamava-se Naamá. **14** Ele agiu mal porque não dispôs o seu coração para buscar o Senhor.

15 Os demais acontecimentos do reinado de Roboão, do início ao fim, estão escritos nos relatos do profeta Semaías e do vidente Ido, que tratam de genealogias. Houve guerra constante entre Roboão e Jeroboão. **16** Roboão descansou com os seus antepassados e foi sepultado na Cidade de Davi; seu filho Abias foi o seu sucessor.

O Reinado de Abias, Rei de Judá

13 No décimo oitavo ano do reinado de Jeroboão, Abias tornou-se rei de Judá, **2** e reinou três anos em Jerusalém. O nome de sua mãe era Maacá^b, filha^c de Uriel, de Gibeá.

E houve guerra entre Abias e Jeroboão. **3** Abias entrou em combate levando uma força de quatrocentos mil excelentes guerreiros, e Jeroboão foi enfrentá-lo com oitocentos mil, igualmente excelentes.

4 Abias subiu o monte Zemaraim, nos montes de Efraim, e gritou: "Jeroboão e todo o Israel, ouçam-me! **5** Vocês não sabem que o Senhor, o Deus de Israel, deu para sempre o reino de Israel a Davi e a seus descendentes mediante uma aliança irrevogável? **6** Mesmo assim, Jeroboão, filho de Nebate, servo de Salomão, filho de Davi, rebelou-se contra o seu senhor. **7** Alguns homens vadios e imprestáveis juntaram-se a ele e se opuseram a Roboão, filho de Salomão, quando ainda era jovem, indeciso e incapaz de oferecer-lhes resistência.

8 "E agora vocês pretendem resistir ao reino do Senhor, que está nas mãos dos descendentes de Davi! Vocês são de fato uma

doned the law of the Lord. **2** Because they had been unfaithful to the Lord, Shishak king of Egypt attacked Jerusalem in the fifth year of King Rehoboam. **3** With twelve hundred chariots and sixty thousand horsemen and the innumerable troops of Libyans, Sukkites and Cushites^a that came with him from Egypt, **4** he captured the fortified cities of Judah and came as far as Jerusalem.

5 Then the prophet Shemaiah came to Rehoboam and to the leaders of Judah who had assembled in Jerusalem for fear of Shishak, and he said to them, "This is what the Lord says, 'You have abandoned me; therefore, I now abandon you to Shishak.' "

6 The leaders of Israel and the king humbled themselves and said, "The Lord is just."

7 When the Lord saw that they humbled themselves, this word of the Lord came to Shemaiah: "Since they have humbled themselves, I will not destroy them but will soon give them deliverance. My wrath will not be poured out on Jerusalem through Shishak. **8** They will, however, become subject to him, so that they may learn the difference between serving me and serving the kings of other lands."

9 When Shishak king of Egypt attacked Jerusalem, he carried off the treasures of the temple of the Lord and the treasures of the royal palace. He took everything, including the gold shields Solomon had made. **10** So King Rehoboam made bronze shields to replace them and assigned these to the commanders of the guard on duty at the entrance to the royal palace. **11** Whenever the king went to the Lord's temple, the guards went with him, bearing the shields, and afterward they returned them to the guardroom.

12 Because Rehoboam humbled himself, the Lord's anger turned from him, and he was not totally destroyed. Indeed, there was some good in Judah.

13 King Rehoboam established himself firmly in Jerusalem and continued as king. He was forty-one years old when he became king, and he reigned seventeen years in Jerusalem, the city the Lord had chosen out of all the tribes of Israel in which to put his Name. His mother's name was Naamah; she was an Ammonite. **14** He did evil because he had not set his heart on seeking the Lord.

15 As for the events of Rehoboam's reign, from beginning to end, are they not written in the records of Shemaiah the prophet and of Iddo the seer that deal with genealogies? There was continual warfare between Rehoboam and Jeroboam. **16** Rehoboam rested with his fathers and was buried in the City of David. And Abijah his son succeeded him as king.

Abijah King of Judah

13 In the eighteenth year of the reign of Jeroboam, Abijah became king of Judah, **2** and he reigned in Jerusalem three years. His mother's name was Maacah,^b a daughter^c of Uriel of Gibeah.

There was war between Abijah and Jeroboam. **3** Abijah went into battle with a force of four hundred thousand able fighting men, and Jeroboam drew up a battle line against him with eight hundred thousand able troops.

4 Abijah stood on Mount Zemaraim, in the hill country of Ephraim, and said, "Jeroboam and all Israel, listen to me! **5** Don't you know that the Lord, the God of Israel, has given the kingship of Israel to David and his descendants forever by a covenant of salt? **6** Yet Jeroboam son of Nebat, an official of Solomon son of David, rebelled against his master. **7** Some worthless scoundrels gathered around him and opposed Rehoboam son of Solomon when he was young and indecisive and not strong enough to resist them.

8 "And now you plan to resist the kingdom of the Lord, which is in the hands of David's descendants. You are indeed a

---

^a12.3 Hebraico: *cuxitas.* ^b13.2 Conforme a maioria dos manuscritos da Septuaginta e a Versão Siríaca. O Texto Massorético diz *Micaías.* Veja 2Cr 11.20 e 1Rs 15.2. ^c13.2 Ou *neta* ^d13.5 Hebraico: *aliança de sal.*

^a12:3 That is, people from the upper Nile region ^b13:2 Most Septuagint manuscripts and Syriac (see also 2 Chron. 11:20 and 1 Kings 15:2); Hebrew *Maiah* ^c13:2 Or *granddaughter*

multidão imensa e têm os bezerros de ouro que Jeroboão fez para serem os seus deuses. 9 Mas, não foram vocês que expulsaram os sacerdotes do Senhor, os descendentes de Arão, e os levitas, e escolheram os seus próprios sacerdotes, como fazem os outros povos? Qualquer pessoa que se consagre com um novilho e sete carneiros pode tornar-se sacerdote daqueles que não são deuses.

10 "Quanto a nós, o Senhor é o nosso Deus, e não o abandonamos. Os nossos sacerdotes, que servem ao Senhor auxiliados pelos levitas, são descendentes de Arão. 11 Todas as manhãs e todas as tardes eles apresentam holocaustos e incenso aromático ao Senhor, arrumam os pães sobre a mesa cerimonialmente pura e todas as tardes acendem as lâmpadas do candelabro de ouro. Pois nós observamos as exigências do Senhor, o nosso Deus, enquanto que vocês o abandonaram. 12 E vejam bem! Deus está conosco; ele é o nosso chefe. Os sacerdotes dele, com suas cornetas, farão soar o grito de guerra contra vocês. Israelitas, não lutem contra o Senhor, o Deus dos seus antepassados, pois vocês não terão êxito!"

13 Enquanto isso, Jeroboão tinha mandado tropas para a retaguarda do exército de Judá, de forma que ele estava em frente de Judá e a emboscada estava atrás. 14 Quando o exército de Judá se virou e viu que estava sendo atacado pela frente e pela retaguarda, clamou ao Senhor. Os sacerdotes tocaram suas cornetas 15 e os homens de Judá deram o grito de guerra. Ao som do grito de guerra, Deus derrotou Jeroboão e todo o Israel diante de Abias e de Judá. 16 Os israelitas fugiram dos soldados de Judá, e Deus os entregou nas mãos deles. 17 Abias e os seus soldados lhes infligiram grande derrota; quinhentos mil excelentes guerreiros de Israel foram mortos. 18 Os israelitas foram subjugados naquela ocasião, e os homens de Judá tiveram força para vencer, pois confiaram no Senhor, o Deus dos seus antepassados.

19 Abias perseguiu Jeroboão e tomou-lhe as cidades de Betel, Jesana e Efrom, com os seus povoados. 20 Durante o reinado de Abias, Jeroboão não recuperou o seu poder; até que o Senhor o feriu, e ele morreu.

21 Abias, ao contrário, fortaleceu-se. Ele se casou com catorze mulheres e teve vinte e dois filhos e dezesseis filhas.

22 Os demais acontecimentos do reinado de Abias, o que ele fez e o que disse, estão escritos nos relatos do profeta Ido.

O Reinado de Asa, Rei de Judá

14 Abias descansou com os seus antepassados e foi sepultado na Cidade de Davi. Seu filho Asa foi o seu sucessor, e em seu reinado o país esteve em paz durante dez anos.

2 Asa fez o que o Senhor, o seu Deus, aprova. 3 Retirou os altares dos deuses estrangeiros e os altares idólatras que havia nos montes, despedaçou as colunas sagradas e derrubou os postes sagrados. 4 Ordenou ao povo de Judá que buscasse o Senhor, o Deus dos seus antepassados, e que obedecesse às leis e aos mandamentos dele. 5 Retirou os altares idólatras e os altares de incensoa de todas as cidades de Judá, e o reino esteve em paz durante o seu governo. 6 Também construiu cidades fortificadas em Judá, aproveitando esse período de paz. Ninguém entrou em guerra contra ele durante aqueles anos, pois o Senhor lhe deu descanso.

7 Disse ele ao povo de Judá: "Vamos construir estas cidades com muros ao redor, fortificadas com torres, portas e trancas. A terra ainda é nossa, porque temos buscado o Senhor, o nosso Deus; nós o buscamos, e ele nos tem concedido paz em nossas fronteiras". Eles então as construíram e prosperaram.

8 Asa tinha um exército de trezentos mil homens de Judá, equipados com escudos grandes e lanças, e duzentos e oitenta mil de Benjamim, armados com escudos pequenos e arcos. Todos eram valentes homens de combate.

9 O etíopea Zerá marchou contra eles com um exército de um milhão de soldados e trezentos carros de guerra, e chegou a Maressa.

vast army and have with you the golden calves that Jeroboam made to be your gods. 9 But didn't you drive out the priests of the Lord, the sons of Aaron, and the Levites, and make priests of your own as the peoples of other lands do? Whoever comes to consecrate himself with a young bull and seven rams may become a priest of what are not gods.

10 "As for us, the Lord is our God, and we have not forsaken him. The priests who serve the Lord are sons of Aaron, and the Levites assist them. 11 Every morning and evening they present burnt offerings and fragrant incense to the Lord. They set out the bread on the ceremonially clean table and light the lamps on the gold lampstand every evening. We are observing the requirements of the Lord our God. But you have forsaken him. 12 God is with us; he is our leader. His priests with their trumpets will sound the battle cry against you. Men of Israel, do not fight against the Lord, the God of your fathers, for you will not succeed."

13 Now Jeroboam had sent troops around to the rear, so that while he was in front of Judah the ambush was behind them. 14 Judah turned and saw that they were being attacked at both front and rear. Then they cried out to the Lord. The priests blew their trumpets 15 and the men of Judah raised the battle cry. At the sound of their battle cry, God routed Jeroboam and all Israel before Abijah and Judah. 16 The Israelites fled before Judah, and God delivered them into their hands. 17 Abijah and his men inflicted heavy losses on them, so that there were five hundred thousand casualties among Israel's able men. 18 The men of Israel were subdued on that occasion, and the men of Judah were victorious because they relied on the Lord, the God of their fathers.

19 Abijah pursued Jeroboam and took from him the towns of Bethel, Jeshanah and Ephron, with their surrounding villages. 20 Jeroboam did not regain power during the time of Abijah. And the Lord struck him down and he died.

21 But Abijah grew in strength. He married fourteen wives and had twenty-two sons and sixteen daughters.

22 The other events of Abijah's reign, what he did and what he said, are written in the annotations of the prophet Iddo.

14 And Abijah rested with his fathers and was buried in the City of David. Asa his son succeeded him as king, and in his days the country was at peace for ten years.

Asa King of Judah

2 Asa did what was good and right in the eyes of the Lord his God. 3 He removed the foreign altars and the high places, smashed the sacred stones and cut down the Asherah poles.a 4 He commanded Judah to seek the Lord, the God of their fathers, and to obey his laws and commands. 5 He removed the high places and incense altars in every town in Judah, and the kingdom was at peace under him. 6 He built up the fortified cities of Judah, since the land was at peace. No one was at war with him during those years, for the Lord gave him rest.

7 "Let us build up these towns," he said to Judah, "and put walls around them, with towers, gates and bars. The land is still ours, because we have sought the Lord our God; we sought him and he has given us rest on every side." So they built and prospered.

8 Asa had an army of three hundred thousand men from Judah, equipped with large shields and with spears, and two hundred and eighty thousand from Benjamin, armed with small shields and with bows. All these were brave fighting men.

9 Zerah the Cushite marched out against them with a vast armya and three hundred chariots, and came as far as Mareshah.

---

a14.5 Provavelmente colunas dedicadas ao deus sol.

a14:3 That is, symbols of the goddess Asherah; here and elsewhere in 2 Chron.

[10] Asa saiu para enfrentá-lo, e eles se puseram em posição de combate no vale de Zefatá, perto de Maressa.

[11] Então Asa clamou ao Senhor, o seu Deus: "Senhor, não há ninguém como tu para ajudar os fracos contra os poderosos. Ajuda-nos, ó Senhor, ó nosso Deus, pois em ti pomos a nossa confiança, e em teu nome viemos contra este imenso exército. Ó Senhor, tu és o nosso Deus; não deixes o homem prevalecer contra ti".

[12] O Senhor derrotou os etíopes diante de Asa e de Judá. Os etíopes fugiram, [13] e Asa e seu exército os perseguiram até Gerar. Caíram tantos deles que o exército não conseguiu recuperar-se; foram destruídos perante o Senhor e suas forças. E os homens de Judá saquearam muitos bens. [14] Destruíram todas as cidades ao redor de Gerar, pois o terror do Senhor havia caído sobre elas. Saquearam todas essas cidades, pois havia nelas muitos despojos. [15] Também atacaram os acampamentos onde havia gado e se apoderaram de muitas ovelhas, cabras e camelos. E em seguida voltaram para Jerusalém.

A Reforma Realizada por Asa

15 O Espírito de Deus veio sobre Azarias, filho de Odede. [2] Ele saiu para encontrar-se com Asa e lhe disse: "Escutem-me, Asa e todo o povo de Judá e de Benjamim. O Senhor está com vocês quando vocês estão com ele. Se o buscarem, ele deixará que o encontrem, mas, se o abandonarem, ele os abandonará. [3] Durante muito tempo Israel esteve sem o verdadeiro Deus, sem sacerdote para ensiná-lo e sem a Lei. [4] Mas em sua angústia se voltaram para o Senhor, o Deus de Israel; buscaram-no, e ele deixou que o encontrassem. [5] Naqueles dias não era seguro viajar, pois muitos distúrbios afligiam todos os habitantes do território. [6] Nações e cidades se destruíam umas às outras, pois Deus as estava afligindo com toda espécie de desgraças. [7] Mas, sejam fortes e não desanimem, pois o trabalho de vocês será recompensado".

[8] Assim que ouviu as palavras e a profecia do profeta Azarias, filho de[b] Odede, o rei Asa encheu-se de coragem. Retirou os ídolos repugnantes de toda a terra de Judá e de Benjamim e das cidades que havia conquistado nos montes de Efraim, e restaurou o altar do Senhor que estava em frente do pórtico do templo do Senhor.

[9] Depois reuniu todo o povo de Judá e de Benjamim, e convocou também os que pertenciam a Efraim, a Manassés e a Simeão que viviam entre eles, pois muitos de Israel tinham passado para o lado do rei Asa, ao verem que o Senhor, o seu Deus, estava com ele.

[10] Eles se reuniram em Jerusalém no terceiro mês do décimo quinto ano do reinado de Asa. [11] Naquela ocasião sacrificaram ao Senhor setecentos bois e sete mil ovelhas e cabras, do saque que haviam feito. [12] Fizeram um acordo de todo o coração e de toda a alma de buscar o Senhor, o Deus dos seus antepassados. [13] Todo aquele que não buscasse o Senhor, o Deus de Israel, deveria ser morto, gente simples ou importante,[c] homem ou mulher. [14] Fizeram esse juramento ao Senhor em alta voz, bradando ao som de cornetas e trombetas. [15] Todo o povo de Judá alegrou-se com o juramento, pois o havia feito de todo o coração. Eles buscaram a Deus com a melhor disposição; ele deixou que o encontrassem e lhes concedeu paz em suas fronteiras.

[16] O rei Asa chegou até a depor sua avó Maaca da posição de rainha-mãe, pois ela havia feito um poste sagrado repugnante. Asa derrubou o poste, despedaçou-o e queimou-o no vale do Cedrom. [17] Embora os altares idólatras não tivessem sido eliminados de Israel, o coração de Asa foi totalmente dedicado ao Senhor durante toda a sua vida. [18] Ele trouxe para o templo de Deus a prata, o ouro e os utensílios que ele e seu pai haviam consagrado.

[10] Asa went out to meet him, and they took up battle positions in the Valley of Zephathah near Mareshah.

[11] Then Asa called to the Lord his God and said, "Lord, there is no one like you to help the powerless against the mighty. Help us, O Lord our God, for we rely on you, and in your name we have come against this vast army. O Lord, you are our God; do not let man prevail against you."

[12] The Lord struck down the Cushites before Asa and Judah. The Cushites fled, [13] and Asa and his army pursued them as far as Gerar. Such a great number of Cushites fell that they could not recover; they were crushed before the Lord and his forces. The men of Judah carried off a large amount of plunder. [14] They destroyed all the villages around Gerar, for the terror of the Lord had fallen upon them. They plundered all these villages, since there was much booty there. [15] They also attacked the camps of the herdsmen and carried off droves of sheep and goats and camels. Then they returned to Jerusalem.

Asa's Reform

15 The Spirit of God came upon Azariah son of Oded. [2] He went out to meet Asa and said to him, "Listen to me, Asa and all Judah and Benjamin. The Lord is with you when you are with him. If you seek him, he will be found by you, but if you forsake him, he will forsake you. [3] For a long time Israel was without the true God, without a priest to teach and without the law. [4] But in their distress they turned to the Lord, the God of Israel, and sought him, and he was found by them. [5] In those days it was not safe to travel about, for all the inhabitants of the lands were in great turmoil. [6] One nation was being crushed by another and one city by another, because God was troubling them with every kind of distress. [7] But as for you, be strong and do not give up, for your work will be rewarded."

[8] When Asa heard these words and the prophecy of Azariah son of[b] Oded the prophet, he took courage. He removed the detestable idols from the whole land of Judah and Benjamin and from the towns he had captured in the hills of Ephraim. He repaired the altar of the Lord that was in front of the portico of the Lord's temple.

[9] Then he assembled all Judah and Benjamin and the people from Ephraim, Manasseh and Simeon who had settled among them, for large numbers had come over to him from Israel when they saw that the Lord his God was with him.

[10] They assembled at Jerusalem in the third month of the fifteenth year of Asa's reign. [11] At that time they sacrificed to the Lord seven hundred head of cattle and seven thousand sheep and goats from the plunder they had brought back. [12] They entered into a covenant to seek the Lord, the God of their fathers, with all their heart and soul. [13] All who would not seek the Lord, the God of Israel, were to be put to death, whether small or great, man or woman. [14] They took an oath to the Lord with loud acclamation, with shouting and with trumpets and horns. [15] All Judah rejoiced about the oath because they had sworn it wholeheartedly. They sought God eagerly, and he was found by them. So the Lord gave them rest on every side.

[16] King Asa also deposed his grandmother Maacah from her position as queen mother, because she had made a repulsive Asherah pole. Asa cut the pole down, broke it up and burned it in the Kidron Valley. [17] Although he did not remove the high places from Israel, Asa's heart was fully committed *to the Lord* all his life. [18] He brought into the temple of God the silver and gold and the articles that he and his father had dedicated.

---

[a]14.9 Hebraico: *cuxita*; também no versículo 12 [b]15.8 Conforme a Vulgata e a Versão Siríaca. O Texto Massorético não traz *Azarias, filho de*. [c]15.13 Ou *jovens ou idosos*,

[a]14:9 Hebrew *with an army of a thousand thousands* or *with an army of thousands upon thousands* [b]15:8 Vulgate and Syriac (see also Septuagint and verse 1); Hebrew does not have *Azariah son of.*

19 E não houve mais nenhuma guerra até o trigésimo quinto ano do seu reinado.

Os Últimos Anos de Asa

16 No trigésimo sexto ano do reinado de Asa, Baasa, rei de Israel, invadiu Judá e fortificou Ramá, para que ninguém pudesse entrar no território de Asa, rei de Judá, nem sair de lá.

2 Então Asa ajuntou a prata e o ouro do tesouro do templo do Senhor e do seu próprio palácio e os enviou a Ben-Hadade, rei da Síria, que governava em Damasco, com uma mensagem que dizia: **3** "Façamos um tratado, como fizeram meu pai e o teu. Estou te enviando prata e ouro. Agora, rompe o tratado que tens com Baasa, rei de Israel, para que ele saia do meu país".

4 Ben-Hadade aceitou a proposta do rei Asa e ordenou aos comandantes das suas forças que atacassem as cidades de Israel. Eles conquistaram Ijom, Dã, Abel-Maim[a] e todas as cidades-armazéns de Naftali. **5** Quando Baasa soube disso, abandonou a construção dos muros de Ramá. **6** Então o rei Asa reuniu todos os homens de Judá, e eles retiraram de Ramá as pedras e a madeira que Baasa estivera usando. Com esse material Asa fortificou Geba e Mispá.

7 Naquela época, o vidente Hanani foi dizer a Asa, rei de Judá: "Por você ter pedido ajuda ao rei da Síria e não ao Senhor, ao seu Deus, o exército do rei da Síria escapou de suas mãos. **8** Por acaso os etíopes[b] e os líbios não eram um exército poderoso, com uma grande multidão de carros e cavalos? Contudo, quando você pediu ajuda ao Senhor, ele os entregou em suas mãos. **9** Pois os olhos do Senhor estão atentos sobre toda a terra para fortalecer aqueles que lhe dedicam totalmente o coração. Nisso você cometeu uma loucura. De agora em diante terá que enfrentar guerras".

10 Asa irritou-se contra o vidente por causa disso; ficou tão indignado que mandou prendê-lo. Nessa época Asa oprimiu brutalmente alguns do povo.

11 Os demais acontecimentos do reinado de Asa, do início ao fim, estão escritos nos registros históricos dos reis de Judá e de Israel. **12** No trigésimo nono ano do seu reinado, Asa foi atacado por uma doença nos pés. Embora a sua doença fosse grave, não buscou ajuda do Senhor, mas só dos médicos. **13** Então, no quadragésimo primeiro ano do seu reinado, Asa morreu e descansou com os seus antepassados. **14** Sepultaram-no no túmulo que ele havia mandado cavar para si na Cidade de Davi. Deitaram-no num leito coberto de especiarias e de vários perfumes de fina mistura, e fizeram uma imensa fogueira em sua honra.

O Reinado de Josafá, Rei de Judá

17 Josafá, filho de Asa, foi o seu sucessor e fortaleceu-se contra Israel. **2** Posicionou tropas em todas as cidades fortificadas de Judá e pôs guarnições em Judá e nas cidades de Efraim que seu pai, Asa, tinha conquistado.

3 O Senhor esteve com Josafá porque, em seus primeiros anos, ele andou nos caminhos que seu predecessor Davi tinha seguido. Não consultou os baalins, **4** mas buscou o Deus de seu pai e obedeceu aos seus mandamentos, e não imitou as práticas de Israel. **5** O Senhor firmou o reino de Josafá, e todo o Judá lhe trazia presentes, de maneira que teve grande riqueza e honra. **6** Ele seguiu corajosamente os caminhos do Senhor; além disso, retirou de Judá os altares idólatras e os postes sagrados.

7 No terceiro ano de seu reinado, ele enviou seus oficiais Bene-Hail, Obadias, Zacarias, Natanael e Micaías para ensinarem nas cidades de Judá. **8** Com eles foram os levitas Semaías, Netanias, Zebadías, Asael, Semiramote, Jônatas, Adonias, Tobias, Tobe-Adonias e os sacerdotes Elisama e Jeorão. **9** Eles percorreram todas as cidades do reino de Judá, levando consigo o Livro da Lei do Senhor e ensinando o povo.

---

19 There was no more war until the thirty-fifth year of Asa's reign.

Asa's Last Years

16 In the thirty-sixth year of Asa's reign Baasha king of Israel went up against Judah and fortified Ramah to prevent anyone from leaving or entering the territory of Asa king of Judah.

2 Asa then took the silver and gold out of the treasuries of the Lord's temple and of his own palace and sent it to Ben-Hadad king of Aram, who was ruling in Damascus. **3** "Let there be a treaty between me and you," he said, "as there was between my father and your father. See, I am sending you silver and gold. Now break your treaty with Baasha king of Israel so he will withdraw from me."

4 Ben-Hadad agreed with King Asa and sent the commanders of his forces against the towns of Israel. They conquered Ijon, Dan, Abel Maim[a] and all the store cities of Naphtali. **5** When Baasha heard this, he stopped building Ramah and abandoned his work. **6** Then King Asa brought all the men of Judah, and they carried away from Ramah the stones and timber Baasha had been using. With them he built up Geba and Mizpah.

7 At that time Hanani the seer came to Asa king of Judah and said to him: "Because you relied on the king of Aram and not on the Lord your God, the army of the king of Aram has escaped from your hand. **8** Were not the Cushites[b] and Libyans a mighty army with great numbers of chariots and horsemen? Yet when you relied on the Lord, he delivered them into your hand. **9** For the eyes of the Lord range throughout the earth to strengthen those whose hearts are fully committed to him. You have done a foolish thing, and from now on you will be at war."

10 Asa was angry with the seer because of this; he was so enraged that he put him in prison. At the same time Asa brutally oppressed some of the people.

11 The events of Asa's reign, from beginning to end, are written in the book of the kings of Judah and Israel. **12** In the thirty-ninth year of his reign Asa was afflicted with a disease in his feet. Though his disease was severe, even in his illness he did not seek help from the Lord, but only from the physicians. **13** Then in the forty-first year of his reign Asa died and rested with his fathers. **14** They buried him in the tomb that he had cut out for himself in the City of David. They laid him on a bier covered with spices and various blended perfumes, and they made a huge fire in his honor.

Jehoshaphat King of Judah

17 Jehoshaphat his son succeeded him as king and strengthened himself against Israel. **2** He stationed troops in all the fortified cities of Judah and put garrisons in Judah and in the towns of Ephraim that his father Asa had captured.

3 The Lord was with Jehoshaphat because in his early years he walked in the ways his father David had followed. He did not consult the Baals **4** but sought the God of his father and followed his commands rather than the practices of Israel. **5** The Lord established the kingdom under his control; and all Judah brought gifts to Jehoshaphat, so that he had great wealth and honor. **6** His heart was devoted to the ways of the Lord; furthermore, he removed the high places and the Asherah poles from Judah.

7 In the third year of his reign he sent his officials Ben-Hail, Obadiah, Zechariah, Nethanel and Micaiah to teach in the towns of Judah. **8** With them were certain Levites—Shemaiah, Nethaniah, Zebadiah, Asahel, Shemiramoth, Jehonathan, Adonijah, Tobijah and Tob-Adonijah—and the priests Elishama and Jehoram. **9** They taught throughout Judah, taking with them the Book of the Law of the Lord; they went around to all the towns of Judah and taught the people.

---

[a]16.4 Também conhecida como *Abel-Bete-Maaca*. [b]16.8 Hebraico: *cuxitas*. [c]16.8 Ou *condutores de carro*

[a]16:4 Also known as *Abel Beth Maacah* [b]16:8 That is, people from the upper Nile region [c]16:8 Or *charioteers*

10 O temor do Senhor caiu sobre todos os reinos ao redor de Judá, de forma que não entraram em guerra contra Josafá. **11** Alguns filisteus levaram presentes a Josafá, além da prata que lhe deram como tributo, e os árabes levaram-lhe rebanhos: sete mil e setecentos carneiros e sete mil e setecentos bodes.

12 Josafá foi se tornando cada vez mais poderoso; construiu fortalezas e cidades-armazéns em Judá, **13** onde guardava enorme quantidade de suprimentos. Também mantinha em Jerusalém homens de combate experientes. **14** A lista desses homens, por famílias, era a seguinte:

De Judá, líderes de batalhões de 1.000:

o líder Adna, com 300.000 homens de combate;
15 em seguida, o líder Joanã, com 280.000;
16 depois, Amasias, filho de Zicri, que se apresentou voluntariamente para o serviço do Senhor, com 200.000.
17 De Benjamim:
Eliada, um guerreiro valente, com 200.000 homens armados com arcos e escudos;
18 Jeozabade, com 180.000 homens armados para a batalha.

19 Esses eram os homens que serviam o rei, além dos que estavam posicionados nas cidades fortificadas em todo o Judá.

A Profecia contra Acabe

18 Josafá tinha grande riqueza e honra, e aliou-se a Acabe por laços de casamento. **2** Alguns anos depois, ele foi visitar Acabe em Samaria. Acabe abateu muitas ovelhas e bois para receber Josafá e sua comitiva, e insistiu que atacasse Ramote-Gileade. **3** Acabe, rei de Israel, perguntou a Josafá, rei de Judá: "Irás comigo lutar contra Ramote-Gileade?"

Josafá respondeu: "Sou como tu, e meu povo é como o teu povo; estaremos contigo na guerra". **4** Mas acrescentou: "Peço-te que busques primeiro o conselho do Senhor".

5 Então o rei de Israel reuniu quatrocentos profetas, e lhes perguntou: "Devemos ir à guerra contra Ramote-Gileade, ou não?"

Eles responderam: "Sim, pois Deus a entregará nas mãos do rei".

6 Josafá, porém, perguntou: "Não existe aqui mais nenhum profeta do Senhor, a quem possamos consultar?"

7 O rei de Israel respondeu a Josafá: "Ainda há um homem por meio de quem podemos consultar o Senhor, porém eu o odeio, porque nunca profetiza coisas boas a meu respeito, mas sempre coisas ruins. É Micaías, filho de Inlá".

"O rei não deveria dizer isso", Josafá respondeu.

8 Então o rei de Israel chamou um dos seus oficiais e disse: "Traga imediatamente Micaías, filho de Inlá".

9 Usando vestes reais, o rei de Israel e Josafá, rei de Judá, estavam sentados em seus tronos, na eira, junto à porta de Samaria, e todos os profetas estavam profetizando em transe diante deles. **10** E Zedequias, filho de Quenaaná, tinha feito chifres de ferro, e declarou: "Assim diz o Senhor: 'Com estes chifres tu ferirás os arameus até que sejam destruídos' ".

11 Todos os outros profetas profetizavam a mesma coisa, dizendo: "Ataca Ramote-Gileade, e serás vitorioso, pois o Senhor a entregará nas mãos do rei".

12 O mensageiro que tinha ido chamar Micaías lhe disse: "Vê, todos os outros profetas estão predizendo que o rei terá sucesso. Tua palavra também deve ser favorável".

13 Micaías, porém, disse: "Juro pelo nome do Senhor que direi o que o meu Deus mandar".

14 Quando ele chegou, o rei lhe perguntou: "Micaías, devemos ir à guerra contra Ramote-Gileade, ou não?"

Ele respondeu: "Ataquem, e serão vitoriosos, pois eles serão entregues em suas mãos".

10 The fear of the Lord fell on all the kingdoms of the lands surrounding Judah, so that they did not make war with Jehoshaphat. **11** Some Philistines brought Jehoshaphat gifts and silver as tribute, and the Arabs brought him flocks: seven thousand seven hundred rams and seven thousand seven hundred goats.

12 Jehoshaphat became more and more powerful; he built forts and store cities in Judah **13** and had large supplies in the towns of Judah. He also kept experienced fighting men in Jerusalem. **14** Their enrollment by families was as follows:

From Judah, commanders of units of 1,000:
Adnah the commander, with 300,000 fighting men;
15 next, Jehohanan the commander, with 280,000;
16 next, Amasiah son of Zicri, who volunteered himself for the service of the Lord, with 200,000.
17 From Benjamin:
Eliada, a valiant soldier, with 200,000 men armed with bows and shields;
18 next, Jehozabad, with 180,000 men armed for battle.

19 These were the men who served the king, besides those he stationed in the fortified cities throughout Judah.

Micaiah Prophesies Against Ahab

18 Now Jehoshaphat had great wealth and honor, and he allied himself with Ahab by marriage. **2** Some years later he went down to visit Ahab in Samaria. Ahab slaughtered many sheep and cattle for him and the people with him and urged him to attack Ramoth Gilead. **3** Ahab king of Israel asked Jehoshaphat king of Judah, "Will you go with me against Ramoth Gilead?"

Jehoshaphat replied, "I am as you are, and my people as your people; we will join you in the war." **4** But Jehoshaphat also said to the king of Israel, "First seek the counsel of the Lord."

5 So the king of Israel brought together the prophets—four hundred men—and asked them, "Shall we go to war against Ramoth Gilead, or shall I refrain?"

"Go," they answered, "for God will give it into the king's hand."

6 But Jehoshaphat asked, "Is there not a prophet of the Lord here whom we can inquire of?"

7 The king of Israel answered Jehoshaphat, "There is still one man through whom we can inquire of the Lord, but I hate him because he never prophesies anything good about me, but always bad. He is Micaiah son of Imlah."

"The king should not say that," Jehoshaphat replied.

8 So the king of Israel called one of his officials and said, "Bring Micaiah son of Imlah at once."

9 Dressed in their royal robes, the king of Israel and Jehoshaphat king of Judah were sitting on their thrones at the threshing floor by the entrance to the gate of Samaria, with all the prophets prophesying before them. **10** Now Zedekiah son of Kenaanah had made iron horns, and he declared, "This is what the Lord says: 'With these you will gore the Arameans until they are destroyed.' "

11 All the other prophets were prophesying the same thing. "Attack Ramoth Gilead and be victorious," they said, "for the Lord will give it into the king's hand."

12 The messenger who had gone to summon Micaiah said to him, "Look, as one man the other prophets are predicting success for the king. Let your word agree with theirs, and speak favorably."

13 But Micaiah said, "As surely as the Lord lives, I can tell him only what my God says."

14 When he arrived, the king asked him, "Micaiah, shall we go to war against Ramoth Gilead, or shall I refrain?"

"Attack and be victorious," he answered, "for they will be given into your hand."

15 O rei lhe disse: "Quantas vezes devo fazer-te jurar que me irás dizer somente a verdade em nome do Senhor?"

16 Então Micaías respondeu: "Vi todo o Israel espalhado pelas colinas, como ovelhas sem pastor, e ouvi o Senhor dizer: 'Estes não têm dono. Cada um volte para casa em paz' ".

17 O rei de Israel disse a Josafá: "Não lhe disse que ele nunca profetiza nada de bom a meu respeito, mas apenas coisas ruins?"

18 Micaías prosseguiu: "Ouçam a palavra do Senhor: Vi o Senhor assentado em seu trono, com todo o exército dos céus à sua direita e à sua esquerda. **19** E o Senhor disse: 'Quem enganará Acabe, rei de Israel, para que ataque Ramote-Gileade e morra lá?'

"E um sugeria uma coisa, outro sugeria outra, até que, **20** finalmente, um espírito colocou-se diante do Senhor e disse: 'Eu o enganarei'.

" 'De que maneira?', perguntou o Senhor.

21 "Ele respondeu: 'Irei e serei um espírito mentiroso na boca de todos os profetas do rei'.

"Disse o Senhor: 'Você conseguirá enganá-lo; vá e engane-o'.

22 "E o Senhor pôs um espírito mentiroso na boca destes seus profetas. O Senhor decretou a sua desgraça".

23 Então Zedequias, filho de Quenaaná, aproximou-se, deu um tapa no rosto de Micaías e perguntou: "Por qual caminho foi o espírito da parte do[a] Senhor, quando saiu de mim para falar a você?"

24 Micaías respondeu: "Você descobrirá no dia em que estiver se escondendo de quarto em quarto".

25 O rei de Israel então ordenou: "Enviem Micaías de volta a Amom, o governador da cidade, e a Joás, filho do rei, **26** e digam que assim diz o rei: Ponham este homem na prisão a pão e água, até que eu volte em segurança".

27 Micaías declarou: "Se você de fato voltar em segurança, o Senhor não falou por meu intermédio". E acrescentou: "Ouçam o que estou dizendo, todos vocês!"

A Morte de Acabe

28 Então o rei de Israel e Josafá, rei de Judá, foram atacar Ramote-Gileade. **29** E o rei de Israel disse a Josafá: "Entrarei disfarçado em combate, mas tu, usa as tuas vestes reais". O rei de Israel disfarçou-se, e ambos foram para o combate.

30 O rei da Síria havia ordenado a seus chefes dos carros de guerra: "Não lutem contra ninguém, seja soldado, seja oficial, senão contra o rei de Israel". **31** Quando os chefes dos carros viram Josafá, pensaram: "É o rei de Israel", e o cercaram para atacá-lo, mas Josafá clamou, e o Senhor o ajudou. Deus os afastou dele, **32** pois, quando os comandantes dos carros viram que não era o rei de Israel, deixaram de persegui-lo.

33 De repente, um soldado disparou seu arco ao acaso e atingiu o rei de Israel entre os encaixes da sua armadura. Então o rei disse ao condutor do seu carro: "Tire-me do combate. Fui ferido!" **34** A batalha foi violenta durante todo o dia, e assim, o rei de Israel teve que enfrentar os arameus em pé no seu carro, até a tarde. E, ao pôr-do-sol, ele morreu.

19 Quando Josafá, rei de Judá, voltou em segurança ao seu palácio em Jerusalém, **2** o vidente Jeú, filho de Hanani, saiu ao seu encontro e lhe disse: "Será que você devia ajudar os ímpios e amar aqueles que odeiam o Senhor? Por causa disso, a ira do Senhor está sobre você. **3** Contudo, existe em você algo de bom, pois você livrou a terra dos postes sagrados e buscou a Deus de todo o seu coração".

A Nomeação de Juízes

4 Josafá morava em Jerusalém; e percorreu de novo a nação, desde Berseba até os montes de Efraim, fazendo-o voltar para o Senhor, o Deus dos seus antepassados. **5** Ele nomeou juízes em cada uma das cidades fortificadas de Judá,

15 The king said to him, "How many times must I make you swear to tell me nothing but the truth in the name of the Lord?"

16 Then Micaiah answered, "I saw all Israel scattered on the hills like sheep without a shepherd, and the Lord said, 'These people have no master. Let each one go home in peace.' "

17 The king of Israel said to Jehoshaphat, "Didn't I tell you that he never prophesies anything good about me, but only bad?"

18 Micaiah continued, "Therefore hear the word of the Lord: I saw the Lord sitting on his throne with all the host of heaven standing on his right and on his left. **19** And the Lord said, 'Who will entice Ahab king of Israel into attacking Ramoth Gilead and going to his death there?'

"One suggested this, and another that. **20** Finally, a spirit came forward, stood before the Lord and said, 'I will entice him.'

" 'By what means?' the Lord asked.

21 " 'I will go and be a lying spirit in the mouths of all his prophets,' he said.

" 'You will succeed in enticing him,' said the Lord. 'Go and do it.'

22 "So now the Lord has put a lying spirit in the mouths of these prophets of yours. The Lord has decreed disaster for you."

23 Then Zedekiah son of Kenaanah went up and slapped Micaiah in the face. "Which way did the spirit from[a] the Lord go when he went from me to speak to you?" he asked.

24 Micaiah replied, "You will find out on the day you go to hide in an inner room."

25 The king of Israel then ordered, "Take Micaiah and send him back to Amon the ruler of the city and to Joash the king's son, **26** and say, 'This is what the king says: Put this fellow in prison and give him nothing but bread and water until I return safely.' "

27 Micaiah declared, "If you ever return safely, the Lord has not spoken through me." Then he added, "Mark my words, all you people!"

Ahab Killed at Ramoth Gilead

28 So the king of Israel and Jehoshaphat king of Judah went up to Ramoth Gilead. **29** The king of Israel said to Jehoshaphat, "I will enter the battle in disguise, but you wear your royal robes." So the king of Israel disguised himself and went into battle.

30 Now the king of Aram had ordered his chariot commanders, "Do not fight with anyone, small or great, except the king of Israel." **31** When the chariot commanders saw Jehoshaphat, they thought, "This is the king of Israel." So they turned to attack him, but Jehoshaphat cried out, and the Lord helped him. God drew them away from him, **32** for when the chariot commanders saw that he was not the king of Israel, they stopped pursuing him.

33 But someone drew his bow at random and hit the king of Israel between the sections of his armor. The king told the chariot driver, "Wheel around and get me out of the fighting. I've been wounded." **34** All day long the battle raged, and the king of Israel propped himself up in his chariot facing the Arameans until evening. Then at sunset he died.

19 When Jehoshaphat king of Judah returned safely to his palace in Jerusalem, **2** Jehu the seer, the son of Hanani, went out to meet him and said to the king, "Should you help the wicked and love[b] those who hate the Lord? Because of this, the wrath of the Lord is upon you. **3** There is, however, some good in you, for you have rid the land of the Asherah poles and have set your heart on seeking God."

Jehoshaphat Appoints Judges

4 Jehoshaphat lived in Jerusalem, and he went out again among the people from Beersheba to the hill country of Ephraim and turned them back to the Lord, the God of their fathers. **5** He appointed judges in the land, in each of the fortified cities of Judah.

---

[a] 18.23 Ou *Espírito do*

[a] 18:23 Or *Spirit of* [b] 19:2 Or *and make alliances with*

6 dizendo-lhes: "Considerem atentamente aquilo que fazem, pois vocês não estão julgando para o homem, mas para o Senhor, que estará com vocês sempre que derem um veredicto. 7 Agora, que o temor do Senhor esteja sobre vocês. Julguem com cuidado, pois o Senhor, o nosso Deus, não tolera nem injustiça nem parcialidade nem suborno".

8 Também em Jerusalém nomeou Josafá alguns dos levitas, dos sacerdotes e dos chefes de famílias israelitas para julgarem questões da lei do Senhor e resolverem pendências dos habitantes. 9 Deu-lhes as seguintes ordens: "Vocês devem servir com fidelidade e com coração íntegro, no temor do Senhor. 10 Em cada causa que chegar a vocês da parte dos seus irmãos israelitas das outras cidades, seja de derramamento de sangue, sejam questões referentes à lei, aos mandamentos, aos decretos ou às ordenanças, vocês deverão adverti-los de que não pequem contra o Senhor; caso contrário, a ira dele virá sobre vocês e sobre eles. Façam assim, e vocês não pecarão.

11 "Amarias, o sumo sacerdote, estará com vocês para decidir qualquer questão relacionada com o Senhor; Zebadias, filho de Ismael, líder da tribo de Judá, estará com vocês para decidir qualquer questão civil; e os levitas atuarão como oficiais diante de vocês. Cumpram seus deveres com coragem, e esteja o Senhor com aqueles que agirem corretamente".

Josafá Derrota Moabe e Amom

20 Depois disso, os moabitas e os amonitas, com alguns dos meunitasª, entraram em guerra contra Josafá. 2 Então informaram a Josafá: "Um exército enorme vem contra ti de Edom, do outro lado do mar Mortoᵇ. Já está em Hazazom-Tamar, isto é, En-Gedi". 3 Alarmado, Josafá decidiu consultar o Senhor e proclamou um jejum em todo o reino de Judá. 4 Reuniu-se, pois, o povo, vindo de todas as cidades de Judá para buscar a ajuda do Senhor.

5 Josafá levantou-se na assembléia de Judá e de Jerusalém, no templo do Senhor, na frente do pátio novo, 6 e orou:

"Senhor, Deus dos nossos antepassados, não és tu o Deus que está nos céus? Tu dominas sobre todos os reinos do mundo. Força e poder estão em tuas mãos, e ninguém pode opor-se a ti. 7 Não és tu o nosso Deus, que expulsaste os habitantes desta terra perante Israel, o teu povo, e a deste para sempre aos descendentes do teu amigo Abraão? 8 Eles a têm habitado e nela construíram um santuário em honra ao teu nome, dizendo: 9 'Se alguma desgraça nos atingir, seja o castigo da espada, seja a peste, seja a fome, nós nos colocaremos em tua presença diante deste templo, pois ele leva o teu nome, e clamaremos a ti em nossa angústia, e tu nos ouvirás e nos salvarás'.

10 "Mas agora, aí estão amonitas, moabitas e habitantes dos montes de Seir, cujos territórios não permitiste que Israel invadisse quando vinha do Egito; por isso os israelitas se desviaram deles e não os destruíram. 11 Vê agora como estão nos retribuindo, ao virem expulsar-nos da terra que nos deste por herança. 12 Ó nosso Deus, não irás tu julgá-los? Pois não temos força para enfrentar esse exército imenso que vem nos atacar. Não sabemos o que fazer, mas os nossos olhos se voltam para ti".

13 Todos os homens de Judá, com suas mulheres e seus filhos, até os de colo, estavam ali em pé, diante do Senhor.

14 Então o Espírito do Senhor veio sobre Jaaziel, filho de Zacarias, neto de Benaia, bisneto de Jeiel e trineto de Matanias, levita e descendente de Asafe, no meio da assembléia.

6 He told them, "Consider carefully what you do, because you are not judging for man but for the Lord, who is with you whenever you give a verdict. 7 Now let the fear of the Lord be upon you. Judge carefully, for with the Lord our God there is no injustice or partiality or bribery."

8 In Jerusalem also, Jehoshaphat appointed some of the Levites, priests and heads of Israelite families to administer the law of the Lord and to settle disputes. And they lived in Jerusalem. 9 He gave them these orders: "You must serve faithfully and wholeheartedly in the fear of the Lord. 10 In every case that comes before you from your fellow countrymen who live in the cities—whether bloodshed or other concerns of the law, commands, decrees or ordinances—you are to warn them not to sin against the Lord; otherwise his wrath will come on you and your brothers. Do this, and you will not sin.

11 "Amariah the chief priest will be over you in any matter concerning the Lord, and Zebadiah son of Ishmael, the leader of the tribe of Judah, will be over you in any matter concerning the king, and the Levites will serve as officials before you. Act with courage, and may the Lord be with those who do well."

Jehoshaphat Defeats Moab and Ammon

20 After this, the Moabites and Ammonites with some of the Meunitesª came to make war on Jehoshaphat. 2 Some men came and told Jehoshaphat, "A vast army is coming against you from Edom,ᵇ from the other side of the Sea.ᶜ It is already in Hazazon Tamar" (that is, En Gedi). 3 Alarmed, Jehoshaphat resolved to inquire of the Lord, and he proclaimed a fast for all Judah. 4 The people of Judah came together to seek help from the Lord; indeed, they came from every town in Judah to seek him.

5 Then Jehoshaphat stood up in the assembly of Judah and Jerusalem at the temple of the Lord in the front of the new courtyard 6 and said:

"O Lord, God of our fathers, are you not the God who is in heaven? You rule over all the kingdoms of the nations. Power and might are in your hand, and no one can withstand you. 7 O our God, did you not drive out the inhabitants of this land before your people Israel and give it forever to the descendants of Abraham your friend? 8 They have lived in it and have built in it a sanctuary for your Name, saying, 9 'If calamity comes upon us, whether the sword of judgment, or plague or famine, we will stand in your presence before this temple that bears your Name and will cry out to you in our distress, and you will hear us and save us.'

10 "But now here are men from Ammon, Moab and Mount Seir, whose territory you would not allow Israel to invade when they came from Egypt; so they turned away from them and did not destroy them. 11 See how they are repaying us by coming to drive us out of the possession you gave us as an inheritance. 12 O our God, will you not judge them? For we have no power to face this vast army that is attacking us. We do not know what to do, but our eyes are upon you."

13 All the men of Judah, with their wives and children and little ones, stood there before the Lord.

14 Then the Spirit of the Lord came upon Jahaziel son of Zechariah, the son of Benaiah, the son of Jeiel, the son of Mattaniah, a Levite and descendant of Asaph, as he stood in the assembly.

ª20.1 Conforme alguns manuscritos da Septuaginta. O Texto Massorético diz *amonitas*. ᵇ20.2 Conforme um manuscrito do Texto Massorético. A maioria dos manuscritos do Texto Massorético, a Septuaginta e a Vulgata dizem *da Síria*.

ª20:1 Some Septuagint manuscripts; Hebrew *Ammonites* ᵇ20:2 One Hebrew manuscript; most Hebrew manuscripts, Septuagint and Vulgate *Aram* ᶜ20:2 That is, the Dead Sea

¹⁵ Ele disse: "Escutem, todos os que vivem em Judá e em Jerusalém e o rei Josafá! Assim lhes diz o Senhor: 'Não tenham medo nem fiquem desanimados por causa desse exército enorme. Pois a batalha não é de vocês, mas de Deus. ¹⁶ Amanhã, desçam contra eles. Eis que virão pela subida de Ziz, e vocês os encontrarão no fim do vale, em frente do deserto de Jeruel. ¹⁷ Vocês não precisarão lutar nessa batalha. Tomem suas posições, permaneçam firmes e vejam o livramento que o Senhor lhes dará, ó Judá, ó Jerusalém. Não tenham medo nem desanimem. Saiam para enfrentá-los amanhã, e o Senhor estará com vocês' ".

¹⁸ Josafá prostrou-se, rosto em terra, e todo o povo de Judá e de Jerusalém prostrou-se em adoração perante o Senhor. ¹⁹ Então os levitas descendentes dos coatitas e dos coreítas levantaram-se e louvaram o Senhor, o Deus de Israel, em alta voz.

²⁰ De madrugada partiram para o deserto de Tecoa. Quando estavam saindo, Josafá lhes disse: "Escutem-me, Judá e povo de Jerusalém! Tenham fé no Senhor, o seu Deus, e vocês serão sustentados; tenham fé nos profetas do Senhor, e terão a vitória". ²¹ Depois de consultar o povo, Josafá nomeou alguns homens para cantarem ao Senhor e o louvarem pelo esplendor de sua santidade, indo à frente do exército, cantando:

"Dêem graças ao Senhor,
 pois o seu amor dura para sempre".

²² Quando começaram a cantar e a entoar louvores, o Senhor preparou emboscadas contra os homens de Amom, de Moabe e dos montes de Seir, que estavam invadindo Judá, e eles foram derrotados. ²³ Os amonitas e os moabitas atacaram os dos montes de Seir para destruí-los e aniquilá-los. Depois de massacrarem os homens de Seir, destruíram-se uns aos outros. ²⁴ Quando os homens de Judá foram para o lugar de onde se avista o deserto e olharam para o imenso exército, viram somente cadáveres no chão; ninguém havia escapado. ²⁵ Então Josafá e os seus soldados foram saquear os cadáveres e encontraram entre eles grande quantidade de equipamentos e roupas^a, e também objetos de valor; passaram três dias saqueando, mas havia mais do que eram capazes de levar. ²⁶ No quarto dia eles se reuniram no vale de Beraca, e louvaram o Senhor. Por isso até hoje esse lugar é chamado vale de Beraca^b.

²⁷ Depois, sob a liderança de Josafá, todos os homens de Judá e de Jerusalém voltaram alegres para Jerusalém, pois o Senhor os enchera de alegria, dando-lhes vitória sobre os seus inimigos. ²⁸ Entraram em Jerusalém e foram ao templo do Senhor, ao som de liras, harpas e cornetas.

²⁹ O temor de Deus veio sobre todas as nações, quando souberam como o Senhor havia lutado contra os inimigos de Israel. ³⁰ E o reino de Josafá manteve-se em paz, pois o seu Deus lhe concedeu paz em todas as suas fronteiras.

O Final do Reinado de Josafá

³¹ Assim Josafá reinou sobre Judá. Ele tinha trinta e cinco anos de idade quando se tornou rei, e reinou vinte e cinco anos em Jerusalém. O nome da sua mãe era Azuba, filha de Sili. ³² Ele andou nos caminhos de Asa, seu pai, e não se desviou deles; fez o que o Senhor aprova. ³³ Contudo, não acabou com os altares idólatras, e o povo ainda não havia firmado o coração no Deus dos seus antepassados.

³⁴ Os demais acontecimentos do reinado de Josafá, do início ao fim, estão escritos nos relatos de Jeú, filho de Hanani, e foram incluídos nos registros históricos dos reis de Israel.

³⁵ Posteriormente, Josafá, rei de Judá, fez um tratado com Acazias, rei de Israel, que tinha vida ímpia. ³⁶ Era um tratado para a construção de navios mercantes^c. Depois de serem construídos os navios em Eziom-Geber, ³⁷ Eliézer, filho de Dodava

---

^a20.25 Conforme alguns manuscritos do Texto Massorético e a Vulgata. A maioria dos manuscritos do Texto Massorético diz *cadáveres*. ^b20.26 *Beraca* significa *louvor* ou *bênção*. ^c20.36 Hebraico: *de navios que pudessem ir a Társis*. Veja 9.21.

---

¹⁵ He said: "Listen, King Jehoshaphat and all who live in Judah and Jerusalem! This is what the Lord says to you: 'Do not be afraid or discouraged because of this vast army. For the battle is not yours, but God's. ¹⁶ Tomorrow march down against them. They will be climbing up by the Pass of Ziz, and you will find them at the end of the gorge in the Desert of Jeruel. ¹⁷ You will not have to fight this battle. Take up your positions; stand firm and see the deliverance the Lord will give you, O Judah and Jerusalem. Do not be afraid; do not be discouraged. Go out to face them tomorrow, and the Lord will be with you.' "

¹⁸ Jehoshaphat bowed with his face to the ground, and all the people of Judah and Jerusalem fell down in worship before the Lord. ¹⁹ Then some Levites from the Kohathites and Korahites stood up and praised the Lord, the God of Israel, with very loud voice.

²⁰ Early in the morning they left for the Desert of Tekoa. As they set out, Jehoshaphat stood and said, "Listen to me, Judah and people of Jerusalem! Have faith in the Lord your God and you will be upheld; have faith in his prophets and you will be successful." ²¹ After consulting the people, Jehoshaphat appointed men to sing to the Lord and to praise him for the splendor of his^a holiness as they went out at the head of the army, saying:

"Give thanks to the Lord,
 for his love endures forever."

²² As they began to sing and praise, the Lord set ambushes against the men of Ammon and Moab and Mount Seir who were invading Judah, and they were defeated. ²³ The men of Ammon and Moab rose up against the men from Mount Seir to destroy and annihilate them. After they finished slaughtering the men from Seir, they helped to destroy one another. ²⁴ When the men of Judah came to the place that overlooks the desert and looked toward the vast army, they saw only dead bodies lying on the ground; no one had escaped. ²⁵ So Jehoshaphat and his men went to carry off their plunder, and they found among them a great amount of equipment and clothing^b and also articles of value—more than they could take away. There was so much plunder that it took three days to collect it. ²⁶ On the fourth day they assembled in the Valley of Beracah, where they praised the Lord. This is why it is called the Valley of Beracah^c to this day.

²⁷ Then, led by Jehoshaphat, all the men of Judah and Jerusalem returned joyfully to Jerusalem, for the Lord had given them cause to rejoice over their enemies. ²⁸ They entered Jerusalem and went to the temple of the Lord with harps and lutes and trumpets.

²⁹ The fear of God came upon all the kingdoms of the countries when they heard how the Lord had fought against the enemies of Israel. ³⁰ And the kingdom of Jehoshaphat was at peace, for his God had given him rest on every side.

The End of Jehoshaphat's Reign

³¹ So Jehoshaphat reigned over Judah. He was thirty-five years old when he became king of Judah, and he reigned in Jerusalem twenty-five years. His mother's name was Azubah daughter of Shilhi. ³² He walked in the ways of his father Asa and did not stray from them; he did what was right in the eyes of the Lord. ³³ The high places, however, were not removed, and the people still had not set their hearts on the God of their fathers.

³⁴ The other events of Jehoshaphat's reign, from beginning to end, are written in the annals of Jehu son of Hanani, which are recorded in the book of the kings of Israel.

³⁵ Later, Jehoshaphat king of Judah made an alliance with Ahaziah king of Israel, who was guilty of wickedness. ³⁶ He agreed with him to construct a fleet of trading ships.^d After these were built at Ezion Geber, ³⁷ Eliezer son of Dodavahu

---

^a20:21 Or *him with the splendor of* ^b20:25 Some Hebrew manuscripts and Vulgate; most Hebrew manuscripts *corpses* ^c20:26 *Beracah* means *praise*. ^d20:36 Hebrew *of ships that could go to Tarshish*

de Maressa, profetizou contra Josafá, dizendo: "Por haver feito um tratado com Acazias, o Senhor destruirá o que você fez". Assim, os navios naufragaram e não se pôde cumprir o tratado comercial.

21 Josafá descansou com os seus antepassados e foi sepultado junto deles na Cidade de Davi, e seu filho Jeorão foi o seu sucessor. ² Os irmãos de Jeorão, filhos de Josafá, foram Azarias, Jeiel, Zacarias, Azarias, Micael e Sefatias. Todos eles foram filhos de Josafá, rei de Israelᵃ. ³ Ele deu-lhes muitos presentes de prata, de ouro e de objetos de valor, bem como cidades fortificadas em Judá, mas o reino, deu a Jeorão, porque este era seu filho mais velho.

O Reinado de Jeorão, Rei de Judá

⁴ Logo Jeorão se fortaleceu no reino de seu pai, e matou à espada todos os seus irmãos e alguns líderes de Israel. ⁵ Ele tinha trinta e dois anos de idade quando começou a reinar, e reinou oito anos em Jerusalém. ⁶ Andou nos caminhos dos reis de Israel, como a família de Acabe havia feito, pois se casou com uma filha de Acabe. E fez o que o Senhor reprova. ⁷ Entretanto, por causa da aliança que havia feito com Davi, o Senhor não quis destruir a dinastia dele. Ele havia prometido manter para sempre um descendente de Davi no tronoᵇ.

⁸ Nos dias de Jeorão, os edomitas rebelaram-se contra o domínio de Judá, proclamando seu próprio rei. ⁹ Por isso Jeorão foi combatê-los com seus líderes e com todos os seus carros de guerra. Os edomitas cercaram Jeorão e os chefes dos seus carros de guerra, mas ele os atacou de noite e rompeu o cerco inimigo. ¹⁰ E até hoje Edom continua independente de Judá.

Nessa mesma época, a cidade de Libna também tornou-se independente, pois Jeorão havia abandonado o Senhor, o Deus dos seus antepassados. ¹¹ Ele até construiu altares idólatras nas colinas de Judá, levando o povo de Jerusalém a prostituir-se e Judá a desviar-se.

¹² Então Jeorão recebeu uma carta do profeta Elias, que dizia:

"Assim diz o Senhor, o Deus de Davi, seu antepassado: 'Você não tem andado nos caminhos de seu pai Josafá nem de Asa, rei de Judá, ¹³ mas sim nos caminhos dos reis de Israel, levando Judá e o povo de Jerusalém a se prostituírem na idolatria como a família de Acabe. E ainda assassinou seus próprios irmãos, membros da família de seu pai, homens que eram melhores do que você. ¹⁴ Por isso o Senhor vai ferir terrivelmente seu povo, seus filhos, suas mulheres e tudo o que é seu. ¹⁵ Você ficará muito doente; terá uma enfermidade no ventre, que irá piorar até que saiam os seus intestinos' ".

¹⁶ O Senhor despertou contra Jeorão a hostilidade dos filisteus e dos árabes que viviam perto dos etíopesᶜ. ¹⁷ Eles atacaram o reino de Judá, invadiram-no e levaram todos os bens que encontraram no palácio do rei, e também suas mulheres e seus filhos. Só ficou Acaziasᵈ, o filho mais novo.

¹⁸ Depois de tudo isso, o Senhor afligiu Jeorão com uma doença incurável nos intestinos. ¹⁹ Algum tempo depois, ao fim do segundo ano, tanto se agravou a doença que os seus intestinos saíram, e ele morreu sofrendo dores horríveis. Seu povo não fez nenhuma fogueira em sua homenagem, como havia feito para os seus antepassados.

²⁰ Jeorão tinha trinta e dois anos de idade quando começou a reinar, e reinou oito anos em Jerusalém. Morreu sem que ninguém o lamentasse, e foi sepultado na Cidade de Davi, mas não nos túmulos dos reis.

of Mareshah prophesied against Jehoshaphat, saying, "Because you have made an alliance with Ahaziah, the Lord will destroy what you have made." The ships were wrecked and were not able to set sail to trade.ᵃ

21 Then Jehoshaphat rested with his fathers and was buried with them in the City of David. And Jehoram his son succeeded him as king. ² Jehoram's brothers, the sons of Jehoshaphat, were Azariah, Jehiel, Zechariah, Azariahu, Michael and Shephatiah. All these were sons of Jehoshaphat king of Israel.ᵇ ³ Their father had given them many gifts of silver and gold and articles of value, as well as fortified cities in Judah, but he had given the kingdom to Jehoram because he was his firstborn son.

Jehoram King of Judah

⁴ When Jehoram established himself firmly over his father's kingdom, he put all his brothers to the sword along with some of the princes of Israel. ⁵ Jehoram was thirty-two years old when he became king, and he reigned in Jerusalem eight years. ⁶ He walked in the ways of the kings of Israel, as the house of Ahab had done, for he married a daughter of Ahab. He did evil in the eyes of the Lord. ⁷ Nevertheless, because of the covenant the Lord had made with David, the Lord was not willing to destroy the house of David. He had promised to maintain a lamp for him and his descendants forever.

⁸ In the time of Jehoram, Edom rebelled against Judah and set up its own king. ⁹ So Jehoram went there with his officers and all his chariots. The Edomites surrounded him and his chariot commanders, but he rose up and broke through by night. ¹⁰ To this day Edom has been in rebellion against Judah.

Libnah revolted at the same time, because Jehoram had forsaken the Lord, the God of his fathers. ¹¹ He had also built high places on the hills of Judah and had caused the people of Jerusalem to prostitute themselves and had led Judah astray.

¹² Jehoram received a letter from Elijah the prophet, which said:

"This is what the Lord, the God of your father David, says: 'You have not walked in the ways of your father Jehoshaphat or of Asa king of Judah. ¹³ But you have walked in the ways of the kings of Israel, and you have led Judah and the people of Jerusalem to prostitute themselves, just as the house of Ahab did. You have also murdered your own brothers, members of your father's house, men who were better than you. ¹⁴ So now the Lord is about to strike your people, your sons, your wives and everything that is yours, with a heavy blow. ¹⁵ You yourself will be very ill with a lingering disease of the bowels, until the disease causes your bowels to come out.' "

¹⁶ The Lord aroused against Jehoram the hostility of the Philistines and of the Arabs who lived near the Cushites. ¹⁷ They attacked Judah, invaded it and carried off all the goods found in the king's palace, together with his sons and wives. Not a son was left to him except Ahaziah,ᶜ the youngest.

¹⁸ After all this, the Lord afflicted Jehoram with an incurable disease of the bowels. ¹⁹ In the course of time, at the end of the second year, his bowels came out because of the disease, and he died in great pain. His people made no fire in his honor, as they had for his fathers.

²⁰ Jehoram was thirty-two years old when he became king, and he reigned in Jerusalem eight years. He passed away, to no one's regret, and was buried in the City of David, but not in the tombs of the kings.

ᵃ21.2 Isto é, Judá, como acontece freqüente-mente em 2 Crônicas. ᵇ21.7 Hebraico: *uma lâmpada para ele e seus descendentes.* ᶜ21.16 Hebraico: *cuxitas.* ᵈ21.17 Hebraico: *Jeoacaz,* variante de *Acazias.*

ᵃ20.37 Hebrew *sail for Tarshish* ᵇ21:2 That is, Judah, as frequently in 2 Chron. ᶜ21:17 Hebrew *Jehoahaz,* a variant of *Ahaziah*

O Reinado de Acazias, Rei de Judá

22 O povo de Jerusalém proclamou Acazias, filho mais novo de Jeorão, rei em seu lugar, uma vez que as tropas que tinham vindo com os árabes mataram todos os outros filhos dele. Assim começou a reinar Acazias, filho de Jeorão, rei de Judá.

2 Acazias tinha vinte e dois[a] anos de idade quando começou a reinar, e reinou um ano em Jerusalém. O nome de sua mãe era Atalia, neta de Onri.

3 Ele também andou nos caminhos da família de Acabe, pois sua mãe lhe dava maus conselhos. **4** Ele fez o que o SENHOR reprova, como os membros da família de Acabe haviam feito, pois, depois da morte de seu pai, eles se tornaram seus conselheiros, para sua ruína. **5** Ele também seguiu o conselho deles quando se aliou a Jorão, filho de Acabe, rei de Israel, e saiu à guerra contra Hazael, rei da Síria, em Ramote-Gileade. Jorão foi ferido **6** e voltou a Jezreel para recuperar-se dos ferimentos sofridos em Ramote[b], na batalha contra Hazael, rei da Síria.

Depois Acazias, rei de Judá, foi a Jezreel visitar Jorão, que se recuperava de seus ferimentos.

7 Por meio dessa visita, Deus provocou a queda de Acazias. Quando ele chegou, saiu com Jorão ao encontro de Jeú, filho de Ninsi, a quem o SENHOR havia ungido para destruir a família de Acabe. **8** Quando Jeú estava executando juízo sobre a família de Acabe, encontrou os líderes de Judá e os filhos dos parentes de Acazias, que o serviam, e os matou. **9** Saiu então em busca de Acazias, e seus soldados o capturaram em Samaria, onde estava escondido. Levado a Jeú, Acazias foi morto. Mas não lhe negaram sepultura, pois disseram: "Ele era neto de Josafá, que buscou o SENHOR de todo o coração." Assim, a família de Acazias não tinha mais ninguém que pudesse ser rei.

Joás Escapa de Atalia

10 Quando Atalia, mãe de Acazias, soube que seu filho estava morto, mandou matar toda a família real de Judá. **11** Mas Jeoseba[c], filha do rei Jeorão, pegou Joás, um dos filhos do rei Acazias que iam ser assassinados, e o colocou num quarto, junto com a sua ama. Assim Jeoseba, filha do rei Jeorão, mulher do sacerdote Joiada e irmã de Acazias, escondeu Joás de Atalia, de forma que ela não pôde matá-lo. **12** Seis anos ele ficou escondido com elas no templo de Deus, enquanto Atalia governava o país.

23 No sétimo ano Joiada encorajou-se e fez um acordo com os líderes dos batalhões de cem[d]: Azarias, filho de Jeroão, Ismael, filho de Joanã, Azarias, filho de Obede, Maaséias, filho de Adaías, e Elisafate, filho de Zicri. **2** Eles percorreram todo o Judá e reuniram de todas as cidades os levitas e os chefes das famílias israelitas. Quando chegaram a Jerusalém, **3** toda a assembléia fez um acordo com o rei no templo de Deus.

Joiada lhes disse: "Reinará o filho do rei, conforme o SENHOR prometeu acerca dos descendentes de Davi. **4** Vocês vão fazer o seguinte: Um terço de vocês, sacerdotes e levitas que entrarão de serviço no sábado, deverá ficar vigiando nas portas do templo, **5** um terço no palácio real e um terço na porta do Alicerce; e todo o povo estará nos pátios do templo do SENHOR. **6** Ninguém deverá entrar no templo do SENHOR, exceto os sacerdotes e os levitas de serviço; estes podem entrar porque foram consagrados, mas o povo deverá observar o que o SENHOR lhes determinou. **7** Os levitas deverão posicionar-se em torno do rei, todos de armas na mão.

Ahaziah King of Judah

22 The people of Jerusalem made Ahaziah, Jehoram's youngest son, king in his place, since the raiders, who came with the Arabs into the camp, had killed all the older sons. So Ahaziah son of Jehoram king of Judah began to reign.

2 Ahaziah was twenty-two[a] years old when he became king, and he reigned in Jerusalem one year. His mother's name was Athaliah, a granddaughter of Omri.

3 He too walked in the ways of the house of Ahab, for his mother encouraged him in doing wrong. **4** He did evil in the eyes of the LORD, as the house of Ahab had done, for after his father's death they became his advisers, to his undoing. **5** He also followed their counsel when he went with Joram[b] son of Ahab king of Israel to war against Hazael king of Aram at Ramoth Gilead. The Arameans wounded Joram; **6** so he returned to Jezreel to recover from the wounds they had inflicted on him at Ramoth[c] in his battle with Hazael king of Aram.

Then Ahaziah[d] son of Jehoram king of Judah went down to Jezreel to see Joram son of Ahab because he had been wounded.

7 Through Ahaziah's visit to Joram, God brought about Ahaziah's downfall. When Ahaziah arrived, he went out with Joram to meet Jehu son of Nimshi, whom the LORD had anointed to destroy the house of Ahab. **8** While Jehu was executing judgment on the house of Ahab, he found the princes of Judah and the sons of Ahaziah's relatives, who had been attending Ahaziah, and he killed them. **9** He then went in search of Ahaziah, and his men captured him while he was hiding in Samaria. He was brought to Jehu and put to death. They buried him, for they said, "He was a son of Jehoshaphat, who sought the LORD with all his heart." So there was no one in the house of Ahaziah powerful enough to retain the kingdom.

Athaliah and Joash

10 When Athaliah the mother of Ahaziah saw that her son was dead, she proceeded to destroy the whole royal family of the house of Judah. **11** But Jehosheba,[e] the daughter of King Jehoram, took Joash son of Ahaziah and stole him away from among the royal princes who were about to be murdered and put him and his nurse in a bedroom. Because Jehosheba,[f] the daughter of King Jehoram and wife of the priest Jehoiada, was Ahaziah's sister, she hid the child from Athaliah so she could not kill him. **12** He remained hidden with them at the temple of God for six years while Athaliah ruled the land.

23 In the seventh year Jehoiada showed his strength. He made a covenant with the commanders of units of a hundred: Azariah son of Jeroham, Ishmael son of Jehohanan, Azariah son of Obed, Maaseiah son of Adaiah, and Elishaphat son of Zicri. **2** They went throughout Judah and gathered the Levites and the heads of Israelite families from all the towns. When they came to Jerusalem, **3** the whole assembly made a covenant with the king at the temple of God.

Jehoiada said to them, "The king's son shall reign, as the LORD promised concerning the descendants of David. **4** Now this is what you are to do: A third of you priests and Levites who are going on duty on the Sabbath are to keep watch at the doors, **5** a third of you at the royal palace and a third at the Foundation Gate, and all the other men are to be in the courtyards of the temple of the LORD. **6** No one is to enter the temple of the LORD except the priests and Levites on duty; they may enter because they are consecrated, but all the other men are to guard what the LORD has assigned to them.[g] **7** The Levites are to station themselves around the king, each man with his weapons in his hand.

---

a22.2 Conforme alguns manuscritos da Septuaginta e a Versão Siriaca. O Texto Massorético diz *42*. Veja 2Rs 8.26. **b**22.6 Hebraico: *Ramá*, variante de *Ramote*. **c**22.11 Hebraico: *Jeosabeate*; variante de *Jeoseba*. Veja 2Rs 11.2 **d**23.1 Hebraico: *chefes de cem*.

a22:2 Some Septuagint manuscripts and Syriac (see also 2 Kings 8:26); Hebrew *forty-two* **b**22:5 Hebrew *Jehoram*, a variant of *Joram*; also in verses 6 and **c**22:6 Hebrew *Ramah*, a variant of *Ramoth* **d**22:6 Some Hebrew manuscripts, Septuagint, Vulgate and Syriac (see also 2 Kings 8:29); most Hebrew manuscripts *Azariah* **e**22:11 Hebrew *Jehoshabeath*, a variant of *Jehosheba* **f**22:11 Hebrew *Jehoshabeath*, a variant of *Jehosheba* **g**23:6 Or *to observe the LORD's command not to enter*

Matem todo aquele que entrar no templo. Acompanhem o rei aonde quer que ele for".

8 Os levitas e todos os homens de Judá fizeram como o sacerdote Joiada havia ordenado. Cada um levou seus soldados, tanto os que estavam entrando de serviço no sábado como os que estavam saindo, pois o sacerdote Joiada não havia dispensado nenhuma das divisões. **9** Então ele deu aos líderes dos batalhões de cem as lanças e os escudos grandes e pequenos que haviam pertencido ao rei Davi e que estavam no templo de Deus. **10** Posicionou todos os homens, cada um de arma na mão, em volta do rei, perto do altar e no templo, desde o lado sul até o lado norte do templo.

11 Joiada e seus filhos trouxeram o filho do rei e o coroaram; entregaram-lhe uma cópia da aliança e o proclamaram rei, ungindo-o e gritando: "Viva o rei!"

12 Quando Atalia ouviu o barulho do povo correndo e aclamando o rei, foi ao templo do Senhor, onde estava o povo. **13** Lá ela viu o rei à entrada, em pé, junto à coluna. Os oficiais e os tocadores de cornetas estavam ao lado do rei, e todo o povo se alegrava ao som das cornetas; os músicos, com seus instrumentos musicais, dirigiam os louvores. Então Atalia rasgou suas vestes e gritou: "Traição! Traição!"

14 O sacerdote Joiada ordenou aos líderes dos batalhões de cem que estavam no comando das tropas: "Levem-na para fora por entre as fileiras[a], e matem à espada todo aquele que a seguir". Pois o sacerdote dissera: "Não a matem no templo do Senhor". **15** Então eles a prenderam e a levaram à porta dos Cavalos, no terreno do palácio, e lá a mataram.

16 E Joiada fez um acordo pelo qual ele, o povo e o rei[b] seriam o povo do Senhor. **17** Então todo o povo foi ao templo de Baal e o derrubou. Despedaçaram os altares e os ídolos, e mataram Matã, sacerdote de Baal, em frente dos altares.

18 Joiada confiou a supervisão do templo do Senhor aos sacerdotes levitas, aos quais Davi tinha atribuído tarefas no templo, para apresentarem os holocaustos ao Senhor, conforme está escrito na Lei de Moisés, com júbilo e cânticos, segundo as instruções de Davi. **19** Também pôs guardas nas portas do templo do Senhor para que não entrasse ninguém que de alguma forma estivesse impuro.

20 Levou consigo os líderes dos batalhões de cem, os nobres, os governantes do povo e todo o povo e, juntos, conduziram o rei do templo do Senhor ao palácio, passando pela porta superior, e instalaram o rei no trono; **21** e todo o povo se alegrou. A cidade acalmou-se depois que Atalia foi morta à espada.

As Reformas de Joás no Templo

24 Joás tinha sete anos de idade quando se tornou rei, e reinou quarenta anos em Jerusalém. O nome de sua mãe era Zíbia; ela era de Berseba. **2** Joás fez o que o Senhor aprova enquanto viveu o sacerdote Joiada. **3** Este escolheu para Joás duas mulheres, e ele teve filhos e filhas.

4 Algum tempo depois, Joás decidiu fazer reparos no templo do Senhor. **5** Ele reuniu os sacerdotes e os levitas e lhes disse: "Vão às cidades de Judá e recolham o imposto devido anualmente por todo o Israel, para fazer reparos no templo de seu Deus. Vão agora mesmo!" Os levitas, porém, não agiram imediatamente.

6 Por isso o rei convocou Joiada, o sumo sacerdote, e lhe perguntou: "Por que você não exigiu que os levitas trouxessem de Judá e de Jerusalém o imposto determinado por Moisés, servo do Senhor, e pela assembléia de Israel, para a tenda da arca da aliança[c]?"

Anyone who enters the temple must be put to death. Stay close to the king wherever he goes."

8 The Levites and all the men of Judah did just as Jehoiada the priest ordered. Each one took his men—those who were going on duty on the Sabbath and those who were going off duty—for Jehoiada the priest had not released any of the divisions. **9** Then he gave the commanders of units of a hundred the spears and the large and small shields that had belonged to King David and that were in the temple of God. **10** He stationed all the men, each with his weapon in his hand, around the king—near the altar and the temple, from the south side to the north side of the temple.

11 Jehoiada and his sons brought out the king's son and put the crown on him; they presented him with a copy of the covenant and proclaimed him king. They anointed him and shouted, "Long live the king!"

12 When Athaliah heard the noise of the people running and cheering the king, she went to them at the temple of the Lord. **13** She looked, and there was the king, standing by his pillar at the entrance. The officers and the trumpeters were beside the king, and all the people of the land were rejoicing and blowing trumpets, and singers with musical instruments were leading the praises. Then Athaliah tore her robes and shouted, "Treason! Treason!"

14 Jehoiada the priest sent out the commanders of units of a hundred, who were in charge of the troops, and said to them: "Bring her out between the ranks[a] and put to the sword anyone who follows her." For the priest had said, "Do not put her to death at the temple of the Lord." **15** So they seized her as she reached the entrance of the Horse Gate on the palace grounds, and there they put her to death.

16 Jehoiada then made a covenant that he and the people and the king[b] would be the Lord's people. **17** All the people went to the temple of Baal and tore it down. They smashed the altars and idols and killed Mattan the priest of Baal in front of the altars.

18 Then Jehoiada placed the oversight of the temple of the Lord in the hands of the priests, who were Levites, to whom David had made assignments in the temple, to present the burnt offerings of the Lord as written in the Law of Moses, with rejoicing and singing, as David had ordered. **19** He also stationed doorkeepers at the gates of the Lord's temple so that no one who was in any way unclean might enter.

20 He took with him the commanders of hundreds, the nobles, the rulers of the people and all the people of the land and brought the king down from the temple of the Lord. They went into the palace through the Upper Gate and seated the king on the royal throne, **21** and all the people of the land rejoiced. And the city was quiet, because Athaliah had been slain with the sword.

Joash Repairs the Temple

24 Joash was seven years old when he became king, and he reigned in Jerusalem forty years. His mother's name was Zibiah; she was from Beersheba. **2** Joash did what was right in the eyes of the Lord all the years of Jehoiada the priest. **3** Jehoiada chose two wives for him, and he had sons and daughters.

4 Some time later Joash decided to restore the temple of the Lord. **5** He called together the priests and Levites and said to them, "Go to the towns of Judah and collect the money due annually from all Israel, to repair the temple of your God. Do it now." But the Levites did not act at once.

6 Therefore the king summoned Jehoiada the chief priest and said to him, "Why haven't you required the Levites to bring in from Judah and Jerusalem the tax imposed by Moses the servant of the Lord and by the assembly of Israel for the Tent of the Testimony?"

ᵃ23.14 Ou *fora do recinto* ᵇ23.16 Ou *uma aliança entre* [o Senhor] *e o povo e o rei de que eles* (veja 2Rs 11.17) ᶜ24.6 Hebraico: *Tenda do Testemunho.*

ᵃ23:14 Or *out from the precincts* ᵇ23:16 Or *covenant between the Lord and the people and the king that they* (see 2 Kings 11:17)

⁷ De fato, Atalia, aquela mulher ímpia, e os seus filhos tinham arrombado o templo de Deus e tinham até usado os seus objetos sagrados para cultuar os baalins. ⁸ Então, por ordem do rei, fizeram uma caixa e a colocaram do lado de fora, à entrada do templo do Senhor. ⁹ Fez-se a seguir uma proclamação em Judá e em Jerusalém para que trouxessem ao Senhor o imposto que Moisés, servo de Deus, havia exigido de Israel no deserto. ¹⁰ Todos os líderes e todo o povo trouxeram com alegria as suas contribuições, colocando-as na caixa até enchê-la. ¹¹ Sempre que os levitas levavam a caixa até os supervisores do rei e estes viam que havia muita prata, o secretário real e o oficial do sumo sacerdote esvaziavam-na e a levavam de volta. Fazendo isso regularmente, ajuntaram uma grande quantidade de prata. ¹² O rei e Joiada entregavam essa prata aos homens que executavam os trabalhos necessários no templo do Senhor. Eles contratavam pedreiros, carpinteiros e também operários que trabalhavam em ferro e em bronze para restaurarem o templo do Senhor.

¹³ Os homens encarregados do trabalho eram diligentes, o que garantiu o progresso da obra de reforma. Eles reconstruíram o templo de Deus de acordo com o modelo original e o reforçaram. ¹⁴ Quando terminaram, trouxeram o restante da prata ao rei e a Joiada, e com ela foram feitos utensílios para o templo do Senhor; utensílios para o serviço e para os holocaustos, além de tigelas e outros objetos de ouro e de prata. Enquanto Joiada viveu, holocaustos foram apresentados continuamente no templo do Senhor.

¹⁵ Joiada morreu com idade avançada, com cento e trinta anos. ¹⁶ Foi sepultado com os reis na Cidade de Davi, em atenção ao bem que havia feito em Israel em favor de Deus e do seu templo.

A Impiedade de Joás

¹⁷ Depois da morte de Joiada, os líderes de Judá foram falar com o rei e lhe prestaram reverência, e ele aceitou o que disseram. ¹⁸ Então abandonaram o templo do Senhor, o Deus dos seus antepassados, e prestaram culto aos postes sagrados e aos ídolos. Por culpa deles, a ira de Deus veio sobre Judá e Jerusalém. ¹⁹ Embora o Senhor tivesse enviado profetas ao povo para trazê-los de volta para ele, e os profetas tivessem testemunhado contra eles, o povo não quis ouvi-los.

²⁰ Então o Espírito de Deus apoderou-se de Zacarias, filho do sacerdote Joiada. Ele se colocou diante do povo e disse: "Isto é o que Deus diz: 'Por que vocês desobedecem aos mandamentos do Senhor? Vocês não prosperarão. Já que abandonaram o Senhor, ele os abandonará' ".

²¹ Mas alguns conspiraram contra ele e, por ordem do rei, apedrejaram-no até a morte no pátio do templo do Senhor. ²² O rei Joás não levou em conta que Joiada, pai de Zacarias, tinha sido bondoso com ele, e matou o seu filho. Este, ao morrer, exclamou: "Veja isto o Senhor e faça justiça!"

²³ Na virada do anoª, o exército arameu marchou contra Joás; invadiu Judá e Jerusalém, matou todos os líderes do povo, e enviou para Damasco, ao seu rei, tudo o que saqueou. ²⁴ Embora o exército arameu fosse pequeno, o Senhor entregou nas mãos dele um exército muito maior, por Judá ter abandonado o Senhor, o Deus dos seus antepassados. Assim o juízo foi executado sobre Joás. ²⁵ Quando os arameus foram embora, deixaram Joás seriamente ferido. Seus oficiais conspiraram contra ele, porque ele tinha assassinado o filho do sacerdote Joiada, e o mataram em sua cama. Assim ele morreu e foi sepultado na Cidade de Davi, mas não nos túmulos dos reis.

²⁶ Os que conspiraram contra ele foram Zabade, filho da amonita Simeate, e Jeozabade, filho da moabita Sinrite. ²⁷ Quanto a seus filhos, às muitas profecias a seu respeito e ao relato da restauração do templo de Deus, tudo está escrito nas anotações dos livros dos reis. E seu filho Amazias foi o seu sucessor.

⁷ Now the sons of that wicked woman Athaliah had broken into the temple of God and had used even its sacred objects for the Baals. ⁸ At the king's command, a chest was made and placed outside, at the gate of the temple of the Lord. ⁹ A proclamation was then issued in Judah and Jerusalem that they should bring to the Lord the tax that Moses the servant of God had required of Israel in the desert. ¹⁰ All the officials and all the people brought their contributions gladly, dropping them into the chest until it was full. ¹¹ Whenever the chest was brought in by the Levites to the king's officials and they saw that there was a large amount of money, the royal secretary and the officer of the chief priest would come and empty the chest and carry it back to its place. They did this regularly and collected a great amount of money. ¹² The king and Jehoiada gave it to the men who carried out the work required for the temple of the Lord. They hired masons and carpenters to restore the Lord's temple, and also workers in iron and bronze to repair the temple.

¹³ The men in charge of the work were diligent, and the repairs progressed under them. They rebuilt the temple of God according to its original design and reinforced it. ¹⁴ When they had finished, they brought the rest of the money to the king and Jehoiada, and with it were made articles for the Lord's temple: articles for the service and for the burnt offerings, and also dishes and other objects of gold and silver. As long as Jehoiada lived, burnt offerings were presented continually in the temple of the Lord.

¹⁵ Now Jehoiada was old and full of years, and he died at the age of a hundred and thirty. ¹⁶ He was buried with the kings in the City of David, because of the good he had done in Israel for God and his temple.

The Wickedness of Joash

¹⁷ After the death of Jehoiada, the officials of Judah came and paid homage to the king, and he listened to them. ¹⁸ They abandoned the temple of the Lord, the God of their fathers, and worshiped Asherah poles and idols. Because of their guilt, God's anger came upon Judah and Jerusalem. ¹⁹ Although the Lord sent prophets to the people to bring them back to him, and though they testified against them, they would not listen.

²⁰ Then the Spirit of God came upon Zechariah son of Jehoiada the priest. He stood before the people and said, "This is what God says: 'Why do you disobey the Lord's commands? You will not prosper. Because you have forsaken the Lord, he has forsaken you.' "

²¹ But they plotted against him, and by order of the king they stoned him to death in the courtyard of the Lord's temple. ²² King Joash did not remember the kindness Zechariah's father Jehoiada had shown him but killed his son, who said as he lay dying, "May the Lord see this and call you to account."

²³ At the turn of the year,ª the army of Aram marched against Joash; it invaded Judah and Jerusalem and killed all the leaders of the people. They sent all the plunder to their king in Damascus. ²⁴ Although the Aramean army had come with only a few men, the Lord delivered into their hands a much larger army. Because Judah had forsaken the Lord, the God of their fathers, judgment was executed on Joash. ²⁵ When the Arameans withdrew, they left Joash severely wounded. His officials conspired against him for murdering the son of Jehoiada the priest, and they killed him in his bed. So he died and was buried in the City of David, but not in the tombs of the kings.

²⁶ Those who conspired against him were Zabad,ᵇ son of Shimeath an Ammonite woman, and Jehozabad, son of Shimrithᶜ a Moabite woman. ²⁷ The account of his sons, the many prophecies about him, and the record of the restoration of the temple of God are written in the annotations on the book of the kings. And Amaziah his son succeeded him as king.

ª24.23 Provavelmente na primavera.

ª24:23 Probably in the spring ᵇ24:26 A variant of *Jozabad* ᶜ24:26 A variant of *Shomer*

O Reinado de Amazias, Rei de Judá

25 Amazias tinha vinte e cinco anos de idade quando começou a reinar, e reinou vinte e nove anos em Jerusalém. O nome de sua mãe era Jeoadã; ela era de Jerusalém. **2** Ele fez o que o Senhor aprova, mas não de todo o coração. **3** Quando sentiu que tinha o reino sob pleno controle, mandou executar os oficiais que haviam assassinado o rei, seu pai. **4** Contudo, não matou os filhos dos assassinos, de acordo com o que está escrito na Lei, no Livro de Moisés, onde o Senhor ordenou: "Os pais não morrerão no lugar dos filhos, nem os filhos no lugar dos pais; cada um morrerá pelo seu próprio pecado"a.

5 Amazias reuniu os homens de Judá e, de acordo com as suas respectivas famílias, nomeou chefes de mil e de cem em todo o Judá e Benjamim. Então convocou todos os homens com mais de vinte anos e constatou que havia trezentos mil homens prontos para o serviço militar, capazes de empunhar a lança e o escudo. **6** Também contratou em Israel cem mil homens de combate pelo valor de três toneladas e meiab de prata.

7 Entretanto, um homem de Deus foi até ele e lhe disse: "Ó rei, essas tropas de Israel não devem marchar com você, pois o Senhor não está com Israel; não está com ninguém do povo de Efraim. **8** Mesmo que vá e combata corajosamente, Deus o derrotará diante do inimigo, pois tem poder para dar a vitória e a derrota".

9 Amazias perguntou ao homem de Deus: "Mas, e as três toneladas e meia de prata que paguei a estas tropas israelitas?"

Ele respondeu: "O Senhor pode dar-lhe muito mais que isso".

10 Então Amazias mandou de volta os soldados de Efraim. Eles ficaram furiosos com Judá e foram embora indignados.

11 Amazias encheu-se de coragem e conduziu o seu exército até o vale do Sal, onde matou dez mil homens de Seir. **12** Também capturou outros dez mil, que levou para o alto de um penhasco e os atirou de lá, e todos eles se espatifaram.

13 Enquanto isso, as tropas que Amazias havia mandado de volta, não lhes permitindo participar da guerra, atacaram cidades de Judá, desde Samaria até Bete-Horom. Mataram três mil pessoas e levaram grande quantidade de despojos.

14 Amazias voltou da matança dos edomitas trazendo os deuses do povo de Seir, os quais estabeleceu como seus próprios deuses, inclinou-se diante deles e lhes queimou incenso. **15** Então a ira do Senhor acendeu-se contra Amazias, e ele lhe enviou um profeta, que disse ao rei: "Por que você consulta os deuses desse povo, deuses que nem o seu povo puderam salvar?"

16 Enquanto ele ainda falava, o rei o interrompeu: "Por acaso nós o nomeamos conselheiro do rei? Pare! Por que você quer ser morto?"

O profeta parou, mas disse: "Sei que Deus decidiu destruí-lo, porque você fez tudo isso e não deu atenção ao meu conselho".

17 Depois de consultar os seus conselheiros, Amazias, rei de Judá, enviou mensageiros a Jeoás, filho de Jeoacaz e neto de Jeú, rei de Israel, com este desafio: "Vem me enfrentar".

18 Contudo, Jeoás, respondeu a Amazias: "O espinheiro do Líbano enviou uma mensagem ao cedro do Líbano: 'Dê sua filha em casamento a meu filho'. Mas um animal selvagem do Líbano veio e pisoteou o espinheiro. **19** Tu dizes a ti mesmo que derrotaste Edom, e agora estás arrogante e orgulhoso. Mas fica em casa! Por que provocar uma desgraça que te levará, a ti e Judá contigo, à ruína?"

Amaziah King of Judah

25 Amaziah was twenty-five years old when he became king, and he reigned in Jerusalem twenty-nine years. His mother's name was Jehoaddina; she was from Jerusalem. **2** He did what was right in the eyes of the Lord, but not wholeheartedly. **3** After the kingdom was firmly in his control, he executed the officials who had murdered his father the king. **4** Yet he did not put their sons to death, but acted in accordance with what is written in the Law, in the Book of Moses, where the Lord commanded: "Fathers shall not be put to death for their children, nor children put to death for their fathers; each is to die for his own sins."b

5 Amaziah called the people of Judah together and assigned them according to their families to commanders of thousands and commanders of hundreds for all Judah and Benjamin. He then mustered those twenty years old or more and found that there were three hundred thousand men ready for military service, able to handle the spear and shield. **6** He also hired a hundred thousand fighting men from Israel for a hundred talentsc of silver.

7 But a man of God came to him and said, "O king, these troops from Israel must not march with you, for the Lord is not with Israel—not with any of the people of Ephraim. **8** Even if you go and fight courageously in battle, God will overthrow you before the enemy, for God has the power to help or to overthrow."

9 Amaziah asked the man of God, "But what about the hundred talents I paid for these Israelite troops?"

The man of God replied, "The Lord can give you much more than that."

10 So Amaziah dismissed the troops who had come to him from Ephraim and sent them home. They were furious with Judah and left for home in a great rage.

11 Amaziah then marshaled his strength and led his army to the Valley of Salt, where he killed ten thousand men of Seir. **12** The army of Judah also captured ten thousand men alive, took them to the top of a cliff and threw them down so that all were dashed to pieces.

13 Meanwhile the troops that Amaziah had sent back and had not allowed to take part in the war raided Judean towns from Samaria to Beth Horon. They killed three thousand people and carried off great quantities of plunder.

14 When Amaziah returned from slaughtering the Edomites, he brought back the gods of the people of Seir. He set them up as his own gods, bowed down to them and burned sacrifices to them. **15** The anger of the Lord burned against Amaziah, and he sent a prophet to him, who said, "Why do you consult this people's gods, which could not save their own people from your hand?"

16 While he was still speaking, the king said to him, "Have we appointed you an adviser to the king? Stop! Why be struck down?"

So the prophet stopped but said, "I know that God has determined to destroy you, because you have done this and have not listened to my counsel."

17 After Amaziah king of Judah consulted his advisers, he sent this challenge to Jehoashd son of Jehoahaz, the son of Jehu, king of Israel: "Come, meet me face to face."

18 But Jehoash king of Israel replied to Amaziah king of Judah: "A thistle in Lebanon sent a message to a cedar in Lebanon, 'Give your daughter to my son in marriage.' Then a wild beast in Lebanon came along and trampled the thistle underfoot. **19** You say to yourself that you have defeated Edom, and now you are arrogant and proud. But stay at home! Why ask for trouble and cause your own downfall and that of Judah also?"

---

a**25.4** Dt 24.16. b**25.6** Hebraico: *100 talentos*; também no versículo 9. Um talento equivalia a 35 quilos.

a**25:1** Hebrew *Jehoaddan*, a variant of *Jehoaddin* b**25:4** Deut. 24:16 c**25:6** That is, about 3 3/4 tons (about 3.4 metric tons); also in verse 9. d**25:17** Hebrew *Joash*, a variant of *Jehoash*; also in verses 18, 21, 23 and 25

20 Amazias, porém, não quis ouvi-lo, pois Deus mesmo queria entregar Amazias e seu povo a Jeoás, pois pediram conselhos aos deuses de Edom. **21** Então Jeoás, rei de Israel, o atacou. Ele e Amazias, rei de Judá, enfrentaram-se em Bete-Semes, em Judá. **22** Judá foi derrotado por Israel, e seus soldados fugiram para as suas casas. **23** Jeoás capturou Amazias, filho de Joás e neto de Acazias[a], em Bete-Semes. Então Jeoás levou-o para Jerusalém e derrubou cento e oitenta metros[b] do muro da cidade, desde a porta de Efraim até a porta da Esquina. **24** Ele se apoderou de todo o ouro, de toda a prata e de todos os utensílios encontrados no templo de Deus, que haviam estado sob a guarda de Obede-Edom, e ainda dos tesouros do palácio real. Também fez reféns e, então, voltou para Samaria.

25 Amazias, filho de Joás, rei de Judá, viveu ainda mais quinze anos depois da morte de Jeoás, filho de Jeoacaz, rei de Israel. **26** Os demais acontecimentos do reinado de Amazias, do início ao fim, estão escritos nos registros históricos dos reis de Judá e de Israel. **27** A partir do momento em que Amazias deixou de seguir o Senhor, conspiraram contra ele em Jerusalém, e ele fugiu para Láquis, mas o perseguiram até lá e o mataram. **28** Seu corpo foi trazido de volta a cavalo, e sepultado junto aos seus antepassados na Cidade de Judá.

O Reinado de Uzias, Rei de Judá

26 Então todo o povo de Judá proclamou rei a Uzias[a], de dezesseis anos de idade, no lugar de seu pai, Amazias. **2** Foi ele que reconquistou e reconstruiu a cidade de Elate para Judá, depois que Amazias descansou com os seus antepassados.

3 Uzias tinha dezesseis anos de idade quando se tornou rei, e reinou cinqüenta e dois anos em Jerusalém. Sua mãe era de Jerusalém e chamava-se Jecolias. **4** Ele fez o que o Senhor aprova, tal como o seu pai Amazias; **5** e buscou a Deus durante a vida de Zacarias, que o instruiu no temor[b] de Deus. Enquanto buscou o Senhor, Deus o fez prosperar.

6 Ele saiu à guerra contra os filisteus e derrubou os muros de Gate, de Jabne e de Asdode. Depois reconstruiu cidades próximo a Asdode e em outros lugares do território filisteu. **7** Deus o ajudou contra os filisteus, contra os árabes que viviam em Gur-Baal e contra os meunitas. **8** Os amonitas pagavam tributo a Uzias, e sua fama estendeu-se até a fronteira do Egito, pois havia se tornado muito poderoso.

9 Uzias construiu torres fortificadas em Jerusalém, junto à porta da Esquina, à porta do Vale e no canto do muro. **10** Também construiu torres no deserto e cavou muitas cisternas, pois ele possuía muitos rebanhos na Sefelá e na planície. Ele mantinha trabalhadores em seus campos e em suas vinhas, nas colinas e nas terras férteis, pois gostava de agricultura.

11 Uzias possuía um exército bem preparado, organizado em divisões de acordo com o número dos soldados convocados pelo secretário Jeiel e pelo oficial Maaséias, sob o comando de Hananias, um dos oficiais do rei. **12** O total de chefes de família no comando dos homens de combate era de dois mil e seiscentos. **13** Sob o comando deles havia um exército de trezentos e sete mil e quinhentos homens treinados para a guerra, uma força poderosíssima que apoiava o rei contra os seus inimigos. **14** Uzias providenciou escudos, lanças, capacetes, couraças, arcos e atiradeiras de pedras para todo o exército. **15** Em Jerusalém construiu máquinas projetadas por peritos para serem usadas nas torres e nas defesas das esquinas, máquinas que atiravam flechas e grandes pedras. Ele foi extraordinariamente ajudado, e assim tornou-se muito poderoso e a sua fama espalhou-se para longe.

20 Amaziah, however, would not listen, for God so worked that he might hand them over to *Jehoash*, because they sought the gods of Edom. **21** So Jehoash king of Israel attacked. He and Amaziah king of Judah faced each other at Beth Shemesh in Judah. **22** Judah was routed by Israel, and every man fled to his home. **23** Jehoash king of Israel captured Amaziah king of Judah, the son of Joash, the son of Ahaziah,[a] at Beth Shemesh. Then Jehoash brought him to Jerusalem and broke down the wall of Jerusalem from the Ephraim Gate to the Corner Gate—a section about six hundred feet[b] long. **24** He took all the gold and silver and all the articles found in the temple of God that had been in the care of Obed-Edom, together with the palace treasures and the hostages, and returned to Samaria.

25 Amaziah son of Joash king of Judah lived for fifteen years after the death of Jehoash son of Jehoahaz king of Israel. **26** As for the other events of Amaziah's reign, from beginning to end, are they not written in the book of the kings of Judah and Israel? **27** From the time that Amaziah turned away from following the Lord, they conspired against him in Jerusalem and he fled to Lachish, but they sent men after him to Lachish and killed him there. **28** He was brought back by horse and was buried with his fathers in the City of Judah.

Uzziah King of Judah

26 Then all the people of Judah took Uzziah,[c] who was sixteen years old, and made him king in place of his father Amaziah. **2** He was the one who rebuilt Elath and restored it to Judah after Amaziah rested with his fathers.

3 Uzziah was sixteen years old when he became king, and he reigned in Jerusalem fifty-two years. His mother's name was Jecoliah; she was from Jerusalem. **4** He did what was right in the eyes of the Lord, just as his father Amaziah had done. **5** He sought God during the days of Zechariah, who instructed him in the fear[d] of God. As long as he sought the Lord, God gave him success.

6 He went to war against the Philistines and broke down the walls of Gath, Jabneh and Ashdod. He then rebuilt towns near Ashdod and elsewhere among the Philistines. **7** God helped him against the Philistines and against the Arabs who lived in Gur Baal and against the Meunites. **8** The Ammonites brought tribute to Uzziah, and his fame spread as far as the border of Egypt, because he had become very powerful.

9 Uzziah built towers in Jerusalem at the Corner Gate, at the Valley Gate and at the angle of the wall, and he fortified them. **10** He also built towers in the desert and dug many cisterns, because he had much livestock in the foothills and in the plain. He had people working his fields and vineyards in the hills and in the fertile lands, for he loved the soil.

11 Uzziah had a well-trained army, ready to go out by divisions according to their numbers as mustered by Jeiel the secretary and Maaseiah the officer under the direction of Hananiah, one of the royal officials. **12** The total number of family leaders over the fighting men was 2,600. **13** Under their command was an army of 307,500 men trained for war, a powerful force to support the king against his enemies. **14** Uzziah provided shields, spears, helmets, coats of armor, bows and slingstones for the entire army. **15** In Jerusalem he made machines designed by skillful men for use on the towers and on the corner defenses to shoot arrows and hurl large stones. His fame spread far and wide, for he was greatly helped until he became powerful.

---

a25.23 Hebraico: *Jeoacaz*, variante de *Acazias*. **b25.23** Hebraico: *400 côvados*. O côvado era uma medida linear de cerca de 45 centímetros. **a26.1** Também chamado *Azarias*. **b26.5** Conforme muitos manuscritos do Texto Massorético, a Septuaginta e a Versão Siríaca; outros manuscritos do Texto Massorético dizem *na visão*.

a25:23 Hebrew *Jehoahaz*, a variant of *Ahaziah* **b25:23** Hebrew *four hundred cubits* (about 180 meters) **c26:1** Also called *Azariah* **d26:5** Many Hebrew manuscripts, Septuagint and Syriac; other Hebrew manuscripts *vision*

16 Entretanto, depois que Uzias se tornou poderoso, o seu orgulho provocou a sua queda. Ele foi infiel ao Senhor, o seu Deus, e entrou no templo do Senhor para queimar incenso no altar de incenso. **17** O sumo sacerdote Azarias, e outros oitenta corajosos sacerdotes do Senhor, foram atrás dele. **18** Eles o enfrentaram e disseram: "Não é certo que você, Uzias, queime incenso ao Senhor. Isso é tarefa dos sacerdotes, os descendentes de Arão consagrados para queimar incenso. Saia do santuário, pois você foi infiel e não será honrado por Deus, o Senhor".

19 Uzias, que estava com um incensário na mão, pronto para queimar o incenso, irritou-se e indignou-se contra os sacerdotes; e na mesma hora, na presença deles, diante do altar de incenso no templo do Senhor, surgiu lepra[a] em sua testa. **20** Quando o sumo sacerdote Azarias e todos os outros sacerdotes viram a lepra, expulsaram-no imediatamente do templo. Na verdade, ele mesmo ficou ansioso para sair, pois o Senhor o havia ferido.

21 O rei Uzias sofreu de lepra até o dia em que morreu. Durante todo esse tempo morou numa casa separada[b], leproso e excluído do templo do Senhor. Seu filho Jotão tomava conta do palácio e governava o povo.

22 Os demais acontecimentos do reinado de Uzias, do início ao fim, foram registrados pelo profeta Isaías, filho de Amoz. **23** Uzias descansou com os seus antepassados e foi sepultado perto deles, num cemitério que pertencia aos reis, pois o povo dizia: "Ele tinha lepra". Seu filho Jotão foi o seu sucessor.

O Reinado de Jotão, Rei de Judá

27 Jotão tinha vinte e cinco anos de idade quando começou a reinar, e reinou dezesseis anos em Jerusalém. O nome da sua mãe era Jerusa, filha de Zadoque. **2** Ele fez o que o Senhor aprova, tal como seu pai, mas, ao contrário deste, não entrou no templo do Senhor. O povo, contudo, prosseguiu em suas práticas corruptas. **3** Jotão reconstruiu a porta superior do templo do Senhor e fez amplos trabalhos no muro, na colina de Ofel. **4** Construiu cidades nos montes de Judá, bem como fortes e torres nas matas.

5 Jotão guerreou contra o rei dos amonitas e o derrotou. Então os amonitas pagaram-lhe três toneladas e meia[c] de prata, dez mil barris[d] de trigo e dez mil de cevada, durante três anos seguidos.

6 Jotão tornou-se cada vez mais poderoso, pois andava firmemente segundo a vontade do Senhor, o seu Deus.

7 Os demais acontecimentos do reinado de Jotão, inclusive todas as suas guerras e as suas outras realizações, estão escritos nos registros históricos dos reis de Israel e de Judá. **8** Tinha vinte e cinco anos de idade quando começou a reinar, e reinou dezesseis anos em Jerusalém. **9** Jotão descansou com os seus antepassados e foi sepultado na Cidade de Davi. Seu filho Acaz foi o seu sucessor.

O Reinado de Acaz, Rei de Judá

28 Acaz tinha vinte anos de idade quando começou a reinar, e reinou dezesseis anos em Jerusalém. Ao contrário de Davi, seu predecessor, não fez o que o Senhor aprova. **2** Ele andou nos caminhos dos reis de Israel e fez ídolos de metal a fim de adorar os baalins. **3** Queimou sacrifícios no vale de Ben-Hinom e chegou até a queimar seus filhos em sacrifício, imitando os costumes detestáveis das nações que o Senhor havia expulsado de diante dos israelitas. **4** Também ofereceu sacrifícios e queimou incenso nos altares idólatras, no alto das colinas e debaixo de toda árvore frondosa.

5 Por isso o Senhor, o seu Deus, entregou-o nas mãos do rei da Síria. Os arameus o derrotaram, fizeram muitos prisioneiros entre o seu povo e os levaram para Damasco.

16 But after Uzziah became powerful, his pride led to his downfall. He was unfaithful to the Lord his God, and entered the temple of the Lord to burn incense on the altar of incense. **17** Azariah the priest with eighty other courageous priests of the Lord followed him in. **18** They confronted him and said, "It is not right for you, Uzziah, to burn incense to the Lord. That is for the priests, the descendants of Aaron, who have been consecrated to burn incense. Leave the sanctuary, for you have been unfaithful; and you will not be honored by the Lord God."

19 Uzziah, who had a censer in his hand ready to burn incense, became angry. While he was raging at the priests in their presence before the incense altar in the Lord's temple, leprosy[a] broke out on his forehead. **20** When Azariah the chief priest and all the other priests looked at him, they saw that he had leprosy on his forehead, so they hurried him out. Indeed, he himself was eager to leave, because the Lord had afflicted him.

21 King Uzziah had leprosy until the day he died. He lived in a separate house[b]—leprous, and excluded from the temple of the Lord. Jotham his son had charge of the palace and governed the people of the land.

22 The other events of Uzziah's reign, from beginning to end, are recorded by the prophet Isaiah son of Amoz. **23** Uzziah rested with his fathers and was buried near them in a field for burial that belonged to the kings, for people said, "He had leprosy." And Jotham his son succeeded him as king.

Jotham King of Judah

27 Jotham was twenty-five years old when he became king, and he reigned in Jerusalem sixteen years. His mother's name was Jerusha daughter of Zadok. **2** He did what was right in the eyes of the Lord, just as his father Uzziah had done, but unlike him he did not enter the temple of the Lord. The people, however, continued their corrupt practices. **3** Jotham rebuilt the Upper Gate of the temple of the Lord and did extensive work on the wall at the hill of Ophel. **4** He built towns in the Judean hills and forts and towers in the wooded areas.

5 Jotham made war on the king of the Ammonites and conquered them. That year the Ammonites paid him a hundred talents[c] of silver, ten thousand cors[d] of wheat and ten thousand cors of barley. The Ammonites brought him the same amount also in the second and third years.

6 Jotham grew powerful because he walked steadfastly before the Lord his God.

7 The other events in Jotham's reign, including all his wars and the other things he did, are written in the book of the kings of Israel and Judah. **8** He was twenty-five years old when he became king, and he reigned in Jerusalem sixteen years. **9** Jotham rested with his fathers and was buried in the City of David. And Ahaz his son succeeded him as king.

Ahaz King of Judah

28 Ahaz was twenty years old when he became king, and he reigned in Jerusalem sixteen years. Unlike David his father, he did not do what was right in the eyes of the Lord. **2** He walked in the ways of the kings of Israel and also made cast idols for worshiping the Baals. **3** He burned sacrifices in the Valley of Ben Hinnom and sacrificed his sons in the fire, following the detestable ways of the nations the Lord had driven out before the Israelites. **4** He offered sacrifices and burned incense at the high places, on the hilltops and under every spreading tree.

5 Therefore the Lord his God handed him over to the king of Aram. The Arameans defeated him and took many of his people as prisoners and brought them to Damascus.

---

[a]26.19 O termo hebraico não se refere somente à lepra, mas também a diversas doenças da pele; também nos versículos 20, 21 e 23. [b]26.21 Ou *casa onde estava desobrigado de suas responsabilidades* [c]27.5 Hebraico: *100 talentos*. Um talento equivalia a 35 quilos. [d]27.5 Hebraico: *10.000 coros*. O coro era uma medida de capacidade. As estimativas variam entre 200 e 400 litros.

[a]26:19 The Hebrew word was used for various diseases affecting the skin—not necessarily leprosy; also in verses 20, 21 and 23. [b]26:21 Or *in a house where he was relieved of responsibilities* [c]27:5 That is, about 3 3/4 tons (about 3.4 metric tons) [d]27:5 That is, probably about 62,000 bushels (about 2,200 kiloliters)

Israel também lhe infligiu grande derrota. ⁶ Num único dia, Peca, filho de Remalias, matou cento e vinte mil soldados corajosos de Judá; pois Judá havia abandonado o Senhor, o Deus dos seus antepassados. ⁷ Zicri, guerreiro efraimita, matou Maaséias, filho do rei, Azricão, oficial encarregado do palácio, e Elcana, o braço direito do rei. ⁸ Os israelitas levaram para Samaria duzentos mil prisioneiros dentre os seus parentes, incluindo mulheres, meninos e meninas. Também levaram muitos despojos.

⁹ Mas um profeta do Senhor, chamado Odede, estava em Samaria e saiu ao encontro do exército. Ele lhes disse: "Estando irado contra Judá, o Senhor, o Deus dos seus antepassados, entregou-os nas mãos de vocês. Mas a fúria com que vocês os mataram chegou aos céus. ¹⁰ E agora ainda pretendem escravizar homens e mulheres de Judá e de Jerusalém! Vocês também não são culpados de pecados contra o Senhor, o seu Deus? ¹¹ Agora, ouçam-me! Mandem de volta seus irmãos que vocês fizeram prisioneiros, pois o fogo da ira do Senhor está sobre vocês".

¹² Então Azarias, filho de Joanã, Berequias, filho de Mesilemote, Jeizquias, filho de Salum, e Amasa, filho de Hadlai, que eram alguns dos chefes de Efraim, questionaram os que estavam chegando da guerra, dizendo: ¹³ "Não tragam os prisioneiros para cá. Caso contrário seremos culpados diante do Senhor. Vocês querem aumentar ainda mais o nosso pecado e a nossa culpa? A nossa culpa já é grande, e o fogo da sua ira está sobre Israel".

¹⁴ Então os soldados libertaram os prisioneiros e colocaram os despojos na presença dos líderes e de toda a assembléia. ¹⁵ Aqueles homens citados nominalmente apanharam os prisioneiros e com as roupas e as sandálias dos despojos vestiram todos os que estavam nus. Deram-lhes comida, bebida, e bálsamo medicinal. Puseram sobre jumentos todos aqueles que estavam fracos. Assim os levaram de volta a seus patrícios residentes em Jericó, a cidade das Palmeiras, e voltaram para Samaria.

¹⁶ Nessa época, o rei Acaz enviou mensageiros ao reiª da Assíria para pedir-lhe ajuda. ¹⁷ Os edomitas tinham voltado a atacar Judá fazendo prisioneiros, ¹⁸ e os filisteus atacaram cidades na Sefelá e no sul de Judá. Conquistaram e ocuparam Bete-Semes, Aijalom e Gederote, bem como Socó, Timna e Ginzo, com os seus povoados. ¹⁹ O Senhor humilhou Judá por causa de Acaz, rei de Israelᵇ, por sua conduta desregrada em Judá, muito infiel ao Senhor. ²⁰ Quando chegou Tiglate-Pileser, rei da Assíria, causou-lhe problemas em vez de ajudá-lo. ²¹ Acaz apanhou algumas coisas do templo do Senhor, do palácio real e dos líderes e ofereceu-as ao rei da Assíria, mas isso não adiantou.

²² Mesmo nessa época em que passou por tantas dificuldades, o rei Acaz tornou-se ainda mais infiel ao Senhor. ²³ Ele ofereceu sacrifícios aos deuses de Damasco que o haviam derrotado, pois pensava: "Já que os deuses da Síria os têm ajudado, oferecerei sacrifícios a eles para que me ajudem também". Mas eles foram a causa da sua ruína e da ruína de todo o Israel.

²⁴ Acaz juntou os utensílios do templo de Deus e os retirou de láᶜ. Trancou as portas do templo do Senhor e ergueu altares em todas as esquinas de Jerusalém. ²⁵ Em todas as cidades de Judá construiu altares idólatras para queimar sacrifícios a outros deuses e provocou a ira do Senhor, o Deus dos seus antepassados.

²⁶ Os demais acontecimentos de seu reinado e todos os seus atos, do início ao fim, estão escritos nos registros históricos dos reis de Judá e de Israel. ²⁷ Acaz descansou com os seus antepassados e foi sepultado na cidade de Jerusalém, mas não nos túmulos dos reis de Israel. Seu filho Ezequias foi o seu sucessor.

He was also given into the hands of the king of Israel, who inflicted heavy casualties on him. ⁶ In one day Pekah son of Remaliah killed a hundred and twenty thousand soldiers in Judah—because Judah had forsaken the Lord, the God of their fathers. ⁷ Zicri, an Ephraimite warrior, killed Maaseiah the king's son, Azrikam the officer in charge of the palace, and Elkanah, second to the king. ⁸ The Israelites took captive from their kinsmen two hundred thousand wives, sons and daughters. They also took a great deal of plunder, which they carried back to Samaria.

⁹ But a prophet of the Lord named Oded was there, and he went out to meet the army when it returned to Samaria. He said to them, "Because the Lord, the God of your fathers, was angry with Judah, he gave them into your hand. But you have slaughtered them in a rage that reaches to heaven. ¹⁰ And now you intend to make the men and women of Judah and Jerusalem your slaves. But aren't you also guilty of sins against the Lord your God? ¹¹ Now listen to me! Send back your fellow countrymen you have taken as prisoners, for the Lord's fierce anger rests on you."

¹² Then some of the leaders in Ephraim—Azariah son of Jehohanan, Berekiah son of Meshillemoth, Jehizkiah son of Shallum, and Amasa son of Hadlai—confronted those who were arriving from the war. ¹³ "You must not bring those prisoners here," they said, "or we will be guilty before the Lord. Do you intend to add to our sin and guilt? For our guilt is already great, and his fierce anger rests on Israel."

¹⁴ So the soldiers gave up the prisoners and plunder in the presence of the officials and all the assembly. ¹⁵ The men designated by name took the prisoners, and from the plunder they clothed all who were naked. They provided them with clothes and sandals, food and drink, and healing balm. All those who were weak they put on donkeys. So they took them back to their fellow countrymen at Jericho, the City of Palms, and returned to Samaria.

¹⁶ At that time King Ahaz sent to the kingᵃ of Assyria for help. ¹⁷ The Edomites had again come and attacked Judah and carried away prisoners, ¹⁸ while the Philistines had raided towns in the foothills and in the Negev of Judah. They captured and occupied Beth Shemesh, Aijalon and Gederoth, as well as Soco, Timnah and Gimzo, with their surrounding villages. ¹⁹ The Lord had humbled Judah because of Ahaz king of Israel,ᵇ for he had promoted wickedness in Judah and had been most unfaithful to the Lord. ²⁰ Tiglath-Pileserᶜ king of Assyria came to him, but he gave him trouble instead of help. ²¹ Ahaz took some of the things from the temple of the Lord and from the royal palace and from the princes and presented them to the king of Assyria, but that did not help him.

²² In his time of trouble King Ahaz became even more unfaithful to the Lord. ²³ He offered sacrifices to the gods of Damascus, who had defeated him; for he thought, "Since the gods of the kings of Aram have helped them, I will sacrifice to them so they will help me." But they were his downfall and the downfall of all Israel.

²⁴ Ahaz gathered together the furnishings from the temple of God and took them away.ᵈ He shut the doors of the Lord's temple and set up altars at every street corner in Jerusalem. ²⁵ In every town in Judah he built high places to burn sacrifices to other gods and provoked the Lord, the God of his fathers, to anger.

²⁶ The other events of his reign and all his ways, from beginning to end, are written in the book of the kings of Judah and Israel. ²⁷ Ahaz rested with his fathers and was buried in the city of Jerusalem, but he was not placed in the tombs of the kings of Israel. And Hezekiah his son succeeded him as king.

ᵃ28.16 Conforme um manuscrito do Texto Massorético, a Septuaginta e a Vulgata. A maioria dos manuscritos do Texto Massorético diz *aos reis*. Veja 2Rs 16.7. ᵇ28.19 Isto é, Judá, como ocorre freqüentemente em 2 Crônicas. ᶜ28.24 Ou *e os despedaçou*

ᵃ28:16 One Hebrew manuscript, Septuagint and Vulgate (see also 2 Kings 16:7); most Hebrew manuscripts *kings* ᵇ28:19 That is, Judah, as frequently in 2 Chron. ᶜ28:20 Hebrew *Tilgath-Pilneser*, a variant of *Tiglath-Pileser* ᵈ28:24 Or *and cut them up*

Ezequias e a Purificação do Templo

29 Ezequias tinha vinte e cinco anos de idade quando começou a reinar, e reinou vinte e nove anos em Jerusalém. O nome de sua mãe era Abia, filha de Zacarias. ² Ele fez o que o Senhor aprova, tal como tinha feito Davi, seu predecessor.

³ No primeiro mês do primeiro ano de seu reinado, ele reabriu as portas do templo do Senhor e as consertou. ⁴ Convocou os sacerdotes e os levitas, reuniu-os na praça que fica no lado leste ⁵ e disse: "Escutem-me, levitas! Consagrem-se agora e consagrem o templo do Senhor, o Deus dos seus antepassados. Retirem tudo o que é impuro do santuário. ⁶ Nossos pais foram infiéis; fizeram o que o Senhor, o nosso Deus, reprova e o abandonaram. Desviaram o rosto do local da habitação do Senhor e deram-lhe as costas. ⁷ Também fecharam as portas do pórtico e apagaram as lâmpadas. Não queimaram incenso nem apresentaram holocausto no santuário para o Deus de Israel. ⁸ Por isso a ira do Senhor caiu sobre Judá e sobre Jerusalém; e ele fez deles objeto de espanto, horror e zombaria, conforme vocês podem ver com os seus próprios olhos. ⁹ Por isso os nossos pais caíram à espada e os nossos filhos, as nossas filhas e as nossas mulheres foram levados como prisioneiros. ¹⁰ Pretendo, pois, agora fazer uma aliança com o Senhor, o Deus de Israel, para que o fogo da sua ira se afaste de nós. ¹¹ Meus filhos, não sejam negligentes agora, pois o Senhor os escolheu para estarem diante dele e o servirem, para ministrarem perante ele e queimarem incenso".

¹² Então estes levitas puseram-se a trabalhar:
dentre os descendentes de Coate:
Maate, filho de Amasai,
e Joel, filho de Azarias;
dentre os descendentes de Merari:
Quis, filho de Abdi,
e Azarias, filho de Jealelel;
dentre os descendentes de Gérson:
Joá, filho de Zima,
e Éden, filho de Joá;
¹³ dentre os descendentes de Elisafã:
Sinri e Jeuel;
dentre os descendentes de Asafe:
Zacarias e Matanias;
¹⁴ dentre os descendentes de Hemã:
Jeuel e Simei;
dentre os descendentes de Jedutum:
Semaías e Uziel.

¹⁵ Tendo reunido e consagrado os seus parentes, os levitas foram purificar o templo do Senhor, conforme o rei havia ordenado, em obediência à palavra do Senhor. ¹⁶ Os sacerdotes entraram no santuário do Senhor para purificá-lo e trouxeram para o pátio do templo do Senhor todas as coisas impuras que lá havia, e os levitas as levaram para o vale de Cedrom. ¹⁷ Começaram a consagração no primeiro dia do primeiro mês e no oitavo dia chegaram ao pórtico do Senhor. Durante mais oito dias consagraram o templo do Senhor propriamente dito, terminando tudo no décimo sexto dia.

¹⁸ Depois foram falar com o rei Ezequias e lhe relataram: "Purificamos todo o templo do Senhor, o altar dos holocaustos e a mesa do pão consagrado, ambos com todos os seus utensílios. ¹⁹ Preparamos e consagramos todos os utensílios que o rei Acaz, em sua infidelidade, retirou durante o seu reinado. Eles estão em frente do altar do Senhor".

²⁰ Cedo, na manhã seguinte, o rei Ezequias reuniu os líderes da cidade e, juntos, subiram ao templo do Senhor, ²¹ levando sete novilhos, sete carneiros, sete cordeiros e sete bodes como oferta pelo pecado, em favor da realeza, do santuário e de Judá. O rei ordenou que os sacerdotes, descendentes de Arão, sacrificassem os animais no altar do Senhor. ²² Então os sacerdotes abateram os novilhos e aspergiram o sangue sobre o altar; em seguida fizeram o mesmo com os carneiros e com os cordeiros.

Hezekiah Purifies the Temple

29 Hezekiah was twenty-five years old when he became king, and he reigned in Jerusalem twenty-nine years. His mother's name was Abijah daughter of Zechariah. ² He did what was right in the eyes of the Lord, just as his father David had done.

³ In the first month of the first year of his reign, he opened the doors of the temple of the Lord and repaired them. ⁴ He brought in the priests and the Levites, assembled them in the square on the east side ⁵ and said: "Listen to me, Levites! Consecrate yourselves now and consecrate the temple of the Lord, the God of your fathers. Remove all defilement from the sanctuary. ⁶ Our fathers were unfaithful; they did evil in the eyes of the Lord our God and forsook him. They turned their faces away from the Lord's dwelling place and turned their backs on him. ⁷ They also shut the doors of the portico and put out the lamps. They did not burn incense or present any burnt offerings at the sanctuary to the God of Israel. ⁸ Therefore, the anger of the Lord has fallen on Judah and Jerusalem; he has made them an object of dread and horror and scorn, as you can see with your own eyes. ⁹ This is why our fathers have fallen by the sword and why our sons and daughters and our wives are in captivity. ¹⁰ Now I intend to make a covenant with the Lord, the God of Israel, so that his fierce anger will turn away from us. ¹¹ My sons, do not be negligent now, for the Lord has chosen you to stand before him and serve him, to minister before him and to burn incense."

¹² Then these Levites set to work:
from the Kohathites,
Mahath son of Amasai and Joel son of Azariah;
from the Merarites,
Kish son of Abdi and Azariah son of Jehallelel;
from the Gershonites,
Joah son of Zimmah and Eden son of Joah;
¹³ from the descendants of Elizaphan,
Shimri and Jeiel;
from the descendants of Asaph,
Zechariah and Mattaniah;
¹⁴ from the descendants of Heman,
Jehiel and Shimei;
from the descendants of Jeduthun,
Shemaiah and Uzziel.

¹⁵ When they had assembled their brothers and consecrated themselves, they went in to purify the temple of the Lord, as the king had ordered, following the word of the Lord. ¹⁶ The priests went into the sanctuary of the Lord to purify it. They brought out to the courtyard of the Lord's temple everything unclean that they found in the temple of the Lord. The Levites took it and carried it out to the Kidron Valley. ¹⁷ They began the consecration on the first day of the first month, and by the eighth day of the month they reached the portico of the Lord. For eight more days they consecrated the temple of the Lord itself, finishing on the sixteenth day of the first month.

¹⁸ Then they went in to King Hezekiah and reported: "We have purified the entire temple of the Lord, the altar of burnt offering with all its utensils, and the table for setting out the consecrated bread, with all its articles. ¹⁹ We have prepared and consecrated all the articles that King Ahaz removed in his unfaithfulness while he was king. They are now in front of the Lord's altar."

²⁰ Early the next morning King Hezekiah gathered the city officials together and went up to the temple of the Lord. ²¹ They brought seven bulls, seven rams, seven male lambs and seven male goats as a sin offering for the kingdom, for the sanctuary and for Judah. The king commanded the priests, the descendants of Aaron, to offer these on the altar of the Lord. ²² So they slaughtered the bulls, and the priests took the blood and sprinkled it on the altar; next they slaughtered the rams and sprinkled their blood on the altar; then they slaughtered the lambs and sprinkled their blood on the altar.

23 Depois, os bodes para a oferta pelo pecado foram levados para diante do rei e da assembléia, que impuseram as mãos sobre eles. **24** Os sacerdotes abateram os bodes e apresentaram o sangue sobre o altar como oferta pelo pecado, para fazer propiciação por todo o Israel, pois era em favor de todo o Israel que o rei havia ordenado o holocausto e a oferta pelo pecado.

25 O rei posicionou os levitas no templo do Senhor, com címbalos, liras e harpas, segundo a prescrição de Davi, de Gade, vidente do rei, e do profeta Natã; isso foi ordenado pelo Senhor, por meio de seus profetas. **26** Assim os levitas ficaram em pé, preparados com os instrumentos de Davi, e os sacerdotes com as cornetas. **27** Então Ezequias ordenou que sacrificassem o holocausto sobre o altar. Iniciado o sacrifício, começou também o canto em louvor ao Senhor, ao som das cornetas e dos instrumentos de Davi, rei de Israel. **28** Toda a assembléia prostrou-se em adoração, enquanto os músicos cantavam e os corneteiros tocavam, até que terminou o holocausto.

29 Então o rei e todos os presentes ajoelharam-se e adoraram. **30** O rei Ezequias e seus oficiais ordenaram aos levitas que louvassem o Senhor com as palavras de Davi e do vidente Asafe. Eles o louvaram com alegria, depois inclinaram suas cabeças e o adoraram.

31 Disse então Ezequias: "Agora que vocês se dedicaram ao Senhor, tragam sacrifícios e ofertas de gratidão ao templo do Senhor". Assim, a comunidade levou sacrifícios e ofertas de gratidão, e alguns, espontaneamente, levaram também holocaustos.

32 Esses holocaustos que a assembléia ofertou ao Senhor foram setenta bois, cem carneiros e duzentos cordeiros. **33** Os animais consagrados como sacrifícios chegaram a seiscentos bois e três mil ovelhas e bodes. **34** Como os sacerdotes eram muito poucos para tirar a pele de todos os holocaustos, os seus parentes, os levitas, os ajudaram até o fim da tarefa e até que outros sacerdotes se consagrassem, pois os levitas demoraram menos que os sacerdotes para consagrar-se. **35** Houve holocaustos em grande quantidade, oferecidos com a gordura das ofertas de comunhãoª e com as ofertas derramadas que acompanhavam esses holocaustos.

Assim foi restabelecido o culto no templo do Senhor. **36** Ezequias e todo o povo regozijavam-se com o que Deus havia feito por seu povo, e tudo em tão pouco tempo.

A Celebração da Páscoa

30 Ezequias enviou uma mensagem a todo o Israel e Judá e também escreveu cartas a Efraim e a Manassés, convidando-os para virem ao templo do Senhor em Jerusalém e celebrarem a Páscoa do Senhor, o Deus de Israel. **2** O rei, seus oficiais e toda a comunidade de Jerusalém decidiram celebrar a Páscoa no segundo mês. **3** Não tinha sido possível celebrá-la na data prescrita, pois não havia número suficiente de sacerdotes consagrados, e o povo não estava reunido em Jerusalém. **4** A idéia pareceu boa tanto ao rei quanto a toda a assembléia. **5** Então decidiram fazer uma proclamação em todo o Israel, desde Berseba até Dã, convocando o povo a Jerusalém para celebrar a Páscoa do Senhor, o Deus de Israel. Pois muitos não a celebravam segundo o que estava escrito.

6 Por ordem do rei, mensageiros percorreram Israel e Judá com cartas assinadas pelo rei e pelos seus oficiais, com a seguinte mensagem:

"Israelitas, voltem para o Senhor, o Deus de Abraão, de Isaque e de Israel, para que ele se volte para vocês que restaram e escaparam das mãos dos reis da Assíria. **7** Não sejam como seus pais e seus irmãos, que foram infiéis ao Senhor, o Deus dos seus antepassados, de maneira que ele os deixou em ruínas, conforme vocês vêem.

23 The goats for the sin offering were brought before the king and the assembly, and they laid their hands on them. **24** The priests then slaughtered the goats and presented their blood on the altar for a sin offering to atone for all Israel, because the king had ordered the burnt offering and the sin offering for all Israel.

25 He stationed the Levites in the temple of the Lord with cymbals, harps and lyres in the way prescribed by David and Gad the king's seer and Nathan the prophet; this was commanded by the Lord through his prophets. **26** So the Levites stood ready with David's instruments, and the priests with their trumpets.

27 Hezekiah gave the order to sacrifice the burnt offering on the altar. As the offering began, singing to the Lord began also, accompanied by trumpets and the instruments of David king of Israel. **28** The whole assembly bowed in worship, while the singers sang and the trumpeters played. All this continued until the sacrifice of the burnt offering was completed.

29 When the offerings were finished, the king and everyone present with him knelt down and worshiped. **30** King Hezekiah and his officials ordered the Levites to praise the Lord with the words of David and of Asaph the seer. So they sang praises with gladness and bowed their heads and worshiped.

31 Then Hezekiah said, "You have now dedicated yourselves to the Lord. Come and bring sacrifices and thank offerings to the temple of the Lord." So the assembly brought sacrifices and thank offerings, and all whose hearts were willing brought burnt offerings.

32 The number of burnt offerings the assembly brought was seventy bulls, a hundred rams and two hundred male lambs—all of them for burnt offerings to the Lord. **33** The animals consecrated as sacrifices amounted to six hundred bulls and three thousand sheep and goats. **34** The priests, however, were too few to skin all the burnt offerings; so their kinsmen the Levites helped them until the task was finished and until other priests had been consecrated, for the Levites had been more conscientious in consecrating themselves than the priests had been. **35** There were burnt offerings in abundance, together with the fat of the fellowship offeringsª and the drink offerings that accompanied the burnt offerings.

So the service of the temple of the Lord was reestablished. **36** Hezekiah and all the people rejoiced at what God had brought about for his people, because it was done so quickly.

Hezekiah Celebrates the Passover

30 Hezekiah sent word to all Israel and Judah and also wrote letters to Ephraim and Manasseh, inviting them to come to the temple of the Lord in Jerusalem and celebrate the Passover to the Lord, the God of Israel. **2** The king and his officials and the whole assembly in Jerusalem decided to celebrate the Passover in the second month. **3** They had not been able to celebrate it at the regular time because not enough priests had consecrated themselves and the people had not assembled in Jerusalem. **4** The plan seemed right both to the king and to the whole assembly. **5** They decided to send a proclamation throughout Israel, from Beersheba to Dan, calling the people to come to Jerusalem and celebrate the Passover to the Lord, the God of Israel. It had not been celebrated in large numbers according to what was written.

6 At the king's command, couriers went throughout Israel and Judah with letters from the king and from his officials, which read:

"People of Israel, return to the Lord, the God of Abraham, Isaac and Israel, that he may return to you who are left, who have escaped from the hand of the kings of Assyria. **7** Do not be like your fathers and brothers, who were unfaithful to the Lord, the God of their fathers, so that he made them an object of horror, as you see.

ª29.35 Ou *de paz*; também em 30.22, 31.2 e 33.16.   ª29:35 Traditionally *peace offerings*

8 Portanto, não sejam obstinados como os seus antepassados; submetam-se ao Senhor. Venham ao santuário que ele consagrou para sempre. Sirvam ao Senhor, o seu Deus, para que o fogo da sua ira se desvie de vocês. **9** Se vocês voltarem para o Senhor, os que capturaram os seus irmãos e os seus filhos terão misericórdia deles, e eles voltarão a esta terra, pois o Senhor, o seu Deus, é bondoso e compassivo. Ele não os rejeitará, se vocês se voltarem para ele".

10 Os mensageiros foram de cidade em cidade, em Efraim e em Manassés, e até em Zebulom, mas o povo zombou deles e os expôs ao ridículo. **11** No entanto, alguns homens de Aser, de Manassés e de Zebulom humilharam-se e foram para Jerusalém. **12** Já em Judá a mão de Deus esteve sobre o povo dando-lhes unidade de pensamento para executarem o que o rei e os seus oficiais haviam ordenado, conforme a palavra do Senhor.

13 Uma imensa multidão reuniu-se em Jerusalém no segundo mês, para celebrar a festa dos pães sem fermento. **14** Eles retiraram os altares que havia em Jerusalém e se desfizeram de todos os altares de incenso*, atirando-os no vale de Cedrom. **15** Abateram o cordeiro da Páscoa no décimo quarto dia do segundo mês. Os sacerdotes e os levitas, envergonhados, consagraram-se e trouxeram holocaustos ao templo do Senhor. **16** E assumiram seus postos, conforme prescrito na Lei de Moisés, homem de Deus. Os sacerdotes aspergiram o sangue que os levitas lhes entregaram. **17** Visto que muitos na multidão não se haviam consagrado, os levitas tiveram que matar cordeiros da Páscoa para todos os que não estavam cerimonialmente puros e que, por isso, não podiam consagrar os seus cordeiros ao Senhor. **18** Embora muitos dos que vieram de Efraim, de Manassés, de Issacar e de Zebulom não se tivessem purificado, assim mesmo comeram a Páscoa, contrariando o que estava escrito. Mas Ezequias orou por eles, dizendo: "Queira o Senhor, que é bondoso, perdoar todo **19** aquele que inclina o seu coração para buscar a Deus, o Senhor, o Deus dos seus antepassados, mesmo que não esteja puro de acordo com as regras do santuário". **20** E o Senhor ouviu a oração de Ezequias e não castigou o povo.

21 Os israelitas presentes em Jerusalém celebraram com muita alegria a festa dos pães sem fermento durante sete dias. Diariamente os levitas e os sacerdotes cantavam louvores ao Senhor, ao som dos instrumentos ressonantes do Senhor. **22** Ezequias dirigiu palavras animadoras a todos os levitas que mostraram boa disposição para com o serviço do Senhor. Durante os sete dias eles comeram suas porções das ofertas, apresentaram sacrifícios de comunhão e louvaram o Senhor, o Deus dos seus antepassados.

23 E toda a assembléia decidiu prolongar a festa por mais sete dias, e a celebraram com alegria. **24** Ezequias, rei de Judá, forneceu mil novilhos e sete mil ovelhas e bodes para a assembléia, e os líderes, mil novilhos e dez mil ovelhas e bodes. Muitos sacerdotes se consagraram, **25** e toda a assembléia de Judá se regozijava, com os sacerdotes, com os levitas e com todos os que se haviam reunido, vindos de Israel, inclusive os estrangeiros que viviam em Israel e em Judá. **26** Houve grande alegria em Jerusalém, pois desde os dias de Salomão, filho de Davi, rei de Israel, não havia acontecido algo assim na cidade. **27** Os sacerdotes e os levitas levantaram-se para abençoar o povo, e Deus os ouviu; a oração deles chegou aos céus, sua santa habitação.

31

Quando a festa acabou, os israelitas saíram pelas cidades de Judá e despedaçaram as pedras sagradas e derrubaram os postes sagrados. Eles destruíram os altares idólatras em todo o Judá e Benjamim, e em Efraim e Manassés. Depois de destruírem tudo, voltaram para as suas cidades, cada um para a sua propriedade.

8 Do not be stiff-necked, as your fathers were; submit to the Lord. Come to the sanctuary, which he has consecrated forever. Serve the Lord your God, so that his fierce anger will turn away from you. **9** If you return to the Lord, then your brothers and your children will be shown compassion by their captors and will come back to this land, for the Lord your God is gracious and compassionate. He will not turn his face from you if you return to him."

10 The couriers went from town to town in Ephraim and Manasseh, as far as Zebulun, but the people scorned and ridiculed them. **11** Nevertheless, some men of Asher, Manasseh and Zebulun humbled themselves and went to Jerusalem. **12** Also in Judah the hand of God was on the people to give them unity of mind to carry out what the king and his officials had ordered, following the word of the Lord.

13 A very large crowd of people assembled in Jerusalem to celebrate the Feast of Unleavened Bread in the second month. **14** They removed the altars in Jerusalem and cleared away the incense altars and threw them into the Kidron Valley. **15** They slaughtered the Passover lamb on the fourteenth day of the second month. The priests and the Levites were ashamed and consecrated themselves and brought burnt offerings to the temple of the Lord. **16** Then they took up their regular positions as prescribed in the Law of Moses the man of God. The priests sprinkled the blood handed to them by the Levites. **17** Since many in the crowd had not consecrated themselves, the Levites had to kill the Passover lambs for all those who were not ceremonially clean and could not consecrate *their lambs* to the Lord. **18** Although most of the many people who came from Ephraim, Manasseh, Issachar and Zebulun had not purified themselves, yet they ate the Passover, contrary to what was written. But Hezekiah prayed for them, saying, "May the Lord, who is good, pardon everyone **19** who sets his heart on seeking God—the Lord, the God of his fathers—even if he is not clean according to the rules of the sanctuary." **20** And the Lord heard Hezekiah and healed the people.

21 The Israelites who were present in Jerusalem celebrated the Feast of Unleavened Bread for seven days with great rejoicing, while the Levites and priests sang to the Lord every day, accompanied by the Lord's instruments of praise.[a]

22 Hezekiah spoke encouragingly to all the Levites, who showed good understanding of the service of the Lord. For the seven days they ate their assigned portion and offered fellowship offerings[b] and praised the Lord, the God of their fathers.

23 The whole assembly then agreed to celebrate the festival seven more days; so for another seven days they celebrated joyfully. **24** Hezekiah king of Judah provided a thousand bulls and seven thousand sheep and goats for the assembly, and the officials provided them with a thousand bulls and ten thousand sheep and goats. A great number of priests consecrated themselves. **25** The entire assembly of Judah rejoiced, along with the priests and Levites and all who had assembled from Israel, including the aliens who had come from Israel and those who lived in Judah. **26** There was great joy in Jerusalem, for since the days of Solomon son of David king of Israel there had been nothing like this in Jerusalem. **27** The priests and the Levites stood to bless the people, and God heard them, for their prayer reached heaven, his holy dwelling place.

31

When all this had ended, the Israelites who were there went out to the towns of Judah, smashed the sacred stones and cut down the Asherah poles. They destroyed the high places and the altars throughout Judah and Benjamin and in Ephraim and Manasseh. After they had destroyed all of them, the Israelites returned to their own towns and to their own property.

---

*30.14 Provavelmente colunas dedicadas ao deus sol.

[a]30:21 Or *priests praised the* Lord *every day with resounding instruments belonging to the* Lord [b]30:22 Traditionally *peace offerings*

O Serviço do Templo é Reorganizado

2 Ezequias designou os sacerdotes e os levitas por turnos, cada um de acordo com os seus deveres, para apresentarem holocaustos e sacrifícios de comunhão, ministrarem, darem graças e cantarem louvores junto às portas da habitação do Senhor. **3** O rei contribuía com seus bens pessoais para os holocaustos da manhã e da tarde e para os holocaustos dos sábados, das luas novas e das festas fixas, conforme o que está escrito na Lei do Senhor. **4** Ele ordenou ao povo de Jerusalém que desse aos sacerdotes e aos levitas a porção que lhes era devida a fim de que pudessem dedicar-se à Lei do Senhor. **5** Assim que se divulgou essa ordem, os israelitas deram com generosidade o melhor do trigo, do vinho, do óleo, do mel e de tudo o que os campos produziam. Trouxeram o dízimo de tudo. Era uma grande quantidade. **6** Os habitantes de Israel e de Judá que viviam nas cidades de Judá também trouxeram o dízimo de todos os seus rebanhos e das coisas sagradas dedicadas ao Senhor, o seu Deus, ajuntando-os em muitas pilhas. **7** Começaram a fazer isso no terceiro mês e terminaram no sétimo. **8** Quando Ezequias e os seus oficiais chegaram e viram as pilhas de ofertas, louvaram o Senhor e abençoaram Israel, o seu povo.

9 Ezequias perguntou aos sacerdotes e aos levitas sobre essas ofertas; **10** o sumo sacerdote Azarias, da família de Zadoque, respondeu: "Desde que o povo começou a trazer suas contribuições ao templo do Senhor, temos tido o suficiente para comer e ainda tem sobrado muito, pois o Senhor tem abençoado o seu povo, e esta é a grande quantidade que sobra".

11 Ezequias ordenou que preparassem despensas no templo do Senhor, e assim foi feito. **12** Então recolheram fielmente as contribuições, os dízimos e os presentes dedicados. O levita Conanias foi encarregado desses deveres, e seu irmão Simei era o seu auxiliar. **13** Jeiel, Azazias, Naate, Asael, Jeremote, Jozabade, Eliel, Ismaquias, Maate e Benaia eram supervisores, subordinados a Conanias e ao seu irmão Simei, por nomeação do rei Ezequias e de Azarias, o oficial encarregado do templo de Deus.

14 Coré, filho do levita Imna, guarda da porta leste, foi encarregado das ofertas voluntárias feitas a Deus, distribuindo as contribuições dedicadas ao Senhor e as ofertas santíssimas. **15** Sob o comando dele estavam Éden, Miniamim, Jesua, Semaías, Amarias e Secanias, que, nas cidades dos sacerdotes, com toda a fidelidade distribuíam ofertas aos seus colegas sacerdotes de acordo com seus turnos, tanto aos idosos quanto aos jovens.

16 Eles as distribuíam aos homens e aos meninos de três anos para cima, cujos nomes estavam nos registros genealógicos, e também a todos os que entravam no templo do Senhor para realizar suas várias tarefas diárias, de acordo com suas responsabilidades e seus turnos. **17** Os registros genealógicos dos sacerdotes eram feitos segundo suas famílias; o dos levitas com mais de vinte anos, de acordo com suas responsabilidades e seus turnos. **18** O registro incluía todos os filhos pequenos, as mulheres e os filhos e filhas de todo o grupo, pois os sacerdotes e os levitas haviam sido fiéis em se consagrarem.

19 Entre os sacerdotes, descendentes de Arão, que viviam nas terras de pastagem ao redor de suas cidades, foram nomeados alguns deles, de cidade em cidade, para distribuírem as ofertas a todos os sacerdotes e a todos os que estavam registrados nas genealogias dos levitas.

20 Foi isso que Ezequias fez em todo o reino de Judá. Ele fez o que era bom e certo, e em tudo foi fiel diante do Senhor, do seu Deus. **21** Em tudo o que ele empreendeu no serviço do templo de Deus e na obediência à lei e aos mandamentos, ele buscou o seu Deus e trabalhou de todo o coração; e por isso prosperou.

Contributions for Worship

2 Hezekiah assigned the priests and Levites to divisions—each of them according to their duties as priests or Levites—to offer burnt offerings and fellowship offerings,[a] to minister, to give thanks and to sing praises at the gates of the Lord's dwelling. **3** The king contributed from his own possessions for the morning and evening burnt offerings and for the burnt offerings on the Sabbaths, New Moons and appointed feasts as written in the Law of the Lord. **4** He ordered the people living in Jerusalem to give the portion due the priests and Levites so they could devote themselves to the Law of the Lord. **5** As soon as the order went out, the Israelites generously gave the firstfruits of their grain, new wine, oil and honey and all that the fields produced. They brought a great amount, a tithe of everything. **6** The men of Israel and Judah who lived in the towns of Judah also brought a tithe of their herds and flocks and a tithe of the holy things dedicated to the Lord their God, and they piled them in heaps. **7** They began doing this in the third month and finished in the seventh month. **8** When Hezekiah and his officials came and saw the heaps, they praised the Lord and blessed his people Israel.

9 Hezekiah asked the priests and Levites about the heaps; **10** and Azariah the chief priest, from the family of Zadok, answered, "Since the people began to bring their contributions to the temple of the Lord, we have had enough to eat and plenty to spare, because the Lord has blessed his people, and this great amount is left over."

11 Hezekiah gave orders to prepare storerooms in the temple of the Lord, and this was done. **12** Then they faithfully brought in the contributions, tithes and dedicated gifts. Conaniah, a Levite, was in charge of these things, and his brother Shimei was next in rank. **13** Jehiel, Azaziah, Nahath, Asahel, Jerimoth, Jozabad, Eliel, Ismakiah, Mahath and Benaiah were supervisors under Conaniah and Shimei his brother, by appointment of King Hezekiah and Azariah the official in charge of the temple of God.

14 Kore son of Imnah the Levite, keeper of the East Gate, was in charge of the freewill offerings given to God, distributing the contributions made to the Lord and also the consecrated gifts. **15** Eden, Miniamin, Jeshua, Shemaiah, Amariah and Shecaniah assisted him faithfully in the towns of the priests, distributing to their fellow priests according to their divisions, old and young alike.

16 In addition, they distributed to the males three years old or more whose names were in the genealogical records—all who would enter the temple of the Lord to perform the daily duties of their various tasks, according to their responsibilities and their divisions. **17** And they distributed to the priests enrolled by their families in the genealogical records and likewise to the Levites twenty years old or more, according to their responsibilities and their divisions. **18** They included all the little ones, the wives, and the sons and daughters of the whole community listed in these genealogical records. For they were faithful in consecrating themselves.

19 As for the priests, the descendants of Aaron, who lived on the farm lands around their towns or in any other towns, men were designated by name to distribute portions to every male among them and to all who were recorded in the genealogies of the Levites.

20 This is what Hezekiah did throughout Judah, doing what was good and right and faithful before the Lord his God. **21** In everything that he undertook in the service of God's temple and in obedience to the law and the commands, he sought his God and worked wholeheartedly. And so he prospered.

31:2 Traditionally peace offerings

A Ameaça de Senaqueribe contra Judá

32 Depois de tudo o que Ezequias fez com tanta fidelidade, Senaqueribe, rei da Assíria, invadiu Judá e sitiou as cidades fortificadas para conquistá-las. ² Quando Ezequias viu que Senaqueribe pretendia guerrear contra Jerusalém, ³ consultou os seus oficiais e os comandantes do exército sobre a idéia de mandar fechar a passagem de água das fontes do lado de fora da cidade; e eles concordaram. ⁴ Assim, ajuntaram-se muitos homens, e fecharam todas as fontes e o riacho que atravessava a região. Eles diziam: "Por que deixar que os reisᵃ da Assíria venham e encontrem toda essa água?" ⁵ Depois, com grande empenho reparou todos os trechos quebrados do muro e construiu torres sobre ele. Construiu outro muro do lado de fora do primeiro e reforçou o Milôᵇ da Cidade de Davi; e mandou fazer também muitas lanças e muitos escudos.

⁶ Nomeou sobre o povo oficiais militares e os reuniu na praça, junto à porta da cidade, animando-os com estas palavras: ⁷ "Sejam fortes e corajosos. Não tenham medo nem desanimem por causa do rei da Assíria e do seu enorme exército, pois conosco está um poder maior do que o que está com ele. ⁸ Com ele está somente o poder humanoᶜ, mas conosco está o Senhor, o nosso Deus, para nos ajudar e para travar as nossas batalhas". E o povo ganhou confiança com o que disse Ezequias, rei de Judá.

⁹ Mais tarde, quando Senaqueribe, rei da Assíria, e todas as suas forças estavam sitiando Láquis, mandou oficiais a Jerusalém com a seguinte mensagem a Ezequias e a todo o povo de Judá que morava lá:

¹⁰ "Assim diz Senaqueribe, rei da Assíria: Em que vocês baseiam a sua confiança, para permanecerem cercados em Jerusalém? ¹¹ Quando Ezequias diz: 'O Senhor, o nosso Deus, nos salvará das mãos do rei da Assíria', ele os está enganando, para deixá-los morrer de fome e de sede. ¹² Mas não foi o próprio Ezequias que retirou os altares desse deus, dizendo a Judá e a Jerusalém: 'Vocês devem adorar diante de um só altar e sobre ele queimar incenso'?

¹³ "Vocês não sabem o que eu e os meus antepassados fizemos a todos os povos das outras terras? Acaso alguma vez os deuses daquelas nações conseguiram livrar das minhas mãos a terra deles? ¹⁴ De todos os deuses das nações que os meus antepassados destruíram, qual deles conseguiu salvar o seu povo de mim? Como então o deus de vocês poderá livrá-los das minhas mãos? ¹⁵ Portanto, não deixem Ezequias enganá-los ou iludi-los dessa maneira. Não acreditem nele, pois nenhum deus de qualquer nação ou reino jamais conseguiu livrar o seu povo das minhas mãos ou das mãos de meus antepassados. Muito menos o deus de vocês conseguirá livrá-los das minhas mãos!"

¹⁶ Os oficiais de Senaqueribe desafiaram ainda mais a Deus, o Senhor, e ao seu servo Ezequias. ¹⁷ Senaqueribe também escreveu cartas insultando o Senhor, o Deus de Israel, e o desafiando: "Assim como os deuses dos povos das outras terras não livraram o povo deles das minhas mãos, também o deus de Ezequias não livrará o seu povo das minhas mãos". ¹⁸ Então os oficiais gritaram na língua dos judeus ao povo de Jerusalém que estava sobre o muro, para assustá-lo e amedrontá-lo, com o intuito de conquistarem a cidade. ¹⁹ Referiram-se ao Deus de Jerusalém como falavam dos deuses dos outros povos da terra, que não passam de obra das mãos dos homens.

²⁰ Por tudo isso o rei Ezequias e o profeta Isaías, filho de Amoz, clamaram em oração aos céus. ²¹ E o Senhor enviou um anjo, que matou todos os homens de combate e todos os líderes e oficiais no acampamento do rei assírio, de forma que este se retirou envergonhado para a sua terra. E certo dia, ao adentrar o templo do seu deus, alguns dos seus filhos o mataram à espada.

Sennacherib Threatens Jerusalem

32 After all that Hezekiah had so faithfully done, Sennacherib king of Assyria came and invaded Judah. He laid siege to the fortified cities, thinking to conquer them for himself. ² When Hezekiah saw that Sennacherib had come and that he intended to make war on Jerusalem, ³ he consulted with his officials and military staff about blocking off the water from the springs outside the city, and they helped him. ⁴ A large force of men assembled, and they blocked all the springs and the stream that flowed through the land. "Why should the kingsᵃ of Assyria come and find plenty of water?" they said. ⁵ Then he worked hard repairing all the broken sections of the wall and building towers on it. He built another wall outside that one and reinforced the supporting terracesᵇ of the City of David. He also made large numbers of weapons and shields.

⁶ He appointed military officers over the people and assembled them before him in the square at the city gate and encouraged them with these words: ⁷ "Be strong and courageous. Do not be afraid or discouraged because of the king of Assyria and the vast army with him, for there is a greater power with us than with him. ⁸ With him is only the arm of flesh, but with us is the Lord our God to help us and to fight our battles." And the people gained confidence from what Hezekiah the king of Judah said.

⁹ Later, when Sennacherib king of Assyria and all his forces were laying siege to Lachish, he sent his officers to Jerusalem with this message for Hezekiah king of Judah and for all the people of Judah who were there:

¹⁰ "This is what Sennacherib king of Assyria says: On what are you basing your confidence, that you remain in Jerusalem under siege? ¹¹ When Hezekiah says, 'The Lord our God will save us from the hand of the king of Assyria,' he is misleading you, to let you die of hunger and thirst. ¹² Did not Hezekiah himself remove this god's high places and altars, saying to Judah and Jerusalem, 'You must worship before one altar and burn sacrifices on it'?

¹³ "Do you not know what I and my fathers have done to all the peoples of the other lands? Were the gods of those nations ever able to deliver their land from my hand? ¹⁴ Who of all the gods of these nations that my fathers destroyed has been able to save his people from me? How then can your god deliver you from my hand? ¹⁵ Now do not let Hezekiah deceive you and mislead you like this. Do not believe him, for no god of any nation or kingdom has been able to deliver his people from my hand or the hand of my fathers. How much less will your god deliver you from my hand!"

¹⁶ Sennacherib's officers spoke further against the Lord God and against his servant Hezekiah. ¹⁷ The king also wrote letters insulting the Lord, the God of Israel, and saying this against him: "Just as the gods of the peoples of the other lands did not rescue their people from my hand, so the god of Hezekiah will not rescue his people from my hand." ¹⁸ Then they called out in Hebrew to the people of Jerusalem who were on the wall, to terrify them and make them afraid in order to capture the city. ¹⁹ They spoke about the God of Jerusalem as they did about the gods of the other peoples of the world—the work of men's hands.

²⁰ King Hezekiah and the prophet Isaiah son of Amoz cried out in prayer to heaven about this. ²¹ And the Lord sent an angel, who annihilated all the fighting men and the leaders and officers in the camp of the Assyrian king. So he withdrew to his own land in disgrace. And when he went into the temple of his god, some of his sons cut him down with the sword.

ᵃ32.4 A Septuaginta e a Versão Siríaca dizem *o rei.* ᵇ32.5 Ou *o aterro* ᶜ32.8 Hebraico: *o braço de carne.*

ᵃ32:4 Hebrew; Septuagint and Syriac *king* ᵇ32:5 Or *the Millo*

22 Assim o Senhor salvou Ezequias e o povo de Jerusalém das mãos de Senaqueribe, rei da Assíria, e das mãos de todos os outros; e cuidou deles[a] em todas as fronteiras. **23** Muitos trouxeram a Jerusalém ofertas para o Senhor e presentes valiosos para Ezequias, rei de Judá. Daquela ocasião em diante ele foi muito respeitado por todas as nações.

O Orgulho e a Morte de Ezequias

24 Naquele tempo Ezequias ficou doente, e quase morreu. Ele orou ao Senhor, que lhe respondeu dando-lhe um sinal miraculoso. **25** Mas Ezequias tornou-se orgulhoso, e não correspondeu à bondade com que foi tratado; por isso a ira do Senhor veio sobre ele, sobre Judá e sobre Jerusalém. **26** Então Ezequias humilhou-se, reconhecendo o seu orgulho, como também o povo de Jerusalém; por isso a ira do Senhor não veio sobre eles durante o reinado de Ezequias.

27 Possuía Ezequias muitíssimas riquezas e glória; construiu depósitos para guardar prata, ouro, pedras preciosas, especiarias, escudos e todo tipo de objetos de valor. **28** Também construiu armazéns para estocar trigo, vinho e azeite; fez ainda estábulos para os seus diversos rebanhos e para as ovelhas. **29** Construiu cidades e adquiriu muitos rebanhos, pois Deus lhe dera muitas riquezas.

30 Foi Ezequias que bloqueou o manancial superior da fonte de Giom e canalizou a água para a parte oeste da Cidade de Davi. Ele foi bem-sucedido em tudo o que se propôs a fazer. **31** Mas quando os governantes da Babilônia enviaram uma delegação para perguntar-lhe acerca do sinal miraculoso que havia ocorrido no país, Deus o deixou, para prová-lo e para saber tudo o que havia em seu coração.

32 Os demais acontecimentos do reinado de Ezequias e os seus atos piedosos estão escritos na visão do profeta Isaías, filho de Amoz, no livro dos reis de Judá e de Israel. **33** Ezequias descansou com os seus antepassados e foi sepultado na colina onde estão os túmulos dos descendentes de Davi. Todo o Judá e o povo de Jerusalém prestaram-lhe homenagens por ocasião da sua morte. E seu filho Manassés foi o seu sucessor.

O Reinado de Manassés, Rei de Judá

33 Manassés tinha doze anos de idade quando começou a reinar, e reinou cinqüenta e cinco anos em Jerusalém. **2** Ele fez o que o Senhor reprova, imitando as práticas detestáveis das nações que o Senhor havia expulsado de diante dos israelitas. **3** Reconstruiu os altares idólatras que seu pai Ezequias havia demolido, ergueu altares para os baalins e fez postes sagrados. Inclinou-se diante de todos os exércitos celestes e lhes prestou culto. **4** Construiu altares no templo do Senhor, do qual o Senhor tinha dito: "Meu nome permanecerá para sempre em Jerusalém". **5** Nos dois pátios do templo do Senhor ele construiu altares para todos os exércitos celestes. **6** Chegou a queimar seus filhos em sacrifício no vale de Ben-Hinom; praticou feitiçaria, adivinhação e magia, e recorreu a médiuns e aos que consultavam os espíritos. Fez o que o Senhor reprova, provocando-o à ira.

7 Ele tomou a imagem esculpida que havia feito e a colocou no templo, do qual Deus tinha dito a Davi e a seu filho Salomão: "Neste templo e em Jerusalém, que escolhi dentre todas as tribos de Israel, porei meu nome para sempre. **8** Não farei os pés dos israelitas deixarem novamente a terra que dei aos seus antepassados, se tão-somente tiverem o cuidado de fazer tudo o que lhes ordenei em todas as leis, decretos e ordenanças dados por meio de Moisés". **9** Manassés, porém, desencaminhou Judá e o povo de Jerusalém, ao ponto de fazerem pior do que as nações que o Senhor havia destruído diante dos israelitas.

10 O Senhor falou a Manassés e a seu povo, mas não lhe deram atenção. **11** Por isso o Senhor enviou contra eles os comandantes do exército do rei da Assíria, os quais prenderam Manassés,

22 So the Lord saved Hezekiah and the people of Jerusalem from the hand of Sennacherib king of Assyria and from the hand of all others. He took care of them[a] on every side. **23** Many brought offerings to Jerusalem for the Lord and valuable gifts for Hezekiah king of Judah. From then on he was highly regarded by all the nations.

Hezekiah's Pride, Success and Death

24 In those days Hezekiah became ill and was at the point of death. He prayed to the Lord, who answered him and gave him a miraculous sign. **25** But Hezekiah's heart was proud and he did not respond to the kindness shown him; therefore the Lord's wrath was on him and on Judah and Jerusalem. **26** Then Hezekiah repented of the pride of his heart, as did the people of Jerusalem; therefore the Lord's wrath did not come upon them during the days of Hezekiah.

27 Hezekiah had very great riches and honor, and he made treasuries for his silver and gold and for his precious stones, spices, shields and all kinds of valuables. **28** He also made buildings to store the harvest of grain, new wine and oil; and he made stalls for various kinds of cattle, and pens for the flocks. **29** He built villages and acquired great numbers of flocks and herds, for God had given him very great riches.

30 It was Hezekiah who blocked the upper outlet of the Gihon spring and channeled the water down to the west side of the City of David. He succeeded in everything he undertook. **31** But when envoys were sent by the rulers of Babylon to ask him about the miraculous sign that had occurred in the land, God left him to test him and to know everything that was in his heart.

32 The other events of Hezekiah's reign and his acts of devotion are written in the vision of the prophet Isaiah son of Amoz in the book of the kings of Judah and Israel. **33** Hezekiah rested with his fathers and was buried on the hill where the tombs of David's descendants are. All Judah and the people of Jerusalem honored him when he died. And Manasseh his son succeeded him as king.

Manasseh King of Judah

33 Manasseh was twelve years old when he became king, and he reigned in Jerusalem fifty-five years. **2** He did evil in the eyes of the Lord, following the detestable practices of the nations the Lord had driven out before the Israelites. **3** He rebuilt the high places his father Hezekiah had demolished; he also erected altars to the Baals and made Asherah poles. He bowed down to all the starry hosts and worshiped them. **4** He built altars in the temple of the Lord, of which the Lord had said, "My Name will remain in Jerusalem forever." **5** In both courts of the temple of the Lord, he built altars to all the starry hosts. **6** He sacrificed his sons in[b] the fire in the Valley of Ben Hinnom, practiced sorcery, divination and witchcraft, and consulted mediums and spiritists. He did much evil in the eyes of the Lord, provoking him to anger.

7 He took the carved image he had made and put it in God's temple, of which God had said to David and to his son Solomon, "In this temple and in Jerusalem, which I have chosen out of all the tribes of Israel, I will put my Name forever. **8** I will not again make the feet of the Israelites leave the land I assigned to your forefathers, if only they will be careful to do everything I commanded them concerning all the laws, decrees and ordinances given through Moses." **9** But Manasseh led Judah and the people of Jerusalem astray, so that they did more evil than the nations the Lord had destroyed before the Israelites.

10 The Lord spoke to Manasseh and his people, but they paid no attention. **11** So the Lord brought against them the army commanders of the king of Assyria, who took Manasseh

---

[a]32.22 A Septuaginta e a Vulgata dizem *deu-lhes descanso.*

[a]32:22 Hebrew; Septuagint and Vulgate *He gave them rest* [a]33:6 Or *He made his sons pass through*

colocaram-lhe um gancho no nariz e algemas de bronze, e o levaram para a Babilônia. **12** Em sua angústia, ele buscou o favor do Senhor, o seu Deus, e humilhou-se muito diante do Deus dos seus antepassados. **13** Quando ele orou, o Senhor o ouviu e atendeu o seu pedido e o trouxe de volta a Jerusalém e a seu reino. E assim Manassés reconheceu que o Senhor é Deus.

14 Depois disso ele reconstruiu e aumentou a altura do muro externo da Cidade de Davi, a oeste da fonte de Giom, no vale, até a entrada da porta do Peixe, em torno da colina de Ofel. Também pôs comandantes militares em todas as cidades fortificadas de Judá.

15 Manassés tirou do templo do Senhor os deuses estrangeiros e a imagem que havia colocado lá, bem como todos os altares idólatras que havia construído na colina do templo e em Jerusalém; e jogou-os fora da cidade. **16** Depois restaurou o altar do Senhor e sobre ele ofereceu sacrifícios de comunhão e ofertas de gratidão, ordenando a Judá que servisse o Senhor, o Deus de Israel. **17** O povo, contudo, continuou a sacrificar nos altares idólatras, mas somente ao Senhor, o seu Deus.

18 Os demais acontecimentos do reinado de Manassés, inclusive sua oração a seu Deus e as palavras que os videntes lhe falaram em nome do Senhor, o Deus de Israel, estão escritos nos registros históricos dos reis de Israel.[a] **19** Sua oração e a resposta de Deus, bem como todos os seus pecados e a sua infidelidade, além dos locais onde construiu altares idólatras e ergueu postes sagrados e ídolos, antes de humilhar-se, tudo está escrito nos registros históricos dos videntes[b]. **20** Manassés descansou com os seus antepassados e foi sepultado em sua propriedade. E seu filho Amom foi o seu sucessor.

O Reinado de Amom, Rei de Judá

21 Amom tinha vinte e dois anos de idade quando começou a reinar, e reinou dois anos em Jerusalém. **22** Ele fez o que o Senhor reprova; à semelhança de seu pai, Amom prestou culto e ofereceu sacrifícios a todos os ídolos que Manassés havia feito. **23** Mas, ao contrário de seu pai Manassés, não se humilhou diante do Senhor, antes, aumentou a sua culpa.

24 Os oficiais de Amom conspiraram contra ele e o assassinaram em seu palácio. **25** Mas o povo matou todos os que haviam conspirado contra o rei Amom, e proclamou seu filho Josias rei em seu lugar.

As Reformas de Josias

34 Josias tinha oito anos de idade quando começou a reinar, e reinou trinta e um anos em Jerusalém. **2** Ele fez o que o Senhor aprova e andou nos caminhos de Davi, seu predecessor, sem desviar-se nem para a direita nem para a esquerda.

3 No oitavo ano do seu reinado, sendo ainda bem jovem, ele começou a buscar o Deus de Davi, seu predecessor. No décimo segundo ano, começou a purificar Judá e Jerusalém dos altares idólatras, dos postes sagrados, das imagens esculpidas e dos ídolos de metal. **4** Sob as suas ordens foram derrubados os altares dos baalins; além disso, ele despedaçou os altares de incenso que ficavam acima deles. Também despedaçou e reduziu a pó os postes sagrados, as imagens esculpidas e os ídolos de metal, e os espalhou sobre os túmulos daqueles que lhes haviam oferecido sacrifícios. **5** Depois queimou os ossos dos sacerdotes sobre esses altares, purificando assim Judá e Jerusalém. **6** Nas cidades das tribos de Manassés, de Efraim e de Simeão, e até mesmo de Naftali, e nas ruínas ao redor delas, **7** derrubou os altares e os postes sagrados, esmagou os ídolos, reduzindo-os a pó, e despedaçou todos os altares de incenso espalhados por Israel. Então voltou para Jerusalém.

8 No décimo oitavo ano do seu reinado, a fim de purificar o país e o templo, ele enviou Safã, filho de Azalias, e Maaséias, governador da cidade, junto com Joá, filho do arquivista real

prisoner, put a hook in his nose, bound him with bronze shackles and took him to Babylon. **12** In his distress he sought the favor of the Lord his God and humbled himself greatly before the God of his fathers. **13** And when he prayed to him, the Lord was moved by his entreaty and listened to his plea; so he brought him back to Jerusalem and to his kingdom. Then Manasseh knew that the Lord is God.

14 Afterward he rebuilt the outer wall of the City of David, west of the Gihon spring in the valley, as far as the entrance of the Fish Gate and encircling the hill of Ophel; he also made it much higher. He stationed military commanders in all the fortified cities in Judah.

15 He got rid of the foreign gods and removed the image from the temple of the Lord, as well as all the altars he had built on the temple hill and in Jerusalem; and he threw them out of the city. **16** Then he restored the altar of the Lord and sacrificed fellowship offerings[a] and thank offerings on it, and told Judah to serve the Lord, the God of Israel. **17** The people, however, continued to sacrifice at the high places, but only to the Lord their God.

18 The other events of Manasseh's reign, including his prayer to his God and the words the seers spoke to him in the name of the Lord, the God of Israel, are written in the annals of the kings of Israel.[b] **19** His prayer and how God was moved by his entreaty, as well as all his sins and unfaithfulness, and the sites where he built high places and set up Asherah poles and idols before he humbled himself—all are written in the records of the seers.[c] **20** Manasseh rested with his fathers and was buried in his palace. And Amon his son succeeded him as king.

Amon King of Judah

21 Amon was twenty-two years old when he became king, and he reigned in Jerusalem two years. **22** He did evil in the eyes of the Lord, as his father Manasseh had done. Amon worshiped and offered sacrifices to all the idols Manasseh had made. **23** But unlike his father Manasseh, he did not humble himself before the Lord; Amon increased his guilt.

24 Amon's officials conspired against him and assassinated him in his palace. **25** Then the people of the land killed all who had plotted against King Amon, and they made Josiah his son king in his place.

Josiah's Reforms

34 Josiah was eight years old when he became king, and he reigned in Jerusalem thirty-one years. **2** He did what was right in the eyes of the Lord and walked in the ways of his father David, not turning aside to the right or to the left.

3 In the eighth year of his reign, while he was still young, he began to seek the God of his father David. In his twelfth year he began to purge Judah and Jerusalem of high places, Asherah poles, carved idols and cast images. **4** Under his direction the altars of the Baals were torn down; he cut to pieces the incense altars that were above them, and smashed the Asherah poles, the idols and the images. These he broke to pieces and scattered over the graves of those who had sacrificed to them. **5** He burned the bones of the priests on their altars, and so he purged Judah and Jerusalem. **6** In the towns of Manasseh, Ephraim and Simeon, as far as Naphtali, and in the ruins around them, **7** he tore down the altars and the Asherah poles and crushed the idols to powder and cut to pieces all the incense altars throughout Israel. Then he went back to Jerusalem.

8 In the eighteenth year of Josiah's reign, to purify the land and the temple, he sent Shaphan son of Azaliah and Maaseiah the ruler of the city, with Joah son of Joahaz, the recorder, to

---

[a]**33.18** Isto é, Judá, como ocorre frequentemente em 2 Crônicas. [b]**33.19** Conforme um manuscrito do Texto Massorético e a Septuaginta. A maioria dos manuscritos do Texto Massorético diz *registros históricos de Hozai*. [c]**34.4** Provavelmente colunas dedicadas ao deus sol; também no versículo 7.

[a]**33:16** Traditionally *peace offerings* [b]**33:18** That is, Judah, as frequently in 2 Chron. [c]**33:19** One Hebrew manuscript and Septuagint; most Hebrew manuscripts *of Hozai*

Joacaz, para restaurarem o templo do Senhor, o seu Deus. **9** Eles foram entregar ao sumo sacerdote Hilquias a prata que havia sido trazida ao templo de Deus e que os porteiros levitas haviam recolhido das ofertas do povo de Manassés e de Efraim, e de todo o remanescente de Israel, e também de todo o povo de Judá e de Benjamim e dos habitantes de Jerusalém. **10** Confiaram a prata aos homens nomeados para supervisionarem a reforma no templo do Senhor, os quais pagavam os trabalhadores que faziam os reparos no templo. **11** Também deram dessa prata aos carpinteiros e aos construtores para comprarem pedras lavradas e madeira para as juntas e as vigas dos edifícios que os reis de Judá haviam deixado ficar em ruínas. **12** Esses homens fizeram o trabalho com fidelidade. Eram dirigidos por Jaate e Obadias, levitas descendentes de Merari, e por Zacarias e Mesulão, descendentes de Coate. Todos os levitas que sabiam tocar instrumentos musicais **13** estavam encarregados dos operários e supervisionavam todos os trabalhadores em todas as funções. Outros levitas eram secretários, oficiais e porteiros.

O Livro da Lei é Encontrado

14 Enquanto recolhiam a prata que tinha sido trazida para o templo do Senhor, o sacerdote Hilquias encontrou o Livro da Lei do Senhor que havia sido dada por meio de Moisés. **15** Hilquias disse ao secretário Safã: "Encontrei o Livro da Lei no templo do Senhor". E o entregou a Safã. **16** Então Safã levou o Livro ao rei e lhe informou: "Teus servos estão fazendo tudo o que lhes foi ordenado. **17** Fundiram a prata que estava no templo do Senhor e a confiaram aos supervisores e aos trabalhadores". **18** E acrescentou: "O sacerdote Hilquias entregou-me um livro". E Safã leu trechos do Livro para o rei.

19 Assim que o rei ouviu as palavras da Lei, rasgou suas vestes **20** e deu estas ordens a Hilquias, a Aicam, filho de Safã, a Abdom, filho de Mica[a], ao secretário Safã e ao auxiliar real Asaías: **21** "Vão consultar o Senhor por mim e pelo remanescente de Israel e de Judá acerca do que está escrito neste livro que foi encontrado. A ira do Senhor contra nós deve ser grande, pois os nossos antepassados não obedeceram à palavra do Senhor e não agiram de acordo com tudo o que está escrito neste livro".

22 Hilquias e aqueles que o rei tinha enviado com ele[b] foram falar com a profetisa Hulda, mulher de Salum, filho de Tocate[c] e neto de Harás, e responsável pelo guarda-roupa do templo. Ela morava no bairro novo de Jerusalém.

23 Hulda lhes disse: "Assim diz o Senhor, o Deus de Israel: 'Digam ao homem que os enviou a mim: **24** Assim diz o Senhor: Eu vou trazer uma desgraça sobre este lugar e sobre os seus habitantes; todas as maldições escritas no livro que foi lido na presença do rei de Judá. **25** Porque me abandonaram e queimaram incenso a outros deuses, provocando a minha ira por meio de todos os ídolos que as mãos deles têm feito[d], minha ira arderá contra este lugar e não será apagada'. **26** Digam ao rei de Judá, que os enviou para consultar o Senhor: Assim diz o Senhor, o Deus de Israel, acerca das palavras que você ouviu: **27** 'Já que o seu coração se abriu e você se humilhou diante de Deus quando ouviu o que ele falou contra este lugar e contra os seus habitantes, e você se humilhou diante de mim, rasgou as suas vestes e chorou na minha presença, eu o ouvi', declara o Senhor. **28** 'Portanto, eu o reunirei aos seus antepassados, e você será sepultado em paz. Seus olhos não verão a desgraça que trarei sobre este lugar e sobre os seus habitantes' ".

Então eles levaram a resposta a Josias.

29 Em face disso, o rei convocou todas as autoridades de Judá e de Jerusalém. **30** Depois subiu ao templo do Senhor acompanhado por todos os homens de Judá, todo o povo de

repair the temple of the Lord his God.

9 They went to Hilkiah the high priest and gave him the money that had been brought into the temple of God, which the Levites who were the doorkeepers had collected from the people of Manasseh, Ephraim and the entire remnant of Israel and from all the people of Judah and Benjamin and the inhabitants of Jerusalem. **10** Then they entrusted it to the men appointed to supervise the work on the Lord's temple. These men paid the workers who repaired and restored the temple. **11** They also gave money to the carpenters and builders to purchase dressed stone, and timber for joists and beams for the buildings that the kings of Judah had allowed to fall into ruin. **12** The men did the work faithfully. Over them to direct them were Jahath and Obadiah, Levites descended from Merari, and Zechariah and Meshullam, descended from Kohath. The Levites— all who were skilled in playing musical instruments— **13** had charge of the laborers and supervised all the workers from job to job. Some of the Levites were secretaries, scribes and doorkeepers.

The Book of the Law Found

14 While they were bringing out the money that had been taken into the temple of the Lord, Hilkiah the priest found the Book of the Law of the Lord that had been given through Moses. **15** Hilkiah said to Shaphan the secretary, "I have found the Book of the Law in the temple of the Lord." He gave it to Shaphan. **16** Then Shaphan took the book to the king and reported to him: "Your officials are doing everything that has been committed to them. **17** They have paid out the money that was in the temple of the Lord and have entrusted it to the supervisors and workers." **18** Then Shaphan the secretary informed the king, "Hilkiah the priest has given me a book." And Shaphan read from it in the presence of the king.

19 When the king heard the words of the Law, he tore his robes. **20** He gave these orders to Hilkiah, Ahikam son of Shaphan, Abdon son of Micah,[a] Shaphan the secretary and Asaiah the king's attendant: **21** "Go and inquire of the Lord for me and for the remnant in Israel and Judah about what is written in this book that has been found. Great is the Lord's anger that is poured out on us because our fathers have not kept the word of the Lord; they have not acted in accordance with all that is written in this book."

22 Hilkiah and those the king had sent with him[b] went to speak to the prophetess Huldah, who was the wife of Shallum son of Tokhath,[c] the son of Hasrah,[d] keeper of the wardrobe. She lived in Jerusalem, in the Second District.

23 She said to them, "This is what the Lord, the God of Israel, says: Tell the man who sent you to me, **24** 'This is what the Lord says: I am going to bring disaster on this place and its people— all the curses written in the book that has been read in the presence of the king of Judah. **25** Because they have forsaken me and burned incense to other gods and provoked me to anger by all that their hands have made,[e] my anger will be poured out on this place and will not be quenched.' **26** Tell the king of Judah, who sent you to inquire of the Lord, 'This is what the Lord, the God of Israel, says concerning the words you heard: **27** Because your heart was responsive and you humbled yourself before God when you heard what he spoke against this place and its people, and because you humbled yourself before me and tore your robes and wept in my presence, I have heard you, declares the Lord. **28** Now I will gather you to your fathers, and you will be buried in peace. Your eyes will not see all the disaster I am going to bring on this place and on those who live here.' "

So they took her answer back to the king.

29 Then the king called together all the elders of Judah and Jerusalem. **30** He went up to the temple of the Lord with

---

[a]34.20 Também chamado Acbor, filho de Micaías. [b]34.22 Conforme um manuscrito do Texto Massorético, a Vulgata e a Versão Siríaca. A maioria dos manuscritos do Texto Massorético não traz *tinha enviado com ele*. [c]34.22 Também chamado *Ticvá*. [d]34.25 Ou *por meio de tudo o que eles têm feito*

[a]34:20 Also called *Acbor son of Micaiah* [b]34:22 One Hebrew manuscript, Vulgate and Syriac; most Hebrew manuscripts do not have *had sent with him*. [c]34:22 Also called *Tikvah* [d]34:22 Also called *Harhas* [e]34:25 Or *by everything they have done*

Jerusalém, os sacerdotes e os levitas: todo o povo, dos mais simples aos mais importantes*. Para todos o rei leu em alta voz todas as palavras do Livro da Aliança, que havia sido encontrado no templo do Senhor. **31** Ele tomou o seu lugar e, na presença do Senhor, fez uma aliança, comprometendo-se a seguir o Senhor e obedecer de todo o coração e de toda a alma aos seus mandamentos, aos seus testemunhos e aos seus decretos, cumprindo as palavras da aliança escritas naquele livro.

32 Depois fez com que todos em Jerusalém e em Benjamim se comprometessem com a aliança; os habitantes de Jerusalém passaram a cumprir a aliança de Deus, o Deus dos seus antepassados.

33 Josias retirou todos os ídolos detestáveis de todo o território dos israelitas e obrigou todos os que estavam em Israel a servirem ao Senhor, o seu Deus. E enquanto ele viveu, o povo não deixou de seguir o Senhor, o Deus dos seus antepassados.

Josias Celebra a Páscoa

35 Josias celebrou a Páscoa do Senhor em Jerusalém, e o cordeiro da Páscoa foi abatido no décimo quarto dia do primeiro mês. **2** Ele nomeou os sacerdotes para as suas responsabilidades e os encorajou a se dedicarem ao serviço no templo do Senhor. **3** Ele disse aos levitas que instruíam todo o Israel e haviam sido consagrados ao Senhor: "Ponham a arca sagrada no templo construído por Salomão, filho de Davi, rei de Israel. Vocês não precisam mais levá-la de um lado para outro sobre os ombros. Agora sirvam ao Senhor, o seu Deus, e a Israel, o povo dele. **4** Preparem-se por famílias, em suas divisões, de acordo com a orientação escrita por Davi, rei de Israel, e por seu filho Salomão.

5 "Fiquem no Lugar Santo com um grupo de levitas para cada subdivisão das famílias do povo. **6** Abatam os cordeiros da Páscoa, consagrem-se e preparem os cordeiros para os seus irmãos israelitas, fazendo o que o Senhor ordenou por meio de Moisés".

7 Josias deu a todo o povo que ali estava um total de trinta mil ovelhas e cabritos para as ofertas da Páscoa, além de três mil bois; tudo foi tirado dos bens pessoais do rei.

8 Seus oficiais também contribuíram voluntariamente para o povo, para os sacerdotes e para os levitas. Hilquias, Zacarias e Jeiel, os administradores do templo de Deus, deram aos sacerdotes duas mil e seiscentas ovelhas e cabritos e trezentos bois. **9** Também Conanias, com seus irmãos Semaías e Natanael, e os líderes dos levitas Hasabias, Jeiel e Jozabade, ofereceram aos levitas cinco mil ovelhas e cabritos e quinhentos bois.

10 O serviço foi organizado e os sacerdotes assumiram os seus lugares com os levitas em seus turnos, conforme o rei ordenara. **11** Os cordeiros da Páscoa foram abatidos, e os sacerdotes aspergiram o sangue que lhes fora entregue, enquanto os levitas tiravam a pele dos animais. **12** Eles separaram também os holocaustos para dá-los aos grupos das famílias do povo, para que elas os oferecessem ao Senhor, conforme está escrito no Livro de Moisés; e fizeram o mesmo com os bois. **13** Assaram os animais da Páscoa sobre o fogo, conforme prescrito, cozinharam as ofertas sagradas em potes, caldeirões e panelas, e serviram rapidamente todo o povo. **14** Depois disso, os levitas prepararam a parte deles e a dos sacerdotes, pois estes, descendentes de Arão, ficaram sacrificando os holocaustos e as porções de gordura até o anoitecer. Foi por isso que os levitas prepararam a parte deles e a dos sacerdotes, descendentes de Arão.

15 Os músicos, descendentes de Asafe, estavam nos locais prescritos por Davi e por Asafe, Hemã e Jedutum, vidente do rei. Os porteiros que guardavam cada porta não precisaram deixar os seus postos, pois os seus colegas levitas prepararam as ofertas para eles.

the men of Judah, the people of Jerusalem, the priests and the Levites—all the people from the least to the greatest. He read in their hearing all the words of the Book of the Covenant, which had been found in the temple of the Lord. **31** The king stood by his pillar and renewed the covenant in the presence of the Lord—to follow the Lord and keep his commands, regulations and decrees with all his heart and all his soul, and to obey the words of the covenant written in this book.

32 Then he had everyone in Jerusalem and Benjamin pledge themselves to it; the people of Jerusalem did this in accordance with the covenant of God, the God of their fathers.

33 Josiah removed all the detestable idols from all the territory belonging to the Israelites, and he had all who were present in Israel serve the Lord their God. As long as he lived, they did not fail to follow the Lord, the God of their fathers.

Josiah Celebrates the Passover

35 Josiah celebrated the Passover to the Lord in Jerusalem, and the Passover lamb was slaughtered on the fourteenth day of the first month. **2** He appointed the priests to their duties and encouraged them in the service of the Lord's temple. **3** He said to the Levites, who instructed all Israel and who had been consecrated to the Lord: "Put the sacred ark in the temple that Solomon son of David king of Israel built. It is not to be carried about on your shoulders. Now serve the Lord your God and his people Israel. **4** Prepare yourselves by families in your divisions, according to the directions written by David king of Israel and by his son Solomon.

5 "Stand in the holy place with a group of Levites for each subdivision of the families of your fellow countrymen, the lay people. **6** Slaughter the Passover lambs, consecrate yourselves and prepare *the lambs* for your fellow countrymen, doing what the Lord commanded through Moses."

7 Josiah provided for all the lay people who were there a total of thirty thousand sheep and goats for the Passover offerings, and also three thousand cattle—all from the king's own possessions.

8 His officials also contributed voluntarily to the people and the priests and Levites. Hilkiah, Zechariah and Jehiel, the administrators of God's temple, gave the priests twenty-six hundred Passover offerings and three hundred cattle. **9** Also Conaniah along with Shemaiah and Nethanel, his brothers, and Hashabiah, Jeiel and Jozabad, the leaders of the Levites, provided five thousand Passover offerings and five hundred head of cattle for the Levites.

10 The service was arranged and the priests stood in their places with the Levites in their divisions as the king had ordered. **11** The Passover lambs were slaughtered, and the priests sprinkled the blood handed to them, while the Levites skinned the animals. **12** They set aside the burnt offerings to give them to the subdivisions of the families of the people to offer to the Lord, as is written in the Book of Moses. They did the same with the cattle. **13** They roasted the Passover animals over the fire as prescribed, and boiled the holy offerings in pots, caldrons and pans and served them quickly to all the people. **14** After this, they made preparations for themselves and for the priests, because the priests, the descendants of Aaron, were sacrificing the burnt offerings and the fat portions until nightfall. So the Levites made preparations for themselves and for the Aaronic priests.

15 The musicians, the descendants of Asaph, were in the places prescribed by David, Asaph, Heman and Jeduthun the king's seer. The gatekeepers at each gate did not need to leave their posts, because their fellow Levites made the preparations for them.

---

*d***34.30** Ou *dos mais jovens aos mais velhos*

16 Assim, naquele dia, todo o serviço do Senhor foi executado para a celebração da Páscoa e para a apresentação de holocaustos no altar do Senhor, conforme o rei Josias havia ordenado. **17** Os israelitas que estavam presentes celebraram a Páscoa naquele dia e durante sete dias celebraram a festa dos pães sem fermento. **18** A Páscoa não havia sido celebrada dessa maneira em Israel desde os dias do profeta Samuel; e nenhum dos reis de Israel havia celebrado uma Páscoa como esta, como o fez Josias, com os sacerdotes, os levitas e todo o Judá e Israel que estavam ali com o povo de Jerusalém. **19** Esta Páscoa foi celebrada no décimo oitavo ano do reinado de Josias.

A Morte de Josias

20 Depois de tudo o que Josias fez, e depois de colocar em ordem o templo, Neco, rei do Egito, saiu para lutar em Carquemis, junto ao Eufrates, e Josias marchou para combatê-lo. **21** Neco, porém, enviou-lhe mensageiros, dizendo: "Não interfiras nisso, ó rei de Judá. Desta vez não estou atacando a ti, mas a outro reino com o qual estou em guerra. Deus me disse que me apressasse; por isso pára de te opores a Deus, que está comigo; caso contrário ele te destruirá". **22** Josias, contudo, não quis voltar atrás, e disfarçou-se para enfrentá-lo em combate. Ele não quis ouvir o que Neco lhe dissera por ordem de Deus, e foi combatê-lo na planície de Megido. **23** Na batalha, flecheiros atingiram o rei Josias, pelo que disse aos seus oficiais: "Tirem-me daqui. Estou gravemente ferido". **24** Eles o tiraram do seu carro, colocaram-no em outro e o levaram para Jerusalém, onde morreu. Ele foi sepultado nos túmulos dos seus antepassados, e todos os moradores de Judá e de Jerusalém choraram por ele. **25** Jeremias compôs um cântico de lamento em homenagem a Josias, e até hoje todos os cantores e cantoras homenageiam Josias com cânticos de lamento. Estes se tornaram uma tradição em Israel e estão escritos na coletânea de lamentações. **26** Os demais acontecimentos do reinado de Josias e os seus atos piedosos, de acordo com o que está escrito na Lei do Senhor, **27** todos os acontecimentos, do início ao fim, estão escritos nos registros históricos dos reis de Israel e de Judá.

36 E o povo tomou Jeoacaz, filho de Josias, e proclamou-o rei em Jerusalém, no lugar de seu pai.

O Reinado de Jeoacaz, Rei de Judá

2 Jeoacaz tinha vinte e três anos de idade quando começou a reinar, e reinou três meses em Jerusalém. **3** O rei do Egito destronou-o em Jerusalém e impôs a Judá um tributo de três toneladas e meia[a] de prata e trinta e cinco quilos de ouro. **4** O rei do Egito proclamou Eliaquim, irmão de Jeoacaz, rei sobre Judá e sobre Jerusalém, e mudou-lhe o nome para Jeoaquim. Mas Neco levou Jeoacaz, irmão de Eliaquim, para o Egito.

O Reinado de Jeoaquim, Rei de Judá

5 Jeoaquim tinha vinte e cinco anos de idade quando começou a reinar, e reinou onze anos em Jerusalém. Ele fez o que o Senhor, o seu Deus, reprova. **6** Nabucodonosor, rei da Babilônia, atacou-o e prendeu-o com algemas de bronze para levá-lo para a Babilônia. **7** Levou também para a Babilônia objetos do templo do Senhor e os colocou no seu templo[b]. **8** Os demais acontecimentos do reinado de Jeoaquim, as coisas detestáveis que fez e tudo o que foi achado contra ele, estão escritos nos registros históricos dos reis de Israel e de Judá. Seu filho Joaquim foi o seu sucessor.

O Reinado de Joaquim, Rei de Judá

9 Joaquim tinha dezoito[c] anos de idade quando começou a reinar, e reinou três meses e dez dias em Jerusalém. Ele fez

16 So at that time the entire service of the Lord was carried out for the celebration of the Passover and the offering of burnt offerings on the altar of the Lord, as King Josiah had ordered. **17** The Israelites who were present celebrated the Passover at that time and observed the Feast of Unleavened Bread for seven days. **18** The Passover had not been observed like this in Israel since the days of the prophet Samuel; and none of the kings of Israel had ever celebrated such a Passover as did Josiah, with the priests, the Levites and all Judah and Israel who were there with the people of Jerusalem. **19** This Passover was celebrated in the eighteenth year of Josiah's reign.

The Death of Josiah

20 After all this, when Josiah had set the temple in order, Neco king of Egypt went up to fight at Carchemish on the Euphrates, and Josiah marched out to meet him in battle. **21** But Neco sent messengers to him, saying, "What quarrel is there between you and me, O king of Judah? It is not you I am attacking at this time, but the house with which I am at war. God has told me to hurry; so stop opposing God, who is with me, or he will destroy you." **22** Josiah, however, would not turn away from him, but disguised himself to engage him in battle. He would not listen to what Neco had said at God's command but went to fight him on the plain of Megiddo. **23** Archers shot King Josiah, and he told his officers, "Take me away; I am badly wounded." **24** So they took him out of his chariot, put him in the other chariot he had and brought him to Jerusalem, where he died. He was buried in the tombs of his fathers, and all Judah and Jerusalem mourned for him. **25** Jeremiah composed laments for Josiah, and to this day all the men and women singers commemorate Josiah in the laments. These became a tradition in Israel and are written in the Laments. **26** The other events of Josiah's reign and his acts of devotion, according to what is written in the Law of the Lord— **27** all the events, from beginning to end, are written in the book of the kings of Israel and Judah.

36 And the people of the land took Jehoahaz son of Josiah and made him king in Jerusalem in place of his father.

Jehoahaz King of Judah

2 Jehoahaz[a] was twenty-three years old when he became king, and he reigned in Jerusalem three months. **3** The king of Egypt dethroned him in Jerusalem and imposed on Judah a levy of a hundred talents[b] of silver and a talent[c] of gold. **4** The king of Egypt made Eliakim, a brother of Jehoahaz, king over Judah and Jerusalem and changed Eliakim's name to Jehoiakim. But Neco took Eliakim's brother Jehoahaz and carried him off to Egypt.

Jehoiakim King of Judah

5 Jehoiakim was twenty-five years old when he became king, and he reigned in Jerusalem eleven years. He did evil in the eyes of the Lord his God. **6** Nebuchadnezzar king of Babylon attacked him and bound him with bronze shackles to take him to Babylon. **7** Nebuchadnezzar also took to Babylon articles from the temple of the Lord and put them in his temple[d] there. **8** The other events of Jehoiakim's reign, the detestable things he did and all that was found against him, are written in the book of the kings of Israel and Judah. And Jehoiachin his son succeeded him as king.

Jehoiachin King of Judah

9 Jehoiachin was eighteen[e] years old when he became king, and he reigned in Jerusalem three months and ten days. He did evil in

---

[a]36.3 Hebraico: *100 talentos*. Um talento equivalia a 35 quilos. [b]36.7 Ou *palácio* [c]36.9 Conforme um manuscrito do Texto Massorético, alguns manuscritos da Septuaginta e a Versão Siríaca. A maioria dos manuscritos do Texto Massorético diz *oito*. Veja 2Rs 24.8.

[a]36:2 Hebrew *Joahaz*, a variant of *Jehoahaz*; also in verse 4 [b]36:3 That is, about 3 3/4 tons (about 3.4 metric tons) [c]36:3 That is, about 75 pounds (about 34 kilograms) [d]36:7 Or *palace* [e]36:9 One Hebrew manuscript, some Septuagint manuscripts and Syriac (see also 2 Kings 24:8); most Hebrew manuscripts *eight*

o que o Senhor reprova. **10** Na primavera o rei Nabucodonosor mandou levá-lo para a Babilônia, junto com objetos de valor retirados do templo do Senhor, e proclamou Zedequias, tio[a] de Joaquim, rei sobre Judá e sobre Jerusalém.

O Reinado de Zedequias, Rei de Judá

11 Zedequias tinha vinte e um anos de idade quando começou a reinar, e reinou onze anos em Jerusalém. **12** Ele fez o que o Senhor, o seu Deus, reprova, e não se humilhou diante do profeta Jeremias, que lhe falava como porta-voz do Senhor. **13** Também se revoltou contra o rei Nabucodonosor, que o havia obrigado a fazer um juramento em nome de Deus. Tornou-se muito obstinado e não quis se voltar para o Senhor, o Deus de Israel. **14** Além disso, todos os líderes dos sacerdotes e o povo se tornaram cada vez mais infiéis, seguindo todas as práticas detestáveis das outras nações e contaminando o templo do Senhor, consagrado por ele em Jerusalém.

A Queda de Jerusalém

15 O Senhor, o Deus dos seus antepassados, advertiu-os várias vezes por meio de seus mensageiros, pois ele tinha compaixão de seu povo e do lugar de sua habitação. **16** Mas eles zombaram dos mensageiros de Deus, desprezaram as palavras dele e expuseram ao ridículo os seus profetas, até que a ira do Senhor se levantou contra o seu povo, e já não houve remédio. **17** O Senhor enviou contra eles o rei dos babilônios[b] que, no santuário, matou os seus jovens à espada. Não poupou nem rapazes, nem moças, nem adultos, nem velhos. Deus entregou todos eles nas mãos de Nabucodonosor; **18** este levou para a Babilônia todos os utensílios do templo de Deus, tanto os pequenos como os grandes, com os tesouros do templo do Senhor, os do rei e os de seus oficiais. **19** Os babilônios incendiaram o templo de Deus e derrubaram o muro de Jerusalém; queimaram todos os palácios e destruíram todos os utensílios de valor que havia neles.

20 Nabucodonosor levou para o exílio, na Babilônia, os remanescentes, que escaparam da espada, para serem seus escravos e dos seus descendentes, até à época do domínio persa. **21** A terra desfrutou os seus descansos sabáticos; descansou durante todo o tempo de sua desolação, até que os setenta anos se completaram, em cumprimento da palavra do Senhor anunciada por Jeremias.

22 No primeiro ano do reinado de Ciro, rei da Pérsia, para que se cumprisse a palavra do Senhor anunciada por Jeremias, o Senhor tocou no coração de Ciro, rei da Pérsia, para que fizesse uma proclamação em todo o território de seu domínio e a pusesse por escrito, nestes termos:

23 "Assim declaro eu, Ciro, rei da Pérsia:

"O Senhor, o Deus dos céus, deu-me todos os reinos da terra e designou-me para construir um templo para ele em Jerusalém, na terra de Judá. Quem dentre vocês pertencer ao seu povo vá para Jerusalém, e que o Senhor, o seu Deus, esteja com ele".

Esdras

O Decreto de Ciro

1 No primeiro ano do reinado de Ciro, rei da Pérsia, a fim de que se cumprisse a palavra do Senhor falada por Jeremias, o Senhor despertou o coração de Ciro, rei da Pérsia, para redigir uma proclamação e divulgá-la em todo o seu reino, nestes termos:

2 "Assim diz Ciro, rei da Pérsia:

"O Senhor, o Deus dos céus, deu-me todos os reinos da terra e designou-me para construir um templo para ele em Jerusalém de Judá. **3** Qualquer do seu povo que esteja entre vocês, que o seu Deus esteja com ele, e que

---

the eyes of the Lord. **10** In the spring, King Nebuchadnezzar sent for him and brought him to Babylon, together with articles of value from the temple of the Lord, and he made Jehoiachin's uncle,[a] Zedekiah, king over Judah and Jerusalem.

Zedekiah King of Judah

11 Zedekiah was twenty-one years old when he became king, and he reigned in Jerusalem eleven years. **12** He did evil in the eyes of the Lord his God and did not humble himself before Jeremiah the prophet, who spoke the word of the Lord. **13** He also rebelled against King Nebuchadnezzar, who had made him take an oath in God's name. He became stiff-necked and hardened his heart and would not turn to the Lord, the God of Israel. **14** Furthermore, all the leaders of the priests and the people became more and more unfaithful, following all the detestable practices of the nations and defiling the temple of the Lord, which he had consecrated in Jerusalem.

The Fall of Jerusalem

15 The Lord, the God of their fathers, sent word to them through his messengers again and again, because he had pity on his people and on his dwelling place. **16** But they mocked God's messengers, despised his words and scoffed at his prophets until the wrath of the Lord was aroused against his people and there was no remedy. **17** He brought up against them the king of the Babylonians,[b] who killed their young men with the sword in the sanctuary, and spared neither young man nor young woman, old man or aged. God handed all of them over to Nebuchadnezzar. **18** He carried to Babylon all the articles from the temple of God, both large and small, and the treasures of the Lord's temple and the treasures of the king and his officials. **19** They set fire to God's temple and broke down the wall of Jerusalem; they burned all the palaces and destroyed everything of value there.

20 He carried into exile to Babylon the remnant, who escaped from the sword, and they became servants to him and his sons until the kingdom of Persia came to power. **21** The land enjoyed its sabbath rests; all the time of its desolation it rested, until the seventy years were completed in fulfillment of the word of the Lord spoken by Jeremiah.

22 In the first year of Cyrus king of Persia, in order to fulfill the word of the Lord spoken by Jeremiah, the Lord moved the heart of Cyrus king of Persia to make a proclamation throughout his realm and to put it in writing:

23 "This is what Cyrus king of Persia says:

" 'The Lord, the God of heaven, has given me all the kingdoms of the earth and he has appointed me to build a temple for him at Jerusalem in Judah. Anyone of his people among you—may the Lord his God be with him, and let him go up.' "

Ezra

Cyrus Helps the Exiles to Return

1 In the first year of Cyrus king of Persia, in order to fulfill the word of the Lord spoken by Jeremiah, the Lord moved the heart of Cyrus king of Persia to make a proclamation throughout his realm and to put it in writing:

2 "This is what Cyrus king of Persia says:

" 'The Lord, the God of heaven, has given me all the kingdoms of the earth and he has appointed me to build a temple for him at Jerusalem in Judah. **3** Anyone of his people among you—may his God be with him, and let him go up to Jerusalem in Judah and build the temple of the Lord,

---

a36.10 Ou *parente* **b**36.17 Ou *caldeus*   **a**36:10 Hebrew *brother*, that is, relative (see 2 Kings 24:17) **b**36:17 Or *Chaldeans*

vá a Jerusalém de Judá reconstruir o templo do Senhor, o Deus de Israel, o Deus que em Jerusalém tem a sua morada. ⁴ E que todo sobrevivente, seja qual for o lugar em que esteja vivendo, receba dos que ali vivem prata, ouro, bens, animais e ofertas voluntárias para o templo de Deus em Jerusalém".

⁵ Então os líderes das famílias de Judá e de Benjamim, como também os sacerdotes e os levitas, todos aqueles cujo coração Deus despertou, dispuseram-se a ir para Jerusalém e a construir o templo do Senhor. ⁶ Todos os seus vizinhos os ajudaram, trazendo-lhes utensílios de prata e de ouro, bens, animais e presentes valiosos, além de todas as ofertas voluntárias que fizeram. ⁷ Além disso, o rei Ciro mandou tirar os utensílios pertencentes ao templo do Senhor, os quais Nabucodonosor tinha levado de Jerusalém e colocado no templo do seu deusª. ⁸ Ciro, rei da Pérsia, ordenou que fossem tirados pelo tesoureiro Mitredate, que os enumerou e os entregou a Sesbazar, governador de Judá.

⁹ O total foi o seguinte:

30 tigelas de ouro,
1.000 tigelas de prata,
29 panelas de prata,
¹⁰ 30 bacias de ouro,
410 bacias de prata
de qualidade inferior
e 1.000 outros objetos.

¹¹ Ao todo foram, na verdade, cinco mil e quatrocentos utensílios de ouro e de prata. Sesbazar trouxe tudo isso consigo quando os exilados vieram da Babilônia para Jerusalém.

A Lista dos Exilados que Voltaram

2 Esta é a lista dos homens da província que Nabucodonosor, rei da Babilônia, tinha levado prisioneiros para a Babilônia. Eles voltaram para Jerusalém e Judá, cada um para a sua própria cidade. ² Vieram na companhia de Zorobabel, Jesua, Neemias, Seraías, Reelaías, Mardoqueu, Bilsã, Mispar, Bigvai, Reum e Baaná.

Esta é a lista dos israelitas:

³ os descendentes
de Parós 2.172
⁴ de Sefatias 372
⁵ de Ara 775
⁶ de Paate-Moabe,
por meio da linhagem
de Jesua e Joabe, 2.812
⁷ de Elão 1.254
⁸ de Zatu 945
⁹ de Zacai 760
¹⁰ de Bani 642
¹¹ de Bebai 623
¹² de Azgade 1.222
¹³ de Adonicão 666
¹⁴ de Bigvai 2.056
¹⁵ de Adim 454
¹⁶ de Ater,
por meio de Ezequias, 98
¹⁷ de Besai 323
¹⁸ de Jora 112
¹⁹ de Hasum 223
²⁰ de Gibar 95
²¹ os da cidade de Belém 123
²² de Netofate 56
²³ de Anatote 128
²⁴ de Azmavete 42
²⁵ de Quiriate-Jearimᵇ,
Quefira e Beerote 743

the God of Israel, the God who is in Jerusalem. ⁴ And the people of any place where survivors may now be living are to provide him with silver and gold, with goods and livestock, and with freewill offerings for the temple of God in Jerusalem.' "

⁵ Then the family heads of Judah and Benjamin, and the priests and Levites—everyone whose heart God had moved—prepared to go up and build the house of the Lord in Jerusalem. ⁶ All their neighbors assisted them with articles of silver and gold, with goods and livestock, and with valuable gifts, in addition to all the freewill offerings. ⁷ Moreover, King Cyrus brought out the articles belonging to the temple of the Lord, which Nebuchadnezzar had carried away from Jerusalem and had placed in the temple of his god.ª ⁸ Cyrus king of Persia had them brought by Mithredath the treasurer, who counted them out to Sheshbazzar the prince of Judah.

⁹ This was the inventory:

gold dishes	30
silver dishes	1,000
silver pansᵇ	29
¹⁰ gold bowls	30
matching silver bowls	410
other articles	1,000

¹¹ In all, there were 5,400 articles of gold and of silver. Sheshbazzar brought all these along when the exiles came up from Babylon to Jerusalem.

The List of the Exiles Who Returned

2 Now these are the people of the province who came up from the captivity of the exiles, whom Nebuchadnezzar king of Babylon had taken captive to Babylon (they returned to Jerusalem and Judah, each to his own town, ² in company with Zerubbabel, Jeshua, Nehemiah, Seraiah, Reelaiah, Mordecai, Bilshan, Mispar, Bigvai, Rehum and Baanah):

The list of the men of the people of Israel:

³ the descendants of Parosh	2,172
⁴ of Shephatiah	372
⁵ of Arah	775
⁶ of Pahath-Moab (through the line of Jeshua and Joab)	2,812
⁷ of Elam	1,254
⁸ of Zattu	945
⁹ of Zaccai	760
¹⁰ of Bani	642
¹¹ of Bebai	623
¹² of Azgad	1,222
¹³ of Adonikam	666
¹⁴ of Bigvai	2,056
¹⁵ of Adin	454
¹⁶ of Ater (through Hezekiah)	98
¹⁷ of Bezai	323
¹⁸ of Jorah	112
¹⁹ of Hashum	223
²⁰ of Gibbar	95
²¹ the men of Bethlehem	123
²² of Netophah	56
²³ of Anathoth	128
²⁴ of Azmaveth	42
²⁵ of Kiriath Jearim,ᶜ Kephirah and Beeroth	743

ª1.7 Ou *seus deuses* ᵇ2.25 Conforme a Septuaginta. O Texto Massorético diz *Quiriate-Arim*. Veja Ne 7.29.

ª1:7 Or *gods* ᵇ1:9 The meaning of the Hebrew for this word is uncertain. ᶜ2:25 See Septuagint (see also Neh. 7:29); Hebrew *Kiriath Arim*.

26 de Ramá e Geba 621
27 de Micmás 122
28 de Betel e Ai 223
29 de Nebo 52
30 de Magbis 156
31 do outro Elão 1.254
32 de Harim 320
33 de Lode, Hadide
e Ono 725
34 de Jericó 345
35 de Senaá 3.630.

36 Os sacerdotes:

os descendentes
de Jedaías,
por meio da família
de Jesua, 973
37 de Imer 1.052
38 de Pasur 1.247
39 de Harim 1.017.

40 Os levitas:

os descendentes de Jesua
e de Cadmiel,
por meio da linhagem
de Hodavias, 74.

41 Os cantores:

os descendentes de Asafe 128.

42 Os porteiros do templo:

os descendentes de Salum, Ater,
Talmom, Acube, Hatita e Sobai 139.

43 Os servidores do templo:

os descendentes de Zia,
Hasufa, Tabaote,
44 Queros, Sia, Padom,
45 Lebana, Hagaba, Acube,
46 Hagabe, Sanlai, Hanã,
47 Gidel, Gaar, Reaías,
48 Rezim, Necoda, Gazão,
49 Uzá, Paséia, Besai,
50 Asná, Meunim, Nefusim,
51 Baquebuque, Hacufa, Harur,
52 Baslute, Meída, Harsa,
53 Barcos, Sísera, Tamá,
54 Nesias e Hatifa.

55 Os descendentes dos servos
de Salomão:

os descendentes de Sotai,
Soferete, Peruda,
56 Jaala, Darcom, Gidel,
57 Sefatias, Hatil,
Poquerete-Hazebaim e Ami.

58 O total dos servidores
do templo e dos descendentes
dos servos de Salomão 392.

59 Os que chegaram das cidades de Tel-Melá, Tel-Harsa,
Querube, Adã e Imer, mas não puderam comprovar que
suas famílias descendiam de Israel, foram os seguintes:

60 os descendentes de Delaías,
Tobias e Necoda 652.

61 E dentre os sacerdotes:

os descendentes de Habaías, Hacoz e Barzilai, homem que
se casou com uma filha de Barzilai, de Gileade, e que era chamado pelo nome do sogro.

62 Eles examinaram seus registros de família, mas não conseguiram achá-los e foram considerados impuros para o

26 of Ramah and Geba   621
27 of Micmash   122
28 of Bethel and Ai   223
29 of Nebo   52
30 of Magbish   156
31 of the other Elam   1,254
32 of Harim   320
33 of Lod, Hadid and Ono   725
34 of Jericho   345
35 of Senaah   3,630

36 The priests:

the descendants of Jedaiah (through the
family of Jeshua)   973
37 of Immer   1,052
38 of Pashhur   1,247
39 of Harim   1,017

40 The Levites:

the descendants of Jeshua and Kadmiel
(through the line of Hodaviah)   74

41 The singers:

the descendants of Asaph   128

42 The gatekeepers of the temple:

the descendants of
Shallum, Ater, Talmon,
Akkub, Hatita and Shobai   139

43 The temple servants:

the descendants of
Ziha, Hasupha, Tabbaoth,
44 Keros, Siaha, Padon,
45 Lebanah, Hagabah, Akkub,
46 Hagab, Shalmai, Hanan,
47 Giddel, Gahar, Reaiah,
48 Rezin, Nekoda, Gazzam,
49 Uzza, Paseah, Besai,
50 Asnah, Meunim, Nephussim,
51 Bakbuk, Hakupha, Harhur,
52 Bazluth, Mehida, Harsha,
53 Barkos, Sisera, Temah,
54 Neziah and Hatipha

55 The descendants of the servants of Solomon:

the descendants of
Sotai, Hassophereth, Peruda,
56 Jaala, Darkon, Giddel,
57 Shephatiah, Hattil,
Pokereth-Hazzebaim and Ami

58 The temple servants and the descendants of the servants
of Solomon   392

59 The following came up from the towns of Tel Melah, Tel
Harsha, Kerub, Addon and Immer, but they could not show
that their families were descended from Israel:

60 The descendants of
Delaiah, Tobiah and Nekoda   652

61 And from among the priests:

The descendants of
Hobaiah, Hakkoz and Barzillai (a man who had married a
daughter of Barzillai the Gileadite and was called by that
name).

62 These searched for their family records, but they could
not find them and so were excluded from the priesthood as

sacerdócio. **63** Por isso o governador os proibiu de comer alimentos sagrados enquanto não houvesse um sacerdote capaz de consultar Deus por meio do Urim e do Tumim[a].

64 A totalidade dos que voltaram do exílio atingiu o número de 42.360 homens, **65** além dos seus 7.337 servos e servas; havia entre eles 200 cantores e cantoras. **66** Possuíam 736 cavalos, 245 mulas, **67** 435 camelos e 6.720 jumentos.

68 Quando chegaram ao templo do Senhor em Jerusalém, alguns dos chefes das famílias deram ofertas voluntárias para a reconstrução do templo de Deus no seu antigo local. **69** De acordo com as suas possibilidades, deram à tesouraria para essa obra quinhentos quilos[b] de ouro, três toneladas[a] de prata e cem vestes sacerdotais.

70 Os sacerdotes, os levitas, os cantores, os porteiros e os servidores do templo, bem como os demais israelitas, estabeleceram-se em suas cidades de origem.

A Reconstrução do Altar

3 Quando chegou o sétimo mês e os israelitas já estavam em suas cidades, o povo se reuniu como um só homem em Jerusalém. **2** Então Jesua, filho de Jozadaque, e seus colegas, os sacerdotes, e Zorobabel, filho de Sealtiel, e seus companheiros começaram a construir o altar do Deus de Israel para nele sacrificarem holocaustos[d], conforme o que está escrito na Lei de Moisés, homem de Deus. **3** Apesar do receio que tinham dos povos ao redor, construíram o altar sobre a sua base e nele sacrificaram holocaustos ao Senhor, tanto os sacrifícios da manhã como os da tarde. **4** Depois, de acordo com o que está escrito, celebraram a festa das cabanas[e] com o número determinado de holocaustos prescritos para cada dia. **5** A seguir apresentaram os holocaustos regulares, os sacrifícios da lua nova e os sacrifícios requeridos para todas as festas sagradas determinadas pelo Senhor, bem como os que foram trazidos como ofertas voluntárias ao Senhor. **6** A partir do primeiro dia do sétimo mês começaram a oferecer holocaustos ao Senhor, embora ainda não tivessem sido lançados os alicerces do templo do Senhor.

A Reconstrução do Templo

7 Então eles deram dinheiro aos pedreiros e aos carpinteiros, e deram comida, bebida e azeite ao povo de Sidom e de Tiro, para que, pelo mar, trouxessem do Líbano para Jope toras de cedro. Isso tinha sido autorizado por Ciro, rei da Pérsia.

8 No segundo mês do segundo ano depois de chegarem ao templo de Deus em Jerusalém, Zorobabel, filho de Sealtiel, Jesua, filho de Jozadaque, e o restante dos seus irmãos — os sacerdotes, os levitas e todos os que tinham voltado do cativeiro para Jerusalém — começaram o trabalho, designando levitas de vinte anos para cima para supervisionarem a construção do templo do Senhor. **9** Jesua, seus filhos e seus irmãos, e Cadmiel e seus filhos, descendentes de Hodavias[f], e os filhos de Henadade e seus filhos e seus irmãos, todos eles levitas, uniram-se para supervisionar os que trabalhavam no templo de Deus.

10 Quando os construtores lançaram os alicerces do templo do Senhor, os sacerdotes, com suas vestes e suas trombetas, e os levitas, filhos de Asafe, com címbalos, tomaram seus lugares para louvar o Senhor, conforme prescrito por Davi, rei de Israel. **11** Com louvor e ações de graças, cantaram responsivamente ao Senhor:

"Ele é bom;
    seu amor a Israel dura para sempre".

E todo o povo louvou o Senhor em alta voz, pois haviam sido lançados os alicerces do templo do Senhor. **12** Mas muitos

unclean. **63** The governor ordered them not to eat any of the most sacred food until there was a priest ministering with the Urim and Thummim.

64 The whole company numbered 42,360, **65** besides their 7,337 menservants and maidservants; and they also had 200 men and women singers. **66** They had 736 horses, 245 mules, **67** 435 camels and 6,720 donkeys.

68 When they arrived at the house of the Lord in Jerusalem, some of the heads of the families gave freewill offerings toward the rebuilding of the house of God on its site. **69** According to their ability they gave to the treasury for this work 61,000 drachmas[a] of gold, 5,000 minas[b] of silver and 100 priestly garments.

70 The priests, the Levites, the singers, the gatekeepers and the temple servants settled in their own towns, along with some of the other people, and the rest of the Israelites settled in their towns.

Rebuilding the Altar

3 When the seventh month came and the Israelites had settled in their towns, the people assembled as one man in Jerusalem. **2** Then Jeshua son of Jozadak and his fellow priests and Zerubbabel son of Shealtiel and his associates began to build the altar of the God of Israel to sacrifice burnt offerings on it, in accordance with what is written in the Law of Moses the man of God. **3** Despite their fear of the peoples around them, they built the altar on its foundation and sacrificed burnt offerings on it to the Lord, both the morning and evening sacrifices. **4** Then in accordance with what is written, they celebrated the Feast of Tabernacles with the required number of burnt offerings prescribed for each day. **5** After that, they presented the regular burnt offerings, the New Moon sacrifices and the sacrifices for all the appointed sacred feasts of the Lord, as well as those brought as freewill offerings to the Lord. **6** On the first day of the seventh month they began to offer burnt offerings to the Lord, though the foundation of the Lord's temple had not yet been laid.

Rebuilding the Temple

7 Then they gave money to the masons and carpenters, and gave food and drink and oil to the people of Sidon and Tyre, so that they would bring cedar logs by sea from Lebanon to Joppa, as authorized by Cyrus king of Persia.

8 In the second month of the second year after their arrival at the house of God in Jerusalem, Zerubbabel son of Shealtiel, Jeshua son of Jozadak and the rest of their brothers (the priests and the Levites and all who had returned from the captivity to Jerusalem) began the work, appointing Levites twenty years of age and older to supervise the building of the house of the Lord. **9** Jeshua and his sons and brothers and Kadmiel and his sons (descendants of Hodaviah[c]) and the sons of Henadad and their sons and brothers—all Levites—joined together in supervising those working on the house of God.

10 When the builders laid the foundation of the temple of the Lord, the priests in their vestments and with trumpets, and the Levites (the sons of Asaph) with cymbals, took their places to praise the Lord, as prescribed by David king of Israel. **11** With praise and thanksgiving they sang to the Lord:

"He is good;
    his love to Israel endures forever."

And all the people gave a great shout of praise to the Lord, because the foundation of the house of the Lord was laid. **12** But

---

[a]2.63 Objetos utilizados para se conhecer a vontade de Deus. [b]2.69 Hebraico: *61.000 dracmas.* [c]2.69 Hebraico: *5.000 minas.* Uma mina equivalia a 600 gramas. [d]3.2 Isto é, sacrifícios totalmente queimados; também nos versículos 3, 4, 5 e 6. [e]3.4 Ou *dos tabernáculos*; hebraico: *sucote.* [f]3.9 Hebraico: *Judá*, possível variante de *Hodavias.*

[a]2:69 That is, about 1,100 pounds (about 500 kilograms) [b]2:69 That is, about 3 tons (about 2.9 metric tons) [c]3:9 Hebrew *Yehudah*, probably a variant of *Hodaviah*

dos sacerdotes, dos levitas e dos chefes das famílias mais velhos, que tinham visto o antigo templo, choraram em alta voz quando viram o lançamento dos alicerces desse templo; muitos, porém, gritavam de alegria. ¹³ Não era possível distinguir entre o som dos gritos de alegria e o som do choro, pois o povo fazia enorme barulho. E o som foi ouvido a grande distância.

A Oposição à Obra

4 Quando os inimigos de Judá e de Benjamim souberam que os exilados estavam reconstruindo o templo do Senhor, o Deus de Israel, ² foram falar com Zorobabel e com os chefes das famílias: "Vamos ajudá-los nessa obra porque, como vocês, nós buscamos o Deus de vocês e temos sacrificado a ele desde a época de Esar-Hadom, rei da Assíria, que nos trouxe para cá".

³ Contudo, Zorobabel, Jesua e os demais chefes das famílias de Israel responderam: "Não compete a vocês a reconstrução do templo de nosso Deus. Somente nós o construiremos para o Senhor, o Deus de Israel, conforme Ciro, o rei da Pérsia, nos ordenou".

⁴ Então a gente da região começou a desanimar o povo de Judá e a atemorizá-lo, para que não continuasse a construçãoª. ⁵ Pagaram alguns funcionários para que se opusessem ao povo e frustrassem o seu plano. E fizeram isso durante todo o reinado de Ciro até o reinado de Dario, reis da Pérsia.

A Oposição nos Reinados de Xerxes e Artaxerxes

⁶ No início do reinado de Xerxesᵇ, apresentaram uma acusação contra o povo de Judá e de Jerusalém.

⁷ E nos dias de Artaxerxes, rei da Pérsia, Bislão, Mitredate, Tabeel e o restante dos seus companheiros escreveram uma carta a Artaxerxes. A carta foi escrita em aramaico, com caracteres aramaicosᶜ,ᵈ.

⁸ O comandante Reum e o secretário Sinsai escreveram uma carta contra Jerusalém ao rei Artaxerxes:

⁹ O comandante Reum e o secretário Sinsai, e o restante de seus companheiros — os juízes e os oficiais de Trípoli, da Pérsia, de Ereque eᵉ da Babilônia, os elamitas de Susã, ¹⁰ e das outras nações que o grande e renomado Assurbanípalᶠ deportou e assentou na cidade de Samaria e noutros lugares a oeste do Eufrates — escreveram, nos seguintes termos:

¹¹ (Esta é uma cópia da carta que lhe enviaram.)

"Ao rei Artaxerxes,

"De seus servos que vivem a oeste do Eufrates:

¹² "Informamos o rei que os judeus que chegaram a nós da tua parte vieram a Jerusalém e estão reconstruindo aquela cidade rebelde e má. Estão fazendo reparos nos muros e consertando os alicerces.

¹³ "Além disso, é preciso que o rei saiba que, se essa cidade for reconstruída e os seus muros reparados, não mais se pagarão impostos, tributos ou taxas, e as rendas do rei sofrerão prejuízo. ¹⁴ Agora, visto que estamos a serviço do palácio e não nos é conveniente ver a desonra do rei, nós lhe enviamos esta mensagem ao rei, ¹⁵ a fim de que se faça uma pesquisa nos arquivos de seus antecessores. Nesses arquivos o rei descobrirá e saberá que essa cidade é uma cidade rebelde, problemática para reis e províncias, um lugar de revoltas desde épocas antigas, motivo pelo qual foi destruída. ¹⁶ Informamos ao rei que, se essa cidade for reconstruída e seus muros reparados, nada lhe sobrará a oeste do Eufrates".

¹⁷ O rei enviou-lhes a seguinte resposta:

many of the older priests and Levites and family heads, who had seen the former temple, wept aloud when they saw the foundation of this temple being laid, while many others shouted for joy. ¹³ No one could distinguish the sound of the shouts of joy from the sound of weeping, because the people made so much noise. And the sound was heard far away.

Opposition to the Rebuilding

4 When the enemies of Judah and Benjamin heard that the exiles were building a temple for the Lord, the God of Israel, ² they came to Zerubbabel and to the heads of the families and said, "Let us help you build because, like you, we seek your God and have been sacrificing to him since the time of Esarhaddon king of Assyria, who brought us here."

³ But Zerubbabel, Jeshua and the rest of the heads of the families of Israel answered, "You have no part with us in building a temple to our God. We alone will build it for the Lord, the God of Israel, as King Cyrus, the king of Persia, commanded us."

⁴ Then the peoples around them set out to discourage the people of Judah and make them afraid to go on building.ª ⁵ They hired counselors to work against them and frustrate their plans during the entire reign of Cyrus king of Persia and down to the reign of Darius king of Persia.

Later Opposition Under Xerxes and Artaxerxes

⁶ At the beginning of the reign of Xerxes,ᵇ they lodged an accusation against the people of Judah and Jerusalem.

⁷ And in the days of Artaxerxes king of Persia, Bishlam, Mithredath, Tabeel and the rest of his associates wrote a letter to Artaxerxes. The letter was written in Aramaic script and in the Aramaic language.ᶜ,ᵈ

⁸ Rehum the commanding officer and Shimshai the secretary wrote a letter against Jerusalem to Artaxerxes the king as follows:

⁹ Rehum the commanding officer and Shimshai the secretary, together with the rest of their associates—the judges and officials over the men from Tripolis, Persia,ᵉ Erech and Babylon, the Elamites of Susa, ¹⁰ and the other people whom the great and honorable Ashurbanipalᶠ deported and settled in the city of Samaria and elsewhere in Trans-Euphrates.

¹¹ (This is a copy of the letter they sent him.)

To King Artaxerxes,

From your servants, the men of Trans-Euphrates:

¹² The king should know that the Jews who came up to us from you have gone to Jerusalem and are rebuilding that rebellious and wicked city. They are restoring the walls and repairing the foundations.

¹³ Furthermore, the king should know that if this city is built and its walls are restored, no more taxes, tribute or duty will be paid, and the royal revenues will suffer. ¹⁴ Now since we are under obligation to the palace and it is not proper for us to see the king dishonored, we are sending this message to inform the king, ¹⁵ so that a search may be made in the archives of your predecessors. In these records you will find that this city is a rebellious city, troublesome to kings and provinces, a place of rebellion from ancient times. That is why this city was destroyed. ¹⁶ We inform the king that if this city is built and its walls are restored, you will be left with nothing in Trans-Euphrates.

¹⁷ The king sent this reply:

ª4.4 Ou *a perturbá-lo enquanto construía* ᵇ4.6 Hebraico: *Assuero,* variante do nome persa *Xerxes.* ᶜ4.7 Ou *em aramaico, com sua respectiva tradução* ᵈ4.7 O texto de Esdras 4.8-6.18 está em aramaico. ᵉ4.9 Ou *oficiais, magistrados e governadores sobre Ereque e;* ou ainda *oficiais de Dim, Afarsaque, Tarpel e Afarsa* ᶠ4.10 Aramaico: *Osnapar,* variante de *Assurbanipal.*

ª4:4 Or *and troubled them as they built* ᵇ4:6 Hebrew *Ahasuerus,* a variant of Xerxes' Persian name ᶜ4:7 Or *written in Aramaic and translated* ᵈ4:7 The text of Ezra 4:8—6:18 is in Aramaic. ᵉ4:9 Or *officials, magistrates and governors over the men from* ᶠ4:10 Aramaic *Osnappar,* a variant of *Ashurbanipal*

"Ao comandante Reum, ao secretário Sinsai e aos seus demais companheiros que vivem em Samaria e em outras partes, a oeste do Eufrates:

"Saudações de paz!

18 "A carta que vocês nos enviaram foi traduzida e lida na minha presença. **19** Sob minhas ordens fez-se uma pesquisa, e descobriu-se que essa cidade tem uma longa história de rebeldia contra os reis e que tem sido um lugar de rebeliões e revoltas. **20** Jerusalém teve reis poderosos que governaram toda a região a oeste do Eufrates, aos quais se pagavam impostos, tributos e taxas. **21** Ordene agora a esses homens que parem a obra, para que essa cidade não seja reconstruída enquanto eu não mandar. **22** Tenham cuidado, não sejam negligentes neste assunto, para que os interesses reais não sofram prejuízo".

23 Lida a cópia da carta do rei Artaxerxes para Reum, para o secretário Sinsai e para os seus companheiros, eles foram depressa a Jerusalém e forçaram os judeus a parar a obra.

24 Assim a obra do templo de Deus em Jerusalém foi interrompida, e ficou parada até o segundo ano do reinado de Dario, rei da Pérsia.

A Carta de Tatenai a Dario

5 Ora, o profeta Ageu e o profeta Zacarias, descendente de Ido, profetizaram aos judeus de Judá e de Jerusalém, em nome do Deus de Israel, que estava sobre eles. **2** Então Zorobabel, filho de Sealtiel, e Jesua, filho de Jozadaque, começaram a reconstruir o templo de Deus em Jerusalém. E os profetas de Deus estavam com eles e os ajudavam.

3 Tatenai, governador do território a oeste do Eufrates, Setar-Bozenai e seus companheiros foram logo perguntar a eles: "Quem os autorizou a reconstruir este templo e estes muros? **4** E como se chamam os homens que estão construindo este edifício?ª" **5** Mas os olhos do seu Deus estavam sobre os líderes dos judeus, e eles não foram impedidos de trabalhar até que um relatório fosse enviado a Dario e dele se recebesse uma ordem oficial a respeito do assunto.

6 Esta é uma cópia da carta que Tatenai, governador do território situado a oeste do Eufrates, Setar-Bozenai e seus companheiros, os oficiais do oeste do Eufrates, enviaram ao rei Dario. **7** O relatório que lhe enviaram dizia o seguinte:

"Ao rei Dario:

"Paz e prosperidade!

8 "Informamos ao rei que fomos à província de Judá, ao templo do grande Deus. O povo o está reconstruindo com grandes pedras e já estão fixando as vigas de madeira nas paredes. A obra está sendo executada com diligência e apresentando rápido progresso.

9 "Então perguntamos aos líderes: Quem os autorizou a reconstruir este templo e estes muros? **10** Também perguntamos os nomes dos líderes deles, para que os registrássemos para a tua informação.

11 "Esta é a resposta que nos deram:

" 'Somos servos do Deus dos céus e da terra e estamos reconstruindo o templo edificado há muitos anos, templo que foi construído e terminado por um grande rei de Israel. **12** Mas, visto que os nossos antepassados irritaram o Deus dos céus, ele os entregou nas mãos do babilônioª Nabucodonosor, rei da Babilônia, que destruiu este templo e deportou o povo para a Babilônia.

To Rehum the commanding officer, Shimshai the secretary and the rest of their associates living in Samaria and elsewhere in Trans-Euphrates:

Greetings.

18 The letter you sent us has been read and translated in my presence. **19** I issued an order and a search was made, and it was found that this city has a long history of revolt against kings and has been a place of rebellion and sedition. **20** Jerusalem has had powerful kings ruling over the whole of Trans-Euphrates, and taxes, tribute and duty were paid to them. **21** Now issue an order to these men to stop work, so that this city will not be rebuilt until I so order. **22** Be careful not to neglect this matter. Why let this threat grow, to the detriment of the royal interests?

23 As soon as the copy of the letter of King Artaxerxes was read to Rehum and Shimshai the secretary and their associates, they went immediately to the Jews in Jerusalem and compelled them by force to stop.

24 Thus the work on the house of God in Jerusalem came to a standstill until the second year of the reign of Darius king of Persia.

Tattenai's Letter to Darius

5 Now Haggai the prophet and Zechariah the prophet, a descendant of Iddo, prophesied to the Jews in Judah and Jerusalem in the name of the God of Israel, who was over them. **2** Then Zerubbabel son of Shealtiel and Jeshua son of Jozadak set to work to rebuild the house of God in Jerusalem. And the prophets of God were with them, helping them.

3 At that time Tattenai, governor of Trans-Euphrates, and Shethar-Bozenai and their associates went to them and asked, "Who authorized you to rebuild this temple and restore this structure?" **4** They also asked, "What are the names of the men constructing this building?"ª **5** But the eye of their God was watching over the elders of the Jews, and they were not stopped until a report could go to Darius and his written reply be received.

6 This is a copy of the letter that Tattenai, governor of Trans-Euphrates, and Shethar-Bozenai and their associates, the officials of Trans-Euphrates, sent to King Darius. **7** The report they sent him read as follows:

To King Darius:

Cordial greetings.

8 The king should know that we went to the district of Judah, to the temple of the great God. The people are building it with large stones and placing the timbers in the walls. The work is being carried on with diligence and is making rapid progress under their direction.

9 We questioned the elders and asked them, "Who authorized you to rebuild this temple and restore this structure?" **10** We also asked them their names, so that we could write down the names of their leaders for your information.

11 This is the answer they gave us:

"We are the servants of the God of heaven and earth, and we are rebuilding the temple that was built many years ago, one that a great king of Israel built and finished. **12** But because our fathers angered the God of heaven, he handed them over to Nebuchadnezzar the Chaldean, king of Babylon, who destroyed this temple and deported the people to Babylon.

ª5.4 Conforme a Septuaginta. O Texto Massorético diz *Demos a eles os nomes dos homens que estavam construindo este edifício.* ᵇ5.12 Ou *caldeu*

ª5:4 See Septuagint; Aramaic **4** *We told them the names of the men constructing this building.*

13 " 'Contudo, no seu primeiro ano como rei da Babilônia, o rei Ciro emitiu um decreto ordenando a reconstrução desta casa de Deus. **14** Ele até mesmo tirou do temploª da Babilônia os utensílios de ouro e de prata da casa de Deus, os quais Nabucodonosor havia tirado do templo de Jerusalém e levado para o templo da Babilônia.

" 'O rei Ciro os confiou a um homem chamado Sesbazar, que ele tinha nomeado governador, **15** e lhe disse: "Leve estes utensílios, coloque-os no templo de Jerusalém e reconstrua a casa de Deus em seu antigo local". **16** Então Sesbazar veio e lançou os alicerces do templo de Deus em Jerusalém. Desde aquele dia o templo tem estado em construção, mas ainda não foi concluído'.

17 "Agora, se for do agrado do rei, que se faça uma pesquisa nos arquivos reais da Babilônia para verificar se o rei Ciro de fato emitiu um decreto ordenando a reconstrução da casa de Deus em Jerusalém. Aguardamos do rei a decisão sobre o assunto".

O Decreto de Dario

6 O rei Dario mandou então fazer uma pesquisa nos arquivos da Babilônia, que estavam nos locais em que se guardavam os tesouros. **2** Encontrou-se um rolo na cidadela de Ecbatana, na província da Média, e nele estava escrito o seguinte, que Dario comunicou:

3 "No primeiro ano do seu reinado, o rei Ciro promulgou um decreto acerca do templo de Deus em Jerusalém, nestes termos:

" 'Que o templo seja reconstruído como local destinado à apresentação de sacrifícios, e que se lancem os seus alicerces. Ele terá vinte e sete metrosᵇ de altura e vinte e sete metros de largura, **4** com três carreiras de pedras grandes e uma carreira de madeira. O custo será pago pela tesouraria do rei. **5** E os utensílios de ouro e de prata da casa de Deus, que Nabucodonosor tirou do templo de Jerusalém e trouxe para a Babilônia, serão devolvidos aos seus lugares no templo de Jerusalém; devem ser colocados na casa de Deus'.

6 "Agora, então, Tatenai, governador do território situado a oeste do Eufrates, e Setar-Bozenai, e vocês, oficiais dessa província e amigos deles, mantenham-se afastados de lá. **7** Não interfiram na obra que se faz nesse templo de Deus. Deixem o governador e os líderes dos judeus reconstruírem esse templo de Deus em seu antigo local.

8 "Além disso, promulgo o seguinte decreto a respeito do que vocês farão por esses líderes dos judeus na construção desse templo de Deus:

"As despesas desses homens serão integralmente pagas pela tesouraria do rei, do tributo recebido do território a oeste do Eufrates, para que a obra não pare. **9** E o que for necessário: novilhos, carneiros, cordeiros para os holocaustosᶜ oferecidos ao Deus dos céus, e trigo, sal, vinho e azeite, conforme for solicitado pelos sacerdotes em Jerusalém, tudo deverá ser entregue diariamente a eles, sem falta, **10** para que ofereçam sacrifícios agradáveis ao Deus dos céus e orem pelo bem-estar do rei e dos seus filhos.

11 "Além disso, determino que, se alguém alterar este decreto, atravessem-lhe o corpo com uma viga tirada de sua casa e deixem-no empalado. E seja a sua casa transformada num monte de entulho. **12** E que Deus, que fez o seu nome ali habitar, derrube qualquer rei ou povo que estender a mão para mudar este decreto ou para destruir esse templo de Jerusalém.

"Eu, Dario, o decretei. Que seja plenamente executado".

A Dedicação do Templo

13 Tendo recebido o decreto do rei Dario, Tatenai, governa-

13 "However, in the first year of Cyrus king of Babylon, King Cyrus issued a decree to rebuild this house of God. **14** He even removed from the templeª of Babylon the gold and silver articles of the house of God, which Nebuchadnezzar had taken from the temple in Jerusalem and brought to the templeᵇ in Babylon.

"Then King Cyrus gave them to a man named Sheshbazzar, whom he had appointed governor, **15** and he told him, 'Take these articles and go and deposit them in the temple in Jerusalem. And rebuild the house of God on its site.' **16** So this Sheshbazzar came and laid the foundations of the house of God in Jerusalem. From that day to the present it has been under construction but is not yet finished."

17 Now if it pleases the king, let a search be made in the royal archives of Babylon to see if King Cyrus did in fact issue a decree to rebuild this house of God in Jerusalem. Then let the king send us his decision in this matter.

The Decree of Darius

6 King Darius then issued an order, and they searched in the archives stored in the treasury at Babylon. **2** A scroll was found in the citadel of Ecbatana in the province of Media, and this was written on it:

Memorandum:

3 In the first year of King Cyrus, the king issued a decree concerning the temple of God in Jerusalem:

Let the temple be rebuilt as a place to present sacrifices, and let its foundations be laid. It is to be ninety feetᶜ high and ninety feet wide, **4** with three courses of large stones and one of timbers. The costs are to be paid by the royal treasury. **5** Also, the gold and silver articles of the house of God, which Nebuchadnezzar took from the temple in Jerusalem and brought to Babylon, are to be returned to their places in the temple in Jerusalem; they are to be deposited in the house of God.

6 Now then, Tattenai, governor of Trans-Euphrates, and Shethar-Bozenai and you, their fellow officials of that province, stay away from there. **7** Do not interfere with the work on this temple of God. Let the governor of the Jews and the Jewish elders rebuild this house of God on its site.

8 Moreover, I hereby decree what you are to do for these elders of the Jews in the construction of this house of God:

The expenses of these men are to be fully paid out of the royal treasury, from the revenues of Trans-Euphrates, so that the work will not stop. **9** Whatever is needed—young bulls, rams, male lambs for burnt offerings to the God of heaven, and wheat, salt, wine and oil, as requested by the priests in Jerusalem—must be given them daily without fail, **10** so that they may offer sacrifices pleasing to the God of heaven and pray for the well-being of the king and his sons.

11 Furthermore, I decree that if anyone changes this edict, a beam is to be pulled from his house and he is to be lifted up and impaled on it. And for this crime his house is to be made a pile of rubble. **12** May God, who has caused his Name to dwell there, overthrow any king or people who lifts a hand to change this decree or to destroy this temple in Jerusalem.

I Darius have decreed it. Let it be carried out with diligence.

Completion and Dedication of the Temple

13 Then, because of the decree King Darius had sent, Tattenai,

---

ª5.14 Ou *palácio*; também no mesmo versículo. ᵇ6.3 Aramaico: *60 côvados*. O côvado era uma medida linear de cerca de 45 centímetros. ᶜ6.9 Isto é, sacrifícios totalmente queimados.

ª5:14 Or *palace* ᵇ5:14 Or *palace* ᶜ6:3 Aramaic *sixty cubits* (about 27 meters)

dor do território situado a oeste do Eufrates, Setar-Bozenai e os companheiros deles o cumpriram plenamente. **14** Dessa maneira, os líderes dos judeus continuaram a construir e a prosperar, encorajados pela pregação dos profetas Ageu e Zacarias, descendente de Ido. Eles terminaram a reconstrução do templo conforme a ordem do Deus de Israel e os decretos de Ciro, de Dario e de Artaxerxes, reis da Pérsia. **15** O templo foi concluído no terceiro dia do mês de adarª, no sexto ano do reinado do rei Dario.

16 Então o povo de Israel, os sacerdotes, os levitas e o restante dos exilados, celebraram com alegria a dedicação do templo de Deus. **17** Para a dedicação do templo de Deus ofereceram cem touros, duzentos carneiros, quatrocentos cordeiros e, como oferta pelo pecado de todo o Israel, doze bodes, de acordo com o número das tribos de Israel. **18** E organizaram os sacerdotes em suas divisões e os levitas em seus grupos para o serviço de Deus em Jerusalém, conforme o que está escrito no Livro de Moisés.

A Celebração da Páscoa

19 No décimo quarto dia do primeiro mês, os exilados celebraram a Páscoa. **20** Os sacerdotes e os levitas tinham se purificado; estavam todos cerimonialmente puros. Os levitas sacrificaram o cordeiro da Páscoa por todos os exilados, por seus colegas sacerdotes e por eles mesmos. **21** Assim, os israelitas que tinham voltado do exílio comeram do cordeiro, participando com eles todos os que se haviam separado das práticas impuras dos seus vizinhos gentios para buscarem o Senhor, o Deus de Israel. **22** Durante sete dias eles celebraram com alegria a festa dos pães sem fermento, pois o Senhor os enchera de alegria ao mudar o coração do rei da Assíria, levando-o a dar-lhes força para realizarem a obra de reconstrução do templo de Deus, o Deus de Israel.

Esdras Vai para Jerusalém

7 Depois dessas coisas, durante o reinado de Artaxerxes, rei da Pérsia, vivia um homem chamado Esdras. Era filho de Seraías, filho de Azarias, filho de Hilquias, **2** filho de Salum, filho de Zadoque, filho de Aitube, **3** filho de Amarias, filho de Azarias, filho de Meraiote, **4** filho de Zeraías, filho de Uzi, filho de Buqui, **5** filho de Abisua, filho de Finéias, filho de Eleazar, filho do sumo sacerdote Arão. **6** Este Esdras veio da Babilônia. Era um escriba que conhecia muito a Lei de Moisés dada pelo Senhor, o Deus de Israel. O rei lhe concedera tudo o que ele tinha pedido, pois a mão do Senhor, o seu Deus, estava sobre ele. **7** Alguns dos israelitas, inclusive sacerdotes, levitas, cantores, porteiros e servidores do templo, também foram para Jerusalém no sétimo ano do reinado de Artaxerxes.

8 Esdras chegou a Jerusalém no quinto mês do sétimo ano desse reinado. **9** No primeiro dia do primeiro mês ele saiu da Babilônia e chegou a Jerusalém no primeiro dia do quinto mês, porque a boa mão de seu Deus estava sobre ele. **10** Pois Esdras tinha decidido dedicar-se a estudar a Lei do Senhor e a praticá-la, e a ensinar os seus decretos e mandamentos aos israelitas.

A Carta do Rei Artaxerxes a Esdras

11 Esta é uma cópia da carta que o rei Artaxerxes entregou ao sacerdote e escriba Esdras, conhecedor dos mandamentos e decretos do Senhor para Israel:

12 b "Artaxerxes, rei dos reis,

"Ao sacerdote Esdras, escriba da Lei do Deus dos céus:

"Paz e prosperidade!

13 "Estou decretando que qualquer israelita em meu reino, inclusive dentre os sacerdotes e levitas, que desejar ir a Jerusalém com você, poderá fazê-lo. **14** Você está sendo enviado pelo rei e por seus sete conselheiros para fazer uma investigação em Judá e em Jerusalém com respeito à Lei do seu Deus, que está nas suas mãos.

---

governor of Trans-Euphrates, and Shethar-Bozenai and their associates carried it out with diligence. **14** So the elders of the Jews continued to build and prosper under the preaching of Haggai the prophet and Zechariah, a descendant of Iddo. They finished building the temple according to the command of the God of Israel and the decrees of Cyrus, Darius and Artaxerxes, kings of Persia. **15** The temple was completed on the third day of the month Adar, in the sixth year of the reign of King Darius.

16 Then the people of Israel—the priests, the Levites and the rest of the exiles—celebrated the dedication of the house of God with joy. **17** For the dedication of this house of God they offered a hundred bulls, two hundred rams, four hundred male lambs and, as a sin offering for all Israel, twelve male goats, one for each of the tribes of Israel. **18** And they installed the priests in their divisions and the Levites in their groups for the service of God at Jerusalem, according to what is written in the Book of Moses.

The Passover

19 On the fourteenth day of the first month, the exiles celebrated the Passover. **20** The priests and Levites had purified themselves and were all ceremonially clean. The Levites slaughtered the Passover lamb for all the exiles, for their brothers the priests and for themselves. **21** So the Israelites who had returned from the exile ate it, together with all who had separated themselves from the unclean practices of their Gentile neighbors in order to seek the Lord, the God of Israel. **22** For seven days they celebrated with joy the Feast of Unleavened Bread, because the Lord had filled them with joy by changing the attitude of the king of Assyria, so that he assisted them in the work on the house of God, the God of Israel.

Ezra Comes to Jerusalem

7 After these things, during the reign of Artaxerxes king of Persia, Ezra son of Seraiah, the son of Azariah, the son of Hilkiah, **2** the son of Shallum, the son of Zadok, the son of Ahitub, **3** the son of Amariah, the son of Azariah, the son of Meraioth, **4** the son of Zerahiah, the son of Uzzi, the son of Bukki, **5** the son of Abishua, the son of Phinehas, the son of Eleazar, the son of Aaron the chief priest— **6** this Ezra came up from Babylon. He was a teacher well versed in the Law of Moses, which the Lord, the God of Israel, had given. The king had granted him everything he asked, for the hand of the Lord his God was on him. **7** Some of the Israelites, including priests, Levites, singers, gatekeepers and temple servants, also came up to Jerusalem in the seventh year of King Artaxerxes.

8 Ezra arrived in Jerusalem in the fifth month of the seventh year of the king. **9** He had begun his journey from Babylon on the first day of the first month, and he arrived in Jerusalem on the first day of the fifth month, for the gracious hand of his God was on him. **10** For Ezra had devoted himself to the study and observance of the Law of the Lord, and to teaching its decrees and laws in Israel.

King Artaxerxes' Letter to Ezra

11 This is a copy of the letter King Artaxerxes had given to Ezra the priest and teacher, a man learned in matters concerning the commands and decrees of the Lord for Israel:

12 a Artaxerxes, king of kings,

To Ezra the priest, a teacher of the Law of the God of heaven:

Greetings.

13 Now I decree that any of the Israelites in my kingdom, including priests and Levites, who wish to go to Jerusalem with you, may go. **14** You are sent by the king and his seven advisers to inquire about Judah and Jerusalem with regard to the Law of your God, which is in your hand.

ª6.15 Aproximadamente fevereiro/março. b7.12 O texto original de Esdras 7.12-26 está em aramaico.

ª7:12 The text of Ezra 7:12-26 is in Aramaic.

15 Além disso, você levará a prata e o ouro que o rei e seus conselheiros voluntariamente ofereceram ao Deus de Israel, cuja habitação está em Jerusalém, **16** além de toda a prata e todo o ouro que você receber da província da Babilônia, como também as ofertas voluntárias do povo e dos sacerdotes para o templo do Deus deles em Jerusalém. **17** Com esse dinheiro compre novilhos, carneiros, cordeiros e o que for necessário para as suas ofertas de cereal e de bebida, e sacrifique-os no altar do templo do seu Deus em Jerusalém.

18 "Você e seus irmãos poderão fazer o que acharem melhor com o restante da prata e do ouro, de acordo com a vontade do seu Deus. **19** Entregue ao Deus de Jerusalém todos os utensílios que foram confiados a você para o culto no templo de seu Deus. **20** E todas as demais despesas necessárias com relação ao templo de seu Deus serão pagas pelo tesouro real.

21 "Agora eu, o rei Artaxerxes, ordeno a todos os tesoureiros do território situado a oeste do Eufrates que forneçam tudo o que lhes solicitar o sacerdote Esdras, escriba da Lei do Deus dos céus, **22** até três toneladas e meia^a de prata, cem tonéis^b de trigo, dez barris^c de vinho, dez barris de azeite de oliva, e sal à vontade. **23** Tudo o que o Deus dos céus tenha prescrito, que se faça com presteza para o templo do Deus dos céus, para que a sua ira não venha contra o império do rei e dos seus descendentes. **24** Saibam também que vocês não têm autoridade para exigir impostos, tributos ou taxas de nenhum sacerdote, levita, cantor, porteiro, servidor do templo e de nenhum dos que trabalham nesse templo de Deus.

25 "E você, Esdras, com a sabedoria que o seu Deus lhe deu, nomeie magistrados e juízes para ministrarem a justiça a todo o povo do território situado a oeste do Eufrates, a todos os que conhecem as leis do seu Deus. E aos que não as conhecem você deverá ensiná-las. **26** Aquele que não obedecer à lei do Deus de vocês e à lei do rei seja punido com a morte, ou com o exílio, ou com o confisco de bens, ou com a prisão".

27 Bendito seja o Senhor, o Deus de nossos antepassados, que pôs no coração do rei o propósito de honrar desta maneira o templo do Senhor em Jerusalém, **28** e que, por sua bondade, favoreceu-me perante o rei, seus conselheiros e todos os seus altos oficiais. Como a mão do Senhor, o meu Deus, esteve sobre mim, tomei coragem e reuni alguns líderes de Israel para me acompanharem.

A Lista dos Líderes das Famílias que Voltaram

8 Estes são os chefes das famílias e dos que com eles foram registrados, os quais saíram comigo da Babilônia durante o reinado do rei Artaxerxes:

2 dos descendentes de Finéias, Gérson;
dos descendentes de Itamar, Daniel;
dos descendentes de Davi, Hatus;
3 dos descendentes de Secanias,
dos descendentes de Parós, Zacarias,
sendo registrados com ele
150 homens;
4 dos descendentes de Paate-Moabe,
Elioenai, filho de Zeraías,
e com ele 200 homens;
5 dos descendentes de Zatu^d,
Secanias, filho de Jaaziel,
e com ele 300 homens;

15 Moreover, you are to take with you the silver and gold that the king and his advisers have freely given to the God of Israel, whose dwelling is in Jerusalem, **16** together with all the silver and gold you may obtain from the province of Babylon, as well as the freewill offerings of the people and priests for the temple of their God in Jerusalem. **17** With this money be sure to buy bulls, rams and male lambs, together with their grain offerings and drink offerings, and sacrifice them on the altar of the temple of your God in Jerusalem.

18 You and your brother Jews may then do whatever seems best with the rest of the silver and gold, in accordance with the will of your God. **19** Deliver to the God of Jerusalem all the articles entrusted to you for worship in the temple of your God. **20** And anything else needed for the temple of your God that you may have occasion to supply, you may provide from the royal treasury.

21 Now I, King Artaxerxes, order all the treasurers of Trans-Euphrates to provide with diligence whatever Ezra the priest, a teacher of the Law of the God of heaven, may ask of you— **22** up to a hundred talents^a of silver, a hundred cors^b of wheat, a hundred baths^c of wine, a hundred baths^d of olive oil, and salt without limit. **23** Whatever the God of heaven has prescribed, let it be done with diligence for the temple of the God of heaven. Why should there be wrath against the realm of the king and of his sons? **24** You are also to know that you have no authority to impose taxes, tribute or duty on any of the priests, Levites, singers, gatekeepers, temple servants or other workers at this house of God.

25 And you, Ezra, in accordance with the wisdom of your God, which you possess, appoint magistrates and judges to administer justice to all the people of Trans-Euphrates— all who know the laws of your God. And you are to teach any who do not know them. **26** Whoever does not obey the law of your God and the law of the king must surely be punished by death, banishment, confiscation of property, or imprisonment.

27 Praise be to the Lord, the God of our fathers, who has put it into the king's heart to bring honor to the house of the Lord in Jerusalem in this way **28** and who has extended his good favor to me before the king and his advisers and all the king's powerful officials. Because the hand of the Lord my God was on me, I took courage and gathered leading men from Israel to go up with me.

List of the Family Heads Returning With Ezra

8 These are the family heads and those registered with them who came up with me from Babylon during the reign of King Artaxerxes:

2 of the descendants of Phinehas, Gershom;
of the descendants of Ithamar, Daniel;
of the descendants of David, Hattush **3** of the descendants of Shecaniah;

of the descendants of Parosh, Zechariah, and with him were registered 150 men;
4 of the descendants of Pahath-Moab, Eliehoenai son of Zerahiah, and with him 200 men;
5 of the descendants of Zattu,^e Shecaniah son of Jahaziel, and with him 300 men;

---

^a7.22 Aramaico: *100 talentos*. Um talento equivalia a 35 quilos. **^b7.22** Aramaico: *100 coros*. O coro era uma medida de capacidade. As estimativas variam entre 200 e 400 litros. **^c7.22** Aramaico: *100 batos*. O bato era uma medida de capacidade para líquidos. As estimativas variam entre 20 e 40 litros. **^d8.5** Muitos manuscritos não trazem *Zatu*.

^a7:22 That is, about 3 3/4 tons (about 3.4 metric tons) **^b7:22** That is, probably about 600 bushels (about 22 kiloliters) **^c7:22** That is, probably about 600 gallons (about 2.2 kiloliters) **^d7:22** That is, probably about 600 gallons (about 2.2 kiloliters) **^e8:5** Some Septuagint manuscripts (also 1 Esdras 8:32); Hebrew does not have *Zattu*.

⁶ dos descendentes de Adim,
Ebede, filho de Jônatas,
e com ele 50 homens;
⁷ dos descendentes de Elão,
Jesaías, filho de Atalias,
e com ele 70 homens;
⁸ dos descendentes de Sefatias,
Zebadias, filho de Micael,
e com ele 80 homens;
⁹ dos descendentes de Joabe,
Obadias, filho de Jeiel,
e com ele 218 homens;
¹⁰ dos descendentes de Baniᵃ,
Selomite, filho de Josifias,
e com ele 160 homens;
¹¹ dos descendentes de Bebai,
Zacarias, filho de Bebai,
e com ele 28 homens;
¹² dos descendentes de Azgade,
Joanã, filho de Hacatã,
e com ele 110 homens;
¹³ dos descendentes de Adonicão,
os últimos que chegaram,
Elifelete, Jeiel e Semaías,
e com eles 60 homens;
¹⁴ dos descendentes de Bigvai,
Utai e Zabude,
e com eles 70 homens.

O Retorno a Jerusalém

¹⁵ Eu os reuni junto ao canal que corre para Aava e acampamos ali por três dias. Quando passei em revista o povo e os sacerdotes, não encontrei nenhum levita. ¹⁶ Por isso convoquei Eliézer, Ariel, Semaías, Elnatã, Jaribe, Elnatã, Natã, Zacarias e Mesulão, que eram líderes, e Joiaribe e Natã, que eram homens sábios, ¹⁷ e os enviei a Ido, o líder de Casifia. Eu lhes falei o que deveriam dizer a Ido e a seus parentes, os servidores do templo, em Casifia, para que nos trouxessem servidores para o templo de nosso Deus. ¹⁸ Como a bondosa mão de Deus estava sobre nós, eles nos trouxeram Serebias, homem capaz, dentre os descendentes de Mali, filho de Levi, neto de Israel, e os filhos e irmãos de Serebias, dezoito homens; ¹⁹ e também Hasabias, acompanhado de Jesaías, dentre os descendentes de Merari, e seus irmãos e filhos, vinte homens. ²⁰ Trouxeram ainda duzentos e vinte dos servidores do templo, um grupo que Davi e os seus oficiais tinham formado para ajudar os levitas. Todos eles tinham seus nomes registrados.

²¹ Ali, junto ao canal de Aava, proclamei jejum para que nos humilhássemos diante do nosso Deus e lhe pedíssemos uma viagem segura para nós e nossos filhos, com todos os nossos bens. ²² Tive vergonha de pedir soldados e cavaleiros ao rei para nos protegerem dos inimigos na estrada, pois lhe tínhamos dito: "A mão bondosa de nosso Deus está sobre todos os que o buscam, mas o seu poder e a sua ira são contra todos os que o abandonam". ²³ Por isso jejuamos e suplicamos essa bênção ao nosso Deus, e ele nos atendeu.

²⁴ Depois separei doze dos principais sacerdotes, a saber, Serebias, Hasabias e dez dos seus irmãos, ²⁵ e pesei diante deles a oferta de prata e de ouro e os utensílios que o rei, seus conselheiros, seus oficiais e todo o Israel ali presente tinham doado para a casa de nosso Deus. ²⁶ Pesei e entreguei-lhes vinte e dois mil e setecentos e cinqüenta quilosᵇ de prata, três toneladas e meia de utensílios de prata, três toneladas e meia de ouro, ²⁷ vinte tigelas de ouro pesando oito quilos e meioᶜ, e dois utensílios finos de bronze polido, tão valiosos como se fossem de ouro.

⁶ of the descendants of Adin, Ebed son of Jonathan, and with him 50 men;
⁷ of the descendants of Elam, Jeshaiah son of Athaliah, and with him 70 men;
⁸ of the descendants of Shephatiah, Zebadiah son of Michael, and with him 80 men;
⁹ of the descendants of Joab, Obadiah son of Jehiel, and with him 218 men;
¹⁰ of the descendants of Bani,ᵃ Shelomith son of Josiphiah, and with him 160 men;
¹¹ of the descendants of Bebai, Zechariah son of Bebai, and with him 28 men;
¹² of the descendants of Azgad, Johanan son of Hakkatan, and with him 110 men;
¹³ of the descendants of Adonikam, the last ones, whose names were Eliphelet, Jeuel and Shemaiah, and with them 60 men;
¹⁴ of the descendants of Bigvai, Uthai and Zaccur, and with them 70 men.

The Return to Jerusalem

¹⁵ I assembled them at the canal that flows toward Ahava, and we camped there three days. When I checked among the people and the priests, I found no Levites there. ¹⁶ So I summoned Eliezer, Ariel, Shemaiah, Elnathan, Jarib, Elnathan, Nathan, Zechariah and Meshullam, who were leaders, and Joiarib and Elnathan, who were men of learning, ¹⁷ and I sent them to Iddo, the leader in Casiphia. I told them what to say to Iddo and his kinsmen, the temple servants in Casiphia, so that they might bring attendants to us for the house of our God. ¹⁸ Because the gracious hand of our God was on us, they brought us Sherebiah, a capable man, from the descendants of Mahli son of Levi, the son of Israel, and Sherebiah's sons and brothers, 18 men; ¹⁹ and Hashabiah, together with Jeshaiah from the descendants of Merari, and his brothers and nephews, 20 men. ²⁰ They also brought 220 of the temple servants—a body that David and the officials had established to assist the Levites. All were registered by name.

²¹ There, by the Ahava Canal, I proclaimed a fast, so that we might humble ourselves before our God and ask him for a safe journey for us and our children, with all our possessions. ²² I was ashamed to ask the king for soldiers and horsemen to protect us from enemies on the road, because we had told the king, "The gracious hand of our God is on everyone who looks to him, but his great anger is against all who forsake him." ²³ So we fasted and petitioned our God about this, and he answered our prayer.

²⁴ Then I set apart twelve of the leading priests, together with Sherebiah, Hashabiah and ten of their brothers, ²⁵ and I weighed out to them the offering of silver and gold and the articles that the king, his advisers, his officials and all Israel present there had donated for the house of our God. ²⁶ I weighed out to them 650 talentsᵇ of silver, silver articles weighing 100 talents,ᶜ 100 talentsᵈ of gold, ²⁷ 20 bowls of gold valued at 1,000 darics,ᵉ and two fine articles of polished bronze, as precious as gold.

28 E eu lhes disse: Tanto vocês como estes utensílios estão consagrados ao Senhor. A prata e o ouro são uma oferta voluntária ao Senhor, o Deus dos seus antepassados. **29** Guardem-nos bem até que os pesem nas salas do templo do Senhor em Jerusalém diante dos sacerdotes principais, dos levitas e dos chefes das famílias de Israel. **30** Então os sacerdotes e os levitas receberam a prata, o ouro e os utensílios sagrados, depois de pesados, para levá-los a Jerusalém, ao templo do nosso Deus.

31 No décimo segundo dia do primeiro mês nós partimos do canal de Aava e fomos para Jerusalém. A mão do nosso Deus esteve sobre nós, e ele nos protegeu do ataque de inimigos e assaltantes pelo caminho. **32** Assim chegamos a Jerusalém, e ficamos descansando três dias.

33 No quarto dia, no templo do nosso Deus, pesamos a prata, o ouro e os utensílios sagrados, e os demos a Meremote, filho do sacerdote Urias. Estavam com ele Eleazar, filho de Finéias, e os levitas Jozabade, filho de Jesua, e Noadias, filho de Binui. **34** Tudo foi contado e pesado, e o peso total foi registrado naquela mesma hora.

35 Então os exilados que tinham voltado do cativeiro sacrificaram holocaustos[a] ao Deus de Israel: doze touros em favor de todo o Israel, noventa e seis carneiros, setenta e sete cordeiros e, como oferta pelo pecado, doze bodes — tudo oferecido como holocausto ao Senhor. **36** Eles também entregaram as ordens do rei aos sátrapas e aos governadores do território a oeste do Eufrates, e ajudaram o povo na obra do templo de Deus.

A Oração de Esdras

9 Depois que foram feitas essas coisas, os líderes vieram dizer-me: "O povo de Israel, inclusive os sacerdotes e os levitas, não se mantiveram separados dos povos vizinhos e de suas práticas repugnantes, como as dos cananeus, dos hititas, dos ferezeus, dos jebuseus, dos amonitas, dos moabitas, dos egípcios e dos amorreus. **2** Eles e seus filhos se casaram com mulheres daqueles povos e com eles misturaram a descendência santa. E os líderes e os oficiais estão à frente nessa atitude infiel!"

3 Quando ouvi isso, rasguei a minha túnica e o meu manto, arranquei os cabelos da cabeça e da barba e me sentei estarrecido! **4** Então todos os que tremiam diante das palavras do Deus de Israel reuniram-se ao meu redor por causa da infidelidade dos exilados. E eu fiquei sentado ali, estarrecido, até o sacrifício da tarde.

5 Então, na hora do sacrifício da tarde, eu saí do meu abatimento, com a túnica e o manto rasgados, e caí de joelhos com as mãos estendidas para o Senhor, o meu Deus, **6** e orei:

Meu Deus, estou por demais envergonhado e humilhado para levantar o rosto diante de ti, meu Deus, porque os nossos pecados cobrem a nossa cabeça e a nossa culpa sobe até os céus. **7** Desde os dias dos nossos antepassados até agora, a nossa culpa tem sido grande. Por causa dos nossos pecados, nós, os nossos reis e os nossos sacerdotes temos sido entregues à espada e ao cativeiro, ao despojo e à humilhação nas mãos de reis estrangeiros, como acontece hoje. **8** Mas agora, por um breve momento, o Senhor, o nosso Deus, foi misericordioso, deixando-nos um remanescente e dando-nos um lugar seguro em seu santuário, e dessa maneira o nosso Deus ilumina os nossos olhos e nos dá um pequeno alívio em nossa escravidão. **9** Somos escravos, mas o nosso Deus não nos abandonou na escravidão. Ele tem sido bondoso para conosco diante dos reis da Pérsia: ele nos deu vida nova para reconstruir o templo do nosso Deus e levantar suas ruínas, e nos deu um muro de proteção em Judá e em Jerusalém.

28 I said to them, "You as well as these articles are consecrated to the Lord. The silver and gold are a freewill offering to the Lord, the God of your fathers. **29** Guard them carefully until you weigh them out in the chambers of the house of the Lord in Jerusalem before the leading priests and the Levites and the family heads of Israel." **30** Then the priests and Levites received the silver and gold and sacred articles that had been weighed out to be taken to the house of our God in Jerusalem.

31 On the twelfth day of the first month we set out from the Ahava Canal to go to Jerusalem. The hand of our God was on us, and he protected us from enemies and bandits along the way. **32** So we arrived in Jerusalem, where we rested three days.

33 On the fourth day, in the house of our God, we weighed out the silver and gold and the sacred articles into the hands of Meremoth son of Uriah, the priest. Eleazar son of Phinehas was with him, and so were the Levites Jozabad son of Jeshua and Noadiah son of Binnui. **34** Everything was accounted for by number and weight, and the entire weight was recorded at that time.

35 Then the exiles who had returned from captivity sacrificed burnt offerings to the God of Israel: twelve bulls for all Israel, ninety-six rams, seventy-seven male lambs and, as a sin offering, twelve male goats. All this was a burnt offering to the Lord. **36** They also delivered the king's orders to the royal satraps and to the governors of Trans-Euphrates, who then gave assistance to the people and to the house of God.

Ezra's Prayer About Intermarriage

9 After these things had been done, the leaders came to me and said, "The people of Israel, including the priests and the Levites, have not kept themselves separate from the neighboring peoples with their detestable practices, like those of the Canaanites, Hittites, Perizzites, Jebusites, Ammonites, Moabites, Egyptians and Amorites. **2** They have taken some of their daughters as wives for themselves and their sons, and have mingled the holy race with the peoples around them. And the leaders and officials have led the way in this unfaithfulness."

3 When I heard this, I tore my tunic and cloak, pulled hair from my head and beard and sat down appalled. **4** Then everyone who trembled at the words of the God of Israel gathered around me because of this unfaithfulness of the exiles. And I sat there appalled until the evening sacrifice.

5 Then, at the evening sacrifice, I rose from my self-abasement, with my tunic and cloak torn, and fell on my knees with my hands spread out to the Lord my God **6** and prayed:

"O my God, I am too ashamed and disgraced to lift up my face to you, my God, because our sins are higher than our heads and our guilt has reached to the heavens. **7** From the days of our forefathers until now, our guilt has been great. Because of our sins, we and our kings and our priests have been subjected to the sword and captivity, to pillage and humiliation at the hand of foreign kings, as it is today. **8** "But now, for a brief moment, the Lord our God has been gracious in leaving us a remnant and giving us a firm place in his sanctuary, and so our God gives light to our eyes and a little relief in our bondage. **9** Though we are slaves, our God has not deserted us in our bondage. He has shown us kindness in the sight of the kings of Persia: He has granted us new life to rebuild the house of our God and repair its ruins, and he has given us a wall of protection in Judah and Jerusalem.

---

a**8.35** Isto é, sacrifícios totalmente queimados.

¹⁰ E agora, ó nosso Deus, o que podemos dizer depois disso? Pois nós abandonamos os mandamentos que ¹¹ nos deste por meio dos teus servos, os profetas, quando disseste: "A terra que vocês estão conquistando está contaminada pelas práticas repugnantes dos seus povos. Com essas práticas eles encheram de impureza toda essa terra. ¹² Por isso, não deem as suas filhas em casamento aos filhos deles, nem aceitem as filhas deles para os filhos de vocês. Nunca procurem o bem-estar e a prosperidade desses povos, para que vocês sejam fortes e desfrutem os bons produtos da terra, e a deixem para os seus filhos como herança eterna".

¹³ Depois de tudo o que nos aconteceu por causa de nossas más obras e por causa de nossa grande culpa, apesar de nos teres punido menos do que os nossos pecados mereciam, ó Deus, e ainda nos teres dado um remanescente como este, ¹⁴ como podemos voltar a quebrar os teus mandamentos e a realizar casamentos mistos com esses povos de práticas repugnantes? Como não ficarias irado conosco, não nos destruirias, e não nos deixarias sem remanescente ou sobrevivente algum? ¹⁵ Ó Senhor, Deus de Israel, tu és justo! E até hoje nos deixaste sobreviver como um remanescente. Aqui estamos diante de ti com a nossa culpa, embora saibamos que por causa dela nenhum de nós pode permanecer na tua presença.

A Confissão de Pecado do Povo

10 Enquanto Esdras estava orando e confessando, chorando prostrado diante do templo de Deus, uma grande multidão de israelitas, homens, mulheres e crianças, reuniram-se em volta dele. Eles também choravam amargamente. ² Então Secanias, filho de Jeiel, um dos descendentes de Elão, disse a Esdras: "Fomos infiéis ao nosso Deus quando nos casamos com mulheres estrangeiras procedentes dos povos vizinhos. Mas, apesar disso, ainda há esperança para Israel. ³ Façamos agora um acordo diante do nosso Deus e mandemos de volta todas essas mulheres e seus filhos, segundo o conselho do meu senhor e daqueles que tremem diante dos mandamentos de nosso Deus. Que isso seja feito em conformidade com a Lei. ⁴ Levante-se! Esta questão está em suas mãos, mas nós o apoiaremos. Tenha coragem e mãos à obra!"

⁵ Esdras levantou-se e fez os sacerdotes principais, os levitas e todo o Israel jurarem que fariam o que fora sugerido. E eles juraram. ⁶ Então Esdras retirou-se de diante do templo de Deus e foi para o quarto de Joanã, filho de Eliasibe. Enquanto esteve ali, não comeu nem bebeu nada, lamentando a infidelidade dos exilados.

⁷ Fez-se então uma proclamação em todo o Judá e em Jerusalém convocando todos os exilados a se reunirem em Jerusalém. ⁸ Os líderes e as demais autoridades tinham decidido que aquele que não viesse no prazo de três dias perderia todos os seus bens e seria excluído da comunidade dos exilados.

⁹ No prazo de três dias, todos os homens de Judá e de Benjamim tinham se reunido em Jerusalém, e no vigésimo dia do nono mês todo o povo estava sentado na praça que ficava diante do templo de Deus. Todos estavam profundamente abatidos por causa da reunião e também porque chovia muito. ¹⁰ Então o sacerdote Esdras levantou-se e lhes disse: "Vocês têm sido infiéis! Vocês se casaram com mulheres estrangeiras, aumentando a culpa de Israel. ¹¹ Agora confessem seu pecado ao Senhor, o Deus dos seus antepassados, e façam a vontade dele. Separem-se dos povos vizinhos e das suas mulheres estrangeiras".

¹² A comunidade toda respondeu em alta voz: "Você está certo! Devemos fazer o que você diz. ¹³ Mas há muita gente aqui, e esta é a estação das chuvas; por isso não podemos ficar do lado de fora. Além disso, essa questão não pode ser resolvida em um dia ou dois, pois foram muitos os que assim pecaram. ¹⁴ Que os nossos líderes decidam por toda a

¹⁰ "But now, O our God, what can we say after this? For we have disregarded the commands ¹¹ you gave through your servants the prophets when you said: 'The land you are entering to possess is a land polluted by the corruption of its peoples. By their detestable practices they have filled it with their impurity from one end to the other. ¹² Therefore, do not give your daughters in marriage to their sons or take their daughters for your sons. Do not seek a treaty of friendship with them at any time, that you may be strong and eat the good things of the land and leave it to your children as an everlasting inheritance.'

¹³ "What has happened to us is a result of our evil deeds and our great guilt, and yet, our God, you have punished us less than our sins have deserved and have given us a remnant like this. ¹⁴ Shall we again break your commands and intermarry with the peoples who commit such detestable practices? Would you not be angry enough with us to destroy us, leaving us no remnant or survivor? ¹⁵ O Lord, God of Israel, you are righteous! We are left this day as a remnant. Here we are before you in our guilt, though because of it not one of us can stand in your presence."

The People's Confession of Sin

10 While Ezra was praying and confessing, weeping and throwing himself down before the house of God, a large crowd of Israelites—men, women and children—gathered around him. They too wept bitterly. ² Then Shecaniah son of Jehiel, one of the descendants of Elam, said to Ezra, "We have been unfaithful to our God by marrying foreign women from the peoples around us. But in spite of this, there is still hope for Israel. ³ Now let us make a covenant before our God to send away all these women and their children, in accordance with the counsel of my lord and of those who fear the commands of our God. Let it be done according to the Law. ⁴ Rise up; this matter is in your hands. We will support you, so take courage and do it."

⁵ So Ezra rose up and put the leading priests and Levites and all Israel under oath to do what had been suggested. And they took the oath. ⁶ Then Ezra withdrew from before the house of God and went to the room of Jehohanan son of Eliashib. While he was there, he ate no food and drank no water, because he continued to mourn over the unfaithfulness of the exiles.

⁷ A proclamation was then issued throughout Judah and Jerusalem for all the exiles to assemble in Jerusalem. ⁸ Anyone who failed to appear within three days would forfeit all his property, in accordance with the decision of the officials and elders, and would himself be expelled from the assembly of the exiles.

⁹ Within the three days, all the men of Judah and Benjamin had gathered in Jerusalem. And on the twentieth day of the ninth month, all the people were sitting in the square before the house of God, greatly distressed by the occasion and because of the rain. ¹⁰ Then Ezra the priest stood up and said to them, "You have been unfaithful; you have married foreign women, adding to Israel's guilt. ¹¹ Now make confession to the Lord, the God of your fathers, and do his will. Separate yourselves from the peoples around you and from your foreign wives."

¹² The whole assembly responded with a loud voice: "You are right! We must do as you say. ¹³ But there are many people here and it is the rainy season; so we cannot stand outside. Besides, this matter cannot be taken care of in a day or two, because we have sinned greatly in this thing. ¹⁴ Let our officials act for the

assembléia. Depois, que cada homem de nossas cidades que se casou com mulher estrangeira venha numa data marcada, acompanhado dos líderes e juízes de cada cidade, para que se afaste de nós o furor da ira de nosso Deus por causa desse pecado". **15** Somente Jônatas, filho de Asael, e Jaseías, filho de Ticvá, apoiados por Mesulão e o levita Sabetai, discordaram.

16 E assim os exilados fizeram conforme proposto. O sacerdote Esdras escolheu chefes de família, um de cada grupo de famílias, todos eles chamados por nome. E no primeiro dia do décimo mês eles se assentaram para investigar cada caso. **17** No primeiro dia do primeiro mês terminaram de investigar todos os casos de casamento com mulheres estrangeiras.

Os Culpados de Casamento Misto

18 Entre os descendentes dos sacerdotes, estes foram os que se casaram com mulheres estrangeiras:

Dentre os descendentes de Jesua, filho de Jozadaque, e de seus irmãos: Maaséias, Eliézer, Jaribe e Gedalias. **19** Eles apertaram as mãos em sinal de garantia de que iam despedir suas mulheres, e cada um apresentou um carneiro do rebanho como oferta por sua culpa.
20 Dentre os descendentes de Imer:
Hanani e Zebadias.
21 Dentre os descendentes de Harim:
Maaséias, Elias, Semaías, Jeiel e Uzias.
22 Dentre os descendentes de Pasur:
Elioenai, Maaséias, Ismael,
Natanael, Jozabade e Eleasa.

23 Dentre os levitas:

Jozabade, Simei, Quelaías,
também chamado Quelita,
Petaías, Judá e Eliézer.
24 Dentre os cantores:
Eliasibe.
Dentre os porteiros:
Salum, Telém e Uri.

25 E dentre os outros israelitas:

Dentre os descendentes de Parós:
Ramias, Jezias, Malquias, Miamim,
Eleazar, Malquias e Benaia.
26 Dentre os descendentes de Elão:
Matanias, Zacarias, Jeiel, Abdi, Jeremote e Elias.
27 Dentre os descendentes de Zatu:
Elioenai, Eliasibe, Matanias,
Jeremote, Zabade e Aziza.
28 Dentre os descendentes de Bebai:
Joanã, Hananias, Zabai e Atlai.
29 Dentre os descendentes de Bani:
Mesulão, Maluque, Adaías,
Jasube, Seal e Jeremote.
30 Dentre os descendentes
de Paate-Moabe:
Adna, Quelal, Benaia, Maaséias,
Matanias, Bezalel, Binui e Manassés.
31 Dentre os descendentes de Harim:
Eliézer, Issias, Malquias,
Semaías, Simeão,
32 Benjamim, Maluque e Semarias.
33 Dentre os descendentes de Hasum:
Matenai, Matatá, Zabade, Elifelete,
Jeremai, Manassés e Simei.
34 Dentre os descendentes de Bani:
Maadai, Anrão, Uel,
35 Benaia, Bedias, Queluí,
36 Vanias, Meremote, Eliasibe,
37 Matanias, Matenai e Jaasai.
38 Dentre os descendentes de Binui:ª
Simei, **39** Selemias, Natã, Adaías,**40** Macnadbai,

whole assembly. Then let everyone in our towns who has married a foreign woman come at a set time, along with the elders and judges of each town, until the fierce anger of our God in this matter is turned away from us." **15** Only Jonathan son of Asahel and Jahzeiah son of Tikvah, supported by Meshullam and Shabbethai the Levite, opposed this.

16 So the exiles did as was proposed. Ezra the priest selected men who were family heads, one from each family division, and all of them designated by name. On the first day of the tenth month they sat down to investigate the cases, **17** and by the first day of the first month they finished dealing with all the men who had married foreign women.

Those Guilty of Intermarriage

18 Among the descendants of the priests, the following had married foreign women:

From the descendants of Jeshua son of Jozadak, and his brothers: Maaseiah, Eliezer, Jarib and Gedaliah.
19 (They all gave their hands in pledge to put away their wives, and for their guilt they each presented a ram from the flock as a guilt offering.)
20 From the descendants of Immer:
Hanani and Zebadiah.
21 From the descendants of Harim:
Maaseiah, Elijah, Shemaiah, Jehiel and Uzziah.
22 From the descendants of Pashhur:
Elioenai, Maaseiah, Ishmael, Nethanel, Jozabad and Elasah.

23 Among the Levites:

Jozabad, Shimei, Kelaiah (that is, Kelita), Pethahiah, Judah and Eliezer.
24 From the singers:
Eliashib.
From the gatekeepers:
Shallum, Telem and Uri.

25 And among the other Israelites:

From the descendants of Parosh:
Ramiah, Izziah, Malkijah, Mijamin, Eleazar, Malkijah and Benaiah.
26 From the descendants of Elam:
Mattaniah, Zechariah, Jehiel, Abdi, Jeremoth and Elijah.
27 From the descendants of Zattu:
Elioenai, Eliashib, Mattaniah, Jeremoth, Zabad and Aziza.
28 From the descendants of Bebai:
Jehohanan, Hananiah, Zabbai and Athlai.
29 From the descendants of Bani:
Meshullam, Malluch, Adaiah, Jashub, Sheal and Jeremoth.
30 From the descendants of Pahath-Moab:
Adna, Kelal, Benaiah, Maaseiah, Mattaniah, Bezalel, Binnui and Manasseh.
31 From the descendants of Harim:
Eliezer, Ishijah, Malkijah, Shemaiah, Shimeon, **32** Benjamin, Malluch and Shemariah.
33 From the descendants of Hashum:
Mattenai, Mattattah, Zabad, Eliphelet, Jeremai, Manasseh and Shimei.
34 From the descendants of Bani:
Maadai, Amram, Uel, **35** Benaiah, Bedeiah, Keluhi, **36** Vaniah, Meremoth, Eliashib, **37** Mattaniah, Mattenai and Jaasu.
38 From the descendants of Binnui:ª
Shimei, **39** Shelemiah, Nathan, Adaiah, **40** Macnadebai,

ª**10.37,38** Muitos manuscritos dizem *Jaasai,* **38***Bani, Binui.*

ª**10:37,38** See Septuagint (also 1 Esdras 9:34); Hebrew *Jaasu* **38** *and Bani and Binnui,*

Sasai, Sarai,
41 Azareel, Selemias, Semarias,
42 Salum, Amarias e José.
43 Dentre os descendentes de Nebo:
Jeiel, Matitias, Zabade, Zebina,
Jadai, Joel e Benaia.

44 Todos esses tinham se casado com mulheres estrangeiras, e alguns deles tiveram filhos dessas mulheres.ª

Neemias

A História de Neemias

1 Palavras de Neemias, filho de Hacalias:

No mês de quisleuᵇ, no vigésimo anoᶜ, enquanto eu estava na cidade de Susã, **2** Hanani, um dos meus irmãos, veio de Judá com alguns outros homens, e eu lhes perguntei acerca dos judeus que restaram, os sobreviventes do cativeiro,ᵈ e também sobre Jerusalém.

3 E eles me responderam: "Aqueles que sobreviveram ao cativeiro e estão lá na província passam por grande sofrimento e humilhação. O muro de Jerusalém foi derrubado, e suas portas foram destruídas pelo fogo".

4 Quando ouvi essas coisas, sentei-me e chorei. Passei dias lamentando-me, jejuando e orando ao Deus dos céus. **5** Então eu disse:

Senhor, Deus dos céus, Deus grande e temível, fiel à aliança e misericordioso com os que te amam e obedecem aos teus mandamentos, **6** que os teus ouvidos estejam atentos e os teus olhos estejam abertos para a oração que o teu servo está fazendo diante de ti, dia e noite, em favor de teus servos, o povo de Israel. Confesso os pecados que nós, os israelitas, temos cometido contra ti. Sim, eu e o meu povo temos pecado. **7** Agimos de forma corrupta e vergonhosa contra ti. Não temos obedecido aos mandamentos, aos decretos e às leis que deste ao teu servo Moisés. **8** Lembra-te agora do que disseste a Moisés, teu servo: "Se vocês forem infiéis, eu os espalharei entre as nações, **9** mas, se voltarem para mim, obedecerem aos meus mandamentos e os puserem em prática, mesmo que vocês estejam espalhados pelos lugares mais distantes debaixo do céu, de lá eu os reunirei e os trarei para o lugar que escolhi para estabelecer o meu nome". **10** Estes são os teus servos, o teu povo. Tu os resgataste com o teu grande poder e com o teu braço forte. **11** Senhor, que os teus ouvidos estejam atentos à oração deste teu servo e à oração dos teus servos que têm prazer em temer o teu nome. Faze com que hoje este teu servo seja bem-sucedido, concedendo-lhe a benevolência deste homem.

Nessa época, eu era o copeiro do rei.

Neemias em Jerusalém

2 No mês de nisãᵉ do vigésimo ano do rei Artaxerxes, na hora de servir-lhe o vinho, levei-o ao rei. Nunca antes eu tinha estado triste na presença dele; **2** por isso o rei me perguntou: "Por que o seu rosto parece tão triste, se você não está doente? Essa tristeza só pode ser do coração!"

Com muito medo, **3** eu disse ao rei: Que o rei viva para sempre! Como não estaria triste o meu rosto, se a cidade em que estão sepultados os meus pais está em ruínas, e as suas portas foram destruídas pelo fogo?

ª**10.44** Ou *e eles as despediram com seus filhos.* ᵇ**1.1** Aproximadamente novembro/dezembro. ᶜ**1.1** Isto é, do reinado de Artaxerxes I, conforme 2.1. ᵈ**1.2** Ou *os que não foram levados;* ou ainda *os que haviam voltado do cativeiro,* ᵉ**2.1** O mesmo que *abibe;* aproximadamente março/abril.

Shashai, Sharai, **41** Azarel, Shelemiah, Shemariah,
42 Shallum, Amariah and Joseph.
43 From the descendants of Nebo:
Jeiel, Mattithiah, Zabad, Zebina, Jaddai, Joel and Benaiah.

44 All these had married foreign women, and some of them had children by these wives.ª

Nehemiah

Nehemiah's Prayer

1 The words of Nehemiah son of Hacaliah:

In the month of Kislev in the twentieth year, while I was in the citadel of Susa, **2** Hanani, one of my brothers, came from Judah with some other men, and I questioned them about the Jewish remnant that survived the exile, and also about Jerusalem.

3 They said to me, "Those who survived the exile and are back in the province are in great trouble and disgrace. The wall of Jerusalem is broken down, and its gates have been burned with fire."

4 When I heard these things, I sat down and wept. For some days I mourned and fasted and prayed before the God of heaven. **5** Then I said:

"O Lord, God of heaven, the great and awesome God, who keeps his covenant of love with those who love him and obey his commands, **6** let your ear be attentive and your eyes open to hear the prayer your servant is praying before you day and night for your servants, the people of Israel. I confess the sins we Israelites, including myself and my father's house, have committed against you. **7** We have acted very wickedly toward you. We have not obeyed the commands, decrees and laws you gave your servant Moses. **8** "Remember the instruction you gave your servant Moses, saying, 'If you are unfaithful, I will scatter you among the nations, **9** but if you return to me and obey my commands, then even if your exiled people are at the farthest horizon, I will gather them from there and bring them to the place I have chosen as a dwelling for my Name.' **10** "They are your servants and your people, whom you redeemed by your great strength and your mighty hand. **11** O Lord, let your ear be attentive to the prayer of this your servant and to the prayer of your servants who delight in revering your name. Give your servant success today by granting him favor in the presence of this man."

I was cupbearer to the king.

Artaxerxes Sends Nehemiah to Jerusalem

2 In the month of Nisan in the twentieth year of King Artaxerxes, when wine was brought for him, I took the wine and gave it to the king. I had not been sad in his presence before; **2** so the king asked me, "Why does your face look so sad when you are not ill? This can be nothing but sadness of heart."

I was very much afraid, **3** but I said to the king, "May the king live forever! Why should my face not look sad when the city where my fathers are buried lies in ruins, and its gates have been destroyed by fire?"

ª**10:44** Or *and they sent them away with their children*

4 O rei me disse: "O que você gostaria de pedir?"

Então orei ao Deus dos céus, **5** e respondi ao rei: Se for do agrado do rei e se o seu servo puder contar com a sua benevolência, que ele me deixe ir à cidade onde meus pais estão enterrados, em Judá, para que eu possa reconstruí-la.

6 Então o rei, estando presente a rainha, sentada ao seu lado, perguntou-me: "Quanto tempo levará a viagem? Quando você voltará?" Marquei um prazo com o rei, e ele concordou que eu fosse.

7 A seguir acrescentei: Se for do agrado do rei, eu poderia levar cartas do rei aos governadores do Trans-Eufrates para que me deixem passar até chegar a Judá. **8** E também uma carta para Asafe, guarda da floresta do rei, para que ele me forneça madeira para as portas da cidadela que fica junto ao templo, para os muros da cidade e para a residência que irei ocupar. Visto que a bondosa mão de Deus estava sobre mim, o rei atendeu os meus pedidos. **9** Com isso fui aos governadores do Trans-Eufrates e lhes entreguei as cartas do rei. Acompanhou-me uma escolta de oficiais do exército e de cavaleiros que o rei enviou comigo.

10 Sambalate, o horonita, e Tobias, o oficial amonita, ficaram muito irritados quando viram que havia gente interessada no bem dos israelitas.

A Inspeção dos Muros de Jerusalém

11 Cheguei a Jerusalém e, depois de três dias de permanência ali, **12** saí de noite com alguns dos meus amigos. Eu não havia contado a ninguém o que o meu Deus havia posto em meu coração que eu fizesse por Jerusalém. Não levava nenhum outro animal além daquele em que eu estava montado.

13 De noite saí pela porta do Vale na direção da fonte do Dragão e da porta do Esterco, examinando o muro de Jerusalém que havia sido derrubado e suas portas, que haviam sido destruídas pelo fogo. **14** Fui até a porta da Fonte e do tanque do Rei, mas ali não havia espaço para o meu animal passar; **15** por isso subi o vale, ainda de noite, examinando o muro. Finalmente voltei e tornei a entrar pela porta do Vale. **16** Os oficiais não sabiam aonde eu tinha ido ou o que eu estava fazendo, pois até então eu não tinha dito nada aos judeus, aos sacerdotes, aos nobres, aos oficiais e aos outros que iriam realizar a obra.

17 Então eu lhes disse: Vejam a situação terrível em que estamos: Jerusalém está em ruínas, e suas portas foram destruídas pelo fogo. Venham, vamos reconstruir os muros de Jerusalém, para que não fiquemos mais nesta situação humilhante. **18** Também lhes contei como Deus tinha sido bondoso comigo e o que o rei me tinha dito.

Eles responderam: "Sim, vamos começar a reconstrução". E se encheram de coragem para a realização desse bom projeto.

19 Quando, porém, Sambalate, o horonita, Tobias, o oficial amonita, e Gesém, o árabe, souberam disso, zombaram de nós, desprezaram-nos e perguntaram: "O que vocês estão fazendo? Estão se rebelando contra o rei?"

20 Eu lhes respondi: O Deus dos céus fará que sejamos bem-sucedidos. Nós, os seus servos, começaremos a reconstrução, mas, no que lhes diz respeito, vocês não têm parte nem direito legal sobre Jerusalém, e em sua história não há nada de memorável que favoreça vocês!

A Distribuição do Trabalho

3 O sumo sacerdote Eliasibe e os seus colegas sacerdotes começaram o seu trabalho e reconstruíram a porta das Ovelhas. Eles a consagraram e colocaram as portas no lugar. Depois construíram o muro até a torre dos Cem, que consagraram, e até a torre de Hananeel. **2** Os homens de Jericó construíram o trecho seguinte, e Zacur, filho de Inri, construiu logo adiante.

4 The king said to me, "What is it you want?"

Then I prayed to the God of heaven, **5** and I answered the king, "If it pleases the king and if your servant has found favor in his sight, let him send me to the city in Judah where my fathers are buried so that I can rebuild it."

6 Then the king, with the queen sitting beside him, asked me, "How long will your journey take, and when will you get back?" It pleased the king to send me; so I set a time.

7 I also said to him, "If it pleases the king, may I have letters to the governors of Trans-Euphrates, so that they will provide me safe-conduct until I arrive in Judah? **8** And may I have a letter to Asaph, keeper of the king's forest, so he will give me timber to make beams for the gates of the citadel by the temple and for the city wall and for the residence I will occupy?" And because the gracious hand of my God was upon me, the king granted my requests. **9** So I went to the governors of Trans-Euphrates and gave them the king's letters. The king had also sent army officers and cavalry with me.

10 When Sanballat the Horonite and Tobiah the Ammonite official heard about this, they were very much disturbed that someone had come to promote the welfare of the Israelites.

Nehemiah Inspects Jerusalem's Walls

11 I went to Jerusalem, and after staying there three days **12** I set out during the night with a few men. I had not told anyone what my God had put in my heart to do for Jerusalem. There were no mounts with me except the one I was riding on.

13 By night I went out through the Valley Gate toward the Jackal[a] Well and the Dung Gate, examining the walls of Jerusalem, which had been broken down, and its gates, which had been destroyed by fire. **14** Then I moved on toward the Fountain Gate and the King's Pool, but there was not enough room for my mount to get through; **15** so I went up the valley by night, examining the wall. Finally, I turned back and reentered through the Valley Gate. **16** The officials did not know where I had gone or what I was doing, because as yet I had said nothing to the Jews or the priests or nobles or officials or any others who would be doing the work.

17 Then I said to them, "You see the trouble we are in: Jerusalem lies in ruins, and its gates have been burned with fire. Come, let us rebuild the wall of Jerusalem, and we will no longer be in disgrace." **18** I also told them about the gracious hand of my God upon me and what the king had said to me.

They replied, "Let us start rebuilding." So they began this good work.

19 But when Sanballat the Horonite, Tobiah the Ammonite official and Geshem the Arab heard about it, they mocked and ridiculed us. "What is this you are doing?" they asked. "Are you rebelling against the king?"

20 I answered them by saying, "The God of heaven will give us success. We his servants will start rebuilding, but as for you, you have no share in Jerusalem or any claim or historic right to it."

Builders of the Wall

3 Eliashib the high priest and his fellow priests went to work and rebuilt the Sheep Gate. They dedicated it and set its doors in place, building as far as the Tower of the Hundred, which they dedicated, and as far as the Tower of Hananel. **2** The men of Jericho built the adjoining section, and Zaccur son of Imri built next to them.

a 2:13 Or *Serpent* or *Fig*

³A porta do Peixe foi reconstruída pelos filhos de Hassenaá. Eles puseram os batentes e colocaram as portas, os ferrolhos e as trancas no lugar. ⁴Meremote, filho de Urias, neto de Hacoz, fez os reparos do trecho seguinte. Ao seu lado Mesulão, filho de Berequias, neto de Mesezabel, fez os reparos, e ao seu lado Zadoque, filho de Baaná, também fez os reparos. ⁵O trecho seguinte foi reparado pelos homens de Tecoa, mas os nobres dessa cidade não quiseram se juntar ao serviço, rejeitando a orientação de seus supervisores*ᵃ.

⁶A porta Jesanaᵇ foi consertada por Joiada, filho de Paséia, e por Mesulão, filho de Besodias. Eles puseram os batentes e colocaram as portas, os ferrolhos e as trancas no lugar. ⁷No trecho seguinte os reparos foram feitos por Melatias de Gibeom e Jadom de Meronote, homens de Gibeom e de Mispá, localidades que estavam sob a autoridade do governador da província do Trans-Eufrates. ⁸Uziel, filho de Haraías, um dos ourives, fez os reparos do trecho seguinte; e Hananias, um dos perfumistas, fez os reparos ao seu lado. Eles reconstruíramᶜ Jerusalém até o muro Largo. ⁹Refaías, filho de Hur, governador da metade do distrito de Jerusalém, fez os reparos do trecho seguinte. ¹⁰Ao seu lado, Jedaías, filho de Harumafe, fez os reparos em frente da sua casa, e Hatus, filho de Hasabnéias, fez os reparos ao seu lado. ¹¹Malquias, filho de Harim, e Hassube, filho de Paate-Moabe, repararam outro trecho e a torre dos Fornos. ¹²Salum, filho de Haloês, governador da outra metade do distrito de Jerusalém, fez os reparos do trecho seguinte com a ajuda de suas filhas.

¹³A porta do Vale foi reparada por Hanum e pelos moradores de Zanoa. Eles a reconstruíram e colocaram as portas, os ferrolhos e as trancas no lugar. Também repararam quatrocentos e cinqüenta metrosᵈ do muro, até a porta do Esterco.

¹⁴A porta do Esterco foi reparada por Malquias, filho de Recabe, governador do distrito de Bete-Haquerém. Ele a reconstruiu e colocou as portas, os ferrolhos e as trancas no lugar.

¹⁵A porta da Fonte foi reparada por Salum, filho de Col-Hozé, governador do distrito de Mispá. Ele a reconstruiu, cobriu-a e colocou as portas, os ferrolhos e as trancas no lugar. Também fez os reparos do muro do tanque de Siloéᵉ, junto ao jardim do Rei, até os degraus que descem da Cidade de Davi. ¹⁶Além dele, Neemias, filho de Azbuque, governador de meio distrito de Bete-Zur, fez os reparos até em frente dos túmulosᶠ de Davi, até o açude artificial e a casa dos soldados.

¹⁷Depois dele os reparos foram feitos pelos levitas que estavam sob a responsabilidade de Reum, filho de Bani. Junto a ele Hasabias, governador da metade do distrito de Queila, fez os reparos em seu distrito. ¹⁸Depois dele os reparos foram feitos pelos seus compatriotas que estavam sob a responsabilidade de Binuiᵍ, filho de Henadade, governador da metade do distrito de Queila. ¹⁹Ao seu lado Ézer, filho de Jesua, governador de Mispá, reconstruiu outro trecho, começando de um ponto que fica em frente da subida para a casa das armas, indo até a esquina do muro. ²⁰Depois dele Baruque, filho de Zabai, reparou com zelo outro trecho, desde a esquina do muro até a entrada da casa do sumo sacerdote Eliasibe. ²¹Em seguida Meremote, filho de Urias, neto de Hacoz, reparou outro trecho, desde a entrada da casa de Eliasibe até o fim dela.

²²Os demais reparos foram feitos pelos sacerdotes das redondezas. ²³Depois, Benjamim e Hassube fizeram os reparos em frente da sua casa, e ao lado deles Azarias, filho de Maaséias, filho de Ananias, fez os reparos ao lado de sua casa. ²⁴Depois dele, Binui, filho de Henadade, reparou outro trecho, desde a casa de Azarias até a esquina do muro, ²⁵e Palal, filho de Uzai, trabalhou em frente da esquina do muro e da torre que sai do palácio superior, perto do pátio da guarda. Junto a ele, Pedaías, filho de Parós, ²⁶e os servos do templo que viviam na colina de Ofel fizeram os reparos até em frente da porta das Águas,

³The Fish Gate was rebuilt by the sons of Hassenaah. They laid its beams and put its doors and bolts and bars in place. ⁴Meremoth son of Uriah, the son of Hakkoz, repaired the next section. Next to him Meshullam son of Berekiah, the son of Meshezabel, made repairs, and next to him Zadok son of Baana also made repairs. ⁵The next section was repaired by the men of Tekoa, but their nobles would not put their shoulders to the work under their supervisors.ᵃ

⁶The Jeshanahᵇ Gate was repaired by Joiada son of Paseah and Meshullam son of Besodeiah. They laid its beams and put its doors and bolts and bars in place. ⁷Next to them, repairs were made by men from Gibeon and Mizpah—Melatiah of Gibeon and Jadon of Meronoth—places under the authority of the governor of Trans-Euphrates. ⁸Uzziel son of Harhaiah, one of the goldsmiths, repaired the next section; and Hananiah, one of the perfume-makers, made repairs next to that. They restoredᶜ Jerusalem as far as the Broad Wall. ⁹Rephaiah son of Hur, ruler of a half-district of Jerusalem, repaired the next section. ¹⁰Adjoining this, Jedaiah son of Harumaph made repairs opposite his house, and Hattush son of Hashabneiah made repairs next to him. ¹¹Malkijah son of Harim and Hasshub son of Pahath-Moab repaired another section and the Tower of the Ovens. ¹²Shallum son of Hallohesh, ruler of a half-district of Jerusalem, repaired the next section with the help of his daughters.

¹³The Valley Gate was repaired by Hanun and the residents of Zanoah. They rebuilt it and put its doors and bolts and bars in place. They also repaired five hundred yardsᵈ of the wall as far as the Dung Gate.

¹⁴The Dung Gate was repaired by Malkijah son of Recab, ruler of the district of Beth Hakkerem. He rebuilt it and put its doors and bolts and bars in place.

¹⁵The Fountain Gate was repaired by Shallun son of Col-Hozeh, ruler of the district of Mizpah. He rebuilt it, roofing it over and putting its doors and bolts and bars in place. He also repaired the wall of the Pool of Siloam,ᵉ by the King's Garden, as far as the steps going down from the City of David. ¹⁶Beyond him, Nehemiah son of Azbuk, ruler of a half-district of Beth Zur, made repairs up to a point opposite the tombsᶠ of David, as far as the artificial pool and the House of the Heroes.

¹⁷Next to him, the repairs were made by the Levites under Rehum son of Bani. Beside him, Hashabiah, ruler of half the district of Keilah, carried out repairs for his district. ¹⁸Next to him, the repairs were made by their countrymen under Binnuiᵍ son of Henadad, ruler of the other half-district of Keilah. ¹⁹Next to him, Ezer son of Jeshua, ruler of Mizpah, repaired another section, from a point facing the ascent to the armory as far as the angle. ²⁰Next to him, Baruch son of Zabbai zealously repaired another section, from the angle to the entrance of the house of Eliashib the high priest. ²¹Next to him, Meremoth son of Uriah, the son of Hakkoz, repaired another section, from the entrance of Eliashib's house to the end of it.

²²The repairs next to him were made by the priests from the surrounding region. ²³Beyond them, Benjamin and Hasshub made repairs in front of their house; and next to them, Azariah son of Maaseiah, the son of Ananiah, made repairs beside his house. ²⁴Next to him, Binnui son of Henadad repaired another section, from Azariah's house to the angle and the corner, ²⁵and Palal son of Uzai worked opposite the angle and the tower projecting from the upper palace near the court of the guard. Next to him, Pedaiah son of Parosh ²⁶and the temple servants living on the hill of Ophel made repairs up to a point opposite the Water

---

ᵃ3.5 Ou *de seu Senhor*; ou ainda *de seu governador* ᵇ3.6 Ou *porta Velha* ᶜ3.8 Ou *Eles deixaram de lado parte de* ᵈ3.13 Hebraico: *1.000 côvados*. O côvado era uma medida linear de cerca de 45 centímetros. ᵉ3.15 Hebraico: *Selá*, variante de *Siloé*. ᶠ3.16 A Septuaginta, alguns manuscritos da Vulgata e a Versão Siríaca dizem *do túmulo*. ᵍ3.18 Muitos manuscritos dizem *Bavai*; também no versículo 24.

ᵃ3:5 Or *their Lord* or *the governor* ᵇ3:6 Or *Old* ᶜ3:8 Or *They left out part of* ᵈ3:13 Hebrew *a thousand cubits* (about 450 meters) ᵉ3:15 Hebrew *Shelah*, a variant of *Shiloah*, that is, Siloam ᶠ3:16 Hebrew; Septuagint, some Vulgate manuscripts and Syriac *tomb* ᵍ3:18 Two Hebrew manuscripts and Syriac (see also Septuagint and verse 24); most Hebrew manuscripts *Bavvai*

na direção do leste e da torre que ali sobressaía. **27** Depois dele os homens de Tecoa repararam outro trecho, desde a grande torre até o muro de Ofel.

28 Acima da porta dos Cavalos, os sacerdotes fizeram os reparos, cada um em frente da sua própria casa. **29** Depois deles Zadoque, filho de Imer, fez os reparos em frente da sua casa. Ao seu lado Semaías, filho de Secanias, o guarda da porta Oriental, fez os reparos. **30** Depois, Hananias, filho de Selemias, e Hanum, filho de Zalafe, fez os reparos do outro trecho. Ao seu lado, Mesulão, filho de Berequias, fez os reparos em frente da sua moradia. **31** Depois dele, Malquias, um ourives, fez os reparos do muro até a casa dos servos do templo e dos comerciantes, em frente da porta da Inspeção, até o posto de vigia da esquina; **32** e entre a sala acima da esquina e a porta das Ovelhas os ourives e os comerciantes fizeram os reparos.

Oposição à Reconstrução

4 Quando Sambalate soube que estávamos reconstruindo o muro, ficou furioso. Ridicularizou os judeus **2** e, na presença de seus compatriotas e dos poderosos de Samaria, disse: "O que aqueles frágeis judeus estão fazendo? Será que vão restaurar o seu muro? Irão oferecer sacrifícios? Irão terminar a obra num só dia? Será que vão conseguir ressuscitar pedras de construção daqueles montes de entulho e de pedras queimadas?"

3 Tobias, o amonita, que estava ao seu lado, completou: "Pois que construam! Basta que uma raposa suba lá, para que esse muro de pedras desabe!"

4 Ouve-nos, ó Deus, pois estamos sendo desprezados. Faze cair sobre eles a zombaria. E sejam eles levados prisioneiros como despojo para outra terra. **5** Não perdoes os seus pecados nem apagues as suas maldades, pois provocaram a tua ira diante dos construtores.

6 Nesse meio tempo fomos reconstruindo o muro, até que em toda a sua extensão chegamos à metade da sua altura, pois o povo estava totalmente dedicado ao trabalho.

7 Quando, porém, Sambalate, Tobias, os árabes, os amonitas e os homens de Asdode souberam que os reparos nos muros de Jerusalém tinham avançado e que as brechas estavam sendo fechadas, ficaram furiosos. **8** Todos juntos planejaram atacar Jerusalém e causar confusão. **9** Mas nós oramos ao nosso Deus e colocamos guardas de dia e de noite para proteger-nos deles.

10 Enquanto isso, o povo de Judá começou a dizer: "Os trabalhadores já não têm mais forças e ainda há muito entulho. Por nós mesmos não conseguiremos reconstruir o muro".

11 E os nossos inimigos diziam: "Antes que descubram qualquer coisa ou nos vejam, estaremos bem ali no meio deles; vamos matá-los e acabar com o trabalho deles".

12 Os judeus que moravam perto deles dez vezes nos preveniram: "Para onde quer que vocês se virarem, saibam que seremos atacados de todos os lados".

13 Por isso posicionei alguns do povo atrás dos pontos mais baixos do muro, nos lugares abertos, divididos por famílias, armados de espadas, lanças e arcos. **14** Fiz uma rápida inspeção e imediatamente disse aos nobres, aos oficiais e ao restante do povo: Não tenham medo deles. Lembrem-se de que o Senhor é grande e temível, e lutem por seus irmãos, por seus filhos e por suas filhas, por suas mulheres e por suas casas.

15 Quando os nossos inimigos descobriram que sabíamos de tudo e que Deus tinha frustrado a sua trama, todos nós voltamos para o muro, cada um para o seu trabalho.

16 Daquele dia em diante, enquanto a metade dos meus homens fazia o trabalho, a outra metade permanecia armada de lanças, escudos, arcos e couraças. Os oficiais davam apoio a todo o povo de Judá **17** que estava construindo o muro. Aqueles que transportavam material faziam o trabalho com uma mão e com a outra seguravam uma arma, **18** e

Gate toward the east and the projecting tower. **27** Next to them, the men of Tekoa repaired another section, from the great projecting tower to the wall of Ophel.

28 Above the Horse Gate, the priests made repairs, each in front of his own house. **29** Next to them, Zadok son of Immer made repairs opposite his house. Next to him, Shemaiah son of Shecaniah, the guard at the East Gate, made repairs. **30** Next to him, Hananiah son of Shelemiah, and Hanun, the sixth son of Zalaph, repaired another section. Next to them, Meshullam son of Berekiah made repairs opposite his living quarters. **31** Next to him, Malkijah, one of the goldsmiths, made repairs as far as the house of the temple servants and the merchants, opposite the Inspection Gate, and as far as the room above the corner; **32** and between the room above the corner and the Sheep Gate the goldsmiths and merchants made repairs.

Opposition to the Rebuilding

4 When Sanballat heard that we were rebuilding the wall, he became angry and was greatly incensed. He ridiculed the Jews, **2** and in the presence of his associates and the army of Samaria, he said, "What are those feeble Jews doing? Will they restore their wall? Will they offer sacrifices? Will they finish in a day? Can they bring the stones back to life from those heaps of rubble—burned as they are?"

3 Tobiah the Ammonite, who was at his side, said, "What they are building—if even a fox climbed up on it, he would break down their wall of stones!"

4 Hear us, O our God, for we are despised. Turn their insults back on their own heads. Give them over as plunder in a land of captivity. **5** Do not cover up their guilt or blot out their sins from your sight, for they have thrown insults in the face of[a] the builders.

6 So we rebuilt the wall till all of it reached half its height, for the people worked with all their heart.

7 But when Sanballat, Tobiah, the Arabs, the Ammonites and the men of Ashdod heard that the repairs to Jerusalem's walls had gone ahead and that the gaps were being closed, they were very angry. **8** They all plotted together to come and fight against Jerusalem and stir up trouble against it. **9** But we prayed to our God and posted a guard day and night to meet this threat.

10 Meanwhile, the people in Judah said, "The strength of the laborers is giving out, and there is so much rubble that we cannot rebuild the wall."

11 Also our enemies said, "Before they know it or see us, we will be right there among them and will kill them and put an end to the work."

12 Then the Jews who lived near them came and told us ten times over, "Wherever you turn, they will attack us."

13 Therefore I stationed some of the people behind the lowest points of the wall at the exposed places, posting them by families, with their swords, spears and bows. **14** After I looked things over, I stood up and said to the nobles, the officials and the rest of the people, "Don't be afraid of them. Remember the Lord, who is great and awesome, and fight for your brothers, your sons and your daughters, your wives and your homes."

15 When our enemies heard that we were aware of their plot and that God had frustrated it, we all returned to the wall, each to his own work.

16 From that day on, half of my men did the work, while the other half were equipped with spears, shields, bows and armor. The officers posted themselves behind all the people of Judah **17** who were building the wall. Those who carried materials did their work with one hand and held a weapon in the other, **18** and

---

a4:5 Or *have provoked you to anger before*

cada um dos construtores trazia na cintura uma espada enquanto trabalhava; e comigo ficava um homem pronto para tocar a trombeta.

¹⁹ Então eu disse aos nobres, aos oficiais e ao restante do povo: A obra é grande e extensa, e estamos separados, distantes uns dos outros, ao longo do muro. ²⁰ Do lugar de onde ouvirem o som da trombeta, juntem-se a nós ali. Nosso Deus lutará por nós!

²¹ Dessa maneira prosseguimos o trabalho com metade dos homens empunhando espadas desde o raiar da alvorada até o cair da tarde. ²² Naquela ocasião eu também disse ao povo: Cada um de vocês e o seu ajudante devem ficar à noite em Jerusalém, para que possam servir de guarda à noite e trabalhar durante o dia. ²³ Eu, os meus irmãos, os meus homens de confiança e os guardas que estavam comigo nem tirávamos a roupa, e cada um permanecia de arma na mão.

A Solução das Injustiças Sociais

5 Ora, o povo, homens e mulheres, começou a reclamar muito de seus irmãos judeus. ² Alguns diziam: "Nós, nossos filhos e nossas filhas somos numerosos; precisamos de trigo para comer e continuar vivos".

³ Outros diziam: "Tivemos que penhorar nossas terras, nossas vinhas e nossas casas para conseguir trigo para matar a fome".

⁴ E havia ainda outros que diziam: "Tivemos que tomar dinheiro emprestado para pagar o imposto cobrado sobre as nossas terras e as nossas vinhas. ⁵ Apesar de sermos do mesmo sangueᵃ dos nossos compatriotas, e de nossos filhos serem tão bons quanto os deles, ainda assim temos que sujeitar os nossos filhos e as nossas filhas à escravidão. E, de fato, algumas de nossas filhas já foram entregues como escravas e não podemos fazer nada, pois as nossas terras e as nossas vinhas pertencem a outros".

⁶ Quando ouvi a reclamação e essas acusações, fiquei furioso. ⁷ Fiz uma avaliação de tudo e então repreendi os nobres e os oficiais, dizendo-lhes: "Vocês estão cobrando juros dos seus compatriotas!" Por isso convoquei uma grande reunião contra eles ⁸ e disse: Na medida do possível nós compramos de volta nossos irmãos judeus que haviam sido vendidos aos outros povos. Agora vocês estão até vendendo os seus irmãos! Assim eles terão que ser vendidos a nós de novo! Eles ficaram em silêncio, pois não tinham resposta.

⁹ Por isso prossegui: O que vocês estão fazendo não está certo. Vocês devem andar no temor do nosso Deus para evitar a zombaria dos outros povos, os nossos inimigos. ¹⁰ Eu, os meus irmãos e os meus homens de confiança também estamos emprestando dinheiro e trigo ao povo. Mas vamos acabar com a cobrança de juros! ¹¹ Devolvam-lhes imediatamente suas terras, suas vinhas, suas oliveiras e suas casas, e também os juros que cobraram deles, a centésima parte do dinheiro, do trigo, do vinho e do azeite.

¹² E eles responderam: "Nós devolveremos tudo o que você citou, e não exigiremos mais nada deles. Vamos fazer o que você está pedindo".

Então convoquei os sacerdotes e os fiz declarar sob juramento que cumpririam a promessa feita. ¹³ Também sacudi a dobra do meu manto e disse: Deus assim sacuda de sua casa e de seus bens todo aquele que não mantiver a sua promessa. Tal homem seja sacudido e esvaziado!

Toda a assembléia disse: "Amém!", e louvou o Senhor. E o povo cumpriu o que prometeu.

O Exemplo de Neemias

¹⁴ Além disso, desde o vigésimo ano do rei Artaxerxes, quando fui nomeado governador deles na terra de Judá, até o trigésimo segundo ano do seu reinado, durante doze anos, nem eu nem meus irmãos comemos a comida destinada ao governador. ¹⁵ Mas os governantes anteriores, aqueles que me precederam, puseram um peso sobre o povo e tomavam dele quatrocentos e oitenta gramasᵇde prata, além de comi-

each of the builders wore his sword at his side as he worked. But the man who sounded the trumpet stayed with me.

¹⁹ Then I said to the nobles, the officials and the rest of the people, "The work is extensive and spread out, and we are widely separated from each other along the wall. ²⁰ Wherever you hear the sound of the trumpet, join us there. Our God will fight for us!"

²¹ So we continued the work with half the men holding spears, from the first light of dawn till the stars came out. ²² At that time I also said to the people, "Have every man and his helper stay inside Jerusalem at night, so they can serve us as guards by night and workmen by day." ²³ Neither I nor my brothers nor my men nor the guards with me took off our clothes; each had his weapon, even when he went for water.ᵃ

Nehemiah Helps the Poor

5 Now the men and their wives raised a great outcry against their Jewish brothers. ² Some were saying, "We and our sons and daughters are numerous; in order for us to eat and stay alive, we must get grain."

³ Others were saying, "We are mortgaging our fields, our vineyards and our homes to get grain during the famine."

⁴ Still others were saying, "We have had to borrow money to pay the king's tax on our fields and vineyards. ⁵ Although we are of the same flesh and blood as our countrymen and though our sons are as good as theirs, yet we have to subject our sons and daughters to slavery. Some of our daughters have already been enslaved, but we are powerless, because our fields and our vineyards belong to others."

⁶ When I heard their outcry and these charges, I was very angry. ⁷ I pondered them in my mind and then accused the nobles and officials. I told them, "You are exacting usury from your own countrymen!" So I called together a large meeting to deal with them ⁸ and said: "As far as possible, we have bought back our Jewish brothers who were sold to the Gentiles. Now you are selling your brothers, only for them to be sold back to us!" They kept quiet, because they could find nothing to say.

⁹ So I continued, "What you are doing is not right. Shouldn't you walk in the fear of our God to avoid the reproach of our Gentile enemies? ¹⁰ I and my brothers and my men are also lending the people money and grain. But let the exacting of usury stop! ¹¹ Give back to them immediately their fields, vineyards, olive groves and houses, and also the usury you are charging them—the hundredth part of the money, grain, new wine and oil."

¹² "We will give it back," they said. "And we will not demand anything more from them. We will do as you say."

Then I summoned the priests and made the nobles and officials take an oath to do what they had promised. ¹³ I also shook out the folds of my robe and said, "In this way may God shake out of his house and possessions every man who does not keep this promise. So may such a man be shaken out and emptied!"

At this the whole assembly said, "Amen," and praised the Lord. And the people did as they had promised.

¹⁴ Moreover, from the twentieth year of King Artaxerxes, when I was appointed to be their governor in the land of Judah, until his thirty-second year—twelve years—neither I nor my brothers ate the food allotted to the governor. ¹⁵ But the earlier governors—those preceding me—placed a heavy burden on the people and took forty shekelsᵇ of silver from

ᵃ5.5 Hebraico: *carne*. ᵇ5.15 Hebraico: *40 siclos*. Um siclo equivalia a 12 gramas.

ᵃ4:23 The meaning of the Hebrew for this clause is uncertain. ᵇ5:15 That is, about 1 pound (about 0.5 kilogram)

da e vinho. Até os seus auxiliares oprimiam o povo. Mas, por temer a Deus, não agi dessa maneira. ¹⁶ Ao contrário, eu mesmo me dediquei ao trabalho neste muro. Todos os meus homens de confiança foram reunidos ali para o trabalho; e não compramosª nenhum pedaço de terra.

¹⁷ Além do mais, cento e cinqüenta homens, entre judeus do povo e seus oficiais, comiam à minha mesa, como também pessoas das nações vizinhas que vinham visitar-nos. ¹⁸ Todos os dias eram preparados, à minha custa, um boi, seis das melhores ovelhas e aves, e a cada dez dias eu recebia uma grande remessa de vinhos de todo tipo. Apesar de tudo isso, jamais exigi a comida destinada ao governador, pois eram demasiadas as exigências que pesavam sobre o povo.

¹⁹ Lembra-te de mim, ó meu Deus, levando em conta tudo o que fiz por este povo.

A Tentativa de Intimidação

6 Quando Sambalate, Tobias, Gesém, o árabe, e o restante de nossos inimigos souberam que eu havia reconstruído o muro e que não havia ficado nenhuma brecha, embora até então eu ainda não tivesse colocado as portas nos seus lugares, ² Sambalate e Gesém mandaram-me a seguinte mensagem: "Venha, vamos nos encontrar num dos povoadosᵇ da planície de Ono".

Eles, contudo, estavam tramando fazer-me mal; ³ por isso enviei-lhes mensageiros com esta resposta: "Estou executando um grande projeto e não posso descer. Por que parar a obra para ir encontrar-me com vocês?" ⁴ Eles me mandaram quatro vezes a mesma mensagem, e todas as vezes lhes dei a mesma resposta.

⁵ Então, na quinta vez, Sambalate mandou-me um dos seus homens de confiança com a mesma mensagem; ele tinha na mão uma carta aberta ⁶ em que estava escrito:

"Dizem entre as nações, e Gesém diz que é verdade, que você e os judeus estão tramando uma revolta e que, por isso, estão reconstruindo o muro. Além disso, conforme dizem, você está na iminência de se tornar o rei deles, ⁷ e até nomeou profetas para fazerem em Jerusalém a seguinte proclamação a seu respeito: 'Há um rei em Judá!' Ora, essa informação será levada ao rei; por isso, vamos conversar".

⁸ Eu lhe mandei esta resposta: Nada disso que você diz está acontecendo; é pura invenção sua.

⁹ Estavam todos tentando intimidar-nos, pensando: "Eles serão enfraquecidos e não concluirão a obra".

Eu, porém, orei pedindo: Fortalece agora as minhas mãos!

¹⁰ Um dia fui à casa de Semaías, filho de Delaías, neto de Meetabel, que estava trancado portas adentro. Ele disse: "Vamos encontrar-nos na casa de Deus, no templo, a portas fechadas, pois estão querendo matá-lo; eles virão esta noite".

¹¹ Todavia, eu lhe respondi: Acha que um homem como eu deveria fugir? Alguém como eu deveria entrar no templo para salvar a vida? Não, eu não irei! ¹² Percebi que Deus não o tinha enviado, e que ele tinha profetizado contra mim porque Tobias e Sambalate o tinham contratado. ¹³ Ele tinha sido pago para me intimidar, a fim de que eu cometesse um pecado agindo daquela maneira, e então eles poderiam difamar-me e desacreditar-me.

¹⁴ Lembra-te do que fizeram Tobias e Sambalate, meu Deus, lembra-te também da profetisa Noadia e do restante dos profetas que estão tentando me intimidar.

O Término da Reconstrução

¹⁵ O muro ficou pronto no vigésimo quinto dia de elulᶜ, em cinqüenta e dois dias. ¹⁶ Quando todos os nossos inimigos

them in addition to food and wine. Their assistants also lorded it over the people. But out of reverence for God I did not act like that. ¹⁶ Instead, I devoted myself to the work on this wall. All my men were assembled there for the work; weª did not acquire any land.

¹⁷ Furthermore, a hundred and fifty Jews and officials ate at my table, as well as those who came to us from the surrounding nations. ¹⁸ Each day one ox, six choice sheep and some poultry were prepared for me, and every ten days an abundant supply of wine of all kinds. In spite of all this, I never demanded the food allotted to the governor, because the demands were heavy on these people.

¹⁹ Remember me with favor, O my God, for all I have done for these people.

Further Opposition to the Rebuilding

6 When word came to Sanballat, Tobiah, Geshem the Arab and the rest of our enemies that I had rebuilt the wall and not a gap was left in it—though up to that time I had not set the doors in the gates— ² Sanballat and Geshem sent me this message: "Come, let us meet together in one of the villagesᵇ on the plain of Ono."

But they were scheming to harm me; ³ so I sent messengers to them with this reply: "I am carrying on a great project and cannot go down. Why should the work stop while I leave it and go down to you?" ⁴ Four times they sent me the same message, and each time I gave them the same answer.

⁵ Then, the fifth time, Sanballat sent his aide to me with the same message, and in his hand was an unsealed letter ⁶ in which was written:

"It is reported among the nations—and Geshemᶜ says it is true—that you and the Jews are plotting to revolt, and therefore you are building the wall. Moreover, according to these reports you are about to become their king ⁷ and have even appointed prophets to make this proclamation about you in Jerusalem: 'There is a king in Judah!' Now this report will get back to the king; so come, let us confer together."

⁸ I sent him this reply: "Nothing like what you are saying is happening; you are just making it up out of your head."

⁹ They were all trying to frighten us, thinking, "Their hands will get too weak for the work, and it will not be completed."

But I prayed, "Now strengthen my hands."

¹⁰ One day I went to the house of Shemaiah son of Delaiah, the son of Mehetabel, who was shut in at his home. He said, "Let us meet in the house of God, inside the temple, and let us close the temple doors, because men are coming to kill you— by night they are coming to kill you."

¹¹ But I said, "Should a man like me run away? Or should one like me go into the temple to save his life? I will not go!" ¹² I realized that God had not sent him, but that he had prophesied against me because Tobiah and Sanballat had hired him. ¹³ He had been hired to intimidate me so that I would commit a sin by doing this, and then they would give me a bad name to discredit me.

¹⁴ Remember Tobiah and Sanballat, O my God, because of what they have done; remember also the prophetess Noadiah and the rest of the prophets who have been trying to intimidate me.

The Completion of the Wall

¹⁵ So the wall was completed on the twenty-fifth of Elul, in fifty-two days. ¹⁶ When all our enemies heard about this, all

---

ª5.16 Conforme a maioria dos manuscritos do Texto Massorético. Alguns manuscritos do Texto Massorético, a Septuaginta, a Vulgata e a Versão Siríaca dizem *eu não comprei*. ᵇ6.2 Ou *em Quefirim* ᶜ6.15 Aproximadamente agosto/setembro.

ª5:16 Most Hebrew manuscripts; some Hebrew manuscripts, Septuagint, Vulgate and Syriac ᵇ6:2 Or *in Kephirim* ᶜ6:6 Hebrew *Gashmu,* a variant of *Geshem*

souberam disso, todas as nações vizinhas ficaram atemorizadas e com o orgulho ferido, pois perceberam que essa obra havia sido executada com a ajuda de nosso Deus.

17 E também, naqueles dias, os nobres de Judá estavam enviando muitas cartas a Tobias, que lhes enviava suas respostas. **18** Porque muitos de Judá estavam comprometidos com ele por juramento, visto que era genro de Secanias, filho de Ara, e seu filho Joanã havia se casado com a filha de Mesulão, neto de Berequias. **19** Até ousavam elogiá-lo na minha presença e iam contar-lhe o que eu dizia. E Tobias continuou a enviar-me cartas para me intimidar.

7 Depois que o muro foi reconstruído e que eu coloquei as portas no lugar, foram nomeados os porteiros, os cantores e os levitas. **2** Para governar Jerusalém encarreguei o meu irmão Hanani e, com ele, Hananias[a], comandante da fortaleza, pois Hananias era íntegro e temia a Deus mais do que a maioria dos homens. **3** Eu lhes disse: As portas de Jerusalém não deverão ser abertas enquanto o sol não estiver alto. E antes de deixarem o serviço, os porteiros deverão fechar e travar as portas. Também designei moradores de Jerusalém para sentinelas, alguns em postos no muro, outros em frente das suas casas.

A Lista dos Exilados que Retornaram

4 Ora, a cidade era grande e espaçosa, mas havia poucos moradores, e as casas ainda não tinham sido reconstruídas. **5** Por isso o meu Deus pôs no meu coração reunir os nobres, os oficiais e todo o povo para registrá-los por famílias. Encontrei o registro genealógico dos que foram os primeiros a voltar. Assim estava registrado ali:

6 "Estes são os homens da província que voltaram do exílio, os quais Nabucodonosor, rei da Babilônia, havia levado prisioneiros. Eles voltaram para Jerusalém e para Judá, cada um para a sua própria cidade, **7** em companhia de Zorobabel, Jesua, Neemias, Azarias, Raamias, Naamani, Mardoqueu, Bilsã, Misperete, Bigvai, Neum e Baaná. E esta é a lista e o número dos que retornaram, pelos chefes de família e respectivas cidades:

8 "os descendentes de Parós 2.172
9 de Sefatias 372
10 de Ara 652
11 de Paate-Moabe,
por meio da linhagem
de Jesua e Joabe, 2.818
12 de Elão 1.254
13 de Zatu 845
14 de Zacai 760
15 de Binui 648
16 de Bebai 628
17 de Azgade 2.322
18 de Adonicão 667
19 de Bigvai 2.067
20 de Adim 655
21 de Ater,
por meio de Ezequias, 98
22 de Hasum 328
23 de Besai 324
24 de Harife 112
25 de Gibeom 95

26 "das cidades de Belém
e de Netofate 188
27 de Anatote 128
28 de Bete-Azmavete 42
29 de Quiriate-Jearim[b],
Cefira e Beerote 743
30 de Ramá e Geba 621

the surrounding nations were afraid and lost their self-confidence, because they realized that this work had been done with the help of our God.

17 Also, in those days the nobles of Judah were sending many letters to Tobiah, and replies from Tobiah kept coming to them. **18** For many in Judah were under oath to him, since he was son-in-law to Shecaniah son of Arah, and his son Jehohanan had married the daughter of Meshullam son of Berekiah. **19** Moreover, they kept reporting to me his good deeds and then telling him what I said. And Tobiah sent letters to intimidate me.

7 After the wall had been rebuilt and I had set the doors in place, the gatekeepers and the singers and the Levites were appointed. **2** I put in charge of Jerusalem my brother Hanani, along with[a] Hananiah the commander of the citadel, because he was a man of integrity and feared God more than most men do. **3** I said to them, "The gates of Jerusalem are not to be opened until the sun is hot. While the gatekeepers are still on duty, have them shut the doors and bar them. Also appoint residents of Jerusalem as guards, some at their posts and some near their own houses."

The List of the Exiles Who Returned

4 Now the city was large and spacious, but there were few people in it, and the houses had not yet been rebuilt. **5** So my God put it into my heart to assemble the nobles, the officials and the common people for registration by families. I found the genealogical record of those who had been the first to return. This is what I found written there:

6 These are the people of the province who came up from the captivity of the exiles whom Nebuchadnezzar king of Babylon had taken captive (they returned to Jerusalem and Judah, each to his own town, **7** in company with Zerubbabel, Jeshua, Nehemiah, Azariah, Raamiah, Nahamani, Mordecai, Bilshan, Mispereth, Bigvai, Nehum and Baanah):

The list of the men of Israel:

8 the descendants of Parosh   2,172
9 of Shephatiah   372
10 of Arah   652
11 of Pahath-Moab (through the line
of Jeshua and Joab)   2,818
12 of Elam   1,254
13 of Zattu   845
14 of Zaccai   760
15 of Binnui   648
16 of Bebai   628
17 of Azgad   2,322
18 of Adonikam   667
19 of Bigvai   2,067
20 of Adin   655
21 of Ater (through Hezekiah)   98
22 of Hashum   328
23 of Bezai   324
24 of Hariph   112
25 of Gibeon   95

26 the men of Bethlehem and Netophah   188
27 of Anathoth   128
28 of Beth Azmaveth   42
29 of Kiriath Jearim, Kephirah and Beeroth   743
30 of Ramah and Geba   621

---

a7.2 Ou *Hanani, isto é, Hananias*. b7.29 Veja Ed 2.25.

a7:2 Or *Hanani, that is,*

31 de Micmás 122
32 de Betel e Ai 123
33 do outro Nebo 52
34 do outro Elão 1.254
35 de Harim 320
36 de Jericó 345
37 de Lode, Hadide
e Ono 721
38 de Senaá 3.930.

39 "Os sacerdotes:

"os descendentes de Jedaías,
por meio da família
de Jesua, 973
40 de Imer 1.052
41 de Pasur 1.247
42 de Harim 1.017.

43 "Os levitas:

"os descendentes de Jesua,
por meio de Cadmiel,
pela linhagem de Hodeva, 74.

44 "Os cantores:

"os descendentes de Asafe 148.

45 "Os porteiros do templo:
os descendentes de Salum,
Ater, Talmom, Acube,
Hatita e Sobai 138.

46 "Os servidores do templo:

"os descendentes de Zia,
Hasufa, Tabaote,
47 Queros, Sia, Padom,
48 Lebana, Hagaba, Salmai,
49 Hanã, Gidel, Gaar,
50 Reaías, Rezim, Necoda,
51 Gazão, Uzá, Paséia,
52 Besai, Meunim, Nefusim,
53 Baquebuque, Hacufa, Harur,
54 Baslite, Meída, Harsa,
55 Barcos, Sísera, Tamá,
56 Nesias e Hatifa

57 "Os descendentes dos servos
de Salomão:

"os descendentes de Sotai,
Soferete, Perida,
58 Jaala, Darcom, Gidel,
59 Sefatias, Hatil,
Poquerete-Hazebaim e Amom.

60 "Os servos do templo
e os descendentes dos servos
de Salomão 392.

61 "Os que chegaram
das cidades de Tel-Melá,
Tel-Harsa, Querube, Adom
e Imer, mas não puderam
provar que suas famílias
eram descendentes de Israel:

62 os descendentes de Delaías,
Tobias e Necoda 642.

63 "E dentre os sacerdotes:

"os descendentes de Habaías,
Hacoz e Barzilai, homem
que se casou com uma filha
de Barzilai, de Gileade,
e que era chamado
por aquele nome".

31 of Micmash 122
32 of Bethel and Ai 123
33 of the other Nebo 52
34 of the other Elam 1,254
35 of Harim 320
36 of Jericho 345
37 of Lod, Hadid and Ono 721
38 of Senaah 3,930

39 The priests:

the descendants of Jedaiah (through the
family of Jeshua) 973
40 of Immer 1,052
41 of Pashhur 1,247
42 of Harim 1,017

43 The Levites:

the descendants of Jeshua (through
Kadmiel through the line of Hodaviah) 74

44 The singers:
the descendants of Asaph 148

45 The gatekeepers:

the descendants of
Shallum, Ater, Talmon, Akkub, Hatita
and Shobai 138

46 The temple servants:

the descendants of
Ziha, Hasupha, Tabbaoth,
47 Keros, Sia, Padon,
48 Lebana, Hagaba, Shalmai,
49 Hanan, Giddel, Gahar,
50 Reaiah, Rezin, Nekoda,
51 Gazzam, Uzza, Paseah,
52 Besai, Meunim, Nephussim,
53 Bakbuk, Hakupha, Harhur,
54 Bazluth, Mehida, Harsha,
55 Barkos, Sisera, Temah,
56 Neziah and Hatipha

57 The descendants of the servants of Solomon:

the descendants of
Sotai, Sophereth, Perida,
58 Jaala, Darkon, Giddel,
59 Shephatiah, Hattil,
Pokereth-Hazzebaim and Amon

60 The temple servants and the descendants
of the servants of Solomon 392

61 The following came up from the towns of Tel Melah, Tel
Harsha, Kerub, Addon and Immer, but they could not show
that their families were descended from Israel:

62 the descendants of
Delaiah, Tobiah and Nekoda 642

63 And from among the priests:

the descendants of
Hobaiah, Hakkoz and Barzillai (a man who had married a
daughter of Barzillai the Gileadite and was called by that
name).

64 Esses procuraram seus registros de família, mas não conseguiram achá-los e, dessa forma, foram considerados impuros para o sacerdócio. **65** Por isso o governador determinou que eles não comessem das ofertas santíssimas enquanto não houvesse um sacerdote para consultar o Urim e o Tumim[a].

66 O total de todos os registrados foi 42.360 homens, **67** além dos seus 7.337 servos e servas; havia entre eles 245 cantores e cantoras. **68** Possuíam 736 cavalos, 245 mulas,[b] **69** 435 camelos e 6.720 jumentos.

70 Alguns dos chefes das famílias contribuíram para o trabalho. O governador deu à tesouraria oito quilos[c] de ouro, 50 bacias e 530 vestes para os sacerdotes. **71** Alguns dos chefes das famílias deram à tesouraria cento e sessenta quilos de ouro e mil e trezentos e vinte quilos[d] de prata, para a realização do trabalho. **72** O total dado pelo restante do povo foi de cento e sessenta quilos de ouro, mil e duzentos quilos de prata e 67 vestes para os sacerdotes.

73 Os sacerdotes, os levitas, os porteiros, os cantores e os servidores do templo, e também alguns do povo e os demais israelitas, estabeleceram-se em suas próprias cidades.

A Leitura Pública da Lei

8 Quando chegou o sétimo mês e os israelitas tinham se instalado em suas cidades, todo o povo juntou-se como se fosse um só homem na praça, em frente da porta das Águas. Pediram ao escriba Esdras que trouxesse o Livro da Lei de Moisés, que o Senhor dera a Israel.

2 Assim, no primeiro dia do sétimo mês, o sacerdote Esdras trouxe a Lei diante da assembléia, que era constituída de homens e mulheres e de todos os que podiam entender. **3** Ele a leu em alta voz desde o raiar da manhã até o meio-dia, de frente para a praça, em frente da porta das Águas, na presença dos homens, mulheres e de outros que podiam entender. E todo o povo ouvia com atenção a leitura do Livro da Lei.

4 O escriba Esdras estava numa plataforma elevada, de madeira, construída para a ocasião. Ao seu lado, à direita, estavam Matitias, Sema, Anaías, Urias, Hilquias e Maaséias; e à esquerda estavam Pedaías, Misael, Malquias, Hasum, Hasbadana, Zacarias e Mesulão.

5 Esdras abriu o Livro diante de todo o povo, e este podia vê-lo, pois ele estava num lugar mais alto. E, quando abriu o Livro, o povo todo se levantou. **6** Esdras louvou o Senhor, o grande Deus, e todo o povo ergueu as mãos e respondeu: "Amém! Amém!" Então eles adoraram o Senhor, prostrados, rosto em terra.

7 Os levitas Jesua, Bani, Serebias, Jamim, Acube, Sabetai, Hodias, Maaséias, Quelita, Azarias, Jozabade, Hanã e Pelaías, instruíram o povo na Lei, e todos permaneciam ali. **8** Leram o Livro da Lei de Deus, interpretando-o e explicando-o, a fim de que o povo entendesse o que estava sendo lido.

9 Então Neemias, o governador, Esdras, o sacerdote e escriba, e os levitas que estavam instruindo o povo disseram a todos: "Este dia é consagrado ao Senhor, o nosso Deus. Nada de tristeza e de choro!" Pois todo o povo estava chorando enquanto ouvia as palavras da Lei.

10 E Neemias acrescentou: "Podem sair, e comam e bebam do melhor que tiverem, e repartam com os que nada têm preparado. Este dia é consagrado ao nosso Senhor. Não se entristeçam, porque a alegria do Senhor os fortalecerá".

11 Os levitas tranqüilizaram todo o povo, dizendo: "Acalmem-se, porque este é um dia santo. Não fiquem tristes!"

64 These searched for their family records, but they could not find them and so were excluded from the priesthood as unclean. **65** The governor, therefore, ordered them not to eat any of the most sacred food until there should be a priest ministering with the Urim and Thummim.

66 The whole company numbered 42,360, **67** besides their 7,337 menservants and maidservants; and they also had 245 men and women singers. **68** There were 736 horses, 245 mules,[a] **69** 435 camels and 6,720 donkeys.

70 Some of the heads of the families contributed to the work. The governor gave to the treasury 1,000 drachmas[b] of gold, 50 bowls and 530 garments for priests. **71** Some of the heads of the families gave to the treasury for the work 20,000 drachmas[c] of gold and 2,200 minas[d] of silver. **72** The total given by the rest of the people was 20,000 drachmas of gold, 2,000 minas[e] of silver and 67 garments for priests.

73 The priests, the Levites, the gatekeepers, the singers and the temple servants, along with certain of the people and the rest of the Israelites, settled in their own towns.

Ezra Reads the Law

When the seventh month came and the Israelites had settled in their towns,

8 all the people assembled as one man in the square before the Water Gate. They told Ezra the scribe to bring out the Book of the Law of Moses, which the Lord had commanded for Israel.

2 So on the first day of the seventh month Ezra the priest brought the Law before the assembly, which was made up of men and women and all who were able to understand. **3** He read it aloud from daybreak till noon as he faced the square before the Water Gate in the presence of the men, women and others who could understand. And all the people listened attentively to the Book of the Law.

4 Ezra the scribe stood on a high wooden platform built for the occasion. Beside him on his right stood Mattithiah, Shema, Anaiah, Uriah, Hilkiah and Maaseiah; and on his left were Pedaiah, Mishael, Malkijah, Hashum, Hashbaddanah, Zechariah and Meshullam.

5 Ezra opened the book. All the people could see him because he was standing above them; and as he opened it, the people all stood up. **6** Ezra praised the Lord, the great God; and all the people lifted their hands and responded, "Amen! Amen!" Then they bowed down and worshiped the Lord with their faces to the ground.

7 The Levites—Jeshua, Bani, Sherebiah, Jamin, Akkub, Shabbethai, Hodiah, Maaseiah, Kelita, Azariah, Jozabad, Hanan and Pelaiah—instructed the people in the Law while the people were standing there. **8** They read from the Book of the Law of God, making it clear[f] and giving the meaning so that the people could understand what was being read.

9 Then Nehemiah the governor, Ezra the priest and scribe, and the Levites who were instructing the people said to them all, "This day is sacred to the Lord your God. Do not mourn or weep." For all the people had been weeping as they listened to the words of the Law.

10 Nehemiah said, "Go and enjoy choice food and sweet drinks, and send some to those who have nothing prepared. This day is sacred to our Lord. Do not grieve, for the joy of the Lord is your strength."

11 The Levites calmed all the people, saying, "Be still, for this is a sacred day. Do not grieve."

---

12 Então todo o povo saiu para comer, beber, repartir com os que nada tinham preparado e para celebrar com grande alegria, pois agora compreendiam as palavras que lhes foram explicadas.

13 No segundo dia do mês, os chefes de todas as famílias, os sacerdotes e os levitas reuniram-se com o escriba Esdras para estudarem as palavras da Lei. **14** Descobriram na Lei que o Senhor tinha ordenado, por meio de Moisés, que os israelitas deveriam morar em tendas durante a festa do sétimo mês. **15** Por isso anunciaram em todas as suas cidades e em Jerusalém: "Saiam às montanhas e tragam ramos de oliveiras cultivadas, de oliveiras silvestres, de murtas, de tamareiras e de árvores frondosas, para fazerem tendas, conforme está escrito^a".

16 Então o povo saiu e trouxe os ramos, e eles mesmos construíram tendas nos seus terraços, nos seus pátios, nos pátios do templo de Deus e na praça junto à porta das Águas e na que fica junto à porta de Efraim. **17** Todos os que tinham voltado do exílio construíram tendas e moraram nelas. Desde os dias de Josué, filho de Num, até aquele dia, os israelitas não tinham celebrado a festa dessa maneira. E grande foi a alegria deles.

18 Dia após dia, desde o primeiro até o último dia da festa, Esdras leu o Livro da Lei de Deus. Eles celebraram a festa durante sete dias, e no oitavo dia, conforme o ritual, houve uma reunião solene.

A Confissão do Pecado

9 No vigésimo quarto dia do mês, os israelitas se reuniram, jejuaram, vestiram pano de saco e puseram terra sobre a cabeça. **2** Os que eram de ascendência israelita tinham se separado de todos os estrangeiros. Levantaram-se nos seus lugares, confessaram os seus pecados e a maldade dos seus antepassados. **3** Ficaram onde estavam e leram o Livro da Lei do Senhor, do seu Deus, durante três horas, e passaram outras três horas confessando os seus pecados e adorando o Senhor, o seu Deus. **4** Em pé, na plataforma, estavam os levitas Jesua, Bani, Cadmiel, Sebanias, Buni, Serebias, Bani e Quenani, que em alta voz clamavam ao Senhor, o seu Deus. **5** E os levitas Jesua, Cadmiel, Bani, Hasabnéias, Serebias, Hodias, Sebanias e Petaías conclamavam o povo, dizendo: "Levantem-se e louvem o Senhor, o seu Deus, que vive para todo o sempre.

"Bendito seja o teu nome glorioso! A tua grandeza está acima de toda expressão de louvor. **6** Só tu és o Senhor. Fizeste os céus, e os mais altos céus, e tudo o que neles há, a terra e tudo o que nela existe, os mares e tudo o que neles existe. Tu deste vida a todos os seres, e os exércitos dos céus te adoram.

7 "Tu és o Senhor, o Deus que escolheu Abrão, trouxe-o de Ur dos caldeus e deu-lhe o nome de Abraão. **8** Viste que o coração dele era fiel, e fizeste com ele uma aliança, prometendo dar aos seus descendentes a terra dos cananeus, dos hititas, dos amorreus, dos ferezeus, dos jebuseus e dos girgaseus. E cumpriste a tua promessa porque tu és justo.

9 "Viste o sofrimento dos nossos antepassados no Egito, e ouviste o clamor deles no mar Vermelho. **10** Fizeste sinais e maravilhas contra o faraó e todos os seus oficiais e contra todo o povo da sua terra, pois sabias com quanta arrogância os egípcios os tratavam. Alcançaste renome, que permanece até hoje. **11** Dividiste o mar diante deles, para que o atravessassem a seco, mas lançaste os seus perseguidores nas profundezas, como uma pedra em águas agitadas. **12** Tu os conduziste de dia com uma nuvem e de noite com uma coluna de fogo, para iluminar o caminho que tinham que percorrer.

12 Then all the people went away to eat and drink, to send portions of food and to celebrate with great joy, because they now understood the words that had been made known to them.

13 On the second day of the month, the heads of all the families, along with the priests and the Levites, gathered around Ezra the scribe to give attention to the words of the Law. **14** They found written in the Law, which the Lord had commanded through Moses, that the Israelites were to live in booths during the feast of the seventh month **15** and that they should proclaim this word and spread it throughout their towns and in Jerusalem: "Go out into the hill country and bring back branches from olive and wild olive trees, and from myrtles, palms and shade trees, to make booths"—as it is written.^a

16 So the people went out and brought back branches and built themselves booths on their own roofs, in their courtyards, in the courts of the house of God and in the square by the Water Gate and the one by the Gate of Ephraim. **17** The whole company that had returned from exile built booths and lived in them. From the days of Joshua son of Nun until that day, the Israelites had not celebrated it like this. And their joy was very great.

18 Day after day, from the first day to the last, Ezra read from the Book of the Law of God. They celebrated the feast for seven days, and on the eighth day, in accordance with the regulation, there was an assembly.

The Israelites Confess Their Sins

9 On the twenty-fourth day of the same month, the Israelites gathered together, fasting and wearing sackcloth and having dust on their heads. **2** Those of Israelite descent had separated themselves from all foreigners. They stood in their places and confessed their sins and the wickedness of their fathers. **3** They stood where they were and read from the Book of the Law of the Lord their God for a quarter of the day, and spent another quarter in confession and in worshiping the Lord their God. **4** Standing on the stairs were the Levites—Jeshua, Bani, Kadmiel, Shebaniah, Bunni, Sherebiah, Bani and Kenani—who called with loud voices to the Lord their God. **5** And the Levites—Jeshua, Kadmiel, Bani, Hashabneiah, Sherebiah, Hodiah, Shebaniah and Pethahiah—said: "Stand up and praise the Lord your God, who is from everlasting to everlasting.^b

"Blessed be your glorious name, and may it be exalted above all blessing and praise. **6** You alone are the Lord. You made the heavens, even the highest heavens, and all their starry host, the earth and all that is on it, the seas and all that is in them. You give life to everything, and the multitudes of heaven worship you.

7 "You are the Lord God, who chose Abram and brought him out of Ur of the Chaldeans and named him Abraham. **8** You found his heart faithful to you, and you made a covenant with him to give to his descendants the land of the Canaanites, Hittites, Amorites, Perizzites, Jebusites and Girgashites. You have kept your promise because you are righteous.

9 "You saw the suffering of our forefathers in Egypt; you heard their cry at the Red Sea.^c **10** You sent miraculous signs and wonders against Pharaoh, against all his officials and all the people of his land, for you knew how arrogantly the Egyptians treated them. You made a name for yourself, which remains to this day. **11** You divided the sea before them, so that they passed through it on dry ground, but you hurled their pursuers into the depths, like a stone into mighty waters. **12** By day you led them with a pillar of cloud, and by night with a pillar of fire to give them light on the way they were to take.

---

13 "Tu desceste ao monte Sinai; dos céus lhes falaste. Deste-lhes ordenanças justas, leis verdadeiras, decretos e mandamentos excelentes. **14** Fizeste que conhecessem o teu sábado santo e lhes deste ordens, decretos e leis por meio de Moisés, teu servo. **15** Na fome deste-lhes pão do céu, e na sede tiraste para eles água da rocha; mandaste-os entrar e tomar posse da terra que, sob juramento, tinhas prometido dar-lhes.

16 "Mas os nossos antepassados tornaram-se arrogantes e obstinados, e não obedeceram aos teus mandamentos. **17** Eles se recusaram a ouvir-te e esqueceram-se dos milagres que realizaste entre eles. Tornaram-se obstinados e, na sua rebeldia, escolheram um líder a fim de voltarem à sua escravidão. Mas tu és um Deus perdoador, um Deus bondoso e misericordioso, muito paciente e cheio de amor. Por isso não os abandonaste, **18** mesmo quando fundiram para si um ídolo na forma de bezerro e disseram: 'Este é o seu deus, que os tirou do Egito', ou quando proferiram blasfêmias terríveis.

19 "Foi por tua grande compaixão que não os abandonaste no deserto. De dia a nuvem não deixava de guiá-los em seu caminho, nem de noite a coluna de fogo deixava de brilhar sobre o caminho que deviam percorrer. **20** Deste o teu bom Espírito para instruí-los. Não retiveste o teu maná que os alimentava, e deste-lhes água para matar a sede. **21** Durante quarenta anos tu os sustentaste no deserto; nada lhes faltou, as roupas deles não se gastaram nem os seus pés ficaram inchados.

22 "Deste-lhes reinos e nações, cuja terra repartiste entre eles. Eles conquistaram a terra de Seom, rei de Hesbom, e a terra de Ogue, rei de Basã. **23** Tornaste os seus filhos tão numerosos como as estrelas do céu, e os trouxeste para entrar e possuir a terra que prometeste aos seus antepassados. **24** Seus filhos entraram e tomaram posse da terra. Tu subjugaste diante deles os cananeus, que viviam na terra, e os entregaste nas suas mãos, com os seus reis e com os povos daquela terra, para que os tratassem como bem quisessem. **25** Conquistaram cidades fortificadas e terra fértil; apossaram-se de casas cheias de bens, poços já escavados, vinhas, olivais e muitas árvores frutíferas. Comeram até fartar-se e foram bem alimentados; eles desfrutaram de tua grande bondade.

26 "Mas foram desobedientes e se rebelaram contra ti; deram as costas para a tua Lei. Mataram os teus profetas, que os tinham advertido que se voltassem para ti; e te fizeram ofensas detestáveis. **27** Por isso tu os entregaste nas mãos de seus inimigos, que os oprimiram. Mas, quando foram oprimidos, clamaram a ti. Dos céus tu os ouviste, e na tua grande compaixão deste-lhes libertadores, que os livraram das mãos de seus inimigos.

28 "Mas, tão logo voltavam a ter paz, de novo faziam o que tu reprovas. Então os abandonavas às mãos de seus inimigos, para que dominassem sobre eles. E, quando novamente clamavam a ti, dos céus tu os ouvias e na tua compaixão os livravas vez após vez.

29 "Tu os advertiste que voltassem à tua Lei, mas eles se tornaram arrogantes e desobedeceram aos teus mandamentos. Pecaram contra as tuas ordenanças, pelas quais o homem vive se lhes obedece. Com teimosia te deram as costas, tornaram-se obstinados e recusaram ouvir-te. **30** E durante muitos anos foste paciente com eles. Por teu Espírito, por meio dos profetas, os advertiste. Contudo, não te deram atenção, de modo que os entregaste nas mãos dos povos vizinhos. **31** Graças, porém, à tua grande misericórdia, não os destruíste nem os abandonaste, pois és Deus bondoso e misericordioso.

13 "You came down on Mount Sinai; you spoke to them from heaven. You gave them regulations and laws that are just and right, and decrees and commands that are good. **14** You made known to them your holy Sabbath and gave them commands, decrees and laws through your servant Moses. **15** In their hunger you gave them bread from heaven and in their thirst you brought them water from the rock; you told them to go in and take possession of the land you had sworn with uplifted hand to give them.

16 "But they, our forefathers, became arrogant and stiff-necked, and did not obey your commands. **17** They refused to listen and failed to remember the miracles you performed among them. They became stiff-necked and in their rebellion appointed a leader in order to return to their slavery. But you are a forgiving God, gracious and compassionate, slow to anger and abounding in love. Therefore you did not desert them, **18** even when they cast for themselves an image of a calf and said, 'This is your god, who brought you up out of Egypt,' or when they committed awful blasphemies.

19 "Because of your great compassion you did not abandon them in the desert. By day the pillar of cloud did not cease to guide them on their path, nor the pillar of fire by night to shine on the way they were to take. **20** You gave your good Spirit to instruct them. You did not withhold your manna from their mouths, and you gave them water for their thirst. **21** For forty years you sustained them in the desert; they lacked nothing, their clothes did not wear out nor did their feet become swollen.

22 "You gave them kingdoms and nations, allotting to them even the remotest frontiers. They took over the country of Sihon[a] king of Heshbon and the country of Og king of Bashan. **23** You made their sons as numerous as the stars in the sky, and you brought them into the land that you told their fathers to enter and possess. **24** Their sons went in and took possession of the land. You subdued before them the Canaanites, who lived in the land; you handed the Canaanites over to them, along with their kings and the peoples of the land, to deal with them as they pleased. **25** They captured fortified cities and fertile land; they took possession of houses filled with all kinds of good things, wells already dug, vineyards, olive groves and fruit trees in abundance. They ate to the full and were well-nourished; they reveled in your great goodness.

26 "But they were disobedient and rebelled against you; they put your law behind their backs. They killed your prophets, who had admonished them in order to turn them back to you; they committed awful blasphemies. **27** So you handed them over to their enemies, who oppressed them. But when they were oppressed they cried out to you. From heaven you heard them, and in your great compassion you gave them deliverers, who rescued them from the hand of their enemies.

28 "But as soon as they were at rest, they again did what was evil in your sight. Then you abandoned them to the hand of their enemies so that they ruled over them. And when they cried out to you again, you heard from heaven, and in your compassion you delivered them time after time.

29 "You warned them to return to your law, but they became arrogant and disobeyed your commands. They sinned against your ordinances, by which a man will live if he obeys them. Stubbornly they turned their backs on you, became stiff-necked and refused to listen. **30** For many years you were patient with them. By your Spirit you admonished them through your prophets. Yet they paid no attention, so you handed them over to the neighboring peoples. **31** But in your great mercy you did not put an end to them or abandon them, for you are a gracious and merciful God.

---

[a]9:22 One Hebrew manuscript and Septuagint; most Hebrew manuscripts *Sihon, that is, the country of the*

32 "Agora, portanto, nosso Deus, ó Deus grande, poderoso e temível, fiel à tua aliança e misericordioso, não fiques indiferente a toda a aflição que veio sobre nós, sobre os nossos reis e sobre os nossos líderes, sobre os nossos sacerdotes e sobre os nossos profetas, sobre os nossos antepassados e sobre todo o teu povo, desde os dias dos reis da Assíria até hoje. **33** Em tudo o que nos aconteceu foste justo; agiste com lealdade mesmo quando fomos infiéis. **34** Nossos reis, nossos líderes, nossos sacerdotes e nossos antepassados não seguiram a tua Lei; não deram atenção aos teus mandamentos nem às advertências que lhes fizeste. **35** Mesmo quando estavam no reino deles, desfrutando da tua grande bondade, na terra espaçosa e fértil que lhes deste, eles não te serviram nem abandonaram os seus maus caminhos.

36 "Vê, porém, que hoje somos escravos, escravos na terra que deste aos nossos antepassados para que usufruíssem dos seus frutos e das outras boas coisas que ela produz. **37** Por causa de nossos pecados, a sua grande produção pertence aos reis que puseste sobre nós. Eles dominam sobre nós e sobre os nossos rebanhos como bem lhes parece. É grande a nossa angústia!

O Acordo do Povo

38 "Em vista disso tudo, estamos fazendo um acordo, por escrito, e assinado por nossos líderes, nossos levitas e nossos sacerdotes".

10 Esta é a relação dos que o assinaram:

Neemias, o governador,
filho de Hacalias,
e Zedequias,
2 Seraías, Azarias, Jeremias,
3 Pasur, Amarias, Malquias,
4 Hatus, Sebanias, Maluque,
5 Harim, Meremote, Obadias,
6 Daniel, Ginetom, Baruque,
7 Mesulão, Abias, Miamim,
8 Maazias, Bilgai e Semaías.
Esses eram os sacerdotes.

9 Dos levitas:

Jesua, filho de Azanias, Binui,
dos filhos de Henadade, Cadmiel,
10 e seus colegas: Sebanias,
Hodias, Quelita, Pelaías, Hanã,
11 Mica, Reobe, Hasabias,
12 Zacur, Serebias, Sebanias,
13 Hodias, Bani e Beninu.

14 Dos líderes do povo:

Parós, Paate-Moabe, Elão, Zatu, Bani,
15 Buni, Azgade, Bebai,
16 Adonias, Bigvai, Adim,
17 Ater, Ezequias, Azur,
18 Hodias, Hasum, Besai,
19 Harife, Anatote, Nebai,
20 Magpias, Mesulão, Hezir,
21 Mesezabel, Zadoque, Jadua,
22 Pelatias, Hanã, Anaías,
23 Oséias, Hananias, Hassube,
24 Haloês, Pílea, Sobeque,
25 Reum, Hasabna, Maaséias,
26 Aías, Hanã, Anã,
27 Maluque, Harim e Baaná.

28 "O restante do povo — sacerdotes, levitas, porteiros, cantores, servidores do templo e todos os que se separaram dos povos vizinhos por amor à Lei de Deus, com suas mulheres e com todos os seus filhos e filhas capazes de entender— **29** agora se une a seus irmãos, os nobres, e se obrigam sob maldição e sob

32 "Now therefore, O our God, the great, mighty and awesome God, who keeps his covenant of love, do not let all this hardship seem trifling in your eyes—the hardship that has come upon us, upon our kings and leaders, upon our priests and prophets, upon our fathers and all your people, from the days of the kings of Assyria until today. **33** In all that has happened to us, you have been just; you have acted faithfully, while we did wrong. **34** Our kings, our leaders, our priests and our fathers did not follow your law; they did not pay attention to your commands or the warnings you gave them. **35** Even while they were in their kingdom, enjoying your great goodness to them in the spacious and fertile land you gave them, they did not serve you or turn from their evil ways.

36 "But see, we are slaves today, slaves in the land you gave our forefathers so they could eat its fruit and the other good things it produces. **37** Because of our sins, its abundant harvest goes to the kings you have placed over us. They rule over our bodies and our cattle as they please. We are in great distress.

The Agreement of the People

38 "In view of all this, we are making a binding agreement, putting it in writing, and our leaders, our Levites and our priests are affixing their seals to it."

10 Those who sealed it were:

Nehemiah the governor, the son of Hacaliah.

Zedekiah, **2** Seraiah, Azariah, Jeremiah,
3 Pashhur, Amariah, Malkijah,
4 Hattush, Shebaniah, Malluch,
5 Harim, Meremoth, Obadiah,
6 Daniel, Ginnethon, Baruch,
7 Meshullam, Abijah, Mijamin,
8 Maaziah, Bilgai and Shemaiah.
These were the priests.

9 The Levites:

Jeshua son of Azaniah, Binnui of the sons of
Henadad, Kadmiel,
10 and their associates: Shebaniah,
Hodiah, Kelita, Pelaiah, Hanan,
11 Mica, Rehob, Hashabiah,
12 Zaccur, Sherebiah, Shebaniah,
13 Hodiah, Bani and Beninu.

14 The leaders of the people:

Parosh, Pahath-Moab, Elam, Zattu, Bani,
15 Bunni, Azgad, Bebai,
16 Adonijah, Bigvai, Adin,
17 Ater, Hezekiah, Azzur,
18 Hodiah, Hashum, Bezai,
19 Hariph, Anathoth, Nebai,
20 Magpiash, Meshullam, Hezir,
21 Meshezabel, Zadok, Jaddua,
22 Pelatiah, Hanan, Anaiah,
23 Hoshea, Hananiah, Hasshub,
24 Hallohesh, Pilha, Shobek,
25 Rehum, Hashabnah, Maaseiah,
26 Ahiah, Hanan, Anan,
27 Malluch, Harim and Baanah.

28 "The rest of the people—priests, Levites, gatekeepers, singers, temple servants and all who separated themselves from the neighboring peoples for the sake of the Law of God, together with their wives and all their sons and daughters who are able to understand— **29** all these now join their brothers the nobles, and bind themselves with a curse and an

juramento a seguir a Lei de Deus dada por meio do servo de Deus, Moisés, e a obedecer fielmente a todos os mandamentos, ordenanças e decretos do Senhor, o nosso Senhor.

30 "Prometemos não dar nossas filhas em casamento aos povos vizinhos nem aceitar que as filhas deles se casem com os nossos filhos.

31 "Quando os povos vizinhos trouxerem mercadorias ou cereal para venderem no sábado ou em dia de festa, não compraremos deles nesses dias. Cada sete anos abriremos mão de trabalhar a terra e cancelaremos todas as dívidas.

32 "Assumimos a responsabilidade de, conforme o mandamento, dar anualmente quatro gramas^a para o serviço do templo de nosso Deus: **33** para os pães consagrados, para as ofertas regulares de cereal e para os holocaustos^b, para as ofertas dos sábados, das festas de lua nova e das festas fixas, para as ofertas sagradas, para as ofertas pelo pecado para fazer propiciação por Israel, e para as necessidades do templo de nosso Deus.

34 "Também lançamos sortes entre as famílias dos sacerdotes, dos levitas e do povo, para escalar anualmente a família que deverá trazer lenha ao templo de nosso Deus, no tempo determinado, para queimar sobre o altar do Senhor, o nosso Deus, conforme está escrito na Lei.

35 "Também assumimos a responsabilidade de trazer anualmente ao templo do Senhor os primeiros frutos de nossas colheitas e de toda árvore frutífera.

36 "Conforme também está escrito na Lei, traremos o primeiro de nossos filhos e a primeira cria de nossos rebanhos, tanto de ovelhas como de bois, para o templo de nosso Deus, para os sacerdotes que ali estiverem ministrando.

37 "Além do mais, traremos para os depósitos do templo de nosso Deus, para os sacerdotes, a nossa primeira massa de cereal moído, e as nossas primeiras ofertas de cereal, do fruto de todas as nossas árvores e de nosso vinho e azeite. E traremos o dízimo das nossas colheitas para os levitas, pois são eles que recolhem os dízimos em todas as cidades onde trabalhamos. **38** Um sacerdote descendente de Arão acompanhará os levitas quando receberem os dízimos, e os levitas terão que trazer um décimo dos dízimos ao templo de nosso Deus, aos depósitos do templo. **39** O povo de Israel, inclusive os levitas, deverão trazer ofertas de cereal, de vinho novo e de azeite aos depósitos onde se guardam os utensílios para o santuário. É onde os sacerdotes ministram e onde os porteiros e os cantores ficam.

"Não negligenciaremos o templo de nosso Deus."

O Repovoamento de Jerusalém

11 Os líderes do povo passaram a morar em Jerusalém, e o restante do povo fez um sorteio para que, de cada dez pessoas, uma viesse morar em Jerusalém, a santa cidade; as outras nove deveriam ficar em suas próprias cidades. **2** O povo abençoou todos os homens que se apresentaram voluntariamente para morar em Jerusalém.

3 Alguns israelitas, sacerdotes, levitas, servos do templo e descendentes dos servos de Salomão viviam nas cidades de Judá, cada um em sua propriedade. Estes são os líderes da província que passaram a morar em Jerusalém **4** (além deles veio gente tanto de Judá quanto de Benjamim viver em Jerusalém):

Dentre os descendentes de Judá:

Ataías, filho de Uzias, neto de Zacarias, bisneto de Amarias; Amarias era filho de Sefatias e neto de Maalaleel, descendente de Perez. **5** Maaséias, filho de Baruque, neto de Col-Hozé, bisneto de Hazaías; Hazaías era filho de Adaías, neto de Joiaribe e bisneto de Zacarias, descendente de Selá. **6** Os descendentes de Perez que viviam em Jerusalém totalizavam 468 homens de destaque.

7 Dentre os descendentes de Benjamim:

oath to follow the Law of God given through Moses the servant of God and to obey carefully all the commands, regulations and decrees of the Lord our Lord.

30 "We promise not to give our daughters in marriage to the peoples around us or take their daughters for our sons.

31 "When the neighboring peoples bring merchandise or grain to sell on the Sabbath, we will not buy from them on the Sabbath or on any holy day. Every seventh year we will forgo working the land and will cancel all debts.

32 "We assume the responsibility for carrying out the commands to give a third of a shekel^a each year for the service of the house of our God: **33** for the bread set out on the table; for the regular grain offerings and burnt offerings; for the offerings on the Sabbaths, New Moon festivals and appointed feasts; for the holy offerings; for sin offerings to make atonement for Israel; and for all the duties of the house of our God.

34 "We—the priests, the Levites and the people—have cast lots to determine when each of our families is to bring to the house of our God at set times each year a contribution of wood to burn on the altar of the Lord our God, as it is written in the Law.

35 "We also assume responsibility for bringing to the house of the Lord each year the firstfruits of our crops and of every fruit tree.

36 "As it is also written in the Law, we will bring the firstborn of our sons and of our cattle, of our herds and of our flocks to the house of our God, to the priests ministering there.

37 "Moreover, we will bring to the storerooms of the house of our God, to the priests, the first of our ground meal, of our *grain* offerings, of the fruit of all our trees and of our new wine and oil. And we will bring a tithe of our crops to the Levites, for it is the Levites who collect the tithes in all the towns where we work. **38** A priest descended from Aaron is to accompany the Levites when they receive the tithes, and the Levites are to bring a tenth of the tithes up to the house of our God, to the storerooms of the treasury. **39** The people of Israel, including the Levites, are to bring their contributions of grain, new wine and oil to the storerooms where the articles for the sanctuary are kept and where the ministering priests, the gatekeepers and the singers stay.

"We will not neglect the house of our God."

The New Residents of Jerusalem

11 Now the leaders of the people settled in Jerusalem, and the rest of the people cast lots to bring one out of every ten to live in Jerusalem, the holy city, while the remaining nine were to stay in their own towns. **2** The people commended all the men who volunteered to live in Jerusalem.

3 These are the provincial leaders who settled in Jerusalem (now some Israelites, priests, Levites, temple servants and descendants of Solomon's servants lived in the towns of Judah, each on his own property in the various towns, **4** while other people from both Judah and Benjamin lived in Jerusalem):

From the descendants of Judah:

Athaiah son of Uzziah, the son of Zechariah, the son of Amariah, the son of Shephatiah, the son of Mahalalel, a descendant of Perez; **5** and Maaseiah son of Baruch, the son of Col-Hozeh, the son of Hazaiah, the son of Adaiah, the son of Joiarib, the son of Zechariah, a descendant of Shelah. **6** The descendants of Perez who lived in Jerusalem totaled 468 able men.

7 From the descendants of Benjamin:

---

^a10.32 Hebraico: *1/3 de siclo*. Um siclo equivalia a 12 gramas, geralmente de prata. ^b10.33 Isto é, sacrifícios totalmente queimados.

^a10:32 That is, about 1/8 ounce (about 4 grams)

Salu, filho de Mesulão, neto de Joede, bisneto de Pedaías; Pedaías era filho de Colaías, neto de Maaséias, bisneto de Itiel, tetraneto de Jesaías; **8** os seguidores de Salu, Gabai e Salai totalizavam 928 homens. **9** Joel, filho de Zicri, era o oficial superior entre eles, e Judá, filho de Hassenua, era responsável pelo segundo distrito da cidade.

10 Dentre os sacerdotes:

Jedaías, filho de Joiaribe; Jaquim; **11** Seraías, filho de Hilquias, neto de Mesulão, bisneto de Zadoque — Zadoque era filho de Meraiote, neto de Aitube, supervisor da casa de Deus — **12** e seus colegas, que faziam o trabalho do templo, totalizavam 822 homens. Adaías, filho de Jeroão, neto de Pelaías, bisneto de Anzi — Anzi era filho de Zacarias, neto de Pasur, bisneto de Malquias — **13** e seus colegas, que eram chefes de famílias, totalizavam 242 homens. Amassai, filho de Azareel, neto de Azai, bisneto de Mesilemote, tetraneto de Imer, **14** e os seus colegas, que eram homens de destaque, totalizavam 128. O oficial superior deles era Zabdiel, filho de Gedolim.

15 Dentre os levitas:

Semaías, filho de Hassube, neto de Azricão, bisneto de Hasabias, tetraneto de Buni; **16** Sabetai e Jozabade, dois dos líderes dos levitas, encarregados do trabalho externo do templo de Deus; **17** Matanias, filho de Mica, neto de Zabdi, bisneto de Asafe, o dirigente que conduzia as ações de graças e as orações; Baquebuquias, o segundo entre os seus colegas e Abda, filho de Samua, neto de Galal, bisneto de Jedutum. **18** Os levitas totalizavam 284 na cidade santa.

19 Os porteiros:

Acube, Talmom e os homens dos seus clãs, que guardavam as portas, eram 172.

20 Os demais israelitas, incluindo os sacerdotes e os levitas, estavam em todas as cidades de Judá, cada um na propriedade de sua herança.

21 Os que prestavam serviço no templo moravam na colina de Ofel, e Zia e Gispa estavam encarregados deles.

22 O oficial superior dos levitas em Jerusalém era Uzi, filho de Bani, neto de Hasabias, bisneto de Matanias, tetraneto de Mica. Uzi era um dos descendentes de Asafe, que eram responsáveis pela música do templo de Deus. **23** Eles estavam sujeitos às prescrições do rei, que regulamentavam suas atividades diárias.

24 Petaías, filho de Mesezabel, descendente de Zerá, filho de Judá, representava o rei nas questões de ordem civil.

25 Alguns do povo de Judá foram morar em Quiriate-Arba e seus povoados, em Dibom e seus povoados, em Jecabzeel e seus povoados, **26** em Jesua, em Moladá, em Bete-Pelete, **27** em Hazar-Sual, em Berseba e seus povoados, **28** em Ziclague, em Meconá e seus povoados, **29** em En-Rimom, em Zorá, em Jarmute, **30** em Zanoa, em Adulão e seus povoados, em Láquis e seus arredores, e em Azeca e seus povoados. Eles se estabeleceram desde Berseba até o vale de Hinom.

31 Os descendentes dos benjamitas foram viver em Geba, Micmás, Aia, Betel e seus povoados, **32** em Anatote, Nobe e Ananias, **33** Hazor, Ramá e Gitaim, **34** Hadide, Zeboim e Nebalate, **35** Lode e Ono, e no vale dos Artesãos.

36 Alguns grupos dos levitas de Judá se estabeleceram em Benjamim.

A Lista dos Sacerdotes e dos Levitas

12 Estes foram os sacerdotes e os levitas que voltaram com Zorobabel, filho de Sealtiel, e com Jesua:
Seraías, Jeremias, Esdras,
2 Amarias, Maluque, Hatus,

Sallu son of Meshullam, the son of Joed, the son of Pedaiah, the son of Kolaiah, the son of Maaseiah, the son of Ithiel, the son of Jeshaiah, **8** and his followers, Gabbai and Sallai—928 men. **9** Joel son of Zicri was their chief officer, and Judah son of Hassenuah was over the Second District of the city.

10 From the priests:

Jedaiah; the son of Joiarib; Jakin; **11** Seraiah son of Hilkiah, the son of Meshullam, the son of Zadok, the son of Meraioth, the son of Ahitub, supervisor in the house of God, **12** and their associates, who carried on work for the temple—822 men; Adaiah son of Jeroham, the son of Pelaliah, the son of Amzi, the son of Zechariah, the son of Pashhur, the son of Malkijah, **13** and his associates, who were heads of families—242 men; Amashsai son of Azarel, the son of Ahzai, the son of Meshillemoth, the son of Immer, **14** and his[a] associates, who were able men—128. Their chief officer was Zabdiel son of Haggedolim.

15 From the Levites:

Shemaiah son of Hasshub, the son of Azrikam, the son of Hashabiah, the son of Bunni; **16** Shabbethai and Jozabad, two of the heads of the Levites, who had charge of the outside work of the house of God; **17** Mattaniah son of Mica, the son of Zabdi, the son of Asaph, the director who led in thanksgiving and prayer; Bakbukiah, second among his associates; and Abda son of Shammua, the son of Galal, the son of Jeduthun. **18** The Levites in the holy city totaled 284.

19 The gatekeepers:

Akkub, Talmon and their associates, who kept watch at the gates—172 men.

20 The rest of the Israelites, with the priests and Levites, were in all the towns of Judah, each on his ancestral property.

21 The temple servants lived on the hill of Ophel, and Ziha and Gishpa were in charge of them.

22 The chief officer of the Levites in Jerusalem was Uzzi son of Bani, the son of Hashabiah, the son of Mattaniah, the son of Mica. Uzzi was one of Asaph's descendants, who were the singers responsible for the service of the house of God. **23** The singers were under the king's orders, which regulated their daily activity.

24 Pethahiah son of Meshezabel, one of the descendants of Zerah son of Judah, was the king's agent in all affairs relating to the people.

25 As for the villages with their fields, some of the people of Judah lived in Kiriath Arba and its surrounding settlements, in Dibon and its settlements, in Jekabzeel and its villages, **26** in Jeshua, in Moladah, in Beth Pelet, **27** in Hazar Shual, in Beersheba and its settlements, **28** in Ziklag, in Meconah and its settlements, **29** in En Rimmon, in Zorah, in Jarmuth, **30** Zanoah, Adullam and their villages, in Lachish and its fields, and in Azekah and its settlements. So they were living all the way from Beersheba to the Valley of Hinnom.

31 The descendants of the Benjamites from Geba lived in Micmash, Aija, Bethel and its settlements, **32** in Anathoth, Nob and Ananiah, **33** in Hazor, Ramah and Gittaim, **34** in Hadid, Zeboim and Neballat, **35** in Lod and Ono, and in the Valley of the Craftsmen.

36 Some of the divisions of the Levites of Judah settled in Benjamin.

Priests and Levites

12 These were the priests and Levites who returned with Zerubbabel son of Shealtiel and with Jeshua:
Seraiah, Jeremiah, Ezra,
2 Amariah, Malluch, Hattush,

a 11:14 Most Septuagint manuscripts; Hebrew *their*

³ Secanias[a], Reum, Meremote[b],
⁴ Ido, Ginetom[c], Abias,
⁵ Miamim[d], Maadias, Bilga,
⁶ Semaías, Joiaribe, Jedaías,
⁷ Salu, Amoque, Hilquias e Jedaías.
Esses foram os chefes dos sacerdotes e seus colegas nos dias de Jesua.
⁸ Os levitas foram Jesua,
Binui, Cadmiel,
Serebias, Judá,
e também Matanias, o qual,
com seus colegas,
estava encarregado
dos cânticos de ações de graças.
⁹ Baquebuquias e Uni, seus colegas,
ficavam em frente deles
para responder-lhes.

¹⁰ Jesua foi o pai de Joiaquim,
Joiaquim foi o pai de Eliasibe,
Eliasibe foi o pai de Joiada,
¹¹ Joiada foi o pai de Jônatas,
Jônatas foi o pai de Jadua.

¹² Nos dias de Joiaquim
estes foram os líderes
das famílias dos sacerdotes:
da família de Seraías, Meraías;
da família de Jeremias, Hananias;
¹³ da família de Esdras, Mesulão;
da família de Amarias, Joanã;
¹⁴ da família de Maluqui, Jônatas;
da família de Secanias, José;
¹⁵ da família de Harim, Adna;
da família de Meremote, Helcai;
¹⁶ da família de Ido, Zacarias;
da família de Ginetom, Mesulão;
¹⁷ da família de Abias, Zicri;
da família de Miniamim
e de Maadias, Piltai;
¹⁸ da família de Bilga, Samua;
da família de Semaías, Jônatas;
¹⁹ da família de Joiaribe, Matenai;
da família de Jedaías, Uzi;
²⁰ da família de Salai, Calai;
da família de Amoque, Héber;
²¹ da família de Hilquias, Hasabias;
da família de Jedaías, Natanael.

²² Nos dias de Eliasibe, os chefes das famílias dos levitas e dos sacerdotes, Joiada, Joanã e Jadua, foram registrados durante o reinado de Dario, o persa. ²³ Os chefes das famílias dos descendentes de Levi até a época de Joanã, filho de Eliasibe, foram registrados no livro das crônicas. ²⁴ Os líderes dos levitas foram Hasabias, Serebias, Jesua, filho de Cadmiel, e seus colegas, que ficavam em frente deles quando entoavam louvores e ações de graças; um grupo respondia ao outro, conforme prescrito por Davi, homem de Deus.

²⁵ Matanias, Baquebuquias, Obadias, Mesulão, Talmom e Acube eram porteiros; vigiavam os depósitos localizados junto às portas. ²⁶ Eles serviram nos dias de Joiaquim, filho de Jesua, neto de Jozadaque, e nos dias do governador Neemias e de Esdras, sacerdote e escriba.

A Dedicação dos Muros de Jerusalém

²⁷ Por ocasião da dedicação dos muros de Jerusalém, os levitas foram procurados e trazidos de onde moravam para Jerusalém para celebrarem a dedicação alegremente, com cânticos

³ Shecaniah, Rehum, Meremoth,
⁴ Iddo, Ginnethon,[a] Abijah,
⁵ Mijamin,[b] Moadiah, Bilgah,
⁶ Shemaiah, Joiarib, Jedaiah,
⁷ Sallu, Amok, Hilkiah and Jedaiah. These were the leaders of the priests and their associates in the days of Jeshua.

⁸ The Levites were Jeshua, Binnui, Kadmiel, Sherebiah, Judah, and also Mattaniah, who, together with his associates, was in charge of the songs of thanksgiving. ⁹ Bakbukiah and Unni, their associates, stood opposite them in the services.

¹⁰ Jeshua was the father of Joiakim, Joiakim the father of Eliashib, Eliashib the father of Joiada, ¹¹ Joiada the father of Jonathan, and Jonathan the father of Jaddua.

¹² In the days of Joiakim, these were the heads of the priestly families:
　　of Seraiah's family, Meraiah;
　　of Jeremiah's, Hananiah;
¹³ of Ezra's, Meshullam;
　　of Amariah's, Jehohanan;
¹⁴ of Malluch's, Jonathan;
　　of Shecaniah's,[c] Joseph;
¹⁵ of Harim's, Adna;
　　of Meremoth's,[d] Helkai;
¹⁶ of Iddo's, Zechariah;
　　of Ginnethon's, Meshullam;
¹⁷ of Abijah's, Zicri;
　　of Miniamin's and of Moadiah's, Piltai;
¹⁸ of Bilgah's, Shammua;
　　of Shemaiah's, Jehonathan;
¹⁹ of Joiarib's, Mattenai;
　　of Jedaiah's, Uzzi;
²⁰ of Sallu's, Kallai;
　　of Amok's, Eber;
²¹ of Hilkiah's, Hashabiah;
　　of Jedaiah's, Nethanel.

²² The family heads of the Levites in the days of Eliashib, Joiada, Johanan and Jaddua, as well as those of the priests, were recorded in the reign of Darius the Persian. ²³ The family heads among the descendants of Levi up to the time of Johanan son of Eliashib were recorded in the book of the annals. ²⁴ And the leaders of the Levites were Hashabiah, Sherebiah, Jeshua son of Kadmiel, and their associates, who stood opposite them to give praise and thanksgiving, one section responding to the other, as prescribed by David the man of God.

²⁵ Mattaniah, Bakbukiah, Obadiah, Meshullam, Talmon and Akkub were gatekeepers who guarded the storerooms at the gates. ²⁶ They served in the days of Joiakim son of Jeshua, the son of Jozadak, and in the days of Nehemiah the governor and of Ezra the priest and scribe.

Dedication of the Wall of Jerusalem

²⁷ At the dedication of the wall of Jerusalem, the Levites were sought out from where they lived and were brought to Jerusalem to celebrate joyfully the dedication with songs of

---

[a]12.3 Muitos manuscritos dizem *Sebanias*; também no versículo 14. [b]12.3 Muitos manuscritos dizem *Meraiote*; também no versículo 15. [c]12.4 Muitos manuscritos dizem *Ginetoí*; também no versículo 16. [d]12.5 Variante de *Miniamim*; também no versículo 17.

[a]12:4 Many Hebrew manuscripts and Vulgate (see also Neh. 12:16); most Hebrew manuscripts *Ginnethoi* [b]12:5 A variant of *Miniamin* [c]12:14 Very many Hebrew manuscripts, some Septuagint manuscripts and Syriac (see also Neh. 12:3); most Hebrew manuscripts *Shebaniah's* [d]12:15 Some Septuagint manuscripts (see also Neh. 12:3); Hebrew *Meraioth's*

e ações de graças, ao som de címbalos, harpas e liras. **28** Os cantores foram trazidos dos arredores de Jerusalém, dos povoados dos netofatitas, **29** de Bete-Gilgal, e das regiões de Geba e de Azmavete, pois esses cantores haviam construído povoados para si ao redor de Jerusalém. **30** Os sacerdotes e os levitas se purificaram cerimonialmente, e depois purificaram também o povo, as portas e os muros.

31 Ordenei aos líderes de Judá que subissem ao alto do muro. Também designei dois grandes coros para darem graças. Um deles avançou em cima do muro, para a direita, até a porta do Esterco. **32** Hosaías e metade dos líderes de Judá os seguiram. **33** Azarias, Esdras, Mesulão, **34** Judá, Benjamim, Semaías, Jeremias, **35** e alguns sacerdotes com trombetas, além de Zacarias, filho de Jônatas, neto de Semaías, bisneto de Matanias, que era filho de Micaías, neto de Zacur, bisneto de Asafe, **36** e seus colegas, Semaías, Azareel, Milalai, Gilalai, Maai, Natanael, Judá e Hanani, que tocavam os instrumentos musicais prescritos por Davi, homem de Deus. Esdras, o escriba, ia à frente deles. **37** À porta da Fonte eles subiram diretamente os degraus da Cidade de Davi, na subida para o muro, e passaram sobre a casa de Davi até a porta das Águas, a leste.

38 O segundo coro avançou no sentido oposto. Eu os acompanhei, quando iam sobre o muro, levando comigo a metade do povo; passamos pela torre dos Fornos até a porta Larga, **39** sobre a porta de Efraim, a porta Jesana[a], a porta do Peixe, a torre de Hananeel e a torre dos Cem, indo até a porta das Ovelhas. Junto à porta da Guarda paramos.

40 Os dois coros encarregados das ações de graças assumiram os seus lugares no templo de Deus, o que também fiz, acompanhado da metade dos oficiais **41** e dos sacerdotes Eliaquim, Maaséias, Miniamim, Micaías, Elioenai, Zacarias e Hananias, com suas trombetas, **42** além de Maaséias, Semaías, Eleazar, Uzi, Joanã, Malquias, Elão e Ézer. Os coros cantaram sob a direção de Jezraías. **43** E naquele dia, contentes como estavam, ofereceram grandes sacrifícios, pois Deus os enchera de grande alegria. As mulheres e as crianças também se alegraram, e os sons da alegria de Jerusalém podiam ser ouvidos de longe.

44 Naquela ocasião foram designados alguns encarregados dos depósitos onde se recebiam as contribuições gerais, os primeiros frutos e os dízimos. Das lavouras que havia em torno das cidades eles deveriam trazer para os depósitos as porções exigidas pela Lei para os sacerdotes e para os levitas. E, de fato, o povo de Judá estava satisfeito com os sacerdotes e os levitas que ministravam no templo. **45** Eles celebravam o culto ao seu Deus e o ritual de purificação, dos quais também participavam os cantores e os porteiros, de acordo com as ordens de Davi e do seu filho Salomão. **46** Pois muito tempo antes, nos dias de Davi e de Asafe, havia dirigentes dos cantores e pessoas que dirigiam os cânticos de louvor e de graças a Deus. **47** Assim, nos dias de Zorobabel e de Neemias, todo o Israel contribuía com ofertas diárias para os cantores e para os porteiros. Também separavam a parte pertencente aos outros levitas, e os levitas separavam a porção dos descendentes de Arão.

As Últimas Reformas Realizadas por Neemias

13 Naquele dia o Livro de Moisés foi lido em alta voz diante do povo, e nele achou-se escrito que nenhum amonita ou moabita jamais poderia ser admitido no povo de Deus, **2** pois eles, em vez de darem água e comida aos israelitas, tinham contratado Balaão para invocar maldição sobre eles. O nosso Deus, porém, transformou a maldição em bênção. **3** Quando o povo ouviu essa Lei, excluiu de Israel todos os que eram de ascendência estrangeira.

4 Antes disso, o sacerdote Eliasibe tinha sido encarregado dos depósitos do templo de nosso Deus. Ele era parente próximo de Tobias **5** e lhe havia cedido uma grande sala, anteriormente utilizada para guardar as ofertas de cereal, o incenso

thanksgiving and with the music of cymbals, harps and lyres. **28** The singers also were brought together from the region around Jerusalem—from the villages of the Netophathites, **29** from Beth Gilgal, and from the area of Geba and Azmaveth, for the singers had built villages for themselves around Jerusalem. **30** When the priests and Levites had purified themselves ceremonially, they purified the people, the gates and the wall.

31 I had the leaders of Judah go up on top[a] of the wall. I also assigned two large choirs to give thanks. One was to proceed on top[b] of the wall to the right, toward the Dung Gate. **32** Hoshaiah and half the leaders of Judah followed them, **33** along with Azariah, Ezra, Meshullam, **34** Judah, Benjamin, Shemaiah, Jeremiah, **35** as well as some priests with trumpets, and also Zechariah son of Jonathan, the son of Shemaiah, the son of Mattaniah, the son of Micaiah, the son of Zaccur, the son of Asaph, **36** and his associates—Shemaiah, Azarel, Milalai, Gilalai, Maai, Nethanel, Judah and Hanani—with musical instruments *prescribed by* David the man of God. Ezra the scribe led the procession. **37** At the Fountain Gate they continued directly up the steps of the City of David on the ascent to the wall and passed above the house of David to the Water Gate on the east.

38 The second choir proceeded in the opposite direction. I followed them on top[c] of the wall, together with half the people—past the Tower of the Ovens to the Broad Wall, **39** over the Gate of Ephraim, the Jeshanah[d] Gate, the Fish Gate, the Tower of Hananel and the Tower of the Hundred, as far as the Sheep Gate. At the Gate of the Guard they stopped.

40 The two choirs that gave thanks then took their places in the house of God; so did I, together with half the officials, **41** as well as the priests—Eliakim, Maaseiah, Miniamin, Micaiah, Elioenai, Zechariah and Hananiah with their trumpets— **42** and also Maaseiah, Shemaiah, Eleazar, Uzzi, Jehohanan, Malkijah, Elam and Ezer. The choirs sang under the direction of Jezrahiah. **43** And on that day they offered great sacrifices, rejoicing because God had given them great joy. The women and children also rejoiced. The sound of rejoicing in Jerusalem could be heard far away.

44 At that time men were appointed to be in charge of the storerooms for the contributions, firstfruits and tithes. From the fields around the towns they were to bring into the storerooms the portions required by the Law for the priests and the Levites, for Judah was pleased with the ministering priests and Levites. **45** They performed the service of their God and the service of purification, as did also the singers and gatekeepers, according to the commands of David and his son Solomon. **46** For long ago, in the days of David and Asaph, there had been directors for the singers and for the songs of praise and thanksgiving to God. **47** So in the days of Zerubbabel and of Nehemiah, all Israel contributed the daily portions for the singers and gatekeepers. They also set aside the portion for the other Levites, and the Levites set aside the portion for the descendants of Aaron.

Nehemiah's Final Reforms

13 On that day the Book of Moses was read aloud in the hearing of the people and there it was found written that no Ammonite or Moabite should ever be admitted into the assembly of God, **2** because they had not met the Israelites with food and water but had hired Balaam to call a curse down on them. (Our God, however, turned the curse into a blessing.) **3** When the people heard this law, they excluded from Israel all who were of foreign descent.

4 Before this, Eliashib the priest had been put in charge of the storerooms of the house of our God. He was closely associated with Tobiah, **5** and he had provided him with a large room formerly used to store the grain offerings and incense

a12.39 Ou *porta Velha*

a12:31 Or *go alongside* **b**12:31 Or *proceed alongside* **c**12:38 Or *them alongside* **d**12:39 Or *Old*

os utensílios do templo, e também os dízimos do trigo, do vinho novo e do azeite prescritos para os levitas, para os cantores e para os porteiros, além das ofertas para os sacerdotes.

6 Mas, enquanto tudo isso estava acontecendo, eu não estava em Jerusalém, pois no trigésimo segundo ano do reinado de Artaxerxes, rei da Babilônia, voltei ao rei. Algum tempo depois pedi sua permissão **7** e voltei para Jerusalém. Aqui soube do mal que Eliasibe fizera ao ceder uma sala a Tobias nos pátios do templo de Deus. **8** Fiquei muito aborrecido e joguei todos os móveis de Tobias fora da sala. **9** Mandei purificar as salas e coloquei de volta nelas os utensílios do templo de Deus, com as ofertas de cereal e o incenso.

10 Também fiquei sabendo que os levitas não tinham recebido a parte que lhes era devida e que todos os levitas e cantores responsáveis pelo culto haviam voltado para suas próprias terras. **11** Por isso repreendi os oficiais e lhes perguntei: "Por que essa negligência com o templo de Deus?" Então convoquei os levitas e os cantores e os coloquei em seus postos.

12 E todo o povo de Judá trouxe os dízimos do trigo, do vinho novo e do azeite aos depósitos. **13** Coloquei o sacerdote Selemias, o escriba Zadoque e um levita chamado Pedaías como encarregados dos depósitos e fiz de Hanã, filho de Zacur, neto de Matanias, assistente deles, porque esses homens eram de confiança. Eles ficaram responsáveis pela distribuição de suprimentos aos seus colegas.

14 Lembra-te de mim por isso, meu Deus, e não te esqueças do que fiz com tanta fidelidade pelo templo de meu Deus e pelo seu culto.

15 Naqueles dias vi que em Judá alguns trabalhavam nos tanques de prensar uvas no sábado e ajuntavam trigo e o carregavam em jumentos, transportando-o com vinho, uvas, figos e todo tipo de carga. Tudo isso era trazido para Jerusalém em pleno sábado. Então os adverti que não vendessem alimento nesse dia. **16** Havia alguns da cidade de Tiro que moravam em Jerusalém e que, no sábado, traziam e vendiam peixes e toda espécie de mercadoria em Jerusalém, para o povo de Judá. **17** Diante disso, repreendi os nobres de Judá e lhes disse: Como é que vocês podem fazer tão grande mal, profanando o dia de sábado? **18** Por acaso os seus antepassados não fizeram o mesmo, levando o nosso Deus a trazer toda essa desgraça sobre nós e sobre esta cidade? Pois agora, profanando o sábado, vocês provocam maior ira contra Israel!

19 Quando as sombras da tarde cobriram as portas de Jerusalém na véspera do sábado, ordenei que estas fossem fechadas e só fossem abertas depois que o sábado tivesse terminado. Coloquei alguns de meus homens de confiança junto às portas, para que nenhum carregamento pudesse ser introduzido no dia de sábado. **20** Uma ou duas vezes os comerciantes e vendedores de todo tipo de mercadoria passaram a noite do lado de fora de Jerusalém. **21** Mas eu os adverti, dizendo: Por que vocês passam a noite junto ao muro? Se fizerem isso de novo, mandarei prendê-los. Depois disso não vieram mais no sábado. **22** Então ordenei aos levitas que se purificassem e fossem vigiar as portas a fim de que o dia de sábado fosse respeitado como sagrado.

Lembra-te de mim também por isso, ó meu Deus, e tem misericórdia de mim conforme o teu grande amor.

23 Além disso, naqueles dias vi alguns judeus que haviam se casado com mulheres de Asdode, de Amom e de Moabe. **24** A metade dos seus filhos falavam a língua de Asdode ou a língua de um dos outros povos, e não sabiam falar a língua de Judá. **25** Eu os repreendi e invoquei maldições sobre eles. Bati em alguns deles e arranquei os seus cabelos. Fiz com que jurassem em nome de Deus e lhes disse: Não consintam mais em dar suas filhas em casamento aos filhos deles, nem haja casamento das filhas deles com seus filhos ou com vocês. **26** Não foi por causa de casamentos como esses que Salomão, rei de Israel, pecou? Entre as muitas nações não havia rei algum como ele. Ele era amado por seu Deus, e Deus o fez rei sobre todo o Israel, mas até mesmo ele foi induzido ao pecado por mulheres estrangeiras.

and temple articles, and also the tithes of grain, new wine and oil prescribed for the Levites, singers and gatekeepers, as well as the contributions for the priests.

6 But while all this was going on, I was not in Jerusalem, for in the thirty-second year of Artaxerxes king of Babylon I had returned to the king. Some time later I asked his permission **7** and came back to Jerusalem. Here I learned about the evil thing Eliashib had done in providing Tobiah a room in the courts of the house of God. **8** I was greatly displeased and threw all Tobiah's household goods out of the room. **9** I gave orders to purify the rooms, and then I put back into them the equipment of the house of God, with the grain offerings and the incense.

10 I also learned that the portions assigned to the Levites had not been given to them, and that all the Levites and singers responsible for the service had gone back to their own fields. **11** So I rebuked the officials and asked them, "Why is the house of God neglected?" Then I called them together and stationed them at their posts.

12 All Judah brought the tithes of grain, new wine and oil into the storerooms. **13** I put Shelemiah the priest, Zadok the scribe, and a Levite named Pedaiah in charge of the storerooms and made Hanan son of Zaccur, the son of Mattaniah, their assistant, because these men were considered trustworthy. They were made responsible for distributing the supplies to their brothers.

14 Remember me for this, O my God, and do not blot out what I have so faithfully done for the house of my God and its services.

15 In those days I saw men in Judah treading winepresses on the Sabbath and bringing in grain and loading it on donkeys, together with wine, grapes, figs and all other kinds of loads. And they were bringing all this into Jerusalem on the Sabbath. Therefore I warned them against selling food on that day. **16** Men from Tyre who lived in Jerusalem were bringing in fish and all kinds of merchandise and selling them in Jerusalem on the Sabbath to the people of Judah. **17** I rebuked the nobles of Judah and said to them, "What is this wicked thing you are doing—desecrating the Sabbath day? **18** Didn't your forefathers do the same things, so that our God brought all this calamity upon us and upon this city? Now you are stirring up more wrath against Israel by desecrating the Sabbath."

19 When evening shadows fell on the gates of Jerusalem before the Sabbath, I ordered the doors to be shut and not opened until the Sabbath was over. I stationed some of my own men at the gates so that no load could be brought in on the Sabbath day. **20** Once or twice the merchants and sellers of all kinds of goods spent the night outside Jerusalem. **21** But I warned them and said, "Why do you spend the night by the wall? If you do this again, I will lay hands on you." From that time on they no longer came on the Sabbath. **22** Then I commanded the Levites to purify themselves and go and guard the gates in order to keep the Sabbath day holy.

Remember me for this also, O my God, and show mercy to me according to your great love.

23 Moreover, in those days I saw men of Judah who had married women from Ashdod, Ammon and Moab. **24** Half of their children spoke the language of Ashdod or the language of one of the other peoples, and did not know how to speak the language of Judah. **25** I rebuked them and called curses down on them. I beat some of the men and pulled out their hair. I made them take an oath in God's name and said: "You are not to give your daughters in marriage to their sons, nor are you to take their daughters in marriage for your sons or for yourselves. **26** Was it not because of marriages like these that Solomon king of Israel sinned? Among the many nations there was no king like him. He was loved by his God, and God made him king over all Israel, but even he was led into sin by foreign women.

27 Como podemos tolerar o que ouvimos? Como podem vocês cometer essa terrível maldade e serem infiéis ao nosso Deus, casando-se com mulheres estrangeiras?

28 Um dos filhos de Joiada, filho do sumo sacerdote Eliasibe, era genro de Sambalate, o horonita. Eu o expulsei para longe de mim.

29 Não te esqueças deles, ó meu Deus, pois profanaram o ofício sacerdotal e a aliança do sacerdócio e dos levitas.

30 Dessa forma purifiquei os sacerdotes e os levitas de tudo o que era estrangeiro, e lhes designei responsabilidades, cada um em seu próprio cargo. 31 Também estabeleci regras para as provisões de lenha, determinando as datas certas para serem trazidas, e para os primeiros frutos.

Em tua bondade, lembra-te de mim, ó meu Deus.

Ester

A Rainha Vasti Afronta o Rei

1 Foi no tempo de Xerxes[a], que reinou sobre cento e vinte e sete províncias, desde a Índia até a Etiópia[b]. 2 Naquela época o rei Xerxes reinava em seu trono na cidadela de Susã 3 e, no terceiro ano do seu reinado, deu um banquete a todos os seus nobres e oficiais. Estavam presentes os líderes militares da Pérsia e da Média, os príncipes e os nobres das províncias.

4 Durante cento e oitenta dias ele mostrou a enorme riqueza de seu reino e o esplendor e a glória de sua majestade. 5 Terminados esses dias, o rei deu um banquete no jardim interno do palácio, de sete dias para todo o povo que estava na cidadela de Susã, do mais rico ao mais pobre. 6 O jardim possuía forrações em branco e azul, presas com cordas de linho branco e tecido vermelho, ligadas por anéis de prata a colunas de mármore. Tinha assentos de ouro e de prata num piso de mosaicos de pórfiro, mármore, madrepérola e outras pedras preciosas. 7 Pela generosidade do rei, o vinho real era servido em grande quantidade, em diferentes taças de ouro. 8 Por ordem real, cada convidado tinha permissão de beber o quanto desejasse, pois o rei tinha dado instruções a todos os mordomos do palácio que os servissem à vontade.

9 Enquanto isso, a rainha Vasti também oferecia um banquete às mulheres, no palácio do rei Xerxes.

10 No sétimo dia, quando o rei Xerxes já estava alegre por causa do vinho, ordenou aos sete oficiais que o serviam — Meumã, Bizta, Harbona, Bigtá, Abagta, Zetar e Carcas — 11 que trouxessem à sua presença a rainha Vasti, usando a coroa real. Ele queria mostrar aos seus súditos e aos nobres a beleza dela, pois era de fato muito bonita. 12 Quando, porém, os oficiais transmitiram a ordem do rei à rainha Vasti, esta se recusou a ir, e o rei ficou furioso e indignado.

13 Como era costume o rei consultar especialistas em questões de direito e justiça, ele mandou chamar os sábios que entendiam das leis 14 e que eram muito amigos do rei: Carsena, Setar, Adamata, Társis, Meres, Marsena e Memucã; eles eram os sete nobres da Pérsia e da Média que tinham acesso direto ao rei e eram os mais importantes do reino.

15 O rei lhes perguntou: "De acordo com a lei, o que se deve fazer à rainha Vasti? Ela não obedeceu à ordem do rei Xerxes transmitida pelos oficiais".

16 Então Memucã respondeu na presença do rei e dos nobres: "A rainha Vasti não ofendeu somente o rei, mas também todos os nobres e os povos de todas as províncias do rei Xerxes, 17 pois a conduta da rainha se tornará conhecida por todas as mulheres, e assim também elas desprezarão seus maridos e dirão: 'O rei Xerxes ordenou que a rainha Vasti fosse à sua presença, mas ela não foi'. 18 Hoje mesmo as mulheres persas

27 Must we hear now that you too are doing all this terrible wickedness and are being unfaithful to our God by marrying foreign women?"

28 One of the sons of Joiada son of Eliashib the high priest was son-in-law to Sanballat the Horonite. And I drove him away from me.

29 Remember them, O my God, because they defiled the priestly office and the covenant of the priesthood and of the Levites.

30 So I purified the priests and the Levites of everything foreign, and assigned them duties, each to his own task. 31 I also made provision for contributions of wood at designated times, and for the firstfruits.

Remember me with favor, O my God.

Esther

Queen Vashti Deposed

1 This is what happened during the time of Xerxes,[a] the Xerxes who ruled over 127 provinces stretching from India to Cush:[b] 2 At that time King Xerxes reigned from his royal throne in the citadel of Susa, 3 and in the third year of his reign he gave a banquet for all his nobles and officials. The military leaders of Persia and Media, the princes, and the nobles of the provinces were present.

4 For a full 180 days he displayed the vast wealth of his kingdom and the splendor and glory of his majesty. 5 When these days were over, the king gave a banquet, lasting seven days, in the enclosed garden of the king's palace, for all the people from the least to the greatest, who were in the citadel of Susa. 6 The garden had hangings of white and blue linen, fastened with cords of white linen and purple material to silver rings on marble pillars. There were couches of gold and silver on a mosaic pavement of porphyry, marble, mother-of-pearl and other costly stones. 7 Wine was served in goblets of gold, each one different from the other, and the royal wine was abundant, in keeping with the king's liberality. 8 By the king's command each guest was allowed to drink in his own way, for the king instructed all the wine stewards to serve each man what he wished.

9 Queen Vashti also gave a banquet for the women in the royal palace of King Xerxes.

10 On the seventh day, when King Xerxes was in high spirits from wine, he commanded the seven eunuchs who served him—Mehuman, Biztha, Harbona, Bigtha, Abagtha, Zethar and Carcas— 11 to bring before him Queen Vashti, wearing her royal crown, in order to display her beauty to the people and nobles, for she was lovely to look at. 12 But when the attendants delivered the king's command, Queen Vashti refused to come. Then the king became furious and burned with anger.

13 Since it was customary for the king to consult experts in matters of law and justice, he spoke with the wise men who understood the times 14 and were closest to the king—Carshena, Shethar, Admatha, Tarshish, Meres, Marsena and Memucan, the seven nobles of Persia and Media who had special access to the king and were highest in the kingdom.

15 "According to law, what must be done to Queen Vashti?" he asked. "She has not obeyed the command of King Xerxes that the eunuchs have taken to her."

16 Then Memucan replied in the presence of the king and nobles, "Queen Vashti has done wrong, not only against the king but also against all the nobles and the peoples of all the provinces of King Xerxes. 17 For the queen's conduct will become known to all the women, and so they will despise their husbands and say, 'King Xerxes commanded Queen Vashti to be brought before him, but she would not come.' 18 This very day the Persian

---

a1.1 Hebraico: *Assuero*, variante do nome persa *Xerxes*. b1.1 Hebraico: *Cuxe*.

a1:1 Hebrew *Ahasuerus*, a variant of Xerxes' Persian name; here and throughout Esther b1:1 That is, the upper Nile region

e medas da nobreza que ficarem sabendo do comportamento da rainha agirão da mesma maneira com todos os nobres do rei. Isso provocará desrespeito e discórdia sem fim.

¹⁹ "Por isso, se for do agrado do rei, que ele emita um decreto real, e que seja incluído na lei irrevogável da Pérsia e da Média, determinando que Vasti nunca mais compareça na presença do rei Xerxes. Também dê o rei a sua posição de rainha a outra que seja melhor do que ela. ²⁰ Assim, quando o decreto real for proclamado em todo o seu imenso domínio, todas as mulheres respeitarão seus maridos, do mais rico ao mais pobre".

²¹ O rei e seus nobres aceitaram de bom grado o conselho, de modo que o rei pôs em prática a proposta de Memucã. ²² Para isso, enviou cartas a todas as partes do reino, a cada província e a cada povo, em sua própria escrita e em sua própria língua, proclamando que todo homem deveria mandar em sua própria casa.

A Coroação da Rainha Ester

2 Algum tempo depois, quando cessou a indignação do rei Xerxes, ele se lembrou de Vasti, do que ela havia feito e do que ele tinha decretado contra ela. ² Então os conselheiros do rei sugeriram que se procurassem belas virgens para o rei, ³ e que se nomeassem comissários em cada província do império para trazerem todas essas lindas moças ao harém da cidadela de Susã. Elas estariam sob os cuidados de Hegai, oficial responsável pelo harém, e deveriam receber tratamento de beleza. ⁴ A moça que mais agradasse o rei seria rainha em lugar de Vasti. Esse conselho agradou o rei, e ele o pôs em execução.

⁵ Nesse tempo vivia na cidadela de Susã um judeu chamado Mardoqueu, da tribo de Benjamim, filho de Jair, neto de Simei e bisneto de Quis. ⁶ Ele fora levado de Jerusalém para o exílio por Nabucodonosor, rei da Babilônia, entre os que foram levados prisioneiros com Joaquimᵃ, rei de Judá. ⁷ Mardoqueu tinha uma prima chamada Hadassa, que havia sido criada por ele, por não ter pai nem mãe. Essa moça, também conhecida como Ester, era atraente e muito bonita, e Mardoqueu a havia tomado como filha quando o pai e a mãe dela morreram.

⁸ Quando a ordem e o decreto do rei foram proclamados, muitas moças foram trazidas à cidadela de Susã e colocadas sob os cuidados de Hegai. Ester também foi trazida ao palácio do rei e confiada a Hegai, encarregado do harém. ⁹ A moça o agradou e ele a favoreceu. Ele logo lhe providenciou tratamento de beleza e comida especial. Designou-lhe sete moças escolhidas do palácio do rei e transferiu-a, junto com suas jovens, para o melhor lugar do harém.

¹⁰ Ester não tinha revelado a que povo pertencia nem a origem da sua família, pois Mardoqueu a havia proibido de fazê-lo. ¹¹ Diariamente ele caminhava de um lado para outro perto do pátio do harém, para saber como Ester estava e o que lhe estava acontecendo.

¹² Antes de qualquer daquelas moças apresentar-se ao rei Xerxes, devia completar doze meses de tratamento de beleza prescritos para as mulheres: seis meses com óleo de mirra e seis meses com perfumes e cosméticos. ¹³ Quando ia apresentar-se ao rei, a moça recebia tudo o que quisesse levar consigo do harém para o palácio do rei. ¹⁴ À tarde ela ia para lá e de manhã voltava para outra parte do harém, que ficava sob os cuidados de Saasgaz, oficial responsável pelas concubinas. Ela não voltava ao rei, a menos que dela ele se agradasse e a mandasse chamar pelo nome.

¹⁵ Quando chegou a vez de Ester, filha de Abiail, tio de Mardoqueu, que a tinha adotado como filha, ela não pediu nada além daquilo que Hegai, oficial responsável pelo harém, sugeriu. Ester causava boa impressão a todos os que a viam. ¹⁶ Ela foi levada ao rei Xerxes, à residência real, no décimo mês, o mês de tebeteᵇ, no sétimo ano do seu reinado.

and Median women of the nobility who have heard about the queen's conduct will respond to all the king's nobles in the same way. There will be no end of disrespect and discord.

¹⁹ "Therefore, if it pleases the king, let him issue a royal decree and let it be written in the laws of Persia and Media, which cannot be repealed, that Vashti is never again to enter the presence of King Xerxes. Also let the king give her royal position to someone else who is better than she. ²⁰ Then when the king's edict is proclaimed throughout all his vast realm, all the women will respect their husbands, from the least to the greatest."

²¹ The king and his nobles were pleased with this advice, so the king did as Memucan proposed. ²² He sent dispatches to all parts of the kingdom, to each province in its own script and to each people in its own language, proclaiming in each people's tongue that every man should be ruler over his own household.

Esther Made Queen

2 Later when the anger of King Xerxes had subsided, he remembered Vashti and what she had done and what he had decreed about her. ² Then the king's personal attendants proposed, "Let a search be made for beautiful young virgins for the king. ³ Let the king appoint commissioners in every province of his realm to bring all these beautiful girls into the harem at the citadel of Susa. Let them be placed under the care of Hegai, the king's eunuch, who is in charge of the women; and let beauty treatments be given to them. ⁴ Then let the girl who pleases the king be queen instead of Vashti." This advice appealed to the king, and he followed it.

⁵ Now there was in the citadel of Susa a Jew of the tribe of Benjamin, named Mordecai son of Jair, the son of Shimei, the son of Kish, ⁶ who had been carried into exile from Jerusalem by Nebuchadnezzar king of Babylon, among those taken captive with Jehoiachinᵃ king of Judah. ⁷ Mordecai had a cousin named Hadassah, whom he had brought up because she had neither father nor mother. This girl, who was also known as Esther, was lovely in form and features, and Mordecai had taken her as his own daughter when her father and mother died.

⁸ When the king's order and edict had been proclaimed, many girls were brought to the citadel of Susa and put under the care of Hegai. Esther also was taken to the king's palace and entrusted to Hegai, who had charge of the harem. ⁹ The girl pleased him and won his favor. Immediately he provided her with her beauty treatments and special food. He assigned to her seven maids selected from the king's palace and moved her and her maids into the best place in the harem.

¹⁰ Esther had not revealed her nationality and family background, because Mordecai had forbidden her to do so. ¹¹ Every day he walked back and forth near the courtyard of the harem to find out how Esther was and what was happening to her.

¹² Before a girl's turn came to go in to King Xerxes, she had to complete twelve months of beauty treatments prescribed for the women, six months with oil of myrrh and six with perfumes and cosmetics. ¹³ And this is how she would go to the king: Anything she wanted was given her to take with her from the harem to the king's palace. ¹⁴ In the evening she would go there and in the morning return to another part of the harem to the care of Shaashgaz, the king's eunuch who was in charge of the concubines. She would not return to the king unless he was pleased with her and summoned her by name.

¹⁵ When the turn came for Esther (the girl Mordecai had adopted, the daughter of his uncle Abihail) to go to the king, she asked for nothing other than what Hegai, the king's eunuch who was in charge of the harem, suggested. And Esther won the favor of everyone who saw her. ¹⁶ She was taken to King Xerxes in the royal residence in the tenth month, the month of Tebeth, in the seventh year of his reign.

ᵃ2.6 Hebraico: *Jeconias*, variante de *Joaquim*. ᵇ2.16 Aproximadamente dezembro/janeiro.

ᵃ2:6 Hebrew *Jeconiah*, a variant of *Jehoiachin*.

17 O rei gostou mais de Ester do que de qualquer outra mulher; ela foi favorecida por ele e ganhou sua aprovação mais do que qualquer das outras virgens. Então ele lhe colocou uma coroa real e tornou-a rainha em lugar de Vasti. **18** O rei deu um grande banquete, o banquete de Ester, para todos os seus nobres e oficiais. Proclamou feriado em todas as províncias e distribuiu presentes por sua generosidade real.

Mardoqueu Descobre uma Conspiração

19 Quando as virgens foram reunidas pela segunda vez, Mardoqueu estava sentado junto à porta do palácio real. **20** Ester havia mantido segredo sobre seu povo e sobre a origem de sua família, conforme a ordem de Mardoqueu, pois continuava a seguir as instruções dele, como fazia quando ainda estava sob sua tutela.

21 Um dia, quando Mardoqueu estava sentado junto à porta do palácio real, Bigtã e Teres, dois dos oficiais do rei que guardavam a entrada, estavam indignados e conspiravam para assassinar o rei Xerxes. **22** Mardoqueu, porém, descobriu o plano e o contou à rainha Ester, que, por sua vez, passou a informação ao rei, em nome de Mardoqueu. **23** Depois de investigada a informação e descobrindo-se que era verdadeira, os dois oficiais foram enforcados*a*. Tudo isso foi escrito nos registros históricos, na presença do rei.

O Plano de Hamã para Exterminar os Judeus

3 Depois desses acontecimentos, o rei Xerxes honrou Hamã, filho de Hamedata, descendente de Agague, promovendo-o e dando-lhe uma posição mais elevada do que a de todos os demais nobres. **2** Todos os oficiais do palácio real curvavam-se e prostravam-se diante de Hamã, conforme as ordens do rei. Mardoqueu, porém, não se curvava nem se prostrava diante dele.

3 Então os oficiais do palácio real perguntaram a Mardoqueu: "Por que você desobedece à ordem do rei?" **4** Dia após dia eles lhe falavam, mas ele não lhes dava atenção e dizia que era judeu. Então contaram tudo a Hamã para ver se o comportamento de Mardoqueu seria tolerado.

5 Quando Hamã viu que Mardoqueu não se curvava nem se prostrava, ficou muito irado. **6** Contudo, sabendo quem era o povo de Mardoqueu, achou que não bastava matá-lo. Em vez disso, Hamã procurou uma forma de exterminar todos os judeus, o povo de Mardoqueu, em todo o império de Xerxes.

7 No primeiro mês do décimo segundo ano do reinado do rei Xerxes, no mês de nisã*b*, lançaram o pur, isto é, a sorte, na presença de Hamã a fim de escolher um dia e um mês para executar o plano. E foi sorteado o décimo segundo mês, o mês de adar*c*.

8 Então Hamã disse ao rei Xerxes: "Existe certo povo disperso e espalhado entre os povos de todas as províncias do teu império, cujos costumes são diferentes dos de todos os outros povos e que não obedecem às leis do rei; não convém ao rei tolerá-los. **9** Se for do agrado do rei, que se decrete a destruição deles, e eu colocarei trezentas e cinqüenta toneladas*d* de prata na tesouraria real à disposição para que se execute esse trabalho".

10 Em vista disso, o rei tirou seu anel-selo do dedo, deu-o a Hamã, o inimigo dos judeus, filho de Hamedata, descendente de Agague, e lhe disse: **11** "Fique com a prata e faça com o povo o que você achar melhor".

12 Assim, no décimo terceiro dia do primeiro mês os secretários do rei foram convocados. Hamã ordenou que escrevessem cartas na língua e na escrita de cada povo aos sátrapas do rei, aos governadores das várias províncias e aos chefes de cada povo. Tudo foi escrito em nome do rei Xerxes e selado com o seu anel. **13** As cartas foram enviadas por mensageiros a todas as

Mordecai Uncovers a Conspiracy

17 Now the king was attracted to Esther more than to any of the other women, and she won his favor and approval more than any of the other virgins. So he set a royal crown on her head and made her queen instead of Vashti. **18** And the king gave a great banquet, Esther's banquet, for all his nobles and officials. He proclaimed a holiday throughout the provinces and distributed gifts with royal liberality.

Mordecai Uncovers a Conspiracy

19 When the virgins were assembled a second time, Mordecai was sitting at the king's gate. **20** But Esther had kept secret her family background and nationality just as Mordecai had told her to do, for she continued to follow Mordecai's instructions as she had done when he was bringing her up.

21 During the time Mordecai was sitting at the king's gate, Bigthana*a* and Teresh, two of the king's officers who guarded the doorway, became angry and conspired to assassinate King Xerxes. **22** But Mordecai found out about the plot and told Queen Esther, who in turn reported it to the king, giving credit to Mordecai. **23** And when the report was investigated and found to be true, the two officials were hanged on a gallows.*b* All this was recorded in the book of the annals in the presence of the king.

Haman's Plot to Destroy the Jews

3 After these events, King Xerxes honored Haman son of Hammedatha, the Agagite, elevating him and giving him a seat of honor higher than that of all the other nobles. **2** All the royal officials at the king's gate knelt down and paid honor to Haman, for the king had commanded this concerning him. But Mordecai would not kneel down or pay him honor.

3 Then the royal officials at the king's gate asked Mordecai, "Why do you disobey the king's command?" **4** Day after day they spoke to him but he refused to comply. Therefore they told Haman about it to see whether Mordecai's behavior would be tolerated, for he had told them he was a Jew.

5 When Haman saw that Mordecai would not kneel down or pay him honor, he was enraged. **6** Yet having learned who Mordecai's people were, he scorned the idea of killing only Mordecai. Instead Haman looked for a way to destroy all Mordecai's people, the Jews, throughout the whole kingdom of Xerxes.

7 In the twelfth year of King Xerxes, in the first month, the month of Nisan, they cast the *pur* (that is, the lot) in the presence of Haman to select a day and month. And the lot fell on*c* the twelfth month, the month of Adar.

8 Then Haman said to King Xerxes, "There is a certain people dispersed and scattered among the peoples in all the provinces of your kingdom whose customs are different from those of all other people and who do not obey the king's laws; it is not in the king's best interest to tolerate them. **9** If it pleases the king, let a decree be issued to destroy them, and I will put ten thousand talents*d* of silver into the royal treasury for the men who carry out this business."

10 So the king took his signet ring from his finger and gave it to Haman son of Hammedatha, the Agagite, the enemy of the Jews. **11** "Keep the money," the king said to Haman, "and do with the people as you please."

12 Then on the thirteenth day of the first month the royal secretaries were summoned. They wrote out in the script of each province and in the language of each people all Haman's orders to the king's satraps, the governors of the various provinces and the nobles of the various peoples. These were written in the name of King Xerxes himself and sealed with his own ring. **13** Dispatches were sent by couriers to all the

---

*a*2.23 Ou *pendurados em postes*; ou ainda *empalados* *b*3.7 O mesmo que *abibe*; aproximadamente março/abril. *c*3.7 Aproximadamente fevereiro/março; também no versículo 13. *d*3.9 Hebraico: *10.000 talentos*. Um talento equivalia a 35 quilos.

*a*2:21 Hebrew *Bigthan*, a variant of *Bigthana* *b*2:23 Or *were hung* (or *impaled*) *on poles*; similarly elsewhere in Esther *c*3:7 Septuagint; Hebrew does not have *And the lot fell on.* *d*3:9 That is, about 375 tons (about 345 metric tons)

províncias do império com a ordem de exterminar e aniquilar completamente todos os judeus, jovens e idosos, mulheres e crianças, num único dia, o décimo terceiro dia do décimo segundo mês, o mês de adar, e de saquear os seus bens. **14** Uma cópia do decreto deveria ser publicada como lei em cada província e levada ao conhecimento do povo de cada nação, a fim de que estivessem prontos para aquele dia.

15 Por ordem do rei, os mensageiros saíram às pressas, e o decreto foi publicado na cidadela de Susã. O rei e Hamã assentaram-se para beber, mas a cidade de Susã estava em confusão.

O Pedido de Mardoqueu a Ester

4 Quando Mardoqueu soube de tudo o que tinha acontecido, rasgou as vestes, vestiu-se de pano de saco, cobriu-se de cinza, e saiu pela cidade, chorando amargamente em alta voz. **2** Foi até a porta do palácio real, mas não entrou, porque ninguém vestido de pano de saco tinha permissão de entrar. **3** Em cada província onde chegou o decreto com a ordem do rei, houve grande pranto entre os judeus, com jejum, choro e lamento. Muitos se deitavam em pano de saco e em cinza.

4 Quando as criadas de Ester e os oficiais responsáveis pelo harém lhe contaram o que se passava com Mardoqueu, ela ficou muito aflita e mandou-lhe roupas para que as vestisse e tirasse o pano de saco; mas ele não quis aceitá-las. **5** Então Ester convocou Hatá, um dos oficiais do rei, nomeado para ajudá-la, e deu-lhe ordens para descobrir o que estava perturbando Mardoqueu e por que ele estava agindo assim.

6 Hatá foi falar com Mardoqueu na praça da cidade, em frente da porta do palácio real. **7** Mardoqueu contou-lhe tudo o que lhe tinha acontecido e quanta prata Hamã tinha prometido depositar na tesouraria real para a destruição dos judeus. **8** Deu-lhe também uma cópia do decreto que falava de seu extermínio e que tinha sido anunciado em Susã, para que ele o mostrasse a Ester e insistisse com ela para que fosse à presença do rei implorar misericórdia e intercedesse em favor do seu povo.

9 Hatá retornou e relatou a Ester tudo o que Mardoqueu lhe tinha dito. **10** Então ela o instruiu que dissesse o seguinte a Mardoqueu: **11** "Todos os oficiais do rei e o povo das províncias do império sabem que existe somente uma lei para qualquer homem ou mulher que se aproxime do rei no pátio interno sem por ele ser chamado: será morto, a não ser que o rei estenda o cetro de ouro para a pessoa e lhe poupe a vida. E eu não sou chamada à presença do rei há mais de trinta dias".

12 Quando Mardoqueu recebeu a resposta de Ester, **13** mandou dizer-lhe: "Não pense que pelo fato de estar no palácio do rei, você será a única entre os judeus que escapará, **14** pois, se você ficar calada nesta hora, socorro e livramento surgirão de outra parte para os judeus, mas você e a família do seu pai morrerão. Quem sabe se não foi para um momento como este que você chegou à posição de rainha?"

15 Então Ester mandou esta resposta a Mardoqueu: **16** "Vá reunir todos os judeus que estão em Susã, e jejuem em meu favor. Não comam nem bebam durante três dias e três noites. Eu e minhas criadas jejuaremos como vocês. Depois disso irei ao rei, ainda que seja contra a lei. Se eu tiver que morrer, morrerei".

17 Mardoqueu retirou-se e cumpriu todas as instruções de Ester.

O Pedido de Ester ao Rei

5 Três dias depois, Ester vestiu seus trajes de rainha e colocou-se no pátio interno do palácio, em frente do salão do rei. O rei estava no trono, de frente para a entrada. **2** Quando viu a rainha Ester ali no pátio, teve misericórdia dela e estendeu-lhe o cetro de ouro que tinha na mão. Ester aproximou-se e tocou a ponta do cetro.

3 E o rei lhe perguntou: "Que há, rainha Ester? Qual é o seu pedido? Mesmo que seja a metade do reino, lhe será dado".

king's provinces with the order to destroy, kill and annihilate all the Jews—young and old, women and little children—on a single day, the thirteenth day of the twelfth month, the month of Adar, and to plunder their goods. **14** A copy of the text of the edict was to be issued as law in every province and made known to the people of every nationality so they would be ready for that day.

15 Spurred on by the king's command, the couriers went out, and the edict was issued in the citadel of Susa. The king and Haman sat down to drink, but the city of Susa was bewildered.

Mordecai Persuades Esther to Help

4 When Mordecai learned of all that had been done, he tore his clothes, put on sackcloth and ashes, and went out into the city, wailing loudly and bitterly. **2** But he went only as far as the king's gate, because no one clothed in sackcloth was allowed to enter it. **3** In every province to which the edict and order of the king came, there was great mourning among the Jews, with fasting, weeping and wailing. Many lay in sackcloth and ashes.

4 When Esther's maids and eunuchs came and told her about Mordecai, she was in great distress. She sent clothes for him to put on instead of his sackcloth, but he would not accept them. **5** Then Esther summoned Hathach, one of the king's eunuchs assigned to attend her, and ordered him to find out what was troubling Mordecai and why.

6 So Hathach went out to Mordecai in the open square of the city in front of the king's gate. **7** Mordecai told him everything that had happened to him, including the exact amount of money Haman had promised to pay into the royal treasury for the destruction of the Jews. **8** He also gave him a copy of the text of the edict for their annihilation, which had been published in Susa, to show to Esther and explain it to her, and he told him to urge her to go into the king's presence to beg for mercy and plead with him for her people.

9 Hathach went back and reported to Esther what Mordecai had said. **10** Then she instructed him to say to Mordecai, **11** "All the king's officials and the people of the royal provinces know that for any man or woman who approaches the king in the inner court without being summoned the king has but one law: that he be put to death. The only exception to this is for the king to extend the gold scepter to him and spare his life. But thirty days have passed since I was called to go to the king."

12 When Esther's words were reported to Mordecai, **13** he sent back this answer: "Do not think that because you are in the king's house you alone of all the Jews will escape. **14** For if you remain silent at this time, relief and deliverance for the Jews will arise from another place, but you and your father's family will perish. And who knows but that you have come to royal position for such a time as this?"

15 Then Esther sent this reply to Mordecai: **16** "Go, gather together all the Jews who are in Susa, and fast for me. Do not eat or drink for three days, night or day. I and my maids will fast as you do. When this is done, I will go to the king, even though it is against the law. And if I perish, I perish."

17 So Mordecai went away and carried out all of Esther's instructions.

Esther's Request to the King

5 On the third day Esther put on her royal robes and stood in the inner court of the palace, in front of the king's hall. The king was sitting on his royal throne in the hall, facing the entrance. **2** When he saw Queen Esther standing in the court, he was pleased with her and held out to her the gold scepter that was in his hand. So Esther approached and touched the tip of the scepter.

3 Then the king asked, "What is it, Queen Esther? What is your request? Even up to half the kingdom, it will be given you."

⁴Respondeu Ester: "Se for do agrado do rei, venha com Hamã a um banquete que lhe preparei".

⁵Disse o rei: "Tragam Hamã imediatamente, para que ele atenda ao pedido de Ester".

Então o rei e Hamã foram ao banquete que Ester havia preparado. ⁶Enquanto bebiam vinho, o rei tornou a perguntar a Ester: "Qual é o seu pedido? Você será atendida. Qual o seu desejo? Mesmo que seja a metade do reino, lhe será concedido".

⁷E Ester respondeu: "Este é o meu pedido e o meu desejo: ⁸Se o rei tem consideração por mim, e se lhe agrada atender e conceder o meu pedido, que o rei e Hamã venham amanhã ao banquete que lhes prepararei. Então responderei à pergunta do rei".

A Ira de Hamã contra Mardoqueu

⁹Naquele dia Hamã saiu alegre e contente. Mas ficou furioso quando viu que Mardoqueu, que estava junto à porta do palácio real, não se levantou nem mostrou respeito em sua presença. ¹⁰Hamã, porém, controlou-se e foi para casa.

Reunindo seus amigos e Zeres, sua mulher, ¹¹Hamã vangloriou-se de sua grande riqueza, de seus muitos filhos e de como o rei o havia honrado e promovido acima de todos os outros nobres e oficiais. ¹²E acrescentou Hamã: "Além disso, sou o único que a rainha Ester convidou para acompanhar o rei ao banquete que ela lhe ofereceu. Ela me convidou para comparecer amanhã, com o rei. ¹³Mas tudo isso não me dará satisfação, enquanto eu vir aquele judeu Mardoqueu sentado junto à porta do palácio real".

¹⁴Então Zeres, sua mulher, e todos os seus amigos lhe sugeriram: "Mande fazer uma forca, de mais de vinte metrosª de altura, e logo pela manhã peça ao rei que Mardoqueu seja enforcado nela. Assim você poderá acompanhar o rei ao jantar e alegrar-se". A sugestão agradou Hamã, e ele mandou fazer a forca.

Hamã é Obrigado a Honrar Mardoqueu

6 Naquela noite o rei não conseguiu dormir; por isso ordenou que trouxessem o livro das crônicas do seu reinado, e que o lessem para ele. ²E foi lido o registro de que Mardoqueu tinha denunciado Bigtã e Teres, dois dos oficiais do rei que guardavam a entrada do Palácio e que haviam conspirado para assassinar o rei Xerxes.

³"Que honra e reconhecimento Mardoqueu recebeu por isso?", perguntou o rei.

Seus oficiais responderam: "Nada lhe foi feito".

⁴O rei perguntou: "Quem está no pátio?" Ora, Hamã havia acabado de entrar no pátio externo do palácio para pedir ao rei o enforcamento de Mardoqueu na forca que ele lhe havia preparado.

⁵Os oficiais do rei responderam: "É Hamã que está no pátio".

"Façam-no entrar", ordenou o rei.

⁶Entrando Hamã, o rei lhe perguntou: "O que se deve fazer ao homem que o rei tem o prazer de honrar?"

E Hamã pensou consigo: "A quem o rei teria prazer de honrar, senão a mim?" ⁷Por isso respondeu ao rei: "Ao homem que o rei tem prazer de honrar, ⁸ordena que tragam um manto do próprio rei e um cavalo que o rei montou, e que ele leve o brasãoᵇ do rei na cabeça. ⁹Em seguida, sejam o manto e o cavalo confiados a alguns dos príncipes mais nobres do rei, e ponham eles o manto sobre o homem que o rei deseja honrar e o conduzam sobre o cavalo pelas ruas da cidade, proclamando diante dele: 'Isto é o que se faz ao homem que o rei tem o prazer de honrar!' ".

¹⁰O rei ordenou então a Hamã: "Vá depressa apanhar o manto e o cavalo, e faça ao judeu Mardoqueu o que você sugeriu. Ele está sentado junto à porta do palácio real. Não omita nada do que você recomendou".

---

⁴"If it pleases the king," replied Esther, "let the king, together with Haman, come today to a banquet I have prepared for him."

⁵"Bring Haman at once," the king said, "so that we may do what Esther asks."

So the king and Haman went to the banquet Esther had prepared. ⁶As they were drinking wine, the king again asked Esther, "Now what is your petition? It will be given you. And what is your request? Even up to half the kingdom, it will be granted."

⁷Esther replied, "My petition and my request is this: ⁸If the king regards me with favor and if it pleases the king to grant my petition and fulfill my request, let the king and Haman come tomorrow to the banquet I will prepare for them. Then I will answer the king's question."

Haman's Rage Against Mordecai

⁹Haman went out that day happy and in high spirits. But when he saw Mordecai at the king's gate and observed that he neither rose nor showed fear in his presence, he was filled with rage against Mordecai. ¹⁰Nevertheless, Haman restrained himself and went home.

Calling together his friends and Zeresh, his wife, ¹¹Haman boasted to them about his vast wealth, his many sons, and all the ways the king had honored him and how he had elevated him above the other nobles and officials. ¹²"And that's not all," Haman added. "I'm the only person Queen Esther invited to accompany the king to the banquet she gave. And she has invited me along with the king tomorrow. ¹³But all this gives me no satisfaction as long as I see that Jew Mordecai sitting at the king's gate."

¹⁴His wife Zeresh and all his friends said to him, "Have a gallows built, seventy-five feetª high, and ask the king in the morning to have Mordecai hanged on it. Then go with the king to the dinner and be happy." This suggestion delighted Haman, and he had the gallows built.

Mordecai Honored

6 That night the king could not sleep; so he ordered the book of the chronicles, the record of his reign, to be brought in and read to him. ²It was found recorded there that Mordecai had exposed Bigthana and Teresh, two of the king's officers who guarded the doorway, who had conspired to assassinate King Xerxes.

³"What honor and recognition has Mordecai received for this?" the king asked.

"Nothing has been done for him," his attendants answered.

⁴The king said, "Who is in the court?" Now Haman had just entered the outer court of the palace to speak to the king about hanging Mordecai on the gallows he had erected for him.

⁵His attendants answered, "Haman is standing in the court." "Bring him in," the king ordered.

⁶When Haman entered, the king asked him, "What should be done for the man the king delights to honor?"

Now Haman thought to himself, "Who is there that the king would rather honor than me?" ⁷So he answered the king, "For the man the king delights to honor, ⁸have them bring a royal robe the king has worn and a horse the king has ridden, one with a royal crest placed on its head. ⁹Then let the robe and horse be entrusted to one of the king's most noble princes. Let them robe the man the king delights to honor, and lead him on the horse through the city streets, proclaiming before him, 'This is what is done for the man the king delights to honor!' "

¹⁰"Go at once," the king commanded Haman. "Get the robe and the horse and do just as you have suggested for Mordecai the Jew, who sits at the king's gate. Do not neglect anything you have recommended."

ª5.14 Hebraico: *50 côvados*. O côvado era uma medida linear de cerca de 45 centímetros. ᵇ6.8 Ou *e que o homem traga a coroa*

ª5:14 Hebrew *fifty cubits* (about 23 meters)

11 Então Hamã apanhou o cavalo, vestiu Mardoqueu com o manto e o conduziu sobre o cavalo pelas ruas da cidade, proclamando à frente dele: "Isto é o que se faz ao homem que o rei tem o prazer de honrar!"

12 Depois disso, Mardoqueu voltou para a porta do palácio real. Hamã, porém, correu para casa com o rosto coberto, muito aborrecido **13** e contou a Zeres, sua mulher, e a todos os seus amigos tudo o que lhe havia acontecido.

Tanto os seus conselheiros como Zeres, sua mulher, lhe disseram: "Visto que Mardoqueu, diante de quem começou a sua queda, é de origem judaica, você não terá condições de enfrentá-lo. Sem dúvida, você ficará arruinado!" **14** E, enquanto ainda conversavam, chegaram os oficiais do rei e, às pressas, levaram Hamã para o banquete que Ester havia preparado.

O Enforcamento de Hamã

7 O rei e Hamã foram ao banquete com a rainha Ester, **2** e, enquanto estavam bebendo vinho no segundo dia, o rei perguntou de novo: "Rainha Ester, qual é o seu pedido? Você será atendida. Qual o seu desejo? Mesmo que seja a metade do reino, isso lhe será concedido".

3 Então a rainha Ester respondeu: "Se posso contar com o favor do rei, e se isto lhe agrada, poupe a minha vida e a vida do meu povo; este é o meu pedido e o meu desejo. **4** Pois eu e meu povo fomos vendidos para destruição, morte e aniquilação. Se apenas tivéssemos sido vendidos como escravos e escravas, eu teria ficado em silêncio, porque nenhuma aflição como essa justificaria perturbar o rei".[a]

5 O rei Xerxes perguntou à rainha Ester: "Quem se atreveu a uma coisa dessas? Onde está ele?"

6 Respondeu Ester: "O adversário e inimigo é Hamã, esse perverso".

Diante disso, Hamã ficou apavorado na presença do rei e da rainha. **7** Furioso, o rei levantou-se, deixou o vinho, saiu dali e foi para o jardim do palácio. E percebendo Hamã que o rei já tinha decidido condená-lo, ficou ali para implorar por sua vida à rainha Ester.

8 E voltando o rei do jardim do palácio ao salão do banquete, viu Hamã caído sobre o assento onde Ester estava reclinada. E então exclamou: "Chegaria ele ao cúmulo de violentar a rainha na minha presença e em minha própria casa?"

Mal o rei terminou de dizer isso, alguns oficiais cobriram o rosto de Hamã. **9** E um deles, chamado Harbona, que estava a serviço do rei, disse: "Há uma forca de mais de vinte metros[b] de altura junto à casa de Hamã, que ele fez para Mardoqueu, aquele que intercedeu pela vida do rei".

Então o rei ordenou: "Enforquem-no nela!" **10** Assim Hamã morreu na forca que tinha preparado para Mardoqueu; e a ira do rei se acalmou.

O Decreto do Rei em Favor dos Judeus

8 Naquele mesmo dia, o rei Xerxes deu à rainha Ester todos os bens de Hamã, o inimigo dos judeus. E Mardoqueu foi trazido à presença do rei, pois Ester lhe dissera que ele era seu parente. **2** O rei tirou seu anel-selo, que havia tomado de Hamã, e o deu a Mardoqueu; e Ester o nomeou administrador dos bens de Hamã.

3 Mas Ester tornou a implorar ao rei, chorando aos seus pés, que revogasse o plano maligno de Hamã, o agagita, contra os judeus. **4** Então o rei estendeu o cetro de ouro para Ester, e ela se levantou diante dele e disse:

5 "Se for do agrado do rei, se posso contar com o seu favor, e se ele considerar justo, que se escreva uma ordem revogan-

11 So Haman got the robe and the horse. He robed Mordecai, and led him on horseback through the city streets, proclaiming before him, "This is what is done for the man the king delights to honor!"

12 Afterward Mordecai returned to the king's gate. But Haman rushed home, with his head covered in grief, **13** and told Zeresh his wife and all his friends everything that had happened to him.

His advisers and his wife Zeresh said to him, "Since Mordecai, before whom your downfall has started, is of Jewish origin, you cannot stand against him—you will surely come to ruin!" **14** While they were still talking with him, the king's eunuchs arrived and hurried Haman away to the banquet Esther had prepared.

Haman Hanged

7 So the king and Haman went to dine with Queen Esther, **2** and as they were drinking wine on that second day, the king again asked, "Queen Esther, what is your petition? It will be given you. What is your request? Even up to half the kingdom, it will be granted."

3 Then Queen Esther answered, "If I have found favor with you, O king, and if it pleases your majesty, grant me my life—this is my petition. And spare my people—this is my request. **4** For I and my people have been sold for destruction and slaughter and annihilation. If we had merely been sold as male and female slaves, I would have kept quiet, because no such distress would justify disturbing the king.[a]"

5 King Xerxes asked Queen Esther, "Who is he? Where is the man who has dared to do such a thing?"

6 Esther said, "The adversary and enemy is this vile Haman."

Then Haman was terrified before the king and queen. **7** The king got up in a rage, left his wine and went out into the palace garden. But Haman, realizing that the king had already decided his fate, stayed behind to beg Queen Esther for his life.

8 Just as the king returned from the palace garden to the banquet hall, Haman was falling on the couch where Esther was reclining.

The king exclaimed, "Will he even molest the queen while she is with me in the house?"

As soon as the word left the king's mouth, they covered Haman's face. **9** Then Harbona, one of the eunuchs attending the king, said, "A gallows seventy-five feet[b] high stands by Haman's house. He had it made for Mordecai, who spoke up to help the king."

The king said, "Hang him on it!" **10** So they hanged Haman on the gallows he had prepared for Mordecai. Then the king's fury subsided.

The King's Edict in Behalf of the Jews

8 That same day King Xerxes gave Queen Esther the estate of Haman, the enemy of the Jews. And Mordecai came into the presence of the king, for Esther had told how he was related to her. **2** The king took off his signet ring, which he had reclaimed from Haman, and presented it to Mordecai. And Esther appointed him over Haman's estate.

3 Esther again pleaded with the king, falling at his feet and weeping. She begged him to put an end to the evil plan of Haman the Agagite, which he had devised against the Jews. **4** Then the king extended the gold scepter to Esther and she arose and stood before him.

5 "If it pleases the king," she said, "and if he regards me with favor and thinks it the right thing to do, and if he is pleased with me, let an order be written overruling the dis-

---

[a]7.4 Ou *em silêncio, apesar de que o bem que oferece o nosso inimigo não se compara com a perda que o rei sofreria*. [b]7.9 Hebraico: *50 côvados*. O côvado era uma medida linear de cerca de 45 centímetros.

[a]7:4 Or *quiet, but the compensation our adversary offers cannot be compared with the loss the king would suffer* [b]7:9 Hebrew *fifty cubits* (about 23 meters)

do as cartas que Hamã, filho do agagita Hamedata, escreveu para que os judeus fossem exterminados em todas as províncias do império. **6** Pois, como suportarei ver a desgraça que cairá sobre o meu povo? Como suportarei a destruição da minha própria família?"

7 O rei Xerxes respondeu à rainha Ester e ao judeu Mardoqueu: "Mandei enforcar Hamã e dei os seus bens a Ester porque ele atentou contra os judeus. **8** Escrevam agora outro decreto em nome do rei, em favor dos judeus, como melhor lhes parecer, e selem-no com o anel-selo do rei, pois nenhum documento escrito em nome do rei e selado com o seu anel pode ser revogado".

9 Isso aconteceu no vigésimo terceiro dia do terceiro mês, o mês de sivã**ᵃ**. Os secretários do rei foram imediatamente convocados e escreveram todas as ordens de Mardoqueu aos judeus, aos sátrapas, aos governadores e aos nobres das cento e vinte e sete províncias que se estendiam da Índia até a Etiópia**ᵇ**. Essas ordens foram redigidas na língua e na escrita de cada província e de cada povo, e também na língua e na escrita dos judeus. **10** Mardoqueu escreveu em nome do rei Xerxes, selou as cartas com o anel-selo do rei, e as enviou por meio de mensageiros montados em cavalos velozes, das estrebarias do próprio rei.

11 O decreto do rei concedia aos judeus de cada cidade o direito de se reunirem e de se protegerem, de destruir, matar e aniquilar qualquer força armada de qualquer povo ou província que os ameaçasse, a eles, suas mulheres e seus filhos**ᶜ**, e o direito de saquear os bens dos seus inimigos. **12** O decreto entrou em vigor nas províncias do rei Xerxes no décimo terceiro dia do décimo segundo mês, o mês de adar**ᵈ**. **13** Uma cópia do decreto foi publicada como lei em cada província e levada ao conhecimento do povo de cada nação, a fim de que naquele dia os judeus estivessem prontos para vingar-se dos seus inimigos.

14 Os mensageiros, montando cavalos das estrebarias do rei, saíram a galope, por causa da ordem do rei. O decreto também foi publicado na cidadela de Susã.

15 Mardoqueu saiu da presença do rei usando vestes reais em azul e branco, uma grande coroa de ouro e um manto púrpura de linho fino. E a cidadela de Susã exultava de alegria. **16** Para os judeus foi uma ocasião de felicidade, alegria, júbilo e honra. **17** Em cada província e em cada cidade, onde quer que chegasse o decreto do rei, havia alegria e júbilo entre os judeus, com banquetes e festas. Muitos que pertenciam a outros povos do reino tornaram-se judeus, porque o temor dos judeus tinha se apoderado deles.

A Vitória dos Judeus

9 No décimo terceiro dia do décimo segundo mês, o mês de adar**ᵉ**, entraria em vigor o decreto do rei. Naquele dia os inimigos dos judeus esperavam vencê-los, mas aconteceu o contrário: os judeus dominaram aqueles que os odiavam. **2** reunindo-se em suas cidades, em todas as províncias do rei Xerxes, para atacar os que buscavam a sua destruição. Ninguém conseguia resistir-lhes, porque todos os povos estavam com medo deles. **3** E todos os nobres das províncias, os sátrapas, os governadores e os administradores do rei apoiaram os judeus, porque o medo que tinham de Mardoqueu havia se apoderado deles. **4** Mardoqueu era influente no palácio; sua fama espalhou-se pelas províncias, e ele se tornava cada vez mais poderoso.

5 Os judeus feriram todos os seus inimigos à espada, matando-os e destruindo-os, e fizeram o que quiseram com eles. **6** Na cidadela de Susã os judeus mataram e destruíram quinhentos homens. **7** Também mataram Parsandata, Dalfom, Aspata, **8** Porata, Adalia, Aridata, **9** Farmasta, Arisai, Aridai e Vaisata, **10** os dez filhos de Hamã, filho de Hamedata, o inimigo dos judeus. Mas não se apossaram dos seus bens.

patches that Haman son of Hammedatha, the Agagite, devised and wrote to destroy the Jews in all the king's provinces. **6** For how can I bear to see disaster fall on my people? How can I bear to see the destruction of my family?"

7 King Xerxes replied to Queen Esther and to Mordecai the Jew, "Because Haman attacked the Jews, I have given his estate to Esther, and they have hanged him on the gallows. **8** Now write another decree in the king's name in behalf of the Jews as seems best to you, and seal it with the king's signet ring— for no document written in the king's name and sealed with his ring can be revoked."

9 At once the royal secretaries were summoned—on the twenty-third day of the third month, the month of Sivan. They wrote out all Mordecai's orders to the Jews, and to the satraps, governors and nobles of the 127 provinces stretching from India to Cush.**ᵃ** These orders were written in the script of each province and the language of each people and also to the Jews in their own script and language. **10** Mordecai wrote in the name of King Xerxes, sealed the dispatches with the king's signet ring, and sent them by mounted couriers, who rode fast horses especially bred for the king.

11 The king's edict granted the Jews in every city the right to assemble and protect themselves; to destroy, kill and annihilate any armed force of any nationality or province that might attack them and their women and children; and to plunder the property of their enemies. **12** The day appointed for the Jews to do this in all the provinces of King Xerxes was the thirteenth day of the twelfth month, the month of Adar. **13** A copy of the text of the edict was to be issued as law in every province and made known to the people of every nationality so that the Jews would be ready on that day to avenge themselves on their enemies.

14 The couriers, riding the royal horses, raced out, spurred on by the king's command. And the edict was also issued in the citadel of Susa.

15 Mordecai left the king's presence wearing royal garments of blue and white, a large crown of gold and a purple robe of fine linen. And the city of Susa held a joyous celebration. **16** For the Jews it was a time of happiness and joy, gladness and honor. **17** In every province and in every city, wherever the edict of the king went, there was joy and gladness among the Jews, with feasting and celebrating. And many people of other nationalities became Jews because fear of the Jews had seized them.

Triumph of the Jews

9 On the thirteenth day of the twelfth month, the month of Adar, the edict commanded by the king was to be carried out. On this day the enemies of the Jews had hoped to overpower them, but now the tables were turned and the Jews got the upper hand over those who hated them. **2** The Jews assembled in their cities in all the provinces of King Xerxes to attack those seeking their destruction. No one could stand against them, because the people of all the other nationalities were afraid of them. **3** And all the nobles of the provinces, the satraps, the governors and the king's administrators helped the Jews, because fear of Mordecai had seized them. **4** Mordecai was prominent in the palace; his reputation spread throughout the provinces, and he became more and more powerful.

5 The Jews struck down all their enemies with the sword, killing and destroying them, and they did what they pleased to those who hated them. **6** In the citadel of Susa, the Jews killed and destroyed five hundred men. **7** They also killed Parshandatha, Dalphon, Aspatha, **8** Poratha, Adalia, Aridatha, **9** Parmashta, Arisai, Aridai and Vaizatha, **10** the ten sons of Haman son of Hammedatha, the enemy of the Jews. But they did not lay their hands on the plunder.

ᵃ8.9 Aproximadamente maio/junho. **ᵇ8.9** Hebraico: *Cuxe.* **ᶜ8.11** Ou *inclusive mulheres e crianças* **ᵈ8.12** Aproximadamente fevereiro/março. **ᵉ9.1** Aproximadamente fevereiro/março; também nos versículos 15, 17, 19 e 21.

ᵃ8:9 That is, the upper Nile region

11 Naquele mesmo dia o total de mortos na cidadela de Susã foi relatado ao rei, **12** que disse à rainha Ester: "Os judeus mataram e destruíram quinhentos homens e os dez filhos de Hamã na cidadela de Susã. Que terão feito nas outras províncias do império? Agora, diga qual é o seu pedido, e você será atendida. Tem ainda algum desejo? Este lhe será concedido".

13 Respondeu Ester: "Se for do agrado do rei, que os judeus de Susã tenham autorização para executar também amanhã o decreto de hoje, para que os corpos dos dez filhos de Hamã sejam pendurados na forca".

14 Então o rei deu ordens para que assim fosse feito. O decreto foi publicado em Susã, e os corpos dos dez filhos de Hamã foram pendurados na forca. **15** Os judeus de Susã ajuntaram-se no décimo quarto dia do mês de adar e mataram trezentos homens em Susã, mas não se apossaram dos seus bens.

16 Enquanto isso, o restante dos judeus que viviam nas províncias do império, também se ajuntaram para se protegerem e se livrarem dos seus inimigos. Eles mataram setenta e cinco mil deles, mas não se apossaram dos seus bens. **17** Isso aconteceu no décimo terceiro dia do mês de adar, e no décimo quarto dia descansaram e fizeram dessa data um dia de festa e de alegria.

A Comemoração do Purim

18 Os judeus de Susã, porém, tinham se reunido no décimo terceiro e no décimo quarto dias, e no décimo quinto descansaram e dele fizeram um dia de festa e de alegria.

19 Por isso os judeus que vivem em vilas e povoados comemoram o décimo quarto dia do mês de adar como um dia de festa e de alegria, um dia de troca de presentes.

20 Mardoqueu registrou esses acontecimentos e enviou cartas a todos os judeus de todas as províncias do rei Xerxes, próximas e distantes, **21** determinando que anualmente se comemorassem o décimo quarto e o décimo quinto dias do mês de adar, **22** pois nesses dias os judeus livraram-se dos seus inimigos; nesse mês a sua tristeza tornou-se em alegria, e o seu pranto, num dia de festa. Escreveu-lhes dizendo que comemorassem aquelas datas como dias de festa e de alegria, de troca de presentes e de ofertas aos pobres.

23 E assim os judeus adotaram como costume aquela comemoração, conforme o que Mardoqueu lhes tinha ordenado por escrito. **24** Pois Hamã, filho do agagita Hamedata, inimigo de todos os judeus, tinha tramado contra eles para destruí-los e tinha lançado o pur, isto é, a sorte para a ruína e destruição deles. **25** Mas quando isso chegou ao conhecimento do rei**a**, ele deu ordens escritas para que o plano maligno de Hamã contra os judeus se voltasse contra a sua própria cabeça, e para que ele e seus filhos fossem enforcados. **26** Por isso aqueles dias foram chamados Purim, da palavra pur. Considerando tudo o que estava escrito nessa carta, o que tinham visto e o que tinha acontecido, **27** os judeus decidiram estabelecer o costume de que eles e os seus descendentes e todos os que se tornassem judeus não deixariam de comemorar anualmente esses dois dias, na forma prescrita e na data certa. **28** Esses dias seriam lembrados e comemorados em cada família de cada geração, em cada província e em cada cidade, e jamais deveriam deixar de ser comemorados pelos judeus. E os seus descendentes jamais deveriam esquecer-se de tais dias.

29 Então a rainha Ester, filha de Abiail, e o judeu Mardoqueu escreveram com toda a autoridade uma segunda carta para confirmar a primeira, acerca do Purim. **30** Mardoqueu enviou cartas a todos os judeus das cento e vinte e sete províncias do império de Xerxes, desejando-lhes paz e segurança, **31** e confirmando que os dias de Purim deveriam ser comemorados nas datas determinadas, conforme o judeu Mardoqueu e a rainha Ester tinham decretado e estabelecido para si mesmos, para todos os judeus e para os seus descendentes, e acrescentou observações sobre tempos de jejum e de lamentação. **32** O decreto de Ester confirmou as regras do Purim, e isso foi escrito nos registros.

11 The number of those slain in the citadel of Susa was reported to the king that same day. **12** The king said to Queen Esther, "The Jews have killed and destroyed five hundred men and the ten sons of Haman in the citadel of Susa. What have they done in the rest of the king's provinces? Now what is your petition? It will be given you. What is your request? It will also be granted."

13 "If it pleases the king," Esther answered, "give the Jews in Susa permission to carry out this day's edict tomorrow also, and let Haman's ten sons be hanged on gallows."

14 So the king commanded that this be done. An edict was issued in Susa, and they hanged the ten sons of Haman. **15** The Jews in Susa came together on the fourteenth day of the month of Adar, and they put to death in Susa three hundred men, but they did not lay their hands on the plunder.

16 Meanwhile, the remainder of the Jews who were in the king's provinces also assembled to protect themselves and get relief from their enemies. They killed seventy-five thousand of them but did not lay their hands on the plunder. **17** This happened on the thirteenth day of the month of Adar, and on the fourteenth they rested and made it a day of feasting and joy.

Purim Celebrated

18 The Jews in Susa, however, had assembled on the thirteenth and fourteenth, and then on the fifteenth they rested and made it a day of feasting and joy.

19 That is why rural Jews—those living in villages—observe the fourteenth of the month of Adar as a day of joy and feasting, a day for giving presents to each other.

20 Mordecai recorded these events, and he sent letters to all the Jews throughout the provinces of King Xerxes, near and far, **21** to have them celebrate annually the fourteenth and fifteenth days of the month of Adar **22** as the time when the Jews got relief from their enemies, and as the month when their sorrow was turned into joy and their mourning into a day of celebration. He wrote them to observe the days as days of feasting and joy and giving presents of food to one another and gifts to the poor.

23 So the Jews agreed to continue the celebration they had begun, doing what Mordecai had written to them. **24** For Haman son of Hammedatha, the Agagite, the enemy of all the Jews, had plotted against the Jews to destroy them and had cast the *pur* (that is, the lot) for their ruin and destruction. **25** But when the plot came to the king's attention,**a** he issued written orders that the evil scheme Haman had devised against the Jews should come back onto his own head, and that he and his sons should be hanged on the gallows. **26** (Therefore these days were called Purim, from the word *pur*.) Because of everything written in this letter and because of what they had seen and what had happened to them, **27** the Jews took it upon themselves to establish the custom that they and their descendants and all who join them should without fail observe these two days every year, in the way prescribed and at the time appointed. **28** These days should be remembered and observed in every generation by every family, and in every province and in every city. And these days of Purim should never cease to be celebrated by the Jews, nor should the memory of them die out among their descendants.

29 So Queen Esther, daughter of Abihail, along with Mordecai the Jew, wrote with full authority to confirm this second letter concerning Purim. **30** And Mordecai sent letters to all the Jews in the 127 provinces of the kingdom of Xerxes—words of goodwill and assurance— **31** to establish these days of Purim at their designated times, as Mordecai the Jew and Queen Esther had decreed for them, and as they had established for themselves and their descendants in regard to their times of fasting and lamentation. **32** Esther's decree confirmed these regulations about Purim, and it was written down in the records.

---

a9.25 Ou *quando Ester foi à presença do rei*

a9:25 Or *when Esther came before the king*

A Grandeza de Mardoqueu

10 O rei Xerxes impôs tributos a todo o império, até sobre as distantes regiões costeiras. ² Todos os seus atos de força e de poder, e o relato completo da grandeza de Mardoqueu, a quem o rei dera autoridade, estão registrados no livro das crônicas dos reis da Média e da Pérsia. ³ O judeu Mardoqueu foi o segundo na hierarquia, depois do rei Xerxes. Era homem importante entre os judeus e foi muito amado por eles, pois trabalhou para o bem do seu povo e promoveu o bem-estar de todos.

Jó

Introdução

1 Na terra de Uz vivia um homem chamado Jó. Era homem íntegro e justo; temia a Deus e evitava fazer o mal. ² Tinha ele sete filhos e três filhas, ³ e possuía sete mil ovelhas, três mil camelos, quinhentas juntas de boi e quinhentos jumentos, e tinha muita gente a seu serviço. Era o homem mais rico do oriente.

⁴ Seus filhos costumavam dar banquetes em casa, um de cada vez, e convidavam suas três irmãs para comerem e beberem com eles. ⁵ Terminado um período de banquetes, Jó mandava chamá-los e fazia com que se purificassem. De madrugada ele oferecia um holocaustoᵃ em favor de cada um deles, pois pensava: "Talvez os meus filhos tenham, lá no íntimo, pecado e amaldiçoado a Deus". Essa era a prática constante de Jó.

A Primeira Provação de Jó

⁶ Certo dia os anjosᵇ vieram apresentar-se ao Senhor, e Satanásᶜ também veio com eles. ⁷ O Senhor disse a Satanás: "De onde você veio?"

Satanás respondeu ao Senhor: "De perambular pela terra e andar por ela".

⁸ Disse então o Senhor a Satanás: "Reparou em meu servo Jó? Não há ninguém na terra como ele, irrepreensível, íntegro, homem que teme a Deus e evita o mal".

⁹ "Será que Jó não tem razões para temer a Deus?", respondeu Satanás. ¹⁰ "Acaso não puseste uma cerca em volta dele, da família dele e de tudo o que ele possui? Tu mesmo tens abençoado tudo o que ele faz, de modo que os seus rebanhos estão espalhados por toda a terra. ¹¹ Mas estende a tua mão e fere tudo o que ele tem, e com certeza ele te amaldiçoará na tua face."

¹² O Senhor disse a Satanás: "Pois bem, tudo o que ele possui está nas suas mãos; apenas não toque nele".

Então Satanás saiu da presença do Senhor.

¹³ Certo dia, quando os filhos e as filhas de Jó estavam num banquete, comendo e bebendo vinho na casa do irmão mais velho, ¹⁴ um mensageiro veio dizer a Jó: "Os bois estavam arando e os jumentos estavam pastando por perto, ¹⁵ quando os sabeus os atacaram e os levaram embora. Mataram à espada os empregados, e eu fui o único que escapou para lhe contar!"

¹⁶ Enquanto ele ainda estava falando, chegou outro mensageiro e disse: "Fogo de Deus caiu do céu e queimou totalmente as ovelhas e os empregados, e eu fui o único que escapou para lhe contar!"

¹⁷ Enquanto ele ainda estava falando, chegou outro mensageiro e disse: "Vieram caldeus em três bandos, atacaram os camelos e os levaram embora. Mataram à espada os empregados, e eu fui o único que escapou para lhe contar!"

¹⁸ Enquanto ele ainda estava falando, chegou ainda outro mensageiro e disse: "Seus filhos e suas filhas estavam num banquete, comendo e bebendo vinho na casa do irmão mais velho, ¹⁹ quando, de repente, um vento muito forte veio do deserto e atingiu os quatro cantos da casa, que desabou. Eles morreram, e eu fui o único que escapou para lhe contar!"

The Greatness of Mordecai

10 King Xerxes imposed tribute throughout the empire, to its distant shores. ² And all his acts of power and might, together with a full account of the greatness of Mordecai to which the king had raised him, are they not written in the book of the annals of the kings of Media and Persia? ³ Mordecai the Jew was second in rank to King Xerxes, preeminent among the Jews, and held in high esteem by his many fellow Jews, because he worked for the good of his people and spoke up for the welfare of all the Jews.

Job

Prologue

1 In the land of Uz there lived a man whose name was Job. This man was blameless and upright; he feared God and shunned evil. ² He had seven sons and three daughters, ³ and he owned seven thousand sheep, three thousand camels, five hundred yoke of oxen and five hundred donkeys, and had a large number of servants. He was the greatest man among all the people of the East.

⁴ His sons used to take turns holding feasts in their homes, and they would invite their three sisters to eat and drink with them. ⁵ When a period of feasting had run its course, Job would send and have them purified. Early in the morning he would sacrifice a burnt offering for each of them, thinking, "Perhaps my children have sinned and cursed God in their hearts." This was Job's regular custom.

Job's First Test

⁶ One day the angelsᵃ came to present themselves before the Lord, and Satanᵇ also came with them. ⁷ The Lord said to Satan, "Where have you come from?"

Satan answered the Lord, "From roaming through the earth and going back and forth in it."

⁸ Then the Lord said to Satan, "Have you considered my servant Job? There is no one on earth like him; he is blameless and upright, a man who fears God and shuns evil."

⁹ "Does Job fear God for nothing?" Satan replied. ¹⁰ "Have you not put a hedge around him and his household and everything he has? You have blessed the work of his hands, so that his flocks and herds are spread throughout the land. ¹¹ But stretch out your hand and strike everything he has, and he will surely curse you to your face."

¹² The Lord said to Satan, "Very well, then, everything he has is in your hands, but on the man himself do not lay a finger."

Then Satan went out from the presence of the Lord.

¹³ One day when Job's sons and daughters were feasting and drinking wine at the oldest brother's house, ¹⁴ a messenger came to Job and said, "The oxen were plowing and the donkeys were grazing nearby, ¹⁵ and the Sabeans attacked and carried them off. They put the servants to the sword, and I am the only one who has escaped to tell you!"

¹⁶ While he was still speaking, another messenger came and said, "The fire of God fell from the sky and burned up the sheep and the servants, and I am the only one who has escaped to tell you!"

¹⁷ While he was still speaking, another messenger came and said, "The Chaldeans formed three raiding parties and swept down on your camels and carried them off. They put the servants to the sword, and I am the only one who has escaped to tell you!"

¹⁸ While he was still speaking, yet another messenger came and said, "Your sons and daughters were feasting and drinking wine at the oldest brother's house, ¹⁹ when suddenly a mighty wind swept in from the desert and struck the four corners of the house. It collapsed on them and they are dead, and I am the only one who has escaped to tell you!"

ᵃ1.5 Isto é, sacrifício totalmente queimado. ᵇ1.6 Hebraico: *os filhos de Deus.* ᶜ1.6 Satanás significa *acusador.*

ᵃ1:6 Hebrew the sons of God ᵇ1:6 Satan means accuser.

20 Ao ouvir isso, Jó levantou-se, rasgou o manto e rapou a cabeça. Então prostrou-se, rosto em terra, em adoração, **21** e disse:

"Saí nu do ventre da minha mãe,
  e nu partirei[a].
O Senhor o deu, o Senhor o levou;
  louvado seja o nome do Senhor".

22 Em tudo isso Jó não pecou e não culpou a Deus de coisa alguma.

A Segunda Provação de Jó

2 Num outro dia os anjos[b] vieram apresentar-se ao Senhor, e Satanás também veio com eles para apresentar-se. **2** O Senhor perguntou a Satanás, "De onde você veio?"

Satanás respondeu ao Senhor: "De perambular pela terra e andar por ela".

3 Disse então o Senhor a Satanás: "Reparou em meu servo Jó? Não há ninguém na terra como ele, irrepreensível, íntegro, homem que teme a Deus e evita o mal. Ele se mantém íntegro, apesar de você me haver instigado contra ele para arruiná-lo sem motivo".

4 "Pele por pele!", respondeu Satanás. "Um homem dará tudo o que tem por sua vida. **5** Estende a tua mão e fere a sua carne e os seus ossos, e com certeza ele te amaldiçoará na tua face."

6 O Senhor disse a Satanás: "Pois bem, ele está nas suas mãos; apenas poupe a vida dele".

7 Saiu, pois, Satanás da presença do Senhor e afligiu Jó com feridas terríveis, da sola dos pés ao alto da cabeça. **8** Então Jó apanhou um caco de louça e com ele se raspava, sentado entre as cinzas.

9 Então sua mulher lhe disse: "Você ainda mantém a sua integridade? Amaldiçoe a Deus, e morra!"

10 Ele respondeu: "Você fala como uma insensata. Aceitaremos o bem dado por Deus, e não o mal?"
Em tudo isso Jó não pecou com seus lábios.

Os Amigos de Jó

11 Quando três amigos de Jó, Elifaz, de Temã, Bildade, de Suá, e Zofar, de Naamate, souberam de todos os males que o haviam atingido, saíram, cada um da sua região. Combinaram encontrar-se para, juntos, irem mostrar solidariedade a Jó e consolá-lo. **12** Quando o viram à distância, mal puderam reconhecê-lo e começaram a chorar em alta voz. Cada um deles rasgou seu manto e colocou terra sobre a cabeça. **13** Depois os três se assentaram no chão com ele, durante sete dias e sete noites. Ninguém lhe disse uma palavra, pois viam como era grande o seu sofrimento.

O Discurso de Jó

3 Depois disso Jó abriu a boca e amaldiçoou o dia do seu nascimento, **2** dizendo:

3 "Pereça o dia do meu nascimento
  e a noite em que se disse:
    'Nasceu um menino!'
4 Transforme-se aquele dia em trevas,
  e Deus, lá do alto,
  não se importe com ele;
  não resplandeça a luz sobre ele.
5 Chamem-no de volta as trevas
  e a mais densa escuridão[c];
  coloque-se uma nuvem sobre ele
  e o negrume aterrorize a sua luz.
6 Apoderem-se daquela noite
    densas trevas!
Não seja ela incluída entre os dias do ano,
  nem faça parte de nenhum dos meses.
7 Seja aquela noite estéril,

20 At this, Job got up and tore his robe and shaved his head. Then he fell to the ground in worship **21** and said:

"Naked I came from my mother's womb,
  and naked I will depart.[a]
The Lord gave and the Lord has taken away;
  may the name of the Lord be praised."

22 In all this, Job did not sin by charging God with wrongdoing.

Job's Second Test

2 On another day the angels[b] came to present themselves before the Lord, and Satan also came with them to present himself before him. **2** And the Lord said to Satan, "Where have you come from?"

Satan answered the Lord, "From roaming through the earth and going back and forth in it."

3 Then the Lord said to Satan, "Have you considered my servant Job? There is no one on earth like him; he is blameless and upright, a man who fears God and shuns evil. And he still maintains his integrity, though you incited me against him to ruin him without any reason."

4 "Skin for skin!" Satan replied. "A man will give all he has for his own life. **5** But stretch out your hand and strike his flesh and bones, and he will surely curse you to your face."

6 The Lord said to Satan, "Very well, then, he is in your hands; but you must spare his life."

7 So Satan went out from the presence of the Lord and afflicted Job with painful sores from the soles of his feet to the top of his head. **8** Then Job took a piece of broken pottery and scraped himself with it as he sat among the ashes.

9 His wife said to him, "Are you still holding on to your integrity? Curse God and die!"

10 He replied, "You are talking like a foolish[c] woman. Shall we accept good from God, and not trouble?"
In all this, Job did not sin in what he said.

Job's Three Friends

11 When Job's three friends, Eliphaz the Temanite, Bildad the Shuhite and Zophar the Naamathite, heard about all the troubles that had come upon him, they set out from their homes and met together by agreement to go and sympathize with him and comfort him. **12** When they saw him from a distance, they could hardly recognize him; they began to weep aloud, and they tore their robes and sprinkled dust on their heads. **13** Then they sat on the ground with him for seven days and seven nights. No one said a word to him, because they saw how great his suffering was.

Job Speaks

3 After this, Job opened his mouth and cursed the day of his birth. **2** He said:

3 "May the day of my birth perish,
  and the night it was said, 'A boy is born!'
4 That day—may it turn to darkness;
  may God above not care about it;
  may no light shine upon it.
5 May darkness and deep shadow[d] claim it once
    more;
  may a cloud settle over it;
  may blackness overwhelm its light.
6 That night—may thick darkness seize it;
  may it not be included among the days of
    the year
  nor be entered in any of the months.
7 May that night be barren;

---

a1.21 Ou *nu voltarei para lá* **b**2.1 Hebraico: *os filhos de Deus.* **c**3.5 Ou *e a sombra da morte*

a1:21 Or *will return there* **b**2:1 Hebrew *the sons of God* **c**2:10 The Hebrew word rendered *foolish* denotes moral deficiency. **b**3:5 Or *and the shadow of death*

e nela não se ouçam brados de alegria.
8 Amaldiçoem aquele dia
os que amaldiçoam os dias^a
e são capazes de atiçar o Leviatã^b.
9 Fiquem escuras
as suas estrelas matutinas,
espere ele em vão pela luz do sol
e não veja os primeiros raios
da alvorada,
10 pois não fechou as portas
do ventre materno
para evitar
que eu contemplasse males.

11 "Por que não morri ao nascer,
e não pereci quando saí do ventre?
12 Por que houve joelhos
para me receberem
e seios para me amamentarem?
13 Agora eu bem poderia
estar deitado em paz
e achar repouso
14 junto aos reis e conselheiros da terra,
que construíram para si
lugares que agora jazem em ruínas,
15 com governantes que possuíam ouro,
que enchiam suas casas de prata.
16 Por que não me sepultaram
como criança abortada,
como um bebê
que nunca viu a luz do dia?
17 Ali os ímpios já não se agitam,
e ali os cansados
permanecem em repouso;
18 os prisioneiros também
desfrutam sossego,
já não ouvem mais os gritos
do feitor de escravos.
19 Os simples e os poderosos ali estão,
e o escravo está livre do seu senhor.

20 "Por que se dá luz aos infelizes,
e vida aos de alma amargurada,
21 aos que anseiam pela morte
e esta não vem,
e a procuram mais
do que a um tesouro oculto,
22 aos que se enchem de alegria
e exultam quando vão
para a sepultura?
23 Por que se dá vida àquele
cujo caminho é oculto,
e a quem Deus fechou as saídas?
24 Pois me vêm suspiros
em vez de comida;
meus gemidos
transbordam como água.
25 O que eu temia veio sobre mim;
o que eu receava me aconteceu.
26 Não tenho paz,
nem tranqüilidade, nem descanso;
somente inquietação".

Elifaz

4 Então respondeu Elifaz, de Temã:

2 "Se alguém se aventurar
a dizer-lhe uma palavra,
você ficará impaciente?
Mas quem pode refrear as palavras?

may no shout of joy be heard in it.
8 May those who curse days^a curse that day,
those who are ready to rouse Leviathan.
9 May its morning stars become dark;
may it wait for daylight in vain
and not see the first rays of dawn,
10 for it did not shut the doors of the womb on me
to hide trouble from my eyes.

11 "Why did I not perish at birth,
and die as I came from the womb?
12 Why were there knees to receive me
and breasts that I might be nursed?
13 For now I would be lying down in peace;
I would be asleep and at rest
14 with kings and counselors of the earth,
who built for themselves places now lying in ruins,
15 with rulers who had gold,
who filled their houses with silver.
16 Or why was I not hidden in the ground like a
stillborn child,
like an infant who never saw the light of day?
17 There the wicked cease from turmoil,
and there the weary are at rest.
18 Captives also enjoy their ease;
they no longer hear the slave driver's shout.
19 The small and the great are there,
and the slave is freed from his master.

20 "Why is light given to those in misery,
and life to the bitter of soul,
21 to those who long for death that does not come,
who search for it more than for hidden treasure,
22 who are filled with gladness
and rejoice when they reach the grave?
23 Why is life given to a man
whose way is hidden,
whom God has hedged in?
24 For sighing comes to me instead of food;
my groans pour out like water.
25 What I feared has come upon me;
what I dreaded has happened to me.
26 I have no peace, no quietness;
I have no rest, but only turmoil."

Eliphaz

4 Then Eliphaz the Temanite replied:

2 "If someone ventures a word with you, will you
be impatient?
But who can keep from speaking?

3 Pense bem! Você ensinou a tantos;
　　fortaleceu mãos fracas.
4 Suas palavras davam firmeza
　　aos que tropeçavam;
você fortaleceu joelhos vacilantes.
5 Mas agora que se vê em dificuldade,
　　você desanima;
quando você é atingido,
　　fica prostrado.
6 Sua vida piedosa
　　não lhe inspira confiança?
E o seu procedimento irrepreensível
　　não lhe dá esperança?

7 "Reflita agora:
Qual foi o inocente
　　que chegou a perecer?
Onde os íntegros
　　sofreram destruição?
8 Pelo que tenho observado,
quem cultiva o mal e semeia maldade,
　　isso também colherá.
9 Pelo sopro de Deus são destruídos;
pelo vento de sua ira eles perecem.
10 Os leões podem rugir e rosnar,
mas até os dentes dos leões fortes
　　se quebram.
11 O leão morre por falta de presa,
e os filhotes da leoa se dispersam.

12 "Disseram-me uma palavra
　　em segredo,
da qual os meus ouvidos
　　captaram um murmúrio.
13 Em meio a sonhos perturbadores da noite,
quando cai sono profundo
　　sobre os homens,
14 temor e tremor
　　se apoderaram de mim
e fizeram estremecer
　　todos os meus ossos.
15 Um espírito[a] roçou o meu rosto,
e os pêlos do meu corpo
　　se arrepiaram.
16 Ele parou,
　　mas não pude identificá-lo.
Um vulto se pôs
　　diante dos meus olhos,
e ouvi uma voz suave, que dizia:
17 'Poderá algum mortal
　　ser mais justo que Deus?
Poderá algum homem ser mais puro
　　que o seu Criador?
18 Se Deus não confia em seus servos,
se vê erro em seus anjos e os acusa,
19 quanto mais nos que moram
　　em casas de
barro,
cujos alicerces estão no pó!
São mais facilmente esmagados
　　que uma traça!
20 Entre o alvorecer e o crepúsculo
　　são despedaçados;
perecem para sempre,
　　sem ao menos serem notados.
21 Não é certo que as cordas
　　de suas tendas
são arrancadas,
　　e eles morrem sem sabedoria?'[b]

3 Think how you have instructed many,
　　how you have strengthened feeble hands.
4 Your words have supported those who stumbled;
　　you have strengthened faltering knees.
5 But now trouble comes to you, and you are discouraged;
　　it strikes you, and you are dismayed.
6 Should not your piety be your confidence
　　and your blameless ways your hope?

7 "Consider now: Who, being innocent, has ever perished?
　　Where were the upright ever destroyed?
8 As I have observed, those who plow evil
　　and those who sow trouble reap it.
9 At the breath of God they are destroyed;
　　at the blast of his anger they perish.
10 The lions may roar and growl,
　　yet the teeth of the great lions are broken.
11 The lion perishes for lack of prey,
　　and the cubs of the lioness are scattered.

12 "A word was secretly brought to me,
　　my ears caught a whisper of it.
13 Amid disquieting dreams in the night,
　　when deep sleep falls on men,
14 fear and trembling seized me
　　and made all my bones shake.
15 A spirit glided past my face,
　　and the hair on my body stood on end.
16 It stopped,
　　but I could not tell what it was.
A form stood before my eyes,
　　and I heard a hushed voice:
17 'Can a mortal be more righteous than God?
　　Can a man be more pure than his Maker?
18 If God places no trust in his servants,
　　if he charges his angels with error,
19 how much more those who live in houses of clay,
　　whose foundations are in the dust,
who are crushed more readily than a moth!
20 Between dawn and dusk they are broken to pieces;
　　unnoticed, they perish forever.
21 Are not the cords of their tent pulled up,
　　so that they die without wisdom?'[a]

---

[a]4.15 Ou *vento*　[b]4.21 Alguns sugerem que o discurso de Elifaz termina no versículo 17.

[a]4:21 Some interpreters end the quotation after verse 17.

5 "Clame, se quiser,
   mas quem o ouvirá?
   Para qual dos seres celestesª
      você se voltará?
² O ressentimento mata o insensato,
   e a inveja destrói o tolo.
³ Eu mesmo já vi
   um insensato lançar raízes,
   mas de repente a sua casa
      foi amaldiçoada.
⁴ Seus filhos longe estão
   de desfrutar segurança,
   maltratados nos tribunais,
   não há quem os defenda.
⁵ Os famintos devoram a sua colheita,
   tirando-a até do meio dos espinhos,
   e os sedentos sugam a sua riqueza.
⁶ Pois o sofrimento não brota do pó,
   e as dificuldades não nascem do chão.
⁷ No entanto, o homem nasce
   para as dificuldades
   tão certamente como as fagulhas
      voam para cima.

⁸ "Mas, se fosse comigo,
   eu apelaria para Deus;
   apresentaria a ele a minha causa.
⁹ Ele realiza maravilhas insondáveis,
   milagres que não se pode contar.
¹⁰ Derrama chuva sobre a terra,
   e envia água sobre os campos.
¹¹ Os humildes, ele os exalta,
   e traz os que pranteiam
      a um lugar de segurança.
¹² Ele frustra os planos dos astutos,
   para que fracassem as mãos deles.
¹³ Apanha os sábios na astúcia deles,
   e as maquinações dos astutos
      são malogradas por sua precipitação.
¹⁴ As trevas vêm sobre eles
   em pleno dia;
   ao meio-dia eles tateiam
      como se fosse noite.
¹⁵ Ele salva o oprimido
   da espada
   que trazem na boca;
   salva-o das garras dos poderosos.
¹⁶ Por isso os pobres têm esperança,
   e a injustiça cala a própria boca.

¹⁷ "Como é feliz o homem
   a quem Deus corrige;
   portanto, não despreze
      a disciplina do Todo-poderosoᵇ.
¹⁸ Pois ele fere,
   mas trata do ferido;
   ele machuca,
   mas suas mãos também curam.
¹⁹ De seis desgraças ele o livrará;
   em sete delas você nada sofrerá.
²⁰ Na fome ele o livrará da morte,
   e na guerra o livrará
      do golpe da espada.
²¹ Você será protegido
   do açoite da língua,
   e não precisará ter medo
      quando a destruição chegar.
²² Você rirá da destruição e da fome,
   e não precisará temer as feras da terra.

5 "Call if you will, but who will answer you?
   To which of the holy ones will you turn?
² Resentment kills a fool,
   and envy slays the simple.
³ I myself have seen a fool taking root,
   but suddenly his house was cursed.
⁴ His children are far from safety,
   crushed in court without a defender.
⁵ The hungry consume his harvest,
   taking it even from among thorns,
   and the thirsty pant after his wealth.
⁶ For hardship does not spring from the soil,
   nor does trouble sprout from the ground.
⁷ Yet man is born to trouble
   as surely as sparks fly upward.

⁸ "But if it were I, I would appeal to God;
   I would lay my cause before him.
⁹ He performs wonders that cannot be fathomed,
   miracles that cannot be counted.
¹⁰ He bestows rain on the earth;
   he sends water upon the countryside.
¹¹ The lowly he sets on high,
   and those who mourn are lifted to safety.
¹² He thwarts the plans of the crafty,
   so that their hands achieve no success.
¹³ He catches the wise in their craftiness,
   and the schemes of the wily are swept away.
¹⁴ Darkness comes upon them in the daytime;
   at noon they grope as in the night.
¹⁵ He saves the needy from the sword in their mouth;
   he saves them from the clutches of the powerful.
¹⁶ So the poor have hope,
   and injustice shuts its mouth.

¹⁷ "Blessed is the man whom God corrects;
   so do not despise the discipline of the Almighty.ª
¹⁸ For he wounds, but he also binds up;
   he injures, but his hands also heal.
¹⁹ From six calamities he will rescue you;
   in seven no harm will befall you.
²⁰ In famine he will ransom you from death,
   and in battle from the stroke of the sword.
²¹ You will be protected from the lash of the tongue,
   and need not fear when destruction comes.
²² You will laugh at destruction and famine,
   and need not fear the beasts of the earth.

ª5.1 Hebraico: *santos*. ᵇ5.17 Hebraico: *Shaddai*; também em todo o livro de Jó.   ª5:17 Hebrew Shaddai; here and throughout Job

23 Pois fará aliança
    com as pedras do campo,
e os animais selvagens
    estarão em paz com você.
24 Você saberá que a sua tenda
    é segura;
contará os bens da sua morada
    e de nada achará falta.
25 Você saberá que
    os seus filhos serão muitos,
e que os seus descendentes
    serão como a relva da terra.
26 Você irá para a sepultura
    em pleno vigor,
como um feixe recolhido
    no devido tempo.
27 "Verificamos isso e vimos
    que é verdade.
Portanto, ouça e aplique isso
    à sua vida".

Jó

6 Então Jó respondeu:

2 "Se tão-somente pudessem
    pesar a minha aflição
e pôr na balança a minha desgraça!
3 Veriam que o seu peso é maior
    que o da areia dos mares.
Por isso as minhas palavras
    são tão impetuosas.
4 As flechas do Todo-poderoso
    estão cravadas em mim,
e o meu espírito suga delas o veneno;
os terrores de Deus
    me assediam.
5 Zurra o jumento selvagem,
    se tiver capim?
Muge o boi, se tiver forragem?
6 Come-se sem sal
    uma comida insípida?
E a clara do ovo, tem algum sabor?
7 Recuso-me a tocar nisso;
    esse tipo de comida
    causa-me repugnância.

8 "Se tão-somente fosse atendido
    o meu pedido,
se Deus me concedesse o meu desejo,
9 se Deus se dispusesse a esmagar-me,
    a soltar a mão protetora
    e eliminar-me!
10 Pois eu ainda teria o consolo,
    minha alegria
em meio à dor implacável,
    de não ter negado
    as palavras do Santo.
11 "Que esperança posso ter,
    se já nada tenho forças?
Como posso ter paciência,
    se não tenho futuro?
12 Acaso tenho a força da pedra?
Acaso a minha carne é de bronze?
13 Haverá poder que me ajude,
    agora que os meus recursos se foram?

14 "Um homem desesperado
    deve receber
    a compaixão de seus amigos,

23 For you will have a covenant with the stones of
    the field,
    and the wild animals will be at peace with you.
24 You will know that your tent is secure;
    you will take stock of your property and find
      nothing missing.
25 You will know that your children will be many,
    and your descendants like the grass of the earth.
26 You will come to the grave in full vigor,
    like sheaves gathered in season.

27 "We have examined this, and it is true.
    So hear it and apply it to yourself."

Job

6 Then Job replied:

2 "If only my anguish could be weighed
    and all my misery be placed on the scales!
3 It would surely outweigh the sand of the seas—
    no wonder my words have been impetuous.
4 The arrows of the Almighty are in me,
    my spirit drinks in their poison;
    God's terrors are marshaled against me.
5 Does a wild donkey bray when it has grass,
    or an ox bellow when it has fodder?
6 Is tasteless food eaten without salt,
    or is there flavor in the white of an egg*a*?
7 I refuse to touch it;
    such food makes me ill.

8 "Oh, that I might have my request,
    that God would grant what I hope for,
9 that God would be willing to crush me,
    to let loose his hand and cut me off!
10 Then I would still have this consolation—
    my joy in unrelenting pain—
    that I had not denied the words of
      the Holy One.
11 "What strength do I have, that I should still hope?
    What prospects, that I should be patient?
12 Do I have the strength of stone?
    Is my flesh bronze?
13 Do I have any power to help myself,
    now that success has been driven from me?

14 "A despairing man should have the devotion of
    his friends,

a6:6 The meaning of the Hebrew for this phrase is uncertain.

muito embora ele tenha abandonado
   o temor do Todo-poderoso.
15 Mas os meus irmãos enganaram-me
   como riachos temporários,
   como os riachos que transbordam
16 quando o degelo os torna turvos
   e a neve que se derrete os faz encher,
17 mas que param de fluir
   no tempo da seca,
   e no calor desaparecem
   dos seus leitos.
18 As caravanas se desviam
   de suas rotas;
   sobem para lugares desertos
   e perecem.
19 Procuram água
   as caravanas de Temá,
   olham esperançosos
   os mercadores de Sabá.
20 Ficam tristes,
   porque estavam confiantes;
   lá chegaram tão-somente
   para sofrer decepção.
21 Pois agora vocês
   de nada me valeram;
   contemplam minha temível situação,
   e se enchem de medo.
22 Alguma vez lhes pedi
   que me dessem alguma coisa?
   Ou que da sua riqueza
   pagassem resgate por mim?
23 Ou que me livrassem
   das mãos do inimigo?
   Ou que me libertassem das garras
   de quem me oprime?
24 "Ensinem-me,
   e eu me calarei;
   mostrem-me onde errei.
25 Como doem as palavras verdadeiras!
   Mas o que provam
   os argumentos de vocês?
26 Vocês pretendem corrigir o que digo
   e tratar como vento
   as palavras de um homem
   desesperado?
27 Vocês seriam capazes
   de pôr em sorteio o órfão
   e de vender um amigo
   por uma bagatela!
28 "Mas agora,
   tenham a bondade
   de olhar para mim.
   Será que eu mentiria
   na frente de vocês?
29 Reconsiderem a questão,
   não sejam injustos;
   tornem a analisá-la,
   pois a minha integridade
   está em jogoª.
30 Há alguma iniqüidade em meus lábios?
   Será que a minha boca
   não consegue discernir a maldade?

7 "Não é pesado o labor
   do homem na terra?
Seus dias não são
   como os de um assalariado?

even though he forsakes the fear of the Almighty.
15 But my brothers are as undependable as
   intermittent streams,
   as the streams that overflow
16 when darkened by thawing ice
   and swollen with melting snow,
17 but that cease to flow in the dry season,
   and in the heat vanish from their channels.
18 Caravans turn aside from their routes;
   they go up into the wasteland and perish.
19 The caravans of Tema look for water,
   the traveling merchants of Sheba look
      in hope.
20 They are distressed, because they had been
      confident;
   they arrive there, only to be disappointed.
21 Now you too have proved to be of no help;
   you see something dreadful and are afraid.
22 Have I ever said, 'Give something on my behalf,
   pay a ransom for me from your wealth,
23 deliver me from the hand of the enemy,
   ransom me from the clutches of the
      ruthless'?
24 "Teach me, and I will be quiet;
   show me where I have been wrong.
25 How painful are honest words!
   But what do your arguments prove?
26 Do you mean to correct what I say,
   and treat the words of a despairing man as
      wind?
27 You would even cast lots for the fatherless
   and barter away your friend.
28 "But now be so kind as to look at me.
   Would I lie to your face?
29 Relent, do not be unjust;
   reconsider, for my integrity is at stake.ª
30 Is there any wickedness on my lips?
   Can my mouth not discern malice?

7 "Does not man have hard service on earth?
   Are not his days like those of a hired man?

---

2 Como o escravo que anseia
    pelas sombras do entardecer,
ou como o assalariado
    que espera ansioso pelo pagamento,
3 assim me deram meses de ilusão,
   e noites de desgraça
   me foram destinadas.
4 Quando me deito,
   fico pensando:
Quanto vai demorar
    para eu me levantar?
A noite se arrasta,
   e eu fico me virando na cama
   até o amanhecer.
5 Meu corpo está coberto de vermes
    e cascas de ferida,
minha pele está rachada
   e vertendo pus.

6 "Meus dias correm mais depressa
    que a lançadeira do tecelão,
e chegam ao fim
    sem nenhuma esperança.
7 Lembra-te, ó Deus,
   de que a minha vida
não passa de um sopro;
   meus olhos jamais
tornarão a ver a felicidade.
8 Os que agora me vêem,
   nunca mais me verão;
puseste o teu olhar em mim,
   e já não existo.
9 Assim como a nuvem se esvai
   e desaparece,
assim quem desce à sepultura[a]
   não volta.
10 Nunca mais voltará ao seu lar;
   a sua habitação não mais o conhecerá.

11 "Por isso não me calo;
   na aflição do meu espírito
   desabafarei,
na amargura da minha alma
   farei as minhas queixas.
12 Sou eu o mar,
   ou o monstro das profundezas,
para que me ponhas sob guarda?
13 Quando penso que
   a minha cama me consolará
e que o meu leito
   aliviará a minha queixa,
14 mesmo aí me assustas com sonhos
   e me aterrorizas com visões.
15 É melhor ser estrangulado e morrer
   do que sofrer assim[b];
16 sinto desprezo pela minha vida!
Não vou viver para sempre;
   deixa-me,
   pois os meus dias não têm sentido.

17 "Que é o homem,
   para que lhe dês importância
   e atenção,
18 para que o examines a cada manhã
   e o proves a cada instante?
19 Nunca desviarás de mim o teu olhar?
Nunca me deixarás a sós,
   nem por um instante?
20 Se pequei, que mal te causei,
   ó tu que vigias os homens?

2 Like a slave longing for the evening shadows,
    or a hired man waiting eagerly for his wages,
3 so I have been allotted months of futility,
   and nights of misery have been assigned to me.
4 When I lie down I think, 'How long before I get up?'
    The night drags on, and I toss till dawn.
5 My body is clothed with worms and scabs,
   my skin is broken and festering.

6 "My days are swifter than a weaver's shuttle,
   and they come to an end without hope.
7 Remember, O God, that my life is but a breath;
   my eyes will never see happiness again.
8 The eye that now sees me will see me no longer;
   you will look for me, but I will be no more.
9 As a cloud vanishes and is gone,
   so he who goes down to the grave[a] does not return.
10 He will never come to his house again;
   his place will know him no more.

11 "Therefore I will not keep silent;
   I will speak out in the anguish of my spirit,
   I will complain in the bitterness of my soul.
12 Am I the sea, or the monster of the deep,
   that you put me under guard?
13 When I think my bed will comfort me
   and my couch will ease my complaint,
14 even then you frighten me with dreams
   and terrify me with visions,
15 so that I prefer strangling and death,
   rather than this body of mine.
16 I despise my life; I would not live forever.
   Let me alone; my days have no meaning.

17 "What is man that you make so much of him,
   that you give him so much attention,
18 that you examine him every morning
   and test him every moment?
19 Will you never look away from me,
   or let me alone even for an instant?
20 If I have sinned, what have I done to you,
   O watcher of men?

---

[a]7.9 Hebraico: *Sheol*. Essa palavra também pode ser traduzida por morte, pó ou profundezas. [b]7.15 Hebraico: *ter os meus ossos*.   [a]7:9 Hebrew Sheol

Por que me tornaste teu alvo?
Acaso tornei-me um fardo para ti?ᵃ
²¹ Por que não perdoas
    as minhas ofensas
e não apagas os meus pecados?
Pois logo me deitarei no pó;
tu me procurarás,
    mas eu já não existirei".

Bildade

8 Então Bildade, de Suá, respondeu:

² "Até quando você vai
    falar desse modo?
Suas palavras
    são um grande vendaval!
³ Acaso Deus torce a justiça?
    Será que o Todo-poderoso
    torce o que é direito?
⁴ Quando os seus filhos
    pecaram contra ele,
    ele os castigou
    pelo mal que fizeram.
⁵ Mas, se você procurar a Deus
    e implorar junto ao Todo-poderoso
⁶ se você for íntegro e puro,
    ele se levantará agora mesmo
    em seu favor
    e o restabelecerá no lugar
    que por justiça cabe a você.
⁷ O seu começo parecerá modesto,
    mas o seu futuro será
    de grande prosperidade.

⁸ "Pergunte às gerações anteriores
    e veja o que os seus pais aprenderam,
⁹ pois nós nascemos ontem
    e não sabemos nada.
Nossos dias na terra
    não passam de uma sombra.
¹⁰ Acaso eles não o instruirão,
    não lhe falarão?
Não proferirão palavras vindas
    do entendimento?
¹¹ Poderá o papiro crescer
    senão no pântano?
Sem água cresce o junco?
¹² Mal cresce e,
    antes de ser colhido, seca-se,
    mais depressa que qualquer grama.
¹³ Esse é o destino
    de todo o que se esquece de Deus;
    assim perece a esperança dos ímpios.
¹⁴ Aquilo em que ele confia é frágil,
    aquilo em que se apóia
    é uma teia de aranha.
¹⁵ Encosta-se em sua teia, mas ela cede;
    agarra-se a ela, mas ela não agüenta.
¹⁶ Ele é como uma planta
    bem regada ao brilho do sol,
    espalhando seus brotos pelo jardim;
¹⁷ entrelaça as raízes
    em torno de um monte de pedras
    e procura um lugar entre as rochas.
¹⁸ Mas, quando é arrancada
    do seu lugar,
    este a rejeita e diz: 'Nunca a vi'.

Why have you made me your target?
Have I become a burden to you?ᵃ
²¹ Why do you not pardon my offenses
    and forgive my sins?
For I will soon lie down in the dust;
    you will search for me, but I will be no more."

Bildad

8 Then Bildad the Shuhite replied:

² "How long will you say such things?
    Your words are a blustering wind.
³ Does God pervert justice?
    Does the Almighty pervert what is right?
⁴ When your children sinned against him,
    he gave them over to the penalty of their sin.
⁵ But if you will look to God
    and plead with the Almighty,
⁶ if you are pure and upright,
    even now he will rouse himself on your behalf
    and restore you to your rightful place.
⁷ Your beginnings will seem humble,
    so prosperous will your future be.

⁸ "Ask the former generations
    and find out what their fathers learned,
⁹ for we were born only yesterday and know nothing,
    and our days on earth are but a shadow.
¹⁰ Will they not instruct you and tell you?
    Will they not bring forth words from their
        understanding?
¹¹ Can papyrus grow tall where there is no marsh?
    Can reeds thrive without water?
¹² While still growing and uncut,
    they wither more quickly than grass.
¹³ Such is the destiny of all who forget God;
    so perishes the hope of the godless.
¹⁴ What he trusts in is fragileᵇ;
    what he relies on is a spider's web.
¹⁵ He leans on his web, but it gives way;
    he clings to it, but it does not hold.
¹⁶ He is like a well-watered plant in the sunshine,
    spreading its shoots over the garden;
¹⁷ it entwines its roots around a pile of rocks
    and looks for a place among the stones.
¹⁸ But when it is torn from its spot,
    that place disowns it and says, 'I never saw you.'

ᵃ7.20 Conforme alguns manuscritos do Texto Massorético, uma antiga tradição de escribas hebreus e a Septuaginta. A maioria dos manuscritos do Texto Massorético diz *para mim mesmo?*

ᵃ7:20 A few manuscripts of the Masoretic Text, an ancient Hebrew scribal tradition and Septuagint; most manuscripts of the Masoretic Text I have become a burden to myself. ᵇ8:14 The meaning of the Hebrew for this word is uncertain.

19 Esse é o fim da sua vida,
e do solo brotam outras plantas.

20 "Pois o certo é que
Deus não rejeita o íntegro,
e não fortalece as mãos
dos que fazem o mal.

21 Mas, quanto a você,
ele encherá de riso a sua boca
e de brados de alegria os seus lábios.

22 Seus inimigos
se vestirão de vergonha,
e as tendas dos ímpios
não mais existirão".

Jó

9 Então Jó respondeu:

2 "Bem sei que isso é verdade.
Mas como pode o mortal
ser justo diante de Deus?

3 Ainda que quisesse discutir com ele,
não conseguiria argumentar
nem uma vez em mil.

4 Sua sabedoria é profunda,
seu poder é imenso.
Quem tentou resistir -lhe e saiu ileso?

5 Ele transporta montanhas
sem que elas o saibam,
e em sua ira
as põe de cabeça para baixo.

6 Sacode a terra e a tira do lugar,
e faz suas colunas tremerem.

7 Fala com o sol, e ele não brilha;
ele veda e esconde a luz das estrelas.

8 Só ele estende os céus
e anda sobre as ondas do mar.

9 Ele é o Criador da Ursa e do Órion,
das Plêiades e das constelações do sul.

10 Realiza maravilhas
que não se pode perscrutar,
milagres incontáveis.

11 Quando passa por mim,
não posso vê-lo;
se passa junto de mim, não o percebo.

12 Se ele apanha algo,
quem pode pará-lo?
Quem pode dizer-lhe:
'O que fazes?'

13 Deus não refreia a sua ira;
até o séquito de Raabeᵃ encolheu-se
diante dos seus pés.

14 "Como então poderei eu
discutir com ele?
Como achar palavras
para com ele argumentar?

15 Embora inocente,
eu seria incapaz de responder-lhe;
poderia apenas implorar
misericórdia ao meu Juiz.

16 Mesmo que eu o chamasse
e ele me respondesse,
não creio que me daria ouvidos.

17 Ele me esmagaria
com uma tempestade
e sem motivo multiplicaria
minhas feridas.

18 Não me permitiria
recuperar o fôlego,

19 Surely its life withers away,
andᵃ from the soil other plants grow.

20 "Surely God does not reject a blameless man
or strengthen the hands of evildoers.

21 He will yet fill your mouth with laughter
and your lips with shouts of joy.

22 Your enemies will be clothed in shame,
and the tents of the wicked will be no more."

Job

9 Then Job replied:

2 "Indeed, I know that this is true.
But how can a mortal be righteous before God?

3 Though one wished to dispute with him,
he could not answer him one time out of a
thousand.

4 His wisdom is profound, his power is vast.
Who has resisted him and come out unscathed?

5 He moves mountains without their knowing it
and overturns them in his anger.

6 He shakes the earth from its place
and makes its pillars tremble.

7 He speaks to the sun and it does not shine;
he seals off the light of the stars.

8 He alone stretches out the heavens
and treads on the waves of the sea.

9 He is the Maker of the Bear and Orion,
the Pleiades and the constellations of the south.

10 He performs wonders that cannot be fathomed,
miracles that cannot be counted.

11 When he passes me, I cannot see him;
when he goes by, I cannot perceive him.

12 If he snatches away, who can stop him?
Who can say to him, 'What are you doing?'

13 God does not restrain his anger;
even the cohorts of Rahab cowered at his feet.

14 "How then can I dispute with him?
How can I find words to argue with him?

15 Though I were innocent, I could not answer him;
I could only plead with my Judge for mercy.

16 Even if I summoned him and he responded,
I do not believe he would give me a hearing.

17 He would crush me with a storm
and multiply my wounds for no reason.

18 He would not let me regain my breath

ᵃ9.13 Ou *até o mar*; ou ainda *até o séquito do Egito*

ᵃ8:19 Or *Surely all the joy it has* / *is that*

mas me engolfaria em agruras.

19 Recorrer à força?
Ele é mais poderoso!
Ao tribunal?
Quem o**ª** intimará?

20 Mesmo sendo eu inocente,
minha boca me condenaria;
se eu fosse íntegro,
ela me declararia culpado.

21 "Conquanto eu seja íntegro,
já não me importo comigo;
desprezo a minha própria vida.

22 É tudo a mesma coisa;
por isso digo:
Ele destrói tanto o íntegro
como o ímpio.

23 Quando um flagelo
causa morte repentina,
ele zomba do desespero dos inocentes.

24 Quando um país
cai nas mãos dos ímpios,
ele venda os olhos de seus juízes.
Se não é ele, quem é então?

25 "Meus dias correm
mais velozes que um atleta;
eles voam
sem um vislumbre de alegria.

26 Passam como barcos de papiro,
como águias que mergulham
sobre as presas.

27 Se eu disser:
Vou esquecer a minha queixa,
vou mudar o meu semblante e sorrir,

28 ainda assim me apavoro
com todos os meus sofrimentos,
pois sei que não me considerarás inocente.

29 Uma vez que já fui
considerado culpado,
por que deveria eu lutar em vão?

30 Mesmo que eu me lavasse
com sabão**ᵇ**
e limpasse as minhas mãos
com soda de lavadeira,

31 tu me atirarias num poço de lodo,
para que até as minhas roupas
me detestassem.

32 "Ele não é homem como eu,
para que eu lhe responda
e nos enfrentemos em juízo.

33 Se tão-somente houvesse alguém
para servir de árbitro entre nós,
para impor as mãos sobre nós dois,

34 alguém que afastasse de mim
a vara de Deus,
para que o seu terror
não mais me assustasse!

35 Então eu falaria sem medo;
mas não é esse o caso.

10 "Minha vida só me dá desgosto;
por isso darei vazão à minha queixa
e de alma amargurada me expressarei.

2 Direi a Deus: Não me condenes;
revela-me que acusações
tens contra mim.

---

but would overwhelm me with misery.

19 If it is a matter of strength, he is mighty!
And if it is a matter of justice, who will
summon him**ª**?

20 Even if I were innocent, my mouth would
condemn me;
if I were blameless, it would pronounce
me guilty.

21 "Although I am blameless,
I have no concern for myself;
I despise my own life.

22 It is all the same; that is why I say,
'He destroys both the blameless and the
wicked.'

23 When a scourge brings sudden death,
he mocks the despair of the innocent.

24 When a land falls into the hands of the wicked,
he blindfolds its judges.
If it is not he, then who is it?

25 "My days are swifter than a runner;
they fly away without a glimpse of joy.

26 They skim past like boats of papyrus,
like eagles swooping down on their prey.

27 If I say, 'I will forget my complaint,
I will change my expression, and smile,'

28 I still dread all my sufferings,
for I know you will not hold me innocent.

29 Since I am already found guilty,
why should I struggle in vain?

30 Even if I washed myself with soap**ᵇ**
and my hands with washing soda,

31 you would plunge me into a slime pit
so that even my clothes would detest me.

32 "He is not a man like me that I might
answer him,
that we might confront each other in court.

33 If only there were someone to arbitrate
between us,
to lay his hand upon us both,

34 someone to remove God's rod from me,
so that his terror would frighten me no
more.

35 Then I would speak up without fear of him,
but as it now stands with me, I cannot.

10 "I loathe my very life;
therefore I will give free rein to my
complaint
and speak out in the bitterness of my soul.

2 I will say to God: Do not condemn me,
but tell me what charges you have against me.

ª9.19 Conforme a Septuaginta. O Texto Massorético diz *me*. **ᵇ**9.30 Ou *neve*   **ª**9:19 See Septuagint; Hebrew me. **ᵇ**9:30 Or snow

3 Tens prazer em oprimir-me,
em rejeitar a obra de tuas mãos,
enquanto sorris
para o plano dos ímpios?
4 Acaso tens olhos de carne?
Enxergas como os mortais?
5 Teus dias são como
os de qualquer mortal?
Os anos de tua vida
são como os do homem?
6 Pois investigas a minha iniqüidade
e vasculhas o meu pecado,
7 embora saibas que não sou culpado
e que ninguém pode
livrar-me das tuas mãos.
8 "Foram as tuas mãos
que me formaram
e me fizeram.
Irás agora voltar-te e destruir-me?
9 Lembra-te de que me moldaste
como o barro;
e agora me farás voltar ao pó?
10 Acaso não me despejaste como leite
e não me coalhaste como queijo?
11 Não me vestiste de pele e carne
e não me juntaste
com ossos e tendões?
12 Deste-me vida e foste bondoso
para comigo,
e na tua providência
cuidaste do meu espírito.
13 "Mas algo escondeste
em teu coração,
e agora sei o que pensavas.
14 Se eu pecasse,
estarias me observando
e não deixarias sem punição
a minha ofensa.
15 Se eu fosse culpado, ai de mim!
Mesmo sendo inocente,
não posso erguer a cabeça,
pois estou dominado pela vergonha
e mergulhado naª minha aflição.
16 Se mantenho a cabeça erguida,
ficas à minha espreita como um leão,
e de novo manifestas contra mim
o teu poder tremendo.
17 Trazes novas testemunhas
contra mim
e contra mim aumentas a tua ira;
teus exércitos atacam-me
em batalhões sucessivos.
18 "Então, por que me fizeste
sair do ventre?
Eu preferia ter morrido
antes que alguém pudesse ver-me.
19 Se tão-somente
eu jamais tivesse existido,
ou fosse levado direto do ventre
para a sepultura!
20 Já estariam no fim
os meus poucos dias?
Afasta-te de mim, para que eu tenha
um instante de alegria,
21 antes que eu vá para o lugar
do qual não há retorno,
para a terra de sombras
e densas trevasᵇ,

3 Does it please you to oppress me,
to spurn the work of your hands,
while you smile on the schemes of the wicked?
4 Do you have eyes of flesh?
Do you see as a mortal sees?
5 Are your days like those of a mortal
or your years like those of a man,
6 that you must search out my faults
and probe after my sin—
7 though you know that I am not guilty
and that no one can rescue me from your hand?
8 "Your hands shaped me and made me.
Will you now turn and destroy me?
9 Remember that you molded me like clay.
Will you now turn me to dust again?
10 Did you not pour me out like milk
and curdle me like cheese,
11 clothe me with skin and flesh
and knit me together with bones and sinews?
12 You gave me life and showed me kindness,
and in your providence watched over my spirit.
13 "But this is what you concealed in your heart,
and I know that this was in your mind:
14 If I sinned, you would be watching me
and would not let my offense go unpunished.
15 If I am guilty—woe to me!
Even if I am innocent, I cannot lift my head,
for I am full of shame
and drowned inª my affliction.
16 If I hold my head high, you stalk me like a lion
and again display your awesome power against me.
17 You bring new witnesses against me
and increase your anger toward me;
your forces come against me wave upon wave.
18 "Why then did you bring me out of the womb?
I wish I had died before any eye saw me.
19 If only I had never come into being,
or had been carried straight from the womb
to the grave!
20 Are not my few days almost over?
Turn away from me so I can have a moment's joy
21 before I go to the place of no return,
to the land of gloom and deep shadow,ᵇ

ª**10.15** Ou *e consciente da* ᵇ**10.21** Ou *e trevas da morte*; também no versículo 22.   ª**10:15** Or *and aware of* ᵇ**10:21** Or *and the shadow of death*; also in verse 22

22 para a terra tenebrosa como a noite,
   terra de trevas e de caos,
   onde até mesmo a luz é escuridão".

Zofar

11
Então Zofar, de Naamate, respondeu:

2 "Ficarão sem resposta
todas essas palavras?
Irá confirmar-se
o que esse tagarela diz?

3 Sua conversa tola calará os homens?
Ninguém o repreenderá
por sua zombaria?

4 Você diz a Deus:
'A doutrina que eu aceito é perfeita,
e sou puro aos teus olhos'.

5 Ah, se Deus lhe falasse,
se abrisse os lábios contra você

6 e lhe revelasse
os segredos da sabedoria!
Pois a verdadeira sabedoria
é complexa.
Fique sabendo que Deus esqueceu
alguns dos seus pecados.

7 "Você consegue perscrutar
os mistérios de Deus?
Pode sondar os limites
do Todo-poderoso?

8 São mais altos que os céus!
O que você poderá fazer?
São mais profundos
que as profundezas[a]!
O que você poderá saber?

9 Seu comprimento
é maior que a terra
e a sua largura é maior que o mar.

10 "Se ele ordena uma prisão
e convoca o tribunal,
quem poderá opor-se?

11 Pois ele não identifica os enganadores
e não reconhece a iniqüidade
logo que a vê?

12 Mas o tolo só será sábio
quando a cria do jumento selvagem
nascer homem[b].

13 "Contudo, se você lhe consagrar
o coração
e estender as mãos para ele;

14 se afastar das suas mãos o pecado
e não permitir que a maldade
habite em sua tenda,

15 então você levantará o rosto
sem envergonhar-se;
será firme e destemido.

16 Você esquecerá as suas desgraças,
lembrando-as apenas
como águas passadas.

17 A vida será mais refulgente
que o meio-dia,
e as trevas serão
como a manhã em seu fulgor.

18 Você estará confiante,
graças à esperança que haverá;
olhará ao redor,
e repousará em segurança.

22 to the land of deepest night,
   of deep shadow and disorder,
   where even the light is like darkness."

Zophar

11
Then Zophar the Naamathite replied:

2 "Are all these words to go unanswered?
Is this talker to be vindicated?

3 Will your idle talk reduce men to silence?
Will no one rebuke you when you mock?

4 You say to God, 'My beliefs are flawless
and I am pure in your sight.'

5 Oh, how I wish that God would speak,
that he would open his lips against you

6 and disclose to you the secrets of wisdom,
for true wisdom has two sides.
Know this: God has even forgotten some of your sin.

7 "Can you fathom the mysteries of God?
Can you probe the limits of the Almighty?

8 They are higher than the heavens—what can you do?
They are deeper than the depths of the
grave[a]—what can you know?

9 Their measure is longer than the earth
and wider than the sea.

10 "If he comes along and confines you in prison
and convenes a court, who can oppose him?

11 Surely he recognizes deceitful men;
and when he sees evil, does he not take note?

12 But a witless man can no more become wise
than a wild donkey's colt can be born a man.[b]

13 "Yet if you devote your heart to him
and stretch out your hands to him,

14 if you put away the sin that is in your hand
and allow no evil to dwell in your tent,

15 then you will lift up your face without shame;
you will stand firm and without fear.

16 You will surely forget your trouble,
recalling it only as waters gone by.

17 Life will be brighter than noonday,
and darkness will become like morning.

18 You will be secure, because there is hope;
you will look about you and take your rest in safety.

---

[a]11.8 Hebraico: *Sheol*. Essa palavra também pode ser traduzida por sepultura, pó ou morte. [b]11.12 Ou *nascer domesticado*

[a]11:8 Hebrew than Sheol [b]11:12 Or wild donkey can be born tame

¹⁹ Você se deitará,
e ninguém lhe causará medo,
e muitos procurarão o seu favor.
²⁰ Mas os olhos dos ímpios fenecerão,
e em vão procurarão refúgio;
o suspiro da morte
será a esperança que terão".

12

Jó

Então Jó respondeu:

² "Sem dúvida vocês são o povo,
e a sabedoria morrerá com vocês!
³ Mas eu tenho a mesma capacidade
de pensar que vocês têm;
não sou inferior a vocês.
Quem não sabe dessas coisas?

⁴ "Tornei-me objeto de riso
para os meus amigos,
logo eu, que clamava a Deus
e ele me respondia,
eu, íntegro e irrepreensível,
um mero objeto de riso!
⁵ Quem está bem despreza a desgraça,
o destino daqueles
cujos pés escorregam.
⁶ As tendas dos saqueadores
não sofrem perturbação,
e aqueles que provocam a Deus
estão seguros,
aqueles que transportam o seu deus
em suas mãos.^a

⁷ "Pergunte, porém, aos animais,
e eles o ensinarão,
ou às aves do céu, e elas lhe contarão;
⁸ fale com a terra, e ela o instruirá,
deixe que os peixes do mar
o informem.
⁹ Quem de todos eles ignora
que a mão do Senhor fez isso?
¹⁰ Em sua mão
está a vida de cada criatura
e o fôlego de toda a humanidade.
¹¹ O ouvido não experimenta
as palavras
como a língua experimenta a comida?
¹² A sabedoria se acha entre os idosos?
A vida longa traz entendimento?

¹³ "Deus é que tem sabedoria e poder;
a ele pertencem o conselho
e o entendimento.
¹⁴ O que ele derruba
não se pode reconstruir;
quem ele aprisiona
ninguém pode libertar.
¹⁵ Se ele retém as águas,
predomina a seca;
se as solta, devastam a terra.
¹⁶ A ele pertencem a força
e a sabedoria;
tanto o enganado quanto o enganador
a ele pertencem.
¹⁷ Ele despoja e demite os conselheiros,
e faz os juízes de tolos.
¹⁸ Tira as algemas postas pelos reis,
e amarra uma faixa^b
em torno da cintura deles.

¹⁹ You will lie down, with no one to make you afraid,
and many will court your favor.
²⁰ But the eyes of the wicked will fail,
and escape will elude them;
their hope will become a dying gasp."

12

Job

Then Job replied:

² "Doubtless you are the people,
and wisdom will die with you!
³ But I have a mind as well as you;
I am not inferior to you.
Who does not know all these things?

⁴ "I have become a laughingstock to my friends,
though I called upon God and he answered—
a mere laughingstock, though righteous and
blameless!
⁵ Men at ease have contempt for misfortune
as the fate of those whose feet are slipping.
⁶ The tents of marauders are undisturbed,
and those who provoke God are secure—
those who carry their god in their hands.^a

⁷ "But ask the animals, and they will teach you,
or the birds of the air, and they will tell you;
⁸ or speak to the earth, and it will teach you,
or let the fish of the sea inform you.
⁹ Which of all these does not know
that the hand of the Lord has done this?
¹⁰ In his hand is the life of every creature
and the breath of all mankind.
¹¹ Does not the ear test words
as the tongue tastes food?
¹² Is not wisdom found among the aged?
Does not long life bring understanding?

¹³ "To God belong wisdom and power;
counsel and understanding are his.
¹⁴ What he tears down cannot be rebuilt;
the man he imprisons cannot be released.
¹⁵ If he holds back the waters, there is drought;
if he lets them loose, they devastate the land.
¹⁶ To him belong strength and victory;
both deceived and deceiver are his.
¹⁷ He leads counselors away stripped
and makes fools of judges.
¹⁸ He takes off the shackles put on by kings
and ties a loincloth^b around their waist.

---

^a12.6 Ou *seguros naquilo que a mão de Deus lhes traz.* ^b12.18 Ou *algemas de reis e amarra um cinto*

^a12:6 Or secure / in what God's hand brings them ^b12:18 Or shackles of kings / and ties a belt

19 Despoja e demite os sacerdotes,
e arruína os homens de sólida posição.
20 Cala os lábios
dos conselheiros de confiança,
e tira o discernimento dos anciãos.
21 Derrama desprezo sobre os nobres,
e desarma os poderosos.
22 Revela coisas profundas das trevas,
e traz à luz densas sombras.
23 Dá grandeza às nações, e as destrói;
faz crescer as nações, e as dispersa.
24 Priva da razão os líderes da terra,
e os envia a perambular
num deserto sem caminhos.
25 Andam tateando nas trevas,
sem nenhuma luz;
ele os faz cambalear como bêbados.

13 "Meus olhos viram tudo isso,
meus ouvidos o ouviram
e entenderam.
2 O que vocês sabem, eu também sei;
não sou inferior a vocês.
3 Mas desejo falar ao Todo-poderoso
e defender a minha causa
diante de Deus.
4 Vocês, porém, me difamam
com mentiras;
todos vocês são médicos
que de nada valem!
5 Se tão-somente ficassem calados,
mostrariam sabedoria.
6 Escutem agora o meu argumento;
prestem atenção à réplica
de meus lábios.
7 Vocês vão falar com maldade
em nome de Deus?
Vão falar enganosamente a favor dele?
8 Vão revelar parcialidade por ele?
Vão defender a causa a favor de Deus?
9 Tudo iria bem se ele os examinasse?
Vocês conseguiriam enganá-lo
como podem enganar os homens?
10 Com certeza ele os repreenderia
se, no íntimo, vocês fossem parciais.
11 O esplendor dele
não os aterrorizaria?
O pavor dele não cairia sobre vocês?
12 As máximas que vocês citam
são provérbios de cinza;
suas defesas não passam de barro.
13 "Aquietem-se e deixem-me falar,
e aconteça comigo o que acontecer.
14 Por que me ponho em perigo
e tomo a minha vida
em minhas mãos?
15 Embora ele me mate,
ainda assim esperarei nele;
certo é que defenderei[a]
os meus caminhos diante dele.
16 Aliás, será essa a minha libertação,
pois nenhum ímpio ousaria
apresentar-se a ele!
17 Escutem atentamente
as minhas palavras;
que os seus ouvidos
acolham o que eu digo.

19 He leads priests away stripped
and overthrows men long established.
20 He silences the lips of trusted advisers
and takes away the discernment of elders.
21 He pours contempt on nobles
and disarms the mighty.
22 He reveals the deep things of darkness
and brings deep shadows into the light.
23 He makes nations great, and destroys them;
he enlarges nations, and disperses them.
24 He deprives the leaders of the earth of their reason;
he sends them wandering through a trackless waste.
25 They grope in darkness with no light;
he makes them stagger like drunkards.

13 "My eyes have seen all this,
my ears have heard and understood it.
2 What you know, I also know;
I am not inferior to you.
3 But I desire to speak to the Almighty
and to argue my case with God.
4 You, however, smear me with lies;
you are worthless physicians, all of you!
5 If only you would be altogether silent!
For you, that would be wisdom.
6 Hear now my argument;
listen to the plea of my lips.
7 Will you speak wickedly on God's behalf?
Will you speak deceitfully for him?
8 Will you show him partiality?
Will you argue the case for God?
9 Would it turn out well if he examined you?
Could you deceive him as you might deceive men?
10 He would surely rebuke you
if you secretly showed partiality.
11 Would not his splendor terrify you?
Would not the dread of him fall on you?
12 Your maxims are proverbs of ashes;
your defenses are defenses of clay.
13 "Keep silent and let me speak;
then let come to me what may.
14 Why do I put myself in jeopardy
and take my life in my hands?
15 Though he slay me, yet will I hope in him;[a]
I will surely defend my ways to his face.
16 Indeed, this will turn out for my deliverance,
for no godless man would dare come before him!
17 Listen carefully to my words;
let your ears take in what I say.

---

[a]**13.15** Ou *Certamente ele me matará; não tenho esperança; ainda assim defenderei*

[a]**13:15** Or *He will surely slay me; I have no hope — / yet I will*

18 Agora que preparei a minha defesa,
    sei que serei justificado.
19 Haverá quem me acuse?
    Se houver, ficarei calado e morrerei.

20 "Concede-me
    só estas duas coisas, ó Deus,
  e não me esconderei de ti:
21 Afasta de mim a tua mão,
    e não mais me assustes
      com os teus terrores.
22 Chama-me, e eu responderei,
    ou deixa-me falar, e tu responderás.
23 Quantos erros e pecados cometi?
    Mostra-me a minha falta
      e o meu pecado.
24 Por que escondes o teu rosto
    e me consideras teu inimigo?
25 Atormentarás uma folha
    levada pelo vento?
  Perseguirás a palha?
26 Pois fazes constar contra mim
      coisas amargas
  e me fazes herdar os pecados
      da minha juventude.
27 Acorrentas os meus pés
    e vigias todos os meus caminhos,
      pondo limites aos meus passos.

28 "Assim o homem se consome
    como coisa podre,
  como a roupa que a traça vai roendo.

14 "O homem nascido de mulher
    vive pouco tempo
  e passa por muitas dificuldades.
2 Brota como a flor e murcha.
    Vai-se como a sombra passageira;
      não dura muito.
3 Fixas o olhar num homem desses?
    E oª trarás à tua presença
      para julgamento?
4 Quem pode extrair algo puro da impureza?
    Ninguém!
5 Os dias do homem
    estão determinados;
  tu decretaste o número de seus meses
  e estabeleceste limites
    que ele não pode ultrapassar.
6 Por isso desvia dele o teu olhar,
    e deixa-o,
  até que ele cumpra o seu tempo
    como o trabalhador contratado.

7 "Para a árvore
    pelo menos há esperança:
  se é cortada, torna a brotar,
  e os seus renovos vingam.
8 Suas raízes poderão envelhecer
    no solo
  e seu tronco morrer no chão;
9 ainda assim, com o cheiro de água
    ela brotará
  e dará ramos como se fosse
    muda plantada.
10 Mas o homem morre,
    e morto permanece;
  dá o último suspiro e deixa de existir.

18 Now that I have prepared my case,
    I know I will be vindicated.
19 Can anyone bring charges against me?
    If so, I will be silent and die.

20 "Only grant me these two things, O God,
    and then I will not hide from you:
21 Withdraw your hand far from me,
    and stop frightening me with your terrors.
22 Then summon me and I will answer,
    or let me speak, and you reply.
23 How many wrongs and sins have I committed?
    Show me my offense and my sin.
24 Why do you hide your face
    and consider me your enemy?
25 Will you torment a windblown leaf?
    Will you chase after dry chaff?
26 For you write down bitter things against me
    and make me inherit the sins of my youth.
27 You fasten my feet in shackles;
    you keep close watch on all my paths
    by putting marks on the soles of my feet.

28 "So man wastes away like something rotten,
    like a garment eaten by moths.

14 "Man born of woman
    is of few days and full of trouble.
2 He springs up like a flower and withers away;
    like a fleeting shadow, he does not endure.
3 Do you fix your eye on such a one?
    Will you bring himª before you for judgment?
4 Who can bring what is pure from the impure?
    No one!
5 Man's days are determined;
    you have decreed the number of his months
    and have set limits he cannot exceed.
6 So look away from him and let him alone,
    till he has put in his time like a hired man.

7 "At least there is hope for a tree:
    If it is cut down, it will sprout again,
    and its new shoots will not fail.
8 Its roots may grow old in the ground
    and its stump die in the soil,
9 yet at the scent of water it will bud
    and put forth shoots like a plant.
10 But man dies and is laid low;
    he breathes his last and is no more.

ª14.3 Conforme a Septuaginta, a Vulgata e a Versão Siríaca. O Texto Massorético diz *me*.

ª14:3 Septuagint, Vulgate and Syriac; Hebrew *me*

11 Assim como a água do mar evapora
    e o leito do rio perde as águas e seca,
12 assim o homem se deita
    e não se levanta;
até quando os céus já não existirem,
    os homens não acordarão
e não serão despertados do seu sono.
13 "Se tão-somente me escondesses
    na sepultura^a
e me ocultasses até passar a tua ira!
Se tão-somente me impusesses
    um prazo
e depois te lembrasses de mim!
14 Quando um homem morre,
    acaso tornará a viver?
Durante todos os dias
    do meu árduo labor
esperarei pela minha dispensa^b.
15 Chamarás, e eu te responderei;
terás anelo pela criatura
    que as tuas mãos fizeram.
16 Por certo contarás então
    os meus passos,
mas não tomarás conhecimento
    do meu pecado.
17 Minhas faltas serão encerradas
    num saco;
tu esconderás a minha iniquidade.
18 "Mas, assim como a montanha
    sofre erosão e se desmorona,
e a rocha muda de lugar;
19 e assim como a água desgasta
    as pedras
e as torrentes arrastam terra,
assim destróis a esperança do homem.
20 Tu o subjugas de uma vez por todas,
    e ele se vai;
alteras a sua fisionomia,
    e o mandas embora.
21 Se honram os seus filhos,
    ele não fica sabendo;
se os humilham, ele não o vê.
22 Só sente a dor do seu próprio corpo;
    só pranteia por si mesmo".

Elifaz

15 Então Elifaz, de Temã,
respondeu:

2 "Responderia o sábio com idéias vãs,
ou encheria o estômago com o vento?
3 Argumentaria
    com palavras inúteis,
com discursos sem valor?
4 Mas você sufoca a piedade
e diminui a devoção a Deus.
5 O seu pecado motiva a sua boca;
você adota a linguagem dos astutos.
6 É a sua própria boca que o condena,
    e não a minha;
os seus próprios lábios
    depõem contra você.

7 "Será que você foi o primeiro a nascer?
Acaso foi gerado antes das colinas?
8 Você costuma ouvir
o conselho secreto de Deus?

11 As water disappears from the sea
    or a riverbed becomes parched and dry,
12 so man lies down and does not rise;
    till the heavens are no more, men will not awake
    or be roused from their sleep.
13 "If only you would hide me in the grave^a
    and conceal me till your anger has passed!
If only you would set me a time
    and then remember me!
14 If a man dies, will he live again?
    All the days of my hard service
    I will wait for my renewal^b to come.
15 You will call and I will answer you;
    you will long for the creature your hands have made.
16 Surely then you will count my steps
    but not keep track of my sin.
17 My offenses will be sealed up in a bag;
    you will cover over my sin.
18 "But as a mountain erodes and crumbles
    and as a rock is moved from its place,
19 as water wears away stones
    and torrents wash away the soil,
    so you destroy man's hope.
20 You overpower him once for all, and he is gone;
    you change his countenance and send him away.
21 If his sons are honored, he does not know it;
    if they are brought low, he does not see it.
22 He feels but the pain of his own body
    and mourns only for himself."

Eliphaz

15 Then Eliphaz the Temanite replied:
2 "Would a wise man answer with empty notions
    or fill his belly with the hot east wind?
3 Would he argue with useless words,
    with speeches that have no value?
4 But you even undermine piety
    and hinder devotion to God.
5 Your sin prompts your mouth;
    you adopt the tongue of the crafty.
6 Your own mouth condemns you, not mine;
    your own lips testify against you.

7 "Are you the first man ever born?
    Were you brought forth before the hills?
8 Do you listen in on God's council?

Só a você pertence a sabedoria?
⁹ O que você sabe,
    que nós não sabemos?
Que compreensão tem você,
    que nós não temos?
¹⁰ Temos do nosso lado
    homens de cabelos brancos,
muito mais velhos
    que o seu pai.
¹¹ Não lhe bastam
    as consolações divinas
e as nossas palavras amáveis?
¹² Por que você se deixa levar
    pelo coração,
e por que esse brilho nos seus olhos?
¹³ Pois contra Deus é que você
    dirige a sua ira
e despeja da sua boca essas palavras!

¹⁴ "Como o homem pode ser puro?
Como pode ser justo
    quem nasce de mulher?
¹⁵ Pois se nem nos seus santos
    Deus confia,
e se nem os céus são puros
    aos seus olhos,
¹⁶ quanto menos o homem,
    que é impuro e corrupto,
e que bebe iniqüidade como água.

¹⁷ "Escute-me, e eu lhe explicarei;
    vou dizer-lhe o que vi,
¹⁸ o que os sábios declaram
sem esconder o que receberam
    dos seus pais,
¹⁹ a quem foi dada a terra,
    e a mais ninguém;
nenhum estrangeiro passou
    entre eles:
²⁰ O ímpio sofre tormentos
    a vida toda,
como também o homem cruel,
nos poucos anos
    que lhe são reservados.
²¹ Só ouve ruídos aterrorizantes;
quando se sente em paz,
    ladrões o atacam.
²² Não tem esperança
    de escapar das trevas;
sente-se destinado ao fio da espada.
²³ Fica perambulando;
    é comida para os abutres;[a]
sabe muito bem que logo
    virão sobre ele as trevas.
²⁴ A aflição e a angústia
    o apavoram e o dominam
como um rei pronto para atacar,
²⁵ porque agitou os punhos
    contra Deus,
e desafiou o Todo-poderoso,
²⁶ afrontando-o com arrogância,
    com um escudo grosso e resistente.

²⁷ "Apesar de ter o rosto
    coberto de gordura
e a cintura estufada de carne,
²⁸ habitará em cidades
    prestes a arruinar-se,
em casas inabitáveis,
    caindo aos pedaços.

Do you limit wisdom to yourself?
⁹ What do you know that we do not know?
    What insights do you have that we do not have?
¹⁰ The gray-haired and the aged are on our side,
    men even older than your father.
¹¹ Are God's consolations not enough for you,
    words spoken gently to you?
¹² Why has your heart carried you away,
    and why do your eyes flash,
¹³ so that you vent your rage against God
    and pour out such words from your mouth?

¹⁴ "What is man, that he could be pure,
    or one born of woman, that he could be righteous?
¹⁵ If God places no trust in his holy ones,
    if even the heavens are not pure in his eyes,
¹⁶ how much less man, who is vile and corrupt,
    who drinks up evil like water!

¹⁷ "Listen to me and I will explain to you;
    let me tell you what I have seen,
¹⁸ what wise men have declared,
    hiding nothing received from their fathers
¹⁹ (to whom alone the land was given
    when no alien passed among them):
²⁰ All his days the wicked man suffers torment,
    the ruthless through all the years stored up for him.
²¹ Terrifying sounds fill his ears;
    when all seems well, marauders attack him.
²² He despairs of escaping the darkness;
    he is marked for the sword.
²³ He wanders about—food for vultures[a];
    he knows the day of darkness is at hand.
²⁴ Distress and anguish fill him with terror;
    they overwhelm him, like a king poised to attack,
²⁵ because he shakes his fist at God
    and vaunts himself against the Almighty,
²⁶ defiantly charging against him
    with a thick, strong shield.

²⁷ "Though his face is covered with fat
    and his waist bulges with flesh,
²⁸ he will inhabit ruined towns
    and houses where no one lives,
    houses crumbling to rubble.

---

[a]15.23 Ou *Fica perambulando em busca de pão;*

[a]15:23 Or *about, looking for food*

29 Nunca mais será rico;
sua riqueza não durará,
e os seus bens
não se propagarão pela terra.
30 Não poderá escapar das trevas;
o fogo chamuscará os seus renovos,
e o sopro da boca de Deus
o arrebatará.
31 Que ele não se iluda em confiar
no que não tem valor,
pois nada receberá
como compensação.
32 Terá completa paga
antes do tempo,
e os seus ramos não florescerão.
33 Será como a vinha despojada
de suas uvas verdes,
como a oliveira que perdeu
a sua floração.
34 pois o companheirismo dos ímpios
nada lhe trará,
e o fogo devorará as tendas
dos que gostam de subornar.
35 Eles concebem maldade
e dão à luz a iniqüidade;
seu ventre gera engano".

Jó

16 Então Jó respondeu:

2 "Já ouvi muitas palavras como essas.
Pobres consoladores são vocês todos!
3 Esses discursos inúteis
nunca terminarão?
E você, o que o leva a continuar
discutindo?
4 Bem que eu poderia falar
como vocês,
se estivessem em meu lugar;
eu poderia condená-los
com belos discursos,
e menear a cabeça contra vocês.
5 Mas a minha boca
procuraria encorajá-los;
a consolação dos meus lábios
lhes daria alívio.

6 "Contudo, se falo,
a minha dor não se alivia;
se me calo, ela não desaparece.
7 Sem dúvida, ó Deus,
tu me esgotaste as forças;
deste fim a toda a minha família.
8 Tu me deixaste deprimido,
o que é uma testemunha disso;
a minha magreza se levanta
e depõe contra mim.
9 Deus, em sua ira, ataca-me
e faz-me em pedaços,
e range os dentes contra mim;
meus inimigos fitam-me
com olhar ferino.
10 Os homens abrem sua boca
contra mim,
esmurram meu rosto com zombaria
e se unem contra mim.
11 Deus fez-me cair
nas mãos dos ímpios
e atirou-me nas garras dos maus.
12 Eu estava tranqüilo,
mas ele me arrebentou;

29 He will no longer be rich and his wealth will
not endure,
nor will his possessions spread over the land.
30 He will not escape the darkness;
a flame will wither his shoots,
and the breath of God's mouth will carry him away.
31 Let him not deceive himself by trusting what is
worthless,
for he will get nothing in return.
32 Before his time he will be paid in full,
and his branches will not flourish.
33 He will be like a vine stripped of its unripe grapes,
like an olive tree shedding its blossoms.
34 For the company of the godless will be barren,
and fire will consume the tents of those who
love bribes.
35 They conceive trouble and give birth to evil;
their womb fashions deceit."

Job

16 Then Job replied:

"I have heard many things like these;
miserable comforters are you all!
3 Will your long-winded speeches never end?
What ails you that you keep on arguing?
4 I also could speak like you,
if you were in my place;
I could make fine speeches against you
and shake my head at you.
5 But my mouth would encourage you;
comfort from my lips would bring you relief.

6 "Yet if I speak, my pain is not relieved;
and if I refrain, it does not go away.
7 Surely, O God, you have worn me out;
you have devastated my entire household.
8 You have bound me—and it has become a witness;
my gauntness rises up and testifies against me.
9 God assails me and tears me in his anger
and gnashes his teeth at me;
my opponent fastens on me his piercing eyes.
10 Men open their mouths to jeer at me;
they strike my cheek in scorn
and unite together against me.
11 God has turned me over to evil men
and thrown me into the clutches of the wicked.
12 All was well with me, but he shattered me;

agarrou-me pelo pescoço
e esmagou-me.
Fez de mim o seu alvo;
13 seus flecheiros me cercam.
Ele traspassou sem dó os meus rins
e derramou na terra a minha bílis.
14 Lança-se sobre mim uma e outra vez;
ataca-me como um guerreiro.

15 "Costurei veste de lamento
sobre a minha pele
e enterrei a minha testa no pó.
16 Meu rosto está rubro
de tanto eu chorar,
e sombras densas
circundam os meus olhos,
17 apesar de não haver violência
em minhas mãos
e de ser pura a minha oração.

18 "Ó terra, não cubra o meu sangue!
Não haja lugar de repouso
para o meu clamor!
19 Saibam que agora mesmo
a minha testemunha está nos céus;
nas alturas está o meu advogado.
20 O meu intercessor é meu amigo,ª
quando diante de Deus
correm lágrimas dos meus olhos;
21 ele defende a causa do homem
perante Deus,
como quem defende
a causa de um amigo.
22 "Pois mais alguns anos apenas,
e farei a viagem sem retorno.

17 "Meu espírito está quebrantado,
os meus dias se encurtam,
a sepultura me espera.
2 A verdade é que
zombadores me rodeiam,
e tenho que ficar olhando
a sua hostilidade.
3 "Dá-me, ó Deus,
a garantia que exiges.
Quem, senão tu, me dará segurança?
4 Fechaste as mentes deles
para o entendimento,
e com isso não os deixarás triunfar.
5 Se alguém denunciar os seus amigos
por recompensa,
os olhos dos filhos dele fraquejarão,
6 "mas de mim Deus fez
um provérbio para todos,
um homem em cujo rosto
os outros cospem.
7 Meus olhos se turvaram de tristeza;
o meu corpo não passa
de uma sombra.
8 Os íntegros ficam atônitos
em face disso,
e os inocentes se levantam
contra os ímpios.
9 Mas os justos se manterão firmes
em seus caminhos,
e os homens de mãos puras se tornarão
cada vez mais fortes.

he seized me by the neck and crushed me.
He has made me his target;
13 his archers surround me.
Without pity, he pierces my kidneys
and spills my gall on the ground.
14 Again and again he bursts upon me;
he rushes at me like a warrior.

15 "I have sewed sackcloth over my skin
and buried my brow in the dust.
16 My face is red with weeping,
deep shadows ring my eyes;
17 yet my hands have been free of violence
and my prayer is pure.

18 "O earth, do not cover my blood;
may my cry never be laid to rest!
19 Even now my witness is in heaven;
my advocate is on high.
20 My intercessor is my friendª
as my eyes pour out tears to God;
21 on behalf of a man he pleads with God
as a man pleads for his friend.

22 "Only a few years will pass
before I go on the journey of no return.

17 My spirit is broken,
my days are cut short,
the grave awaits me.
2 Surely mockers surround me;
my eyes must dwell on their hostility.

3 "Give me, O God, the pledge you demand.
Who else will put up security for me?
4 You have closed their minds to understanding;
therefore you will not let them triumph.
5 If a man denounces his friends for reward,
the eyes of his children will fail.

6 "God has made me a byword to everyone,
a man in whose face people spit.
7 My eyes have grown dim with grief;
my whole frame is but a shadow.
8 Upright men are appalled at this;
the innocent are aroused against the ungodly.
9 Nevertheless, the righteous will hold to their ways,
and those with clean hands will grow stronger.

ª16.20 Ou *Meus amigos zombam de mim,*

ª16:20 Or My friends treat me with scorn

10 "Venham, porém, vocês todos,
    e façam nova tentativa!
Não acharei nenhum sábio
    entre vocês.
11 Foram-se os meus dias,
    os meus planos fracassaram,
como também
    os desejos do meu coração.
12 Andam querendo tornar a noite
    em dia;
ante a aproximação das trevas dizem:
    'Vem chegando a luz'.
13 Ora, se o único lar pelo qual espero
    é a sepultura[a],
se estendo a minha cama nas trevas,
14 se digo à corrupção mortal:
    Você é o meu pai,
e se aos vermes digo:
    Vocês são minha mãe e minha irmã,
15 onde está então
    minha esperança?
Quem poderá ver
    alguma esperança para mim?
16 Descerá ela às portas do Sheol?
    Desceremos juntos ao pó?"

Bildade

18 Então Bildade, de Suá, respondeu:

2 "Quando você vai parar de falar?
    Proceda com sensatez,
e depois poderemos conversar.
3 Por que somos considerados
    como animais,
e somos ignorantes aos seus olhos?
4 Ah, você, que se dilacera de ira!
Deve-se abandonar a terra
    por sua causa?
Ou devem as rochas mudar de lugar?

5 "A lâmpada do ímpio se apaga,
    e a chama do seu fogo se extingue.
6 Na sua tenda a luz se escurece;
    a lâmpada de sua vida se apaga.
7 O vigor dos seus passos
    se enfraquece,
e os seus próprios planos
    o lançam por terra.
8 Por seus próprios pés
    você se prende na rede,
e se perde na sua malha.
9 A armadilha o pega pelo calcanhar;
    o laço o prende firme.
10 O nó corredio está escondido na terra
    para pegá-lo,
há uma armadilha em seu caminho.
11 Terrores de todos os lados
    o assustam
e o perseguem
    em todos os seus passos.
12 A calamidade tem fome de alcançá-lo;
    a desgraça está à espera
    de sua queda
13 e consome partes da sua pele;
    o primogênito da morte
    devora os membros do seu corpo.
14 Ele é arrancado da segurança
    de sua tenda,

10 "But come on, all of you, try again!
    I will not find a wise man among you.
11 My days have passed, my plans are shattered,
    and so are the desires of my heart.
12 These men turn night into day;
    in the face of darkness they say, 'Light is near.'
13 If the only home I hope for is the grave,[a]
    if I spread out my bed in darkness,
14 if I say to corruption, 'You are my father,'
    and to the worm, 'My mother' or 'My sister,'
15 where then is my hope?
    Who can see any hope for me?
16 Will it go down to the gates of death[b]?
    Will we descend together into the dust?"

Bildad

18 Then Bildad the Shuhite replied:

"When will you end these speeches?
    Be sensible, and then we can talk.
3 Why are we regarded as cattle
    and considered stupid in your sight?
4 You who tear yourself to pieces in your anger,
    is the earth to be abandoned for your sake?
    Or must the rocks be moved from their place?

5 "The lamp of the wicked is snuffed out;
    the flame of his fire stops burning.
6 The light in his tent becomes dark;
    the lamp beside him goes out.
7 The vigor of his step is weakened;
    his own schemes throw him down.
8 His feet thrust him into a net
    and he wanders into its mesh.
9 A trap seizes him by the heel;
    a snare holds him fast.
10 A noose is hidden for him on the ground;
    a trap lies in his path.
11 Terrors startle him on every side
    and dog his every step.
12 Calamity is hungry for him;
    disaster is ready for him when he falls.
13 It eats away parts of his skin;
    death's firstborn devours his limbs.
14 He is torn from the security of his tent

---

e o levam à força ao rei dos terrores.

15 O fogo mora na tenda dele;ª
espalham enxofre ardente
  sobre a sua habitação.
16 Suas raízes secam-se embaixo,
e seus ramos murcham em cima.
17 Sua lembrança desaparece da terra,
e nome não tem, em parte alguma.
18 É lançado da luz para as trevas;
é banido do mundo.
19 Não tem filhos nem descendentes
  entre o seu povo,
nem lhe restou sobrevivente algum
  nos lugares onde antes vivia.
20 Os homens do ocidente assustam-se
  com a sua ruína,
e os do oriente enchem-se de pavor.
21 É assim a habitação do perverso;
essa é a situação de quem
  não conhece a Deus".

Jó

19 Então Jó respondeu:

2 "Até quando vocês continuarão
  a atormentar-me,
e a esmagar-me com palavras?
3 Vocês já me repreenderam dez vezes;
não se envergonham de agredir-me!
4 Se é verdade que me desviei,
meu erro só interessa a mim.
5 Se de fato vocês se exaltam
  acima de mim
e usam contra mim
  a minha humilhação,
6 saibam que foi Deus
  que me tratou mal
e me envolveu em sua rede.

7 "Se grito: É injustiça!
  Não obtenho resposta;
clamo por socorro,
  todavia não há justiça.
8 Ele bloqueou o meu caminho,
  e não consigo passar;
cobriu de trevas as minhas veredas.
9 Despiu-me da minha honra
e tirou a coroa de minha cabeça.
10 Ele me arrasa por todos os lados
  enquanto eu não me vou;
desarraiga a minha esperança
  como se arranca uma planta.
11 Sua ira acendeu-se contra mim;
ele me vê como inimigo.
12 Suas tropas avançam poderosamente;
cercam-me e acampam
  ao redor da minha tenda.

13 "Ele afastou de mim
  os meus irmãos;
até os meus conhecidos
  estão longe de mim.
14 Os meus parentes me abandonaram
e os meus amigos
  esqueceram-se de mim.
15 Os meus hóspedes
  e as minhas servas
  consideram-me estrangeiro;
vêem-me como um estranho.

and marched off to the king of terrors.

15 Fire residesª in his tent;
burning sulfur is scattered over his dwelling.
16 His roots dry up below
and his branches wither above.
17 The memory of him perishes from the earth;
he has no name in the land.
18 He is driven from light into darkness
and is banished from the world.
19 He has no offspring or descendants among his people,
no survivor where once he lived.
20 Men of the west are appalled at his fate;
men of the east are seized with horror.
21 Surely such is the dwelling of an evil man;
such is the place of one who knows not God."

Job

19 Then Job replied:

2 "How long will you torment me
and crush me with words?
3 Ten times now you have reproached me;
shamelessly you attack me.
4 If it is true that I have gone astray,
my error remains my concern alone.
5 If indeed you would exalt yourselves above me
and use my humiliation against me,
6 then know that God has wronged me
and drawn his net around me.

7 "Though I cry, 'I've been wronged!' I get no
  response;
though I call for help, there is no justice.
8 He has blocked my way so I cannot pass;
he has shrouded my paths in darkness.
9 He has stripped me of my honor
and removed the crown from my head.
10 He tears me down on every side till I am gone;
he uproots my hope like a tree.
11 His anger burns against me;
he counts me among his enemies.
12 His troops advance in force;
they build a siege ramp against me
and encamp around my tent.

13 "He has alienated my brothers from me;
my acquaintances are completely estranged
  from me.
14 My kinsmen have gone away;
my friends have forgotten me.
15 My guests and my maidservants count me
  a stranger;
they look upon me as an alien.

ª18.15 Ou *Nada do que ele possuía permanece*;

ª18:15 Or *Nothing he had remains*

16 Chamo o meu servo,
    mas ele não me responde,
    ainda que eu lhe implore
        pessoalmente.
17 Minha mulher acha repugnante
    o meu hálito;
    meus próprios irmãos
    têm nojo de mim.
18 Até os meninos zombam de mim
    e dão risada quando apareço.
19 Todos os meus amigos chegados
    me detestam;
    aqueles a quem amo
    voltaram-se contra mim.
20 Não passo de pele e ossos;
    escapei só com a pele
        dos meus dentes[a].

21 "Misericórdia, meus amigos!
      Misericórdia!
    Pois a mão de Deus me feriu.
22 Por que vocês me perseguem
    como Deus o faz?
    Nunca irão saciar-se da minha carne?

23 "Quem dera as minhas palavras
      fossem registradas!
    Quem dera fossem escritas num livro,
24 fossem talhadas a ferro no chumbo[b],
    ou gravadas para sempre na rocha!
25 Eu sei que o meu Redentor vive,
    e que no fim se levantará
        sobre a terra[c].
26 E depois que o meu corpo
    estiver destruído[d] e sem[e] carne,
    verei a Deus.
27 Eu o verei
    com os meus próprios olhos;
    eu mesmo, e não outro!
    Como anseia no meu peito o coração!

28 "Se vocês disserem:
    'Vejamos como vamos persegui-lo,
    pois a raiz do problema está nele[f]',
29 melhor será que temam a espada,
    porquanto por meio dela
        a ira lhes trará castigo,
    e então vocês saberão
        que há julgamento[g]".

Zofar

20 Então Zofar, de Naamate, respondeu:

2 "Agitam-se os meus pensamentos
    e levam-me a responder
    porque estou profundamente
        perturbado.
3 Ouvi uma repreensão
    que me desonra,
    e o meu entendimento
    faz-me contestar.

4 "Certamente você sabe
    que sempre foi assim,
    desde a antiguidade;
    desde que o homem[h] foi posto na terra,

16 I summon my servant, but he does not answer,
    though I beg him with my own mouth.
17 My breath is offensive to my wife;
    I am loathsome to my own brothers.
18 Even the little boys scorn me;
    when I appear, they ridicule me.
19 All my intimate friends detest me;
    those I love have turned against me.
20 I am nothing but skin and bones;
    I have escaped with only the skin of my teeth.[a]

21 "Have pity on me, my friends, have pity,
    for the hand of God has struck me.
22 Why do you pursue me as God does?
    Will you never get enough of my flesh?

23 "Oh, that my words were recorded,
    that they were written on a scroll,
24 that they were inscribed with an iron tool
        on[b] lead,
    or engraved in rock forever!
25 I know that my Redeemer[c] lives,
    and that in the end he will stand upon the
        earth.[d]
26 And after my skin has been destroyed,
    yet[e] in[f] my flesh I will see God;
27 I myself will see him
    with my own eyes—I, and not another.
    How my heart yearns within me!

28 "If you say, 'How we will hound him,
    since the root of the trouble lies in him,[g]'
29 you should fear the sword yourselves;
    for wrath will bring punishment by the sword,
    and then you will know that there is
        judgment.[h]"

Zophar

20 Then Zophar the Naamathite replied:

"My troubled thoughts prompt me to answer
    because I am greatly disturbed.
3 I hear a rebuke that dishonors me,
    and my understanding inspires me to reply.

4 "Surely you know how it has been from of old,
    ever since man[i] was placed on the earth,

[a]19.20 Ou *apenas com minha gengiva* [b]19.24 Ou *talhadas com ferramenta de ferro e chumbo* [c]19.25 Ou *sobre o meu túmulo* [d]19.26 Ou *E, depois de eu despertar, embora este corpo tenha sido destruído* [e]19.26 Ou *fora da* [f]19.28 Conforme muitos manuscritos do Texto Massorético, a Septuaginta e a Vulgata. A maioria dos manuscritos do Texto Massorético diz *em mim.* [g]19.29 Ou *vocês poderão vir a conhecer o Todo-poderoso* [h]20.4 Ou *Adão*

[a]19:20 Or *only my gums* [b]19:24 Or *and* [c]19:25 Or *defender* [d]19:25 Or *Upon my grave* [e]19:26 Or *And after I awake, / though this body has been destroyed, / then* [f]19:26 Or / *apart from* [g]19:28 Many Hebrew manuscripts, Septuagint and Vulgate; most Hebrew manuscripts *me* [h]19:29 Or / *that you may come to know the Almighty* [i]20:4 Or *Adam*

5 o riso dos maus é passageiro,
e a alegria dos ímpios
dura apenas um instante.

6 Mesmo que o seu orgulho
chegue aos céus
e a sua cabeça toque as nuvens,

7 ele perecerá para sempre,
como o seu próprio excremento;
os que o tinham visto perguntarão:
'Onde ele foi parar?'

8 Ele voa e vai-se como um sonho,
para nunca mais ser encontrado,
banido como uma visão noturna.

9 O olho que o viu não o verá mais,
nem o seu lugar o tornará a ver.

10 Seus filhos terão que indenizar
os pobres;
ele próprio, com suas mãos,
terá que refazer sua riqueza.

11 O vigor juvenil que enche
os seus ossos
jazerá com ele no pó.

12 "Mesmo que o mal seja doce
em sua boca
e ele o esconda sob a língua,

13 mesmo que o retenha na boca
para saboreá-lo,

14 ainda assim a sua comida azedará
no estômago;
e será como veneno de cobra
em seu interior.

15 Ele vomitará as riquezas
que engoliu;
Deus fará seu estômago lançá-las fora.

16 Sugará veneno de cobra;
as presas de uma víbora o matarão.

17 Não terá gosto na contemplação
dos regatos
e dos rios que vertem mel e nata.

18 Terá que devolver
aquilo pelo que lutou,
sem aproveitá-lo,
e não desfrutará dos lucros
do seu comércio.

19 Sim, pois ele tem oprimido os pobres
e os tem deixado desamparados;
apoderou-se de casas
que não construiu.

20 "Certo é que a sua cobiça
não lhe trará descanso,
e o seu tesouro não o salvará.

21 Nada lhe restou para devorar;
sua prosperidade não durará muito.

22 Em meio à sua fartura,
a aflição o dominará;
a força total da desgraça o atingirá.

23 Quando ele estiver
de estômago cheio,
Deus dará vazão
às tremendas chamas de sua ira,
e sobre ele despejará o seu furor.

24 Se escapar da arma de ferro,
o bronze da sua flecha o atravessará.

25 Ele a arrancará das suas costas,
a ponta reluzente saindo do seu fígado.
Grande pavor virá sobre ele;

26 densas trevas estarão à espera
dos seus tesouros.
Um fogo não assoprado o consumirá
e devorará o que sobrar em sua tenda.

5 that the mirth of the wicked is brief,
the joy of the godless lasts but a moment.

6 Though his pride reaches to the heavens
and his head touches the clouds,

7 he will perish forever, like his own dung;
those who have seen him will say, 'Where is he?'

8 Like a dream he flies away, no more to be found,
banished like a vision of the night.

9 The eye that saw him will not see him again;
his place will look on him no more.

10 His children must make amends to the poor;
his own hands must give back his wealth.

11 The youthful vigor that fills his bones
will lie with him in the dust.

12 "Though evil is sweet in his mouth
and he hides it under his tongue,

13 though he cannot bear to let it go
and keeps it in his mouth,

14 yet his food will turn sour in his stomach;
it will become the venom of serpents within him.

15 He will spit out the riches he swallowed;
God will make his stomach vomit them up.

16 He will suck the poison of serpents;
the fangs of an adder will kill him.

17 He will not enjoy the streams,
the rivers flowing with honey and cream.

18 What he toiled for he must give back uneaten;
he will not enjoy the profit from his trading.

19 For he has oppressed the poor and left them destitute;
he has seized houses he did not build.

20 "Surely he will have no respite from his craving;
he cannot save himself by his treasure.

21 Nothing is left for him to devour;
his prosperity will not endure.

22 In the midst of his plenty, distress will overtake him;
the full force of misery will come upon him.

23 When he has filled his belly,
God will vent his burning anger against him
and rain down his blows upon him.

24 Though he flees from an iron weapon,
a bronze-tipped arrow pierces him.

25 He pulls it out of his back,
the gleaming point out of his liver.
Terrors will come over him;

26 total darkness lies in wait for his treasures.
A fire unfanned will consume him
and devour what is left in his tent.

27 Os céus revelarão a sua culpa;
a terra se levantará contra ele.
28 Uma inundação arrastará a sua casa,
águas avassaladoras[a],
no dia da ira de Deus.
29 Esse é o destino que Deus dá aos ímpios,
é a herança designada por Deus
para eles".

Jó

21 Então Jó respondeu:
2 "Escutem com atenção
as minhas palavras;
seja esse o consolo
que vocês haverão de dar-me.
3 Suportem-me enquanto
eu estiver falando;
depois que eu falar
poderão zombar de mim.

4 "Acaso é dos homens que me queixo?
Por que não deveria eu
estar impaciente?
5 Olhem para mim, e ficarão atônitos;
tapem a boca com a mão.
6 Quando penso nisso, fico aterrorizado;
todo o meu corpo se põe a tremer.
7 Por que vivem os ímpios?
Por que chegam à velhice
e aumentam seu poder?
8 Eles vêem os seus filhos
estabelecidos ao seu redor,
e os seus descendentes
diante dos seus olhos.
9 Seus lares estão seguros
e livres do medo;
a vara de Deus não os vem ferir.
10 Seus touros nunca deixam
de procriar;
suas vacas dão crias e não abortam.
11 Eles soltam os seus filhos
como um rebanho;
seus pequeninos põem-se a dançar.
12 Cantam, acompanhando a música
do tamborim e da harpa;
alegram-se ao som da flauta.
13 Os ímpios passam a vida na prosperidade
e descem à sepultura[b] em paz[c].
14 Contudo, dizem eles a Deus:
'Deixa-nos! Não queremos conhecer
os teus caminhos.
15 Quem é o Todo-poderoso,
para que o sirvamos?
Que vantagem temos em orar a Deus?'
16 Mas não depende deles
a prosperidade que desfrutam;
por isso fico longe
do conselho dos ímpios.

17 "Pois, quantas vezes
a lâmpada dos ímpios se apaga?
Quantas vezes a desgraça
cai sobre eles,
o destino que em sua ira Deus lhes dá?
18 Quantas vezes o vento
os leva como palha,
e o furacão os arrebata como cisco?

27 The heavens will expose his guilt;
the earth will rise up against him.
28 A flood will carry off his house,
rushing waters[a] on the day of God's wrath.
29 Such is the fate God allots the wicked,
the heritage appointed for them by God."

Job

21 Then Job replied:
"Listen carefully to my words;
let this be the consolation you give me.
3 Bear with me while I speak,
and after I have spoken, mock on.

4 "Is my complaint directed to man?
Why should I not be impatient?
5 Look at me and be astonished;
clap your hand over your mouth.
6 When I think about this, I am terrified;
trembling seizes my body.
7 Why do the wicked live on,
growing old and increasing in power?
8 They see their children established around them,
their offspring before their eyes.
9 Their homes are safe and free from fear;
the rod of God is not upon them.
10 Their bulls never fail to breed;
their cows calve and do not miscarry.
11 They send forth their children as a flock;
their little ones dance about.
12 They sing to the music of tambourine and harp;
they make merry to the sound of the flute.
13 They spend their years in prosperity
and go down to the grave[b] in peace.[c]
14 Yet they say to God, 'Leave us alone!
We have no desire to know your ways.
15 Who is the Almighty, that we should serve him?
What would we gain by praying to him?'
16 But their prosperity is not in their own hands,
so I stand aloof from the counsel of the wicked.

17 "Yet how often is the lamp of the wicked snuffed out?
How often does calamity come upon them,
the fate God allots in his anger?
18 How often are they like straw before the wind,
like chaff swept away by a gale?

---

a20.28 Ou *Os bens de sua casa serão levados, arrastados pelas águas,* **b21.13**
Hebraico: *Sheol.* Essa palavra também pode ser traduzida por profundezas, pó
ou morte. **c21.13** Ou *de repente*

a20.28 Or The possessions in his house will be carried off, / washed away **b21.13**
Hebrew Sheol **c21.13** Or in an instant

19 Dizem que Deus
reserva o castigo de um homem
para os seus filhos.
Que o próprio pai o receba,
para que aprenda a lição!
20 Que os seus próprios olhos
vejam a sua ruína;
que ele mesmo beba da ira
do Todo-poderoso!ª
21 Pois, que lhe importará a família
que deixará atrás de si
quando chegarem ao fim os meses
que lhe foram destinados?

22 "Haverá alguém que o ensine
a conhecer a Deus,
uma vez que ele julga
até os de mais alta posição?
23 Um homem morre em pleno vigor,
quando se sentia bem e seguro,
24 tendo o corpo bem nutrido
e os ossos cheios de tutano.
25 Já outro morre
tendo a alma amargurada,
sem nada ter desfrutado.
26 Um e outro jazem no pó,
ambos cobertos de vermes.

27 "Sei muito bem
o que vocês estão pensando,
as suas conspirações contra mim.
28 'Onde está agora a casa
do grande homem?', vocês perguntam.
'Onde a tenda dos ímpios?'
29 Vocês nunca fizeram perguntas
aos que viajam?
Não deram atenção ao que eles contam?
30 Pois eles dizem que o mau é poupado
da calamidade,
e que do dia da ira recebe livramento.
31 Quem o acusa, lançando em rosto
a sua conduta?
Quem lhe retribui o mal que fez?
32 Pois o levam para o túmulo,
e vigiam a sua sepultura.
33 Para ele é macio o terreno do vale;
todos o seguem,
e uma multidão incontável o precede.ᵇ

34 "Por isso, como podem vocês
consolar-me com esses absurdos?
O que sobra das suas respostas
é pura falsidade!"

Elifaz

22 Então, Elifaz, de Temã, respondeu:

2 "Pode alguém ser útil a Deus?
Mesmo um sábio,
pode ser-lhe de algum proveito?
3 Que prazer você daria
ao Todo-poderoso
se você fosse justo?
Que é que ele ganharia se os seus
caminhos fossem irrepreensíveis?

4 "É por sua piedade
que ele o repreende
e lhe faz acusações?

19 It is said, 'God stores up a man's punishment
for his sons.'
Let him repay the man himself, so that he will
know it!
20 Let his own eyes see his destruction;
let him drink of the wrath of the Almighty.ª
21 For what does he care about the family he leaves
behind
when his allotted months come to an end?

22 "Can anyone teach knowledge to God,
since he judges even the highest?
23 One man dies in full vigor,
completely secure and at ease,
24 his bodyᵇ well nourished,
his bones rich with marrow.
25 Another man dies in bitterness of soul,
never having enjoyed anything good.
26 Side by side they lie in the dust,
and worms cover them both.

27 "I know full well what you are thinking,
the schemes by which you would wrong me.
28 You say, 'Where now is the great man's house,
the tents where wicked men lived?'
29 Have you never questioned those who travel?
Have you paid no regard to their accounts—
30 that the evil man is spared from the day of calamity,
that he is delivered fromᶜ the day of wrath?
31 Who denounces his conduct to his face?
Who repays him for what he has done?
32 He is carried to the grave,
and watch is kept over his tomb.
33 The soil in the valley is sweet to him;
all men follow after him,
and a countless throng goesᵈ before him.

34 "So how can you console me with your nonsense?
Nothing is left of your answers but falsehood!"

Eliphaz

22 Then Eliphaz the Temanite replied:

"Can a man be of benefit to God?
Can even a wise man benefit him?
3 What pleasure would it give the Almighty if you
were righteous?
What would he gain if your ways were
blameless?

4 "Is it for your piety that he rebukes you
and brings charges against you?

ª**21.17-20** Os versículos 17 e 18 podem ser lidos como exclamações e os 19 e 20 como afirmações. ᵇ**21.33** Ou *assim como uma multidão incontável o precedeu.*

ª**21:17-20** Verses 17 and 18 may be taken as exclamations and 19 and 20 as declarations. ᵇ**21:24** The meaning of the Hebrew for this word is uncertain. ᶜ**21:30** Or *man is reserved for the day of calamity, / that he is brought forth to* ᵈ**21:33** Or / *as a countless throng went*

5 Não é grande a sua maldade?
   Não são infindos os seus pecados?
6 Sem motivo você exigia penhores
   dos seus irmãos;
   você despojava das roupas
   os que quase nenhuma tinham.
7 Você não deu água ao sedento
   e reteve a comida do faminto,
8 sendo você poderoso, dono de terras
   e delas vivendo, e honrado
   diante de todos.
9 Você mandou embora de mãos vazias
   as viúvas
   e quebrou a força dos órfãos.
10 Por isso está cercado de armadilhas
   e o perigo repentino o apavora.
11 Também por isso você se vê envolto
   em escuridão que o cega,
   e o cobrem as águas,
   em tremenda inundação.
12 "Não está Deus nas alturas dos céus?
   E em que altura
   estão as estrelas mais distantes!
13 Contudo, você diz:
   'O que sabe Deus?
   Poderá julgar através
   de tão grande escuridão?
14 Nuvens espessas o cobrem,
   e ele não pode ver-nos
   quando percorre a abóbada dos céus'.
15 Você vai continuar
   no velho caminho
   que os perversos palmilharam?
16 Estes foram levados antes da hora;
   seus alicerces foram arrastados
   por uma enchente.
17 Eles disseram a Deus: 'Deixa-nos!
   O que o Todo-poderoso
   poderá fazer conosco?'
18 Contudo, foi ele que encheu
   de bens as casas deles;
   por isso fico longe
   do conselho dos ímpios.
19 "Os justos vêem a ruína deles,
   e se regozijam;
   os inocentes zombam deles, dizendo:
20 'Certo é que os nossos inimigos
   foram destruídos,
   e o fogo devorou a sua riqueza'.
21 "Sujeite-se a Deus,
   fique em paz com ele,
   e a prosperidade virá a você.
22 Aceite a instrução
   que vem da sua boca
   e ponha no coração
   as suas palavras.
23 Se você voltar
   para o Todo-poderoso,
   voltará ao seu lugar.
   Se afastar da sua tenda a injustiça,
24 lançar ao pó as suas pepitas,
   o seu ouro puro de Ofir
   às rochas dos vales,
25 o Todo-poderoso será o seu ouro,
   será para você prata seleta.
26 É certo que você achará prazer
   no Todo-poderoso
   e erguerá o rosto para Deus.
27 A ele orará, e ele o ouvirá,
   e você cumprirá os seus votos.

5 Is not your wickedness great?
   Are not your sins endless?
6 You demanded security from your brothers for
   no reason;
   you stripped men of their clothing, leaving
   them naked.
7 You gave no water to the weary
   and you withheld food from the hungry,
8 though you were a powerful man, owning land—
   an honored man, living on it.
9 And you sent widows away empty-handed
   and broke the strength of the fatherless.
10 That is why snares are all around you,
   why sudden peril terrifies you,
11 why it is so dark you cannot see,
   and why a flood of water covers you.
12 "Is not God in the heights of heaven?
   And see how lofty are the highest stars!
13 Yet you say, 'What does God know?
   Does he judge through such darkness?
14 Thick clouds veil him, so he does not see us
   as he goes about in the vaulted heavens.'
15 Will you keep to the old path
   that evil men have trod?
16 They were carried off before their time,
   their foundations washed away by a flood.
17 They said to God, 'Leave us alone!
   What can the Almighty do to us?'
18 Yet it was he who filled their houses with good
   things,
   so I stand aloof from the counsel of the wicked.
19 "The righteous see their ruin and rejoice;
   the innocent mock them, saying,
20 'Surely our foes are destroyed,
   and fire devours their wealth.'
21 "Submit to God and be at peace with him;
   in this way prosperity will come to you.
22 Accept instruction from his mouth
   and lay up his words in your heart.
23 If you return to the Almighty, you will be
   restored:
   If you remove wickedness far from your tent
24 and assign your nuggets to the dust,
   your gold of Ophir to the rocks in the ravines,
25 then the Almighty will be your gold,
   the choicest silver for you.
26 Surely then you will find delight in the Almighty
   and will lift up your face to God.
27 You will pray to him, and he will hear you,
   and you will fulfill your vows.

28 O que você decidir se fará,
  e a luz brilhará em seus caminhos.
29 Quando os homens
    forem humilhados
    e você disser: 'Levanta-os!',
  ele salvará o abatido.
30 Livrará até o que não é inocente,
  que será liberto graças à pureza
    que há em você, nas suas mãos".

Jó

23

Então Jó respondeu:

2 "Até agora me queixo com amargura;
  a mão dele[a] é pesada,
    a despeito de meu gemido.
3 Se tão-somente eu soubesse
  onde encontrá-lo e como ir à sua habitação!
4 Eu lhe apresentaria a minha causa
  e encheria a minha boca
    de argumentos.
5 Estudaria o que ele me respondesse
  e analisaria o que me dissesse.
6 Será que ele se oporia a mim
  com grande poder?
  Não, ele não me faria acusações.
7 O homem íntegro poderia
    apresentar-lhe a sua causa;
  eu seria liberto para sempre
    de quem me julga.

8 "Mas, se vou para o oriente,
    lá ele não está;
  se vou para o ocidente,
    não o encontro.
9 Quando ele está em ação no norte,
    não o enxergo;
  quando vai para o sul,
    nem sombra dele eu vejo!
10 Mas ele conhece o caminho
    por onde ando;
  se me puser à prova,
    aparecerei como o ouro.
11 Meus pés seguiram de perto
    as suas pegadas;
  mantive-me no seu caminho
    sem desviar-me.
12 Não me afastei dos mandamentos
    dos seus lábios;
  dei mais valor às palavras de sua boca
    do que ao meu pão de cada dia.

13 "Mas ele é ele!
  Quem poderá fazer-lhe oposição?
  Ele faz o que quer.
14 Executa o seu decreto contra mim,
  e tem muitos outros planos semelhantes.
15 Por isso fico apavorado diante dele;
  pensar nisso me enche de medo.
16 Deus fez desmaiar o meu coração;
  o Todo-poderoso causou-me pavor.
17 Contudo, não fui silenciado
    pelas trevas,
  pelas densas trevas
    que cobrem o meu rosto.

24

"Por que o Todo-poderoso
  não marca as datas de julgamento?

[a]23.2 Conforme a Septuaginta e a Versão Siríaca. O Texto Massorético diz *a mão sobre mim.*

28 What you decide on will be done,
  and light will shine on your ways.
29 When men are brought low and you say, 'Lift
    them up!'
  then he will save the downcast.
30 He will deliver even one who is not innocent,
  who will be delivered through the cleanness of
    your hands."

Job

23

Then Job replied:

2 "Even today my complaint is bitter;
  his hand[a] is heavy in spite of[b] my groaning.
3 If only I knew where to find him;
  if only I could go to his dwelling!
4 I would state my case before him
  and fill my mouth with arguments.
5 I would find out what he would answer me,
  and consider what he would say.
6 Would he oppose me with great power?
  No, he would not press charges against me.
7 There an upright man could present his case be
    fore him,
  and I would be delivered forever from my
    judge.

8 "But if I go to the east, he is not there;
  if I go to the west, I do not find him.
9 When he is at work in the north, I do not
    see him;
  when he turns to the south, I catch no glimpse
    of him.
10 But he knows the way that I take;
  when he has tested me, I will come forth as
    gold.
11 My feet have closely followed his steps;
  I have kept to his way without turning aside.
12 I have not departed from the commands of his
    lips;
  I have treasured the words of his mouth more
    than my daily bread.

13 "But he stands alone, and who can oppose him?
  He does whatever he pleases.
14 He carries out his decree against me,
  and many such plans he still has in store.
15 That is why I am terrified before him;
  when I think of all this, I fear him.
16 God has made my heart faint;
  the Almighty has terrified me.
17 Yet I am not silenced by the darkness,
  by the thick darkness that covers my face.

24

"Why does the Almighty not set times for
  judgment?

[a]23:2 Septuagint and Syriac; Hebrew / the hand on me [b]23:2 Or heavy on me in

Por que aqueles que o conhecem
não chegam a vê-las?
² Há os que mudam
os marcos dos limites
e apascentam rebanhos
que eles roubaram.
³ Levam o jumento
que pertence ao órfão
e tomam o boi da viúva como penhor.
⁴ Forçam os necessitados
a sair do caminho
e os pobres da terra a esconder-se.
⁵ Como jumentos selvagens no deserto,
os pobres vão em busca de comida;
da terra deserta a obtêm
para os seus filhos.
⁶ Juntam forragem nos campos
e respigam nas vinhas dos ímpios.
⁷ Pela falta de roupas,
passam a noite nus;
não têm com que cobrir-se no frio.
⁸ Encharcados pelas chuvas
das montanhas,
abraçam-se às rochas
por falta de abrigo.
⁹ A criança órfã é arrancada
do seio de sua mãe;
o recém-nascido do pobre é tomado
para pagar uma dívida.
¹⁰ Por falta de roupas, andam nus;
carregam os feixes,
mas continuam famintos.
¹¹ Espremem azeitonas
dentro dos seus muros[a];
pisam uvas nos lagares,
mas assim mesmo sofrem sede.
¹² Sobem da cidade os gemidos
dos que estão para morrer,
e as almas dos feridos
clamam por socorro.
Mas Deus não vê mal nisso.
¹³ "Há os que se revoltam
contra a luz,
não conhecem os caminhos dela
e não permanecem em suas veredas.
¹⁴ De manhã o assassino se levanta
e mata os pobres e os necessitados;
de noite age como ladrão.
¹⁵ Os olhos do adúltero
ficam à espera do crepúsculo;
'Nenhum olho me verá', pensa ele;
e mantém oculto o rosto.
¹⁶ No escuro os homens invadem casas,
mas de dia se enclausuram;
não querem saber da luz.
¹⁷ Para eles a manhã
é tremenda escuridão;[b]
eles são amigos
dos pavores das trevas.
¹⁸ "São, porém, como espuma
sobre as águas;
sua parte da terra foi amaldiçoada,
e por isso ninguém vai às vinhas.
¹⁹ Assim como o calor e a seca
depressa consomem a neve derretida,
assim a sepultura[c] consome
os que pecaram.

Why must those who know him look in vain
for such days?
² Men move boundary stones;
they pasture flocks they have stolen.
³ They drive away the orphan's donkey
and take the widow's ox in pledge.
⁴ They thrust the needy from the path
and force all the poor of the land into hiding.
⁵ Like wild donkeys in the desert,
the poor go about their labor of foraging food;
the wasteland provides food for their children.
⁶ They gather fodder in the fields
and glean in the vineyards of the wicked.
⁷ Lacking clothes, they spend the night naked;
they have nothing to cover themselves in the cold.
⁸ They are drenched by mountain rains
and hug the rocks for lack of shelter.
⁹ The fatherless child is snatched from the breast;
the infant of the poor is seized for a debt.
¹⁰ Lacking clothes, they go about naked;
they carry the sheaves, but still go hungry.
¹¹ They crush olives among the terraces[a];
they tread the winepresses, yet suffer thirst.
¹² The groans of the dying rise from the city,
and the souls of the wounded cry out for help.
But God charges no one with wrongdoing.
¹³ "There are those who rebel against the light,
who do not know its ways
or stay in its paths.
¹⁴ When daylight is gone, the murderer rises up
and kills the poor and needy;
in the night he steals forth like a thief.
¹⁵ The eye of the adulterer watches for dusk;
he thinks, 'No eye will see me,'
and he keeps his face concealed.
¹⁶ In the dark, men break into houses,
but by day they shut themselves in;
they want nothing to do with the light.
¹⁷ For all of them, deep darkness is their morning[b];
they make friends with the terrors of darkness.[c]
¹⁸ "Yet they are foam on the surface of the water;
their portion of the land is cursed,
so that no one goes to the vineyards.
¹⁹ As heat and drought snatch away the melted snow,
so the grave[d] snatches away those who have sinned.

---

[a]24.11 Ou *entre as pedras de moinho* [b]24.17 Ou *A manhã deles é como a sombra da morte*; [c]24.19 Hebraico: *Sheol*. Essa palavra também pode ser traduzida por profundezas, pó ou morte.

[a]24.11 Or olives between the millstones; the meaning of the Hebrew for this word is uncertain. [b]24.17 Or them, their morning is like the shadow of death [c]24.17 Or of the shadow of death [d]24.19 Hebrew Sheol

20 Sua mãe os esquece,
os vermes se banqueteiam neles.
Ninguém se lembra dos maus;
quebram-se como árvores.
21 Devoram a estéril e sem filhos
e não mostram bondade
para com a viúva.
22 Mas Deus, por seu poder, os arranca;
embora firmemente estabelecidos,
a vida deles não tem segurança.
23 Ele poderá deixá-los descansar,
sentindo-se seguros,
mas atento os vigia
nos caminhos que seguem.
24 Por um breve instante são exaltados,
e depois se vão,
colhidos como todos os demais,
ceifados como espigas de cereal.

25 "Se não é assim,
quem poderá provar que minto
e reduzir a nada as minhas palavras?"

Bildade

25 Então Bildade, de Suá, respondeu:
2 "O domínio e o temor pertencem
a Deus;
ele impõe ordem nas alturas,
que a ele pertencem.
3 Seria possível contar
os seus exércitos?
E a sua luz, sobre quem
não se levanta?
4 Como pode então o homem
ser justo diante de Deus?
Como pode ser puro
quem nasce de mulher?
5 Se nem a lua é brilhante
e nem as estrelas são puras
aos olhos dele,
6 muito menos o será o homem,
que não passa de larva,
o filho do homem,
que não passa de verme!"

Jó

26 Então Jó respondeu:
2 "Grande foi a ajuda que você deu
ao desvalido!
Que socorro você prestou
ao braço frágil!
3 Belo conselho você ofereceu
a quem não é sábio,
e que grande sabedoria você revelou!
4 Quem o ajudou a proferir
essas palavras,
e por meio de que espírito
você falou?

5 "Os mortos estão em grande angústia
sob as águas, e com eles sofrem os que nelas vivem.
6 Nu está o Sheol[a] diante de Deus,
e nada encobre a Destruição[b].
7 Ele estende os céus do norte
sobre o espaço vazio;
suspende a terra sobre o nada.

20 The womb forgets them,
the worm feasts on them;
evil men are no longer remembered
but are broken like a tree.
21 They prey on the barren and childless woman,
and to the widow show no kindness.
22 But God drags away the mighty by his power;
though they become established, they have no assurance of life.
23 He may let them rest in a feeling of security,
but his eyes are on their ways.
24 For a little while they are exalted, and then
they are gone;
they are brought low and gathered up like all others;
they are cut off like heads of grain.

25 "If this is not so, who can prove me false
and reduce my words to nothing?"

Bildad

25 Then Bildad the Shuhite replied:
2 "Dominion and awe belong to God;
he establishes order in the heights of heaven.
3 Can his forces be numbered?
Upon whom does his light not rise?
4 How then can a man be righteous before God?
How can one born of woman be pure?
5 If even the moon is not bright
and the stars are not pure in his eyes,
6 how much less man, who is but a maggot—
a son of man, who is only a worm!"

Job

26 Then Job replied:
2 "How you have helped the powerless!
How you have saved the arm that is feeble!
3 What advice you have offered to one without wisdom!
And what great insight you have displayed!
4 Who has helped you utter these words?
And whose spirit spoke from your mouth?

5 "The dead are in deep anguish,
those beneath the waters and all that live in them.
6 Death[a] is naked before God;
Destruction[b] lies uncovered.
7 He spreads out the northern skies over empty space;
he suspends the earth over nothing.

---

[a]26.6 Essa palavra pode ser traduzida por sepultura, profundezas, pó ou morte. [b]26.6 Hebraico: *Abadom*.

[a]26:6 Hebrew Sheol [b]26:6 Hebrew Abaddon

8 Envolve as águas em suas nuvens,
   e estas não se rompem
     sob o peso delas.
9 Ele cobre a face da lua cheia
   estendendo sobre ela as suas nuvens.
10 Traça o horizonte
   sobre a superfície das águas
   para servir de limite
     entre a luz e as trevas.
11 As colunas dos céus estremecem
   e ficam perplexas
   diante da sua repreensão.
12 Com seu poder agitou
   violentamente o mar;
   com sua sabedoria
   despedaçou o Monstro dos Mares[a].
13 Com seu sopro
   os céus ficaram límpidos;
   sua mão feriu a serpente arisca.
14 E isso tudo é apenas
   a borda de suas obras!
   Um suave sussurro
     é o que ouvimos dele.
   Mas quem poderá compreender
     o trovão do seu poder?"

27
E Jó prosseguiu em seu discurso:

2 "Pelo Deus vivo,
   que me negou justiça,
pelo Todo-poderoso,
   que deu amargura à minha alma,
3 enquanto eu tiver vida em mim,
   o sopro de Deus em minhas narinas,
4 meus lábios não falarão maldade,
   e minha língua não proferirá
     nada que seja falso.
5 Nunca darei razão a vocês!
   Minha integridade não negarei jamais,
     até a morte.
6 Manterei minha retidão,
   e nunca a deixarei;
   enquanto eu viver,
   a minha consciência
     não me repreenderá.
7 "Sejam os meus inimigos
   como os ímpios,
   e os meus adversários
   como os injustos!
8 Pois, qual é a esperança do ímpio,
   quando é eliminado,
   quando Deus lhe tira a vida?
9 Ouvirá Deus o seu clamor
   quando vier sobre ele a aflição?
10 Terá ele prazer no Todo-poderoso?
   Chamará a Deus a cada instante?
11 "Eu os instruirei
   sobre o poder de Deus;
não esconderei de vocês
   os caminhos do Todo-poderoso.
12 Pois a verdade é que todos vocês
   já viram isso.
   Então por que essa conversa
     sem sentido?
13 "Este é o destino
   que Deus determinou para o ímpio,
   a herança que o mau recebe
     do Todo-poderoso.

8 He wraps up the waters in his clouds,
   yet the clouds do not burst under their weight.
9 He covers the face of the full moon,
   spreading his clouds over it.
10 He marks out the horizon on the face of the waters
   for a boundary between light and darkness.
11 The pillars of the heavens quake,
   aghast at his rebuke.
12 By his power he churned up the sea;
   by his wisdom he cut Rahab to pieces.
13 By his breath the skies became fair;
   his hand pierced the gliding serpent.
14 And these are but the outer fringe of his works;
   how faint the whisper we hear of him!
   Who then can understand the thunder of his power?"

27
And Job continued his discourse:

"As surely as God lives, who has denied me justice,
   the Almighty, who has made me taste
     bitterness of soul,
3 as long as I have life within me,
   the breath of God in my nostrils,
4 my lips will not speak wickedness,
   and my tongue will utter no deceit.
5 I will never admit you are in the right;
   till I die, I will not deny my integrity.
6 I will maintain my righteousness and never let
     go of it;
   my conscience will not reproach me as long
     as I live.
7 "May my enemies be like the wicked,
   my adversaries like the unjust!
8 For what hope has the godless when he is cut off,
   when God takes away his life?
9 Does God listen to his cry
   when distress comes upon him?
10 Will he find delight in the Almighty?
   Will he call upon God at all times?
11 "I will teach you about the power of God;
   the ways of the Almighty I will not conceal.
12 You have all seen this yourselves.
   Why then this meaningless talk?
13 "Here is the fate God allots to the wicked,
   the heritage a ruthless man receives from the
     Almighty:

---

a 26.12 Hebraico: Raabe. Veja Sl 89.10 e Is 51.9.

[14] Por mais filhos que o ímpio tenha,
    o destino deles é a espada;
    sua prole jamais
    terá comida suficiente.
[15] A epidemia sepultará aqueles
    que lhe sobreviverem,
    e as suas viúvas não chorarão por eles.
[16] Ainda que ele acumule
    prata como pó
    e amontoe roupas como barro,
[17] o que ele armazenar ficará para os justos,
    e os inocentes dividirão sua prata.
[18] A casa que ele constrói
    é como casulo de traça,
    como cabana feita pela sentinela.
[19] Rico ele se deita, mas nunca mais o será!
    Quando abre os olhos, tudo se foi.
[20] Pavores vêm sobre ele
    como uma enchente;
    de noite a tempestade o leva de roldão.
[21] O vento oriental o leva,
    e ele desaparece;
    arranca-o do seu lugar.
[22] Atira-se contra ele sem piedade,
    enquanto ele foge às pressas
    do seu poder.
[23] Bate palmas contra ele
    e com assobios o expele do seu lugar.

28 "Existem minas de prata
    e locais onde se refina ouro.
[2] O ferro é extraído da terra,
    e do minério se funde o cobre.
[3] O homem dá fim à escuridão
    e vasculha os recônditos mais remotos
      em busca de minério,
    nas mais escuras trevas.
[4] Longe das moradias
    ele cava um poço,
    em local esquecido
      pelos pés dos homens;
    longe de todos,
    ele se pendura e balança.
[5] A terra, da qual vem o alimento,
    é revolvida embaixo
    como que pelo fogo;
[6] das suas rochas saem safiras,
    e seu pó contém pepitas de ouro.
[7] Nenhuma ave de rapina conhece
    aquele caminho oculto,
    e os olhos de nenhum falcão o viram.
[8] Os animais altivos
    não põem os pés nele,
    e nenhum leão ronda por ali.
[9] As mãos dos homens
    atacam a dura rocha
    e transtornam as raízes das montanhas.
[10] Fazem túneis através da rocha,
    e os seus olhos enxergam todos
      os tesouros dali.
[11] Eles vasculham[a] as nascentes
    dos rios
    e trazem à luz coisas ocultas.
[12] "Onde, porém, se poderá
    achar a sabedoria?
    Onde habita o entendimento?

[14] However many his children, their fate is the sword;
    his offspring will never have enough to eat.
[15] The plague will bury those who survive him,
    and their widows will not weep for them.
[16] Though he heaps up silver like dust
    and clothes like piles of clay,
[17] what he lays up the righteous will wear,
    and the innocent will divide his silver.
[18] The house he builds is like a moth's cocoon,
    like a hut made by a watchman.
[19] He lies down wealthy, but will do so no more;
    when he opens his eyes, all is gone.
[20] Terrors overtake him like a flood;
    a tempest snatches him away in the night.
[21] The east wind carries him off, and he is gone;
    it sweeps him out of his place.
[22] It hurls itself against him without mercy
    as he flees headlong from its power.
[23] It claps its hands in derision
    and hisses him out of his place.

28 "There is a mine for silver
    and a place where gold is refined.
[2] Iron is taken from the earth,
    and copper is smelted from ore.
[3] Man puts an end to the darkness;
    he searches the farthest recesses
    for ore in the blackest darkness.
[4] Far from where people dwell he cuts a shaft,
    in places forgotten by the foot of man;
    far from men he dangles and sways.
[5] The earth, from which food comes,
    is transformed below as by fire;
[6] sapphires[a] come from its rocks,
    and its dust contains nuggets of gold.
[7] No bird of prey knows that hidden path,
    no falcon's eye has seen it.
[8] Proud beasts do not set foot on it,
    and no lion prowls there.
[9] Man's hand assaults the flinty rock
    and lays bare the roots of the mountains.
[10] He tunnels through the rock;
    his eyes see all its treasures.
[11] He searches[b] the sources of the rivers
    and brings hidden things to light.
[12] "But where can wisdom be found?
    Where does understanding dwell?

---

[a]28.11 Conforme a Septuaginta e a Vulgata. O Texto Massorético diz *Eles fecham*.

[a]28:6 Or *lapis lazuli*; also in verse 16 [b]28:11 Septuagint, Aquila and Vulgate; Hebrew *He dams up*

13 O homem não percebe
    o valor da sabedoria;
  ela não se encontra
    na terra dos viventes.
14 O abismo diz: 'Em mim não está';
  o mar diz: 'Não está comigo'.
15 Não pode ser comprada,
    mesmo com o ouro mais puro,
  nem se pode pesar o seu preço
    em prata.
16 Não pode ser comprada
    nem com o ouro puro de Ofir,
  nem com o precioso ônix,
    nem com safiras.
17 O ouro e o cristal
    não se comparam com ela,
  e é impossível tê-la em troca
    de jóias de ouro.
18 O coral e o jaspe
    nem merecem menção;
  o preço da sabedoria
    ultrapassa o dos rubis.
19 O topázio da Etiópia[a]
    não se compara com ela;
  não se compra a sabedoria
    nem com ouro puro!

20 "De onde vem, então, a sabedoria?
  Onde habita o entendimento?
21 Escondida está dos olhos
    de toda criatura viva,
  até das aves dos céus.
22 A Destruição[b] e a Morte dizem:
  'Aos nossos ouvidos só chegou
    um leve rumor dela'.
23 Deus conhece o caminho;
  só ele sabe onde ela habita,
24 pois ele enxerga os confins da terra
  e vê tudo o que há debaixo dos céus.
25 Quando ele determinou
    a força do vento
  e estabeleceu a medida exata
    para as águas,
26 quando fez um decreto para a chuva
    e o caminho
    para a tempestade trovejante,
27 ele olhou para a sabedoria
    e a avaliou;
  confirmou-a e a pôs à prova.
28 Disse então ao homem:
  'No temor do Senhor
    está a sabedoria,
  e evitar o mal é ter entendimento' ".

29 Jó prosseguiu sua fala:
2 "Como tenho saudade
  dos meses que se passaram,
  dos dias em que Deus
    cuidava de mim,
3 quando a sua lâmpada brilhava
    sobre a minha cabeça
  e por sua luz eu caminhava
    em meio às trevas!
4 Como tenho saudade
    dos dias do meu vigor,
  quando a amizade de Deus
    abençoava a minha casa,

13 Man does not comprehend its worth;
  it cannot be found in the land of the living.
14 The deep says, 'It is not in me';
  the sea says, 'It is not with me.'
15 It cannot be bought with the finest gold,
  nor can its price be weighed in silver.
16 It cannot be bought with the gold of Ophir,
  with precious onyx or sapphires.
17 Neither gold nor crystal can compare with it,
  nor can it be had for jewels of gold.
18 Coral and jasper are not worthy of mention;
  the price of wisdom is beyond rubies.
19 The topaz of Cush cannot compare with it;
  it cannot be bought with pure gold.

20 "Where then does wisdom come from?
  Where does understanding dwell?
21 It is hidden from the eyes of every living thing,
  concealed even from the birds of the air.
22 Destruction[a] and Death say,
  'Only a rumor of it has reached our ears.'
23 God understands the way to it
  and he alone knows where it dwells,
24 for he views the ends of the earth
  and sees everything under the heavens.
25 When he established the force of the wind
  and measured out the waters,
26 when he made a decree for the rain
  and a path for the thunderstorm,
27 then he looked at wisdom and appraised it;
  he confirmed it and tested it.
28 And he said to man,
  'The fear of the Lord—that is wisdom,
  and to shun evil is understanding.' "

29 Job continued his discourse:
  "How I long for the months gone by,
    for the days when God watched over me,
3 when his lamp shone upon my head
  and by his light I walked through darkness!
4 Oh, for the days when I was in my prime,
  when God's intimate friendship blessed my house,

---

a 28.19 Hebraico: *Cuxe.* **b** 28.22 Hebraico: *Abadom.*   **a** 28:22 Hebrew Abaddon

⁵ quando o Todo-poderoso
    ainda estava comigo
  e meus filhos estavam ao meu redor,
⁶ quando as minhas veredas
    se embebiam em nata
  e a rocha me despejava
    torrentes de azeite.

⁷ "Quando eu ia à porta da cidade
  e tomava assento na praça pública;
⁸ quando, ao me verem,
    os jovens saíam do caminho,
  e os idosos ficavam em pé;
⁹ os líderes se abstinham de falar
  e com a mão cobriam a boca.
¹⁰ As vozes dos nobres silenciavam,
  e suas línguas
    colavam-se ao céu da boca.
¹¹ Todos os que me ouviam
    falavam bem de mim,
  e quem me via me elogiava,
¹² pois eu socorria o pobre
    que clamava por ajuda,
  e o órfão que não tinha
    quem o ajudasse.
¹³ O que estava à beira da morte me abençoava,
  e eu fazia regozijar-se o coração
    da viúva.
¹⁴ A retidão era a minha roupa;
  a justiça era o meu manto e
    o meu turbante.
¹⁵ Eu era os olhos do cego
  e os pés do aleijado.
¹⁶ Eu era o pai dos necessitados,
  e me interessava
    pela defesa de desconhecidos.
¹⁷ Eu quebrava as presas dos ímpios
  e dos seus dentes arrancava
    as suas vítimas.

¹⁸ "Eu pensava: Morrerei em casa,
  e os meus dias serão numerosos
    como os grãos de areia.
¹⁹ Minhas raízes chegarão até as águas,
  e o orvalho passará a noite
    nos meus ramos.
²⁰ Minha glória se renovará em mim,
  e novo será o meu arco
    em minha mão.

²¹ "Os homens me escutavam
    em ansiosa expectativa,
  aguardando em silêncio
    o meu conselho.
²² Depois que eu falava,
    eles nada diziam;
  minhas palavras caíam suavemente
    em seus ouvidos.
²³ Esperavam por mim
    como quem espera
  por uma chuvarada,
  e bebiam minhas palavras
    como quem bebe a chuva
    da primavera.
²⁴ Quando eu lhes sorria,
    mal acreditavam;
  a luz do meu rosto lhes era preciosa.
²⁵ Era eu que escolhia o caminho
    para eles,
  e me assentava como seu líder;

⁵ when the Almighty was still with me
  and my children were around me,
⁶ when my path was drenched with cream
  and the rock poured out for me streams of olive oil.

⁷ "When I went to the gate of the city
  and took my seat in the public square,
⁸ the young men saw me and stepped aside
  and the old men rose to their feet;
⁹ the chief men refrained from speaking
  and covered their mouths with their hands;
¹⁰ the voices of the nobles were hushed,
  and their tongues stuck to the roof of their mouths.
¹¹ Whoever heard me spoke well of me,
  and those who saw me commended me,
¹² because I rescued the poor who cried for help,
  and the fatherless who had none to assist him.
¹³ The man who was dying blessed me;
  I made the widow's heart sing.
¹⁴ I put on righteousness as my clothing;
  justice was my robe and my turban.
¹⁵ I was eyes to the blind
  and feet to the lame.
¹⁶ I was a father to the needy;
  I took up the case of the stranger.
¹⁷ I broke the fangs of the wicked
  and snatched the victims from their teeth.

¹⁸ "I thought, 'I will die in my own house,
  my days as numerous as the grains of sand.
¹⁹ My roots will reach to the water,
  and the dew will lie all night on my branches.
²⁰ My glory will remain fresh in me,
  the bow ever new in my hand.'

²¹ "Men listened to me expectantly,
  waiting in silence for my counsel.
²² After I had spoken, they spoke no more;
  my words fell gently on their ears.
²³ They waited for me as for showers
  and drank in my words as the spring rain.
²⁴ When I smiled at them, they scarcely believed it;
  the light of my face was precious to them.ᵃ
²⁵ I chose the way for them and sat as their chief;

ᵃ29:24 The meaning of the Hebrew for this clause is uncertain.

instalava-me como um rei
no meio das suas tropas;
eu era como um consolador
dos que choram.

30

"Mas agora eles zombam de mim,
homens mais jovens que eu,
homens cujos pais eu teria rejeitado,
não lhes permitindo sequer estar
com os cães de guarda do rebanho.

2 De que me serviria
a força de suas mãos,
já que desapareceu o seu vigor?

3 Desfigurados
de tanta necessidade e fome,
perambulavam pelaa terra ressequida,
em sombrios e devastados desertos.

4 Nos campos de mato rasteiro
colhiam ervas,
e a raiz da giesta era a sua comidab.

5 Da companhia dos amigos
foram expulsos aos gritos,
como se fossem ladrões.

6 Foram forçados a morar
nos leitos secos dos rios,
entre as rochas e nos buracos da terra.

7 Rugiam entre os arbustos
e se encolhiam sob a vegetação.

8 Prole desprezível e sem nome,
foram expulsos da terra.

9 "E agora os filhos deles
zombam de mim
com suas canções;
tornei-me um provérbio entre eles.

10 Eles me detestam
e se mantêm à distância;
não hesitam em cuspir em meu rosto.

11 Agora que Deus afrouxou
a corda do meu arco e me afligiu,
eles ficam sem freios
na minha presença.

12 À direita os embrutecidos
me atacam;
preparam armadilhas
para os meus pés
e constroem rampas de cerco
contra mim.

13 Destroem o meu caminho;
conseguem destruir-me
sem a ajuda de ninguém.

14 Avançam como através
de uma grande brecha;
arrojam-se entre as ruínas.

15 Pavores apoderam-se de mim;
a minha dignidade é levada
como pelo vento,
a minha segurança
se desfaz como nuvem.

16 "E agora esvai-se a minha vida;
estou preso a dias de sofrimento.

17 A noite penetra os meus ossos;
minhas dores me corroem sem cessar.

18 Em seu grande poder,
Deus é como a minha roupac;
ele me envolve
como a gola da minha veste.

I dwelt as a king among his troops;
I was like one who comforts mourners.

30

"But now they mock me,
men younger than I,
whose fathers I would have disdained
to put with my sheep dogs.

2 Of what use was the strength of their hands to me,
since their vigor had gone from them?

3 Haggard from want and hunger,
they roameda the parched land
in desolate wastelands at night.

4 In the brush they gathered salt herbs,
and their foodb was the root of the broom tree.

5 They were banished from their fellow men,
shouted at as if they were thieves.

6 They were forced to live in the dry stream beds,
among the rocks and in holes in the ground.

7 They brayed among the bushes
and huddled in the undergrowth.

8 A base and nameless brood,
they were driven out of the land.

9 "And now their sons mock me in song;
I have become a byword among them.

10 They detest me and keep their distance;
they do not hesitate to spit in my face.

11 Now that God has unstrung my bow and afflicted me,
they throw off restraint in my presence.

12 On my right the tribec attacks;
they lay snares for my feet,
they build their siege ramps against me.

13 They break up my road;
they succeed in destroying me—
without anyone's helping them.d

14 They advance as through a gaping breach;
amid the ruins they come rolling in.

15 Terrors overwhelm me;
my dignity is driven away as by the wind,
my safety vanishes like a cloud.

16 "And now my life ebbs away;
days of suffering grip me.

17 Night pierces my bones;
my gnawing pains never rest.

18 In his great power God becomes like clothing to mee;
he binds me like the neck of my garment.

ª30.3 Ou *roiam a* ᵇ30.4 Ou *o seu combustível* ᶜ30.18 A Septuaginta diz *Deus agarra minha roupa.*

ª30:3 Or gnawed ᵇ30:4 Or fuel ᶜ30:12 The meaning of the Hebrew for this word is uncertain. ᵈ30:13 Or me. / 'No one can help him,' they say. ᵉ30:18 Hebrew; Septuagint God grasps my clothing

¹⁹ Lança-me na lama,
     e sou reduzido a pó e cinza.
²⁰ "Clamo a ti, ó Deus,
     mas não me respondes;
   fico em pé, mas apenas
     olhas para mim.
²¹ Contra mim te voltas com dureza
     e me atacas com a força de tua mão.
²² Tu me apanhas
     e me levas contra o vento,
   e me jogas de um lado a outro
     na tempestade.
²³ Sei que me farás descer até a morte,
     ao lugar destinado a todos os viventes.
²⁴ "A verdade é que ninguém dá a mão
     ao homem arruinado,
   quando este, em sua aflição,
     grita por socorro.
²⁵ Não é certo que chorei por causa
     dos que passavam dificuldade?
   E que a minha alma se entristeceu
     por causa dos pobres?
²⁶ Mesmo assim,
     quando eu esperava o bem,
     veio o mal;
   quando eu procurava luz,
     vieram trevas.
²⁷ Nunca pára a agitação
     dentro de mim;
   dias de sofrimento me confrontam.
²⁸ Perambulo escurecido,
     mas não pelo sol;
   levanto-me na assembléia
     e clamo por ajuda.
²⁹ Tornei-me irmão dos chacais,
     companheiro das corujas.
³⁰ Minha pele escurece e cai;
     meu corpo queima de febre.
³¹ Minha harpa está afinada
     para cantos fúnebres,
   e minha flauta para o som de pranto.

31   "Fiz acordo com os meus olhos
     de não olhar com cobiça
     para as moças.
² Pois qual é a porção que o homem
     recebe de Deus lá de cima?
   Qual a sua herança do Todo-poderoso,
     que habita nas alturas?
³ Não é ruína para os ímpios,
     desgraça para os que fazem o mal?
⁴ Não vê ele os meus caminhos,
   e não considera
     cada um de meus passos?

⁵ "Se me conduzi com falsidade,
   ou se meus pés se apressaram
     a enganar,
⁶ — Deus me pese em balança justa,
   e saberá que não tenho culpa —
⁷ se meus passos
     desviaram-se do caminho,
   se o meu coração foi conduzido
     por meus olhos,
   ou se minhas mãos
     foram contaminadas,
⁸ que outros comam o que semeei,
   e que as minhas plantações
     sejam arrancadas pelas raízes.

¹⁹ He throws me into the mud,
     and I am reduced to dust and ashes.
²⁰ "I cry out to you, O God, but you do not answer;
     I stand up, but you merely look at me.
²¹ You turn on me ruthlessly;
     with the might of your hand you attack me.
²² You snatch me up and drive me before the wind;
     you toss me about in the storm.
²³ I know you will bring me down to death,
     to the place appointed for all the living.
²⁴ "Surely no one lays a hand on a broken man
     when he cries for help in his distress.
²⁵ Have I not wept for those in trouble?
     Has not my soul grieved for the poor?
²⁶ Yet when I hoped for good, evil came;
     when I looked for light, then came darkness.
²⁷ The churning inside me never stops;
     days of suffering confront me.
²⁸ I go about blackened, but not by the sun;
     I stand up in the assembly and cry for help.
²⁹ I have become a brother of jackals,
     a companion of owls.
³⁰ My skin grows black and peels;
     my body burns with fever.
³¹ My harp is tuned to mourning,
     and my flute to the sound of wailing.

31   "I made a covenant with my eyes
     not to look lustfully at a girl.
² For what is man's lot from God above,
     his heritage from the Almighty on high?
³ Is it not ruin for the wicked,
     disaster for those who do wrong?
⁴ Does he not see my ways
     and count my every step?

⁵ "If I have walked in falsehood
     or my foot has hurried after deceit—
⁶ let God weigh me in honest scales
     and he will know that I am blameless—
⁷ if my steps have turned from the path,
     if my heart has been led by my eyes,
     or if my hands have been defiled,
⁸ then may others eat what I have sown,
     and may my crops be uprooted.

9 "Se o meu coração
    foi seduzido por mulher,
ou se fiquei à espreita
    junto à porta do meu próximo,
10 que a minha esposa moa cereal
    de outro homem,
e que outros durmam com ela.
11 Pois fazê-lo seria vergonhoso,
crime merecedor de julgamento.
12 Isso é um fogo que consome
    até a Destruição[a];
teria extirpado a minha colheita.

13 "Se neguei justiça
    aos meus servos e servas,
quando reclamaram contra mim,
14 que farei quando Deus
    me confrontar?
Que responderei quando chamado
    a prestar contas?
15 Aquele que me fez no ventre materno
    não os fez também?
Não foi ele que nos formou,
    a mim e a eles,
    no interior de nossas mães?

16 "Se não atendi os desejos do pobre,
    ou se fatiguei os olhos da viúva,
17 se comi meu pão sozinho,
    sem compartilhá-lo com o órfão,
18 sendo que desde a minha juventude o criei
    como se fosse seu pai,
e desde o nascimento guiei a viúva;
19 se vi alguém morrendo
    por falta de roupa,
ou um necessitado sem cobertor,
20 e o seu coração não me abençoou
    porque o aqueci com a lã
    de minhas ovelhas,
21 se levantei a mão contra o órfão,
ciente da minha influência no tribunal,
22 que o meu braço descaia do ombro,
    e se quebre nas juntas.
23 Pois eu tinha medo
    que Deus me destruísse,
e, temendo o seu esplendor,
    não podia fazer tais coisas.

24 "Se pus no ouro a minha confiança
    e disse ao ouro puro:
Você é a minha garantia,
25 se me regozijei
    por ter grande riqueza,
pela fortuna que as minhas mãos
    obtiveram,
26 se contemplei o sol em seu fulgor
    e a lua a mover-se esplêndida,
27 e em segredo o meu coração
    foi seduzido
e a minha mão lhes ofereceu
    beijos de veneração,
28 esses também seriam pecados
    merecedores de condenação,
pois eu teria sido infiel a Deus,
    que está nas alturas.

29 "Se a desgraça do meu inimigo
    me alegrou,
ou se os problemas que teve
    me deram prazer;

9 "If my heart has been enticed by a woman,
    or if I have lurked at my neighbor's door,
10 then may my wife grind another man's grain,
    and may other men sleep with her.
11 For that would have been shameful,
    a sin to be judged.
12 It is a fire that burns to Destruction[a];
    it would have uprooted my harvest.

13 "If I have denied justice to my menservants and
        maidservants
    when they had a grievance against me,
14 what will I do when God confronts me?
    What will I answer when called to account?
15 Did not he who made me in the womb make them?
    Did not the same one form us both within our
        mothers?

16 "If I have denied the desires of the poor
    or let the eyes of the widow grow weary,
17 if I have kept my bread to myself,
    not sharing it with the fatherless—
18 but from my youth I reared him as would a father,
    and from my birth I guided the widow—
19 if I have seen anyone perishing for lack of clothing,
    or a needy man without a garment,
20 and his heart did not bless me
    for warming him with the fleece from my sheep,
21 if I have raised my hand against the fatherless,
    knowing that I had influence in court,
22 then let my arm fall from the shoulder,
    let it be broken off at the joint.
23 For I dreaded destruction from God,
    and for fear of his splendor I could not do
        such things.

24 "If I have put my trust in gold
    or said to pure gold, 'You are my security,'
25 if I have rejoiced over my great wealth,
    the fortune my hands had gained,
26 if I have regarded the sun in its radiance
    or the moon moving in splendor,
27 so that my heart was secretly enticed
    and my hand offered them a kiss of homage,
28 then these also would be sins to be judged,
    for I would have been unfaithful to God on high.

29 "If I have rejoiced at my enemy's misfortune
    or gloated over the trouble that came to him—

---

[a]31.12 Hebraico: *Abadom*.   [a]31:12 Hebrew Abaddon

30 eu, que nunca deixei minha boca pecar,
lançando maldição sobre ele;
31 se os que moram em minha casa
nunca tivessem dito:
'Quem não recebeu de Jó
um pedaço de carne?',
32 sendo que nenhum estrangeiro
teve que passar a noite na rua,
pois a minha porta
sempre esteve aberta para o viajante;
33 se escondi o meu pecado,
como outros fazem\u1d43,
acobertando no coração
a minha culpa,
34 com tanto medo da multidão
e do desprezo dos familiares
que me calei e não saí de casa...
35 ("Ah, se alguém me ouvisse!
Agora assino a minha defesa.
Que o Todo-poderoso me responda;
que o meu acusador
faça a denúncia por escrito.
36 Eu bem que a levaria nos ombros
e a usaria como coroa.
37 Eu lhe falaria
sobre todos os meus passos;
como um príncipe
eu me aproximaria dele.)
38 "Se a minha terra se queixar de mim
e todos os seus sulcos chorarem,
39 se consumi os seus produtos
sem nada pagar,
ou se causei desânimo
aos seus ocupantes,
40 que me venham espinhos
em lugar de trigo
e ervas daninhas em lugar de cevada".

Aqui terminam as palavras de Jó.

Eliú

32 Então esses três homens pararam de responder a Jó, pois este se julgava justo. **2** Mas Eliú, filho de Baraquel, de Buz, da família de Rão, indignou-se muito contra Jó, porque este se justificava a si mesmo diante de Deus. **3** Também se indignou contra os três amigos, pois não encontraram meios de refutar a Jó, e mesmo assim o tinham condenado.\u1d47 **4** Eliú tinha ficado esperando para falar a Jó porque eles eram mais velhos que ele. **5** Mas, quando viu que os três não tinham mais nada a dizer, indignou-se.
6 Então Eliú, filho de Baraquel, de Buz, falou:

"Eu sou jovem, vocês têm idade.
Por isso tive receio
e não ousei dizer-lhes o que sei.
7 Os que têm idade é que devem falar,
pensava eu,
os anos avançados é que devem
ensinar sabedoria.
8 Mas é o espírito\u1d9c dentro do homem
que lhe dá entendimento;
o sopro do Todo-poderoso.
9 Não são só os mais velhos\u1d48, os sábios,
não são só os de idade
que entendem o que é certo.
10 "Por isso digo: Escutem-me;
também vou dizer o que sei.

30 I have not allowed my mouth to sin
by invoking a curse against his life—
31 if the men of my household have never said,
'Who has not had his fill of Job's meat?'—
32 but no stranger had to spend the night in the street,
for my door was always open to the traveler—
33 if I have concealed my sin as men do,\u1d43
by hiding my guilt in my heart
34 because I so feared the crowd
and so dreaded the contempt of the clans
that I kept silent and would not go outside
35 ("Oh, that I had someone to hear me!
I sign now my defense—let the Almighty answer me;
let my accuser put his indictment in writing.
36 Surely I would wear it on my shoulder,
I would put it on like a crown.
37 I would give him an account of my every step;
like a prince I would approach him.)—
38 "if my land cries out against me
and all its furrows are wet with tears,
39 if I have devoured its yield without payment
or broken the spirit of its tenants,
40 then let briers come up instead of wheat
and weeds instead of barley."

The words of Job are ended.

Elihu

32 So these three men stopped answering Job, because he was righteous in his own eyes. **2** But Elihu son of Barakel the Buzite, of the family of Ram, became very angry with Job for justifying himself rather than God. **3** He was also angry with the three friends, because they had found no way to refute Job, and yet had condemned him.\u1d47 **4** Now Elihu had waited before speaking to Job because they were older than he. **5** But when he saw that the three men had nothing more to say, his anger was aroused.
6 So Elihu son of Barakel the Buzite said:

"I am young in years,
and you are old;
that is why I was fearful,
not daring to tell you what I know.
7 I thought, 'Age should speak;
advanced years should teach wisdom.'
8 But it is the spirit\u1d9c in a man,
the breath of the Almighty, that gives him
understanding.
9 It is not only the old\u1d48 who are wise,
not only the aged who understand what
is right.
10 "Therefore I say: Listen to me;
I too will tell you what I know.

\u1d4331.33 Ou *como fez Adão* \u1d4732.3 Uma antiga tradução de escribas hebreus diz *Jó, e assim haviam condenado a Deus.* \u1d9c32.8 Ou *Espírito*; também no versículo 18. \u1d4832.9 Ou *muitos*; ou ainda *grandes*

\u1d4331:33 Or as Adam did \u1d4732:3 Masoretic Text; an ancient Hebrew scribal tradition Job, and so had condemned God \u1d9c32:8 Or Spirit; also in verse 18 \u1d4832:9 Or many; or great

11 Enquanto vocês estavam falando,
    esperei;
fiquei ouvindo os seus arrazoados,
enquanto vocês estavam
    procurando palavras,
12 dei-lhes total atenção.
Mas nenhum de vocês
    demonstrou que Jó está errado.
Nenhum de vocês respondeu
    aos seus argumentos.
13 Não digam: 'Encontramos
    a sabedoria;
que Deus o refute, não o homem'.
14 Só que não foi contra mim
    que Jó dirigiu as suas palavras,
e não vou responder a ele
    com os argumentos de vocês.

15 "Vejam, eles estão consternados
e não têm mais o que dizer;
    as palavras lhes fugiram.
16 Devo aguardar,
    agora que estão calados
    e sem resposta?
17 Também vou dar a minha opinião,
    também vou dizer o que sei.
18 pois não me faltam palavras,
    e dentro de mim o espírito
    me impulsiona.
19 Por dentro estou
    como vinho arrolhado,
como odres novos
    prestes a romper.
20 Tenho que falar; isso me aliviará.
Tenho que abrir os lábios e responder.
21 Não serei parcial com ninguém,
    e a ninguém bajularei,
22 porque não sou bom em bajular;
    se fosse, o meu Criador
    em breve me levaria.

33
"Mas agora, Jó,
escute as minhas palavras;
preste atenção a tudo o que vou dizer.
2 Estou prestes a abrir a boca;
    minhas palavras
    estão na ponta da língua.
3 Minhas palavras procedem
    de um coração íntegro;
meus lábios falam com sinceridade
    o que eu sei.
4 O Espírito de Deus me fez;
    o sopro do Todo-poderoso me dá vida.
5 Responda-me, então, se puder;
    prepare-se para enfrentar-me.
6 Sou igual a você diante de Deus;
    eu também fui feito do barro.
7 Por isso não lhe devo inspirar temor,
    e a minha mão não há de ser pesada
    sobre você.

8 "Mas você disse ao meu alcance;
    eu ouvi bem as palavras:
9 'Estou limpo e sem pecado;
    estou puro e sem culpa.
10 Contudo, Deus procurou em mim
    motivos para inimizade;
    ele me considera seu inimigo.
11 Ele acorrenta os meus pés;
    vigia de perto
    todos os meus caminhos'.

11 I waited while you spoke,
    I listened to your reasoning;
while you were searching for words,
    12 I gave you my full attention.
But not one of you has proved Job wrong;
    none of you has answered his arguments.
13 Do not say, 'We have found wisdom;
    let God refute him, not man.'
14 But Job has not marshaled his words against me,
    and I will not answer him with your arguments.

15 "They are dismayed and have no more to say;
    words have failed them.
16 Must I wait, now that they are silent,
    now that they stand there with no reply?
17 I too will have my say;
    I too will tell what I know.
18 For I am full of words,
    and the spirit within me compels me;
19 inside I am like bottled-up wine,
    like new wineskins ready to burst.
20 I must speak and find relief;
    I must open my lips and reply.
21 I will show partiality to no one,
    nor will I flatter any man;
22 for if I were skilled in flattery,
    my Maker would soon take me away.

33
"But now, Job, listen to my words;
pay attention to everything I say.
2 I am about to open my mouth;
    my words are on the tip of my tongue.
3 My words come from an upright heart;
    my lips sincerely speak what I know.
4 The Spirit of God has made me;
    the breath of the Almighty gives me life.
5 Answer me then, if you can;
    prepare yourself and confront me.
6 I am just like you before God;
    I too have been taken from clay.
7 No fear of me should alarm you,
    nor should my hand be heavy upon you.

8 "But you have said in my hearing—
    I heard the very words—
9 'I am pure and without sin;
    I am clean and free from guilt.
10 Yet God has found fault with me;
    he considers me his enemy.
11 He fastens my feet in shackles;
    he keeps close watch on all my paths.'

12 "Mas eu lhe digo
      que você não está certo,
   porquanto Deus é maior
      do que o homem.
13 Por que você se queixa a ele
   de que não responde
      às palavras dos homens?ᵃ
14 Pois a verdade é que Deus fala,
   ora de um modo, ora de outro,
   mesmo que o homem não o perceba.
15 Em sonho ou em visão
      durante a noite,
   quando o sono profundo
      cai sobre os homens
   e eles dormem em suas camas,
16 ele pode falar aos ouvidos deles
   e aterrorizá-los com advertências,
17 para prevenir o homem
      das suas más ações
   e livrá-lo do orgulho,
18 para preservar da cova a sua alma,
   e a sua vida da espada.ᵇ
19 Ou o homem pode ser castigado
      no leito de dor,
   com os seus ossos
      em constante agonia,
20 sendo levado a achar a comida repulsiva
   e a detestar na alma
      sua refeição preferida.
21 Já não se vê sua carne,
   e seus ossos, que não se viam,
      agora aparecem.
22 Sua alma aproxima-se da cova,
   e sua vida, dos mensageiros da morte.

23 "Havendo, porém, um anjo
      ao seu lado,
   como mediador dentre mil,
   que diga ao homem o que é certo
      a seu respeito,
24 para ser-lhe favorável e dizer:
   'Poupa-o de descer à cova;
   encontrei resgate para ele',
25 então sua carne se renova
   voltando a ser como de criança;
   ele se rejuvenece.
26 Ele ora a Deus e recebe o seu favor;
   vê o rosto de Deus
      e dá gritos de alegria,
   e Deus lhe restitui a condição de justo.
27 Depois ele vem aos homens e diz:
   'Pequei e torci o que era certo,
   mas ele não me deu o que eu merecia.
28 Ele resgatou a minha alma,
   impedindo-a de descer à cova,
   e viverei para desfrutar a luz'.

29 "Deus faz dessas coisas ao homem,
      duas ou três vezes,
30 para recuperar sua alma da cova,
   a fim de que refulja sobre ele
      a luz da vida.

31 "Preste atenção, Jó, e escute-me;
   fique em silêncio, e falarei.
32 Se você tem algo para dizer,
      responda-me;

12 "But I tell you, in this you are not right,
      for God is greater than man.
13 Why do you complain to him
      that he answers none of man's words?ᵃ
14 For God does speak—now one way, now another—
      though man may not perceive it.
15 In a dream, in a vision of the night,
      when deep sleep falls on men
      as they slumber in their beds,
16 he may speak in their ears
      and terrify them with warnings,
17 to turn man from wrongdoing
      and keep him from pride,
18 to preserve his soul from the pit,ᵇ
      his life from perishing by the sword.ᶜ
19 Or a man may be chastened on a bed of pain
      with constant distress in his bones,
20 so that his very being finds food repulsive
      and his soul loathes the choicest meal.
21 His flesh wastes away to nothing,
      and his bones, once hidden, now stick out.
22 His soul draws near to the pit,ᵈ
      and his life to the messengers of death.ᵉ

23 "Yet if there is an angel on his side
      as a mediator, one out of a thousand,
      to tell a man what is right for him,
24 to be gracious to him and say,
   'Spare him from going down to the pitᶠ;
   I have found a ransom for him'—
25 then his flesh is renewed like a child's;
      it is restored as in the days of his youth.
26 He prays to God and finds favor with him,
      he sees God's face and shouts for joy;
      he is restored by God to his righteous state.
27 Then he comes to men and says,
   'I sinned, and perverted what was right,
      but I did not get what I deserved.
28 He redeemed my soul from going down to the pit,ᵍ
      and I will live to enjoy the light.'

29 "God does all these things to a man—
      twice, even three times—
30 to turn back his soul from the pit,ʰ
      that the light of life may shine on him.

31 "Pay attention, Job, and listen to me;
      be silent, and I will speak.
32 If you have anything to say, answer me;

ᵃ33:13 Or that he does not answer for any of his actions ᵇ33:18 Or preserve him from the grave ᶜ33:18 Or from crossing the River ᵈ33:22 Or He draws near to the grave ᵉ33:22 Or to the dead ᶠ33:24 Or grave ᵍ33:28 Or redeemed me from going down to the grave ʰ33:30 Or turn him back from the grave

ᵃ33.13 Ou *por quaisquer de suas ações?* ᵇ33.18 Ou *e de atravessar o Rio.*

fale logo, pois quero que você
   seja absolvido.
33 Se não tem nada para dizer, ouça-me,
   fique em silêncio,
e eu lhe ensinarei
   a sabedoria".

34 Eliú continuou:

2 "Ouçam as minhas palavras,
   vocês que são sábios;
escutem-me,
   vocês que têm conhecimento.
3 Pois o ouvido prova as palavras
   como a língua prova o alimento.
4 Tratemos de discernir juntos
   o que é certo
e de aprender o que é bom.

5 "Jó afirma: 'Sou inocente,
   mas Deus me nega justiça.
6 Apesar de eu estar certo,
   sou considerado mentiroso;
apesar de estar sem culpa,
   sua flecha me causa ferida incurável'.
7 Que homem existe como Jó,
   que bebe zombaria como água?
8 Ele é companheiro
   dos que fazem o mal,
e anda com os ímpios.
9 Pois diz: 'Não dá lucro
   agradar a Deus'.

10 "Por isso escutem-me,
   vocês que têm conhecimento.
Longe de Deus esteja o fazer o mal,
e do Todo-poderoso
   o praticar a iniqüidade.
11 Ele retribui ao homem
   conforme o que este fez,
e lhe dá o que a sua conduta merece.
12 Não se pode nem pensar
   que Deus faça o mal,
que o Todo-poderoso
   perverta a justiça.
13 Quem o nomeou
   para governar a terra?
Quem o encarregou de cuidar
   do mundo inteiro?
14 Se fosse intenção dele,
   e de fato retirasse o seu espírito[a]
   e o seu sopro,
15 a humanidade pereceria
   toda de uma vez,
e o homem voltaria ao pó.

16 "Portanto, se você
   tem entendimento,
ouça-me, escute o que lhe digo.
17 Acaso quem odeia a justiça
   poderá governar?
Você ousará condenar
   aquele que é justo e poderoso?
18 Não é ele que diz aos reis:
   'Vocês nada valem',
e aos nobres: 'Vocês são ímpios'?
19 Não é verdade que ele não mostra
   parcialidade a favor dos príncipes,

speak up, for I want you to be cleared.
33 But if not, then listen to me;
   be silent, and I will teach you wisdom."

34 Then Elihu said:

"Hear my words, you wise men;
   listen to me, you men of learning.
3 For the ear tests words
   as the tongue tastes food.
4 Let us discern for ourselves what is right;
   let us learn together what is good.

5 "Job says, 'I am innocent,
   but God denies me justice.
6 Although I am right,
   I am considered a liar;
although I am guiltless,
   his arrow inflicts an incurable wound.'
7 What man is like Job,
   who drinks scorn like water?
8 He keeps company with evildoers;
   he associates with wicked men.
9 For he says, 'It profits a man nothing
   when he tries to please God.'

10 "So listen to me, you men of understanding.
   Far be it from God to do evil,
   from the Almighty to do wrong.
11 He repays a man for what he has done;
   he brings upon him what his conduct deserves.
12 It is unthinkable that God would do wrong,
   that the Almighty would pervert justice.
13 Who appointed him over the earth?
   Who put him in charge of the whole world?
14 If it were his intention
   and he withdrew his spirit[a] and breath,
15 all mankind would perish together
   and man would return to the dust.

16 "If you have understanding, hear this;
   listen to what I say.
17 Can he who hates justice govern?
   Will you condemn the just and mighty One?
18 Is he not the One who says to kings, 'You are
     worthless,'
   and to nobles, 'You are wicked,'
19 who shows no partiality to princes

---

a34.14 Ou *Espírito*   a34:14 Or *Spirit*

e não favorece o rico
em detrimento do pobre,
uma vez que todos
são obra de suas mãos?
20 Morrem num momento,
em plena noite;
cambaleiam e passam.
Os poderosos são retirados
sem a intervenção de mãos humanas.

21 "Pois Deus vê o caminho
dos homens;
ele enxerga cada um dos seus passos.
22 Não há sombra densa o bastante,
onde os que fazem o mal
possam esconder-se.
23 Deus não precisa de maior tempo
para examinar os homens
e levá-los à sua presença
para julgamento.
24 Sem depender de investigações,
ele destrói os poderosos
e coloca outros em seu lugar.
25 Visto que ele repara nos atos
que eles praticam,
derruba-os, e eles são esmagados.
26 Pela impiedade deles,
ele os castiga onde todos
podem vê-los.
27 Isso porque deixaram de segui-lo
e não deram atenção aos caminhos
por ele traçados.
28 Fizeram chegar a ele
o grito do pobre,
e ele ouviu o clamor do necessitado.
29 Mas, se ele permanecer calado,
quem poderá condená-lo?
Se esconder o rosto,
quem poderá vê-lo?
No entanto, ele domina igualmente
sobre homens e nações,
30 para evitar que o ímpio governe
e prepare armadilhas para o povo.

31 "Suponhamos que um homem
diga a Deus:
'Sou culpado,
mas não vou mais pecar.
32 Mostra-me o que não estou vendo;
se agi mal, não tornarei a fazê-lo'.
33 Quanto a você,
deveria Deus recompensá-lo
quando você nega a sua culpa?
É você que deve decidir, não eu;
conte-me, pois, o que você sabe.

34 "Os homens de bom senso,
os sábios que me ouvem,
me declaram:
35 'Jó não sabe o que diz;
não há discernimento em suas palavras'.
36 Ah, se Jó sofresse a mais dura prova,
por sua resposta de ímpio!
37 Ao seu pecado ele acrescenta
a revolta;
com desprezo bate palmas entre nós
e multiplica suas palavras
contra Deus".

and does not favor the rich over the poor,
for they are all the work of his hands?
20 They die in an instant, in the middle of the night;
the people are shaken and they pass away;
the mighty are removed without human hand.

21 "His eyes are on the ways of men;
he sees their every step.
22 There is no dark place, no deep shadow,
where evildoers can hide.
23 God has no need to examine men further,
that they should come before him for judgment.
24 Without inquiry he shatters the mighty
and sets up others in their place.
25 Because he takes note of their deeds,
he overthrows them in the night and they are
crushed.
26 He punishes them for their wickedness
where everyone can see them,
27 because they turned from following him
and had no regard for any of his ways.
28 They caused the cry of the poor to come before
him,
so that he heard the cry of the needy.
29 But if he remains silent, who can condemn him?
If he hides his face, who can see him?
Yet he is over man and nation alike,
30 to keep a godless man from ruling,
from laying snares for the people.

31 "Suppose a man says to God,
'I am guilty but will offend no more.
32 Teach me what I cannot see;
if I have done wrong, I will not do so again.'
33 Should God then reward you on your terms,
when you refuse to repent?
You must decide, not I;
so tell me what you know.

34 "Men of understanding declare,
wise men who hear me say to me,
35 'Job speaks without knowledge;
his words lack insight.'
36 Oh, that Job might be tested to the utmost
for answering like a wicked man!
37 To his sin he adds rebellion;
scornfully he claps his hands among us
and multiplies his words against God."

35

Eliú prosseguiu:
2 "Você acha que isso é justo?

35

Then Elihu said:
"Do you think this is just?

Pois você diz:
'Serei absolvido por Deus'.ᵃ
³ Contudo, você lhe pergunta:
'Que vantagem tenho euᵇ,
e o que ganho, se não pecar?'

⁴ "Desejo responder-lhe,
a você e aos seus amigos
que estão com você.
⁵ Olhe para os céus e veja;
mire as nuvens, tão elevadas.
⁶ Se você pecar, em que isso o afetará?
Se os seus pecados forem muitos,
que é que isso lhe fará?
⁷ Se você for justo, o que lhe dará?
Ou o que ele receberá de sua mão?
⁸ A sua impiedade só afeta aos homens,
seus semelhantes,
e a sua justiça, aos filhos dos homens.

⁹ "Os homens se lamentam
sob fardos de opressão;
imploram que os libertem
do braço dos poderosos.
¹⁰ Mas não há quem pergunte:
'Onde está Deus, o meu Criador,
que de noite faz surgirem cânticos,
¹¹ que nos ensina mais
que aos animais da terra
e nos faz mais sábios
que asᶜ aves dos céus?'
¹² Quando clamam, ele não responde,
por causa da arrogância dos ímpios.
¹³ Aliás, Deus não escuta
a vã súplica que fazem;
o Todo-poderoso não lhes dá atenção.
¹⁴ Pois muito menos escutará
quando você disser que não o vê,
que a sua causa está diante dele
e que você tem que esperar por ele.
¹⁵ Mais que isso,
que a sua ira jamais castiga
e que ele não dá a mínima atenção
à iniquidade.ᵈ
¹⁶ Assim é que Jó abre a sua boca
para dizer palavras vãs;
em sua ignorância
ele multiplica palavras".

36 Disse mais Eliú:
² "Peço-lhe que seja um pouco mais
paciente comigo,
e lhe mostrarei que se pode dizer
mais verdades em defesa de Deus.
³ Vem de longe o meu conhecimento;
atribuirei justiça ao meu Criador.
⁴ Não tenha dúvida,
as minhas palavras não são falsas;
quem está com você
é a perfeição no conhecimento.

⁵ "Deus é poderoso,
mas não despreza os homens;
é poderoso e firme em seu propósito.
⁶ Não poupa a vida dos ímpios,
mas garante os direitos dos aflitos.
⁷ Não tira os seus olhos do justo;

You say, 'I will be cleared by God.'ᵃ'
³ Yet you ask him, 'What profit is it to me,ᵇ
and what do I gain by not sinning?'

⁴ "I would like to reply to you
and to your friends with you.
⁵ Look up at the heavens and see;
gaze at the clouds so high above you.
⁶ If you sin, how does that affect him?
If your sins are many, what does that do to
him?
⁷ If you are righteous, what do you give to him,
or what does he receive from your hand?
⁸ Your wickedness affects only a man like
yourself,
and your righteousness only the sons of men.

⁹ "Men cry out under a load of oppression;
they plead for relief from the arm of the
powerful.
¹⁰ But no one says, 'Where is God my Maker,
who gives songs in the night,
¹¹ who teaches more to us than toᶜ the beasts of
the earth
and makes us wiser thanᵈ the birds of
the air?'
¹² He does not answer when men cry out
because of the arrogance of the wicked.
¹³ Indeed, God does not listen to their empty plea;
the Almighty pays no attention to it.
¹⁴ How much less, then, will he listen
when you say that you do not see him,
that your case is before him
and you must wait for him,
¹⁵ and further, that his anger never punishes
and he does not take the least notice of
wickedness.ᵉ
¹⁶ So Job opens his mouth with empty talk;
without knowledge he multiplies words."

36 Elihu continued:
"Bear with me a little longer and I will show you
that there is more to be said in God's behalf.
³ I get my knowledge from afar;
I will ascribe justice to my Maker.
⁴ Be assured that my words are not false;
one perfect in knowledge is with you.

⁵ "God is mighty, but does not despise men;
he is mighty, and firm in his purpose.
⁶ He does not keep the wicked alive
but gives the afflicted their rights.
⁷ He does not take his eyes off the righteous;

ᵃ35.2 Ou 'Minha justiça é maior que a de Deus'. ᵇ35.3 Ou você tem ᶜ35.11 Ou
ensina pelos animais da terra e nos faz sábios através das ᵈ35.15 Conforme as
versões de Símaco, Teodócio e a Vulgata.

ᵃ35:2 Or My righteousness is more than God's ᵇ35:3 Or you ᶜ35:11 Or teaches
us by ᵈ35:11 Or us wise by ᵉ35:15 Symmachus, Theodotion and Vulgate; the
meaning of the Hebrew for this word is uncertain.

ele o coloca nos tronos com os reis
e o exalta para sempre.
8 Mas, se os homens
forem acorrentados,
presos firmemente
com as cordas da aflição,
9 ele lhes dirá o que fizeram,
que pecaram com arrogância.
10 Ele os fará ouvir a correção
e lhes ordenará que se arrependam
do mal que praticaram.
11 Se lhe obedecerem e o servirem,
serão prósperos até o fim dos seus dias
e terão contentamento
nos anos que lhes restam.
12 Mas, se não obedecerem,
perecerão à espada[a]
e morrerão na ignorância.

13 "Os que têm coração ímpio
guardam ressentimento;
mesmo quando ele os agrilhoa
eles não clamam por socorro.
14 Morrem em plena juventude
entre os prostitutos dos santuários.
15 Mas aos que sofrem
ele os livra
em meio ao sofrimento;
em sua aflição ele lhes fala.

16 "Ele está atraindo você
para longe das mandíbulas da aflição,
para um lugar amplo e livre,
para o conforto da mesa farta e seleta
que você terá.
17 Mas agora, farto sobre você
é o julgamento que cabe aos ímpios;
o julgamento e a justiça o pegaram.
18 Cuidado!
Que ninguém o seduza com riquezas;
não se deixe desviar por suborno,
por maior que este seja.
19 Acaso a sua riqueza, ou mesmo
todos os seus grandes esforços,
dariam a você apoio
e alívio da aflição?
20 Não anseie pela noite,
quando o povo é tirado dos seus lares.
21 Cuidado! Não se volte
para a iniqüidade,
que você parece preferir à aflição.

22 "Deus é exaltado em seu poder.
Quem é mestre como ele?
23 Quem lhe prescreveu
os seus caminhos,
ou lhe disse: 'Agiste mal'?
24 Lembre-se de exaltar as suas obras,
às quais os homens dedicam
cânticos de louvor.
25 Toda a humanidade as vê;
de lugares distantes
os homens as contemplam.
26 Como Deus é grande!
Ultrapassa o nosso entendimento!
Não há como calcular
os anos da sua existência.

27 "Ele atrai as gotas de água,
que se dissolvem

he enthrones them with kings
and exalts them forever.
8 But if men are bound in chains,
held fast by cords of affliction,
9 he tells them what they have done—
that they have sinned arrogantly.
10 He makes them listen to correction
and commands them to repent of their evil.
11 If they obey and serve him,
they will spend the rest of their days in
prosperity
and their years in contentment.
12 But if they do not listen,
they will perish by the sword[a]
and die without knowledge.

13 "The godless in heart harbor resentment;
even when he fetters them, they do not cry
for help.
14 They die in their youth,
among male prostitutes of the shrines.
15 But those who suffer he delivers in their
suffering;
he speaks to them in their affliction.

16 "He is wooing you from the jaws of distress
to a spacious place free from restriction,
to the comfort of your table laden with
choice food.
17 But now you are laden with the judgment due
the wicked;
judgment and justice have taken hold of you.
18 Be careful that no one entices you by riches;
do not let a large bribe turn you aside.
19 Would your wealth
or even all your mighty efforts
sustain you so you would not be in distress?
20 Do not long for the night,
to drag people away from their homes.[b]
21 Beware of turning to evil,
which you seem to prefer to affliction.

22 "God is exalted in his power.
Who is a teacher like him?
23 Who has prescribed his ways for him,
or said to him, 'You have done wrong'?
24 Remember to extol his work,
which men have praised in song.
25 All mankind has seen it;
men gaze on it from afar.
26 How great is God—beyond our understanding!
The number of his years is past finding out.

27 "He draws up the drops of water,

---

[a]**36.12** Ou *atravessarão o Rio*

[a]**36.12** Or *will cross the River* [b]**36.20** The meaning of the Hebrew for verses 18-20 is uncertain.

e descem como chuva
para os regatos^a;

28 as nuvens as despejam em aguaceiros
sobre a humanidade.

29 Quem pode entender
como ele estende as suas nuvens,
como ele troveja
desde o seu pavilhão?

30 Observe como ele espalha
os seus relâmpagos ao redor,
iluminando até as profundezas do mar.

31 É assim que ele governa^b as nações
e lhes fornece grande fartura.

32 Ele enche as mãos de relâmpagos
e lhes determina o alvo
que deverão atingir.

33 Seu trovão anuncia a tempestade
que está a caminho;
até o gado a pressente.^c

37

"Diante disso o meu coração
bate aceleradamente
e salta do seu lugar.

2 Ouça! Escute o estrondo da sua voz,
o trovejar da sua boca.

3 Ele solta os seus relâmpagos
por baixo de toda a extensão do céu
e os manda para os confins da terra.

4 Depois vem o som
do seu grande estrondo:
ele troveja com sua majestosa voz.
Quando a sua voz ressoa,
nada o faz recuar.

5 A voz de Deus troveja
maravilhosamente;
ele faz coisas grandiosas,
acima do nosso entendimento.

6 Ele diz à neve: 'Caia sobre a terra',
e à chuva: 'Seja um forte aguaceiro'.

7 Ele paralisa
o trabalho de cada homem,
a fim de que todos os que ele criou
conheçam a sua obra.^d

8 Os animais vão
para os seus esconderijos,
e ficam nas suas tocas.

9 A tempestade sai da sua câmara,
e dos ventos vem o frio.

10 O sopro de Deus produz gelo,
e as vastas águas se congelam.

11 Também carrega de umidade
as nuvens,
e entre elas espalha
os seus relâmpagos.

12 Ele as faz girar, circulando
sobre a superfície de toda a terra,
para fazerem tudo
o que ele lhes ordenar.

13 Ele traz as nuvens,
ora para castigar os homens,
ora para regar a sua terra^e
e lhes mostrar o seu amor.

14 "Escute isto, Jó;
pare e reflita nas maravilhas de Deus.

15 Acaso você sabe como Deus
comanda as nuvens

---

which distill as rain to the streams^a;

28 the clouds pour down their moisture
and abundant showers fall on mankind.

29 Who can understand how he spreads out the clouds,
how he thunders from his pavilion?

30 See how he scatters his lightning about him,
bathing the depths of the sea.

31 This is the way he governs^b the nations
and provides food in abundance.

32 He fills his hands with lightning
and commands it to strike its mark.

33 His thunder announces the coming storm;
even the cattle make known its approach.^c

37

"At this my heart pounds
and leaps from its place.

2 Listen! Listen to the roar of his voice,
to the rumbling that comes from his mouth.

3 He unleashes his lightning beneath the whole heaven
and sends it to the ends of the earth.

4 After that comes the sound of his roar;
he thunders with his majestic voice.
When his voice resounds,
he holds nothing back.

5 God's voice thunders in marvelous ways;
he does great things beyond our understanding.

6 He says to the snow, 'Fall on the earth,'
and to the rain shower, 'Be a mighty downpour.'

7 So that all men he has made may know his work,^d
he stops every man from his labor.

8 The animals take cover;
they remain in their dens.

9 The tempest comes out from its chamber,
the cold from the driving winds.

10 The breath of God produces ice,
and the broad waters become frozen.

11 He loads the clouds with moisture;
he scatters his lightning through them.

12 At his direction they swirl around
over the face of the whole earth
to do whatever he commands them.

13 He brings the clouds to punish men,
or to water his earth^e and show his love.

14 "Listen to this, Job;
stop and consider God's wonders.

15 Do you know how God controls the clouds

---

^a36.27 Ou *destilam como chuva a partir da névoa* ^b36.31 Ou *nutre* ^c36.33 Ou *anuncia a sua vinda, a vinda do que é zeloso contra o mal.* ^d37.7 Ou *pelo seu poder ele enche de temor todos os homens.* ^e37.13 Ou *para favorecê-los*

^a36:27 Or distill from the mist as rain ^b36:31 Or nourishes ^c36:33 Or announces his coming— / the One zealous against evil ^d37:7 Or / he fills all men with fear by his power ^e37:13 Or to favor them

e faz brilhar os seus relâmpagos?

¹⁶ Você sabe como ficam
suspensas as nuvens,
essas maravilhas daquele
que tem perfeito conhecimento?

¹⁷ Você, que em sua roupa
desfalece de calor
quando a terra fica amortecida
sob o vento sul,

¹⁸ pode ajudá-lo a estender os céus,
duros como espelho de bronze?

¹⁹ "Diga-nos o que devemos
dizer a ele;
não podemos elaborar a nossa defesa
por causa das nossas trevas.

²⁰ Deve-se dizer-lhe
o que lhe quero falar?
Quem pediria para ser devorado?

²¹ Ninguém pode olhar
para o fulgor do sol nos céus,
depois que o vento os clareia.

²² Do norte vem luz dourada;
Deus vem em temível majestade.

²³ Fora de nosso alcance
está o Todo-poderoso,
exaltado em poder;
mas, em sua justiça e retidão,
não oprime ninguém.

²⁴ Por isso os homens o temem;
não dá ele atenção
a todos os sábios de coração?ᵃ"

O Senhor Fala

38 Então o Senhor respondeu a Jó do meio da tempestade
e disse:

² "Quem é esse que obscurece
o meu conselho
com palavras sem conhecimento?

³ Prepare-se como simples homem;
vou fazer-lhe perguntas,
e você me responderá.

⁴ "Onde você estava quando lancei
os alicerces da terra?
Responda-me, se é que você sabe tanto.

⁵ Quem marcou os limites
das suas dimensões?
Talvez você saiba!
E quem estendeu sobre ela
a linha de medir?

⁶ E os seus fundamentos,
sobre o que foram postos?
E quem colocou sua pedra de esquina,

⁷ enquanto as estrelas matutinas
juntas cantavam
e todos os anjosᵇ se regozijavam?

⁸ "Quem represou o mar
pondo-lhe portas,
quando ele irrompeu
do ventre materno,

⁹ quando o vesti de nuvens
e em densas trevas o envolvi,

¹⁰ quando fixei os seus limites
e lhe coloquei portas e barreiras,

¹¹ quando eu lhe disse:
Até aqui você pode vir,
além deste ponto não;

---

and makes his lightning flash?

¹⁶ Do you know how the clouds hang poised,
those wonders of him who is perfect in
knowledge?

¹⁷ You who swelter in your clothes
when the land lies hushed under the south wind,

¹⁸ can you join him in spreading out the skies,
hard as a mirror of cast bronze?

¹⁹ "Tell us what we should say to him;
we cannot draw up our case because of our
darkness.

²⁰ Should he be told that I want to speak?
Would any man ask to be swallowed up?

²¹ Now no one can look at the sun,
bright as it is in the skies
after the wind has swept them clean.

²² Out of the north he comes in golden splendor;
God comes in awesome majesty.

²³ The Almighty is beyond our reach and exalted
in power;
in his justice and great righteousness, he does
not oppress.

²⁴ Therefore, men revere him,
for does he not have regard for all the wise in
heart?ᵃ"

The Lord Speaks

38 Then the Lord answered Job out of the storm. He said:

² "Who is this that darkens my counsel
with words without knowledge?

³ Brace yourself like a man;
I will question you,
and you shall answer me.

⁴ "Where were you when I laid the earth's
foundation?
Tell me, if you understand.

⁵ Who marked off its dimensions? Surely you know!
Who stretched a measuring line across it?

⁶ On what were its footings set,
or who laid its cornerstone—

⁷ while the morning stars sang together
and all the angelsᵇ shouted for joy?

⁸ "Who shut up the sea behind doors
when it burst forth from the womb,

⁹ when I made the clouds its garment
and wrapped it in thick darkness,

¹⁰ when I fixed limits for it
and set its doors and bars in place,

¹¹ when I said, 'This far you may come and no farther;
here is where your proud waves halt'?

ᵃ37.24 Ou *pois ele não tem consideração por ninguém que se ache sábio.* ᵇ38.7
Hebraico: *os filhos de Deus.*

ᵃ37:24 Or for he does not have regard for any who think they are wise. ᵇ38:7
Hebrew the sons of God

aqui faço parar suas ondas orgulhosas?

12 "Você já deu ordens à manhã
    ou mostrou à alvorada o seu lugar,
13 para que ela apanhasse a terra
      pelas pontas
    e sacudisse dela os ímpios?
14 A terra toma forma
      como o barro sob o sinete;
    e tudo nela se vê como uma veste.
15 Aos ímpios é negada a sua luz,
    e quebra-se o seu braço levantado.

16 "Você já foi
      até as nascentes do mar,
    ou já passeou pelas obscuras profundezas
        do abismo?
17 As portas da morte
      lhe foram mostradas?
    Você viu as portas das densas trevas?ª
18 Você faz idéia de quão imensas
      são as áreas da terra?
    Fale-me, se é que você sabe.

19 "Como se vai ao lugar
      onde mora a luz?
    E onde está a residência das trevas?
20 Poderá você conduzi-las
      ao lugar que lhes pertence?
    Conhece o caminho
      da habitação delas?
21 Talvez você conheça,
      pois você já tinha nascido!
    Você já viveu tantos anos!

22 "Acaso você entrou
      nos reservatórios de neve,
    já viu os depósitos de saraiva,
23 que eu guardo para
      os períodos de tribulação,
    para os dias de guerra e de combate?
24 Qual o caminho
      por onde se repartem
    os relâmpagos?
    Onde é que os ventos orientais
      são distribuídos sobre a terra?
25 Quem é que abre um canal
      para a chuva torrencial,
    e um caminho
      para a tempestade trovejante,
26 para fazer chover na terra
      em que não vive nenhum homem,
    no deserto onde não há ninguém,
27 para matar a sede do deserto árido
    e nele fazer brotar vegetação?
28 Acaso a chuva tem pai?
    Quem é o pai das gotas de orvalho?
29 De que ventre materno vem o gelo?
    E quem dá à luz a geada
      que cai dos céus,
30 quando as águas se tornam
      duras como pedra
    e a superfície do abismo se congela?

31 "Você pode amarrar
      as lindasᵇ Plêiades?
    Pode afrouxar as cordas do Órion?
32 Pode fazer surgir no tempo certo
      as constelaçõesᶜ
    ou fazer sair a Ursaᵈ
      com seus filhotes?

12 "Have you ever given orders to the morning,
    or shown the dawn its place,
13 that it might take the earth by the edges
    and shake the wicked out of it?
14 The earth takes shape like clay under a seal;
    its features stand out like those of a garment.
15 The wicked are denied their light,
    and their upraised arm is broken.

16 "Have you journeyed to the springs of the sea
    or walked in the recesses of the deep?
17 Have the gates of death been shown to you?
    Have you seen the gates of the shadow of deathª?
18 Have you comprehended the vast expanses of
      the earth?
    Tell me, if you know all this.

19 "What is the way to the abode of light?
    And where does darkness reside?
20 Can you take them to their places?
    Do you know the paths to their dwellings?
21 Surely you know, for you were already born!
    You have lived so many years!

22 "Have you entered the storehouses of the snow
    or seen the storehouses of the hail,
23 which I reserve for times of trouble,
    for days of war and battle?
24 What is the way to the place where the lightning
      is dispersed,
    or the place where the east winds are scattered
      over the earth?
25 Who cuts a channel for the torrents of rain,
    and a path for the thunderstorm,
26 to water a land where no man lives,
    a desert with no one in it,
27 to satisfy a desolate wasteland
    and make it sprout with grass?
28 Does the rain have a father?
    Who fathers the drops of dew?
29 From whose womb comes the ice?
    Who gives birth to the frost from the heavens
30 when the waters become hard as stone,
    when the surface of the deep is frozen?

31 "Can you bind the beautifulᵇ Pleiades?
    Can you loose the cords of Orion?
32 Can you bring forth the constellations in their seasonsᶜ
    or lead out the Bearᵈ with its cubs?

ª38.17 Ou *da sombra da morte?* ᵇ38.31 Ou *as cintilantes*; ou ainda *as cadeias das* ᶜ38.32 Ou *a estrela da manhã* ᵈ38.32 Ou o *Leão*

ª38.17 Or gates of deep shadows ᵇ38.31 Or the twinkling; or the chains of the ᶜ38.32 Or the morning star in its season ᵈ38.32 Or out Leo

33 Você conhece as leis dos céus?
Você pode determinar
o domínio de Deus^a sobre a terra?

34 "Você é capaz de levantar a voz
até as nuvens
e cobrir-se com uma inundação?

35 É você que envia os relâmpagos,
e eles lhe dizem: 'Aqui estamos'?

36 Quem foi que deu sabedoria
ao coração
e entendimento à mente?

37 Quem é que tem sabedoria
para avaliar as nuvens?
Quem é capaz de despejar
os cântaros de água dos céus,

38 quando o pó se endurece
e os torrões de terra
aderem uns aos outros?

39 "É você que caça a presa para a leoa
e satisfaz a fome dos leões,

40 quando se agacham em suas tocas
ou ficam à espreita no matagal?

41 Quem dá alimento aos corvos
quando os seus filhotes clamam a Deus
e vagueiam por falta de comida?

39

"Você sabe quando
as cabras monteses dão à luz?
Você está atento quando a corça
tem o seu filhote?

2 Acaso você conta os meses
até elas darem à luz?
Sabe em que época
elas têm as suas crias?

3 Elas se agacham,
dão à luz os seus filhotes,
e suas dores se vão.

4 Seus filhotes crescem nos campos
e ficam fortes;
partem, e não voltam mais.

5 "Quem pôs em liberdade
o jumento selvagem?
Quem soltou suas cordas?

6 Eu lhe dei o deserto como lar,
o leito seco de lagos salgados
como sua morada.

7 Ele se ri da agitação da cidade;
não ouve os gritos do tropeiro.

8 Vagueia pelas colinas
em busca de pasto
e vai em busca daquilo
que é verde.

9 "Será que o boi selvagem consentirá
em servir você?
e em passar a noite ao lado dos cochos
do seu curral?

10 Poderá você prendê-lo
com arreio na vala?
Irá atrás de você arando os vales?

11 Você vai confiar nele,
por causa da sua grande força?
Vai deixar a cargo dele
o trabalho pesado
que você tem que fazer?

33 Do you know the laws of the heavens?
Can you set up God's^a dominion over the earth?

34 "Can you raise your voice to the clouds
and cover yourself with a flood of water?

35 Do you send the lightning bolts on their way?
Do they report to you, 'Here we are'?

36 Who endowed the heart^b with wisdom
or gave understanding to the mind^c?

37 Who has the wisdom to count the clouds?
Who can tip over the water jars of the
heavens

38 when the dust becomes hard
and the clods of earth stick together?

39 "Do you hunt the prey for the lioness
and satisfy the hunger of the lions

40 when they crouch in their dens
or lie in wait in a thicket?

41 Who provides food for the raven
when its young cry out to God
and wander about for lack of food?

39

"Do you know when the mountain goats give birth?
Do you watch when the doe bears her fawn?

2 Do you count the months till they bear?
Do you know the time they give birth?

3 They crouch down and bring forth their young;
their labor pains are ended.

4 Their young thrive and grow strong in the wilds;
they leave and do not return.

5 "Who let the wild donkey go free?
Who untied his ropes?

6 I gave him the wasteland as his home,
the salt flats as his habitat.

7 He laughs at the commotion in the town;
he does not hear a driver's shout.

8 He ranges the hills for his pasture
and searches for any green thing.

9 "Will the wild ox consent to serve you?
Will he stay by your manger at night?

10 Can you hold him to the furrow with a harness?
Will he till the valleys behind you?

11 Will you rely on him for his great strength?
Will you leave your heavy work to him?

12 Poderá você estar certo
de que ele recolherá o seu trigo
e o ajuntará na sua eira?

13 "A avestruz
bate as asas alegremente.
Que se dirá então das asas
e da plumagem da cegonha?

14 Ela abandona os ovos no chão
e deixa que a areia os aqueça,

15 esquecida de que um pé
poderá esmagá-los,
que algum animal selvagem
poderá pisoteá-los.

16 Ela trata mal os seus filhotes,
como se não fossem dela,
e não se importa se o seu trabalho
é inútil.

17 Isso porque Deus
não lhe deu sabedoria
nem parcela alguma de bom senso.

18 Contudo, quando estende as penas
para correr,
ela ri do cavalo
e daquele que o cavalga.

19 "É você que dá força ao cavalo
ou veste o seu pescoço
com sua crina tremulante?

20 Você o faz saltar como gafanhoto,
espalhando terror
com o seu orgulhoso resfolegar?

21 Ele escarva com fúria,
mostra com prazer a sua força,
e sai para enfrentar as armas.

22 Ele ri do medo e nada teme;
não recua diante da espada.

23 A aljava balança ao seu lado,
com a lança e o dardo flamejantes.

24 Num furor frenético
ele devora o chão;
não consegue esperar
pelo toque da trombeta.

25 Ao ouvi-lo, ele relincha:
'Eia!'
De longe sente cheiro de combate,
o brado de comando
e o grito de guerra.

26 "É graças à inteligência que você tem
que o falcão alça vôo
e estende as asas rumo ao sul?

27 É por sua ordem,
que a águia se eleva
e no alto constrói o seu ninho?

28 Um penhasco é sua morada,
e ali passa a noite;
uma escarpa rochosa é a sua fortaleza.

29 De lá sai ela em busca de alimento;
de longe os seus olhos o vêem.

30 Seus filhotes bebem sangue,
e, onde há mortos, ali ela está".

40 Disse ainda o Senhor a Jó:

2 "Aquele que contende
com o Todo-poderoso
poderá repreendê-lo?
Que responda a Deus
aquele que o acusa!"

3 Então Jó respondeu ao Senhor:

---

12 Can you trust him to bring in your grain
and gather it to your threshing floor?

13 "The wings of the ostrich flap joyfully,
but they cannot compare with the pinions and
feathers of the stork.

14 She lays her eggs on the ground
and lets them warm in the sand,

15 unmindful that a foot may crush them,
that some wild animal may trample them.

16 She treats her young harshly, as if they were
not hers;
she cares not that her labor was in vain,

17 for God did not endow her with wisdom
or give her a share of good sense.

18 Yet when she spreads her feathers to run,
she laughs at horse and rider.

19 "Do you give the horse his strength
or clothe his neck with a flowing mane?

20 Do you make him leap like a locust,
striking terror with his proud snorting?

21 He paws fiercely, rejoicing in his strength,
and charges into the fray.

22 He laughs at fear, afraid of nothing;
he does not shy away from the sword.

23 The quiver rattles against his side,
along with the flashing spear and lance.

24 In frenzied excitement he eats up the ground;
he cannot stand still when the trumpet sounds.

25 At the blast of the trumpet he snorts, 'Aha!'
He catches the scent of battle from afar,
the shout of commanders and the battle cry.

26 "Does the hawk take flight by your wisdom
and spread his wings toward the south?

27 Does the eagle soar at your command
and build his nest on high?

28 He dwells on a cliff and stays there at night;
a rocky crag is his stronghold.

29 From there he seeks out his food;
his eyes detect it from afar.

30 His young ones feast on blood,
and where the slain are, there is he."

40 The Lord said to Job:

"Will the one who contends with the Almighty
correct him?
Let him who accuses God answer him!"

3 Then Job answered the Lord:

4 "Sou indigno;
   como posso responder-te?
Ponho a mão sobre a minha boca.
5 Falei uma vez,
   mas não tenho resposta;
sim, duas vezes,
   mas não direi mais nada".

6 Depois, o Senhor falou a Jó
   do meio da tempestade:

7 "Prepare-se
   como simples homem que é;
eu lhe farei perguntas,
   e você me responderá.

8 "Você vai pôr em dúvida
   a minha justiça?
Vai condenar-me para justificar-se?
9 Seu braço é como o de Deus,
   e sua voz pode trovejar como a dele?
10 Adorne-se, então,
   de esplendor e glória,
e vista-se de majestade e honra.
11 Derrame a fúria da sua ira,
olhe para todo orgulhoso
   e lance-o por terra,
12 olhe para todo orgulhoso
   e humilhe-o,
esmague os ímpios onde estiverem.
13 Enterre-os todos juntos no pó;
   encubra os rostos deles no túmulo.
14 Então admitirei que a sua mão direita
   pode salvar você.

15 "Veja o Beemote[a]
   que criei quando criei você
e que come capim
   como o boi.
16 Que força ele tem em seus lombos!
Que poder nos músculos
   do seu ventre!
17 Sua cauda[b] balança como o cedro;
os nervos de suas coxas
   são firmemente entrelaçados.
18 Seus ossos são canos de bronze,
seus membros são varas de ferro.
19 Ele ocupa o primeiro lugar
   entre as obras de Deus.
No entanto, o seu Criador
   pode chegar a ele com sua espada.
20 Os montes lhe oferecem
   tudo o que produzem,
e todos os animais selvagens
   brincam por perto.
21 Sob os lotos se deita,
   oculto entre os juncos do brejo.
22 Os lotos o escondem à sua sombra;
os salgueiros junto ao regato o cercam.
23 Quando o rio se enfurece,
   ele não se abala;
mesmo que o Jordão
   encrespe as ondas
   contra a sua boca,
   ele se mantém calmo.
24 Poderá alguém capturá-lo
   pelos olhos[a],
ou prendê-lo em armadilha
   e enganchá-lo pelo nariz?

4 "I am unworthy—how can I reply to you?
   I put my hand over my mouth.
5 I spoke once, but I have no answer—
   twice, but I will say no more."

6 Then the Lord spoke to Job out of the storm:

7 "Brace yourself like a man;
   I will question you,
   and you shall answer me.

8 "Would you discredit my justice?
   Would you condemn me to justify yourself?
9 Do you have an arm like God's,
   and can your voice thunder like his?
10 Then adorn yourself with glory and splendor,
   and clothe yourself in honor and majesty.
11 Unleash the fury of your wrath,
   look at every proud man and bring him low,
12 look at every proud man and humble him,
   crush the wicked where they stand.
13 Bury them all in the dust together;
   shroud their faces in the grave.
14 Then I myself will admit to you
   that your own right hand can save you.

15 "Look at the behemoth,[a]
   which I made along with you
   and which feeds on grass like an ox.
16 What strength he has in his loins,
   what power in the muscles of his belly!
17 His tail[b] sways like a cedar;
   the sinews of his thighs are close-knit.
18 His bones are tubes of bronze,
   his limbs like rods of iron.
19 He ranks first among the works of God,
   yet his Maker can approach him with his sword.
20 The hills bring him their produce,
   and all the wild animals play nearby.
21 Under the lotus plants he lies,
   hidden among the reeds in the marsh.
22 The lotuses conceal him in their shadow;
   the poplars by the stream surround him.
23 When the river rages, he is not alarmed;
   he is secure, though the Jordan should surge
   against his mouth.
24 Can anyone capture him by the eyes,[c]
   or trap him and pierce his nose?

---

[a]40.15 Grande animal de identificação desconhecida. Tradicionalmente *hipopótamo.* [b]40.17 Ou *tronco,* ou ainda *tromba* [c]40.24 Ou capturá-lo por meio de um açude

[a]40.15 Possibly the hippopotamus or the elephant [b]40.17 Possibly trunk [c]40.24 Or by a water hole

41 "Você consegue pescar com anzol o Leviatã[a]
ou prender sua língua com uma corda?

2 Consegue fazer passar um cordão
   pelo seu nariz
ou atravessar seu queixo
   com um gancho?

3 Você imagina que ele vai
   lhe implorar misericórdia
e falar-lhe palavras amáveis?

4 Acha que ele vai fazer
   acordo com você,
para que o tenha como escravo
   pelo resto da vida?

5 Acaso você consegue fazer dele
   um bichinho de estimação,
como se fosse um passarinho,
ou pôr-lhe uma coleira
   para dá-lo às suas filhas?

6 Poderão os negociantes vendê-lo?
   Ou reparti-lo
entre os comerciantes?

7 Você consegue encher de arpões
   o seu couro,
e de lanças de pesca a sua cabeça?

8 Se puser a mão nele,
   a luta ficará em sua memória,
e nunca mais você tornará a fazê-lo.

9 Esperar vencê-lo é ilusão;
   apenas vê-lo já é assustador.

10 Ninguém é suficientemente corajoso
    para despertá-lo.
Quem então será capaz
    de resistir a mim?

11 Quem primeiro me deu alguma coisa,
    que eu lhe deva pagar?
Tudo o que há debaixo dos céus
    me pertence.

12 "Não deixarei de falar
    de seus membros,
de sua força e de seu porte gracioso.

13 Quem consegue arrancar
    sua capa externa?
Quem se aproximaria dele
    com uma rédea?

14 Quem ousa abrir as portas
    de sua boca,
cercada com seus dentes temíveis?

15 Suas costas possuem[b]
    fileiras de escudos
    firmemente unidos;

16 cada um está tão junto do outro
    que nem o ar passa entre eles;

17 estão tão interligados
    que é impossível separá-los.

18 Seu forte sopro
    atira lampejos de luz;
seus olhos são como
    os raios da alvorada.

19 Tições saem da sua boca;
    fagulhas de fogo estalam.

20 Das suas narinas sai fumaça
    como de panela fervente
    sobre fogueira de juncos.

21 Seu sopro acende o carvão,
    e da sua boca saltam chamas.

22 Tanta força reside em seu pescoço

41 "Can you pull in the leviathan[a] with a
    fishhook
or tie down his tongue with a rope?

2 Can you put a cord through his nose
   or pierce his jaw with a hook?

3 Will he keep begging you for mercy?
   Will he speak to you with gentle words?

4 Will he make an agreement with you
   for you to take him as your slave for life?

5 Can you make a pet of him like a bird
   or put him on a leash for your girls?

6 Will traders barter for him?
   Will they divide him up among the merchants?

7 Can you fill his hide with harpoons
   or his head with fishing spears?

8 If you lay a hand on him,
   you will remember the struggle and never do
   it again!

9 Any hope of subduing him is false;
   the mere sight of him is overpowering.

10 No one is fierce enough to rouse him.
    Who then is able to stand against me?

11 Who has a claim against me that I must pay?
    Everything under heaven belongs to me.

12 "I will not fail to speak of his limbs,
    his strength and his graceful form.

13 Who can strip off his outer coat?
    Who would approach him with a bridle?

14 Who dares open the doors of his mouth,
    ringed about with his fearsome teeth?

15 His back has[b] rows of shields
    tightly sealed together;

16 each is so close to the next
    that no air can pass between.

17 They are joined fast to one another;
    they cling together and cannot be parted.

18 His snorting throws out flashes of light;
    his eyes are like the rays of dawn.

19 Firebrands stream from his mouth;
    sparks of fire shoot out.

20 Smoke pours from his nostrils
    as from a boiling pot over a fire of reeds.

21 His breath sets coals ablaze,
    and flames dart from his mouth.

22 Strength resides in his neck;
    dismay goes before him.

---

[a]41.1 Ou *monstro marinho* [b]41.15 Ou *Seu orgulho são suas costas*   [a]41:1 Possibly the crocodile [b]41:15 Or *His pride is his*

que o terror vai adiante dele.
23 As dobras da sua carne
são fortemente unidas;
são tão firmes que não se movem.
24 Seu peito é duro como pedra,
rijo como a pedra inferior do moinho.
25 Quando ele se ergue,
os poderosos se apavoram;
fogem com medo dos seus golpes.
26 A espada que o atinge
nada lhe faz,
nem a lança nem a flecha
nem o dardo.
27 Ferro ele trata como palha,
e bronze como madeira podre.
28 As flechas não o afugentam,
as pedras das fundas
são como cisco para ele.
29 O bastão lhe parece fiapo de palha;
o brandir da grande lança o faz rir.
30 Seu ventre é como caco denteado,
e deixa rastro na lama
como o trilho de debulhar.
31 Ele faz as profundezas se agitarem
como caldeirão fervente,
e revolve o mar
como pote de ungüento.
32 Deixa atrás de si
um rastro cintilante,
como se fossem
os cabelos brancos do abismo.
33 Nada na terra se equipara a ele:
criatura destemida!
34 Com desdém olha todos os altivos;
reina soberano
sobre todos os orgulhosos".

23 The folds of his flesh are tightly joined;
they are firm and immovable.
24 His chest is hard as rock,
hard as a lower millstone.
25 When he rises up, the mighty are terrified;
they retreat before his thrashing.
26 The sword that reaches him has no effect,
nor does the spear or the dart or the javelin.
27 Iron he treats like straw
and bronze like rotten wood.
28 Arrows do not make him flee;
slingstones are like chaff to him.
29 A club seems to him but a piece of straw;
he laughs at the rattling of the lance.
30 His undersides are jagged potsherds,
leaving a trail in the mud like a threshing sledge.
31 He makes the depths churn like a boiling caldron
and stirs up the sea like a pot of ointment.
32 Behind him he leaves a glistening wake;
one would think the deep had white hair.
33 Nothing on earth is his equal—
a creature without fear.
34 He looks down on all that are haughty;
he is king over all that are proud."

Jó

42 Então Jó respondeu ao Senhor:

2 "Sei que podes fazer todas as coisas;
nenhum dos teus planos
pode ser frustrado.
3 Tu perguntaste: 'Quem é esse
que obscurece o meu conselho
sem conhecimento?'
Certo é que falei de coisas
que eu não entendia,
coisas tão maravilhosas
que eu não poderia saber.

4 "Tu disseste:
'Agora escute, e eu falarei;
vou fazer-lhe perguntas,
e você me responderá'.
5 Meus ouvidos já tinham
ouvido a teu respeito,
mas agora os meus olhos te viram.
6 Por isso menosprezo a mim mesmo
e me arrependo no pó e na cinza".

Epílogo

7 Depois que o Senhor disse essas palavras a Jó, disse também a Elifaz, de Temã: "Estou indignado com você e com os seus dois amigos, pois vocês não falaram o que é certo a meu respeito, como fez meu servo Jó. **8** Vão agora até meu servo Jó, levem sete novilhos e sete carneiros, e com eles apresentem holocaustos[a] em favor de vocês mesmos. Meu servo Jó orará por vocês; eu aceitarei a oração dele e não lhes farei o que vocês merecem

Job

42 Then Job replied to the Lord:

2 "I know that you can do all things;
no plan of yours can be thwarted.
3 You asked, 'Who is this that obscures my
counsel without knowledge?'
Surely I spoke of things I did not understand,
things too wonderful for me to know.

4 "You said, 'Listen now, and I will speak;
I will question you,
and you shall answer me.'
5 My ears had heard of you
but now my eyes have seen you.
6 Therefore I despise myself
and repent in dust and ashes."

Epilogue

7 After the Lord had said these things to Job, he said to Eliphaz the Temanite, "I am angry with you and your two friends, because you have not spoken of me what is right, as my servant Job has. **8** So now take seven bulls and seven rams and go to my servant Job and sacrifice a burnt offering for yourselves. My servant Job will pray for you, and I will accept his prayer and not deal with you according to

---

a42.8 Isto é, sacrifícios totalmente queimados.

pela loucura que cometeram. Vocês não falaram o que é certo a meu respeito, como fez meu servo Jó". **9** Então Elifaz, de Temã, Bildade, de Suá, e Zofar, de Naamate, fizeram o que o Senhor lhes ordenara; e o Senhor aceitou a oração de Jó.

10 Depois que Jó orou por seus amigos, o Senhor o tornou novamente próspero e lhe deu em dobro tudo o que tinha antes. **11** Todos os seus irmãos e irmãs, e todos os que o haviam conhecido anteriormente vieram comer com ele em sua casa. Eles o consolaram e o confortaram por todas as tribulações que o Senhor tinha trazido sobre ele, e cada um lhe deu uma peça de prata^a e um anel de ouro. **12** O Senhor abençoou o final da vida de Jó mais do que o início. Ele teve catorze mil ovelhas, seis mil camelos, mil juntas de boi e mil jumentos. **13** Também teve ainda sete filhos e três filhas. **14** À primeira filha deu o nome de Jemima, à segunda o de Quézia e à terceira o de Quéren-Hapuque. **15** Em parte alguma daquela terra havia mulheres tão bonitas como as filhas de Jó, e seu pai lhes deu herança junto com os seus irmãos. **16** Depois disso Jó viveu cento e quarenta anos; viu seus filhos e os descendentes deles até a quarta geração. **17** E então morreu, em idade muito avançada.

your folly. You have not spoken of me what is right, as my servant Job has." **9** So Eliphaz the Temanite, Bildad the Shuhite and Zophar the Naamathite did what the Lord told them; and the Lord accepted Job's prayer.

10 After Job had prayed for his friends, the Lord made him prosperous again and gave him twice as much as he had before. **11** All his brothers and sisters and everyone who had known him before came and ate with him in his house. They comforted and consoled him over all the trouble the Lord had brought upon him, and each one gave him a piece of silver^a and a gold ring. **12** The Lord blessed the latter part of Job's life more than the first. He had fourteen thousand sheep, six thousand camels, a thousand yoke of oxen and a thousand donkeys. **13** And he also had seven sons and three daughters. **14** The first daughter he named Jemimah, the second Keziah and the third Keren-Happuch. **15** Nowhere in all the land were there found women as beautiful as Job's daughters, and their father granted them an inheritance along with their brothers.

16 After this, Job lived a hundred and forty years; he saw his children and their children to the fourth generation. **17** And so he died, old and full of years.

Salmos

PRIMEIRO LIVRO

SALMO 1

1 Como é feliz aquele
　　que não segue o conselho dos ímpios,
　não imita a conduta dos pecadores,
　　nem se assenta na roda dos zombadores!
2 Ao contrário, sua satisfação
　　está na lei do Senhor,
　e nessa lei medita dia e noite.
3 É como árvore plantada
　　à beira de águas correntes:
　Dá fruto no tempo certo
　　e suas folhas não murcham.
　Tudo o que ele faz prospera!

4 Não é o caso dos ímpios!
　São como palha que o vento leva.
5 Por isso os ímpios
　　não resistirão no julgamento,
　nem os pecadores na comunidade dos justos.

6 Pois o Senhor aprova o^b caminho dos justos,
　　mas o caminho dos ímpios leva à destruição!

SALMO 2

1 Por que se amotinam^c as nações
　e os povos tramam em vão?
2 Os reis da terra tomam posição
　　e os governantes conspiram unidos
　contra o Senhor e contra o seu ungido,
　　e dizem:
3 "Façamos em pedaços as suas correntes,
　　lancemos de nós as suas algemas!"

4 Do seu trono nos céus
　　o Senhor põe-se a rir e caçoa deles.
5 Em sua ira os repreende
　　e em seu furor os aterroriza, dizendo:
6 "Eu mesmo estabeleci o meu rei
　　em Sião, no meu santo monte".

7 Proclamarei o decreto do Senhor:

Psalms

BOOK I

Psalms 1-41

1 Blessed is the man
　　who does not walk in the counsel of the wicked
　or stand in the way of sinners
　　or sit in the seat of mockers.
2 But his delight is in the law of the Lord,
　　and on his law he meditates day and night.
3 He is like a tree planted by streams of water,
　　which yields its fruit in season
　and whose leaf does not wither.
　　Whatever he does prospers.

4 Not so the wicked!
　　They are like chaff
　　that the wind blows away.
5 Therefore the wicked will not stand in the judgment,
　　nor sinners in the assembly of the righteous.

6 For the Lord watches over the way of the righteous,
　　but the way of the wicked will perish.

2
1 Why do the nations conspire^b
　　and the peoples plot in vain?
2 The kings of the earth take their stand
　　and the rulers gather together
　against the Lord
　　and against his Anointed One.^c
3 "Let us break their chains," they say,
　　"and throw off their fetters."

4 The One enthroned in heaven laughs;
　　the Lord scoffs at them.
5 Then he rebukes them in his anger
　　and terrifies them in his wrath, saying,
6 "I have installed my King^d
　　on Zion, my holy hill."

7 I will proclaim the decree of the Lord:

ª42.11 Hebraico: *1 quesita*. Uma quesita era uma unidade monetária de peso e valor desconhecidos. ᵇ1.6 Ou *cuida do*; ou ainda *conhece o* ᶜ2.1 A Septuaginta diz *se enfurecem*.

ª42:11 Hebrew *him a kesitah*; a kesitah was a unit of money of unknown weight and value. ᵇ2:1 Hebrew; Septuagint *rage* ᶜ2:2 Or *anointed one* ᵈ2:6 Or *king*

Ele me disse: "Tu és meu filho;
   eu hoje te gerei.
8 Pede-me, e te darei as nações como herança
   e os confins da terra como tua propriedade.
9 Tu as quebrarás com vara de ferro[a]
   e as despedaçarás como a um vaso de barro".
10 Por isso, ó reis, sejam prudentes;
   aceitem a advertência, autoridades da terra.
11 Adorem o Senhor com temor;
   exultem com tremor.
12 Beijem o filho,[b] para que ele não se ire
   e vocês não sejam destruídos de repente,
   pois num instante acende-se a sua ira.
Como são felizes todos os que nele se refugiam!

SALMO 3

Salmo de Davi, quando fugiu de
seu filho Absalão.

1 Senhor, muitos são os meus adversários!
   Muitos se rebelam contra mim!
2 São muitos os que dizem a meu respeito:
   "Deus nunca o salvará!"   [Pausa][c]

3 Mas tu, Senhor,
   és o escudo que me protege;
   és a minha glória
   e me fazes andar de cabeça erguida.
4 Ao Senhor clamo em alta voz,
   e do seu santo monte ele me responde.   [Pausa]

5 Eu me deito e durmo, e torno a acordar,
   porque é o Senhor que me sustém.
6 Não me assustam os milhares que me cercam.

7 Levanta-te, Senhor!
   Salva-me, Deus meu!
   Quebra o queixo de todos os meus inimigos;
   arrebenta os dentes dos ímpios.

8 Do Senhor vem o livramento.
   A tua bênção está sobre o teu povo.   [Pausa]

SALMO 4

Para o mestre de música.
Com instrumentos de cordas. Salmo davídico.

1 Responde-me quando clamo,
   ó Deus que me fazes justiça!
Dá-me alívio da minha angústia;
tem misericórdia de mim
   e ouve a minha oração.

2 Até quando vocês, ó poderosos[d],
   ultrajarão a minha honra?[e]
Até quando estarão amando ilusões
   e buscando mentiras?[f]   [Pausa]

3 Saibam que o Senhor escolheu o piedoso;
   o Senhor ouvirá quando eu o invocar.

4 Quando vocês ficarem irados, não pequem;
   ao deitar-se reflitam nisso,
   e aquietem-se.   [Pausa]

5 Ofereçam sacrifícios como Deus exige
   e confiem no Senhor.

6 Muitos perguntam:
   "Quem nos fará desfrutar o bem?"

He said to me, "You are my Son[a];
   today I have become your Father.[b]
8 Ask of me,
   and I will make the nations your inheritance,
   the ends of the earth your possession.
9 You will rule them with an iron scepter[c];
   you will dash them to pieces like pottery."
10 Therefore, you kings, be wise;
   be warned, you rulers of the earth.
11 Serve the Lord with fear
   and rejoice with trembling.
12 Kiss the Son, lest he be angry
   and you be destroyed in your way,
for his wrath can flare up in a moment.
   Blessed are all who take refuge in him.

A psalm of David.
When he fled from his son Absalom.

3 O Lord, how many are my foes!
   How many rise up against me!
2 Many are saying of me,
   "God will not deliver him."
                        Selah[d]

3 But you are a shield around me, O Lord;
   you bestow glory on me and lift[e] up my head.
4 To the Lord I cry aloud,
   and he answers me from his holy hill.
                        Selah

5 I lie down and sleep;
   I wake again, because the Lord sustains me.
6 I will not fear the tens of thousands
   drawn up against me on every side.

7 Arise, O Lord!
   Deliver me, O my God!
Strike all my enemies on the jaw;
   break the teeth of the wicked.

8 From the Lord comes deliverance.
   May your blessing be on your people.
                        Selah

For the director of music. With stringed
instruments. A psalm of David.

4 Answer me when I call to you,
   O my righteous God.
Give me relief from my distress;
   be merciful to me and hear my prayer.

2 How long, O men, will you turn my glory
   into shame[f]?
How long will you love delusions and seek
    false gods[g]?
                        Selah

3 Know that the Lord has set apart the godly for
    himself;
   the Lord will hear when I call to him.

4 In your anger do not sin;
   when you are on your beds,
   search your hearts and be silent.
                        Selah

5 Offer right sacrifices
   and trust in the Lord.
6 Many are asking, "Who can show us any good?"

---

[a]2.9 Ou *as governarás com cetro de ferro* [b]2.12 Os versículos 11 e 12 permitem traduções alternativas. [c]3.2 *Hebraico: Selá; também em todo o livro de Salmos.* [d]4.2 Ou *mortais* [e]4.2 Ou *desonrarão aquele em quem me glorio?* [f]4.2 Ou *deuses falsos?*

[a]2:7 Or *son*; also in verse 12 [b]2:7 Or *have begotten you* [c]2:9 Or *will break them with a rod of iron* [d]3:2 A word of uncertain meaning, occurring frequently in the Psalms; possibly a musical term [e]3:3 Or Lord, / *my Glorious One, who lifts* [f]4:2 Or *you dishonor my Glorious One* [g]4:2 Or *seek lies*

Faze, ó Senhor, resplandecer sobre nós
a luz do teu rosto!ᵃ
7 Encheste o meu coração de alegria,
alegria maior do que a daqueles
que têm fartura de trigo e de vinho.
8 Em paz me deito e logo adormeço,
pois só tu, Senhor,
me fazes viver em segurança.

SALMO 5

Para o mestre de música. Para
flautas. Salmo davídico.

1 Escuta, Senhor, as minhas palavras,
considera o meu gemer.
2 Atenta para o meu grito de socorro,
meu Rei e meu Deus,
pois é a ti que imploro.
3 De manhã ouves, Senhor, o meu clamor;
de manhã te apresento a minha oraçãoᵇ
e aguardo com esperança.

4 Tu não és um Deus
que tenha prazer na injustiça;
contigo o mal não pode habitar.
5 Os arrogantes não são aceitos
na tua presença;
odeias todos os que praticam o mal.
6 Destróis os mentirosos;
os assassinos e os traiçoeiros
o Senhor detesta.

7 Eu, porém, pelo teu grande amor,
entrarei em tua casa;
com temor me inclinarei
para o teu santo templo.
8 Conduze-me, Senhor, na tua justiça,
por causa dos meus inimigos;
aplaina o teu caminho diante de mim.

9 Nos lábios deles não há palavra confiável;
suas mentes só tramam destruição.
Suas gargantas são um túmulo aberto;
com suas línguas enganam sutilmente.
10 Condena-os, ó Deus!
Caiam eles por suas próprias maquinações.
Expulsa-os por causa dos seus muitos crimes,
pois se rebelaram contra ti.

11 Alegrem-se, porém,
todos os que se refugiam em ti;
cantem sempre de alegria!
Estende sobre eles a tua proteção.
Em ti exultem os que amam o teu nome.
12 Pois tu, Senhor, abençoas o justo;
o teu favor o protege como um escudo.

SALMO 6

Para o mestre de música. Com
instrumentos de cordas.
Em oitava. Salmo davídico.

1 Senhor, não me castigues na tua ira
nem me disciplines no teu furor.
2 Misericórdia, Senhor, pois vou desfalecendo!
Cura-me, Senhor, pois os meus ossos tremem:
3 todo o meu ser estremece.
Até quando, Senhor, até quando?

4 Volta-te, Senhor, e livra-me;
salva-me por causa do teu amor leal.

Let the light of your face shine upon us, O Lord.
7 You have filled my heart with greater joy
than when their grain and new wine abound.
8 I will lie down and sleep in peace,
for you alone, O Lord,
make me dwell in safety.

For the director of music.
For flutes. A psalm of David.

5
Give ear to my words, O Lord,
consider my sighing.
2 Listen to my cry for help,
my King and my God,
for to you I pray.
3 In the morning, O Lord, you hear my voice;
in the morning I lay my requests before you
and wait in expectation.

4 You are not a God who takes pleasure in evil;
with you the wicked cannot dwell.
5 The arrogant cannot stand in your presence;
you hate all who do wrong.
6 You destroy those who tell lies;
bloodthirsty and deceitful men
the Lord abhors.

7 But I, by your great mercy,
will come into your house;
in reverence will I bow down
toward your holy temple.
8 Lead me, O Lord, in your righteousness
because of my enemies—
make straight your way before me.

9 Not a word from their mouth can be trusted;
their heart is filled with destruction.
Their throat is an open grave;
with their tongue they speak deceit.
10 Declare them guilty, O God!
Let their intrigues be their downfall.
Banish them for their many sins,
for they have rebelled against you.

11 But let all who take refuge in you be glad;
let them ever sing for joy.
Spread your protection over them,
that those who love your name may rejoice
in you.
12 For surely, O Lord, you bless the righteous;
you surround them with your favor as with a
shield.

For the director of music. With stringed instruments.
According to sheminith.ᵃ A psalm of David.

6
O Lord, do not rebuke me in your anger
or discipline me in your wrath.
2 Be merciful to me, Lord, for I am faint;
O Lord, heal me, for my bones are in agony.
3 My soul is in anguish.
How long, O Lord, how long?

4 Turn, O Lord, and deliver me;
save me because of your unfailing love.

ᵃ4.6 Isto é, mostra-nos, Senhor, a tua bondade! ᵇ5.3 Ou *o meu sacrifício*   ᵃTitle: Probably a musical term

5 Quem morreu não se lembra de ti.
Entre os mortosª, quem te louvará?
6 Estou exausto de tanto gemer.
De tanto chorar inundo de noite
a minha cama;
de lágrimas encharco o meu leito.
7 Os meus olhos se consomem de tristeza;
fraquejam por causa de todos
os meus adversários.

8 Afastem-se de mim
todos vocês que praticam o mal,
porque o Senhor ouviu o meu choro.
9 O Senhor ouviu a minha súplica;
o Senhor aceitou a minha oração.
10 Serão humilhados e aterrorizados
todos os meus inimigos;
frustrados, recuarão de repente.

SALMO 7

Confissão de Davi, que ele cantou
ao Senhor acerca de Cuxe, o benjamita.

1 Senhor, meu Deus, em ti me refugio;
salva-me e livra-me de todos
os que me perseguem,
2 para que, como leões,
não me dilacerem nem me despedacem,
sem que ninguém me livre.

3 Senhor, meu Deus, se assim procedi,
se nas minhas mãos há injustiça,
4 se fiz algum mal a um amigo
ou se poupeiᵇ sem motivo o meu adversário,
5 persiga-me o meu inimigo até me alcançar,
no chão me pisoteie e aniquile a minha vida,
lançando a minha honra no pó.   [Pausa]

6 Levanta-te, Senhor, na tua ira;
ergue-te contra o furor dos meus adversários.
Desperta-te, meu Deus! Ordena a justiça!
7 Reúnam-se os povos ao teu redor.
Das alturas reina sobre eles.
8 O Senhor é quem julga os povos.
Julga-me, Senhor, conforme a minha justiça,
conforme a minha integridade.
9 Deus justo,
que sondas as mentes e os corações,
dá fim à maldade dos ímpios
e ao justo dá segurança.

10 O meu escudo está nas mãos de Deus,
que salva o reto de coração.
11 Deus é um juiz justo,
um Deus que manifesta cada dia o seu furor.
12 Se o homem não se arrepende,
Deus afia a sua espada,
arma o seu arco e o aponta,
13 prepara as suas armas mortais
e faz de suas setas flechas flamejantes.

14 Quem gera a maldade, concebe sofrimento
e dá à luz a desilusão.
15 Quem cava um buraco e o aprofunda
cairá nessa armadilha que fez.
16 Sua maldade se voltará contra ele;
sua violência cairá sobre a sua própria cabeça.
17 Darei graças ao Senhor por sua justiça;

5 No one remembers you when he is dead.
Who praises you from the graveª?

6 I am worn out from groaning;
all night long I flood my bed with weeping
and drench my couch with tears.
7 My eyes grow weak with sorrow;
they fail because of all my foes.

8 Away from me, all you who do evil,
for the Lord has heard my weeping.
9 The Lord has heard my cry for mercy;
the Lord accepts my prayer.
10 All my enemies will be ashamed and dismayed;
they will turn back in sudden disgrace.

A *shiggaion*ᵇ of David, which he sang
to the Lord concerning Cush, a Benjamite.

7 O Lord my God, I take refuge in you;
save and deliver me from all who pursue me,
2 or they will tear me like a lion
and rip me to pieces with no one to
rescue me.

3 O Lord my God, if I have done this
and there is guilt on my hands—
4 if I have done evil to him who is at peace with me
or without cause have robbed my foe—
5 then let my enemy pursue and overtake me;
let him trample my life to the ground
and make me sleep in the dust.
                                                    Selah

6 Arise, O Lord, in your anger;
rise up against the rage of my enemies.
Awake, my God; decree justice.
7 Let the assembled peoples gather around you.
Rule over them from on high;
8   let the Lord judge the peoples.
Judge me, O Lord, according to my righteousness,
according to my integrity, O Most High.
9 O righteous God,
who searches minds and hearts,
bring to an end the violence of the wicked
and make the righteous secure.

10 My shieldᶜ is God Most High,
who saves the upright in heart.
11 God is a righteous judge,
a God who expresses his wrath every day.
12 If he does not relent,
heᵈ will sharpen his sword;
he will bend and string his bow.
13 He has prepared his deadly weapons;
he makes ready his flaming arrows.

14 He who is pregnant with evil
and conceives trouble gives birth to disillusionment.
15 He who digs a hole and scoops it out
falls into the pit he has made.
16 The trouble he causes recoils on himself;
his violence comes down on his own head.
17 I will give thanks to the Lord because of his
righteousness

ª6.5 Hebraico: *Sheol*. Essa palavra também pode ser traduzida por sepultura,
profundezas, pó ou morte. ᵇ7.4 Ou *explorei*

ª6:5 Hebrew *Sheol* ᵇTitle: Probably a literary or musical term ᶜ7:10 Or *sovereign* ᵈ7:12 Or *If a man does not repent, / God*

ao nome do Senhor Altíssimo
   cantarei louvores.

SALMO 8

Para o mestre de música.
De acordo com a melodia *Os Lagares.* Salmo davídico.

1 Senhor, Senhor nosso,
   como é majestoso o teu nome em toda a terra!
Tu, cuja glória é cantada nos céus.ᵃ
2 Dos lábios das crianças e dos recém-nascidos
   firmaste o teu nome como fortalezaᵇ,
por causa dos teus adversários,
   para silenciar o inimigo que busca vingança.

3 Quando contemplo os teus céus,
   obra dos teus dedos,
a lua e as estrelas que ali firmaste,
4 pergunto: Que é o homem,
   para que com ele te importes?
E o filho do homem,
   para que com ele te preocupes?
5 Tu o fizeste um pouco menor
   do que os seres celestiaisᶜ
e o coroaste de glória e de honra.
6 Tu o fizeste dominar
   sobre as obras das tuas mãos;
sob os seus pés tudo puseste:
7 todos os rebanhos e manadas,
   e até os animais selvagens,
8 as aves do céu, os peixes do mar
   e tudo o que percorre as veredas dos mares.

9 Senhor, Senhor nosso,
   como é majestoso o teu nome em toda a terra!

SALMO 9ᵈ

Para o mestre de música. De acordo com
*muth-laben*ᵉ. Salmo davídico.

1 Senhor, quero dar-te graças de todo o coração
   e falar de todas as tuas maravilhas.
2 Em ti quero alegrar-me e exultar,
   e cantar louvores ao teu nome, ó Altíssimo.

3 Quando os meus inimigos
   contigo se defrontam,
tropeçam e são destruídos.
4 Pois defendeste o meu direito e a minha causa;
   em teu trono te assentaste,
   julgando com justiça.
5 Repreendeste as nações e destruíste os ímpios;
   para todo o sempre apagaste o nome deles.
6 O inimigo foi totalmente arrasado,
   para sempre;
desarraigaste as suas cidades;
   já não há quem delas se lembre.

7 O Senhor reina para sempre;
   estabeleceu o seu trono para julgar.
8 Ele mesmo julga o mundo com justiça;
   governa os povos com retidão.
9 O Senhor é refúgio para os oprimidos,
   uma torre segura na hora da adversidade.
10 Os que conhecem o teu nome confiam em ti,
   pois tu, Senhor, jamais abandonas
   os que te buscam.

and will sing praise to the name of the
   Lord Most High.

For the director of music.
According to *gittith.*ᵃ A psalm of David.

8 O Lord, our Lord,
   how majestic is your name in all the earth!

You have set your glory
   above the heavens.
2 From the lips of children and infants
   you have ordained praiseᵇ
because of your enemies,
   to silence the foe and the avenger.

3 When I consider your heavens,
   the work of your fingers,
the moon and the stars,
   which you have set in place,
4 what is man that you are mindful of him,
   the son of man that you care for him?
5 You made him a little lower than the heavenly beingsᶜ
   and crowned him with glory and honor.

6 You made him ruler over the works of your hands;
   you put everything under his feet:
7 all flocks and herds,
   and the beasts of the field,
8 the birds of the air,
   and the fish of the sea,
   all that swim the paths of the seas.

9 O Lord, our Lord,
   how majestic is your name in all the earth!

For the director of music. To ⌐the tune of⌐
   "The Death of the Son." A psalm of David.

9 ᵈI will praise you, O Lord, with all my heart;
   I will tell of all your wonders.
2 I will be glad and rejoice in you;
   I will sing praise to your name, O Most High.

3 My enemies turn back;
   they stumble and perish before you.
4 For you have upheld my right and my cause;
   you have sat on your throne, judging righteously.
5 You have rebuked the nations and destroyed
     the wicked;
you have blotted out their name for ever and ever.
6 Endless ruin has overtaken the enemy,
   you have uprooted their cities;
   even the memory of them has perished.

7 The Lord reigns forever;
   he has established his throne for judgment.
8 He will judge the world in righteousness;
   he will govern the peoples with justice.
9 The Lord is a refuge for the oppressed,
   a stronghold in times of trouble.
10 Those who know your name will trust in you,
   for you, Lord, have never forsaken those who
     seek you.

ᵃ8.1 Ou *Puseste a tua glória nos céus*, ou ainda *Eu te cultuarei acima dos céus.* ᵇ8.2 Ou *suscitaste louvor* ᶜ8.5 Ou *do que Deus* ᵈOs Salmos 9 e 10 talvez tenham sido originalmente um único poema, organizado em ordem alfabética, no hebraico. Na Septuaginta constituem um único salmo. ᵉExpressão de sentido desconhecido. Tradicionalmente: De acordo com a melodia *A Morte para o Filho.*

ᵃTitle: Probably a musical term ᵇ8:2 Or *strength* ᶜ8:5 Or *than God* ᵈPsalms 9 and 10 may have been originally a single acrostic poem, the stanzas of which begin with the successive letters of the Hebrew alphabet. In the Septuagint they constitute one psalm.

11 Cantem louvores ao Senhor,
    que reina em Sião;
proclamem entre as nações os seus feitos.
12 Aquele que pede contas do sangue derramado
    não esquece;
ele não ignora o clamor dos oprimidos.

13 Misericórdia, Senhor!
Vê o sofrimento que me causam
    os que me odeiam.
Salva-me das portas da morte,
14 para que, junto às portas da cidadeª de Sião,
    eu cante louvores a ti
e ali exulte em tua salvação.
15 Caíram as nações na cova que abriram;
os seus pés ficaram presos
    no laço que esconderam.
16 O Senhor é conhecido
    pela justiça que executa;
os ímpios caem em suas próprias armadilhas.
Interlúdioᵇ. Pausa
17 Voltem os ímpios ao póᶜ,
todas as nações que se esquecem de Deus!
18 Mas os pobres nunca serão esquecidos,
nem se frustrará a esperança dos necessitados.

19 Levanta-te, Senhor!
    Não permitas que o mortal triunfe!
Julgadas sejam as nações na tua presença.
20 Infunde-lhes terror, Senhor;
    saibam as nações
que não passam de seres humanos.   [Pausa]

SALMO 10

1 Senhor, por que estás tão longe?
Por que te escondes em tempos de angústia?

2 Em sua arrogância o ímpio persegue o pobre,
    que é apanhado em suas tramas.
3 Ele se gaba de sua própria cobiça
e, em sua ganância,
    amaldiçoaᵈ e insulta o Senhor.
4 Em sua presunção o ímpio não o busca;
não há lugar para Deus
    em nenhum dos seus planos.
5 Os seus caminhos prosperam sempre;
tão acima da sua compreensão estão as tuas leis
    que ele faz pouco caso
    de todos os seus adversários,
6 pensando consigo mesmo: "Nada me abalará!
Desgraça alguma me atingirá,
    nem a mim nem aos meus descendentes".
7 Sua boca está cheia de maldições,
    mentiras e ameaças;
violência e maldade estão em sua língua.
8 Fica à espreita perto dos povoados;
em emboscadas mata os inocentes,
    procurando às escondidas as suas vítimas.
9 Fica à espreita como o leão escondido;
    fica à espreita para apanhar o necessitado;
apanha o necessitado e o arrasta para a sua rede.
10 Agachado, fica de tocaia;
    as suas vítimas caem em seu poder.
11 Pensa consigo mesmo: "Deus se esqueceu;
    escondeu o rosto e nunca verá isto".

12 Levanta-te, Senhor!
    Ergue a tua mão, ó Deus!

11 Sing praises to the Lord, enthroned in Zion;
    proclaim among the nations what he has done.
12 For he who avenges blood remembers;
    he does not ignore the cry of the afflicted.

13 O Lord, see how my enemies persecute me!
    Have mercy and lift me up from the gates
        of death,
14 that I may declare your praises
    in the gates of the Daughter of Zion
    and there rejoice in your salvation.
15 The nations have fallen into the pit they
        have dug;
    their feet are caught in the net they have
        hidden.
16 The Lord is known by his justice;
    the wicked are ensnared by the work of
        their hands.

        Higgaion.ª Selah

17 The wicked return to the grave,ᵇ
    all the nations that forget God.
18 But the needy will not always be forgotten,
    nor the hope of the afflicted ever perish.

19 Arise, O Lord, let not man triumph;
    let the nations be judged in your presence.
20 Strike them with terror, O Lord;
    let the nations know they are but men.

        Selah

10 ᶜ Why, O Lord, do you stand far off?
    Why do you hide yourself in times of trouble?

2 In his arrogance the wicked man hunts down
        the weak,
    who are caught in the schemes he devises.
3 He boasts of the cravings of his heart;
    he blesses the greedy and reviles the Lord.
4 In his pride the wicked does not seek him;
    in all his thoughts there is no room for God.
5 His ways are always prosperous;
    he is haughty and your laws are far from him;
    he sneers at all his enemies.
6 He says to himself, "Nothing will shake me;
    I'll always be happy and never have trouble."
7 His mouth is full of curses and lies and threats;
    trouble and evil are under his tongue.
8 He lies in wait near the villages;
    from ambush he murders the innocent,
    watching in secret for his victims.
9 He lies in wait like a lion in cover;
    he lies in wait to catch the helpless;
    he catches the helpless and drags them off in
        his net.
10 His victims are crushed, they collapse;
    they fall under his strength.
11 He says to himself, "God has forgotten;
    he covers his face and never sees."

ª9.14 Hebraico: *filha*. ᵇ9.16 *Hebraico: Higaion.* ᶜ9.17 Hebraico: *Sheol*. Essa palavra também pode ser traduzida por sepultura, profundezas ou morte. ᵈ10.3 Hebraico: *abençoa*. Aqui empregado como eufemismo.

ª9:16 Or *Meditation*; possibly a musical notation ᵇ9:17 Hebrew *Sheol* ᶜPsalms 9 and 10 may have been originally a single acrostic poem, the stanzas of which begin with the successive letters of the Hebrew alphabet. In the Septuagint they constitute one psalm.

Não te esqueças dos necessitados.
13 Por que o ímpio insulta a Deus,
  dizendo no seu íntimo:
  "De nada me pedirás contas!"?
14 Mas tu enxergas o sofrimento e a dor;
  observa-os para tomá-los em tuas mãos.
  A vítima deles entrega-se a ti;
  tu és o protetor do órfão.
15 Quebra o braço do ímpio e do perverso,
  pede contas de sua impiedade
  até que dela nada mais se ache.ª

16 O Senhor é rei para todo o sempre;
  da sua terra desapareceram os outros povos.
17 Tu, Senhor, ouves a súplica dos necessitados;
  tu os reanimas e atendes ao seu clamor.
18 Defendes o órfão e o oprimido,
  a fim de que o homem, que é pó,
  já não cause terror.

SALMO 11

Para o mestre de música. Davídico.

1 No Senhor me refugio.
  Como então vocês podem dizer-me:
  "Fuja como um pássaro para os montes"?
2 Vejam! Os ímpios preparam os seus arcos;
  colocam as flechas contra as cordas
  para das sombras as atirarem
  nos retos de coração.
3 Quando os fundamentos
  estão sendo destruídos,
  que pode fazer o justo?

4 O Senhor está no seu santo templo;
  o Senhor tem o seu trono nos céus.
  Seus olhos observam;
  seus olhos examinam os filhos dos homens.
5 O Senhor prova o justo,
  mas o ímpio e a quemᵇ ama a injustiça,
  a sua alma odeia.
6 Sobre os ímpios ele fará chover
  brasas ardentes e enxofre incandescente;
  vento ressecante é o que terão.
7 Pois o Senhor é justo, e ama a justiça;
  os retos verão a sua face.

SALMO 12

Para o mestre de música.
Em oitava. Salmo davídico.

1 Salva-nos, Senhor!
  Já não há quem seja fiel;
  já não se confia em ninguém entre
  os homens.
2 Cada um mente ao seu próximo;
  seus lábios bajuladores falam
  com segundas intenções.

3 Que o Senhor corte
  todos os lábios bajuladores
  e a língua arrogante
4 dos que dizem:
  "Venceremos graças à nossa língua;
  somos donos dos nossos lábios!ᶜ
  Quem é senhor sobre nós?"

5 "Por causa da opressão do necessitado

---

12 Arise, Lord! Lift up your hand, O God.
  Do not forget the helpless.
13 Why does the wicked man revile God?
  Why does he say to himself,
  "He won't call me to account"?
14 But you, O God, do see trouble and grief;
  you consider it to take it in hand.
The victim commits himself to you;
  you are the helper of the fatherless.
15 Break the arm of the wicked and evil man;
  call him to account for his wickedness
  that would not be found out.

16 The Lord is King for ever and ever;
  the nations will perish from his land.
17 You hear, O Lord, the desire of the afflicted;
  you encourage them, and you listen to their cry,
18 defending the fatherless and the oppressed,
  in order that man, who is of the earth,
  may terrify no more.

For the director of music. Of David.

11

In the Lord I take refuge.
  How then can you say to me:
  "Flee like a bird to your mountain.
2 For look, the wicked bend their bows;
  they set their arrows against the strings
  to shoot from the shadows
  at the upright in heart.
3 When the foundations are being destroyed,
  what can the righteous doª?"

4 The Lord is in his holy temple;
  the Lord is on his heavenly throne.
  He observes the sons of men;
  his eyes examine them.
5 The Lord examines the righteous,
  but the wickedᵇ and those who love violence
  his soul hates.
6 On the wicked he will rain
  fiery coals and burning sulfur;
  a scorching wind will be their lot.
7 For the Lord is righteous,
  he loves justice;
  upright men will see his face.

For the director of music.
According to sheminith.ᶜ A psalm of David.

12

Help, Lord, for the godly are no more;
  the faithful have vanished from among men.
2 Everyone lies to his neighbor;
  their flattering lips speak with deception.

3 May the Lord cut off all flattering lips
  and every boastful tongue
4 that says, "We will triumph with our tongues;
  we own our lipsᵈ—who is our master?"

5 "Because of the oppression of the weak

ª10.15 Ou do contrário, não será descoberta ᵇ11.5 Ou O Senhor examina o justo
e o ímpio, mas a quem; ou ainda O Senhor, o Justo, examina o ímpio, mas a quem
ᶜ12.4 Ou nossos lábios são lâminas cortantes!

ª11:3 Or what is the Righteous One doing ᵇ11:5 Or The Lord, the Righteous One,
examines the wicked, ᶜTitle: Probably a musical term ᵈ12:4 Or / our lips are our
plowshares

e do gemido do pobre, agora me levantarei",
diz o Senhor.
"Eu lhes darei a segurança que tanto anseiam."ᵃ
⁶ As palavras do Senhor são puras,
são como prata purificada num forno,
sete vezes refinada.

⁷ Senhor, tu nos guardarás seguros,
e dessa gente nos protegerás para sempre.
⁸ Os ímpios andam altivos por toda parte,
quando a corrupção é exaltada entre os homens.

SALMO 13

Para o mestre de música. Salmo davídico.

¹ Até quando, Senhor?
Para sempre te esquecerás de mim?
Até quando esconderás de mim o teu rosto?
² Até quando terei inquietações
e tristeza no coração dia após dia?
Até quando o meu inimigo triunfará sobre mim?
³ Olha para mim e responde, Senhor, meu Deus.
Ilumina os meus olhos,
ou do contrário dormirei o sono da morte;
⁴ os meus inimigos dirão: "Eu o venci",
e os meus adversários festejarão o meu fracasso.
⁵ Eu, porém, confio em teu amor;
o meu coração exulta em tua salvação.
⁶ Quero cantar ao Senhor
pelo bem que me tem feito.

SALMO 14

Para o mestre de música. Davídico.

¹ Diz o tolo em seu coração: "Deus não existe".
Corromperam-se e cometeram atos detestáveis;
não há ninguém que faça o bem.

² O Senhor olha dos céus
para os filhos dos homens,
para ver se há alguém que tenha entendimento,
alguém que busque a Deus.
³ Todos se desviaram,
igualmente se corromperam;
não há ninguém que faça o bem,
não há nem um sequer.

⁴ Será que nenhum dos malfeitores aprende?
Eles devoram o meu povo
como quem come pão,
e não clamam pelo Senhor!
⁵ Olhem! Estão tomados de pavor!
Pois Deus está presente no meio dos justos.
⁶ Vocês, malfeitores,
frustram os planos dos pobres,
mas o refúgio deles é o Senhor.

⁷ Ah, se de Sião viesse a salvação para Israel!
Quando o Senhor restaurar o seuᵇ povo,
Jacó exultará! Israel se regozijará!

SALMO 15

Salmo davídico.

¹ Senhor, quem habitará no teu santuário?
Quem poderá morar no teu santo monte?

² Aquele que é íntegro em sua conduta
e pratica o que é justo,
que de coração fala a verdade

and the groaning of the needy,
I will now arise," says the Lord.
"I will protect them from those who malign them."
⁶ And the words of the Lord are flawless,
like silver refined in a furnace of clay,
purified seven times.

⁷ O Lord, you will keep us safe
and protect us from such people forever.
⁸ The wicked freely strut about
when what is vile is honored among men.

For the director of music. A psalm of David.

13 How long, O Lord? Will you forget me forever?
How long will you hide your face from me?
² How long must I wrestle with my thoughts
and every day have sorrow in my heart?
How long will my enemy triumph over me?

³ Look on me and answer, O Lord my God.
Give light to my eyes, or I will sleep in death;
⁴ my enemy will say, "I have overcome him,"
and my foes will rejoice when I fall.

⁵ But I trust in your unfailing love;
my heart rejoices in your salvation.
⁶ I will sing to the Lord,
for he has been good to me.

For the director of music. Of David.

14 The foolᵃ says in his heart,
"There is no God."
They are corrupt, their deeds are vile;
there is no one who does good.

² The Lord looks down from heaven
on the sons of men
to see if there are any who understand,
any who seek God.
³ All have turned aside,
they have together become corrupt;
there is no one who does good,
not even one.

⁴ Will evildoers never learn—
those who devour my people as men eat bread
and who do not call on the Lord?
⁵ There they are, overwhelmed with dread,
for God is present in the company of the
righteous.
⁶ You evildoers frustrate the plans of the poor,
but the Lord is their refuge.

⁷ Oh, that salvation for Israel would come out of Zion!
When the Lord restores the fortunes of his people,
let Jacob rejoice and Israel be glad!

A psalm of David.

15 Lord, who may dwell in your sanctuary?
Who may live on your holy hill?

² He whose walk is blameless
and who does what is righteous,
who speaks the truth from his heart

ᵃ**12.5** Ou *"Eu os protegerei dos que anseiam destruí-los."* ᵇ**14.7** Ou *trouxer de volta os cativos do seu*.

ᵃ**14:1** The Hebrew words rendered *fool* in Psalms denote one who is morally deficient.

³e não usa a língua para difamar,
que nenhum mal faz ao seu semelhante
e não lança calúnia contra o seu próximo,
⁴que rejeita quem merece desprezo,
mas honra os que temem o Senhor,
que mantém a sua palavra,
mesmo quando sai prejudicado,
⁵que não empresta o seu dinheiro visando lucro
nem aceita suborno contra o inocente.

Quem assim procede
nunca será abalado!

SALMO 16

Poema epigráfico davídico.

¹Protege-me, ó Deus,
pois em ti me refugio.

²Ao Senhor declaro: "Tu és o meu Senhor;
não tenho bem nenhum além de ti".
³Quanto aos fiéis que há na terra,
eles é que são os notáveis
em quem está todo o meu prazer.
⁴Grande será o sofrimento
dos que correm atrás de outros deuses.ᵃ
Não participarei dos seus sacrifícios de sangue,
e os meus lábios nem mencionarão
os seus nomes.

⁵Senhor, tu és a minha porção e o meu cálice;
és tu que garantes o meu futuro.
⁶As divisas caíram para mim
em lugares agradáveis:
Tenho uma bela herança!

⁷Bendirei o Senhor, que me aconselha;
na escura noite o meu coração me ensina!
⁸Sempre tenho o Senhor diante de mim.
Com ele à minha direita, não serei abalado.
⁹Por isso o meu coração se alegra
e no íntimo exulto;
mesmo o meu corpo repousará tranquilo,
¹⁰porque tu não me abandonarás no sepulcroᵇ,
nem permitirás que o teu santo
sofra decomposição.
¹¹Tu me farásᶜ conhecer a vereda da vida,
a alegria plena da tua presença,
eterno prazer à tua direita.

SALMO 17

Oração davídica.

¹Ouve, Senhor, a minha justa queixa;
atenta para o meu clamor.
Dá ouvidos à minha oração,
que não vem de lábios falsos.
²Venha de ti a sentença em meu favor;
vejam os teus olhos onde está a justiça!

³Provas o meu coração e de noite me examinas,
tu me sondas, e nada encontras;
decidi que a minha boca não pecará
⁴como fazem os homens.
Pela palavra dos teus lábios
eu evitei os caminhos do violento.
⁵Meus passos seguem firmes nas tuas veredas;
os meus pés não escorregaram.

³and has no slander on his tongue,
who does his neighbor no wrong
and casts no slur on his fellowman,
⁴who despises a vile man
but honors those who fear the Lord,
who keeps his oath
even when it hurts,
⁵who lends his money without usury
and does not accept a bribe against the innocent.

He who does these things
will never be shaken.

A miktamᵃ of David.

16 Keep me safe, O God,
for in you I take refuge.

²I said to the Lord, "You are my Lord;
apart from you I have no good thing."
³As for the saints who are in the land,
they are the glorious ones in whom is all
my delight.ᵇ
⁴The sorrows of those will increase
who run after other gods.
I will not pour out their libations of blood
or take up their names on my lips.

⁵Lord, you have assigned me my portion and my cup;
you have made my lot secure.
⁶The boundary lines have fallen for me in
pleasant places;
surely I have a delightful inheritance.

⁷I will praise the Lord, who counsels me;
even at night my heart instructs me.
⁸I have set the Lord always before me.
Because he is at my right hand,
I will not be shaken.

⁹Therefore my heart is glad and my tongue rejoices;
my body also will rest secure,
¹⁰because you will not abandon me to the grave,ᶜ
nor will you let your Holy Oneᵈ see decay.
¹¹You have madeᵉ known to me the path of life;
you will fill me with joy in your presence,
with eternal pleasures at your right hand.

A prayer of David.

17 Hear, O Lord, my righteous plea;
listen to my cry.
Give ear to my prayer—
it does not rise from deceitful lips.
²May my vindication come from you;
may your eyes see what is right.

³Though you probe my heart and examine me
at night,
though you test me, you will find nothing;
I have resolved that my mouth will not sin.
⁴As for the deeds of men—
by the word of your lips
I have kept myself
from the ways of the violent.
⁵My steps have held to your paths;
my feet have not slipped.

ᵃ16.3,4 Ou *Quanto aos sacerdotes pagãos que estão na terra, e aos nobres em quem todos têm prazer, eu disse: Aumentarão suas tristezas, pois correm atrás de outros deuses.* ᵇ16.10 Hebraico: *Sheol.* Essa palavra também pode ser traduzida por profundezas, pó ou morte. ᶜ16.11 Ou *fizeste*

ᵃTitle: Probably a literary or musical term ᵇ16:3 Or *As for the pagan priests who are in the land / and the nobles in whom all delight, I said:* ᶜ16:10 Hebrew *Sheol* ᵈ16:10 Or *your faithful one* ᵉ16:11 Or *You will make*

⁶Eu clamo a ti, ó Deus, pois tu me respondes;
  inclina para mim os teus ouvidos
    e ouve a minha oração.
⁷Mostra a maravilha do teu amor,
  tu, que com a tua mão direita salvas
    os que em ti buscam proteção
    contra aqueles que os ameaçam.
⁸Protege-me como à menina dos teus olhos;
  esconde-me à sombra das tuas asas,
⁹dos ímpios que me atacam com violência,
  dos inimigos mortais que me cercam.
¹⁰Eles fecham o coração insensível,
  e com a boca falam com arrogância.
¹¹Eles me seguem os passos, e já me cercam;
  seus olhos estão atentos,
    prontos para derrubar-me.
¹²São como um leão ávido pela presa,
  como um leão forte agachado na emboscada.
¹³Levanta-te, SENHOR!
    Confronta-os! Derruba-os!
    Com a tua espada livra-me dos ímpios.
¹⁴Com a tua mão, SENHOR,
    livra-me de homens assim,
  de homens deste mundo,
    cuja recompensa está nesta vida.
  Enche-lhes o ventre de tudo
    o que lhes reservaste;
  sejam os seus filhos saciados,
    e o que sobrar fique para os seus
      pequeninos.ª
¹⁵Quanto a mim, feita a justiça, verei a tua face;
  quando despertar, ficarei satisfeito
    ao ver a tua semelhança.

SALMO 18

Para o mestre de música. De Davi, servo do SENHOR. Ele cantou as palavras deste cântico ao SENHOR quando este o livrou das mãos de todos os seus inimigos e das mãos de Saul. Ele disse:

¹Eu te amo, ó SENHOR, minha força.

²O SENHOR é a minha rocha, a minha fortaleza
  e o meu libertador;
  o meu Deus é o meu rochedo,
    em quem me refugio.
  Ele é o meu escudo e o poderᵇ que me salva,
    a minha torre alta.
³Clamo ao SENHOR, que é digno de louvor,
  e estou salvo dos meus inimigos.
⁴As cordas da morte me enredaram;
  as torrentes da destruição me surpreenderam.
⁵As cordas do Sheolᶜ me envolveram;
  os laços da morte me alcançaram.
⁶Na minha aflição clamei ao SENHOR;
  gritei por socorro ao meu Deus.
  Do seu templo ele ouviu a minha voz;
  meu grito chegou à sua presença,
    aos seus ouvidos.
⁷A terra tremeu e agitou-se,
  e os fundamentos dos montes se abalaram;
  estremeceram porque ele se irou.
⁸Das suas narinas subiu fumaça;
  da sua boca saíram brasas vivas
    e fogo consumidor.
⁹Ele abriu os céus e desceu;
  nuvens escuras estavam sob os seus pés.

⁶I call on you, O God, for you will answer me;
  give ear to me and hear my prayer.
⁷Show the wonder of your great love,
  you who save by your right hand
  those who take refuge in you from their foes.
⁸Keep me as the apple of your eye;
  hide me in the shadow of your wings
⁹from the wicked who assail me,
  from my mortal enemies who surround me.
¹⁰They close up their callous hearts,
  and their mouths speak with arrogance.
¹¹They have tracked me down, they now
    surround me,
  with eyes alert, to throw me to the ground.
¹²They are like a lion hungry for prey,
  like a great lion crouching in cover.
¹³Rise up, O LORD, confront them, bring
    them down;
  rescue me from the wicked by your sword.
¹⁴O LORD, by your hand save me from such men,
  from men of this world whose reward is in
    this life.

You still the hunger of those you cherish;
  their sons have plenty,
  and they store up wealth for their children.
¹⁵And I—in righteousness I will see your face;
  when I awake, I will be satisfied with seeing
    your likeness.

For the director of music. Of David the servant of the LORD. He sang to the LORD the words of this song when the LORD delivered him from the hand of all his enemies and from the hand of Saul. He said:

18 ¹I love you, O LORD, my strength.

²The LORD is my rock, my fortress and my
    deliverer;
  my God is my rock, in whom I take refuge.
  He is my shield and the hornª of my salvation, my
    stronghold.
³I call to the LORD, who is worthy of praise,
  and I am saved from my enemies.
⁴The cords of death entangled me;
  the torrents of destruction overwhelmed me.
⁵The cords of the graveᵇ coiled around me;
  the snares of death confronted me.
⁶In my distress I called to the LORD;
  I cried to my God for help.
  From his temple he heard my voice;
  my cry came before him, into his ears.
⁷The earth trembled and quaked,
  and the foundations of the mountains shook;
  they trembled because he was angry.
⁸Smoke rose from his nostrils;
  consuming fire came from his mouth,
  burning coals blazed out of it.
⁹He parted the heavens and came down;
  dark clouds were under his feet.

ª17.14 Ou *Tu sacias a fome daqueles a quem queres bem; os seus filhos têm fartura, e armazenam bens para os seus pequeninos.* ᵇ18.2 Hebraico: *chifre.* ᶜ18.5 Essa palavra pode ser traduzida por sepultura, profundezas, pó ou morte.

ª18:2 Horn here symbolizes strength. ᵇ18:5 Hebrew *Sheol*

10 Montou um querubim e voou,
    deslizando sobre as asas do vento.
11 Fez das trevas o seu esconderijo,
    das escuras nuvens, cheias de água,
    o abrigo que o envolvia.
12 Com o fulgor da sua presença
    as nuvens se desfizeram em granizo e raios,
13 quando dos céus trovejou o Senhor,
    e ressoou a voz do Altíssimo.
14 Atirou suas flechas e dispersou meus inimigos,
    com seus raios os derrotou.
15 O fundo do mar apareceu,
    e os fundamentos da terra foram expostos
    pela tua repreensão, ó Senhor,
    com o forte sopro das tuas narinas.

16 Das alturas estendeu a mão e me segurou;
    tirou-me das águas profundas.
17 Livrou-me do meu inimigo poderoso,
    dos meus adversários, fortes demais para mim.
18 Eles me atacaram no dia da minha desgraça,
    mas o Senhor foi o meu amparo.
19 Ele me deu total libertação;ª
    livrou-me porque me quer bem.

20 O Senhor me tratou
    conforme a minha justiça;
  conforme a pureza das minhas mãos
    recompensou-me.
21 Pois segui os caminhos do Senhor;
    não agi como ímpio,
    afastando-me do meu Deus.
22 Todas as suas ordenanças estão diante de mim;
    não me desviei dos seus decretos.
23 Tenho sido irrepreensível para com ele
    e guardei-me de praticar o mal.
24 O Senhor me recompensou
    conforme a minha justiça,
  conforme a pureza das minhas mãos
    diante dos seus olhos.

25 Ao fiel te revelas fiel,
    ao irrepreensível te revelas irrepreensível,
26 ao puro te revelas puro,
    mas com o perverso reages à altura.
27 Salvas os que são humildes,
    mas humilhas os de olhos altivos.
28 Tu, Senhor, manténs acesa a minha lâmpada;
    o meu Deus transforma em luz as minhas
        trevas.
29 Com o teu auxílio posso atacar uma tropa;
    com o meu Deus posso transpor muralhas.

30 Este é o Deus cujo caminho é perfeito;
    a palavra do Senhor
        é comprovadamente genuína.
    Ele é um escudo para todos
        os que nele se refugiam.
31 Pois quem é Deus além do Senhor?
    E quem é rocha senão o nosso Deus?
32 Ele é o Deus que me reveste de força
    e torna perfeito o meu caminho.
33 Torna os meus pés ágeis como os da corça,
    sustenta-me firme nas alturas.
34 Ele treina as minhas mãos para a batalha
    e os meus braços
        para vergar um arco de bronze.
35 Tu me dás o teu escudo de vitória;
    tua mão direita me sustém;

10 He mounted the cherubim and flew;
    he soared on the wings of the wind.
11 He made darkness his covering, his canopy
        around him—
    the dark rain clouds of the sky.
12 Out of the brightness of his presence clouds advanced,
    with hailstones and bolts of lightning.
13 The Lord thundered from heaven;
    the voice of the Most High resounded.ᶜ
14 He shot his arrows and scattered *the enemies*,
    great bolts of lightning and routed them.
15 The valleys of the sea were exposed
    and the foundations of the earth laid bare
at your rebuke, O Lord,
    at the blast of breath from your nostrils.

16 He reached down from on high and took hold of me;
    he drew me out of deep waters.
17 He rescued me from my powerful enemy,
    from my foes, who were too strong for me.
18 They confronted me in the day of my disaster,
    but the Lord was my support.
19 He brought me out into a spacious place;
    he rescued me because he delighted in me.

20 The Lord has dealt with me according to my
        righteousness;
    according to the cleanness of my hands he has re-
        warded me.
21 For I have kept the ways of the Lord;
    I have not done evil by turning from my God.
22 All his laws are before me;
    I have not turned away from his decrees.
23 I have been blameless before him
    and have kept myself from sin.
24 The Lord has rewarded me according to my
        righteousness,
    according to the cleanness of my hands in his
        sight.

25 To the faithful you show yourself faithful,
    to the blameless you show yourself blameless,
26 to the pure you show yourself pure,
    but to the crooked you show yourself shrewd.
27 You save the humble
    but bring low those whose eyes are haughty.
28 You, O Lord, keep my lamp burning;
    my God turns my darkness into light.
29 With your help I can advance against a troopª;
    with my God I can scale a wall.

30 As for God, his way is perfect;
    the word of the Lord is flawless.
    He is a shield
        for all who take refuge in him.
31 For who is God besides the Lord?
    And who is the Rock except our God?
32 It is God who arms me with strength
    and makes my way perfect.
33 He makes my feet like the feet of a deer;
    he enables me to stand on the heights.
34 He trains my hands for battle;
    my arms can bend a bow of bronze.
35 You give me your shield of victory,
    and your right hand sustains me;

ᶜ**18:13** Some Hebrew manuscripts and Septuagint (see also 2 Samuel 22:14); most Hebrew manuscripts *resounded, / amid hailstones and bolts of lightning*
ª**18:29** Or *can run through a barricade*

ª**18.19** Hebraico: *Ele me levou para um local espaçoso.*

desces ao meu encontro para exaltar-me.
36 Deixaste livre o meu caminho,
     para que não se torçam os meus tornozelos.

37 Persegui os meus inimigos e os alcancei;
     e não voltei enquanto não foram destruídos.
38 Massacrei-os, e não puderam levantar-se;
     jazem debaixo dos meus pés.
39 Deste-me força para o combate;
     subjugaste os que se rebelaram contra mim.
40 Puseste os meus inimigos em fuga
     e exterminei os que me odiavam.
41 Gritaram por socorro,
     mas não houve quem os salvasse;
     clamaram ao Senhor, mas ele não respondeu.
42 Eu os reduzi a pó, pó que o vento leva.
     Pisei-os como à lama das ruas.

43 Tu me livraste de um povo em revolta;
     fizeste-me o cabeça de nações;
     um povo que não conheci sujeita-se a mim.
44 Assim que me ouvem, me obedecem;
     são estrangeiros que se submetem a mim.
45 Todos eles perderam a coragem;
     tremendo, saem das suas fortalezas.

46 O Senhor vive! Bendita seja a minha Rocha!
     Exaltado seja Deus, o meu Salvador!
47 Este é o Deus que em meu favor
     executa vingança,
     que a mim sujeita nações.
48 Tu me livraste dos meus inimigos;
     sim, fizeste-me triunfar
     sobre os meus agressores,
     e de homens violentos me libertaste.
49 Por isso eu te louvarei entre as nações,
     ó Senhor;
     cantarei louvores ao teu nome.
50 Ele dá grandes vitórias ao seu rei;
     é bondoso com o seu ungido,
     com Davi e os seus descendentes para sempre.

SALMO 19

Para o mestre de música. Salmo davídico.

1 Os céus declaram a glória de Deus;
     o firmamento proclama a obra das suas mãos.
2 Um dia fala disso a outro dia;
     uma noite o revela a outra noite.
3 Sem discurso nem palavras,
     não se ouve a sua voz.
4 Mas a sua voz[a] ressoa por toda a terra,
     e as suas palavras, até os confins do mundo.

Nos céus ele armou uma tenda para o sol,
5 que é como um noivo que sai de seu aposento
     e se lança em sua carreira
     com a alegria de um herói.
6 Sai de uma extremidade dos céus
     e faz o seu trajeto até a outra;
     nada escapa ao seu calor.

7 A lei do Senhor é perfeita, e revigora a alma.
     Os testemunhos do Senhor
     são dignos de confiança,
     e tornam sábios os inexperientes.
8 Os preceitos do Senhor são justos,
     e dão alegria ao coração.
     Os mandamentos do Senhor são límpidos,
     e trazem luz aos olhos.

you stoop down to make me great.
36 You broaden the path beneath me,
     so that my ankles do not turn.

37 I pursued my enemies and overtook them;
     I did not turn back till they were destroyed.
38 I crushed them so that they could not rise;
     they fell beneath my feet.
39 You armed me with strength for battle;
     you made my adversaries bow at my feet.
40 You made my enemies turn their backs in flight,
     and I destroyed my foes.
41 They cried for help, but there was no one to
     save them—
     to the Lord, but he did not answer.
42 I beat them as fine as dust borne on the wind;
     I poured them out like mud in the streets.

43 You have delivered me from the attacks of the
     people;
     you have made me the head of nations;
     people I did not know are subject to me.
44 As soon as they hear me, they obey me;
     foreigners cringe before me.
45 They all lose heart;
     they come trembling from their strongholds.

46 The Lord lives! Praise be to my Rock!
     Exalted be God my Savior!
47 He is the God who avenges me,
     who subdues nations under me,
48 who saves me from my enemies.
You exalted me above my foes;
     from violent men you rescued me.
49 Therefore I will praise you among the nations,
     O Lord;
     I will sing praises to your name.
50 He gives his king great victories;
     he shows unfailing kindness to his anointed,
     to David and his descendants forever.

For the director of music. A psalm of David.

19

The heavens declare the glory of God;
     the skies proclaim the work of his hands.
2 Day after day they pour forth speech;
     night after night they display knowledge.
3 There is no speech or language
     where their voice is not heard.[a]
4 Their voice[b] goes out into all the earth,
     their words to the ends of the world.

In the heavens he has pitched a tent for the sun,
5 which is like a bridegroom coming forth from
     his pavilion,
     like a champion rejoicing to run his course.
6 It rises at one end of the heavens
     and makes its circuit to the other;
     nothing is hidden from its heat.

7 The law of the Lord is perfect,
     reviving the soul.
     The statutes of the Lord are trustworthy,
     making wise the simple.
8 The precepts of the Lord are right,
     giving joy to the heart.
     The commands of the Lord are radiant,
     giving light to the eyes.

---

[a]**19.4** Conforme a Septuaginta e a Versão Siríaca. O Texto Massorético diz *corda*.

[a]**19:3** Or *They have no speech, there are no words; / no sound is heard from them* [b]**19:4** Septuagint, Jerome and Syriac; Hebrew *line*

⁹ O temor do Senhor é puro,
    e dura para sempre.
As ordenanças do Senhor são verdadeiras,
    são todas elas justas.
¹⁰ São mais desejáveis do que o ouro,
    do que muito ouro puro;
são mais doces do que o mel,
    do que as gotas do favo.
¹¹ Por elas o teu servo é advertido;
    há grande recompensa em obedecer-lhes.
¹² Quem pode discernir os próprios erros?
    Absolve-me dos que desconheço!
¹³ Também guarda o teu servo
    dos pecados intencionais;
que eles não me dominem!
    Então serei íntegro,
inocente de grande transgressão.

¹⁴ Que as palavras da minha boca
    e a meditação do meu coração
sejam agradáveis a ti,
Senhor, minha Rocha e meu Resgatador!

SALMO 20

Para o mestre de música. Salmo davídico.

¹ Que o Senhor te responda
    no tempo da angústia;
o nome do Deus de Jacó te proteja!
² Do santuário te envie auxílio
    e de Sião te dê apoio.
³ Lembre-se de todas as tuas ofertas
    e aceite os teus holocaustosᵃ.   [Pausa]
⁴ Conceda-te o desejo do teu coração
    e leve a efeito todos os teus planos.
⁵ Saudaremos a tua vitória com gritos de alegria
    e ergueremos as nossas bandeiras
    em nome do nosso Deus.
Que o Senhor atenda todos os teus pedidos!

⁶ Agora sei que o Senhor
    dará vitória ao seu ungido;
dos seus santos céus lhe responde
    com o poder salvador da sua mão direita.
⁷ Alguns confiam em carros e outros em cavalos,
    mas nós confiamos
no nome do Senhor, o nosso Deus.
⁸ Eles vacilam e caem,
    mas nós nos erguemos e estamos firmes.

⁹ Senhor, concede vitória ao rei!
    Responde-nosᵇ quando clamamos!

SALMO 21

Para o mestre de música. Salmo davídico.

¹ O rei se alegra na tua força, ó Senhor!
Como é grande a sua exultação
    pelas vitórias que lhe dás!
² Tu lhe concedeste o desejo do seu coração
    e não lhe rejeitaste o pedido
    dos seus lábios.   [Pausa]
³ Tu o recebeste dando-lhe ricas bênçãos,
    e em sua cabeça
puseste uma coroa de ouro puro.
⁴ Ele te pediu vida, e tu lhe deste!
    Vida longa e duradoura.

⁵ Pelas vitórias que lhe deste,
    grande é a sua glória;

---

⁹ The fear of the Lord is pure,
    enduring forever.
The ordinances of the Lord are sure
    and altogether righteous.
¹⁰ They are more precious than gold,
    than much pure gold;
they are sweeter than honey,
    than honey from the comb.
¹¹ By them is your servant warned;
    in keeping them there is great reward.
¹² Who can discern his errors?
    Forgive my hidden faults.
¹³ Keep your servant also from willful sins;
    may they not rule over me.
Then will I be blameless,
    innocent of great transgression.

¹⁴ May the words of my mouth and the meditation
     of my heart
be pleasing in your sight,
O Lord, my Rock and my Redeemer.

For the director of music. A psalm of David.

20 ¹ May the Lord answer you when you are in distress;
    may the name of the God of Jacob protect you.
² May he send you help from the sanctuary
    and grant you support from Zion.
³ May he remember all your sacrifices
    and accept your burnt offerings.   *Selah*
⁴ May he give you the desire of your heart
    and make all your plans succeed.
⁵ We will shout for joy when you are victorious
    and will lift up our banners in the name of
     our God.
May the Lord grant all your requests.

⁶ Now I know that the Lord saves his anointed;
    he answers him from his holy heaven
    with the saving power of his right hand.
⁷ Some trust in chariots and some in horses,
    but we trust in the name of the Lord our God.
⁸ They are brought to their knees and fall,
    but we rise up and stand firm.

⁹ O Lord, save the king!
    Answerᵃ us when we call!

For the director of music. A psalm of David.

21 ¹ O Lord, the king rejoices in your strength.
    How great is his joy in the victories you give!
² You have granted him the desire of his heart
    and have not withheld the request of his lips.   *Selah*

³ You welcomed him with rich blessings
    and placed a crown of pure gold on his head.
⁴ He asked you for life, and you gave it to him—
    length of days, for ever and ever.
⁵ Through the victories you gave, his glory is great;
    you have bestowed on him splendor and
     majesty.

ᵃ20.3 Isto é, sacrifícios totalmente queimados. ᵇ20.9 Ou *Vitória! Ó Rei, respon-de-nos*

ᵃ20:9 Or *save / O King, answer*

de esplendor e majestade o cobriste.

6 Fizeste dele uma grande bênção para sempre
e lhe deste a alegria da tua presença.

7 O rei confia no Senhor:
por causa da fidelidade do Altíssimo
ele não será abalado.

8 Tua mão alcançará todos os teus inimigos;
tua mão direita atingirá todos os que te odeiam.

9 No dia em que te manifestares
farás deles uma fornalha ardente.
Na sua ira o Senhor os devorará,
um fogo os consumirá.

10 Acabarás com a geração deles na terra,
com a sua descendência entre os homens.

11 Embora tramem o mal contra ti
e façam planos perversos,
nada conseguirão;

12 pois tu os porás em fuga
quando apontares para eles o teu arco.

13 Sê exaltado, Senhor, na tua força!
Cantaremos e louvaremos o teu poder.

SALMO 22

Para o mestre de música. De acordo com a
melodia *A Corça da Manhã*. Salmo davídico.

1 Meu Deus! Meu Deus!
Por que me abandonaste?
Por que estás tão longe de salvar-me,
tão longe dos meus gritos de angústia?

2 Meu Deus!
Eu clamo de dia, mas não respondes;
de noite, e não recebo alívio!

3 Tu, porém, és o Santo,
és rei, és o louvor de Israel.

4 Em ti os nossos antepassados
puseram a sua confiança;
confiaram, e os livraste.

5 Clamaram a ti, e foram libertos;
em ti confiaram, e não se decepcionaram.

6 Mas eu sou verme, e não homem,
motivo de zombaria
e objeto de desprezo do povo.

7 Caçoam de mim todos os que me vêem;
balançando a cabeça,
lançam insultos contra mim, dizendo:

8 "Recorra ao Senhor!
Que o Senhor o liberte!
Que ele o livre, já que lhe quer bem!"

9 Contudo, tu mesmo me tiraste do ventre;
deste-me segurança
junto ao seio de minha mãe.

10 Desde que nasci fui entregue a ti;
desde o ventre materno és o meu Deus.

11 Não fiques distante de mim,
pois a angústia está perto
e não há ninguém que me socorra.

12 Muitos touros me cercam,
sim, rodeiam-me os poderosos de Basã.

13 Como leão voraz rugindo,
escancaram a boca contra mim.

14 Como água me derramei,
e todos os meus ossos estão desconjuntados.
Meu coração se tornou como cera;
derreteu-se no meu íntimo.

---

6 Surely you have granted him eternal blessings
and made him glad with the joy of your
presence.

7 For the king trusts in the Lord;
through the unfailing love of the Most High
he will not be shaken.

8 Your hand will lay hold on all your enemies;
your right hand will seize your foes.

9 At the time of your appearing
you will make them like a fiery furnace.
In his wrath the Lord will swallow them up,
and his fire will consume them.

10 You will destroy their descendants from the earth,
their posterity from mankind.

11 Though they plot evil against you
and devise wicked schemes, they cannot
succeed;

12 for you will make them turn their backs
when you aim at them with drawn bow.

13 Be exalted, O Lord, in your strength;
we will sing and praise your might.

For the director of music. To ⌐ ¬ the tune ⌐ ¬ of "The Doe of the
Morning." A psalm of David.

22 My God, my God, why have you forsaken me?
Why are you so far from saving me,
so far from the words of my groaning?

2 O my God, I cry out by day, but you do not
answer,
by night, and am not silent.

3 Yet you are enthroned as the Holy One;[a]
you are the praise of Israel.

4 In you our fathers put their trust;
they trusted and you delivered them.

5 They cried to you and were saved;
in you they trusted and were not disappointed.

6 But I am a worm and not a man,
scorned by men and despised by the people.

7 All who see me mock me;
they hurl insults, shaking their heads:

8 "He trusts in the Lord;
let the Lord rescue him.
Let him deliver him,
since he delights in him."

9 Yet you brought me out of the womb;
you made me trust in you
even at my mother's breast.

10 From birth I was cast upon you;
from my mother's womb you have been my
God.

11 Do not be far from me,
for trouble is near
and there is no one to help.

12 Many bulls surround me;
strong bulls of Bashan encircle me.

13 Roaring lions tearing their prey
open their mouths wide against me.

14 I am poured out like water,
and all my bones are out of joint.
My heart has turned to wax;
it has melted away within me.

---

a 22:3 Or *Yet you are holy, / enthroned on the praises of Israel*

15 Meu vigor secou-se como um caco de barro,
   e a minha língua gruda no céu da boca;
   deixaste-me no pó, à beira da morte.
16 Cães me rodearam!
    Um bando de homens maus me cercou!
    Perfuraram minhas mãos e meus pés.
17 Posso contar todos os meus ossos,
   mas eles me encaram com desprezo.
18 Dividiram as minhas roupas entre si,
   e lançaram sortes pelas minhas vestes.

19 Tu, porém, Senhor, não fiques distante!
   Ó minha força, vem logo em meu socorro!
20 Livra-me da espada,
   livra a minha vida do ataque dos cães.
21 Salva-me da boca dos leões,
   e dos chifres dos bois selvagens.
   E tu me respondeste.

22 Proclamarei o teu nome a meus irmãos;
   na assembléia te louvarei.
23 Louvem-no, vocês que temem o Senhor!
   Glorifiquem-no, todos vocês,
    descendentes de Jacó!
   Tremam diante dele, todos vocês,
    descendentes de Israel!
24 Pois não menosprezou
    nem repudiou o sofrimento do aflito;
   não escondeu dele o rosto,
    mas ouviu o seu grito de socorro.

25 De ti vem o tema do meu louvor
    na grande assembléia;
   na presença dos que te[a] temem
    cumprirei os meus votos.
26 Os pobres comerão até ficarem satisfeitos;
   aqueles que buscam o Senhor o louvarão!
    Que vocês tenham vida longa!
27 Todos os confins da terra
    se lembrarão e se voltarão para o Senhor,
   e todas as famílias das nações
    se prostrarão diante dele,
28 pois do Senhor é o reino;
   ele governa as nações.

29 Todos os ricos da terra
    se banquetearão e o adorarão;
   haverão de ajoelhar-se diante dele
    todos os que descem ao pó,
    cuja vida se esvai.
30 A posteridade o servirá;
   gerações futuras ouvirão falar do Senhor,
31 e a um povo que ainda não nasceu
    proclamarão seus feitos de justiça,
   pois ele agiu poderosamente.

SALMO 23

Salmo davídico.

1 O Senhor é o meu pastor; de nada terei falta.
2 Em verdes pastagens me faz repousar
   e me conduz a águas tranqüilas;
3 restaura-me o vigor.
   Guia-me nas veredas da justiça
    por amor do seu nome.

4 Mesmo quando eu andar
    por um vale de trevas e morte,
   não temerei perigo algum, pois tu estás comigo;

15 My strength is dried up like a potsherd,
   and my tongue sticks to the roof of my mouth;
   you lay me[a] in the dust of death.
16 Dogs have surrounded me;
   a band of evil men has encircled me,
   they have pierced[b] my hands and my feet.
17 I can count all my bones;
   people stare and gloat over me.
18 They divide my garments among them
   and cast lots for my clothing.

19 But you, O Lord, be not far off;
   O my Strength, come quickly to help me.
20 Deliver my life from the sword,
   my precious life from the power of the dogs.
21 Rescue me from the mouth of the lions;
   save[c] me from the horns of the wild oxen.

22 I will declare your name to my brothers;
   in the congregation I will praise you.
23 You who fear the Lord, praise him!
   All you descendants of Jacob, honor him!
   Revere him, all you descendants of Israel!
24 For he has not despised or disdained
   the suffering of the afflicted one;
he has not hidden his face from him
   but has listened to his cry for help.

25 From you comes the theme of my praise in
    the great assembly;
   before those who fear you[d] will I fulfill
    my vows.
26 The poor will eat and be satisfied;
   they who seek the Lord will praise him—
   may your hearts live forever!
27 All the ends of the earth
   will remember and turn to the Lord,
and all the families of the nations
   will bow down before him,
28 for dominion belongs to the Lord
   and he rules over the nations.

29 All the rich of the earth will feast and worship;
   all who go down to the dust will kneel
    before him—
   those who cannot keep themselves alive.
30 Posterity will serve him;
   future generations will be told about the Lord.
31 They will proclaim his righteousness
   to a people yet unborn—
   for he has done it.

A psalm of David.

23 The Lord is my shepherd, I shall not be
   in want.
2   He makes me lie down in green pastures,
he leads me beside quiet waters,
3   he restores my soul.
He guides me in paths of righteousness
   for his name's sake.
4 Even though I walk
   through the valley of the shadow of death,[e]
I will fear no evil,
   for you are with me;

---

a22:15 Or / I am laid **b**22:16 Some Hebrew manuscripts, Septuagint and Syriac;
most Hebrew manuscripts / like the lion, **c**22:21 Or / you have heard **d**22:25
Hebrew him **e**23:4 Or through the darkest valley

a tua vara e o teu cajado me protegem.

⁵ Preparas um banquete para mim
　à vista dos meus inimigos.
Tu me honras,
　ungindo a minha cabeça com óleo
　e fazendo transbordar o meu cálice.
⁶ Sei que a bondade e a fidelidade
　me acompanharão todos os dias da minha vida,
e voltarei àª casa do Senhor enquanto eu viver.

SALMO 24

Salmo davídico.

¹ Do Senhor é a terra e tudo o que nela existe,
　o mundo e os que nele vivem;
² pois foi ele quem fundou-a sobre os mares
　e firmou-a sobre as águas.

³ Quem poderá subir o monte do Senhor?
　Quem poderá entrar no seu Santo Lugar?
⁴ Aquele que tem as mãos limpas
　e o coração puro,
　que não recorre aos ídolos
　nem jura por deuses falsosᵇ.
⁵ Ele receberá bênçãos do Senhor,
　e Deus, o seu Salvador lhe fará justiça.
⁶ São assim aqueles que o buscam,
　que buscam a tua face, ó Deus de Jacó.

　　　　　　　　　　　　　　[Pausa]

⁷ Abram-se, ó portais;
　abram-se,ᵈ ó portas antigas,
para que o Rei da glória entre.
⁸ Quem é o Rei da glória?
O Senhor forte e valente,
　o Senhor valente nas guerras.
⁹ Abram-se, ó portais;
　abram-se, ó portas antigas,
para que o Rei da glória entre.
¹⁰ Quem é esse Rei da glória?
O Senhor dos Exércitos;
　ele é o Rei da glória!　　　　[Pausa]

SALMO 25ᵃ

Davídico.

¹ A ti, Senhor, elevo a minha alma.
² Em ti confio, ó meu Deus.
Não deixes que eu seja humilhado,
nem que os meus inimigos triunfem sobre mim!
³ Nenhum dos que esperam em ti
　ficará decepcionado;
decepcionados ficarão
　aqueles que, sem motivo, agem
　　traiçoeiramente.

⁴ Mostra-me, Senhor, os teus caminhos,
　ensina-me as tuas veredas;
⁵ guia-me com a tua verdade e ensina-me,
　pois tu és Deus, meu Salvador,
　e a minha esperança está em ti o tempo todo.
⁶ Lembra-te, Senhor,
　da tua compaixão e da tua misericórdia,
　que tens mostrado desde a antigüidade.

your rod and your staff,
　they comfort me.

⁵ You prepare a table before me
　in the presence of my enemies.
You anoint my head with oil;
　my cup overflows.
⁶ Surely goodness and love will follow me
　all the days of my life,
and I will dwell in the house of the Lord forever.

Of David. A psalm.

24

The earth is the Lord's, and everything in it,
　the world, and all who live in it;
² for he founded it upon the seas
　and established it upon the waters.

³ Who may ascend the hill of the Lord?
　Who may stand in his holy place?
⁴ He who has clean hands and a pure heart,
　who does not lift up his soul to an idol
　or swear by what is false.ᵃ
⁵ He will receive blessing from the Lord
　and vindication from God his Savior.
⁶ Such is the generation of those who seek him,
　who seek your face, O God of Jacob.ᵇ

　　　　　　　　　　　　　　Selah

⁷ Lift up your heads, O you gates;
　be lifted up, you ancient doors,
　that the King of glory may come in.
⁸ Who is this King of glory?
　The Lord strong and mighty,
　the Lord mighty in battle.
⁹ Lift up your heads, O you gates;
　lift them up, you ancient doors,
　that the King of glory may come in.
¹⁰ Who is he, this King of glory?
　The Lord Almighty—
　he is the King of glory.

　　　　　　　　　　　　　　Selah

Of David.

25

ᶜ To you, O Lord, I lift up my soul;
² 　in you I trust, O my God.
Do not let me be put to shame,
　nor let my enemies triumph over me.
³ No one whose hope is in you
　will ever be put to shame,
but they will be put to shame
　who are treacherous without excuse.

⁴ Show me your ways, O Lord,
　teach me your paths;
⁵ guide me in your truth and teach me,
　for you are God my Savior,
　and my hope is in you all day long.
⁶ Remember, O Lord, your great mercy and love,
　for they are from of old.

ᵃ23.6 A Septuaginta e outras versões antigas dizem *habitarei na.* ᵇ24.4 Ou *não se volta para a mentira nem jura falsamente* ᶜ24.6 Conforme dois manuscritos do Texto Massorético, a Versão Siríaca e a Septuaginta. A maioria dos manuscritos do Texto Massorético diz *a tua face, Jacó.* ᵈ24.7 Hebraico: *Levantem a cabeça, ó portais; estejam erguidas;* também no versículo 9. ᵃO salmo 25 é um poema organizado em ordem alfabética, no hebraico.

ᵃ24:4 Or *swear falsely* ᵇ24:6 Two Hebrew manuscripts and Syriac (see also Septuagint); most Hebrew manuscripts *face, Jacob* ᶜThis psalm is an acrostic poem, the verses of which begin with the successive letters of the Hebrew alphabet.

7 Não te lembres dos pecados e transgressões
    da minha juventude;
  conforme a tua misericórdia, lembra-te de mim,
    pois tu, Senhor, és bom.

8 Bom e justo é o Senhor;
  por isso mostra o caminho aos pecadores.
9 Conduz os humildes na justiça
  e lhes ensina o seu caminho.
10 Todos os caminhos do Senhor
    são amor e fidelidade
  para com os que cumprem
    os preceitos da sua aliança.
11 Por amor do teu nome, Senhor,
  perdoa o meu pecado, que é tão grande!
12 Quem é o homem que teme o Senhor?
  Ele o instruirá no caminho que deve seguir.
13 Viverá em prosperidade,
  e os seus descendentes herdarão a terra.
14 O Senhor confia os seus segredos
    aos que o temem,
  e os leva a conhecer a sua aliança.
15 Os meus olhos estão sempre voltados
    para o Senhor,
  pois só ele tira os meus pés da armadilha.

16 Volta-te para mim e tem misericórdia de mim,
    pois estou só e aflito.
17 As angústias do meu coração se multiplicaram;
  liberta-me da minha aflição.
18 Olha para a minha tribulação
    e o meu sofrimento,
  e perdoa todos os meus pecados.
19 Vê como aumentaram os meus inimigos
  e com que fúria me odeiam!
20 Guarda a minha vida e livra-me!
  Não me deixes decepcionado,
    pois eu me refugio em ti.
21 Que a integridade e a retidão me protejam,
  porque a minha esperança está em ti.

22 Ó Deus, liberta Israel de todas as suas aflições!

SALMO 26

Davídico.

1 Faze-me justiça, Senhor,
    pois tenho vivido com integridade.
  Tenho confiado no Senhor, sem vacilar.
2 Sonda-me, Senhor, e prova-me,
  examina o meu coração e a minha mente;
3 pois o teu amor está sempre diante de mim,
  e continuamente sigo a tua verdade.
4 Não me associo com homens falsos,
  nem ando com hipócritas;
5 detesto o ajuntamento dos malfeitores,
  e não me assento com os ímpios.
6 Lavo as mãos na inocência,
  e do teu altar, Senhor, me aproximo
7 cantando hinos de gratidão
  e falando de todas as tuas maravilhas.
8 Eu amo, Senhor, o lugar da tua habitação,
  onde a tua glória habita.

9 Não me dês o destino dos pecadores,
  nem o fim dos assassinos;
10 suas mãos executam planos perversos,
  praticam suborno abertamente.
11 Mas eu vivo com integridade;
  livra-me e tem misericórdia de mim.
12 Os meus pés estão firmes na retidão;
  na grande assembléia bendirei o Senhor.

7 Remember not the sins of my youth
  and my rebellious ways;
  according to your love remember me,
    for you are good, O Lord.

8 Good and upright is the Lord;
  therefore he instructs sinners in his ways.
9 He guides the humble in what is right
  and teaches them his way.
10 All the ways of the Lord are loving and faithful
  for those who keep the demands of his covenant.
11 For the sake of your name, O Lord,
  forgive my iniquity, though it is great.
12 Who, then, is the man that fears the Lord?
  He will instruct him in the way chosen for him.
13 He will spend his days in prosperity,
  and his descendants will inherit the land.
14 The Lord confides in those who fear him;
  he makes his covenant known to them.
15 My eyes are ever on the Lord,
  for only he will release my feet from the snare.

16 Turn to me and be gracious to me,
  for I am lonely and afflicted.
17 The troubles of my heart have multiplied;
  free me from my anguish.
18 Look upon my affliction and my distress
  and take away all my sins.
19 See how my enemies have increased
  and how fiercely they hate me!
20 Guard my life and rescue me;
  let me not be put to shame,
  for I take refuge in you.
21 May integrity and uprightness protect me,
  because my hope is in you.

22 Redeem Israel, O God,
  from all their troubles!

Of David.

26 Vindicate me, O Lord,
  for I have led a blameless life;
  I have trusted in the Lord
    without wavering.
2 Test me, O Lord, and try me,
  examine my heart and my mind;
3 for your love is ever before me,
  and I walk continually in your truth.
4 I do not sit with deceitful men,
  nor do I consort with hypocrites;
5 I abhor the assembly of evildoers
  and refuse to sit with the wicked.
6 I wash my hands in innocence,
  and go about your altar, O Lord,
7 proclaiming aloud your praise
  and telling of all your wonderful deeds.
8 I love the house where you live, O Lord,
  the place where your glory dwells.

9 Do not take away my soul along with sinners,
  my life with bloodthirsty men,
10 in whose hands are wicked schemes,
  whose right hands are full of bribes.
11 But I lead a blameless life;
  redeem me and be merciful to me.
12 My feet stand on level ground;
  in the great assembly I will praise the Lord.

SALMO 27

Davídico.

1 O Senhor é a minha luz e a minha salvação;
de quem terei temor?
O Senhor é o meu forte refúgio;
de quem terei medo?
2 Quando homens maus avançarem contra mim
para destruir-me[a],
eles, meus inimigos e meus adversários,
é que tropeçarão e cairão.
3 Ainda que um exército se acampe contra mim,
meu coração não temerá;
ainda que se declare guerra contra mim,
mesmo assim estarei confiante.

4 Uma coisa pedi ao Senhor;
é o que procuro:
que eu possa viver na casa do Senhor
todos os dias da minha vida,
para contemplar a bondade do Senhor
e buscar sua orientação no seu templo.
5 Pois no dia da adversidade
ele me guardará protegido em sua habitação;
no seu tabernáculo me esconderá
e me porá em segurança sobre um rochedo.
6 Então triunfarei sobre os inimigos
que me cercam.
Em seu tabernáculo oferecerei sacrifícios
com aclamações;
cantarei e louvarei ao Senhor.

7 Ouve a minha voz quando clamo, ó Senhor;
tem misericórdia de mim e responde-me.
8 A teu respeito diz o meu coração:
Busque a minha face![a]
A tua face, Senhor, buscarei.
9 Não escondas de mim a tua face,
não rejeites com ira o teu servo;
tu tens sido o meu ajudador.
Não me desampares nem me abandones,
ó Deus, meu salvador!
10 Ainda que me abandonem pai e mãe,
o Senhor me acolherá.
11 Ensina-me o teu caminho, Senhor;
conduze-me por uma vereda segura
por causa dos meus inimigos.
12 Não me entregues
ao capricho dos meus adversários,
pois testemunhas falsas se levantam contra mim,
respirando violência.

13 Apesar disso, esta certeza eu tenho:
viverei até ver a bondade do Senhor na terra.
14 Espere no Senhor.
Seja forte! Coragem!
Espere no Senhor.

SALMO 28

Davídico.

1 A ti eu clamo, Senhor, minha Rocha;
não fiques indiferente para comigo.
Se permaneceres calado,
serei como os que descem à cova.
2 Ouve as minhas súplicas
quando clamo a ti por socorro,
quando ergo as mãos
para o teu Lugar Santíssimo.

Of David.

27 The Lord is my light and my salvation—
whom shall I fear?
The Lord is the stronghold of my life—
of whom shall I be afraid?
2 When evil men advance against me
to devour my flesh,[a]
when my enemies and my foes attack me,
they will stumble and fall.
3 Though an army besiege me,
my heart will not fear;
though war break out against me,
even then will I be confident.

4 One thing I ask of the Lord,
this is what I seek:
that I may dwell in the house of the Lord
all the days of my life,
to gaze upon the beauty of the Lord
and to seek him in his temple.
5 For in the day of trouble
he will keep me safe in his dwelling;
he will hide me in the shelter of his tabernacle
and set me high upon a rock.
6 Then my head will be exalted
above the enemies who surround me;
at his tabernacle will I sacrifice with shouts of joy;
I will sing and make music to the Lord.

7 Hear my voice when I call, O Lord;
be merciful to me and answer me.
8 My heart says of you, "Seek his[b] face!"
Your face, Lord, I will seek.
9 Do not hide your face from me,
do not turn your servant away in anger;
you have been my helper.
Do not reject me or forsake me,
O God my Savior.
10 Though my father and mother forsake me,
the Lord will receive me.
11 Teach me your way, O Lord;
lead me in a straight path
because of my oppressors.
12 Do not turn me over to the desire of my foes,
for false witnesses rise up against me,
breathing out violence.

13 I am still confident of this:
I will see the goodness of the Lord
in the land of the living.
14 Wait for the Lord;
be strong and take heart
and wait for the Lord.

Of David.

28 To you I call, O Lord my Rock;
do not turn a deaf ear to me.
For if you remain silent,
I will be like those who have gone down to
the pit.
2 Hear my cry for mercy
as I call to you for help,
as I lift up my hands
toward your Most Holy Place.

---

a27.2 Hebraico: *devorar a minha carne.* **b**27.8 Ou *A você, ó meu coração, ele diz:*
"Busque a minha face!"

a27:2 Or *to slander me* **b**27:8 Or *To you, O my heart, he has said, "Seek my*

³Não me dês o castigo reservado para os ímpios
    e para os malfeitores,
que falam como amigos com o próximo,
    mas abrigam maldade no coração.
⁴Retribui-lhes conforme os seus atos,
    conforme as suas más obras;
retribui-lhes o que as suas mãos têm feito
    e dá-lhes o que merecem.
⁵Visto que não consideram os feitos do Senhor,
    nem as obras de suas mãos,
ele os arrasará e jamais os deixará reerguer-se.

⁶Bendito seja o Senhor,
    pois ouviu as minhas súplicas.
⁷O Senhor é a minha força e o meu escudo;
    nele o meu coração confia, e dele recebo ajuda.
Meu coração exulta de alegria,
    e com o meu cântico lhe darei graças.
⁸O Senhor é a força do seu povo,
    a fortaleza que salva o seu ungido.

⁹Salva o teu povo e abençoa a tua herança!
Cuida deles como o seu pastor
    e conduze-os para sempre.

SALMO 29

Salmo davídico.

¹Atribuam ao Senhor, ó seres celestiais[a],
    atribuam ao Senhor glória e força.
²Atribuam ao Senhor
    a glória que o seu nome merece;
adorem o Senhor
    no esplendor do seu santuário[b].

³A voz do Senhor ressoa sobre as águas;
    o Deus da glória troveja,
o Senhor troveja sobre as muitas águas.
⁴A voz do Senhor é poderosa;
    a voz do Senhor é majestosa.
⁵A voz do Senhor quebra os cedros;
    o Senhor despedaça os cedros do Líbano.
⁶Ele faz o Líbano saltar como bezerro,
    o Siriom[c] como novilho selvagem.
⁷A voz do Senhor corta os céus
    com raios flamejantes.
⁸A voz do Senhor faz tremer o deserto;
    o Senhor faz tremer o deserto de Cades.
⁹A voz do Senhor retorce os carvalhos[d]
    e despe as florestas.
E no seu templo todos clamam: "Glória!"

¹⁰O Senhor assentou-se soberano
    sobre o Dilúvio;
o Senhor reina soberano para sempre.
¹¹O Senhor dá força ao seu povo;
    o Senhor dá a seu povo a bênção da paz.

SALMO 30

Salmo. Cântico para a dedicação do templo[e]. Davídico.

¹Eu te exaltarei, Senhor,
    pois tu me reergueste
e não deixaste que os meus inimigos
    se divertissem à minha custa.
²Senhor meu Deus, a ti clamei por socorro,
    e tu me curaste.

³Do not drag me away with the wicked,
    with those who do evil,
who speak cordially with their neighbors
    but harbor malice in their hearts.
⁴Repay them for their deeds
    and for their evil work;
repay them for what their hands have done
    and bring back upon them what they deserve.
⁵Since they show no regard for the works of the Lord
    and what his hands have done,
he will tear them down
    and never build them up again.

⁶Praise be to the Lord,
    for he has heard my cry for mercy.
⁷The Lord is my strength and my shield;
    my heart trusts in him, and I am helped.
My heart leaps for joy
    and I will give thanks to him in song.
⁸The Lord is the strength of his people,
    a fortress of salvation for his anointed one.
⁹Save your people and bless your inheritance;
    be their shepherd and carry them forever.

A psalm of David.

29 Ascribe to the Lord, O mighty ones,
    ascribe to the Lord glory and strength.
²Ascribe to the Lord the glory due his name;
    worship the Lord in the splendor of his[a]
        holiness.

³The voice of the Lord is over the waters;
    the God of glory thunders,
    the Lord thunders over the mighty waters.
⁴The voice of the Lord is powerful;
    the voice of the Lord is majestic.
⁵The voice of the Lord breaks the cedars;
    the Lord breaks in pieces the cedars of
        Lebanon.
⁶He makes Lebanon skip like a calf,
    Sirion[b] like a young wild ox.
⁷The voice of the Lord strikes
    with flashes of lightning.
⁸The voice of the Lord shakes the desert;
    the Lord shakes the Desert of Kadesh.
⁹The voice of the Lord twists the oaks[c]
    and strips the forests bare.
And in his temple all cry, "Glory!"

¹⁰The Lord sits[d] enthroned over the flood;
    the Lord is enthroned as King forever.
¹¹The Lord gives strength to his people;
    the Lord blesses his people with peace.

A psalm. A song. For the dedication of the temple.[e] Of David.

30 I will exalt you, O Lord,
    for you lifted me out of the depths
    and did not let my enemies gloat over me.
²O Lord my God, I called to you for help
    and you healed me.

ᵃ29.1 Ou *filhos de Deus*; ou ainda *poderosos* ᵇ29.2 Ou *da sua santidade* ᶜ29.6 Isto é, o monte Hermom. ᵈ29.9 Ou *faz a corça dar cria* ᵉTítulo: Ou *do palácio.* Hebraico: *casa.*

ᵃ29:2 Or Lord *with the splendor of* ᵇ29:6 That is, Mount Hermon ᶜ29:9 Or Lord *makes the deer give birth* ᵈ29:10 Or *sat* ᵉTitle: Or *palace*

3 Senhor, tiraste-me da sepultura[a];
　　prestes a descer à cova, devolveste-me à vida.

4 Cantem louvores ao Senhor,
　　vocês, os seus fiéis;
louvem o seu santo nome.
5 Pois a sua ira só dura um instante,
　　mas o seu favor dura a vida toda;
o choro pode persistir uma noite,
　　mas de manhã irrompe a alegria.

6 Quando me senti seguro, disse:
　　Jamais serei abalado!
7 Senhor, com o teu favor,
　　deste-me firmeza e estabilidade;[b]
mas, quando escondeste a tua face,
　　fiquei aterrorizado.

8 A ti, Senhor, clamei,
　　ao Senhor pedi misericórdia:
9 Se eu morrer[c], se eu descer à cova,
　　que vantagem haverá?
Acaso o pó te louvará?
　　Proclamará a tua fidelidade?
10 Ouve, Senhor, e tem misericórdia de mim;
　　Senhor, sê tu o meu auxílio.

11 Mudaste o meu pranto em dança,
　　a minha veste de lamento em veste de alegria,
12 para que o meu coração
　　cante louvores a ti e não se cale.
Senhor, meu Deus,
　　eu te darei graças para sempre.

SALMO 31

Para o mestre de música. Salmo davídico.

1 Em ti, Senhor, me refugio;
　　nunca permitas que eu seja humilhado;
livra-me pela tua justiça.
2 Inclina os teus ouvidos para mim,
　　vem livrar-me depressa!
Sê minha rocha de refúgio,
　　uma fortaleza poderosa para me salvar.
3 Sim, tu és a minha rocha e a minha fortaleza;
　　por amor do teu nome, conduze-me e guia-me.
4 Tira-me da armadilha que me prepararam,
　　pois tu és o meu refúgio.
5 Nas tuas mãos entrego o meu espírito;
　　resgata-me, Senhor, Deus da verdade.

6 Odeio aqueles que se apegam a ídolos inúteis;
　　eu, porém, confio no Senhor.
7 Exultarei com grande alegria por teu amor,
　　pois viste a minha aflição
e conheceste a angústia da minha alma.
8 Não me entregaste
　　nas mãos dos meus inimigos;
deste-me segurança e liberdade.[d]

9 Misericórdia, Senhor! Estou em desespero!
　　A tristeza me consome
a vista, o vigor e o apetite[e].
10 Minha vida é consumida pela angústia,
　　e os meus anos pelo gemido;
minha aflição[f] esgota as minhas forças,
　　e os meus ossos se enfraquecem.
11 Por causa de todos os meus adversários,
　　sou motivo de ultraje para os meus vizinhos

3 O Lord, you brought me up from the grave[a];
　　you spared me from going down into the pit.

4 Sing to the Lord, you saints of his;
　　praise his holy name.
5 For his anger lasts only a moment,
　　but his favor lasts a lifetime;
weeping may remain for a night,
　　but rejoicing comes in the morning.

6 When I felt secure, I said,
　　"I will never be shaken."
7 O Lord, when you favored me,
　　you made my mountain[b] stand firm;
but when you hid your face,
　　I was dismayed.

8 To you, O Lord, I called;
　　to the Lord I cried for mercy:
9 "What gain is there in my destruction,[c]
　　in my going down into the pit?
Will the dust praise you?
　　Will it proclaim your faithfulness?
10 Hear, O Lord, and be merciful to me;
　　O Lord, be my help."

11 You turned my wailing into dancing;
　　you removed my sackcloth and clothed me with joy,
12 that my heart may sing to you and not be silent.
　　O Lord my God, I will give you thanks forever.

For the director of music. A psalm of David.

31 In you, O Lord, I have taken refuge;
　　let me never be put to shame;
　　deliver me in your righteousness.
2 Turn your ear to me,
　　come quickly to my rescue;
be my rock of refuge,
　　a strong fortress to save me.
3 Since you are my rock and my fortress,
　　for the sake of your name lead and guide me.
4 Free me from the trap that is set for me,
　　for you are my refuge.
5 Into your hands I commit my spirit;
　　redeem me, O Lord, the God of truth.

6 I hate those who cling to worthless idols;
　　I trust in the Lord.
7 I will be glad and rejoice in your love,
　　for you saw my affliction
and knew the anguish of my soul.
8 You have not handed me over to the enemy
　　but have set my feet in a spacious place.

9 Be merciful to me, O Lord, for I am in distress;
　　my eyes grow weak with sorrow,
my soul and my body with grief.
10 My life is consumed by anguish
　　and my years by groaning;
my strength fails because of my affliction,[d]
　　and my bones grow weak.
11 Because of all my enemies,
　　I am the utter contempt of my neighbors;

---

[a]30.3 Hebraico: *Sheol*. Essa palavra também pode ser traduzida por *profundezas, pó ou morte*. [b]30.7 Hebraico: *firmaste a minha montanha.* [c]30.9 Hebraico: *No meu sangue.* [d]31.8 Hebraico: *puseste os meus pés num lugar espaçoso.* [e]31.9 Ou *os olhos, a garganta e o ventre* [f]31.10 Ou *culpa*

[a]30:3 Hebrew *Sheol* [b]30:7 Or *hill country* [c]30:9 Or *there if I am silenced* [d]31:10 Or *guilt*

e de medo para os meus amigos;
os que me vêem na rua fogem de mim.

¹² Sou esquecido por eles
como se estivesse morto;
tornei-me como um pote quebrado.

¹³ Ouço muitos cochicharem a meu respeito;
o pavor me domina,
pois conspiram contra mim,
tramando tirar-me a vida.

¹⁴ Mas eu confio em ti, Senhor,
e digo: Tu és o meu Deus.

¹⁵ O meu futuro está nas tuas mãos;
livra-me dos meus inimigos
e daqueles que me perseguem.

¹⁶ Faze o teu rosto resplandecer
sobreᵃ o teu servo;
salva-me por teu amor leal.

¹⁷ Não permitas que eu seja humilhado, Senhor,
pois tenho clamado a ti;
mas que os ímpios sejam humilhados,
e calados fiquem no Sheolᵇ.

¹⁸ Sejam emudecidos os seus lábios mentirosos,
pois com arrogância e desprezo
humilham os justos.

¹⁹ Como é grande a tua bondade,
que reservaste para aqueles que te temem,
e que, à vista dos homens,
concedes àqueles que se refugiam em ti!

²⁰ No abrigo da tua presença os escondes
das intrigas dos homens;
na tua habitação os proteges
das línguas acusadoras.

²¹ Bendito seja o Senhor,
pois mostrou o seu maravilhoso amor
para comigo
quando eu estava numa cidade cercada.

²² Alarmado, eu disse:
Fui excluído da tua presença!
Contudo, ouviste as minhas súplicas
quando clamei a ti por socorro.

²³ Amem o Senhor, todos vocês, os seus santos!
O Senhor preserva os fiéis,
mas aos arrogantes dá o que merecem.

²⁴ Sejam fortes e corajosos,
todos vocês que esperam no Senhor!

SALMO 32

Davídico. Poema.

¹ Como é feliz aquele
que tem suas transgressões perdoadas
e seus pecados apagados!

² Como é feliz aquele
a quem o Senhor não atribui culpa
e em quem não há hipocrisia!

³ Enquanto eu mantinha escondidos os meus
pecados,
o meu corpo definhava de tanto gemer.

⁴ Pois dia e noite
a tua mão pesava sobre mim;
minhas forças foram-se esgotando
como em tempo de seca.

Pausa

⁵ Então reconheci diante de ti o meu pecado
e não encobri as minhas culpas.
Eu disse: Confessarei as minhas transgressões
ao Senhor,

I am a dread to my friends—
those who see me on the street flee from me.

¹² I am forgotten by them as though I were dead;
I have become like broken pottery.

¹³ For I hear the slander of many;
there is terror on every side;
they conspire against me
and plot to take my life.

¹⁴ But I trust in you, O Lord;
I say, "You are my God."

¹⁵ My times are in your hands;
deliver me from my enemies
and from those who pursue me.

¹⁶ Let your face shine on your servant;
save me in your unfailing love.

¹⁷ Let me not be put to shame, O Lord,
for I have cried out to you;
but let the wicked be put to shame
and lie silent in the grave.ᵃ

¹⁸ Let their lying lips be silenced,
for with pride and contempt
they speak arrogantly against the righteous.

¹⁹ How great is your goodness,
which you have stored up for those who fear you,
which you bestow in the sight of men
on those who take refuge in you.

²⁰ In the shelter of your presence you hide them
from the intrigues of men;
in your dwelling you keep them safe
from accusing tongues.

²¹ Praise be to the Lord,
for he showed his wonderful love to me
when I was in a besieged city.

²² In my alarm I said,
"I am cut off from your sight!"
Yet you heard my cry for mercy
when I called to you for help.

²³ Love the Lord, all his saints!
The Lord preserves the faithful,
but the proud he pays back in full.

²⁴ Be strong and take heart,
all you who hope in the Lord.

Of David. A maskil.ᵇ

32 Blessed is he
whose transgressions are forgiven,
whose sins are covered.

² Blessed is the man
whose sin the Lord does not count against him
and in whose spirit is no deceit.

³ When I kept silent,
my bones wasted away
through my groaning all day long.

⁴ For day and night
your hand was heavy upon me;
my strength was sapped
as in the heat of summer.

Selah

⁵ Then I acknowledged my sin to you
and did not cover up my iniquity.
I said, "I will confess
my transgressions to the Lord"—

ᵃ31.16 Isto é, mostra a tua bondade para com. ᵇ31.17 Essa palavra pode ser traduzida por sepultura, profundezas, pó ou morte.

ᵃ31:17 Hebrew *Sheol* ᵇTitle: Probably a literary or musical term

e tu perdoaste a culpa do meu pecado.   Pausa

⁶ Portanto, que todos os que são fiéis orem a ti
enquanto podes ser encontrado;
quando as muitas águas se levantarem,
elas não os atingirão.

⁷ Tu és o meu abrigo;
tu me preservarás das angústias
e me cercarás de canções de livramento.   [Pausa]

⁸ Eu o instruirei e o ensinarei
no caminho que você deve seguir;
eu o aconselharei e cuidarei de você.

⁹ Não sejam como o cavalo ou o burro,
que não têm entendimento
mas precisam ser controlados
com freios e rédeas,
caso contrário não obedecem.

¹⁰ Muitas são as dores dos ímpios,
mas a bondade do Senhor
protege quem nele confia.

¹¹ Alegrem-se no Senhor e exultem,
vocês que são justos!
Cantem de alegria,
todos vocês que são retos de coração!

SALMO 33

¹ Cantem de alegria ao Senhor,
vocês que são justos;
aos que são retos fica bem louvá-lo.

² Louvem o Senhor com harpa;
ofereçam-lhe música com lira de dez cordas.

³ Cantem-lhe uma nova canção;
toquem com habilidade ao aclamá-lo.

⁴ Pois a palavra do Senhor é verdadeira;
ele é fiel em tudo o que faz.

⁵ Ele ama a justiça e a retidão;
a terra está cheia da bondade do Senhor.

⁶ Mediante a palavra do Senhor
foram feitos os céus,
e os corpos celestes, pelo sopro de sua boca.

⁷ Ele ajunta as águas do mar num só lugar;
das profundezas faz reservatórios.

⁸ Toda a terra tema o Senhor;
tremam diante dele
todos os habitantes do mundo.

⁹ Pois ele falou, e tudo se fez;
ele ordenou, e tudo surgiu.

¹⁰ O Senhor desfaz os planos das nações
e frustra os propósitos dos povos.

¹¹ Mas os planos do Senhor
permanecem para sempre,
os propósitos do seu coração,
por todas as gerações.

¹² Como é feliz a nação
que tem o Senhor como Deus,
o povo que ele escolheu para lhe pertencer!

¹³ Dos céus olha o Senhor
e vê toda a humanidade;

¹⁴ do seu trono ele observa
todos os habitantes da terra;

¹⁵ ele, que forma o coração de todos,
que conhece tudo o que fazem.

¹⁶ Nenhum rei se salva
pelo tamanho do seu exército;
nenhum guerreiro escapa por sua grande força.

---

and you forgave
the guilt of my sin.   *Selah*

⁶ Therefore let everyone who is godly pray to you
while you may be found;
surely when the mighty waters rise,
they will not reach him.

⁷ You are my hiding place;
you will protect me from trouble
and surround me with songs of deliverance.   *Selah*

⁸ I will instruct you and teach you in the way
you should go;
I will counsel you and watch over you.

⁹ Do not be like the horse or the mule,
which have no understanding
but must be controlled by bit and bridle
or they will not come to you.

¹⁰ Many are the woes of the wicked,
but the Lord's unfailing love
surrounds the man who trusts in him.

¹¹ Rejoice in the Lord and be glad, you righteous;
sing, all you who are upright in heart!

33 Sing joyfully to the Lord, you righteous;
it is fitting for the upright to praise him.

² Praise the Lord with the harp;
make music to him on the ten-stringed lyre.

³ Sing to him a new song;
play skillfully, and shout for joy.

⁴ For the word of the Lord is right and true;
he is faithful in all he does.

⁵ The Lord loves righteousness and justice;
the earth is full of his unfailing love.

⁶ By the word of the Lord were the heavens made,
their starry host by the breath of his mouth.

⁷ He gathers the waters of the sea into jars[a];
he puts the deep into storehouses.

⁸ Let all the earth fear the Lord;
let all the people of the world revere him.

⁹ For he spoke, and it came to be;
he commanded, and it stood firm.

¹⁰ The Lord foils the plans of the nations;
he thwarts the purposes of the peoples.

¹¹ But the plans of the Lord stand firm forever,
the purposes of his heart through all generations.

¹² Blessed is the nation whose God is the Lord,
the people he chose for his inheritance.

¹³ From heaven the Lord looks down
and sees all mankind;

¹⁴ from his dwelling place he watches
all who live on earth—

¹⁵ he who forms the hearts of all,
who considers everything they do.

¹⁶ No king is saved by the size of his army;
no warrior escapes by his great strength.

ᵃ**33:7** Or *sea as into a heap*

17 O cavalo é vã esperança de vitória;
    apesar da sua grande força, é incapaz de salvar.

18 Mas o Senhor protege aqueles que o temem,
    aqueles que firmam a esperança no seu amor,

19 para livrá-los da morte e garantir-lhes vida,
    mesmo em tempos de fome.

20 Nossa esperança está no Senhor;
    ele é o nosso auxílio e a nossa proteção.

21 Nele se alegra o nosso coração,
    pois confiamos no seu santo nome.

22 Esteja sobre nós o teu amor, Senhor,
    como está em ti a nossa esperança.

SALMO 34ᵃ

De Davi, quando ele se fingiu de louco diante de Abimeleque, que
o expulsou, e ele partiu.

1 Bendirei o Senhor o tempo todo!
    Os meus lábios sempre o louvarão.

2 Minha alma se gloriará no Senhor;
    ouçam os oprimidos e se alegrem.

3 Proclamem a grandeza do Senhor comigo;
    juntos exaltemos o seu nome.

4 Busquei o Senhor, e ele me respondeu;
    livrou-me de todos os meus temores.

5 Os que olham para ele
      estão radiantes de alegria;
    seus rostos jamais mostrarão decepção.

6 Este pobre homem clamou,
    e o Senhor o ouviu;
    e o libertou de todas as suas tribulações.

7 O anjo do Senhor é sentinela ao redor
    daqueles que o temem, e os livra.

8 Provem, e vejam como o Senhor é bom.
    Como é feliz o homem que nele se refugia!

9 Temam o Senhor,
    vocês que são os seus santos,
    pois nada falta aos que o temem.

10 Os leõesᵇ podem passar necessidade e fome,
    mas os que buscam o Senhor de nada têm falta.

11 Venham, meus filhos, ouçam-me;
    eu lhes ensinarei o temor do Senhor.

12 Quem de vocês quer amar a vida
    e deseja ver dias felizes?

13 Guarde a sua língua do mal
    e os seus lábios da falsidade.

14 Afaste-se do mal e faça o bem;
    busque a paz com perseverança.

15 Os olhos do Senhor voltam-se para os justos
    e os seus ouvidos
      estão atentos ao seu grito de socorro;

16 o rosto do Senhor
      volta-se contra os que praticam o mal,
    para apagar da terra a memória deles.

17 Os justos clamam, o Senhor os ouve
    e os livra de todas as suas tribulações.

18 O Senhor está perto
    dos que têm o coração quebrantado
    e salva os de espírito abatido.

19 O justo passa por muitas adversidades,
    mas o Senhor o livra de todas;

20 protege todos os seus ossos;
    nenhum deles será quebrado.

21 A desgraça matará os ímpios;ᶜ

17 A horse is a vain hope for deliverance;
    despite all its great strength it cannot save.

18 But the eyes of the Lord are on those who
      fear him,
    on those whose hope is in his unfailing love,

19 to deliver them from death
    and keep them alive in famine.

20 We wait in hope for the Lord;
    he is our help and our shield.

21 In him our hearts rejoice,
    for we trust in his holy name.

22 May your unfailing love rest upon us, O Lord,
    even as we put our hope in you.

Of David. When he pretended to be insane before Abimelech, who
drove him away, and he left.

34

a I will extol the Lord at all times;
    his praise will always be on my lips.

2 My soul will boast in the Lord;
    let the afflicted hear and rejoice.

3 Glorify the Lord with me;
    let us exalt his name together.

4 I sought the Lord, and he answered me;
    he delivered me from all my fears.

5 Those who look to him are radiant;
    their faces are never covered with shame.

6 This poor man called, and the Lord heard him;
    he saved him out of all his troubles.

7 The angel of the Lord encamps around those
      who fear him,
    and he delivers them.

8 Taste and see that the Lord is good;
    blessed is the man who takes refuge in him.

9 Fear the Lord, you his saints,
    for those who fear him lack nothing.

10 The lions may grow weak and hungry,
    but those who seek the Lord lack no
      good thing.

11 Come, my children, listen to me;
    I will teach you the fear of the Lord.

12 Whoever of you loves life
    and desires to see many good days,

13 keep your tongue from evil
    and your lips from speaking lies.

14 Turn from evil and do good;
    seek peace and pursue it.

15 The eyes of the Lord are on the righteous
    and his ears are attentive to their cry;

16 the face of the Lord is against those who do evil,
    to cut off the memory of them from the earth.

17 The righteous cry out, and the Lord hears them;
    he delivers them from all their troubles.

18 The Lord is close to the brokenhearted
    and saves those who are crushed in spirit.

19 A righteous man may have many troubles,
    but the Lord delivers him from them all;

20 he protects all his bones,
    not one of them will be broken.

21 Evil will slay the wicked;

ᵃO Salmo 34 é um poema organizado em ordem alfabética, no hebraico. ᵇ34.10
A Septuaginta e a Versão Siríaca dizem *ricos.* ᶜ34.21 Ou *Os ímpios serão mortos
nas suas próprias maldades;*

ᵃThis psalm is an acrostic poem, the verses of which begin with the successive
letters of the Hebrew alphabet.

os que odeiam o justo serão condenados.
²² O Senhor redime a vida dos seus servos;
ninguém que nele se refugia será condenado.

SALMO 35

Davídico.

¹ Defende-me, Senhor, dos que me acusam;
luta contra os que lutam comigo.
² Toma os escudos, o grande e o pequeno;
levanta-te e vem socorrer-me.
³ Empunha a lança e o machado de guerra[a]
contra os meus perseguidores.
Dize à minha alma: "Eu sou a sua salvação".

⁴ Sejam humilhados e desprezados
os que procuram matar-me;
retrocedam envergonhados
aqueles que tramam a minha ruína.
⁵ Que eles sejam como a palha ao vento,
quando o anjo do Senhor os expulsar;
⁶ seja a vereda deles sombria e escorregadia,
quando o anjo do Senhor os perseguir.
⁷ Já que, sem motivo, prepararam contra mim
uma armadilha oculta
e, sem motivo, abriram uma cova para mim,
⁸ que a ruína lhes sobrevenha de surpresa:
sejam presos pela armadilha que prepararam,
caiam na cova que abriram,
para a sua própria ruína.
⁹ Então a minha alma exultará no Senhor
e se regozijará na sua salvação.
¹⁰ Todo o meu ser exclamará:
Quem se compara a ti, Senhor?
Tu livras os necessitados daqueles que são
mais poderosos do que eles,
livras os necessitados e os pobres
daqueles que os exploram.

¹¹ Testemunhas maldosas enfrentam-me
e questionam-me sobre coisas de que nada sei.
¹² Elas me retribuem o bem com o mal
e procuram tirar-me a vida[b].
¹³ Contudo, quando estavam doentes,
usei vestes de lamento,
humilhei-me com jejum
e recolhi-me em oração[c].
¹⁴ Saí vagueando e pranteando,
como por um amigo ou por um irmão.
Eu me prostrei enlutado,
como quem lamenta por sua mãe.
¹⁵ Mas, quando tropecei,
eles se reuniram alegres;
sem que eu o soubesse,
ajuntaram-se para me atacar.
Eles me agrediram sem cessar.
¹⁶ Como ímpios caçoando do meu refúgio,
rosnaram contra mim.
¹⁷ Senhor, até quando ficarás olhando?
Livra-me dos ataques deles,
livra a minha vida preciosa desses leões.
¹⁸ Eu te darei graças na grande assembléia;
no meio da grande multidão te louvarei.

¹⁹ Não deixes que os meus inimigos traiçoeiros
se divirtam à minha custa;
não permitas que aqueles
que sem razão me odeiam
troquem olhares de desprezo.

the foes of the righteous will be condemned.
²² The Lord redeems his servants;
no one will be condemned who takes
refuge in him.

Of David.

35

Contend, O Lord, with those who contend
with me;
fight against those who fight against me.
² Take up shield and buckler;
arise and come to my aid.
³ Brandish spear and javelin[a]
against those who pursue me.
Say to my soul,
"I am your salvation."

⁴ May those who seek my life
be disgraced and put to shame;
may those who plot my ruin
be turned back in dismay.
⁵ May they be like chaff before the wind,
with the angel of the Lord driving them away;
⁶ may their path be dark and slippery,
with the angel of the Lord pursuing them.
⁷ Since they hid their net for me without cause
and without cause dug a pit for me,
⁸ may ruin overtake them by surprise—
may the net they hid entangle them,
may they fall into the pit, to their ruin.
⁹ Then my soul will rejoice in the Lord
and delight in his salvation.
¹⁰ My whole being will exclaim,
"Who is like you, O Lord?
You rescue the poor from those too strong
for them,
the poor and needy from those who rob them."

¹¹ Ruthless witnesses come forward;
they question me on things I know nothing
about.
¹² They repay me evil for good
and leave my soul forlorn.
¹³ Yet when they were ill, I put on sackcloth
and humbled myself with fasting.
When my prayers returned to me unanswered,
¹⁴ I went about mourning
as though for my friend or brother.
I bowed my head in grief
as though weeping for my mother.
¹⁵ But when I stumbled, they gathered in glee;
attackers gathered against me when I was un
aware.
They slandered me without ceasing.
¹⁶ Like the ungodly they maliciously mocked[b];
they gnashed their teeth at me.
¹⁷ O Lord, how long will you look on?
Rescue my life from their ravages,
my precious life from these lions.
¹⁸ I will give you thanks in the great assembly;
among throngs of people I will praise you.

¹⁹ Let not those gloat over me
who are my enemies without cause;
let not those who hate me without reason
maliciously wink the eye.

ᵃ35.3 Ou *e bloqueia o caminho* ᵇ35.12 Ou *e estou abandonado* ᶜ35.13 Ou *orei por eles sem cessar*; ou ainda *Ah! Se eu pudesse cancelar minhas orações*

ᵃ35:3 Or *and block the way* ᵇ35:16 Septuagint; Hebrew may mean *ungodly circle of mockers.*

20 Não falam pacificamente,
　　mas planejam acusações falsas
　　　contra os que vivem tranqüilamente na terra.
21 Com a boca escancarada,
　　riem de mim e me acusam:
　　"Nós vimos! Sabemos de tudo!"

22 Tu viste isso, Senhor! Não fiques calado.
　　Não te afastes de mim, Senhor,
23 Acorda! Desperta! Faze-me justiça!
　　Defende a minha causa, meu
　　　Deus e Senhor.
24 Senhor, meu Deus, tu és justo;
　　faze-me justiça para que eles
　　　não se alegrem à minha custa.
25 Não deixes que pensem:
　　"Ah! Era isso que queríamos!",
　　nem que digam: "Acabamos com ele!"

26 Sejam humilhados e frustrados
　　todos os que se divertem
　　　à custa do meu sofrimento;
　　cubram-se de vergonha e desonra
　　todos os que se acham superiores a mim.
27 Cantem de alegria e regozijo
　　todos os que desejam ver provada
　　　a minha inocência,
　　e sempre repitam:
　　"O Senhor seja engrandecido!
　　Ele tem prazer no bem-estar do seu servo".
28 Minha língua proclamará a tua justiça
　　e o teu louvor o dia inteiro.

SALMO 36

Para o mestre de música. De Davi, servo do Senhor.

1 Há no meu íntimo um oráculo
　　a respeito da maldade do ímpio:
　　Aos seus olhos é inútil temer a Deus.
2 Ele se acha tão importante,
　　que não percebe nem rejeita o seu pecado.
3 As palavras da sua boca
　　são maldosas e traiçoeiras;
　　abandonou o bom senso e não quer fazer o bem.
4 Até na sua cama planeja maldade;
　　nada há de bom no caminho a que se entregou,
　　e ele nunca rejeita o mal.

5 O teu amor, Senhor, chega até os céus;
　　a tua fidelidade até as nuvens.
6 A tua justiça é firme como as altas montanhas;
　　as tuas decisões insondáveis como o grande mar.
　　Tu, Senhor, preservas
　　　tanto os homens quanto os animais.
7 Como é precioso o teu amor, ó Deus!
　　Os homens encontram
　　　refúgio à sombra das tuas asas.
8 Eles se banqueteiam na fartura da tua casa;
　　tu lhes dás de beber do teu rio de delícias.
9 Pois em ti está a fonte da vida;
　　graças à tua luz, vemos a luz.

10 Estende o teu amor aos que te conhecem,
　　a tua justiça aos que são
retos de coração.
11 Não permitas que o arrogante me pisoteie,
　　nem que a mão do ímpio me faça recuar.
12 Lá estão os malfeitores caídos,
　　lançados ao chão, incapazes de levantar-se!

20 They do not speak peaceably,
　　but devise false accusations
　　　against those who live quietly in the land.
21 They gape at me and say, "Aha! Aha!
　　With our own eyes we have seen it."

22 O Lord, you have seen this; be not silent.
　　Do not be far from me, O Lord.
23 Awake, and rise to my defense!
　　Contend for me, my God and Lord.
24 Vindicate me in your righteousness, O Lord
　　　my God;
　　do not let them gloat over me.
25 Do not let them think, "Aha, just what we wanted!"
　　or say, "We have swallowed him up."

26 May all who gloat over my distress
　　be put to shame and confusion;
　　may all who exalt themselves over me
　　be clothed with shame and disgrace.
27 May those who delight in my vindication
　　shout for joy and gladness;
　　may they always say, "The Lord be exalted,
　　who delights in the well-being
　　　of his servant."
28 My tongue will speak of your righteousness
　　and of your praises all day long.

For the director of music. Of David the servant of the Lord.

36 An oracle is within my heart
　　concerning the sinfulness of the wicked:[a]
　　There is no fear of God
　　　before his eyes.
2 For in his own eyes he flatters himself
　　too much to detect or hate his sin.
3 The words of his mouth are wicked and
　　　deceitful;
　　he has ceased to be wise and to do good.
4 Even on his bed he plots evil;
　　he commits himself to a sinful course
　　and does not reject what is wrong.

5 Your love, O Lord, reaches to the heavens,
　　your faithfulness to the skies.
6 Your righteousness is like the mighty mountains,
　　your justice like the great deep.
　　O Lord, you preserve both man and beast.
7 How priceless is your unfailing love!
　　Both high and low among men
　　find[b] refuge in the shadow of your wings.
8 They feast on the abundance of your house;
　　you give them drink from your river of delights.
9 For with you is the fountain of life;
　　in your light we see light.

10 Continue your love to those who know you,
　　your righteousness to the upright in heart.
11 May the foot of the proud not come against me,
　　nor the hand of the wicked drive me away.
12 See how the evildoers lie fallen—
　　thrown down, not able to rise!

a36:1 Or *heart: / Sin proceeds from the wicked.* **b36:7** Or *love, O God / Men find;* or *love / Both heavenly beings and men / find*

SALMO 37ª

Davídico.

¹ Não se aborreça por causa dos homens maus
e não tenha inveja dos perversos;
² pois como o capim logo secarão,
como a relva verde logo murcharão.

³ Confie no Senhor e faça o bem;
assim você habitará na terra
e desfrutará segurança.
⁴ Deleite-se no Senhor,
e ele atenderá aos desejos do seu coração.

⁵ Entregue o seu caminho ao Senhor;
confie nele, e ele agirá:
⁶ ele deixará claro como a alvorada
que você é justo,
e como o sol do meio-dia que você é inocente.

⁷ Descanse no Senhor
e aguarde por ele com paciência;
não se aborreça com o sucesso dos outros,
nem com aqueles que maquinam o mal.

⁸ Evite a ira e rejeite a fúria;
não se irrite: isso só leva ao mal.
⁹ Pois os maus serão eliminados,
mas os que esperam no Senhor
receberão a terra por herança.

¹⁰ Um pouco de tempo,
e os ímpios não mais existirão;
por mais que você os procure, não serão
encontrados.
¹¹ Mas os humildes receberão a terra por herança
e desfrutarão pleno bem-estar.

¹² Os ímpios tramam contra os justos
e rosnam contra eles;
¹³ o Senhor, porém, ri dos ímpios,
pois sabe que o dia deles está chegando.

¹⁴ Os ímpios desembainham a espada
e preparam o arco
para abaterem o necessitado e o pobre,
para matarem os que andam na retidão.
¹⁵ Mas as suas espadas
irão atravessar-lhes o coração,
e os seus arcos serão quebrados.

¹⁶ Melhor é o pouco do justo
do que a riqueza de muitos ímpios;
¹⁷ pois o braço forte dos ímpios será quebrado,
mas o Senhor sustém os justos.

¹⁸ O Senhor cuida da vida dos íntegros,
e a herança deles permanecerá para sempre.
¹⁹ Em tempos de adversidade
não ficarão decepcionados;
em dias de fome desfrutarão fartura.

²⁰ Mas os ímpios perecerão;
os inimigos do Senhor
murcharão como a beleza dos campos;
desvanecerão como fumaça.

²¹ Os ímpios tomam emprestado e não devolvem,
mas os justos dão com generosidade;
²² aqueles que o Senhor abençoa
receberão a terra por herança,
mas os que ele amaldiçoa serão eliminados.

²³ O Senhor firma os passos de um homem,
quando a conduta deste o agrada;
²⁴ ainda que tropece, não cairá,
pois o Senhor o toma pela mão.

37

ª Do not fret because of evil men
or be envious of those who do wrong;
² for like the grass they will soon wither,
like green plants they will soon die away.

³ Trust in the Lord and do good;
dwell in the land and enjoy safe pasture.
⁴ Delight yourself in the Lord
and he will give you the desires of your heart.

⁵ Commit your way to the Lord;
trust in him and he will do this:
⁶ He will make your righteousness shine like
the dawn,
the justice of your cause like the noonday sun.

⁷ Be still before the Lord and wait patiently
for him;
do not fret when men succeed in their ways,
when they carry out their wicked schemes.

⁸ Refrain from anger and turn from wrath;
do not fret—it leads only to evil.
⁹ For evil men will be cut off,
but those who hope in the Lord will inherit
the land.

¹⁰ A little while, and the wicked will be no more;
though you look for them, they will not be
found.
¹¹ But the meek will inherit the land
and enjoy great peace.

¹² The wicked plot against the righteous
and gnash their teeth at them;
¹³ but the Lord laughs at the wicked,
for he knows their day is coming.

¹⁴ The wicked draw the sword
and bend the bow
to bring down the poor and needy,
to slay those whose ways are upright.
¹⁵ But their swords will pierce their own hearts,
and their bows will be broken.

¹⁶ Better the little that the righteous have
than the wealth of many wicked;
¹⁷ for the power of the wicked will be broken,
but the Lord upholds the righteous.

¹⁸ The days of the blameless are known to the Lord,
and their inheritance will endure forever.
¹⁹ In times of disaster they will not wither;
in days of famine they will enjoy plenty.

²⁰ But the wicked will perish:
The Lord's enemies will be like the beauty of the
fields,
they will vanish—vanish like smoke.

²¹ The wicked borrow and do not repay,
but the righteous give generously;
²² those the Lord blesses will inherit the land,
but those he curses will be cut off.

²³ If the Lord delights in a man's way,
he makes his steps firm;
²⁴ though he stumble, he will not fall,
for the Lord upholds him with his hand.

ª O Salmo 37 é um poema organizado em ordem alfabética, no hebraico.

ª This psalm is an acrostic poem, the stanzas of which begin with the successive letters of the Hebrew alphabet.

25 Já fui jovem e agora sou velho,
  mas nunca vi o justo desamparado,
  nem seus filhos mendigando o pão.
26 Ele é sempre generoso
  e empresta com boa vontade;
  seus filhos serão abençoados.

27 Desvie-se do mal e faça o bem;
  e você terá sempre onde morar.
28 Pois o Senhor ama quem pratica a justiça,
  e não abandonará os seus fiéis.

  Para sempre serão protegidos,
  mas a descendência dos ímpios será eliminada;
29 os justos herdarão a terra
  e nela habitarão para sempre.

30 A boca do justo profere sabedoria,
  e a sua língua fala conforme a justiça.
31 Ele traz no coração a lei do seu Deus;
  nunca pisará em falso.

32 O ímpio fica à espreita do justo,
  querendo matá-lo;
33 mas o Senhor não o deixará cair
  em suas mãos,
  nem permitirá que o condenem quando julgado.
34 Espere no Senhor
  e siga a sua vontade.
  Ele o exaltará, dando-lhe a terra por herança;
  quando os ímpios forem eliminados,
  você o verá.

35 Vi um homem ímpio e cruel
  florescendo como frondosa árvore nativa,
36 mas logo desapareceu e não mais existia;
  embora eu o procurasse,
  não pôde ser encontrado.

37 Considere o íntegro, observe o justo;
  há futuroᵃ para o homem de paz.
38 Mas todos os rebeldes serão destruídos;
  futuro para os ímpios nunca haverá.

39 Do Senhor vem a salvação dos justos;
  ele é a sua fortaleza na hora da adversidade.
40 O Senhor os ajuda e os livra;
  ele os livra dos ímpios e os salva,
  porque nele se refugiam.

SALMO 38

Salmo davídico. Uma petição.

1 Senhor, não me repreendas no teu furor
  nem me disciplines na tua ira.
2 Pois as tuas flechas me atravessaram,
  e a tua mão me atingiu.
3 Por causa de tua ira,
  todo o meu corpo está doente;
  não há saúde nos meus ossos
  por causa do meu pecado.
4 As minhas culpas me afogam;
  são como um fardo pesado e insuportável.
5 Minhas feridas cheiram mal e supuram
  por causa da minha insensatez.
6 Estou encurvado e muitíssimo abatido;
  o dia todo saio vagueando e pranteando.
7 Estou ardendo em febre;
  todo o meu corpo está doente.
8 Sinto-me muito fraco e totalmente esmagado;
  meu coração geme de angústia.

25 I was young and now I am old,
  yet I have never seen the righteous forsaken
  or their children begging bread.
26 They are always generous and lend freely;
  their children will be blessed.

27 Turn from evil and do good;
  then you will dwell in the land forever.
28 For the Lord loves the just
  and will not forsake his faithful ones.

  They will be protected forever,
  but the offspring of the wicked will be cut off;
29 the righteous will inherit the land
  and dwell in it forever.

30 The mouth of the righteous man utters wisdom,
  and his tongue speaks what is just.
31 The law of his God is in his heart;
  his feet do not slip.

32 The wicked lie in wait for the righteous,
  seeking their very lives;
33 but the Lord will not leave them in their power
  or let them be condemned when brought
  to trial.

34 Wait for the Lord
  and keep his way.
  He will exalt you to inherit the land;
  when the wicked are cut off, you will see it.

35 I have seen a wicked and ruthless man
  flourishing like a green tree in its native soil,
36 but he soon passed away and was no more;
  though I looked for him, he could not be found.

37 Consider the blameless, observe the upright;
  there is a futureᵃ for the man of peace.
38 But all sinners will be destroyed;
  the futureᵇ of the wicked will be cut off.

39 The salvation of the righteous comes from the
  Lord;
  he is their stronghold in time of trouble.
40 The Lord helps them and delivers them;
  he delivers them from the wicked and
  saves them,
  because they take refuge in him.

A psalm of David. A petition.

38

O Lord, do not rebuke me in your anger
  or discipline me in your wrath.
2 For your arrows have pierced me,
  and your hand has come down upon me.
3 Because of your wrath there is no health in
  my body;
  my bones have no soundness because of
  my sin.
4 My guilt has overwhelmed me
  like a burden too heavy to bear.
5 My wounds fester and are loathsome
  because of my sinful folly.
6 I am bowed down and brought very low;
  all day long I go about mourning.
7 My back is filled with searing pain;
  there is no health in my body.
8 I am feeble and utterly crushed;
  I groan in anguish of heart.

ᵃ37.37 Ou *haverá posteridade*; também no versículo 38.   ᵃ37:37 Or *there will be posterity* ᵇ37:38 Or *posterity*

⁹ Senhor, diante de ti
　　estão todos os meus anseios;
o meu suspiro não te é oculto.
¹⁰ Meu coração palpita, as forças me faltam;
até a luz dos meus olhos se foi.
¹¹ Meus amigos e companheiros me evitam
　　por causa da doença que me aflige;
ficam longe de mim os meus vizinhos.
¹² Os que desejam matar-me
　　preparam armadilhas,
os que me querem prejudicar
　　anunciam a minha ruína;
passam o dia planejando traição.

¹³ Como um surdo, não ouço,
como um mudo, não abro a boca.
¹⁴ Fiz-me como quem não ouve,
e em cuja boca não há resposta.
¹⁵ Senhor, em ti espero;
tu me responderás, ó Senhor meu Deus!
¹⁶ Pois eu disse: Não permitas
　　que eles se divirtam à minha custa,
nem triunfem sobre mim quando eu tropeçar.

¹⁷ Estou a ponto de cair,
e a minha dor está sempre comigo.
¹⁸ Confesso a minha culpa;
em angústia estou por causa do meu pecado.
¹⁹ Meus inimigos, porém,
　　são muitos e poderosos;
é grande o número
　　dos que me odeiam sem motivo.
²⁰ Os que me retribuem o bem com o mal
caluniam-me porque é o bem que procuro.

²¹ Senhor, não me abandones!
　　Não fiques longe de mim, ó meu Deus!
²² Apressa-te a ajudar-me,
　　Senhor, meu Salvador!

SALMO 39

Para o mestre de música. Ao estilo de Jedutum.
Salmo davídico.

¹ Eu disse: Vigiarei a minha conduta
　　e não pecarei em palavras;
porei mordaça em minha boca
enquanto os ímpios
　　estiverem na minha presença.
² Enquanto me calei resignado,
e me contive inutilmente,
minha angústia aumentou.
³ Meu coração ardia-me no peito
e, enquanto eu meditava, o fogo aumentava;
então comecei a dizer:
⁴ Mostra-me, Senhor, o fim da minha vida
e o número dos meus dias,
para que eu saiba quão frágil sou.
⁵ Deste aos meus dias
　　o comprimento de um palmo;
a duração da minha vida é nada diante de ti.
De fato, o homem não passa de um sopro.

[Pausa]

⁶ Sim, cada um vai e volta como a sombra.
Em vão se agita, amontoando riqueza
　　sem saber quem ficará com ela.

⁷ Mas agora, Senhor, que hei de esperar?
Minha esperança está em ti.
⁸ Livra-me de todas as minhas transgressões;
não faças de mim
　　um objeto de zombaria dos tolos.
⁹ Estou calado! Não posso abrir a boca,

⁹ All my longings lie open before you, O Lord;
　　my sighing is not hidden from you.
¹⁰ My heart pounds, my strength fails me;
　　even the light has gone from my eyes.
¹¹ My friends and companions avoid me because
　　　　of my wounds;
　　my neighbors stay far away.
¹² Those who seek my life set their traps,
　　those who would harm me talk of my ruin;
　　all day long they plot deception.

¹³ I am like a deaf man, who cannot hear,
　　like a mute, who cannot open his mouth;
¹⁴ I have become like a man who does not hear,
　　whose mouth can offer no reply.
¹⁵ I wait for you, O Lord;
　　you will answer, O Lord my God.
¹⁶ For I said, "Do not let them gloat
　　or exalt themselves over me when my foot slips."

¹⁷ For I am about to fall,
　　and my pain is ever with me.
¹⁸ I confess my iniquity;
　　I am troubled by my sin.
¹⁹ Many are those who are my vigorous enemies;
　　those who hate me without reason are
　　　　numerous.
²⁰ Those who repay my good with evil
　　slander me when I pursue what is good.

²¹ O Lord, do not forsake me;
　　be not far from me, O my God.
²² Come quickly to help me,
　　O Lord my Savior.

For the director of music. For Jeduthun. A psalm of David.

39 I said, "I will watch my ways
　　and keep my tongue from sin;
I will put a muzzle on my mouth
　　as long as the wicked are in my presence."
² But when I was silent and still,
　　not even saying anything good,
　　my anguish increased.
³ My heart grew hot within me,
　　and as I meditated, the fire burned;
　　then I spoke with my tongue:
⁴ "Show me, O Lord, my life's end
　　and the number of my days;
　　let me know how fleeting is my life.
⁵ You have made my days a mere handbreadth;
　　the span of my years is as nothing before you.
　　Each man's life is but a breath.

Selah

⁶ Man is a mere phantom as he goes to and fro:
　　He bustles about, but only in vain;
　　he heaps up wealth, not knowing who will
　　　　get it.

⁷ "But now, Lord, what do I look for?
　　My hope is in you.
⁸ Save me from all my transgressions;
　　do not make me the scorn of fools.
⁹ I was silent; I would not open my mouth,

pois tu mesmo fizeste isso.
¹⁰ Afasta de mim o teu açoite;
    fui vencido pelo golpe da tua mão.
¹¹ Tu repreendes e disciplinas o homem
      por causa do seu pecado;
    como traça destróis o que ele mais valoriza;
    de fato, o homem não passa de um sopro.   [Pausa]
¹² Ouve a minha oração, SENHOR;
    escuta o meu grito de socorro;
    não sejas indiferente ao meu lamento.
    Pois sou para ti um estrangeiro,
    como foram todos os meus antepassados.
¹³ Desvia de mim os teus olhos,
    para que eu volte a ter alegria,
    antes que eu me vá e deixe de existir.

SALMO 40

Para o mestre de música. Davídico. Um salmo.

¹ Coloquei toda minha esperança no SENHOR;
    ele se inclinou para mim
    e ouviu o meu grito de socorro.
² Ele me tirou de um poço de destruição,
    de um atoleiro de lama;
    pôs os meus pés sobre uma rocha
    e firmou-me num local seguro.
³ Pôs um novo cântico na minha boca,
    um hino de louvor ao nosso Deus.
    Muitos verão isso e temerão,
    e confiarão no SENHOR.

⁴ Como é feliz o homem
    que põe no SENHOR a sua confiança,
    e não vai atrás dos orgulhososᵃ,
    dos que se afastam para seguir deuses falsosᵇ!
⁵ SENHOR meu Deus!
    Quantas maravilhas tens feito!
    Não se pode relatar
    os planos que preparaste para nós!
    Eu queria proclamá-los e anunciá-los,
    mas são por demais numerosos!

⁶ Sacrifício e oferta não pediste,
    mas abriste os meus ouvidosᶜ;
    holocaustosᵈ e ofertas pelo pecado
    não exigiste.
⁷ Então eu disse: Aqui estou!
    No livro está escrito a meu respeito.
⁸ Tenho grande alegria em fazer a tua vontade,
    ó meu Deus;
    a tua lei está no fundo do meu coração.

⁹ Eu proclamo as novas de justiça
    na grande assembléia;
    como sabes, SENHOR, não fecho os meus lábios.
¹⁰ Não oculto no coração a tua justiça;
    falo da tua fidelidade e da tua salvação.
    Não escondo da grande assembléia
    a tua fidelidade e a tua verdade.

¹¹ Não me negues a tua misericórdia, SENHOR;
    que o teu amor e a tua verdade
    sempre me protejam.
¹² Pois incontáveis problemas me cercam,
    as minhas culpas me alcançaram
      e já não consigo ver.
    Mais numerosos são
      que os cabelos da minha cabeça,
    e o meu coração perdeu o ânimo.

---

for you are the one who has done this.
¹⁰ Remove your scourge from me;
    I am overcome by the blow of your hand.
¹¹ You rebuke and discipline men for their sin;
    you consume their wealth like a moth—
    each man is but a breath.   *Selah*

¹² "Hear my prayer, O LORD,
    listen to my cry for help;
    be not deaf to my weeping.
    For I dwell with you as an alien,
    a stranger, as all my fathers were.
¹³ Look away from me, that I may rejoice again
    before I depart and am no more."

For the director of music. Of David. A psalm.

40

I waited patiently for the LORD;
    he turned to me and heard my cry.
² He lifted me out of the slimy pit,
    out of the mud and mire;
    he set my feet on a rock
    and gave me a firm place to stand.
³ He put a new song in my mouth,
    a hymn of praise to our God.
    Many will see and fear
    and put their trust in the LORD.

⁴ Blessed is the man
    who makes the LORD his trust,
    who does not look to the proud,
    to those who turn aside to false gods.ᵃ
⁵ Many, O LORD my God,
    are the wonders you have done.
    The things you planned for us
    no one can recount to you;
    were I to speak and tell of them,
    they would be too many to declare.

⁶ Sacrifice and offering you did not desire,
    but my ears you have piercedᵇ,ᶜ;
    burnt offerings and sin offerings
    you did not require.
⁷ Then I said, "Here I am, I have come—
    it is written about me in the scroll.ᵈ
⁸ I desire to do your will, O my God;
    your law is within my heart."

⁹ I proclaim righteousness in the great assembly;
    I do not seal my lips,
    as you know, O LORD.
¹⁰ I do not hide your righteousness in my heart;
    I speak of your faithfulness and salvation.
    I do not conceal your love and your truth
    from the great assembly.

¹¹ Do not withhold your mercy from me, O LORD;
    may your love and your truth always
    protect me.
¹² For troubles without number surround me;
    my sins have overtaken me, and I cannot see.
    They are more than the hairs of my head,
    and my heart fails within me.

ᵃ40.4 Ou *idólatras* ᵇ40.4 Ou *para a falsidade* ᶜ40.6 Ou *furaste as minhas ore-lhas*. A Septuaginta diz *mas tens preparado um corpo para mim*. ᵈ40.6 Isto é, sacrifícios totalmente queimados.

ᵃ40:4 Or *to falsehood* ᵇ40:6 Hebrew; Septuagint *but a body you have prepared for me* (see also Symmachus and Theodotion) ᶜ40:6 Or *opened* ᵈ40:7 Or *come / with the scroll written for me*

13 Agrada-te, Senhor, em libertar-me;
   apressa-te, Senhor, a ajudar-me.
14 Sejam humilhados e frustrados
   todos os que procuram tirar-me a vida;
  retrocedam desprezados
   os que desejam a minha ruína.
15 Fiquem chocados com a sua própria desgraça
  os que zombam de mim.
16 Mas regozijem-se e alegrem-se em ti
   todos os que te buscam;
  digam sempre aqueles que amam a tua salvação:
   "Grande é o Senhor!"
17 Quanto a mim, sou pobre e necessitado,
  mas o Senhor preocupa-se comigo.
  Tu és o meu socorro e o meu libertador;
   meu Deus, não te demores!

SALMO 41

Para o mestre de música. Salmo davídico.

1 Como é feliz aquele
   que se interessa pelo pobre!
  O Senhor o livra em tempos de adversidade.
2 O Senhor o protegerá e preservará a sua vida;
  ele o fará feliz na terra
  e não o entregará ao desejo dos seus inimigos.
3 O Senhor o susterá
   em seu leito de enfermidade,
  e da doença o restaurará.

4 Eu disse: Misericórdia, Senhor,
  cura-me, pois pequei contra ti.
5 Os meus inimigos
   dizem maldosamente a meu respeito:
  "Quando ele vai morrer?
   Quando vai desaparecer o seu nome?"
6 Sempre que alguém vem visitar-me,
   fala com falsidade,
  enche o coração de calúnias
  e depois as espalha por onde vai.
7 Todos os que me odeiam
   juntam-se e cochicham contra mim,
  imaginando que o pior me acontecerá:
8 "Uma praga terrível o derrubou;
  está de cama, e jamais se levantará".
9 Até o meu melhor amigo,
  em quem eu confiava
  e que partilhava do meu pão,
   voltou-se[a] contra mim.

10 Mas, tu, Senhor, tem misericórdia de mim;
  levanta-me, para que eu lhes retribua.
11 Sei que me queres bem,
  pois o meu inimigo não triunfa sobre mim.
12 Por causa da minha integridade me susténs
  e me pões na tua presença para sempre.

13 Louvado seja o Senhor, o Deus de Israel,
  de eternidade a eternidade!
   Amém e amém!

SEGUNDO LIVRO

SALMO 42[b]

Para o mestre de música. Um poema dos coraítas.

1 Como a corça anseia por águas correntes,
  a minha alma anseia por ti, ó Deus.

13 Be pleased, O Lord, to save me;
  O Lord, come quickly to help me.
14 May all who seek to take my life
  be put to shame and confusion;
  may all who desire my ruin
  be turned back in disgrace.
15 May those who say to me, "Aha! Aha!"
  be appalled at their own shame.
16 But may all who seek you
  rejoice and be glad in you;
  may those who love your salvation always say,
  "The Lord be exalted!"
17 Yet I am poor and needy;
  may the Lord think of me.
  You are my help and my deliverer;
  O my God, do not delay.

For the director of music. A psalm of David.

41

Blessed is he who has regard for the weak;
  the Lord delivers him in times of trouble.
2 The Lord will protect him and preserve his life;
  he will bless him in the land
  and not surrender him to the desire of his foes.
3 The Lord will sustain him on his sickbed
  and restore him from his bed of illness.

4 I said, "O Lord, have mercy on me;
  heal me, for I have sinned against you."
5 My enemies say of me in malice,
  "When will he die and his name perish?"
6 Whenever one comes to see me,
  he speaks falsely, while his heart gathers
   slander;
  then he goes out and spreads it abroad.
7 All my enemies whisper together against me;
  they imagine the worst for me, saying,
8 "A vile disease has beset him;
  he will never get up from the place where
   he lies."
9 Even my close friend, whom I trusted,
  he who shared my bread,
  has lifted up his heel against me.

10 But you, O Lord, have mercy on me;
  raise me up, that I may repay them.
11 I know that you are pleased with me,
  for my enemy does not triumph over me.
12 In my integrity you uphold me
  and set me in your presence forever.

13 Praise be to the Lord, the God of Israel,
  from everlasting to everlasting.
  Amen and Amen.

BOOK II
Psalms 42-72

For the director of music. A maskil[b] of the Sons of Korah.

42

[b] As the deer pants for streams of water,
  so my soul pants for you, O God.

---

[a]41.9 Hebraico: *levantou o calcanhar*. [b]Os Salmos 42 e 43 constituem um único poema em muitos manuscritos do Texto Massorético.

[a]In many Hebrew manuscripts Psalms 42 and 43 constitute one psalm. [b]Title: Probably a literary or musical term

2 A minha alma tem sede de Deus, do Deus vivo.
Quando poderei entrar
    para apresentar-me a Deus?
3 Minhas lágrimas têm sido o meu alimento
    de dia e de noite,
pois me perguntam o tempo todo:
    "Onde está o seu Deus?"
4 Quando me lembro destas coisas
    choro angustiado.
Pois eu costumava ir com a multidão,
    conduzindo a procissão à casa de Deus,
com cantos de alegria e de ação de graças
    entre a multidão que festejava.

5 Por que você está assim tão triste,
    ó minha alma?
Por que está assim tão perturbada
    dentro de mim?
Ponha a sua esperança em Deus!
    Pois ainda o louvarei;
ele é o meu Salvador e
6 o meu Deusª.
A minha alma está profundamente triste;
    por isso de ti me lembro
        desde a terra do Jordão,
das alturas do Hermom,
    desde o monte Mizar.
7 Abismo chama abismo
    ao rugir das tuas cachoeiras;
todas as tuas ondas e vagalhões
    se abateram sobre mim.

8 Conceda-me o SENHOR o seu fiel amor de dia;
de noite esteja comigo a sua canção.
É a minha oração ao Deus que me dá vida.

9 Direi a Deus, minha Rocha:
    Por que te esqueceste de mim?
Por que devo sair vagueando e pranteando,
    oprimido pelo inimigo?
10 Até os meus ossos sofrem agonia mortal
    quando os meus adversários zombam de mim,
perguntando-me o tempo todo:
    "Onde está o seu Deus?"

11 Por que você está assim tão triste,
    ó minha alma?
Por que está assim tão perturbada
    dentro de mim?
Ponha a sua esperança em Deus!
    Pois ainda o louvarei;
ele é o meu Salvador e o meu Deus.

SALMO 43

1 Faze-me justiça, ó Deus,
    e defende a minha causa contra um povo
        infiel;
livra-me dos homens traidores e perversos.
2 Pois tu, ó Deus, és a minha fortaleza.
Por que me rejeitaste?
Por que devo sair vagueando e pranteando,
    oprimido pelo inimigo?
3 Envia a tua luz e a tua verdade;
    elas me guiarão
        e me levarão ao teu santo monte,
ao lugar onde habitas.
4 Então irei ao altar de Deus,
    a Deus, a fonte da minha plena alegria.

2 My soul thirsts for God, for the living God.
    When can I go and meet with God?
3 My tears have been my food
    day and night,
while men say to me all day long,
    "Where is your God?"
4 These things I remember
    as I pour out my soul:
how I used to go with the multitude,
    leading the procession to the house of God,
with shouts of joy and thanksgiving
    among the festive throng.

5 Why are you downcast, O my soul?
    Why so disturbed within me?
Put your hope in God,
    for I will yet praise him,
    my Savior and **6** my God.

Myª soul is downcast within me;
    therefore I will remember you
from the land of the Jordan,
    the heights of Hermon—from Mount Mizar.
7 Deep calls to deep
    in the roar of your waterfalls;
all your waves and breakers
    have swept over me.

8 By day the LORD directs his love,
    at night his song is with me—
a prayer to the God of my life.

9 I say to God my Rock,
    "Why have you forgotten me?
Why must I go about mourning,
    oppressed by the enemy?"
10 My bones suffer mortal agony
    as my foes taunt me,
saying to me all day long,
    "Where is your God?"

11 Why are you downcast, O my soul?
    Why so disturbed within me?
Put your hope in God,
    for I will yet praise him,
    my Savior and my God.

43 **b** Vindicate me, O God,
    and plead my cause against an ungodly nation;
    rescue me from deceitful and wicked men.
2 You are God my stronghold.
    Why have you rejected me?
Why must I go about mourning,
    oppressed by the enemy?
3 Send forth your light and your truth,
    let them guide me;
let them bring me to your holy mountain,
    to the place where you dwell.
4 Then will I go to the altar of God,
    to God, my joy and my delight.

ª42.5,6 Conforme alguns manuscritos do Texto Massorético, a Septuaginta e a Versão Siríaca. A maioria dos manuscritos do Texto Massorético diz *louvarei por teu auxílio salvador.* **6** *Ó meu Deus.*

ª42:5,6 A few Hebrew manuscripts, Septuagint and Syriac; most Hebrew manuscripts *praise him for his saving help. / 6 O my God, my* **b**In many Hebrew manuscripts Psalms 42 and 43 constitute one psalm.

Com a harpa te louvarei,
  ó Deus, meu Deus!

5 Por que você está assim tão triste,
  ó minha alma?
Por que está assim tão perturbada
  dentro de mim?
Ponha a sua esperança em Deus!
  Pois ainda o louvarei;
ele é o meu Salvador e o meu Deus.

SALMO 44

Para o mestre de música. Dos coraítas. Um poema.

1 Com os nossos próprios ouvidos ouvimos,
  ó Deus;
os nossos antepassados nos contaram
  os feitos que realizaste no tempo deles,
nos dias da antigüidade.
2 Com a tua própria mão expulsaste as nações
  para estabelecer os nossos antepassados;
arruinaste povos e fizeste prosperar
  os nossos antepassados.
3 Não foi pela espada que conquistaram a terra,
  nem pela força do seu braço
  que alcançaram a vitória;
foi pela tua mão direita, pelo teu braço,
  e pela luz do teu rosto[a],
por causa do teu amor para com eles.

4 És tu, meu Rei e meu Deus![b]
  És tu que decretas vitórias para Jacó!
5 Contigo pomos em fuga os nossos adversários;
  pelo teu nome pisoteamos os que nos atacam.
6 Não confio em meu arco,
  minha espada não me concede a vitória;
7 mas tu nos concedes a vitória
  sobre os nossos adversários
  e humilhas os que nos odeiam.
8 Em Deus nos gloriamos o tempo todo,
  e louvaremos o teu nome para sempre.   [Pausa]

9 Mas agora nos rejeitaste e nos humilhaste;
  já não sais com os nossos exércitos.
10 Diante dos nossos adversários
  fizeste-nos bater em retirada,
  e os que nos odeiam nos saquearam.
11 Tu nos entregaste
  para sermos devorados como ovelhas
  e nos dispersaste entre as nações.
12 Vendeste o teu povo por uma ninharia,
  nada lucrando com a sua venda.
13 Tu nos fizeste
  motivo de vergonha dos nossos vizinhos,
objeto de zombaria e menosprezo dos que nos
  rodeiam.
14 Fizeste de nós um provérbio entre as nações;
  os povos meneiam a cabeça quando nos vêem.
15 Sofro humilhação o tempo todo,
  e o meu rosto está coberto de vergonha
16 por causa da zombaria
  dos que me censuram e me provocam,
por causa do inimigo, que busca vingança.

17 Tudo isso aconteceu conosco,
  sem que nos tivéssemos esquecido de ti,
  nem tivéssemos traído a tua aliança.
18 Nossos corações não voltaram atrás,
  nem os nossos pés se desviaram da tua vereda.

I will praise you with the harp,
  O God, my God.

5 Why are you downcast, O my soul?
  Why so disturbed within me?
Put your hope in God,
  for I will yet praise him,
  my Savior and my God.

For the director of music. Of the Sons of Korah. A *maskil*.[a]

44

We have heard with our ears, O God;
  our fathers have told us
what you did in their days,
  in days long ago.
2 With your hand you drove out the nations
  and planted our fathers;
you crushed the peoples
  and made our fathers flourish.
3 It was not by their sword that they won the land,
  nor did their arm bring them victory;
it was your right hand, your arm,
  and the light of your face, for you loved them.

4 You are my King and my God,
  who decrees[b] victories for Jacob.
5 Through you we push back our enemies;
  through your name we trample our foes.
6 I do not trust in my bow,
  my sword does not bring me victory;
7 but you give us victory over our enemies,
  you put our adversaries to shame.
8 In God we make our boast all day long,
  and we will praise your name forever.

Selah

9 But now you have rejected and humbled us;
  you no longer go out with our armies.
10 You made us retreat before the enemy,
  and our adversaries have plundered us.
11 You gave us up to be devoured like sheep
  and have scattered us among the nations.
12 You sold your people for a pittance,
  gaining nothing from their sale.

13 You have made us a reproach to our neighbors,
  the scorn and derision of those around us.
14 You have made us a byword among the nations;
  the peoples shake their heads at us.
15 My disgrace is before me all day long,
  and my face is covered with shame
16 at the taunts of those who reproach and
  revile me,
  because of the enemy, who is bent on revenge.

17 All this happened to us,
  though we had not forgotten you
  or been false to your covenant.
18 Our hearts had not turned back;
  our feet had not strayed from your path.

---

[a]44.3 Isto é, pela tua bondade. [b]44.4 Conforme a Septuaginta e a Versão Siríaca. O Texto Massorético diz *meu Rei, ó Deus!*

[a]Title: Probably a literary or musical term [b]44:4 Septuagint, Aquila and Syriac; Hebrew *King, O God; / command*

19 Todavia, tu nos esmagaste e fizeste de nós
    um covil de chacais,
e de densas trevas nos cobriste.

20 Se tivéssemos esquecido
    o nome do nosso Deus
e tivéssemos estendido as nossas mãos
    a um deus estrangeiro,

21 Deus não o teria descoberto?
Pois ele conhece os segredos do coração!

22 Contudo, por amor de ti
    enfrentamos a morte todos os dias;
somos considerados como ovelhas
    destinadas ao matadouro.

23 Desperta, Senhor! Por que dormes?
Levanta-te! Não nos rejeites para sempre.

24 Por que escondes o teu rosto
    e esqueces o nosso sofrimento
    e a nossa aflição?

25 Fomos humilhados até o pó;
nossos corpos se apegam ao chão.

26 Levanta-te! Socorre-nos!
Resgata-nos por causa da tua fidelidade.

SALMO 45

Para o mestre de música. De acordo com a melodia
Os Lírios. Dos coraítas. Poema. Cântico de casamento.

1 Com o coração vibrando de boas palavras
    recito os meus versos em honra ao rei;
seja a minha língua
    como a pena de um hábil escritor.

2 És dos homens o mais notável;
derramou-se graça em teus lábios,
visto que Deus te abençoou para sempre.

3 Prende a espada à cintura, ó poderoso!
Cobre-te de esplendor e majestade.

4 Na tua majestade cavalga vitoriosamente
    pela verdade, pela misericórdia e pela justiça;
que a tua mão direita realize feitos gloriosos.

5 Tuas flechas afiadas atingem
    o coração dos inimigos do rei;
debaixo dos teus pés caem nações.

6 O teu trono, ó Deus,
    subsiste para todo o sempre;
cetro de justiça é o cetro do teu reino.

7 Amas a justiça e odeias a iniqüidade;
por isso Deus, o teu Deus,
    escolheu-te dentre os teus companheiros
    ungindo-te com óleo de alegria.

8 Todas as tuas vestes exalam
    aroma de mirra, aloés e cássia;
nos palácios adornados de marfim ressoam
    os instrumentos de corda que te alegram.

9 Filhas de reis
    estão entre as mulheres da tua corte;
à tua direita está a noiva real
    enfeitada de ouro puro de Ofir.

10 Ouça, ó filha, considere
    e incline os seus ouvidos:
Esqueça o seu povo e a casa paterna.

11 O rei foi cativado pela sua beleza;
honre-o, pois ele é o seu senhor.

12 A cidade[a] de Tiro trará[b] seus presentes;
seus moradores mais ricos buscarão o seu favor.

13 Cheia de esplendor está a princesa

---

19 But you crushed us and made us a haunt for jackals
and covered us over with deep darkness.

20 If we had forgotten the name of our God
or spread out our hands to a foreign god,

21 would not God have discovered it,
since he knows the secrets of the heart?

22 Yet for your sake we face death all day long;
we are considered as sheep to be slaughtered.

23 Awake, O Lord! Why do you sleep?
Rouse yourself! Do not reject us forever.

24 Why do you hide your face
and forget our misery and oppression?

25 We are brought down to the dust;
our bodies cling to the ground.

26 Rise up and help us;
redeem us because of your unfailing love.

For the director of music. To ⌊the tune of⌋ "Lilies." Of the Sons of
Korah. A *maskil.*[a] A wedding song.

45 My heart is stirred by a noble theme
    as I recite my verses for the king;
my tongue is the pen of a skillful writer.

2 You are the most excellent of men
and your lips have been anointed with grace,
since God has blessed you forever.

3 Gird your sword upon your side, O mighty one;
clothe yourself with splendor and majesty.

4 In your majesty ride forth victoriously
in behalf of truth, humility and righteousness;
let your right hand display awesome deeds.

5 Let your sharp arrows pierce the hearts of the
    king's enemies;
let the nations fall beneath your feet.

6 Your throne, O God, will last for ever and ever;
a scepter of justice will be the scepter of your
    kingdom.

7 You love righteousness and hate wickedness;
therefore God, your God, has set you above
    your companions
by anointing you with the oil of joy.

8 All your robes are fragrant with myrrh and
    aloes and cassia;
from palaces adorned with ivory
the music of the strings makes you glad.

9 Daughters of kings are among your
    honored women;
at your right hand is the royal bride in gold of
    Ophir.

10 Listen, O daughter, consider and give ear:
Forget your people and your father's house.

11 The king is enthralled by your beauty;
honor him, for he is your lord.

12 The Daughter of Tyre will come with a gift,[b]
men of wealth will seek your favor.

13 All glorious is the princess ⌊within her chamber;⌋

---

[a]45.12 Hebraico: *filha.* [b]45.12 Ou *Um manto feito em Tiro está entre*

[a]Title: Probably a literary or musical term [b]45:12 Or *A Tyrian robe is among the gifts*

em seus aposentos,
com vestes enfeitadas de ouro.
¹⁴ Em roupas bordadas é conduzida ao rei,
acompanhada de um cortejo de virgens;
são levadas à tua presença.
¹⁵ Com alegria e exultação
são conduzidas ao palácio do rei.
¹⁶ Os teus filhos ocuparão o trono dos teus pais;
por toda a terra os farás príncipes.
¹⁷ Perpetuarei a tua lembrança
por todas as gerações;
por isso as nações te louvarão
para todo o sempre.

SALMO 46

Para o mestre de música. Dos coraítas.
Para vozes agudas. Um cântico.

¹ Deus é o nosso refúgio e a nossa fortaleza,
auxílio sempre presente na adversidade.
² Por isso não temeremos,
ainda que a terra trema
e os montes afundem no coração do mar,
³ ainda que estrondem as suas águas
turbulentas
e os montes sejam sacudidos
pela sua fúria.   [Pausa]

⁴ Há um rio cujos canais alegram
a cidade de Deus,
o Santo Lugar onde habita o Altíssimo.
⁵ Deus nela está! Não será abalada!
Deus vem em seu auxílio
desde o romper da manhã.
⁶ Nações se agitam, reinos se abalam;
ele ergue a voz, e a terra se derrete.

⁷ O Senhor dos Exércitos está conosco;
o Deus de Jacó é a nossa torre segura.   [Pausa]

⁸ Venham! Vejam as obras do Senhor,
seus feitos estarrecedores na terra.
⁹ Ele dá fim às guerras até os confins da terra;
quebra o arco e despedaça a lança;
destrói os escudosª com fogo.
¹⁰ "Parem de lutar! Saibam que eu sou Deus!
Serei exaltado entre as nações,
serei exaltado na terra."

¹¹ O Senhor dos Exércitos está conosco;
o Deus de Jacó é a nossa torre segura.
     [Pausa]

SALMO 47

Para o mestre de música. Salmo dos coraítas.

¹ Batam palmas, vocês, todos os povos;
aclamem a Deus com cantos de alegria.
² Pois o Senhor Altíssimo é temível,
é o grande Rei sobre toda a terra!
³ Ele subjugou as nações ao nosso poder,
os povos colocou debaixo de nossos pés,
⁴ e escolheu para nós a nossa herança,
o orgulho de Jacó, a quem amou.   [Pausa]

⁵ Deus subiu em meio a gritos de alegria;
o Senhor, em meio ao som de trombetas.
⁶ Ofereçam música a Deus,
cantem louvores!
Ofereçam música ao nosso Rei,
cantem louvores!

her gown is interwoven with gold.
¹⁴ In embroidered garments she is led to the king;
her virgin companions follow her
and are brought to you.
¹⁵ They are led in with joy and gladness;
they enter the palace of the king.
¹⁶ Your sons will take the place of your fathers;
you will make them princes throughout the
land.
¹⁷ I will perpetuate your memory through all
generations;
therefore the nations will praise you for ever
and ever.

For the director of music. Of the Sons of Korah.
According to *alamoth*.ª A song.

46 God is our refuge and strength,
an ever-present help in trouble.
² Therefore we will not fear, though the earth
give way
and the mountains fall into the heart of
the sea,
³ though its waters roar and foam
and the mountains quake with their surging.
     Selah

⁴ There is a river whose streams make glad the
city of God,
the holy place where the Most High dwells.
⁵ God is within her, she will not fall;
God will help her at break of day.
⁶ Nations are in uproar, kingdoms fall;
he lifts his voice, the earth melts.

⁷ The Lord Almighty is with us;
the God of Jacob is our fortress.
     Selah

⁸ Come and see the works of the Lord,
the desolations he has brought on the earth.
⁹ He makes wars cease to the ends of the earth;
he breaks the bow and shatters the spear,
he burns the shieldsᵇ with fire.
¹⁰ "Be still, and know that I am God;
I will be exalted among the nations,
I will be exalted in the earth."

¹¹ The Lord Almighty is with us;
the God of Jacob is our fortress.
     Selah

For the director of music. Of the Sons of Korah. A psalm.

47 Clap your hands, all you nations;
shout to God with cries of joy.
² How awesome is the Lord Most High,
the great King over all the earth!
³ He subdued nations under us,
peoples under our feet.
⁴ He chose our inheritance for us,
the pride of Jacob, whom he loved.
     Selah

⁵ God has ascended amid shouts of joy,
the Lord amid the sounding of trumpets.
⁶ Sing praises to God, sing praises;
sing praises to our King, sing praises.

ª46.9 Ou *carros*

ªTitle: Probably a musical term ᵇ46:9 Or *chariots*

7 Pois Deus é o rei de toda a terra;
 cantem louvores com harmonia e arte.

8 Deus reina sobre as nações;
 Deus está assentado em seu santo trono.

9 Os soberanos das nações se juntam
 ao povo do Deus de Abraão,
pois os governantes^a da terra pertencem a Deus;
 ele é soberanamente exaltado.

SALMO 48

Um cântico. Salmo dos coraítas.

1 Grande é o Senhor,
 e digno de todo louvor
na cidade do nosso Deus.

2 Seu santo monte, belo e majestoso,
 é a alegria de toda a terra.
Como as alturas do Zafom^b é o monte Sião,
 a cidade do grande Rei.

3 Nas suas cidadelas
 Deus se revela como sua proteção.

4 Vejam! Os reis somaram forças,
 e juntos avançaram contra ela.

5 Quando a viram, ficaram atônitos,
 fugiram aterrorizados.

6 Ali mesmo o pavor os dominou;
 contorceram-se como a mulher no parto.

7 Foste como o vento oriental
 quando destruiu os navios de Társis.

8 Como já temos ouvido,
 agora também temos visto
na cidade do Senhor dos Exércitos,
 na cidade de nosso Deus:
Deus a preserva firme para sempre. [Pausa]

9 No teu templo, ó Deus,
 meditamos em teu amor leal.

10 Como o teu nome, ó Deus,
 o teu louvor alcança os confins da terra;
a tua mão direita está cheia de justiça.

11 O monte Sião se alegra,
 as cidades^c de Judá exultam
por causa das tuas decisões justas.

12 Percorram Sião, contornando-a,
 contem as suas torres,

13 observem bem as suas muralhas,
 examinem as suas cidadelas,
para que vocês falem à próxima geração

14 que este Deus é o nosso Deus
 para todo o sempre;
ele será o nosso guia até o fim^d.

SALMO 49

Para o mestre de música. Salmo dos coraítas.

1 Ouçam isto vocês, todos os povos;
 escutem, todos os que vivem neste mundo,

2 gente do povo, homens importantes,
 ricos e pobres igualmente:

3 A minha boca falará com sabedoria;
 a meditação do meu coração
 trará entendimento.

4 Inclinarei os meus ouvidos a um provérbio;
 com a harpa exporei o meu enigma:

5 Por que deverei temer,

7 For God is the King of all the earth;
 sing to him a psalm^a of praise.

8 God reigns over the nations;
 God is seated on his holy throne.

9 The nobles of the nations assemble
 as the people of the God of Abraham,
for the kings^b of the earth belong to God;
 he is greatly exalted.

A song. A psalm of the Sons of Korah.

48

Great is the Lord, and most worthy of praise,
 in the city of our God, his holy mountain.

2 It is beautiful in its loftiness,
 the joy of the whole earth.
Like the utmost heights of Zaphon^c is
 Mount Zion,
 the^d city of the Great King.

3 God is in her citadels;
 he has shown himself to be her fortress.

4 When the kings joined forces,
 when they advanced together,

5 they saw *her* and were astounded;
 they fled in terror.

6 Trembling seized them there,
 pain like that of a woman in labor.

7 You destroyed them like ships of Tarshish
 shattered by an east wind.

8 As we have heard,
 so have we seen
in the city of the Lord Almighty,
 in the city of our God:
God makes her secure forever.

Selah

9 Within your temple, O God,
 we meditate on your unfailing love.

10 Like your name, O God,
 your praise reaches to the ends of the earth;
 your right hand is filled with righteousness.

11 Mount Zion rejoices,
 the villages of Judah are glad
because of your judgments.

12 Walk about Zion, go around her,
 count her towers,

13 consider well her ramparts,
 view her citadels,
that you may tell of them to the next
 generation.

14 For this God is our God for ever and ever;
 he will be our guide even to the end.

For the director of music. Of the Sons of Korah. A psalm.

49

Hear this, all you peoples;
 listen, all who live in this world,

2 both low and high,
 rich and poor alike:

3 My mouth will speak words of wisdom;
 the utterance from my heart will give
  understanding.

4 I will turn my ear to a proverb;
 with the harp I will expound my riddle:

5 Why should I fear when evil days come,
 when wicked deceivers surround me—

^a47.9 Hebraico: *escudos*. ^b48.2 *Zafom* refere-se ou a um monte sagrado ou à direção norte. ^c48.11 Hebraico: *filhas*. ^d48.14 Ou *até à morte*

^a47:7 Or *a maskil* (probably a literary or musical term) ^b47:9 Or *shields* ^c48:2 *Zaphon* can refer to a sacred mountain or the direction north. ^d48:2 Or *earth, / Mount Zion, on the northern side / of the*

quando vierem dias maus,
quando inimigos traiçoeiros me cercarem,
6 aqueles que confiam em seus bens
e se gabam de suas muitas riquezas?
7 Homem algum pode redimir seu irmão
ou pagar a Deus o preço de sua vida,
8 pois o resgate de uma vida não tem preço.
Não há pagamento que o livre
9 para que viva para sempre
e não sofra decomposição.
10 Pois todos podem ver que os sábios morrem,
como perecem o tolo e o insensato
e para outros deixam os seus bens.
11 Seus túmulos serão suas moradas
para sempre,ª
suas habitações de geração em geração,
ainda que tenhamᵇ dado seus nomes a terras.
12 O homem, mesmo que muito importante,
não vive para sempreᶜ;
é como os animais, que perecem.
13 Este é o destino
dos que confiam em si mesmos,
e dos seus seguidores,
que aprovam o que eles dizem.　　　[Pausa]
14 Como ovelhas,
estão destinados à sepulturaᵈ,
e a morte lhes servirá de pastor.
Pela manhã os justos triunfarão sobre eles!
A aparência deles se desfará na sepultura,
longe das suas gloriosas mansões.
15 Mas Deus redimirá a minha vida da sepultura
e me levará para si.　　　[Pausa]
16 Não se aborreça quando alguém se enriquece
e aumenta o luxo de sua casa;
17 pois nada levará consigo quando morrer;
não descerá com ele o seu esplendor.
18 Embora em vida ele se parabenize:
"Todos o elogiam, pois você está prosperando",
19 ele se juntará aos seus antepassados,
que nunca mais verão a luz.
20 O homem, mesmo que muito importante,
não tem entendimento;
é como os animais, que perecem.

SALMO 50

Salmo da família de Asafe.

1 Fala o SENHOR, o Deus supremo;
convoca toda a terra, do nascente ao poente.
2 Desde Sião, perfeita em beleza,
Deus resplandece.
3 Nosso Deus vem!
Certamente não ficará calado!
À sua frente vai um fogo devorador,
e, ao seu redor, uma violenta tempestade.
4 Ele convoca os altos céus e a terra,
para o julgamento do seu povo:
5 "Ajuntem os que me são fiéis,
que, mediante sacrifício,
fizeram aliança comigo".
6 E os céus proclamam a sua justiça,
pois o próprio Deus é o juiz.　　　[Pausa]

---

6 those who trust in their wealth
and boast of their great riches?
7 No man can redeem the life of another
or give to God a ransom for him—
8 the ransom for a life is costly,
no payment is ever enough—
9 that he should live on forever
and not see decay.
10 For all can see that wise men die;
the foolish and the senseless alike perish
and leave their wealth to others.
11 Their tombs will remain their housesª forever,
their dwellings for endless generations,
though they hadᵇ named lands after themselves.
12 But man, despite his riches, does not endure;
he isᶜ like the beasts that perish.
13 This is the fate of those who trust in themselves,
and of their followers, who approve their sayings.
Selah
14 Like sheep they are destined for the grave,ᵈ
and death will feed on them.
The upright will rule over them in the morning;
their forms will decay in the grave,ᵉ
far from their princely mansions.
15 But God will redeem my lifeᶠ from the grave;
he will surely take me to himself.
Selah
16 Do not be overawed when a man grows rich,
when the splendor of his house increases;
17 for he will take nothing with him when he dies,
his splendor will not descend with him.
18 Though while he lived he counted
himself blessed—
and men praise you when you prosper—
19 he will join the generation of his fathers,
who will never see the light *of life.*
20 A man who has riches without understanding
is like the beasts that perish.

A psalm of Asaph.

50

The Mighty One, God, the LORD,
speaks and summons the earth
from the rising of the sun to the place
where it sets.
2 From Zion, perfect in beauty,
God shines forth.
3 Our God comes and will not be silent;
a fire devours before him,
and around him a tempest rages.
4 He summons the heavens above,
and the earth, that he may judge his people:
5 "Gather to me my consecrated ones,
who made a covenant with me by sacrifice."
6 And the heavens proclaim his righteousness,
for God himself is judge.
Selah

ª**49.11** Conforme a Septuaginta e a Versão Siríaca. O Texto Massorético diz *Em seus pensamentos suas casas serão perpétuas.* ᵇ**49.11** Ou *pois eles têm* ᶜ**49.12** Conforme o Texto Massorético. A Septuaginta e a Versão Siríaca dizem *não tem entendimento.* Veja o versículo 20. ᵈ**49.14** Hebraico: *Sheol.* Essa palavra também pode ser traduzida por profundezas, pó ou morte; também no final deste versículo e no versículo 15.

ª**49.11** Septuagint and Syriac; Hebrew *In their thoughts their houses will remain* ᵇ**49.11** Or / *for they have* ᶜ**49.12** Hebrew; Septuagint and Syriac read verse 12 the same as verse 20. ᵈ**49.14** Hebrew *Sheol*; also in verse 15 ᵉ**49.14** Hebrew *Sheol*; also in verse 15 ᶠ**49.15** Or *soul*

7 "Ouça, meu povo, pois eu falarei;
vou testemunhar contra você, Israel,
eu, que sou Deus, o seu Deus.
8 Não o acuso pelos seus sacrifícios,
nem pelos holocaustos[a],
que você sempre me oferece.
9 Não tenho necessidade
de nenhum novilho dos seus estábulos,
nem dos bodes dos seus currais.
10 pois todos os animais da floresta são meus,
como são as cabeças de gado
aos milhares nas colinas.
11 Conheço todas as aves dos montes,
e cuido das criaturas do campo.
12 Se eu tivesse fome, precisaria dizer a você?
Pois o mundo é meu, e tudo o que nele existe.
13 Acaso como carne de touros
ou bebo sangue de bodes?
14 Ofereça a Deus em sacrifício a sua gratidão,
cumpra os seus votos para com o Altíssimo,
15 e clame a mim no dia da angústia;
eu o livrarei, e você me honrará."

16 Mas ao ímpio Deus diz:

"Que direito você tem de recitar as minhas leis
ou de ficar repetindo a minha aliança?
17 Pois você odeia a minha disciplina
e dá as costas às minhas palavras!
18 Você vê um ladrão, e já se torna seu cúmplice,
e com adúlteros se mistura.
19 Sua boca está cheia de maldade
e a sua língua formula a fraude.
20 Deliberadamente você fala contra o seu irmão
e calunia o filho de sua própria mãe.
21 Ficaria eu calado
diante de tudo o que você tem feito?
Você pensa que eu sou como você?
Mas agora eu o acusarei diretamente,
sem omitir coisa alguma.

22 "Considerem isto,
vocês que se esquecem de Deus;
caso contrário os despedaçarei,
sem que ninguém os livre.
23 Quem me oferece sua gratidão
como sacrifício, honra-me,
e eu mostrarei a salvação de Deus
ao que anda nos meus caminhos".

SALMO 51

Para o mestre de música. Salmo de Davi. Escrito quando o profeta Natã veio falar com Davi, depois que este cometeu adultério com Bate-Seba.

1 Tem misericórdia de mim, ó Deus,
por teu amor;
por tua grande compaixão
apaga as minhas transgressões.
2 Lava-me de toda a minha culpa
e purifica-me do meu pecado.

3 Pois eu mesmo
reconheço as minhas transgressões,
e o meu pecado sempre me persegue.
4 Contra ti, só contra ti, pequei
e fiz o que tu reprovas,
de modo que justa é a tua sentença
e tens razão em condenar-me.

7 "Hear, O my people, and I will speak,
O Israel, and I will testify against you:
I am God, your God.
8 I do not rebuke you for your sacrifices
or your burnt offerings, which are ever
before me.
9 I have no need of a bull from your stall
or of goats from your pens,
10 for every animal of the forest is mine,
and the cattle on a thousand hills.
11 I know every bird in the mountains,
and the creatures of the field are mine.
12 If I were hungry I would not tell you,
for the world is mine, and all that is in it.
13 Do I eat the flesh of bulls
or drink the blood of goats?
14 Sacrifice thank offerings to God,
fulfill your vows to the Most High,
15 and call upon me in the day of trouble;
I will deliver you, and you will honor me."

16 But to the wicked, God says:

"What right have you to recite my laws
or take my covenant on your lips?
17 You hate my instruction
and cast my words behind you.
18 When you see a thief, you join with him;
you throw in your lot with adulterers.
19 You use your mouth for evil
and harness your tongue to deceit.
20 You speak continually against your brother
and slander your own mother's son.
21 These things you have done and I kept silent;
you thought I was altogether[a] like you.
But I will rebuke you
and accuse you to your face.

22 "Consider this, you who forget God,
or I will tear you to pieces, with none to
rescue:
23 He who sacrifices thank offerings honors me,
and he prepares the way
so that I may show him[b] the salvation of God."

For the director of music. A psalm of David. When the prophet Nathan came to him after David had committed adultery with Bathsheba.

51 Have mercy on me, O God,
according to your unfailing love;
according to your great compassion
blot out my transgressions.
2 Wash away all my iniquity
and cleanse me from my sin.

3 For I know my transgressions,
and my sin is always before me.
4 Against you, you only, have I sinned
and done what is evil in your sight,
so that you are proved right when you speak
and justified when you judge.

⁵ Sei que sou pecador desde que nasci,
   sim, desde que me concebeu minha mãe.
⁶ Sei que desejas a verdade no íntimo;
   e no coração me ensinas a sabedoria.

⁷ Purifica-me com hissopo, e ficarei puro;
   lava-me, e mais branco do que a neve serei.
⁸ Faze-me ouvir de novo júbilo e alegria,
   e os ossos que esmagaste exultarão.
⁹ Esconde o rosto dos meus pecados
   e apaga todas as minhas iniqüidades.

¹⁰ Cria em mim um coração puro, ó Deus,
   e renova dentro de mim um espírito estável.
¹¹ Não me expulses da tua presença,
   nem tires de mim o teu Santo Espírito.
¹² Devolve-me a alegria da tua salvação
   e sustenta-me
      com um espírito pronto a obedecer.
¹³ Então ensinarei os teus caminhos
      aos transgressores,
   para que os pecadores se voltem para ti.

¹⁴ Livra-me da culpa dos crimes de sangue,
      ó Deus, Deus da minha salvação!
   E a minha língua aclamará a tua justiça.
¹⁵ Ó Senhor, dá palavras aos meus lábios,
   e a minha boca anunciará o teu louvor.
¹⁶ Não te deleitas em sacrifícios
   nem te agradas em holocaustos,
      se não eu os traria.
¹⁷ Os sacrifícios que agradam a Deus
      são um espírito quebrantado;
   um coração quebrantado e contrito,
      ó Deus, não desprezarás.

¹⁸ Por tua boa vontade faze Sião prosperar;
   ergue os muros de Jerusalém.
¹⁹ Então te agradarás dos sacrifícios sinceros,
      das ofertas queimadas e dos holocaustos;
   e novilhos serão oferecidos sobre o teu altar.

SALMO 52

Para o mestre de música. Poema de Davi, quando o
edomita Doegue foi a Saul e lhe contou:
"Davi foi à casa de Aimeleque".

¹ Por que você se vangloria do mal
   e de ultrajar a Deus continuamente?ᵃ,
      ó homem poderoso!
² Sua língua trama destruição;
   é como navalha afiada, cheia de engano.
³ Você prefere o mal ao bem,
   a falsidade, em lugar da verdade.   [Pausa]
⁴ Você ama toda palavra maldosa,
      ó língua mentirosa!
⁵ Saiba que Deus o arruinará para sempre:
   ele o agarrará e o arrancará da sua tenda;
   ele o desarraigará da terra dos vivos.   [Pausa]

⁶ Os justos verão isso e temerão;
   rirão dele, dizendo:
⁷ "Veja só o homem
      que rejeitou a Deus como refúgio;
   confiou em sua grande riqueza
      e buscou refúgio em sua maldade!"

⁵ Surely I was sinful at birth,
   sinful from the time my mother conceived me.
⁶ Surely you desire truth in the inner partsᵃ;
   you teachᵇ me wisdom in the inmost place.

⁷ Cleanse me with hyssop, and I will be clean;
   wash me, and I will be whiter than snow.
⁸ Let me hear joy and gladness;
   let the bones you have crushed rejoice.
⁹ Hide your face from my sins
   and blot out all my iniquity.

¹⁰ Create in me a pure heart, O God,
   and renew a steadfast spirit within me.
¹¹ Do not cast me from your presence
   or take your Holy Spirit from me.
¹² Restore to me the joy of your salvation
   and grant me a willing spirit, to sustain me.
¹³ Then I will teach transgressors your ways,
   and sinners will turn back to you.
¹⁴ Save me from bloodguilt, O God,
   the God who saves me,
   and my tongue will sing of your righteousness.
¹⁵ O Lord, open my lips,
   and my mouth will declare your praise.
¹⁶ You do not delight in sacrifice, or I would
      bring it;
   you do not take pleasure in burnt offerings.
¹⁷ The sacrifices of God areᶜ a broken spirit;
   a broken and contrite heart,
   O God, you will not despise.

¹⁸ In your good pleasure make Zion prosper;
   build up the walls of Jerusalem.
¹⁹ Then there will be righteous sacrifices,
   whole burnt offerings to delight you;
   then bulls will be offered on your altar.

For the director of music. A *maskil*ᵈ of David. When Doeg the
Edomite had gone to Saul and told him: "David has gone to the
house of Ahimelech."

52

Why do you boast of evil, you mighty man?
   Why do you boast all day long,
   you who are a disgrace in the eyes of God?
² Your tongue plots destruction;
   it is like a sharpened razor,
   you who practice deceit.
³ You love evil rather than good,
   falsehood rather than speaking the truth.
                              Selah
⁴ You love every harmful word,
   O you deceitful tongue!
⁵ Surely God will bring you down to
      everlasting ruin:
   He will snatch you up and tear you from
      your tent;
   he will uproot you from the land of the living.
                              Selah

⁶ The righteous will see and fear;
   they will laugh at him, saying,
⁷ "Here now is the man
      who did not make God his stronghold
   but trusted in his great wealth
      and grew strong by destroying others!"

ᵃ51:6 The meaning of the Hebrew for this phrase is uncertain. ᵇ51:6 Or *you
desired...; / you taught* ᶜ51:17 Or *My sacrifice, O God, is* ᵈTitle: Probably a literary or musical term

ᵃ52.1 Ou *se a fidelidade de Deus dura para sempre?*

8 Mas eu sou como uma oliveira
    que floresce na casa de Deus;
confio no amor de Deus
    para todo o sempre.
9 Para sempre te louvarei pelo que fizeste;
    na presença dos teus fiéis
      proclamarei o teu nome,
porque tu és bom.

SALMO 53

Para o mestre de música. De acordo com
mahalath[a]. Poema davídico.

1 Diz o tolo em seu coração:
    "Deus não existe!"
Corromperam-se
    e cometeram injustiças detestáveis;
não há ninguém que faça o bem.

2 Deus olha lá dos céus
    para os filhos dos homens,
para ver se há alguém
    que tenha entendimento,
alguém que busque a Deus.
3 Todos se desviaram,
    igualmente se corromperam;
não há ninguém que faça o bem,
    não há nem um sequer.

4 Será que os malfeitores não aprendem?
Eles devoram o meu povo
    como quem come pão,
e não clamam a Deus!
5 Olhem! Estão tomados de pavor,
    quando não existe motivo algum para temer!
Pois foi Deus quem espalhou os ossos
    dos que atacaram você;
você os humilhou porque Deus os rejeitou.

6 Ah, se de Sião viesse a salvação para Israel!
Quando Deus restaurar[b] o seu povo,
    Jacó exultará! Israel se regozijará!

SALMO 54

Para o mestre de música. Com instrumentos de cordas. Poema de
Davi, quando os zifeus foram a Saul e disseram: "Acaso Davi não
está se escondendo entre nós?"

1 Salva-me, ó Deus, pelo teu nome;
    defende-me pelo teu poder.
2 Ouve a minha oração, ó Deus;
    escuta as minhas palavras.
3 Estrangeiros[c] me atacam;
homens cruéis querem matar-me,
homens que não se importam com Deus.   [Pausa]

4 Certamente Deus é o meu auxílio;
    é o Senhor que me sustém.
5 Recaia o mal sobre os meus inimigos!
    Extermina-os por tua fidelidade!

6 Eu te oferecerei um sacrifício voluntário;
louvarei o teu nome, ó Senhor,
    porque tu és bom.
7 Pois ele me livrou de todas as minhas
      angústias,
e os meus olhos contemplaram
    a derrota dos meus inimigos.

---

8 But I am like an olive tree
    flourishing in the house of God;
I trust in God's unfailing love
    for ever and ever.
9 I will praise you forever for what you have done;
    in your name I will hope, for your name
      is good.
I will praise you in the presence of your saints.

For the director of music. According to *mahalath*.[a]
A *maskil*[b] of David.

53

The fool says in his heart,
    "There is no God."
They are corrupt, and their ways are vile;
    there is no one who does good.

2 God looks down from heaven
    on the sons of men
to see if there are any who understand,
    any who seek God.
3 Everyone has turned away,
    they have together become corrupt;
there is no one who does good,
    not even one.

4 Will the evildoers never learn—
    those who devour my people as men eat
      bread
and who do not call on God?
5 There they were, overwhelmed with dread,
    where there was nothing to dread.
God scattered the bones of those who
      attacked you;
you put them to shame, for God despised them.

6 Oh, that salvation for Israel would come out
    of Zion!
When God restores the fortunes of his
      people,
    let Jacob rejoice and Israel be glad!

For the director of music. With stringed instruments. A *maskil*[b] of
David. When the Ziphites had gone to Saul and said, "Is not David
hiding among us?"

54

Save me, O God, by your name;
    vindicate me by your might.
2 Hear my prayer, O God;
    listen to the words of my mouth.

3 Strangers are attacking me;
    ruthless men seek my life—
    men without regard for God.
                        Selah

4 Surely God is my help;
    the Lord is the one who sustains me.

5 Let evil recoil on those who slander me;
    in your faithfulness destroy them.

6 I will sacrifice a freewill offering to you;
    I will praise your name, O Lord,
    for it is good.
7 For he has delivered me from all my troubles,
    and my eyes have looked in triumph on
      my foes.

---

[a] Título: Possivelmente uma melodia solene. [b]53.6 Ou *trouxer de volta os
cativos do seu* [c]54.3 Alguns manuscritos do Texto Massorético dizem *Arrogantes.*

[a] Title: Probably a musical term   [b] Title: Probably a literary or musical term
[c] Title: Probably a literary or musical term

SALMO 55

Para o mestre de música. Com
instrumentos de cordas. Poema davídico.

¹ Escuta a minha oração, ó Deus,
    não ignores a minha súplica;
² ouve-me e responde-me!
    Os meus pensamentos me perturbam,
        e estou atordoado
³ diante do barulho do inimigo,
    diante da gritaria[a] dos ímpios;
    pois eles aumentam o meu sofrimento
    e, irados, mostram seu rancor.

⁴ O meu coração está acelerado;
    os pavores da morte me assaltam.
⁵ Temor e tremor me dominam;
    o medo tomou conta de mim.
⁶ Então eu disse:
    Quem dera eu tivesse asas como a pomba;
        voaria até encontrar repouso!
⁷ Sim, eu fugiria para bem longe,
    e no deserto eu teria o meu abrigo.   [Pausa]
⁸ Eu me apressaria em achar refúgio
    longe do vendaval e da tempestade.

⁹ Destrói os ímpios, Senhor,
    confunde a língua deles,
    pois vejo violência e brigas na cidade.
¹⁰ Dia e noite eles rondam por seus muros;
    nela permeiam o crime e a maldade.
¹¹ A destruição impera na cidade;
    a opressão e a fraude jamais deixam suas ruas.

¹² Se um inimigo me insultasse,
    eu poderia suportar;
    se um adversário se levantasse contra mim,
    eu poderia defender-me;
¹³ mas logo você, meu colega,
    meu companheiro, meu amigo chegado,
¹⁴ você, com quem eu partilhava
    agradável comunhão
    enquanto íamos com a multidão festiva
        para a casa de Deus!

¹⁵ Que a morte
    apanhe os meus inimigos de surpresa!
    Desçam eles vivos para a sepultura[b],
    pois entre eles o mal acha guarida.

¹⁶ Eu, porém, clamo a Deus,
    e o SENHOR me salvará.
¹⁷ À tarde, pela manhã e ao meio-dia
    choro angustiado,
    e ele ouve a minha voz.
¹⁸ Ele me guarda ileso na batalha,
    sendo muitos os que estão contra mim.
¹⁹ Deus, que reina desde a eternidade,
    me ouvirá e os castigará.   [Pausa]

    Pois jamais mudam sua conduta
    e não têm temor de Deus.
²⁰ Aquele homem se voltou
    contra os seus aliados,
    violando o seu acordo.
²¹ Macia como manteiga é a sua fala,
    mas a guerra está no seu coração;
    suas palavras são mais suaves que o óleo,
        mas são afiadas como punhais.

For the director of music. With stringed instruments.
A *maskil*[a] of David.

55

Listen to my prayer, O God,
    do not ignore my plea;
² hear me and answer me.
    My thoughts trouble me and I am distraught
³ at the voice of the enemy,
    at the stares of the wicked;
    for they bring down suffering upon me
    and revile me in their anger.

⁴ My heart is in anguish within me;
    the terrors of death assail me.
⁵ Fear and trembling have beset me;
    horror has overwhelmed me.
⁶ I said, "Oh, that I had the wings of a dove!
    I would fly away and be at rest—
⁷ I would flee far away
    and stay in the desert;
                                                    Selah
⁸ I would hurry to my place of shelter,
    far from the tempest and storm."

⁹ Confuse the wicked, O Lord, confound
        their speech,
    for I see violence and strife in the city.
¹⁰ Day and night they prowl about on its walls;
    malice and abuse are within it.
¹¹ Destructive forces are at work in the city;
    threats and lies never leave its streets.

¹² If an enemy were insulting me,
    I could endure it;
    if a foe were raising himself against me,
    I could hide from him.
¹³ But it is you, a man like myself,
    my companion, my close friend,
¹⁴ with whom I once enjoyed sweet fellowship
    as we walked with the throng at the
        house of God.

¹⁵ Let death take my enemies by surprise;
    let them go down alive to the grave,[b]
    for evil finds lodging among them.

¹⁶ But I call to God,
    and the LORD saves me.
¹⁷ Evening, morning and noon
    I cry out in distress,
    and he hears my voice.
¹⁸ He ransoms me unharmed
    from the battle waged against me,
    even though many oppose me.
¹⁹ God, who is enthroned forever,
    will hear them and afflict them—
                                                    Selah
    men who never change their ways
    and have no fear of God.

²⁰ My companion attacks his friends;
    he violates his covenant.
²¹ His speech is smooth as butter,
    yet war is in his heart;
    his words are more soothing than oil,
        yet they are drawn swords.

ᵃ55.3 Ou *opressão* ᵇ55.15 Hebraico: *Sheol*. Essa palavra também pode ser
traduzida por profundezas, pó ou morte.

ᵃTitle: Probably a literary or musical term ᵇ55.15 Hebrew *Sheol*

22 Entregue suas preocupações ao Senhor,
    e ele o susterá;
    jamais permitirá que o justo venha a cair.

23 Mas tu, ó Deus,
    farás descer à cova da destruição
    aqueles assassinos e traidores,
    os quais não viverão a metade dos seus dias.
    Quanto a mim, porém, confio em ti.

SALMO 56

Para o mestre de música. De acordo com a melodia *Uma Pomba em Carvalhos Distantes*. Poema epigráfico davídico. Quando os filisteus prenderam Davi em Gate.

1 Tem misericórdia de mim, ó Deus,
    pois os homens me pressionam;
    o tempo todo me atacam e me oprimem.

2 Os meus inimigos pressionam-me sem parar;
    muitos atacam-me arrogantemente.

3 Mas eu, quando estiver com medo,
    confiarei em ti.

4 Em Deus, cuja palavra eu louvo,
    em Deus eu confio, e não temerei.
    Que poderá fazer-me o simples mortal?

5 O tempo todo
    eles distorcem as minhas palavras;
    estão sempre tramando prejudicar-me.

6 Conspiram, ficam à espreita,
    vigiam os meus passos,
    na esperança de tirar-me a vida.

7 Deixarás escapar essa gente tão perversa?[a]
    Na tua ira, ó Deus, derruba as nações.

8 Registra, tu mesmo, o meu lamento;
    recolhe as minhas lágrimas em teu odre;
    acaso não estão anotadas em teu livro?

9 Os meus inimigos retrocederão,
    quando eu clamar por socorro.
    Com isso saberei que Deus está a meu favor.

10 Confio em Deus, cuja palavra louvo,
    no Senhor, cuja palavra louvo,

11 em Deus eu confio, e não temerei.
    Que poderá fazer-me o homem?

12 Cumprirei os votos que te fiz, ó Deus;
    a ti apresentarei minhas ofertas de gratidão.

13 Pois me livraste da morte
    e os meus pés de tropeçarem,
    para que eu ande diante de Deus
    na luz que ilumina os vivos.

SALMO 57

Para o mestre de música. De acordo com a melodia *Não Destruas*. Poema epigráfico davídico. Quando Davi fugiu de Saul para a caverna.

1 Misericórdia, ó Deus; misericórdia,
    pois em ti a minha alma se refugia.
    Eu me refugiarei à sombra das tuas asas,
    até que passe o perigo.

2 Clamo ao Deus Altíssimo,
    a Deus, que para comigo
      cumpre o seu propósito.

3 Dos céus ele me envia a salvação,
    põe em fuga

22 Cast your cares on the Lord
    and he will sustain you;
    he will never let the righteous fall.

23 But you, O God, will bring down the wicked
    into the pit of corruption;
    bloodthirsty and deceitful men
    will not live out half their days.

    But as for me, I trust in you.

For the director of music. To ⌞the tune of⌟ "
A Dove on Distant Oaks." Of David. A *miktam*.[a]
When the Philistines had seized him in Gath.

56

Be merciful to me, O God, for men hotly
    pursue me;
    all day long they press their attack.

2 My slanderers pursue me all day long;
    many are attacking me in their pride.

3 When I am afraid,
    I will trust in you.

4 In God, whose word I praise,
    in God I trust; I will not be afraid.
    What can mortal man do to me?

5 All day long they twist my words;
    they are always plotting to harm me.

6 They conspire, they lurk,
    they watch my steps,
    eager to take my life.

7 On no account let them escape;
    in your anger, O God, bring down the nations.

8 Record my lament;
    list my tears on your scroll[b]—
    are they not in your record?

9 Then my enemies will turn back
    when I call for help.
    By this I will know that God is for me.

10 In God, whose word I praise,
    in the Lord, whose word I praise—

11 in God I trust; I will not be afraid.
    What can man do to me?

12 I am under vows to you, O God;
    I will present my thank offerings to you.

13 For you have delivered me[c] from death
    and my feet from stumbling,
    that I may walk before God
    in the light of life.[d]

For the director of music. ⌞To the tune of⌟ "Do Not Destroy." Of David. A *miktam*.[e] When he had fled from Saul into the cave.

57

Have mercy on me, O God, have mercy on me,
    for in you my soul takes refuge.
    I will take refuge in the shadow of your wings
    until the disaster has passed.

2 I cry out to God Most High,
    to God, who fulfills {his purpose} for me.

3 He sends from heaven and saves me,
    rebuking

---

[a]56.7 Ou *Rejeita-os por causa de sua maldade;*

[a]Title: Probably a literary or musical term [b]56:8 Or / *put my tears in your wineskin* [c]56:13 Or *my soul* [d]56:13 Or *the land of the living* [e]57 Title: Probably a literary or musical term

os que me perseguem de perto; [Pausa]
Deus envia o seu amor e a sua fidelidade.

4 Estou em meio a leões,
  ávidos para devorar;
seus dentes são lanças e flechas,
suas línguas são espadas afiadas.

5 Sê exaltado, ó Deus, acima dos céus!
Sobre toda a terra esteja a tua glória!

6 Preparam armadilhas para os meus pés;
  fiquei muito abatido.
Abriram uma cova no meu caminho,
  mas foram eles que nela caíram. [Pausa]

7 Meu coração está firme, ó Deus,
  meu coração está firme;
cantarei ao som de instrumentos!

8 Acorde, minha alma!
  Acordem, harpa e lira!
  Vou despertar a alvorada!

9 Eu te louvarei, ó Senhor, entre as nações;
cantarei teus louvores entre os povos.

10 Pois o teu amor é tão grande
  que alcança os céus;
  a tua fidelidade vai até as nuvens.

11 Sê exaltado, ó Deus, acima dos céus!
Sobre toda a terra esteja a tua glória!

SALMO 58

Para o mestre de música. De acordo com a melodia *Não Destruas*.
Davídico. Poema epigráfico.

1 Será que vocês, poderosos[a],
  falam de fato com justiça?
Será que vocês, homens, julgam retamente?

2 Não! No coração vocês tramam a injustiça,
e na terra as suas mãos espalham a violência.

3 Os ímpios erram o caminho desde o ventre;
desviam-se os mentirosos desde que nascem.

4 Seu veneno é como veneno de serpente;
  tapam os ouvidos,
    como a cobra que se faz de surda

5 para não ouvir a música dos encantadores,
que fazem encantamentos com tanta habilidade.

6 Quebra os dentes deles, ó Deus;
arranca, Senhor, as presas desses leões!

7 Desapareçam como a água que escorre!
  Quando empunharem o arco,
    caiam sem força as suas flechas![b]

8 Sejam como a lesma
  que se derrete pelo caminho;
como feto abortado, não vejam eles o sol!

9 Os ímpios serão varridos
  antes que as suas panelas
    sintam o calor da lenha[c],
    esteja ela verde ou seca.

10 Os justos se alegrarão quando forem vingados,
  quando banharem seus pés
    no sangue dos ímpios.

11 Então os homens comentarão:
  "De fato os justos
    têm a sua recompensa;
com certeza há um Deus
  que faz justiça na terra".

---

those who hotly pursue me;
        Selah
God sends his love and his faithfulness.

4 I am in the midst of lions;
  I lie among ravenous beasts—
men whose teeth are spears and arrows,
  whose tongues are sharp swords.

5 Be exalted, O God, above the heavens;
  let your glory be over all the earth.

6 They spread a net for my feet—
  I was bowed down in distress.
They dug a pit in my path—
  but they have fallen into it themselves.
        Selah

7 My heart is steadfast, O God,
  my heart is steadfast;
  I will sing and make music.

8 Awake, my soul!
  Awake, harp and lyre!
  I will awaken the dawn.

9 I will praise you, O Lord, among the nations;
  I will sing of you among the peoples.

10 For great is your love, reaching to the heavens;
  your faithfulness reaches to the skies.

11 Be exalted, O God, above the heavens;
  let your glory be over all the earth.

For the director of music. ⌐To the tune of⌐
"Do Not Destroy." Of David. A *miktam*.[a]

58 Do you rulers indeed speak justly?
  Do you judge uprightly among men?

2 No, in your heart you devise injustice,
  and your hands mete out violence on the earth.

3 Even from birth the wicked go astray;
  from the womb they are wayward and speak lies.

4 Their venom is like the venom of a snake,
  like that of a cobra that has stopped its ears,

5 that will not heed the tune of the charmer,
  however skillful the enchanter may be.

6 Break the teeth in their mouths, O God;
  tear out, O Lord, the fangs of the lions!

7 Let them vanish like water that flows away;
  when they draw the bow, let their arrows
    be blunted.

8 Like a slug melting away as it moves along,
  like a stillborn child, may they not see the sun.

9 Before your pots can feel ⌐the heat of⌐ the thorns—
  whether they be green or dry—the wicked will be
    swept away.[b]

10 The righteous will be glad when they are avenged,
  when they bathe their feet in the blood of
    the wicked.

11 Then men will say,
  "Surely the righteous still are rewarded;
  surely there is a God who judges the earth."

---

[a]58.1 Ou *deuses* [b]58.7 Ou *murchem como a erva que é pisada!* [c]58.9 Hebraico: *dos espinhos.*

[a]Title: Probably a literary or musical term [b]58:9 The meaning of the Hebrew for this verse is uncertain.

SALMO 59

Para o mestre de música. De acordo com a melodia *Não Destruas*. Poema epigráfico davídico, quando Saul enviou homens para vigiarem a casa de Davi a fim de matá-lo.

¹ Livra-me dos meus inimigos, ó Deus;
   põe-me fora do alcance dos meus agressores.
² Livra-me dos que praticam o mal
   e salva-me dos assassinos.

³ Vê como ficam à minha espreita!
   Homens cruéis conspiram contra mim,
   sem que eu tenha cometido
   qualquer delito ou pecado, ó SENHOR.
⁴ Mesmo eu não tendo culpa de nada,
   eles se preparam às pressas para atacar-me.
   Levanta-te para ajudar-me;
   olha para a situação em que me encontro!
⁵ Ó SENHOR, Deus dos Exércitos,
   ó Deus de Israel!
   Desperta para castigar todas as nações;
   não tenhas misericórdia
   dos traidores perversos.   [Pausa]

⁶ Eles voltam ao cair da tarde,
   rosnando como cães
   e rondando a cidade.
⁷ Vê que ameaças saem de suas bocas;
   seus lábios são como espadas,
   e dizem: "Quem nos ouvirá?"
⁸ Mas tu, SENHOR, vais rir deles;
   caçoarás de todas aquelas nações.

⁹ Ó tu, minha força, por ti vou aguardar;
   tu, ó Deus, és o meu alto refúgio.
¹⁰ O meu Deus fiel
   virá ao meu encontro
   e permitirá que eu triunfe
   sobre os meus inimigos.

¹¹ Mas não os mates, ó Senhor, nosso escudo,
   se não, o meu povo o esquecerá.
   Em teu poder faze-os vaguearem,
   e abate-os.
¹² Pelos pecados de suas bocas,
   pelas palavras de seus lábios,
   sejam apanhados em seu orgulho.
   Pelas maldições e mentiras que pronunciam,
¹³ consome-os em tua ira,
   consome-os até que não mais existam.
   Então se saberá até os confins da terra
   que Deus governa Jacó.   [Pausa]

¹⁴ Eles voltam ao cair da tarde,
   rosnando como cães,
   e rondando a cidade.
¹⁵ À procura de comida perambulam
   e, se não ficam satisfeitos, uivam.
¹⁶ Mas eu cantarei louvores à tua força;
   de manhã louvarei a tua fidelidade,
   pois tu és o meu alto refúgio,
   abrigo seguro nos tempos difíceis.

¹⁷ Ó minha força, canto louvores a ti;
   tu és, ó Deus, o meu alto refúgio,
   o Deus que me ama.

For the director of music. ⌊To the tune of⌋ "Do Not Destroy." Of David. A *miktam*.[a] When Saul had sent men to watch David's house in order to kill him.

59

Deliver me from my enemies, O God;
   protect me from those who rise up against me.
² Deliver me from evildoers
   and save me from bloodthirsty men.

³ See how they lie in wait for me!
   Fierce men conspire against me
   for no offense or sin of mine, O LORD.
⁴ I have done no wrong, yet they are ready to
     attack me.
   Arise to help me; look on my plight!
⁵ O LORD God Almighty, the God of Israel,
   rouse yourself to punish all the nations;
   show no mercy to wicked traitors.

                Selah

⁶ They return at evening,
   snarling like dogs,
   and prowl about the city.
⁷ See what they spew from their mouths—
   they spew out swords from their lips,
   and they say, "Who can hear us?"
⁸ But you, O LORD, laugh at them;
   you scoff at all those nations.

⁹ O my Strength, I watch for you;
   you, O God, are my fortress, ¹⁰ my loving God.

God will go before me
   and will let me gloat over those who
     slander me.
¹¹ But do not kill them, O Lord our shield,[b]
   or my people will forget.
In your might make them wander about,
   and bring them down.
¹² For the sins of their mouths,
   for the words of their lips,
   let them be caught in their pride.
For the curses and lies they utter,
¹³   consume them in wrath,
   consume them till they are no more.
Then it will be known to the ends of the earth
   that God rules over Jacob.

                Selah

¹⁴ They return at evening,
   snarling like dogs,
   and prowl about the city.
¹⁵ They wander about for food
   and howl if not satisfied.
¹⁶ But I will sing of your strength,
   in the morning I will sing of your love;
for you are my fortress,
   my refuge in times of trouble.

¹⁷ O my Strength, I sing praise to you;
   you, O God, are my fortress, my loving God.

ª Title: Probably a literary or musical term   ᵇ 59:11 Or *sovereign*

SALMO 60

Para o mestre de música. De acordo com a melodia *O Lírio da Aliança*. Didático. Poema epigráfico davídico. Quando Davi combateu Arã Naaraim^a e Arã Zobá^b, e quando Joabe voltou e feriu doze mil edomitas no vale do Sal.

¹ Tu nos rejeitaste e nos dispersaste, ó Deus;
    tu derramaste a tua ira;
        restaura-nos agora!
² Sacudiste a terra e abriste-lhe fendas;
    repara suas brechas,
        pois ameaça desmoronar-se.
³ Fizeste passar o teu povo por tempos difíceis;
    deste-nos um vinho estonteante.
⁴ Mas aos que te temem deste um sinal
    para que fugissem das flechas.   [Pausa]

⁵ Salva-nos com a tua mão direita
    e responde-nos,
    para que sejam libertos aqueles a quem amas.
⁶ Do seu santuárioᶜ Deus falou:
    "No meu triunfo dividirei Siquém
        e repartirei o vale de Sucote.
⁷ Gileade é minha, Manassés também;
        Efraim é o meu capacete,
        Judá é o meu cetro.
⁸ Moabe é a pia em que me lavo,
        em Edom atiro a minha sandália;
        sobre a Filístia dou meu brado de vitória!"

⁹ Quem me levará à cidade fortificada?
    Quem me guiará a Edom?
¹⁰ Não foste tu, ó Deus, que nos rejeitaste
    e deixaste de sair com os nossos exércitos?
¹¹ Dá-nos ajuda contra os adversários,
    pois inútil é o socorro do homem.
¹² Com Deus conquistaremos a vitória,
    e ele pisoteará os nossos adversários.

SALMO 61

Para o mestre de música. Com instrumentos de cordas. Davídico.

¹ Ouve o meu clamor, ó Deus;
    atenta para a minha oração.
² Desde os confins da terra eu clamo a ti,
    com o coração abatido;
    põe-me a salvo na rocha mais alta do que eu.
³ Pois tu tens sido o meu refúgio,
    uma torre forte contra o inimigo.
⁴ Para sempre anseio habitar na tua tenda
    e refugiar-me no abrigo das tuas asas.   [Pausa]

⁵ Pois ouviste os meus votos, ó Deus;
    deste-me a herança que concedes
        aos que temem o teu nome.
⁶ Prolonga os dias do rei,
    por muitas gerações os seus anos de vida.
⁷ Para sempre esteja ele em seu trono,
        diante de Deus;
    envia o teu amor e a tua fidelidade
        para protegê-lo.
⁸ Então sempre cantarei louvores ao teu nome,
    cumprindo os meus votos cada dia.

SALMO 62

Para o mestre de música. Ao estilo de Jedutum. Salmo davídico.

¹ A minha alma descansa somente em Deus;
    dele vem a minha salvação.

---

60 You have rejected us, O God, and burst forth
        upon us;
    you have been angry—now restore us!
² You have shaken the land and torn it open;
    mend its fractures, for it is quaking.
³ You have shown your people desperate times;
    you have given us wine that makes us stagger.

⁴ But for those who fear you, you have raised
        a banner
    to be unfurled against the bow.
                                                Selah

⁵ Save us and help us with your right hand,
    that those you love may be delivered.
⁶ God has spoken from his sanctuary:
    "In triumph I will parcel out Shechem
        and measure off the Valley of Succoth.
⁷ Gilead is mine, and Manasseh is mine;
        Ephraim is my helmet,
        Judah my scepter.
⁸ Moab is my washbasin,
        upon Edom I toss my sandal;
        over Philistia I shout in triumph."

⁹ Who will bring me to the fortified city?
    Who will lead me to Edom?
¹⁰ Is it not you, O God, you who have rejected us
    and no longer go out with our armies?
¹¹ Give us aid against the enemy,
    for the help of man is worthless.
¹² With God we will gain the victory,
    and he will trample down our enemies.

For the director of music. With stringed instruments. Of David.

61 Hear my cry, O God;
        listen to my prayer.

² From the ends of the earth I call to you,
    I call as my heart grows faint;
    lead me to the rock that is higher than I.
³ For you have been my refuge,
    a strong tower against the foe.
⁴ I long to dwell in your tent forever
    and take refuge in the shelter of your wings.
                                                Selah

⁵ For you have heard my vows, O God;
    you have given me the heritage of those who fear
        your name.
⁶ Increase the days of the king's life,
    his years for many generations.
⁷ May he be enthroned in God's presence forever;
    appoint your love and faithfulness to
        protect him.
⁸ Then will I ever sing praise to your name
    and fulfill my vows day after day.

For the director of music. For Jeduthun. A psalm of David.

62 My soul finds rest in God alone;
        my salvation comes from him.

2 Somente ele é a rocha que me salva;
　　ele é a minha torre segura! Jamais serei abalado!

3 Até quando todos vocês atacarão um homem
　　que está como um muro inclinado,
　　como uma cerca prestes a cair?
4 Todo o propósito deles é derrubá-lo
　　de sua posição elevada;
　　eles se deliciam com mentiras.
　　Com a boca abençoam,
　　　　mas no íntimo amaldiçoam.　　　　[Pausa]

5 Descanse somente em Deus,
　　ó minha alma;
　　dele vem a minha esperança.
6 Somente ele é a rocha que me salva;
　　ele é a minha torre alta! Não serei abalado!
7 A minha salvação e a minha honra
　　de Deus dependem;
　　ele é a minha rocha firme, o meu refúgio.
8 Confie nele em todos os momentos, ó povo;
　　derrame diante dele o coração,
　　pois ele é o nosso refúgio.　　　　[Pausa]

9 Os homens de origem humilde
　　não passam de um sopro,
　　os de origem importante
　　não passam de mentira;
　　pesados na balança,
　　juntos não chegam ao peso de um sopro.
10 Não confiem na extorsão,
　　nem ponham a esperança em bens roubados;
　　se as suas riquezas aumentam,
　　não ponham nelas o coração.

11 Uma vez Deus falou,
　　duas vezes eu ouvi,
　　que o poder pertence a Deus.
12 Contigo também, Senhor, está a fidelidade.
　　É certo que retribuirás a cada um
　　conforme o seu procedimento.

SALMO 63

Salmo de Davi, quando ele estava no deserto de Judá.

1 Ó Deus, tu és o meu Deus,
　　eu te busco intensamente;
　　a minha alma tem sede de ti!
　　Todo o meu ser anseia por ti,
　　numa terra seca, exausta e sem água.

2 Quero contemplar-te no santuário
　　e avistar o teu poder e a tua glória.
3 O teu amor é melhor do que a vida!
　　Por isso os meus lábios te exaltarão.
4 Enquanto eu viver te bendirei,
　　e em teu nome levantarei as minhas mãos.
5 A minha alma ficará satisfeita
　　como quando tem rico banquete;
　　com lábios jubilosos a minha boca te louvará.

6 Quando me deito lembro-me de ti;
　　penso em ti durante as vigílias da noite.
7 Porque és a minha ajuda,
　　canto de alegria à sombra das tuas asas.
8 A minha alma apega-se a ti;
　　a tua mão direita me sustém.
9 Aqueles, porém, que querem matar-me
　　serão destruídos;
　　descerão às profundezas da terra.
10 Serão entregues à espada
　　e devorados por chacais.

2 He alone is my rock and my salvation;
　　he is my fortress, I will never be shaken.

3 How long will you assault a man?
　　Would all of you throw him down—
　　this leaning wall, this tottering fence?
4 They fully intend to topple him
　　from his lofty place;
　　they take delight in lies.
　　With their mouths they bless,
　　but in their hearts they curse.
　　　　　　　　　　　　　　　　Selah

5 Find rest, O my soul, in God alone;
　　my hope comes from him.
6 He alone is my rock and my salvation;
　　he is my fortress, I will not be shaken.
7 My salvation and my honor depend on God[a];
　　he is my mighty rock, my refuge.
8 Trust in him at all times, O people;
　　pour out your hearts to him,
　　for God is our refuge.
　　　　　　　　　　　　　　　　Selah

9 Lowborn men are but a breath,
　　the highborn are but a lie;
　　if weighed on a balance, they are nothing;
　　together they are only a breath.
10 Do not trust in extortion
　　or take pride in stolen goods;
　　though your riches increase,
　　do not set your heart on them.

11 One thing God has spoken,
　　two things have I heard:
　　that you, O God, are strong,
12　　and that you, O Lord, are loving.
　　Surely you will reward each person
　　according to what he has done.

A psalm of David. When he was in the Desert of Judah.

63
O God, you are my God,
　　earnestly I seek you;
　　my soul thirsts for you,
　　my body longs for you,
　　in a dry and weary land
　　where there is no water.

2 I have seen you in the sanctuary
　　and beheld your power and your glory.
3 Because your love is better than life,
　　my lips will glorify you.
4 I will praise you as long as I live,
　　and in your name I will lift up my hands.
5 My soul will be satisfied as with the richest
　　of foods;
　　with singing lips my mouth will praise you.

6 On my bed I remember you;
　　I think of you through the watches of the night.
7 Because you are my help,
　　I sing in the shadow of your wings.
8 My soul clings to you;
　　your right hand upholds me.
9 They who seek my life will be destroyed;
　　they will go down to the depths of the earth.
10 They will be given over to the sword
　　and become food for jackals.

a62:7 Or, / *God Most High is my salvation and my honor*

11 Mas o rei se alegrará em Deus;
   todos os que juram pelo nome de Deus
     o louvarão,
   mas as bocas dos mentirosos serão tapadas.

SALMO 64

Para o mestre de música. Salmo davídico.

1 Ouve-me, ó Deus, quando faço a minha queixa;
   protege a minha vida do inimigo ameaçador.
2 Defende-me da conspiração dos ímpios
   e da ruidosa multidão de malfeitores.
3 Eles afiam a língua como espada
     e apontam, como flechas, palavras
     envenenadas.
4 De onde estão emboscados
     atiram no homem íntegro;
   atiram de surpresa, sem qualquer temor.
5 Animam-se uns aos outros
     com planos malignos,
   combinam como ocultar as suas armadilhas,
   e dizem: "Quem as[a] verá?"
6 Tramam a injustiça e dizem:
     "Fizemos[b] um plano perfeito!"
   A mente e o coração de cada um deles
     o encobrem![c]
7 Mas Deus atirará neles suas flechas;
   repentinamente serão atingidos.
8 Pelas próprias palavras
     farão cair uns aos outros;
   menearão a cabeça e zombarão deles
     todos os que os virem.
9 Todos os homens temerão,
   e proclamarão as obras de Deus,
   refletindo no que ele fez.
10 Alegrem-se os justos no Senhor
   e nele busquem refúgio;
   congratulem-se todos os retos de coração!

SALMO 65

Para o mestre de música. Salmo davídico. Um cântico.

1 O louvor te aguarda[d] em Sião, ó Deus;
   os votos que te fizemos serão cumpridos.
2 Ó tu que ouves a oração,
   a ti virão todos os homens.
3 Quando os nossos pecados pesavam sobre nós,
   tu mesmo fizeste propiciação
     por nossas transgressões.
4 Como são felizes aqueles que escolhes
     e trazes a ti, para viverem nos teus átrios!
   Transbordamos de bênçãos da tua casa,
     do teu santo templo!
5 Tu nos respondes
     com temíveis feitos de justiça,
   ó Deus, nosso Salvador,
   esperança de todos os confins da terra
     e dos mais distantes mares.
6 Tu que firmaste os montes pela tua força,
     pelo teu grande poder,
7 Tu que acalmas o bramido dos mares,
     o bramido de suas ondas,
     e o tumulto das nações.
8 Tremem os habitantes das terras distantes
     diante das tuas maravilhas;

---

11 But the king will rejoice in God;
   all who swear by God's name will praise him,
     while the mouths of liars will be silenced.

For the director of music. A psalm of David.

64

Hear me, O God, as I voice my complaint;
   protect my life from the threat of the enemy.
2 Hide me from the conspiracy of the wicked,
   from that noisy crowd of evildoers.
3 They sharpen their tongues like swords
   and aim their words like deadly arrows.
4 They shoot from ambush at the innocent man;
   they shoot at him suddenly, without fear.
5 They encourage each other in evil plans,
   they talk about hiding their snares;
   they say, "Who will see them[a]?"
6 They plot injustice and say,
   "We have devised a perfect plan!"
   Surely the mind and heart of man are cunning.
7 But God will shoot them with arrows;
   suddenly they will be struck down.
8 He will turn their own tongues against them
   and bring them to ruin;
   all who see them will shake their heads in scorn.
9 All mankind will fear;
   they will proclaim the works of God
   and ponder what he has done.
10 Let the righteous rejoice in the Lord
   and take refuge in him;
   let all the upright in heart praise him!

For the director of music. A psalm of David. A song.

65

Praise awaits[b] you, O God, in Zion;
   to you our vows will be fulfilled.
2 O you who hear prayer,
   to you all men will come.
3 When we were overwhelmed by sins,
   you forgave[c] our transgressions.
4 Blessed are those you choose
   and bring near to live in your courts!
   We are filled with the good things of your house,
   of your holy temple.
5 You answer us with awesome deeds of
     righteousness,
   O God our Savior,
   the hope of all the ends of the earth
   and of the farthest seas,
6 who formed the mountains by your power,
   having armed yourself with strength,
7 who stilled the roaring of the seas,
   the roaring of their waves,
   and the turmoil of the nations.
8 Those living far away fear your wonders;

---

a64.5 Ou *nos* **b**64.6 Ou *Eles ocultam* **c**64.6 Ou *Ninguém nos descobrirá!* **d**65.1 Ou *O louvor é apropriado a ti*

a64:5 Or *us* **b**65:1 Or *befits*; the meaning of the Hebrew for this word is uncertain. **c**65:3 Or *made atonement for*

do nascente ao poente
　　despertas canções de alegria.

⁹ Cuidas da terra e a regas;
　　fartamente a enriqueces.
Os riachos de Deus transbordam
　　para que nunca falte o trigo,
pois assim ordenaste.ᵃ

¹⁰ Encharcas os seus sulcos
　　e aplainas os seus torrões;
tu a amoleces com chuvas
　　e abençoas as suas colheitas.

¹¹ Coroas o ano com a tua bondade,
　　e por onde passas emana fartura;

¹² fartura vertem as pastagens do deserto,
　　e as colinas se vestem de alegria.

¹³ Os campos se revestem de rebanhos
　　e os vales se cobrem de trigo;
　　　eles exultam e cantam de alegria!

SALMO 66

Para o mestre de música. Um cântico. Um salmo.

¹ Aclamem a Deus, povos de toda terra!

² Cantem louvores ao seu glorioso nome;
　　louvem-no gloriosamente!

³ Digam a Deus:
　　"Quão temíveis são os teus feitos!
　　Tão grande é o teu poder que os teus inimigos
　　rastejam diante de ti!

⁴ Toda a terra te adora
　　e canta louvores a ti,
　　canta louvores ao teu nome".　　　　　[Pausa]

⁵ Venham e vejam o que Deus tem feito;
　　como são impressionantes
　　　as suas obras em favor dos homens!

⁶ Ele transformou o mar em terra seca,
　　e o povo atravessou as águasᵇ a pé;
　　e ali nos alegramos nele.ᶜ

⁷ Ele governa para sempre com o seu poder,
　　seus olhos vigiam as nações;
que os rebeldes
　　não se levantem contra ele!　　　　　[Pausa]

⁸ Bendigam o nosso Deus, ó povos,
　　façam ressoar o som do seu louvor;

⁹ foi ele quem preservou a nossa vida
　　impedindo que os nossos pés escorregassem.

¹⁰ Pois tu, ó Deus, nos submeteste à prova
　　e nos refinaste como a prata.

¹¹ Fizeste-nos cair numa armadilha
　　e sobre nossas costas puseste fardos.

¹² Deixaste que os inimigos cavalgassem
　　sobre a nossa cabeça;
passamos pelo fogo e pela água,
　　mas a um lugar de farturaᵈ nos trouxeste.

¹³ Para o teu templo virei com holocaustosᵉ
　　e cumprirei os meus votos para contigo,

¹⁴ votos que os meus lábios fizeram
　　e a minha boca falou
quando eu estava em dificuldade.

¹⁵ Oferecerei a ti animais gordos em holocausto;
　　sacrificarei carneiros, cuja fumaça subirá a ti,
　　e também novilhos e cabritos.　　　　[Pausa]

¹⁶ Venham e ouçam,
　　todos vocês que temem a Deus;
vou contar-lhes o que ele fez por mim.

---

where morning dawns and evening fades
　　you call forth songs of joy.

⁹ You care for the land and water it;
　　you enrich it abundantly.
The streams of God are filled with water
　　to provide the people with grain,
　　for so you have ordained it.ᵃ

¹⁰ You drench its furrows
　　and level its ridges;
you soften it with showers
　　and bless its crops.

¹¹ You crown the year with your bounty,
　　and your carts overflow with abundance.

¹² The grasslands of the desert overflow;
　　the hills are clothed with gladness.

¹³ The meadows are covered with flocks
　　and the valleys are mantled with grain;
　　they shout for joy and sing.

For the director of music. A song. A psalm.

66

¹ Shout with joy to God, all the earth!

² Sing the glory of his name;
　　make his praise glorious!

³ Say to God, "How awesome are your deeds!
　　So great is your power
　　that your enemies cringe before you.

⁴ All the earth bows down to you;
　　they sing praise to you,
　　they sing praise to your name."

Selah

⁵ Come and see what God has done,
　　how awesome his works in man's behalf!

⁶ He turned the sea into dry land,
　　they passed through the waters on foot—
　　come, let us rejoice in him.

⁷ He rules forever by his power,
　　his eyes watch the nations—
　　let not the rebellious rise up against him.

Selah

⁸ Praise our God, O peoples,
　　let the sound of his praise be heard;

⁹ he has preserved our lives
　　and kept our feet from slipping.

¹⁰ For you, O God, tested us;
　　you refined us like silver.

¹¹ You brought us into prison
　　and laid burdens on our backs.

¹² You let men ride over our heads;
　　we went through fire and water,
　　but you brought us to a place of abundance.

¹³ I will come to your temple with burnt offerings
　　and fulfill my vows to you—

¹⁴ vows my lips promised and my mouth spoke
　　when I was in trouble.

¹⁵ I will sacrifice fat animals to you
　　and an offering of rams;
I will offer bulls and goats.

Selah

¹⁶ Come and listen, all you who fear God;
　　let me tell you what he has done for me.

ᵃ65.9 Ou *pois é assim que preparas a terra.* ᵇ66.6 Ou *o rio* ᶜ66.6 Ou *venham, alegremo-nos nele.* ᵈ66.12 Algumas versões antigas dizem *de repouso.* ᵉ66.13 Isto é, *sacrifícios totalmente queimados;* também no versículo 15.

ᵃ65:9 Or *for that is how you prepare the land*

17 A ele clamei com os lábios;
    com a língua o exaltei.
18 Se eu acalentasse o pecado no coração,
    o Senhor não me ouviria;
19 mas Deus me ouviu,
    deu atenção à oração que lhe dirigi.
20 Louvado seja Deus,
    que não rejeitou a minha oração
    nem afastou de mim o seu amor!

SALMO 67

Para o mestre de música. Com instrumentos de cordas.
Um salmo. Um cântico.

1 Que Deus tenha misericórdia de nós
    e nos abençoe,
  e faça resplandecer
    o seu rosto sobre nósª,   [Pausa]
2 para que sejam conhecidos na terra
    os teus caminhos,
  a tua salvação entre todas as nações.

3 Louvem-te os povos, ó Deus;
    louvem-te todos os povos.
4 Exultem e cantem de alegria as nações,
    pois governas os povos com justiça
  e guias as nações na terra.   [Pausa]
5 Louvem-te os povos, ó Deus;
    louvem-te todos os povos.

6 Que a terra dê a sua colheita,
    e Deus, o nosso Deus, nos abençoe!
7 Que Deus nos abençoe,
    e o temam todos os confins da terra.

SALMO 68

Para o mestre de música. Davídico.
Um salmo. Um cântico.

1 Que Deus se levante!
Sejam espalhados os seus inimigos,
    fujam dele os seus adversários.
2 Que tu os dissipes
    assim como o vento leva a fumaça,
  como a cera se derrete na presença do fogo,
    assim pereçam os ímpios na presença de Deus.
3 Alegrem-se, porém, os justos!
    Exultem diante de Deus!
    Regozijem-se com grande alegria!

4 Cantem a Deus, louvem o seu nome,
    exaltem aquele que cavalga sobre as nuvens;ᵇ
  seu nome é Senhor!
    Exultem diante dele!
5 Pai para os órfãos e defensor das viúvas
    é Deus em sua santa habitação.
6 Deus dá um lar aos solitários,
    liberta os presos para a prosperidade,
  mas os rebeldes vivem em terra árida.

7 Quando saíste à frente do teu povo, ó Deus,
    quando marchaste pelo ermo,   [Pausa]
8 a terra tremeu,
    o céu derramou chuva
  diante de Deus, o Deus do Sinai,
    diante de Deus, o Deus de Israel.
9 Deste chuvas generosas, ó Deus;
    refrescaste a tua herança exausta.
10 O teu povo nela se instalou,

17 I cried out to him with my mouth;
    his praise was on my tongue.
18 If I had cherished sin in my heart,
    the Lord would not have listened;
19 but God has surely listened
    and heard my voice in prayer.
20 Praise be to God,
    who has not rejected my prayer
    or withheld his love from me!

For the director of music.
With stringed instruments. A psalm. A song.

67 May God be gracious to us and bless us
    and make his face shine upon us,   *Selah*

2 that your ways may be known on earth,
    your salvation among all nations.

3 May the peoples praise you, O God;
    may all the peoples praise you.
4 May the nations be glad and sing for joy,
    for you rule the peoples justly
    and guide the nations of the earth.   *Selah*

5 May the peoples praise you, O God;
    may all the peoples praise you.

6 Then the land will yield its harvest,
    and God, our God, will bless us.
7 God will bless us,
    and all the ends of the earth will fear him.

For the director of music. Of David. A psalm. A song.

68 May God arise, may his enemies be scattered;
    may his foes flee before him.
2 As smoke is blown away by the wind,
    may you blow them away;
  as wax melts before the fire,
    may the wicked perish before God.
3 But may the righteous be glad
    and rejoice before God;
    may they be happy and joyful.

4 Sing to God, sing praise to his name,
    extol him who rides on the cloudsª—
  his name is the Lord—
    and rejoice before him.
5 A father to the fatherless, a defender of widows,
    is God in his holy dwelling.
6 God sets the lonely in families,ᵇ
    he leads forth the prisoners with singing;
    but the rebellious live in a sun-scorched land.

7 When you went out before your people, O God,
    when you marched through the wasteland,   *Selah*

8 the earth shook,
    the heavens poured down rain,
  before God, the One of Sinai,
    before God, the God of Israel.
9 You gave abundant showers, O God;
    you refreshed your weary inheritance.
10 Your people settled in it,

ª67.1 Isto é, mostre-nos a sua bondade. ᵇ68.4 Ou *preparem o caminho para aquele que cavalga pelos desertos;*

ª68:4 Or / *prepare the way for him who rides through the deserts* ᵇ68:6 Or *the desolate in a homeland*

e da tua bondade, ó Deus, supriste os pobres.

11 O Senhor anunciou a palavra,
e muitos mensageiros a proclamavam:

12 "Reis e exércitos fogem em debandada;
a dona de casa reparte os despojos.ª

13 Mesmo quando vocês dormem
entre as fogueiras do acampamentoᵇ,
as asas da minha pomba
estão recobertas de prata,
as suas penas, de ouro reluzente".

14 Quando o Todo-poderoso espalhou os reis,
foi como neve no monte Zalmom.

15 Os montes de Basã são majestosos;
escarpados são os montes de Basã.

16 Por que, ó montes escarpados,
estão com inveja do monte que Deus
escolheu para sua habitação,
onde o próprio Senhor habitará para sempre?

17 Os carros de Deus são incontáveis,
são milhares de milhares;
neles o Senhor veio do Sinai
para o seu Lugar Santo.

18 Quando subiste em triunfo às alturas,
ó Senhor Deus,
levaste cativos muitos prisioneiros;
recebeste homens como dádivas,
até mesmo rebeldes,
para estabeleceres morada.ᶜ

19 Bendito seja o Senhor,
Deus, nosso Salvador,
que cada dia suporta as nossas cargas.   [Pausa]

20 O nosso Deus é um Deus que salva;
ele é o Soberano, ele é o Senhor
que nos livra da morte.

21 Certamente Deus
esmagará a cabeça dos seus inimigos,
o crânio cabeludo
dos que persistem em seus pecados.

22 "Eu os trarei de Basã", diz o Senhor,
"eu os trarei das profundezas do mar,

23 para que você encharque os pés
no sangue dos inimigos,
sangue do qual a língua dos cães
terá a sua porção."

24 Já se vê a tua marcha triunfal, ó Deus,
a marcha do meu Deus e Rei
adentrando o santuário.

25 À frente estão os cantores, depois os músicos;
com eles vão as jovens tocando tamborins.

26 Bendigam a Deus na grande congregação!
Bendigam o Senhor,
descendentesᵈ de Israel!

27 Ali está a pequena tribo de Benjamim,
a conduzi-los,
os príncipes de Judá
acompanhados de suas tropas,
e os príncipes de Zebulom e Naftali.

28 A favor de vocês,
manifeste Deus o seu poder!ᵉ
Mostra, ó Deus, o poder que já tens operado
para conosco.

29 Por causa do teu templo em Jerusalém,
reis te trarão presentes.

and from your bounty, O God, you provided
for the poor.

11 The Lord announced the word,
and great was the company of those who
proclaimed it:

12 "Kings and armies flee in haste;
in the camps men divide the plunder.

13 Even while you sleep among the campfires,ª
the wings of ⌊my⌋ dove are sheathed with silver,
its feathers with shining gold."

14 When the Almightyᵇ scattered the kings in the land,
it was like snow fallen on Zalmon.

15 The mountains of Bashan are majestic mountains;
rugged are the mountains of Bashan.

16 Why gaze in envy, O rugged mountains,
at the mountain where God chooses to reign,
where the Lord himself will dwell forever?

17 The chariots of God are tens of thousands
and thousands of thousands;
the Lord ⌊has come⌋ from Sinai into his sanctuary.

18 When you ascended on high,
you led captives in your train;
you received gifts from men,
even fromᶜ the rebellious—
that you,ᵈ O Lord God, might dwell there.

19 Praise be to the Lord, to God our Savior,
who daily bears our burdens.

Selah

20 Our God is a God who saves;
from the Sovereign Lord comes escape
from death.

21 Surely God will crush the heads of his enemies,
the hairy crowns of those who go on in
their sins.

22 The Lord says, "I will bring them from Bashan;
I will bring them from the depths of the sea,

23 that you may plunge your feet in the blood of
your foes,
while the tongues of your dogs have their share."

24 Your procession has come into view, O God,
the procession of my God and King into
the sanctuary.

25 In front are the singers, after them the musicians;
with them are the maidens playing
tambourines.

26 Praise God in the great congregation;
praise the Lord in the assembly of Israel.

27 There is the little tribe of Benjamin,
leading them,
there the great throng of Judah's princes,
and there the princes of Zebulun and of Naphtali.

28 Summon your power, O Godᵉ;
show us your strength, O God, as you have done
before.

29 Because of your temple at Jerusalem
kings will bring you gifts.

ª68.12 Ou *as belas mulheres do palácio são repartidas como despojo.* ᵇ68.13 Ou *os alforjes* ᶜ68.18 Ou *dádivas dentre os homens, até dos que se rebelaram contra a tua habitação.* ᵈ68.26 Hebraico: *fonte.* ᵉ68.28 Conforme alguns manuscritos do Texto Massorético. Muitos manuscritos do Texto Massorético e algumas versões antigas dizem *Manifesta, ó Deus, o teu poder!*

ª68:13 Or *saddlebags* ᵇ68:14 Hebrew *Shaddai* ᶜ68:18 Or *gifts for men, / even* ᵈ68:18 Or *they* ᵉ68:28 Many Hebrew manuscripts, Septuagint and Syriac; most Hebrew manuscripts *Your God has summoned power for you*

³⁰Repreende a fera entre os juncos,
    a manada de touros
        entre os bezerros das nações.
    Humilhados, tragam barras de prata.
    Espalha as nações que têm prazer na guerra.
³¹Ricos tecidos^a venham do Egito;
    a Etiópia corra para Deus de mãos cheias.

³²Cantem a Deus, reinos da terra,
    louvem o Senhor,   [Pausa]
³³aquele que cavalga os céus, os antigos céus.
    Escutem! Ele troveja com voz poderosa.
³⁴Proclamem o poder de Deus!
    Sua majestade está sobre Israel,
    seu poder está nas altas nuvens.
³⁵Tu és temível no teu santuário, ó Deus;
    é o Deus de Israel
        que dá poder e força ao seu povo.

Bendito seja Deus!

SALMO 69

Para o mestre de música.
De acordo com a melodia *Lírios.* Davídico.

¹Salva-me, ó Deus!,
    pois as águas subiram até o meu pescoço.
²Nas profundezas lamacentas eu me afundo;
    não tenho onde firmar os pés.
Entrei em águas profundas;
    as correntezas me arrastam.
³Cansei-me de pedir socorro;
    minha garganta se abrasa.
Meus olhos fraquejam
    de tanto esperar pelo meu Deus.
⁴Os que sem razão me odeiam
    são mais do que os fios de cabelo
    da minha cabeça;
muitos são os que me prejudicam sem motivo,
muitos, os que procuram destruir-me.
Sou forçado a devolver o que não roubei.

⁵Tu bem sabes como fui insensato, ó Deus;
    a minha culpa não te é encoberta.

⁶Não se decepcionem por minha causa
    aqueles que esperam em ti,
    ó Senhor, Senhor dos Exércitos!
Não se frustrem por minha causa
    os que te buscam, ó Deus de Israel!
⁷Pois por amor a ti suporto zombaria,
    e a vergonha cobre-me o rosto.
⁸Sou um estrangeiro para os meus irmãos,
    um estranho até para os filhos da minha mãe;
⁹pois o zelo pela tua casa me consome,
    e os insultos daqueles que te insultam
    caem sobre mim.
¹⁰Até quando choro e jejuo,
    tenho que suportar zombaria;
¹¹quando ponho vestes de lamento,
    sou objeto de chacota.
¹²Os que se ajuntam na praça falam de mim,
    e sou a canção dos bêbados.

¹³Mas eu, Senhor, no tempo oportuno,
    elevo a ti minha oração;
responde-me, por teu grande amor, ó Deus,
    com a tua salvação infalível!
¹⁴Tira-me do atoleiro,
    não me deixes afundar;
liberta-me dos que me odeiam
    e das águas profundas.

---

³⁰Rebuke the beast among the reeds,
    the herd of bulls among the calves of the nations.
Humbled, may it bring bars of silver.
    Scatter the nations who delight in war.
³¹Envoys will come from Egypt;
    Cush^a will submit herself to God.

³²Sing to God, O kingdoms of the earth,
    sing praise to the Lord,   *Selah*
³³to him who rides the ancient skies above,
    who thunders with mighty voice.
³⁴Proclaim the power of God,
    whose majesty is over Israel,
    whose power is in the skies.
³⁵You are awesome, O God, in your sanctuary;
    the God of Israel gives power and strength
        to his people.

Praise be to God!

For the director of music. ⌐To the tune of⌐ "Lilies." Of David.

69

Save me, O God,
    for the waters have come up to my neck.
²I sink in the miry depths,
    where there is no foothold.
I have come into the deep waters;
    the floods engulf me.
³I am worn out calling for help;
    my throat is parched.
My eyes fail,
    looking for my God.
⁴Those who hate me without reason
    outnumber the hairs of my head;
many are my enemies without cause,
    those who seek to destroy me.
I am forced to restore
    what I did not steal.

⁵You know my folly, O God;
    my guilt is not hidden from you.

⁶May those who hope in you
    not be disgraced because of me,
    O Lord, the Lord Almighty;
may those who seek you
    not be put to shame because of me,
    O God of Israel.
⁷For I endure scorn for your sake,
    and shame covers my face.
⁸I am a stranger to my brothers,
    an alien to my own mother's sons;
⁹for zeal for your house consumes me,
    and the insults of those who insult you fall
        on me.
¹⁰When I weep and fast,
    I must endure scorn;
¹¹when I put on sackcloth,
    people make sport of me.
¹²Those who sit at the gate mock me,
    and I am the song of the drunkards.

¹³But I pray to you, O Lord,
    in the time of your favor;
in your great love, O God,
    answer me with your sure salvation.
¹⁴Rescue me from the mire,
    do not let me sink;
deliver me from those who hate me,
    from the deep waters.

---

^a68.31 Ou *embaixadores*

^a68:31 That is, the upper Nile region

15 Não permitas que as correntezas me arrastem,
 nem que as profundezas me engulam,
 nem que a cova feche sobre mim a sua boca!
16 Responde-me, SENHOR,
 pela bondade do teu amor;
 por tua grande misericórdia, volta-te para mim.
17 Não escondas do teu servo a tua face;
 responde-me depressa, pois estou em perigo.
18 Aproxima-te e resgata-me;
 livra-me por causa dos meus inimigos.
19 Tu bem sabes como sofro zombaria,
 humilhação e vergonha;
 conheces todos os meus adversários.
20 A zombaria partiu-me o coração;
 estou em desespero!
 Supliquei por socorro, nada recebi;
 por consoladores, e a ninguém encontrei.
21 Puseram fel na minha comida
 e para matar-me a sede deram-me vinagre.

22 Que a mesa deles se lhes transforme em laço;
 torne-se retribuição e**ª** armadilha.
23 Escureçam-se os seus olhos
 para que não consigam ver;
 faze-lhes tremer o corpo sem parar.
24 Despeja sobre eles a tua ira;
 que o teu furor ardente os alcance.
25 Fique deserto o lugar deles;
 não haja ninguém que habite nas suas tendas.
26 Pois perseguem aqueles que tu feres
 e comentam a dor daqueles a quem castigas.
27 Acrescenta-lhes pecado sobre pecado;
 não os deixes alcançar a tua justiça.
28 Sejam eles tirados do livro da vida
 e não sejam incluídos no rol dos justos.

29 Grande é a minha aflição e a minha dor!
 Proteja-me, ó Deus, a tua salvação!

30 Louvarei o nome de Deus com cânticos
 e proclamarei sua grandeza
 com ações de graças;
31 isso agradará o SENHOR mais do que bois,
 mais do que touros com seus chifres e cascos.
32 Os necessitados o verão e se alegrarão;
 a vocês que buscam a Deus,
 vida ao seu coração!
33 O SENHOR ouve o pobre
 e não despreza o seu povo aprisionado.

34 Louvem-no os céus e a terra,
 os mares e tudo o que neles se move,
35 pois Deus salvará Sião
 e reconstruirá as cidades de Judá.
 Então o povo ali viverá e tomará posse da terra;
36 a descendência dos seus servos a herdará,
 e nela habitarão os que amam o seu nome.

SALMO 70

Para o mestre de música. Davídico. Uma petição.

1 Livra-me, ó Deus!
 Apressa-te, SENHOR, a ajudar-me!
2 Sejam humilhados e frustrados
 os que procuram tirar-me a vida;
 retrocedam desprezados
 os que desejam a minha ruína.
3 Retrocedam em desgraça
 os que zombam de mim.

15 Do not let the floodwaters engulf me
 or the depths swallow me up
 or the pit close its mouth over me.
16 Answer me, O LORD, out of the goodness of your love;
 in your great mercy turn to me.
17 Do not hide your face from your servant;
 answer me quickly, for I am in trouble.
18 Come near and rescue me;
 redeem me because of my foes.

19 You know how I am scorned, disgraced
 and shamed;
 all my enemies are before you.
20 Scorn has broken my heart
 and has left me helpless;
 I looked for sympathy, but there was none,
 for comforters, but I found none.
21 They put gall in my food
 and gave me vinegar for my thirst.

22 May the table set before them become a snare;
 may it become retribution and**ª** a trap.
23 May their eyes be darkened so they cannot see,
 and their backs be bent forever.
24 Pour out your wrath on them;
 let your fierce anger overtake them.
25 May their place be deserted;
 let there be no one to dwell in their tents.
26 For they persecute those you wound
 and talk about the pain of those you hurt.
27 Charge them with crime upon crime;
 do not let them share in your salvation.
28 May they be blotted out of the book of life
 and not be listed with the righteous.

29 I am in pain and distress;
 may your salvation, O God, protect me.

30 I will praise God's name in song
 and glorify him with thanksgiving.
31 This will please the LORD more than an ox,
 more than a bull with its horns and hoofs.
32 The poor will see and be glad—
 you who seek God, may your hearts live!
33 The LORD hears the needy
 and does not despise his captive people.

34 Let heaven and earth praise him,
 the seas and all that move in them,
35 for God will save Zion
 and rebuild the cities of Judah.
 Then people will settle there and possess it;
36 the children of his servants will inherit it,
 and those who love his name will dwell there.

For the director of music. Of David. A petition.

70 Hasten, O God, to save me;
 O LORD, come quickly to help me.
2 May those who seek my life
 be put to shame and confusion;
 may all who desire my ruin
 be turned back in disgrace.
3 May those who say to me, "Aha! Aha!"
 turn back because of their shame.

ª69.22 Ou *Que até as suas ofertas de comunhão se tornem em armadilha;* ou ainda *Que até os seus aliados se tornem uma armadilha*

ª69:22 Or *snare / and their fellowship become*

4 Mas regozijem-se e alegrem-se em ti
   todos os que te buscam;
digam sempre os que amam a tua salvação:
   "Como Deus é grande!"

5 Quanto a mim, sou pobre e necessitado;
   apressa-te, ó Deus.
Tu és o meu socorro e o meu libertador;
   Senhor, não te demores!

SALMO 71

1 Em ti, Senhor, busquei refúgio;
nunca permitas que eu seja humilhado.
2 Resgata-me e livra-me por tua justiça;
   inclina o teu ouvido para mim e salva-me.
3 Peço-te que sejas a minha rocha de refúgio,
   para onde eu sempre possa ir;
dá ordem para que me libertem,
   pois és a minha rocha
   e a minha fortaleza.
4 Livra-me, ó meu Deus, das mãos dos ímpios,
   das garras dos perversos e cruéis.

5 Pois tu és a minha esperança,
   ó Soberano Senhor,
em ti está a minha confiança desde a
      juventude.
6 Desde o ventre materno dependo de ti;
tu me sustentaste[a]
   desde as entranhas de minha mãe.
Eu sempre te louvarei!
7 Tornei-me um exemplo para muitos,
   porque tu és o meu refúgio seguro.
8 Do teu louvor transborda a minha boca,
   que o tempo todo proclama o teu esplendor.

9 Não me rejeites na minha velhice;
não me abandones
   quando se vão as minhas forças.
10 Pois os meus inimigos me caluniam;
os que estão à espreita juntam-se e
   planejam matar-me.
11 "Deus o abandonou", dizem eles;
   "persigam-no e prendam-no,
pois ninguém o livrará."
12 Não fiques longe de mim, ó Deus;
ó meu Deus, apressa-te em ajudar-me.
13 Pereçam humilhados os meus acusadores;
sejam cobertos de zombaria e vergonha
   os que querem prejudicar-me.
14 Mas eu sempre terei esperança
   e te louvarei cada vez mais.
15 A minha boca falará sem cessar da tua justiça
   e dos teus incontáveis atos de salvação.
16 Falarei dos teus feitos poderosos,
   ó Soberano Senhor;
proclamarei a tua justiça,
   unicamente a tua justiça.
17 Desde a minha juventude, ó Deus,
   tens me ensinado,
e até hoje eu anuncio as tuas maravilhas.
18 Agora que estou velho, de cabelos brancos,
   não me abandones, ó Deus,
para que eu possa falar da tua força
   aos nossos filhos,
e do teu poder às futuras gerações.

19 Tua justiça chega até as alturas, ó Deus,
   tu, que tens feito coisas grandiosas.

4 But may all who seek you
   rejoice and be glad in you;
may those who love your salvation always say,
   "Let God be exalted!"

5 Yet I am poor and needy;
   come quickly to me, O God.
You are my help and my deliverer;
   O Lord, do not delay.

71

In you, O Lord, I have taken refuge;
   let me never be put to shame.
2 Rescue me and deliver me in your righteousness;
   turn your ear to me and save me.
3 Be my rock of refuge,
   to which I can always go;
give the command to save me,
   for you are my rock and my fortress.
4 Deliver me, O my God, from the hand of
      the wicked,
   from the grasp of evil and cruel men.

5 For you have been my hope, O Sovereign Lord,
   my confidence since my youth.
6 From birth I have relied on you;
   you brought me forth from my
      mother's womb.
I will ever praise you.
7 I have become like a portent to many,
   but you are my strong refuge.
8 My mouth is filled with your praise,
   declaring your splendor all day long.

9 Do not cast me away when I am old;
   do not forsake me when my strength is gone.
10 For my enemies speak against me;
   those who wait to kill me conspire together.
11 They say, "God has forsaken him;
   pursue him and seize him,
   for no one will rescue him."
12 Be not far from me, O God;
   come quickly, O my God, to help me.
13 May my accusers perish in shame;
   may those who want to harm me
   be covered with scorn and disgrace.

14 But as for me, I will always have hope;
   I will praise you more and more.
15 My mouth will tell of your righteousness,
   of your salvation all day long,
   though I know not its measure.
16 I will come and proclaim your mighty acts,
   O Sovereign Lord;
I will proclaim your righteousness,
   yours alone.
17 Since my youth, O God, you have taught me,
   and to this day I declare your marvelous deeds.
18 Even when I am old and gray,
   do not forsake me, O God,
till I declare your power to the next generation,
   your might to all who are to come.

19 Your righteousness reaches to the skies, O God,
   you who have done great things.

---

a 71.6 Ou separaste

Quem se compara a ti, ó Deus?
20 Tu, que me fizeste passar
   muitas e duras tribulações,
restaurarás a minha vida,
   e das profundezas da terra
   de novo me farás subir.
21 Tu me farás mais honrado
   e mais uma vez me consolarás.

22 E eu te louvarei com a lira
   por tua fidelidade, ó meu Deus;
cantarei louvores a ti com a harpa,
   ó Santo de Israel.
23 Os meus lábios gritarão de alegria
   quando eu cantar louvores a ti,
pois tu me redimiste.
24 Também a minha língua sempre falará
   dos teus atos de justiça,
pois os que queriam prejudicar-me
   foram humilhados e ficaram frustrados.

SALMO 72
De Salomão.

1 Reveste da tua justiça o rei, ó Deus,
   e o filho do rei, da tua retidão,
2 para que ele julgue com retidão
   e com justiça os teus que sofrem opressão.
3 Que os montes tragam prosperidade ao povo,
   e as colinas, o fruto da justiça.
4 Defenda ele os oprimidos entre o povo
   e liberte os filhos dos pobres;
   esmague ele o opressor!

5 Que ele perdureª como o sol
   e como a lua, por todas as gerações.
6 Seja ele como chuva
   sobre uma lavoura ceifada,
como aguaceiros que regam a terra.
7 Floresçam os justos nos dias do rei,
   e haja grande prosperidade enquanto durar a lua.

8 Governe ele de mar a mar
   e desde o rio Eufrates até os confins da terraᵇ.
9 Inclinem-se diante dele as tribos do desertoᶜ,
   e os seus inimigos lambam o pó.
10 Que os reis de Társis e das regiões litorâneas
   lhe tragam tributo;
os reis de Sabá e de Sebá
   lhe ofereçam presentes.
11 Inclinem-se diante dele todos os reis,
   e sirvam-no todas as nações.

12 Pois ele liberta os pobres que pedem socorro,
   os oprimidos que não têm quem os ajude.
13 Ele se compadece dos fracos e dos pobres,
   e os salva da morte.
14 Ele os resgata da opressão e da violência,
   pois aos seus olhos a vidaᵈ deles é preciosa.

15 Tenha o rei vida longa!
   Receba ele o ouro de Sabá.
Que se ore por ele continuamente,
   e todo o dia se invoquem bênçãos sobre ele.
16 Haja fartura de trigo por toda a terra,
   ondulando no alto dos montes.
Floresçam os seus frutos como os do Líbano
   e cresçam as cidades como as plantas no campo.

Who, O God, is like you?
20 Though you have made me see troubles,
   many and bitter,
you will restore my life again;
from the depths of the earth
   you will again bring me up.
21 You will increase my honor
   and comfort me once again.

22 I will praise you with the harp
   for your faithfulness, O my God;
I will sing praise to you with the lyre,
   O Holy One of Israel.
23 My lips will shout for joy
   when I sing praise to you—
I, whom you have redeemed.
24 My tongue will tell of your righteous acts
   all day long,
for those who wanted to harm me
   have been put to shame and confusion.

Of Solomon.

72 Endow the king with your justice, O God,
   the royal son with your righteousness.
2 He willª judge your people in righteousness,
   your afflicted ones with justice.
3 The mountains will bring prosperity to
   the people,
   the hills the fruit of righteousness.
4 He will defend the afflicted among the people
   and save the children of the needy;
   he will crush the oppressor.

5 He will endureᵇ as long as the sun,
   as long as the moon, through all
      generations.
6 He will be like rain falling on a mown field,
   like showers watering the earth.
7 In his days the righteous will flourish;
   prosperity will abound till the moon is no more.

8 He will rule from sea to sea
   and from the Riverᶜ to the ends of the earth.ᵈ
9 The desert tribes will bow before him
   and his enemies will lick the dust.
10 The kings of Tarshish and of distant shores
   will bring tribute to him;
the kings of Sheba and Seba
   will present him gifts.
11 All kings will bow down to him
   and all nations will serve him.

12 For he will deliver the needy who cry out,
   the afflicted who have no one to help.
13 He will take pity on the weak and the needy
   and save the needy from death.
14 He will rescue them from oppression and violence,
   for precious is their blood in his sight.

15 Long may he live!
   May gold from Sheba be given him.
May people ever pray for him
   and bless him all day long.
16 Let grain abound throughout the land;
   on the tops of the hills may it sway.
Let its fruit flourish like Lebanon;
   let it thrive like the grass of the field.

ª72.5 Conforme a Septuaginta. O Texto Massorético diz *Que tu sejas temido*.
ᵇ72.8 Ou *do país* ᶜ72.9 Ou *criaturas do deserto*; ou ainda *adversários* ᵈ72.14
Hebraico: *sangue*.

ª72:2 Or *May he;* similarly in verses 3-11 and 17 ᵇ72:5 Septuagint; Hebrew *You
will be feared* ᶜ72:8 That is, the Euphrates ᵈ72:8 Or *the end of the land*

17 Permaneça para sempre o seu nome
    e dure a sua fama enquanto o sol brilhar.
Sejam abençoadas todas as nações
    por meio dele,
e que elas o chamem bendito.
18 Bendito seja o Senhor Deus,
    o Deus de Israel,
o único que realiza feitos maravilhosos.
19 Bendito seja
    o seu glorioso nome para sempre;
encha-se toda a terra da sua glória.
    Amém e amém.

20 Encerram-se aqui as orações de Davi, filho de Jessé.

TERCEIRO LIVRO

SALMO 73

Salmo da família de Asafe.

1 Certamente Deus é bom para Israel,
    para os puros de coração.

2 Quanto a mim, os meus pés quase tropeçaram;
    por pouco não escorreguei.
3 Pois tive inveja dos arrogantes
    quando vi a prosperidade desses ímpios.

4 Eles não passam por sofrimento[a]
    e têm o corpo saudável e forte.
5 Estão livres dos fardos de todos;
    não são atingidos por doenças
    como os outros homens.
6 Por isso o orgulho lhes serve de colar,
    e eles se vestem de violência.
7 Do seu íntimo[b] brota a maldade[c];
    da sua mente transbordam maquinações.
8 Eles zombam e falam com más intenções;
    em sua arrogância ameaçam com opressão.
9 Com a boca arrogam a si os céus,
    e com a língua se apossam da terra.
10 Por isso o seu povo se volta para eles
    e bebe suas palavras até saciar-se.
11 Eles dizem: "Como saberá Deus?
    Terá conhecimento o Altíssimo?"

12 Assim são os ímpios,
    sempre despreocupados,
    aumentam suas riquezas.

13 Certamente foi-me inútil
    manter puro o coração
    e lavar as mãos na inocência,
14 pois o dia inteiro sou afligido,
    e todas as manhãs sou castigado.

15 Se eu tivesse dito: Falarei como eles,
    teria traído os teus filhos.
16 Quando tentei entender tudo isso,
    achei muito difícil para mim,
17 até que entrei no santuário de Deus,
    e então compreendi o destino dos ímpios.

18 Certamente os pões em terreno escorregadio
    e os fazes cair na ruína.
19 Como são destruídos de repente,
    completamente tomados de pavor!
20 São como um sonho
    que se vai quando acordamos;
quando te levantares, Senhor,
    tu os farás desaparecer.

17 May his name endure forever;
    may it continue as long as the sun.

All nations will be blessed through him,
    and they will call him blessed.
18 Praise be to the Lord God, the God of Israel,
    who alone does marvelous deeds.
19 Praise be to his glorious name forever;
    may the whole earth be filled with his glory.
Amen and Amen.

20 This concludes the prayers of David son of Jesse.

BOOK III

Psalms 73-89

A psalm of Asaph.

73
Surely God is good to Israel,
    to those who are pure in heart.

2 But as for me, my feet had almost slipped;
    I had nearly lost my foothold.
3 For I envied the arrogant
    when I saw the prosperity of the wicked.

4 They have no struggles;
    their bodies are healthy and strong.[a]
5 They are free from the burdens common to man;
    they are not plagued by human ills.
6 Therefore pride is their necklace;
    they clothe themselves with violence.
7 From their callous hearts comes iniquity[b];
    the evil conceits of their minds know no limits.
8 They scoff, and speak with malice;
    in their arrogance they threaten oppression.
9 Their mouths lay claim to heaven,
    and their tongues take possession of the earth.
10 Therefore their people turn to them
    and drink up waters in abundance.[c]
11 They say, "How can God know?
    Does the Most High have knowledge?"

12 This is what the wicked are like—
    always carefree, they increase in wealth.

13 Surely in vain have I kept my heart pure;
    in vain have I washed my hands in innocence.
14 All day long I have been plagued;
    I have been punished every morning.

15 If I had said, "I will speak thus,"
    I would have betrayed your children.
16 When I tried to understand all this,
    it was oppressive to me
17 till I entered the sanctuary of God;
    then I understood their final destiny.

18 Surely you place them on slippery ground;
    you cast them down to ruin.
19 How suddenly are they destroyed,
    completely swept away by terrors!
20 As a dream when one awakes,
    so when you arise, O Lord,
    you will despise them as fantasies.

---

[a]73.4 Ou *sofrimento até morrer;* ou ainda *sofrimento; até morrer o corpo deles é*
[b]73.7 Hebraico: *gordura.* [c]73.7 Conforme a Versão Siríaca. O Texto Massorético diz *Seus olhos saltam-lhes da gordura.*

[a]73:4 With a different word division of the Hebrew; Masoretic Text *struggles at their death; / their bodies are healthy* [b]73:7 Syriac (see also Septuagint); Hebrew *Their eyes bulge with fat* [c]73:10 The meaning of the Hebrew for this verse is uncertain.

21 Quando o meu coração estava amargurado
  e no íntimo eu sentia inveja,
22 agi como insensato e ignorante;
  minha atitude para contigo
    era a de um animal irracional.
23 Contudo, sempre estou contigo;
  tomas a minha mão direita e me susténs.
24 Tu me diriges com o teu conselho,
  e depois me receberás com honras.
25 A quem tenho nos céus senão a ti?
  E na terra, nada mais desejo
    além de estar junto a ti.
26 O meu corpo e o meu coração
    poderão fraquejar,
  mas Deus é a força do meu coração
    e a minha herança para sempre.
27 Os que te abandonam sem dúvida perecerão;
  tu destróis todos os infiéis.
28 Mas, para mim, bom é estar perto de Deus;
  fiz do Soberano SENHOR o meu refúgio;
    proclamarei todos os teus feitos.

SALMO 74

Poema da família de Asafe.

1 Por que nos rejeitaste definitivamente, ó Deus?
  Por que se acende a tua ira
    contra as ovelhas da tua pastagem?
2 Lembra-te do povo que adquiriste
    em tempos passados,
  da tribo da tua herança, que resgataste,
    do monte Sião, onde habitaste.
3 Volta os teus passos
    para aquelas ruínas irreparáveis,
  para toda a destruição
    que o inimigo causou em teu santuário.
4 Teus adversários gritaram triunfantes
    bem no local onde te encontravas conosco,
  e hastearam suas bandeiras em sinal de vitória.
5 Pareciam homens armados com machados
  invadindo um bosque cerrado.
6 Com seus machados e machadinhas
    esmigalharam todos os revestimentos
    de madeira esculpida.
7 Atearam fogo ao teu santuário;
  profanaram o lugar da habitação do teu nome.
8 Disseram no coração:
  "Vamos acabar com eles!"
  Queimaram todos os santuários do país.
9 Já não vemos sinais miraculosos;
  não há mais profetas,
  e nenhum de nós sabe
    até quando isso continuará.
10 Até quando o adversário irá zombar, ó Deus?
  Será que o inimigo blasfemará
    o teu nome para sempre?
11 Por que reténs a tua mão, a tua mão direita?
  Não fiques de braços cruzados! Destrói-os!
12 Mas tu, ó Deus,
    és o meu rei desde a antiguidade;
  trazes salvação sobre a terra.
13 Tu dividiste o mar pelo teu poder;
  quebraste as cabeças das serpentes das águas.
14 Esmagaste as cabeças do Leviatã[a]
  e o deste por comida às criaturas do deserto.

21 When my heart was grieved
  and my spirit embittered,
22 I was senseless and ignorant;
  I was a brute beast before you.
23 Yet I am always with you;
  you hold me by my right hand.
24 You guide me with your counsel,
  and afterward you will take me into glory.
25 Whom have I in heaven but you?
  And earth has nothing I desire besides you.
26 My flesh and my heart may fail,
  but God is the strength of my heart
  and my portion forever.
27 Those who are far from you will perish;
  you destroy all who are unfaithful to you.
28 But as for me, it is good to be near God.
  I have made the Sovereign LORD my refuge;
  I will tell of all your deeds.

A *maskil*[a] of Asaph.

74 Why have you rejected us forever, O God?
  Why does your anger smolder against the sheep of
    your pasture?
2 Remember the people you purchased of old,
  the tribe of your inheritance, whom you
    redeemed—
  Mount Zion, where you dwelt.
3 Turn your steps toward these everlasting ruins,
  all this destruction the enemy has brought on
    the sanctuary.
4 Your foes roared in the place where you met
    with us;
  they set up their standards as signs.
5 They behaved like men wielding axes
  to cut through a thicket of trees.
6 They smashed all the carved paneling
  with their axes and hatchets.
7 They burned your sanctuary to the ground;
  they defiled the dwelling place of your Name.
8 They said in their hearts, "We will crush
    them completely!"
  They burned every place where God was worshiped
    in the land.
9 We are given no miraculous signs;
  no prophets are left,
  and none of us knows how long this will be.
10 How long will the enemy mock you, O God?
  Will the foe revile your name forever?
11 Why do you hold back your hand, your
    right hand?
  Take it from the folds of your garment and
    destroy them!
12 But you, O God, are my king from of old;
  you bring salvation upon the earth.
13 It was you who split open the sea by your power;
  you broke the heads of the monster in
    the waters.
14 It was you who crushed the heads of Leviathan
  and gave him as food to the creatures of the
    desert.

---

[a]74.14 Ou *monstro marinho*

[a]Title: Probably a literary or musical term

15 Tu abriste fontes e regatos;
    secaste rios perenes.
16 O dia é teu, e tua também é a noite;
    estabeleceste o sol e a lua.
17 Determinaste todas as fronteiras da terra;
    fizeste o verão e o inverno.
18 Lembra-te de como o inimigo
      tem zombado de ti, ó Senhor,
    como os insensatos têm blasfemado o teu nome.
19 Não entregues a vida da tua pomba
      aos animais selvagens;
    não te esqueças para sempre da vida
      do teu povo indefeso.
20 Dá atenção à tua aliança,
    porque de antros de violência se enchem
      os lugares sombrios do país.
21 Não deixes que o oprimido
      se retire humilhado!
    Faze que o pobre e o necessitado
      louvem o teu nome.
22 Levanta-te, ó Deus, e defende a tua causa;
    lembra-te de como os insensatos
      zombam de ti sem cessar.
23 Não ignores a gritaria dos teus adversários,
    o crescente tumulto dos teus inimigos.

SALMO 75

Para o mestre de música. De acordo com a
melodia *Não Destruas*. Salmo da família
de Asafe. Um cântico.

1 Damos-te graças, ó Deus,
    damos-te graças, pois perto está o teu nome;
    todos falam dos teus feitos maravilhosos.

2 Tu dizes: "Eu determino o tempo
      em que julgarei com justiça.
3 Quando treme a terra
      com todos os seus habitantes,
    sou eu que mantenho firmes
      as suas colunas.   [Pausa]
4 "Aos arrogantes digo: Parem de vangloriar-se!
    E aos ímpios: Não se rebelem!ᵃ
5 Não se rebelem contra os céus;
    não falem com insolência".

6 Não é do oriente nem do ocidente
      nem do deserto que vem a exaltação.
7 É Deus quem julga:
    Humilha a um, a outro exalta.
8 Na mão do Senhor está um cálice
      cheio de vinho espumante e misturado;
    ele o derrama, e todos os ímpios da terra
      o bebem até a última gota.
9 Quanto a mim,
      para sempre anunciarei essas coisas;
    cantarei louvores ao Deus de Jacó.
10 Destruirei o poderᵇ de todos os ímpios,
    mas o poder dos justos aumentará.

SALMO 76

Para o mestre de música. Com instrumentos de cordas. Salmo da
família de Asafe. Um cântico.

1 Em Judá Deus é conhecido;
    o seu nome é grande em Israel.
2 Sua tenda está em Salém;

---

15 It was you who opened up springs and streams;
    you dried up the ever flowing rivers.
16 The day is yours, and yours also the night;
    you established the sun and moon.
17 It was you who set all the boundaries of the earth;
    you made both summer and winter.
18 Remember how the enemy has mocked you, O Lord,
    how foolish people have reviled your name.
19 Do not hand over the life of your dove to
      wild beasts;
    do not forget the lives of your afflicted
      people forever.
20 Have regard for your covenant,
    because haunts of violence fill the dark places
      of the land.
21 Do not let the oppressed retreat in disgrace;
    may the poor and needy praise your name.
22 Rise up, O God, and defend your cause;
    remember how fools mock you all day long.
23 Do not ignore the clamor of your adversaries,
    the uproar of your enemies, which rises continually.

For the director of music.
⌐To the tune of⌐ "Do Not Destroy." A psalm of Asaph. A song.

75

We give thanks to you, O God,
    we give thanks, for your Name is near;
    men tell of your wonderful deeds.

2 You say, "I choose the appointed time;
    it is I who judge uprightly.
3 When the earth and all its people quake,
    it is I who hold its pillars firm.
                Selah
4 To the arrogant I say, 'Boast no more,'
    and to the wicked, 'Do not lift up your horns.
5 Do not lift your horns against heaven;
    do not speak with outstretched neck.' "

6 No one from the east or the west
    or from the desert can exalt a man.
7 But it is God who judges:
    He brings one down, he exalts another.
8 In the hand of the Lord is a cup
    full of foaming wine mixed with spices;
    he pours it out, and all the wicked of the earth
    drink it down to its very dregs.

9 As for me, I will declare this forever;
    I will sing praise to the God of Jacob.
10 I will cut off the horns of all the wicked,
    but the horns of the righteous will be lifted up.

For the director of music. With stringed instruments.
A psalm of Asaph. A song.

76

In Judah God is known;
    his name is great in Israel.
2 His tent is in Salem,

ᵃ**75.4** Hebraico: *Não levantem o chifre*; também no versículo 5. ᵇ**75.10** Hebraico:
chifre. Duas vezes neste versículo.

o lugar da sua habitação está em Sião.

3 Ali quebrou ele as flechas reluzentes,
    os escudos e as espadas,
    as armas de guerra.   [Pausa]

4 Resplendes de luz!
    És mais majestoso que os montes
    cheios de despojos.

5 Os homens valorosos jazem saqueados,
    dormem o sono final;
    nenhum dos guerreiros
    foi capaz de erguer as mãos.

6 Diante da tua repreensão, ó Deus de Jacó,
    o cavalo e o carro estacaram.

7 Somente tu és temível.
    Quem poderá permanecer diante de ti
    quando estiveres irado?

8 Dos céus pronunciaste juízo,
    e a terra tremeu e emudeceu,

9 quando tu, ó Deus, te levantaste para julgar,
    para salvar todos os oprimidos da terra.   [Pausa]

10 Até a tua ira contra os homens
    redundará em teu louvor,
    e os sobreviventes da tua ira se refrearão.ª

11 Façam votos ao SENHOR, ao seu Deus,
    e não deixem de cumpri-los;
    que todas as nações vizinhas tragam presentes
    a quem todos devem temer.

12 Ele tira o ânimo dos governantes
    e é temido pelos reis da terra.

SALMO 77

Para o mestre de música. Ao estilo de Jedutum.
Salmo da família de Asafe.

1 Clamo a Deus por socorro;
    clamo a Deus que me escute.

2 Quando estou angustiado, busco o Senhor;
    de noite estendo as mãos sem cessar;
    a minha alma está inconsolável!

3 Lembro-me de ti, ó Deus, e suspiro;
    começo a meditar,
    e o meu espírito desfalece.   [Pausa]

4 Não me permites fechar os olhos;
    tão inquieto estou que não consigo falar.

5 Fico a pensar nos dias que se foram,
    nos anos há muito passados;

6 de noite recordo minhas canções.
    O meu coração medita,
    e o meu espírito pergunta:

7 Irá o Senhor rejeitar-nos para sempre?
    Jamais tornará a mostrar-nos o seu favor?

8 Desapareceu para sempre o seu amor?
    Acabou-se a sua promessa?

9 Esqueceu-se Deus de ser misericordioso?
    Em sua ira refreou sua compaixão?   [Pausa]

10 Então pensei: A razão da minha dor
    é que a mão direita do Altíssimo não age mais.ᵇ

11 Recordarei os feitos do SENHOR;
    recordarei os teus antigos milagres.

12 Meditarei em todas as tuas obras
    e considerarei todos os teus feitos.

13 Teus caminhos, ó Deus, são santos.
    Que deus é tão grande como o nosso Deus?

14 Tu és o Deus que realiza milagres;
    mostras o teu poder entre os povos.

his dwelling place in Zion.

3 There he broke the flashing arrows,
    the shields and the swords, the weapons of war.
          Selah

4 You are resplendent with light,
    more majestic than mountains rich with game.

5 Valiant men lie plundered,
    they sleep their last sleep;
    not one of the warriors
    can lift his hands.

6 At your rebuke, O God of Jacob,
    both horse and chariot lie still.

7 You alone are to be feared.
    Who can stand before you when you are angry?

8 From heaven you pronounced judgment,
    and the land feared and was quiet—

9 when you, O God, rose up to judge,
    to save all the afflicted of the land.
          Selah

10 Surely your wrath against men brings you praise,
    and the survivors of your wrath are restrained.ª

11 Make vows to the LORD your God and fulfill them;
    let all the neighboring lands
    bring gifts to the One to be feared.

12 He breaks the spirit of rulers;
    he is feared by the kings of the earth.

For the director of music.
For Jeduthun. Of Asaph. A psalm.

77 I cried out to God for help;
    I cried out to God to hear me.

2 When I was in distress, I sought the Lord;
    at night I stretched out untiring hands
    and my soul refused to be comforted.

3 I remembered you, O God, and I groaned;
    I mused, and my spirit grew faint.
          Selah

4 You kept my eyes from closing;
    I was too troubled to speak.

5 I thought about the former days,
    the years of long ago;

6 I remembered my songs in the night.
    My heart mused and my spirit inquired:

7 "Will the Lord reject forever?
    Will he never show his favor again?

8 Has his unfailing love vanished forever?
    Has his promise failed for all time?

9 Has God forgotten to be merciful?
    Has he in anger withheld his compassion?"
          Selah

10 Then I thought, "To this I will appeal:
    the years of the right hand of the Most High."

11 I will remember the deeds of the LORD;
    yes, I will remember your miracles of long ago.

12 I will meditate on all your works
    and consider all your mighty deeds.

13 Your ways, O God, are holy.
    What god is so great as our God?

14 You are the God who performs miracles;
    you display your power among the peoples.

ª**76.10** Ou *Até a ira dos homens redundará em teu louvor, e com o restante da ira tu te armas.* ᵇ**77.10** Ou *Apelarei para o que há muito fez a mão direita do Altíssimo.*

ª**76:10** Or *Surely the wrath of men brings you praise, / and the remainder of wrath you arm yourself*

15 Com o teu braço forte resgataste o teu povo,
os descendentes de Jacó e de José.   [Pausa]

16 As águas te viram, ó Deus,
as águas te viram e se contorceram;
até os abismos estremeceram.

17 As nuvens despejaram chuvas,
ressoou nos céus o trovão;
as tuas flechas reluziam em todas as direções.

18 No redemoinho, estrondou o teu trovão,
os teus relâmpagos iluminaram o mundo;
a terra tremeu e sacudiu-se.

19 A tua vereda passou pelo mar,
o teu caminho pelas águas poderosas,
e ninguém viu as tuas pegadas.

20 Guiaste o teu povo como a um rebanho
pela mão de Moisés e de Arão.

SALMO 78

Poema da família de Asafe.

1 Povo meu, escute o meu ensino;
incline os ouvidos
para o que eu tenho a dizer.

2 Em parábolas abrirei a minha boca,
proferirei enigmas do passado;

3 o que ouvimos e aprendemos,
o que nossos pais nos contaram.

4 Não os esconderemos dos nossos filhos;
contaremos à próxima geração
os louváveis feitos do Senhor,
o seu poder e as maravilhas que fez.

5 Ele decretou estatutos para Jacó,
e em Israel estabeleceu a lei,
e ordenou aos nossos antepassados
que a ensinassem aos seus filhos,

6 de modo que a geração seguinte a conhecesse,
e também os filhos que ainda nasceriam,
e eles, por sua vez,
contassem aos seus próprios filhos.

7 Então eles porão a confiança em Deus;
não esquecerão os seus feitos
e obedecerão aos seus mandamentos.

8 Eles não serão como os seus antepassados,
obstinados e rebeldes,
povo de coração desleal para com Deus,
gente de espírito infiel.

9 Os homens de Efraim, flecheiros armados,
viraram as costas no dia da batalha;

10 não guardaram a aliança de Deus
e se recusaram a viver de acordo com a sua lei.

11 Esqueceram o que ele tinha feito,
as maravilhas que lhes havia mostrado.

12 Ele fez milagres diante dos seus antepassados,
na terra do Egito, na região de Zoã.

13 Dividiu o mar para que pudessem passar;
fez a água erguer-se como um muro.

14 Ele os guiou com a nuvem de dia
e com a luz do fogo de noite.

15 Fendeu as rochas no deserto
e deu-lhes tanta água
como a que flui das profundezas;

16 da pedra fez sair regatos
e fluir água como um rio.

17 Mas contra ele continuaram a pecar,
revoltando-se no deserto contra o Altíssimo.

15 With your mighty arm you redeemed your people,
the descendants of Jacob and Joseph.

Selah

16 The waters saw you, O God,
the waters saw you and writhed;
the very depths were convulsed.

17 The clouds poured down water,
the skies resounded with thunder;
your arrows flashed back and forth.

18 Your thunder was heard in the whirlwind,
your lightning lit up the world;
the earth trembled and quaked.

19 Your path led through the sea,
your way through the mighty waters,
though your footprints were not seen.

20 You led your people like a flock
by the hand of Moses and Aaron.

A *maskil*[a] of Asaph.

78 O my people, hear my teaching;
listen to the words of my mouth.

2 I will open my mouth in parables,
I will utter hidden things, things from of old—

3 what we have heard and known,
what our fathers have told us.

4 We will not hide them from their children;
we will tell the next generation
the praiseworthy deeds of the Lord,
his power, and the wonders he has done.

5 He decreed statutes for Jacob
and established the law in Israel,
which he commanded our forefathers
to teach their children,

6 so the next generation would know them,
even the children yet to be born,
and they in turn would tell their children.

7 Then they would put their trust in God
and would not forget his deeds
but would keep his commands.

8 They would not be like their forefathers—
a stubborn and rebellious generation,
whose hearts were not loyal to God,
whose spirits were not faithful to him.

9 The men of Ephraim, though armed with bows,
turned back on the day of battle;

10 they did not keep God's covenant
and refused to live by his law.

11 They forgot what he had done,
the wonders he had shown them.

12 He did miracles in the sight of their fathers
in the land of Egypt, in the region of Zoan.

13 He divided the sea and led them through;
he made the water stand firm like a wall.

14 He guided them with the cloud by day
and with light from the fire all night.

15 He split the rocks in the desert
and gave them water as abundant as the seas;

16 he brought streams out of a rocky crag
and made water flow down like rivers.

17 But they continued to sin against him,
rebelling in the desert against the Most High.

---

[a]Title: Probably a literary or musical term

18 Deliberadamente puseram Deus à prova,
    exigindo o que desejavam comer.
19 Duvidaram de Deus, dizendo:
    "Poderá Deus preparar uma mesa no deserto?
20 Sabemos que quando ele feriu a rocha
      a água brotou e jorrou em torrentes.
    Mas conseguirá também dar-nos de comer?
      Poderá suprir de carne o seu povo?"
21 O Senhor os ouviu e enfureceu-se;
    com fogo atacou Jacó,
    e sua ira levantou-se contra Israel,
22 pois eles não creram em Deus
    nem confiaram no seu poder salvador.
23 Contudo, ele deu ordens às nuvens
    e abriu as portas dos céus;
24 fez chover maná para que o povo comesse,
    deu-lhe o pãoª dos céus.
25 Os homens comeram o pão dos anjos;
    enviou-lhes comida à vontade.
26 Enviou dos céus o vento oriental
    e pelo seu poder fez avançar o vento sul.
27 Fez chover carne sobre eles como pó,
    bandos de aves como a areia da praia.
28 Levou-as a cair dentro do acampamento,
    ao redor das suas tendas.
29 Comeram à vontade,
    e assim ele satisfez o desejo deles.
30 Mas, antes de saciarem o apetite,
    quando ainda tinham a comida na boca,
31 acendeu-se contra eles a ira de Deus;
    e ele feriu de morte os mais fortes dentre eles,
      matando os jovens de Israel.
32 A despeito disso tudo, continuaram pecando;
    não creram nos seus prodígios.
33 Por isso ele encerrou
      os dias deles como um sopro
    e os anos deles em repentino pavor.
34 Sempre que Deus os castigava com a morte,
      eles o buscavam;
    com fervor se voltavam de novo para ele.
35 Lembravam-se de que Deus era a sua Rocha,
    de que o Deus Altíssimo era o seu Redentor.
36 Com a boca o adulavam,
    com a língua o enganavam;
37 o coração deles não era sincero;
    não foram fiéis à sua aliança.
38 Contudo, ele foi misericordioso;
    perdoou-lhes as maldades
      e não os destruiu.
    Vez após vez conteve a sua ira,
      sem despertá-la totalmente.
39 Lembrou-se de que eram meros mortais,
    brisa passageira que não retorna.
40 Quantas vezes mostraram-se rebeldes
      contra ele no deserto
    e o entristeceram na terra solitária!
41 Repetidas vezes puseram Deus à prova;
    irritaram o Santo de Israel.
42 Não se lembravam da sua mão poderosa,
    do dia em que os redimiu do opressor,
43 do dia em que mostrou
      os seus prodígios no Egito,
    as suas maravilhas na região de Zoã,
44 quando transformou os rios
      e os riachos dos egípcios em sangue,
    e eles não mais conseguiam beber das suas águas,
45 e enviou enxames de moscas
    que os devoraram,

18 They willfully put God to the test
    by demanding the food they craved.
19 They spoke against God, saying,
    "Can God spread a table in the desert?
20 When he struck the rock, water gushed out,
    and streams flowed abundantly.
    But can he also give us food?
    Can he supply meat for his people?"
21 When the Lord heard them, he was very angry;
    his fire broke out against Jacob,
    and his wrath rose against Israel,
22 for they did not believe in God
    or trust in his deliverance.
23 Yet he gave a command to the skies above
    and opened the doors of the heavens;
24 he rained down manna for the people to eat,
    he gave them the grain of heaven.
25 Men ate the bread of angels;
    he sent them all the food they could eat.
26 He let loose the east wind from the heavens
    and led forth the south wind by his power.
27 He rained meat down on them like dust,
    flying birds like sand on the seashore.
28 He made them come down inside their camp,
    all around their tents.
29 They ate till they had more than enough,
    for he had given them what they craved.
30 But before they turned from the food they craved,
    even while it was still in their mouths,
31 God's anger rose against them;
    he put to death the sturdiest among them,
    cutting down the young men of Israel.
32 In spite of all this, they kept on sinning;
    in spite of his wonders, they did not believe.
33 So he ended their days in futility
    and their years in terror.
34 Whenever God slew them, they would seek him;
    they eagerly turned to him again.
35 They remembered that God was their Rock,
    that God Most High was their Redeemer.
36 But then they would flatter him with their mouths,
    lying to him with their tongues;
37 their hearts were not loyal to him,
    they were not faithful to his covenant.
38 Yet he was merciful;
    he forgave their iniquities
    and did not destroy them.
    Time after time he restrained his anger
    and did not stir up his full wrath.
39 He remembered that they were but flesh,
    a passing breeze that does not return.
40 How often they rebelled against him in the desert
    and grieved him in the wasteland!
41 Again and again they put God to the test;
    they vexed the Holy One of Israel.
42 They did not remember his power—
    the day he redeemed them from the oppressor,
43 the day he displayed his miraculous signs in Egypt,
    his wonders in the region of Zoan.
44 He turned their rivers to blood;
    they could not drink from their streams.
45 He sent swarms of flies that devoured them,

ª78.24 Hebraico: *trigo*.

e rãs que os devastaram;

⁴⁶ quando entregou as suas plantações às larvas,
a produção da terra aos gafanhotos,

⁴⁷ e destruiu as suas vinhas com a saraiva
e as suas figueiras bravas, com a geada;

⁴⁸ quando entregou o gado deles ao granizo,
os seus rebanhos aos raios;

⁴⁹ quando os atingiu com a sua ira ardente,
com furor, indignação e hostilidade,
com muitos anjos destruidores.

⁵⁰ Abriu caminho para a sua ira;
não os poupou da morte,
mas os entregou à peste.

⁵¹ Matou todos os primogênitos do Egito,
as primícias do vigor varonil
das tendas de Cam.

⁵² Mas tirou o seu povo como ovelhas
e o conduziu como a um rebanho pelo deserto.

⁵³ Ele os guiou em segurança,
e não tiveram medo;
e os seus inimigos afundaram-se no mar.

⁵⁴ Assim os trouxe à fronteira
da sua terra santa,
aos montes que a sua mão direita conquistou.

⁵⁵ Expulsou nações que lá estavam,
distribuiu-lhes as terras por herança
e deu suas tendas às tribos de Israel
para que nelas habitassem.

⁵⁶ Mas eles puseram Deus à prova
e foram rebeldes contra o Altíssimo;
não obedeceram aos seus testemunhos.

⁵⁷ Foram desleais e infiéis,
como os seus antepassados,
confiáveis como um arco defeituoso.

⁵⁸ Eles o irritaram com os altares idólatras;
com os seus ídolos lhe provocaram ciúmes.

⁵⁹ Sabendo-o Deus, enfureceu-se
e rejeitou totalmente Israel;

⁶⁰ abandonou o tabernáculo de Siló,
a tenda onde habitava entre os homens.

⁶¹ Entregou o símbolo do seu poder ao cativeiro,
e o seu esplendor, nas mãos do adversário.

⁶² Deixou que o seu povo fosse morto à espada,
pois enfureceu-se com a sua herança.

⁶³ O fogo consumiu os seus jovens,
e as suas moças não tiveram
canções de núpcias;

⁶⁴ os sacerdotes foram mortos à espada!
As viúvas já nem podiam chorar!

⁶⁵ Então o Senhor despertou
como que de um sono,
como um guerreiro despertado do domínio
do vinho.

⁶⁶ Fez retroceder a golpes os seus adversários
e os entregou a permanente humilhação.

⁶⁷ Também rejeitou as tendas de José,
e não escolheu a tribo de Efraim;

⁶⁸ ao contrário, escolheu a tribo de Judá
e o monte Sião, o qual amou.

⁶⁹ Construiu o seu santuário como as alturas;
como a terra o firmou para sempre.

⁷⁰ Escolheu o seu servo Davi
e o tirou do aprisco das ovelhas,

⁷¹ do pastoreio de ovelhas,
para ser o pastor de Jacó, seu povo,
de Israel, sua herança.

⁷² E de coração íntegro Davi os pastoreou;
com mãos experientes os conduziu.

and frogs that devastated them.

⁴⁶ He gave their crops to the grasshopper,
their produce to the locust.

⁴⁷ He destroyed their vines with hail
and their sycamore-figs with sleet.

⁴⁸ He gave over their cattle to the hail,
their livestock to bolts of lightning.

⁴⁹ He unleashed against them his hot anger,
his wrath, indignation and hostility—
a band of destroying angels.

⁵⁰ He prepared a path for his anger;
he did not spare them from death
but gave them over to the plague.

⁵¹ He struck down all the firstborn of Egypt,
the firstfruits of manhood in the tents of Ham.

⁵² But he brought his people out like a flock;
he led them like sheep through the desert.

⁵³ He guided them safely, so they were unafraid;
but the sea engulfed their enemies.

⁵⁴ Thus he brought them to the border of his
holy land,
to the hill country his right hand had taken.

⁵⁵ He drove out nations before them
and allotted their lands to them as an
inheritance;
he settled the tribes of Israel in their homes.

⁵⁶ But they put God to the test
and rebelled against the Most High;
they did not keep his statutes.

⁵⁷ Like their fathers they were disloyal and
faithless,
as unreliable as a faulty bow.

⁵⁸ They angered him with their high places;
they aroused his jealousy with their idols.

⁵⁹ When God heard them, he was very angry;
he rejected Israel completely.

⁶⁰ He abandoned the tabernacle of Shiloh,
the tent he had set up among men.

⁶¹ He sent the ark of his might into captivity,
his splendor into the hands of the enemy.

⁶² He gave his people over to the sword;
he was very angry with his inheritance.

⁶³ Fire consumed their young men,
and their maidens had no wedding songs;

⁶⁴ their priests were put to the sword,
and their widows could not weep.

⁶⁵ Then the Lord awoke as from sleep,
as a man wakes from the stupor of wine.

⁶⁶ He beat back his enemies;
he put them to everlasting shame.

⁶⁷ Then he rejected the tents of Joseph,
he did not choose the tribe of Ephraim;

⁶⁸ but he chose the tribe of Judah,
Mount Zion, which he loved.

⁶⁹ He built his sanctuary like the heights,
like the earth that he established forever.

⁷⁰ He chose David his servant
and took him from the sheep pens;

⁷¹ from tending the sheep he brought him
to be the shepherd of his people Jacob,
of Israel his inheritance.

⁷² And David shepherded them with integrity
of heart;
with skillful hands he led them.

SALMO 79

Salmo da família de Asafe.

[1] Ó Deus, as nações invadiram a tua herança,
profanaram o teu santo templo,
reduziram Jerusalém a ruínas.
[2] Deram os cadáveres dos teus servos
às aves do céu por alimento,
a carne dos teus fiéis, aos animais selvagens.
[3] Derramaram o sangue deles como água
ao redor de Jerusalém,
e não há ninguém para sepultá-los.
[4] Somos objeto de zombaria
para os nossos vizinhos,
de riso e menosprezo
para os que vivem ao nosso redor.

[5] Até quando, Senhor?
Ficarás irado para sempre?
Arderá o teu ciúme como o fogo?
[6] Derrama a tua ira sobre as nações
que não te reconhecem,
sobre os reinos
que não invocam o teu nome,
[7] pois devoraram Jacó,
deixando em ruínas a sua terra.
[8] Não cobres de nós
as maldades dos nossos antepassados;
venha depressa ao nosso encontro
a tua misericórdia,
pois estamos totalmente desanimados!
[9] Ajuda-nos, ó Deus, nosso Salvador,
para a glória do teu nome;
livra-nos e perdoa os nossos pecados,
por amor do teu nome.
[10] Por que as nações haverão de dizer:
"Onde está o Deus deles?"
Diante dos nossos olhos, mostra às nações
a tua vingança pelo sangue dos teus servos.
[11] Cheguem à tua presença
os gemidos dos prisioneiros.
Pela força do teu braço
preserva os condenados à morte.
[12] Retribui sete vezes mais aos nossos vizinhos
as afrontas com que te insultaram, Senhor!
[13] Então nós, o teu povo,
as ovelhas das tuas pastagens,
para sempre te louvaremos;
de geração em geração
cantaremos os teus louvores.

SALMO 80

Para o mestre de música. De acordo com a melodia *Os Lírios da Aliança*. Salmo da família de Asafe.

[1] Escuta-nos, Pastor de Israel,
tu, que conduzes José como um rebanho;
tu, que tens o teu trono sobre os querubins,
manifesta o teu esplendor
[2] diante de Efraim, Benjamim e Manassés.
Desperta o teu poder, e vem salvar-nos!

[3] Restaura-nos, ó Deus!
Faze resplandecer sobre nós o teu rosto,[a]
para que sejamos salvos.

[4] Ó Senhor, Deus dos Exércitos,
até quando arderá a tua ira
contra as orações do teu povo?

A psalm of Asaph.

79

O God, the nations have invaded your inheritance;
they have defiled your holy temple,
they have reduced Jerusalem to rubble.
[2] They have given the dead bodies of your servants
as food to the birds of the air,
the flesh of your saints to the beasts of the earth.
[3] They have poured out blood like water
all around Jerusalem,
and there is no one to bury the dead.
[4] We are objects of reproach to our neighbors,
of scorn and derision to those around us.

[5] How long, O Lord? Will you be angry forever?
How long will your jealousy burn like fire?
[6] Pour out your wrath on the nations
that do not acknowledge you,
on the kingdoms
that do not call on your name;
[7] for they have devoured Jacob
and destroyed his homeland.
[8] Do not hold against us the sins of the fathers;
may your mercy come quickly to meet us,
for we are in desperate need.

[9] Help us, O God our Savior,
for the glory of your name;
deliver us and forgive our sins
for your name's sake.
[10] Why should the nations say,
"Where is their God?"
Before our eyes, make known among the nations
that you avenge the outpoured blood of
your servants.
[11] May the groans of the prisoners come before you;
by the strength of your arm
preserve those condemned to die.
[12] Pay back into the laps of our neighbors
seven times
the reproach they have hurled at you, O Lord.
[13] Then we your people, the sheep of your pasture,
will praise you forever;
from generation to generation
we will recount your praise.

For the director of music. ⌐ To the
tune of ⌐ "The Lilies of the Covenant." Of Asaph. A psalm.

80

Hear us, O Shepherd of Israel,
you who lead Joseph like a flock;
you who sit enthroned between the cherubim,
shine forth
[2] before Ephraim, Benjamin and Manasseh.
Awaken your might;
come and save us.

[3] Restore us, O God;
make your face shine upon us,
that we may be saved.

[4] O Lord God Almighty,
how long will your anger smolder
against the prayers of your people?

---

[a]80.3 Isto é, mostra-nos a tua bondade; também nos versículos 7 e 19.

5 Tu o alimentaste com pão de lágrimas
 e o fizeste beber copos de lágrimas.
6 Fizeste de nós um motivo de disputas
 entre as nações vizinhas,
 e os nossos inimigos caçoam de nós.

7 Restaura-nos, ó Deus dos Exércitos;
 faze resplandecer sobre nós o teu rosto,
  para que sejamos salvos.

8 Do Egito trouxeste uma videira;
 expulsaste as nações e a plantaste.
9 Limpaste o terreno,
 ela lançou raízes e encheu a terra.
10 Os montes foram cobertos pela sua sombra,
 e os mais altos cedros, pelos seus ramos.
11 Seus ramos se estenderam até o Mar**b**,
 e os seus brotos, até o Rio**c**.

12 Por que derrubaste as suas cercas,
 permitindo que todos os que passam
  apanhem as suas uvas?
13 Javalis da floresta a devastam
 e as criaturas do campo dela se alimentam.
14 Volta-te para nós, ó Deus dos Exércitos!
 Dos altos céus olha e vê!
 Toma conta desta videira,
15 da raiz que a tua mão direita plantou,
 do filho**a** que para ti fizeste crescer!

16 Tua videira foi derrubada;
 como lixo foi consumida pelo fogo.
 Pela tua repreensão perece o teu povo!**b**
17 Repouse a tua mão sobre aquele
 que puseste à tua mão direita,
 o filho do homem que para ti fizeste crescer.
18 Então não nos desviaremos de ti;
 vivifica-nos, e invocaremos o teu nome.
19 Restaura-nos, ó Senhor, Deus dos Exércitos;
 faze resplandecer sobre nós o teu rosto,
  para que sejamos salvos.

SALMO 81

Para o mestre de música. De acordo com a melodia *Os Lagares*.
Da família de Asafe.

1 Cantem de alegria a Deus, nossa força;
 aclamem o Deus de Jacó!
2 Comecem o louvor, façam ressoar o tamborim,
 toquem a lira e a harpa melodiosa.

3 Toquem a trombeta na lua nova
 e no dia de lua cheia, dia da nossa festa;
4 porque este é um decreto para Israel,
 uma ordenança do Deus de Jacó,
5 que ele estabeleceu como estatuto para José,
  quando atacou o Egito.
 Ali ouvimos uma língua**c** que não conhecíamos.

6 Ele diz: "Tirei o peso dos seus ombros;
 suas mãos ficaram livres dos cestos de cargas.
7 Na sua aflição vocês clamaram e eu os livrei,
 do esconderijo dos trovões lhes respondi;
 eu os pus à prova nas águas de Meribá**d**.

             [Pausa]

8 "Ouça, meu povo, as minhas advertências;
 se tão-somente você me escutasse, ó Israel!
9 Não tenha deus estrangeiro no seu meio;
 não se incline perante nenhum deus estranho.
10 Eu sou o Senhor, o seu Deus,

5 You have fed them with the bread of tears;
 you have made them drink tears by the bowlful.
6 You have made us a source of contention to our
  neighbors,
 and our enemies mock us.

7 Restore us, O God Almighty;
 make your face shine upon us,
  that we may be saved.

8 You brought a vine out of Egypt;
 you drove out the nations and planted it.
9 You cleared the ground for it,
 and it took root and filled the land.
10 The mountains were covered with its shade,
 the mighty cedars with its branches.
11 It sent out its boughs to the Sea,**a**
 its shoots as far as the River.**b**

12 Why have you broken down its walls
 so that all who pass by pick its grapes?
13 Boars from the forest ravage it
 and the creatures of the field feed on it.
14 Return to us, O God Almighty!
 Look down from heaven and see!
 Watch over this vine,
15 the root your right hand has planted,
 the son**c** you have raised up for yourself.

16 Your vine is cut down, it is burned with fire;
 at your rebuke your people perish.
17 Let your hand rest on the man at your right hand,
 the son of man you have raised up for yourself.
18 Then we will not turn away from you;
 revive us, and we will call on your name.

19 Restore us, O Lord God Almighty;
 make your face shine upon us,
  that we may be saved.

For the director of music.
According to *gittith*.**d** Of Asaph.

81

Sing for joy to God our strength;
 shout aloud to the God of Jacob!
2 Begin the music, strike the tambourine,
 play the melodious harp and lyre.

3 Sound the ram's horn at the New Moon,
 and when the moon is full, on the day of our Feast;
4 this is a decree for Israel,
 an ordinance of the God of Jacob.
5 He established it as a statute for Joseph
 when he went out against Egypt,
 where we heard a language we did not understand.**e**

6 He says, "I removed the burden from their shoulders;
 their hands were set free from the basket.
7 In your distress you called and I rescued you,
 I answered you out of a thundercloud;
 I tested you at the waters of Meribah.

            Selah

8 "Hear, O my people, and I will warn you—
 if you would but listen to me, O Israel!
9 You shall have no foreign god among you;
 you shall not bow down to an alien god.
10 I am the Lord your God,

---

b80.11 Isto é, o Mediterrâneo. **c**80.11 Isto é, o Eufrates. **a**80.15 Ou *ramo* **b**80.16
Ou *Pela tua repreensão faze perecer os que a derrubaram e a queimaram como
lixo!* **c**81.5 Ou *voz* **d**81.7 *Meribá* significa *rebelião*.

a80:11 Probably the Mediterranean **b**80:11 That is, the Euphrates **c**80:15 Or
branch **d**Title: Probably a musical term **e**81:5 Or / *and we heard a voice we had
not known*

que o tirei da terra do Egito.
Abra a sua boca, e eu o alimentarei.

11 "Mas o meu povo não quis ouvir-me;
Israel não quis obedecer-me.
12 Por isso os entreguei
ao seu coração obstinado,
para seguirem os seus próprios planos.

13 "Se o meu povo apenas me ouvisse,
se Israel seguisse os meus caminhos,
14 com rapidez eu subjugaria os seus inimigos
e voltaria a minha mão
contra os seus adversários!
15 Os que odeiam o Senhor
se renderiam diante dele,
e receberiam um castigo perpétuo.
16 Mas eu sustentaria Israel
com o melhor trigo,
e com o mel da rocha eu o satisfaria".

SALMO 82

Para o mestre de música. Salmo da família de Asafe.

1 É Deus quem preside à assembléia divina;
no meio dos deuses, ele é o juiz.ᵃ

2 "Até quando vocês vão absolver os culpados
e favorecer os ímpios?   [Pausa]
3 "Garantam justiça para os fracos
e para os órfãos;
mantenham os direitos dos necessitados
e dos oprimidos.
4 Livrem os fracos e os pobres;
libertem-nos das mãos dos ímpios.

5 "Eles nada sabem, nada entendem.
Vagueiam pelas trevas;
todos os fundamentos da terra estão abalados.

6 "Eu disse: Vocês são deuses,
todos vocês são filhos do Altíssimo.
7 Mas vocês morrerão como simples homens;
cairão como qualquer outro governante."

8 Levanta-te, ó Deus, julga a terra,
pois todas as nações te pertencem

SALMO 83

Uma canção. Salmo da família de Asafe.

1 Ó Deus, não te emudeças;
não fiques em silêncio nem te detenhas, ó Deus.
2 Vê como se agitam os teus inimigos,
como os teus adversários
te desafiam de cabeça erguida.
3 Com astúcia conspiram contra o teu povo;
tramam contra aqueles
que são o teu tesouro.
4 Eles dizem: "Venham,
vamos destruí-los como nação,
para que o nome de Israel
não seja mais lembrado!"

5 Com um só propósito tramam juntos;
é contra ti que fazem acordo
6 as tendas de Edom e os ismaelitas,
Moabe e os hagarenos,
7 Gebalᵇ, Amom e Amaleque,
a Filístia, com os habitantes de Tiro.
8 Até a Assíria aliou-se a eles,
e trouxe força aos descendentes de Ló.   [Pausa]

who brought you up out of Egypt.
Open wide your mouth and I will fill it.

11 "But my people would not listen to me;
Israel would not submit to me.
12 So I gave them over to their stubborn hearts
to follow their own devices.

13 "If my people would but listen to me,
if Israel would follow my ways,
14 how quickly would I subdue their enemies
and turn my hand against their foes!
15 Those who hate the Lord would cringe before him,
and their punishment would last forever.
16 But you would be fed with the finest of wheat;
with honey from the rock I would satisfy you."

A psalm of Asaph.

82 God presides in the great assembly;
he gives judgment among the "gods":

2 "How long will youᵃ defend the unjust
and show partiality to the wicked?
                                        Selah
3 Defend the cause of the weak and fatherless;
maintain the rights of the poor and oppressed.
4 Rescue the weak and needy;
deliver them from the hand of the wicked.

5 "They know nothing, they understand nothing.
They walk about in darkness;
all the foundations of the earth are shaken.

6 "I said, 'You are "gods";
you are all sons of the Most High.'
7 But you will die like mere men;
you will fall like every other ruler."

8 Rise up, O God, judge the earth,
for all the nations are your inheritance.

A song. A psalm of Asaph.

83 O God, do not keep silent;
be not quiet, O God, be not still.
2 See how your enemies are astir,
how your foes rear their heads.
3 With cunning they conspire against your people;
they plot against those you cherish.
4 "Come," they say, "let us destroy them as
a nation,
that the name of Israel be remembered
no more."

5 With one mind they plot together;
they form an alliance against you—
6 the tents of Edom and the Ishmaelites,
of Moab and the Hagrites,
7 Gebal,ᵇ Ammon and Amalek,
Philistia, with the people of Tyre.
8 Even Assyria has joined them
to lend strength to the descendants of Lot.
                                        Selah

ᵃ82.1 Ou *É Deus quem preside na suprema assembléia; no meio dos poderosos,
ele é o juiz;* ou ainda *no meio dos juízes, ele é o juiz.* ᵇ83.7 Isto é, Biblos.   ᵃ82:2 The Hebrew is plural. ᵇ83:7 That is, Byblos

⁹ Trata-os como trataste Midiã,
  como trataste Sísera e Jabim no rio Quisom,
¹⁰ os quais morreram em En-Dor
  e se tornaram esterco para a terra.
¹¹ Faze com os seus nobres o que fizeste
    com Orebe e Zeebe,
  e com todos os seus príncipes
    o que fizeste com Zeba e Zalmuna,
¹² que disseram:
    "Vamos apossar-nos das pastagens de Deus".
¹³ Faze-os como folhas secas
    levadas no redemoinho, ó meu Deus,
  como palha ao vento.
¹⁴ Assim como o fogo consome a floresta
  e as chamas incendeiam os montes,
¹⁵ persegue-os com o teu vendaval
  e aterroriza-os com a tua tempestade.
¹⁶ Cobre-lhes de vergonha o rosto
  até que busquem o teu nome, SENHOR.
¹⁷ Sejam eles humilhados e aterrorizados
    para sempre;
  pereçam em completa desgraça.
¹⁸ Saibam eles que tu, cujo nome é SENHOR,
  somente tu, és o Altíssimo sobre toda a terra.

SALMO 84

Para o mestre de música. De acordo com a melodia *Os Lagares.*
Salmo dos coraítas.

¹ Como é agradável o lugar da tua habitação,
  SENHOR dos Exércitos!
² A minha alma anela, e até desfalece,
  pelos átrios do SENHOR;
  o meu coração e o meu corpo
  cantam de alegria ao Deus vivo.
³ Até o pardal achou um lar,
  e a andorinha um ninho para si,
  para abrigar os seus filhotes,
  um lugar perto do teu altar,
  ó SENHOR dos Exércitos, meu Rei e meu Deus.
⁴ Como são felizes
  os que habitam em tua casa;
  louvam-te sem cessar!   [Pausa]
⁵ Como são felizes os que em ti
  encontram sua força,
  e os que são peregrinos de coração!
⁶ Ao passarem pelo vale de Bacaᵃ,
  fazem dele um lugar de fontes;
  as chuvas de outono
  também o enchem de cisternasᵇ.
⁷ Prosseguem o caminho de força em força,
  até que cada um se apresente a Deus em Sião.
⁸ Ouve a minha oração,
  ó SENHOR Deus dos Exércitos;
  escuta-me, ó Deus de Jacó.   [Pausa]
⁹ Olha, ó Deus, que és nosso escudoᶜ,
  trata com bondade o teu ungido.
¹⁰ Melhor é um dia nos teus átrios
  do que mil noutro lugar;
  prefiro ficar à porta da casa do meu Deus
  a habitar nas tendas dos ímpios.
¹¹ O SENHOR Deus é sol e escudo;
  o SENHOR concede favor e honra;
  não recusa nenhum bem
  aos que vivem com integridade.

⁹ Do to them as you did to Midian,
  as you did to Sisera and Jabin at the river Kishon,
¹⁰ who perished at Endor
  and became like refuse on the ground.
¹¹ Make their nobles like Oreb and Zeeb,
  all their princes like Zebah and Zalmunna,
¹² who said, "Let us take possession
  of the pasturelands of God."
¹³ Make them like tumbleweed, O my God,
  like chaff before the wind.
¹⁴ As fire consumes the forest
  or a flame sets the mountains ablaze,
¹⁵ so pursue them with your tempest
  and terrify them with your storm.
¹⁶ Cover their faces with shame
  so that men will seek your name, O LORD.
¹⁷ May they ever be ashamed and dismayed;
  may they perish in disgrace.
¹⁸ Let them know that you, whose name is the LORD—
  that you alone are the Most High over all the
  earth.

For the director of music.
According to *gittith*.ᵃ Of the Sons of Korah. A psalm.

84

How lovely is your dwelling place,
  O LORD Almighty!
² My soul yearns, even faints,
  for the courts of the LORD;
  my heart and my flesh cry out
  for the living God.
³ Even the sparrow has found a home,
  and the swallow a nest for herself,
  where she may have her young—
  a place near your altar,
  O LORD Almighty, my King and my God.
⁴ Blessed are those who dwell in your house;
  they are ever praising you.
                Selah
⁵ Blessed are those whose strength is in you,
  who have set their hearts on pilgrimage.
⁶ As they pass through the Valley of Baca,
  they make it a place of springs;
  the autumn rains also cover it with pools.ᵇ
⁷ They go from strength to strength,
  till each appears before God in Zion.
⁸ Hear my prayer, O LORD God Almighty;
  listen to me, O God of Jacob.
                Selah
⁹ Look upon our shield,ᶜ O God;
  look with favor on your anointed one.
¹⁰ Better is one day in your courts
  than a thousand elsewhere;
  I would rather be a doorkeeper in the house of
    my God
  than dwell in the tents of the wicked.
¹¹ For the LORD God is a sun and shield;
  the LORD bestows favor and honor;
  no good thing does he withhold
  from those whose walk is blameless.

ᵃ84.6 Ou *de lágrimas;* ou ainda *seco* ᵇ84.6 Ou *bênçãos* ᶜ84.9 Ou *soberano*   ᵃTitle: Probably a musical term ᵇ84:6 Or *blessings* ᶜ84:9 Or *sovereign*

12 Ó Senhor dos Exércitos,
   como é feliz aquele que em ti confia!

SALMO 85

Para o mestre de música. Salmo dos coraítas.

1 Foste favorável à tua terra, ó Senhor;
   trouxeste restauração[a] a Jacó.
2 Perdoaste a culpa do teu povo
   e cobriste todos os seus pecados.   [Pausa]
3 Retiraste todo o teu furor
   e te afastaste da tua ira tremenda.

4 Restaura-nos mais uma vez,
     ó Deus, nosso Salvador,
   e desfaze o teu furor para conosco.
5 Ficarás indignado conosco para sempre?
   Prolongarás a tua ira por todas as gerações?
6 Acaso não nos renovarás a vida,
   a fim de que o teu povo se alegre em ti?
7 Mostra-nos o teu amor, ó Senhor,
   e concede-nos a tua salvação!

8 Eu ouvirei o que Deus, o Senhor, disse;
   ele promete paz ao seu povo, aos seus fiéis!
   Não voltem eles à insensatez!
9 Perto está a salvação que ele trará
     aos que o temem,
   e a sua glória habitará em nossa terra.

10 O amor e a fidelidade se encontrarão;
   a justiça e a paz se beijarão.
11 A fidelidade brotará da terra,
   e a justiça descerá dos céus.
12 O Senhor nos trará bênçãos,
   e a nossa terra dará a sua colheita.
13 A justiça irá adiante dele
   e preparará o caminho para os seus passos.

SALMO 86

Oração davídica.

1 Inclina os teus ouvidos, ó Senhor,
   e responde-me,
   pois sou pobre e necessitado.
2 Guarda a minha vida, pois sou fiel a ti.
   Tu és o meu Deus;
   salva o teu servo que em ti confia!
3 Misericórdia, Senhor,
   pois clamo a ti sem cessar.
4 Alegra o coração do teu servo,
   pois a ti, Senhor, elevo a minha alma.
5 Tu és bondoso e perdoador, Senhor,
   rico em graça
     para com todos os que te invocam.

6 Escuta a minha oração, Senhor;
   atenta para a minha súplica!
7 No dia da minha angústia clamarei a ti,
   pois tu me responderás.
8 Nenhum dos deuses é comparável a ti, Senhor,
   nenhum deles pode fazer o que tu fazes.
9 Todas as nações que tu formaste
     virão e te adorarão, Senhor,
   e glorificarão o teu nome.
10 Pois tu és grande
     e realizas feitos maravilhosos;
   só tu és Deus!

11 Ensina-me o teu caminho, Senhor,

12 O Lord Almighty,
   blessed is the man who trusts in you.

For the director of music. Of the Sons of Korah. A psalm.

85 You showed favor to your land, O Lord;
   you restored the fortunes of Jacob.
2 You forgave the iniquity of your people
   and covered all their sins.
          Selah
3 You set aside all your wrath
   and turned from your fierce anger.

4 Restore us again, O God our Savior,
   and put away your displeasure toward us.
5 Will you be angry with us forever?
   Will you prolong your anger through all
     generations?
6 Will you not revive us again,
   that your people may rejoice in you?
7 Show us your unfailing love, O Lord,
   and grant us your salvation.

8 I will listen to what God the Lord will say;
   he promises peace to his people, his saints—
   but let them not return to folly.
9 Surely his salvation is near those who fear him,
   that his glory may dwell in our land.

10 Love and faithfulness meet together;
   righteousness and peace kiss each other.
11 Faithfulness springs forth from the earth,
   and righteousness looks down from heaven.
12 The Lord will indeed give what is good,
   and our land will yield its harvest.
13 Righteousness goes before him
   and prepares the way for his steps.

A prayer of David.

86 Hear, O Lord, and answer me,
   for I am poor and needy.
2 Guard my life, for I am devoted to you.
   You are my God; save your servant
   who trusts in you.
3 Have mercy on me, O Lord,
   for I call to you all day long.
4 Bring joy to your servant,
   for to you, O Lord,
   I lift up my soul.

5 You are forgiving and good, O Lord,
   abounding in love to all who call to you.
6 Hear my prayer, O Lord;
   listen to my cry for mercy.
7 In the day of my trouble I will call to you,
   for you will answer me.

8 Among the gods there is none like you, O Lord;
   no deeds can compare with yours.
9 All the nations you have made
   will come and worship before you, O Lord;
   they will bring glory to your name.
10 For you are great and do marvelous deeds;
   you alone are God.

11 Teach me your way, O Lord,

---

a 85.1 Ou *os cativos de volta*

para que eu ande na tua verdade;
dá-me um coração inteiramente fiel,
para que eu tema o teu nome.
¹² De todo o meu coração te louvarei,
Senhor, meu Deus;
glorificarei o teu nome para sempre.
¹³ Pois grande é o teu amor para comigo;
tu me livraste das profundezas do Sheolª.

¹⁴ Os arrogantes estão me atacando, ó Deus;
um bando de homens cruéis,
gente que não faz caso de ti
procura tirar-me a vida.
¹⁵ Mas tu, Senhor,
és Deus compassivo e misericordioso,
muito paciente, rico em amor e em fidelidade.
¹⁶ Volta-te para mim! Tem misericórdia de mim!
Concede a tua força a teu servo
e salva o filho da tua servaᵇ.
¹⁷ Dá-me um sinal da tua bondade,
para que os meus inimigos vejam
e sejam humilhados,
pois tu, Senhor, me ajudaste e me consolaste.

SALMO 87

Dos coraítas. Um salmo. Um cântico.

¹ O Senhor edificou sua cidade sobre o monte santo;
² ele ama as portas de Sião
mais do que qualquer outro lugarᶜ de Jacó.
³ Coisas gloriosas são ditas de ti,
ó cidade de Deus!   [Pausa]
⁴ "Entre os que me reconhecem
incluirei Raabeᵈ e Babilônia,
além da Filístia, de Tiro,
e também da Etiópiaᵉ,
como se tivessem nascido em Siãoᶠ."

⁵ De fato, acerca de Sião se dirá:
"Todos estes nasceram em Sião,
e o próprio Altíssimo a estabelecerá".
⁶ O Senhor escreverá no registro dos povos:
"Este nasceu ali".   [Pausa]
⁷ Com danças e cânticos, dirão:
"Em Sião estão as nossas origensᵍ!"

SALMO 88

Um cântico. Salmo dos coraítas. Para o mestre de música.
Conforme *mahalath leannoth*ʰ. Poema do ezraíta Hemã.

¹ Ó Senhor, Deus que me salva,
a ti clamo dia e noite.
² Que a minha oração chegue diante de ti;
inclina os teus ouvidos ao meu clamor.
³ Tenho sofrido tanto que a minha vida
está à beira da sepulturaⁱ!
⁴ Sou contado entre os que descem à cova;
sou como um homem que já não tem forças.
⁵ Fui colocado junto aos mortos,
sou como os cadáveres que jazem no túmulo,
dos quais já não te lembras,
pois foram tirados de tua mão.

⁶ Puseste-me na cova mais profunda,
na escuridão das profundezas.

and I will walk in your truth;
give me an undivided heart,
that I may fear your name.
¹² I will praise you, O Lord my God, with all my heart;
I will glorify your name forever.
¹³ For great is your love toward me;
you have delivered me from the depths of
the grave.ª

¹⁴ The arrogant are attacking me, O God;
a band of ruthless men seeks my life—
men without regard for you.
¹⁵ But you, O Lord, are a compassionate and
gracious God,
slow to anger, abounding in love and
faithfulness.
¹⁶ Turn to me and have mercy on me;
grant your strength to your servant
and save the son of your maidservant.ᵇ
¹⁷ Give me a sign of your goodness,
that my enemies may see it and be put to shame,
for you, O Lord, have helped me and
comforted me.

Of the Sons of Korah. A psalm. A song.

87 He has set his foundation on the holy
mountain;
²   the Lord loves the gates of Zion
more than all the dwellings of Jacob.
³ Glorious things are said of you,
O city of God:
                                        Selah

⁴ "I will record Rahabᶜ and Babylon
among those who acknowledge me—
Philistia too, and Tyre, along with Cushᵈ—
and will say, 'Thisᵉ one was born in Zion.' "

⁵ Indeed, of Zion it will be said,
"This one and that one were born in her,
and the Most High himself will establish her."
⁶ The Lord will write in the register of the peoples:
"This one was born in Zion."
                                        Selah

⁷ As they make music they will sing,
"All my fountains are in you."

A song. A psalm of the Sons of Korah. For the director of music.
According to *mahalath leannoth*ᶠ A *maskil*ᵍ of Heman the
Ezrahite.

88 O Lord, the God who saves me,
day and night I cry out before you.
² May my prayer come before you;
turn your ear to my cry.

³ For my soul is full of trouble
and my life draws near the grave.ʰ
⁴ I am counted among those who go down to the pit;
I am like a man without strength.
⁵ I am set apart with the dead,
like the slain who lie in the grave,
whom you remember no more,
who are cut off from your care.

⁶ You have put me in the lowest pit,
in the darkest depths.

ª86.13 Essa palavra pode ser traduzida por sepultura, profundezas, pó ou
morte. ᵇ86.16 Ou *salva o teu filho fiel* ᶜ87.2 Ou *santuário* ᵈ87.4 Isto é, o Egito.
ᵉ87.4 Hebraico: *Cuxe*. ᶠ87.4 Hebraico: *este nasceu ali*. ᵍ87.7 Ou *está a nossa
fonte de felicidade* ʰTítulo: Possivelmente a melodia *O Sofrimento do Aflito*.
ⁱ88.3 Hebraico: *Sheol*. Essa palavra também pode ser traduzida por
profundezas, pó ou morte.

ª86:13 Hebrew *Sheol* ᵇ86:16 Or *save your faithful son* ᶜ87:4 A poetic name for
Egypt ᵈ87:4 That is, the upper Nile region ᵉ87:4 Or *"O Rahab and Babylon, /
Philistia, Tyre and Cush, / I will record concerning those who acknowledge me: /
'This* ᶠTitle: Possibly a tune, "The Suffering of Affliction" ᵍTitle: Probably a
literary or musical term ʰ88:3 Hebrew *Sheol*

7 Tua ira pesa sobre mim;
com todas as tuas ondas me afligiste.   [Pausa]
8 Afastaste de mim os meus melhores amigos
e me tornaste repugnante para eles.
Estou como um preso que não pode fugir;
9 minhas vistas já estão fracas de tristeza.

A ti, Senhor, clamo cada dia;
a ti ergo as minhas mãos.
10 Acaso mostras as tuas maravilhas aos mortos?
Acaso os mortos se levantam
e te louvam?   [Pausa]
11 Será que o teu amor é anunciado no túmulo,
e a tua fidelidade, no Abismo da Morte[a]?
12 Acaso são conhecidas as tuas maravilhas
na região das trevas,
e os teus feitos de justiça,
na terra do esquecimento?

13 Mas eu, Senhor, a ti clamo por socorro;
já de manhã a minha oração
chega à tua presença.
14 Por que, Senhor, me rejeitas
e escondes de mim o teu rosto?

15 Desde moço tenho sofrido
e ando perto da morte;
os teus terrores levaram-me ao desespero.
16 Sobre mim se abateu a tua ira;
os pavores que me causas me destruíram.
17 Cercam-me o dia todo como uma inundação;
envolvem-me por completo.
18 Tiraste de mim os meus amigos
e os meus companheiros;
as trevas são a minha única companhia.

SALMO 89

Poema do ezraíta Etã.

1 Cantarei para sempre o amor do Senhor;
com minha boca anunciarei
a tua fidelidade por todas as gerações.
2 Sei que firme está o teu amor para sempre,
e que firmaste nos céus a tua fidelidade.

3 Tu disseste: "Fiz aliança com o meu escolhido,
jurei ao meu servo Davi:
4 Estabelecerei a tua linhagem para sempre
e firmarei o teu trono
por todas as gerações".   [Pausa]

5 Os céus louvam as tuas maravilhas, Senhor,
e a tua fidelidade na assembléia dos santos.
6 Pois, quem nos céus
poderá comparar-se ao Senhor?
Quem dentre os seres celestiais[b]
assemelha-se ao Senhor?
7 Na assembléia dos santos Deus é temível,
mais do que todos os que o rodeiam.
8 Ó Senhor, Deus dos Exércitos,
quem é semelhante a ti?
És poderoso, Senhor,
envolto em tua fidelidade.

9 Tu dominas o revolto mar;
quando se agigantam as suas ondas,
tu as acalmas.
10 Esmagaste e mataste o Monstro dos Mares[c];
com teu braço forte
dispersaste os teus inimigos.

7 Your wrath lies heavily upon me;
you have overwhelmed me with all your waves.
     Selah
8 You have taken from me my closest friends
and have made me repulsive to them.
I am confined and cannot escape;
9   my eyes are dim with grief.

I call to you, O Lord, every day;
I spread out my hands to you.
10 Do you show your wonders to the dead?
Do those who are dead rise up and praise you?
     Selah
11 Is your love declared in the grave,
your faithfulness in Destruction[a]?
12 Are your wonders known in the place of darkness,
or your righteous deeds in the land of oblivion?

13 But I cry to you for help, O Lord;
in the morning my prayer comes before you.
14 Why, O Lord, do you reject me
and hide your face from me?

15 From my youth I have been afflicted and
close to death;
I have suffered your terrors and am in despair.
16 Your wrath has swept over me;
your terrors have destroyed me.
17 All day long they surround me like a flood;
they have completely engulfed me.
18 You have taken my companions and loved ones
from me;
the darkness is my closest friend.

A maskil[b] of Ethan the Ezrahite.

89

I will sing of the Lord's great love forever;
with my mouth I will make your faithfulness known
through all generations.
2 I will declare that your love stands firm forever,
that you established your faithfulness in
heaven itself.

3 You said, "I have made a covenant with my chosen one,
I have sworn to David my servant,
4 'I will establish your line forever
and make your throne firm through
all generations.' "
     Selah

5 The heavens praise your wonders, O Lord,
your faithfulness too, in the assembly of the
holy ones.
6 For who in the skies above can compare with the Lord?
Who is like the Lord among the heavenly beings?
7 In the council of the holy ones God is greatly
feared;
he is more awesome than all who surround him.
8 O Lord God Almighty, who is like you?
You are mighty, O Lord, and your faithfulness
surrounds you.

9 You rule over the surging sea;
when its waves mount up, you still them.
10 You crushed Rahab like one of the slain;
with your strong arm you scattered your enemies.

---

[a]**88.11** Hebraico: *Abadom.* [b]**89.6** Ou *deuses*; ou ainda *poderosos* [c]**89.10** Hebraico: *Raabe.*

[a]**88:11** Hebrew *Abaddon* [b]Title: Probably a literary or musical term

11 Os céus são teus, e tua também é a terra;
    fundaste o mundo e tudo o que nele existe.
12 Tu criaste o Norte e o Sul;
    o Tabor e o Hermom
      cantam de alegria pelo teu nome.
13 O teu braço é poderoso;
    a tua mão é forte, exaltada é tua mão direita.

14 A retidão e a justiça são os alicerces
      do teu trono;
    o amor e a fidelidade vão à tua frente.
15 Como é feliz o povo
      que aprendeu a aclamar-te, SENHOR,
    e que anda na luz da tua presença!
16 Sem cessar exultam no teu nome,
      e alegram-se na tua retidão,
17 pois tu és a nossa glória e a nossa força[a],
      e pelo teu favor exaltas a nossa força[b].
18 Sim, SENHOR, tu és o nosso escudo[c],
    ó Santo de Israel, tu és o nosso rei.

19 Numa visão falaste um dia,
    e aos teus fiéis disseste:
    "Cobri de forças um guerreiro,
    exaltei um homem escolhido dentre o povo.
20 Encontrei o meu servo Davi;
    ungi-o com o meu óleo sagrado.
21 A minha mão o susterá,
    e o meu braço o fará forte.
22 Nenhum inimigo o sujeitará a tributos;
    nenhum injusto o oprimirá.
23 Esmagarei diante dele os seus adversários
    e destruirei os seus inimigos.
24 A minha fidelidade e o meu amor
      o acompanharão,
    e pelo meu nome aumentará o seu poder.
25 A sua mão dominará até o mar,
    sua mão direita, até os rios.
26 Ele me dirá: 'Tu és o meu Pai,
    o meu Deus, a Rocha que me salva'.
27 Também o nomearei meu primogênito,
    o mais exaltado dos reis da terra.
28 Manterei o meu amor por ele para sempre,
    e a minha aliança com ele jamais se quebrará.
29 Firmarei a sua linhagem para sempre,
    e o seu trono durará enquanto existirem céus.

30 "Se os seus filhos abandonarem a minha lei
    e não seguirem as minhas ordenanças,
31 se violarem os meus decretos
    e deixarem de obedecer aos meus
      mandamentos,
32 com a vara castigarei o seu pecado,
    e a sua iniqüidade com açoites;
33 mas não afastarei dele o meu amor;
    jamais desistirei da minha fidelidade.
34 Não violarei a minha aliança
    nem modificarei as promessas dos meus lábios.
35 De uma vez para sempre jurei
      pela minha santidade,
    e não mentirei a Davi,
36 que a sua linhagem permanecerá para sempre,
    e o seu trono durará como o sol;
37 será estabelecido para sempre como a lua,
    a fiel testemunha no céu".   [Pausa]

38 Mas tu o rejeitaste, recusaste-o
    e te enfureceste com o teu ungido.
39 Revogaste a aliança com o teu servo
    e desonraste a sua coroa, lançando-a ao chão.

11 The heavens are yours, and yours also the earth;
    you founded the world and all that is in it.
12 You created the north and the south;
    Tabor and Hermon sing for joy at your name.
13 Your arm is endued with power;
    your hand is strong, your right hand exalted.

14 Righteousness and justice are the foundation
      of your throne;
    love and faithfulness go before you.
15 Blessed are those who have learned to
      acclaim you,
    who walk in the light of your presence, O LORD.
16 They rejoice in your name all day long;
    they exult in your righteousness.
17 For you are their glory and strength,
    and by your favor you exalt our horn.[a]
18 Indeed, our shield[b] belongs to the LORD,
    our king to the Holy One of Israel.

19 Once you spoke in a vision,
    to your faithful people you said:
    "I have bestowed strength on a warrior;
    I have exalted a young man from among the
      people.
20 I have found David my servant;
    with my sacred oil I have anointed him.
21 My hand will sustain him;
    surely my arm will strengthen him.
22 No enemy will subject him to tribute;
    no wicked man will oppress him.
23 I will crush his foes before him
    and strike down his adversaries.
24 My faithful love will be with him,
    and through my name his horn[c] will be exalted.
25 I will set his hand over the sea,
    his right hand over the rivers.
26 He will call out to me, 'You are my Father,
    my God, the Rock my Savior.'
27 I will also appoint him my firstborn,
    the most exalted of the kings of the earth.
28 I will maintain my love to him forever,
    and my covenant with him will never fail.
29 I will establish his line forever,
    his throne as long as the heavens endure.

30 "If his sons forsake my law
    and do not follow my statutes,
31 if they violate my decrees
    and fail to keep my commands,
32 I will punish their sin with the rod,
    their iniquity with flogging;
33 but I will not take my love from him,
    nor will I ever betray my faithfulness.
34 I will not violate my covenant
    or alter what my lips have uttered.
35 Once for all, I have sworn by my holiness—
    and I will not lie to David—
36 that his line will continue forever
    and his throne endure before me like the sun;
37 it will be established forever like the moon,
    the faithful witness in the sky."
                            Selah

38 But you have rejected, you have spurned,
    you have been very angry with your anointed one.
39 You have renounced the covenant with your servant
    and have defiled his crown in the dust.

---

[a]89.17 Hebraico: *a glória do seu poder.* [b]89.17 Hebraico: *chifre*; também no versículo 24. [c]89.18 Ou *soberano*

[a]89:17 *Horn* here symbolizes strong one. [b]89:18 Or *sovereign* [c]89:24 *Horn* here symbolizes strength.

40 Derrubaste todos os seus muros
e reduziste a ruínas as suas fortalezas.
41 Todos os que passam o saqueiam;
tornou-se objeto de zombaria
para os seus vizinhos.
42 Tu exaltaste a mão direita dos seus adversários
e encheste de alegria todos os seus inimigos.
43 Tiraste o fio da sua espada
e não o apoiaste na batalha.
44 Deste fim ao seu esplendor
e atiraste ao chão o seu trono.
45 Encurtaste os dias da sua juventude;
com um manto de vergonha o cobriste.

                                 [Pausa]

46 Até quando, SENHOR?
Para sempre te esconderás?
Até quando a tua ira queimará como fogo?
47 Lembra-te de como é passageira a minha vida.
Terás criado em vão todos os homens?
48 Que homem pode viver e não ver a morte,
ou livrar-se do poder da sepultura[a]?   [Pausa]
49 Ó Senhor, onde está o teu antigo amor,
que com fidelidade juraste a Davi?
50 Lembra-te, Senhor,
das afrontas que o teu servo tem[b] sofrido,
das zombarias que no íntimo
tenho que suportar de todos os povos,
51 das zombarias dos teus inimigos, SENHOR,
com que afrontam a cada passo o teu ungido.

52 Bendito seja o SENHOR para sempre!
Amém e amém.

QUARTO LIVRO

SALMO 90

Oração de Moisés, homem de Deus.

1 Senhor, tu és o nosso refúgio, sempre,
de geração em geração.
2 Antes de nascerem os montes
e de criares a terra e o mundo,
de eternidade a eternidade tu és Deus.

3 Fazes os homens voltarem ao pó,
dizendo: "Retornem ao pó, seres humanos!"
4 De fato, mil anos para ti
são como o dia de ontem que passou,
como as horas da noite.
5 Como uma correnteza, tu arrastas os homens;
são breves como o sono;
são como a relva que brota ao amanhecer;
6 germina e brota pela manhã,
mas, à tarde, murcha e seca.

7 Somos consumidos pela tua ira
e aterrorizados pelo teu furor.
8 Conheces as nossas iniqüidades;
não escapam os nossos pecados secretos
à luz da tua presença.
9 Todos os nossos dias passam
debaixo do teu furor;
vão-se como um murmúrio.
10 Os anos de nossa vida chegam a setenta,
ou a oitenta para os que têm mais vigor;
entretanto, são anos difíceis
e cheios de sofrimento,
pois a vida passa depressa,
e nós voamos!

40 You have broken through all his walls
and reduced his strongholds to ruins.
41 All who pass by have plundered him;
he has become the scorn of his neighbors.
42 You have exalted the right hand of his foes;
you have made all his enemies rejoice.
43 You have turned back the edge of his sword
and have not supported him in battle.
44 You have put an end to his splendor
and cast his throne to the ground.
45 You have cut short the days of his youth;
you have covered him with a mantle of shame.
                               Selah

46 How long, O LORD? Will you hide yourself forever?
How long will your wrath burn like fire?
47 Remember how fleeting is my life.
For what futility you have created all men!
48 What man can live and not see death,
or save himself from the power of the grave[a]?
                               Selah

49 O Lord, where is your former great love,
which in your faithfulness you swore to David?
50 Remember, Lord, how your servant has[b] been mocked,
how I bear in my heart the taunts of all the nations,
51 the taunts with which your enemies have
mocked, O LORD,
with which they have mocked every step of
your anointed one.

52 Praise be to the LORD forever!
Amen and Amen.

BOOK IV
Psalms 90-106

A prayer of Moses the man of God.

90 Lord, you have been our dwelling place
throughout all generations.
2 Before the mountains were born
or you brought forth the earth and the world,
from everlasting to everlasting you are God.

3 You turn men back to dust,
saying, "Return to dust, O sons of men."
4 For a thousand years in your sight
are like a day that has just gone by,
or like a watch in the night.
5 You sweep men away in the sleep of death;
they are like the new grass of the morning—
6 though in the morning it springs up new,
by evening it is dry and withered.

7 We are consumed by your anger
and terrified by your indignation.
8 You have set our iniquities before you,
our secret sins in the light of your presence.
9 All our days pass away under your wrath;
we finish our years with a moan.
10 The length of our days is seventy years—
or eighty, if we have the strength;
yet their span[c] is but trouble and sorrow,
for they quickly pass, and we fly away.

---

a89.48 Hebraico: *Sheol*. Essa palavra também pode ser traduzida por profundezas, pó ou morte. **b89.50** Ou *teus servos têm*

a89:48 Hebrew *Sheol* **b89:50** Or *your servants have* **c90:10** Or *yet the best of them*

11 Quem conhece o poder da tua ira?
Pois o teu furor é tão grande
como o temor que te é devido.

12 Ensina-nos a contar os nossos dias
para que o nosso coração alcance sabedoria.

13 Volta-te, Senhor! Até quando será assim?
Tem compaixão dos teus servos!

14 Satisfaze-nos pela manhã
com o teu amor leal,
e todos os nossos dias cantaremos felizes.

15 Dá-nos alegria pelo tempo que nos afligiste,
pelos anos em que tanto sofremos.

16 Sejam manifestos os teus feitos
aos teus servos,
e aos filhos deles o teu esplendor!

17 Esteja sobre nós a bondade
do nosso Deus Soberano.
Consolida, para nós,
a obra de nossas mãos;
consolida a obra de nossas mãos!

SALMO 91

1 Aquele que habita no abrigo do Altíssimo
e descansa à sombra do Todo-poderoso

2 pode dizer aoª Senhor:
"Tu és o meu refúgio e a minha fortaleza,
o meu Deus, em quem confio".

3 Ele o livrará do laço do caçador
e do veneno mortalᵇ.

4 Ele o cobrirá com as suas penas,
e sob as suas asas você encontrará refúgio;
a fidelidade dele será o seu escudo protetor.

5 Você não temerá o pavor da noite,
nem a flecha que voa de dia,

6 nem a peste que se move sorrateira
nas trevas,
nem a praga que devasta ao meio-dia.

7 Mil poderão cair ao seu lado,
dez mil à sua direita,
mas nada o atingirá.

8 Você simplesmente olhará,
e verá o castigo dos ímpios.

9 Se você fizer do Altíssimo o seu abrigo,
do Senhor o seu refúgio,

10 nenhum mal o atingirá,
desgraça alguma chegará à sua tenda.

11 Porque a seus anjos ele dará ordens
a seu respeito,
para que o protejam em todos
os seus caminhos;

12 com as mãos eles o segurarão,
para que você não tropece em alguma pedra.

13 Você pisará o leão e a cobra;
pisoteará o leão forte e a serpente.

14 "Porque ele me ama, eu o resgatarei;
eu o protegerei, pois conhece o meu nome.

15 Ele clamará a mim, e eu lhe darei resposta,
e na adversidade estarei com ele;
vou livrá-lo e cobri-lo de honra.

16 Vida longa eu lhe darei,
e lhe mostrarei a minha salvação."

11 Who knows the power of your anger?
For your wrath is as great as the fear that is
due you.

12 Teach us to number our days aright,
that we may gain a heart of wisdom.

13 Relent, O Lord! How long will it be?
Have compassion on your servants.

14 Satisfy us in the morning with your unfailing love,
that we may sing for joy and be glad all our days.

15 Make us glad for as many days as you have
afflicted us,
for as many years as we have seen trouble.

16 May your deeds be shown to your servants,
your splendor to their children.

17 May the favorª of the Lord our God rest upon us;
establish the work of our hands for us—
yes, establish the work of our hands.

91 He who dwells in the shelter of the Most High
will rest in the shadow of the Almighty.ᵇ

2 I will sayᶜ of the Lord, "He is my refuge and my
fortress,
my God, in whom I trust."

3 Surely he will save you from the fowler's snare
and from the deadly pestilence.

4 He will cover you with his feathers,
and under his wings you will find refuge;
his faithfulness will be your shield and
rampart.

5 You will not fear the terror of night,
nor the arrow that flies by day,

6 nor the pestilence that stalks in the darkness,
nor the plague that destroys at midday.

7 A thousand may fall at your side,
ten thousand at your right hand,
but it will not come near you.

8 You will only observe with your eyes
and see the punishment of the wicked.

9 If you make the Most High your dwelling—
even the Lord, who is my refuge—

10 then no harm will befall you,
no disaster will come near your tent.

11 For he will command his angels concerning you
to guard you in all your ways;

12 they will lift you up in their hands,
so that you will not strike your foot against
a stone.

13 You will tread upon the lion and the cobra;
you will trample the great lion and the
serpent.

14 "Because he loves me," says the Lord; "I will
rescue him;
I will protect him, for he acknowledges my name.

15 He will call upon me, and I will answer him;
I will be with him in trouble,
I will deliver him and honor him.

16 With long life will I satisfy him
and show him my salvation."

ª91.2 Conforme a Septuaginta. O Texto Massorético diz *Direi do.* ᵇ91.3 Ou *da praga mortal*; ou ainda *da ameaça de destruição*

ª90:17 Or *beauty* ᵇ91:1 Hebrew *Shaddai* ᶜ91:2 Or *He says*

SALMO 92

Salmo. Um cântico. Para o dia de sábado.

¹ Como é bom render graças ao Senhor
  e cantar louvores ao teu nome, ó Altíssimo,
² anunciar de manhã o teu amor leal
  e de noite a tua fidelidade,
³ ao som da lira de dez cordas e da cítara,
  e da melodia da harpa.

⁴ Tu me alegras, Senhor, com os teus feitos;
  as obras das tuas mãos
    levam-me a cantar de alegria.
⁵ Como são grandes as tuas obras, Senhor,
  como são profundos os teus propósitos!
⁶ O insensato não entende, o tolo não vê
⁷ que, embora os ímpios brotem como a erva
    e floresçam todos os malfeitores,
  eles serão destruídos para sempre.
⁸ Pois tu, Senhor, és exaltado para sempre.

⁹ Mas os teus inimigos, Senhor,
  os teus inimigos perecerão;
  serão dispersos todos os malfeitores!
¹⁰ Tu aumentaste a minha força*
    como a do boi selvagem;
  derramaste sobre mim óleo novo.ᵇ
¹¹ Os meus olhos contemplaram a derrota
    dos meus inimigos;
  os meus ouvidos escutaram a debandada
    dos meus maldosos agressores.

¹² Os justos florescerão como a palmeira,
  crescerão como o cedro do Líbano;
¹³ plantados na casa do Senhor,
  florescerão nos átrios do nosso Deus.
¹⁴ Mesmo na velhice darão fruto,
  permanecerão viçosos e verdejantes,
¹⁵ para proclamar que o Senhor é justo.
  Ele é a minha Rocha;
    nele não há injustiça.

SALMO 93

¹ O Senhor reina!
  Vestiu-se de majestade;
  de majestade vestiu-se o Senhor
    e armou-se de poder!
  O mundo está firme e não se abalará.
² O teu trono está firme desde a antigüidade;
  tu existes desde a eternidade.
³ As águas se levantaram, Senhor,
  as águas levantaram a voz;
  as águas levantaram seu bramido.
⁴ Mais poderoso do que o estrondo
    das águas impetuosas,
  mais poderoso do que as ondas do mar
  é o Senhor nas alturas.

⁵ Os teus mandamentos
    permanecem firmes e fiéis;
  a santidade, Senhor,
  é o ornamento perpétuo da tua casa.

SALMO 94

¹ Ó Senhor, Deus vingador;
  Deus vingador! Intervém!ᶜ
² Levanta-te, Juiz da terra;
  retribui aos orgulhosos o que merecem.

---

92 It is good to praise the Lord
  and make music to your name,
² to proclaim your love in the morning
  and your faithfulness at night,
³ to the music of the ten-stringed lyre
  and the melody of the harp.

⁴ For you make me glad by your deeds, Lord;
  I sing for joy at the works of your hands.
⁵ How great are your works, O Lord,
  how profound your thoughts!
⁶ The senseless man does not know,
    fools do not understand,
⁷ that though the wicked spring up like grass
    and all evildoers flourish,
  they will be forever destroyed.

⁸ But you, O Lord, are exalted forever.

⁹ For surely your enemies, O Lord,
  surely your enemies will perish;
  all evildoers will be scattered.
¹⁰ You have exalted my hornᵃ like that of a wild ox;
  fine oils have been poured upon me.
¹¹ My eyes have seen the defeat of my adversaries;
  my ears have heard the rout of my wicked foes.

¹² The righteous will flourish like a palm tree,
  they will grow like a cedar of Lebanon;
¹³ planted in the house of the Lord,
  they will flourish in the courts of our God.
¹⁴ They will still bear fruit in old age,
  they will stay fresh and green,
¹⁵ proclaiming, "The Lord is upright;
  he is my Rock, and there is no wickedness
    in him."

93 The Lord reigns, he is robed in majesty;
  the Lord is robed in majesty
    and is armed with strength.
  The world is firmly established;
    it cannot be moved.
² Your throne was established long ago;
  you are from all eternity.
³ The seas have lifted up, O Lord,
  the seas have lifted up their voice;
  the seas have lifted up their pounding waves.
⁴ Mightier than the thunder of the great waters,
  mightier than the breakers of the sea—
  the Lord on high is mighty.

⁵ Your statutes stand firm;
  holiness adorns your house
  for endless days, O Lord.

94 O Lord, the God who avenges,
  O God who avenges, shine forth.
² Rise up, O Judge of the earth;
  pay back to the proud what they deserve.

ᵃ92.10 Hebraico: *chifre.* ᵇ92.10 Ou *exaltaste a minha velhice com óleo novo.*
ᶜ94.1 Hebraico: *Resplandece!*

ᵃ92:10 *Horn* here symbolizes strength.

e oprimem a tua herança;
6 matam as viúvas e os estrangeiros,
   assassinam os órfãos,
7 e ainda dizem: "O Senhor não nos vê;
   o Deus de Jacó nada percebe".

8 Insensatos, procurem entender!
   E vocês, tolos, quando se tornarão sábios?
9 Será que quem fez o ouvido não ouve?
   Será que quem formou o olho não vê?
10 Aquele que disciplina as nações
    os deixará sem castigo?
    Não tem sabedoria aquele
    que dá ao homem o conhecimento?

11 O Senhor conhece
    os pensamentos do homem,
    e sabe como são fúteis.

12 Como é feliz o homem a quem disciplinas, Senhor,
    aquele a quem ensinas a tua lei;
13 tranqüilo, enfrentará os dias maus,
    enquanto que, para os ímpios,
    uma cova se abrirá.
14 O Senhor não desamparará o seu povo;
    jamais abandonará a sua herança.
15 Voltará a haver justiça nos julgamentos,
    e todos os retos de coração a seguirão.

16 Quem se levantará a meu favor
    contra os ímpios?
    Quem ficará a meu lado contra os malfeitores?
17 Não fosse a ajuda do Senhor,
    eu já estaria habitando no silêncio.
18 Quando eu disse:
    Os meus pés escorregaram,
    o teu amor leal, Senhor, me amparou!
19 Quando a ansiedade
    já me dominava no íntimo,
    o teu consolo trouxe alívio à minha alma.
20 Poderá um trono corrupto
    estar em aliança contigo?,
    um trono que faz injustiças em nome da lei?
21 Eles planejam contra a vida dos justos
    e condenam os inocentes à morte.
22 Mas o Senhor é a minha torre segura;
    o meu Deus é a rocha em que encontro refúgio.
23 Deus fará cair sobre eles os seus crimes,
    e os destruirá por causa dos seus pecados;
    o Senhor, o nosso Deus, os destruirá!

SALMO 95

1 Venham! Cantemos ao Senhor com alegria!
   Aclamemos a Rocha da nossa salvação.
2 Vamos à presença dele com ações de graças;
   vamos aclamá-lo com cânticos de louvor.
3 Pois o Senhor é o grande Deus,
   o grande Rei acima de todos os deuses.
4 Nas suas mãos estão as profundezas da terra,
   os cumes dos montes lhe pertencem.
5 Dele também é o mar, pois ele o fez;
   as suas mãos formaram a terra seca.

6 Venham! Adoremos prostrados
   e ajoelhemos diante do Senhor,
   o nosso Criador;

3 How long will the wicked, O Lord,
   how long will the wicked be jubilant?

4 They pour out arrogant words;
   all the evildoers are full of boasting.
5 They crush your people, O Lord;
   they oppress your inheritance.
6 They slay the widow and the alien;
   they murder the fatherless.
7 They say, "The Lord does not see;
   the God of Jacob pays no heed."

8 Take heed, you senseless ones among the people;
   you fools, when will you become wise?
9 Does he who implanted the ear not hear?
   Does he who formed the eye not see?
10 Does he who disciplines nations not punish?
    Does he who teaches man lack knowledge?
11 The Lord knows the thoughts of man;
    he knows that they are futile.

12 Blessed is the man you discipline, O Lord,
    the man you teach from your law;
13 you grant him relief from days of trouble,
    till a pit is dug for the wicked.
14 For the Lord will not reject his people;
    he will never forsake his inheritance.
15 Judgment will again be founded on
       righteousness,
    and all the upright in heart will follow it.

16 Who will rise up for me against the wicked?
    Who will take a stand for me against evildoers?
17 Unless the Lord had given me help,
    I would soon have dwelt in the silence of death.
18 When I said, "My foot is slipping,"
    your love, O Lord, supported me.
19 When anxiety was great within me,
    your consolation brought joy to my soul.

20 Can a corrupt throne be allied with you—
    one that brings on misery by its decrees?
21 They band together against the righteous
    and condemn the innocent to death.
22 But the Lord has become my fortress,
    and my God the rock in whom I take refuge.
23 He will repay them for their sins
    and destroy them for their wickedness;
    the Lord our God will destroy them.

95

Come, let us sing for joy to the Lord;
   let us shout aloud to the Rock of our salvation.
2 Let us come before him with thanksgiving
   and extol him with music and song.
3 For the Lord is the great God,
   the great King above all gods.
4 In his hand are the depths of the earth,
   and the mountain peaks belong to him.
5 The sea is his, for he made it,
   and his hands formed the dry land.

6 Come, let us bow down in worship,
   let us kneel before the Lord our Maker;

7 pois ele é o nosso Deus,
e nós somos o povo do seu pastoreio,
o rebanho que ele conduz.

Hoje, se vocês ouvirem a sua voz,
8 não endureçam o coração, como em Meribá[a],
como aquele dia em Massá[b], no deserto,
9 onde os seus antepassados me tentaram,
pondo-me à prova,
apesar de terem visto o que eu fiz.
10 Durante quarenta anos
fiquei irado contra aquela geração e disse:
Eles são um povo de coração ingrato;
não reconheceram os meus caminhos.
11 Por isso jurei na minha ira:
Jamais entrarão no meu descanso.

SALMO 96

1 Cantem ao Senhor um novo cântico;
cantem ao Senhor, todos os habitantes da terra!
2 Cantem ao Senhor, bendigam o seu nome;
cada dia proclamem a sua salvação!
3 Anunciem a sua glória entre as nações,
seus feitos maravilhosos entre todos os povos!

4 Porque o Senhor é grande
e digno de todo louvor,
mais temível do que todos os deuses!
5 Todos os deuses das nações
não passam de ídolos,
mas o Senhor fez os céus.
6 Majestade e esplendor estão diante dele,
poder e dignidade, no seu santuário.

7 Dêem ao Senhor, ó famílias das nações,
dêem ao Senhor glória e força.
8 Dêem ao Senhor
a glória devida ao seu nome,
e entrem nos seus átrios trazendo ofertas.
9 Adorem o Senhor
no esplendor da sua santidade;
tremam diante dele todos os habitantes da terra.

10 Digam entre as nações: "O Senhor reina!"
Por isso firme está o mundo, e não se abalará,
e ele julgará os povos com justiça.
11 Regozijem-se os céus e exulte a terra!
Ressoe o mar e tudo o que nele existe!
12 Regozijem-se os campos
e tudo o que neles há!
Cantem de alegria todas as árvores da floresta,
13 cantem diante do Senhor, porque ele vem,
vem julgar a terra;
julgará o mundo com justiça
e os povos, com a sua fidelidade!

SALMO 97

1 O Senhor reina!
Exulte a terra
e alegrem-se as regiões costeiras distantes.

2 Nuvens escuras e espessas o cercam;
retidão e justiça são a base do seu trono.
3 Fogo vai adiante dele
e devora os adversários ao redor.
4 Seus relâmpagos iluminam o mundo;
a terra os vê e estremece.
5 Os montes se derretem como cera
diante do Senhor,
diante do Soberano de toda a terra.

7 for he is our God
and we are the people of his pasture,
the flock under his care.

Today, if you hear his voice,
8　do not harden your hearts as you did at
Meribah,[a]
as you did that day at Massah[b] in the desert,
9 where your fathers tested and tried me,
though they had seen what I did.
10 For forty years I was angry with that generation;
I said, "They are a people whose hearts go astray,
and they have not known my ways."
11 So I declared on oath in my anger,
"They shall never enter my rest."

96

Sing to the Lord a new song;
sing to the Lord, all the earth.
2 Sing to the Lord, praise his name;
proclaim his salvation day after day.
3 Declare his glory among the nations,
his marvelous deeds among all peoples.

4 For great is the Lord and most worthy of praise;
he is to be feared above all gods.
5 For all the gods of the nations are idols,
but the Lord made the heavens.
6 Splendor and majesty are before him;
strength and glory are in his sanctuary.

7 Ascribe to the Lord, O families of nations,
ascribe to the Lord glory and strength.
8 Ascribe to the Lord the glory due his name;
bring an offering and come into his courts.
9 Worship the Lord in the splendor of his[c] holiness;
tremble before him, all the earth.

10 Say among the nations, "The Lord reigns."
The world is firmly established, it cannot be moved;
he will judge the peoples with equity.
11 Let the heavens rejoice, let the earth be glad;
let the sea resound, and all that is in it;
12　let the fields be jubilant, and everything in them.
Then all the trees of the forest will sing for joy;
13 they will sing before the Lord, for he comes,
he comes to judge the earth.
He will judge the world in righteousness
and the peoples in his truth.

97

The Lord reigns, let the earth be glad;
let the distant shores rejoice.
2 Clouds and thick darkness surround him;
righteousness and justice are the foundation
of his throne.
3 Fire goes before him
and consumes his foes on every side.
4 His lightning lights up the world;
the earth sees and trembles.
5 The mountains melt like wax before the Lord,
before the Lord of all the earth.

---

[a]**95.8** *Meribá* significa *rebelião.* [b]**95.8** *Massá* significa *provação.*

[a]**95:8** *Meribah* means *quarreling.* [b]**95:8** *Massah* means *testing.* [c]**96:9** Or Lord
with the splendor of

⁶ Os céus proclamam a sua justiça,
   e todos os povos contemplam a sua glória.

⁷ Ficam decepcionados
     todos os que adoram imagens
     e se vangloriam de ídolos.
   Prostram-se diante dele todos os deuses!

⁸ Sião ouve e se alegra,
   e as cidades*ᵃ* de Judá exultam,
   por causa das tuas sentenças, Senhor.

⁹ Pois tu, Senhor,
     és o Altíssimo sobre toda a terra!
   És exaltado muito acima de todos os deuses!

¹⁰ Odeiem o mal, vocês que amam o Senhor,
   pois ele protege a vida dos seus fiéis
   e os livra das mãos dos ímpios.

¹¹ A luz nasce*ᵇ* sobre o justo
   e a alegria sobre os retos de coração.

¹² Alegrem-se no Senhor, justos,
   e louvem o seu santo nome.

SALMO 98

Salmo.

¹ Cantem ao Senhor um novo cântico,
   pois ele fez coisas maravilhosas;
   a sua mão direita e o seu braço santo
     lhe deram a vitória!

² O Senhor anunciou a sua vitória
   e revelou a sua justiça às nações.

³ Ele se lembrou do seu amor leal
   e da sua fidelidade para com a casa de
     Israel;
   todos os confins da terra viram
     a vitória do nosso Deus.

⁴ Aclamem o Senhor
     todos os habitantes da terra!
   Louvem-no com cânticos de alegria
   e ao som de música!

⁵ Ofereçam música ao Senhor com a harpa,
   com a harpa e ao som de canções,

⁶ com cornetas e ao som da trombeta,
   exultem diante do Senhor, o Rei!

⁷ Ressoe o mar e tudo o que nele existe,
   o mundo e os seus habitantes!

⁸ Batam palmas os rios,
   e juntos cantem de alegria os montes;

⁹ cantem diante do Senhor, porque ele vem,
     vem julgar a terra;
   julgará o mundo com justiça
   e os povos, com retidão.

SALMO 99

¹ O Senhor reina! As nações tremem!
   O seu trono está sobre os querubins!
     Abala-se a terra!

² Grande é o Senhor em Sião;
   ele é exaltado acima de todas as nações!

³ Seja louvado o teu grande e temível nome,
   que é santo.

⁴ Rei poderoso, amigo da justiça!*ᶜ*
   Estabeleceste a eqüidade

⁶ The heavens proclaim his righteousness,
   and all the peoples see his glory.

⁷ All who worship images are put to shame,
     those who boast in idols—
   worship him, all you gods!

⁸ Zion hears and rejoices
   and the villages of Judah are glad
     because of your judgments, O Lord.

⁹ For you, O Lord, are the Most High over all
     the earth;
   you are exalted far above all gods.

¹⁰ Let those who love the Lord hate evil,
   for he guards the lives of his faithful ones
   and delivers them from the hand of the wicked.

¹¹ Light is shed upon the righteous
   and joy on the upright in heart.

¹² Rejoice in the Lord, you who are righteous,
   and praise his holy name.

A psalm.

98 Sing to the Lord a new song,
   for he has done marvelous things;
   his right hand and his holy arm
     have worked salvation for him.

² The Lord has made his salvation known
   and revealed his righteousness to the nations.

³ He has remembered his love
   and his faithfulness to the house of Israel;
   all the ends of the earth have seen
     the salvation of our God.

⁴ Shout for joy to the Lord, all the earth,
   burst into jubilant song with music;

⁵ make music to the Lord with the harp,
   with the harp and the sound of singing,

⁶ with trumpets and the blast of the ram's horn—
   shout for joy before the Lord, the King.

⁷ Let the sea resound, and everything in it,
   the world, and all who live in it.

⁸ Let the rivers clap their hands,

⁹ let them sing before the Lord,
   for he comes to judge the earth.
   He will judge the world in righteousness
   and the peoples with equity.

99 The Lord reigns,
   let the nations tremble;
   he sits enthroned between the cherubim,
   let the earth shake.

² Great is the Lord in Zion;
   he is exalted over all the nations.

³ Let them praise your great and awesome name—
   he is holy.

⁴ The King is mighty, he loves justice—
   you have established equity;

ᵃ97.8 Hebraico: *filhas.* **ᵇ97.11** Conforme a Septuaginta e algumas versões antigas. O Texto Massorético diz *A luz é semeada.* **ᶜ99.4** Ou *O rei é poderoso e ama a justiça.*

e fizeste em Jacó o que é direito e justo.
5 Exaltem o Senhor, o nosso Deus,
   prostrem-se diante do estrado dos seus pés.
      Ele é santo!

6 Moisés e Arão estavam
     entre os seus sacerdotes,
  Samuel, entre os que invocavam o seu nome;
  eles clamavam pelo Senhor,
     e ele lhes respondia.
7 Falava-lhes da coluna de nuvem,
  e eles obedeciam aos seus mandamentos
     e aos decretos que ele lhes dava.

8 Tu lhes respondeste, Senhor, nosso Deus;
  para eles, tu eras um Deus perdoador,
   embora os tenhas castigado
     por suas rebeliões.
9 Exaltem o Senhor, o nosso Deus;
  prostrem-se, voltados para o seu santo monte,
  porque o Senhor, o nosso Deus, é santo.

SALMO 100

Salmo. Para ação de graças.

1 Aclamem o Senhor
   todos os habitantes da terra!
2 Prestem culto ao Senhor com alegria;
  entrem na sua presença
   com cânticos alegres.
3 Reconheçam que o Senhor é o nosso Deus.
  Ele nos fez e somos dele[a];
  somos o seu povo,
   e rebanho do seu pastoreio.

4 Entrem por suas portas com ações de graças,
  e em seus átrios, com louvor;
  dêem-lhe graças e bendigam o seu nome.
5 Pois o Senhor é bom
  e o seu amor leal é eterno;
  a sua fidelidade permanece
   por todas as gerações.

SALMO 101

Salmo davídico.

1 Cantarei a lealdade e a justiça.
  A ti, Senhor, cantarei louvores!
2 Seguirei o caminho da integridade;
  quando virás ao meu encontro?
  Em minha casa viverei de coração íntegro.
3 Repudiarei todo mal.

Odeio a conduta dos infiéis;
jamais me dominará!
4 Longe estou dos perversos de coração;
  não quero envolver-me com o mal.
5 Farei calar ao que difama o próximo às ocultas.
  Não vou tolerar o homem de olhos arrogantes
   e de coração orgulhoso.
6 Meus olhos aprovam os fiéis da terra,
  e eles habitarão comigo.
  Somente quem tem vida íntegra me servirá.

7 Quem pratica a fraude
  não habitará no meu santuário;

in Jacob you have done
  what is just and right.
5 Exalt the Lord our God
  and worship at his footstool;
   he is holy.

6 Moses and Aaron were among his priests,
  Samuel was among those who called on his name;
  they called on the Lord
   and he answered them.
7 He spoke to them from the pillar of cloud;
  they kept his statutes and the decrees he gave them.

8 O Lord our God,
  you answered them;
  you were to Israel[a] a forgiving God,
   though you punished their misdeeds.[b]
9 Exalt the Lord our God
  and worship at his holy mountain,
  for the Lord our God is holy.

A psalm. For giving thanks.

100
Shout for joy to the Lord, all the earth.
  2 Worship the Lord with gladness;
  come before him with joyful songs.
3 Know that the Lord is God.
  It is he who made us, and we are his[c];
  we are his people, the sheep of his pasture.

4 Enter his gates with thanksgiving
  and his courts with praise;
  give thanks to him and praise his name.
5 For the Lord is good and his love endures forever;
  his faithfulness continues through all generations.

Of David. A psalm.

101
I will sing of your love and justice;
  to you, O Lord, I will sing praise.
2 I will be careful to lead a blameless life—
  when will you come to me?

I will walk in my house
  with blameless heart.
3 I will set before my eyes
  no vile thing.

The deeds of faithless men I hate;
  they will not cling to me.
4 Men of perverse heart shall be far from me;
  I will have nothing to do with evil.

5 Whoever slanders his neighbor in secret,
  him will I put to silence;
  whoever has haughty eyes and a proud heart,
  him will I not endure.

6 My eyes will be on the faithful in the land,
  that they may dwell with me;
  he whose walk is blameless
  will minister to me.

7 No one who practices deceit
  will dwell in my house;

---

[a] 99:8 Hebrew them [b] 99:8 Or / an avenger of the wrongs done to them [c] 100:3 Or and not we ourselves

[a] 100.3 Ou e não nós mesmos

o mentiroso não permanecerá
    na minha presença.
8 Cada manhã fiz calar
    todos os ímpios desta terra;
eliminei todos os malfeitores
    da cidade do Senhor.

SALMO 102

Oração de um aflito que, quase desfalecido,
derrama o seu lamento diante do Senhor.

1 Ouve a minha oração, Senhor!
    Chegue a ti o meu grito de socorro!
2 Não escondas de mim o teu rosto
    quando estou atribulado.
Inclina para mim os teus ouvidos;
    quando eu clamar, responde-me depressa!

3 Esvaem-se os meus dias como fumaça;
    meus ossos queimam como brasas vivas.
4 Como a relva ressequida está o meu coração;
    esqueço até de comer!
5 De tanto gemer estou reduzido a pele e osso.
6 Sou como a coruja do desertoª,
    como uma coruja entre as ruínas.
7 Não consigo dormir;
    pareço um pássaro solitário no telhado.
8 Os meus inimigos zombam de mim
    o tempo todo;
os que me insultam usam o meu nome
    para lançar maldições.
9 Cinzas são a minha comida,
    e com lágrimas misturo o que bebo,
10 por causa da tua indignação e da tua ira,
    pois me rejeitaste e me expulsaste
    para longe de ti.
11 Meus dias são como sombras crescentes;
    sou como a relva que vai murchando.

12 Tu, porém, Senhor,
    no trono reinarás para sempre;
o teu nome será lembrado
    de geração em geração.
13 Tu te levantarás e terás misericórdia de Sião,
    pois é hora de lhe mostrares compaixão;
o tempo certo é chegado.
14 Pois as suas pedras são amadas
    pelos teus servos,
as suas ruínas os enchem de compaixão.
15 Então as nações temerão o nome do Senhor,
    e todos os reis da terra a sua glória.
16 Porque o Senhor reconstruirá Sião
    e se manifestará na glória que ele tem.
17 Responderá à oração dos desamparados;
    as suas súplicas não desprezará.

18 Escreva-se isto para as futuras gerações,
    e um povo que ainda será criado
louvará o Senhor, proclamando:
19 "Do seu santuário nas alturas o Senhor olhou;
    dos céus observou a terra,
20 para ouvir os gemidos dos prisioneiros
    e libertar os condenados à morte".
21 Assim o nome do Senhor
    será anunciado em Sião
e o seu louvor, em Jerusalém,
22 quando os povos e os reinos
    se reunirem para adorar o Senhor.

ª102.6 Ou *pelicano*

no one who speaks falsely
    will stand in my presence.
8 Every morning I will put to silence
    all the wicked in the land;
I will cut off every evildoer
    from the city of the Lord.

A prayer of an afflicted man. When
he is faint and pours out his lament before the Lord.

102
Hear my prayer, O Lord;
    let my cry for help come to you.
2 Do not hide your face from me
    when I am in distress.
Turn your ear to me;
    when I call, answer me quickly.

3 For my days vanish like smoke;
    my bones burn like glowing embers.
4 My heart is blighted and withered like grass;
    I forget to eat my food.
5 Because of my loud groaning
    I am reduced to skin and bones.
6 I am like a desert owl,
    like an owl among the ruins.
7 I lie awake; I have become
    like a bird alone on a roof.
8 All day long my enemies taunt me;
    those who rail against me use my name
    as a curse.
9 For I eat ashes as my food
    and mingle my drink with tears
10 because of your great wrath,
    for you have taken me up and thrown me aside.
11 My days are like the evening shadow;
    I wither away like grass.

12 But you, O Lord, sit enthroned forever;
    your renown endures through all generations.
13 You will arise and have compassion on Zion,
    for it is time to show favor to her;
    the appointed time has come.
14 For her stones are dear to your servants;
    her very dust moves them to pity.
15 The nations will fear the name of the Lord,
    all the kings of the earth will revere your glory.
16 For the Lord will rebuild Zion
    and appear in his glory.
17 He will respond to the prayer of the destitute;
    he will not despise their plea.

18 Let this be written for a future generation,
    that a people not yet created may praise the Lord:
19 "The Lord looked down from his sanctuary
    on high,
    from heaven he viewed the earth,
20 to hear the groans of the prisoners
    and release those condemned to death."
21 So the name of the Lord will be declared in Zion
    and his praise in Jerusalem
22 when the peoples and the kingdoms
    assemble to worship the Lord.

23 No meio da minha vida
　　ele me abateu com sua força;
　abreviou os meus dias.
24 Então pedi:
　　Ó meu Deus, não me leves
　no meio dos meus dias.
　Os teus dias duram por todas as gerações!
25 No princípio firmaste os fundamentos da terra,
　e os céus são obras das tuas mãos.
26 Eles perecerão, mas tu permanecerás;
　envelhecerão como vestimentas.
　Como roupas tu os trocarás
　　e serão jogados fora.
27 Mas tu permaneces o mesmo,
　e os teus dias jamais terão fim.
28 Os filhos dos teus servos
　　terão uma habitação;
　os seus descendentes serão estabelecidos
　　na tua presença.

SALMO 103

Davídico.

1 Bendiga o Senhor a minha alma!
　　Bendiga o Senhor todo o meu ser!
2 Bendiga o Senhor a minha alma!
　　Não esqueça nenhuma de suas bênçãos!
3 É ele que perdoa todos os seus pecados
　　e cura todas as suas doenças,
4 que resgata a sua vida da sepultura
　　e o coroa de bondade e compaixão,
5 que enche de bens a sua existência,
　　de modo que a sua juventude
　　se renova como a águia.
6 O Senhor faz justiça
　　e defende a causa dos oprimidos.
7 Ele manifestou os seus caminhos a Moisés,
　　os seus feitos aos israelitas.
8 O Senhor é compassivo e misericordioso,
　　mui paciente e cheio de amor.
9 Não acusa sem cessar
　　nem fica ressentido para sempre;
10 não nos trata conforme os nossos pecados
　　nem nos retribui conforme as nossas iniqüidades.
11 Pois como os céus se elevam acima da terra,
　　assim é grande o seu amor
　　para com os que o temem;
12 e como o Oriente está longe do Ocidente,
　　assim ele afasta para longe de nós
　　as nossas transgressões.
13 Como um pai tem compaixão de seus filhos,
　　assim o Senhor
　　tem compaixão dos que o temem;
14 pois ele sabe do que somos formados;
　　lembra-se de que somos pó.
15 A vida do homem é semelhante à relva;
　　ele floresce como a flor do campo,
16 que se vai quando sopra o vento
　　e nem se sabe mais o lugar que ocupava.
17 Mas o amor leal do Senhor,
　　o seu amor eterno, está com os que o temem,
　　e a sua justiça com os filhos dos seus filhos,
18 com os que guardam a sua aliança
　　e se lembram de obedecer aos seus preceitos.
19 O Senhor estabeleceu o seu trono nos céus,
　　e como rei domina sobre tudo o que existe.
20 Bendigam o Senhor,
　　vocês, seus anjos poderosos,
　　que obedecem à sua palavra.

23 In the course of my life[a] he broke my strength;
　　he cut short my days.
24 So I said:
　　"Do not take me away, O my God, in the midst
　　　of my days;
　　your years go on through all generations.
25 In the beginning you laid the foundations of
　　　the earth,
　　and the heavens are the work of your hands.
26 They will perish, but you remain;
　　they will all wear out like a garment.
Like clothing you will change them
　　and they will be discarded.
27 But you remain the same,
　　and your years will never end.
28 The children of your servants will live in
　　　your presence;
　　their descendants will be established
　　　before you."

Of David.

103 Praise the Lord, O my soul;
　all my inmost being, praise his holy name.
2 Praise the Lord, O my soul,
　　and forget not all his benefits—
3 who forgives all your sins
　　and heals all your diseases,
4 who redeems your life from the pit
　　and crowns you with love and compassion,
5 who satisfies your desires with good things
　　so that your youth is renewed like the eagle's.

6 The Lord works righteousness
　　and justice for all the oppressed.

7 He made known his ways to Moses,
　　his deeds to the people of Israel:
8 The Lord is compassionate and gracious,
　　slow to anger, abounding in love.
9 He will not always accuse,
　　nor will he harbor his anger forever;
10 he does not treat us as our sins deserve
　　or repay us according to our iniquities.
11 For as high as the heavens are above the earth,
　　so great is his love for those who fear him;
12 as far as the east is from the west,
　　so far has he removed our transgressions from us.
13 As a father has compassion on his children,
　　so the Lord has compassion on those who
　　　fear him;
14 for he knows how we are formed,
　　he remembers that we are dust.
15 As for man, his days are like grass,
　　he flourishes like a flower of the field;
16 the wind blows over it and it is gone,
　　and its place remembers it no more.
17 But from everlasting to everlasting
　　the Lord's love is with those who fear him,
　　and his righteousness with their
　　　children's children—
18 with those who keep his covenant
　　and remember to obey his precepts.
19 The Lord has established his throne in heaven,
　　and his kingdom rules over all.
20 Praise the Lord, you his angels,
　　you mighty ones who do his bidding,
　　who obey his word.

²¹ Bendigam o S℮nhor todos os seus exércitos,
vocês, seus servos, que cumprem a sua
vontade.
²² Bendigam o S℮nhor todas as suas obras
em todos os lugares do seu domínio.

Bendiga o S℮nhor a minha alma!

SALMO 104

¹ Bendiga o S℮nhor a minha alma!

Ó S℮nhor, meu Deus, tu és tão grandioso!
Estás vestido de majestade e esplendor!
² Envolto em luz como numa veste,
ele estende os céus como uma tenda,
³ e põe sobre as águas dos céus
as vigas dos seus aposentos.
Faz das nuvens a sua carruagem
e cavalga nas asas do vento.
⁴ Faz dos ventos seus mensageiros[a]
e dos clarões reluzentes seus servos.

⁵ Firmaste a terra sobre os seus fundamentos
para que jamais se abale;
⁶ com as torrentes do abismo a cobriste,
como se fossem uma veste;
as águas subiram acima dos montes.
⁷ Diante das tuas ameaças as águas fugiram,
puseram-se em fuga ao som do teu trovão;
⁸ subiram pelos montes
e escorreram pelos vales,
para os lugares que tu lhes designaste.
⁹ Estabeleceste um limite
que não podem ultrapassar;
jamais tornarão a cobrir a terra.

¹⁰ Fazes jorrar as nascentes nos vales
e correrem as águas entre os montes;
¹¹ delas bebem todos os animais selvagens,
e os jumentos selvagens saciam a sua sede.
¹² As aves do céu fazem ninho junto às águas
e entre os galhos põem-se a cantar.
¹³ Dos teus aposentos celestes
regas os montes;
sacia-se a terra com o fruto das tuas obras!
¹⁴ É o Senhor que faz crescer o pasto para o gado,
e as plantas que o homem cultiva,
para da terra tirar o alimento:
¹⁵ o vinho, que alegra o coração do homem;
o azeite, que lhe faz brilhar o rosto,
e o pão que sustenta o seu vigor.
¹⁶ As árvores do S℮nhor são bem regadas,
os cedros do Líbano que ele plantou;
¹⁷ nelas os pássaros fazem ninho,
e nos pinheiros a cegonha tem o seu lar.
¹⁸ Os montes elevados pertencem
aos bodes selvagens,
e os penhascos são um refúgio para os coelhos.

¹⁹ Ele fez a lua para marcar estações;
o sol sabe quando deve se pôr.
²⁰ Trazes trevas, e cai a noite,
quando os animais da floresta vagueiam.
²¹ Os leões rugem à procura da presa,
buscando de Deus o alimento,
²² mas ao nascer do sol eles se vão
e voltam a deitar-se em suas tocas.
²³ Então o homem sai para o seu trabalho,
para o seu labor até o entardecer.

²⁴ Quantas são as tuas obras, S℮nhor!

---

²¹ Praise the L℮rd, all his heavenly hosts,
you his servants who do his will.
²² Praise the L℮rd, all his works
everywhere in his dominion.

Praise the L℮rd, O my soul.

Praise the L℮rd, O my soul.

104

O L℮rd my God, you are very great;
you are clothed with splendor and majesty.
² He wraps himself in light as with a garment;
he stretches out the heavens like a tent
³ and lays the beams of his upper chambers
on their waters.
He makes the clouds his chariot
and rides on the wings of the wind.
⁴ He makes winds his messengers,[a]
flames of fire his servants.

⁵ He set the earth on its foundations;
it can never be moved.
⁶ You covered it with the deep as with a garment;
the waters stood above the mountains.
⁷ But at your rebuke the waters fled,
at the sound of your thunder they took
to flight;
⁸ they flowed over the mountains,
they went down into the valleys,
to the place you assigned for them.
⁹ You set a boundary they cannot cross;
never again will they cover the earth.

¹⁰ He makes springs pour water into the ravines;
it flows between the mountains.
¹¹ They give water to all the beasts of the field;
the wild donkeys quench their thirst.
¹² The birds of the air nest by the waters;
they sing among the branches.
¹³ He waters the mountains from his upper chambers;
the earth is satisfied by the fruit of his work.
¹⁴ He makes grass grow for the cattle,
and plants for man to cultivate—
bringing forth food from the earth:
¹⁵ wine that gladdens the heart of man,
oil to make his face shine,
and bread that sustains his heart.
¹⁶ The trees of the L℮rd are well watered,
the cedars of Lebanon that he planted.
¹⁷ There the birds make their nests;
the stork has its home in the pine trees.
¹⁸ The high mountains belong to the wild goats;
the crags are a refuge for the coneys.[b]

¹⁹ The moon marks off the seasons,
and the sun knows when to go down.
²⁰ You bring darkness, it becomes night,
and all the beasts of the forest prowl.
²¹ The lions roar for their prey
and seek their food from God.
²² The sun rises, and they steal away;
they return and lie down in their dens.
²³ Then man goes out to his work,
to his labor until evening.

²⁴ How many are your works, O L℮rd!

ᵃ104.4 Ou *anjos*   ᵃ104:4 Or *angels* ᵇ104:18 That is, the hyrax or rock badger

Fizeste todas elas com sabedoria!
A terra está cheia de seres que criaste.

25 Eis o mar, imenso e vasto.
Nele vivem inúmeras criaturas,
seres vivos, pequenos e grandes.

26 Nele passam os navios,
e também o Leviatã[a],
que formaste para com ele[b] brincar.

27 Todos eles dirigem seu olhar a ti,
esperando que lhes dês o alimento no tempo certo;

28 tu lhes dás, e eles o recolhem,
abres a tua mão, e saciam-se de coisas boas.

29 Quando escondes o rosto,
entram em pânico;
quando lhes retiras o fôlego,
morrem e voltam ao pó.

30 Quando sopras o teu fôlego,
eles são criados,
e renovas a face da terra.

31 Perdure para sempre a glória do SENHOR!
Alegre-se o SENHOR em seus feitos!

32 Ele olha para a terra, e ela treme,
toca os montes, e eles fumegam.

33 Cantarei ao SENHOR toda a minha vida;
louvarei ao meu Deus enquanto eu viver.

34 Seja-lhe agradável a minha meditação,
pois no SENHOR tenho alegria.

35 Sejam os pecadores eliminados da terra
e deixem de existir os ímpios.

Bendiga o SENHOR a minha alma!

Aleluia![c]

SALMO 105

1 Dêem graças ao SENHOR,
proclamem o seu nome;
divulguem os seus feitos entre as nações.

2 Cantem para ele e louvem-no;
relatem todas as suas maravilhas.

3 Gloriem-se no seu santo nome;
alegre-se o coração dos
que buscam o SENHOR.

4 Recorram ao SENHOR e ao seu poder;
busquem sempre a sua presença.

5 Lembrem-se das maravilhas que ele fez,
dos seus prodígios
e das sentenças de juízo que pronunciou,

6 ó descendentes de Abraão, seu servo,
ó filhos de Jacó, seus escolhidos.

7 Ele é o SENHOR, o nosso Deus;
seus decretos são para toda a terra.

8 Ele se lembra para sempre da sua aliança,
por mil gerações, da palavra que ordenou,

9 da aliança que fez com Abraão,
do juramento que fez a Isaque.

10 Ele o confirmou como decreto a Jacó,
a Israel como aliança eterna, quando disse:

11 "Darei a você a terra de Canaã,
a herança que lhe pertence".

12 Quando ainda eram poucos,
um punhado de peregrinos na terra,

13 e vagueavam de nação em nação,
de um reino a outro,

In wisdom you made them all;
the earth is full of your creatures.

25 There is the sea, vast and spacious,
teeming with creatures beyond number—
living things both large and small.

26 There the ships go to and fro,
and the leviathan, which you formed to frolic there.

27 These all look to you
to give them their food at the proper time.

28 When you give it to them,
they gather it up;
when you open your hand,
they are satisfied with good things.

29 When you hide your face,
they are terrified;
when you take away their breath,
they die and return to the dust.

30 When you send your Spirit,
they are created,
and you renew the face of the earth.

31 May the glory of the LORD endure forever;
may the LORD rejoice in his works—

32 he who looks at the earth, and it trembles,
who touches the mountains, and they smoke.

33 I will sing to the LORD all my life;
I will sing praise to my God as long as I live.

34 May my meditation be pleasing to him,
as I rejoice in the LORD.

35 But may sinners vanish from the earth
and the wicked be no more.

Praise the LORD, O my soul.

Praise the LORD.[a]

105

Give thanks to the LORD, call on his name;
make known among the nations what he
has done.

2 Sing to him, sing praise to him;
tell of all his wonderful acts.

3 Glory in his holy name;
let the hearts of those who seek the LORD rejoice.

4 Look to the LORD and his strength;
seek his face always.

5 Remember the wonders he has done,
his miracles, and the judgments he
pronounced,

6 O descendants of Abraham his servant,
O sons of Jacob, his chosen ones.

7 He is the LORD our God;
his judgments are in all the earth.

8 He remembers his covenant forever,
the word he commanded, for a thousand
generations,

9 the covenant he made with Abraham,
the oath he swore to Isaac.

10 He confirmed it to Jacob as a decree,
to Israel as an everlasting covenant:

11 "To you I will give the land of Canaan
as the portion you will inherit."

12 When they were but few in number,
few indeed, and strangers in it,

13 they wandered from nation to nation,
from one kingdom to another.

---

[a]104.26 Ou *monstro marinho* [b]104.26 Ou *para nele* [c]104.35 Ou *Louvem o Senhor*; também em todo o livro de Salmos.

[a]104:35 Hebrew *Hallelu Yah*; in the Septuagint this line stands at the beginning of Psalm 105.

14 ele não permitiu que ninguém os oprimisse,
 mas a favor deles repreendeu reis, dizendo:
15 "Não toquem nos meus ungidos;
 não maltratem os meus profetas".

16 Ele mandou vir fome sobre a terra
 e destruiu todo o seu sustento;
17 mas enviou um homem adiante deles,
 José, que foi vendido como escravo.
18 Machucaram-lhe os pés com correntes
 e com ferros prenderam-lhe o pescoço,
19 até cumprir-se a sua predição
 e a palavra do SENHOR confirmar o que dissera.
20 O rei mandou soltá-lo,
 o governante dos povos o libertou.
21 Ele o constituiu senhor de seu palácio
 e administrador de todos os seus bens,
22 para instruir os seus oficiais como desejasse
 e ensinar a sabedoria às autoridades do rei.

23 Então Israel foi para o Egito,
 Jacó viveu como estrangeiro na terra de Cam.
24 Deus fez proliferar o seu povo,
 tornou-o mais poderoso
 do que os seus adversários,
25 e mudou o coração deles
 para que odiassem o seu povo,
 para que tramassem contra os seus servos.
26 Então enviou seu servo Moisés,
 e Arão, a quem tinha escolhido,
27 por meio dos quais realizou
 os seus sinais miraculosos
 e as suas maravilhas na terra de Cam.
28 Ele enviou trevas, e houve trevas,
 e eles não se rebelarama contra as suas palavras.
29 Ele transformou as águas deles em sangue,
 causando a morte dos seus peixes.
30 A terra deles ficou infestada de rãs,
 até mesmo os aposentos reais.
31 Ele ordenou, e enxames de moscas e piolhosb
 invadiram o território deles.
32 Deu-lhes granizo, em vez de chuva,
 e raios flamejantes por toda a sua terra;
33 arrasou as suas videiras e figueiras
 e destruiu as árvores do seu território.
34 Ordenou, e vieram enxames de gafanhotos,
 gafanhotos inumeráveis,
35 e devoraram toda a vegetação daquela terra,
 e consumiram tudo o que a lavoura produziu.
36 Depois matou todos os primogênitos
 da terra deles,
 todas as primícias da sua virilidade.
37 Ele tirou de lá Israel,
 que saiu cheio de prata e ouro.
 Não havia em suas tribos quem fraquejasse.
38 Os egípcios alegraram-se quando eles saíram,
 pois estavam com verdadeiro pavor
 dos israelitas.
39 Ele estendeu uma nuvem para lhes dar sombra,
 e fogo para iluminar a noite.
40 Pediram, e ele enviou codornizes,
 e saciou-os com pão do céu.
41 Ele fendeu a rocha, e jorrou água,
 que escorreu como um rio pelo deserto.
42 Pois ele se lembrou da santa promessa
 que fizera ao seu servo Abraão.
43 Fez o seu povo sair cheio de júbilo,
 e os seus escolhidos, com cânticos alegres.

14 He allowed no one to oppress them;
 for their sake he rebuked kings:
15 "Do not touch my anointed ones;
 do my prophets no harm."

16 He called down famine on the land
 and destroyed all their supplies of food;
17 and he sent a man before them—
 Joseph, sold as a slave.
18 They bruised his feet with shackles,
 his neck was put in irons,
19 till what he foretold came to pass,
 till the word of the LORD proved him true.
20 The king sent and released him,
 the ruler of peoples set him free.
21 He made him master of his household,
 ruler over all he possessed,
22 to instruct his princes as he pleased
 and teach his elders wisdom.

23 Then Israel entered Egypt;
 Jacob lived as an alien in the land of Ham.
24 The LORD made his people very fruitful;
 he made them too numerous for their foes,
25 whose hearts he turned to hate his people,
 to conspire against his servants.
26 He sent Moses his servant,
 and Aaron, whom he had chosen.
27 They performed his miraculous signs among them,
 his wonders in the land of Ham.
28 He sent darkness and made the land dark—
 for had they not rebelled against his words?
29 He turned their waters into blood,
 causing their fish to die.
30 Their land teemed with frogs,
 which went up into the bedrooms of their
  rulers.
31 He spoke, and there came swarms of flies,
 and gnats throughout their country.
32 He turned their rain into hail,
 with lightning throughout their land;
33 he struck down their vines and fig trees
 and shattered the trees of their country.
34 He spoke, and the locusts came,
 grasshoppers without number;
35 they ate up every green thing in their land,
 ate up the produce of their soil.
36 Then he struck down all the firstborn in their land,
 the firstfruits of all their manhood.
37 He brought out Israel, laden with silver and gold,
 and from among their tribes no one faltered.
38 Egypt was glad when they left,
 because dread of Israel had fallen on them.
39 He spread out a cloud as a covering,
 and a fire to give light at night.
40 They asked, and he brought them quail
 and satisfied them with the bread of heaven.
41 He opened the rock, and water gushed out;
 like a river it flowed in the desert.
42 For he remembered his holy promise
 given to his servant Abraham.
43 He brought out his people with rejoicing,
 his chosen ones with shouts of joy;

---

a105.28 A Septuaginta e a Versão Siríaca dizem *mas eles se rebelaram.* b105.31
Ou *mosquitos*

44 Deu-lhes as terras das nações,
    e eles tomaram posse
      do fruto do trabalho de outros povos,
45 para que obedecessem aos seus decretos
    e guardassem as suas leis.

    Aleluia!

SALMO 106

1 Aleluia!

    Dêem graças ao SENHOR porque ele é bom;
      o seu amor dura para sempre.
2 Quem poderá descrever
      os feitos poderosos do SENHOR,
    ou declarar todo o louvor que lhe é devido?
3 Como são felizes
      os que perseveram na retidão,
    que sempre praticam a justiça!
4 Lembra-te de mim, SENHOR,
      quando tratares com bondade o teu povo;
    vem em meu auxílio quando o salvares,
5 para que eu possa testemunhar[a]
      o bem-estar dos teus escolhidos,
    alegrar-me com a alegria do teu povo,
    e louvar-te junto com a tua herança.

6 Pecamos como os nossos antepassados;
    fizemos o mal e fomos rebeldes.
7 No Egito, os nossos antepassados
      não deram atenção às tuas maravilhas;
    não se lembraram das muitas manifestações
      do teu amor leal
    e rebelaram-se junto ao mar, o mar Vermelho.
8 Contudo, ele os salvou por causa do seu nome,
      para manifestar o seu poder.
9 Repreendeu o mar Vermelho, e este secou;
    ele os conduziu pelas profundezas
      como por um deserto.
10 Salvou-os das mãos daqueles que os odiavam;
    das mãos dos inimigos os resgatou.
11 As águas cobriram os seus adversários;
    nenhum deles sobreviveu.
12 Então creram nas suas promessas
    e a ele cantaram louvores.

13 Mas logo se esqueceram do que ele tinha feito
    e não esperaram para saber o seu plano.
14 Dominados pela gula no deserto,
    puseram Deus à prova nas regiões áridas.
15 Deu-lhes o que pediram,
    mas mandou sobre eles uma doença terrível.
16 No acampamento
      tiveram inveja de Moisés e de Arão,
    daquele que fora consagrado ao SENHOR.
17 A terra abriu-se, engoliu Datã
    e sepultou o grupo de Abirão;
18 fogo surgiu entre os seus seguidores;
    as chamas consumiram os ímpios.
19 Em Horebe fizeram um bezerro,
    adoraram um ídolo de metal.
20 Trocaram a Glória deles
      pela imagem de um boi que come capim.
21 Esqueceram-se de Deus, seu Salvador,
      que fizera coisas grandiosas no Egito,
22 maravilhas na terra de Cam
    e feitos temíveis junto ao mar Vermelho.
23 Por isso, ele ameaçou destruí-los;

44 he gave them the lands of the nations,
    and they fell heir to what others had toiled for—
45 that they might keep his precepts
    and observe his laws.

Praise the LORD.[a]

106 Praise the LORD.[b]
    Give thanks to the LORD, for he is good;
      his love endures forever.
2 Who can proclaim the mighty acts of the LORD
    or fully declare his praise?
3 Blessed are they who maintain justice,
    who constantly do what is right.
4 Remember me, O LORD, when you show favor to
    your people,
    come to my aid when you save them,
5 that I may enjoy the prosperity of your chosen ones,
    that I may share in the joy of your nation
    and join your inheritance in giving praise.

6 We have sinned, even as our fathers did;
    we have done wrong and acted wickedly.
7 When our fathers were in Egypt,
    they gave no thought to your miracles;
    they did not remember your many kindnesses,
    and they rebelled by the sea, the Red Sea.[c]
8 Yet he saved them for his name's sake,
    to make his mighty power known.
9 He rebuked the Red Sea, and it dried up;
    he led them through the depths as through
      a desert.
10 He saved them from the hand of the foe;
    from the hand of the enemy he redeemed them.
11 The waters covered their adversaries;
    not one of them survived.
12 Then they believed his promises
    and sang his praise.

13 But they soon forgot what he had done
    and did not wait for his counsel.
14 In the desert they gave in to their craving;
    in the wasteland they put God to the test.
15 So he gave them what they asked for,
    but sent a wasting disease upon them.
16 In the camp they grew envious of Moses
    and of Aaron, who was consecrated to the LORD.
17 The earth opened up and swallowed Dathan;
    it buried the company of Abiram.
18 Fire blazed among their followers;
    a flame consumed the wicked.
19 At Horeb they made a calf
    and worshiped an idol cast from metal.
20 They exchanged their Glory
    for an image of a bull, which eats grass.
21 They forgot the God who saved them,
    who had done great things in Egypt,
22 miracles in the land of Ham
    and awesome deeds by the Red Sea.
23 So he said he would destroy them—

---

[a]105:45 Hebrew *Hallelu Yah* [b]106:1 Hebrew *Hallelu Yah*; also in verse 48 [c]106:7 Hebrew *Yam Suph*; that is, Sea of Reeds; also in verses 9 and 22

[a]106.5 Ou *desfrutar*

mas Moisés, seu escolhido,
intercedeuᵃ diante dele,
    para evitar que a sua ira os destruísse.

²⁴ Também rejeitaram a terra desejável;
não creram na promessa dele.
²⁵ Queixaram-se em suas tendas
e não obedeceram ao Senhor.
²⁶ Assim, de mão levantada,
ele jurou que os abateria no deserto
²⁷ e dispersaria os seus descendentes
    entre as nações e os espalharia por outras terras.

²⁸ Sujeitaram-se ao jugo de Baal-Peor
e comeram sacrifícios oferecidos
    a ídolos mortos;
²⁹ provocaram a ira do Senhor
    com os seus atos,
e uma praga irrompeu no meio deles.
³⁰ Mas Finéias se interpôs para executar o juízo,
e a praga foi interrompida.
³¹ Isso lhe foi creditado como um ato de justiça
que para sempre será lembrado,
    por todas as gerações.

³² Provocaram a ira de Deus
    junto às águas de Meribá;
e, por causa deles, Moisés foi castigado;
³³ rebelaram-se contra o Espírito de Deus,
e Moisésᵇ falou sem refletir.

³⁴ Eles não destruíram os povos,
como o Senhor tinha ordenado,
³⁵ em vez disso, misturaram-se com as nações
e imitaram as suas práticas.
³⁶ Prestaram culto aos seus ídolos,
que se tornaram uma armadilha para eles.
³⁷ Sacrificaram seus filhos e suas filhas
    aos demônios.
³⁸ Derramaram sangue inocente,
    o sangue de seus filhos e filhas
sacrificados aos ídolos de Canaã;
e a terra foi profanada pelo sangue deles.
³⁹ Tornaram-se impuros pelos seus atos;
prostituíram-se por suas ações.

⁴⁰ Por isso acendeu-se a ira do Senhor
    contra o seu povo
e ele sentiu aversão por sua herança.
⁴¹ Entregou-os nas mãos das nações,
e os seus adversários dominaram sobre eles.
⁴² Os seus inimigos os oprimiram
e os subjugaram com o seu poder.
⁴³ Ele os libertou muitas vezes,
embora eles persistissem
em seus planos de rebelião
e afundassem em sua maldade.

⁴⁴ Mas Deus atentou para o sofrimento deles
    quando ouviu o seu clamor.
⁴⁵ Lembrou-se da sua aliança com eles,
    e arrependeu-se,
por causa do seu imenso amor leal.
⁴⁶ Fez com que os seus captores
    tivessem misericórdia deles.

⁴⁷ Salva-nos, Senhor, nosso Deus!
Ajunta-nos dentre as nações,
para que demos graças ao teu santo nome
e façamos do teu louvor a nossa glória.

⁴⁸ Bendito seja o Senhor, o Deus de Israel,

---

had not Moses, his chosen one,
stood in the breach before him
    to keep his wrath from destroying them.

²⁴ Then they despised the pleasant land;
    they did not believe his promise.
²⁵ They grumbled in their tents
    and did not obey the Lord.
²⁶ So he swore to them with uplifted hand
    that he would make them fall in the desert,
²⁷ make their descendants fall among the nations
    and scatter them throughout the lands.

²⁸ They yoked themselves to the Baal of Peor
    and ate sacrifices offered to lifeless gods;
²⁹ they provoked the Lord to anger by their
    wicked deeds,
    and a plague broke out among them.
³⁰ But Phinehas stood up and intervened,
    and the plague was checked.
³¹ This was credited to him as righteousness
    for endless generations to come.

³² By the waters of Meribah they angered the Lord,
    and trouble came to Moses because of them;
³³ for they rebelled against the Spirit of God,
    and rash words came from Moses' lips.ᵃ

³⁴ They did not destroy the peoples
    as the Lord had commanded them,
³⁵ but they mingled with the nations
    and adopted their customs.
³⁶ They worshiped their idols,
    which became a snare to them.
³⁷ They sacrificed their sons
    and their daughters to demons.
³⁸ They shed innocent blood,
    the blood of their sons and daughters,
whom they sacrificed to the idols of Canaan,
    and the land was desecrated by their blood.
³⁹ They defiled themselves by what they did;
    by their deeds they prostituted themselves.

⁴⁰ Therefore the Lord was angry with his people
    and abhorred his inheritance.
⁴¹ He handed them over to the nations,
    and their foes ruled over them.
⁴² Their enemies oppressed them
    and subjected them to their power.
⁴³ Many times he delivered them,
    but they were bent on rebellion
    and they wasted away in their sin.

⁴⁴ But he took note of their distress
    when he heard their cry;
⁴⁵ for their sake he remembered his covenant
    and out of his great love he relented.
⁴⁶ He caused them to be pitied
    by all who held them captive.

⁴⁷ Save us, O Lord our God,
    and gather us from the nations,
that we may give thanks to your holy name
    and glory in your praise.

⁴⁸ Praise be to the Lord, the God of Israel,

ᵃ106.23 Hebraico: *colocou-se na brecha.* ᵇ106.33 Ou *tanto irritaram-lhe o espírito que Moisés*

ᵃ106:33 Or *against his spirit, / and rash words came from his lips*

por toda a eternidade.
Que todo o povo diga: "Amém!"

Aleluia!

QUINTO LIVRO

SALMO 107

1 Dêem graças ao Senhor porque ele é bom;
o seu amor dura para sempre.

2 Assim o digam os que o Senhor resgatou,
os que livrou das mãos do adversário,

3 e reuniu de outras terras,
do oriente e do ocidente, do norte e do sul[a].

4 Perambularam pelo deserto e por terras áridas
sem encontrar cidade habitada.

5 Estavam famintos e sedentos;
sua vida ia se esvaindo.

6 Na sua aflição, clamaram ao Senhor,
e ele os livrou da tribulação
em que se encontravam

7 e os conduziu por caminho seguro
a uma cidade habitada.

8 Que eles dêem graças ao Senhor
por seu amor leal e por suas maravilhas
em favor dos homens,

9 porque ele sacia o sedento
e satisfaz plenamente o faminto.

10 Assentaram-se nas trevas e na sombra mortal,
aflitos, acorrentados,

11 pois se rebelaram contra as palavras de Deus
e desprezaram os desígnios do Altíssimo.

12 Por isso ele os sujeitou a trabalhos pesados;
eles tropeçaram,
e não houve quem os ajudasse.

13 Na sua aflição, clamaram ao Senhor,
e eles os salvou da tribulação
em que se encontravam.

14 Ele os tirou das trevas e da sombra mortal,
e quebrou as correntes que os prendiam.

15 Que eles dêem graças ao Senhor,
por seu amor leal e por suas maravilhas
em favor dos homens,

16 porque despedaçou as portas de bronze
e rompeu as trancas de ferro.

17 Tornaram-se tolos por causa
dos seus caminhos rebeldes,
e sofreram por causa das suas maldades.

18 Sentiram repugnância por toda comida
e chegaram perto das portas da morte.

19 Na sua aflição, clamaram ao Senhor,
e ele os salvou da tribulação
em que se encontravam.

20 Ele enviou a sua palavra e os curou,
e os livrou da morte.

21 Que eles dêem graças ao Senhor,
por seu amor leal e por suas maravilhas
em favor dos homens.

22 Que eles ofereçam
sacrifícios de ação de graças
e anunciem as suas obras
com cânticos de alegria.

23 Fizeram-se ao mar em navios,
para negócios na imensidão das águas,

24 e viram as obras do Senhor,
as suas maravilhas nas profundezas.

from everlasting to everlasting.
Let all the people say, "Amen!"

Praise the Lord.

BOOK V

Psalms 107-150

107
Give thanks to the Lord, for he is good;
his love endures forever.

2 Let the redeemed of the Lord say this—
those he redeemed from the hand of the foe,

3 those he gathered from the lands,
from east and west, from north and south.[a]

4 Some wandered in desert wastelands,
finding no way to a city where they could settle.

5 They were hungry and thirsty,
and their lives ebbed away.

6 Then they cried out to the Lord in their trouble,
and he delivered them from their distress.

7 He led them by a straight way
to a city where they could settle.

8 Let them give thanks to the Lord for his
unfailing love
and his wonderful deeds for men,

9 for he satisfies the thirsty
and fills the hungry with good things.

10 Some sat in darkness and the deepest gloom,
prisoners suffering in iron chains,

11 for they had rebelled against the words of God
and despised the counsel of the Most High.

12 So he subjected them to bitter labor;
they stumbled, and there was no one to help.

13 Then they cried to the Lord in their trouble,
and he saved them from their distress.

14 He brought them out of darkness and the
deepest gloom
and broke away their chains.

15 Let them give thanks to the Lord for his
unfailing love
and his wonderful deeds for men,

16 for he breaks down gates of bronze
and cuts through bars of iron.

17 Some became fools through their rebellious ways
and suffered affliction because of their
iniquities.

18 They loathed all food
and drew near the gates of death.

19 Then they cried to the Lord in their trouble,
and he saved them from their distress.

20 He sent forth his word and healed them;
he rescued them from the grave.

21 Let them give thanks to the Lord for his
unfailing love
and his wonderful deeds for men.

22 Let them sacrifice thank offerings
and tell of his works with songs of joy.

23 Others went out on the sea in ships;
they were merchants on the mighty waters.

24 They saw the works of the Lord,
his wonderful deeds in the deep.

ª**107.3** Hebraico: *mar.*   ª**107:3** Hebrew *north and the sea*

25 Deus falou e provocou um vendaval
    que levantava as ondas.
26 Subiam aos céus e desciam aos abismos;
    diante de tal perigo, perderam a coragem.
27 Cambaleavam, tontos como bêbados,
    e toda a sua habilidade foi inútil.
28 Na sua aflição, clamaram ao Senhor,
    e ele os tirou da tribulação
      em que se encontravam.
29 Reduziu a tempestade a uma brisa
    e serenou as ondas.
30 As ondas sossegaram, eles se alegraram,
    e Deus os guiou ao porto almejado.
31 Que eles deem graças ao Senhor
    por seu amor leal e por suas maravilhas
      em favor dos homens.
32 Que o exaltem na assembléia do povo
    e o louvem na reunião dos líderes.

33 Ele transforma os rios em deserto
    e as fontes em terra seca,
34 faz da terra fértil um solo estéril,
    por causa da maldade dos seus moradores.
35 Transforma o deserto em açudes
    e a terra ressecada, em fontes.
36 Ali ele assenta os famintos,
    para fundarem uma cidade habitável,
37 semearem lavouras, plantarem vinhas
    e colherem uma grande safra.
38 Ele os abençoa, e eles se multiplicam;
    e não deixa que os seus rebanhos diminuam.

39 Quando, porém, reduzidos,
    são humilhados com opressão,
      desgraça e tristeza.
40 Deus derrama desprezo sobre os nobres
    e os faz vagar num deserto sem caminhos.
41 Mas tira os pobres da miséria
    e aumenta as suas famílias como rebanhos.
42 Os justos vêem tudo isso e se alegram,
    mas todos os perversos se calam.

43 Reflitam nisso os sábios
    e considerem a bondade do Senhor.

SALMO 108

Uma canção. Salmo davídico.

1 Meu coração está firme, ó Deus!
    Cantarei e louvarei, ó Glória minha!
2 Acordem, harpa e lira!
    Despertarei a alvorada.
3 Eu te darei graças, ó Senhor, entre os povos;
    cantarei louvores entre as nações,
4 porque o teu amor leal
    se eleva muito acima dos céus;
    a tua fidelidade alcança as nuvens!
5 Sê exaltado, ó Deus, acima dos céus;
    estenda-se a tua glória sobre toda a terra!

6 Salva-nos com a tua mão direita
    e responde-nos,
    para que sejam libertos aqueles a quem amas.
7 Do seu santuárioª Deus falou:
    "No meu triunfo dividirei Siquém
    e repartirei o vale de Sucote.
8 Gileade me pertence, e Manassés também;
    Efraim é o meu capacete, Judá é o meu cetro.

ª108.7 Ou *Na sua santidade*

25 For he spoke and stirred up a tempest
    that lifted high the waves.
26 They mounted up to the heavens and went down
    to the depths;
    in their peril their courage melted away.
27 They reeled and staggered like drunken men;
    they were at their wits' end.
28 Then they cried out to the Lord in their trouble,
    and he brought them out of their distress.
29 He stilled the storm to a whisper;
    the waves of the sea were hushed.
30 They were glad when it grew calm,
    and he guided them to their desired haven.
31 Let them give thanks to the Lord for his
    unfailing love
    and his wonderful deeds for men.
32 Let them exalt him in the assembly of the people
    and praise him in the council of the elders.

33 He turned rivers into a desert,
    flowing springs into thirsty ground,
34 and fruitful land into a salt waste,
    because of the wickedness of those who lived
      there.
35 He turned the desert into pools of water
    and the parched ground into flowing springs;
36 there he brought the hungry to live,
    and they founded a city where they could settle.
37 They sowed fields and planted vineyards
    that yielded a fruitful harvest;
38 he blessed them, and their numbers greatly increased,
    and he did not let their herds diminish.

39 Then their numbers decreased, and they were
    humbled
    by oppression, calamity and sorrow;
40 he who pours contempt on nobles
    made them wander in a trackless waste.
41 But he lifted the needy out of their affliction
    and increased their families like flocks.
42 The upright see and rejoice,
    but all the wicked shut their mouths.

43 Whoever is wise, let him heed these things
    and consider the great love of the Lord.

A song. A psalm of David.

108
1 My heart is steadfast, O God;
    I will sing and make music with all my soul.
2 Awake, harp and lyre!
    I will awaken the dawn.
3 I will praise you, O Lord, among the nations;
    I will sing of you among the peoples.
4 For great is your love, higher than the heavens;
    your faithfulness reaches to the skies.
5 Be exalted, O God, above the heavens,
    and let your glory be over all the earth.

6 Save us and help us with your right hand,
    that those you love may be delivered.
7 God has spoken from his sanctuary:
    "In triumph I will parcel out Shechem
    and measure off the Valley of Succoth.
8 Gilead is mine, Manasseh is mine;
    Ephraim is my helmet,
    Judah my scepter.

9 Moabe é a pia em que me lavo,
　em Edom atiro a minha sandália,
　sobre a Filístia dou meu brado de vitória!"

10 Quem me levará à cidade fortificada?
　Quem me guiará a Edom?

11 Não foste tu, ó Deus, que nos rejeitaste
　e deixaste de sair com os nossos exércitos?

12 Dá-nos ajuda contra os adversários,
　pois inútil é o socorro do homem.

13 Com Deus conquistaremos a vitória,
　e ele pisará os nossos adversários.

SALMO 109

Para o mestre de música. Salmo davídico.

1 Ó Deus, a quem louvo, não fiques indiferente,
2 pois homens ímpios e falsos
　　dizem calúnias contra mim,
　e falam mentiras a meu respeito.

3 Eles me cercaram com palavras
　　carregadas de ódio;
　atacaram-me sem motivo.

4 Em troca da minha amizade eles me acusam,
　mas eu permaneço em oração.

5 Retribuem-me o bem com o mal,
　e a minha amizade com ódio.

6 Designe-se[a] um ímpio[b] para ser seu oponente;
　à sua direita esteja um acusador[c].

7 Seja declarado culpado no julgamento,
　e que até a sua oração seja considerada pecado.

8 Seja a sua vida curta,
　e outro ocupe o seu lugar.

9 Fiquem órfãos os seus filhos
　e a sua esposa, viúva.

10 Vivam os seus filhos vagando como mendigos,
　e saiam rebuscando o pão
　　longe de[d] suas casas em ruínas.

11 Que um credor se aposse
　de todos os seus bens,
　e estranhos saqueiem o fruto do seu trabalho.

12 Que ninguém o trate com bondade
　nem tenha misericórdia dos seus filhos órfãos.

13 Sejam exterminados os seus descendentes
　e desapareçam os seus nomes
　　na geração seguinte.

14 Que o Senhor se lembre
　　da iniqüidade dos seus antepassados,
　e não se apague o pecado de sua mãe.

15 Estejam os seus pecados sempre
　perante o Senhor,
　e na terra ninguém jamais se lembre
　　da sua família.

16 Pois ele jamais pensou em praticar
　　um ato de bondade,
　mas perseguiu até a morte o pobre,
　o necessitado e o de coração partido.

17 Ele gostava de amaldiçoar:
　　venha sobre ele a maldição!
　Não tinha prazer em abençoar:
　　afaste-se dele a bênção!

18 Ele vestia a maldição como uma roupa:
　　entre ela em seu corpo como água
　e em seus ossos como óleo.

19 Envolva-o como um manto
　e aperte-o sempre como um cinto.

---

9 Moab is my washbasin,
　upon Edom I toss my sandal;
　over Philistia I shout in triumph."

10 Who will bring me to the fortified city?
　Who will lead me to Edom?

11 Is it not you, O God, you who have rejected us
　and no longer go out with our armies?

12 Give us aid against the enemy,
　for the help of man is worthless.

13 With God we will gain the victory,
　and he will trample down our enemies.

For the director of music. Of David. A psalm.

109
O God, whom I praise,
　do not remain silent,
2 for wicked and deceitful men
　　have opened their mouths against me;
　they have spoken against me with
　　lying tongues.

3 With words of hatred they surround me;
　they attack me without cause.

4 In return for my friendship they accuse me,
　but I am a man of prayer.

5 They repay me evil for good,
　and hatred for my friendship.

6 Appoint[a] an evil man[b] to oppose him;
　let an accuser[c] stand at his right hand.

7 When he is tried, let him be found guilty,
　and may his prayers condemn him.

8 May his days be few;
　may another take his place of leadership.

9 May his children be fatherless
　and his wife a widow.

10 May his children be wandering beggars;
　may they be driven[d] from their ruined homes.

11 May a creditor seize all he has;
　may strangers plunder the fruits of his labor.

12 May no one extend kindness to him
　or take pity on his fatherless children.

13 May his descendants be cut off,
　their names blotted out from the next
　　generation.

14 May the iniquity of his fathers be remembered
　　before the Lord;
　may the sin of his mother never be blotted out.

15 May their sins always remain before the Lord,
　that he may cut off the memory of them from
　　the earth.

16 For he never thought of doing a kindness,
　but hounded to death the poor
　and the needy and the brokenhearted.

17 He loved to pronounce a curse—
　may it[e] come on him;
he found no pleasure in blessing—
　may it be[f] far from him.

18 He wore cursing as his garment;
　it entered into his body like water,
　into his bones like oil.

19 May it be like a cloak wrapped about him,
　like a belt tied forever around him.

---

[a]109.6 Ou *Eles dizem: "Designa* [b]109.6 Ou *o maligno* [c]109.6 Ou *Satanás* [d]109.10 A Septuaginta diz *e sejam expulsos de.*

[a]109:6 Or *They say: "Appoint* (with quotation marks at the end of verse 19) [b]109:6 Or *the Evil One* [c]109:6 Or *let Satan* [d]109:10 Septuagint; Hebrew *sought* [e]109:17 Or *curse, / and it has* [f]109:17 Or *blessing, / and it is*

20 Assim retribua o S<small>ENHOR</small>
       aos meus acusadores,
   aos que me caluniam.
21 Mas tu, Soberano S<small>ENHOR</small>,
   intervém em meu favor, por causa do teu nome.
   Livra-me, pois é sublime o teu amor leal!
22 Sou pobre e necessitado
   e, no íntimo, o meu coração está abatido.
23 Vou definhando como a sombra vespertina;
   para longe sou lançado, como um gafanhoto.
24 De tanto jejuar os meus joelhos fraquejam
   e o meu corpo definha de magreza.
25 Sou objeto de zombaria
       para os meus acusadores;
   logo que me vêem, meneiam a cabeça.

26 Socorro, S<small>ENHOR</small>, meu Deus!
   Salva-me pelo teu amor leal!
27 Que eles reconheçam que foi a tua mão,
   que foste tu, S<small>ENHOR</small>, que o fizeste.
28 Eles podem amaldiçoar,
       tu, porém, me abençoas.
   Quando atacarem, serão humilhados,
       mas o teu servo se alegrará.
29 Sejam os meus acusadores
       vestidos de desonra;
   que a vergonha os cubra como um manto.

30 Em alta voz, darei muitas graças ao S<small>ENHOR</small>;
   no meio da assembléia eu o louvarei,
31 pois ele se põe ao lado do pobre
   para salvá-lo daqueles que o condenam.

SALMO 110

Salmo davídico.

1 O S<small>ENHOR</small> disse ao meu Senhor:
   "Senta-te à minha direita
   até que eu faça dos teus inimigos
       um estrado para os teus pés".

2 O S<small>ENHOR</small> estenderá
   o cetro de teu poder desde Sião,
   e dominarás sobre os teus inimigos!
3 Quando convocares as tuas tropas,
   o teu povo se apresentará voluntariamente.^a
   Trajando vestes santas,^b
       desde o romper da alvorada
   os teus jovens virão como o orvalho.^c

4 O S<small>ENHOR</small> jurou e não se arrependerá:
   "Tu és sacerdote para sempre,
   segundo a ordem de Melquisedeque".

5 O Senhor está à tua direita;
   ele esmagará reis no dia da sua ira.
6 Julgará as nações, amontoando os mortos
   e esmagando governantes^d
   em toda a extensão da terra.
7 No caminho beberá de um ribeiro,
   e então erguerá a cabeça.

SALMO 111^e

1 Aleluia!

Darei graças ao S<small>ENHOR</small> de todo o coração
   na reunião da congregação dos justos.

---

20 May this be the L<small>ORD</small>'s payment to my accusers,
   to those who speak evil of me.
21 But you, O Sovereign L<small>ORD</small>,
   deal well with me for your name's sake;
   out of the goodness of your love, deliver me.
22 For I am poor and needy,
   and my heart is wounded within me.
23 I fade away like an evening shadow;
   I am shaken off like a locust.
24 My knees give way from fasting;
   my body is thin and gaunt.
25 I am an object of scorn to my accusers;
   when they see me, they shake their heads.

26 Help me, O L<small>ORD</small> my God;
   save me in accordance with your love.
27 Let them know that it is your hand,
   that you, O L<small>ORD</small>, have done it.
28 They may curse, but you will bless;
   when they attack they will be put to shame,
   but your servant will rejoice.
29 My accusers will be clothed with disgrace
   and wrapped in shame as in a cloak.

30 With my mouth I will greatly extol the L<small>ORD</small>;
   in the great throng I will praise him.
31 For he stands at the right hand of the needy one,
   to save his life from those who
       condemn him.

Of David. A psalm.

110
The L<small>ORD</small> says to my Lord:
"Sit at my right hand
until I make your enemies
   a footstool for your feet."

2 The L<small>ORD</small> will extend your mighty scepter from
       Zion;
   you will rule in the midst of your enemies.
3 Your troops will be willing
   on your day of battle.
   Arrayed in holy majesty,
       from the womb of the dawn
   you will receive the dew of your youth.^a

4 The L<small>ORD</small> has sworn
   and will not change his mind:
   "You are a priest forever,
   in the order of Melchizedek."

5 The Lord is at your right hand;
   he will crush kings on the day of his wrath.
6 He will judge the nations, heaping up the dead
   and crushing the rulers of the whole earth.
7 He will drink from a brook beside the way^b;
   therefore he will lift up his head.

^c Praise the L<small>ORD</small>.^d

111
I will extol the L<small>ORD</small> with all my heart
in the council of the upright and in the
       assembly.

---

^a110.3 A Septuaginta diz *contigo está o principado*. ^b110.3 Vários manuscritos do Texto Massorético e outras versões antigas dizem *Dos santos montes*. ^c110.3 A Septuaginta, a Versão Siríaca e vários manuscritos do Texto Massorético dizem *antes da aurora eu o gerei*. ^d110.6 Ou *cabeças* ^eO salmo 111 é um poema organizado em ordem alfabética, no hebraico.

^a110:3 Or / *your young men will come to you like the dew* ^b110:7 Or *The One who grants succession will set him in authority* ^cThis psalm is an acrostic poem, the lines of which begin with the successive letters of the Hebrew alphabet. ^d111:1 Hebrew *Hallelu Yah*

2 Grandes são as obras do SENHOR;
  nelas meditam todos os que as apreciam.
3 Os seus feitos manifestam
    majestade e esplendor,
  e a sua justiça dura para sempre.
4 Ele fez proclamar as suas maravilhas;
  o SENHOR é misericordioso e compassivo.
5 Deu alimento aos que o temiam,
  pois sempre se lembra de sua aliança.
6 Mostrou ao seu povo os seus feitos poderosos,
  dando-lhe as terras das nações.
7 As obras das suas mãos são fiéis e justas;
  todos os seus preceitos merecem confiança.
8 Estão firmes para sempre,
  estabelecidos com fidelidade e retidão.
9 Ele trouxe redenção ao seu povo
  e firmou a sua aliança para sempre.
    Santo e temível é o seu nome!

10 O temor do SENHOR
    é o princípio da sabedoria;
  todos os que cumprem os seus preceitos
    revelam bom senso.

  Ele será louvado para sempre!

SALMO 112a

1 Aleluia!

  Como é feliz o homem que teme o SENHOR
  e tem grande prazer em seus mandamentos!
2 Seus descendentes serão poderosos na terra,
  serão uma geração abençoada,
    de homens íntegros.
3 Grande riqueza há em sua casa,
  e a sua justiça dura para sempre.
4 A luz raia nas trevas para o íntegro,
  para quem é misericordiosob,
    compassivo e justo.

5 Feliz é o homem
    que empresta com generosidade
  e que também conduz os seus negócios.
6 O justo jamais será abalado;
  para sempre se lembrarão dele.
7 Não temerá más notícias;
  seu coração está firme, confiante no SENHOR.
8 O seu coração está seguro e nada temerá.
  No final, verá a derrota dos seus adversários.
9 Reparte generosamente com os pobres;
  a sua justiça dura para sempre;
  seu poderc será exaltado em honra.

10 O ímpio o vê e fica irado,
    range os dentes e definha.
  O desejo dos ímpios se frustrará.

SALMO 113

1 Aleluia!

  Louvem, ó servos do SENHOR,
  louvem o nome do SENHOR!
2 Seja bendito o nome do SENHOR,
  desde agora e para sempre!
3 Do nascente ao poente,
  seja louvado o nome do SENHOR!

---

2 Great are the works of the LORD;
  they are pondered by all who delight in them.
3 Glorious and majestic are his deeds,
  and his righteousness endures forever.
4 He has caused his wonders to be remembered;
  the LORD is gracious and compassionate.
5 He provides food for those who fear him;
  he remembers his covenant forever.
6 He has shown his people the power of his
    works,
  giving them the lands of other nations.
7 The works of his hands are faithful and just;
  all his precepts are trustworthy.
8 They are steadfast for ever and ever,
  done in faithfulness and uprightness.
9 He provided redemption for his people;
  he ordained his covenant forever—
  holy and awesome is his name.

10 The fear of the LORD is the beginning of
    wisdom;
  all who follow his precepts have good
    understanding.
  To him belongs eternal praise.

a Praise the LORD.b

112 Blessed is the man who fears the LORD,
  who finds great delight in his commands.

2 His children will be mighty in the land;
  the generation of the upright will be blessed.
3 Wealth and riches are in his house,
  and his righteousness endures forever.
4 Even in darkness light dawns for the upright,
  for the gracious and compassionate and
    righteous man.c
5 Good will come to him who is generous and
    lends freely,
  who conducts his affairs with justice.
6 Surely he will never be shaken;
  a righteous man will be remembered forever.
7 He will have no fear of bad news;
  his heart is steadfast, trusting in the LORD.
8 His heart is secure, he will have no fear;
  in the end he will look in triumph on his foes.
9 He has scattered abroad his gifts to the poor,
  his righteousness endures forever;
  his hornd will be lifted high in honor.

10 The wicked man will see and be vexed,
  he will gnash his teeth and waste away;
  the longings of the wicked will come to
    nothing.

113 Praise the LORD.e
  Praise, O servants of the LORD,
  praise the name of the LORD.
2 Let the name of the LORD be praised,
  both now and forevermore.
3 From the rising of the sun to the place where it sets,
  the name of the LORD is to be praised.

---

a O salmo 112 é um poema organizado em ordem alfabética, no hebraico.
b 112.4 Ou *pois o Senhor é misericordioso* c 112.9 Hebraico: *chifre.*

a This psalm is an acrostic poem, the lines of which begin with the successive letters of the Hebrew alphabet. b 112:1 Hebrew *Hallelu Yah* c 112:4 Or */ for the LORD is gracious and compassionate and righteous* d 112:9 *Horn* here symbolizes dignity. e 113:1 Hebrew *Hallelu Yah*; also in verse

⁴ O S<small>ENHOR</small> está exaltado
acima de todas as nações;
e acima dos céus está a sua glória.
⁵ Quem é como o S<small>ENHOR</small>, o nosso Deus,
que reina em seu trono nas alturas,
⁶ mas se inclina para contemplar
o que acontece nos céus e na terra?

⁷ Ele levanta do pó o necessitado
e ergue do lixo o pobre,
⁸ para fazê-los sentar-se com príncipes,
com os príncipes do seu povo.
⁹ Dá um lar à estéril,
e dela faz uma feliz mãe de filhos.

Aleluia!

SALMO 114

¹ Quando Israel saiu do Egito,
e a casa de Jacó saiu do meio
de um povo de língua estrangeira,
² Judá tornou-se o santuário de Deus,
Israel o seu domínio.

³ O mar olhou e fugiu,
o Jordão retrocedeu;
⁴ os montes saltaram como carneiros,
as colinas, como cordeiros.

⁵ Por que fugir, ó mar?
E você, Jordão, por que retroceder?
⁶ Por que vocês saltaram como carneiros,
ó montes?
E vocês, colinas, porque saltaram
como cordeiros?

⁷ Estremeça na presença do Soberano, ó terra,
na presença do Deus de Jacó!
⁸ Ele fez da rocha um açude,
do rochedo uma fonte.

SALMO 115

¹ Não a nós, S<small>ENHOR</small>, nenhuma glória para nós,
mas sim ao teu nome,
por teu amor e por tua fidelidade!

² Por que perguntam as nações:
"Onde está o Deus deles?"
³ O nosso Deus está nos céus,
e pode fazer tudo o que lhe agrada.
⁴ Os ídolos deles, de prata e ouro,
são feitos por mãos humanas.
⁵ Têm boca, mas não podem falar,
olhos, mas não podem ver;
⁶ têm ouvidos, mas não podem ouvir,
nariz, mas não podem sentir cheiro;
⁷ têm mãos, mas nada podem apalpar,
pés, mas não podem andar;
e não emitem som algum com a garganta.
⁸ Tornem-se como eles aqueles que os fazem
e todos os que neles confiam.

⁹ Confie no S<small>ENHOR</small>, ó Israel!
Ele é o seu socorro e o seu escudo.
¹⁰ Confiem no S<small>ENHOR</small>, sacerdotes!
Ele é o seu socorro e o seu escudo.
¹¹ Vocês que temem o S<small>ENHOR</small>,
confiem no S<small>ENHOR</small>!
Ele é o seu socorro e o seu escudo.

¹² O S<small>ENHOR</small> lembra-se de nós e nos abençoará;
abençoará os israelitas,
abençoará os sacerdotes,

⁴ The L<small>ORD</small> is exalted over all the nations,
his glory above the heavens.
⁵ Who is like the L<small>ORD</small> our God,
the One who sits enthroned on high,
⁶ who stoops down to look
on the heavens and the earth?

⁷ He raises the poor from the dust
and lifts the needy from the ash heap;
⁸ he seats them with princes,
with the princes of their people.
⁹ He settles the barren woman in her home
as a happy mother of children.

Praise the L<small>ORD</small>.

114

When Israel came out of Egypt,
the house of Jacob from a people of
foreign tongue,
² Judah became God's sanctuary,
Israel his dominion.

³ The sea looked and fled,
the Jordan turned back;
⁴ the mountains skipped like rams,
the hills like lambs.

⁵ Why was it, O sea, that you fled,
O Jordan, that you turned back,
⁶ you mountains, that you skipped like rams,
you hills, like lambs?

⁷ Tremble, O earth, at the presence of the Lord,
at the presence of the God of Jacob,
⁸ who turned the rock into a pool,
the hard rock into springs of water.

115

Not to us, O L<small>ORD</small>, not to us
but to your name be the glory,
because of your love and faithfulness.

² Why do the nations say,
"Where is their God?"
³ Our God is in heaven;
he does whatever pleases him.
⁴ But their idols are silver and gold,
made by the hands of men.
⁵ They have mouths, but cannot speak,
eyes, but they cannot see;
⁶ they have ears, but cannot hear,
noses, but they cannot smell;
⁷ they have hands, but cannot feel,
feet, but they cannot walk;
nor can they utter a sound with their throats.
⁸ Those who make them will be like them,
and so will all who trust in them.

⁹ O house of Israel, trust in the L<small>ORD</small>—
he is their help and shield.
¹⁰ O house of Aaron, trust in the L<small>ORD</small>—
he is their help and shield.
¹¹ You who fear him, trust in the L<small>ORD</small>—
he is their help and shield.

¹² The L<small>ORD</small> remembers us and will bless us:
He will bless the house of Israel,
he will bless the house of Aaron,

13 abençoará os que temem o Senhor,
    do menor ao maior.
14 Que o Senhor os multiplique,
    vocês e os seus filhos.
15 Sejam vocês abençoados pelo Senhor,
    que fez os céus e a terra.
16 Os mais altos céus pertencem ao Senhor,
    mas a terra ele a confiou ao homem.
17 Os mortos não louvam o Senhor,
    tampouco nenhum dos que descem ao silêncio.
18 Mas nós bendiremos o Senhor,
    desde agora e para sempre!

Aleluia!

SALMO 116

1 Eu amo o Senhor, porque ele me ouviu
    quando lhe fiz a minha súplica.
2 Ele inclinou os seus ouvidos para mim;
    eu o invocarei toda a minha vida.

3 As cordas da morte me envolveram,
    as angústias do Sheol[a] vieram sobre mim;
    aflição e tristeza me dominaram.
4 Então clamei pelo nome do Senhor:
    Livra-me, Senhor!

5 O Senhor é misericordioso e justo;
    o nosso Deus é compassivo.
6 O Senhor protege os simples;
    quando eu já estava sem forças, ele me salvou.

7 Retorne ao seu descanso, ó minha alma,
    porque o Senhor tem sido bom para você!

8 Pois tu me livraste da morte,
    e livraste os meus olhos das lágrimas
    e os meus pés, de tropeçar,
9 para que eu pudesse andar diante do Senhor
    na terra dos viventes.

10 Eu cri, ainda que tenha dito:[b]
    Estou muito aflito.
11 Em pânico eu disse:
    Ninguém merece confiança.

12 Como posso retribuir ao Senhor
    toda a sua bondade para comigo?
13 Erguerei o cálice da salvação
    e invocarei o nome do Senhor.
14 Cumprirei para com o Senhor
    os meus votos,
    na presença de todo o seu povo.

15 O Senhor vê com pesar
    a morte de seus fiéis.[c]
16 Senhor, sou teu servo,
    Sim, sou teu servo, filho da tua serva;
    livraste-me das minhas correntes.
17 Oferecerei a ti um sacrifício de gratidão
    e invocarei o nome do Senhor.
18 Cumprirei para com o Senhor
    os meus votos,
    na presença de todo o seu povo,
19 nos pátios da casa do Senhor,
    no seu interior, ó Jerusalém!

Aleluia!

13 he will bless those who fear the Lord—
    small and great alike.
14 May the Lord make you increase,
    both you and your children.
15 May you be blessed by the Lord,
    the Maker of heaven and earth.
16 The highest heavens belong to the Lord,
    but the earth he has given to man.
17 It is not the dead who praise the Lord,
    those who go down to silence;
18 it is we who extol the Lord,
    both now and forevermore.

Praise the Lord.[a]

116

I love the Lord, for he heard my voice;
    he heard my cry for mercy.
2 Because he turned his ear to me,
    I will call on him as long as I live.

3 The cords of death entangled me,
    the anguish of the grave[b] came upon me;
    I was overcome by trouble and sorrow.
4 Then I called on the name of the Lord:
    "O Lord, save me!"

5 The Lord is gracious and righteous;
    our God is full of compassion.
6 The Lord protects the simplehearted;
    when I was in great need, he saved me.

7 Be at rest once more, O my soul,
    for the Lord has been good to you.

8 For you, O Lord, have delivered my soul from death,
    my eyes from tears,
    my feet from stumbling,
9 that I may walk before the Lord
    in the land of the living.

10 I believed; therefore[c] I said,
    "I am greatly afflicted."
11 And in my dismay I said,
    "All men are liars."

12 How can I repay the Lord
    for all his goodness to me?
13 I will lift up the cup of salvation
    and call on the name of the Lord.
14 I will fulfill my vows to the Lord
    in the presence of all his people.

15 Precious in the sight of the Lord
    is the death of his saints.
16 O Lord, truly I am your servant;
    I am your servant, the son of your
      maidservant;[d]
    you have freed me from my chains.
17 I will sacrifice a thank offering to you
    and call on the name of the Lord.
18 I will fulfill my vows to the Lord
    in the presence of all his people,
19 in the courts of the house of the Lord—
    in your midst, O Jerusalem.

Praise the Lord.[e]

---

[a] 116.3 Essa palavra pode ser traduzida por sepultura, profundezas, pó ou morte.
[b] 116.10 Ou *Eu cri, por isso falei:* [c] 116.15 Ou *Para o Senhor é preciosa a morte dos seus fiéis.*

[a] 115:18 Hebrew *Hallelu Yah* [b] 116:3 Hebrew *Sheol* [c] 116:10 Or *believed even when* [d] 116:16 Or *servant, your faithful son* [e] 116:19 Hebrew *Hallelu Yah*

SALMO 117

¹ Louvem o Senhor, todas as nações;
   exaltem-no, todos os povos!
² Porque imenso é o seu amor leal por nós,
   e a fidelidade do Senhor dura para sempre.

   Aleluia!

SALMO 118

¹ Dêem graças ao Senhor porque ele é bom;
   o seu amor dura para sempre.

² Que Israel diga:
   "O seu amor dura para sempre!"
³ Os sacerdotes digam:
   "O seu amor dura para sempre!"
⁴ Os que temem o Senhor digam:
   "O seu amor dura para sempre!"

⁵ Na minha angústia clamei ao Senhor;
   e o Senhor me respondeu,
   dando-me ampla liberdadeª.
⁶ O Senhor está comigo, não temerei.
   O que me podem fazer os homens?
⁷ O Senhor está comigo;
   ele é o meu ajudador.
   Verei a derrota dos meus inimigos.

⁸ É melhor buscar refúgio no Senhor
   do que confiar nos homens.
⁹ É melhor buscar refúgio no Senhor
   do que confiar em príncipes.

¹⁰ Todas as nações me cercaram,
   mas em nome do Senhor eu as derrotei.
¹¹ Cercaram-me por todos os lados,
   mas em nome do Senhor eu as derrotei.
¹² Cercaram-me como um enxame de abelhas,
   mas logo se extinguiram
   como espinheiros em chamas.
   Em nome do Senhor eu as derrotei!

¹³ Empurraram-me para forçar a minha queda,
   mas o Senhor me ajudou.
¹⁴ O Senhor é a minha força e o meu cântico;
   ele é a minha salvação.

¹⁵ Alegres brados de vitória
   ressoam nas tendas dos justos:
   "A mão direita do Senhor age com poder!
¹⁶ A mão direita do Senhor é exaltada!
   A mão direita do Senhor age com poder!"

¹⁷ Não morrerei; mas vivo ficarei
   para anunciar os feitos do Senhor.
¹⁸ O Senhor me castigou com severidade,
   mas não me entregou à morte.

¹⁹ Abram as portas da justiça para mim,
   pois quero entrar para dar graças ao Senhor.
²⁰ Esta é a porta do Senhor,
   pela qual entram os justos.
²¹ Dou-te graças, porque me respondeste
   e foste a minha salvação.

²² A pedra que os construtores rejeitaram
   tornou-se a pedra angular.
²³ Isso vem do Senhor,
   e é algo maravilhoso para nós.
²⁴ Este é o dia em que o Senhor agiu;
   alegremo-nos e exultemos neste dia.

²⁵ Salva-nos, Senhor! Nós imploramos.
   Faze-nos prosperar, Senhor! Nós suplicamos.

117

¹ Praise the Lord, all you nations;
   extol him, all you peoples.
² For great is his love toward us,
   and the faithfulness of the Lord endures forever.

   Praise the Lord.ª

118

¹ Give thanks to the Lord, for he is good;
   his love endures forever.

² Let Israel say:
   "His love endures forever."
³ Let the house of Aaron say:
   "His love endures forever."
⁴ Let those who fear the Lord say:
   "His love endures forever."

⁵ In my anguish I cried to the Lord,
   and he answered by setting me free.
⁶ The Lord is with me; I will not be afraid.
   What can man do to me?
⁷ The Lord is with me; he is my helper.
   I will look in triumph on my enemies.

⁸ It is better to take refuge in the Lord
   than to trust in man.
⁹ It is better to take refuge in the Lord
   than to trust in princes.

¹⁰ All the nations surrounded me,
   but in the name of the Lord I cut them off.
¹¹ They surrounded me on every side,
   but in the name of the Lord I cut them off.
¹² They swarmed around me like bees,
   but they died out as quickly as burning thorns;
   in the name of the Lord I cut them off.

¹³ I was pushed back and about to fall,
   but the Lord helped me.
¹⁴ The Lord is my strength and my song;
   he has become my salvation.

¹⁵ Shouts of joy and victory
   resound in the tents of the righteous:
   "The Lord's right hand has done mighty things!
¹⁶ The Lord's right hand is lifted high;
   the Lord's right hand has done mighty things!"

¹⁷ I will not die but live,
   and will proclaim what the Lord has done.
¹⁸ The Lord has chastened me severely,
   but he has not given me over to death.

¹⁹ Open for me the gates of righteousness;
   I will enter and give thanks to the Lord.
²⁰ This is the gate of the Lord
   through which the righteous may enter.
²¹ I will give you thanks, for you answered me;
   you have become my salvation.

²² The stone the builders rejected
   has become the capstone;
²³ the Lord has done this,
   and it is marvelous in our eyes.
²⁴ This is the day the Lord has made;
   let us rejoice and be glad in it.

²⁵ O Lord, save us;
   O Lord, grant us success.

ª118.5 Hebraico: *pondo-me num lugar espaçoso.*   ª117:2 Hebrew *Hallelu Yah*

²⁶Bendito é o que vem em nome do Senhor.
Da casa do Senhor nós os abençoamos.
²⁷O Senhor é Deus,
e ele fez resplandecer sobre nós a sua luz.ª
Juntem-se ao cortejo festivo,
levando ramos até as pontas^b do altar.

²⁸Tu és o meu Deus; graças te darei!
Ó meu Deus, eu te exaltarei!

²⁹Dêem graças ao Senhor, porque ele é bom;
o seu amor dura para sempre.

SALMO 119^c

Álef

¹Como são felizes os que andam
em caminhos irrepreensíveis,
que vivem conforme a lei do Senhor!
²Como são felizes os que obedecem
aos seus estatutos
e de todo o coração o buscam!
³Não praticam o mal
e andam nos caminhos do Senhor.
⁴Tu mesmo ordenaste os teus preceitos
para que sejam fielmente obedecidos.
⁵Quem dera fossem firmados os meus caminhos
na obediência aos teus decretos.
⁶Então não ficaria decepcionado
ao considerar todos os teus mandamentos.
⁷Eu te louvarei de coração sincero
quando aprender as tuas justas ordenanças.
⁸Obedecerei aos teus decretos;
nunca me abandones.

Bêt

⁹Como pode o jovem
manter pura a sua conduta?
Vivendo de acordo com a tua palavra.
¹⁰Eu te busco de todo o coração;
não permitas que eu me desvie
dos teus mandamentos.
¹¹Guardei no coração a tua palavra
para não pecar contra ti.
¹²Bendito sejas, Senhor!
Ensina-me os teus decretos.
¹³Com os lábios repito
todas as leis que promulgaste.
¹⁴Regozijo-me em seguir os teus testemunhos
como o que se regozija com grandes riquezas.
¹⁵Meditarei nos teus preceitos
e darei atenção às tuas veredas.
¹⁶Tenho prazer nos teus decretos;
não me esqueço da tua palavra.

Guímel

¹⁷Trata com bondade o teu servo
para que eu viva e obedeça à tua palavra.
¹⁸Abre os meus olhos
para que eu veja as maravilhas da tua lei.
¹⁹Sou peregrino na terra;
não escondas de mim os teus
mandamentos.
²⁰A minha alma consome-se de perene desejo
das tuas ordenanças.
²¹Tu repreendes os arrogantes;
malditos os que se desviam
dos teus mandamentos!

ℵ Aleph

119

^cBlessed are they whose ways are
blameless,
who walk according to the law of the Lord.
²Blessed are they who keep his statutes
and seek him with all their heart.
³They do nothing wrong;
they walk in his ways.
⁴You have laid down precepts
that are to be fully obeyed.
⁵Oh, that my ways were steadfast
in obeying your decrees!
⁶Then I would not be put to shame
when I consider all your commands.
⁷I will praise you with an upright heart
as I learn your righteous laws.
⁸I will obey your decrees;
do not utterly forsake me.

ב Beth

⁹How can a young man keep his way pure?
By living according to your word.
¹⁰I seek you with all my heart;
do not let me stray from your commands.
¹¹I have hidden your word in my heart
that I might not sin against you.
¹²Praise be to you, O Lord;
teach me your decrees.
¹³With my lips I recount
all the laws that come from your mouth.
¹⁴I rejoice in following your statutes
as one rejoices in great riches.
¹⁵I meditate on your precepts
and consider your ways.
¹⁶I delight in your decrees;
I will not neglect your word.

ג Gimel

¹⁷Do good to your servant, and I will live;
I will obey your word.
¹⁸Open my eyes that I may see
wonderful things in your law.
¹⁹I am a stranger on earth;
do not hide your commands from me.
²⁰My soul is consumed with longing
for your laws at all times.
²¹You rebuke the arrogant, who are cursed
and who stray from your commands.

---

22 Tira de mim a afronta e o desprezo,
    pois obedeço aos teus estatutos.
23 Mesmo que os poderosos se reúnam
      para conspirar contra mim,
    ainda assim o teu servo meditará
      nos teus decretos.
24 Sim, os teus testemunhos são o meu prazer;
    eles são os meus conselheiros.

Dálet

25 Agora estou prostrado no pó;
    preserva a minha vida
      conforme a tua promessa.
26 A ti relatei os meus caminhos
      e tu me respondeste;
    ensina-me os teus decretos.
27 Faze-me discernir o propósito
      dos teus preceitos;
    então meditarei nas tuas maravilhas.
28 A minha alma se consome de tristeza;
    fortalece-me conforme a tua promessa.
29 Desvia-me dos caminhos enganosos;
    por tua graça, ensina-me a tua lei.
30 Escolhi o caminho da fidelidade;
    decidi seguir as tuas ordenanças.
31 Apego-me aos teus testemunhos,
      ó Senhor;
    não permitas que eu fique decepcionado.
32 Corro pelo caminho
      que os teus mandamentos apontam,
    pois me deste maior entendimento.

He

33 Ensina-me, Senhor,
      o caminho dos teus decretos,
    e a eles obedecerei até o fim.
34 Dá-me entendimento,
      para que eu guarde a tua lei
    e a ela obedeça de todo o coração.
35 Dirige-me pelo caminho
      dos teus mandamentos,
    pois nele encontro satisfação.
36 Inclina o meu coração para os teus estatutos,
    e não para a ganância.
37 Desvia os meus olhos das coisas inúteis;
    faze-me viver nos caminhos que traçaste.[a]
38 Cumpre a tua promessa
      para com o teu servo,
    para que sejas temido.
39 Livra-me da afronta que me apavora,
    pois as tuas ordenanças são boas.
40 Como anseio pelos teus preceitos!
    Preserva a minha vida por tua justiça!

Vav

41 Que o teu amor alcance-me, Senhor,
    e a tua salvação, segundo a tua promessa;
42 então responderei aos que me afrontam,
    pois confio na tua palavra.
43 Jamais tires da minha boca
      a palavra da verdade,
    pois nas tuas ordenanças
      coloquei a minha esperança.
44 Obedecerei constantemente à tua lei,
    para todo o sempre.
45 Andarei em verdadeira liberdade,
    pois tenho buscado os teus preceitos.
46 Falarei dos teus testemunhos diante de reis,
    sem ficar envergonhado.

22 Remove from me scorn and contempt,
    for I keep your statutes.
23 Though rulers sit together and slander me,
    your servant will meditate on your decrees.
24 Your statutes are my delight;
    they are my counselors.

ד Daleth

25 I am laid low in the dust;
    preserve my life according to your word.
26 I recounted my ways and you answered me;
    teach me your decrees.
27 Let me understand the teaching of your precepts;
    then I will meditate on your wonders.
28 My soul is weary with sorrow;
    strengthen me according to your word.
29 Keep me from deceitful ways;
    be gracious to me through your law.
30 I have chosen the way of truth;
    I have set my heart on your laws.
31 I hold fast to your statutes, O Lord;
    do not let me be put to shame.
32 I run in the path of your commands,
    for you have set my heart free.

ה He

33 Teach me, O Lord, to follow your decrees;
    then I will keep them to the end.
34 Give me understanding, and I will keep your law
    and obey it with all my heart.
35 Direct me in the path of your commands,
    for there I find delight.
36 Turn my heart toward your statutes
    and not toward selfish gain.
37 Turn my eyes away from worthless things;
    preserve my life according to your word.[a]
38 Fulfill your promise to your servant,
    so that you may be feared.
39 Take away the disgrace I dread,
    for your laws are good.
40 How I long for your precepts!
    Preserve my life in your righteousness.

ו Waw

41 May your unfailing love come to me, O Lord,
    your salvation according to your promise;
42 then I will answer the one who taunts me,
    for I trust in your word.
43 Do not snatch the word of truth from
      my mouth,
    for I have put my hope in your laws.
44 I will always obey your law,
    for ever and ever.
45 I will walk about in freedom,
    for I have sought out your precepts.
46 I will speak of your statutes before kings
    and will not be put to shame,

---

[a]119.37 Dois manuscritos do Texto Massorético e os manuscritos do mar Morto dizem *preserva a minha vida pela tua palavra.*

[a]119:37 Two manuscripts of the Masoretic Text and Dead Sea Scrolls; most manuscripts of the Masoretic Text *life in your way*

47 Tenho prazer nos teus mandamentos;
    eu os amo.
48 A tia levanto minhas mãos
    e medito nos teus decretos.

Zain

49 Lembra-te da tua palavra ao teu servo,
    pela qual me deste esperança.
50 Este é o meu consolo no meu sofrimento:
    A tua promessa dá-me vida.
51 Os arrogantes zombam de mim
    o tempo todo,
    mas eu não me desvio da tua lei.
52 Lembro-me, SENHOR,
    das tuas ordenanças do passado
    e nelas acho consolo.
53 Fui tomado de ira tremenda
    por causa dos ímpios
    que rejeitaram a tua lei.
54 Os teus decretos são o tema
    da minha canção em minha peregrinação.
55 De noite lembro-me do teu nome, SENHOR!
    Vou obedecer à tua lei.
56 Esta tem sido a minha prática:
    Obedecer aos teus preceitos.

Hêt

57 Tu és a minha herança, SENHOR;
    prometi obedecer às tuas palavras.
58 De todo o coração suplico a tua graça;
    tem misericórdia de mim,
    conforme a tua promessa.
59 Refleti em meus caminhos
    e voltei os meus passos
    para os teus testemunhos.
60 Eu me apressarei e não hesitarei
    em obedecer aos teus mandamentos.
61 Embora as cordas dos ímpios
    queiram prender-me,
    eu não me esqueço da tua lei.
62 À meia-noite me levanto para dar-te graças
    pelas tuas justas ordenanças.
63 Sou amigo de todos os que te temem
    e obedecem aos teus preceitos.
64 A terra está cheia do teu amor, SENHOR;
    ensina-me os teus decretos.

Tét

65 Trata com bondade o teu servo, SENHOR;
    conforme a tua promessa.
66 Ensina-me o bom senso e o conhecimento,
    pois confio em teus mandamentos.
67 Antes de ser castigado, eu andava desviado,
    mas agora obedeço à tua palavra.
68 Tu és bom, e o que fazes é bom;
    ensina-me os teus decretos.
69 Os arrogantes mancharam o meu nome
    com mentiras,
    mas eu obedeço aos teus preceitos
    de todo o coração.
70 O coração deles é insensível,
    eu, porém, tenho prazer na tua lei.
71 Foi bom para mim ter sido castigado,
    para que aprendesse os teus decretos.
72 Para mim vale mais a lei que decretaste
    do que milhares de peças de prata e ouro.

Iode

73 As tuas mãos me fizeram e me formaram;

---

47 for I delight in your commands
    because I love them.
48 I lift up my hands toª your commands, which
      I love,
    and I meditate on your decrees.

ז Zayin

49 Remember your word to your servant,
    for you have given me hope.
50 My comfort in my suffering is this:
    Your promise preserves my life.
51 The arrogant mock me without restraint,
    but I do not turn from your law.
52 I remember your ancient laws, O LORD,
    and I find comfort in them.
53 Indignation grips me because of the wicked,
    who have forsaken your law.
54 Your decrees are the theme of my song
    wherever I lodge.
55 In the night I remember your name, O LORD,
    and I will keep your law.
56 This has been my practice:
    I obey your precepts.

ח Heth

57 You are my portion, O LORD;
    I have promised to obey your words.
58 I have sought your face with all my heart;
    be gracious to me according to your promise.
59 I have considered my ways
    and have turned my steps to your statutes.
60 I will hasten and not delay
    to obey your commands.
61 Though the wicked bind me with ropes,
    I will not forget your law.
62 At midnight I rise to give you thanks
    for your righteous laws.
63 I am a friend to all who fear you,
    to all who follow your precepts.
64 The earth is filled with your love, O LORD;
    teach me your decrees.

ט Teth

65 Do good to your servant
    according to your word, O LORD.
66 Teach me knowledge and good judgment,
    for I believe in your commands.
67 Before I was afflicted I went astray,
    but now I obey your word.
68 You are good, and what you do is good;
    teach me your decrees.
69 Though the arrogant have smeared me with lies,
    I keep your precepts with all my heart.
70 Their hearts are callous and unfeeling,
    but I delight in your law.
71 It was good for me to be afflicted
    so that I might learn your decrees.
72 The law from your mouth is more precious to me
    than thousands of pieces of silver and gold.

י Yodh

73 Your hands made me and formed me;

ª119.48 Ou *Aos teus mandamentos*

ª119:48 Or *for*

dá-me entendimento para aprender
  os teus mandamentos.
⁷⁴ Quando os que têm temor de ti me virem,
  se alegrarão,
  pois na tua palavra
  coloquei a minha esperança.
⁷⁵ Sei, SENHOR, que as tuas ordenanças
  são justas,
  e que por tua fidelidade me castigaste.
⁷⁶ Seja o teu amor o meu consolo,
  conforme a tua promessa ao teu servo.
⁷⁷ Alcance-me a tua misericórdia
  para que eu tenha vida,
  porque a tua lei é o meu prazer.
⁷⁸ Sejam humilhados os arrogantes,
  pois prejudicaram-me sem motivo;
  mas eu meditarei nos teus preceitos.
⁷⁹ Venham apoiar-me aqueles que te temem,
  aqueles que entendem os teus estatutos.
⁸⁰ Seja o meu coração íntegro
  para com os teus decretos,
  para que eu não seja humilhado.

Caf

⁸¹ Estou quase desfalecido,
  aguardando a tua salvação,
  mas na tua palavra coloquei a minha esperança.
⁸² Os meus olhos fraquejam
  de tanto esperar pela tua promessa,
  e pergunto: Quando me consolarás?
⁸³ Embora eu seja como uma vasilha inútil^a,
  não me esqueço dos teus decretos.
⁸⁴ Até quando o teu servo deverá esperar
  para que castigues os meus perseguidores?
⁸⁵ Cavaram uma armadilha contra mim
  os arrogantes,
  os que não seguem a tua lei.
⁸⁶ Todos os teus mandamentos
  merecem confiança;
  ajuda-me, pois sou perseguido com mentiras.
⁸⁷ Quase acabaram com a minha vida
  na terra,
  mas não abandonei os teus preceitos.
⁸⁸ Preserva a minha vida pelo teu amor,
  e obedecerei aos estatutos que decretaste.

Lâmed

⁸⁹ A tua palavra, SENHOR,
  para sempre está firmada nos céus.
⁹⁰ A tua fidelidade é constante
  por todas as gerações;
  estabeleceste a terra, que firme subsiste.
⁹¹ Conforme as tuas ordens,
  tudo permanece até hoje^b,
  pois tudo está a teu serviço.
⁹² Se a tua lei não fosse o meu prazer,
  o sofrimento já me teria destruído.
⁹³ Jamais me esquecerei dos teus preceitos,
  pois é por meio deles
  que preservas a minha vida.
⁹⁴ Salva-me, pois a ti pertenço
  e busco os teus preceitos!
⁹⁵ Os ímpios estão à espera para destruir-me,
  mas eu considero os teus testemunhos.
⁹⁶ Tenho constatado
  que toda perfeição tem limite;
  mas não há limite para o teu mandamento.

give me understanding to learn your
  commands.
⁷⁴ May those who fear you rejoice when they
  see me,
  for I have put my hope in your word.
⁷⁵ I know, O LORD, that your laws are righteous,
  and in faithfulness you have afflicted me.
⁷⁶ May your unfailing love be my comfort,
  according to your promise to your servant.
⁷⁷ Let your compassion come to me that I may live,
  for your law is my delight.
⁷⁸ May the arrogant be put to shame for wronging
  me without cause;
  but I will meditate on your precepts.
⁷⁹ May those who fear you turn to me,
  those who understand your statutes.
⁸⁰ May my heart be blameless toward your decrees,
  that I may not be put to shame.

⊃ Kaph

⁸¹ My soul faints with longing for your salvation,
  but I have put my hope in your word.
⁸² My eyes fail, looking for your promise;
  I say, "When will you comfort me?"
⁸³ Though I am like a wineskin in the smoke,
  I do not forget your decrees.
⁸⁴ How long must your servant wait?
  When will you punish my persecutors?
⁸⁵ The arrogant dig pitfalls for me,
  contrary to your law.
⁸⁶ All your commands are trustworthy;
  help me, for men persecute me without cause.
⁸⁷ They almost wiped me from the earth,
  but I have not forsaken your precepts.
⁸⁸ Preserve my life according to your love,
  and I will obey the statutes of your mouth.

ל Lamedh

⁸⁹ Your word, O LORD, is eternal;
  it stands firm in the heavens.
⁹⁰ Your faithfulness continues through all
  generations;
  you established the earth, and it endures.
⁹¹ Your laws endure to this day,
  for all things serve you.
⁹² If your law had not been my delight,
  I would have perished in my affliction.
⁹³ I will never forget your precepts,
  for by them you have preserved my life.
⁹⁴ Save me, for I am yours;
  I have sought out your precepts.
⁹⁵ The wicked are waiting to destroy me,
  but I will ponder your statutes.
⁹⁶ To all perfection I see a limit;
  but your commands are boundless.

Mem

97 Como eu amo a tua lei!
    Medito nela o dia inteiro.
98 Os teus mandamentos me tornam
    mais sábio que os meus inimigos,
    porquanto estão sempre comigo.
99 Tenho mais discernimento
    que todos os meus mestres,
    pois medito nos teus testemunhos.
100 Tenho mais entendimento que os anciãos,
    pois obedeço aos teus preceitos.
101 Afasto os pés de todo caminho mau
    para obedecer à tua palavra.
102 Não me afasto das tuas ordenanças,
    pois tu mesmo me ensinas.
103 Como são doces para o meu paladar
    as tuas palavras!
    Mais que o mel para a minha boca!
104 Ganho entendimento
    por meio dos teus preceitos;
    por isso odeio todo caminho de falsidade.

Nun

105 A tua palavra é lâmpada
    que ilumina os meus passos
    e luz que clareia o meu caminho.
106 Prometi sob juramento e o cumprirei:
    vou obedecer às tuas justas ordenanças.
107 Passei por muito sofrimento;
    preserva, Senhor, a minha vida,
    conforme a tua promessa.
108 Aceita, Senhor, a oferta de louvor
    dos meus lábios,
    e ensina-me as tuas ordenanças.
109 A minha vida está sempre em perigoª,
    mas não me esqueço da tua lei.
110 Os ímpios prepararam uma armadilha
    contra mim,
    mas não me desviei dos teus preceitos.
111 Os teus testemunhos
    são a minha herança permanente;
    são a alegria do meu coração.
112 Dispus o meu coração para cumprir
    os teus decretos até o fim.

Sâmeq

113 Odeio os que são inconstantes,
    mas amo a tua lei.
114 Tu és o meu abrigo e o meu escudo;
    e na tua palavra coloquei minha esperança.
115 Afastem-se de mim os que praticam o mal!
    Quero obedecer
    aos mandamentos do meu Deus!
116 Sustenta-me, segundo a tua promessa,
    e eu viverei;
    não permitas que se frustrem
    as minhas esperanças.
117 Ampara-me, e estarei seguro;
    sempre estarei atento aos teus decretos.
118 Tu rejeitas todos os que se desviam
    dos teus decretos,
    pois os seus planos enganosos são inúteis.
119 Tu destróisᵇ como refugo
    todos os ímpios da terra;
    por isso amo os teus testemunhos.
120 O meu corpo estremece diante de ti;
    as tuas ordenanças enchem-me de temor.

כ Mem

97 Oh, how I love your law!
    I meditate on it all day long.
98 Your commands make me wiser than my
        enemies,
    for they are ever with me.
99 I have more insight than all my teachers,
    for I meditate on your statutes.
100 I have more understanding than the elders,
    for I obey your precepts.
101 I have kept my feet from every evil path
    so that I might obey your word.
102 I have not departed from your laws,
    for you yourself have taught me.
103 How sweet are your words to my taste,
    sweeter than honey to my mouth!
104 I gain understanding from your precepts;
    therefore I hate every wrong path.

נ Nun

105 Your word is a lamp to my feet
    and a light for my path.
106 I have taken an oath and confirmed it,
    that I will follow your righteous laws.
107 I have suffered much;
    preserve my life, O Lord, according to
        your word.
108 Accept, O Lord, the willing praise of my mouth,
    and teach me your laws.
109 Though I constantly take my life in my hands,
    I will not forget your law.
110 The wicked have set a snare for me,
    but I have not strayed from your precepts.
111 Your statutes are my heritage forever;
    they are the joy of my heart.
112 My heart is set on keeping your decrees
    to the very end.

ס Samekh

113 I hate double-minded men,
    but I love your law.
114 You are my refuge and my shield;
    I have put my hope in your word.
115 Away from me, you evildoers,
    that I may keep the commands of my God!
116 Sustain me according to your promise, and
        I will live;
    do not let my hopes be dashed.
117 Uphold me, and I will be delivered;
    I will always have regard for your decrees.
118 You reject all who stray from your decrees,
    for their deceitfulness is in vain.
119 All the wicked of the earth you discard like dross;
    therefore I love your statutes.
120 My flesh trembles in fear of you;
    I stand in awe of your laws.

ª**119.109** Hebraico: *em minhas mãos.* ᵇ**119.119** Alguns manuscritos do Texto
Massorético, a Septuaginta e outras versões gregas dizem *consideras.*

Áin

121 Tenho vivido com justiça e retidão;
não me abandones
nas mãos dos meus opressores.
122 Garante o bem-estar do teu servo;
não permitas que os arrogantes
me oprimam.
123 Os meus olhos fraquejam,
aguardando a tua salvação
e o cumprimento da tua justiça.
124 Trata o teu servo conforme o teu amor leal
e ensina-me os teus decretos.
125 Sou teu servo; dá-me discernimento
para compreender os teus testemunhos.
126 Já é tempo de agires, SENHOR,
pois a tua lei está sendo desrespeitada.
127 Eu amo os teus mandamentos
mais do que o ouro,
mais do que o ouro puro.
128 Por isso considero justos
os teus preceitos
e odeio todo caminho de falsidade.

Pê

129 Os teus testemunhos são maravilhosos;
por isso lhes obedeço.
130 A explicação das tuas palavras ilumina
e dá discernimento aos inexperientes.
131 Abro a boca e suspiro,
ansiando por teus mandamentos.
132 Volta-te para mim
e tem misericórdia de mim,
como sempre fazes aos que amam o teu nome.
133 Dirige os meus passos,
conforme a tua palavra;
não permitas que nenhum pecado me domine.
134 Resgata-me da opressão dos homens,
para que eu obedeça aos teus preceitos.
135 Faze o teu rosto resplandecer
sobre[a] o teu servo,
e ensina-me os teus decretos.
136 Rios de lágrimas correm dos meus olhos,
porque a tua lei não é obedecida.

Tsade

137 Justo és, SENHOR,
e retas são as tuas ordenanças.
138 Ordenaste os teus testemunhos com justiça;
dignos são de inteira confiança!
139 O meu zelo me consome,
pois os meus adversários
se esquecem das tuas palavras.
140 A tua promessa[b]
foi plenamente comprovada,
e, por isso, o teu servo a ama.
141 Sou pequeno e desprezado,
mas não esqueço os teus preceitos.
142 A tua justiça é eterna,
e a tua lei é a verdade.
143 Tribulação e angústia me atingiram,
mas os teus mandamentos são o meu prazer.
144 Os teus testemunhos são
eternamente justos,
dá-me discernimento para que eu tenha vida.

Cof

145 Eu clamo de todo o coração;
responde-me, SENHOR,
e obedecerei aos teus testemunhos!

ע Ayin

121 I have done what is righteous and just;
do not leave me to my oppressors.
122 Ensure your servant's well-being;
let not the arrogant oppress me.
123 My eyes fail, looking for your salvation,
looking for your righteous promise.
124 Deal with your servant according to your love
and teach me your decrees.
125 I am your servant; give me discernment
that I may understand your statutes.
126 It is time for you to act, O LORD;
your law is being broken.
127 Because I love your commands
more than gold, more than pure gold,
128 and because I consider all your precepts right,
I hate every wrong path.

פ Pe

129 Your statutes are wonderful;
therefore I obey them.
130 The unfolding of your words gives light;
it gives understanding to the simple.
131 I open my mouth and pant,
longing for your commands.
132 Turn to me and have mercy on me,
as you always do to those who love your name.
133 Direct my footsteps according to your word;
let no sin rule over me.
134 Redeem me from the oppression of men,
that I may obey your precepts.
135 Make your face shine upon your servant
and teach me your decrees.
136 Streams of tears flow from my eyes,
for your law is not obeyed.

צ Tsadhe

137 Righteous are you, O LORD,
and your laws are right.
138 The statutes you have laid down are righteous;
they are fully trustworthy.
139 My zeal wears me out,
for my enemies ignore your words.
140 Your promises have been thoroughly tested,
and your servant loves them.
141 Though I am lowly and despised,
I do not forget your precepts.
142 Your righteousness is everlasting
and your law is true.
143 Trouble and distress have come upon me,
but your commands are my delight.
144 Your statutes are forever right;
give me understanding that I may live.

ק Qoph

145 I call with all my heart; answer me, O LORD,
and I will obey your decrees.

ᵃ119.135 Isto é, mostra a tua bondade para com. ᵇ119.140 Ou *palavra*

146 Clamo a ti; salva-me,
   e obedecerei aos teus estatutos!
147 Antes do amanhecer me levanto
   e suplico o teu socorro;
   na tua palavra coloquei minha esperança.
148 Fico acordado nas vigílias da noite,
   para meditar nas tuas promessas.
149 Ouve a minha voz pelo teu amor leal;
   faze-me viver, Senhor,
      conforme as tuas ordenanças.
150 Os meus perseguidores
   aproximam-se com más intenções;ª
   mas estão distantes da tua lei.
151 Tu, porém, Senhor, estás perto
   e todos os teus mandamentos são verdadeiros.
152 Há muito aprendi dos teus testemunhos
   que tu os estabeleceste para sempre.

Rêsh

153 Olha para o meu sofrimento e livra-me,
   pois não me esqueço da tua lei.
154 Defende a minha causa e resgata-me;
   preserva a minha vida
      conforme a tua promessa.
155 A salvação está longe dos ímpios,
   pois eles não buscam os teus decretos.
156 Grande é a tua compaixão, Senhor;
   preserva a minha vida conforme as tuas leis.
157 Muitos são os meus adversários
   e os meus perseguidores,
   mas eu não me desvio dos teus estatutos.
158 Com grande desgosto vejo os infiéis,
   que não obedecem à tua palavra.
159 Vê como amo os teus preceitos!
   Dá-me vida, Senhor, conforme o teu amor leal.
160 A verdade é a essência da tua palavra,
   e todas as tuas justas ordenanças são eternas.

Shin e Sin

161 Os poderosos perseguem-me sem motivo,
   mas é diante da tua palavra
      que o meu coração treme.
162 Eu me regozijo na tua promessa como alguém
   que encontra grandes despojos.
163 Odeio e detesto a falsidade,
   mas amo a tua lei.
164 Sete vezes por dia eu te louvo
   por causa das tuas justas ordenanças.
165 Os que amam a tua lei desfrutam paz,
   e nada há que os faça tropeçar.
166 Aguardo a tua salvação, Senhor,
   e pratico os teus mandamentos.
167 Obedeço aos teus testemunhos;
   amo-os infinitamente!
168 Obedeço a todos os teus preceitos
      e testemunhos,
   pois conheces todos os meus caminhos.

Tau

169 Chegue à tua presença o meu clamor, Senhor!
   Dá-me entendimento conforme a tua palavra.
170 Chegue a ti a minha súplica.
   Livra-me, conforme a tua promessa.
171 Meus lábios transbordarão de louvor,
   pois me ensinas os teus decretos.
172 A minha língua cantará a tua palavra,
   pois todos os teus mandamentos são justos.

ª119.150 Conforme alguns manuscritos do Texto Massorético, a Septua-ginta
e algumas versões gregas. O Texto Massorético diz *Os que tramam o mal estão
por perto.*

146 I call out to you; save me
   and I will keep your statutes.
147 I rise before dawn and cry for help;
   I have put my hope in your word.
148 My eyes stay open through the watches of
      the night,
   that I may meditate on your promises.
149 Hear my voice in accordance with your love;
   preserve my life, O Lord, according to
      your laws.
150 Those who devise wicked schemes are near,
   but they are far from your law.
151 Yet you are near, O Lord,
   and all your commands are true.
152 Long ago I learned from your statutes
   that you established them to last forever.

ר Resh

153 Look upon my suffering and deliver me,
   for I have not forgotten your law.
154 Defend my cause and redeem me;
   preserve my life according to your promise.
155 Salvation is far from the wicked,
   for they do not seek out your decrees.
156 Your compassion is great, O Lord;
   preserve my life according to your laws.
157 Many are the foes who persecute me,
   but I have not turned from your statutes.
158 I look on the faithless with loathing,
   for they do not obey your word.
159 See how I love your precepts;
   preserve my life, O Lord, according to
      your love.
160 All your words are true;
   all your righteous laws are eternal.

ש Sin and Shin

161 Rulers persecute me without cause,
   but my heart trembles at your word.
162 I rejoice in your promise
   like one who finds great spoil.
163 I hate and abhor falsehood
   but I love your law.
164 Seven times a day I praise you
   for your righteous laws.
165 Great peace have they who love your law,
   and nothing can make them stumble.
166 I wait for your salvation, O Lord,
   and I follow your commands.
167 I obey your statutes,
   for I love them greatly.
168 I obey your precepts and your statutes,
   for all my ways are known to you.

ת Taw

169 May my cry come before you, O Lord;
   give me understanding according to your word.
170 May my supplication come before you;
   deliver me according to your promise.
171 May my lips overflow with praise,
   for you teach me your decrees.
172 May my tongue sing of your word,
   for all your commands are righteous.

173 Com tua mão vem ajudar-me,
    pois escolhi os teus preceitos.
174 Anseio pela tua salvação, Senhor,
    e a tua lei é o meu prazer.
175 Permite-me viver para que eu te louve;
    e que as tuas ordenanças me sustentem.
176 Andei vagando como ovelha perdida;
    vem em busca do teu servo,
      pois não me esqueci
      dos teus mandamentos.

SALMO 120

Cântico de Peregrinação[a].

1 Eu clamo pelo Senhor na minha angústia,
    e ele me responde.
2 Senhor, livra-me dos lábios mentirosos
    e da língua traiçoeira!

3 O que ele lhe dará?
    Como lhe retribuirá, ó língua enganadora?
4 Ele a castigará
      com flechas afiadas de guerreiro,
    com brasas incandescentes de sândalo.

5 Ai de mim, que vivo como estrangeiro
      em Meseque,
    que habito entre as tendas de Quedar!
6 Tenho vivido tempo demais
      entre os que odeiam a paz.
7 Sou um homem de paz;
    mas, ainda que eu fale de paz,
      eles só falam de guerra.

SALMO 121

Cântico de Peregrinação.

1 Levanto os meus olhos para os montes
      e pergunto:
    De onde me vem o socorro?
2 O meu socorro vem do Senhor,
    que fez os céus e a terra.

3 Ele não permitirá que você tropece;
    o seu protetor se manterá alerta,
4 sim, o protetor de Israel não dormirá;
    ele está sempre alerta!

5 O Senhor é o seu protetor;
      como sombra que o protege,
    ele está à sua direita.
6 De dia o sol não o ferirá,
    nem a lua, de noite.

7 O Senhor o protegerá de todo o mal,
    protegerá a sua vida.
8 O Senhor protegerá a sua saída
      e a sua chegada,
    desde agora e para sempre.

SALMO 122

Cântico de Peregrinação. Davidico.

1 Alegrei-me com os que me disseram:
    "Vamos à casa do Senhor!"
2 Nossos pés já se encontram
    dentro de suas portas, ó Jerusalém!
3 Jerusalém está construída
    como cidade firmemente estabelecida.
4 Para lá sobem as tribos do Senhor,

---

173 May your hand be ready to help me,
    for I have chosen your precepts.
174 I long for your salvation, O Lord,
    and your law is my delight.
175 Let me live that I may praise you,
    and may your laws sustain me.
176 I have strayed like a lost sheep.
    Seek your servant,
    for I have not forgotten your commands.

A song of ascents.

120
I call on the Lord in my distress,
    and he answers me.
2 Save me, O Lord, from lying lips
    and from deceitful tongues.

3 What will he do to you,
    and what more besides, O deceitful tongue?
4 He will punish you with a warrior's sharp arrows,
    with burning coals of the broom tree.

5 Woe to me that I dwell in Meshech,
    that I live among the tents of Kedar!
6 Too long have I lived
    among those who hate peace.
7 I am a man of peace;
    but when I speak, they are for war.

A song of ascents.

121
I lift up my eyes to the hills—
    where does my help come from?
2 My help comes from the Lord,
    the Maker of heaven and earth.

3 He will not let your foot slip—
    he who watches over you will not slumber;
4 indeed, he who watches over Israel
    will neither slumber nor sleep.

5 The Lord watches over you—
    the Lord is your shade at your right hand;
6 the sun will not harm you by day,
    nor the moon by night.

7 The Lord will keep you from all harm—
    he will watch over your life;
8 the Lord will watch over your coming and going
    both now and forevermore.

A song of ascents. Of David.

122
I rejoiced with those who said to me,
    "Let us go to the house of the Lord."
2 Our feet are standing
    in your gates, O Jerusalem.
3 Jerusalem is built like a city
    that is closely compacted together.
4 That is where the tribes go up,
    the tribes of the Lord,

---

a120 Ou *dos Degraus*; também nos salmos 121 a 134.

para dar graças ao Senhor,
conforme o mandamento dado a Israel.

5 Lá estão os tribunais de justiça,
os tribunais da casa real de Davi.

6 Orem pela paz de Jerusalém:
"Vivam em segurança aqueles que te amam!

7 Haja paz dentro dos teus muros
e segurança nas tuas cidadelas!"

8 Em favor de meus irmãos e amigos, direi:
Paz seja com você!

9 Em favor da casa do Senhor, nosso Deus,
buscarei o seu bem.

SALMO 123

Cântico de Peregrinação.

1 A ti levanto os meus olhos,
a ti, que ocupas o teu trono nos céus.

2 Assim como os olhos dos servos
estão atentos à mão de seu senhor,
e como os olhos das servas
estão atentos à mão de sua senhora,
também os nossos olhos
estão atentos ao Senhor,
ao nosso Deus,
esperando que ele tenha misericórdia de nós.

3 Misericórdia, Senhor!
Tem misericórdia de nós!
Já estamos cansados de tanto desprezo.

4 Estamos cansados de tanta zombaria
dos orgulhosos
e do desprezo dos arrogantes.

SALMO 124

Cântico de Peregrinação. Davídico.

1 Se o Senhor não estivesse do nosso lado;
que Israel o repita:

2 Se o Senhor não estivesse do nosso lado
quando os inimigos nos atacaram,

3 eles já nos teriam engolido vivos,
quando se enfureceram contra nós;

4 as águas nos teriam arrastado
e as torrentes nos teriam afogado;

5 sim, as águas violentas nos teriam afogado!

6 Bendito seja o Senhor,
que não nos entregou para sermos dilacerados
pelos dentes deles.

7 Como um pássaro escapamos
da armadilha do caçador;
a armadilha foi quebrada,
e nós escapamos.

8 O nosso socorro está no nome do Senhor,
que fez os céus e a terra.

SALMO 125

Cântico de Peregrinação.

1 Os que confiam no Senhor
são como o monte Sião,
que não se pode abalar,
mas permanece para sempre.

2 Como os montes cercam Jerusalém,
assim o Senhor protege o seu povo,
desde agora e para sempre.

3 O cetro dos ímpios não prevalecerá
sobre a terra dada aos justos;

to praise the name of the Lord
according to the statute given to Israel.

5 There the thrones for judgment stand,
the thrones of the house of David.

6 Pray for the peace of Jerusalem:
"May those who love you be secure.

7 May there be peace within your walls
and security within your citadels."

8 For the sake of my brothers and friends,
I will say, "Peace be within you."

9 For the sake of the house of the Lord our God,
I will seek your prosperity.

123 I lift up my eyes to you,
to you whose throne is in heaven.

2 As the eyes of slaves look to the hand of
their master,
as the eyes of a maid look to the hand of her mistress,
so our eyes look to the Lord our God,
till he shows us his mercy.

3 Have mercy on us, O Lord, have mercy on us,
for we have endured much contempt.

4 We have endured much ridicule from the proud,
much contempt from the arrogant.

A song of ascents. Of David.

124 If the Lord had not been on our side—
let Israel say—

2 if the Lord had not been on our side
when men attacked us,

3 when their anger flared against us,
they would have swallowed us alive;

4 the flood would have engulfed us,
the torrent would have swept over us,

5 the raging waters
would have swept us away.

6 Praise be to the Lord,
who has not let us be torn by their teeth.

7 We have escaped like a bird
out of the fowler's snare;
the snare has been broken,
and we have escaped.

8 Our help is in the name of the Lord,
the Maker of heaven and earth.

A song of ascents.

125 Those who trust in the Lord are like
Mount Zion,
which cannot be shaken but endures forever.

2 As the mountains surround Jerusalem,
so the Lord surrounds his people
both now and forevermore.

3 The scepter of the wicked will not remain
over the land allotted to the righteous,

se assim fosse,
    até os justos praticariam a injustiça.

⁴ SENHOR, trata com bondade
    os que fazem o bem,
os que têm coração íntegro.
⁵ Mas aos que se desviam
    por caminhos tortuosos,
o SENHOR infligirá o castigo dado aos malfeitores.

Haja paz em Israel!

SALMO 126
Cântico de Peregrinação.

¹ Quando o SENHOR trouxe os cativos
    de volta a Sião[a], foi como um sonho.
² Então a nossa boca encheu-se de riso,
    e a nossa língua de cantos de alegria.
Até nas outras nações se dizia:
    "O SENHOR fez coisas grandiosas
    por este povo".
³ Sim, coisas grandiosas fez o SENHOR por nós,
    por isso estamos alegres.

⁴ SENHOR, restaura-nos[b],
    assim como enches
    o leito dos ribeiros no deserto[c].
⁵ Aqueles que semeiam com lágrimas,
    com cantos de alegria colherão.
⁶ Aquele que sai chorando
    enquanto lança a semente,
voltará com cantos de alegria,
    trazendo os seus feixes.

SALMO 127
Cântico de Peregrinação. De Salomão.

¹ Se não for o SENHOR o construtor da casa,
    será inútil trabalhar na construção.
Se não é o SENHOR que vigia a cidade,
    será inútil a sentinela montar guarda.
² Será inútil levantar cedo e dormir tarde,
    trabalhando arduamente por alimento,
O SENHOR concede o sono
    àqueles a quem ele ama.[d]

³ Os filhos são herança do SENHOR,
    uma recompensa que ele dá.
⁴ Como flechas nas mãos do guerreiro
    são os filhos nascidos na juventude.
⁵ Como é feliz o homem
    que tem a sua aljava cheia deles!
Não será humilhado quando enfrentar
    seus inimigos no tribunal.

SALMO 128
Cântico de Peregrinação.

¹ Como é feliz quem teme o SENHOR,
    quem anda em seus caminhos!

² Você comerá do fruto do seu trabalho,
    e será feliz e próspero.
³ Sua mulher será como videira frutífera
    em sua casa;
seus filhos serão como brotos de oliveira
    ao redor da sua mesa.
⁴ Assim será abençoado
    o homem que teme o SENHOR!

for then the righteous might use
    their hands to do evil.

⁴ Do good, O LORD, to those who are good,
    to those who are upright in heart.
⁵ But those who turn to crooked ways
    the LORD will banish with the evildoers.

Peace be upon Israel.

A song of ascents.

126 When the LORD brought back the captives to[a]
    Zion,
we were like men who dreamed.[b]
² Our mouths were filled with laughter,
    our tongues with songs of joy.
Then it was said among the nations,
    "The LORD has done great things for them."
³ The LORD has done great things for us,
    and we are filled with joy.

⁴ Restore our fortunes,[c] O LORD,
    like streams in the Negev.
⁵ Those who sow in tears
    will reap with songs of joy.
⁶ He who goes out weeping,
    carrying seed to sow,
will return with songs of joy,
    carrying sheaves with him.

A song of ascents. Of Solomon.

127 Unless the LORD builds the house,
    its builders labor in vain.
Unless the LORD watches over the city,
    the watchmen stand guard in vain.
² In vain you rise early
    and stay up late,
toiling for food to eat—
    for he grants sleep to[d] those he loves.

³ Sons are a heritage from the LORD,
    children a reward from him.
⁴ Like arrows in the hands of a warrior
    are sons born in one's youth.
⁵ Blessed is the man
    whose quiver is full of them.
They will not be put to shame
    when they contend with their enemies
    in the gate.

A song of ascents.

128 Blessed are all who fear the LORD,
    who walk in his ways.
² You will eat the fruit of your labor;
    blessings and prosperity will be yours.
³ Your wife will be like a fruitful vine
    within your house;
your sons will be like olive shoots
    around your table.
⁴ Thus is the man blessed
    who fears the LORD.

ᵃ126.1 Ou *trouxe restauração a Sião* ᵇ126.4 Ou *traze nossos cativos de volta* ᶜ126.4
Ou *Neguebe* ᵈ127.2 Ou *concede sustento aos seus amados enquanto dormem*

ᵃ126:1 Or LORD *restored the fortunes of* ᵇ126:1 Or *men restored to health* ᶜ126:4
Or *Bring back our captives* ᵈ127:2 Or *eat— / for while they sleep he provides for*

5 Que o Senhor o abençoe desde Sião,
  para que você veja a prosperidade de Jerusalém
    todos os dias da sua vida,
6 e veja os filhos dos seus filhos.

  Haja paz em Israel!

SALMO 129

Cântico de Peregrinação.

1 Muitas vezes me oprimiram
  desde a minha juventude;
  que Israel o repita:
2 Muitas vezes me oprimiram
  desde a minha juventude,
  mas jamais conseguiram vencer-me.
3 Passaram o arado em minhas costas
  e fizeram longos sulcos.
4 O Senhor é justo!
  Ele libertou-me das algemas dos ímpios.

5 Retrocedam envergonhados
  todos os que odeiam Sião.
6 Sejam como o capim do terraço,
  que seca antes de crescer,
7 que não enche as mãos do ceifeiro
  nem os braços daquele que faz os fardos.
8 E que ninguém que passa diga:
  "Seja sobre vocês a bênção do Senhor;
  nós os abençoamos em nome do Senhor!"

SALMO 130

Cântico de Peregrinação.

1 Das profundezas clamo a ti, Senhor;
2 ouve, Senhor, a minha voz!
  Estejam atentos os teus ouvidos
    às minhas súplicas!

3 Se tu, Soberano Senhor,
  registrasses os pecados, quem escaparia?
4 Mas contigo está o perdão
  para que sejas temido.

5 Espero no Senhor com todo o meu ser,
  e na sua palavra ponho a minha esperança.
6 Espero pelo Senhor
  mais do que as sentinelas pela manhã;
  sim, mais do que as sentinelas
    esperam pela manhã!

7 Ponha a sua esperança no Senhor, ó Israel,
  pois no Senhor há amor leal
    e plena redenção.
8 Ele próprio redimirá Israel
  de todas as suas culpas.

SALMO 131

Cântico de Peregrinação. Davídico.

1 Senhor, o meu coração não é orgulhoso
  e os meus olhos não são arrogantes.
  Não me envolvo com coisas grandiosas
  nem maravilhosas demais para mim.
2 De fato, acalmei e tranqüilizei a minha alma.
  Sou como uma criança
    recém-amamentadaᵃ por sua mãe;
  a minha alma é como essa criança.

3 Ponha a sua esperança no Senhor, ó Israel,
  desde agora e para sempre!

ᵃ131.2 Ou *desmamada*

---

5 May the Lord bless you from Zion
  all the days of your life;
  may you see the prosperity of Jerusalem,
6   and may you live to see your children's children.

  Peace be upon Israel.

A song of ascents.

129 They have greatly oppressed me from my
    youth—
  let Israel say—
2 they have greatly oppressed me from my youth,
  but they have not gained the victory over me.
3 Plowmen have plowed my back
  and made their furrows long.
4 But the Lord is righteous;
  he has cut me free from the cords of
    the wicked.

5 May all who hate Zion
  be turned back in shame.
6 May they be like grass on the roof,
  which withers before it can grow;
7 with it the reaper cannot fill his hands,
  nor the one who gathers fill his arms.
8 May those who pass by not say,
  "The blessing of the Lord be upon you;
  we bless you in the name of the Lord."

A song of ascents.

130 Out of the depths I cry to you, O Lord;
2 O Lord, hear my voice.
  Let your ears be attentive
    to my cry for mercy.

3 If you, O Lord, kept a record of sins,
  O Lord, who could stand?
4 But with you there is forgiveness;
  therefore you are feared.

5 I wait for the Lord, my soul waits,
  and in his word I put my hope.
6 My soul waits for the Lord
  more than watchmen wait for the morning,
  more than watchmen wait for the morning.

7 O Israel, put your hope in the Lord,
  for with the Lord is unfailing love
  and with him is full redemption.
8 He himself will redeem Israel
  from all their sins.

A song of ascents. Of David.

131 My heart is not proud, O Lord,
  my eyes are not haughty;
  I do not concern myself with great matters
  or things too wonderful for me.
2 But I have stilled and quieted my soul;
  like a weaned child with its mother,
  like a weaned child is my soul within me.

3 O Israel, put your hope in the Lord
  both now and forevermore.

SALMO 132

Cântico de Peregrinação.

1 Senhor, lembra-te de Davi
e das dificuldades que enfrentou.
2 Ele jurou ao Senhor
e fez um voto ao Poderoso de Jacó:
3 "Não entrarei na minha tenda
e não me deitarei no meu leito;
4 não permitirei
que os meus olhos peguem no sono
nem que as minhas pálpebras descansem,
5 enquanto não encontrar
um lugar para o Senhor,
uma habitação para o Poderoso de Jacó".

6 Soubemos que a arca estava em Efrata[a],
mas nós a encontramos nos campos de Jaar[b]:
7 "Vamos para a habitação do Senhor!
Vamos adorá-lo diante do estrado de seus pés!
8 Levanta-te, Senhor,
e vem para o teu lugar de descanso,
tu e a arca onde está o teu poder.
9 Vistam-se de retidão os teus sacerdotes;
cantem de alegria os teus fiéis".

10 Por amor ao teu servo Davi,
não rejeites o teu ungido.

11 O Senhor fez um juramento a Davi,
um juramento firme que ele não revogará:
"Colocarei um dos seus descendentes
no seu trono.
12 Se os seus filhos forem fiéis à minha aliança
e aos testemunhos que eu lhes ensino,
também os filhos deles
o sucederão no trono para sempre".

13 O Senhor escolheu Sião,
com o desejo de fazê-la sua habitação:
14 "Este será o meu lugar de descanso
para sempre;
aqui firmarei o meu trono,
pois esse é o meu desejo.
15 Abençoarei este lugar com fartura;
os seus pobres suprirei de pão.
16 Vestirei de salvação os seus sacerdotes
e os seus fiéis a celebrarão com grande alegria.
17 "Ali farei renascer o poder[c] de Davi
e farei brilhar a luz[d] do meu ungido.
18 Vestirei de vergonha os seus inimigos,
mas nele brilhará a sua coroa".

SALMO 133

Cântico de Peregrinação. Davídico.

1 Como é bom e agradável
quando os irmãos convivem em união!
2 É como óleo precioso
derramado sobre a cabeça,
que desce pela barba, a barba de Arão,
até a gola das suas vestes.
3 É como o orvalho do Hermom
quando desce sobre os montes de Sião.
Ali o Senhor concede a bênção
da vida para sempre.

132

O Lord, remember David
and all the hardships he endured.
2 He swore an oath to the Lord
and made a vow to the Mighty One of Jacob:
3 "I will not enter my house
or go to my bed—
4 I will allow no sleep to my eyes,
no slumber to my eyelids,
5 till I find a place for the Lord,
a dwelling for the Mighty One of Jacob."

6 We heard it in Ephrathah,
we came upon it in the fields of Jaar[a;b]
7 "Let us go to his dwelling place;
let us worship at his footstool—
8 arise, O Lord, and come to your resting place,
you and the ark of your might.
9 May your priests be clothed with righteousness;
may your saints sing for joy."

10 For the sake of David your servant,
do not reject your anointed one.

11 The Lord swore an oath to David,
a sure oath that he will not revoke:
"One of your own descendants
I will place on your throne—
12 if your sons keep my covenant
and the statutes I teach them,
then their sons will sit
on your throne for ever and ever."

13 For the Lord has chosen Zion,
he has desired it for his dwelling:
14 "This is my resting place for ever and ever;
here I will sit enthroned, for I have desired it—
15 I will bless her with abundant provisions;
her poor will I satisfy with food.
16 I will clothe her priests with salvation,
and her saints will ever sing for joy.
17 "Here I will make a horn[c] grow for David
and set up a lamp for my anointed one.
18 I will clothe his enemies with shame,
but the crown on his head will be resplendent."

133

How good and pleasant it is
when brothers live together in unity!
2 It is like precious oil poured on the head,
running down on the beard,
running down on Aaron's beard,
down upon the collar of his robes.
3 It is as if the dew of Hermon
were falling on Mount Zion.
For there the Lord bestows his blessing,
even life forevermore.

---

[a]132.6 Ou *a respeito da arca em Efrata* [b]132.6 Isto é, Quiriate-Jearim. [c]132.17 Hebraico: *chifre.* [d]132.17 Isto é, perpetuarei a dinastia.

[a]132:6 That is, Kiriath Jearim [b]132:6 Or *heard of it in Ephrathah, / we found it in the fields of Jaar.* (And no quotes around verses 7-9) [c]132:17 *Horn* here symbolizes strong one, that is, king.

SALMO 134

Cântico de Peregrinação.

1 Venham! Bendigam o SENHOR
todos vocês, servos do SENHOR,
vocês, que servem de noite
na casa do SENHOR.

2 Levantem as mãos na direção do santuário
e bendigam o SENHOR!

3 De Sião os abençoe o SENHOR,
que fez os céus e a terra!

SALMO 135

1 Aleluia!

Louvem o nome do SENHOR;
louvem-no, servos do SENHOR,

2 vocês, que servem na casa do SENHOR,
nos pátios da casa de nosso Deus.

3 Louvem o SENHOR, pois o SENHOR é bom;
cantem louvores ao seu nome,
pois é nome amável.

4 Porque o SENHOR escolheu a Jacó,
a Israel como seu tesouro pessoal.

5 Na verdade, sei que o SENHOR é grande,
que o nosso Soberano é maior
do que todos os deuses.

6 O SENHOR faz tudo o que lhe agrada,
nos céus e na terra,
nos mares e em todas as suas profundezas.

7 Ele traz as nuvens desde os confins da terra;
envia os relâmpagos que
acompanham a chuva
e faz que o vento saia dos seus depósitos.

8 Foi ele que matou os primogênitos do Egito,
tanto dos homens como dos animais.

9 Ele realizou em pleno Egito
sinais e maravilhas,
contra o faraó e todos os seus conselheiros.

10 Foi ele que feriu muitas nações
e matou reis poderosos:

11 Seom, rei dos amorreus,
Ogue, rei de Basã,
e todos os reinos de Canaã;

12 e deu a terra deles como herança,
como herança a Israel, o seu povo.

13 O teu nome, SENHOR,
permanece para sempre,
a tua fama, SENHOR, por todas as gerações!

14 O SENHOR defenderá o seu povo
e terá compaixão dos seus servos.

15 Os ídolos das nações
não passam de prata e ouro,
feitos por mãos humanas.

16 Têm boca, mas não podem falar,
olhos, mas não podem ver;

17 têm ouvidos, mas não podem escutar,
nem há respiração em sua boca.

18 Tornem-se[a] como eles aqueles que os fazem
e todos os que neles confiam.

19 Bendigam o SENHOR, ó israelitas!
Bendigam o SENHOR, ó sacerdotes!

20 Bendigam o SENHOR, ó levitas!
Bendigam o SENHOR
os que temem o SENHOR!

A song of ascents.

134

Praise the LORD, all you servants of the LORD
who minister by night in the house of the LORD.

2 Lift up your hands in the sanctuary
and praise the LORD.

3 May the LORD, the Maker of heaven and earth,
bless you from Zion.

135

Praise the LORD.[a]

Praise the name of the LORD;
praise him, you servants of the LORD,

2 you who minister in the house of the LORD,
in the courts of the house of our God.

3 Praise the LORD, for the LORD is good;
sing praise to his name, for that is pleasant.

4 For the LORD has chosen Jacob to be his own,
Israel to be his treasured possession.

5 I know that the LORD is great,
that our Lord is greater than all gods.

6 The LORD does whatever pleases him,
in the heavens and on the earth,
in the seas and all their depths.

7 He makes clouds rise from the ends of the earth;
he sends lightning with the rain
and brings out the wind from his storehouses.

8 He struck down the firstborn of Egypt,
the firstborn of men and animals.

9 He sent his signs and wonders into your midst,
O Egypt,
against Pharaoh and all his servants.

10 He struck down many nations
and killed mighty kings—

11 Sihon king of the Amorites,
Og king of Bashan
and all the kings of Canaan—

12 and he gave their land as an inheritance,
an inheritance to his people Israel.

13 Your name, O LORD, endures forever,
your renown, O LORD, through all generations.

14 For the LORD will vindicate his people
and have compassion on his servants.

15 The idols of the nations are silver and gold,
made by the hands of men.

16 They have mouths, but cannot speak,
eyes, but they cannot see;

17 they have ears, but cannot hear,
nor is there breath in their mouths.

18 Those who make them will be like them,
and so will all who trust in them.

19 O house of Israel, praise the LORD;
O house of Aaron, praise the LORD;

20 O house of Levi, praise the LORD;
you who fear him, praise the LORD.

[a]135.18 Ou *São*   [a]135:1 Hebrew *Hallelu Yah*; also in verses 3 and 21

21 Bendito seja o SENHOR desde Sião,
  aquele que habita em Jerusalém.
  Aleluia!

SALMO 136

1 Dêem graças ao SENHOR, porque ele é bom.
  O seu amor dura para sempre!
2 Dêem graças ao Deus dos deuses.
  O seu amor dura para sempre!
3 Dêem graças ao Senhor dos senhores.
  O seu amor dura para sempre!

4 Ao único que faz grandes maravilhas,
  O seu amor dura para sempre!
5 Que com habilidade fez os céus,
  O seu amor dura para sempre!
6 Que estendeu a terra sobre as águas;
  O seu amor dura para sempre!
7 Àquele que fez os grandes luminares:
  O seu amor dura para sempre!
8 O sol para governar o dia,
  O seu amor dura para sempre!
9 A lua e as estrelas para governarem a noite.
  O seu amor dura para sempre!

10 Àquele que matou
  os primogênitos do Egito
  O seu amor dura para sempre!
11 E tirou Israel do meio deles
  O seu amor dura para sempre!
12 Com mão poderosa e braço forte.
  O seu amor dura para sempre!

13 Àquele que dividiu o mar Vermelho
  O seu amor dura para sempre!
14 E fez Israel atravessá-lo,
  O seu amor dura para sempre!
15 Mas lançou o faraó e o seu exército
  no mar Vermelho.
  O seu amor dura para sempre!

16 Àquele que conduziu seu povo pelo deserto,
  O seu amor dura para sempre!
17 Feriu grandes reis
  O seu amor dura para sempre!
18 E matou reis poderosos:
  O seu amor dura para sempre!
19 Seom, rei dos amorreus,
  O seu amor dura para sempre!
20 E Ogue, rei de Basã,
  O seu amor dura para sempre!
21 E deu a terra deles como herança,
  O seu amor dura para sempre!
22 Como herança ao seu servo Israel.
  O seu amor dura para sempre!

23 Àquele que se lembrou de nós
  quando fomos humilhados
  O seu amor dura para sempre!
24 E nos livrou dos nossos adversários;
  O seu amor dura para sempre!
25 Àquele que dá alimento
  a todos os seres vivos.
  O seu amor dura para sempre!

26 Dêem graças ao Deus dos céus.
  O seu amor dura para sempre!

21 Praise be to the LORD from Zion,
  to him who dwells in Jerusalem.
  Praise the LORD.

136
Give thanks to the LORD, for he is good.
  His love endures forever.
2 Give thanks to the God of gods.
  His love endures forever.
3 Give thanks to the Lord of lords:
  His love endures forever.

4 to him who alone does great wonders,
  His love endures forever.
5 who by his understanding made the heavens,
  His love endures forever.
6 who spread out the earth upon the waters,
  His love endures forever.
7 who made the great lights—
  His love endures forever.
8 the sun to govern the day,
  His love endures forever.
9 the moon and stars to govern the night;
  His love endures forever.

10 to him who struck down the firstborn of Egypt
  His love endures forever.
11 and brought Israel out from among them
  His love endures forever.
12 with a mighty hand and outstretched arm;
  His love endures forever.

13 to him who divided the Red Sea[a] asunder
  His love endures forever.
14 and brought Israel through the midst of it,
  His love endures forever.
15 but swept Pharaoh and his army into the Red Sea;
  His love endures forever.

16 to him who led his people through the desert,
  His love endures forever.
17 who struck down great kings,
  His love endures forever.
18 and killed mighty kings—
  His love endures forever.
19 Sihon king of the Amorites
  His love endures forever.
20 and Og king of Bashan—
  His love endures forever.
21 and gave their land as an inheritance,
  His love endures forever.
22 an inheritance to his servant Israel;
  His love endures forever.

23 to the One who remembered us in our low estate
  His love endures forever.
24 and freed us from our enemies,
  His love endures forever.
25 and who gives food to every creature.
  His love endures forever.

26 Give thanks to the God of heaven.
  His love endures forever.

---

[a]136:13 Hebrew *Yam Suph*; that is, Sea of Reeds; also in verse 15

SALMO 137

1 Junto aos rios da Babilônia
   nós nos sentamos e choramos
      com saudade de Sião.
2 Ali, nos salgueiros
      penduramos as nossas harpas;
3 ali os nossos captores pediam-nos canções,
   os nossos opressores exigiam
      canções alegres, dizendo:
   "Cantem para nós uma das canções de Sião!"

4 Como poderíamos cantar
      as canções do SENHOR
      numa terra estrangeira?
5 Que a minha mão direita definhe,
      ó Jerusalém, se eu me esquecer de ti!
6 Que a língua se me grude ao céu da boca,
      se eu não me lembrar de ti,
   e não considerar Jerusalém
      a minha maior alegria!

7 Lembra-te, SENHOR, dos edomitas
   e do que fizeram
      quando Jerusalém foi destruída,
   pois gritavam: "Arrasem-na!
   Arrasem-na até aos alicerces!"

8 Ó cidadeª de Babilônia,
      destinada à destruição,
   feliz aquele que lhe retribuir
      o mal que você nos fez!
9 Feliz aquele que pegar os seus filhos
   e os despedaçar contra a rocha!

SALMO 138

Davídico.

1 Eu te louvarei, SENHOR, de todo o coração;
   diante dos deuses cantarei louvores a ti.
2 Voltado para o teu santo templo
      eu me prostrarei
   e renderei graças ao teu nome,
   por causa do teu amor e da tua fidelidade;
   pois exaltaste acima de todas as coisas
      o teu nome e a tua palavra.
3 Quando clamei, tu me respondeste;
   deste-me força e coragem.

4 Todos os reis da terra te renderão graças, SENHOR,
   pois saberão das tuas promessas.
5 Celebrarão os feitos do SENHOR,
   pois grande é a glória do SENHOR!

6 Embora esteja nas alturas,
      o SENHOR olha para os humildes,
   e de longe reconhece os arrogantes.
7 Ainda que eu passe por angústias,
      tu me preservas a vida
      da ira dos meus inimigos;
   estendes a tua mão direita e me livras.
8 O SENHOR cumprirá o seu propósito
      para comigo!
   Teu amor, SENHOR, permanece para sempre;
   não abandones as obras das tuas mãos!

SALMO 139

Para o mestre de música.
Davídico. Um salmo.

1 SENHOR, tu me sondas e me conheces.
2 Sabes quando me sento e quando me levanto;

ª137.8 Hebraico: *filha.*

137

By the rivers of Babylon we sat and wept
   when we remembered Zion.
2 There on the poplars
   we hung our harps,
3 for there our captors asked us for songs,
   our tormentors demanded songs of joy;
   they said, "Sing us one of the songs of Zion!"

4 How can we sing the songs of the LORD
   while in a foreign land?
5 If I forget you, O Jerusalem,
   may my right hand forget *its skill.*
6 May my tongue cling to the roof of my mouth
   if I do not remember you,
   if I do not consider Jerusalem
   my highest joy.

7 Remember, O LORD, what the Edomites did
   on the day Jerusalem fell.
   "Tear it down," they cried,
   "tear it down to its foundations!"

8 O Daughter of Babylon, doomed to destruction,
   happy is he who repays you
   for what you have done to us—
9 he who seizes your infants
   and dashes them against the rocks.

Of David.

138

I will praise you, O LORD, with all my heart;
   before the "gods" I will sing your praise.
2 I will bow down toward your holy temple
   and will praise your name
   for your love and your faithfulness,
   for you have exalted above all things
   your name and your word.
3 When I called, you answered me;
   you made me bold and stouthearted.

4 May all the kings of the earth praise you, O LORD,
   when they hear the words of your mouth.
5 May they sing of the ways of the LORD,
   for the glory of the LORD is great.

6 Though the LORD is on high, he looks upon
   the lowly,
   but the proud he knows from afar.
7 Though I walk in the midst of trouble,
   you preserve my life;
   you stretch out your hand against the anger of
      my foes,
   with your right hand you save me.
8 The LORD will fulfill ⌊his purpose⌋ for me;
   your love, O LORD, endures forever—
   do not abandon the works of your hands.

For the director of music. Of David. A psalm.

139

O LORD, you have searched me
   and you know me.
2 You know when I sit and when I rise;

de longe percebes os meus pensamentos.
³ Sabes muito bem quando trabalho
   e quando descanso;
todos os meus caminhos
   são bem conhecidos por ti.
⁴ Antes mesmo que a palavra
   me chegue à língua,
tu já a conheces inteiramente, Senhor.

⁵ Tu me cercas, por trás e pela frente,
   e pões a tua mão sobre mim.
⁶ Tal conhecimento é maravilhoso demais
   e está além do meu alcance;
é tão elevado que não o posso atingir.

⁷ Para onde poderia eu escapar do teu Espírito?
Para onde poderia fugir da tua presença?
⁸ Se eu subir aos céus, lá estás;
se eu fizer a minha cama na sepultura^a,
   também lá estás.
⁹ Se eu subir com as asas da alvorada
   e morar na extremidade do mar,
¹⁰ mesmo ali a tua mão direita me guiará
   e me susterá.
¹¹ Mesmo que eu diga que as trevas
   me encobrirão,
e que a luz se tornará noite ao meu redor,
¹² verei que nem as trevas são escuras para ti.
A noite brilhará como o dia,
   pois para ti as trevas são luz.

¹³ Tu criaste o íntimo do meu ser
   e me teceste no ventre de minha mãe.
¹⁴ Eu te louvo porque me fizeste
   de modo especial e admirável^b.
Tuas obras são maravilhosas!
Digo isso com convicção.
¹⁵ Meus ossos não estavam escondidos de ti
   quando em secreto fui formado
   e entretecido como nas profundezas da terra.
¹⁶ Os teus olhos viram o meu embrião;
todos os dias determinados para mim
   foram escritos no teu livro
   antes de qualquer deles existir.

¹⁷ Como são preciosos para mim
   os teus pensamentos, ó Deus!
Como é grande a soma deles!
¹⁸ Se eu os contasse, seriam mais
   do que os grãos de areia.
Se terminasse de contá-los,
   eu ainda estaria contigo.
¹⁹ Quem dera matasses os ímpios, ó Deus!
Afastem-se de mim os assassinos!
²⁰ Porque falam de ti com maldade;
em vão rebelam-se contra ti.
²¹ Acaso não odeio os que te odeiam, Senhor?
E não detesto os que se revoltam contra ti?
²² Tenho por eles ódio implacável!
Considero-os inimigos meus!

²³ Sonda-me, ó Deus,
   e conhece o meu coração;
prova-me, e conhece as minhas inquietações.
²⁴ Vê se em minha conduta algo te ofende,
   e dirige-me pelo caminho eterno.

you perceive my thoughts from afar.
³ You discern my going out and my lying down;
   you are familiar with all my ways.
⁴ Before a word is on my tongue
   you know it completely, O Lord.

⁵ You hem me in—behind and before;
   you have laid your hand upon me.
⁶ Such knowledge is too wonderful for me,
   too lofty for me to attain.

⁷ Where can I go from your Spirit?
   Where can I flee from your presence?
⁸ If I go up to the heavens, you are there;
   if I make my bed in the depths,^a you are there.
⁹ If I rise on the wings of the dawn,
   if I settle on the far side of the sea,
¹⁰ even there your hand will guide me,
   your right hand will hold me fast.
¹¹ If I say, "Surely the darkness will hide me
   and the light become night around me,"
¹² even the darkness will not be dark to you;
   the night will shine like the day,
   for darkness is as light to you.

¹³ For you created my inmost being;
   you knit me together in my mother's womb.
¹⁴ I praise you because I am fearfully and
      wonderfully made;
   your works are wonderful,
   I know that full well.
¹⁵ My frame was not hidden from you
   when I was made in the secret place.
When I was woven together in the depths of the earth,
¹⁶   your eyes saw my unformed body.
   All the days ordained for me
      were written in your book
      before one of them came to be.

¹⁷ How precious to^b me are your thoughts, O God!
   How vast is the sum of them!
¹⁸ Were I to count them,
   they would outnumber the grains of sand.
   When I awake,
   I am still with you.

¹⁹ If only you would slay the wicked, O God!
   Away from me, you bloodthirsty men!
²⁰ They speak of you with evil intent;
   your adversaries misuse your name.
²¹ Do I not hate those who hate you, O Lord,
   and abhor those who rise up against you?
²² I have nothing but hatred for them;
   I count them my enemies.

²³ Search me, O God, and know my heart;
   test me and know my anxious thoughts.
²⁴ See if there is any offensive way in me,
   and lead me in the way everlasting.

---

^a**139.8** Hebraico: *Sheol*. Essa palavra também pode ser traduzida por profundezas, pó ou morte. ^b**139.14** A Septuaginta, a Versão Siríaca e os manuscritos do mar Morto dizem *porque tu és tremendo e maravilhoso.* ^c**139.18** Ou *Quando acordasse*

^a**139:8** Hebrew *Sheol* ^b**139:17** Or *concerning*

SALMO 140

Para o mestre de música. Salmo davídico.

1 Livra-me, Senhor, dos maus;
protege-me dos violentos,
2 que no coração tramam planos perversos
e estão sempre provocando guerra.
3 Afiam a língua como a da serpente;
veneno de víbora está em seus lábios. [Pausa]

4 Protege-me, Senhor, das mãos dos ímpios;
protege-me dos violentos,
que pretendem fazer-me tropeçar.
5 Homens arrogantes prepararam
armadilhas contra mim,
perversos estenderam as suas redes;
no meu caminho armaram ciladas contra mim. [Pausa]

6 Eu declaro ao Senhor: Tu és o meu Deus.
Ouve, Senhor, a minha súplica!
7 Ó Soberano Senhor, meu salvador poderoso,
tu me proteges a cabeça no dia da batalha;
8 não atendas os desejos dos ímpios, Senhor!
Não permitas que os planos deles
tenham sucesso,
para que não se orgulhem. [Pausa]

9 Recaia sobre a cabeça dos que me cercam
a maldade que os seus lábios proferiram.
10 Caiam brasas sobre eles,
e sejam lançados ao fogo,
em covas das quais jamais possam sair.
11 Que os difamadores
não se estabeleçam na terra,
e a desgraça persiga os violentos até a morte.

12 Sei que o Senhor defenderá
a causa do necessitado
e fará justiça aos pobres.
13 Com certeza os justos darão graças
ao teu nome,
e os homens íntegros viverão na tua presença.

SALMO 141

Salmo davídico.

1 Clamo a ti, Senhor; vem depressa!
Escuta a minha voz quando clamo a ti.
2 Seja a minha oração
como incenso diante de ti,
e o levantar das minhas mãos,
como a oferta da tarde.

3 Coloca, Senhor,
uma guarda à minha boca;
vigia a porta de meus lábios.
4 Não permitas que o meu coração
se volte para o mal,
nem que eu me envolva em práticas perversas
com os malfeitores.
Que eu nunca participe dos seus banquetes!

5 Fira-me o justo com amor leal
e me repreenda,
mas não perfume a minha cabeça
o óleo do ímpio,ᵃ
pois a minha oração
é contra as práticas dos malfeitores.
6 Quando eles caírem nas
mãos da Rocha,

For the director of music. A psalm of David.

140 Rescue me, O Lord, from evil men;
protect me from men of violence,
2 who devise evil plans in their hearts
and stir up war every day.
3 They make their tongues as sharp as a serpent's;
the poison of vipers is on their lips.
Selah

4 Keep me, O Lord, from the hands of the wicked;
protect me from men of violence
who plan to trip my feet.
5 Proud men have hidden a snare for me;
they have spread out the cords of their net
and have set traps for me along my path.
Selah

6 O Lord, I say to you, "You are my God."
Hear, O Lord, my cry for mercy.
7 O Sovereign Lord, my strong deliverer,
who shields my head in the day of battle—
8 do not grant the wicked their desires, O Lord;
do not let their plans succeed,
or they will become proud.
Selah

9 Let the heads of those who surround me
be covered with the trouble their lips have
caused.
10 Let burning coals fall upon them;
may they be thrown into the fire,
into miry pits, never to rise.
11 Let slanderers not be established in the land;
may disaster hunt down men of violence.

12 I know that the Lord secures justice for the poor
and upholds the cause of the needy.
13 Surely the righteous will praise your name
and the upright will live before you.

A psalm of David.

141 O Lord, I call to you; come quickly to me.
Hear my voice when I call to you.
2 May my prayer be set before you like incense;
may the lifting up of my hands be like the
evening sacrifice.

3 Set a guard over my mouth, O Lord;
keep watch over the door of my lips.
4 Let not my heart be drawn to what is evil,
to take part in wicked deeds
with men who are evildoers;
let me not eat of their delicacies.

5 Let a righteous manᵃ strike me—it is a
kindness;
let him rebuke me—it is oil on my head.
My head will not refuse it.

Yet my prayer is ever against the deeds of evildoers;
6   their rulers will be thrown down from the cliffs,

ᵃ141.5 Ou *Fira-me o justo e me repreenda o piedoso; será como óleo fino que
minha cabeça não recusará,*

ᵃ141:5 Or *Let the Righteous One*

o juiz deles,
ouvirão as minhas palavras com apreço.ª

7 Como a terra é arada e fendida,
assim foram espalhados os seus ossos
à entrada da sepulturaᵇ.

8 Mas os meus olhos estão fixos em ti,
ó Soberano Senhor;
em ti me refugio;
não me entregues à morte.

9 Guarda-me das armadilhas
que prepararam contra mim,
das ciladas dos que praticam o mal.

10 Caiam os ímpios em sua própria rede,
enquanto eu escapo ileso.

SALMO 142

Poema de Davi, quando ele estava
na caverna. Uma oração.

1 Em alta voz clamo ao Senhor;
elevo a minha voz ao Senhor,
suplicando misericórdia.

2 Derramo diante dele o meu lamento;
a ele apresento a minha angústia.

3 Quando o meu espírito desanima,
és tu quem conhece o caminho
que devo seguir.
Na vereda por onde ando
esconderam uma armadilha contra mim.

4 Olha para a minha direita e vê;
ninguém se preocupa comigo.
Não tenho abrigo seguro;
ninguém se importa com a minha vida.

5 Clamo a ti, Senhor, e digo:
Tu és o meu refúgio;
és tudo o que tenho na terra dos viventes.

6 Dá atenção ao meu clamor,
pois estou muito abatido;
livra-me dos que me perseguem,
pois são mais fortes do que eu.

7 Liberta-me da prisão,
e renderei graças ao teu nome.
Então os justos se reunirão à minha volta
por causa da tua bondade para comigo.

SALMO 143

Salmo davídico.

1 Ouve, Senhor, a minha oração,
dá ouvidos à minha súplica;
responde-me
por tua fidelidade e por tua justiça.

2 Mas não leves o teu servo a julgamento,
pois ninguém é justo diante de ti.

3 O inimigo persegue-me
e esmaga-me ao chão;
ele me faz morar nas trevas,
como os que há muito morreram.

4 O meu espírito desanima;
o meu coração está em pânico.

5 Eu me recordo dos tempos antigos;
medito em todas as tuas obras
e considero o que as tuas mãos têm feito.

6 Estendo as minhas mãos para ti;
como a terra árida, tenho sede de ti.   [Pausa]

and the wicked will learn that my words were
well spoken.

7 ⌜They will say,⌝ "As one plows and breaks up
the earth,
so our bones have been scattered at the mouth of
the grave.ᵇ"

8 But my eyes are fixed on you, O Sovereign Lord;
in you I take refuge—do not give me over to death.

9 Keep me from the snares they have laid for me,
from the traps set by evildoers.

10 Let the wicked fall into their own nets,
while I pass by in safety.

A *maskil*ᵏ of David. When he was in the cave. A prayer.

142

I cry aloud to the Lord;
I lift up my voice to the Lord for mercy.

2 I pour out my complaint before him;
before him I tell my trouble.

3 When my spirit grows faint within me,
it is you who know my way.
In the path where I walk
men have hidden a snare for me.

4 Look to my right and see;
no one is concerned for me.
I have no refuge;
no one cares for my life.

5 I cry to you, O Lord;
I say, "You are my refuge,
my portion in the land of the living."

6 Listen to my cry,
for I am in desperate need;
rescue me from those who pursue me,
for they are too strong for me.

7 Set me free from my prison,
that I may praise your name.

Then the righteous will gather about me
because of your goodness to me.

A psalm of David.

143

O Lord, hear my prayer,
listen to my cry for mercy;
in your faithfulness and righteousness
come to my relief.

2 Do not bring your servant into judgment,
for no one living is righteous before you.

3 The enemy pursues me,
he crushes me to the ground;
he makes me dwell in darkness
like those long dead.

4 So my spirit grows faint within me;
my heart within me is dismayed.

5 I remember the days of long ago;
I meditate on all your works
and consider what your hands have done.

6 I spread out my hands to you;
my soul thirsts for you like a parched land. *Selah*

ª141.6 Ou *Quando os seus governantes forem lançados dos penhascos, todos
saberão que minhas palavras eram verdadeiras.*ᵇ141.7 Hebraico: *Sheol.* Essa
palavra também pode ser traduzida por profundezas, pó ou morte.

ª141:7 Hebrew *Sheol* ᶜTitle: Probably a literary or musical term

7 Apressa-te em responder-me, S<small>ENHOR</small>!
   O meu espírito se abate.
Não escondas de mim o teu rosto,
   ou serei como os que descem à cova.
8 Faze-me ouvir do teu amor leal pela manhã,
   pois em ti confio.
Mostra-me o caminho que devo seguir,
   pois a ti elevo a minha alma.
9 Livra-me dos meus inimigos, S<small>ENHOR</small>,
   pois em ti eu me abrigo.
10 Ensina-me a fazer a tua vontade,
   pois tu és o meu Deus;
que o teu bondoso Espírito
   me conduza por terreno plano.

11 Preserva-me a vida, S<small>ENHOR</small>,
   por causa do teu nome;
por tua justiça, tira-me desta angústia.
12 E no teu amor leal,
   aniquila os meus inimigos;
destrói todos os meus adversários,
   pois sou teu servo.

SALMO 144

Davídico.

1 Bendito seja o S<small>ENHOR</small>, a minha Rocha,
que treina as minhas mãos para a guerra
   e os meus dedos para a batalha.
2 Ele é o meu aliado fiel, a minha fortaleza,
   a minha torre de proteção
   e o meu libertador,
é o meu escudo, aquele em quem me refugio.
Ele subjuga a mim os povos[a].

3 S<small>ENHOR</small>, que é o homem
   para que te importes com ele,
ou o filho do homem
   para que por ele te interesses?
4 O homem é como um sopro;
   seus dias são como uma sombra passageira.

5 Estende, S<small>ENHOR</small>, os teus céus e desce;
   toca os montes para que fumeguem.
6 Envia relâmpagos e dispersa os inimigos;
   atira as tuas flechas e faze-os debandar.
7 Das alturas, estende a tua mão e liberta-me;
   salva-me da imensidão das águas,
   das mãos desses estrangeiros,
8 que têm lábios mentirosos
   e que, com a mão direita erguida,
   juram falsamente.

9 Cantarei uma nova canção a ti, ó Deus;
   tocarei para ti a lira de dez cordas,
10 para aquele que dá vitória aos reis,
   que livra o seu servo Davi
   da espada mortal.

11 Dá-me libertação;
   salva-me das mãos dos estrangeiros,
   que têm lábios mentirosos
   e que, com a mão direita erguida,
   juram falsamente.

12 Então, na juventude,
   os nossos filhos serão como plantas viçosas,
   e as nossas filhas, como colunas
     esculpidas para ornar um palácio.

---

7 Answer me quickly, O L<small>ORD</small>;
   my spirit fails.
Do not hide your face from me
   or I will be like those who go down to the pit.
8 Let the morning bring me word of your
     unfailing love,
   for I have put my trust in you.
Show me the way I should go,
   for to you I lift up my soul.
9 Rescue me from my enemies, O L<small>ORD</small>,
   for I hide myself in you.
10 Teach me to do your will,
   for you are my God;
may your good Spirit
   lead me on level ground.

11 For your name's sake, O L<small>ORD</small>, preserve my life;
   in your righteousness, bring me out of trouble.
12 In your unfailing love, silence my enemies;
   destroy all my foes,
   for I am your servant.

Of David.

144
Praise be to the L<small>ORD</small> my Rock,
   who trains my hands for war,
   my fingers for battle.
2 He is my loving God and my fortress,
   my stronghold and my deliverer,
my shield, in whom I take refuge,
   who subdues peoples[a] under me.

3 O L<small>ORD</small>, what is man that you care for him,
   the son of man that you think of him?
4 Man is like a breath;
   his days are like a fleeting shadow.

5 Part your heavens, O L<small>ORD</small>, and come down;
   touch the mountains, so that they smoke.
6 Send forth lightning and scatter {the enemies};
   shoot your arrows and rout them.
7 Reach down your hand from on high;
   deliver me and rescue me
from the mighty waters,
   from the hands of foreigners
8 whose mouths are full of lies,
   whose right hands are deceitful.

9 I will sing a new song to you, O God;
   on the ten-stringed lyre I will make music
     to you,
10 to the One who gives victory to kings,
   who delivers his servant David from the deadly
     sword.

11 Deliver me and rescue me
   from the hands of foreigners
whose mouths are full of lies,
   whose right hands are deceitful.

12 Then our sons in their youth
   will be like well-nurtured plants,
and our daughters will be like pillars
   carved to adorn a palace.

---

[a]**144.2** Conforme muitos manuscritos do Texto Massorético, os manuscritos do mar Morto, a Versão Siríaca e algumas outras versões antigas. A maioria dos manuscritos do Texto Massorético diz *o meu povo*.

[a]**144:2** Many manuscripts of the Masoretic Text, Dead Sea Scrolls, Aquila, Jerome and Syriac; most manuscripts of the Masoretic Text *subdues my people*

13 Os nossos celeiros estarão cheios
das mais variadas provisões.
Os nossos rebanhos se multiplicarão
aos milhares,
às dezenas de milhares em nossos campos;
14 o nosso gado dará suas crias;
não haverá parto algum nem aborto.ª
Não haverá gritos de aflição em nossas ruas.

15 Como é feliz o povo assim abençoado!
Como é feliz o povo cujo Deus é o Senhor!

SALMO 145b

Um cântico de louvor. Davídico.

1 Eu te exaltarei, meu Deus e meu rei;
bendirei o teu nome para todo o sempre!
2 Todos os dias te bendirei
e louvarei o teu nome para todo o sempre!
3 Grande é o Senhor e digno de ser louvado;
sua grandeza não tem limites.

4 Uma geração contará à outra
a grandiosidade dos teus feitos;
eles anunciarão os teus atos poderosos.
5 Proclamarão o glorioso esplendor
da tua majestade,
e meditarei nas maravilhas que fazes.c
6 Anunciarão o poder dos teus feitos temíveis,
e eu falarei das tuas grandes obras.
7 Comemorarão a tua imensa bondade
e celebrarão a tua justiça.

8 O Senhor é misericordioso e compassivo,
paciente e transbordante de amor.
9 O Senhor é bom para todos;
a sua compaixão alcança
todas as suas criaturas.
10 Rendam-te graças todas as tuas criaturas, Senhor,
e os teus fiéis te bendigam.
11 Eles anunciarão a glória do teu reino
e falarão do teu poder,
12 para que todos saibam
dos teus feitos poderosos
e do glorioso esplendor do teu reino.
13 O teu reino é reino eterno,
e o teu domínio permanece
de geração em geração.

O Senhor é fiel em todas as suas promessas
e é bondoso em tudo o que faz.d
14 O Senhor ampara todos os que caem
e levanta todos os que estão prostrados.
15 Os olhos de todos estão voltados para ti,
e tu lhes dás o alimento no devido tempo.
16 Abres a tua mão e satisfazes os desejos
de todos os seres vivos.
17 O Senhor é justo
em todos os seus caminhos
e é bondoso em tudo o que faz.
18 O Senhor está perto
de todos os que o invocam,
de todos os que o invocam com sinceridade.
19 Ele realiza os desejos daqueles que o temem;
ouve-os gritar por socorro e os salva.

13 Our barns will be filled
with every kind of provision.
Our sheep will increase by thousands,
by tens of thousands in our fields;
14 our oxen will draw heavy loads.ª
There will be no breaching of walls,
no going into captivity,
no cry of distress in our streets.

15 Blessed are the people of whom this is true;
blessed are the people whose God is the Lord.

A psalm of praise. Of David.

145

b I will exalt you, my God the King;
I will praise your name for ever and ever.
2 Every day I will praise you
and extol your name for ever and ever.

3 Great is the Lord and most worthy of praise;
his greatness no one can fathom.
4 One generation will commend your works to
another;
they will tell of your mighty acts.
5 They will speak of the glorious splendor of your
majesty,
and I will meditate on your wonderful works.c
6 They will tell of the power of your awesome works,
and I will proclaim your great deeds.
7 They will celebrate your abundant goodness
and joyfully sing of your righteousness.

8 The Lord is gracious and compassionate,
slow to anger and rich in love.
9 The Lord is good to all;
he has compassion on all he has made.
10 All you have made will praise you, O Lord;
your saints will extol you.
11 They will tell of the glory of your kingdom
and speak of your might,
12 so that all men may know of your mighty acts
and the glorious splendor of your kingdom.
13 Your kingdom is an everlasting kingdom,
and your dominion endures through all
generations.

The Lord is faithful to all his promises
and loving toward all he has made.d
14 The Lord upholds all those who fall
and lifts up all who are bowed down.
15 The eyes of all look to you,
and you give them their food at the proper time.
16 You open your hand
and satisfy the desires of every living thing.
17 The Lord is righteous in all his ways
and loving toward all he has made.
18 The Lord is near to all who call on him,
to all who call on him in truth.
19 He fulfills the desires of those who fear him;
he hears their cry and saves them.

ª144.14 Ou *os nossos distritos não terão sobrecarga; não haverá invasão nem exílio.* b O salmo 145 é um poema organizado em ordem alfabética, no hebraico. c145.5 Conforme os manuscritos do mar Morto e a Versão Siríaca. O Texto Massorético diz *Meditarei no glorioso esplendor da tua majestade e nas tuas obras maravilhosas.* d145.13 Conforme um manuscrito do Texto Massorético, os manuscritos do mar Morto e a Versão Siríaca. A maioria dos manuscritos do Texto Massorético não traz as duas últimas linhas desse versículo.

ª144:14 Or *our chieftains will be firmly established* bThis psalm is an acrostic poem, the verses of which (including verse 13b) begin with the successive letters of the Hebrew alphabet. c145:5 Dead Sea Scrolls and Syriac (see also Septuagint); Masoretic Text *On the glorious splendor of your majesty / and on your wonderful works I will meditate* d145:13 One manuscript of the Masoretic Text, Dead Sea Scrolls and Syriac (see also Septuagint); most manuscripts of the Masoretic Text do not have the last two lines of verse 13.

20 O Senhor cuida de todos os que o amam,
mas a todos os ímpios destruirá.

21 Com meus lábios louvarei o Senhor.
Que todo ser vivo bendiga o seu santo nome
para todo o sempre!

SALMO 146

1 Aleluia!

Louve, ó minha alma, o Senhor.

2 Louvarei o Senhor por toda a minha vida;
cantarei louvores ao meu Deus
enquanto eu viver.

3 Não confiem em príncipes,
em meros mortais, incapazes de salvar.

4 Quando o espírito deles se vai, eles voltam ao pó;
naquele mesmo dia acabam-se os seus planos.

5 Como é feliz aquele cujo auxílio
é o Deus de Jacó,
cuja esperança está no Senhor, no seu Deus,

6 que fez os céus e a terra,
o mar e tudo o que neles há,
e que mantém a sua fidelidade para sempre!

7 Ele defende a causa dos oprimidos
e dá alimento aos famintos.

O Senhor liberta os presos,

8 o Senhor dá vista aos cegos,
o Senhor levanta os abatidos,
o Senhor ama os justos.

9 O Senhor protege o estrangeiro
e sustém o órfão e a viúva,
mas frustra o propósito dos ímpios.

10 O Senhor reina para sempre!
O teu Deus, ó Sião,
reina de geração em geração.

Aleluia!

SALMO 147

1 Aleluia!

Como é bom cantar louvores ao nosso Deus!
Como é agradável e próprio louvá-lo!

2 O Senhor edifica Jerusalém;
ele reúne os exilados de Israel.

3 Só ele cura os de coração quebrantado
e cuida das suas feridas.

4 Ele determina o número de estrelas
e chama cada uma pelo nome.

5 Grande é o nosso Soberano
e tremendo é o seu poder;
é impossível medir o seu entendimento.

6 O Senhor sustém o oprimido,
mas lança por terra o ímpio.

7 Cantem ao Senhor com ações de graças;
ao som da harpa façam música
para o nosso Deus.

8 Ele cobre o céu de nuvens,
concede chuvas à terra
e faz crescer a relva nas colinas.

9 Ele dá alimento aos animais,
e aos filhotes dos corvos
quando gritam de fome.

10 Não é a força do cavalo
que lhe dá satisfação,

20 The Lord watches over all who love him,
but all the wicked he will destroy.

21 My mouth will speak in praise of the Lord.
Let every creature praise his holy name
for ever and ever.

146 Praise the Lord.[a]

Praise the Lord, O my soul.

2 I will praise the Lord all my life;
I will sing praise to my God as long as I live.

3 Do not put your trust in princes,
in mortal men, who cannot save.

4 When their spirit departs, they return to the ground;
on that very day their plans come to nothing.

5 Blessed is he whose help is the God of Jacob,
whose hope is in the Lord his God,

6 the Maker of heaven and earth,
the sea, and everything in them—
the Lord, who remains faithful forever.

7 He upholds the cause of the oppressed
and gives food to the hungry.
The Lord sets prisoners free,

8 the Lord gives sight to the blind,
the Lord lifts up those who are bowed down,
the Lord loves the righteous.

9 The Lord watches over the alien
and sustains the fatherless and the widow,
but he frustrates the ways of the wicked.

10 The Lord reigns forever,
your God, O Zion, for all generations.

Praise the Lord.

147 Praise the Lord.[b]

How good it is to sing praises to our God,
how pleasant and fitting to praise him!

2 The Lord builds up Jerusalem;
he gathers the exiles of Israel.

3 He heals the brokenhearted
and binds up their wounds.

4 He determines the number of the stars
and calls them each by name.

5 Great is our Lord and mighty in power;
his understanding has no limit.

6 The Lord sustains the humble
but casts the wicked to the ground.

7 Sing to the Lord with thanksgiving;
make music to our God on the harp.

8 He covers the sky with clouds;
he supplies the earth with rain
and makes grass grow on the hills.

9 He provides food for the cattle
and for the young ravens when they call.

10 His pleasure is not in the strength of the horse,

[a]146:1 Hebrew *Hallelu Yah*; also in verse 10 [b]147:1 Hebrew *Hallelu Yah*; also in verse 20

nem é a agilidade do homem que lhe agrada;
¹¹ o SENHOR se agrada dos que o temem,
    dos que colocam sua esperança no seu amor leal.

¹² Exalte o SENHOR, ó Jerusalém!
    Louve o seu Deus, ó Sião,
¹³ pois ele reforçou as trancas de suas portas
    e abençoou o seu povo, que lá habita.
¹⁴ É ele que mantém as suas fronteiras
    em segurança
    e que a supre do melhor do trigo.
¹⁵ Ele envia sua ordem à terra,
    e sua palavra corre veloz.
¹⁶ Faz cair a neve como lã,
    e espalha a geada como cinza.
¹⁷ Faz cair o gelo como se fosse pedra.
    Quem pode suportar o seu frio?
¹⁸ Ele envia a sua palavra, e o gelo derrete;
    envia o seu sopro, e as águas tornam a correr.

¹⁹ Ele revela a sua palavra a Jacó,
    os seus decretos e ordenanças a Israel.
²⁰ Ele não fez isso a nenhuma outra nação;
    todas as outras desconhecem
    as suas ordenanças.

Aleluia!

SALMO 148

¹ Aleluia!

Louvem o SENHOR desde os céus,
    louvem-no nas alturas!
² Louvem-no todos os seus anjos,
    louvem-no todos os seus exércitos celestiais.
³ Louvem-no sol e lua,
    louvem-no todas as estrelas cintilantes.
⁴ Louvem-no os mais altos céus
    e as águas acima do firmamento.
⁵ Louvem todos eles o nome do SENHOR,
    pois ordenou, e eles foram criados.
⁶ Ele os estabeleceu em seus lugares
    para todo o sempre;
    deu-lhes um decreto que jamais mudará.

⁷ Louvem o SENHOR, vocês que estão na terra,
    serpentes marinhas e todas as profundezas,
⁸ relâmpagos e granizo, neve e neblina,
    vendavais que cumprem o que ele determina,
⁹ todas as montanhas e colinas,
    árvores frutíferas e todos os cedros,
¹⁰ todos os animais selvagens
    e os rebanhos domésticos,
    todos os demais seres vivos e as aves,
¹¹ reis da terra e todas as nações,
    todos os governantes e juízes da terra,
¹² moços e moças, velhos e crianças.

¹³ Louvem todos o nome do SENHOR,
    pois somente o seu nome é exaltado;
    a sua majestade está acima
    da terra e dos céus.
¹⁴ Ele concedeu poder^a ao seu povo,
    e recebeu louvor de todos os seus fiéis,
    dos israelitas, povo a quem ele tanto ama.
    Aleluia!

nor his delight in the legs of a man;
¹¹ the LORD delights in those who fear him,
    who put their hope in his unfailing love.

¹² Extol the LORD, O Jerusalem;
    praise your God, O Zion,
¹³ for he strengthens the bars of your gates
    and blesses your people within you.
¹⁴ He grants peace to your borders
    and satisfies you with the finest of wheat.

¹⁵ He sends his command to the earth;
    his word runs swiftly.
¹⁶ He spreads the snow like wool
    and scatters the frost like ashes.
¹⁷ He hurls down his hail like pebbles.
    Who can withstand his icy blast?
¹⁸ He sends his word and melts them;
    he stirs up his breezes, and the waters flow.

¹⁹ He has revealed his word to Jacob,
    his laws and decrees to Israel.
²⁰ He has done this for no other nation;
    they do not know his laws.

Praise the LORD.

148

Praise the LORD.^a
¹ Praise the LORD from the heavens,
    praise him in the heights above.
² Praise him, all his angels,
    praise him, all his heavenly hosts.
³ Praise him, sun and moon,
    praise him, all you shining stars.
⁴ Praise him, you highest heavens
    and you waters above the skies.
⁵ Let them praise the name of the LORD,
    for he commanded and they were created.
⁶ He set them in place for ever and ever;
    he gave a decree that will never pass away.

⁷ Praise the LORD from the earth,
    you great sea creatures and all ocean depths,
⁸ lightning and hail, snow and clouds,
    stormy winds that do his bidding,
⁹ you mountains and all hills,
    fruit trees and all cedars,
¹⁰ wild animals and all cattle,
    small creatures and flying birds,
¹¹ kings of the earth and all nations,
    you princes and all rulers on earth,
¹² young men and maidens,
    old men and children.

¹³ Let them praise the name of the LORD,
    for his name alone is exalted;
    his splendor is above the earth and the
    heavens.
¹⁴ He has raised up for his people a horn,^b
    the praise of all his saints,
    of Israel, the people close to his heart.
    Praise the LORD.

---

^a148.14 Hebraico: *levantou um chifre.*

^a148:1 Hebrew *Hallelu Yah*; also in verse 14 ^b148:14 *Horn* here symbolizes strong one, that is, king.

SALMO 149

1 Aleluia!

Cantem ao Senhor uma nova canção,
louvem-no na assembléia dos fiéis.
2 Alegre-se Israel no seu Criador,
exulte o povo de Sião no seu Rei!
3 Louvem eles o seu nome com danças;
ofereçam-lhe música
com tamborim e harpa.
4 O Senhor agrada-se do seu povo;
ele coroa de vitória os oprimidos.
5 Regozijem-se os seus fiéis nessa glória
e em seus leitos cantem alegremente!
6 Altos louvores estejam em seus lábios
e uma espada de dois gumes em suas mãos,
7 para imporem vingança às nações
e trazerem castigo aos povos,
8 para prenderem os seus reis com grilhões
e seus nobres com algemas de ferro,
9 para executarem a sentença escrita
contra eles.
Esta é a glória de todos os seus fiéis.

Aleluia!

SALMO 150

1 Aleluia!

Louvem a Deus no seu santuário,
louvem-no em seu magnífico firmamento.
2 Louvem-no pelos seus feitos poderosos,
louvem-no segundo a imensidão
de sua grandeza!
3 Louvem-no ao som de trombeta,
louvem-no com a lira e a harpa,
4 louvem-no com tamborins e danças,
louvem-no com instrumentos de cordas
e com flautas,
5 louvem-no com címbalos sonoros,
louvem-no com címbalos ressonantes.
6 Tudo o que tem vida louve o Senhor!

Aleluia!

Provérbios

Propósito

1 Estes são os provérbios de Salomão, filho de Davi, rei de Israel.
2 Eles ajudarão a experimentar
a sabedoria e a disciplina;
a compreender as palavras
que dão entendimento;
3 a viver com disciplina e sensatez,
fazendo o que é justo, direito e correto;
4 ajudarão a dar prudência
aos inexperientes
e conhecimento e bom senso aos jovens.
5 Se o sábio lhes der ouvidos,
aumentará seu conhecimento,
e quem tem discernimento
obterá orientação
6 para compreender provérbios e parábolas,
ditados e enigmas dos sábios.

149 Praise the Lord.[a]

Sing to the Lord a new song,
his praise in the assembly of the saints.
2 Let Israel rejoice in their Maker;
let the people of Zion be glad in their King.
3 Let them praise his name with dancing
and make music to him with tambourine and
harp.
4 For the Lord takes delight in his people;
he crowns the humble with salvation.
5 Let the saints rejoice in this honor
and sing for joy on their beds.

6 May the praise of God be in their mouths
and a double-edged sword in their hands,
7 to inflict vengeance on the nations
and punishment on the peoples,
8 to bind their kings with fetters,
their nobles with shackles of iron,
9 to carry out the sentence written against them.
This is the glory of all his saints.

Praise the Lord.

150 Praise the Lord.[b]

Praise God in his sanctuary;
praise him in his mighty heavens.
2 Praise him for his acts of power;
praise him for his surpassing greatness.
3 Praise him with the sounding of the trumpet,
praise him with the harp and lyre,
4 praise him with tambourine and dancing,
praise him with the strings and flute,
5 praise him with the clash of cymbals,
praise him with resounding cymbals.
6 Let everything that has breath praise the Lord.

Praise the Lord.

Proverbs

Prologue: Purpose and Theme

1 The proverbs of Solomon son of David, king of Israel:

2 for attaining wisdom and discipline;
for understanding words of insight;
3 for acquiring a disciplined and prudent life,
doing what is right and just and fair;
4 for giving prudence to the simple,
knowledge and discretion to the young—
5 let the wise listen and add to their learning,
and let the discerning get guidance—
6 for understanding proverbs and parables,
the sayings and riddles of the wise.

7 O temor do Senhor
é o princípio[a] do conhecimento,
mas os insensatos desprezam
a sabedoria e a disciplina.

Advertências da Sabedoria

8 Ouça, meu filho, a instrução de seu pai
e não despreze o ensino de sua mãe.
9 Eles serão um enfeite para a sua cabeça,
um adorno para o seu pescoço.
10 Meu filho, se os maus tentarem seduzi-lo,
não ceda!
11 Se disserem: "Venha conosco;
fiquemos de tocaia para matar alguém,
vamos divertir-nos armando emboscada
contra quem de nada suspeita!
12 Vamos engoli-los vivos,
como a sepultura[b] engole os mortos;
vamos destruí-los inteiros,
como são destruídos
os que descem à cova;
13 acharemos todo tipo de objetos valiosos
e encheremos as nossas casas
com o que roubarmos;
14 junte-se ao nosso bando;
dividiremos em partes iguais
tudo o que conseguirmos!"
15 Meu filho,
não vá pela vereda dessa gente!
Afaste os pés do caminho que eles seguem,
16 pois os pés deles correm para fazer o mal,
estão sempre prontos
para derramar sangue.
17 Assim como é inútil
estender a rede se as aves o observam,
18 também esses homens não percebem
que fazem tocaia contra a própria vida;
armam emboscadas contra eles mesmos!
19 Tal é o caminho de todos os gananciosos;
quem assim procede a si mesmo se destrói.

Convite à Sabedoria

20 A sabedoria clama em alta voz nas ruas,
ergue a voz nas praças públicas;
21 nas esquinas das ruas barulhentas[c]
ela clama,
nas portas da cidade faz o seu discurso:

22 "Até quando vocês, inexperientes,
irão contentar-se
com a sua inexperiência?
Vocês, zombadores,
até quando terão prazer na zombaria?
E vocês, tolos,
até quando desprezarão o conhecimento?
23 Se acatarem a minha repreensão,
eu lhes darei um espírito de sabedoria
e lhes revelarei os meus pensamentos.
24 Vocês, porém, rejeitaram o meu convite;
ninguém se importou
quando estendi minha mão!
25 Visto que desprezaram totalmente
o meu conselho
e não quiseram aceitar a minha repreensão,
26 eu, de minha parte,
vou rir-me da sua desgraça;

7 The fear of the Lord is the beginning of knowledge,
but fools[a] despise wisdom and discipline.

Exhortations to Embrace Wisdom
Warning Against Enticement

8 Listen, my son, to your father's instruction
and do not forsake your mother's teaching.
9 They will be a garland to grace your head
and a chain to adorn your neck.
10 My son, if sinners entice you,
do not give in to them.
11 If they say, "Come along with us;
let's lie in wait for someone's blood,
let's waylay some harmless soul;
12 let's swallow them alive, like the grave,[b]
and whole, like those who go down to the pit;
13 we will get all sorts of valuable things
and fill our houses with plunder;
14 throw in your lot with us,
and we will share a common purse"—
15 my son, do not go along with them,
do not set foot on their paths;
16 for their feet rush into sin,
they are swift to shed blood.
17 How useless to spread a net
in full view of all the birds!
18 These men lie in wait for their own blood;
they waylay only themselves!
19 Such is the end of all who go after ill-gotten gain;
it takes away the lives of those who get it.

Warning Against Rejecting Wisdom

20 Wisdom calls aloud in the street,
she raises her voice in the public squares;
21 at the head of the noisy streets[c] she cries out,
in the gateways of the city she makes her speech:

22 "How long will you simple ones[d] love your
simple ways?
How long will mockers delight in mockery
and fools hate knowledge?
23 If you had responded to my rebuke,
I would have poured out my heart to you
and made my thoughts known to you.
24 But since you rejected me when I called
and no one gave heed when I stretched out
my hand,
25 since you ignored all my advice
and would not accept my rebuke,
26 I in turn will laugh at your disaster;

---

a1.7 Ou *a chave*; também em 9.10. **b**1.12 Hebraico: *Sheol*. Essa palavra também pode ser traduzida por profundezas, pó ou morte; também em 5.5; 7.27 e 9.18. **c**1.21 A Septuaginta diz *no alto dos muros*.

a1:7 The Hebrew words rendered *fool* in Proverbs, and often elsewhere in the Old Testament, denote one who is morally deficient. **b**1:12 Hebrew *Sheol* **c**1:21 Hebrew; Septuagint / *on the tops of the walls* **d**1:22 The Hebrew word rendered *simple* in Proverbs generally denotes one without moral direction and inclined to evil.

zombarei quando o que temem
    se abater sobre vocês,
27 quando aquilo que temem
    abater-se sobre vocês
    como uma tempestade,
  quando a desgraça os atingir
    como um vendaval,
  quando a angústia e a dor os dominarem.
28 "Então vocês me chamarão,
    mas não responderei;
procurarão por mim,
    mas não me encontrarão.
29 Visto que desprezaram o conhecimento
    e recusaram o temor do Senhor,
30 não quiseram aceitar o meu conselho
    e fizeram pouco caso da minha advertência,
31 comerão do fruto da sua conduta
    e se fartarão de suas próprias maquinações.
32 Pois a inconstância dos inexperientes
    os matará,
  e a falsa segurança dos tolos os destruirá;
33 mas quem me ouvir viverá em segurança
    e estará tranqüilo, sem temer nenhum mal".

O Valor da Sabedoria

2 Meu filho, se você aceitar
    as minhas palavras
  e guardar no coração
    os meus mandamentos;
2 se der ouvidos à sabedoria
    e inclinar o coração para o discernimento;
3 se clamar por entendimento
    e por discernimento gritar bem alto;
4 se procurar a sabedoria
    como se procura a prata
  e buscá-la como quem busca
    um tesouro escondido,
5 então você entenderá
    o que é temer o Senhor
  e achará o conhecimento de Deus.
6 Pois o Senhor é quem dá sabedoria;
  de sua boca procedem
    o conhecimento e o discernimento.
7 Ele reserva a sensatez para o justo;
  como um escudo
    protege quem anda com integridade,
8 pois guarda a vereda do justo
    e protege o caminho de seus fiéis.
9 Então você entenderá
    o que é justo, direito e certo,
  e aprenderá os caminhos do bem.
10 Pois a sabedoria entrará em seu coração,
  e o conhecimento
    será agradável à sua alma.
11 O bom senso o guardará,
  e o discernimento o protegerá.

12 A sabedoria o livrará
    do caminho dos maus,
  dos homens de palavras perversas,
13 que abandonam as veredas retas
  para andarem por caminhos de trevas,
14 têm prazer em fazer o mal,
  exultam com a maldade dos perversos,
15 andam por veredas tortuosas
  e no caminho se extraviam.
16 Ela também o livrará da mulher imoral,
  da pervertida[a] que seduz com suas palavras,

    I will mock when calamity overtakes you—
27 when calamity overtakes you like a storm,
    when disaster sweeps over you like a whirlwind,
    when distress and trouble overwhelm you.
28 "Then they will call to me but I will not answer;
    they will look for me but will not find me.
29 Since they hated knowledge
    and did not choose to fear the Lord,
30 since they would not accept my advice
    and spurned my rebuke,
31 they will eat the fruit of their ways
    and be filled with the fruit of their schemes.
32 For the waywardness of the simple will kill them,
    and the complacency of fools will destroy them;
33 but whoever listens to me will live in safety
    and be at ease, without fear of harm."

Moral Benefits of Wisdom

2 My son, if you accept my words
    and store up my commands within you,
2 turning your ear to wisdom
    and applying your heart to understanding,
3 and if you call out for insight
    and cry aloud for understanding,
4 and if you look for it as for silver
    and search for it as for hidden treasure,
5 then you will understand the fear of the Lord
    and find the knowledge of God.
6 For the Lord gives wisdom,
    and from his mouth come knowledge and understanding.
7 He holds victory in store for the upright,
    he is a shield to those whose walk is blameless,
8 for he guards the course of the just
    and protects the way of his faithful ones.
9 Then you will understand what is right and just
    and fair—every good path.
10 For wisdom will enter your heart,
    and knowledge will be pleasant to your soul.
11 Discretion will protect you,
    and understanding will guard you.

12 Wisdom will save you from the ways of wicked men,
    from men whose words are perverse,
13 who leave the straight paths
    to walk in dark ways,
14 who delight in doing wrong
    and rejoice in the perverseness of evil,
15 whose paths are crooked
    and who are devious in their ways.
16 It will save you also from the adulteress,
    from the wayward wife with her seductive words,

---

a2.16 Hebraico: *estrangeira.*

17 que abandona aquele que
   desde a juventude foi seu companheiro
   e ignora a aliança que fez diante de Deus[a].
18 A mulher imoral se dirige para a morte, que é a
      sua casa,
   e os seus caminhos levam às sombras[b].
19 Os que a procuram jamais voltarão,
   nem tornarão a encontrar
      as veredas da vida.

20 A sabedoria o fará andar nos caminhos
      dos homens de bem
   e a manter-se nas veredas dos justos.
21 Pois os justos habitarão na terra,
   e os íntegros nela permanecerão;
22 mas os ímpios serão eliminados da terra,
      e dela os infiéis serão arrancados.

Conselhos da Sabedoria

3 Meu filho, não se esqueça da minha lei,
   mas guarde no coração
      os meus mandamentos,
2 pois eles prolongarão a sua vida
      por muitos anos
   e lhe darão prosperidade e paz.

3 Que o amor e a fidelidade
      jamais o abandonem;
   prenda-os ao redor do seu pescoço,
   escreva-os na tábua do seu coração.
4 Então você terá o favor
      de Deus e dos homens,
   e boa reputação.

5 Confie no Senhor de todo o seu coração
   e não se apóie
      em seu próprio entendimento;
6 reconheça o Senhor
      em todos os seus caminhos,
   e ele endireitará[c] as suas veredas.

7 Não seja sábio aos seus próprios olhos;
   tema o Senhor e evite o mal.
8 Isso lhe dará saúde ao corpo
   e vigor aos ossos.

9 Honre o Senhor
      com todos os seus recursos
   e com os primeiros frutos
      de todas as suas plantações;
10 os seus celeiros
      ficarão plenamente cheios,
   e os seus barris transbordarão de vinho.

11 Meu filho,
      não despreze a disciplina do Senhor
   nem se magoe com a sua repreensão,
12 pois o Senhor disciplina a quem ama,
   assim como o pai faz ao filho
      de quem deseja o bem.

13 Como é feliz o homem
      que acha a sabedoria,
   o homem que obtém entendimento,
14 pois a sabedoria
      é mais proveitosa do que a prata
   e rende mais do que o ouro.
15 É mais preciosa do que rubis;
   nada do que você possa desejar
      se compara a ela.

17 who has left the partner of her youth
   and ignored the covenant she made before God.[a]
18 For her house leads down to death
   and her paths to the spirits of the dead.
19 None who go to her return
   or attain the paths of life.

20 Thus you will walk in the ways of good men
   and keep to the paths of the righteous.
21 For the upright will live in the land,
   and the blameless will remain in it;
22 but the wicked will be cut off from the land,
   and the unfaithful will be torn from it.

Further Benefits of Wisdom

3 My son, do not forget my teaching,
   but keep my commands in your heart,
2 for they will prolong your life many years
   and bring you prosperity.

3 Let love and faithfulness never leave you;
   bind them around your neck,
   write them on the tablet of your heart.
4 Then you will win favor and a good name
   in the sight of God and man.

5 Trust in the Lord with all your heart
   and lean not on your own understanding;
6 in all your ways acknowledge him,
   and he will make your paths straight.[b]

7 Do not be wise in your own eyes;
   fear the Lord and shun evil.
8 This will bring health to your body
   and nourishment to your bones.

9 Honor the Lord with your wealth,
   with the firstfruits of all your crops;
10 then your barns will be filled to overflowing,
   and your vats will brim over with new wine.

11 My son, do not despise the Lord's discipline
   and do not resent his rebuke,
12 because the Lord disciplines those he loves,
   as a father[c] the son he delights in.

13 Blessed is the man who finds wisdom,
   the man who gains understanding,
14 for she is more profitable than silver
   and yields better returns than gold.
15 She is more precious than rubies;
   nothing you desire can compare with her.

---

[a]2.17 Ou *aliança de seu Deus* [b]2.18 Hebraico: *refaim*. Isto é, os espíritos dos mortos. [c]3.6 Ou *orientará*

[a]2:17 Or *covenant of her God* [b]3:6 Or *will direct your paths* [c]3:12 Hebrew; Septuagint / *and he punishes*

16 Na mão direita,
    a sabedoria lhe garante vida longa;
na mão esquerda, riquezas e honra.
17 Os caminhos da sabedoria
    são caminhos agradáveis,
e todas as suas veredas são paz.
18 A sabedoria é árvore que dá vida
    a quem a abraça;
quem a ela se apega será abençoado.

19 Por sua sabedoria
    o SENHOR lançou os alicerces da terra,
por seu entendimento
    fixou no lugar os céus;
20 por seu conhecimento
    as fontes profundas se rompem,
e as nuvens gotejam o orvalho.

21 Meu filho, guarde consigo
    a sensatez e o equilíbrio,
nunca os perca de vista;
22 trarão vida a você
    e serão um enfeite para o seu pescoço.
23 Então você seguirá o seu caminho
    em segurança,
e não tropeçará;
24 quando se deitar, não terá medo,
e o seu sono será tranquilo.
25 Não terá medo da calamidade repentina
nem da ruína que atinge os ímpios[a],
26 pois o SENHOR será a sua segurança
e o impedirá de cair em armadilha.

27 Quanto lhe for possível,
    não deixe de fazer o bem
    a quem dele precisa.
28 Não diga ao seu próximo:
    "Volte amanhã, e eu lhe darei algo",
se pode ajudá-lo hoje.
29 Não planeje o mal contra o seu próximo,
    que confiantemente mora perto de você.
30 Não acuse alguém sem motivo,
    se ele não lhe fez nenhum mal.

31 Não tenha inveja de quem é violento
nem adote nenhum dos seus procedimentos,
32 pois o SENHOR detesta o perverso,
mas o justo é seu grande amigo.

33 A maldição do SENHOR
    está sobre a casa dos ímpios,
mas ele abençoa o lar dos justos.
34 Ele zomba dos zombadores,
mas concede graça aos humildes.
35 A honra é herança dos sábios,
mas o Senhor expõe os tolos ao ridículo.

A Sabedoria é Suprema

4 Ouçam, meus filhos,
    a instrução de um pai;
estejam atentos, e obterão discernimento.
2 O ensino que lhes ofereço é bom;
    por isso não abandonem
    a minha instrução.
3 Quando eu era menino,
    ainda pequeno,
em companhia de meu pai,
    um filho muito especial para minha mãe,
4 ele me ensinava e me dizia:

16 Long life is in her right hand;
    in her left hand are riches and honor.
17 Her ways are pleasant ways,
    and all her paths are peace.
18 She is a tree of life to those who embrace her;
    those who lay hold of her will be blessed.

19 By wisdom the LORD laid the earth's foundations,
    by understanding he set the heavens in place;
20 by his knowledge the deeps were divided,
    and the clouds let drop the dew.

21 My son, preserve sound judgment and
    discernment,
    do not let them out of your sight;
22 they will be life for you,
    an ornament to grace your neck.
23 Then you will go on your way in safety,
    and your foot will not stumble;
24 when you lie down, you will not be afraid;
    when you lie down, your sleep will be sweet.
25 Have no fear of sudden disaster
    or of the ruin that overtakes the wicked,
26 for the LORD will be your confidence
    and will keep your foot from being snared.

27 Do not withhold good from those who deserve it,
    when it is in your power to act.
28 Do not say to your neighbor,
    "Come back later; I'll give it tomorrow"—
    when you now have it with you.
29 Do not plot harm against your neighbor,
    who lives trustfully near you.
30 Do not accuse a man for no reason—
    when he has done you no harm.

31 Do not envy a violent man
    or choose any of his ways,
32 for the LORD detests a perverse man
    but takes the upright into his confidence.

33 The LORD's curse is on the house of the wicked,
    but he blesses the home of the righteous.
34 He mocks proud mockers
    but gives grace to the humble.
35 The wise inherit honor,
    but fools he holds up to shame.

Wisdom Is Supreme

4 Listen, my sons, to a father's instruction;
    pay attention and gain understanding.
2 I give you sound learning,
    so do not forsake my teaching.
3 When I was a boy in my father's house,
    still tender, and an only child of my mother,
4 he taught me and said,

---

a3.25 Ou provocada pelos ímpios

"Apegue-se às minhas palavras
de todo o coração;
obedeça aos meus mandamentos,
e você terá vida.
5 Procure obter sabedoria e entendimento;
não se esqueça das minhas palavras
nem delas se afaste.
6 Não abandone a sabedoria,
e ela o protegerá;
ame-a, e ela cuidará de você.
7 O conselho da sabedoria é:ª
Procure obter sabedoria;
use tudo o que você possui
para adquirir entendimento.
8 Dedique alta estima à sabedoria,
e ela o exaltará;
abrace-a, e ela o honrará.
9 Ela porá um belo diadema
sobre a sua cabeça
e lhe dará de presente
uma coroa de esplendor".
10 Ouça, meu filho, e aceite o que digo,
e você terá vida longa.
11 Eu o conduzi pelo caminho da sabedoria
e o encaminhei por veredas retas.
12 Assim, quando você por elas seguir,
não encontrará obstáculos;
quando correr, não tropeçará.
13 Apegue-se à instrução, não a abandone;
guarde-a bem,
pois dela depende a sua vida.
14 Não siga pela vereda dos ímpios
nem ande no caminho dos maus.
15 Evite-o, não passe por ele;
afaste-se e não se detenha.
16 Porque eles não conseguem dormir
enquanto não fazem o mal;
perdem o sono
se não causarem a ruína de alguém.
17 Pois eles se alimentam de maldade,
e se embriagam de violência.
18 A vereda do justo
é como a luz da alvorada,
que brilha cada vez mais
até a plena claridade do dia.
19 Mas o caminho dos ímpios
é como densas trevas;
nem sequer sabem em que tropeçam.
20 Meu filho, escute o que lhe digo;
preste atenção às minhas palavras.
21 Nunca as perca de vista;
guarde-as no fundo do coração,
22 pois são vida para quem as encontra
e saúde para todo o seu ser.
23 Acima de tudo, guarde o seu coraçãoᵇ,
pois dele depende toda a sua vida.
24 Afaste da sua boca as palavras perversas;
fique longe dos seus lábios a maldade.
25 Olhe sempre para a frente,
mantenha o olhar fixo
no que está adiante de você.
26 Veja bem por onde anda,
e os seus passos serão seguros.
27 Não se desvie nem para a direita
nem para a esquerda;
afaste os seus pés da maldade.

"Lay hold of my words with all your heart;
keep my commands and you will live.
5 Get wisdom, get understanding;
do not forget my words or swerve from them.
6 Do not forsake wisdom, and she will protect you;
love her, and she will watch over you.
7 Wisdom is supreme; therefore get wisdom.
Though it cost all you have,ª get understanding.
8 Esteem her, and she will exalt you;
embrace her, and she will honor you.
9 She will set a garland of grace on your head
and present you with a crown of splendor."
10 Listen, my son, accept what I say,
and the years of your life will be many.
11 I guide you in the way of wisdom
and lead you along straight paths.
12 When you walk, your steps will not be hampered;
when you run, you will not stumble.
13 Hold on to instruction, do not let it go;
guard it well, for it is your life.
14 Do not set foot on the path of the wicked
or walk in the way of evil men.
15 Avoid it, do not travel on it;
turn from it and go on your way.
16 For they cannot sleep till they do evil;
they are robbed of slumber till they make
someone fall.
17 They eat the bread of wickedness
and drink the wine of violence.
18 The path of the righteous is like the first gleam
of dawn,
shining ever brighter till the full light of day.
19 But the way of the wicked is like deep darkness;
they do not know what makes them stumble.
20 My son, pay attention to what I say;
listen closely to my words.
21 Do not let them out of your sight,
keep them within your heart;
22 for they are life to those who find them
and health to a man's whole body.
23 Above all else, guard your heart,
for it is the wellspring of life.
24 Put away perversity from your mouth;
keep corrupt talk far from your lips.
25 Let your eyes look straight ahead,
fix your gaze directly before you.
26 Make levelᵇ paths for your feet
and take only ways that are firm.
27 Do not swerve to the right or the left;
keep your foot from evil.

ª4.7 Ou *A sabedoria é suprema;* ᵇ4.23 Ou *os seus pensamentos*   ª4:7 Or *Whatever else you get* ᵇ4:26 Or *Consider the*

Advertência contra o Adultério

5 Meu filho,
dê atenção à minha sabedoria,
incline os ouvidos
para perceber o meu discernimento.

2 Assim você manterá o bom senso,
e os seus lábios
guardarão o conhecimento.

3 Pois os lábios da mulher imoral
destilam mel;
sua voz é mais suave que o azeite,

4 mas no final é amarga como fel,
afiada como uma espada de dois gumes.

5 Os seus pés descem para a morte;
os seus passos conduzem diretamente
para a sepultura.

6 Ela nem percebe que anda
por caminhos tortuosos,
e não enxerga a vereda da vida.

7 Agora, então, meu filho, ouça-me;
não se desvie das minhas palavras.

8 Fique longe dessa mulher;
não se aproxime da porta de sua casa,

9 para que você não entregue aos outros
o seu vigor
nem a sua vida a algum homem cruel,

10 para que estranhos
não se fartem do seu trabalho
e outros não se enriqueçam
à custa do seu esforço.

11 No final da vida você gemerá,
com sua carne
e seu corpo desgastados.

12 Você dirá: "Como odiei a disciplina!
Como o meu coração
rejeitou a repreensão!

13 Não ouvi os meus mestres
nem escutei os que me ensinavam.

14 Cheguei à beira da ruína completa,
à vista de toda a comunidade".

15 Beba das águas da sua cisterna,
das águas que brotam do seu próprio poço.

16 Por que deixar que as suas fontes
transbordem pelas ruas,
e os seus ribeiros pelas praças?

17 Que elas sejam exclusivamente suas,
nunca repartidas com estranhos.

18 Seja bendita a sua fonte!
Alegre-se com a esposa da sua juventude.

19 Gazela amorosa, corça graciosa;
que os seios de sua esposa
sempre o fartem de prazer,
e sempre o embriaguem os carinhos dela.

20 Por que, meu filho, ser desencaminhado
pela mulher imoral?
Por que abraçar o seio de uma leviana[a]?

21 O Senhor vê os caminhos do homem
e examina todos os seus passos.

22 As maldades do ímpio o prendem;
ele se torna prisioneiro
das cordas do seu pecado.

23 Certamente morrerá
por falta de disciplina;
andará cambaleando
por causa da sua insensatez.

Warning Against Adultery

5 My son, pay attention to my wisdom,
listen well to my words of insight,

2 that you may maintain discretion
and your lips may preserve knowledge.

3 For the lips of an adulteress drip honey,
and her speech is smoother than oil;

4 but in the end she is bitter as gall,
sharp as a double-edged sword.

5 Her feet go down to death;
her steps lead straight to the grave.[a]

6 She gives no thought to the way of life;
her paths are crooked, but she knows it not.

7 Now then, my sons, listen to me;
do not turn aside from what I say.

8 Keep to a path far from her,
do not go near the door of her house,

9 lest you give your best strength to others
and your years to one who is cruel,

10 lest strangers feast on your wealth
and your toil enrich another man's house.

11 At the end of your life you will groan,
when your flesh and body are spent.

12 You will say, "How I hated discipline!
How my heart spurned correction!

13 I would not obey my teachers
or listen to my instructors.

14 I have come to the brink of utter ruin
in the midst of the whole assembly."

15 Drink water from your own cistern,
running water from your own well.

16 Should your springs overflow in the streets,
your streams of water in the public squares?

17 Let them be yours alone,
never to be shared with strangers.

18 May your fountain be blessed,
and may you rejoice in the wife of your youth.

19 A loving doe, a graceful deer—
may her breasts satisfy you always,
may you ever be captivated by her love.

20 Why be captivated, my son, by an adulteress?
Why embrace the bosom of another man's wife?

21 For a man's ways are in full view of the Lord,
and he examines all his paths.

22 The evil deeds of a wicked man ensnare him;
the cords of his sin hold him fast.

23 He will die for lack of discipline,
led astray by his own great folly.

---

[a]5.20 Ou *de uma mulher casada*   [a]5:5 Hebrew *Sheol*

Advertências contra a Insensatez

6 Meu filho, se você serviu de fiador
do seu próximo,
se, com um aperto de mãos,
empenhou-se por um estranho

² e caiu na armadilha
das palavras que você mesmo disse,
está prisioneiro do que falou.

³ Então, meu filho,
uma vez que você caiu
nas mãos do seu próximo,
vá e humilhe-se;
insista, incomode o seu próximo!

⁴ Não se entregue ao sono,
não procure descanso.

⁵ Livre-se como a gazela se livra do caçador,
como a ave do laço que a pode prender.

⁶ Observe a formiga, preguiçoso,
reflita nos caminhos dela e seja sábio!

⁷ Ela não tem nem chefe,
nem supervisor, nem governante,

⁸ e ainda assim armazena
as suas provisões no verão
e na época da colheita
ajunta o seu alimento.

⁹ Até quando você vai ficar deitado,
preguiçoso?
Quando se levantará de seu sono?

¹⁰ Tirando uma soneca,
cochilando um pouco,
cruzando um pouco os braços
para descansar,

¹¹ a sua pobreza o surpreenderá
como um assaltante,
e a sua necessidade lhe sobrevirá
como um homem armado.

¹² O perverso não tem caráter.
Anda de um lado para o outro
dizendo coisas maldosas;

¹³ pisca o olho, arrasta os pés
e faz sinais com os dedos;

¹⁴ tem no coração
o propósito de enganar;
planeja sempre o mal e semeia discórdia.

¹⁵ Por isso a desgraça
se abaterá repentinamente sobre ele;
de um golpe será destruído,
irremediavelmente.

¹⁶ Há seis coisas que o Senhor odeia,
sete coisas que ele detesta:

¹⁷ olhos altivos, língua mentirosa,
mãos que derramam sangue inocente,

¹⁸ coração que traça planos perversos,
pés que se apressam para fazer o mal,

¹⁹ a testemunha falsa que espalha mentiras
e aquele que provoca discórdia
entre irmãos.

Advertências contra o Adultério

²⁰ Meu filho,
obedeça aos mandamentos de seu pai
e não abandone o ensino de sua mãe.

²¹ Amarre-os sempre junto ao coração;
ate-os ao redor do pescoço.

²² Quando você andar, eles o guiarão;
quando dormir,
o estarão protegendo;

Warnings Against Folly

6 My son, if you have put up security for your neighbor,
if you have struck hands in pledge for another,

² if you have been trapped by what you said,
ensnared by the words of your mouth,

³ then do this, my son, to free yourself,
since you have fallen into your
neighbor's hands:
Go and humble yourself;
press your plea with your neighbor!

⁴ Allow no sleep to your eyes,
no slumber to your eyelids.

⁵ Free yourself, like a gazelle from the hand
of the hunter,
like a bird from the snare of the fowler.

⁶ Go to the ant, you sluggard;
consider its ways and be wise!

⁷ It has no commander,
no overseer or ruler,

⁸ yet it stores its provisions in summèr
and gathers its food at harvest.

⁹ How long will you lie there, you sluggard?
When will you get up from your sleep?

¹⁰ A little sleep, a little slumber,
a little folding of the hands to rest—

¹¹ and poverty will come on you like a bandit
and scarcity like an armed man.ᵃ

¹² A scoundrel and villain,
who goes about with a corrupt mouth,

¹³ who winks with his eye,
signals with his feet
and motions with his fingers,

¹⁴ who plots evil with deceit in his heart—
he always stirs up dissension.

¹⁵ Therefore disaster will overtake him in an instant;
he will suddenly be destroyed—without remedy.

¹⁶ There are six things the Lord hates,
seven that are detestable to him:

¹⁷ haughty eyes,
a lying tongue,
hands that shed innocent blood,

¹⁸ a heart that devises wicked schemes,
feet that are quick to rush into evil,

¹⁹ a false witness who pours out lies
and a man who stirs up dissension
among brothers.

Warning Against Adultery

²⁰ My son, keep your father's commands
and do not forsake your mother's teaching.

²¹ Bind them upon your heart forever;
fasten them around your neck.

²² When you walk, they will guide you;
when you sleep, they will watch over you;

ᵃ6:11 Or *like a vagrant / and scarcity like a beggar*

quando acordar, falarão com você.
23 Pois o mandamento é lâmpada,
    a instrução é luz,
    e as advertências da disciplina
      são o caminho que conduz à vida;
24 eles o protegerão da mulher imoral,
    e dos falsos elogios da mulher leviana[a].
25 Não cobice em seu coração a sua beleza
    nem se deixe seduzir por seus olhares,
26 pois o preço de uma prostituta
    é um pedaço de pão,
    mas a adúltera sai à caça
    de vidas preciosas.
27 Pode alguém colocar fogo no peito
    sem queimar a roupa?
28 Pode alguém andar sobre brasas
    sem queimar os pés?
29 Assim acontece com quem se deita
    com mulher alheia;
    ninguém que a toque ficará sem castigo.

30 O ladrão não é desprezado
    se, faminto, rouba para matar a fome.[b]
31 Contudo, se for pego,
    deverá pagar sete vezes o que roubou,
    embora isso lhe custe
    tudo o que tem em casa.
32 Mas o homem que comete adultério
    não tem juízo;
    todo aquele que assim procede
    a si mesmo se destrói.
33 Sofrerá ferimentos e vergonha,
    e a sua humilhação jamais se apagará,
34 pois o ciúme desperta a fúria do marido,
    que não terá misericórdia
    quando se vingar.
35 Não aceitará nenhuma compensação;
    os melhores presentes não o acalmarão.

Advertência contra a Mulher Adúltera

7 Meu filho, obedeça às minhas palavras
    e no íntimo guarde os meus mandamentos.
2 Obedeça aos meus mandamentos,
    e você terá vida;
    guarde os meus ensinos
    como a menina dos seus olhos.
3 Amarre-os aos dedos;
    escreva-os na tábua do seu coração.
4 Diga à sabedoria: "Você é minha irmã",
    e chame ao entendimento seu parente;
5 eles o manterão afastado
    da mulher imoral,
    da mulher leviana[c]
    com suas palavras sedutoras.

6 Da janela de minha casa
    olhei através da grade
7 e vi entre os inexperientes,
    no meio dos jovens,
    um rapaz sem juízo.
8 Ele vinha pela rua,
    próximo à esquina de certa mulher,
    andando em direção à casa dela.
9 Era crepúsculo, o entardecer do dia,
    chegavam as sombras da noite,
    crescia a escuridão.

10 A mulher veio então ao seu encontro,
    vestida como prostituta,
    cheia de astúcia no coração.

when you awake, they will speak to you.
23 For these commands are a lamp,
    this teaching is a light,
and the corrections of discipline
    are the way to life,
24 keeping you from the immoral woman,
    from the smooth tongue of the wayward wife.
25 Do not lust in your heart after her beauty
    or let her captivate you with her eyes,
26 for the prostitute reduces you to a loaf of bread,
    and the adulteress preys upon your very life.
27 Can a man scoop fire into his lap
    without his clothes being burned?
28 Can a man walk on hot coals
    without his feet being scorched?
29 So is he who sleeps with another man's wife;
    no one who touches her will go unpunished.

30 Men do not despise a thief if he steals
    to satisfy his hunger when he is starving.
31 Yet if he is caught, he must pay sevenfold,
    though it costs him all the wealth of his house.
32 But a man who commits adultery lacks
    judgment;
    whoever does so destroys himself.
33 Blows and disgrace are his lot,
    and his shame will never be wiped away;
34 for jealousy arouses a husband's fury,
    and he will show no mercy when he takes
    revenge.
35 He will not accept any compensation;
    he will refuse the bribe, however great it is.

Warning Against the Adulteress

7 My son, keep my words
    and store up my commands within you.
2 Keep my commands and you will live;
    guard my teachings as the apple of your eye.
3 Bind them on your fingers;
    write them on the tablet of your heart.
4 Say to wisdom, "You are my sister,"
    and call understanding your kinsman;
5 they will keep you from the adulteress,
    from the wayward wife with her seductive words.

6 At the window of my house
    I looked out through the lattice.
7 I saw among the simple,
    I noticed among the young men,
    a youth who lacked judgment.
8 He was going down the street near her corner,
    walking along in the direction of her house
9 at twilight, as the day was fading,
    as the dark of night set in.

10 Then out came a woman to meet him,
    dressed like a prostitute and with crafty intent.

¹¹ (Ela é espalhafatosa e provocadora,
    seus pés nunca param em casa;
¹² uma hora na rua, outra nas praças,
    em cada esquina fica à espreita.)
¹³ Ela agarrou o rapaz,
    beijou-o e lhe disse descaradamente:
¹⁴ "Tenho em casa
    a carne dos sacrifícios de comunhão^a,
    que hoje fiz para cumprir os meus votos.
¹⁵ Por isso saí para encontrá-lo;
    vim à sua procura e o encontrei!
¹⁶ Estendi sobre o meu leito
    cobertas de linho fino do Egito.
¹⁷ Perfumei a minha cama
    com mirra, aloés e canela.
¹⁸ Venha, vamos embriagar-nos
    de carícias até o amanhecer;
    gozemos as delícias do amor!
¹⁹ Pois o meu marido não está em casa;
    partiu para uma longa viagem.
²⁰ Levou uma bolsa cheia de prata
    e não voltará antes da lua cheia".
²¹ Com a sedução das palavras o persuadiu,
    e o atraiu com o dulçor dos lábios.
²² Imediatamente ele a seguiu
    como o boi levado ao matadouro,
    ou como o cervo que vai cair no laço^b
²³ até que uma flecha lhe atravesse o fígado,
    ou como o pássaro que salta
        para dentro do alçapão,
    sem saber que isso lhe custará a vida.
²⁴ Então, meu filho, ouça-me;
    dê atenção às minhas palavras.
²⁵ Não deixe que o seu coração
    se volte para os caminhos dela,
    nem se perca em tais veredas.
²⁶ Muitas foram as suas vítimas;
    os que matou são uma grande multidão.
²⁷ A casa dela é um caminho que desce
        para a sepultura,
    para as moradas da morte.

O Chamado da Sabedoria

8 A sabedoria está clamando,
    o discernimento ergue a sua voz;
² nos lugares altos, junto ao caminho,
    nos cruzamentos ela se coloca;
³ ao lado das portas,
    à entrada da cidade,
    portas adentro, ela clama em alta voz:
⁴ "A vocês, homens, eu clamo;
    a todos levanto a minha voz.
⁵ Vocês, inexperientes,
    adquiram a prudência;
    e vocês, tolos, tenham bom senso.
⁶ Ouçam, pois tenho coisas importantes
        para dizer;
    os meus lábios falarão do que é certo.
⁷ Minha boca fala a verdade,
    pois a maldade causa repulsa
        aos meus lábios.
⁸ Todas as minhas palavras são justas;
    nenhuma delas é distorcida ou perversa.
⁹ Para os que têm discernimento,
    são todas claras,

¹¹ (She is loud and defiant,
    her feet never stay at home;
¹² now in the street, now in the squares,
    at every corner she lurks.)
¹³ She took hold of him and kissed him
    and with a brazen face she said:
¹⁴ "I have fellowship offerings^a at home;
    today I fulfilled my vows.
¹⁵ So I came out to meet you;
    I looked for you and have found you!
¹⁶ I have covered my bed
    with colored linens from Egypt.
¹⁷ I have perfumed my bed
    with myrrh, aloes and cinnamon.
¹⁸ Come, let's drink deep of love till morning;
    let's enjoy ourselves with love!
¹⁹ My husband is not at home;
    he has gone on a long journey.
²⁰ He took his purse filled with money
    and will not be home till full moon."
²¹ With persuasive words she led him astray;
    she seduced him with her smooth talk.
²² All at once he followed her
    like an ox going to the slaughter,
    like a deer^b stepping into a noose^c
²³   till an arrow pierces his liver,
    like a bird darting into a snare,
    little knowing it will cost him his life.
²⁴ Now then, my sons, listen to me;
    pay attention to what I say.
²⁵ Do not let your heart turn to her ways
    or stray into her paths.
²⁶ Many are the victims she has brought down;
    her slain are a mighty throng.
²⁷ Her house is a highway to the grave,^d
    leading down to the chambers of death.

Wisdom's Call

8 Does not wisdom call out?
    Does not understanding raise her voice?
² On the heights along the way,
    where the paths meet, she takes her stand;
³ beside the gates leading into the city,
    at the entrances, she cries aloud:
⁴ "To you, O men, I call out;
    I raise my voice to all mankind.
⁵ You who are simple, gain prudence;
    you who are foolish, gain understanding.
⁶ Listen, for I have worthy things to say;
    I open my lips to speak what is right.
⁷ My mouth speaks what is true,
    for my lips detest wickedness.
⁸ All the words of my mouth are just;
    none of them is crooked or perverse.
⁹ To the discerning all of them are right;
    they are faultless to those who have knowledge.

---

^a7.14 Ou *de paz* ^b7.22 Hebraico: *como o acorrentado que vai para o castigo de um tolo.*

^a7:14 Traditionally *peace offerings* ^b7:22 Syriac (see also Septuagint); Hebrew *fool* ^c7:22 The meaning of the Hebrew for this line is uncertain. ^d7:27 Hebrew *Sheol*

e retas para os que têm conhecimento.
¹⁰ Prefiram a minha instrução à prata,
　e o conhecimento ao ouro puro,
¹¹ pois a sabedoria é mais preciosa
　　do que rubis;
　nada do que vocês possam desejar
　　compara-se a ela.

¹² "Eu, a sabedoria,
　　moro com a prudência,
　e tenho o conhecimento
　　que vem do bom senso.
¹³ Temer o Senhor é odiar o mal;
　odeio o orgulho e a arrogância,
　o mau comportamento
　　e o falar perverso.
¹⁴ Meu é o conselho sensato;
　a mim pertencem o entendimento e o poder.
¹⁵ Por meu intermédio os reis governam,
　e as autoridades exercem a justiça;
¹⁶ também por meu intermédio
　　governam os nobres,
　todos os juízes da terra.
¹⁷ Amo os que me amam,
　e quem me procura me encontra.
¹⁸ Comigo estão riquezas e honra,
　prosperidade e justiça duradouras.
¹⁹ Meu fruto é melhor do que o ouro,
　　do que o ouro puro,
　o que ofereço é superior à prata escolhida.
²⁰ Ando pelo caminho da retidão,
　pelas veredas da justiça,
²¹ concedendo riqueza aos que me amam
　e enchendo os seus tesouros.

²² "O Senhor me crioua
　　como o princípio de seu caminhob,
　antes das suas obras mais antigas;
²³ fui formada desde a eternidade,
　desde o princípio, antes de existir a terra.
²⁴ Nasci quando ainda não havia abismos,
　quando não existiam fontes de águas.
²⁵ antes de serem estabelecidos os montes
　e de existirem colinas eu nasci.
²⁶ Ele ainda não havia feito a terra,
　　nem os campos,
　nem o pó com o qual formou o mundo.
²⁷ Quando ele estabeleceu os céus,
　　lá estava eu;
　quando traçou o horizonte
　　sobre a superfície do abismo,
²⁸ quando colocou as nuvens em cima
　e estabeleceu as fontes do abismo,
²⁹ quando determinou as fronteiras do mar
　para que as águas
　　não violassem a sua ordem,
　quando marcou os limites
　　dos alicerces da terra,
³⁰ eu estava ao seu lado,
　　e era o seu arquiteto;
　dia a dia eu era o seu prazer
　e me alegrava continuamente
　　com a sua presença.
³¹ Eu me alegrava com o mundo
　　que ele criou,
　e a humanidade me dava alegria.

¹⁰ Choose my instruction instead of silver,
　　knowledge rather than choice gold,
¹¹ for wisdom is more precious than rubies,
　　and nothing you desire can compare with her.

¹² "I, wisdom, dwell together with prudence;
　　I possess knowledge and discretion.
¹³ To fear the Lord is to hate evil;
　　I hate pride and arrogance,
　　evil behavior and perverse speech.
¹⁴ Counsel and sound judgment are mine;
　　I have understanding and power.
¹⁵ By me kings reign
　　and rulers make laws that are just;
¹⁶ by me princes govern,
　　and all nobles who rule on earth.ᵃ
¹⁷ I love those who love me,
　　and those who seek me find me.
¹⁸ With me are riches and honor,
　　enduring wealth and prosperity.
¹⁹ My fruit is better than fine gold;
　　what I yield surpasses choice silver.
²⁰ I walk in the way of righteousness,
　　along the paths of justice,
²¹ bestowing wealth on those who love me
　　and making their treasuries full.

²² "The Lord brought me forth as the first of
　　his works,ᵇ,ᶜ
　　before his deeds of old;
²³ I was appointedd from eternity,
　　from the beginning, before the world began.
²⁴ When there were no oceans, I was given birth,
　　when there were no springs abounding with water;
²⁵ before the mountains were settled in place,
　　before the hills, I was given birth,
²⁶ before he made the earth or its fields
　　or any of the dust of the world.
²⁷ I was there when he set the heavens in place,
　　when he marked out the horizon on the face
　　　of the deep,
²⁸ when he established the clouds above
　　and fixed securely the fountains of the deep,
²⁹ when he gave the sea its boundary
　　so the waters would not overstep his command,
　and when he marked out the foundations off the earth.
³⁰ Then I was the craftsman at his side.
　I was filled with delight day after day,
　　rejoicing always in his presence,
³¹ rejoicing in his whole world
　　and delighting in mankind.

ᵃ8:16 Many Hebrew manuscripts and Septuagint; most Hebrew manuscripts
and nobles—all righteous rulers ᵇ8:22 Or *way,* or *dominion* ᶜ8:22 Or *The Lord
possessed me at the beginning of his work;* or *The Lord brought me forth at the
beginning of his work* ᵈ8:23 Or *fashioned*

ᵃ8.22 Ou *me possuía* ᵇ8.22 Ou *domínio*

32 "Ouçam-me agora, meus filhos:
Como são felizes
os que guardam os meus caminhos!
33 Ouçam a minha instrução,
e serão sábios.
Não a desprezem.
34 Como é feliz o homem que me ouve,
vigiando diariamente à minha porta,
esperando junto às portas da minha casa.
35 Pois todo aquele que me encontra,
encontra a vida
e recebe o favor do Senhor.
36 Mas aquele que de mim se afasta,
a si mesmo se agride;
todos os que me odeiam amam a morte".

Os Convites da Sabedoria e da Insensatez

9 A sabedoria construiu sua casa;
ergueu suas sete colunas.
2 Matou animais para a refeição,
preparou seu vinho e arrumou sua mesa.
3 Enviou suas servas para fazerem convites
desde o ponto mais alto da cidade,
clamando:
4 "Venham todos os inexperientes!"
Aos que não têm bom senso ela diz:
5 "Venham comer a minha comida
e beber o vinho que preparei.
6 Deixem a insensatez, e vocês terão vida;
andem pelo caminho do entendimento.

7 "Quem corrige o zombador
traz sobre si o insulto;
quem repreende o ímpio
mancha o próprio nome.
8 Não repreenda o zombador,
caso contrário ele o odiará;
repreenda o sábio, e ele o amará.
9 Instrua o homem sábio,
e ele será ainda mais sábio;
ensine o homem justo,
e ele aumentará o seu saber.

10 "O temor do Senhor
é o princípio[a] da sabedoria,
e o conhecimento do Santo
é entendimento.
11 Pois por meu intermédio
os seus dias serão multiplicados,
e o tempo da sua vida se prolongará.
12 Se você for sábio, o benefício será seu;
se for zombador, sofrerá as conseqüências".

13 A insensatez é pura exibição,
sedução e ignorância.
14 Sentada à porta de sua casa,
no ponto mais alto da cidade,
15 clama aos que passam por ali
seguindo o seu caminho:
16 "Venham todos os inexperientes!"
Aos que não têm bom senso ela diz:
17 "A água roubada é doce,
e o pão que se come escondido
é saboroso!"
18 Mas eles nem imaginam
que ali estão os espíritos dos mortos[b],
que os seus convidados
estão nas profundezas da sepultura.

32 "Now then, my sons, listen to me;
blessed are those who keep my ways.
33 Listen to my instruction and be wise;
do not ignore it.
34 Blessed is the man who listens to me,
watching daily at my doors,
waiting at my doorway.
35 For whoever finds me finds life
and receives favor from the Lord.
36 But whoever fails to find me harms himself;
all who hate me love death."

Invitations of Wisdom and of Folly

9 Wisdom has built her house;
she has hewn out its seven pillars.
2 She has prepared her meat and mixed her wine;
she has also set her table.
3 She has sent out her maids, and she calls
from the highest point of the city.
4 "Let all who are simple come in here!"
she says to those who lack judgment.
5 "Come, eat my food
and drink the wine I have mixed.
6 Leave your simple ways and you will live;
walk in the way of understanding.

7 "Whoever corrects a mocker invites insult;
whoever rebukes a wicked man incurs abuse.
8 Do not rebuke a mocker or he will hate you;
rebuke a wise man and he will love you.
9 Instruct a wise man and he will be wiser still;
teach a righteous man and he will add to
his learning.
10 "The fear of the Lord is the beginning of
wisdom,
and knowledge of the Holy One is
understanding.
11 For through me your days will be many,
and years will be added to your life.
12 If you are wise, your wisdom will reward you;
if you are a mocker, you alone will suffer."

13 The woman Folly is loud;
she is undisciplined and without knowledge.
14 She sits at the door of her house,
on a seat at the highest point of the city,
15 calling out to those who pass by,
who go straight on their way.
16 "Let all who are simple come in here!"
she says to those who lack judgment.
17 "Stolen water is sweet;
food eaten in secret is delicious!"
18 But little do they know that the dead are there,
that her guests are in the depths of the grave.[a]

Provérbios de Salomão

10 Provérbios de Salomão:

O filho sábio dá alegria ao pai;
o filho tolo dá tristeza à mãe.

2 Os tesouros de origem desonesta
não servem para nada,
mas a retidão livra da morte.

3 O Senhor não deixa o justo passar fome,
mas frustra a ambição dos ímpios.

4 As mãos preguiçosas
empobrecem o homem,
porém as mãos diligentes
lhe trazem riqueza.

5 Aquele que faz a colheita no verão
é filho sensato,
mas aquele que dorme durante a ceifa
é filho que causa vergonha.

6 As bênçãos coroam a cabeça dos justos,
mas a boca dos ímpios abriga a violência.

7 A memória deixada pelos justos
será uma bênção,
mas o nome dos ímpios apodrecerá.

8 Os sábios de coração
aceitam mandamentos,
mas a boca do insensato o leva à ruína.

9 Quem anda com integridade
anda com segurança,
mas quem segue veredas tortuosas
será descoberto.

10 Aquele que pisca maliciosamente
causa tristeza,
e a boca do insensato o leva à ruína.

11 A boca do justo é fonte de vida,
mas a boca dos ímpios abriga a violência.

12 O ódio provoca dissensão,
mas o amor cobre todos os pecados.

13 A sabedoria está nos lábios
dos que têm discernimento,
mas a vara é para as costas
daquele que não tem juízo.

14 Os sábios acumulam conhecimento,
mas a boca do insensato
é um convite à ruína.

15 A riqueza dos ricos
é a sua cidade fortificada,
mas a pobreza é a ruína dos pobres.

16 O salário do justo lhe traz vida,
mas a renda do ímpio lhe traz castigo.

17 Quem acolhe a disciplina
mostra o caminho da vida,
mas quem ignora a repreensão
desencaminha outros.

18 Quem esconde o ódio
tem lábios mentirosos,
e quem espalha calúnia é tolo.

19 Quando são muitas as palavras,
o pecado está presente,
mas quem controla a língua é sensato.

20 A língua dos justos é prata escolhida,
mas o coração dos ímpios
quase não tem valor.

Proverbs of Solomon

10 The proverbs of Solomon:

A wise son brings joy to his father,
but a foolish son grief to his mother.

2 Ill-gotten treasures are of no value,
but righteousness delivers from death.

3 The Lord does not let the righteous go hungry
but he thwarts the craving of the wicked.

4 Lazy hands make a man poor,
but diligent hands bring wealth.

5 He who gathers crops in summer is a wise son,
but he who sleeps during harvest is a
disgraceful son.

6 Blessings crown the head of the righteous,
but violence overwhelms the mouth of
the wicked.ª

7 The memory of the righteous will be a blessing,
but the name of the wicked will rot.

8 The wise in heart accept commands,
but a chattering fool comes to ruin.

9 The man of integrity walks securely,
but he who takes crooked paths will be
found out.

10 He who winks maliciously causes grief,
and a chattering fool comes to ruin.

11 The mouth of the righteous is a fountain of life,
but violence overwhelms the mouth of
the wicked.

12 Hatred stirs up dissension,
but love covers over all wrongs.

13 Wisdom is found on the lips of the discerning,
but a rod is for the back of him who lacks
judgment.

14 Wise men store up knowledge,
but the mouth of a fool invites ruin.

15 The wealth of the rich is their fortified city,
but poverty is the ruin of the poor.

16 The wages of the righteous bring them life,
but the income of the wicked brings
them punishment.

17 He who heeds discipline shows the way to life,
but whoever ignores correction leads
others astray.

18 He who conceals his hatred has lying lips,
and whoever spreads slander is a fool.

19 When words are many, sin is not absent,
but he who holds his tongue is wise.

20 The tongue of the righteous is choice silver,
but the heart of the wicked is of little value.

ª10:6 Or *but the mouth of the wicked conceals violence*; also in verse 11

21 As palavras dos justos
   dão sustento a muitos,
mas os insensatos morrem
   por falta de juízo.

22 A bênção do Senhor traz riqueza,
   e não inclui dor alguma.

23 O tolo encontra prazer
   na má conduta,
mas o homem cheio de entendimento
   deleita-se na sabedoria.

24 O que o ímpio teme lhe acontecerá;
   o que os justos desejam
      lhes será concedido.

25 Passada a tempestade,
   o ímpio já não existe,
mas o justo permanece firme para sempre.

26 Como o vinagre para os dentes
   e a fumaça para os olhos,
assim é o preguiçoso
   para aqueles que o enviam.

27 O temor do Senhor prolonga a vida,
   mas a vida do ímpio é abreviada.

28 O que o justo almeja redunda em alegria,
   mas as esperanças dos ímpios dão em nada.

29 O caminho do Senhor
   é o refúgio dos íntegros,
mas é a ruína dos que praticam o mal.

30 Os justos jamais serão desarraigados,
   mas os ímpios pouco duram na terra.

31 A boca do justo produz sabedoria,
   mas a língua perversa será extirpada.

32 Os lábios do justo sabem o que é próprio,
   mas a boca dos ímpios
      só conhece a perversidade.

11 O Senhor repudia balanças desonestas,
   mas os pesos exatos lhe dão prazer.

2 Quando vem o orgulho,
   chega a desgraça,
mas a sabedoria está com os humildes.

3 A integridade dos justos os guia,
   mas a falsidade dos infiéis os destrói.

4 De nada vale a riqueza no dia da ira divina,
   mas a retidão livra da morte.

5 A retidão dos irrepreensíveis
   lhes abre um caminho reto,
mas os ímpios são abatidos
   por sua própria impiedade.

6 A justiça dos justos os livra,
   mas o desejo dos infiéis os aprisiona.

7 Quando morre o ímpio,
   sua esperança perece;
tudo o que ele esperava do seu poder
   dá em nada.

8 O justo é salvo das tribulações,
   e estas são transferidas para o ímpio.

9 Com a boca o ímpio
   pretende destruir o próximo,
mas pelo seu conhecimento
   o justo se livra.

10 Quando os justos prosperam,
   a cidade exulta;

21 The lips of the righteous nourish many,
   but fools die for lack of judgment.

22 The blessing of the Lord brings wealth,
   and he adds no trouble to it.

23 A fool finds pleasure in evil conduct,
   but a man of understanding delights in
      wisdom.

24 What the wicked dreads will overtake him;
   what the righteous desire will be granted.

25 When the storm has swept by, the wicked
      are gone,
   but the righteous stand firm forever.

26 As vinegar to the teeth and smoke to the eyes,
   so is a sluggard to those who send him.

27 The fear of the Lord adds length to life,
   but the years of the wicked are cut short.

28 The prospect of the righteous is joy,
   but the hopes of the wicked come to nothing.

29 The way of the Lord is a refuge for the righteous,
   but it is the ruin of those who do evil.

30 The righteous will never be uprooted,
   but the wicked will not remain in the land.

31 The mouth of the righteous brings forth
      wisdom,
   but a perverse tongue will be cut out.

32 The lips of the righteous know what is fitting,
   but the mouth of the wicked only what is
      perverse.

11 The Lord abhors dishonest scales,
   but accurate weights are his delight.

2 When pride comes, then comes disgrace,
   but with humility comes wisdom.

3 The integrity of the upright guides them,
   but the unfaithful are destroyed by their
      duplicity.

4 Wealth is worthless in the day of wrath,
   but righteousness delivers from death.

5 The righteousness of the blameless makes a
      straight way for them,
   but the wicked are brought down by their
      own wickedness.

6 The righteousness of the upright delivers them,
   but the unfaithful are trapped by evil desires.

7 When a wicked man dies, his hope perishes;
   all he expected from his power comes to
      nothing.

8 The righteous man is rescued from trouble,
   and it comes on the wicked instead.

9 With his mouth the godless destroys his
      neighbor,
   but through knowledge the righteous escape.

10 When the righteous prosper, the city rejoices;

quando os ímpios perecem,
há cantos de alegria.

11 Pela bênção dos justos
a cidade é exaltada,
mas pela boca dos ímpios é destruída.

12 O homem que não tem juízo
ridiculariza o seu próximo,
mas o que tem entendimento
refreia a língua.

13 Quem muito fala trai a confidência,
mas quem merece confiança
guarda o segredo.

14 Sem diretrizes a nação cai;
o que a salva é ter muitos conselheiros.

15 Quem serve de fiador certamente sofrerá,
mas quem se nega a fazê-lo está seguro.

16 A mulher bondosa conquista o respeito,
mas os homens cruéis[a]
só conquistam riquezas.

17 Quem faz o bem aos outros,
a si mesmo o faz;
o homem cruel causa o seu próprio mal.

18 O ímpio recebe salários enganosos,
mas quem semeia a retidão
colhe segura recompensa.

19 Quem permanece na justiça viverá,
mas quem sai em busca do mal
corre para a morte.

20 O Senhor detesta
os perversos de coração,
mas os de conduta irrepreensível
dão-lhe prazer.

21 Esteja certo de que
os ímpios não ficarão sem castigo,
mas os justos serão poupados.

22 Como anel de ouro em focinho de porco,
assim é a mulher bonita,
mas indiscreta.

23 O desejo dos justos resulta em bem;
a esperança dos ímpios, em ira.

24 Há quem dê generosamente,
e vê aumentar suas riquezas;
outros retêm o que deveriam dar,
e caem na pobreza.

25 O generoso prosperará;
quem dá alívio aos outros,
alívio receberá.

26 O povo amaldiçoa
aquele que esconde o trigo,
mas a bênção coroa
aquele que logo se dispõe a vendê-lo.

27 Quem procura o bem será respeitado;
já o mal vai de encontro a quem o busca.

28 Quem confia em suas riquezas
certamente cairá,
mas os justos florescerão
como a folhagem verdejante.

29 Quem causa problemas à sua família
herdará somente vento;
o insensato será servo do sábio.

30 O fruto da retidão é árvore de vida,
e aquele que conquista almas[b] é sábio.

when the wicked perish, there are shouts of joy.

11 Through the blessing of the upright a city is exalted,
but by the mouth of the wicked it is destroyed.

12 A man who lacks judgment derides his neighbor,
but a man of understanding holds his tongue.

13 A gossip betrays a confidence,
but a trustworthy man keeps a secret.

14 For lack of guidance a nation falls,
but many advisers make victory sure.

15 He who puts up security for another will surely suffer,
but whoever refuses to strike hands in pledge
is safe.

16 A kindhearted woman gains respect,
but ruthless men gain only wealth.

17 A kind man benefits himself,
but a cruel man brings trouble on himself.

18 The wicked man earns deceptive wages,
but he who sows righteousness reaps a
sure reward.

19 The truly righteous man attains life,
but he who pursues evil goes to his death.

20 The Lord detests men of perverse heart
but he delights in those whose ways are blameless.

21 Be sure of this: The wicked will not go unpunished,
but those who are righteous will go free.

22 Like a gold ring in a pig's snout
is a beautiful woman who shows no discretion.

23 The desire of the righteous ends only in good,
but the hope of the wicked only in wrath.

24 One man gives freely, yet gains even more;
another withholds unduly, but comes to poverty.

25 A generous man will prosper;
he who refreshes others will himself be refreshed.

26 People curse the man who hoards grain,
but blessing crowns him who is willing to sell.

27 He who seeks good finds goodwill,
but evil comes to him who searches for it.

28 Whoever trusts in his riches will fall,
but the righteous will thrive like a green leaf.

29 He who brings trouble on his family will inherit
only wind,
and the fool will be servant to the wise.

30 The fruit of the righteous is a tree of life,
and he who wins souls is wise.

---

[a]11.16 Ou *valentes* [b]11.30 Ou *pessoas*

31 Se os justos recebem na terra
a punição que merecem,
quanto mais o ímpio e o pecador!

12 Todo o que ama a disciplina
ama o conhecimento,
mas aquele que odeia a repreensão é tolo.

2 O homem bom
obtém o favor do Senhor,
mas o que planeja maldades
o Senhor condena.

3 Ninguém consegue se firmar
mediante a impiedade,
e não se pode desarraigar o justo.

4 A mulher exemplar
é a coroa do seu marido,
mas a de comportamento vergonhoso
é como câncer em seus ossos.

5 Os planos dos justos são retos,
mas o conselho dos ímpios é enganoso.

6 As palavras dos ímpios
são emboscadas mortais,
mas quando os justos falam há livramento.

7 Os ímpios são derrubados e desaparecem,
mas a casa dos justos permanece firme.

8 O homem é louvado
segundo a sua sabedoria,
mas o que tem o coração perverso
é desprezado.

9 Melhor é não ser ninguém
e, ainda assim, ter quem o sirva,
do que fingir ser alguém
e não ter comida.

10 O justo cuida bem dos seus rebanhos,
mas até os atos mais bondosos dos ímpios
são cruéis.

11 Quem trabalha a sua terra
terá fartura de alimento,
mas quem vai atrás de fantasias
não tem juízo.

12 Os ímpios cobiçam
o despojo tomado pelos maus,
mas a raiz do justo floresce.

13 O mau se enreda em seu falar pecaminoso,
mas o justo não cai nessas dificuldades.

14 Do fruto de sua boca
o homem se beneficia,
e o trabalho de suas mãos
será recompensado.

15 O caminho do insensato
parece-lhe justo,
mas o sábio ouve os conselhos.

16 O insensato revela de imediato
o seu aborrecimento,
mas o homem prudente ignora o insulto.

17 A testemunha fiel
dá testemunho honesto,
mas a testemunha falsa conta mentiras.

18 Há palavras que ferem como espada,
mas a língua dos sábios traz a cura.

19 Os lábios que dizem a verdade
permanecem para sempre,
mas a língua mentirosa
dura apenas um instante.

31 If the righteous receive their due on earth,
how much more the ungodly and the sinner!

12 Whoever loves discipline loves knowledge,
but he who hates correction is stupid.

2 A good man obtains favor from the Lord,
but the Lord condemns a crafty man.

3 A man cannot be established through wickedness,
but the righteous cannot be uprooted.

4 A wife of noble character is her husband's crown,
but a disgraceful wife is like decay in his bones.

5 The plans of the righteous are just,
but the advice of the wicked is deceitful.

6 The words of the wicked lie in wait for blood,
but the speech of the upright rescues them.

7 Wicked men are overthrown and are no more,
but the house of the righteous stands firm.

8 A man is praised according to his wisdom,
but men with warped minds are despised.

9 Better to be a nobody and yet have a servant
than pretend to be somebody and have
no food.

10 A righteous man cares for the needs of his
animal,
but the kindest acts of the wicked are cruel.

11 He who works his land will have abundant food,
but he who chases fantasies lacks judgment.

12 The wicked desire the plunder of evil men,
but the root of the righteous flourishes.

13 An evil man is trapped by his sinful talk,
but a righteous man escapes trouble.

14 From the fruit of his lips a man is filled with
good things
as surely as the work of his hands rewards him.

15 The way of a fool seems right to him,
but a wise man listens to advice.

16 A fool shows his annoyance at once,
but a prudent man overlooks an insult.

17 A truthful witness gives honest testimony,
but a false witness tells lies.

18 Reckless words pierce like a sword,
but the tongue of the wise brings healing.

19 Truthful lips endure forever,
but a lying tongue lasts only a moment.

20 O engano está no coração
    dos que maquinam o mal,
mas a alegria está
    entre os que promovem a paz.

21 Nenhum mal atingirá o justo,
mas os ímpios
    estão cobertos de problemas.

22 O Senhor odeia os lábios mentirosos,
mas se deleita com os que falam a verdade.

23 O homem prudente
    não alardeia o seu conhecimento,
mas o coração dos tolos
    derrama insensatez.

24 As mãos diligentes governarão,
mas os preguiçosos acabarão escravos.

25 O coração ansioso deprime o homem,
mas uma palavra bondosa o anima.

26 O homem honesto
    é cauteloso em suas amizades[a],
mas o caminho dos ímpios
    os leva a perder-se.

27 O preguiçoso não aproveita a sua caça,
mas o diligente dá valor a seus bens.

28 No caminho da justiça está a vida;
essa é a vereda que nos preserva da morte.

13
O filho sábio
    acolhe a instrução do pai,
mas o zombador não ouve a repreensão.

2 Do fruto de sua boca
    o homem desfruta coisas boas,
mas o que os infiéis desejam é violência.

3 Quem guarda a sua boca
    guarda a sua vida,
mas quem fala demais acaba se arruinando.

4 O preguiçoso deseja e nada consegue,
mas os desejos do diligente
    são amplamente satisfeitos.

5 Os justos odeiam o que é falso,
mas os ímpios
    trazem vergonha e desgraça.

6 A retidão protege o homem íntegro,
mas a impiedade derruba o pecador.

7 Alguns fingem que são ricos e nada têm;
outros fingem que são pobres,
    e têm grande riqueza.

8 As riquezas de um homem
    servem de resgate para a sua vida,
mas o pobre nunca recebe ameaças.

9 A luz dos justos
    resplandece esplendidamente,
mas a lâmpada dos ímpios apaga-se.

10 O orgulho só gera discussões,
mas a sabedoria está
    com os que tomam conselho.

11 O dinheiro ganho com desonestidade
    diminuirá,
mas quem o ajunta aos poucos
    terá cada vez mais.

12 A esperança que se retarda
    deixa o coração doente,

20 There is deceit in the hearts of those who plot evil,
    but joy for those who promote peace.

21 No harm befalls the righteous,
    but the wicked have their fill of trouble.

22 The Lord detests lying lips,
    but he delights in men who are truthful.

23 A prudent man keeps his knowledge to himself,
    but the heart of fools blurts out folly.

24 Diligent hands will rule,
    but laziness ends in slave labor.

25 An anxious heart weighs a man down,
    but a kind word cheers him up.

26 A righteous man is cautious in friendship,[a]
    but the way of the wicked leads them astray.

27 The lazy man does not roast[b] his game,
    but the diligent man prizes his possessions.

28 In the way of righteousness there is life;
    along that path is immortality.

13
A wise son heeds his father's instruction,
    but a mocker does not listen to rebuke.

2 From the fruit of his lips a man enjoys
    good things,
but the unfaithful have a craving for violence.

3 He who guards his lips guards his life,
    but he who speaks rashly will come to ruin.

4 The sluggard craves and gets nothing,
    but the desires of the diligent are fully
    satisfied.

5 The righteous hate what is false,
    but the wicked bring shame and disgrace.

6 Righteousness guards the man of integrity,
    but wickedness overthrows the sinner.

7 One man pretends to be rich, yet has nothing;
    another pretends to be poor, yet has
    great wealth.

8 A man's riches may ransom his life,
    but a poor man hears no threat.

9 The light of the righteous shines brightly,
    but the lamp of the wicked is snuffed out.

10 Pride only breeds quarrels,
    but wisdom is found in those who take advice.

11 Dishonest money dwindles away,
    but he who gathers money little by little
    makes it grow.

12 Hope deferred makes the heart sick,

---

[a]12:26 Or *man is a guide to his neighbor* [b]12:27 The meaning of the Hebrew for this word is uncertain.

mas o anseio satisfeito é árvore de vida.

¹³ Quem zomba da instrução pagará por ela,
mas aquele que respeita o mandamento
será recompensado.

¹⁴ O ensino dos sábios é fonte de vida,
e afasta o homem
das armadilhas da morte.

¹⁵ O bom entendimento conquista favor,
mas o caminho do infiel é áspero[a].

¹⁶ Todo homem prudente
age com base no conhecimento,
mas o tolo expõe a sua insensatez.

¹⁷ O mensageiro ímpio cai em dificuldade,
mas o enviado digno de confiança
traz a cura.

¹⁸ Quem despreza a disciplina
cai na pobreza e na vergonha,
mas quem acolhe a repreensão
recebe tratamento honroso.

¹⁹ O anseio satisfeito agrada a alma,
mas o tolo detesta afastar-se do mal.

²⁰ Aquele que anda com os sábios
será cada vez mais sábio,
mas o companheiro dos tolos
acabará mal.

²¹ O infortúnio persegue o pecador,
mas a prosperidade
é a recompensa do justo.

²² O homem bom deixa herança
para os filhos de seus filhos,
mas a riqueza do pecador
é armazenada para os justos.

²³ A lavoura do pobre
produz alimento com fartura,
mas por falta de justiça ele o perde.

²⁴ Quem se nega a castigar seu filho
não o ama;
quem o ama não hesita em discipliná-lo.

²⁵ O justo come até satisfazer o apetite,
mas os ímpios permanecem famintos.

14 A mulher sábia edifica a sua casa,
mas com as próprias mãos
a insensata derruba a sua.

² Quem anda direito teme o SENHOR,
mas quem segue caminhos enganosos
o despreza.

³ A conversa do insensato
traz a vara para as suas costas,
mas os lábios dos sábios os protegem.

⁴ Onde não há bois o celeiro fica vazio,
mas da força do boi vem a grande colheita.

⁵ A testemunha sincera não engana,
mas a falsa transborda em mentiras.

⁶ O zombador busca sabedoria
e nada encontra,
mas o conhecimento vem facilmente
ao que tem discernimento.

⁷ Mantenha-se longe do tolo,
pois você não achará conhecimento
no que ele falar.

but a longing fulfilled is a tree of life.

¹³ He who scorns instruction will pay for it,
but he who respects a command is rewarded.

¹⁴ The teaching of the wise is a fountain of life,
turning a man from the snares of death.

¹⁵ Good understanding wins favor,
but the way of the unfaithful is hard.[a]

¹⁶ Every prudent man acts out of knowledge,
but a fool exposes his folly.

¹⁷ A wicked messenger falls into trouble,
but a trustworthy envoy brings healing.

¹⁸ He who ignores discipline comes to poverty
and shame,
but whoever heeds correction is honored.

¹⁹ A longing fulfilled is sweet to the soul,
but fools detest turning from evil.

²⁰ He who walks with the wise grows wise,
but a companion of fools suffers harm.

²¹ Misfortune pursues the sinner,
but prosperity is the reward of the righteous.

²² A good man leaves an inheritance for his children's
children,
but a sinner's wealth is stored up for the
righteous.

²³ A poor man's field may produce abundant food,
but injustice sweeps it away.

²⁴ He who spares the rod hates his son,
but he who loves him is careful to
discipline him.

²⁵ The righteous eat to their hearts' content,
but the stomach of the wicked goes hungry.

14 The wise woman builds her house,
but with her own hands the foolish one tears
hers down.

² He whose walk is upright fears the LORD,
but he whose ways are devious despises him.

³ A fool's talk brings a rod to his back,
but the lips of the wise protect them.

⁴ Where there are no oxen, the manger is empty,
but from the strength of an ox comes an
abundant harvest.

⁵ A truthful witness does not deceive,
but a false witness pours out lies.

⁶ The mocker seeks wisdom and finds none,
but knowledge comes easily to the discerning.

⁷ Stay away from a foolish man,
for you will not find knowledge on his lips.

8 A sabedoria do homem prudente
    é discernir o seu caminho,
  mas a insensatez dos tolos é enganosa.

9 Os insensatos zombam
    da idéia de reparar o pecado cometido,
  mas a boa vontade está entre os justos.

10 Cada coração conhece
    a sua própria amargura,
  e não há quem possa partilhar sua alegria.

11 A casa dos ímpios será destruída,
  mas a tenda dos justos florescerá.

12 Há caminho que parece certo ao homem,
  mas no final conduz à morte.

13 Mesmo no riso o coração pode sofrer,
  e a alegria pode terminar em tristeza.

14 Os infiéis receberão a retribuição
    de sua conduta,
  mas o homem bom será recompensado.

15 O inexperiente acredita
    em qualquer coisa,
  mas o homem prudente vê bem onde pisa.

16 O sábio é cauteloso[a] e evita o mal,
  mas o tolo é impetuoso e irresponsável.

17 Quem é irritadiço faz tolices,
  e o homem cheio de astúcias é odiado.

18 Os inexperientes herdam a insensatez,
  mas o conhecimento
    é a coroa dos prudentes.

19 Os maus se inclinarão
    diante dos homens de bem,
  e os ímpios, às portas da justiça.

20 Os pobres são evitados
    até por seus vizinhos,
  mas os amigos dos ricos são muitos.

21 Quem despreza o próximo
    comete pecado,
  mas como é feliz quem trata com bondade
    os necessitados!

22 Não é certo que se perdem
    os que só pensam no mal?
  Mas os que planejam o bem
    encontram[b] amor e fidelidade.

23 Todo trabalho árduo traz proveito,
  mas o só falar leva à pobreza.

24 A riqueza dos sábios é a sua coroa,
  mas a insensatez dos tolos
    produz apenas insensatez.

25 A testemunha que fala a verdade
    salva vidas,
  mas a testemunha falsa é enganosa.

26 Aquele que teme o Senhor
    possui uma fortaleza segura,
  refúgio para os seus filhos.

27 O temor do Senhor é fonte de vida,
  e afasta das armadilhas da morte.

28 Uma grande população é a glória do rei,
  mas, sem súditos,
    o príncipe está arruinado.

29 O homem paciente
    dá prova de grande entendimento,
  mas o precipitado revela insensatez.

8 The wisdom of the prudent is to give thought
    to their ways,
  but the folly of fools is deception.

9 Fools mock at making amends for sin,
  but goodwill is found among the upright.

10 Each heart knows its own bitterness,
  and no one else can share its joy.

11 The house of the wicked will be destroyed,
  but the tent of the upright will flourish.

12 There is a way that seems right to a man,
  but in the end it leads to death.

13 Even in laughter the heart may ache,
  and joy may end in grief.

14 The faithless will be fully repaid for their ways,
  and the good man rewarded for his.

15 A simple man believes anything,
  but a prudent man gives thought to his steps.

16 A wise man fears the Lord and shuns evil,
  but a fool is hotheaded and reckless.

17 A quick-tempered man does foolish things,
  and a crafty man is hated.

18 The simple inherit folly,
  but the prudent are crowned with knowledge.

19 Evil men will bow down in the presence of
    the good,
  and the wicked at the gates of the righteous.

20 The poor are shunned even by their neighbors,
  but the rich have many friends.

21 He who despises his neighbor sins,
  but blessed is he who is kind to the needy.

22 Do not those who plot evil go astray?
  But those who plan what is good find[a] love
    and faithfulness.

23 All hard work brings a profit,
  but mere talk leads only to poverty.

24 The wealth of the wise is their crown,
  but the folly of fools yields folly.

25 A truthful witness saves lives,
  but a false witness is deceitful.

26 He who fears the Lord has a secure fortress,
  and for his children it will be a refuge.

27 The fear of the Lord is a fountain of life,
  turning a man from the snares of death.

28 A large population is a king's glory,
  but without subjects a prince is ruined.

29 A patient man has great understanding,
  but a quick-tempered man displays folly.

---

a14.16 Ou *teme o Senhor* **b**14.22 Ou *demonstram*   **a**14:22 Or *show*

³⁰ O coração em paz dá vida ao corpo,
    mas a inveja apodrece os ossos.

³¹ Oprimir o pobre
    é ultrajar o seu Criador,
mas tratar com bondade o necessitado
    é honrar a Deus.

³² Quando chega a calamidade,
    os ímpios são derrubados;
os justos, porém,
    até em face da morte
    encontram refúgio.

³³ A sabedoria repousa no coração
    dos que têm discernimento,
e mesmo entre os tolos
    ela se deixa conhecer^a.

³⁴ A justiça engrandece a nação,
    mas o pecado é uma vergonha
    para qualquer povo.

³⁵ O servo sábio agrada o rei,
    mas o que procede vergonhosamente
    incorre em sua ira.

15

A resposta calma desvia a fúria,
    mas a palavra ríspida desperta a ira.

² A língua dos sábios
    torna atraente o conhecimento,
mas a boca dos tolos derrama insensatez.

³ Os olhos do Senhor estão em toda parte,
    observando atentamente os maus e os bons.

⁴ O falar amável é árvore de vida,
    mas o falar enganoso esmaga o espírito.

⁵ O insensato faz pouco caso
    da disciplina de seu pai,
mas quem acolhe a repreensão
    revela prudência.

⁶ A casa do justo contém grande tesouro,
    mas os rendimentos dos ímpios
    lhes trazem inquietação.

⁷ As palavras dos sábios
    espalham conhecimento;
mas o coração dos tolos não é assim.

⁸ O Senhor detesta o sacrifício dos ímpios,
    mas a oração do justo o agrada.

⁹ O Senhor detesta
    o caminho dos ímpios,
mas ama quem busca a justiça.

¹⁰ Há uma severa lição
    para quem abandona o seu caminho;
quem despreza a repreensão morrerá.

¹¹ A Sepultura e a Destruição^b
    estão abertas diante do Senhor;
quanto mais os corações dos homens!

¹² O zombador não gosta de quem o corrige,
    nem procura a ajuda do sábio.

¹³ A alegria do coração transparece no rosto,
    mas o coração angustiado
    oprime o espírito.

¹⁴ O coração que sabe discernir
    busca o conhecimento,

³⁰ A heart at peace gives life to the body,
    but envy rots the bones.

³¹ He who oppresses the poor shows contempt
    for their Maker,
but whoever is kind to the needy honors God.

³² When calamity comes, the wicked are
    brought down,
but even in death the righteous have a refuge.

³³ Wisdom reposes in the heart of the discerning
    and even among fools she lets herself
    be known.^a

³⁴ Righteousness exalts a nation,
    but sin is a disgrace to any people.

³⁵ A king delights in a wise servant,
    but a shameful servant incurs his wrath.

15

A gentle answer turns away wrath,
    but a harsh word stirs up anger.

² The tongue of the wise commends knowledge,
    but the mouth of the fool gushes folly.

³ The eyes of the Lord are everywhere,
    keeping watch on the wicked and the good.

⁴ The tongue that brings healing is a tree of life,
    but a deceitful tongue crushes the spirit.

⁵ A fool spurns his father's discipline,
    but whoever heeds correction shows prudence.

⁶ The house of the righteous contains great
    treasure,
but the income of the wicked brings
    them trouble.

⁷ The lips of the wise spread knowledge;
    not so the hearts of fools.

⁸ The Lord detests the sacrifice of the wicked,
    but the prayer of the upright pleases him.

⁹ The Lord detests the way of the wicked
    but he loves those who pursue righteousness.

¹⁰ Stern discipline awaits him who leaves the path;
    he who hates correction will die.

¹¹ Death and Destruction^b lie open before
    the Lord—
how much more the hearts of men!

¹² A mocker resents correction;
    he will not consult the wise.

¹³ A happy heart makes the face cheerful,
    but heartache crushes the spirit.

¹⁴ The discerning heart seeks knowledge,

---

^a**14.33** A Septuaginta e a Versão Siríaca dizem *mas no coração dos tolos ela não é conhecida.* ^b**15.11** Hebraico: *Sheol* e *Abadom. Sheol* também pode ser traduzido por *profundezas, pó* ou *morte;* também no versículo 24.

^a**14:33** Hebrew; Septuagint and Syriac / *but in the heart of fools she is not known* ^b**15:11** Hebrew *Sheol and Abaddon*

mas a boca dos tolos
    alimenta-se de insensatez.

15 Todos os dias do oprimido são infelizes,
    mas o coração bem disposto
      está sempre em festa.

16 É melhor ter pouco
    com o temor do Senhor
    do que grande riqueza com inquietação.

17 É melhor ter verduras na refeição
    onde há amor
    do que um boi gordo
      acompanhado de ódio.

18 O homem irritável provoca dissensão,
    mas quem é paciente acalma a discussão.

19 O caminho do preguiçoso
    é cheio de espinhos,
    mas o caminho do justo
      é uma estrada plana.

20 O filho sábio dá alegria a seu pai,
    mas o tolo despreza a sua mãe.

21 A insensatez alegra
    quem não tem bom senso,
    mas o homem de entendimento
      procede com retidão.

22 Os planos fracassam
    por falta de conselho,
    mas são bem-sucedidos
      quando há muitos conselheiros.

23 Dar resposta apropriada[a]
    é motivo de alegria;
    e como é bom
      um conselho na hora certa!

24 O caminho da vida conduz para cima
    quem é sensato,
    para que ele não desça à sepultura.

25 O Senhor derruba
    a casa do orgulhoso,
    mas mantém intactos
      os limites da propriedade da viúva.

26 O Senhor detesta
    os pensamentos dos maus,
    mas se agrada de palavras ditas sem maldade.

27 O avarento põe sua família em apuros,
    mas quem repudia o suborno viverá.

28 O justo pensa bem antes de responder,
    mas a boca dos ímpios jorra o mal.

29 O Senhor está longe dos ímpios,
    mas ouve a oração dos justos.

30 Um olhar animador
    dá alegria ao coração,
    e as boas notícias revigoram os ossos.

31 Quem ouve a repreensão construtiva
    terá lugar permanente entre os sábios.

32 Quem recusa a disciplina
    faz pouco caso de si mesmo,
    mas quem ouve a repreensão
      obtém entendimento.

33 O temor do Senhor ensina a sabedoria,[b]
    e a humildade antecede a honra.

but the mouth of a fool feeds on folly.

15 All the days of the oppressed are wretched,
    but the cheerful heart has a continual feast.

16 Better a little with the fear of the Lord
    than great wealth with turmoil.

17 Better a meal of vegetables where there is love
    than a fattened calf with hatred.

18 A hot-tempered man stirs up dissension,
    but a patient man calms a quarrel.

19 The way of the sluggard is blocked with thorns,
    but the path of the upright is a highway.

20 A wise son brings joy to his father,
    but a foolish man despises his mother.

21 Folly delights a man who lacks judgment,
    but a man of understanding keeps a
      straight course.

22 Plans fail for lack of counsel,
    but with many advisers they succeed.

23 A man finds joy in giving an apt reply—
    and how good is a timely word!

24 The path of life leads upward for the wise
    to keep him from going down to the grave.[a]

25 The Lord tears down the proud man's house
    but he keeps the widow's boundaries intact.

26 The Lord detests the thoughts of the wicked,
    but those of the pure are pleasing to him.

27 A greedy man brings trouble to his family,
    but he who hates bribes will live.

28 The heart of the righteous weighs its answers,
    but the mouth of the wicked gushes evil.

29 The Lord is far from the wicked
    but he hears the prayer of the righteous.

30 A cheerful look brings joy to the heart,
    and good news gives health to the bones.

31 He who listens to a life-giving rebuke
    will be at home among the wise.

32 He who ignores discipline despises himself,
    but whoever heeds correction gains
      understanding.

33 The fear of the Lord teaches a man wisdom,[b]
    and humility comes before honor.

---

[a]15.23 Ou *Expressar a própria opinião* [b]15.33 Ou *A sabedoria ensina o temor do Senhor,*

[a]15:24 Hebrew *Sheol* [b]15:33 Or *Wisdom teaches the fear of the* Lord

16

Ao homem pertencem
os planos do coração,
mas do Senhor vem a resposta da língua.

² Todos os caminhos do homem
lhe parecem puros,
mas o Senhor avalia o espírito.

³ Consagre ao Senhor
tudo o que você faz,
e os seus planos serão bem-sucedidos.

⁴ O Senhor faz tudo com um propósito;
até os ímpios para o dia do castigo.

⁵ O Senhor detesta
os orgulhosos de coração.
Sem dúvida serão punidos.

⁶ Com amor e fidelidade
se faz expiação pelo pecado;
com o temor do Senhor
o homem evita o mal.

⁷ Quando os caminhos de um homem
são agradáveis ao Senhor,
ele faz que até os seus inimigos
vivam em paz com ele.

⁸ É melhor ter pouco com retidão
do que muito com injustiça.

⁹ Em seu coração
o homem planeja o seu caminho,
mas o Senhor determina
os seus passos.

¹⁰ Os lábios do rei
falam com grande autoridade;
sua boca não deve trair a justiça.

¹¹ Balanças e pesos honestos
vêm do Senhor;
todos os pesos da bolsa são feitos por ele.

¹² Os reis detestam a prática da maldade,
porquanto o trono se firma pela justiça.

¹³ O rei se agrada dos lábios honestos,
e dá valor ao homem que fala a verdade.

¹⁴ A ira do rei é um mensageiro da morte,
mas o homem sábio a acalmará.

¹⁵ Alegria no rosto do rei é sinal de vida;
seu favor é como
nuvem de chuva na primavera.

¹⁶ É melhor obter sabedoria do que ouro!
É melhor obter entendimento do que prata!

¹⁷ A vereda do justo evita o mal;
quem guarda o seu caminho
preserva a sua vida.

¹⁸ O orgulho vem antes da destruição;
o espírito altivo, antes da queda.

¹⁹ Melhor é ter espírito humilde
entre os oprimidos
do que partilhar despojos
com os orgulhosos.

²⁰ Quem examina cada questão
com cuidado prospera,ᵃ
e feliz é aquele que confia no Senhor.

²¹ O sábio de coração
é considerado prudente;
quem fala com equilíbrio
promove a instruçãoᵇ.

16

To man belong the plans of the heart,
but from the Lord comes the reply of
the tongue.

² All a man's ways seem innocent to him,
but motives are weighed by the Lord.

³ Commit to the Lord whatever you do,
and your plans will succeed.

⁴ The Lord works out everything for his own ends—
even the wicked for a day of disaster.

⁵ The Lord detests all the proud of heart.
Be sure of this: They will not go unpunished.

⁶ Through love and faithfulness sin is atoned for;
through the fear of the Lord a man avoids evil.

⁷ When a man's ways are pleasing to the Lord,
he makes even his enemies live at peace
with him.

⁸ Better a little with righteousness
than much gain with injustice.

⁹ In his heart a man plans his course,
but the Lord determines his steps.

¹⁰ The lips of a king speak as an oracle,
and his mouth should not betray justice.

¹¹ Honest scales and balances are from the Lord;
all the weights in the bag are of his making.

¹² Kings detest wrongdoing,
for a throne is established through
righteousness.

¹³ Kings take pleasure in honest lips;
they value a man who speaks the truth.

¹⁴ A king's wrath is a messenger of death,
but a wise man will appease it.

¹⁵ When a king's face brightens, it means life;
his favor is like a rain cloud in spring.

¹⁶ How much better to get wisdom than gold,
to choose understanding rather than silver!

¹⁷ The highway of the upright avoids evil;
he who guards his way guards his life.

¹⁸ Pride goes before destruction,
a haughty spirit before a fall.

¹⁹ Better to be lowly in spirit and among
the oppressed
than to share plunder with the proud.

²⁰ Whoever gives heed to instruction prospers,
and blessed is he who trusts in the Lord.

²¹ The wise in heart are called discerning,
and pleasant words promote instruction.ᵃ

ᵃ16.20 Ou *Quem acolhe a palavra prospera*; ou ainda *Quem considera atenta-mente o que fala prospera.* ᵇ16.21 Ou *consegue convencer*, também no versículo 23.

ᵃ16:21 Or *words make a man persuasive*

22 O entendimento é fonte de vida
para aqueles que o têm,
mas a insensatez traz castigo
aos insensatos.

23 O coração do sábio ensina a sua boca,
e os seus lábios promovem a instrução.

24 As palavras agradáveis
são como um favo de mel,
são doces para a alma
e trazem cura para os ossos.

25 Há caminho que parece reto ao homem,
mas no final conduz à morte.

26 O apetite do trabalhador
o obriga a trabalhar;
a sua fome o impulsiona.

27 O homem sem caráter maquina o mal;
suas palavras são um fogo devorador.

28 O homem perverso provoca dissensão,
e o que espalha boatos afasta bons amigos.

29 O violento recruta o seu próximo
e o leva por um caminho ruim.

30 Quem pisca os olhos planeja o mal;
quem franze os lábios já o vai praticar.

31 O cabelo grisalho
é uma coroa de esplendor,
e se obtém mediante uma vida justa.

32 Melhor é o homem paciente
do que o guerreiro,
mais vale controlar o seu espírito
do que conquistar uma cidade.

33 A sorte é lançada no colo,
mas a decisão vem do Senhor.

17 Melhor é um pedaço de pão seco
com paz e tranquilidade
do que uma casa onde há banquetes^a,
e muitas brigas.

2 O servo sábio dominará sobre
o filho de conduta vergonhosa,
e participará da herança
como um dos irmãos.

3 O crisol é para a prata
e o forno é para o ouro,
mas o Senhor prova o coração.

4 O ímpio dá atenção aos lábios maus;
o mentiroso dá ouvidos
à língua destruidora.

5 Quem zomba dos pobres
mostra desprezo pelo Criador deles;
quem se alegra com a desgraça
não ficará sem castigo.

6 Os filhos dos filhos
são uma coroa para os idosos,
e os pais são o orgulho dos seus filhos.

7 Os lábios arrogantes^b
não ficam bem ao insensato;
muito menos os lábios mentirosos
ao governante!

8 O suborno é um recurso fascinante
para aquele que o oferece;
aonde quer que vá, ele tem sucesso.

22 Understanding is a fountain of life to those
who have it,
but folly brings punishment to fools.

23 A wise man's heart guides his mouth,
and his lips promote instruction.^a

24 Pleasant words are a honeycomb,
sweet to the soul and healing to the bones.

25 There is a way that seems right to a man,
but in the end it leads to death.

26 The laborer's appetite works for him;
his hunger drives him on.

27 A scoundrel plots evil,
and his speech is like a scorching fire.

28 A perverse man stirs up dissension,
and a gossip separates close friends.

29 A violent man entices his neighbor
and leads him down a path that is not good.

30 He who winks with his eye is plotting
perversity;
he who purses his lips is bent on evil.

31 Gray hair is a crown of splendor;
it is attained by a righteous life.

32 Better a patient man than a warrior,
a man who controls his temper than one who
takes a city.

33 The lot is cast into the lap,
but its every decision is from the Lord.

17 Better a dry crust with peace and quiet
than a house full of feasting,^b with strife.

2 A wise servant will rule over a disgraceful son,
and will share the inheritance as one of
the brothers.

3 The crucible for silver and the furnace for gold,
but the Lord tests the heart.

4 A wicked man listens to evil lips;
a liar pays attention to a malicious tongue.

5 He who mocks the poor shows contempt for
their Maker;
whoever gloats over disaster will not go
unpunished.

6 Children's children are a crown to the aged,
and parents are the pride of their children.

7 Arrogant^c lips are unsuited to a fool—
how much worse lying lips to a ruler!

8 A bribe is a charm to the one who gives it;
wherever he turns, he succeeds.

---

a17.1 Hebraico: *sacrifícios.* **b**17.7 Ou *eloqüentes*

a16:23 Or *mouth / and makes his lips persuasive* **b**17:1 Hebrew *sacrifices* **c**17:7
Or *Eloquent*

⁹ Aquele que cobre uma ofensa
   promove amor,
mas quem a lança em rosto
   separa bons amigos.

¹⁰ A repreensão faz marca mais profunda
   no homem de entendimento
do que cem açoites no tolo.

¹¹ O homem mau só pende para a rebeldia;
   por isso um oficial impiedoso
   será enviado contra ele.

¹² Melhor é encontrar uma ursa
   da qual roubaram os filhotes
do que um tolo em sua insensatez.

¹³ Quem retribui o bem com o mal,
   jamais deixará de ter mal no seu lar.

¹⁴ Começar uma discussão
   é como abrir brecha num dique;
por isso resolva a questão
   antes que surja a contenda.

¹⁵ Absolver o ímpio e condenar o justo
   são coisas que o Senhor odeia.

¹⁶ De que serve o dinheiro na mão do tolo,
   já que ele não quer obter sabedoria?

¹⁷ O amigo ama em todos os momentos;
   é um irmão na adversidade.

¹⁸ O homem sem juízo
   com um aperto de mãos se compromete
   e se torna fiador do seu próximo.

¹⁹ Quem ama a discussão ama o pecado;
   quem constrói portas altasᵃ
   está procurando a sua ruína.

²⁰ O homem de coração perverso
   não prospera,
   e o de língua enganosa cai na desgraça.

²¹ O filho tolo só dá tristeza,
   e nenhuma alegria tem o pai do insensato.

²² O coração bem disposto
   é remédio eficiente,
mas o espírito oprimido resseca os ossos.

²³ O ímpio aceita às escondidas o suborno
   para desviar o curso da justiça.

²⁴ O homem de discernimento
   mantém a sabedoria em vista,
mas os olhos do tolo vagueiam
   até os confins da terra.

²⁵ O filho tolo é a tristeza do seu pai
   e a amargura daquela que o deu à luz.

²⁶ Não é bom castigar o inocente,
   nem açoitar quem merece ser honrado.

²⁷ Quem tem conhecimento
   é comedido no falar,
e quem tem entendimento
   é de espírito sereno.

²⁸ Até o insensato passará por sábio,
   se ficar quieto,
e, se contiver a língua,
   parecerá que tem discernimento.

18 Quem se isola
busca interesses egoístas
e se rebela contra a sensatez.

² O tolo não tem prazer no entendimento,

⁹ He who covers over an offense promotes love,
   but whoever repeats the matter separates
   close friends.

¹⁰ A rebuke impresses a man of discernment
   more than a hundred lashes a fool.

¹¹ An evil man is bent only on rebellion;
   a merciless official will be sent against him.

¹² Better to meet a bear robbed of her cubs
   than a fool in his folly.

¹³ If a man pays back evil for good,
   evil will never leave his house.

¹⁴ Starting a quarrel is like breaching a dam;
   so drop the matter before a dispute breaks out.

¹⁵ Acquitting the guilty and condemning the
      innocent—
   the Lord detests them both.

¹⁶ Of what use is money in the hand of a fool,
   since he has no desire to get wisdom?

¹⁷ A friend loves at all times,
   and a brother is born for adversity.

¹⁸ A man lacking in judgment strikes hands
      in pledge
   and puts up security for his neighbor.

¹⁹ He who loves a quarrel loves sin;
   he who builds a high gate invites destruction.

²⁰ A man of perverse heart does not prosper;
   he whose tongue is deceitful falls into trouble.

²¹ To have a fool for a son brings grief;
   there is no joy for the father of a fool.

²² A cheerful heart is good medicine,
   but a crushed spirit dries up the bones.

²³ A wicked man accepts a bribe in secret
   to pervert the course of justice.

²⁴ A discerning man keeps wisdom in view,
   but a fool's eyes wander to the ends of
      the earth.

²⁵ A foolish son brings grief to his father
   and bitterness to the one who bore him.

²⁶ It is not good to punish an innocent man,
   or to flog officials for their integrity.

²⁷ A man of knowledge uses words with restraint,
   and a man of understanding is even-tempered.

²⁸ Even a fool is thought wise if he keeps silent,
   and discerning if he holds his tongue.

18 An unfriendly man pursues selfish ends;
he defies all sound judgment.

² A fool finds no pleasure in understanding

ᵃ17.19 Ou *quem se orgulha*

mas sim em expor os seus pensamentos.

3 Com a impiedade vem o desprezo,
e com a desonra vem a vergonha.

4 As palavras do homem
são águas profundas,
mas a fonte da sabedoria
é um ribeiro que transborda.

5 Não é bom favorecer os ímpios
para privar da justiça o justo.

6 As palavras do tolo provocam briga,
e a sua conversa atrai açoites.

7 A conversa do tolo é a sua desgraça,
e seus lábios são uma armadilha
para a sua alma.

8 As palavras do caluniador
são como petiscos deliciosos;
descem até o íntimo do homem.

9 Quem relaxa em seu trabalho
é irmão do que o destrói.

10 O nome do Senhor é uma torre forte;
os justos correm para ela e estão seguros.

11 A riqueza dos ricos
é a sua cidade fortificada,
eles a imaginam como um muro
que é impossível escalar.

12 Antes da sua queda
o coração do homem se envaidece,
mas a humildade antecede a honra.

13 Quem responde antes de ouvir
comete insensatez e passa vergonha.

14 O espírito do homem
o sustenta na doença,
mas o espírito deprimido,
quem o levantará?

15 O coração do que tem discernimento
adquire conhecimento;
os ouvidos dos sábios
saem à sua procura.

16 O presente abre o caminho
para aquele que o entrega
e o conduz à presença dos grandes.

17 O primeiro a apresentar a sua causa
parece ter razão,
até que outro venha à frente e o questione.

18 Lançar sortes resolve contendas
e decide questões entre poderosos.

19 Um irmão ofendido é mais inacessível
do que uma cidade fortificada,
e as discussões são como
as portas trancadas de uma cidadela.

20 Do fruto da boca enche-se
o estômago do homem;
o produto dos lábios o satisfaz.

21 A língua tem poder sobre a vida
e sobre a morte;
os que gostam de usá-la
comerão do seu fruto.

22 Quem encontra uma esposa
encontra algo excelente;
recebeu uma bênção do Senhor.

23 O pobre implora misericórdia,
mas o rico responde com aspereza.

but delights in airing his own opinions.

3 When wickedness comes, so does contempt,
and with shame comes disgrace.

4 The words of a man's mouth are deep waters,
but the fountain of wisdom is a
bubbling brook.

5 It is not good to be partial to the wicked
or to deprive the innocent of justice.

6 A fool's lips bring him strife,
and his mouth invites a beating.

7 A fool's mouth is his undoing,
and his lips are a snare to his soul.

8 The words of a gossip are like choice morsels;
they go down to a man's inmost parts.

9 One who is slack in his work
is brother to one who destroys.

10 The name of the Lord is a strong tower;
the righteous run to it and are safe.

11 The wealth of the rich is their fortified city;
they imagine it an unscalable wall.

12 Before his downfall a man's heart is proud,
but humility comes before honor.

13 He who answers before listening—
that is his folly and his shame.

14 A man's spirit sustains him in sickness,
but a crushed spirit who can bear?

15 The heart of the discerning acquires knowledge;
the ears of the wise seek it out.

16 A gift opens the way for the giver
and ushers him into the presence of the great.

17 The first to present his case seems right,
till another comes forward and questions him.

18 Casting the lot settles disputes
and keeps strong opponents apart.

19 An offended brother is more unyielding than a
fortified city,
and disputes are like the barred gates of
a citadel.

20 From the fruit of his mouth a man's stomach
is filled;
with the harvest from his lips he is satisfied.

21 The tongue has the power of life and death,
and those who love it will eat its fruit.

22 He who finds a wife finds what is good
and receives favor from the Lord.

23 A poor man pleads for mercy,
but a rich man answers harshly.

24 Quem tem muitos amigos
    pode chegar à ruína,
mas existe amigo
    mais apegado que um irmão.

19 Melhor é o pobre
    que vive com integridade
do que o tolo que fala perversamente.

2 Não é bom ter zelo sem conhecimento,
    nem ser precipitado e perder o caminho.

3 É a insensatez do homem
que arruína a sua vida,
mas o seu coração se ira contra o Senhor.

4 A riqueza traz muitos amigos,
mas até o amigo do pobre o abandona.

5 A testemunha falsa não ficará sem castigo,
    e aquele que despeja mentiras
      não sairá livre.

6 Muitos adulam o governante,
    e todos são amigos de quem dá presentes.

7 O pobre é desprezado
    por todos os seus parentes,
quanto mais por seus amigos!
Embora os procure,
    para pedir-lhes ajuda,
não os encontra em lugar nenhum.

8 Quem obtém sabedoria
    ama-se a si mesmo;
quem acalenta o entendimento prospera.

9 A testemunha falsa não ficará sem castigo,
    e aquele que despeja mentiras perecerá.

10 Não fica bem o tolo viver no luxo;
    quanto pior é o servo dominar príncipes!

11 A sabedoria do homem
    lhe dá paciência;
    sua glória é ignorar as ofensas.

12 A ira do rei é como o rugido do leão,
    mas a sua bondade
      é como o orvalho sobre a relva.

13 O filho tolo é a ruína de seu pai,
    e a esposa briguenta
      é como uma goteira constante.

14 Casas e riquezas herdam-se dos pais,
    mas a esposa prudente vem do Senhor.

15 A preguiça leva ao sono profundo,
    e o preguiçoso passa fome.

16 Quem obedece aos mandamentos
    preserva a sua vida,
mas quem despreza os seus caminhos
    morrerá.

17 Quem trata bem os pobres
    empresta ao Senhor,
e ele o recompensará.

18 Discipline seu filho,
    pois nisso há esperança;
não queira a morte dele.

19 O homem de gênio difícil
    precisa do castigo;
se você o poupar,
    terá que poupá-lo de novo.

20 Ouça conselhos e aceite instruções,
    e acabará sendo sábio.

24 A man of many companions may come to ruin,
    but there is a friend who sticks closer than
      a brother.

19 Better a poor man whose walk is blameless
    than a fool whose lips are perverse.

2 It is not good to have zeal without knowledge,
    nor to be hasty and miss the way.

3 A man's own folly ruins his life,
    yet his heart rages against the Lord.

4 Wealth brings many friends,
    but a poor man's friend deserts him.

5 A false witness will not go unpunished,
    and he who pours out lies will not go free.

6 Many curry favor with a ruler,
    and everyone is the friend of a man who
      gives gifts.

7 A poor man is shunned by all his relatives—
    how much more do his friends avoid him!
Though he pursues them with pleading,
    they are nowhere to be found.[a]

8 He who gets wisdom loves his own soul;
    he who cherishes understanding prospers.

9 A false witness will not go unpunished,
    and he who pours out lies will perish.

10 It is not fitting for a fool to live in luxury—
    how much worse for a slave to rule
      over princes!

11 A man's wisdom gives him patience;
    it is to his glory to overlook an offense.

12 A king's rage is like the roar of a lion,
    but his favor is like dew on the grass.

13 A foolish son is his father's ruin,
    and a quarrelsome wife is like a constant
      dripping.

14 Houses and wealth are inherited from parents,
    but a prudent wife is from the Lord.

15 Laziness brings on deep sleep,
    and the shiftless man goes hungry.

16 He who obeys instructions guards his life,
    but he who is contemptuous of his ways
      will die.

17 He who is kind to the poor lends to the Lord,
    and he will reward him for what he has done.

18 Discipline your son, for in that there is hope;
    do not be a willing party to his death.

19 A hot-tempered man must pay the penalty;
    if you rescue him, you will have to do it again.

20 Listen to advice and accept instruction,
    and in the end you will be wise.

21 Many are the plans in a man's heart,

---

[a] 19:7 The meaning of the Hebrew for this sentence is uncertain.

21 Muitos são os planos
no coração do homem,
mas o que prevalece
é o propósito do Senhor.

22 O que se deseja ver num homem
é amor perene;ª
melhor é ser pobre do que mentiroso.

23 O temor do Senhor conduz à vida:
quem o teme pode descansar em paz,
livre de problemas.

24 O preguiçoso põe a mão no prato,
e não se dá ao trabalho de levá-la à boca!

25 Açoite o zombador,
e os inexperientes aprenderão a prudência;
repreenda o homem de discernimento,
e ele obterá conhecimento.

26 O filho que rouba o pai e expulsa a mãe
é causador de vergonha e desonra.

27 Se você parar de ouvir a instrução, meu filho,
irá afastar-se das palavras
que dão conhecimento.

28 A testemunha corrupta zomba da justiça,
e a boca dos ímpios
tem fome de iniqüidade.

29 Os castigos estão preparados
para os zombadores,
e os açoites para as costas dos tolos.

20 O vinho é zombador
e a bebida fermentada provoca brigas;
não é sábio deixar-se dominar por eles.

2 O medo que o rei provoca
é como o do rugido de um leão;
quem o irrita põe em risco a própria vida.

3 É uma honra dar fim a contendas,
mas todos os insensatos envolvem-se nelas.

4 O preguiçoso não ara a terra
na estação própriaᵇ;
mas na época da colheita procura,
e não acha nada.

5 Os propósitos do coração do homem
são águas profundas,
mas quem tem discernimento
os traz à tona.

6 Muitos se dizem amigos leais,
mas um homem fiel,
quem poderá achar?

7 O homem justo leva uma vida íntegra;
como são felizes os seus filhos!

8 Quando o rei se assenta no trono
para julgar,
com o olhar esmiúça todo o mal.

9 Quem poderá dizer:
"Purifiquei o coração;
estou livre do meu pecado"?

10 Pesos adulterados
e medidas falsificadas
são coisas que o Senhor detesta.

11 Até a criança mostra o que é
por suas ações;
o seu procedimento
revelará se ela é pura e justa.

but it is the Lord's purpose that prevails.

22 What a man desires is unfailing loveª;
better to be poor than a liar.

23 The fear of the Lord leads to life:
Then one rests content, untouched by trouble.

24 The sluggard buries his hand in the dish;
he will not even bring it back to his mouth!

25 Flog a mocker, and the simple will learn
prudence;
rebuke a discerning man, and he will gain
knowledge.

26 He who robs his father and drives out his mother
is a son who brings shame and disgrace.

27 Stop listening to instruction, my son,
and you will stray from the words of
knowledge.

28 A corrupt witness mocks at justice,
and the mouth of the wicked gulps down evil.

29 Penalties are prepared for mockers,
and beatings for the backs of fools.

20 Wine is a mocker and beer a brawler;
whoever is led astray by them is not wise.

2 A king's wrath is like the roar of a lion;
he who angers him forfeits his life.

3 It is to a man's honor to avoid strife,
but every fool is quick to quarrel.

4 A sluggard does not plow in season;
so at harvest time he looks but finds nothing.

5 The purposes of a man's heart are deep waters,
but a man of understanding draws them out.

6 Many a man claims to have unfailing love,
but a faithful man who can find?

7 The righteous man leads a blameless life;
blessed are his children after him.

8 When a king sits on his throne to judge,
he winnows out all evil with his eyes.

9 Who can say, "I have kept my heart pure;
I am clean and without sin"?

10 Differing weights and differing measures—
the Lord detests them both.

11 Even a child is known by his actions,
by whether his conduct is pure and right.

ª**19.22** Ou *A ambição de um homem é sua vergonha;* ª**20.4** Hebraico: *por causa do frio.*   ª**19:22** Or *A man's greed is his shame*

12 Os ouvidos que ouvem
    e os olhos que vêem
foram feitos pelo Senhor.

13 Não ame o sono,
    senão você acabará ficando pobre;
fique desperto, e terá alimento de sobra.

14 "Não vale isso! Não vale isso!",
    diz o comprador,
mas, quando se vai,
    gaba-se do bom negócio.

15 Mesmo onde há ouro e rubis
    em grande quantidade,
os lábios que transmitem conhecimento
    são uma rara preciosidade.

16 Tome-se a veste
    de quem serve de fiador ao estranho;
sirva ela de penhor
    de quem dá garantia a uma mulher levianaª.

17 Saborosa é a comida
    que se obtém com mentiras,
mas depois dá areia na boca.

18 Os conselhos são importantes
    para quem quiser fazer planos,
e quem sai à guerra
    precisa de orientação.

19 Quem vive contando casos
    não guarda segredo;
por isso, evite quem fala demais.

20 Se alguém amaldiçoar seu pai ou sua mãe,
    a luz de sua vida se extinguirá
    na mais profunda escuridão.

21 A herança que se obtém
    com ganância no princípio,ᵇ
no final não será abençoada.

22 Não diga:
    "Eu o farei pagar pelo mal que me fez!"
Espere pelo Senhor,
    e ele dará a vitória a você.

23 O Senhor detesta pesos adulterados,
    e balanças falsificadas não o agradam.

24 Os passos do homem
    são dirigidos pelo Senhor.
Como poderia alguém
    discernir o seu próprio caminho?

25 É uma armadilha consagrar algo
    precipitadamente,
e só pensar nas conseqüências
    depois que se fez o voto.

26 O rei sábio abana os ímpios,
    e passa sobre eles a roda de debulhar.

27 O espírito do homem
    é a lâmpada do Senhor,
e vasculha cada parte do seu ser.

28 A bondade e a fidelidade
    preservam o rei;
por sua bondade
    ele dá firmeza ao seu trono.

29 A beleza dos jovens está na sua força;
    a glória dos idosos,
    nos seus cabelos brancos.

30 Os golpes e os ferimentos

12 Ears that hear and eyes that see—
    the Lord has made them both.

13 Do not love sleep or you will grow poor;
    stay awake and you will have food to spare.

14 "It's no good, it's no good!" says the buyer;
    then off he goes and boasts about his
    purchase.

15 Gold there is, and rubies in abundance,
    but lips that speak knowledge are a rare jewel.

16 Take the garment of one who puts up security
    for a stranger;
hold it in pledge if he does it for a wayward
    woman.

17 Food gained by fraud tastes sweet to a man,
    but he ends up with a mouth full of gravel.

18 Make plans by seeking advice;
    if you wage war, obtain guidance.

19 A gossip betrays a confidence;
    so avoid a man who talks too much.

20 If a man curses his father or mother,
    his lamp will be snuffed out in pitch darkness.

21 An inheritance quickly gained at the beginning
    will not be blessed at the end.

22 Do not say, "I'll pay you back for this wrong!"
    Wait for the Lord, and he will deliver you.

23 The Lord detests differing weights,
    and dishonest scales do not please him.

24 A man's steps are directed by the Lord.
    How then can anyone understand his
    own way?

25 It is a trap for a man to dedicate
    something rashly
and only later to consider his vows.

26 A wise king winnows out the wicked;
    he drives the threshing wheel over them.

27 The lamp of the Lord searches the spirit
    of a manª;
it searches out his inmost being.

28 Love and faithfulness keep a king safe;
    through love his throne is made secure.

29 The glory of young men is their strength,
    gray hair the splendor of the old.

30 Blows and wounds cleanse

ª**20.16** Ou *a um desconhecido* ᵇ**20.21** Ou *A herança que se obtém às pressas no início,*

ª**20:27** Or *The spirit of man is the Lord's lamp*

eliminam o mal;
os açoites limpam as profundezas do ser.

21

¹ O coração do rei é como um rio
controlado pelo Senhor;
ele o dirige para onde quer.

² Todos os caminhos do homem
lhe parecem justos,
mas o Senhor pesa o coração.

³ Fazer o que é justo e certo
é mais aceitável ao Senhor
do que oferecer sacrifícios.

⁴ A vida de pecado dos ímpios
se vê no olhar orgulhoso
e no coração arrogante.

⁵ Os planos bem elaborados levam à fartura;
mas o apressado sempre acaba na miséria.

⁶ A fortuna obtida com língua mentirosa
é ilusão fugidia e armadilha mortal.

⁷ A violência dos ímpios os arrastará,
pois recusam-se a agir corretamente.

⁸ O caminho do culpado é tortuoso,
mas a conduta do inocente é reta.

⁹ Melhor é viver num canto sob o telhado
do que repartir a casa
com uma mulher briguenta.

¹⁰ O desejo do perverso é fazer o mal;
ele não tem dó do próximo.

¹¹ Quando o zombador é castigado,
o inexperiente obtém sabedoria;
quando o sábio recebe instrução,
obtém conhecimento.

¹² O justo observa a casa dos ímpios
e os faz cair na desgraça.

¹³ Quem fecha os ouvidos
ao clamor dos pobres
também clamará e não terá resposta.

¹⁴ O presente que se faz em segredo
acalma a ira,
e o suborno oferecido às ocultas
apazigua a maior fúria.

¹⁵ Quando se faz justiça,
o justo se alegra,
mas os malfeitores se apavoram.

¹⁶ Quem se afasta
do caminho da sensatez
repousará na companhia dos mortos.

¹⁷ Quem se entrega aos prazeres
passará necessidade;
quem se apega ao vinho e ao azeite
jamais será rico.

¹⁸ O ímpio serve de resgate para o justo,
e o infiel, para o homem íntegro.

¹⁹ Melhor é viver no deserto
do que com uma mulher briguenta
e amargurada.ᵃ

²⁰ Na casa do sábio
há comida e azeite armazenados,
mas o tolo devora tudo o que pode.

²¹ Quem segue a justiça e a lealdade
encontra vida, justiça e honra.

away evil, and beatings purge the
inmost being.

21

The king's heart is in the hand of the Lord;
he directs it like a watercourse wherever he
pleases.

² All a man's ways seem right to him,
but the Lord weighs the heart.

³ To do what is right and just
is more acceptable to the Lord than sacrifice.

⁴ Haughty eyes and a proud heart,
the lamp of the wicked, are sin!

⁵ The plans of the diligent lead to profit
as surely as haste leads to poverty.

⁶ A fortune made by a lying tongue
is a fleeting vapor and a deadly snare.ᵃ

⁷ The violence of the wicked will drag them away,
for they refuse to do what is right.

⁸ The way of the guilty is devious,
but the conduct of the innocent is upright.

⁹ Better to live on a corner of the roof
than share a house with a quarrelsome wife.

¹⁰ The wicked man craves evil;
his neighbor gets no mercy from him.

¹¹ When a mocker is punished, the simple
gain wisdom;
when a wise man is instructed, he gets
knowledge.

¹² The Righteous Oneᵇ takes note of the house
of the wicked
and brings the wicked to ruin.

¹³ If a man shuts his ears to the cry of the poor,
he too will cry out and not be answered.

¹⁴ A gift given in secret soothes anger,
and a bribe concealed in the cloak pacifies
great wrath.

¹⁵ When justice is done, it brings joy to the
righteous
but terror to evildoers.

¹⁶ A man who strays from the path of
understanding
comes to rest in the company of the dead.

¹⁷ He who loves pleasure will become poor;
whoever loves wine and oil will never be rich.

¹⁸ The wicked become a ransom for the righteous,
and the unfaithful for the upright.

¹⁹ Better to live in a desert
than with a quarrelsome and ill-tempered wife.

²⁰ In the house of the wise are stores of choice food
and oil,
but a foolish man devours all he has.

²¹ He who pursues righteousness and love
finds life, prosperityᶜ and honor.

ᵃ21:6 Some Hebrew manuscripts, Septuagint and Vulgate; most Hebrew
manuscripts *vapor for those who seek death* ᵇ21:12 Or *The righteous man*
ᶜ21:21 Or *righteousness*

ᵃ21.19 Ou *do que ser importunado por uma mulher briguenta*

22 O sábio conquista
a cidade dos valentes
e derruba a fortaleza
em que eles confiam.

23 Quem é cuidadoso no que fala
evita muito sofrimento.

24 O vaidoso e arrogante
chama-se zombador;
ele age com extremo orgulho.

25 O preguiçoso morre de tanto desejar
e de nunca pôr as mãos no trabalho.

26 O dia inteiro ele deseja mais e mais,
enquanto o justo reparte sem cessar.

27 O sacrifício dos ímpios
já por si é detestável;
tanto mais quando oferecido
com más intenções.

28 A testemunha falsa perecerá,
mas o testemunho
do homem bem informado
permanecerá.ᵃ

29 O ímpio mostra no rosto
a sua arrogância,
mas o justo mantém em ordem
o seu caminho.

30 Não há sabedoria alguma,
nem discernimento algum,
nem plano algum
que possa opor-se ao Senhor.

31 Prepara-se o cavalo para o dia da batalha,
mas o Senhor é que dá a vitória.

22 A boa reputação vale mais
que grandes riquezas;
desfrutar de boa estima
vale mais que prata e ouro.

2 O rico e o pobre têm isto em comum:
o Senhor é o Criador de ambos.

3 O prudente percebe o perigo
e busca refúgio;
o inexperiente segue adiante
e sofre as conseqüências.

4 A recompensa da humildade
e do temor do Senhor
são a riqueza, a honra e a vida.

5 No caminho do perverso
há espinhos e armadilhas;
quem quer proteger a própria vida
mantém-se longe dele.

6 Instrua a criança segundo os objetivos
que você tem para ela,
e mesmo com o passar dos anosᵇ
não se desviará deles.

7 O rico domina sobre o pobre;
quem toma emprestado
é escravo de quem empresta.

8 Quem semeia a injustiça colhe a maldade;
o castigo da sua arrogância será completo.

9 Quem é generoso será abençoado,
pois reparte o seu pão com o pobre.

22 A wise man attacks the city of the mighty
and pulls down the stronghold in which
they trust.

23 He who guards his mouth and his tongue
keeps himself from calamity.

24 The proud and arrogant man—"Mocker" is
his name;
he behaves with overweening pride.

25 The sluggard's craving will be the death of him,
because his hands refuse to work.

26 All day long he craves for more,
but the righteous give without sparing.

27 The sacrifice of the wicked is detestable—
how much more so when brought with evil intent!

28 A false witness will perish,
and whoever listens to him will be destroyed forever.ᵃ

29 A wicked man puts up a bold front,
but an upright man gives thought to his ways.

30 There is no wisdom, no insight, no plan
that can succeed against the Lord.

31 The horse is made ready for the day of battle,
but victory rests with the Lord.

22 A good name is more desirable than great riches;
to be esteemed is better than silver or gold.

2 Rich and poor have this in common:
The Lord is the Maker of them all.

3 A prudent man sees danger and takes refuge,
but the simple keep going and suffer for it.

4 Humility and the fear of the Lord
bring wealth and honor and life.

5 In the paths of the wicked lie thorns and snares,
but he who guards his soul stays far
from them.

6 Trainᵇ a child in the way he should go,
and when he is old he will not turn from it.

7 The rich rule over the poor,
and the borrower is servant to the lender.

8 He who sows wickedness reaps trouble,
and the rod of his fury will be destroyed.

9 A generous man will himself be blessed,
for he shares his food with the poor.

ᵃ**21.28** Hebraico: *o homem que sabe ouvir falará para sempre.* ᵇ**22.6** Ou *no caminho que deve seguir, e mesmo quando envelhecer*

ᵃ**21:28** Or / *but the words of an obedient man will live on* ᵇ**22:6** Or *Start*

10 Quando se manda embora o zombador,
   a briga acaba;
cessam as contendas e os insultos.

11 Quem ama a sinceridade de coração
   e se expressa com elegância
      será amigo do rei.

12 Os olhos do Senhor
   protegem o conhecimento,
mas ele frustra as palavras dos infiéis.

13 O preguiçoso diz:
   "Há um leão lá fora!"
   "Serei morto na rua!"

14 A conversa da mulher imoral
   é uma cova profunda;
nela cairá quem estiver
   sob a ira do Senhor.

15 A insensatez está ligada
   ao coração da criança,
mas a vara da disciplina
   a livrará dela.

16 Tanto quem oprime o pobre
   para enriquecer-se
como quem faz cortesia ao rico,
   com certeza passarão necessidade.ª

Ditados dos Sábios
17 Preste atenção e ouça
   os ditados dos sábios,
e aplique o coração ao meu ensino.
18 Será uma satisfação guardá-los no íntimo
   e tê-los todos na ponta da língua.
19 Para que você confie no Senhor,
   a você hoje ensinarei.
20 Já não lhe escrevi
   conselhos e instruçõesᵇ,
21 ensinando-lhe palavras
   dignas de confiança,
para que você responda
   com a verdade a quem o enviou?

22 Não explore os pobres por serem pobres,
   nem oprima os necessitados no tribunal,
23 pois o Senhor será o advogado deles,
   e despojará da vida os que os despojarem.

24 Não se associe com quem vive de mau humor,
   nem ande em companhia
      de quem facilmente se ira;
25 do contrário você acabará
   imitando essa conduta
   e cairá em armadilha mortal.

26 Não seja como aqueles que,
   com um aperto de mãos,
empenham-se com outros
   e se tornam fiadores de dívidas;
27 se você não tem como pagá-las,
   por que correr o risco de perder
      até a cama em que dorme?

28 Não mude de lugar os antigos marcos
   que limitam as propriedades
e que foram colocados
   por seus antepassados.

29 Você já observou um homem
   habilidoso em seu trabalho?
Será promovido ao serviço real;
   não trabalhará para gente obscura.

10 Drive out the mocker, and out goes strife;
   quarrels and insults are ended.

11 He who loves a pure heart and whose speech is
      gracious
   will have the king for his friend.

12 The eyes of the Lord keep watch over knowledge,
   but he frustrates the words of the unfaithful.

13 The sluggard says, "There is a lion outside!"
   or, "I will be murdered in the streets!"

14 The mouth of an adulteress is a deep pit;
   he who is under the Lord's wrath will fall
      into it.

15 Folly is bound up in the heart of a child,
   but the rod of discipline will drive it far
      from him.

16 He who oppresses the poor to increase his wealth
   and he who gives gifts to the rich—both come
      to poverty.

Sayings of the Wise
17 Pay attention and listen to the sayings of
      the wise;
   apply your heart to what I teach,
18 for it is pleasing when you keep them in
      your heart
   and have all of them ready on your lips.
19 So that your trust may be in the Lord,
   I teach you today, even you.
20 Have I not written thirtyª sayings for you,
   sayings of counsel and knowledge,
21 teaching you true and reliable words,
   so that you can give sound answers
      to him who sent you?

22 Do not exploit the poor because they are poor
   and do not crush the needy in court,
23 for the Lord will take up their case
   and will plunder those who plunder them.

24 Do not make friends with a hot-tempered man,
   do not associate with one easily angered,
25 or you may learn his ways
   and get yourself ensnared.

26 Do not be a man who strikes hands in pledge
   or puts up security for debts;
27 if you lack the means to pay,
   your very bed will be snatched from under you.

28 Do not move an ancient boundary stone
   set up by your forefathers.

29 Do you see a man skilled in his work?
   He will serve before kings;
   he will not serve before obscure men.

ª**22.16** Ou *Quem oprime o pobre faz com que ele ganhe mais; quem faz cortesia ao rico só promove a própria necessidade.* ᵇ**22.20** Ou *escrevi trinta ditados;* ou ainda *escrevi ditados excelentes*

ª**22:20** Or *not formerly written;* or *not written excellent*

23

Quando você se assentar
para uma refeição
com alguma autoridade,
observe com atenção
quem está diante de você,
2 e encoste a faca à sua própria garganta,
se estiver com grande apetite.
3 Não deseje as iguarias que lhe oferece,
pois podem ser enganosas.

4 Não esgote suas forças
tentando ficar rico;
tenha bom senso!
5 As riquezas desaparecem
assim que você as contempla;
elas criam asas
e voam como águias pelo céu.

6 Não aceite a refeição
de um hospedeiro invejoso[a],
nem deseje as iguarias que lhe oferece;
7 pois ele só pensa nos gastos.
Ele lhe diz: "Coma e beba!",
mas não fala com sinceridade.
8 Você vomitará o pouco que comeu,
e desperdiçará a sua cordialidade.

9 Não vale a pena conversar com o tolo,
pois ele despreza a sabedoria
do que você fala.

10 Não mude de lugar
os antigos marcos de propriedade,
nem invada as terras dos órfãos,
11 pois aquele que defende
os direitos[b] deles é forte.
Ele lutará contra você para defendê-los.

12 Dedique à disciplina o seu coração,
e os seus ouvidos
às palavras que dão conhecimento.

13 Não evite disciplinar a criança;
se você a castigar com a vara,
ela não morrerá.
14 Castigue-a, você mesmo, com a vara,
e assim a livrará da sepultura[c].

15 Meu filho, se o seu coração for sábio,
o meu coração se alegrará.
16 Sentirei grande alegria
quando os seus lábios falarem com retidão.

17 Não inveje os pecadores
em seu coração;
melhor será que tema sempre o Senhor.
18 Se agir assim, certamente haverá
bom futuro para você,
e a sua esperança não falhará.

19 Ouça, meu filho, e seja sábio;
guie o seu coração pelo bom caminho.
20 Não ande com os que
se encharcam de vinho,
nem com os que
se empanturram de carne.
21 Pois os bêbados e os glutões
se empobrecerão,
e a sonolência os vestirá de trapos.

22 Ouça o seu pai, que o gerou;
não despreze sua mãe
quando ela envelhecer.

23

When you sit to dine with a ruler,
note well what[a] is before you,
2 and put a knife to your throat
if you are given to gluttony.
3 Do not crave his delicacies,
for that food is deceptive.

4 Do not wear yourself out to get rich;
have the wisdom to show restraint.
5 Cast but a glance at riches, and they are gone,
for they will surely sprout wings
and fly off to the sky like an eagle.

6 Do not eat the food of a stingy man,
do not crave his delicacies;
7 for he is the kind of man
who is always thinking about the cost.[b]
"Eat and drink," he says to you,
but his heart is not with you.
8 You will vomit up the little you have eaten
and will have wasted your compliments.

9 Do not speak to a fool,
for he will scorn the wisdom of your words.

10 Do not move an ancient boundary stone
or encroach on the fields of the fatherless,
11 for their Defender is strong;
he will take up their case against you.

12 Apply your heart to instruction
and your ears to words of knowledge.

13 Do not withhold discipline from a child;
if you punish him with the rod, he will
not die.
14 Punish him with the rod
and save his soul from death.[c]

15 My son, if your heart is wise,
then my heart will be glad;
16 my inmost being will rejoice
when your lips speak what is right.

17 Do not let your heart envy sinners,
but always be zealous for the fear of the Lord.
18 There is surely a future hope for you,
and your hope will not be cut off.

19 Listen, my son, and be wise,
and keep your heart on the right path.
20 Do not join those who drink too much wine
or gorge themselves on meat,
21 for drunkards and gluttons become poor,
and drowsiness clothes them in rags.

22 Listen to your father, who gave you life,
and do not despise your mother when
she is old.

---

a23.6 Hebraico: de olhos maus. b23.11 Hebraico: o resgatador. c23.14 Hebraico: Sheol. Essa palavra também pode ser traduzida por profundezas, pó ou morte.

a23:1 Or who b23:7 Or for as he thinks within himself, / so he is; or for as he puts on a feast, / so he is c23:14 Hebrew Sheol

²³ Compre a verdade e não abra mão dela,
   nem tampouco da sabedoria, da disciplina
   e do discernimento.
²⁴ O pai do justo exultará de júbilo;
   quem tem filho sábio nele se alegra.
²⁵ Bom será que se alegrem
     seu pai e sua mãe
   e que exulte a mulher que o deu à luz!

²⁶ Meu filho, dê-me o seu coração;
   mantenha os seus olhos
     em meus caminhos,
²⁷ pois a prostituta é uma cova profunda,
   e a mulher pervertidaª é um poço estreito.
²⁸ Como o assaltante, ela fica de tocaia,
   e multiplica entre os homens os infiéis.

²⁹ De quem são os ais?
     De quem as tristezas?
     E as brigas, de quem são?
     E os ferimentos desnecessários?
     De quem são os olhos vermelhosᵇ?
³⁰ Dos que se demoram bebendo vinho,
   dos que andam à procura
     de bebida misturada.
³¹ Não se deixe atrair pelo vinho
     quando está vermelho,
   quando cintila no copo
     e escorre suavemente!
³² No fim, ele morde como serpente
   e envenena como víbora.
³³ Seus olhos verão coisas estranhas,
   e sua mente imaginará coisas distorcidas.
³⁴ Você será como quem
     dorme no meio do mar,
   como quem se deita
     no alto das cordas do mastro.
³⁵ E dirá: "Espancaram-me,
     mas eu nada senti!
   Bateram em mim, mas nem percebi!
   Quando acordarei
     para que possa beber mais uma vez?"

24 Não tenha inveja dos ímpios,
   nem deseje a companhia deles;
² pois destruição é o que
     planejam no coração,
   e só falam de violência.

³ Com sabedoria se constrói a casa,
   e com discernimento se consolida.
⁴ Pelo conhecimento
     os seus cômodos se enchem
     do que é precioso e agradável.

⁵ O homem sábio é poderoso,
   e quem tem conhecimento
     aumenta a sua força;
⁶ quem sai à guerra precisa de orientação,
   e com muitos conselheiros
     se obtém a vitória.

⁷ A sabedoria é elevada demais
     para o insensato;
   ele não sabe o que dizer
     nas assembléias.

⁸ Quem maquina o mal
   será conhecido como criador de intrigas.
⁹ A intriga do insensato é pecado,
   e o zombador é detestado pelos homens.

ª23.27 Ou *adúltera* ᵇ23.29 Ou *embaçados*

²³ Buy the truth and do not sell it;
   get wisdom, discipline and understanding.
²⁴ The father of a righteous man has great joy;
   he who has a wise son delights in him.
²⁵ May your father and mother be glad;
   may she who gave you birth rejoice!

²⁶ My son, give me your heart
   and let your eyes keep to my ways,
²⁷ for a prostitute is a deep pit
   and a wayward wife is a narrow well.
²⁸ Like a bandit she lies in wait,
   and multiplies the unfaithful among men.

²⁹ Who has woe? Who has sorrow?
   Who has strife? Who has complaints?
   Who has needless bruises? Who has
     bloodshot eyes?
³⁰ Those who linger over wine,
   who go to sample bowls of mixed wine.
³¹ Do not gaze at wine when it is red,
   when it sparkles in the cup,
   when it goes down smoothly!
³² In the end it bites like a snake
   and poisons like a viper.
³³ Your eyes will see strange sights
   and your mind imagine confusing things.
³⁴ You will be like one sleeping on the high seas,
   lying on top of the rigging.
³⁵ "They hit me," you will say, "but I'm not hurt!
   They beat me, but I don't feel it!
   When will I wake up
     so I can find another drink?"

24 Do not envy wicked men,
   do not desire their company;
² for their hearts plot violence,
   and their lips talk about making trouble.

³ By wisdom a house is built,
   and through understanding it is established;
⁴ through knowledge its rooms are filled
   with rare and beautiful treasures.

⁵ A wise man has great power,
   and a man of knowledge increases strength;
⁶ for waging war you need guidance,
   and for victory many advisers.

⁷ Wisdom is too high for a fool;
   in the assembly at the gate he has nothing
     to say.

⁸ He who plots evil
   will be known as a schemer.
⁹ The schemes of folly are sin,
   and men detest a mocker.

10 Se você vacila no dia da dificuldade,
como será limitada a sua força!

11 Liberte os que estão sendo levados
para a morte;
socorra os que caminham
trêmulos para a matança!

12 Mesmo que você diga:
"Não sabíamos o que estava acontecendo!"
Não o perceberia aquele que
pesa os corações?
Não o saberia aquele que
preserva a sua vida?
Não retribuirá ele a cada um
segundo o seu procedimento?

13 Coma mel, meu filho. É bom.
O favo é doce ao paladar.

14 Saiba que a sabedoria também será boa
para a sua alma;
se você a encontrar, certamente haverá
futuro para você,
e a sua esperança não vai decepcioná-lo.

15 Não fique de tocaia, como faz o ímpio,
contra a casa do justo,
e não destrua o seu local de repouso,

16 pois ainda que o justo caia sete vezes,
tornará a erguer-se,
mas os ímpios são arrastados
pela calamidade.

17 Não se alegre quando
o seu inimigo cair,
nem exulte o seu coração
quando ele tropeçar,

18 para que o Senhor não veja isso,
e se desagrade,
e desvie dele a sua ira.

19 Não se aborreça por causa dos maus,
nem tenha inveja dos ímpios,

20 pois não há futuro para o mau,
e a lâmpada dos ímpios se apagará.

21 Tema o Senhor e o rei, meu filho,
e não se associe aos dissidentes,

22 pois terão repentina destruição,
e quem pode imaginar a ruína
que o Senhor e o rei podem causar?

Outros Ditados de Sabedoria

23 Aqui vão outros ditados dos sábios:

Agir com parcialidade nos julgamentos
não é nada bom.

24 Quem disser ao ímpio:
"Você é justo",
será amaldiçoado pelos povos
e sofrerá a indignação das nações.

25 Mas os que condenam o culpado
terão vida agradável;
receberão grandes bênçãos.

26 A resposta sincera
é como beijoª nos lábios.ᵇ

27 Termine primeiro o seu trabalho
a céu aberto;
deixe pronta a sua lavoura.
Depois constitua famíliaᶜ.

28 Não testemunhe sem motivo
contra o seu próximo
nem use os seus lábios para enganá-lo.

10 If you falter in times of trouble,
how small is your strength!

11 Rescue those being led away to death;
hold back those staggering toward slaughter.

12 If you say, "But we knew nothing about this,"
does not he who weighs the heart perceive it?
Does not he who guards your life know it?
Will he not repay each person according
to what he has done?

13 Eat honey, my son, for it is good;
honey from the comb is sweet to your taste.

14 Know also that wisdom is sweet to your soul;
if you find it, there is a future hope for you,
and your hope will not be cut off.

15 Do not lie in wait like an outlaw against a
righteous man's house,
do not raid his dwelling place;

16 for though a righteous man falls seven times,
he rises again,
but the wicked are brought down by calamity.

17 Do not gloat when your enemy falls;
when he stumbles, do not let your heart rejoice,

18 or the Lord will see and disapprove
and turn his wrath away from him.

19 Do not fret because of evil men
or be envious of the wicked,

20 for the evil man has no future hope,
and the lamp of the wicked will be
snuffed out.

21 Fear the Lord and the king, my son,
and do not join with the rebellious,

22 for those two will send sudden destruction
upon them,
and who knows what calamities they can bring?

Further Sayings of the Wise

23 These also are sayings of the wise:

To show partiality in judging is not good:

24 Whoever says to the guilty, "You are innocent"—
peoples will curse him and nations
denounce him.

25 But it will go well with those who convict
the guilty,
and rich blessing will come upon them.

26 An honest answer
is like a kiss on the lips.

27 Finish your outdoor work
and get your fields ready;
after that, build your house.

28 Do not testify against your neighbor
without cause,
or use your lips to deceive.

ª**24.26** Ou *é prova de amizade* ᵇ**24.26** Ou *Quem dá um veredicto correto sela os lábios.* ᶜ**24.27** Hebraico: *construa sua casa.*

29 Não diga: "Farei com ele
    o que fez comigo;
ele pagará pelo que fez".

30 Passei pelo campo do preguiçoso,
    pela vinha do homem sem juízo;

31 havia espinheiros por toda parte,
    o chão estava coberto de ervas daninhas
    e o muro de pedra estava em ruínas.

32 Observei aquilo, e fiquei pensando;
    olhei, e aprendi esta lição:

33 "Vou dormir um pouco", você diz.
    "Vou cochilar um momento;
vou cruzar os braços
    e descansar mais um pouco",

34 mas a pobreza lhe sobrevirá
    como um assaltante,
    e a sua miséria
    como um homem armado.ª

Outros Provérbios de Salomão

25 Estes são outros provérbios de Salomão, compilados pelos servos de Ezequias, rei de Judá:

2 A glória de Deus é ocultar certas coisas;
    tentar descobri-las é a glória dos reis.

3 Assim como o céu é elevado
    e a terra é profunda,
também o coração dos reis é insondável.

4 Quando se retira a escória da prata,
    nesta se tem material para oª ourives;

5 quando os ímpios são retirados
    da presença do rei,
a justiça firma o seu trono.

6 Não se engrandeça na presença do rei,
    e não reivindique lugar
    entre os homens importantes;

7 é melhor que o rei lhe diga:
    "Suba para cá!",
do que ter que humilhá-lo
    diante de uma autoridade.

O que você viu com os olhos

8 não leve precipitadamente ao tribunal,
    pois o que você fará,
se o seu próximo o desacreditar?

9 Procure resolver sua causa diretamente
    com o seu próximo,
e não revele o segredo de outra pessoa,

10 caso contrário, quem o ouvir
    poderá recriminá-lo,
e você jamais perderá sua má reputação.

11 A palavra proferida no tempo certo
    é como frutas de ouro
incrustadas numa esculturab de prata.

12 Como brinco de ouro
    e enfeite de ouro fino
é a repreensão dada com sabedoria
    a quem se dispõe a ouvir.

13 Como o frescor da neve
    na época da colheita
é o mensageiro de confiança
    para aqueles que o enviam;
ele revigora o ânimo de seus senhores.

14 Como nuvens e ventos sem chuva
    é aquele que se gaba de presentes
    que não deu.

29 Do not say, "I'll do to him as he has done to me;
    I'll pay that man back for what he did."

30 I went past the field of the sluggard,
    past the vineyard of the man who lacks
      judgment;

31 thorns had come up everywhere,
    the ground was covered with weeds,
    and the stone wall was in ruins.

32 I applied my heart to what I observed
    and learned a lesson from what I saw:

33 A little sleep, a little slumber,
    a little folding of the hands to rest—

34 and poverty will come on you like a bandit
    and scarcity like an armed man.ª

More Proverbs of Solomon

25 These are more proverbs of Solomon, copied by the men of Hezekiah king of Judah:

2 It is the glory of God to conceal a matter;
    to search out a matter is the glory of kings.

3 As the heavens are high and the earth is deep,
    so the hearts of kings are unsearchable.

4 Remove the dross from the silver,
    and out comes material forᵇ the silversmith;

5 remove the wicked from the king's presence,
    and his throne will be established through
      righteousness.

6 Do not exalt yourself in the king's presence,
    and do not claim a place among great men;

7 it is better for him to say to you, "Come up here,"
    than for him to humiliate you before a
      nobleman.

What you have seen with your eyes

8   do not bringᶜ hastily to court,
for what will you do in the end
    if your neighbor puts you to shame?

9 If you argue your case with a neighbor,
    do not betray another man's confidence,

10 or he who hears it may shame you
    and you will never lose your bad reputation.

11 A word aptly spoken
    is like apples of gold in settings of silver.

12 Like an earring of gold or an ornament of fine gold
    is a wise man's rebuke to a listening ear.

13 Like the coolness of snow at harvest time
    is a trustworthy messenger to those who
      send him;
he refreshes the spirit of his masters.

14 Like clouds and wind without rain
    is a man who boasts of gifts he does not give.

ª25.4 Ou *aí surge um vaso da parte do* ᵇ25.11 Ou *moldura*

ª24:34 Or *like a vagrant / and scarcity like a beggar* ᵇ25:4 Or *comes a vessel from* ᶜ25:7,8 Or *nobleman / on whom you had set your eyes.* / ᵈ *Do not go*

15 Com muita paciência
    pode-se convencer a autoridade,
e a língua branda quebra até ossos[a].

16 Se você encontrar mel,
    coma apenas o suficiente,
para que não fique enjoado e vomite.

17 Não faça visitas freqüentes
    à casa do seu vizinho
para que ele não se canse de você
    e passe a odiá-lo.

18 Como um pedaço de pau,
    uma espada ou uma flecha aguda
é o que dá falso testemunho
    contra o seu próximo.

19 Como dente estragado ou pé deslocado
    é a confiança no[b] hipócrita
na hora da dificuldade.

20 Como tirar a própria roupa
    num dia de frio,
ou derramar vinagre numa ferida,
é cantar com o coração entristecido.

21 Se o seu inimigo tiver fome,
    dê-lhe de comer;
se tiver sede, dê-lhe de beber.

22 Fazendo isso, você amontoará
    brasas vivas sobre a cabeça dele,
e o Senhor recompensará você.

23 Como o vento norte traz chuva,
    assim a língua fingida traz o olhar irado.

24 Melhor é viver num canto sob o telhado
    do que repartir a casa
com uma mulher briguenta.

25 Como água fresca para a garganta sedenta
    é a boa notícia que chega
de uma terra distante.

26 Como fonte contaminada
    ou nascente poluída,
assim é o justo que fraqueja
    diante do ímpio.

27 Comer mel demais não é bom,
    nem é honroso buscar a própria honra.

28 Como a cidade
    com seus muros derrubados,
assim é quem não sabe dominar-se.

26 Como neve no verão
    ou chuva na colheita,
assim a honra é imprópria para o tolo.

2 Como o pardal que voa em fuga,
    e a andorinha que esvoaça veloz,
assim a maldição sem motivo justo
    não pega.

3 O chicote é para o cavalo,
    o freio, para o jumento,
e a vara, para as costas do tolo!

4 Não responda ao insensato
    com igual insensatez,
do contrário você se igualará a ele.

5 Responda ao insensato
    como a sua insensatez merece,
do contrário ele pensará
    que é mesmo um sábio.

15 Through patience a ruler can be persuaded,
    and a gentle tongue can break a bone.

16 If you find honey, eat just enough—
    too much of it, and you will vomit.

17 Seldom set foot in your neighbor's house—
    too much of you, and he will hate you.

18 Like a club or a sword or a sharp arrow
    is the man who gives false testimony against
        his neighbor.

19 Like a bad tooth or a lame foot
    is reliance on the unfaithful in times of trouble.

20 Like one who takes away a garment on a cold day,
    or like vinegar poured on soda,
    is one who sings songs to a heavy heart.

21 If your enemy is hungry, give him food to eat;
    if he is thirsty, give him water to drink.

22 In doing this, you will heap burning coals on his head,
    and the LORD will reward you.

23 As a north wind brings rain,
    so a sly tongue brings angry looks.

24 Better to live on a corner of the roof
    than share a house with a quarrelsome wife.

25 Like cold water to a weary soul
    is good news from a distant land.

26 Like a muddied spring or a polluted well
    is a righteous man who gives way to the wicked.

27 It is not good to eat too much honey,
    nor is it honorable to seek one's own honor.

28 Like a city whose walls are broken down
    is a man who lacks self-control.

26 Like snow in summer or rain in harvest,
    honor is not fitting for a fool.

2 Like a fluttering sparrow or a darting swallow,
    an undeserved curse does not come to rest.

3 A whip for the horse, a halter for the donkey,
    and a rod for the backs of fools!

4 Do not answer a fool according to his folly,
    or you will be like him yourself.

5 Answer a fool according to his folly,
    or he will be wise in his own eyes.

[a]25.15 Ou *vence a resistência* [b]25.19 Ou *do*

⁶ Como cortar o próprio pé
     ou beber veneno,ᵃ
assim é enviar mensagem
     pelas mãos do tolo.

⁷ Como pendem inúteis as pernas do coxo,
assim é o provérbio na boca do tolo.

⁸ Como amarrar uma pedra na atiradeira,
assim é prestar honra ao insensato.

⁹ Como ramo de espinhos
     nas mãos do bêbado,
assim é o provérbio na boca do insensato.

¹⁰ Como o arqueiro que atira ao acaso,
assim é quem contrata o tolo
     ou o primeiro que passa.

¹¹ Como o cão volta ao seu vômito,
assim o insensato repete a sua insensatez.

¹² Você conhece alguém que se julga sábio?
Há mais esperança para o insensato
     do que para ele.

¹³ O preguiçoso diz:
     "Lá está um leão no caminho,
     um leão feroz rugindo nas ruas!"

¹⁴ Como a porta gira em suas dobradiças,
assim o preguiçoso
     se revira em sua cama.

¹⁵ O preguiçoso coloca a mão no prato,
mas acha difícil demais
     levá-la de volta à boca.

¹⁶ O preguiçoso considera-se mais sábio
     do que sete homens que respondem
     com bom senso.

¹⁷ Como alguém que pega pelas orelhas
     um cão qualquer,
assim é quem se mete em discussão alheia.

¹⁸ Como o louco que atira
     brasas e flechas mortais,
¹⁹ assim é o homem
     que engana o seu próximo
e diz: "Eu estava só brincando!"

²⁰ Sem lenha a fogueira se apaga;
sem o caluniador morre a contenda.

²¹ O que o carvão é para as brasas
     e a lenha para a fogueira,
o amigo de brigas
     é para atiçar discórdias.

²² As palavras do caluniador
     são como petiscos deliciosos;
descem saborosos até o íntimo.

²³ Como uma camada de esmalteᵇ
     sobre um vaso de barro,
os lábios amistosos
     podem ocultar um coração mau.

²⁴ Quem odeia disfarça as suas intenções
     com os lábios,
mas no coração abriga a falsidade.

²⁵ Embora a sua conversa seja mansa,
     não acredite nele,
pois o seu coração está cheio de maldade.

²⁶ Ele pode fingir e esconder o seu ódio,
mas a sua maldade será exposta em público.

²⁷ Quem faz uma cova, nela cairá;
se alguém rola uma pedra,
     esta rolará de volta sobre ele.

⁶ Like cutting off one's feet or drinking violence
     is the sending of a message by the hand of
     a fool.

⁷ Like a lame man's legs that hang limp
     is a proverb in the mouth of a fool.

⁸ Like tying a stone in a sling
     is the giving of honor to a fool.

⁹ Like a thornbush in a drunkard's hand
     is a proverb in the mouth of a fool.

¹⁰ Like an archer who wounds at random
     is he who hires a fool or any passer-by.

¹¹ As a dog returns to its vomit,
     so a fool repeats his folly.

¹² Do you see a man wise in his own eyes?
     There is more hope for a fool than for him.

¹³ The sluggard says, "There is a lion in the road,
     a fierce lion roaming the streets!"

¹⁴ As a door turns on its hinges,
     so a sluggard turns on his bed.

¹⁵ The sluggard buries his hand in the dish;
     he is too lazy to bring it back to his mouth.

¹⁶ The sluggard is wiser in his own eyes
     than seven men who answer discreetly.

¹⁷ Like one who seizes a dog by the ears
     is a passer-by who meddles in a quarrel
     not his own.

¹⁸ Like a madman shooting
     firebrands or deadly arrows
¹⁹ is a man who deceives his neighbor
     and says, "I was only joking!"

²⁰ Without wood a fire goes out;
     without gossip a quarrel dies down.

²¹ As charcoal to embers and as wood to fire,
     so is a quarrelsome man for kindling strife.

²² The words of a gossip are like choice morsels;
     they go down to a man's inmost parts.

²³ Like a coating of glazeᵃ over earthenware
     are fervent lips with an evil heart.

²⁴ A malicious man disguises himself with his lips,
     but in his heart he harbors deceit.
²⁵ Though his speech is charming, do not
       believe him,
     for seven abominations fill his heart.
²⁶ His malice may be concealed by deception,
     but his wickedness will be exposed in the assembly.

²⁷ If a man digs a pit, he will fall into it;
     if a man rolls a stone, it will roll back on him.

ᵃ26.6 Hebraico: *violência.* ᵇ26.23 Ou *de escória de prata*   ᵃ26:23 With a different word division of the Hebrew; Masoretic Text *of silver dross*

[28] A língua mentirosa
    odeia aqueles a quem fere,
e a boca lisonjeira provoca a ruína.

27

Não se gabe do dia de amanhã,
    pois você não sabe
    o que este ou aquele dia poderá trazer.
[2] Que outros façam elogios a você,
    não a sua própria boca;
outras pessoas, não os seus próprios lábios.

[3] A pedra é pesada e a areia é um fardo,
mas a irritação causada pelo insensato
é mais pesada do que as duas juntas.

[4] O rancor é cruel e a fúria é destruidora,
mas quem consegue suportar a inveja?

[5] Melhor é a repreensão feita abertamente
    do que o amor oculto.

[6] Quem fere por amor
    mostra lealdade,
mas o inimigo multiplica beijos.

[7] Quem está satisfeito despreza o mel,
mas para quem tem fome
    até o amargo é doce.

[8] Como a ave que vagueia
    longe do ninho,
assim é o homem que vagueia longe do lar.

[9] Perfume e incenso trazem
    alegria ao coração;
do conselho sincero do homem
    nasce uma bela amizade.

[10] Não abandone o seu amigo
    nem o amigo de seu pai;
quando for atingido pela adversidade
    não vá para a casa de seu irmão;
melhor é o vizinho próximo
    do que o irmão distante.

[11] Seja sábio, meu filho,
    e traga alegria ao meu coração;
poderei então responder
    a quem me desprezar.

[12] O prudente percebe o perigo
    e busca refúgio;
o inexperiente segue adiante
    e sofre as conseqüências.

[13] Tome-se a veste
    de quem serve de fiador ao estranho;
sirva ela de penhor
    de quem dá garantia a uma mulher leviana[a].

[14] A bênção dada aos gritos cedo de manhã,
    como maldição é recebida.

[15] A esposa briguenta é como
    o gotejar constante num dia chuvoso;
[16] detê-la é como deter o vento,
    como apanhar óleo com a mão.

[17] Assim como o ferro afia o ferro,
    o homem afia o seu companheiro.

[18] Quem cuida de uma figueira
    comerá de seu fruto,
e quem trata bem o seu senhor
    receberá tratamento de honra.

[19] Assim como a água reflete o rosto,
    o coração reflete quem somos nós.

[28] A lying tongue hates those it hurts,
    and a flattering mouth works ruin.

27

Do not boast about tomorrow,
    for you do not know what a day may
      bring forth.
[2] Let another praise you, and not your own mouth;
    someone else, and not your own lips.

[3] Stone is heavy and sand a burden,
    but provocation by a fool is heavier than both.

[4] Anger is cruel and fury overwhelming,
    but who can stand before jealousy?

[5] Better is open rebuke
    than hidden love.

[6] Wounds from a friend can be trusted,
    but an enemy multiplies kisses.

[7] He who is full loathes honey,
    but to the hungry even what is bitter tastes sweet.

[8] Like a bird that strays from its nest
    is a man who strays from his home.

[9] Perfume and incense bring joy to the heart,
    and the pleasantness of one's friend springs from
    his earnest counsel.

[10] Do not forsake your friend and the friend of
      your father,
    and do not go to your brother's house when
      disaster strikes you—
    better a neighbor nearby than a brother
      far away.

[11] Be wise, my son, and bring joy to my heart;
    then I can answer anyone who treats me with
      contempt.

[12] The prudent see danger and take refuge,
    but the simple keep going and suffer for it.

[13] Take the garment of one who puts up security
      for a stranger;
    hold it in pledge if he does it for a wayward
      woman.

[14] If a man loudly blesses his neighbor early in the
      morning,
    it will be taken as a curse.

[15] A quarrelsome wife is like
    a constant dripping on a rainy day;
[16] restraining her is like restraining the wind
    or grasping oil with the hand.

[17] As iron sharpens iron,
    so one man sharpens another.

[18] He who tends a fig tree will eat its fruit,
    and he who looks after his master will be
      honored.

[19] As water reflects a face,
    so a man's heart reflects the man.

[a] 27.13 Ou *a um desconhecido*

20 O Sheol e a Destruiçãoa são insaciáveis,
como insaciáveis são os olhos do homem.

21 O crisol é para a prata
e o forno é para o ouro,
mas o que prova o homem
são os elogios que recebe.

22 Ainda que você moa o insensato,
como trigo no pilão,
a insensatez não se afastará dele.

23 Esforce-se para saber bem
como suas ovelhas estão,
dê cuidadosa atenção aos seus rebanhos,

24 pois as riquezas não duram para sempre,
e nada garante que a coroa
passe de uma geração a outra.

25 Quando o feno for retirado,
surgirem novos brotos
e o capim das colinas for colhido,

26 os cordeiros lhe fornecerão roupa,
e os bodes lhe renderão o preço
de um campo.

27 Haverá fartura de leite de cabra
para alimentar você e sua família,
e para sustentar as suas servas.

28 O ímpio foge,
embora ninguém o persiga,
mas os justos são corajosos como o leão.

2 Os pecados de uma nação fazem mudar
sempre os seus governantes,
mas a ordem se mantém
com um líder sábio e sensato.

3 O pobre que se torna poderoso
e oprime os pobres
é como a tempestade súbita
que destrói toda a plantação.

4 Os que abandonam a lei
elogiam os ímpios,
mas os que obedecem à lei
lutam contra eles.

5 Os homens maus
não entendem a justiça,
mas os que buscam o Senhor
a entendem plenamente.

6 Melhor é o pobre íntegro em sua conduta
do que o rico perverso em seus caminhos.

7 Quem obedece à lei é filho sábio,
mas o companheiro dos glutões
envergonha o pai.

8 Quem aumenta sua riqueza
com juros exorbitantes
ajunta para algum outro,
que será bondoso com os pobres.

9 Se alguém se recusa a ouvir a lei,
até suas orações serão detestáveis.

10 Quem leva o homem direito
pelo mau caminho
cairá ele mesmo
na armadilha que preparou,
mas o que não se deixa corromper
terá boa recompensa.

---

20 Death and Destructiona are never satisfied,
and neither are the eyes of man.

21 The crucible for silver and the furnace for gold,
but man is tested by the praise he receives.

22 Though you grind a fool in a mortar,
grinding him like grain with a pestle,
you will not remove his folly from him.

23 Be sure you know the condition of your flocks,
give careful attention to your herds;

24 for riches do not endure forever,
and a crown is not secure for all generations.

25 When the hay is removed and new growth
appears
and the grass from the hills is gathered in,

26 the lambs will provide you with clothing,
and the goats with the price of a field.

27 You will have plenty of goats' milk
to feed you and your family
and to nourish your servant girls.

28 The wicked man flees though no one pursues,
but the righteous are as bold as a lion.

2 When a country is rebellious, it has many rulers,
but a man of understanding and knowledge
maintains order.

3 A rulerᵇ who oppresses the poor
is like a driving rain that leaves no crops.

4 Those who forsake the law praise the wicked,
but those who keep the law resist them.

5 Evil men do not understand justice,
but those who seek the Lord understand
it fully.

6 Better a poor man whose walk is blameless
than a rich man whose ways are perverse.

7 He who keeps the law is a discerning son,
but a companion of gluttons disgraces his father.

8 He who increases his wealth by exorbitant interest
amasses it for another, who will be kind
to the poor.

9 If anyone turns a deaf ear to the law,
even his prayers are detestable.

10 He who leads the upright along an evil path
will fall into his own trap,
but the blameless will receive a good
inheritance.

---

a27.20 Hebraico: *Sheol* e *Abadom. Sheol* pode ser traduzido por sepultura, profundezas, pó ou morte.

a27:20 Hebrew *Sheol and Abaddon* b28:3 Or *A poor man*

11 O rico pode até se julgar sábio,
mas o pobre que tem discernimento
o conhece a fundo.

12 Quando os justos triunfam,
há prosperidade geral[a],
mas, quando os ímpios sobem ao poder,
os homens tratam de esconder-se.

13 Quem esconde os seus pecados
não prospera,
mas quem os confessa e os abandona
encontra misericórdia.

14 Como é feliz o homem constante
no temor do Senhor!
Mas quem endurece o coração
cairá na desgraça.

15 Como um leão que ruge ou um urso feroz
é o ímpio que governa
um povo necessitado.

16 O governante sem discernimento
aumenta as opressões,
mas os que odeiam o ganho desonesto
prolongarão o seu governo.

17 O assassino atormentado pela culpa
será fugitivo até a morte;
que ninguém o proteja!

18 Quem procede com integridade
viverá seguro,
mas quem procede com perversidade
de repente cairá.

19 Quem lavra sua terra
terá comida com fartura,
mas quem persegue fantasias
se fartará de miséria.

20 O fiel será ricamente abençoado,
mas quem tenta enriquecer-se depressa
não ficará sem castigo.

21 Agir com parcialidade não é bom;
pois até por um pedaço de pão
o homem se dispõe a fazer o mal.

22 O invejoso é ávido por riquezas,
e não percebe que a pobreza o aguarda.

23 Quem repreende o próximo
obterá por fim mais favor
do que aquele que só sabe bajular.

24 Quem rouba seu pai ou sua mãe
e diz: "Não é errado",
é amigo de quem destrói.

25 O ganancioso provoca brigas,
mas quem confia no Senhor prosperará.

26 Quem confia em si mesmo é insensato,
mas quem anda segundo a sabedoria
não corre perigo.

27 Quem dá aos pobres
não passará necessidade,
mas quem fecha os olhos para não vê-los
sofrerá muitas maldições.

28 Quando os ímpios sobem ao poder,
o povo se esconde;
mas, quando eles sucumbem,
os justos florescem.

11 A rich man may be wise in his own eyes,
but a poor man who has discernment sees
through him.

12 When the righteous triumph, there is great
elation;
but when the wicked rise to power, men
go into hiding.

13 He who conceals his sins does not prosper,
but whoever confesses and renounces
them finds mercy.

14 Blessed is the man who always fears the Lord,
but he who hardens his heart falls into trouble.

15 Like a roaring lion or a charging bear
is a wicked man ruling over a helpless people.

16 A tyrannical ruler lacks judgment,
but he who hates ill-gotten gain will enjoy
a long life.

17 A man tormented by the guilt of murder
will be a fugitive till death;
let no one support him.

18 He whose walk is blameless is kept safe,
but he whose ways are perverse will
suddenly fall.

19 He who works his land will have abundant food,
but the one who chases fantasies will have
his fill of poverty.

20 A faithful man will be richly blessed,
but one eager to get rich will not go
unpunished.

21 To show partiality is not good—
yet a man will do wrong for a piece of bread.

22 A stingy man is eager to get rich
and is unaware that poverty awaits him.

23 He who rebukes a man will in the end gain
more favor
than he who has a flattering tongue.

24 He who robs his father or mother
and says, "It's not wrong"—
he is partner to him who destroys.

25 A greedy man stirs up dissension,
but he who trusts in the Lord will prosper.

26 He who trusts in himself is a fool,
but he who walks in wisdom is kept safe.

27 He who gives to the poor will lack nothing,
but he who closes his eyes to them receives
many curses.

28 When the wicked rise to power, people go
into hiding;
but when the wicked perish, the righteous
thrive.

---

[a] 28.12 Ou *grande alegria*

29

Quem insiste no erro
depois de muita repreensão,
será destruído, sem aviso
e irremediavelmente.

2 Quando os justos florescem,
o povo se alegra;
quando os ímpios governam,
o povo geme.

3 O homem que ama a sabedoria
dá alegria a seu pai,
mas quem anda com prostitutas
dá fim à sua fortuna.

4 O rei que exerce a justiça
dá estabilidade ao país,
mas o que gosta de subornos
o leva à ruína.

5 Quem adula seu próximo
está armando uma rede para os pés dele.

6 O pecado do homem mau
o apanha na sua própria armadilha,ª
mas o justo pode cantar e alegrar-se.

7 Os justos levam em conta
os direitos dos pobres,
mas os ímpios nem se importam com isso.

8 Os zombadores agitam a cidade,
mas os sábios a apaziguam.

9 Se o sábio for ao tribunal
contra o insensato,
não haverá paz,
pois o insensato se enfurecerá e zombará.

10 Os violentos odeiam os honestos
e procuram matar o homem íntegro.

11 O tolo dá vazão à sua ira,
mas o sábio domina-se.

12 Para o governante
que dá ouvidos a mentiras,
todos os seus oficiais são ímpios.

13 O pobre e o opressor
têm algo em comum:
o Senhor dá vista a ambos.

14 Se o rei julga os pobres com justiça,
seu trono estará sempre seguro.

15 A vara da correção dá sabedoria,
mas a criança entregue a si mesma
envergonha a sua mãe.

16 Quando os ímpios prosperam,
prospera o pecado,
mas os justos verão a queda deles.

17 Discipline seu filho, e este lhe dará paz;
trará grande prazer à sua alma.

18 Onde não há revelação divina,
o povo se desvia;
mas como é feliz quem obedece à lei!

19 Meras palavras não bastam
para corrigir o escravo;
mesmo que entenda, não reagirá bem.

20 Você já viu alguém
que se precipita no falar?
Há mais esperança para o insensato
do que para ele.

21 Se alguém mima seu escravo
desde jovem,
no fim terá tristezas.

29

A man who remains stiff-necked after many
rebukes
will suddenly be destroyed—without remedy.

2 When the righteous thrive, the people rejoice;
when the wicked rule, the people groan.

3 A man who loves wisdom brings joy to
his father,
but a companion of prostitutes squanders
his wealth.

4 By justice a king gives a country stability,
but one who is greedy for bribes tears it down.

5 Whoever flatters his neighbor
is spreading a net for his feet.

6 An evil man is snared by his own sin,
but a righteous one can sing and be glad.

7 The righteous care about justice for the poor,
but the wicked have no such concern.

8 Mockers stir up a city,
but wise men turn away anger.

9 If a wise man goes to court with a fool,
the fool rages and scoffs, and there is no peace.

10 Bloodthirsty men hate a man of integrity
and seek to kill the upright.

11 A fool gives full vent to his anger,
but a wise man keeps himself under control.

12 If a ruler listens to lies,
all his officials become wicked.

13 The poor man and the oppressor have this
in common:
The Lord gives sight to the eyes of both.

14 If a king judges the poor with fairness,
his throne will always be secure.

15 The rod of correction imparts wisdom,
but a child left to himself disgraces his mother.

16 When the wicked thrive, so does sin,
but the righteous will see their downfall.

17 Discipline your son, and he will give you peace;
he will bring delight to your soul.

18 Where there is no revelation, the people cast
off restraint;
but blessed is he who keeps the law.

19 A servant cannot be corrected by mere words;
though he understands, he will not respond.

20 Do you see a man who speaks in haste?
There is more hope for a fool than for him.

21 If a man pampers his servant from youth,
he will bring grief ª in the end.

ª29.6 Ou *No pecado do homem mau há uma armadilha,*

ª29:21 The meaning of the Hebrew for this word is uncertain.

22 O homem irado provoca brigas,
e o de gênio violento
comete muitos pecados.

23 O orgulho do homem o humilha,
mas o de espírito humilde obtém honra.

24 O cúmplice do ladrão odeia a si mesmo;
posto sob juramento,
não ousa testemunhar.

25 Quem teme o homem
cai em armadilhas,
mas quem confia no Senhor está seguro.

26 Muitos desejam os favores[a]
do governante,
mas é do Senhor que procede a justiça.

27 Os justos detestam os desonestos,
já os ímpios detestam os íntegros.

Ditados de Agur

30 Ditados de Agur, filho de Jaque; oráculo:[b]
Este homem declarou a Itiel;
a Itiel e a Ucal:[c]

2 "Sou o mais tolo dos homens;
não tenho o entendimento
de um ser humano.

3 Não aprendi sabedoria,
nem tenho conhecimento do Santo.

4 Quem subiu aos céus e desceu?
Quem ajuntou nas mãos os ventos?
Quem embrulhou as águas em sua capa?
Quem fixou todos os limites da terra?
Qual é o seu nome,
e o nome do seu filho?
Conte-me, se você sabe!

5 "Cada palavra de Deus
é comprovadamente pura;
ele é um escudo para quem
nele se refugia.

6 Nada acrescente às palavras dele,
do contrário, ele o repreenderá
e mostrará que você é mentiroso.

7 "Duas coisas peço que me dês
antes que eu morra:

8 Mantém longe de mim
a falsidade e a mentira;
não me dês nem pobreza nem riqueza;
dá-me apenas o alimento necessário.

9 Se não, tendo demais,
eu te negaria e te deixaria,
e diria: 'Quem é o Senhor?'
Se eu ficasse pobre, poderia vir a roubar,
desonrando assim o nome do meu Deus.

10 "Não fale mal do servo ao seu senhor;
do contrário, o servo o amaldiçoará,
e você levará a culpa.

11 "Existem os que amaldiçoam seu pai
e não abençoam sua mãe;

12 os que são puros aos seus próprios olhos
e que ainda não foram
purificados da sua impureza;

13 os que têm olhos altivos
e olhar desdenhoso;

14 pessoas cujos dentes são espadas

22 An angry man stirs up dissension,
and a hot-tempered one commits many sins.

23 A man's pride brings him low,
but a man of lowly spirit gains honor.

24 The accomplice of a thief is his own enemy;
he is put under oath and dare not testify.

25 Fear of man will prove to be a snare,
but whoever trusts in the Lord is kept safe.

26 Many seek an audience with a ruler,
but it is from the Lord that man gets justice.

27 The righteous detest the dishonest;
the wicked detest the upright.

Sayings of Agur

30 The sayings of Agur son of Jakeh—an oracle:[a]
This man declared to Ithiel,
to Ithiel and to Ucal:[b]

2 "I am the most ignorant of men;
I do not have a man's understanding.

3 I have not learned wisdom,
nor have I knowledge of the Holy One.

4 Who has gone up to heaven and come down?
Who has gathered up the wind in the hollow
of his hands?
Who has wrapped up the waters in his cloak?
Who has established all the ends of the earth?
What is his name, and the name of his son?
Tell me if you know!

5 "Every word of God is flawless;
he is a shield to those who take refuge in him.

6 Do not add to his words,
or he will rebuke you and prove you a liar.

7 "Two things I ask of you, O Lord;
do not refuse me before I die:

8 Keep falsehood and lies far from me;
give me neither poverty nor riches,
but give me only my daily bread.

9 Otherwise, I may have too much and disown you
and say, 'Who is the Lord?'
Or I may become poor and steal,
and so dishonor the name of my God.

10 "Do not slander a servant to his master,
or he will curse you, and you will pay for it.

11 "There are those who curse their fathers
and do not bless their mothers;

12 those who are pure in their own eyes
and yet are not cleansed of their filth;

13 those whose eyes are ever so haughty,
whose glances are so disdainful;

14 those whose teeth are swords

---

a29.26 Hebraico: *a face.* **b30.1** Ou *Jaque de Massá;* **c30.1** Ou *"Estou exausto, ó Deus; estou exausto, ó Deus, quase desfalecendo.*

a30:1 Or *Jakeh of Massa* **b30:1** Masoretic Text; with a different word division of the Hebrew *declared,* "I am weary, O God; / I am weary, O God, and faint.*

e cujas mandíbulas
estão armadas de facas
para devorarem os necessitados desta terra
e os pobres da humanidade.

15 "Duas filhas tem a sanguessuga.
'Dê! Dê!', gritam elas.

"Há três coisas que nunca estão satisfeitas,
quatro que nunca dizem: 'É o bastante!':
16 o Sheolª, o ventre estéril,
a terra, cuja sede nunca se aplaca,
e o fogo, que nunca diz: 'É o bastante!'

17 "Os olhos de quem zomba do pai,
e, zombando, nega obediência à mãe,
serão arrancados pelos corvos do vale,
e serão devorados
pelos filhotes do abutre.

18 "Há três coisas
misteriosas demais para mim,
quatro que não consigo entender:
19 o caminho do abutre no céu,
o caminho da serpente sobre a rocha,
o caminho do navio em alto mar,
e o caminho do homem com uma moça.

20 "Este é o caminho da adúltera:
ela come e limpa a boca, e diz:
'Não fiz nada de errado'.

21 "Três coisas fazem tremer a terra,
e quatro ela não pode suportar:
22 o escravo que se torna rei,
o insensato farto de comida,
23 a mulher desprezada
que por fim se casa,
e a escrava que toma o lugar
de sua senhora.

24 "Quatro seres da terra são pequenos,
e, no entanto, muito sábios:
25 as formigas, criaturas de pouca força,
contudo, armazenam sua comida no verão;
26 os coelhos, criaturas sem nenhum poder,
contudo, habitam nos penhascos;
27 os gafanhotos, que não têm rei,
contudo, avançam juntos em fileiras;
28 a lagartixa, que se pode
apanhar com as mãos,
contudo, encontra-se nos palácios dos reis.

29 "Há três seres de andar elegante,
quatro que se movem com passo garboso:
30 o leão, que é poderoso entre os animais
e não foge de ninguém;
31 o galo de andar altivo; o bode;
e o rei à frente do seu exército.

32 "Se você agiu como tolo
e exaltou-se a si mesmo,
ou se planejou o mal,
tape a boca com a mão!
33 Pois assim como bater o leite
produz manteiga,
e assim como torcer o nariz
produz sangue,
também suscitar a raiva
produz contenda".

and whose jaws are set with knives
to devour the poor from the earth,
the needy from among mankind.

15 "The leech has two daughters.
'Give! Give!' they cry.

"There are three things that are never satisfied,
four that never say, 'Enough!':
16 the grave,ª the barren womb,
land, which is never satisfied with water,
and fire, which never says, 'Enough!'

17 "The eye that mocks a father,
that scorns obedience to a mother,
will be pecked out by the ravens of the valley,
will be eaten by the vultures.

18 "There are three things that are too amazing
for me,
four that I do not understand:
19 the way of an eagle in the sky,
the way of a snake on a rock,
the way of a ship on the high seas,
and the way of a man with a maiden.

20 "This is the way of an adulteress:
She eats and wipes her mouth
and says, 'I've done nothing wrong.'

21 "Under three things the earth trembles,
under four it cannot bear up:
22 a servant who becomes king,
a fool who is full of food,
23 an unloved woman who is married,
and a maidservant who displaces her mistress.

24 "Four things on earth are small,
yet they are extremely wise:
25 Ants are creatures of little strength,
yet they store up their food in the summer;
26 coneysᵇ are creatures of little power,
yet they make their home in the crags;
27 locusts have no king,
yet they advance together in ranks;
28 a lizard can be caught with the hand,
yet it is found in kings' palaces.

29 "There are three things that are stately in
their stride,
four that move with stately bearing:
30 a lion, mighty among beasts,
who retreats before nothing;
31 a strutting rooster, a he-goat,
and a king with his army around him.ᶜ

32 "If you have played the fool and exalted yourself,
or if you have planned evil,
clap your hand over your mouth!
33 For as churning the milk produces butter,
and as twisting the nose produces blood,
so stirring up anger produces strife."

ª30:16 Hebrew *Sheol* ᵇ30:26 That is, the hyrax or rock badger ᶜ30:31 Or *king secure against revolt*

ª30.16 Essa palavra pode ser traduzida por sepultura, profundezas, pó ou morte.

Ditados do Rei Lemuel

31 Ditados do rei Lemuel; uma exortação que sua mãe lhe fez:[a]

2 "Ó meu filho, filho do meu ventre,
    filho de meus votos,[b]
3 não gaste sua força com mulheres,
    seu vigor com aquelas que destroem reis.

4 "Não convém aos reis, ó Lemuel;
    não convém aos reis beber vinho,
não convém aos governantes
    desejar bebida fermentada,
5 para não suceder que bebam
    e se esqueçam do que a lei determina,
e deixem de fazer justiça aos oprimidos.
6 Dê bebida fermentada aos
    que estão prestes a morrer,
vinho aos que estão angustiados;
7 para que bebam e se esqueçam
    da sua pobreza,
e não mais se lembrem
    da sua infelicidade.

8 "Erga a voz em favor
    dos que não podem defender-se,
seja o defensor de todos os desamparados.
9 Erga a voz e julgue com justiça;
    defenda os direitos
    dos pobres e dos necessitados".

Epílogo: A Mulher Exemplar

10 [c]Uma esposa exemplar;
    feliz quem a encontrar!
É muito mais valiosa que os rubis.
11 Seu marido tem plena confiança nela
    e nunca lhe falta coisa alguma.
12 Ela só lhe faz o bem, e nunca o mal,
    todos os dias da sua vida.
13 Escolhe a lã e o linho
    e com prazer trabalha com as mãos.
14 Como os navios mercantes,
    ela traz de longe as suas provisões.
15 Antes de clarear o dia ela se levanta,
    prepara comida para todos os de casa,
    e dá tarefas às suas servas.
16 Ela avalia um campo e o compra;
    com o que ganha planta uma vinha.
17 Entrega-se com vontade ao seu trabalho;
    seus braços são fortes e vigorosos.
18 Administra bem o seu comércio lucrativo,
    e a sua lâmpada fica acesa durante a noite.
19 Nas mãos segura o fuso
    e com os dedos pega a roca.
20 Acolhe os necessitados
    e estende as mãos aos pobres.
21 Não teme por seus familiares quando chega
    a neve,
pois todos eles vestem agasalhos[d].
22 Faz cobertas para a sua cama;
    veste-se de linho fino e de púrpura.
23 Seu marido é respeitado
    na porta da cidade,
onde toma assento
    entre as autoridades da sua terra.
24 Ela faz vestes de linho e as vende,
    e fornece cintos aos comerciantes.
25 Reveste-se de força e dignidade;
    sorri diante do futuro.

Sayings of King Lemuel

31 The sayings of King Lemuel—an oracle[a] his mother taught him:

2 "O my son, O son of my womb,
    O son of my vows,[b]
3 do not spend your strength on women,
    your vigor on those who ruin kings.

4 "It is not for kings, O Lemuel—
    not for kings to drink wine,
not for rulers to crave beer,
5 lest they drink and forget what the law decrees,
    and deprive all the oppressed of their rights.
6 Give beer to those who are perishing,
    wine to those who are in anguish;
7 let them drink and forget their poverty
    and remember their misery no more.

8 "Speak up for those who cannot speak for
    themselves,
for the rights of all who are destitute.
9 Speak up and judge fairly;
    defend the rights of the poor and needy."

Epilogue: The Wife of Noble Character

10 [c]A wife of noble character who can find?
    She is worth far more than rubies.
11 Her husband has full confidence in her
    and lacks nothing of value.
12 She brings him good, not harm,
    all the days of her life.
13 She selects wool and flax
    and works with eager hands.
14 She is like the merchant ships,
    bringing her food from afar.
15 She gets up while it is still dark;
    she provides food for her family
    and portions for her servant girls.
16 She considers a field and buys it;
    out of her earnings she plants a vineyard.
17 She sets about her work vigorously;
    her arms are strong for her tasks.
18 She sees that her trading is profitable,
    and her lamp does not go out at night.
19 In her hand she holds the distaff
    and grasps the spindle with her fingers.
20 She opens her arms to the poor
    and extends her hands to the needy.
21 When it snows, she has no fear for her
    household;
for all of them are clothed in scarlet.
22 She makes coverings for her bed;
    she is clothed in fine linen and purple.
23 Her husband is respected at the city gate,
    where he takes his seat among the elders
    of the land.
24 She makes linen garments and sells them,
    and supplies the merchants with sashes.
25 She is clothed with strength and dignity;
    she can laugh at the days to come.

---

[a]31.1 Ou *Ditados de Lemuel, rei de Massá, os quais sua mãe lhe ensinou;* [b]31.2 Ou *resposta às minhas orações;* [c]31.10 Os versículos 10-31 são um poema organizado em ordem alfabética, no hebraico. [d]31.21 Ou *roupas vermelhas*

[a]31:1 Or *of Lemuel king of Massa, which* [b]31:2 Or */ the answer to my prayers* [c]31:10 Verses 10-31 are an acrostic, each verse beginning with

26 Fala com sabedoria
e ensina com amor.
27 Cuida dos negócios de sua casa
e não dá lugar à preguiça.
28 Seus filhos se levantam e a elogiam;
seu marido também a elogia, dizendo:
29 "Muitas mulheres são exemplares,
mas você a todas supera".
30 A beleza é enganosa,
e a formosura é passageira;
mas a mulher que teme o Senhor
será elogiada.
31 Que ela receba a recompensa merecida,
e as suas obras sejam elogiadas
à porta da cidade.

Eclesiastes

Nada Tem Sentido

1 As palavras do mestre, filho de Davi, rei em Jerusalém:

2 "Que grande inutilidade!",
diz o mestre.
"Que grande inutilidade!
Nada faz sentido!"

3 O que o homem ganha
com todo o seu trabalho
em que tanto se esforça debaixo do sol?
4 Gerações vêm e gerações vão,
mas a terra permanece para sempre.
5 O sol se levanta e o sol se põe,
e depressa volta
ao lugar de onde se levanta.
6 O vento sopra para o sul
e vira para o norte;
dá voltas e voltas,
seguindo sempre o seu curso.
7 Todos os rios vão para o mar,
contudo, o mar nunca se enche;
ainda que sempre corram para lá,
para lá voltam a correr.
8 Todas as coisas trazem canseira.
O homem não é capaz de descrevê-las;
os olhos nunca se saciam de ver,
nem os ouvidos de ouvir.
9 O que foi tornará a ser,
o que foi feito se fará novamente;
não há nada novo debaixo do sol.
10 Haverá algo de que se possa dizer:
"Veja! Isto é novo!"?
Não! Já existiu há muito tempo,
bem antes da nossa época.
11 Ninguém se lembra
dos que viveram na antiguidade,
e aqueles que ainda virão
tampouco serão lembrados
pelos que vierem depois deles.ª

A Sabedoria Não Tem Sentido

12 Eu, o mestre, fui rei de Israel em Jerusalém. **13** Dediquei-me a investigar e a usar a sabedoria para explorar tudo o que é feito debaixo do céu. Que fardo pesado Deus pôs sobre os homens! **14** Tenho visto tudo o que é feito debaixo do sol; tudo é inútil, é correr atrás do vento!

26 She speaks with wisdom,
and faithful instruction is on her tongue.
27 She watches over the affairs of her household
and does not eat the bread of idleness.
28 Her children arise and call her blessed;
her husband also, and he praises her:
29 "Many women do noble things,
but you surpass them all."
30 Charm is deceptive, and beauty is fleeting;
but a woman who fears the Lord is to
be praised.
31 Give her the reward she has earned,
and let her works bring her praise at the
city gate.

Ecclesiastes

Everything Is Meaningless

1 The words of the Teacher,ª son of David, king in Jerusalem:

2 "Meaningless! Meaningless!"
says the Teacher.
"Utterly meaningless!
Everything is meaningless."

3 What does man gain from all his labor
at which he toils under the sun?
4 Generations come and generations go,
but the earth remains forever.
5 The sun rises and the sun sets,
and hurries back to where it rises.
6 The wind blows to the south
and turns to the north;
round and round it goes,
ever returning on its course.
7 All streams flow into the sea,
yet the sea is never full.
To the place the streams come from,
there they return again.
8 All things are wearisome,
more than one can say.
The eye never has enough of seeing,
nor the ear its fill of hearing.
9 What has been will be again,
what has been done will be done again;
there is nothing new under the sun.
10 Is there anything of which one can say,
"Look! This is something new"?
It was here already, long ago;
it was here before our time.
11 There is no remembrance of men of old,
and even those who are yet to come
will not be remembered
by those who follow.

Wisdom Is Meaningless

12 I, the Teacher, was king over Israel in Jerusalem. **13** I devoted myself to study and to explore by wisdom all that is done under heaven. What a heavy burden God has laid on men! **14** I have seen all the things that are done under the sun; all of them are meaningless, a chasing after the wind.

ª1.11 Ou *Não há lembrança do que aconteceu, e mesmo o que ainda acontecerá não será lembrado pelos que vierem depois disso.*

ª1:1 Or *leader of the assembly*; also in verses 2 and 12

15 O que é torto não pode ser endireitado;
    o que está faltando
        não pode ser contado.

16 Fiquei pensando: Eu me tornei famoso e ultrapassei em sabedoria todos os que governaram Jerusalém antes de mim; de fato adquiri muita sabedoria e conhecimento.

17 Por isso me esforcei para compreender a sabedoria, bem como a loucura e a insensatez, mas aprendi que isso também é correr atrás do vento.

18 Pois quanto maior a sabedoria,
    maior o sofrimento;
  e quanto maior o conhecimento,
    maior o desgosto.

Os Prazeres Não Têm Sentido

2 Eu disse a mim mesmo: Venha. Experimente a alegria. Descubra as coisas boas da vida! Mas isso também se revelou inútil. **2** Concluí que o rir é loucura, e a alegria de nada vale. **3** Decidi entregar-me ao vinho e à extravagância, mantendo, porém, a mente orientada pela sabedoria. Eu queria saber o que vale a pena, debaixo do céu, nos poucos dias da vida humana.

4 Lancei-me a grandes projetos: construí casas e plantei vinhas para mim. **5** Fiz jardins e pomares e neles plantei todo tipo de árvore frutífera. **6** Construí também reservatórios para irrigar os meus bosques verdejantes. **7** Comprei escravos e escravas e tive escravos que nasceram em minha casa. Além disso, tive também mais bois e ovelhas do que todos os que viveram antes de mim em Jerusalém. **8** Ajuntei para mim prata e ouro, tesouros de reis e de províncias. Servi-me de cantores e cantoras, e também de um harém, as delícias dos homens. **9** Tornei-me mais famoso e poderoso do que todos os que viveram em Jerusalém antes de mim, conservando comigo a minha sabedoria.

10 Não me neguei nada
    que os meus olhos desejaram;
  não me recusei a dar prazer algum
    ao meu coração.
  Na verdade, eu me alegrei
    em todo o meu trabalho;
  essa foi a recompensa
    de todo o meu esforço.

11 Contudo, quando avaliei
    tudo o que as minhas mãos
    haviam feito
  e o trabalho que eu tanto me esforçara
    para realizar,
  percebi que tudo foi inútil,
  foi correr atrás do vento;
  não há nenhum proveito
    no que se faz debaixo do sol.

A Sabedoria e a Insensatez

12 Então passei a refletir na sabedoria,
    na loucura e na insensatez.
  O que pode fazer o sucessor do rei,
  a não ser repetir o que já foi feito?
13 Percebi que a sabedoria
    é melhor que a insensatez,
  assim como a luz é melhor
    do que as trevas.
14 O homem sábio
    tem olhos que enxergam[a],
  mas o tolo anda nas trevas;
  todavia, percebi
    que ambos têm o mesmo destino.

15 What is twisted cannot be straightened;
    what is lacking cannot be counted.

16 I thought to myself, "Look, I have grown and increased in wisdom more than anyone who has ruled over Jerusalem before me; I have experienced much of wisdom and knowledge." **17** Then I applied myself to the understanding of wisdom, and also of madness and folly, but I learned that this, too, is a chasing after the wind.

18 For with much wisdom comes much sorrow;
    the more knowledge, the more grief.

Pleasures Are Meaningless

2 I thought in my heart, "Come now, I will test you with pleasure to find out what is good." But that also proved to be meaningless. **2** "Laughter," I said, "is foolish. And what does pleasure accomplish?" **3** I tried cheering myself with wine, and embracing folly—my mind still guiding me with wisdom. I wanted to see what was worthwhile for men to do under heaven during the few days of their lives.

4 I undertook great projects: I built houses for myself and planted vineyards. **5** I made gardens and parks and planted all kinds of fruit trees in them. **6** I made reservoirs to water groves of flourishing trees. **7** I bought male and female slaves and had other slaves who were born in my house. I also owned more herds and flocks than anyone in Jerusalem before me. **8** I amassed silver and gold for myself, and the treasure of kings and provinces. I acquired men and women singers, and a harem[a] as well—the delights of the heart of man. **9** I became greater by far than anyone in Jerusalem before me. In all this my wisdom stayed with me.

10 I denied myself nothing my eyes desired;
    I refused my heart no pleasure.
  My heart took delight in all my work,
    and this was the reward for all my labor.
11 Yet when I surveyed all that my hands had done
    and what I had toiled to achieve,
  everything was meaningless, a chasing after
    the wind;
  nothing was gained under the sun.

Wisdom and Folly Are Meaningless

12 Then I turned my thoughts to consider wisdom,
    and also madness and folly.
  What more can the king's successor do
    than what has already been done?
13 I saw that wisdom is better than folly,
    just as light is better than darkness.
14 The wise man has eyes in his head,
    while the fool walks in the darkness;
  but I came to realize
    that the same fate overtakes them both.

---

[a]2.14 Hebraico: *na cabeça.*   [a]2:8 The meaning of the Hebrew for this phrase is uncertain.

15 Aí fiquei pensando:

O que acontece ao tolo
    também me acontecerá.
Que proveito eu tive em ser sábio?
Então eu disse a mim mesmo:
Isso não faz o menor sentido!
16 Nem o sábio, nem o tolo
    serão lembrados para sempre;
nos dias futuros
    ambos serão esquecidos.
Como pode o sábio morrer
    como o tolo morre?

O Trabalho Árduo é Inútil

17 Por isso desprezei a vida, pois o trabalho que se faz debaixo do sol pareceu-me muito pesado. Tudo era inútil, era correr atrás do vento. **18** Desprezei todas as coisas pelas quais eu tanto me esforçara debaixo do sol, pois terei que deixá-las para aquele que me suceder. **19** E quem pode dizer se ele será sábio ou tolo? Todavia, terá domínio sobre tudo o que realizei com o meu trabalho e com a minha sabedoria debaixo do sol. Isso também não faz sentido. **20** Cheguei ao ponto de me desesperar por todo o trabalho no qual tanto me esforcei debaixo do sol. **21** Pois um homem pode realizar o seu trabalho com sabedoria, conhecimento e habilidade, mas terá que deixar tudo o que possui como herança para alguém que não se esforçou por aquilo. Isso também é um absurdo e uma grande injustiça. **22** Que proveito tem um homem de todo o esforço e de toda a ansiedade com que trabalha debaixo do sol? **23** Durante toda a sua vida, seu trabalho é pura dor e tristeza; mesmo à noite a sua mente não descansa. Isso também é absurdo.

24 Para o homem não existe nada melhor do que comer, beber e encontrar prazer em seu trabalho. E vi que isso também vem da mão de Deus. **25** E quem aproveitou melhor as comidas e os prazeres do que eu?ª **26** Ao homem que o agrada, Deus dá sabedoria, conhecimento e felicidade. Quanto ao pecador, Deus o encarrega de ajuntar e armazenar riquezas para entregá-las a quem o agrada. Isso também é inútil, é correr atrás do vento.

Há Tempo para Tudo

3 Para tudo há uma ocasião certa;
    há um tempo certo para cada propósito
    debaixo do céu:

2 Tempo de nascer e tempo de morrer,
    tempo de plantar
    e tempo de arrancar o que se plantou,
3 tempo de matar e tempo de curar,
    tempo de derrubar e tempo de construir,
4 tempo de chorar e tempo de rir,
    tempo de prantear e tempo de dançar,
5 tempo de espalhar pedras
    e tempo de ajuntá-las,
    tempo de abraçar e tempo de se conter,
6 tempo de procurar e tempo de desistir,
    tempo de guardar
    e tempo de jogar fora,
7 tempo de rasgar e tempo de costurar,
    tempo de calar e tempo de falar,
8 tempo de amar e tempo de odiar,
    tempo de lutar e tempo de viver em paz.

9 O que ganha o trabalhador com todo o seu esforço? **10** Tenho visto o fardo que Deus impôs aos homens. **11** Ele fez tudo apropriado ao seu tempo. Também pôs no coração do homem o anseio pela eternidade; mesmo assim ele não consegue compreender inteiramente o que Deus fez. **12** Descobri que não há

ª**2.25** Várias versões antigas dizem *Pois sem ele, quem poderia comer ou encontrar satisfação?*

---

15 Then I thought in my heart,

"The fate of the fool will overtake me also.
    What then do I gain by being wise?"
I said in my heart,
    "This too is meaningless."
16 For the wise man, like the fool, will not be
    long remembered;
in days to come both will be forgotten.
Like the fool, the wise man too must die!

Toil Is Meaningless

17 So I hated life, because the work that is done under the sun was grievous to me. All of it is meaningless, a chasing after the wind. **18** I hated all the things I had toiled for under the sun, because I must leave them to the one who comes after me. **19** And who knows whether he will be a wise man or a fool? Yet he will have control over all the work into which I have poured my effort and skill under the sun. This too is meaningless. **20** So my heart began to despair over all my toilsome labor under the sun. **21** For a man may do his work with wisdom, knowledge and skill, and then he must leave all he owns to someone who has not worked for it. This too is meaningless and a great misfortune. **22** What does a man get for all the toil and anxious striving with which he labors under the sun? **23** All his days his work is pain and grief; even at night his mind does not rest. This too is meaningless.

24 A man can do nothing better than to eat and drink and find satisfaction in his work. This too, I see, is from the hand of God, **25** for without him, who can eat or find enjoyment? **26** To the man who pleases him, God gives wisdom, knowledge and happiness, but to the sinner he gives the task of gathering and storing up wealth to hand it over to the one who pleases God. This too is meaningless, a chasing after the wind.

A Time for Everything

3 There is a time for everything,
    and a season for every activity under heaven:

2   a time to be born and a time to die,
    a time to plant and a time to uproot,
3   a time to kill and a time to heal,
    a time to tear down and a time to build,
4   a time to weep and a time to laugh,
    a time to mourn and a time to dance,
5   a time to scatter stones and a time to
        gather them,
    a time to embrace and a time to refrain,
6   a time to search and a time to give up,
    a time to keep and a time to throw away,
7   a time to tear and a time to mend,
    a time to be silent and a time to speak,
8   a time to love and a time to hate,
    a time for war and a time for peace.

9 What does the worker gain from his toil? **10** I have seen the burden God has laid on men. **11** He has made everything beautiful in its time. He has also set eternity in the hearts of men; yet they cannot fathom what God has done from beginning to end. **12** I know that there is nothing better for men than to be

nada melhor para o homem do que ser feliz e praticar o bem enquanto vive. [13] Descobri também que poder comer, beber e ser recompensado pelo seu trabalho é um presente de Deus. [14] Sei que tudo o que Deus faz permanecerá para sempre; a isso nada se pode acrescentar, e disso nada se pode tirar. Deus assim faz para que os homens o temam.

[15] Aquilo que é, já foi,
    e o que será, já foi anteriormente;
    Deus investigará[a] o passado.

[16] Descobri também que debaixo do sol:

No lugar da justiça havia impiedade,
no lugar da retidão,
    ainda mais impiedade.

[17] Fiquei pensando:

O justo e o ímpio,
    Deus julgará ambos,
pois há um tempo para todo propósito,
    um tempo para tudo o que acontece.

[18] Também pensei: Deus prova os homens para que vejam que são como os animais. [19] O destino do homem é o mesmo do animal; o mesmo destino os aguarda. Assim como morre um, também morre o outro. Todos têm o mesmo fôlego de vida[b]; o homem não tem vantagem alguma sobre o animal. Nada faz sentido! [20] Todos vão para o mesmo lugar; vieram todos do pó, e ao pó todos retornarão. [21] Quem pode dizer se o fôlego do homem sobe às alturas e se o fôlego do animal desce[c] para a terra?

[22] Por isso concluí que não há nada melhor para o homem do que desfrutar do seu trabalho, porque esta é a sua recompensa. Pois, quem poderá fazê-lo ver o que acontecerá depois de morto?

As Injustiças e os Absurdos da Vida

4 De novo olhei e vi toda a opressão que ocorre debaixo do sol:

Vi as lágrimas dos oprimidos,
mas não há quem os console;
o poder está do lado
    dos seus opressores,
e não há quem os console.
[2] Por isso considerei os mortos
    mais felizes do que os vivos,
pois estes ainda têm que viver!
[3] No entanto, melhor do que ambos
    é aquele que ainda não nasceu,
que não viu o mal
    que se faz debaixo do sol.

[4] Descobri que todo trabalho e toda realização surgem da competição que existe entre as pessoas. Mas isso também é absurdo, é correr atrás do vento.

[5] O tolo cruza os braços
    e destrói a própria vida.
[6] Melhor é ter um punhado
    com tranqüilidade
do que dois punhados
    à custa de muito esforço
    e de correr atrás do vento.

[7] Descobri ainda outra situação absurda debaixo do sol:

[8] Havia um homem totalmente solitário;
    não tinha filho nem irmão.
    Trabalhava sem parar!

happy and do good while they live. [13] That everyone may eat and drink, and find satisfaction in all his toil—this is the gift of God. [14] I know that everything God does will endure forever; nothing can be added to it and nothing taken from it. God does it so that men will revere him.

[15] Whatever is has already been,
    and what will be has been before;
    and God will call the past to account.[a]

[16] And I saw something else under the sun:

In the place of judgment—wickedness was there,
    in the place of justice—wickedness was there.

[17] I thought in my heart,

"God will bring to judgment
    both the righteous and the wicked,
for there will be a time for every activity,
    a time for every deed."

[18] I also thought, "As for men, God tests them so that they may see that they are like the animals. [19] Man's fate is like that of the animals; the same fate awaits them both: As one dies, so dies the other. All have the same breath[b]; man has no advantage over the animal. Everything is meaningless. [20] All go to the same place; all come from dust, and to dust all return. [21] Who knows if the spirit of man rises upward and if the spirit of the animal[c] goes down into the earth?"

[22] So I saw that there is nothing better for a man than to enjoy his work, because that is his lot. For who can bring him to see what will happen after him?

Oppression, Toil, Friendlessness

4 Again I looked and saw all the oppression that was taking place under the sun:

I saw the tears of the oppressed—
    and they have no comforter;
power was on the side of their oppressors—
    and they have no comforter.
[2] And I declared that the dead,
    who had already died,
are happier than the living,
    who are still alive.
[3] But better than both
    is he who has not yet been,
who has not seen the evil
    that is done under the sun.

[4] And I saw that all labor and all achievement spring from man's envy of his neighbor. This too is meaningless, a chasing after the wind.

[5] The fool folds his hands
    and ruins himself.
[6] Better one handful with tranquillity
    than two handfuls with toil
    and chasing after the wind.

[7] Again I saw something meaningless under the sun:

[8] There was a man all alone;
    he had neither son nor brother.

---

[a]3.15 Ou *Deus chama de volta* [b]3.19 Ou *espírito* [c]3.21 Ou *Quem conhece o espírito do homem, que sobe, ou o espírito do animal, que desce*

[a]3:15 Or *God calls back the past* [b]3:19 Or *spirit* [c]3:21 Or *Who knows the spirit of man, which rises upward, or the spirit of the animal, which*

Contudo, os seus olhos
não se satisfaziam com a sua riqueza.
Ele sequer perguntava:
"Para quem estou trabalhando tanto,
e por que razão deixo de me divertir?"
Isso também é absurdo;
é um trabalho por demais ingrato!

⁹ É melhor ter companhia
do que estar sozinho,
porque maior é
a recompensa do trabalho
de duas pessoas.
¹⁰ Se um cair,
o amigo pode ajudá-lo a levantar-se.
Mas pobre do homem que cai
e não tem quem o ajude a levantar-se!
¹¹ E se dois dormirem juntos,
vão manter-se aquecidos.
Como, porém,
manter-se aquecido sozinho?
¹² Um homem sozinho pode ser vencido,
mas dois conseguem defender-se.
Um cordão de três dobras
não se rompe com facilidade.

A Futilidade do Poder

¹³ Melhor é um jovem pobre e sábio, do que um rei idoso e
tolo, que já não aceita repreensão. ¹⁴ O jovem pode ter saído
da prisão e chegado ao trono, ou pode ter nascido pobre no
país daquele rei. ¹⁵ Percebi que, ainda assim, o povo que vivia
debaixo do sol seguia o jovem, o sucessor do rei. ¹⁶ O número
dos que aderiram a ele era incontável. A geração seguinte, porém, não ficou satisfeita com o sucessor. Isso também não faz
sentido, é correr atrás do vento.

O Temor Devido a Deus

5 Quando você for ao santuário de Deus, seja reverente[a]. Quem se aproxima para ouvir é melhor do que os
tolos que oferecem sacrifício sem saber que estão agindo mal.

² Não seja precipitado de lábios,
nem apressado de coração
para fazer promessas diante de Deus.
Deus está nos céus,
e você está na terra,
por isso, fale pouco.
³ Das muitas ocupações brotam sonhos;
do muito falar nasce a prosa vã do tolo.

⁴ Quando você fizer um voto, cumpra-o sem demora, pois
os tolos desagradam a Deus; cumpra o seu voto. ⁵ É melhor
não fazer voto do que fazer e não cumprir. ⁶ Não permita que
a sua boca o faça pecar. E não diga ao mensageiro de Deus[b]: "O
meu voto foi um engano". Por que irritar a Deus com o que
você diz e deixá-lo destruir o que você realizou? ⁷ Em meio a
tantos sonhos absurdos e conversas inúteis, tenha temor de
Deus.

As Riquezas Não Dão Sentido à Vida

⁸ Se você vir o pobre oprimido numa província e vir que lhe
são negados o direito e a justiça, não fique surpreso; pois todo
oficial está subordinado a alguém que ocupa posição superi-
or, e sobre os dois há outros em posição ainda mais alta. ⁹ Mesmo assim, é vantagem a nação ter um rei que a governe e que
se interesse pela agricultura.[c]

¹⁰ Quem ama o dinheiro
jamais terá o suficiente;

There was no end to his toil,
yet his eyes were not content with his wealth.
"For whom am I toiling," he asked,
"and why am I depriving myself of
enjoyment?"
This too is meaningless—
a miserable business!

⁹ Two are better than one,
because they have a good return for their work:
¹⁰ If one falls down,
his friend can help him up.
But pity the man who falls
and has no one to help him up!
¹¹ Also, if two lie down together, they will
keep warm.
But how can one keep warm alone?
¹² Though one may be overpowered,
two can defend themselves.
A cord of three strands is not quickly broken.

Advancement Is Meaningless

¹³ Better a poor but wise youth than an old but foolish king
who no longer knows how to take warning. ¹⁴ The youth may
have come from prison to the kingship, or he may have been
born in poverty within his kingdom. ¹⁵ I saw that all who lived
and walked under the sun followed the youth, the king's successor. ¹⁶ There was no end to all the people who were before
them. But those who came later were not pleased with the successor. This too is meaningless, a chasing after the wind.

Stand in Awe of God

5 Guard your steps when you go to the house of God.
Go near to listen rather than to offer the sacrifice of fools,
who do not know that they do wrong.

² Do not be quick with your mouth,
do not be hasty in your heart
to utter anything before God.
God is in heaven
and you are on earth,
so let your words be few.
³ As a dream comes when there are many cares,
so the speech of a fool when there are
many words.

⁴ When you make a vow to God, do not delay in fulfilling it.
He has no pleasure in fools; fulfill your vow. ⁵ It is better not to
vow than to make a vow and not fulfill it. ⁶ Do not let your
mouth lead you into sin. And do not protest to the *temple*
messenger, "My vow was a mistake." Why should God be angry
at what you say and destroy the work of your hands? ⁷ Much
dreaming and many words are meaningless. Therefore stand
in awe of God.

Riches Are Meaningless

⁸ If you see the poor oppressed in a district, and justice and
rights denied, do not be surprised at such things; for one official is eyed by a higher one, and over them both are others
higher still. ⁹ The increase from the land is taken by all; the
king himself profits from the fields.

¹⁰ Whoever loves money never has money enough;

---

a5.1 Hebraico: *guarde o seu pé.* **b5.6** Hebraico: *do templo.* **c5.9** Ou *De toda forma, a terra terá vantagem se tiver um rei que zela pelos campos cultivados.*

quem ama as riquezas jamais ficará
    satisfeito com os seus rendimentos.
Isso também não faz sentido.

[11] Quando aumentam os bens,
    também aumentam
       os que os consomem.
E que benefício trazem os bens
    a quem os possui,
senão dar um pouco de alegria
    aos seus olhos?

[12] O sono do trabalhador é ameno,
    quer coma pouco quer coma muito,
mas a fartura de um homem rico
    não lhe dá tranqüilidade para dormir.

[13] Há um mal terrível que vi debaixo do sol:

Riquezas acumuladas
    para infelicidade do seu possuidor.
[14] Se as riquezas dele se perdem
    num mau negócio,
nada ficará para o filho
    que lhe nascer.
[15] O homem sai nu do ventre de sua mãe,
    e como vem, assim vai.
De todo o trabalho em que se esforçou
    nada levará consigo.

[16] Há também outro mal terrível:

Como o homem vem, assim ele vai,
e o que obtém de todo o seu esforço
    em busca do vento?
[17] Passa[a] toda a sua vida nas trevas,
    com grande frustração,
       doença e amargura.

[18] Assim, descobri que, para o homem, o melhor e o que mais vale a pena é comer, beber, e desfrutar o resultado de todo o esforço que se faz debaixo do sol durante os poucos dias de vida que Deus lhe dá, pois essa é a sua recompensa. [19] E quando Deus concede riquezas e bens a alguém e o capacita a desfrutá-los, a aceitar a sua sorte e a ser feliz em seu trabalho, isso é um presente de Deus. [20] Raramente essa pessoa fica pensando na brevidade de sua vida, porque Deus o mantém ocupado com a alegria do coração.

6 Vi ainda outro mal debaixo do sol, que pesa bastante sobre a humanidade: [2] Deus dá riquezas, bens e honra ao homem, de modo que não lhe falta nada que os seus olhos desejam; mas Deus não lhe permite desfrutar tais coisas, e outro as desfruta em seu lugar. Isso não faz sentido; é um mal terrível.

[3] Um homem pode ter cem filhos e viver muitos anos. No entanto, se não desfrutar as coisas boas da vida, digo que uma criança que nasce morta e nem ao menos recebe um enterro digno tem melhor sorte que ele. [4] Ela nasce em vão e parte em trevas, e nas trevas o seu nome fica escondido. [5] Embora jamais tenha visto o sol ou conhecido qualquer coisa, ela tem mais descanso do que tal homem. [6] Pois, de que lhe valeria viver dois mil anos, sem desfrutar a sua prosperidade? Afinal, não vão todos para o mesmo lugar?

[7] Todo o esforço do homem
    é feito para a sua boca;
contudo, o seu apetite jamais se satisfaz.
[8] Que vantagem tem o sábio
    em relação ao tolo?
Que vantagem tem o pobre em saber
    como se portar diante dos outros?

whoever loves wealth is never satisfied with his income.
This too is meaningless.

[11] As goods increase,
    so do those who consume them.
And what benefit are they to the owner
    except to feast his eyes on them?

[12] The sleep of a laborer is sweet,
    whether he eats little or much,
but the abundance of a rich man
    permits him no sleep.

[13] I have seen a grievous evil under the sun:

wealth hoarded to the harm of its owner,
  [14] or wealth lost through some misfortune,
so that when he has a son
    there is nothing left for him.
[15] Naked a man comes from his mother's womb,
    and as he comes, so he departs.
He takes nothing from his labor
    that he can carry in his hand.

[16] This too is a grievous evil:

As a man comes, so he departs,
    and what does he gain,
       since he toils for the wind?
[17] All his days he eats in darkness,
    with great frustration, affliction and anger.

[18] Then I realized that it is good and proper for a man to eat and drink, and to find satisfaction in his toilsome labor under the sun during the few days of life God has given him—for this is his lot. [19] Moreover, when God gives any man wealth and possessions, and enables him to enjoy them, to accept his lot and be happy in his work—this is a gift of God. [20] He seldom reflects on the days of his life, because God keeps him occupied with gladness of heart.

6 I have seen another evil under the sun, and it weighs heavily on men: [2] God gives a man wealth, possessions and honor, so that he lacks nothing his heart desires, but God does not enable him to enjoy them, and a stranger enjoys them instead. This is meaningless, a grievous evil.

[3] A man may have a hundred children and live many years; yet no matter how long he lives, if he cannot enjoy his prosperity and does not receive proper burial, I say that a stillborn child is better off than he. [4] It comes without meaning, it departs in darkness, and in darkness its name is shrouded. [5] Though it never saw the sun or knew anything, it has more rest than does that man— [6] even if he lives a thousand years twice over but fails to enjoy his prosperity. Do not all go to the same place?

[7] All man's efforts are for his mouth,
    yet his appetite is never satisfied.
[8] What advantage has a wise man
    over a fool?
What does a poor man gain
    by knowing how to conduct himself
       before others?

---

[a] 5.17 Hebraico: *Come.*

9 Melhor é contentar-se
com o que os olhos vêem
do que sonhar com o que se deseja.
Isso também não faz sentido;
é correr atrás do vento.

10 Tudo o que existe já recebeu nome,
e já se sabe o que o homem é;
não se pode lutar
contra alguém mais forte.

11 Quanto mais palavras,
mais tolices[a],
e sem nenhum proveito.

12 Na verdade, quem sabe o que é bom para o homem, nos poucos dias de sua vida vazia, em que ele passa como uma sombra? Quem poderá contar-lhe o que acontecerá debaixo do sol depois que ele partir?

A Sabedoria

7 O bom nome é melhor
do que um perfume finíssimo,
e o dia da morte é melhor
do que o dia do nascimento.

2 É melhor ir a uma casa onde há luto
do que a uma casa em festa,
pois a morte é o destino de todos;
os vivos devem levar isso a sério!

3 A tristeza é melhor do que o riso,
porque o rosto triste
melhora o coração.

4 O coração do sábio
está na casa onde há luto,
mas o do tolo, na casa da alegria.

5 É melhor ouvir
a repreensão de um sábio
do que a canção dos tolos.

6 Tal como o estalo de espinhos
debaixo da panela,
assim é o riso dos tolos.
Isso também não faz sentido.

7 A opressão transforma o sábio em tolo,
e o suborno corrompe o coração.

8 O fim das coisas é melhor que
o seu início,
e o paciente é melhor que o orgulhoso.

9 Não permita que a ira domine depressa
o seu espírito,
pois a ira se aloja no íntimo dos tolos.

10 Não diga: "Por que os dias do passado
foram melhores que os de hoje?"
Pois não é sábio fazer esse tipo de pergunta.

11 A sabedoria, como uma herança,
é coisa boa, e beneficia aqueles
que vêem o sol.

12 A sabedoria oferece proteção,
como o faz o dinheiro,
mas a vantagem do conhecimento é esta:
a sabedoria preserva a vida
de quem a possui.

13 Considere o que Deus fez:

Quem pode endireitar
o que ele fez torto?

14 Quando os dias forem bons,
aproveite-os bem;

9 Better what the eye sees
than the roving of the appetite.
This too is meaningless,
a chasing after the wind.

10 Whatever exists has already been named,
and what man is has been known;
no man can contend
with one who is stronger than he.

11 The more the words,
the less the meaning,
and how does that profit anyone?

12 For who knows what is good for a man in life, during the few and meaningless days he passes through like a shadow? Who can tell him what will happen under the sun after he is gone?

Wisdom

7 A good name is better than fine perfume,
and the day of death better than the day of
birth.

2 It is better to go to a house of mourning
than to go to a house of feasting,
for death is the destiny of every man;
the living should take this to heart.

3 Sorrow is better than laughter,
because a sad face is good for the heart.

4 The heart of the wise is in the house
of mourning,
but the heart of fools is in the house of
pleasure.

5 It is better to heed a wise man's rebuke
than to listen to the song of fools.

6 Like the crackling of thorns under the pot,
so is the laughter of fools.
This too is meaningless.

7 Extortion turns a wise man into a fool,
and a bribe corrupts the heart.

8 The end of a matter is better than its beginning,
and patience is better than pride.

9 Do not be quickly provoked in your spirit,
for anger resides in the lap of fools.

10 Do not say, "Why were the old days better
than these?"
For it is not wise to ask such questions.

11 Wisdom, like an inheritance, is a good thing
and benefits those who see the sun.

12 Wisdom is a shelter
as money is a shelter,
but the advantage of knowledge is this:
that wisdom preserves the life of its possessor.

13 Consider what God has done:

Who can straighten
what he has made crooked?

14 When times are good, be happy;

---

mas, quando forem ruins,
     considere:
Deus fez tanto um quanto o outro,
para evitar que o homem descubra
     alguma coisa sobre o seu futuro.

15 Nesta vida sem sentido
     eu já vi de tudo:

Um justo que morreu[a]
     apesar da sua justiça,
e um ímpio que teve vida longa
     apesar da sua impiedade.
16 Não seja excessivamente justo
     nem demasiadamente sábio;
por que destruir-se a si mesmo?
17 Não seja demasiadamente ímpio
     e não seja tolo;
por que morrer antes do tempo?
18 É bom reter uma coisa
     e não abrir mão da outra,
pois quem teme a Deus
     evitará ambos os extremos[b].

19 A sabedoria torna o sábio
     mais poderoso
que uma cidade guardada
     por dez valentes.
20 Todavia, não há um só justo na terra,
ninguém que pratique o bem e nunca peque.

21 Não dê atenção
     a todas as palavras que o povo diz,
caso contrário, poderá ouvir
     o seu próprio servo falando mal de você;
22 pois em seu coração você sabe
     que muitas vezes você também
     falou mal de outros.

23 Tudo isso eu examinei mediante a sabedoria e disse:

Estou decidido a ser sábio;
     mas isso estava fora do meu alcance.
24 A realidade está bem distante
     e é muito profunda;
quem pode descobri-la?
25 Por isso dediquei-me a aprender,
     a investigar, a buscar a sabedoria
     e a razão de ser das coisas,
para compreender
     a insensatez da impiedade
     e a loucura da insensatez.

26 Descobri que
     muito mais amarga que a morte
     é a mulher que serve de laço,
cujo coração é uma armadilha
     e cujas mãos são correntes.
O homem que agrada a Deus
     escapará dela,
mas o pecador ela apanhará.

27 "Veja", diz o Mestre, "foi isto que descobri:

Ao comparar uma coisa com outra
     para descobrir a sua razão de ser,
28 sim, durante essa minha busca
     que ainda não terminou[c],
entre mil homens
     descobri apenas um que julgo digno,
mas entre as mulheres
     não achei uma sequer.
29 Assim, cheguei a esta conclusão:
     Deus fez os homens justos,

but when times are bad, consider:
God has made the one
     as well as the other.
Therefore, a man cannot discover
     anything about his future.

15 In this meaningless life of mine I have seen both of these:

a righteous man perishing in his righteousness,
     and a wicked man living long in his
          wickedness.
16 Do not be overrighteous,
     neither be overwise—
          why destroy yourself?
17 Do not be overwicked,
     and do not be a fool—
          why die before your time?
18 It is good to grasp the one
     and not let go of the other.
The man who fears God will avoid all
     extremes.[a]

19 Wisdom makes one wise man more powerful
     than ten rulers in a city.

20 There is not a righteous man on earth
     who does what is right and never sins.

21 Do not pay attention to every word people say,
     or you may hear your servant cursing you—
22 for you know in your heart
     that many times you yourself have cursed others.

23 All this I tested by wisdom and I said,

"I am determined to be wise"—
     but this was beyond me.
24 Whatever wisdom may be,
     it is far off and most profound—
          who can discover it?
25 So I turned my mind to understand,
     to investigate and to search out wisdom and the
          scheme of things
and to understand the stupidity of wickedness
     and the madness of folly.

26 I find more bitter than death
     the woman who is a snare,
whose heart is a trap
     and whose hands are chains.
The man who pleases God will escape her,
     but the sinner she will ensnare.

27 "Look," says the Teacher,[b] "this is what I have discovered:

"Adding one thing to another to discover
     the scheme of things—
28 while I was still searching
     but not finding—
I found one *upright* man among a thousand,
     but not one *upright* woman among them all.
29 This only have I found:
     God made mankind upright,

---

mas eles foram em busca
de muitas intrigas."

A Obediência Devida ao Rei

8 Quem é como o sábio?
Quem sabe interpretar as coisas?
A sabedoria de um homem
alcança o favor do rei[a]
e muda o seu semblante carregado.

2 Este é o meu conselho: obedeça às ordens do rei porque você fez um juramento diante de Deus. 3 Não se apresse em deixar a presença do rei, nem se levante em favor de uma causa errada, visto que o rei faz o que bem entende. 4 Pois a palavra do rei é soberana, e ninguém lhe pode perguntar: "O que estás fazendo?"

5 Quem obedece às suas ordens
não sofrerá mal algum,
pois o coração sábio saberá a hora
e a maneira certa de agir.
6 Porquanto há uma hora certa
e também uma maneira certa de agir
para cada situação.
O sofrimento de um homem, no entanto,
pesa muito sobre ele,
7 visto que ninguém conhece o futuro.
Quem lhe poderá dizer
o que vai acontecer?
8 Ninguém tem o poder
de dominar o próprio espírito[b];
tampouco tem poder
sobre o dia da sua morte
e de escapar dos efeitos da guerra[c];
nem mesmo a maldade
livra aqueles que a praticam.

9 Tudo isso vi quando me pus a refletir em tudo o que se faz debaixo do sol. Há ocasiões em que um homem domina sobre outros para a sua própria infelicidade[d]. 10 Nessas ocasiões, vi ímpios serem sepultados e gente indo e vindo do lugar onde eles foram enterrados. Todavia, os que haviam praticado o bem foram esquecidos na cidade.[e] Isso também não faz sentido.

11 Quando os crimes não são castigados logo, o coração do homem se enche de planos para fazer o mal. 12 O ímpio pode cometer uma centena de crimes e apesar disso, ter vida longa, mas sei muito bem que as coisas serão melhores para os que temem a Deus, para os que mostram respeito diante dele. 13 Para os ímpios, no entanto, nada irá bem, porque não temem a Deus, e os seus dias, como sombras, serão poucos.

14 Há mais uma coisa sem sentido na terra: justos que recebem o que os ímpios merecem, e ímpios que recebem o que os justos merecem. Isto também, penso eu, não faz sentido. 15 Por isso recomendo que se desfrute a vida, porque debaixo do sol não há nada melhor para o homem do que comer, beber e alegrar-se. Sejam esses os seus companheiros no seu duro trabalho durante todos os dias da vida que Deus lhe der debaixo do sol!

16 Quando voltei a mente para conhecer a sabedoria e observar as atividades do homem sobre a terra, daquele cujos olhos não vêem sono[f] nem de dia nem de noite, 17 percebi tudo o que Deus tem feito. Ninguém é capaz de entender o que se faz debaixo do sol. Por mais que se esforce para descobrir o sentido das coisas, o homem não o encontrará. O sábio pode até afirmar que entende, mas, na realidade, não o consegue encontrar.

but men have gone in search of
many schemes."

8 Who is like the wise man?
Who knows the explanation of things?
Wisdom brightens a man's face
and changes its hard appearance.

Obey the King

2 Obey the king's command, I say, because you took an oath before God. 3 Do not be in a hurry to leave the king's presence. Do not stand up for a bad cause, for he will do whatever he pleases. 4 Since a king's word is supreme, who can say to him, "What are you doing?"

5 Whoever obeys his command will come
to no harm,
and the wise heart will know the proper time
and procedure.
6 For there is a proper time and procedure for
every matter,
though a man's misery weighs heavily
upon him.
7 Since no man knows the future,
who can tell him what is to come?
8 No man has power over the wind to contain it[a];
so no one has power over the day of his death.
As no one is discharged in time of war,
so wickedness will not release those who
practice it.

9 All this I saw, as I applied my mind to everything done under the sun. There is a time when a man lords it over others to his own[b] hurt. 10 Then too, I saw the wicked buried—those who used to come and go from the holy place and receive praise[c] in the city where they did this. This too is meaningless.

11 When the sentence for a crime is not quickly carried out, the hearts of the people are filled with schemes to do wrong. 12 Although a wicked man commits a hundred crimes and still lives a long time, I know that it will go better with God-fearing men, who are reverent before God. 13 Yet because the wicked do not fear God, it will not go well with them, and their days will not lengthen like a shadow.

14 There is something else meaningless that occurs on earth: righteous men who get what the wicked deserve, and wicked men who get what the righteous deserve. This too, I say, is meaningless. 15 So I commend the enjoyment of life, because nothing is better for a man under the sun than to eat and drink and be glad. Then joy will accompany him in his work all the days of the life God has given him under the sun.

16 When I applied my mind to know wisdom and to observe man's labor on earth—his eyes not seeing sleep day or night— 17 then I saw all that God has done. No one can comprehend what goes on under the sun. Despite all his efforts to search it out, man cannot discover its meaning. Even if a wise man claims he knows, he cannot really comprehend it.

---

a8.1 Hebraico: *ilumina o seu rosto.* **b8.8** Ou *o vento* **c8.8** Ou *desse combate* **d8.9** Ou *para a infelicidade deles* **e8.10** Conforme alguns manuscritos do Texto Massorético e a Septuaginta. A maioria dos manuscritos do Texto Massorético diz *sepultados, aqueles que haviam freqüentado o lugar santo e recebido elogios na cidade onde haviam feito o mal.* **f8.16** Ou *daquele que não descansa*

a8:8 Or *over his spirit to retain it* **b8:9** Or *to their* **c8:10** Some Hebrew manuscripts and Septuagint (Aquila); most Hebrew manuscripts *and are forgotten*

O Destino de Todos

9 Refleti nisso tudo e cheguei à conclusão de que os justos e os sábios, e aquilo que eles fazem, estão nas mãos de Deus. O que os espera, seja amor ou ódio, ninguém sabe. ² Todos partilham um destino comum: o justo e o ímpio, o bom e o mau[a], o puro e o impuro, o que oferece sacrifícios e o que não os oferece.

O que acontece com o homem bom,
   acontece com o pecador;
o que acontece
   com quem faz juramentos,
acontece com quem teme fazê-los.

³ Este é o mal que há em tudo o que acontece debaixo do sol: o destino de todos é o mesmo. O coração dos homens, além do mais, está cheio de maldade e de loucura durante toda a vida; e por fim eles se juntarão aos mortos. ⁴ Quem está entre os vivos tem esperança;[b] até um cachorro vivo é melhor do que um leão morto!

⁵ Pois os vivos sabem que morrerão,
   mas os mortos nada sabem;
para eles não haverá mais recompensa,
   e já não se tem lembrança deles.
⁶ Para eles o amor, o ódio e a inveja
   há muito desapareceram;
nunca mais terão parte em nada
   do que acontece debaixo do sol.

⁷ Portanto, vá, coma com prazer a sua comida e beba o seu vinho de coração alegre, pois Deus já se agradou do que você faz. ⁸ Esteja sempre vestido com roupas de festa[c], e unja sempre a sua cabeça com óleo. ⁹ Desfrute da vida com a mulher a quem você ama, todos os dias desta vida sem sentido que Deus dá a você debaixo do sol; todos os seus dias sem sentido! Pois essa é a sua recompensa na vida pelo seu árduo trabalho debaixo do sol. ¹⁰ O que as suas mãos tiverem que fazer, que o façam com toda a sua força, pois na sepultura[d], para onde você vai, não há atividade nem planejamento, não há conhecimento nem sabedoria.

¹¹ Percebi ainda outra coisa debaixo do sol:

Os velozes nem sempre vencem a corrida;
  os fortes nem sempre triunfam na guerra;
os sábios nem sempre têm comida;
  os prudentes nem sempre são ricos;
os instruídos nem sempre têm prestígio;
  pois o tempo e o acaso afetam às todos.

¹² Além do mais,
   ninguém sabe quando virá a sua hora;

Assim como os peixes são apanhados
   numa rede fatal
e os pássaros são pegos
   numa armadilha,
também os homens são enredados
   pelos tempos de desgraça
que caem inesperadamente sobre eles.

O Valor da Sabedoria

¹³ Também vi debaixo do sol este exemplo de sabedoria que muito me impressionou: ¹⁴ Havia uma pequena cidade, de poucos habitantes. Um rei poderoso veio contra ela, cercou-a com muitos dispositivos de guerra. ¹⁵ Ora, naquela cidade vivia um homem pobre mas sábio, e com sua sabedoria ele salvou a cidade. No entanto, ninguém se lembrou mais daquele pobre. ¹⁶ Por isso pensei: Embora a sabedoria seja melhor do que a força, a sabedoria do pobre é desprezada, e logo suas palavras são esquecidas.

---

[a]9.2 Conforme a Septuaginta, a Vulgata e a Versão Siríaca. O Texto Massorético não traz *o mau*. [b]9.4 Ou *O que se deve escolher então? Para todos os que vivem existe esperança;* [c]9.8 Hebraico: *de branco*. [d]9.10 Hebraico: *Sheol*. Essa palavra também pode ser traduzida por profundezas, pó ou morte.

A Common Destiny for All

9 So I reflected on all this and concluded that the righteous and the wise and what they do are in God's hands, but no man knows whether love or hate awaits him. ² All share a common destiny—the righteous and the wicked, the good and the bad,[a] the clean and the unclean, those who offer sacrifices and those who do not.

As it is with the good man,
   so with the sinner;
as it is with those who take oaths,
   so with those who are afraid to take them.

³ This is the evil in everything that happens under the sun: The same destiny overtakes all. The hearts of men, moreover, are full of evil and there is madness in their hearts while they live, and afterward they join the dead. ⁴ Anyone who is among the living has hope[b]—even a live dog is better off than a dead lion!

⁵ For the living know that they will die,
   but the dead know nothing;
they have no further reward,
   and even the memory of them is forgotten.
⁶ Their love, their hate
   and their jealousy have long since vanished;
never again will they have a part
   in anything that happens under the sun.

⁷ Go, eat your food with gladness, and drink your wine with a joyful heart, for it is now that God favors what you do. ⁸ Always be clothed in white, and always anoint your head with oil. ⁹ Enjoy life with your wife, whom you love, all the days of this meaningless life that God has given you under the sun—all your meaningless days. For this is your lot in life and in your toilsome labor under the sun. ¹⁰ Whatever your hand finds to do, do it with all your might, for in the grave,[c] where you are going, there is neither working nor planning nor knowledge nor wisdom.

¹¹ I have seen something else under the sun:

The race is not to the swift
   or the battle to the strong,
nor does food come to the wise
   or wealth to the brilliant
   or favor to the learned;
but time and chance happen to them all.

¹² Moreover, no man knows when his hour will come:

As fish are caught in a cruel net,
   or birds are taken in a snare,
so men are trapped by evil times
   that fall unexpectedly upon them.

Wisdom Better Than Folly

¹³ I also saw under the sun this example of wisdom that greatly impressed me: ¹⁴ There was once a small city with only a few people in it. And a powerful king came against it, surrounded it and built huge siegeworks against it. ¹⁵ Now there lived in that city a man poor but wise, and he saved the city by his wisdom. But nobody remembered that poor man. ¹⁶ So I said, "Wisdom is better than strength." But the poor man's wisdom is despised, and his words are no longer heeded.

---

[a]9:2 Septuagint (Aquila), Vulgate and Syriac; Hebrew does not have *and the bad.* [b]9:4 Or *What then is to be chosen? With all who live, there is hope* [c]9:10 Hebrew *Sheol*

17 As palavras dos sábios
    devem ser ouvidas com mais atenção
do que os gritos de quem
    domina sobre tolos.
18 A sabedoria é melhor
    do que as armas de guerra,
mas um só pecador
    destrói muita coisa boa.

10

Assim como a mosca morta
    produz mau cheiro
    e estraga o perfume,
também um pouco de insensatez
    pesa mais que a sabedoria e a honra.

2 O coração do sábio
    se inclina para o bem,
mas o coração do tolo, para o mal[a].
3 Mesmo quando anda pelo caminho,
    o tolo age sem o mínimo bom senso
    e mostra a todos
    que não passa de tolo.
4 Se a ira de uma autoridade
    se levantar contra você,
não abandone o seu posto;
    a tranqüilidade evita grandes erros.

5 Há outro mal que vi debaixo do sol,
    um erro cometido pelos que governam:
6 tolos são postos em cargos elevados,
    enquanto ricos ocupam
    cargos inferiores.
7 Tenho visto servos andando a cavalo,
    e príncipes andando a pé, como servos.

8 Quem cava um poço cairá nele;
    quem derruba um muro
    será picado por uma cobra.
9 Quem arranca pedras,
    com elas se ferirá;
quem racha lenha se arrisca.

10 Se o machado está cego
    e sua lâmina não foi afiada,
é preciso golpear com mais força;
    agir com sabedoria assegura o sucesso.

11 Se a cobra morder
    antes de ser encantada,
para que servirá o encantador?

12 As palavras do sábio
    lhe trazem benefícios,
mas os lábios do insensato o destroem.
13 No início as suas palavras
    são mera tolice,
mas no final são loucura perversa.
14 Embora o tolo fale sem parar,
    ninguém sabe o que está para vir;
quem poderá dizer a outrem
    o que lhe acontecerá depois?

15 O trabalho do tolo o deixa tão exausto
    que ele nem consegue
    achar o caminho de casa[b].

16 Pobre da terra cujo rei é jovem demais
    e cujos líderes fazem banquetes
    logo de manhã.
17 Feliz é a terra cujo rei
    é de origem nobre,
e cujos líderes comem no devido tempo
    para recuperar as forças, e não para embriagar-se.

17 The quiet words of the wise are more to
    be heeded
    than the shouts of a ruler of fools.
18 Wisdom is better than weapons of war,
    but one sinner destroys much good.

10

As dead flies give perfume a bad smell,
    so a little folly outweighs wisdom and honor.
2 The heart of the wise inclines to the right,
    but the heart of the fool to the left.
3 Even as he walks along the road,
    the fool lacks sense
    and shows everyone how stupid he is.
4 If a ruler's anger rises against you,
    do not leave your post;
    calmness can lay great errors to rest.

5 There is an evil I have seen under the sun,
    the sort of error that arises from a ruler:
6 Fools are put in many high positions,
    while the rich occupy the low ones.
7 I have seen slaves on horseback,
    while princes go on foot like slaves.

8 Whoever digs a pit may fall into it;
    whoever breaks through a wall may be bitten
    by a snake.
9 Whoever quarries stones may be injured
    by them;
    whoever splits logs may be endangered
    by them.

10 If the ax is dull
    and its edge unsharpened,
more strength is needed
    but skill will bring success.

11 If a snake bites before it is charmed,
    there is no profit for the charmer.

12 Words from a wise man's mouth are gracious,
    but a fool is consumed by his own lips.
13 At the beginning his words are folly;
    at the end they are wicked madness—
    14 and the fool multiplies words.

No one knows what is coming—
    who can tell him what will happen after him?

15 A fool's work wearies him;
    he does not know the way to town.

16 Woe to you, O land whose king was a servant[a]
    and whose princes feast in the morning.
17 Blessed are you, O land whose king is of
    noble birth
    and whose princes eat at a proper time—
    for strength and not for drunkenness.

---

[a]10.2 Hebraico: *para a direita ... para a esquerda.* [b]10.15 Hebraico: *da cidade.*   [a]10:16 Or *king is a child*

¹⁸ Por causa da preguiça,
   o telhado se enverga;
por causa das mãos indolentes,
   a casa tem goteiras.

¹⁹ O banquete é feito para divertir,
   e o vinho torna a vida alegre,
mas isso tudo se paga com dinheiro.

²⁰ Nem em pensamento insulte o rei!
Nem mesmo em seu quarto
   amaldiçoe o rico!
Porque uma ave do céu
   poderá levar as suas palavras,
e seres alados
   poderão divulgar o que você disser.

Sábios Conselhos

11 Atire o seu pão sobre as águas^a,
   e depois de muitos dias
você tornará a encontrá-lo.
² Reparta o que você tem com sete,
   até mesmo com oito,
pois você não sabe que desgraça
   poderá cair sobre a terra.

³ Quando as nuvens estão cheias de água,
   derramam chuva sobre a terra.
Quer uma árvore caia para o sul
   quer para o norte,
onde cair ficará.
⁴ Quem fica observando o vento não plantará,
e quem fica olhando para as nuvens
   não colherá.

⁵ Assim como você não conhece
   o caminho do vento,
nem como o corpo é formado^b
   no ventre de uma mulher,
também não pode compreender
   as obras de Deus,
o Criador de todas as coisas.

⁶ Plante de manhã a sua semente,
   e mesmo ao entardecer
não deixe as suas mãos ficarem à toa,
pois você não sabe o que acontecerá,
   se esta ou aquela produzirá,
ou se as duas serão igualmente boas.

Conselho para os Jovens

⁷ A luz é agradável, é bom ver o sol.
⁸ Por mais que um homem viva,
   deve desfrutar sua vida toda.
Lembre-se, porém, dos dias de trevas,
   pois serão muitos.
Tudo o que está para vir não faz sentido.

⁹ Alegre-se, jovem, na sua mocidade!
Seja feliz o seu coração
   nos dias da sua juventude!
Siga por onde seu coração mandar,
   até onde a sua vista alcançar;
mas saiba que por todas essas coisas
   Deus o trará a julgamento.
¹⁰ Afaste do coração a ansiedade
   e acabe com o sofrimento do seu corpo,
pois a juventude e o vigor
   são passageiros.

¹⁸ If a man is lazy, the rafters sag;
   if his hands are idle, the house leaks.

¹⁹ A feast is made for laughter,
   and wine makes life merry,
   but money is the answer for everything.

²⁰ Do not revile the king even in your thoughts,
   or curse the rich in your bedroom,
because a bird of the air may carry your words,
   and a bird on the wing may report what
     you say.

Bread Upon the Waters

11 Cast your bread upon the waters,
   for after many days you will find it again.
² Give portions to seven, yes to eight,
   for you do not know what disaster may
     come upon the land.

³ If clouds are full of water,
   they pour rain upon the earth.
Whether a tree falls to the south or to the north,
   in the place where it falls, there will it lie.
⁴ Whoever watches the wind will not plant;
   whoever looks at the clouds will not reap.

⁵ As you do not know the path of the wind,
   or how the body is formed^a in a
     mother's womb,
so you cannot understand the work of God,
   the Maker of all things.

⁶ Sow your seed in the morning,
   and at evening let not your hands be idle,
for you do not know which will succeed,
   whether this or that,
   or whether both will do equally well.

Remember Your Creator While Young

⁷ Light is sweet,
   and it pleases the eyes to see the sun.
⁸ However many years a man may live,
   let him enjoy them all.
But let him remember the days of darkness,
   for they will be many.
   Everything to come is meaningless.

⁹ Be happy, young man, while you are young,
   and let your heart give you joy in the days of your
     youth.
Follow the ways of your heart
   and whatever your eyes see,
but know that for all these things
   God will bring you to judgment.
¹⁰ So then, banish anxiety from your heart
   and cast off the troubles of your body,
   for youth and vigor are meaningless.

---

^a11.1 Ou *Dê com generosidade o seu pão* ^b11.5 Ou *não sabe como a vida* (ou *o espírito) entra no corpo que está se formando*

^a11:5 Or *know how life* (or *the spirit*) / *enters the body being formed*

12

Lembre-se do seu Criador
   nos dias da sua juventude,
antes que venham os dias difíceis
e se aproximem os anos
   em que você dirá:
   "Não tenho satisfação neles";
[2] antes que se escureçam o sol e a luz,
   a lua e as estrelas,
e as nuvens voltem depois da chuva;
[3] quando os guardas da casa tremerem
   e os homens fortes
   caminharem encurvados;
quando pararem os moedores
   por serem poucos,
e aqueles que olham pelas janelas
   enxergarem embaçado;
[4] quando as portas da rua forem fechadas
   e diminuir o som da moagem;
quando o barulho das aves
   o fizer despertar,
mas o som de todas as canções
   lhe parecer fraco;
[5] quando você tiver medo de altura,
   e dos perigos das ruas;
quando florir a amendoeira,
   o gafanhoto for um peso
   e o desejo já não se despertar.
Então o homem se vai
   para o seu lar eterno,
e os pranteadores já vagueiam pelas ruas.

[6] Sim, lembre-se dele,
   antes que se rompa o cordão de prata,
   ou se quebre a taça de ouro;
antes que o cântaro se despedace
   junto à fonte,
a roda se quebre junto ao poço,
[7] o pó volte à terra, de onde veio,
   e o espírito volte a Deus, que o deu.

[8] "Tudo sem sentido! Sem sentido!",
   diz o mestre.
   "Nada faz sentido!
   Nada faz sentido!"

Conclusão

[9] Além de ser sábio, o mestre também ensinou conhecimento ao povo. Ele escutou, examinou e colecionou muitos provérbios. [10] Procurou também encontrar as palavras certas, e o que ele escreveu era reto e verdadeiro.

[11] As palavras dos sábios são como aguilhões, a coleção dos seus ditos como pregos bem fixados, provenientes do único Pastor. [12] Cuidado, meu filho; nada acrescente a eles.

Não há limite para a produção de livros, e estudar demais deixa exausto o corpo.

[13] Agora que já se ouviu tudo,
   aqui está a conclusão:
Tema a Deus
   e obedeça aos seus mandamentos,
porque isso é o essencial para o homem[a].
[14] Pois Deus trará a julgamento
   tudo o que foi feito,
inclusive tudo o que está escondido,
   seja bom, seja mau.

12

Remember your Creator
   in the days of your youth,
before the days of trouble come
   and the years approach when you will say,
   "I find no pleasure in them"—
[2] before the sun and the light
   and the moon and the stars grow dark,
   and the clouds return after the rain;
[3] when the keepers of the house tremble,
   and the strong men stoop,
when the grinders cease because they are few,
   and those looking through the windows
   grow dim;
[4] when the doors to the street are closed
   and the sound of grinding fades;
when men rise up at the sound of birds,
   but all their songs grow faint;
[5] when men are afraid of heights
   and of dangers in the streets;
when the almond tree blossoms
   and the grasshopper drags himself along
   and desire no longer is stirred.
Then man goes to his eternal home
   and mourners go about the streets.

[6] Remember him—before the silver cord is severed,
   or the golden bowl is broken;
before the pitcher is shattered at the spring,
   or the wheel broken at the well,
[7] and the dust returns to the ground it came from,
   and the spirit returns to God who gave it.

[8] "Meaningless! Meaningless!" says the Teacher.[a]
   "Everything is meaningless!"

The Conclusion of the Matter

[9] Not only was the Teacher wise, but also he imparted knowledge to the people. He pondered and searched out and set in order many proverbs. [10] The Teacher searched to find just the right words, and what he wrote was upright and true.

[11] The words of the wise are like goads, their collected sayings like firmly embedded nails—given by one Shepherd. [12] Be warned, my son, of anything in addition to them.

Of making many books there is no end, and much study wearies the body.

[13] Now all has been heard;
   here is the conclusion of the matter:
Fear God and keep his commandments,
   for this is the whole *duty* of man.
[14] For God will bring every deed into judgment,
   including every hidden thing,
   whether it is good or evil.

---

[a]12.13 Ou *o dever de todo homem*

[a]12:8 Or *the leader of the assembly*; also in verses 9 and 10

Cântico dos Cânticos

1 Cântico dos Cânticos de Salomão.

A Amada[a]

2 Ah, se ele me beijasse,
se a sua boca me cobrisse de beijos ...

Sim, as suas carícias são mais agradáveis
que o vinho.

3 A fragrância dos seus perfumes é suave;
o seu nome é como perfume derramado.
Não é à toa que as jovens o amam!

4 Leve-me com você! Vamos depressa!

Leve-me o rei para os seus aposentos!

Amigas (Mulheres de Jerusalém)

Estamos alegres e felizes por sua causa;
celebraremos o seu amor
mais do que o vinho.

A Amada

Com toda a razão você é amado!

5 Estou escura, mas sou bela,
ó mulheres de Jerusalém;
escura como as tendas de Quedar,
bela como as cortinas de Salomão.

6 Não fiquem me olhando assim
porque estou escura;
foi o sol que me queimou a pele.
Os filhos de minha mãe
zangaram-se comigo
e fizeram-me tomar conta das vinhas;
da minha própria vinha, porém,
não pude cuidar.

7 Conte-me, você, a quem amo,
onde faz pastar o seu rebanho
e onde faz as suas ovelhas
descansarem ao meio-dia?
Se eu não o souber,
serei como uma mulher coberta com véu
junto aos rebanhos dos seus amigos.

O Amado

8 Se você, a mais linda das mulheres,
se você não o sabe,
siga a trilha das ovelhas
e faça as suas cabritas pastarem
junto às tendas dos pastores.

9 Comparo você, minha querida,
a uma égua das carruagens do faraó.

10 Como são belas as suas faces
entre os brincos,
e o seu pescoço com os colares de jóias!

Amigas (Mulheres de Jerusalém)

11 Faremos para você brincos de ouro
com incrustações de prata.

A Amada

12 Enquanto o rei estava em seus aposentos,
o meu nardo espalhou sua fragrância.

13 O meu amado é para mim
como uma pequenina bolsa de mirra
que passa a noite entre os meus seios.

Song of Songs

1 Solomon's Song of Songs.

Beloved[a]

2 Let him kiss me with the kisses of his mouth—
for your love is more delightful than wine.

3 Pleasing is the fragrance of your perfumes;
your name is like perfume poured out.
No wonder the maidens love you!

4 Take me away with you—let us hurry!
Let the king bring me into his chambers.

Friends

We rejoice and delight in you[b];
we will praise your love more than wine.

Beloved

How right they are to adore you!

5 Dark am I, yet lovely,
O daughters of Jerusalem,
dark like the tents of Kedar,
like the tent curtains of Solomon.[c]

6 Do not stare at me because I am dark,
because I am darkened by the sun.
My mother's sons were angry with me
and made me take care of the vineyards;
my own vineyard I have neglected.

7 Tell me, you whom I love, where you graze
your flock
and where you rest your sheep at midday.
Why should I be like a veiled woman
beside the flocks of your friends?

Friends

8 If you do not know, most beautiful of women,
follow the tracks of the sheep
and graze your young goats
by the tents of the shepherds.

Lover

9 I liken you, my darling, to a mare
harnessed to one of the chariots of Pharaoh.

10 Your cheeks are beautiful with earrings,
your neck with strings of jewels.

11 We will make you earrings of gold,
studded with silver.

Beloved

12 While the king was at his table,
my perfume spread its fragrance.

13 My lover is to me a sachet of myrrh
resting between my breasts.

---

[a]1.2 Com base no gênero dos pronomes hebraicos empregados, indicam-se por meio dos títulos o Amado e a Amada, quando o interlocutor é o homem ou a mulher. As palavras dos outros interlocutores estão assinaladas com o título Amigas. Em alguns casos as divisões e seus títulos são discutíveis.

[a]1:1 Primarily on the basis of the gender of the Hebrew pronouns used, male and female speakers are indicated in the margins by the captions *Lover* and *Beloved* respectively. The words of others are marked *Friends*. In some instances the divisions and their captions are debatable. [b]1:4 The Hebrew is masculine singular. [c]1:5 Or *Salma*

14 O meu amado é para mim
    um ramalhete de flores de hena[a]
    das vinhas de En-Gedi.

O Amado

15 Como você é linda, minha querida!
    Ah, como é linda!
    Seus olhos são pombas.

A Amada

16 Como você é belo, meu amado!
    Ah, como é encantador!
    Verdejante é o nosso leito.
17 De cedro são as vigas da nossa casa,
    e de cipreste os caibros do nosso telhado.

A Amada

2 Sou uma flor[b] de Sarom,
    um lírio dos vales.

O Amado

2 Como um lírio entre os espinhos
    é a minha amada entre as jovens.

A Amada

3 Como uma macieira entre
    as árvores da floresta
    é o meu amado entre os jovens.
    Tenho prazer em sentar-me
        à sua sombra;
    o seu fruto é doce ao meu paladar.
4 Ele me levou ao salão de banquetes,
    e o seu estandarte sobre mim é o amor.[c]
5 Por favor, sustentem-me com passas,
    revigorem-me com maçãs[d],
        pois estou doente de amor.
6 O seu braço esquerdo
    esteja debaixo da minha cabeça,
    e o seu braço direito me abrace.
7 Mulheres de Jerusalém, eu as faço jurar
    pelas gazelas e pelas corças do campo:
    não despertem nem provoquem o amor
        enquanto ele não o quiser.

8 Escutem! É o meu amado!
    Vejam! Aí vem ele,
    saltando pelos montes,
    pulando sobre as colinas.
9 O meu amado é como uma gazela,
    como um cervo novo.
    Vejam! Lá está ele atrás do nosso muro,
    observando pelas janelas,
    espiando pelas grades.
10 O meu amado falou e me disse:

O Amado

Levante-se, minha querida,
    minha bela, e venha comigo.
11 Veja! O inverno passou;
    acabaram-se as chuvas e já se foram.
12 Aparecem flores na terra,
    e chegou o tempo de cantar[e];
    já se ouve em nossa terra
        o arrulhar dos pombos.
13 A figueira produz os primeiros frutos;
    as vinhas florescem e espalham
        sua fragrância.

14 My lover is to me a cluster of henna blossoms
    from the vineyards of En Gedi.

Lover

15 How beautiful you are, my darling!
    Oh, how beautiful!
    Your eyes are doves.

Beloved

16 How handsome you are, my lover!
    Oh, how charming!
    And our bed is verdant.

Lover

17 The beams of our house are cedars;
    our rafters are firs.

Beloved[a]

2 I am a rose[b] of Sharon,
    a lily of the valleys.

Lover

2 Like a lily among thorns
    is my darling among the maidens.

Beloved

3 Like an apple tree among the trees of the forest
    is my lover among the young men.
    I delight to sit in his shade,
    and his fruit is sweet to my taste.
4 He has taken me to the banquet hall,
    and his banner over me is love.
5 Strengthen me with raisins,
    refresh me with apples,
    for I am faint with love.
6 His left arm is under my head,
    and his right arm embraces me.
7 Daughters of Jerusalem, I charge you
    by the gazelles and by the does of the field:
    Do not arouse or awaken love
    until it so desires.

8 Listen! My lover!
    Look! Here he comes,
    leaping across the mountains,
    bounding over the hills.
9 My lover is like a gazelle or a young stag.
    Look! There he stands behind our wall,
    gazing through the windows,
    peering through the lattice.
10 My lover spoke and said to me,
    "Arise, my darling,
    my beautiful one, and come with me.
11 See! The winter is past;
    the rains are over and gone.
12 Flowers appear on the earth;
    the season of singing has come,
the cooing of doves
    is heard in our land.
13 The fig tree forms its early fruit;
    the blossoming vines spread their fragrance.

Levante-se, venha, minha querida;
minha bela, venha comigo.
¹⁴ Minha pomba que está
nas fendas da rocha,
nos esconderijos,
nas encostas dos montes,
mostre-me seu rosto,
deixe-me ouvir sua voz;
pois a sua voz é suave
e o seu rosto é lindo.

A Amada

¹⁵ Apanhem para nós as raposas,
as raposinhas que estragam as vinhas,
pois as nossas vinhas estão floridas.
¹⁶ O meu amado é meu, e eu sou dele;
ele pastoreia entre os lírios.
¹⁷ Volte, amado meu,
antes que rompa o dia
e fujam as sombras;
seja como a gazela
ou como o cervo novo
nas colinas escarpadasª.

3 A noite toda procurei em meu leito
aquele a quem o meu coração ama,
mas não o encontrei.
² Vou levantar-me agora
e percorrer a cidade,
irei por suas ruas e praças;
buscarei aquele a quem
o meu coração ama.
Eu o procurei, mas não o encontrei.
³ As sentinelas me encontraram
quando faziam as suas rondas na cidade.
"Vocês viram aquele a quem
o meu coração ama?", perguntei.
⁴ Mal havia passado por elas,
quando encontrei aquele a quem
o meu coração ama.
Eu o segurei e não o deixei ir,
até que o trouxe
para a casa de minha mãe,
para o quarto daquela que me concebeu.
⁵ Mulheres de Jerusalém, eu as faço jurar
pelas gazelas e pelas corças do campo:
Não despertem nem incomodem o amor
enquanto ele não o quiser.

Coro

⁶ O que vem subindo do deserto,
como uma coluna de fumaça,
perfumado com mirra e incenso
com extrato de todas as especiarias
dos mercadores?
⁷ Vejam! É a liteira de Salomão,
escoltada por sessenta guerreiros,
os mais nobres de Israel;
⁸ todos eles trazem espada,
todos são experientes na guerra,
cada um com a sua espada,
preparado para enfrentar
os pavores da noite.
⁹ O rei Salomão fez para si uma liteira;
ele a fez com madeira do Líbano.
¹⁰ Suas traves ele fez de prata,
seu teto, de ouro.

Arise, come, my darling;
my beautiful one, come with me."

Lover

¹⁴ My dove in the clefts of the rock,
in the hiding places on the mountainside,
show me your face,
let me hear your voice;
for your voice is sweet,
and your face is lovely.
¹⁵ Catch for us the foxes,
the little foxes
that ruin the vineyards,
our vineyards that are in bloom.

Beloved

¹⁶ My lover is mine and I am his;
he browses among the lilies.
¹⁷ Until the day breaks
and the shadows flee,
turn, my lover,
and be like a gazelle
or like a young stag
on the rugged hills.ª

3 All night long on my bed
I looked for the one my heart loves;
I looked for him but did not find him.
² I will get up now and go about the city,
through its streets and squares;
I will search for the one my heart loves.
So I looked for him but did not find him.
³ The watchmen found me
as they made their rounds in the city.
"Have you seen the one my heart loves?"
⁴ Scarcely had I passed them
when I found the one my heart loves.
I held him and would not let him go
till I had brought him to my mother's house,
to the room of the one who conceived me.
⁵ Daughters of Jerusalem, I charge you
by the gazelles and by the does of the field:
Do not arouse or awaken love
until it so desires.

⁶ Who is this coming up from the desert
like a column of smoke,
perfumed with myrrh and incense
made from all the spices of the merchant?
⁷ Look! It is Solomon's carriage,
escorted by sixty warriors,
the noblest of Israel,
⁸ all of them wearing the sword,
all experienced in battle,
each with his sword at his side,
prepared for the terrors of the night.
⁹ King Solomon made for himself the carriage;
he made it of wood from Lebanon.
¹⁰ Its posts he made of silver,
its base of gold.

ª2.17 Ou *colinas de Beter*; ou ainda *montes da separação*   ª2:17 Or *the hills of Bether*

Seu banco foi estofado em púrpura,
seu interior foi cuidadosamente preparado
    pelas mulheres de Jerusalém.
¹¹ Mulheres de Sião, saiam!
    Venham ver o rei Salomão!
    Ele está usando a coroa,
a coroa que sua mãe lhe colocou
    no dia do seu casamento,
no dia em que o seu coração se alegrou.

O Amado

4 Como você é linda, minha querida!
    Ah, como é linda!
Seus olhos, por trás do véu, são pombas.
Seu cabelo é como um rebanho de cabras
    que vêm descendo do monte Gileade.
² Seus dentes são como um
    rebanho de ovelhas recém-tosquiadas
    que vão subindo do lavadouro.
Cada uma tem o seu par;
    não há nenhuma sem crias.
³ Seus lábios são como um fio vermelho;
    sua boca é belíssima.
Suas faces, por trás do véu,
    são como as metades de uma romã.
⁴ Seu pescoço é como a torre de Davi,
    construída como arsenal.
Nela estão pendurados mil escudos,
    todos eles escudos de heróicos guerreiros.
⁵ Seus dois seios são como filhotes de cervo,
    como filhotes gêmeos de uma gazela
    que repousam entre os lírios.
⁶ Enquanto não raia o dia
    e as sombras não fogem,
irei à montanha da mirra
    e à colina do incenso.
⁷ Você é toda linda, minha querida;
    em você não há defeito algum.

⁸ Venha do Líbano comigo, minha noiva,
    venha do Líbano comigo.
Desça do alto do Amana,
    do topo do Senir, do alto do Hermom,
das covas dos leões
    e das tocas dos leopardos nas montanhas.
⁹ Você fez disparar o meu coração,
    minha irmã, minha noiva;
fez disparar o meu coração
    com um simples olhar,
com uma simples jóia dos seus colares.
¹⁰ Quão deliciosas são as suas carícias,
    minha irmã, minha noiva!
Suas carícias são mais agradáveis
    que o vinho,
e a fragrância do seu perfume
    supera o de qualquer especiaria!
¹¹ Os seus lábios gotejam a doçura
    dos favos de mel, minha noiva;
leite e mel estão debaixo da sua língua.
A fragrância das suas vestes
    é como a fragrância do Líbano.
¹² Você é um jardim fechado,
    minha irmã, minha noiva;
você é uma nascente fechada,
    uma fonte selada.
¹³ De você brota um pomar de romãs
    com frutos seletos,
    com flores de hena e nardo,

Its seat was upholstered with purple,
    its interior lovingly inlaid
    by[a] the daughters of Jerusalem.
¹¹ Come out, you daughters of Zion,
    and look at King Solomon wearing the crown,
    the crown with which his mother crowned him
on the day of his wedding,
    the day his heart rejoiced.

Lover

4 How beautiful you are, my darling!
    Oh, how beautiful!
    Your eyes behind your veil are doves.
Your hair is like a flock of goats
    descending from Mount Gilead.
² Your teeth are like a flock of sheep just shorn,
    coming up from the washing.
Each has its twin;
    not one of them is alone.
³ Your lips are like a scarlet ribbon;
    your mouth is lovely.
Your temples behind your veil
    are like the halves of a pomegranate.
⁴ Your neck is like the tower of David,
    built with elegance[b];
on it hang a thousand shields,
    all of them shields of warriors.
⁵ Your two breasts are like two fawns,
    like twin fawns of a gazelle
    that browse among the lilies.
⁶ Until the day breaks
    and the shadows flee,
I will go to the mountain of myrrh
    and to the hill of incense.
⁷ All beautiful you are, my darling;
    there is no flaw in you.

⁸ Come with me from Lebanon, my bride,
    come with me from Lebanon.
Descend from the crest of Amana,
    from the top of Senir, the summit of Hermon,
from the lions' dens
    and the mountain haunts of the leopards.
⁹ You have stolen my heart, my sister, my bride;
    you have stolen my heart
with one glance of your eyes,
    with one jewel of your necklace.
¹⁰ How delightful is your love, my sister, my bride!
    How much more pleasing is your love
    than wine,
and the fragrance of your perfume than
    any spice!
¹¹ Your lips drop sweetness as the honeycomb,
    my bride;
milk and honey are under your tongue.
The fragrance of your garments is like that of
Lebanon.
¹² You are a garden locked up, my sister, my bride;
    you are a spring enclosed, a sealed fountain.
¹³ Your plants are an orchard of pomegranates
    with choice fruits,
    with henna and nard,

ᵃ3:10 Or *its inlaid interior a gift of love / from* ᵇ4:4 The meaning of the Hebrew for this word is uncertain.

[14] nardo e açafrão, cálamo e canela,
com todas as madeiras aromáticas,
mirra e aloés e as mais finas especiarias.
[15] Você é[a] uma fonte de jardim,
um poço de águas vivas,
que descem do Líbano.

A Amada

[16] Acorde, vento norte!
Venha, vento sul!
Soprem em meu jardim,
para que a sua fragrância
se espalhe ao seu redor.
Que o meu amado entre em seu jardim
e saboreie os seus deliciosos frutos.

O Amado

5 Entrei em meu jardim,
minha irmã, minha noiva;
ajuntei a minha mirra com
as minhas especiarias.
Comi o meu favo e o meu mel;
bebi o meu vinho e o meu leite.

Poeta

Comam, amigos,
bebam quanto puderem, ó amados!

A Amada

[2] Eu estava quase dormindo,
mas o meu coração estava acordado.
Escutem! O meu amado está batendo.

O Amado

Abra-me a porta, minha irmã,
minha querida, minha pomba,
minha mulher ideal,
pois a minha cabeça
está encharcada de orvalho,
o meu cabelo, da umidade da noite.

A Amada

[3] Já tirei a túnica;
terei que vestir-me de novo?
Já lavei os pés;
terei que sujá-los de novo?
[4] O meu amado pôs a mão
por uma abertura da tranca;
meu coração começou
a palpitar por causa dele.
[5] Levantei-me para abrir-lhe a porta;
minhas mãos destilavam mirra,
meus dedos vertiam mirra,
na maçaneta da tranca.
[6] Eu abri, mas o meu amado se fora;
o meu amado já havia partido.

Quase desmaiei de tristeza!
Procurei-o, mas não o encontrei.
Eu o chamei, mas ele não respondeu.
[7] As sentinelas me encontraram
enquanto faziam a ronda na cidade.
Bateram-me, feriram-me;
e tomaram o meu manto,
as sentinelas dos muros!
[8] Ó mulheres de Jerusalém,
eu as faço jurar:

[14] nard and saffron,
calamus and cinnamon,
with every kind of incense tree,
with myrrh and aloes
and all the finest spices.
[15] You are[a] a garden fountain,
a well of flowing water
streaming down from Lebanon.

Beloved

[16] Awake, north wind,
and come, south wind!
Blow on my garden,
that its fragrance may spread abroad.
Let my lover come into his garden
and taste its choice fruits.

Lover

5 I have come into my garden, my sister, my bride;
I have gathered my myrrh with my spice.
I have eaten my honeycomb and my honey;
I have drunk my wine and my milk.

Friends

Eat, O friends, and drink;
drink your fill, O lovers.

Beloved

[2] I slept but my heart was awake.
Listen! My lover is knocking:
"Open to me, my sister, my darling,
my dove, my flawless one.
My head is drenched with dew,
my hair with the dampness of the night."
[3] I have taken off my robe—
must I put it on again?
I have washed my feet—
must I soil them again?
[4] My lover thrust his hand through the
latch-opening;
my heart began to pound for him.
[5] I arose to open for my lover,
and my hands dripped with myrrh,
my fingers with flowing myrrh,
on the handles of the lock.
[6] I opened for my lover,
but my lover had left; he was gone.
My heart sank at his departure.[b]
I looked for him but did not find him.
I called him but he did not answer.
[7] The watchmen found me
as they made their rounds in the city.
They beat me, they bruised me;
they took away my cloak,
those watchmen of the walls!
[8] O daughters of Jerusalem, I charge you—

---

se encontrarem o meu amado,
   que dirão a ele?
Digam-lhe que estou doente de amor.

Amigas (As Mulheres de Jerusalém)

⁹ Que diferença há entre o seu amado
   e outro qualquer,
ó você, das mulheres a mais linda?
Que diferença há entre o seu amado
   e outro qualquer,
para você nos obrigar a tal promessa?

A Amada

¹⁰ O meu amado tem a pele bronzeada;
   ele se destaca entre dez mil.
¹¹ Sua cabeça é como ouro, o ouro mais puro;
   seus cabelos ondulam ao vento
     como ramos de palmeira;
   são negros como o corvo.
¹² Seus olhos são como pombas
   junto aos regatos de água,
   lavados em leite,
     incrustados como jóias.
¹³ Suas faces são como
   um jardim de especiarias
   que exalam perfume.
   Seus lábios são como lírios
   que destilam mirra.
¹⁴ Seus braços são cilindros de ouro
   com berilo neles engastado.
   Seu tronco é como marfim polido
   adornado de safiras.[a]
¹⁵ Suas pernas são colunas de mármore[a]
   firmadas em bases de ouro puro.
   Sua aparência é como o Líbano;
   ele é elegante como os cedros.
¹⁶ Sua boca é a própria doçura;
   ele é mui desejável.
   Esse é o meu amado,
     esse é o meu querido,
   ó mulheres de Jerusalém.

Amigas (Mulheres de Jerusalém)

6 Para onde foi o seu amado,
   ó mais linda das mulheres?
Diga-nos para onde foi o seu amado
   e o procuraremos com você!

A Amada

² O meu amado desceu ao seu jardim,
   aos canteiros de especiarias,
   para descansar
     e colher lírios.
³ Eu sou do meu amado,
   e o meu amado é meu;
   ele descansa entre os lírios.

O Amado

⁴ Minha querida, você é linda como Tirza,
   bela como Jerusalém,
   admirável como um exército
     e suas bandeiras.
⁵ Desvie de mim os seus olhos,
   pois eles me perturbam.
   Seu cabelo é como
   um rebanho de cabras
   que descem de Gileade.

if you find my lover,
   what will you tell him?
   Tell him I am faint with love.

Friends

⁹ How is your beloved better than others,
   most beautiful of women?
How is your beloved better than others,
   that you charge us so?

Beloved

¹⁰ My lover is radiant and ruddy,
   outstanding among ten thousand.
¹¹ His head is purest gold;
   his hair is wavy
   and black as a raven.
¹² His eyes are like doves
   by the water streams,
washed in milk,
   mounted like jewels.
¹³ His cheeks are like beds of spice
   yielding perfume.
His lips are like lilies
   dripping with myrrh.
¹⁴ His arms are rods of gold
   set with chrysolite.
His body is like polished ivory
   decorated with sapphires.[a]
¹⁵ His legs are pillars of marble
   set on bases of pure gold.
His appearance is like Lebanon,
   choice as its cedars.
¹⁶ His mouth is sweetness itself;
   he is altogether lovely.
This is my lover, this my friend,
   O daughters of Jerusalem.

Friends

6 Where has your lover gone,
   most beautiful of women?
Which way did your lover turn,
   that we may look for him with you?

Beloved

² My lover has gone down to his garden,
   to the beds of spices,
   to browse in the gardens
   and to gather lilies.
³ I am my lover's and my lover is mine;
   he browses among the lilies.

Lover

⁴ You are beautiful, my darling, as Tirzah,
   lovely as Jerusalem,
   majestic as troops with banners.
⁵ Turn your eyes from me;
   they overwhelm me.
Your hair is like a flock of goats
   descending from Gilead.

ᵃ5.15 Ou *alabastro*   ᵃ5:14 Or *lapis lazuli*

⁶ Seus dentes são como
   um rebanho de ovelhas
   que sobem do lavadouro.
Cada uma tem o seu par,
não há nenhuma sem crias.
⁷ Suas faces, por trás do véu,
são como as metades de uma romã.
⁸ Pode haver sessenta rainhas,
   e oitenta concubinas,
   e um número sem fim de virgens,
⁹ mas ela é única, a minha pomba,
   minha mulher ideal!
Ela é a filha favorita de sua mãe,
a predileta daquela que a deu à luz.
Quando outras jovens a vêem,
   dizem que ela é muito feliz;
as rainhas e as concubinas a elogiam.

Amigas (Mulheres de Jerusalém)

¹⁰ Quem é essa que aparece
   como o alvorecer,
bela como a lua, brilhante como o sol,
admirável como um exército
   e suas bandeiras?

A Amada

¹¹ Desci ao bosque das nogueiras
   para ver os renovos no vale,
para ver se as videiras tinham brotado
   e se as romãs estavam em flor.
¹² Antes que eu o percebesse,
você me colocou entre as carruagens,
com um príncipe ao meu lado.ᵃ

Amigas (Mulheres de Jerusalém)

¹³ Volte, volte, Sulamita;
   volte, volte, para que a contemplemos.

O Amado

Por que vocês querem
   contemplar a Sulamita,
   como na dança de Maanaimᵇ?

7 Como são lindos
   os seus pés calçados com sandálias,
   ó filha do príncipe!
As curvas das suas coxas são como jóias,
   obra das mãos de um artífice.
² Seu umbigo é uma taça redonda
   onde nunca falta o vinho
   de boa mistura.
Sua cintura é um monte de trigo
   cercado de lírios.
³ Seus seios são como
   dois filhotes de corça,
gêmeos de uma gazela.
⁴ Seu pescoço é como
   uma torre de marfim.
Seus olhos são como
   os açudes de Hesbom,
junto à porta de Bate-Rabim.
Seu nariz é como a torre do Líbano
   voltada para Damasco.
⁵ Sua cabeça eleva-se
   como o monte Carmelo.
Seus cabelos soltos
   têm reflexos de púrpura;
o rei caiu prisioneiro das suas ondas.

⁶ Your teeth are like a flock of sheep
   coming up from the washing.
Each has its twin,
   not one of them is alone.
⁷ Your temples behind your veil
   are like the halves of a pomegranate.
⁸ Sixty queens there may be,
   and eighty concubines,
   and virgins beyond number;
⁹ but my dove, my perfect one, is unique,
   the only daughter of her mother,
   the favorite of the one who bore her.
The maidens saw her and called her blessed;
   the queens and concubines praised her.

Friends

¹⁰ Who is this that appears like the dawn,
   fair as the moon, bright as the sun,
   majestic as the stars in procession?

Lover

¹¹ I went down to the grove of nut trees
   to look at the new growth in the valley,
to see if the vines had budded
   or the pomegranates were in bloom.
¹² Before I realized it,
   my desire set me among the royal chariots of my
   people.ᵃ

Friends

¹³ Come back, come back, O Shulammite;
   come back, come back, that we may
   gaze on you!

Lover

Why would you gaze on the Shulammite
   as on the dance of Mahanaim?

7 How beautiful your sandaled feet,
   O prince's daughter!
Your graceful legs are like jewels,
   the work of a craftsman's hands.
² Your navel is a rounded goblet
   that never lacks blended wine.
Your waist is a mound of wheat
   encircled by lilies.
³ Your breasts are like two fawns,
   twins of a gazelle.
⁴ Your neck is like an ivory tower.
Your eyes are the pools of Heshbon
   by the gate of Bath Rabbim.
Your nose is like the tower of Lebanon
   looking toward Damascus.
⁵ Your head crowns you like Mount Carmel.
Your hair is like royal tapestry;
   the king is held captive by its tresses.

ᵃ6:12 Ou *Sem que eu percebesse, minha imaginação me colocou entre os carros do meu nobre povo.* ᵇ6:13 Ou *dos dois coros;* ou ainda *dos dois acampamentos*

ᵃ6:12 Or *among the chariots of Amminadab,* or *among the chariots of the people of the prince*

6 Como você é linda!
    Como você me agrada!
Oh, o amor e suas delícias!
7 Seu porte é como o da palmeira,
    e os seus seios como cachos de frutos.
8 Eu disse: Subirei a palmeira
    e me apossarei dos seus frutos.
Sejam os seus seios
    como os cachos da videira,
o aroma da sua respiração como maçãsª,
9 e a sua boca como o melhor vinho ...

A Amada

... vinho que flui suavemente
    para o meu amado,
escorrendo suavemente sobre os lábios
    de quem já vai adormecendo.
10 Eu pertenço ao meu amado,
    e ele me deseja.
11 Venha, meu amado,
    vamos fugir para o campo,
    passemos a noite nos povoados.
12 Vamos cedo para as vinhas
    para ver se as videiras brotaram,
se as suas flores se abriram
    e se as romãs estão em flor;
ali eu lhe darei o meu amor.
13 As mandrágorasᵇ exalam o seu perfume,
e à nossa porta há todo tipo de frutos finos,
    secos e frescos,
que reservei para você, meu amado.

8 Ah, quem dera você fosse meu irmão,
    amamentado nos seios de minha mãe!
Então, se eu o encontrasse fora de casa,
    eu o beijaria,
e ninguém me desprezaria.
2 Eu o conduziria
    e o traria à casa de minha mãe,
    e você me ensinaria.
Eu lhe daria vinho aromatizado
    para beber,
o néctar das minhas romãs.
3 O seu braço esquerdo esteja debaixo
    da minha cabeça
e o seu braço direito me abrace.
4 Mulheres de Jerusalém, eu as faço jurar:
Não despertem nem incomodem o amor
enquanto ele não o quiser.

Amigas (Mulheres de Jerusalém)

5 Quem vem subindo do deserto,
    apoiada em seu amado?

A Amada

Debaixo da macieira eu o despertei;
ali esteve a sua mãe em trabalho de parto,
ali sofreu as dores daquela que o deu à luz.
6 Coloque-me como um selo sobre
    o seu coração;
como um selo sobre o seu braço;
pois o amor é tão forte quanto a morte,
e o ciúmeᶜ é tão inflexível
    quanto a sepulturaᵈ.
Suas brasas são fogo ardente,
    são labaredas do Senhorᵉ.

6 How beautiful you are and how pleasing,
    O love, with your delights!
7 Your stature is like that of the palm,
    and your breasts like clusters of fruit.
8 I said, "I will climb the palm tree;
    I will take hold of its fruit."
May your breasts be like the clusters of the vine,
    the fragrance of your breath like apples,
9 and your mouth like the best wine.

Beloved

May the wine go straight to my lover,
    flowing gently over lips and teeth.ª
10 I belong to my lover,
    and his desire is for me.
11 Come, my lover, let us go to the countryside,
    let us spend the night in the villages.ᵇ
12 Let us go early to the vineyards
    to see if the vines have budded,
if their blossoms have opened,
    and if the pomegranates are in bloom—
there I will give you my love.
13 The mandrakes send out their fragrance,
    and at our door is every delicacy,
both new and old,
    that I have stored up for you, my lover.

8 If only you were to me like a brother,
    who was nursed at my mother's breasts!
Then, if I found you outside,
    I would kiss you,
    and no one would despise me.
2 I would lead you
    and bring you to my mother's house—
    she who has taught me.
I would give you spiced wine to drink,
    the nectar of my pomegranates.
3 His left arm is under my head
    and his right arm embraces me.
4 Daughters of Jerusalem, I charge you:
    Do not arouse or awaken love
    until it so desires.

Friends

5 Who is this coming up from the desert
    leaning on her lover?

Beloved

Under the apple tree I roused you;
    there your mother conceived you,
    there she who was in labor gave you birth.
6 Place me like a seal over your heart,
    like a seal on your arm;
for love is as strong as death,
    its jealousyᶜ unyielding as the grave.ᵈ
It burns like blazing fire,
    like a mighty flame.ᵉ

ª7.8 Ou *damascos* ᵇ7.13 Isto é, plantas tidas por afrodisíacas e capazes de favorecer a fertilidade feminina. ᶜ8.6 Ou *paixão* ᵈ8.6 Hebraico: *Sheol*. Essa palavra também pode ser traduzida por profundezas, pó ou morte. ᵉ8.6 Ou *labaredas enormes*

ª7:9 Septuagint, Aquila, Vulgate and Syriac; Hebrew *lips of sleepers* ᵇ7:11 Or *henna bushes* ᶜ8:6 Or *ardor* ᵈ8:6 Hebrew *Sheol* ᵉ8:6 Or */ like the very flame of the* Lᴏʀᴅ

7 Nem muitas águas conseguem
    apagar o amor;
os rios não conseguem levá-lo
    na correnteza.
Se alguém oferecesse todas as riquezas
    da sua casa para adquirir o amor,
seria totalmente desprezado.

Irmãos

8 Temos uma irmãzinha;
seus seios ainda não estão crescidos.
Que faremos com nossa irmã
    no dia em que for pedida
    em casamento?
9 Se ela for um muro,
    construiremos sobre ela
    uma torre de prata.
Se ela for uma porta,
    nós a reforçaremos com tábuas de cedro.

A Amada

10 Eu sou um muro,
    e meus seios são as suas torres.
Assim me tornei aos olhos dele
    como alguém que inspira paz.
11 Salomão possuía uma vinha
    em Baal-Hamom;
ele entregou a sua vinha a arrendatários.
Cada um devia trazer pelos
    frutos da vinha
    doze quilos[a] de prata.
12 Quanto à minha própria vinha,
    essa está em meu poder;
os doze quilos de prata são para você,
    ó Salomão,
e dois quilos e meio são para os
que tomaram conta dos seus frutos.

O Amado

13 Você, que habita nos jardins,
    os amigos desejam ouvi-la;
deixe-me ouvir a sua voz!

A Amada

14 Venha depressa, meu amado,
    e seja como uma gazela,
ou como um cervo novo
    saltando sobre os montes
    cobertos de especiarias.

Isaías

1 Visão que Isaías, filho de Amoz, teve a respeito de Judá e Jerusalém durante os reinados de Uzias, Jotão, Acaz e Ezequias, reis de Judá.

Uma Nação Rebelde

2 Ouçam, ó céus! Escute, ó terra!
    Pois o Senhor falou:
"Criei filhos e os fiz crescer,
    mas eles se revoltaram contra mim.
3 O boi reconhece o seu dono,
    e o jumento conhece a manjedoura
    do seu proprietário,
mas Israel nada sabe,
    o meu povo nada compreende".

4 Ah, nação pecadora,
    povo carregado de iniqüidade!

7 Many waters cannot quench love;
    rivers cannot wash it away.
If one were to give
    all the wealth of his house for love,
    it[a] would be utterly scorned.

Friends

8 We have a young sister,
    and her breasts are not yet grown.
What shall we do for our sister
    for the day she is spoken for?
9 If she is a wall,
    we will build towers of silver on her.
If she is a door,
    we will enclose her with panels of cedar.

Beloved

10 I am a wall,
    and my breasts are like towers.
Thus I have become in his eyes
    like one bringing contentment.
11 Solomon had a vineyard in Baal Hamon;
    he let out his vineyard to tenants.
Each was to bring for its fruit
    a thousand shekels[b] of silver.
12 But my own vineyard is mine to give;
    the thousand shekels are for you, O Solomon,
    and two hundred[c] are for those who
       tend its fruit.

Lover

13 You who dwell in the gardens
    with friends in attendance,
    let me hear your voice!

Beloved

14 Come away, my lover,
    and be like a gazelle
or like a young stag
    on the spice-laden mountains.

Isaiah

1 The vision concerning Judah and Jerusalem that Isaiah son of Amoz saw during the reigns of Uzziah, Jotham, Ahaz and Hezekiah, kings of Judah.

A Rebellious Nation

2 Hear, O heavens! Listen, O earth!
    For the Lord has spoken:
"I reared children and brought them up,
    but they have rebelled against me.
3 The ox knows his master,
    the donkey his owner's manger,
but Israel does not know,
    my people do not understand."

4 Ah, sinful nation,
    a people loaded with guilt,

---

a8.11 Hebraico: *1.000 siclos*; também no versículo 12. Um siclo equivalia a 12 gramas.

a8:7 Or *he* **b8:11** That is, about 25 pounds (about 11.5 kilograms); also in verse 12 **c8:12** That is, about 5 pounds (about 2.3 kilograms)

Raça de malfeitores,
    filhos dados à corrupção!
Abandonaram o Senhor,
    desprezaram o Santo de Israel
e o rejeitaram.

5 Por que haveriam de continuar a ser
        castigados?
    Por que insistem na revolta?
A cabeça toda está ferida,
    todo o coração está sofrendo.
6 Da sola do pé ao alto da cabeça
    não há nada são;
somente machucados,
    vergões e ferimentos abertos,
que não foram limpos nem enfaixados
    nem tratados com azeite.

7 A terra de vocês está devastada,
    suas cidades foram destruídas a fogo;
os seus campos estão sendo tomados
    por estrangeiros, diante de vocês,
e devastados como a ruína que eles
    costumam causar.
8 Só restou a cidadeª de Sião
como tenda numa vinha,
como abrigo numa plantação de melões,
como uma cidade sitiada.
9 Se o Senhor dos Exércitos
    não tivesse poupado alguns de nós,
já estaríamos como Sodoma
    e semelhantes a Gomorra.

10 Governantes de Sodoma,
    ouçam a palavra do Senhor!
Vocês, povo de Gomorra,
    escutem a instrução de nosso Deus!
11 "Para que me oferecem
    tantos sacrifícios?",
pergunta o Senhor.
"Para mim, chega de holocaustosᵇ de carneiros
    e da gordura de novilhos gordos.
Não tenho nenhum prazer
    no sangue de novilhos, de cordeiros e de bodes!
12 Quando vocês vêm à minha presença,
    quem lhes pediu que pusessem os pés em
        meus átrios?
13 Parem de trazer ofertas inúteis!
O incenso de vocês
    é repugnante para mim.
Luas novas, sábados e reuniões!
Não consigo suportar suas assembléias
    cheias de iniqüidade.
14 Suas festas da lua nova
    e suas festas fixas, eu as odeio.
Tornaram-se um fardo para mim;
    não as suporto mais!
15 Quando vocês estenderem as mãos em oração,
    esconderei de vocês os meus olhos;
mesmo que multipliquem
    as suas orações, não as escutarei!
As suas mãos estão cheias de sangue!
16 Lavem-se! Limpem-se!
Removam suas más obras
    para longe da minha vista!
Parem de fazer o mal,
17 aprendam a fazer o bem!
Busquem a justiça,
    acabem com a opressão.ᶜ

a brood of evildoers,
    children given to corruption!
They have forsaken the Lord;
    they have spurned the Holy One of Israel
    and turned their backs on him.

5 Why should you be beaten anymore?
    Why do you persist in rebellion?
Your whole head is injured,
    your whole heart afflicted.
6 From the sole of your foot to the top of
        your head
    there is no soundness—
only wounds and welts
    and open sores,
not cleansed or bandaged
    or soothed with oil.

7 Your country is desolate,
    your cities burned with fire;
your fields are being stripped by foreigners
        right before you,
    laid waste as when overthrown by strangers.
8 The Daughter of Zion is left
    like a shelter in a vineyard,
like a hut in a field of melons,
    like a city under siege.
9 Unless the Lord Almighty
    had left us some survivors,
we would have become like Sodom,
    we would have been like Gomorrah.

10 Hear the word of the Lord,
    you rulers of Sodom;
listen to the law of our God,
    you people of Gomorrah!
11 "The multitude of your sacrifices—
    what are they to me?" says the Lord.
"I have more than enough of burnt offerings,
    of rams and the fat of fattened animals;
I have no pleasure
    in the blood of bulls and lambs and goats.
12 When you come to appear before me,
    who has asked this of you,
    this trampling of my courts?
13 Stop bringing meaningless offerings!
    Your incense is detestable to me.
New Moons, Sabbaths and convocations—
    I cannot bear your evil assemblies.
14 Your New Moon festivals and your
        appointed feasts
    my soul hates.
They have become a burden to me;
    I am weary of bearing them.
15 When you spread out your hands in prayer,
    I will hide my eyes from you;
even if you offer many prayers,
    I will not listen.
Your hands are full of blood;
16 wash and make yourselves clean.
Take your evil deeds
    out of my sight!
Stop doing wrong,
17 learn to do right!
Seek justice,
    encourage the oppressed.ª

ª1.8 Hebraico: filha. ᵇ1.11 Isto é, sacrifícios totalmente queimados. ᶜ1.17 Ou repreendam o opressor.

ª1:17 Or / rebuke the oppressor

Lutem pelos direitos do órfão,
defendam a causa da viúva.

18 "Venham, vamos refletir juntos",
diz o Senhor.
"Embora os seus pecados
sejam vermelhos como escarlate,
eles se tornarão brancos como a neve;
embora sejam rubros como púrpura,
como a lã se tornarão.

19 Se vocês estiverem dispostos a obedecer,
comerão os melhores frutos desta terra;

20 mas, se resistirem e se rebelarem,
serão devorados pela espada."
Pois o Senhor é quem fala!

21 Vejam como a cidade fiel
se tornou prostituta!
Antes cheia de justiça
e habitada pela retidão,
agora está cheia de assassinos!

22 Sua prata tornou-se escória,
seu licor ficou aguado.

23 Seus líderes são rebeldes,
amigos de ladrões;
todos eles amam o suborno
e andam atrás de presentes.
Eles não defendem os direitos do órfão,
e não tomam conhecimento
da causa da viúva.

24 Por isso o Soberano,
o Senhor dos Exércitos,
o Poderoso de Israel, anuncia:
"Ah! Derramarei minha ira
sobre os meus adversários
e me vingarei dos meus inimigos.

25 Voltarei minha mão contra você;
tirarei toda a sua escória
e removerei todas as suas impurezas.

26 Restaurarei os seus juízes como no passado,
os seus conselheiros, como no princípio.
Depois disso você será chamada
cidade de retidão, cidade fiel".

27 Sião será redimida com justiça,
com retidão os que se arrependerem.

28 Mas os rebeldes e os pecadores
serão destruídos,
e os que abandonam o Senhor
perecerão.

29 "Vocês se envergonharão
dos carvalhos sagrados
que tanto apreciam;
ficarão decepcionados
com os jardins sagrados que escolheram.

30 Vocês serão como um terebinto
cujas folhas estão caindo,
como um jardim sem água.

31 O poderoso se tornará como estopa,
e sua obra como fagulha;
ambos serão queimados juntos
sem que ninguém apague o fogo".

A Glória do Monte do Senhor

2 Foi isto que Isaías, filho de Amoz, viu a respeito de Judá e de Jerusalém:

2 Nos últimos dias
o monte do templo do Senhor
será estabelecido

Defend the cause of the fatherless,
plead the case of the widow.

18 "Come now, let us reason together,"
says the Lord.
"Though your sins are like scarlet,
they shall be as white as snow;
though they are red as crimson,
they shall be like wool.

19 If you are willing and obedient,
you will eat the best from the land;

20 but if you resist and rebel,
you will be devoured by the sword."
For the mouth of the Lord has spoken.

21 See how the faithful city
has become a harlot!
She once was full of justice;
righteousness used to dwell in her—
but now murderers!

22 Your silver has become dross,
your choice wine is diluted with water.

23 Your rulers are rebels,
companions of thieves;
they all love bribes
and chase after gifts.
They do not defend the cause of the fatherless;
the widow's case does not come before them.

24 Therefore the Lord, the Lord Almighty,
the Mighty One of Israel, declares:
"Ah, I will get relief from my foes
and avenge myself on my enemies.

25 I will turn my hand against you;
I will thoroughly purge away your dross
and remove all your impurities.

26 I will restore your judges as in days of old,
your counselors as at the beginning.
Afterward you will be called
the City of Righteousness,
the Faithful City."

27 Zion will be redeemed with justice,
her penitent ones with righteousness.

28 But rebels and sinners will both be broken,
and those who forsake the Lord will perish.

29 "You will be ashamed because of the sacred oaks
in which you have delighted;
you will be disgraced because of the gardens
that you have chosen.

30 You will be like an oak with fading leaves,
like a garden without water.

31 The mighty man will become tinder
and his work a spark;
both will burn together,
with no one to quench the fire."

The Mountain of the Lord

2 This is what Isaiah son of Amoz saw concerning Judah and Jerusalem:

2 In the last days
the mountain of the Lord's temple will
be established

como o principal;
será elevado acima das colinas,
e todas as nações correrão para ele.

3 Virão muitos povos e dirão:

"Venham, subamos ao monte do Senhor,
ao templo do Deus de Jacó,
para que ele nos ensine os seus caminhos,
e assim andemos em suas veredas".
Pois a lei sairá de Sião,
de Jerusalém virá a palavra do Senhor.
4 Ele julgará entre as nações
e resolverá contendas de muitos povos.
Eles farão de
suas espadas arados,
e de suas lanças, foices.
Uma nação não mais pegará em armas
para atacar outra nação,
elas jamais tornarão a preparar-se
para a guerra.

5 Venha, ó descendência de Jacó,
andemos na luz do Senhor!

O Dia do Senhor

6 Certamente abandonaste o teu povo,
os descendentes de Jacó,
porque eles se encheram
de superstições dos povos do leste,
praticam adivinhações como os filisteus
e fazem acordos com pagãos.
7 Sua terra está cheia de prata e ouro;
seus tesouros são incontáveis.
Sua terra está cheia de cavalos;
seus carros não têm fim.
8 Sua terra está cheia de ídolos.
Eles se inclinam diante da obra
das suas mãos,
diante do que os seus dedos fizeram.
9 Por isso a humanidade será abatida
e o homem será humilhado;
não os perdoes[a]!
10 Entre no meio das rochas,
esconda-se no pó,
por causa do terror que vem do Senhor
e do esplendor da sua majestade!
11 Os olhos do arrogante serão humilhados
e o orgulho dos homens será abatido;
somente o Senhor será exaltado naquele dia.

12 O Senhor dos Exércitos
tem um dia reservado
para todos os orgulhosos e altivos,
para tudo o que é exaltado,
para que eles sejam humilhados;
13 para todos os cedros do Líbano,
altos e altivos,
e todos os carvalhos de Basã;
14 para todos os montes elevados
e todas as colinas altas;
15 para toda torre imponente
e todo muro fortificado;
16 para todo navio mercante[b]
e todo barco de luxo.
17 A arrogância dos homens será abatida,
e o seu orgulho será humilhado.
Somente o Senhor será exaltado
naquele dia,
18 e os ídolos desaparecerão por completo.

as chief among the mountains;
it will be raised above the hills,
and all nations will stream to it.

3 Many peoples will come and say,

"Come, let us go up to the mountain of the Lord,
to the house of the God of Jacob.
He will teach us his ways,
so that we may walk in his paths."
The law will go out from Zion,
the word of the Lord from Jerusalem.
4 He will judge between the nations
and will settle disputes for many peoples.
They will beat their swords into plowshares
and their spears into pruning hooks.
Nation will not take up sword against nation,
nor will they train for war anymore.

5 Come, O house of Jacob,
let us walk in the light of the Lord.

The Day of the Lord

6 You have abandoned your people,
the house of Jacob.
They are full of superstitions from the East;
they practice divination like the Philistines
and clasp hands with pagans.
7 Their land is full of silver and gold;
there is no end to their treasures.
Their land is full of horses;
there is no end to their chariots.
8 Their land is full of idols;
they bow down to the work of their hands,
to what their fingers have made.
9 So man will be brought low
and mankind humbled—
do not forgive them.[a]

10 Go into the rocks,
hide in the ground
from dread of the Lord
and the splendor of his majesty!
11 The eyes of the arrogant man will be humbled
and the pride of men brought low;
the Lord alone will be exalted in that day.

12 The Lord Almighty has a day in store
for all the proud and lofty,
for all that is exalted
(and they will be humbled),
13 for all the cedars of Lebanon, tall and lofty,
and all the oaks of Bashan,
14 for all the towering mountains
and all the high hills,
15 for every lofty tower
and every fortified wall,
16 for every trading ship[b]
and every stately vessel.
17 The arrogance of man will be brought low
and the pride of men humbled;
the Lord alone will be exalted in that day,
18 and the idols will totally disappear.

---

[a]2.9 Ou *exaltes*   [b]2.16 Ou *de Társis*   [a]2:9 Or *not raise them up*   [b]2:16 Hebrew *every ship of Tarshish*

19 Os homens fugirão
para as cavernas das rochas
e para os buracos da terra,
por causa do terror
que vem do Senhor
e do esplendor da sua majestade,
quando ele se levantar
para sacudir a terra.
20 Naquele dia os homens atirarão
aos ratos e aos morcegos
os ídolos de prata
e os ídolos de ouro,
que fizeram para adorar.
21 Fugirão para as cavernas das rochas
e para as brechas dos penhascos,
por causa do terror
que vem do Senhor
e do esplendor da sua majestade,
quando ele se levantar
para sacudir a terra.
22 Parem de confiar no homem,
cuja vida não passa de um sopro
em suas narinas.
Que valor ele tem?

Julgamento de Judá e de Jerusalém

3 Vejam! O Soberano,
o Senhor dos Exércitos,
logo irá retirar de Jerusalém e de Judá
todo o seu sustento,
tanto o suprimento de comida
como o suprimento de água,
2 e também o herói e o guerreiro,
o juiz e o profeta,
o adivinho e a autoridade,
3 o capitão e o nobre,
o conselheiro, o conhecedor de magia
e o perito em maldições.
4 Porei jovens no governo;
irresponsáveis dominarão.
5 O povo oprimirá a si mesmo:
homem contra homem,
cada um contra o seu próximo.
O jovem se levantará contra o idoso,
o desprezível contra o nobre.
6 Um homem agarrará seu irmão,
um da família de seu pai, e lhe dirá:
"Você pelo menos tem um manto;
seja o nosso governante;
assuma o poder
sobre este monte de ruínas!"
7 Mas naquele dia ele exclamará:
"Não tenho remédios,
não há comida nem roupa em minha casa;
não me nomeiem governante do povo".
8 Jerusalém está em ruínas,
e o povo de Judá está caído;
suas palavras e suas ações
são contra o Senhor,
desafiando a sua presença gloriosa.
9 O jeito como olham testifica contra eles;
eles mostram seu pecado como Sodoma,
sem nada esconder.
Ai deles! Pois trouxeram desgraça
sobre si mesmos.
10 Digam aos justos que tudo lhes irá bem,
pois comerão do fruto de suas ações.
11 Mas, ai dos ímpios!
Tudo lhes irá mal!

19 Men will flee to caves in the rocks
and to holes in the ground
from dread of the Lord
and the splendor of his majesty,
when he rises to shake the earth.
20 In that day men will throw away
to the rodents and bats
their idols of silver and idols of gold,
which they made to worship.
21 They will flee to caverns in the rocks
and to the overhanging crags
from dread of the Lord
and the splendor of his majesty,
when he rises to shake the earth.

22 Stop trusting in man,
who has but a breath in his nostrils.
Of what account is he?

Judgment on Jerusalem and Judah

3 See now, the Lord,
the Lord Almighty,
is about to take from Jerusalem and Judah
both supply and support:
all supplies of food and all supplies of water,
2 the hero and warrior,
the judge and prophet,
the soothsayer and elder,
3 the captain of fifty and man of rank,
the counselor, skilled craftsman and
clever enchanter.
4 I will make boys their officials;
mere children will govern them.
5 People will oppress each other—
man against man, neighbor against neighbor.
The young will rise up against the old,
the base against the honorable.
6 A man will seize one of his brothers
at his father's home, and say,
"You have a cloak, you be our leader;
take charge of this heap of ruins!"
7 But in that day he will cry out,
"I have no remedy.
I have no food or clothing in my house;
do not make me the leader of the people."
8 Jerusalem staggers,
Judah is falling;
their words and deeds are against the Lord,
defying his glorious presence.
9 The look on their faces testifies against them;
they parade their sin like Sodom;
they do not hide it.
Woe to them!
They have brought disaster upon themselves.
10 Tell the righteous it will be well with them,
for they will enjoy the fruit of their deeds.
11 Woe to the wicked! Disaster is upon them!

Terão a retribuição
  pelo que fizeram as suas mãos.
12 Meu povo é oprimido por uma criança;
  mulheres dominam sobre ele.
Meu povo, os seus guias o enganam
  e o desviam do caminho.

13 O Senhor toma o seu lugar no tribunal;
  levanta-se para julgar os povos^a.
14 O Senhor entra em juízo
    contra as autoridades
    e contra os líderes do seu povo.
"Vocês arruinaram a vinha,
e o que foi roubado dos necessitados
  está nas suas casas.
15 Que pretendem vocês,
    ao esmagarem o meu povo,
    e ao moerem o rosto dos necessitados?"
Quem pergunta é o Senhor,
  o Senhor dos Exércitos.

16 O Senhor diz:
"Por causa da arrogância
    das mulheres de Sião,
que caminham de cabeça erguida,
flertando com os olhos,
desfilando com passos curtos,
com enfeites tinindo em seus calcanhares,
17 o Senhor rapará a cabeça
    das mulheres de Sião;
o Senhor porá a descoberto
    as suas vergonhas".

18 Naquele dia o Senhor arrancará os enfeites delas: as pulseiras, as testeiras e os colares; **19** os pendentes, os braceletes e os véus, **20** os enfeites de cabeça, as correntinhas de tornozelo, os cintos, os talismãs e os amuletos; **21** os anéis e os enfeites para o nariz; **22** as roupas caras, as capas, as mantilhas, e as bolsas; **23** os espelhos, as roupas de linho, as tiaras e os xales.

24 Em vez de perfume haverá mau cheiro,
    em vez de cintos, corda,
    em vez de belos penteados, calvície,
    em vez de roupas finas, vestes de lamento,
    em vez de beleza, cicatrizes.
25 Seus homens cairão ao fio da espada;
    seus guerreiros morrerão no combate.
26 As portas de Sião se lamentarão
    e pranteiarão por causa disso;
e, sem nada,
    a cidade se assentará no chão.

4 Naquele dia sete mulheres agarrarão um homem e lhe dirão:
"Nós mesmas providenciaremos
    nossa comida e nossas roupas;
apenas case-se conosco^b
  e livre-nos da vergonha
    de sermos solteiras!"

O Renovo do Senhor

2 Naquele dia o Renovo do Senhor será belo e glorioso, e o fruto da terra será o orgulho e a glória dos sobreviventes de Israel. **3** Os que forem deixados em Sião e ficarem em Jerusalém serão chamados santos: todos os inscritos para viverem em Jerusalém. **4** Quando o Senhor tiver lavado a impureza das mulheres de Sião, e tiver limpado por meio de um espírito de julgamento e de um espírito^c de fogo o sangue derramado em Jerusalém, **5** o Senhor criará sobre todo o monte Sião e sobre

They will be paid back for what their
  hands have done.
12 Youths oppress my people,
  women rule over them.
O my people, your guides lead you astray;
  they turn you from the path.

13 The Lord takes his place in court;
  he rises to judge the people.
14 The Lord enters into judgment
    against the elders and leaders of his people:
"It is you who have ruined my vineyard;
  the plunder from the poor is in your houses.
15 What do you mean by crushing my people
    and grinding the faces of the poor?"
      declares the Lord, the Lord Almighty.

16 The Lord says,
"The women of Zion are haughty,
  walking along with outstretched necks,
  flirting with their eyes,
  tripping along with mincing steps,
  with ornaments jingling on their ankles.
17 Therefore the Lord will bring sores on the heads
    of the women of Zion;
  the Lord will make their scalps bald."

18 In that day the Lord will snatch away their finery: the bangles and headbands and crescent necklaces, **19** the earrings and bracelets and veils, **20** the headdresses and ankle chains and sashes, the perfume bottles and charms, **21** the signet rings and nose rings, **22** the fine robes and the capes and cloaks, the purses **23** and mirrors, and the linen garments and tiaras and shawls.

24 Instead of fragrance there will be a stench;
    instead of a sash, a rope;
    instead of well-dressed hair, baldness;
    instead of fine clothing, sackcloth;
    instead of beauty, branding.
25 Your men will fall by the sword,
    your warriors in battle.
26 The gates of Zion will lament and mourn;
    destitute, she will sit on the ground.

4 In that day seven women
    will take hold of one man
and say, "We will eat our own food
    and provide our own clothes;
only let us be called by your name.
    Take away our disgrace!"

The Branch of the Lord

2 In that day the Branch of the Lord will be beautiful and glorious, and the fruit of the land will be the pride and glory of the survivors in Israel. **3** Those who are left in Zion, who remain in Jerusalem, will be called holy, all who are recorded among the living in Jerusalem. **4** The Lord will wash away the filth of the women of Zion; he will cleanse the bloodstains from Jerusalem by a spirit^a of judgment and a spirit^b of fire. **5** Then the Lord will create over all of Mount Zion and over

---

a 3.13 A Septuaginta e a Versão Siríaca dizem *o seu povo*. **b** 4.1 Hebraico: *queremos ser chamadas pelo seu nome*. **c** 4.4 Ou *do Espírito de julgamento e do Espírito*

a 4:4 Or *the Spirit* **b** 4:4 Or *the Spirit*

aqueles que se reunirem ali uma nuvem de dia e um clarão de fogo de noite. A glória tudo cobrirá **6** e será um abrigo e sombra para o calor do dia, refúgio e esconderijo contra a tempestade e a chuva.

A Canção da Vinha

5 Cantarei para o meu amigo
o seu cântico
a respeito de sua vinha:
Meu amigo tinha uma vinha
na encosta de uma fértil colina.
2 Ele cavou a terra, tirou as pedras
e plantou as melhores videiras.
Construiu uma torre de sentinela
e também fez um tanque de prensar uvas.
Ele esperava que desse uvas boas,
mas só deu uvas azedas.

3 "Agora, habitantes de Jerusalém
e homens de Judá,
julguem entre mim e a minha vinha.
4 Que mais se poderia fazer por ela
que eu não tenha feito?
Então, por que só produziu uvas azedas,
quando eu esperava uvas boas?
5 Pois eu lhes digo o que vou fazer
com a minha vinha:
Derrubarei a sua cerca
para que ela seja tranformada em pasto;
derrubarei o seu muro
para que seja pisoteada.
6 Farei dela um terreno baldio;
não será podada nem capinada;
espinheiros e ervas daninhas crescerão nela.
Também ordenarei às nuvens
que não derramem chuva sobre ela."

7 Pois bem,
a vinha do SENHOR dos Exércitos
é a nação de Israel,
e os homens de Judá
são a plantação que ele amava.
Ele esperava justiça,
mas houve derramamento de sangue;
esperava retidão,
mas ouviu gritos de aflição.

Ais e Julgamentos

8 Ai de vocês que adquirem casas e mais casas,
propriedades e mais propriedades,
até não haver mais lugar para ninguém
e vocês se tornarem
os senhores absolutos da terra!
9 O SENHOR dos Exércitos me disse:

"Sem dúvida muitas casas
ficarão abandonadas,
as casas belas e grandes
ficarão sem moradores.
10 Uma vinha de dez alqueires[a]
só produzirá um pote[b] de vinho,
um barril[c] de semente
só dará uma arroba[d] de trigo".

11 Ai dos que se levantam cedo
para embebedar-se,

those who assemble there a cloud of smoke by day and a glow of flaming fire by night; over all the glory will be a canopy. **6** It will be a shelter and shade from the heat of the day, and a refuge and hiding place from the storm and rain.

The Song of the Vineyard

5 I will sing for the one I love
a song about his vineyard:
My loved one had a vineyard
on a fertile hillside.
2 He dug it up and cleared it of stones
and planted it with the choicest vines.
He built a watchtower in it
and cut out a winepress as well.
Then he looked for a crop of good grapes,
but it yielded only bad fruit.

3 "Now you dwellers in Jerusalem and men
of Judah,
judge between me and my vineyard.
4 What more could have been done for
my vineyard
than I have done for it?
When I looked for good grapes,
why did it yield only bad?
5 Now I will tell you
what I am going to do to my vineyard:
I will take away its hedge,
and it will be destroyed;
I will break down its wall,
and it will be trampled.
6 I will make it a wasteland,
neither pruned nor cultivated,
and briers and thorns will grow there.
I will command the clouds
not to rain on it."

7 The vineyard of the LORD Almighty
is the house of Israel,
and the men of Judah
are the garden of his delight.
And he looked for justice, but saw bloodshed;
for righteousness, but heard cries of distress.

Woes and Judgments

8 Woe to you who add house to house
and join field to field
till no space is left
and you live alone in the land.

9 The LORD Almighty has declared in my hearing:

"Surely the great houses will become desolate,
the fine mansions left without occupants.
10 A ten-acre[a] vineyard will produce only a
bath[b] of wine,
a homer[c] of seed only an ephah[d] of grain."

11 Woe to those who rise early in the morning
to run after their drinks,

---

a5.10 Isto é, a terra arada num dia por dez parelhas de boi. **b5.10** Hebraico: *bato*. O bato era uma medida de capacidade. As estimativas variam entre 20 e 40 litros. **c5.10** Hebraico: *hômer*. O hômer era uma medida de capacidade para secos. As estimativas variam entre 200 e 400 litros. **d5.10** Hebraico: *efa*. O efa era uma medida de capacidade para secos. As estimativas variam entre 20 e 40 litros.

a5:10 Hebrew *ten-yoke*, that is, the land plowed by 10 yoke of oxen in one day **b5:10** That is, probably about 6 gallons (about 22 liters) **c5:10** That is, probably about 6 bushels (about 220 liters) **d5:10** That is, probably about 3/5 bushel (about 22 liters

e se esquentam com o vinho até a noite!
¹² Harpas, liras, tamborins, flautas e vinho
há em suas festas,
mas não se importam
com os atos do Senhor,
nem atentam para obra
que as suas mãos realizam.
¹³ Portanto, o meu povo vai para o exílio
por falta de conhecimento;
a elite morrerá de fome,
e as multidões, de sede.
¹⁴ Por isso o Sheolª aumenta o seu apetite
e escancara a sua boca.
Para dentro dele descerão
o esplendor da cidade e a sua riqueza,
o seu barulho e os que se divertem.
¹⁵ Por isso o homem será abatido,
a humanidade se curvará,
e os arrogantes terão que baixar os olhos.
¹⁶ Mas o Senhor dos Exércitos
será exaltado em sua justiça;
o Deus santo se mostrará santo
em sua retidão.
¹⁷ Então ovelhas pastarão ali
como em sua própria pastagem;
cordeirosᵇ comerão nas ruínas dos ricos.

¹⁸ Ai dos que se prendem à iniqüidade
com cordas de engano,
e ao pecado com cordas de carroça,
¹⁹ e dizem: "Que Deus apresse
a realização da sua obra
para que a vejamos;
que se cumpra
o plano do Santo de Israel,
para que o conheçamos".

²⁰ Ai dos que chamam ao mal bem
e ao bem, mal,
que fazem das trevas luz
e da luz, trevas,
do amargo, doce
e do doce, amargo!
²¹ Ai dos que são sábios
aos seus próprios olhos
e inteligentes em sua própria opinião!
²² Ai dos que são campeões
em beber vinho
e mestres em misturar bebidas,
²³ dos que por suborno
absolvem o culpado,
mas negam justiça ao inocente!
²⁴ Por isso, assim como a palha
é consumida pelo fogo
e o restolho é devorado pelas chamas,
assim também as suas raízes apodrecerão
e as suas flores, como pó,
serão levadas pelo vento;
pois rejeitaram
a lei do Senhor dos Exércitos,
desprezaram a palavra do Santo de Israel.
²⁵ Por tudo isso a ira do Senhor
acendeu-se contra o seu povo,
e ele levantou sua mão para os ferir.
Os montes tremeram,
e os seus cadáveres
estão como lixo nas ruas.

who stay up late at night
till they are inflamed with wine.
¹² They have harps and lyres at their banquets,
tambourines and flutes and wine,
but they have no regard for the deeds
of the Lord,
no respect for the work of his hands.
¹³ Therefore my people will go into exile
for lack of understanding;
their men of rank will die of hunger
and their masses will be parched with thirst.
¹⁴ Therefore the graveª enlarges its appetite
and opens its mouth without limit;
into it will descend their nobles and masses
with all their brawlers and revelers.
¹⁵ So man will be brought low
and mankind humbled,
the eyes of the arrogant humbled.
¹⁶ But the Lord Almighty will be exalted by
his justice,
and the holy God will show himself holy by his
righteousness.
¹⁷ Then sheep will graze as in their own pasture;
lambs will feedᵇ among the ruins of the rich.

¹⁸ Woe to those who draw sin along with
cords of deceit,
and wickedness as with cart ropes,
¹⁹ to those who say, "Let God hurry,
let him hasten his work
so we may see it.
Let it approach,
let the plan of the Holy One of Israel come,
so we may know it."

²⁰ Woe to those who call evil good
and good evil,
who put darkness for light
and light for darkness,
who put bitter for sweet
and sweet for bitter.

²¹ Woe to those who are wise in their own eyes
and clever in their own sight.

²² Woe to those who are heroes at drinking wine
and champions at mixing drinks,
²³ who acquit the guilty for a bribe,
but deny justice to the innocent.
²⁴ Therefore, as tongues of fire lick up straw
and as dry grass sinks down in the flames,
so their roots will decay
and their flowers blow away like dust;
for they have rejected the law of the
Lord Almighty
and spurned the word of the Holy One
of Israel.
²⁵ Therefore the Lord's anger burns against
his people;
his hand is raised and he strikes them down.
The mountains shake,
and the dead bodies are like refuse in
the streets.

ª5.14 Essa palavra pode ser traduzida por sepultura, profundezas, pó ou morte. ᵇ5.17 Conforme a Septuaginta. O Texto Massorético diz *estrangeiros*.

ª5:14 Hebrew *Sheol* ᵇ5:17 Septuagint; Hebrew / *strangers will eat*

Apesar disso tudo,
    a ira dele não se desviou;
sua mão continua erguida.

26 Ele levanta uma bandeira
    convocando uma nação distante,
e assobia para um povo
    dos confins da terra.
Aí vêm eles rapidamente!

27 Nenhum dos seus soldados
    se cansa nem tropeça,
nenhum deles cochila nem dorme,
nenhum afrouxa o cinto,
nenhum desamarra a correia das sandálias.

28 As flechas deles estão afiadas,
    preparados estão todos
        os seus arcos;
os cascos dos seus cavalos
    são duros como pedra,
as rodas de seus carros
    são como um furacão.

29 O rugido deles é como o do leão;
rugem como leões ferozes;
rosnam enquanto se apoderam da presa
    e a arrastam,
sem que ninguém possa livrá-la.

30 Naquele dia rugirão sobre Judá
    como o rugir do mar.
E, se alguém olhar para a terra de Israel,
    verá trevas e aflição;
até a luz do dia
    será obscurecida pelas nuvens.

O Chamado de Isaías

6 No ano em que o rei Uzias morreu, eu vi o Senhor assentado num trono alto e exaltado, e a aba de sua veste enchia o templo. 2 Acima dele estavam serafins; cada um deles tinha seis asas: com duas cobriam o rosto, com duas cobriam os pés e com duas voavam. 3 E proclamavam uns aos outros:

"Santo, santo, santo
é o Senhor dos Exércitos,
a terra inteira está cheia da sua glória".

4 Ao som das suas vozes os batentes das portas tremeram, e o templo ficou cheio de fumaça.

5 Então gritei: Ai de mim! Estou perdido! Pois sou um homem de lábios impuros e vivo no meio de um povo de lábios impuros; os meus olhos viram o Rei, o Senhor dos Exércitos!

6 Logo um dos serafins voou até mim trazendo uma brasa viva, que havia tirado do altar com uma tenaz. 7 Com ela tocou a minha boca e disse: "Veja, isto tocou os seus lábios; por isso, a sua culpa será removida, e o seu pecado será perdoado".

8 Então ouvi a voz do Senhor, conclamando: "Quem enviarei? Quem irá por nós?"

E eu respondi: Eis-me aqui. Envia-me!

9 Ele disse: "Vá, e diga a este povo:

"Estejam sempre ouvindo,
    mas nunca entendam;
estejam sempre vendo,
    e jamais percebam.

10 Torne insensível o coração deste povo;
torne surdos os seus ouvidos
e feche os seus olhos.ª
Que eles não vejam com os olhos,
não ouçam com os ouvidos,

Yet for all this, his anger is not turned away,
    his hand is still upraised.

26 He lifts up a banner for the distant nations,
    he whistles for those at the ends of the earth.
Here they come,
    swiftly and speedily!

27 Not one of them grows tired or stumbles,
    not one slumbers or sleeps;
not a belt is loosened at the waist,
    not a sandal thong is broken.

28 Their arrows are sharp,
    all their bows are strung;
their horses' hoofs seem like flint,
    their chariot wheels like a whirlwind.

29 Their roar is like that of the lion,
    they roar like young lions;
they growl as they seize their prey
    and carry it off with no one to rescue.

30 In that day they will roar over it
    like the roaring of the sea.
And if one looks at the land,
    he will see darkness and distress;
    even the light will be darkened by the clouds.

Isaiah's Commission

6 In the year that King Uzziah died, I saw the Lord seated on a throne, high and exalted, and the train of his robe filled the temple. 2 Above him were seraphs, each with six wings: With two wings they covered their faces, with two they covered their feet, and with two they were flying. 3 And they were calling to one another:

"Holy, holy, holy is the Lord Almighty;
    the whole earth is full of his glory."

4 At the sound of their voices the doorposts and thresholds shook and the temple was filled with smoke.

5 "Woe to me!" I cried. "I am ruined! For I am a man of unclean lips, and I live among a people of unclean lips, and my eyes have seen the King, the Lord Almighty."

6 Then one of the seraphs flew to me with a live coal in his hand, which he had taken with tongs from the altar. 7 With it he touched my mouth and said, "See, this has touched your lips; your guilt is taken away and your sin atoned for."

8 Then I heard the voice of the Lord saying, "Whom shall I send? And who will go for us?"

And I said, "Here am I. Send me!"

9 He said, "Go and tell this people:

" 'Be ever hearing, but never understanding;
    be ever seeing, but never perceiving.'
10 Make the heart of this people calloused;
    make their ears dull
    and close their eyes.ª
Otherwise they might see with their eyes,

ª6.9,10 A Septuaginta diz *Ainda que estejam sempre ouvindo, vocês nunca entenderão; ainda que estejam sempre vendo, vocês jamais perceberão.* 10 *O coração desse povo se tornou insensível; de má vontade ouviram com os seus ouvidos, e fecharam os seus olhos.*

ª6:9,10 Hebrew; Septuagint *'You will be ever hearing, but never understanding; / you will be ever seeing, but never perceiving.' / 10 This people's heart has become calloused; / they hardly hear with their ears, / and they have closed their eyes*

e não entendam com o coração,
 para que não se convertam
  e sejam curados".

11 Então eu perguntei:
Até quando, Senhor?
E ele respondeu:

"Até que as cidades estejam em ruínas
 e sem habitantes,
até que as casas fiquem abandonadas
e os campos estejam
 totalmente devastados,
12 até que o Senhor tenha enviado
 todos para longe
e a terra esteja totalmente desolada.
13 E ainda que um décimo fique no país,
 esses também serão destruídos.
Mas, assim como o terebinto e o carvalho
 deixam o tronco quando são derrubados,
assim a santa semente será o seu tronco".

O Sinal de Emanuel

7 Quando Acaz, filho de Jotão e neto de Uzias, era rei de Judá, o rei Rezim, da Síria, e Peca, filho de Remalias, rei de Israel, atacaram Jerusalém, mas não puderam vencê-la.
2 Informaram ao rei: "A Síria montou acampamento em[ª] Efraim". Com isso o coração de Acaz e do seu povo agitou-se, como as árvores da floresta agitam-se com o vento.
3 Então o Senhor disse a Isaías: "Saia, e leve seu filho Sear-Jasube[b]. Vá encontrar-se com Acaz no final do aqueduto do açude Superior, na estrada que vai para o campo do Lavandeiro.
4 Diga a ele: Tenha cuidado, acalme-se e não tenha medo. Que o seu coração não desanime por causa do furor destes restos de lenha fumegantes: Rezim, a Síria e o filho de Remalias.
5 "Porque a Síria, Efraim e o filho de Remalias têm tramado a sua ruína, dizendo: **6** 'Vamos invadir o reino de Judá; vamos rasgá-lo e dividi-lo entre nós, e fazer o filho de Tabeel reinar sobre ele' ". **7** Assim diz o Soberano, o Senhor:

"Não será assim,
 isso não acontecerá,
8 pois a cabeça da Síria é Damasco,
 e a cabeça de Damasco é Rezim.
Em sessenta e cinco anos
 Efraim ficará muito arruinado
  para ser um povo.
9 A cabeça de Efraim é Samaria,
 e a cabeça de Samaria
  é o filho de Remalias.
Se vocês não ficarem firmes na fé,
 com certeza não resistirão!"

10 Disse ainda o Senhor a Acaz: **11** "Peça ao Senhor, ao seu Deus, um sinal miraculoso, seja das maiores profundezas, seja das alturas mais elevadas".
12 Mas Acaz disse: "Não pedirei; não porei o Senhor à prova".
13 Disse então Isaías: "Ouçam agora, descendentes de Davi! Não basta abusarem da paciência dos homens? Também vão abusar da paciência do meu Deus? **14** Por isso o Senhor mesmo lhes dará um sinal: a virgem ficará grávida e dará à luz um filho, e o chamará[c] Emanuel[d]. **15** Ele comerá coalhada e mel até a idade em que saiba rejeitar o erro e escolher o que é certo. **16** Mas, antes que o menino saiba rejeitar o erro e escolher o que é certo, a terra dos dois reis que você teme ficará deserta. **17** O Senhor trará o rei da Assíria sobre você e sobre o seu povo e sobre a descendência de seu pai. Serão dias como nunca houve, desde que Efraim se separou de Judá".

hear with their ears,
 understand with their hearts,
and turn and be healed."

11 Then I said, "For how long, O Lord?"
And he answered:

"Until the cities lie ruined
 and without inhabitant,
until the houses are left deserted
 and the fields ruined and ravaged,
12 until the Lord has sent everyone far away
 and the land is utterly forsaken.
13 And though a tenth remains in the land,
 it will again be laid waste.
But as the terebinth and oak
 leave stumps when they are cut down,
  so the holy seed will be the stump in
   the land."

The Sign of Immanuel

7 When Ahaz son of Jotham, the son of Uzziah, was king of Judah, King Rezin of Aram and Pekah son of Remaliah king of Israel marched up to fight against Jerusalem, but they could not overpower it.
2 Now the house of David was told, "Aram has allied itself with[a] Ephraim"; so the hearts of Ahaz and his people were shaken, as the trees of the forest are shaken by the wind.
3 Then the Lord said to Isaiah, "Go out, you and your son Shear-Jashub,[b] to meet Ahaz at the end of the aqueduct of the Upper Pool, on the road to the Washerman's Field. **4** Say to him, 'Be careful, keep calm and don't be afraid. Do not lose heart because of these two smoldering stubs of firewood—because of the fierce anger of Rezin and Aram and of the son of Remaliah. **5** Aram, Ephraim and Remaliah's son have plotted your ruin, saying, **6** "Let us invade Judah; let us tear it apart and divide it among ourselves, and make the son of Tabeel king over it." **7** Yet this is what the Sovereign Lord says:

" 'It will not take place,
 it will not happen,
8 for the head of Aram is Damascus,
 and the head of Damascus is only Rezin.
Within sixty-five years
 Ephraim will be too shattered to be a people.
9 The head of Ephraim is Samaria,
 and the head of Samaria is only Remaliah's son.
If you do not stand firm in your faith,
 you will not stand at all.' "

10 Again the Lord spoke to Ahaz, **11** "Ask the Lord your God for a sign, whether in the deepest depths or in the highest heights."
12 But Ahaz said, "I will not ask; I will not put the Lord to the test."
13 Then Isaiah said, "Hear now, you house of David! Is it not enough to try the patience of men? Will you try the patience of my God also? **14** Therefore the Lord himself will give you[c] a sign: The virgin will be with child and will give birth to a son, and[d] will call him Immanuel.[e] **15** He will eat curds and honey when he knows enough to reject the wrong and choose the right. **16** But before the boy knows enough to reject the wrong and choose the right, the land of the two kings you dread will be laid waste. **17** The Lord will bring on you and on your people and on the house of your father a time unlike any since Ephraim broke away from Judah—he will bring the king of Assyria."

ª7.2 Ou *A Síria fez um acordo com* **b7.3** *Sear-Jasube* significa *um remanescente voltará.* **c7.14** Alguns manuscritos do mar Morto dizem *e ele o chamará;* outros dizem *e eles o chamarão.* **d7.14** *Emanuel* significa *Deus conosco.*

a7:2 Or *has set up camp in* **b7:3** *Shear-Jashub* means *a remnant will return.* **c7:14** The Hebrew is plural **d7:14** Masoretic Text; Dead Sea Scrolls *and he* or *and the* **e7:14** *Immanuel* means *God with us.*

18 Naquele dia o Senhor assobiará para chamar as moscas dos distantes rios do Egito e as abelhas da Assíria. **19** Todas virão e pousarão nos vales íngremes e nas fendas das rochas, em todos os espinheiros e em todas as cisternas. **20** Naquele dia o Senhor utilizará uma navalha alugada de além do Eufrates[a], o rei da Assíria, para rapar a sua cabeça e os pêlos de suas pernas e da sua barba. **21** Naquele dia o homem que tiver uma vaca e duas cabras **22** terá coalhada para comer, graças à fartura de leite que elas darão. Todos os que ficarem na terra comerão coalhada e mel. **23** Naquele dia, todo lugar onde havia mil videiras no valor de doze quilos[b] de prata será deixado para as roseiras bravas e para os espinheiros. **24** Os homens entrarão ali com arcos e flechas, pois todo o país estará coberto de roseiras bravas e de espinheiros. **25** E às colinas antes lavradas com enxada você não irá mais, porque terá medo das roseiras bravas e dos espinheiros; nesses lugares os bois ficarão à solta e as ovelhas correrão livremente.

Assíria, Instrumento do Senhor

8 O Senhor me disse: "Tome uma placa de bom tamanho e nela escreva de forma legível: Maher-Shalal-Hash-Baz[c]. **2** E chame o sacerdote Urias, e Zacarias, filho de Jeberequias, como testemunhas de confiança".

3 Então deitei-me com a profetisa[d], e ela engravidou e deu à luz um filho. E o Senhor me disse: "Dê-lhe o nome de Maher-Shalal-Hash-Baz. **4** Pois antes que o menino saiba dizer 'papai' ou 'mamãe', a riqueza de Damasco e os bens de Samaria serão levados pelo rei da Assíria".

5 O Senhor tornou a falar-me:

6 "Já que este povo rejeitou
as águas de Siloé, que fluem
mansamente,
e alegrou-se com Rezim
e com o filho de Remalias,
7 o Senhor está trazendo contra eles
as poderosas e devastadoras
águas do Eufrates[e],
o rei da Assíria com todo o seu poderio.
Elas transbordarão
em todos os seus canais,
encobrirão todas as suas margens,
8 e inundarão Judá,
cobrindo-o até o pescoço.
Seus braços abertos se espalharão
por toda a tua terra, ó Emanuel[f]!"

9 Continuem a fazer o mal, ó nações,
e vocês serão destruídas!
Escutem, terras distantes:
Ainda que vocês se preparem
para o combate,
serão destruídas!
Sim, mesmo que se preparem
para o combate,
vocês serão destruídas!
10 Mesmo que vocês criem estratégias,
elas serão frustradas;
mesmo que façam planos,
não terão sucesso,
pois Deus está conosco!

Temam a Deus

11 O Senhor falou comigo com veemência, advertindo-me a não seguir o caminho desse povo. Ele disse:

18 In that day the Lord will whistle for flies from the distant streams of Egypt and for bees from the land of Assyria. **19** They will all come and settle in the steep ravines and in the crevices in the rocks, on all the thornbushes and at all the water holes. **20** In that day the Lord will use a razor hired from beyond the River[a]—the king of Assyria—to shave your head and the hair of your legs, and to take off your beards also. **21** In that day, a man will keep alive a young cow and two goats. **22** And because of the abundance of the milk they give, he will have curds to eat. All who remain in the land will eat curds and honey. **23** In that day, in every place where there were a thousand vines worth a thousand silver shekels,[b] there will be only briers and thorns. **24** Men will go there with bow and arrow, for the land will be covered with briers and thorns. **25** As for all the hills once cultivated by the hoe, you will no longer go there for fear of the briers and thorns; they will become places where cattle are turned loose and where sheep run.

Assyria, the Lord's Instrument

8 The Lord said to me, "Take a large scroll and write on it with an ordinary pen: Maher-Shalal-Hash-Baz.[c] **2** And I will call in Uriah the priest and Zechariah son of Jeberekiah as reliable witnesses for me."

3 Then I went to the prophetess, and she conceived and gave birth to a son. And the Lord said to me, "Name him Maher-Shalal-Hash-Baz. **4** Before the boy knows how to say 'My father' or 'My mother,' the wealth of Damascus and the plunder of Samaria will be carried off by the king of Assyria."

5 The Lord spoke to me again:

6 "Because this people has rejected
the gently flowing waters of Shiloah
and rejoices over Rezin
and the son of Remaliah,
7 therefore the Lord is about to bring against them
the mighty floodwaters of the River[d]—
the king of Assyria with all his pomp.
It will overflow all its channels,
run over all its banks
8 and sweep on into Judah, swirling over it,
passing through it and reaching up to
the neck.
Its outspread wings will cover the breadth
of your land,
O Immanuel[e]!"

9 Raise the war cry,[f] you nations, and
be shattered!
Listen, all you distant lands.
Prepare for battle, and be shattered!
Prepare for battle, and be shattered!
10 Devise your strategy, but it will be thwarted;
propose your plan, but it will not stand,
for God is with us.[g]

Fear God

11 The Lord spoke to me with his strong hand upon me, warning me not to follow the way of this people. He said:

---

[a]7.20 Hebraico: *do Rio*. [b]7.23 Hebraico: *1.000 siclos*. Um siclo equivalia a 12 gramas. [c]8.1 *Maher-Shalal-Hash-Baz* significa *rapidamente até os despojos, agilmente até a pilhagem;* também no versículo 3. [d]8.3 Isto é: mulher do profeta [e]8.7 Hebraico: *do Rio*. [f]8.8 *Emanuel* significa *Deus conosco*. [g]8.11 Hebraico: *com forte mão*.

[a]7:20 That is, the Euphrates [b]7:23 That is, about 25 pounds (about 11.5 kilograms) [c]8:1 *Maher-Shalal-Hash-Baz* means *quick to the plunder, swift to the spoil;* also in verse 3. [d]8:7 That is, the Euphrates [e]8:8 *Immanuel* means *God with us*. [f]8:9 Or *Do your worst* [g]8:10 Hebrew *Immanuel*

12 "Não chamem conspiração
    a tudo o que esse povo chama conspiração;ª
não temam aquilo que eles temem,
    nem se apavorem.
13 O Senhor dos Exércitos
    ˙é que vocês devem considerar santo,
a ele é que vocês devem temer,
    dele é que vocês devem ter pavor.
14 Para os dois reinos de Israel
    ele será um santuário,
mas também uma pedra de tropeço,
    uma rocha que faz cair.
E para os habitantes de Jerusalém
    ele será uma armadilha e um laço.
15 Muitos deles tropeçarão,
    cairão e serão despedaçados,
    presos no laço e capturados".

16 Guarde o mandamento com cuidado
    e sele a lei entre os meus discípulos.
17 Esperarei pelo Senhor,
    que está escondendo o seu rosto
    da descendência de Jacó.
Nele porei a minha esperança.

18 Aqui estou eu com os filhos que o Senhor me deu. Em Israel somos sinais e símbolos da parte do Senhor dos Exércitos, que habita no monte Sião.

19 Quando disserem a vocês: "Procurem um médium ou alguém que consulte os espíritos e murmure encantamentos, pois todos recorrem a seus deuses e aos mortos em favor dos vivos", **20** respondam: "À lei e aos mandamentos!" Se eles não falarem conforme esta palavra, vocês jamais verão a luz! **21** Aflitos e famintos vaguearão pela terra; quando estiverem famintos, ficarão irados e, olhando para cima, amaldiçoarão o seu rei e o seu Deus. **22** Depois olharão para a terra e só verão aflição, trevas e temível escuridão, e serão atirados em densas trevas.

O Nascimento do Príncipe da Paz

9 Contudo, não haverá mais escuridão para os que estavam aflitos. No passado ele humilhou a terra de Zebulom e de Naftali, mas no futuro honrará a Galiléia dos gentios, o caminho do mar, junto ao Jordão.

2 O povo que caminhava em trevas
    viu uma grande luz;
sobre os que viviam na terra
    da sombra da morteᵇ raiou uma luz.
3 Fizeste crescer a nação
    e aumentaste a sua alegria;
eles se alegram diante de ti
    como os que se regozijam na colheita,
como os que exultam
    quando dividem os bens tomados na batalha.
4 Pois tu destruíste o jugo que os oprimia,
    a canga que estava sobre os seus ombros,
    e a vara de castigo do seu opressor,
como no dia da derrota de Midiã.
5 Pois toda bota de guerreiro
    usada em combate
e toda veste revolvida em sangue
    serão queimadas,
    como lenha no fogo.
6 Porque um menino nos nasceu,
    um filho nos foi dado,
e o governo está sobre os seus ombros.
E ele será chamado
Maravilhoso Conselheiroᶜ, Deus Poderoso,

12 "Do not call conspiracy
    everything that these people call conspiracyª;
do not fear what they fear,
    and do not dread it.
13 The Lord Almighty is the one you are to
    regard as holy,
he is the one you are to fear,
    he is the one you are to dread,
14 and he will be a sanctuary;
    but for both houses of Israel he will be
a stone that causes men to stumble
    and a rock that makes them fall.
And for the people of Jerusalem he will be
    a trap and a snare.
15 Many of them will stumble;
    they will fall and be broken,
    they will be snared and captured."

16 Bind up the testimony
    and seal up the law among my disciples.
17 I will wait for the Lord,
    who is hiding his face from the house of Jacob.
I will put my trust in him.

18 Here am I, and the children the Lord has given me. We are signs and symbols in Israel from the Lord Almighty, who dwells on Mount Zion.

19 When men tell you to consult mediums and spiritists, who whisper and mutter, should not a people inquire of their God? Why consult the dead on behalf of the living? **20** To the law and to the testimony! If they do not speak according to this word, they have no light of dawn. **21** Distressed and hungry, they will roam through the land; when they are famished, they will become enraged and, looking upward, will curse their king and their God. **22** Then they will look toward the earth and see only distress and darkness and fearful gloom, and they will be thrust into utter darkness.

To Us a Child Is Born

9 Nevertheless, there will be no more gloom for those who were in distress. In the past he humbled the land of Zebulun and the land of Naphtali, but in the future he will honor Galilee of the Gentiles, by the way of the sea, along the Jordan—

2 The people walking in darkness
    have seen a great light;
on those living in the land of the shadow of deathᵇ
    a light has dawned.
3 You have enlarged the nation
    and increased their joy;
they rejoice before you
    as people rejoice at the harvest,
as men rejoice
    when dividing the plunder.
4 For as in the day of Midian's defeat,
    you have shattered
the yoke that burdens them,
    the bar across their shoulders,
    the rod of their oppressor.
5 Every warrior's boot used in battle
    and every garment rolled in blood
will be destined for burning,
    will be fuel for the fire.
6 For to us a child is born,
    to us a son is given,
    and the government will be on his shoulders.
And he will be called
    Wonderful Counselor,ᶜ Mighty God,

ª**8.12** Ou *"Não peça um tratado todas as vezes que esse povo pedir um tratado;* ᵇ**9.2** Ou *terra das trevas* ᶜ**9.6** Ou *chamado Maravilhoso, Conselheiro*]

ª**8:12** Or *Do not call for a treaty / every time these people call for a treaty* ᵇ**9:2** Or *land of darkness* ᶜ**9:6** Or *Wonderful, Counselor*

Pai Eterno, Príncipe da Paz.
7 Ele estenderá o seu domínio,
    e haverá paz sem fim
sobre o trono de Davi
    e sobre o seu reino,
estabelecido e mantido
    com justiça e retidão,
desde agora e para sempre.
O zelo do Senhor dos Exércitos fará isso.

A Ira do Senhor contra Israel

8 O Senhor enviou uma mensagem
    contra Jacó,
    e ela atingiu Israel.
9 Todo o povo ficará sabendo,
    tanto Efraim como
       os habitantes de Samaria,
que dizem com orgulho
    e arrogância de coração:
10 "Os tijolos caíram,
    mas nós reconstruiremos
       com pedras lavradas;
as figueiras bravas foram derrubadas,
    mas nós as substituiremos por cedros".
11 Mas o Senhor fortaleceu
    os adversários de Rezim
    para atacá-los
e incitou contra eles os seus inimigos.
12 Os arameus do leste
    e os filisteus do oeste
devoraram Israel, escancarando a boca.

Apesar disso tudo,
    a ira divina não se desviou;
sua mão continua erguida.

13 Mas o povo não voltou
    para aquele que o feriu,
nem buscou o Senhor dos Exércitos.
14 Por essa razão o Senhor corta de Israel
    tanto a cabeça como a cauda,
    tanto a palma como o junco,
    num único dia;
15 as autoridades e os homens de destaque
       são a cabeça,
os profetas que ensinam mentiras
       são a cauda.
16 Aqueles que guiam este povo
    o desorientam,
e aqueles que são guiados
    deixam-se induzir ao erro.
17 Por isso o Senhor não terá nos jovens
    motivo de alegria,
nem terá piedade dos órfãos
    e das viúvas,
pois todos são hipócritas e perversos,
e todos falam loucuras.

Apesar disso tudo,
    a ira dele não se desviou;
sua mão continua erguida.

18 Porque a impiedade queima como fogo;
    consome roseiras bravas e espinheiros,
põe em chamas os matagais da floresta,
       fazendo nuvens de fumaça.
19 Pela ira do Senhor dos Exércitos
    a terra será ressecada,
e o povo será como lenha no fogo;
    ninguém poupará seu irmão.
20 À direita devorarão,
    mas ainda estarão com fome;
à esquerda comerão,

Everlasting Father, Prince of Peace.
7 Of the increase of his government and peace
    there will be no end.
He will reign on David's throne
    and over his kingdom,
establishing and upholding it
    with justice and righteousness
    from that time on and forever.
The zeal of the Lord Almighty
    will accomplish this.

The Lord's Anger Against Israel

8 The Lord has sent a message against Jacob;
    it will fall on Israel.
9 All the people will know it—
    Ephraim and the inhabitants of Samaria—
who say with pride
    and arrogance of heart,
10 "The bricks have fallen down,
    but we will rebuild with dressed stone;
the fig trees have been felled,
    but we will replace them with cedars."
11 But the Lord has strengthened Rezin's foes
       against them
    and has spurred their enemies on.
12 Arameans from the east and Philistines from
       the west
    have devoured Israel with open mouth.

Yet for all this, his anger is not turned away,
    his hand is still upraised.

13 But the people have not returned to him who
       struck them,
    nor have they sought the Lord Almighty.
14 So the Lord will cut off from Israel both head
       and tail,
    both palm branch and reed in a single day;
15 the elders and prominent men are the head,
    the prophets who teach lies are the tail.
16 Those who guide this people mislead them,
    and those who are guided are led astray.
17 Therefore the Lord will take no pleasure in the
       young men,
    nor will he pity the fatherless and widows,
for everyone is ungodly and wicked,
    every mouth speaks vileness.

Yet for all this, his anger is not turned away,
    his hand is still upraised.

18 Surely wickedness burns like a fire;
    it consumes briers and thorns,
it sets the forest thickets ablaze,
    so that it rolls upward in a column of smoke.
19 By the wrath of the Lord Almighty
    the land will be scorched
and the people will be fuel for the fire;
    no one will spare his brother.
20 On the right they will devour,
    but still be hungry;

mas não ficarão satisfeitos.
Cada um comerá a carne
do seu próprio irmão[a].

21 Manassés contra Efraim,
Efraim contra Manassés,
e juntos eles se voltarão contra Judá.

Apesar disso tudo,
a ira divina não se desviou;
sua mão continua erguida.

10
Ai daqueles que fazem leis injustas,
que escrevem decretos opressores,
2 para privar os pobres dos seus direitos
e da justiça os oprimidos do meu povo,
fazendo das viúvas sua presa
e roubando dos órfãos!
3 Que farão vocês no dia do castigo,
quando a destruição
vier de um lugar distante?
Atrás de quem vocês correrão
em busca de ajuda?
Onde deixarão
todas as suas riquezas?
4 Nada poderão fazer,
a não ser encolher-se entre os prisioneiros
ou cair entre os mortos.

Apesar disso tudo,
a ira divina não se desviou;
sua mão continua erguida.

O Juízo de Deus sobre a Assíria

5 "Ai dos assírios, a vara do meu furor,
em cujas mãos está o bastão da minha ira!
6 Eu os envio contra uma nação ímpia,
contra um povo que me enfurece,
para saqueá-lo e arrancar-lhe os bens,
e para pisoteá-lo como a lama das ruas.
7 Mas não é o que eles pretendem,
não é o que têm planejado;
antes, o seu propósito é destruir
e dar fim a muitas nações.
8 'Os nossos comandantes
não são todos reis?', eles perguntam.
9 Acaso não aconteceu a Calno
o mesmo que a Carquemis?
Hamate não é como Arpade
e Samaria como Damasco?
10 Assim como esses reinos idólatras
foram conquistados por minha mão,
reinos cujas imagens
eram mais numerosas
que as de Jerusalém e de Samaria,
11 eu tratarei Jerusalém e suas imagens
como tratei Samaria e seus ídolos."

12 Quando o Senhor terminar toda a sua obra contra o monte Sião e contra Jerusalém, ele dirá: "Castigarei o rei da Assíria pelo orgulho obstinado de seu coração e pelo seu olhar arrogante. **13** Pois ele diz:

" 'Com a força da minha mão eu o fiz,
e com a minha sabedoria,
porque tenho entendimento.
Removi as fronteiras das nações,
saqueei os seus tesouros;
como um poderoso
subjuguei seus habitantes.[b]
14 Como se estica o braço

on the left they will eat,
but not be satisfied.
Each will feed on the flesh of his
own offspring[a]:
21 Manasseh will feed on Ephraim, and Ephraim
on Manasseh;
together they will turn against Judah.

Yet for all this, his anger is not turned away,
his hand is still upraised.

10
Woe to those who make unjust laws,
to those who issue oppressive decrees,
2 to deprive the poor of their rights
and withhold justice from the oppressed of my
people,
making widows their prey
and robbing the fatherless.
3 What will you do on the day of reckoning,
when disaster comes from afar?
To whom will you run for help?
Where will you leave your riches?
4 Nothing will remain but to cringe among the
captives
or fall among the slain.

Yet for all this, his anger is not turned away,
his hand is still upraised.

God's Judgment on Assyria

5 "Woe to the Assyrian, the rod of my anger,
in whose hand is the club of my wrath!
6 I send him against a godless nation,
I dispatch him against a people who
anger me,
to seize loot and snatch plunder,
and to trample them down like mud in
the streets.
7 But this is not what he intends,
this is not what he has in mind;
his purpose is to destroy,
to put an end to many nations.
8 'Are not my commanders all kings?' he says.
9   'Has not Calno fared like Carchemish?
Is not Hamath like Arpad,
and Samaria like Damascus?
10 As my hand seized the kingdoms of the idols,
kingdoms whose images excelled those of Jerusalem
and Samaria—
11 shall I not deal with Jerusalem and her images
as I dealt with Samaria and her idols?' "

12 When the Lord has finished all his work against Mount Zion and Jerusalem, he will say, "I will punish the king of Assyria for the willful pride of his heart and the haughty look in his eyes. **13** For he says:

" 'By the strength of my hand I have done this,
and by my wisdom, because I have
understanding.
I removed the boundaries of nations,
I plundered their treasures;
like a mighty one I subdued[b] their kings.
14 As one reaches into a nest,

---

para alcançar um ninho,
assim estiquei o braço
para apanhar a riqueza das nações;
como os que ajuntam ovos abandonados,
assim ajuntei toda a terra;
não houve ninguém que batesse as asas
ou que desse um pio' ".

¹⁵ Será que o machado se exalta
acima daquele que o maneja,
ou a serra se vangloria
contra aquele que a usa?
Seria como se uma vara manejasse
quem a ergue,
ou o bastão levantasse
quem não é madeira!

¹⁶ Por isso o Soberano,
o SENHOR dos Exércitos,
enviará uma enfermidade devastadora
sobre os seus fortes guerreiros;
no lugar da sua glória
se acenderá um fogo
como chama abrasadora.

¹⁷ A Luz de Israel se tornará um fogo;
o seu Santo, uma chama.
Num único dia ela queimará e consumirá
os seus espinheiros
e as suas roseiras bravas.

¹⁸ A glória das suas florestas
e dos seus campos férteis
se extinguirá totalmente,
como definha um enfermo.

¹⁹ E as árvores que sobrarem
nas suas florestas serão tão poucas
que até uma criança poderá contá-las.

O Remanescente de Israel

²⁰ Naquele dia o remanescente de Israel,
os sobreviventes da descendência de Jacó,
já não confiarão naquele que os feriu;
antes confiarão no SENHOR,
no Santo de Israel, com toda a fidelidade.

²¹ Um remanescente voltaráª,
sim, o remanescente de Jacó
voltará para o Deus Poderoso.

²² Embora o seu povo, ó Israel,
seja como a areia do mar,
apenas um remanescente voltará.
A destruição já foi decretada,
e virá transbordante de justiça.

²³ O Soberano, o SENHOR dos Exércitos,
executará a destruição decretada
contra todo o país.

²⁴ Por isso o Soberano,
o SENHOR dos Exércitos, diz:

"Povo meu que vive em Sião,
não tenha medo dos assírios,
quando eles o espancam com uma vara
e erguem contra você um bastão,
como fez o Egito.

²⁵ Muito em breve o meu furor passará,
e a minha ira se voltará
para a destruição deles".

²⁶ O SENHOR dos Exércitos
os flagelará com um chicote,
como fez quando feriu Midiã
na rocha de Orebe;
ele erguerá o seu cajado contra o mar,
como fez no Egito.

so my hand reached for the wealth of
the nations;
as men gather abandoned eggs,
so I gathered all the countries;
not one flapped a wing,
or opened its mouth to chirp.' "

¹⁵ Does the ax raise itself above him who swings it,
or the saw boast against him who uses it?
As if a rod were to wield him who lifts it up,
or a club brandish him who is not wood!

¹⁶ Therefore, the Lord, the LORD Almighty,
will send a wasting disease upon his
sturdy warriors;
under his pomp a fire will be kindled
like a blazing flame.

¹⁷ The Light of Israel will become a fire,
their Holy One a flame;
in a single day it will burn and consume
his thorns and his briers.

¹⁸ The splendor of his forests and fertile fields
it will completely destroy,
as when a sick man wastes away.

¹⁹ And the remaining trees of his forests will
be so few
that a child could write them down.

The Remnant of Israel

²⁰ In that day the remnant of Israel,
the survivors of the house of Jacob,
will no longer rely on him
who struck them down
but will truly rely on the LORD,
the Holy One of Israel.

²¹ A remnant will return,ª a remnant of Jacob
will return to the Mighty God.

²² Though your people, O Israel, be like the sand
by the sea,
only a remnant will return.
Destruction has been decreed,
overwhelming and righteous.

²³ The Lord, the LORD Almighty, will carry out
the destruction decreed upon the whole land.

²⁴ Therefore, this is what the Lord, the LORD Almighty, says:

"O my people who live in Zion,
do not be afraid of the Assyrians,
who beat you with a rod
and lift up a club against you, as Egypt did.

²⁵ Very soon my anger against you will end
and my wrath will be directed to
their destruction."

²⁶ The LORD Almighty will lash them with a whip,
as when he struck down Midian at the rock
of Oreb;
and he will raise his staff over the waters,
as he did in Egypt.

ª10.21 Hebraico: *Sear-Jasube*; também no versículo 22.   ª10:21 Hebrew *shear-jashub*; also in verse 22

27 Naquele dia o fardo deles
    será tirado dos seus ombros,
e o jugo deles do seu pescoço;
 o jugo se quebrará
    porque vocês estarão muito gordos!ª

28 Eles entram em Aiate;
    passam por Migrom;
    guardam suprimentos em Micmás.
29 Atravessam o vale e dizem:
    "Passaremos a noite acampados em Geba".
 Ramá treme; Gibeá de Saul foge.
30 Clamem, ó habitantes de Galim!
    Escute, ó Laís! Pobre Anatote!
31 Madmena está em fuga;
    o povo de Gebim esconde-se.
32 Hoje eles vão parar em Nobe;
    sacudirão o punho para
      o monte da cidadeᵇ de Sião,
      para a colina de Jerusalém.

33 Vejam! O Soberano,
 o Senhor dos Exércitos,
cortará os galhos com grande força.
As árvores altivas serão derrubadas,
as altas serão lançadas por terra.
34 Com um machado ele ceifará a floresta;
    o Líbano cairá diante do Poderoso.

O Ramo de Jessé

11 Um ramo surgirá do tronco de Jessé,
 e das suas raízes brotará um renovo.
2 O Espírito do Senhor
    repousará sobre ele,
o Espírito que dá sabedoria e entendimento,
    o Espírito que traz conselho e poder,
o Espírito que dá o conhecimento
    e temor do Senhor.
3 E ele se inspirará no temor do Senhor.

Não julgará pela aparência,
    nem decidirá com base no que ouviu;
4 mas com retidão julgará os necessitados,
    com justiça tomará decisões
em favor dos pobres.
    Com suas palavras,
como se fossem um cajado,
    ferirá a terra;
com o sopro de sua boca
    matará os ímpios.
5 A retidão será a faixa de seu peito,
    e a fidelidade o seu cinturão.

6 O lobo viverá com o cordeiro,
    o leopardo se deitará com o bode,
o bezerro, o leão e o novilho gordo
    pastarão juntos;ᶜ
e uma criança os guiará.
7 A vaca se alimentará com o urso,
    seus filhotes se deitarão juntos,
e o leão comerá palha como o boi.
8 A criancinha brincará
    perto do esconderijo da cobra,
a criança colocará a mão
    no ninho da víbora.
9 Ninguém fará nenhum mal,
    nem destruirá coisa alguma
em todo o meu santo monte,

---

27 In that day their burden will be lifted from your
    shoulders,
    their yoke from your neck;
  the yoke will be broken
    because you have grown so fat.ª

28 They enter Aiath;
    they pass through Migron;
    they store supplies at Micmash.
29 They go over the pass, and say,
    "We will camp overnight at Geba."
  Ramah trembles;
    Gibeah of Saul flees.
30 Cry out, O Daughter of Gallim!
    Listen, O Laishah!
    Poor Anathoth!
31 Madmenah is in flight;
    the people of Gebim take cover.
32 This day they will halt at Nob;
    they will shake their fist
  at the mount of the Daughter of Zion,
    at the hill of Jerusalem.

33 See, the Lord, the Lord Almighty,
    will lop off the boughs with great power.
The lofty trees will be felled,
    the tall ones will be brought low.
34 He will cut down the forest thickets with an ax;
    Lebanon will fall before the Mighty One.

The Branch From Jesse

11 A shoot will come up from the stump of Jesse;
 from his roots a Branch will bear fruit.
2 The Spirit of the Lord will rest on him—
    the Spirit of wisdom and of understanding,
    the Spirit of counsel and of power,
    the Spirit of knowledge and of the fear
      of the Lord—
3 and he will delight in the fear of the Lord.

He will not judge by what he sees with his eyes,
    or decide by what he hears with his ears;
4 but with righteousness he will judge the needy,
    with justice he will give decisions for the poor of
    the earth.
He will strike the earth with the rod of his
    mouth;
    with the breath of his lips he will slay the
      wicked.
5 Righteousness will be his belt
    and faithfulness the sash around his waist.

6 The wolf will live with the lamb,
    the leopard will lie down with the goat,
the calf and the lion and the yearlingᵇ together;
    and a little child will lead them.
7 The cow will feed with the bear,
    their young will lie down together,
and the lion will eat straw like the ox.
8 The infant will play near the hole of the cobra,
    and the young child put his hand into the viper's
    nest.
9 They will neither harm nor destroy
    on all my holy mountain,

ª**10.27** A Septuaginta diz *será quebrado dos seus ombros.* ᵇ**10.32** Hebraico: *filha.*
ᶜ**11.6** A Septuaginta diz *o bezerro e o leão comerão juntos.*

ª**10:27** Hebrew; Septuagint *broken / from your shoulders* ᵇ**11:6** Hebrew;
Septuagint *lion will fee*

pois a terra se encherá
do conhecimento do Senhor
como as águas cobrem o mar.

¹⁰ Naquele dia as nações buscarão a Raiz de Jessé, que será como uma bandeira para os povos, e o seu lugar de descanso será glorioso. ¹¹ Naquele dia o Senhor estenderá o braço pela segunda vez para reivindicar o remanescente do seu povo que for deixado na Assíria, no Egito, em Patros^a, na Etiópia^b, em Elão, em Sinear^c, em Hamate e nas ilhas do mar.

¹² Ele erguerá uma bandeira para as nações
a fim de reunir os exilados de Israel;
ajuntará o povo disperso de Judá
desde os quatro cantos da terra.
¹³ O ciúme de Efraim desaparecerá,
e a hostilidade de Judá será eliminada;
Efraim não terá ciúme de Judá,
nem Judá será hostil a Efraim.
¹⁴ Eles se infiltrarão pelas encostas
da Filístia, a oeste;
juntos saquearão o povo do leste.
Porão as mãos sobre Edom e Moabe,
e os amonitas lhes estarão sujeitos.
¹⁵ O Senhor fará secar o golfo do mar do Egito;
com um forte vento varrerá com a mão o
Eufrates^d,
e o dividirá em sete riachos,
para que se possa atravessá-lo de sandálias.
¹⁶ Haverá uma estrada
para o remanescente do seu povo
que for deixado na Assíria,
como houve para Israel
quando saiu do Egito.

Ação de Graças

12 Naquele dia você dirá:
"Eu te louvarei, Senhor!
Pois estavas irado contra mim,
mas a tua ira desviou-se,
e tu me consolaste.
² Deus é a minha salvação;
terei confiança e não temerei.
O Senhor, sim, o Senhor
é a minha força e o meu cântico;
ele é a minha salvação!"
³ Com alegria vocês tirarão água
das fontes da salvação.
⁴ Naquele dia vocês dirão:

"Louvem o Senhor,
invoquem o seu nome;
anunciem entre as nações os seus feitos,
e façam-nas saber
que o seu nome é exaltado.
⁵ Cantem louvores ao Senhor,
pois ele tem feito coisas gloriosas,
sejam elas conhecidas em todo o mundo.
⁶ Gritem bem alto e cantem de alegria,
habitantes de Sião,
pois grande é o Santo de Israel
no meio de vocês".

for the earth will be full of the knowledge of
the Lord
as the waters cover the sea.

¹⁰ In that day the Root of Jesse will stand as a banner for the peoples; the nations will rally to him, and his place of rest will be glorious. ¹¹ In that day the Lord will reach out his hand a second time to reclaim the remnant that is left of his people from Assyria, from Lower Egypt, from Upper Egypt,^a from Cush,^b from Elam, from Babylonia,^c from Hamath and from the islands of the sea.

¹² He will raise a banner for the nations
and gather the exiles of Israel;
he will assemble the scattered people of Judah
from the four quarters of the earth.
¹³ Ephraim's jealousy will vanish,
and Judah's enemies^d will be cut off;
Ephraim will not be jealous of Judah,
nor Judah hostile toward Ephraim.
¹⁴ They will swoop down on the slopes of Philistia
to the west;
together they will plunder the people
to the east.
They will lay hands on Edom and Moab,
and the Ammonites will be subject to them.
¹⁵ The Lord will dry up
the gulf of the Egyptian sea;
with a scorching wind he will sweep his hand
over the Euphrates River.^e
He will break it up into seven streams
so that men can cross over in sandals.
¹⁶ There will be a highway for the remnant of
his people
that is left from Assyria,
as there was for Israel
when they came up from Egypt.

Songs of Praise

12 In that day you will say:
"I will praise you, O Lord.
Although you were angry with me,
your anger has turned away
and you have comforted me.
² Surely God is my salvation;
I will trust and not be afraid.
The Lord, the Lord, is my strength and my song;
he has become my salvation."
³ With joy you will draw water
from the wells of salvation.

⁴ In that day you will say:

"Give thanks to the Lord, call on his name;
make known among the nations what he
has done,
and proclaim that his name is exalted.
⁵ Sing to the Lord, for he has done glorious things;
let this be known to all the world.
⁶ Shout aloud and sing for joy, people of Zion,
for great is the Holy One of Israel among you."

---

^a11.11 Ou *alto Egito* ^b11.11 Hebraico: *Cuxe.* ^c11.11 Ou *Babilônia* ^d11.15 Hebraico: *o Rio.*

^a11:11 Hebrew *from Pathros* ^b11:11 That is, the upper Nile region ^c11:11 Hebrew *Shinar* ^d11:13 Or *hostility* ^e11:15 Hebrew *the River*

Profecia contra a Babilônia

13 Advertência contra a Babilônia, que Isaías, filho de Amoz, recebeu em visão:

2 Levantem uma bandeira no topo
    de uma colina desnuda,
gritem a eles;
    chamem-nos com um aceno,
para que entrem pelas portas dos nobres.
3 Eu mesmo ordenei aos meus santos;
    para executarem a minha ira
já convoquei os meus guerreiros,
    os que se regozijam
com o meu triunfo.

4 Escutem! Há um barulho nos montes
    como o de uma grande multidão!
Escutem! É uma gritaria entre os reinos,
    como nações formando
uma imensa multidão!
    O Senhor dos Exércitos está reunindo
um exército para a guerra.
5 Eles vêm de terras distantes,
    lá dos confins dos céus;
o Senhor e as armas da sua ira,
    para destruírem todo o país.

6 Chorem, pois o dia do Senhor está perto;
    virá como destruição
da parte do Todo-poderoso.
7 Por isso, todas as mãos ficarão trêmulas,
    o coração de todos os homens se derreterá.
8 Ficarão apavorados,
    dores e aflições os dominarão;
eles se contorcerão como a mulher
    em trabalho de parto.
Olharão chocados uns para os outros,
    com os rostos em fogo.

9 Vejam! O dia do Senhor está perto,
    dia cruel, de ira e grande furor,
para devastar a terra
    e destruir os seus pecadores.
10 As estrelas do céu
    e as suas constelações
não mostrarão a sua luz.
    O sol nascente escurecerá,
e a lua não fará brilhar a sua luz.
11 Castigarei o mundo
    por causa da sua maldade,
os ímpios pela sua iniquidade.
    Darei fim à arrogância dos altivos
e humilharei o orgulho dos cruéis.
12 Tornarei o homem mais escasso
    do que o ouro puro,
mais raro do que o ouro de Ofir.
13 Por isso farei o céu tremer,
    e a terra se moverá do seu lugar
diante da ira do Senhor dos Exércitos,
    no dia do furor da sua ira.

14 Como a gazela perseguida,
    como a ovelha que ninguém recolhe,
cada um voltará para o seu povo,
    cada um fugirá para a sua terra.
15 Todo o que for capturado
    será traspassado;
todos os que forem apanhados
    cairão à espada.
16 Seus bebês serão despedaçados
    diante dos seus olhos;

A Prophecy Against Babylon

13 An oracle concerning Babylon that Isaiah son of Amoz saw:

2 Raise a banner on a bare hilltop,
    shout to them;
beckon to them
    to enter the gates of the nobles.
3 I have commanded my holy ones;
    I have summoned my warriors to carry
      out my wrath—
those who rejoice in my triumph.

4 Listen, a noise on the mountains,
    like that of a great multitude!
Listen, an uproar among the kingdoms,
    like nations massing together!
The Lord Almighty is mustering
    an army for war.
5 They come from faraway lands,
    from the ends of the heavens—
the Lord and the weapons of his wrath—
    to destroy the whole country.

6 Wail, for the day of the Lord is near;
    it will come like destruction from the
      Almighty.ᵃ
7 Because of this, all hands will go limp,
    every man's heart will melt.
8 Terror will seize them,
    pain and anguish will grip them;
they will writhe like a woman in labor.
    They will look aghast at each other,
    their faces aflame.

9 See, the day of the Lord is coming
    —a cruel day, with wrath and fierce anger—
to make the land desolate
    and destroy the sinners within it.
10 The stars of heaven and their constellations
    will not show their light.
The rising sun will be darkened
    and the moon will not give its light.
11 I will punish the world for its evil,
    the wicked for their sins.
I will put an end to the arrogance of
      the haughty
    and will humble the pride of the ruthless.
12 I will make man scarcer than pure gold,
    more rare than the gold of Ophir.
13 Therefore I will make the heavens tremble;
    and the earth will shake from its place
at the wrath of the Lord Almighty,
    in the day of his burning anger.

14 Like a hunted gazelle,
    like sheep without a shepherd,
each will return to his own people,
    each will flee to his native land.
15 Whoever is captured will be thrust through;
    all who are caught will fall by the sword.
16 Their infants will be dashed to pieces before
    their eyes;

ᵃ13:6 Hebrew *Shaddai*

suas casas serão saqueadas
e suas mulheres, violentadas.

17 Vejam! Eu despertarei
contra eles os medos,
que não se interessam pela prata
nem se deleitam com o ouro.

18 Seus arcos ferirão os jovens,
e eles não terão misericórdia dos bebês,
nem olharão com compaixão
para as crianças.

19 Babilônia, a jóia dos reinos,
o esplendor do orgulho dos babilônios[a],
será destruída por Deus,
à semelhança de Sodoma e Gomorra.

20 Nunca mais será repovoada
nem habitada, de geração em geração;
o árabe não armará ali a sua tenda
e o pastor não fará descansar ali
o seu rebanho.

21 Mas as criaturas do deserto lá estarão,
e as suas casas se encherão de chacais;
nela habitarão corujas
e saltarão bodes selvagens.

22 As hienas uivarão em suas fortalezas,
e os chacais em seus luxuosos palácios.
O tempo dela está terminando,
e os seus dias não serão prolongados.

14 O Senhor terá compaixão de Jacó;
tornará a escolher Israel
e os estabelecerá em sua própria terra.
Os estrangeiros se juntarão a eles
e farão parte da descendência de Jacó.

2 Povos os apanharão e os levarão
ao seu próprio lugar.
E a descendência de Israel
possuirá os povos
como servos e servas
na terra do Senhor.
Farão prisioneiros os seus captores
e dominarão sobre os seus opressores.

3 No dia em que o Senhor lhe der descanso do sofrimento, da perturbação e da cruel escravidão que sobre você foi imposta, **4** você zombará assim do rei da Babilônia:

Como chegou ao fim o opressor!
Sua arrogância[b] acabou-se!

5 O Senhor quebrou a vara dos ímpios,
o cetro dos governantes,

6 que irados feriram os povos
com golpes incessantes,
e enfurecidos subjugaram as nações
com perseguição implacável.

7 Toda a terra descansa tranqüila,
todos irrompem em gritos de alegria.

8 Até os pinheiros e os cedros do Líbano
alegram-se por sua causa e dizem:
"Agora que você foi derrubado,
nenhum lenhador vem derrubar-nos!"

9 Nas profundezas
o Sheol[c] está todo agitado
para recebê-lo quando chegar.
Por sua causa ele desperta
os espíritos dos mortos,
todos os governantes da terra.

their houses will be looted and their
wives ravished.

17 See, I will stir up against them the Medes,
who do not care for silver
and have no delight in gold.

18 Their bows will strike down the young men;
they will have no mercy on infants
nor will they look with compassion
on children.

19 Babylon, the jewel of kingdoms,
the glory of the Babylonians'[a] pride,
will be overthrown by God
like Sodom and Gomorrah.

20 She will never be inhabited
or lived in through all generations;
no Arab will pitch his tent there,
no shepherd will rest his flocks there.

21 But desert creatures will lie there,
jackals will fill her houses;
there the owls will dwell,
and there the wild goats will leap about.

22 Hyenas will howl in her strongholds,
jackals in her luxurious palaces.
Her time is at hand,
and her days will not be prolonged.

14 The Lord will have compassion on Jacob;
once again he will choose Israel
and will settle them in their own land.
Aliens will join them
and unite with the house of Jacob.

2 Nations will take them
and bring them to their own place.
And the house of Israel will possess the nations
as menservants and maidservants in
the Lord's land.
They will make captives of their captors
and rule over their oppressors.

3 On the day the Lord gives you relief from suffering and turmoil and cruel bondage, **4** you will take up this taunt against the king of Babylon:

How the oppressor has come to an end!
How his fury[b] has ended!

5 The Lord has broken the rod of the wicked,
the scepter of the rulers,

6 which in anger struck down peoples
with unceasing blows,
and in fury subdued nations
with relentless aggression.

7 All the lands are at rest and at peace;
they break into singing.

8 Even the pine trees and the cedars of Lebanon
exult over you and say,
"Now that you have been laid low,
no woodsman comes to cut us down."

9 The grave[c] below is all astir
to meet you at your coming;
it rouses the spirits of the departed to
greet you—
all those who were leaders in the world;

---

[a]13.19 Ou *caldeus* [b]14.4 Conforme os manuscritos do mar Morto, a Septuaginta e a Versão Siríaca. [c]14.9 Essa palavra pode ser traduzida por sepultura, profundezas, pó ou morte; também no versículo 15

[a]13:19 Or *Chaldeans'* [b]14:4 Dead Sea Scrolls, Septuagint and Syriac; the meaning of the word in the Masoretic Text is uncertain. [c]14:9 Hebrew *Sheol*; also in verses 11 and 15

Ele os faz levantar-se dos seus tronos,
　todos os reis dos povos.
¹⁰ Todos responderão e lhe dirão:
　"Você também perdeu as forças como nós,
　e tornou-se como um de nós".
¹¹ Sua soberba foi lançada na sepultura,
　junto com o som das suas liras;
　sua cama é de larvas,
　sua coberta, de vermes.

¹² Como você caiu dos céus,
　ó estrela da manhã, filho da alvorada!
　Como foi atirado à terra,
　você, que derrubava as nações!
¹³ Você, que dizia no seu coração:
　"Subirei aos céus;
　erguerei o meu trono
　acima das estrelas de Deus;
　eu me assentarei no monte da assembléia,
　no ponto mais elevado do monte santoª.
¹⁴ Subirei mais alto
　que as mais altas nuvens;
　serei como o Altíssimo".
¹⁵ Mas às profundezas do Sheol
　você será levado,
　irá ao fundo do abismo!

¹⁶ Os que olham para você
　admiram-se da sua situação,
　e a seu respeito ponderam:
　"É esse o homem que fazia tremer a terra,
　abalava os reinos,
¹⁷ fez do mundo um deserto,
　conquistou cidades
　e não deixou que os seus prisioneiros
　voltassem para casa?"

¹⁸ Todos os reis das nações
　jazem honrosamente,
　cada um em seu próprio túmulo.
¹⁹ Mas você é atirado fora do seu túmulo,
　como um galho rejeitado;
　como as roupas dos mortos
　que foram feridos à espada;
　como os que descem às pedras da cova;
　como um cadáver pisoteado,
²⁰ você não se unirá a eles
　num sepultamento,
　pois destruiu a sua própria terra,
　e matou o seu próprio povo.

Nunca se mencione
　a descendência dos malfeitores!
²¹ Preparem um local para matar
　os filhos dele
　por causa da iniqüidade
　dos seus antepassados;
　para que eles não se levantem
　para herdar a terra
　e cobri-la de cidades.

²² "Eu me levantarei contra eles",
　diz o Senhor dos Exércitos.
　"Eliminarei da Babilônia o seu nome
　e os seus sobreviventes,
　sua prole e os seus descendentes",
　diz o Senhor.
²³ "Farei dela um lugar para corujas
　e uma terra pantanosa;
　vou varrê-la com a vassoura da destruição",
　diz o Senhor dos Exércitos.

it makes them rise from their thrones—
　all those who were kings over the nations.
¹⁰ They will all respond,
　they will say to you,
"You also have become weak, as we are;
　you have become like us."
¹¹ All your pomp has been brought down
　to the grave,
　along with the noise of your harps;
　maggots are spread out beneath you
　and worms cover you.

¹² How you have fallen from heaven,
　O morning star, son of the dawn!
　You have been cast down to the earth,
　you who once laid low the nations!
¹³ You said in your heart,
　"I will ascend to heaven;
　I will raise my throne
　above the stars of God;
　I will sit enthroned on the mount of assembly,
　on the utmost heights of the
　　sacred mountain.ª
¹⁴ I will ascend above the tops of the clouds;
　I will make myself like the Most High."
¹⁵ But you are brought down to the grave,
　to the depths of the pit.

¹⁶ Those who see you stare at you,
　they ponder your fate:
　"Is this the man who shook the earth
　and made kingdoms tremble,
¹⁷ the man who made the world a desert,
　who overthrew its cities
　and would not let his captives go home?"

¹⁸ All the kings of the nations lie in state,
　each in his own tomb.
¹⁹ But you are cast out of your tomb
　like a rejected branch;
　you are covered with the slain,
　with those pierced by the sword,
　those who descend to the stones of the pit.
　Like a corpse trampled underfoot,
²⁰ you will not join them in burial,
　for you have destroyed your land
　and killed your people.

　The offspring of the wicked
　will never be mentioned again.
²¹ Prepare a place to slaughter his sons
　for the sins of their forefathers;
　they are not to rise to inherit the land
　and cover the earth with their cities.

²² "I will rise up against them,"
　declares the Lord Almighty.
　"I will cut off from Babylon her name
　　and survivors,
　her offspring and descendants,"
　　　　　　　declares the Lord.
²³ "I will turn her into a place for owls
　and into swampland;
I will sweep her with the broom of destruction,"
　declares the Lord Almighty.

ª14.13 Ou *alto do norte*. Hebraico: *zafon*.　　　　ª14:13 Or *the north*; Hebrew *Zaphon*

Profecia contra a Assíria

24 O Senhor dos Exércitos jurou:

"Certamente, como planejei,
    assim acontecerá,
e, como pensei, assim será.
25 Esmagarei a Assíria na minha terra;
    nos meus montes a pisotearei.
O seu jugo será tirado do meu povo,
    e o seu fardo, dos ombros dele".

26 Esse é o plano estabelecido
    para toda a terra;
essa é a mão estendida
    sobre todas as nações.
27 Pois esse é o propósito
    do Senhor dos Exércitos;
    quem pode impedi-lo?
Sua mão está estendida;
    quem pode fazê-la recuar?

Profecia contra os Filisteus

28 Esta advertência veio no ano em que o rei Acaz morreu:

29 Vocês, filisteus, todos vocês,
    não se alegrem
porque a vara que os feria está quebrada!
    Da raiz da cobra brotará uma víbora,
e o seu fruto será uma serpente veloz.
30 O mais pobre dos pobres
    achará pastagem,
e os necessitados descansarão
    em segurança.
Mas eu matarei de fome
    a raiz de vocês,
e ela matará os seus sobreviventes.

31 Lamente, ó porta! Clame, ó cidade!
    Derretam-se todos vocês, filisteus!
Do norte vem um exército,
    e ninguém desertou de suas fileiras.
32 Que resposta se dará
    aos emissários daquela nação?
Esta: "O Senhor estabeleceu Sião,
    e nela encontrarão refúgio
os aflitos do seu povo".

Profecia contra Moabe

15 Advertência contra Moabe:
Sim, na noite em que foi destruída,
    Ar, em Moabe, ficou arruinada!
E na noite em que foi destruída,
    Quir, em Moabe, ficou arruinada!
2 Sobe-se ao templo em Dibom,
    a seus altares idólatras, para chorar;
por causa de Nebo e de Medeba
    Moabe pranteia.
Todas as cabeças estão rapadas
    e toda barba foi cortada.
3 Nas ruas andam vestidos
    de roupas de lamento;
nos terraços e nas praças públicas
    todos pranteiam e se prostram chorando.
4 Hesbom e Eleale clamam;
    até Jaaz as suas vozes são ouvidas.
Por isso os homens armados
    de Moabe gritam,
e o coração deles treme.
5 O meu coração clama
    por causa de Moabe!
Os seus fugitivos vão até Zoar,
    até Eglate-Selísia.

A Prophecy Against Assyria

24 The Lord Almighty has sworn,

"Surely, as I have planned, so it will be,
    and as I have purposed, so it will stand.
25 I will crush the Assyrian in my land;
    on my mountains I will trample him down.
His yoke will be taken from my people,
    and his burden removed from
        their shoulders."

26 This is the plan determined for the whole world;
    this is the hand stretched out over all nations.
27 For the Lord Almighty has purposed, and who
        can thwart him?
His hand is stretched out, and who can
        turn it back?

A Prophecy Against the Philistines

28 This oracle came in the year King Ahaz died:

29 Do not rejoice, all you Philistines,
    that the rod that struck you is broken;
from the root of that snake will spring
        up a viper,
    its fruit will be a darting, venomous serpent.
30 The poorest of the poor will find pasture,
    and the needy will lie down in safety.
But your root I will destroy by famine;
    it will slay your survivors.

31 Wail, O gate! Howl, O city!
    Melt away, all you Philistines!
A cloud of smoke comes from the north,
    and there is not a straggler in its ranks.
32 What answer shall be given
    to the envoys of that nation?
"The Lord has established Zion,
    and in her his afflicted people will
        find refuge."

A Prophecy Against Moab

15 An oracle concerning Moab:
Ar in Moab is ruined,
    destroyed in a night!
Kir in Moab is ruined,
    destroyed in a night!
2 Dibon goes up to its temple,
    to its high places to weep;
Moab wails over Nebo and Medeba.
Every head is shaved
    and every beard cut off.
3 In the streets they wear sackcloth;
    on the roofs and in the public squares
        they all wail,
    prostrate with weeping.
4 Heshbon and Elealeh cry out,
    their voices are heard all the way to Jahaz.
Therefore the armed men of Moab cry out,
    and their hearts are faint.
5 My heart cries out over Moab;
    her fugitives flee as far as Zoar,
    as far as Eglath Shelishiyah.

Sobem pelo caminho de Luíte,
    caminhando e chorando.
Pela estrada de Horonaim
    levantam clamor em face da destruição,
6 porque as águas de Ninrim secaram-se,
    a pastagem secou-se
e a vegetação morreu;
    todo o verde desapareceu!
7 Por isso, a riqueza que adquiriram
    e armazenaram
eles levam para além
    do riacho dos Salgueiros.
8 Com efeito, seu clamor espalha-se
    por todo o território de Moabe;
sua lamentação até Eglaim,
    até Beer-Elim.
9 Ainda que as águas de Dimom[a]
    estejam cheias de sangue,
trarei mais mal sobre Dimom:
    um leão sobre os fugitivos de Moabe
e sobre aqueles que permanecem na terra.

16 Enviem cordeiros como tributo
    ao governante da terra,
desde Selá, atravessando o deserto,
    até o monte Sião.
2 Como aves perdidas,
    lançadas fora do ninho,
assim são os habitantes de Moabe
    nos lugares de passagem do Arnom.

3 "Dá conselhos e propõe uma decisão.
    Torna a tua sombra como a noite
em pleno meio-dia
    e esconde os fugitivos;
não deixes ninguém saber
    onde estão os refugiados.
4 Que os fugitivos moabitas
    habitem contigo;
sê para eles abrigo contra
    o destruidor."

O opressor há de ter fim,
    a destruição se acabará
e o agressor desaparecerá da terra.
5 Então, em amor será firmado um trono;
    em fidelidade um homem
se assentará nele na tenda de Davi:
    um Juiz que busca a justiça
e se apressa em defender o que é justo.

6 Ouvimos acerca da soberba de Moabe:
    da sua arrogância exagerada,
de todo o seu orgulho
    e do seu ódio;
mas tudo isso não vale nada.
7 Por isso choram os moabitas,
    todos choram por Moabe.
Cada um se lamenta e se entristece
    pelos bolos de passas de Quir-Haresete.
8 As lavouras de Hesbom estão murchas,
    como também as videiras de Sibma.
Os governantes das nações
    pisotearam as melhores videiras,
que antes chegavam até Jazar
    e estendiam-se para o deserto.
Seus brotos espalhavam-se

They go up the way to Luhith,
    weeping as they go;
on the road to Horonaim
    they lament their destruction.
6 The waters of Nimrim are dried up
    and the grass is withered;
the vegetation is gone
    and nothing green is left.
7 So the wealth they have acquired and stored up
    they carry away over the Ravine of
        the Poplars.
8 Their outcry echoes along the border of Moab;
    their wailing reaches as far as Eglaim,
    their lamentation as far as Beer Elim.
9 Dimon's[a] waters are full of blood,
    but I will bring still more upon Dimon[b]—
a lion upon the fugitives of Moab
    and upon those who remain in the land.

16 Send lambs as tribute
    to the ruler of the land,
from Sela, across the desert,
    to the mount of the Daughter of Zion.
2 Like fluttering birds
    pushed from the nest,
so are the women of Moab
    at the fords of the Arnon.

3 "Give us counsel,
    render a decision.
Make your shadow like night—
    at high noon.
Hide the fugitives,
    do not betray the refugees.
4 Let the Moabite fugitives stay with you;
    be their shelter from the destroyer."

The oppressor will come to an end,
    and destruction will cease;
the aggressor will vanish from the land.
5 In love a throne will be established;
    in faithfulness a man will sit on it—
one from the house[c] of David—
one who in judging seeks justice
    and speeds the cause of righteousness.

6 We have heard of Moab's pride—
    her overweening pride and conceit,
her pride and her insolence—
    but her boasts are empty.
7 Therefore the Moabites wail,
    they wail together for Moab.
Lament and grieve
    for the men[d] of Kir Hareseth.
8 The fields of Heshbon wither,
    the vines of Sibmah also.
The rulers of the nations
    have trampled down the choicest vines,
which once reached Jazer
    and spread toward the desert.
Their shoots spread out

---

[a]15.9 Alguns manuscritos dizem *Dibom*.

[a]15:9 Masoretic Text; Dead Sea Scrolls, some Septuagint manuscripts and Vulgate *Dibon* [b]15:9 Masoretic Text; Dead Sea Scrolls, some Septuagint manuscripts and Vulgate *Dibon* [c]16:5 Hebrew *tent* [d]16:7 Or *"raisin cakes,"* a wordplay

e chegavam ao mar.

⁹ Por isso eu choro, como Jazar chora,
  por causa das videiras de Sibma.
Hesbom, Eleale, com minhas lágrimas
  eu as encharco!
Pois não se ouvem mais os gritos de alegria
  por seus frutos e por suas colheitas.

¹⁰ Foram-se a alegria
  e a exultação dos pomares;
ninguém canta nem grita nas vinhas;
  ninguém pisa as uvas nos lagares,
pois fiz cessar os gritos de alegria.

¹¹ Por isso as minhas entranhas gemem
  como harpa por Moabe;
o íntimo do meu ser
  estremece por Quir-Heres.

¹² Quando Moabe se apresentar cansado
  nos lugares altos,
e for ao seu santuário,
  nada conseguirá.

¹³ Essa palavra o Senhor já havia falado acerca de Moabe. ¹⁴ Mas agora o Senhor diz: "Dentro de três anos, e nem um dia mais,ᵃ o esplendor de Moabe e toda a sua grande população serão desprezados, e os seus sobreviventes serão poucos e fracos".

Mensagem contra Damasco

17 Advertência contra Damasco:
Damasco deixará de ser cidade;
e se tornará um monte de ruínas.

² Suas cidades serão abandonadas;
  serão entregues aos rebanhos
que ali se deitarão,
  e ninguém os espantará.

³ Efraim deixará de ser uma fortaleza,
  e Damasco uma realeza;
o remanescente de Arã será
  como a glória dos israelitas,
anuncia o Senhor dos Exércitos.

⁴ Naquele dia a glória de Jacó se definhará,
  e a gordura do seu corpo se consumirá.

⁵ Será como quando
  um ceifeiro junta o trigo
e colhe as espigas com o braço,
  como quando se apanham
os feixes de trigo
  no vale de Refaim.

⁶ Contudo, restarão algumas espigas,
  como, quando se sacode uma oliveira,
ficam duas ou três azeitonas
  nos galhos mais altos
e umas quatro ou cinco
  nos ramos mais produtivos,
anuncia o Senhor, o Deus de Israel.

⁷ Naquele dia os homens olharão
  para aquele que os fez
e voltarão os olhos para o Santo de Israel.

⁸ Não olharão para os altares,
  obra de suas mãos,
e não darão a mínima atenção
  aos postes sagrados
e aos altares de incenso
  que os seus dedos fizeram.

⁹ Naquele dia as suas cidades fortes, que tinham sido abandonadas por causa dos israelitas, serão como lugares entregues aos bosques e ao mato. E tudo será desolação.

ᵃ**16.14** Hebraico: *como os anos de um contrato de trabalho.*

---

and went as far as the sea.

⁹ So I weep, as Jazer weeps,
  for the vines of Sibmah.
O Heshbon, O Elealeh,
  I drench you with tears!
The shouts of joy over your ripened fruit
  and over your harvests have been stilled.

¹⁰ Joy and gladness are taken away from
   the orchards;
  no one sings or shouts in the vineyards;
no one treads out wine at the presses,
  for I have put an end to the shouting.

¹¹ My heart laments for Moab like a harp,
  my inmost being for Kir Hareseth.

¹² When Moab appears at her high place,
  she only wears herself out;
when she goes to her shrine to pray,
  it is to no avail.

¹³ This is the word the Lord has already spoken concerning Moab. ¹⁴ But now the Lord says: "Within three years, as a servant bound by contract would count them, Moab's splendor and all her many people will be despised, and her survivors will be very few and feeble."

An Oracle Against Damascus

17 An oracle concerning Damascus:
"See, Damascus will no longer be a city
but will become a heap of ruins.

² The cities of Aroer will be deserted
  and left to flocks, which will lie down,
  with no one to make them afraid.

³ The fortified city will disappear from Ephraim,
  and royal power from Damascus;
the remnant of Aram will be
  like the glory of the Israelites,"
      declares the Lord Almighty.

⁴ "In that day the glory of Jacob will fade;
  the fat of his body will waste away.

⁵ It will be as when a reaper gathers the
   standing grain
  and harvests the grain with his arm—
as when a man gleans heads of grain
  in the Valley of Rephaim.

⁶ Yet some gleanings will remain,
  as when an olive tree is beaten,
leaving two or three olives on the
   topmost branches,
  four or five on the fruitful boughs,"
     declares the Lord, the God of Israel.

⁷ In that day men will look to their Maker
  and turn their eyes to the Holy One of Israel.

⁸ They will not look to the altars,
  the work of their hands,
and they will have no regard for the
   Asherah polesᵃ
  and the incense altars their fingers
   have made.

⁹ In that day their strong cities, which they left because of the Israelites, will be like places abandoned to thickets and undergrowth. And all will be desolation.

ᵃ**17:8** That is, symbols of the goddess Asherah

10 Porque vocês se esqueceram de Deus,
do seu Salvador,
e não se lembraram da Rocha,
da fortaleza de vocês.
Por isso, embora vocês cultivem
as melhores plantas,
videiras importadas,
11 e no dia em que as semearem
as façam crescer,
e de manhã florescer,
contudo, não haverá colheita
no dia da tristeza e do mal irremediável.
12 Ah! O bramido das numerosas nações;
bramam como o mar!
Ah, o rugido dos povos;
rugem como águas impetuosas!
13 Embora os povos rujam como
ondas encapeladas,
quando ele os repreender,
fugirão para longe,
carregados pelo vento
como palha nas colinas,
como galhos arrancados pela ventania.
14 Ao cair da tarde, pavor repentino!
Antes do amanhecer, já se foram!
Esse é o destino dos que nos saqueiam,
essa é a parte que caberá aos que roubam.

Profecia contra a Etiópia

18 Ai da terra do zumbido de insetos[a]
ao longo dos rios da Etiópia[b],
2 que manda emissários pelo mar
em barcos de papiro sobre as águas.

Vão, ágeis mensageiros,
a um povo alto e de pele macia,
a um povo temido
pelos que estão perto
e pelos que estão longe,
nação agressiva e de fala estranha,
cuja terra é dividida por rios.

3 Todos vocês, habitantes do mundo,
vocês que vivem na terra,
quando a bandeira for erguida
sobre os montes, vocês a verão,
e, quando soar a trombeta,
vocês a ouvirão.
4 Assim diz o Senhor:
"Do lugar onde moro
ficarei olhando, quieto
como o ardor do sol reluzente,
como a nuvem de orvalho
no calor do tempo da colheita".
5 Pois, antes da colheita,
quando a floração der lugar ao fruto
e as uvas amadurecerem,
ele cortará os brotos com a podadeira
e tirará os ramos longos.
6 Serão todos entregues
aos abutres das montanhas
e aos animais selvagens;
as aves se alimentarão deles todo o verão,
e os animais selvagens, todo o inverno.

7 Naquela ocasião dádivas serão trazidas
ao Senhor dos Exércitos
da parte de um povo alto e de pele macia,

10 You have forgotten God your Savior;
you have not remembered the Rock,
your fortress.
Therefore, though you set out the finest plants
and plant imported vines,
11 though on the day you set them out, you
make them grow,
and on the morning when you plant them, you bring
them to bud,
yet the harvest will be as nothing
in the day of disease and incurable pain.
12 Oh, the raging of many nations—
they rage like the raging sea!
Oh, the uproar of the peoples—
they roar like the roaring of great waters!
13 Although the peoples roar like the roar
of surging waters,
when he rebukes them they flee far away,
driven before the wind like chaff on the hills,
like tumbleweed before a gale.
14 In the evening, sudden terror!
Before the morning, they are gone!
This is the portion of those who loot us,
the lot of those who plunder us.

A Prophecy Against Cush

18 Woe to the land of whirring wings[a]
along the rivers of Cush,[b]
2 which sends envoys by sea
in papyrus boats over the water.

Go, swift messengers,
to a people tall and smooth-skinned,
to a people feared far and wide,
an aggressive nation of strange speech,
whose land is divided by rivers.

3 All you people of the world,
you who live on the earth,
when a banner is raised on the mountains,
you will see it,
and when a trumpet sounds,
you will hear it.
4 This is what the Lord says to me:
"I will remain quiet and will look on from my
dwelling place,
like shimmering heat in the sunshine,
like a cloud of dew in the heat of harvest."
5 For, before the harvest, when the blossom
is gone
and the flower becomes a ripening grape,
he will cut off the shoots with pruning knives,
and cut down and take away the
spreading branches.
6 They will all be left to the mountain birds
of prey
and to the wild animals;
the birds will feed on them all summer,
the wild animals all winter.

7 At that time gifts will be brought to the Lord Almighty

from a people tall and smooth-skinned,

---

a18:1 Ou *gafanhotos* **b**18:1 Hebraico: *de Cuxe*.   **a**18:1 Or *of locusts* **b**18:1 That is, the upper Nile region

da parte de um povo temido
    pelos que estão perto
    e pelos que estão longe,
nação agressiva e de fala estranha,
    cuja terra é dividida por rios.

As dádivas serão trazidas ao monte Sião, ao local do nome
do Senhor dos Exércitos.

Profecia contra o Egito

19 Advertência contra o Egito:

Vejam! O Senhor cavalga
    numa nuvem veloz
que vai para o Egito.
Os ídolos do Egito tremem diante dele,
    e os corações dos egípcios
    se derretem no íntimo.

2 "Incitarei egípcio contra egípcio;
    cada um lutará contra seu irmão,
vizinho lutará contra vizinho,
    cidade contra cidade,
reino contra reino.
3 Os egípcios ficarão desanimados,
    e farei que os seus planos
resultem em nada.
    Depois eles consultarão os ídolos
    e os necromantes,
    os médiuns e os adivinhos,
4 então eu entregarei os egípcios
    nas mãos de um senhor cruel,
e um rei feroz dominará sobre eles",
    anuncia o Soberano,
o Senhor dos Exércitos.

5 As águas do rio vão secar-se;
    o leito do rio ficará completamente seco.
6 Os canais terão mau cheiro;
    os riachos do Egito
vão diminuir até secar-se;
    os juncos e as canas murcharão.
7 Haverá lugares secos ao longo do Nilo
    e na própria foz do rio.
Tudo o que for semeado ao longo do Nilo
    se ressecará,
será levado pelo vento
    e desaparecerá.
8 Os pescadores gemerão
    e se lamentarão,
como também todos os que lançam
    anzóis no Nilo;
os que lançam redes na água
    desanimarão.
9 Os que trabalham com linho
    e os tecelões de algodão se desesperarão.
10 Os nobres ficarão deprimidos,
    e todos os assalariados ficarão abatidos.
11 Os líderes de Zoã
    não passam de insensatos;
os sábios conselheiros do faraó
    dão conselhos tolos.
Como, então,
    vocês podem dizer ao faraó:
"Sou sábio,
    sou discípulo dos reis da antiguidade"?

12 Onde estão agora os seus sábios?
    Que lhe mostrem,
se é que eles têm conhecimento
    do que o Senhor dos Exércitos
tem planejado contra o Egito.

from a people feared far and wide,
    an aggressive nation of strange speech,
    whose land is divided by rivers—

the gifts will be brought to Mount Zion, the place of the Name
of the Lord Almighty.

A Prophecy About Egypt

19 An oracle concerning Egypt:

See, the Lord rides on a swift cloud
    and is coming to Egypt.
The idols of Egypt tremble before him,
    and the hearts of the Egyptians melt
    within them.

2 "I will stir up Egyptian against Egyptian—
    brother will fight against brother,
    neighbor against neighbor,
    city against city,
    kingdom against kingdom.
3 The Egyptians will lose heart,
    and I will bring their plans to nothing;
they will consult the idols and the spirits
      of the dead,
    the mediums and the spiritists.
4 I will hand the Egyptians over
    to the power of a cruel master,
and a fierce king will rule over them,"
    declares the Lord, the Lord Almighty.

5 The waters of the river will dry up,
    and the riverbed will be parched and dry.
6 The canals will stink;
    the streams of Egypt will dwindle and dry up.
The reeds and rushes will wither,
    7 also the plants along the Nile,
    at the mouth of the river.
Every sown field along the Nile
    will become parched, will blow away and
    be no more.
8 The fishermen will groan and lament,
    all who cast hooks into the Nile;
those who throw nets on the water
    will pine away.
9 Those who work with combed flax will despair,
    the weavers of fine linen will lose hope.
10 The workers in cloth will be dejected,
    and all the wage earners will be sick at heart.
11 The officials of Zoan are nothing but fools;
    the wise counselors of Pharaoh give
      senseless advice.
How can you say to Pharaoh,
    "I am one of the wise men,
    a disciple of the ancient kings"?

12 Where are your wise men now?
    Let them show you and make known
what the Lord Almighty
    has planned against Egypt.

¹³ Tornaram-se tolos os líderes de Zoã,
    e os de Mênfis são enganados;
os chefes dos seus clãs
    induziram o Egito ao erro.
¹⁴ O Senhor derramou dentro deles
    um espírito que os deixou desorientados;
eles levam o Egito a cambalear
    em tudo quanto faz,
como cambaleia o bêbado
    em volta do seu vômito.
¹⁵ Não há nada que o Egito possa fazer,
    nada que a cabeça ou a cauda,
a palma ou o junco possam fazer.

¹⁶ Naquele dia os egípcios serão como mulheres. Tremerão de medo diante do agitar da mão do Senhor dos Exércitos, que se levantará contra eles. **¹⁷** Judá trará pavor aos egípcios; todo aquele que mencionar o nome de Judá ficará apavorado, por causa do plano do Senhor dos Exércitos contra eles.

¹⁸ Naquele dia cinco cidades do Egito falarão a língua de Canaã e jurarão lealdade ao Senhor dos Exércitos. Uma delas será chamada Cidade do Solᵃ.

¹⁹ Naquele dia haverá um altar dedicado ao Senhor no centro do Egito, e em sua fronteira, um monumento ao Senhor. **²⁰** Serão um sinal e um testemunho para o Senhor dos Exércitos na terra do Egito. Quando eles clamarem ao Senhor por causa dos seus opressores, ele lhes enviará um salvador e defensor que os libertará. **²¹** Assim o Senhor se dará a conhecer aos egípcios, e naquele dia eles saberão quem é o Senhor. A ele prestarão culto com sacrifícios e ofertas de cereal; farão votos ao Senhor e os cumprirão. **²²** O Senhor ferirá os egípcios; ele os ferirá e os curará. Eles se voltarão para o Senhor, e ele responderá às suas súplicas e os curará.

²³ Naquele dia haverá uma estrada do Egito para a Assíria. Os assírios irão para o Egito, e os egípcios para a Assíria, e os egípcios e os assírios cultuarão juntos. **²⁴** Naquele dia Israel será um mediador entre o Egito e a Assíria, uma bênção na terra. **²⁵** O Senhor dos Exércitos os abençoará, dizendo: "Bendito sejam o Egito, meu povo, a Assíria, obra de minhas mãos, e Israel, minha herança".

Profecia contra o Egito e a Etiópia

20 No ano em que o general enviado por Sargom, rei da Assíria, atacou Asdode e a conquistou, **²** nessa mesma ocasião o Senhor falou por meio de Isaías, filho de Amoz, e disse: "Tire o pano de saco do corpo e as sandálias dos pés". Ele obedeceu, e passou a andar nu e descalço.

³ Disse então o Senhor: "Assim como o meu servo Isaías andou nu e descalço durante três anos, como sinal e advertência contra o Egito e contra a Etiópiaᵇ, **⁴** assim também o rei da Assíria, para vergonha do Egito, levará nus e descalços os prisioneiros egípcios e os exilados etíopes, jovens e velhos, com as nádegas descobertas. **⁵** Os que confiavam na Etiópia e se vangloriavam no Egito terão medo e ficarão decepcionados. **⁶** Naquele dia o povo que vive deste lado do mar dirá: 'Vejam o que aconteceu com aqueles em quem confiávamos, a quem recorremos para nos ajudar e nos livrar do rei da Assíria! E agora? Como escaparemos?' "

Profecia contra a Babilônia

21 Advertência contra o deserto junto ao mar:

Como um vendaval
    em redemoinhos
que varre todo o Neguebe,

¹³ The officials of Zoan have become fools,
    the leaders of Memphisᵃ are deceived;
the cornerstones of her peoples
    have led Egypt astray.
¹⁴ The Lord has poured into them
    a spirit of dizziness;
they make Egypt stagger in all that she does,
    as a drunkard staggers around in his vomit.
¹⁵ There is nothing Egypt can do—
    head or tail, palm branch or reed.

¹⁶ In that day the Egyptians will be like women. They will shudder with fear at the uplifted hand that the Lord Almighty raises against them. **¹⁷** And the land of Judah will bring terror to the Egyptians; everyone to whom Judah is mentioned will be terrified, because of what the Lord Almighty is planning against them.

¹⁸ In that day five cities in Egypt will speak the language of Canaan and swear allegiance to the Lord Almighty. One of them will be called the City of Destruction.ᵇ

¹⁹ In that day there will be an altar to the Lord in the heart of Egypt, and a monument to the Lord at its border. **²⁰** It will be a sign and witness to the Lord Almighty in the land of Egypt. When they cry out to the Lord because of their oppressors, he will send them a savior and defender, and he will rescue them. **²¹** So the Lord will make himself known to the Egyptians, and in that day they will acknowledge the Lord. They will worship with sacrifices and grain offerings; they will make vows to the Lord and keep them. **²²** The Lord will strike Egypt with a plague; he will strike them and heal them. They will turn to the Lord, and he will respond to their pleas and heal them.

²³ In that day there will be a highway from Egypt to Assyria. The Assyrians will go to Egypt and the Egyptians to Assyria. The Egyptians and Assyrians will worship together. **²⁴** In that day Israel will be the third, along with Egypt and Assyria, a blessing on the earth. **²⁵** The Lord Almighty will bless them, saying, "Blessed be Egypt my people, Assyria my handiwork, and Israel my inheritance."

A Prophecy Against Egypt and Cush

20 In the year that the supreme commander, sent by Sargon king of Assyria, came to Ashdod and attacked and captured it— **²** at that time the Lord spoke through Isaiah son of Amoz. He said to him, "Take off the sackcloth from your body and the sandals from your feet." And he did so, going around stripped and barefoot.

³ Then the Lord said, "Just as my servant Isaiah has gone stripped and barefoot for three years, as a sign and portent against Egypt and Cush,ᶜ **⁴** so the king of Assyria will lead away stripped and barefoot the Egyptian captives and Cushite exiles, young and old, with buttocks bared—to Egypt's shame. **⁵** Those who trusted in Cush and boasted in Egypt will be afraid and put to shame. **⁶** In that day the people who live on this coast will say, 'See what has happened to those we relied on, those we fled to for help and deliverance from the king of Assyria! How then can we escape?' "

A Prophecy Against Babylon

21 An oracle concerning the Desert by the Sea:

Like whirlwinds sweeping through the southland,
    an invader comes from the desert,

ᵃ19.18 Isto é, Heliópolis. Conforme alguns manuscritos do Texto Massorético, os manuscritos do mar Morto e a Vulgata. Muitos manuscritos do Texto Massorético dizem *Cidade da Destruição*. ᵇ20.3 Hebraico: *Cuxe*; também no versículo 5.

ᵃ19:13 Hebrew *Nop* ᵇ19:18 Most manuscripts of the Masoretic Text; some manuscripts of the Masoretic Text, Dead Sea Scrolls and Vulgate *City of the Sun* (that is, Heliopolis) ᶜ20:3 That is, the upper Nile region; also in verse

um invasor vem do deserto,
de uma terra pavorosa.

2 Eu tive uma visão terrível:

O traidor fora traído,
o saqueador, saqueado.
Elão, vá à luta!
Média, feche o cerco!
Porque ponho fim a todo gemido
que ela provocou.

3 Diante disso fiquei tomado de angústia,
tive dores como as de uma mulher
em trabalho de parto;
estou tão transtornado
que não posso ouvir,
tão atônito que não posso ver.

4 O meu coração se estremece,
o temor toma conta de mim;
o anoitecer que eu tanto aguardava
transformou-se em terror para mim.

5 Eles põem as mesas, estendem a toalha,
comem, bebem!
Levantem-se, líderes,
preparem os escudos!

6 Assim me diz o Senhor:

"Vá, coloque um vigia de prontidão
para que anuncie tudo
o que se aproxima.

7 Quando ele vir carros
com parelhas de cavalos,
homens montados em jumentos
ou em camelos,
fique alerta, bem alerta".

8 Então o vigiaᵃ gritou:

"Dia após dia, meu senhor,
eu fico na torre das sentinelas;
todas as noites permaneço em meu posto.

9 Veja! Ali vem um homem num carro
com uma parelha de cavalos,
e ele diz:

'Caiu! A Babilônia caiu!
Todas as imagens dos seus deuses
estão despedaçadas no chão!' "

10 Ah, meu povo malhado na eira!
Eu lhes conto o que ouvi
da parte do Senhor dos Exércitos,
da parte do Deus de Israel.

Profecia contra Edom

11 Advertência contra Dumáᵇ:

Gente de Seir me pergunta:
"Guarda, quanto ainda falta
para acabar a noite?
Guarda, quanto falta
para acabar a noite?"

12 O guarda responde:
"Logo chega o dia, mas a noite também vem.
Se vocês quiserem perguntar de novo,
voltem e perguntem".

Profecia contra a Arábia

13 Advertência contra a Arábia:

Vocês, caravanas de dedanitas,
que acampam nos bosques da Arábia,

14 tragam água para os sedentos;

from a land of terror.

2 A dire vision has been shown to me:
The traitor betrays, the looter takes loot.
Elam, attack! Media, lay siege!
I will bring to an end all the groaning
she caused.

3 At this my body is racked with pain,
pangs seize me, like those of a woman
in labor;
I am staggered by what I hear,
I am bewildered by what I see.

4 My heart falters,
fear makes me tremble;
the twilight I longed for
has become a horror to me.

5 They set the tables,
they spread the rugs,
they eat, they drink!
Get up, you officers,
oil the shields!

6 This is what the Lord says to me:

"Go, post a lookout
and have him report what he sees.

7 When he sees chariots
with teams of horses,
riders on donkeys
or riders on camels,
let him be alert,
fully alert."

8 And the lookoutᵃ shouted,

"Day after day, my lord, I stand on
the watchtower;
every night I stay at my post.

9 Look, here comes a man in a chariot
with a team of horses.
And he gives back the answer:
'Babylon has fallen, has fallen!
All the images of its gods
lie shattered on the ground!' "

10 O my people, crushed on the threshing floor,
I tell you what I have heard
from the Lord Almighty,
from the God of Israel.

A Prophecy Against Edom

11 An oracle concerning Dumahᵇ:

Someone calls to me from Seir,
"Watchman, what is left of the night?
Watchman, what is left of the night?"

12 The watchman replies,
"Morning is coming, but also the night.
If you would ask, then ask;
and come back yet again."

A Prophecy Against Arabia

13 An oracle concerning Arabia:

You caravans of Dedanites,
who camp in the thickets of Arabia,

14 bring water for the thirsty;
you who live in Tema,

ᵃ21.8 Conforme os manuscritos do mar Morto e a Versão Siríaca. O Texto Massorético diz *um leão*. ᵇ21.11 *Dumá* significa *silêncio*, um trocadilho com a palavra *Edom*.

ᵃ21:8 Dead Sea Scrolls and Syriac; Masoretic Text *A lion* ᵇ21:11 *Dumah* means *silence* or *stillness*, a wordplay on *Edom*.

vocês, que vivem em Temá,
tragam comida para os fugitivos.

15 Eles fogem da espada,
da espada desembainhada,
do arco preparado
e da crueldade da batalha.

16 Assim me diz o Senhor: "Dentro de um ano, e nem um dia mais,ª toda a pompa de Quedar chegará ao fim. 17 Poucos serão os sobreviventes dos flecheiros, dos guerreiros de Quedar". O Senhor, o Deus de Israel, falou.

Profecia contra Jerusalém

22 Advertência contra o vale da Visão:

O que está perturbando vocês agora,
o que os levou
a se refugiarem nos terraços,
2 cidade cheia de agitação
cidade de tumulto e alvoroço?
Na verdade, seus mortos
não foram mortos à espada,
nem morreram em combate.
3 Todos os seus líderes fugiram juntos;
foram capturados sem resistência.
Todos vocês foram encontrados
e presos, embora tendo fugido
para bem longe.
4 Por isso eu disse: Afastem-se de mim;
deixem-me chorar amargamente.
Não tentem consolar-me pela destruição
do meu povo.
5 Pois o Soberano,
o Senhor dos Exércitos,
enviou um dia de tumulto,
pisoteamento e pavor ao vale da Visão;
dia de derrubar muros
e de gritar por socorro pelos montes.
6 Elão apanhou a aljava,
e avança com seus carros e cavalos;
Quir ostenta o escudo.
7 Os vales mais férteis de Judá
ficaram cheios de carros,
e cavaleiros tomaram posição
junto às portas das cidades;
8 Judá ficou sem defesas.

Naquele dia vocês olharam
para as armas do palácio da Floresta
9 e viram que a Cidade de Davi
tinha muitas brechas em seus muros.
Vocês armazenaram água no açude inferior,
10 contaram as casas de Jerusalém
e derrubaram algumas
para fortalecer os muros.
11 Vocês construíram um reservatório
entre os dois muros
para a água do açude velho,
mas não olharam para aquele
que fez estas coisas,
nem deram atenção àquele
que há muito as planejou.

12 Naquele dia o Soberano,
o Senhor dos Exércitos,
os chamou para que chorassem
e pranteassem,
arrancassem os seus cabelos
e usassem vestes de lamento.

ª21.16 Hebraico: *como os anos de um contrato de trabalho.*

bring food for the fugitives.

15 They flee from the sword,
from the drawn sword,
from the bent bow
and from the heat of battle.

16 This is what the Lord says to me: "Within one year, as a servant bound by contract would count it, all the pomp of Kedar will come to an end. 17 The survivors of the bowmen, the warriors of Kedar, will be few." The Lord, the God of Israel, has spoken.

A Prophecy About Jerusalem

22 An oracle concerning the Valley of Vision:

What troubles you now,
that you have all gone up on the roofs,
2 O town full of commotion,
O city of tumult and revelry?
Your slain were not killed by the sword,
nor did they die in battle.
3 All your leaders have fled together;
they have been captured without using
the bow.
All you who were caught were taken
prisoner together,
having fled while the enemy was still far away.
4 Therefore I said, "Turn away from me;
let me weep bitterly.
Do not try to console me
over the destruction of my people."
5 The Lord, the Lord Almighty, has a day
of tumult and trampling and terror
in the Valley of Vision,
a day of battering down walls
and of crying out to the mountains.
6 Elam takes up the quiver,
with her charioteers and horses;
Kir uncovers the shield.
7 Your choicest valleys are full of chariots,
and horsemen are posted at the city gates;
8   the defenses of Judah are stripped away.

And you looked in that day
to the weapons in the Palace of the Forest;
9 you saw that the City of David
had many breaches in its defenses;
you stored up water
in the Lower Pool.
10 You counted the buildings in Jerusalem
and tore down houses to strengthen the wall.
11 You built a reservoir between the two walls
for the water of the Old Pool,
but you did not look to the One who made it,
or have regard for the One who planned
it long ago.

12 The Lord, the Lord Almighty,
called you on that day
to weep and to wail,
to tear out your hair and put on sackcloth.

13 Mas, ao contrário,
    houve júbilo e alegria,
abate de gado
    e matança de ovelhas,
muita carne e muito vinho!
    E vocês diziam: "Comamos e bebamos,
porque amanhã morreremos".

14 O Senhor dos Exércitos revelou-me isso: "Até o dia de sua morte não haverá propiciação em favor desse pecado", diz o Soberano, o Senhor dos Exércitos.

Profecia contra Sebna
15 Assim diz o Soberano, o Senhor dos Exércitos:

"Vá dizer a esse Sebna, administrador do
    palácio:
16 Que faz você aqui,
    e quem lhe deu permissão
para abrir aqui um túmulo,
    você que o está lavrando no alto do monte
e talhando na rocha o seu lugar de descanso?

17 "Veja que o Senhor vai agarrar você
    e atirá-lo para bem longe,
ó homem poderoso!
18 Ele o embrulhará como uma bola
    e o atirará num vasto campo.
Lá você morrerá
    e lá os os poderosos carros se tornarão
a vergonha da casa do seu senhor!
19 Eu o demitirei das suas funções,
    e do seu cargo você será deposto.

20 "Naquele dia convocarei o meu servo Eliaquim, filho de Hilquias. **21** Eu o vestirei com o manto que pertencia a você, com o seu cinto o revestirei de força e a ele entregarei a autoridade que você exercia. Ele será um pai para os habitantes de Jerusalém e para os moradores de Judá. **22** Porei sobre os ombros dele a chave do reino de Davi; o que ele abrir ninguém conseguirá fechar, e o que ele fechar ninguém conseguirá abrir. **23** Eu o fincarei como uma estaca em terreno firme; ele será para o reino de seu pai um trono de glória[a]. **24** Toda a glória de sua família dependerá dele: sua prole e seus descendentes — todos os seus utensílios menores, das bacias aos jarros.

25 "Naquele dia", anuncia o Senhor dos Exércitos, "a estaca fincada em terreno firme cederá; será arrebentada e desabará, e o peso sobre ela cairá". Pois o Senhor o declarou.

Profecia contra Tiro
23 Advertência contra Tiro:
Pranteiem, navios de Társis!
Pois Tiro foi destruída
e ficou sem nenhuma casa e sem porto.
    De Chipre[b] lhe veio essa mensagem.

2 Fiquem calados,
    habitantes das regiões litorâneas,
e vocês, mercadores de Sidom,
    enriquecidos pelos que atravessam o mar
3 e as grandes águas.
    O trigo de Sior
e a colheita do Nilo eram a sua renda,
    e vocês se tornaram
o suprimento das nações.

4 Envergonhe-se, Sidom,
    pois o mar, a fortaleza do mar, falou:

13 But see, there is joy and revelry,
    slaughtering of cattle and killing of sheep,
    eating of meat and drinking of wine!
"Let us eat and drink," you say,
    "for tomorrow we die!"

14 The Lord Almighty has revealed this in my hearing: "Till your dying day this sin will not be atoned for," says the Lord, the Lord Almighty.

15 This is what the Lord, the Lord Almighty, says:

"Go, say to this steward,
    to Shebna, who is in charge of the palace:
16 What are you doing here and who gave
    you permission
    to cut out a grave for yourself here,
hewing your grave on the height
    and chiseling your resting place in the rock?

17 "Beware, the Lord is about to take firm hold
    of you
    and hurl you away, O you mighty man.
18 He will roll you up tightly like a ball
    and throw you into a large country.
There you will die
    and there your splendid chariots
    will remain—
    you disgrace to your master's house!
19 I will depose you from your office,
    and you will be ousted from your position.

20 "In that day I will summon my servant, Eliakim son of Hilkiah. **21** I will clothe him with your robe and fasten your sash around him and hand your authority over to him. He will be a father to those who live in Jerusalem and to the house of Judah. **22** I will place on his shoulder the key to the house of David; what he opens no one can shut, and what he shuts no one can open. **23** I will drive him like a peg into a firm place; he will be a seat[a] of honor for the house of his father. **24** All the glory of his family will hang on him: its offspring and offshoots—all its lesser vessels, from the bowls to all the jars.

25 "In that day," declares the Lord Almighty, "the peg driven into the firm place will give way; it will be sheared off and will fall, and the load hanging on it will be cut down." The Lord has spoken.

A Prophecy About Tyre
23 An oracle concerning Tyre:
Wail, O ships of Tarshish!
For Tyre is destroyed
    and left without house or harbor.
From the land of Cyprus[b]
    word has come to them.

2 Be silent, you people of the island
    and you merchants of Sidon,
    whom the seafarers have enriched.
3 On the great waters
    came the grain of the Shihor;
the harvest of the Nile[c] was the revenue
    of Tyre,
and she became the marketplace of
    the nations.

4 Be ashamed, O Sidon, and you, O fortress
    of the sea, for the sea has spoken:

---

[a]22.23 Ou *assento de honra* [b]23.1 Hebraico: *Quitim*; também no versículo 12.

[a]22:23 Or *throne* [b]23:1 Hebrew *Kittim* [c]23:2,3 Masoretic Text; one Dead Sea Scroll *Sidon, / who cross over the sea; / your envoys* [3] *are on the great waters. / The grain of the Shihor, / the harvest of the Nile,*

"Não estive em trabalho de parto
    nem dei à luz;
não criei filhos nem eduquei filhas".
5 Quando a notícia chegar ao Egito,
    ficarão angustiados
com as novidades de Tiro.

6 Cruzem o mar para Társis;
    pranteiem, vocês,
habitantes das regiões litorâneas.
7 É esta a cidade jubilosa
    que existe desde tempos muito antigos,
cujos pés levaram a conquistar
    terras distantes?
8 Quem planejou isso contra Tiro,
    contra aquela que dava coroas,
cujos comerciantes são príncipes,
    cujos negociantes são famosos
em toda a terra?
9 O Senhor dos Exércitos o planejou
    para abater todo orgulho e vaidade
e humilhar todos os que têm fama na terra.

10 Cultive[a] a sua terra
    como se cultivam as margens do Nilo,
ó povo[b] de Társis,
    pois você não tem mais porto.
11 O Senhor estendeu a mão sobre o mar
    e fez tremer seus reinos.
Acerca da Fenícia[c] ordenou
    que as suas fortalezas sejam destruídas,
12 e disse: "Você não se alegrará mais,
    ó cidade de Sidom, virgem derrotada!

"Levante-se, atravesse o mar até Chipre;
    nem lá você terá descanso".
13 Olhem para a terra dos babilônios[d];
    esse é o povo que não existe mais!
Os assírios a deixaram
    para as criaturas do deserto;
ergueram torres de vigia,
    despojaram suas cidadelas
e fizeram dela uma ruína.

14 Pranteiem, vocês,
    navios de Társis;
destruída está a sua fortaleza!

15 Naquele tempo Tiro será esquecida por setenta anos, o tempo da vida de um rei. Mas no fim dos setenta anos, acontecerá com Tiro o que diz a canção da prostituta:

16 "Pegue a harpa, vá pela cidade,
    ó prostituta esquecida;
toque a harpa, cante muitas canções,
    para se lembrarem de você".

17 No fim dos setenta anos o Senhor se lembrará de Tiro. Esta voltará ao seu ofício de prostituta e servirá a todos os reinos que há na face da terra. 18 Mas o seu lucro e a sua renda serão separados para o Senhor; não serão guardados nem depositados. Seus lucros irão para os que vivem na presença do Senhor, para que tenham bastante comida e roupas finas.

A Devastação do Senhor na Terra

24 Vejam! O Senhor vai arrasar a terra e devastá-la;
    arruinará sua superfície
    e espalhará seus habitantes.
2 Será o mesmo
    para o sacerdote e o povo,

"I have neither been in labor nor given birth;
    I have neither reared sons nor brought
        up daughters."
5 When word comes to Egypt,
    they will be in anguish at the report
        from Tyre.

6 Cross over to Tarshish;
    wail, you people of the island.
7 Is this your city of revelry,
    the old, old city,
whose feet have taken her
    to settle in far-off lands?
8 Who planned this against Tyre,
    the bestower of crowns,
whose merchants are princes,
    whose traders are renowned in the earth?
9 The Lord Almighty planned it,
    to bring low the pride of all glory
and to humble all who are renowned on
    the earth.

10 Till[a] your land as along the Nile,
    O Daughter of Tarshish,
for you no longer have a harbor.
11 The Lord has stretched out his hand over
    the sea
    and made its kingdoms tremble.
He has given an order concerning Phoenicia[b]
    that her fortresses be destroyed.
12 He said, "No more of your reveling,
    O Virgin Daughter of Sidon, now crushed!

"Up, cross over to Cyprus[c];
    even there you will find no rest."
13 Look at the land of the Babylonians,[d]
    this people that is now of no account!
The Assyrians have made it
    a place for desert creatures;
they raised up their siege towers,
    they stripped its fortresses bare
    and turned it into a ruin.

14 Wail, you ships of Tarshish;
    your fortress is destroyed!

15 At that time Tyre will be forgotten for seventy years, the span of a king's life. But at the end of these seventy years, it will happen to Tyre as in the song of the prostitute:

16 "Take up a harp, walk through the city,
    O prostitute forgotten;
play the harp well, sing many a song,
    so that you will be remembered."

17 At the end of seventy years, the Lord will deal with Tyre. She will return to her hire as a prostitute and will ply her trade with all the kingdoms on the face of the earth. 18 Yet her profit and her earnings will be set apart for the Lord; they will not be stored up or hoarded. Her profits will go to those who live before the Lord, for abundant food and fine clothes.

The Lord's Devastation of the Earth

24 See, the Lord is going to lay waste the earth
    and devastate it;
he will ruin its face
    and scatter its inhabitants—
2 it will be the same
    for priest as for people,

---

[a]23.10 O Texto Massorético diz *Atravesse*. [b]23.10 Hebraico: *filha*. [c]23.11 Hebraico: *de Canaã*. [d]23.13 Ou *caldeus*

[a]23:10 Dead Sea Scrolls and some Septuagint manuscripts; Masoretic Text *Go through* [b]23:11 Hebrew *Canaan* [c]23:12 Hebrew *Kittim* [d]23:13 Or *Chaldeans*

para o senhor e o servo,
para a senhora e a serva,
para o vendedor e o comprador,
para quem toma emprestado
 e quem empresta,
para o devedor e o credor.
³ A terra será completamente arrasada
 e totalmente saqueada.
Quem falou esta palavra
 foi o Senhor.

⁴ A terra seca-se e murcha,
 o mundo definha e murcha,
definham os nobres da terra.
⁵ A terra está contaminada
 pelos seus habitantes,
porque desobedeceram às leis,
violaram os decretos
 e quebraram a aliança eterna.
⁶ Por isso a maldição consome a terra,
 e seu povo é culpado.
Por isso os habitantes da terra
 são consumidos pelo fogo,
ao ponto de sobrarem pouquíssimos.
⁷ O vinho novo vai-se,
 e a videira murcha;
todos os que se divertiam gemem.
⁸ O som festivo dos tamborins
 foi silenciado,
o barulho dos que se alegram parou,
 a harpa cheia de júbilo está muda.
⁹ Já não bebem vinho entoando canções;
 a bebida fermentada é amarga
  para os que a bebem.
¹⁰ A cidade vã está em ruínas;
 a entrada de cada casa está fechada.
¹¹ Nas ruas clamam por vinho;
 toda a alegria chegou ao fim,
toda celebração foi eliminada da terra.
¹² A cidade foi deixada em ruínas,
 sua porta feita em pedaços.
¹³ Assim será na terra, entre as nações,
 como quando se usa a vara na oliveira
ou se buscam os restos das uvas
 após a colheita.

¹⁴ Erguem as vozes, cantam de alegria;
 desde o ocidente aclamam
  a majestade do Senhor.
¹⁵ Dêem glória, pois, ao Senhor no oriente,
 e nas ilhas do mar exaltem
  o nome do Senhor, o Deus de Israel.
¹⁶ Desde os confins da terra
 ouvimos cantar:
"Glória seja dada ao Justo!"

Mas eu disse: "Que desgraça!
 Que desgraça!
Ai de mim! Os traidores traem!
Os traidores agem traiçoeiramente!"
¹⁷ Pavor, cova e laço os aguardam,
 ó habitantes da terra!
¹⁸ Quem fugir ao grito de terror
 cairá na cova;
quem sair da cova será pego no laço.

Abertas estão as comportas dos céus;
tremem os alicerces da terra.
¹⁹ A terra foi despedaçada,
 está destruída,
totalmente abalada!
²⁰ A terra cambaleia como um bêbado,
balança como uma cabana ao vento;

---

for master as for servant,
for mistress as for maid,
for seller as for buyer,
for borrower as for lender,
for debtor as for creditor.
³ The earth will be completely laid waste
 and totally plundered.
     The Lord has spoken this word.

⁴ The earth dries up and withers,
 the world languishes and withers,
 the exalted of the earth languish.
⁵ The earth is defiled by its people;
 they have disobeyed the laws,
violated the statutes
 and broken the everlasting covenant.
⁶ Therefore a curse consumes the earth;
 its people must bear their guilt.
Therefore earth's inhabitants are burned up,
 and very few are left.
⁷ The new wine dries up and the vine withers;
 all the merrymakers groan.
⁸ The gaiety of the tambourines is stilled,
 the noise of the revelers has stopped,
 the joyful harp is silent.
⁹ No longer do they drink wine with a song;
 the beer is bitter to its drinkers.
¹⁰ The ruined city lies desolate;
 the entrance to every house is barred.
¹¹ In the streets they cry out for wine;
 all joy turns to gloom,
all gaiety is banished from the earth.
¹² The city is left in ruins,
 its gate is battered to pieces.
¹³ So will it be on the earth
 and among the nations,
as when an olive tree is beaten,
 or as when gleanings are left after the
  grape harvest.

¹⁴ They raise their voices, they shout for joy;
 from the west they acclaim the
  Lord's majesty.
¹⁵ Therefore in the east give glory to the Lord;
 exalt the name of the Lord, the God of Israel,
 in the islands of the sea.
¹⁶ From the ends of the earth we hear singing:
 "Glory to the Righteous One."

But I said, "I waste away, I waste away!
 Woe to me!
The treacherous betray!
 With treachery the treacherous betray!"
¹⁷ Terror and pit and snare await you,
 O people of the earth.
¹⁸ Whoever flees at the sound of terror
 will fall into a pit;
whoever climbs out of the pit
 will be caught in a snare.

The floodgates of the heavens are opened,
 the foundations of the earth shake.
¹⁹ The earth is broken up,
 the earth is split asunder,
 the earth is thoroughly shaken.
²⁰ The earth reels like a drunkard,
 it sways like a hut in the wind;

tão pesada sobre ela é a culpa
  de sua rebelião
que ela cai para nunca mais se levantar!

21 Naquele dia o Senhor castigará
  os poderes em cima nos céus
e os reis embaixo na terra.
22 Eles serão arrebanhados
  como prisioneiros numa masmorra,
trancados numa prisão
e castigados^a depois de muitos dias.
23 A lua ficará humilhada,
  e o sol, envergonhado;
pois o Senhor dos Exércitos reinará
  no monte Sião e em Jerusalém,
glorioso na presença dos seus líderes!

Louvem o Senhor

25 Senhor, tu és o meu Deus;
  eu te exaltarei e louvarei o teu nome,
pois com grande perfeição
  tens feito maravilhas,
coisas há muito planejadas.
2 Fizeste da cidade um monte de entulho,
  da cidade fortificada uma ruína,
da cidadela dos estrangeiros
  uma cidade inexistente,
que jamais será reconstruída.
3 Por isso um povo forte te honrará;
  a cidade das nações cruéis te temerá.
4 Tens sido refúgio para os pobres,
refúgio para o necessitado em sua aflição,
abrigo contra a tempestade
  e sombra contra o calor
quando o sopro dos cruéis
  é como tempestade contra um muro
5 e como o calor do deserto.
Tu silencias o bramido dos estrangeiros;
assim como diminui o calor
  com a sombra de uma nuvem,
assim a canção dos temíveis é emudecida.

6 Neste monte o Senhor dos Exércitos
  preparará um farto banquete
  para todos os povos,
um banquete de vinho envelhecido,
  com carnes suculentas
  e o melhor vinho.
7 Neste monte ele destruirá o véu
  que envolve todos os povos,
  a cortina que cobre todas as nações;
8 destruirá a morte para sempre.
O Soberano, o Senhor,
enxugará as lágrimas de todo rosto
e retirará de toda a terra
  a zombaria do seu povo.
Foi o Senhor quem o disse!

9 Naquele dia dirão:

"Este é o nosso Deus;
  nós confiamos nele, e ele nos salvou.
Este é o Senhor, nós confiamos nele;
  exultemos e alegremo-nos,
pois ele nos salvou".

10 Pois a mão do Senhor repousará
  sobre este monte;
mas Moabe será pisoteado
  em seu próprio lugar,
como a palha é pisoteada na esterqueira.

so heavy upon it is the guilt of its rebellion
  that it falls—never to rise again.

21 In that day the Lord will punish
  the powers in the heavens above
  and the kings on the earth below.
22 They will be herded together
  like prisoners bound in a dungeon;
they will be shut up in prison
  and be punished^a after many days.
23 The moon will be abashed, the sun ashamed;
  for the Lord Almighty will reign
on Mount Zion and in Jerusalem,
  and before its elders, gloriously.

Praise to the Lord

25 O Lord, you are my God;
  I will exalt you and praise your name,
for in perfect faithfulness
  you have done marvelous things,
  things planned long ago.
2 You have made the city a heap of rubble,
  the fortified town a ruin,
the foreigners' stronghold a city no more;
  it will never be rebuilt.
3 Therefore strong peoples will honor you;
  cities of ruthless nations will revere you.
4 You have been a refuge for the poor,
  a refuge for the needy in his distress,
a shelter from the storm
  and a shade from the heat.
For the breath of the ruthless
  is like a storm driving against a wall
5 and like the heat of the desert.
You silence the uproar of foreigners;
  as heat is reduced by the shadow of a cloud,
so the song of the ruthless is stilled.

6 On this mountain the Lord Almighty
    will prepare
  a feast of rich food for all peoples,
  a banquet of aged wine—
  the best of meats and the finest of wines.
7 On this mountain he will destroy
  the shroud that enfolds all peoples,
  the sheet that covers all nations;
8 he will swallow up death forever.
The Sovereign Lord will wipe away the tears
  from all faces;
he will remove the disgrace of his people
  from all the earth.
  The Lord has spoken.

9 In that day they will say,

"Surely this is our God;
  we trusted in him, and he saved us.
This is the Lord, we trusted in him;
  let us rejoice and be glad in his salvation."

10 The hand of the Lord will rest on this mountain;
  but Moab will be trampled under him
  as straw is trampled down in the manure.

---

11 Ali Moabe estenderá as mãos,
como faz o nadador para nadar,
mas o Senhor abaterá o seu orgulho,
apesar da habilidade das suas mãos.
12 Abaterá as torres altas
dos seus altos muros
e os derrubará;
ele os lançará ao pó da terra.

Cântico de Louvor

26 Naquele dia este cântico será entoado em Judá:

Temos uma cidade forte;
Deus estabelece a salvação
como muros e trincheiras.
2 Abram as portas para que entre
a nação justa,
a nação que se mantém fiel.
3 Tu, SENHOR, guardarás em perfeita paz
aquele cujo propósito está firme,
porque em ti confia.
4 Confiem para sempre no SENHOR,
pois o SENHOR, somente o SENHOR,
é a Rocha eterna.
5 Ele humilha os que habitam nas alturas,
rebaixa e arrasa a cidade altiva,
e a lança ao pó.
6 Pés as pisoteiam,
os pés dos necessitados,
os passos dos pobres.

7 A vereda do justo é plana;
tu, que és reto,
tornas suave o caminho do justo.
8 Andando pelo caminho
das tuas ordenanças[a]
esperamos em ti, Senhor.
O teu nome e a tua lembrança
são o desejo do nosso coração.
9 A minha alma suspira por ti
durante a noite;
e logo cedo o meu espírito por ti anseia,
pois, quando se vêm na terra
as tuas ordenanças,
os habitantes do mundo aprendem justiça.
10 Ainda que se tenha compaixão do ímpio,
ele não aprenderá a justiça;
na terra da retidão ele age perversamente,
e não vê a majestade do SENHOR.
11 Erguida está a tua mão, SENHOR,
mas eles não a vêem!
Que vejam o teu zelo
para com o teu povo
e se envergonhem;
que o fogo reservado
para os teus adversários os consuma.

12 SENHOR, tu estabeleces a paz para nós;
tudo o que alcançamos,
fizeste-o para nós.
13 Ó SENHOR, ó nosso Deus,
outros senhores além de ti
nos têm dominado,
mas só ao teu nome honramos.
14 Agora eles estão mortos, não viverão;
são sombras, não ressuscitarão.
Tu os castigaste e os levaste à ruína;
apagaste por completo a lembrança deles!

11 They will spread out their hands in it,
as a swimmer spreads out his hands to swim.
God will bring down their pride
despite the cleverness[a] of their hands.
12 He will bring down your high fortified walls
and lay them low;
he will bring them down to the ground,
to the very dust.

A Song of Praise

26 In that day this song will be sung in the land of Judah:

We have a strong city;
God makes salvation
its walls and ramparts.
2 Open the gates
that the righteous nation may enter,
the nation that keeps faith.
3 You will keep in perfect peace
him whose mind is steadfast,
because he trusts in you.
4 Trust in the LORD forever,
for the LORD, the LORD, is the Rock eternal.
5 He humbles those who dwell on high,
he lays the lofty city low;
he levels it to the ground
and casts it down to the dust.
6 Feet trample it down—
the feet of the oppressed,
the footsteps of the poor.

7 The path of the righteous is level;
O upright One, you make the way of the righteous smooth.
8 Yes, LORD, walking in the way of your laws,[b]
we wait for you;
your name and renown
are the desire of our hearts.
9 My soul yearns for you in the night;
in the morning my spirit longs for you.
When your judgments come upon the earth,
the people of the world learn righteousness.
10 Though grace is shown to the wicked,
they do not learn righteousness;
even in a land of uprightness they go on
doing evil
and regard not the majesty of the LORD.
11 O LORD, your hand is lifted high,
but they do not see it.
Let them see your zeal for your people and
be put to shame;
let the fire reserved for your enemies
consume them.

12 LORD, you establish peace for us;
all that we have accomplished you have
done for us.
13 O LORD, our God, other lords besides you
have ruled over us,
but your name alone do we honor.
14 They are now dead, they live no more;
those departed spirits do not rise.
You punished them and brought them to ruin;
you wiped out all memory of them.

---

[a]**26.8** Ou *dos teus juízos*

[a]**25:11** The meaning of the Hebrew for this word is uncertain. [b]**26:8** Or *judgments*

15 Fizeste crescer a nação, Senhor;
    sim, fizeste crescer a nação.
De glória te revestiste;
    alargaste todas as fronteiras
    da nossa terra.

16 Senhor, no meio da aflição
    te buscaram;
quando os disciplinaste
    sussurraram uma oração.

17 Como a mulher grávida
    prestes a dar à luz
    se contorce e grita de dor,
assim estamos nós na tua presença,
    ó Senhor.

18 Nós engravidamos
    e nos contorcemos de dor,
    mas demos à luz o vento.
Não trouxemos salvação à terra;
    não demos à luz os habitantes do mundo.

19 Mas os teus mortos viverão;
    seus corpos ressuscitarão.
Vocês, que voltaram ao pó,
    acordem e cantem de alegria.
O teu orvalho é orvalho de luz;
    a terra dará à luz os seus mortos.

20 Vá, meu povo, entre em seus quartos
    e tranque as portas;
esconda-se por um momento,
    até que tenha passado a ira dele.

21 Vejam! O Senhor está saindo
    da sua habitação
    para castigar os moradores da terra
    por suas iniqüidades.
A terra mostrará o sangue
    derramado sobre ela;
não mais encobrirá os seus mortos.

27 Naquele dia,
    o Senhor, com sua espada
severa, longa e forte,
    castigará o Leviatã[a], serpente veloz,
o Leviatã, serpente tortuosa;
    matará no mar a serpente aquática.

O Livramento de Israel

2 Naquele dia se dirá:
    "Cantem sobre a vinha frutífera!
3 Eu, o Senhor, sou o seu vigia,
    rego-a constantemente
e a protejo dia e noite
    para impedir que lhe façam dano.
4 Não estou irado.
Se espinheiros e roseiras bravas
    me enfrentarem,
eu marcharei contra eles
    e os destruirei a fogo.
5 A menos que venham
    buscar refúgio em mim;
que façam as pazes comigo.
Sim, que façam as pazes comigo".

6 Nos dias vindouros Jacó lançará raízes,
    Israel terá botões e flores
    e encherá o mundo de frutos.

7 Acaso o Senhor o feriu
    como àqueles que o feriram?
Acaso ele foi morto
    como foram mortos os que o feriram?

---

15 You have enlarged the nation, O Lord;
    you have enlarged the nation.
You have gained glory for yourself;
    you have extended all the borders of the land.

16 Lord, they came to you in their distress;
    when you disciplined them,
    they could barely whisper a prayer.[a]

17 As a woman with child and about to give birth
    writhes and cries out in her pain,
    so were we in your presence, O Lord.

18 We were with child, we writhed in pain,
    but we gave birth to wind.
We have not brought salvation to the earth;
    we have not given birth to people
    of the world.

19 But your dead will live;
    their bodies will rise.
You who dwell in the dust,
    wake up and shout for joy.
Your dew is like the dew of the morning;
    the earth will give birth to her dead.

20 Go, my people, enter your rooms
    and shut the doors behind you;
hide yourselves for a little while
    until his wrath has passed by.
21 See, the Lord is coming out of his dwelling
    to punish the people of the earth for
    their sins.
The earth will disclose the blood shed
    upon her;
    she will conceal her slain no longer.

Deliverance of Israel

27 In that day,
    the Lord will punish with his sword,
    his fierce, great and powerful sword,
Leviathan the gliding serpent,
Leviathan the coiling serpent;
    he will slay the monster of the sea.

2 In that day—

    "Sing about a fruitful vineyard:
3   I, the Lord, watch over it;
    I water it continually.
I guard it day and night
    so that no one may harm it.
4 I am not angry.
If only there were briers and thorns
    confronting me!
I would march against them in battle;
    I would set them all on fire.
5 Or else let them come to me for refuge;
    let them make peace with me,
    yes, let them make peace with me."

6 In days to come Jacob will take root,
    Israel will bud and blossom
    and fill all the world with fruit.

7 Has ⌊the Lord⌋ struck her
    as he struck down those who struck her?
Has she been killed
    as those were killed who killed her?

---

[a]27.1 Ou *monstro marinho*

[a]26:16 The meaning of the Hebrew for this clause is uncertain.

⁸ Pelo desterro e pelo exílio o julga,
  com seu sopro violento ele o expulsa,
  como num dia de rajadas
    do vento oriental.
⁹ Assim será perdoada a maldade de Jacó,
  e será este o fruto da remoção do seu
      pecado:
  quando ele fizer com que
    as pedras do altar sejam esmigalhadas
    e fiquem como pó de giz,
  os postes sagrados
    e os altares de incenso não permanecerão
      em pé.
¹⁰ A cidade fortificada está abandonada,
  desabitada e esquecida como o deserto;
  ali os bezerros pastam e se deitam,
  e desfolham os seus ramos.
¹¹ Quando os seus ramos estão secos e se
      quebram,
  as mulheres fazem fogo com eles,
  pois esse é um povo sem entendimento.
  Por isso aquele que o fez
    não tem compaixão dele,
  aquele que o formou
    não lhe mostra misericórdia.

¹² Naquele dia o Senhor debulhará as suas espigas desde as margens do Eufratesᵃ até o ribeiro do Egito, e vocês, israelitas, serão ajuntados um a um. ¹³ E naquele dia soará uma grande trombeta. Os que estavam perecendo na Assíria e os que estavam exilados no Egito virão e adorarão o Senhor no monte santo, em Jerusalém.

Ai de Efraim!

28 Ai daquela coroa
    situada nos altos de um vale fértil,
  orgulho dos bêbados de Efraim!
  Ai de sua magnífica beleza,
    que agora é como uma flor murcha.
  Ai dos que são dominados pelo vinho!
² Vejam! O Senhor envia alguém
    que é poderoso e forte.
  Como chuva de granizo
    e vento destruidor,
  como violento aguaceiro
    e tromba d'água inundante,
  ele a lançará com força ao chão.
³ A coroa orgulhosa
    dos bêbados de Efraim
    será pisoteada.
⁴ Sua magnífica beleza,
    localizada na cabeça de um vale fértil,
  é agora uma flor que murcha.

  Ela será como figo maduro
    antes da colheita;
  quem o vê, logo o apanha e o come.

⁵ Naquele dia o Senhor dos Exércitos
    será uma coroa gloriosa, um belo diadema
    para o remanescente do seu povo.
⁶ Ele será um espírito de justiça
    para aquele que se assenta para julgar,
  e força para os que fazem recuar
    o ataque na porta.

⁷ E estes também cambaleiam
    pelo efeito do vinho,
  e não param em pé

⁸ By warfareᵃ and exile you contend with her—
  with his fierce blast he drives her out,
  as on a day the east wind blows.
⁹ By this, then, will Jacob's guilt be atoned for,
  and this will be the full fruitage of the
      removal of his sin:
  When he makes all the altar stones
    to be like chalk stones crushed to pieces,
  no Asherah polesᵇ or incense altars
    will be left standing.
¹⁰ The fortified city stands desolate,
    an abandoned settlement, forsaken like
      the desert;
  there the calves graze,
    there they lie down;
    they strip its branches bare.
¹¹ When its twigs are dry, they are broken off
    and women come and make fires with them.
  For this is a people without understanding;
    so their Maker has no compassion on them,
    and their Creator shows them no favor.

¹² In that day the Lord will thresh from the flowing Euphratesᶜ to the Wadi of Egypt, and you, O Israelites, will be gathered up one by one. ¹³ And in that day a great trumpet will sound. Those who were perishing in Assyria and those who were exiled in Egypt will come and worship the Lord on the holy mountain in Jerusalem.

Woe to Ephraim

28 Woe to that wreath, the pride of Ephraim's
    drunkards,
  to the fading flower, his glorious beauty,
  set on the head of a fertile valley—
  to that city, the pride of those laid low
    by wine!
² See, the Lord has one who is powerful
    and strong.
  Like a hailstorm and a destructive wind,
  like a driving rain and a flooding downpour,
  he will throw it forcefully to the ground.
³ That wreath, the pride of Ephraim's drunkards,
    will be trampled underfoot.
⁴ That fading flower, his glorious beauty,
    set on the head of a fertile valley,
  will be like a fig ripe before harvest—
    as soon as someone sees it and takes it in
      his hand,
    he swallows it.

⁵ In that day the Lord Almighty
    will be a glorious crown,
  a beautiful wreath
    for the remnant of his people.
⁶ He will be a spirit of justice
    to him who sits in judgment,
  a source of strength
    to those who turn back the battle at the gate.

⁷ And these also stagger from wine
    and reel from beer:
  Priests and prophets stagger from beer

ᵃ27:8 See Septuagint; the meaning of the Hebrew for this word is uncertain. ᵇ27:9 That is, symbols of the goddess Asherah ᶜ27:12 Hebrew River

por causa da bebida fermentada.
Os sacerdotes e os profetas cambaleiam
    por causa da bebida fermentada
e estão desorientados devido ao vinho;
eles não conseguem parar em pé
    por causa da bebida fermentada,
confundem-se quando têm visões,
tropeçam quando devem dar um veredicto.
⁸ Todas as mesas estão cobertas de vômito
    e não há um só lugar limpo.

⁹ "Quem é que está tentando ensinar?",
    eles perguntam.
"A quem está explicando a sua mensagem?
A crianças desmamadas
    e a bebês recém-tirados do seio materno?
¹⁰ Pois o que se diz é: 'Ordem sobre ordem,
        ordem sobre ordem,
    regra e mais regra;ª
        um pouco aqui, um pouco ali.'"

¹¹ Pois bem, com lábios trôpegos
        e língua estranha
Deus falará a este povo,
¹² ao qual dissera:
    "Este é o lugar de descanso.
    Deixem descansar o exausto.
    Este é o lugar de repouso!"
Mas eles não quiseram ouvir.

¹³ Por isso o Senhor lhes dirá:
    "Ordem sobre ordem,
ordem sobre ordem,
regra e mais regra,
regra e mais regra;
    um pouco aqui, um pouco ali",
para que saiam, caiam de costas,
firam-se, fiquem presos no laço
    e sejam capturados.

¹⁴ Portanto, ouçam a palavra do Senhor,
        zombadores,
vocês, que dominam este povo
    em Jerusalém.
¹⁵ Vocês se vangloriam, dizendo:
    "Fizemos um pacto com a morte,
com a sepulturab fizemos um acordo.
Quando vier a calamidade destruidora,
        não nos atingirá,
pois da mentira fizemos o nosso refúgio
e na falsidadec
        temos o nosso esconderijo".

¹⁶ Por isso diz o Soberano, o Senhor:

"Eis que ponho em Sião uma pedra,
    uma pedra já experimentada,
uma preciosa pedra angular
    para alicerce seguro;
aquele que confia, jamais será abalado.
¹⁷ Farei do juízo a linha de medir
    e da justiça o fio de prumo;
o granizo varrerá o seu falso refúgio,
    e as águas inundarão o seu abrigo.
¹⁸ Seu pacto com a morte será anulado;
    seu acordo com a sepultura
        não subsistirá.
Quando vier a calamidade destruidora,
    vocês serão arrastados por ela.

and are befuddled with wine;
they reel from beer,
    they stagger when seeing visions,
    they stumble when rendering decisions.
⁸ All the tables are covered with vomit
    and there is not a spot without filth.

⁹ "Who is it he is trying to teach?
    To whom is he explaining his message?
To children weaned from their milk,
    to those just taken from the breast?
¹⁰ For it is:
    Do and do, do and do,
    rule on rule, rule on ruleª;
    a little here, a little there."

¹¹ Very well then, with foreign lips and
        strange tongues
    God will speak to this people,
¹² to whom he said,
    "This is the resting place, let the weary rest";
and, "This is the place of repose"—
    but they would not listen.

¹³ So then, the word of the Lord to them
        will become:
    Do and do, do and do,
    rule on rule, rule on rule;
    a little here, a little there—
so that they will go and fall backward,
    be injured and snared and captured.

¹⁴ Therefore hear the word of the Lord,
        you scoffers
    who rule this people in Jerusalem.
¹⁵ You boast, "We have entered into a covenant
        with death,
    with the graveb we have made an agreement.
When an overwhelming scourge sweeps by,
    it cannot touch us,
for we have made a lie our refuge
    and falsehoodc our hiding place."

¹⁶ So this is what the Sovereign Lord says:

    "See, I lay a stone in Zion,
    a tested stone,
a precious cornerstone for a sure foundation;
    the one who trusts will never be dismayed.
¹⁷ I will make justice the measuring line
    and righteousness the plumb line;
hail will sweep away your refuge, the lie,
    and water will overflow your hiding place.
¹⁸ Your covenant with death will be annulled;
    your agreement with the grave will not stand.
When the overwhelming scourge sweeps by,
    you will be beaten down by it.

ª28.10 Hebraico: sav lasav sav lasav / kav lakav kav lakav (possivelmente sons sem sentido; talvez uma imitação zombadora das palavras do profeta); também no versículo 13. b28.15 Hebraico: Sheol. Essa palavra também pode ser traduzida por profundezas, pó ou morte; também no versículo 18. c28.15 Ou e nos deuses falsos

ª28:10 Hebrew / sav lasav sav lasav / kav lakav kav lakav (possibly meaningless sounds; perhaps a mimicking of the prophet's words); also in verse 13 b28:15 Hebrew Sheol; also in verse 18 c28:15 Or false gods

19 Todas as vezes que vier, os arrastará;
    passará manhã após manhã,
       de dia e de noite".

A compreensão desta mensagem
    trará pavor total.
20 A cama é curta demais
    para alguém deitar-se,
e o cobertor é estreito demais
    para ele cobrir-se.
21 O Senhor se levantará como fez
    no monte Perazim,
mostrará sua ira
    como no vale de Gibeom,
para realizar sua obra,
    obra muito estranha,
e cumprir sua tarefa,
    tarefa misteriosa.
22 Agora, parem com a zombaria;
    se não, as suas correntes
       ficarão mais pesadas;
o Senhor, o Senhor dos Exércitos,
    falou-me da destruição decretada
       contra o território inteiro.
23 Ouçam, escutem a minha voz;
    prestem atenção, ouçam o que eu digo.
24 Quando o agricultor ara a terra
    para o plantio, só faz isso o tempo todo?
Só fica abrindo sulcos
    e gradeando o solo?
25 Depois de nivelado o solo,
    ele não semeia o endro e não espalha
    as sementes do cominho?
Não planta o trigo no lugar certo,
    a cevada no terreno próprio
    e o trigo duro nas bordas?
26 O seu Deus o instrui
    e lhe ensina o caminho.
27 Não se debulha o endro com trilhadeira,
    e sobre o cominho não se faz passar
       roda de carro;
tira-se o endro com vara,
    e o cominho com um pedaço de pau.
28 É preciso moer o cereal para fazer pão;
    por isso ninguém o fica
       trilhando para sempre.
Fazem passar as rodas da trilhadeira
    sobre o trigo,
mas os seus cavalos não o trituram.
29 Isso tudo vem da parte
    do Senhor dos Exércitos,
maravilhoso em conselhos
    e magnífico em sabedoria.

Ai da Cidade de Davi!

29 Ai de Ariel! Ariel, a cidade onde
    acampou Davi.
Acrescentem um ano a outro
    e deixem seguir o seu ciclo de festas.
2 Mas eu sitiarei Ariel,
    que vai chorar e lamentar-se,
e para mim será como
    uma fornalha de altar[a].
3 Acamparei ao seu redor;
eu a cercarei de torres

19 As often as it comes it will carry you away;
    morning after morning, by day and by night,
    it will sweep through."

The understanding of this message
    will bring sheer terror.
20 The bed is too short to stretch out on,
    the blanket too narrow to wrap around you.
21 The Lord will rise up as he did at
    Mount Perazim,
he will rouse himself as in the Valley
    of Gibeon—
to do his work, his strange work,
    and perform his task, his alien task.
22 Now stop your mocking,
    or your chains will become heavier;
the Lord, the Lord Almighty, has told me
    of the destruction decreed against the
       whole land.

23 Listen and hear my voice;
    pay attention and hear what I say.
24 When a farmer plows for planting, does he
       plow continually?
Does he keep on breaking up and harrowing
    the soil?
25 When he has leveled the surface,
    does he not sow caraway and scatter cummin?
Does he not plant wheat in its place,[a]
    barley in its plot,[b]
    and spelt in its field?
26 His God instructs him
    and teaches him the right way.

27 Caraway is not threshed with a sledge,
    nor is a cartwheel rolled over cummin;
caraway is beaten out with a rod,
    and cummin with a stick.
28 Grain must be ground to make bread;
    so one does not go on threshing it forever.
Though he drives the wheels of his threshing
    cart over it,
    his horses do not grind it.
29 All this also comes from the Lord Almighty,
    wonderful in counsel and magnificent
    in wisdom.

Woe to David's City

29 Woe to you, Ariel, Ariel,
    the city where David settled!
Add year to year
    and let your cycle of festivals go on.
2 Yet I will besiege Ariel;
    she will mourn and lament,
    she will be to me like an altar hearth.[c]
3 I will encamp against you all around;
    I will encircle you with towers

---

[a]29.2 A palavra que designa *fornalha de altar* assemelha-se à palavra *Ariel* no hebraico.

[a]28:25 The meaning of the Hebrew for this word is uncertain. [b]28:25 The meaning of the Hebrew for this word is uncertain. [c]29:2 The Hebrew for *altar hearth* sounds like the Hebrew for *Ariel*.

e instalarei contra você
  minhas obras de cerco.
4 Lançada ao chão, de lá você falará;
  do pó virão em murmúrio
    as suas palavras.
  Fantasmagórica, subirá sua voz da terra;
  um sussurro vindo do pó será sua voz.

5 Mas os seus muitos inimigos
    se tornarão como o pó fino,
  as hordas cruéis,
    como palha levada pelo vento.
  Repentinamente, num instante,
6 o Senhor dos Exércitos virá
    com trovões e terremoto
    e estrondoso ruído,
  com tempestade e furacão
    e chamas de um fogo devorador.
7 Então as hordas de todas as nações
    que lutam contra Ariel,
  que investem contra ele e contra
    a sua fortaleza e a sitiam,
  serão como acontece num sonho,
    numa visão noturna,
8 como quando um homem faminto
    sonha que está comendo,
  mas acorda e sua fome continua;
  como quando um homem sedento
    sonha que está bebendo,
  mas acorda enfraquecido,
    sem ter saciado a sede.
  Assim será com as hordas
    de todas as nações
  que lutam contra o monte Sião.

9 Pasmem e fiquem atônitos!
  Ceguem-se a si mesmos
    e continuem cegos!
  Estão bêbados, porém, não de vinho,
  cambaleiam, mas não pela
    bebida fermentada.
10 O Senhor trouxe sobre vocês
    um sono profundo:
  fechou os olhos de vocês, que são os profetas;
    cobriu a cabeça de vocês, que são os
      videntes.

11 Para vocês toda esta visão não passa de palavras seladas num livro[a]. E se vocês derem o livro a alguém que saiba ler e lhe disserem: "Leia, por favor", ele responderá: "Não posso; está lacrado". 12 Ou, se vocês derem o livro a alguém que não saiba ler e lhe disserem: "Leia, por favor", ele responderá: "Não sei ler".

13 O Senhor diz:

"Esse povo se aproxima de mim
    com a boca
  e me honra com os lábios,
    mas o seu coração está longe de mim.
  A adoração que me prestam
    é feita só de regras
    ensinadas por homens.[b]
14 Por isso uma vez mais
    deixarei atônito esse povo
  com maravilha e mais maravilha;
  a sabedoria dos sábios perecerá,
  a inteligência dos inteligentes
    se desvanecerá".

and set up my siege works against you.
4 Brought low, you will speak from the ground;
  your speech will mumble out of the dust.
  Your voice will come ghostlike from the earth;
  out of the dust your speech will whisper.

5 But your many enemies will become like
    fine dust,
  the ruthless hordes like blown chaff.
  Suddenly, in an instant,
6   the Lord Almighty will come
  with thunder and earthquake and great noise,
    with windstorm and tempest and flames of a
      devouring fire.
7 Then the hordes of all the nations that fight
    against Ariel,
    that attack her and her fortress and
      besiege her,
  will be as it is with a dream,
    with a vision in the night—
8 as when a hungry man dreams that he is eating,
    but he awakens, and his hunger remains;
  as when a thirsty man dreams that he is drinking,
    but he awakens faint, with his thirst
      unquenched.
  So will it be with the hordes of all the nations
    that fight against Mount Zion.

9 Be stunned and amazed,
    blind yourselves and be sightless;
  be drunk, but not from wine,
    stagger, but not from beer.
10 The Lord has brought over you a deep sleep:
  He has sealed your eyes (the prophets);
    he has covered your heads (the seers).

11 For you this whole vision is nothing but words sealed in a scroll. And if you give the scroll to someone who can read, and say to him, "Read this, please," he will answer, "I can't; it is sealed." 12 Or if you give the scroll to someone who cannot read, and say, "Read this, please," he will answer, "I don't know how to read."

13 The Lord says:

"These people come near to me with
    their mouth
    and honor me with their lips,
    but their hearts are far from me.
  Their worship of me
    is made up only of rules taught by men.[a]
14 Therefore once more I will astound these people
    with wonder upon wonder;
  the wisdom of the wise will perish,
    the intelligence of the intelligent will vanish."

---

a 29.11 Hebraico: rolo; também nos versículos 12 e 18. b 29.13 A Septuaginta diz Em vão me adoram; seus ensinamentos não passam de regras ensinadas por homens.

a 29:13 Hebrew; Septuagint They worship me in vain; / their teachings are but rules taught by men

15 Ai daqueles que descem às profundezas
para esconder seus planos do Senhor,
que agem nas trevas e pensam:
"Quem é que nos vê?
Quem ficará sabendo?"
16 Vocês viram as coisas pelo avesso!
Como se fosse possível imaginar
que o oleiro é igual ao barro!
Acaso o objeto formado
pode dizer àquele que o formou:
"Ele não me fez"?
E o vaso poderá dizer do oleiro:
"Ele nada sabe"?

17 Acaso o Líbano não será logo
transformado em campo fértil,
e não se pensará que o campo fértil
é uma floresta?
18 Naquele dia os surdos ouvirão
as palavras do livro,
e, não mais em trevas e escuridão,
os olhos dos cegos tornarão a ver.
19 Mais uma vez os humildes
se alegrarão no Senhor,
e os necessitados exultarão
no Santo de Israel.
20 Será o fim do cruel,
o zombador desaparecerá
e todos os de olhos
inclinados para o mal
serão eliminados,
21 os quais com uma palavra
tornam réu o inocente,
no tribunal trapaceiam contra o defensor
e com testemunho falso impedem
que se faça justiça ao inocente.

22 Por isso o Senhor, que redimiu Abraão, diz à descendência de Jacó:

"Jacó não será mais humilhado;
e o seu rosto não tornará a empalidecer.
23 Quando ele vir em seu meio
os seus filhos,
a obra de minhas mãos,
proclamará o meu santo nome;
reconhecerá a santidade
do Santo de Jacó,
24 e no temor do Deus de Israel
permanecerá.
Os desorientados de espírito
obterão entendimento;
e os queixosos vão aceitar instrução".

Ai da Nação Obstinada!

30 "Ai dos filhos obstinados",
declara o Senhor,
"que executam planos que não são meus,
fazem acordo sem minha aprovação,
para ajuntar pecado sobre pecado,
2 que descem ao Egito sem consultar-me,
para buscar proteção no poder do faraó,
e refúgio na sombra do Egito.
3 Mas a proteção do faraó
lhes trará vergonha,
e a sombra do Egito
lhes causará humilhação.
4 Embora seus líderes tenham ido a Zoã
e seus enviados tenham chegado a Hanes,
5 todos se envergonharão
por causa de um povo que lhes é inútil,

15 Woe to those who go to great depths
to hide their plans from the Lord,
who do their work in darkness and think,
"Who sees us? Who will know?"
16 You turn things upside down,
as if the potter were thought to be like
the clay!
Shall what is formed say to him who formed it,
"He did not make me"?
Can the pot say of the potter,
"He knows nothing"?

17 In a very short time, will not Lebanon be turned
into a fertile field
and the fertile field seem like a forest?
18 In that day the deaf will hear the words of
the scroll,
and out of gloom and darkness
the eyes of the blind will see.
19 Once more the humble will rejoice in the Lord;
the needy will rejoice in the Holy One of Israel.
20 The ruthless will vanish,
the mockers will disappear,
and all who have an eye for evil will be
cut down—
21 those who with a word make a man out to
be guilty,
who ensnare the defender in court
and with false testimony deprive the innocent
of justice.

22 Therefore this is what the Lord, who redeemed Abraham, says to the house of Jacob:

"No longer will Jacob be ashamed;
no longer will their faces grow pale.
23 When they see among them their children,
the work of my hands,
they will keep my name holy;
they will acknowledge the holiness of the Holy One
of Jacob,
and will stand in awe of the God of Israel.
24 Those who are wayward in spirit will
gain understanding;
those who complain will accept instruction."

Woe to the Obstinate Nation

30 "Woe to the obstinate children,"
declares the Lord,
"to those who carry out plans that are not mine,
forming an alliance, but not by my Spirit,
heaping sin upon sin;
2 who go down to Egypt
without consulting me;
who look for help to Pharaoh's protection,
to Egypt's shade for refuge.
3 But Pharaoh's protection will be to your shame,
Egypt's shade will bring you disgrace.
4 Though they have officials in Zoan
and their envoys have arrived in Hanes,
5 everyone will be put to shame
because of a people useless to them,

que não traz ajuda nem vantagem,
    mas apenas vergonha e zombaria."

6 Advertência contra os animais do Neguebe:

Atravessando uma terra hostil e severa,
de leões e leoas, de víboras
    e serpentes velozes,
os enviados transportam suas riquezas
no lombo de jumentos,
seus tesouros, nas corcovas de camelos,
para aquela nação inútil,
7 o Egito, cujo socorro é totalmente inútil.
Por isso eu o chamo Monstro[a] inofensivo.

8 Agora vá, escreva isso
    numa tábua para eles,
registre-o num livro,
para que nos dias vindouros
    seja um testemunho eterno.
9 Esse povo é rebelde;
    são filhos mentirosos,
filhos que não querem saber
    da instrução do Senhor.
10 Eles dizem aos videntes:
    "Não tenham mais visões!"
e aos profetas:
    "Não nos revelem o que é certo!
Falem-nos coisas agradáveis,
    profetizem ilusões.
11 Deixem esse caminho,
    abandonem essa vereda,
e parem de confrontar-nos
    com o Santo de Israel!"

12 Por isso diz o Santo de Israel:

"Como vocês rejeitaram esta mensagem,
    apelaram para a opressão
    e confiaram nos perversos,
13 este pecado será para vocês
    como um muro alto,
    rachado e torto,
que de repente desaba, inesperadamente.
14 Ele o fará em pedaços
    como um vaso de barro,
tão esmigalhado
    que entre os seus pedaços
    não se achará um caco
que sirva para pegar brasas de uma lareira
    ou para tirar água da cisterna".

15 Diz o Soberano, o SENHOR, o Santo de Israel:

"No arrependimento e no descanso
    está a salvação de vocês,
na quietude e na confiança
    está o seu vigor,
mas vocês não quiseram.
16 Vocês disseram:
    'Não, nós vamos fugir a cavalo'.
E fugiram!
Vocês disseram:
    'Cavalgaremos cavalos velozes'.
Velozes serão os seus perseguidores!
17 Mil fugirão diante da ameaça de um;
diante da ameaça de cinco
    todos vocês fugirão,
até que vocês sejam deixados
    como um mastro no alto de um monte,
como uma bandeira numa colina".

18 Contudo, o SENHOR espera o momento
    de ser bondoso com vocês;

a30.7 Hebraico: *Raabe*.

who bring neither help nor advantage,
    but only shame and disgrace."

6 An oracle concerning the animals of the Negev:

Through a land of hardship and distress,
    of lions and lionesses,
    of adders and darting snakes,
the envoys carry their riches on donkeys' backs,
    their treasures on the humps of camels,
to that unprofitable nation,
7 to Egypt, whose help is utterly useless.
Therefore I call her
    Rahab the Do-Nothing.

8 Go now, write it on a tablet for them,
    inscribe it on a scroll,
that for the days to come
    it may be an everlasting witness.
9 These are rebellious people, deceitful children,
    children unwilling to listen to the LORD's instruction.
10 They say to the seers,
    "See no more visions!"
and to the prophets,
    "Give us no more visions of what is right!
Tell us pleasant things,
    prophesy illusions.
11 Leave this way,
    get off this path,
and stop confronting us
    with the Holy One of Israel!"

12 Therefore, this is what the Holy One of Israel says:

"Because you have rejected this message,
    relied on oppression
    and depended on deceit,
13 this sin will become for you
    like a high wall, cracked and bulging,
    that collapses suddenly, in an instant.
14 It will break in pieces like pottery,
    shattered so mercilessly
that among its pieces not a fragment will
      be found
for taking coals from a hearth
    or scooping water out of a cistern."

15 This is what the Sovereign LORD, the Holy One of Israel, says:

"In repentance and rest is your salvation,
    in quietness and trust is your strength,
    but you would have none of it.
16 You said, 'No, we will flee on horses.'
    Therefore you will flee!
You said, 'We will ride off on swift horses.'
    Therefore your pursuers will be swift!
17 A thousand will flee
    at the threat of one;
at the threat of five
    you will all flee away,
till you are left
    like a flagstaff on a mountaintop,
    like a banner on a hill."

18 Yet the LORD longs to be gracious to you;

ele ainda se levantará
    para mostrar-lhes compaixão.
Pois o Senhor é Deus de justiça.
Como são felizes todos
os que nele esperam!

19 Ó povo de Sião, que mora em Jerusalém, você não vai chorar mais. Como ele será bondoso quando você clamar por socorro! Assim que ele ouvir, lhe responderá. **20** Embora o Senhor lhe dê o pão da adversidade e a água da aflição, o seu mestre não se esconderá mais; com seus próprios olhos você o verá. **21** Quer você se volte para a direita quer para a esquerda, uma voz atrás de você lhe dirá: "Este é o caminho; siga-o". **22** Então você tratará como impuras as suas imagens revestidas de prata e os seus ídolos recobertos de ouro; você os jogará fora como um trapo imundo e lhes dirá: "Fora!"

23 Ele também lhe mandará chuva para a semente que você semear, e a terra dará alimento rico e farto. Naquele dia o seu gado pastará em grandes prados. **24** Os bois e os jumentos que lavram o solo comerão forragem e sal espalhados com forcado e pá. **25** No dia do grande massacre, quando caírem as torres, regatos de água fluirão sobre todo monte elevado e sobre toda colina altaneira. **26** A luz da lua brilhará como o sol, e a luz do sol será sete vezes mais brilhante, como a luz de sete dias completos, quando o Senhor cuidar das contusões do seu povo e curar as feridas que lhe causou.

27 Vejam! De longe vem
    o Nome do Senhor,
com sua ira em chamas,
    e densas nuvens de fumaça;
seus lábios estão cheios de ira,
    e sua língua é fogo consumidor.
28 Seu sopro é como
    uma torrente impetuosa
    que sobe até o pescoço.
Ele faz sacudir as nações
    na peneira da destruição;
ele coloca na boca dos povos
    um freio que os desencaminha.
29 E vocês cantarão
    como em noite de festa sagrada;
seus corações se regozijarão
    como quando se vai, ao som da flauta,
ao monte do Senhor, à Rocha de Israel.
30 O Senhor fará que os homens
    ouçam sua voz majestosa
e os levará a ver seu braço descendo
    com ira impetuosa e fogo consumidor,
com aguaceiro, tempestades de raios
    e saraiva.
31 A voz do Senhor despedaçará a Assíria;
    com seu cetro a ferirá.
32 Cada pancada que com a vara
    o Senhor desferir para a castigar
será dada ao som de tamborins e harpas,
enquanto a estiver combatendo
    com os golpes do seu braço.
33 Tofete está pronta já faz tempo;
    foi preparada para o rei.
Sua fogueira é funda e larga,
    com muita lenha e muito fogo;
o sopro do Senhor,
    como uma torrente de enxofre ardente,
    a incendeia.

he rises to show you compassion.
For the Lord is a God of justice.
Blessed are all who wait for him!

19 O people of Zion, who live in Jerusalem, you will weep no more. How gracious he will be when you cry for help! As soon as he hears, he will answer you. **20** Although the Lord gives you the bread of adversity and the water of affliction, your teachers will be hidden no more; with your own eyes you will see them. **21** Whether you turn to the right or to the left, your ears will hear a voice behind you, saying, "This is the way; walk in it." **22** Then you will defile your idols overlaid with silver and your images covered with gold; you will throw them away like a menstrual cloth and say to them, "Away with you!"

23 He will also send you rain for the seed you sow in the ground, and the food that comes from the land will be rich and plentiful. In that day your cattle will graze in broad meadows. **24** The oxen and donkeys that work the soil will eat fodder and mash, spread out with fork and shovel. **25** In the day of great slaughter, when the towers fall, streams of water will flow on every high mountain and every lofty hill. **26** The moon will shine like the sun, and the sunlight will be seven times brighter, like the light of seven full days, when the Lord binds up the bruises of his people and heals the wounds he inflicted.

27 See, the Name of the Lord comes from afar,
    with burning anger and dense clouds of smoke;
his lips are full of wrath,
    and his tongue is a consuming fire.
28 His breath is like a rushing torrent,
    rising up to the neck.
He shakes the nations in the sieve
      of destruction;
he places in the jaws of the peoples
    a bit that leads them astray.
29 And you will sing
    as on the night you celebrate a holy festival;
your hearts will rejoice
    as when people go up with flutes
to the mountain of the Lord,
    to the Rock of Israel.
30 The Lord will cause men to hear his
      majestic voice
and will make them see his arm coming down
with raging anger and consuming fire,
    with cloudburst, thunderstorm and hail.
31 The voice of the Lord will shatter Assyria;
    with his scepter he will strike them down.
32 Every stroke the Lord lays on them
    with his punishing rod
will be to the music of tambourines and harps,
    as he fights them in battle with the blows
      of his arm.
33 Topheth has long been prepared;
    it has been made ready for the king.
Its fire pit has been made deep and wide,
    with an abundance of fire and wood;
the breath of the Lord,
    like a stream of burning sulfur,
    sets it ablaze.

Ai dos que Confiam no Egito!

31

Ai dos que descem ao Egito
    em busca de ajuda,
que contam com cavalos.

Woe to Those Who Rely on Egypt

31

Woe to those who go down to Egypt for help,
    who rely on horses,

Eles confiam na multidão dos seus carros
    e na grande força dos seus cavaleiros,
mas não olham para o Santo de Israel,
nem buscam a ajuda
    que vem do Senhor!
[2] Contudo, ele é também sábio
    e pode trazer a desgraça;
ele não volta atrás em suas palavras.
Ele se levantará contra
    a casa dos perversos,
contra quem ajuda os maus.
[3] Mas os egípcios são homens, e não Deus;
seus cavalos são carne, e não espírito.
Quando o Senhor estender a mão,
    aquele que ajuda tropeçará,
    aquele que é ajudado cairá;
        ambos perecerão juntos.

[4] Assim me diz o Senhor:

"Assim como quando o leão,
    o leão grande, ruge ao lado da presa,
e contra ele se junta
    um bando de pastores,
e ele não se intimida com os gritos deles
    e não se perturba com o seu clamor,
assim o Senhor dos Exércitos descerá
    para combater nas alturas do monte Sião.
[5] Como as aves dão proteção aos filhotes
    com suas asas,
o Senhor dos Exércitos
    protegerá Jerusalém;
ele a protegerá e a livrará;
    ele a poupará[a] e a salvará".

[6] Voltem para aquele contra quem vocês se revoltaram tão tremendamente, ó israelitas! [7] Pois naquele dia cada um de vocês rejeitará os ídolos de prata e de ouro que suas mãos pecaminosas fizeram.

[8] "A Assíria cairá por uma espada
    que não é de homem;
uma espada, não de mortais, a devorará.
Todos fugirão da espada
    e os seus jovens serão sujeitos
        a trabalhos forçados.
[9] Sua fortaleza cairá por causa do pavor;
    ao verem a bandeira da batalha,
        seus líderes entrarão em pânico",
anuncia o Senhor,
    cujo fogo está em Sião,
cuja fornalha está em Jerusalém.

O Reino de Justiça

32 Vejam! Um rei reinará com retidão,
    e príncipes governarão com justiça.
[2] Cada homem será como um esconderijo
    contra o vento
e um abrigo contra a tempestade,
como correntes de água numa terra seca
    e como a sombra de uma grande rocha
        no deserto.

[3] Então os olhos dos que vêem
    não mais estarão fechados,
e os ouvidos dos que ouvem escutarão.
[4] A mente do precipitado saberá julgar,
    e a língua gaguejante falará
        com facilidade e clareza.
[5] O tolo já não será chamado nobre

---

[a]31.5 Hebraico: *passará sobre ela*. Veja Êx 12.13.

who trust in the multitude of their chariots
    and in the great strength of their horsemen,
but do not look to the Holy One of Israel,
    or seek help from the Lord.
[2] Yet he too is wise and can bring disaster;
    he does not take back his words.
He will rise up against the house of the wicked,
    against those who help evildoers.
[3] But the Egyptians are men and not God;
    their horses are flesh and not spirit.
When the Lord stretches out his hand,
    he who helps will stumble,
    he who is helped will fall;
        both will perish together.

[4] This is what the Lord says to me:

"As a lion growls,
    a great lion over his prey—
and though a whole band of shepherds
    is called together against him,
he is not frightened by their shouts
    or disturbed by their clamor—
so the Lord Almighty will come down
    to do battle on Mount Zion and on its heights.
[5] Like birds hovering overhead,
    the Lord Almighty will shield Jerusalem;
he will shield it and deliver it,
    he will 'pass over' it and will rescue it."

[6] Return to him you have so greatly revolted against, O Israelites. [7] For in that day every one of you will reject the idols of silver and gold your sinful hands have made.

[8] "Assyria will fall by a sword that is not of man;
    a sword, not of mortals, will devour them.
They will flee before the sword
    and their young men will be put to
        forced labor.
[9] Their stronghold will fall because of terror;
    at sight of the battle standard their
        commanders will panic,"
declares the Lord,
    whose fire is in Zion,
    whose furnace is in Jerusalem.

The Kingdom of Righteousness

32 See, a king will reign in righteousness
    and rulers will rule with justice.
[2] Each man will be like a shelter from the wind
    and a refuge from the storm,
like streams of water in the desert
    and the shadow of a great rock in a
        thirsty land.

[3] Then the eyes of those who see will no
        longer be closed,
    and the ears of those who hear will listen.
[4] The mind of the rash will know and understand,
    and the stammering tongue will be
        fluent and clear.
[5] No longer will the fool be called noble

e o homem sem caráter
    não será tido em alta estima.
⁶ Pois o insensato fala com insensatez
    e só pensa no mal:
ele pratica a maldade
    e espalha mentiras sobre o SENHOR;
deixa o faminto sem nada
    e priva de água o sedento.
⁷ As artimanhas do homem sem caráter
    são perversas;
ele inventa planos maldosos
    para destruir com mentiras o pobre,
mesmo quando a súplica deste é justa.
⁸ Mas o homem nobre faz planos nobres,
e graças aos seus feitos nobres
    permanece firme.

As Mulheres de Jerusalém

⁹ Vocês, mulheres tão sossegadas,
    levantem-se e escutem-me!
Vocês, filhas que se sentem seguras,
    ouçam o que lhes vou dizer!
¹⁰ Daqui a pouco mais de um ano,
    vocês, que se sentem seguras,
    ficarão apavoradas;
a colheita de uvas falhará,
    e a colheita de frutas não virá.
¹¹ Tremam, vocês, mulheres tranqüilas!
Estremeçam, vocês,
    que se sentem seguras!
Arranquem suas vestes,
    e vistam roupas de lamento.
¹² Batam no peito e chorem
    pelos campos agradáveis,
    pelas videiras frutíferas
¹³ e pela terra do meu povo,
terra infestada de espinhos
    e roseiras bravas;
sim, pranteiem por todas
    as casas cheias de júbilo
e por esta cidade exultante.
¹⁴ A fortaleza será abandonada,
a cidade barulhenta ficará deserta,
a cidadela e a torre das sentinelas
    se tornarão covis,
uma delícia para os jumentos,
    uma pastagem para os rebanhos,
¹⁵ até que sobre nós o Espírito
    seja derramado do alto,
e o deserto se transforme em campo fértil,
e o campo fértil pareça uma floresta.
¹⁶ A justiça habitará no deserto,
    e a retidão viverá no campo fértil.
¹⁷ O fruto da justiça será paz;
o resultado da justiça será tranqüilidade
    e confiança para sempre.
¹⁸ O meu povo viverá em locais pacíficos,
    em casas seguras,
em tranqüilos lugares de descanso,
¹⁹ mesmo que a saraiva arrase a floresta
    e a cidade seja nivelada ao pó.
²⁰ Como vocês serão felizes,
    semeando perto das águas,
e deixando soltos os bois e os jumentos!

Aflição e Auxílio

33 Ai de você, destruidor,
    que ainda não foi destruído!
Ai de você, traidor,
    que não foi traído!

    nor the scoundrel be highly respected.
⁶ For the fool speaks folly,
    his mind is busy with evil:
He practices ungodliness
    and spreads error concerning the LORD;
the hungry he leaves empty
    and from the thirsty he withholds water.
⁷ The scoundrel's methods are wicked,
    he makes up evil schemes
to destroy the poor with lies,
    even when the plea of the needy is just.
⁸ But the noble man makes noble plans,
    and by noble deeds he stands.

The Women of Jerusalem

⁹ You women who are so complacent,
    rise up and listen to me;
you daughters who feel secure,
    hear what I have to say!
¹⁰ In little more than a year
    you who feel secure will tremble;
the grape harvest will fail,
    and the harvest of fruit will not come.
¹¹ Tremble, you complacent women;
    shudder, you daughters who feel secure!
Strip off your clothes,
    put sackcloth around your waists.
¹² Beat your breasts for the pleasant fields,
    for the fruitful vines
¹³ and for the land of my people,
    a land overgrown with thorns and briers—
yes, mourn for all houses of merriment
    and for this city of revelry.
¹⁴ The fortress will be abandoned,
    the noisy city deserted;
citadel and watchtower will become a
    wasteland forever,
the delight of donkeys, a pasture for flocks,
¹⁵ till the Spirit is poured upon us from on high,
    and the desert becomes a fertile field,
    and the fertile field seems like a forest.
¹⁶ Justice will dwell in the desert
    and righteousness live in the fertile field.
¹⁷ The fruit of righteousness will be peace;
    the effect of righteousness will be quietness and
    confidence forever.
¹⁸ My people will live in peaceful dwelling places,
    in secure homes,
    in undisturbed places of rest.
¹⁹ Though hail flattens the forest
    and the city is leveled completely,
²⁰ how blessed you will be,
    sowing your seed by every stream,
    and letting your cattle and donkeys
        range free.

Distress and Help

33 Woe to you, O destroyer,
    you who have not been destroyed!
Woe to you, O traitor,
    you who have not been betrayed!

Quando você acabar de destruir,
   será destruído;
quando acabar de trair, será traído.

² Senhor, tem misericórdia de nós;
   pois em ti esperamos!
Sê tu a nossa força cada manhã,
   nossa salvação na hora do perigo.

³ Diante do trovão da tua voz,
   os povos fogem;
quando te levantas,
   dispersam-se as nações.

⁴ Como gafanhotos novos
   os homens saquearão vocês,
   ó nações;
tomarão posse do despojo
   como gafanhotos em nuvem.

⁵ O Senhor é exaltado,
   pois habita no alto;
ele encherá Sião de retidão e justiça.

⁶ Ele será o firme fundamento nos tempos
   a que você pertence,
uma grande riqueza de salvação,
   sabedoria e conhecimento;
o temor do Senhor
   é a chave desse tesouro^a.

⁷ Vejam! Os seus heróis gritam nas ruas;
   os embaixadores da paz
   choram amargamente.

⁸ As estradas estão abandonadas,
   ninguém viaja por elas.
Rompeu-se o acordo,
   suas testemunhas^b são desprezadas,
   não se respeita ninguém.

⁹ A terra pranteia^c e fraqueja,
   o Líbano murcha, envergonhado;
Sarom é como a Arabá,
   e Basã e o Carmelo perdem sua folhagem.

¹⁰ "Agora me levantarei", diz o Senhor.
   "Agora eu me erguerei;
   agora serei exaltado.

¹¹ Vocês concebem palha,
   e dão à luz restolho;
seu sopro é um fogo que o consome.

¹² Os povos serão queimados
   como se faz com a cal;
como espinheiros cortados,
   serão postos no fogo.

¹³ "Vocês, que estão longe,
   atentem para o que eu fiz!
Vocês, que estão perto,
   reconheçam o meu poder!"

¹⁴ Em Sião os pecadores
   estão aterrorizados;
o tremor se apodera dos ímpios:
   "Quem de nós pode conviver
   com o fogo consumidor?
Quem de nós pode conviver
   com a chama eterna?"

¹⁵ Aquele que anda corretamente
   e fala o que é reto,
que recusa o lucro injusto,
   cuja mão não aceita suborno,
que tapa os ouvidos
   para as tramas de assassinatos

When you stop destroying,
   you will be destroyed;
when you stop betraying,
   you will be betrayed.

² O Lord, be gracious to us;
   we long for you.
Be our strength every morning,
   our salvation in time of distress.

³ At the thunder of your voice, the peoples flee;
   when you rise up, the nations scatter.

⁴ Your plunder, O nations, is harvested as by
      young locusts;
   like a swarm of locusts men pounce on it.

⁵ The Lord is exalted, for he dwells on high;
   he will fill Zion with justice and
      righteousness.

⁶ He will be the sure foundation for your times,
   a rich store of salvation and wisdom and
      knowledge;
   the fear of the Lord is the key to this
      treasure.^a

⁷ Look, their brave men cry aloud in the streets;
   the envoys of peace weep bitterly.

⁸ The highways are deserted,
   no travelers are on the roads.
The treaty is broken,
   its witnesses^b are despised,
   no one is respected.

⁹ The land mourns^c and wastes away,
   Lebanon is ashamed and withers;
Sharon is like the Arabah,
   and Bashan and Carmel drop their leaves.

¹⁰ "Now will I arise," says the Lord.
   "Now will I be exalted;
   now will I be lifted up.

¹¹ You conceive chaff,
   you give birth to straw;
   your breath is a fire that consumes you.

¹² The peoples will be burned as if to lime;
   like cut thornbushes they will be set ablaze."

¹³ You who are far away, hear what I have done;
   you who are near, acknowledge my power!

¹⁴ The sinners in Zion are terrified;
   trembling grips the godless:
   "Who of us can dwell with the consuming fire?
   Who of us can dwell with everlasting burning?"

¹⁵ He who walks righteously
   and speaks what is right,
who rejects gain from extortion
   and keeps his hand from accepting bribes,
who stops his ears against plots of murder

---

^a33.6 Ou *é um tesouro da parte dele* ^b33.8 Conforme os manuscritos do mar Morto. O Texto Massorético diz *as cidades.* ^c33.9 Ou *seca*

^a33:6 Or *is a treasure from him* ^b33:8 Dead Sea Scrolls; Masoretic Text / *the cities* ^c33:9 Or *dries up*

e fecha os olhos
para não contemplar o mal,
16 é esse o homem que habitará nas alturas;
seu refúgio
será a fortaleza das rochas;
terá suprimento de pão,
e água não lhe faltará.

17 Seus olhos verão o rei em seu esplendor
e vislumbrarão o território
em toda a sua extensão.
18 Em seus pensamentos
você lembrará terrores passados:
"Onde está o oficial maior?
Onde está o que recebia tributos?
Onde o encarregado das torres?"
19 Você não tornará a ver
aquele povo arrogante,
aquele povo de fala obscura,
com sua língua estranha, incompreensível.

20 Olhe para Sião,
a cidade das nossas festas;
seus olhos verão Jerusalém,
morada pacífica,
tenda que não será removida;
suas estacas jamais serão arrancadas,
nem se romperá nenhuma de suas cordas.
21 Ali o Senhor será o Poderoso para nós.
Será como uma região de rios e canais largos,
mas nenhum navio a remo os percorrerá,
e nenhuma nau poderosa velejará neles.
22 Pois o Senhor é o nosso juiz,
o Senhor é o nosso legislador,
o Senhor é o nosso rei;
é ele que nos vai salvar.
23 Suas cordas se afrouxam:
o mastro não está firme,
as velas não estão estendidas.
Então será dividida
grande quantidade de despojos,
e até o aleijado levará sua presa.
24 Nenhum morador de Sião dirá:
"Estou doente!"
E os pecados dos que ali habitam
serão perdoados.

Julgamento contra as Nações

34 Aproximem-se, nações, e escutem;
prestem atenção, ó povos!
Que o ouçam a terra
e tudo o que nela há,
o mundo e tudo o que dele procede!
2 O Senhor está indignado
contra todas as nações;
sua ira está contra
todos os seus exércitos.
Ele os destruirá totalmente,
ele os entregará à matança.
3 Seus mortos serão lançados fora
e os seus cadáveres exalarão mau cheiro;
os montes se encharcarão
do sangue deles.
4 As estrelas dos céus
serão todas dissolvidas,
e os céus se enrolarão
como um pergaminho;

and shuts his eyes against contemplating
evil—
16 this is the man who will dwell on the heights,
whose refuge will be the mountain fortress.
His bread will be supplied,
and water will not fail him.

17 Your eyes will see the king in his beauty
and view a land that stretches afar.
18 In your thoughts you will ponder the
former terror:
"Where is that chief officer?
Where is the one who took the revenue?
Where is the officer in charge of the towers?"
19 You will see those arrogant people no more,
those people of an obscure speech,
with their strange, incomprehensible tongue.

20 Look upon Zion, the city of our festivals;
your eyes will see Jerusalem,
a peaceful abode, a tent that will not
be moved;
its stakes will never be pulled up,
nor any of its ropes broken.
21 There the Lord will be our Mighty One.
It will be like a place of broad rivers and streams.
No galley with oars will ride them,
no mighty ship will sail them.
22 For the Lord is our judge,
the Lord is our lawgiver,
the Lord is our king;
it is he who will save us.
23 Your rigging hangs loose:
The mast is not held secure,
the sail is not spread.
Then an abundance of spoils will be divided
and even the lame will carry off plunder.
24 No one living in Zion will say, "I am ill";
and the sins of those who dwell there will be
forgiven.

Judgment Against the Nations

34 Come near, you nations, and listen;
pay attention, you peoples!
Let the earth hear, and all that is in it,
the world, and all that comes out of it!
2 The Lord is angry with all nations;
his wrath is upon all their armies.
He will totally destroy[a] them,
he will give them over to slaughter.
3 Their slain will be thrown out,
their dead bodies will send up a stench;
the mountains will be soaked with
their blood.
4 All the stars of the heavens will be dissolved
and the sky rolled up like a scroll;

---

[a]34:2 The Hebrew term refers to the irrevocable giving over of things or persons to the Lord, often by totally destroying them; also in verse 5.

todo o exército celeste cairá
　como folhas secas da videira e da figueira.

⁵ Quando minha espada
　　embriagar-se nos céus,
saibam que ela descerá
　para julgar Edom,
povo que condenei à destruição.
⁶ A espada do Senhor está
　banhada em sangue,
está coberta de gordura,
　sangue de cordeiros e de bodes,
gordura dos rins de carneiros.
Pois o Senhor exige sacrifício em Bozra
　e grande matança em Edom.
⁷ Com eles cairão os bois selvagens,
　e os novilhos com os touros.
A terra deles ficará ensopada de sangue,
　e o pó se encharcará de gordura.

⁸ Pois o Senhor terá seu dia de vingança,
　um ano de retribuição,
　para defender a causa de Sião.
⁹ Os riachos de Edom
　se transformarão em piche,
　em enxofre, o seu pó;
sua terra se tornará betume ardente!
¹⁰ Não se apagará de dia nem de noite;
　sua fumaça subirá para sempre.
De geração em geração
　ficará abandonada;
ninguém voltará a passar por ela.
¹¹ A coruja-do-deserto
　e a coruja estridente a possuirão;
o corujão e o corvo
　farão nela os seus ninhos.
Deus estenderá sobre Edom
　o caos como linha de medir,
e a desolação como fio de prumo.
¹² Seus nobres nada terão ali
　que possa chamar-se reino,
e todos os seus líderes desaparecerão.
¹³ Espinhos tomarão de assalto
　as suas cidadelas;
urtigas e sarças
　cobrirão as suas fortalezas.
Será um antro de chacais
　e moradia de corujas.
¹⁴ Criaturas do deserto
　se encontrarão com hienas,
e bodes selvagens balirão
　uns para os outros;
ali também descansarão
　as criaturas noturnas
e acharão para si locais de descanso.
¹⁵ Nela a coruja fará ninho,
　chocará seus ovos
　e cuidará dos seus filhotes
　à sombra de suas asas;
os falcões também se ajuntarão ali,
　cada um com o seu par.

¹⁶ Procurem no livro do Senhor e leiam:

Nenhum desses animais estará faltando,
　nenhum estará sem o seu par.
Pois foi a sua boca que deu a ordem,
　e o seu Espírito os ajuntará.
¹⁷ Ele designa as porções de cada um;

all the starry host will fall
　like withered leaves from the vine,
　like shriveled figs from the fig tree.

⁵ My sword has drunk its fill in the heavens;
　see, it descends in judgment on Edom,
　the people I have totally destroyed.
⁶ The sword of the Lord is bathed in blood,
　it is covered with fat—
the blood of lambs and goats,
　fat from the kidneys of rams.
For the Lord has a sacrifice in Bozrah
　and a great slaughter in Edom.
⁷ And the wild oxen will fall with them,
　the bull calves and the great bulls.
Their land will be drenched with blood,
　and the dust will be soaked with fat.

⁸ For the Lord has a day of vengeance,
　a year of retribution, to uphold Zion's cause.
⁹ Edom's streams will be turned into pitch,
　her dust into burning sulfur;
　her land will become blazing pitch!
¹⁰ It will not be quenched night and day;
　its smoke will rise forever.
From generation to generation it will lie
　desolate;
　no one will ever pass through it again.
¹¹ The desert owlᵃ and screech owlᵇ will
　　possess it;
　the great owlᶜ and the raven will nest there.
God will stretch out over Edom
　the measuring line of chaos
　and the plumb line of desolation.
¹² Her nobles will have nothing there to be called
　　a kingdom,
　all her princes will vanish away.
¹³ Thorns will overrun her citadels,
　nettles and brambles her strongholds.
She will become a haunt for jackals,
　a home for owls.
¹⁴ Desert creatures will meet with hyenas,
　and wild goats will bleat to each other;
there the night creatures will also repose
　and find for themselves places of rest.
¹⁵ The owl will nest there and lay eggs,
　she will hatch them, and care for her young under
　　the shadow of her wings;
there also the falcons will gather,
　each with its mate.

¹⁶ Look in the scroll of the Lord and read:

None of these will be missing,
　not one will lack her mate.
For it is his mouth that has given the order,
　and his Spirit will gather them together.
¹⁷ He allots their portions;

ᵃ**34:11** The precise identification of these birds is uncertain.　ᵇ**34:11** The precise identification of these birds is uncertain.　ᶜ**34:11** The precise identification of these birds is uncertain.

sua mão as distribui por medida.
Eles se apossarão delas para sempre,
    e ali habitarão de geração em geração.

A Alegria dos Redimidos

35 O deserto e a terra ressequida
    se regozijarão;
o ermo exultará e florescerá
    como a tulipa;
[2] irromperá em flores,
    mostrará grande regozijo
    e cantará de alegria.
A glória do Líbano lhe será dada,
    como também o resplendor do Carmelo
    e de Sarom;
verão a glória do Senhor,
    o resplendor do nosso Deus.

[3] Fortaleçam as mãos cansadas,
    firmem os joelhos vacilantes;
[4] digam aos desanimados de coração:
    "Sejam fortes, não temam!
Seu Deus virá, virá com vingança;
    com divina retribuição
    virá para salvá-los".

[5] Então se abrirão os olhos dos cegos
    e se destaparão os ouvidos dos surdos.
[6] Então os coxos saltarão como o cervo,
    e a língua do mudo cantará de alegria.
Águas irromperão no ermo
    e riachos no deserto.
[7] A areia abrasadora se tornará um lago;
    a terra seca, fontes borbulhantes.
Nos antros onde outrora havia chacais,
    crescerão a relva, o junco e o papiro.

[8] E ali haverá uma grande estrada,
    um caminho que será chamado
    Caminho de Santidade.
Os impuros não passarão por ele;
    servirá apenas aos que são do Caminho;
    os insensatos não o tomarão.[a]
[9] Ali não haverá leão algum,
    e nenhum animal feroz passará por ele;
    nenhum deles se verá por ali.
Só os redimidos andarão por ele,
[10] e os que o Senhor resgatou voltarão.
Entrarão em Sião com cantos de alegria;
    duradoura alegria coroará sua cabeça.
Júbilo e alegria se apoderarão deles,
    e a tristeza e o suspiro fugirão.

A Ameaça de Senaqueribe

36 No décimo quarto ano do reinado de Ezequias, Senaqueribe, rei da Assíria, atacou todas as cidades fortificadas de Judá e se apossou delas. [2] Então, de Láquis, o rei da Assíria enviou seu comandante com um grande exército a Jerusalém, ao rei Ezequias. Quando o comandante parou no aqueduto do açude superior, na estrada que leva ao campo do Lavandeiro, [3] o administrador do palácio, Eliaquim, filho de Hilquias, o secretário Sebna e o arquivista real Joá, filho de Asafe, foram ao encontro dele.
[4] E o comandante de campo falou: "Digam a Ezequias:

"Assim diz o grande rei, o rei da Assíria: 'Em que você está baseando essa sua confiança? [5] Você diz que tem

---

his hand distributes them by measure.
They will possess it forever
    and dwell there from generation to
      generation.

Joy of the Redeemed

35 The desert and the parched land will be glad;
    the wilderness will rejoice and blossom.
Like the crocus, [2] it will burst into bloom;
    it will rejoice greatly and shout for joy.
The glory of Lebanon will be given to it,
    the splendor of Carmel and Sharon;
they will see the glory of the Lord,
    the splendor of our God.

[3] Strengthen the feeble hands,
    steady the knees that give way;
[4] say to those with fearful hearts,
    "Be strong, do not fear;
your God will come,
    he will come with vengeance;
with divine retribution
    he will come to save you."

[5] Then will the eyes of the blind be opened
    and the ears of the deaf unstopped.
[6] Then will the lame leap like a deer,
    and the mute tongue shout for joy.
Water will gush forth in the wilderness
    and streams in the desert.
[7] The burning sand will become a pool,
    the thirsty ground bubbling springs.
In the haunts where jackals once lay,
    grass and reeds and papyrus will grow.

[8] And a highway will be there;
    it will be called the Way of Holiness.
The unclean will not journey on it;
    it will be for those who walk in that Way;
    wicked fools will not go about on it.[a]
[9] No lion will be there,
    nor will any ferocious beast get up on it;
    they will not be found there.
But only the redeemed will walk there,
[10]   and the ransomed of the Lord will return.
They will enter Zion with singing;
    everlasting joy will crown their heads.
Gladness and joy will overtake them,
    and sorrow and sighing will flee away.

Sennacherib Threatens Jerusalem

36 In the fourteenth year of King Hezekiah's reign, Sennacherib king of Assyria attacked all the fortified cities of Judah and captured them. [2] Then the king of Assyria sent his field commander with a large army from Lachish to King Hezekiah at Jerusalem. When the commander stopped at the aqueduct of the Upper Pool, on the road to the Washerman's Field, [3] Eliakim son of Hilkiah the palace administrator, Shebna the secretary and Joah son of Asaph the recorder went out to him.

[4] The field commander said to them, "Tell Hezekiah,

" 'This is what the great king, the king of Assyria, says: On what are you basing this confidence of yours? [5] You

---

[a]35.8 Ou *os simples não se desviarão dele.*

[a]35:8 Or / *the simple will not stray from it*

estratégia e força militar; mas não passam de palavras vãs. Em quem você confia, para rebelar-se contra mim? **6** Pois veja! Agora você está confiando no Egito, aquela cana esmagada, que fura a mão de quem nela se apóia! Assim é o faraó, o rei do Egito, para todos os que dele dependem. **7** E se você me disser: "No Senhor, o nosso Deus, confiamos"; não são dele os altos e os altares que Ezequias removeu, dizendo a Judá e a Jerusalém: "Vocês devem adorar aqui, diante deste altar"?'

8 "Faça, agora, um acordo com o meu senhor, o rei da Assíria: Eu lhe darei dois mil cavalos — se você puder pôr cavaleiros neles! **9** Como então você poderá repelir um só dos menores oficiais do meu senhor, confiando que o Egito lhe dará carros e cavaleiros? **10** Além disso, você pensa que vim atacar e destruir esta nação sem o Senhor? O próprio Senhor me mandou marchar contra esta nação e destruí-la."

11 Então Eliaquim, Sebna e Joá disseram ao comandante: "Por favor, fala com os teus servos em aramaico, pois entendemos essa língua. Não fales em hebraico, pois assim o povo que está sobre os muros entenderá".

12 O comandante, porém, respondeu: "Pensam que o meu senhor mandou-me dizer estas coisas só a vocês e ao seu senhor, e não aos homens que estão sentados no muro? Pois, como vocês, eles terão que comer as próprias fezes e beber a própria urina!"

13 E o comandante se pôs em pé e falou alto, em hebraico: "Ouçam as palavras do grande rei, do rei da Assíria! **14** Não deixem que Ezequias os engane. Ele não poderá livrá-los! **15** Não deixem Ezequias convencê-los a confiar no Senhor, quando diz: 'Certamente o Senhor nos livrará; esta cidade não será entregue nas mãos do rei da Assíria'.

16 "Não dêem atenção a Ezequias. Assim diz o rei da Assíria: 'Venham fazer as pazes comigo. Então cada um de vocês comerá de sua própria videira e de sua própria figueira, e beberá água de sua própria cisterna, **17** até que eu os leve a uma terra como a de vocês: terra de cereal e de vinho, terra de pão e de vinhas.

18 " 'Não deixem que Ezequias os engane quando diz que o Senhor os livrará. Alguma vez o deus de qualquer nação livrou sua terra das mãos do rei da Assíria? **19** Onde estão os deuses de Hamate e de Arpade? Onde estão os deuses de Sefarvaim? Eles livraram Samaria das minhas mãos? **20** Quem dentre todos os deuses dessas nações conseguiu livrar a sua terra? Como então o Senhor poderá livrar Jerusalém das minhas mãos?' "

21 Mas o povo ficou em silêncio e nada respondeu, porque o rei dera esta ordem: "Não lhe respondam".

22 Então o administrador do palácio, Eliaquim, filho de Hilquias, o secretário Sebna e o arquivista Joá, filho de Asafe, com as vestes rasgadas, foram contar a Ezequias o que dissera o comandante.

Predito o Livramento de Jerusalém

37 Quando o rei Ezequias soube disso, rasgou suas vestes, vestiu pano de saco e entrou no templo do Senhor. **2** Depois enviou o administrador do palácio, Eliaquim, o secretário Sebna e os chefes dos sacerdotes, todos vestidos de pano de saco, ao profeta Isaías, filho de Amoz, **3** com esta mensagem: "Assim diz Ezequias: Hoje é dia de angústia, de repreensão e de vergonha, como quando uma criança está a ponto de nascer e não há forças para dá-la à luz. **4** Talvez o Senhor, o seu Deus, ouça as palavras do comandante de campo, a quem o seu senhor, o rei da Assíria, enviou para zombar do Deus vivo. E que o Senhor, o seu Deus, o repreenda pelas palavras que ouviu. Portanto, ore pelo remanescente que ainda sobrevive".

5 Quando os oficiais do rei Ezequias vieram a Isaías, **6** este lhes respondeu: "Digam a seu senhor: Assim diz o Senhor: 'Não

say you have strategy and military strength—but you speak only empty words. On whom are you depending, that you rebel against me? **6** Look now, you are depending on Egypt, that splintered reed of a staff, which pierces a man's hand and wounds him if he leans on it! Such is Pharaoh king of Egypt to all who depend on him. **7** And if you say to me, "We are depending on the Lord our God"—isn't he the one whose high places and altars Hezekiah removed, saying to Judah and Jerusalem, "You must worship before this altar"?

8 " 'Come now, make a bargain with my master, the king of Assyria: I will give you two thousand horses—if you can put riders on them! **9** How then can you repulse one officer of the least of my master's officials, even though you are depending on Egypt for chariots and horsemen? **10** Furthermore, have I come to attack and destroy this land without the Lord? The Lord himself told me to march against this country and destroy it.' "

11 Then Eliakim, Shebna and Joah said to the field commander, "Please speak to your servants in Aramaic, since we understand it. Don't speak to us in Hebrew in the hearing of the people on the wall."

12 But the commander replied, "Was it only to your master and you that my master sent me to say these things, and not to the men sitting on the wall—who, like you, will have to eat their own filth and drink their own urine?"

13 Then the commander stood and called out in Hebrew, "Hear the words of the great king, the king of Assyria! **14** This is what the king says: Do not let Hezekiah deceive you. He cannot deliver you! **15** Do not let Hezekiah persuade you to trust in the Lord when he says, 'The Lord will surely deliver us; this city will not be given into the hand of the king of Assyria.'

16 "Do not listen to Hezekiah. This is what the king of Assyria says: Make peace with me and come out to me. Then every one of you will eat from his own vine and fig tree and drink water from his own cistern, **17** until I come and take you to a land like your own—a land of grain and new wine, a land of bread and vineyards.

18 "Do not let Hezekiah mislead you when he says, 'The Lord will deliver us.' Has the god of any nation ever delivered his land from the hand of the king of Assyria? **19** Where are the gods of Hamath and Arpad? Where are the gods of Sepharvaim? Have they rescued Samaria from my hand? **20** Who of all the gods of these countries has been able to save his land from me? How then can the Lord deliver Jerusalem from my hand?"

21 But the people remained silent and said nothing in reply, because the king had commanded, "Do not answer him."

22 Then Eliakim son of Hilkiah the palace administrator, Shebna the secretary, and Joah son of Asaph the recorder went to Hezekiah, with their clothes torn, and told him what the field commander had said.

Jerusalem's Deliverance Foretold

37 When King Hezekiah heard this, he tore his clothes and put on sackcloth and went into the temple of the Lord. **2** He sent Eliakim the palace administrator, Shebna the secretary, and the leading priests, all wearing sackcloth, to the prophet Isaiah son of Amoz. **3** They told him, "This is what Hezekiah says: This day is a day of distress and rebuke and disgrace, as when children come to the point of birth and there is no strength to deliver them. **4** It may be that the Lord your God will hear the words of the field commander, whom his master, the king of Assyria, has sent to ridicule the living God, and that he will rebuke him for the words the Lord your God has heard. Therefore pray for the remnant that still survives."

5 When King Hezekiah's officials came to Isaiah, **6** Isaiah said to them, "Tell your master, 'This is what the Lord says: Do not be afraid of what you have heard—those words with which the

tenha medo das palavras que você ouviu, das blasfêmias que os servos do rei da Assíria falaram contra mim. **7** Porei nele um espírito para que, quando ouvir uma certa notícia, volte à sua própria terra, e ali farei com que seja morto à espada' ".

8 Quando o comandante de campo soube que o rei da Assíria havia partido de Láquis, retirou-se e encontrou o rei lutando contra Libna.

9 Ora, Senaqueribe foi informado de que Tiraca, o rei da Etiópiaª, saíra para lutar contra ele. Quando soube disso, enviou mensageiros a Ezequias com esta mensagem: **10** "Digam a Ezequias, rei de Judá: Não deixe que o Deus no qual você confia o engane quando diz: 'Jerusalém não será entregue nas mãos do rei da Assíria'. **11** Com certeza você ouviu o que os reis da Assíria têm feito a todas as nações, e como as destruíram por completo. E você acha que se livrará? **12** Acaso os deuses das nações que foram destruídas pelos meus antepassados os livraram: os deuses de Gozã, de Harã, de Rezefe e dos descendentes de Éden, que estavam em Telassar? **13** Onde estão o rei de Hamate, o rei de Arpade, o rei da cidade de Sefarvaim, de Hena e de Iva?"

A Oração de Ezequias

14 Ezequias recebeu a carta das mãos dos mensageiros e a leu. Então subiu ao templo do Senhor, abriu-a diante do Senhor **15** e orou: **16** "Senhor dos Exércitos, Deus de Israel, cujo trono está entre os querubins, só tu és Deus sobre todos os reinos da terra. Tu fizeste os céus e a terra. **17** Dá ouvidos, Senhor, e ouve; abre os teus olhos, Senhor, e vê; escuta todas as palavras que Senaqueribe enviou para insultar o Deus vivo.

18 "É verdade, Senhor, que os reis assírios fizeram de todas essas nações e de seus territórios um deserto. **19** Atiraram os deuses delas no fogo e os destruíram, pois em vez de deuses, não passam de madeira e pedra, moldados por mãos humanas. **20** Agora, Senhor nosso Deus, salva-nos das mãos dele, para que todos os reinos da terra saibam que só tu, Senhor, és Deusᵇ.

A Queda de Senaqueribe

21 Então Isaías, filho de Amoz, enviou esta mensagem a Ezequias: "Assim diz o Senhor, Deus de Israel: 'Ouvi a sua oração acerca de Senaqueribe, rei da Assíria. **22** Esta é a palavra que o Senhor falou contra ele:

" 'A Virgem Cidadeᶜ de Sião
    despreza e zomba de você.
A cidade de Jerusalém meneia a cabeça
    enquanto você foge.
23 De quem você zombou
    e contra quem blasfemou?
Contra quem você ergueu a voz
    e contra quem levantou
    seu olhar arrogante?
Contra o Santo de Israel!
24 Sim, você insultou o Senhor
    por meio dos seus mensageiros,
    dizendo:
"Com carros sem conta
    subi aos mais elevados
    e inacessíveis cumes do Líbano.
Derrubei os seus cedros mais altos,
    os seus melhores pinheiros.
Entrei em suas regiões mais remotas,
    na melhor parte de suas florestas.
25 Em terras estrangeirasᵈ
    cavei poços e bebi água.

underlings of the king of Assyria have blasphemed me. **7** Listen! I am going to put a spirit in him so that when he hears a certain report, he will return to his own country, and there I will have him cut down with the sword.' "

8 When the field commander heard that the king of Assyria had left Lachish, he withdrew and found the king fighting against Libnah.

9 Now Sennacherib received a report that Tirhakah, the Cushiteª king ⌐of Egypt,⌐ was marching out to fight against him. When he heard it, he sent messengers to Hezekiah with this word: **10** "Say to Hezekiah king of Judah: Do not let the god you depend on deceive you when he says, 'Jerusalem will not be handed over to the king of Assyria.' **11** Surely you have heard what the kings of Assyria have done to all the countries, destroying them completely. And will you be delivered? **12** Did the gods of the nations that were destroyed by my forefathers deliver them—the gods of Gozan, Haran, Rezeph and the people of Eden who were in Tel Assar? **13** Where is the king of Hamath, the king of Arpad, the king of the city of Sepharvaim, or of Hena or Ivvah?"

Hezekiah's Prayer

14 Hezekiah received the letter from the messengers and read it. Then he went up to the temple of the Lord and spread it out before the Lord. **15** And Hezekiah prayed to the Lord: **16** "O Lord Almighty, God of Israel, enthroned between the cherubim, you alone are God over all the kingdoms of the earth. You have made heaven and earth. **17** Give ear, O Lord, and hear; open your eyes, O Lord, and see; listen to all the words Sennacherib has sent to insult the living God.

18 "It is true, O Lord, that the Assyrian kings have laid waste all these peoples and their lands. **19** They have thrown their gods into the fire and destroyed them, for they were not gods but only wood and stone, fashioned by human hands. **20** Now, O Lord our God, deliver us from his hand, so that all kingdoms on earth may know that you alone, O Lord, are God.ᵇ"

Sennacherib's Fall

21 Then Isaiah son of Amoz sent a message to Hezekiah: "This is what the Lord, the God of Israel, says: Because you have prayed to me concerning Sennacherib king of Assyria, **22** this is the word the Lord has spoken against him:

"The Virgin Daughter of Zion
    despises and mocks you.
The Daughter of Jerusalem
    tosses her head as you flee.
23 Who is it you have insulted and blasphemed?
    Against whom have you raised your voice
    and lifted your eyes in pride?
    Against the Holy One of Israel!
24 By your messengers
    you have heaped insults on the Lord.
And you have said,
    'With my many chariots
I have ascended the heights of the mountains,
    the utmost heights of Lebanon.
I have cut down its tallest cedars,
    the choicest of its pines.
I have reached its remotest heights,
    the finest of its forests.
25 I have dug wells in foreign landsᶜ
    and drunk the water there.

ª**37.9** Hebraico: *de Cuxe.* ᵇ**37.20** Conforme os manuscritos do mar Morto. O Texto Massorético diz *és o Senhor.* Veja 2Rs 19.19. ᶜ**37.22** Hebraico: *Filha.* ᵈ**37.25** Conforme os manuscritos do mar Morto. O Texto Massorético não traz *Em terras estrangeiras.* Veja 2Rs 19.24.

ª**37:9** That is, from the upper Nile region ᵇ**37:20** Dead Sea Scrolls (see also 2 Kings 19:19); Masoretic Text *alone are the* Lord ᶜ**37:25** Dead Sea Scrolls (see also 2 Kings 19:24); Masoretic Text does not have *in foreign lands.*

Com as solas dos meus pés
  sequei todos os riachos do Egito".

²⁶ " 'Você não soube que há muito
  eu já o havia ordenado,
que desde os dias da antigüidade
  eu o havia planejado?
Agora eu o executo,
e faço você transformar
  cidades fortificadas
em montões de pedra.

²⁷ Os seus habitantes, já sem forças,
  desanimam-se envergonhados.
São como pastagens,
  como brotos tenros e verdes,
como capim no terraço,
  queimadoᵃ antes de crescer.

²⁸ " 'Eu, porém, sei onde você está,
  quando sai e quando retorna,
e quando você se enfurece contra mim.

²⁹ Sim, contra mim você se enfurece,
  o seu atrevimento chegou
  aos meus ouvidos;
por isso, porei o meu anzol em seu nariz
  e o meu freio em sua boca,
e o farei voltar pelo caminho
  por onde veio.

³⁰ " 'A você, Ezequias, darei este sinal:

" 'Neste ano vocês comerão
  do que crescer por si,
e no próximo o que daquilo brotar.
Mas no terceiro ano semeiem e colham,
  plantem vinhas e comam o seu fruto.

³¹ Mais uma vez um remanescente
  da tribo de Judá
  lançará raízes na terra
e se encherão de frutos os seus ramos.

³² De Jerusalém sairão sobreviventes,
  e um remanescente do monte Sião.
O zelo do Senhor dos Exércitos
  realizará isso'.

³³ "Por isso, assim diz o Senhor acerca do rei da Assíria:

" 'Ele não entrará nesta cidade
  e não atirará aqui uma flecha sequer.
Não virá diante dela com escudo
  nem construirá rampas de cerco
  contra ela.

³⁴ Pelo caminho por onde veio voltará;
  não entrará nesta cidade',
  declara o Senhor.

³⁵ " 'Eu defenderei esta cidade e a salvarei,
  por amor de mim
  e por amor de Davi,
  meu servo!' "

³⁶ Então o anjo do Senhor saiu e matou cento e oitenta e cinco mil homens no acampamento assírio. Quando o povo se levantou na manhã seguinte, só havia cadáveres! ³⁷ Assim Senaqueribe, rei da Assíria, fugiu do acampamento, voltou para Nínive e lá ficou.

³⁸ Certo dia, quando estava adorando no templo de seu deus Nisroque, seus filhos Adrameleque e Sarezer o feriram à espada, e fugiram para a terra de Ararate. E seu filho Esar-Hadom foi o seu sucessor.

With the soles of my feet
  I have dried up all the streams of Egypt.'

²⁶ "Have you not heard?
  Long ago I ordained it.
In days of old I planned it;
  now I have brought it to pass,
that you have turned fortified cities
  into piles of stone.

²⁷ Their people, drained of power,
  are dismayed and put to shame.
They are like plants in the field,
  like tender green shoots,
like grass sprouting on the roof,
  scorchedᵃ before it grows up.

²⁸ "But I know where you stay
  and when you come and go
  and how you rage against me.

²⁹ Because you rage against me
  and because your insolence has reached
    my ears,
I will put my hook in your nose
  and my bit in your mouth,
and I will make you return
  by the way you came.

³⁰ "This will be the sign for you, O Hezekiah:

"This year you will eat what grows by itself,
  and the second year what springs from that.
But in the third year sow and reap,
  plant vineyards and eat their fruit.

³¹ Once more a remnant of the house of Judah
  will take root below and bear fruit above.

³² For out of Jerusalem will come a remnant,
  and out of Mount Zion a band of survivors.
The zeal of the Lord Almighty
  will accomplish this.

³³ "Therefore this is what the Lord says concerning the king of Assyria:

"He will not enter this city
  or shoot an arrow here.
He will not come before it with shield
  or build a siege ramp against it.

³⁴ By the way that he came he will return;
  he will not enter this city,"
                declares the Lord.

³⁵ "I will defend this city and save it,
  for my sake and for the sake of David
    my servant!"

³⁶ Then the angel of the Lord went out and put to death a hundred and eighty-five thousand men in the Assyrian camp. When the people got up the next morning—there were all the dead bodies! ³⁷ So Sennacherib king of Assyria broke camp and withdrew. He returned to Nineveh and stayed there.

³⁸ One day, while he was worshiping in the temple of his god Nisroch, his sons Adrammelech and Sharezer cut him down with the sword, and they escaped to the land of Ararat. And Esarhaddon his son succeeded him as king.

ᵃ37.27 Conforme alguns manuscritos do Texto massorético, os manuscritos do mar Morto e alguns manuscritos da Septuaginta. A maioria dos manuscritos do Texto Massorético diz *terraços e campos terraplanados em degraus.* Veja 2Rs 19.26.

ᵃ37:27 Some manuscripts of the Masoretic Text, Dead Sea Scrolls and some Septuagint manuscripts (see also 2 Kings 19:26); most manuscripts of the Masoretic Text *roof / and terraced fields*

A Doença de Ezequias

38 Naqueles dias Ezequias ficou doente, à beira da morte. O profeta Isaías, filho de Amoz, foi visitá-lo e lhe disse: "Assim diz o Senhor: 'Ponha a casa em ordem, porque você vai morrer; você não se recuperará' ".

² Ezequias virou o rosto para a parede e orou ao Senhor: ³ "Lembra-te, Senhor, de como tenho te servido com fidelidade e com devoção sincera, e tenho feito o que tu aprovas". E Ezequias chorou amargamente.

⁴ Então a palavra do Senhor veio a Isaías: ⁵ "Vá dizer a Ezequias: Assim diz o Senhor, o Deus de seu antepassado Davi: Ouvi sua oração e vi suas lágrimas; acrescentarei quinze anos à sua vida. ⁶ E eu livrarei você e esta cidade das mãos do rei da Assíria. Eu defenderei esta cidade.

⁷ "Este é o sinal de que o Senhor fará o que prometeu: ⁸ Farei a sombra do sol retroceder os dez degraus que ela já cobriu na escadaria de Acaz". E a luz do sol retrocedeu os dez degraus que tinha avançado.

⁹ Depois de recuperar-se dessa doença, Ezequias, rei de Judá, escreveu o seguinte:

¹⁰ "Eu disse: No vigor da minha vida
    tenho que passar pelas
    portas da sepultura[a]
e ser roubado do restante
    dos meus anos?

¹¹ Eu disse: Não tornarei a ver o Senhor,
    o Senhor, na terra dos viventes;
não olharei mais para a humanidade,
    nem estarei mais com
    os que agora habitam neste mundo[b].

¹² A minha casa foi derrubada
    e tirada de mim,
    como se fosse uma tenda de pastor.
A minha vida foi enovelada,
    como faz o tecelão,
e ele me cortou como um pedaço de tecido;
    dia e noite foi acabando comigo.

¹³ Esperei pacientemente até o alvorecer,
    mas como um leão
    ele quebrou todos os meus ossos;
    dia e noite foi acabando comigo.

¹⁴ Gritei como um andorinhão,
    como um tordo;
gemi como uma pomba chorosa.
    Olhando para os céus,
    enfraqueceram-se os meus olhos.
Estou aflito, ó Senhor!
    Vem em meu auxílio!

¹⁵ "Mas, que posso dizer?
    Ele falou comigo, e ele mesmo fez isso.
Andarei humildemente toda a minha vida,
    por causa dessa aflição da minha alma.

¹⁶ Senhor, por tais coisas
    os homens vivem,
e por elas também vive o meu espírito.
    Tu me restauraste a saúde
    e deixaste-me viver.

¹⁷ Foi para o meu benefício
    que tanto sofri.
Em teu amor me guardaste
    da cova da destruição;
lançaste para trás de ti
    todos os meus pecados,

¹⁸ pois a sepultura não pode louvar-te,
    a morte não pode cantar o teu louvor.

Hezekiah's Illness

38 In those days Hezekiah became ill and was at the point of death. The prophet Isaiah son of Amoz went to him and said, "This is what the Lord says: Put your house in order, because you are going to die; you will not recover."

² Hezekiah turned his face to the wall and prayed to the Lord, ³ "Remember, O Lord, how I have walked before you faithfully and with wholehearted devotion and have done what is good in your eyes." And Hezekiah wept bitterly.

⁴ Then the word of the Lord came to Isaiah: ⁵ "Go and tell Hezekiah, 'This is what the Lord, the God of your father David, says: I have heard your prayer and seen your tears; I will add fifteen years to your life. ⁶ And I will deliver you and this city from the hand of the king of Assyria. I will defend this city.

⁷ " 'This is the Lord's sign to you that the Lord will do what he has promised: ⁸ I will make the shadow cast by the sun go back the ten steps it has gone down on the stairway of Ahaz.' " So the sunlight went back the ten steps it had gone down.

⁹ A writing of Hezekiah king of Judah after his illness and recovery:

¹⁰ I said, "In the prime of my life
    must I go through the gates of death[a]
    and be robbed of the rest of my years?"

¹¹ I said, "I will not again see the Lord,
    the Lord, in the land of the living;
no longer will I look on mankind,
    or be with those who now dwell in
    this world.[b]

¹² Like a shepherd's tent my house
    has been pulled down and taken from me.
Like a weaver I have rolled up my life,
    and he has cut me off from the loom;
    day and night you made an end of me.

¹³ I waited patiently till dawn,
    but like a lion he broke all my bones;
    day and night you made an end of me.

¹⁴ I cried like a swift or thrush,
    I moaned like a mourning dove.
My eyes grew weak as I looked to the heavens.
    I am troubled; O Lord, come to my aid!"

¹⁵ But what can I say?
    He has spoken to me, and he himself has
    done this.
I will walk humbly all my years
    because of this anguish of my soul.

¹⁶ Lord, by such things men live;
    and my spirit finds life in them too.
You restored me to health
    and let me live.

¹⁷ Surely it was for my benefit
    that I suffered such anguish.
In your love you kept me
    from the pit of destruction;
you have put all my sins
    behind your back.

¹⁸ For the grave[c] cannot praise you,
    death cannot sing your praise;

ᵃ38.10 Hebraico: *Sheol*. Essa palavra pode ser traduzida por profundezas, pó ou morte; também no versículo 18. ᵇ38.11 Conforme alguns manuscritos do Texto Massorético. A maioria dos manuscritos do Texto Massorético diz *habitam no lugar onde tudo acaba.*

ᵃ38:10 Hebrew *Sheol* ᵇ38:11 A few Hebrew manuscripts; most Hebrew manuscripts *in the place of cessation* ᶜ38:18 Hebrew *Sheol*

Aqueles que descem à cova
não podem esperar pela tua fidelidade.
¹⁹ Os vivos, somente os vivos, te louvam,
como hoje estou fazendo;
os pais contam a tua fidelidade
a seus filhos.

²⁰ "O Senhor me salvou.
Cantaremos com instrumentos de corda
todos os dias de nossa vida
no templo do Senhor".

²¹ Isaías dissera: "Apliquem um emplastro de figos no furúnculo, e ele se recuperará".

²² Ezequias tinha perguntado: "Qual será o sinal de que subirei ao templo do Senhor?"

Enviados da Babilônia

39 Naquela época, Merodaque-Baladã, filho de Baladã, rei da Babilônia, enviou a Ezequias cartas e um presente, porque soubera de sua doença e de sua recuperação. ² Ezequias recebeu com alegria os enviados e mostrou-lhes o que havia em seus depósitos: a prata, o ouro, as especiarias, o óleo fino, todo o seu arsenal e tudo o que se encontrava em seus tesouros. Não houve nada em seu palácio ou em todo o seu reino que Ezequias não lhes mostrasse.

³ Então o profeta Isaías foi ao rei Ezequias e perguntou: "O que aqueles homens disseram, e de onde vieram?"

"De uma terra distante", Ezequias respondeu. "Eles vieram da Babilônia para visitar-me."

⁴ O profeta perguntou: "O que eles viram em seu palácio?"

Ezequias respondeu: "Viram tudo o que há em meu palácio. Não há nada em meus tesouros que não lhes tenha mostrado".

⁵ Então Isaías disse a Ezequias: "Ouça a palavra do Senhor dos Exércitos: ⁶ 'Um dia, tudo o que há em seu palácio, bem como tudo o que os seus antepassados acumularam até hoje, será levado para a Babilônia. Nada ficará', diz o Senhor. ⁷ 'E alguns de seus próprios descendentes serão levados, e se tornarão eunucos no palácio do rei da Babilônia' ".

⁸ "É boa a palavra do Senhor que você falou", Ezequias respondeu. Pois pensou: "Haverá paz e segurança enquanto eu viver".

Consolo para o Povo de Deus

40 Consolem, consolem o meu povo,ᵃ
diz o Deus de vocês.
² Encorajem a Jerusalém e anunciem
que ela já cumpriu o trabalho
que lhe foi imposto,
pagou por sua iniquidade,
e recebeu da mão do Senhor
em dobro por todos os seus pecados.

³ Uma voz clama:
"No deserto preparemᵇ o caminho
para o Senhor;
façam no deserto um caminho reto
para o nosso Deus.ᶜ
⁴ Todos os vales serão levantados,
todos os montes e colinas
serão aplanados;
os terrenos acidentados
se tornarão planos;
as escarpas serão niveladas.
⁵ A glória do Senhor será revelada,
e, juntos, todos a verão.
Pois é o Senhor quem fala".

---

those who go down to the pit
cannot hope for your faithfulness.
¹⁹ The living, the living—they praise you,
as I am doing today;
fathers tell their children
about your faithfulness.

²⁰ The Lord will save me,
and we will sing with stringed instruments
all the days of our lives
in the temple of the Lord.

²¹ Isaiah had said, "Prepare a poultice of figs and apply it to the boil, and he will recover."

²² Hezekiah had asked, "What will be the sign that I will go up to the temple of the Lord?"

Envoys From Babylon

39 At that time Merodach-Baladan son of Baladan king of Babylon sent Hezekiah letters and a gift, because he had heard of his illness and recovery. ² Hezekiah received the envoys gladly and showed them what was in his storehouses—the silver, the gold, the spices, the fine oil, his entire armory and everything found among his treasures. There was nothing in his palace or in all his kingdom that Hezekiah did not show them.

³ Then Isaiah the prophet went to King Hezekiah and asked, "What did those men say, and where did they come from?"

"From a distant land," Hezekiah replied. "They came to me from Babylon."

⁴ The prophet asked, "What did they see in your palace?"

"They saw everything in my palace," Hezekiah said. "There is nothing among my treasures that I did not show them."

⁵ Then Isaiah said to Hezekiah, "Hear the word of the Lord Almighty: ⁶ The time will surely come when everything in your palace, and all that your fathers have stored up until this day, will be carried off to Babylon. Nothing will be left, says the Lord. ⁷ And some of your descendants, your own flesh and blood who will be born to you, will be taken away, and they will become eunuchs in the palace of the king of Babylon."

⁸ "The word of the Lord you have spoken is good," Hezekiah replied. For he thought, "There will be peace and security in my lifetime."

Comfort for God's People

40 Comfort, comfort my people,
says your God.
² Speak tenderly to Jerusalem,
and proclaim to her
that her hard service has been completed,
that her sin has been paid for,
that she has received from the Lord's hand
double for all her sins.

³ A voice of one calling:
"In the desert prepare
the way for the Lordᵃ;
make straight in the wilderness
a highway for our God.ᵇ
⁴ Every valley shall be raised up,
every mountain and hill made low;
the rough ground shall become level,
the rugged places a plain.
⁵ And the glory of the Lord will be revealed,
and all mankind together will see it.
For the mouth of the Lord has spoken."

ᵃ40.1 Ou *Ó meu povo, consolem, consolem Jerusalém,* ᵇ40.3 Ou *clama no deserto:* "Preparem ᶜ40.3 A Septuaginta diz *façam retas as veredas de nosso Deus.*

ᵃ40:3 Or *A voice of one calling in the desert: / "Prepare the way for the Lord* ᵇ40:3 Hebrew; Septuagint *make straight the paths of our God*

⁶Uma voz ordena: "Clame".
E eu pergunto: O que clamarei?

"Que toda a humanidade é como a relva,
e toda a sua glóriaª
como as flores do campo.
⁷A relva murcha e cai a sua flor,
quando o vento do Senhor
sopra sobre eles;
o povo não passa de relva.
⁸A relva murcha, e as flores caem,
mas a palavra de nosso Deus
permanece para sempre".

⁹Você, que traz boas novas a Sião,
suba num alto monte.
Você, que traz boas novas a Jerusalém,ᵇ
erga a sua voz com fortes gritos,
erga-a, não tenha medo;
diga às cidades de Judá:
"Aqui está o seu Deus!"
¹⁰O Soberano, o Senhor, vem com poder!
Com seu braço forte ele governa.
A sua recompensa com ele está,
e seu galardão o acompanha.
¹¹Como pastor ele cuida de seu rebanho,
com o braço ajunta os cordeiros
e os carrega no colo;
conduz com cuidado
as ovelhas que amamentam suas crias.

¹²Quem mediu as águas
na concha da mão,
ou com o palmo
definiu os limites dos céus?
Quem jamais calculou o peso da terra,
ou pesou os montes na balança
e as colinas nos seus pratos?
¹³Quem definiu limites
para o Espíritoᶜ do Senhor,
ou o instruiu como seu conselheiro?
¹⁴A quem o Senhor consultou
que pudesse esclarecê-lo,
e que lhe ensinasse a julgar com justiça?
Quem lhe ensinou o conhecimento
ou lhe apontou o caminho da sabedoria?

¹⁵Na verdade as nações
são como a gota que sobra do balde;
para ele são como o pó
que resta na balança;
para ele as ilhas não passam
de um grão de areia.
¹⁶Nem as florestas do Líbano
seriam suficientes
para o fogo do altar,
nem os animais de lá bastariam
para o holocaustoᵈ.
¹⁷Diante dele todas as nações
são como nada;
para ele são sem valor e menos que nada.

¹⁸Com quem vocês compararão Deus?
Como poderão representá-lo?
¹⁹Com uma imagem que o artesão funde,
e que o ourives cobre de ouro
e para a qual modela correntes de prata?
²⁰Ou com o ídolo do pobre,
que pode apenas escolher
um bom pedaço de madeira

⁶A voice says, "Cry out."
And I said, "What shall I cry?"

"All men are like grass,
and all their glory is like the flowers of
the field.
⁷The grass withers and the flowers fall,
because the breath of the Lord blows on them.
Surely the people are grass.
⁸The grass withers and the flowers fall,
but the word of our God stands forever."

⁹You who bring good tidings to Zion,
go up on a high mountain.
You who bring good tidings to Jerusalem,ª
lift up your voice with a shout,
lift it up, do not be afraid;
say to the towns of Judah,
"Here is your God!"
¹⁰See, the Sovereign Lord comes with power,
and his arm rules for him.
See, his reward is with him,
and his recompense accompanies him.
¹¹He tends his flock like a shepherd:
He gathers the lambs in his arms
and carries them close to his heart;
he gently leads those that have young.

¹²Who has measured the waters in the hollow of
his hand,
or with the breadth of his hand marked off
the heavens?
Who has held the dust of the earth in a basket,
or weighed the mountains on the scales
and the hills in a balance?
¹³Who has understood the mindᵇ of the Lord,
or instructed him as his counselor?
¹⁴Whom did the Lord consult to enlighten him,
and who taught him the right way?
Who was it that taught him knowledge
or showed him the path of understanding?

¹⁵Surely the nations are like a drop in a bucket;
they are regarded as dust on the scales;
he weighs the islands as though they
were fine dust.
¹⁶Lebanon is not sufficient for altar fires,
nor its animals enough for burnt offerings.
¹⁷Before him all the nations are as nothing;
they are regarded by him as worthless
and less than nothing.

¹⁸To whom, then, will you compare God?
What image will you compare him to?
¹⁹As for an idol, a craftsman casts it,
and a goldsmith overlays it with gold
and fashions silver chains for it.
²⁰A man too poor to present such an offering
selects wood that will not rot.

ª40.6 Ou *fidelidade* ᵇ40.9 Ou *Ó Sião, que traz boas novas, suba num alto monte.
Ó Jerusalém, que traz boas novas,* ᶜ40.13 Ou *conheceu a mente do Espírito* ᵈ40.16
Isto é, sacrifício totalmente queimado.

ª40:9 Or *O Zion, bringer of good tidings, / go up on a high mountain. / O Jerusalem, bringer of good tidings* ᵇ40:13 Or *Spirit; or spirit*

e procurar um marceneiro
   para fazer uma imagem que não caia?

21 Será que vocês não sabem?
   Nunca ouviram falar?
Não lhes contaram desde a antiguidade?
Vocês não compreenderam
   como a terra foi fundada?
22 Ele se assenta no seu trono,
   acima da cúpula da terra,
   cujos habitantes
      são pequenos como gafanhotos.
Ele estende os céus como um forro,
   e os arma como uma tenda
      para neles habitar.
23 Ele aniquila os príncipes
   e reduz a nada os juízes deste mundo.
24 Mal eles são plantados ou semeados,
   mal lançam raízes na terra,
Deus sopra sobre eles, e eles murcham;
   um redemoinho os leva como palha.

25 "Com quem vocês me vão comparar?
Quem se assemelha a mim?",
   pergunta o Santo.
26 Ergam os olhos e olhem para as alturas.
   Quem criou tudo isso?
Aquele que põe em marcha
   cada estrela do seu exército celestial,
e a todas chama pelo nome.
Tão grande é o seu poder
   e tão imensa a sua força,
   que nenhuma delas deixa de comparecer!

27 Por que você reclama, ó Jacó,
   e por que se queixa, ó Israel:
"O Senhor não se interessa
   pela minha situação;
o meu Deus não considera
   a minha causa"?
28 Será que você não sabe?
   Nunca ouviu falar?
O Senhor é o Deus eterno,
   o Criador de toda a terra.
Ele não se cansa nem fica exausto;
   sua sabedoria é insondável.
29 Ele fortalece o cansado
   e dá grande vigor ao que está sem forças.
30 Até os jovens se cansam
   e ficam exaustos,
e os moços tropeçam e caem;
31 mas aqueles que esperam no Senhor
   renovam as suas forças.
Voam alto como águias;
   correm e não ficam exaustos,
andam e não se cansam.

O Ajudador de Israel

41 "Calem-se diante de mim, ó ilhas!
   Que as nações renovem as suas forças!
Que elas se apresentem para se defender;
vamos encontrar-nos
   para decidir a questão.

2 "Quem despertou o que vem do oriente,
   e o chamou em retidão ao seu serviço,[a]
entregando-lhe nações
   e subjugando reis diante dele?
Com a espada ele os reduz a pó,
   com o arco os dispersa como palha.

[a]41.2 Ou *com quem a vitória se encontra a cada passo,*

He looks for a skilled craftsman
   to set up an idol that will not topple.

21 Do you not know?
   Have you not heard?
Has it not been told you from the beginning?
Have you not understood since the earth
      was founded?
22 He sits enthroned above the circle of the earth,
   and its people are like grasshoppers.
He stretches out the heavens like a canopy,
   and spreads them out like a tent to live in.
23 He brings princes to naught
   and reduces the rulers of this world
      to nothing.
24 No sooner are they planted,
   no sooner are they sown,
   no sooner do they take root in the ground,
than he blows on them and they wither,
   and a whirlwind sweeps them away like chaff.

25 "To whom will you compare me?
   Or who is my equal?" says the Holy One.
26 Lift your eyes and look to the heavens:
   Who created all these?
He who brings out the starry host one by one,
   and calls them each by name.
Because of his great power and mighty strength,
   not one of them is missing.

27 Why do you say, O Jacob,
   and complain, O Israel,
"My way is hidden from the Lord;
   my cause is disregarded by my God"?
28 Do you not know?
   Have you not heard?
The Lord is the everlasting God,
   the Creator of the ends of the earth.
He will not grow tired or weary,
   and his understanding no one can fathom.
29 He gives strength to the weary
   and increases the power of the weak.
30 Even youths grow tired and weary,
   and young men stumble and fall;
31 but those who hope in the Lord
   will renew their strength.
They will soar on wings like eagles;
   they will run and not grow weary,
   they will walk and not be faint.

The Helper of Israel

41 "Be silent before me, you islands!
   Let the nations renew their strength!
Let them come forward and speak;
   let us meet together at the place of judgment.

2 "Who has stirred up one from the east,
   calling him in righteousness to his service[a]?
He hands nations over to him
   and subdues kings before him.
He turns them to dust with his sword,
   to windblown chaff with his bow.

[a]41:2 Or / *whom victory meets at every step*

³Ele os persegue e avança com segurança
　　por um caminho que seus pés
　　　jamais percorreram.
⁴Quem fez tudo isso?
　Quem chama as gerações à existência
　　desde o princípio?
　Eu, o Senhor,
　　que sou o primeiro,
　e que sou eu mesmo
　　com os últimos."

⁵As ilhas viram isso e temem;
　　os confins da terra tremem.
　Eles se aproximam e vêm à frente;
⁶cada um ajuda o outro e diz a seu irmão:
　　"Seja forte!"
⁷O artesão encoraja o ourives,
　e aquele que alisa com o martelo
　　incentiva o que bate na bigorna.
　Ele diz acerca da soldagem: "Está boa".
　E fixa o ídolo com prego
　　para que não tombe.

⁸"Você, porém, ó Israel, meu servo,
　　Jacó, a quem escolhi,
　vocês, descendentes de
　　Abraão, meu amigo,
⁹eu os tirei dos confins da terra,
　de seus recantos mais distantes
　　eu os chamei.
　Eu disse: Você é meu servo;
　　eu o escolhi e não o rejeitei.
¹⁰Por isso não tema, pois estou com você;
　　não tenha medo, pois sou o seu Deus.
　Eu o fortalecerei e o ajudarei;
　　eu o segurarei
　com a minha mão direita vitoriosa.

¹¹"Todos os que o odeiam
　　certamente serão humilhados
　　e constrangidos;
　aqueles que se opõem a você
　　serão como nada e perecerão.
¹²Ainda que você procure os seus inimigos,
　　você não os encontrará.
　Os que guerreiam contra você
　　serão reduzidos a nada.
¹³Pois eu sou o Senhor, o seu Deus,
　　que o segura pela mão direita
　e lhe diz: Não tema; eu o ajudarei.
¹⁴Não tenha medo, ó verme Jacó,
　　ó pequeno Israel,
　pois eu mesmo o ajudarei",
　　declara o Senhor,
　seu Redentor, o Santo de Israel.
¹⁵"Veja, eu o tornarei um debulhador
　　novo e cortante, com muitos dentes.
　Você debulhará os montes e os esmagará,
　　e reduzirá as colinas a palha.
¹⁶Você irá peneirá-los, o vento os levará,
　　e uma ventania os espalhará.
　Mas você se regozijará no Senhor
　　e no Santo de Israel se gloriará.

¹⁷"O pobre e o necessitado buscam água,
　　e não a encontram!
　Suas línguas estão ressequidas de sede.
　Mas eu, o Senhor, lhes responderei;
　　eu, o Deus de Israel, não os abandonarei.
¹⁸Abrirei rios nas colinas estéreis,
　　e fontes nos vales.
　Transformarei o deserto num lago,
　　e o chão ressequido em mananciais.

³He pursues them and moves on unscathed,
　　by a path his feet have not traveled before.
⁴Who has done this and carried it through,
　　calling forth the generations from the
　　　beginning?
　I, the Lord—with the first of them
　　and with the last—I am he."

⁵The islands have seen it and fear;
　　the ends of the earth tremble.
　They approach and come forward;
⁶each helps the other
　　and says to his brother, "Be strong!"
⁷The craftsman encourages the goldsmith,
　　and he who smooths with the hammer
　　spurs on him who strikes the anvil.
　He says of the welding, "It is good."
　　He nails down the idol so it will not topple.

⁸"But you, O Israel, my servant,
　　Jacob, whom I have chosen,
　　you descendants of Abraham my friend,
⁹I took you from the ends of the earth,
　　from its farthest corners I called you.
　I said, 'You are my servant';
　　I have chosen you and have not rejected you.
¹⁰So do not fear, for I am with you;
　　do not be dismayed, for I am your God.
　I will strengthen you and help you;
　　I will uphold you with my righteous
　　　right hand.

¹¹"All who rage against you
　　will surely be ashamed and disgraced;
　those who oppose you
　　will be as nothing and perish.
¹²Though you search for your enemies,
　　you will not find them.
　Those who wage war against you
　　will be as nothing at all.
¹³For I am the Lord, your God,
　　who takes hold of your right hand
　and says to you, Do not fear;
　　I will help you.
¹⁴Do not be afraid, O worm Jacob,
　　O little Israel,
　for I myself will help you," declares the Lord,
　　your Redeemer, the Holy One of Israel.
¹⁵"See, I will make you into a threshing sledge,
　　new and sharp, with many teeth.
　You will thresh the mountains and crush them,
　　and reduce the hills to chaff.
¹⁶You will winnow them, the wind will pick
　　　them up,
　and a gale will blow them away.
　But you will rejoice in the Lord
　　and glory in the Holy One of Israel.

¹⁷"The poor and needy search for water,
　　but there is none;
　their tongues are parched with thirst.
　But I the Lord will answer them;
　　I, the God of Israel, will not forsake them.
¹⁸I will make rivers flow on barren heights,
　　and springs within the valleys.
　I will turn the desert into pools of water,
　　and the parched ground into springs.

19 Porei no deserto o cedro,
a acácia, a murta e a oliveira.
Colocarei juntos no ermo
o cipreste, o abeto e o pinheiro,
20 para que o povo veja e saiba,
e todos vejam e saibam,
que a mão do Senhor fez isso,
que o Santo de Israel o criou.
21 "Exponham a sua causa", diz o Senhor.
"Apresentem as suas provas",
diz o rei de Jacó.
22 "Tragam os seus ídolos
para nos dizerem o que vai acontecer.
Que eles nos contem como eram
as coisas anteriores,
para que as consideremos
e saibamos o seu resultado final;
ou que nos declarem as coisas vindouras,
23 revelem-nos o futuro,
para que saibamos que eles são deuses.
Façam alguma coisa, boa ou má,
para que nos rendamos, cheios de temor.
24 Mas vejam só! Eles não são nada,
e as suas obras são totalmente nulas;
detestável é aquele que os escolhe!
25 "Despertei um homem,
e do norte ele vem;
desde o nascente
proclamará o meu nome.
Pisa em governantes como em argamassa,
como o oleiro amassa o barro.
26 Quem falou disso desde o princípio,
para que o soubéssemos,
ou antecipadamente,
para que pudéssemos dizer:
'Ele estava certo'?
Ninguém o revelou,
ninguém o fez ouvir,
ninguém ouviu palavra alguma
de vocês.
27 Desde o princípio eu disse a Sião:
Veja, estas coisas acontecendo!
A Jerusalém eu darei um mensageiro
de boas novas.
28 Olho, e não há ninguém entre eles,
nenhum conselheiro que dê resposta
quando pergunto.
29 Veja, são todos falsos!
Seus feitos são nulos;
suas imagens fundidas
não passam de um sopro e de uma nulidade!

O Servo do Senhor

42 "Eis o meu servo,
a quem sustento,
o meu escolhido, em quem tenho prazer.
Porei nele o meu Espírito,
e ele trará justiça às nações.
2 Não gritará nem clamará,
nem erguerá a voz nas ruas.
3 Não quebrará o caniço rachado,
e não apagará o pavio fumegante.
Com fidelidade fará justiça;
4 não mostrará fraqueza
nem se deixará ferir,
até que estabeleça a justiça na terra.
Em sua lei as ilhas porão sua esperança."
5 É o que diz Deus, o Senhor,
aquele que criou o céu e o estendeu,

19 I will put in the desert
the cedar and the acacia, the myrtle and
the olive.
I will set pines in the wasteland,
the fir and the cypress together,
20 so that people may see and know,
may consider and understand,
that the hand of the Lord has done this,
that the Holy One of Israel has created it.
21 "Present your case," says the Lord.
"Set forth your arguments," says Jacob's King.
22 "Bring in *your idols* to tell us
what is going to happen.
Tell us what the former things were,
so that we may consider them
and know their final outcome.
Or declare to us the things to come,
23 tell us what the future holds,
so we may know that you are gods.
Do something, whether good or bad,
so that we will be dismayed and filled
with fear.
24 But you are less than nothing
and your works are utterly worthless;
he who chooses you is detestable.
25 "I have stirred up one from the north, and he
comes—
one from the rising sun who calls on my
name.
He treads on rulers as if they were mortar,
as if he were a potter treading the clay.
26 Who told of this from the beginning, so we
could know,
or beforehand, so we could say, 'He was
right'?
No one told of this,
no one foretold it,
no one heard any words from you.
27 I was the first to tell Zion, 'Look, here they are!'
I gave to Jerusalem a messenger of
good tidings.
28 I look but there is no one—
no one among them to give counsel,
no one to give answer when I ask them.
29 See, they are all false!
Their deeds amount to nothing;
their images are but wind and confusion.

The Servant of the Lord

42 "Here is my servant, whom I uphold,
my chosen one in whom I delight;
I will put my Spirit on him
and he will bring justice to the nations.
2 He will not shout or cry out,
or raise his voice in the streets.
3 A bruised reed he will not break,
and a smoldering wick he will not snuff out.
In faithfulness he will bring forth justice;
4 he will not falter or be discouraged
till he establishes justice on earth.
In his law the islands will put their hope."
5 This is what God the Lord says—
he who created the heavens and stretched
them out,
who spread out the earth and all that comes

que espalhou a terra
e tudo o que dela procede,
que dá fôlego aos seus moradores
e vida aos que andam nela:
6 "Eu, o Senhor, o chamei para justiça;
segurarei firme a sua mão.
Eu o guardarei e farei de você
um mediador para o povo
e uma luz para os gentios,
7 para abrir os olhos aos cegos,
para libertar da prisão os cativos
e para livrar do calabouço
os que habitam na escuridão.

8 "Eu sou o Senhor; este é o meu nome!
Não darei a outro a minha glória
nem a imagens o meu louvor.
9 Vejam! As profecias antigas
aconteceram, e novas eu anuncio;
antes de surgirem, eu as declaro a vocês".

10 Cantem ao Senhor um novo cântico,
seu louvor desde os confins da terra,
vocês, que navegam no mar,
e tudo o que nele existe,
vocês, ilhas, e todos os seus habitantes.
11 Que o deserto e as suas cidades
ergam a sua voz;
regozijem-se os povoados
habitados por Quedar.
Cante de alegria o povo de Selá,
gritem pelos altos dos montes.
12 Dêem glória ao Senhor
e nas ilhas proclamem seu louvor.
13 O Senhor sairá
como homem poderoso,
como guerreiro despertará o seu zelo;
com forte brado e seu grito de guerra,
triunfará sobre os seus inimigos.

14 "Fiquei muito tempo em silêncio,
e me contive, calado.
Mas agora, como mulher
em trabalho de parto,
eu grito, gemo e respiro ofegante.
15 Arrasarei os montes e as colinas
e secarei toda sua vegetação;
tornarei rios em ilhas e secarei os açudes.
16 Conduzirei os cegos por caminhos
que eles não conheceram,
por veredas desconhecidas eu os guiarei;
transformarei as trevas em luz
diante deles
e tornarei retos os lugares acidentados.
Essas são as coisas que farei;
não os abandonarei.
17 Mas retrocederão em vergonha total
aqueles que confiam
em imagens esculpidas,
que dizem aos ídolos fundidos:
'Vocês são nossos deuses'.

A Cegueira de Israel

18 "Ouçam, surdos; olhem, cegos, e vejam!
19 Quem é cego senão o meu servo,
e surdo senão o mensageiro que enviei?
Quem é cego como aquele
que é consagrado a mim,
cego como o servo do Senhor?
20 Você viu muitas coisas,
mas não deu nenhuma atenção;
seus ouvidos estão abertos,
mas você não ouve nada."

out of it,
who gives breath to its people,
and life to those who walk on it:
6 "I, the Lord, have called you in righteousness;
I will take hold of your hand.
I will keep you and will make you
to be a covenant for the people
and a light for the Gentiles,
7 to open eyes that are blind,
to free captives from prison
and to release from the dungeon those
who sit in darkness.

8 "I am the Lord; that is my name!
I will not give my glory to another
or my praise to idols.
9 See, the former things have taken place,
and new things I declare;
before they spring into being
I announce them to you."

Song of Praise to the Lord

10 Sing to the Lord a new song,
his praise from the ends of the earth,
you who go down to the sea, and all that
is in it,
you islands, and all who live in them.
11 Let the desert and its towns raise their voices;
let the settlements where Kedar lives rejoice.
Let the people of Sela sing for joy;
let them shout from the mountaintops.
12 Let them give glory to the Lord
and proclaim his praise in the islands.
13 The Lord will march out like a mighty man,
like a warrior he will stir up his zeal;
with a shout he will raise the battle cry
and will triumph over his enemies.

14 "For a long time I have kept silent,
I have been quiet and held myself back.
But now, like a woman in childbirth,
I cry out, I gasp and pant.
15 I will lay waste the mountains and hills
and dry up all their vegetation;
I will turn rivers into islands
and dry up the pools.
16 I will lead the blind by ways they have
not known,
along unfamiliar paths I will guide them;
I will turn the darkness into light before them
and make the rough places smooth.
These are the things I will do;
I will not forsake them.
17 But those who trust in idols,
who say to images, 'You are our gods,'
will be turned back in utter shame.

Israel Blind and Deaf

18 "Hear, you deaf;
look, you blind, and see!
19 Who is blind but my servant,
and deaf like the messenger I send?
Who is blind like the one committed to me,
blind like the servant of the Lord?
20 You have seen many things, but have paid
no attention;
your ears are open, but you hear nothing."

21 Foi do agrado do Senhor,
   por amor de sua retidão,
   tornar grande e gloriosa a sua lei.
22 Mas este é um povo saqueado e roubado;
   foi apanhado em cavernas
    e escondido em prisões.
   Tornou-se presa,
    sem ninguém para resgatá-lo;
   tornou-se despojo,
   sem que ninguém o reclamasse, dizendo:
    "Devolvam".
23 Qual de vocês escutará isso
   ou prestará muita atenção
   no tempo vindouro?
24 Quem entregou Jacó
   para tornar-se despojo,
   e Israel aos saqueadores?
   Não foi o Senhor,
    contra quem temos pecado?
   Pois eles não quiseram seguir
    os seus caminhos;
   não obedeceram à sua lei.
25 De modo que ele lançou sobre eles
   o seu furor,
   a violência da guerra.
   Ele os envolveu em chamas,
   contudo nada aprenderam;
    isso os consumiu,
   e ainda assim, não o levaram a sério.

O Único Salvador de Israel

43 Mas agora assim diz o Senhor,
   aquele que o criou, ó Jacó,
   aquele que o formou, ó Israel:
   "Não tema, pois eu o resgatei;
   eu o chamei pelo nome; você é meu.
2 Quando você atravessar as águas,
   eu estarei com você;
   quando você atravessar os rios,
    eles não o encobrirão.
   Quando você andar através do fogo,
    não se queimará;
   as chamas não o deixarão em brasas.
3 Pois eu sou o Senhor, o seu Deus,
   o Santo de Israel, o seu Salvador;
   dou o Egito como resgate para livrá-lo,
    a Etiópiaª e Sebá em troca de você.
4 Visto que você é precioso
   e honrado à minha vista,
   e porque eu o amo,
   darei homens em seu lugar,
   e nações em troca de sua vida.
5 Não tenha medo,
   pois eu estou com você,
   do oriente trarei seus filhos
   e do ocidente ajuntarei você.
6 Direi ao norte: Entregue-os!
   e ao sul: Não os retenha.
   De longe tragam os meus filhos,
   e dos confins da terra as minhas filhas;
7 todo o que é chamado pelo meu nome,
   a quem criei para a minha glória,
   a quem formei e fiz".

8 Traga o povo que tem olhos, mas é cego,
   que tem ouvidos, mas é surdo.
9 Todas as nações se reúnem,
   e os povos se ajuntam.

21 It pleased the Lord
   for the sake of his righteousness
   to make his law great and glorious.
22 But this is a people plundered and looted,
   all of them trapped in pits
   or hidden away in prisons.
   They have become plunder,
   with no one to rescue them;
   they have been made loot,
   with no one to say, "Send them back."
23 Which of you will listen to this
   or pay close attention in time to come?
24 Who handed Jacob over to become loot,
   and Israel to the plunderers?
   Was it not the Lord,
   against whom we have sinned?
   For they would not follow his ways;
   they did not obey his law.
25 So he poured out on them his burning anger,
   the violence of war.
   It enveloped them in flames, yet they did not
    understand;
   it consumed them, but they did not take it
    to heart.

Israel's Only Savior

43 But now, this is what the Lord says—
   he who created you, O Jacob,
   he who formed you, O Israel:
   "Fear not, for I have redeemed you;
   I have summoned you by name; you are mine.
2 When you pass through the waters,
   I will be with you;
   and when you pass through the rivers,
   they will not sweep over you.
   When you walk through the fire,
   you will not be burned;
   the flames will not set you ablaze.
3 For I am the Lord, your God,
   the Holy One of Israel, your Savior;
   I give Egypt for your ransom,
   Cushª and Seba in your stead.
4 Since you are precious and honored in my sight,
   and because I love you,
   I will give men in exchange for you,
   and people in exchange for your life.
5 Do not be afraid, for I am with you;
   I will bring your children from the east
   and gather you from the west.
6 I will say to the north, 'Give them up!'
   and to the south, 'Do not hold them back.'
   Bring my sons from afar
   and my daughters from the ends of
    the earth—
7 everyone who is called by my name,
   whom I created for my glory,
   whom I formed and made."

8 Lead out those who have eyes but are blind,
   who have ears but are deaf.
9 All the nations gather together
   and the peoples assemble.

ª43.3 Hebraico: *Cuxe.*   ª43:3 That is, the upper Nile region

Qual deles predisse isto
  e anunciou as coisas passadas?
Que eles façam entrar suas testemunhas,
  para provarem que estavam certos,
  para que outros ouçam e digam:
    "É verdade".
10 "Vocês são minhas testemunhas",
    declara o Senhor,
"e meu servo, a quem escolhi,
  para que vocês saibam e creiam em mim
  e entendam que eu sou Deusª.
Antes de mim nenhum deus se formou,
  nem haverá algum deus depois de mim.
11 Eu, eu mesmo, sou o Senhor,
  e além de mim não há salvador algum.
12 Eu revelei, salvei e anunciei;
  eu, e não um deus estrangeiro entre vocês.
Vocês são testemunhas de que eu sou Deus",
    declara o Senhor.
13 "Desde os dias mais antigos eu o sou.
Não há quem possa
  livrar alguém de minha mão.
Agindo eu, quem o pode desfazer?"

A Misericórdia de Deus e a Infidelidade de Israel

14 Assim diz o Senhor, o seu Redentor, o Santo de Israel:

"Por amor de vocês mandarei
  inimigos contra a Babilônia
e farei todos os babilôniosᵇ
  descerem como fugitivos
nos navios de que se orgulhavam.
15 Eu sou o Senhor, o Santo de vocês,
  o Criador de Israel e o seu Rei".

16 Assim diz o Senhor,
aquele que fez um caminho pelo mar,
  uma vereda pelas águas violentas,
17 que fez saírem juntos
  os carros e os cavalos,
o exército e seus reforços,
e eles jazem ali, para nunca mais
  se levantarem,
exterminados, apagados como um pavio.
18 "Esqueçam o que se foi;
  não vivam no passado.
19 Vejam, estou fazendo uma coisa nova!
Ela já está surgindo! Vocês não a reconhecem?
Até no deserto vou abrir um caminho
  e riachos no ermo.
20 Os animais do campo me honrarão,
  os chacais e as corujas,
porque fornecerei água no deserto
  e riachos no ermo,
para dar de beber a meu povo, meu escolhido,
21 ao povo que formei para mim mesmo
  a fim de que proclamasse o meu louvor.

22 "Contudo, você não me invocou, ó Jacó,
embora você tenha ficado exausto
  por minha causa, ó Israel.
23 Não foi para mim que você trouxe
  ovelhas para holocaustosᶜ,
nem foi a mim que você honrou com seus
    sacrifícios.
Não o sobrecarreguei
  com ofertas de cereal,
nem o deixei exausto com exigências de incenso.
24 Você não me comprou
  nenhuma cana aromática,

Which of them foretold this
  and proclaimed to us the former things?
Let them bring in their witnesses to prove they
    were right,
so that others may hear and say, "It is true."
10 "You are my witnesses," declares the Lord,
  "and my servant whom I have chosen,
so that you may know and believe me
  and understand that I am he.
Before me no god was formed,
  nor will there be one after me.
11 I, even I, am the Lord,
  and apart from me there is no savior.
12 I have revealed and saved and proclaimed—
  I, and not some foreign god among you.
You are my witnesses," declares the Lord, "that
    I am God.
13   Yes, and from ancient days I am he.
No one can deliver out of my hand.
  When I act, who can reverse it?"

God's Mercy and Israel's Unfaithfulness

14 This is what the Lord says—
  your Redeemer, the Holy One of Israel:
"For your sake I will send to Babylon
  and bring down as fugitives all the
    Babylonians,ª
in the ships in which they took pride.
15 I am the Lord, your Holy One,
  Israel's Creator, your King."

16 This is what the Lord says—
  he who made a way through the sea,
  a path through the mighty waters,
17 who drew out the chariots and horses,
  the army and reinforcements together,
and they lay there, never to rise again,
  extinguished, snuffed out like a wick:
18 "Forget the former things;
  do not dwell on the past.
19 See, I am doing a new thing!
  Now it springs up; do you not perceive it?
I am making a way in the desert
  and streams in the wasteland.
20 The wild animals honor me,
  the jackals and the owls,
because I provide water in the desert
  and streams in the wasteland,
to give drink to my people, my chosen,
  21 the people I formed for myself
  that they may proclaim my praise.

22 "Yet you have not called upon me, O Jacob,
  you have not wearied yourselves for me,
    O Israel.
23 You have not brought me sheep for
    burnt offerings,
  nor honored me with your sacrifices.
I have not burdened you with grain offerings
  nor wearied you with demands for incense.
24 You have not bought any fragrant calamus

ª43.10 Ou *ele* ᵇ43.14 Ou *caldeus*; também em 47.1,5; 48.14 e 20. ᶜ43.23 Isto é, sacrifícios totalmente queimados.   ª43:14 Or *Chaldeans*

nem me saciou
com a gordura de seus sacrifícios.
Mas você me sobrecarregou
com seus pecados
e me deixou exausto com suas ofensas.

25 "Sou eu, eu mesmo, aquele que apaga
suas transgressões, por amor de mim,
e que não se lembra mais
de seus pecados.
26 Relembre o passado para mim;
vamos discutir a sua causa.
Apresente o argumento
para provar sua inocência.
27 Seu primeiro pai pecou;
seus porta-vozes se rebelaram
contra mim.
28 Por isso envergonharei
os líderes do templo,
e entregarei Jacó à destruição
e Israel à zombaria.

Israel, o Escolhido do Senhor

44 "Mas escute agora, Jacó,
meu servo,
Israel, a quem escolhi.
2 Assim diz o Senhor,
aquele que o fez,
que o formou no ventre, e que o ajudará:
Não tenha medo, ó Jacó, meu servo,
Jesurum, a quem escolhi.
3 Pois derramarei água na terra sedenta,
e torrentes na terra seca;
derramarei meu Espírito sobre sua prole,
e minha bênção sobre seus descendentes.
4 Eles brotarão como relva nova,
como salgueiros junto a regatos.
5 Um dirá: 'Pertenço ao Senhor';
outro chamará a si mesmo
pelo nome de Jacó;
ainda outro escreverá em sua mão:
'Do Senhor',
e tomará para si o nome Israel.

A Insensatez da Idolatria

6 "Assim diz o Senhor,
o rei de Israel, o seu redentor,
o Senhor dos Exércitos:
Eu sou o primeiro e eu sou o último;
além de mim não há Deus.
7 Quem então é como eu?
Que ele o anuncie,
que ele declare e exponha diante de mim
o que aconteceu
desde que estabeleci meu antigo povo,
e o que ainda está para vir;
que todos eles predigam as coisas futuras
e o que irá acontecer.
8 Não tremam, nem tenham medo.
Não anunciei isto e não o predisse
muito tempo atrás?
Vocês são minhas testemunhas.
Há outro Deus além de mim?
Não, não existe nenhuma outra Rocha;
não conheço nenhuma".

9 Todos os que fazem imagens nada são,
e as coisas que estimam são sem valor.

---

for me,
or lavished on me the fat of your sacrifices.
But you have burdened me with your sins
and wearied me with your offenses.

25 "I, even I, am he who blots out
your transgressions, for my own sake,
and remembers your sins no more.
26 Review the past for me,
let us argue the matter together;
state the case for your innocence.
27 Your first father sinned;
your spokesmen rebelled against me.
28 So I will disgrace the dignitaries of your temple,
and I will consign Jacob to destruction[a]
and Israel to scorn.

Israel the Chosen

44 "But now listen, O Jacob, my servant,
Israel, whom I have chosen.
2 This is what the Lord says—
he who made you, who formed you in
the womb,
and who will help you:
Do not be afraid, O Jacob, my servant,
Jeshurun, whom I have chosen.
3 For I will pour water on the thirsty land,
and streams on the dry ground;
I will pour out my Spirit on your offspring,
and my blessing on your descendants.
4 They will spring up like grass in a meadow,
like poplar trees by flowing streams.
5 One will say, 'I belong to the Lord';
another will call himself by the name of Jacob;
still another will write on his hand, 'The Lord's,'
and will take the name Israel.

The Lord, Not Idols

6 "This is what the Lord says—
Israel's King and Redeemer, the Lord
Almighty:
I am the first and I am the last;
apart from me there is no God.
7 Who then is like me? Let him proclaim it.
Let him declare and lay out before me
what has happened since I established
my ancient people,
and what is yet to come—
yes, let him foretell what will come.
8 Do not tremble, do not be afraid.
Did I not proclaim this and foretell it
long ago?
You are my witnesses. Is there any God
besides me?
No, there is no other Rock; I know not one."

9 All who make idols are nothing,
and the things they treasure are worthless.

---

a43:28 The Hebrew term refers to the irrevocable giving over of things or persons to the Lord, often by totally destroying them.

As suas testemunhas nada vêem
  e nada sabem,
para que sejam envergonhados.
10 Quem é que modela um deus
  e funde uma imagem,
  que de nada lhe serve?
11 Todos os seus companheiros
  serão envergonhados;
pois os artesãos não passam de homens.
Que todos eles se ajuntem
  e declarem sua posição;
eles serão lançados ao pavor
  e à vergonha.

12 O ferreiro apanha uma ferramenta
  e trabalha com ela nas brasas;
modela um ídolo com martelos,
  forja-o com a força do braço.
Ele sente fome e perde a força;
  passa sede e desfalece.
13 O carpinteiro mede a madeira
  com uma linha
e faz um esboço com um traçador;
ele o modela toscamente com formões
  e o marca com compassos.
Ele o faz na forma de homem,
de um homem em toda a sua beleza,
  para que habite num santuário.
14 Ele derruba cedros,
  talvez apanhe um cipreste,
  ou ainda um carvalho.
Ele o deixou crescer entre
  as árvores da floresta,
ou plantou um pinheiro,
  e a chuva o fez crescer.
15 É combustível usado para queimar;
  um pouco disso ele apanha e se aquece,
  acende um fogo e assa um pão.
Mas também modela um deus e o adora;
  faz uma imagem e se encurva diante dela.
16 Metade da madeira
  ele queima no fogo;
sobre ela ele prepara sua refeição,
  assa a carne e come sua porção.
Ele também se aquece e diz:
  "Ah! Estou aquecido;
  estou vendo o fogo".
17 Do restante ele faz um deus, seu ídolo;
  inclina-se diante dele e o adora.
Ora a ele e diz: "Salva-me;
  tu és o meu deus".
18 Eles nada sabem, nada entendem;
  seus olhos estão tapados,
  não conseguem ver,
  e suas mentes estão fechadas,
  não conseguem entender.
19 Ninguém pára para pensar,
ninguém tem o conhecimento
  ou o entendimento para dizer:
"Metade dela usei como combustível;
  até mesmo assei pão sobre suas brasas,
  assei carne e comi.
Faria eu algo repugnante
  com o que sobrou?
Iria eu ajoelhar-me diante
  de um pedaço de madeira?"
20 Ele se alimenta de cinzas,
  um coração iludido o desvia;
ele é incapaz de salvar a si mesmo
  ou de dizer:

Those who would speak up for them are blind;
  they are ignorant, to their own shame.
10 Who shapes a god and casts an idol,
  which can profit him nothing?
11 He and his kind will be put to shame;
  craftsmen are nothing but men.
Let them all come together and take their stand;
  they will be brought down to terror
    and infamy.

12 The blacksmith takes a tool
  and works with it in the coals;
he shapes an idol with hammers,
  he forges it with the might of his arm.
He gets hungry and loses his strength;
  he drinks no water and grows faint.
13 The carpenter measures with a line
  and makes an outline with a marker;
he roughs it out with chisels
  and marks it with compasses.
He shapes it in the form of man,
  of man in all his glory,
  that it may dwell in a shrine.
14 He cut down cedars,
  or perhaps took a cypress or oak.
He let it grow among the trees of the forest,
  or planted a pine, and the rain made it grow.
15 It is man's fuel for burning;
  some of it he takes and warms himself,
  he kindles a fire and bakes bread.
But he also fashions a god and worships it;
  he makes an idol and bows down to it.
16 Half of the wood he burns in the fire;
  over it he prepares his meal,
  he roasts his meat and eats his fill.
He also warms himself and says,
  "Ah! I am warm; I see the fire."
17 From the rest he makes a god, his idol;
  he bows down to it and worships.
He prays to it and says,
  "Save me; you are my god."
18 They know nothing, they understand nothing;
  their eyes are plastered over so they cannot see,
  and their minds closed so they cannot
    understand.
19 No one stops to think,
  no one has the knowledge or understanding
    to say,
"Half of it I used for fuel;
  I even baked bread over its coals,
  I roasted meat and I ate.
Shall I make a detestable thing from what is left?
  Shall I bow down to a block of wood?"
20 He feeds on ashes, a deluded heart
  misleads him;
he cannot save himself, or say,

"Esta coisa na minha mão direita
    não é uma mentira?"

21 "Lembre-se disso, ó Jacó,
    pois você é meu servo, ó Israel.
Eu o fiz, você é meu servo;
    ó Israel, eu não o esquecerei.

22 Como se fossem uma nuvem,
    varri para longe suas ofensas;
como se fossem a neblina da manhã,
    os seus pecados.
Volte para mim, pois eu o resgatei."

23 Cantem de alegria, ó céus,
    pois o Senhor fez isto;
gritem bem alto, ó profundezas da terra.
Irrompam em canção, vocês, montes,
    vocês, florestas e todas as suas árvores,
pois o Senhor resgatou Jacó;
    ele mostra sua glória em Israel.

Jerusalém Será Habitada

24 "Assim diz o Senhor,
    o seu redentor, que o formou no ventre:

"Eu sou o Senhor, que fiz todas as coisas,
    que sozinho estendi os céus,
    que espalhei a terra por mim mesmo,

25 "que atrapalha os sinais dos falsos profetas
    e faz de tolos os adivinhadores,
que derruba o conhecimento dos sábios
    e o transforma em loucura,

26 que executa as palavras de seus servos
    e cumpre as predições
    de seus mensageiros,

"que diz acerca de Jerusalém:
    Ela será habitada,
e das cidades de Judá:
    Elas serão construídas,
e de suas ruínas: Eu as restaurarei,

27 que diz às profundezas aquáticas:
    Sequem-se, e eu secarei seus regatos,

28 que diz acerca de Ciro:
    Ele é meu pastor,
e realizará tudo o que me agrada;
ele dirá acerca de Jerusalém:
    'Seja reconstruída',
e do templo: 'Sejam lançados os seus alicerces'.

45

"Assim diz o Senhor ao seu ungido:
    a Ciro, cuja mão direita
    eu seguro com firmeza
para subjugar as nações diante dele
    e arrancar a armadura de seus reis,
para abrir portas diante dele,
    de modo que as portas
    não estejam trancadas;

2 Eu irei adiante de você e aplainarei montes;
    derrubarei portas de bronze
    e romperei trancas de ferro.

3 Darei a você os tesouros das trevas,
    riquezas armazenadas em locais secretos,
para que você saiba
    que eu sou o Senhor,
o Deus de Israel,
    que o convoca pelo nome.

4 Por amor de meu servo Jacó,
    de meu escolhido Israel,
    eu o convoco pelo nome

"Is not this thing in my right hand a lie?"

21 "Remember these things, O Jacob,
    for you are my servant, O Israel.
I have made you, you are my servant;
    O Israel, I will not forget you.

22 I have swept away your offenses like a cloud,
    your sins like the morning mist.
Return to me,
    for I have redeemed you."

23 Sing for joy, O heavens, for the Lord has
        done this;
    shout aloud, O earth beneath.
Burst into song, you mountains,
    you forests and all your trees,
for the Lord has redeemed Jacob,
    he displays his glory in Israel.

Jerusalem to Be Inhabited

24 "This is what the Lord says—
    your Redeemer, who formed you in the womb:

I am the Lord,
    who has made all things,
who alone stretched out the heavens,
    who spread out the earth by myself,

25 who foils the signs of false prophets
    and makes fools of diviners,
who overthrows the learning of the wise
    and turns it into nonsense,

26 who carries out the words of his servants
    and fulfills the predictions of his messengers,

who says of Jerusalem, 'It shall be inhabited,'
    of the towns of Judah, 'They shall be built,'
    and of their ruins, 'I will restore them,'

27 who says to the watery deep, 'Be dry,
    and I will dry up your streams,'

28 who says of Cyrus, 'He is my shepherd
    and will accomplish all that I please;
he will say of Jerusalem, "Let it be rebuilt,"
    and of the temple, "Let its foundations
    be laid." '

45

"This is what the Lord says to his anointed,
    to Cyrus, whose right hand I take hold of
to subdue nations before him
    and to strip kings of their armor,
to open doors before him
    so that gates will not be shut:

2 I will go before you
    and will level the mountains[a];
I will break down gates of bronze
    and cut through bars of iron.

3 I will give you the treasures of darkness,
    riches stored in secret places,
so that you may know that I am the Lord,
    the God of Israel, who summons you by name.

4 For the sake of Jacob my servant,
    of Israel my chosen,
I summon you by name

---

[a]45:2 Dead Sea Scrolls and Septuagint; the meaning of the word in the Masoretic Text is uncertain.

e lhe concedo um título de honra,
embora você não me reconheça.

⁵ Eu sou o Senhor,
   e não há nenhum outro;
além de mim não há Deus.
Eu o fortalecerei, ainda que você
   não tenha me admitido,
⁶ de forma que do nascente ao poente
   saibam todos que não há
   ninguém além de mim.
Eu sou o Senhor,
   e não há nenhum outro.
⁷ Eu formo a luz e crio as trevas,
   promovo a paz e causo a desgraça;
eu, o Senhor, faço todas essas coisas.

⁸ "Vocês, céus elevados,
   façam chover justiça;
derramem-na as nuvens.
Abra-se a terra, brote a salvação,
   cresça a retidão com ela;
   eu, o Senhor, a criei.

⁹ "Ai daquele que contende
   com seu Criador,
daquele que não passa de um caco
   entre os cacos no chão.
Acaso o barro pode dizer ao oleiro:
   'O que você está fazendo?'
Será que a obra que você faz pode dizer:
   'Você não tem mãos?'
¹⁰ Ai daquele que diz a seu pai:
   'O que você gerou?',
ou à sua mãe: 'O que você deu à luz?'

¹¹ "Assim diz o Senhor, o Santo de Israel,
   o seu Criador:
A respeito de coisas vindouras,
   você me pergunta sobre meus filhos,
ou me dá ordens sobre o trabalho
   de minhas mãos?
¹² Fui eu que fiz a terra
   e nela criei a humanidade.
Minhas próprias mãos
   estenderam os céus;
eu dispus o seu exército de estrelas.
¹³ Eu levantarei esse homem em minha retidão:
   farei direitos todos os seus caminhos.
Ele reconstruirá minha cidade
   e libertará os exilados,
sem exigir pagamento
   nem qualquer recompensa,
diz o Senhor dos Exércitos.

¹⁴ "Assim diz o Senhor:

Os produtos do Egito
   e as mercadorias da Etiópia^a,
e aqueles altos sabeus,
   passarão para o seu lado
e lhe pertencerão, ó Jerusalém;
   eles a seguirão,
acorrentados, passarão para o seu lado.
Eles se inclinarão diante de você
   e lhe implorarão, dizendo:
   'Certamente Deus está com você,
   e não há outro;
não há nenhum outro Deus' ".

¹⁵ Verdadeiramente tu és um Deus
   que se esconde,
ó Deus e Salvador de Israel.

and bestow on you a title of honor,
   though you do not acknowledge me.

⁵ I am the Lord, and there is no other;
   apart from me there is no God.
I will strengthen you,
   though you have not acknowledged me,
⁶ so that from the rising of the sun
   to the place of its setting
men may know there is none besides me.
   I am the Lord, and there is no other.
⁷ I form the light and create darkness,
   I bring prosperity and create disaster;
   I, the Lord, do all these things.

⁸ "You heavens above, rain down righteousness;
   let the clouds shower it down.
Let the earth open wide,
   let salvation spring up,
let righteousness grow with it;
   I, the Lord, have created it.

⁹ "Woe to him who quarrels with his Maker,
   to him who is but a potsherd among the potsherds
   on the ground.
Does the clay say to the potter,
   'What are you making?'
Does your work say,
   'He has no hands'?
¹⁰ Woe to him who says to his father,
   'What have you begotten?'
or to his mother,
   'What have you brought to birth?'

¹¹ "This is what the Lord says—
   the Holy One of Israel, and its Maker:
Concerning things to come,
   do you question me about my children,
   or give me orders about the work of
   my hands?
¹² It is I who made the earth
   and created mankind upon it.
My own hands stretched out the heavens;
   I marshaled their starry hosts.
¹³ I will raise up Cyrus^a in my righteousness:
   I will make all his ways straight.
He will rebuild my city
   and set my exiles free,
but not for a price or reward,
   says the Lord Almighty."

¹⁴ This is what the Lord says:

"The products of Egypt and the merchandise
   of Cush,^b
   and those tall Sabeans—
they will come over to you
   and will be yours;
they will trudge behind you,
   coming over to you in chains.
They will bow down before you
   and plead with you, saying,
'Surely God is with you, and there is no other;
   there is no other god.' "

¹⁵ Truly you are a God who hides himself,
   O God and Savior of Israel.

---

16 Todos os que fazem ídolos
    serão envergonhados e constrangidos;
    juntos cairão em constrangimento.
17 Mas Israel será salvo pelo Senhor
    com uma salvação eterna;
    vocês jamais serão envergonhados
    ou constrangidos, por toda a eternidade.

18 Pois assim diz o Senhor,
    que criou os céus, ele é Deus;
    que moldou a terra e a fez,
    ele fundou-a;
    não a criou para estar vazia,
    mas a formou para ser habitada;
    ele diz: "Eu sou o Senhor,
    e não há nenhum outro.
19 Não falei secretamente,
    de algum lugar numa terra de trevas;
    eu não disse aos descendentes de Jacó:
    Procurem-me à toa.
    Eu, o Senhor, falo a verdade;
    eu anuncio o que é certo.

20 "Ajuntem-se e venham; reúnam-se,
    vocês, fugitivos das nações.
    São ignorantes aqueles que levam
    de um lado para outro
    imagens de madeira,
    que oram a deuses que não podem salvar.
21 Declarem o que deve ser,
    apresentem provas.
    Que eles juntamente se aconselhem.
    Quem há muito predisse isto,
    quem o declarou
    desde o passado distante?
    Não fui eu, o Senhor?
    E não há outro Deus além de mim,
    um Deus justo e salvador;
    não há outro além de mim.

22 "Voltem-se para mim e sejam salvos,
    todos vocês, confins da terra;
    pois eu sou Deus,
    e não há nenhum outro.
23 Por mim mesmo eu jurei,
    a minha boca pronunciou
    com toda a integridade
    uma palavra que não será revogada:
    Diante de mim todo joelho se dobrará;
    junto a mim toda língua jurará.
24 Dirão a meu respeito:
    'Somente no Senhor
    estão a justiça e a força' ".
    Todos os que o odeiam
    virão a ele e serão envergonhados.
25 Mas no Senhor todos
    os descendentes de Israel
    serão considerados justos e exultarão.

Os Deuses da Babilônia

46 Bel se inclina, Nebo se abaixa;
    os seus ídolos são levados
    por animais de carga[a].
As imagens que são levadas
    por aí, são pesadas,
    um fardo para os exaustos.
2 Juntos eles se abaixam e se inclinam;
    incapazes de salvar o fardo,
    eles mesmos vão para o cativeiro.

16 All the makers of idols will be put to shame
    and disgraced;
    they will go off into disgrace together.
17 But Israel will be saved by the Lord
    with an everlasting salvation;
    you will never be put to shame or disgraced,
    to ages everlasting.

18 For this is what the Lord says—
    he who created the heavens,
    he is God;
    he who fashioned and made the earth,
    he founded it;
    he did not create it to be empty,
    but formed it to be inhabited—
    he says:
    "I am the Lord,
    and there is no other.
19 I have not spoken in secret,
    from somewhere in a land of darkness;
    I have not said to Jacob's descendants,
    'Seek me in vain.'
    I, the Lord, speak the truth;
    I declare what is right.

20 "Gather together and come;
    assemble, you fugitives from the nations.
    Ignorant are those who carry about idols of
    wood,
    who pray to gods that cannot save.
21 Declare what is to be, present it—
    let them take counsel together.
    Who foretold this long ago,
    who declared it from the distant past?
    Was it not I, the Lord?
    And there is no God apart from me,
    a righteous God and a Savior;
    there is none but me.

22 "Turn to me and be saved,
    all you ends of the earth;
    for I am God, and there is no other.
23 By myself I have sworn,
    my mouth has uttered in all integrity
    a word that will not be revoked:
    Before me every knee will bow;
    by me every tongue will swear.
24 They will say of me, 'In the Lord alone
    are righteousness and strength.' "
    All who have raged against him
    will come to him and be put to shame.
25 But in the Lord all the descendants of Israel
    will be found righteous and will exult.

Gods of Babylon

46 Bel bows down, Nebo stoops low;
    their idols are borne by beasts of burden.[a]
The images that are carried about are
    burdensome,
    a burden for the weary.
2 They stoop and bow down together;
    unable to rescue the burden,
    they themselves go off into captivity.

---

[a]46.1 Ou *ídolos não passam de animais de carga e gado*

[a]46:1 Or *are but beasts and cattle*

3 "Escute-me, ó casa de Jacó,
   todos vocês que restam da nação de Israel,
vocês, a quem tenho sustentado
   desde que foram concebidos,
e que tenho carregado
   desde o seu nascimento.
4 Mesmo na sua velhice,
   quando tiverem cabelos brancos,
sou eu aquele,
   aquele que os susterá.
Eu os fiz e eu os levarei;
   eu os sustentarei
   e eu os salvarei.

5 "Com quem vocês vão comparar-me
   ou a quem me considerarão igual?
A quem vocês me assemelharão
   para que sejamos comparados?
6 Alguns derramam ouro de suas bolsas
   e pesam prata na balança;
contratam um ourives
   para transformar isso num deus,
inclinam-se e o adoram.
7 Erguem-no ao ombro e o carregam;
   põem-no em pé em seu lugar, e ali ele fica.
Daquele local não consegue se mexer.
   Embora alguém o invoque,
ele não responde;
   é incapaz de salvá-lo de seus problemas.

8 "Lembrem-se disto, gravem-no na mente,
   acolham no íntimo, ó rebeldes.
9 Lembrem-se das coisas passadas,
   das coisas muito antigas!
Eu sou Deus, e não há nenhum outro;
   eu sou Deus, e não há nenhum como eu.
10 Desde o início faço conhecido o fim,
   desde tempos remotos,
   o que ainda virá.
Digo: Meu propósito permanecerá em pé,
   e farei tudo o que me agrada.
11 Do oriente convoco uma ave de rapina;
   de uma terra bem distante,
   um homem para cumprir
   o meu propósito.
O que eu disse, isso eu farei acontecer;
   o que planejei, isso farei.
12 Escutem-me,
   vocês de coração obstinado,
vocês que estão longe da retidão.
13 Estou trazendo para perto
   a minha retidão,
ela não está distante;
   e a minha salvação não será adiada.
Concederei salvação a Sião,
   meu esplendor a Israel.

A Queda de Babilônia

47 "Desça, sente-se no pó,
   Virgem Cidade[a] de Babilônia;
sente-se no chão sem um trono,
   Filha dos babilônios.
Você não será mais chamada
   mimosa e delicada.
2 Apanhe pedras de moinho e faça farinha;
   retire o seu véu.
Levante a saia, desnude as suas pernas
   e atravesse os riachos.

3 "Listen to me, O house of Jacob,
   all you who remain of the house of Israel,
you whom I have upheld since you
      were conceived,
   and have carried since your birth.
4 Even to your old age and gray hairs
   I am he, I am he who will sustain you.
I have made you and I will carry you;
   I will sustain you and I will rescue you.

5 "To whom will you compare me or count
      me equal?
   To whom will you liken me that we may be
      compared?
6 Some pour out gold from their bags
   and weigh out silver on the scales;
they hire a goldsmith to make it into a god,
   and they bow down and worship it.
7 They lift it to their shoulders and carry it;
   they set it up in its place, and there it stands.
From that spot it cannot move.
Though one cries out to it, it does not answer;
   it cannot save him from his troubles.

8 "Remember this, fix it in mind,
   take it to heart, you rebels.
9 Remember the former things, those of long ago;
   I am God, and there is no other;
   I am God, and there is none like me.
10 I make known the end from the beginning,
   from ancient times, what is still to come.
I say: My purpose will stand,
   and I will do all that I please.
11 From the east I summon a bird of prey;
   from a far-off land, a man to fulfill
      my purpose.
What I have said, that will I bring about;
   what I have planned, that will I do.
12 Listen to me, you stubborn-hearted,
   you who are far from righteousness.
13 I am bringing my righteousness near,
   it is not far away;
and my salvation will not be delayed.
I will grant salvation to Zion,
   my splendor to Israel.

The Fall of Babylon

47 "Go down, sit in the dust,
   Virgin Daughter of Babylon;
sit on the ground without a throne,
   Daughter of the Babylonians.[a]
No more will you be called
   tender or delicate.
2 Take millstones and grind flour;
   take off your veil.
Lift up your skirts, bare your legs,
   and wade through the streams.

---

a47.1 Hebraico: *Filha*; também no versículo 5.   a47:1 Or *Chaldeans*; also in verse 5

3 Sua nudez será exposta
   e sua vergonha será revelada.
 Eu me vingarei; não pouparei ninguém."
4 Nosso redentor,
   o SENHOR dos Exércitos é o seu nome,
   é o Santo de Israel.

5 "Sente-se em silêncio, entre nas trevas,
   cidade dos babilônios;
 você não será mais chamada
   rainha dos reinos.
6 Fiquei irado contra o meu povo
   e profanei minha herança;
 eu os entreguei nas suas mãos,
   e você não mostrou misericórdia
   para com eles.
 Mesmo sobre os idosos
   você pôs um jugo muito pesado.
7 Você disse: 'Continuarei sempre sendo
   a rainha eterna!'
 Mas você não ponderou estas coisas,
   nem refletiu no que poderia acontecer.

8 "Agora, então, escute,
   criatura provocadora,
 que age despreocupada
   e preguiçosamente
   em sua segurança, e diz a si mesma:
     'Somente eu,
   e mais ninguém.
 Jamais ficarei viúva nem sofrerei
   a perda de filhos'.
9 Estas duas coisas acontecerão a você
   num mesmo instante, num único dia,
 perda de filhos e viuvez;
   virão sobre você com todo o seu peso,
 a despeito de suas muitas feitiçarias
   e de todas as suas poderosas
   palavras de encantamento.
10 Você confiou em sua impiedade e disse:
   'Ninguém me vê'.
 Sua sabedoria e seu conhecimento a enganam
   quando você diz a si mesma:
 'Somente eu, e mais ninguém
   além de mim'.
11 A desgraça a alcançará
   e você não saberá como esconjurá-la.
 Cairá sobre você um mal
   do qual você não poderá proteger-se
   com um resgate;
 uma catástrofe que você não pode prever
   cairá repentinamente sobre você.

12 "Continue, então, com suas
   palavras mágicas de encantamento
 e com suas muitas feitiçarias,
   nas quais você tem se afadigado
   desde a infância.
 Talvez você consiga,
   talvez provoque pavor.
13 Todos os conselhos que você recebeu
   só a deixaram extenuada!
 Deixe seus astrólogos se apresentarem,
   aqueles fitadores de estrelas
   que fazem predições de mês a mês,
   que eles a salvem daquilo
   que está vindo sobre você;
14 sem dúvida eles são como restolho;
   o fogo os consumirá.
 Eles não podem nem mesmo salvar-se
   do poder das chamas.

3 Your nakedness will be exposed
   and your shame uncovered.
 I will take vengeance;
   I will spare no one."
4 Our Redeemer—the LORD Almighty is his name—
   is the Holy One of Israel.

5 "Sit in silence, go into darkness,
   Daughter of the Babylonians;
 no more will you be called
   queen of kingdoms.
6 I was angry with my people
   and desecrated my inheritance;
 I gave them into your hand,
   and you showed them no mercy.
 Even on the aged
   you laid a very heavy yoke.
7 You said, 'I will continue forever—
   the eternal queen!'
 But you did not consider these things
   or reflect on what might happen.

8 "Now then, listen, you wanton creature,
   lounging in your security
 and saying to yourself,
   'I am, and there is none besides me.
 I will never be a widow
   or suffer the loss of children.'
9 Both of these will overtake you
   in a moment, on a single day:
   loss of children and widowhood.
 They will come upon you in full measure,
   in spite of your many sorceries
   and all your potent spells.
10 You have trusted in your wickedness
   and have said, 'No one sees me.'
 Your wisdom and knowledge mislead you
   when you say to yourself,
   'I am, and there is none besides me.'
11 Disaster will come upon you,
   and you will not know how to conjure it away.
 A calamity will fall upon you
   that you cannot ward off with a ransom;
 a catastrophe you cannot foresee
   will suddenly come upon you.

12 "Keep on, then, with your magic spells
   and with your many sorceries,
   which you have labored at since childhood.
 Perhaps you will succeed,
   perhaps you will cause terror.
13 All the counsel you have received has only worn
     you out!
 Let your astrologers come forward,
   those stargazers who make predictions month
     by month,
   let them save you from what is coming
     upon you.
14 Surely they are like stubble;
   the fire will burn them up.
 They cannot even save themselves
   from the power of the flame.

Aqui não existem brasas
    para aquecer ninguém;
não há fogueira para a gente sentar-se ao lado.
¹⁵ Isso é tudo o que eles podem
    fazer por você,
esses com quem você se afadigou
e com quem teve negócios escusos
    desde a infância.
Cada um deles prossegue em seu erro;
não há ninguém que possa salvá-la.

Israel Obstinado

48 "Escute isto, ó comunidade de Jacó,
    vocês que são chamados
    pelo nome de Israel
    e vêm da linhagem de Judá,
vocês que fazem juramentos
    pelo nome do Senhor
e invocam o Deus de Israel,
mas não em verdade ou retidão;
² vocês que chamam a si mesmos
    cidadãos da cidade santa
e dizem confiar no Deus de Israel;
o Senhor dos Exércitos é o seu nome:
³ Eu predisse há muito
    as coisas passadas,
minha boca as anunciou,
    e eu as fiz conhecidas;
então repentinamente agi,
    e elas aconteceram.
⁴ Pois eu sabia quão obstinado você era;
os tendões de seu pescoço eram ferro,
    a sua testa era bronze.
⁵ Por isso há muito lhe contei
    essas coisas;
antes que acontecessem
    eu as anunciei a você
para que você não pudesse dizer:
'Meus ídolos as fizeram;
minha imagem de madeira
    e meu deus de metal as determinaram'.
⁶ Você tem ouvido essas coisas;
    olhe para todas elas.
Você não irá admiti-las?

"De agora em diante eu lhe contarei
    coisas novas,
coisas ocultas, que você desconhece.
⁷ Elas foram criadas agora,
    e não há muito tempo;
você nunca as conheceu antes.
Por isso você não pode dizer:
'Sim, eu as conhecia'.
⁸ Você não tinha conhecimento
    nem entendimento;
desde a antiguidade o seu ouvido
    tem se fechado.
Sei quão traiçoeiro você é;
desde o nascimento
    você foi chamado rebelde.
⁹ Por amor do meu próprio nome
    eu adio a minha ira;
por amor de meu louvor
    eu a contive,
para que você não fosse eliminado.
¹⁰ Veja, eu refinei você,
    embora não como prata;
eu o provei na fornalha da aflição.
¹¹ Por amor de mim mesmo,
    por amor de mim mesmo, eu faço isso.

Here are no coals to warm anyone;
    here is no fire to sit by.
¹⁵ That is all they can do for you—
    these you have labored with
    and trafficked with since childhood.
Each of them goes on in his error;
    there is not one that can save you.

Stubborn Israel

48 "Listen to this, O house of Jacob,
    you who are called by the name of Israel
    and come from the line of Judah,
you who take oaths in the name of the Lord
    and invoke the God of Israel—
    but not in truth or righteousness—
² you who call yourselves citizens of the holy city
    and rely on the God of Israel—
    the Lord Almighty is his name:
³ I foretold the former things long ago,
    my mouth announced them and I made
        them known;
    then suddenly I acted, and they came to pass.
⁴ For I knew how stubborn you were;
    the sinews of your neck were iron,
    your forehead was bronze.
⁵ Therefore I told you these things long ago;
    before they happened I announced them
        to you
so that you could not say,
    'My idols did them;
    my wooden image and metal god
        ordained them.'
⁶ You have heard these things; look at them all.
    Will you not admit them?

"From now on I will tell you of new things,
    of hidden things unknown to you.
⁷ They are created now, and not long ago;
    you have not heard of them before today.
So you cannot say,
    'Yes, I knew of them.'
⁸ You have neither heard nor understood;
    from of old your ear has not been open.
Well do I know how treacherous you are;
    you were called a rebel from birth.
⁹ For my own name's sake I delay my wrath;
    for the sake of my praise I hold it back
        from you,
    so as not to cut you off.
¹⁰ See, I have refined you, though not as silver;
    I have tested you in the furnace of affliction.
¹¹ For my own sake, for my own sake, I do this.

Como posso permitir que
  eu mesmo seja difamado?
Não darei minha glória a nenhum outro.

A Libertação de Israel

12 "Escute-me, ó Jacó,
    Israel,
  a quem chamei:
Eu sou sempre o mesmo;
eu sou o primeiro
  e eu sou o último.
13 Minha própria mão
    lançou os alicerces da terra,
e a minha mão direita estendeu os céus;
quando eu os convoco,
  todos juntos se põem em pé.

14 "Reúnam-se, todos vocês, e escutem:
    Qual dos ídolos predisse essas coisas?
O amado do Senhor
    cumprirá seu propósito
    contra a Babilônia,
seu braço será contra os babilônios.
15 Eu, eu mesmo, falei;
    sim, eu o chamei.
Eu o trarei, e ele será bem-sucedido
  em sua missão.

  16 "Aproximem-se de mim e escutem isto:

"Desde o primeiro anúncio
  não falei secretamente;
na hora em que acontecer, estarei ali."

E agora o Soberano, o Senhor, me enviou,
  com seu Espírito.

17 Assim diz o Senhor, o seu redentor,
  o Santo de Israel:
"Eu sou o Senhor, o seu Deus,
  que lhe ensina o que é melhor para você,
que o dirige no caminho
  em que você deve ir.
18 Se tão-somente você tivesse
    prestado atenção às minhas ordens,
sua paz seria como um rio,
  sua retidão, como as ondas do mar.
19 Seus descendentes
    seriam como a areia,
seus filhos, como seus inúmeros grãos;
o nome deles jamais seria eliminado
  nem destruído de diante de mim".

20 Deixem a Babilônia,
    fujam do meio dos babilônios!
Anunciem isso com gritos de alegria
  e proclamem-no.
Enviem-no aos confins da terra; digam:
O Senhor resgatou seu servo Jacó.
21 Não tiveram sede
    quando ele os conduziu
    através dos desertos;
ele fez água fluir da rocha para eles;
fendeu a rocha, e a água jorrou.

22 "Não há paz alguma para os ímpios",
  diz o Senhor.

O Servo do Senhor

49 Escutem-me, vocês, ilhas;
    ouçam, vocês, nações distantes:
Antes de eu nascer
  o Senhor me chamou;

How can I let myself be defamed?
I will not yield my glory to another.

Israel Freed

12 "Listen to me, O Jacob,
  Israel, whom I have called:
I am he;
  I am the first and I am the last.
13 My own hand laid the foundations of the earth,
  and my right hand spread out the heavens;
when I summon them,
  they all stand up together.

14 "Come together, all of you, and listen:
  Which of ⌞the idols⌟ has foretold these things?
The Lord's chosen ally
  will carry out his purpose against Babylon;
  his arm will be against the Babylonians.[a]
15 I, even I, have spoken;
  yes, I have called him.
I will bring him,
  and he will succeed in his mission.

16 "Come near me and listen to this:

"From the first announcement I have not
    spoken in secret;
at the time it happens, I am there."

And now the Sovereign Lord has sent me,
  with his Spirit.

17 This is what the Lord says—
  your Redeemer, the Holy One of Israel:
"I am the Lord your God,
  who teaches you what is best for you,
  who directs you in the way you should go.
18 If only you had paid attention to my
    commands,
your peace would have been like a river,
  your righteousness like the waves of the sea.
19 Your descendants would have been like
    the sand,
  your children like its numberless grains;
their name would never be cut off
  nor destroyed from before me."

20 Leave Babylon,
  flee from the Babylonians!
Announce this with shouts of joy
  and proclaim it.
Send it out to the ends of the earth;
  say, "The Lord has redeemed his
    servant Jacob."
21 They did not thirst when he led them through
    the deserts;
he made water flow for them from the rock;
he split the rock
  and water gushed out.

22 "There is no peace," says the Lord, "for
  the wicked."

The Servant of the Lord

49 Listen to me, you islands;
    hear this, you distant nations:
Before I was born the Lord called me;

---

[a] **48:14** Or *Chaldeans*; also in verse 20

desde o meu nascimento
ele fez menção de meu nome.
² Ele fez de minha boca
uma espada afiada,
na sombra de sua mão ele me escondeu;
ele me tornou uma flecha polida
e escondeu-me na sua aljava.
³ Ele me disse: "Você é meu servo,
Israel, em quem mostrarei o meu esplendor".
⁴ Mas eu disse: Tenho me afadigado
sem qualquer propósito;
tenho gastado minha força em vão
e para nada.
Contudo, o que me é devido
está na mão do Senhor,
e a minha recompensa
está com o meu Deus.

⁵ E agora o Senhor diz,
aquele que me formou no ventre
para ser o seu servo,
para trazer de volta Jacó
e reunir Israel a ele mesmo,
pois sou honrado aos olhos do Senhor,
e o meu Deus tem sido a minha força;
⁶ ele diz: "Para você é coisa pequena demais
ser meu servo
para restaurar as tribos de Jacó
e trazer de volta aqueles de Israel
que eu guardei.
Também farei de você uma luz
para os gentios,
para que você leve a minha salvação
até os confins da terra".

⁷ Assim diz o Senhor, o Redentor,
o Santo de Israel,
àquele que foi desprezado
e detestado pela nação,
ao servo de governantes:
"Reis o verão e se levantarão,
líderes o verão e se encurvarão,
por causa do Senhor, que é fiel,
o Santo de Israel, que o escolheu".

A Restauração de Israel

⁸ Assim diz o Senhor:

"No tempo favorável
eu lhe responderei,
e no dia da salvação eu o ajudarei;
eu o guardarei e farei que você
seja uma aliança para o povo,
para restaurar a terra e distribuir
suas propriedades abandonadas,
⁹ para dizer aos cativos: Saiam,
e àqueles que estão nas trevas: Apareçam!

"Eles se apascentarão junto aos caminhos
e acharão pastagem em toda colina estéril.
¹⁰ Não terão fome nem sede;
o calor do deserto e o sol não os atingirão.
Aquele que tem compaixão deles os guiará
e os conduzirá para as fontes de água.
¹¹ Transformarei todos os meus montes em
estradas,
e os meus caminhos serão erguidos.
¹² Veja, eles virão de bem longe;
alguns do norte, alguns do oeste,
alguns de Assuá".

¹³ Gritem de alegria, ó céus,

from my birth he has made mention of
my name.
² He made my mouth like a sharpened sword,
in the shadow of his hand he hid me;
he made me into a polished arrow
and concealed me in his quiver.
³ He said to me, "You are my servant,
Israel, in whom I will display my splendor."
⁴ But I said, "I have labored to no purpose;
I have spent my strength in vain and
for nothing.
Yet what is due me is in the Lord's hand,
and my reward is with my God."

⁵ And now the Lord says—
he who formed me in the womb to be
his servant
to bring Jacob back to him
and gather Israel to himself,
for I am honored in the eyes of the Lord
and my God has been my strength—
⁶ he says:
"It is too small a thing for you to be my servant
to restore the tribes of Jacob
and bring back those of Israel I have kept.
I will also make you a light for the Gentiles,
that you may bring my salvation to the ends
of the earth."

⁷ This is what the Lord says—
the Redeemer and Holy One of Israel—
to him who was despised and abhorred by
the nation,
to the servant of rulers:
"Kings will see you and rise up,
princes will see and bow down,
because of the Lord, who is faithful,
the Holy One of Israel, who has chosen you."

Restoration of Israel

⁸ This is what the Lord says:

"In the time of my favor I will answer you,
and in the day of salvation I will help you;
I will keep you and will make you
to be a covenant for the people,
to restore the land
and to reassign its desolate inheritances,
⁹ to say to the captives, 'Come out,'
and to those in darkness, 'Be free!'

"They will feed beside the roads
and find pasture on every barren hill.
¹⁰ They will neither hunger nor thirst,
nor will the desert heat or the sun beat
upon them.
He who has compassion on them will
guide them
and lead them beside springs of water.
¹¹ I will turn all my mountains into roads,
and my highways will be raised up.
¹² See, they will come from afar—
some from the north, some from the west,
some from the region of Aswan.ᵃ"

¹³ Shout for joy, O heavens;

ᵃ49.12 Conforme os manuscritos do mar Morto. O Texto Massorético diz *Sinim*.   ᵃ49:12 Dead Sea Scrolls; Masoretic Text *Sinim*

regozije-se, ó terra;
irrompam em canção, ó montes!
Pois o Senhor consola o seu povo
e terá compaixão de seus afligidos.

14 Sião, porém, disse:
"O Senhor me abandonou,
o Senhor me desamparou".

15 "Haverá mãe que possa esquecer
seu bebê que ainda mama
e não ter compaixão do filho
que gerou?
Embora ela possa esquecê-lo,
eu não me esquecerei de você!
16 Veja, eu gravei você
nas palmas das minhas mãos;
seus muros estão sempre diante de mim.
17 Seus filhos apressam-se em voltar,
e aqueles que a despojaram
afastam-se de você.
18 Erga os olhos e olhe ao redor;
todos os seus filhos se ajuntam
e vêm até você.
Juro pela minha vida
que você se vestirá deles todos como
ornamento;
você se vestirá deles como uma noiva",
declara o Senhor.

19 "Apesar de você ter sido arruinada
e abandonada
e apesar de sua terra ter sido arrasada,
agora você será pequena demais
para o seu povo,
e aqueles que a devoraram
estarão bem distantes.
20 Os filhos nascidos durante seu luto
ainda dirão ao alcance dos seus ouvidos:
'Este lugar é pequeno demais para nós;
dê-nos mais espaço para nele vivermos'.
21 Então você dirá em seu coração:
'Quem me gerou estes filhos?
Eu estava enlutada e estéril;
estava exilada e rejeitada.
Quem os criou?
Fui deixada totalmente só,
mas estes... de onde vieram?' "

22 Assim diz o Soberano, o Senhor:

"Veja, eu acenarei para os gentios,
erguerei minha bandeira para os povos;
eles trarão nos braços os seus filhos
e carregarão nos ombros as suas filhas.
23 Reis serão os seus padrastos,
e suas rainhas serão
as suas amas de leite.
Eles se inclinarão diante de você,
com o rosto em terra;
lamberão o pó dos seus pés.
Então você saberá que eu sou o Senhor;
aqueles que esperam em mim
não ficarão decepcionados".

24 Será que se pode tirar
o despojo dos guerreiros,
ou será que os prisioneiros podem ser
resgatados
do poder dos violentos[a]?

25 Assim, porém, diz o Senhor:

rejoice, O earth;
burst into song, O mountains!
For the Lord comforts his people
and will have compassion on his
afflicted ones.

14 But Zion said, "The Lord has forsaken me,
the Lord has forgotten me."

15 "Can a mother forget the baby at her breast
and have no compassion on the child she
has borne?
Though she may forget,
I will not forget you!
16 See, I have engraved you on the palms of
my hands;
your walls are ever before me.
17 Your sons hasten back,
and those who laid you waste depart
from you.
18 Lift up your eyes and look around;
all your sons gather and come to you.
As surely as I live," declares the Lord,
"you will wear them all as ornaments;
you will put them on, like a bride.

19 "Though you were ruined and made desolate
and your land laid waste,
now you will be too small for your people,
and those who devoured you will be far away.
20 The children born during your bereavement
will yet say in your hearing,
'This place is too small for us;
give us more space to live in.'
21 Then you will say in your heart,
'Who bore me these?
I was bereaved and barren;
I was exiled and rejected.
Who brought these up?
I was left all alone,
but these—where have they come from?' "

22 This is what the Sovereign Lord says:

"See, I will beckon to the Gentiles,
I will lift up my banner to the peoples;
they will bring your sons in their arms
and carry your daughters on their shoulders.
23 Kings will be your foster fathers,
and their queens your nursing mothers.
They will bow down before you with their faces
to the ground;
they will lick the dust at your feet.
Then you will know that I am the Lord;
those who hope in me will not be
disappointed."

24 Can plunder be taken from warriors,
or captives rescued from the fierce[a]?

25 But this is what the Lord says:

---

a49.24 Conforme os manuscritos do mar Morto, a Vulgata e a Versão Siríaca. O Texto Massorético diz *justos*.

a49:24 Dead Sea Scrolls, Vulgate and Syriac (see also Septuagint and verse 25); Masoretic Text *righteous*

26 "Sim, prisioneiros serão tirados
    de guerreiros,
e despojo será retomado dos violentos;
brigarei com os que brigam com você,
e seus filhos, eu os salvarei.
Farei seus opressores comerem
    sua própria carne;
ficarão bêbados com seu próprio sangue,
    como com vinho.
Então todo mundo saberá que eu,
o Senhor, sou o seu Salvador,
    seu Redentor, o Poderoso de Jacó".

50 O Pecado de Israel e a Obediência do Servo
Assim diz o Senhor:

"Onde está a certidão de divórcio de
sua mãe
    com a qual eu a mandei embora?
A qual de meus credores
    eu vendi vocês?
Por causa de seus pecados
    vocês foram vendidos;
por causa das transgressões de vocês
    sua mãe foi mandada embora.
2 Quando eu vim, por que
    não encontrei ninguém?
Quando eu chamei,
    por que ninguém respondeu?
Será que meu braço era curto demais
    para resgatá-los?
Será que me falta a força para redimi-los?
Com uma simples repreensão
    eu seco o mar,
    transformo rios em deserto;
seus peixes apodrecem por falta de água
    e morrem de sede.
3 Visto de trevas os céus
    e faço da veste de lamento a sua coberta".

4 O Soberano, o Senhor, deu-me
    uma língua instruída,
    para conhecer a palavra
    que sustém o exausto.
Ele me acorda manhã após manhã,
desperta meu ouvido para escutar
    como alguém que está sendo ensinado.
5 O Soberano, o Senhor,
    abriu os meus ouvidos,
e eu não tenho sido rebelde;
    eu não me afastei.
6 Oferecei minhas costas
    àqueles que me batiam,
meu rosto àqueles
    que arrancavam minha barba;
não escondi a face da zombaria
    e dos cuspes.
7 Porque o Senhor, o Soberano, me ajuda,
    não serei constrangido.
Por isso eu me opus firme
    como uma dura rocha,
e sei que não ficarei decepcionado.
8 Aquele que defende o meu nome
    está perto.
Quem poderá trazer acusações contra mim?
    Encaremo-nos um ao outro!
Quem é meu acusador?
    Que ele me enfrente!
9 É o Soberano, o Senhor, que me ajuda.
    Quem irá me condenar?

"Yes, captives will be taken from warriors,
    and plunder retrieved from the fierce;
"I will contend with those who contend with you,
    and your children I will save.
26 I will make your oppressors eat their own flesh;
    they will be drunk on their own blood, as
        with wine.
Then all mankind will know
    that I, the Lord, am your Savior,
    your Redeemer, the Mighty One of Jacob."

50 Israel's Sin and the Servant's Obedience
This is what the Lord says:

"Where is your mother's certificate of divorce
    with which I sent her away?
Or to which of my creditors
    did I sell you?
Because of your sins you were sold;
    because of your transgressions your mother was
    sent away.
2 When I came, why was there no one?
    When I called, why was there no one
        to answer?
Was my arm too short to ransom you?
    Do I lack the strength to rescue you?
By a mere rebuke I dry up the sea,
    I turn rivers into a desert;
their fish rot for lack of water
    and die of thirst.
3 I clothe the sky with darkness
    and make sackcloth its covering."

4 The Sovereign Lord has given me an
        instructed tongue,
to know the word that sustains the weary.
He wakens me morning by morning,
    wakens my ear to listen like one being taught.
5 The Sovereign Lord has opened my ears,
    and I have not been rebellious;
    I have not drawn back.
6 I offered my back to those who beat me,
    my cheeks to those who pulled out my beard;
I did not hide my face
    from mocking and spitting.
7 Because the Sovereign Lord helps me,
    I will not be disgraced.
Therefore have I set my face like flint,
    and I know I will not be put to shame.
8 He who vindicates me is near.
    Who then will bring charges against me?
    Let us face each other!
Who is my accuser?
    Let him confront me!
9 It is the Sovereign Lord who helps me.

Todos eles se desgastam
como uma roupa;
as traças os consumirão.

¹⁰ Quem entre vocês teme o S‌ENHOR
e obedece à palavra de seu servo?
Que aquele que anda no escuro,
que não tem luz alguma,
confie no nome do S‌ENHOR
e se apóie em seu Deus.

¹¹ Mas agora,
todos vocês
que acendem fogo
e fornecem a si mesmos tochas acesas,
vão, andem na luz de seus fogos
e das tochas que vocês acenderam.
Vejam o que receberão da minha mão:
vocês se deitarão atormentados.

A Salvação Eterna para Sião

51 "Escutem-me,
vocês que buscam a retidão
e procuram o S‌ENHOR:
Olhem para a rocha
da qual foram cortados
e para a pedreira
de onde foram cavados;
² olhem para Abraão, seu pai,
e para Sara, que lhes deu à luz.
Quando eu o chamei, ele era apenas um,
e eu o abençoei e o tornei muitos."
³ Com certeza o S‌ENHOR consolará Sião
e olhará com compaixão
para todas as ruínas dela;
ele tornará seus desertos como o Éden,
seus ermos, como o jardim do S‌ENHOR.
Alegria e contentamento
serão achados nela,
ações de graças e som de canções.

⁴ "Escute-me, povo meu;
ouça-me, nação minha:
A lei sairá de mim;
minha justiça se tornará uma luz para as
nações.
⁵ Minha retidão logo virá,
minha salvação está a caminho,
e meu braço trará justiça às nações.
As ilhas esperarão em mim e aguardarão
esperançosamente pelo meu braço.
⁶ Ergam os olhos para os céus,
olhem para baixo, para a terra;
os céus desaparecerão como fumaça,
a terra se gastará como uma roupa,
e seus habitantes morrerão como moscas.
Mas a minha salvação
durará para sempre,
a minha retidão jamais falhará.

⁷ "Ouçam-me, vocês que sabem
o que é direito,
vocês, povo que tem a minha lei
no coração:
Não temam a censura de homens
nem fiquem aterrorizados
com seus insultos.
⁸ Pois a traça os comerá
como a uma roupa;
o verme os devorará como à lã.
Mas a minha retidão durará para sempre,
a minha salvação de geração em geração."

Who is he that will condemn me?
They will all wear out like a garment;
the moths will eat them up.

¹⁰ Who among you fears the L‌ORD
and obeys the word of his servant?
Let him who walks in the dark,
who has no light,
trust in the name of the L‌ORD
and rely on his God.

¹¹ But now, all you who light fires
and provide yourselves with flaming torches,
go, walk in the light of your fires
and of the torches you have set ablaze.
This is what you shall receive from my hand:
You will lie down in torment.

Everlasting Salvation for Zion

51 "Listen to me, you who pursue righteousness
and who seek the L‌ORD:
Look to the rock from which you were cut
and to the quarry from which you were hewn;
² look to Abraham, your father,
and to Sarah, who gave you birth.
When I called him he was but one,
and I blessed him and made him many.
³ The L‌ORD will surely comfort Zion
and will look with compassion on all
her ruins;
he will make her deserts like Eden,
her wastelands like the garden of the L‌ORD.
Joy and gladness will be found in her,
thanksgiving and the sound of singing.

⁴ "Listen to me, my people;
hear me, my nation:
The law will go out from me;
my justice will become a light to the nations.
⁵ My righteousness draws near speedily,
my salvation is on the way,
and my arm will bring justice to the nations.
The islands will look to me
and wait in hope for my arm.
⁶ Lift up your eyes to the heavens,
look at the earth beneath;
the heavens will vanish like smoke,
the earth will wear out like a garment
and its inhabitants die like flies.
But my salvation will last forever,
my righteousness will never fail.

⁷ "Hear me, you who know what is right,
you people who have my law in your hearts:
Do not fear the reproach of men
or be terrified by their insults.
⁸ For the moth will eat them up like a garment;
the worm will devour them like wool.
But my righteousness will last forever,
my salvation through all generations."

9 Desperta! Desperta! Veste de força,
    o teu braço, ó Senhor;
acorda, como em dias passados,
    como em gerações de outrora.
Não foste tu que despedaçaste o Monstro dos
      Mares[a],
que traspassaste aquela serpente aquática?
10 Não foste tu que secaste o mar,
    as águas do grande abismo,
que fizeste uma estrada
    nas profundezas do mar
para que os redimidos
    pudessem atravessar?
11 Os resgatados do Senhor voltarão.
    Entrarão em Sião com cântico;
alegria eterna coroará sua cabeça.
Júbilo e alegria se apossarão deles,
tristeza e suspiro deles fugirão.

12 "Eu, eu mesmo,
    sou quem a consola.
Quem é você para que tema
    homens mortais,
os filhos de homens,
    que não passam de relva,
13 e para que esqueça o Senhor,
    aquele que fez você,
que estendeu os céus
    e lançou os alicerces da terra,
para que você viva diariamente,
    constantemente apavorada
por causa da ira do opressor,
    que está inclinado a destruir?
Pois onde está a ira do opressor?
14 Os prisioneiros encolhidos
    logo serão postos em liberdade;
não morrerão em sua masmorra,
    nem terão falta de pão.
15 Pois eu sou o Senhor, o seu Deus,
    que agito o mar
para que suas ondas rujam;
    Senhor dos Exércitos é o meu nome.
16 Pus minhas palavras em sua boca
    e o cobri com a sombra da minha mão,
eu, que pus os céus no lugar,
    que lancei os alicerces da terra,
e que digo a Sião:
    Você é o meu povo."

O Cálice da Ira do Senhor

17 Desperte, desperte!
    Levante-se, ó Jerusalém,
você que bebeu da mão do Senhor
    o cálice da ira dele,
você que engoliu,
    até a última gota,
da taça que faz os homens cambalearem.
18 De todos os filhos que ela teve
    não houve nenhum para guiá-la;
de todos os filhos que criou
    não houve nenhum
    para tomá-la pela mão.
19 Quem poderá consolá-la
    dessas duas desgraças que a atingiram?
Ruína e destruição, fome e espada,
    quem poderá[b] consolá-la?
20 Seus filhos desmaiaram;
    eles jazem no início de cada rua,
    como antílope pego numa rede.

9 Awake, awake! Clothe yourself with strength,
    O arm of the Lord;
awake, as in days gone by,
    as in generations of old.
Was it not you who cut Rahab to pieces,
    who pierced that monster through?
10 Was it not you who dried up the sea,
    the waters of the great deep,
who made a road in the depths of the sea
    so that the redeemed might cross over?
11 The ransomed of the Lord will return.
    They will enter Zion with singing;
everlasting joy will crown their heads.
Gladness and joy will overtake them,
    and sorrow and sighing will flee away.

12 "I, even I, am he who comforts you.
    Who are you that you fear mortal men,
    the sons of men, who are but grass,
13 that you forget the Lord your Maker,
    who stretched out the heavens
    and laid the foundations of the earth,
that you live in constant terror every day
    because of the wrath of the oppressor,
    who is bent on destruction?
For where is the wrath of the oppressor?
14   The cowering prisoners will soon
      be set free;
they will not die in their dungeon,
    nor will they lack bread.
15 For I am the Lord your God,
    who churns up the sea so that its waves roar—
    the Lord Almighty is his name.
16 I have put my words in your mouth
    and covered you with the shadow of
      my hand—
I who set the heavens in place,
    who laid the foundations of the earth,
    and who say to Zion, 'You are my people.' "

The Cup of the Lord's Wrath

17 Awake, awake!
    Rise up, O Jerusalem,
you who have drunk from the hand of the Lord
    the cup of his wrath,
you who have drained to its dregs
    the goblet that makes men stagger.
18 Of all the sons she bore
    there was none to guide her;
of all the sons she reared
    there was none to take her by the hand.
19 These double calamities have come upon you—
    who can comfort you?—
ruin and destruction, famine and sword—
    who can[a] console you?
20 Your sons have fainted;
    they lie at the head of every street,
    like antelope caught in a net.

---

[a]51.9 Hebraico: *Raabe.* [b]51.19 Conforme os manuscritos do mar Morto, a Septuaginta, a Vulgata e a Versão Siríaca. O Texto Massorético diz *como poderei.*   [a]51:19 Dead Sea Scrolls, Septuagint, Vulgate and Syriac; Masoretic Text / *how can*

Estão cheios da ira do Senhor
e da repreensão do seu Deus.

²¹ Portanto, ouça isto, você, aflita,
embriagada, mas não com vinho.

²² Assim diz o seu Soberano, o Senhor,
o seu Deus, que defende o seu povo:
"Veja que eu tirei da sua mão
o cálice que faz cambalear;
dele, do cálice da minha ira,
você nunca mais beberá.

²³ Eu o porei nas mãos
dos seus atormentadores,
que lhe disseram: 'Caia prostrada
para que andemos sobre você'.
E você fez as suas costas como chão,
como uma rua para nela a gente andar".

52 Desperte! Desperte, ó Sião!
Vista-se de força.
Vista suas roupas de esplendor,
ó Jerusalém, cidade santa.
Os incircuncisos e os impuros
não tornarão a entrar por suas portas.

² Sacuda para longe a sua poeira;
levante-se, sente-se entronizada,
ó Jerusalém.
Livre-se das correntes em seu pescoço,
ó cativa cidadeª de Sião.

³ Pois assim diz o Senhor:
"Vocês foram vendidos por nada,
e sem dinheiro vocês serão resgatados".

⁴ Pois assim diz o Soberano, o Senhor:
"No início o meu povo desceu
para morar no Egito;
ultimamente a Assíria o tem oprimido.

⁵ "E agora o que tenho aqui?",
pergunta o Senhor.
"Pois o meu povo foi levado
por nada,
e aqueles que o dominam zombamᵇ",
diz o Senhor.
"E constantemente,
o dia inteiro,
meu nome é blasfemado.

⁶ Por isso o meu povo
conhecerá o meu nome;
naquele dia eles saberão
que sou eu que o previ.
Sim, sou eu".

⁷ Como são belos nos montes
os pés daqueles que anunciam
boas novas,
que proclamam a paz,
que trazem boas notícias,
que proclamam salvação,
que dizem a Sião:
"O seu Deus reina!"

⁸ Escutem!
Suas sentinelas erguem a voz;
juntas gritam de alegria.
Quando o Senhor voltar a Sião,
elas o verão com os seus próprios olhos.

⁹ Juntas cantem de alegria,

They are filled with the wrath of the Lord
and the rebuke of your God.

²¹ Therefore hear this, you afflicted one,
made drunk, but not with wine.

²² This is what your Sovereign Lord says,
your God, who defends his people:
"See, I have taken out of your hand
the cup that made you stagger;
from that cup, the goblet of my wrath,
you will never drink again.

²³ I will put it into the hands of your tormentors,
who said to you,
'Fall prostrate that we may walk over you.'
And you made your back like the ground,
like a street to be walked over."

52 Awake, awake, O Zion,
clothe yourself with strength.
Put on your garments of splendor,
O Jerusalem, the holy city.
The uncircumcised and defiled
will not enter you again.

² Shake off your dust;
rise up, sit enthroned, O Jerusalem.
Free yourself from the chains on your neck,
O captive Daughter of Zion.

³ For this is what the Lord says:
"You were sold for nothing,
and without money you will be redeemed."

⁴ For this is what the Sovereign Lord says:
"At first my people went down to Egypt to live;
lately, Assyria has oppressed them.

⁵ "And now what do I have here?" declares the Lord.
"For my people have been taken away
for nothing,
and those who rule them mock,ª"
           declares the Lord.
"And all day long
my name is constantly blasphemed.

⁶ Therefore my people will know my name;
therefore in that day they will know
that it is I who foretold it.
Yes, it is I."

⁷ How beautiful on the mountains
are the feet of those who bring good news,
who proclaim peace,
who bring good tidings,
who proclaim salvation,
who say to Zion,
"Your God reigns!"

⁸ Listen! Your watchmen lift up their voices;
together they shout for joy.
When the Lord returns to Zion,
they will see it with their own eyes.

⁹ Burst into songs of joy together,

ª52.2 Hebraico: *filha*. ᵇ52.5 Conforme os manuscritos do mar Morto e a Vulgata.
O Texto Massorético diz *uivam*.

ª52:5 Dead Sea Scrolls and Vulgate; Masoretic Text *wail*

vocês, ruínas de Jerusalém,
pois o Senhor consolou o seu povo;
   ele resgatou Jerusalém.
¹⁰ O Senhor desnudará seu santo braço
   à vista de todas as nações,
e todos os confins da terra verão
   a salvação de nosso Deus.
¹¹ Afastem-se, afastem-se, saiam daqui!
Não toquem em coisas impuras!
Saiam dela e sejam puros,
   vocês, que transportam os utensílios do Senhor.
¹² Mas vocês não partirão apressadamente,
   nem sairão em fuga;
pois o Senhor irá à frente de vocês;
   o Deus de Israel será a sua retaguarda.

O Sofrimento e a Glória do Servo do Senhor

¹³ Vejam, o meu servo agirá
   com sabedoria[a];
será engrandecido, elevado
   e muitíssimo exaltado.
¹⁴ Assim como houve muitos
   que ficaram pasmados diante dele[b];
sua aparência estava tão desfigurada,
   que ele se tornou irreconhecível como homem;
não parecia um ser humano;
¹⁵ de igual modo ele aspergirá
   muitas nações,[c]
e reis calarão a boca por causa dele.
Pois aquilo que não lhes foi dito verão,
e o que não ouviram compreenderão.

53
Quem creu em nossa mensagem?
   E a quem foi revelado o braço do Senhor?
² Ele cresceu diante dele
   como um broto tenro,
e como uma raiz saída de uma terra seca.
Ele não tinha qualquer beleza
   ou majestade que nos atraísse,
nada havia em sua aparência
   para que o desejássemos.
³ Foi desprezado e rejeitado pelos homens,
um homem de dores
   e experimentado no sofrimento.
Como alguém de quem
   os homens escondem o rosto,
   foi desprezado,
e nós não o tínhamos em estima.

⁴ Certamente ele tomou sobre si
   as nossas enfermidades
e sobre si levou as nossas doenças;
contudo nós o consideramos
   castigado por Deus,
por Deus atingido e afligido.
⁵ Mas ele foi transpassado
   por causa das nossas transgressões,
foi esmagado por causa
   de nossas iniquidades;
o castigo que nos trouxe paz
   estava sobre ele, e pelas suas feridas
   fomos curados.
⁶ Todos nós, tal qual ovelhas,
   nos desviamos,
cada um de nós se voltou
   para o seu próprio caminho;

you ruins of Jerusalem,
for the Lord has comforted his people,
   he has redeemed Jerusalem.
¹⁰ The Lord will lay bare his holy arm
   in the sight of all the nations,
and all the ends of the earth will see
   the salvation of our God.
¹¹ Depart, depart, go out from there!
   Touch no unclean thing!
Come out from it and be pure,
   you who carry the vessels of the Lord.
¹² But you will not leave in haste
   or go in flight;
for the Lord will go before you,
   the God of Israel will be your rear guard.

The Suffering and Glory of the Servant

¹³ See, my servant will act wisely[a];
   he will be raised and lifted up and
      highly exalted.
¹⁴ Just as there were many who were appalled
   at him[b]—
his appearance was so disfigured beyond that
   of any man
and his form marred beyond
      human likeness—
¹⁵ so will he sprinkle many nations,[c]
   and kings will shut their mouths because
      of him.
For what they were not told, they will see,
   and what they have not heard, they
      will understand.

53
Who has believed our message
   and to whom has the arm of the Lord
      been revealed?
² He grew up before him like a tender shoot,
   and like a root out of dry ground.
He had no beauty or majesty to attract us to him,
   nothing in his appearance that we
      should desire him.
³ He was despised and rejected by men,
   a man of sorrows, and familiar with suffering.
Like one from whom men hide their faces
   he was despised, and we esteemed him not.

⁴ Surely he took up our infirmities
   and carried our sorrows,
yet we considered him stricken by God,
   smitten by him, and afflicted.
⁵ But he was pierced for our transgressions,
   he was crushed for our iniquities;
the punishment that brought us peace was
      upon him,
   and by his wounds we are healed.
⁶ We all, like sheep, have gone astray,
   each of us has turned to his own way;

---

[a]52.13 Ou *servo prosperará* [b]52.14 Hebraico: *diante de você.* [c]52.15 A Septuaginta diz *muitas nações ficarão pasmadas diante dele.*

[a]52:13 Or *will prosper* [b]52:14 Hebrew *you* [c]52:15 Hebrew; Septuagint *so will many nations marvel at him*

e o Senhor fez cair sobre ele
　　a iniquidade de todos nós.
7 Ele foi oprimido e afligido;
　　e, contudo, não abriu a sua boca;
como um cordeiro
　　foi levado para o matadouro,
e como uma ovelha que diante de seus
　　tosquiadores fica calada,
ele não abriu a sua boca.
8 Com julgamento opressivo ele foi levado.
　　E quem pode falar dos seus descendentes?
Pois ele foi eliminado
　　da terra dos viventes;
por causa da transgressão
　　do meu povo ele foi golpeado.ᵃ
9 Foi-lhe dado um túmulo com os ímpios,
　　e com os ricos em sua morte,
embora não tivesse cometido
　　nenhuma violência
nem houvesse nenhuma mentira
　　em sua boca.

10 Contudo, foi da vontade do Senhor
　　esmagá-lo e fazê-lo sofrer,
e, embora o Senhor tenha feitoᵇ da vida dele
　　uma oferta pela culpa,
ele verá sua prole e prolongará seus dias,
　　e a vontade do Senhor
prosperará em sua mão.
11 Depois do sofrimento de sua alma,
　　ele verá a luzᶜ e ficará satisfeito;ᵈ
pelo seu conhecimento
　　meu servo justo
　　justificará a muitos,
e levará a iniqüidade deles.
12 Por isso eu lhe darei uma porção
　　entre os grandesᵉ,
e ele dividirá os despojos com os fortesᶠ,
porquanto ele derramou sua vida
　　até a morte,
e foi contado entre os transgressores.
Pois ele levou o pecado de muitos,
e pelos transgressores intercedeu.

A Futura Glória de Sião

54 "Cante, ó estéril,
　　você que nunca teve um filho;
irrompa em canto, grite de alegria,
　　você que nunca esteve
　　em trabalho de parto;
porque mais são os filhos
　　da mulher abandonada
do que os daquela que tem marido",
　　diz o Senhor.
2 "Alargue o lugar de sua tenda,
estenda bem as cortinas de sua tenda,
　　não o impeça;
estique suas cordas, firme suas estacas.
3 Pois você se estenderá para a direita
　　e para a esquerda;
seus descendentes desapossarão nações
　　e se instalarão
　　em suas cidades abandonadas.

and the Lord has laid on him
　　the iniquity of us all.
7 He was oppressed and afflicted,
　　yet he did not open his mouth;
he was led like a lamb to the slaughter,
　　and as a sheep before her shearers is silent,
　　so he did not open his mouth.
8 By oppressionᵃ and judgment he was
　　taken away.
　　And who can speak of his descendants?
For he was cut off from the land of the living;
　　for the transgression of my people he was
　　stricken.ᵇ
9 He was assigned a grave with the wicked,
　　and with the rich in his death,
though he had done no violence,
　　nor was any deceit in his mouth.

10 Yet it was the Lord's will to crush him and cause
　　him to suffer,
and though the Lord makesᶜ his life a
　　guilt offering,
he will see his offspring and prolong his days,
　　and the will of the Lord will prosper
　　in his hand.
11 After the suffering of his soul,
　　he will see the light of lifeᵈ and
　　be satisfiedᵉ;
by his knowledgeᶠ my righteous servant
　　will justify many,
　　and he will bear their iniquities.
12 Therefore I will give him a portion among
　　the great,ᵍ
and he will divide the spoils with
　　the strong,ʰ
because he poured out his life unto death,
　　and was numbered with the transgressors.
For he bore the sin of many,
　　and made intercession for the transgressors.

The Future Glory of Zion

54 "Sing, O barren woman,
　　you who never bore a child;
burst into song, shout for joy,
　　you who were never in labor;
because more are the children of the
　　desolate woman
than of her who has a husband,"
　　　　　　　　　　says the Lord.
2 "Enlarge the place of your tent,
　　stretch your tent curtains wide,
　　do not hold back;
lengthen your cords,
　　strengthen your stakes.
3 For you will spread out to the right and to
　　the left;
your descendants will dispossess nations
　　and settle in their desolate cities.

ᵃ53.8 Ou *Contudo, quem da sua geração considerou que ele foi eliminado da terra dos viventes por causa da transgressão do meu povo, para quem era devido o castigo?* ᵇ53.10 Hebraico: *embora você tenha feito.* ᶜ53.11 Conforme os manuscritos do mar Morto. O Texto Massorético não traz *a luz.* ᵈ53.11 Ou *Ele verá o resultado do sofrimento da sua alma e ficará satisfeito;* ᵉ53.12 Ou *entre muitos* ᶠ53.12 Ou *numerosos*

ᵃ53:8 Or *From arrest* ᵇ53:8 Or *away. / Yet who of his generation considered / that he was cut off from the land of the living / for the transgression of my people, / to whom the blow was due?* ᶜ53:10 Hebrew *though you make* ᵈ53:11 Dead Sea Scrolls (see also Septuagint); Masoretic Text does not have *the light of life.* ᵉ53:11 Or (with Masoretic Text) ¹¹ *He will see the result of the suffering of his soul / and be satisfied* ᶠ53:11 Or *by knowledge of him* ᵍ53:12 Or *many* ʰ53:12 Or *numerous*

4 "Não tenha medo;
    você não sofrerá vergonha.
Não tema o constrangimento;
    você não será humilhada.
Você esquecerá
    a vergonha de sua juventude
e não se lembrará mais
    da humilhação de sua viuvez.
5 Pois o seu Criador é o seu marido,
    o Senhor dos Exércitos é o seu nome,
o Santo de Israel é seu Redentor;
    ele é chamado o Deus de toda a terra.
6 O Senhor chamará você de volta
    como se você fosse uma
    mulher abandonada e aflita de espírito,
uma mulher que se casou nova
    apenas para ser rejeitada", diz o seu Deus.
7 "Por um breve instante eu a abandonei,
mas com profunda compaixão
    eu a trarei de volta.
8 Num impulso de indignação
    escondi de você por um instante
    o meu rosto,
mas com bondade eterna
    terei compaixão de você",
    diz o Senhor, o seu Redentor.
9 "Para mim isso é como os dias de Noé,
    quando jurei que as águas de Noé
    nunca mais tornariam a cobrir a terra.
De modo que agora jurei
    não ficar irado contra você,
    nem tornar a repreendê-la.
10 Embora os montes sejam sacudidos
    e as colinas sejam removidas,
ainda assim a minha fidelidade
    para com você não será abalada,
nem será removida
    a minha aliança de paz",
    diz o Senhor,
    que tem compaixão de você.
11 "Ó cidade aflita,
    açoitada por tempestades
    e não consolada,
eu a edificarei com turquesas,
    edificarei seus alicerces com safiras.
12 Farei de rubis os seus escudos,
    de carbúnculos as suas portas,
    e de pedras preciosas
    todos os seus muros.
13 Todos os seus filhos
    serão ensinados pelo Senhor,
e grande será a paz de suas crianças.
14 Em retidão você será estabelecida:
    A tirania estará distante;
    você não terá nada a temer.
O pavor estará removido para longe;
    ele não se aproximará de você.
15 Se alguém a atacar,
    não será por obra minha;
todo aquele que a atacar
    se renderá a você.
16 "Veja, fui eu quem criou o ferreiro,
    que sopra as brasas até darem chama
    e forja uma arma
    própria para o seu fim.
E fui eu quem criou o destruidor
    para gerar o caos;

4 "Do not be afraid; you will not suffer shame.
    Do not fear disgrace; you will not
    be humiliated.
You will forget the shame of your youth
    and remember no more the reproach of
    your widowhood.
5 For your Maker is your husband—
    the Lord Almighty is his name—
the Holy One of Israel is your Redeemer;
    he is called the God of all the earth.
6 The Lord will call you back
    as if you were a wife deserted and distressed
    in spirit—
a wife who married young,
    only to be rejected," says your God.
7 "For a brief moment I abandoned you,
    but with deep compassion I will bring
    you back.
8 In a surge of anger
    I hid my face from you for a moment,
but with everlasting kindness
    I will have compassion on you,"
    says the Lord your Redeemer.
9 "To me this is like the days of Noah,
    when I swore that the waters of Noah would never
    again cover the earth.
So now I have sworn not to be angry with you,
    never to rebuke you again.
10 Though the mountains be shaken
    and the hills be removed,
yet my unfailing love for you will not be shaken
    nor my covenant of peace be removed,"
    says the Lord, who has compassion on you.
11 "O afflicted city, lashed by storms and not
    comforted,
    I will build you with stones of turquoise,[a]
    your foundations with sapphires.[b]
12 I will make your battlements of rubies,
    your gates of sparkling jewels,
    and all your walls of precious stones.
13 All your sons will be taught by the Lord,
    and great will be your children's peace.
14 In righteousness you will be established:
    Tyranny will be far from you;
    you will have nothing to fear.
Terror will be far removed;
    it will not come near you.
15 If anyone does attack you, it will not be
    my doing;
    whoever attacks you will surrender to you.
16 "See, it is I who created the blacksmith
    who fans the coals into flame
    and forges a weapon fit for its work.
And it is I who have created the destroyer to
    work havoc;

---

[a]54:11 The meaning of the Hebrew for this word is uncertain. [b]54:11 Or *lapis lazuli*

17 nenhuma arma forjada contra você
prevalecerá,
e você refutará toda língua que a acusar.
Esta é a herança dos servos do Senhor,
e esta é a defesa que faço do nome deles",
declara o Senhor.

Convite aos Sedentos

55 "Venham, todos vocês
que estão com sede,
venham às águas;
e vocês que não possuem
dinheiro algum,
venham, comprem e comam!
Venham, comprem vinho
e leite sem dinheiro e sem custo.
2 Por que gastar dinheiro
naquilo que não é pão,
e o seu trabalho árduo
naquilo que não satisfaz?
Escutem, escutem-me,
e comam o que é bom,
e a alma de vocês se deliciará
com a mais fina refeição.
3 Dêem-me ouvidos e venham a mim;
ouçam-me, para que sua alma viva.
Farei uma aliança eterna com vocês,
minha fidelidade prometida a Davi.
4 Vejam, eu o fiz
uma testemunha aos povos,
um líder e governante dos povos.
5 Com certeza você convocará nações
que você não conhece,
e nações que não o conhecem
se apressarão até você,
por causa do Senhor, o seu Deus,
o Santo de Israel,
pois ele lhe concedeu esplendor."

6 Busquem o Senhor
enquanto é possível achá-lo;
clamem por ele enquanto está perto.
7 Que o ímpio abandone o seu caminho,
e o homem mau, os seus pensamentos.
Volte-se ele para o Senhor,
que terá misericórdia dele;
volte-se para o nosso Deus,
pois ele dá de bom grado o seu perdão.

8 "Pois os meus pensamentos
não são os pensamentos de vocês,
nem os seus caminhos
são os meus caminhos",
declara o Senhor.
9 "Assim como os céus são mais altos
do que a terra,
também os meus caminhos
são mais altos do que os seus caminhos,
e os meus pensamentos,
mais altos do que os seus pensamentos.
10 Assim como a chuva e a neve
descem dos céus
e não voltam para eles sem regarem a terra
e fazerem-na brotar e florescer,
para ela produzir semente
para o semeador
e pão para o que come,
11 assim também ocorre com a palavra
que sai da minha boca:
ela não voltará para mim vazia,
mas fará o que desejo

17 no weapon forged against you will prevail,
and you will refute every tongue that
accuses you.
This is the heritage of the servants of the Lord,
and this is their vindication from me,"
declares the Lord.

Invitation to the Thirsty

55 "Come, all you who are thirsty,
come to the waters;
and you who have no money,
come, buy and eat!
Come, buy wine and milk
without money and without cost.
2 Why spend money on what is not bread,
and your labor on what does not satisfy?
Listen, listen to me, and eat what is good,
and your soul will delight in the richest
of fare.
3 Give ear and come to me;
hear me, that your soul may live.
I will make an everlasting covenant with you,
my faithful love promised to David.
4 See, I have made him a witness to the peoples,
a leader and commander of the peoples.
5 Surely you will summon nations you know not,
and nations that do not know you will hasten
to you,
because of the Lord your God,
the Holy One of Israel,
for he has endowed you with splendor."

6 Seek the Lord while he may be found;
call on him while he is near.
7 Let the wicked forsake his way
and the evil man his thoughts.
Let him turn to the Lord, and he will have mercy
on him,
and to our God, for he will freely pardon.

8 "For my thoughts are not your thoughts,
neither are your ways my ways,"
declares the Lord.
9 "As the heavens are higher than the earth,
so are my ways higher than your ways
and my thoughts than your thoughts.
10 As the rain and the snow
come down from heaven,
and do not return to it
without watering the earth
and making it bud and flourish,
so that it yields seed for the sower and bread
for the eater,
11 so is my word that goes out from my mouth:
It will not return to me empty,
but will accomplish what I desire

e atingirá o propósito para o qual a enviei.

¹² Vocês sairão em júbilo
     e serão conduzidos em paz;
os montes e colinas irromperão
     em canto diante de vocês,
e todas as árvores do campo
     baterão palmas.
¹³ No lugar do espinheiro
     crescerá o pinheiro,
e em vez de roseiras bravas
     crescerá a murta.
Isso resultará em renome para o Senhor,
     para sinal eterno,
que não será destruído."

56 Salvação para os Gentios

Assim diz o Senhor:

"Mantenham a justiça
     e pratiquem o que é direito,
pois a minha salvação está perto,
     e logo será revelada a minha retidão.
² Feliz aquele que age assim,
     o homem que nisso permanece firme,
observando o sábado
     para não profaná-lo,
e vigiando sua mão
     para não cometer nenhum mal".

³ Que nenhum estrangeiro
     que se disponha a unir-se ao Senhor
venha a dizer:
     "É certo que o Senhor
     me excluirá do seu povo".
E que nenhum eunuco se queixe:
     "Não passo de uma árvore seca".

⁴ Pois assim diz o Senhor:

"Aos eunucos que guardarem
     os meus sábados,
que escolherem o que me agrada
     e se apegarem à minha aliança,
⁵ a eles darei, dentro de meu templo
     e dos seus muros,
um memorial e um nome melhor
     do que filhos e filhas,
um nome eterno, que não será eliminado.
⁶ E os estrangeiros que se unirem
     ao Senhor para servi-lo,
para amarem o nome do Senhor
     e prestar-lhe culto,
todos os que guardarem o sábado
     deixando de profaná-lo,
e que se apegarem à minha aliança,
⁷ esses eu trarei ao meu santo monte
     e lhes darei alegria
     em minha casa de oração.
Seus holocaustos^a e demais sacrifícios
     serão aceitos em meu altar;
pois a minha casa será chamada
     casa de oração para todos os povos".
⁸ Palavra do Soberano, do Senhor,
     daquele que reúne os exilados de Israel:
     "Reunirei ainda outros
     àqueles que já foram reunidos".

A Acusação de Deus contra os Ímpios

⁹ Venham todos vocês,
     animais do campo;

---

and achieve the purpose for which I sent it.

¹² You will go out in joy
     and be led forth in peace;
the mountains and hills
     will burst into song before you,
and all the trees of the field
     will clap their hands.
¹³ Instead of the thornbush will grow the pine tree,
     and instead of briers the myrtle will grow.
This will be for the Lord's renown,
     for an everlasting sign,
     which will not be destroyed."

56 Salvation for Others

This is what the Lord says:

"Maintain justice
     and do what is right,
for my salvation is close at hand
     and my righteousness will soon be revealed.
² Blessed is the man who does this,
     the man who holds it fast,
who keeps the Sabbath without desecrating it,
     and keeps his hand from doing any evil."

³ Let no foreigner who has bound himself to the
     Lord say,
     "The Lord will surely exclude me from his
     people."
And let not any eunuch complain,
     "I am only a dry tree."

⁴ For this is what the Lord says:

"To the eunuchs who keep my Sabbaths,
     who choose what pleases me
     and hold fast to my covenant—
⁵ to them I will give within my temple and its
     walls
     a memorial and a name
     better than sons and daughters;
I will give them an everlasting name
     that will not be cut off.
⁶ And foreigners who bind themselves to the Lord
     to serve him,
to love the name of the Lord,
     and to worship him,
all who keep the Sabbath without desecrating it
     and who hold fast to my covenant—
⁷ these I will bring to my holy mountain
     and give them joy in my house of prayer.
Their burnt offerings and sacrifices
     will be accepted on my altar;
for my house will be called
     a house of prayer for all nations."
⁸ The Sovereign Lord declares—
     he who gathers the exiles of Israel:
     "I will gather still others to them
     besides those already gathered."

God's Accusation Against the Wicked

⁹ Come, all you beasts of the field,

---

^a56.7 Isto é, sacrifícios totalmente queimados.

todos vocês, animais da floresta,
venham comer!
¹⁰ As sentinelas de Israel estão cegas
e não têm conhecimento;
todas elas são como cães mudos,
incapazes de latir.
Deitam-se e sonham;
só querem dormir.
¹¹ São cães devoradores, insaciáveis.
São pastores sem entendimento;
todos seguem seu próprio caminho,
cada um procura vantagem própria.
¹² "Venham", cada um grita,
"tragam-me vinho!
Bebamos nossa dose
de bebida fermentada,
que amanhã será como hoje,
e até muito melhor!"

57

O justo perece, e ninguém pondera
isso em seu coração;
homens piedosos são tirados,
e ninguém entende
que os justos são tirados
para serem poupados do mal.
² Aqueles que andam retamente
entrarão na paz;
acharão descanso na morte.

³ "Mas vocês, aproximem-se,
vocês, filhos de adivinhas,
vocês, prole de adúlteros e de prostitutas!
⁴ De quem vocês estão zombando?
De quem fazem pouco caso?
E para quem mostram a língua?
Não são vocês uma ninhada de rebeldes,
uma prole de mentirosos?
⁵ Vocês ardem de desejo
entre os carvalhos
e debaixo de toda árvore frondosa;
vocês sacrificam seus filhos nos vales
e debaixo de penhascos salientes.
⁶ Os ídolos entre as pedras lisas
dos vales são a sua porção;
são a sua parte.
Isso mesmo! Para eles você derramou
ofertas de bebidas
e apresentou ofertas de cereal.
Poderei eu contentar-me com isso?
⁷ Você fez o leito numa colina
alta e soberba;
ali você subiu para oferecer sacrifícios.
⁸ Atrás de suas portas e dos seus batentes
você pôs os seus símbolos pagãos.
Ao me abandonar,
você descobriu seu leito,
subiu nele e o deixou escancarado;
fez acordo com aqueles
cujas camas você ama,
e dos quais contemplou a nudez.
⁹ Você foi até Moloque[a]
com azeite de oliva
e multiplicou os seus perfumes.
Você enviou seus embaixadores[b]
a lugares distantes;
você desceu ao fundo do poço[c]!

come and devour, all you beasts of the forest!
¹⁰ Israel's watchmen are blind,
they all lack knowledge;
they are all mute dogs,
they cannot bark;
they lie around and dream,
they love to sleep.
¹¹ They are dogs with mighty appetites;
they never have enough.
They are shepherds who lack understanding;
they all turn to their own way,
each seeks his own gain.
¹² "Come," each one cries, "let me get wine!
Let us drink our fill of beer!
And tomorrow will be like today,
or.even far better."

57

The righteous perish,
and no one ponders it in his heart;
devout men are taken away,
and no one understands
that the righteous are taken away
to be spared from evil.
² Those who walk uprightly
enter into peace;
they find rest as they lie in death.

³ "But you—come here, you sons of a sorceress,
you offspring of adulterers and prostitutes!
⁴ Whom are you mocking?
At whom do you sneer
and stick out your tongue?
Are you not a brood of rebels,
the offspring of liars?
⁵ You burn with lust among the oaks
and under every spreading tree;
you sacrifice your children in the ravines
and under the overhanging crags.
⁶ The idols among the smooth stones of
the ravines are your portion;
they, they are your lot.
Yes, to them you have poured out drink
offerings
and offered grain offerings.
In the light of these things, should I relent?
⁷ You have made your bed on a high and
lofty hill;
there you went up to offer your sacrifices.
⁸ Behind your doors and your doorposts
you have put your pagan symbols.
Forsaking me, you uncovered your bed,
you climbed into it and opened it wide;
you made a pact with those whose beds you love,
and you looked on their nakedness.
⁹ You went to Molech[a] with olive oil
and increased your perfumes.
You sent your ambassadors[b] far away;
you descended to the grave[c] itself!

---

[a]57.9 Ou até o rei [b]57.9 Ou ídolos [c]57.9 Hebraico: Sheol. Essa palavra também
pode ser traduzida por sepultura, profundezas, pó ou morte.

[a]57:9 Or to the king [b]57:9 Or idols [c]57:9 Hebrew Sheol

10 Você se cansou
    com todos os seus caminhos,
    mas não quis dizer: 'Não há esperança!'
Você recuperou as forças,
    e por isso não esmoreceu.
11 "De quem você teve tanto medo e tremor,
    ao ponto de agir com falsidade para comigo,
    não se lembrar de mim
    e não ponderar isso em seu coração?
Não será por que há muito estou calado
    que você não me teme?
12 Sua retidão e sua justiça exporei,
    e elas não a beneficiarão.
13 Quando você clamar por ajuda,
    que a sua coleção de ídolos a salve!
O vento levará todos eles,
    um simples sopro os arrebatará.
Mas o homem que faz de mim o seu refúgio
    receberá a terra por herança
    e possuirá o meu santo monte."

Consolação para os Contritos

14 E se dirá:

"Aterrem, aterrem, preparem o caminho!
    Tirem os obstáculos do caminho do meu povo".
15 Pois assim diz o Alto e Sublime,
    que vive para sempre,
    e cujo nome é santo:
"Habito num lugar alto e santo,
mas habito também com o contrito
    e humilde de espírito,
para dar novo ânimo
    ao espírito do humilde
e novo alento ao coração do contrito.
16 Não farei litígio para sempre,
    nem permanecerei irado,
porque, se não, o espírito do homem
    esmoreceria diante de mim,
bem como o sopro do homem que eu criei!
17 Por causa da sua cobiça perversa
    fiquei indignado e o feri;
fiquei irado e escondi o meu rosto.
Mas ele continuou extraviado,
    seguindo os caminhos que escolheu.
18 Eu vi os seus caminhos,
    mas vou curá-lo;
eu o guiarei e tornarei a dar-lhe consolo,
19 criando louvor nos lábios
    dos pranteadores de Israel.
Paz, paz, aos de longe e aos de perto",
    diz o Senhor.
"Quanto a ele, eu o curarei".
20 Mas os ímpios são como o mar agitado,
    incapaz de sossegar
e cujas águas expelem lama e lodo.
21 "Para os ímpios não há paz",
    diz o meu Deus.

O Verdadeiro Jejum

58 "Grite alto, não se contenha!
    Levante a voz como trombeta.
Anuncie ao meu povo a rebelião dele,
    e à comunidade de Jacó, os seus pecados.
2 Pois dia a dia me procuram;
    parecem desejosos de conhecer
        os meus caminhos,
como se fossem uma nação
    que faz o que é direito
    e que não abandonou
        os mandamentos do seu Deus.

10 You were wearied by all your ways,
    but you would not say, 'It is hopeless.'
You found renewal of your strength,
    and so you did not faint.
11 "Whom have you so dreaded and feared
    that you have been false to me,
and have neither remembered me
    nor pondered this in your hearts?
Is it not because I have long been silent
    that you do not fear me?
12 I will expose your righteousness and
        your works,
    and they will not benefit you.
13 When you cry out for help,
    let your collection *of idols* save you!
The wind will carry all of them off,
    a mere breath will blow them away.
But the man who makes me his refuge
    will inherit the land
    and possess my holy mountain."

Comfort for the Contrite

14 And it will be said:

"Build up, build up, prepare the road!
    Remove the obstacles out of the way of
        my people."
15 For this is what the high and lofty One says—
    he who lives forever, whose name is holy:
"I live in a high and holy place,
    but also with him who is contrite and lowly
        in spirit,
to revive the spirit of the lowly
    and to revive the heart of the contrite.
16 I will not accuse forever,
    nor will I always be angry,
for then the spirit of man would grow faint
        before me—
    the breath of man that I have created.
17 I was enraged by his sinful greed;
    I punished him, and hid my face in anger,
    yet he kept on in his willful ways.
18 I have seen his ways, but I will heal him;
    I will guide him and restore comfort to him,
19   creating praise on the lips of the mourners
        in Israel.
Peace, peace, to those far and near,"
    says the LORD. "And I will heal them."
20 But the wicked are like the tossing sea,
    which cannot rest,
    whose waves cast up mire and mud.
21 "There is no peace," says my God, "for the
        wicked."

True Fasting

58 "Shout it aloud, do not hold back.
    Raise your voice like a trumpet.
Declare to my people their rebellion
    and to the house of Jacob their sins.
2 For day after day they seek me out;
    they seem eager to know my ways,
as if they were a nation that does what is right
    and has not forsaken the commands of its God.

Pedem-me decisões justas
e parecem desejosos
    de que Deus se aproxime deles.
3 'Por que jejuamos', dizem,
    'e não o viste?
Por que nos humilhamos,
    e não reparaste?'
Contudo, no dia do seu jejum
    vocês fazem o que é do agrado de vocês,
e exploram os seus empregados.
4 Seu jejum termina em discussão e rixa,
    e em brigas de socos brutais.
Vocês não podem jejuar como fazem hoje
    e esperar que a sua voz seja ouvida no alto.
5 Será esse o jejum que escolhi,
    que apenas um dia o homem se humilhe,
    incline a cabeça como o junco
    e se deite sobre pano de saco e cinzas?
É isso que vocês chamam jejum,
    um dia aceitável ao Senhor?

6 "O jejum que desejo não é este:
soltar as correntes da injustiça,
    desatar as cordas do jugo,
pôr em liberdade os oprimidos
    e romper todo jugo?
7 Não é partilhar sua comida
    com o faminto,
    abrigar o pobre desamparado,
vestir o nu que você encontrou,
    e não recusar ajuda ao próximo?
8 Aí sim, a sua luz irromperá
    como a alvorada,
e prontamente surgirá a sua cura;
a sua retidão irá adiante de você,
e a glória do Senhor estará
    na sua retaguarda.
9 Aí sim, você clamará ao Senhor,
    e ele responderá;
você gritará por socorro, e ele dirá:
    Aqui estou.

"Se você eliminar do seu meio
    o jugo opressor,
    o dedo acusador e a falsidade do falar;
10 se com renúncia própria
você beneficiar os famintos
    e satisfizer o anseio dos aflitos,
então a sua luz despontará nas trevas,
    e a sua noite será como o meio-dia.
11 O Senhor o guiará constantemente;
satisfará os seus desejos
    numa terra ressequida pelo sol
e fortalecerá os seus ossos.
Você será como um jardim bem regado,
como uma fonte cujas águas
    nunca faltam.
12 Seu povo reconstruirá as velhas ruínas
    e restaurará os alicerces antigos;
você será chamado reparador de muros,
    restaurador de ruas e moradias.

13 "Se você vigiar seus pés
    para não profanar o sábado
    e para não fazer o que bem quiser
    em meu santo dia;
se você chamar delícia o sábado
    e honroso o santo dia do Senhor,
e se honrá-lo, deixando de seguir
    seu próprio caminho,

They ask me for just decisions
    and seem eager for God to come near them.
3 'Why have we fasted,' they say,
    'and you have not seen it?
Why have we humbled ourselves,
    and you have not noticed?'

"Yet on the day of your fasting, you do as
         you please
    and exploit all your workers.
4 Your fasting ends in quarreling and strife,
    and in striking each other with wicked fists.
You cannot fast as you do today
    and expect your voice to be heard on high.
5 Is this the kind of fast I have chosen,
    only a day for a man to humble himself?
Is it only for bowing one's head like a reed
    and for lying on sackcloth and ashes?
Is that what you call a fast,
    a day acceptable to the Lord?

6 "Is not this the kind of fasting I have chosen:
    to loose the chains of injustice
    and untie the cords of the yoke,
to set the oppressed free
    and break every yoke?
7 Is it not to share your food with the hungry
    and to provide the poor wanderer
         with shelter—
when you see the naked, to clothe him,
    and not to turn away from your own flesh
         and blood?
8 Then your light will break forth like the dawn,
    and your healing will quickly appear;
then your righteousness[a] will go before you,
    and the glory of the Lord will be your
         rear guard.
9 Then you will call, and the Lord will answer;
    you will cry for help, and he will say:
         Here am I.

"If you do away with the yoke of oppression,
    with the pointing finger and malicious talk,
10 and if you spend yourselves in behalf of
         the hungry
    and satisfy the needs of the oppressed,
then your light will rise in the darkness,
    and your night will become like the noonday.
11 The Lord will guide you always;
    he will satisfy your needs in a sun-scorched
         land
    and will strengthen your frame.
You will be like a well-watered garden,
    like a spring whose waters never fail.
12 Your people will rebuild the ancient ruins
    and will raise up the age-old foundations;
you will be called Repairer of Broken Walls,
    Restorer of Streets with Dwellings.
13 "If you keep your feet from breaking
         the Sabbath
    and from doing as you please on my holy day,
if you call the Sabbath a delight
    and the Lord's holy day honorable,
and if you honor it by not going your own way

---

de fazer o que bem quiser
e de falar futilidades,
14 então você terá no Senhor
a sua alegria,
e eu farei com que você cavalgue
nos altos da terra
e se banqueteie com a herança
de Jacó, seu pai."
É o Senhor quem fala.

Pecado, Confissão e Redenção

59 Vejam! O braço do Senhor
não está tão encolhido que não possa
salvar,
e o seu ouvido tão surdo
que não possa ouvir.
2 Mas as suas maldades separaram
vocês do seu Deus;
os seus pecados esconderam de vocês
o rosto dele,
e por isso ele não os ouvirá.
3 Pois as suas mãos
estão manchadas de sangue,
e os seus dedos, de culpa.
Os seus lábios falam mentiras,
e a sua língua murmura palavras ímpias.
4 Ninguém pleiteia sua causa com justiça,
ninguém faz defesa com integridade.
Apóiam-se em argumentos vazios
e falam mentiras;
concebem maldade e geram iniqüidade.
5 Chocam ovos de cobra
e tecem teias de aranha.
Quem comer seus ovos morre,
e de um ovo esmagado sai uma víbora.
6 Suas teias não servem de roupa;
eles não conseguem cobrir-se
com o que fazem.
Suas obras são más,
e atos de violência estão em suas mãos.
7 Seus pés correm para o mal,
ágeis em derramar sangue inocente.
Seus pensamentos são maus;
ruína e destruição
marcam os seus caminhos.
8 Não conhecem o caminho da paz;
não há justiça em suas veredas.
Eles as transformaram
em caminhos tortuosos;
quem andar por eles não conhecerá a paz.
9 Por isso a justiça está longe de nós,
e a retidão não nos alcança.
Procuramos, mas tudo são trevas;
buscamos claridade,
mas andamos em sombras densas.
10 Como o cego caminhamos
apalpando o muro,
tateamos como quem não tem olhos.
Ao meio-dia tropeçamos
como se fosse noite;
entre os fortes somos como os mortos.
11 Todos nós urramos como ursos;
gememos como pombas.
Procuramos justiça, e nada!
Buscamos livramento, mas está longe!

and not doing as you please or speaking idle
words,
14 then you will find your joy in the Lord,
and I will cause you to ride on the heights of
the land
and to feast on the inheritance of your father
Jacob."
The mouth of the Lord has spoken.

Sin, Confession and Redemption

59 Surely the arm of the Lord is not too
short to save,
nor his ear too dull to hear.
2 But your iniquities have separated
you from your God;
your sins have hidden his face from you,
so that he will not hear.
3 For your hands are stained with blood,
your fingers with guilt.
Your lips have spoken lies,
and your tongue mutters wicked things.
4 No one calls for justice;
no one pleads his case with integrity.
They rely on empty arguments and speak lies;
they conceive trouble and give birth to evil.
5 They hatch the eggs of vipers
and spin a spider's web.
Whoever eats their eggs will die,
and when one is broken, an adder is hatched.
6 Their cobwebs are useless for clothing;
they cannot cover themselves with what
they make.
Their deeds are evil deeds,
and acts of violence are in their hands.
7 Their feet rush into sin;
they are swift to shed innocent blood.
Their thoughts are evil thoughts;
ruin and destruction mark their ways.
8 The way of peace they do not know;
there is no justice in their paths.
They have turned them into crooked roads;
no one who walks in them will know peace.
9 So justice is far from us,
and righteousness does not reach us.
We look for light, but all is darkness;
for brightness, but we walk in deep shadows.
10 Like the blind we grope along the wall,
feeling our way like men without eyes.
At midday we stumble as if it were twilight;
among the strong, we are like the dead.
11 We all growl like bears;
we moan mournfully like doves.
We look for justice, but find none;
for deliverance, but it is far away.

12 Sim, pois são muitas
    as nossas transgressões diante de ti,
e os nossos pecados
    testemunham contra nós.
As nossas transgressões
    estão sempre conosco,
e reconhecemos as nossas iniqüidades:
13 rebelar-nos contra o Senhor e traí-lo,
deixar de seguir o nosso Deus,
fomentar a opressão e a revolta,
proferir as mentiras que os nossos
    corações conceberam.
14 Assim a justiça retrocede,
    e a retidão fica à distância,
pois a verdade caiu na praça
    e a honestidade não consegue entrar.
15 Não se acha a verdade em parte alguma,
e quem evita o mal
    é vítima de saque.

Olhou o Senhor e indignou-se
    com a falta de justiça.
16 Ele viu que não havia ninguém,
    admirou-se porque ninguém intercedeu;
então o seu braço lhe trouxe livramento
    e a sua justiça deu-lhe apoio.
17 Usou a justiça como couraça,
pôs na cabeça o capacete da salvação;
vestiu-se de vingança
e envolveu-se no zelo como numa capa.
18 Conforme o que fizeram
    lhes retribuirá:
aos seus inimigos, ira;
aos seus adversários, o que merecem;
às ilhas, a devida retribuição.
19 Desde o poente os homens temerão
    o nome do Senhor,
e desde o nascente, a sua glória.
Pois ele virá como uma inundação
    impelida pelo sopro do Senhor.
20 "O Redentor virá a Sião,
    aos que em Jacó
      se arrependerem dos seus pecados",
declara o Senhor.

21 "Quanto a mim, esta é a minha aliança com eles", diz o Senhor. "O meu Espírito que está em você e as minhas palavras que pus em sua boca não se afastarão dela, nem da boca dos seus filhos e dos descendentes deles, desde agora e para sempre", diz o Senhor.

A Glória de Sião

60 "Levante-se, refulja!
Porque chegou a sua luz,
e a glória do Senhor raia sobre você.
2 Olhe! A escuridão cobre a terra,
    densas trevas envolvem os povos,
mas sobre você raia o Senhor,
    e sobre você se vê a sua glória.
3 As nações virão à sua luz
    e os reis ao fulgor do seu alvorecer.

4 "Olhe ao redor, e veja:
    todos se reúnem e vêm a você;
de longe vêm os seus filhos,
    e as suas filhas vêm carregadas nos braços.
5 Então o verás e ficarás radiante;
    o seu coração pulsará forte
      e se encherá de alegria,

12 For our offenses are many in your sight,
    and our sins testify against us.
Our offenses are ever with us,
    and we acknowledge our iniquities:
13 rebellion and treachery against the Lord,
    turning our backs on our God,
fomenting oppression and revolt,
    uttering lies our hearts have conceived.
14 So justice is driven back,
    and righteousness stands at a distance;
truth has stumbled in the streets,
    honesty cannot enter.
15 Truth is nowhere to be found,
    and whoever shuns evil becomes a prey.

The Lord looked and was displeased
    that there was no justice.
16 He saw that there was no one,
    he was appalled that there was no one
      to intervene;
so his own arm worked salvation for him,
    and his own righteousness sustained him.
17 He put on righteousness as his breastplate,
    and the helmet of salvation on his head;
he put on the garments of vengeance
    and wrapped himself in zeal as in a cloak.
18 According to what they have done,
    so will he repay
wrath to his enemies
    and retribution to his foes;
he will repay the islands their due.
19 From the west, men will fear the name
    of the Lord,
and from the rising of the sun, they will revere
    his glory.
For he will come like a pent-up flood
    that the breath of the Lord drives along.[a]

20 "The Redeemer will come to Zion,
    to those in Jacob who repent of their sins,"
                declares the Lord.

21 "As for me, this is my covenant with them," says the Lord. "My Spirit, who is on you, and my words that I have put in your mouth will not depart from your mouth, or from the mouths of your children, or from the mouths of their descendants from this time on and forever," says the Lord.

The Glory of Zion

60 "Arise, shine, for your light has come,
and the glory of the Lord rises upon you.
2 See, darkness covers the earth
    and thick darkness is over the peoples,
but the Lord rises upon you
    and his glory appears over you.
3 Nations will come to your light,
    and kings to the brightness of your dawn.

4 "Lift up your eyes and look about you:
    All assemble and come to you;
your sons come from afar,
    and your daughters are carried on the arm.
5 Then you will look and be radiant,
    your heart will throb and swell with joy;

---

[a]59:19 Or *When the enemy comes in like a flood, / the Spirit of the Lord will put him to flight*

porque a riqueza dos mares
　　lhe será trazida,
e a você virão as riquezas das nações.
⁶Manadas de camelos cobrirão a sua terra,
　　camelos novos de Midiã e de Efá.
Virão todos os de Sabá
　　carregando ouro e incenso
e proclamando o louvor do Senhor.
⁷Todos os rebanhos de Quedar
　　se reunirão junto de você,
e os carneiros de Nebaiote a servirão;
　　serão aceitos como ofertas em meu altar,
e adornarei o meu glorioso templo.

⁸"Quem são estes que voam
　　como nuvens,
que voam como pombas
　　para os seus ninhos?
⁹Pois as ilhas esperam em mim;
　　à frente vêm os navios de Társis*,
　　trazendo de longe os seus filhos,
　　com prata e ouro,
em honra ao Senhor, o seu Deus,
　　o Santo de Israel,
porque ele se revestiu de esplendor.

¹⁰"Estrangeiros reconstruirão
　　os seus muros, e seus reis a servirão.
Com ira eu a feri, mas com amor
　　lhe mostrarei compaixão.
¹¹As suas portas permanecerão abertas;
　　jamais serão fechadas,
　　dia e noite,
para que lhe tragam
　　as riquezas das nações,
　　com seus reis e sua comitiva.
¹²Pois a nação e o reino
　　que não a servirem perecerão;
　　serão totalmente exterminados.

¹³"A glória do Líbano virá a você;
　　juntos virão o pinheiro, o abeto
　　e o cipreste,
para adornarem o lugar do meu santuário;
　　e eu glorificarei o local
　　em que pisam os meus pés.
¹⁴Os filhos dos seus opressores virão
　　e se inclinarão diante de você;
todos os que a desprezam
　　se curvarão aos seus pés
e a chamarão Cidade do Senhor,
　　Sião do Santo de Israel.

¹⁵"Em vez de abandonada
　　e odiada,
　　sem que ninguém quisesse percorrê-la,
farei de você um orgulho,
　　uma alegria para todas as gerações.
¹⁶Você beberá o leite das nações
　　e será amamentada por mulheres nobres.
Então você saberá que eu, o Senhor,
　　sou o seu Salvador,
o seu Redentor, o Poderoso de Jacó.
¹⁷Em vez de bronze eu lhe trarei ouro,
　　e em vez de ferro, prata.
Em vez de madeira eu lhe trarei bronze,
　　e em vez de pedras, ferro.
Farei da paz o seu dominador,
　　da justiça, o seu governador.
¹⁸Não se ouvirá mais falar
　　de violência em sua terra,

the wealth on the seas will be brought to you,
　　to you the riches of the nations will come.
⁶Herds of camels will cover your land,
　　young camels of Midian and Ephah.
And all from Sheba will come,
　　bearing gold and incense
and proclaiming the praise of the Lord.
⁷All Kedar's flocks will be gathered to you,
　　the rams of Nebaioth will serve you;
they will be accepted as offerings on my altar,
　　and I will adorn my glorious temple.

⁸"Who are these that fly along like clouds,
　　like doves to their nests?
⁹Surely the islands look to me;
　　in the lead are the ships of Tarshish,*
bringing your sons from afar,
　　with their silver and gold,
to the honor of the Lord your God,
　　the Holy One of Israel,
for he has endowed you with splendor.

¹⁰"Foreigners will rebuild your walls,
　　and their kings will serve you.
Though in anger I struck you,
　　in favor I will show you compassion.
¹¹Your gates will always stand open,
　　they will never be shut, day or night,
so that men may bring you the wealth of
　　the nations—
　　their kings led in triumphal procession.
¹²For the nation or kingdom that will not serve
　　you will perish;
　　it will be utterly ruined.

¹³"The glory of Lebanon will come to you,
　　the pine, the fir and the cypress together,
to adorn the place of my sanctuary;
　　and I will glorify the place of my feet.
¹⁴The sons of your oppressors will come bowing
　　before you;
all who despise you will bow down at your
　　feet
and will call you the City of the Lord,
　　Zion of the Holy One of Israel.

¹⁵"Although you have been forsaken and hated,
　　with no one traveling through,
I will make you the everlasting pride
　　and the joy of all generations.
¹⁶You will drink the milk of nations
　　and be nursed at royal breasts.
Then you will know that I, the Lord, am
　　your Savior,
　　your Redeemer, the Mighty One of Jacob.
¹⁷Instead of bronze I will bring you gold,
　　and silver in place of iron.
Instead of wood I will bring you bronze,
　　and iron in place of stones.
I will make peace your governor
　　and righteousness your ruler.
¹⁸No longer will violence be heard in your land,

ª60.9 Ou *navios mercantes*　　　　　　　　ª60:9 Or *the trading ships*

nem de ruína e destruição
dentro de suas fronteiras.
Os seus muros você chamará salvação,
e as suas portas, louvor.
¹⁹ O sol não será mais a sua luz de dia,
e você não terá mais o brilho do luar,
pois o Senhor será a sua luz
para sempre;
o seu Deus será a sua glória.
²⁰ O seu sol nunca se porá,
e a sua lua nunca desaparecerá,
porque o Senhor será
a sua luz, para sempre,
e os seus dias de tristeza terão fim.
²¹ Então todo o seu povo será justo,
e possuirá a terra para sempre.
Ele é o renovo que plantei,
obra das minhas mãos,
para manifestação da minha glória.
²² O mais pequenino se tornará mil,
o menor será uma nação poderosa.
Eu sou o Senhor;
na hora certa farei que isso aconteça depressa."

O Ano da Bondade do Senhor

61 O Espírito do Soberano, o Senhor,
está sobre mim,
porque o Senhor ungiu-me
para levar boas notícias aos pobres.
Enviou-me para cuidar dos que estão
com o coração quebrantado,
anunciar liberdade aos cativos
e libertação das trevas aos prisioneirosª.
² para proclamar o ano da bondade do Senhor
e o dia da vingança do nosso Deus;
para consolar todos os que andam tristes,
³ e dar a todos os que choram em Sião
uma bela coroa em vez de cinzas,
o óleo da alegria em vez de pranto,
e um manto de louvor
em vez de espírito deprimido.
Eles serão chamados
carvalhos de justiça,
plantio do Senhor,
para manifestação da sua glória.

⁴ Eles reconstruirão as velhas ruínas
e restaurarão os antigos escombros;
renovarão as cidades arruinadas
que têm sido devastadas
de geração em geração.
⁵ Gente de fora vai pastorear
os rebanhos de vocês;
estrangeiros trabalharão
em seus campos e vinhas.
⁶ Mas vocês serão chamados
sacerdotes do Senhor,
ministros do nosso Deus.
Vocês se alimentarão
das riquezas das nações,
e do que era o orgulho delas
vocês se orgulharão.
⁷ Em lugar da vergonha que sofreu,
o meu povo receberá porção dupla,
e ao invés da humilhação,
ele se regozijará em sua herança;
pois herdará porção dupla em sua terra,
e terá alegria eterna.

nor ruin or destruction within your borders,
but you will call your walls Salvation
and your gates Praise.
¹⁹ The sun will no more be your light by day,
nor will the brightness of the moon shine
on you,
for the Lord will be your everlasting light,
and your God will be your glory.
²⁰ Your sun will never set again,
and your moon will wane no more;
the Lord will be your everlasting light,
and your days of sorrow will end.
²¹ Then will all your people be righteous
and they will possess the land forever.
They are the shoot I have planted,
the work of my hands,
for the display of my splendor.
²² The least of you will become a thousand,
the smallest a mighty nation.
I am the Lord;
in its time I will do this swiftly."

The Year of the Lord's Favor

61 The Spirit of the Sovereign Lord is on me,
because the Lord has anointed me
to preach good news to the poor.
He has sent me to bind up the brokenhearted,
to proclaim freedom for the captives
and release from darkness for
the prisoners,ª
² to proclaim the year of the Lord's favor
and the day of vengeance of our God,
to comfort all who mourn,
³ and provide for those who grieve in Zion—
to bestow on them a crown of beauty
instead of ashes,
the oil of gladness
instead of mourning,
and a garment of praise
instead of a spirit of despair.
They will be called oaks of righteousness,
a planting of the Lord
for the display of his splendor.

⁴ They will rebuild the ancient ruins
and restore the places long devastated;
they will renew the ruined cities
that have been devastated for generations.
⁵ Aliens will shepherd your flocks;
foreigners will work your fields
and vineyards.
⁶ And you will be called priests of the Lord,
you will be named ministers of our God.
You will feed on the wealth of nations,
and in their riches you will boast.

⁷ Instead of their shame
my people will receive a double portion,
and instead of disgrace
they will rejoice in their inheritance;
and so they will inherit a double portion in
their land,
and everlasting joy will be theirs.

ª61.1 A Septuaginta diz *aos cegos*.   ª61:1 Hebrew; Septuagint *the blind*

8 "Porque eu, o Senhor, amo a justiça
　　e odeio o roubo e toda maldade.
　Em minha fidelidade os recompensarei
　　e com eles farei aliança eterna.
9 Seus descendentes serão
　　conhecidos entre as nações,
　e a sua prole entre os povos.
　Todos os que os virem reconhecerão
　　que eles são um povo
　　abençoado pelo Senhor."

10 É grande o meu prazer no Senhor!
　Regozija-se a minha alma em meu Deus!
　Pois ele me vestiu
　　com as vestes da salvação
　e sobre mim pôs o manto da justiça,
　qual noivo que adorna a cabeça
　　como um sacerdote,
　qual noiva que se enfeita com jóias.
11 Porque, assim como a terra
　　faz brotar a planta
　e o jardim faz germinar a semente,
　　assim o Soberano, o Senhor,
　fará nascer a justiça e o louvor
　　diante de todas as nações.

O Novo Nome de Sião

62 Por amor de Sião eu não sossegarei,
　　por amor de Jerusalém não descansarei
　enquanto a sua justiça
　　não resplandecer como a alvorada,
　e a sua salvação,
　　como as chamas de uma tocha.
2 As nações verão a sua justiça,
　　e todos os reis, a sua glória;
　você será chamada por um novo nome
　　que a boca do Senhor lhe dará.
3 Será uma esplêndida coroa
　　na mão do Senhor,
　um diadema real na mão do seu Deus.
4 Não mais chamarão abandonada,
　　nem desamparada à sua terra.
　Você, porém, será chamada Hefzibá[a],
　　e a sua terra, Beulá[b],
　pois o Senhor terá prazer em você,
　　e a sua terra estará casada.
5 Assim como um jovem se casa
　　com sua noiva,
　os seus filhos se casarão[c] com você;
　assim como o noivo se regozija
　　por sua noiva,
　assim o seu Deus se regozija por você.

6 Coloquei sentinelas em seus muros,
　　ó Jerusalém;
　jamais descansarão, dia e noite.
　Vocês que clamam pelo Senhor,
　　não se entreguem ao repouso,
7 e não lhe concedam descanso
　até que ele estabeleça Jerusalém
　e faça dela o louvor da terra.
8 O Senhor jurou por sua mão direita
　　e por seu braço poderoso:
　"Nunca mais darei o seu trigo
　　como alimento para os seus inimigos,
　e nunca mais estrangeiros
　　beberão o vinho novo
　　pelo qual se afadigaram;

8 "For I, the Lord, love justice;
　　I hate robbery and iniquity.
　In my faithfulness I will reward them
　　and make an everlasting covenant with them.
9 Their descendants will be known among
　　the nations
　　and their offspring among the peoples.
　All who see them will acknowledge
　　that they are a people the Lord has blessed."

10 I delight greatly in the Lord;
　　my soul rejoices in my God.
　For he has clothed me with garments of salvation
　　and arrayed me in a robe of righteousness,
　as a bridegroom adorns his head like a priest,
　　and as a bride adorns herself with her jewels.
11 For as the soil makes the sprout come up
　　and a garden causes seeds to grow,
　so the Sovereign Lord will make righteousness
　　and praise
　spring up before all nations.

Zion's New Name

62 For Zion's sake I will not keep silent,
　　for Jerusalem's sake I will not remain quiet,
　till her righteousness shines out like the dawn,
　　her salvation like a blazing torch.
2 The nations will see your righteousness,
　　and all kings your glory;
　you will be called by a new name
　　that the mouth of the Lord will bestow.
3 You will be a crown of splendor in the
　　Lord's hand,
　a royal diadem in the hand of your God.
4 No longer will they call you Deserted,
　　or name your land Desolate.
　But you will be called Hephzibah,[a]
　　and your land Beulah[b];
　for the Lord will take delight in you,
　　and your land will be married.
5 As a young man marries a maiden,
　　so will your sons[c] marry you;
　as a bridegroom rejoices over his bride,
　　so will your God rejoice over you.

6 I have posted watchmen on your walls, O
　　Jerusalem;
　they will never be silent day or night.
　You who call on the Lord,
　　give yourselves no rest,
7 and give him no rest till he establishes
　　Jerusalem
　and makes her the praise of the earth.
8 The Lord has sworn by his right hand
　　and by his mighty arm:
　"Never again will I give your grain
　　as food for your enemies,
　and never again will foreigners drink the
　　new wine
　　for which you have toiled;

---

a62.4 *Hefzibá* significa *o meu prazer está nela.* b62.4 *Beulá* significa *casada.*
c62.5 Ou *assim aquele que a edificou se casará*

a62:4 *Hephzibah* means *my delight is in her.* b62:4 *Beulah* means *married.* c62:5
Or *Builder*

9 mas aqueles que colherem o trigo,
dele comerão
e louvarão o Senhor,
e aqueles que juntarem as uvas
delas beberão
nos pátios do meu santuário".

10 Passem, passem pelas portas!
Preparem o caminho para o povo.
Construam, construam a estrada!
Removam as pedras.
Ergam uma bandeira para as nações.

11 O Senhor proclamou
aos confins da terra:
"Digam à cidade[a] de Sião:
Veja! O seu Salvador vem!
Veja! Ele traz a sua recompensa
e o seu galardão o acompanha".

12 Eles serão chamados povo santo,
redimidos do Senhor;
e você será chamada procurada,
cidade não abandonada.

O Dia da Vingança e da Redenção

63 Quem é aquele que vem de Edom,
que vem de Bozra, com as roupas
tingidas de vermelho?
Quem é aquele que,
num manto de esplendor,
avança a passos largos
na grandeza da sua força?

"Sou eu, que falo com retidão,
poderoso para salvar."

2 Por que tuas roupas estão vermelhas,
como as de quem pisa uvas no lagar?

3 "Sozinho pisei uvas no lagar;
das nações ninguém esteve comigo.
Eu as pisoteei na minha ira
e as pisei na minha indignação;
o sangue delas respingou
na minha roupa,
e eu manchei toda a minha veste.

4 Pois o dia da vingança
estava no meu coração,
e chegou o ano da minha redenção.

5 Olhei, e não havia ninguém
para ajudar-me,
mostrei assombro,
e não havia ninguém para apoiar-me.
Por isso o meu braço me ajudou,
e a minha ira deu-me apoio.

6 Na minha ira pisoteei as nações;
na minha indignação eu as embebedei
e derramei na terra o sangue delas."

Oração e Louvor

7 Falarei da bondade do Senhor,
dos seus gloriosos feitos,
por tudo o que o Senhor fez por nós,
sim, de quanto bem ele fez
à nação de Israel,
conforme a sua compaixão
e a grandeza da sua bondade.

8 "Sem dúvida eles são o meu povo",
disse ele;
"são filhos que não me vão trair";
e assim ele se tornou o Salvador deles.

9 Em toda a aflição do seu povo

9 but those who harvest it will eat it
and praise the Lord,
and those who gather the grapes will drink it
in the courts of my sanctuary."

10 Pass through, pass through the gates!
Prepare the way for the people.
Build up, build up the highway!
Remove the stones.
Raise a banner for the nations.

11 The Lord has made proclamation
to the ends of the earth:
"Say to the Daughter of Zion,
'See, your Savior comes!
See, his reward is with him,
and his recompense accompanies him.' "

12 They will be called the Holy People,
the Redeemed of the Lord;
and you will be called Sought After,
the City No Longer Deserted.

God's Day of Vengeance and Redemption

63 Who is this coming from Edom,
from Bozrah, with his garments
stained crimson?
Who is this, robed in splendor,
striding forward in the greatness of
his strength?

"It is I, speaking in righteousness,
mighty to save."

2 Why are your garments red,
like those of one treading the winepress?

3 "I have trodden the winepress alone;
from the nations no one was with me.
I trampled them in my anger
and trod them down in my wrath;
their blood spattered my garments,
and I stained all my clothing.

4 For the day of vengeance was in my heart,
and the year of my redemption has come.

5 I looked, but there was no one to help,
I was appalled that no one gave support;
so my own arm worked salvation for me,
and my own wrath sustained me.

6 I trampled the nations in my anger;
in my wrath I made them drunk
and poured their blood on the ground."

Praise and Prayer

7 I will tell of the kindnesses of the Lord,
the deeds for which he is to be praised,
according to all the Lord has done for us—
yes, the many good things he has done
for the house of Israel,
according to his compassion and
many kindnesses.

8 He said, "Surely they are my people,
sons who will not be false to me";
and so he became their Savior.

9 In all their distress he too was distressed,

a62.11 Hebraico: filha.

ele também se afligiu,
e o anjo da sua presença os salvou.
Em seu amor e em sua misericórdia
ele os resgatou;
foi ele que sempre os levantou
e os conduziu nos dias passados.
[10] Apesar disso, eles se revoltaram
e entristeceram o seu Espírito Santo.
Por isso ele se tornou inimigo deles
e lutou pessoalmente contra eles.

[11] Então o seu povo recordou[a] o passado,
o tempo de Moisés e a sua geração:
Onde está aquele que os fez
passar através do mar,
com o pastor do seu rebanho?
Onde está aquele que entre eles
pôs o seu Espírito Santo,
[12] que com o seu glorioso braço
esteve à mão direita de Moisés,
que dividiu as águas diante deles
para alcançar renome eterno,
[13] e os conduziu através das profundezas?
Como o cavalo em campo aberto,
eles não tropeçaram;
[14] como o gado que desce à planície,
foi-lhes dado descanso
pelo Espírito do Senhor.
Foi assim que guiaste o teu povo
para fazer para ti um nome glorioso.

[15] Olha dos altos céus,
da tua habitação elevada, santa e gloriosa.
Onde estão o teu zelo e o teu poder?
Retiveste a tua bondade
e a tua compaixão;
elas já nos faltam!
[16] Entretanto, tu és o nosso Pai.
Abraão não nos conhece
e Israel nos ignora;
tu, Senhor, és o nosso Pai,
e desde a antiguidade te chamas
nosso Redentor.
[17] Senhor, por que nos fazes andar
longe dos teus caminhos
e endureces o nosso coração
para não termos temor de ti?
Volta, por amor dos teus servos,
por amor das tribos que são a tua herança!
[18] Por pouco tempo o teu povo possuiu
o teu santo lugar;
depois os nossos inimigos
pisotearam o teu santuário.
[19] Somos teus desde a antiguidade,
mas aqueles tu não governaste;
eles não foram chamados pelo teu nome.[b]

64

Ah, se rompesses os céus e descesses!
Os montes tremeriam diante de ti!
[2] Como quando o fogo acende
os gravetos e faz a água ferver,
desce, para que os teus inimigos
conheçam o teu nome
e as nações tremam diante de ti!
[3] Pois, quando fizeste coisas tremendas,
coisas que não esperávamos,
desceste,
e os montes tremeram diante de ti.

and the angel of his presence saved them.
In his love and mercy he redeemed them;
he lifted them up and carried them
all the days of old.
[10] Yet they rebelled
and grieved his Holy Spirit.
So he turned and became their enemy
and he himself fought against them.

[11] Then his people recalled[a] the days of old,
the days of Moses and his people—
where is he who brought them through the sea,
with the shepherd of his flock?
Where is he who set
his Holy Spirit among them,
[12] who sent his glorious arm of power
to be at Moses' right hand,
who divided the waters before them,
to gain for himself everlasting renown,
[13] who led them through the depths?
Like a horse in open country,
they did not stumble;
[14] like cattle that go down to the plain,
they were given rest by the Spirit of the Lord.
This is how you guided your people
to make for yourself a glorious name.

[15] Look down from heaven and see
from your lofty throne, holy and glorious.
Where are your zeal and your might?
Your tenderness and compassion are
withheld from us.
[16] But you are our Father,
though Abraham does not know us
or Israel acknowledge us;
you, O Lord, are our Father,
our Redeemer from of old is your name.
[17] Why, O Lord, do you make us wander from
your ways
and harden our hearts so we do not
revere you?
Return for the sake of your servants,
the tribes that are your inheritance.
[18] For a little while your people possessed
your holy place,
but now our enemies have trampled down
your sanctuary.
[19] We are yours from of old;
but you have not ruled over them,
they have not been called by your name.[b]

64

Oh, that you would rend the heavens and
come down,
that the mountains would tremble before you!
[2] As when fire sets twigs ablaze
and causes water to boil,
come down to make your name known to your enemies
and cause the nations to quake before you!
[3] For when you did awesome things that we
did not expect,
you came down, and the mountains trembled
before you.

---

[a]63.11 Ou *Que ele, porém, recorde do* [b]63.19 Ou *Somos como aqueles que jamais governaste, como os que jamais foram chamados pelo teu nome.*

[a]63:11 Or *But may he recall* [b]63:19 Or *We are like those you have never ruled, / like those never called by your name*

4 Desde os tempos antigos ninguém ouviu,
nenhum ouvido percebeu,
e olho nenhum viu outro Deus, além de ti,
que trabalha para aqueles
que nele esperam.
5 Vens ajudar aqueles
que praticam
a justiça com alegria,
que se lembram de ti e dos teus caminhos.
Mas, prosseguindo nós em nossos pecados,
tu te iraste.
Como, então, seremos salvos?
6 Somos como o impuro — todos nós!
Todos os nossos atos de justiça
são como trapo imundo.
Murchamos como folhas,
e como o vento as nossas iniqüidades
nos levam para longe.
7 Não há ninguém
que clame pelo teu nome,
que se anime a apegar-se a ti,
pois escondeste de nós o teu rosto
e nos deixaste perecer
por causa das nossas iniqüidades.
8 Contudo, Senhor, tu és o nosso Pai.
Nós somos o barro; tu és o oleiro.
Todos nós somos obra das tuas mãos.
9 Não te ires demais, ó Senhor!
Não te lembres constantemente
das nossas maldades.
Olha para nós!
Somos o teu povo!
10 As tuas cidades sagradas
transformaram-se em deserto.
Até Sião virou um deserto,
e Jerusalém, uma desolação!
11 O nosso templo santo e glorioso,
onde os nossos antepassados
te louvavam,
foi destruído pelo fogo,
e tudo o que nos era precioso
está em ruínas.
12 E depois disso tudo, Senhor,
ainda irás te conter?
Ficarás calado
e nos castigarás
além da conta?

Julgamento e Salvação

65 "Fiz-me acessível
aos que não perguntavam por mim;
fui achado pelos que não me procuravam.
A uma nação que não clamava
pelo meu nome
eu disse: Eis-me aqui, eis-me aqui.
2 O tempo todo estendi as mãos
a um povo obstinado,
que anda por um caminho que não é bom,
seguindo as suas inclinações;
3 esse povo que sem cessar me provoca
abertamente,
oferecendo sacrifícios em jardins
e queimando incenso em altares de tijolos;
4 povo que vive nos túmulos
e à noite se oculta nas covas,
que come carne de porco,
e em suas panelas
tem sopa de carne impura;
5 esse povo diz: 'Afasta-te!

4 Since ancient times no one has heard,
no ear has perceived,
no eye has seen any God besides you,
who acts on behalf of those who wait for him.
5 You come to the help of those who gladly
do right,
who remember your ways.
But when we continued to sin against them,
you were angry.
How then can we be saved?
6 All of us have become like one who is unclean,
and all our righteous acts are like filthy rags;
we all shrivel up like a leaf,
and like the wind our sins sweep us away.
7 No one calls on your name
or strives to lay hold of you;
for you have hidden your face from us
and made us waste away because of our sins.
8 Yet, O Lord, you are our Father.
We are the clay, you are the potter;
we are all the work of your hand.
9 Do not be angry beyond measure, O Lord;
do not remember our sins forever.
Oh, look upon us, we pray,
for we are all your people.
10 Your sacred cities have become a desert;
even Zion is a desert, Jerusalem a desolation.
11 Our holy and glorious temple, where
our fathers praised you,
has been burned with fire,
and all that we treasured lies in ruins.
12 After all this, O Lord, will you hold
yourself back?
Will you keep silent and punish us
beyond measure?

Judgment and Salvation

65 "I revealed myself to those who did not
ask for me;
I was found by those who did not seek me.
To a nation that did not call on my name,
I said, 'Here am I, here am I.'
2 All day long I have held out my hands
to an obstinate people,
who walk in ways not good,
pursuing their own imaginations—
3 a people who continually provoke me
to my very face,
offering sacrifices in gardens
and burning incense on altars of brick;
4 who sit among the graves
and spend their nights keeping secret vigil;
who eat the flesh of pigs,
and whose pots hold broth of unclean meat;
5 who say, 'Keep away; don't come near me,

Não te aproximes de mim,
    pois eu sou santo!'
Essa gente é fumaça no meu nariz!
É fogo que queima o tempo todo!

6 "Vejam, porém!
Escrito está diante de mim:
Não ficarei calado,
    mas lhes darei plena
    e total retribuição,
7 tanto por seus pecados
    como pelos pecados
    dos seus antepassados", diz o Senhor.
"Uma vez que eles queimaram incenso
    nos montes
e me desafiaram nas colinas,
eu os farei pagar
    pelos seus feitos anteriores."

8 Assim diz o Senhor:

"Quando ainda se acha suco
    num cacho de uvas,
os homens dizem: 'Não o destruam,
    pois ainda há algo bom';
assim farei em favor dos meus servos;
    não os destruirei totalmente.
9 Farei surgir descendentes de Jacó,
e de Judá quem receba por herança
    as minhas montanhas.
Os meus escolhidos as herdarão,
    e ali viverão os meus servos.
10 Para o meu povo que me buscou,
Sarom será um pasto para os rebanhos,
e o vale de Acor, um lugar de descanso para o gado.

11 "Mas vocês, que abandonam o Senhor
    e esquecem o meu santo monte,
que põem a mesa para a deusa Sorte
    e enchem taças de vinho para o deus
        Destino,
12 eu os destinarei à espada,
    e todos vocês se dobrarão para a degola.
Pois eu os chamei,
    e vocês nem responderam;
falei, e não me deram ouvidos.
Vocês fizeram o mal diante de mim
    e escolheram o que me desagrada".

13 Portanto, assim diz o Soberano, o Senhor:

"Os meus servos comerão,
    e vocês passarão fome;
os meus servos beberão,
    e vocês passarão sede;
os meus servos se regozijarão,
    e vocês passarão vergonha;
14 os meus servos cantarão
    com alegria no coração,
e vocês se lamentarão
    com angústia no coração
e uivarão pelo quebrantamento
    de espírito.
15 Vocês deixarão seu nome
    como uma maldição
    para os meus escolhidos;
o Soberano, o Senhor, matará vocês,
    mas aos seus servos dará outro nome.
16 Quem pedir bênção para si na terra,
    que o faça pelo Deus da verdade;
quem fizer juramento na terra,
    que o faça pelo Deus da verdade.
Porquanto as aflições passadas
    serão esquecidas
e estarão ocultas aos meus olhos.

for I am too sacred for you!'
Such people are smoke in my nostrils,
    a fire that keeps burning all day.

6 "See, it stands written before me:
    I will not keep silent but will pay back in full;
    I will pay it back into their laps—
7 both your sins and the sins of your fathers,"
    says the Lord.
"Because they burned sacrifices on
        the mountains
and defied me on the hills,
I will measure into their laps
    the full payment for their former deeds."

8 This is what the Lord says:

"As when juice is still found in a cluster
    of grapes
and men say, 'Don't destroy it,
    there is yet some good in it,'
so will I do in behalf of my servants;
    I will not destroy them all.
9 I will bring forth descendants from Jacob,
    and from Judah those who will possess
        my mountains;
my chosen people will inherit them,
    and there will my servants live.
10 Sharon will become a pasture for flocks,
    and the Valley of Achor a resting place
        for herds,
for my people who seek me.

11 "But as for you who forsake the Lord
    and forget my holy mountain,
who spread a table for Fortune
    and fill bowls of mixed wine for Destiny,
12 I will destine you for the sword,
    and you will all bend down for the slaughter;
for I called but you did not answer,
    I spoke but you did not listen.
You did evil in my sight
    and chose what displeases me."

13 Therefore this is what the Sovereign Lord says:

"My servants will eat,
    but you will go hungry;
my servants will drink,
    but you will go thirsty;
my servants will rejoice,
    but you will be put to shame.
14 My servants will sing
    out of the joy of their hearts,
but you will cry out
    from anguish of heart
    and wail in brokenness of spirit.
15 You will leave your name
    to my chosen ones as a curse;
the Sovereign Lord will put you to death,
    but to his servants he will give another name.
16 Whoever invokes a blessing in the land
    will do so by the God of truth;
he who takes an oath in the land
    will swear by the God of truth.
For the past troubles will be forgotten
    and hidden from my eyes.

Novos Céus e Nova Terra

17 "Pois vejam!
    Criarei novos céus
        e nova terra,
    e as coisas passadas não serão lembradas.
    Jamais virão à mente!
18 Alegrem-se, porém, e regozijem-se
        para sempre no que vou criar,
    porque vou criar Jerusalém para regozijo,
        e seu povo para alegria.
19 Por Jerusalém me regozijarei
        e em meu povo terei prazer;
    nunca mais se ouvirão nela
        voz de pranto e choro de tristeza.

20 "Nunca mais haverá nela
        uma criança que viva poucos dias,
    e um idoso que não complete
        os seus anos de idade;
    quem morrer aos cem anos
        ainda será jovem,
    e quem não chegar[a] aos cem será maldito.
21 Construirão casas e nelas habitarão;
        plantarão vinhas e comerão do seu fruto.
22 Já não construirão casas
        para outros ocuparem,
    nem plantarão para outros comerem.
    Pois o meu povo terá vida longa
        como as árvores;
    os meus escolhidos esbanjarão
        o fruto do seu trabalho.
23 Não labutarão inutilmente,
        nem gerarão filhos para a infelicidade;
    pois serão um povo abençoado
        pelo Senhor,
    eles e os seus descendentes.
24 Antes de clamarem,
        eu responderei;
    ainda não estarão falando, e eu os ouvirei.
25 O lobo e o cordeiro comerão juntos,
        e o leão comerá feno, como o boi,
    mas o pó será a comida da serpente.
    Ninguém fará nem mal nem destruição
        em todo o meu santo monte",
    diz o Senhor.

Julgamento e Esperança

66 Assim diz o Senhor:

    "O céu é o meu trono,
    e a terra, o estrado dos meus pés.
    Que espécie de casa vocês me edificarão?
    É este o meu lugar de descanso?
2 Não foram as minhas mãos que fizeram
        todas essas coisas,
    e por isso vieram a existir?",
    pergunta o Senhor.

    "A este eu estimo:
        ao humilde e contrito de espírito,
    que treme diante da minha palavra.
3 Mas aquele que sacrifica um boi
        é como quem mata um homem;
    aquele que sacrifica um cordeiro,
        é como quem quebra
        o pescoço de um cachorro;
    aquele que faz oferta de cereal
        é como quem apresenta sangue de porco,
    e aquele que queima incenso memorial,

New Heavens and a New Earth

17 "Behold, I will create
    new heavens and a new earth.
    The former things will not be remembered,
        nor will they come to mind.
18 But be glad and rejoice forever
    in what I will create,
    for I will create Jerusalem to be a delight
        and its people a joy.
19 I will rejoice over Jerusalem
    and take delight in my people;
    the sound of weeping and of crying
        will be heard in it no more.

20 "Never again will there be in it
    an infant who lives but a few days,
    or an old man who does not live out his years;
    he who dies at a hundred
        will be thought a mere youth;
    he who fails to reach[a] a hundred
        will be considered accursed.
21 They will build houses and dwell in them;
    they will plant vineyards and eat their fruit.
22 No longer will they build houses and others
        live in them,
    or plant and others eat.
    For as the days of a tree,
        so will be the days of my people;
    my chosen ones will long enjoy
        the works of their hands.
23 They will not toil in vain
    or bear children doomed to misfortune;
    for they will be a people blessed by the Lord,
    they and their descendants with them.
24 Before they call I will answer;
    while they are still speaking I will hear.
25 The wolf and the lamb will feed together,
    and the lion will eat straw like the ox,
    but dust will be the serpent's food.
    They will neither harm nor destroy
        on all my holy mountain,"
                says the Lord.

Judgment and Hope

66 This is what the Lord says:

    "Heaven is my throne,
    and the earth is my footstool.
    Where is the house you will build for me?
    Where will my resting place be?
2 Has not my hand made all these things,
    and so they came into being?"
                declares the Lord.

    "This is the one I esteem:
    he who is humble and contrite in spirit,
    and trembles at my word.
3 But whoever sacrifices a bull
    is like one who kills a man,
    and whoever offers a lamb,
    like one who breaks a dog's neck;
    whoever makes a grain offering
    is like one who presents pig's blood,
    and whoever burns memorial incense,

---

[a]65.20 Ou *o pecador que chegar*   [a]65:20 Or / *the sinner who reaches*

é como quem adora um ídolo.
Eles escolheram os seus caminhos,
  e suas almas têm prazer
  em suas práticas detestáveis.
4 Por isso também escolherei
  um duro tratamento para eles,
e trarei sobre eles o que eles temem.
Pois eu chamei, e ninguém respondeu;
falei, e ninguém deu ouvidos.
Fizeram o mal diante de mim
  e escolheram o que me desagrada".

5 Ouçam a palavra do Senhor,
  vocês que tremem diante da sua palavra:
"Seus irmãos que os odeiam e os excluem
  por causa do meu nome, disseram:
'Que o Senhor seja glorioso,
  para que vejamos a alegria de vocês!'
Mas eles é que passarão vergonha.
6 Ouçam o estrondo que vem da cidade,
  o som que vem do templo!
É o Senhor que está dando
  a devida retribuição
  aos seus inimigos.

7 "Antes de entrar em trabalho de parto,
  ela dá à luz;
antes de lhe sobrevirem as dores,
  ela ganha um menino.
8 Quem já ouviu uma coisa dessas?
Quem já viu tais coisas?
Pode uma nação nascer num só dia,
ou, pode-se dar à luz um povo
  num instante?
Pois Sião ainda estava
  em trabalho de parto,
  e deu à luz seus filhos.
9 Acaso faço chegar a hora do parto
  e não faço nascer?",
diz o Senhor.
"Acaso fecho o ventre,
  sendo que eu faço dar à luz?",
pergunta o seu Deus.

10 "Regozijem-se com Jerusalém
  e alegrem-se por ela,
  todos vocês que a amam;
regozijem-se muito com ela,
todos vocês que por ela pranteiam.
11 Pois vocês irão mamar e saciar-se
  em seus seios reconfortantes,
vocês beberão à vontade
  e se deleitarão em sua fartura."

12 Pois assim diz o Senhor:

"Estenderei para ela a paz como um rio
e a riqueza das nações, como
  uma corrente avassaladora;
vocês serão amamentados nos braços dela
  e acalentados em seus joelhos.
13 Assim como uma mãe consola seu filho,
  também eu os consolarei;
em Jerusalém vocês serão consolados".

14 Quando vocês virem isso,
  o seu coração se regozijará,
  e vocês florescerão como a relva;
a mão do Senhor
  estará com os seus servos,
mas a sua ira será contra os seus adversários.
15 Vejam! O Senhor vem num fogo,
  e os seus carros são como um turbilhão!
Transformará em fúria a sua ira

like one who worships an idol.
They have chosen their own ways,
  and their souls delight in their abominations;
4 so I also will choose harsh treatment for them
  and will bring upon them what they dread.
For when I called, no one answered,
  when I spoke, no one listened.
They did evil in my sight
  and chose what displeases me."

5 Hear the word of the Lord,
  you who tremble at his word:
"Your brothers who hate you,
  and exclude you because of my name,
    have said,
'Let the Lord be glorified,
  that we may see your joy!'
Yet they will be put to shame.
6 Hear that uproar from the city,
  hear that noise from the temple!
It is the sound of the Lord
  repaying his enemies all they deserve.

7 "Before she goes into labor,
  she gives birth;
before the pains come upon her,
  she delivers a son.
8 Who has ever heard of such a thing?
  Who has ever seen such things?
Can a country be born in a day
  or a nation be brought forth in a moment?
Yet no sooner is Zion in labor
  than she gives birth to her children.
9 Do I bring to the moment of birth
  and not give delivery?" says the Lord.
"Do I close up the womb
  when I bring to delivery?" says your God.
10 "Rejoice with Jerusalem and be glad for her,
  all you who love her;
rejoice greatly with her,
  all you who mourn over her.
11 For you will nurse and be satisfied
  at her comforting breasts;
you will drink deeply
  and delight in her overflowing abundance."

12 For this is what the Lord says:

"I will extend peace to her like a river,
  and the wealth of nations like a
    flooding stream;
you will nurse and be carried on her arm
  and dandled on her knees.
13 As a mother comforts her child,
  so will I comfort you;
and you will be comforted over Jerusalem."

14 When you see this, your heart will rejoice
  and you will flourish like grass;
the hand of the Lord will be made known to
    his servants,
  but his fury will be shown to his foes.
15 See, the Lord is coming with fire,
  and his chariots are like a whirlwind;
he will bring down his anger with fury,

e em labaredas de fogo, a sua repreensão.
16 Pois com fogo e com a espada
o Senhor executará julgamento
    sobre todos os homens,
e muitos serão os mortos pela mão do Senhor.

17 "Os que se consagram para entrar nos jardins indo atrás do sacerdote[a] que está no meio, comem[b] carne de porco, ratos e outras coisas repugnantes, todos eles perecerão", declara o Senhor.

18 "E, por causa dos seus atos e das suas conspirações, virei ajuntar todas as nações e línguas, e elas virão e verão a minha glória.

19 "Estabelecerei um sinal entre elas, e enviarei alguns dos sobreviventes às nações: a Társis, aos líbios[c] e aos lídios, famosos flecheiros, a Tubal, à Grécia, e às ilhas distantes, que não ouviram falar de mim e não viram a minha glória. Eles proclamarão a minha glória entre as nações. **20** Também dentre todas as nações trarão os irmãos de vocês ao meu santo monte, em Jerusalém, como oferta ao Senhor. Virão a cavalo, em carros e carroças, e montados em mulas e camelos", diz o Senhor.

"Farão como fazem os israelitas quando apresentam as suas ofertas de cereal, trazendo-as em vasos cerimonialmente puros; **21** também escolherei alguns deles para serem sacerdotes e levitas", diz o Senhor.

22 "Assim como os novos céus e a nova terra que vou criar serão duradouros diante de mim", declara o Senhor, "assim serão duradouros os descendentes de vocês e o seu nome. **23** De uma lua nova a outra e de um sábado a outro, toda a humanidade virá e se inclinará diante de mim", diz o Senhor. **24** "Sairão e verão os cadáveres dos que se rebelaram contra mim; o verme destes não morrerá, e o seu fogo não se apagará, e causarão repugnância a toda a humanidade."

Jeremias

1 As palavras de Jeremias, filho de Hilquias, um dos sacerdotes de Anatote, no território de Benjamim. **2** A palavra do Senhor veio a ele no décimo terceiro ano do reinado de Josias, filho de Amom, rei de Judá, **3** e durante o reinado de Jeoaquim, filho de Josias, rei de Judá, até o quinto mês do décimo primeiro ano de Zedequias, filho de Josias, rei de Judá, quando os habitantes de Jerusalém foram levados para o exílio.

O Chamado de Jeremias

4 A palavra do Senhor veio a mim, dizendo:

5 "Antes de formá-lo no ventre
    eu o escolhi[d];
antes de você nascer, eu o separei
    e o designei profeta às nações".

6 Mas eu disse: Ah, Soberano Senhor! Eu não sei falar, pois ainda sou muito jovem.

7 O Senhor, porém, me disse: "Não diga que é muito jovem. A todos a quem eu o enviar, você irá e dirá tudo o que eu lhe ordenar. **8** Não tenha medo deles, pois eu estou com você para protegê-lo", diz o Senhor.

9 O Senhor estendeu a mão, tocou a minha boca e disse-me: "Agora ponho em sua boca as minhas palavras. **10** Veja! Eu hoje dou a você autoridade sobre nações e reinos, para arrancar, despedaçar, arruinar e destruir; para edificar e plantar".

11 E a palavra do Senhor veio a mim: "O que você vê, Jeremias?" Vejo o ramo de uma amendoeira, respondi.

---

and his rebuke with flames of fire.
16 For with fire and with his sword
the Lord will execute judgment upon all men,
    and many will be those slain by the Lord.

17 "Those who consecrate and purify themselves to go into the gardens, following the one in the midst of[a] those who eat the flesh of pigs and rats and other abominable things—they will meet their end together," declares the Lord.

18 "And I, because of their actions and their imaginations, am about to come[b] and gather all nations and tongues, and they will come and see my glory.

19 "I will set a sign among them, and I will send some of those who survive to the nations—to Tarshish, to the Libyans[c] and Lydians (famous as archers), to Tubal and Greece, and to the distant islands that have not heard of my fame or seen my glory. They will proclaim my glory among the nations. **20** And they will bring all your brothers, from all the nations, to my holy mountain in Jerusalem as an offering to the Lord— on horses, in chariots and wagons, and on mules and camels," says the Lord. "They will bring them, as the Israelites bring their grain offerings, to the temple of the Lord in ceremonially clean vessels. **21** And I will select some of them also to be priests and Levites," says the Lord.

22 "As the new heavens and the new earth that I make will endure before me," declares the Lord, "so will your name and descendants endure. **23** From one New Moon to another and from one Sabbath to another, all mankind will come and bow down before me," says the Lord. **24** "And they will go out and look upon the dead bodies of those who rebelled against me; their worm will not die, nor will their fire be quenched, and they will be loathsome to all mankind."

Jeremiah

1 The words of Jeremiah son of Hilkiah, one of the priests at Anathoth in the territory of Benjamin. **6** The word of the Lord came to him in the thirteenth year of the reign of Josiah son of Amon king of Judah, **3** and through the reign of Jehoiakim son of Josiah king of Judah, down to the fifth month of the eleventh year of Zedekiah son of Josiah king of Judah, when the people of Jerusalem went into exile.

The Call of Jeremiah

4 The word of the Lord came to me, saying,

5 "Before I formed you in the womb I knew[d] you,
    before you were born I set you apart;
    I appointed you as a prophet to the nations."

6 "Ah, Sovereign Lord," I said, "I do not know how to speak; I am only a child."

7 But the Lord said to me, "Do not say, 'I am only a child.' You must go to everyone I send you to and say whatever I command you. **8** Do not be afraid of them, for I am with you and will rescue you," declares the Lord.

9 Then the Lord reached out his hand and touched my mouth and said to me, "Now, I have put my words in your mouth. **10** See, today I appoint you over nations and kingdoms to uproot and tear down, to destroy and overthrow, to build and to plant."

11 The word of the Lord came to me: "What do you see, Jeremiah?"

"I see the branch of an almond tree," I replied.

---

12 O Senhor me disse: "Você viu bem, pois estou vigiando[a] para que a minha palavra se cumpra".

13 A palavra do Senhor veio a mim pela segunda vez, dizendo: "O que você vê?"

E eu respondi: Vejo uma panela fervendo; ela está inclinada do norte para cá.

14 O Senhor me disse: "Do norte se derramará a desgraça sobre todos os habitantes desta terra. **15** Estou convocando todos os povos dos reinos do norte", diz o Senhor.

"Cada um virá e colocará o seu trono
    diante das portas de Jerusalém,
virão contra todas as muralhas
    que a cercam
e contra todas as cidades de Judá.
16 Pronunciarei a minha sentença
    contra o meu povo
    por todas as suas maldades;
porque me abandonaram,
queimaram incenso a outros deuses,
e adoraram deuses
    que as suas mãos fizeram.

17 "E você, prepare-se! Vá dizer-lhes tudo o que eu ordenar. Não fique aterrorizado por causa deles, senão eu o aterrorizarei diante deles. **18** E hoje eu faço de você uma cidade fortificada, uma coluna de ferro e um muro de bronze, contra toda a terra: contra os reis de Judá, seus oficiais, seus sacerdotes e o povo da terra. **19** Eles lutarão contra você, mas não o vencerão, pois eu estou com você e o protegerei", diz o Senhor.

A Infidelidade de Israel

2 A palavra do Senhor veio a mim: **2** "Vá proclamar aos ouvidos de Jerusalém:

"Eu me lembro de sua fidelidade
    quando você era jovem;
como noiva, você me amava
    e me seguia pelo deserto,
por uma terra não semeada.
3 Israel, meu povo, era santo para o Senhor,
    os primeiros frutos de sua colheita;
todos os que o devoravam
    eram considerados culpados,
    e a desgraça os alcançava",
declara o Senhor.

4 Ouça a palavra do Senhor,
    ó comunidade de Jacó,
todos os clãs da comunidade de Israel.

5 Assim diz o Senhor:

"Que falta os seus antepassados
    encontraram em mim,
para que me deixassem
    e se afastassem de mim?
Eles seguiram ídolos sem valor,
    tornando-se eles próprios sem valor.
6 Eles não perguntaram:
'Onde está o Senhor,
que nos trouxe do Egito
e nos conduziu pelo deserto,
por uma terra árida e cheia de covas,
    terra de seca e de trevas[b],
    terra pela qual ninguém passa
    e onde ninguém vive?'
7 Eu trouxe vocês a uma terra fértil,
    para que comessem
    dos seus frutos
    e dos seus bons produtos.

12 The Lord said to me, "You have seen correctly, for I am watching[a] to see that my word is fulfilled."

13 The word of the Lord came to me again: "What do you see?"

"I see a boiling pot, tilting away from the north," I answered.

14 The Lord said to me, "From the north disaster will be poured out on all who live in the land. **15** I am about to summon all the peoples of the northern kingdoms," declares the Lord.

"Their kings will come and set up their thrones
    in the entrance of the gates of Jerusalem;
they will come against all her surrounding walls
    and against all the towns of Judah.
16 I will pronounce my judgments on my people
    because of their wickedness in forsaking me,
in burning incense to other gods
    and in worshiping what their hands
      have made.

17 "Get yourself ready! Stand up and say to them whatever I command you. Do not be terrified by them, or I will terrify you before them. **18** Today I have made you a fortified city, an iron pillar and a bronze wall to stand against the whole land— against the kings of Judah, its officials, its priests and the people of the land. **19** They will fight against you but will not overcome you, for I am with you and will rescue you," declares the Lord.

Israel Forsakes God

2 The word of the Lord came to me: **2** "Go and proclaim in the hearing of Jerusalem:

" 'I remember the devotion of your youth,
    how as a bride you loved me
and followed me through the desert,
    through a land not sown.
3 Israel was holy to the Lord,
    the firstfruits of his harvest;
all who devoured her were held guilty,
    and disaster overtook them,' "
                 declares the Lord.

4 Hear the word of the Lord, O house of Jacob,
    all you clans of the house of Israel.

5 This is what the Lord says:

"What fault did your fathers find in me,
    that they strayed so far from me?
They followed worthless idols
    and became worthless themselves.
6 They did not ask, 'Where is the Lord,
    who brought us up out of Egypt
and led us through the barren wilderness,
    through a land of deserts and rifts,
a land of drought and darkness,[b]
    a land where no one travels and no one lives?'
7 I brought you into a fertile land
    to eat its fruit and rich produce.

---

a1.12 A palavra *vigiando* assemelha-se à palavra *amendoeira* no hebraico. **b**2.6 Ou *e da sombra da morte*

a1:12 The Hebrew for *watching* sounds like the Hebrew for *almond tree*. **b**2:6 Or *and the shadow of death*

Entretanto, vocês contaminaram
a minha terra;
tornaram a minha herança repugnante.
8 Os sacerdotes não perguntavam pelo Senhor;
os intérpretes da lei não me conheciam,
e os líderes do povo
se rebelaram contra mim.
Os profetas profetizavam
em nome de Baal,
seguindo deuses inúteis.

9 "Por isso, eu ainda faço denúncias
contra vocês", diz o Senhor,
"e farei denúncias
contra os seus descendentes.
10 Atravessem o mar
até o litoral de Chipre^a e vejam;
mandem observadores a Quedar^b
e reparem de perto;
e vejam se alguma vez
aconteceu algo assim:
11 alguma nação já trocou
os seus deuses?
E eles nem sequer são deuses!
Mas o meu povo trocou a sua^c Glória
por deuses inúteis.
12 Espantem-se diante disso, ó céus!
Fiquem horrorizados e abismados",
diz o Senhor.
13 "O meu povo cometeu dois crimes:
eles me abandonaram,
a mim, a fonte de água viva;
e cavaram as suas próprias cisternas,
cisternas rachadas
que não retêm água.
14 Acaso Israel, meu povo, é escravo,
escravo de nascimento?
Por que então que se tornou presa
15 de leões que rugem e urram contra ele?
Arrasaram a sua terra,
queimaram as suas cidades
e as deixaram desabitadas.
16 Até mesmo os homens
de Mênfis e de Tafnes
raparam^d o seu crânio.
17 Não foi você mesmo o responsável
pelo que lhe aconteceu,
ao abandonar o Senhor, o seu Deus?^e
18 Agora, por que você vai ao Egito
beber água do Nilo^f?
E por que vai à Assíria
beber água do Eufrates?
19 O seu crime a castigará
e a sua rebelião a repreenderá.
Compreenda e veja
como é mau e amargo
abandonar o Senhor, o seu Deus,
e não ter temor de mim",
diz o Soberano,
o Senhor dos Exércitos.

20 "Há muito tempo
eu quebrei o seu jugo
e despedacei as correias que a prendiam.
Mas você disse: 'Eu não servirei!'
Ao contrário, em todo monte elevado

But you came and defiled my land
and made my inheritance detestable.
8 The priests did not ask,
'Where is the Lord?'
Those who deal with the law did not know me;
the leaders rebelled against me.
The prophets prophesied by Baal,
following worthless idols.

9 "Therefore I bring charges against you again,"
declares the Lord.
"And I will bring charges against your children's
children.
10 Cross over to the coasts of Kittim^a and look,
send to Kedar^b and observe closely;
see if there has ever been anything like this:
11 Has a nation ever changed its gods?
(Yet they are not gods at all.)
But my people have exchanged their^c Glory
for worthless idols.
12 Be appalled at this, O heavens,
and shudder with great horror,"
declares the Lord.
13 "My people have committed two sins:
They have forsaken me,
the spring of living water,
and have dug their own cisterns,
broken cisterns that cannot hold water.
14 Is Israel a servant, a slave by birth?
Why then has he become plunder?
15 Lions have roared;
they have growled at him.
They have laid waste his land;
his towns are burned and deserted.
16 Also, the men of Memphis^d and Tahpanhes
have shaved the crown of your head.^e
17 Have you not brought this on yourselves
by forsaking the Lord your God
when he led you in the way?
18 Now why go to Egypt
to drink water from the Shihor^f?
And why go to Assyria
to drink water from the River^g?
19 Your wickedness will punish you;
your backsliding will rebuke you.
Consider then and realize
how evil and bitter it is for you
when you forsake the Lord your God
and have no awe of me,"
declares the Lord,
the Lord Almighty.

20 "Long ago you broke off your yoke
and tore off your bonds;
you said, 'I will not serve you!'
Indeed, on every high hill

---

a2.10 Hebraico: *as ilhas de Quitim.* **b**2.10 Terra natal de tribos beduínas do deserto siro-árabe. **c**2.11 Uma antiga tradição de escribas hebreus diz *minha.* **d**2.16 Ou *racharam* **e**2.17 Conforme a Septuaginta. O Texto Massorético acrescenta *quando ele o conduziu pelo caminho?* **f**2.18 Hebraico: *Sior,* um braço do Nilo.

a2:10 That is, Cyprus and western coastlands **b**2:10 The home of Bedouin tribes in the Syro-Arabian desert **c**2:11 Masoretic Text; an ancient Hebrew scribal tradition *my* **f**2:16 Hebrew *Noph* **e**2:16 Or *have cracked your skull* **f**2:18 That is, a branch of the Nile **g**2:18 That is, the Euphrates

e debaixo de toda árvore verdejante,
    você se deitava como uma prostituta.
²¹ Eu a plantei como uma videira seleta,
    de semente absolutamente pura.
Como, então, contra mim
    você se tornou uma videira
    degenerada e selvagem?
²² Mesmo que você se lave com soda
    e com muito sabão,
a mancha da sua iniquidade
    permanecerá diante de mim",
diz o Soberano SENHOR.
²³ "Como você pode dizer
    que não se contaminou
    e que não correu atrás dos baalins?
Reveja o seu procedimento no vale
    e considere o que você tem feito.
Você é como uma camela
    jovem e arisca
    que corre para todos os lados;
²⁴ como uma jumenta selvagem
    habituada ao deserto,
farejando o vento em seu desejo.
Quem é capaz de controlá-la
    quando está no cio?
Os machos que a procuram
    não precisam se cansar,
porque logo encontrarão
    a que está no mês do cio.
²⁵ Não deixe que os seus pés se esfolem
    nem que a sua garganta fique seca.
Mas você disse: 'Não adianta!
Eu amo os deuses estrangeiros,
    e continuarei a ir atrás deles'.
²⁶ "Assim como o ladrão
    fica envergonhado
    quando é apanhado em flagrante,
também a comunidade de Israel
    ficará envergonhada:
seus reis e oficiais,
seus sacerdotes e profetas.
²⁷ Pois dizem à madeira:
    'Você é meu pai'
e à pedra: 'Você me deu à luz'.
Voltaram para mim as costas
    e não o rosto,
mas na hora da adversidade dizem:
    'Vem salvar-nos!'
²⁸ E onde estão os deuses
    que você fabricou para si?
Que eles venham,
    se puderem salvá-la
    na hora da adversidade!
Porque os seus deuses
    são tão numerosos
    como as suas cidades, ó Judá!

²⁹ "Por que vocês fazem
    denúncias contra mim?
Todos vocês se rebelaram contra mim",
    declara o SENHOR.
³⁰ "De nada adiantou castigar o seu povo,
    eles não aceitaram a correção.
A sua espada tem destruído
    os seus profetas
    como um leão devorador.
³¹ "Vocês, desta geração,
    considerem a palavra do SENHOR:

"Tenho sido um deserto para Israel?
Uma terra de grandes trevas?

and under every spreading tree
    you lay down as a prostitute.
²¹ I had planted you like a choice vine
    of sound and reliable stock.
How then did you turn against me
    into a corrupt, wild vine?
²² Although you wash yourself with soda
    and use an abundance of soap,
    the stain of your guilt is still before me,"
                  declares the Sovereign LORD.
²³ "How can you say, 'I am not defiled;
    I have not run after the Baals'?
See how you behaved in the valley;
    consider what you have done.
You are a swift she-camel
    running here and there,
²⁴ a wild donkey accustomed to the desert,
    sniffing the wind in her craving—
    in her heat who can restrain her?
Any males that pursue her need not
        tire themselves;
    at mating time they will find her.
²⁵ Do not run until your feet are bare
    and your throat is dry.
But you said, 'It's no use!
I love foreign gods,
    and I must go after them.'
²⁶ "As a thief is disgraced when he is caught,
    so the house of Israel is disgraced—
they, their kings and their officials,
    their priests and their prophets.
²⁷ They say to wood, 'You are my father,'
    and to stone, 'You gave me birth.'
They have turned their backs to me
    and not their faces;
yet when they are in trouble, they say,
    'Come and save us!'
²⁸ Where then are the gods you made
    for yourselves?
Let them come if they can save you
    when you are in trouble!
For you have as many gods
    as you have towns, O Judah.

²⁹ "Why do you bring charges against me?
    You have all rebelled against me,"
                  declares the LORD.
³⁰ "In vain I punished your people;
    they did not respond to correction.
Your sword has devoured your prophets
    like a ravening lion.
³¹ "You of this generation, consider the word of the LORD:

"Have I been a desert to Israel
    or a land of great darkness?

Por que o meu povo diz:
    'Nós assumimos o controle!
    Não mais viremos a ti'?
32 Será que uma jovem
    se esquece das suas jóias,
    ou uma noiva, de seus enfeites nupciais?
Contudo, o meu povo
    esqueceu-se de mim
    por dias sem fim.
33 Com quanta habilidade
    você busca o amor!
Mesmo as mulheres da pior espécie
    aprenderam com o seu procedimento.
34 Nas suas roupas encontrou-se
    o sangue de pobres inocentes,
    que não foram flagrados
    arrombando casas.
Contudo, apesar de tudo isso,
35 você diz: 'Sou inocente;
    ele não está irado comigo'.
Mas eu passarei sentença contra você
    porque você disse que não pecou.
36 Por que você não leva a sério
    a sua mudança de rumo?
Você ficará decepcionada
    com o Egito,
    como ficou com a Assíria.
37 Você também deixará aquele lugar
    com as mãos na cabeça,
pois o Senhor rejeitou
    aqueles em quem você confia;
    você não receberá a ajuda deles.

3 "Se um homem se divorciar
de sua mulher,
    e depois da separação
    ela casar-se com outro homem,
poderá o primeiro marido
    voltar para ela?
Não seria a terra
    totalmente contaminada?
Mas você tem se prostituído
    com muitos amantes
e, agora,
    quer voltar para mim?",
    pergunta o Senhor.
2 "Olhe para o campo e veja:
Há algum lugar
    onde você não foi desonrada?
À beira do caminho você se assentou
    à espera de amantes,
assentou-se como um nômade[a]
    no deserto.
Você contaminou a terra
    com sua prostituição e impiedade.
3 Por isso as chuvas foram retidas,
    e não veio chuva na primavera.
Mas você,
apresentando-se declaradamente
    como prostituta,
    recusa-se a corar de vergonha.
4 Você não acabou de me chamar:
    'Meu pai, amigo da minha juventude,
5 ficarás irado para sempre?
Teu ressentimento permanecerá
    até o fim?'

Why do my people say, 'We are free to roam;
    we will come to you no more'?
32 Does a maiden forget her jewelry,
    a bride her wedding ornaments?
Yet my people have forgotten me,
    days without number.
33 How skilled you are at pursuing love!
    Even the worst of women can learn from
      your ways.
34 On your clothes men find
    the lifeblood of the innocent poor,
    though you did not catch them breaking in.
Yet in spite of all this
35 you say, 'I am innocent;
    he is not angry with me.'
But I will pass judgment on you
    because you say, 'I have not sinned.'
36 Why do you go about so much,
    changing your ways?
You will be disappointed by Egypt
    as you were by Assyria.
37 You will also leave that place
    with your hands on your head,
for the Lord has rejected those you trust;
    you will not be helped by them.

3 "If a man divorces his wife
    and she leaves him and marries another man,
    should he return to her again?
Would not the land be completely defiled?
But you have lived as a prostitute with
    many lovers—
    would you now return to me?"
                declares the Lord.
2 "Look up to the barren heights and see.
Is there any place where you have not
      been ravished?
By the roadside you sat waiting for lovers,
    sat like a nomad[a] in the desert.
You have defiled the land
    with your prostitution and wickedness.
3 Therefore the showers have been withheld,
    and no spring rains have fallen.
Yet you have the brazen look of a prostitute;
    you refuse to blush with shame.
4 Have you not just called to me:
    'My Father, my friend from my youth,
5 will you always be angry?
    Will your wrath continue forever?'"

---

a3.2 Ou *árabe*

a3:2 Or *an Arab*

É assim que você fala,
mas faz todo o mal que pode".

A Infidelidade de Israel

⁶ Durante o reinado do rei Josias, o Senhor me disse: "Você viu o que fez Israel, a infiel? Subiu todo monte elevado e foi para debaixo de toda árvore verdejante para prostituir-se. ⁷ Depois de ter feito tudo isso, pensei que ela voltaria para mim, mas não voltou. E a sua irmã traidora, Judá, viu essas coisas. ⁸ Viuᵃ também que dei à infiel Israel uma certidão de divórcio e a mandei embora, por causa de todos os seus adultérios. Entretanto, a sua irmã Judá, a traidora, também se prostituiu, sem temor algum. ⁹ E por ter feito pouco caso da imoralidade, Judá contaminou a terra, cometendo adultério com ídolos de pedra e madeira. ¹⁰ Apesar de tudo isso, sua irmã Judá, a traidora, não voltou para mim de todo o coração, mas sim com fingimento", declara o Senhor.

¹¹ O Senhor me disse: "Israel, a infiel, é melhor do que Judá, a traidora. ¹² Vá e proclame esta mensagem para os lados do norte:

"Volte, ó infiel Israel",
declara o Senhor,
"Não mais franzirei a testa
cheio de ira contra você,
pois eu sou fiel", declara o Senhor,
"Não ficarei irado para sempre.
¹³ Mas reconheça o seu pecado:
você se rebelou contra
o Senhor, o seu Deus,
e ofereceu os seus favores
a deuses estranhos,
debaixo de toda árvore verdejante,
e não me obedeceu",
declara o Senhor.

¹⁴ "Voltem, filhos rebeldes! Pois eu sou o Senhorᵇ de vocês", declara o Senhor. "Tomarei vocês, um de cada cidade e dois de cada clã, e os trarei de volta a Sião. ¹⁵ Então eu lhes darei governantes conforme a minha vontade, que os dirigirão com sabedoria e com entendimento. ¹⁶ Quando vocês aumentarem e se multiplicarem na sua terra naqueles dias", declara o Senhor, "não dirão mais: 'A arca da aliança do Senhor'. Não pensarão mais nisso nem se lembrarão dela; não sentirão sua falta nem se fará outra arca. ¹⁷ Naquela época, chamarão Jerusalém 'O Trono do Senhor', e todas as nações se reunirão para honrar o nome do Senhor em Jerusalém. Não mais viverão segundo a obstinação de seus corações para fazer o mal. ¹⁸ Naqueles dias a comunidade de Judá caminhará com a comunidade de Israel, e juntas voltarão do norte para a terra que dei como herança aos seus antepassados.

¹⁹ "Eu mesmo disse:

Com que alegria eu a trataria
como se tratam filhos
e lhe daria uma terra aprazível,
a mais bela herança entre as nações!
Pensei que você me chamaria de 'Pai'
e que não deixaria de seguir-me.
²⁰ Mas, como a mulher
que trai o marido,
assim você tem sido infiel comigo,
ó comunidade de Israel",
declara o Senhor.

²¹ Ouve-se um choro no campo,
o pranto de súplica dos israelitas,
porque perverteram os seus caminhos
e esqueceram o Senhor, o seu Deus.

²² "Voltem, filhos rebeldes!
Eu os curarei da sua rebeldia".

ᵃ3.8 Conforme um manuscrito do Texto Massorético, a Septuaginta e a Versão Siríaca. O Texto Massorético diz *Eu vi.* ᵇ3.14 Ou *marido*

This is how you talk,
but you do all the evil you can."

Unfaithful Israel

⁶ During the reign of King Josiah, the Lord said to me, "Have you seen what faithless Israel has done? She has gone up on every high hill and under every spreading tree and has committed adultery there. ⁷ I thought that after she had done all this she would return to me but she did not, and her unfaithful sister Judah saw it. ⁸ I gave faithless Israel her certificate of divorce and sent her away because of all her adulteries. Yet I saw that her unfaithful sister Judah had no fear; she also went out and committed adultery. ⁹ Because Israel's immorality mattered so little to her, she defiled the land and committed adultery with stone and wood. ¹⁰ In spite of all this, her unfaithful sister Judah did not return to me with all her heart, but only in pretense," declares the Lord.

¹¹ The Lord said to me, "Faithless Israel is more righteous than unfaithful Judah. ¹² Go, proclaim this message toward the north:

" 'Return, faithless Israel,' declares the Lord,
'I will frown on you no longer,
for I am merciful,' declares the Lord,
'I will not be angry forever.
¹³ Only acknowledge your guilt—
you have rebelled against the Lord your God,
you have scattered your favors to foreign gods
under every spreading tree,
and have not obeyed me,' "
declares the Lord.

¹⁴ "Return, faithless people," declares the Lord, "for I am your husband. I will choose you—one from a town and two from a clan—and bring you to Zion. ¹⁵ Then I will give you shepherds after my own heart, who will lead you with knowledge and understanding. ¹⁶ In those days, when your numbers have increased greatly in the land," declares the Lord, "men will no longer say, 'The ark of the covenant of the Lord.' It will never enter their minds or be remembered; it will not be missed, nor will another one be made. ¹⁷ At that time they will call Jerusalem The Throne of the Lord, and all nations will gather in Jerusalem to honor the name of the Lord. No longer will they follow the stubbornness of their evil hearts. ¹⁸ In those days the house of Judah will join the house of Israel, and together they will come from a northern land to the land I gave your forefathers as an inheritance.

¹⁹ "I myself said,

" 'How gladly would I treat you like sons
and give you a desirable land,
the most beautiful inheritance of any nation.'
I thought you would call me 'Father'
and not turn away from following me.
²⁰ But like a woman unfaithful to her husband,
so you have been unfaithful to me, O
house of Israel,"
declares the Lord.

²¹ A cry is heard on the barren heights,
the weeping and pleading of the people
of Israel,
because they have perverted their ways
and have forgotten the Lord their God.

²² "Return, faithless people;
I will cure you of backsliding."

"Sim!", o povo responde.
"Nós viremos a ti,
    pois tu és o Senhor, o nosso Deus.
23 De fato, a agitação idólatra nas colinas
    e o murmúrio nos montes é um engano.
No Senhor, no nosso Deus,
    está a salvação de Israel.
24 Desde a nossa juventude,
    Baal, o deus da vergonha,
tem consumido o fruto do trabalho
    dos nossos antepassados:
as ovelhas, os bois,
    os seus filhos e as suas filhas.
25 Seja a vergonha a nossa cama
    e a desonra, o nosso cobertor.
Pecamos contra o Senhor,
    o nosso Deus,
tanto nós como os nossos antepassados,
    desde a nossa juventude
    até o dia de hoje;
e não temos obedecido
    ao Senhor, ao nosso Deus."

4 "Se você voltar, ó Israel,
    volte para mim", diz o Senhor.
"Se você afastar
    para longe de minha vista
    os seus ídolos detestáveis,
    e não se desviar,
2 se você jurar pelo nome do Senhor
    com fidelidade, justiça e retidão,
então as nações serão
    por ele abençoadas
    e nele se gloriarão."

3 Assim diz o Senhor
ao povo de Judá e de Jerusalém:

"Lavrem seus campos não arados
    e não semeiem entre espinhos.
4 Purifiquem-se para o Senhor,
    sejam fiéis à aliançaª,
homens de Judá
    e habitantes de Jerusalém!
Se não fizerem isso,
    a minha ira se acenderá
    e queimará como fogo,
por causa do mal que vocês fizeram;
queimará
    e ninguém conseguirá apagá-la.

A Invasão que Vem do Norte

5 "Anunciem em Judá! Proclamem em
        Jerusalém:
Toquem a trombeta por toda esta terra!
Gritem bem alto e digam: Reúnam-se!
    Fujamos para as cidades fortificadas!
6 Ergam o sinal indicando Sião.
Fujam sem demora em busca de abrigo!
Porque do norte eu estou
    trazendo desgraça,
uma grande destruição".

7 Um leão saiu da sua toca,
um destruidor de nações
    se pôs a caminho.
Ele saiu de onde vive
    para arrasar a sua terra.
Suas cidades ficarão em ruínas

"Yes, we will come to you,
    for you are the Lord our God.
23 Surely the ⌐idolatrous⌐ commotion on the hills
    and mountains is a deception;
surely in the Lord our God
    is the salvation of Israel.
24 From our youth shameful gods have consumed
    the fruits of our fathers' labor—
their flocks and herds,
    their sons and daughters.
25 Let us lie down in our shame,
    and let our disgrace cover us.
We have sinned against the Lord our God,
    both we and our fathers;
from our youth till this day
    we have not obeyed the Lord our God."

4 "If you will return, O Israel,
    return to me,"
            declares the Lord.
"If you put your detestable idols out of my sight
    and no longer go astray,
2 and if in a truthful, just and righteous way
    you swear, 'As surely as the Lord lives,'
then the nations will be blessed by him
    and in him they will glory."

3 This is what the Lord says to the men of Judah and to Jerusalem:

"Break up your unplowed ground
    and do not sow among thorns.
4 Circumcise yourselves to the Lord,
    circumcise your hearts,
    you men of Judah and people of Jerusalem,
or my wrath will break out and burn like fire
    because of the evil you have done—
    burn with no one to quench it.

Disaster From the North

5 "Announce in Judah and proclaim in Jerusalem and say:
    'Sound the trumpet throughout the land!'
Cry aloud and say:
    'Gather together!
    Let us flee to the fortified cities!'
6 Raise the signal to go to Zion!
    Flee for safety without delay!
For I am bringing disaster from the north,
    even terrible destruction."

7 A lion has come out of his lair;
    a destroyer of nations has set out.
He has left his place
    to lay waste your land.
Your towns will lie in ruins

ª4.4 Hebraico: *circuncidem os seus corações.*

e sem habitantes.

⁸ Por isso, ponham vestes de lamento,
    chorem e gritem,
pois o fogo da ira do Senhor
    não se desviou de nós.

⁹ "Naquele dia", diz o Senhor,
    "o rei e os seus oficiais
    perderão a coragem,
os sacerdotes ficarão horrorizados
    e os profetas, perplexos."

¹⁰ Então eu disse: Ah, Soberano Senhor, como enganaste completamente este povo e a Jerusalém dizendo: "Vocês terão paz", quando a espada está em nossa garganta.

¹¹ Naquela época será dito a este povo e a Jerusalém: "Um vento escaldante, que vem das dunas do deserto, sopra na direção da minha filha, do meu povo, mas não para peneirar nem para limpar. ¹² É um vento forte demais, que vem da minha parteª. Agora eu pronunciarei as minhas sentenças contra eles".

¹³ Vejam! Ele avança como as nuvens;
    os seus carros de guerra
    são como um furacão
e os seus cavalos são mais velozes
    do que as águias.
Ai de nós! Estamos perdidos!
¹⁴ Ó Jerusalém, lave o mal
    do seu coração
    para que você seja salva.
Até quando você vai acolher
    projetos malignos no íntimo?
¹⁵ Ouve-se uma voz proclamando
    desde Dã,
desde os montes de Efraim
    se anuncia calamidade.
¹⁶ "Relatem isto a esta naçãoᵇ
    e proclamem contra Jerusalém:
Um exército inimigoᶜ está vindo
    de uma terra distante,
dando seu grito de guerra
    contra as cidades de Judá.
¹⁷ Eles a cercam como homens
    que guardam um campo,
pois ela se rebelou contra mim",
    declara o Senhor.
¹⁸ "A sua própria conduta e as suas ações
    trouxeram isso sobre você.
Como é amargo esse seu castigo!
    Ele atinge até o seu coração!"

¹⁹ Ah, minha angústia, minha angústia!
Eu me contorço de dor.
Ó paredes do meu coração!
O meu coração dispara dentro de mim;
    não posso ficar calado.
Ouvi o som da trombeta,
    ouvi o grito de guerra.
²⁰ Um desastre depois do outro;
    toda a minha terra foi devastada.
Num instante as minhas tendas
    foram destruídas,
e os meus abrigos, num momento.
²¹ Até quando verei o sinal levantado
    e ouvirei o som da trombeta?

²² "O meu povo é tolo,
eles não me conhecem".

"São crianças insensatas

without inhabitant.

⁸ So put on sackcloth,
    lament and wail,
for the fierce anger of the Lord
    has not turned away from us.

⁹ "In that day," declares the Lord,
    "the king and the officials will lose heart,
the priests will be horrified,
    and the prophets will be appalled."

¹⁰ Then I said, "Ah, Sovereign Lord, how completely you have deceived this people and Jerusalem by saying, 'You will have peace,' when the sword is at our throats."

¹¹ At that time this people and Jerusalem will be told, "A scorching wind from the barren heights in the desert blows toward my people, but not to winnow or cleanse; ¹² a wind too strong for that comes from me.ª Now I pronounce my judgments against them."

¹³ Look! He advances like the clouds,
    his chariots come like a whirlwind,
his horses are swifter than eagles.
    Woe to us! We are ruined!
¹⁴ O Jerusalem, wash the evil from your heart and
    be saved.
How long will you harbor wicked thoughts?
¹⁵ A voice is announcing from Dan,
    proclaiming disaster from the
        hills of Ephraim.
¹⁶ "Tell this to the nations,
    proclaim it to Jerusalem:
'A besieging army is coming from a
        distant land,
raising a war cry against the cities of Judah.
¹⁷ They surround her like men guarding a field,
    because she has rebelled against me,' "
                         declares the Lord.
¹⁸ "Your own conduct and actions
    have brought this upon you.
This is your punishment.
    How bitter it is!
    How it pierces to the heart!"

¹⁹ Oh, my anguish, my anguish!
    I writhe in pain.
Oh, the agony of my heart!
    My heart pounds within me,
    I cannot keep silent.
For I have heard the sound of the trumpet;
    I have heard the battle cry.
²⁰ Disaster follows disaster;
    the whole land lies in ruins.
In an instant my tents are destroyed,
    my shelter in a moment.
²¹ How long must I see the battle standard
    and hear the sound of the trumpet?

²² "My people are fool;
    they do not know me.
They are senseless children;

ª4.12 Ou *vem ao meu comando* ᵇ4.16 Ou *Tragam essas coisas à lembrança das nações;* ou ainda *Anunciem isso às nações* ᶜ4.16 Ou *Um exército sitiador*   ª4:12 Or *comes at my command*

que nada compreendem.
São hábeis para praticar o mal,
   mas não sabem fazer o bem."

23 Olhei para a terra,
   e ela era sem forma[a] e vazia;
para os céus,
   e a sua luz tinha desaparecido.
24 Olhei para os montes
   e eles tremiam;
todas as colinas oscilavam.
25 Olhei, e não havia mais gente;
   todas as aves do céu
tinham fugido em revoada.
26 Olhei, e a terra fértil era um deserto;
todas as suas cidades estavam em ruínas
por causa do Senhor,
   por causa do fogo da sua ira.

27 Assim diz o Senhor:

"Toda esta terra ficará devastada,
   embora eu não vá destruí-la
      completamente.
28 Por causa disso, a terra ficará de luto
e o céu, em cima, se escurecerá;
porque eu falei, e não me arrependi,
   decidi, e não voltarei atrás".

29 Quando se ouvem os cavaleiros
   e os flecheiros,
todos os habitantes da cidade fogem.
Alguns vão para o meio dos arbustos;
outros escalam as rochas.
Todas as cidades são abandonadas,
   e ficam sem habitantes.

30 O que você está fazendo,
   ó cidade devastada?
Por que se veste de vermelho
   e se enfeita com jóias de ouro?
Por que você pinta os olhos?
Você se embeleza em vão,
pois os seus amantes a desprezam
   e querem tirar-lhe a vida.

31 Ouvi um grito, como de mulher
   em trabalho de parto,
como a agonia de uma mulher
   ao dar à luz o primeiro filho.
É o grito da cidade[b] de Sião,
   que está ofegante
   e estende as mãos, dizendo:
"Ai de mim! Estou desfalecendo.
Minha vida está nas mãos
   de assassinos!"

Ninguém é Justo

5 "Percorram as ruas de Jerusalém,
   olhem e observem.
"Procurem em suas praças
   para ver se podem encontrar
alguém que aja com honestidade
   e que busque a verdade.
Então eu perdoarei a cidade.
2 Embora digam:
   'Juro pelo nome do Senhor',
ainda assim estão jurando falsamente."

3 Senhor, não é fidelidade
   que os teus olhos procuram?
Tu os feriste, mas eles nada sentiram;

they have no understanding.
They are skilled in doing evil;
   they know not how to do good."

23 I looked at the earth,
   and it was formless and empty;
and at the heavens,
   and their light was gone.
24 I looked at the mountains,
   and they were quaking;
all the hills were swaying.
25 I looked, and there were no people;
   every bird in the sky had flown away.
26 I looked, and the fruitful land was a desert;
all its towns lay in ruins
before the Lord, before his fierce anger.

27 This is what the Lord says:

"The whole land will be ruined,
   though I will not destroy it completely.
28 Therefore the earth will mourn
   and the heavens above grow dark,
because I have spoken and will not relent,
   I have decided and will not turn back."

29 At the sound of horsemen and archers
   every town takes to flight.
Some go into the thickets;
   some climb up among the rocks.
All the towns are deserted;
   no one lives in them.

30 What are you doing, O devastated one?
Why dress yourself in scarlet
   and put on jewels of gold?
Why shade your eyes with paint?
   You adorn yourself in vain.
Your lovers despise you;
   they seek your life.

31 I hear a cry as of a woman in labor,
   a groan as of one bearing her first child—
the cry of the Daughter of Zion gasping
      for breath,
   stretching out her hands and saying,
"Alas! I am fainting;
   my life is given over to murderers."

Not One Is Upright

5 "Go up and down the streets of Jerusalem,
   look around and consider,
   search through her squares.
If you can find but one person
   who deals honestly and seeks the truth,
   I will forgive this city.
2 Although they say, 'As surely as the Lord lives,'
   still they are swearing falsely."

3 O Lord, do not your eyes look for truth?
   You struck them, but they felt no pain;

---

a4.23 Ou *estava assolada* b4.31 Hebraico: *filha.*

tu os deixaste esgotados,
  mas eles recusaram a correção.
Endureceram o rosto
  mais que a rocha,
e recusaram arrepender-se.
4 Pensei: Eles são apenas
  pobres e ignorantes,
não conhecem o caminho do Senhor,
  as exigências do seu Deus.
5 Irei aos nobres e falarei com eles,
pois, sem dúvida, eles conhecem
  o caminho do Senhor,
  as exigências do seu Deus.
Mas todos eles também
  quebraram o jugo
  e romperam as amarras.
6 Por isso, um leão da floresta os atacará,
um lobo da estepe os arrasará,
um leopardo ficará à espreita,
  nos arredores das suas cidades,
para despedaçar qualquer pessoa
  que delas sair.
Porque a rebeldia deles é grande
  e muitos são os seus desvios.
7 "Por que deveria eu perdoar-lhe isso?"
"Seus filhos me abandonaram
  e juraram por aqueles
  que não são deuses.
Embora eu tenha suprido
  as suas necessidades,
eles cometeram adultério
  e freqüentaram as casas de prostituição.
8 Eles são garanhões
  bem-alimentados e excitados,
cada um relinchando
  para a mulher do próximo.
9 Não devo eu castigá-los por isso?",
  pergunta o Senhor.
"Não devo eu vingar-me
  de uma nação como esta?
10 "Vão por entre as suas vinhas
  e destruam-nas,
mas não acabem totalmente com elas.
Cortem os seus ramos,
pois eles não pertencem ao Senhor.
11 Porque a comunidade de Israel
  e a comunidade de Judá têm me traído",
declara o Senhor.

12 Mentiram acerca do Senhor,
  dizendo: "Ele não vai fazer nada!
Nenhum mal nos acontecerá;
  jamais veremos espada ou fome.
13 Os profetas não passam de vento,
  e a palavra não está neles;
por isso aconteça com eles
  o que dizem".

14 Portanto, assim diz
o Senhor dos Exércitos:

"Porque falaram essas palavras,
farei com que as minhas palavras
  em sua boca sejam fogo,
e este povo seja a lenha
  que o fogo consome.
15 Ó comunidade de Israel",
  declara o Senhor,
"estou trazendo de longe uma nação
  para atacá-la:
uma nação muito antiga e invencível,

you crushed them, but they refused correction.
They made their faces harder than stone
  and refused to repent.
4 I thought, "These are only the poor;
  they are foolish,
for they do not know the way of the Lord,
  the requirements of their God.
5 So I will go to the leaders
  and speak to them;
surely they know the way of the Lord,
  the requirements of their God."
But with one accord they too had broken
  off the yoke
  and torn off the bonds.
6 Therefore a lion from the forest will attack them,
  a wolf from the desert will ravage them,
a leopard will lie in wait near their towns
  to tear to pieces any who venture out,
for their rebellion is great
  and their backslidings many.
7 "Why should I forgive you?
  Your children have forsaken me
  and sworn by gods that are not gods.
I supplied all their needs,
  yet they committed adultery
  and thronged to the houses of prostitutes.
8 They are well-fed, lusty stallions,
  each neighing for another man's wife.
9 Should I not punish them for this?"
  declares the Lord.
"Should I not avenge myself
  on such a nation as this?
10 "Go through her vineyards and ravage them,
  but do not destroy them completely.
Strip off her branches,
  for these people do not belong to the Lord.
11 The house of Israel and the house of Judah
  have been utterly unfaithful to me,"

           declares the Lord.

12 They have lied about the Lord;
  they said, "He will do nothing!
No harm will come to us;
  we will never see sword or famine.
13 The prophets are but wind
  and the word is not in them;
so let what they say be done to them."

14 Therefore this is what the Lord God Almighty says:

"Because the people have spoken these words,
I will make my words in your mouth a fire
  and these people the wood it consumes.
15 O house of Israel," declares the Lord,
"I am bringing a distant nation against you—
  an ancient and enduring nation,

uma nação cuja língua
    você não conhece
e cuja fala você não entende.
¹⁶ Sua aljava é como um túmulo aberto;
    toda ela é composta de guerreiros.
¹⁷ Devorarão as suas colheitas
    e os seus alimentos;
devorarão os seus filhos e as suas filhas;
devorarão as suas ovelhas e os seus bois;
devorarão as suas videiras
    e as suas figueiras.
Destruirão ao fio da espada
    as cidades fortificadas
nas quais vocês confiam.

¹⁸ "Contudo, mesmo naqueles dias não os destruirei completamente", declara o Senhor. ¹⁹ "E, quando perguntarem: 'Por que o Senhor, o nosso Deus, fez isso conosco?', você lhes dirá: Assim como vocês me abandonaram e serviram deuses estrangeiros em sua própria terra, também agora vocês servirão estrangeiros numa terra que não é de vocês.

²⁰ "Anunciem isto à comunidade de Jacó
    e proclamem-no em Judá:
²¹ Ouçam isto, vocês,
    povo tolo e insensato,
que têm olhos, mas não vêem,
têm ouvidos, mas não ouvem:
²² Acaso vocês não me temem?",
    pergunta o Senhor.
"Não tremem diante da minha presença?
Porque fui eu que fiz da areia
    um limite para o mar,
um decreto eterno que ele
    não pode ultrapassar.
As ondas podem quebrar,
    mas não podem prevalecer,
podem bramir,
    mas não podem ultrapassá-lo.
²³ Mas este povo tem coração
    obstinado e rebelde;
eles se afastaram e foram embora.
²⁴ Não dizem no seu íntimo:
'Temamos o Senhor, o nosso Deus:
aquele que dá as chuvas do outono
    e da primavera no tempo certo,
e nos assegura
    as semanas certas da colheita'.
²⁵ Porém os pecados de vocês
    têm afastado essas coisas;
as faltas de vocês
    os têm privado desses bens.

²⁶ "Há ímpios no meio do meu povo:
homens que ficam à espreita
    como num esconderijo
    de caçadores de pássaros;
preparam armadilhas
    para capturar gente.
²⁷ Suas casas estão cheias de engano,
    como gaiolas cheias de pássaros.
E assim eles se tornaram
    poderosos e ricos.
²⁸ estão gordos e bem alimentados.
Não há limites para as suas obras más.
Não se empenham pela causa do órfão,
nem defendem os direitos do pobre.
²⁹ Não devo eu castigá-los?",
    pergunta o Senhor.
"Não devo eu vingar-me
    de uma nação como essa?
³⁰ "Uma coisa espantosa e horrível

a people whose language you do not know,
    whose speech you do not understand.
¹⁶ Their quivers are like an open grave;
    all of them are mighty warriors.
¹⁷ They will devour your harvests and food,
    devour your sons and daughters;
they will devour your flocks and herds,
    devour your vines and fig trees.
With the sword they will destroy
    the fortified cities in which you trust.

¹⁸ "Yet even in those days," declares the Lord, "I will not destroy you completely. ¹⁹ And when the people ask, 'Why has the Lord our God done all this to us?' you will tell them, 'As you have forsaken me and served foreign gods in your own land, so now you will serve foreigners in a land not your own.'

²⁰ "Announce this to the house of Jacob
    and proclaim it in Judah:
²¹ Hear this, you foolish and senseless people,
    who have eyes but do not see,
    who have ears but do not hear:
²² Should you not fear me?" declares the Lord.
    "Should you not tremble in my presence?
I made the sand a boundary for the sea,
    an everlasting barrier it cannot cross.
The waves may roll, but they cannot prevail;
    they may roar, but they cannot cross it.
²³ But these people have stubborn and
        rebellious hearts;
    they have turned aside and gone away.
²⁴ They do not say to themselves,
'Let us fear the Lord our God,
who gives autumn and spring rains in season,
    who assures us of the regular weeks of harvest.'
²⁵ Your wrongdoings have kept these away;
    your sins have deprived you of good.

²⁶ "Among my people are wicked men
    who lie in wait like men who snare birds
    and like those who set traps to catch men.
²⁷ Like cages full of birds,
    their houses are full of deceit;
they have become rich and powerful
²⁸   and have grown fat and sleek.
    Their evil deeds have no limit;
    they do not plead the case of the fatherless to win
        it,
    they do not defend the rights of the poor.
²⁹ Should I not punish them for this?"
    declares the Lord.
    "Should I not avenge myself
    on such a nation as this?

³⁰ "A horrible and shocking thing

acontece nesta terra:

³¹ Os profetas profetizam mentiras,
os sacerdotes governam
    por sua própria autoridade,
e o meu povo gosta dessas coisas.
Mas o que vocês farão
    quando tudo isso chegar ao fim?

6 Jerusalém Sitiada

"Fuja para um lugar seguro,
    povo de Benjamim!
Fuja de Jerusalém!
Toquem a trombeta em Tecoa!
Ponham sinal em Bete-Haquerém!
Porque já se vê a desgraça
    que vem do norte,
uma terrível destruição!
² Destruirei a cidade^a de Sião;
    você é como uma bela pastagem,^b
³ para onde os pastores vêm
    com os seus rebanhos;
armam as suas tendas ao redor dela
    e apascentam, cada um no seu lugar.

⁴ "Preparem-se para enfrentá-la
    na batalha!
Vamos, ataquemos ao meio-dia!
Ai de nós! O dia declina
e as sombras da tarde já se estendem.
⁵ Vamos, ataquemos de noite!
Destruamos as suas fortalezas!"

⁶ Assim diz o Senhor dos Exércitos:

"Derrubem as árvores
    e construam rampas de cerco
    contra Jerusalém.
Ó cidade da falsidade!^c
Ela está cheia de opressão.
⁷ Assim como um poço produz água,
    também ela produz sua maldade.
Violência! Destruição!
É o que se ouve dentro dela;
doenças e feridas estão sempre
    diante de mim.
⁸ Ouça a minha advertência, ó Jerusalém!
Do contrário eu me afastarei
    inteiramente de você
e farei de você uma desolação,
uma terra desabitada".

⁹ Assim diz o Senhor dos Exércitos:

"Rebusque-se o remanescente de Israel
tão completamente
    como se faz com uma videira,
    como faz quem colhe uvas:
e você, repasse os ramos cacho por cacho".

¹⁰ A quem posso eu falar ou advertir?
Quem me escutará?
Os ouvidos deles são obstinados^d,
    e eles não podem ouvir.
A palavra do Senhor é para eles desprezível,
não encontram nela motivo de prazer.
¹¹ Mas a ira do Senhor
    dentro de mim transborda,
já não posso retê-la.

"Derrama-a sobre as crianças na rua

has happened in the land:

³¹ The prophets prophesy lies,
    the priests rule by their own authority,
and my people love it this way.
    But what will you do in the end?

6 Jerusalem Under Siege

"Flee for safety, people of Benjamin!
    Flee from Jerusalem!
Sound the trumpet in Tekoa!
    Raise the signal over Beth Hakkerem!
For disaster looms out of the north,
    even terrible destruction.
² I will destroy the Daughter of Zion,
    so beautiful and delicate.
³ Shepherds with their flocks will come against her;
    they will pitch their tents around her,
    each tending his own portion."

⁴ "Prepare for battle against her!
    Arise, let us attack at noon!
But, alas, the daylight is fading,
    and the shadows of evening grow long.
⁵ So arise, let us attack at night
    and destroy her fortresses!"

⁶ This is what the Lord Almighty says:

"Cut down the trees
    and build siege ramps against Jerusalem.
This city must be punished;
    it is filled with oppression.
⁷ As a well pours out its water,
    so she pours out her wickedness.
Violence and destruction resound in her;
    her sickness and wounds are ever before me.
⁸ Take warning, O Jerusalem,
    or I will turn away from you
and make your land desolate
    so no one can live in it."

⁹ This is what the Lord Almighty says:

"Let them glean the remnant of Israel
    as thoroughly as a vine;
pass your hand over the branches again,
    like one gathering grapes."

¹⁰ To whom can I speak and give warning?
    Who will listen to me?
Their ears are closed^a
    so they cannot hear.
The word of the Lord is offensive to them;
    they find no pleasure in it.
¹¹ But I am full of the wrath of the Lord,
    and I cannot hold it in.

"Pour it out on the children in the street

---

^a6.2 Hebraico: *filha*; também no versículo 23. ^b6.2 Ou *Sião, tão bela e formosa*,
^c6.6 Tradicionalmente traduzida por *Esta é a cidade que deve ser castigada*.
^d6.10 Hebraico: *incircuncisos*.

^a6:10 Hebrew *uncircumcised*

e sobre os jovens reunidos em grupos;
pois eles também serão pegos
com os maridos e as mulheres,
    os velhos e os de idade bem avançada.
12 As casas deles
    serão entregues a outros,
com os seus campos
    e as suas mulheres,
quando eu estender a minha mão
    contra os que vivem nesta terra",
declara o Senhor.
13 "Desde o menor até o maior,
    todos são gananciosos;
profetas e sacerdotes igualmente,
    todos praticam o engano.
14 Eles tratam da ferida do meu povo
    como se não fosse grave.
'Paz, paz', dizem,
    quando não há paz alguma.
15 Ficarão eles envergonhados
    da sua conduta detestável?
Não, eles não sentem vergonha alguma,
    nem mesmo sabem corar.
Portanto, cairão entre os que caem;
    serão humilhados
    quando eu os castigar",
declara o Senhor.
16 Assim diz o Senhor:

"Ponham-se nas encruzilhadas e olhem;
    perguntem pelos caminhos antigos,
    perguntem pelo bom caminho.
      Sigam-no e acharão descanso.
Mas vocês disseram:
    'Não seguiremos!'
17 Coloquei sentinelas entre vocês e disse:
    Prestem atenção ao som da trombeta!
Mas vocês disseram:
    'Não daremos atenção'.
18 Vejam, ó nações;
    observe, ó assembléia,
o que acontecerá a eles.
19 Ouça, ó terra:
    Trarei desgraça sobre este povo,
o fruto das suas maquinações,
porque não deram atenção
    às minhas palavras
e rejeitaram a minha lei.
20 De que me serve o incenso
    trazido de Sabá,
ou o cálamo aromático
    de uma terra distante?
Os seus holocaustosª não são aceitáveis
    nem me agradam as suas ofertas".
21 Assim diz o Senhor:

"Estou colocando obstáculos
    diante deste povo.
Pais e filhos tropeçarão neles;
    vizinhos e amigos perecerão".
22 Assim diz o Senhor:

"Veja! Um exército vem do norte;
uma grande nação
    está sendo mobilizada
    desde os confins da terra.
23 Eles empunham o arco e a lança;
    são cruéis e não têm misericórdia,
e o barulho que fazem é como
    o bramido do mar.

and on the young men gathered together;
both husband and wife will be caught in it,
    and the old, those weighed down with years.
12 Their houses will be turned over to others,
    together with their fields and their wives,
when I stretch out my hand
    against those who live in the land,"
                declares the Lord.
13 "From the least to the greatest,
    all are greedy for gain;
prophets and priests alike,
    all practice deceit.
14 They dress the wound of my people
    as though it were not serious.
'Peace, peace,' they say,
    when there is no peace.
15 Are they ashamed of their loathsome conduct?
    No, they have no shame at all;
    they do not even know how to blush.
So they will fall among the fallen;
    they will be brought down when I punish them,"
                says the Lord.
16 This is what the Lord says:

"Stand at the crossroads and look;
    ask for the ancient paths,
ask where the good way is, and walk in it,
    and you will find rest for your souls.
But you said, 'We will not walk in it.'
17 I appointed watchmen over you and said,
    'Listen to the sound of the trumpet!'
But you said, 'We will not listen.'
18 Therefore hear, O nations;
    observe, O witnesses,
    what will happen to them.
19 Hear, O earth:
I am bringing disaster on this people,
    the fruit of their schemes,
because they have not listened to my words
    and have rejected my law.
20 What do I care about incense from Sheba
    or sweet calamus from a distant land?
Your burnt offerings are not acceptable;
    your sacrifices do not please me."
21 Therefore this is what the Lord says:

"I will put obstacles before this people.
    Fathers and sons alike will stumble over them;
    neighbors and friends will perish."
22 This is what the Lord says:

"Look, an army is coming
    from the land of the north;
a great nation is being stirred up
    from the ends of the earth.
23 They are armed with bow and spear;
    they are cruel and show no mercy.
They sound like the roaring sea

ª**6.20** Isto é, sacrifícios totalmente queimados; também em 7.21 e 22.

Vêm montando os seus cavalos
em formação de batalha,
para atacá-la, ó cidade de Sião".

24 Ouvimos os relatos sobre eles,
e as nossas mãos amoleceram.
A angústia tomou conta de nós,
dores como as da mulher
que está dando à luz.

25 Não saiam aos campos
nem andem pelas estradas,
pois o inimigo traz a espada,
e há terror por todos os lados.

26 Ó minha filha, meu povo,
ponha vestes de lamento
e revolva-se em cinza.
Lamente-se com choro amargurado,
como quem chora por um filho único,
pois subitamente o destruidor
virá sobre nós.

27 "Eu o designei para
examinador de metais,
provador do meu povo,
para que você examine
e ponha à prova a conduta deles.

28 Todos eles são rebeldes obstinados,
e propagadores de calúnias.
Estão endurecidos
como o bronze e o ferro.
Todos eles são corruptos.

29 O fole sopra com força
para separar o chumbo com o fogo,
mas o refino prossegue em vão;
os ímpios não são expurgados.

30 São chamados prata rejeitada,
porque o Senhor os rejeitou".

A Inutilidade da Falsa Religião

7 Esta é a palavra que veio a Jeremias da parte do Senhor: 2 "Fique junto à porta do templo do Senhor e proclame esta mensagem:

"Ouçam a palavra do Senhor, todos vocês de Judá que atravessam estas portas para adorar o Senhor. 3 Assim diz o Senhor dos Exércitos, o Deus de Israel: Corrijam a sua conduta e as suas ações, eu os farei habitar neste lugar. 4 Não confiem nas palavras enganosas dos que dizem: 'Este é o templo do Senhor, o templo do Senhor, o templo do Senhor!' 5 Mas se vocês realmente corrigirem a sua conduta e as suas ações, e se, de fato, tratarem uns aos outros com justiça, 6 se não oprimirem o estrangeiro, o órfão e a viúva e não derramarem sangue inocente neste lugar, e se vocês não seguirem outros deuses para a sua própria ruína, 7 então eu os farei habitar neste lugar, na terra que dei aos seus antepassados desde a antiguidade e para sempre. 8 Mas vejam! Vocês confiam em palavras enganosas e inúteis.

9 "Vocês pensam que podem roubar e matar, cometer adultério e jurar falsamente[a], queimar incenso a Baal e seguir outros deuses que vocês não conheceram, 10 e depois vir e permanecer perante mim neste templo, que leva o meu nome, e dizer: 'Estamos seguros!', seguros para continuar com todas essas práticas repugnantes? 11 Este templo, que leva o meu nome, tornou-se para vocês um covil de ladrões? Cuidado! Eu mesmo estou vendo isso", declara o Senhor.

12 "Portanto, vão agora a Siló, o meu lugar de adoração, onde primeiro fiz uma habitação em honra ao meu nome, e vejam o que eu lhe fiz por causa da impiedade de Israel, o meu povo. 13 Mas agora, visto que vocês fizeram todas essas coisas", diz o Senhor, "apesar de eu lhes ter falado repetidas vezes, e vocês não me terem dado atenção, e de eu tê-los chamado, e vocês

as they ride on their horses;
they come like men in battle formation
to attack you, O Daughter of Zion."

24 We have heard reports about them,
and our hands hang limp.
Anguish has gripped us,
pain like that of a woman in labor.

25 Do not go out to the fields
or walk on the roads,
for the enemy has a sword,
and there is terror on every side.

26 O my people, put on sackcloth
and roll in ashes;
mourn with bitter wailing
as for an only son,
for suddenly the destroyer
will come upon us.

27 "I have made you a tester of metals
and my people the ore,
that you may observe
and test their ways.

28 They are all hardened rebels,
going about to slander.
They are bronze and iron;
they all act corruptly.

29 The bellows blow fiercely
to burn away the lead with fire,
but the refining goes on in vain;
the wicked are not purged out.

30 They are called rejected silver,
because the Lord has rejected them."

False Religion Worthless

7 This is the word that came to Jeremiah from the Lord: 2 "Stand at the gate of the Lord's house and there proclaim this message:

" 'Hear the word of the Lord, all you people of Judah who come through these gates to worship the Lord. 3 This is what the Lord Almighty, the God of Israel, says: Reform your ways and your actions, and I will let you live in this place. 4 Do not trust in deceptive words and say, "This is the temple of the Lord, the temple of the Lord, the temple of the Lord!" 5 If you really change your ways and your actions and deal with each other justly, 6 if you do not oppress the alien, the fatherless or the widow and do not shed innocent blood in this place, and if you do not follow other gods to your own harm, 7 then I will let you live in this place, in the land I gave your forefathers for ever and ever. 8 But look, you are trusting in deceptive words that are worthless.

9 " 'Will you steal and murder, commit adultery and perjury,[a] burn incense to Baal and follow other gods you have not known, 10 and then come and stand before me in this house, which bears my Name, and say, "We are safe"—safe to do all these detestable things? 11 Has this house, which bears my Name, become a den of robbers to you? But I have been watching! declares the Lord.

12 " 'Go now to the place in Shiloh where I first made a dwelling for my Name, and see what I did to it because of the wickedness of my people Israel. 13 While you were doing all these things, declares the Lord, I spoke to you again and again, but you did not listen; I called you, but you did not

---

a7.9 Ou jurar por deuses falsos

a7:9 Or and swear by false gods

não me terem respondido, **14** eu farei a este templo que leva o meu nome, no qual vocês confiam, o lugar de adoração que dei a vocês e aos seus antepassados, o mesmo que fiz a Siló. **15** Expulsarei vocês da minha presença, como fiz com todos os seus compatriotas, o povo de Efraim.

16 "E você, Jeremias, não ore por este povo nem faça súplicas ou pedidos em favor dele, nem interceda por ele junto a mim, pois eu não o ouvirei. **17** Não vê o que estão fazendo nas cidades de Judá e nas ruas de Jerusalém? **18** Os filhos ajuntam a lenha, os pais acendem o fogo, e as mulheres preparam a massa e fazem bolos para a Rainha dos Céus. Além disso, derramam ofertas a outros deuses para provocarem a minha ira. **19** Mas será que é a mim que eles estão provocando?", pergunta o Senhor. "Não é a si mesmos, para a sua própria vergonha?"

20 Portanto, assim diz o Soberano, o Senhor: "A minha ardente ira será derramada sobre este lugar, sobre os homens, os animais e as árvores do campo, como também sobre o produto do solo; ela arderá como fogo, e não poderá ser extinta".

21 Assim diz o Senhor dos Exércitos, o Deus de Israel: "Juntem os seus holocaustos aos outros sacrifícios e comam a carne vocês mesmos! **22** Quando tirei do Egito os seus antepassados, nada lhes falei nem lhes ordenei quanto a holocaustos e sacrifícios. **23** Dei-lhes, entretanto, esta ordem: Obedeçam-me, e eu serei o seu Deus e vocês serão o meu povo. Vocês andarão em todo o caminho que eu lhes ordenar, para que tudo lhes vá bem. **24** Mas eles não me ouviram nem me deram atenção. Antes, seguiram o raciocínio rebelde dos seus corações maus. Andaram para trás e não para a frente. **25** Desde a época em que os seus antepassados saíram do Egito até o dia de hoje, eu lhes enviei os meus servos, os profetas, dia após dia. **26** Mas eles não me ouviram nem me deram atenção. Antes, tornaram-se obstinados e foram piores do que os seus antepassados.

27 "Quando você lhes disser tudo isso, eles não o escutarão; quando você os chamar, não responderão. **28** Portanto, diga a eles: Esta é uma nação que não obedeceu ao Senhor, ao seu Deus, nem aceitou a correção. A verdade foi destruída e desapareceu dos seus lábios. **29** Cortem os seus cabelos consagrados e joguem-nos fora. Lamentem-se sobre os montes estéreis, pois o Senhor rejeitou e abandonou esta geração que provocou a sua ira.

O Vale da Matança

30 "Os de Judá fizeram o que eu reprovo", declara o Senhor. "Profanaram o templo que leva o meu nome, colocando nele as imagens dos seus ídolos. **31** Construíram o alto de Tofete no vale de Ben-Hinom, para queimarem em sacrifício os seus filhos e as suas filhas, coisa que nunca ordenei e que jamais me veio à mente. **32** Por isso, certamente vêm os dias", declara o Senhor, "em que não mais chamarão este lugar Tofete ou vale de Ben-Hinom, mas vale da Matança, pois ali enterrarão cadáveres até que não haja mais lugar. **33** Então os cadáveres deste povo servirão de comida para as aves e para os animais, e não haverá quem os afugente. **34** Darei fim às vozes de júbilo e de alegria, às vozes do noivo e da noiva nas cidades de Judá e nas ruas de Jerusalém, pois esta terra se tornará um deserto.

8 "Naquele tempo", declara o Senhor, "os ossos dos reis e dos líderes de Judá, os ossos dos sacerdotes e dos profetas e os ossos do povo de Jerusalém serão retirados dos seus túmulos. **2** Serão expostos ao sol e à lua e a todos os astros do céu, que eles amaram, aos quais prestaram culto e os quais seguiram, consultaram e adoraram. Não serão ajuntados nem enterrados, antes se tornarão esterco sobre o solo. **3** Todos os sobreviventes dessa nação má preferirão a morte à vida, em todos os lugares para onde eu os expulsar", diz o Senhor dos Exércitos.

answer. **14** Therefore, what I did to Shiloh I will now do to the house that bears my Name, the temple you trust in, the place I gave to you and your fathers. **15** I will thrust you from my presence, just as I did all your brothers, the people of Ephraim.'

16 "So do not pray for this people nor offer any plea or petition for them; do not plead with me, for I will not listen to you. **17** Do you not see what they are doing in the towns of Judah and in the streets of Jerusalem? **18** The children gather wood, the fathers light the fire, and the women knead the dough and make cakes of bread for the Queen of Heaven. They pour out drink offerings to other gods to provoke me to anger. **19** But am I the one they are provoking? declares the Lord. Are they not rather harming themselves, to their own shame?

20 " 'Therefore this is what the Sovereign Lord says: My anger and my wrath will be poured out on this place, on man and beast, on the trees of the field and on the fruit of the ground, and it will burn and not be quenched.

21 " 'This is what the Lord Almighty, the God of Israel, says: Go ahead, add your burnt offerings to your other sacrifices and eat the meat yourselves! **22** For when I brought your forefathers out of Egypt and spoke to them, I did not just give them commands about burnt offerings and sacrifices, **23** but I gave them this command: Obey me, and I will be your God and you will be my people. Walk in all the ways I command you, that it may go well with you. **24** But they did not listen or pay attention; instead, they followed the stubborn inclinations of their evil hearts. They went backward and not forward. **25** From the time your forefathers left Egypt until now, day after day, again and again I sent you my servants the prophets. **26** But they did not listen to me or pay attention. They were stiff-necked and did more evil than their forefathers.'

27 "When you tell them all this, they will not listen to you; when you call to them, they will not answer. **28** Therefore say to them, 'This is the nation that has not obeyed the Lord its God or responded to correction. Truth has perished; it has vanished from their lips. **29** Cut off your hair and throw it away; take up a lament on the barren heights, for the Lord has rejected and abandoned this generation that is under his wrath.

The Valley of Slaughter

30 " 'The people of Judah have done evil in my eyes, declares the Lord. They have set up their detestable idols in the house that bears my Name and have defiled it. **31** They have built the high places of Topheth in the Valley of Ben Hinnom to burn their sons and daughters in the fire—something I did not command, nor did it enter my mind. **32** So beware, the days are coming, declares the Lord, when people will no longer call it Topheth or the Valley of Ben Hinnom, but the Valley of Slaughter, for they will bury the dead in Topheth until there is no more room. **33** Then the carcasses of this people will become food for the birds of the air and the beasts of the earth, and there will be no one to frighten them away. **34** I will bring an end to the sounds of joy and gladness and to the voices of bride and bridegroom in the towns of Judah and the streets of Jerusalem, for the land will become desolate.

8 " 'At that time, declares the Lord, the bones of the kings and officials of Judah, the bones of the priests and prophets, and the bones of the people of Jerusalem will be removed from their graves. **2** They will be exposed to the sun and the moon and all the stars of the heavens, which they have loved and served and which they have followed and consulted and worshiped. They will not be gathered up or buried, but will be like refuse lying on the ground. **3** Wherever I banish them, all the survivors of this evil nation will prefer death to life, declares the Lord Almighty.'

O Pecado do Povo e o seu Castigo

4 "Diga a eles: Assim diz o Senhor:

"Quando os homens caem,
   não se levantam mais?
Quando alguém se desvia do caminho,
   não retorna a ele?
5 Por que será, então,
   que este povo se desviou?
Por que Jerusalém persiste
   em desviar-se?
Eles apegam-se ao engano
   e recusam-se a voltar.
6 Eu ouvi com atenção,
   mas eles não dizem o que é certo.
Ninguém se arrepende de sua maldade
   e diz: 'O que foi que eu fiz?'
Cada um se desvia
   e segue seu próprio curso,
como um cavalo que se lança
   com ímpeto na batalha.
7 Até a cegonha no céu conhece as estações
   que lhe estão determinadas,
e a pomba, a andorinha e o tordo
   observam a época de sua migração.
Mas o meu povo não conhece
   as exigências do Senhor.

8 "Como vocês podem dizer:
   'Somos sábios,
   pois temos a lei do Senhor',
quando na verdade
   a pena mentirosa dos escribas
   a transformou em mentira?
9 Os sábios serão envergonhados;
   ficarão amedrontados
   e serão pegos na armadilha.
Visto que rejeitaram a palavra do Senhor,
   que sabedoria é essa que eles têm?
10 Por isso, entregarei as suas mulheres
   a outros homens,
e darei os seus campos
   a outros proprietários.
Desde o menor até o maior,
   todos são gananciosos;
tanto os sacerdotes como os profetas,
   todos praticam a falsidade.
11 Eles tratam da ferida do meu povo
   como se ela não fosse grave.
'Paz, paz', dizem,
   quando não há paz alguma.
12 Ficaram eles envergonhados
   de sua conduta detestável?
Não, eles não sentem vergonha,
   nem mesmo sabem corar.
Portanto, cairão entre os que caem;
   serão humilhados quando eu os castigar",
   declara o Senhor.

13 "Eu quis recolher a colheita deles",
   declara o Senhor.
"Mas não há uvas na videira
   nem figos na figueira;
as folhas estão secas.
O que lhes dei será tomado deles."

14 Por que estamos sentados aqui?
   Reúnam-se!
Fujamos para as cidades fortificadas
   e pereçamos ali!

Sin and Punishment

4 "Say to them, 'This is what the Lord says:

" 'When men fall down, do they not get up?
   When a man turns away, does he not return?
5 Why then have these people turned away?
   Why does Jerusalem always turn away?
They cling to deceit;
   they refuse to return.
6 I have listened attentively,
   but they do not say what is right.
No one repents of his wickedness,
   saying, "What have I done?"
Each pursues his own course
   like a horse charging into battle.
7 Even the stork in the sky
   knows her appointed seasons,
and the dove, the swift and the thrush
   observe the time of their migration.
But my people do not know
   the requirements of the Lord.

8 " 'How can you say, "We are wise,
   for we have the law of the Lord,"
when actually the lying pen of the scribes
   has handled it falsely?
9 The wise will be put to shame;
   they will be dismayed and trapped.
Since they have rejected the word of the Lord,
   what kind of wisdom do they have?
10 Therefore I will give their wives to other men
   and their fields to new owners.
From the least to the greatest,
   all are greedy for gain;
prophets and priests alike,
   all practice deceit.
11 They dress the wound of my people
   as though it were not serious.
"Peace, peace," they say,
   when there is no peace.
12 Are they ashamed of their loathsome conduct?
   No, they have no shame at all;
they do not even know how to blush.
So they will fall among the fallen;
   they will be brought down when
      they are punished,
                  says the Lord.

13 " 'I will take away their harvest,
              declares the Lord.
There will be no grapes on the vine.
There will be no figs on the tree,
   and their leaves will wither.
What I have given them
   will be taken from them.^a' "

14 "Why are we sitting here?
   Gather together!
Let us flee to the fortified cities
   and perish there!

---

^a8:13 The meaning of the Hebrew for this sentence is uncertain.

Pois o Senhor, o nosso Deus,
    condenou-nos a perecer
e nos deu água envenenada para beber,
    porque temos pecado contra ele.
15 Esperávamos a paz,
    mas não veio bem algum;
esperávamos um tempo de cura,
    mas há somente terror.
16 O resfolegar dos seus cavalos
    pode-se ouvir desde Dã;
ao relinchar dos seus garanhões
    a terra toda treme.
Vieram para devorar esta terra
    e tudo o que nela existe,
a cidade e todos os que nela habitam.
17 "Vejam, estou enviando contra vocês
    serpentes venenosas,
    que ninguém consegue encantar;
elas morderão vocês, e não haverá remédio",
    diz o Senhor.
18 A tristeza tomou conta de mim;
    o meu coração desfalece.
19 Ouça o grito de socorro da minha filha,
    do meu povo,
grito que se estende por toda esta terra:
    "O Senhor não está em Sião?
    Não se acha mais ali o seu rei?"

    "Por que eles me provocaram à ira
    com os seus ídolos,
com os seus inúteis
    deuses estrangeiros?"

20 Passou a época da colheita,
    acabou o verão,
    e não estamos salvos.
21 Estou arrasado com a devastação
    sofrida pelo meu povo.
    Choro muito,
    e o pavor se apodera de mim.
22 Não há bálsamo em Gileade?
    Não há médico?
Por que será, então,
    que não há sinal de cura
    para a ferida do meu povo?

9 Ah, se a minha cabeça
    fosse uma fonte de água
e os meus olhos
    um manancial de lágrimas!
Eu choraria noite e dia
    pelos mortos do meu povo.
2 Ah, se houvesse um alojamento
    para mim no deserto,
para que eu pudesse deixar o meu povo
    e afastar-me dele.
São todos adúlteros,
    um bando de traidores!
3 "A língua deles é como um arco
    pronto para atirar.
É a falsidade, não a verdade,
    que prevalece nesta terra.ᵃ
Eles vão de um crime a outro;
eles não me reconhecem",
    declara o Senhor.
4 "Cuidado com os seus amigos,

For the Lord our God has doomed us to perish
    and given us poisoned water to drink,
    because we have sinned against him.
15 We hoped for peace
    but no good has come,
for a time of healing
    but there was only terror.
16 The snorting of the enemy's horses
    is heard from Dan;
at the neighing of their stallions
    the whole land trembles.
They have come to devour
    the land and everything in it,
    the city and all who live there."
17 "See, I will send venomous snakes among you,
    vipers that cannot be charmed,
    and they will bite you,"
                declares the Lord.
18 O my Comforterᵃ in sorrow,
    my heart is faint within me.
19 Listen to the cry of my people
    from a land far away:
    "Is the Lord not in Zion?
    Is her King no longer there?"

"Why have they provoked me to anger with
             their images,
    with their worthless foreign idols?"

20 "The harvest is past,
    the summer has ended,
    and we are not saved."
21 Since my people are crushed, I am crushed;
    I mourn, and horror grips me.
22 Is there no balm in Gilead?
    Is there no physician there?
Why then is there no healing
    for the wound of my people?

9 Oh, that my head were a spring of water
    and my eyes a fountain of tears!
I would weep day and night
    for the slain of my people.
2 Oh, that I had in the desert
    a lodging place for travelers,
so that I might leave my people
    and go away from them;
for they are all adulterers,
    a crowd of unfaithful people.
3 "They make ready their tongue
    like a bow, to shoot lies;
it is not by truth
    that they triumphᵇ in the land.
They go from one sin to another;
    they do not acknowledge me,"
                 declares the Lord.
4 "Beware of your friends;

ᵃ**9.3** Ou *um arco que atira a mentira; não é pela verdade que prevalecem na terra.*

ᵃ**8:18** The meaning of the Hebrew for this word is uncertain. ᵇ**9:3** Or *lies; / they are not valiant for truth*

não confie em seus parentes.
Porque cada parente é um enganador[a],
    e cada amigo um caluniador.
⁵ Amigo engana amigo,
    ninguém fala a verdade.
Eles treinaram a língua
    para mentir;
e, sendo perversos,
    eles se cansam demais
    para se converterem.[b]
⁶ De opressão em opressão,
    de engano em engano,
eles se recusam a reconhecer-me",
    declara o Senhor.

⁷ Portanto, assim diz
o Senhor dos Exércitos:

"Vejam, sou eu que vou refiná-los
    e prová-los.
Que mais posso eu fazer
    pelo meu povo?
⁸ A língua deles é uma flecha mortal;
    eles falam traiçoeiramente.
Cada um mostra-se cordial
    com o seu próximo,
mas no íntimo lhe prepara
    uma armadilha.
⁹ Deixarei eu de castigá-los?",
    pergunta o Senhor.
"Não me vingarei
    de uma nação como essa?"

¹⁰ Chorarei, pranteárei
    e me lamentarei pelos montes
por causa das pastagens da estepe;
pois estão abandonadas
e ninguém mais as percorre.
    Não se ouve o mugir do gado;
tanto as aves como os animais fugiram.

¹¹ "Farei de Jerusalém
    um amontoado de ruínas,
uma habitação de chacais.
    Devastarei as cidades de Judá
até não restar nenhum morador."

¹² Quem é bastante sábio para compreender isso? Quem foi instruído pelo Senhor, que possa explicá-lo? Por que a terra está arruinada e devastada como um deserto pelo qual ninguém passa?
¹³ O Senhor disse: "Foi porque abandonaram a minha lei, que estabeleci diante deles; não me obedeceram nem seguiram a minha lei. ¹⁴ Em vez disso, seguiram a dureza de seus próprios corações, indo atrás dos baalins, como os seus antepassados lhes ensinaram". ¹⁵ Por isso, assim diz o Senhor dos Exércitos, o Deus de Israel: "Vejam! Farei este povo comer comida amarga e beber água envenenada. ¹⁶ Eu os espalharei entre nações que nem eles nem os seus antepassados conheceram; e enviarei contra eles a espada até exterminá-los".

¹⁷ Assim diz o Senhor dos Exércitos:

"Considerem:
Chamem as pranteadoras profissionais;
mandem chamar
    as mais hábeis entre elas.
¹⁸ Venham elas depressa
    e lamentem por nós,
até que os nossos olhos
    transbordem de lágrimas
e águas corram de nossas pálpebras.
¹⁹ O som de lamento se ouve desde Sião:
    'Como estamos arruinados!

do not trust your brothers.
For every brother is a deceiver,[a]
    and every friend a slanderer.
⁵ Friend deceives friend,
    and no one speaks the truth.
They have taught their tongues to lie;
    they weary themselves with sinning.
⁶ You[b] live in the midst of deception;
    in their deceit they refuse to
    acknowledge me,"
            declares the Lord.

⁷ Therefore this is what the Lord Almighty says:

"See, I will refine and test them,
    for what else can I do
    because of the sin of my people?
⁸ Their tongue is a deadly arrow;
    it speaks with deceit.
With his mouth each speaks cordially to
    his neighbor,
but in his heart he sets a trap for him.
⁹ Should I not punish them for this?"
    declares the Lord.
"Should I not avenge myself
    on such a nation as this?"

¹⁰ I will weep and wail for the mountains
    and take up a lament concerning the
        desert pastures.
They are desolate and untraveled,
    and the lowing of cattle is not heard.
The birds of the air have fled
    and the animals are gone.

¹¹ "I will make Jerusalem a heap of ruins,
    a haunt of jackals;
and I will lay waste the towns of Judah
    so no one can live there."

¹² What man is wise enough to understand this? Who has been instructed by the Lord and can explain it? Why has the land been ruined and laid waste like a desert so no one can cross?
¹³ The Lord said, "It is because they have forsaken my law, which I set before them; they have not obeyed me or followed my law. ¹⁴ Instead, they have followed the stubbornness of their hearts; they have followed the Baals, as their fathers taught them." ¹⁵ Therefore, this is what the Lord Almighty, the God of Israel, says: "See, I will make this people eat bitter food and drink poisoned water. ¹⁶ I will scatter them among nations that neither they nor their fathers have known, and I will pursue them with the sword until I have destroyed them."

¹⁷ This is what the Lord Almighty says:

"Consider now! Call for the wailing women to come;
    send for the most skillful of them.
¹⁸ Let them come quickly
    and wail over us
till our eyes overflow with tears
    and water streams from our eyelids.
¹⁹ The sound of wailing is heard from Zion:
    'How ruined we are!

---

[a]9.4 Ou *um Jacó enganador* [b]9.5 Ou *eles se cansam de tanto pecar.*   [a]9:4 Or *a deceiving Jacob* [b]9:6 That is, Jeremiah (the Hebrew is singular)

Como é grande a nossa humilhação!
Deixamos a nossa terra
   porque as nossas casas
   estão em ruínas' ".

20 Ó mulheres, ouçam agora
   a palavra do Senhor;
abram os ouvidos às palavras
   de sua boca.
Ensinem suas filhas a lamentar-se;
   ensinem umas as outras a prantear.

21 A morte subiu e penetrou
   pelas nossas janelas
e invadiu as nossas fortalezas,
eliminando das ruas as crianças
   e das praças, os rapazes.

22 "Diga: Assim declara o Senhor:

" Cadáveres ficarão estirados
   como esterco em campo aberto,
como o trigo deixado para trás
   pelo ceifeiro,
sem que ninguém o ajunte."

23 Assim diz o Senhor:

"Não se glorie o sábio em sua sabedoria
   nem o forte em sua força
   nem o rico em sua riqueza,
24 mas quem se gloriar, glorie-se nisto:
   em compreender-me e conhecer-me,
pois eu sou o Senhor
   e ajo com lealdade,
   com justiça e com retidão sobre a terra,
pois é dessas coisas que me agrado",
   declara o Senhor.

25 "Vêm chegando os dias", declara o Senhor, "em que castigarei todos os que são circuncidados apenas no corpo, **26** como também o Egito, Judá, Edom, Amom, Moabe e todos os que rapam a cabeça[a] e vivem no deserto; porque todas essas nações são incircuncisas, e a comunidade de Israel tem o coração obstinado[b]."

Deus e os ídolos

10 Ouçam o que o Senhor diz a vocês, ó comunidade de Israel! **2** Assim diz o Senhor:

"Não aprendam as práticas das nações
   nem se assustem com os sinais no céu,
embora as nações se assustem com eles.
3 Os costumes religiosos das nações são inúteis:
   corta-se uma árvore da floresta,
um artesão a modela com seu formão;
4 enfeitam-na com prata e ouro,
   prendendo tudo com martelo e pregos
para que não balance.
5 Como um espantalho
   numa plantação de pepinos,
os ídolos são incapazes de falar,
e têm que ser transportados
   porque não conseguem andar.
Não tenham medo deles,
pois não podem fazer
   nem mal nem bem".

6 Não há absolutamente ninguém
   comparável a ti, ó Senhor;
tu és grande,
   e grande é o poder do teu nome.
7 Quem não te temerá,

How great is our shame!
We must leave our land
   because our houses are in ruins.' "

20 Now, O women, hear the word of the Lord;
   open your ears to the words of his mouth.
Teach your daughters how to wail;
   teach one another a lament.
21 Death has climbed in through our windows
   and has entered our fortresses;
it has cut off the children from the streets
   and the young men from the public squares.

22 Say, "This is what the Lord declares:

" 'The dead bodies of men will lie
   like refuse on the open field,
like cut grain behind the reaper,
   with no one to gather them.' "

23 This is what the Lord says:

"Let not the wise man boast of his wisdom
   or the strong man boast of his strength
   or the rich man boast of his riches,
24 but let him who boasts boast about this:
   that he understands and knows me,
that I am the Lord, who exercises kindness,
   justice and righteousness on earth,
   for in these I delight,"
                 declares the Lord.

25 "The days are coming," declares the Lord, "when I will punish all who are circumcised only in the flesh— **26** Egypt, Judah, Edom, Ammon, Moab and all who live in the desert in distant places.[a] For all these nations are really uncircumcised, and even the whole house of Israel is uncircumcised in heart."

God and Idols

10 Hear what the Lord says to you, O house of Israel. **2** This is what the Lord says:

"Do not learn the ways of the nations
   or be terrified by signs in the sky,
   though the nations are terrified by them.
3 For the customs of the peoples are worthless;
   they cut a tree out of the forest,
   and a craftsman shapes it with his chisel.
4 They adorn it with silver and gold;
   they fasten it with hammer and nails
   so it will not totter.
5 Like a scarecrow in a melon patch,
   their idols cannot speak;
they must be carried
   because they cannot walk.
Do not fear them;
   they can do no harm
   nor can they do any good."

6 No one is like you, O Lord;
   you are great,
   and your name is mighty in power.
7 Who should not revere you,

---

a9.26 Ou *e todos os que prendem o cabelo junto à testa* **b**9.26 Hebraico: *é incircuncisa de coração.*

a9:26 Or *desert and who clip the hair by their foreheads*

ó rei das nações?
Esse temor te é devido.
Entre todos os sábios das nações
e entre todos os seus reinos
    não há absolutamente ninguém
    comparável a ti.
⁸ São todos insensatos e tolos;
    querem ser ensinados por ídolos inúteis.
Os deuses deles não passam de madeira.
⁹ Prata batida é trazida de Társis,
    e ouro, de Ufaz.
A obra do artesão e do ourives
    é vestida de azul e de vermelho;
tudo não passa de obra
    de hábeis artesãos.
¹⁰ Mas o Senhor é o Deus verdadeiro;
    ele é o Deus vivo; o rei eterno.
Quando ele se ira, a terra treme;
    as nações não podem suportar o seu furor.

¹¹ "Digam-lhes isto: Estes deuses, que não fizeram nem os céus nem a terra, desaparecerão da terra e de debaixo dos céus".ᵃ

¹² Mas foi Deus quem fez a terra
    com o seu poder,
firmou o mundo com a sua sabedoria
e estendeu os céus
    com o seu entendimento.
¹³ Ao som do seu trovão,
    as águas no céu rugem,
e formam-se nuvens
    desde os confins da terra.
Ele faz os relâmpagos para a chuva
    e dos seus depósitos faz sair o vento.

¹⁴ Esses homens todos
    são estúpidos e ignorantes;
cada ourives é envergonhado
    pela imagem que esculpiu.
Suas imagens esculpidas
    são uma fraude,
elas não têm fôlego de vida.
¹⁵ São inúteis,
    são objetos de zombaria.
Quando vier o julgamento delas,
    perecerão.
¹⁶ Aquele que é a porção de Jacó
    nem se compara a essas imagens,
pois ele é quem forma todas as coisas,
    e Israel é a tribo de sua propriedade,
Senhor dos Exércitos é o seu nome.

A Destruição Vindoura

¹⁷ Ajunte os seus pertences
    para deixar a terra,
você que vive sitiada.
¹⁸ Porque assim diz o Senhor:
    "Desta vez lançarei fora
    os que vivem nesta terra.
    Trarei aflição sobre eles,
    e serão capturados".

¹⁹ Ai de mim! Estou ferido!
    O meu ferimento é incurável!
Apesar disso eu dizia:
Esta é a minha enfermidade
    e tenho que suportá-la.
²⁰ A minha tenda foi destruída;
    todas as cordas da minha tenda
    estão arrebentadas.

O King of the nations?
This is your due.
Among all the wise men of the nations
    and in all their kingdoms,
    there is no one like you.
⁸ They are all senseless and foolish;
    they are taught by worthless wooden idols.
⁹ Hammered silver is brought from Tarshish
    and gold from Uphaz.
What the craftsman and goldsmith have made
    is then dressed in blue and purple—
    all made by skilled workers.
¹⁰ But the Lord is the true God;
    he is the living God, the eternal King.
When he is angry, the earth trembles;
    the nations cannot endure his wrath.

¹¹ "Tell them this: 'These gods, who did not make the heavens and the earth, will perish from the earth and from under the heavens.' "ᵃ

¹² But God made the earth by his power;
    he founded the world by his wisdom
    and stretched out the heavens by his understanding.
¹³ When he thunders, the waters in the
        heavens roar;
    he makes clouds rise from the ends of
        the earth.
He sends lightning with the rain
    and brings out the wind from his storehouses.

¹⁴ Everyone is senseless and without knowledge;
    every goldsmith is shamed by his idols.
His images are a fraud;
    they have no breath in them.
¹⁵ They are worthless, the objects of mockery;
    when their judgment comes, they will perish.
¹⁶ He who is the Portion of Jacob is not like these,
    for he is the Maker of all things,
including Israel, the tribe of his inheritance—
    the Lord Almighty is his name.

Coming Destruction

¹⁷ Gather up your belongings to leave the land,
    you who live under siege.
¹⁸ For this is what the Lord says:
    "At this time I will hurl out
    those who live in this land;
    I will bring distress on them
    so that they may be captured."

¹⁹ Woe to me because of my injury!
    My wound is incurable!
Yet I said to myself,
    "This is my sickness, and I must endure it."
²⁰ My tent is destroyed;
    all its ropes are snapped.

ᵃ10.11 Este versículo está em aramaico no texto original.   ᵃ10:11 The text of this verse is in Aramaic.

Os meus filhos me deixaram
  e já não existem;
não restou ninguém para
  armar a minha tenda
  e montar o meu abrigo.
21 Os líderes do povo são insensatos
  e não consultam o Senhor;
por isso não prosperam
  e todo o seu rebanho está disperso.
22 Escutem! Estão chegando notícias:
  uma grande agitação vem do norte!
As cidades de Judá serão arrasadas
  e transformadas em morada de chacais.

A Oração de Jeremias

23 Eu sei, Senhor,
  que não está nas mãos do homem
o seu futuro;
não compete ao homem
  dirigir os seus passos.
24 Corrige-me, Senhor,
  mas somente com justiça,
não com ira,
  para que não me reduzas a nada.
25 Derrama a tua ira sobre as nações
  que não te conhecem,
sobre os povos que não invocam o teu nome;
pois eles devoraram Jacó,
  devoraram-no completamente
  e destruíram a sua terra.

A Aliança é Quebrada

11 Esta é a palavra que veio a Jeremias da parte do Senhor: 2 "Ouça os termos desta aliança; e repita-os ao povo de Judá e aos habitantes de Jerusalém. 3 Diga-lhes que assim diz o Senhor, o Deus de Israel: Maldito é aquele que não obedecer aos termos desta aliança, 4 os quais ordenei aos antepassados de vocês, quando eu os tirei do Egito, da fornalha de fundir ferro. Eu disse: Obedeçam-me e façam tudo o que lhes ordeno, e vocês serão o meu povo, e eu serei o seu Deus. 5 Então cumprirei a promessa que fiz sob juramento aos antepassados de vocês, de dar-lhes uma terra onde manam leite e mel, a terra que vocês hoje possuem".

Então respondi: Amém, Senhor.

6 O Senhor me disse: "Proclame todas estas palavras nas cidades de Judá e nas ruas de Jerusalém: Ouçam os termos desta aliança e cumpram-nos. 7 Desde a época em que tirei os seus antepassados do Egito até hoje, repetidas vezes os adverti, dizendo: Obedeçam-me. 8 Mas eles não me ouviram nem me deram atenção; ao contrário, seguiram os seus corações duros e maus. Por isso eu trouxe sobre eles todas as maldições desta aliança, que eu tinha ordenado que cumprissem, mas que eles não cumpriram.

9 Então o Senhor me disse: "Há uma conspiração entre o povo de Judá e os habitantes de Jerusalém. 10 Eles retornaram aos pecados de seus antepassados, que recusaram dar ouvidos às minhas palavras e seguiram outros deuses para prestar-lhes culto. Tanto a comunidade de Israel como a de Judá quebraram a aliança que eu fiz com os antepassados deles". 11 Por isso, assim diz o Senhor: "Trarei sobre eles uma desgraça da qual não poderão escapar. Ainda que venham a clamar a mim, eu não os ouvirei. 12 Então as cidades de Judá e os habitantes de Jerusalém clamarão aos deuses, aos quais queimam incenso, mas eles não poderão salvá-los quando a desgraça os atingir. 13 Você tem tantos deuses quantas são as suas cidades, ó Judá; e os altares que você construiu para queimar incenso àquela coisa vergonhosa chamada Baal são tantos quantas são as ruas de Jerusalém.

14 "E você, Jeremias, não ore em favor deste povo nem ofereça súplica ou petição alguma por eles, porque eu não ouvirei quando clamarem a mim na hora da desgraça.

My sons are gone from me and are no more;
  no one is left now to pitch my tent
  or to set up my shelter.
21 The shepherds are senseless
  and do not inquire of the Lord;
so they do not prosper
  and all their flock is scattered.
22 Listen! The report is coming—
  a great commotion from the land of the north!
It will make the towns of Judah desolate,
  a haunt of jackals.

Jeremiah's Prayer

23 I know, O Lord, that a man's life is not his own;
  it is not for man to direct his steps.
24 Correct me, Lord, but only with justice—
  not in your anger,
  lest you reduce me to nothing.
25 Pour out your wrath on the nations
  that do not acknowledge you,
  on the peoples who do not call on your name.
For they have devoured Jacob;
  they have devoured him completely
  and destroyed his homeland.

The Covenant Is Broken

11 This is the word that came to Jeremiah from the Lord: 2 "Listen to the terms of this covenant and tell them to the people of Judah and to those who live in Jerusalem. 3 Tell them that this is what the Lord, the God of Israel, says: 'Cursed is the man who does not obey the terms of this covenant— 4 the terms I commanded your forefathers when I brought them out of Egypt, out of the iron-smelting furnace.' I said, 'Obey me and do everything I command you, and you will be my people, and I will be your God. 5 Then I will fulfill the oath I swore to your forefathers, to give them a land flowing with milk and honey'—the land you possess today."

I answered, "Amen, Lord."

6 The Lord said to me, "Proclaim all these words in the towns of Judah and in the streets of Jerusalem: 'Listen to the terms of this covenant and follow them. 7 From the time I brought your forefathers up from Egypt until today, I warned them again and again, saying, "Obey me." 8 But they did not listen or pay attention; instead, they followed the stubbornness of their evil hearts. So I brought on them all the curses of the covenant I had commanded them to follow but that they did not keep.' "

9 Then the Lord said to me, "There is a conspiracy among the people of Judah and those who live in Jerusalem. 10 They have returned to the sins of their forefathers, who refused to listen to my words. They have followed other gods to serve them. Both the house of Israel and the house of Judah have broken the covenant I made with their forefathers. 11 Therefore this is what the Lord says: 'I will bring on them a disaster they cannot escape. Although they cry out to me, I will not listen to them. 12 The towns of Judah and the people of Jerusalem will go and cry out to the gods to whom they burn incense, but they will not help them at all when disaster strikes. 13 You have as many gods as you have towns, O Judah; and the altars you have set up to burn incense to that shameful god Baal are as many as the streets of Jerusalem.'

14 "Do not pray for this people nor offer any plea or petition for them, because I will not listen when they call to me in the time of their distress.

15 "O que a minha amada faz
no meu templo
com intenção enganosa?
Será que os votos e a carne consagrada
evitarão o castigo?
Poderá você, então, exultar?"

16 O Senhor a chamou
de oliveira verdejante,
ornada de belos e bons frutos.
Mas com o estrondo
de um grande tumulto,
ele a incendiará,
e os seus ramos serão quebrados.

17 O Senhor dos Exércitos, que a plantou, anunciou-lhe desgraça, porque a comunidade de Israel e a comunidade de Judá fizeram o que é reprovável e provocaram a minha ira, queimando incenso a Baal.

A Conspiração contra Jeremias

18 Fiquei sabendo porque o Senhor me revelou; tu me mostraste o que eles estavam fazendo. **19** Eu era como um cordeiro manso levado ao matadouro; não tinha percebido que tramavam contra mim, dizendo:

"Destruamos a árvore e a sua seiva[a],
vamos cortá-lo da terra dos viventes
para que o seu nome
não seja mais lembrado".
20 Ó Senhor dos Exércitos,
justo juiz que provas
o coração e a mente,
espero ver a tua vingança sobre eles,
pois a ti expus a minha causa.

21 Em vista disso, assim diz o Senhor a respeito dos homens de Anatote que querem tirar a minha vida, e que dizem: "Não profetize em nome do Senhor, se não nós o mataremos"; **22** assim diz o Senhor dos Exércitos: "Eu os castigarei. Seus jovens morrerão à espada; seus filhos e suas filhas, de fome. **23** Nem mesmo um remanescente lhes restará, porque trarei a desgraça sobre os homens de Anatote no ano do seu castigo".

A Queixa de Jeremias

12 Tu és justo, Senhor,
quando apresento
uma causa diante de ti.
Contudo, eu gostaria de discutir contigo
sobre a tua justiça.
Por que o caminho
dos ímpios prospera?
Por que todos os traidores
vivem sem problemas?
2 Tu os plantaste, e eles criaram raízes;
crescem e dão fruto.
Tu estás sempre perto dos seus lábios,
mas longe dos seus corações.
3 Tu, porém, me conheces, Senhor;
tu me vês e provas a minha atitude
para contigo.
Arranca os ímpios como a ovelhas
destinadas ao matadouro!
Reserva-os para o dia da matança!
4 Até quando a terra ficará de luto[b]
e a relva de todo o campo estará seca?
Perecem os animais e as aves
por causa da maldade
dos que habitam nesta terra,

15 "What is my beloved doing in my temple
as she works out her evil schemes with many?
Can consecrated meat avert *your punishment*?
When you engage in your wickedness,
then you rejoice.[a]"

16 The Lord called you a thriving olive tree
with fruit beautiful in form.
But with the roar of a mighty storm
he will set it on fire,
and its branches will be broken.

17 The Lord Almighty, who planted you, has decreed disaster for you, because the house of Israel and the house of Judah have done evil and provoked me to anger by burning incense to Baal.

Plot Against Jeremiah

18 Because the Lord revealed their plot to me, I knew it, for at that time he showed me what they were doing. **19** I had been like a gentle lamb led to the slaughter; I did not realize that they had plotted against me, saying,

"Let us destroy the tree and its fruit;
let us cut him off from the land of the living,
that his name be remembered no more."
20 But, O Lord Almighty, you who
judge righteously
and test the heart and mind,
let me see your vengeance upon them,
for to you I have committed my cause.

21 "Therefore this is what the Lord says about the men of Anatoth who are seeking your life and saying, 'Do not prophesy in the name of the Lord or you will die by our hands'— **22** therefore this is what the Lord Almighty says: 'I will punish them. Their young men will die by the sword, their sons and daughters by famine. **23** Not even a remnant will be left to them, because I will bring disaster on the men of Anatoth in the year of their punishment.' "

Jeremiah's Complaint

12 You are always righteous, O Lord,
when I bring a case before you.
Yet I would speak with you about your justice:
Why does the way of the wicked prosper?
Why do all the faithless live at ease?
2 You have planted them, and they have
taken root;
they grow and bear fruit.
You are always on their lips
but far from their hearts.
3 Yet you know me, O Lord;
you see me and test my thoughts about you.
Drag them off like sheep to be butchered!
Set them apart for the day of slaughter!
4 How long will the land lie parched[b]
and the grass in every field be withered?
Because those who live in it are wicked,
the animals and birds have perished.

---

[a]11.19 Hebraico: *com seu pão.* [b]12.4 Ou *a terra pranteará*

[a]11:15 Or *Could consecrated meat avert your punishment? / Then you would rejoice* [b]12:4 Or *land mourn*

pois eles disseram:

"Ele não verá o fim que nos espera".

A Resposta de Deus

⁵ "Se você correu com homens
    e eles o cansaram,
como poderá competir com cavalos?
Se você tropeça[a] em terreno seguro,[b]
    o que fará nos matagais
    junto ao Jordão?[c]
⁶ Até mesmo os seus irmãos
    e a sua própria família traíram você
    e o perseguem aos gritos.
Não confie neles,
    mesmo quando lhe dizem coisas boas.

⁷ "Abandonei a minha família,
    deixei a minha propriedade
e entreguei aquela a quem amo
    nas mãos dos seus inimigos.
⁸ O povo de minha propriedade
    tornou-se para mim
    como um leão na floresta.
Ele ruge contra mim,
    por isso eu o detesto.
⁹ O povo de minha propriedade
    tornou-se para mim
    como uma toca de hiena,
    sobre a qual pairam as aves de rapina.
Reúnam todos os animais selvagens;
    tragam-nos para o banquete.
¹⁰ A minha vinha foi destruída
    por muitos pastores,
que pisotearam
    a minha propriedade.
Eles tornaram a minha
    preciosa propriedade
    num deserto devastado.
¹¹ Fizeram dela uma terra devastada;
    e devastada ela pranteia
    diante de mim.
A terra toda foi devastada,
    mas não há quem se importe
    com isso.
¹² Destruidores vieram
    sobre todas
    as planícies do deserto,
pois a espada do Senhor
    devora esta terra
    de uma extremidade à outra;
ninguém está seguro.
¹³ Semearam trigo,
    mas colheram espinhos;
cansaram-se de trabalhar
    para nada produzir.
Estão desapontados com a colheita
    por causa do fogo da ira do Senhor."

¹⁴ Assim diz o Senhor a respeito de todos os meus vizinhos, as nações ímpias que se apoderam da herança que dei a Israel, o meu povo: "Eu os arrancarei da sua terra, e arrancarei Judá do meio deles. ¹⁵ Mas, depois de arrancá-los, terei compaixão de novo e os farei voltar, cada um à sua propriedade e à sua terra. ¹⁶ E se aprenderem a comportar-se como o meu povo, e jurarem pelo nome do Senhor, dizendo: 'Juro pelo nome do Senhor' — como antes ensinaram o meu povo a jurar por Baal — então eles serão estabelecidos no meio do meu povo. ¹⁷ Mas se não me ouvirem, eu arrancarei completamente aquela nação e a destruirei", declara o Senhor.

Moreover, the people are saying,
    "He will not see what happens to us."

God's Answer

⁵ "If you have raced with men on foot
    and they have worn you out,
    how can you compete with horses?
If you stumble in safe country,[a]
    how will you manage in the thickets by[b]
    the Jordan?
⁶ Your brothers, your own family—
    even they have betrayed you;
    they have raised a loud cry against you.
Do not trust them,
    though they speak well of you.

⁷ "I will forsake my house,
    abandon my inheritance;
I will give the one I love
    into the hands of her enemies.
⁸ My inheritance has become to me
    like a lion in the forest.
She roars at me;
    therefore I hate her.
⁹ Has not my inheritance become to me
    like a speckled bird of prey
    that other birds of prey surround and attack?
Go and gather all the wild beasts;
    bring them to devour.
¹⁰ Many shepherds will ruin my vineyard
    and trample down my field;
they will turn my pleasant field
    into a desolate wasteland.
¹¹ It will be made a wasteland,
    parched and desolate before me;
    the whole land will be laid waste
    because there is no one who cares.
¹² Over all the barren heights in the desert
    destroyers will swarm,
for the sword of the Lord will devour
    from one end of the land to the other;
    no one will be safe.
¹³ They will sow wheat but reap thorns;
    they will wear themselves out but gain nothing.
So bear the shame of your harvest
    because of the Lord's fierce anger."

¹⁴ This is what the Lord says: "As for all my wicked neighbors who seize the inheritance I gave my people Israel, I will uproot them from their lands and I will uproot the house of Judah from among them. ¹⁵ But after I uproot them, I will again have compassion and will bring each of them back to his own inheritance and his own country. ¹⁶ And if they learn well the ways of my people and swear by my name, saying, 'As surely as the Lord lives'—even as they once taught my people to swear by Baal—then they will be established among my people. ¹⁷ But if any nation does not listen, I will completely uproot and destroy it," declares the Lord.

ᵃ12.5 Ou *você se sente seguro* ᵇ12.5 Ou *Se você põe a confiança numa terra segura*, ᶜ12.5 Ou *fará quando o Jordão inundar?*

ᵃ12:5 Or *If you put your trust in a land of safety* ᵇ12:5 Or *the flooding of*

O Cinto de Linho

13 Assim me disse o Senhor: "Vá comprar um cinto de linho e ponha-o em volta da cintura, mas não o deixe encostar na água". ² Comprei um cinto e o pus em volta da cintura, como o Senhor me havia instruído.

³ O Senhor me dirigiu a palavra pela segunda vez, dizendo: ⁴ "Pegue o cinto que você comprou e está usando, vá agora a Perateª e esconda-o ali numa fenda da rocha". ⁵ Assim, fui e o escondi em Perate, conforme o Senhor me havia ordenado.

⁶ Depois de muitos dias, o Senhor me disse: "Vá agora a Perate e pegue o cinto que lhe ordenei que escondesse ali". ⁷ Então fui a Perate, desenterrei o cinto e o tirei do lugar em que o havia escondido. O cinto estava podre e se tornara completamente inútil.

⁸ E o Senhor dirigiu-me a palavra, dizendo: ⁹ "Assim diz o Senhor: Do mesmo modo também arruinarei o orgulho de Judá e o orgulho desmedido de Jerusalém. ¹⁰ Este povo ímpio, que se recusa a ouvir as minhas palavras, que age segundo a dureza de seus corações, seguindo outros deuses para prestar-lhes culto e adorá-los, que este povo seja como aquele cinto: completamente inútil. ¹¹ Assim como um cinto se apega à cintura de um homem, da mesma forma fiz com que toda a comunidade de Israel e toda a comunidade de Judá se apegasse a mim, para que fosse o meu povo para o meu renome, louvor e honra. Mas eles não me ouviram", declara o Senhor.

As Vasilhas de Couro

¹² "Diga-lhes também: Assim diz o Senhor, o Deus de Israel: Deve-se encher de vinho toda vasilha de couro. E, se eles lhe disserem: 'Será que não sabemos que se deve encher de vinho toda vasilha de couro?' ¹³ Então você lhes dirá: Assim diz o Senhor: Farei com que fiquem totalmente embriagados todos os habitantes desta terra, bem como os reis que se assentam no trono de Davi, os sacerdotes, os profetas e todos os habitantes de Jerusalém. ¹⁴ Eu os despedaçarei, colocando uns contra os outros, tanto os pais como os filhos", diz o Senhor. "Nem a piedade nem a misericórdia nem a compaixão me impedirão de destruí-los."

Ameaça de Cativeiro

¹⁵ Escutem e dêem atenção,
    não sejam arrogantes,
    pois o Senhor falou.
¹⁶ Dêem glória ao Senhor, ao seu Deus,
    antes que ele traga trevas,
    antes que os pés de vocês tropecem
    nas colinas ao escurecer.
Vocês esperam a luz,
    mas ele fará dela
    uma escuridão profunda;
sim, ele a transformará
    em densas trevas.
¹⁷ Mas, se vocês não ouvirem,
    eu chorarei em segredo
    por causa do orgulho de vocês.
Chorarei amargamente,
    e de lágrimas
    os meus olhos transbordarão,
porque o rebanho do Senhor
    foi levado para o cativeiro.

¹⁸ Diga-se ao rei e à rainha-mãe:
    "Desçam do trono,
    pois as suas coroas gloriosas
    caíram de sua cabeça".
¹⁹ As cidades do Neguebe
    estão bloqueadas
e não há quem nelas consiga entrar.
Todo o Judá foi levado para o exílio,
    todos foram exilados.

A Linen Belt

13 This is what the Lord said to me: "Go and buy a linen belt and put it around your waist, but do not let it touch water." ² So I bought a belt, as the Lord directed, and put it around my waist.

³ Then the word of the Lord came to me a second time: ⁴ "Take the belt you bought and are wearing around your waist, and go now to Peratha and hide it there in a crevice in the rocks." ⁵ So I went and hid it at Perath, as the Lord told me.

⁶ Many days later the Lord said to me, "Go now to Perath and get the belt I told you to hide there." ⁷ So I went to Perath and dug up the belt and took it from the place where I had hidden it, but now it was ruined and completely useless.

⁸ Then the word of the Lord came to me: ⁹ "This is what the Lord says: 'In the same way I will ruin the pride of Judah and the great pride of Jerusalem. ¹⁰ These wicked people, who refuse to listen to my words, who follow the stubbornness of their hearts and go after other gods to serve and worship them, will be like this belt—completely useless! ¹¹ For as a belt is bound around a man's waist, so I bound the whole house of Israel and the whole house of Judah to me,' declares the Lord, 'to be my people for my renown and praise and honor. But they have not listened.'

Wineskins

¹² "Say to them: 'This is what the Lord, the God of Israel, says: Every wineskin should be filled with wine.' And if they say to you, 'Don't we know that every wineskin should be filled with wine?' ¹³ then tell them, 'This is what the Lord says: I am going to fill with drunkenness all who live in this land, including the kings who sit on David's throne, the priests, the prophets and all those living in Jerusalem. ¹⁴ I will smash them one against the other, fathers and sons alike, declares the Lord. I will allow no pity or mercy or compassion to keep me from destroying them.' "

Threat of Captivity

¹⁵ Hear and pay attention,
    do not be arrogant,
    for the Lord has spoken.
¹⁶ Give glory to the Lord your God
    before he brings the darkness,
    before your feet stumble
    on the darkening hills.
You hope for light,
    but he will turn it to thick darkness
    and change it to deep gloom.
¹⁷ But if you do not listen,
    I will weep in secret
    because of your pride;
my eyes will weep bitterly,
    overflowing with tears,
    because the Lord's flock will be taken captive.

¹⁸ Say to the king and to the queen mother,
    "Come down from your thrones,
for your glorious crowns
    will fall from your heads."
¹⁹ The cities in the Negev will be shut up,
    and there will be no one to open them.
All Judah will be carried into exile,
    carried completely away.

ª13.4 Possivelmente *ao Eufrates*; também nos versículos 5-7.

ª13:4 Or possibly *the Euphrates*; also in verses 5-7

20 Erga os olhos, Jerusalém,
    e veja aqueles que vêm do norte.
Onde está o rebanho
    que lhe foi confiado,
as ovelhas das quais você se orgulhava?
21 O que você dirá
    quando sobre você dominarem
    aqueles que você
    sempre teve como aliados?
Você não irá sentir dores
    como as de uma mulher
    em trabalho de parto?
22 E se você se perguntar:
    "Por que aconteceu isso comigo?",
saiba que foi por causa
    dos seus muitos pecados
que as suas vestes foram levantadas
    e você foi violentada^a.
23 Será que o etíope^b pode
    mudar a sua pele?
Ou o leopardo as suas pintas?
Assim também vocês são incapazes
    de fazer o bem,
vocês, que estão acostumados
    a praticar o mal.

24 "Espalharei vocês como a palha
    levada pelo vento do deserto.
25 Esta é a sua parte,
    a porção que lhe determinei",
    declara o Senhor,
"porque você se esqueceu de mim
    e confiou em deuses falsos.
26 Eu mesmo levantarei as suas
    vestes até o seu rosto para que
    as suas vergonhas sejam expostas.
27 Tenho visto os seus atos repugnantes,
    os seus adultérios, os seus relinchos,
    a sua prostituição desavergonhada
    sobre as colinas e nos campos.
Ai de você, Jerusalém!
    Até quando você continuará impura?"

Seca, Fome, Espada

14 Esta é a palavra que o Senhor dirigiu a Jeremias acerca da seca:

2 "Judá pranteia,
    as suas cidades estão definhando
e os seus habitantes se lamentam,
    prostrados no chão!
O grito de Jerusalém sobe.
3 Os nobres mandam os seus servos
    à procura de água;
eles vão às cisternas
    mas nada encontram.
Voltam com os potes vazios,
    e, decepcionados e desesperados,
    cobrem a cabeça.
4 A terra nada produziu,
    porque não houve chuva;
e os lavradores, decepcionados,
    cobrem a cabeça.
5 Até mesmo a corça no campo
    abandona a cria recém-nascida,
porque não há capim.
6 Os jumentos selvagens
    permanecem nos altos,

20 Lift up your eyes and see
    those who are coming from the north.
Where is the flock that was entrusted to you,
    the sheep of which you boasted?
21 What will you say when ⌊the Lord⌋ sets over you
    those you cultivated as your special allies?
Will not pain grip you
    like that of a woman in labor?
22 And if you ask yourself,
    "Why has this happened to me?"—
it is because of your many sins
    that your skirts have been torn off
    and your body mistreated.
23 Can the Ethiopian^a change his skin
    or the leopard its spots?
Neither can you do good
    who are accustomed to doing evil.
24 "I will scatter you like chaff
    driven by the desert wind.
25 This is your lot,
    the portion I have decreed for you,"
              declares the Lord,
    "because you have forgotten me
    and trusted in false gods.
26 I will pull up your skirts over your face
    that your shame may be seen—
27 your adulteries and lustful neighings,
    your shameless prostitution!
I have seen your detestable acts
    on the hills and in the fields.
Woe to you, O Jerusalem!
    How long will you be unclean?"

Drought, Famine, Sword

14 This is the word of the Lord to Jeremiah concerning the drought:

2 "Judah mourns,
    her cities languish;
they wail for the land,
    and a cry goes up from Jerusalem.
3 The nobles send their servants for water;
    they go to the cisterns
    but find no water.
They return with their jars unfilled;
    dismayed and despairing,
    they cover their heads.
4 The ground is cracked
    because there is no rain in the land;
the farmers are dismayed
    and cover their heads.
5 Even the doe in the field
    deserts her newborn fawn
    because there is no grass.
6 Wild donkeys stand on the barren heights

---

^a13.22 Hebraico: *os seus calcanhares sofreram violência.* ^b13.23 Hebraico: *cuxita.*

^a13:23 Hebrew *Cushite* (probably a person from the upper Nile region)

farejando o vento como os chacais,
mas a sua visão falha,
    por falta de pastagem".

7 Embora os nossos pecados nos acusem,
age por amor do teu nome,
    ó Senhor!
Nossas infidelidades são muitas;
temos pecado contra ti.
8 Ó Esperança de Israel,
tu que o salvas na hora da adversidade,
por que te comportas
    como um estrangeiro na terra,
ou como um viajante
    que fica somente uma noite?
9 Por que ages como um homem
    que foi pego de surpresa,
como um guerreiro que não pode salvar?
Tu estás em nosso meio, ó Senhor,
e nós pertencemos a ti[a];
    não nos abandones!

10 Assim diz o Senhor
acerca deste povo:

"Eles gostam muito de vaguear;
    não controlam os pés.
Por isso o Senhor não os aceita;
agora ele se lembrará
    da iniquidade deles
e os castigará por causa
    dos seus pecados".

11 Então o Senhor me disse: "Não ore pelo bem-estar deste povo. **12** Ainda que jejuem, não escutarei o clamor deles; ainda que ofereçam holocaustos[b] e ofertas de cereal, não os aceitarei. Mas eu os destruirei pela guerra, pela fome e pela peste". **13** Mas eu disse: Ah, Soberano Senhor, os profetas estão dizendo a eles: "Vocês não verão a guerra nem a fome; eu lhes darei prosperidade duradoura neste lugar".

14 Então o Senhor me disse: "É mentira o que os profetas estão profetizando em meu nome. Eu não os enviei nem lhes dei ordem nenhuma, nem falei com eles. Eles estão profetizando para vocês falsas visões, adivinhações inúteis e ilusões de suas próprias mentes". **15** Por isso, assim diz o Senhor: "Quanto aos profetas que estão profetizando em meu nome, embora eu não os tenha enviado, e que dizem: 'Nem guerra nem fome alcançarão esta terra', aqueles mesmos profetas perecerão pela guerra e pela fome! **16** E aqueles a quem estão profetizando serão jogados nas ruas de Jerusalém, por causa da fome e da guerra. E não haverá ninguém para sepultá-los, nem para sepultar as suas mulheres, os seus filhos e as suas filhas. Despejarei sobre eles o castigo que merecem.

17 "Diga-lhes isto:

"Que os meus olhos derramem lágrimas,
    noite e dia sem cessar;
pois a minha filha virgem, o meu povo,
    sofreu um ferimento terrível,
    um golpe fatal.
18 Se vou para o campo,
    vejo os que morreram à espada;
se entro na cidade,
    vejo a devastação da fome.
Tanto o profeta como o sacerdote
    percorrem a terra
    sem nada compreender[c]".

19 Rejeitaste Judá completamente?
Desprezaste Sião?

and pant like jackals;
their eyesight fails
    for lack of pasture."

7 Although our sins testify against us,
O Lord, do something for the sake of your name.
For our backsliding is great;
    we have sinned against you.
8 O Hope of Israel,
    its Savior in times of distress,
why are you like a stranger in the land,
    like a traveler who stays only a night?
9 Why are you like a man taken by surprise,
    like a warrior powerless to save?
You are among us, O Lord,
    and we bear your name;
    do not forsake us!

10 This is what the Lord says about this people:

"They greatly love to wander;
    they do not restrain their feet.
So the Lord does not accept them;
    he will now remember their wickedness
    and punish them for their sins."

11 Then the Lord said to me, "Do not pray for the well-being of this people. **12** Although they fast, I will not listen to their cry; though they offer burnt offerings and grain offerings, I will not accept them. Instead, I will destroy them with the sword, famine and plague." **13** But I said, "Ah, Sovereign Lord, the prophets keep telling them, 'You will not see the sword or suffer famine. Indeed, I will give you lasting peace in this place.' "

14 Then the Lord said to me, "The prophets are prophesying lies in my name. I have not sent them or appointed them or spoken to them. They are prophesying to you false visions, divinations, idolatries[a] and the delusions of their own minds. **15** Therefore, this is what the Lord says about the prophets who are prophesying in my name: I did not send them, yet they are saying, 'No sword or famine will touch this land.' Those same prophets will perish by sword and famine. **16** And the people they are prophesying to will be thrown out into the streets of Jerusalem because of the famine and sword. There will be no one to bury them or their wives, their sons or their daughters. I will pour out on them the calamity they deserve.

17 "Speak this word to them:

" 'Let my eyes overflow with tears
    night and day without ceasing;
for my virgin daughter—my people—
    has suffered a grievous wound,
    a crushing blow.
18 If I go into the country,
    I see those slain by the sword;
if I go into the city,
    I see the ravages of famine.
Both prophet and priest
    have gone to a land they know not.' "

19 Have you rejected Judah completely?
    Do you despise Zion?

---

[a]14.9 Hebraico: *e teu nome foi invocado sobre nós.* [b]14.12 Isto é, *sacrifícios totalmente queimados;* também em 17.26 e 19.5. [c]14.18 Ou *foram para uma terra que não conhecem*

[a]14:14 Or *visions, worthless divinations*

Por que nos feriste a ponto
de não podermos ser curados?
Esperávamos a paz,
mas não veio bem algum;
esperávamos um tempo de cura,
mas há somente terror.
20 Senhor, reconhecemos
a nossa impiedade
e a iniquidade dos nossos pais;
temos de fato pecado contra ti.
21 Por amor do teu nome
não nos desprezes;
não desonres o teu trono glorioso.
Lembra-te da tua aliança conosco
e não a quebres.
22 Entre os ídolos inúteis das nações,
existe algum que possa
trazer chuva?
Podem os céus, por si mesmos,
produzir chuvas copiosas?
Somente tu o podes, Senhor,
nosso Deus!
Portanto, a nossa esperança está em ti,
pois tu fazes todas essas coisas.

15 Então o Senhor me disse: "Ainda que Moisés e Samuel estivessem diante de mim, intercedendo por este povo, eu não lhes mostraria favor. Expulse-os da minha presença! Que saiam! 2 E, se lhe perguntarem: 'Para onde iremos?', diga-lhes: Assim diz o Senhor:

"Os destinados à morte, para a morte;
os destinados à espada, para a espada;
os destinados à fome, para a fome;
os destinados ao cativeiro,
para o cativeiro.

3 "Enviarei quatro tipos de destruidores contra eles", declara o Senhor: "a espada para matar, os cães para dilacerar, as aves do céu e os animais selvagens para devorar e destruir. 4 Eu farei deles uma causa de terror para todas as nações da terra, por tudo o que Manassés, filho de Ezequias, rei de Judá, fez em Jerusalém.

5 "Quem terá compaixão de você,
ó Jerusalém?
Quem se lamentará por você?
Quem vai parar e perguntar
como você está?
6 Você me rejeitou", diz o Senhor.
"Você vive se desviando.
Por isso, porei as mãos em você
e a destruirei;
cansei-me de mostrar compaixão.
7 Eu os espalhei ao vento como palha
nas cidades desta terra.
Deixei-os sem filhos;
destruí o meu povo,
pois não se converteram
de seus caminhos.
8 Fiz com que as suas viúvas
se tornassem mais numerosas
do que a areia do mar.
Ao meio-dia, trouxe um destruidor
contra as mães
dos jovens guerreiros;
fiz cair sobre elas
repentina angústia e pavor.
9 A mãe de sete filhos desmaiou
e está ofegante.
Para ela o sol se pôs
enquanto ainda era dia;

Why have you afflicted us
so that we cannot be healed?
We hoped for peace
but no good has come,
for a time of healing
but there is only terror.
20 O Lord, we acknowledge our wickedness
and the guilt of our fathers;
we have indeed sinned against you.
21 For the sake of your name do not despise us;
do not dishonor your glorious throne.
Remember your covenant with us
and do not break it.
22 Do any of the worthless idols of the nations
bring rain?
Do the skies themselves send down showers?
No, it is you, O Lord our God.
Therefore our hope is in you,
for you are the one who does all this.

15 Then the Lord said to me: "Even if Moses and Samuel were to stand before me, my heart would not go out to this people. Send them away from my presence! Let them go! 2 And if they ask you, 'Where shall we go?' tell them, 'This is what the Lord says:

" 'Those destined for death, to death;
those for the sword, to the sword;
those for starvation, to starvation;
those for captivity, to captivity.'

3 "I will send four kinds of destroyers against them," declares the Lord, "the sword to kill and the dogs to drag away and the birds of the air and the beasts of the earth to devour and destroy. 4 I will make them abhorrent to all the kingdoms of the earth because of what Manasseh son of Hezekiah king of Judah did in Jerusalem.

5 "Who will have pity on you, O Jerusalem?
Who will mourn for you?
Who will stop to ask how you are?
6 You have rejected me," declares the Lord.
"You keep on backsliding.
So I will lay hands on you and destroy you;
I can no longer show compassion.
7 I will winnow them with a winnowing fork
at the city gates of the land.
I will bring bereavement and destruction
on my people,
for they have not changed their ways.
8 I will make their widows more numerous
than the sand of the sea.
At midday I will bring a destroyer
against the mothers of their young men;
suddenly I will bring down on them
anguish and terror.
9 The mother of seven will grow faint
and breathe her last.
Her sun will set while it is still day;

ela foi envergonhada e humilhada.
Entregarei os sobreviventes à espada
    diante dos seus inimigos",
declara o SENHOR

¹⁰ Ai de mim, minha mãe,
    por me haver dado à luz!
Pois sou um homem em luta
    e em contenda
    com a terra toda!
Nunca emprestei
    nem tomei emprestado,
e assim mesmo todos me amaldiçoam.

¹¹ O SENHOR disse:

"Eu certamente o fortaleci para o bem
    e intervim por você,
na época da desgraça e da adversidade,
    por causa do inimigo.[a]

¹² "Será alguém capaz de quebrar o ferro,
o ferro que vem do norte, ou o bronze?
¹³ Diga a esse povo:
Darei de graça a sua riqueza
    e os seus tesouros como despojo,
por causa de todos os seus pecados
    em toda a sua terra.
¹⁴ Eu os tornarei escravos
    de seus inimigos,
numa terra[b] que vocês não conhecem,
pois a minha ira acenderá um fogo
    que arderá contra vocês".

¹⁵ Tu me conheces, SENHOR;
    lembra-te de mim, vem em meu auxílio
e vinga-me dos meus perseguidores.
Que, pela tua paciência para com eles,
    eu não seja eliminado.
Sabes que sofro afronta por tua causa.
¹⁶ Quando as tuas palavras
    foram encontradas, eu as comi;
elas são a minha alegria e o meu júbilo,
    pois pertenço a ti[c],
SENHOR Deus dos Exércitos.
¹⁷ Jamais me sentei na companhia
    dos que se divertem,
nunca festejei com eles.
Sentei-me sozinho,
porque a tua mão estava sobre mim
    e me enchestes de indignação.
¹⁸ Por que é permanente a minha dor,
    e a minha ferida é grave e incurável?
Por que te tornaste para mim
    como um riacho seco,
cujos mananciais falham?

¹⁹ Assim respondeu o SENHOR:

"Se você se arrepender, eu o restaurarei
    para que possa me servir;
se você disser palavras de valor,
    e não indignas,
será o meu porta-voz.
Deixe este povo voltar-se para você,
    mas não se volte para eles.
²⁰ Eu farei de você
    uma muralha de bronze fortificada

she will be disgraced and humiliated.
I will put the survivors to the sword
    before their enemies,"
                declares the LORD.

¹⁰ Alas, my mother, that you gave me birth,
    a man with whom the whole land strives
    and contends!
I have neither lent nor borrowed,
    yet everyone curses me.

¹¹ The LORD said,

"Surely I will deliver you for a good purpose;
    surely I will make your enemies plead
    with you
    in times of disaster and times of distress.

¹² "Can a man break iron—
    iron from the north—or bronze?
¹³ Your wealth and your treasures
    I will give as plunder, without charge,
because of all your sins
    throughout your country.
¹⁴ I will enslave you to your enemies
    in[a] a land you do not know,
for my anger will kindle a fire
    that will burn against you."

¹⁵ You understand, O LORD;
    remember me and care for me.
Avenge me on my persecutors.
You are long-suffering—do not take me away;
    think of how I suffer reproach for your sake.
¹⁶ When your words came, I ate them;
    they were my joy and my heart's delight,
for I bear your name,
    O LORD God Almighty.
¹⁷ I never sat in the company of revelers,
    never made merry with them;
I sat alone because your hand was on me
    and you had filled me with indignation.
¹⁸ Why is my pain unending
    and my wound grievous and incurable?
Will you be to me like a deceptive brook,
    like a spring that fails?

¹⁹ Therefore this is what the LORD says:

"If you repent, I will restore you
    that you may serve me;
if you utter worthy, not worthless, words,
    you will be my spokesman.
Let this people turn to you,
    but you must not turn to them.
²⁰ I will make you a wall to this people,
    a fortified wall of bronze;

---

[a]15.11 A Septuaginta diz *Certamente, SENHOR, eu te servi fielmente e te busquei na época da desgraça e da adversidade, para o bem de meu inimigo.* [b]15.14 Conforme alguns manuscritos do Texto Massoré-tico, a Septuaginta e a Versão Siríaca. A maioria dos manuscritos do Texto Massorético diz *Eu farei com que os seus inimigos o levem a uma terra.* Veja Jr 17.4. [c]15.16 Hebraico: *pois teu nome foi invocado sobre mim.*

[a]15:14 Some Hebrew manuscripts, Septuagint and Syriac (see also Jer. 17:4); most Hebrew manuscripts *I will cause your enemies to bring you / into*

diante deste povo;
lutarão contra você,
    mas não o vencerão,
pois estou com você
    para resgatá-lo e salvá-lo",
declara o SENHOR.
21 "Eu o livrarei das mãos dos ímpios
    e o resgatarei das garras dos violentos".

A Vida Solitária de Jeremias

16 Então o SENHOR me dirigiu a palavra, dizendo: **2** "Não se case nem tenha filhos ou filhas neste lugar"; **3** porque assim diz o SENHOR a respeito dos filhos e filhas nascidos nesta terra, e a respeito das mulheres que forem suas mães e dos homens que forem seus pais: **4** "Eles morrerão de doenças graves; ninguém pranteará por eles; não serão sepultados, mas servirão de esterco para o solo. Perecerão pela espada e pela fome, e os seus cadáveres serão o alimento das aves e dos animais".

5 Porque assim diz o SENHOR: "Não entre numa casa onde há luto; não vá prantear nem apresentar condolências, porque retirei a minha paz, o meu amor leal e a minha compaixão deste povo", declara o SENHOR. **6** "Tanto grandes como pequenos morrerão nesta terra; não serão sepultados nem se pranteará por eles; não se farão incisões nem se rapará a cabeça por causa deles. **7** Ninguém oferecerá comida para fortalecer os que pranteiam pelos mortos; ninguém dará de beber do cálice da consolação nem mesmo pelo pai ou pela mãe.

8 "Não entre numa casa em que há um banquete, para se assentar com eles a fim de comer e beber". **9** Porque assim diz o SENHOR dos Exércitos, o Deus de Israel: "Farei cessar neste lugar, diante dos olhos de vocês e durante a vida de vocês, a voz de júbilo e a voz de alegria, a voz do noivo e a voz da noiva.

10 "Quando você falar todas essas coisas a este povo e eles lhe perguntarem: 'Por que o SENHOR determinou uma desgraça tão terrível contra nós? Que delito ou pecado cometemos contra o SENHOR, contra o nosso Deus?', **11** diga-lhes: Foi porque os seus antepassados me abandonaram", diz o SENHOR, "e seguiram outros deuses, aos quais prestaram culto e adoraram. Eles me abandonaram e não obedeceram à minha lei. **12** Mas vocês têm feito coisas piores do que os seus antepassados: cada um segue a rebeldia do seu coração mau, em vez de obedecer-me. **13** Por isso os lançarei fora desta terra, para uma terra que vocês e os seus antepassados desconhecem; lá vocês servirão a outros deuses dia e noite, pois não terei misericórdia de vocês.

14 "Contudo, vêm dias", declara o SENHOR, "quando já não mais se dirá: 'Juro pelo nome do SENHOR, que trouxe os israelitas do Egito'. **15** Antes dirão: 'Juro pelo nome do SENHOR, que trouxe os israelitas do norte e de todos os países para onde ele os havia expulsado'. Eu os conduzirei de volta para a sua terra, terra que dei aos seus antepassados.

16 "Mas agora mandarei chamar muitos pescadores", declara o SENHOR, "e eles os pescarão. Depois disso mandarei chamar muitos caçadores, e eles os caçarão em cada monte e colina e nas fendas das rochas. **17** Os meus olhos vêem todos os seus caminhos; eles não estão escondidos de mim, nem a sua iniqüidade está oculta aos meus olhos. **18** Eu lhes retribuirei em dobro pela sua impiedade e pelo seu pecado, porque contaminaram a minha terra com as carcaças de seus ídolos detestáveis e encheram a minha herança com as suas abominações".

19 SENHOR, minha força
    e minha fortaleza,
meu abrigo seguro
    na hora da adversidade,
a ti virão as nações
    desde os confins da terra e dirão:
"Nossos antepassados
    possuíam deuses falsos,

---

they will fight against you
    but will not overcome you,
for I am with you
    to rescue and save you,"
                    declares the LORD.
21 "I will save you from the hands of the wicked
    and redeem you from the grasp of the cruel."

Day of Disaster

16 Then the word of the LORD came to me: **2** "You must not marry and have sons or daughters in this place." **3** For this is what the LORD says about the sons and daughters born in this land and about the women who are their mothers and the men who are their fathers: **4** "They will die of deadly diseases. They will not be mourned or buried but will be like refuse lying on the ground. They will perish by sword and famine, and their dead bodies will become food for the birds of the air and the beasts of the earth."

5 For this is what the LORD says: "Do not enter a house where there is a funeral meal; do not go to mourn or show sympathy, because I have withdrawn my blessing, my love and my pity from this people," declares the LORD. **6** "Both high and low will die in this land. They will not be buried or mourned, and no one will cut himself or shave his head for them. **7** No one will offer food to comfort those who mourn for the dead—not even for a father or a mother—nor will anyone give them a drink to console them.

8 "And do not enter a house where there is feasting and sit down to eat and drink. **9** For this is what the LORD Almighty, the God of Israel, says: Before your eyes and in your days I will bring an end to the sounds of joy and gladness and to the voices of bride and bridegroom in this place.

10 "When you tell these people all this and they ask you, 'Why has the LORD decreed such a great disaster against us? What wrong have we done? What sin have we committed against the LORD our God?' **11** then say to them, 'It is because your fathers forsook me,' declares the LORD, 'and followed other gods and served and worshiped them. They forsook me and did not keep my law. **12** But you have behaved more wickedly than your fathers. See how each of you is following the stubbornness of his evil heart instead of obeying me. **13** So I will throw you out of this land into a land neither you nor your fathers have known, and there you will serve other gods day and night, for I will show you no favor.'

14 "However, the days are coming," declares the LORD, "when men will no longer say, 'As surely as the LORD lives, who brought the Israelites up out of Egypt,' **15** but they will say, 'As surely as the LORD lives, who brought the Israelites up out of the land of the north and out of all the countries where he had banished them.' For I will restore them to the land I gave their forefathers.

16 "But now I will send for many fishermen," declares the LORD, "and they will catch them. After that I will send for many hunters, and they will hunt them down on every mountain and hill and from the crevices of the rocks. **17** My eyes are on all their ways; they are not hidden from me, nor is their sin concealed from my eyes. **18** I will repay them double for their wickedness and their sin, because they have defiled my land with the lifeless forms of their vile images and have filled my inheritance with their detestable idols."

19 O LORD, my strength and my fortress,
    my refuge in time of distress,
to you the nations will come
    from the ends of the earth and say,
"Our fathers possessed nothing but false gods,

ídolos inúteis,
  que não lhes fizeram bem algum.
20 Pode o homem mortal
  fazer os seus próprios deuses?
Sim, mas estes não seriam deuses!"

21 "Portanto eu lhes ensinarei;
  desta vez eu lhes ensinarei
    sobre o meu poder e sobre a minha força.
Então saberão
  que o meu nome é Senhor.

17

"O pecado de Judá está escrito
  com estilete de ferro,
gravado com ponta de diamante
  nas tábuas dos seus corações
  e nas pontas dos seus altares.
2 Os seus filhos se lembram
  dos seus altares e dos postes sagrados,
ao lado das árvores verdejantes,
  sobre os montes altos
3 e sobre as montanhas do campo.
As riquezas de vocês
  e todos os seus tesouros,
    eu os darei como despojo,
como preço por todos
  os seus pecados nas altares idólatras,
  em toda a sua terra.
4 Você mesmo perdeu a posse da herança
  que eu lhe tinha dado.
Eu o farei escravo de seus inimigos
  numa terra que você não conhece,
pois acendeu-se a minha ira,
  que arderá para sempre."

5 Assim diz o Senhor:

"Maldito é o homem
  que confia nos homens,
que faz da humanidade mortal
  a sua força,
mas cujo coração se afasta do Senhor.
6 Ele será como um arbusto no deserto;
  não verá quando vier algum bem.
Habitará nos lugares áridos do deserto,
  numa terra salgada
    onde não vive ninguém.

7 "Mas bendito é o homem
  cuja confiança está no Senhor,
  cuja confiança nele está.
8 Ele será como uma árvore
  plantada junto às águas
  e que estende as suas raízes
    para o ribeiro.
Ela não temerá quando chegar o calor,
  porque as suas folhas
    estão sempre verdes;
não ficará ansiosa no ano da seca
  nem deixará de dar fruto".

9 O coração é mais enganoso
  que qualquer outra coisa
  e sua doença é incurável.
Quem é capaz de compreendê-lo?

10 "Eu sou o Senhor
  que sonda o coração
  e examina a mente,

worthless idols that did them no good.
20 Do men make their own gods?
  Yes, but they are not gods!"

21 "Therefore I will teach them—
  this time I will teach them
    my power and might.
Then they will know
  that my name is the Lord.

17

"Judah's sin is engraved with an iron tool,
  inscribed with a flint point,
on the tablets of their hearts
  and on the horns of their altars.
2 Even their children remember
  their altars and Asherah poles[a]
beside the spreading trees
  and on the high hills.
3 My mountain in the land
  and your[b] wealth and all your treasures
I will give away as plunder,
  together with your high places,
  because of sin throughout your country.
4 Through your own fault you will lose
  the inheritance I gave you.
I will enslave you to your enemies
  in a land you do not know,
for you have kindled my anger,
  and it will burn forever."

5 This is what the Lord says:

"Cursed is the one who trusts in man,
  who depends on flesh for his strength
  and whose heart turns away from the Lord.
6 He will be like a bush in the wastelands;
  he will not see prosperity when it comes.
He will dwell in the parched places of the desert,
  in a salt land where no one lives.

7 "But blessed is the man who trusts in the Lord,
  whose confidence is in him.
8 He will be like a tree planted by the water
  that sends out its roots by the stream.
It does not fear when heat comes;
  its leaves are always green.
It has no worries in a year of drought
  and never fails to bear fruit."

9 The heart is deceitful above all things
  and beyond cure.
Who can understand it?

10 "I the Lord search the heart
  and examine the mind,

---

[a] 17:2 That is, symbols of the goddess Asherah   [b] 17:2,3 Or *hills* / **3** *and the mountains of the land. / Your*

para recompensar a cada um
　　de acordo com a sua conduta,
　　de acordo com as suas obras."

11 O homem que obtém riquezas
　　por meios injustos
é como a perdiz
　　que choca ovos que não pôs.
Quando a metade da sua vida
　　tiver passado,
elas o abandonarão,
　　e, no final, ele se revelará um tolo.

12 Um trono glorioso,
　　exaltado desde o início,
é o lugar de nosso santuário.

13 Ó Senhor, Esperança de Israel,
todos os que te abandonarem
　　sofrerão vergonha;
aqueles que se desviarem de ti
　　terão os seus nomes escritos no pó,
pois abandonaram o Senhor,
　　a fonte de água viva.

14 Cura-me, Senhor, e serei curado;
salva-me, e serei salvo,
　　pois tu és aquele a quem eu louvo.

15 Há os que vivem me dizendo:
　　"Onde está a palavra do Senhor?
Que ela se cumpra!"

16 Mas não insisti eu contigo
　　para que afastasses a desgraça?
Tu sabes que não desejei
　　o dia do desespero.
Sabes o que saiu de meus lábios,
　　pois está diante de ti.

17 Não sejas motivo de pavor para mim;
　　tu és o meu refúgio
　　no dia da desgraça.

18 Que os meus perseguidores
　　sejam humilhados,
mas não eu;
　　que eles sejam aterrorizados,
mas não eu.
Traze sobre eles o dia da desgraça;
destrói-os com destruição dobrada.

A Guarda do Sábado

19 Assim me disse o Senhor: "Vá colocar-se à porta do Povo, por onde entram e saem os reis de Judá; faça o mesmo junto a todas as portas de Jerusalém. **20** Diga-lhes: Ouçam a palavra do Senhor, reis de Judá, todo o Judá e todos os habitantes de Jerusalém, vocês que passam por estas portas". **21** Assim diz o Senhor: "Por amor à vida de vocês, tenham o cuidado de não levar cargas nem de fazê-las passar pelas portas de Jerusalém no dia de sábado. **22** Não levem carga alguma para fora de casa nem façam nenhum trabalho no sábado, mas guardem o dia de sábado como dia consagrado, como ordenei aos seus antepassados. **23** Contudo, eles não me ouviram nem me deram atenção; foram obstinados e não quiseram ouvir nem aceitar a disciplina. **24** Mas se vocês tiverem o cuidado de obedecer-me", diz o Senhor, "e não fizerem passar carga alguma pelas portas desta cidade no sábado, mas guardarem o dia de sábado como dia consagrado, deixando de realizar nele todo e qualquer trabalho, **25** então os reis que se assentarem no trono de Davi entrarão pelas portas desta cidade em companhia de seus conselheiros. Eles e os seus conselheiros virão em carruagens e cavalos, acompanhados dos homens de Judá e dos habitantes de Jerusalém; e esta cidade será habitada para sempre. **26** Virá gente das cidades de Judá e dos povoados ao redor de Jerusalém, do território de Benjamim e da Sefelá[a], das monta-

---

[a]17.26 Pequena faixa de terra de relevo variável entre a planície costeira e as montanhas.

to reward a man according to his conduct,
　　according to what his deeds deserve."

11 Like a partridge that hatches eggs it did not lay
　　is the man who gains riches by unjust means.
When his life is half gone, they will desert him,
　　and in the end he will prove to be a fool.

12 A glorious throne, exalted from the beginning,
　　is the place of our sanctuary.

13 O Lord, the hope of Israel,
　　all who forsake you will be put to shame.
Those who turn away from you will be written
　　in the dust
because they have forsaken the Lord,
　　the spring of living water.

14 Heal me, O Lord, and I will be healed;
　　save me and I will be saved,
　　for you are the one I praise.

15 They keep saying to me,
　　"Where is the word of the Lord?
Let it now be fulfilled!"

16 I have not run away from being your shepherd;
　　you know I have not desired the day
　　of despair.
What passes my lips is open before you.

17 Do not be a terror to me;
　　you are my refuge in the day of disaster.

18 Let my persecutors be put to shame,
　　but keep me from shame;
let them be terrified,
　　but keep me from terror.
Bring on them the day of disaster;
　　destroy them with double destruction.

Keeping the Sabbath Holy

19 This is what the Lord said to me: "Go and stand at the gate of the people, through which the kings of Judah go in and out; stand also at all the other gates of Jerusalem. **20** Say to them, 'Hear the word of the Lord, O kings of Judah and all people of Judah and everyone living in Jerusalem who come through these gates. **21** This is what the Lord says: Be careful not to carry a load on the Sabbath day or bring it through the gates of Jerusalem. **22** Do not bring a load out of your houses or do any work on the Sabbath, but keep the Sabbath day holy, as I commanded your forefathers. **23** Yet they did not listen or pay attention; they were stiff-necked and would not listen or respond to discipline. **24** But if you are careful to obey me, declares the Lord, and bring no load through the gates of this city on the Sabbath, but keep the Sabbath day holy by not doing any work on it, **25** then kings who sit on David's throne will come through the gates of this city with their officials. They and their officials will come riding in chariots and on horses, accompanied by the men of Judah and those living in Jerusalem, and this city will be inhabited forever. **26** People will come from the towns of Judah and the villages around Jerusalem, from the territory of Benjamin

nhas e do Neguebe, trazendo holocaustos e sacrifícios, ofertas de cereal, incenso e ofertas de ação de graças ao templo do Senhor. **27** Mas, se vocês não me obedecerem e deixarem de guardar o sábado como dia consagrado, fazendo passar cargas pelas portas de Jerusalém no dia de sábado, porei fogo nas suas portas, que consumirá os seus palácios".

Na Casa do Oleiro

18 Esta é a palavra que veio a Jeremias da parte do Senhor: **2** "Vá à casa do oleiro, e ali você ouvirá a minha mensagem". **3** Então fui à casa do oleiro, e o vi trabalhando com a roda. **4** Mas o vaso de barro que ele estava formando estragou-se em suas mãos; e ele o refez, moldando outro vaso de acordo com a sua vontade.

5 Então o Senhor dirigiu-me a palavra: **6** "Ó comunidade de Israel, será que eu não posso agir com vocês como fez o oleiro?", pergunta o Senhor. "Como barro nas mãos do oleiro, assim são vocês nas minhas mãos, ó comunidade de Israel. **7** Se em algum momento eu decretar que uma nação ou um reino seja arrancado, despedaçado e arruinado, **8** e se essa nação que eu adverti converter-se da sua perversidade, então eu me arrependerei e não trarei sobre ela a desgraça que eu tinha planejado. **9** E, se noutra ocasião eu decretar que uma nação ou um reino seja edificado e plantado, **10** e se ele fizer o que eu reprovo e não me obedecer, então me arrependerei do bem que eu pretendia fazer em favor dele.

11 "Agora, portanto, diga ao povo de Judá e aos habitantes de Jerusalém: Assim diz o Senhor: Estou preparando uma desgraça e fazendo um plano contra vocês. Por isso, converta-se cada um de seu mau procedimento e corrija a sua conduta e as suas ações. **12** Mas eles responderão: 'Não adianta. Continuaremos com os nossos próprios planos; cada um de nós seguirá a rebeldia do seu coração mau'. "

13 Portanto, assim diz o Senhor:

"Perguntem entre as nações se alguém
     já ouviu uma coisa dessas;
coisa tremendamente horrível fez a virgem, Israel!
14 Poderá desaparecer a neve do Líbano
     de suas encostas rochosas?
Poderão parar de fluir suas águas frias,
     vindas de lugares distantes?
15 Contudo, o meu povo
     esqueceu-se de mim;
queimam incenso a ídolos inúteis,
     que os fazem tropeçar em seus caminhos
e nas antigas veredas,
     para que andem em desvios,
     em estradas não aterradas.
16 A terra deles ficará deserta
     e será tema de permanente zombaria.
Todos os que por ela passarem
     ficarão chocados
     e balançarão a cabeça.
17 Como o vento leste,
     eu os dispersarei diante dos inimigos;
eu lhes mostrarei as costas e não o rosto,
     no dia da sua derrota".

18 Então disseram: "Venham! Façamos planos contra Jeremias, pois não cessará o ensino da lei pelo sacerdote nem o conselho do sábio nem a mensagem do profeta. Venham! Façamos acusações contra ele e não ouçamos nada do que ele disser".

19 Atende-me, ó Senhor;
     ouve o que os meus acusadores
     estão dizendo!

and the western foothills, from the hill country and the Negev, bringing burnt offerings and sacrifices, grain offerings, incense and thank offerings to the house of the Lord. **27** But if you do not obey me to keep the Sabbath day holy by not carrying any load as you come through the gates of Jerusalem on the Sabbath day, then I will kindle an unquenchable fire in the gates of Jerusalem that will consume her fortresses.' "

At the Potter's House

18 This is the word that came to Jeremiah from the Lord: **2** "Go down to the potter's house, and there I will give you my message." **3** So I went down to the potter's house, and I saw him working at the wheel. **4** But the pot he was shaping from the clay was marred in his hands; so the potter formed it into another pot, shaping it as seemed best to him.

5 Then the word of the Lord came to me: **6** "O house of Israel, can I not do with you as this potter does?" declares the Lord. "Like clay in the hand of the potter, so are you in my hand, O house of Israel. **7** If at any time I announce that a nation or kingdom is to be uprooted, torn down and destroyed, **8** and if that nation I warned repents of its evil, then I will relent and not inflict on it the disaster I had planned. **9** And if at another time I announce that a nation or kingdom is to be built up and planted, **10** and if it does evil in my sight and does not obey me, then I will reconsider the good I had intended to do for it.

11 "Now therefore say to the people of Judah and those living in Jerusalem, 'This is what the Lord says: Look! I am preparing a disaster for you and devising a plan against you. So turn from your evil ways, each one of you, and reform your ways and your actions.' **12** But they will reply, 'It's no use. We will continue with our own plans; each of us will follow the stubbornness of his evil heart.' "

13 Therefore this is what the Lord says:

"Inquire among the nations:
     Who has ever heard anything like this?
A most horrible thing has been done
     by Virgin Israel.
14 Does the snow of Lebanon
     ever vanish from its rocky slopes?
Do its cool waters from distant sources
     ever cease to flow?[a]
15 Yet my people have forgotten me;
     they burn incense to worthless idols,
which made them stumble in their ways
     and in the ancient paths.
They made them walk in bypaths
     and on roads not built up.
16 Their land will be laid waste,
     an object of lasting scorn;
all who pass by will be appalled
     and will shake their heads.
17 Like a wind from the east,
     I will scatter them before their enemies;
I will show them my back and not my face
     in the day of their disaster."

18 They said, "Come, let's make plans against Jeremiah; for the teaching of the law by the priest will not be lost, nor will counsel from the wise, nor the word from the prophets. So come, let's attack him with our tongues and pay no attention to anything he says."

19 Listen to me, O Lord;
     hear what my accusers are saying!

---

[a]18:14 The meaning of the Hebrew for this sentence is uncertain.

20 Acaso se paga o bem com o mal?
   Mas eles cavaram uma cova para mim.
   Lembra-te de que eu compareci
      diante de ti
   para interceder em favor deles,
   para que desviasses deles a tua ira.
21 Por isso entrega os filhos deles à fome
      e ao poder da espada.
   Que as suas mulheres
      fiquem viúvas e sem filhos;
   que os seus homens sejam mortos,
   e os seus rapazes sejam
      mortos à espada na batalha.
22 Seja ouvido o grito
      que vem de suas casas,
   quando repentinamente
      trouxeres invasores contra eles;
   pois cavaram uma cova
      para me capturarem
   e esconderam armadilhas
      para os meus pés.
23 Mas tu conheces, ó SENHOR,
      todas as suas conspirações
      para me matarem.
   Não perdoes os seus crimes
   nem apagues de diante da tua vista
      os seus pecados.
   Sejam eles derrubados diante de ti;
   age contra eles na hora da tua ira!

19 Assim diz o SENHOR: "Vá comprar um vaso de barro de um oleiro. Leve com você alguns líderes do povo e alguns sacerdotes ²e vá em direção ao vale de Ben-Hinom, perto da entrada da porta dos Cacos. Proclame ali as palavras que eu lhe disser. ³Diga: Ouçam a palavra do SENHOR, reis de Judá e habitantes de Jerusalém". Assim diz o SENHOR dos Exércitos, Deus de Israel: "Sobre este lugar trarei desgraça tal que fará retinir os ouvidos daqueles que ouvirem isso. ⁴Porque eles me abandonaram e profanaram este lugar, oferecendo sacrifícios a deuses estranhos, que nem eles nem seus antepassados nem os reis de Judá conheceram; e encheram este lugar com o sangue de inocentes. ⁵Construíram nos montes os altares dedicados a Baal, para queimarem os seus filhos como holocaustos oferecidos a Baal, coisa que não ordenei, da qual nunca falei nem jamais me veio à mente. ⁶Por isso, certamente vêm os dias", declara o SENHOR, "em que não mais chamarão este lugar Tofete ou vale de Ben-Hinom, mas vale da Matança.

⁷"Esvaziareiª neste lugar os planos de Judá e de Jerusalém: eu os farei morrer à espada perante os seus inimigos, pelas mãos daqueles que os perseguem; e darei os seus cadáveres como comida para as aves e os animais. ⁸Farei com que esta cidade fique deserta e seja tema de zombaria. Todos os que por ela passarem ficarão chocados e zombarão de todos os seus ferimentos. ⁹Eu farei com que comam a carne dos seus filhos e das suas filhas; e cada um comerá a carne do seu próximo, por causa do sofrimento que os inimigos que procuram tirar-lhes a vida lhes infligirão durante o cerco.

¹⁰"Depois quebre o vaso de barro diante dos homens que o acompanharam, ¹¹e diga-lhes: Assim diz o SENHOR dos Exércitos: Assim como se quebra um vaso de oleiro, que não pode ser mais restaurado, quebrarei este povo e esta cidade, e os mortos em Tofete serão sepultados até que não haja mais lugar. ¹²Assim farei a este lugar e aos seus habitantes", declara o SENHOR, "tornarei esta cidade como Tofete. ¹³As casas de Jerusalém e os palácios reais de Judá serão profanados, como este lugar de Tofete: todas as casas em cujos terraços queimaram incenso a

---

20 Should good be repaid with evil?
   Yet they have dug a pit for me.
   Remember that I stood before you
   and spoke in their behalf
   to turn your wrath away from them.
21 So give their children over to famine;
   hand them over to the power of the sword.
   Let their wives be made childless and widows;
   let their men be put to death,
   their young men slain by the sword in battle.
22 Let a cry be heard from their houses
   when you suddenly bring invaders
      against them,
   for they have dug a pit to capture me
   and have hidden snares for my feet.
23 But you know, O LORD,
   all their plots to kill me.
   Do not forgive their crimes
   or blot out their sins from your sight.
   Let them be overthrown before you;
   deal with them in the time of your anger.

19 This is what the LORD says: "Go and buy a clay jar from a potter. Take along some of the elders of the people and of the priests ²and go out to the Valley of Ben Hinnom, near the entrance of the Potsherd Gate. There proclaim the words I tell you, ³and say, 'Hear the word of the LORD, O kings of Judah and people of Jerusalem. This is what the LORD Almighty, the God of Israel, says: Listen! I am going to bring a disaster on this place that will make the ears of everyone who hears of it tingle. ⁴For they have forsaken me and made this a place of foreign gods; they have burned sacrifices in it to gods that neither they nor their fathers nor the kings of Judah ever knew, and they have filled this place with the blood of the innocent. ⁵They have built the high places of Baal to burn their sons in the fire as offerings to Baal—something I did not command or mention, nor did it enter my mind. ⁶So beware, the days are coming, declares the LORD, when people will no longer call this place Topheth or the Valley of Ben Hinnom, but the Valley of Slaughter.

⁷"'In this place I will ruinª the plans of Judah and Jerusalem. I will make them fall by the sword before their enemies, at the hands of those who seek their lives, and I will give their carcasses as food to the birds of the air and the beasts of the earth. ⁸I will devastate this city and make it an object of scorn; all who pass by will be appalled and will scoff because of all its wounds. ⁹I will make them eat the flesh of their sons and daughters, and they will eat one another's flesh during the stress of the siege imposed on them by the enemies who seek their lives.'

¹⁰"Then break the jar while those who go with you are watching, ¹¹and say to them, 'This is what the LORD Almighty says: I will smash this nation and this city just as this potter's jar is smashed and cannot be repaired. They will bury the dead in Topheth until there is no more room. ¹²This is what I will do to this place and to those who live here, declares the LORD. I will make this city like Topheth. ¹³The houses in Jerusalem and those of the kings of Judah will be defiled like this place, Topheth—all the houses where they burned incense on the

---

ª**19.7** A palavra *esvaziarei* assemelha-se à palavra *vaso* no hebraico.

ª**19:7** The Hebrew for *ruin* sounds like the Hebrew for *jar* (see verses 1 and 10).

todos os corpos celestes, e derramaram ofertas de bebidas aos seus deuses estrangeiros".

14 Jeremias voltou então de Tofete para onde o Senhor o mandara profetizar e, entrando no pátio do templo do Senhor, disse a todo o povo: **15** "Assim diz o Senhor dos Exércitos, o Deus de Israel: 'Ouçam! Trarei sobre esta cidade, e sobre todos os povoados ao redor, todas as desgraças contra eles anunciadas, porque se obstinaram e não quiseram obedecer às minhas palavras' ".

Jeremias e Pasur

20 Quando o sacerdote Pasur, filho de Imer, o mais alto oficial do templo do Senhor, ouviu Jeremias profetizando essas coisas, **2** mandou espancar o profeta e prendê-lo no tronco que havia junto à porta Superior de Benjamim, no templo do Senhor. **3** Na manhã seguinte, quando Pasur mandou soltá-lo do tronco, Jeremias lhe disse: "O Senhor já não o chama Pasur, e sim Magor-Missabibe.ª **4** Pois assim diz o Senhor: 'Farei de você um terror para si mesmo e para todos os seus amigos: você verá com os próprios olhos quando eles forem mortos à espada dos seus inimigos. Entregarei todo o povo de Judá nas mãos do rei da Babilônia, que os levará para a Babilônia e os matará à espada. **5** Eu entregarei nas mãos dos seus inimigos toda a riqueza desta cidade: toda a sua produção, todos os seus bens de valor e todos os tesouros dos reis de Judá. Levarão tudo como despojo para a Babilônia. **6** E você, Pasur, e todos os que vivem em sua casa irão para o exílio, para a Babilônia. Lá vocês morrerão e serão sepultados, você e todos os seus amigos a quem você tem profetizado mentiras' ".

A Queixa de Jeremias

7 Senhor, tu me enganaste,
 e eu fui enganado;ᵇ
foste mais forte
 do que eu e prevaleceste.
Sou ridicularizado o dia inteiro;
 todos zombam de mim.
8 Sempre que falo
 é para gritar que há
 violência e destruição.
Por isso a palavra do Senhor
 trouxe-me insulto e censura
 o tempo todo.
9 Mas, se eu digo: "Não o mencionarei
 nem mais falarei em seu nome",
é como se um fogo ardesse
 em meu coração,
um fogo dentro de mim.
Estou exausto tentando contê-lo;
 já não posso mais!
10 Ouço muitos comentando:
 "Terror por todos os lados!
 Denunciem-no! Vamos denunciá-lo!"
Todos os meus amigos estão esperando
 que eu tropece, e dizem:
"Talvez ele se deixe enganar;
 então nós o venceremos
 e nos vingaremos dele".
11 Mas o Senhor está comigo,
 como um forte guerreiro!
Portanto, aqueles que me perseguem
 tropeçarão e não prevalecerão.
O seu fracasso lhes trará
 completa vergonha;
 a sua desonra jamais será esquecida.
12 Ó Senhor dos Exércitos,
 tu que examinas o justo

roofs to all the starry hosts and poured out drink offerings to other gods.' "

14 Jeremiah then returned from Topheth, where the Lord had sent him to prophesy, and stood in the court of the Lord's temple and said to all the people, **15** "This is what the Lord Almighty, the God of Israel, says: 'Listen! I am going to bring on this city and the villages around it every disaster I pronounced against them, because they were stiff-necked and would not listen to my words.' "

Jeremiah and Pashhur

20 When the priest Pashhur son of Immer, the chief officer in the temple of the Lord, heard Jeremiah prophesying these things, **2** he had Jeremiah the prophet beaten and put in the stocks at the Upper Gate of Benjamin at the Lord's temple. **3** The next day, when Pashhur released him from the stocks, Jeremiah said to him, "The Lord's name for you is not Pashhur, but Magor-Missabib.ª **4** For this is what the Lord says: 'I will make you a terror to yourself and to all your friends; with your own eyes you will see them fall by the sword of their enemies. I will hand all Judah over to the king of Babylon, who will carry them away to Babylon or put them to the sword. **5** I will hand over to their enemies all the wealth of this city—all its products, all its valuables and all the treasures of the kings of Judah. They will take it away as plunder and carry it off to Babylon. **6** And you, Pashhur, and all who live in your house will go into exile to Babylon. There you will die and be buried, you and all your friends to whom you have prophesied lies.' "

Jeremiah's Complaint

7 O Lord, you deceivedᵇ me, and I was deceivedᶜ;
 you overpowered me and prevailed.
I am ridiculed all day long;
 everyone mocks me.
8 Whenever I speak, I cry out
 proclaiming violence and destruction.
So the word of the Lord has brought me
 insult and reproach all day long.
9 But if I say, "I will not mention him
 or speak any more in his name,"
his word is in my heart like a fire,
 a fire shut up in my bones.
I am weary of holding it in;
 indeed, I cannot.
10 I hear many whispering,
 "Terror on every side!
 Report him! Let's report him!"
All my friends
 are waiting for me to slip, saying,
"Perhaps he will be deceived;
 then we will prevail over him
 and take our revenge on him."
11 But the Lord is with me like a mighty warrior;
 so my persecutors will stumble and
 not prevail.
They will fail and be thoroughly disgraced;
 their dishonor will never be forgotten.
12 O Lord Almighty, you who examine
 the righteous

ª20.3 *Magor-Missabibe* significa *terror por todos os lados.* ᵇ20.7 Ou *persuadiste, e eu fui persuadido;*

ª20:3 *Magor-Missabib* means *terror on every side.* ᵇ20:7 Or *persuaded* ᶜ20:7 Or *persuaded*

e vês o coração e a mente,
deixa-me ver a tua vingança sobre eles,
    pois a ti expus a minha causa.

13 Cantem ao Senhor!
    Louvem o Senhor!
Porque ele salva o pobre
    das mãos dos ímpios.

14 Maldito seja o dia em que eu nasci!
    Jamais seja abençoado o dia
    em que minha mãe me deu à luz!

15 Maldito seja o homem
    que levou a notícia a meu pai,
e o deixou muito alegre, quando disse:
    "Você é pai de um menino!"

16 Seja aquele homem
    como as cidades
    que o Senhor destruiu sem piedade.
Que ele ouça gritos de socorro
    pela manhã,
e gritos de guerra ao meio-dia;

17 mas Deus não me matou no ventre materno
    nem fez da minha mãe o meu túmulo,
e tampouco a deixou
    permanentemente grávida.

18 Por que saí do ventre materno?
Só para ter dificuldades e tristezas,
    e terminar os meus dias
    na maior decepção?

Deus Rejeita o Pedido de Zedequias

21 Esta é a palavra que veio a Jeremias da parte do Senhor, quando o rei Zedequias enviou-lhe Pasur, filho de Malquias, e o sacerdote Sofonias, filho de Maaséias. Eles disseram: **2** "Consulte agora o Senhor por nós porque Nabucodonosor, rei da Babilônia, está nos atacando. Talvez o Senhor faça por nós uma de suas maravilhas e, assim, ele se retire de nós".

3 Jeremias, porém, respondeu-lhes: "Digam a Zedequias: **4** Assim diz o Senhor, o Deus de Israel: 'Estou a ponto de voltar contra vocês as armas de guerra que estão em suas mãos, as quais vocês estão usando para combater o rei da Babilônia e os babilônios[a], que cercam vocês do lado de fora do muro. E eu os reunirei dentro desta cidade. **5** Eu mesmo lutarei contra vocês com mão poderosa e braço forte, com ira, furor e grande indignação. **6** Matarei os habitantes desta cidade, tanto homens como animais; eles morrerão de uma peste terrível. **7** Depois disso', declara o Senhor, 'entregarei Zedequias, rei de Judá, seus conselheiros e o povo desta cidade que sobreviver à peste, à espada e à fome, nas mãos de Nabucodonosor, rei da Babilônia, nas mãos dos inimigos deles e daqueles que querem tirar-lhes a vida. Ele os matará à espada sem piedade nem misericórdia; não terá deles nenhuma compaixão'.

8 "Digam a este povo: Assim diz o Senhor: 'Ponho diante de vocês o caminho da vida e o caminho da morte. **9** Todo aquele que ficar nesta cidade morrerá pela espada, pela fome ou pela peste. Mas todo o que sair e render-se aos babilônios, que cercam vocês, viverá; este escapará com vida. **10** Decidi fazer o mal e não o bem a esta cidade', diz o Senhor. 'Ela será entregue nas mãos do rei da Babilônia, e ele a incendiará'.

11 "Digam à casa real de Judá: Ouçam a palavra do Senhor.
12 Ó dinastia de Davi, assim diz o Senhor:

    " 'Administrem justiça cada manhã:
livrem o explorado
    das mãos do opressor;
senão a minha ira se acenderá e queimará

and probe the heart and mind,
let me see your vengeance upon them,
    for to you I have committed my cause.

13 Sing to the Lord!
    Give praise to the Lord!
He rescues the life of the needy
    from the hands of the wicked.

14 Cursed be the day I was born!
    May the day my mother bore me not be blessed!

15 Cursed be the man who brought my father
    the news,
who made him very glad, saying,
    "A child is born to you—a son!"

16 May that man be like the towns
    the Lord overthrew without pity.
May he hear wailing in the morning,
    a battle cry at noon.

17 For he did not kill me in the womb,
    with my mother as my grave,
    her womb enlarged forever.

18 Why did I ever come out of the womb
    to see trouble and sorrow
    and to end my days in shame?

God Rejects Zedekiah's Request

21 The word came to Jeremiah from the Lord when King Zedekiah sent to him Pashhur son of Malkijah and the priest Zephaniah son of Maaseiah. They said: **2** "Inquire now of the Lord for us because Nebuchadnezzar[a] king of Babylon is attacking us. Perhaps the Lord will perform wonders for us as in times past so that he will withdraw from us."

3 But Jeremiah answered them, "Tell Zedekiah, **4** 'This is what the Lord, the God of Israel, says: I am about to turn against you the weapons of war that are in your hands, which you are using to fight the king of Babylon and the Babylonians[b] who are outside the wall besieging you. And I will gather them inside this city. **5** I myself will fight against you with an outstretched hand and a mighty arm in anger and fury and great wrath. **6** I will strike down those who live in this city—both men and animals—and they will die of a terrible plague. **7** After that, declares the Lord, I will hand over Zedekiah king of Judah, his officials and the people in this city who survive the plague, sword and famine, to Nebuchadnezzar king of Babylon and to their enemies who seek their lives. He will put them to the sword; he will show them no mercy or pity or compassion.'

8 "Furthermore, tell the people, 'This is what the Lord says: See, I am setting before you the way of life and the way of death. **9** Whoever stays in this city will die by the sword, famine or plague. But whoever goes out and surrenders to the Babylonians who are besieging you will live; he will escape with his life. **10** I have determined to do this city harm and not good, declares the Lord. It will be given into the hands of the king of Babylon, and he will destroy it with fire.'

11 "Moreover, say to the royal house of Judah, 'Hear the word of the Lord; **12** O house of David, this is what the Lord says:

    " 'Administer justice every morning;
    rescue from the hand of his oppressor
    the one who has been robbed,
or my wrath will break out and burn like fire

---

[a]21.4 Ou *caldeus*; também em todo o livro de Jeremias.

[a]21:2 Hebrew *Nebuchadrezzar*, of which *Nebuchadnezzar* is a variant; here and often in Jeremiah and Ezekiel [b]21:4 Or *Chaldeans*; also in verse 9

como fogo inextinguível,
por causa do mal que vocês têm feito.
¹³ Eu estou contra você, Jerusalém!
Você que está entronizada
acima deste vale,
na rocha do planalto',
declara o Senhor;
'vocês que dizem: "Quem nos atacará?
Quem poderá invadir nossas moradas?"
¹⁴ Eu os castigarei
de acordo com as suas obras',
diz o Senhor.
'Porei fogo em sua floresta,
que consumirá tudo ao redor' ".

Juízo sobre os Reis Maus

22 Assim diz o Senhor: "Desça ao palácio do rei de
Judá e proclame ali esta mensagem: ² Ouve a palavra
do Senhor, ó rei de Judá, tu que te assentas no trono de Davi;
tu, teus conselheiros, e teu povo, que passa por estas portas".
³ Assim diz o Senhor: "Administrem a justiça e o direito: livrem
o explorado das mãos do opressor. Não oprimam nem maltratem o estrangeiro, o órfão ou a viúva; nem derramem sangue
inocente neste lugar. ⁴ Porque, se vocês tiverem o cuidado de
cumprir essas ordens, então os reis que se assentarem no trono de Davi entrarão pelas portas deste palácio em carruagens
e cavalos, em companhia de seus conselheiros e de seu povo.
⁵ Mas se vocês desobedecerem a essas ordens", declara o Senhor, "juro por mim mesmo que este palácio ficará deserto".

⁶ Porque assim diz o Senhor a respeito do palácio real de
Judá:

"Apesar de você ser para mim
como Gileade
e como o topo do Líbano,
certamente farei de você um deserto,
uma cidade desabitada.
⁷ Prepararei destruidores contra você,
cada um com as suas armas;
eles cortarão o melhor dos seus cedros
e o lançarão ao fogo.

⁸ "De numerosas nações muitos passarão por esta cidade e
perguntarão uns aos outros: 'Por que o Senhor fez uma coisa
dessas a esta grande cidade?' ⁹ E lhes responderão: 'Foi porque
abandonaram a aliança do Senhor, do seu Deus, e adoraram
outros deuses e prestaram-lhes culto' ".

¹⁰ Não chorem pelo rei morto
nem lamentem sua perda.
Chorem amargamente, porém,
por aquele que está indo
para o exílio,
porque jamais voltará
nem verá sua terra natal.

¹¹ Porque assim diz o Senhor acerca de Salum, rei de Judá,
sucessor de seu pai Josias, que partiu deste lugar: "Ele jamais
voltará. ¹² Morrerá no lugar para onde o levaram prisioneiro;
não verá novamente esta terra.

¹³ "Ai daquele que constrói
o seu palácio por meios corruptos,
seus aposentos, pela injustiça,
fazendo os seus compatriotas
trabalharem por nada,
sem pagar-lhes o devido salário.
¹⁴ Ele diz: 'Construirei para mim
um grande palácio,
com aposentos espaçosos'.
Faz amplas janelas,

because of the evil you have done—
burn with no one to quench it.
¹³ I am against you, *Jerusalem,*
you who live above this valley
on the rocky plateau,

declares the Lord—
you who say, "Who can come against us?
Who can enter our refuge?"
¹⁴ I will punish you as your deeds deserve,

declares the Lord.
I will kindle a fire in your forests
that will consume everything around you.' "

Judgment Against Evil Kings

22 This is what the Lord says: "Go down to the
palace of the king of Judah and proclaim this message there: ² 'Hear the word of the Lord, O king of Judah, you
who sit on David's throne—you, your officials and your people
who come through these gates. ³ This is what the Lord says: Do
what is just and right. Rescue from the hand of his oppressor
the one who has been robbed. Do no wrong or violence to the
alien, the fatherless or the widow, and do not shed innocent
blood in this place. ⁴ For if you are careful to carry out these
commands, then kings who sit on David's throne will come
through the gates of this palace, riding in chariots and on
horses, accompanied by their officials and their people. ⁵ But if
you do not obey these commands, declares the Lord, I swear
by myself that this palace will become a ruin.' "

⁶ For this is what the Lord says about the palace of the king
of Judah:

"Though you are like Gilead to me,
like the summit of Lebanon,
I will surely make you like a desert,
like towns not inhabited.
⁷ I will send destroyers against you,
each man with his weapons,
and they will cut up your fine cedar beams
and throw them into the fire.

⁸ "People from many nations will pass by this city and will
ask one another, 'Why has the Lord done such a thing to this
great city?' ⁹ And the answer will be: 'Because they have forsaken the covenant of the Lord their God and have worshiped
and served other gods.' "

¹⁰ Do not weep for the dead ⌊king⌋ or mourn
his loss;
rather, weep bitterly for him who is exiled,
because he will never return
nor see his native land again.

¹¹ For this is what the Lord says about Shallum[a] son of Josiah,
who succeeded his father as king of Judah but has gone from
this place: "He will never return. ¹² He will die in the place where
they have led him captive; he will not see this land again."

¹³ "Woe to him who builds his palace by
unrighteousness,
his upper rooms by injustice,
making his countrymen work for nothing,
not paying them for their labor.
¹⁴ He says, 'I will build myself a great palace
with spacious upper rooms.'
So he makes large windows in it,

ᵃ**22:11** Also called *Jehoahaz.*

reveste o palácio de cedro
e pinta-o de vermelho.

¹⁵ "Você acha que acumular cedro
 faz de você um rei?
O seu pai não teve comida e bebida?
Ele fez o que era justo e certo,
 e tudo ia bem com ele.
¹⁶ Ele defendeu a causa
 do pobre e do necessitado,
e, assim, tudo corria bem.
Não é isso que significa conhecer-me?",
 declara o Senhor.
¹⁷ "Mas você não vê nem pensa
 noutra coisa
além de lucro desonesto,
derramar sangue inocente,
opressão e extorsão".

¹⁸ Portanto, assim diz o Senhor a respeito de Jeoaquim, filho de Josias, rei de Judá:

"Não se lamentarão por ele, clamando:
 'Ah, meu irmão!' ou
 'Ah, minha irmã!'
Nem se lamentarão, clamando:
 'Ah, meu senhor!' ou
 'Ah, sua majestade!'
¹⁹ Ele terá o enterro de um jumento:
 arrastado e lançado
 fora das portas de Jerusalém!

²⁰ "Jerusalém, suba ao Líbano e clame,
seja ouvida a sua voz em Basã,
clame desde Abarim,
pois todos os seus aliados
 foram esmagados.
²¹ Eu a adverti quando você
 se sentia segura,
mas você não quis ouvir-me.
Esse foi sempre o seu procedimento,
pois desde a sua juventude
 você não me obedece.
²² O vento conduzirá para longe
 todos os governantes
 que conduzem você,
e os seus aliados irão para o exílio.
Então você será envergonhada
 e humilhada
por causa de todas as suas maldades.
²³ Você, que está entronizada no Líbanoᵃ,
 que está aninhada em prédios de cedro,
como você gemerá quando
 lhe vierem as dores de parto,
dores como as de uma mulher
 que está para dar à luz!

²⁴ "Juro pelo meu nome", diz o Senhor, "que ainda que você, Joaquimᵇ, filho de Jeoaquim, rei de Judá, fosse um anel de selar em minha mão direita, eu o arrancaria. ²⁵ Eu o entregarei nas mãos daqueles que querem tirar a sua vida; daqueles que você teme, nas mãos de Nabucodonosor, rei da Babilônia, e dos babilônios. ²⁶ Expulsarei você e sua mãe, a mulher que lhe deu à luz, para um outro país, onde vocês não nasceram, e no qual ambos morrerão. ²⁷ Jamais retornarão à terra para a qual anseiam voltar".

²⁸ É Joaquim um vaso desprezível
 e quebrado,
um utensílio que ninguém quer?
Por que ele e os seus descendentes

---

panels it with cedar
and decorates it in red.

¹⁵ "Does it make you a king
 to have more and more cedar?
Did not your father have food and drink?
He did what was right and just,
 so all went well with him.
¹⁶ He defended the cause of the poor and needy,
 and so all went well.
Is that not what it means to know me?"
 declares the Lord.
¹⁷ "But your eyes and your heart
are set only on dishonest gain,
on shedding innocent blood
and on oppression and extortion."

¹⁸ Therefore this is what the Lord says about Jehoiakim son of Josiah king of Judah:

"They will not mourn for him:
 'Alas, my brother! Alas, my sister!'
They will not mourn for him:
 'Alas, my master! Alas, his splendor!'
¹⁹ He will have the burial of a donkey—
 dragged away and thrown
 outside the gates of Jerusalem."

²⁰ "Go up to Lebanon and cry out,
 let your voice be heard in Bashan,
cry out from Abarim,
 for all your allies are crushed.
²¹ I warned you when you felt secure,
 but you said, 'I will not listen!'
This has been your way from your youth;
 you have not obeyed me.
²² The wind will drive all your shepherds away,
 and your allies will go into exile.
Then you will be ashamed and disgraced
 because of all your wickedness.
²³ You who live in 'Lebanon,'ᵃ
 who are nestled in cedar buildings,
how you will groan when pangs come upon you,
 pain like that of a woman in labor!

²⁴ "As surely as I live," declares the Lord, "even if you, Jehoiachinᵇ son of Jehoiakim king of Judah, were a signet ring on my right hand, I would still pull you off. ²⁵ I will hand you over to those who seek your life, those you fear—to Nebuchadnezzar king of Babylon and to the Babylonians.ᶜ ²⁶ I will hurl you and the mother who gave you birth into another country, where neither of you was born, and there you both will die. ²⁷ You will never come back to the land you long to return to."

²⁸ Is this man Jehoiachin a despised, broken pot,
 an object no one wants?
Why will he and his children be hurled out,

ᵃ22.23 Isto é, no palácio de Jerusalém (veja 1Rs 7.2). ᵇ22.24 Hebraico: *Conias*, variante de *Joaquim*; também no versículo 28.

ᵃ22.23 That is, the palace in Jerusalem (see 1 Kings 7:2) ᵇ22.24 Hebrew *Coniah*, a variant of *Jehoiachin*; also in verse 2 ᶜ22.25 Or *Chaldean*

serão expulsos e lançados
num país que não conhecem?
29 Ó terra, terra, terra,
ouça a palavra do Senhor!
30 Assim diz o Senhor:
"Registrem esse homem
como homem sem filhos.
Ele não prosperará em toda a sua vida;
nenhum dos seus descendentes
prosperará
nem se assentará no trono de Davi
nem governará em Judá.

O Renovo Justo

23 "Ai dos pastores que destroem e dispersam as ovelhas do meu pasto!", diz o Senhor. 2 Portanto, assim diz o Senhor, Deus de Israel, aos pastores que tomam conta do meu povo: "Foram vocês que dispersaram e expulsaram o meu rebanho, e não cuidaram dele. Mas eu vou castigar vocês pelos seus maus procedimentos", declara o Senhor. 3 "Eu mesmo reunirei os remanescentes do meu rebanho de todas as terras para onde os expulsei e os trarei de volta à sua pastagem, a fim de que cresçam e se multipliquem. 4 Estabelecerei sobre eles pastores que cuidarão deles. E eles não mais terão medo ou pavor, e nenhum deles faltará", declara o Senhor.

5 "Dias virão", declara o Senhor,
"em que levantarei para Davi[a]
um Renovo justo,
um rei que reinará com sabedoria
e fará o que é justo e certo na terra.
6 Em seus dias Judá será salva,
Israel viverá em segurança,
e este é o nome pelo qual será chamado:
O Senhor é a Nossa Justiça.

7 "Portanto, vêm dias", diz o Senhor, "em que não mais se dirá: 'Juro pelo nome do Senhor, que trouxe os israelitas do Egito', 8 mas se dirá: 'Juro pelo nome do Senhor, que trouxe os descendentes de Israel da terra do norte e de todas as nações para onde os expulsou'. E eles viverão na sua própria terra".

Profetas Mentirosos

9 Acerca dos profetas:

Meu coração está partido
dentro de mim;
todos os meus ossos tremem.
Sou como um bêbado,
como um homem dominado pelo vinho,
por causa do Senhor
e de suas santas palavras.
10 A terra está cheia de adúlteros,
e por causa disso[b] a terra chora[c]
e as pastagens do deserto estão secas.
Seu modo de vida é perverso
e o seu poder é ilegítimo.
11 "Tanto o profeta como o sacerdote
são profanos;
até no meu templo
encontro as suas iniqüidades",
declara o Senhor.
12 "Por isso, o caminho deles
será como lugares escorregadios nas trevas,
para as quais serão banidos,
e nelas cairão.
Trarei a desgraça sobre eles,
no ano do seu castigo",
declara o Senhor.

cast into a land they do not know?
29 O land, land, land,
hear the word of the Lord!
30 This is what the Lord says:
"Record this man as if childless,
a man who will not prosper in his lifetime,
for none of his offspring will prosper,
none will sit on the throne of David
or rule anymore in Judah."

The Righteous Branch

23 "Woe to the shepherds who are destroying and scattering the sheep of my pasture!" declares the Lord. 2 Therefore this is what the Lord, the God of Israel, says to the shepherds who tend my people: "Because you have scattered my flock and driven them away and have not bestowed care on them, I will bestow punishment on you for the evil you have done," declares the Lord. 3 "I myself will gather the remnant of my flock out of all the countries where I have driven them and will bring them back to their pasture, where they will be fruitful and increase in number. 4 I will place shepherds over them who will tend them, and they will no longer be afraid or terrified, nor will any be missing," declares the Lord.

5 "The days are coming," declares the Lord,
"when I will raise up to David[a] a
righteous Branch,
a King who will reign wisely
and do what is just and right in the land.
6 In his days Judah will be saved
and Israel will live in safety.
This is the name by which he will be called:
The Lord Our Righteousness.

7 "So then, the days are coming," declares the Lord, "when people will no longer say, 'As surely as the Lord lives, who brought the Israelites up out of Egypt,' 8 but they will say, 'As surely as the Lord lives, who brought the descendants of Israel up out of the land of the north and out of all the countries where he had banished them.' Then they will live in their own land."

Lying Prophets

9 Concerning the prophets:

My heart is broken within me;
all my bones tremble.
I am like a drunken man,
like a man overcome by wine,
because of the Lord
and his holy words.
10 The land is full of adulterers;
because of the curse[b] the land lies parched[c]
and the pastures in the desert are withered.
The ⌐prophets⌐ follow an evil course
and use their power unjustly.

11 "Both prophet and priest are godless;
even in my temple I find their wickedness,"
declares the Lord.
12 "Therefore their path will become slippery;
they will be banished to darkness
and there they will fall.
I will bring disaster on them
in the year they are punished,"

declares the Lord.

---

a23.5 Ou *levantarei da linhagem de Davi* b23.10 Ou *por causa da maldição* c23.10 Ou *a terra está ressequida*

a23:5 Or *up from David's line* b23:10 Or *because of these things* c23:10 Or *land mourns*

13 "Entre os profetas de Samaria
    vi algo repugnante:
eles profetizaram por Baal
    e desviaram Israel, o meu povo.
14 E entre os profetas de Jerusalém
    vi algo horrível:
eles cometem adultério e
    vivem uma mentira.
Encorajam os que praticam o mal,
    para que nenhum deles se converta
    de sua impiedade.
Para mim são todos como Sodoma;
    o povo de Jerusalém é como Gomorra."

15 Por isso assim diz o Senhor dos Exércitos acerca dos profetas:

"Eu os farei comer comida amarga
    e beber água envenenada,
porque dos profetas de Jerusalém
    a impiedade se espalhou
por toda esta terra".

16 Assim diz o Senhor dos Exércitos:

"Não ouçam o que os profetas
    estão profetizando para vocês;
eles os enchem de falsas esperanças.
Falam de visões inventadas
    por eles mesmos,
e que não vêm da boca do Senhor.
17 Vivem dizendo àqueles que desprezam
    a palavra do Senhor:
'Vocês terão paz'.
E a todos os que seguem a obstinação
    dos seus corações dizem:
'Vocês não sofrerão desgraça alguma'.
18 Mas qual deles esteve no
    conselho do Senhor
    para ver ou ouvir a sua palavra?
Quem deu atenção
    e obedeceu à minha palavra?
19 Vejam, a tempestade do Senhor!
A sua fúria está à solta!
Um vendaval vem sobre
    a cabeça dos ímpios.
20 A ira do Senhor não se afastará
    até que ele tenha completado
    os seus propósitos.
Em dias vindouros vocês
    o compreenderão claramente.
21 Não enviei esses profetas,
    mas eles foram correndo
    levar sua mensagem;
não falei com eles,
    mas eles profetizaram.
22 Mas se eles tivessem comparecido
    ao meu conselho,
anunciariam as minhas palavras
    ao meu povo
e teriam feito com que se convertessem
    do seu mau procedimento
    e das suas obras más.
23 "Sou eu apenas um Deus de perto",
    pergunta o Senhor,
"e não também um Deus de longe?
24 Poderá alguém esconder-se
    sem que eu o veja?",
pergunta o Senhor.
    "Não sou eu aquele que enche
os céus e a terra?",
    pergunta o Senhor.

13 "Among the prophets of Samaria
    I saw this repulsive thing:
They prophesied by Baal
    and led my people Israel astray.
14 And among the prophets of Jerusalem
    I have seen something horrible:
They commit adultery and live a lie.
They strengthen the hands of evildoers,
    so that no one turns from his wickedness.
They are all like Sodom to me;
    the people of Jerusalem are like Gomorrah."

15 Therefore, this is what the Lord Almighty says concerning the prophets:

"I will make them eat bitter food
    and drink poisoned water,
because from the prophets of Jerusalem
    ungodliness has spread throughout the land."

16 This is what the Lord Almighty says:

"Do not listen to what the prophets are
        prophesying to you;
they fill you with false hopes.
They speak visions from their own minds,
    not from the mouth of the Lord.
17 They keep saying to those who despise me,
    'The Lord says: You will have peace.'
And to all who follow the stubbornness of
        their hearts
they say, 'No harm will come to you.'
18 But which of them has stood in the council of
        the Lord
to see or to hear his word?
    Who has listened and heard his word?
19 See, the storm of the Lord
    will burst out in wrath,
a whirlwind swirling down
    on the heads of the wicked.
20 The anger of the Lord will not turn back
    until he fully accomplishes
    the purposes of his heart.
In days to come
    you will understand it clearly.
21 I did not send these prophets,
    yet they have run with their message;
I did not speak to them,
    yet they have prophesied.
22 But if they had stood in my council,
    they would have proclaimed my words to my
        people
and would have turned them from their
        evil ways
    and from their evil deeds.
23 "Am I only a God nearby,"
             declares the Lord,
"and not a God far away?
24 Can anyone hide in secret places
    so that I cannot see him?"
             declares the Lord.
"Do not I fill heaven and earth?"
             declares the Lord.

²⁵ "Ouvi o que dizem os profetas, que profetizam mentiras em meu nome, dizendo: 'Tive um sonho! Tive um sonho!' ²⁶ Até quando os profetas continuarão a profetizar mentiras e as ilusões de suas próprias mentes? ²⁷ Eles imaginam que os sonhos que contam uns aos outros farão o povo esquecer o meu nome, assim como os seus antepassados esqueceram o meu nome por causa de Baal. ²⁸ O profeta que tem um sonho, conte o seu sonho, e o que tem a minha palavra, fale a minha palavra com fidelidade. Pois o que tem a palha a ver com o trigo?", pergunta o Senhor. ²⁹ "Não é a minha palavra como o fogo", pergunta o Senhor, "e como um martelo que despedaça a rocha?

³⁰ "Portanto", declara o Senhor, "estou contra os profetas que roubam uns dos outros as minhas palavras. ³¹ Sim", declara o Senhor, "estou contra os profetas que com as suas próprias línguas declaram oráculos. ³² Sim, estou contra os que profetizam sonhos falsos", declara o Senhor. "Eles os relatam e com as suas mentiras irresponsáveis desviam o meu povo. Eu não os enviei nem os autorizei; e eles não trazem benefício algum a este povo", declara o Senhor.

Os Falsos Profetas

³³ "Quando este povo ou um profeta ou um sacerdote lhe perguntar: 'Qual é a mensagem pesada da qual o Senhor o encarregou?', diga-lhes: Vocês são o peso! E eu os abandonarei", declara o Senhor. ³⁴ "Se um profeta ou um sacerdote ou alguém do povo afirmar: 'Esta é a mensagem da qual o Senhor me encarregou', eu castigarei esse homem e a sua família. ³⁵ Assim dirá cada um de vocês ao seu amigo ou parente: 'O que o Senhor respondeu? O que o Senhor falou?' ³⁶ Nunca mais mencionem a expressão 'Esta é a mensagem da qual o Senhor me encarregou', senão essa palavra se tornará uma 'carga' para aquele que a proferir; porque vocês distorcem as palavras do Deus vivo, do Senhor dos Exércitos, do nosso Deus. ³⁷ É assim que vocês dirão ao profeta: 'Qual é a resposta do Senhor para você?' ou 'O que o Senhor falou?' ³⁸ Mas se vocês disserem: 'Esta é a mensagem da qual o Senhor me encarregou' ", assim diz o Senhor: "Vocês dizem: 'Esta é a mensagem da qual o Senhor me encarregou', quando eu lhes adverti que não dissessem isso. ³⁹ Por isso me esquecerei de vocês e os lançarei fora da minha presença, juntamente com a cidade que dei a vocês e aos seus antepassados. ⁴⁰ Trarei sobre vocês humilhação perpétua, vergonha permanente, que jamais será esquecida".

Duas Cestas de Figos

24 E o Senhor mostrou-me dois cestos de figos postos diante do templo do Senhor. Isso aconteceu depois que Nabucodonosor levou de Jerusalém, para o exílio na Babilônia, Joaquimª, filho de Jeoaquim, rei de Judá, os líderes de Judá, e os artesãos e artífices. ² Um cesto continha figos muito bons, como os que amadurecem no princípio da colheita; os figos do outro cesto eram ruins e intragáveis.

³ Então o Senhor me perguntou: "O que você vê, Jeremias?"

Eu respondi: Figos. Os bons são muitos bons, mas os ruins são intragáveis.

⁴ Então o Senhor me dirigiu a palavra, dizendo: ⁵ "Assim diz o Senhor, o Deus de Israel: Considero como esses figos bons os exilados de Judá, os quais expulsei deste lugar para a terra dos babilônios, a fim de fazer-lhes bem. ⁶ Olharei favoravelmente para eles, e os trarei de volta a esta terra. Eu os edificarei e não os derrubarei; eu os plantarei e não os arrancarei. ⁷ Eu lhes darei um coração capaz de conhecer-me e de saber que eu sou o Senhor. Serão o meu povo, e eu serei o seu Deus, pois eles se voltarão para mim de todo o coração.

⁸ "Mas como se faz com os figos ruins e intra-gáveis", diz o Senhor, "assim lidarei com Zedequias, rei de Judá, com os seus líderes e com os sobreviventes de Jerusalém, tanto os

²⁵ "I have heard what the prophets say who prophesy lies in my name. They say, 'I had a dream! I had a dream!' ²⁶ How long will this continue in the hearts of these lying prophets, who prophesy the delusions of their own minds? ²⁷ They think the dreams they tell one another will make my people forget my name, just as their fathers forgot my name through Baal worship. ²⁸ Let the prophet who has a dream tell his dream, but let the one who has my word speak it faithfully. For what has straw to do with grain?" declares the Lord. ²⁹ "Is not my word like fire," declares the Lord, "and like a hammer that breaks a rock in pieces?

³⁰ "Therefore," declares the Lord, "I am against the prophets who steal from one another words supposedly from me. ³¹ Yes," declares the Lord, "I am against the prophets who wag their own tongues and yet declare, 'The Lord declares.' ³² Indeed, I am against those who prophesy false dreams," declares the Lord. "They tell them and lead my people astray with their reckless lies, yet I did not send or appoint them. They do not benefit these people in the least," declares the Lord.

False Oracles and False Prophets

³³ "When these people, or a prophet or a priest, ask you, 'What is the oracleª of the Lord?' say to them, 'What oracle?ᵇ I will forsake you, declares the Lord.' ³⁴ If a prophet or a priest or anyone else claims, 'This is the oracle of the Lord,' I will punish that man and his household. ³⁵ This is what each of you keeps on saying to his friend or relative: 'What is the Lord's answer?' or 'What has the Lord spoken?' ³⁶ But you must not mention 'the oracle of the Lord' again, because every man's own word becomes his oracle and so you distort the words of the living God, the Lord Almighty, our God. ³⁷ This is what you keep saying to a prophet: 'What is the Lord's answer to you?' or 'What has the Lord spoken?' ³⁸ Although you claim, 'This is the oracle of the Lord,' this is what the Lord says: You used the words, 'This is the oracle of the Lord,' even though I told you that you must not claim, 'This is the oracle of the Lord.' ³⁹ Therefore, I will surely forget you and cast you out of my presence along with the city I gave to you and your fathers. ⁴⁰ I will bring upon you everlasting disgrace—everlasting shame that will not be forgotten."

Two Baskets of Figs

24 After Jehoiachinᶜ son of Jehoiakim king of Judah and the officials, the craftsmen and the artisans of Judah were carried into exile from Jerusalem to Babylon by Nebuchadnezzar king of Babylon, the Lord showed me two baskets of figs placed in front of the temple of the Lord. ² One basket had very good figs, like those that ripen early; the other basket had very poor figs, so bad they could not be eaten.

³ Then the Lord asked me, "What do you see, Jeremiah?"

"Figs," I answered. "The good ones are very good, but the poor ones are so bad they cannot be eaten."

⁴ Then the word of the Lord came to me: ⁵ "This is what the Lord, the God of Israel, says: 'Like these good figs, I regard as good the exiles from Judah, whom I sent away from this place to the land of the Babylonians.ᵈ ⁶ My eyes will watch over them for their good, and I will bring them back to this land. I will build them up and not tear them down; I will plant them and not uproot them. ⁷ I will give them a heart to know me, that I am the Lord. They will be my people, and I will be their God, for they will return to me with all their heart.

⁸ " 'But like the poor figs, which are so bad they cannot be eaten,' says the Lord, 'so will I deal with Zedekiah king of Judah, his officials and the survivors from Jerusalem, whether they

---

ª24.1 Hebraico: *Jeconias*, variante de *Joaquim*.

ª23:33 Or *burden* (see Septuagint and Vulgate) ᵇ23:33 Hebrew; Septuagint and Vulgate *You are the burden.* (The Hebrew for *oracle* and *burden* is the same.) ᶜ24:1 Hebrew *Jeconiah*, a variant of *Jehoiachin* ᵈ24:5 Or *Chaldeans*

que permanecem nesta terra como os que vivem no Egito. ⁹ Eu os tornarei objeto de terror e de desgraça para todos os reinos da terra. Para onde quer que eu os expulsar, serão uma afronta e servirão de exemplo, ridículo e maldição. ¹⁰ Enviarei contra eles a guerra, a fome e a peste até que sejam eliminados da terra que dei a eles e aos seus antepassados".

Setenta Anos de Cativeiro

25 A palavra veio a Jeremias a respeito de todo o povo de Judá no quarto ano de Jeoaquim, filho de Josias, rei de Judá, que foi o primeiro ano de Nabucodonosor, rei da Babilônia. ² O que o profeta Jeremias anunciou a todo o povo de Judá e aos habitantes de Jerusalém foi isto: ³ "Durante vinte e três anos a palavra do Senhor tem vindo a mim, desde o décimo terceiro ano de Josias, filho de Amom, rei de Judá, até o dia de hoje. E eu a tenho anunciado a vocês, dia após dia, mas vocês não me deram ouvidos.

⁴ "Embora o Senhor tenha enviado a vocês os seus servos, os profetas, dia após dia, vocês não os ouviram nem lhes deram atenção ⁵ quando disseram: 'Converta-se cada um do seu caminho mau e de suas más obras, e vocês permanecerão na terra que o Senhor deu a vocês e aos seus antepassados para sempre. ⁶ Não sigam outros deuses para prestar-lhes culto e adorá-los; não provoquem a minha ira com ídolos feitos por vocês. E eu não trarei desgraça sobre vocês'.

⁷ " 'Mas vocês não me deram ouvidos e me provocaram à ira com os ídolos que vocês fizeram, trazendo desgraça sobre si mesmos', declara o Senhor.

⁸ "Portanto, assim diz o Senhor dos Exércitos: 'Visto que vocês não ouviram as minhas palavras, ⁹ convocarei todos os povos do norte e o meu servo Nabucodonosor, rei da Babilônia', declara o Senhor, 'e os trarei para atacar esta terra, os seus habitantes e todas as nações ao redor. Eu os destruirei completamente e os farei um objeto de pavor e de zombaria, e uma ruína permanente. ¹⁰ Darei fim às vozes de júbilo e de alegria, às vozes do noivo e da noiva, ao som do moinho e à luz das candeias. ¹¹ Toda esta terra se tornará uma ruína desolada, e essas nações estarão sujeitas ao rei da Babilônia durante setenta anos.

¹² " 'Quando se completarem os setenta anos, castigarei o rei da Babilônia e a sua nação, a terra dos babilônios, por causa de suas iniqüidades', declara o Senhor, 'e a deixarei arrasada para sempre. ¹³ Cumprirei naquela terra tudo o que falei contra ela, tudo o que está escrito neste livro e que Jeremias profetizou contra todas as nações. ¹⁴ Porque os próprios babilônios serão escravizados por muitas nações e grandes reis; eu lhes retribuirei conforme as suas ações e as suas obras' ".

O Cálice da Ira de Deus

¹⁵ Assim me disse o Senhor, o Deus de Israel: "Pegue de minha mão este cálice com o vinho da minha ira e faça com que bebam dele todas as nações a quem eu o envio. ¹⁶ Quando o beberem, ficarão cambaleando, enlouquecidas por causa da espada que enviarei contra elas".

¹⁷ Então peguei o cálice da mão do Senhor, e fiz com que dele bebessem todas as nações às quais o Senhor me enviou: ¹⁸ Jerusalém e as cidades de Judá, seus reis e seus líderes, para fazer deles uma desolação e um objeto de pavor, zombaria e maldição, como hoje acontece; ¹⁹ o faraó, o rei do Egito, seus conselheiros e seus líderes, todo o seu povo, ²⁰ e todos os estrangeiros que lá residem; todos os reis de Uz; todos os reis dos filisteus de Ascalom, Gaza, Ecrom e o povo que restou em Asdode; ²¹ Edom, Moabe e os amonitas, ²² os reis de Tiro e de Sidom; os reis das ilhas e das terras de além mar; ²³ Dedã, Temá, Buz e todos os que rapam a cabeça; ²⁴ e os reis da Arábia e todos os reis dos estrangeiros que vivem no deserto; ²⁵ todos os reis de Zinri, de Elão e da Média; ²⁶ e todos os

Seventy Years of Captivity

25 The word came to Jeremiah concerning all the people of Judah in the fourth year of Jehoiakim son of Josiah king of Judah, which was the first year of Nebuchadnezzar king of Babylon. ² So Jeremiah the prophet said to all the people of Judah and to all those living in Jerusalem: ³ For twenty-three years—from the thirteenth year of Josiah son of Amon king of Judah until this very day—the word of the LORD has come to me and I have spoken to you again and again, but you have not listened.

⁴ And though the LORD has sent all his servants the prophets to you again and again, you have not listened or paid any attention. ⁵ They said, "Turn now, each of you, from your evil ways and your evil practices, and you can stay in the land the LORD gave to you and your fathers for ever and ever. ⁶ Do not follow other gods to serve and worship them; do not provoke me to anger with what your hands have made. Then I will not harm you."

⁷ "But you did not listen to me," declares the LORD, "and you have provoked me with what your hands have made, and you have brought harm to yourselves."

⁸ Therefore the LORD Almighty says this: "Because you have not listened to my words, ⁹ I will summon all the peoples of the north and my servant Nebuchadnezzar king of Babylon," declares the LORD, "and I will bring them against this land and its inhabitants and against all the surrounding nations. I will completely destroyᵃ them and make them an object of horror and scorn, and an everlasting ruin. ¹⁰ I will banish from them the sounds of joy and gladness, the voices of bride and bridegroom, the sound of millstones and the light of the lamp. ¹¹ This whole country will become a desolate wasteland, and these nations will serve the king of Babylon seventy years.

¹² "But when the seventy years are fulfilled, I will punish the king of Babylon and his nation, the land of the Babylonians,ᵇ for their guilt," declares the LORD, "and will make it desolate forever. ¹³ I will bring upon that land all the things I have spoken against it, all that are written in this book and prophesied by Jeremiah against all the nations. ¹⁴ They themselves will be enslaved by many nations and great kings; I will repay them according to their deeds and the work of their hands."

The Cup of God's Wrath

¹⁵ This is what the LORD, the God of Israel, said to me: "Take from my hand this cup filled with the wine of my wrath and make all the nations to whom I send you drink it. ¹⁶ When they drink it, they will stagger and go mad because of the sword I will send among them."

¹⁷ So I took the cup from the LORD's hand and made all the nations to whom he sent me drink it: ¹⁸ Jerusalem and the towns of Judah, its kings and officials, to make them a ruin and an object of horror and scorn and cursing, as they are today; ¹⁹ Pharaoh king of Egypt, his attendants, his officials and all his people, ²⁰ and all the foreign people there; all the kings of Uz; all the kings of the Philistines (those of Ashkelon, Gaza, Ekron, and the people left at Ashdod); ²¹ Edom, Moab and Ammon; ²² all the kings of Tyre and Sidon; the kings of the coastlands across the sea; ²³ Dedan, Tema, Buz and all who are in distant places;ᶜ ²⁴ all the kings of Arabia and all the kings of the foreign people who live in the desert; ²⁵ all the kings of Zimri, Elam and Media; ²⁶ and

ᵃ25:9 The Hebrew term refers to the irrevocable giving over of things or persons to the LORD, often by totally destroying them. ᵇ25:12 Or *Chaldeans* ᶜ25:23 Or *who clip the hair by their foreheads*

reis do norte, próximos ou distantes, um após outro; e todos os reinos da face da terra. Depois de todos eles, o rei de Sesaque[a] também beberá do cálice.

27 "A seguir diga-lhes: Assim diz o Senhor dos Exércitos, o Deus de Israel: Bebam, embriaguem-se, vomitem, caiam e não mais se levantem, por causa da espada que envio no meio de vocês. **28** Mas se eles se recusarem a beber, diga-lhes: Assim diz o Senhor dos Exércitos: Vocês vão bebê-lo! **29** Começo a trazer desgraça sobre a cidade que leva o meu nome; e vocês sairiam impunes? De maneira alguma ficarão sem castigo! Estou trazendo a espada contra todos os habitantes da terra", declara o Senhor dos Exércitos.

30 "E você, profetize todas estas palavras contra eles, dizendo:

"O Senhor ruge do alto;
troveja de sua santa morada;
ruge poderosamente
　　contra a sua propriedade.
Ele grita como os que pisam as uvas;
grita contra todos
　　os habitantes da terra.
31 Um tumulto ressoa até
　　os confins da terra,
pois o Senhor faz
　　acusações contra as nações,
e julga toda a humanidade:
ele entregará os ímpios à espada",
　　declara o Senhor.

32 Assim diz o Senhor:

"Vejam! A desgraça está se espalhando
　　de nação em nação;
uma terrível tempestade se levanta
　　desde os confins da terra".

33 Naquela dia, os mortos pelo Senhor estarão em todo lugar, de um lado ao outro da terra. Ninguém pranteará por eles, e não serão recolhidos e sepultados, mas servirão de esterco sobre o solo.

34 Lamentem-se e gritem, pastores!
　　Rolem no pó, chefes do rebanho!
Porque chegou para vocês
　　o dia da matança
　　e da sua dispersão;
vocês cairão e serão esmigalhados
　　como vasos finos.[b]
35 Não haverá refúgio para os pastores
　　nem escapatória
　　para os chefes do rebanho.
36 Ouvem-se os gritos dos pastores
　　e o lamento dos chefes do rebanho,
pois o Senhor está destruindo
　　as pastagens deles.
37 Os pastos tranqüilos estão devastados
　　por causa do fogo da ira do Senhor.
38 Como um leão, ele saiu de sua toca;
　　a terra deles ficou devastada,
por causa da espada[c] do opressor
　　e do fogo de sua ira.

Jeremias é Ameaçado de Morte

26 No início do reinado de Jeoaquim, filho de Josias, rei de Judá, veio esta palavra da parte do Senhor: **2** "Assim diz o Senhor: Coloque-se no pátio do templo do Senhor e fale a todo o povo das cidades de Judá que vem adorar no templo do Senhor. Diga-lhes tudo o que eu lhe ordenar; não

all the kings of the north, near and far, one after the other—all the kingdoms on the face of the earth. And after all of them, the king of Sheshach[a] will drink it too.

27 "Then tell them, 'This is what the Lord Almighty, the God of Israel, says: Drink, get drunk and vomit, and fall to rise no more because of the sword I will send among you.' **28** But if they refuse to take the cup from your hand and drink, tell them, 'This is what the Lord Almighty says: You must drink it! **29** See, I am beginning to bring disaster on the city that bears my Name, and will you indeed go unpunished? You will not go unpunished, for I am calling down a sword upon all who live on the earth, declares the Lord Almighty.'

30 "Now prophesy all these words against them and say to them:

" 'The Lord will roar from on high;
　　he will thunder from his holy dwelling
　　and roar mightily against his land.
He will shout like those who tread the grapes,
　　shout against all who live on the earth.
31 The tumult will resound to the ends of
　　　　the earth,
　　for the Lord will bring charges against the
　　　　nations;
he will bring judgment on all mankind
　　and put the wicked to the sword,' "
　　　　　　　　　　　　　declares the Lord.

32 This is what the Lord Almighty says:

"Look! Disaster is spreading
　　from nation to nation;
a mighty storm is rising
　　from the ends of the earth."

33 At that time those slain by the Lord will be everywhere—from one end of the earth to the other. They will not be mourned or gathered up or buried, but will be like refuse lying on the ground.

34 Weep and wail, you shepherds;
　　roll in the dust, you leaders of the flock.
For your time to be slaughtered has come;
　　you will fall and be shattered like fine pottery.
35 The shepherds will have nowhere to flee,
　　the leaders of the flock no place to escape.
36 Hear the cry of the shepherds,
　　the wailing of the leaders of the flock,
for the Lord is destroying their pasture.
37 The peaceful meadows will be laid waste
　　because of the fierce anger of the Lord.
38 Like a lion he will leave his lair,
　　and their land will become desolate
because of the sword[b] of the oppressor
　　and because of the Lord's fierce anger.

Jeremiah Threatened With Death

26 Early in the reign of Jehoiakim son of Josiah king of Judah, this word came from the Lord: **2** "This is what the Lord says: Stand in the courtyard of the Lord's house and speak to all the people of the towns of Judah who come to worship in the house of the Lord. Tell them everything I com-

[a]25.26 *Sesaque* é um criptograma para *Babilônia*. [b]25.34 A Septuaginta traz *cairão como carneiros selecionados.* [c]25.38 Conforme alguns manuscritos do Texto Massorético e a Septuaginta. A maioria dos manuscritos do Texto Massorético diz *ira*. Veja Jr 46.16 e 50.16.

[a]25:26 *Sheshach* is a cryptogram for Babylon. [b]25:38 Some Hebrew manuscripts and Septuagint (see also Jer. 46:16 and 50:16); most Hebrew manuscripts *anger*

omita uma só palavra. ³ Talvez eles escutem e cada um se converta de sua má conduta. Então eu me arrependerei e não trarei sobre eles a desgraça que estou planejando por causa do mal que eles têm praticado. ⁴ Diga-lhes: Assim diz o Senhor: Se vocês não me escutarem nem seguirem a minha lei, que dei a vocês, ⁵ e se não ouvirem as palavras dos meus servos, os profetas, os quais tenho enviado a vocês vez após vez, embora vocês não os tenham ouvido, ⁶ então farei deste templo o que fiz do santuário de Siló, e desta cidade, um objeto de maldição entre todas as nações da terra".

⁷ Os sacerdotes, os profetas e todo o povo ouviram Jeremias falar essas palavras no templo do Senhor. ⁸ E assim que Jeremias acabou de dizer ao povo tudo o que o Senhor lhe tinha ordenado, os sacerdotes, os profetas e todo o povo o prenderam e disseram: "Você certamente morrerá! ⁹ Por que você profetiza em nome do Senhor e afirma que este templo será como Siló e que esta cidade ficará arrasada e abandonada?" E todo o povo se ajuntou em volta de Jeremias no templo do Senhor.

¹⁰ Quando os líderes de Judá souberam disso, foram do palácio real até o templo do Senhor e se assentaram para julgar, à entrada da porta Nova do templo do Senhor. ¹¹ E os sacerdotes e os profetas disseram aos líderes e a todo o povo: "Este homem deve ser condenado à morte porque profetizou contra esta cidade. Vocês o ouviram com os seus próprios ouvidos!"

¹² Disse então Jeremias a todos os líderes e a todo o povo: "O Senhor enviou-me para profetizar contra este templo e contra esta cidade tudo o que vocês ouviram. ¹³ Agora, corrijam a sua conduta e as suas ações e obedeçam ao Senhor, ao seu Deus. Então o Senhor se arrependerá da desgraça que pronunciou contra vocês. ¹⁴ Quanto a mim, estou nas mãos de vocês; façam comigo o que acharem bom e certo. ¹⁵ Entretanto, estejam certos de que, se me matarem, vocês, esta cidade e os seus habitantes serão responsáveis por derramar sangue inocente, pois, na verdade, o Senhor enviou-me a vocês para anunciar-lhes essas palavras".

¹⁶ Então os líderes e todo o povo disseram aos sacerdotes e aos profetas: "Este homem não deve ser condenado à morte! Ele nos falou em nome do Senhor, do nosso Deus".

¹⁷ Alguns dos líderes da terra se levantaram e disseram a toda a assembléia do povo: ¹⁸ "Miquéias de Moresete profetizou nos dias de Ezequias, rei de Judá, dizendo a todo o povo de Judá: 'Assim diz Senhor dos Exércitos:

" ' "Sião será arada como um campo.
Jerusalém se tornará
   um monte de entulho,
a colina do templo,
um monte coberto de mato'ᵃ.

¹⁹ "Acaso Ezequias, rei de Judá, ou alguém do povo de Judá o matou? Ezequias não temeu o Senhor e não buscou o seu favor? E o Senhor não se arrependeu da desgraça que pronunciara contra eles? Estamos a ponto de trazer uma terrível desgraça sobre nós!"

²⁰ Outro homem que profetizou em nome do Senhor foi Urias, filho de Semaías, de Quiriate-Jearim. Ele profetizou contra esta cidade e contra esta terra as mesmas coisas anunciadas por Jeremias. ²¹ Quando o rei Jeoaquim, todos os seus homens de guerra e os seus oficiais ouviram isso, o rei procurou matá-lo. Sabendo disso, Urias teve medo e fugiu para o Egito. ²² Mas o rei Jeoaquim mandou ao Egito Elnatã, filho de Acbor, e com ele alguns homens, ²³ os quais trouxeram Urias do Egito e o levaram ao rei Jeoaquim, que o mandou matar à espada. Depois, jogaram o corpo dele numa vala comum.

²⁴ Mas Aicam, filho de Safã, protegeu Jeremias, impedindo que ele fosse entregue ao povo para ser executado.

mand you; do not omit a word. ³ Perhaps they will listen and each will turn from his evil way. Then I will relent and not bring on them the disaster I was planning because of the evil they have done. ⁴ Say to them, 'This is what the Lord says: If you do not listen to me and follow my law, which I have set before you, ⁵ and if you do not listen to the words of my servants the prophets, whom I have sent to you again and again (though you have not listened), ⁶ then I will make this house like Shiloh and this city an object of cursing among all the nations of the earth.' "

⁷ The priests, the prophets and all the people heard Jeremiah speak these words in the house of the Lord. ⁸ But as soon as Jeremiah finished telling all the people everything the Lord had commanded him to say, the priests, the prophets and all the people seized him and said, "You must die! ⁹ Why do you prophesy in the Lord's name that this house will be like Shiloh and this city will be desolate and deserted?" And all the people crowded around Jeremiah in the house of the Lord.

¹⁰ When the officials of Judah heard about these things, they went up from the royal palace to the house of the Lord and took their places at the entrance of the New Gate of the Lord's house. ¹¹ Then the priests and the prophets said to the officials and all the people, "This man should be sentenced to death because he has prophesied against this city. You have heard it with your own ears!"

¹² Then Jeremiah said to all the officials and all the people: "The Lord sent me to prophesy against this house and this city all the things you have heard. ¹³ Now reform your ways and your actions and obey the Lord your God. Then the Lord will relent and not bring the disaster he has pronounced against you. ¹⁴ As for me, I am in your hands; do with me whatever you think is good and right. ¹⁵ Be assured, however, that if you put me to death, you will bring the guilt of innocent blood on yourselves and on this city and on those who live in it, for in truth the Lord has sent me to you to speak all these words in your hearing."

¹⁶ Then the officials and all the people said to the priests and the prophets, "This man should not be sentenced to death! He has spoken to us in the name of the Lord our God."

¹⁷ Some of the elders of the land stepped forward and said to the entire assembly of people, ¹⁸ "Micah of Moresheth prophesied in the days of Hezekiah king of Judah. He told all the people of Judah, 'This is what the Lord Almighty says:

" 'Zion will be plowed like a field,
   Jerusalem will become a heap of rubble,
      the temple hill a mound overgrown with
         thickets.'ᵃ

¹⁹ "Did Hezekiah king of Judah or anyone else in Judah put him to death? Did not Hezekiah fear the Lord and seek his favor? And did not the Lord relent, so that he did not bring the disaster he pronounced against them? We are about to bring a terrible disaster on ourselves!"

²⁰ (Now Uriah son of Shemaiah from Kiriath Jearim was another man who prophesied in the name of the Lord; he prophesied the same things against this city and this land as Jeremiah did. ²¹ When King Jehoiakim and all his officers and officials heard his words, the king sought to put him to death. But Uriah heard of it and fled in fear to Egypt. ²² King Jehoiakim, however, sent Elnathan son of Acbor to Egypt, along with some other men. ²³ They brought Uriah out of Egypt and took him to King Jehoiakim, who had him struck down with a sword and his body thrown into the burial place of the common people.)

²⁴ Furthermore, Ahikam son of Shaphan supported Jeremiah, and so he was not handed over to the people to be put to death.

ᵃ26.18 Mq 3.12   ᵃ26:18 Micah 3:12

A Profecia Favorável a Nabucodonosor

27 No início do reinado de Zedequias[a], filho de Josias, rei de Judá, veio esta palavra a Jeremias da parte do Senhor: [2] Assim me ordenou o Senhor: "Faça para você um jugo com cordas e madeira e ponha-o sobre o pescoço. [3] Depois mande uma mensagem aos reis de Edom, de Moabe, de Amom, de Tiro e de Sidom, por meio dos embaixadores que vieram a Jerusalém para ver Zedequias, rei de Judá. [4] Esta é a mensagem que deverão transmitir aos seus senhores: Assim diz o Senhor dos Exércitos, o Deus de Israel: [5] Eu fiz a terra, os seres humanos e os animais que nela estão, com o meu grande poder e com meu braço estendido, e eu a dou a quem eu quiser. [6] Agora, sou eu mesmo que entrego todas essas nações nas mãos do meu servo Nabucodonosor, rei da Babilônia; sujeitei a ele até mesmo os animais selvagens. [7] Todas as nações estarão sujeitas a ele, a seu filho e a seu neto; até que chegue a hora em que a terra dele seja subjugada por muitas nações e por reis poderosos.

[8] "Se, porém, alguma nação ou reino não se sujeitar a Nabucodonosor, rei da Babilônia, nem colocar o pescoço sob o seu jugo, eu castigarei aquela nação com a guerra, a fome e a peste", declara o Senhor, "e por meio dele eu a destruirei completamente. [9] Não ouçam os seus profetas, os seus adivinhos, os seus intérpretes de sonhos, os seus médiuns e os seus feiticeiros, os quais lhes dizem que não se sujeitem ao rei da Babilônia. [10] Porque suas profecias são mentiras e os levarão para longe de sua terra. Eu banirei vocês, e vocês perecerão. [11] Mas, se alguma nação colocar o pescoço sob o jugo do rei da Babilônia e a ele se sujeitar, então deixarei aquela nação permanecer na sua própria terra para cultivá-la e nela viver", declara o Senhor.

[12] Entreguei a mesma mensagem a Zedequias, rei de Judá, dizendo-lhe: Coloquem o pescoço sob o jugo do rei da Babilônia, sujeitem-se a ele e ao seu povo, e vocês viverão. [13] Por que razão você e o seu povo morreriam pela guerra, pela fome e pela peste, com as quais o Senhor ameaça a nação que não se sujeitar ao rei da Babilônia? [14] Não dêem atenção às palavras dos profetas que dizem que vocês não devem sujeitar-se ao rei da Babilônia; estão profetizando mentiras. [15] "Eu não os enviei!", declara o Senhor. "Eles profetizam mentiras em meu nome. Por isso, eu banirei vocês, e vocês perecerão juntamente com os profetas que lhes estão profetizando."

[16] Então eu disse aos sacerdotes e a todo este povo: Assim diz o Senhor: "Não ouçam os seus profetas que dizem que em breve os utensílios do templo do Senhor serão trazidos de volta da Babilônia. Eles estão profetizando mentiras". [17] Não os ouçam. Sujeitem-se ao rei da Babilônia, e vocês viverão. Por que deveria esta cidade ficar em ruínas? [18] Se eles são profetas e têm a palavra do Senhor, que implorem ao Senhor dos Exércitos, pedindo que os utensílios que restam no templo do Senhor, no palácio do rei de Judá e em Jerusalém não sejam levados para a Babilônia. [19] Porque assim diz o Senhor dos Exércitos acerca das colunas, do tanque, dos suportes e dos outros utensílios que foram deixados nesta cidade, [20] os quais Nabucodonosor, rei da Babilônia, não levou consigo de Jerusalém para a Babilônia, quando exilou Joaquim[b], filho de Joaquim, rei de Judá, com os nobres de Judá e de Jerusalém. [21] Sim, assim diz o Senhor dos Exércitos, Deus de Israel, acerca dos utensílios que restaram no templo do Senhor, no palácio do rei de Judá e em Jerusalém: [22] "Serão levados para a Babilônia e ali ficarão até o dia em que eu os quiser buscar", declara o Senhor. "Então os trarei de volta e os restabelecerei neste lugar".

O Falso Profeta Hananias

28 No quinto mês daquele mesmo ano, o quarto ano, no início do reinado de Zedequias, rei de Judá, Hananias, filho de Azur, profeta natural de Gibeom, disse-me

Judah to Serve Nebuchadnezzar

27 Early in the reign of Zedekiah[a] son of Josiah king of Judah, this word came to Jeremiah from the Lord: [2] This is what the Lord said to me: "Make a yoke out of straps and crossbars and put it on your neck. [3] Then send word to the kings of Edom, Moab, Ammon, Tyre and Sidon through the envoys who have come to Jerusalem to Zedekiah king of Judah. [4] Give them a message for their masters and say, 'This is what the Lord Almighty, the God of Israel, says: "Tell this to your masters: [5] With my great power and outstretched arm I made the earth and its people and the animals that are on it, and I give it to anyone I please. [6] Now I will hand all your countries over to my servant Nebuchadnezzar king of Babylon; I will make even the wild animals subject to him. [7] All nations will serve him and his son and his grandson until the time for his land comes; then many nations and great kings will subjugate him.

[8] " ' "If, however, any nation or kingdom will not serve Nebuchadnezzar king of Babylon or bow its neck under his yoke, I will punish that nation with the sword, famine and plague, declares the Lord, until I destroy it by his hand. [9] So do not listen to your prophets, your diviners, your interpreters of dreams, your mediums or your sorcerers who tell you, 'You will not serve the king of Babylon.' [10] They prophesy lies to you that will only serve to remove you far from your lands; I will banish you and you will perish. [11] But if any nation will bow its neck under the yoke of the king of Babylon and serve him, I will let that nation remain in its own land to till it and to live there, declares the Lord." ' "

[12] I gave the same message to Zedekiah king of Judah. I said, "Bow your neck under the yoke of the king of Babylon; serve him and his people, and you will live. [13] Why will you and your people die by the sword, famine and plague with which the Lord has threatened any nation that will not serve the king of Babylon? [14] Do not listen to the words of the prophets who say to you, 'You will not serve the king of Babylon,' for they are prophesying lies to you. [15] 'I have not sent them,' declares the Lord. 'They are prophesying lies in my name. Therefore, I will banish you and you will perish, both you and the prophets who prophesy to you.' "

[16] Then I said to the priests and all these people, "This is what the Lord says: Do not listen to the prophets who say, 'Very soon now the articles from the Lord's house will be brought back from Babylon.' They are prophesying lies to you. [17] Do not listen to them. Serve the king of Babylon, and you will live. Why should this city become a ruin? [18] If they are prophets and have the word of the Lord, let them plead with the Lord Almighty that the furnishings remaining in the house of the Lord and in the palace of the king of Judah and in Jerusalem not be taken to Babylon. [19] For this is what the Lord Almighty says about the pillars, the Sea, the movable stands and the other furnishings that are left in this city, [20] which Nebuchadnezzar king of Babylon did not take away when he carried Jehoiachin[b] son of Jehoiakim king of Judah into exile from Jerusalem to Babylon, along with all the nobles of Judah and Jerusalem— [21] yes, this is what the Lord Almighty, the God of Israel, says about the things that are left in the house of the Lord and in the palace of the king of Judah and in Jerusalem: [22] 'They will be taken to Babylon and there they will remain until the day I come for them,' declares the Lord. 'Then I will bring them back and restore them to this place.' "

The False Prophet Hananiah

28 In the fifth month of that same year, the fourth year, early in the reign of Zedekiah king of Judah, the prophet Hananiah son of Azzur, who was from Gibeon, said to

---

[a]27.1 Conforme alguns manuscritos do Texto Massorético e a Versão Siríaca. A maioria dos manuscritos do Texto Massorético diz *Jeoaquim*. Veja Jr 27.3,-12 e 28.1. [b]27.20 Hebraico: *Jeconias*, variante de *Joaquim*; também em 28.4 e 29.2

[a]27:1 A few Hebrew manuscripts and Syriac (see also Jer. 27:3, 12 and 28:1); most Hebrew manuscripts *Jehoiakim* (Most Septuagint manuscripts do not have this verse.)[b]27:20 Hebrew *Jeconiah*, a variant of *Jehoiachin*

no templo do S<small>ENHOR</small>, na presença dos sacerdotes e de todo o povo: ² "Assim diz o S<small>ENHOR</small> dos Exércitos, Deus de Israel: 'Quebrarei o jugo do rei da Babilônia. ³ Em dois anos trarei de volta a este lugar todos os utensílios do templo do S<small>ENHOR</small> que Nabucodonosor, rei da Babilônia, tirou daqui e levou para a Babilônia. ⁴ Também trarei de volta para este lugar Joaquim, filho de Jeoaquim, rei de Judá, e todos os exilados de Judá que foram para a Babilônia', diz o S<small>ENHOR</small>, 'pois quebrarei o jugo do rei da Babilônia' ".

⁵ Mas o profeta Jeremias respondeu ao profeta Hananias diante dos sacerdotes e de todo o povo que estava no templo do S<small>ENHOR</small>: ⁶ "Amém! Que assim faça o S<small>ENHOR</small>! Que o S<small>E-</small><small>NHOR</small> cumpra as palavras que você profetizou, trazendo os utensílios do templo do S<small>ENHOR</small> e todos os exilados da Babilônia para este lugar. ⁷ Entretanto, ouça o que tenho a dizer a você e a todo o povo: ⁸ Os profetas que precederam a você e a mim, desde os tempos antigos, profetizaram guerra, desgraça e peste contra muitas nações e grandes reinos. ⁹ Mas o profeta que profetiza prosperidade será reconhecido como verdadeiro enviado do S<small>ENHOR</small> se aquilo que profetizou se realizar".

¹⁰ Então o profeta Hananias tirou o jugo do pescoço de Jeremias e o quebrou, ¹¹ e disse diante de todo o povo: "Assim diz o S<small>ENHOR</small>: 'É deste modo que quebrarei o jugo de Nabucodonosor, rei da Babilônia, e o tirarei do pescoço de todas as nações no prazo de dois anos' ". Diante disso, o profeta Jeremias retirou-se.

¹² Depois que o profeta Hananias quebrou o jugo do pescoço do profeta Jeremias, o S<small>ENHOR</small> dirigiu a palavra a Jeremias: ¹³ "Vá dizer a Hananias: Assim diz o S<small>ENHOR</small>: Você quebrou um jugo de madeira, mas em seu lugar você fará um jugo de ferroᵃ. ¹⁴ Assim diz o S<small>ENHOR</small> dos Exércitos, o Deus de Israel: Porei um jugo sobre o pescoço de todas essas nações, para fazê-lo sujeitas a Nabucodonosor, rei da Babilônia, e elas se sujeitarão a ele. Até mesmo os animais selvagens estarão sujeitos a ele".

¹⁵ Disse, pois, o profeta Jeremias ao profeta Hananias: "Escute, Hananias! O S<small>ENHOR</small> não o enviou, mas assim mesmo você persuadiu esta nação a confiar em mentiras. ¹⁶ Por isso, assim diz o S<small>ENHOR</small>: 'Vou tirá-lo da face da terra. Este ano você morrerá, porque pregou rebelião contra o S<small>ENHOR</small>' ".

¹⁷ E o profeta Hananias morreu no sétimo mês daquele mesmo ano.

A Carta aos Exilados

29 Este é o conteúdo da carta que o profeta Jeremias enviou de Jerusalém aos líderes, que ainda restavam entre os exilados, aos sacerdotes, aos profetas e a todo o povo que Nabucodonosor deportara de Jerusalém para a Babilônia. ² Isso aconteceu depois que o rei Joaquim e a rainha-mãe, os oficiais do palácio real, os líderes de Judá e Jerusalém, os artesãos e os artífices foram deportados de Jerusalém para a Babilônia. ³ Ele enviou a carta por intermédio de Eleasa, filho de Safã, e Gemarias, filho de Hilquias, os quais Zedequias, rei de Judá, mandou a Nabucodonosor, rei da Babilônia. A carta dizia o seguinte:

⁴ "Assim diz o S<small>ENHOR</small> dos Exércitos, o Deus de Israel, a todos os exilados, que deportei de Jerusalém para a Babilônia: ⁵ 'Construam casas e habitem nelas; plantem jardins e comam de seus frutos. ⁶ Casem-se e tenham filhos e filhas; escolham mulheres para casar-se com seus filhos e dêem as suas filhas em casamento, para que também tenham filhos e filhas. Multipliquem-se e não diminuam. ⁷ Busquem a prosperidade da cidade para a qual eu os deportei e orem ao S<small>ENHOR</small> em favor dela, porque a pros-

me in the house of the L<small>ORD</small> in the presence of the priests and all the people: ² "This is what the L<small>ORD</small> Almighty, the God of Israel, says: 'I will break the yoke of the king of Babylon. ³ Within two years I will bring back to this place all the articles of the L<small>ORD</small>'s house that Nebuchadnezzar king of Babylon removed from here and took to Babylon. ⁴ I will also bring back to this place Jehoiachinᵃ son of Jehoiakim king of Judah and all the other exiles from Judah who went to Babylon,' declares the L<small>ORD</small>, 'for I will break the yoke of the king of Babylon.' "

⁵ Then the prophet Jeremiah replied to the prophet Hananiah before the priests and all the people who were standing in the house of the L<small>ORD</small>. ⁶ He said, "Amen! May the L<small>ORD</small> do so! May the L<small>ORD</small> fulfill the words you have prophesied by bringing the articles of the L<small>ORD</small>'s house and all the exiles back to this place from Babylon. ⁷ Nevertheless, listen to what I have to say in your hearing and in the hearing of all the people: ⁸ From early times the prophets who preceded you and me have prophesied war, disaster and plague against many countries and great kingdoms. ⁹ But the prophet who prophesies peace will be recognized as one truly sent by the L<small>ORD</small> only if his prediction comes true."

¹⁰ Then the prophet Hananiah took the yoke off the neck of the prophet Jeremiah and broke it, ¹¹ and he said before all the people, "This is what the L<small>ORD</small> says: 'In the same way will I break the yoke of Nebuchadnezzar king of Babylon off the neck of all the nations within two years.' " At this, the prophet Jeremiah went on his way.

¹² Shortly after the prophet Hananiah had broken the yoke off the neck of the prophet Jeremiah, the word of the L<small>ORD</small> came to Jeremiah: ¹³ "Go and tell Hananiah, 'This is what the L<small>ORD</small> says: You have broken a wooden yoke, but in its place you will get a yoke of iron. ¹⁴ This is what the L<small>ORD</small> Almighty, the God of Israel, says: I will put an iron yoke on the necks of all these nations to make them serve Nebuchadnezzar king of Babylon, and they will serve him. I will even give him control over the wild animals.' "

¹⁵ Then the prophet Jeremiah said to Hananiah the prophet, "Listen, Hananiah! The L<small>ORD</small> has not sent you, yet you have persuaded this nation to trust in lies. ¹⁶ Therefore, this is what the L<small>ORD</small> says: 'I am about to remove you from the face of the earth. This very year you are going to die, because you have preached rebellion against the L<small>ORD</small>.' "

¹⁷ In the seventh month of that same year, Hananiah the prophet died.

A Letter to the Exiles

29 This is the text of the letter that the prophet Jeremiah sent from Jerusalem to the surviving elders among the exiles and to the priests, the prophets and all the other people Nebuchadnezzar had carried into exile from Jerusalem to Babylon. ² (This was after King Jehoiachinᵇ and the queen mother, the court officials and the leaders of Judah and Jerusalem, the craftsmen and the artisans had gone into exile from Jerusalem.) ³ He entrusted the letter to Elasah son of Shaphan and to Gemariah son of Hilkiah, whom Zedekiah king of Judah sent to King Nebuchadnezzar in Babylon. It said:

⁴ This is what the L<small>ORD</small> Almighty, the God of Israel, says to all those I carried into exile from Jerusalem to Babylon: ⁵ "Build houses and settle down; plant gardens and eat what they produce. ⁶ Marry and have sons and daughters; find wives for your sons and give your daughters in marriage, so that they too may have sons and daughters. Increase in number there; do not decrease. ⁷ Also, seek the peace and prosperity of the city to which I have carried you into exile. Pray to the L<small>ORD</small> for it, be-

---

ᵃ28.13 A Septuaginta diz *eu farei um jugo de ferro.*

ᵃ28:4 Hebrew *Jeconiah,* a variant of *Jehoiachin* ᵇ29:2 Hebrew *Jeconiah,* a variant of *Jehoiachin*

peridade de vocês depende da prosperidade dela'. **8** Porque assim diz o Senhor dos Exércitos, o Deus de Israel: 'Não deixem que os profetas e adivinhos que há no meio de vocês os enganem. Não dêem atenção aos sonhos que vocês os encorajam a terem. **9** Eles estão profetizando mentiras em meu nome. Eu não os enviei', declara o Senhor. **10** "Assim diz o Senhor: 'Quando se completarem os setenta anos da Babilônia, eu cumprirei a minha promessa em favor de vocês, de trazê-los de volta para este lugar. **11** Porque sou eu que conheço os planos que tenho para vocês', diz o Senhor, 'planos de fazê-los prosperar e não de lhes causar dano, planos de dar-lhes esperança e um futuro. **12** Então vocês clamarão a mim, virão orar a mim, e eu os ouvirei. **13** Vocês me procurarão e me acharão quando me procurarem de todo o coração. **14** Eu me deixarei ser encontrado por vocês', declara o Senhor, 'e os trarei de volta do cativeiro.ª Eu os reunirei de todas as nações e de todos os lugares para onde eu os dispersei, e os trarei de volta para o lugar de onde os deportei', diz o Senhor.

15 "Vocês podem dizer: 'O Senhor levantou profetas para nós na Babilônia', **16** mas assim diz o Senhor sobre o rei que se assenta no trono de Davi e sobre todo o povo que permanece nesta cidade, seus compatriotas que não foram com vocês para o exílio; **17** assim diz o Senhor dos Exércitos: 'Enviarei a guerra, a fome e a peste contra eles; lidarei com eles como se lida com figos ruins, que são intragáveis. **18** Eu os perseguirei com a guerra, a fome e a peste; farei deles objeto de terror para todos os reinos da terra, maldição e exemplo, zombaria e afronta entre todas as nações para onde eu os dispersei. **19** Porque eles não deram atenção às minhas palavras', declara o Senhor, 'palavras que lhes enviei pelos meus servos, os profetas. E vocês também não deram atenção!', diz o Senhor.

20 "Ouçam, agora, a palavra do Senhor, todos vocês exilados, que deportei de Jerusalém para a Babilônia! **21** Assim diz o Senhor dos Exércitos, o Deus de Israel, a respeito de Acabe, filho de Colaías, e a respeito de Zedequias, filho de Maaséias, que estão profetizando mentiras a vocês em meu nome: 'Eu os entregarei nas mãos de Nabucodo-nosor, rei da Babilônia, e ele os matará diante de vocês. **22** Em razão disso, os exilados de Judá que estão na Babilônia usarão esta maldição: "Que o Senhor o trate como tratou Zedequias e Acabe, os quais o rei da Babilônia queimou vivos". **23** Porque cometeram loucura em Israel: adulteraram com as mulheres de seus amigos e em meu nome falaram mentiras, que eu não ordenei que falassem. Mas eu estou sabendo; sou testemunha disso', declara o Senhor.

Mensagem a Semaías

24 "Diga a Semaías, de Neelam: **25** Diz o Senhor dos Exércitos, o Deus de Israel que você enviou cartas em seu próprio nome a todo o povo de Jerusalém, a Sofonias, filho do sacerdote Maaséias, e a todos os sacerdotes. Você disse a Sofonias: **26** 'O Senhor o designou sacerdote em lugar de Joiada como encarregado do templo do Senhor; você deveria prender no tronco, com correntes de ferro, qualquer doido que agisse como profeta. **27** E por que você não repreendeu Jeremias de Anatote, que se apresenta como profeta entre vocês? **28** Ele até mandou esta mensagem para nós que estamos na Babilônia, dizendo que o exílio será longo, que construam casas e habitem nelas, plantem jardins e comam de seus frutos' ".

29 O sacerdote Sofonias leu a carta para o profeta Jeremias. **30** Então o Senhor dirigiu a palavra a Jeremias: **31** "Envie esta mensagem a todos os exilados: Assim diz o Senhor sobre Semaías, de Neelam: Embora eu não o tenha enviado, Semaías profetizou a vocês e fez com que vocês cressem numa mentira, **32** por isso, assim diz o Senhor: Castigarei Semaías, de Neelam, e os seus

cause if it prospers, you too will prosper." **8** Yes, this is what the Lord Almighty, the God of Israel, says: "Do not let the prophets and diviners among you deceive you. Do not listen to the dreams you encourage them to have. **9** They are prophesying lies to you in my name. I have not sent them," declares the Lord.

10 This is what the Lord says: "When seventy years are completed for Babylon, I will come to you and fulfill my gracious promise to bring you back to this place. **11** For I know the plans I have for you," declares the Lord, "plans to prosper you and not to harm you, plans to give you hope and a future. **12** Then you will call upon me and come and pray to me, and I will listen to you. **13** You will seek me and find me when you seek me with all your heart. **14** I will be found by you," declares the Lord, "and will bring you back from captivity.ª I will gather you from all the nations and places where I have banished you," declares the Lord, "and will bring you back to the place from which I carried you into exile."

15 You may say, "The Lord has raised up prophets for us in Babylon," **16** but this is what the Lord says about the king who sits on David's throne and all the people who remain in this city, your countrymen who did not go with you into exile— **17** yes, this is what the Lord Almighty says: "I will send the sword, famine and plague against them and I will make them like poor figs that are so bad they cannot be eaten. **18** I will pursue them with the sword, famine and plague and will make them abhorrent to all the kingdoms of the earth and an object of cursing and horror, of scorn and reproach, among all the nations where I drive them. **19** For they have not listened to my words," declares the Lord, "words that I sent to them again and again by my servants the prophets. And you exiles have not listened either," declares the Lord.

20 Therefore, hear the word of the Lord, all you exiles whom I have sent away from Jerusalem to Babylon. **21** This is what the Lord Almighty, the God of Israel, says about Ahab son of Kolaiah and Zedekiah son of Maaseiah, who are prophesying lies to you in my name: "I will hand them over to Nebuchadnezzar king of Babylon, and he will put them to death before your very eyes. **22** Because of them, all the exiles from Judah who are in Babylon will use this curse: 'The Lord treat you like Zedekiah and Ahab, whom the king of Babylon burned in the fire.' **23** For they have done outrageous things in Israel; they have committed adultery with their neighbors' wives and in my name have spoken lies, which I did not tell them to do. I know it and am a witness to it," declares the Lord.

Message to Shemaiah

24 Tell Shemaiah the Nehelamite, **25** "This is what the Lord Almighty, the God of Israel, says: You sent letters in your own name to all the people in Jerusalem, to Zephaniah son of Maaseiah the priest, and to all the other priests. You said to Zephaniah, **26** 'The Lord has appointed you priest in place of Jehoiada to be in charge of the house of the Lord; you should put any madman who acts like a prophet into the stocks and neck-irons. **27** So why have you not reprimanded Jeremiah from Anathoth, who poses as a prophet among you? **28** He has sent this message to us in Babylon: It will be a long time. Therefore build houses and settle down; plant gardens and eat what they produce.' "

29 Zephaniah the priest, however, read the letter to Jeremiah the prophet. **30** Then the word of the Lord came to Jeremiah: **31** "Send this message to all the exiles: 'This is what the Lord says about Shemaiah the Nehelamite: Because Shemaiah has prophesied to you, even though I did not send him, and has led you to believe a lie, **32** this is what the Lord says: I will surely

---

ª29.14 Ou *e restaurarei a sorte de vocês.*

ª29:14 Or *will restore your fortunes*

descendentes. Não lhe restará ninguém entre este povo, e ele não verá as coisas boas que farei em favor de meu povo", declara o Senhor, "porque ele pregou rebelião contra o Senhor".

A Restauração de Israel

30 Esta é a palavra que veio a Jeremias da parte do Senhor: ² "Assim diz o Senhor, o Deus de Israel: Escreva num livro todas as palavras que eu lhe falei. ³ Certamente vêm os dias", diz o Senhor, "em que mudarei a sorte do meu povo, Israel e Judá, e os farei retornar à terra que dei aos seus antepassados, e eles a possuirão", declara o Senhor.

⁴ Estas são as palavras que o Senhor falou acerca de Israel e de Judá: ⁵ "Assim diz o Senhor:

"Ouvem-se gritos de pânico,
de pavor e não de paz.
⁶ Pergunte e veja:
Pode um homem dar à luz?
Por que vejo, então, todos os homens
com as mãos no estômago,
como uma mulher em trabalho de parto?
Por que estão pálidos todos os rostos?
⁷ Como será terrível aquele dia!
Sem comparação!
Será tempo de angústia para Jacó;
mas ele será salvo.

⁸ "Naquele dia",
declara o Senhor dos Exércitos,
"quebrarei o jugo
que está sobre o pescoço deles
e arrebentarei as suas correntes;
não mais serão escravizados
pelos estrangeiros.
⁹ Servirão ao Senhor, ao seu Deus,
e a Davi, seu rei,
que darei a eles.

¹⁰ "Por isso, não tema, Jacó, meu servo!
Não fique assustado, ó Israel!",
declara o Senhor.
"Eu o salvarei de um lugar distante,
e os seus descendentes,
da terra do seu exílio.
Jacó voltará e ficará em paz
e em segurança;
ninguém o inquietará.
¹¹ Porque eu estou com você
e o salvarei", diz o Senhor.
"Destruirei completamente
todas as nações
entre as quais eu o dispersei;
mas a você
não destruirei completamente.
Eu o disciplinarei, como você merece.
Não o deixarei impune".

¹² Assim diz o Senhor:

"Seu ferimento é grave,
sua ferida, incurável.
¹³ Não há quem defenda a sua causa;
não há remédio para a sua ferida,
que não cicatriza.
¹⁴ Todos os seus amantes
esqueceram-se de você;
eles não se importam com você.
Eu a golpeei como faz um inimigo;
dei-lhe um castigo cruel,

punish Shemaiah the Nehelamite and his descendants. He will have no one left among this people, nor will he see the good things I will do for my people, declares the Lord, because he has preached rebellion against me.' "

Restoration of Israel

30 This is the word that came to Jeremiah from the Lord: ² "This is what the Lord, the God of Israel, says: 'Write in a book all the words I have spoken to you. ³ The days are coming,' declares the Lord, 'when I will bring my people Israel and Judah back from captivity[a] and restore them to the land I gave their forefathers to possess,' says the Lord."

⁴ These are the words the Lord spoke concerning Israel and Judah: ⁵ "This is what the Lord says:

" 'Cries of fear are heard—
terror, not peace.
⁶ Ask and see:
Can a man bear children?
Then why do I see every strong man
with his hands on his stomach like a woman in labor,
every face turned deathly pale?
⁷ How awful that day will be!
None will be like it.
It will be a time of trouble for Jacob,
but he will be saved out of it.

⁸ " 'In that day,' declares the Lord Almighty,
'I will break the yoke off their necks
and will tear off their bonds;
no longer will foreigners enslave them.
⁹ Instead, they will serve the Lord their God
and David their king,
whom I will raise up for them.

¹⁰ " 'So do not fear, O Jacob my servant;
do not be dismayed, O Israel,'
declares the Lord.
'I will surely save you out of a distant place,
your descendants from the land of their exile.
Jacob will again have peace and security,
and no one will make him afraid.
¹¹ I am with you and will save you,'
declares the Lord.
'Though I completely destroy all the nations
among which I scatter you,
I will not completely destroy you.
I will discipline you but only with justice;
I will not let you go entirely unpunished.'

¹² "This is what the Lord says:

" 'Your wound is incurable,
your injury beyond healing.
¹³ There is no one to plead your cause,
no remedy for your sore,
no healing for you.
¹⁴ All your allies have forgotten you;
they care nothing for you.
I have struck you as an enemy would
and punished you as would the cruel,

---

[a]30:3 Or *will restore the fortunes of my people Israel and Judah*

porque é grande a sua iniqüidade
e numerosos são os seus pecados.
15 Por que você grita
por causa do seu ferimento,
por sua ferida incurável?
Fiz essas coisas a você
porque é grande a sua iniqüidade
e numerosos são os seus pecados.
16 "Mas todos os que a devoram
serão devorados;
todos os seus adversários
irão para o exílio.
Aqueles que a saqueiam
serão saqueados;
eu despojarei todos os que a despojam.
17 Farei cicatrizar o seu ferimento
e curarei as suas feridas",
declara o Senhor,
"porque a você, Sião,
chamam de rejeitada,
aquela por quem ninguém se importa".

18 Assim diz o Senhor:

"Mudarei a sorte das tendas de Jacó
e terei compaixão das suas moradas.
A cidade será reconstruída
sobre as suas ruínas
e o palácio no seu devido lugar.
19 Deles virão ações de graça
e o som de regozijo.
Eu os farei aumentar
e eles não diminuirão;
eu os honrarei
e eles não serão desprezados.
20 Seus filhos serão
como nos dias do passado,
e a sua comunidade
será firmada diante de mim;
castigarei todos aqueles
que os oprimem.
21 Seu líder será um dentre eles;
seu governante virá do meio deles.
Eu o trarei para perto
e ele se aproximará de mim;
pois quem se arriscaria
a aproximar-se de mim?",
pergunta o Senhor.
22 "Por isso vocês serão o meu povo,
e eu serei o seu Deus".

23 Vejam, a tempestade do Senhor!
Sua fúria está à solta!
Um vendaval vem
sobre a cabeça dos ímpios.
24 A ira do Senhor não se afastará
até que ele tenha completado
os seus propósitos.
Em dias vindouros
vocês compreenderão isso.

31 "Naquele tempo", diz o Senhor, "serei o Deus de todas as famílias de Israel, e eles serão o meu povo."
2 Assim diz o Senhor:

"O povo que escapou da morte
achou favor no deserto".

Quando Israel buscava descanso,
3 o Senhor lhe apareceu no passado,ª
dizendo:

because your guilt is so great
and your sins so many.
15 Why do you cry out over your wound,
your pain that has no cure?
Because of your great guilt and many sins
I have done these things to you.
16 " 'But all who devour you will be devoured;
all your enemies will go into exile.
Those who plunder you will be plundered;
all who make spoil of you I will despoil.
17 But I will restore you to health
and heal your wounds,'
declares the Lord,
'because you are called an outcast,
Zion for whom no one cares.'

18 "This is what the Lord says:

" 'I will restore the fortunes of Jacob's tents
and have compassion on his dwellings;
the city will be rebuilt on her ruins,
and the palace will stand in its proper place.
19 From them will come songs of thanksgiving
and the sound of rejoicing.
I will add to their numbers,
and they will not be decreased;
I will bring them honor,
and they will not be disdained.
20 Their children will be as in days of old,
and their community will be established
before me;
I will punish all who oppress them.
21 Their leader will be one of their own;
their ruler will arise from among them.
I will bring him near and he will come
close to me,
for who is he who will devote himself
to be close to me?'
declares the Lord.
22 " 'So you will be my people,
and I will be your God.' "

23 See, the storm of the Lord
will burst out in wrath,
a driving wind swirling down
on the heads of the wicked.
24 The fierce anger of the Lord will not turn back
until he fully accomplishes
the purposes of his heart.
In days to come
you will understand this.

31 "At that time," declares the Lord, "I will be the God of all the clans of Israel, and they will be my people."
2 This is what the Lord says:

"The people who survive the sword
will find favor in the desert;
I will come to give rest to Israel."

3 The Lord appeared to us in the past,ª saying:

ª31.3 Ou *Senhor apareceu a nós vindo de longe,*

ª31:3 Or Lord *has appeared to us from afar*

"Eu a amei com amor eterno;
   com amor leal a atrai.
⁴ Eu a edificarei mais uma vez,
   ó virgem, Israel!
Você será reconstruída!
Mais uma vez você
   se enfeitará com guizos
   e sairá dançando com os que se alegram.
⁵ De novo você plantará videiras
   nas colinas de Samaria;
videiras antes profanadas pelos lavradores
   que as tinham plantado.ª
⁶ Porque vai chegando o dia
   em que os sentinelas gritarão
   nas colinas de Efraim:
'Venham e subamos a Sião,
à presença do Senhor,
   do nosso Deus' ".

⁷ Assim diz o Senhor:

"Cantem de alegria por causa de Jacó;
gritem, exaltando a principal
   das nações!
Proclamem e dêem louvores, dizendo:
'O Senhor salvou o seu povo,ᵇ
   o remanescente de Israel'.
⁸ Vejam, eu os trarei da terra do norte
   e os reunirei dos confins da terra.
Entre eles estarão o cego e o aleijado,
mulheres grávidas
   e em trabalho de parto;
uma grande multidão voltará.
⁹ Voltarão com choro,ᶜ
   mas eu os conduzirei
   em meio a consolações.
Eu os conduzirei às correntes de água
por um caminho plano,
   onde não tropeçarão,
porque sou pai para Israel
   e Efraim é o meu filho mais velho.
¹⁰ "Ouçam a palavra do Senhor,
   ó nações,
e proclamem nas ilhas distantes:
   'Aquele que dispersou Israel o reunirá
e, como pastor, vigiará o seu rebanho'.
¹¹ O Senhor resgatou Jacó
   e o libertou das mãos
   do que é mais forte do que ele.
¹² Eles virão e cantarão de alegria
   nos altos de Sião;
ficarão radiantes de alegria
   pelos muitos bens
   dados pelo Senhor:
o cereal, o vinho novo, o azeite puro,
as crias das ovelhas e das vacas.
Serão como um jardim bem regado,
   e não mais se entristecerão.
¹³ Então as moças dançarão de alegria,
   como também os jovens
   e os velhos.
Transformarei o lamento deles
   em júbilo;
eu lhes darei consolo e alegria
   em vez de tristeza.
¹⁴ Satisfarei os sacerdotes com fartura;
   e o meu povo será saciado

"I have loved you with an everlasting love;
   I have drawn you with loving-kindness.
⁴ I will build you up again
   and you will be rebuilt, O Virgin Israel.
Again you will take up your tambourines
   and go out to dance with the joyful.
⁵ Again you will plant vineyards
   on the hills of Samaria;
the farmers will plant them
   and enjoy their fruit.
⁶ There will be a day when watchmen cry out
   on the hills of Ephraim,
'Come, let us go up to Zion,
   to the Lord our God.' "

⁷ This is what the Lord says:

"Sing with joy for Jacob;
   shout for the foremost of the nations.
Make your praises heard, and say,
   'O Lord, save your people,
   the remnant of Israel.'
⁸ See, I will bring them from the land of the north
   and gather them from the ends of the earth.
Among them will be the blind and the lame,
   expectant mothers and women in labor;
   a great throng will return.
⁹ They will come with weeping;
   they will pray as I bring them back.
I will lead them beside streams of water
   on a level path where they will not stumble,
because I am Israel's father,
   and Ephraim is my firstborn son.
¹⁰ "Hear the word of the Lord, O nations;
   proclaim it in distant coastlands:
'He who scattered Israel will gather them
   and will watch over his flock like a shepherd.'
¹¹ For the Lord will ransom Jacob
   and redeem them from the hand of those stronger
   than they.
¹² They will come and shout for joy on the
      heights of Zion;
   they will rejoice in the bounty of the Lord—
the grain, the new wine and the oil,
   the young of the flocks and herds.
They will be like a well-watered garden,
   and they will sorrow no more.
¹³ Then maidens will dance and be glad,
   young men and old as well.
I will turn their mourning into gladness;
   I will give them comfort and joy instead
      of sorrow.
¹⁴ I will satisfy the priests with abundance,

ª31.5 Ou *videiras que os lavradores plantarão e cujo fruto colherão.* ᵇ31.7 Conforme a Septuaginta. O Texto Massorético diz *Ó Senhor, salva o teu povo.* ᶜ31.9 Conforme a Septuaginta. O Texto Massorético diz *Suplicarão enquanto eu os conduzir.*

pela minha bondade",
 declara o Senhor.

15 Assim diz o Senhor:

"Ouve-se uma voz em Ramá,
 pranto e amargo choro;
é Raquel, que chora por seus filhos
 e recusa ser consolada,
porque os seus filhos
 já não existem".

16 Assim diz o Senhor:

"Contenha o seu choro
 e as suas lágrimas,
pois o seu sofrimento
 será recompensado",
declara o Senhor.
"Eles voltarão da terra do inimigo.
17 Por isso há esperança
 para o seu futuro",
declara o Senhor.
 "Seus filhos voltarão
 para a sua pátria.

18 "Ouvi claramente Efraim
 lamentando-se:
'Tu me disciplinaste
 como a um bezerro indomado,
e fui disciplinado.
Traze-me de volta, e voltarei,
 porque tu és o Senhor, o meu Deus.
19 De fato, depois de desviar-me,
 eu me arrependi;
depois que entendi, bati no meu peito.
Estou envergonhado e humilhado
porque trago sobre mim
 a desgraça da minha juventude'.
20 Não é Efraim o meu filho querido?
 O filho em quem tenho prazer?
Cada vez que eu falo sobre Efraim,
 mais intensamente me lembro dele.
Por isso, com ansiedade
 o tenho em meu coração;
tenho por ele grande compaixão",
declara o Senhor.

21 "Coloque marcos
 e ponha sinais nas estradas,
Preste atenção no caminho
 que você trilhou.
Volte, ó virgem, Israel!
Volte para as suas cidades.
22 Até quando você vagará,
 ó filha rebelde?
O Senhor criou algo novo
 nesta terra:
uma mulher abraça[a] um guerreiro".

23 Assim diz o Senhor dos Exércitos, o Deus de Israel: "Quando eu os trouxer de volta do cativeiro[b], o povo de Judá e de suas cidades dirá novamente: 'O Senhor a abençoe, ó morada justa, ó monte sagrado'. **24** O povo viverá em Judá e em todas as suas cidades, tanto os lavradores como os que conduzem os rebanhos. **25** Restaurarei o exausto e saciarei o enfraquecido.

26 Então acordei e olhei em redor. Meu sono tinha sido agradável.

27 "Virão dias", diz o Senhor, "em que semearei na comunidade de Israel e na comunidade de Judá homens e animais. **28** Assim como os vigiei para arrancar e despedaçar, para derru-

and my people will be filled with my bounty,"
 declares the Lord.

15 This is what the Lord says:

"A voice is heard in Ramah,
 mourning and great weeping,
Rachel weeping for her children
 and refusing to be comforted,
because her children are no more."

16 This is what the Lord says:

"Restrain your voice from weeping
 and your eyes from tears,
for your work will be rewarded,"
 declares the Lord.
"They will return from the land of the enemy.
17 So there is hope for your future,"
 declares the Lord.
"Your children will return to their own land.

18 "I have surely heard Ephraim's moaning:
 'You disciplined me like an unruly calf,
 and I have been disciplined.
Restore me, and I will return,
 because you are the Lord my God.
19 After I strayed,
 I repented;
after I came to understand,
 I beat my breast.
I was ashamed and humiliated
 because I bore the disgrace of my youth.'
20 Is not Ephraim my dear son,
 the child in whom I delight?
Though I often speak against him,
 I still remember him.
Therefore my heart yearns for him;
 I have great compassion for him,"
 declares the Lord.

21 "Set up road signs;
 put up guideposts.
Take note of the highway,
 the road that you take.
Return, O Virgin Israel,
 return to your towns.
22 How long will you wander,
 O unfaithful daughter?
The Lord will create a new thing on earth—
 a woman will surround[a] a man."

23 This is what the Lord Almighty, the God of Israel, says: "When I bring them back from captivity,[b] the people in the land of Judah and in its towns will once again use these words: 'The Lord bless you, O righteous dwelling, O sacred mountain.' **24** People will live together in Judah and all its towns—farmers and those who move about with their flocks. **25** I will refresh the weary and satisfy the faint."

26 At this I awoke and looked around. My sleep had been pleasant to me.

27 "The days are coming," declares the Lord, "when I will plant the house of Israel and the house of Judah with the offspring of men and of animals. **28** Just as I watched over them to up-

---

a31.22 Ou *sairá em busca de*; ou ainda *protegerá* **b**31.23 Ou *eu restaurar a sorte deles*

a31:22 Or *will go about seeking*; or *will protect* **b**31:23 Or *I restore their fortunes*

bar, destruir e trazer a desgraça, também os vigiarei para edificar e plantar", declara o SENHOR. **29** "Naqueles dias não se dirá mais:

 " 'Os pais comeram uvas verdes,
  e os dentes dos filhos se embotaram'.

30 "Ao contrário, cada um morrerá
  por causa do seu próprio pecado.
 Os dentes de todo aquele
  que comer uvas verdes
 se embotarão.

31 "Estão chegando os dias", declara o SENHOR,
  "quando farei uma nova aliança
 com a comunidade de Israel
  e com a comunidade de Judá.

32 Não será como a aliança
 que fiz com os seus antepassados
 quando os tomei pela mão
  para tirá-los do Egito;
 porque quebraram a minha aliança,
  apesar de eu ser o SENHOR[a] deles[b]",
 diz o SENHOR.

33 "Esta é a aliança que farei
 com a comunidade de Israel
  depois daqueles dias",
  declara o SENHOR:
"Porei a minha lei no íntimo deles
 e a escreverei nos seus corações.
Serei o Deus deles,
 e eles serão o meu povo.

34 Ninguém mais ensinará ao seu próximo
 nem ao seu irmão, dizendo:
'Conheça ao SENHOR',
 porque todos eles me conhecerão,
desde o menor até o maior",
 diz o SENHOR.
"Porque eu lhes perdoarei a maldade
 e não me lembrarei mais
  dos seus pecados."

35 Assim diz o SENHOR,
 aquele que designou o sol
para brilhar de dia,
 que decretou que a lua
 e as estrelas brilhem de noite,
 que agita o mar
para que as suas ondas rujam;
 o seu nome é o SENHOR dos Exércitos:

36 "Somente se esses decretos
 desaparecerem de diante de mim",
 declara o SENHOR,
 "deixarão os descendentes de Israel
de ser uma nação diante de mim
 para sempre".

37 Assim diz o SENHOR:
"Se os céus em cima
 puderem ser medidos,
e os alicerces da terra embaixo
 puderem ser sondados,
então eu rejeitarei
 os descendentes de Israel,
por tudo o que eles têm feito",
 diz o SENHOR.

38 "Estão chegando os dias", declara o SENHOR, "em que esta cidade será reconstruída para o SENHOR, desde a torre de Hananeel até a porta da Esquina. **39** A corda de medir será estendida diretamente até a colina de Garebe, indo na direção de Goa. **40** Todo o vale, onde cadáveres e cinzas são jogados, e

root and tear down, and to overthrow, destroy and bring disaster, so I will watch over them to build and to plant," declares the LORD. **29** "In those days people will no longer say,

 'The fathers have eaten sour grapes,
  and the children's teeth are set on edge.'

30 Instead, everyone will die for his own sin; whoever eats sour grapes—his own teeth will be set on edge.

31 "The time is coming," declares the LORD,
 "when I will make a new covenant
with the house of Israel
 and with the house of Judah.

32 It will not be like the covenant
 I made with their forefathers
when I took them by the hand
 to lead them out of Egypt,
because they broke my covenant,
 though I was a husband to[a] them,[b]"
     declares the LORD.

33 "This is the covenant I will make with the
  house of Israel
 after that time," declares the LORD.
"I will put my law in their minds
 and write it on their hearts.
I will be their God,
 and they will be my people.

34 No longer will a man teach his neighbor,
 or a man his brother, saying, 'Know the LORD,'
because they will all know me,
 from the least of them to the greatest,"
     declares the LORD.

"For I will forgive their wickedness
 and will remember their sins no more."

35 This is what the LORD says,

 he who appoints the sun
  to shine by day,
 who decrees the moon and stars
  to shine by night,
 who stirs up the sea
  so that its waves roar—
 the LORD Almighty is his name:

36 "Only if these decrees vanish from my sight,"
 declares the LORD,
 "will the descendants of Israel ever cease
to be a nation before me."

37 This is what the LORD says:

 "Only if the heavens above can be measured
  and the foundations of the earth below
   be searched out
 will I reject all the descendants of Israel
  because of all they have done,"
     declares the LORD.

38 "The days are coming," declares the LORD, "when this city will be rebuilt for me from the Tower of Hananel to the Corner Gate. **39** The measuring line will stretch from there straight to the hill of Gareb and then turn to Goah. **40** The whole valley

---

todos os terraços que dão para o vale do Cedrom a leste, até a esquina da porta dos Cavalos, serão consagrados ao Senhor. A cidade nunca mais será arrasada ou destruída."

Jeremias Compra um Campo

32 Esta é a palavra que o Senhor dirigiu a Jeremias no décimo ano do reinado de Zedequias, rei de Judá, que foi o décimo oitavo ano de Nabucodonosor. ² Naquela época, o exército do rei da Babilônia sitiava Jerusalém e o profeta Jeremias estava preso no pátio da guarda, no palácio real de Judá.

³ Zedequias, rei de Judá, havia aprisionado Jeremias acusando-o de fazer a seguinte profecia: O Senhor entregará a cidade nas mãos do rei da Babilônia, e este a conquistará; ⁴ Zedequias, rei de Judá, não escapará das mãos dos babilônios, mas certamente será entregue nas mãos do rei da Babilônia, falará com ele face a face, e o verá com os seus próprios olhos; ⁵ e ele levará Zedequias para a Babilônia, onde este ficará até que o Senhor cuide da situação dele; e, ainda, se eles lutarem contra os babilônios, não serão bem-sucedidos.

⁶ E Jeremias disse: "O Senhor dirigiu-me a palavra nos seguintes termos: ⁷ 'Hanameel, filho de seu tio Salum, virá ao seu encontro e dirá: "Compre a propriedade que tenho em Anatote, porque, sendo o parente mais próximo, você tem o direito e o dever de comprá-la" '.

⁸ "Conforme o Senhor tinha dito, meu primo Hanameel veio ao meu encontro no pátio da guarda e disse: 'Compre a propriedade que tenho em Anatote, no território de Benjamim, porque é seu o direito de posse e de resgate. Compre-a!'

"Então, compreendi que essa era a palavra do Senhor. ⁹ Assim, comprei do meu primo Hanameel a propriedade que ele possuía em Anatote. Pesei a prata e lhe paguei dezessete peças de prata. ¹⁰ Assinei e selei a escritura, e pesei a prata na balança, diante de testemunhas por mim chamadas. ¹¹ Peguei a escritura, a cópia selada com os termos e condições da compra, bem como a cópia não selada, ¹² e entreguei essa escritura de compra a Baruque, filho de Nerias, filho de Maaséias, na presença de meu primo Hanameel, das testemunhas que tinham assinado a escritura e de todos os judeus que estavam sentados no pátio da guarda.

¹³ "Na presença deles dei as seguintes instruções a Baruque: ¹⁴ Assim diz o Senhor dos Exércitos, Deus de Israel: 'Tome estes documentos, tanto a cópia selada como a não selada da escritura de compra, e coloque-os num jarro de barro para que se conservem por muitos anos'. ¹⁵ Porque assim diz o Senhor dos Exércitos, Deus de Israel: 'Casas, campos e vinhas tornarão a ser comprados nesta terra'.

¹⁶ "Depois que entreguei a escritura de compra a Baruque, filho de Nerias, orei ao Senhor:

¹⁷ "Ah! Soberano Senhor, tu fizeste os céus e a terra pelo teu grande poder e por teu braço estendido. Nada é difícil demais para ti. ¹⁸ Mostras bondade até mil gerações, mas lanças os pecados dos pais sobre os seus filhos. Ó grande e poderoso Deus, cujo nome é o Senhor dos Exércitos, ¹⁹ grandes são os teus propósitos e poderosos os teus feitos. Os teus olhos estão atentos aos atos dos homens; tu retribuis a cada um de acordo com a sua conduta, de acordo com os efeitos das suas obras. ²⁰ Realizaste sinais e maravilhas no Egito e continuas a fazê-los até hoje, tanto em Israel como entre toda a humanidade, e alcançaste o renome que hoje tens. ²¹ Tiraste o teu povo do Egito com sinais e maravilhas, com mão poderosa e braço estendido, causando grande pavor. ²² Deste a eles esta terra, que sob juramento prometeste aos seus antepassados; uma terra onde manam leite e mel. ²³ Eles vieram e tomaram posse dela, mas não te obedeceram

Jeremiah Buys a Field

32 This is the word that came to Jeremiah from the Lord in the tenth year of Zedekiah king of Judah, which was the eighteenth year of Nebuchadnezzar. ² The army of the king of Babylon was then besieging Jerusalem, and Jeremiah the prophet was confined in the courtyard of the guard in the royal palace of Judah.

³ Now Zedekiah king of Judah had imprisoned him there, saying, "Why do you prophesy as you do? You say, 'This is what the Lord says: I am about to hand this city over to the king of Babylon, and he will capture it. ⁴ Zedekiah king of Judah will not escape out of the hands of the Babylonians[a] but will certainly be handed over to the king of Babylon, and will speak with him face to face and see him with his own eyes. ⁵ He will take Zedekiah to Babylon, where he will remain until I deal with him, declares the Lord. If you fight against the Babylonians, you will not succeed.' "

⁶ Jeremiah said, "The word of the Lord came to me: ⁷ Hanamel son of Shallum your uncle is going to come to you and say, 'Buy my field at Anathoth, because as nearest relative it is your right and duty to buy it.'

⁸ "Then, just as the Lord had said, my cousin Hanamel came to me in the courtyard of the guard and said, 'Buy my field at Anathoth in the territory of Benjamin. Since it is your right to redeem it and possess it, buy it for yourself.'

"I knew that this was the word of the Lord; ⁹ so I bought the field at Anathoth from my cousin Hanamel and weighed out for him seventeen shekels[b] of silver. ¹⁰ I signed and sealed the deed, had it witnessed, and weighed out the silver on the scales. ¹¹ I took the deed of purchase—the sealed copy containing the terms and conditions, as well as the unsealed copy— ¹² and I gave this deed to Baruch son of Neriah, the son of Mahseiah, in the presence of my cousin Hanamel and of the witnesses who had signed the deed and of all the Jews sitting in the courtyard of the guard.

¹³ "In their presence I gave Baruch these instructions: ¹⁴ 'This is what the Lord Almighty, the God of Israel, says: Take these documents, both the sealed and unsealed copies of the deed of purchase, and put them in a clay jar so they will last a long time. ¹⁵ For this is what the Lord Almighty, the God of Israel, says: Houses, fields and vineyards will again be bought in this land.'

¹⁶ "After I had given the deed of purchase to Baruch son of Neriah, I prayed to the Lord:

¹⁷ "Ah, Sovereign Lord, you have made the heavens and the earth by your great power and outstretched arm. Nothing is too hard for you. ¹⁸ You show love to thousands but bring the punishment for the fathers' sins into the laps of their children after them. O great and powerful God, whose name is the Lord Almighty, ¹⁹ great are your purposes and mighty are your deeds. Your eyes are open to all the ways of men; you reward everyone according to his conduct and as his deeds deserve. ²⁰ You performed miraculous signs and wonders in Egypt and have continued them to this day, both in Israel and among all mankind, and have gained the renown that is still yours. ²¹ You brought your people Israel out of Egypt with signs and wonders, by a mighty hand and an outstretched arm and with great terror. ²² You gave them this land you had sworn to give their forefathers, a land flowing with milk and honey. ²³ They came in and took possession of it, but they did not

---

[a]32:4 Or *Chaldeans*; also in verses 5, 24, 25, 28, 29 and 43   [b]32:9 That is, about 7 ounces (about 200 grams)

nem seguiram a tua lei. Não fizeram nada daquilo que lhes ordenaste. Por isso trouxeste toda esta desgraça sobre eles.

24 "As rampas de cerco são erguidas pelos inimigos para tomarem a cidade, e pela guerra, pela fome e pela peste, ela será entregue nas mãos dos babilônios que a atacam. Cumpriu-se aquilo que disseste, como vês. **25** Ainda assim, ó Soberano Senhor, tu me mandaste comprar a propriedade e convocar testemunhas do negócio, embora a cidade esteja entregue nas mãos dos babilônios!

26 "A palavra do Senhor veio a mim, dizendo: **27** 'Eu sou o Senhor, o Deus de toda a humanidade. Há alguma coisa difícil demais para mim?' **28** Portanto, assim diz o Senhor: 'Estou entregando esta cidade nas mãos dos babilônios e de Nabucodonosor, rei da Babilônia, que a conquistará. **29** Os babilônios, que estão atacando esta cidade, entrarão e a incendiarão. Eles a queimarão com as casas nas quais o povo provocou a minha ira queimando incenso a Baal nos seus terraços e derramando ofertas de bebida em honra a outros deuses.

30 'Desde a sua juventude o povo de Israel e de Judá nada tem feito senão aquilo que eu considero mau; de fato, o povo de Israel nada tem feito além de provocar-me à ira', declara o Senhor. **31** 'Desde o dia em que foi construída até hoje, esta cidade tem despertado o meu furor de tal forma que tenho que tirá-la da minha frente. **32** O povo de Israel e de Judá tem provocado a minha ira por causa de todo o mal que tem feito, tanto o povo como os seus reis e os seus líderes, os seus sacerdotes e os seus profetas, os homens de Judá e os habitantes de Jerusalém. **33** Voltaram as costas para mim e não o rosto; embora eu os tenha ensinado vez após vez, não quiseram ouvir-me nem aceitaram a correção. **34** Profanaram o templo que leva o meu nome, colocando nele as imagens de seus ídolos. **35** Construíram o alto para Baal no vale de Ben-Hinom, para sacrificarem a Moloque os seus filhos e as suas filhas,ᵃ coisa que nunca ordenei, prática repugnante que jamais imaginei; e, assim, levaram Judá a pecar'.

36 "Portanto, assim diz o Senhor a esta cidade, sobre a qual vocês estão dizendo que será entregue nas mãos dos babilônios por meio da guerra, da fome e da peste: **37** 'Certamente eu os reunirei de todas as terras para onde os dispersei na minha ardente ira e no meu grande furor; eu os trarei de volta a este lugar e permitirei que vivam em segurança. **38** Eles serão o meu povo, e eu serei o seu Deus. **39** Darei a eles um só pensamento e uma só conduta, para que me temam durante toda a sua vida, para o seu próprio bem e o de seus filhos e descendentes. **40** Farei com eles uma aliança permanente: Jamais deixarei de fazer o bem a eles, e farei com que me temam de coração, para que jamais se desviem de mim. **41** Terei alegria em fazer-lhes o bem, e os plantarei firmemente nesta terra de todo o meu coração e de toda a minha alma. Sim, é o que farei'.

42 "Assim diz o Senhor: 'Assim como eu trouxe toda esta grande desgraça sobre este povo, também lhes darei a prosperidade que lhes prometo. **43** De novo serão compradas propriedades nesta terra, da qual vocês dizem: "É uma terra arrasada, sem homens nem animais, pois foi entregue nas mãos dos babilônios". **44** Propriedades serão compradas por prata e escrituras serão assinadas e seladas diante de testemunhas no território de Benjamim, nos povoados ao redor de Jerusalém, nas cidades de Judá, e nas cidades dos montes, da Sefeláᵇ e do Neguebe, porque eu restaurarei a sorte deles', declara o Senhor".

Promessa de Restauração

33 Jeremias ainda estava preso no pátio da guarda quando o Senhor lhe dirigiu a palavra pela segunda vez: **2** "Assim diz o Senhor que fez a terra, o Senhor que a for-

obey you or follow your law; they did not do what you commanded them to do. So you brought all this disaster upon them.

24 "See how the siege ramps are built up to take the city. Because of the sword, famine and plague, the city will be handed over to the Babylonians who are attacking it. What you said has happened, as you now see. **25** And though the city will be handed over to the Babylonians, you, O Sovereign Lord, say to me, 'Buy the field with silver and have the transaction witnessed.' "

26 Then the word of the Lord came to Jeremiah: **27** "I am the Lord, the God of all mankind. Is anything too hard for me? **28** Therefore, this is what the Lord says: I am about to hand this city over to the Babylonians and to Nebuchadnezzar king of Babylon, who will capture it. **29** The Babylonians who are attacking this city will come in and set it on fire; they will burn it down, along with the houses where the people provoked me to anger by burning incense on the roofs to Baal and by pouring out drink offerings to other gods.

30 "The people of Israel and Judah have done nothing but evil in my sight from their youth; indeed, the people of Israel have done nothing but provoke me with what their hands have made, declares the Lord. **31** From the day it was built until now, this city has so aroused my anger and wrath that I must remove it from my sight. **32** The people of Israel and Judah have provoked me by all the evil they have done—they, their kings and officials, their priests and prophets, the men of Judah and the people of Jerusalem. **33** They turned their backs to me and not their faces; though I taught them again and again, they would not listen or respond to discipline. **34** They set up their abominable idols in the house that bears my Name and defiled it. **35** They built high places for Baal in the Valley of Ben Hinnom to sacrifice their sons and daughtersᵃ to Molech, though I never commanded, nor did it enter my mind, that they should do such a detestable thing and so make Judah sin.

36 "You are saying about this city, 'By the sword, famine and plague it will be handed over to the king of Babylon'; but this is what the Lord, the God of Israel, says: **37** I will surely gather them from all the lands where I banish them in my furious anger and great wrath; I will bring them back to this place and let them live in safety. **38** They will be my people, and I will be their God. **39** I will give them singleness of heart and action, so that they will always fear me for their own good and the good of their children after them. **40** I will make an everlasting covenant with them: I will never stop doing good to them, and I will inspire them to fear me, so that they will never turn away from me. **41** I will rejoice in doing them good and will assuredly plant them in this land with all my heart and soul.

42 "This is what the Lord says: As I have brought all this great calamity on this people, so I will give them all the prosperity I have promised them. **43** Once more fields will be bought in this land of which you say, 'It is a desolate waste, without men or animals, for it has been handed over to the Babylonians.' **44** Fields will be bought for silver, and deeds will be signed, sealed and witnessed in the territory of Benjamin, in the villages around Jerusalem, in the towns of Judah and in the towns of the hill country, of the western foothills and of the Negev, because I will restore their fortunes,ᵇ declares the Lord."

Promise of Restoration

33 While Jeremiah was still confined in the courtyard of the guard, the word of the Lord came to him a second time: **2** "This is what the Lord says, he who made the earth, the Lord who formed it and established it—the Lord is his name:

ᵃ32.35 Ou *para fazerem seus filhos e suas filhas passarem pelo fogo* ᵇ32.44 Pequena faixa de terra de relevo variável entre a planície costeira e as montanhas; também em 33.13.

ᵃ32:35 Or *to make their sons and daughters pass through the fire* ᵇ32:44 Or *will bring them back from captivity*

mou e a firmou; seu nome é Senhor: **3** Clame a mim e eu responderei e lhe direi coisas grandiosas e insondáveis que você não conhece". **4** Porque assim diz o Senhor, o Deus de Israel, a respeito das casas desta cidade e dos palácios reais de Judá, que foram derrubados para servirem de defesa contra as rampas de cerco e a espada, **5** na luta contra os babilônios: "Elas ficarão cheias de cadáveres dos homens que matarei no meu furor. Ocultarei desta cidade o meu rosto por causa de toda a sua maldade.

6 "Todavia, trarei restauração e cura para ela; curarei o meu povo e lhe darei muita prosperidade e segurança. **7** Mudarei a sorte de Judá e de Israel[a] e os reconstruirei como antigamente. **8** Eu os purificarei de todo o pecado que cometeram contra mim e perdoarei todos os seus pecados de rebelião contra mim. **9** Então Jerusalém será para mim uma fonte de alegria, de louvor e de glória, diante de todas as nações da terra que ouvirem acerca de todos os benefícios que faço por ela. Elas temerão e tremerão diante da paz e da prosperidade que eu lhe concedo".

10 Assim diz o Senhor: "Vocês dizem que este lugar está devastado, e ficará sem homens nem animais. Contudo, nas cidades de Judá e nas ruas de Jerusalém, que estão devastadas, desabitadas, sem homens nem animais, mais uma vez se ouvirão **11** as vozes de júbilo e de alegria, do noivo e da noiva, e as vozes daqueles que trazem ofertas de ação de graças para o templo do Senhor, dizendo:

'Dêem graças ao Senhor dos Exércitos,
  pois ele é bom;
o seu amor leal dura para sempre'.

"Porque eu mudarei a sorte desta terra como antigamente", declara o Senhor.

12 Assim diz o Senhor dos Exércitos: "Neste lugar desolado, sem homens nem animais, haverá novamente pastagens onde os pastores farão descansar os seus rebanhos, em todas as suas cidades. **13** Tanto nas cidades dos montes, da Sefelá, do Neguebe e do território de Benjamim, como nos povoados ao redor de Jerusalém e nas cidades de Judá, novamente passarão ovelhas sob as mãos daquele que as conta", diz o Senhor.

14 "Dias virão", declara o Senhor, "em que cumprirei a promessa que fiz à comunidade de Israel e à comunidade de Judá.

15 "Naqueles dias e naquela época
  farei brotar um Renovo justo
    da linhagem de Davi;
  ele fará o que é justo e certo na terra.
16 Naqueles dias Judá será salva
    e Jerusalém viverá em segurança,
  e este é o nome pelo qual
    ela será chamada[b]:
  O Senhor é a Nossa Justiça".

17 Porque assim diz o Senhor: "Davi jamais deixará de ter um descendente que se assente no trono de Israel, **18** nem os sacerdotes, que são levitas, deixarão de ter descendente que esteja diante de mim para oferecer, continuamente, holocaustos[c], queimar ofertas de cereal e apresentar sacrifícios".

19 O Senhor dirigiu a palavra a Jeremias: **20** "Assim diz o Senhor: Se vocês puderem romper a minha aliança com o dia e a minha aliança com a noite, de modo que nem o dia nem a noite aconteçam no tempo que lhes está determinado, **21** então poderá ser quebrada a minha aliança com o meu servo Davi, e neste caso ele não mais terá um descendente que reine no seu trono; e também será quebrada a minha aliança com os levitas que são sacerdotes e que me servem. **22** Farei os descendentes do meu servo Davi e os levitas, que me servem, tão numerosos como as estrelas do céu e incontáveis como a areia das praias do mar".

23 O Senhor dirigiu a palavra a Jeremias: **24** "Você reparou que essas pessoas estão dizendo que o Senhor rejeitou os dois reinos[d] que tinha escolhido? Por isso desprezam o meu povo e

3 'Call to me and I will answer you and tell you great and unsearchable things you do not know.' **4** For this is what the Lord, the God of Israel, says about the houses in this city and the royal palaces of Judah that have been torn down to be used against the siege ramps and the sword **5** in the fight with the Babylonians[a]: 'They will be filled with the dead bodies of the men I will slay in my anger and wrath. I will hide my face from this city because of all its wickedness.

6 " 'Nevertheless, I will bring health and healing to it; I will heal my people and will let them enjoy abundant peace and security. **7** I will bring Judah and Israel back from captivity[b] and will rebuild them as they were before. **8** I will cleanse them from all the sin they have committed against me and will forgive all their sins of rebellion against me. **9** Then this city will bring me renown, joy, praise and honor before all nations on earth that hear of all the good things I do for it; and they will be in awe and will tremble at the abundant prosperity and peace I provide for it.'

10 "This is what the Lord says: 'You say about this place, "It is a desolate waste, without men or animals." Yet in the towns of Judah and the streets of Jerusalem that are deserted, inhabited by neither men nor animals, there will be heard once more **11** the sounds of joy and gladness, the voices of bride and bridegroom, and the voices of those who bring thank offerings to the house of the Lord, saying,

"Give thanks to the Lord Almighty,
  for the Lord is good;
  his love endures forever."

For I will restore the fortunes of the land as they were before,' says the Lord.

12 "This is what the Lord Almighty says: 'In this place, desolate and without men or animals—in all its towns there will again be pastures for shepherds to rest their flocks. **13** In the towns of the hill country, of the western foothills and of the Negev, in the territory of Benjamin, in the villages around Jerusalem and in the towns of Judah, flocks will again pass under the hand of the one who counts them,' says the Lord.

14 " 'The days are coming,' declares the Lord, 'when I will fulfill the gracious promise I made to the house of Israel and to the house of Judah.

15 " 'In those days and at that time
    I will make a righteous Branch sprout from David's line;
  he will do what is just and right in the land.
  16 In those days Judah will be saved
    and Jerusalem will live in safety.
  This is the name by which it[c] will be called:
    The Lord Our Righteousness.'

17 For this is what the Lord says: 'David will never fail to have a man to sit on the throne of the house of Israel, **18** nor will the priests, who are Levites, ever fail to have a man to stand before me continually to offer burnt offerings, to burn grain offerings and to present sacrifices.' "

19 The word of the Lord came to Jeremiah: **20** "This is what the Lord says: 'If you can break my covenant with the day and my covenant with the night, so that day and night no longer come at their appointed time, **21** then my covenant with David my servant—and my covenant with the Levites who are priests ministering before me—can be broken and David will no longer have a descendant to reign on his throne. **22** I will make the descendants of David my servant and the Levites who minister before me as countless as the stars of the sky and as measureless as the sand on the seashore.' "

23 The word of the Lord came to Jeremiah: **24** "Have you not noticed that these people are saying, 'The Lord has rejected the two kingdoms[d] he chose'? So they despise my people and

a33.7 Ou *Trarei Judá e Israel de volta do cativeiro* **b**33.16 Ou *ele será chamado* **c**33.18 Isto é, *sacrifícios totalmente queimados.* **d**33.24 Ou *as duas famílias*

a33:5 Or *Chaldeans* **b**33:7 Or *will restore the fortunes of Judah and Israel* **c**33:16 Or *he* **d**33:24 Or *families*

não mais o consideram como nação". **25** Assim diz o Senhor: "Se a minha aliança com o dia e com a noite não mais vigorasse, se eu não tivesse estabelecido as leis fixas do céu e da terra, **26** então eu rejeitaria os descendentes de Jacó e do meu servo Davi, e não escolheria um dos seus descendentes para que governasse os descendentes de Abraão, de Isaque e de Jacó. Mas eu restaurarei a sorte deles[a] e lhes manifestarei a minha compaixão".

Advertência a Zedequias

34 Quando Nabucodonosor, rei da Babilônia, todo o seu exército e todos os reinos e povos do império que ele governava lutavam contra Jerusalém, e contra todas as cidades ao redor, o Senhor dirigiu esta palavra a Jeremias: **2** "Assim diz o Senhor, o Deus de Israel: Vá ao rei Zedequias de Judá e lhe diga: Assim diz o Senhor: Estou entregando esta cidade nas mãos do rei da Babilônia, e ele a incendiará. **3** Você não escapará, mas será capturado e entregue nas mãos dele. Com os seus próprios olhos você verá o rei da Babilônia, e ele falará com você face a face. E você irá para a Babilônia.

4 "Ouça, porém, a promessa do Senhor, ó Zedequias, rei de Judá. Assim diz o Senhor a seu respeito: Você não morrerá à espada, **5** mas morrerá em paz. E assim como o povo queimou incenso em honra aos seus antepassados, os reis que o precederam, também queimarão incenso em sua honra, e se lamentarão, clamando: 'Ah, meu senhor!' Sim, eu mesmo faço essa promessa", declara o Senhor.

6 O profeta Jeremias disse todas essas palavras ao rei Zedequias de Judá, em Jerusalém, **7** enquanto o exército do rei da Babilônia lutava contra Jerusalém e contra as outras cidades de Judá que ainda resistiam, Láquis e Azeca, pois só restaram essas cidades fortificadas em Judá.

Liberdade para os Escravos

8 O Senhor dirigiu a palavra a Jeremias depois do acordo que o rei Zedequias fez com todo o povo de Jerusalém, proclamando a libertação dos escravos. **9** Todos teriam que libertar seus escravos e escravas hebreus; ninguém poderia escravizar um compatriota judeu. **10** Assim, todos os líderes e o povo que firmaram esse acordo de libertação dos escravos, concordaram em deixá-los livres e não mais escravizá-los; o povo obedeceu e libertou os escravos. **11** Mas, depois disso, mudou de idéia e tomou de volta os homens e as mulheres que havia libertado e tornou a escravizá-los.

12 Então o Senhor dirigiu a palavra a Jeremias, dizendo: **13** "Assim diz o Senhor, o Deus de Israel: Fiz uma aliança com os seus antepassados quando os tirei do Egito, da terra da escravidão. Eu disse: **14** Ao fim de sete anos, cada um de vocês libertará todo compatriota hebreu que se vendeu a vocês. Depois que ele o tiver servido por seis anos, você o libertará.[b] Mas os seus antepassados não me obedeceram nem me deram atenção. **15** Recentemente vocês se arrependeram e fizeram o que eu aprovo: cada um de vocês proclamou liberdade para os seus compatriotas. Vocês até fizeram um acordo diante de mim no templo que leva o meu nome. **16** Mas, agora, vocês voltaram atrás e profanaram o meu nome, pois cada um de vocês tomou de volta os homens e as mulheres que tinham libertado. Vocês voltaram a escravizá-los".

17 Portanto, assim diz o Senhor: "Vocês não me obedeceram; não proclamaram libertação cada um para o seu compatriota e para o seu próximo. Por isso, eu agora proclamo libertação para vocês", diz o Senhor, "pela espada, pela peste e pela fome. Farei com que vocês sejam um objeto de terror para todos os reinos da terra. **18** Entregarei os homens que violaram a minha aliança e não cumpriram os termos da aliança que fizeram na minha presença, quando cortaram o bezerro em dois e andaram entre as partes do animal; **19** isto é, os líderes de Judá e de Jerusalém, os oficiais do palácio real, os sacerdotes e todo o povo da terra que andou entre as partes

no longer regard them as a nation. **25** This is what the Lord says: 'If I have not established my covenant with day and night and the fixed laws of heaven and earth, **26** then I will reject the descendants of Jacob and David my servant and will not choose one of his sons to rule over the descendants of Abraham, Isaac and Jacob. For I will restore their fortunes[a] and have compassion on them.' "

Warning to Zedekiah

34 While Nebuchadnezzar king of Babylon and all his army and all the kingdoms and peoples in the empire he ruled were fighting against Jerusalem and all its surrounding towns, this word came to Jeremiah from the Lord: **2** "This is what the Lord, the God of Israel, says: Go to Zedekiah king of Judah and tell him, 'This is what the Lord says: I am about to hand this city over to the king of Babylon, and he will burn it down. **3** You will not escape from his grasp but will surely be captured and handed over to him. You will see the king of Babylon with your own eyes, and he will speak with you face to face. And you will go to Babylon.

4 " 'Yet hear the promise of the Lord, O Zedekiah king of Judah. This is what the Lord says concerning you: You will not die by the sword; **5** you will die peacefully. As people made a funeral fire in honor of your fathers, the former kings who preceded you, so they will make a fire in your honor and lament, "Alas, O master!" I myself make this promise, declares the Lord.' "

6 Then Jeremiah the prophet told all this to Zedekiah king of Judah, in Jerusalem, **7** while the army of the king of Babylon was fighting against Jerusalem and the other cities of Judah that were still holding out—Lachish and Azekah. These were the only fortified cities left in Judah.

Freedom for Slaves

8 The word came to Jeremiah from the Lord after King Zedekiah had made a covenant with all the people in Jerusalem to proclaim freedom for the slaves. **9** Everyone was to free his Hebrew slaves, both male and female; no one was to hold a fellow Jew in bondage. **10** So all the officials and people who entered into this covenant agreed that they would free their male and female slaves and no longer hold them in bondage. They agreed, and set them free. **11** But afterward they changed their minds and took back the slaves they had freed and enslaved them again.

12 Then the word of the Lord came to Jeremiah: **13** "This is what the Lord, the God of Israel, says: I made a covenant with your forefathers when I brought them out of Egypt, out of the land of slavery. I said, **14** 'Every seventh year each of you must free any fellow Hebrew who has sold himself to you. After he has served you six years, you must let him go free.'[b] Your fathers, however, did not listen to me or pay attention to me. **15** Recently you repented and did what is right in my sight: Each of you proclaimed freedom to his countrymen. You even made a covenant before me in the house that bears my Name. **16** But now you have turned around and profaned my name; each of you has taken back the male and female slaves you had set free to go where they wished. You have forced them to become your slaves again.

17 "Therefore, this is what the Lord says: You have not obeyed me; you have not proclaimed freedom for your fellow countrymen. So I now proclaim 'freedom' for you, declares the Lord— 'freedom' to fall by the sword, plague and famine. I will make you abhorrent to all the kingdoms of the earth. **18** The men who have violated my covenant and have not fulfilled the terms of the covenant they made before me, I will treat like the calf they cut in two and then walked between its pieces. **19** The leaders of Judah and Jerusalem, the court officials, the priests and all the people of the land who walked between the pieces of

---

[a]33.26 Ou *os trarei de volta do cativeiro* [b]34.14 Dt 15.12

[a]33:26 Or *will bring them back from captivity* [b]34:14 Deut. 15:12

do bezerro, **20** sim, eu os entregarei nas mãos dos inimigos que desejam tirar-lhes a vida. Seus cadáveres servirão de comida para as aves e para os animais.

21 "Eu entregarei Zedequias, rei de Judá, e os seus líderes, nas mãos dos inimigos que desejam tirar-lhes a vida, e do exército do rei da Babilônia, que retirou o cerco de vocês. **22** Darei a ordem", declara o Senhor, "e os trarei de volta a esta cidade. Eles lutarão contra ela, e vão conquistá-la e incendiá-la. Farei com que as cidades de Judá fiquem devastadas e desabitadas".

Os Recabitas

35 Durante o reinado de Jeoaquim, filho de Josias, rei de Judá, o Senhor dirigiu esta palavra a Jeremias: **2** "Vá à comunidade dos recabitas, convide-os a virem a uma das salas do templo do Senhor e ofereça-lhes vinho para beber".

3 Então busquei Jazanias, filho de Jeremias, filho de Habazinias, seus irmãos e todos os seus filhos e toda a comunidade dos recabitas. **4** Eu os levei ao templo do Senhor, à sala dos filhos de Hanã, filho de Jigdalias, homem de Deus. A sala ficava ao lado da sala dos líderes e debaixo da sala de Maaséias, filho de Salum, o porteiro. **5** Então coloquei vasilhas cheias de vinho e alguns copos diante dos membros da comunidade dos recabitas e lhes pedi que bebessem.

6 Eles, porém, disseram: "Não bebemos vinho porque o nosso antepassado Jonadabe, filho de Recabe, nos deu esta ordem: 'Nem vocês nem os seus descendentes beberão vinho. **7** Vocês não construirão casas nem semearão; não plantarão vinhas nem as possuirão; mas vocês sempre habitarão em tendas. Assim vocês viverão por muito tempo na terra na qual são nômades'. **8** Temos obedecido a tudo o que nos ordenou nosso antepassado Jonadabe, filho de Recabe. Nós, nossas mulheres, nossos filhos e nossas filhas jamais bebemos vinho em toda a nossa vida, **9** nem construímos casas para nossa moradia nem possuímos vinhas, campos ou plantações. **10** Temos vivido em tendas e obedecido fielmente a tudo o que nosso antepassado Jonadabe nos ordenou. **11** Mas, quando Nabucodonosor, rei da Babilônia, invadiu esta terra, dissemos: Venham, vamos para Jerusalém para escapar dos exércitos dos babilônios e dos sírios. Assim, permanecemos em Jerusalém".

12 O Senhor dirigiu a palavra a Jeremias, dizendo: **13** "Assim diz o Senhor dos Exércitos, Deus de Israel: Vá dizer aos homens de Judá e aos habitantes de Jerusalém: Será que vocês não vão aprender a lição e obedecer às minhas palavras?", pergunta o Senhor. **14** "Jonadabe, filho de Recabe, ordenou a seus filhos que não bebessem vinho, e essa ordem tem sido obedecida até hoje. Eles não bebem vinho porque obedecem à ordem do seu antepassado. Mas eu tenho falado a vocês repetidas vezes, e, contudo, vocês não me obedecem. **15** Enviei a vocês, repetidas vezes, todos os meus servos, os profetas. Eles lhes diziam que cada um de vocês deveria converter-se da sua má conduta, corrigir as suas ações e deixar de seguir outros deuses para prestar-lhes culto. Assim, vocês habitariam na terra que dei a vocês e a seus antepassados. Mas vocês não me deram atenção nem me obedeceram. **16** Os descendentes de Jonadabe, filho de Recabe, cumprem a ordem que o seu antepassado lhes deu, mas este povo não me obedece".

17 Portanto, assim diz o Senhor dos Exércitos, Deus de Israel: "Trarei sobre Judá e sobre todos os habitantes de Jerusalém toda a desgraça da qual os adverti; porque falei a eles, mas não me ouviram, chamei-os, mas não me responderam".

18 Jeremias disse à comunidade dos recabitas: "Assim diz o Senhor dos Exércitos, Deus de Israel: 'Vocês têm obedecido àquilo que o seu antepassado Jonadabe ordenou; têm cumprido todas as suas instruções e têm feito tudo o que ele ordenou'. **19** Por isso, assim diz o Senhor dos Exércitos, Deus de Israel: 'Jamais faltará a Jonadabe, filho de Recabe, um descendente que me sirva'".

the calf, **20** I will hand over to their enemies who seek their lives. Their dead bodies will become food for the birds of the air and the beasts of the earth.

21 "I will hand Zedekiah king of Judah and his officials over to their enemies who seek their lives, to the army of the king of Babylon, which has withdrawn from you. **22** I am going to give the order, declares the Lord, and I will bring them back to this city. They will fight against it, take it and burn it down. And I will lay waste the towns of Judah so no one can live there."

The Recabites

35 This is the word that came to Jeremiah from the Lord during the reign of Jehoiakim son of Josiah king of Judah: **2** "Go to the Recabite family and invite them to come to one of the side rooms of the house of the Lord and give them wine to drink."

3 So I went to get Jaazaniah son of Jeremiah, the son of Habazziniah, and his brothers and all his sons—the whole family of the Recabites. **4** I brought them into the house of the Lord, into the room of the sons of Hanan son of Igdaliah the man of God. It was next to the room of the officials, which was over that of Maaseiah son of Shallum the doorkeeper. **5** Then I set bowls full of wine and some cups before the men of the Recabite family and said to them, "Drink some wine."

6 But they replied, "We do not drink wine, because our forefather Jonadab son of Recab gave us this command: 'Neither you nor your descendants must ever drink wine. **7** Also you must never build houses, sow seed or plant vineyards; you must never have any of these things, but must always live in tents. Then you will live a long time in the land where you are nomads.' **8** We have obeyed everything our forefather Jonadab son of Recab commanded us. Neither we nor our wives nor our sons and daughters have ever drunk wine **9** or built houses to live in or had vineyards, fields or crops. **10** We have lived in tents and have fully obeyed everything our forefather Jonadab commanded us. **11** But when Nebuchadnezzar king of Babylon invaded this land, we said, 'Come, we must go to Jerusalem to escape the Babylonian[a] and Aramean armies.' So we have remained in Jerusalem."

12 Then the word of the Lord came to Jeremiah, saying: **13** "This is what the Lord Almighty, the God of Israel, says: Go and tell the men of Judah and the people of Jerusalem, 'Will you not learn a lesson and obey my words?' declares the Lord. **14** 'Jonadab son of Recab ordered his sons not to drink wine and this command has been kept. To this day they do not drink wine, because they obey their forefather's command. But I have spoken to you again and again, yet you have not obeyed me. **15** Again and again I sent all my servants the prophets to you. They said, "Each of you must turn from your wicked ways and reform your actions; do not follow other gods to serve them. Then you will live in the land I have given to you and your fathers." But you have not paid attention or listened to me. **16** The descendants of Jonadab son of Recab have carried out the command their forefather gave them, but these people have not obeyed me.'

17 "Therefore, this is what the Lord God Almighty, the God of Israel, says: 'Listen! I am going to bring on Judah and on everyone living in Jerusalem every disaster I pronounced against them. I spoke to them, but they did not listen; I called to them, but they did not answer.' "

18 Then Jeremiah said to the family of the Recabites, "This is what the Lord Almighty, the God of Israel, says: 'You have obeyed the command of your forefather Jonadab and have followed all his instructions and have done everything he ordered.' **19** Therefore, this is what the Lord Almighty, the God of Israel, says: 'Jonadab son of Recab will never fail to have a man to serve me.' "

---

[a] 35:11 Or *Chaldean*

Jeoaquim Queima o Rolo de Jeremias

36 No quarto ano do reinado de Jeoaquim, filho de Josias, rei de Judá, o Senhor dirigiu esta palavra a Jeremias: ² "Pegue um rolo e escreva nele todas as palavras que lhe falei a respeito de Israel, de Judá e de todas as outras nações, desde que comecei a falar a você, durante o reinado de Josias, até hoje. ³ Talvez, quando o povo de Judá souber de cada uma das desgraças que planejo trazer sobre eles, cada um se converta de sua má conduta e eu perdoe a iniquidade e o pecado deles".

⁴ Então Jeremias chamou Baruque, filho de Nerias, para que escrevesse no rolo, conforme Jeremias ditava, todas as palavras que o Senhor lhe havia falado. ⁵ Depois Jeremias disse a Baruque: "Estou preso; não posso ir ao templo do Senhor. ⁶ Por isso, vá ao templo do Senhor no dia do jejum e leia ao povo as palavras do Senhor que eu ditei, as quais você escreveu. Você também as lerá a todo o povo de Judá que vem de suas cidades. ⁷ Talvez a súplica deles chegue diante do Senhor, e cada um se converta de sua má conduta, pois é grande o furor anunciado pelo Senhor contra este povo".

⁸ E Baruque, filho de Nerias, fez exatamente tudo aquilo que o profeta Jeremias lhe mandou fazer, e leu as palavras do Senhor. ⁹ No nono mês do quinto ano do reinado de Jeoaquim, filho de Josias, rei de Judá, foi proclamado um jejum perante o Senhor para todo o povo de Jerusalém e para todo o povo que vinha das cidades de Judá para Jerusalém. ¹⁰ Baruque leu a todo o povo as palavras de Jeremias escritas no rolo. Ele as leu no templo do Senhor, da sala do secretário Gemarias, filho do secretário Safã. A sala ficava no pátio superior, na porta Nova do templo.

¹¹ Quando Micaías, filho de Gemarias, filho de Safã, ouviu todas as palavras do Senhor, ¹² desceu à sala do secretário, no palácio real, onde todos os líderes estavam sentados: o secretário Elisama, Delaías, filho de Semaías, Elnatã, filho de Acbor, Gemarias, filho de Safã, Zedequias, filho de Hananias, e todos os outros líderes. ¹³ Micaías relatou-lhes tudo o que tinha ouvido quando Baruque leu ao povo o que estava escrito. ¹⁴ Então todos os líderes mandaram por intermédio de Jeudi, filho de Netanias, neto de Selemias, bisneto de Cuchi, a seguinte mensagem a Baruque: "Pegue o rolo que você leu ao povo e venha aqui". Baruque, filho de Nerias, pegou o rolo e foi até eles. ¹⁵ Disseram-lhe: "Sente-se, e leia-o para nós".

Então Baruque o leu para eles. ¹⁶ Quando ouviram todas aquelas palavras, entreolharam-se com medo e disseram a Baruque: "É absolutamente necessário que relatemos ao rei todas essas palavras". ¹⁷ Perguntaram a Baruque: "Diga-nos, como você escreveu tudo isso? Foi Jeremias quem o ditou a você?"

¹⁸ "Sim", Baruque respondeu, "ele ditou todas essas palavras, e eu as escrevi com tinta no rolo".

¹⁹ Os líderes disseram a Baruque: "Vá esconder-se com Jeremias; e que ninguém saiba onde vocês estão".

²⁰ Então deixaram o rolo na sala de Elisama, o secretário, foram ao pátio do palácio real e relataram tudo ao rei. ²¹ O rei mandou Jeudi pegar o rolo, e Jeudi o trouxe da sala de Elisama, o secretário, e o leu ao rei e a todos os líderes que estavam a seu serviço. ²² Isso aconteceu no nono mês. O rei estava sentado em seu apartamento de inverno, perto de um braseiro aceso. ²³ Assim que Jeudi terminava de ler três ou quatro colunas, o rei as cortava com uma faca de escrivão e as atirava no braseiro, até que o rolo inteiro foi queimado no braseiro. ²⁴ O rei e todos os seus conselheiros que ouviram todas aquelas palavras não ficaram alarmados nem rasgaram as suas roupas, lamentando-se. ²⁵ Embora Elnatã, Delaías e Gemarias tivessem insistido com o rei que não queimasse o rolo, ele não quis ouvi-los. ²⁶ Em vez disso, o rei ordenou a Jerameel, filho do rei, Seraías, filho de Azriel, e Selemias, filho de Abdeel, que prendessem o escriba Baruque e o profeta Jeremias. Mas o Senhor os tinha escondido.

²⁷ Depois que o rei queimou o rolo que continha as palavras ditadas por Jeremias e redigidas por Baruque, o Senhor dirigiu

Jehoiakim Burns Jeremiah's Scroll

36 In the fourth year of Jehoiakim son of Josiah king of Judah, this word came to Jeremiah from the Lord: ² "Take a scroll and write on it all the words I have spoken to you concerning Israel, Judah and all the other nations from the time I began speaking to you in the reign of Josiah till now. ³ Perhaps when the people of Judah hear about every disaster I plan to inflict on them, each of them will turn from his wicked way; then I will forgive their wickedness and their sin."

⁴ So Jeremiah called Baruch son of Neriah, and while Jeremiah dictated all the words the Lord had spoken to him, Baruch wrote them on the scroll. ⁵ Then Jeremiah told Baruch, "I am restricted; I cannot go to the Lord's temple. ⁶ So you go to the house of the Lord on a day of fasting and read to the people from the scroll the words of the Lord that you wrote as I dictated. Read them to all the people of Judah who come in from their towns. ⁷ Perhaps they will bring their petition before the Lord, and each will turn from his wicked ways, for the anger and wrath pronounced against this people by the Lord are great."

⁸ Baruch son of Neriah did everything Jeremiah the prophet told him to do; at the Lord's temple he read the words of the Lord from the scroll. ⁹ In the ninth month of the fifth year of Jehoiakim son of Josiah king of Judah, a time of fasting before the Lord was proclaimed for all the people in Jerusalem and those who had come from the towns of Judah. ¹⁰ From the room of Gemariah son of Shaphan the secretary, which was in the upper courtyard at the entrance of the New Gate of the temple, Baruch read to all the people at the Lord's temple the words of Jeremiah from the scroll.

¹¹ When Micaiah son of Gemariah, the son of Shaphan, heard all the words of the Lord from the scroll, ¹² he went down to the secretary's room in the royal palace, where all the officials were sitting: Elishama the secretary, Delaiah son of Shemaiah, Elnathan son of Acbor, Gemariah son of Shaphan, Zedekiah son of Hananiah, and all the other officials. ¹³ After Micaiah told them everything he had heard Baruch read to the people from the scroll, ¹⁴ all the officials sent Jehudi son of Nethaniah, the son of Shelemiah, the son of Cushi, to say to Baruch, "Bring the scroll from which you have read to the people and come." So Baruch son of Neriah went to them with the scroll in his hand. ¹⁵ They said to him, "Sit down, please, and read it to us."

So Baruch read it to them. ¹⁶ When they heard all these words, they looked at each other in fear and said to Baruch, "We must report all these words to the king." ¹⁷ Then they asked Baruch, "Tell us, how did you come to write all this? Did Jeremiah dictate it?"

¹⁸ "Yes," Baruch replied, "he dictated all these words to me, and I wrote them in ink on the scroll."

¹⁹ Then the officials said to Baruch, "You and Jeremiah, go and hide. Don't let anyone know where you are."

²⁰ After they put the scroll in the room of Elishama the secretary, they went to the king in the courtyard and reported everything to him. ²¹ The king sent Jehudi to get the scroll, and Jehudi brought it from the room of Elishama the secretary and read it to the king and all the officials standing beside him. ²² It was the ninth month and the king was sitting in the winter apartment, with a fire burning in the firepot in front of him. ²³ Whenever Jehudi had read three or four columns of the scroll, the king cut them off with a scribe's knife and threw them into the firepot, until the entire scroll was burned in the fire. ²⁴ The king and all his attendants who heard all these words showed no fear, nor did they tear their clothes. ²⁵ Even though Elnathan, Delaiah and Gemariah urged the king not to burn the scroll, he would not listen to them. ²⁶ Instead, the king commanded Jerahmeel, a son of the king, Seraiah son of Azriel and Shelemiah son of Abdeel to arrest Baruch the scribe and Jeremiah the prophet. But the Lord had hidden them.

²⁷ After the king burned the scroll containing the words that Baruch had written at Jeremiah's dictation, the word of the Lord came to

esta palavra a Jeremias: **28** "Pegue outro rolo e escreva nele todas as palavras que estavam no primeiro, que Jeoaquim, rei de Judá, queimou. **29** Também diga a Jeoaquim, rei de Judá: Assim diz o Senhor: Você queimou aquele rolo e perguntou: 'Por que você escreveu nele que o rei da Babilônia virá e destruirá esta terra e dela eliminará tanto homens como animais?' " **30** Pois assim diz o Senhor acerca de Jeoaquim, rei de Judá: "Ele não terá nenhum descendente para sentar-se no trono de Davi; seu corpo será lançado fora e exposto ao calor de dia e à geada de noite. **31** Eu castigarei a ele, aos seus filhos e aos seus conselheiros por causa dos seus pecados. Trarei sobre eles, sobre os habitantes de Jerusalém e sobre os homens de Judá toda a desgraça que pronunciei contra eles, porquanto não me deram atenção".

32 Então Jeremias pegou outro rolo e o deu ao escriba Baruque, filho de Nerias, para que escrevesse nele, conforme Jeremias ditava, todas as palavras do livro que Jeoaquim, rei de Judá, tinha queimado, além de muitas outras palavras semelhantes que foram acrescentadas.

Jeremias na Prisão

37 Zedequias, filho de Josias, rei de Judá, foi designado rei por Nabucodonosor, rei da Babilônia. Ele reinou em lugar de Joaquimª, filho de Jeoaquim. **2** Nem ele, nem seus conselheiros, nem o povo da terra deram atenção às palavras que o Senhor tinha falado por meio do profeta Jeremias.

3 O rei Zedequias, porém, mandou Jucal, filho de Selemias, e o sacerdote Sofonias, filho de Maaséias, ao profeta Jeremias com esta mensagem: "Ore ao Senhor, ao nosso Deus, em nosso favor".

4 Naquela época Jeremias estava livre para circular entre o povo, pois ainda não tinha sido preso. **5** Enquanto isso, o exército do faraó tinha saído do Egito. E quando os babilônios que cercavam Jerusalém ouviram isso, retiraram o cerco.

6 O Senhor dirigiu esta palavra ao profeta Jeremias: **7** "Assim diz o Senhor, o Deus de Israel: Digam ao rei de Judá, que os mandou para consultar-me: O exército do faraó, que saiu do Egito para vir ajudá-los, retornará à sua própria terra, ao Egito. **8** Os babilônios voltarão e atacarão esta cidade; eles a conquistarão e a destruirão a fogo".

9 Assim diz o Senhor: "Não se enganem a si mesmos, dizendo: 'Os babilônios certamente vão embora'. Porque eles não vão. **10** Ainda que vocês derrotassem todo o exército babilônio que está atacando vocês, e só lhe restassem homens feridos em suas tendas, eles se levantariam e incendiariam esta cidade".

11 Depois que o exército babilônio se retirou de Jerusalém por causa do exército do faraó, **12** Jeremias saiu da cidade para ir ao território de Benjamim a fim de tomar posse da propriedade que tinha entre o povo daquele lugar. **13** Mas, quando chegou à porta de Benjamim, o capitão da guarda, cujo nome era Jerias, filho de Selemias, filho de Hananias, o prendeu e disse: "Você está desertando para o lado dos babilônios!"

14 "Isso não é verdade!", disse Jeremias. "Não estou passando para o lado dos babilônios." Mas Jerias não quis ouvi-lo; e, prendendo Jeremias, o levou aos líderes. **15** Eles ficaram furiosos com Jeremias, espancaram-no e o prenderam na casa do secretário Jônatas, que tinham transformado numa prisão.

16 Jeremias foi posto numa cela subterrânea da prisão, onde ficou por muito tempo. **17** Então o rei mandou buscá-lo, e Jeremias foi trazido ao palácio. E, secretamente, o rei lhe perguntou: "Há alguma palavra da parte do Senhor?"

"Há", respondeu Jeremias, "você será entregue nas mãos do rei da Babilônia".

18 Então Jeremias disse ao rei Zedequias: "Que crime cometi contra você ou contra os seus conselheiros ou contra este povo

Jeremiah: **28** "Take another scroll and write on it all the words that were on the first scroll, which Jehoiakim king of Judah burned up. **29** Also tell Jehoiakim king of Judah, 'This is what the Lord says: You burned that scroll and said, "Why did you write on it that the king of Babylon would certainly come and destroy this land and cut off both men and animals from it?" **30** Therefore, this is what the Lord says about Jehoiakim king of Judah: He will have no one to sit on the throne of David; his body will be thrown out and exposed to the heat by day and the frost by night. **31** I will punish him and his children and his attendants for their wickedness; I will bring on them and those living in Jerusalem and the people of Judah every disaster I pronounced against them, because they have not listened.' "

32 So Jeremiah took another scroll and gave it to the scribe Baruch son of Neriah, and as Jeremiah dictated, Baruch wrote on it all the words of the scroll that Jehoiakim king of Judah had burned in the fire. And many similar words were added to them.

Jeremiah in Prison

37 Zedekiah son of Josiah was made king of Judah by Nebuchadnezzar king of Babylon; he reigned in place of Jehoiachinª son of Jehoiakim. **2** Neither he nor his attendants nor the people of the land paid any attention to the words the Lord had spoken through Jeremiah the prophet.

3 King Zedekiah, however, sent Jehucal son of Shelemiah with the priest Zephaniah son of Maaseiah to Jeremiah the prophet with this message: "Please pray to the Lord our God for us."

4 Now Jeremiah was free to come and go among the people, for he had not yet been put in prison. **5** Pharaoh's army had marched out of Egypt, and when the Babyloniansᵇ who were besieging Jerusalem heard the report about them, they withdrew from Jerusalem.

6 Then the word of the Lord came to Jeremiah the prophet: **7** "This is what the Lord, the God of Israel, says: Tell the king of Judah, who sent you to inquire of me, 'Pharaoh's army, which has marched out to support you, will go back to its own land, to Egypt. **8** Then the Babylonians will return and attack this city; they will capture it and burn it down.'

9 "This is what the Lord says: Do not deceive yourselves, thinking, 'The Babylonians will surely leave us.' They will not! **10** Even if you were to defeat the entire Babylonianᶜ army that is attacking you and only wounded men were left in their tents, they would come out and burn this city down."

11 After the Babylonian army had withdrawn from Jerusalem because of Pharaoh's army, **12** Jeremiah started to leave the city to go to the territory of Benjamin to get his share of the property among the people there. **13** But when he reached the Benjamin Gate, the captain of the guard, whose name was Irijah son of Shelemiah, the son of Hananiah, arrested him and said, "You are deserting to the Babylonians!"

14 "That's not true!" Jeremiah said. "I am not deserting to the Babylonians." But Irijah would not listen to him; instead, he arrested Jeremiah and brought him to the officials. **15** They were angry with Jeremiah and had him beaten and imprisoned in the house of Jonathan the secretary, which they had made into a prison.

16 Jeremiah was put into a vaulted cell in a dungeon, where he remained a long time. **17** Then King Zedekiah sent for him and had him brought to the palace, where he asked him privately, "Is there any word from the Lord?"

"Yes," Jeremiah replied, "you will be handed over to the king of Babylon."

18 Then Jeremiah said to King Zedekiah, "What crime have I committed against you or your officials or this people, that

---

ª**37.1** Hebraico: *Conias*, variante de *Joaquim*.

ª**37:1** Hebrew *Coniah*, a variant of *Jehoiachin* ᵇ**37:5** Or *Chaldeans*; also in verses 8, 9, 13 and 14 ᶜ**37:10** Or *Chaldean*; also in verse 11

para que você me mandasse para a prisão? **19** Onde estão os seus profetas que lhes profetizaram: 'O rei da Babilônia não atacará nem a vocês nem a esta terra'? **20** Mas, agora, ó rei, meu senhor, escute-me, por favor. Permita-me apresentar-lhe a minha súplica: Não me mande de volta à casa de Jônatas, o secretário, para que eu não morra ali".

21 Então o rei Zedequias deu ordens para que Jeremias fosse colocado no pátio da guarda e que diariamente recebesse pão da rua dos padeiros, enquanto houvesse pão na cidade. Assim Jeremias permaneceu no pátio da guarda.

Jeremias Confinado numa Cisterna

38 E ocorreu que Sefatias, filho de Matã, Gedalias, filho de Pasur, Jucal, filho de Selemias, e Pasur, filho de Malquias, ouviram o que Jeremias estava dizendo a todo o povo: **2** "Assim diz o Senhor: 'Aquele que permanecer nesta cidade morrerá pela espada, pela fome e pela peste; mas aquele que se render aos babilônios viverá. Escapará com vida e sobreviverá'. **3** E, assim diz o Senhor: 'Esta cidade certamente será entregue ao exército do rei da Babilônia, que a conquistará' ".

4 Então os líderes disseram ao rei: "Este homem deve morrer. Ele está desencorajando os soldados que restaram nesta cidade, bem como todo o povo, com as coisas que ele está dizendo. Este homem não busca o bem deste povo, mas a sua ruína".

5 O rei Zedequias respondeu: "Ele está em suas mãos; o rei não pode opor-se a vocês".

6 Assim, pegaram Jeremias e o jogaram na cisterna de Malquias, filho do rei, a qual ficava no pátio da guarda. Baixaram Jeremias por meio de cordas para dentro da cisterna. Não havia água na cisterna, mas somente lama; e Jeremias afundou na lama.

7 Mas Ebede-Meleque, o etíope, oficial[a] do palácio real, ouviu que eles tinham jogado Jeremias na cisterna. Ora, o rei estava sentado junto à porta de Benjamim, **8** e Ebede-Meleque saiu do palácio e foi dizer-lhe: **9** "Ó rei, meu senhor, esses homens cometeram um mal em tudo o que fizeram ao profeta Jeremias. Eles o jogaram numa cisterna para que morra de fome, pois já não há mais pão na cidade".

10 Então o rei ordenou a Ebede-Meleque, o etíope: "Leve com você três homens sob as suas ordens e retire o profeta Jeremias da cisterna antes que ele morra".

11 Então Ebede-Meleque levou consigo os homens que estavam sob as suas ordens e foi à sala que fica debaixo da tesouraria do palácio. Pegou alguns trapos e roupas velhas e desceu cordas até Jeremias na cisterna. **12** Ebede-Meleque, o etíope, disse a Jeremias: "Põe esses trapos e roupas velhas debaixo dos braços para servirem de almofada para as cordas". E Jeremias assim fez. **13** Assim, com as cordas o puxaram para cima e o tiraram da cisterna.

E Jeremias permaneceu no pátio da guarda.

Jeremias é Interrogado Novamente

14 Então o rei Zedequias mandou trazer o profeta Jeremias e o encontrou na terceira entrada do templo do Senhor. "Quero pedir-te uma palavra", disse o rei. "Não me escondas nada".

15 Jeremias disse a Zedequias: "Se eu lhe der uma resposta, você não me matará? Mesmo que eu o aconselhasse, você não me escutaria".

16 O rei Zedequias, porém, fez este juramento secreto a Jeremias: "Juro pelo nome do Senhor, de quem recebemos a vida, que eu não te matarei nem te entregarei nas mãos daqueles que desejam tirar-te a vida".

17 Então Jeremias disse a Zedequias: "Assim diz o Senhor dos Exércitos, Deus de Israel: 'Se você se render imediatamente aos oficiais do rei da Babilônia, sua vida será poupada

you have put me in prison? **19** Where are your prophets who prophesied to you, 'The king of Babylon will not attack you or this land'? **20** But now, my lord the king, please listen. Let me bring my petition before you: Do not send me back to the house of Jonathan the secretary, or I will die there."

21 King Zedekiah then gave orders for Jeremiah to be placed in the courtyard of the guard and given bread from the street of the bakers each day until all the bread in the city was gone. So Jeremiah remained in the courtyard of the guard.

Jeremiah Thrown Into a Cistern

38 Shephatiah son of Mattan, Gedaliah son of Pashhur, Jehucal[a] son of Shelemiah, and Pashhur son of Malkijah heard what Jeremiah was telling all the people when he said, **2** "This is what the Lord says: 'Whoever stays in this city will die by the sword, famine or plague, but whoever goes over to the Babylonians[b] will live. He will escape with his life; he will live.' **3** And this is what the Lord says: 'This city will certainly be handed over to the army of the king of Babylon, who will capture it.' "

4 Then the officials said to the king, "This man should be put to death. He is discouraging the soldiers who are left in this city, as well as all the people, by the things he is saying to them. This man is not seeking the good of these people but their ruin."

5 "He is in your hands," King Zedekiah answered. "The king can do nothing to oppose you."

6 So they took Jeremiah and put him into the cistern of Malkijah, the king's son, which was in the courtyard of the guard. They lowered Jeremiah by ropes into the cistern; it had no water in it, only mud, and Jeremiah sank down into the mud.

7 But Ebed-Melech, a Cushite,[c] an official[d] in the royal palace, heard that they had put Jeremiah into the cistern. While the king was sitting in the Benjamin Gate, **8** Ebed-Melech went out of the palace and said to him, **9** "My lord the king, these men have acted wickedly in all they have done to Jeremiah the prophet. They have thrown him into a cistern, where he will starve to death when there is no longer any bread in the city."

10 Then the king commanded Ebed-Melech the Cushite, "Take thirty men from here with you and lift Jeremiah the prophet out of the cistern before he dies."

11 So Ebed-Melech took the men with him and went to a room under the treasury in the palace. He took some old rags and worn-out clothes from there and let them down with ropes to Jeremiah in the cistern. **12** Ebed-Melech the Cushite said to Jeremiah, "Put these old rags and worn-out clothes under your arms to pad the ropes." Jeremiah did so, **13** and they pulled him up with the ropes and lifted him out of the cistern. And Jeremiah remained in the courtyard of the guard.

Zedekiah Questions Jeremiah Again

14 Then King Zedekiah sent for Jeremiah the prophet and had him brought to the third entrance to the temple of the Lord. "I am going to ask you something," the king said to Jeremiah. "Do not hide anything from me."

15 Jeremiah said to Zedekiah, "If I give you an answer, will you not kill me? Even if I did give you counsel, you would not listen to me."

16 But King Zedekiah swore this oath secretly to Jeremiah: "As surely as the Lord lives, who has given us breath, I will neither kill you nor hand you over to those who are seeking your life."

17 Then Jeremiah said to Zedekiah, "This is what the Lord God Almighty, the God of Israel, says: 'If you surrender to the officers

---

38:1 Hebrew *Jucal*, a variant of *Jehucal* 38:2 Or *Chaldeans*; also in verses 18, 19 and 23 38:7 Probably from the upper Nile region 38:7 Or *a eunuch*

38.7 Ou *eunuco*

e esta cidade não será incendiada; você e a sua família viverão. [18] Mas, se você não se render imediatamente aos oficiais do rei da Babilônia, esta cidade será entregue nas mãos dos babilônios, e eles a incendiarão; nem mesmo você escapará das mãos deles' ".

[19] O rei Zedequias disse a Jeremias: "Tenho medo dos judeus que estão apoiando os babilônios, pois os babilônios poderão entregar-me nas mãos deles, e eles me maltratarão".

[20] "Eles não o entregarão", Jeremias respondeu. "Obedeça ao Senhor fazendo o que eu lhe digo, para que tudo lhe corra bem e a sua vida seja poupada. [21] Mas se você não quiser render-se, foi isto que o Senhor me revelou: [22] Todas as mulheres deixadas no palácio real de Judá serão levadas aos oficiais do rei da Babilônia. E elas lhe dirão:

'Aqueles teus amigos de confiança
    te enganaram
e prevaleceram sobre ti.
Teus pés estão atolados na lama;
    teus amigos te abandonaram'.

[23] "Todas as suas mulheres e os seus filhos serão levados aos babilônios. Você mesmo não escapará das mãos deles, mas será capturado pelo rei da Babilônia; e esta cidade será[a] incendiada."

[24] Então Zedequias disse a Jeremias: "Se alguém souber dessa conversa, tu morrerás. [25] Se os líderes ouvirem que eu conversei contigo e vierem dizer-te: 'Conta-nos o que disseste ao rei e o que o rei te disse; não escondas nada de nós, se não nós te mataremos', [26] dize: Fui suplicar ao rei que não me mandasse de volta à casa de Jônatas, para ali morrer".

[27] Quando os líderes vieram interrogar Jeremias, ele lhes disse tudo o que o rei tinha ordenado que dissesse. E eles não lhe perguntaram mais nada, pois ninguém tinha ouvido a conversa com o rei.

[28] E Jeremias permaneceu no pátio da guarda até o dia em que Jerusalém foi conquistada.

A Queda de Jerusalém

39 Foi assim que Jerusalém foi tomada: no nono ano do reinado de Zedequias, rei de Judá, no décimo mês, Nabucodonosor, rei da Babilônia, marchou contra Jerusalém com todo seu exército e a sitiou. [2] E no nono dia do quarto mês do décimo primeiro ano do reinado de Zedequias, o muro da cidade foi rompido. [3] Então todos os oficiais do rei da Babilônia vieram e se assentaram junto à porta do Meio: Nergal-Sarezer de Sangar, Nebo-Sarsequim, um dos chefes dos oficiais, Nergal-Sarezer, um alto oficial, e todos os outros oficiais do rei da Babilônia. [4] Quando Zedequias, rei de Judá, e todos os soldados os viram, fugiram e saíram da cidade, à noite, na direção do jardim real, pela porta entre os dois muros; e foram para a Arabá[b].

[5] Mas o exército babilônio os perseguiu e alcançou Zedequias na planície de Jericó. Eles o capturaram e o levaram a Nabucodonosor, rei da Babilônia, em Ribla, na terra de Hamate, que o sentenciou. [6] Em Ribla, o rei da Babilônia mandou executar os filhos de Zedequias diante dos seus olhos, e também matou todos os nobres de Judá. [7] Mandou furar os olhos de Zedequias e prendê-lo com correntes de bronze para levá-lo para a Babilônia.

[8] Os babilônios incendiaram o palácio real e as casas do povo, e derrubaram os muros de Jerusalém. [9] Nebuzaradã, o comandante da guarda imperial, deportou para a Babilônia o povo que restou na cidade, junto com aqueles que tinham se rendido a ele, e o restante dos artesãos[c]. [10] Somente alguns dos mais pobres do povo, que nada tinham, Nebuzaradã deixou para trás em Judá. E, naquela ocasião, ele lhes deu vinhas e campos.

of the king of Babylon, your life will be spared and this city will not be burned down; you and your family will live. [18] But if you will not surrender to the officers of the king of Babylon, this city will be handed over to the Babylonians and they will burn it down; you yourself will not escape from their hands.' "

[19] King Zedekiah said to Jeremiah, "I am afraid of the Jews who have gone over to the Babylonians, for the Babylonians may hand me over to them and they will mistreat me."

[20] "They will not hand you over," Jeremiah replied. "Obey the Lord by doing what I tell you. Then it will go well with you, and your life will be spared. [21] But if you refuse to surrender, this is what the Lord has revealed to me: [22] All the women left in the palace of the king of Judah will be brought out to the officials of the king of Babylon. Those women will say to you:

" 'They misled you and overcame you—
    those trusted friends of yours.
Your feet are sunk in the mud;
    your friends have deserted you.'

[23] "All your wives and children will be brought out to the Babylonians. You yourself will not escape from their hands but will be captured by the king of Babylon; and this city will[a] be burned down."

[24] Then Zedekiah said to Jeremiah, "Do not let anyone know about this conversation, or you may die. [25] If the officials hear that I talked with you, and they come to you and say, 'Tell us what you said to the king and what the king said to you; do not hide it from us or we will kill you,' [26] then tell them, 'I was pleading with the king not to send me back to Jonathan's house to die there.' "

[27] All the officials did come to Jeremiah and question him, and he told them everything the king had ordered him to say. So they said no more to him, for no one had heard his conversation with the king.

[28] And Jeremiah remained in the courtyard of the guard until the day Jerusalem was captured.

The Fall of Jerusalem

39 This is how Jerusalem was taken: In the ninth year of Zedekiah king of Judah, in the tenth month, Nebuchadnezzar king of Babylon marched against Jerusalem with his whole army and laid siege to it. [2] And on the ninth day of the fourth month of Zedekiah's eleventh year, the city wall was broken through. [3] Then all the officials of the king of Babylon came and took seats in the Middle Gate: Nergal-Sharezer of Samgar, Nebo-Sarsekim[b] a chief officer, Nergal-Sharezer a high official and all the other officials of the king of Babylon. [4] When Zedekiah king of Judah and all the soldiers saw them, they fled; they left the city at night by way of the king's garden, through the gate between the two walls, and headed toward the Arabah.[c]

[5] But the Babylonian[d] army pursued them and overtook Zedekiah in the plains of Jericho. They captured him and took him to Nebuchadnezzar king of Babylon at Riblah in the land of Hamath, where he pronounced sentence on him. [6] There at Riblah the king of Babylon slaughtered the sons of Zedekiah before his eyes and also killed all the nobles of Judah. [7] Then he put out Zedekiah's eyes and bound him with bronze shackles to take him to Babylon.

[8] The Babylonians[e] set fire to the royal palace and the houses of the people and broke down the walls of Jerusalem. [9] Nebuzaradan commander of the imperial guard carried into exile to Babylon the people who remained in the city, along with those who had gone over to him, and the rest of the people. [10] But Nebuzaradan the commander of the guard left behind in the land of Judah some of the poor people, who owned nothing; and at that time he gave them vineyards and fields.

---

[a]38.23 Ou *e fará esta cidade ser* [b]39.4 Ou *para o vale do Jordão* [c]39.9 Ou *restante do povo*

[a]38:23 Or *and you will cause this city to* [b]39:3 Or *Nergal-Sharezer, Samgar-Nebo, Sarsekim* [c]39:4 Or *the Jordan Valley* [d]39:5 Or *Chaldean* [e]39:8 Or *Chaldeans*

11 Mas Nabucodonosor, rei da Babilônia, deu ordens a respeito de Jeremias a Nebuzaradã: **12** "Vá buscá-lo e cuide bem dele; não o maltrate, mas faça o que ele pedir". **13** Então Nebuzaradã, o comandante da guarda imperial, Nebusazbã, um dos chefes dos oficiais, Nergal-Sarezer, um alto oficial, e todos os outros oficiais do rei da Babilônia **14** mandaram tirar Jeremias do pátio da guarda e o entregaram a Gedalias, filho de Aicam, filho de Safã, para que o levasse à residência do governador. Assim, Jeremias permaneceu no meio do seu povo.

15 Enquanto Jeremias esteve preso no pátio da guarda, o Senhor lhe dirigiu a palavra: **16** "Vá dizer a Ebede-Meleque, o etíope: Assim diz o Senhor dos Exércitos, Deus de Israel: Estou prestes a cumprir as minhas advertências contra esta cidade, com desgraça e não com prosperidade. Naquele dia, elas se cumprirão diante dos seus olhos. **17** Mas eu o resgatarei naquele dia", declara o Senhor; "você não será entregue nas mãos daqueles a quem teme. **18** Eu certamente o resgatarei; você não morrerá à espada, mas escapará com vida, porque você confia em mim", declara o Senhor.

A Libertação de Jeremias

40 O Senhor dirigiu a palavra a Jeremias depois que o comandante da guarda imperial, Nebuzaradã, o libertou em Ramá. Ele tinha encontrado Jeremias acorrentado entre todos os cativos de Jerusalém e de Judá que estavam sendo levados para o exílio na Babilônia. **2** Quando o comandante da guarda encontrou Jeremias, disse-lhe: "Foi o Senhor, o seu Deus, que determinou esta desgraça para este lugar. **3** Agora o Senhor a cumpriu e fez o que tinha prometido. Tudo isso aconteceu porque vocês pecaram contra o Senhor e não lhe obedeceram. **4** Mas hoje eu o liberto das correntes que prendem as suas mãos. Se você quiser, venha comigo para a Babilônia e eu cuidarei de você; se, porém, não quiser, pode ficar. Veja! Toda esta terra está diante de você; vá para onde melhor lhe parecer". **5** Contudo, antes de Jeremias se virar para partir[a], Nebuzaradã acrescentou: "Volte a Gedalias, filho de Aicam, neto de Safã, a quem o rei da Babilônia nomeou governador sobre as cidades de Judá, e viva com ele entre o povo, ou vá para qualquer outro lugar que desejar".

Então o comandante lhe deu provisões e um presente, e o deixou partir. **6** Jeremias foi a Gedalias, filho de Aicam, em Mispá, e permaneceu com ele entre o povo que foi deixado na terra de Judá.

O Assassinato de Gedalias

7 Havia comandantes do exército, que ainda estavam em campo aberto com os seus soldados. Eles ouviram que o rei da Babilônia tinha nomeado Gedalias, filho de Aicam, governador de Judá e o havia encarregado dos homens, das mulheres, das crianças e dos mais pobres da terra que não tinham sido deportados para a Babilônia. **8** Então foram até Gedalias, em Mispá: Ismael, filho de Netanias, Joanã e Jônatas, filhos de Careá, Seraías, filho de Tanumete, os filhos de Efai, de Netofate, e Jazanias, filho do maacatita, juntamente com os seus soldados. **9** Gedalias, filho de Aicam, neto de Safã, fez um juramento a eles e aos seus soldados: "Não temam sujeitar-se aos babilônios. Estabeleçam-se na terra, sujeitem-se ao rei da Babilônia, e tudo lhes irá bem. **10** Eu mesmo permanecerei em Mispá para representá-los diante dos babilônios que vierem a nós. Mas, vocês, façam a colheita das uvas para o vinho, das frutas e das olivas para o azeite, ponham o produto em jarros, e vivam nas cidades que vocês ocuparam".

11 Todos os judeus que estavam em Moabe, em Amom, em Edom e em todas as outras terras ouviram que o rei da Babilônia tinha deixado um remanescente em Judá, e que havia nomeado Gedalias, filho de Aicam, neto de Safã, governador sobre eles. **12** Então voltaram de todos os lugares para onde tinham

11 Now Nebuchadnezzar king of Babylon had given these orders about Jeremiah through Nebuzaradan commander of the imperial guard: **12** "Take him and look after him; don't harm him but do for him whatever he asks." **13** So Nebuzaradan the commander of the guard, Nebushazban a chief officer, Nergal-Sharezer a high official and all the other officers of the king of Babylon **14** sent and had Jeremiah taken out of the courtyard of the guard. They turned him over to Gedaliah son of Ahikam, the son of Shaphan, to take him back to his home. So he remained among his own people.

15 While Jeremiah had been confined in the courtyard of the guard, the word of the Lord came to him: **16** "Go and tell Ebed-Melech the Cushite, 'This is what the Lord Almighty, the God of Israel, says: I am about to fulfill my words against this city through disaster, not prosperity. At that time they will be fulfilled before your eyes. **17** But I will rescue you on that day, declares the Lord; you will not be handed over to those you fear. **18** I will save you; you will not fall by the sword but will escape with your life, because you trust in me, declares the Lord.' "

Jeremiah Freed

40 The word came to Jeremiah from the Lord after Nebuzaradan commander of the imperial guard had released him at Ramah. He had found Jeremiah bound in chains among all the captives from Jerusalem and Judah who were being carried into exile to Babylon. **2** When the commander of the guard found Jeremiah, he said to him, "The Lord your God decreed this disaster for this place. **3** And now the Lord has brought it about; he has done just as he said he would. All this happened because you people sinned against the Lord and did not obey him. **4** But today I am freeing you from the chains on your wrists. Come with me to Babylon, if you like, and I will look after you; but if you do not want to, then don't come. Look, the whole country lies before you; go wherever you please." **5** However, before Jeremiah turned to go,[a] Nebuzaradan added, "Go back to Gedaliah son of Ahikam, the son of Shaphan, whom the king of Babylon has appointed over the towns of Judah, and live with him among the people, or go anywhere else you please."

Then the commander gave him provisions and a present and let him go. **6** So Jeremiah went to Gedaliah son of Ahikam at Mizpah and stayed with him among the people who were left behind in the land.

Gedaliah Assassinated

7 When all the army officers and their men who were still in the open country heard that the king of Babylon had appointed Gedaliah son of Ahikam as governor over the land and had put him in charge of the men, women and children who were the poorest in the land and who had not been carried into exile to Babylon, **8** they came to Gedaliah at Mizpah—Ishmael son of Nethaniah, Johanan and Jonathan the sons of Kareah, Seraiah son of Tanhumeth, the sons of Ephai the Netophathite, and Jaazaniah[b] the son of the Maacathite, and their men. **9** Gedaliah son of Ahikam, the son of Shaphan, took an oath to reassure them and their men. "Do not be afraid to serve the Babylonians,[c]" he said. "Settle down in the land and serve the king of Babylon, and it will go well with you. **10** I myself will stay at Mizpah to represent you before the Babylonians who come to us, but you are to harvest the wine, summer fruit and oil, and put them in your storage jars, and live in the towns you have taken over."

11 When all the Jews in Moab, Ammon, Edom and all the other countries heard that the king of Babylon had left a remnant in Judah and had appointed Gedaliah son of Ahikam, the son of Shaphan, as governor over them, **12** they all came back to the

---

ᵃ40:5 Or *Jeremiah answered* ᵇ40:8 Hebrew *Jezaniah*, a variant of *Jaazaniah* ᶜ40:9 Or *Chaldeans*; also in verse 10

sido espalhados; vieram para a terra de Judá e foram até Gedalias em Mispá. E fizeram uma grande colheita de frutas de verão e de uvas para o vinho.

¹³ Joanã, filho de Careá, e todos os comandantes do exército que ainda estavam em campo aberto, foram até Gedalias em Mispá ¹⁴ e lhe disseram: "Você não sabe que Baalis, rei dos amonitas, enviou Ismael, filho de Netanias, para matá-lo?" Mas Gedalias, filho de Aicam, não acreditou neles.

¹⁵ Então Joanã, filho de Careá, disse em particular a Gedalias, em Mispá: "Irei agora e matarei Ismael, filho de Netanias, e ninguém ficará sabendo disso. Por que deveria ele fazer que os judeus que se uniram a você sejam espalhados e o remanescente de Judá seja destruído?"

¹⁶ Mas Gedalias, filho de Aicam, disse a Joanã, filho de Careá: "Não faça uma coisa dessas. O que você está dizendo sobre Ismael não é verdade".

41

No sétimo mês, Ismael, filho de Netanias, filho de Elisama, que era de sangue real e tinha sido um dos oficiais do rei, foi até Gedalias, filho de Aicam, em Mispá, levando consigo dez homens. Enquanto comiam juntos, ² Ismael e os dez homens que estavam com ele se levantaram e feriram à espada Gedalias, filho de Aicam, neto de Safã, matando aquele que o rei da Babilônia tinha nomeado governador de Judá. ³ Ismael também matou todos os judeus que estavam com Gedalias em Mispá, bem como os soldados babilônios que ali estavam.

⁴ No dia seguinte ao assassinato de Gedalias, antes que alguém o soubesse, ⁵ oitenta homens que haviam rapado a barba, rasgado suas roupas e feito cortes no corpo, vieram de Siquém, de Siló e de Samaria, trazendo ofertas de cereal e incenso para oferecer no templo do Senhor. ⁶ Ismael, filho de Netanias, saiu de Mispá para encontrá-los, chorando enquanto caminhava. Quando os encontrou, disse: "Venham até onde se encontra Gedalias, filho de Aicam". ⁷ Quando entraram na cidade, Ismael, filho de Netanias, e os homens que estavam com ele os mataram e os atiraram numa cisterna. ⁸ Mas dez deles disseram a Ismael: "Não nos mate! Temos trigo e cevada, azeite e mel, escondidos num campo". Então ele os deixou em paz e não os matou com os demais. ⁹ A cisterna na qual ele jogou os corpos dos homens que havia matado, juntamente com o de Gedalias, tinha sido cavada pelo rei Asa para defender-se de Baasa, rei de Israel. Ismael, filho de Netanias, encheu-a com os mortos.

¹⁰ Ismael tomou como prisioneiros todo o restante do povo que estava em Mispá, inclusive as filhas do rei, sobre os quais Nebuzaradã, o comandante da guarda imperial, havia nomeado Gedalias, filho de Aicam, governador. Ismael, filho de Netanias, levou-os como prisioneiros e partiu para o território de Amom.

¹¹ Quando Joanã, filho de Careá, e todos os comandantes do exército que com ele estavam souberam do crime que Ismael, filho de Netanias, tinha cometido, ¹² convocaram todos os seus soldados para lutar contra ele. Eles o alcançaram perto do grande açude de Gibeom. ¹³ Quando todo o povo, que Ismael tinha levado como prisioneiro, viu Joanã, filho de Careá, e os comandantes do exército que estavam com ele, alegrou-se. ¹⁴ Todo o povo que Ismael tinha levado como prisioneiro de Mispá se voltou e passou para o lado de Joanã, filho de Careá. ¹⁵ Mas Ismael, filho de Netanias, e oito de seus homens escaparam de Joanã e fugiram para o território de Amom.

A Fuga para o Egito

¹⁶ Então, Joanã, filho de Careá, e todos os comandantes do exército que com ele estavam levaram todos os que tinham restado em Mispá, os quais ele tinha resgatado de Ismael, filho de Netanias, depois que este havia assassinado Gedalias, filho de Aicam: os soldados, as mulheres, as crianças e os oficiais do palácio real, que ele tinha trazido de Gibeom. ¹⁷ E eles prosseguiram, parando em Gerute-Quimã, perto de Belém, a

land of Judah, to Gedaliah at Mizpah, from all the countries where they had been scattered. And they harvested an abundance of wine and summer fruit.

¹³ Johanan son of Kareah and all the army officers still in the open country came to Gedaliah at Mizpah ¹⁴ and said to him, "Don't you know that Baalis king of the Ammonites has sent Ishmael son of Nethaniah to take your life?" But Gedaliah son of Ahikam did not believe them.

¹⁵ Then Johanan son of Kareah said privately to Gedaliah in Mizpah, "Let me go and kill Ishmael son of Nethaniah, and no one will know it. Why should he take your life and cause all the Jews who are gathered around you to be scattered and the remnant of Judah to perish?"

¹⁶ But Gedaliah son of Ahikam said to Johanan son of Kareah, "Don't do such a thing! What you are saying about Ishmael is not true."

41

In the seventh month Ishmael son of Nethaniah, the son of Elishama, who was of royal blood and had been one of the king's officers, came with ten men to Gedaliah son of Ahikam at Mizpah. While they were eating together there, ² Ishmael son of Nethaniah and the ten men who were with him got up and struck down Gedaliah son of Ahikam, the son of Shaphan, with the sword, killing the one whom the king of Babylon had appointed as governor over the land. ³ Ishmael also killed all the Jews who were with Gedaliah at Mizpah, as well as the Babylonian[a] soldiers who were there.

⁴ The day after Gedaliah's assassination, before anyone knew about it, ⁵ eighty men who had shaved off their beards, torn their clothes and cut themselves came from Shechem, Shiloh and Samaria, bringing grain offerings and incense with them to the house of the Lord. ⁶ Ishmael son of Nethaniah went out from Mizpah to meet them, weeping as he went. When he met them, he said, "Come to Gedaliah son of Ahikam." ⁷ When they went into the city, Ishmael son of Nethaniah and the men who were with him slaughtered them and threw them into a cistern. ⁸ But ten of them said to Ishmael, "Don't kill us! We have wheat and barley, oil and honey, hidden in a field." So he let them alone and did not kill them with the others. ⁹ Now the cistern where he threw all the bodies of the men he had killed along with Gedaliah was the one King Asa had made as part of his defense against Baasha king of Israel. Ishmael son of Nethaniah filled it with the dead.

¹⁰ Ishmael made captives of all the rest of the people who were in Mizpah—the king's daughters along with all the others who were left there, over whom Nebuzaradan commander of the imperial guard had appointed Gedaliah son of Ahikam. Ishmael son of Nethaniah took them captive and set out to cross over to the Ammonites.

¹¹ When Johanan son of Kareah and all the army officers who were with him heard about all the crimes Ishmael son of Nethaniah had committed, ¹² they took all their men and went to fight Ishmael son of Nethaniah. They caught up with him near the great pool in Gibeon. ¹³ When all the people Ishmael had with him saw Johanan son of Kareah and the army officers who were with him, they were glad. ¹⁴ All the people Ishmael had taken captive at Mizpah turned and went over to Johanan son of Kareah. ¹⁵ But Ishmael son of Nethaniah and eight of his men escaped from Johanan and fled to the Ammonites.

Flight to Egypt

¹⁶ Then Johanan son of Kareah and all the army officers who were with him led away all the survivors from Mizpah whom he had recovered from Ishmael son of Nethaniah after he had assassinated Gedaliah son of Ahikam: the soldiers, women, children and court officials he had brought from Gibeon. ¹⁷ And they went on, stopping at Geruth Kimham near

caminho do Egito. **18** Queriam escapar dos babilônios. Estavam com medo porque Ismael, filho de Netanias, tinha matado Gedalias, filho de Aicam, a quem o rei da Babilônia nomeara governador de Judá.

42 Então todos os líderes do exército, inclusive Joanã, filho de Careá, e Jezaniasᵃ, filho de Hosaías, e todo o povo, desde o menor até o maior, aproximaram-se **2** do profeta Jeremias e lhe disseram: "Por favor, ouça a nossa petição e ore ao Senhor, ao seu Deus, por nós e em favor de todo este remanescente; pois, como você vê, embora fôssemos muitos, agora só restam poucos de nós. **3** Ore rogando ao Senhor, ao seu Deus, que nos diga para onde devemos ir e o que devemos fazer".

4 "Eu os atenderei", respondeu o profeta Jeremias. "Orarei ao Senhor, ao seu Deus, conforme vocês pediram. E tudo o que o Senhor responder eu lhes direi; nada esconderei de vocês."

5 Então disseram a Jeremias: "Que o Senhor seja uma testemunha verdadeira e fiel contra nós, caso não façamos tudo o que o Senhor, o seu Deus, nos ordenar por você. **6** Quer seja favorável ou não, obedeceremos ao Senhor, o nosso Deus, a quem o enviamos, para que tudo vá bem conosco, pois obedeceremos ao Senhor, o nosso Deus".

7 Dez dias depois o Senhor dirigiu a palavra a Jeremias, **8** e ele convocou Joanã, filho de Careá, e todos os comandantes do exército que estavam com ele e todo o povo, desde o menor até o maior. **9** Disse-lhes então: "Assim diz o Senhor, o Deus de Israel, a quem vocês me enviaram para apresentar a petição de vocês: **10** 'Se vocês permanecerem nesta terra, eu os edificarei e não os destruirei; eu os plantarei e não os arrancarei, pois muito me pesa a desgraça que eu trouxe sobre vocês. **11** Não tenham medo do rei da Babilônia, a quem vocês agora temem. Não tenham medo dele', declara o Senhor, 'pois estou com vocês e os salvarei e os livrarei das mãos dele. **12** Eu terei compaixão de vocês, e ele também, e lhes permitirá retornar à terra de vocês'.

13 "Contudo, se vocês disserem 'Não permaneceremos nesta terra', e assim desobedecerem ao Senhor, ao seu Deus, **14** e se disserem: 'Não, nós iremos para o Egito, onde não veremos a guerra nem ouviremos o som da trombeta, nem passaremos fome', **15** ouçam a palavra do Senhor, ó remanescente de Judá. Assim diz o Senhor dos Exércitos, Deus de Israel: 'Se vocês estão decididos a ir para o Egito e lá forem residir, **16** a guerra que vocês temem os alcançará, a fome que receiam os seguirá até o Egito, e lá vocês morrerão. **17** Todos os que estão decididos a partir e residir no Egito morrerão pela guerra, pela fome e pela peste; nem um só deles sobreviverá ou escapará da desgraça que trarei sobre eles'. **18** Assim diz o Senhor dos Exércitos, Deus de Israel: 'Como o meu furor foi derramado sobre os habitantes de Jerusalém, também a minha ira será derramada sobre vocês, quando forem para o Egito. Vocês serão objeto de maldição e de pavor, de desprezo e de afronta. Vocês jamais tornarão a ver este lugar'.

19 "Ó remanescente de Judá, o Senhor lhes disse: 'Não vão para o Egito'. Estejam certos disto: Eu hoje os advirto **20** que vocês cometeram um erro fatalᵇ quando me enviaram ao Senhor, ao seu Deus, pedindo: 'Ore ao Senhor, ao nosso Deus, em nosso favor. Diga-nos tudo o que ele lhe falar, e nós o faremos'. **21** Eu lhes disse, hoje mesmo, o que o Senhor, o seu Deus, me mandou dizer a vocês, mas vocês não lhe estão obedecendo. **22** Agora, porém, estejam certos de que vocês morrerão pela guerra, pela fome e pela peste, no lugar em que vocês desejam residir".

43 Quando Jeremias acabou de dizer ao povo tudo o que o Senhor, o seu Deus, lhe mandara dizer, **2** Azarias, filho de Hosaías, e Joanã, filho de Careá, e todos os homens

---

Bethlehem on their way to Egypt **18** to escape the Babylonians.ᵃ They were afraid of them because Ishmael son of Nethaniah had killed Gedaliah son of Ahikam, whom the king of Babylon had appointed as governor over the land.

42 Then all the army officers, including Johanan son of Kareah and Jezaniahᵇ son of Hoshaiah, and all the people from the least to the greatest approached **2** Jeremiah the prophet and said to him, "Please hear our petition and pray to the Lord your God for this entire remnant. For as you now see, though we were once many, now only a few are left. **3** Pray that the Lord your God will tell us where we should go and what we should do."

4 "I have heard you," replied Jeremiah the prophet. "I will certainly pray to the Lord your God as you have requested; I will tell you everything the Lord says and will keep nothing back from you."

5 Then they said to Jeremiah, "May the Lord be a true and faithful witness against us if we do not act in accordance with everything the Lord your God sends you to tell us. **6** Whether it is favorable or unfavorable, we will obey the Lord our God, to whom we are sending you, so that it will go well with us, for we will obey the Lord our God."

7 Ten days later the word of the Lord came to Jeremiah. **8** So he called together Johanan son of Kareah and all the army officers who were with him and all the people from the least to the greatest. **9** He said to them, "This is what the Lord, the God of Israel, to whom you sent me to present your petition, says: **10** 'If you stay in this land, I will build you up and not tear you down; I will plant you and not uproot you, for I am grieved over the disaster I have inflicted on you. **11** Do not be afraid of the king of Babylon, whom you now fear. Do not be afraid of him, declares the Lord, for I am with you and will save you and deliver you from his hands. **12** I will show you compassion so that he will have compassion on you and restore you to your land.'

13 "However, if you say, 'We will not stay in this land,' and so disobey the Lord your God, **14** and if you say, 'No, we will go and live in Egypt, where we will not see war or hear the trumpet or be hungry for bread,' **15** then hear the word of the Lord, O remnant of Judah. This is what the Lord Almighty, the God of Israel, says: 'If you are determined to go to Egypt and you do go to settle there, **16** then the sword you fear will overtake you there, and the famine you dread will follow you into Egypt, and there you will die. **17** Indeed, all who are determined to go to Egypt to settle there will die by the sword, famine and plague; not one of them will survive or escape the disaster I will bring on them.' **18** This is what the Lord Almighty, the God of Israel, says: 'As my anger and wrath have been poured out on those who lived in Jerusalem, so will my wrath be poured out on you when you go to Egypt. You will be an object of cursing and horror, of condemnation and reproach; you will never see this place again.'

19 "O remnant of Judah, the Lord has told you, 'Do not go to Egypt.' Be sure of this: I warn you today **20** that you made a fatal mistakeᶜ when you sent me to the Lord your God and said, 'Pray to the Lord our God for us; tell us everything he says and we will do it.' **21** I have told you today, but you still have not obeyed the Lord your God in all he sent me to tell you. **22** So now, be sure of this: You will die by the sword, famine and plague in the place where you want to go to settle."

43 When Jeremiah finished telling the people all the words of the Lord their God—everything the Lord had sent him to tell them— **2** Azariah son of Hoshaiah and

---

ᵃ41:18 Or *Chaldeans* ᵇ42:1 Hebrew; Septuagint (see also 43:2) *Azariah* ᶜ42:20 Or *you erred in your hearts*

ᵃ42.1 A Septuaginta diz *Azarias*. Veja 43.2. ᵇ42.20 Ou *no coração*

arrogantes disseram a Jeremias: "Você está mentindo! O Senhor não lhe mandou dizer que não fôssemos residir no Egito. ³ Mas é Baruque, filho de Nerias, que o está instigando contra nós para que sejamos entregues nas mãos dos babilônios, a fim de que nos matem ou nos levem para o exílio na Babilônia".

⁴ Assim Joanã, filho de Careá, todos os comandantes do exército e todo o povo desobedeceram à ordem do Senhor de que permanecessem na terra de Judá. ⁵ E Joanã, filho de Careá, e todos os comandantes do exército levaram todo o remanescente de Judá que tinha voltado de todas as nações para onde haviam sido espalhados a fim de viver na terra de Judá: ⁶ todos os homens, mulheres e crianças, as filhas do rei, todos os que Nebuzaradã, o comandante da guarda imperial, deixara com Gedalias, filho de Aicam, neto de Safã; além do profeta Jeremias e de Baruque, filho de Nerias. ⁷ Eles foram para o Egito, desobedecendo ao Senhor, indo até Tafnes.

⁸ Em Tafnes, o Senhor dirigiu a palavra a Jeremias, dizendo: ⁹ "Pegue algumas pedras grandes e, à vista dos homens de Judá, enterre-as no barro do pavimento à entrada do palácio do faraó, em Tafnes. ¹⁰ Então diga-lhes: Assim diz o Senhor dos Exércitos, Deus de Israel: Mandarei chamar meu servo Nabucodono-sor, rei da Babilônia, e ele colocará o seu trono sobre essas pedras que enterrei, e estenderá a sua tendaª real sobre elas. ¹¹ Ele virá e atacará o Egito, trará a morte aos destinados à morte, o cativeiro aos destinados ao cativeiro, e a espada aos destinados a morrer à espada. ¹² Ele incendiaráᵇ os templos dos deuses do Egito; queimará seus templos e levará embora cativos os seus deuses. Como um pastor tira os piolhos do seu mantoᶜ, assim ele tirará os piolhos do seu Egito, e sairá em paz. ¹³ Ele despedaçará as colunas no templo do solᵈ, no Egito, e incendiará os templos dos deuses do Egito".

A Desgraça Causada pela Idolatria

44 Esta é a palavra do Senhor, que foi dirigida a Jeremias, para todos os judeus que estavam no Egito e viviam em Migdol, Tafnes, Mênfis, e na região de Patros: ² "Assim diz o Senhor dos Exércitos, Deus de Israel: Vocês viram toda a desgraça que eu trouxe sobre Jerusalém e sobre todas as cidades de Judá. Hoje elas estão em ruínas e desabitadas ³ por causa do mal que fizeram. Seus moradores provocaram a minha ira queimando incenso e prestando culto a outros deuses, que nem eles nem vocês nem seus antepassados jamais conheceram. ⁴ Dia após dia eu lhes enviei meus servos, os profetas, que disseram: 'Não façam essa abominação detestável!' ⁵ Mas eles não me ouviram nem me deram atenção; não se converteram de sua impiedade nem cessaram de queimar incenso a outros deuses. ⁶ Por isso, o meu furor foi derramado e queimou as cidades de Judá e as ruas de Jerusalém, tornando-as na ruína desolada que são hoje".

⁷ Assim diz o Senhor, o Deus dos Exércitos, o Deus de Israel: "Por que trazer uma desgraça tão grande sobre si mesmos, eliminando de Judá homens e mulheres, crianças e recém-nascidos, sem deixar remanescente algum? ⁸ Por que vocês provocam a minha ira com o que fazem, queimando incenso a outros deuses no Egito, onde vocês vieram residir? Vocês se destruirão a si mesmos e se tornarão objeto de desprezo e afronta entre todas as nações da terra. ⁹ Acaso vocês se esqueceram da impiedade cometida por seus antepassados, pelos reis de Judá e as mulheres deles, e da impiedade cometida por vocês e suas mulheres na terra de Judá e nas ruas de Jerusalém? ¹⁰ Até hoje não se humilharam nem mostraram reverência, e não têm seguido a minha lei e os decretos que coloquei diante de vocês e dos seus antepassados".

¹¹ Portanto, assim diz o Senhor dos Exércitos, Deus de Israel: "Estou decidido a trazer desgraça sobre vocês e a destruir todo o

Johanan son of Kareah and all the arrogant men said to Jeremiah, "You are lying! The Lord our God has not sent you to say, 'You must not go to Egypt to settle there.' ³ But Baruch son of Neriah is inciting you against us to hand us over to the Babylonians,ª so they may kill us or carry us into exile to Babylon."

⁴ So Johanan son of Kareah and all the army officers and all the people disobeyed the Lord's command to stay in the land of Judah. ⁵ Instead, Johanan son of Kareah and all the army officers led away all the remnant of Judah who had come back to live in the land of Judah from all the nations where they had been scattered. ⁶ They also led away all the men, women and children and the king's daughters whom Nebuzaradan commander of the imperial guard had left with Gedaliah son of Ahikam, the son of Shaphan, and Jeremiah the prophet and Baruch son of Neriah. ⁷ So they entered Egypt in disobedience to the Lord and went as far as Tahpanhes.

⁸ In Tahpanhes the word of the Lord came to Jeremiah: ⁹ "While the Jews are watching, take some large stones with you and bury them in clay in the brick pavement at the entrance to Pharaoh's palace in Tahpanhes. ¹⁰ Then say to them, 'This is what the Lord Almighty, the God of Israel, says: I will send for my servant Nebuchadnezzar king of Babylon, and I will set his throne over these stones I have buried here; he will spread his royal canopy above them. ¹¹ He will come and attack Egypt, bringing death to those destined for death, captivity to those destined for captivity, and the sword to those destined for the sword. ¹² Heᵇ will set fire to the temples of the gods of Egypt; he will burn their temples and take their gods captive. As a shepherd wraps his garment around him, so will he wrap Egypt around himself and depart from there unscathed. ¹³ There in the temple of the sunᶜ in Egypt he will demolish the sacred pillars and will burn down the temples of the gods of Egypt.' "

Disaster Because of Idolatry

44 This word came to Jeremiah concerning all the Jews living in Lower Egypt—in Migdol, Tahpanhes and Memphisᵈ—and in Upper Egyptᵉ: ² "This is what the Lord Almighty, the God of Israel, says: You saw the great disaster I brought on Jerusalem and on all the towns of Judah. Today they lie deserted and in ruins ³ because of the evil they have done. They provoked me to anger by burning incense and by worshiping other gods that neither they nor you nor your fathers ever knew. ⁴ Again and again I sent my servants the prophets, who said, 'Do not do this detestable thing that I hate!' ⁵ But they did not listen or pay attention; they did not turn from their wickedness or stop burning incense to other gods. ⁶ Therefore, my fierce anger was poured out; it raged against the towns of Judah and the streets of Jerusalem and made them the desolate ruins they are today.

⁷ "Now this is what the Lord God Almighty, the God of Israel, says: Why bring such great disaster on yourselves by cutting off from Judah the men and women, the children and infants, and so leave yourselves without a remnant? ⁸ Why provoke me to anger with what your hands have made, burning incense to other gods in Egypt, where you have come to live? You will destroy yourselves and make yourselves an object of cursing and reproach among all the nations on earth. ⁹ Have you forgotten the wickedness committed by your fathers and by the kings and queens of Judah and the wickedness committed by you and your wives in the land of Judah and the streets of Jerusalem? ¹⁰ To this day they have not humbled themselves or shown reverence, nor have they followed my law and the decrees I set before you and your fathers.

¹¹ "Therefore, this is what the Lord Almighty, the God of Israel, says: I am determined to bring disaster on you and to

---

ª43.10 Ou *tapete* ᵇ43.12 Ou *Eu incendiarei* ᶜ43.12 Ou *enrola o seu manto* ᵈ43.13 Ou *em Heliópolis*

ª43:3 Or *Chaldeans* ᵇ43:12 Or *I* ᶜ43:13 Or *in Heliopolis* ᵈ44:1 Hebrew *Noph* ᵉ44:1 Hebrew *in Pathros*

Judá. **12** Tomarei o remanescente de Judá, que decidiu partir e residir no Egito, e todos morrerão no Egito. Cairão pela espada ou pela fome; desde o menor até o maior, morrerão pela espada ou pela fome. Eles se tornarão objeto de maldição e de pavor, de desprezo e de afronta. **13** Castigarei aqueles que vivem no Egito com a guerra, a fome e a peste, como castiguei Jerusalém. **14** Ninguém dentre o remanescente de Judá que foi morar no Egito escapará ou sobreviverá para voltar à terra de Judá, para a qual anseiam voltar e nela anseiam viver; nenhum voltará, exceto uns poucos fugitivos".

15 Então, todos os homens que sabiam que as suas mulheres queimavam incenso a outros deuses, e todas as mulheres que estavam presentes, em grande número, e todo o povo que morava no Egito, e na região de Patros, disseram a Jeremias: **16** "Nós não daremos atenção à mensagem que você nos apresenta em nome do Senhor! **17** É certo que faremos tudo o que dissemos que faríamos — queimaremos incenso à Rainha dos Céus e derramaremos ofertas de bebidas para ela, tal como fazíamos, nós e nossos antepassados, nossos reis e nossos líderes, nas cidades de Judá e nas ruas de Jerusalém. Naquela época tínhamos fartura de comida, éramos prósperos e nada sofríamos. **18** Mas, desde que paramos de queimar incenso à Rainha dos Céus e de derramar ofertas de bebidas a ela, nada temos tido e temos perecido pela espada e pela fome".

19 E as mulheres acrescentaram: "Quando queimávamos incenso à Rainha dos Céus e derramávamos ofertas de bebidas para ela, será que era sem o consentimento de nossos maridos que fazíamos bolos na forma da imagem dela e derramávamos as ofertas de bebidas?"

20 Então Jeremias disse a todo o povo, tanto aos homens como às mulheres que estavam respondendo a ele: **21** "E o Senhor? Não se lembra ele do incenso queimado nas cidades de Judá e nas ruas de Jerusalém por vocês e por seus antepassados, seus reis e seus líderes e pelo povo da terra? Será que ele não pensa nisso? **22** Quando o Senhor não pôde mais suportar as impiedades e as práticas repugnantes de vocês, a terra de vocês ficou devastada e desolada, tornou-se objeto de maldição e ficou desabitada, como se vê no dia de hoje. **23** Foi porque vocês queimaram incenso e pecaram contra o Senhor, e não obedeceram à sua palavra nem seguiram a sua lei, os seus decretos e os seus testemunhos, que esta desgraça caiu sobre vocês, como se vê no dia de hoje".

24 Disse então Jeremias a todo o povo, inclusive às mulheres: "Ouçam a palavra do Senhor, todos vocês, judeus que estão no Egito. **25** Assim diz o Senhor dos Exércitos, Deus de Israel: 'Vocês e suas mulheres cumpriram o que prometeram quando disseram: "Certamente cumpriremos os votos que fizemos de queimar incenso e derramar ofertas de bebidas à Rainha dos Céus'".

"Prossigam! Façam o que prometeram! Cumpram os seus votos! **26** Mas ouçam a palavra do Senhor, todos vocês, judeus que vivem no Egito: 'Eu juro pelo meu grande nome', diz o Senhor, 'que em todo o Egito ninguém de Judá voltará a invocar o meu nome ou a jurar pela vida do Soberano, o Senhor. **27** Vigiarei sobre eles para trazer-lhes a desgraça e não o bem; os judeus do Egito perecerão pela espada e pela fome até que sejam todos destruídos. **28** Serão poucos os que escaparão da espada e voltarão do Egito para a terra de Judá. Então, todo o remanescente de Judá que veio residir no Egito saberá qual é a palavra que se realiza, a minha ou a deles.

29 " 'Este será o sinal para vocês de que os castigarei neste lugar', declara o Senhor, 'e então vocês ficarão sabendo que as minhas ameaças de trazer-lhes desgraça certamente se realizarão'. **30** Assim diz o Senhor: 'Entregarei o faraó Hofra, rei do Egito, nas mãos dos seus inimigos que desejam tirar-lhe a vida, assim como entreguei Zedequias, rei de Judá, nas mãos de Nabucodonosor, rei da Babilônia, o inimigo que desejava tirar a vida dele' ".

---

destroy all Judah. **12** I will take away the remnant of Judah who were determined to go to Egypt to settle there. They will all perish in Egypt; they will fall by the sword or die from famine. From the least to the greatest, they will die by sword or famine. They will become an object of cursing and horror, of condemnation and reproach. **13** I will punish those who live in Egypt with the sword, famine and plague, as I punished Jerusalem. **14** None of the remnant of Judah who have gone to live in Egypt will escape or survive to return to the land of Judah, to which they long to return and live; none will return except a few fugitives."

15 Then all the men who knew that their wives were burning incense to other gods, along with all the women who were present—a large assembly—and all the people living in Lower and Upper Egypt,[a] said to Jeremiah, **16** "We will not listen to the message you have spoken to us in the name of the Lord! **17** We will certainly do everything we said we would: We will burn incense to the Queen of Heaven and will pour out drink offerings to her just as we and our fathers, our kings and our officials did in the towns of Judah and in the streets of Jerusalem. At that time we had plenty of food and were well off and suffered no harm. **18** But ever since we stopped burning incense to the Queen of Heaven and pouring out drink offerings to her, we have had nothing and have been perishing by sword and famine."

19 The women added, "When we burned incense to the Queen of Heaven and poured out drink offerings to her, did not our husbands know that we were making cakes like her image and pouring out drink offerings to her?"

20 Then Jeremiah said to all the people, both men and women, who were answering him, **21** "Did not the Lord remember and think about the incense burned in the towns of Judah and the streets of Jerusalem by you and your fathers, your kings and your officials and the people of the land? **22** When the Lord could no longer endure your wicked actions and the detestable things you did, your land became an object of cursing and a desolate waste without inhabitants, as it is today. **23** Because you have burned incense and have sinned against the Lord and have not obeyed him or followed his law or his decrees or his stipulations, this disaster has come upon you, as you now see."

24 Then Jeremiah said to all the people, including the women, "Hear the word of the Lord, all you people of Judah in Egypt. **25** This is what the Lord Almighty, the God of Israel, says: You and your wives have shown by your actions what you promised when you said, 'We will certainly carry out the vows we made to burn incense and pour out drink offerings to the Queen of Heaven.'

"Go ahead then, do what you promised! Keep your vows! **26** But hear the word of the Lord, all Jews living in Egypt: 'I swear by my great name,' says the Lord, 'that no one from Judah living anywhere in Egypt will ever again invoke my name or swear, "As surely as the Sovereign Lord lives." **27** For I am watching over them for harm, not for good; the Jews in Egypt will perish by sword and famine until they are all destroyed. **28** Those who escape the sword and return to the land of Judah from Egypt will be very few. Then the whole remnant of Judah who came to live in Egypt will know whose word will stand—mine or theirs.

29 " 'This will be the sign to you that I will punish you in this place,' declares the Lord, 'so that you will know that my threats of harm against you will surely stand.' **30** This is what the Lord says: 'I am going to hand Pharaoh Hophra king of Egypt over to his enemies who seek his life, just as I handed Zedekiah king of Judah over to Nebuchadnezzar king of Babylon, the enemy who was seeking his life.' "

---

a 44:15 Hebrew *in Egypt and Pathros*

Mensagem a Baruque

45 No quarto ano do reinado de Jeoaquim, filho de Josias, rei de Judá, depois que Baruque, filho de Nerias, escreveu num rolo as palavras ditadas por Jeremias, este lhe disse: **2** "Assim diz o Senhor, o Deus de Israel, a você, Baruque: **3** 'Você disse, "Ai de mim! O Senhor acrescentou tristeza ao meu sofrimento. Estou exausto de tanto gemer, e não encontro descanso" '.

4 "Mas o Senhor manda-me dizer-lhe: 'Assim diz o Senhor: Destruirei o que edifiquei e arrancarei o que plantei em toda esta terra. **5** E então? Você deveria buscar coisas especiais para você? Não as busque, pois trarei desgraça sobre toda a humanidade', diz o Senhor, 'mas eu o deixarei escapar com vida onde quer que você vá' ".

Mensagem acerca do Egito

46 Esta é a mensagem do Senhor que veio ao profeta Jeremias acerca das nações:

2 Acerca do Egito:

Esta é a mensagem contra o exército do rei do Egito, o faraó Neco, que foi derrotado em Carquemis, junto ao rio Eufrates, por Nabucodonosor, rei da Babilônia, no quarto ano do reinado de Jeoaquim, filho de Josias, rei de Judá:

3 "Preparem seus escudos,
   os grandes e os pequenos,
e marchem para a batalha!
4 Selem os cavalos e montem!
Tomem posição e coloquem o capacete!
Passem óleo na ponta de suas lanças
   e vistam a armadura!
5 Mas o que vejo?
Eles estão apavorados,
   estão se retirando,
seus guerreiros estão derrotados.
Fogem às pressas, sem olhar para trás;
   há terror por todos os lados",
declara o Senhor.
6 "O ágil não consegue fugir,
   nem o forte escapar.
No norte, junto ao rio Eufrates,
   eles tropeçam e caem.
7 "Quem é aquele que se levanta
   como o Nilo,
como rios de águas agitadas?
8 O Egito se levanta como o Nilo,
   como rios de águas agitadas.
Ele diz: 'Eu me levantarei
   e cobrirei a terra;
destruirei as cidades
   e os seus habitantes'.
9 Ao ataque, cavalos!
Avancem, carros de guerra!
Marchem em frente, guerreiros!
Homens da Etiópia e da Líbia[a],
   que levam escudos;
homens da Lídia, que empunham o arco!
10 Mas aquele dia pertence ao Soberano,
   ao Senhor dos Exércitos.
Será um dia de vingança,
   para vingar-se dos seus adversários.
A espada devorará até saciar-se,
   até satisfazer sua sede de sangue.
Porque o Soberano,
   o Senhor dos Exércitos,
fará um banquete na terra do norte,
   junto ao rio Eufrates.

A Message to Baruch

45 This is what Jeremiah the prophet told Baruch son of Neriah in the fourth year of Jehoiakim son of Josiah king of Judah, after Baruch had written on a scroll the words Jeremiah was then dictating: **2** "This is what the Lord, the God of Israel, says to you, Baruch: **3** You said, 'Woe to me! The Lord has added sorrow to my pain; I am worn out with groaning and find no rest.' "

4 ⌊The Lord said,⌋ "Say this to him: 'This is what the Lord says: I will overthrow what I have built and uproot what I have planted, throughout the land. **5** Should you then seek great things for yourself? Seek them not. For I will bring disaster on all people, declares the Lord, but wherever you go I will let you escape with your life.' "

A Message About Egypt

46 This is the word of the Lord that came to Jeremiah the prophet concerning the nations:

2 Concerning Egypt:

This is the message against the army of Pharaoh Neco king of Egypt, which was defeated at Carchemish on the Euphrates River by Nebuchadnezzar king of Babylon in the fourth year of Jehoiakim son of Josiah king of Judah:

3 "Prepare your shields, both large and small,
   and march out for battle!
4 Harness the horses,
   mount the steeds!
Take your positions
   with helmets on!
Polish your spears,
   put on your armor!
5 What do I see?
They are terrified,
   they are retreating,
their warriors are defeated.
They flee in haste
   without looking back,
and there is terror on every side,"
                declares the Lord.
6 "The swift cannot flee
   nor the strong escape.
In the north by the River Euphrates
   they stumble and fall.
7 "Who is this that rises like the Nile,
   like rivers of surging waters?
8 Egypt rises like the Nile,
   like rivers of surging waters.
She says, 'I will rise and cover the earth;
   I will destroy cities and their people.'
9 Charge, O horses!
   Drive furiously, O charioteers!
March on, O warriors—
   men of Cush[a] and Put who carry shields,
   men of Lydia who draw the bow.
10 But that day belongs to the Lord, the
   Lord Almighty—
   a day of vengeance, for vengeance on his foes.
The sword will devour till it is satisfied,
   till it has quenched its thirst with blood.
For the Lord, the Lord Almighty, will
   offer sacrifice
in the land of the north by the River Euphrates.

---

[a]46.9 Hebraico: *de Cuxe e de Fute.*

[a]46:9 That is, the upper Nile region

11 "Suba a Gileade em busca de bálsamo,
　　ó virgem, filha do Egito!
　Você multiplica remédios em vão;
　　não há cura para você.
12 As nações ouviram da sua humilhação;
　　os seus gritos encheram a terra,
　quando um guerreiro
　　tropeçou noutro guerreiro
　e ambos caíram".

13 Esta é a mensagem que o Senhor falou ao profeta Jeremias acerca da vinda de Nabucodonosor, rei da Babilônia, para atacar o Egito:

14 "Anunciem isto no Egito
　　e proclamem-no em Migdol;
　proclamem-no também em Mênfis
　　e em Tafnes:
　Assumam posição! Preparem-se!
　Porque a espada devora aqueles
　　que estão ao seu redor.
15 Por que o deus Ápis fugiu?ᵃ
　O seu touro não resistiu,
　　porque o Senhor o derrubou.
16 Tropeçam e caem,
　　caem uns sobre os outros.
　Eles dizem: 'Levantem-se.
　Vamos voltar para nosso próprio povo
　　e para nossa terra natal,
　para longe da espada do opressor.
17 O faraó, rei do Egito,
　　é barulho e nada mais!
　Ele perdeu a sua oportunidade'.

18 "Juro pela minha vida",
　　declara o Rei,
　cujo nome é Senhor dos Exércitos,
　"ele virá como o Tabor entre os montes,
　　como o Carmelo junto ao mar.
19 Arrumem a bagagem para o exílio,
　　vocês que vivem no Egito,
　pois Mênfis será arrasada,
　　ficará desolada e desabitada.

20 "O Egito é uma linda novilha,
　mas do norte a ataca
　　uma mutuca.
21 Os mercenários em suas fileiras
　　são como bezerros gordos.
　Eles também darão meia volta
　　e juntos fugirão;
　não defenderão suas posições,
　pois o dia da derrota deles
　　está chegando,
　a hora de serem castigados.
22 O Egito silvará
　　como uma serpente em fuga
　à medida que o inimigo
　　avança com grande força.
　Virão sobre ele com machados,
　como os homens
　　que derrubam árvores.
23 Eles derrubarão sua floresta",
　　declara o Senhor,
　"por mais densa que seja.
　São mais que os gafanhotos;
　　são incontáveis!
24 A cidadeᵇ do Egito será envergonhada,
　será entregue nas mãos
　　do povo do norte".

11 "Go up to Gilead and get balm,
　　O Virgin Daughter of Egypt.
　But you multiply remedies in vain;
　　there is no healing for you.
12 The nations will hear of your shame;
　　your cries will fill the earth.
　One warrior will stumble over another;
　　both will fall down together."

13 This is the message the Lord spoke to Jeremiah the prophet about the coming of Nebuchadnezzar king of Babylon to attack Egypt:

14 "Announce this in Egypt, and proclaim it
　　in Migdol;
　proclaim it also in Memphisᵃ and Tahpanhes:
　'Take your positions and get ready,
　　for the sword devours those around you.'
15 Why will your warriors be laid low?
　　They cannot stand, for the Lord will push them
　　down.
16 They will stumble repeatedly;
　　they will fall over each other.
　They will say, 'Get up, let us go back
　　to our own people and our native lands,
　　away from the sword of the oppressor.'
17 There they will exclaim,
　　'Pharaoh king of Egypt is only a loud noise;
　　he has missed his opportunity.'

18 "As surely as I live," declares the King,
　　whose name is the Lord Almighty,
　"one will come who is like Tabor among
　　　the mountains,
　　like Carmel by the sea.
19 Pack your belongings for exile,
　　you who live in Egypt,
　for Memphis will be laid waste
　　and lie in ruins without inhabitant.

20 "Egypt is a beautiful heifer,
　　but a gadfly is coming
　　against her from the north.
21 The mercenaries in her ranks
　　are like fattened calves.
　They too will turn and flee together,
　　they will not stand their ground,
　for the day of disaster is coming upon them,
　　the time for them to be punished.
22 Egypt will hiss like a fleeing serpent
　　as the enemy advances in force;
　they will come against her with axes,
　　like men who cut down trees.
23 They will chop down her forest,"
　　　　　　　　　　　　declares the Lord,
　　"dense though it be.
　They are more numerous than locusts,
　　they cannot be counted.
24 The Daughter of Egypt will be put to shame,
　　handed over to the people of the north."

ᵃ46.15 Ou *Por que os seus guerreiros estão estirados no chão?* ᵇ46.24 Hebraico: *filha.*

ᵃ46:14 Hebrew *Noph*; also in verse 19

²⁵ O Senhor dos Exércitos, o Deus de Israel, diz: "Castigarei Amom, deus de Tebas^a, o faraó, o Egito, seus deuses e seus reis, e também os que confiam no faraó. ²⁶ Eu os entregarei nas mãos daqueles que desejam tirar-lhes a vida; nas mãos de Nabucodonosor, rei da Babilônia, e de seus oficiais. Mais tarde, porém, o Egito será habitado como em épocas passadas", declara o Senhor.

²⁷ "Quanto a você, não tema,
  meu servo Jacó!
Não fique assustado, ó Israel!
Eu o salvarei de um lugar distante,
e os seus descendentes,
  da terra do seu exílio.
Jacó voltará e ficará em paz
  e em segurança,
ninguém o inquietará.
²⁸ Não tema, meu servo Jacó!
Eu estou com você",
  declara o Senhor.
"Destruirei completamente
  todas as nações entre as quais
  eu o dispersei;
mas a você
  não destruirei completamente.
Eu o disciplinarei como você merece;
não serei severo demais".

Mensagem acerca dos Filisteus

47 Esta é a palavra do Senhor que veio ao profeta Jeremias acerca dos filisteus, antes do ataque do faraó a Gaza:

² Assim diz o Senhor:

"Vejam como as águas estão
  subindo do norte;
elas se tornam
  uma torrente transbordante.
Inundarão esta terra
  e tudo o que nela existe;
as cidades e os seus habitantes.
O povo clamará,
gritarão todos os habitantes desta terra,
³ ao estrondo dos cascos
  dos seus cavalos galopando,
ao barulho dos seus carros de guerra,
e ao estampido de suas rodas.
Os pais não se voltarão
  para ajudar seus filhos,
porque suas mãos estarão fracas.
⁴ Pois chegou o dia de destruir
  todos os filisteus
e de eliminar todos os sobreviventes
  que poderiam ajudar Tiro e Sidom.
O Senhor destruirá os filisteus,
  o remanescente da ilha de Caftor^b.
⁵ Os habitantes de Gaza
  rapararam a cabeça;
Ascalom está calada.
Ó remanescente da planície,
até quando você fará incisões
  no próprio corpo?

⁶ "'Ah, espada do Senhor,
  quando você descansará?
Volte à sua bainha,
  acalme-se e repouse.'
⁷ Mas como poderá ela descansar
  quando o Senhor lhe deu ordens,

²⁵ The Lord Almighty, the God of Israel, says: "I am about to bring punishment on Amon god of Thebes,^a on Pharaoh, on Egypt and her gods and her kings, and on those who rely on Pharaoh. ²⁶ I will hand them over to those who seek their lives, to Nebuchadnezzar king of Babylon and his officers. Later, however, Egypt will be inhabited as in times past," declares the Lord.

²⁷ "Do not fear, O Jacob my servant;
  do not be dismayed, O Israel.
I will surely save you out of a distant place,
  your descendants from the land of their exile.
Jacob will again have peace and security,
  and no one will make him afraid.
²⁸ Do not fear, O Jacob my servant,
  for I am with you," declares the Lord.
"Though I completely destroy all the nations
  among which I scatter you,
I will not completely destroy you.
I will discipline you but only with justice;
  I will not let you go entirely unpunished."

A Message About the Philistines

47 This is the word of the Lord that came to Jeremiah the prophet concerning the Philistines before Pharaoh attacked Gaza:

² This is what the Lord says:

"See how the waters are rising in the north;
  they will become an overflowing torrent.
They will overflow the land and everything in it,
  the towns and those who live in them.
The people will cry out;
  all who dwell in the land will wail
³ at the sound of the hoofs of galloping steeds,
  at the noise of enemy chariots
  and the rumble of their wheels.
Fathers will not turn to help their children;
  their hands will hang limp.
⁴ For the day has come
  to destroy all the Philistines
and to cut off all survivors
  who could help Tyre and Sidon.
The Lord is about to destroy the Philistines,
  the remnant from the coasts of Caphtor.^b
⁵ Gaza will shave her head in mourning;
  Ashkelon will be silenced.
O remnant on the plain,
  how long will you cut yourselves?
⁶ " 'Ah, sword of the Lord,' you cry,
  'how long till you rest?
Return to your scabbard;
  cease and be still.'
⁷ But how can it rest
  when the Lord has commanded it,

---

^a46.25 Hebraico: *No.* ^b47.4 Isto é, Creta.   ^a46:25 Hebrew *No* ^b47:4 That is, Crete

quando determinou
    que ataque Ascalom e o litoral?"

Mensagem acerca de Moabe

48 Acerca de Moabe:

    Assim diz o Senhor dos Exércitos, Deus de Israel:

"Ai de Nebo, pois ficou em ruínas.
Quiriataim foi derrotada e capturada;
a fortaleza[a] foi derrotada e destroçada.
2 Moabe não é mais louvada;
    em Hesbom tramam a sua ruína:
'Venham! Vamos dar fim àquela nação'.
    Você também ficará calada,
ó Madmém; a espada a perseguirá.
3 Ouçam os gritos de Horonaim:
    'Devastação! Grande destruição!
4 Moabe está destruída!'
    É o grito que se ouve até em Zoar[b].
5 Eles sobem pelo caminho para Luíte,
chorando amargamente enquanto seguem;
na estrada que desce a Horonaim
    ouvem-se gritos angustiados
    por causa da destruição.
6 Fujam! Corram para salvar suas vidas;
    tornem-se como um arbusto[c] no deserto.
7 Uma vez que vocês confiam
    em seus feitos e em suas riquezas,
vocês também serão capturados,
    e Camos irá para o exílio,
junto com seus sacerdotes e líderes.
8 O destruidor virá contra
    todas as cidades,
e nenhuma escapará.
O vale se tornará ruínas,
e o planalto será destruído,
    como o Senhor falou.
9 Ponham sal sobre Moabe,
    pois ela será deixada em ruínas;[d]
suas cidades ficarão devastadas,
    sem nenhum habitante.
10 "Maldito o que faz com negligência
    o trabalho do Senhor!
Maldito aquele que impede a sua espada
    de derramar sangue!
11 "Moabe tem estado tranqüila
    desde a sua juventude,
como o vinho deixado
    com os seus resíduos;
não foi mudada de vasilha em vasilha.
Nunca foi para o exílio;
por isso, o seu sabor
    permanece o mesmo
e o seu cheiro não mudou.
12 Portanto, certamente vêm os dias",
    declara o Senhor,
"quando enviarei decantadores
    que a decantarão;
esvaziarão as suas jarras
    e as despedaçarão.
13 Então Moabe se decepcionará
    com Camos,
assim como Israel
    se decepcionou com Betel,
em quem confiava.

---

when he has ordered it
    to attack Ashkelon and the coast?"

A Message About Moab

48 Concerning Moab:

    This is what the Lord Almighty, the God of Israel, says:

"Woe to Nebo, for it will be ruined.
    Kiriathaim will be disgraced and captured;
    the stronghold[a] will be disgraced and shattered.
2 Moab will be praised no more;
    in Heshbon[b] men will plot her downfall:
    'Come, let us put an end to that nation.'
You too, O Madmen,[c] will be silenced;
    the sword will pursue you.
3 Listen to the cries from Horonaim,
    cries of great havoc and destruction.
4 Moab will be broken;
    her little ones will cry out.[d]
5 They go up the way to Luhith,
    weeping bitterly as they go;
on the road down to Horonaim
    anguished cries over the destruction are heard.
6 Flee! Run for your lives;
    become like a bush[e] in the desert.
7 Since you trust in your deeds and riches,
    you too will be taken captive,
and Chemosh will go into exile,
    together with his priests and officials.
8 The destroyer will come against every town,
    and not a town will escape.
The valley will be ruined
    and the plateau destroyed,
    because the Lord has spoken.
9 Put salt on Moab,
    for she will be laid waste[f];
her towns will become desolate,
    with no one to live in them.
10 "A curse on him who is lax in doing the
    Lord's work!
A curse on him who keeps his sword
    from bloodshed!
11 "Moab has been at rest from youth,
    like wine left on its dregs,
not poured from one jar to another—
    she has not gone into exile.
So she tastes as she did,
    and her aroma is unchanged.
12 But days are coming,"
    declares the Lord,
"when I will send men who pour from jars,
    and they will pour her out;
they will empty her jars
    and smash her jugs.
13 Then Moab will be ashamed of Chemosh,
    as the house of Israel was ashamed
    when they trusted in Bethel.

---

a48.1 Ou *Misgabe* **b48.4** Ou *Os seus pequenos clamam* **c48.6** Ou *como Aroer* **d48.9** Ou *Dêem asas a Moabe, pois ela voará para longe;*

a48:1 Or / *Misgab* **b48:2** The Hebrew for *Heshbon* sounds like the Hebrew for *plot.* **c48:2** The name of the Moabite town Madmen sounds like the Hebrew for *be silenced.* **d48:4** Hebrew; Septuagint / *proclaim it to Zoar* **e48:6** Or *like Aroer* **f48:9** Or *Give wings to Moab, / for she will fly away*

14 "Como vocês podem dizer:
　　'Somos guerreiros,
　somos homens de guerra'?
15 Moabe foi destruída
　　e suas cidades serão invadidas;
　o melhor dos seus jovens
　　desceu para a matança",
　declara o Rei, cujo nome é
　SENHOR dos Exércitos.
16 "A derrota de Moabe está próxima;
　　a sua desgraça vem rapidamente.
17 Lamentem por ela,
　　todos os seus vizinhos,
　todos os que conhecem a sua fama.
　Digam: Como está quebrado
　　o cajado poderoso,
　　o cetro glorioso!

18 "Desçam de sua glória
　　e sentem-se sobre o chão ressequido,
　ó moradores da cidadeᵃ de Dibom,
　pois o destruidor de Moabe
　　veio para atacá-los
　　e destruir as suas fortalezas.
19 Fiquem junto à estrada e vigiem,
　　vocês que vivem em Aroer.
　Perguntem ao homem que
　　foge e à mulher que escapa,
　perguntem a eles: O que aconteceu?
20 Moabe ficou envergonhada,
　　pois está destroçada.
　Gritem e clamem!
　Anunciem junto ao Arnom
　　que Moabe foi destruída.
21 O julgamento chegou ao planalto:
　　a Holom, Jaza e Mefaate,
22 a Dibom, Nebo e Bete-Diblataim,
23 a Quiriataim, Bete-Gamul
　　e Bete-Meom,
24 a Queriote e Bozra,
　　a todas as cidades de Moabe,
　　distantes e próximas.
25 O poderᵇ de Moabe foi eliminado;
　seu braço está quebrado",
　　declara o SENHOR.

26 "Embriaguem-na,
　　pois ela desafiou o SENHOR.
　Moabe se revolverá no seu vômito
　　e será objeto de ridículo.
27 Não foi Israel objeto de ridículo
　　para você?
　Foi ele encontrado
　　em companhia de ladrões
　para que você sacuda a cabeça
　　sempre que fala dele?
28 Abandonem as cidades!
　Habitem entre as rochas,
　　vocês que moram em Moabe!
　Sejam como uma pomba
　　que faz o seu ninho
　　nas bordas de um precipício.

29 "Temos ouvido
　　do orgulho de Moabe:
　da sua extrema arrogância,
　do seu orgulho e soberba,
　e do seu espírito de superioridade.
30 Conheço bem a sua arrogância",
　　declara o SENHOR.

14 "How can you say, 'We are warriors,
　　men valiant in battle'?
15 Moab will be destroyed and her towns invaded;
　　her finest young men will go down in the
　　　slaughter,"
　　declares the King, whose name is the LORD
　　Almighty.
16 "The fall of Moab is at hand;
　　her calamity will come quickly.
17 Mourn for her, all who live around her,
　　all who know her fame;
　say, 'How broken is the mighty scepter,
　　how broken the glorious staff!'

18 "Come down from your glory
　　and sit on the parched ground,
　　O inhabitants of the Daughter of Dibon,
　for he who destroys Moab
　　will come up against you
　　and ruin your fortified cities.
19 Stand by the road and watch,
　　you who live in Aroer.
　Ask the man fleeing and the woman escaping,
　　ask them, 'What has happened?'
20 Moab is disgraced, for she is shattered.
　　Wail and cry out!
　Announce by the Arnon
　　that Moab is destroyed.
21 Judgment has come to the plateau—
　　to Holon, Jahzah and Mephaath,
22 to Dibon, Nebo and Beth Diblathaim,
23 to Kiriathaim, Beth Gamul and Beth Meon,
24 to Kerioth and Bozrah—
　　to all the towns of Moab, far and near.
25 Moab's hornᵃ is cut off;
　　her arm is broken,"
　　　　　　　　　　declares the LORD.

26 "Make her drunk,
　　for she has defied the LORD.
　Let Moab wallow in her vomit;
　　let her be an object of ridicule.
27 Was not Israel the object of your ridicule?
　　Was she caught among thieves,
　that you shake your head in scorn
　　whenever you speak of her?
28 Abandon your towns and dwell among
　　　the rocks,
　　you who live in Moab.
　Be like a dove that makes its nest
　　at the mouth of a cave.

29 "We have heard of Moab's pride—
　　her overweening pride and conceit,
　her pride and arrogance
　　and the haughtiness of her heart.
30 I know her insolence but it is futile,"
　　　　　　　　　　declares the LORD,

ᵃ48.18 Hebraico: filha. ᵇ48.25 Hebraico: chifre.　　　　ᵃ48:25 Horn here symbolizes strength.

"A sua tagarelice sem fundamento
    e as suas ações que nada alcançam.
31 Por isso, me lamentarei por Moabe,
    gritarei por causa
        de toda a terra de Moabe,
    prantearei pelos habitantes
        de Quir-Heres.
32 Chorarei por vocês
        mais do que choro por Jazar,
    ó videiras de Sibma.
    Os seus ramos se estendiam até o mar,
        e chegavam até Jazar.
    O destruidor caiu sobre as suas frutas
        e sobre as suas uvas.
33 A alegria e a satisfação se foram
        das terras férteis de Moabe.
    Interrompi a produção de vinho nos lagares.
    Ninguém mais pisa as uvas
        com gritos de alegria;
    embora haja gritos, não são de alegria.

34 "O grito de Hesbom
        é ouvido em Eleale e Jaaz,
    desde Zoar até Horonaim
        e Eglate-Selisia,
    pois até as águas do Ninrim secaram.
35 Em Moabe darei fim àqueles
        que fazem ofertas
        nos altares idólatras
    e queimam incenso a seus deuses",
        declara o Senhor.
36 "Por isso o meu coração
        lamenta-se por Moabe,
        como uma flauta;
    lamenta-se como uma flauta
        pelos habitantes de Quir-Heres.
    A riqueza que acumularam se foi.
37 Toda cabeça foi rapada
        e toda barba foi cortada;
    toda mão sofreu incisões
    e toda cintura foi coberta
        com veste de lamento.
38 Em todos os terraços de Moabe
        e nas praças
    não há nada senão pranto,
    pois despedacei Moabe
        como a um jarro
        que ninguém deseja",
        declara o Senhor.
39 "Como ela foi destruída!
    Como lamentam!
    Como Moabe dá as costas,
        envergonhada!
    Moabe tornou-se objeto de ridículo
        e de pavor para todos os seus vizinhos".

40 Assim diz o Senhor:

    "Vejam! Uma águia planando
        estende as asas sobre Moabe.
41 Queriote será capturada,ᵃ
        e as fortalezas serão tomadas.
    Naquele dia,
        a coragem dos guerreiros de Moabe
        será como a de uma mulher
        em trabalho de parto.
42 Moabe será destruída como nação
    pois ela desafiou o Senhor.
43 Terror, cova e laço esperam por você,
        ó povo de Moabe", declara o Senhor.

"and her boasts accomplish nothing.
31 Therefore I wail over Moab,
    for all Moab I cry out,
    I moan for the men of Kir Hareseth.
32 I weep for you, as Jazer weeps,
        O vines of Sibmah.
    Your branches spread as far as the sea;
        they reached as far as the sea of Jazer.
    The destroyer has fallen
        on your ripened fruit and grapes.
33 Joy and gladness are gone
        from the orchards and fields of Moab.
    I have stopped the flow of wine from
            the presses;
        no one treads them with shouts of joy.
    Although there are shouts,
        they are not shouts of joy.

34 "The sound of their cry rises
        from Heshbon to Elealeh and Jahaz,
from Zoar as far as Horonaim and
        Eglath Shelishiyah,
    for even the waters of Nimrim are dried up.
35 In Moab I will put an end
    to those who make offerings on the
            high places
    and burn incense to their gods,"
                    declares the Lord.
36 "So my heart laments for Moab like a flute;
        it laments like a flute for the men of
            Kir Hareseth.
    The wealth they acquired is gone.
37 Every head is shaved
        and every beard cut off;
    every hand is slashed
        and every waist is covered with sackcloth.
38 On all the roofs in Moab
        and in the public squares
    there is nothing but mourning,
        for I have broken Moab
        like a jar that no one wants,"
                    declares the Lord.
39 "How shattered she is! How they wail!
    How Moab turns her back in shame!
    Moab has become an object of ridicule,
        an object of horror to all those around her."

40 This is what the Lord says:

    "Look! An eagle is swooping down,
        spreading its wings over Moab.
41 Keriothᵃ will be captured
        and the strongholds taken.
    In that day the hearts of Moab's warriors
        will be like the heart of a woman in labor.
42 Moab will be destroyed as a nation
        because she defied the Lord.
43 Terror and pit and snare await you,
        O people of Moab,"
                    declares the Lord.

ᵃ**48.41** Ou *As cidades serão capturadas,*   ᵃ**48:41** Or *The cities*

⁴⁴ "Quem fugir do terror
        cairá numa cova,
    e quem sair da cova
        será apanhado num laço.
Trarei sobre Moabe
        a hora do seu castigo",
declara o SENHOR.

⁴⁵ "Na sombra de Hesbom
        os fugitivos se encontram
            desamparados,
    pois um fogo saiu de Hesbom,
    uma labareda, do meio de Seom;
    e queima as testas
        dos homens de Moabe
    e os crânios dos homens turbulentos.
⁴⁶ Ai de você, ó Moabe!
    O povo de Camos está destruído;
    seus filhos são levados para o exílio,
    e suas filhas para o cativeiro.

⁴⁷ "Contudo, restaurarei a sorte de Moabe
        em dias vindouros", declara o SENHOR.

Aqui termina a sentença sobre Moabe.

Mensagem acerca de Amom

49
Acerca dos amonitas:

    Assim diz o SENHOR:

"Por acaso Israel não tem filhos?
Será que não tem herdeiros?
Por que será então que Moloque^a
    se apossou de Gade?
Por que seu povo vive
    nas cidades de Gade?
² Portanto, certamente vêm os dias",
    declara o SENHOR,
"em que farei soar o grito de guerra
    contra Rabá dos amonitas;
ela virá a ser uma pilha de ruínas,
e os seus povoados ao redor
    serão incendiados.
Então Israel expulsará
    aqueles que o expulsaram",
diz o SENHOR.
³ "Lamente-se, ó Hesbom,
    pois Ai está destruída!
Gritem, ó moradores de Rabá!
Ponham veste de lamento e chorem!
Corram para onde der,
pois Moloque irá para o exílio
com os seus sacerdotes e os seus oficiais.
⁴ Por que você se orgulha de seus vales?
Por que se orgulha
    de seus vales tão frutíferos?
    Ó filha infiel!
Você confia em suas riquezas e diz:
    'Quem me atacará?'
⁵ Farei com que você tenha pavor
    de tudo o que está a sua volta",
diz o Senhor, o SENHOR dos Exércitos.
    "Vocês serão dispersos,
    cada um numa direção,
    e ninguém conseguirá
        reunir os fugitivos.

⁶ "Contudo, depois disso,
    restaurarei a sorte dos amonitas",
declara o SENHOR.

---

⁴⁴ "Whoever flees from the terror
    will fall into a pit,
whoever climbs out of the pit
    will be caught in a snare;
for I will bring upon Moab
    the year of her punishment,"
                        declares the LORD.

⁴⁵ "In the shadow of Heshbon
    the fugitives stand helpless,
for a fire has gone out from Heshbon,
    a blaze from the midst of Sihon;
it burns the foreheads of Moab,
    the skulls of the noisy boasters.
⁴⁶ Woe to you, O Moab!
    The people of Chemosh are destroyed;
your sons are taken into exile
    and your daughters into captivity.

⁴⁷ "Yet I will restore the fortunes of Moab
    in days to come,"
                        declares the LORD.

Here ends the judgment on Moab.

A Message About Ammon

49
Concerning the Ammonites:

This is what the LORD says:

"Has Israel no sons?
    Has she no heirs?
Why then has Molech^a taken possession of
        Gad?
    Why do his people live in its towns?
² But the days are coming,"
    declares the LORD,
"when I will sound the battle cry
    against Rabbah of the Ammonites;
it will become a mound of ruins,
    and its surrounding villages will be set on fire.
Then Israel will drive out
    those who drove her out,"
                        says the LORD.

³ "Wail, O Heshbon, for Ai is destroyed!
    Cry out, O inhabitants of Rabbah!
Put on sackcloth and mourn;
    rush here and there inside the walls,
for Molech will go into exile,
    together with his priests and officials.
⁴ Why do you boast of your valleys,
    boast of your valleys so fruitful?
O unfaithful daughter,
    you trust in your riches and say,
    'Who will attack me?'
⁵ I will bring terror on you
    from all those around you,"
        declares the Lord, the LORD Almighty.
"Every one of you will be driven away,
    and no one will gather the fugitives.

⁶ "Yet afterward, I will restore the fortunes of
        the Ammonites,"
                        declares the LORD.

---

^a**49.1** Conforme a Septuaginta. O Texto Massorético diz *o rei deles*; também no versículo 3.

^a**49:1** Or *their king*; Hebrew *malcam*; also in verse

Mensagem acerca de Edom

7 Acerca de Edom:

Assim diz o SENHOR dos Exércitos:

"Será que já não há mais
    sabedoria em Temã?
Será que o conselho
    desapareceu dos prudentes?
A sabedoria deles deteriorou-se?
8 Voltem-se e fujam,
escondam-se em cavernas profundas,
    vocês que moram em Dedã,
pois trarei a ruína sobre Esaú
    na hora em que eu o castigar.
9 Se os que colhem uvas
    viessem até você,
não deixariam eles
    apenas umas poucas uvas?
Se os ladrões viessem durante a noite,
    não roubariam
apenas o quanto desejassem?
10 Mas eu despi Esaú
    e descobri os seus esconderijos,
para que ele não mais se esconda.
Os seus filhos, parentes
    e vizinhos foram destruídos.
Ninguém restou[a] para dizer:
11 'Deixe os seus órfãos;
    eu protegerei a vida deles.
As suas viúvas também
    podem confiar em mim' ".

12 Assim diz o SENHOR: "Se aqueles para quem o cálice não estava reservado tiveram que bebê-lo, por que você deveria ficar impune? Você não ficará sem castigo, mas irá bebê-lo. **13** Eu juro por mim mesmo", declara o SENHOR, "que Bozra ficará em ruínas e desolada; ela se tornará objeto de afronta e de maldição, e todas as suas cidades serão ruínas para sempre".

14 Ouvi uma mensagem
    da parte do SENHOR;
um mensageiro foi mandado
    às nações para dizer:
"Reúnam-se para atacar Edom!
    Preparem-se para a batalha!"

15 "Agora eu faço de você
    uma nação pequena
    entre as demais,
desprezada pelos homens.
16 O pavor que você inspira
    e o orgulho de seu coração
    o enganaram,
a você, que vive nas fendas das rochas,
que ocupa os altos das colinas.
Ainda que você, como a águia,
    faça o seu ninho nas alturas,
de lá eu o derrubarei",
    declara o SENHOR.
17 "Edom se tornará objeto de terror;
todos os que por ali passarem
    ficarão chocados e zombarão
por causa de todas as suas feridas.
18 Como foi com a destruição
    de Sodoma e Gomorra,
e das cidades vizinhas",
    diz o SENHOR,
"ninguém mais habitará ali,
    nenhum homem residirá nela.
19 "Como um leão
    que sobe da mata do Jordão

A Message About Edom

7 Concerning Edom:

This is what the LORD Almighty says:

"Is there no longer wisdom in Teman?
    Has counsel perished from the prudent?
    Has their wisdom decayed?
8 Turn and flee, hide in deep caves,
    you who live in Dedan,
for I will bring disaster on Esau
    at the time I punish him.
9 If grape pickers came to you,
    would they not leave a few grapes?
If thieves came during the night,
    would they not steal only as much as
        they wanted?
10 But I will strip Esau bare;
    I will uncover his hiding places,
    so that he cannot conceal himself.
His children, relatives and neighbors will perish,
    and he will be no more.
11 Leave your orphans; I will protect their lives.
    Your widows too can trust in me."

12 This is what the LORD says: "If those who do not deserve to drink the cup must drink it, why should you go unpunished? You will not go unpunished, but must drink it. **13** I swear by myself," declares the LORD, "that Bozrah will become a ruin and an object of horror, of reproach and of cursing; and all its towns will be in ruins forever."

14 I have heard a message from the LORD:
    An envoy was sent to the nations to say,
"Assemble yourselves to attack it!
    Rise up for battle!"

15 "Now I will make you small among the nations,
    despised among men.
16 The terror you inspire
    and the pride of your heart have deceived you,
you who live in the clefts of the rocks,
    who occupy the heights of the hill.
Though you build your nest as high as
        the eagle's,
    from there I will bring you down,"
                declares the LORD.
17 "Edom will become an object of horror;
    all who pass by will be appalled and will scoff
    because of all its wounds.
18 As Sodom and Gomorrah were overthrown,
    along with their neighboring towns,"
                says the LORD,
"so no one will live there;
    no man will dwell in it.
19 "Like a lion coming up from Jordan's thickets

---

[a]49.10 Ou *e ele já não existe*

em direção aos pastos verdejantes,
subitamente eu caçarei Edom
    pondo-o fora de sua terra.
Quem é o escolhido
    que designarei para isso?
Quem é como eu
    que possa me desafiar?
E que pastor pode me resistirª?"
20 Por isso, ouçam o que
    o Senhor planejou contra Edom,
o que preparou contra
    os habitantes de Temã:
Os menores do rebanho
    serão arrastados,
e as pastagens ficarão devastadas
    por causa deles.
21 Ao som de sua queda a terra tremerá;
o grito deles ressoará
    até o mar Vermelho.
22 Vejam! Uma águia,
    subindo e planando,
estende as asas sobre Bozra.
Naquele dia,
    a coragem dos guerreiros de Edom
será como a de uma mulher que está
    dando à luz.

Mensagem acerca de Damasco

23 Acerca de Damasco:

"Hamate e Arpade estão atônitas,
    pois ouviram más notícias.
Estão desencorajadas,
    perturbadas como o mar agitado.
24 Damasco tornou-se frágil,
ela se virou para fugir,
e o pânico tomou conta dela;
angústia e dor dela se apoderaram,
dor como a de uma mulher
    em trabalho de parto.
25 Como está abandonada
    a cidade famosa,
a cidade da alegria!
26 Por isso, os seus jovens
    cairão nas ruas
e todos os seus guerreiros
    se calarão naquele dia",
declara o Senhor dos Exércitos.
27 "Porei fogo nas muralhas de Damasco,
    que consumirá as fortalezas
    de Ben-Hadade".

Mensagem acerca de Quedar e de Hazor

28 Acerca de Quedar e os reinos de Hazor, que Nabucodonosor, rei da Babilônia, derrotou:

Assim diz o Senhor:

"Preparem-se, ataquem Quedar
    e destruam o povo do oriente.
29 Tomem suas tendas e seus rebanhos,
suas cortinas com todos
    os seus utensílios e camelos.
Gritem contra eles:
    'Há terror por todos os lados!'

30 "Fujam rapidamente!
Escondam-se em cavernas profundas,
    vocês habitantes de Hazor",
    diz o Senhor.
"Nabucodonosor, rei da Babilônia,
    fez planos e projetos contra vocês.

    to a rich pastureland,
I will chase Edom from its land in an instant.
    Who is the chosen one I will appoint for this?
    Who is like me and who can challenge me?
    And what shepherd can stand against me?"
20 Therefore, hear what the Lord has planned
    against Edom,
what he has purposed against those who live
    in Teman:
The young of the flock will be dragged away;
    he will completely destroy their pasture
    because of them.
21 At the sound of their fall the earth will tremble;
    their cry will resound to the Red Sea.ª
22 Look! An eagle will soar and swoop down,
    spreading its wings over Bozrah.
In that day the hearts of Edom's warriors
    will be like the heart of a woman in labor.

A Message About Damascus

23 Concerning Damascus:

"Hamath and Arpad are dismayed,
    for they have heard bad news.
They are disheartened,
    troubled likeᵇ the restless sea.
24 Damascus has become feeble,
    she has turned to flee
    and panic has gripped her;
anguish and pain have seized her,
    pain like that of a woman in labor.
25 Why has the city of renown not been abandoned,
    the town in which I delight?
26 Surely, her young men will fall in the streets;
    all her soldiers will be silenced in that day,"
            declares the Lord Almighty.
27 "I will set fire to the walls of Damascus;
    it will consume the fortresses of Ben-Hadad."

A Message About Kedar and Hazor

28 Concerning Kedar and the kingdoms of Hazor, which Nebuchadnezzar king of Babylon attacked:

This is what the Lord says:

"Arise, and attack Kedar
    and destroy the people of the East.
29 Their tents and their flocks will be taken;
    their shelters will be carried off
    with all their goods and camels.
Men will shout to them,
    'Terror on every side!'

30 "Flee quickly away!
    Stay in deep caves, you who live in Hazor,"
            declares the Lord.
"Nebuchadnezzar king of Babylon has plotted
    against you;
he has devised a plan against you.

ª**49.19** Ou *Escolherei os melhores carneiros*

ª**49:21** Hebrew *Yam Suph*, that is, Sea of Reeds ᵇ**49:23** Hebrew *on* or *by*

31 "Preparem-se e ataquem uma nação
    que vive tranqüila e confiante",
declara o Senhor,
"uma nação que não tem portas
    nem trancas,
    e que vive sozinha.
32 Seus camelos se tornarão despojo
    e suas grandes manadas, espólio.
Espalharei ao vento
    aqueles que rapam a cabeça^a,
e de todos os lados trarei a sua ruína",
    declara o Senhor.
33 "Hazor se tornará
    uma habitação de chacais,
uma ruína para sempre.
Ninguém mais habitará ali,
    nenhum homem residirá nela."

Mensagem acerca de Elão

34 Esta é a palavra do Senhor que veio ao profeta Jeremias acerca de Elão, no início do reinado de Zedequias, rei de Judá:

35 Assim diz o Senhor dos Exércitos:

"Vejam, quebrarei o arco de Elão,
    a base de seu poder.
36 Farei com que os quatro ventos,
    que vêm dos quatro cantos do céu,
    soprem contra Elão.
E eu os dispersarei aos quatro ventos,
    e não haverá nenhuma nação
    para onde não sejam levados
    os exilados de Elão.
37 Farei com que Elão trema
    diante dos seus inimigos,
diante daqueles que desejam
    tirar-lhe a vida.
Trarei a desgraça sobre eles,
    a minha ira ardente",
    declara o Senhor.
"Farei com que a espada os persiga
    até que eu os tenha eliminado.
38 Porei meu trono em Elão
    e destruirei seu rei e seus líderes",
declara o Senhor.
39 "Contudo, restaurarei a sorte de Elão
    em dias vindouros",
    declara o Senhor.

Mensagem acerca da Babilônia

50 Esta é a palavra que o Senhor falou pelo profeta Jeremias acerca da Babilônia e da terra dos babilônios:

2 "Anunciem e proclamem
    entre as nações,
ergam um sinal e proclamem;
    não escondam nada.
Digam: 'A Babilônia foi conquistada;
Bel foi humilhado,
Marduque está apavorado.
As imagens da Babilônia
estão humilhadas
    e seus ídolos apavorados'.
3 Uma nação vinda do norte a atacará,
    arrasará a sua terra e não deixará nela
        nenhum habitante;
tanto homens como animais fugirão.
4 "Naqueles dias e naquela época",
    declara o Senhor,

31 "Arise and attack a nation at ease,
    which lives in confidence,"
                            declares the Lord,
"a nation that has neither gates nor bars;
    its people live alone.
32 Their camels will become plunder,
    and their large herds will be booty.
I will scatter to the winds those who are
        in distant places^a
    and will bring disaster on them from
        every side,"
                            declares the Lord.
33 "Hazor will become a haunt of jackals,
    a desolate place forever.
No one will live there;
    no man will dwell in it."

A Message About Elam

34 This is the word of the Lord that came to Jeremiah the prophet concerning Elam, early in the reign of Zedekiah king of Judah:

35 This is what the Lord Almighty says:

"See, I will break the bow of Elam,
    the mainstay of their might.
36 I will bring against Elam the four winds
    from the four quarters of the heavens;
I will scatter them to the four winds,
    and there will not be a nation
    where Elam's exiles do not go.
37 I will shatter Elam before their foes,
    before those who seek their lives;
I will bring disaster upon them,
    even my fierce anger,"
                            declares the Lord.
"I will pursue them with the sword
    until I have made an end of them.
38 I will set my throne in Elam
    and destroy her king and officials,"
                            declares the Lord.

39 "Yet I will restore the fortunes of Elam
    in days to come,"
                            declares the Lord.

A Message About Babylon

50 This is the word the Lord spoke through Jeremiah the prophet concerning Babylon and the land of the Babylonians^b:

2 "Announce and proclaim among the nations,
    lift up a banner and proclaim it;
    keep nothing back, but say,
'Babylon will be captured;
    Bel will be put to shame,
    Marduk filled with terror.
Her images will be put to shame
    and her idols filled with terror.'
3 A nation from the north will attack her
    and lay waste her land.
No one will live in it;
    both men and animals will flee away.

4 "In those days, at that time,"
    declares the Lord,

---

^a49.32 Ou *que prendem o cabelo junto à testa*

^a49:32 Or *who clip the hair by their foreheads* ^b50:1 Or *Chaldeans*; also in verses 8, 25, 35 and 45

"o povo de Israel
    e o povo de Judá virão juntos,
chorando e buscando
    o Senhor, o seu Deus.
⁵ Perguntarão pelo caminho para Sião
    e voltarão o rosto na direção dela.
Virão e se apegarão ao Senhor
numa aliança permanente
que não será esquecida.

⁶ "Meu povo tem sido ovelhas perdidas;
seus pastores as desencaminharam
e as fizeram perambular pelos montes.
Elas vaguearam por montanhas e colinas
e se esqueceram de seu próprio curral.
⁷ Todos que as encontram as devoram.
Os seus adversários disseram:
'Não somos culpados,
    pois elas pecaram contra o Senhor,
    sua verdadeira pastagem,
o Senhor, a esperança
    de seus antepassados'.

⁸ "Fujam da Babilônia,
    saiam da terra dos babilônios
e sejam como os bodes
    que lideram o rebanho.
⁹ Vejam! Eu mobilizarei
e trarei contra a Babilônia uma coalizão
    de grandes nações do norte.
Elas tomarão posição de combate
    contra ela e a conquistarão.
Suas flechas serão
    como guerreiros bem treinados,
    que não voltam de mãos vazias.
¹⁰ Assim a Babilôniaᵃ será saqueada;
    todos os que a saquearem se fartarão",
declara o Senhor.

¹¹ "Ainda que você
    esteja alegre e exultante,
você que saqueia a minha herança;
ainda que você seja brincalhão
    como uma novilha solta no pasto,
    e relinche como os garanhões,
¹² sua mãe se envergonhará
    profundamente;
aquela que lhe deu à luz
    ficará constrangida.
Ela se tornará a menor das nações,
    um deserto, uma terra seca e árida.
¹³ Por causa da ira do Senhor
    ela não será habitada,
mas estará completamente desolada.
Todos os que passarem pela Babilônia
    ficarão chocados e zombarão
por causa de todas as suas feridas.

¹⁴ "Tomem posição de combate
    em volta da Babilônia,
todos vocês que empunham o arco.
Atirem nela! Não poupem flechas,
    pois ela pecou contra o Senhor.
¹⁵ Soem contra ela um grito de guerra
    de todos os lados!
Ela se rende, suas torres caem
    e suas muralhas são derrubadas.
Esta é a vingança do Senhor;
    vinguem-se dela!
Façam a ela o que ela fez aos outros!

"the people of Israel and the people of
    Judah together
    will go in tears to seek the Lord their God.
⁵ They will ask the way to Zion
    and turn their faces toward it.
They will come and bind themselves to the Lord
    in an everlasting covenant
    that will not be forgotten.

⁶ "My people have been lost sheep;
    their shepherds have led them astray
    and caused them to roam on the mountains.
They wandered over mountain and hill
    and forgot their own resting place.
⁷ Whoever found them devoured them;
    their enemies said, 'We are not guilty,
for they sinned against the Lord, their
        true pasture,
    the Lord, the hope of their fathers.'

⁸ "Flee out of Babylon;
    leave the land of the Babylonians,
    and be like the goats that lead the flock.
⁹ For I will stir up and bring against Babylon
    an alliance of great nations from the land of
        the north.
They will take up their positions against her,
    and from the north she will be captured.
Their arrows will be like skilled warriors
    who do not return empty-handed.
¹⁰ So Babyloniaᵃ will be plundered;
    all who plunder her will have their fill,"
                    declares the Lord.

¹¹ "Because you rejoice and are glad,
    you who pillage my inheritance,
because you frolic like a heifer threshing grain
    and neigh like stallions,
¹² your mother will be greatly ashamed;
    she who gave you birth will be disgraced.
She will be the least of the nations—
    a wilderness, a dry land, a desert.
¹³ Because of the Lord's anger she will not
        be inhabited
    but will be completely desolate.
All who pass Babylon will be horrified and scoff
    because of all her wounds.

¹⁴ "Take up your positions around Babylon,
    all you who draw the bow.
Shoot at her! Spare no arrows,
    for she has sinned against the Lord.
¹⁵ Shout against her on every side!
    She surrenders, her towers fall,
    her walls are torn down.
Since this is the vengeance of the Lord,
    take vengeance on her;
    do to her as she has done to others.

---

16 Eliminem da Babilônia o semeador
    e o ceifeiro, com a sua foice na colheita.
Por causa da espada do opressor,
que cada um volte
    para o seu próprio povo,
e cada um fuja para a sua própria terra.

17 "Israel é um rebanho disperso,
    afugentado por leões.
O primeiro a devorá-lo
    foi o rei da Assíria;
e o último a esmagar os seus ossos
    foi Nabucodonosor, rei da Babilônia".

18 Portanto, assim diz
o Senhor dos Exércitos,
o Deus de Israel:

    "Castigarei o rei da Babilônia
    e a sua terra assim como
castiguei o rei da Assíria.
19 Mas trarei Israel de volta
    a sua própria pastagem
e ele pastará no Carmelo e em Basã;
e saciará o seu apetite
    nos montes de Efraim e em Gileade.
20 Naqueles dias, naquela época",
    declara o Senhor,
"se procurará pela iniqüidade de Israel,
    mas nada será achado,
pelos pecados de Judá,
    mas nenhum será encontrado,
pois perdoarei o remanescente
    que eu poupar.

21 "Ataquem a terra de Merataim
    e aqueles que moram em Pecode.
Persigam-nos, matem-nos
    e destruam-nos totalmente",
declara o Senhor.
    "Façam tudo o que lhes ordenei.
22 Há ruído de batalha na terra;
    grande destruição!
23 Quão quebrado e destroçado
    está o martelo de toda a terra!
Quão arrasada está a Babilônia
    entre as nações!
24 Preparei uma armadilha para você,
    ó Babilônia,
e você foi apanhada antes de percebê-lo;
    você foi achada e capturada
porque se opôs ao Senhor.
25 O Senhor abriu o seu arsenal
    e trouxe para fora as armas da sua ira,
pois o Soberano, o Senhor dos Exércitos,
    tem trabalho para fazer
    na terra dos babilônios.
26 Venham contra ela
    dos confins da terra.
Arrombem os seus celeiros;
    empilhem-na como feixes de cereal.
Destruam-na totalmente
    e não lhe deixem nenhum remanescente.
27 Matem todos os seus
    jovens guerreiros!
Que eles desçam para o matadouro!
Ai deles! Pois chegou o seu dia,
    a hora de serem castigados.
28 Escutem os fugitivos
    e refugiados vindos da Babilônia,

16 Cut off from Babylon the sower,
    and the reaper with his sickle at harvest.
Because of the sword of the oppressor
    let everyone return to his own people,
    let everyone flee to his own land.

17 "Israel is a scattered flock
    that lions have chased away.
The first to devour him
    was the king of Assyria;
the last to crush his bones
    was Nebuchadnezzar king of Babylon."

18 Therefore this is what the Lord Almighty, the God of Israel, says:

    "I will punish the king of Babylon and his land
    as I punished the king of Assyria.
19 But I will bring Israel back to his own pasture
    and he will graze on Carmel and Bashan;
his appetite will be satisfied
    on the hills of Ephraim and Gilead.
20 In those days, at that time,"
    declares the Lord,
"search will be made for Israel's guilt,
    but there will be none,
and for the sins of Judah,
    but none will be found,
for I will forgive the remnant I spare.

21 "Attack the land of Merathaim
    and those who live in Pekod.
Pursue, kill and completely destroy[a] them,"
                          declares the Lord.
    "Do everything I have commanded you.
22 The noise of battle is in the land,
    the noise of great destruction!
23 How broken and shattered
    is the hammer of the whole earth!
How desolate is Babylon
    among the nations!
24 I set a trap for you, O Babylon,
    and you were caught before you knew it;
you were found and captured
    because you opposed the Lord.
25 The Lord has opened his arsenal
    and brought out the weapons of his wrath,
for the Sovereign Lord Almighty has work to do
    in the land of the Babylonians.
26 Come against her from afar.
    Break open her granaries;
    pile her up like heaps of grain.
Completely destroy her
    and leave her no remnant.
27 Kill all her young bulls;
    let them go down to the slaughter!
Woe to them! For their day has come,
    the time for them to be punished.
28 Listen to the fugitives and refugees
    from Babylon

---

a**50:21** The Hebrew term refers to the irrevocable giving over of things or persons to the Lord, often by totally destroying them; also in verse 26.

declarando em Sião como o Senhor,
o nosso Deus, se vingou,
como se vingou de seu templo.

29 "Convoquem flecheiros
contra a Babilônia,
todos aqueles que empunham o arco.
Acampem-se todos ao redor dela;
não deixem ninguém escapar.
Retribuam a ela conforme os seus feitos;
façam com ela tudo o que ela fez.
Porque ela desafiou o Senhor,
o Santo de Israel.

30 Por isso, os seus jovens cairão nas ruas
e todos os seus guerreiros
se calarão naquele dia",
declara o Senhor.

31 "Veja, estou contra você,
ó arrogante",
declara o Soberano,
o Senhor dos Exércitos,
"pois chegou o seu dia,
a sua hora de ser castigada.

32 A arrogância tropeçará e cairá;
e ninguém a ajudará a se levantar.
Incendiarei as suas cidades,
e o fogo consumirá tudo ao seu redor".

33 Assim diz o Senhor dos Exércitos:

"O povo de Israel está sendo oprimido,
e também o povo de Judá.
Todos os seus captores
os prendem à força,
recusando deixá-los ir.

34 Contudo, o Redentor deles é forte;
Senhor dos Exércitos é o seu nome.
Ele mesmo defenderá a causa deles,
e trará descanso à terra,
mas inquietação
aos que vivem na Babilônia.

35 "Uma espada contra os babilônios!",
declara o Senhor;
"contra os que vivem na Babilônia
e contra seus líderes e seus sábios!

36 Uma espada contra
os seus falsos profetas!
Eles se tornarão tolos.
Uma espada contra os seus guerreiros!
Eles ficarão apavorados.

37 Uma espada contra os seus cavalos,
contra os seus carros de guerra
e contra todos os estrangeiros
em suas fileiras!
Eles serão como mulheres.
Uma espada contra os seus tesouros!
Eles serão saqueados.

38 Uma espada contra as suas águas!
Elas secarão.
Porque é uma terra
de imagens esculpidas,
e eles enlouquecem
por causa de seus ídolos horríveis.

39 "Por isso, criaturas do deserto e hienas
nela morarão,
e as corujas nela habitarão.
Ela jamais voltará a ser povoada
nem haverá quem nela viva no futuro.

40 Como Deus destruiu
Sodoma e Gomorra
e as cidades vizinhas",
diz o Senhor,

declaring in Zion
how the Lord our God has taken vengeance,
vengeance for his temple.

29 "Summon archers against Babylon,
all those who draw the bow.
Encamp all around her;
let no one escape.
Repay her for her deeds;
do to her as she has done.
For she has defied the Lord,
the Holy One of Israel.

30 Therefore, her young men will fall in the streets;
all her soldiers will be silenced in that day,"
declares the Lord.

31 "See, I am against you, O arrogant one,"
declares the Lord, the Lord Almighty,
"for your day has come,
the time for you to be punished.

32 The arrogant one will stumble and fall
and no one will help her up;
I will kindle a fire in her towns
that will consume all who are around her."

33 This is what the Lord Almighty says:

"The people of Israel are oppressed,
and the people of Judah as well.
All their captors hold them fast,
refusing to let them go.

34 Yet their Redeemer is strong;
the Lord Almighty is his name.
He will vigorously defend their cause
so that he may bring rest to their land,
but unrest to those who live in Babylon.

35 "A sword against the Babylonians!"
declares the Lord—
"against those who live in Babylon
and against her officials and wise men!

36 A sword against her false prophets!
They will become fools.
A sword against her warriors!
They will be filled with terror.

37 A sword against her horses and chariots
and all the foreigners in her ranks!
They will become women.
A sword against her treasures!
They will be plundered.

38 A drought onª her waters!
They will dry up.
For it is a land of idols,
idols that will go mad with terror.

39 "So desert creatures and hyenas will live there,
and there the owl will dwell.
It will never again be inhabited
or lived in from generation to generation.

40 As God overthrew Sodom and Gomorrah
along with their neighboring towns,"
declares the Lord,

"ninguém mais habitará ali,
   nenhum homem residirá nela.

41 "Vejam! Vem vindo um povo do norte;
      uma grande nação
   e muitos reis se mobilizam
      desde os confins da terra.
42 Eles empunham o arco e a lança;
      são cruéis e não têm misericórdia,
   e o seu barulho é como
      o bramido do mar.
   Vêm montados em seus cavalos,
      em formação de batalha,
   para atacá-la, ó cidadeª de Babilônia.
43 Quando o rei da Babilônia
      ouviu relatos sobre eles,
   as suas mãos amoleceram.
   A angústia tomou conta dele,
   dores como as de uma mulher
      que está dando à luz.
44 Como um leão
      que sobe da mata do Jordão
   em direção aos pastos verdejantes,
      subitamente eu caçarei a Babilônia
   pondo-a fora de sua terra.
      Quem é o escolhido
   que designarei para isso?
   Quem é como eu que possa me desafiar?
   E que pastor pode me resistir?"
45 Por isso ouçam o que o
   Senhor planejou contra a Babilônia,
   o que ele preparou
      contra a terra dos babilônios:
   os menores do rebanho
      serão arrastados,
   e as pastagens ficarão devastadas
      por causa deles.
46 Ao som da tomada da Babilônia
      a terra tremerá;
   o grito deles ressoará entre as nações.

51

Assim diz o Senhor:

   "Vejam! Levantarei um vento destruidor
      contra a Babilônia,
   contra o povo de Lebe-Camaiᵇ.
2 Enviarei estrangeiros para a Babilônia
      a fim de peneirá-la como trigo
      e devastar a sua terra.
   No dia de sua desgraça
      virão contra ela de todos os lados.
3 Que o arqueiro não arme o seu arco
      nem vista a sua armadura.
   Não poupem os seus jovens guerreiros,
      destruam completamente
      o seu exército.
4 Eles cairão mortos na Babilôniaᶜ,
      mortalmente feridos em suas ruas.
5 Israel e Judá não foram abandonadas
      como viúvas pelo seu Deus,
   o Senhor dos Exércitos,
      embora a terra dos babilônios
      esteja cheia de culpa
      diante do Santo de Israel.

6 "Fujam da Babilônia!
      Cada um por si!

"so no one will live there;
   no man will dwell in it.

41 "Look! An army is coming from the north;
      a great nation and many kings
   are being stirred up from the ends of
      the earth.
42 They are armed with bows and spears;
   they are cruel and without mercy.
   They sound like the roaring sea
      as they ride on their horses;
   they come like men in battle formation
      to attack you, O Daughter of Babylon.
43 The king of Babylon has heard reports
      about them,
   and his hands hang limp.
   Anguish has gripped him,
   pain like that of a woman in labor.
44 Like a lion coming up from Jordan's thickets
      to a rich pastureland,
   I will chase Babylon from its land in an instant.
   Who is the chosen one I will appoint for this?
   Who is like me and who can challenge me?
      And what shepherd can stand against me?"
45 Therefore, hear what the Lord has planned
      against Babylon,
   what he has purposed against the land of the
      Babylonians:
   The young of the flock will be dragged away;
      he will completely destroy their
         pasture because of them.
46 At the sound of Babylon's capture the earth
      will tremble;
   its cry will resound among the nations.

51

This is what the Lord says:

   "See, I will stir up the spirit of a destroyer
      against Babylon and the people of Leb
      Kamai.ᵇ
2 I will send foreigners to Babylon
      to winnow her and to devastate her land;
   they will oppose her on every side
      in the day of her disaster.
3 Let not the archer string his bow,
      nor let him put on his armor.
   Do not spare her young men;
      completely destroyᶜ her army.
4 They will fall down slain in Babylon,ᵈ
      fatally wounded in her streets.
5 For Israel and Judah have not been forsaken
      by their God, the Lord Almighty,
   though their landᵉ is full of guilt
      before the Holy One of Israel.

6 "Flee from Babylon!
      Run for your lives!

ª50.42 Hebraico: *filha*. ᵇ51.1 *Lebe-Camai* é um criptograma para *Caldéia*, isto é, a Babilônia. ᶜ51.4 Ou *Caldéia*; também nos versículos 24 e 35.

ª50:38 Or *A sword against* ᵇ51:1 *Leb Kamai* is a cryptogram for Chaldea, that is, Babylonia. ᶜ51:3 The Hebrew term refers to the irrevocable giving over of things or persons to the Lord, often by totally destroying them. ᵈ51:4 Or *Chaldea* ᵉ51:5 Or / *and the land of the Babylonians*

Não sejam destruídos
    por causa da iniqüidade dela.
É hora da vingança do S<small>ENHOR</small>;
    ele lhe pagará o que ela merece.
⁷ A Babilônia era um cálice de ouro
    nas mãos do S<small>ENHOR</small>;
ela embriagou a terra toda.
As nações beberam o seu vinho;
    por isso enlouqueceram.
⁸ A Babilônia caiu de repente
    e ficou arruinada.
Lamentem-se por ela!
Consigam bálsamo para a sua ferida;
    talvez ela possa ser curada.

⁹ " 'Gostaríamos de ter curado Babilônia,
    mas ela não pode ser curada;
deixem-na
    e vamos, cada um para a sua própria terra,
pois o julgamento dela chega ao céu,
    eleva-se tão alto quanto as nuvens.

¹⁰ " 'O S<small>ENHOR</small> defendeu o nosso nome;
    venham, contemos em Sião o que
o S<small>ENHOR</small>, o nosso Deus, tem feito'.

¹¹ "Afiem as flechas,
    peguem os escudos!
O S<small>ENHOR</small> incitou o espírito
    dos reis dos medos,
porque seu propósito
    é destruir a Babilônia.
O S<small>ENHOR</small> se vingará,
    se vingará de seu templo.
¹² Ergam o sinal para atacar
    as muralhas da Babilônia!
Reforcem a guarda!
Posicionem as sentinelas!
Preparem uma emboscada!
O S<small>ENHOR</small> executará o seu plano,
o que ameaçou fazer
    contra os habitantes da Babilônia.
¹³ Você que vive junto a muitas águas
    e está rico de tesouros,
chegou o seu fim,
    a hora de você ser eliminado.
¹⁴ O S<small>ENHOR</small> dos Exércitos
    jurou por si mesmo:
Com certeza a encherei de homens,
    como um enxame de gafanhotos,
e eles gritarão triunfantes sobre você.

¹⁵ "Mas foi Deus quem fez a terra
    com o seu poder;
firmou o mundo com a sua sabedoria
    e estendeu os céus
    com o seu entendimento.
¹⁶ Ao som do seu trovão,
    as águas no céu rugem;
ele faz com que as nuvens se levantem
    desde os confins da terra.
Ele faz relâmpagos para a chuva
    e faz sair o vento de seus depósitos.

¹⁷ "São todos eles estúpidos e ignorantes;
    cada ourives é envergonhado
    pela imagem que esculpiu.
Suas imagens esculpidas
    são uma fraude,
elas não têm fôlego de vida.
¹⁸ Elas são inúteis,
    são objeto de zombaria.
Quando vier o julgamento delas,
    perecerão.

Do not be destroyed because of her sins.
It is time for the L<small>ORD</small>'s vengeance;
    he will pay her what she deserves.
⁷ Babylon was a gold cup in the L<small>ORD</small>'s hand;
    she made the whole earth drunk.
The nations drank her wine;
    therefore they have now gone mad.
⁸ Babylon will suddenly fall and be broken.
    Wail over her!
Get balm for her pain;
    perhaps she can be healed.

⁹ " 'We would have healed Babylon,
    but she cannot be healed;
let us leave her and each go to his own land,
    for her judgment reaches to the skies,
    it rises as high as the clouds.'

¹⁰ " 'The L<small>ORD</small> has vindicated us;
    come, let us tell in Zion
    what the L<small>ORD</small> our God has done.'

¹¹ "Sharpen the arrows,
    take up the shields!
The L<small>ORD</small> has stirred up the kings of the Medes,
    because his purpose is to destroy Babylon.
The L<small>ORD</small> will take vengeance,
    vengeance for his temple.
¹² Lift up a banner against the walls of Babylon!
    Reinforce the guard,
station the watchmen,
    prepare an ambush!
The L<small>ORD</small> will carry out his purpose,
    his decree against the people of Babylon.
¹³ You who live by many waters
    and are rich in treasures,
your end has come,
    the time for you to be cut off.
¹⁴ The L<small>ORD</small> Almighty has sworn by himself:
    I will surely fill you with men, as with a swarm
        of locusts,
    and they will shout in triumph over you.

¹⁵ "He made the earth by his power;
    he founded the world by his wisdom
    and stretched out the heavens by his
        understanding.
¹⁶ When he thunders, the waters in the
        heavens roar;
he makes clouds rise from the ends of
        the earth.
He sends lightning with the rain
    and brings out the wind from his storehouses.

¹⁷ "Every man is senseless and without knowledge;
    every goldsmith is shamed by his idols.
His images are a fraud;
    they have no breath in them.
¹⁸ They are worthless, the objects of mockery;
    when their judgment comes, they will perish.

19 Aquele que é a Porção de Jacó
  não é como esses,
pois ele é quem forma todas as coisas,
  e Israel é a tribo de sua propriedade;
Senhor dos Exércitos é o seu nome.

20 "Você é o meu martelo,
  a minha arma de guerra.
Com você eu despedaço nações,
  com você eu destruo reinos,
21 com você despedaço
  cavalo e cavaleiro,
com você despedaço
  carro de guerra e cocheiro,
22 com você despedaço homem e mulher,
  com você despedaço velho e jovem,
com você despedaço rapaz e moça,
23 com você despedaço pastor e rebanho,
  com você despedaço lavrador e bois,
com você despedaço
  governadores e oficiais.

24 "Retribuirei à Babilônia e a todos os que vivem na Babilônia toda a maldade que fizeram em Sião diante dos olhos de vocês", declara o Senhor.

25 "Estou contra você,
  ó montanha destruidora,
você que destrói a terra inteira",
  declara o Senhor.
"Estenderei minha mão contra você,
  eu a farei rolar dos penhascos,
  e farei de você
  uma montanha calcinada.
26 Nenhuma pedra sua será cortada
  para servir de pedra angular,
  nem para um alicerce,
pois você estará arruinada para sempre",
  declara o Senhor.

27 "Ergam um estandarte na terra!
  Toquem a trombeta entre as nações!
Preparem as nações
  para o combate contra ela;
convoquem contra ela estes reinos:
  Ararate, Mini e Asquenaz.
Nomeiem um comandante contra ela;
lancem os cavalos ao ataque
  como um enxame de gafanhotos.
28 Preparem as nações
  para o combate contra ela:
os reis dos medos, seus governadores
  e todos os seus oficiais,
e todos os países que governam.
29 A terra treme e se contorce de dor,
pois permanecem em pé
  os planos do Senhor
  contra a Babilônia:
desolar a terra da Babilônia
  para que fique desabitada.
30 Os guerreiros da Babilônia
  pararam de lutar;
permanecem em suas fortalezas.
A força deles acabou;
tornaram-se como mulheres.
As habitações dela estão incendiadas;
as trancas de suas portas
  estão quebradas.
31 Um emissário vai após outro,
  e um mensageiro sai
  após outro mensageiro

---

19 He who is the Portion of Jacob is not like these,
  for he is the Maker of all things,
  including the tribe of his inheritance—
  the Lord Almighty is his name.

20 "You are my war club,
  my weapon for battle—
with you I shatter nations,
  with you I destroy kingdoms,
21 with you I shatter horse and rider,
  with you I shatter chariot and driver,
22 with you I shatter man and woman,
  with you I shatter old man and youth,
  with you I shatter young man and maiden,
23 with you I shatter shepherd and flock,
  with you I shatter farmer and oxen,
  with you I shatter governors and officials.

24 "Before your eyes I will repay Babylon and all who live in Babylonia[a] for all the wrong they have done in Zion," declares the Lord.

25 "I am against you, O destroying mountain,
  you who destroy the whole earth,"
      declares the Lord.
"I will stretch out my hand against you,
  roll you off the cliffs,
  and make you a burned-out mountain.
26 No rock will be taken from you for
    a cornerstone,
  nor any stone for a foundation,
  for you will be desolate forever,"
      declares the Lord.

27 "Lift up a banner in the land!
  Blow the trumpet among the nations!
Prepare the nations for battle against her;
  summon against her these kingdoms:
  Ararat, Minni and Ashkenaz.
Appoint a commander against her;
  send up horses like a swarm of locusts.
28 Prepare the nations for battle against her—
  the kings of the Medes,
  their governors and all their officials,
  and all the countries they rule.
29 The land trembles and writhes,
  for the Lord's purposes against Babylon stand—
  to lay waste the land of Babylon
  so that no one will live there.
30 Babylon's warriors have stopped fighting;
  they remain in their strongholds.
Their strength is exhausted;
  they have become like women.
Her dwellings are set on fire;
  the bars of her gates are broken.
31 One courier follows another
  and messenger follows messenger

---

a 51:24 Or *Chaldea*; also in verse 35

para anunciar ao rei da Babilônia
que sua cidade inteira foi capturada,
32 os vaus do rio foram tomados,
a vegetação dos pântanos foi incendiada,
e os soldados ficaram aterrorizados."

33 Assim diz o Senhor dos Exércitos,
Deus de Israel:

"A cidadeª de Babilônia é como uma eira;
a época da colheita
logo chegará para ela".

34 "Nabucodonosor, rei da Babilônia,
devorou-nos, lançou-nos em confusão,
fez de nós um jarro vazio.
Tal como uma serpente ele nos engoliu,
encheu seu estômago
com nossas finas comidas
e então nos vomitou.
35 Que a violência
cometida contra nossa carneᵇ
esteja sobre a Babilônia",
dizem os habitantes de Sião.
"Que o nosso sangue esteja sobre
aqueles que moram na Babilônia",
diz Jerusalém.

36 Por isso, assim diz o Senhor:

"Vejam, defenderei a causa de vocês
e os vingarei;
secarei o seu mar
e esgotarei as suas fontes.
37 A Babilônia se tornará
um amontoado de ruínas,
uma habitação de chacais,
objeto de pavor e de zombaria,
um lugar onde ninguém vive.
38 O seu povo todo
ruge como leõezinhos,
rosnam como filhotes de leão.
39 Mas, enquanto estiverem excitados,
prepararei um banquete para eles
e os deixarei bêbados,
para que fiquem bem alegres
e, então, durmam e jamais acordem",
declara o Senhor.
40 "Eu os levarei como cordeiros
para o matadouro,
como carneiros e bodes.

41 "Como Sesaqueᶜ será capturada!
Como o orgulho de toda a terra será
tomado!
Que horror a Babilônia
será entre as nações!
42 O mar se levantará sobre a Babilônia;
suas ondas agitadas a cobrirão.
43 Suas cidades serão arrasadas,
uma terra seca e deserta,
uma terra onde ninguém mora,
pela qual nenhum homem passa.
44 Castigarei Bel na Babilônia
e o farei vomitar o que engoliu.
As nações não mais acorrerão a ele.
E a muralha da Babilônia cairá.

45 "Saia dela, meu povo!
Cada um salve a sua própria vida,
da ardente ira do Senhor.

to announce to the king of Babylon
that his entire city is captured,
32 the river crossings seized,
the marshes set on fire,
and the soldiers terrified."

33 This is what the Lord Almighty, the God of Israel, says:

"The Daughter of Babylon is like a threshing
floor
at the time it is trampled;
the time to harvest her will soon come."

34 "Nebuchadnezzar king of Babylon
has devoured us,
he has thrown us into confusion,
he has made us an empty jar.
Like a serpent he has swallowed us
and filled his stomach with our delicacies,
and then has spewed us out.
35 May the violence done to our fleshª be upon
Babylon,
say the inhabitants of Zion.
"May our blood be on those who live in Babylonia,"
says Jerusalem.

36 Therefore, this is what the Lord says:

"See, I will defend your cause
and avenge you;
I will dry up her sea
and make her springs dry.
37 Babylon will be a heap of ruins,
a haunt of jackals,
an object of horror and scorn,
a place where no one lives.
38 Her people all roar like young lions,
they growl like lion cubs.
39 But while they are aroused,
I will set out a feast for them
and make them drunk,
so that they shout with laughter—
then sleep forever and not awake,"
declares the Lord.
40 "I will bring them down
like lambs to the slaughter,
like rams and goats.

41 "How Sheshachᵇ will be captured,
the boast of the whole earth seized!
What a horror Babylon will be
among the nations!
42 The sea will rise over Babylon;
its roaring waves will cover her.
43 Her towns will be desolate,
a dry and desert land,
a land where no one lives,
through which no man travels.
44 I will punish Bel in Babylon
and make him spew out what he has
swallowed.
The nations will no longer stream to him.
And the wall of Babylon will fall.

45 "Come out of her, my people!
Run for your lives!
Run from the fierce anger of the Lord.

ª51.33 Hebraico: *filha.* ᵇ51.35 Ou *feita a nós e a nossos filhos* ᶜ51.41 *Sesaque* é um criptograma para *Babilônia.*

ª51:35 Or *done to us and to our children* ᵇ51:41 *Sheshach* is a cryptogram for Babylon.

46 Não desanimem
   nem tenham medo
quando ouvirem rumores na terra;
um rumor chega este ano,
   outro no próximo,
rumor de violência na terra
   e de governante contra governante.
47 Portanto, certamente vêm os dias
   quando castigarei as imagens
   esculpidas da Babilônia;
toda a sua terra será envergonhada,
e todos os seus mortos jazerão
   caídos dentro dela.
48 Então o céu e a terra
   e tudo o que existe neles
gritarão de alegria
   por causa da Babilônia,
pois do norte destruidores a atacarão",
   declara o Senhor.

49 "A Babilônia cairá
   por causa dos mortos de Israel,
assim como os mortos de toda a terra
   caíram por causa da Babilônia.
50 Vocês que escaparam da espada,
   saiam! Não permaneçam!
Lembrem-se do Senhor
   numa terra distante,
e pensem em Jerusalém.

51 "Vocês dirão: 'Estamos envergonhados
   pois fomos insultados
e a vergonha cobre o nosso rosto,
porque estrangeiros penetraram
   nos lugares santos
   do templo do Senhor'.

52 "Portanto, certamente vêm os dias",
   declara o Senhor,
"quando castigarei
   as suas imagens esculpidas,
e por toda a sua terra
   os feridos gemerão.
53 Mesmo que a Babilônia chegue ao céu
   e fortifique no alto a sua fortaleza,
enviarei destruidores contra ela",
   declara o Senhor.

54 "Vem da Babilônia o som de um grito;
   o som de grande destruição
   vem da terra dos babilônios.
55 O Senhor destruirá a Babilônia;
   ele silenciará o seu grande ruído.
Ondas de inimigos avançarão
   como grandes águas;
   o rugir de suas vozes ressoará.
56 Um destruidor virá contra a Babilônia;
   seus guerreiros serão capturados,
   e seus arcos serão quebrados.
Pois o Senhor é um
   Deus de retribuição;
   ele retribuirá plenamente.
57 Embebedarei os seus líderes
   e os seus sábios;
os seus governadores,
   os seus oficiais e os seus guerreiros.
Eles dormirão para sempre
   e jamais acordarão",
   declara o Rei,
   cujo nome é Senhor dos Exércitos.

46 Do not lose heart or be afraid
   when rumors are heard in the land;
one rumor comes this year, another the next,
   rumors of violence in the land
   and of ruler against ruler.
47 For the time will surely come
   when I will punish the idols of Babylon;
her whole land will be disgraced
   and her slain will all lie fallen within her.
48 Then heaven and earth and all that is in them
   will shout for joy over Babylon,
for out of the north
   destroyers will attack her,"
                              declares the Lord.

49 "Babylon must fall because of Israel's slain,
   just as the slain in all the earth
   have fallen because of Babylon.
50 You who have escaped the sword,
   leave and do not linger!
Remember the Lord in a distant land,
   and think on Jerusalem."

51 "We are disgraced,
   for we have been insulted
   and shame covers our faces,
because foreigners have entered
   the holy places of the Lord's house."

52 "But days are coming," declares the Lord,
   "when I will punish her idols,
and throughout her land
   the wounded will groan.
53 Even if Babylon reaches the sky
   and fortifies her lofty stronghold,
I will send destroyers against her,"
                              declares the Lord.

54 "The sound of a cry comes from Babylon,
   the sound of great destruction
   from the land of the Babylonians.ᵃ
55 The Lord will destroy Babylon;
   he will silence her noisy din.
Waves of enemies will rage like great waters;
   the roar of their voices will resound.
56 A destroyer will come against Babylon;
   her warriors will be captured,
   and their bows will be broken.
For the Lord is a God of retribution;
   he will repay in full.
57 I will make her officials and wise men drunk,
   her governors, officers and warriors as well;
they will sleep forever and not awake,"
   declares the King, whose name is the
      Lord Almighty.

ᵃ51:54 Or *Chaldeans*

58 Assim diz o Senhor dos Exércitos:

"A larga muralha da Babilônia
    será desmantelada
e suas altas portas serão incendiadas.
Os povos se exaurem por nada,
o trabalho das nações não passa
    de combustível para as chamas".

59 Esta é a mensagem que Jeremias deu ao responsável pelo acampamento, Seraías, filho de Nerias, filho de Maaséias, quando ele foi à Babilônia com o rei Zedequias de Judá, no quarto ano do seu reinado. **60** Jeremias escreveu num rolo todas as desgraças que sobreviriam à Babilônia, tudo que fora registrado acerca da Babilônia. **61** Ele disse a Seraías: "Quando você chegar à Babilônia, tenha o cuidado de ler todas estas palavras em alta voz. **62** Então diga: Ó Senhor, disseste que destruirás este lugar, para que nem homem nem animal viva nele, pois ficará em ruínas para sempre. **63** Quando você terminar de ler este rolo, amarre nele uma pedra e atire-o no Eufrates. **64** Então diga: Assim Babilônia afundará para não mais se erguer, por causa da desgraça que trarei sobre ela. E seu povo cairá".

Aqui terminam as palavras de Jeremias.

A Queda de Jerusalém

52 Zedequias tinha vinte e um anos quando se tornou rei, e reinou onze anos em Jerusalém. O nome de sua mãe era Hamutal, filha de Jeremias, de Libna. **2** Ele fez o que o Senhor reprova, assim como fez Jeoaquim. **3** A ira do Senhor havia sido provocada em Jerusalém e em Judá de tal forma que ele teve que tirá-los da sua presença.

Zedequias se rebelou contra o rei da Babilônia.

4 Então, no nono ano do reinado de Zedequias, no décimo mês, Nabucodonosor, rei da Babilô-nia, marchou contra Jerusalém com todo o seu exército. Acamparam fora da cidade e construíram torres de assalto ao redor dela. **5** A cidade ficou sob cerco até o décimo primeiro ano do rei Zedequias. **6** Ao chegar o nono dia do quarto mês a fome era tão severa que não havia comida para o povo. **7** Então o muro da cidade foi rompido. O rei e todos os soldados fugiram e saíram da cidade, à noite, na direção do jardim real, pela porta entre os dois muros, embora os babilônios estivessem cercando a cidade. Foram para a Arabá**ᵃ**, **8** mas os babilônios perseguiram o rei Zedequias e o alcançaram na planície de Jericó. Todos os seus soldados se separaram dele e se dispersaram, **9** e ele foi capturado.

Ele foi levado ao rei da Babilônia em Ribla, na terra de Hamate, que o sentenciou. **10** Em Ribla, o rei da Babilônia mandou executar os filhos de Zedequias diante de seus olhos, e também matou todos os nobres de Judá. **11** Então mandou furar os olhos de Zedequias e prendê-lo com correntes de bronze e o levou para a Babilônia, onde o manteve na prisão até o dia de sua morte.

12 No décimo dia do quinto mês, no décimo nono ano de Nabucodonosor, rei da Babilônia, Nebuzaradã, comandante da guarda imperial, que servia o rei da Babilônia, veio a Jerusalém. **13** Ele incendiou o templo do Senhor, o palácio real e todas as casas de Jerusalém. Todos os edifícios importantes foram incendiados por ele. **14** O exército babilônio, sob o comandante da guarda imperial, derrubou todos os muros em torno de Jerusalém. **15** Nebuzaradã deportou para a Babilônia alguns dos mais pobres e o povo que restou na cidade, juntamente com o restante dos artesãos**ᵇ** e aqueles que tinham se rendido ao rei da Babilônia. **16** Mas Nebuzaradã deixou para trás o restante dos mais pobres da terra para trabalhar nas vinhas e campos.

58 This is what the Lord Almighty says:

"Babylon's thick wall will be leveled
    and her high gates set on fire;
the peoples exhaust themselves for nothing,
    the nations' labor is only fuel for the flames."

59 This is the message Jeremiah gave to the staff officer Seraiah son of Neriah, the son of Mahseiah, when he went to Babylon with Zedekiah king of Judah in the fourth year of his reign. **60** Jeremiah had written on a scroll about all the disasters that would come upon Babylon—all that had been recorded concerning Babylon. **61** He said to Seraiah, "When you get to Babylon, see that you read all these words aloud. **62** Then say, 'O Lord, you have said you will destroy this place, so that neither man nor animal will live in it; it will be desolate forever.' **63** When you finish reading this scroll, tie a stone to it and throw it into the Euphrates. **64** Then say, 'So will Babylon sink to rise no more because of the disaster I will bring upon her. And her people will fall.' "

The words of Jeremiah end here.

The Fall of Jerusalem

52 Zedekiah was twenty-one years old when he became king, and he reigned in Jerusalem eleven years. His mother's name was Hamutal daughter of Jeremiah; she was from Libnah. **2** He did evil in the eyes of the Lord, just as Jehoiakim had done. **3** It was because of the Lord's anger that all this happened to Jerusalem and Judah, and in the end he thrust them from his presence.

Now Zedekiah rebelled against the king of Babylon.

4 So in the ninth year of Zedekiah's reign, on the tenth day of the tenth month, Nebuchadnezzar king of Babylon marched against Jerusalem with his whole army. They camped outside the city and built siege works all around it. **5** The city was kept under siege until the eleventh year of King Zedekiah. **6** By the ninth day of the fourth month the famine in the city had become so severe that there was no food for the people to eat. **7** Then the city wall was broken through, and the whole army fled. They left the city at night through the gate between the two walls near the king's garden, though the Babylonians**ᵃ** were surrounding the city. They fled toward the Arabah,**ᵇ** **8** but the Babylonian**ᶜ** army pursued King Zedekiah and overtook him in the plains of Jericho. All his soldiers were separated from him and scattered, **9** and he was captured.

He was taken to the king of Babylon at Riblah in the land of Hamath, where he pronounced sentence on him. **10** There at Riblah the king of Babylon slaughtered the sons of Zedekiah before his eyes; he also killed all the officials of Judah. **11** Then he put out Zedekiah's eyes, bound him with bronze shackles and took him to Babylon, where he put him in prison till the day of his death.

12 On the tenth day of the fifth month, in the nineteenth year of Nebuchadnezzar king of Babylon, Nebuzaradan commander of the imperial guard, who served the king of Babylon, came to Jerusalem. **13** He set fire to the temple of the Lord, the royal palace and all the houses of Jerusalem. Every important building he burned down. **14** The whole Babylonian army under the commander of the imperial guard broke down all the walls around Jerusalem. **15** Nebuzaradan the commander of the guard carried into exile some of the poorest people and those who remained in the city, along with the rest of the craftsmen**ᵈ** and those who had gone over to the king of Babylon. **16** But Nebuzaradan left behind the rest of the poorest people of the land to work the vineyards and fields.

ᵃ52.7 Ou *para o vale do Jordão* **ᵇ**52.15 Ou *restante das massas*

ᵃ52:7 Or *Chaldeans;* also in verse 17 **ᵇ**52:7 Or *the Jordan Valley* **ᶜ**52:8 Or *Chaldean;* also in verse 14 **ᵈ**52:15 Or *populace*

17 Os babilônios despedaçaram as colunas de bronze, os estrados móveis e o mar de bronze que ficavam no templo do Senhor e levaram todo o bronze para a Babilônia. **18** Também levaram embora as panelas, pás, tesouras de pavio, bacias de aspersão, tigelas e todos os utensílios de bronze usados no serviço do templo. **19** O comandante da guarda imperial levou embora as pias, os incensários, as bacias de aspersão, as panelas, os candeeiros, as tigelas e as bacias usadas para as ofertas derramadas, tudo que era feito de ouro puro ou de prata.

20 O bronze tirado das duas colunas, o mar e os doze touros de bronze debaixo dele, e os estrados móveis, que o rei Salomão fizera para o templo do Senhor, eram mais do que se podia pesar. **21** Cada uma das colunas tinha oito metros e dez centímetros de altura e cinco metros e quarenta centímetros de circunferência[a]; cada uma tinha quadro dedos de espessura e era oca. **22** O capitel de bronze no alto de uma coluna tinha dois metros e vinte e cinco centímetros de altura e era ornamentado com uma peça entrelaçada e romãs de bronze em volta, tudo de bronze. A outra coluna, com suas romãs, era igual. **23** Havia noventa e seis romãs nos lados; o número total de romãs acima da peça entrelaçada ao redor era de cem.

24 O comandante da guarda tomou como prisioneiros o sumo sacerdote Seraías, o sacerdote adjunto Sofonias e os três guardas das portas. **25** Dos que ainda estavam na cidade, tomou o oficial encarregado dos homens de combate e sete conselheiros reais. Também tomou o secretário, que era o oficial maior encarregado do alistamento do povo da terra, e sessenta de seus homens que foram encontrados na cidade. **26** O comandante Nebuzaradã tomou todos eles e os levou ao rei da Babilônia em Ribla. **27** Ali, em Ribla, na terra de Hamate, o rei fez com que fossem executados.

Assim Judá foi para o cativeiro, longe de sua terra. **28** Este é o número dos que Nebuzaradã levou para o exílio:

No sétimo ano, 3.023 judeus;
29 no décimo oitavo ano de Nabucodonosor,
832 de Jerusalém;
30 em seu vigésimo terceiro ano,
745 judeus levados ao exílio pelo comandante da guarda
imperial, Nebuzaradã.
Foram ao todo 4.600 judeus.

Joaquim é Libertado

31 No trigésimo sétimo ano do exílio do rei Joaquim de Judá, no ano em que Evil-Merodaque[b] tornou-se rei de Babilônia, ele libertou Joaquim, rei de Judá, da prisão no vigésimo quinto dia do décimo segundo mês. **32** Ele falou bondosamente com ele e deu-lhe um assento de honra mais elevado do que os dos outros reis que estavam com ele na Babilônia. **33** Desse modo Joaquim tirou as roupas da prisão e pelo resto da vida comeu à mesa do rei. **34** O rei da Babilônia deu a Joaquim uma pensão diária até o dia de sua morte.

Lamentações

1 [c]Como está deserta a cidade,
antes tão cheia de gente!
Como se parece com uma viúva,
a que antes era grandiosa entre as nações!
A que era a princesa das províncias
agora tornou-se uma escrava.
2 Chora amargamente à noite,
as lágrimas rolam por seu rosto.
De todos os seus amantes
nenhum a consola.
Todos os seus amigos a traíram;

17 The Babylonians broke up the bronze pillars, the movable stands and the bronze Sea that were at the temple of the Lord and they carried all the bronze to Babylon. **18** They also took away the pots, shovels, wick trimmers, sprinkling bowls, dishes and all the bronze articles used in the temple service. **19** The commander of the imperial guard took away the basins, censers, sprinkling bowls, pots, lampstands, dishes and bowls used for drink offerings—all that were made of pure gold or silver.

20 The bronze from the two pillars, the Sea and the twelve bronze bulls under it, and the movable stands, which King Solomon had made for the temple of the Lord, was more than could be weighed. **21** Each of the pillars was eighteen cubits high and twelve cubits in circumference[a]; each was four fingers thick, and hollow. **22** The bronze capital on top of the one pillar was five cubits[b] high and was decorated with a network and pomegranates of bronze all around. The other pillar, with its pomegranates, was similar. **23** There were ninety-six pomegranates on the sides; the total number of pomegranates above the surrounding network was a hundred.

24 The commander of the guard took as prisoners Seraiah the chief priest, Zephaniah the priest next in rank and the three doorkeepers. **25** Of those still in the city, he took the officer in charge of the fighting men, and seven royal advisers. He also took the secretary who was chief officer in charge of conscripting the people of the land and sixty of his men who were found in the city. **26** Nebuzaradan the commander took them all and brought them to the king of Babylon at Riblah. **27** There at Riblah, in the land of Hamath, the king had them executed.

So Judah went into captivity, away from her land. **28** This is the number of the people Nebuchadnezzar carried into exile:

in the seventh year, 3,023 Jews;
29 in Nebuchadnezzar's eighteenth year,
832 people from Jerusalem;
30 in his twenty-third year,
745 Jews taken into exile by Nebuzaradan
the commander of the imperial guard.
There were 4,600 people in all.

Jehoiachin Released

31 In the thirty-seventh year of the exile of Jehoiachin king of Judah, in the year Evil-Merodach[c] became king of Babylon, he released Jehoiachin king of Judah and freed him from prison on the twenty-fifth day of the twelfth month. **32** He spoke kindly to him and gave him a seat of honor higher than those of the other kings who were with him in Babylon. **33** So Jehoiachin put aside his prison clothes and for the rest of his life ate regularly at the king's table. **34** Day by day the king of Babylon gave Jehoiachin a regular allowance as long as he lived, till the day of his death.

Lamentations

1 [d]How deserted lies the city,
once so full of people!
How like a widow is she,
who once was great among the nations!
She who was queen among the provinces
has now become a slave.
2 Bitterly she weeps at night,
tears are upon her cheeks.
Among all her lovers
there is none to comfort her.
All her friends have betrayed her;

---

[a]52.21 Hebraico: *18 côvados de altura e 12 côvados de circunferência*. O côvado era uma medida linear de cerca de 45 centímetros.[b]52.31 Também chamado *Amel-Marduque*. [c]1.1 Cada capítulo de Lamentações é um poema organizado em ordem alfabética, no hebraico.

[a]52:21 That is, about 27 feet (about 8.1 meters) high and 18 feet (about 5.4 meters) in circumference [b]52:22 That is, about 7 1/2 feet (about 2.3 meters) [c]52:31 Also called *Amel-Marduk* [d]This chapter is an acrostic poem, the verses of which begin with the successive letters of the Hebrew alphabet.

tornaram-se seus inimigos.

³ Em aflição e sob trabalhos forçados,
Judá foi levado ao exílio.
Vive entre as nações
sem encontrar repouso.
Todos os que a perseguiram a capturaram
em meio ao seu desespero.

⁴ Os caminhos para Sião pranteiam,
porque ninguém comparece
às suas festas fixas.
Todas as suas portas estão desertas,
seus sacerdotes gemem,
suas moças se entristecem,
e ela se encontra em angústia profunda.

⁵ Seus adversários são os seus chefes;
seus inimigos estão tranqüilos.
O SENHOR lhe trouxe tristeza
por causa dos seus muitos pecados.
Seus filhos foram levados ao exílio,
prisioneiros dos adversários.

⁶ Todo o esplendor fugiu da cidadeᵃ de Sião.
Seus líderes são como corças
que não encontram pastagem;
sem forças fugiram diante do perseguidor.

⁷ Nos dias da sua aflição e do seu desnorteio
Jerusalém se lembra de todos os tesouros
que lhe pertenciam nos tempos passados.
Quando o seu povo caiu nas mãos do inimigo,
ninguém veio ajudá-la.
Seus inimigos olharam para ela
e zombaram da sua queda.

⁸ Jerusalém cometeu graves pecados;
por isso tornou-se impura.
Todos os que a honravam agora a desprezam,
porque viram a sua nudez;
ela mesma geme e se desvia deles.

⁹ Sua impureza prende-se às suas saias;
ela não esperava que chegaria o seu fim.
Sua queda foi surpreendente;
ninguém veio consolá-la.
"Olha, SENHOR, para a minha aflição,
pois o inimigo triunfou."

¹⁰ O adversário saqueia todos os seus tesouros;
ela viu nações pagãs entrarem
em seu santuário,
sendo que tu as tinhas proibido
de participar das tuas assembléias.

¹¹ Todo o seu povo se lamenta
enquanto vai em busca de pão;
e, para sobreviverem,
trocam tesouros por comida.
"Olha, SENHOR, e considera,
pois tenho sido desprezada.

¹² Vocês não se comovem,
todos vocês que passam por aqui?
Olhem ao redor e vejam
se há sofrimento maior do que
o que me foi imposto,
e que o SENHOR trouxe sobre mim
no dia em que se acendeu a sua ira.

¹³ Do alto ele fez cair fogo
sobre os meus ossos.

they have become her enemies.

³ After affliction and harsh labor,
Judah has gone into exile.
She dwells among the nations;
she finds no resting place.
All who pursue her have overtaken her
in the midst of her distress.

⁴ The roads to Zion mourn,
for no one comes to her appointed feasts.
All her gateways are desolate,
her priests groan,
her maidens grieve,
and she is in bitter anguish.

⁵ Her foes have become her masters;
her enemies are at ease.
The LORD has brought her grief
because of her many sins.
Her children have gone into exile,
captive before the foe.

⁶ All the splendor has departed
from the Daughter of Zion.
Her princes are like deer
that find no pasture;
in weakness they have fled
before the pursuer.

⁷ In the days of her affliction and wandering
Jerusalem remembers all the treasures
that were hers in days of old.
When her people fell into enemy hands,
there was no one to help her.
Her enemies looked at her
and laughed at her destruction.

⁸ Jerusalem has sinned greatly
and so has become unclean.
All who honored her despise her,
for they have seen her nakedness;
she herself groans
and turns away.

⁹ Her filthiness clung to her skirts;
she did not consider her future.
Her fall was astounding;
there was none to comfort her.
"Look, O LORD, on my affliction,
for the enemy has triumphed."

¹⁰ The enemy laid hands
on all her treasures;
she saw pagan nations
enter her sanctuary—
those you had forbidden
to enter your assembly.

¹¹ All her people groan
as they search for bread;
they barter their treasures for food
to keep themselves alive.
"Look, O LORD, and consider,
for I am despised."

¹² "Is it nothing to you, all you who pass by?
Look around and see.
Is any suffering like my suffering
that was inflicted on me,
that the LORD brought on me
in the day of his fierce anger?

¹³ "From on high he sent fire,
sent it down into my bones.

ᵃ1.6 Hebraico: *filha*; também em todo o livro de Lamentações.

Armou uma rede para os meus pés
  e me derrubou de costas.
Deixou-me desolada,
  e desfalecida o dia todo.
14 Os meus pecados foram
  amarrados num jugo;
suas mãos os ataram todos juntos,
  e os colocaram em meu pescoço;
o Senhor abateu a minha força.
Ele me entregou àqueles
  que não consigo vencer.
15 O Senhor dispersou todos os guerreiros
  que me apoiavam;
convocou um exército contra mim
  para destruir os meus jovens.
O Senhor pisou no seu lagar
  a virgem, a cidade de Judá.
16 É por isso que eu choro;
  as lágrimas inundam os meus olhos.
Ninguém está por perto para consolar-me,
  não há ninguém que restaure o meu espírito.
Meus filhos estão desamparados
  porque o inimigo prevaleceu."
17 Suplicante, Sião estende as mãos,
  mas não há quem a console.
O Senhor decretou que os vizinhos de Jacó
  se tornem seus adversários;
Jerusalém tornou-se coisa imunda entre eles.
18 "O Senhor é justo,
  mas eu me rebelei contra a sua ordem.
Ouçam, todos os povos;
  olhem para o meu sofrimento.
Meus jovens e minhas moças
  foram para o exílio.
19 Chamei os meus aliados,
  mas eles me traíram.
Meus sacerdotes e meus líderes
  pereceram na cidade,
enquanto procuravam comida
  para poderem sobreviver.
20 Veja, Senhor, como estou angustiada!
Estou atormentada no íntimo,
  e no meu coração me perturbo
  pois tenho sido muito rebelde.
Lá fora, a espada a todos consome;
  dentro, impera a morte.
21 Os meus lamentos têm sido ouvidos,
  mas não há ninguém que me console.
Todos os meus inimigos
  sabem da minha agonia;
eles se alegram com o que fizeste.
Quem dera trouxesses o dia que anunciaste
  para que eles ficassem como eu!
22 Que toda a maldade deles
  seja conhecida diante de ti;
faze com eles o que fizeste comigo
  por causa de todos os meus pecados.
Os meus gemidos são muitos
  e o meu coração desfalece."

2 O Senhor cobriu a cidade de Sião
com a nuvem da sua ira!

He spread a net for my feet
  and turned me back.
He made me desolate,
  faint all the day long.
14 "My sins have been bound into a yoke[a];
  by his hands they were woven together.
They have come upon my neck
  and the Lord has sapped my strength.
He has handed me over
  to those I cannot withstand.
15 "The Lord has rejected
  all the warriors in my midst;
he has summoned an army against me
  to[b] crush my young men.
In his winepress the Lord has trampled
  the Virgin Daughter of Judah.
16 "This is why I weep
  and my eyes overflow with tears.
No one is near to comfort me,
  no one to restore my spirit.
My children are destitute
  because the enemy has prevailed."
17 Zion stretches out her hands,
  but there is no one to comfort her.
The Lord has decreed for Jacob
  that his neighbors become his foes;
Jerusalem has become
  an unclean thing among them.
18 "The Lord is righteous,
  yet I rebelled against his command.
Listen, all you peoples;
  look upon my suffering.
My young men and maidens
  have gone into exile.
19 "I called to my allies
  but they betrayed me.
My priests and my elders
  perished in the city
while they searched for food
  to keep themselves alive.
20 "See, O Lord, how distressed I am!
  I am in torment within,
and in my heart I am disturbed,
  for I have been most rebellious.
Outside, the sword bereaves;
  inside, there is only death.
21 "People have heard my groaning,
  but there is no one to comfort me.
All my enemies have heard of my distress;
  they rejoice at what you have done.
May you bring the day you have announced
  so they may become like me.
22 "Let all their wickedness come before you;
  deal with them
as you have dealt with me
  because of all my sins.
My groans are many
  and my heart is faint."

2 [c] How the Lord has covered the Daughter of Zion
  with the cloud of his anger[d]!

---

[a] 1:14 Most Hebrew manuscripts; Septuagint *He kept watch over my sins* [b] 1:15 Or *has set a time for me / when he will* [c] This chapter is an acrostic poem, the verses of which begin with the successive letters of the Hebrew alphabet. [d] 2:1 Or *How the Lord in his anger / has treated the Daughter of Zion with contempt*

Lançou por terra o esplendor de Israel,
    que se elevava para os céus;
não se lembrou do estrado dos seus pés
    no dia da sua ira.
2 Sem piedade o Senhor devorou
    todas as habitações de Jacó;
em sua ira destruiu as fortalezas
    da filha de Judá.
Derrubou ao chão e desonrou
    o seu reino e os seus líderes.
3 Em sua flamejante ira,
    cortou todo o poderª de Israel.
Retirou a sua mão direita
    diante da aproximação do inimigo.
Queimou Jacó como um fogo ardente
    que consome tudo ao redor.
4 Como um inimigo, preparou o seu arco;
como um adversário,
    a sua mão direita está pronta.
Ele massacrou tudo o que era
    agradável contemplar;
derramou sua ira como fogo
    sobre a tenda da cidade de Sião.
5 O Senhor é como um inimigo;
    ele tem devorado Israel.
Tem devorado todos os seus palácios
    e destruído as suas fortalezas.
Tem feito multiplicar os prantos
    e as lamentações da filha de Judá.
6 Ele destroçou a sua morada
    como se fosse um simples jardim;
destruiu o seu local de reuniões.
O Senhor fez esquecidas em Sião
    suas festas fixas e seus sábados;
em seu grande furor
    rejeitou o rei e o sacerdote.
7 O Senhor rejeitou o seu altar e
    abandonou o seu santuário.
Entregou aos inimigos
    os muros dos seus palácios,
e eles deram gritos na casa do Senhor,
    como fazíamos nos dias de festa.
8 O Senhor está decidido
    a derrubar os muros da cidade de Sião.
Esticou a trena e
    não poupou a sua mão destruidora.
Fez com que os muros e as paredes
    se lamentassem;
juntos eles se desmoronaram.
9 Suas portas caíram por terra;
    suas trancas ele quebrou e destruiu.
O seu rei e os seus líderes
    foram exilados para diferentes nações,
    e a lei já não existe;
seus profetas já não recebem
    visões do Senhor.
10 Os líderes da cidade de Sião
    sentam-se no chão em silêncio;
despejam pó sobre a cabeça
    e usam vestes de lamento.
As moças de Jerusalém
    inclinam a cabeça até o chão.
11 Meus olhos estão cansados de chorar,
    minha alma está atormentada,
meu coração se derrama,
    porque o meu povo está destruído,
porque crianças e bebês desmaiam
    pelas ruas da cidade.

He has hurled down the splendor of Israel
    from heaven to earth;
he has not remembered his footstool
    in the day of his anger.
2 Without pity the Lord has swallowed up
    all the dwellings of Jacob;
in his wrath he has torn down
    the strongholds of the Daughter of Judah.
He has brought her kingdom and its princes
    down to the ground in dishonor.
3 In fierce anger he has cut off
    every hornª of Israel.
He has withdrawn his right hand
    at the approach of the enemy.
He has burned in Jacob like a flaming fire
    that consumes everything around it.
4 Like an enemy he has strung his bow;
    his right hand is ready.
Like a foe he has slain
    all who were pleasing to the eye;
he has poured out his wrath like fire
    on the tent of the Daughter of Zion.
5 The Lord is like an enemy;
    he has swallowed up Israel.
He has swallowed up all her palaces
    and destroyed her strongholds.
He has multiplied mourning and lamentation
    for the Daughter of Judah.
6 He has laid waste his dwelling like a garden;
    he has destroyed his place of meeting.
The Lord has made Zion forget
    her appointed feasts and her Sabbaths;
in his fierce anger he has spurned
    both king and priest.
7 The Lord has rejected his altar
    and abandoned his sanctuary.
He has handed over to the enemy
    the walls of her palaces;
they have raised a shout in the house of the Lord
    as on the day of an appointed feast.
8 The Lord determined to tear down
    the wall around the Daughter of Zion.
He stretched out a measuring line
    and did not withhold his hand from destroying.
He made ramparts and walls lament;
    together they wasted away.
9 Her gates have sunk into the ground;
    their bars he has broken and destroyed.
Her king and her princes are exiled among
      the nations,
    the law is no more,
and her prophets no longer find
    visions from the Lord.
10 The elders of the Daughter of Zion
    sit on the ground in silence;
they have sprinkled dust on their heads
    and put on sackcloth.
The young women of Jerusalem
    have bowed their heads to the ground.
11 My eyes fail from weeping,
    I am in torment within,
my heart is poured out on the ground
    because my people are destroyed,
because children and infants faint
    in the streets of the city.

ª2.3 Hebraico: *chifre*; também no versículo 17.

ª2:3 Or / *all the strength; or every king; horn* here symbolizes strength.

12 Eles clamam às suas mães:
   "Onde estão o pão e o vinho?"
Ao mesmo tempo em que desmaiam
   pelas ruas da cidade, como os feridos,
e suas vidas se desvanecem
   nos braços de suas mães.

13 Que posso dizer a seu favor?
Com que posso compará-la,
   ó cidade de Jerusalém?
Com que posso assemelhá-la,
   a fim de trazer-lhe consolo,
   ó virgem, ó cidade de Sião?
Sua ferida é tão profunda quanto o oceano;
   quem pode curá-la?

14 As visões dos seus profetas
   eram falsas e inúteis;
eles não expuseram o seu pecado
   para evitar o seu cativeiro.
As mensagens que eles lhe deram
   eram falsas e enganosas.

15 Todos os que cruzam o seu caminho
   batem palmas;
eles zombam e meneiam a cabeça
   diante da cidade de Jerusalém:
"É esta a cidade que era chamada
   a perfeição da beleza,
a alegria de toda a terra?"

16 Todos os seus inimigos
   escancaram a boca contra você;
eles zombam, rangem os dentes
   e dizem: "Nós a devoramos.
Este é o dia que esperávamos;
   e eis que vivemos até vê-lo chegar!"

17 O Senhor fez o que planejou;
   cumpriu a sua palavra,
   que há muito havia decretado.
Derrubou tudo sem piedade,
permitiu que o inimigo zombasse de você,
exaltou o poder dos seus adversários.

18 O coração do povo clama ao Senhor.
   Ó muro da cidade de Sião,
corram como um rio
   as suas lágrimas dia e noite;
não se permita nenhum descanso
   nem dê repouso à menina dos seus olhos.

19 Levante-se, grite no meio da noite,
   quando começam as vigílias noturnas;
derrame o seu coração como água
   na presença do Senhor.
Levante para ele as mãos
   em favor da vida de seus filhos,
que desmaiam de fome
   nas esquinas de todas as ruas.

20 "Olha, Senhor, e considera:
   A quem trataste dessa maneira?
Deverão as mulheres comer seus próprios filhos,
   que elas criaram com tanto amor?
Deverão os profetas e os sacerdotes
   ser assassinados no santuário
   do Senhor?

21 Jovens e velhos espalham-se
   em meio ao pó das ruas;
meus jovens e minhas virgens
   caíram mortos à espada.
Tu os sacrificaste no dia da tua ira;

12 They say to their mothers,
   "Where is bread and wine?"
as they faint like wounded men
   in the streets of the city,
as their lives ebb away
   in their mothers' arms.

13 What can I say for you?
   With what can I compare you,
   O Daughter of Jerusalem?
To what can I liken you,
   that I may comfort you,
   O Virgin Daughter of Zion?
Your wound is as deep as the sea.
   Who can heal you?

14 The visions of your prophets
   were false and worthless;
they did not expose your sin
   to ward off your captivity.
The oracles they gave you
   were false and misleading.

15 All who pass your way
   clap their hands at you;
they scoff and shake their heads
   at the Daughter of Jerusalem:
"Is this the city that was called
   the perfection of beauty,
   the joy of the whole earth?"

16 All your enemies open their mouths
   wide against you;
they scoff and gnash their teeth
   and say, "We have swallowed her up.
This is the day we have waited for;
   we have lived to see it."

17 The Lord has done what he planned;
   he has fulfilled his word,
   which he decreed long ago.
He has overthrown you without pity,
   he has let the enemy gloat over you,
   he has exalted the horn[a] of your foes.

18 The hearts of the people
   cry out to the Lord.
O wall of the Daughter of Zion,
   let your tears flow like a river
   day and night;
give yourself no relief,
   your eyes no rest.

19 Arise, cry out in the night,
   as the watches of the night begin;
pour out your heart like water
   in the presence of the Lord.
Lift up your hands to him
   for the lives of your children,
who faint from hunger
   at the head of every street.

20 "Look, O Lord, and consider:
   Whom have you ever treated like this?
Should women eat their offspring,
   the children they have cared for?
Should priest and prophet be killed
   in the sanctuary of the Lord?

21 "Young and old lie together
   in the dust of the streets;
my young men and maidens
   have fallen by the sword.
You have slain them in the day of your anger;

---

a 2:17 *Horn* here symbolizes strength.

tu os mataste sem piedade.
22 Como se faz convocação
    para um dia de festa,
convocaste contra mim
    terrores por todos os lados.
No dia da ira do Senhor,
    ninguém escapou nem sobreviveu;
aqueles dos quais eu cuidava
    e que eu fiz crescer,
o meu inimigo destruiu."

3 Eu sou o homem que viu a aflição
   trazida pela vara da sua ira.
2 Ele me impeliu e me fez andar na escuridão,
    e não na luz;
3 sim, ele voltou sua mão contra mim
    vez após vez, o tempo todo.
4 Fez que a minha pele e a minha carne
    envelhecessem
    e quebrou os meus ossos.
5 Ele me sitiou e me cercou
    de amargura e de pesar.
6 Fez-me habitar na escuridão
    como os que há muito morreram.
7 Cercou-me de muros,
    e não posso escapar;
atou-me a pesadas correntes.
8 Mesmo quando chamo ou grito por socorro,
    ele rejeita a minha oração.
9 Ele impediu o meu caminho com blocos de pedra;
    e fez tortuosas as minhas sendas.
10 Como um urso à espreita,
    como um leão escondido,
11 arrancou-me do caminho e despedaçou-me,
    deixando-me abandonado.
12 Preparou o seu arco
    e me fez alvo de suas flechas.
13 Atingiu o meu coração
    com flechas de sua aljava.
14 Tornei-me objeto de riso
    de todo o meu povo;
nas suas canções
    eles zombam de mim o tempo todo.
15 Fez-me comer ervas amargas
    e fartou-me de fel.
16 Quebrou os meus dentes com pedras;
    e pisoteou-me no pó.
17 Tirou-me a paz;
    esqueci-me o que é prosperidade.
18 Por isso digo: "Meu esplendor já se foi,
    bem como tudo o que eu esperava do Senhor".
19 Lembro-me da minha aflição
    e do meu delírio,
da minha amargura e do meu pesar.
20 Lembro-me bem disso tudo,
    e a minha alma desfalece dentro de mim.
21 Todavia, lembro-me também
    do que pode me dar esperança:
22 Graças ao grande amor do Senhor
    é que não somos consumidos,
pois as suas misericórdias são inesgotáveis.
23 Renovam-se cada manhã;
    grande é a sua fidelidade!
24 Digo a mim mesmo:
    A minha porção é o Senhor;
portanto, nele porei a minha esperança.

you have slaughtered them without pity.
22 "As you summon to a feast day,
    so you summoned against me terrors on every side.
In the day of the Lord's anger
    no one escaped or survived;
those I cared for and reared,
    my enemy has destroyed."

3 [a] I am the man who has seen affliction
   by the rod of his wrath.
2 He has driven me away and made me walk
    in darkness rather than light;
3 indeed, he has turned his hand against me
    again and again, all day long.
4 He has made my skin and my flesh grow old
    and has broken my bones.
5 He has besieged me and surrounded me
    with bitterness and hardship.
6 He has made me dwell in darkness
    like those long dead.
7 He has walled me in so I cannot escape;
    he has weighed me down with chains.
8 Even when I call out or cry for help,
    he shuts out my prayer.
9 He has barred my way with blocks of stone;
    he has made my paths crooked.
10 Like a bear lying in wait,
    like a lion in hiding,
11 he dragged me from the path and mangled me
    and left me without help.
12 He drew his bow
    and made me the target for his arrows.
13 He pierced my heart
    with arrows from his quiver.
14 I became the laughingstock of all my people;
    they mock me in song all day long.
15 He has filled me with bitter herbs
    and sated me with gall.
16 He has broken my teeth with gravel;
    he has trampled me in the dust.
17 I have been deprived of peace;
    I have forgotten what prosperity is.
18 So I say, "My splendor is gone
    and all that I had hoped from the Lord."
19 I remember my affliction and my wandering,
    the bitterness and the gall.
20 I well remember them,
    and my soul is downcast within me.
21 Yet this I call to mind
    and therefore I have hope:
22 Because of the Lord's great love we are
        not consumed,
    for his compassions never fail.
23 They are new every morning;
    great is your faithfulness.
24 I say to myself, "The Lord is my portion;
    therefore I will wait for him."

[a] This chapter is an acrostic poem; the verses of each stanza begin with the successive letters of the Hebrew alphabet, and the verses within each stanza begin with the same letter.

25 O Senhor é bom para com aqueles
     cuja esperança está nele,
   para com aqueles que o buscam;
26 é bom esperar tranqüilo
     pela salvação do Senhor.
27 É bom que o homem suporte o jugo
     enquanto é jovem.
28 Leve-o sozinho e em silêncio,
     porque o Senhor o pôs sobre ele.
29 Ponha o seu rosto no pó;
     talvez ainda haja esperança.
30 Ofereça o rosto a quem o quer ferir,
     e engula a desonra.
31 Porque o Senhor
     não o desprezará para sempre.
32 Embora ele traga tristeza,
     mostrará compaixão,
   tão grande é o seu amor infalível.
33 Porque não é do seu agrado trazer aflição
     e tristeza aos filhos dos homens,
34 esmagar com os pés
     todos os prisioneiros da terra,
35 negar a alguém os seus direitos,
     enfrentando o Altíssimo,
36 impedir a alguém o acesso à justiça;
     não veria o Senhor tais coisas?
37 Quem poderá falar e fazer acontecer,
     se o Senhor não o tiver decretado?
38 Não é da boca do Altíssimo que vêm
     tanto as desgraças como as bênçãos?
39 Como pode um homem reclamar
     quando é punido por seus pecados?
40 Examinemos e coloquemos à prova
     os nossos caminhos,
   e depois voltemos ao Senhor.
41 Levantemos o coração e as mãos
     para Deus, que está nos céus, e digamos:
42 "Pecamos e nos rebelamos,
     e tu não nos perdoaste.
43 Tu te cobriste de ira e nos perseguiste,
     massacraste-nos sem piedade.
44 Tu te escondeste atrás de uma nuvem
     para que nenhuma oração chegasse a ti.
45 Tu nos tornaste escória
     e refugo entre as nações.
46 Todos os nossos inimigos
     escancaram a boca contra nós.
47 Sofremos terror e ciladas,
     ruína e destruição".
48 Rios de lágrimas correm dos meus olhos
     porque o meu povo foi destruído.
49 Meus olhos choram sem parar,
     sem nenhum descanso,
50 até que o Senhor contemple dos céus e veja.
51 O que eu enxergo enche-me a alma
     de tristeza,
   de pena de todas as mulheres da minha cidade.
52 Aqueles que, sem motivo,
     eram meus inimigos
   caçaram-me como a um passarinho.
53 Procuraram fazer minha vida
     acabar na cova
   e me jogaram pedras;
54 as águas me encobriram a cabeça,
     e cheguei a pensar
   que o fim de tudo tinha chegado.
55 Clamei pelo teu nome, Senhor,
     das profundezas da cova.
56 Tu ouviste o meu clamor:
     "Não feches os teus ouvidos
   aos meus gritos de socorro".

25 The Lord is good to those whose hope is in him,
     to the one who seeks him;
26 it is good to wait quietly
     for the salvation of the Lord.
27 It is good for a man to bear the yoke
     while he is young.
28 Let him sit alone in silence,
     for the Lord has laid it on him.
29 Let him bury his face in the dust—
     there may yet be hope.
30 Let him offer his cheek to one who would
     strike him,
   and let him be filled with disgrace.
31 For men are not cast off
     by the Lord forever.
32 Though he brings grief, he will show compassion,
     so great is his unfailing love.
33 For he does not willingly bring affliction
     or grief to the children of men.
34 To crush underfoot
     all prisoners in the land,
35 to deny a man his rights
     before the Most High,
36 to deprive a man of justice—
     would not the Lord see such things?
37 Who can speak and have it happen
     if the Lord has not decreed it?
38 Is it not from the mouth of the Most High
     that both calamities and good things come?
39 Why should any living man complain
     when punished for his sins?
40 Let us examine our ways and test them,
     and let us return to the Lord.
41 Let us lift up our hearts and our hands
     to God in heaven, and say:
42 "We have sinned and rebelled
     and you have not forgiven.
43 "You have covered yourself with anger and
     pursued us;
   you have slain without pity.
44 You have covered yourself with a cloud
     so that no prayer can get through.
45 You have made us scum and refuse
     among the nations.
46 "All our enemies have opened their mouths
     wide against us.
47 We have suffered terror and pitfalls,
     ruin and destruction."
48 Streams of tears flow from my eyes
     because my people are destroyed.
49 My eyes will flow unceasingly,
     without relief,
50 until the Lord looks down
     from heaven and sees.
51 What I see brings grief to my soul
     because of all the women of my city.
52 Those who were my enemies without cause
     hunted me like a bird.
53 They tried to end my life in a pit
     and threw stones at me;
54 the waters closed over my head,
     and I thought I was about to be cut off.
55 I called on your name, O Lord,
     from the depths of the pit.
56 You heard my plea: "Do not close your ears
     to my cry for relief."

⁵⁷ Tu te aproximaste quando a ti clamei,
    e disseste: "Não tenha medo".
⁵⁸ Senhor, tu assumiste a minha causa;
    e redimiste a minha vida.
⁵⁹ Tu tens visto, Senhor,
    o mal que me tem sido feito.
    Toma a teu cargo a minha causa!
⁶⁰ Tu viste como é terrível a vingança deles,
    todas as suas ciladas contra mim.
⁶¹ Senhor, tu ouviste os seus insultos,
    todas as suas ciladas contra mim,
⁶² aquilo que os meus inimigos sussurram
    e murmuram o tempo todo contra mim.
⁶³ Olha para eles! Sentados ou em pé,
    zombam de mim com as suas canções.
⁶⁴ Dá-lhes o que merecem, Senhor,
    conforme o que as suas mãos têm feito.
⁶⁵ Coloca um véu sobre os seus corações
    e esteja a tua maldição sobre eles.
⁶⁶ Persegue-os com fúria e elimina-os
    de debaixo dos teus céus, ó Senhor.

4 Como o ouro perdeu o brilho!
   Como o ouro fino ficou embaçado!
   As pedras sagradas estão espalhadas
     pelas esquinas de todas as ruas.
² Como os preciosos filhos de Sião,
    que antes valiam seu peso em ouro,
 hoje são considerados como vasos de barro,
    obra das mãos de um oleiro!
³ Até os chacais oferecem o peito
    para amamentar os seus filhotes,
 mas o meu povo não tem mais coração;
    é como as avestruzes do deserto.
⁴ De tanta sede, a língua dos bebês
    gruda no céu da boca;
 as crianças imploram pelo pão,
    mas ninguém as atende.
⁵ Aqueles que costumavam comer comidas finas
    passam necessidade nas ruas.
 Aqueles que se adornavam de púrpura
    hoje estão prostrados
    sobre montes de cinza.
⁶ A punição do meu povo
    é maior que a de Sodoma,
 que foi destruída num instante
    sem que ninguém a socorresse.
⁷ Seus príncipes eram mais brilhantes
    que a neve, mais brancos do que o leite;
 e tinham a pele mais rosada que rubis;
    e sua aparência lembrava safiras.
⁸ Mas agora estão mais negros do que o carvão;
    não são reconhecidos nas ruas.
 Sua pele enrugou-se sobre os seus ossos;
    agora parecem madeira seca.
⁹ Os que foram mortos à espada
    estão melhor do que os que morreram de fome,
 os quais, tendo sido torturados pela fome,
    definham pela falta de produção
    das lavouras.
¹⁰ Com as próprias mãos,
    mulheres bondosas
    cozinharam seus próprios filhos,
 que se tornaram sua comida
    quando o meu povo foi destruído.
¹¹ O Senhor deu vazão total à sua ira;
    derramou a sua grande fúria.

⁵⁷ You came near when I called you,
    and you said, "Do not fear."
⁵⁸ O Lord, you took up my case;
    you redeemed my life.
⁵⁹ You have seen, O Lord, the wrong done to me.
    Uphold my cause!
⁶⁰ You have seen the depth of their vengeance,
    all their plots against me.
⁶¹ O Lord, you have heard their insults,
    all their plots against me—
⁶² what my enemies whisper and mutter
    against me all day long.
⁶³ Look at them! Sitting or standing,
    they mock me in their songs.
⁶⁴ Pay them back what they deserve, O Lord,
    for what their hands have done.
⁶⁵ Put a veil over their hearts,
    and may your curse be on them!
⁶⁶ Pursue them in anger and destroy them
    from under the heavens of the Lord.

4 ^aHow the gold has lost its luster,
   the fine gold become dull!
   The sacred gems are scattered
     at the head of every street.
² How the precious sons of Zion,
    once worth their weight in gold,
 are now considered as pots of clay,
    the work of a potter's hands!
³ Even jackals offer their breasts
    to nurse their young,
 but my people have become heartless
    like ostriches in the desert.
⁴ Because of thirst the infant's tongue
    sticks to the roof of its mouth;
 the children beg for bread,
    but no one gives it to them.
⁵ Those who once ate delicacies
    are destitute in the streets.
 Those nurtured in purple
    now lie on ash heaps.
⁶ The punishment of my people
    is greater than that of Sodom,
 which was overthrown in a moment
    without a hand turned to help her.
⁷ Their princes were brighter than snow
    and whiter than milk,
 their bodies more ruddy than rubies,
    their appearance like sapphires.^b
⁸ But now they are blacker than soot;
    they are not recognized in the streets.
 Their skin has shriveled on their bones;
    it has become as dry as a stick.
⁹ Those killed by the sword are better off
    than those who die of famine;
 racked with hunger, they waste away
    for lack of food from the field.
¹⁰ With their own hands compassionate women
    have cooked their own children,
 who became their food
    when my people were destroyed.
¹¹ The Lord has given full vent to his wrath;
    he has poured out his fierce anger.

^aThis chapter is an acrostic poem, the verses of which begin with the successive letters of the Hebrew alphabet. ^b4:7 Or *lapis lazuli*

Ele acendeu em Sião um fogo
   que consumiu os seus alicerces.
12 Os reis da terra e os povos de todo o mundo
   não acreditavam
   que os inimigos
   e os adversários pudessem entrar
   pelas portas de Jerusalém.
13 Dentro da cidade foi derramado
   o sangue dos justos,
   por causa do pecado dos seus profetas
   e das maldades dos seus sacerdotes.
14 Hoje eles tateiam pelas ruas como cegos,
   e tão sujos de sangue estão,
   que ninguém ousa tocar em suas vestes.
15 "Vocês estão imundos!",
   o povo grita para eles.
   "Afastem-se! Não nos toquem!"
   Quando eles fogem e andam errantes,
   os povos das outras nações dizem:
   "Aqui eles não podem habitar".
16 O próprio Senhor os espalhou;
   ele já não cuida deles.
   Ninguém honra os sacerdotes
   nem respeita os líderes.
17 Nossos olhos estão cansados
   de buscar ajuda em vão;
   de nossas torres ficávamos à espera
   de uma nação que não podia salvar-nos.
18 Cada passo nosso era vigiado;
   nem podíamos caminhar
   por nossas ruas.
   Nosso fim estava próximo,
   nossos dias estavam contados;
   o nosso fim já havia chegado.
19 Nossos perseguidores eram mais velozes
   que as águias nos céus;
   perseguiam-nos por sobre as montanhas,
   ficavam de tocaia contra nós no deserto.
20 O ungido do Senhor,
   o próprio fôlego da nossa vida,
   foi capturado em suas armadilhas.
   E nós que pensávamos que sob
   a sua sombra viveríamos entre as nações!
21 Alegre-se e exulte, ó terra de Edom,
   você que vive na terra de Uz.
   Mas a você também será servido o cálice;
   você será embriagada
   e as suas roupas serão arrancadas.
22 Ó cidade de Sião, o seu castigo terminará;
   o Senhor não prolongará o seu exílio.
   Mas você, ó terra de Edom, ele punirá o seu pecado
   e porá à mostra a sua perversidade.

5 Lembra-te, Senhor,
   do que tem acontecido conosco;
   olha e vê a nossa desgraça.
2 Nossa herança foi entregue aos estranhos,
   nossas casas, aos estrangeiros.
3 Somos órfãos de pai,
   nossas mães são como viúvas.
4 Temos que comprar a água que bebemos;
   nossa lenha, só conseguimos pagando.
5 Aqueles que nos perseguem
   estão bem próximos;
   estamos exaustos e não temos como descansar.
6 Submetemo-nos ao Egito e à Assíria
   para conseguir pão.
7 Nossos pais pecaram e já não existem,
   e nós recebemos o castigo pelos seus pecados.

He kindled a fire in Zion
   that consumed her foundations.
12 The kings of the earth did not believe,
   nor did any of the world's people,
   that enemies and foes could enter
   the gates of Jerusalem.
13 But it happened because of the sins of
   her prophets
   and the iniquities of her priests,
   who shed within her
   the blood of the righteous.
14 Now they grope through the streets
   like men who are blind.
   They are so defiled with blood
   that no one dares to touch their garments.
15 "Go away! You are unclean!" men cry to them.
   "Away! Away! Don't touch us!"
   When they flee and wander about,
   people among the nations say,
   "They can stay here no longer."
16 The Lord himself has scattered them;
   he no longer watches over them.
   The priests are shown no honor,
   the elders no favor.
17 Moreover, our eyes failed,
   looking in vain for help;
   from our towers we watched
   for a nation that could not save us.
18 Men stalked us at every step,
   so we could not walk in our streets.
   Our end was near, our days were numbered,
   for our end had come.
19 Our pursuers were swifter
   than eagles in the sky;
   they chased us over the mountains
   and lay in wait for us in the desert.
20 The Lord's anointed, our very life breath,
   was caught in their traps.
   We thought that under his shadow
   we would live among the nations.
21 Rejoice and be glad, O Daughter of Edom,
   you who live in the land of Uz.
   But to you also the cup will be passed;
   you will be drunk and stripped naked.
22 O Daughter of Zion, your punishment will end;
   he will not prolong your exile.
   But, O Daughter of Edom, he will punish
   your sin
   and expose your wickedness.

5 Remember, O Lord, what has happened to us;
   look, and see our disgrace.
2 Our inheritance has been turned over to aliens,
   our homes to foreigners.
3 We have become orphans and fatherless,
   our mothers like widows.
4 We must buy the water we drink;
   our wood can be had only at a price.
5 Those who pursue us are at our heels;
   we are weary and find no rest.
6 We submitted to Egypt and Assyria
   to get enough bread.
7 Our fathers sinned and are no more,
   and we bear their punishment.

8 Escravos dominam sobre nós,
 e não há quem possa livrar-nos
  das suas mãos.
9 Conseguimos pão arriscando a vida,
 enfrentando a espada do deserto.
10 Nossa pele está quente como um forno,
 febril de tanta fome.
11 As mulheres têm sido violentadas em Sião,
 e as virgens, nas cidades de Judá.
12 Os líderes foram pendurados por suas mãos;
 aos idosos não se mostra
  nenhum respeito.
13 Os jovens trabalham nos moinhos;
 os meninos cambaleiam
  sob o fardo de lenha.
14 Os líderes já não se reúnem
 junto às portas da cidade;
 os jovens cessaram a sua música.
15 Dos nossos corações fugiu a alegria;
 nossas danças se transformaram
  em lamentos.
16 A coroa caiu da nossa cabeça.
 Ai de nós, porque temos pecado!
17 E por esse motivo o nosso coração desfalece,
 e os nossos olhos perdem o brilho.
18 Tudo porque o monte Sião está deserto,
 e os chacais perambulam por ele.
19 Tu, SENHOR, reinas para sempre;
 teu trono permanece
  de geração em geração.
20 Por que motivo então te esquecerias de nós?
 Por que haverias de desamparar-nos
  por tanto tempo?
21 Restaura-nos para ti, SENHOR,
 para que voltemos;
 renova os nossos dias como os de
  antigamente,
22 a não ser que já nos tenhas
 rejeitado completamente
 e a tua ira contra nós
  não tenha limite!

8 Slaves rule over us,
 and there is none to free us from their hands.
9 We get our bread at the risk of our lives
 because of the sword in the desert.
10 Our skin is hot as an oven,
 feverish from hunger.
11 Women have been ravished in Zion,
 and virgins in the towns of Judah.
12 Princes have been hung up by their hands;
 elders are shown no respect.
13 Young men toil at the millstones;
 boys stagger under loads of wood.
14 The elders are gone from the city gate;
 the young men have stopped their music.
15 Joy is gone from our hearts;
 our dancing has turned to mourning.
16 The crown has fallen from our head.
 Woe to us, for we have sinned!
17 Because of this our hearts are faint,
 because of these things our eyes grow dim
18 for Mount Zion, which lies desolate,
 with jackals prowling over it.
19 You, O LORD, reign forever;
 your throne endures from generation
  to generation.
20 Why do you always forget us?
 Why do you forsake us so long?
21 Restore us to yourself, O LORD, that we
 may return;
 renew our days as of old
22 unless you have utterly rejected us
 and are angry with us beyond measure.

Ezequiel

Os Seres Viventes e a Glória do SENHOR

1 Era o quinto dia do quarto mês do trigésimo ano[a], e eu estava entre os exilados, junto ao rio Quebar. Abriram-se os céus, e eu tive visões de Deus.

2 Foi no quinto ano do exílio do rei Joaquim, no quinto dia do quarto mês. **3** A palavra do SENHOR veio ao sacerdote Ezequiel, filho de Buzi,[b] junto ao rio Quebar, na terra dos caldeus. Ali a mão do SENHOR esteve sobre ele.

4 Olhei e vi uma tempestade que vinha do norte: uma nuvem imensa, com relâmpagos e faíscas, e cercada por uma luz brilhante. O centro do fogo parecia metal reluzente, e no meio do fogo havia quatro vultos que pareciam seres viventes. Na aparência tinham forma de homem, **6** mas cada um deles tinha quatro rostos e quatro asas. **7** Suas pernas eram retas; seus pés eram como os de um bezerro e reluziam como bronze polido. **8** Debaixo de suas asas, nos quatro lados, eles tinham mãos humanas. Os quatro tinham rostos e asas, **9** e as suas asas encostavam umas nas outras. Quando se moviam andavam para a frente, e não se viravam.

10 Quanto à aparência dos seus rostos, os quatro tinham rosto de homem, rosto de leão no lado direito, rosto de boi no lado esquerdo, e rosto de águia. **11** Assim eram os seus rostos. Suas asas estavam estendidas para cima; cada um deles tinha duas

Ezekiel

The Living Creatures and the Glory of the LORD

1 In the[a] thirtieth year, in the fourth month on the fifth day, while I was among the exiles by the Kebar River, the heavens were opened and I saw visions of God.

2 On the fifth of the month—it was the fifth year of the exile of King Jehoiachin— **3** the word of the LORD came to Ezekiel the priest, the son of Buzi,[b] by the Kebar River in the land of the Babylonians.[c] There the hand of the LORD was upon him.

4 I looked, and I saw a windstorm coming out of the north—an immense cloud with flashing lightning and surrounded by brilliant light. The center of the fire looked like glowing metal, **5** and in the fire was what looked like four living creatures. In appearance their form was that of a man, **6** but each of them had four faces and four wings. **7** Their legs were straight; their feet were like those of a calf and gleamed like burnished bronze. **8** Under their wings on their four sides they had the hands of a man. All four of them had faces and wings, **9** and their wings touched one another. Each one went straight ahead; they did not turn as they moved.

10 Their faces looked like this: Each of the four had the face of a man, and on the right side each had the face of a lion, and on the left the face of an ox; each also had the face of an eagle. **11** Such were their faces. Their wings were spread

---

a1.1 Ou *do meu trigésimo ano* **b**1.3 Ou *veio a Ezequiel, filho do sacerdote Buzi,*   **a**1:1 Or *my* **b**1:3 Or *Ezekiel son of Buzi the priest* **c**1:3 Or *Chaldeans*

asas que se encostavam na de outro ser vivente, de um lado e do outro, e duas asas que cobriam os seus corpos. **12** Cada um deles ia sempre para a frente. Para onde quer que fosse o Espírito eles iam, e não se viravam quando se moviam. **13** Os seres viventes pareciam carvão aceso; eram como tochas. O fogo ia de um lado a outro entre os seres viventes, e do fogo saíam relâmpagos e faíscas. **14** Os seres viventes iam e vinham como relâmpagos.

15 Enquanto eu olhava para eles, vi uma roda ao lado de cada um deles, diante dos seus quatro rostos. **16** Esta era a aparência das rodas e a sua estrutura: reluziam como o berilo; as quatro tinham aparência semelhante. Cada roda parecia estar entrosada na outra. **17** Quando se moviam, seguiam nas quatro direções dos quatro rostos, e não se viravam*a* enquanto iam. **18** Seus aros eram altos e impressionantes e estavam cheios de olhos ao redor.

19 Quando os seres viventes se moviam, as rodas ao seu lado se moviam; quando se elevavam do chão, as rodas também se elevavam. **20** Para onde quer que o Espírito fosse, os seres viventes iam, e as rodas os seguiam, porque o mesmo Espírito estava nelas. **21** Quando os seres viventes se moviam, elas também se moviam; quando eles ficavam imóveis, elas também ficavam; e quando os seres viventes se elevavam do chão, as rodas também se elevavam com eles, porque o mesmo Espírito deles estava nelas.

22 Acima das cabeças dos seres viventes estava o que parecia uma abóbada, reluzente como gelo, e impressionante. **23** Debaixo dela cada ser vivente estendia duas asas ao que lhe estava mais próximo, e com as outras duas asas cobria o corpo. **24** Ouvi o ruído de suas asas quando voavam. Parecia o ruído de muitas águas, parecia a voz do Todo-poderoso. Era um ruído estrondoso, como o de um exército. Quando paravam, fechavam as asas.

25 Então veio uma voz de cima da abóbada sobre as suas cabeças, enquanto eles ficavam de asas fechadas. **26** Acima da abóbada sobre as suas cabeças havia o que parecia um trono de safira e, bem no alto, sobre o trono, havia uma figura que parecia um homem. **27** Vi que a parte de cima do que parecia ser a cintura dele, parecia metal brilhante, como que cheia de fogo, e a parte de baixo parecia fogo; e uma luz brilhante o cercava. **28** Tal como a aparência do arco-íris nas nuvens de um dia chuvoso, assim era o resplendor ao seu redor.

Essa era a aparência da figura da glória do Senhor. Quando a vi, prostrei-me, rosto em terra, e ouvi a voz de alguém falando.

O Chamado de Ezequiel

2 Ele me disse: "Filho do homem, fique em pé, pois eu vou falar com você". **2** Enquanto ele falava, o Espírito entrou em mim e me pôs em pé, e ouvi aquele que me falava.

3 Ele disse: "Filho do homem, vou enviá-lo aos israelitas, nação rebelde que se revoltou contra mim; até hoje eles e os seus antepassados têm se revoltado contra mim. **4** O povo a quem vou enviá-lo é obstinado e rebelde. Diga-lhe: Assim diz o Soberano, o Senhor. **5** E, quer aquela nação rebelde ouça, quer deixe de ouvir, saberá que um profeta esteve no meio dela. **6** E você, filho do homem, não tenha medo dessa gente nem das suas palavras. Não tenha medo, ainda que o cerquem espinheiros e você viva entre escorpiões. Não tenha medo do que disserem, nem fique apavorado ao vê-los, embora sejam uma nação rebelde. **7** Você lhes falará as minhas palavras, quer ouçam quer deixem de ouvir, pois são rebeldes. **8** Mas você, filho do homem, ouça o que lhe digo. Não seja rebelde como aquela nação; abra a boca e coma o que vou lhe dar".

9 Então olhei, e vi a mão de alguém estendida para mim. Nela estava o rolo de um livro, **10** que ele desenrolou diante de mim. Em ambos os lados do rolo estavam escritas palavras de lamento, pranto e ais.

out upward; each had two wings, one touching the wing of another creature on either side, and two wings covering its body. **12** Each one went straight ahead. Wherever the spirit would go, they would go, without turning as they went. **13** The appearance of the living creatures was like burning coals of fire or like torches. Fire moved back and forth among the creatures; it was bright, and lightning flashed out of it. **14** The creatures sped back and forth like flashes of lightning.

15 As I looked at the living creatures, I saw a wheel on the ground beside each creature with its four faces. **16** This was the appearance and structure of the wheels: They sparkled like chrysolite, and all four looked alike. Each appeared to be made like a wheel intersecting a wheel. **17** As they moved, they would go in any one of the four directions the creatures faced; the wheels did not turn about*a* as the creatures went. **18** Their rims were high and awesome, and all four rims were full of eyes all around.

19 When the living creatures moved, the wheels beside them moved; and when the living creatures rose from the ground, the wheels also rose. **20** Wherever the spirit would go, they would go, and the wheels would rise along with them, because the spirit of the living creatures was in the wheels. **21** When the creatures moved, they also moved; when the creatures stood still, they also stood still; and when the creatures rose from the ground, the wheels rose along with them, because the spirit of the living creatures was in the wheels.

22 Spread out above the heads of the living creatures was what looked like an expanse, sparkling like ice, and awesome. **23** Under the expanse their wings were stretched out one toward the other, and each had two wings covering its body. **24** When the creatures moved, I heard the sound of their wings, like the roar of rushing waters, like the voice of the Almighty,*b* like the tumult of an army. When they stood still, they lowered their wings.

25 Then there came a voice from above the expanse over their heads as they stood with lowered wings. **26** Above the expanse over their heads was what looked like a throne of sapphire,*c* and high above on the throne was a figure like that of a man. **27** I saw that from what appeared to be his waist up he looked like glowing metal, as if full of fire, and that from there down he looked like fire; and brilliant light surrounded him. **28** Like the appearance of a rainbow in the clouds on a rainy day, so was the radiance around him.

This was the appearance of the likeness of the glory of the Lord. When I saw it, I fell facedown, and I heard the voice of one speaking.

Ezekiel's Call

2 He said to me, "Son of man, stand up on your feet and I will speak to you." **2** As he spoke, the Spirit came into me and raised me to my feet, and I heard him speaking to me.

3 He said: "Son of man, I am sending you to the Israelites, to a rebellious nation that has rebelled against me; they and their fathers have been in revolt against me to this very day. **4** The people to whom I am sending you are obstinate and stubborn. Say to them, 'This is what the Sovereign Lord says.' **5** And whether they listen or fail to listen—for they are a rebellious house—they will know that a prophet has been among them. **6** And you, son of man, do not be afraid of them or their words. Do not be afraid, though briers and thorns are all around you and you live among scorpions. Do not be afraid of what they say or terrified by them, though they are a rebellious house. **7** You must speak my words to them, whether they listen or fail to listen, for they are rebellious. **8** But you, son of man, listen to what I say to you. Do not rebel like that rebellious house; open your mouth and eat what I give you."

9 Then I looked, and I saw a hand stretched out to me. In it was a scroll, **10** which he unrolled before me. On both sides of it were written words of lament and mourning and woe.

---

a1.17 Ou *não viravam para o lado*

a1:17 Or *aside* **b1:24** Hebrew *Shaddai* **c1:26** Or *lapis lazuli*

3 E ele me disse: "Filho do homem, coma este rolo; depois vá falar à nação de Israel". ² Eu abri a boca, e ele me deu o rolo para eu comer.

³ E acrescentou: "Filho do homem, coma este rolo que estou lhe dando e encha o seu estômago com ele". Então eu o comi, e em minha boca era doce como mel.

⁴ Depois ele me disse: "Filho do homem, vá agora à nação de Israel e diga-lhe as minhas palavras. ⁵ Você não está sendo enviado a um povo de fala obscura e de língua difícil, mas à nação de Israel; ⁶ não irá a muitos povos de fala obscura e de língua difícil, cujas palavras você não conseguiria entender. Certamente, se eu o enviasse, eles o ouviriam. ⁷ Mas a nação de Israel não vai querer ouvi-lo porque não quer me ouvir, pois toda a nação de Israel está endurecida e obstinada. ⁸ Porém eu tornarei você tão inflexível e endurecido quanto eles. ⁹ Tornarei a sua testa como a mais dura das pedras, mais dura que a pederneira. Não tenha medo deles, nem fique apavorado ao vê-los, embora sejam uma nação rebelde".

¹⁰ E continuou: "Filho do homem, ouça atentamente e guarde no coração todas as palavras que eu lhe disser. ¹¹ Vá agora aos seus compatriotas que estão no exílio e fale com eles. Diga-lhes, quer ouçam quer deixem de ouvir: Assim diz o Soberano, o Senhor".

¹² Depois o Espírito elevou-me, e ouvi esta estrondosa aclamação: "Que a glória do Senhor seja louvada em sua habitação!" ¹³ E ouvi o som das asas dos seres viventes roçando umas nas outras e, atrás deles, o som das rodas — um forte estrondo! ¹⁴ Então o Espírito elevou-me e tirou-me de lá, com o meu espírito cheio de amargura e de ira, e com a forte mão do Senhor sobre mim. ¹⁵ Fui aos exilados que moravam em Tel-Abibe, perto do rio Quebar. Sete dias fiquei lá entre eles — atônito!

Advertência a Israel

¹⁶ Ao fim dos sete dias a palavra do Senhor veio a mim: ¹⁷ "Filho do homem", disse ele, "eu o fiz sentinela para a nação de Israel; por isso ouça a palavra que digo e leve a eles a minha advertência. ¹⁸ Quando eu disser a um ímpio que ele vai morrer, e você não o advertir nem lhe falar para dissuadi-lo dos seus maus caminhos para salvar a vida dele, aquele ímpio morrerá porᵃ sua iniquidade; mas para mim você será responsável pela morte dele. ¹⁹ Se, porém, você advertir o ímpio e ele não se desviar da sua impiedade ou dos seus maus caminhos, ele morrerá por sua iniquidade, mas você estará livre dessa culpa.

²⁰ "Da mesma forma, quando um justo se desviar de sua justiça e fizer o mal, e eu puser uma pedra de tropeço diante dele, ele morrerá. Uma vez que você não o advertiu, ele morrerá pelo pecado que cometeu. As práticas justas dele não serão lembradas; para mim, porém, você será responsável pela morte dele. ²¹ Se, porém, você advertir o justo e ele não pecar, certamente ele viverá porque aceitou a advertência, e você estará livre dessa culpa".

²² A mão do Senhor esteve ali sobre mim, e ele me disse: "Levante-se e vá para a planície, e lá falarei com você". ²³ Então me levantei e fui para a planície. E lá estava a glória do Senhor, glória como a que eu tinha visto junto ao rio Quebar. Prostrei-me, rosto em terra, ²⁴ mas o Espírito entrou em mim e me pôs em pé. Ele me disse: "Vá para casa e tranque-se. ²⁵ Pois você, filho do homem, será amarrado com cordas; você ficará preso, e não conseguirá sair para o meio do povo. ²⁶ Farei sua língua apegar-se ao céu da boca para que você fique calado e não possa repreendê-los, embora sejam uma nação rebelde. ²⁷ Mas, quando eu falar com você, abrirei sua boca e você lhes dirá: Assim diz o Soberano, o Senhor. Quem quiser ouvir ouça, e quem não quiser não ouça; pois são uma nação rebelde.

3 And he said to me, "Son of man, eat what is before you, eat this scroll; then go and speak to the house of Israel." ² So I opened my mouth, and he gave me the scroll to eat.

³ Then he said to me, "Son of man, eat this scroll I am giving you and fill your stomach with it." So I ate it, and it tasted as sweet as honey in my mouth.

⁴ He then said to me: "Son of man, go now to the house of Israel and speak my words to them. ⁵ You are not being sent to a people of obscure speech and difficult language, but to the house of Israel— ⁶ not to many peoples of obscure speech and difficult language, whose words you cannot understand. Surely if I had sent you to them, they would have listened to you. ⁷ But the house of Israel is not willing to listen to you because they are not willing to listen to me, for the whole house of Israel is hardened and obstinate. ⁸ But I will make you as unyielding and hardened as they are. ⁹ I will make your forehead like the hardest stone, harder than flint. Do not be afraid of them or terrified by them, though they are a rebellious house."

¹⁰ And he said to me, "Son of man, listen carefully and take to heart all the words I speak to you. ¹¹ Go now to your countrymen in exile and speak to them. Say to them, 'This is what the Sovereign Lord says,' whether they listen or fail to listen."

¹² Then the Spirit lifted me up, and I heard behind me a loud rumbling sound—May the glory of the Lord be praised in his dwelling place!— ¹³ the sound of the wings of the living creatures brushing against each other and the sound of the wheels beside them, a loud rumbling sound. ¹⁴ The Spirit then lifted me up and took me away, and I went in bitterness and in the anger of my spirit, with the strong hand of the Lord upon me. ¹⁵ I came to the exiles who lived at Tel Abib near the Kebar River. And there, where they were living, I sat among them for seven days—overwhelmed.

Warning to Israel

¹⁶ At the end of seven days the word of the Lord came to me: ¹⁷ "Son of man, I have made you a watchman for the house of Israel; so hear the word I speak and give them warning from me. ¹⁸ When I say to a wicked man, 'You will surely die,' and you do not warn him or speak out to dissuade him from his evil ways in order to save his life, that wicked man will die forᵃ his sin, and I will hold you accountable for his blood. ¹⁹ But if you do warn the wicked man and he does not turn from his wickedness or from his evil ways, he will die for his sin; but you will have saved yourself.

²⁰ "Again, when a righteous man turns from his righteousness and does evil, and I put a stumbling block before him, he will die. Since you did not warn him, he will die for his sin. The righteous things he did will not be remembered, and I will hold you accountable for his blood. ²¹ But if you do warn the righteous man not to sin and he does not sin, he will surely live because he took warning, and you will have saved yourself."

²² The hand of the Lord was upon me there, and he said to me, "Get up and go out to the plain, and there I will speak to you." ²³ So I got up and went out to the plain. And the glory of the Lord was standing there, like the glory I had seen by the Kebar River, and I fell facedown.

²⁴ Then the Spirit came into me and raised me to my feet. He spoke to me and said: "Go, shut yourself inside your house. ²⁵ And you, son of man, they will tie with ropes; you will be bound so that you cannot go out among the people. ²⁶ I will make your tongue stick to the roof of your mouth so that you will be silent and unable to rebuke them, though they are a rebellious house. ²⁷ But when I speak to you, I will open your mouth and you shall say to them, 'This is what the Sovereign Lord says.' Whoever will listen let him listen, and whoever will refuse let him refuse; for they are a rebellious house.

ᵃ3.18 Ou *morrerá em*; também nos versículos 19 e 20.

ᵃ3:18 Or *in*; also in verses 19 and 20

Cerco Simbólico de Jerusalém

4 "Agora, filho do homem, apanhe um tijolo, coloque-o à sua frente e nele desenhe a cidade de Jerusalém. ² Cerque-a então, e erga obras de cerco contra ela; construa uma rampa, monte acampamentos e ponha aríetes ao redor dela. ³ Depois apanhe uma panela de ferro, coloque-a como muro de ferro entre você e a cidade e ponha-se de frente para ela. Ela estará cercada, e você a sitiará. Isto será um sinal para a nação de Israel.

⁴ "Deite-se então sobre o seu lado esquerdo e sobre você^a ponha a iniquidade da nação de Israel. Você terá que carregar a iniquidade dela durante o número de dias em que estiver deitado sobre o lado esquerdo. ⁵ Determinei que o número de dias seja equivalente ao número de anos da iniquidade dela, ou seja, durante trezentos e noventa dias você carregará a iniquidade da nação de Israel.

⁶ "Terminado esse prazo, deite-se sobre o seu lado direito, e carregue a iniquidade da nação de Judá, ⁷ durante quarenta dias, tempo que eu determinei para você, um dia para cada ano. Olhe para o cerco de Jerusalém e, com braço desnudo, profetize contra ela. ⁸ Vou amarrá-lo com cordas para que você não possa virar-se enquanto não cumprir os dias da sua aflição.

⁹ "Pegue trigo e cevada, feijão e lentilha, painço e espelta^b; ponha-os numa vasilha e com eles faça pão para você. Você deverá comê-lo durante os trezentos e noventa dias em que estiver deitado sobre o seu lado. ¹⁰ Pese duzentos e quarenta gramas^c do pão por dia e coma-o em horas determinadas. ¹¹ Também meça meio litro^d de água e beba-a em horas determinadas. ¹² Coma o pão como você comeria um bolo de cevada; asse-o à vista do povo, usando fezes humanas como combustível". ¹³ O SENHOR disse: "Desse modo os israelitas comerão sua comida imunda entre as nações para onde eu os expulsar".

¹⁴ Então eu disse: Ah! Soberano SENHOR! Eu jamais me contaminei. Desde a minha infância até agora, jamais comi qualquer coisa achada morta ou que tivesse sido despedaçada por animais selvagens. Jamais entrou em minha boca qualquer carne impura.

¹⁵ "Está bem", disse ele, "deixarei que você asse o seu pão em cima de esterco de vaca, e não em cima de fezes humanas."

¹⁶ E acrescentou: "Filho do homem, cortarei o suprimento de comida em Jerusalém. O povo comerá com ansiedade comida racionada e beberá com desespero água racionada, ¹⁷ pois haverá falta de comida e de água. Ficarão chocados com a aparência uns aos outros, e definharão por causa de^e sua iniquidade.

5 "Agora, filho do homem, apanhe uma espada afiada e use-a como navalha de barbeiro para rapar a cabeça e a barba. Depois tome uma balança de pesos e reparta o cabelo. ² Quando os dias do cerco da cidade chegarem ao fim, queime no fogo um terço do cabelo dentro da cidade. Pegue um terço e corte-o com a espada ao redor de toda a cidade. E espalhe um terço ao vento. Porque eu os perseguirei com espada desembainhada. ³ Mas apanhe umas poucas mechas de cabelo e esconda-as nas dobras de sua roupa. ⁴ E destas ainda, pegue algumas e atire-as ao fogo, para que se queimem. Dali um fogo se espalhará por toda a nação de Israel.

⁵ "Assim diz o Soberano, o SENHOR: Esta é Jerusalém, que pus no meio dos povos, com nações ao seu redor. ⁶ Contudo, em sua maldade, ela se revoltou contra as minhas leis e contra os meus decretos mais do que os povos e as nações ao seu redor.

Siege of Jerusalem Symbolized

4 "Now, son of man, take a clay tablet, put it in front of you and draw the city of Jerusalem on it. ² Then lay siege to it: Erect siege works against it, build a ramp up to it, set up camps against it and put battering rams around it. ³ Then take an iron pan, place it as an iron wall between you and the city and turn your face toward it. It will be under siege, and you shall besiege it. This will be a sign to the house of Israel.

⁴ "Then lie on your left side and put the sin of the house of Israel upon yourself.^a You are to bear their sin for the number of days you lie on your side. ⁵ I have assigned you the same number of days as the years of their sin. So for 390 days you will bear the sin of the house of Israel.

⁶ "After you have finished this, lie down again, this time on your right side, and bear the sin of the house of Judah. I have assigned you 40 days, a day for each year. ⁷ Turn your face toward the siege of Jerusalem and with bared arm prophesy against her. ⁸ I will tie you up with ropes so that you cannot turn from one side to the other until you have finished the days of your siege.

⁹ "Take wheat and barley, beans and lentils, millet and spelt; put them in a storage jar and use them to make bread for yourself. You are to eat it during the 390 days you lie on your side. ¹⁰ Weigh out twenty shekels^b of food to eat each day and eat it at set times. ¹¹ Also measure out a sixth of a hin^c of water and drink it at set times. ¹² Eat the food as you would a barley cake; bake it in the sight of the people, using human excrement for fuel." ¹³ The LORD said, "In this way the people of Israel will eat defiled food among the nations where I will drive them."

¹⁴ Then I said, "Not so, Sovereign LORD! I have never defiled myself. From my youth until now I have never eaten anything found dead or torn by wild animals. No unclean meat has ever entered my mouth."

¹⁵ "Very well," he said, "I will let you bake your bread over cow manure instead of human excrement."

¹⁶ He then said to me: "Son of man, I will cut off the supply of food in Jerusalem. The people will eat rationed food in anxiety and drink rationed water in despair, ¹⁷ for food and water will be scarce. They will be appalled at the sight of each other and will waste away because of^d their sin.

5 "Now, son of man, take a sharp sword and use it as a barber's razor to shave your head and your beard. Then take a set of scales and divide up the hair. ² When the days of your siege come to an end, burn a third of the hair with fire inside the city. Take a third and strike it with the sword all around the city. And scatter a third to the wind. For I will pursue them with drawn sword. ³ But take a few strands of hair and tuck them away in the folds of your garment. ⁴ Again, take a few of these and throw them into the fire and burn them up. A fire will spread from there to the whole house of Israel.

⁵ "This is what the Sovereign LORD says: This is Jerusalem, which I have set in the center of the nations, with countries all around her. ⁶ Yet in her wickedness she has rebelled against my laws and decrees more than the nations and countries around her.

---

^a4.4 Ou *sobre o seu lado* ^b4.9 Painço é uma gramínea (capim) cujas espigas servem de alimento e *espelta*, uma espécie de trigo de qualidade inferior. ^c4.10 Hebraico: *20 siclos*. Um siclo equivalia a 12 gramas. ^d4.11 Hebraico: *1/6 de um him*. O him era uma medida de capacidade para líquidos. As estimativas variam entre 3 e 6 litros. ^e4.17 Ou *definharão em*

^a4:4 Or *your side* ^b4:10 That is, about 8 ounces (about 0.2 kilogram) ^c4:11 That is, about 2/3 quart (about 0.6 liter) ^d4:17 Or *away in*

Ela rejeitou as minhas leis e não agiu segundo os meus decretos. ⁷ "Portanto assim diz o Soberano, o Senhor: Você tem sido mais rebelde do que as nações ao seu redor e não agiu segundo os meus decretos nem obedeceu às minhas leis. Você nem mesmo alcançou os padrões das nações ao seu redor.

⁸ "Por isso diz o Soberano, o Senhor: Eu estou contra você, Jerusalém, e lhe infligirei castigo à vista das nações. ⁹ Por causa de todos os seus ídolos detestáveis, farei com você o que nunca fiz nem jamais voltarei a fazer. ¹⁰ Por isso, entre vocês sucederá que os pais comerão os seus próprios filhos, e os filhos comerão os seus pais. Castigarei você e dispersarei aos ventos os seus sobreviventes. ¹¹ Por isso, juro pela minha vida, palavra do Soberano, o Senhor, que por ter contaminado meu santuário com suas imagens detestáveis e com suas práticas repugnantes, eu retirarei a minha bênção. Não olharei com piedade para você e não a pouparei. ¹² Um terço de seu povo morrerá de peste ou perecerá de fome dentro de seus muros; um terço cairá à espada fora da cidade; e um terço dispersarei aos ventos e perseguirei com a espada em punho.

¹³ "Então a minha ira cessará, diminuirá a minha indignação contra eles, e serei vingado. E, quando tiver esgotado a minha ira sobre eles, saberão que eu, o Senhor, falei segundo o meu zelo.

¹⁴ "Farei de você uma ruína e a tornarei desprezível entre as nações ao seu redor, à vista de todos quantos por você passarem. ¹⁵ Você será objeto de desprezo e de escárnio, e servirá de advertência e de causa de pavor às nações ao redor, quando eu castigar você com ira, indignação e violência. Eu, o Senhor, falei. ¹⁶ Quando eu atirar em você minhas flechas mortais e destruidoras, minhas flechas de fome, atirarei para destruí-la. Aumentarei a sua fome e cortarei o seu sustento. ¹⁷ Enviarei contra você a fome e animais selvagens, que acabarão com os seus filhos. A peste e o derramamento de sangue a alcançarão, e trarei a espada contra você. Eu, o Senhor, falei".

Profecia contra os Montes de Israel

6 Esta palavra do Senhor veio a mim: ² "Filho do homem, vire o rosto contra os montes de Israel; profetize contra eles ³ e diga: Ó montes de Israel, ouçam a palavra do Soberano, o Senhor. Assim diz o Soberano, o Senhor, aos montes e às colinas, às ravinas e aos vales: Estou prestes a trazer a espada contra vocês; vou destruir os seus altares idólatras. ⁴ Seus altares serão arrasados, seus altares de incensoᵃ serão esmigalhados, e abaterei o seu povo na frente dos seus ídolos. ⁵ Porei os cadáveres dos israelitas em frente dos seus ídolos, e espalharei os seus ossos ao redor dos seus altares. ⁶ Onde quer que você viva, as cidades serão devastadas e os altares idólatras serão arrasados e devastados, seus ídolos serão esmigalhados e transformados em ruínas, seus altares de incenso serão derrubados e tudo o que vocês realizaram será apagado. ⁷ Seu povo cairá morto no meio de vocês, e vocês saberão que eu sou o Senhor.

⁸ "Mas pouparei alguns; alguns de vocês escaparão da espada quando forem espalhados entre as terras e nações. ⁹ Ali, nas nações para onde vocês tiverem sido levados cativos, aqueles que escaparem se lembrarão de mim; lembrarão como fui entristecido por seus corações adúlteros, que se desviaram de mim, e, por seus olhos, que cobiçaram os seus ídolos. Terão nojo de si mesmos por causa do mal que fizeram e por causa de todas as suas práticas repugnantes. ¹⁰ E saberão que eu sou o Senhor, que não ameacei em vão trazer esta desgraça sobre eles.

¹¹ "Assim diz o Soberano, o Senhor: Esfregue as mãos, bata os pés e grite "Ai!", por causa de todas as práticas ímpias e repugnantes da nação de Israel, pois eles morrerão pela espada, pela fome e pela peste. ¹² Quem está longe morrerá pela peste, quem está perto cairá pela espada, e quem so-

She has rejected my laws and has not followed my decrees. ⁷ "Therefore this is what the Sovereign Lord says: You have been more unruly than the nations around you and have not followed my decrees or kept my laws. You have not evenᵃ conformed to the standards of the nations around you.

⁸ "Therefore this is what the Sovereign Lord says: I myself am against you, Jerusalem, and I will inflict punishment on you in the sight of the nations. ⁹ Because of all your detestable idols, I will do to you what I have never done before and will never do again. ¹⁰ Therefore in your midst fathers will eat their children, and children will eat their fathers. I will inflict punishment on you and will scatter all your survivors to the winds. ¹¹ Therefore as surely as I live, declares the Sovereign Lord, because you have defiled my sanctuary with all your vile images and detestable practices, I myself will withdraw my favor; I will not look on you with pity or spare you. ¹² A third of your people will die of the plague or perish by famine inside you; a third will fall by the sword outside your walls; and a third I will scatter to the winds and pursue with drawn sword.

¹³ "Then my anger will cease and my wrath against them will subside, and I will be avenged. And when I have spent my wrath upon them, they will know that I the Lord have spoken in my zeal.

¹⁴ "I will make you a ruin and a reproach among the nations around you, in the sight of all who pass by. ¹⁵ You will be a reproach and a taunt, a warning and an object of horror to the nations around you when I inflict punishment on you in anger and in wrath and with stinging rebuke. I the Lord have spoken. ¹⁶ When I shoot at you with my deadly and destructive arrows of famine, I will shoot to destroy you. I will bring more and more famine upon you and cut off your supply of food. ¹⁷ I will send famine and wild beasts against you, and they will leave you childless. Plague and bloodshed will sweep through you, and I will bring the sword against you. I the Lord have spoken."

A Prophecy Against the Mountains of Israel

6 The word of the Lord came to me: ² "Son of man, set your face against the mountains of Israel; prophesy against them ³ and say: 'O mountains of Israel, hear the word of the Sovereign Lord. This is what the Sovereign Lord says to the mountains and hills, to the ravines and valleys: I am about to bring a sword against you, and I will destroy your high places. ⁴ Your altars will be demolished and your incense altars will be smashed; and I will slay your people in front of your idols. ⁵ I will lay the dead bodies of the Israelites in front of their idols, and I will scatter your bones around your altars. ⁶ Wherever you live, the towns will be laid waste and the high places demolished, so that your altars will be laid waste and devastated, your idols smashed and ruined, your incense altars broken down, and what you have made wiped out. ⁷ Your people will fall slain among you, and you will know that I am the Lord.

⁸ "'But I will spare some, for some of you will escape the sword when you are scattered among the lands and nations. ⁹ Then in the nations where they have been carried captive, those who escape will remember me––how I have been grieved by their adulterous hearts, which have turned away from me, and by their eyes, which have lusted after their idols. They will loathe themselves for the evil they have done and for all their detestable practices. ¹⁰ And they will know that I am the Lord; I did not threaten in vain to bring this calamity on them.

¹¹ "'This is what the Sovereign Lord says: Strike your hands together and stamp your feet and cry out "Alas!" because of all the wicked and detestable practices of the house of Israel, for they will fall by the sword, famine and plague. ¹² He that is far away will die of the plague, and he that is near

---

ᵃ6.4 Provavelmente colunas dedicadas ao deus sol.

ᵃ5:7 Most Hebrew manuscripts; some Hebrew manuscripts and Syriac *You have*

breviver e for poupado morrerá de fome. Assim enviarei a minha ira sobre eles. ¹³ E saberão que eu sou o Senhor, quando o seu povo estiver estirado, morto entre os seus ídolos, ao redor dos seus altares, em todo monte alto e em todo topo de montanha, debaixo de toda árvore frondosa e de todo carvalho viçoso — em todos os lugares nos quais eles ofereciam incenso aromático a todos os seus ídolos. ¹⁴ Estenderei o meu braço contra eles e tornarei a terra uma imensidão desolada, desde o deserto até Dibla[a] — onde quer que estiverem vivendo. Então saberão que eu sou o Senhor".

A Chegada do Fim

7 Veio a mim esta palavra do Senhor: ² "Filho do homem, assim diz o Soberano, o Senhor, à nação de Israel: Chegou o fim! O fim chegou aos quatro cantos da terra de Israel. ³ O fim está agora sobre você, e sobre você eu vou desencadear a minha ira. Eu a julgarei de acordo com a sua conduta e lhe retribuirei todas as suas práticas repugnantes. ⁴ Não olharei com piedade para você nem a pouparei; com certeza eu lhe retribuirei sua conduta e suas práticas em seu meio. Então você saberá que eu sou o Senhor".

⁵ Assim diz o Soberano, o Senhor: "Eis a desgraça! Uma desgraça jamais imaginada vem aí. ⁶ Chegou o fim! Chegou o fim! Ele se insurgiu contra você. O fim chegou! ⁷ A condenação chegou sobre você que habita no país. Chegou a hora, o dia está próximo; há pânico, e não alegria, sobre os montes. ⁸ Estou prestes a derramar a minha ira sobre você e esgotar a minha indignação contra você; eu a julgarei de acordo com a sua conduta e lhe retribuirei todas as suas práticas repugnantes. ⁹ Não olharei com piedade para você nem a pouparei; eu lhe retribuirei de acordo com todas as práticas repugnantes que há no seu meio. Então você saberá que é o Senhor que desfere o golpe.

¹⁰ "Eis o dia! Já chegou! A condenação irrompeu, a vara brotou, a arrogância floresceu! ¹¹ A violência tomou a forma de uma[b] vara para castigar a maldade; ninguém do povo será deixado, ninguém daquela multidão, como também nenhuma riqueza, nada que tenha algum valor. ¹² Chegou a hora, o dia chegou. Que o comprador não se regozije nem o vendedor se entristeça, pois a ira está sobre toda a multidão. ¹³ Nenhum vendedor viverá o suficiente para recuperar a terra que vendeu, mesmo que viva muito tempo, pois a visão acerca de toda a multidão não voltará atrás. Por causa de sua iniquidade, nenhuma vida humana será preservada. ¹⁴ Embora toquem a trombeta e deixem tudo pronto, ninguém irá a combate, pois a minha ira está sobre toda a multidão".

¹⁵ "Fora está a espada, dentro estão a peste e a fome; quem estiver no campo morrerá pela espada, e quem estiver na cidade será devorado pela fome e pela peste. ¹⁶ Todos os que se livrarem e escaparem estarão nos montes, gemendo como pombas nos vales, cada um por causa de sua própria iniquidade. ¹⁷ Toda mão ficará pendendo, frouxa, e todo joelho ficará como água, de tão fraco. ¹⁸ Eles se cobrirão de vestes de luto e se vestirão de pavor. Terão o rosto coberto de vergonha, e sua cabeça será rapada. ¹⁹ Atirarão sua prata nas ruas, e seu ouro será tratado como coisa impura. Sua prata e seu ouro serão incapazes de livrá-los no dia da ira do Senhor e não poderão saciar sua fome e encher os seus estômagos; servirão apenas para fazê-los tropeçar na iniquidade. ²⁰ Eles tinham orgulho de suas lindas jóias e as usavam para fazer os seus ídolos repugnantes e as suas imagens detestáveis. Por isso tornarei essas coisas em algo impuro para eles. ²¹ Entregarei tudo isso como despojo nas mãos de estrangeiros e como saque nas mãos dos ímpios da terra, e eles o contaminarão. ²² Desviarei deles o meu rosto, e eles profanarão o lugar que tanto amo; este será invadido por ladrões que o profanarão.

will fall by the sword, and he that survives and is spared will die of famine. So will I spend my wrath upon them. ¹³ And they will know that I am the Lord, when their people lie slain among their idols around their altars, on every high hill and on all the mountaintops, under every spreading tree and every leafy oak—places where they offered fragrant incense to all their idols. ¹⁴ And I will stretch out my hand against them and make the land a desolate waste from the desert to Diblah[a]—wherever they live. Then they will know that I am the Lord.' "

The End Has Come

7 The word of the Lord came to me: ² "Son of man, this is what the Sovereign Lord says to the land of Israel: The end! The end has come upon the four corners of the land. ³ The end is now upon you and I will unleash my anger against you. I will judge you according to your conduct and repay you for all your detestable practices. ⁴ I will not look on you with pity or spare you; I will surely repay you for your conduct and the detestable practices among you. Then you will know that I am the Lord.

⁵ "This is what the Sovereign Lord says: Disaster! An unheard-of[b] disaster is coming. ⁶ The end has come! The end has come! It has roused itself against you. It has come! ⁷ Doom has come upon you—you who dwell in the land. The time has come, the day is near; there is panic, not joy, upon the mountains. ⁸ I am about to pour out my wrath on you and spend my anger against you; I will judge you according to your conduct and repay you for all your detestable practices. ⁹ I will not look on you with pity or spare you; I will repay you in accordance with your conduct and the detestable practices among you. Then you will know that it is I the Lord who strikes the blow.

¹⁰ "The day is here! It has come! Doom has burst forth, the rod has budded, arrogance has blossomed! ¹¹ Violence has grown into[c] a rod to punish wickedness; none of the people will be left, none of that crowd—no wealth, nothing of value. ¹² The time has come, the day has arrived. Let not the buyer rejoice nor the seller grieve, for wrath is upon the whole crowd. ¹³ The seller will not recover the land he has sold as long as both of them live, for the vision concerning the whole crowd will not be reversed. Because of their sins, not one of them will preserve his life. ¹⁴ Though they blow the trumpet and get everything ready, no one will go into battle, for my wrath is upon the whole crowd.

¹⁵ "Outside is the sword, inside are plague and famine; those in the country will die by the sword, and those in the city will be devoured by famine and plague. ¹⁶ All who survive and escape will be in the mountains, moaning like doves of the valleys, each because of his sins. ¹⁷ Every hand will go limp, and every knee will become as weak as water. ¹⁸ They will put on sackcloth and be clothed with terror. Their faces will be covered with shame and their heads will be shaved. ¹⁹ They will throw their silver into the streets, and their gold will be an unclean thing. Their silver and gold will not be able to save them in the day of the Lord's wrath. They will not satisfy their hunger or fill their stomachs with it, for it has made them stumble into sin. ²⁰ They were proud of their beautiful jewelry and used it to make their detestable idols and vile images. Therefore I will turn these into an unclean thing for them. ²¹ I will hand it all over as plunder to foreigners and as loot to the wicked of the earth, and they will defile it. ²² I will turn my face away from them, and they will desecrate my treasured place; robbers will enter it and desecrate it.

---

23 "Preparem correntes, porque a terra está cheia de sangue derramado e a cidade está cheia de violência. **24** Trarei os piores elementos das nações para se apossarem das casas deles; darei fim ao orgulho dos poderosos, e os santuários deles serão profanados. **25** Quando chegar o pavor, eles buscarão paz, mas não a encontrarão. **26** Virá uma desgraça após a outra, e um alarme após o outro. Tentarão conseguir uma visão da parte do profeta, e o ensino da Lei pelo sacerdote se perderá, como também o conselho das autoridades. **27** O rei pranteará, o príncipe se vestirá de desespero, e as mãos do povo da terra tremerão. Lidarei com eles de acordo com a sua conduta, e pelos seus próprios padrões eu os julgarei. Então saberão que eu sou o Senhor".

Idolatria no Templo

8 No quinto dia do sexto mês do sexto ano do exílio, eu e as autoridades de Judá estávamos sentados em minha casa quando a mão do Soberano, o Senhor, veio sobre mim. **2** Olhei e vi uma figura como a de um homem. Do que parecia ser a sua cintura para baixo, ele era como fogo,ª e dali para cima sua aparência era tão brilhante como metal reluzente. **3** Ele estendeu o que parecia um braço e pegou-me pelo cabelo. O Espírito levantou-me entre a terra e o céu e, em visões de Deus, ele me levou a Jerusalém, à entrada da porta norte do pátio interno, onde estava colocado o ídolo que provoca o ciúme de Deus. **4** E ali, diante de mim, estava a glória do Deus de Israel, como na visão que eu havia tido na planície.

5 Então ele me disse: "Filho do homem, olhe para o norte". Olhei para o lado norte, e vi, junto à porta do altar, o ídolo que provoca o ciúme de Deus.

6 E ele me disse: "Filho do homem, você vê o que estão fazendo? As práticas repugnantes da nação de Israel, coisas que me levarão para longe do meu santuário? Mas você verá práticas ainda piores que estas".

7 Em seguida me levou para a entrada do pátio. Olhei e vi um buraco no muro. **8** Ele me disse: "Filho do homem, agora escave o muro". Escavei o muro e vi ali a abertura de uma porta.

9 Ele me disse: "Entre e veja as coisas repugnantes e más que estão fazendo". **10** Eu entrei e olhei. Lá, desenhadas por todas as paredes, vi todo tipo de criaturas rastejantes e animais impuros e todos os ídolos da nação de Israel. **11** Na frente deles estavam setenta autoridades da nação de Israel, e Jazanias, filho de Safã, estava no meio deles. Do incensário que cada um tinha em suas mãos, elevava-se uma nuvem aromática.

12 Ele me disse: "Filho do homem, você viu o que as autoridades da nação de Israel estão fazendo nas trevas, cada uma no santuário de sua própria imagem esculpida? Elas dizem: 'O Senhor não nos vê; o Senhor abandonou o país' ". **13** E de novo disse: "Você os verá cometerem práticas ainda mais repugnantes".

14 Então ele me levou para a entrada da porta norte da casa do Senhor. Lá eu vi mulheres sentadas, chorando por Tamuzᵇ. **15** Ele me disse: "Você vê isso, filho do homem? Você verá práticas ainda mais repugnantes do que esta".

16 Ele então me levou para dentro do pátio interno da casa do Senhor, e ali, à entrada do templo, entre o pórtico e o altar, havia uns vinte e cinco homens. Com as costas para o templo do Senhor e os rostos voltados para o oriente, estavam se prostrando na direção do sol.

17 Ele me disse: "Você viu isso, filho do homem? Será que essas práticas repugnantes são corriqueiras para a nação de Judá? Deverão também encher a terra de violência e continua-

EZEKIEL 7, 8

23 "Prepare chains, because the land is full of bloodshed and the city is full of violence. **24** I will bring the most wicked of the nations to take possession of their houses; I will put an end to the pride of the mighty, and their sanctuaries will be desecrated. **25** When terror comes, they will seek peace, but there will be none. **26** Calamity upon calamity will come, and rumor upon rumor. They will try to get a vision from the prophet; the teaching of the law by the priest will be lost, as will the counsel of the elders. **27** The king will mourn, the prince will be clothed with despair, and the hands of the people of the land will tremble. I will deal with them according to their conduct, and by their own standards I will judge them. Then they will know that I am the Lord."

Idolatry in the Temple

8 In the sixth year, in the sixth month on the fifth day, while I was sitting in my house and the elders of Judah were sitting before me, the hand of the Sovereign Lord came upon me there. **2** I looked, and I saw a figure like that of a man.ª From what appeared to be his waist down he was like fire, and from there up his appearance was as bright as glowing metal. **3** He stretched out what looked like a hand and took me by the hair of my head. The Spirit lifted me up between earth and heaven and in visions of God he took me to Jerusalem, to the entrance to the north gate of the inner court, where the idol that provokes to jealousy stood. **4** And there before me was the glory of the God of Israel, as in the vision I had seen in the plain.

5 Then he said to me, "Son of man, look toward the north." So I looked, and in the entrance north of the gate of the altar I saw this idol of jealousy.

6 And he said to me, "Son of man, do you see what they are doing—the utterly detestable things the house of Israel is doing here, things that will drive me far from my sanctuary? But you will see things that are even more detestable."

7 Then he brought me to the entrance to the court. I looked, and I saw a hole in the wall. **8** He said to me, "Son of man, now dig into the wall." So I dug into the wall and saw a doorway there.

9 And he said to me, "Go in and see the wicked and detestable things they are doing here." **10** So I went in and looked, and I saw portrayed all over the walls all kinds of crawling things and detestable animals and all the idols of the house of Israel. **11** In front of them stood seventy elders of the house of Israel, and Jaazaniah son of Shaphan was standing among them. Each had a censer in his hand, and a fragrant cloud of incense was rising.

12 He said to me, "Son of man, have you seen what the elders of the house of Israel are doing in the darkness, each at the shrine of his own idol? They say, 'The Lord does not see us; the Lord has forsaken the land.' " **13** Again, he said, "You will see them doing things that are even more detestable."

14 Then he brought me to the entrance to the north gate of the house of the Lord, and I saw women sitting there, mourning for Tammuz. **15** He said to me, "Do you see this, son of man? You will see things that are even more detestable than this."

16 He then brought me into the inner court of the house of the Lord, and there at the entrance to the temple, between the portico and the altar, were about twenty-five men. With their backs toward the temple of the Lord and their faces toward the east, they were bowing down to the sun in the east.

17 He said to me, "Have you seen this, son of man? Is it a trivial matter for the house of Judah to do the detestable things they are doing here? Must they also fill the land with violence and continually provoke me to anger? Look at them putting

---

ª**8.2** Ou *vi um ser que parecia feito de fogo*, ᵇ**8.14** Essa lamentação pelo deus Tamuz ocorreu no segundo dia do quarto mês, tamuz (aproximadamente junho/julho), que recebeu seu nome devido a esse acontecimento.

ª**8:2** Or *saw a fiery figure*

mente me provocar a ira? Veja! Eles estão pondo o ramo perto do nariz! **18** Por isso com ira eu os tratarei; não olharei com piedade para eles nem os pouparei. Mesmo que gritem aos meus ouvidos, não os ouvirei".

A Morte dos Idólatras

9 Então o ouvi clamar em alta voz: "Tragam aqui os guardas da cidade, cada um com uma arma na mão". **2** E vi seis homens que vinham da porta superior, que está voltada para o norte, cada um com uma arma mortal na mão. Com eles estava um homem vestido de linho que tinha um estojo de escrevente à cintura. Eles entraram e se puseram ao lado do altar de bronze.

3 E a glória do Deus de Israel levantou-se de cima do querubim, onde havia estado, e se moveu para a entrada do templo. E o Senhor chamou o homem vestido de linho e que tinha o estojo de escrevente à cintura **4** e lhe disse: "Percorra a cidade de Jerusalém e ponha um sinal na testa daqueles que suspiram e gemem por causa de todas as práticas repugnantes que são feitas nela".

5 Enquanto eu escutava, ele disse aos outros: "Sigam-no por toda a cidade e matem, sem piedade ou compaixão, **6** velhos, rapazes e moças, mulheres e crianças. Mas não toquem em ninguém que tenha o sinal. Comecem pelo meu santuário". Então eles começaram com as autoridades que estavam na frente do templo.

7 E ele lhes disse: "Contaminem o templo e encham de mortos os pátios. Podem ir!" Eles saíram e começaram a matança na cidade toda. **8** Enquanto isso eu fiquei sozinho. Então prostrei-me, rosto em terra, clamando: "Ah! Soberano Senhor! Vais destruir todo o remanescente de Israel, lançando a tua ira sobre Jerusalém?"

9 Ele me respondeu: "A iniqüidade da nação de Israel e de Judá é enorme; a terra está cheia de sangue derramado e a cidade está cheia de injustiça. Eles dizem: 'O Senhor abandonou o país; o Senhor não nos vê'. **10** Então eu, de minha parte, não olharei para eles com piedade nem os pouparei, mas farei cair sobre a sua cabeça o que eles têm feito".

11 Então o homem de linho com o estojo de escrevente à cintura voltou trazendo um relatório, e disse: "Fiz o que me ordenaste".

A Glória de Deus Afasta-se do Templo

10 Olhei e vi algo semelhante a um trono de safira sobre a abóbada que estava por cima das cabeças dos querubins. **2** O Senhor disse ao homem vestido de linho: "Vá entre as rodas, por baixo dos querubins. Encha as mãos com brasas ardentes apanhadas de entre os querubins e espalhe-as sobre a cidade". E, enquanto eu observava, ele foi.

3 Ora, os querubins estavam no lado sul do templo quando o homem entrou, e uma nuvem encheu o pátio interno. **4** Então a glória do Senhor levantou-se de cima dos querubins e moveu-se para a entrada do templo. A nuvem encheu o templo, e o pátio foi tomado pelo resplendor da glória do Senhor. **5** O som das asas dos querubins podia ser ouvido até no pátio externo, como a voz do Deus todo-poderoso, quando ele fala.

6 Quando o Senhor ordenou ao homem vestido de linho: "Apanhe fogo do meio das rodas, do meio dos querubins", o homem foi e colocou-se ao lado de uma roda. **7** No meio do fogo que estava entre os querubins um deles estendeu a mão, apanhou algumas brasas e as colocou nas mãos do homem vestido de linho, que as recebeu e saiu. **8** (Debaixo das asas dos querubins podia-se ver o que se parecia com mãos humanas.)

9 Olhei e vi ao lado dos querubins quatro rodas, uma ao lado de cada um dos querubins; as rodas reluziam como berilo. **10** Quanto à sua aparência, eram iguais, e cada uma parecia es-

---

the branch to their nose! **18** Therefore I will deal with them in anger; I will not look on them with pity or spare them. Although they shout in my ears, I will not listen to them."

Idolaters Killed

9 Then I heard him call out in a loud voice, "Bring the guards of the city here, each with a weapon in his hand." **2** And I saw six men coming from the direction of the upper gate, which faces north, each with a deadly weapon in his hand. With them was a man clothed in linen who had a writing kit at his side. They came in and stood beside the bronze altar.

3 Now the glory of the God of Israel went up from above the cherubim, where it had been, and moved to the threshold of the temple. Then the Lord called to the man clothed in linen who had the writing kit at his side **4** and said to him, "Go throughout the city of Jerusalem and put a mark on the foreheads of those who grieve and lament over all the detestable things that are done in it."

5 As I listened, he said to the others, "Follow him through the city and kill, without showing pity or compassion. **6** Slaughter old men, young men and maidens, women and children, but do not touch anyone who has the mark. Begin at my sanctuary." So they began with the elders who were in front of the temple.

7 Then he said to them, "Defile the temple and fill the courts with the slain. Go!" So they went out and began killing throughout the city. **8** While they were killing and I was left alone, I fell facedown, crying out, "Ah, Sovereign Lord! Are you going to destroy the entire remnant of Israel in this outpouring of your wrath on Jerusalem?"

9 He answered me, "The sin of the house of Israel and Judah is exceedingly great; the land is full of bloodshed and the city is full of injustice. They say, 'The Lord has forsaken the land; the Lord does not see.' **10** So I will not look on them with pity or spare them, but I will bring down on their own heads what they have done."

11 Then the man in linen with the writing kit at his side brought back word, saying, "I have done as you commanded."

The Glory Departs From the Temple

10 I looked, and I saw the likeness of a throne of sapphire[a] above the expanse that was over the heads of the cherubim. **2** The Lord said to the man clothed in linen, "Go in among the wheels beneath the cherubim. Fill your hands with burning coals from among the cherubim and scatter them over the city." And as I watched, he went in.

3 Now the cherubim were standing on the south side of the temple when the man went in, and a cloud filled the inner court. **4** Then the glory of the Lord rose from above the cherubim and moved to the threshold of the temple. The cloud filled the temple, and the court was full of the radiance of the glory of the Lord. **5** The sound of the wings of the cherubim could be heard as far away as the outer court, like the voice of God Almighty[b] when he speaks.

6 When the Lord commanded the man in linen, "Take fire from among the wheels, from among the cherubim," the man went in and stood beside a wheel. **7** Then one of the cherubim reached out his hand to the fire that was among them. He took up some of it and put it into the hands of the man in linen, who took it and went out. **8** (Under the wings of the cherubim could be seen what looked like the hands of a man.)

9 I looked, and I saw beside the cherubim four wheels, one beside each of the cherubim; the wheels sparkled like chrysolite. **10** As for their appearance, the four of them looked alike;

---

a 10:1 Or *lapis lazuli*   **b** 10:5 Hebrew *El-Shaddai*

tar entrosada na outra. **11** Enquanto se moviam, elas iam em qualquer uma das quatro direções que tomavam os querubins; as rodas não se viravam[a] enquanto os querubins se moviam. Eles seguiam qualquer direção à sua frente, sem se virar. **12** Seus corpos, inclusive as costas, as mãos e as asas, estavam completamente cheios de olhos, como as suas quatro rodas. **13** Quanto às rodas, ouvi que as chamavam "giratórias". **14** Cada um dos querubins tinha quatro rostos: Um rosto era o de um querubim, o segundo, de um homem, o terceiro, de um leão, e o quarto, de uma águia.

15 Então os querubins se elevaram. Eram os mesmos seres viventes que eu tinha visto junto ao rio Quebar. **16** Quando os querubins se moviam, as rodas ao lado deles se moviam; quando os querubins estendiam as asas para erguer-se do chão, as rodas também iam com eles. **17** Quando os querubins se mantinham imóveis, elas também ficavam; e quando os querubins se levantavam, elas se levantavam com eles, porque o espírito dos seres viventes estava nelas.

18 E a glória do Senhor afastou-se da entrada do templo e parou sobre os querubins. **19** Enquanto eu observava, os querubins estenderam as asas e se ergueram do chão, e as rodas foram com eles. Eles pararam à entrada da porta oriental do templo do Senhor, e a glória do Deus de Israel estava sobre eles.

20 Esses seres viventes eram os mesmos que eu tinha visto debaixo do Deus de Israel, junto ao rio Quebar, e percebi que eles eram querubins. **21** Cada um tinha quatro rostos e quatro asas, e debaixo de suas asas havia o que parecia mãos humanas. **22** Seus rostos tinham a mesma aparência daqueles que eu tinha visto junto ao rio Quebar. Todos iam sempre para a frente.

O Julgamento dos Líderes de Israel

11 Então o Espírito me ergueu e me levou para a porta do templo do Senhor que dá para o oriente. Ali, à entrada da porta, havia vinte e cinco homens, e vi entre eles Jazanias, filho de Azur, e Pelatias, filho de Benaia, líderes do povo. **2** O Senhor me disse: "Filho do homem, estes são os homens que estão tramando o mal e dando maus conselhos nesta cidade. **3** Eles dizem: 'Não está chegando o tempo de construir casas?[b] Esta cidade é uma panela, e nós somos a carne dentro dela'. **4** Portanto, profetize contra eles; profetize, filho do homem".

5 Então o Espírito do Senhor veio sobre mim e mandou-me dizer: "Assim diz o Senhor: É isso que vocês estão dizendo, ó nação de Israel, mas eu sei em que vocês estão pensando. **6** Vocês mataram muita gente nesta cidade e encheram as suas ruas de cadáveres.

7 "Portanto, assim diz o Soberano, o Senhor: Os corpos que vocês jogaram nas ruas são a carne, e esta cidade é a panela, mas eu os expulsarei dela. **8** Vocês têm medo da espada, e a espada é o que trarei contra vocês. Palavra do Soberano, o Senhor. **9** Eu os expulsarei da cidade e os entregarei nas mãos de estrangeiros e os castigarei. **10** Vocês cairão à espada, e eu os julgarei nas fronteiras de Israel. Então vocês saberão que eu sou o Senhor. **11** Esta cidade não será uma panela para vocês, nem vocês serão carne dentro dela; eu os julgarei nas fronteiras de Israel. **12** E vocês saberão que eu sou o Senhor, pois vocês não agiram segundo os meus decretos nem obedeceram às minhas leis, mas se conformaram aos padrões das nações ao seu redor".

13 Ora, enquanto eu estava profetizando, Pelatias, filho de Benaia, morreu. Então prostrei-me, rosto em terra, e clamei em alta voz: "Ah! Soberano Senhor! Destruirás totalmente o remanescente de Israel?"

14 Esta palavra do Senhor veio a mim: **15** "Filho do homem, seus irmãos, sim, seus irmãos que são seus parentes consan-

each was like a wheel intersecting a wheel. **11** As they moved, they would go in any one of the four directions the cherubim faced; the wheels did not turn about[a] as the cherubim went. The cherubim went in whatever direction the head faced, without turning as they went. **12** Their entire bodies, including their backs, their hands and their wings, were completely full of eyes, as were their four wheels. **13** I heard the wheels being called "the whirling wheels." **14** Each of the cherubim had four faces: One face was that of a cherub, the second the face of a man, the third the face of a lion, and the fourth the face of an eagle.

15 Then the cherubim rose upward. These were the living creatures I had seen by the Kebar River. **16** When the cherubim moved, the wheels beside them moved; and when the cherubim spread their wings to rise from the ground, the wheels did not leave their side. **17** When the cherubim stood still, they also stood still; and when the cherubim rose, they rose with them, because the spirit of the living creatures was in them.

18 Then the glory of the Lord departed from over the threshold of the temple and stopped above the cherubim. **19** While I watched, the cherubim spread their wings and rose from the ground, and as they went, the wheels went with them. They stopped at the entrance to the east gate of the Lord's house, and the glory of the God of Israel was above them.

20 These were the living creatures I had seen beneath the God of Israel by the Kebar River, and I realized that they were cherubim. **21** Each had four faces and four wings, and under their wings was what looked like the hands of a man. **22** Their faces had the same appearance as those I had seen by the Kebar River. Each one went straight ahead.

Judgment on Israel's Leaders

11 Then the Spirit lifted me up and brought me to the gate of the house of the Lord that faces east. There at the entrance to the gate were twenty-five men, and I saw among them Jaazaniah son of Azzur and Pelatiah son of Benaiah, leaders of the people. **2** The Lord said to me, "Son of man, these are the men who are plotting evil and giving wicked advice in this city. **3** They say, 'Will it not soon be time to build houses?[b] This city is a cooking pot, and we are the meat.' **4** Therefore prophesy against them; prophesy, son of man."

5 Then the Spirit of the Lord came upon me, and he told me to say: "This is what the Lord says: That is what you are saying, O house of Israel, but I know what is going through your mind. **6** You have killed many people in this city and filled its streets with the dead.

7 "Therefore this is what the Sovereign Lord says: The bodies you have thrown there are the meat and this city is the pot, but I will drive you out of it. **8** You fear the sword, and the sword is what I will bring against you, declares the Sovereign Lord. **9** I will drive you out of the city and hand you over to foreigners and inflict punishment on you. **10** You will fall by the sword, and I will execute judgment on you at the borders of Israel. Then you will know that I am the Lord. **11** This city will not be a pot for you, nor will you be the meat in it; I will execute judgment on you at the borders of Israel. **12** And you will know that I am the Lord, for you have not followed my decrees or kept my laws but have conformed to the standards of the nations around you."

13 Now as I was prophesying, Pelatiah son of Benaiah died. Then I fell facedown and cried out in a loud voice, "Ah, Sovereign Lord! Will you completely destroy the remnant of Israel?"

14 The word of the Lord came to me: **15** "Son of man, your brothers—your brothers who are your blood relatives[c] and the

---

güíneos^a e toda a nação de Israel, são aqueles de quem o povo de Jerusalém tem dito: 'Eles estão^b longe do Senhor. É a nós que esta terra foi dada, para ser nossa propriedade'.

A Promessa da Volta de Israel

16 "Portanto diga: Assim diz o Soberano, o Senhor: Embora eu os tenha mandado para terras muito distantes entre os povos e os tenha espalhado entre as nações, por breve período tenho sido um santuário para eles nas terras para onde foram.

17 "Portanto, diga: Assim diz o Soberano, o Senhor: Eu os ajuntarei dentre as nações e os trarei de volta das terras para onde vocês foram espalhados, e lhes devolverei a terra de Israel.

18 "Eles voltarão para ela e retirarão todas as suas imagens repugnantes e os seus ídolos detestáveis. **19** Darei a eles um coração não dividido e porei um novo espírito dentro deles; retirarei deles o coração de pedra e lhes darei um coração de carne. **20** Então agirão segundo os meus decretos e serão cuidadosos em obedecer às minhas leis. Eles serão o meu povo, e eu serei o seu Deus. **21** Mas, quanto àqueles cujo coração está afeiçoado às suas imagens repugnantes e aos seus ídolos detestáveis, farei cair sobre a sua cabeça aquilo que eles têm feito. Palavra do Soberano, o Senhor".

22 Então os querubins, com as rodas ao lado, estenderam as asas, e a glória do Deus de Israel estava sobre eles. **23** A glória do Senhor se levantou da cidade e parou sobre o monte que fica a leste dela. **24** Então o Espírito de Deus ergueu-me e em visão levou-me aos que estavam exilados na Babilônia.

Findou-se então a visão que eu havia tido, **25** e contei aos exilados tudo o que o Senhor tinha me mostrado.

O Exílio Simbolizado

12 Veio a mim esta palavra do Senhor: **2** "Filho do homem, você vive no meio de uma nação rebelde. Eles têm olhos para ver, mas não vêem, e ouvidos para ouvir, mas não ouvem, pois são uma nação rebelde.

3 "Portanto, filho do homem, arrume sua bagagem para o exílio e, durante o dia, à vista de todos, parta, e vá para outro lugar. Talvez eles compreendam, embora sejam uma nação rebelde. **4** Durante o dia, sem fugir aos olhares do povo, leve para fora os seus pertences arrumados para o exílio. À tarde, saia como aqueles que vão para o exílio. E que os outros o vejam fazer isso. **5** Enquanto eles o observam, faça um buraco no muro e passe a sua bagagem através dele. **6** Ponha-a nos ombros, enquanto o povo estiver observando, e carregue-a ao entardecer. Cubra o rosto para que você não possa ver nada do país, pois eu fiz de você um sinal para a nação de Israel".

7 Então eu fiz o que me foi ordenado. Durante o dia levei para fora as minhas coisas, arrumadas para o exílio. Depois, à tarde, fiz com as mãos um buraco no muro. Ao entardecer saí com a minha bagagem carregando-a nos ombros à vista de todos.

8 De manhã recebi esta palavra do Senhor: **9** "Filho do homem, acaso aquela nação rebelde de Israel não lhe perguntou: 'O que você está fazendo?'

10 "Diga-lhes: Assim diz o Soberano, o Senhor: Esta advertência diz respeito ao príncipe de Jerusalém e a toda a nação de Israel que está ali. **11** Diga-lhes: Eu sou um sinal para vocês. Como eu fiz, assim lhes será feito. Eles irão para o exílio como prisioneiros.

12 "O príncipe deles porá a sua bagagem nos ombros ao entardecer e sairá por um buraco que será escavado no muro para ele passar. Ele cobrirá o rosto para que não possa ver nada do país. **13** Estenderei a minha rede para ele, e ele será apanhado em meu laço; eu o trarei para a Babilônia, terra dos caldeus, mas ele não a verá, e ali morrerá. **14** Espalharei aos ventos todos os que estão ao seu redor, os seus oficiais e todas as suas tropas, e os perseguirei com a espada em punho.

Promised Return of Israel

whole house of Israel—are those of whom the people of Jerusalem have said, 'They are^a far away from the Lord; this land was given to us as our possession.'

16 "Therefore say: 'This is what the Sovereign Lord says: Although I sent them far away among the nations and scattered them among the countries, yet for a little while I have been a sanctuary for them in the countries where they have gone.'

17 "Therefore say: 'This is what the Sovereign Lord says: I will gather you from the nations and bring you back from the countries where you have been scattered, and I will give you back the land of Israel again.'

18 "They will return to it and remove all its vile images and detestable idols. **19** I will give them an undivided heart and put a new spirit in them; I will remove from them their heart of stone and give them a heart of flesh. **20** Then they will follow my decrees and be careful to keep my laws. They will be my people, and I will be their God. **21** But as for those whose hearts are devoted to their vile images and detestable idols, I will bring down on their own heads what they have done, declares the Sovereign Lord."

22 Then the cherubim, with the wheels beside them, spread their wings, and the glory of the God of Israel was above them. **23** The glory of the Lord went up from within the city and stopped above the mountain east of it. **24** The Spirit lifted me up and brought me to the exiles in Babylonia^b in the vision given by the Spirit of God.

Then the vision I had seen went up from me, **25** and I told the exiles everything the Lord had shown me.

The Exile Symbolized

12 The word of the Lord came to me: **2** "Son of man, you are living among a rebellious people. They have eyes to see but do not see and ears to hear but do not hear, for they are a rebellious people.

3 "Therefore, son of man, pack your belongings for exile and in the daytime, as they watch, set out and go from where you are to another place. Perhaps they will understand, though they are a rebellious house. **4** During the daytime, while they watch, bring out your belongings packed for exile. Then in the evening, while they are watching, go out like those who go into exile. **5** While they watch, dig through the wall and take your belongings out through it. **6** Put them on your shoulder as they are watching and carry them out at dusk. Cover your face so that you cannot see the land, for I have made you a sign to the house of Israel."

7 So I did as I was commanded. During the day I brought out my things packed for exile. Then in the evening I dug through the wall with my hands. I took my belongings out at dusk, carrying them on my shoulders while they watched.

8 In the morning the word of the Lord came to me: **9** "Son of man, did not that rebellious house of Israel ask you, 'What are you doing?'

10 "Say to them, 'This is what the Sovereign Lord says: This oracle concerns the prince in Jerusalem and the whole house of Israel who are there.' **11** Say to them, 'I am a sign to you.'

"As I have done, so it will be done to them. They will go into exile as captives.

12 "The prince among them will put his things on his shoulder at dusk and leave, and a hole will be dug in the wall for him to go through. He will cover his face so that he cannot see the land. **13** I will spread my net for him, and he will be caught in my snare; I will bring him to Babylonia, the land of the Chaldeans, but he will not see it, and there he will die. **14** I will scatter to the winds all those around him—his staff and all his troops—and I will pursue them with drawn sword.

---

^a11.15 Ou *que estão no exílio junto com você* ^b11.15 Ou *aqueles a quem o povo de Jerusalém disse: 'Permaneçam*

^a11:15 Or *those to whom the people of Jerusalem have said, 'Stay* ^b11:24 Or *Chaldea*

15 "Eles saberão que eu sou o Senhor, quando eu os dispersar entre as nações e os espalhar pelas terras. **16** Mas pouparei uns poucos deles da espada, da fome e da peste para que, nas nações aonde forem, contem todas as suas práticas repugnantes. Então saberão que eu sou o Senhor".

17 Esta palavra do Senhor veio a mim: **18** "Filho do homem, trema enquanto come a sua comida, e fique arrepiado de medo enquanto bebe a sua água. **19** Diga ao povo do país: Assim diz o Senhor, o Soberano, acerca daqueles que vivem em Jerusalém e em Israel: Eles comerão sua comida com ansiedade e beberão sua água desesperados, pois tudo o que existe em sua terra dela será arrancado por causa da violência de todos os que ali vivem. **20** As cidades habitadas serão arrasadas e a terra ficará abandonada. Então vocês saberão que eu sou o Senhor".

21 O Senhor me falou: **22** "Filho do homem, que provérbio é este que vocês têm em Israel: 'Os dias passam e todas as visões dão em nada'? **23** Diga-lhes, pois: Assim diz o Soberano, o Senhor: Darei fim a esse provérbio, e não será mais citado em Israel. Diga-lhes: Estão chegando os dias em que toda visão se cumprirá. **24** Pois não haverá mais visões falsas ou adivinhações bajuladoras entre o povo de Israel. **25** Mas eu, o Senhor, falarei o que eu quiser, e isso se cumprirá sem demora. Pois em seus dias, ó nação rebelde, cumprirei tudo o que eu disser. Palavra do Soberano, o Senhor".

26 Veio a mim esta palavra do Senhor: **27** "Filho do homem, a nação de Israel está dizendo: 'A visão que ele vê é para daqui a muitos anos, e ele profetiza sobre o futuro distante'. **28** "Pois diga a eles: Assim diz o Soberano, o Senhor: Nenhuma de minhas palavras sofrerá mais demora; tudo o que eu disser se cumprirá. Palavra do Soberano, o Senhor".

A Condenação dos Falsos Profetas

13 A palavra do Senhor veio a mim. Disse ele: **2** "Filho do homem, profetize contra os profetas de Israel que estão profetizando agora. Diga àqueles que estão profetizando pela sua própria imaginação: Ouçam a palavra do Senhor! **3** Assim diz o Soberano, o Senhor: Ai dos profetas tolos[a] que seguem o seu próprio espírito e não viram nada! **4** Seus profetas, ó Israel, são como chacais no meio de ruínas. **5** Vocês não foram consertar as brechas do muro para a nação de Israel, para que ela pudesse resistir firme no combate do dia do Senhor. **6** Suas visões são falsas e suas adivinhações, mentira. Dizem 'Palavra do Senhor', quando o Senhor não os enviou; contudo, esperam que as suas palavras se cumpram. **7** Acaso vocês não tiveram visões falsas e não pronunciaram adivinhações mentirosas quando disseram 'Palavra do Senhor', sendo que eu não falei?

8 "Portanto assim diz o Soberano, o Senhor: Por causa de suas palavras falsas e de suas visões mentirosas, estou contra vocês. Palavra do Soberano, o Senhor. **9** Minha mão será contra os profetas que têm visões falsas e proferem adivinhações mentirosas. Eles não pertencerão ao conselho de meu povo, não estarão inscritos nos registros da nação de Israel e não entrarão na terra de Israel. Então vocês saberão que eu sou o Soberano, o Senhor.

10 "Porque fazem o meu povo desviar-se dizendo-lhe 'Paz' quando não há paz e, quando constroem um muro frágil, passam-lhe cal, **11** diga àqueles que lhe passam cal: Esse muro vai cair! Virá chuva torrencial, e derramarei chuva de pedra, e rajarão ventos violentos. **12** Quando o muro desabar, o povo lhes perguntará: 'Onde está a caiação que vocês fizeram?'

13 "Por isso, assim diz o Soberano, o Senhor: Na minha ira permitirei o estouro de um vento violento, e na minha indignação chuva de pedra e um aguaceiro torrencial cairão com ímpeto destruidor. **14** Despedaçarei o muro que vocês caiaram e o arrasarei para que se desnudem os seus alicerces. Quando ele[b]

15 "They will know that I am the Lord, when I disperse them among the nations and scatter them through the countries. **16** But I will spare a few of them from the sword, famine and plague, so that in the nations where they go they may acknowledge all their detestable practices. Then they will know that I am the Lord."

17 The word of the Lord came to me: **18** "Son of man, tremble as you eat your food, and shudder in fear as you drink your water. **19** Say to the people of the land: 'This is what the Sovereign Lord says about those living in Jerusalem and in the land of Israel: They will eat their food in anxiety and drink their water in despair, for their land will be stripped of everything in it because of the violence of all who live there. **20** The inhabited towns will be laid waste and the land will be desolate. Then you will know that I am the Lord.' "

21 The word of the Lord came to me: **22** "Son of man, what is this proverb you have in the land of Israel: 'The days go by and every vision comes to nothing'? **23** Say to them, 'This is what the Sovereign Lord says: I am going to put an end to this proverb, and they will no longer quote it in Israel.' Say to them, 'The days are near when every vision will be fulfilled. **24** For there will be no more false visions or flattering divinations among the people of Israel. **25** But I the Lord will speak what I will, and it shall be fulfilled without delay. For in your days, you rebellious house, I will fulfill whatever I say, declares the Sovereign Lord.' "

26 The word of the Lord came to me: **27** "Son of man, the house of Israel is saying, 'The vision he sees is for many years from now, and he prophesies about the distant future.' **28** "Therefore say to them, 'This is what the Sovereign Lord says: None of my words will be delayed any longer; whatever I say will be fulfilled, declares the Sovereign Lord.' "

False Prophets Condemned

13 The word of the Lord came to me: **2** "Son of man, prophesy against the prophets of Israel who are now prophesying. Say to those who prophesy out of their own imagination: 'Hear the word of the Lord! **3** This is what the Sovereign Lord says: Woe to the foolish[a] prophets who follow their own spirit and have seen nothing! **4** Your prophets, O Israel, are like jackals among ruins. **5** You have not gone up to the breaks in the wall to repair it for the house of Israel so that it will stand firm in the battle on the day of the Lord. **6** Their visions are false and their divinations a lie. They say, "The Lord declares," when the Lord has not sent them; yet they expect their words to be fulfilled. **7** Have you not seen false visions and uttered lying divinations when you say, "The Lord declares," though I have not spoken?

8 " 'Therefore this is what the Sovereign Lord says: Because of your false words and lying visions, I am against you, declares the Sovereign Lord. **9** My hand will be against the prophets who see false visions and utter lying divinations. They will not belong to the council of my people or be listed in the records of the house of Israel, nor will they enter the land of Israel. Then you will know that I am the Sovereign Lord.

10 " 'Because they lead my people astray, saying, "Peace," when there is no peace, and because, when a flimsy wall is built, they cover it with whitewash, **11** therefore tell those who cover it with whitewash that it is going to fall. Rain will come in torrents, and I will send hailstones hurtling down, and violent winds will burst forth. **12** When the wall collapses, will people not ask you, "Where is the whitewash you covered it with?"

13 " 'Therefore this is what the Sovereign Lord says: In my wrath I will unleash a violent wind, and in my anger hailstones and torrents of rain will fall with destructive fury. **14** I will tear down the wall you have covered with whitewash and will level it to the ground so that its foundation will be laid bare. When it[b]

---

[a] 13.3 Ou ímpios [b] 13.14 Ou Quando a cidade   [a] 13:3 Or wicked [b] 13:14 Or the city

cair, vocês serão destruídos com ele; e saberão que eu sou o Senhor. **15** Assim esgotarei minha ira contra o muro e contra aqueles que o caiaram. Direi a vocês: O muro se foi, e também aqueles que o caiaram, **16** os profetas de Israel que profetizaram sobre Jerusalém e tiveram visões de paz para ela quando não havia paz. Palavra do Soberano, o Senhor.

17 "Agora, filho do homem, vire o rosto contra as filhas do seu povo que profetizam pela sua própria imaginação. Profetize contra elas **18** e diga: Assim diz o Senhor, o Soberano: Ai das mulheres que costuram berloques de feitiço em seus pulsos e fazem véus de vários comprimentos para a cabeça a fim de enlaçarem o povo. Pensam que vão enlaçar a vida do meu povo e preservar a de vocês? **19** Vocês me profanaram no meio de meu povo em troca de uns punhados de cevada e de migalhas de pão. Ao mentirem ao meu povo, que ouve mentiras, vocês mataram aqueles que não deviam ter morrido e pouparam aqueles que não deviam viver.

20 "Por isso, assim diz o Soberano, o Senhor: Estou contra os seus berloques de feitiço com os quais vocês prendem o povo como se fossem passarinhos, e os arrancarei dos seus braços; porei em liberdade o povo que vocês prendem como passarinhos. **21** Rasgarei os seus véus e libertarei o meu povo das mãos de vocês, e ele não será mais presa do seu poder. Então vocês saberão que eu sou o Senhor. **22** Vocês, mentindo, desencorajaram o justo contra a minha vontade, e encorajaram os ímpios a não se desviarem dos seus maus caminhos para salvarem a sua vida. **23** Por isso, vocês não terão mais visões falsas e nunca mais vão praticar adivinhação. Livrarei o meu povo das mãos de vocês. E então vocês saberão que eu sou o Senhor".

A Condenação dos Idólatras

14 Algumas das autoridades de Israel vieram e se sentaram diante de mim. **2** Então o Senhor me falou: **3** "Filho do homem, estes homens ergueram ídolos em seus corações e puseram tropeços ímpios diante de si. Devo deixar que me consultem? **4** Ora, diga-lhes: Assim diz o Soberano, o Senhor: Quando qualquer israelita erguer ídolos em seu coração e puser um tropeço ímpio diante do seu rosto e depois for consultar um profeta, eu o Senhor, eu mesmo, responderei a ele conforme a sua idolatria. **5** Isto farei para reconquistar o coração da nação de Israel, que me abandonou em troca de seus ídolos.

6 "Por isso diga à nação de Israel: Assim diz o Soberano, o Senhor: Arrependa-se! Desvie-se dos seus ídolos e renuncie a todas as práticas detestáveis!

7 "Quando qualquer israelita ou qualquer estrangeiro residente em Israel separar-se de mim, erguer ídolos em seu coração e puser um tropeço ímpio diante de si e depois for a um profeta para me consultar, eu, o Senhor, eu mesmo, responderei a ele. **8** Voltarei o meu rosto contra aquele homem e farei dele um exemplo e um objeto de zombaria. Eu o eliminarei do meio do meu povo. E vocês saberão que eu sou o Senhor.

9 "E, se o profeta for enganado e levado a proferir uma profecia, eu, o Senhor, terei enganado aquele profeta, e estenderei o meu braço contra ele e o destruirei, tirando-o do meio de Israel, o meu povo. **10** O profeta será tão culpado quanto aquele que o consultar; ambos serão castigados. **11** Isso para que a nação de Israel não se desvie mais de mim, nem mais se contamine com todos os seus pecados. Serão o meu povo, e eu serei o seu Deus. Palavra do Soberano, o Senhor".

Julgamento Inevitável

12 Esta palavra do Senhor veio a mim: **13** "Filho do homem, se uma nação pecar contra mim por infidelidade, estenderei contra ela o meu braço para cortar o seu sustento, enviar fome sobre ela e exterminar seus homens e seus animais. **14** Mesmo que estes três homens — Noé, Daniela e Jó — estivessem nela,

falls, you will be destroyed in it; and you will know that I am the Lord. **15** So I will spend my wrath against the wall and against those who covered it with whitewash. I will say to you, "The wall is gone and so are those who whitewashed it, **16** those prophets of Israel who prophesied to Jerusalem and saw visions of peace for her when there was no peace, declares the Sovereign Lord." '

17 "Now, son of man, set your face against the daughters of your people who prophesy out of their own imagination. Prophesy against them **18** and say, 'This is what the Sovereign Lord says: Woe to the women who sew magic charms on all their wrists and make veils of various lengths for their heads in order to ensnare people. Will you ensnare the lives of my people but preserve your own? **19** You have profaned me among my people for a few handfuls of barley and scraps of bread. By lying to my people, who listen to lies, you have killed those who should not have died and have spared those who should not live.

20 " 'Therefore this is what the Sovereign Lord says: I am against your magic charms with which you ensnare people like birds and I will tear them from your arms; I will set free the people that you ensnare like birds. **21** I will tear off your veils and save my people from your hands, and they will no longer fall prey to your power. Then you will know that I am the Lord. **22** Because you disheartened the righteous with your lies, when I had brought them no grief, and because you encouraged the wicked not to turn from their evil ways and so save their lives, **23** therefore you will no longer see false visions or practice divination. I will save my people from your hands. And then you will know that I am the Lord.' "

Idolaters Condemned

14 Some of the elders of Israel came to me and sat down in front of me. **2** Then the word of the Lord came to me: **3** "Son of man, these men have set up idols in their hearts and put wicked stumbling blocks before their faces. Should I let them inquire of me at all? **4** Therefore speak to them and tell them, 'This is what the Sovereign Lord says: When any Israelite sets up idols in his heart and puts a wicked stumbling block before his face and then goes to a prophet, I the Lord will answer him myself in keeping with his great idolatry. **5** I will do this to recapture the hearts of the people of Israel, who have all deserted me for their idols.'

6 "Therefore say to the house of Israel, 'This is what the Sovereign Lord says: Repent! Turn from your idols and renounce all your detestable practices!

7 " 'When any Israelite or any alien living in Israel separates himself from me and sets up idols in his heart and puts a wicked stumbling block before his face and then goes to a prophet to inquire of me, I the Lord will answer him myself. **8** I will set my face against that man and make him an example and a byword. I will cut him off from my people. Then you will know that I am the Lord.

9 " 'And if the prophet is enticed to utter a prophecy, I the Lord have enticed that prophet, and I will stretch out my hand against him and destroy him from among my people Israel. **10** They will bear their guilt—the prophet will be as guilty as the one who consults him. **11** Then the people of Israel will no longer stray from me, nor will they defile themselves anymore with all their sins. They will be my people, and I will be their God, declares the Sovereign Lord.' "

Judgment Inescapable

12 The word of the Lord came to me: **13** "Son of man, if a country sins against me by being unfaithful and I stretch out my hand against it to cut off its food supply and send famine upon it and kill its men and their animals, **14** even if these three men—Noah, Daniela and Job—were in it, they

---

a**14.14** Ou *Daniel*; também no versículo 20.

a**14:14** Or *Danel*; the Hebrew spelling may suggest a person other than the prophet Daniel; also in verse 20.

por sua retidão eles só poderiam livrar a si mesmos. Palavra do Soberano, o SENHOR.

15 "Ou, se eu enviar animais selvagens para aquela nação e eles a deixarem sem filhos e ela for abandonada de tal forma que ninguém passe por ela, com medo dos animais, **16** juro pela minha vida, palavra do Soberano, o SENHOR, mesmo que aqueles três homens estivessem nela, eles não poderiam livrar os seus próprios filhos ou filhas. Só a si mesmos livrariam, e a nação seria arrasada.

17 "Ou, se eu trouxer a espada contra aquela nação e disser: Que a espada passe por toda esta terra, e eu exterminar dela os homens e os animais, **18** juro pela minha vida, palavra do Soberano, o SENHOR, mesmo que aqueles três homens estivessem nela, eles não poderiam livrar seus próprios filhos ou filhas. Somente eles se livrariam.

19 "Ou, se eu enviar uma peste contra aquela terra e despejar sobre ela a minha ira derramando sangue, exterminando seus homens e seus animais, **20** juro pela minha vida, palavra do Soberano, o SENHOR, mesmo que Noé, Daniel e Jó estivessem nela, eles não poderiam livrar seus filhos e suas filhas. Por sua justiça só poderiam livrar a si mesmos.

21 "Pois assim diz o Soberano, o SENHOR: Quanto pior será quando eu enviar contra Jerusalém os meus quatro terríveis juízos: a espada, a fome, os animais selvagens e a peste, para com eles exterminar os seus homens e os seus animais! **22** Contudo, haverá alguns sobreviventes; filhos e filhas que serão retirados dela. Eles virão a vocês e, quando vocês virem a conduta e as ações deles, vocês se sentirão consolados com relação à desgraça que eu trouxe sobre Jerusalém. **23** Vocês se sentirão consolados quando virem a conduta e as ações deles, pois saberão que não agi sem motivo em tudo quanto fiz ali. Palavra do Soberano, o SENHOR".

Jerusalém, A Videira Inútil

15 A palavra do SENHOR veio a mim. Disse ele: **2** "Filho do homem, em que a madeira da videira é melhor do que o galho de qualquer árvore da floresta? **3** Alguma vez a madeira dela é usada para fazer algo útil? Alguém faz suportes com ela para neles pendurar coisas? **4** E depois de lançada no fogo como combustível e o fogo queimar as duas extremidades e carbonizar o meio, servirá para alguma coisa? **5** Se não foi útil para coisa alguma enquanto estava inteira, muito menos o será quando o fogo a queimar e ela estiver carbonizada.

6 "Por isso diz o Soberano, o SENHOR: Assim como destinei a madeira da videira dentre as árvores da floresta para servir de lenha para o fogo, também tratarei os habitantes de Jerusalém. **7** Voltarei contra eles o meu rosto. Do fogo saíram, mas o fogo os consumirá. E quando eu voltar o meu rosto contra eles, vocês saberão que eu sou o SENHOR. **8** Arrasarei a terra porque eles foram infiéis. Palavra do Soberano, o SENHOR".

A Alegoria da Jerusalém Infiel

16 Veio a mim esta palavra do SENHOR: **2** "Filho do homem, confronte Jerusalém com suas práticas detestáveis **3** e diga: Assim diz o Soberano, o SENHOR, a Jerusalém: Sua origem e seu nascimento foram na terra dos cananeus; seu pai era um amorreu e sua mãe uma hitita. **4** Seu nascimento foi assim: no dia em que você nasceu, o seu cordão umbilical não foi cortado, você não foi lavada com água para que ficasse limpa, não foi esfregada com sal nem enrolada em panos. **5** Ninguém olhou para você com piedade nem teve suficiente compaixão para fazer qualquer uma dessas coisas por você. Ao contrário, você foi jogada fora, em campo aberto, pois, no dia em que nasceu, foi desprezada.

6 "Então, passando por perto, vi você se esperneando em seu sangue e, enquanto você jazia ali em seu sangue, eu lhe disse:

could save only themselves by their righteousness, declares the Sovereign LORD.

15 "Or if I send wild beasts through that country and they leave it childless and it becomes desolate so that no one can pass through it because of the beasts, **16** as surely as I live, declares the Sovereign LORD, even if these three men were in it, they could not save their own sons or daughters. They alone would be saved, but the land would be desolate.

17 "Or if I bring a sword against that country and say, 'Let the sword pass throughout the land,' and I kill its men and their animals, **18** as surely as I live, declares the Sovereign LORD, even if these three men were in it, they could not save their own sons or daughters. They alone would be saved.

19 "Or if I send a plague into that land and pour out my wrath upon it through bloodshed, killing its men and their animals, **20** as surely as I live, declares the Sovereign LORD, even if Noah, Daniel and Job were in it, they could save neither son nor daughter. They would save only themselves by their righteousness.

21 "For this is what the Sovereign LORD says: How much worse will it be when I send against Jerusalem my four dreadful judgments—sword and famine and wild beasts and plague—to kill its men and their animals! **22** Yet there will be some survivors—sons and daughters who will be brought out of it. They will come to you, and when you see their conduct and their actions, you will be consoled regarding the disaster I have brought upon Jerusalem—every disaster I have brought upon it. **23** You will be consoled when you see their conduct and their actions, for you will know that I have done nothing in it without cause, declares the Sovereign LORD."

Jerusalem, A Useless Vine

15 The word of the LORD came to me: **2** "Son of man, how is the wood of a vine better than that of a branch on any of the trees in the forest? **3** Is wood ever taken from it to make anything useful? Do they make pegs from it to hang things on? **4** And after it is thrown on the fire as fuel and the fire burns both ends and chars the middle, is it then useful for anything? **5** If it was not useful for anything when it was whole, how much less can it be made into something useful when the fire has burned it and it is charred?

6 "Therefore this is what the Sovereign LORD says: As I have given the wood of the vine among the trees of the forest as fuel for the fire, so will I treat the people living in Jerusalem. **7** I will set my face against them. Although they have come out of the fire, the fire will yet consume them. And when I set my face against them, you will know that I am the LORD. **8** I will make the land desolate because they have been unfaithful, declares the Sovereign LORD."

An Allegory of Unfaithful Jerusalem

16 The word of the LORD came to me: **2** "Son of man, confront Jerusalem with her detestable practices **3** and say, 'This is what the Sovereign LORD says to Jerusalem: Your ancestry and birth were in the land of the Canaanites; your father was an Amorite and your mother a Hittite. **4** On the day you were born your cord was not cut, nor were you washed with water to make you clean, nor were you rubbed with salt or wrapped in cloths. **5** No one looked on you with pity or had compassion enough to do any of these things for you. Rather, you were thrown out into the open field, for on the day you were born you were despised.

6 " 'Then I passed by and saw you kicking about in your

Viva!ª ⁷E eu a fiz crescer como uma planta no campo. Você cresceu e se desenvolveu e se tornou a mais linda das jóias♭. Seus seios se formaram e seu cabelo cresceu, mas você ainda estava totalmente nua.

⁸"Mais tarde, quando passei de novo por perto, olhei para você e vi que já tinha idade suficiente para amar; então estendi a minha capa sobre você e cobri a sua nudez. Fiz um juramento e estabeleci uma aliança com você, palavra do Soberano, o Senhor, e você se tornou minha.

⁹"Eu lhe deiᶜ banho com água e, ao lavá-la, limpei o seu sangue e a perfumei. ¹⁰Pus-lhe um vestido bordado e sandálias de courod. Eu a vesti de linho fino e a cobri com roupas caras. ¹¹Adornei-a com jóias; pus braceletes em seus braços e uma gargantilha em torno de seu pescoço; ¹²dei-lhe um pendente, pus brincos em suas orelhas e uma linda coroa em sua cabeça. ¹³Assim você foi adornada com ouro e prata; suas roupas eram de linho fino, tecido caro e pano bordado. Sua comida era a melhor farinha, mel e azeite de oliva. Você se tornou muito linda e uma rainha. ¹⁴Sua fama espalhou-se entre as nações por sua beleza, porque o esplendor que eu lhe dera tornou perfeita a sua formosura. Palavra do Soberano, o Senhor.

¹⁵"Mas você confiou em sua beleza e usou sua fama para se tornar uma prostituta. Você concedeu os seus favores a todos os que passaram por perto, e a sua beleza se tornou deles.ᵉ ¹⁶Você usou algumas de suas roupas para adornar altares idólatras, onde levou adiante a sua prostituição. Coisas assim jamais deveriam acontecer! ¹⁷Você apanhou as jóias finas que eu lhe tinha dado, jóias feitas com meu ouro e minha prata, e fez para si mesma ídolos em forma de homem e se prostituiu com eles. ¹⁸Você também os vestiu com suas roupas bordadas, e lhes ofereceu o meu óleo e o meu incenso. ¹⁹E até a minha comida que lhe dei: a melhor farinha, o azeite de oliva e o mel; você lhes ofereceu tudo como incenso aromático. Foi isso que aconteceu, diz o Soberano, o Senhor.

²⁰"E você ainda pegou seus filhos e filhas, que havia gerado para mim, e os sacrificou como comida para os ídolos. A sua prostituição não foi suficiente? ²¹Você abateu os meus filhos e os sacrificouf para os ídolos! ²²Em todas as suas práticas detestáveis, como em sua prostituição, você não se lembrou dos dias de sua infância, quando estava totalmente nua, esperneando em seu sangue.

²³"Ai! Ai de você! Palavra do Soberano, o Senhor. Somando-se a todas as suas outras maldades, ²⁴em cada praça pública, você construiu para si mesma altares e santuários elevados. ²⁵No começo de cada rua você construiu seus santuários elevados e deturpou sua beleza, oferecendo seu corpo com promiscuidade cada vez maior a qualquer um que passasse. ²⁶Você se prostituiu com os egípcios, os seus vizinhos cobiçosos, e provocou a minha ira com sua promiscuidade cada vez maior. ²⁷Por isso estendi o meu braço contra você e reduzi o seu território; eu a entreguei à vontade das suas inimigas, as filhas dos filisteus, que ficaram chocadas com a sua conduta lasciva. ²⁸Você se prostituiu também com os assírios, porque era insaciável, e, mesmo depois disso, ainda não ficou satisfeita. ²⁹Então você aumentou a sua promiscuidade também com a Babilônia, uma terra de comerciantes, mas nem com isso ficou satisfeita.

³⁰"Como você tem pouca força de vontade, palavra do Soberano, o Senhor, quando você faz todas essas coisas, agindo como uma prostituta descarada! ³¹Quando construía os seus altares idólatras em cada esquina e fazia seus santuários elevados em cada praça pública, você só não foi como prostituta porque desprezou o pagamento.

³²"Você, mulher adúltera! Prefere estranhos ao seu próprio

blood, and as you lay there in your blood I said to you, "Live!"ª ⁷I made you grow like a plant of the field. You grew up and developed and became the most beautiful of jewels.♭ Your breasts were formed and your hair grew, you who were naked and bare.

⁸" 'Later I passed by, and when I looked at you and saw that you were old enough for love, I spread the corner of my garment over you and covered your nakedness. I gave you my solemn oath and entered into a covenant with you, declares the Sovereign Lord, and you became mine.

⁹" 'I bathedᶜ you with water and washed the blood from you and put ointments on you. ¹⁰I clothed you with an embroidered dress and put leather sandals on you. I dressed you in fine linen and covered you with costly garments. ¹¹I adorned you with jewelry: I put bracelets on your arms and a necklace around your neck, ¹²and I put a ring on your nose, earrings on your ears and a beautiful crown on your head. ¹³So you were adorned with gold and silver; your clothes were of fine linen and costly fabric and embroidered cloth. Your food was fine flour, honey and olive oil. You became very beautiful and rose to be a queen. ¹⁴And your fame spread among the nations on account of your beauty, because the splendor I had given you made your beauty perfect, declares the Sovereign Lord.

¹⁵" 'But you trusted in your beauty and used your fame to become a prostitute. You lavished your favors on anyone who passed by and your beauty became his.d ¹⁶You took some of your garments to make gaudy high places, where you carried on your prostitution. Such things should not happen, nor should they ever occur. ¹⁷You also took the fine jewelry I gave you, the jewelry made of my gold and silver, and you made for yourself male idols and engaged in prostitution with them. ¹⁸And you took your embroidered clothes to put on them, and you offered my oil and incense before them. ¹⁹Also the food I provided for you—the fine flour, olive oil and honey I gave you to eat—you offered as fragrant incense before them. That is what happened, declares the Sovereign Lord.

²⁰" 'And you took your sons and daughters whom you bore to me and sacrificed them as food to the idols. Was your prostitution not enough? ²¹You slaughtered my children and sacrificed theme to the idols. ²²In all your detestable practices and your prostitution you did not remember the days of your youth, when you were naked and bare, kicking about in your blood.

²³" 'Woe! Woe to you, declares the Sovereign Lord. In addition to all your other wickedness, ²⁴you built a mound for yourself and made a lofty shrine in every public square. ²⁵At the head of every street you built your lofty shrines and degraded your beauty, offering your body with increasing promiscuity to anyone who passed by. ²⁶You engaged in prostitution with the Egyptians, your lustful neighbors, and provoked me to anger with your increasing promiscuity. ²⁷So I stretched out my hand against you and reduced your territory; I gave you over to the greed of your enemies, the daughters of the Philistines, who were shocked by your lewd conduct. ²⁸You engaged in prostitution with the Assyrians too, because you were insatiable; and even after that, you still were not satisfied. ²⁹Then you increased your promiscuity to include Babylonia,f a land of merchants, but even with this you were not satisfied.

³⁰" 'How weak-willed you are, declares the Sovereign Lord, when you do all these things, acting like a brazen prostitute! ³¹When you built your mounds at the head of every street and made your lofty shrines in every public square, you were unlike a prostitute, because you scorned payment.

³²" 'You adulterous wife! You prefer strangers to your own

ª16.6 Conforme alguns manuscritos do Texto Massorético, a Septuaginta e a Versão Siríaca. A maioria dos manuscritos do Texto Massorético diz Viva! E, enquanto você jazia ali em seu sangue, eu lhe disse: Viva! ♭16.7 Ou se tornou amadurecida ᶜ16.9 Ou Eu tinha lhe dado d16.10 Possivelmente peles de animais marinhos. ᵉ16.15 Conforme a maioria dos manuscritos do Texto Massorético. Um manuscrito do Texto Massorético diz perto. Uma coisa dessas não devia acontecer. f16.21 Ou e os fez passar pelo fogo

ª16:6 A few Hebrew manuscripts, Septuagint and Syriac; most Hebrew manuscripts "Live!" And as you lay there in your blood I said to you, "Live!" ♭16:7 Or became mature ᶜ16:9 Or I had bathed d16:15 Most Hebrew manuscripts; one Hebrew manuscript (see some Septuagint manuscripts) by. Such a thing should not happen ᵉ16:21 Or and made them pass through the fire f16:29 Or Chaldea

marido! **33** Toda prostituta recebe pagamento, mas você dá presentes a todos os seus amantes, subornando-os para que venham de todos os lugares receber de você os seus favores ilícitos. **34** Em sua prostituição dá-se o contrário do que acontece com outras mulheres; ninguém corre atrás de você em busca dos seus favores. Você é o oposto, pois você faz o pagamento e nada recebe.

35 "Por isso, prostituta, ouça a palavra do Senhor! **36** Assim diz o Soberano, o Senhor: Por você ter desperdiçado a sua riquezaª e ter exposto a sua nudez em promiscuidade com os seus amantes, por causa de todos os seus ídolos detestáveis, e do sangue dos seus filhos dado a eles, **37** por esse motivo vou ajuntar todos os seus amantes, com quem você encontrou tanto prazer, tanto os que você amou como aqueles que você odiou. Eu os ajuntarei contra você de todos os lados e a deixarei nua na frente deles, e eles verão toda a sua nudez. **38** Eu a condenarei ao castigo determinado para mulheres que cometem adultério e que derramam sangue; trarei sobre você a vingança de sangue da minha ira e da indignação que o meu ciúme provoca. **39** Depois eu a entregarei nas mãos de seus amantes, e eles despedaçarão os seus outeiros e destruirão os seus santuários elevados. Eles arrancarão as suas roupas e apanharão as suas jóias finas e a deixarão nua. **40** Trarão uma multidão contra você, que a apedrejará e com suas espadas a despedaçará. **41** Eles destruirão a fogo as suas casas e lhe infligirão castigo à vista de muitas mulheres. Porei fim à sua prostituição, e você não pagará mais nada aos seus amantes. **42** Então a minha ira contra você diminuirá e a minha indignação cheia de ciúme se desviará de você; ficarei tranqüilo e já não estarei irado.

43 "Por você não se ter lembrado dos dias de sua infância, mas ter provocado a minha ira com todas essas coisas, certamente farei cair sobre a sua cabeça o que você fez. Palavra do Soberano, o Senhor. Acaso você não acrescentou lascívia a todas as suas outras práticas repugnantes?

44 "Todos os que gostam de citar provérbios citarão este provérbio sobre você: 'Tal mãe, tal filha'. **45** Você é uma verdadeira filha de sua mãe, que detestou o seu marido e os seus filhos; e você é uma verdadeira irmã de suas irmãs, as quais detestaram os seus maridos e os seus filhos. A mãe de vocês era uma hitita e o pai de vocês, um amorreu. **46** Sua irmã mais velha era Samaria, que vivia ao norte de você com suas filhas; e sua irmã mais nova, que vivia ao sul com suas filhas, era Sodoma. **47** Você não apenas andou nos caminhos delas e imitou suas práticas repugnantes, mas também, em todos os seus caminhos, logo se tornou mais depravada do que elas. **48** Juro pela minha vida, palavra do Soberano, o Senhor, sua irmã Sodoma e as filhas dela jamais fizeram o que você e as suas filhas têm feito.

49 "Ora, este foi o pecado de sua irmã Sodoma: ela e suas filhas eram arrogantes, tinham fartura de comida e viviam despreocupadas; não ajudavam os pobres e os necessitados. **50** Eram altivas e cometeram práticas repugnantes diante de mim. Por isso eu me desfiz delas, conforme você viu. **51** Samaria não cometeu metade dos pecados que você cometeu. Você tem cometido mais práticas repugnantes do que elas, e tem feito suas irmãs parecerem mais justas, dadas todas as suas práticas repugnantes. **52** Agüente a sua vergonha, pois você proporcionou alguma justificativa às suas irmãs. Visto que os seus pecados são mais detestáveis que os delas, elas parecem mais justas que você. Envergonhe-se, pois, e suporte a sua humilhação, porquanto você fez as suas irmãs parecerem justas.

53 "Contudo, eu restaurarei a sorte de Sodoma e das suas filhas, e de Samaria e das suas filhas, e a sua sorte junto com elas, **54** para que você carregue a sua vergonha e seja humilhada por tudo o que você fez, o que serviu de consolo para elas. **55** E suas irmãs, Sodoma com suas filhas e Samaria com suas filhas, voltarão para o que elas eram antes; e você e suas filhas voltarão ao que eram antes. **56** Você nem mencionaria o nome de sua irmã Sodoma na época do orgulho que você sentia, **57** antes da sua impiedade ser trazida a público. Mas agora você

husband! **33** Every prostitute receives a fee, but you give gifts to all your lovers, bribing them to come to you from everywhere for your illicit favors. **34** So in your prostitution you are the opposite of others; no one runs after you for your favors. You are the very opposite, for you give payment and none is given to you.

35 " 'Therefore, you prostitute, hear the word of the Lord! **36** This is what the Sovereign Lord says: Because you poured out your wealthª and exposed your nakedness in your promiscuity with your lovers, and because of all your detestable idols, and because you gave them your children's blood, **37** therefore I am going to gather all your lovers, with whom you found pleasure, those you loved as well as those you hated. I will gather them against you from all around and will strip you in front of them, and they will see all your nakedness. **38** I will sentence you to the punishment of women who commit adultery and who shed blood; I will bring upon you the blood vengeance of my wrath and jealous anger. **39** Then I will hand you over to your lovers, and they will tear down your mounds and destroy your lofty shrines. They will strip you of your clothes and take your fine jewelry and leave you naked and bare. **40** They will bring a mob against you, who will stone you and hack you to pieces with their swords. **41** They will burn down your houses and inflict punishment on you in the sight of many women. I will put a stop to your prostitution, and you will no longer pay your lovers. **42** Then my wrath against you will subside and my jealous anger will turn away from you; I will be calm and no longer angry.

43 " 'Because you did not remember the days of your youth but enraged me with all these things, I will surely bring down on your head what you have done, declares the Sovereign Lord. Did you not add lewdness to all your other detestable practices?

44 " 'Everyone who quotes proverbs will quote this proverb about you: "Like mother, like daughter." **45** You are a true daughter of your mother, who despised her husband and her children; and you are a true sister of your sisters, who despised their husbands and their children. Your mother was a Hittite and your father an Amorite. **46** Your older sister was Samaria, who lived to the north of you with her daughters; and your younger sister, who lived to the south of you with her daughters, was Sodom. **47** You not only walked in their ways and copied their detestable practices, but in all your ways you soon became more depraved than they. **48** As surely as I live, declares the Sovereign Lord, your sister Sodom and her daughters never did what you and your daughters have done.

49 " 'Now this was the sin of your sister Sodom: She and her daughters were arrogant, overfed and unconcerned; they did not help the poor and needy. **50** They were haughty and did detestable things before me. Therefore I did away with them as you have seen. **51** Samaria did not commit half the sins you did. You have done more detestable things than they, and have made your sisters seem righteous by all these things you have done. **52** Bear your disgrace, for you have furnished some justification for your sisters. Because your sins were more vile than theirs, they appear more righteous than you. So then, be ashamed and bear your disgrace, for you have made your sisters appear righteous.

53 " 'However, I will restore the fortunes of Sodom and her daughters and of Samaria and her daughters, and your fortunes along with them, **54** so that you may bear your disgrace and be ashamed of all you have done in giving them comfort. **55** And your sisters, Sodom with her daughters and Samaria with her daughters, will return to what they were before; and you and your daughters will return to what you were before. **56** You would not even mention your sister Sodom in the day of your pride, **57** before your wickedness was uncovered. Even so,

---

ª16.36 Ou *cobiça*

ª16:36 Or *lust*

é alvo da zombaria das filhas de Edom[a] e de todos os vizinhos dela, e das filhas dos filisteus, de todos os que vivem ao seu redor e que a desprezam. **58** Você sofrerá as conseqüências da sua lascívia e das suas práticas repugnantes. Palavra do Senhor.

59 "Assim diz o Soberano, o Senhor: Eu a tratarei como merece, porque você desprezou o meu juramento ao romper a aliança. **60** Contudo, eu me lembrarei da aliança que fiz com você nos dias da sua infância, e com você estabelecerei uma aliança eterna. **61** Então você se lembrará dos seus caminhos e se envergonhará quando receber suas irmãs, a mais velha e a mais nova. Eu as darei a você como filhas, não porém com base em minha aliança com você. **62** Por isso estabelecerei a minha aliança com você, e você saberá que eu sou o Senhor. **63** Então, quando eu fizer propiciação em seu favor por tudo o que você tem feito, você se lembrará e se envergonhará e jamais voltará a abrir a boca por causa da sua humilhação. Palavra do Soberano, o Senhor".

Duas Águias e Uma Videira

17 Veio a mim esta palavra do Senhor: **2** "Filho do homem, apresente uma alegoria e conte uma parábola à nação de Israel. **3** Diga a eles: Assim diz o Soberano, o Senhor: Uma grande águia, com asas poderosas, penas longas e basta plumagem de cores variadas veio ao Líbano. Apoderando-se do alto de um cedro, **4** arrancou o seu broto mais alto e o levou para uma terra de comerciantes, onde o plantou numa cidade de mercadores.

5 "Depois apanhou um pouco de sementes da sua terra e as pôs em solo fértil. Ela as plantou como um salgueiro junto a muita água, **6** e elas brotaram e formaram uma videira baixa e copada. Seus ramos se voltaram para a águia, mas as suas raízes permaneceram debaixo da videira. A videira desenvolveu-se e cobriu-se de ramos, brotos e folhas.

7 "Mas havia outra águia grande, com asas poderosas e rica plumagem. A videira lançou suas raízes na direção dessa águia, desde o lugar onde estava plantada e estendeu seus ramos para ela em busca de água. **8** Ora, ela havia sido plantada em terreno bom, junto a muita água, onde produziria ramos, daria fruto e se tornaria uma videira viçosa.

9 "Diga a eles: Assim diz o Soberano, o Senhor: Ela vingará? Não será desarraigada e seus frutos não serão arrancados para que ela seque? Tudo o que brotar dela secará. Não serão necessários nem braços fortes nem muitas pessoas para arrancá-la pelas raízes. **10** Ainda que seja transplantada, será que vingará? Não secará totalmente quando o vento oriental a atingir, murchando e desaparecendo do lugar onde crescia?"

11 Veio depois a mim esta palavra do Senhor: **12** "Diga a essa nação rebelde: Você não sabe o que essas coisas significam? Diga a eles: O rei da Babilônia foi a Jerusalém, tirou de lá o seu rei e os seus nobres, e os levou consigo de volta à Babilônia. **13** Depois fez um tratado com um membro da família real e o colocou sob juramento. Levou também os líderes da terra, **14** para humilhar o reino e torná-lo incapaz de reerguer-se, garantindo apenas a sua sobrevivência pelo cumprimento do seu tratado. **15** Mas o rei se revoltou contra ele e enviou mensagem ao Egito pedindo cavalos e um grande exército. Será que ele se sairá bem? Escapará aquele que age dessa maneira? Romperá ele o tratado e ainda assim escapará?

16 "Juro pela minha vida, palavra do Soberano, o Senhor, que ele morrerá na Babilônia, na terra do rei que o pôs no trono, cujo juramento ele desprezou e cujo tratado rompeu. **17** O faraó, com seu poderoso exército e seus batalhões, não será de nenhuma ajuda para ele na guerra, quando rampas forem construídas e obras de cerco forem erguidas para destruir muitas vidas. **18** Como ele desprezou o juramento quando rompeu o tratado feito com aperto de mão e fez todas essas coisas, de modo algum escapará.

you are now scorned by the daughters of Edom[a] and all her neighbors and the daughters of the Philistines—all those around you who despise you. **58** You will bear the consequences of your lewdness and your detestable practices, declares the Lord.

59 " 'This is what the Sovereign Lord says: I will deal with you as you deserve, because you have despised my oath by breaking the covenant. **60** Yet I will remember the covenant I made with you in the days of your youth, and I will establish an everlasting covenant with you. **61** Then you will remember your ways and be ashamed when you receive your sisters, both those who are older than you and those who are younger. I will give them to you as daughters, but not on the basis of my covenant with you. **62** So I will establish my covenant with you, and you will know that I am the Lord. **63** Then, when I make atonement for you for all you have done, you will remember and be ashamed and never again open your mouth because of your humiliation, declares the Sovereign Lord.' "

Two Eagles and a Vine

17 The word of the Lord came to me: **2** "Son of man, set forth an allegory and tell the house of Israel a parable. **3** Say to them, 'This is what the Sovereign Lord says: A great eagle with powerful wings, long feathers and full plumage of varied colors came to Lebanon. Taking hold of the top of a cedar, **4** he broke off its topmost shoot and carried it away to a land of merchants, where he planted it in a city of traders.

5 " 'He took some of the seed of your land and put it in fertile soil. He planted it like a willow by abundant water, **6** and it sprouted and became a low, spreading vine. Its branches turned toward him, but its roots remained under it. So it became a vine and produced branches and put out leafy boughs.

7 " 'But there was another great eagle with powerful wings and full plumage. The vine now sent out its roots toward him from the plot where it was planted and stretched out its branches to him for water. **8** It had been planted in good soil by abundant water so that it would produce branches, bear fruit and become a splendid vine.'

9 "Say to them, 'This is what the Sovereign Lord says: Will it thrive? Will it not be uprooted and stripped of its fruit so that it withers? All its new growth will wither. It will not take a strong arm or many people to pull it up by the roots. **10** Even if it is transplanted, will it thrive? Will it not wither completely when the east wind strikes it—wither away in the plot where it grew?' "

11 Then the word of the Lord came to me: **12** "Say to this rebellious house, 'Do you not know what these things mean?' Say to them: 'The king of Babylon went to Jerusalem and carried off her king and her nobles, bringing them back with him to Babylon. **13** Then he took a member of the royal family and made a treaty with him, putting him under oath. He also carried away the leading men of the land, **14** so that the kingdom would be brought low, unable to rise again, surviving only by keeping his treaty. **15** But the king rebelled against him by sending his envoys to Egypt to get horses and a large army. Will he succeed? Will he who does such things escape? Will he break the treaty and yet escape?

16 " 'As surely as I live, declares the Sovereign Lord, he shall die in Babylon, in the land of the king who put him on the throne, whose oath he despised and whose treaty he broke. **17** Pharaoh with his mighty army and great horde will be of no help to him in war, when ramps are built and siege works erected to destroy many lives. **18** He despised the oath by breaking the covenant. Because he had given his hand in pledge and yet did all these things, he shall not escape.

---

[a]16.57 Conforme muitos manuscritos do Texto Massorético e a Versão Siríaca. A maioria dos manuscritos do Texto Massorético, a Septuaginta e a Vulgata dizem *Arã*.

[a]16:57 Many Hebrew manuscripts and Syriac; most Hebrew manuscripts, Septuagint and Vulgate *Aram*

[19] "Por isso assim diz o Soberano, o Senhor: Juro pela minha vida que farei cair sobre a cabeça dele o meu juramento, que ele desprezou, e a minha aliança, que ele rompeu. [20] Estenderei sobre ele a minha rede, e ele será pego em meu laço. Eu o levarei para a Babilônia e ali executarei juízo sobre ele porque me foi infiel. [21] Todas as suas tropas em fuga cairão à espada, e os sobreviventes serão espalhados aos ventos. Então vocês saberão que eu, o Senhor, falei.

[22] "Assim diz o Soberano, o Senhor: Eu mesmo apanharei um broto bem do alto de um cedro e o plantarei; arrancarei um renovo tenro de seus ramos mais altos e o plantarei num monte alto e imponente. [23] Nos montes altos de Israel eu o plantarei; ele produzirá galhos e dará fruto e se tornará um cedro viçoso. Pássaros de todo tipo se aninharão nele; encontrarão abrigo à sombra de seus galhos. [24] Todas as árvores do campo saberão que eu, o Senhor, faço cair a árvore alta e faço crescer bem alto a árvore baixa. Eu resseco a árvore verde e faço florescer a árvore seca.

"Eu, o Senhor, falei, e o farei."

Aquele que Pecar Morrerá

18 Esta palavra do Senhor veio a mim: [2] "O que vocês querem dizer quando citam este provérbio sobre Israel:

" 'Os pais comem uvas verdes,
    e os dentes dos filhos se embotam'?

[3] "Juro pela minha vida, palavra do Soberano, o Senhor, que vocês não citarão mais esse provérbio em Israel. [4] Pois todos me pertencem. Tanto o pai como o filho me pertencem. Aquele que pecar é que morrerá.

[5] "Suponhamos que haja um justo
    que faz o que é certo e direito.
[6] Ele não come nos santuários
    que há nos montes
    e nem olha para os ídolos
    da nação de Israel.
Ele não contamina a mulher do próximo
    nem se deita com uma mulher
    durante os dias de sua menstruação.
[7] Ele não oprime a ninguém,
    antes, devolve o que tomou como garantia
    num empréstimo.
Não comete roubos,
    antes dá a sua comida aos famintos
    e fornece roupas para os despidos.
[8] Ele não empresta visando lucro
    nem cobra juros.
Ele retém a sua mão
    para não cometer erro
    e julga com justiça entre dois homens.
[9] Ele age segundo os meus decretos
    e obedece fielmente às minhas leis.
Esse homem é justo;
    com certeza ele viverá.
    Palavra do Soberano, o Senhor.

[10] "Suponhamos que ele tenha um filho violento, que derrama sangue ou faz qualquer uma destas outras coisasª, [11] embora o pai não tenha feito nenhuma delas:

"Ele come nos santuários
    que há nos montes.
Contamina a mulher do próximo.
[12] Oprime os pobres e os necessitados.
Comete roubos.
Não devolve o que tomou
    como garantia.
Volta-se para os ídolos
e comete práticas detestáveis.

ª18.10 *Ou coisas a um irmão*

---

[19] " 'Therefore this is what the Sovereign Lord says: As surely as I live, I will bring down on his head my oath that he despised and my covenant that he broke. [20] I will spread my net for him, and he will be caught in my snare. I will bring him to Babylon and execute judgment upon him there because he was unfaithful to me. [21] All his fleeing troops will fall by the sword, and the survivors will be scattered to the winds. Then you will know that I the Lord have spoken.

[22] " 'This is what the Sovereign Lord says: I myself will take a shoot from the very top of a cedar and plant it; I will break off a tender sprig from its topmost shoots and plant it on a high and lofty mountain. [23] On the mountain heights of Israel I will plant it; it will produce branches and bear fruit and become a splendid cedar. Birds of every kind will nest in it; they will find shelter in the shade of its branches. [24] All the trees of the field will know that I the Lord bring down the tall tree and make the low tree grow tall. I dry up the green tree and make the dry tree flourish.

" 'I the Lord have spoken, and I will do it.' "

The Soul Who Sins Will Die

18 The word of the Lord came to me: [2] "What do you people mean by quoting this proverb about the land of Israel:

" 'The fathers eat sour grapes,
    and the children's teeth are set on edge'?

[3] "As surely as I live, declares the Sovereign Lord, you will no longer quote this proverb in Israel. [4] For every living soul belongs to me, the father as well as the son—both alike belong to me. The soul who sins is the one who will die.

[5] "Suppose there is a righteous man
    who does what is just and right.
[6] He does not eat at the mountain shrines
    or look to the idols of the house of Israel.
He does not defile his neighbor's wife
    or lie with a woman during her period.
[7] He does not oppress anyone,
    but returns what he took in pledge for a loan.
He does not commit robbery
    but gives his food to the hungry
    and provides clothing for the naked.
[8] He does not lend at usury
    or take excessive interest.ª
He withholds his hand from doing wrong
    and judges fairly between man and man.
[9] He follows my decrees
    and faithfully keeps my laws.
That man is righteous;
    he will surely live,
            declares the Sovereign Lord.

[10] "Suppose he has a violent son, who sheds blood or does any of these other thingsᵇ [11] (though the father has done none of them):

"He eats at the mountain shrines.
He defiles his neighbor's wife.
[12] He oppresses the poor and needy.
He commits robbery.
He does not return what he took in pledge.
He looks to the idols.
He does detestable things.

ª18:8 *Or* take interest; similarly in verses 13 and 17   ᵇ18:10 *Or* things to a brother

13 Empresta visando lucro
    e cobra juros.

Deverá viver um homem desses? Não! Por todas essas práticas detestáveis, com certeza será morto, e ele será responsável por sua própria morte.

14 "Mas suponhamos que esse filho tenha ele mesmo um filho que vê todos os pecados que seu pai comete e, embora os veja, não os comete.

15 "Ele não come nos santuários
    que há nos montes
e nem olha para os ídolos
    da nação de Israel.
Não contamina a mulher do próximo.
16 Não oprime a ninguém,
    nem exige garantia para um empréstimo.
Não comete roubos,
mas dá a sua comida aos famintos
e fornece roupas aos despidos.
17 Ele retém a mão para não pecar[a]
    e não empresta visando lucro
    nem cobra juros.
Obedece às minhas leis
    e age segundo os meus decretos.

"Ele não morrerá por causa da iniquidade do seu pai; certamente viverá. **18** Mas seu pai morrerá por causa de sua própria iniquidade, pois praticou extorsão, roubou seu compatriota e fez o que era errado no meio do povo.

19 "Contudo, vocês perguntam: 'Por que o filho não partilha da culpa de seu pai?' Uma vez que o filho fez o que é justo e direito e teve o cuidado de obedecer a todos os meus decretos, com certeza ele viverá. **20** Aquele que pecar é que morrerá. O filho não levará a culpa do pai, nem o pai levará a culpa do filho. A justiça do justo lhe será creditada, e a impiedade do ímpio lhe será cobrada.

21 "Mas, se um ímpio se desviar de todos os pecados que cometeu e obedecer a todos os meus decretos e fizer o que é justo e direito, com certeza viverá; não morrerá. **22** Não se terá lembrança de nenhuma das ofensas que cometeu. Devido às coisas justas que tiver feito, ele viverá. **23** Teria eu algum prazer na morte do ímpio? Palavra do Soberano, o Senhor. Ao contrário, acaso não me agrada vê-lo desviar-se dos seus caminhos e viver?

24 "Se, porém, um justo se desviar de sua justiça, e cometer pecado e as mesmas práticas detestáveis dos ímpios, deverá ele viver? Nenhum de seus atos justos será lembrado! Por causa da infidelidade de que é culpado e por causa dos pecados que cometeu, ele morrerá.

25 "Contudo, vocês dizem: 'O caminho do Senhor não é justo'. Ouça, ó nação de Israel: O meu caminho é injusto? Não são os seus caminhos que são injustos? **26** Se um justo desviar-se de sua justiça e cometer pecado, ele morrerá por causa disso; por causa do pecado que cometeu morrerá. **27** Mas, se um ímpio se desviar de sua maldade e fizer o que é justo e direito, ele salvará sua vida. **28** Por considerar todas as ofensas que cometeu e se desviar delas, ele com certeza viverá; não morrerá. **29** Contudo, a nação de Israel diz: 'O caminho do Senhor não é justo'. São injustos os meus caminhos, ó nação de Israel? Não são os seus caminhos que são injustos?

30 "Portanto, ó nação de Israel, eu os julgarei, a cada um de acordo com os seus caminhos. Palavra do Soberano, o Senhor. Arrependam-se! Desviem-se de todos os seus males, para que o pecado não cause a queda de vocês. **31** Livrem-se de todos os males que vocês cometeram, e busquem um coração novo e um espírito novo. Por que deveriam morrer, ó nação de Israel? **32** Pois não me agrada a morte de ninguém. Palavra do Soberano, o Senhor. Arrependam-se e vivam!

13 He lends at usury and takes excessive interest.

Will such a man live? He will not! Because he has done all these detestable things, he will surely be put to death and his blood will be on his own head.

14 "But suppose this son has a son who sees all the sins his father commits, and though he sees them, he does not do such things:

15 "He does not eat at the mountain shrines
    or look to the idols of the house of Israel.
He does not defile his neighbor's wife.
16 He does not oppress anyone
    or require a pledge for a loan.
He does not commit robbery
    but gives his food to the hungry
    and provides clothing for the naked.
17 He withholds his hand from sin[a]
    and takes no usury or excessive interest.
He keeps my laws and follows my decrees.

He will not die for his father's sin; he will surely live. **18** But his father will die for his own sin, because he practiced extortion, robbed his brother and did what was wrong among his people.

19 "Yet you ask, 'Why does the son not share the guilt of his father?' Since the son has done what is just and right and has been careful to keep all my decrees, he will surely live. **20** The soul who sins is the one who will die. The son will not share the guilt of the father, nor will the father share the guilt of the son. The righteousness of the righteous man will be credited to him, and the wickedness of the wicked will be charged against him.

21 "But if a wicked man turns away from all the sins he has committed and keeps all my decrees and does what is just and right, he will surely live; he will not die. **22** None of the offenses he has committed will be remembered against him. Because of the righteous things he has done, he will live. **23** Do I take any pleasure in the death of the wicked? declares the Sovereign Lord. Rather, am I not pleased when they turn from their ways and live?

24 "But if a righteous man turns from his righteousness and commits sin and does the same detestable things the wicked man does, will he live? None of the righteous things he has done will be remembered. Because of the unfaithfulness he is guilty of and because of the sins he has committed, he will die.

25 "Yet you say, 'The way of the Lord is not just.' Hear, O house of Israel: Is my way unjust? Is it not your ways that are unjust? **26** If a righteous man turns from his righteousness and commits sin, he will die for it; because of the sin he has committed he will die. **27** But if a wicked man turns away from the wickedness he has committed and does what is just and right, he will save his life. **28** Because he considers all the offenses he has committed and turns away from them, he will surely live; he will not die. **29** Yet the house of Israel says, 'The way of the Lord is not just.' Are my ways unjust, O house of Israel? Is it not your ways that are unjust?

30 "Therefore, O house of Israel, I will judge you, each one according to his ways, declares the Sovereign Lord. Repent! Turn away from all your offenses; then sin will not be your downfall. **31** Rid yourselves of all the offenses you have committed, and get a new heart and a new spirit. Why will you die, O house of Israel? **32** For I take no pleasure in the death of anyone, declares the Sovereign Lord. Repent and live!

---

[a]**18.17** Conforme a Septuaginta. O Texto Massorético diz *Ele mantém sua mão longe dos pobres*. Veja o versículo 8.

[a]**18:17** Septuagint (see also verse 8); Hebrew *from the poor*

Lamento pelos Príncipes de Israel

19 "Levante um lamento pelos príncipes de Israel ² e diga:

"Que leoa foi sua mãe entre os leões!
Ela se deitava entre os leõezinhos
e criava os seus filhotes.
³ Um dos seus filhotes
tornou-se um leão forte.
Ele aprendeu a despedaçar a presa
e devorou homens.
⁴ As nações ouviram a seu respeito,
e ele foi pego na cova delas.
Elas o levaram com ganchos
para o Egito.

⁵ "Quando ela viu que a sua esperança
não se cumpria,
quando viu que se fora
a sua expectativa,
escolheu outro de seus filhotes
e fez dele um leão forte.
⁶ Ele vagueou entre os leões,
pois agora era um leão forte.
Ele aprendeu a despedaçar a presa
e devorou homens.
⁷ Arrebentouᵃ suas fortalezas
e devastou suas cidades.
A terra e todos que nela estavam
ficaram aterrorizados
com o seu rugido.
⁸ Então as nações vizinhas
o atacaram.
Estenderam sua rede para apanhá-lo,
e ele foi pego na armadilha que fizeram.
⁹ Com ganchos elas o puxaram
para dentro de uma jaula
e o levaram ao rei da Babilônia.
Elas o colocaram na prisão,
de modo que não se ouviu mais
o seu rugido
nos montes de Israel.

¹⁰ "Sua mãe era como uma vide
em sua vinhaᵇ
plantada junto à água;
era frutífera e cheia de ramos,
graças às muitas águas.
¹¹ Seus ramos eram fortes,
próprios para o cetro
de um governante.
Ela cresceu e subiu muito,
sobressaindo
à folhagem espessa;
chamava a atenção por sua altura
e por seus muitos ramos.
¹² Mas foi desarraigada com fúria
e atirada ao chão.
O vento oriental a fez murchar,
seus frutos foram arrancados,
seus fortes galhos secaram
e o fogo os consumiu.
¹³ Agora está plantada no deserto,
numa terra seca e sedenta.
¹⁴ O fogo espalhou-se de um
dos seus ramos principais
e consumiu toda a ramagem.

A Lament for Israel's Princes

19 "Take up a lament concerning the princes of Israel ² and say:

" 'What a lioness was your mother
among the lions!
She lay down among the young lions
and reared her cubs.
³ She brought up one of her cubs,
and he became a strong lion.
He learned to tear the prey
and he devoured men.
⁴ The nations heard about him,
and he was trapped in their pit.
They led him with hooks
to the land of Egypt.

⁵ " 'When she saw her hope unfulfilled,
her expectation gone,
she took another of her cubs
and made him a strong lion.
⁶ He prowled among the lions,
for he was now a strong lion.
He learned to tear the prey
and he devoured men.
⁷ He broke downᵃ their strongholds
and devastated their towns.
The land and all who were in it
were terrified by his roaring.
⁸ Then the nations came against him,
those from regions round about.
They spread their net for him,
and he was trapped in their pit.
⁹ With hooks they pulled him into a cage
and brought him to the king of Babylon.
They put him in prison,
so his roar was heard no longer
on the mountains of Israel.

¹⁰ " 'Your mother was like a vine in your vineyardᵇ
planted by the water;
it was fruitful and full of branches
because of abundant water.
¹¹ Its branches were strong,
fit for a ruler's scepter.
It towered high
above the thick foliage,
conspicuous for its height
and for its many branches.
¹² But it was uprooted in fury
and thrown to the ground.
The east wind made it shrivel,
it was stripped of its fruit;
its strong branches withered
and fire consumed them.
¹³ Now it is planted in the desert,
in a dry and thirsty land.
¹⁴ Fire spread from one of its mainᶜ branches
and consumed its fruit.

ᵃ**19.7** Conforme o Targum. O Texto Massorético diz *Conheceu*. ᵇ**19.10** Conforme dois manuscritos do Texto Massorético. A maioria dos manuscritos do Texto Massorético diz *em seu sangue.*

ᵃ**19:7** Targum (see Septuagint); Hebrew *He knew* ᵇ**19:10** Two Hebrew manuscripts; most Hebrew manuscripts *your blood* ᶜ**19:14** Or *from under its*

Nela não resta nenhum ramo forte
que seja próprio para o cetro
de um governante.

Esse é um lamento e como lamento deverá ser empregado".

Israel Rebelde

20 No décimo dia do quinto mês do sétimo ano do exílio, alguns dos líderes de Israel vieram consultar o Senhor, e se sentaram diante de mim.

2 Então me veio esta palavra do Senhor: **3** "Filho do homem, fale com os líderes de Israel e diga-lhes: Assim diz o Soberano, o Senhor: Vocês vieram consultar-me? Juro pela minha vida que não deixarei que vocês me consultem. Palavra do Soberano, o Senhor.

4 "Você os julgará? Você os julgará, filho do homem? Então confronte-os com as práticas repugnantes dos seus antepassados **5** e diga-lhes: Assim diz o Soberano, o Senhor: No dia em que escolhi Israel, jurei com mão erguida aos descendentes da família de Jacó e me revelei a eles no Egito. Com mão erguida eu lhes disse: Eu sou o Senhor, o seu Deus. **6** Naquele dia jurei a eles que os tiraria do Egito e os levaria para uma terra que eu havia procurado para eles, terra onde manam leite e mel, a mais linda de todas as terras. **7** E eu lhes disse: Desfaçam-se, todos vocês, das imagens repugnantes em que vocês puseram os seus olhos, e não se contaminem com os ídolos do Egito. Eu sou o Senhor, o seu Deus.

8 "Mas eles se rebelaram contra mim e não quiseram ouvir-me; não se desfizeram das imagens repugnantes que haviam posto os seus olhos, nem abandonaram os ídolos do Egito. Por isso eu disse que derramaria a minha ira sobre eles e que lançaria a minha indignação contra eles no Egito. **9** Mas, por amor do meu nome, eu agi, evitando que o meu nome fosse profanado aos olhos das nações entre as quais estava e à vista de quem eu tinha me revelado aos israelitas para tirá-los do Egito. **10** Por isso eu os tirei do Egito e os trouxe para o deserto. **11** Eu lhes dei os meus decretos e lhes tornei conhecidas as minhas leis, pois aquele que lhes obedecer por elas viverá. **12** Também lhes dei os meus sábados como um sinal entre nós, para que soubessem que eu, o Senhor, fiz deles um povo santo.

13 "Contudo, os israelitas se rebelaram contra mim no deserto. Não agiram segundo os meus decretos, mas profanaram os meus sábados e rejeitaram as minhas leis, sendo que aquele que lhes obedecer por elas viverá. Por isso eu disse que derramaria a minha ira sobre eles e os destruiria no deserto. **14** Mas, por amor do meu nome, eu agi, evitando que o meu nome fosse profanado aos olhos das nações à vista das quais eu os havia tirado do Egito. **15** Com mão erguida, também jurei a eles que não os levaria para a terra que eu lhes dei, terra onde manam leite e mel, a mais linda de todas as terras, **16** porque eles rejeitaram as minhas leis, não agiram segundo os meus decretos e profanaram os meus sábados. Pois os seus corações estavam voltados para os seus ídolos. **17** Olhei, porém, para eles com piedade e não os destruí, não os exterminei no deserto. **18** Eu disse aos filhos deles no deserto: Não sigam as normas dos seus pais nem obedeçam às leis deles nem se contaminem com os seus ídolos. **19** Eu sou o Senhor, o seu Deus; ajam conforme os meus decretos e tenham o cuidado de obedecer às minhas leis. **20** Santifiquem os meus sábados, para que eles sejam um sinal entre nós. Então vocês saberão que eu sou o Senhor, o seu Deus.

21 "Mas os filhos se rebelaram contra mim — não agiram de acordo com os meus decretos, não tiveram o cuidado de obedecer às minhas leis, sendo que aquele que lhes obedecer viverá por elas, e profanaram os meus sábados. Por isso eu disse que derramaria a minha ira sobre eles e lançaria o meu furor contra eles no deserto. **22** Mas contive o meu braço e, por amor do meu nome, agi, evitando que o meu nome fosse profanado aos olhos das nações à vista das quais eu os havia tirado do Egito. **23** Com mão erguida, também jurei a eles no deserto que

No strong branch is left on it
fit for a ruler's scepter.'

This is a lament and is to be used as a lament."

Rebellious Israel

20 In the seventh year, in the fifth month on the tenth day, some of the elders of Israel came to inquire of the Lord, and they sat down in front of me.

2 Then the word of the Lord came to me: **3** "Son of man, speak to the elders of Israel and say to them, 'This is what the Sovereign Lord says: Have you come to inquire of me? As surely as I live, I will not let you inquire of me, declares the Sovereign Lord.'

4 "Will you judge them? Will you judge them, son of man? Then confront them with the detestable practices of their fathers **5** and say to them: 'This is what the Sovereign Lord says: On the day I chose Israel, I swore with uplifted hand to the descendants of the house of Jacob and revealed myself to them in Egypt. With uplifted hand I said to them, "I am the Lord your God." **6** On that day I swore to them that I would bring them out of Egypt into a land I had searched out for them, a land flowing with milk and honey, the most beautiful of all lands. **7** And I said to them, "Each of you, get rid of the vile images you have set your eyes on, and do not defile yourselves with the idols of Egypt. I am the Lord your God."

8 " 'But they rebelled against me and would not listen to me; they did not get rid of the vile images they had set their eyes on, nor did they forsake the idols of Egypt. So I said I would pour out my wrath on them and spend my anger against them in Egypt. **9** But for the sake of my name I did what would keep it from being profaned in the eyes of the nations they lived among and in whose sight I had revealed myself to the Israelites by bringing them out of Egypt. **10** Therefore I led them out of Egypt and brought them into the desert. **11** I gave them my decrees and made known to them my laws, for the man who obeys them will live by them. **12** Also I gave them my Sabbaths as a sign between us, so they would know that I the Lord made them holy.

13 " 'Yet the people of Israel rebelled against me in the desert. They did not follow my decrees but rejected my laws—although the man who obeys them will live by them—and they utterly desecrated my Sabbaths. So I said I would pour out my wrath on them and destroy them in the desert. **14** But for the sake of my name I did what would keep it from being profaned in the eyes of the nations in whose sight I had brought them out. **15** Also with uplifted hand I swore to them in the desert that I would not bring them into the land I had given them—a land flowing with milk and honey, most beautiful of all lands— **16** because they rejected my laws and did not follow my decrees and desecrated my Sabbaths. For their hearts were devoted to their idols. **17** Yet I looked on them with pity and did not destroy them or put an end to them in the desert. **18** I said to their children in the desert, "Do not follow the statutes of your fathers or keep their laws or defile yourselves with their idols. **19** I am the Lord your God; follow my decrees and be careful to keep my laws. **20** Keep my Sabbaths holy, that they may be a sign between us. Then you will know that I am the Lord your God."

21 " 'But the children rebelled against me: They did not follow my decrees, they were not careful to keep my laws—although the man who obeys them will live by them—and they desecrated my Sabbaths. So I said I would pour out my wrath on them and spend my anger against them in the desert. **22** But I withheld my hand, and for the sake of my name I did what would keep it from being profaned in the eyes of the nations in whose sight I had brought them out. **23** Also with uplifted hand I swore to them in the desert that

os espalharia entre as nações e os dispersaria por outras terras, ²⁴porque não obedeceram às minhas leis, mas rejeitaram os meus decretos e profanaram os meus sábados, e os seus olhos cobiçaram os ídolos de seus pais. ²⁵Também os abandonei a decretos que não eram bons e a leis pelas quais não conseguiam viver; ²⁶deixei que se contaminassem por meio de suas ofertas, isto é, pelo sacrifício de cada filho mais velho, para que eu os enchesse de pavor e para que eles soubessem que eu sou o Senhor.

²⁷"Portanto, filho do homem, fale à nação de Israel e diga-lhes: Assim diz o Soberano, o Senhor: Nisto os seus antepassados também blasfemaram contra mim ao me abandonarem: ²⁸quando eu os trouxe para a terra que havia jurado dar-lhes, bastava que vissem um monte alto ou uma árvore frondosa, ali ofereciam os seus sacrifícios, faziam ofertas que provocaram a minha ira, apresentavam seu incenso aromático e derramavam suas ofertas de bebidas. ²⁹Perguntei-lhes então: Que altar é este no monte para onde vocês vão?" Esse altar é chamado Bamaᵃ até o dia de hoje.

Julgamento e Restauração

³⁰"Portanto, diga à nação de Israel: Assim diz o Soberano, o Senhor: Vocês não estão se contaminando como os seus antepassados se contaminaram? E não estão cobiçando as suas imagens repugnantes? ³¹Quando vocês apresentam as suas ofertas, o sacrifício de seus filhos no fogo, continuam a contaminar-se com todos os seus ídolos até o dia de hoje. E eu deverei deixar que me consultem, ó nação de Israel? Juro pela minha vida, palavra do Soberano, o Senhor, que não permitirei que vocês me consultem.

³²"Vocês dizem: 'Queremos ser como as nações, como os povos do mundo, que servem à madeira e à pedra'. Mas o que vocês têm em mente jamais acontecerá. ³³Juro pela minha vida, palavra do Soberano, o Senhor, que dominarei sobre vocês com mão poderosa e braço forte e com ira que já transbordou. ³⁴Trarei vocês dentre as nações e os ajuntarei dentre as terras para onde vocês foram espalhados, com mão poderosa e braço forte e com ira que já transbordou. ³⁵Trarei vocês para o deserto das nações e ali, face a face, os julgarei. ³⁶Assim como julguei os seus antepassados no deserto do Egito, também os julgarei. Palavra do Soberano, o Senhor. ³⁷Contarei vocês enquanto estiverem passando debaixo da minha vara, e os trarei para o vínculo da aliança. ³⁸Eu os separarei daqueles que se revoltam e se rebelam contra mim. Embora eu os tire da terra onde habitam, eles não entrarão na terra de Israel. Então vocês saberão que eu sou o Senhor.

³⁹"Quanto a vocês, ó nação de Israel, assim diz o Soberano, o Senhor: Vão prestar culto a seus ídolos, cada um de vocês! Mas depois disso certamente me ouvirão e não profanarão mais o meu santo nome com as suas ofertas e com os seus ídolos. ⁴⁰Pois no meu santo monte, no alto monte de Israel, palavra do Soberano, o Senhor, na sua terra, toda a nação de Israel me prestará culto, e ali eu os aceitarei. Ali exigirei as suas ofertas e as suas melhores dádivasᵇ, junto com todas as suas dádivas sagradas. ⁴¹Eu as aceitarei como incenso aromático, quando eu os tirar dentre as nações e os ajuntar dentre as terras pelas quais vocês foram espalhados, e me mostrarei santo no meio de vocês à vista das nações. ⁴²Vocês saberão que eu sou o Senhor, quando eu os trouxer para a terra de Israel, a terra que, de mão erguida, jurei dar aos seus antepassados. ⁴³Ali vocês se lembrarão da conduta que tiveram e de todas as ações pelas quais vocês se contaminaram, e terão nojo de si mesmos por causa de todo mal que fizeram. ⁴⁴E saberão que eu sou o Senhor, quando eu tratar com vocês por amor do meu nome e não de acordo com os seus caminhos maus e suas práticas perversas, ó nação de Israel. Palavra do Soberano, o Senhor".

I would disperse them among the nations and scatter them through the countries, ²⁴because they had not obeyed my laws but had rejected my decrees and desecrated my Sabbaths, and their eyes ⌊lusted⌋ after their fathers' idols. ²⁵I also gave them over to statutes that were not good and laws they could not live by; ²⁶I let them become defiled through their gifts—the sacrifice of every firstbornᵃ—that I might fill them with horror so they would know that I am the Lord.'

²⁷"Therefore, son of man, speak to the people of Israel and say to them, 'This is what the Sovereign Lord says: In this also your fathers blasphemed me by forsaking me: ²⁸When I brought them into the land I had sworn to give them and they saw any high hill or any leafy tree, there they offered their sacrifices, made offerings that provoked me to anger, presented their fragrant incense and poured out their drink offerings. ²⁹Then I said to them: What is this high place you go to?' " (It is called Bamahᵇ to this day.)

Judgment and Restoration

³⁰"Therefore say to the house of Israel: 'This is what the Sovereign Lord says: Will you defile yourselves the way your fathers did and lust after their vile images? ³¹When you offer your gifts—the sacrifice of your sons inᶜthe fire—you continue to defile yourselves with all your idols to this day. Am I to let you inquire of me, O house of Israel? As surely as I live, declares the Sovereign Lord, I will not let you inquire of me.

³²" 'You say, "We want to be like the nations, like the peoples of the world, who serve wood and stone." But what you have in mind will never happen. ³³As surely as I live, declares the Sovereign Lord, I will rule over you with a mighty hand and an outstretched arm and with outpoured wrath. ³⁴I will bring you from the nations and gather you from the countries where you have been scattered—with a mighty hand and an outstretched arm and with outpoured wrath. ³⁵I will bring you into the desert of the nations and there, face to face, I will execute judgment upon you. ³⁶As I judged your fathers in the desert of the land of Egypt, so I will judge you, declares the Sovereign Lord. ³⁷I will take note of you as you pass under my rod, and I will bring you into the bond of the covenant. ³⁸I will purge you of those who revolt and rebel against me. Although I will bring them out of the land where they are living, yet they will not enter the land of Israel. Then you will know that I am the Lord.

³⁹" 'As for you, O house of Israel, this is what the Sovereign Lord says: Go and serve your idols, every one of you! But afterward you will surely listen to me and no longer profane my holy name with your gifts and idols. ⁴⁰For on my holy mountain, the high mountain of Israel, declares the Sovereign Lord, there in the land the entire house of Israel will serve me, and there I will accept them. There I will require your offerings and your choice gifts,ᵈ along with all your holy sacrifices. ⁴¹I will accept you as fragrant incense when I bring you out from the nations and gather you from the countries where you have been scattered, and I will show myself holy among you in the sight of the nations. ⁴²Then you will know that I am the Lord, when I bring you into the land of Israel, the land I had sworn with uplifted hand to give to your fathers. ⁴³There you will remember your conduct and all the actions by which you have defiled yourselves, and you will loathe yourselves for all the evil you have done. ⁴⁴You will know that I am the Lord, when I deal with you for my name's sake and not according to your evil ways and your corrupt practices, O house of Israel, declares the Sovereign Lord.' "

ᵃ20.29 *Bama* significa *altar no monte* ou *altar idólatra.* ᵇ20.40 Ou *e as dádivas dos primeiros frutos*

ᵃ20:26 Or —*making every firstborn pass through the fire* ᵇ20:29 *Bamah* means *high place.* ᶜ20:31 Or —*making your sons pass through* ᵈ20:40 Or *and the gifts of your firstfruits*

Profecia contra o Sul

45 Veio a mim esta palavra do Senhor: **46** "Filho do homem, vire o rosto para o sul; pregue contra o sul e profetize contra a floresta da terra do Neguebe. **47** Diga à floresta do Neguebe: Ouça a palavra do Senhor. Assim diz o Soberano, o Senhor: Estou a ponto de incendiá-la, consumindo assim todas as suas árvores, tanto as verdes quanto as secas. A chama abrasadora não será apagada, e todos os rostos, do Neguebe até o norte, serão ressecados por ela. **48** Todos verão que eu, o Senhor, a acendi; não será apagada".

49 Então eu disse: Ah, Soberano Senhor! Estão dizendo a meu respeito: "Acaso ele não está apenas contando parábolas?"

Babilônia, a Espada do Juízo Divino

21 Esta palavra do Senhor veio a mim: **2** "Filho do homem, vire o rosto contra Jerusalém e pregue contra o santuário. Profetize contra Israel, **3** dizendo-lhe: Assim diz o Senhor: Estou contra você. Empunharei a minha espada para eliminar tanto o justo quanto o ímpio. **4** Uma vez que eu vou eliminar o justo e o ímpio, estarei empunhando a minha espada contra todos, desde o Neguebe até o norte. **5** Então todos saberão que eu, o Senhor, tirei a espada da bainha e não tornarei a guardá-la.

6 "Portanto, comece a gemer, filho do homem! Comece a gemer diante deles com o coração partido e com amarga tristeza. **7** E, quando lhe perguntarem: 'Por que você está gemendo?', você dirá: Por causa das notícias que estão vindo. Todo coração se derreterá, e toda mão penderá frouxa; todo espírito desmaiará, e todo joelho se tornará como água, de tão fraco. E vem chegando! Sem nenhuma dúvida vai acontecer. Palavra do Soberano, o Senhor".

8 Esta palavra do Senhor veio a mim: **9** "Filho do homem, profetize e diga: Assim diz o Senhor:

"Uma espada,
   uma espada, afiada e polida;
10 afiada para a mortandade,
   polida para luzir como relâmpago!

"Acaso vamos regozijar-nos com o cetro do meu filho Judá? A espada despreza toda e qualquer vareta como essa.

11 "A espada foi destinada a ser polida,
   a ser pega com as mãos;
está afiada e polida,
   preparada para que a maneje
a mão do matador.
12 Clame e grite, filho do homem,
   pois ela está contra o meu povo;
está contra todos os príncipes de Israel.
Eles e o meu povo são atirados
   contra a espada.
Lamente-se, pois; bata no peito.

13 "É certo que a prova virá. E que acontecerá, se o cetro de Judá, que a espada despreza, não continuar a existir? Palavra do Soberano, o Senhor.

14 "Por isso profetize, então,
   filho do homem,
e bata as mãos uma na outra.
Que a espada golpeie não duas,
   mas três vezes.
É uma espada para matança,
   para grande matança,
avançando sobre eles de todos os lados.
15 Assim, para que os corações
   se derretam
e muitos sejam os caídos,
coloquei a espada para a matança
   junto a todas as suas portas.

Prophecy Against the South

45 The word of the Lord came to me: **46** "Son of man, set your face toward the south; preach against the south and prophesy against the forest of the southland. **47** Say to the southern forest: 'Hear the word of the Lord. This is what the Sovereign Lord says: I am about to set fire to you, and it will consume all your trees, both green and dry. The blazing flame will not be quenched, and every face from south to north will be scorched by it. **48** Everyone will see that I the Lord have kindled it; it will not be quenched.' "

49 Then I said, "Ah, Sovereign Lord! They are saying of me, 'Isn't he just telling parables?' "

Babylon, God's Sword of Judgment

21 The word of the Lord came to me: **2** "Son of man, set your face against Jerusalem and preach against the sanctuary. Prophesy against the land of Israel **3** and say to her: 'This is what the Lord says: I am against you. I will draw my sword from its scabbard and cut off from you both the righteous and the wicked. **4** Because I am going to cut off the righteous and the wicked, my sword will be unsheathed against everyone from south to north. **5** Then all people will know that I the Lord have drawn my sword from its scabbard; it will not return again.'

6 "Therefore groan, son of man! Groan before them with broken heart and bitter grief. **7** And when they ask you, 'Why are you groaning?' you shall say, 'Because of the news that is coming. Every heart will melt and every hand go limp; every spirit will become faint and every knee become as weak as water.' It is coming! It will surely take place, declares the Sovereign Lord."

8 The word of the Lord came to me: **9** "Son of man, prophesy and say, 'This is what the Lord says:

" 'A sword, a sword,
   sharpened and polished—
10 sharpened for the slaughter,
   polished to flash like lightning!

" 'Shall we rejoice in the scepter of my son *Judah*? The sword despises every such stick.

11 " 'The sword is appointed to be polished,
   to be grasped with the hand;
it is sharpened and polished,
   made ready for the hand of the slayer.
12 Cry out and wail, son of man,
   for it is against my people;
it is against all the princes of Israel.
They are thrown to the sword
   along with my people.
Therefore beat your breast.

13 " 'Testing will surely come. And what if the scepter ⌊of Judah,⌋ which the sword despises, does not continue? declares the Sovereign Lord.'

14 "So then, son of man, prophesy
   and strike your hands together.
Let the sword strike twice,
   even three times.
It is a sword for slaughter—
   a sword for great slaughter,
   closing in on them from every side.
15 So that hearts may melt
   and the fallen be many,
I have stationed the sword for slaughter[a]
   at all their gates.

---

[a]21:15 Septuagint; the meaning of the Hebrew for this word is uncertain.

Ah! Ela foi feita para luzir
  como relâmpago;
é empunhada firmemente
  para a matança.
16 Ó espada, golpeie para todos os lados,
  para onde quer que se vire a sua lâmina.
17 Eu também baterei minhas mãos
  uma na outra,
e a minha ira diminuirá.
  Eu, o SENHOR, falei".

18 A palavra do SENHOR veio a mim: **19** "Filho do homem, trace as duas estradas que a espada do rei da Babilônia deve seguir, as duas partindo da mesma terra. Em cada uma delas coloque um marco indicando o rumo de uma cidade. **20** Trace uma estrada que leve a espada contra Rabá dos amonitas, e a outra contra Judá e contra a Jerusalém fortificada. **21** Pois o rei da Babilônia parará no local de onde partem as duas estradas para sortear a escolha. Ele lançará a sorte com flechas, consultará os ídolos da família, examinará o fígado. **22** Pela sua mão direita será sorteada Jerusalém, onde deverá preparar aríetes, dar ordens para a matança, soar o grito de guerra, montar aríetes contra as portas, construir uma rampa e levantar obras de cerco. **23** Isso parecerá um falso presságio aos judeus, que tinham feito uma aliança com juramento, mas o rei invasor os fará recordar sua culpa e os levará prisioneiros.

24 "Portanto, assim diz o Soberano, o SENHOR: Visto que vocês trouxeram à lembrança a sua iniqüidade mediante rebelião ostensiva, revelando seus pecados em tudo o que fazem; por isso vão ser levados prisioneiros.

25 "Ó ímpio e profano príncipe de Israel, o seu dia chegou, esta é a hora do seu castigo, **26** e assim diz o Soberano, o SENHOR: Tire o turbante e a coroa. Não será como antes — os humildes serão exaltados, e os exaltados serão humilhados. **27** Uma desgraça! Uma desgraça! Eu farei dela uma desgraça! Não será restaurada, enquanto não vier aquele a quem ela pertence por direito; a ele eu a darei.

28 "E você, filho do homem, profetize e diga: Assim diz o Soberano, o SENHOR, acerca dos amonitas e dos seus insultos:

"Uma espada,
  uma espada, empunhada
  para matança,
  polida para consumir
  e para luzir como relâmpago!
29 A despeito das visões falsas
  e das adivinhações mentirosas
  sobre vocês,
ela será posta no pescoço
  dos ímpios que devem
  ser mortos
e cujo dia chegou,
  cujo momento de castigo
  é agora.
30 Volte a espada à sua bainha.
No lugar onde vocês foram criados,
  na terra dos seus antepassados,
  eu os julgarei.
31 Derramarei a minha ira sobre vocês,
  soprarei a minha ira impetuosa
  contra vocês;
eu os entregarei nas mãos
  de homens brutais,
  acostumados à destruição.
32 Vocês serão combustível para o fogo,
  seu sangue será derramado em sua terra
e vocês não serão mais lembrados;
  porque eu, o SENHOR, falei".

Oh! It is made to flash like lightning,
  it is grasped for slaughter.
16 O sword, slash to the right,
  then to the left,
  wherever your blade is turned.
17 I too will strike my hands together,
  and my wrath will subside.
  I the LORD have spoken."

18 The word of the LORD came to me: **19** "Son of man, mark out two roads for the sword of the king of Babylon to take, both starting from the same country. Make a signpost where the road branches off to the city. **20** Mark out one road for the sword to come against Rabbah of the Ammonites and another against Judah and fortified Jerusalem. **21** For the king of Babylon will stop at the fork in the road, at the junction of the two roads, to seek an omen: He will cast lots with arrows, he will consult his idols, he will examine the liver. **22** Into his right hand will come the lot for Jerusalem, where he is to set up battering rams, to give the command to slaughter, to sound the battle cry, to set battering rams against the gates, to build a ramp and to erect siege works. **23** It will seem like a false omen to those who have sworn allegiance to him, but he will remind them of their guilt and take them captive.

24 "Therefore this is what the Sovereign LORD says: 'Because you people have brought to mind your guilt by your open rebellion, revealing your sins in all that you do—because you have done this, you will be taken captive.

25 " 'O profane and wicked prince of Israel, whose day has come, whose time of punishment has reached its climax, **26** this is what the Sovereign LORD says: Take off the turban, remove the crown. It will not be as it was: The lowly will be exalted and the exalted will be brought low. **27** A ruin! A ruin! I will make it a ruin! It will not be restored until he comes to whom it rightfully belongs; to him I will give it.'

28 "And you, son of man, prophesy and say, 'This is what the Sovereign LORD says about the Ammonites and their insults:

" 'A sword, a sword,
  drawn for the slaughter,
  polished to consume
  and to flash like lightning!
29 Despite false visions concerning you
  and lying divinations about you,
  it will be laid on the necks
  of the wicked who are to be slain,
whose day has come,
  whose time of punishment has reached its
  climax.
30 Return the sword to its scabbard.
  In the place where you were created,
  in the land of your ancestry,
  I will judge you.
31 I will pour out my wrath upon you
  and breathe out my fiery anger against you;
  I will hand you over to brutal men,
  men skilled in destruction.
32 You will be fuel for the fire,
  your blood will be shed in your land,
you will be remembered no more;
  for I the LORD have spoken.' "

Os Pecados de Jerusalém

22 Veio a mim esta palavra do Senhor: **2** "Filho do homem, você a julgará? Você julgará essa cidade sanguinária? Então confronte-a com todas as suas práticas repugnantes **3** e diga: Assim diz o Soberano, o Senhor: Ó cidade, que traz condenação sobre si mesma por derramar sangue em seu meio e por se contaminar fazendo ídolos! **4** Você se tornou culpada por causa do sangue que derramou e por ter se contaminado com os ídolos que fez. Você deu cabo dos seus dias; chegou o fim dos seus anos. Por isso farei de você objeto de zombaria para as nações e de escárnio em todas as terras. **5** Tanto as nações vizinhas como as distantes zombarão de você, ó cidade infame e inquieta!

6 "Veja como cada um dos príncipes de Israel que aí está usa o seu poder para derramar sangue. **7** Em seu meio eles têm desprezado pai e mãe, oprimido o estrangeiro e maltratado o órfão e a viúva. **8** Você desprezou as minhas dádivas sagradas e profanou os meus sábados. **9** Em seu meio há caluniadores, prontos para derramar sangue; em seu meio há os que comem nos santuários dos montes e praticam atos lascivos; **10** em seu meio há aqueles que desonram a cama dos seus pais, e aqueles que têm relações com as mulheres nos dias de sua menstruação. **11** Um homem comete adultério com a mulher do seu próximo, outro contamina vergonhosamente a sua nora, e outro desonra a sua irmã, filha de seu próprio pai. **12** Em seu meio há homens que aceitam suborno para derramar sangue; você empresta a juros, visando lucro, e obtém ganhos injustos, extorquindo o próximo. E você se esqueceu de mim, declara o Soberano, o Senhor.

13 "Mas você me verá bater as minhas mãos uma na outra contra os ganhos injustos que você obteve e contra o sangue que você derramou. **14** Será que a sua coragem suportará ou as suas mãos serão fortes para o que eu vou fazer no dia em que eu lhe der o devido tratamento? Eu, o Senhor, falei, e o farei. **15** Dispersarei você entre as nações e a espalharei pelas terras; e darei fim à sua impureza. **16** Quando você tiver sido desonrada[a] aos olhos das nações, você saberá que eu sou o Senhor".

17 E depois veio a mim esta palavra do Senhor: **18** "Filho do homem, a nação de Israel tornou-se escória para mim; cobre, estanho, ferro e chumbo deixados na fornalha. Não passa de escória de prata. **19** Por isso, assim diz o Soberano, o Senhor: Visto que vocês todos se tornaram escória, eu os ajuntarei em Jerusalém. **20** Assim como os homens ajuntam prata, cobre, ferro, chumbo e estanho numa fornalha a fim de fundi-los soprando fortemente o fogo, na minha ira e na minha indignação também ajuntarei vocês dentro da cidade e os fundirei. **21** Eu os ajuntarei e soprarei sobre vocês o fogo da minha ira, e vocês se derreterão. **22** Assim como a prata se derrete numa fornalha, também vocês se derreterão dentro dela, e saberão que eu, o Senhor, derramei a minha ira sobre vocês".

23 De novo a palavra do Senhor veio a mim. Disse ele: **24** "Filho do homem, diga a esta terra: Você é uma terra que não tem tido chuva nem aguaceiros[b] no dia da ira. **25** Há nela uma conspiração de seus príncipes[c] como um leão que ruge ao despedaçar sua presa; devoram pessoas, apanham tesouros e objetos preciosos e fazem muitas viúvas. **26** Seus sacerdotes cometem violência contra a minha lei e profanam minhas ofertas sagradas; não fazem distinção entre o sagrado e o comum; ensinam que não existe nenhuma diferença entre o puro e o impuro; e fecham os olhos quanto à guarda dos meus sábados, de maneira que sou desonrado no meio deles. **27** Seus oficiais são como lobos que despedaçam suas presas; derramam sangue e matam gente para obter ganhos injustos. **28** Seus profetas disfarçam esses feitos enganando o povo com visões falsas e adivinhações mentirosas. Dizem: 'Assim diz o Soberano, o Senhor', quando o Senhor não falou. **29** O povo da terra pratica extorsão e comete roubos; oprime os pobres e os necessitados e maltrata os estrangeiros, negando-lhes justiça.

Jerusalem's Sins

22 The word of the Lord came to me: **2** "Son of man, will you judge her? Will you judge this city of bloodshed? Then confront her with all her detestable practices **3** and say: 'This is what the Sovereign Lord says: O city that brings on herself doom by shedding blood in her midst and defiles herself by making idols, **4** you have become guilty because of the blood you have shed and have become defiled by the idols you have made. You have brought your days to a close, and the end of your years has come. Therefore I will make you an object of scorn to the nations and a laughingstock to all the countries. **5** Those who are near and those who are far away will mock you, O infamous city, full of turmoil.

6 " 'See how each of the princes of Israel who are in you uses his power to shed blood. **7** In you they have treated father and mother with contempt; in you they have oppressed the alien and mistreated the fatherless and the widow. **8** You have despised my holy things and desecrated my Sabbaths. **9** In you are slanderous men bent on shedding blood; in you are those who eat at the mountain shrines and commit lewd acts. **10** In you are those who dishonor their fathers' bed; in you are those who violate women during their period, when they are ceremonially unclean. **11** In you one man commits a detestable offense with his neighbor's wife, another shamefully defiles his daughter-in-law, and another violates his sister, his own father's daughter. **12** In you men accept bribes to shed blood; you take usury and excessive interest[a] and make unjust gain from your neighbors by extortion. And you have forgotten me, declares the Sovereign Lord.

13 " 'I will surely strike my hands together at the unjust gain you have made and at the blood you have shed in your midst. **14** Will your courage endure or your hands be strong in the day I deal with you? I the Lord have spoken, and I will do it. **15** I will disperse you among the nations and scatter you through the countries; and I will put an end to your uncleanness. **16** When you have been defiled[b] in the eyes of the nations, you will know that I am the Lord.' "

17 Then the word of the Lord came to me: **18** "Son of man, the house of Israel has become dross to me; all of them are the copper, tin, iron and lead left inside a furnace. They are but the dross of silver. **19** Therefore this is what the Sovereign Lord says: 'Because you have all become dross, I will gather you into Jerusalem. **20** As men gather silver, copper, iron, lead and tin into a furnace to melt it with a fiery blast, so will I gather you in my anger and my wrath and put you inside the city and melt you. **21** I will gather you and I will blow on you with my fiery wrath, and you will be melted inside her. **22** As silver is melted in a furnace, so you will be melted inside her, and you will know that I the Lord have poured out my wrath upon you.' "

23 Again the word of the Lord came to me: **24** "Son of man, say to the land, 'You are a land that has had no rain or showers[c] in the day of wrath.' **25** There is a conspiracy of her princes[d] within her like a roaring lion tearing its prey; they devour people, take treasures and precious things and make many widows within her. **26** Her priests do violence to my law and profane my holy things; they do not distinguish between the holy and the common; they teach that there is no difference between the unclean and the clean; and they shut their eyes to the keeping of my Sabbaths, so that I am profaned among them. **27** Her officials within her are like wolves tearing their prey; they shed blood and kill people to make unjust gain. **28** Her prophets whitewash these deeds for them by false visions and lying divinations. They say, 'This is what the Sovereign Lord says'—when the Lord has not spoken. **29** The people of the land practice extortion and commit robbery; they oppress the poor and needy and mistreat the alien, denying them justice.

---

a22.16 Ou *Quando eu lhe tiver designado sua herança* b22.24 Conforme a Septuaginta. O Texto Massorético diz *não se purificou nem recebeu chuva.* c22.25 Conforme a Septuaginta. O Texto Massorético diz *profetas.*

a22:12 Or *usury and interest* b22:16 Or *When I have allotted you your inheritance* c22:24 Septuagint; Hebrew *has not been cleansed or rained on* d22:25 Septuagint; Hebrew *prophets*

[30] "Procurei entre eles um homem que erguesse o muro e se pusesse na brecha diante de mim e em favor desta terra, para que eu não a destruísse, mas não encontrei nenhum. [31] Por isso derramarei a minha ira sobre eles e os consumirei com o meu grande furor; sofrerão as conseqüências de tudo o que fizeram. Palavra do Soberano, o SENHOR".

As Duas Irmãs Adúlteras

23 Esta palavra do SENHOR veio a mim: [2] "Filho do homem, existiam duas mulheres, filhas da mesma mãe. [3] Elas se tornaram prostitutas no Egito, envolvendo-se na prostituição desde a juventude. Naquela terra os seus peitos foram acariciados e os seus seios virgens foram afagados. [4] A mais velha chamava-se Oolá, e sua irmã, Oolibá. Elas eram minhas e deram à luz filhos e filhas. Oolá é Samaria, e Oolibá é Jerusalém.

[5] "Oolá envolveu-se em prostituição enquanto ainda era minha; ela se encheu de cobiça por seus amantes, os assírios, guerreiros [6] vestidos de vermelho, governadores e comandantes, todos eles cavaleiros jovens e elegantes. [7] Ela se entregou como prostituta a toda a elite dos assírios e se contaminou com todos os ídolos de cada homem por ela cobiçado. [8] Ela não abandonou a prostituição iniciada no Egito, quando em sua juventude homens dormiram com ela, afagaram seus seios virgens e a envolveram em suas práticas dissolutas.

[9] "Por isso eu a entreguei nas mãos de seus amantes, os assírios, os quais ela desejou ardentemente. [10] Eles lhe arrancaram as roupas, deixando-a nua, levaram embora seus filhos e suas filhas e a mataram à espada. Ela teve má fama entre as mulheres. E lhe foi dado castigo.

[11] "Sua irmã Oolibá viu isso. No entanto, em sua cobiça e prostituição, ela foi mais depravada que a irmã. [12] Também desejou ardentemente os assírios, governadores e comandantes, guerreiros em uniforme completo, todos eles jovens e belos cavaleiros. [13] Vi que ela também se contaminou; ambas seguiram o mesmo caminho.

[14] "Mas Oolibá levou sua prostituição ainda mais longe. Viu homens desenhados numa parede, figuras de caldeus em vermelho, [15] usando cinturões e esvoaçantes turbantes na cabeça; todos se pareciam com os oficiais responsáveis pelos carros da Babilônia, nativos da Caldéia. [16] Assim que ela os viu, desejou-os ardentemente e lhes mandou mensageiros até a Caldéia. [17] Então os babilônios vieram procurá-la, até a cama do amor, e em sua cobiça a contaminaram. Depois de haver sido contaminada por eles, ela se afastou deles desgostosa. [18] Então prosseguiu abertamente em sua prostituição e expôs a sua nudez, e eu me afastei dela desgostoso, assim como eu tinha me afastado de sua irmã. [19] Contudo, ela ia se tornando cada vez mais promíscua à medida que se recordava dos dias de sua juventude, quando era prostituta no Egito. [20] Desejou ardentemente os seus amantes, cujos membros eram como os de jumentos e cuja ejaculação era como a de cavalos. [21] Assim, Oolibá, ansiou pela lascívia de sua juventude, quando no Egito seus peitos eram afagados e seus seios virgens eram acariciados.ᵃ

[22] "Portanto, assim diz o Soberano, o SENHOR: Incitarei os seus amantes contra você, aqueles de quem você se afastou desgostosa, e os trarei para atacá-la de todos os lados: [23] os babilônios e todos os caldeus, os homens de Pecode, de Soa e de Coa, e com eles todos os assírios, belos rapazes, todos eles governadores e comandantes, oficiais que chefiam os carros e homens de posto elevado, todos galantes cavaleiros. [24] Eles virão contra você com armas, carros e carroças e com uma multidão de povos; por todos os lados tomarão posição contra você com escudos grandes e pequenos e com capacetes. Eu a entregarei a eles para castigo, e eles a castigarão conforme o costume deles. [25] Dirigirei contra você a ira do meu ciúme e, enfureci-

[30] "I looked for a man among them who would build up the wall and stand before me in the gap on behalf of the land so I would not have to destroy it, but I found none. [31] So I will pour out my wrath on them and consume them with my fiery anger, bringing down on their own heads all they have done, declares the Sovereign LORD."

Two Adulterous Sisters

23 The word of the LORD came to me: [2] "Son of man, there were two women, daughters of the same mother. [3] They became prostitutes in Egypt, engaging in prostitution from their youth. In that land their breasts were fondled and their virgin bosoms caressed. [4] The older was named Oholah, and her sister was Oholibah. They were mine and gave birth to sons and daughters. Oholah is Samaria, and Oholibah is Jerusalem.

[5] "Oholah engaged in prostitution while she was still mine; and she lusted after her lovers, the Assyrians—warriors [6] clothed in blue, governors and commanders, all of them handsome young men, and mounted horsemen. [7] She gave herself as a prostitute to all the elite of the Assyrians and defiled herself with all the idols of everyone she lusted after. [8] She did not give up the prostitution she began in Egypt, when during her youth men slept with her, caressed her virgin bosom and poured out their lust upon her.

[9] "Therefore I handed her over to her lovers, the Assyrians, for whom she lusted. [10] They stripped her naked, took away her sons and daughters and killed her with the sword. She became a byword among women, and punishment was inflicted on her.

[11] "Her sister Oholibah saw this, yet in her lust and prostitution she was more depraved than her sister. [12] She too lusted after the Assyrians—governors and commanders, warriors in full dress, mounted horsemen, all handsome young men. [13] I saw that she too defiled herself; both of them went the same way.

[14] "But she carried her prostitution still further. She saw men portrayed on a wall, figures of Chaldeansᵃ portrayed in red, [15] with belts around their waists and flowing turbans on their heads; all of them looked like Babylonian chariot officers, natives of Chaldea.ᵇ [16] As soon as she saw them, she lusted after them and sent messengers to them in Chaldea. [17] Then the Babylonians came to her, to the bed of love, and in their lust they defiled her. After she had been defiled by them, she turned away from them in disgust. [18] When she carried on her prostitution openly and exposed her nakedness, I turned away from her in disgust, just as I had turned away from her sister. [19] Yet she became more and more promiscuous as she recalled the days of her youth, when she was a prostitute in Egypt. [20] There she lusted after her lovers, whose genitals were like those of donkeys and whose emission was like that of horses. [21] So you longed for the lewdness of your youth, when in Egypt your bosom was caressed and your young breasts fondled.ᶜ

[22] "Therefore, Oholibah, this is what the Sovereign LORD says: I will stir up your lovers against you, those you turned away from in disgust, and I will bring them against you from every side— [23] the Babylonians and all the Chaldeans, the men of Pekod and Shoa and Koa, and all the Assyrians with them, handsome young men, all of them governors and commanders, chariot officers and men of high rank, all mounted on horses. [24] They will come against you with weapons,ᵈ chariots and wagons and with a throng of people; they will take up positions against you on every side with large and small shields and with helmets. I will turn you over to them for punishment, and they will punish you according to their standards. [25] I will direct my jealous anger against you, and they will deal with

---

ᵃ23.21 Conforme a Versão Siríaca. O Texto Massorético diz *afagados por causa de seus seios jovens*.

ᵃ23:14 Or *Babylonians* ᵇ23:15 Or *Babylonia*; also in verse 16 ᶜ23:21 Syriac (see also verse 3); Hebrew *caressed because of your young breasts* ᵈ23:24 The meaning of the Hebrew for this word is uncertain.

dos, eles saberão como tratá-la. Cortarão fora o seu nariz e as suas orelhas, e as pessoas que forem deixadas cairão à espada. Levarão embora seus filhos e suas filhas, e os que forem deixados serão consumidos pelo fogo. ²⁶ Também arrancarão as suas roupas e tomarão suas lindas jóias. ²⁷ Assim darei um basta à lascívia e à prostituição que você começou no Egito. Você deixará de olhar com desejo para essas coisas e não se lembrará mais do Egito.

²⁸ "Pois assim diz o Soberano, o Senhor: Estou a ponto de entregá-la nas mãos daqueles que você odeia, daqueles de quem você se afastou desgostosa. ²⁹ Eles a tratarão com ódio e levarão embora tudo aquilo pelo que você trabalhou. Eles a deixarão despida e nua, e a vergonha de sua prostituição será exposta. Isso lhe sobrevirá por sua lascívia e promiscuidade, ³⁰ porque você desejou ardentemente as nações e se contaminou com os ídolos delas. ³¹ Você seguiu pelo caminho de sua irmã; por essa razão porei o copo dela nas suas mãos.

³² "Assim diz o Soberano, o Senhor:

"Você beberá do copo de sua irmã,
    copo grande e fundo;
ele causará riso e zombaria,
    de tão grande que é.
³³ Você será dominada pela embriaguez
    e pela tristeza,
com esse copo de desgraça
    e desolação,
o copo de sua irmã Samaria.
³⁴ Você o beberá,
    engolindo até a última gota;
depois o despedaçará
    e mutilará os próprios seios.

"Eu o disse. Palavra do Soberano, o Senhor.

³⁵ "Agora, assim diz o Soberano, o Senhor: Visto que você se esqueceu de mim e me deu as costas, você vai sofrer as conseqüências de sua lascívia e de sua prostituição".

³⁶ O Senhor me disse: "Filho do homem, você julgará Oolá e Oolibá? Então confronte-as com suas práticas repugnantes, ³⁷ pois elas cometeram adultério e há sangue em suas mãos. Cometeram adultério com seus ídolos; até os seus filhos, que elas geraram para mim, sacrificaram aos ídolos. ³⁸ Também me fizeram isto: ao mesmo tempo contaminaram o meu santuário e profanaram os meus sábados. ³⁹ No mesmo dia em que sacrificavam seus filhos a seus ídolos, elas entravam em meu santuário e o profanavam. Foi o que fizeram em minha casa.

⁴⁰ "Elas até enviaram mensageiros atrás de homens, vindos de bem longe, e, quando eles chegaram, você se banhou para recebê-los, pintou os olhos e pôs suas jóias. ⁴¹ Você se sentou num belo sofá, tendo à frente uma mesa, na qual você havia colocado o incenso e o óleo que me pertenciam.

⁴² "Em torno dela havia o ruído de uma multidão despreocupada; sabeusª foram trazidos do deserto junto com homens do povo, e eles puseram braceletes nos braços da mulher e da sua irmã e belíssimas coroas nas cabeças delas. ⁴³ Então eu disse a respeito daquela que fora destruída pelo adultério: Que agora a usem como prostituta, pois é o que ela é. ⁴⁴ E eles dormiram com ela. Dormiram com aquelas mulheres lascivas, Oolá e Oolibá, como quem dorme com uma prostituta. ⁴⁵ Mas homens justos as condenarão ao castigo que merecem as mulheres que cometem adultério e derramam sangue, porque são adúlteras e há sangue em suas mãos.

⁴⁶ "Assim diz o Soberano, o Senhor: Que uma multidão as ataque e que elas sejam entregues ao pavor e ao saque. ⁴⁷ A multidão as apedrejará e as retalhará à espada; matarão seus filhos e suas filhas, destruirão suas casas e as queimarão.

⁴⁸ "Dessa maneira darei fim à lascívia na terra, para que todas as mulheres fiquem advertidas e não imitem vocês. ⁴⁹ Vocês

you in fury. They will cut off your noses and your ears, and those of you who are left will fall by the sword. They will take away your sons and daughters, and those of you who are left will be consumed by fire. ²⁶ They will also strip you of your clothes and take your fine jewelry. ²⁷ So I will put a stop to the lewdness and prostitution you began in Egypt. You will not look on these things with longing or remember Egypt anymore.

²⁸ "For this is what the Sovereign Lord says: I am about to hand you over to those you hate, to those you turned away from in disgust. ²⁹ They will deal with you in hatred and take away everything you have worked for. They will leave you naked and bare, and the shame of your prostitution will be exposed. Your lewdness and promiscuity ³⁰ have brought this upon you, because you lusted after the nations and defiled yourself with their idols. ³¹ You have gone the way of your sister; so I will put her cup into your hand.

³² "This is what the Sovereign Lord says:

"You will drink your sister's cup,
    a cup large and deep;
it will bring scorn and derision,
    for it holds so much.
³³ You will be filled with drunkenness and sorrow,
    the cup of ruin and desolation,
    the cup of your sister Samaria.
³⁴ You will drink it and drain it dry;
    you will dash it to pieces
    and tear your breasts.

I have spoken, declares the Sovereign Lord.

³⁵ "Therefore this is what the Sovereign Lord says: Since you have forgotten me and thrust me behind your back, you must bear the consequences of your lewdness and prostitution."

³⁶ The Lord said to me: "Son of man, will you judge Oholah and Oholibah? Then confront them with their detestable practices, ³⁷ for they have committed adultery and blood is on their hands. They committed adultery with their idols; they even sacrificed their children, whom they bore to me,ᵃ as food for them. ³⁸ They have also done this to me: At that same time they defiled my sanctuary and desecrated my Sabbaths. ³⁹ On the very day they sacrificed their children to their idols, they entered my sanctuary and desecrated it. That is what they did in my house.

⁴⁰ "They even sent messengers for men who came from far away, and when they arrived you bathed yourself for them, painted your eyes and put on your jewelry. ⁴¹ You sat on an elegant couch, with a table spread before it on which you had placed the incense and oil that belonged to me.

⁴² "The noise of a carefree crowd was around her; Sabeansᵇ were brought from the desert along with men from the rabble, and they put bracelets on the arms of the woman and her sister and beautiful crowns on their heads. ⁴³ Then I said about the one worn out by adultery, 'Now let them use her as a prostitute, for that is all she is.' ⁴⁴ And they slept with her. As men sleep with a prostitute, so they slept with those lewd women, Oholah and Oholibah. ⁴⁵ But righteous men will sentence them to the punishment of women who commit adultery and shed blood, because they are adulterous and blood is on their hands.

⁴⁶ "This is what the Sovereign Lord says: Bring a mob against them and give them over to terror and plunder. ⁴⁷ The mob will stone them and cut them down with their swords; they will kill their sons and daughters and burn down their houses.

⁴⁸ "So I will put an end to lewdness in the land, that all women may take warning and not imitate you. ⁴⁹ You will suffer the pen-

---

ª23.42 Ou *bêbados*

ᵃ23:37 Or *even made the children they bore to me pass through the fire* ᵇ23:42 Or *drunkards*

sofrerão o castigo de sua cobiça e as conseqüências de seus pecados de idolatria. E vocês saberão que eu sou o Soberano, o Senhor".

A Panela

24 No décimo dia do décimo mês do nono ano, a palavra do Senhor veio a mim. Disse ele: ² "Filho do homem, registre esta data, a data de hoje, porque o rei da Babilônia sitiou Jerusalém exatamente neste dia. ³ Conte a esta nação rebelde uma parábola e diga-lhes: Assim diz o Soberano, o Senhor:

"Ponha a panela para esquentar;
ponha-a para esquentar com água.
⁴ Ponha dentro dela pedaços de carne,
os melhores pedaços
da coxa e da espádua.
Encha-a com o melhor desses ossos;
⁵ apanhe o melhor do rebanho.
Empilhe lenha debaixo dela
para cozinhar os ossos;
faça-a ferver a água e cozinhe tudo
o que está na panela.

⁶ "Porque assim diz o Soberano, o Senhor:

"Ai da cidade sanguinária,
da panela que agora
tem uma crosta,
cujo resíduo não desaparecerá!
Esvazie-a, tirando pedaço por pedaço,
sem sorteá-los.

⁷ "Pois o sangue que ela derramou
está no meio dela;
ela o derramou na rocha nua;
não o derramou no chão,
onde o pó o cobriria.
⁸ Para atiçar a minha ira e me vingar,
pus o sangue dela sobre a rocha nua,
para que ele não fosse coberto.

⁹ "Portanto, assim diz o Soberano, o Senhor:

"Ai da cidade sanguinária!
Eu também farei uma pilha de lenha,
uma pilha bem alta.
¹⁰ Por isso amontoem a lenha
e acendam o fogo.
Cozinhem bem a carne,
misturando os temperos;
e reduzam os ossos a cinzas.
¹¹ Ponham depois a panela vazia
sobre as brasas
para que esquente
até que o seu bronze
fique incandescente,
as suas impurezas se derretam
e o seu resíduo seja queimado
e desapareça.
¹² Mas ela frustrou todos os esforços;
nem o fogo pôde eliminar
seu resíduo espesso!

¹³ "Ora, a sua impureza é a lascívia. Como eu desejei purificá-la, mas você não quis ser purificada, você não voltará a estar limpa, enquanto não se abrandar a minha ira contra você.

¹⁴ "Eu, o Senhor, falei. Chegou a hora de eu agir. Não me conterei; não terei piedade, nem voltarei atrás. Você será julgada de acordo com o seu comportamento e com as suas ações. Palavra do Soberano, o Senhor".

A Morte da Mulher de Ezequiel

¹⁵ Veio a mim esta palavra do Senhor: ¹⁶ "Filho do homem,

---

alty for your lewdness and bear the consequences of your sins of idolatry. Then you will know that I am the Sovereign Lord."

The Cooking Pot

24 In the ninth year, in the tenth month on the tenth day, the word of the Lord came to me: ² "Son of man, record this date, this very date, because the king of Babylon has laid siege to Jerusalem this very day. ³ Tell this rebellious house a parable and say to them: 'This is what the Sovereign Lord says:

" 'Put on the cooking pot; put it on
and pour water into it.
⁴ Put into it the pieces of meat,
all the choice pieces—the leg and the shoulder.
Fill it with the best of these bones;
⁵ take the pick of the flock.
Pile wood beneath it for the bones;
bring it to a boil
and cook the bones in it.

⁶ " 'For this is what the Sovereign Lord says:

" 'Woe to the city of bloodshed,
to the pot now encrusted,
whose deposit will not go away!
Empty it piece by piece
without casting lots for them.

⁷ " 'For the blood she shed is in her midst:
She poured it on the bare rock;
she did not pour it on the ground,
where the dust would cover it.
⁸ To stir up wrath and take revenge
I put her blood on the bare rock,
so that it would not be covered.

⁹ " 'Therefore this is what the Sovereign Lord says:

" 'Woe to the city of bloodshed!
I, too, will pile the wood high.
¹⁰ So heap on the wood
and kindle the fire.
Cook the meat well,
mixing in the spices;
and let the bones be charred.
¹¹ Then set the empty pot on the coals
till it becomes hot and its copper glows
so its impurities may be melted
and its deposit burned away.
¹² It has frustrated all efforts;
its heavy deposit has not been removed,
not even by fire.

¹³ " 'Now your impurity is lewdness. Because I tried to cleanse you but you would not be cleansed from your impurity, you will not be clean again until my wrath against you has subsided.

¹⁴ " 'I the Lord have spoken. The time has come for me to act. I will not hold back; I will not have pity, nor will I relent. You will be judged according to your conduct and your actions, declares the Sovereign Lord.' "

Ezekiel's Wife Dies

¹⁵ The word of the Lord came to me: ¹⁶ "Son of man, with one

com um único golpe estou para tirar de você o prazer dos seus olhos. Contudo, não lamente nem chore nem derrame nenhuma lágrima. **17** Não permita que ninguém ouça o seu gemer; não pranteie pelos mortos. Mantenha apertado o seu turbante e as sandálias nos pés; não cubra o rosto nem coma a comida costumeira dos pranteadores".

18 Assim, falei de manhã ao povo, e à tarde minha mulher morreu. No dia seguinte fiz o que me havia sido ordenado.

19 Então o povo me perguntou: "Você não vai nos dizer que relação essas coisas têm conosco?"

20 E eu lhes respondi: Esta palavra do Senhor veio a mim: **21** "Diga à nação de Israel: Assim diz o Soberano, o Senhor: Estou a ponto de profanar o meu santuário, a fortaleza de que vocês se orgulham, o prazer dos seus olhos, o objeto da sua afeição. Os filhos e as filhas que vocês deixaram lá cairão à espada. **22** E vocês farão o que eu fiz. Vocês não cobrirão o rosto nem comerão a comida costumeira dos pranteadores. **23** Vocês manterão os turbantes na cabeça e as sandálias nos pés. Não pranteação nem chorarão, mas irão consumir-se por causa de suas iniquidades e gemerão uns pelos outros. **24** Ezequiel lhes será um sinal; vocês farão o que ele fez. Quando isso acontecer, vocês saberão que eu sou o Soberano, o Senhor.

25 "E você, filho do homem, no dia em que eu tirar deles a sua fortaleza, sua alegria e sua glória, o prazer dos seus olhos, e também os seus filhos e as suas filhas, o maior desejo de suas vidas, **26** naquele dia um fugitivo virá dar-lhe a notícia. **27** Naquela hora sua boca será aberta; você falará com ele e não ficará calado. E assim você será um sinal para eles, e eles saberão que eu sou o Senhor".

Profecia contra Amom

25 Esta palavra do Senhor veio a mim: **2** "Filho do homem, vire o rosto contra os amonitas e profetize contra eles. **3** Diga-lhes: Ouçam a palavra do Soberano, o Senhor. Assim diz o Soberano, o Senhor: Visto que vocês exclamaram: 'Ah! Ah!' quando o meu santuário foi profanado, quando a terra de Israel foi arrasada e quando a nação de Judá foi para o exílio, **4** vou entregá-los como propriedade do povo do oriente. Eles instalarão seus acampamentos e armarão suas tendas no meio de vocês; comerão suas frutas e beberão seu leite. **5** Farei de Rabá um cercado para camelos e de Amom um local de descanso para ovelhas. Então vocês saberão que eu sou o Senhor. **6** Porque assim diz o Soberano, o Senhor: Visto que vocês bateram palmas e pularam de alegria com o coração cheio de maldade contra Israel, **7** por essa razão estenderei o meu braço contra vocês e os darei às nações como despojo. Eliminarei vocês do meio das nações e os exterminarei do meio dos povos. Eu os destruirei, e vocês saberão que eu sou o Senhor.

Profecia contra Moabe

8 "Assim diz o Soberano, o Senhor: Uma vez que Moabe e Seir disseram: 'Vejam, a nação de Judá tornou-se como todas as outras nações', **9** por essa razão abrirei o flanco de Moabe, começando por suas cidades fronteiriças, Bete-Jesimote, Baal-Meom e Quiriataim, que são a glória dessa terra. **10** Darei Moabe e os amonitas como propriedade ao povo do oriente. Os amonitas não serão lembrados entre as nações, **11** e a Moabe trarei castigo. Então eles saberão que eu sou o Senhor.

Profecia contra Edom

12 "Assim diz o Soberano, o Senhor: Visto que Edom vingou-se da nação de Judá e com isso trouxe grande culpa sobre si, **13** assim diz o Soberano, o Senhor: Estenderei o braço contra Edom e matarei os seus homens e os seus animais. Eu o arrasarei, e desde Temã até Dedã eles cairão à espada. **14** Eu me vingarei de Edom pelas mãos de Israel, o meu povo, e este

blow I am about to take away from you the delight of your eyes. Yet do not lament or weep or shed any tears. **17** Groan quietly; do not mourn for the dead. Keep your turban fastened and your sandals on your feet; do not cover the lower part of your face or eat the customary food *of mourners.*"

18 So I spoke to the people in the morning, and in the evening my wife died. The next morning I did as I had been commanded.

19 Then the people asked me, "Won't you tell us what these things have to do with us?"

20 So I said to them, "The word of the Lord came to me: **21** Say to the house of Israel, 'This is what the Sovereign Lord says: I am about to desecrate my sanctuary—the stronghold in which you take pride, the delight of your eyes, the object of your affection. The sons and daughters you left behind will fall by the sword. **22** And you will do as I have done. You will not cover the lower part of your face or eat the customary food ⌐of mourners.⌐ **23** You will keep your turbans on your heads and your sandals on your feet. You will not mourn or weep but will waste away because of[a] your sins and groan among yourselves. **24** Ezekiel will be a sign to you; you will do just as he has done. When this happens, you will know that I am the Sovereign Lord.'

25 "And you, son of man, on the day I take away their stronghold, their joy and glory, the delight of their eyes, their heart's desire, and their sons and daughters as well— **26** on that day a fugitive will come to tell you the news. **27** At that time your mouth will be opened; you will speak with him and will no longer be silent. So you will be a sign to them, and they will know that I am the Lord."

A Prophecy Against Ammon

25 The word of the Lord came to me: **2** "Son of man, set your face against the Ammonites and prophesy against them. **3** Say to them, 'Hear the word of the Sovereign Lord. This is what the Sovereign Lord says: Because you said "Aha!" over my sanctuary when it was desecrated and over the land of Israel when it was laid waste and over the people of Judah when they went into exile, **4** therefore I am going to give you to the people of the East as a possession. They will set up their camps and pitch their tents among you; they will eat your fruit and drink your milk. **5** I will turn Rabbah into a pasture for camels and Ammon into a resting place for sheep. Then you will know that I am the Lord. **6** For this is what the Sovereign Lord says: Because you have clapped your hands and stamped your feet, rejoicing with all the malice of your heart against the land of Israel, **7** therefore I will stretch out my hand against you and give you as plunder to the nations. I will cut you off from the nations and exterminate you from the countries. I will destroy you, and you will know that I am the Lord.' "

A Prophecy Against Moab

8 "This is what the Sovereign Lord says: 'Because Moab and Seir said, "Look, the house of Judah has become like all the other nations," **9** therefore I will expose the flank of Moab, beginning at its frontier towns—Beth Jeshimoth, Baal Meon and Kiriathaim—the glory of that land. **10** I will give Moab along with the Ammonites to the people of the East as a possession, so that the Ammonites will not be remembered among the nations; **11** and I will inflict punishment on Moab. Then they will know that I am the Lord.' "

A Prophecy Against Edom

12 "This is what the Sovereign Lord says: 'Because Edom took revenge on the house of Judah and became very guilty by doing so, **13** therefore this is what the Sovereign Lord says: I will stretch out my hand against Edom and kill its men and their animals. I will lay it waste, and from Teman to Dedan they will fall by the sword. **14** I will take vengeance on Edom by the hand of my people Israel, and they will deal with Edom in accor-

lidará com Edom de acordo com a minha ira e a minha indignação; Edom conhecerá a minha vingança. Palavra do Soberano, o Senhor.

Profecia contra a Filístia

15 "Assim diz o Soberano, o Senhor: Uma vez que a Filístia agiu por vingança e com maldade no coração, e com antiga hostilidade buscou destruir Judá, **16** assim diz o Soberano, o Senhor: Estou a ponto de estender meu braço contra os filisteus. Eliminarei os queretitas e destruirei os que restarem no litoral. **17** Executarei neles grande vingança e os castigarei na minha ira. Então, quando eu me vingar deles, saberão que eu sou o Senhor".

Profecia contra Tiro

26 No décimo primeiro ano, no primeiro dia do mês, veio a mim esta palavra do Senhor: **2** "Filho do homem, visto que Tiro falou de Jerusalém: 'Ah! Ah! O portal das nações está quebrado, e as suas portas se me abriram; agora que ela jaz em ruínas, eu prosperarei', **3** por essa razão assim diz o Soberano, o Senhor: Estou contra você, ó Tiro, e trarei muitas nações contra você; virão como o mar quando eleva as suas ondas. **4** Elas destruirão os muros de Tiro e derrubarão suas torres; eu espalharei o seu entulho e farei dela uma rocha nua. **5** Fora, no mar, ela se tornará um local propício para estender redes de pesca, pois eu falei. Palavra do Soberano, o Senhor. Ela se tornará despojo para as nações, **6** e em seus territórios no continente será feita grande destruição pela espada. E saberão que eu sou o Senhor.

7 "Pois assim diz o Soberano, o Senhor: Contra você, Tiro, vou trazer do norte o rei da Babilônia, Nabucodonosor, rei de reis, com cavalos e carros, com cavaleiros e um grande exército. **8** Ele desfechará com a espada um violento ataque contra os seus territórios no continente. Construirá obras de cerco e uma rampa de acesso aos seus muros. E armará uma barreira de escudos contra você. **9** Ele dirigirá as investidas dos seus aríetes contra os seus muros e com armas de ferro demolirá as suas torres. **10** Seus cavalos serão tantos que cobrirão você de poeira. Seus muros tremerão com o barulho dos cavalos de guerra, das carroças e dos carros, quando ele entrar por suas portas com a facilidade com que se entra numa cidade cujos muros foram derrubados. **11** Os cascos de seus cavalos pisarão todas as suas ruas; ele matará o seu povo à espada, e as suas resistentes colunas ruirão. **12** Despojarão sua riqueza e saquearão seus suprimentos; derrubarão seus muros, demolirão suas lindas casas e lançarão ao mar as suas pedras, o seu madeiramento e todo o entulho. **13** Porei fim a seus cânticos barulhentos, e não se ouvirá mais a música de suas harpas. **14** Farei de você uma rocha nua, e você se tornará um local propício para estender redes de pesca. Você jamais será reconstruída, pois eu, o Senhor, falei. Palavra do Soberano, o Senhor.

15 "Assim diz o Soberano, o Senhor, a Tiro: Acaso as regiões litorâneas não tremerão ao som de sua queda, quando o ferido gemer e a matança acontecer em seu meio? **16** Então todos os príncipes do litoral descerão do trono e porão de lado seus mantos e tirarão suas roupas bordadas. Vestidos de pavor, vão assentar-se no chão, tremendo sem parar, apavorados por sua causa. **17** Depois entoarão um lamento acerca de você e lhe dirão:

" 'Como você está destruída,
     ó cidade de renome,
povoada por homens do mar!
Você era um poder nos mares,
     você e os seus cidadãos;
você impunha pavor
     a todos os que ali vivem.
18 Agora as regiões litorâneas tremem

dance with my anger and my wrath; they will know my vengeance, declares the Sovereign Lord.'

A Prophecy Against Philistia

15 "This is what the Sovereign Lord says: 'Because the Philistines acted in vengeance and took revenge with malice in their hearts, and with ancient hostility sought to destroy Judah, **16** therefore this is what the Sovereign Lord says: I am about to stretch out my hand against the Philistines, and I will cut off the Kerethites and destroy those remaining along the coast. **17** I will carry out great vengeance on them and punish them in my wrath. Then they will know that I am the Lord, when I take vengeance on them.' "

A Prophecy Against Tyre

26 In the eleventh year, on the first day of the month, the word of the Lord came to me: **2** "Son of man, because Tyre has said of Jerusalem, 'Aha! The gate to the nations is broken, and its doors have swung open to me; now that she lies in ruins I will prosper,' **3** therefore this is what the Sovereign Lord says: I am against you, O Tyre, and I will bring many nations against you, like the sea casting up its waves. **4** They will destroy the walls of Tyre and pull down her towers; I will scrape away her rubble and make her a bare rock. **5** Out in the sea she will become a place to spread fishnets, for I have spoken, declares the Sovereign Lord. She will become plunder for the nations, **6** and her settlements on the mainland will be ravaged by the sword. Then they will know that I am the Lord.

7 "For this is what the Sovereign Lord says: From the north I am going to bring against Tyre Nebuchadnezzar[a] king of Babylon, king of kings, with horses and chariots, with horsemen and a great army. **8** He will ravage your settlements on the mainland with the sword; he will set up siege works against you, build a ramp up to your walls and raise his shields against you. **9** He will direct the blows of his battering rams against your walls and demolish your towers with his weapons. **10** His horses will be so many that they will cover you with dust. Your walls will tremble at the noise of the war horses, wagons and chariots when he enters your gates as men enter a city whose walls have been broken through. **11** The hoofs of his horses will trample all your streets; he will kill your people with the sword, and your strong pillars will fall to the ground. **12** They will plunder your wealth and loot your merchandise; they will break down your walls and demolish your fine houses and throw your stones, timber and rubble into the sea. **13** I will put an end to your noisy songs, and the music of your harps will be heard no more. **14** I will make you a bare rock, and you will become a place to spread fishnets. You will never be rebuilt, for I the Lord have spoken, declares the Sovereign Lord.

15 "This is what the Sovereign Lord says to Tyre: Will not the coastlands tremble at the sound of your fall, when the wounded groan and the slaughter takes place in you? **16** Then all the princes of the coast will step down from their thrones and lay aside their robes and take off their embroidered garments. Clothed with terror, they will sit on the ground, trembling every moment, appalled at you. **17** Then they will take up a lament concerning you and say to you:

" 'How you are destroyed, O city of renown,
     peopled by men of the sea!
You were a power on the seas,
     you and your citizens;
you put your terror
     on all who lived there.
18 Now the coastlands tremble

---

[a] *26:7* Hebrew *Nebuchadrezzar*, of which *Nebuchadnezzar* is a variant; here and often in Ezekiel and Jeremiah

no dia de sua queda;
as ilhas do mar estão apavoradas
diante de sua ruína'.

19 "Assim diz o Soberano, o Senhor: Quando eu fizer de você uma cidade abandonada, lembrando cidades inabitáveis, e quando eu a cobrir com as vastas águas do abismo, **20** então farei você descer com os que descem à cova, para fazer companhia aos antigos. Eu a farei habitar embaixo da terra, como em ruínas antigas, com aqueles que descem à cova, e você não voltará e não retomará o seu lugara na terra dos viventes. **21** Levarei você a um fim terrível e você já não existirá. Será procurada, e jamais será achada. Palavra do Soberano, o Senhor".

Um Lamento por Tiro

27 Esta palavra do Senhor veio a mim: **2** "Filho do homem, faça um lamento a respeito de Tiro. **3** Diga a Tiro, que está junto à entrada para o mar, e que negocia com povos de muitos litorais: Assim diz o Soberano, o Senhor:

"Você diz, ó Tiro:
'Minha beleza é perfeita'.
4 Seu domínio abrangia
o coração dos mares;
seus construtores levaram a sua beleza
à perfeição.
5 Eles fizeram todo o seu madeiramento
com pinheiros de Senirb;
apanharam um cedro do Líbano
para fazer-lhe um mastro.
6 Dos carvalhos de Basã
fizeram os seus remos;
de cipreste procedente
das costas de Chipre
fizeram seu convés,
revestido de mármore.
7 Suas velas foram feitas
de belo linho bordado,
procedente do Egito,
servindo-lhe de bandeira;
seus toldos, em vermelho e azul,
provinham das costas de Elisá.
8 Habitantes de Sidom e Arvade
eram os seus remadores;
os seus homens hábeis, ó Tiro,
estavam a bordo como
marinheiros.
9 Artesãos experientes de Gebalc
estavam a bordo
como construtores de barcos
para calafetarem as suas juntas.
Todos os navios do mar
e seus marinheiros
vinham para negociar com você
as suas mercadorias.
10 "Os persas, os lídios
e os homens de Fute
serviam como soldados
em seu exército.
Eles penduravam os seus escudos
e capacetes nos seus muros,
trazendo-lhe esplendor.
11 Homens de Arvade e de Heleque
guarneciam os seus muros
em todos os lados;
homens de Gamade

on the day of your fall;
the islands in the sea
are terrified at your collapse.'

19 "This is what the Sovereign Lord says: When I make you a desolate city, like cities no longer inhabited, and when I bring the ocean depths over you and its vast waters cover you, **20** then I will bring you down with those who go down to the pit, to the people of long ago. I will make you dwell in the earth below, as in ancient ruins, with those who go down to the pit, and you will not return or take your placea in the land of the living. **21** I will bring you to a horrible end and you will be no more. You will be sought, but you will never again be found, declares the Sovereign Lord."

A Lament for Tyre

27 The word of the Lord came to me: **2** "Son of man, take up a lament concerning Tyre. **3** Say to Tyre, situated at the gateway to the sea, merchant of peoples on many coasts, 'This is what the Sovereign Lord says:

" 'You say, O Tyre,
"I am perfect in beauty."
4 Your domain was on the high seas;
your builders brought your beauty to perfection.
5 They made all your timbers
of pine trees from Senirb;
they took a cedar from Lebanon
to make a mast for you.
6 Of oaks from Bashan
they made your oars;
of cypress woodc from the coasts of Cyprusd
they made your deck, inlaid with ivory.
7 Fine embroidered linen from Egypt was your sail
and served as your banner;
your awnings were of blue and purple
from the coasts of Elishah.
8 Men of Sidon and Arvad were your oarsmen;
your skilled men, O Tyre, were aboard as
your seamen.
9 Veteran craftsmen of Gebale were on board
as shipwrights to caulk your seams.
All the ships of the sea and their sailors
came alongside to trade for your wares.
10 " 'Men of Persia, Lydia and Put
served as soldiers in your army.
They hung their shields and helmets on your
walls,
bringing you splendor.
11 Men of Arvad and Helech
manned your walls on every side;
men of Gammad

a26.20 Conforme a Septuaginta. O Texto Massorético diz *voltará, e eu darei glória*. b27.5 Isto é, do Hermom.c27.9 Isto é, Biblos.

a26:20 Septuagint; Hebrew *return, and I will give glory* b27:5 That is, Hermon c27:6 Targum; the Masoretic Text has a different division of the consonants. d27:6 Hebrew *Kittim* e27:9 That is, Byblos

estavam em suas torres.
Eles penduravam os escudos deles
    em seus muros ao redor;
    levaram a sua beleza à perfeição.

12 "Társis fez negócios com você, tendo em vista os seus muitos bens; eles deram prata, ferro, estanho e chumbo em troca de suas mercadorias.

13 "Javã, Tubal e Meseque negociaram com você; trocaram escravos e utensílios de bronze pelos seus bens.

14 "Homens de Bete-Togarma trocaram cavalos de carga, cavalos de guerra e mulas pelas suas mercadorias.

15 "Os homens de Rodes[a] negociaram com você, e muitas regiões costeiras se tornaram seus clientes; pagaram-lhe suas compras com presas de marfim e com ébano.

16 "Arã[b] negociou com você atraído por seus muitos produtos; em troca de suas mercadorias deu-lhe turquesa, tecido vermelho, trabalhos bordados, linho fino, coral e rubis.

17 "Judá e Israel negociaram com você; pelos seus bens trocaram trigo de Minite, confeitos, mel, azeite e bálsamo.

18 "Em razão dos muitos produtos de que você dispõe e da grande riqueza de seus bens, Damasco negociou com você, pagando-lhe com vinho de Helbom e lã de Zaar.

19 "Também Dã e Javã, de Uzal, compraram suas mercadorias, trocando-as por ferro, cássia e cálamo.

20 "Dedã negociou com você mantos de sela.

21 "A Arábia e todos os príncipes de Quedar eram seus clientes; fizeram negócios com você, fornecendo-lhe cordeiros, carneiros e bodes.

22 "Os mercadores de Sabá e de Raamá fizeram comércio com você; pelas mercadorias que você vende eles trocaram o que há de melhor em toda espécie de especiarias, pedras preciosas e ouro.

23 "Harã, Cane e Éden e os mercadores de Sabá, Assur e Quilmade fizeram comércio com você. **24** No seu mercado eles negociaram com você lindas roupas, tecido azul, trabalhos bordados e tapetes multicoloridos com cordéis retorcidos e de nós firmes.

25 "Os navios de Társis
    transportam os seus bens.
Quanta carga pesada você tem
    no coração do mar.
26 Seus remadores a levam
    para alto mar.
Mas o vento oriental a despedaçará
    no coração do mar.
27 Sua riqueza, suas mercadorias
    e seus bens,
seus marujos, seus homens do mar
    e seus construtores de barcos,
seus mercadores
    e todos os seus soldados,
todos quantos estão a bordo
    sucumbirão no coração do mar
    no dia do seu naufrágio.
28 As praias tremerão
    quando os seus marujos clamarem.
29 Todos os que manejam os remos
    abandonarão os seus navios;
os marujos e todos os marinheiros
    ficarão na praia.
30 Erguerão a voz
    e gritarão com amargura por sua causa;
espalharão poeira sobre a cabeça
    e rolarão na cinza.
31 Raparão a cabeça por sua causa
    e porão vestes de lamento.

were in your towers.
They hung their shields around your walls;
    they brought your beauty to perfection.

12 " 'Tarshish did business with you because of your great wealth of goods; they exchanged silver, iron, tin and lead for your merchandise.

13 " 'Greece, Tubal and Meshech traded with you; they exchanged slaves and articles of bronze for your wares.

14 " 'Men of Beth Togarmah exchanged work horses, war horses and mules for your merchandise.

15 " 'The men of Rhodes[a] traded with you, and many coastlands were your customers; they paid you with ivory tusks and ebony.

16 " 'Aram[b] did business with you because of your many products; they exchanged turquoise, purple fabric, embroidered work, fine linen, coral and rubies for your merchandise.

17 " 'Judah and Israel traded with you; they exchanged wheat from Minnith and confections,[c] honey, oil and balm for your wares.

18 " 'Damascus, because of your many products and great wealth of goods, did business with you in wine from Helbon and wool from Zahar.

19 " 'Danites and Greeks from Uzal bought your merchandise; they exchanged wrought iron, cassia and calamus for your wares.

20 " 'Dedan traded in saddle blankets with you.

21 " 'Arabia and all the princes of Kedar were your customers; they did business with you in lambs, rams and goats.

22 " 'The merchants of Sheba and Raamah traded with you; for your merchandise they exchanged the finest of all kinds of spices and precious stones, and gold.

23 " 'Haran, Canneh and Eden and merchants of Sheba, Asshur and Kilmad traded with you. **24** In your marketplace they traded with you beautiful garments, blue fabric, embroidered work and multicolored rugs with cords twisted and tightly knotted.

25 " 'The ships of Tarshish serve
    as carriers for your wares.
You are filled with heavy cargo
    in the heart of the sea.
26 Your oarsmen take you
    out to the high seas.
But the east wind will break you to pieces
    in the heart of the sea.
27 Your wealth, merchandise and wares,
    your mariners, seamen and shipwrights,
your merchants and all your soldiers,
    and everyone else on board
will sink into the heart of the sea
    on the day of your shipwreck.
28 The shorelands will quake
    when your seamen cry out.
29 All who handle the oars
    will abandon their ships;
the mariners and all the seamen
    will stand on the shore.
30 They will raise their voice
    and cry bitterly over you;
they will sprinkle dust on their heads
    and roll in ashes.
31 They will shave their heads because of you
    and will put on sackcloth.

---

[a]27.15 Conforme a Septuaginta. O Texto Massorético diz *Dedã*. [b]27.16 Alguns manuscritos do Texto Massorético e a Versão Siríaca dizem *Edom*.

[a]27:15 Septuagint; Hebrew *Dedan* [b]27:16 Most Hebrew manuscripts; some Hebrew manuscripts and Syriac *Edom* [c]27:17 The meaning of the Hebrew for this word is uncertain.

Chorarão por você com angústia na alma
   e com pranto amargurado.
32 Quando estiverem gritando
   e pranteando por você,
erguerão este lamento a seu respeito:
'Quem chegou a ser silenciada
     como Tiro,
     cercada pelo mar?'
33 Quando as suas mercadorias
   saíam para o mar,
você satisfazia muitas nações;
com sua grande riqueza e com seus bens
   você enriqueceu os reis da terra.
34 Agora, destruída pelo mar,
   você jaz nas profundezas das águas;
seus bens e todos os que a acompanham
   afundaram com você.
35 Todos os que moram
   nas regiões litorâneas
estão chocados com o que aconteceu
   com você;
seus reis arrepiam-se horrorizados
e os seus rostos estão desfigurados
   de medo.
36 Os mercadores entre as nações
   gritam de medo ao vê-la,
chegou o seu terrível fim,
   e você não mais existirá".

Profecia contra o Rei de Tiro

28 Veio a mim esta palavra do Senhor: **2** "Filho do homem, diga ao governante de Tiro: Assim diz o Soberano, o Senhor:

"No orgulho do seu coração
   você diz: 'Sou um deus;
sento-me no trono de um deus
   no coração dos mares'.
Mas você é um homem, e não um deus,
   embora se considere tão sábio
     quanto Deus.
3 Você é mais sábio que Daniel[a]?
   Não haverá segredo que lhe seja oculto?
4 Mediante a sua sabedoria
   e o seu entendimento,
você granjeou riquezas
   e acumulou ouro e prata
     em seus tesouros.
5 Por sua grande habilidade comercial
   você aumentou
     as suas riquezas
e, por causa das suas riquezas,
   o seu coração ficou
     cada vez mais orgulhoso.

6 "Por isso, assim diz o Soberano, o Senhor:

"Porque você pensa que é sábio,
   tão sábio quanto Deus,
7 trarei estrangeiros contra você,
   das mais impiedosas nações;
eles empunharão suas espadas
   contra a sua beleza
   e a sua sabedoria
e traspassarão o seu esplendor
   fulgurante.
8 Eles o farão descer à cova,
   e você terá morte violenta
     no coração dos mares.

They will weep over you with anguish of soul
   and with bitter mourning.
32 As they wail and mourn over you,
   they will take up a lament concerning you:
"Who was ever silenced like Tyre,
   surrounded by the sea?"
33 When your merchandise went out on the seas,
   you satisfied many nations;
with your great wealth and your wares
   you enriched the kings of the earth.
34 Now you are shattered by the sea
   in the depths of the waters;
your wares and all your company
   have gone down with you.
35 All who live in the coastlands
   are appalled at you;
their kings shudder with horror
   and their faces are distorted with fear.
36 The merchants among the nations hiss at you;
   you have come to a horrible end
   and will be no more.' "

A Prophecy Against the King of Tyre

28 The word of the Lord came to me: **2** "Son of man, say to the ruler of Tyre, 'This is what the Sovereign Lord says:

" 'In the pride of your heart
   you say, "I am a god;
I sit on the throne of a god
   in the heart of the seas."
But you are a man and not a god,
   though you think you are as wise as a god.
3 Are you wiser than Daniel[a]?
   Is no secret hidden from you?
4 By your wisdom and understanding
   you have gained wealth for yourself
and amassed gold and silver
   in your treasuries.
5 By your great skill in trading
   you have increased your wealth,
and because of your wealth
   your heart has grown proud.

6 " 'Therefore this is what the Sovereign Lord says:

" 'Because you think you are wise,
   as wise as a god,
7 I am going to bring foreigners against you,
   the most ruthless of nations;
they will draw their swords against your beauty
   and wisdom
   and pierce your shining splendor.
8 They will bring you down to the pit,
   and you will die a violent death
   in the heart of the seas.

---

[a]28.3 Ou *Danel*.

[a]28:3 Or *Danel*; the Hebrew spelling may suggest a person other than the prophet Daniel.

⁹ Dirá você então:
'Eu sou um deus'
na presença daqueles que o matarem?
Você será tão-somente um homem,
e não um deus,
nas mãos daqueles que o abaterem.
¹⁰ Você terá a morte dos incircuncisos
nas mãos de estrangeiros.

Eu falei. Palavra do Soberano, o Senhor".

¹¹ Esta palavra do Senhor veio a mim: ¹² "Filho do homem,
erga um lamento a respeito do rei de Tiro e diga-lhe: Assim diz
o Soberano, o Senhor:

"Você era o modelo da perfeição,
cheio de sabedoria
e de perfeita beleza.
¹³ Você estava no Éden,
no jardim de Deus;
todas as pedras preciosas o enfeitavam:
sárdio, topázio e diamante,
berilo, ônix e jaspe,
safira, carbúnculo e esmeralda.ᵃ
Seus engastes e guarnições
eram feitos de ouro;
tudo foi preparado no dia
em que você foi criado.
¹⁴ Você foi ungido
como um querubim guardião,
pois para isso eu o designei.
Você estava no monte santo de Deus
e caminhava entre as pedras
fulgurantes.
¹⁵ Você era inculpável em seus caminhos
desde o dia em que foi criado
até que se achou maldade em você.
¹⁶ Por meio do seu amplo comércio,
você encheu-se de violência
e pecou.
Por isso eu o lancei, humilhado,
para longe do monte de Deus,
e o expulsei, ó querubim guardião,
do meio das pedras fulgurantes.
¹⁷ Seu coração tornou-se orgulhoso
por causa da sua beleza,
e você corrompeu a sua sabedoria
por causa do seu esplendor.
Por isso eu o atirei à terra;
fiz de você um espetáculo
para os reis.
¹⁸ Por meio dos seus muitos pecados
e do seu comércio desonesto
você profanou os seus santuários.
Por isso fiz sair de você um fogo,
que o consumiu,
e reduzi você a cinzas no chão,
à vista de todos
os que estavam observando.
¹⁹ Todas as nações que o conheciam
espantaram-se ao vê-lo;
chegou o seu terrível fim,
você não mais existirá".

Profecia contra Sidom

²⁰ Veio a mim esta palavra do Senhor: ²¹ "Filho do homem,
vire o rosto contra Sidom; profetize contra ela ²² e diga: Assim
diz o Soberano, o Senhor:

⁹ Will you then say, "I am a god,"
in the presence of those who kill you?
You will be but a man, not a god,
in the hands of those who slay you.
¹⁰ You will die the death of the uncircumcised
at the hands of foreigners.

I have spoken, declares the Sovereign Lord.' "

¹¹ The word of the Lord came to me: ¹² "Son of man, take up
a lament concerning the king of Tyre and say to him: 'This is
what the Sovereign Lord says:

" 'You were the model of perfection,
full of wisdom and perfect in beauty.
¹³ You were in Eden,
the garden of God;
every precious stone adorned you:
ruby, topaz and emerald,
chrysolite, onyx and jasper,
sapphire,ᵃ turquoise and beryl.ᵇ
Your settings and mountingsᶜ were made
of gold;
on the day you were created they were
prepared.
¹⁴ You were anointed as a guardian cherub,
for so I ordained you.
You were on the holy mount of God;
you walked among the fiery stones.
¹⁵ You were blameless in your ways
from the day you were created
till wickedness was found in you.
¹⁶ Through your widespread trade
you were filled with violence,
and you sinned.
So I drove you in disgrace from the mount of God,
and I expelled you, O guardian cherub,
from among the fiery stones.
¹⁷ Your heart became proud
on account of your beauty,
and you corrupted your wisdom
because of your splendor.
So I threw you to the earth;
I made a spectacle of you before kings.
¹⁸ By your many sins and dishonest trade
you have desecrated your sanctuaries.
So I made a fire come out from you,
and it consumed you,
and I reduced you to ashes on the ground
in the sight of all who were watching.
¹⁹ All the nations who knew you
are appalled at you;
you have come to a horrible end
and will be no more.' "

A Prophecy Against Sidon

²⁰ The word of the Lord came to me: ²¹ "Son of man, set your
face against Sidon; prophesy against her ²² and say: 'This is
what the Sovereign Lord says:

ᵃ28.13 A identificação precisa de algumas dessas pedras preciosas não é conhecida.

ᵃ28:13 Or *lapis lazuli* ᵇ28:13 The precise identification of some of these precious stones is uncertain. ᶜ28:13 The meaning of the Hebrew for this phrase is
uncertain.

"Estou contra você, Sidom,
e manifestarei a minha glória
    dentro de você.
Todos saberão que eu sou o Senhor,
quando eu castigá-la
    e mostrar-me santo em seu meio.
23 Enviarei uma peste sobre você
    e farei sangue correr em suas ruas.
Os mortos cairão, derrubados pela espada
    que virá de todos os lados contra você.
E todos saberão que eu sou o Senhor.

24 "Israel não terá mais vizinhos maldosos agindo como roseiras bravas dolorosas e espinhos pontudos. Pois eles saberão que eu sou o Soberano, o Senhor.

25 "Assim diz o Soberano, o Senhor: Quando eu reunir Israel dentre as nações nas quais foi espalhado, eu me mostrarei santo entre eles à vista das nações. Então eles viverão em sua própria terra, a qual dei ao meu servo Jacó. 26 Eles viverão ali em segurança, construirão casas e plantarão vinhas; viverão em segurança quando eu castigar todos os seus vizinhos que lhes fizeram mal. Então eles saberão que eu sou o Senhor, o seu Deus".

Profecia contra o Egito

29 No décimo segundo dia do décimo mês do décimo ano do exílio, esta palavra do Senhor veio a mim: 2 "Filho do homem, vire o rosto contra o faraó, rei do Egito, e profetize contra ele e contra todo o Egito. 3 Diga-lhe: Assim diz o Soberano, o Senhor:

"Estou contra você, faraó, rei do Egito,
contra você, grande monstro deitado
    em meio a seus riachos.
Você diz: 'O Nilo é meu;
    eu o fiz para mim mesmo'.
4 Mas porei anzóis em seu queixo
e farei os peixes dos seus regatos
    se apegarem
    às suas escamas, ó Egito.
Puxarei você para fora dos seus riachos,
    com todos os peixes grudados
    em suas escamas.
5 Deixarei você no deserto,
    você e todos os peixes
    dos seus regatos.
Você cairá em campo aberto
    e não será recolhido
    nem sepultado.
Darei você como comida
    aos animais selvagens
    e às aves do céu.

6 "Então todos os que vivem no Egito saberão que eu sou o Senhor.

"Você tem sido um bordão de junco para a nação de Israel. 7 Quando eles o pegaram com as mãos, você rachou e rasgou os ombros deles; quando eles se apoiaram em você, você se quebrou, e as costas deles sofreram torção.ª

8 "Portanto, assim diz o Soberano, o Senhor: Trarei uma espada contra você e matarei os seus homens e os seus animais. 9 O Egito se tornará um deserto arrasado. Então eles saberão que eu sou o Senhor.

"Visto que você disse: 'O Nilo é meu; eu o fiz', 10 estou contra você e contra os seus regatos, e tornarei o Egito uma desgraça e um deserto arrasado desde Migdol até Sevene, chegando até a fronteira da Etiópiaᵇ. 11 Nenhum pé de homem ou pata de animal o atravessará; ninguém morará ali

" 'I am against you, O Sidon,
and I will gain glory within you.
They will know that I am the Lord,
when I inflict punishment on her
and show myself holy within her.
23 I will send a plague upon her
and make blood flow in her streets.
The slain will fall within her,
with the sword against her on every side.
Then they will know that I am the Lord.

24 " 'No longer will the people of Israel have malicious neighbors who are painful briers and sharp thorns. Then they will know that I am the Sovereign Lord.

25 " 'This is what the Sovereign Lord says: When I gather the people of Israel from the nations where they have been scattered, I will show myself holy among them in the sight of the nations. Then they will live in their own land, which I gave to my servant Jacob. 26 They will live there in safety and will build houses and plant vineyards; they will live in safety when I inflict punishment on all their neighbors who maligned them. Then they will know that I am the Lord their God.' "

A Prophecy Against Egypt

29 In the tenth year, in the tenth month on the twelfth day, the word of the Lord came to me: 2 "Son of man, set your face against Pharaoh king of Egypt and prophesy against him and against all Egypt. 3 Speak to him and say: 'This is what the Sovereign Lord says:

" 'I am against you, Pharaoh king of Egypt,
you great monster lying among your streams.
You say, "The Nile is mine;
I made it for myself."
4 But I will put hooks in your jaws
and make the fish of your streams stick to
    your scales.
I will pull you out from among your streams,
with all the fish sticking to your scales.
5 I will leave you in the desert,
you and all the fish of your streams.
You will fall on the open field
and not be gathered or picked up.
I will give you as food
to the beasts of the earth and the birds
    of the air.

6 Then all who live in Egypt will know that I am the Lord.

" 'You have been a staff of reed for the house of Israel. 7 When they grasped you with their hands, you splintered and you tore open their shoulders; when they leaned on you, you broke and their backs were wrenched.ª

8 " 'Therefore this is what the Sovereign Lord says: I will bring a sword against you and kill your men and their animals. 9 Egypt will become a desolate wasteland. Then they will know that I am the Lord.

" 'Because you said, "The Nile is mine; I made it," 10 therefore I am against you and against your streams, and I will make the land of Egypt a ruin and a desolate waste from Migdol to Aswan, as far as the border of Cush.ᵇ 11 No foot of man or animal will pass through it; no one will live there for forty

---

ª29.7 Conforme a Versão Siríaca. O Texto Massorético diz *e fez que as costas deles paralisassem.* ᵇ29.10 Hebraico: *Cuxe.*

ª29:7 Syriac (see also Septuagint and Vulgate); Hebrew *and you caused their backs to stand* ᵇ29:10 That is, the upper Nile region

por quarenta anos. **12** Farei a terra do Egito arrasada em meio a terras devastadas, e suas cidades estarão arrasadas durante quarenta anos entre cidades em ruínas. Espalharei os egípcios entre as nações e os dispersarei entre os povos.

13 "Contudo, assim diz o Soberano, o SENHOR: Ao fim dos quarenta anos ajuntarei os egípcios dentre as nações nas quais foram espalhados. **14** Eu os trarei de volta do cativeiro e os farei voltar ao alto Egitoª, à terra dos seus antepassados. Ali serão um reino humilde. **15** Será o mais humilde dos reinos, e nunca mais se exaltará sobre as outras nações. Eu o farei tão fraco que nunca mais dominará sobre as nações. **16** O Egito não inspirará mais confiança a Israel, mas será uma lembrança de sua iniqüidade por procurá-lo em busca de ajuda. Então eles saberão que eu sou o Soberano, o SENHOR.

17 No primeiro dia do primeiro mês do vigésimo sétimo ano do exílio, esta palavra do SENHOR veio a mim: **18** "Filho do homem, o rei Nabucodonosor, da Babilônia, conduziu o seu exército numa dura campanha contra Tiro; toda cabeça foi esfregada até não ficar cabelo algum e todo ombro ficou esfolado. Contudo, ele e o seu exército não obtiveram nenhuma recompensa com a campanha que ele conduziu contra Tiro. **19** Por isso, assim diz o Soberano, o SENHOR: Vou dar o Egito ao rei Nabucodonosor, da Babilônia, e ele levará embora a riqueza dessa nação. Ele saqueará e despojará a terra como pagamento para o seu exército. **20** Eu lhe dei o Egito como recompensa por seus esforços, por aquilo que ele e o seu exército fizeram para mim. Palavra do Soberano, o SENHOR.

21 "Naquele dia farei crescer o poderᵇ da nação de Israel, e abrirei a minha boca no meio deles. Então eles saberão que eu sou o SENHOR".

Um Lamento pelo Egito

30 Esta palavra do SENHOR veio a mim: **2** "Filho do homem, profetize e diga: Assim diz o Soberano, o SENHOR:

"Clamem e digam:
   Ai! Aquele dia!
3 Pois o dia está próximo,
   o dia do SENHOR
     está próximo;
   será dia de nuvens,
   uma época de condenação
     para as nações.
4 A espada virá contra o Egito,
   e angústia virá sobre a Etiópiaᶜ.
Quando os mortos caírem no Egito,
   sua riqueza lhe será tirada
   e os seus alicerces serão despedaçados.

5 "A Etiópia e Fute, Lude e toda a Arábia, a Líbiaᵈ e o povo da terra da aliança cairão à espada junto com o Egito.

6 "Assim diz o SENHOR:

"Os aliados do Egito cairão,
   e a sua orgulhosa força fracassará.
Desde Migdol até Sevene
   eles cairão à espada.
Palavra do Soberano, o SENHOR.
7 Serão arrasados
   no meio de terras devastadas,
e as suas cidades jazerão
   no meio de cidades em ruínas.
8 E eles saberão que eu sou o SENHOR,
   quando eu incendiar o Egito
e todos os que o apóiam
   forem esmagados.

9 "Naquele dia enviarei mensageiros em navios para assus-

years. **12** I will make the land of Egypt desolate among devastated lands, and her cities will lie desolate forty years among ruined cities. And I will disperse the Egyptians among the nations and scatter them through the countries.

13 " 'Yet this is what the Sovereign LORD says: At the end of forty years I will gather the Egyptians from the nations where they were scattered. **14** I will bring them back from captivity and return them to Upper Egypt,ª the land of their ancestry. There they will be a lowly kingdom. **15** It will be the lowliest of kingdoms and will never again exalt itself above the other nations. I will make it so weak that it will never again rule over the nations. **16** Egypt will no longer be a source of confidence for the people of Israel but will be a reminder of their sin in turning to her for help. Then they will know that I am the Sovereign LORD.' "

17 In the twenty-seventh year, in the first month on the first day, the word of the LORD came to me: **18** "Son of man, Nebuchadnezzar king of Babylon drove his army in a hard campaign against Tyre; every head was rubbed bare and every shoulder made raw. Yet he and his army got no reward from the campaign he led against Tyre. **19** Therefore this is what the Sovereign LORD says: I am going to give Egypt to Nebuchadnezzar king of Babylon, and he will carry off its wealth. He will loot and plunder the land as pay for his army. **20** I have given him Egypt as a reward for his efforts because he and his army did it for me, declares the Sovereign LORD.

21 "On that day I will make a hornᵇ grow for the house of Israel, and I will open your mouth among them. Then they will know that I am the LORD."

A Lament for Egypt

30 The word of the LORD came to me: **2** "Son of man, prophesy and say: 'This is what the Sovereign LORD says:

" 'Wail and say,
   "Alas for that day!"
3 For the day is near,
   the day of the LORD is near—
a day of clouds,
   a time of doom for the nations.
4 A sword will come against Egypt,
   and anguish will come upon Cush.ᶜ
When the slain fall in Egypt,
   her wealth will be carried away
   and her foundations torn down.

5 Cush and Put, Lydia and all Arabia, Libyaᵈ and the people of the covenant land will fall by the sword along with Egypt.

6 " 'This is what the LORD says:

" 'The allies of Egypt will fall
   and her proud strength will fail.
From Migdol to Aswan
   they will fall by the sword within her,
     declares the Sovereign LORD.
7 " 'They will be desolate
   among desolate lands,
and their cities will lie
   among ruined cities.
8 Then they will know that I am the LORD,
   when I set fire to Egypt
   and all her helpers are crushed.

9 " 'On that day messengers will go out from me in ships to

ª29.14 Hebraico: *a Patros*. ᵇ29.21 Hebraico: *chifre*. ᶜ30.4 Hebraico: *Cuxe;* também nos versículos 5 e 9. ᵈ30.5 Hebraico: *Cube*.

ª29:14 Hebrew *to Pathros* ᵇ29:21 *Horn* here symbolizes strength. ᶜ30:4 That is, the upper Nile region; also in verses 5 and ᵈ30:5 Hebrew *Cub*

tar o povo da Etiópia, que se sente seguro. A angústia se apoderará deles no dia da condenação do Egito, pois é certo que isso acontecerá.

10 "Assim diz o Soberano, o Senhor:

"Darei fim à população do Egito
pelas mãos do rei Nabucodonosor,
   da Babilônia.
11 Ele e o seu exército,
   a nação mais impiedosa,
serão levados para destruir a terra.
Eles empunharão a espada
   contra o Egito
e a terra se encherá de mortos.
12 Eu secarei os regatos do Nilo
   e venderei a terra
   a homens maus;
pela mão de estrangeiros
   deixarei arrasada a terra
   e tudo o que nela há.

"Eu, o Senhor, falei.

13 "Assim diz o Soberano, o Senhor:

"Destruirei os ídolos
   e darei fim às imagens
   que há em Mênfis.
Não haverá mais príncipe no Egito,
e espalharei medo
   por toda a terra.
14 Arrasarei o alto Egito[a],
incendiarei Zoã
e infligirei castigo a Tebas[b].
15 Derramarei a minha ira sobre Pelúsio[c],
   a fortaleza do Egito,
e acabarei com a população de Tebas.
16 Incendiarei o Egito;
Pelúsio se contorcerá de agonia.
Tebas será levada pela tempestade;
Mênfis estará em constante aflição.
17 Os jovens de Heliópolis[d] e de Bubastis[e]
   cairão à espada,
e a população das cidades
   irá para o cativeiro.
18 As trevas imperarão em pleno dia
   em Tafnes quando eu quebrar
   o jugo do Egito;
ali sua força orgulhosa
   chegará ao fim.
Ficará coberta de nuvens,
e os moradores dos seus povoados
   irão para o cativeiro.
19 Assim eu darei castigo ao Egito,
e todos ali saberão
   que eu sou o Senhor".

20 No sétimo dia do primeiro mês do décimo primeiro ano, a palavra do Senhor veio a mim: **21** "Filho do homem, quebrei o braço do faraó, rei do Egito. Não foi enfaixado para sarar, nem lhe foi posta uma tala para fortalecê-lo o bastante para poder manejar a espada. **22** Portanto, assim diz o Soberano, o Senhor: Estou contra o faraó, rei do Egito. Quebrarei os seus dois braços, o bom e o que já foi quebrado, e farei a espada cair da sua mão. **23** Dispersarei os egípcios entre as nações e os espalharei entre os povos. **24** Fortalecerei os braços do rei da Babilônia e porei a minha espada nas mãos dele, mas quebrarei os braços do faraó, e este gemerá diante dele como um homem mortalmente ferido. **25** Fortalecerei os braços do rei da Babilônia, mas

frighten Cush out of her complacency. Anguish will take hold of them on the day of Egypt's doom, for it is sure to come.

10 " 'This is what the Sovereign Lord says:

" 'I will put an end to the hordes of Egypt
   by the hand of Nebuchadnezzar king of
     Babylon.
11 He and his army—the most ruthless of nations—
   will be brought in to destroy the land.
They will draw their swords against Egypt
   and fill the land with the slain.
12 I will dry up the streams of the Nile
   and sell the land to evil men;
by the hand of foreigners
   I will lay waste the land and everything in it.

I the Lord have spoken.

13 " 'This is what the Sovereign Lord says:

" 'I will destroy the idols
   and put an end to the images in Memphis.[a]
No longer will there be a prince in Egypt,
   and I will spread fear throughout the land.
14 I will lay waste Upper Egypt,[b]
   set fire to Zoan
   and inflict punishment on Thebes.[c]
15 I will pour out my wrath on Pelusium,[d]
   the stronghold of Egypt,
   and cut off the hordes of Thebes.
16 I will set fire to Egypt;
Pelusium will writhe in agony.
Thebes will be taken by storm;
Memphis will be in constant distress.
17 The young men of Heliopolis[e] and Bubastis[f]
   will fall by the sword,
   and the cities themselves will go into captivity.
18 Dark will be the day at Tahpanhes
   when I break the yoke of Egypt;
there her proud strength will come to an end.
She will be covered with clouds,
   and her villages will go into captivity.
19 So I will inflict punishment on Egypt,
   and they will know that I am the Lord.' "

20 In the eleventh year, in the first month on the seventh day, the word of the Lord came to me: **21** "Son of man, I have broken the arm of Pharaoh king of Egypt. It has not been bound up for healing or put in a splint so as to become strong enough to hold a sword. **22** Therefore this is what the Sovereign Lord says: I am against Pharaoh king of Egypt. I will break both his arms, the good arm as well as the broken one, and make the sword fall from his hand. **23** I will disperse the Egyptians among the nations and scatter them through the countries. **24** I will strengthen the arms of the king of Babylon and put my sword in his hand, but I will break the arms of Pharaoh, and he will groan before him like a mortally wounded man. **25** I will strengthen the arms of the king of Babylon, but

---

[a]**30.14** Hebraico: *Arrasarei Patros.* [b]**30.14** Hebraico: *No*; também nos versículos 15 e 16. [c]**30.15** Hebraico: *Sim*; também no versículo 16. [d]**30.17** Hebraico: *Áven.* [e]**30.17** Hebraico: *Pi-Besete.*

[a]**30:13** Hebrew *Noph*; also in verse 16 [b]**30:14** Hebrew *waste Pathros* [c]**30:14** Hebrew *No*; also in verses 15 and 16 [d]**30:15** Hebrew *Sin*; also in verse 16 [e]**30:17** Hebrew *Awen* (or *On*) [f]**30:17** Hebrew *Pi Beseth*

os braços do faraó penderão sem firmeza. Quando eu puser minha espada na mão do rei da Babilônia e ele a brandir contra o Egito, eles saberão que eu sou o Senhor. **26** Eu dispersarei os egípcios no meio das nações e os espalharei entre os povos. Então eles saberão que eu sou o Senhor".

Um Cedro no Líbano

31 No primeiro dia do terceiro mês do décimo primeiro ano, a palavra do Senhor veio a mim: **2** "Filho do homem, diga ao faraó, rei do Egito, e ao seu povo:

"Quem é comparável a você
  em majestade?
3 Considere a Assíria,
  outrora um cedro no Líbano,
com belos galhos que faziam
  sombra à floresta;
era alto;
  seu topo ficava acima
  da espessa folhagem.
4 As águas o nutriam,
  correntes profundas o faziam crescer
  a grande altura;
seus riachos fluíam de onde ele estava
  para todas as árvores do campo.
5 Erguia-se mais alto que
  todas as árvores do campo;
brotaram muitos ramos
  e seus galhos cresceram,
espalhando-se, graças à fartura de água.
6 Todas as aves do céu
  se aninhavam em seus ramos,
todos os animais do campo
  davam à luz
  debaixo dos seus galhos;
todas as grandes nações
  viviam à sua sombra.
7 Era de uma beleza majestosa,
  com seus ramos
  que tanto se espalhavam,
pois as suas raízes desciam
  até as muitas águas.
8 Os cedros do jardim de Deus
  não eram rivais para ele,
nem os pinheiros conseguiam
  igualar-se aos seus ramos,
nem os plátanos podiam
  comparar-se com os seus galhos;
nenhuma árvore do jardim de Deus
  podia equiparar-se à sua beleza.
9 Eu o fiz belo com rica ramagem,
  a inveja de todas as árvores do Éden,
  do jardim de Deus.

10 "Portanto, assim diz o Soberano, o Senhor: Como ele se ergueu e se tornou tão alto, alçando seu topo acima da folhagem espessa, e como ficou orgulhoso da sua altura, **11** eu o entreguei ao governante das nações para que este o tratasse de acordo com a sua maldade. Eu o rejeitei, **12** e a mais impiedosa das nações estrangeiras o derrubou e o deixou. Seus ramos caíram sobre os montes e em todos os vales; seus galhos jazeram quebrados em todas as ravinas da terra. Todas as nações da terra saíram de sua sombra e o abandonaram. **13** Todas as aves do céu se instalaram na árvore caída, e todos os animais do campo se abrigaram em seus galhos. **14** Por isso nenhuma outra árvore junto às águas chegará a erguer-se orgulhosamente tão alto, alçando o seu topo acima da folhagem espessa. Nenhuma outra árvore igualmente bem regada chegará a essa altura; estão todas destinadas à morte, e irão para debaixo da terra, entre os homens mortais, com os que descem à cova.

the arms of Pharaoh will fall limp. Then they will know that I am the Lord, when I put my sword into the hand of the king of Babylon and he brandishes it against Egypt. **26** I will disperse the Egyptians among the nations and scatter them through the countries. Then they will know that I am the Lord."

A Cedar in Lebanon

31 In the eleventh year, in the third month on the first day, the word of the Lord came to me: **2** "Son of man, say to Pharaoh king of Egypt and to his hordes:

" 'Who can be compared with you in majesty?
3 Consider Assyria, once a cedar in Lebanon,
  with beautiful branches overshadowing the
    forest;
it towered on high,
  its top above the thick foliage.
4 The waters nourished it,
  deep springs made it grow tall;
their streams flowed
  all around its base
and sent their channels
  to all the trees of the field.
5 So it towered higher
  than all the trees of the field;
its boughs increased
  and its branches grew long,
  spreading because of abundant waters.
6 All the birds of the air
  nested in its boughs,
all the beasts of the field
  gave birth under its branches;
all the great nations
  lived in its shade.
7 It was majestic in beauty,
  with its spreading boughs,
for its roots went down
  to abundant waters.
8 The cedars in the garden of God
  could not rival it,
nor could the pine trees
  equal its boughs,
nor could the plane trees
  compare with its branches—
no tree in the garden of God
  could match its beauty.
9 I made it beautiful
  with abundant branches,
the envy of all the trees of Eden
  in the garden of God.

10 " 'Therefore this is what the Sovereign Lord says: Because it towered on high, lifting its top above the thick foliage, and because it was proud of its height, **11** I handed it over to the ruler of the nations, for him to deal with according to its wickedness. I cast it aside, **12** and the most ruthless of foreign nations cut it down and left it. Its boughs fell on the mountains and in all the valleys; its branches lay broken in all the ravines of the land. All the nations of the earth came out from under its shade and left it. **13** All the birds of the air settled on the fallen tree, and all the beasts of the field were among its branches. **14** Therefore no other trees by the waters are ever to tower proudly on high, lifting their tops above the thick foliage. No other trees so well-watered are ever to reach such a height; they are all destined for death, for the earth below, among mortal men, with those who go down to the pit.

15 "Assim diz o Soberano, o Senhor: No dia em que ele foi baixado à sepultura[a], fiz o abismo encher-se de pranto por ele; estanquei os seus riachos, e a sua fartura de água foi retida. Por causa dele vesti o Líbano de trevas, e todas as árvores do campo secaram-se completamente. **16** Fiz as nações tremerem ao som da sua queda, quando o fiz descer à sepultura junto com os que descem à cova. Então todas as árvores do Éden, as mais belas e melhores do Líbano, todas as árvores bem regadas, consolavam-se embaixo da terra. **17** Todos os que viviam à sombra dele, seus aliados entre as nações, também haviam descido com ele à sepultura, juntando-se aos que foram mortos à espada.

18 "Qual das árvores do Éden pode comparar-se com você em esplendor e majestade? No entanto, você também será derrubado e irá para baixo da terra, junto com as árvores do Éden; você jazerá entre os incircuncisos, com os que foram mortos à espada.

"Eis aí o faraó e todo o seu grande povo. Palavra do Soberano, o Senhor".

Um Lamento pelo Faraó

32 No primeiro dia do décimo segundo mês do décimo segundo ano, esta palavra do Senhor veio a mim: **2** "Filho do homem, entoe um lamento a respeito do faraó, rei do Egito, e diga-lhe:

"Você é como um leão entre as nações,
    como um monstro nos mares,
contorcendo-se em seus riachos,
agitando e enlameando
    as suas águas com os pés.

3 "Assim diz o Soberano, o Senhor:

"Com uma imensa multidão de povos
    lançarei sobre você
    a minha rede,
e com ela eles o puxarão para cima.
4 Atirarei você na terra
    e o lançarei no campo.
Deixarei que todas as aves do céu
    se abriguem em você
e os animais de toda a terra
    o devorarão até fartar-se.
5 Estenderei a sua carne sobre os montes
    e encherei os vales com os seus restos.
6 Encharcarei a terra com o seu sangue
    por todo o caminho, até os montes,
e os vales ficarão cheios
    da sua carne.
7 Quando eu o extinguir,
    cobrirei o céu e escurecerei
    as suas estrelas;
cobrirei o sol com uma nuvem,
    e a lua não dará a sua luz.
8 Todas as estrelas que brilham nos céus,
    escurecerei sobre você,
e trarei escuridão sobre a sua terra.
    Palavra do Soberano, o Senhor.
9 Perturbarei os corações
    de muitos povos
quando eu provocar a sua destruição
    entre as nações,
em terras[b] que você não conheceu.
10 Farei que muitos povos
    espantem-se ao vê-lo,
e que os seus reis fiquem arrepiados

15 " 'This is what the Sovereign Lord says: On the day it was brought down to the grave[a] I covered the deep springs with mourning for it; I held back its streams, and its abundant waters were restrained. Because of it I clothed Lebanon with gloom, and all the trees of the field withered away. **16** I made the nations tremble at the sound of its fall when I brought it down to the grave with those who go down to the pit. Then all the trees of Eden, the choicest and best of Lebanon, all the trees that were well-watered, were consoled in the earth below. **17** Those who lived in its shade, its allies among the nations, had also gone down to the grave with it, joining those killed by the sword.

18 " 'Which of the trees of Eden can be compared with you in splendor and majesty? Yet you, too, will be brought down with the trees of Eden to the earth below; you will lie among the uncircumcised, with those killed by the sword.

" 'This is Pharaoh and all his hordes, declares the Sovereign Lord.' "

A Lament for Pharaoh

32 In the twelfth year, in the twelfth month on the first day, the word of the Lord came to me: **2** "Son of man, take up a lament concerning Pharaoh king of Egypt and say to him:

" 'You are like a lion among the nations;
    you are like a monster in the seas
thrashing about in your streams,
    churning the water with your feet
    and muddying the streams.

3 " 'This is what the Sovereign Lord says:

" 'With a great throng of people
    I will cast my net over you,
    and they will haul you up in my net.
4 I will throw you on the land
    and hurl you on the open field.
I will let all the birds of the air settle on you
    and all the beasts of the earth gorge them
    selves on you.
5 I will spread your flesh on the mountains
    and fill the valleys with your remains.
6 I will drench the land with your flowing blood
    all the way to the mountains,
    and the ravines will be filled with your flesh.
7 When I snuff you out, I will cover the heavens
    and darken their stars;
I will cover the sun with a cloud,
    and the moon will not give its light.
8 All the shining lights in the heavens
    I will darken over you;
I will bring darkness over your land,
           declares the Sovereign Lord.
9 I will trouble the hearts of many peoples
    when I bring about your destruction among
    the nations,
among[b] lands you have not known.
10 I will cause many peoples to be appalled at you,
    and their kings will shudder with horror

---

[a]31.15 Hebraico: *Sheol*. Essa palavra também pode ser traduzida por profundezas, pó ou morte; também nos versículos 16 e 17. [b]32.9 A Septuaginta diz *quando eu o levar ao cativeiro entre as nações, para a terra.*

[a]31:15 Hebrew *Sheol*; also in verses 16 and 17 [b]32:9 Hebrew; Septuagint *bring you into captivity among the nations, / to*

de horror por sua causa,
quando eu brandir a minha espada
    diante deles.
No dia da sua queda todos eles
    tremerão de medo
sem parar, por suas vidas.

11 "Porque assim diz o Soberano, o Senhor:

"A espada do rei da Babilônia
    virá contra você.
12 Farei multidões do seu povo
    caírem à espada de poderosos,
    da mais impiedosa das nações.
Eles destruirão o orgulho do Egito,
e toda a sua população
    será vencida.
13 Destruirei todo o seu rebanho,
    junto às muitas águas,
as quais não serão mais agitadas
    pelo pé do homem
nem serão enlameadas
    pelos cascos do gado.
14 Então deixarei que as suas águas
    se assentem
e farei os seus riachos
    fluírem como azeite.
Palavra do Soberano, o Senhor.
15 Quando eu arrasar o Egito
e arrancar da terra
    tudo o que nela existe,
quando eu abater todos os que
    ali habitam,
então eles saberão que eu sou
    o Senhor.

16 "Esse é o lamento que entoarão por causa dele. As filhas das nações o entoarão; por causa do Egito e de todas as suas multidões de povo, elas o entoarão. Palavra do Soberano, o Senhor".

17 No décimo quinto dia do mês do décimo segundo ano, esta palavra do Senhor veio a mim: 18 "Filho do homem, lamente-se pelas multidões do Egito e faça descer para debaixo da terra tanto elas como as filhas das nações poderosas, junto com aqueles que descem à cova. 19 Diga ao povo: Acaso você merece mais favores que as outras nações? Desça e deite-se com os incircuncisos. 20 Eles cairão entre os que foram mortos à espada. A espada está preparada; sejam eles arrastados com toda a multidão do seu povo. 21 De dentro da sepultura[a] os poderosos líderes dirão ao Egito e aos seus aliados: 'Eles desceram e jazem com os incircuncisos, com os que foram mortos à espada'.

22 "A Assíria está ali com todo o seu exército; está cercada pelos túmulos de todos os seus mortos, de todos os que caíram à espada. 23 Seus túmulos estão nas profundezas, e o seu exército jaz ao redor de seu túmulo. Todos os que haviam espalhado pavor na terra dos viventes estão mortos, caídos à espada.

24 "Elão está ali, com toda a sua população ao redor de seu túmulo. Todos eles estão mortos, caídos à espada. Todos os que haviam espalhado pavor na terra dos viventes desceram incircuncisos para debaixo da terra. Carregam sua vergonha com os que descem à cova. 25 Uma cama está preparada para ele entre os mortos, com todas as suas hordas em torno de seu túmulo. Todos estes incircuncisos foram mortos à espada. O seu terror havia se espalhado na terra dos viventes e por isso eles carregam sua desonra com aqueles que descem à cova; jazem entre os mortos.

because of you
    when I brandish my sword before them.
On the day of your downfall
    each of them will tremble
    every moment for his life.

11 " 'For this is what the Sovereign Lord says:

" 'The sword of the king of Babylon
    will come against you.
12 I will cause your hordes to fall
    by the swords of mighty men—
    the most ruthless of all nations.
They will shatter the pride of Egypt,
    and all her hordes will be overthrown.
13 I will destroy all her cattle
    from beside abundant waters
no longer to be stirred by the foot of man
    or muddied by the hoofs of cattle.
14 Then I will let her waters settle
    and make her streams flow like oil,
                declares the Sovereign Lord.
15 When I make Egypt desolate
    and strip the land of everything in it,
when I strike down all who live there,
    then they will know that I am the Lord.'

16 "This is the lament they will chant for her. The daughters of the nations will chant it; for Egypt and all her hordes they will chant it, declares the Sovereign LORD."

17 In the twelfth year, on the fifteenth day of the month, the word of the Lord came to me: 18 "Son of man, wail for the hordes of Egypt and consign to the earth below both her and the daughters of mighty nations, with those who go down to the pit. 19 Say to them, 'Are you more favored than others? Go down and be laid among the uncircumcised.' 20 They will fall among those killed by the sword. The sword is drawn; let her be dragged off with all her hordes. 21 From within the grave[a] the mighty leaders will say of Egypt and her allies, 'They have come down and they lie with the uncircumcised, with those killed by the sword.'

22 "Assyria is there with her whole army; she is surrounded by the graves of all her slain, all who have fallen by the sword. 23 Their graves are in the depths of the pit and her army lies around her grave. All who had spread terror in the land of the living are slain, fallen by the sword.

24 "Elam is there, with all her hordes around her grave. All of them are slain, fallen by the sword. All who had spread terror in the land of the living went down uncircumcised to the earth below. They bear their shame with those who go down to the pit. 25 A bed is made for her among the slain, with all her hordes around her grave. All of them are uncircumcised, killed by the sword. Because their terror had spread in the land of the living, they bear their shame with those who go down to the pit; they are laid among the slain.

---

a32.21 Hebraico: Sheol. Essa palavra também pode ser traduzida por profundezas, pó ou morte; também no versículo 27.

a32:21 Hebrew Sheol; also in verse 27

26 "Meseque e Tubal estão ali, com toda a sua população ao redor de seus túmulos. Todos eles são incircuncisos e foram mortos à espada porque espalharam o seu terror na terra dos viventes. **27** Acaso não jazem com os outros guerreiros incircuncisos que caíram, que desceram à sepultura com suas armas de guerra, cujas espadas foram postas debaixo da cabeça deles? O castigo de suas iniquidades está sobre os seus ossos, embora o pavor causado por esses guerreiros tenha percorrido a terra dos viventes.

28 "Você também, ó faraó, será abatido e jazerá entre os incircuncisos, com os que foram mortos à espada.

29 "Edom está ali, seus reis e todos os seus príncipes; a despeito de seu poder, jazem com os que foram mortos à espada. Jazem com os incircuncisos, com aqueles que descem à cova.

30 "Todos os príncipes do norte e todos os sidônios estão ali; eles desceram com os mortos cobertos de vergonha, apesar do pavor provocado pelo poder que tinham. Eles jazem incircuncisos com os que foram mortos à espada e carregam sua desonra com aqueles que descem à cova.

31 "O faraó, ele e todo o seu exército, os verá e será consolado da perda de todo o seu povo, que foi morto à espada. Palavra do Soberano, o Senhor. **32** Embora eu o tenha feito espalhar pavor na terra dos viventes, o faraó e todo o seu povo jazerão entre os incircuncisos, com os que foram mortos à espada. Palavra do Soberano, o Senhor".

Ezequiel, a Sentinela

33 Esta palavra do Senhor veio a mim: **2** "Filho do homem, fale com os seus compatriotas e diga-lhes: Quando eu trouxer a espada contra uma terra e o povo dessa terra escolher um homem para ser sentinela, **3** e ele vir a espada vindo contra a terra e tocar a trombeta para advertir o povo, **4** então, se alguém ouvir a trombeta mas não der atenção à advertência e a espada vier e tirar a sua vida, este será responsável por sua própria morte. **5** Uma vez que ele ouviu o som da trombeta mas não deu atenção à advertência, será responsável por sua morte. Se ele desse atenção à advertência, se livraria. **6** Mas, se a sentinela vir chegar a espada e não tocar a trombeta para advertir o povo e a espada vier e tirar a vida de um deles, aquele homem morrerá por causa de sua iniquidade, mas considerarei a sentinela responsável pela morte daquele homem.

7 "Filho do homem, eu fiz você uma sentinela para a nação de Israel; por isso, ouça a minha palavra e advirta-os em meu nome. **8** Quando eu disser ao ímpio que é certo que ele morrerá, e você não falar para dissuadi-lo de seus caminhos, aquele ímpio morrerá por[a] sua iniquidade, mas eu considerarei você responsável pela morte dele. **9** Entretanto, se você de fato advertir o ímpio para que se desvie dos seus caminhos e ele não se desviar, ele morrerá por sua iniquidade, e você estará livre da sua responsabilidade.

10 "Filho do homem, diga à nação de Israel: É isto que vocês estão dizendo: 'Nossas ofensas e pecados são um peso sobre nós, e estamos desfalecendo por causa deles[b]. Como então poderemos viver?' **11** Diga-lhes: Juro pela minha vida, palavra do Soberano, o Senhor, que não tenho prazer na morte dos ímpios, antes tenho prazer em que eles se desviem dos seus caminhos e vivam. Voltem! Voltem-se dos seus maus caminhos! Por que o seu povo haveria de morrer, ó nação de Israel?

12 "Por isso, filho do homem, diga aos seus compatriotas: A retidão do justo não o livrará se ele se voltar para a desobediência, e a maldade do ímpio não o fará cair se ele se desviar dela. E se o justo pecar, não viverá por causa de sua justiça. **13** Se eu garantir ao justo que ele irá viver, mas ele, confiando em sua justiça, fizer o mal, de suas ações justas nada será lembrado; ele morrerá por causa do mal que fez. **14** E, se você disser ao ímpio: Certamente você morrerá, mas ele se desviar do seu peca-

26 "Meshech and Tubal are there, with all their hordes around their graves. All of them are uncircumcised, killed by the sword because they spread their terror in the land of the living. **27** Do they not lie with the other uncircumcised warriors who have fallen, who went down to the grave with their weapons of war, whose swords were placed under their heads? The punishment for their sins rested on their bones, though the terror of these warriors had stalked through the land of the living.

28 "You too, O Pharaoh, will be broken and will lie among the uncircumcised, with those killed by the sword.

29 "Edom is there, her kings and all her princes; despite their power, they are laid with those killed by the sword. They lie with the uncircumcised, with those who go down to the pit.

30 "All the princes of the north and all the Sidonians are there; they went down with the slain in disgrace despite the terror caused by their power. They lie uncircumcised with those killed by the sword and bear their shame with those who go down to the pit.

31 "Pharaoh—he and all his army—will see them and he will be consoled for all his hordes that were killed by the sword, declares the Sovereign Lord. **32** Although I had him spread terror in the land of the living, Pharaoh and all his hordes will be laid among the uncircumcised, with those killed by the sword, declares the Sovereign Lord."

Ezekiel a Watchman

33 The word of the Lord came to me: **2** "Son of man, speak to your countrymen and say to them: 'When I bring the sword against a land, and the people of the land choose one of their men and make him their watchman, **3** and he sees the sword coming against the land and blows the trumpet to warn the people, **4** then if anyone hears the trumpet but does not take warning and the sword comes and takes his life, his blood will be on his own head. **5** Since he heard the sound of the trumpet but did not take warning, his blood will be on his own head. If he had taken warning, he would have saved himself. **6** But if the watchman sees the sword coming and does not blow the trumpet to warn the people and the sword comes and takes the life of one of them, that man will be taken away because of his sin, but I will hold the watchman accountable for his blood.'

7 "Son of man, I have made you a watchman for the house of Israel; so hear the word I speak and give them warning from me. **8** When I say to the wicked, 'O wicked man, you will surely die,' and you do not speak out to dissuade him from his ways, that wicked man will die for[a] his sin, and I will hold you accountable for his blood. **9** But if you do warn the wicked man to turn from his ways and he does not do so, he will die for his sin, but you will have saved yourself.

10 "Son of man, say to the house of Israel, 'This is what you are saying: "Our offenses and sins weigh us down, and we are wasting away because of[b] them. How then can we live?" ' **11** Say to them, 'As surely as I live, declares the Sovereign Lord, I take no pleasure in the death of the wicked, but rather that they turn from their ways and live. Turn! Turn from your evil ways! Why will you die, O house of Israel?'

12 "Therefore, son of man, say to your countrymen, 'The righteousness of the righteous man will not save him when he disobeys, and the wickedness of the wicked man will not cause him to fall when he turns from it. The righteous man, if he sins, will not be allowed to live because of his former righteousness.' **13** If I tell the righteous man that he will surely live, but then he trusts in his righteousness and does evil, none of the righteous things he has done will be remembered; he will die for the evil he has done. **14** And if I say to the wicked man, 'You will surely die,' but he then turns away from his sin and does what is

---

[a]33.8 Ou *em*; também no versículo 9. [b]33.10 Ou *desfalecendo neles*   [a]33:8 Or *in*; also in verse 9 [b]33:10 Or *away in*

do e fizer o que é justo e certo; **15** se ele devolver o que apanhou como penhor de um empréstimo, se devolver o que roubou, se agir segundo os decretos que dão vida e não fizer mal algum, é certo que viverá; não morrerá. **16** Nenhum dos pecados que cometeu será lembrado contra ele. Ele fez o que é justo e certo; certamente viverá.

17 "Contudo, os seus compatriotas dizem: 'O caminho do Senhor não é justo'. Mas é o caminho deles que não é justo. **18** Se um justo se afasta de sua justiça e fizer o mal, morrerá. **19** E, se um ímpio se desviar de sua maldade e fizer o que é justo e certo, viverá por assim proceder. **20** No entanto, ó nação de Israel, você diz: 'O caminho do Senhor não é justo'. Mas eu julgarei cada um de acordo com os seus próprios caminhos".

A Razão da Queda de Jerusalém

21 No quinto dia do décimo mês do décimo segundo ano do nosso exílio, um homem que havia escapado de Jerusalém veio a mim e disse: "A cidade caiu!" **22** Ora, na tarde do dia anterior, a mão do Senhor estivera sobre mim, e ele abriu a minha boca antes de chegar aquele homem. Assim foi aberta a minha boca, e eu não me calei mais.

23 Então me veio esta palavra do Senhor: **24** "Filho do homem, o povo que vive naquelas ruínas em Israel está dizendo: 'Abraão era apenas um único homem e, contudo, possuiu a terra. Mas nós somos muitos; com certeza receberemos a terra como propriedade'. **25** Então diga a eles: Assim diz o Soberano, o Senhor: Uma vez que vocês comem carne com sangue, voltam-se para os seus ídolos e derramam sangue, como deveriam possuir a terra? **26** Vocês confiam na espada, fazem coisas repugnantes, e cada um de vocês contamina a mulher do seu próximo. Deveriam possuir a terra?

27 "Diga isto a eles: Assim diz o Soberano, o Senhor: Juro pela minha vida: Os que restam nas ruínas cairão à espada, os que estão no campo entregarei aos animais selvagens para ser devorados, e os que se abrigam em fortalezas e em cavernas morrerão de peste. **28** Tornarei a terra um deserto abandonado. Darei fim ao poder de que se orgulha, e tão arrasados estarão os montes de Israel que ninguém desejará passar por lá. **29** Eles saberão que eu sou o Senhor, quando eu tiver tornado a terra um deserto abandonado por causa de todas as práticas repugnantes que eles cometeram.

30 "Quanto a você, filho do homem, seus compatriotas estão conversando sobre você junto aos muros e às portas das casas, dizendo uns aos outros: 'Venham ouvir a mensagem que veio da parte do Senhor'. **31** O meu povo vem a você, como costuma fazer, e se assenta para ouvir as suas palavras, mas não as põe em prática. Com a boca eles expressam devoção, mas o coração deles está ávido de ganhos injustos. **32** De fato, para eles você não é nada mais que um cantor que entoa cânticos de amor com uma bela voz e que sabe tocar um instrumento, pois eles ouvem as suas palavras, mas não as põem em prática.

33 "Quando tudo isso acontecer — e certamente acontecerá — eles saberão que um profeta esteve no meio deles".

Os Pastores e as Ovelhas

34 Veio a mim esta palavra do Senhor: **2** "Filho do homem, profetize contra os pastores de Israel; profetize e diga-lhes: Assim diz o Soberano, o Senhor: Ai dos pastores de Israel que só cuidam de si mesmos! Acaso os pastores não deveriam cuidar do rebanho? **3** Vocês comem a coalhada, vestem-se de lã e abatem os melhores animais, mas não tomam conta do rebanho. **4** Vocês não fortaleceram a fraca nem curaram a doente nem enfaixaram a ferida. Vocês não trouxeram de volta as desviadas nem procuraram as perdidas. Vocês têm dominado sobre elas com dureza e brutalidade. **5** Por isso elas estão dispersas, porque não há pastor algum e, quando foram dispersas, elas se tornaram comida

just and right— **15** if he gives back what he took in pledge for a loan, returns what he has stolen, follows the decrees that give life, and does no evil, he will surely live; he will not die. **16** None of the sins he has committed will be remembered against him. He has done what is just and right; he will surely live.

17 "Yet your countrymen say, 'The way of the Lord is not just.' But it is their way that is not just. **18** If a righteous man turns from his righteousness and does evil, he will die for it. **19** And if a wicked man turns away from his wickedness and does what is just and right, he will live by doing so. **20** Yet, O house of Israel, you say, 'The way of the Lord is not just.' But I will judge each of you according to his own ways."

Jerusalem's Fall Explained

21 In the twelfth year of our exile, in the tenth month on the fifth day, a man who had escaped from Jerusalem came to me and said, "The city has fallen!" **22** Now the evening before the man arrived, the hand of the Lord was upon me, and he opened my mouth before the man came to me in the morning. So my mouth was opened and I was no longer silent.

23 Then the word of the Lord came to me: **24** "Son of man, the people living in those ruins in the land of Israel are saying, 'Abraham was only one man, yet he possessed the land. But we are many; surely the land has been given to us as our possession.' **25** Therefore say to them, 'This is what the Sovereign Lord says: Since you eat meat with the blood still in it and look to your idols and shed blood, should you then possess the land? **26** You rely on your sword, you do detestable things, and each of you defiles his neighbor's wife. Should you then possess the land?'

27 "Say this to them: 'This is what the Sovereign Lord says: As surely as I live, those who are left in the ruins will fall by the sword, those out in the country I will give to the wild animals to be devoured, and those in strongholds and caves will die of a plague. **28** I will make the land a desolate waste, and her proud strength will come to an end, and the mountains of Israel will become desolate so that no one will cross them. **29** Then they will know that I am the Lord, when I have made the land a desolate waste because of all the detestable things they have done.'

30 "As for you, son of man, your countrymen are talking together about you by the walls and at the doors of the houses, saying to each other, 'Come and hear the message that has come from the Lord.' **31** My people come to you, as they usually do, and sit before you to listen to your words, but they do not put them into practice. With their mouths they express devotion, but their hearts are greedy for unjust gain. **32** Indeed, to them you are nothing more than one who sings love songs with a beautiful voice and plays an instrument well, for they hear your words but do not put them into practice.

33 "When all this comes true—and it surely will—then they will know that a prophet has been among them."

Shepherds and Sheep

34 The word of the Lord came to me: **2** "Son of man, prophesy against the shepherds of Israel; prophesy and say to them: 'This is what the Sovereign Lord says: Woe to the shepherds of Israel who only take care of themselves! Should not shepherds take care of the flock? **3** You eat the curds, clothe yourselves with the wool and slaughter the choice animals, but you do not take care of the flock. **4** You have not strengthened the weak or healed the sick or bound up the injured. You have not brought back the strays or searched for the lost. You have ruled them harshly and brutally. **5** So they were scattered because there was no shepherd, and when they were scattered they became food for all the

de todos os animais selvagens. **6** As minhas ovelhas vaguearam por todos os montes e por todas as altas colinas. Foram dispersas por toda a terra, e ninguém se preocupou com elas nem as procurou.

7 "Por isso, pastores, ouçam a palavra do Senhor: **8** Juro pela minha vida, palavra do Soberano, o Senhor: Visto que o meu rebanho ficou sem pastor, foi saqueado e se tornou comida de todos os animais selvagens, e uma vez que os meus pastores não se preocuparam com o meu rebanho, mas cuidaram de si mesmos em vez de cuidarem do rebanho, **9** ouçam a palavra do Senhor, ó pastores: **10** Assim diz o Soberano, o Senhor: Estou contra os pastores e os considerarei responsáveis pelo meu rebanho. Eu lhes tirarei a função de apascentá-lo para que os pastores não mais se alimentem a si mesmos. Livrarei o meu rebanho da boca deles, e as ovelhas não lhes servirão mais de comida.

11 "Porque assim diz o Soberano, o Senhor: Eu mesmo buscarei as minhas ovelhas e delas cuidarei. **12** Assim como o pastor busca as ovelhas dispersas quando está cuidando do rebanho, também tomarei conta de minhas ovelhas. Eu as resgatarei de todos os lugares para onde foram dispersas num dia de nuvens e de trevas. **13** Eu as farei sair das outras nações e as reunirei, trazendo-as dos outros povos para a sua própria terra. E as apascentarei nos montes de Israel, nos vales e em todos os povoados do país. **14** Tomarei conta delas numa boa pastagem, e os altos dos montes de Israel serão a terra onde pastarão; ali se alimentarão, num rico pasto nos montes de Israel. **15** Eu mesmo tomarei conta das minhas ovelhas e as farei deitar-se e repousar. Palavra do Soberano, o Senhor. **16** Procurarei as perdidas e trarei de volta as desviadas. Enfaixarei a que estiver ferida e fortalecerei a fraca, mas a rebelde e forte eu destruirei. Apascentarei o rebanho com justiça.

17 "Quanto a você, meu rebanho, assim diz o Soberano, o Senhor: Julgarei entre uma ovelha e outra, e entre carneiros e bodes. **18** Não lhes basta comerem em boa pastagem? Deverão também pisotear o restante da pastagem? Não lhes basta beberem água límpida? Deverão também enlamear o restante com os pés? **19** Deverá o meu rebanho alimentar-se daquilo que vocês pisotearam e beber daquilo que vocês enlamearam com os pés?

20 "Por isso, assim diz o Soberano, o Senhor, a eles: Vejam, eu mesmo julgarei entre a ovelha gorda e a magra. **21** Pois vocês forçaram passagem com o corpo e com o ombro, empurrando todas as ovelhas fracas com os chifres até expulsá-las; **22** eu salvarei o meu rebanho, e elas não mais serão saqueadas. Julgarei entre uma ovelha e outra. **23** Porei sobre elas um pastor, o meu servo Davi, e ele cuidará delas; cuidará delas e será o seu pastor. **24** Eu, o Senhor, serei o seu Deus, e o meu servo Davi será o líder no meio delas. Eu, o Senhor, falei.

25 "Farei uma aliança de paz com elas e deixarei a terra livre de animais selvagens para que as minhas ovelhas possam viver com segurança no deserto e dormir nas florestas. **26** Eu as abençoarei e abençoarei os lugares em torno da minha colina.ª Na estação própria farei descer chuva; haverá chuvas de bênçãos. **27** As árvores do campo produzirão o seu fruto, a terra produzirá a sua safra e as ovelhas estarão seguras na terra. Elas saberão que eu sou o Senhor, quando eu quebrar as cangas de seu jugo e as livrar das mãos daqueles que as escravizaram. **28** Não serão mais saqueadas pelas nações, nem os animais selvagens as devorarão. Viverão em segurança, e ninguém lhes causará medo. **29** Eu lhes darei uma terra famosa por suas colheitas, e elas não serão mais vítimas de fome na terra nem carregarão a zombaria das nações. **30** Então elas saberão que eu, o Senhor, o seu Deus, estou com elas, e que elas, a nação de Israel, são o meu povo. Palavra do Soberano, o Senhor. **31** Vocês, minhas ovelhas, ovelhas da minha pastagem, são o meu povo, e eu sou o seu Deus. Palavra do Soberano, o Senhor".

wild animals. **6** My sheep wandered over all the mountains and on every high hill. They were scattered over the whole earth, and no one searched or looked for them.

7 " 'Therefore, you shepherds, hear the word of the Lord: **8** As surely as I live, declares the Sovereign Lord, because my flock lacks a shepherd and so has been plundered and has become food for all the wild animals, and because my shepherds did not search for my flock but cared for themselves rather than for my flock, **9** therefore, O shepherds, hear the word of the Lord: **10** This is what the Sovereign Lord says: I am against the shepherds and will hold them accountable for my flock. I will remove them from tending the flock so that the shepherds can no longer feed themselves. I will rescue my flock from their mouths, and it will no longer be food for them.

11 " 'For this is what the Sovereign Lord says: I myself will search for my sheep and look after them. **12** As a shepherd looks after his scattered flock when he is with them, so will I look after my sheep. I will rescue them from all the places where they were scattered on a day of clouds and darkness. **13** I will bring them out from the nations and gather them from the countries, and I will bring them into their own land. I will pasture them on the mountains of Israel, in the ravines and in all the settlements in the land. **14** I will tend them in a good pasture, and the mountain heights of Israel will be their grazing land. There they will lie down in good grazing land, and there they will feed in a rich pasture on the mountains of Israel. **15** I myself will tend my sheep and have them lie down, declares the Sovereign LORD. **16** I will search for the lost and bring back the strays. I will bind up the injured and strengthen the weak, but the sleek and the strong I will destroy. I will shepherd the flock with justice.

17 " 'As for you, my flock, this is what the Sovereign Lord says: I will judge between one sheep and another, and between rams and goats. **18** Is it not enough for you to feed on the good pasture? Must you also trample the rest of your pasture with your feet? Is it not enough for you to drink clear water? Must you also muddy the rest with your feet? **19** Must my flock feed on what you have trampled and drink what you have muddied with your feet?

20 " 'Therefore this is what the Sovereign Lord says to them: See, I myself will judge between the fat sheep and the lean sheep. **21** Because you shove with flank and shoulder, butting all the weak sheep with your horns until you have driven them away, **22** I will save my flock, and they will no longer be plundered. I will judge between one sheep and another. **23** I will place over them one shepherd, my servant David, and he will tend them; he will tend them and be their shepherd. **24** I the Lord will be their God, and my servant David will be prince among them. I the Lord have spoken.

25 " 'I will make a covenant of peace with them and rid the land of wild beasts so that they may live in the desert and sleep in the forests in safety. **26** I will bless them and the places surrounding my hill.ª I will send down showers in season; there will be showers of blessing. **27** The trees of the field will yield their fruit and the ground will yield its crops; the people will be secure in their land. They will know that I am the Lord, when I break the bars of their yoke and rescue them from the hands of those who enslaved them. **28** They will no longer be plundered by the nations, nor will wild animals devour them. They will live in safety, and no one will make them afraid. **29** I will provide for them a land renowned for its crops, and they will no longer be victims of famine in the land or bear the scorn of the nations. **30** Then they will know that I, the Lord their God, am with them and that they, the house of Israel, are my people, declares the Sovereign Lord. **31** You my sheep, the sheep of my pasture, are people, and I am your God, declares the Sovereign Lord.' "

ª**34.26** Ou *Eu farei que elas e os lugares em torno da minha colina sejam uma bênção.*

ª**34:26** Or *I will make them and the places surrounding my hill a blessing*

Profecia contra Edom

35 Esta palavra do Senhor veio a mim: ² "Filho do homem, vire o rosto contra o monte Seir; profetize contra ele ³ e diga: Assim diz o Soberano, o Senhor: Estou contra você, monte Seir, e estenderei o meu braço contra você e farei de você um deserto arrasado. ⁴ Transformarei as suas cidades em ruínas, e você ficará arrasado. Então você saberá que eu sou o Senhor.

⁵ "Visto que você manteve uma velha hostilidade e entregou os israelitas à espada na hora da desgraça, na hora em que o castigo deles chegou, ⁶ por isso, juro pela minha vida, palavra do Soberano, o Senhor, que entregarei você ao espírito sanguinário, e este o perseguirá. Uma vez que você não detestou o espírito sanguinário, este o perseguirá. ⁷ Farei do monte Seir um deserto arrasado e dele eliminarei todos os que por ali vêm e vão. ⁸ Encherei seus montes de mortos; os mortos à espada cairão em suas colinas, em seus vales e em todas as suas ravinas. ⁹ Arrasarei você para sempre; suas cidades ficarão inabitáveis. Então você saberá que eu sou o Senhor.

¹⁰ "Uma vez que você disse: 'Estas duas nações e povos serão nossos e nos apossaremos deles', sendo que eu, o Senhor, estava ali, ¹¹ juro pela minha vida, palavra do Soberano, o Senhor, que tratarei você de acordo com a ira e o ciúme que você mostrou em seu ódio para com eles, e me farei conhecido entre eles quando eu julgar você. ¹² Então você saberá que eu, o Senhor, ouvi todas as coisas desprezíveis que você disse contra os montes de Israel. Você disse: 'Eles foram arrasados e nos foram entregues para que os devoremos'. ¹³ Você encheu-se de orgulho contra mim e falou contra mim sem se conter, e eu o ouvi. ¹⁴ Pois assim diz o Soberano, o Senhor: Enquanto a terra toda se regozija, eu o arrasarei. ¹⁵ Como você se regozijou quando a herança da nação de Israel foi arrasada, é assim que eu o tratarei. Você ficará arrasado, ó monte Seir, você e todo o Edom. Então saberão que eu sou o Senhor.

Profecia para os Montes de Israel

36 "Filho do homem, profetize para os montes de Israel e diga: Ó montes de Israel, ouçam a palavra do Senhor. ² Assim diz o Soberano, o Senhor: O inimigo disse a respeito de vocês: 'Ah! Ah! As antigas elevações se tornaram nossas'. ³ Por isso profetize e diga: Assim diz o Soberano, o Senhor: Eles devastaram e perseguiram vocês por todos os lados, de maneira que vocês se tornaram propriedade das demais das nações e objeto de conversa maliciosa e de calúnia de todos. ⁴ Por isso, ó montes de Israel, ouçam a palavra do Soberano, o Senhor: Assim diz o Soberano, o Senhor, aos montes, às colinas, às ravinas, aos vales, às ruínas arrasadas e às cidades abandonadas que foram saqueadas e ridicularizadas pelas demais nações ao seu redor — ⁵ assim diz o Soberano, o Senhor: Em meu zelo ardente falei contra o restante das nações e contra todo o Edom, pois, com prazer e com maldade no coração, eles fizeram de minha terra sua propriedade, para saquear suas pastagens. ⁶ Por isso, profetize acerca da terra de Israel e diga aos montes, às colinas, às ravinas e aos vales: Assim diz o Soberano, o Senhor: Falo com ciúme em minha ira porque vocês sofreram a zombaria das nações. ⁷ Por isso, assim diz o Soberano, o Senhor: Juro de mão erguida que as nações ao redor também sofrerão zombaria.

⁸ "Mas vocês, ó montes de Israel, produzirão galhos e frutos para Israel, o meu povo, pois ele virá logo para casa. ⁹ Estou preocupado com vocês e olharei para vocês favoravelmente; vocês serão arados e semeados, ¹⁰ e os multiplicarei, sim, toda a nação de Israel. As cidades serão habitadas e as ruínas reconstruídas. ¹¹ Multiplicarei os homens e os animais, e eles serão prolíferos e se tornarão numerosos. Tornarei a povoá-los como no passado, e farei vocês prosperarem mais do que antes. Então vocês saberão que eu sou o Senhor. ¹² Farei Israel,

A Prophecy Against Edom

35 The word of the Lord came to me: ² "Son of man, set your face against Mount Seir; prophesy against it ³ and say: 'This is what the Sovereign Lord says: I am against you, Mount Seir, and I will stretch out my hand against you and make you a desolate waste. ⁴ I will turn your towns into ruins and you will be desolate. Then you will know that I am the Lord.

⁵ " 'Because you harbored an ancient hostility and delivered the Israelites over to the sword at the time of their calamity, the time their punishment reached its climax, ⁶ therefore as surely as I live, declares the Sovereign Lord, I will give you over to bloodshed and it will pursue you. Since you did not hate bloodshed, bloodshed will pursue you. ⁷ I will make Mount Seir a desolate waste and cut off from it all who come and go. ⁸ I will fill your mountains with the slain; those killed by the sword will fall on your hills and in your valleys and in all your ravines. ⁹ I will make you desolate forever; your towns will not be inhabited. Then you will know that I am the Lord.

¹⁰ " 'Because you have said, "These two nations and countries will be ours and we will take possession of them," even though I the Lord was there, ¹¹ therefore as surely as I live, declares the Sovereign Lord, I will treat you in accordance with the anger and jealousy you showed in your hatred of them and I will make myself known among them when I judge you. ¹² Then you will know that I the Lord have heard all the contemptible things you have said against the mountains of Israel. You said, "They have been laid waste and have been given over to us to devour." ¹³ You boasted against me and spoke against me without restraint, and I heard it. ¹⁴ This is what the Sovereign Lord says: While the whole earth rejoices, I will make you desolate. ¹⁵ Because you rejoiced when the inheritance of the house of Israel became desolate, that is how I will treat you. You will be desolate, O Mount Seir, you and all of Edom. Then they will know that I am the Lord.' "

A Prophecy to the Mountains of Israel

36 "Son of man, prophesy to the mountains of Israel and say, 'O mountains of Israel, hear the word of the Lord. ² This is what the Sovereign Lord says: The enemy said of you, "Aha! The ancient heights have become our possession." ' ³ Therefore prophesy and say, 'This is what the Sovereign Lord says: Because they ravaged and hounded you from every side so that you became the possession of the rest of the nations and the object of people's malicious talk and slander, ⁴ therefore, O mountains of Israel, hear the word of the Sovereign Lord: This is what the Sovereign Lord says to the mountains and hills, to the ravines and valleys, to the desolate ruins and the deserted towns that have been plundered and ridiculed by the rest of the nations around you— ⁵ this is what the Sovereign Lord says: In my burning zeal I have spoken against the rest of the nations, and against all Edom, for with glee and with malice in their hearts they made my land their own possession so that they might plunder its pastureland.' ⁶ Therefore prophesy concerning the land of Israel and say to the mountains and hills, to the ravines and valleys: 'This is what the Sovereign Lord says: I speak in my jealous wrath because you have suffered the scorn of the nations. ⁷ Therefore this is what the Sovereign Lord says: I swear with uplifted hand that the nations around you will also suffer scorn.

⁸ " 'But you, O mountains of Israel, will produce branches and fruit for my people Israel, for they will soon come home. ⁹ I am concerned for you and will look on you with favor; you will be plowed and sown, ¹⁰ and I will multiply the number of people upon you, even the whole house of Israel. The towns will be inhabited and the ruins rebuilt. ¹¹ I will increase the number of men and animals upon you, and they will be fruitful and become numerous. I will settle people on you as in the past and

o meu povo, andar sobre vocês. Vocês lhe pertencerão, serão a herança de Israel; vocês nunca mais os privarão dos seus filhos.

¹³ "Assim diz o Soberano, o Senhor: Como de fato dizem a você: 'Você devora homens e priva a sua nação de filhos', ¹⁴ você não mais devorará nem tornará sua nação sem filhos. Palavra do Soberano, o Senhor. ¹⁵ Eu não permitirei mais que você ouça o sarcasmo das nações, e você não sofrerá mais a zombaria dos povos, nem fará mais a sua nação cair. Palavra do Soberano, o Senhor".

¹⁶ De novo a palavra do Senhor veio a mim, dizendo: ¹⁷ "Filho do homem, quando os israelitas moravam em sua própria terra, eles a contaminaram com sua conduta e com suas ações. Sua conduta era à minha vista como a impureza menstrual de uma mulher. ¹⁸ Por essa razão derramei sobre eles a minha ira, porque eles derramaram sangue na terra e porque se contaminaram com seus ídolos. ¹⁹ Eu os dispersei entre as nações, e eles foram espalhados entre os povos; eu os julguei de acordo com a conduta e as ações deles. ²⁰ E, por onde andaram entre as nações, eles profanaram o meu santo nome, pois se dizia a respeito deles: 'Esse é o povo do Senhor, mas assim mesmo teve que sair da terra que o Senhor lhe deu'. ²¹ Tive consideração pelo meu santo nome, o qual a nação de Israel profanou entre as nações para onde tinha ido.

²² "Por isso, diga à nação de Israel: Assim diz o Soberano, o Senhor: Não é por sua causa, ó nação de Israel, que farei essas coisas, mas por causa do meu santo nome, que vocês profanaram entre as nações para onde foram. ²³ Mostrarei a santidade do meu santo nome, que foi profanado entre as nações, o nome que vocês profanaram no meio delas. Então as nações saberão que eu sou o Senhor, palavra do Soberano, o Senhor, quando eu me mostrar santo por meio de vocês diante dos olhos delas.

²⁴ "Pois eu os tirarei dentre as nações, os ajuntarei do meio de todas as terras e os trarei de volta para a sua própria terra. ²⁵ Aspergirei água pura sobre vocês e ficarão puros; eu os purificarei de todas as suas impurezas e de todos os seus ídolos. ²⁶ Darei a vocês um coração novo e porei um espírito novo em vocês; tirarei de vocês o coração de pedra e lhes darei um coração de carne. ²⁷ Porei o meu Espírito em vocês e os levarei a agirem segundo os meus decretos e a obedecerem fielmente às minhas leis. ²⁸ Vocês habitarão na terra que dei aos seus antepassados; vocês serão o meu povo, e eu serei o seu Deus. ²⁹ Eu os livrarei de toda a sua impureza. Convocarei o cereal e o farei multiplicar-se, e não trarei fome sobre vocês. ³⁰ Aumentarei a produção das árvores e as safras dos campos, de modo que vocês não sofrerão mais vergonha entre as nações por causa da fome. ³¹ Então vocês se lembrarão dos seus caminhos maus e das suas ações ímpias, e terão nojo de si mesmos por causa das suas iniqüidades e das suas práticas repugnantes. ³² Quero que saibam que não estou fazendo isso por causa de vocês. Palavra do Soberano, o Senhor. Envergonhem-se e humilhem-se por causa de sua conduta, ó nação de Israel!

³³ "Assim diz o Soberano, o Senhor: No dia em que eu os purificar de todos os seus pecados, restabelecerei as suas cidades e as ruínas serão reconstruídas. ³⁴ A terra arrasada será cultivada; não permanecerá arrasada à vista de todos que passarem por ela. ³⁵ Estes dirão: 'Esta terra que estava arrasada tornou-se como o jardim do Éden; as cidades que jaziam em ruínas, arrasadas e destruídas, agora estão fortificadas e habitadas'. ³⁶ Então as nações que estiverem ao redor de vocês e que subsistirem saberão que eu, o Senhor, reconstruí o que estava destruído e replantei o que estava arrasado. Eu, o Senhor, falei, e o farei.

³⁷ "Assim diz o Soberano, o Senhor: Uma vez mais cederei à súplica da nação de Israel e farei isto por ela: tornarei o seu povo tão numeroso como as ovelhas, ³⁸ e como os grandes rebanhos destinados às ofertas das festas fixas de Jerusalém. Desse modo as cidades em ruínas ficarão cheias de rebanhos de gente. Então eles saberão que eu sou o Senhor".

will make you prosper more than before. Then you will know that I am the Lord. ¹² I will cause people, my people Israel, to walk upon you. They will possess you, and you will be their inheritance; you will never again deprive them of their children.

¹³ " 'This is what the Sovereign Lord says: Because people say to you, "You devour men and deprive your nation of its children," ¹⁴ therefore you will no longer devour men or make your nation childless, declares the Sovereign Lord. ¹⁵ No longer will I make you hear the taunts of the nations, and no longer will you suffer the scorn of the peoples or cause your nation to fall, declares the Sovereign Lord.' "

¹⁶ Again the word of the Lord came to me: ¹⁷ "Son of man, when the people of Israel were living in their own land, they defiled it by their conduct and their actions. Their conduct was like a woman's monthly uncleanness in my sight. ¹⁸ So I poured out my wrath on them because they had shed blood in the land and because they had defiled it with their idols. ¹⁹ I dispersed them among the nations, and they were scattered through the countries; I judged them according to their conduct and their actions. ²⁰ And wherever they went among the nations they profaned my holy name, for it was said of them, 'These are the Lord's people, and yet they had to leave his land.' ²¹ I had concern for my holy name, which the house of Israel profaned among the nations where they had gone.

²² "Therefore say to the house of Israel, 'This is what the Sovereign Lord says: It is not for your sake, O house of Israel, that I am going to do these things, but for the sake of my holy name, which you have profaned among the nations where you have gone. ²³ I will show the holiness of my great name, which has been profaned among the nations, the name you have profaned among them. Then the nations will know that I am the Lord, declares the Sovereign Lord, when I show myself holy through you before their eyes.

²⁴ " 'For I will take you out of the nations; I will gather you from all the countries and bring you back into your own land. ²⁵ I will sprinkle clean water on you, and you will be clean; I will cleanse you from all your impurities and from all your idols. ²⁶ I will give you a new heart and put a new spirit in you; I will remove from you your heart of stone and give you a heart of flesh. ²⁷ And I will put my Spirit in you and move you to follow my decrees and be careful to keep my laws. ²⁸ You will live in the land I gave your forefathers; you will be my people, and I will be your God. ²⁹ I will save you from all your uncleanness. I will call for the grain and make it plentiful and will not bring famine upon you. ³⁰ I will increase the fruit of the trees and the crops of the field, so that you will no longer suffer disgrace among the nations because of famine. ³¹ Then you will remember your evil ways and wicked deeds, and you will loathe yourselves for your sins and detestable practices. ³² I want you to know that I am not doing this for your sake, declares the Sovereign Lord. Be ashamed and disgraced for your conduct, O house of Israel!

³³ " 'This is what the Sovereign Lord says: On the day I cleanse you from all your sins, I will resettle your towns, and the ruins will be rebuilt. ³⁴ The desolate land will be cultivated instead of lying desolate in the sight of all who pass through it. ³⁵ They will say, "This land that was laid waste has become like the garden of Eden; the cities that were lying in ruins, desolate and destroyed, are now fortified and inhabited." ³⁶ Then the nations around you that remain will know that I the Lord have rebuilt what was destroyed and have replanted what was desolate. I the Lord have spoken, and I will do it.'

³⁷ "This is what the Sovereign Lord says: Once again I will yield to the plea of the house of Israel and do this for them: I will make their people as numerous as sheep, ³⁸ as numerous as the flocks for offerings at Jerusalem during her appointed feasts. So will the ruined cities be filled with flocks of people. Then they will know that I am the Lord."

O Vale dos Ossos Secos

37 A mão do SENHOR estava sobre mim, e por seu Espírito ele me levou a um vale cheio de ossos. **2** Ele me levou de um lado para outro, e pude ver que era enorme o número de ossos no vale, e que os ossos estavam muito secos. **3** Ele me perguntou: "Filho do homem, estes ossos poderão tornar a viver?"

Eu respondi: "Ó Soberano SENHOR, só tu o sabes".

4 Então ele me disse: "Profetize a estes ossos e diga-lhes: Ossos secos, ouçam a palavra do SENHOR! **5** Assim diz o Soberano, o SENHOR, a estes ossos: Farei um espírito entrar em vocês, e vocês terão vida. **6** Porei tendões em vocês e farei aparecer carne sobre vocês e os cobrirei com pele; porei um espírito em vocês, e vocês terão vida. Então vocês saberão que eu sou o SENHOR".

7 E eu profetizei conforme a ordem recebida. Enquanto profetizava, houve um barulho, um som de chocalho, e os ossos se juntaram, osso com osso. **8** Olhei, e os ossos foram cobertos de tendões e de carne, e depois de pele; mas não havia espírito neles.

9 A seguir ele me disse: "Profetize ao espírito; profetize, filho do homem, e diga-lhe: Assim diz o Soberano, o SENHOR: Venha desde os quatro ventos, ó espírito, e sopre dentro desses mortos, para que vivam". **10** Profetizei conforme a ordem recebida, e o espírito entrou neles; eles receberam vida e se puseram em pé. Era um exército enorme!

11 Então ele me disse: "Filho do homem, estes ossos são toda a nação de Israel. Eles dizem: 'Nossos ossos se secaram e nossa esperança desvaneceu-se; fomos exterminados'. **12** Por isso profetize e diga-lhes: Assim diz o Soberano, o SENHOR: Ó meu povo, vou abrir os seus túmulos e fazê-los sair; trarei vocês de volta à terra de Israel. **13** E quando eu abrir os seus túmulos e os fizer sair, vocês, meu povo, saberão que eu sou o SENHOR. **14** Porei o meu Espírito em vocês e vocês viverão, e eu os estabelecerei em sua própria terra. Então vocês saberão que eu, o SENHOR, falei, e fiz. Palavra do SENHOR".

Uma Só Nação e Um Só Rei

15 Esta palavra do SENHOR veio a mim: **16** "Filho do homem, escreva num pedaço de madeira: Pertencente a Judá e aos israelitas, seus companheiros. Depois escreva noutro pedaço de madeira: Vara de Efraim, pertencente a José e a toda a nação de Israel, seus companheiros. **17** Junte-os numa única vara para que se tornem uma só em sua mão.

18 "Quando os seus compatriotas lhe perguntarem: 'Você não vai nos dizer o que significa isso?' **19** Diga-lhes: Assim diz o Soberano, o SENHOR: Vou apanhar a vara que está na mão de Efraim, pertencente a José e às demais tribos israelitas, suas companheiras, e vou juntá-las à vara de Judá. Assim farei delas um único pedaço de madeira, e elas se tornarão uma só na minha mão. **20** Segure diante dos olhos deles os pedaços de madeira em que você escreveu **21** e diga-lhes: Assim diz o Soberano, o SENHOR: Tirarei os israelitas das nações para onde foram. Vou ajuntá-los de todos os lugares ao redor e trazê-los de volta à sua própria terra. **22** Eu os farei uma única nação na terra, nos montes de Israel. Haverá um único rei sobre todos eles, e nunca mais serão duas nações, nem estarão divididos em dois reinos. **23** Não se contaminarão mais com seus ídolos e imagens detestáveis, nem com nenhuma de suas transgressões, pois eu os salvarei de todas as suas apostasias pecaminosas[a] e os purificarei. Eles serão o meu povo, e eu serei o seu Deus.

24 "O meu servo Davi será rei sobre eles, e todos eles terão um só pastor. Seguirão as minhas leis e terão o cuidado de obedecer aos meus decretos. **25** Viverão na terra que dei ao meu servo Jacó, a terra onde os seus antepassados viveram. Eles e os seus filhos e os filhos de seus filhos viverão ali para sempre, e o meu

The Valley of Dry Bones

37 The hand of the LORD was upon me, and he brought me out by the Spirit of the LORD and set me in the middle of a valley; it was full of bones. **2** He led me back and forth among them, and I saw a great many bones on the floor of the valley, bones that were very dry. **3** He asked me, "Son of man, can these bones live?"

I said, "O Sovereign LORD, you alone know."

4 Then he said to me, "Prophesy to these bones and say to them, 'Dry bones, hear the word of the LORD! **5** This is what the Sovereign LORD says to these bones: I will make breath[a] enter you, and you will come to life. **6** I will attach tendons to you and make flesh come upon you and cover you with skin; I will put breath in you, and you will come to life. Then you will know that I am the LORD.' "

7 So I prophesied as I was commanded. And as I was prophesying, there was a noise, a rattling sound, and the bones came together, bone to bone. **8** I looked, and tendons and flesh appeared on them and skin covered them, but there was no breath in them.

9 Then he said to me, "Prophesy to the breath; prophesy, son of man, and say to it, 'This is what the Sovereign LORD says: Come from the four winds, O breath, and breathe into these slain, that they may live.' " **10** So I prophesied as he commanded me, and breath entered them; they came to life and stood up on their feet—a vast army.

11 Then he said to me: "Son of man, these bones are the whole house of Israel. They say, 'Our bones are dried up and our hope is gone; we are cut off.' **12** Therefore prophesy and say to them: 'This is what the Sovereign LORD says: O my people, I am going to open your graves and bring you up from them; I will bring you back to the land of Israel. **13** Then you, my people, will know that I am the LORD, when I open your graves and bring you up from them. **14** I will put my Spirit in you and you will live, and I will settle you in your own land. Then you will know that I the LORD have spoken, and I have done it, declares the LORD.' "

One Nation Under One King

15 The word of the LORD came to me: **16** "Son of man, take a stick of wood and write on it, 'Belonging to Judah and the Israelites associated with him.' Then take another stick of wood, and write on it, 'Ephraim's stick, belonging to Joseph and all the house of Israel associated with him.' **17** Join them together into one stick so that they will become one in your hand.

18 "When your countrymen ask you, 'Won't you tell us what you mean by this?' **19** say to them, 'This is what the Sovereign LORD says: I am going to take the stick of Joseph—which is in Ephraim's hand—and of the Israelite tribes associated with him, and join it to Judah's stick, making them a single stick of wood, and they will become one in my hand.' **20** Hold before their eyes the sticks you have written on **21** and say to them, 'This is what the Sovereign LORD says: I will take the Israelites out of the nations where they have gone. I will gather them from all around and bring them back into their own land. **22** I will make them one nation in the land, on the mountains of Israel. There will be one king over all of them and they will never again be two nations or be divided into two kingdoms. **23** They will no longer defile themselves with their idols and vile images or with any of their offenses, for I will save them from all their sinful backsliding,[b] and I will cleanse them. They will be my people, and I will be their God.

24 " 'My servant David will be king over them, and they will all have one shepherd. They will follow my laws and be careful to keep my decrees. **25** They will live in the land I gave to my servant Jacob, the land where your fathers lived. They and their children and their children's children will live there forever,

---

[a]37.23 Ou *de todas as moradias em que pecaram*

[a]37:5 The Hebrew for this word can also mean *wind* or *spirit* (see verses 6-14).
[b]37:23 Many Hebrew manuscripts (see also Septuagint); most Hebrew manuscripts *all their dwelling places where they sinned*

servo Davi será o seu líder para sempre. **26** Farei uma aliança de paz com eles; será uma aliança eterna. Eu os firmarei e os multiplicarei, e porei o meu santuário no meio deles para sempre. **27** Minha morada estará com eles; eu serei o seu Deus, e eles serão o meu povo. **28** Então, quando o meu santuário estiver entre eles para sempre, as nações saberão que eu, o S<small>ENHOR</small>, santifico Israel".

Profecia contra Gogue

38 Veio a mim esta palavra do S<small>ENHOR</small>: **2** "Filho do homem, vire o rosto contra Gogue, da terra de Magogue, o príncipe maior de[a] Meseque e de Tubal; profetize contra ele **3** e diga: Assim diz o Soberano, o S<small>ENHOR</small>: Estou contra você, ó Gogue, príncipe maior de Meseque e de Tubal. **4** Farei você girar, porei anzóis em seu queixo e o farei sair com todo o seu exército: seus cavalos, seus cavaleiros totalmente armados e uma grande multidão com escudos grandes e pequenos, todos eles brandindo suas espadas. **5** A Pérsia, a Etiópia e a Líbia[b] estarão com eles, todos com escudos e capacetes; **6** Gômer com todas as suas tropas, e Bete-Togarma, do extremo norte, com todas as suas tropas; muitas nações com você.

7 "Aprontem-se; estejam preparados, você e todas as multidões reunidas ao seu redor, e assuma o comando delas. **8** Depois de muitos dias você será chamado às armas. Daqui a alguns anos você invadirá uma terra que se recuperou da guerra, cujo povo foi reunido dentre muitas nações nos montes de Israel, os quais por muito tempo estiveram arrasados. Trazido das nações, agora vive em segurança. **9** Você, todas as suas tropas e as muitas nações subirão, avançando como uma tempestade; você será como uma nuvem cobrindo a terra.

10 "Assim diz o Soberano, o S<small>ENHOR</small>: Naquele dia virão pensamentos à sua cabeça e você maquinará um plano maligno. **11** Você dirá: 'Invadirei uma terra de povoados; atacarei um povo pacífico e que de nada suspeita, onde todos moram em cidades sem muros, sem portas e sem trancas. **12** Despojarei, saquearei e voltarei a minha mão contra as ruínas reerguidas e contra o povo reunido dentre as nações, rico em gado e em bens, que vive na parte central do território[c]'. **13** Sabá e Dedã e os mercadores de Társis e todos os seus povoados[d] dirão a você: 'Você veio para tomar despojos? Você reuniu essa multidão para saquear, levar embora prata e ouro, tomar o gado e os bens e apoderar-se de muitos despojos?'

14 "Por isso, filho do homem, profetize e diga a Gogue: Assim diz o Soberano, o S<small>ENHOR</small>: Naquele dia, quando Israel, o meu povo, estiver vivendo em segurança, será que você não vai reparar nisso? **15** Você virá do seu lugar, do extremo norte, você, acompanhado de muitas nações, todas elas montadas em cavalos, uma grande multidão, um exército numeroso. **16** Você avançará contra Israel, o meu povo, como uma nuvem que cobre a terra. Nos dias vindouros, ó Gogue, trarei você contra a minha terra, para que as nações me conheçam quando eu me mostrar santo por meio de você diante dos olhos delas.

17 "Assim diz o Soberano, o S<small>ENHOR</small>: Acaso você não é aquele de quem falei em dias passados por meio dos meus servos, os profetas de Israel? Naquela época eles profetizaram durante anos que eu traria você contra Israel. **18** É isto que acontecerá naquele dia: Quando Gogue atacar Israel, será despertado o meu furor. Palavra do Soberano, o S<small>ENHOR</small>. **19** Em meu zelo e em meu grande furor declaro que naquela época haverá um grande terremoto em Israel. **20** Os peixes do mar, as aves do céu, os animais do campo, toda criatura que rasteja pelo chão e todas as pessoas da face da terra tremerão diante da minha presença. Os montes serão postos abaixo, os penhascos se desmoronarão e todos os muros cairão. **21** Convocarei a espada contra Gogue em todos os meus montes. Palavra do Soberano, o S<small>ENHOR</small>. A espada de cada um será contra o seu irmão. **22** Executarei juízo

and David my servant will be their prince forever. **26** I will make a covenant of peace with them; it will be an everlasting covenant. I will establish them and increase their numbers, and I will put my sanctuary among them forever. **27** My dwelling place will be with them; I will be their God, and they will be my people. **28** Then the nations will know that I the L<small>ORD</small> make Israel holy, when my sanctuary is among them forever.' "

A Prophecy Against Gog

38 The word of the L<small>ORD</small> came to me: **2** "Son of man, set your face against Gog, of the land of Magog, the chief prince of[a] Meshech and Tubal; prophesy against him **3** and say: 'This is what the Sovereign L<small>ORD</small> says: I am against you, O Gog, chief prince of[b] Meshech and Tubal. **4** I will turn you around, put hooks in your jaws and bring you out with your whole army—your horses, your horsemen fully armed, and a great horde with large and small shields, all of them brandishing their swords. **5** Persia, Cush[c] and Put will be with them, all with shields and helmets, **6** also Gomer with all its troops, and Beth Togarmah from the far north with all its troops—the many nations with you.

7 " 'Get ready; be prepared, you and all the hordes gathered about you, and take command of them. **8** After many days you will be called to arms. In future years you will invade a land that has recovered from war, whose people were gathered from many nations to the mountains of Israel, which had long been desolate. They had been brought out from the nations, and now all of them live in safety. **9** You and all your troops and the many nations with you will go up, advancing like a storm; you will be like a cloud covering the land.

10 " 'This is what the Sovereign L<small>ORD</small> says: On that day thoughts will come into your mind and you will devise an evil scheme. **11** You will say, "I will invade a land of unwalled villages; I will attack a peaceful and unsuspecting people—all of them living without walls and without gates and bars. **12** I will plunder and loot and turn my hand against the resettled ruins and the people gathered from the nations, rich in livestock and goods, living at the center of the land." **13** Sheba and Dedan and the merchants of Tarshish and all her villages[d] will say to you, "Have you come to plunder? Have you gathered your hordes to loot, to carry off silver and gold, to take away livestock and goods and to seize much plunder?" '

14 "Therefore, son of man, prophesy and say to Gog: 'This is what the Sovereign L<small>ORD</small> says: In that day, when my people Israel are living in safety, will you not take notice of it? **15** You will come from your place in the far north, you and many nations with you, all of them riding on horses, a great horde, a mighty army. **16** You will advance against my people Israel like a cloud that covers the land. In days to come, O Gog, I will bring you against my land, so that the nations may know me when I show myself holy through you before their eyes.

17 " 'This is what the Sovereign L<small>ORD</small> says: Are you not the one I spoke of in former days by my servants the prophets of Israel? At that time they prophesied for years that I would bring you against them. **18** This is what will happen in that day: When Gog attacks the land of Israel, my hot anger will be aroused, declares the Sovereign L<small>ORD</small>. **19** In my zeal and fiery wrath I declare that at that time there shall be a great earthquake in the land of Israel. **20** The fish of the sea, the birds of the air, the beasts of the field, every creature that moves along the ground, and all the people on the face of the earth will tremble at my presence. The mountains will be overturned, the cliffs will crumble and every wall will fall to the ground. **21** I will summon a sword against Gog on all my mountains, declares the Sovereign L<small>ORD</small>. Every man's sword will be against his brother. **22** I will execute judgment upon him with plague

---

a38.2 Ou *príncipe de Rôs e de*; também no versículo 3 e em 39.1. **b38.5** Hebraico: *Cuxe e Fute.* **c38.12** Hebraico: *no umbigo da terra.* **d38.13** Ou *seus leões fortes*

a38:2 Or *the prince of Rosh*, **b38:3** Or *Gog, prince of Rosh*, **c38:5** That is, the upper Nile region **d38:13** Or *her strong lions*

sobre ele com peste e derramamento de sangue; desabarei torrentes de chuva, saraiva e enxofre ardente sobre ele e sobre as suas tropas e sobre as muitas nações que estarão com ele. **23** E assim mostrarei a minha grandeza e a minha santidade, e me farei conhecido de muitas nações. Então eles saberão que eu sou o Senhor.

39

"Filho do homem, profetize contra Gogue e diga: Assim diz o Soberano, o Senhor: Eu estou contra você, ó Gogue, príncipe maior de Meseque e de Tubal. **2** Farei você girar e o arrastarei. Eu o trarei do extremo norte e enviarei contra os montes de Israel. **3** Então derrubarei o arco da sua mão esquerda e farei suas flechas caírem da sua mão direita. **4** Nos montes de Israel você cairá, você e todas as suas tropas e as nações que estiverem com você. Eu darei você como comida a todo tipo de ave que come carniça e aos animais do campo. **5** Você cairá em campo aberto, pois eu falei. Palavra do Soberano, o Senhor. **6** Mandarei fogo sobre Magogue e sobre aqueles que vivem em segurança nas regiões costeiras, e eles saberão que eu sou o Senhor.

7 "Farei conhecido o meu santo nome no meio de Israel, o meu povo. Não mais deixarei que o meu nome seja profanado, e as nações saberão que eu, o Senhor, sou o Santo de Israel. **8** E aí vem! É certo que acontecerá. Palavra do Soberano, o Senhor. Este é o dia de que eu falei.

9 "Então aqueles que morarem nas cidades de Israel sairão e usarão armas como combustível e as queimarão: os escudos, pequenos e grandes, os arcos e flechas, os bastões de guerra e as lanças. Durante sete anos eles as utilizarão como combustível. **10** Não precisarão ajuntar lenha nos campos nem cortá-la nas florestas, porque eles usarão as armas como combustível. E eles despojarão aqueles que os despojaram e saquearão aqueles que os saquearam. Palavra do Soberano, o Senhor.

11 "Naquele dia darei a Gogue um túmulo em Israel, no vale dos que viajam para o oriente na direçãoa do Marb. Ele bloqueará o caminho dos viajantes porque Gogue e todos os seus batalhões serão sepultados ali. Por isso será chamado vale de Hamom-Goguec.

12 "Durante sete meses a nação de Israel os estará sepultando a fim de purificar a terra. **13** Todo o povo da terra os sepultará, e o dia em que eu for glorificado será para eles um dia memorável. Palavra do Soberano, o Senhor.

14 "Depois dos sete meses serão contratados homens para percorrerem a terra e sepultarem os que ainda restarem. E assim a terra será purificada. **15** Quando estiverem percorrendo a terra e um deles vir um osso humano, fincará um marco ao lado do osso até que os coveiros o sepultem no vale de Hamom-Gogue. **16** (Também haverá ali uma cidade à qual se dará o nome de Hamonád.) E assim eles purificarão a terra.

17 "Filho do homem, assim diz o Soberano, o Senhor: Chame todo tipo de ave e todos os animais do campo: Venham de todos os lugares ao redor e reúnam-se para o sacrifício que estou preparando para vocês, o grande sacrifício nos montes de Israel. Ali vocês comerão carne e beberão sangue. **18** Comerão a carne dos poderosos e beberão o sangue dos príncipes da terra como se eles fossem carneiros, cordeiros, bodes e novilhos, todos eles animais gordos da Basã. **19** No sacrifício que lhes estou preparando vocês comerão gordura até empanturrar-se e beberão sangue até embriagar-se. **20** À minha mesa vocês comerão sua porção de cavalos e cavaleiros, de homens poderosos e soldados de todo tipo. Palavra do Soberano, o Senhor.

21 "Exibirei a minha glória entre as nações, e todas as nações verão o castigo que eu trouxer e a mão que eu colocar sobre eles. **22** Daquele dia em diante a nação de Israel saberá que eu sou o Senhor, o seu Deus. **23** E as nações saberão que os israelitas foram para o exílio por sua iniqüidade, porque me foram infiéis. Por isso escondi deles o meu rosto e os entreguei nas mãos de seus inimigos, e eles caíram à espada. **24** Tratei com eles de

and bloodshed; I will pour down torrents of rain, hailstones and burning sulfur on him and on his troops and on the many nations with him. **23** And so I will show my greatness and my holiness, and I will make myself known in the sight of many nations. Then they will know that I am the Lord.'

39

"Son of man, prophesy against Gog and say: 'This is what the Sovereign Lord says: I am against you, O Gog, chief prince ofa Meshech and Tubal. **2** I will turn you around and drag you along. I will bring you from the far north and send you against the mountains of Israel. **3** Then I will strike your bow from your left hand and make your arrows drop from your right hand. **4** On the mountains of Israel you will fall, you and all your troops and the nations with you. I will give you as food to all kinds of carrion birds and to the wild animals. **5** You will fall in the open field, for I have spoken, declares the Sovereign Lord. **6** I will send fire on Magog and on those who live in safety in the coastlands, and they will know that I am the Lord.

7 " 'I will make known my holy name among my people Israel. I will no longer let my holy name be profaned, and the nations will know that I the Lord am the Holy One in Israel. **8** It is coming! It will surely take place, declares the Sovereign Lord. This is the day I have spoken of.

9 " 'Then those who live in the towns of Israel will go out and use the weapons for fuel and burn them up—the small and large shields, the bows and arrows, the war clubs and spears. For seven years they will use them for fuel. **10** They will not need to gather wood from the fields or cut it from the forests, because they will use the weapons for fuel. And they will plunder those who plundered them and loot those who looted them, declares the Sovereign Lord.

11 " 'On that day I will give Gog a burial place in Israel, in the valley of those who travel east towardb the Sea.c It will block the way of travelers, because Gog and all his hordes will be buried there. So it will be called the Valley of Hamon Gog.d

12 " 'For seven months the house of Israel will be burying them in order to cleanse the land. **13** All the people of the land will bury them, and the day I am glorified will be a memorable day for them, declares the Sovereign Lord.

14 " 'Men will be regularly employed to cleanse the land. Some will go throughout the land and, in addition to them, others will bury those that remain on the ground. At the end of the seven months they will begin their search. **15** As they go through the land and one of them sees a human bone, he will set up a marker beside it until the gravediggers have buried it in the Valley of Hamon Gog. **16** (Also a town called Hamonahe will be there.) And so they will cleanse the land.'

17 "Son of man, this is what the Sovereign Lord says: Call out to every kind of bird and all the wild animals: 'Assemble and come together from all around to the sacrifice I am preparing for you, the great sacrifice on the mountains of Israel. There you will eat flesh and drink blood. **18** You will eat the flesh of mighty men and drink the blood of the princes of the earth as if they were rams and lambs, goats and bulls—all of them fattened animals from Bashan. **19** At the sacrifice I am preparing for you, you will eat fat till you are glutted and drink blood till you are drunk. **20** At my table you will eat your fill of horses and riders, mighty men and soldiers of every kind,' declares the Sovereign Lord.

21 "I will display my glory among the nations, and all the nations will see the punishment I inflict and the hand I lay upon them. **22** From that day forward the house of Israel will know that I am the Lord their God. **23** And the nations will know that the people of Israel went into exile for their sin, because they were unfaithful to me. So I hid my face from them and handed them over to their enemies, and they all fell by the

---

a39.11 Ou *viajam a leste* b39.11 Isto é, o mar Morto. c39.11 *Hamom-Gogue* significa *hordas de Gogue.* d39.16 *Hamoná* significa *hordas.*

a39:1 Or *Gog, prince of Rosh,* b39:11 Or of c39:11 That is, the Dead Sea d39:11 *Hamon Gog* means *hordes of Gog.* e39:16 *Hamonah* means *horde.*

acordo com a sua impureza e com as suas transgressões, e escondi deles o meu rosto.

25 "Por isso, assim diz o Soberano, o Senhor: Agora trarei Jacó de volta do cativeiro[a] e terei compaixão de toda a nação de Israel, e serei zeloso pelo meu santo nome. **26** Eles se esquecerão da vergonha por que passaram e de toda a infidelidade que mostraram para comigo enquanto viviam em segurança em sua terra, sem que ninguém lhes causasse medo. **27** Quando eu os tiver trazido de volta das nações e os tiver ajuntado dentre as terras de seus inimigos, eu me revelarei santo por meio deles à vista de muitas nações. **28** Então eles saberão que eu sou o Senhor, o seu Deus, pois, embora os tenha enviado para o exílio entre as nações, eu os reunirei em sua própria terra, sem deixar um único deles para trás. **29** Não mais esconderei deles o rosto, pois derramarei o meu Espírito sobre a nação de Israel. Palavra do Soberano, o Senhor".

O Novo Templo

40 No início do vigésimo quinto ano do exílio, no início do ano, no décimo dia do mês, no décimo quarto ano depois da queda da cidade, naquele exato dia a mão do Senhor esteve sobre mim e ele me levou para lá. **2** Em visões de Deus ele me levou a Israel e me pôs num monte muito alto, sobre o qual, no lado sul, havia alguns prédios que tinham a aparência de uma cidade. **3** Ele me levou para lá, e eu vi um homem que parecia de bronze; ele estava em pé junto à entrada, tendo em sua mão uma corda de linho e uma vara de medir. **4** E ele me disse: "Filho do homem, fixe bem os olhos e procure ouvir bem, e preste atenção a tudo o que vou lhe mostrar, pois para isso você foi trazido aqui. Conte à nação de Israel tudo o que você vai ver".

A Porta Oriental

5 Vi um muro que cercava completamente a área do templo. O comprimento da vara de medir na mão do homem era de seis medidas longas, cada uma com meio metro[b]. Ele mediu o muro, que tinha três metros[c] de espessura e três de altura. **6** Depois ele foi até a porta que dá para o oriente. Subiu os seus degraus e mediu a soleira da porta, que tinha três metros de extensão[d]. **7** As salas dos guardas tinham três metros de comprimento e três metros de largura, e as paredes entre elas tinham dois metros e meio de espessura. A soleira da porta junto ao pórtico, defronte do templo, tinha três metros de extensão. **8** Depois ele mediu o pórtico, **9** que tinha quatro metros de extensão e seus batentes tinham um metro de espessura. O pórtico estava voltado para o templo. **10** Da porta oriental para dentro havia três salas de cada lado; as três tinham as mesmas medidas, e as faces das paredes salientes de cada lado tinham as mesmas medidas. **11** A seguir ele mediu a largura da porta, a entrada; era de cinco metros, e seu comprimento era de seis metros e meio. **12** Defronte de cada sala havia um muro de meio metro de altura, e os nichos eram quadrados, com três metros em cada lado. **13** Depois ele mediu a entrada a partir do alto da parede do fundo de uma sala até o alto da sala oposta; a distância era de doze metros e meio, da abertura de um parapeito até a abertura do parapeito oposto. **14** E mediu ao longo das faces das paredes salientes por toda a parte interna da entrada; eram trinta metros. A medida era até o pórtico[f] que dá para o pátio. **15** A distância desde a entrada da porta até a extremidade do seu pórtico era de vinte e cinco metros.

sword. **24** I dealt with them according to their uncleanness and their offenses, and I hid my face from them.

25 "Therefore this is what the Sovereign Lord says: I will now bring Jacob back from captivity[a] and will have compassion on all the people of Israel, and I will be zealous for my holy name. **26** They will forget their shame and all the unfaithfulness they showed toward me when they lived in safety in their land with no one to make them afraid. **27** When I have brought them back from the nations and have gathered them from the countries of their enemies, I will show myself holy through them in the sight of many nations. **28** Then they will know that I am the Lord their God, for though I sent them into exile among the nations, I will gather them to their own land, not leaving any behind. **29** I will no longer hide my face from them, for I will pour out my Spirit on the house of Israel, declares the Sovereign Lord."

The New Temple Area

40 In the twenty-fifth year of our exile, at the beginning of the year, on the tenth of the month, in the fourteenth year after the fall of the city—on that very day the hand of the Lord was upon me and he took me there. **2** In visions of God he took me to the land of Israel and set me on a very high mountain, on whose south side were some buildings that looked like a city. **3** He took me there, and I saw a man whose appearance was like bronze; he was standing in the gateway with a linen cord and a measuring rod in his hand. **4** The man said to me, "Son of man, look with your eyes and hear with your ears and pay attention to everything I am going to show you, for that is why you have been brought here. Tell the house of Israel everything you see."

The East Gate to the Outer Court

5 I saw a wall completely surrounding the temple area. The length of the measuring rod in the man's hand was six long cubits, each of which was a cubit[b] and a handbreadth.[c] He measured the wall; it was one measuring rod thick and one rod high. **6** Then he went to the gate facing east. He climbed its steps and measured the threshold of the gate; it was one rod deep.[d] **7** The alcoves for the guards were one rod long and one rod wide, and the projecting walls between the alcoves were five cubits thick. And the threshold of the gate next to the portico facing the temple was one rod deep. **8** Then he measured the portico of the gateway; **9** it[e] was eight cubits deep and its jambs were two cubits thick. The portico of the gateway faced the temple. **10** Inside the east gate were three alcoves on each side; the three had the same measurements, and the faces of the projecting walls on each side had the same measurements. **11** Then he measured the width of the entrance to the gateway; it was ten cubits and its length was thirteen cubits. **12** In front of each alcove was a wall one cubit high, and the alcoves were six cubits square. **13** Then he measured the gateway from the top of the rear wall of one alcove to the top of the opposite one; the distance was twenty-five cubits from one parapet opening to the opposite one. **14** He measured along the faces of the projecting walls all around the inside of the gateway—sixty cubits. The measurement was up to the portico[f] facing the courtyard.[g] **15** The distance from the entrance of the gateway to the far end of its portico was fifty cubits. **16** The alcoves and the projecting walls inside

---

a39.25 Ou *Agora restaurarei a sorte de Jacó* **b40.5** Hebraico: *1 côvado longo.* O côvado longo era uma medida linear de cerca de meio metro. **c40.5** Hebraico: *1 vara.* **d40.6** Conforme a Septuaginta. O Texto Massorético diz *fundo, a primeira soleira, uma vara de fundo.* **e40.8,9** Conforme muitos manuscritos do Texto Massorético, a Septuaginta, a Vulgata e a Versão Siríaca. A maioria dos manuscritos do Texto Massorético diz *a entrada defronte do templo; ela media uma vara de fundo.* **9***Então ele mediu o pórtico da entrada, que tinha* **f40.14** Conforme a Septuaginta. O Texto Massorético diz *a parede saliente.*

a39:25 Or *now restore the fortunes of Jacob* **b40:5** The common cubit was about 1 1/2 feet (about 0.5 meter). **c40:5** That is, about 3 inches (about 8 centimeters) **d40:6** Septuagint; Hebrew *deep, the first threshold, one rod deep* **e40:8,9** Many Hebrew manuscripts, Septuagint, Vulgate and Syriac; most Hebrew manuscripts *gateway facing the temple; it was one rod deep.* **9** *Then he measured the portico of the gateway; it* **f40:14** Septuagint; Hebrew *projecting wall* **g40:14** The meaning of the Hebrew for this verse is uncertain.

16 As salas e as paredes salientes dentro da entrada eram guarnecidos de estreitas aberturas com parapeito ao redor, como o pórtico; as aberturas que os circundavam davam para a parte interna. As faces das paredes salientes eram decoradas com tamareiras.

O Pátio Externo

17 Depois ele me levou ao pátio externo. Ali eu vi alguns quartos e um piso que havia sido construído ao redor de todo o pátio; nele havia trinta quartos ao longo de todo o piso. **18** Este era adjacente às laterais das entradas e sua largura era igual ao comprimento; esse era o piso inferior. **19** A seguir ele mediu a distância da parte interna da entrada inferior até a parte externa do pátio interno, o que deu cinqüenta metros, tanto no lado leste como no lado norte.

A Porta Norte

20 Mediu depois o comprimento e a largura da porta que dá para o norte, e para o pátio externo. **21** Seus compartimentos, três de cada lado, suas paredes salientes e seu pórtico tinham as mesmas medidas dos compartimentos da primeira entrada. Tinham vinte e cinco metros de comprimento e doze metros e meio de largura. **22** Suas aberturas, seu pórtico e sua decoração com tamareiras tinham as mesmas medidas dos da porta que dava para o oriente. Sete degraus subiam até ela, e o seu pórtico ficava no lado oposto a eles. **23** Havia uma porta que abria o pátio interno e que dava para a porta norte, como também uma que dava para a porta leste. Ele mediu de uma porta à que lhe ficava oposta; eram cinqüenta metros.

A Porta Sul

24 Depois ele me levou para o lado sul, e eu vi uma porta que dava para o sul. Ele mediu seus batentes e seu pórtico, e eles tinham as mesmas medidas das outras portas. **25** A entrada e o pórtico tinham aberturas estreitas ao seu redor, como as aberturas das outras. Tinham vinte e cinco metros de comprimento e doze metros e meio de largura. **26** Sete degraus subiam até ela, e o seu pórtico ficava no lado oposto a eles; havia uma decoração de tamareiras nas faces das paredes salientes em cada lado. **27** O pátio interno também tinha uma porta que dava para o sul, e ele mediu desde essa porta até a porta externa no lado sul; eram cinqüenta metros.

Portas para o Pátio Interno

28 A seguir ele me levou ao pátio interno pela porta sul e mediu a porta sul; suas medidas eram iguais às outras. **29** Suas salas, suas paredes salientes e seu pórtico tinham as mesmas medidas dos outros. A entrada e seu pórtico tinham aberturas ao seu redor. Tinham vinte e cinco metros de comprimento e doze metros e meio de largura. **30** (Os pórticos das entradas ao redor do pátio interno tinham doze metros e meio de largura e dois metros e meio de extensão.) **31** Seu pórtico dava para o pátio externo; tamareiras decoravam seus batentes, e oito degraus subiam até a porta.

32 Depois ele me levou ao pátio interno no lado leste, e mediu a entrada; suas medidas eram iguais às outras. **33** Suas salas, suas paredes salientes e seu pórtico tinham as mesmas medidas dos outros. A entrada e seu pórtico tinham aberturas ao seu redor. Tinham vinte e cinco metros de comprimento e doze metros e meio de largura. **34** Seu pórtico dava para o pátio externo; tamareiras decoravam os batentes em cada lado, e oito degraus subiam até ela.

35 Depois ele me levou à porta norte e a mediu; suas medidas eram iguais às outras, **36** como também as medidas de suas salas, suas paredes salientes e seu pórtico, e tinha aberturas ao seu redor. Tinha vinte e cinco metros de comprimento e doze metros e meio de largura. **37** Seu pórtico dava[a] para o pátio externo; tamareiras decoravam os batentes em ambos os lados, e oito degraus subiam até ela.

ª40.37 Conforme a Septuaginta. O Texto Massorético diz *Seus batentes davam*. Veja os versículos 31 e 34.

---

the gateway were surmounted by narrow parapet openings all around, as was the portico; the openings all around faced inward. The faces of the projecting walls were decorated with palm trees.

The Outer Court

17 Then he brought me into the outer court. There I saw some rooms and a pavement that had been constructed all around the court; there were thirty rooms along the pavement. **18** It abutted the sides of the gateways and was as wide as they were long; this was the lower pavement. **19** Then he measured the distance from the inside of the lower gateway to the outside of the inner court; it was a hundred cubits on the east side as well as on the north.

The North Gate

20 Then he measured the length and width of the gate facing north, leading into the outer court. **21** Its alcoves—three on each side—its projecting walls and its portico had the same measurements as those of the first gateway. It was fifty cubits long and twenty-five cubits wide. **22** Its openings, its portico and its palm tree decorations had the same measurements as those of the gate facing east. Seven steps led up to it, with its portico opposite them. **23** There was a gate to the inner court facing the north gate, just as there was on the east. He measured from one gate to the opposite one; it was a hundred cubits.

The South Gate

24 Then he led me to the south side and I saw a gate facing south. He measured its jambs and its portico, and they had the same measurements as the others. **25** The gateway and its portico had narrow openings all around, like the openings of the others. It was fifty cubits long and twenty-five cubits wide. **26** Seven steps led up to it, with its portico opposite them; it had palm tree decorations on the faces of the projecting walls on each side. **27** The inner court also had a gate facing south, and he measured from this gate to the outer gate on the south side; it was a hundred cubits.

Gates to the Inner Court

28 Then he brought me into the inner court through the south gate, and he measured the south gate; it had the same measurements as the others. **29** Its alcoves, its projecting walls and its portico had the same measurements as the others. The gateway and its portico had openings all around. It was fifty cubits long and twenty-five cubits wide. **30** (The porticoes of the gateways around the inner court were twenty-five cubits wide and five cubits deep.) **31** Its portico faced the outer court; palm trees decorated its jambs, and eight steps led up to it.

32 Then he brought me to the inner court on the east side, and he measured the gateway; it had the same measurements as the others. **33** Its alcoves, its projecting walls and its portico had the same measurements as the others. The gateway and its portico had openings all around. It was fifty cubits long and twenty-five cubits wide. **34** Its portico faced the outer court; palm trees decorated the jambs on either side, and eight steps led up to it.

35 Then he brought me to the north gate and measured it. It had the same measurements as the others, **36** as did its alcoves, its projecting walls and its portico, and it had openings all around. It was fifty cubits long and twenty-five cubits wide. **37** Its portico[a] faced the outer court; palm trees decorated the jambs on either side, and eight steps led up to it.

ª40:37 Septuagint (see also verses 31 and 34); Hebrew *jambs*

Os Quartos da Preparação dos Sacrifícios

38 Um quarto com sua entrada ficava junto do pórtico de cada uma das entradas internas, onde os holocaustos[a] eram lavados. **39** No pórtico da entrada havia duas mesas de cada lado, em que os holocaustos, as ofertas pelo pecado e as ofertas pela culpa eram abatidos. **40** Junto à parede externa do pórtico da entrada, perto dos degraus da porta norte, ficavam duas mesas, e do outro lado os degraus havia duas mesas. **41** Havia, pois, quatro mesas num lado da entrada e quatro no outro, onde os sacrifícios eram abatidos. Eram oito mesas ao todo. **42** Também havia quatro mesas de pedra lavrada para os holocaustos, cada uma com setenta e cinco centímetros de comprimento e de largura, e cinqüenta centímetros de altura. Nelas colocavam-se os utensílios para o abate dos holocaustos e dos outros sacrifícios. **43** E ganchos de duas pontas, cada um com quatro dedos de comprimento, estavam presos à parede, em toda a sua extensão. As mesas destinavam-se à carne das ofertas.

Quartos para os Sacerdotes

44 Dentro do pátio interno havia dois quartos antes da porta interna; um ficava ao lado[b] da porta norte que dava para o sul, e outro ao lado da porta sul[c] que dava para o norte. **45** Ele me disse: "O quarto que dá para o sul é para os sacerdotes encarregados do templo, **46** e o quarto que dá para o norte é para os sacerdotes encarregados do altar. São eles os filhos de Zadoque, os únicos levitas que podem aproximar-se do Senhor para ministrarem diante dele".

47 Depois ele mediu o pátio: era quadrado, medindo cinqüenta metros de comprimento e cinqüenta de largura. E o altar ficava em frente do templo.

O Templo

48 A seguir levou-me ao pórtico do templo e mediu os seus batentes; eles tinham dois metros e meio de largura em ambos os lados. A largura da entrada era de sete metros, e suas paredes salientes tinham[d] um metro e meio de largura em cada lado. **49** O pórtico tinha dez metros de largura e seis metros da frente aos fundos. Havia um lance de escadas que dava acesso a ele[e], e três colunas em cada lado dos batentes.

41 Depois o homem me levou ao santuário externo e mediu os batentes; a largura dos batentes era de três metros[f] em cada lado. **2** A entrada tinha cinco metros de largura, e as paredes salientes em cada lado tinham dois metros e meio de largura. Ele mediu também o santuário externo; e ele tinha vinte metros de comprimento e dez de largura.

3 Depois entrou no santuário interno e mediu os batentes da entrada; cada um tinha um metro de largura. A entrada tinha três metros de largura, e as paredes salientes em cada lado dela tinham três metros e meio de largura. **4** E ele mediu o comprimento do santuário interno; tinha dez metros, e sua largura era de dez metros até o fim do santuário externo. Ele me disse: "Este é o Lugar Santíssimo".

5 Depois mediu a parede do templo; tinha três metros de espessura, e cada quarto lateral em torno do templo tinha dois metros de largura. **6** Os quartos laterais, sobrepostos uns aos outros, ficavam em três andares, havendo trinta em cada andar. Havia saliências em torno de toda a parede do templo para servirem de pontos de apoio para os quartos laterais, para que não fossem incrustados na parede do templo. **7** As paredes laterais em torno de todo o templo eram mais largas

The Rooms for Preparing Sacrifices

38 A room with a doorway was by the portico in each of the inner gateways, where the burnt offerings were washed. **39** In the portico of the gateway were two tables on each side, on which the burnt offerings, sin offerings and guilt offerings were slaughtered. **40** By the outside wall of the portico of the gateway, near the steps at the entrance to the north gateway were two tables, and on the other side of the steps were two tables. **41** So there were four tables on one side of the gateway and four on the other—eight tables in all—on which the sacrifices were slaughtered. **42** There were also four tables of dressed stone for the burnt offerings, each a cubit and a half long, a cubit and a half wide and a cubit high. On them were placed the utensils for slaughtering the burnt offerings and the other sacrifices. **43** And double-pronged hooks, each a handbreadth long, were attached to the wall all around. The tables were for the flesh of the offerings.

Rooms for the Priests

44 Outside the inner gate, within the inner court, were two rooms, one[a] at the side of the north gate and facing south, and another at the side of the south[b] gate and facing north. **45** He said to me, "The room facing south is for the priests who have charge of the temple, **46** and the room facing north is for the priests who have charge of the altar. These are the sons of Zadok, who are the only Levites who may draw near to the Lord to minister before him."

47 Then he measured the court: It was square—a hundred cubits long and a hundred cubits wide. And the altar was in front of the temple.

The Temple

48 He brought me to the portico of the temple and measured the jambs of the portico; they were five cubits wide on either side. The width of the entrance was fourteen cubits and its projecting walls were[c] three cubits wide on either side. **49** The portico was twenty cubits wide, and twelve[d] cubits from front to back. It was reached by a flight of stairs,[e] and there were pillars on each side of the jambs.

41 Then the man brought me to the outer sanctuary and measured the jambs; the width of the jambs was six cubits[f] on each side.[g] **2** The entrance was ten cubits wide, and the projecting walls on each side of it were five cubits wide. He also measured the outer sanctuary; it was forty cubits long and twenty cubits wide.

3 Then he went into the inner sanctuary and measured the jambs of the entrance; each was two cubits wide. The entrance was six cubits wide, and the projecting walls on each side of it were seven cubits wide. **4** And he measured the length of the inner sanctuary; it was twenty cubits, and its width was twenty cubits across the end of the outer sanctuary. He said to me, "This is the Most Holy Place."

5 Then he measured the wall of the temple; it was six cubits thick, and each side room around the temple was four cubits wide. **6** The side rooms were on three levels, one above another, thirty on each level. There were ledges all around the wall of the temple to serve as supports for the side rooms, so that the supports were not inserted into the wall of the temple. **7** The side rooms all around the temple were wider at

a40.38 Isto é, sacrifícios totalmente queimados; também nos versículos 39 e 42. b40.44 Conforme a Septuaginta. O Texto Massorético diz *havia quartos para cantores, os quais ficavam ao lado.* c40.44 Conforme a Septuaginta. O Texto Massorético diz *leste.* d40.48 Conforme a Septuaginta. O Texto Massorético diz *e sua entrada tinha.* e40.49 A Septuaginta diz *10 degraus que subiam até ele.* f41.1 Hebraico: *6 côvados.* O côvado longo era uma medida linear de cerca de meio metro. g41.1 Conforme um manuscrito do Texto Massorético e a Septuaginta. A maioria dos manuscritos do Texto Massorético diz *lado, a largura da tenda.*

a40.44 Septuagint; Hebrew *were rooms for singers, which were* b40.44 Septuagint; Hebrew *east* c40.48 Septuagint; Hebrew *entrance was* d40.49 Septuagint; Hebrew *eleven* e40.49 Hebrew; Septuagint *Ten steps led up to it* f41.1 The common cubit was about 1 1/2 feet (about 0.5 meter). g41.1 One Hebrew manuscript and Septuagint; most Hebrew manuscripts *side, the width of the tent*

em cada andar superior. A estrutura em torno do templo foi construída em plataformas ascendentes, de modo que os quartos ficavam mais largos à medida que se subia. Uma escada subia do andar inferior até o andar superior, servindo também o andar do meio.

⁸ Vi que ao redor de todo o templo fora construída uma base, formando o alicerce dos quartos laterais. Era do comprimento da vara de medir, ou seja, três metros. ⁹ A parede externa dos quartos laterais era de dois metros e meio de espessura. A área aberta entre os quartos laterais do templo ¹⁰ e os quartos dos sacerdotes era de dez metros de largura ao redor de todo o templo. ¹¹ Havia entradas para os quartos laterais a partir da área aberta, uma ao norte e outra ao sul; e a base vizinha à área aberta era de dois metros e meio ao redor de todo o templo.

¹² O prédio em frente do pátio do templo no lado oeste media trinta e cinco metros de largura. A parede do prédio tinha dois metros e meio de espessura em toda a sua volta, e o seu comprimento era de quarenta e cinco metros.

¹³ Depois ele mediu o templo; tinha cinqüenta metros de comprimento, e o pátio do templo e o prédio com suas paredes também tinham cinqüenta metros de comprimento. ¹⁴ A largura do pátio do templo no lado oeste, inclusive a frente do templo, era de cinqüenta metros.

¹⁵ A seguir ele mediu o comprimento do prédio que ficava em frente do pátio, na parte de trás do templo, inclusive suas galerias em cada lado; era de cinqüenta metros.

O santuário externo, o santuário interno e o pórtico que dava para o pátio, ¹⁶ bem como as soleiras, as janelas estreitas e as galerias em volta dos três, tudo o que estava do lado de fora, inclusive a soleira, fora revestido de madeira. Igualmente estavam revestidos o piso, a parede até a altura das janelas, e as janelas. ¹⁷ No espaço acima do lado externo da entrada do santuário interno e nas paredes, a intervalos regulares, em volta de todo o santuário interno e externo, ¹⁸ havia querubins e tamareiras em relevo. As tamareiras alternavam com os querubins. Cada querubim tinha dois rostos: ¹⁹ o rosto de um homem virado para a tamareira de um dos lados, e o rosto de um leão virado para a tamareira do outro lado. Estavam em relevo ao redor de todo o templo. ²⁰ Desde o chão até a área acima da entrada havia querubins e tamareiras em relevo na parede do santuário externo.

²¹ O santuário externo tinha batentes retangulares, e o que ficava em frente do Santo dos Santos era semelhante. ²² Havia um altar de madeira com um metro e meio de altura e um metro em cada lado; seus cantos, sua base[a] e seus lados eram de madeira. O homem me disse: "Esta é a mesa que fica diante do Senhor". ²³ Tanto o santuário externo quanto o Santo dos Santos tinham portas duplas. ²⁴ Cada porta tinha duas folhas articuladas. ²⁵ E nas portas do santuário externo havia querubins e tamareiras esculpidos em relevo, como os que havia nas paredes, e havia também uma saliência de madeira na frente do pórtico. ²⁶ Nas paredes laterais do pórtico havia janelas estreitas com tamareiras em relevo em cada lado. Os quartos laterais do templo também tinham saliências.

Os Quartos dos Sacerdotes

42 Depois disso o homem conduziu-me para o lado norte, para o pátio externo, e levou-me aos quartos opostos ao pátio do templo e ao muro externo do lado norte. ² O prédio cuja porta dava para o norte tinha cinqüenta metros[b] de comprimento e vinte e cinco metros de largura. ³ Tanto na seção que ficava a dez metros de distância do pátio interno quanto na seção oposta ao piso do pátio externo, havia uma galeria frente à outra nos três andares. ⁴ Em frente dos quartos havia uma passagem interna com cinco metros de largura e cinqüen-

each successive level. The structure surrounding the temple was built in ascending stages, so that the rooms widened as one went upward. A stairway went up from the lowest floor to the top floor through the middle floor.

⁸ I saw that the temple had a raised base all around it, forming the foundation of the side rooms. It was the length of the rod, six long cubits. ⁹ The outer wall of the side rooms was five cubits thick. The open area between the side rooms of the temple ¹⁰ and the ⌐priests'⌐ rooms was twenty cubits wide all around the temple. ¹¹ There were entrances to the side rooms from the open area, one on the north and another on the south; and the base adjoining the open area was five cubits wide all around.

¹² The building facing the temple courtyard on the west side was seventy cubits wide. The wall of the building was five cubits thick all around, and its length was ninety cubits.

¹³ Then he measured the temple; it was a hundred cubits long, and the temple courtyard and the building with its walls were also a hundred cubits long. ¹⁴ The width of the temple courtyard on the east, including the front of the temple, was a hundred cubits.

¹⁵ Then he measured the length of the building facing the courtyard at the rear of the temple, including its galleries on each side; it was a hundred cubits.

The outer sanctuary, the inner sanctuary and the portico facing the court, ¹⁶ as well as the thresholds and the narrow windows and galleries around the three of them—everything beyond and including the threshold was covered with wood. The floor, the wall up to the windows, and the windows were covered. ¹⁷ In the space above the outside of the entrance to the inner sanctuary and on the walls at regular intervals all around the inner and outer sanctuary ¹⁸ were carved cherubim and palm trees. Palm trees alternated with cherubim. Each cherub had two faces: ¹⁹ the face of a man toward the palm tree on one side and the face of a lion toward the palm tree on the other. They were carved all around the whole temple. ²⁰ From the floor to the area above the entrance, cherubim and palm trees were carved on the wall of the outer sanctuary.

²¹ The outer sanctuary had a rectangular doorframe, and the one at the front of the Most Holy Place was similar. ²² There was a wooden altar three cubits high and two cubits square[a]; its corners, its base[b] and its sides were of wood. The man said to me, "This is the table that is before the Lord." ²³ Both the outer sanctuary and the Most Holy Place had double doors. ²⁴ Each door had two leaves—two hinged leaves for each door. ²⁵ And on the doors of the outer sanctuary were carved cherubim and palm trees like those carved on the walls, and there was a wooden overhang on the front of the portico. ²⁶ On the sidewalls of the portico were narrow windows with palm trees carved on each side. The side rooms of the temple also had overhangs.

Rooms for the Priests

42 Then the man led me northward into the outer court and brought me to the rooms opposite the temple courtyard and opposite the outer wall on the north side. ² The building whose door faced north was a hundred cubits[c] long and fifty cubits wide. ³ Both in the section twenty cubits from the inner court and in the section opposite the pavement of the outer court, gallery faced gallery at the three levels. ⁴ In front of the rooms was an inner passageway ten cubits wide

---

ta metrosª de comprimento. Suas portas ficavam no lado norte. 5 Ora, os quartos superiores eram mais estreitos, pois as galerias tomavam mais espaço deles do que dos quartos do andar inferior e médio. 6 Os quartos do terceiro andar não tinham colunas, ao passo que os pátios tinham. Por isso a área deles era menor do que a dos quartos do andar inferior e do meio. 7 Havia uma parede externa paralela aos quartos e ao pátio externo; sua extensão era de vinte e cinco metros, em frente dos quartos. 8 A fileira de quartos junto ao pátio interno tinha vinte e cinco metros de comprimento, e a que ficava mais próxima do santuário tinha cinqüenta metros de comprimento. 9 Os quartos de baixo tinham entrada pelo lado leste, quando se vem do pátio externo.

10 No lado sul, ao longo da parede do pátio externo, adjacentes ao pátio do templo e no lado oposto do muro externo, havia quartos 11 com uma passagem em frente deles. Eram como os quartos do lado norte; tinham o mesmo comprimento e a mesma largura, com saídas e dimensões semelhantes. As portas do lado norte 12 eram semelhantes às portas dos quartos do lado sul. Havia uma entrada no início do corredor paralelo ao muro correspondente que se estendia para leste; e havia uma entrada para os quartos.

13 Depois o homem me disse: "Os quartos do norte e do sul que dão para o pátio do templo são os quartos em que os sacerdotes que se aproximam do Senhor comerão e guardarão as ofertas santíssimas, isto é, as ofertas de cereal, as ofertas pelo pecado e as ofertas pela culpa, pois o local é santo. 14 Assim que os sacerdotes entrarem nos recintos sagrados, só poderão ir para o pátio externo após tirarem as vestes com as quais ministram, pois elas são santas. Porão outras vestes antes de se aproximarem dos lugares reservados para o povo".

15 Quando ele acabou de medir o que havia dentro da área do templo, levou-me para fora pela porta leste e mediu a área em redor. 16 Mediu o lado leste com a vara de medir; tinha duzentos e cinqüenta metrosᵇ. 17 Mediu o lado norte; tinha duzentos e cinqüenta metros, segundo a vara de medir. 18 Mediu o lado sul; tinha duzentos e cinqüenta metros, segundo a vara de medir. 19 Depois ele foi para o lado oeste e o mediu; tinha duzentos e cinqüenta metros, segundo a vara de medir. 20 Assim ele mediu a área nos quatro lados. Em torno dela havia um muro de duzentos e cinqüenta metros de comprimento e duzentos e cinqüenta metros de largura, para separar o santo do comum.

A Glória Retorna ao Templo

43 Então o homem levou-me até a porta que dava para o leste, 2 e vi a glória do Deus de Israel, que vinha do lado leste. Sua voz era como o rugido de águas avançando, e a terra refulgia com a sua glória. 3 A visão que tive era como a que eu tivera quando ele veioᶜ destruir a cidade e como as que eu tivera junto ao rio Quebar; e me prostrei, rosto em terra. 4 A glória do Senhor entrou no templo pela porta que dava para o lado leste. 5 Então o Espírito pôs-me em pé e levou-me para dentro do pátio interno, e a glória do Senhor encheu o templo.

6 Enquanto o homem estava ao meu lado, ouvi alguém falando comigo de dentro do templo. 7 Ele disse: "Filho do homem, este é o lugar do meu trono e o lugar para a sola dos meus pés. Aqui viverei para sempre entre os israelitas. A nação de Israel jamais contaminará o meu santo nome, nem os israelitas, nem seus reis, mediante a sua prostituição e os ídolos sem vidaᵈ de seus reis, em seus santuários nos montes. 8 Quando eles puseram sua soleira perto de minha soleira e seus batentes junto de meus batentes, com apenas uma

and a hundred cubitsª long. Their doors were on the north. 5 Now the upper rooms were narrower, for the galleries took more space from them than from the rooms on the lower and middle floors of the building. 6 The rooms on the third floor had no pillars, as the courts had; so they were smaller in floor space than those on the lower and middle floors. 7 There was an outer wall parallel to the rooms and the outer court; it extended in front of the rooms for fifty cubits. 8 While the row of rooms on the side next to the outer court was fifty cubits long, the row on the side nearest the sanctuary was a hundred cubits long. 9 The lower rooms had an entrance on the east side as one enters them from the outer court.

10 On the south sideᵇ along the length of the wall of the outer court, adjoining the temple courtyard and opposite the outer wall, were rooms 11 with a passageway in front of them. These were like the rooms on the north; they had the same length and width, with similar exits and dimensions. Similar to the doorways on the north 12 were the doorways of the rooms on the south. There was a doorway at the beginning of the passageway that was parallel to the corresponding wall extending eastward, by which one enters the rooms.

13 Then he said to me, "The north and south rooms facing the temple courtyard are the priests' rooms, where the priests who approach the Lord will eat the most holy offerings. There they will put the most holy offerings—the grain offerings, the sin offerings and the guilt offerings—for the place is holy. 14 Once the priests enter the holy precincts, they are not to go into the outer court until they leave behind the garments in which they minister, for these are holy. They are to put on other clothes before they go near the places that are for the people."

15 When he had finished measuring what was inside the temple area, he led me out by the east gate and measured the area all around: 16 He measured the east side with the measuring rod; it was five hundred cubits.ᶜ 17 He measured the north side; it was five hundred cubitsᵈ by the measuring rod. 18 He measured the south side; it was five hundred cubits by the measuring rod. 19 Then he turned to the west side and measured; it was five hundred cubits by the measuring rod. 20 So he measured the area on all four sides. It had a wall around it, five hundred cubits long and five hundred cubits wide, to separate the holy from the common.

The Glory Returns to the Temple

43 Then the man brought me to the gate facing east, 2 and I saw the glory of the God of Israel coming from the east. His voice was like the roar of rushing waters, and the land was radiant with his glory. 3 The vision I saw was like the vision I had seen when heᵉ came to destroy the city and like the visions I had seen by the Kebar River, and I fell facedown. 4 The glory of the Lord entered the temple through the gate facing east. 5 Then the Spirit lifted me up and brought me into the inner court, and the glory of the Lord filled the temple.

6 While the man was standing beside me, I heard someone speaking to me from inside the temple. 7 He said: "Son of man, this is the place of my throne and the place for the soles of my feet. This is where I will live among the Israelites forever. The house of Israel will never again defile my holy name—neither they nor their kings—by their prostitutionᶠ and the lifeless idolsᵍ of their kings at their high places. 8 When they placed their threshold next to my threshold and their doorposts beside my doorposts, with

---

ª42.4 Conforme a Septuaginta e a Versão Siríaca. O Texto Massorético diz *1 côvado*. ᵇ42.16 Com base na Septuaginta. O Texto Massorético diz *500 varas* (1.500 metros); também nos versículos 17, 18, 19 e 20. ᶜ43.3 Conforme alguns manuscritos do Texto Massorético e a Vulgata. A maioria dos manuscritos do Texto Massorético diz *eu vim*. ᵈ43.7 Ou *mediante o seu adultério espiritual*; também no versículo 9.

ª42:4 Septuagint and Syriac; Hebrew *and one cubit* ᵇ42:10 Septuagint; Hebrew *Eastward* ᶜ42:16 See Septuagint of verse 17; Hebrew *rods*; also in verses 18 and 19. ᵈ42:17 Septuagint; Hebrew *rods* ᵉ43:3 Some Hebrew manuscripts and Vulgate; most Hebrew manuscripts ᶠ43:7 Or *their spiritual adultery*; also in verse ᵍ43:7 Or *the corpses*; also in verse

parede fazendo separação entre mim e eles, contaminaram o meu santo nome com suas práticas repugnantes. Por isso eu os destruí na minha ira. ⁹Agora, que afastem de mim a sua prostituição e os ídolos sem vida de seus reis, e eu viverei entre eles para sempre.

¹⁰ "Filho do homem, descreva o templo para a nação de Israel, para que se envergonhem dos seus pecados. Que eles analisem o modelo ¹¹ e, se ficarem envergonhados por tudo o que fizeram, informe-os acerca da planta do templo — sua disposição, suas saídas e suas entradas — toda a sua planta e todas as suas estipulações[a] e leis. Ponha essas coisas por escrito diante deles para que sejam fiéis à planta e sigam as suas estipulações.

¹² "Esta é a lei do templo: toda a área ao redor, no topo do monte, será santíssima. Essa é a lei do templo.

O Altar

¹³ "Estas são as medidas do altar pela medida longa, isto é, a de meio metro[b]: sua calha tem meio metro de profundidade e meio metro de largura, com uma aba de um palmo em torno da beirada. E esta é a altura do altar: ¹⁴ desde a calha no chão até a saliência inferior, ele tem um metro de altura e um metro de largura, e desde a saliência menor até a saliência maior, tem dois metros de altura e meio metro de largura. ¹⁵ A fornalha do altar tem dois metros de altura, e quatro pontas se projetam dela para cima. ¹⁶ Ela é quadrada, com seis metros de comprimento e seis metros de largura. ¹⁷ A saliência superior também é quadrada, com sete metros de comprimento e sete metros de largura, com uma aba de vinte e cinco centímetros e uma calha de meio metro em toda a sua extensão ao redor. Os degraus do altar estão voltados para o oriente.

¹⁸ Então ele me disse: "Filho do homem, assim diz o Soberano, o Senhor: Estes serão os regulamentos que deverão ser seguidos no cerimonial do sacrifício dos holocaustos[c] e da aspersão do sangue no altar, quando ele for construído: ¹⁹ Você deverá dar um novilho como oferta aos sacerdotes levitas, da família de Zadoque, que se aproximam para ministrar diante de mim. Palavra do Soberano, o Senhor. ²⁰ Você colocará um pouco do sangue nas quatro pontas do altar, nos quatro cantos da saliência superior e ao redor de toda a aba, e assim purificará o altar e fará propiciação por ele. ²¹ Você queimará o novilho para a oferta pelo pecado no lugar determinado da área do templo, fora do santuário.

²² "No segundo dia você oferecerá um bode sem defeito como oferta pelo pecado, e o altar será purificado como foi purificado com o novilho. ²³ Quando terminar de purificá-lo, ofereça um novilho e um carneiro tirados do rebanho, ambos sem defeito. ²⁴ Você os oferecerá perante o Senhor, e os sacerdotes deverão pôr sal sobre eles e sacrificá-los como holocausto ao Senhor.

²⁵ "Durante sete dias você fornecerá diariamente um bode como oferta pelo pecado; fornecerá também um novilho e um carneiro tirados do rebanho, ambos sem defeito. ²⁶ Durante sete dias os sacerdotes farão propiciação pelo altar e o purificarão; assim eles o consagrarão. ²⁷ No final desses dias, a partir do oitavo dia, os sacerdotes apresentarão os holocaustos e os sacrifícios de comunhão[d] de vocês sobre o altar. Então eu os aceitarei. Palavra do Soberano, o Senhor".

O Príncipe, os Levitas, os Sacerdotes

44 Depois o homem trouxe-me de volta à porta externa do santuário, que dava para o lado leste, e ela estava trancada. ²O Senhor me disse: "Esta porta deve permanecer trancada. Não deverá ser aberta; ninguém poderá

only a wall between me and them, they defiled my holy name by their detestable practices. So I destroyed them in my anger. ⁹Now let them put away from me their prostitution and the lifeless idols of their kings, and I will live among them forever.

¹⁰ "Son of man, describe the temple to the people of Israel, that they may be ashamed of their sins. Let them consider the plan, ¹¹ and if they are ashamed of all they have done, make known to them the design of the temple—its arrangement, its exits and entrances—its whole design and all its regulations and laws. Write these down before them so that they may be faithful to its design and follow all its regulations.

¹² "This is the law of the temple: All the surrounding area on top of the mountain will be most holy. Such is the law of the temple.

The Altar

¹³ "These are the measurements of the altar in long cubits, that cubit being a cubit[b] and a handbreadth[c]: Its gutter is a cubit deep and a cubit wide, with a rim of one span[d] around the edge. And this is the height of the altar: ¹⁴ From the gutter on the ground up to the lower ledge it is two cubits high and a cubit wide, and from the smaller ledge up to the larger ledge it is four cubits high and a cubit wide. ¹⁵ The altar hearth is four cubits high, and four horns project upward from the hearth. ¹⁶ The altar hearth is square, twelve cubits long and twelve cubits wide. ¹⁷ The upper ledge also is square, fourteen cubits long and fourteen cubits wide, with a rim of half a cubit and a gutter of a cubit all around. The steps of the altar face east."

¹⁸ Then he said to me, "Son of man, this is what the Sovereign Lord says: These will be the regulations for sacrificing burnt offerings and sprinkling blood upon the altar when it is built: ¹⁹ You are to give a young bull as a sin offering to the priests, who are Levites, of the family of Zadok, who come near to minister before me, declares the Sovereign Lord. ²⁰ You are to take some of its blood and put it on the four horns of the altar and on the four corners of the upper ledge and all around the rim, and so purify the altar and make atonement for it. ²¹ You are to take the bull for the sin offering and burn it in the designated part of the temple area outside the sanctuary.

²² "On the second day you are to offer a male goat without defect for a sin offering, and the altar is to be purified as it was purified with the bull. ²³ When you have finished purifying it, you are to offer a young bull and a ram from the flock, both without defect. ²⁴ You are to offer them before the Lord, and the priests are to sprinkle salt on them and sacrifice them as a burnt offering to the Lord.

²⁵ "For seven days you are to provide a male goat daily for a sin offering; you are also to provide a young bull and a ram from the flock, both without defect. ²⁶ For seven days they are to make atonement for the altar and cleanse it; thus they will dedicate it. ²⁷ At the end of these days, from the eighth day on, the priests are to present your burnt offerings and fellowship offerings[e] on the altar. Then I will accept you, declares the Sovereign Lord."

The Prince, the Levites, the Priests

44 Then the man brought me back to the outer gate of the sanctuary, the one facing east, and it was shut. ²The Lord said to me, "This gate is to remain shut. It must not be opened; no one may enter through it. It is to re-

---

ᵃ43.11 Conforme alguns manuscritos do Texto Massorético e a Septuaginta. A maioria dos manuscritos do Texto Massorético diz *estipulações e toda a sua planta*. ᵇ43.13 Hebraico: *1 côvado e 1 punho*. Equivalente a um côvado longo, medida linear de cerca de meio metro. ᶜ43.18 Isto é, *sacrifícios totalmente queimados*; também nos versículos 24 e 27. ᵈ43.27 Ou *de paz*

ᵃ43:11 Some Hebrew manuscripts and Septuagint; most Hebrew manuscripts *regulations and its whole design* ᵇ43:13 The common cubit was about 1 1/2 feet (about 0.5 meter). ᶜ43:13 That is, about 3 inches (about 8 centimeters) ᵈ43:13 That is, about 9 inches (about 22 centimeters) ᵉ43:27 Traditionally *peace offerings*

entrar por ela. Deve permanecer trancada porque o Senhor, o Deus de Israel, entrou por ela. ³ O príncipe é o único que poderá entrar e sentar-se ali para comer na presença do Senhor. Ele entrará pelo pórtico da entrada e sairá pelo mesmo caminho".

⁴ Então o homem levou-me até a frente do templo, passando pela porta norte. Olhei e vi a glória do Senhor enchendo o templo do Senhor, e prostrei-me, rosto em terra.

⁵ O Senhor me disse: "Filho do homem, preste atenção, olhe e ouça atentamente tudo o que eu lhe disser acerca de todos os regulamentos relacionados com o templo do Senhor. Preste atenção à entrada do templo e a todas as saídas do santuário. ⁶ Diga à rebelde nação de Israel: Assim diz o Soberano, o Senhor: Já bastam suas práticas repugnantes, ó nação de Israel! ⁷ Além de todas as suas outras práticas repugnantes, vocês trouxeram estrangeiros incircuncisos no coração e na carne para dentro do meu santuário, profanando o meu templo enquanto me ofereciam comida, gordura e sangue, e assim vocês romperam a minha aliança. ⁸ Ao invés de cumprirem seu dever quanto às minhas coisas sagradas, vocês encarregaram outros do meu santuário. ⁹ Assim diz o Soberano, o Senhor: Nenhum estrangeiro incircunciso no coração e na carne entrará no meu santuário, nem tampouco os estrangeiros que vivem entre os israelitas.

¹⁰ "Os levitas, que tanto se distanciaram de mim quando Israel se desviou e que vaguearam para longe de mim, indo atrás de seus ídolos, sofrerão as conseqüências de sua iniqüidade. ¹¹ Poderão servir no meu santuário como encarregados das portas do templo e também farão o serviço nele; poderão matar os animais dos holocaustosª e outros sacrifícios em lugar do povo e colocar-se diante do povo e servi-lo. ¹² Mas, porque os serviram na presença de seus ídolos e fizeram a nação de Israel cair em pecado, jurei de mão erguida que eles sofrerão as conseqüências de sua iniqüidade. Palavra do Soberano, o Senhor. ¹³ Não se aproximarão para me servir como sacerdotes, nem se aproximarão de nenhuma de minhas coisas sagradas e das minhas ofertas santíssimas; carregarão a vergonha de suas práticas repugnantes. ¹⁴ Contudo, eu os encarregarei dos deveres do templo e de todo o trabalho que nele deve ser feito.

¹⁵ "Mas, os sacerdotes levitas e descendentes de Zadoque e que fielmente executaram os deveres do meu santuário quando os israelitas se desviaram de mim, se aproximarão para ministrar diante de mim; eles estarão diante de mim para oferecer sacrifícios de gordura e de sangue. Palavra do Soberano, o Senhor. ¹⁶ Só eles entrarão em meu santuário e se aproximarão da minha mesa para ministrar diante de mim e realizar o meu serviço.

¹⁷ "Quando entrarem pelas portas do pátio interno, estejam vestindo roupas de linho; não usem nenhuma veste de lã enquanto estiverem ministrando junto às portas do pátio interno ou dentro do templo. ¹⁸ Usarão turbantes de linho na cabeça e calções de linho na cintura. Não vestirão nada que os faça transpirar. ¹⁹ Quando saírem para o pátio externo onde fica o povo, tirarão as roupas com que estiveram ministrando e as deixarão nos quartos sagrados, e vestirão outras roupas, para que não consagrem o povo por meio de suas roupas sacerdotais.

²⁰ "Não raparão a cabeça nem deixarão o cabelo comprido, mas o manterão aparado. ²¹ Nenhum sacerdote beberá vinho quando entrar no pátio interno. ²² Eles não se casarão com viúva ou divorciada; só poderão casar-se com mulher virgem, de ascendência israelita, ou com viúva de sacerdote. ²³ Eles ensinarão ao meu povo a diferença entre o santo e o comum e lhe mostrarão como fazer distinção entre o puro e o impuro.

²⁴ "Em qualquer disputa, os sacerdotes servirão como juízes e a decisão será tomada de acordo com as minhas sentenças. Eles obedecerão às minhas leis e aos meus decretos com respeito a todas as minhas festas fixas, e manterão santos os meus sábados.

main shut because the Lord, the God of Israel, has entered through it. ³ The prince himself is the only one who may sit inside the gateway to eat in the presence of the Lord. He is to enter by way of the portico of the gateway and go out the same way."

⁴ Then the man brought me by way of the north gate to the front of the temple. I looked and saw the glory of the Lord filling the temple of the Lord, and I fell facedown.

⁵ The Lord said to me, "Son of man, look carefully, listen closely and give attention to everything I tell you concerning all the regulations regarding the temple of the Lord. Give attention to the entrance of the temple and all the exits of the sanctuary. ⁶ Say to the rebellious house of Israel, 'This is what the Sovereign Lord says: Enough of your detestable practices, O house of Israel! ⁷ In addition to all your other detestable practices, you brought foreigners uncircumcised in heart and flesh into my sanctuary, desecrating my temple while you offered me food, fat and blood, and you broke my covenant. ⁸ Instead of carrying out your duty in regard to my holy things, you put others in charge of my sanctuary. ⁹ This is what the Sovereign Lord says: No foreigner uncircumcised in heart and flesh is to enter my sanctuary, not even the foreigners who live among the Israelites.

¹⁰ " 'The Levites who went far from me when Israel went astray and who wandered from me after their idols must bear the consequences of their sin. ¹¹ They may serve in my sanctuary, having charge of the gates of the temple and serving in it; they may slaughter the burnt offerings and sacrifices for the people and stand before the people and serve them. ¹² But because they served them in the presence of their idols and made the house of Israel fall into sin, therefore I have sworn with uplifted hand that they must bear the consequences of their sin, declares the Sovereign Lord. ¹³ They are not to come near to serve me as priests or come near any of my holy things or my most holy offerings; they must bear the shame of their detestable practices. ¹⁴ Yet I will put them in charge of the duties of the temple and all the work that is to be done in it.

¹⁵ " 'But the priests, who are Levites and descendants of Zadok and who faithfully carried out the duties of my sanctuary when the Israelites went astray from me, are to come near to minister before me; they are to stand before me to offer sacrifices of fat and blood, declares the Sovereign Lord. ¹⁶ They alone are to enter my sanctuary; they alone are to come near my table to minister before me and perform my service.

¹⁷ " 'When they enter the gates of the inner court, they are to wear linen clothes; they must not wear any woolen garment while ministering at the gates of the inner court or inside the temple. ¹⁸ They are to wear linen turbans on their heads and linen undergarments around their waists. They must not wear anything that makes them perspire. ¹⁹ When they go out into the outer court where the people are, they are to take off the clothes they have been ministering in and are to leave them in the sacred rooms, and put on other clothes, so that they do not consecrate the people by means of their garments.

²⁰ " 'They must not shave their heads or let their hair grow long, but they are to keep the hair of their heads trimmed. ²¹ No priest is to drink wine when he enters the inner court. ²² They must not marry widows or divorced women; they may marry only virgins of Israelite descent or widows of priests. ²³ They are to teach my people the difference between the holy and the common and show them how to distinguish between the unclean and the clean.

²⁴ " 'In any dispute, the priests are to serve as judges and decide it according to my ordinances. They are to keep my laws and my decrees for all my appointed feasts, and they are to keep my Sabbaths holy.

ª44.11 Isto é, sacrifícios totalmente queimados.

25 "O sacerdote não se contaminará por aproximar-se do cadáver de alguém; no entanto, ele poderá contaminar-se se o morto for seu pai, sua mãe, seu filho, sua filha, seu irmão ou sua irmã, desde que esta não tenha marido. **26** Depois de se purificar, esperará sete dias. **27** No dia em que entrar no pátio interno do santuário para ministrar ali, o sacerdote oferecerá em favor de si mesmo uma oferta pelo pecado. Palavra do Soberano, o SENHOR.

28 "Eu serei a única herança dada aos sacerdotes. Vocês não lhes darão propriedade alguma em Israel; eu serei a sua herança. **29** Eles comerão as ofertas de cereal, as ofertas pelo pecado e as ofertas pela culpa; e tudo o que em Israel for consagrado ao SENHOR será deles. **30** O melhor de todos os primeiros frutos e de todas as contribuições que vocês fizerem pertencerá aos sacerdotes. Vocês darão a eles a primeira porção de sua refeição de cereal moído, para que haja bênçãos sobre as suas casas. **31** Os sacerdotes não comerão a carne de aves ou de animais encontrados mortos ou despedaçados por animais selvagens.

A Divisão da Terra

45 "Quando vocês distribuírem a terra como herança, apresentem ao SENHOR como distrito sagrado uma porção da terra, com doze quilômetros e meio[a] de comprimento e dez quilômetros[b] de largura; toda essa área será santa. **2** Desse terreno, uma área quadrada de duzentos e cinqüenta metros de lado servirá para o santuário, com vinte e cinco me-tros ao redor para terreno aberto. **3** No distrito sagrado, separe um pedaço de doze quilômetros e meio de comprimento e cinco quilômetros de largura. Nele estará o santuário, o Lugar Santíssimo. **4** Essa será a porção sagrada da terra para os sacerdotes, os quais ministrarão no santuário e se aproximarão para ministrar diante do SENHOR. Esse será um lugar para as suas casas, bem como um lugar santo para o santuário. **5** Uma área de doze quilômetros e meio de comprimento e cinco quilômetros de largura pertencerá aos levitas, os quais servirão no templo; essa será a propriedade deles para ali viverem.

6 "Como propriedade da cidade, vocês darão uma área de dois quilômetros e meio de largura e doze quilômetros e meio de comprimento, adjacente à porção sagrada; ela pertencerá a toda a nação de Israel.

7 "O príncipe possuirá a terra que fica dos dois lados da área formada pelo distrito sagrado e pela propriedade da cidade. Ela se estenderá, no lado oeste, em direção a oeste e, no lado leste, em direção a leste, indo desde a fronteira ocidental até a fronteira oriental que é paralela a uma das porções tribais. **8** Essa terra será sua propriedade em Israel. E os meus príncipes não oprimirão mais o meu povo, mas permitirão que a nação de Israel possua a terra de acordo com as suas tribos.

9 "Assim diz o Soberano, o SENHOR: Vocês já foram longe demais, ó príncipes de Israel! Abandonem a violência e a opressão e façam o que é justo e direito. Parem de apossar-se do que é do meu povo. Palavra do Soberano, o SENHOR. **10** Usem balanças honestas, arroba[d] honesta e pote[e] honesto. **11** A arroba e o pote devem ser iguais, o pote terá um décimo de um barril; o barril deve ser a medida padrão para os dois. **12** O peso padrão deve consistir de doze gramas. Vinte pesos, mais vinte e cinco pesos, mais quinze pesos equivalem a setecentos e vinte gramas[h].

25 " 'A priest must not defile himself by going near a dead person; however, if the dead person was his father or mother, son or daughter, brother or unmarried sister, then he may defile himself. **26** After he is cleansed, he must wait seven days. **27** On the day he goes into the inner court of the sanctuary to minister in the sanctuary, he is to offer a sin offering for himself, declares the Sovereign LORD.

28 " 'I am to be the only inheritance the priests have. You are to give them no possession in Israel; I will be their possession. **29** They will eat the grain offerings, the sin offerings and the guilt offerings; and everything in Israel devoted[a] to the LORD will belong to them. **30** The best of all the firstfruits and of all your special gifts will belong to the priests. You are to give them the first portion of your ground meal so that a blessing may rest on your household. **31** The priests must not eat anything, bird or animal, found dead or torn by wild animals.

Division of the Land

45 " 'When you allot the land as an inheritance, you are to present to the LORD a portion of the land as a sacred district, 25,000 cubits long and 20,000[b] cubits wide; the entire area will be holy. **2** Of this, a section 500 cubits square is to be for the sanctuary, with 50 cubits around it for open land. **3** In the sacred district, measure off a section 25,000 cubits[c] long and 10,000 cubits[d] wide. In it will be the sanctuary, the Most Holy Place. **4** It will be the sacred portion of the land for the priests, who minister in the sanctuary and who draw near to minister before the LORD. It will be a place for their houses as well as a holy place for the sanctuary. **5** An area 25,000 cubits long and 10,000 cubits wide will belong to the Levites, who serve in the temple, as their possession for towns to live in.[e]

6 " 'You are to give the city as its property an area 5,000 cubits wide and 25,000 cubits long, adjoining the sacred portion; it will belong to the whole house of Israel.

7 " 'The prince will have the land bordering each side of the area formed by the sacred district and the property of the city. It will extend westward from the west side and eastward from the east side, running lengthwise from the western to the eastern border parallel to one of the tribal portions. **8** This land will be his possession in Israel. And my princes will no longer oppress my people but will allow the house of Israel to possess the land according to their tribes.

9 " 'This is what the Sovereign LORD says: You have gone far enough, O princes of Israel! Give up your violence and oppression and do what is just and right. Stop dispossessing my people, declares the Sovereign LORD. **10** You are to use accurate scales, an accurate ephah[f] and an accurate bath.[g] **11** The ephah and the bath are to be the same size, the bath containing a tenth of a homer[h] and the ephah a tenth of a homer; the homer is to be the standard measure for both. **12** The shekel[i] is to consist of twenty gerahs. Twenty shekels plus twenty-five shekels plus fifteen shekels equal one mina.[j]

---

[a]45.1 Hebraico: 25.000 côvados. O côvado longo era uma medida linear de cerca de meio metro. [b]45.1 Conforme a Septuaginta. O Texto Massorético diz *10.000 côvados (5.000 quilômetros)*. [c]45.5 Conforme a Septuaginta. O Texto Massorético diz *templo; eles terão como propriedade 20 quartos*. [d]45.10 Hebraico: *efa*. O efa era uma unidade de medida de capacidade para secos. As estimativas variam entre 20 e 40 litros. [e]45.10 Hebraico: *bato*. O bato era uma medida de capacidade. As estimativas variam entre 20 e 40 litros. [f]45.11 Hebraico: *hômer*. O hômer era uma medida de capacidade para secos. As estimativas variam entre 200 e 400 litros; também nos versículos 13 e 14. [g]45.12 Hebraico: *siclo*. [h]45.12 Hebraico: *1 mina*. Isto é, 60 siclos. A mina comum pesava 50 siclos ou 600 gramas.

[a]44:29 The Hebrew term refers to the irrevocable giving over of things or persons to the LORD. [b]45:1 Septuagint (see also verses 3 and 5 and 48:9); Hebrew *10,000* [c]45:3 That is, about 7 miles (about 12 kilometers) [d]45:3 That is, about 3 miles (about 5 kilometers) [e]45:5 Septuagint; Hebrew *temple; they will have as their possession 20 rooms* [f]45:10 An ephah was a dry measure. [g]45:10 A bath was a liquid measure. [h]45:11 A homer was a dry measure. [i]45:12 A shekel weighed about 2/5 ounce (about 11.5 grams). [j]45:12 That is, 60 shekels; the common mina was 50 shekels.

Ofertas e Dias Sagrados

¹³ "Esta é a oferta sagrada que vocês apresentarão: um sexto de uma arroba de cada barril de trigo e um sexto de uma arroba de cada barril de cevada. ¹⁴ A porção prescrita de azeite, medida pelo pote, é de um décimo de pote de cada tonel, que consiste de dez potes ou um barril, pois dez potes equivalem a um barril. ¹⁵ Também se deve tomar uma ovelha de cada rebanho de duzentas ovelhas das pastagens bem regadas de Israel. Tudo será usado para as ofertas de cereal, os holocaustosᵃ e as ofertas de comunhãoᵇ, para fazer propiciação pelo povo. Palavra do Soberano, o SENHOR. ¹⁶ Todo o povo da terra participará nessa oferta sagrada para o uso do príncipe de Israel. ¹⁷ Será dever do príncipe fornecer os holocaustos, as ofertas de cereal e as ofertas derramadas, nas festas, nas luas novas e nos sábados, em todas as festas fixas da nação de Israel. Ele fornecerá as ofertas pelo pecado, as ofertas de cereal, os holocaustos e as ofertas de comunhão para fazer propiciação em favor da nação de Israel.

¹⁸ "Assim diz o Soberano, o SENHOR: No primeiro dia do primeiro mês você apanhará um novilho sem defeito e purificará o santuário. ¹⁹ O sacerdote apanhará um pouco do sangue da oferta pelo pecado e o colocará nos batentes do templo, nos quatro cantos da saliência superior do altar e nos batentes do pátio interno. ²⁰ Você fará o mesmo no sétimo dia do mês, em favor de qualquer pessoa que pecar sem intenção ou por ignorância; assim vocês deverão fazer propiciação em favor do templo.

²¹ "No décimo quarto dia do primeiro mês vocês observarão a Páscoa, festa de sete dias, na qual vocês comerão pão sem fermento. ²² Naquele dia o príncipe fornecerá um novilho em favor de si mesmo e de todo o povo da terra como oferta pelo pecado. ²³ Diariamente, durante os sete dias da festa, ele fornecerá sete novilhos e sete carneiros sem defeito como holocaustos ao SENHOR, e um bode como oferta pelo pecado. ²⁴ Ele fornecerá como oferta de cereal uma arroba para cada novilho e uma arroba para cada carneiro, junto com um galãoᶜ de azeite para cada arroba.

²⁵ "Durante os sete dias da festa, que começa no décimo quinto dia do sétimo mês, ele trará as mesmas dádivas para as ofertas pelo pecado, os holocaustos, e as ofertas de cereal e azeite.

46 "Assim diz o Soberano, o SENHOR: A porta do pátio interno que dá para o leste ficará trancada nos seis dias úteis, mas no sábado e no dia da lua nova será aberta. ² O príncipe, vindo do pátio externo, entrará pelo pórtico da entrada e ficará junto ao batente. Enquanto isso, os sacerdotes sacrificarão os holocaustosᵈ e as ofertas de comunhãoᵉ dele. Ele adorará o SENHOR na soleira da entrada e depois sairá, mas a porta não será fechada até a tarde. ³ Nos sábados e nas luas novas o povo da terra adorará o SENHOR junto à entrada que leva à porta. ⁴ O holocausto que o príncipe trouxer ao SENHOR no dia de sábado deverá ser de seis cordeiros e um carneiro, todos sem defeito. ⁵ A oferta de cereal dada junto com o carneiro será de uma arrobaᶠ, e a oferta de cereal com os cordeiros será de quanto ele quiser dar, mais um galão de azeite para cada arroba de cereal. ⁶ No dia da lua nova ele oferecerá um novilho, seis cordeiros e um carneiro, todos sem defeito. ⁷ Como oferta de cereal ele fornecerá uma arroba com o novilho, uma arroba com o carneiro, e com os cordeiros, quanto ele quiser dar, mais um galão de

Offerings and Holy Days

¹³ " 'This is the special gift you are to offer: a sixth of an ephah from each homer of wheat and a sixth of an ephah from each homer of barley. ¹⁴ The prescribed portion of oil, measured by the bath, is a tenth of a bath from each cor (which consists of ten baths or one homer, for ten baths are equivalent to a homer). ¹⁵ Also one sheep is to be taken from every flock of two hundred from the well-watered pastures of Israel. These will be used for the grain offerings, burnt offerings and fellowship offeringsᵃ to make atonement for the people, declares the Sovereign LORD. ¹⁶ All the people of the land will participate in this special gift for the use of the prince in Israel. ¹⁷ It will be the duty of the prince to provide the burnt offerings, grain offerings and drink offerings at the festivals, the New Moons and the Sabbaths—at all the appointed feasts of the house of Israel. He will provide the sin offerings, grain offerings, burnt offerings and fellowship offerings to make atonement for the house of Israel.

¹⁸ " 'This is what the Sovereign LORD says: In the first month on the first day you are to take a young bull without defect and purify the sanctuary. ¹⁹ The priest is to take some of the blood of the sin offering and put it on the doorposts of the temple, on the four corners of the upper ledge of the altar and on the gateposts of the inner court. ²⁰ You are to do the same on the seventh day of the month for anyone who sins unintentionally or through ignorance; so you are to make atonement for the temple.

²¹ " 'In the first month on the fourteenth day you are to observe the Passover, a feast lasting seven days, during which you shall eat bread made without yeast. ²² On that day the prince is to provide a bull as a sin offering for himself and for all the people of the land. ²³ Every day during the seven days of the Feast he is to provide seven bulls and seven rams without defect as a burnt offering to the LORD, and a male goat for a sin offering. ²⁴ He is to provide as a grain offering an ephah for each bull and an ephah for each ram, along with a hinᵇ of oil for each ephah.

²⁵ " 'During the seven days of the Feast, which begins in the seventh month on the fifteenth day, he is to make the same provision for sin offerings, burnt offerings, grain offerings and oil.

46 " 'This is what the Sovereign LORD says: The gate of the inner court facing east is to be shut on the six working days, but on the Sabbath day and on the day of the New Moon it is to be opened. ² The prince is to enter from the outside through the portico of the gateway and stand by the gatepost. The priests are to sacrifice his burnt offering and his fellowship offerings.ᶜ He is to worship at the threshold of the gateway and then go out, but the gate will not be shut until evening. ³ On the Sabbaths and New Moons the people of the land are to worship in the presence of the LORD at the entrance to that gateway. ⁴ The burnt offering the prince brings to the LORD on the Sabbath day is to be six male lambs and a ram, all without defect. ⁵ The grain offering given with the ram is to be an ephah,ᵈ and the grain offering with the lambs is to be as much as he pleases, along with a hinᵉ of oil for each ephah. ⁶ On the day of the New Moon he is to offer a young bull, six lambs and a ram, all without defect. ⁷ He is to provide as a grain offering one ephah with the bull, one ephah with the ram, and with the lambs as much as he wants to give, along with a hin of

ᵃ45.15 Isto é, sacrifícios totalmente queimados; também nos versículos 17, 23 e 25. ᵇ45.15 Ou de paz; também no versículo 17. ᶜ45.24 Hebraico: 1 him. O him era uma medida de capacidade para líquidos. As estimativas variam entre 3 e 6 litros; também em 46.5. ᵈ46.2 Isto é, sacrifícios totalmente queimados; também nos versículos 4, 12, 13 e 15. ᵉ46.2 Ou de paz; também no versículo 12. ᶠ46.5 Hebraico: 1 efa. O efa era uma medida de capacidade para secos. As estimativas variam entre 20 e 40 litros.

ᵃ45:15 Traditionally peace offerings; also in verse 17 ᵇ45:24 That is, probably about 4 quarts (about 4 liters) ᶜ46:2 Traditionally peace offerings; also in verse 12 ᵈ46:5 That is, probably about 3/5 bushel (about 22 liters) ᵉ46:5 That is, probably about 4 quarts (about 4 liters)

azeite para cada arroba de cereal. **8** Quando o príncipe entrar, ele o fará pelo pórtico da entrada, e sairá pelo mesmo caminho.

9 "Quando o povo da terra vier perante o Senhor nas festas fixas, todo aquele que entrar pela porta norte para adorá-lo sairá pela porta sul, e todo aquele que entrar pela porta sul sairá pela porta norte. Ninguém voltará pela porta pela qual entrou, mas todos sairão pela porta oposta. **10** O príncipe deverá estar no meio deles, entrando quando eles entrarem e saindo quando eles saírem.

11 "Nas festas, inclusive as fixas, a oferta de cereal será de uma arroba com um novilho, uma arroba com um carneiro, e com os cordeiros, quanto ele quiser dar, mais um galão de azeite para cada arroba. **12** Quando o príncipe fornecer uma oferta voluntária ao Senhor, seja holocausto seja oferta de comunhão, a porta que dá para o leste será aberta para ele. Ele oferecerá seu holocausto ou suas ofertas de comunhão como o faz no dia de sábado. Então ele sairá e, depois de ter saído, a porta será trancada.

13 "Diariamente vocês fornecerão um cordeiro de um ano sem defeito como holocausto ao Senhor; manhã após manhã vocês o trarão. **14** Com ele vocês também trarão, manhã após manhã, uma oferta de cereal, de um sexto de arroba e um terço de galão de azeite para umedecer a farinha. A apresentação dessa oferta de cereal será feita em obediência a um decreto perpétuo. **15** Assim o cordeiro, a oferta de cereal e o azeite serão trazidos manhã após manhã para o holocausto que será apresentado regularmente.

16 "Assim diz o Soberano, o Senhor: Se da sua herança o príncipe fizer um presente a um de seus filhos, este pertencerá também aos seus descendentes; será propriedade deles por herança. **17** Se, porém, da sua herança ele fizer um presente a um dos seus escravos, o escravo poderá mantê-lo consigo até o ano da liberdade; então o presente voltará para o príncipe. Sua herança pertence unicamente a seus filhos; deles será. **18** O príncipe não tomará coisa alguma da herança do povo, expulsando os herdeiros de sua propriedade. Dará a seus filhos a herança daquilo que é sua própria propriedade, para que ninguém do meu povo seja separado de sua propriedade".

19 Depois o homem me levou, pela entrada existente ao lado da porta, até os quartos sagrados que davam para o norte, os quais pertenciam aos sacerdotes, e mostrou-me um local no lado oeste. **20** Ele me disse: "Este é o lugar onde os sacerdotes cozinharão a oferta pela culpa e a oferta pelo pecado, e assarão a oferta de cereal, para levá-las ao pátio externo e consagrar o povo".

21 Ele então me levou para o pátio externo e me fez passar por seus quatro cantos, e em cada canto vi um pátio. **22** Eram pátios fechados, com vinte metros de comprimento e quinze metros de largura; os pátios dos quatro cantos tinham a mesma medida. **23** Em volta de cada um dos quatro pátios, pelo lado de dentro, havia uma saliência de pedra, com lugares para fogo construídos em toda a sua volta debaixo da saliência. **24** Ele me disse: "Estas são as cozinhas onde aqueles que ministram no templo cozinharão os sacrifícios do povo".

As Águas que Saíam do Templo

47 O homem levou-me de volta à entrada do templo, e vi água saindo de debaixo da soleira do templo e indo para o leste, pois o templo estava voltado para o oriente. A água descia de debaixo do lado sul do templo, ao sul do altar. **2** Ele então me levou para fora, pela porta norte, e conduziu-me pelo lado de fora até a porta externa que dá para o leste, e a água fluía do lado sul.

oil with each ephah. **8** When the prince enters, he is to go in through the portico of the gateway, and he is to come out the same way.

9 " 'When the people of the land come before the Lord at the appointed feasts, whoever enters by the north gate to worship is to go out the south gate; and whoever enters by the south gate is to go out the north gate. No one is to return through the gate by which he entered, but each is to go out the opposite gate. **10** The prince is to be among them, going in when they go in and going out when they go out.

11 " 'At the festivals and the appointed feasts, the grain offering is to be an ephah with a bull, an ephah with a ram, and with the lambs as much as one pleases, along with a hin of oil for each ephah. **12** When the prince provides a freewill offering to the Lord—whether a burnt offering or fellowship offerings—the gate facing east is to be opened for him. He shall offer his burnt offering or his fellowship offerings as he does on the Sabbath day. Then he shall go out, and after he has gone out, the gate will be shut.

13 " 'Every day you are to provide a year-old lamb without defect for a burnt offering to the Lord; morning by morning you shall provide it. **14** You are also to provide with it morning by morning a grain offering, consisting of a sixth of an ephah with a third of a hin of oil to moisten the flour. The presenting of this grain offering to the Lord is a lasting ordinance. **15** So the lamb and the grain offering and the oil shall be provided morning by morning for a regular burnt offering.

16 " 'This is what the Sovereign Lord says: If the prince makes a gift from his inheritance to one of his sons, it will also belong to his descendants; it is to be their property by inheritance. **17** If, however, he makes a gift from his inheritance to one of his servants, the servant may keep it until the year of freedom; then it will revert to the prince. His inheritance belongs to his sons only; it is theirs. **18** The prince must not take any of the inheritance of the people, driving them off their property. He is to give his sons their inheritance out of his own property, so that none of my people will be separated from his property.' "

19 Then the man brought me through the entrance at the side of the gate to the sacred rooms facing north, which belonged to the priests, and showed me a place at the western end. **20** He said to me, "This is the place where the priests will cook the guilt offering and the sin offering and bake the grain offering, to avoid bringing them into the outer court and consecrating the people."

21 He then brought me to the outer court and led me around to its four corners, and I saw in each corner another court. **22** In the four corners of the outer court were enclosed[a] courts, forty cubits long and thirty cubits wide; each of the courts in the four corners was the same size. **23** Around the inside of each of the four courts was a ledge of stone, with places for fire built all around under the ledge. **24** He said to me, "These are the kitchens where those who minister at the temple will cook the sacrifices of the people."

The River From the Temple

47 The man brought me back to the entrance of the temple, and I saw water coming out from under the threshold of the temple toward the east (for the temple faced east). The water was coming down from under the south side of the temple, south of the altar. **2** He then brought me out through the north gate and led me around the outside to the outer gate facing east, and the water was flowing from the south side.

a 46:22 The meaning of the Hebrew for this word is uncertain.

3 O homem foi para o lado leste com uma linha de medir na mão e, enquanto ia, mediu quinhentos metros[a] e levou-me pela água, que batia no tornozelo. **4** Ele mediu mais quinhentos metros e levou-me pela água, que chegava ao joelho. Mediu mais quinhentos e levou-me pela água, que batia na cintura. **5** Mediu mais quinhentos, mas agora era um rio que eu não conseguia atravessar, porque a água havia aumentado e era tão profunda que só se podia atravessar a nado; era um rio que não se podia atravessar andando. **6** Ele me perguntou: "Filho do homem, você vê isto?"

Levou-me então de volta à margem do rio. **7** Quando ali cheguei, vi muitas árvores em cada lado do rio. **8** Ele me disse: "Esta água flui na direção da região situada a leste e desce até a Arabá[b], onde entra no Mar[c]. Quando deságua no Mar, a água ali é saneada. **9** Por onde passar o rio haverá todo tipo de animais e de peixes. Porque essa água flui para lá e saneia a água salgada; de modo que onde o rio fluir tudo viverá. **10** Pescadores estarão ao longo do litoral; de En-Gedi até En-Eglaim haverá locais próprios para estender as redes. Os peixes serão de muitos tipos, como os peixes do mar Grande[d]. **11** Mas os charcos e os pântanos não ficarão saneados; serão deixados para o sal. **12** Árvores frutíferas de toda espécie crescerão em ambas as margens do rio. Suas folhas não murcharão e os seus frutos não cairão. Todo mês produzirão, porque a água vinda do santuário chega a elas. Seus frutos servirão de comida, e suas folhas de remédio".

As Fronteiras da Terra

13 Assim diz o Soberano, o Senhor: "Estas são as fronteiras pelas quais vocês devem dividir a terra como herança entre as doze tribos de Israel, com duas porções para José. **14** Vocês a dividirão igualmente entre elas. Visto que eu jurei de mão erguida que a daria aos seus antepassados, esta terra se tornará herança de vocês.

15 "Esta é a fronteira da terra:

"No lado norte ela irá desde o mar Grande, indo pela estrada de Hetlom, passando por Lebo-Hamate até Zedade, **16** Berota[e] e Sibraim, que fica na fronteira entre Damasco e Hamate, e indo até Hazer-Haticom, que fica na extremidade de Haurã. **17** A fronteira se estenderá desde o Mar até Hazar-Enã, ao longo da fronteira norte de Damasco, com a fronteira de Hamate ao norte. Essa será a fronteira norte.

18 "No lado leste a fronteira irá entre Haurã e Damasco, ao longo do Jordão entre Gileade e a terra de Israel, até o mar oriental, prosseguindo até Tamar.[f] Essa será a fronteira leste.

19 "No lado sul ela irá desde Tamar até as águas de Meribá-Cades, prosseguindo então ao longo do ribeiro do Egito até o mar Grande. Essa será a fronteira sul.

20 "No lado oeste, o mar Grande será a fronteira até defronte de Lebo-Hamate. Essa será a fronteira oeste.

21 "Distribuam essa terra entre vocês de acordo com as tribos de Israel. **22** Vocês a distribuirão como herança para vocês mesmos e para os estrangeiros residentes no meio de vocês e que tenham filhos. Vocês os considerarão como israelitas de nascimento; junto com vocês, a eles deverá ser designada uma herança entre as tribos de Israel. **23** Qualquer que seja a tribo na qual o estrangeiro se instale, ali vocês lhe darão a herança que lhe cabe". Palavra do Soberano, o Senhor.

3 As the man went eastward with a measuring line in his hand, he measured off a thousand cubits[a] and then led me through water that was ankle-deep. **4** He measured off another thousand cubits and led me through water that was knee-deep. He measured off another thousand and led me through water that was up to the waist. **5** He measured off another thousand, but now it was a river that I could not cross, because the water had risen and was deep enough to swim in—a river that no one could cross. **6** He asked me, "Son of man, do you see this?"

Then he led me back to the bank of the river. **7** When I arrived there, I saw a great number of trees on each side of the river. **8** He said to me, "This water flows toward the eastern region and goes down into the Arabah,[b] where it enters the Sea.[c] When it empties into the Sea,[d] the water there becomes fresh. **9** Swarms of living creatures will live wherever the river flows. There will be large numbers of fish, because this water flows there and makes the salt water fresh; so where the river flows everything will live. **10** Fishermen will stand along the shore; from En Gedi to En Eglaim there will be places for spreading nets. The fish will be of many kinds—like the fish of the Great Sea.[e] **11** But the swamps and marshes will not become fresh; they will be left for salt. **12** Fruit trees of all kinds will grow on both banks of the river. Their leaves will not wither, nor will their fruit fail. Every month they will bear, because the water from the sanctuary flows to them. Their fruit will serve for food and their leaves for healing."

The Boundaries of the Land

13 This is what the Sovereign Lord says: "These are the boundaries by which you are to divide the land for an inheritance among the twelve tribes of Israel, with two portions for Joseph. **14** You are to divide it equally among them. Because I swore with uplifted hand to give it to your forefathers, this land will become your inheritance.

15 "This is to be the boundary of the land:

"On the north side it will run from the Great Sea by the Hethlon road past Lebo[f] Hamath to Zedad, **16** Berothah[g] and Sibraim (which lies on the border between Damascus and Hamath), as far as Hazer Hatticon, which is on the border of Hauran. **17** The boundary will extend from the sea to Hazar Enan,[h] along the northern border of Damascus, with the border of Hamath to the north. This will be the north boundary.

18 "On the east side the boundary will run between Hauran and Damascus, along the Jordan between Gilead and the land of Israel, to the eastern sea and as far as Tamar.[i] This will be the east boundary.

19 "On the south side it will run from Tamar as far as the waters of Meribah Kadesh, then along the Wadi ⌐of Egypt⌐ to the Great Sea. This will be the south boundary.

20 "On the west side, the Great Sea will be the boundary to a point opposite Lebo[j] Hamath. This will be the west boundary.

21 "You are to distribute this land among yourselves according to the tribes of Israel. **22** You are to allot it as an inheritance for yourselves and for the aliens who have settled among you and who have children. You are to consider them as native-born Israelites; along with you they are to be allotted an inheritance among the tribes of Israel. **23** In whatever tribe the alien settles, there you are to give him his inheritance," declares the Sovereign Lord.

[a]47.3 Hebraico: *1.000 côvados*; também nos versículos 4 e 5. [b]47.8 Ou *até o vale do Jordão* [c]47.8 Isto é, o mar Morto; também no versículo 17. [d]47.10 Isto é, o mar Mediterrâneo; também nos versículos 15, 19, 20 e em 48.28. [e]47.15,16 Com base na Septuaginta e em Ezequiel 48.1. O Texto Massorético diz *estrada de Hetlom que entra em Zedade*, [16]*Hamate, Berota.* [f]47.18 Conforme a Septuaginta e a Versão Siríaca. O Texto Massorético diz *Israel. Vocês medirão até o mar oriental.*

[a]47:3 That is, about 1,500 feet (about 450 meters) [b]47:8 Or *the Jordan Valley* [c]47:8 That is, the Dead Sea [d]47:8 That is, the Dead Sea [e]47:10 That is, the Mediterranean; also in verses 15, 19 and 20 [f]47:15 Or *past the entrance to* [g]47:15,16 See Septuaigint and Ezekiel 48:1; Hebrew *road to go into Zedad*, [16] *Hamath, Berothah* [h]47:17 Hebrew *Enon*, a variant of *Enan* [i]47:18 Septuagint and Syriac; Hebrew *Israel. You will measure to the eastern sea* [j]47:20 Or *opposite the entrance to*

A Divisão da Terra

48 "Estas são as tribos, relacionadas nominalmente: na fronteira norte, Dã terá uma porção; ela seguirá a estrada de Hetlom até Lebo-Hamate; Hazar-Enã e a fronteira norte, vizinha a Damasco, próxima de Hamate farão parte dos seus limites, desde o lado leste até o lado oeste.

² "Aser terá uma porção; esta margeará o território de Dã do leste ao oeste.

³ "Naftali terá uma porção; esta margeará o território de Aser do leste ao oeste.

⁴ "Manassés terá uma porção; esta margeará o território de Naftali do leste ao oeste.

⁵ "Efraim terá uma porção; esta margeará o território de Manassés do leste ao oeste.

⁶ "Rúben terá uma porção; esta margeará o território de Efraim do leste ao oeste.

⁷ "Judá terá uma porção; esta margeará o território de Rúben do leste ao oeste.

⁸ "Margeando o território de Judá do leste ao oeste, estará a porção que vocês apresentarão como dádiva sagrada. Terá doze quilômetros e meioª de largura, e o seu comprimento, do leste ao oeste, equivalerá a uma das porções tribais; o santuário estará no centro dela.

⁹ "A porção sagrada que vocês devem oferecer ao Senhor terá doze quilômetros e meio de comprimento e cinco quilômetros de largura. ¹⁰ Esta será a porção sagrada para os sacerdotes. Terá doze quilômetros e meio de comprimento no lado norte, cinco quilômetros de largura no lado ocidental, cinco quilômetros de largura no lado oriental e doze quilômetros e meio de comprimento no lado sul. No centro dela estará o santuário do Senhor. ¹¹ Pertencerá aos sacerdotes consagrados, os zadoquitas, que foram fiéis em me servir e não se desviaram como fizeram os levitas quando os israelitas se desviaram. ¹² Será um presente especial para eles da porção sagrada da terra, uma porção santíssima, margeando o território dos levitas.

¹³ "Ao longo do território dos sacerdotes, os levitas terão uma área de doze quilômetros e meio de comprimento e cinco quilômetros de largura. Seu comprimento total medirá doze quilômetros e meio, e sua largura cinco quilômetros. ¹⁴ Eles não a venderão nem trocarão parte alguma dela. Essa área é a melhor de todo o território, e não poderá passar para outras mãos, porque é santa para o Senhor.

¹⁵ "A área restante, dois quilômetros e meio de largura e doze quilômetros e meio de comprimento, será para o uso comum da cidade, para casas e para pastagens. A cidade será o centro dela ¹⁶ e terá estas medidas: o lado norte, dois mil e duzentos e cinqüenta metros, o lado sul, dois mil e duzentos e cinqüenta metros, o lado leste, dois mil e duzentos e cinqüenta metros e o lado oeste, dois mil e duzentos e cinqüenta metros. ¹⁷ A cidade terá uma área livre de cento e vinte e cinco metros ao norte, cento e vinte e cinco metros ao sul, cento e vinte e cinco metros a leste e cento e vinte e cinco metros a oeste, que servirá para pasto. ¹⁸ O restante da área, ao longo da porção sagrada , será de cinco quilômetros no lado leste e cinco quilômetros no lado oeste. Suas colheitas fornecerão comida para os trabalhadores da cidade. ¹⁹ Estes poderão vir de todas as tribos de Israel. ²⁰ A porção toda, incluindo a cidade, será um quadrado, com doze quilômetros e meio de cada lado. É uma dádiva sagrada, que como tal vocês reservarão.

²¹ "As terras que restarem em ambos os lados da área formada pela porção sagrada e pela cidade pertencerão ao príncipe. Elas se estenderão para o leste a partir dos doze quilômetros e meio da porção sagrada até a fronteira leste, e para o oeste a partir dos doze quilômetros e meio até a fronteira oeste. Essas duas áreas, paralelas ao comprimento das porções das tribos, pertencerão ao príncipe, e a porção sagrada, inclu-

The Division of the Land

48 "These are the tribes, listed by name: At the northern frontier, Dan will have one portion; it will follow the Hethlon road to Leboª Hamath; Hazar Enan and the northern border of Damascus next to Hamath will be part of its border from the east side to the west side.

² "Asher will have one portion; it will border the territory of Dan from east to west.

³ "Naphtali will have one portion; it will border the territory of Asher from east to west.

⁴ "Manasseh will have one portion; it will border the territory of Naphtali from east to west.

⁵ "Ephraim will have one portion; it will border the territory of Manasseh from east to west.

⁶ "Reuben will have one portion; it will border the territory of Ephraim from east to west.

⁷ "Judah will have one portion; it will border the territory of Reuben from east to west.

⁸ "Bordering the territory of Judah from east to west will be the portion you are to present as a special gift. It will be 25,000 cubitsᵇ wide, and its length from east to west will equal one of the tribal portions; the sanctuary will be in the center of it.

⁹ "The special portion you are to offer to the LORD will be 25,000 cubits long and 10,000 cubitsᶜ wide. ¹⁰ This will be the sacred portion for the priests. It will be 25,000 cubits long on the north side, 10,000 cubits wide on the west side, 10,000 cubits wide on the east side and 25,000 cubits long on the south side. In the center of it will be the sanctuary of the LORD. ¹¹ This will be for the consecrated priests, the Zadokites, who were faithful in serving me and did not go astray as the Levites did when the Israelites went astray. ¹² It will be a special gift to them from the sacred portion of the land, a most holy portion, bordering the territory of the Levites.

¹³ "Alongside the territory of the priests, the Levites will have an allotment 25,000 cubits long and 10,000 cubits wide. Its total length will be 25,000 cubits and its width 10,000 cubits. ¹⁴ They must not sell or exchange any of it. This is the best of the land and must not pass into other hands, because it is holy to the LORD.

¹⁵ "The remaining area, 5,000 cubits wide and 25,000 cubits long, will be for the common use of the city, for houses and for pastureland. The city will be in the center of it ¹⁶ and will have these measurements: the north side 4,500 cubits, the south side 4,500 cubits, the east side 4,500 cubits, and the west side 4,500 cubits. ¹⁷ The pastureland for the city will be 250 cubits on the north, 250 cubits on the south, 250 cubits on the east, and 250 cubits on the west. ¹⁸ What remains of the area, bordering on the sacred portion and running the length of it, will be 10,000 cubits on the east side and 10,000 cubits on the west side. Its produce will supply food for the workers of the city. ¹⁹ The workers from the city who farm it will come from all the tribes of Israel. ²⁰ The entire portion will be a square, 25,000 cubits on each side. As a special gift you will set aside the sacred portion, along with the property of the city.

²¹ "What remains on both sides of the area formed by the sacred portion and the city property will belong to the prince. It will extend eastward from the 25,000 cubits of the sacred portion to the eastern border, and westward from the 25,000 cubits to the western border. Both these areas running the length of the tribal portions will belong to the prince, and the

---

ª48.8 Hebraico: *25.000 côva*dos. O côvado longo era uma medida linear de cerca de meio metro.

ª48:1 Or *to the entrance to* ᵇ48:8 That is, about 7 miles (about 12 kilometers) ᶜ48:9 That is, about 3 miles (about 5 kilometers)

sive o santuário do templo, estará no centro delas. **22** Assim a propriedade dos levitas e a propriedade da cidade estarão no centro da área que pertence ao príncipe. A área pertencente ao príncipe estará entre a fronteira de Judá e a fronteira de Benjamim.

23 "Quanto ao restante das tribos: Benjamim terá uma porção; esta se estenderá do lado leste ao lado oeste.

24 "Simeão terá uma porção; esta margeará o território de Benjamim do leste ao oeste.

25 "Issacar terá uma porção; esta margeará o território de Simeão do leste ao oeste.

26 "Zebulom terá uma porção; esta margeará o território de Issacar do leste ao oeste.

27 "Gade terá uma porção; esta margeará o território de Zebulom do leste ao oeste.

28 "A fronteira sul de Gade vai desde Tamar, no sul, até as águas de Meribá-Cades, e depois ao longo do ribeiro do Egito até o mar Grande.

29 "Esta é a terra que vocês distribuirão às tribos de Israel como herança, e serão essas as suas porções. Palavra do Soberano, o Senhor.

As Portas da Cidade

30 "Estas serão as saídas da cidade: Começando pelo lado norte, que tem dois mil e duzentos e cinqüenta metros de comprimento, **31** as portas da cidade receberão os nomes das tribos de Israel. As três portas do lado norte serão a porta de Rúben, a porta de Judá e a porta de Levi.

32 "No lado leste, que tem dois mil e duzentos e cinqüenta metros de comprimento, haverá três portas: a de José, a de Benjamim e a de Dã.

33 "No lado sul, que tem dois mil e duzentos e cinqüenta metros de comprimento, haverá três portas: a de Simeão, a de Issacar e a de Zebulom.

34 "No lado oeste, que tem dois mil e duzentos e cinqüenta metros de comprimento, haverá três portas: a porta de Gade, a de Aser e a de Naftali.

35 "A distância total ao redor será de nove quilômetros.

E daquele momento em diante, o nome da cidade será:

O Senhor ESTÁ AQUI".

Daniel

Daniel na Babilônia

1 No terceiro ano do reinado de Jeoaquim, rei de Judá, Nabucodonosor, rei da Babilônia, veio a Jerusalém e a sitiou. **2** E o Senhor entregou Jeoaquim, rei de Judá, nas suas mãos, e também alguns dos utensílios do templo de Deus. Ele levou os utensílios para o templo do seu deus na terra de Sinear[a] e os colocou na casa do tesouro do seu deus.

3 Depois o rei ordenou a Aspenaz, o chefe dos oficiais da sua corte, que trouxesse alguns dos israelitas da família real e da nobreza; **4** jovens sem defeito físico, de boa aparência, cultos, inteligentes, que dominassem os vários campos do conhecimento e fossem capacitados para servir no palácio do rei. Ele deveria ensinar-lhes a língua e a literatura dos babilônios[b]. **5** De sua própria mesa, o rei designou-lhes uma porção diária de comida e de vinho. Eles receberiam um treinamento durante três anos, e depois disso passariam a servir o rei.

6 Entre esses estavam alguns que vieram de Judá: Daniel, Hananias, Misael e Azarias. **7** O chefe dos oficiais deu-lhes novos nomes: a Daniel deu o nome de Beltessazar; a Hananias, Sadraque; a Misael, Mesaque; e a Azarias, Abede-Nego.

8 Daniel, contudo, decidiu não se tornar impuro com a comida e com o vinho do rei, e pediu ao chefe dos oficiais permissão para se abster deles. **9** E Deus fez com que o homem

---

sacred portion with the temple sanctuary will be in the center of them. **22** So the property of the Levites and the property of the city will lie in the center of the area that belongs to the prince. The area belonging to the prince will lie between the border of Judah and the border of Benjamin.

23 "As for the rest of the tribes: Benjamin will have one portion; it will extend from the east side to the west side.

24 "Simeon will have one portion; it will border the territory of Benjamin from east to west.

25 "Issachar will have one portion; it will border the territory of Simeon from east to west.

26 "Zebulun will have one portion; it will border the territory of Issachar from east to west.

27 "Gad will have one portion; it will border the territory of Zebulun from east to west.

28 "The southern boundary of Gad will run south from Tamar to the waters of Meribah Kadesh, then along the Wadi ⌊of Egypt⌋ to the Great Sea.[a]

29 "This is the land you are to allot as an inheritance to the tribes of Israel, and these will be their portions," declares the Sovereign Lord.

The Gates of the City

30 "These will be the exits of the city: Beginning on the north side, which is 4,500 cubits long, **31** the gates of the city will be named after the tribes of Israel. The three gates on the north side will be the gate of Reuben, the gate of Judah and the gate of Levi.

32 "On the east side, which is 4,500 cubits long, will be three gates: the gate of Joseph, the gate of Benjamin and the gate of Dan.

33 "On the south side, which measures 4,500 cubits, will be three gates: the gate of Simeon, the gate of Issachar and the gate of Zebulun.

34 "On the west side, which is 4,500 cubits long, will be three gates: the gate of Gad, the gate of Asher and the gate of Naphtali.

35 "The distance all around will be 18,000 cubits.

"And the name of the city from that time on will be:

THE LORD IS THERE."

Daniel

Daniel's Training in Babylon

1 In the third year of the reign of Jehoiakim king of Judah, Nebuchadnezzar king of Babylon came to Jerusalem and besieged it. **2** And the Lord delivered Jehoiakim king of Judah into his hand, along with some of the articles from the temple of God. These he carried off to the temple of his god in Babylonia[b] and put in the treasure house of his god.

3 Then the king ordered Ashpenaz, chief of his court officials, to bring in some of the Israelites from the royal family and the nobility— **4** young men without any physical defect, handsome, showing aptitude for every kind of learning, well informed, quick to understand, and qualified to serve in the king's palace. He was to teach them the language and literature of the Babylonians.[c] **5** The king assigned them a daily amount of food and wine from the king's table. They were to be trained for three years, and after that they were to enter the king's service.

6 Among these were some from Judah: Daniel, Hananiah, Mishael and Azariah. **7** The chief official gave them new names: to Daniel, the name Belteshazzar; to Hananiah, Shadrach; to Mishael, Meshach; and to Azariah, Abednego.

8 But Daniel resolved not to defile himself with the royal food and wine, and he asked the chief official for permission not to defile himself t his way. **9** Now God had caused the offi-

---

fosse bondoso para com Daniel e tivesse simpatia por ele. **10** Apesar disso, ele disse a Daniel: "Tenho medo do rei, o meu senhor, que determinou a comida e a bebida de vocês. E se ele os achar menos saudáveis que os outros jovens da mesma idade? O rei poderia pedir a minha cabeça por causa de vocês".

11 Daniel disse então ao homem que o chefe dos oficiais tinha encarregado de cuidar dele e de Hananias, Misael e Azarias: **12** "Peço-lhe que faça uma experiência com os seus servos durante dez dias: Não nos dê nada além de vegetais para comer e água para beber. **13** Depois compare a nossa aparência com a dos jovens que comem a comida do rei, e trate os seus servos de acordo com o que você concluir"; **14** Ele concordou e fez a experiência com eles durante dez dias.

15 Passados os dez dias, eles pareciam mais saudáveis e mais fortes do que todos os jovens que comiam a comida da mesa do rei. **16** Assim, o encarregado tirou a comida especial e o vinho que haviam sido designados e em lugar disso lhes dava vegetais.

17 A esses quatro jovens Deus deu sabedoria e inteligência para conhecerem todos os aspectos da cultura e da ciência. E Daniel, além disso, sabia interpretar todo tipo de visões e sonhos.

18 Ao final do tempo estabelecido pelo rei para que os jovens fossem trazidos à sua presença, o chefe dos oficiais os apresentou a Nabucodonosor. **19** O rei conversou com eles, e não encontrou ninguém comparável a Daniel, Hananias, Misael e Azarias; de modo que eles passaram a servir o rei. **20** O rei lhes fez perguntas sobre todos os assuntos que exigiam sabedoria e conhecimento, e descobriu que eram dez vezes mais sábios do que todos os magos e encantadores de todo o seu reino.

21 Daniel permaneceu ali até o primeiro ano do rei Ciro.

O Sonho de Nabucodonosor

2 No segundo ano de seu reinado, Nabucodonosor teve sonhos; sua mente ficou tão perturbada que ele não conseguia dormir. **2** Por isso o rei convocou os magos, os encantadores, os feiticeiros e os astrólogos[a] para que lhe dissessem o que ele havia sonhado. Quando eles vieram e se apresentaram ao rei, **3** este lhes disse: "Tive um sonho que me perturba e quero saber o que significa[b]".

4 Então os astrólogos responderam em aramaico ao rei:[c] "Ó rei, vive para sempre! Conta o sonho aos teus servos, e nós o interpretaremos".

5 O rei respondeu aos astrólogos: "Esta é a minha decisão: se vocês não me disserem qual foi o meu sonho e não o interpretarem, farei que vocês sejam cortados em pedaços e que as suas casas se tornem montes de entulho. **6** Mas, se me revelarem o sonho e o interpretarem, eu lhes darei presentes, recompensas e grandes honrarias. Portanto, revelem-me o sonho e a sua interpretação".

7 Mas eles tornaram a dizer: "Conte o rei o sonho a seus servos, e nós o interpretaremos".

8 Então o rei respondeu: "Já descobri que vocês estão tentando ganhar tempo, pois sabem da minha decisão. **9** Se não me contarem o sonho, todos vocês receberão a mesma sentença; pois vocês combinaram enganar-me com mentiras, esperando que a situação mudasse. Contem-me o sonho, e saberei que vocês são capazes de interpretá-lo para mim".

10 Os astrólogos responderam ao rei: "Não há homem na terra que possa fazer o que o rei está pedindo! Nenhum rei, por maior e mais poderoso que tenha sido, chegou a pedir uma coisa dessas a nenhum mago, encantador ou astrólogo. **11** O que o rei está pedindo é difícil demais; ninguém pode revelar isso ao rei, senão os deuses, e eles não vivem entre os mortais[d]".

12 Isso deixou o rei tão irritado e furioso que ele ordenou a execução de todos os sábios da Babilônia. **13** E assim foi emitido o decreto para que fossem mortos os sábios; os encarrega-

cial to show favor and sympathy to Daniel, **10** but the official told Daniel, "I am afraid of my lord the king, who has assigned your[a] food and drink. Why should he see you looking worse than the other young men your age? The king would then have my head because of you."

11 Daniel then said to the guard whom the chief official had appointed over Daniel, Hananiah, Mishael and Azariah, **12** "Please test your servants for ten days: Give us nothing but vegetables to eat and water to drink. **13** Then compare our appearance with that of the young men who eat the royal food, and treat your servants in accordance with what you see." **14** So he agreed to this and tested them for ten days.

15 At the end of the ten days they looked healthier and better nourished than any of the young men who ate the royal food. **16** So the guard took away their choice food and the wine they were to drink and gave thém vegetables instead.

17 To these four young men God gave knowledge and understanding of all kinds of literature and learning. And Daniel could understand visions and dreams of all kinds.

18 At the end of the time set by the king to bring them in, the chief official presented them to Nebuchadnezzar. **19** The king talked with them, and he found none equal to Daniel, Hananiah, Mishael and Azariah; so they entered the king's service. **20** In every matter of wisdom and understanding about which the king questioned them, he found them ten times better than all the magicians and enchanters in his whole kingdom.

21 And Daniel remained there until the first year of King Cyrus.

Nebuchadnezzar's Dream

2 In the second year of his reign, Nebuchadnezzar had dreams; his mind was troubled and he could not sleep. **2** So the king summoned the magicians, enchanters, sorcerers and astrologers[b] to tell him what he had dreamed. When they came in and stood before the king, **3** he said to them, "I have had a dream that troubles me and I want to know what it means.[c]"

4 Then the astrologers answered the king in Aramaic,[d] "O king, live forever! Tell your servants the dream, and we will interpret it."

5 The king replied to the astrologers, "This is what I have firmly decided: If you do not tell me what my dream was and interpret it, I will have you cut into pieces and your houses turned into piles of rubble. **6** But if you tell me the dream and explain it, you will receive from me gifts and rewards and great honor. So tell me the dream and interpret it for me."

7 Once more they replied, "Let the king tell his servants the dream, and we will interpret it."

8 Then the king answered, "I am certain that you are trying to gain time, because you realize that this is what I have firmly decided: **9** If you do not tell me the dream, there is just one penalty for you. You have conspired to tell me misleading and wicked things, hoping the situation will change. So then, tell me the dream, and I will know that you can interpret it for me."

10 The astrologers answered the king, "There is not a man on earth who can do what the king asks! No king, however great and mighty, has ever asked such a thing of any magician or enchanter or astrologer. **11** What the king asks is too difficult. No one can reveal it to the king except the gods, and they do not live among men."

12 This made the king so angry and furious that he ordered the execution of all the wise men of Babylon. **13** So the decree was issued to put the wise men to death, and men were sent to

---

a2.2 Ou *caldeus*; também em todo o livro de Daniel. **b**2.3 Ou *o que sonhei* **c**2.4 Daqui até o final do capítulo 7 o texto original está em aramaico. **d**2.11 Aramaico: *com a carne.*

a1:10 The Hebrew for *your* and *you* in this verse is plural. **b**2:2 Or *Chaldeans*; also in verses 4, 5 and 10 **c**2:3 Or *was* **d**2:4 The text from here through chapter 7 is in Aramaic.

dos saíram à procura de Daniel e dos seus amigos, para que também fossem mortos.

14 Arioque, o comandante da guarda do rei, já se preparava para matar os sábios da Babilônia, quando Daniel dirigiu-se a ele com sabedoria e bom senso. **15** Ele perguntou ao oficial do rei: "Por que o rei emitiu um decreto tão severo?" Arioque explicou o motivo a Daniel. **16** Diante disso, Daniel foi pedir ao rei que lhe desse um prazo, e ele daria a interpretação.

17 Daniel voltou para casa, contou o problema aos seus amigos Hananias, Misael e Azarias, **18** e lhes pediu que rogassem ao Deus dos céus que tivesse misericórdia acerca desse mistério, para que ele e seus amigos não fossem executados com os outros sábios da Babilônia. **19** Então o mistério foi revelado a Daniel de noite, numa visão. Daniel louvou o Deus dos céus **20** e disse:

"Louvado seja o nome de Deus
    para todo o sempre;
a sabedoria e o poder a ele pertencem.
21 Ele muda as épocas e as estações;
    destrona reis e os estabelece.
Dá sabedoria aos sábios
e conhecimento aos que
    sabem discernir.
22 Revela coisas profundas e ocultas;
conhece o que jaz nas trevas,
    e a luz habita com ele.
23 Eu te agradeço e te louvo,
    ó Deus dos meus antepassados;
tu me deste sabedoria e poder,
    e me revelaste o que te pedimos,
revelaste-nos o sonho do rei".

Daniel Interpreta o Sonho

24 Então Daniel foi falar com Arioque, a quem o rei tinha designado para executar os sábios da Babilônia, e lhe disse: "Não execute os sábios. Leve-me ao rei, e eu interpretarei para ele o sonho que teve".

25 Imediatamente Arioque levou Daniel ao rei e disse: "Encontrei um homem entre os exilados de Judá que pode dizer ao rei o significado do sonho".

26 O rei perguntou a Daniel, também chamado Beltessazar: "Você é capaz de contar-me o que vi no meu sonho e interpretá-lo?"

27 Daniel respondeu: "Nenhum sábio, encantador, mago ou adivinho é capaz de revelar ao rei o mistério sobre o qual ele perguntou, **28** mas existe um Deus nos céus que revela os mistérios. Ele mostrou ao rei Nabucodonosor o que acontecerá nos últimos dias. O sonho e as visões que passaram por tua mente quando estavas deitado foram os seguintes:

29 "Quando estavas deitado, ó rei, tua mente se voltou para as coisas futuras, e aquele que revela os mistérios te mostrou o que vai acontecer. **30** Quanto a mim, esse mistério não me foi revelado porque eu tenha mais sabedoria do que os outros homens, mas para que tu, ó rei, saibas a interpretação e entendas o que passou pela tua mente.

31 "Tu olhaste, ó rei, e diante de ti estava uma grande estátua: uma estátua enorme, impressionante, e sua aparência era terrível. **32** A cabeça da estátua era feita de ouro puro, o peito e o braço eram de prata, o ventre e os quadris eram de bronze, **33** as pernas eram de ferro, e os pés eram em parte de ferro e em parte de barro. **34** Enquanto estavas observando, uma pedra soltou-se, sem auxílio de mãos, atingiu a estátua nos pés de ferro e de barro e os esmigalhou. **35** Então o ferro, o barro, o bronze, a prata e o ouro foram despedaçados, viraram pó, como o pó da debulha do trigo na eira durante o verão. O vento os levou sem deixar vestígio. Mas a pedra que atingiu a estátua tornou-se uma montanha e encheu a terra toda.

36 "Foi esse o sonho, e nós o interpretaremos para o rei. **37** Tu, ó rei, és rei de reis. O Deus dos céus concedeu-te domínio, poder, força e glória; **38** nas tuas mãos ele colocou a humanidade, os animais selvagens e as aves do céu. Onde quer que vi-

look for Daniel and his friends to put them to death.

14 When Arioch, the commander of the king's guard, had gone out to put to death the wise men of Babylon, Daniel spoke to him with wisdom and tact. **15** He asked the king's officer, "Why did the king issue such a harsh decree?" Arioch then explained the matter to Daniel. **16** At this, Daniel went in to the king and asked for time, so that he might interpret the dream for him.

17 Then Daniel returned to his house and explained the matter to his friends Hananiah, Mishael and Azariah. **18** He urged them to plead for mercy from the God of heaven concerning this mystery, so that he and his friends might not be executed with the rest of the wise men of Babylon. **19** During the night the mystery was revealed to Daniel in a vision. Then Daniel praised the God of heaven **20** and said:

"Praise be to the name of God for ever and ever;
    wisdom and power are his.
21 He changes times and seasons;
    he sets up kings and deposes them.
He gives wisdom to the wise
    and knowledge to the discerning.
22 He reveals deep and hidden things;
    he knows what lies in darkness,
    and light dwells with him.
23 I thank and praise you, O God of my fathers:
    You have given me wisdom and power,
you have made known to me what we asked
    of you,
    you have made known to us the dream of
    the king."

Daniel Interprets the Dream

24 Then Daniel went to Arioch, whom the king had appointed to execute the wise men of Babylon, and said to him, "Do not execute the wise men of Babylon. Take me to the king, and I will interpret his dream for him."

25 Arioch took Daniel to the king at once and said, "I have found a man among the exiles from Judah who can tell the king what his dream means."

26 The king asked Daniel (also called Belteshazzar), "Are you able to tell me what I saw in my dream and interpret it?"

27 Daniel replied, "No wise man, enchanter, magician or diviner can explain to the king the mystery he has asked about, **28** but there is a God in heaven who reveals mysteries. He has shown King Nebuchadnezzar what will happen in days to come. Your dream and the visions that passed through your mind as you lay on your bed are these:

29 "As you were lying there, O king, your mind turned to things to come, and the revealer of mysteries showed you what is going to happen. **30** As for me, this mystery has been revealed to me, not because I have greater wisdom than other living men, but so that you, O king, may know the interpretation and that you may understand what went through your mind.

31 "You looked, O king, and there before you stood a large statue—an enormous, dazzling statue, awesome in appearance. **32** The head of the statue was made of pure gold, its chest and arms of silver, its belly and thighs of bronze, **33** its legs of iron, its feet partly of iron and partly of baked clay. **34** While you were watching, a rock was cut out, but not by human hands. It struck the statue on its feet of iron and clay and smashed them. **35** Then the iron, the clay, the bronze, the silver and the gold were broken to pieces at the same time and became like chaff on a threshing floor in the summer. The wind swept them away without leaving a trace. But the rock that struck the statue became a huge mountain and filled the whole earth.

36 "This was the dream, and now we will interpret it to the king. **37** You, O king, are the king of kings. The God of heaven has given you dominion and power and might and glory; **38** in your hands he has placed mankind and the beasts of the field and the birds of the air. Wherever they live, he has made you

vam, ele fez de ti o governante deles todos. Tu és a cabeça de ouro.

39 "Depois de ti surgirá um outro reino, inferior ao teu. Em seguida surgirá um terceiro reino, reino de bronze, que governará toda a terra. **40** Finalmente, haverá um quarto reino, forte como o ferro, pois o ferro quebra e destrói tudo; e assim como o ferro despedaça tudo, também ele destruirá e quebrará todos os outros. **41** Como viste, os pés e os dedos eram em parte de barro e em parte de ferro. Isso quer dizer que esse será um reino dividido, mas ainda assim terá um pouco da força do ferro, embora tenhas visto ferro misturado com barro. **42** Assim como os dedos eram em parte de ferro e em parte de barro, também esse reino será em parte forte e em parte frágil. **43** E, como viste, o ferro estava misturado com o barro. Isso significa que se buscarão fazer alianças políticas por meio de casamentos, mas a união decorrente dessas alianças não se firmará, assim como o ferro não se mistura com o barro.

44 "Na época desses reis, o Deus dos céus estabelecerá um reino que jamais será destruído e que nunca será dominado por nenhum outro povo. Destruirá todos os reinos daqueles reis e os exterminará, mas esse reino durará para sempre. **45** Esse é o significado da visão da pedra que se soltou de uma montanha, sem auxílio de mãos, pedra que esmigalhou o ferro, o bronze, o barro, a prata e o ouro.

"O Deus poderoso mostrou ao rei o que acontecerá no futuro. O sonho é verdadeiro, e a interpretação é fiel".

46 Então o rei Nabucodonosor caiu prostrado diante de Daniel, prestou-lhe honra e ordenou que lhe fosse apresentada uma oferta de cereal e incenso. **47** O rei disse a Daniel: "Não há dúvida de que o seu Deus é o Deus dos deuses, o Senhor dos reis e aquele que revela os mistérios, pois você conseguiu revelar esse mistério".

48 Assim o rei colocou Daniel num alto cargo e o cobriu de presentes. Ele o designou governante de toda a província da Babilônia e o encarregou de todos os sábios da província. **49** Além disso, a pedido de Daniel, o rei nomeou Sadraque, Mesaque e Abede-Nego administradores da província da Babilônia, enquanto o próprio Daniel permanecia na corte do rei.

A Imagem de Ouro de Nabucodonosor

3 O rei Nabucodonosor fez uma imagem de ouro de vinte e sete metros de altura e dois metros e setenta centímetros de largura[a], e a ergueu na planície de Dura, na província da Babilônia. **2** Depois convocou os sátrapas, os prefeitos, os governadores, os conselheiros, os tesoureiros, os juízes, os magistrados e todas as autoridades provinciais, para assistirem à dedicação da imagem que mandara erguer. **3** Assim todos eles, sátrapas, prefeitos, governadores, conselheiros, tesoureiros, juízes, magistrados e todas as autoridades provinciais se reuniram para a dedicação da imagem que o rei Nabucodonosor mandara erguer, e ficaram em pé diante dela.

4 Então o arauto proclamou em alta voz: "Esta é a ordem que lhes é dada, ó homens de todas as nações, povos e línguas: **5** Quando ouvirem o som da trombeta, do pífaro, da cítara, da harpa, do saltério, da flauta dupla[b] e de toda espécie de música, prostrem-se em terra e adorem a imagem de ouro que o rei Nabucodonosor ergueu. **6** Quem não se prostrar em terra e não adorá-la será imediatamente atirado numa fornalha em chamas".

7 Por isso, logo que ouviram o som da trombeta, do pífaro, da cítara, da harpa, do saltério e de toda espécie de música, os homens de todas as nações, povos e línguas prostraram-se em terra e adoraram a imagem de ouro que o rei Nabucodonosor mandara erguer.

8 Nesse momento alguns astrólogos se aproximaram e denunciaram os judeus, **9** dizendo ao rei Nabucodonosor: "Ó rei, vive

ruler over them all. You are that head of gold.

39 "After you, another kingdom will rise, inferior to yours. Next, a third kingdom, one of bronze, will rule over the whole earth. **40** Finally, there will be a fourth kingdom, strong as iron—for iron breaks and smashes everything—and as iron breaks things to pieces, so it will crush and break all the others. **41** Just as you saw that the feet and toes were partly of baked clay and partly of iron, so this will be a divided kingdom; yet it will have some of the strength of iron in it, even as you saw iron mixed with clay. **42** As the toes were partly iron and partly clay, so this kingdom will be partly strong and partly brittle. **43** And just as you saw the iron mixed with baked clay, so the people will be a mixture and will not remain united, any more than iron mixes with clay.

44 "In the time of those kings, the God of heaven will set up a kingdom that will never be destroyed, nor will it be left to another people. It will crush all those kingdoms and bring them to an end, but it will itself endure forever. **45** This is the meaning of the vision of the rock cut out of a mountain, but not by human hands—a rock that broke the iron, the bronze, the clay, the silver and the gold to pieces.

"The great God has shown the king what will take place in the future. The dream is true and the interpretation is trustworthy."

46 Then King Nebuchadnezzar fell prostrate before Daniel and paid him honor and ordered that an offering and incense be presented to him. **47** The king said to Daniel, "Surely your God is the God of gods and the Lord of kings and a revealer of mysteries, for you were able to reveal this mystery."

48 Then the king placed Daniel in a high position and lavished many gifts on him. He made him ruler over the entire province of Babylon and placed him in charge of all its wise men. **49** Moreover, at Daniel's request the king appointed Shadrach, Meshach and Abednego administrators over the province of Babylon, while Daniel himself remained at the royal court.

The Image of Gold and the Fiery Furnace

3 King Nebuchadnezzar made an image of gold, ninety feet high and nine feet[a] wide, and set it up on the plain of Dura in the province of Babylon. **2** He then summoned the satraps, prefects, governors, advisers, treasurers, judges, magistrates and all the other provincial officials to come to the dedication of the image he had set up. **3** So the satraps, prefects, governors, advisers, treasurers, judges, magistrates and all the other provincial officials assembled for the dedication of the image that King Nebuchadnezzar had set up, and they stood before it.

4 Then the herald loudly proclaimed, "This is what you are commanded to do, O peoples, nations and men of every language: **5** As soon as you hear the sound of the horn, flute, zither, lyre, harp, pipes and all kinds of music, you must fall down and worship the image of gold that King Nebuchadnezzar has set up. **6** Whoever does not fall down and worship will immediately be thrown into a blazing furnace."

7 Therefore, as soon as they heard the sound of the horn, flute, zither, lyre, harp and all kinds of music, all the peoples, nations and men of every language fell down and worshiped the image of gold that King Nebuchadnezzar had set up.

8 At this time some astrologers[b] came forward and denounced the Jews. **9** They said to King Nebuchadnezzar, "O king, live for-

---

[a]3.1 Aramaico: *60 côvados de altura e 6 côvados de largura*. O côvado era uma medida linear de cerca de 45 centímetros. [b]3.5 Ou *todos os instrumentos tocando juntos*; também nos versículos 10 e 15.

[a]3:1 Aramaic *sixty cubits high and six cubits wide* (about 27 meters high and 2.7 meters wide) [b]3:8 Or *Chaldeans*

para sempre! **10** Tu emitiste um decreto, ó rei, ordenando que todo aquele que ouvisse o som da trombeta, do pífaro, da cítara, da harpa, do saltério, da flauta dupla e de toda espécie de música se prostrasse em terra e adorasse a imagem de ouro, **11** e que todo aquele que não se prostrasse em terra e não a adorasse seria atirado numa fornalha em chamas. **12** Mas há alguns judeus que nomeaste para administrar a província da Babilônia, Sadraque, Mesaque e Abede-Nego, que não te dão ouvidos, ó rei. Não prestam culto aos teus deuses nem adoram a imagem de ouro que mandaste erguer".

13 Furioso, Nabucodonosor mandou chamar Sadraque, Mesaque e Abede-Nego. E assim que eles foram conduzidos à presença do rei, **14** Nabucodonosor lhes disse: "É verdade, Sadraque, Mesaque e Abede-Nego, que vocês não prestam culto aos meus deuses nem adoram a imagem de ouro que mandei erguer? **15** Pois agora, quando vocês ouvirem o som da trombeta, do pífaro, da cítara, da harpa, do saltério, da flauta dupla e de toda espécie de música, se vocês se dispuserem a prostrar-se em terra e a adorar a imagem que eu fiz, será melhor para vocês. Mas, se não a adorarem, serão imediatamente atirados numa fornalha em chamas. E que deus poderá livrá-los das minhas mãos?"

16 Sadraque, Mesaque e Abede-Nego responderam ao rei: "Ó Nabucodonosor, não precisamos defender-nos diante de ti. **17** Se formos atirados na fornalha em chamas, o Deus a quem prestamos culto pode livrar-nos, e ele nos livrará das tuas mãos, ó rei. **18** Mas, se ele não nos livrar, saiba, ó rei, que não prestaremos culto aos teus deuses nem adoraremos a imagem de ouro que mandaste erguer".

19 Nabucodonosor ficou tão furioso com Sadraque, Mesaque e Abede-Nego, que o seu semblante mudou. Deu ordens para que a fornalha fosse aquecida sete vezes mais que de costume **20** e ordenou que alguns dos soldados mais fortes do seu exército amarrassem Sadraque, Mesaque e Abede-Nego e os atirassem na fornalha em chamas. **21** E os três homens, vestidos com seus mantos, calções, turbantes e outras roupas, foram amarrados e atirados na fornalha extraordinariamente quente. **22** A ordem do rei era urgente e a fornalha estava tão quente que as chamas mataram os soldados que levaram Sadraque, Mesaque e Abede-Nego, **23** e estes caíram amarrados dentro da fornalha em chamas.

24 Mas logo depois o rei Nabucodonosor, alarmado, levantou-se e perguntou aos seus conselheiros: "Não foram três os homens amarrados que nós atiramos no fogo?"

Eles responderam: "Sim, ó rei".

25 E o rei exclamou: "Olhem! Estou vendo quatro homens, desamarrados e ilesos, andando pelo fogo, e o quarto se parece com um filho dos deuses".

26 Então Nabucodonosor aproximou-se da entrada da fornalha em chamas e gritou: "Sadraque, Mesaque e Abede-Nego, servos do Deus Altíssimo, saiam! Venham aqui!"

E Sadraque, Mesaque e Abede-Nego saíram do fogo. **27** Os sátrapas, os prefeitos, os governadores e os conselheiros do rei se ajuntaram em torno deles e comprovaram que o fogo não tinha ferido o corpo deles. Nem um só fio de cabelo tinha sido chamuscado, os seus mantos não estavam queimados, e não havia cheiro de fogo neles.

28 Disse então Nabucodonosor: "Louvado seja o Deus de Sadraque, Mesaque e Abede-Nego, que enviou o seu anjo e livrou os seus servos! Eles confiaram nele, desafiaram a ordem do rei, preferindo abrir mão de sua vida a prestar culto e adorar a outro deus que não fosse o seu próprio Deus. **29** Por isso eu decreto que todo homem de qualquer povo, nação e língua que disser alguma coisa contra[a] o Deus de Sadraque, Mesaque e Abede-Nego seja despedaçado e sua casa seja transformada em montes de entulho, pois nenhum outro deus é capaz de livrar alguém dessa maneira".

30 Então o rei promoveu Sadraque, Mesaque e Abede-Nego na província da Babilônia.

ever! **10** You have issued a decree, O king, that everyone who hears the sound of the horn, flute, zither, lyre, harp, pipes and all kinds of music must fall down and worship the image of gold, **11** and that whoever does not fall down and worship will be thrown into a blazing furnace. **12** But there are some Jews whom you have set over the affairs of the province of Babylon—Shadrach, Meshach and Abednego—who pay no attention to you, O king. They neither serve your gods nor worship the image of gold you have set up."

13 Furious with rage, Nebuchadnezzar summoned Shadrach, Meshach and Abednego. So these men were brought before the king, **14** and Nebuchadnezzar said to them, "Is it true, Shadrach, Meshach and Abednego, that you do not serve my gods or worship the image of gold I have set up? **15** Now when you hear the sound of the horn, flute, zither, lyre, harp, pipes and all kinds of music, if you are ready to fall down and worship the image I made, very good. But if you do not worship it, you will be thrown immediately into a blazing furnace. Then what god will be able to rescue you from my hand?"

16 Shadrach, Meshach and Abednego replied to the king, "O Nebuchadnezzar, we do not need to defend ourselves before you in this matter. **17** If we are thrown into the blazing furnace, the God we serve is able to save us from it, and he will rescue us from your hand, O king. **18** But even if he does not, we want you to know, O king, that we will not serve your gods or worship the image of gold you have set up."

19 Then Nebuchadnezzar was furious with Shadrach, Meshach and Abednego, and his attitude toward them changed. He ordered the furnace heated seven times hotter than usual **20** and commanded some of the strongest soldiers in his army to tie up Shadrach, Meshach and Abednego and throw them into the blazing furnace. **21** So these men, wearing their robes, trousers, turbans and other clothes, were bound and thrown into the blazing furnace. **22** The king's command was so urgent and the furnace so hot that the flames of the fire killed the soldiers who took up Shadrach, Meshach and Abednego, **23** and these three men, firmly tied, fell into the blazing furnace.

24 Then King Nebuchadnezzar leaped to his feet in amazement and asked his advisers, "Weren't there three men that we tied up and threw into the fire?"

They replied, "Certainly, O king."

25 He said, "Look! I see four men walking around in the fire, unbound and unharmed, and the fourth looks like a son of the gods."

26 Nebuchadnezzar then approached the opening of the blazing furnace and shouted, "Shadrach, Meshach and Abednego, servants of the Most High God, come out! Come here!"

So Shadrach, Meshach and Abednego came out of the fire, **27** and the satraps, prefects, governors and royal advisers crowded around them. They saw that the fire had not harmed their bodies, nor was a hair of their heads singed; their robes were not scorched, and there was no smell of fire on them.

28 Then Nebuchadnezzar said, "Praise be to the God of Shadrach, Meshach and Abednego, who has sent his angel and rescued his servants! They trusted in him and defied the king's command and were willing to give up their lives rather than serve or worship any god except their own God. **29** Therefore I decree that the people of any nation or language who say anything against the God of Shadrach, Meshach and Abednego be cut into pieces and their houses be turned into piles of rubble, for no other god can save in this way."

30 Then the king promoted Shadrach, Meshach and Abednego in the province of Babylon.

---

a3.29 Ou blasfemar

Outro Sonho de Nabucodonosor

4 O rei Nabucodonosor,

aos homens de todas nações, povos e línguas, que vivem no mundo inteiro:

Paz e prosperidade!

² Tenho a satisfação de falar-lhes a respeito dos sinais e das maravilhas que o Deus Altíssimo realizou em meu favor.

³ Como são grandes os seus sinais,
como são poderosas as suas maravilhas!
O seu reino é um reino eterno;
o seu domínio dura
de geração em geração.

⁴ Eu, Nabucodonosor, estava satisfeito e próspero em casa, no meu palácio. ⁵ Tive um sonho que me deixou alarmado. Estando eu deitado em minha cama, os pensamentos e visões que passaram pela minha mente deixaram-me aterrorizado. ⁶ Por isso decretei que todos os sábios da Babilônia fossem trazidos à minha presença para interpretarem o sonho para mim. ⁷ Quando os magos, os encantadores, os astrólogos e os adivinhos vieram, contei-lhes o sonho, mas eles não puderam interpretá-lo. ⁸ Por fim veio Daniel à minha presença e eu lhe contei o sonho. Ele é chamado Beltessazar, em homenagem ao nome do meu deus; e o espírito dos santos deuses está nele.

⁹ Eu disse: Beltessazar, chefe dos magos, sei que o espírito dos santos deuses está em você, e que nenhum mistério é difícil demais para você. Vou contar-lhe o meu sonho; interprete-o para mim. ¹⁰ Estas são as visões que tive quando estava deitado em minha cama: olhei, e diante de mim estava uma árvore muito alta no meio da terra. ¹¹ A árvore cresceu tanto que a sua copa encostou no céu; era visível até os confins da terra. ¹² Tinha belas folhas, muitos frutos, e nela havia alimento para todos. Debaixo dela os animais do campo achavam abrigo, e as aves do céu viviam em seus galhos; todas as criaturas se alimentavam daquela árvore.

¹³ Nas visões que tive deitado em minha cama, olhei e vi diante de mim uma sentinela, um anjo*ª* que descia do céu; ¹⁴ ele gritou em alta voz: "Derrubem a árvore e cortem os seus galhos; arranquem as suas folhas e espalhem os seus frutos. Fujam os animais de debaixo dela e as aves dos seus galhos. ¹⁵ Mas deixem o toco e as suas raízes, presos com ferro e bronze; fique ele no chão, em meio à relva do campo.

"Ele será molhado com o orvalho do céu e com os animais comerá a grama da terra. ¹⁶ A mente humana lhe será tirada, e ele será como um animal, até que se passem sete tempos*ᵇ*.

¹⁷ "A decisão é anunciada por sentinelas, os anjos declaram o veredicto, para que todos os que vivem saibam que o Altíssimo domina sobre os reinos dos homens e os dá a quem quer, e põe no poder o mais simples dos homens". ¹⁸ Esse é o sonho que eu, o rei Nabucodonosor, tive. Agora, Beltessazar, diga-me o significado do sonho, pois nenhum dos sábios do meu reino consegue interpretá-lo para mim, exceto você, pois o espírito dos santos deuses está em você.

Daniel Interpreta o Sonho

¹⁹ Então Daniel, também chamado Beltessazar, ficou estarrecido por algum tempo, e os seus pensamentos o deixaram aterrorizado. Então o rei disse: "Beltessazar, não deixe que o sonho ou a sua interpretação o assuste". Beltessazar respondeu: "Meu senhor, quem dera o sonho só se aplicasse aos teus inimigos e o seu significado so-

Nebuchadnezzar's Dream of a Tree

4 King Nebuchadnezzar,

To the peoples, nations and men of every language, who live in all the world:

May you prosper greatly!

² It is my pleasure to tell you about the miraculous signs and wonders that the Most High God has performed for me.

³ How great are his signs,
how mighty his wonders!
His kingdom is an eternal kingdom;
his dominion endures from generation
to generation.

⁴ I, Nebuchadnezzar, was at home in my palace, contented and prosperous. ⁵ I had a dream that made me afraid. As I was lying in my bed, the images and visions that passed through my mind terrified me. ⁶ So I commanded that all the wise men of Babylon be brought before me to interpret the dream for me. ⁷ When the magicians, enchanters, astrologers*ᵃ* and diviners came, I told them the dream, but they could not interpret it for me. ⁸ Finally, Daniel came into my presence and I told him the dream. (He is called Belteshazzar, after the name of my god, and the spirit of the holy gods is in him.)

⁹ I said, "Belteshazzar, chief of the magicians, I know that the spirit of the holy gods is in you, and no mystery is too difficult for you. Here is my dream; interpret it for me. ¹⁰ These are the visions I saw while lying in my bed: I looked, and there before me stood a tree in the middle of the land. Its height was enormous. ¹¹ The tree grew large and strong and its top touched the sky; it was visible to the ends of the earth. ¹² Its leaves were beautiful, its fruit abundant, and on it was food for all. Under it the beasts of the field found shelter, and the birds of the air lived in its branches; from it every creature was fed.

¹³ "In the visions I saw while lying in my bed, I looked, and there before me was a messenger,*ᵇ* a holy one, coming down from heaven. ¹⁴ He called in a loud voice: 'Cut down the tree and trim off its branches; strip off its leaves and scatter its fruit. Let the animals flee from under it and the birds from its branches. ¹⁵ But let the stump and its roots, bound with iron and bronze, remain in the ground, in the grass of the field.

" 'Let him be drenched with the dew of heaven, and let him live with the animals among the plants of the earth. ¹⁶ Let his mind be changed from that of a man and let him be given the mind of an animal, till seven times*ᶜ* pass by for him.

¹⁷ " 'The decision is announced by messengers, the holy ones declare the verdict, so that the living may know that the Most High is sovereign over the kingdoms of men and gives them to anyone he wishes and sets over them the lowliest of men.'

¹⁸ "This is the dream that I, King Nebuchadnezzar, had. Now, Belteshazzar, tell me what it means, for none of the wise men in my kingdom can interpret it for me. But you can, because the spirit of the holy gods is in you."

Daniel Interprets the Dream

¹⁹ Then Daniel (also called Belteshazzar) was greatly perplexed for a time, and his thoughts terrified him. So the king said, "Belteshazzar, do not let the dream or its meaning alarm you."

Belteshazzar answered, "My lord, if only the dream applied to your enemies and its meaning to your adversaries! ²⁰ The tree

---

ª4.13 Aramaico: *santo*; também nos versículos 17 e 23. ᵇ4.16 Ou *anos*; também nos versículos 23, 25 e 32.

ᵃ4:7 Or *Chaldeans* ᵇ4:13 Or *watchman*; also in verses 17 and 23 ᶜ4:16 Or *years*; also in verses 23, 25 and 32

mente aos teus adversários! **20** A árvore que viste, que cresceu e ficou enorme, cuja copa encostava no céu, visível em toda a terra, **21** com belas folhas e muitos frutos, na qual havia alimento para todos, abrigo para os animais do campo, e morada para as aves do céu nos seus galhos — **22** essa árvore, ó rei, és tu! Tu te tornaste grande e poderoso, pois a tua grandeza cresceu até alcançar o céu, e o teu domínio se estende até os confins da terra.

23 "E tu, ó rei, viste também uma sentinela, o anjo que descia do céu e dizia: 'Derrubem a árvore e destruam-na, mas deixem o toco e as suas raízes, presos com ferro e bronze; fique ele no chão, em meio à relva do campo. Ele será molhado com o orvalho do céu e viverá com os animais selvagens, até que se passem sete tempos'.

24 "Esta é a interpretação, ó rei, e este é o decreto que o Altíssimo emitiu contra o rei, meu senhor: **25** Tu serás expulso do meio dos homens e viverás com os animais selvagens; comerás capim como os bois e te molharás com o orvalho do céu. Passarão sete tempos até que admitas que o Altíssimo domina sobre os reinos dos homens e os dá a quem quer. **26** A ordem para deixar o toco da árvore com as raízes significa que o teu reino te será devolvido quando reconheceres que os Céus dominam. **27** Portanto, ó rei, aceita o meu conselho: Renuncia a teus pecados e à tua maldade, pratica a justiça e tem compaixão dos necessitados. Talvez, então, continues a viver em paz".

O Cumprimento do Sonho

28 Tudo isso aconteceu com o rei Nabucodonosor. **29** Doze meses depois, quando o rei estava andando no terraço do palácio real da Babilônia, **30** disse: "Acaso não é esta a grande Babilônia que eu construí como capital do meu reinoª, com o meu enorme poder e para a glória da minha majestade?"

31 As palavras ainda estavam nos seus lábios quando veio do céu uma voz que disse: "É isto que está decretado quanto a você, rei Nabucodonosor: Sua autoridade real lhe foi tirada. **32** Você será expulso do meio dos homens, viverá com os animais selvagens e comerá capim como os bois. Passarão sete tempos até que admita que o Altíssimo domina sobre os reinos dos homens e os dá a quem quer".

33 A sentença sobre Nabucodonosor cumpriu-se imediatamente. Ele foi expulso do meio dos homens e passou a comer capim como os bois. Seu corpo molhou-se com o orvalho do céu, até que os seus cabelos e pêlos cresceram como as penas da águia, e as suas unhas como as garras das aves.

34 Ao fim daquele período, eu, Nabucodonosor, levantei os olhos ao céu, e percebi que o meu entendimento tinha voltado. Então louvei o Altíssimo; honrei e glorifiquei aquele que vive para sempre.

O seu domínio é um domínio eterno;
     o seu reino dura de geração em geração.
35 Todos os povos da terra
     são como nada diante dele.
Ele age como lhe agrada
     com os exércitosᵇ dos céus
     e com os habitantes da terra.
Ninguém é capaz de resistir à sua mão
     ou dizer-lhe: "O que fizeste?"

36 Naquele momento voltou-me o entendimento, e eu recuperei a honra, a majestade e a glória do meu reino. Meus conselheiros e os nobres me procuraram, meu trono me foi restaurado, e minha grandeza veio a ser ainda maior. **37** Agora eu, Nabucodonosor, louvo, exalto e glorifico o Rei dos céus, porque tudo o que ele faz é certo, e todos os seus caminhos são justos. E ele tem poder para humilhar aqueles que vivem com arrogância.

you saw, which grew large and strong, with its top touching the sky, visible to the whole earth, **21** with beautiful leaves and abundant fruit, providing food for all, giving shelter to the beasts of the field, and having nesting places in its branches for the birds of the air— **22** you, O king, are that tree! You have become great and strong; your greatness has grown until it reaches the sky, and your dominion extends to distant parts of the earth.

23 "You, O king, saw a messenger, a holy one, coming down from heaven and saying, 'Cut down the tree and destroy it, but leave the stump, bound with iron and bronze, in the grass of the field, while its roots remain in the ground. Let him be drenched with the dew of heaven; let him live like the wild animals, until seven times pass by for him.'

24 "This is the interpretation, O king, and this is the decree the Most High has issued against my lord the king: **25** You will be driven away from people and will live with the wild animals; you will eat grass like cattle and be drenched with the dew of heaven. Seven times will pass by for you until you acknowledge that the Most High is sovereign over the kingdoms of men and gives them to anyone he wishes. **26** The command to leave the stump of the tree with its roots means that your kingdom will be restored to you when you acknowledge that Heaven rules. **27** Therefore, O king, be pleased to accept my advice: Renounce your sins by doing what is right, and your wickedness by being kind to the oppressed. It may be that then your prosperity will continue."

The Dream Is Fulfilled

28 All this happened to King Nebuchadnezzar. **29** Twelve months later, as the king was walking on the roof of the royal palace of Babylon, **30** he said, "Is not this the great Babylon I have built as the royal residence, by my mighty power and for the glory of my majesty?"

31 The words were still on his lips when a voice came from heaven, "This is what is decreed for you, King Nebuchadnezzar: Your royal authority has been taken from you. **32** You will be driven away from people and will live with the wild animals; you will eat grass like cattle. Seven times will pass by for you until you acknowledge that the Most High is sovereign over the kingdoms of men and gives them to anyone he wishes."

33 Immediately what had been said about Nebuchadnezzar was fulfilled. He was driven away from people and ate grass like cattle. His body was drenched with the dew of heaven until his hair grew like the feathers of an eagle and his nails like the claws of a bird.

34 At the end of that time, I, Nebuchadnezzar, raised my eyes toward heaven, and my sanity was restored. Then I praised the Most High; I honored and glorified him who lives forever.

His dominion is an eternal dominion;
     his kingdom endures from generation
         to generation.
35 All the peoples of the earth
     are regarded as nothing.
He does as he pleases
     with the powers of heaven
     and the peoples of the earth.
No one can hold back his hand
     or say to him: "What have you done?"

36 At the same time that my sanity was restored, my honor and splendor were returned to me for the glory of my kingdom. My advisers and nobles sought me out, and I was restored to my throne and became even greater than before. **37** Now I, Nebuchadnezzar, praise and exalt and glorify the King of heaven, because everything he does is right and all his ways are just. And those who walk in pride he is able to humble.

ª**4.30** Ou *para ser minha residência real* ᵇ**4.35** Ou *anjos*

5 O Banquete de Belsazar: A Escrita na Parede

5 Certa vez o rei Belsazar deu um grande banquete para mil dos seus nobres, e com eles bebeu muito vinho. ² Enquanto Belsazar bebia vinho, deu ordens para trazerem as taças de ouro e de prata que o seu predecessor, Nabucodonosor, tinha tomado do templo de Jerusalém, para que o rei e os seus nobres, as suas mulheres e as suas concubinas bebessem nessas taças. ³ Então trouxeram as taças de ouro que tinham sido tomadas do templo de Deus em Jerusalém, e o rei e os seus nobres, as suas mulheres e as suas concubinas beberam nas taças. ⁴ Enquanto bebiam o vinho, louvavam os deuses de ouro, de prata, de bronze, de ferro, de madeira e de pedra.

⁵ Mas, de repente apareceram dedos de mão humana que começaram a escrever no reboco da parede, na parte mais iluminada do palácio real. O rei observou a mão enquanto ela escrevia. ⁶ Seu rosto ficou pálido, e ele ficou tão assustado que os seus joelhos batiam um no outro e as suas pernas vacilaram.

⁷ Aos gritos, o rei mandou chamar os encantadores, os astrólogos e os adivinhos e disse a esses sábios da Babilônia: "Aquele que ler essa inscrição e interpretá-la, revelando-me o seu significado, vestirá um manto vermelho, terá uma corrente de ouro no pescoço, e será o terceiro em importância no governo do reino".

⁸ Todos os sábios do rei vieram, mas não conseguiram ler a inscrição nem dizer ao rei o seu significado. ⁹ Diante disso o rei Belsazar ficou ainda mais aterrorizado e o seu rosto, mais pálido. Seus nobres estavam alarmados.

¹⁰ Tendo a rainhaª ouvido os gritos do rei e dos seus nobres, entrou na sala do banquete e disse: "Ó rei, vive para sempre! Não fiques assustado nem tão pálido! ¹¹ Existe um homem em teu reino que possui o espírito dos santos deuses. Na época do teu predecessor verificou-se que ele era um iluminado e tinha inteligência e sabedoria como a dos deuses. O rei Nabucodonosor, teu predecessor — sim, o teu predecessor — nomeou chefe dos magos, dos encantadores, dos astrólogos e dos adivinhos. ¹² Verificou-se que esse homem, Daniel, a quem o rei dera o nome de Beltessazar, tinha inteligência extraordinária e também a capacidade de interpretar sonhos e resolver enigmas e mistérios. Manda chamar Daniel, e ele te dará o significado da escrita".

¹³ Assim Daniel foi levado à presença do rei, que lhe disse: "Você é Daniel, um dos exilados que meu pai, o rei, trouxe de Judá? ¹⁴ Soube que o espírito dos deuses está em você e que você é um iluminado e que tem inteligência e uma sabedoria fora do comum. ¹⁵ Trouxeram os sábios e os encantadores à minha presença para lerem essa inscrição e me dizerem o seu significado, porém eles não o conseguiram. ¹⁶ Mas eu soube que você é capaz de dar interpretações e de resolver mistérios. Se você puder ler essa inscrição e dizer-me o que significa, você será vestido com um manto vermelho e terá uma corrente de ouro no pescoço, e será o terceiro em importância no governo do reino".

¹⁷ Então Daniel respondeu ao rei: "Podes guardar os teus presentes para ti mesmo e dar as tuas recompensas a algum outro. No entanto, lerei a inscrição para o rei e lhe direi o seu significado.

¹⁸ "Ó rei, foi a Nabucodonosor, teu predecessor, que o Deus Altíssimo deu soberania, grandeza, glória e majestade. ¹⁹ Devido à alta posição que Deus lhe concedeu, homens de todas as nações, povos e línguas tremiam diante dele e o temiam. A quem o rei queria matar, matava; a quem queria poupar, poupava; a quem queria promover, promovia; e a quem queria humilhar, humilhava. ²⁰ No entanto, quando o seu coração se tornou arrogante e endurecido por causa do orgulho, ele foi deposto de seu trono real e despojado da sua glória. ²¹ Foi expulso do meio dos homens e sua mente ficou como a de um animal; passou a viver com os jumentos selvagens e a

The Writing on the Wall

5 King Belshazzar gave a great banquet for a thousand of his nobles and drank wine with them. ² While Belshazzar was drinking his wine, he gave orders to bring in the gold and silver goblets that Nebuchadnezzar his fatherª had taken from the temple in Jerusalem, so that the king and his nobles, his wives and his concubines might drink from them. ³ So they brought in the gold goblets that had been taken from the temple of God in Jerusalem, and the king and his nobles, his wives and his concubines drank from them. ⁴ As they drank the wine, they praised the gods of gold and silver, of bronze, iron, wood and stone.

⁵ Suddenly the fingers of a human hand appeared and wrote on the plaster of the wall, near the lampstand in the royal palace. The king watched the hand as it wrote. ⁶ His face turned pale and he was so frightened that his knees knocked together and his legs gave way.

⁷ The king called out for the enchanters, astrologersᵇ and diviners to be brought and said to these wise men of Babylon, "Whoever reads this writing and tells me what it means will be clothed in purple and have a gold chain placed around his neck, and he will be made the third highest ruler in the kingdom."

⁸ Then all the king's wise men came in, but they could not read the writing or tell the king what it meant. ⁹ So King Belshazzar became even more terrified and his face grew more pale. His nobles were baffled.

¹⁰ The queen,ᶜ hearing the voices of the king and his nobles, came into the banquet hall. "O king, live forever!" she said. "Don't be alarmed! Don't look so pale! ¹¹ There is a man in your kingdom who has the spirit of the holy gods in him. In the time of your father he was found to have insight and intelligence and wisdom like that of the gods. King Nebuchadnezzar your father—your father the king, I say—appointed him chief of the magicians, enchanters, astrologers and diviners. ¹² This man Daniel, whom the king called Belteshazzar, was found to have a keen mind and knowledge and understanding, and also the ability to interpret dreams, explain riddles and solve difficult problems. Call for Daniel, and he will tell you what the writing means."

¹³ So Daniel was brought before the king, and the king said to him, "Are you Daniel, one of the exiles my father the king brought from Judah? ¹⁴ I have heard that the spirit of the gods is in you and that you have insight, intelligence and outstanding wisdom. ¹⁵ The wise men and enchanters were brought before me to read this writing and tell me what it means, but they could not explain it. ¹⁶ Now I have heard that you are able to give interpretations and to solve difficult problems. If you can read this writing and tell me what it means, you will be clothed in purple and have a gold chain placed around your neck, and you will be made the third highest ruler in the kingdom."

¹⁷ Then Daniel answered the king, "You may keep your gifts for yourself and give your rewards to someone else. Nevertheless, I will read the writing for the king and tell him what it means.

¹⁸ "O king, the Most High God gave your father Nebuchadnezzar sovereignty and greatness and glory and splendor. ¹⁹ Because of the high position he gave him, all the peoples and nations and men of every language dreaded and feared him. Those the king wanted to put to death, he put to death; those he wanted to spare, he spared; those he wanted to promote, he promoted; and those he wanted to humble, he humbled. ²⁰ But when his heart became arrogant and hardened with pride, he was deposed from his royal throne and stripped of his glory. ²¹ He was driven away from people and given the mind of an animal; he lived with the wild donkeys

---

ª5.10 Ou *rainha-mãe*

ª5:2 Or *ancestor*; or *predecessor*; also in verses 11, 13 and 18 ᵇ5:7 Or *Chaldeans*; also in verse 11 ᶜ5:10 Or *queen mother*

comer capim como os bois; e o seu corpo se molhava com o orvalho do céu, até reconhecer que o Deus Altíssimo domina sobre os reinos dos homens e coloca no poder a quem ele quer.

22 "Mas tu, Belsazar, seu sucessor, não te humilhaste, embora soubesses de tudo isso. 23 Ao contrário, te exaltaste acima doª Senhor dos céus. Mandaste trazer as taças do templo do Senhor para que nelas bebessem tu, os teus nobres, as tuas mulheres e as tuas concubinas. Louvaste os deuses de prata, de ouro, de bronze, de ferro, de madeira e de pedra, que não podem ver nem ouvir nem entender. Mas não glorificaste o Deus que sustenta em suas mãos a tua vida e todos os teus caminhos. 24 Por isso ele enviou a mão que escreveu as palavras da inscrição.

25 "Esta é a inscrição que foi feita:

MENE, MENE, TEQUEL, PARSIMᵇ.

26 "E este é o significado dessas palavras:

Meneᶜ: Deus contou os dias
do teu reinado
e determinou o seu fim.

27 Tequelᵈ: Foste pesado na balança
e achado em falta.

28 Peresᵉ: Teu reino foi dividido
e entregue aos medos e persas".

29 Então, por ordem de Belsazar, vestiram Daniel com um manto vermelho, puseram-lhe uma corrente de ouro no pescoço, e o proclamaram o terceiro em importância no governo do reino.

30 Naquela mesma noite Belsazar, rei dos babilôniosᶠ, foi morto, 31 e Dario, o medo, apoderou-se do reino, com a idade de sessenta e dois anos.

Daniel na Cova dos Leões

6 Dario achou por bem nomear cento e vinte sátrapas para governarem todo o reino, 2 e colocou três supervisores sobre eles, um dos quais era Daniel. Os sátrapas tinham que prestar contas a eles para que o rei não sofresse nenhuma perda. 3 Ora, Daniel se destacou tanto entre os supervisores e os sátrapas por suas grandes qualidades, que o rei planejava colocá-lo à frente do governo de todo o império. 4 Diante disso, os supervisores e os sátrapas procuraram motivos para acusar Daniel em sua administração governamental, mas nada conseguiram. Não puderam achar nele falta alguma, pois ele era fiel; não era desonesto nem negligente. 5 Finalmente esses homens disseram: "Jamais encontraremos algum motivo para acusar esse Daniel, a menos que seja algo relacionado com a lei do Deus dele".

6 E assim os supervisores e os sátrapas, de comum acordo, foram falar com o rei: "Ó rei Dario, vive para sempre! 7 Todos os supervisores reais, os prefeitos, os sátrapas, os conselheiros e os governadores concordaram em que o rei deve emitir um decreto ordenando que todo aquele que orar a qualquer deus ou a qualquer homem nos próximos trinta dias, exceto a ti, ó rei, seja atirado na cova dos leões. 8 Agora, ó rei, emite o decreto e assina-o para que não seja alterado, conforme a lei dos medos e dos persas, que não pode ser revogada". 9 E o rei Dario assinou o decreto.

10 Quando Daniel soube que o decreto tinha sido publicado, foi para casa, para o seu quarto, no andar de cima, onde as janelas davam para Jerusalém e ali fez o que costumava fazer: três vezes por dia ele se ajoelhava e orava, agradecendo ao seu Deus. 11 Então aqueles homens foram investigar e encontraram Daniel orando, pedindo ajuda a Deus. 12 E fo-

and ate grass like cattle; and his body was drenched with the dew of heaven, until he acknowledged that the Most High God is sovereign over the kingdoms of men and sets over them anyone he wishes.

22 "But you his son,ª O Belshazzar, have not humbled yourself, though you knew all this. 23 Instead, you have set yourself up against the Lord of heaven. You had the goblets from his temple brought to you, and you and your nobles, your wives and your concubines drank wine from them. You praised the gods of silver and gold, of bronze, iron, wood and stone, which cannot see or hear or understand. But you did not honor the God who holds in his hand your life and all your ways. 24 Therefore he sent the hand that wrote the inscription.

25 "This is the inscription that was written:

MENE, MENE, TEKEL, PARSINᵇ

26 "This is what these words mean:

Meneᶜ: God has numbered the days of your reign
and brought it to an end.

27 Tekelᵈ: You have been weighed on the
scales and found wanting.

28 Peresᵉ: Your kingdom is divided and given
to the Medes and Persians."

29 Then at Belshazzar's command, Daniel was clothed in purple, a gold chain was placed around his neck, and he was proclaimed the third highest ruler in the kingdom.

30 That very night Belshazzar, king of the Babylonians,ᶠ was slain, 31 and Darius the Mede took over the kingdom, at the age of sixty-two.

Daniel in the Den of Lions

6 It pleased Darius to appoint 120 satraps to rule throughout the kingdom, 2 with three administrators over them, one of whom was Daniel. The satraps were made accountable to them so that the king might not suffer loss. 3 Now Daniel so distinguished himself among the administrators and the satraps by his exceptional qualities that the king planned to set him over the whole kingdom. 4 At this, the administrators and the satraps tried to find grounds for charges against Daniel in his conduct of government affairs, but they were unable to do so. They could find no corruption in him, because he was trustworthy and neither corrupt nor negligent. 5 Finally these men said, "We will never find any basis for charges against this man Daniel unless it has something to do with the law of his God."

6 So the administrators and the satraps went as a group to the king and said: "O King Darius, live forever! 7 The royal administrators, prefects, satraps, advisers and governors have all agreed that the king should issue an edict and enforce the decree that anyone who prays to any god or man during the next thirty days, except to you, O king, shall be thrown into the lions' den. 8 Now, O king, issue the decree and put it in writing so that it cannot be altered—in accordance with the laws of the Medes and Persians, which cannot be repealed." 9 So King Darius put the decree in writing.

10 Now when Daniel learned that the decree had been published, he went home to his upstairs room where the windows opened toward Jerusalem. Three times a day he got down on his knees and prayed, giving thanks to his God, just as he had done before. 11 Then these men went as a group and found Daniel praying and asking God for help. 12 So they went to the

---

ª5.23 Ou te levantaste contra o ᵇ5.25 Aramaico: UPARSIM; isto é, E PARSIM. ᶜ5.26 Mene pode significar contado ou mina (uma unidade monetária). ᵈ5.27 Tequel pode significar pesado ou siclo. ᵉ5.28 Peres (o singular de Parsim) pode significar dividido ou Pérsia ou meia mina ou meio siclo. ᶠ5.30 Aramaico: caldeus.

ª5:22 Or descendant; or successor ᵇ5:25 Aramaic UPARSIN (that is, AND PARSIN) ᶜ5:26 Mene can mean numbered or mina (a unit of money). ᵈ5:27 Tekel can mean weighed or shekel. ᵉ5:28 Peres (the singular of Parsin) can mean divided or Persia or a half mina or a half shekel. ᶠ5:30 Or Chaldeans

ram logo falar com o rei acerca do decreto real: "Tu não publicaste um decreto ordenando que nestes trinta dias todo aquele que fizer algum pedido a qualquer deus ou a qualquer homem, exceto a ti, ó rei, será lançado na cova dos leões?"

O rei respondeu: "O decreto está em vigor, conforme a lei dos medos e dos persas, que não pode ser revogada".

13 Então disseram ao rei: "Daniel, um dos exilados de Judá, não te dá ouvidos, ó rei, nem ao decreto que assinaste. Ele continua orando três vezes por dia". **14** Quando o rei ouviu isso, ficou muito contrariado e decidiu salvar Daniel. Até o pôr-do-sol, fez o possível para livrá-lo.

15 Mas os homens lhe disseram: "Lembra-te, ó rei, de que, segundo a lei dos medos e dos persas, nenhum decreto ou edito do rei pode ser modificado".

16 Então o rei deu ordens, e eles trouxeram Daniel e o jogaram na cova dos leões. O rei, porém, disse a Daniel: "Que o seu Deus, a quem você serve continuamente, o livre!"

17 Taparam a cova com uma pedra, e o rei a selou com o seu anel-selo e com os anéis dos seus nobres, para que a decisão sobre Daniel não se modificasse. **18** Tendo voltado ao palácio, o rei passou a noite sem comer e não aceitou nenhum divertimento em sua presença. Além disso, não conseguiu dormir.

19 Logo ao alvorecer, o rei se levantou e correu para a cova dos leões. **20** Quando ia se aproximando da cova, chamou Daniel com voz que revelava aflição: "Daniel, servo do Deus vivo, será que o seu Deus, a quem você serve continuamente, pôde livrá-lo dos leões?"

21 Daniel respondeu: "Ó rei, vive para sempre! **22** O meu Deus enviou o seu anjo, que fechou a boca dos leões. Eles não me fizeram mal algum, pois fui considerado inocente à vista de Deus. Também contra ti não cometi mal algum, ó rei".

23 O rei muito se alegrou e ordenou que tirassem Daniel da cova. Quando o tiraram da cova, viram que não havia nele nenhum ferimento, pois ele tinha confiado no seu Deus.

24 E, por ordem do rei, os homens que tinham acusado Daniel foram atirados na cova dos leões, junto com as suas mulheres e os seus filhos. E, antes de chegarem ao fundo, os leões os atacaram e despedaçaram todos os seus ossos.

25 Então o rei Dario escreveu aos homens de todas as nações, povos e línguas de toda a terra:

"Paz e prosperidade!

26 "Estou editando um decreto para que em todos os domínios do império os homens temam e reverenciem o Deus de Daniel.

"Pois ele é o Deus vivo
e permanece para sempre;
o seu reino não será destruído,
o seu domínio jamais acabará.
27 Ele livra e salva;
faz sinais e maravilhas
nos céus e na terra.
Ele livrou Daniel
do poder dos leões".

28 Assim Daniel prosperou durante os reinados de Dario e de Ciro[a], o Persa.

O Sonho de Daniel: Os Quatro Animais

7 No primeiro ano de Belsazar, rei da Babilônia, Daniel teve um sonho, e certas visões passaram por sua mente, estando ele deitado em sua cama. Ele escreveu o seguinte resumo do seu sonho.

2 "Em minha visão à noite, eu vi os quatro ventos do céu

king and spoke to him about his royal decree: "Did you not publish a decree that during the next thirty days anyone who prays to any god or man except to you, O king, would be thrown into the lions' den?"

The king answered, "The decree stands—in accordance with the laws of the Medes and Persians, which cannot be repealed."

13 Then they said to the king, "Daniel, who is one of the exiles from Judah, pays no attention to you, O king, or to the decree you put in writing. He still prays three times a day." **14** When the king heard this, he was greatly distressed; he was determined to rescue Daniel and made every effort until sundown to save him.

15 Then the men went as a group to the king and said to him, "Remember, O king, that according to the law of the Medes and Persians no decree or edict that the king issues can be changed."

16 So the king gave the order, and they brought Daniel and threw him into the lions' den. The king said to Daniel, "May your God, whom you serve continually, rescue you!"

17 A stone was brought and placed over the mouth of the den, and the king sealed it with his own signet ring and with the rings of his nobles, so that Daniel's situation might not be changed. **18** Then the king returned to his palace and spent the night without eating and without any entertainment being brought to him. And he could not sleep.

19 At the first light of dawn, the king got up and hurried to the lions' den. **20** When he came near the den, he called to Daniel in an anguished voice, "Daniel, servant of the living God, has your God, whom you serve continually, been able to rescue you from the lions?"

21 Daniel answered, "O king, live forever! **22** My God sent his angel, and he shut the mouths of the lions. They have not hurt me, because I was found innocent in his sight. Nor have I ever done any wrong before you, O king."

23 The king was overjoyed and gave orders to lift Daniel out of the den. And when Daniel was lifted from the den, no wound was found on him, because he had trusted in his God.

24 At the king's command, the men who had falsely accused Daniel were brought in and thrown into the lions' den, along with their wives and children. And before they reached the floor of the den, the lions overpowered them and crushed all their bones.

25 Then King Darius wrote to all the peoples, nations and men of every language throughout the land:

"May you prosper greatly!

26 "I issue a decree that in every part of my kingdom people must fear and reverence the God of Daniel.

"For he is the living God
and he endures forever;
his kingdom will not be destroyed,
his dominion will never end.
27 He rescues and he saves;
he performs signs and wonders
in the heavens and on the earth.
He has rescued Daniel
from the power of the lions."

28 So Daniel prospered during the reign of Darius and the reign of Cyrus[a] the Persian.

Daniel's Dream of Four Beasts

7 In the first year of Belshazzar king of Babylon, Daniel had a dream, and visions passed through his mind as he was lying on his bed. He wrote down the substance of his dream.

2 Daniel said: "In my vision at night I looked, and before me were the four winds of heaven churning up the great

---

a6.28 Ou *Dario, isto é, o reinado de Ciro,*

a6:28 Or *Darius, that is, the reign of Cyrus*

agitando o grande mar. ³Quatro grandes animais, diferentes uns dos outros, subiram do mar.

⁴ "O primeiro parecia um leão, e tinha asas de águia. Eu o observei e, em certo momento, as suas asas foram arrancadas, e ele foi erguido do chão, firmou-se sobre dois pés como um homem e recebeu coração de homem.

⁵ "A seguir, vi um segundo animal, que tinha a aparência de um urso. Ele foi erguido por um dos seus lados, e na boca, entre os dentes, tinha três costelas. Foi-lhe dito: 'Levante-se e coma quanta carne puder!'

⁶ "Depois disso, vi um outro animal, que se parecia com um leopardo. Nas costas tinha quatro asas, como as de uma ave. Esse animal tinha quatro cabeças, e recebeu autoridade para governar.

⁷ "Em minha visão à noite, vi ainda um quarto animal, aterrorizante, assustador e muito poderoso. Tinha grandes dentes de ferro, com os quais despedaçava e devorava suas vítimas, e pisoteava tudo o que sobrava. Era diferente de todos os animais anteriores e tinha dez chifres.

⁸ "Enquanto eu considerava os chifres, vi outro chifre, pequeno, que surgiu entre eles; e três dos primeiros chifres foram arrancados para dar lugar a ele. Esse chifre possuía olhos como os olhos de um homem e uma boca que falava com arrogância.

⁹ "Enquanto eu olhava,

"tronos foram colocados,
   e um ancião se assentou.
Sua veste era branca como a neve;
   o cabelo era branco como a lã.
Seu trono era envolto em fogo,
   e as rodas do trono
     estavam em chamas.
¹⁰ De diante dele,
   saía um rio de fogo.
Milhares de milhares o serviam;
   milhões e milhões estavam diante dele.
O tribunal iniciou o julgamento,
   e os livros foram abertos.

¹¹ "Continuei a observar por causa das palavras arrogantes que o chifre falava. Fiquei olhando até que o animal foi morto, e o seu corpo foi destruído e atirado no fogo. ¹²Dos outros animais foi retirada a autoridade, mas eles tiveram permissão para viver por um período de tempo.

¹³ "Em minha visão à noite, vi alguém semelhante a um filho de homem, vindo com as nuvens dos céus. Ele se aproximou do ancião e foi conduzido à sua presença. ¹⁴Ele recebeu autoridade, glória e o reino; todos os povos, nações e homens de todas as línguas o adoraram. Seu domínio é um domínio eterno que não acabará, e seu reino jamais será destruído.

A Interpretação do Sonho

¹⁵ "Eu, Daniel, fiquei agitado em meu espírito, e as visões que passaram pela minha mente me aterrorizaram. ¹⁶Então me aproximei de um dos que ali estavam e lhe perguntei o significado de tudo o que eu tinha visto.

"Ele me respondeu, dando-me esta interpretação: ¹⁷ 'Os quatro grandes animais são quatro reinos que se levantarão na terra. ¹⁸ Mas os santos do Altíssimo receberão o reino e o possuirão para sempre; sim, para todo o sempre'.

¹⁹ "Então eu quis saber o significado do quarto animal, diferente de todos os outros e o mais aterrorizante, com seus dentes de ferro e garras de bronze, o animal que despedaçava e devorava suas vítimas, e pisoteava tudo o que sobrava. ²⁰ Também quis saber sobre os dez chifres da sua cabeça e sobre o outro chifre que surgiu para ocupar o lugar dos três chifres que caíram, o chifre que tinha olhos e uma boca que falava com arrogância. ²¹ Enquanto eu observava, esse chifre guerreava contra os santos e os derrotava, ²² até que o ancião veio e pronunciou a sentença a favor dos santos do Altíssimo; chegou a hora de eles tomarem posse do reino.

sea. ³ Four great beasts, each different from the others, came up out of the sea.

⁴ "The first was like a lion, and it had the wings of an eagle. I watched until its wings were torn off and it was lifted from the ground so that it stood on two feet like a man, and the heart of a man was given to it.

⁵ "And there before me was a second beast, which looked like a bear. It was raised up on one of its sides, and it had three ribs in its mouth between its teeth. It was told, 'Get up and eat your fill of flesh!'

⁶ "After that, I looked, and there before me was another beast, one that looked like a leopard. And on its back it had four wings like those of a bird. This beast had four heads, and it was given authority to rule.

⁷ "After that, in my vision at night I looked, and there before me was a fourth beast—terrifying and frightening and very powerful. It had large iron teeth; it crushed and devoured its victims and trampled underfoot whatever was left. It was different from all the former beasts, and it had ten horns.

⁸ "While I was thinking about the horns, there before me was another horn, a little one, which came up among them; and three of the first horns were uprooted before it. This horn had eyes like the eyes of a man and a mouth that spoke boastfully.

⁹ "As I looked,

"thrones were set in place,
   and the Ancient of Days took his seat.
His clothing was as white as snow;
   the hair of his head was white like wool.
His throne was flaming with fire,
   and its wheels were all ablaze.
¹⁰ A river of fire was flowing,
   coming out from before him.
Thousands upon thousands attended him;
   ten thousand times ten thousand stood
     before him.
The court was seated,
   and the books were opened.

¹¹ "Then I continued to watch because of the boastful words the horn was speaking. I kept looking until the beast was slain and its body destroyed and thrown into the blazing fire. ¹²(The other beasts had been stripped of their authority, but were allowed to live for a period of time.)

¹³ "In my vision at night I looked, and there before me was one like a son of man, coming with the clouds of heaven. He approached the Ancient of Days and was led into his presence. ¹⁴He was given authority, glory and sovereign power; all peoples, nations and men of every language worshiped him. His dominion is an everlasting dominion that will not pass away, and his kingdom is one that will never be destroyed.

The Interpretation of the Dream

¹⁵ "I, Daniel, was troubled in spirit, and the visions that passed through my mind disturbed me. ¹⁶ I approached one of those standing there and asked him the true meaning of all this.

"So he told me and gave me the interpretation of these things: ¹⁷ 'The four great beasts are four kingdoms that will rise from the earth. ¹⁸ But the saints of the Most High will receive the kingdom and will possess it forever—yes, for ever and ever.'

¹⁹ "Then I wanted to know the true meaning of the fourth beast, which was different from all the others and most terrifying, with its iron teeth and bronze claws—the beast that crushed and devoured its victims and trampled underfoot whatever was left. ²⁰ I also wanted to know about the ten horns on its head and about the other horn that came up, before which three of them fell— the horn that looked more imposing than the others and that had eyes and a mouth that spoke boastfully. ²¹ As I watched, this horn was waging war against the saints and defeating them, ²² until the Ancient of Days came and pronounced judgment in favor of the saints of the Most High, and the time came when they possessed the kingdom.

23 "Ele me deu a seguinte explicação: 'O quarto animal é um quarto reino que aparecerá na terra. Será diferente de todos os outros reinos e devorará a terra inteira, despedaçando-a e pisoteando-a. **24** Os dez chifres são dez reis que sairão desse reino. Depois deles um outro rei se levantará, e será diferente dos primeiros reis. **25** Ele falará contra o Altíssimo, oprimirá os seus santos e tentará mudar os tempos[a] e as leis. Os santos serão entregues nas mãos dele por um tempo, tempos[b] e meio tempo.

26 " 'Mas o tribunal o julgará, e o seu poder lhe será tirado e totalmente destruído, para sempre. **27** Então a soberania, o poder e a grandeza dos reinos que há debaixo de todo o céu serão entregues nas mãos dos santos, o povo do Altíssimo. O reino dele será um reino eterno, e todos os governantes o adorarão e lhe obedecerão'.

28 "Esse é o fim da visão. Eu, Daniel, fiquei aterrorizado por causa dos meus pensamentos e meu rosto empalideceu, mas guardei essas coisas comigo".

A Visão de Daniel: O Carneiro e o Bode

8 No terceiro ano do reinado do rei Belsazar, eu, Daniel, tive outra visão, a segunda. **2** Na minha visão eu me vi na cidadela de Susã, na província de Elão; na visão eu estava junto do canal de Ulai. **3** Olhei para cima e, diante de mim, junto ao canal, estava um carneiro; seus dois chifres eram compridos, um mais que o outro, mas o mais comprido cresceu depois do outro. **4** Observei o carneiro enquanto ele avançava para o oeste, para o norte e para o sul. Nenhum animal conseguia resistir-lhe, e ninguém podia livrar-se do seu poder. Ele fazia o que bem desejava e foi ficando cada vez maior.

5 Enquanto eu considerava isso, de repente um bode, com um chifre enorme entre os olhos, veio do oeste, percorrendo toda a extensão da terra sem encostar no chão. **6** Ele veio na direção do carneiro de dois chifres que eu tinha visto ao lado do canal, e avançou contra ele com grande fúria. **7** Eu o vi atacar furiosamente o carneiro, atingi-lo e quebrar os seus dois chifres. O carneiro não teve forças para resistir a ele; o bode o derrubou no chão e o pisoteou, e ninguém foi capaz de livrar o carneiro do seu poder. **8** O bode tornou-se muito grande, mas no auge da sua força o seu grande chifre foi quebrado, e em seu lugar cresceram quatro chifres enormes, na direção dos quatro ventos da terra.

9 De um deles saiu um pequeno chifre, que logo cresceu em poder na direção do sul, do leste e da Terra Magnífica. **10** Cresceu até alcançar o exército dos céus, e atirou na terra parte do exército das estrelas e os pisoteou. **11** Tanto cresceu que chegou a desafiar o príncipe do exército; suprimiu o sacrifício diário oferecido ao príncipe, e o local do santuário foi destruído. **12** Por causa da rebelião, o exército dos santos e o sacrifício diário foram dados ao chifre. Ele tinha êxito em tudo o que fazia, e a verdade foi lançada por terra.

13 Então ouvi dois anjos[c] conversando, e um deles perguntou ao outro: "Quanto tempo durarão os acontecimentos anunciados por esta visão? Até quando será suprimido o sacrifício diário e a rebelião devastadora prevalecerá? Até quando o santuário e o exército ficarão entregues ao poder do chifre e serão pisoteados?"

14 Ele me disse: "Isso tudo levará duas mil e trezentas tardes e manhãs; então o santuário será reconsagrado".

A Interpretação da Visão

15 Enquanto eu, Daniel, observava a visão e tentava entendê-la, diante de mim apareceu um ser que parecia homem. **16** E ouvi a voz de um homem que vinha do Ulai: "Gabriel, dê a esse homem o significado da visão".

17 Quando ele se aproximou de mim, fiquei aterrorizado e caí prostrado. Ele me disse: "Filho do homem, saiba que a visão refere-se aos tempos do fim".

23 "He gave me this explanation: 'The fourth beast is a fourth kingdom that will appear on earth. It will be different from all the other kingdoms and will devour the whole earth, trampling it down and crushing it. **24** The ten horns are ten kings who will come from this kingdom. After them another king will arise, different from the earlier ones; he will subdue three kings. **25** He will speak against the Most High and oppress his saints and try to change the set times and the laws. The saints will be handed over to him for a time, times and half a time.[a]

26 " 'But the court will sit, and his power will be taken away and completely destroyed forever. **27** Then the sovereignty, power and greatness of the kingdoms under the whole heaven will be handed over to the saints, the people of the Most High. His kingdom will be an everlasting kingdom, and all rulers will worship and obey him.'

28 "This is the end of the matter. I, Daniel, was deeply troubled by my thoughts, and my face turned pale, but I kept the matter to myself."

Daniel's Vision of a Ram and a Goat

8 In the third year of King Belshazzar's reign, I, Daniel, had a vision, after the one that had already appeared to me. **2** In my vision I saw myself in the citadel of Susa in the province of Elam; in the vision I was beside the Ulai Canal. **3** I looked up, and there before me was a ram with two horns, standing beside the canal, and the horns were long. One of the horns was longer than the other but grew up later. **4** I watched the ram as he charged toward the west and the north and the south. No animal could stand against him, and none could rescue from his power. He did as he pleased and became great.

5 As I was thinking about this, suddenly a goat with a prominent horn between his eyes came from the west, crossing the whole earth without touching the ground. **6** He came toward the two-horned ram I had seen standing beside the canal and charged at him in great rage. **7** I saw him attack the ram furiously, striking the ram and shattering his two horns. The ram was powerless to stand against him; the goat knocked him to the ground and trampled on him, and none could rescue the ram from his power. **8** The goat became very great, but at the height of his power his large horn was broken off, and in its place four prominent horns grew up toward the four winds of heaven.

9 Out of one of them came another horn, which started small but grew in power to the south and to the east and toward the Beautiful Land. **10** It grew until it reached the host of the heavens, and it threw some of the starry host down to the earth and trampled on them. **11** It set itself up to be as great as the Prince of the host; it took away the daily sacrifice from him, and the place of his sanctuary was brought low. **12** Because of rebellion, the host *of the saints*[b] and the daily sacrifice were given over to it. It prospered in everything it did, and truth was thrown to the ground.

13 Then I heard a holy one speaking, and another holy one said to him, "How long will it take for the vision to be fulfilled—the vision concerning the daily sacrifice, the rebellion that causes desolation, and the surrender of the sanctuary and of the host that will be trampled underfoot?"

14 He said to me, "It will take 2,300 evenings and mornings; then the sanctuary will be reconsecrated."

The Interpretation of the Vision

15 While I, Daniel, was watching the vision and trying to understand it, there before me stood one who looked like a man. **16** And I heard a man's voice from the Ulai calling, "Gabriel, tell this man the meaning of the vision."

17 As he came near the place where I was standing, I was terrified and fell prostrate. "Son of man," he said to me, "understand that the vision concerns the time of the end."

---

a7.25 Ou *o calendário*; ou ainda *as festas religiosas* **b**7.25 Ou *dois tempos* **c**8.13 Hebraico: *santos*.

a7:25 Or *for a year, two years and half a year* **b**8:12 Or *rebellion, the armies*

18 Enquanto ele falava comigo, eu, com o rosto em terra, perdi os sentidos. Então ele tocou em mim e me pôs em pé.

19 E disse: "Vou contar-lhe o que acontecerá depois, no tempo da ira, pois a visão se refere ao tempo do fim. **20** O carneiro de dois chifres que você viu representa os reis da Média e da Pérsia. **21** O bode peludo é o rei da Grécia, e o grande chifre entre os seus olhos é o primeiro rei. **22** Os quatro chifres que tomaram o lugar do chifre que foi quebrado são quatro reis. Seus reinos surgirão da nação daquele rei, mas não terão o mesmo poder.

23 "No final do reinado deles, quando a rebelião dos ímpios tiver chegado ao máximo, surgirá um rei de duro semblante, mestre em astúcias. **24** Ele se tornará muito forte, mas não pelo seu próprio poder. Provocará devastações terríveis e será bem-sucedido em tudo o que fizer. Destruirá os homens poderosos e o povo santo. **25** Com o intuito de prosperar, ele enganará a muitos e se considerará superior aos outros. Destruirá muitos que nele confiam[a] e se insurgirá contra o Príncipe dos príncipes. Apesar disso, ele será destruído, mas não pelo poder dos homens.

26 "A visão das tardes e das manhãs que você recebeu é verdadeira; sele[b] porém a visão, pois refere-se ao futuro distante".

27 Eu, Daniel, fiquei exausto e doente por vários dias. Depois levantei-me e voltei a cuidar dos negócios do rei. Fiquei assustado com a visão; estava além da compreensão humana.

A Oração de Daniel

9 Dario, filho de Xerxes[c], da linhagem dos medos, foi constituído governante do reino babilônio[d]. **2** No primeiro ano do seu reinado, eu, Daniel, compreendi pelas Escrituras, conforme a palavra do Senhor dada ao profeta Jeremias, que a desolação de Jerusalém iria durar setenta anos. **3** Por isso me voltei para o Senhor Deus com orações e súplicas, em jejum, em pano de saco e coberto de cinza.

4 Orei ao Senhor, o meu Deus, e confessei:

Ó Senhor, Deus grande e temível, que manténs a tua aliança de amor com todos aqueles que te amam e obedecem aos teus mandamentos, **5** nós temos cometido pecado e somos culpados. Temos sido ímpios e rebeldes, e nos afastamos dos teus mandamentos e das tuas leis. **6** Não demos ouvido aos teus servos, os profetas, que falaram em teu nome aos nossos reis, aos nossos líderes e aos nossos antepassados, e a todo o teu povo.

7 Senhor, tu és justo, e hoje estamos envergonhados. Sim, nós, o povo de Judá, de Jerusalém e de todo o Israel, tanto os que estão perto como os que estão distantes, em todas as terras pelas quais nos espalhaste por causa de nossa infidelidade para contigo. **8** Ó Senhor, nós e nossos reis, nossos líderes e nossos antepassados estamos envergonhados por termos pecado contra ti. **9** O Senhor nosso Deus é misericordioso e perdoador, apesar de termos sido rebeldes; **10** não te demos ouvidos, Senhor nosso Deus, nem obedecemos às leis que nos deste por meio dos teus servos, os profetas. **11** Todo o Israel transgrediu a tua lei e se desviou, recusando-se a te ouvir.

Por isso as maldições e as pragas escritas na Lei de Moisés, servo de Deus, têm sido derramadas sobre nós, porque pecamos contra ti. **12** Cumpriste a palavra proferida contra nós e contra os nossos governantes, trazendo-nos grande desgraça. Debaixo de todo o céu jamais se fez algo como o que foi feito a Jerusalém. **13** Conforme está escrito na Lei de Moisés, toda essa desgraça nos atingiu, e ainda assim não temos buscado o favor do Senhor, o nosso Deus, afastando-nos de nossas maldades e obedecendo à tua verdade. **14** O Senhor não hesitou em trazer des-

18 While he was speaking to me, I was in a deep sleep, with my face to the ground. Then he touched me and raised me to my feet.

19 He said: "I am going to tell you what will happen later in the time of wrath, because the vision concerns the appointed time of the end.[a] **20** The two-horned ram that you saw represents the kings of Media and Persia. **21** The shaggy goat is the king of Greece, and the large horn between his eyes is the first king. **22** The four horns that replaced the one that was broken off represent four kingdoms that will emerge from his nation but will not have the same power.

23 "In the latter part of their reign, when rebels have become completely wicked, a stern-faced king, a master of intrigue, will arise. **24** He will become very strong, but not by his own power. He will cause astounding devastation and will succeed in whatever he does. He will destroy the mighty men and the holy people. **25** He will cause deceit to prosper, and he will consider himself superior. When they feel secure, he will destroy many and take his stand against the Prince of princes. Yet he will be destroyed, but not by human power.

26 "The vision of the evenings and mornings that has been given you is true, but seal up the vision, for it concerns the distant future."

27 I, Daniel, was exhausted and lay ill for several days. Then I got up and went about the king's business. I was appalled by the vision; it was beyond understanding.

Daniel's Prayer

9 In the first year of Darius son of Xerxes[b] (a Mede by descent), who was made ruler over the Babylonian[c] kingdom— **2** in the first year of his reign, I, Daniel, understood from the Scriptures, according to the word of the Lord given to Jeremiah the prophet, that the desolation of Jerusalem would last seventy years. **3** So I turned to the Lord God and pleaded with him in prayer and petition, in fasting, and in sackcloth and ashes.

4 I prayed to the Lord my God and confessed:

"O Lord, the great and awesome God, who keeps his covenant of love with all who love him and obey his commands, **5** we have sinned and done wrong. We have been wicked and have rebelled; we have turned away from your commands and laws. **6** We have not listened to your servants the prophets, who spoke in your name to our kings, our princes and our fathers, and to all the people of the land.

7 "Lord, you are righteous, but this day we are covered with shame—the men of Judah and people of Jerusalem and all Israel, both near and far, in all the countries where you have scattered us because of our unfaithfulness to you. **8** O Lord, we and our kings, our princes and our fathers are covered with shame because we have sinned against you. **9** The Lord our God is merciful and forgiving, even though we have rebelled against him; **10** we have not obeyed the Lord our God or kept the laws he gave us through his servants the prophets. **11** All Israel has transgressed your law and turned away, refusing to obey you.

"Therefore the curses and sworn judgments written in the Law of Moses, the servant of God, have been poured out on us, because we have sinned against you. **12** You have fulfilled the words spoken against us and against our rulers by bringing upon us great disaster. Under the whole heaven nothing has ever been done like what has been done to Jerusalem. **13** Just as it is written in the Law of Moses, all this disaster has come upon us, yet we have not sought the favor of the Lord our God by turning from our sins and giving attention to your truth. **14** The Lord did not hesitate to bring the disaster upon us, for the

---

8.25 Ou *que vivem em paz* **8.26** Ou *guarde em segredo* **9.1** Hebraico: *Assuero*, variante do nome persa *Xerxes.* **9.1** Hebraico: *caldeu.*

8:19 Or *because the end will be at the appointed time* **9:1** Hebrew *Ahasuerus* **9:1** Or *Chaldean*

graça sobre nós, pois o Senhor, o nosso Deus, é justo em tudo o que faz; ainda assim nós não lhe temos dado atenção. **15** Ó Senhor nosso Deus, que tiraste o teu povo do Egito com mão poderosa e que fizeste para ti um nome que permanece até hoje, nós temos cometido pecado e somos culpados. **16** Agora Senhor, conforme todos os teus feitos justos, afasta de Jerusalém, da tua cidade, do teu santo monte, a tua ira e a tua indignação. Os nossos pecados e as iniquidades de nossos antepassados fizeram de Jerusalém e do teu povo objeto de zombaria para todos os que nos rodeiam. **17** Ouve, nosso Deus, as orações e as súplicas do teu servo. Por amor de ti, Senhor, olha com bondade paraᵃ o teu santuário abandonado. **18** Inclina os teus ouvidos, ó Deus, e ouve; abre os teus olhos e vê a desolação da cidade que leva o teu nome. Não te fazemos pedidos por sermos justos, mas por causa da tua grande misericórdia. **19** Senhor, ouve! Senhor, perdoa! Senhor, vê e age! Por amor de ti, meu Deus, não te demores, pois a tua cidade e o teu povo levam o teu nome.

As Setenta Semanas

20 Enquanto eu estava falando e orando, confessando o meu pecado e o pecado de Israel, meu povo, e trazendo o meu pedido ao Senhor, o meu Deus, em favor do seu santo monte — **21** enquanto eu ainda estava em oração, Gabriel, o homem que eu tinha visto na visão anterior, veio voando rapidamente para onde eu estava, à hora do sacrifício da tarde. **22** Ele me instruiu e me disse: "Daniel, agora vim para dar-lhe percepção e entendimento. **23** Assim que você começou a orar, houve uma resposta, que eu lhe trouxe porque você é muito amado. Por isso, preste atenção à mensagem para entender a visão:

24 "Setenta semanas estão decretadas para o seu povo e sua santa cidade a fim de acabar comᵇ a transgressão, dar fim ao pecado, expiar as culpas, trazer justiça eterna, cumprir a visão e a profecia, e ungir o santíssimoᶜ.

25 "Saiba e entenda que, a partir da promulgação do decreto que manda restaurar e reconstruir Jerusalém até que o Ungido, o líder, venha, haverá sete semanas, e sessenta e duas semanas. Ela será reconstruída com ruas e murosᵈ, mas em tempos difíceis. **26** Depois das sessenta e duas semanas, o Ungido será morto, e já não haverá lugar para ele. A cidade e o Lugar Santo serão destruídos pelo povo do governante que virá. O fim virá como uma inundação: guerras continuarão até o fim, e desolações foram decretadas. **27** Com muitos ele fará uma aliança que durará uma semana. No meio da semana ele dará fim ao sacrifício e à oferta. E numa ala do templo será colocado o sacrilégio terrível, até que chegue sobre eleᵉ o fim que lhe está decretado".

A Visão do Homem Vestido de Linho

10 No terceiro ano de Ciro, rei da Pérsia, Daniel, chamado Beltessazar, recebeu uma revelação. A mensagem era verdadeira e falava de uma grande guerraᶠ. Na visão que teve, ele entendeu a mensagem.

2 Naquela ocasião eu, Daniel, passei três semanas chorando. **3** Não comi nada saboroso; carne e vinho nem provei; e não usei nenhuma essência aromática, até se passarem as três semanas.

4 No vigésimo quarto dia do primeiro mês, estava eu em pé junto à margem de um grande rio, o Tigre. **5** Olhei para cima, e diante de mim estava um homem vestido de linho, com um cinto de ouro puríssimo na cintura. **6** Seu corpo era como berilo,

Lᴏʀᴅ our God is righteous in everything he does; yet we have not obeyed him.

15 "Now, O Lord our God, who brought your people out of Egypt with a mighty hand and who made for yourself a name that endures to this day, we have sinned, we have done wrong. **16** O Lord, in keeping with all your righteous acts, turn away your anger and your wrath from Jerusalem, your city, your holy hill. Our sins and the iniquities of our fathers have made Jerusalem and your people an object of scorn to all those around us.

17 "Now, our God, hear the prayers and petitions of your servant. For your sake, O Lord, look with favor on your desolate sanctuary. **18** Give ear, O God, and hear; open your eyes and see the desolation of the city that bears your Name. We do not make requests of you because we are righteous, but because of your great mercy. **19** O Lord, listen! O Lord, forgive! O Lord, hear and act! For your sake, O my God, do not delay, because your city and your people bear your Name."

The Seventy "Sevens"

20 While I was speaking and praying, confessing my sin and the sin of my people Israel and making my request to the Lᴏʀᴅ my God for his holy hill— **21** while I was still in prayer, Gabriel, the man I had seen in the earlier vision, came to me in swift flight about the time of the evening sacrifice. **22** He instructed me and said to me, "Daniel, I have now come to give you insight and understanding. **23** As soon as you began to pray, an answer was given, which I have come to tell you, for you are highly esteemed. Therefore, consider the message and understand the vision:

24 "Seventy 'sevens'ᵃ are decreed for your people and your holy city to finishᵇ transgression, to put an end to sin, to atone for wickedness, to bring in everlasting righteousness, to seal up vision and prophecy and to anoint the most holy.ᶜ

25 "Know and understand this: From the issuing of the decreeᵈ to restore and rebuild Jerusalem until the Anointed One,ᵉ the ruler, comes, there will be seven 'sevens,' and sixty-two 'sevens.' It will be rebuilt with streets and a trench, but in times of trouble. **26** After the sixty-two 'sevens,' the Anointed One will be cut off and will have nothing.ᶠ The people of the ruler who will come will destroy the city and the sanctuary. The end will come like a flood: War will continue until the end, and desolations have been decreed. **27** He will confirm a covenant with many for one 'seven.'ᵍ In the middle of the 'seven'ʰ he will put an end to sacrifice and offering. And on a wing ∟of the temple ⌐ he will set up an abomination that causes desolation, until the end that is decreed is poured out on him.ⁱ" ʲ

Daniel's Vision of a Man

10 In the third year of Cyrus king of Persia, a revelation was given to Daniel (who was called Belteshazzar). Its message was true and it concerned a great war.ᵏ The understanding of the message came to him in a vision.

2 At that time I, Daniel, mourned for three weeks. **3** I ate no choice food; no meat or wine touched my lips; and I used no lotions at all until the three weeks were over.

4 On the twenty-fourth day of the first month, as I was standing on the bank of the great river, the Tigris, **5** I looked up and there before me was a man dressed in linen, with a belt of the finest gold around his waist. **6** His body was like chrysolite, his

---

ᵃ9.17 Hebraico: *faze resplandecer o teu rosto sobre.* ᵇ9.24 Ou *para restringir* ᶜ9.24 Ou *o Lugar Santíssimo* ᵈ9.25 Ou *trincheiras* ᵉ9.27 Ou *sobre isso* ᶠ10.1 Ou *falava de tempos difíceis*

ᵃ9:24 Or *'weeks'*; also in verses 25 and 26 ᵇ9:24 Or *restrain* ᶜ9:24 Or *Most Holy Place*; or *most holy One* ᵈ9:25 Or *word* ᵉ9:25 Or *an anointed one*; also in verse 26 ᶠ9:26 Or *off and will have no one*; or *off, but because of your great mercy.* ᵍ9:27 Or *'week'* ʰ9:27 Or *'week'* ⁱ9:27 Or *it* ʲ9:27 Or *And one who causes desolation will come upon the pinnacle of the abominable temple, until the end that is decreed is poured out on the desolated city* ᵏ10:1 Or *true and burdensome*

o rosto como relâmpago, os olhos como tochas acesas, os braços e pernas como o reflexo do bronze polido, e a sua voz era como o som de uma multidão.

7 Somente eu, Daniel, tive a visão; os que me acompanhavam nada viram, mas foram tomados de tanto pavor que fugiram e se esconderam. **8** Assim fiquei sozinho, olhando para aquela grande visão; fiquei sem forças, muito pálido, e quase desfaleci. **9** Então eu o ouvi falando e, ao ouvi-lo, caí prostrado, rosto em terra, e perdi os sentidos.

10 Em seguida, a mão de alguém tocou em mim e me pôs sobre as minhas mãos e os meus joelhos vacilantes. **11** E ele disse: "Daniel, você é muito amado. Preste bem atenção ao que vou lhe falar; levante-se, pois eu fui enviado a você". Quando ele me disse isso, pus-me em pé, tremendo.

12 E ele prosseguiu: "Não tenha medo, Daniel. Desde o primeiro dia em que você decidiu buscar entendimento e humilhar-se diante do seu Deus, suas palavras foram ouvidas, e eu vim em resposta a elas. **13** Mas o príncipe do reino da Pérsia me resistiu durante vinte e um dias. Então Miguel, um dos príncipes supremos, veio em minha ajuda, pois eu fui impedido de continuar ali com os reis da Pérsia. **14** Agora vim explicar-lhe o que acontecerá ao seu povo no futuro, pois a visão se refere a uma época futura".

15 Quando ele me disse isso, prostrei-me, rosto em terra, sem conseguir falar. **16** Então um ser que parecia homem[a] tocou nos meus lábios, e eu abri a minha boca e comecei a falar. Eu disse àquele que estava em pé diante de mim: Estou angustiado por causa da visão, meu senhor, e quase desfaleço. **17** Como posso eu, teu servo, conversar contigo, meu senhor? Minhas forças se foram, e mal posso respirar.

18 O ser que parecia homem tocou em mim outra vez e me deu forças. **19** Ele disse: "Não tenha medo, você, que é muito amado. Que a paz seja com você! Seja forte! Seja forte!"

Ditas essas palavras, senti-me fortalecido e disse: Fala, meu senhor, visto que me deste forças.

20 Então ele me disse: "Você sabe por que vim? Tenho que voltar para lutar contra o príncipe da Pérsia e, logo que eu for, chegará o príncipe da Grécia; **21** mas antes lhe revelarei o que está escrito no Livro da Verdade. E nessa luta ninguém me ajuda contra eles, senão Miguel, o príncipe de vocês,

11 sendo que, no primeiro ano de Dario, rei dos medos, ajudei-o e dei-lhe apoio.

Os Reis do Sul e os Reis do Norte

2 "Agora, pois, vou dar-lhe a conhecer a verdade: Outros três reis aparecerão na Pérsia, e depois virá um quarto rei, que será bem mais rico do que os anteriores. Depois de conquistar o poder com sua riqueza, instigará todos contra o reino da Grécia. **3** Então surgirá um rei guerreiro, que governará com grande poder e fará o que quiser. **4** Logo depois de estabelecido[b], o seu império se desfará e será repartido para os quatro ventos do céu. Não passará para os seus descendentes, e o império não será poderoso como antes, pois será desarraigado e entregue a outros.

5 "O rei do sul se tornará forte, mas um dos seus príncipes se tornará ainda mais forte que ele e governará o seu próprio reino com grande poder. **6** Depois de alguns anos, eles se tornarão aliados. A filha do rei do sul fará um tratado com o rei do norte, mas ela não manterá o seu poder, nem ele conservará o dele[c]. Naqueles dias ela será entregue à morte, com sua escolta real e com seu pai[d] e com aquele que a apoiou.

7 "Alguém da linhagem dela se levantará para tomar-lhe o lugar. Ele atacará as forças do rei do norte e invadirá a sua

face like lightning, his eyes like flaming torches, his arms and legs like the gleam of burnished bronze, and his voice like the sound of a multitude.

7 I, Daniel, was the only one who saw the vision; the men with me did not see it, but such terror overwhelmed them that they fled and hid themselves. **8** So I was left alone, gazing at this great vision; I had no strength left, my face turned deathly pale and I was helpless. **9** Then I heard him speaking, and as I listened to him, I fell into a deep sleep, my face to the ground.

10 A hand touched me and set me trembling on my hands and knees. **11** He said, "Daniel, you who are highly esteemed, consider carefully the words I am about to speak to you, and stand up, for I have now been sent to you." And when he said this to me, I stood up trembling.

12 Then he continued, "Do not be afraid, Daniel. Since the first day that you set your mind to gain understanding and to humble yourself before your God, your words were heard, and I have come in response to them. **13** But the prince of the Persian kingdom resisted me twenty-one days. Then Michael, one of the chief princes, came to help me, because I was detained there with the king of Persia. **14** Now I have come to explain to you what will happen to your people in the future, for the vision concerns a time yet to come."

15 While he was saying this to me, I bowed with my face toward the ground and was speechless. **16** Then one who looked like a man[a] touched my lips, and I opened my mouth and began to speak. I said to the one standing before me, "I am overcome with anguish because of the vision, my lord, and I am helpless. **17** How can I, your servant, talk with you, my lord? My strength is gone and I can hardly breathe."

18 Again the one who looked like a man touched me and gave me strength. **19** "Do not be afraid, O man highly esteemed," he said. "Peace! Be strong now; be strong."

When he spoke to me, I was strengthened and said, "Speak, my lord, since you have given me strength."

20 So he said, "Do you know why I have come to you? Soon I will return to fight against the prince of Persia, and when I go, the prince of Greece will come; **21** but first I will tell you what is written in the Book of Truth. (No one supports me against them except Michael, your prince.

11 And in the first year of Darius the Mede, I took my stand to support and protect him.)

The Kings of the South and the North

2 "Now then, I tell you the truth: Three more kings will appear in Persia, and then a fourth, who will be far richer than all the others. When he has gained power by his wealth, he will stir up everyone against the kingdom of Greece. **3** Then a mighty king will appear, who will rule with great power and do as he pleases. **4** After he has appeared, his empire will be broken up and parceled out toward the four winds of heaven. It will not go to his descendants, nor will it have the power he exercised, because his empire will be uprooted and given to others.

5 "The king of the South will become strong, but one of his commanders will become even stronger than he and will rule his own kingdom with great power. **6** After some years, they will become allies. The daughter of the king of the South will go to the king of the North to make an alliance, but she will not retain her power, and he and his power[b] will not last. In those days she will be handed over, together with her royal escort and her father and the one who supported her.

7 "One from her family line will arise to take her place. He will attack the forces of the king of the North and enter his fortress;

---

[a]**10.16** Conforme a maioria dos manuscritos do Texto Massorético. Os manuscritos do mar Morto e a Septuaginta dizem *algo que se parecia com a mão de um homem* [b]**11.4** Ou *No auge do seu poder,* [c]**11.6** Ou *se casará com o rei do norte para garantir um tratado, mas ela não manterá o seu poder e sua descendência não subsistirá* [d]**11.6** Ou *filho;* com base na Vulgata e na Versão Siríaca.

[a]**10:16** Most manuscripts of the Masoretic Text; one manuscript of the Masoretic Text, Dead Sea Scrolls and Septuagint *Then something that looked like a man's hand* [b]**11:6** Or *offspring* [c]**11:6** Or *child* (see Vulgate and Syriac)

fortaleza; lutará contra elas e será vitorioso. **8** Também tomará os deuses deles, as suas imagens de metal e os seus utensílios valiosos de prata e de ouro, e os levará para o Egito. Por alguns anos ele deixará o rei do norte em paz. **9** Então o rei do norte invadirá as terras do rei do sul, mas terá que se retirar para a sua própria terra. **10** Seus filhos se prepararão para a guerra e reunirão um grande exército, que avançará como uma inundação irresistível e levará os combates até a fortaleza do rei do sul.

11 "Em face disso, o rei do sul marchará furioso para combater o rei do norte, que o enfrentará com um enorme exército, mas, apesar disso, será derrotado. **12** Quando o exército for vencido, o rei do sul se encherá de orgulho e matará milhares, mas o seu triunfo será breve. **13** Pois o rei do norte reunirá outro exército, maior que o primeiro; depois de alguns anos voltará a atacá-lo com um exército enorme e bem equipado.

14 "Naquela época muitos se rebelarão contra o rei do sul. E os homens violentos do povo a que você pertence se revoltarão para cumprirem esta visão, mas não terão sucesso. **15** Então o rei do norte virá, construirá rampas de cerco e conquistará uma cidade fortificada. As forças do sul serão incapazes de resistir; mesmo as suas melhores tropas não terão forças para resistir. **16** O invasor fará o que bem entender; ninguém conseguirá detê-lo. Ele se instalará na Terra Magnífica e terá poder para destruí-la. **17** Virá com o poder de todo o seu reino e fará uma aliança com o rei do sul. Ele lhe dará uma filha em casamento a fim de derrubar o reino, mas o seu plano[a] não terá sucesso e em nada o ajudará. **18** Então ele voltará a atenção para as regiões costeiras e se apossará de muitas delas, mas um comandante reagirá com arrogância à arrogância dele e lhe dará fim. **19** Depois disso ele se dirigirá para as fortalezas de sua própria terra, mas tropeçará e cairá, para nunca mais aparecer.

20 "Seu sucessor enviará um cobrador de impostos para manter o esplendor real. Contudo, em poucos anos ele será destruído, sem necessidade de ira nem de combate.

21 "Ele será sucedido por um ser desprezível, a quem não tinha sido dada a honra da realeza. Este invadirá o reino quando o povo se sentir seguro, e se apoderará do reino por meio de intrigas. **22** Então um exército avassalador será arrasado diante dele; tanto o exército como um príncipe da aliança serão destruídos. **23** Depois de um acordo feito com ele, agirá traiçoeiramente, e com apenas um pequeno grupo chegará ao poder. **24** Quando as províncias mais ricas se sentirem seguras, ele as invadirá e realizará o que nem seus pais nem seus antepassados conseguiram: distribuirá despojos, saques e riquezas entre seus seguidores. Ele tramará a tomada de fortalezas, mas só por algum tempo.

25 "Com um grande exército juntará suas forças e sua coragem contra o rei do sul. O rei do sul guerreará mobilizando um exército grande e poderoso, mas não conseguirá resistir por causa dos golpes tramados contra ele. **26** Mesmo os que estiverem sendo alimentados pelo rei tentarão destruí-lo; seu exército será arrasado, e muitos cairão em combate. **27** Os dois reis, com seu coração inclinado para o mal, sentarão à mesma mesa e mentirão um para o outro, mas sem resultado, pois o fim só virá no tempo determinado. **28** O rei do norte voltará para a sua terra com grande riqueza, mas o seu coração estará voltado contra a santa aliança. Ele empreenderá ação contra ela e depois voltará para a sua terra.

29 "No tempo determinado ele invadirá de novo o sul, mas desta vez o resultado será diferente do anterior. **30** Navios das regiões da costa ocidental[b] se oporão a ele, e ele perderá o ânimo. Então despejará sua fúria contra a santa aliança e, voltando, tratará com bondade aqueles que abandonarem a santa aliança.

he will fight against them and be victorious. **8** He will also seize their gods, their metal images and their valuable articles of silver and gold and carry them off to Egypt. For some years he will leave the king of the North alone. **9** Then the king of the North will invade the realm of the king of the South but will retreat to his own country. **10** His sons will prepare for war and assemble a great army, which will sweep on like an irresistible flood and carry the battle as far as his fortress.

11 "Then the king of the South will march out in a rage and fight against the king of the North, who will raise a large army, but it will be defeated. **12** When the army is carried off, the king of the South will be filled with pride and will slaughter many thousands, yet he will not remain triumphant. **13** For the king of the North will muster another army, larger than the first; and after several years, he will advance with a huge army fully equipped.

14 "In those times many will rise against the king of the South. The violent men among your own people will rebel in fulfillment of the vision, but without success. **15** Then the king of the North will come and build up siege ramps and will capture a fortified city. The forces of the South will be powerless to resist; even their best troops will not have the strength to stand. **16** The invader will do as he pleases; no one will be able to stand against him. He will establish himself in the Beautiful Land and will have the power to destroy it. **17** He will determine to come with the might of his entire kingdom and will make an alliance with the king of the South. And he will give him a daughter in marriage in order to overthrow the kingdom, but his plans[a] will not succeed or help him. **18** Then he will turn his attention to the coastlands and will take many of them, but a commander will put an end to his insolence and will turn his insolence back upon him. **19** After this, he will turn back toward the fortresses of his own country but will stumble and fall, to be seen no more.

20 "His successor will send out a tax collector to maintain the royal splendor. In a few years, however, he will be destroyed, yet not in anger or in battle.

21 "He will be succeeded by a contemptible person who has not been given the honor of royalty. He will invade the kingdom when its people feel secure, and he will seize it through intrigue. **22** Then an overwhelming army will be swept away before him; both it and a prince of the covenant will be destroyed. **23** After coming to an agreement with him, he will act deceitfully, and with only a few people he will rise to power. **24** When the richest provinces feel secure, he will invade them and will achieve what neither his fathers nor his forefathers did. He will distribute plunder, loot and wealth among his followers. He will plot the overthrow of fortresses—but only for a time.

25 "With a large army he will stir up his strength and courage against the king of the South. The king of the South will wage war with a large and very powerful army, but he will not be able to stand because of the plots devised against him. **26** Those who eat from the king's provisions will try to destroy him; his army will be swept away, and many will fall in battle. **27** The two kings, with their hearts bent on evil, will sit at the same table and lie to each other, but to no avail, because an end will still come at the appointed time. **28** The king of the North will return to his own country with great wealth, but his heart will be set against the holy covenant. He will take action against it and then return to his own country.

29 "At the appointed time he will invade the South again, but this time the outcome will be different from what it was before. **30** Ships of the western coastlands[b] will oppose him, and he will lose heart. Then he will turn back and vent his fury against the holy covenant. He will return and show favor to those who forsake the holy covenant.

---

[a]11.17 Ou *mas ela* [b]11.30 Hebraico: *navios de Quitim.*

[a]11:17 Or *but she* [b]11:30 Hebrew *of Kittim*

31 "Suas forças armadas se levantarão para profanar a fortaleza e o templo, acabarão com o sacrifício diário e colocarão no templo o sacrilégio terrível. **32** Com lisonjas corromperá aqueles que tiverem violado a aliança, mas o povo que conhece o seu Deus resistirá com firmeza.

33 "Aqueles que são sábios instruirão a muitos, mas por certo período cairão à espada e serão queimados, capturados e saqueados. **34** Quando caírem, receberão uma pequena ajuda, e muitos que não são sinceros se juntarão a eles. **35** Alguns dos sábios tropeçarão para que sejam refinados, purificados e alvejados até a época do fim, pois isso só acontecerá no tempo determinado.

O Rei Arrogante

36 "O rei fará o que bem entender. Ele se exaltará e se engrandecerá acima de todos os deuses e dirá coisas jamais ouvidas contra o Deus dos deuses. Ele terá sucesso até que o tempo da ira se complete, pois o que foi decidido irá acontecer. **37** Ele não terá consideração pelos deuses dos seus antepassados nem pelo deus preferido das mulheres, nem por deus algum, mas se exaltará acima deles todos. **38** Em seu lugar adorará um deus das fortalezas; um deus desconhecido de seus antepassados ele honrará com ouro e prata, com pedras preciosas e presentes caros. **39** Atacará as fortalezas mais poderosas com a ajuda de um deus estrangeiro e dará grande honra àqueles que o reconhecerem. Ele os fará governantes sobre muitos e distribuirá a terra, mas a um preço elevado[a].

40 "No tempo do fim o rei do sul se envolverá em combate, e o rei do norte o atacará com carros e cavaleiros e uma grande frota de navios. Ele invadirá muitos países e avançará por eles como uma inundação. **41** Também invadirá a Terra Magnífica. Muitos países cairão, mas Edom, Moabe e os líderes de Amom ficarão livres da sua mão. **42** Ele estenderá o seu poder sobre muitos países; o Egito não escapará, **43** pois esse rei terá o controle dos tesouros de ouro e de prata e de todas as riquezas do Egito; os líbios e os núbios a ele se submeterão. **44** Mas, informações provenientes do leste e do norte o deixarão alarmado, e irado partirá para destruir e aniquilar muito povo. **45** Armará suas tendas reais entre os mares, no[b] belo e santo monte. No entanto, ele chegará ao seu fim, e ninguém o socorrerá.

Os Tempos do Fim

12 "Naquela ocasião Miguel, o grande príncipe que protege o seu povo, se levantará. Haverá um tempo de angústia como nunca houve desde o início das nações até então. Mas naquela ocasião o seu povo, todo aquele cujo nome está escrito no livro, será liberto. **2** Multidões que dormem no pó da terra acordarão: uns para a vida eterna, outros para a vergonha, para o desprezo eterno. **3** Aqueles que são sábios[c] reluzirão como o fulgor do céu, e aqueles que conduzem muitos à justiça serão como as estrelas, para todo o sempre. **4** Mas você, Daniel, feche com um selo as palavras do livro até o tempo do fim. Muitos irão por todo lado em busca de maior conhecimento."

5 Então eu, Daniel, olhei, e diante de mim estavam dois outros anjos, um na margem de cá do rio e outro na margem de lá. **6** Um deles disse ao homem vestido de linho, que estava acima das águas do rio: "Quanto tempo decorrerá antes que se cumpram essas coisas extraordinárias?"

7 O homem vestido de linho, que estava acima das águas do rio, ergueu para o céu a mão direita e a mão esquerda, e eu o ouvi jurar por aquele que vive para sempre, dizendo: "Haverá um tempo, tempos[d] e meio tempo. Quando o poder do povo santo for finalmente quebrado, todas essas coisas se cumprirão".

The King Who Exalts Himself

31 "His armed forces will rise up to desecrate the temple fortress and will abolish the daily sacrifice. Then they will set up the abomination that causes desolation. **32** With flattery he will corrupt those who have violated the covenant, but the people who know their God will firmly resist him.

33 "Those who are wise will instruct many, though for a time they will fall by the sword or be burned or captured or plundered. **34** When they fall, they will receive a little help, and many who are not sincere will join them. **35** Some of the wise will stumble, so that they may be refined, purified and made spotless until the time of the end, for it will still come at the appointed time.

The King Who Exalts Himself

36 "The king will do as he pleases. He will exalt and magnify himself above every god and will say unheard-of things against the God of gods. He will be successful until the time of wrath is completed, for what has been determined must take place. **37** He will show no regard for the gods of his fathers or for the one desired by women, nor will he regard any god, but will exalt himself above them all. **38** Instead of them, he will honor a god of fortresses; a god unknown to his fathers he will honor with gold and silver, with precious stones and costly gifts. **39** He will attack the mightiest fortresses with the help of a foreign god and will greatly honor those who acknowledge him. He will make them rulers over many people and will distribute the land at a price.[a]

40 "At the time of the end the king of the South will engage him in battle, and the king of the North will storm out against him with chariots and cavalry and a great fleet of ships. He will invade many countries and sweep through them like a flood. **41** He will also invade the Beautiful Land. Many countries will fall, but Edom, Moab and the leaders of Ammon will be delivered from his hand. **42** He will extend his power over many countries; Egypt will not escape. **43** He will gain control of the treasures of gold and silver and all the riches of Egypt, with the Libyans and Nubians in submission. **44** But reports from the east and the north will alarm him, and he will set out in a great rage to destroy and annihilate many. **45** He will pitch his royal tents between the seas at[b] the beautiful holy mountain. Yet he will come to his end, and no one will help him.

The End Times

12 "At that time Michael, the great prince who protects your people, will arise. There will be a time of distress such as has not happened from the beginning of nations until then. But at that time your people—everyone whose name is found written in the book—will be delivered. **2** Multitudes who sleep in the dust of the earth will awake: some to everlasting life, others to shame and everlasting contempt. **3** Those who are wise[c] will shine like the brightness of the heavens, and those who lead many to righteousness, like the stars for ever and ever. **4** But you, Daniel, close up and seal the words of the scroll until the time of the end. Many will go here and there to increase knowledge."

5 Then I, Daniel, looked, and there before me stood two others, one on this bank of the river and one on the opposite bank. **6** One of them said to the man clothed in linen, who was above the waters of the river, "How long will it be before these astonishing things are fulfilled?"

7 The man clothed in linen, who was above the waters of the river, lifted his right hand and his left hand toward heaven, and I heard him swear by him who lives forever, saying, "It will be for a time, times and half a time.[d] When the power of the holy people has been finally broken, all these things will be completed."

---

[a]11.39 Ou *terra como recompensa* [b]11.45 Ou *entre o mar e o* [c]12.3 Ou *que dão sabedoria* [d]12.7 Ou *dois tempos*

[a]11:39 Or *land for a reward* [b]11:45 Or *the sea and* [c]12:3 Or *who impart wisdom* [d]12:7 Or *a year, two years and half a year*

8 Eu ouvi, mas não compreendi. Por isso perguntei: "Meu senhor, qual será o resultado disso tudo?"

9 Ele respondeu: "Siga o seu caminho, Daniel, pois as palavras estão seladas e lacradas até o tempo do fim. **10** Muitos serão purificados, alvejados e refinados, mas os ímpios continuarão ímpios. Nenhum dos ímpios levará isto em consideração, mas os sábios sim.

11 "Depois de abolido o sacrifício diário e colocado o sacrilégio terrível, haverá mil e duzentos e noventa dias. **12** Feliz aquele que esperar e alcançar o fim dos mil trezentos e trinta e cinco dias.

13 "Quanto a você, siga o seu caminho até o fim. Você descansará e, então, no final dos dias, você se levantará para receber a herança que lhe cabe".

Oséias

1 Palavra do Senhor que veio a Oséias, filho de Beeri, durante os reinados de Uzias, Jotão, Acaz e Ezequias, reis de Judá, e de Jeroboão, filho de Jeoás, rei de Israel.

A Mulher e os Filhos de Oséias

2 Quando o Senhor começou a falar por meio de Oséias, disse-lhe: "Vá, tome uma mulher adúltera e filhos da infidelidade, porque a nação é culpada do mais vergonhoso adultério por afastar-se do Senhor". **3** Por isso ele se casou com Gômer, filha de Diblaim; ela engravidou e lhe deu um filho.

4 Então o Senhor disse a Oséias: "Dê-lhe o no-me de Jezreel, porque logo castigarei a dinastia de Jeú por causa do massacre ocorrido em Jezreel, e darei fim ao reino de Israel. **5** Naquele dia quebrarei o arco de Israel no vale de Jezreel".

6 Gômer engravidou novamente e deu à luz uma filha. Então o Senhor disse a Oséias: "Dê-lhe o nome de Lo-Ruama[a], pois não mais mostrarei amor para com a nação de Israel, não ao ponto de perdoá-la. **7** Contudo, tratarei com amor a nação de Judá; e eu lhe concederei vitória, não pelo arco, pela espada ou por combate, nem por cavalos e cavaleiros, mas pelo Senhor, o seu Deus".

8 Depois de desmamar Lo-Ruama, Gômer teve outro filho. **9** Então o Senhor disse: "Dê-lhe o nome de Lo-Ami[b], pois vocês não são meu povo, e eu não sou seu Deus.

10 "Contudo os israelitas ainda serão como a areia da praia, que não se pode medir nem contar. No lugar onde se dizia a eles: 'Vocês não são meu povo', eles serão chamados 'filhos do Deus vivo'. **11** O povo de Judá e o povo de Israel serão reunidos, e eles designarão para si um só líder, e se levantarão da terra, pois será grande o dia de Jezreel.

2 "Chamem a seus irmãos 'meu povo', e a suas irmãs 'minhas amadas'.

Castigo e Restauração de Israel

2 "Repreendam sua mãe,
repreendam-na,
pois ela não é minha mulher,
e eu não sou seu marido.
Que ela retire do rosto o sinal de adúltera
e do meio dos seios a infidelidade.
3 Do contrário, eu a deixarei nua
como no dia em que nasceu;
farei dela um deserto,
uma terra ressequida,
e a matarei de sede.
4 Não tratarei com amor os seus filhos,
porque são filhos de adultério.

8 I heard, but I did not understand. So I asked, "My lord, what will the outcome of all this be?"

9 He replied, "Go your way, Daniel, because the words are closed up and sealed until the time of the end. **10** Many will be purified, made spotless and refined, but the wicked will continue to be wicked. None of the wicked will understand, but those who are wise will understand.

11 "From the time that the daily sacrifice is abolished and the abomination that causes desolation is set up, there will be 1,290 days. **12** Blessed is the one who waits for and reaches the end of the 1,335 days.

13 "As for you, go your way till the end. You will rest, and then at the end of the days you will rise to receive your allotted inheritance."

Hosea

1 The word of the Lord that came to Hosea son of Beeri during the reigns of Uzziah, Jotham, Ahaz and Hezekiah, kings of Judah, and during the reign of Jeroboam son of Jehoash[a] king of Israel:

Hosea's Wife and Children

2 When the Lord began to speak through Hosea, the Lord said to him, "Go, take to yourself an adulterous wife and children of unfaithfulness, because the land is guilty of the vilest adultery in departing from the Lord." **3** So he married Gomer daughter of Diblaim, and she conceived and bore him a son.

4 Then the Lord said to Hosea, "Call him Jezreel, because I will soon punish the house of Jehu for the massacre at Jezreel, and I will put an end to the kingdom of Israel. **5** In that day I will break Israel's bow in the Valley of Jezreel."

6 Gomer conceived again and gave birth to a daughter. Then the Lord said to Hosea, "Call her Lo-Ruhamah,[a] for I will no longer show love to the house of Israel, that I should at all forgive them. **7** Yet I will show love to the house of Judah; and I will save them—not by bow, sword or battle, or by horses and horsemen, but by the Lord their God."

8 After she had weaned Lo-Ruhamah, Gomer had another son. **9** Then the Lord said, "Call him Lo-Ammi,[b] for you are not my people, and I am not your God.

10 "Yet the Israelites will be like the sand on the seashore, which cannot be measured or counted. In the place where it was said to them, 'You are not my people,' they will be called 'sons of the living God.' **11** The people of Judah and the people of Israel will be reunited, and they will appoint one leader and will come up out of the land, for great will be the day of Jezreel.

2 "Say of your brothers, 'My people,' and of your sisters, 'My loved one.'

Israel Punished and Restored

2 "Rebuke your mother, rebuke her,
for she is not my wife,
and I am not her husband.
Let her remove the adulterous look from her face
and the unfaithfulness from between her breasts.
3 Otherwise I will strip her naked
and make her as bare as on the day she
was born;
I will make her like a desert,
turn her into a parched land,
and slay her with thirst.
4 I will not show my love to her children,
because they are the children of adultery.

---

5 A mãe deles foi infiel,
    engravidou deles
    e está coberta de vergonha.
Pois ela disse:
    'Irei atrás dos meus amantes,
    que me dão comida, água,
    lã, linho, azeite e bebida'.
6 Por isso bloquearei o seu caminho
    com espinheiros;
eu a cercarei de tal modo
    que ela não poderá encontrar
    o seu caminho.
7 Ela correrá atrás dos seus amantes,
    mas não os alcançará;
procurará por eles,
    mas não os encontrará.
Então ela dirá:
    'Voltarei a estar com o meu marido
    como no início,
pois eu estava bem melhor
    do que agora'.
8 Ela não reconheceu que fui eu
    quem lhe deu o trigo,
    o vinho e o azeite,
    quem a cobriu de ouro e de prata,
    que depois usaram para Baal.

9 "Por isso levarei o meu trigo
    quando ele amadurecer,
e o meu vinho quando ficar pronto.
Arrancarei dela minha lã e meu linho,
    que serviam para cobrir a sua nudez.
10 Pois agora vou expor a sua lascívia
    diante dos olhos dos seus amantes;
ninguém a livrará das minhas mãos.
11 Acabarei com a sua alegria:
    suas festas anuais,
    suas luas novas,
    seus dias de sábado
    e todas as suas festas fixas.
12 Arruinarei suas videiras
    e suas figueiras,
que, segundo ela, foi pagamento
    recebido de seus amantes;
farei delas um matagal,
    e os animais selvagens as devorarão.
13 Eu a castigarei pelos dias
    em que queimou incenso
    aos baalins;
ela se enfeitou com anéis e jóias,
    e foi atrás dos seus amantes,
mas de mim, ela se esqueceu",
    declara o Senhor.

14 "Portanto, agora vou atraí-la;
vou levá-la para o deserto
    e falar-lhe com carinho.
15 Ali devolverei a ela as suas vinhas,
    e farei do vale de Acor[a]
    uma porta de esperança.
Ali ela me responderá
    como nos dias de sua infância,
como no dia em que saiu do Egito.

16 "Naquele dia", declara o Senhor,
    "você me chamará 'meu marido';
    não me chamará mais 'meu senhor[b]'.
17 Tirarei dos seus lábios
    os nomes dos baalins;
    seus nomes não serão mais invocados.

5 Their mother has been unfaithful
    and has conceived them in disgrace.
She said, 'I will go after my lovers,
    who give me my food and my water,
    my wool and my linen, my oil and my drink.'
6 Therefore I will block her path
    with thornbushes;
I will wall her in so that she cannot find
    her way.
7 She will chase after her lovers but not
    catch them;
    she will look for them but not find them.
Then she will say,
    'I will go back to my husband as at first,
    for then I was better off than now.'
8 She has not acknowledged that I was the one
    who gave her the grain, the new wine and oil,
    who lavished on her the silver and gold—
    which they used for Baal.

9 "Therefore I will take away my grain when
    it ripens,
    and my new wine when it is ready.
I will take back my wool and my linen,
    intended to cover her nakedness.
10 So now I will expose her lewdness
    before the eyes of her lovers;
    no one will take her out of my hands.
11 I will stop all her celebrations:
    her yearly festivals, her New Moons,
    her Sabbath days—all her appointed feasts.
12 I will ruin her vines and her fig trees,
    which she said were her pay from her lovers;
I will make them a thicket,
    and wild animals will devour them.
13 I will punish her for the days
    she burned incense to the Baals;
    she decked herself with rings and jewelry,
    and went after her lovers,
    but me she forgot,"
                   declares the Lord.

14 "Therefore I am now going to allure her;
    I will lead her into the desert
    and speak tenderly to her.
15 There I will give her back her vineyards,
    and will make the Valley of Achor[a] a door
    of hope.
There she will sing[b] as in the days of her youth,
    as in the day she came up out of Egypt.

16 "In that day," declares the Lord,
    "you will call me 'my husband';
    you will no longer call me 'my master.[c]'
17 I will remove the names of the Baals from
    her lips;
    no longer will their names be invoked.

---

a2.15 *Acor* significa *problemas.* **b2.16** Hebraico: *Baal.*   **a2:15** *Achor* means *trouble.* **b2:15** Or *respond* **c2:16** Hebrew *baal*

18 Naquele dia, em favor deles farei
um acordo
com os animais do campo,
com as aves do céu
e com os animais
que rastejam pelo chão.
Arco, espada e guerra,
eu os abolirei da terra,
para que todos possam viver em paz.
19 Eu me casarei com você para sempre;
eu me casarei com você
com justiça e retidão,
com amor e compaixão.
20 Eu me casarei com você
com fidelidade,
e você reconhecerá o Senhor.
21 "Naquele dia eu responderei",
declara o Senhor.
"Responderei aos céus,
e eles responderão à terra;
22 e a terra responderá ao cereal,
ao vinho e ao azeite,
e eles responderão a Jezreel.
23 Eu a plantarei para mim mesmo
na terra;
tratarei com amor
aquela que chamei Não-amada*ᵇ*.
Direi àquele chamado
Não-meu-povo*ᶜ*: Você é meu povo,
e ele dirá: 'Tu és o meu Deus'. "

A Reconciliação de Oséias com sua Mulher

3 O Senhor me disse: "Vá, trate novamente com amor sua mulher, apesar de ela ser amada por outro e ser adúltera. Ame-a como o Senhor ama os israelitas, apesar de eles se voltarem para outros deuses e de amarem os bolos sagrados de uvas passas"

2 Por isso eu a comprei por cento e oitenta gramas*ᵈ* de prata e um barril e meio*ᵉ* de cevada. **3** E eu lhe disse: Você viverá comigo*ᶠ* por muitos dias; não será mais prostituta nem pertencerá a nenhum outro homem, e eu viverei com*ᵍ* você.

4 Pois os israelitas viverão muitos dias sem rei e sem líder, sem sacrifício e sem colunas sagradas, sem colete sacerdotal e sem ídolos de família. **5** Depois disso os israelitas voltarão e buscarão o Senhor, o seu Deus, e Davi, seu rei. Virão tremendo atrás do Senhor e das suas bênçãos, nos últimos dias.

A Acusação contra Israel

4 Israelitas, ouçam a palavra
do Senhor,
porque o Senhor tem uma acusação
contra vocês que vivem nesta terra:
"A fidelidade e o amor
desapareceram desta terra,
como também o conhecimento de Deus.
2 Só se vêem maldição, mentira
e assassinatos,
roubo e mais roubo,
adultério e mais adultério;
ultrapassam todos os limites!
E o derramamento de sangue
é constante.
3 Por isso a terra pranteia*ʰ*,

---

18 In that day I will make a covenant for them
with the beasts of the field and the birds
of the air
and the creatures that move along the ground.
Bow and sword and battle
I will abolish from the land,
so that all may lie down in safety.
19 I will betroth you to me forever;
I will betroth you in*ᵃ* righteousness
and justice,
in*ᵇ* love and compassion.
20 I will betroth you in faithfulness,
and you will acknowledge the Lord.
21 "In that day I will respond,"
declares the Lord—
"I will respond to the skies,
and they will respond to the earth;
22 and the earth will respond to the grain,
the new wine and oil,
and they will respond to Jezreel.*ᶜ*
23 I will plant her for myself in the land;
I will show my love to the one I called 'Not my loved one.'*ᵈ*
I will say to those called 'Not my people,'*ᵉ* 'You
are my people';
and they will say, 'You are my God.' "

Hosea's Reconciliation With His Wife

3 The Lord said to me, "Go, show your love to your wife again, though she is loved by another and is an adulteress. Love her as the Lord loves the Israelites, though they turn to other gods and love the sacred raisin cakes."

2 So I bought her for fifteen shekels*ᶠ* of silver and about a homer and a lethek*ᵍ* of barley. **3** Then I told her, "You are to live with*ʰ* me many days; you must not be a prostitute or be intimate with any man, and I will live with*ⁱ* you."

4 For the Israelites will live many days without king or prince, without sacrifice or sacred stones, without ephod or idol. **5** Afterward the Israelites will return and seek the Lord their God and David their king. They will come trembling to the Lord and to his blessings in the last days.

The Charge Against Israel

4 Hear the word of the Lord, you Israelites,
because the Lord has a charge to bring
against you who live in the land:
"There is no faithfulness, no love,
no acknowledgment of God in the land.
2 There is only cursing,*ʲ* lying and murder,
stealing and adultery;
they break all bounds,
and bloodshed follows bloodshed.
3 Because of this the land mourns,*ᵏ*

---

*ᵃ*2.22 *Jezreel* significa *Deus planta*. *ᵇ*2.23 Hebraico: *Lo-Ruama*. *ᶜ*2.23 Hebraico: *Lo-Ami*. *ᵈ*3.2 Hebraico: *15 siclos*. Um siclo equivalia a 12 gramas. *ᵉ*3.2 Hebraico: *1 hômer e meio*. O hômer era uma medida de capacidade para secos. As estimativas variam entre 200 e 400 litros. *ᶠ*3.3 Ou *esperará por mim* *ᵍ*3.3 Ou *eu esperarei por* *ʰ*4.3 Ou *está seca*

*ᵃ*2:19 Or *with*; also in verse 20 *ᵇ*2:19 Or *with* *ᶜ*2:22 *Jezreel* means *God plants*. *ᵈ*2:23 Hebrew *Lo-Ruhamah* *ᵉ*2:23 Hebrew *Lo-Ammi* *ᶠ*3:2 That is, about 6 ounces (about 170 grams) *ᵍ*3:2 That is, probably about 10 bushels (about 330 liters) *ʰ*3:3 Or *wait for* *ⁱ*3:3 Or *wait for* *ʲ*4:2 That is, to pronounce a curse upon *ᵏ*4:3 Or *dries up*

e todos os seus habitantes desfalecem;
os animais do campo, as aves do céu
e os peixes do mar estão morrendo.

⁴ "Mas, que ninguém discuta,
    que ninguém faça acusação,
pois sou eu quem acusa os sacerdotes.
⁵ Vocês tropeçam dia e noite,
    e os profetas tropeçam com vocês.
Por isso destruirei sua mãe.
⁶ Meu povo foi destruído
    por falta de conhecimento.

"Uma vez que vocês rejeitaram
    o conhecimento,
eu também os rejeito
    como meus sacerdotes;
uma vez que vocês ignoraram
    a lei do seu Deus,
eu também ignorarei seus filhos.
⁷ Quanto mais aumentaram
    os sacerdotes,
mais eles pecaram contra mim;
trocaram a Glória delesª
    por algo vergonhoso.
⁸ Eles se alimentam
    dos pecados do meu povo
e têm prazer em sua iniquidade.
⁹ Portanto, castigarei tanto o povo
    quanto os sacerdotes
    por causa dos seus caminhos,
e lhes retribuirei seus atos.

¹⁰ "Eles comerão,
    mas não terão o suficiente;
eles se prostituirão,
    mas não aumentarão a prole,
porque abandonaram o Senhor
    para se entregarem
¹¹ à prostituição,
    ao vinho velho e ao novo,
prejudicando o discernimento
    do meu povo.
¹² Eles pedem conselhos
    a um ídolo de madeira,
e de um pedaço de pau
    recebem resposta.
Um espírito de prostituição
    os leva a desviar-se;
eles são infiéis ao seu Deus.
¹³ Sacrificam no alto dos montes
    e queimam incenso nas colinas,
debaixo de um carvalho,
    de um estoraqueᵇ
    ou de um terebintoᶜ,
    onde a sombra é agradável.
Por isso as suas filhas se prostituem
    e as suas noras adulteram.

¹⁴ "Não castigarei suas filhas
    por se prostituírem,
nem suas noras
    por adulterarem,
porque os próprios homens
    se associam a meretrizes
e participam dos sacrifícios oferecidos
    pelas prostitutas cultuais —

and all who live in it waste away;
    the beasts of the field and the birds of the air
    and the fish of the sea are dying.

⁴ "But let no man bring a charge,
    let no man accuse another,
for your people are like those
    who bring charges against a priest.
⁵ You stumble day and night,
    and the prophets stumble with you.
So I will destroy your mother—
⁶   my people are destroyed from lack of
        knowledge.

"Because you have rejected knowledge,
    I also reject you as my priests;
because you have ignored the law of your God,
    I also will ignore your children.
⁷ The more the priests increased,
    the more they sinned against me;
they exchangedª theirᵇ Glory for
        something disgraceful.
⁸ They feed on the sins of my people
    and relish their wickedness.
⁹ And it will be: Like people, like priests.
    I will punish both of them for their ways
    and repay them for their deeds.

¹⁰ "They will eat but not have enough;
    they will engage in prostitution but
        not increase,
because they have deserted the Lord
    to give themselves ¹¹ to prostitution,
to old wine and new,
    which take away the understanding ¹² of
        my people.
They consult a wooden idol
    and are answered by a stick of wood.
A spirit of prostitution leads them astray;
    they are unfaithful to their God.
¹³ They sacrifice on the mountaintops
    and burn offerings on the hills,
under oak, poplar and terebinth,
    where the shade is pleasant.
Therefore your daughters turn to prostitution
    and your daughters-in-law to adultery.

¹⁴ "I will not punish your daughters
    when they turn to prostitution,
nor your daughters-in-law
    when they commit adultery,
because the men themselves consort with harlots
    and sacrifice with shrine prostitutes—

ª4.7 Conforme a Versão Siríaca e uma antiga tradição dos escribas hebreus. O Texto Massorético diz *trocarei a minha glória.* ᵇ4.13 Ou *benjoim,* um arbusto ornamental, de origem asiática, da família das estiracáceas. ᶜ4.13 Árvore que, com incisão, produz goma aromática.

ª4:7 Syriac and an ancient Hebrew scribal tradition; Masoretic Text *I will exchange* ᵇ4:7 Masoretic Text; an ancient Hebrew scribal tradition *my*

um povo sem entendimento
    precipita-se à ruína!

15 "Embora você adultere, ó Israel,
    que Judá não se torne culpada!

"Deixem de ir a Gilgal;
    não subam a Bete-Ávenª.
E não digam:
    'Juro pelo nome do SENHOR!'
16 Os israelitas são rebeldes
    como bezerra indomável.
Como pode o SENHOR apascentá-los
    como cordeiros na campina?
17 Efraim aliou-se a ídolos;
    deixem-no só!
18 Mesmo quando acaba a bebida,
    eles continuam em sua prostituição;
seus governantes amam profundamente
    os caminhos vergonhosos.
19 Um redemoinho os varrerá para longe,
    e os seus altares lhes trarão vergonha.

Julgamento contra Israel

5 "Ouçam isto, sacerdotes!
    Atenção, israelitas!
Escute, ó família real!
    Esta sentença é contra vocês:
Vocês têm sido
    uma armadilha em Mispá,
uma rede estendida
    sobre o monte Tabor.
2 Os rebeldes estão
    envolvidos em matança.
Eu disciplinarei todos eles.
3 Conheço Efraim;
    Israel não pode se esconder de mim.
Efraim, agora você se lançou
    à prostituição;
Israel se corrompeu.

4 "Suas ações não lhes permitem
    voltar para o seu Deus.
Um espírito de prostituição
    está no coração deles;
não reconhecem o SENHOR.
5 A arrogância de Israel
    testifica contra eles;
Israel e Efraim tropeçam
    em seu pecado;
Judá também tropeça com eles.
6 Quando eles forem buscar o SENHOR
    com todos os seus rebanhos
e com todo o seu gado,
    não o encontrarão;
ele se afastou deles.
7 Traíram o SENHOR;
    geraram filhos ilegítimos.
Agora suas festas de lua nova
    os devorarão, tanto a eles
    como as suas plantações.

8 "Toquem a trombeta em Gibeá,
    e a corneta em Ramá.
Dêem o grito de guerra em Bete-Áven;
    esteja na vanguarda, ó Benjamim.
9 Efraim será arrasado
    no dia do castigo.

a people without understanding will come
    to ruin!

15 "Though you commit adultery, O Israel,
    let not Judah become guilty.

"Do not go to Gilgal;
    do not go up to Beth Aven.ª
And do not swear, 'As surely as the LORD lives!'
16 The Israelites are stubborn,
    like a stubborn heifer.
How then can the LORD pasture them
    like lambs in a meadow?
17 Ephraim is joined to idols;
    leave him alone!
18 Even when their drinks are gone,
    they continue their prostitution;
their rulers dearly love shameful ways.
19 A whirlwind will sweep them away,
    and their sacrifices will bring them shame.

Judgment Against Israel

5 "Hear this, you priests!
    Pay attention, you Israelites!
Listen, O royal house!
    This judgment is against you:
You have been a snare at Mizpah,
    a net spread out on Tabor.
2 The rebels are deep in slaughter.
    I will discipline all of them.
3 I know all about Ephraim;
    Israel is not hidden from me.
Ephraim, you have now turned to prostitution;
    Israel is corrupt.

4 "Their deeds do not permit them
    to return to their God.
A spirit of prostitution is in their heart;
    they do not acknowledge the LORD.
5 Israel's arrogance testifies against them;
    the Israelites, even Ephraim, stumble in
        their sin;
Judah also stumbles with them.
6 When they go with their flocks and herds
    to seek the LORD,
they will not find him;
    he has withdrawn himself from them.
7 They are unfaithful to the LORD;
    they give birth to illegitimate children.
Now their New Moon festivals
    will devour them and their fields.

8 "Sound the trumpet in Gibeah,
    the horn in Ramah.
Raise the battle cry in Beth Avenᵇ;
    lead on, O Benjamin.
9 Ephraim will be laid waste
    on the day of reckoning.

ª4.15 *Bete-Áven* significa *casa da impiedade* (um nome para *Betel*, que significa *casa de Deus*).

ª4:15 *Beth Aven* means *house of wickedness* (a name for Bethel, which means *house of God*). ᵇ5:8 *Beth Aven* means *house of wickedness* (a name for Bethel, which means *house of God*).

Entre as tribos de Israel
    eu proclamo o que acontecerá.
10 Os líderes de Judá são como os que
    mudam os marcos dos limites.
Derramarei sobre eles a minha ira
    como uma inundação.
11 Efraim está oprimido,
    esmagado pelo juízo,
porque decidiu ir atrás de ídolos.
12 Sou como uma traça para Efraim,
    como podridão para o povo de Judá.

13 "Quando Efraim viu a sua enfermidade,
    e Judá os seus tumores,
Efraim se voltou para a Assíria,
    e mandou buscar a ajuda do grande rei.
Mas ele não tem condições
    de curar vocês,
nem pode sarar os seus tumores.
14 Pois serei como um leão para Efraim,
    e como um leão grande para Judá.
Eu os despedaçarei e irei embora;
eu os levarei
    sem que ninguém possa livrá-los.
15 Então voltarei ao meu lugar
    até que eles admitam sua culpa.
Eles buscarão a minha face;
    em sua necessidade
    eles me buscarão ansiosamente".

Israel Obstinado

6 "Venham, voltemos para o Senhor.
Ele nos despedaçou,
    mas nos trará cura;
ele nos feriu,
    mas sarará nossas feridas.
2 Depois de dois dias
    ele nos dará vida novamente;
ao terceiro dia nos restaurará,
    para que vivamos em sua presença.
3 Conheçamos o Senhor;
    esforcemo-nos por conhecê-lo.
Tão certo como nasce o sol,
    ele aparecerá;
virá para nós como as chuvas de inverno,
como as chuvas de primavera
    que regam a terra."

4 "Que posso fazer com você, Efraim?
    Que posso fazer com você, Judá?
Seu amor é como a neblina da manhã,
como o primeiro orvalho
    que logo evapora.
5 Por isso eu os despedacei
    por meio dos meus profetas,
eu os matei com as palavras
    da minha boca;
os meus juízos reluziram
    como relâmpagos sobre vocês.
6 Pois desejo misericórdia,
    e não sacrifícios;
conhecimento de Deus
    em vez de holocaustos[a].
7 Na cidade de Adão[b],
    eles quebraram a aliança,
    e me foram infiéis.
8 Gileade é uma cidade de ímpios,
    maculada de sangue.

Among the tribes of Israel
    I proclaim what is certain.
10 Judah's leaders are like those
    who move boundary stones.
I will pour out my wrath on them
    like a flood of water.
11 Ephraim is oppressed,
    trampled in judgment,
    intent on pursuing idols.[a]
12 I am like a moth to Ephraim,
    like rot to the people of Judah.

13 "When Ephraim saw his sickness,
    and Judah his sores,
then Ephraim turned to Assyria,
    and sent to the great king for help.
But he is not able to cure you,
    not able to heal your sores.
14 For I will be like a lion to Ephraim,
    like a great lion to Judah.
I will tear them to pieces and go away;
    I will carry them off, with no one to
        rescue them.
15 Then I will go back to my place
    until they admit their guilt.
And they will seek my face;
    in their misery they will earnestly seek me."

Israel Unrepentant

6 "Come, let us return to the Lord.
He has torn us to pieces
    but he will heal us;
he has injured us
    but he will bind up our wounds.
2 After two days he will revive us;
    on the third day he will restore us,
    that we may live in his presence.
3 Let us acknowledge the Lord;
    let us press on to acknowledge him.
As surely as the sun rises,
    he will appear;
he will come to us like the winter rains,
    like the spring rains that water the earth."

4 "What can I do with you, Ephraim?
    What can I do with you, Judah?
Your love is like the morning mist,
    like the early dew that disappears.
5 Therefore I cut you in pieces with my prophets,
    I killed you with the words of my mouth;
    my judgments flashed like lightning
        upon you.
6 For I desire mercy, not sacrifice,
    and acknowledgment of God rather than burnt
        offerings.
7 Like Adam,[b] they have broken the covenant—
    they were unfaithful to me there.
8 Gilead is a city of wicked men,
    stained with footprints of blood.

---

a6.6 Isto é, sacrifícios totalmente queimados. **b**6.7 Ou *Como em Adão*; ou ainda *Como homens*

a5:11 The meaning of the Hebrew for this word is uncertain. **b**6:7 Or *As at Adam*; or *Like men*

9 Assim como os assaltantes
   ficam de emboscada
   à espera de um homem,
assim fazem também
   os bandos de sacerdotes;
eles assassinam na estrada de Siquém
   e cometem outros crimes vergonhosos.
10 Vi uma coisa terrível na terra de Israel.
   Ali Efraim se prostitui,
   e Israel está contaminado.

11 "Também para você, Judá,
   foi determinada uma colheita
para quando eu trouxer de volta
   o meu povo,

7

"Quando eu tento curar Israel,
   o mal de Efraim fica exposto
   e os crimes de Samaria são revelados.
Pois praticam o engano,
   ladrões entram nas casas,
   bandidos roubam nas ruas;
2 mas eles não percebem que
   eu me lembro de todas
   as suas más obras.
Seus pecados os envolvem;
   eu os vejo constantemente.

3 "Eles alegram o rei
   com as suas impiedades,
os líderes, com as suas mentiras.
4 São todos adúlteros,
   queimando como um forno
cujo fogo o padeiro não precisa atiçar,
   desde quando sova a massa
até quando a faz crescer.
5 No dia da festa de nosso rei
   os líderes são inflamados
   pelo vinho,
e o rei dá as mãos aos zombadores.
6 Quando se aproximam
   com suas intrigas,
   seus corações ardem como um forno.
A fúria deles arde lentamente,
   a noite toda;
pela manhã queima
   como chama abrasadora.
7 Todos eles se esquentam
   como um forno,
   e devoram os seus governantes.
Todos os seus reis caem,
   e ninguém clama a mim.

8 "Efraim mistura-se com as nações;
   Efraim é um bolo que não foi virado.
9 Estrangeiros sugam sua força,
   mas ele não o percebe.
Seu cabelo vai ficando grisalho,[a]
   mas ele nem repara nisso.
10 A arrogância de Israel
   testifica contra ele,
mas, apesar de tudo isso,
   ele não se volta para o Senhor,
   para o seu Deus,
e não o busca.

11 "Efraim é como uma pomba
   facilmente enganada
   e sem entendimento;
ora apela para o Egito,
   ora volta-se para a Assíria.

9 As marauders lie in ambush for a man,
   so do bands of priests;
they murder on the road to Shechem,
   committing shameful crimes.
10 I have seen a horrible thing
   in the house of Israel.
There Ephraim is given to prostitution
   and Israel is defiled.

11 "Also for you, Judah,
   a harvest is appointed.

"Whenever I would restore the fortunes of
   my people,

7

whenever I would heal Israel,
   the sins of Ephraim are exposed
   and the crimes of Samaria revealed.
They practice deceit,
   thieves break into houses,
   bandits rob in the streets;
2 but they do not realize
   that I remember all their evil deeds.
Their sins engulf them;
   they are always before me.

3 "They delight the king with their wickedness,
   the princes with their lies.
4 They are all adulterers,
   burning like an oven
whose fire the baker need not stir
   from the kneading of the dough till it rises.
5 On the day of the festival of our king
   the princes become inflamed with wine,
   and he joins hands with the mockers.
6 Their hearts are like an oven;
   they approach him with intrigue.
Their passion smolders all night;
   in the morning it blazes like a flaming fire.
7 All of them are hot as an oven;
   they devour their rulers.
All their kings fall,
   and none of them calls on me.

8 "Ephraim mixes with the nations;
   Ephraim is a flat cake not turned over.
9 Foreigners sap his strength,
   but he does not realize it.
His hair is sprinkled with gray,
   but he does not notice.
10 Israel's arrogance testifies against him,
   but despite all this
he does not return to the Lord his God
   or search for him.

11 "Ephraim is like a dove,
   easily deceived and senseless—
now calling to Egypt,
   now turning to Assyria.

---

[a] 7.9 Hebraico: *A cinza espalha-se pelo seu cabelo.*

12 Quando se forem,
    atirarei sobre eles a minha rede;
eu os farei descer como as aves dos céus.
    Quando os ouvir em sua reunião,
    eu os apanharei.
13 Ai deles,
    porque se afastaram de mim!
Destruição venha sobre eles,
    porque se rebelaram contra mim!
Eu desejo redimi-los, mas eles
    falam mentiras a meu respeito.
14 Eles não clamam a mim
    do fundo do coração
    quando gemem orando em suas camas.
Ajuntam-se[a] por causa do trigo
    e do vinho,
mas se afastam de mim.
15 Eu os ensinei e os fortaleci,
    mas eles tramam o mal contra mim.
16 Eles não se voltam para o Altíssimo;
    são como um arco defeituoso.
Seus líderes serão mortos à espada
    por causa de suas palavras
    insolentes.
E por isso serão ridicularizados
    no Egito.

O Castigo de Israel

8 "Coloquem a trombeta
    em seus lábios!
Ele vem ameaçador como uma águia
    sobre o templo do SENHOR,
porquanto quebraram a minha aliança
    e se rebelaram contra a minha Lei.
2 Israel clama a mim:
    'Ó nosso Deus, nós te reconhecemos!'
3 Mas Israel rejeitou o que é bom;
    um inimigo o perseguirá.
4 Eles instituíram reis
    sem o meu consentimento;
escolheram líderes
    sem a minha aprovação.
Com prata e ouro
    fizeram ídolos para si,
para a sua própria destruição.
5 Lance fora o seu ídolo
    em forma de bezerro, ó Samaria!
A minha ira se acende contra eles.
Até quando serão incapazes de pureza?
6 Este bezerro procede de Israel!
    Um escultor o fez.
Ele não é Deus.
Será partido em pedaços
    o bezerro de Samaria.
7 "Eles semeiam vento
    e colhem tempestade.
Talo sem espiga;
    que não produz farinha.
Ainda que produzisse trigo,
    estrangeiros o devorariam.
8 Israel é devorado;
    agora está entre as nações
    como algo sem valor;
9 foi para a Assíria.
O jumento selvagem mantém-se livre,
    mas Efraim vendeu-se
    para os seus amantes.

12 When they go, I will throw my net over them;
    I will pull them down like birds of the air.
When I hear them flocking together,
    I will catch them.
13 Woe to them,
    because they have strayed from me!
Destruction to them,
    because they have rebelled against me!
I long to redeem them
    but they speak lies against me.
14 They do not cry out to me from their hearts
    but wail upon their beds.
They gather together[a] for grain and new wine
    but turn away from me.
15 I trained them and strengthened them,
    but they plot evil against me.
16 They do not turn to the Most High;
    they are like a faulty bow.
Their leaders will fall by the sword
    because of their insolent words.
For this they will be ridiculed
    in the land of Egypt.

Israel to Reap the Whirlwind

8 "Put the trumpet to your lips!
    An eagle is over the house of the LORD
because the people have broken my covenant
    and rebelled against my law.
2 Israel cries out to me,
    'O our God, we acknowledge you!'
3 But Israel has rejected what is good;
    an enemy will pursue him.
4 They set up kings without my consent;
    they choose princes without my approval.
With their silver and gold
    they make idols for themselves
    to their own destruction.
5 Throw out your calf-idol, O Samaria!
    My anger burns against them.
How long will they be incapable of purity?
6   They are from Israel!
This calf—a craftsman has made it;
    it is not God.
It will be broken in pieces,
    that calf of Samaria.
7 "They sow the wind
    and reap the whirlwind.
The stalk has no head;
    it will produce no flour.
Were it to yield grain,
    foreigners would swallow it up.
8 Israel is swallowed up;
    now she is among the nations
    like a worthless thing.
9 For they have gone up to Assyria
    like a wild donkey wandering alone.
Ephraim has sold herself to lovers.

---

[a]**7.14** Conforme a maioria dos manuscritos do Texto Massorético. Alguns manuscritos do Texto Massorético e a Septuaginta dizem *Eles se cortam*.

[a]**7:14** Most Hebrew manuscripts; some Hebrew manuscripts and Septuagint *They slash themselves*

¹⁰ Embora tenham se vendido às nações,
    agora os ajuntarei,
  e logo começarão a definhar
    sob a opressão do poderoso rei.
¹¹ "Embora Efraim tenha construído
    muitos altares para ofertas pelo pecado,
  eles se tornaram altares para o pecado.
¹² Eu lhes escrevi
    todos os ensinos da minha Lei,
  mas eles os consideraram algo estranho.
¹³ Eles oferecem sacrifícios
    e comem a carne,
  mas o Senhor não se agrada deles.
  Doravante, ele se lembrará
    da impiedade deles
  e castigará os seus pecados:
    eles voltarão para o Egito.
¹⁴ Israel esqueceu o seu Criador
    e construiu palácios.
  Judá fortificou muitas cidades.
  Mas sobre as suas cidades
    enviarei fogo
  que consumirá suas fortalezas."

O Castigo de Israel

9 Não se regozije, ó Israel;
  não se alegre
    como as outras nações.
  Pois você se prostituiu,
    abandonando o seu Deus;
  você ama o salário da prostituição
    em cada eira de trigo.
² Os produtos da eira e do lagar
    não alimentarão o povo;
  o vinho novo lhes faltará.
³ Eles não permanecerão
    na terra do Senhor;
  Efraim voltará para o Egito,
    e na Assíria comerá comida impura.
⁴ Eles não derramarão ofertas de vinho
    para o Senhor,
  nem os seus sacrifícios lhe agradarão.
  Tais sacrifícios serão para eles
    como o pão dos pranteadores,
    que torna impuro quem o come.
  Essa comida será para eles mesmos;
    não entrará no templo do Senhor.
⁵ O que farão vocês
    no dia de suas festas fixas,
  nos dias de festa do Senhor?
⁶ Vejam! Fogem da destruição,
    mas o Egito os ajuntará,
    e Mênfis os sepultará.
  Os seus tesouros de prata
    as urtigas vão herdar;
  os cardos cobrirão totalmente
    as suas tendas.
⁷ Os dias de castigo vêm,
    os dias de punição estão chegando.
  Que Israel o saiba.
  Por serem tantos os pecados,
    e tão grande a hostilidade de vocês,
  o profeta é considerado um tolo,
    e o homem inspirado, um louco violento.
⁸ O profeta, junto ao meu Deus,
    é a sentinela que vigia Efraim;ª

¹⁰ Although they have sold themselves among
    the nations,
  I will now gather them together.
  They will begin to waste away
    under the oppression of the mighty king.
¹¹ "Though Ephraim built many altars for
    sin offerings,
  these have become altars for sinning.
¹² I wrote for them the many things of my law,
  but they regarded them as something alien.
¹³ They offer sacrifices given to me
    and they eat the meat,
  but the Lord is not pleased with them.
  Now he will remember their wickedness
    and punish their sins:
  They will return to Egypt.
¹⁴ Israel has forgotten his Maker
    and built palaces;
  Judah has fortified many towns.
  But I will send fire upon their cities
    that will consume their fortresses."

Punishment for Israel

9 Do not rejoice, O Israel;
  do not be jubilant like the other nations.
  For you have been unfaithful to your God;
    you love the wages of a prostitute
    at every threshing floor.
² Threshing floors and winepresses will not
    feed the people;
  the new wine will fail them.
³ They will not remain in the Lord's land;
  Ephraim will return to Egypt
    and eat uncleanª food in Assyria.
⁴ They will not pour out wine offerings
    to the Lord,
  nor will their sacrifices please him.
  Such sacrifices will be to them like the bread
    of mourners;
  all who eat them will be unclean.
  This food will be for themselves;
    it will not come into the temple of the Lord.
⁵ What will you do on the day of your
    appointed feasts,
  on the festival days of the Lord?
⁶ Even if they escape from destruction,
    Egypt will gather them,
    and Memphis will bury them.
  Their treasures of silver will be taken over
    by briers,
    and thorns will overrun their tents.
⁷ The days of punishment are coming,
    the days of reckoning are at hand.
  Let Israel know this.
  Because your sins are so many
    and your hostility so great,
  the prophet is considered a fool,
    the inspired man a maniac.
⁸ The prophet, along with my God,
    is the watchman over Ephraim,ᵇ

ª9.8 Ou *O profeta é a sentinela que vigia Efraim, o povo do meu Deus;*

ª9:3 That is, ceremonially unclean ᵇ9:8 Or *The prophet is the watchman over Ephraim, / the people of my God*

contudo, laços o aguardam
em todas as suas veredas,
e a hostilidade, no templo do seu Deus.
⁹Eles mergulharam na corrupção,
como nos dias de Gibeá.
Deus se lembrará de sua iniquidade
e os castigará por seus pecados.

¹⁰"Quando encontrei Israel,
foi como encontrar uvas no deserto;
quando vi os antepassados de vocês,
foi como ver
os primeiros frutos de uma figueira.
Mas, quando eles vieram a Baal-Peor,
consagraram-se
àquele ídolo vergonhoso
e se tornaram tão repugnantes
quanto aquilo que amaram.
¹¹A glória de Efraim
lhe fugirá como pássaro:
nenhum nascimento, nenhuma gravidez,
nenhuma concepção.
¹²Mesmo que criem filhos,
porei de luto cada um deles.
Ai deles quando eu me afastar!
¹³Vi Efraim,
plantado num lugar agradável,
como Tiro.
Mas Efraim entregará
seus filhos ao matador."
¹⁴Ó Senhor, que darás a eles?
Dá-lhes ventres que abortem
e seios ressecados.

¹⁵"Toda a sua impiedade
começou em Gilgal;
de fato, ali os odiei.
Por causa dos seus pecados
eu os expulsarei da minha terra.
Não os amarei mais;
todos os seus líderes são rebeldes.
¹⁶Efraim está ferido,
sua raiz está seca,
eles não produzem frutos.
Mesmo que criem filhos,
eu matarei sua prole querida."
¹⁷Meu Deus os rejeitará
porque não lhe deram ouvidos;
serão peregrinos entre as nações.

10 Israel era como videira viçosa;
cobria-se de frutos.
Quanto mais produzia,
mais altares construía;
Quanto mais sua terra prosperava,
mais enfeitava
suas colunas sagradas.
²O coração deles é enganoso,
e agora devem carregar sua culpa.
O Senhor demolirá os seus altares
e destruirá suas colunas sagradas.
³Então eles dirão:
"Não temos nenhum rei porque
não reverenciamos o Senhor.
Mas, mesmo que tivéssemos um rei,
o que ele poderia fazer por nós?"
⁴Eles fazem muitas promessas,
fazem juramentos e acordos falsos;
por isso brotam as demandas
como ervas venenosas
num campo arado.

yet snares await him on all his paths,
and hostility in the house of his God.
⁹They have sunk deep into corruption,
as in the days of Gibeah.
God will remember their wickedness
and punish them for their sins.

¹⁰"When I found Israel,
it was like finding grapes in the desert;
when I saw your fathers,
it was like seeing the early fruit on the
fig tree.
But when they came to Baal Peor,
they consecrated themselves to that
shameful idol
and became as vile as the thing they loved.
¹¹Ephraim's glory will fly away like a bird—
no birth, no pregnancy, no conception.
¹²Even if they rear children,
I will bereave them of every one.
Woe to them
when I turn away from them!
¹³I have seen Ephraim, like Tyre,
planted in a pleasant place.
But Ephraim will bring out
their children to the slayer."
¹⁴Give them, O Lord—
what will you give them?
Give them wombs that miscarry
and breasts that are dry.

¹⁵"Because of all their wickedness in Gilgal,
I hated them there.
Because of their sinful deeds,
I will drive them out of my house.
I will no longer love them;
all their leaders are rebellious.
¹⁶Ephraim is blighted,
their root is withered,
they yield no fruit.
Even if they bear children,
I will slay their cherished offspring."
¹⁷My God will reject them
because they have not obeyed him;
they will be wanderers among the nations.

10 Israel was a spreading vine;
he brought forth fruit for himself.
As his fruit increased,
he built more altars;
as his land prospered,
he adorned his sacred stones.
²Their heart is deceitful,
and now they must bear their guilt.
The Lord will demolish their altars
and destroy their sacred stones.
³Then they will say, "We have no king
because we did not revere the Lord.
But even if we had a king,
what could he do for us?"
⁴They make many promises,
take false oaths
and make agreements;
therefore lawsuits spring up
like poisonous weeds in a plowed field.

5 O povo que mora em Samaria
  teme pelo ídolo em forma de bezerro
  de Bete-Áven.ª
Seu povo pranteará por ele,
  como também
  os seus sacerdotes idólatras,
que se regozijavam
  por seu esplendor;
porque foi tirado deles
  e levado para o exílio.
6 Sim, até ele será levado para a Assíria
  como tributo para o grande rei.
Efraim sofrerá humilhação;
  e Israel será envergonhado
  por causa do seu ídolo de madeira.
7 Samaria e seu rei serão arrastados
  como um graveto nas águas.
8 Os altares da impiedadeᵇ,
  que foram os pecados de Israel,
  serão destruídos.
Espinhos e ervas daninhas crescerão
  e cobrirão os seus altares.
Então eles dirão aos montes:
  "Cubram-nos!",
e às colinas:
  "Caiam sobre nós!"

9 "Desde os dias de Gibeá,
  você pecou, ó Israel,
e permaneceu assim.
Acaso a guerra não os alcançou
  em Gibeá por causa
  dos malfeitores?
10 Quando eu quiser, os castigarei;
  nações serão reunidas contra eles
  para prendê-los
  por causa do seu duplo pecado.
11 Efraim era bezerra treinada,
  gostava muito de trilhar;
por isso colocarei
  o jugo sobre o seu belo pescoço.
Conduzirei Efraim,
Judá terá que arar,
  e Jacó fará sulcos no solo.
12 Semeiem a retidão para si,
  colham o fruto da lealdade,
e façam sulcos no seu solo não arado;
  pois é hora de buscar o SENHOR,
  até que ele venha
  e faça chover justiça sobre vocês.
13 Mas vocês plantaram a impiedade,
  colheram o mal
  e comeram o fruto do engano.
Visto que vocês têm confiado
  na sua própria força
  e nos seus muitos guerreiros,
14 o fragor da batalha se levantará
  contra vocês,
de maneira que todas as suas fortalezas
  serão devastadas,
como Salmã devastou Bete-Arbel
  no dia da batalha,
quando mães foram pisadas
  e estraçalhadas
  junto com seus filhos.
15 Assim acontecerá com você, ó Betel,
  porque a sua impiedade é grande.

5 The people who live in Samaria fear
  for the calf-idol of Beth Aven.ª
Its people will mourn over it,
  and so will its idolatrous priests,
those who had rejoiced over its splendor,
  because it is taken from them into exile.
6 It will be carried to Assyria
  as tribute for the great king.
Ephraim will be disgraced;
  Israel will be ashamed of its wooden idols.ᵇ
7 Samaria and its king will float away
  like a twig on the surface of the waters.
8 The high places of wickednessᶜ will
  be destroyed—
  it is the sin of Israel.
Thorns and thistles will grow up
  and cover their altars.
Then they will say to the mountains, "Cover us!"
  and to the hills, "Fall on us!"

9 "Since the days of Gibeah, you have sinned,
  O Israel,
  and there you have remained.ᵈ
Did not war overtake
  the evildoers in Gibeah?
10 When I please, I will punish them;
  nations will be gathered against them
  to put them in bonds for their double sin.
11 Ephraim is a trained heifer
  that loves to thresh;
so I will put a yoke
  on her fair neck.
I will drive Ephraim,
  Judah must plow,
  and Jacob must break up the ground.
12 Sow for yourselves righteousness,
  reap the fruit of unfailing love,
  and break up your unplowed ground;
  for it is time to seek the LORD,
  until he comes
  and showers righteousness on you.
13 But you have planted wickedness,
  you have reaped evil,
  you have eaten the fruit of deception.
Because you have depended on your
  own strength
  and on your many warriors,
14 the roar of battle will rise against your people,
  so that all your fortresses will be devastated—
as Shalman devastated Beth Arbel on the
  day of battle,
  when mothers were dashed to the ground with their
  children.
15 Thus will it happen to you, O Bethel,
  because your wickedness is great.

ª**10.5** *Bete-Áven* significa *casa da impiedade* (referência a *Betel*, que significa *casa de Deus*). ᵇ**10.8** Hebraico: *Áven*, uma referência a *Bete-Áven* (referência depreciativa a *Betel*).

ª**10:5** *Beth Aven* means *house of wickedness* (a name for Bethel, which means *house of God*). ᵇ**10:6** Or *its counsel* ᶜ**10:8** Hebrew *aven*, a reference to Beth Aven (a derogatory name for Bethel) ᵈ**10:9** Or *there a stand was taken*

Quando amanhecer aquele dia,
   o rei de Israel
   será completamente destruído.

O Amor de Deus por Israel

11 "Quando Israel era menino,
   eu o amei,
e do Egito chamei o meu filho.
² Mas, quanto mais eu o chamava[a],
   mais eles se afastavam de mim[b].
Eles ofereceram sacrifícios aos baalins
   e queimaram incenso
     para os ídolos esculpidos.
³ Mas fui eu quem ensinou
   Efraim a andar,
   tomando-o nos braços;
mas eles não perceberam
   que fui eu quem os curou.
⁴ Eu os conduzi
   com laços de bondade humana
   e de amor;
tirei do seu pescoço o jugo
   e me inclinei para alimentá-los.

⁵ "Acaso não voltarão ao Egito
   e a Assíria não os dominará
porque eles se recusam a arrepender-se?
⁶ A espada reluzirá em suas cidades,
   destruirá as trancas de suas portas
   e dará fim aos seus planos.
⁷ O meu povo está decidido
   a desviar-se de mim.
Embora sejam conclamados
   a servir ao Altíssimo,
de modo algum o exaltam.

⁸ "Como posso desistir de você, Efraim?
   Como posso entregá-lo
     nas mãos de outros, Israel?
Como posso tratá-lo como tratei Admá?
Como posso fazer com você
   o que fiz com Zeboim?
O meu coração está enternecido,
   despertou-se toda a minha compaixão.
⁹ Não executarei a minha ira impetuosa,
   não tornarei a destruir Efraim.
Pois sou Deus, e não homem,
   o Santo no meio de vocês.
Não virei com ira.
¹⁰ Eles seguirão o Senhor;
   ele rugirá como leão.
Quando ele rugir,
   os seus filhos virão tremendo
desde o ocidente.
¹¹ Virão voando do Egito como aves,
   da Assíria como pombas.
Eu os estabelecerei em seus lares";
   palavra do Senhor.

O Pecado de Israel

¹² Efraim me cercou de mentiras,
   a casa de Israel, de enganos,
e Judá é rebelde contra Deus,
   a saber, contra o Santo fiel.

12 Efraim alimenta-se de vento;
   corre atrás do vento oriental o dia

God's Love for Israel

11 "When Israel was a child, I loved him,
   and out of Egypt I called my son.
² But the more I[a] called Israel,
   the further they went from me.[b]
They sacrificed to the Baals
   and they burned incense to images.
³ It was I who taught Ephraim to walk,
   taking them by the arms;
but they did not realize
   it was I who healed them.
⁴ I led them with cords of human kindness,
   with ties of love;
I lifted the yoke from their neck
   and bent down to feed them.

⁵ "Will they not return to Egypt
   and will not Assyria rule over them
   because they refuse to repent?
⁶ Swords will flash in their cities,
   will destroy the bars of their gates
   and put an end to their plans.
⁷ My people are determined to turn from me.
   Even if they call to the Most High,
he will by no means exalt them.

⁸ "How can I give you up, Ephraim?
   How can I hand you over, Israel?
How can I treat you like Admah?
   How can I make you like Zeboiim?
My heart is changed within me;
   all my compassion is aroused.
⁹ I will not carry out my fierce anger,
   nor will I turn and devastate Ephraim.
For I am God, and not man—
   the Holy One among you.
I will not come in wrath.[c]
¹⁰ They will follow the Lord;
   he will roar like a lion.
When he roars,
   his children will come trembling from
     the west.
¹¹ They will come trembling
   like birds from Egypt,
   like doves from Assyria.
I will settle them in their homes,"
   declares the Lord.

Israel's Sin

¹² Ephraim has surrounded me with lies,
   the house of Israel with deceit.
And Judah is unruly against God,
   even against the faithful Holy One.

12 Ephraim feeds on the wind;
   he pursues the east wind all day

---

[a]11.2 Conforme alguns manuscritos da Septuaginta. O Texto Massorético diz *eles chamavam.* [b]11.2 Conforme a Septuaginta. O Texto Massorético diz *afasta-vam deles.*

[a]11:2 Some Septuagint manuscripts; Hebrew *they* [b]11:2 Septuagint; Hebrew *them* [c]11:9 Or *come against any city*

inteiro e multiplica mentiras e violência.
Faz tratados com a Assíria
e manda azeite para o Egito.
² O Senhor tem uma acusação
contra Judá,
e vai castigar Jacó[a]
de acordo com os seus caminhos;
de acordo com suas ações
lhe retribuirá.
³ No ventre da mãe segurou
o calcanhar de seu irmão;
como homem lutou com Deus.
⁴ Ele lutou com o anjo e saiu vencedor;
chorou e implorou o seu favor.
Em Betel encontrou a Deus,
que ali conversou com ele.
⁵ Sim, o próprio Senhor,
o Deus dos Exércitos!
Senhor é o nome
pelo qual ficou famoso.
⁶ Portanto, volte para o seu Deus,
e pratique a lealdade e a justiça;
confie sempre no seu Deus.

⁷ Como os descendentes de Canaã,
comerciantes que usam
balança desonesta
e gostam muito de extorquir,
⁸ Efraim orgulha-se e exclama:
"Como fiquei rico e abastado!
Em todos os trabalhos que realizei
não encontrarão em mim
nenhum crime ou pecado".
⁹ "Mas eu sou o Senhor, o seu Deus,
desde a terra do Egito;
farei vocês voltarem a morar em tendas,
como no dia de suas festas fixas.
¹⁰ Eu mesmo falava aos profetas,
dava-lhes muitas visões,
e por meio deles falava em parábolas."

¹¹ Como Gileade é ímpia!
Seu povo não vale nada!
Eles sacrificam bois em Gilgal,
mas os seus altares
são como montes de pedras
num campo arado.
¹² Jacó fugiu para a terra de Arã;
Israel trabalhou para obter uma mulher;
por ela cuidou de ovelhas.
¹³ O Senhor usou um profeta
para tirar Israel do Egito,
e por meio de um profeta cuidou dele.
¹⁴ Efraim amargamente
o provocou à ira;
seu Senhor fará cair sobre ele
a culpa do sangue que derramou
e lhe devolverá o seu desprezo.

A Ira do Senhor contra Israel

13 Quando Efraim falava
os homens tremiam;
ele era exaltado em Israel.
Mas tornou-se culpado
da adoração a Baal
e começou a morrer.
² Agora eles pecam cada vez mais;

---

and multiplies lies and violence.
He makes a treaty with Assyria
and sends olive oil to Egypt.
² The Lord has a charge to bring against Judah;
he will punish Jacob[a] according to his ways
and repay him according to his deeds.
³ In the womb he grasped his brother's heel;
as a man he struggled with God.
⁴ He struggled with the angel and overcame him;
he wept and begged for his favor.
He found him at Bethel
and talked with him there—
⁵ the Lord God Almighty,
the Lord is his name of renown!
⁶ But you must return to your God;
maintain love and justice,
and wait for your God always.

⁷ The merchant uses dishonest scales;
he loves to defraud.
⁸ Ephraim boasts,
"I am very rich; I have become wealthy.
With all my wealth they will not find in me
any iniquity or sin."
⁹ "I am the Lord your God,
⌊who brought you⌋ out of[b] Egypt;
I will make you live in tents again,
as in the days of your appointed feasts.
¹⁰ I spoke to the prophets,
gave them many visions
and told parables through them."

¹¹ Is Gilead wicked?
Its people are worthless!
Do they sacrifice bulls in Gilgal?
Their altars will be like piles of stones
on a plowed field.
¹² Jacob fled to the country of Aram[c];
Israel served to get a wife,
and to pay for her he tended sheep.
¹³ The Lord used a prophet to bring Israel up
from Egypt,
by a prophet he cared for him.
¹⁴ But Ephraim has bitterly provoked him
to anger;
his Lord will leave upon him the guilt of
his bloodshed
and will repay him for his contempt.

The Lord's Anger Against Israel

13 When Ephraim spoke, men trembled;
he was exalted in Israel.
But he became guilty of Baal worship
and died.
² Now they sin more and more;

ᵃ12.2 *Jacó* significa *ele segura o calcanhar* (figuradamente, ele engana).

ᵃ12:2 *Jacob* means *he grasps the heel* (figuratively, *he deceives*). ᵇ12:9 Or *God / ever since you were in* ᶜ12:12 That is, Northwest Mesopotamia

com sua prata
    fazem ídolos de metal para si,
imagens modeladas
    com muita inteligência,
todas elas obras de artesãos.
Dizem desse povo:
    "Eles oferecem sacrifício humano
    e beijamª os ídolos
    feitos em forma de bezerro".

³ Por isso serão como
    a neblina da manhã,
como o orvalho que bem cedo evapora,
como palha que num redemoinho
    vai-se de uma eira,
    como a fumaça que sai pela chaminé.

⁴ "Mas eu sou o Senhor, o seu Deus,
    desde a terra do Egito.
Vocês não reconhecerão
    nenhum outro Deus além de mim,
nenhum outro Salvador.
⁵ Eu cuidei de vocês no deserto,
    naquela terra de calor ardente.
⁶ Quando eu os alimentava,
    ficavam satisfeitos;
quando ficavam satisfeitos,
    se orgulhavam,
    e então me esqueciam.
⁷ Por isso virei sobre eles como leão,
como leopardo, ficarei à espreita
    junto ao caminho.
⁸ Como uma ursa
    de quem roubaram os filhotes,
    eu os atacarei e os rasgarei.
Como leão eu os devorarei;
    um animal selvagem os despedaçará.

⁹ "Você foi destruído, ó Israel,
    porque está contra mim,
contra o seu ajudador.
¹⁰ E agora? Onde está o seu rei
    que havia de salvá-lo
    em todas as suas cidades?
E os oficiais que você pediu, dizendo:
    'Dá-me um rei e líderes'?
¹¹ Dei-lhe um rei na minha ira,
    e o tirei na minha indignação.
¹² A culpa de Efraim foi anotada;
    seus pecados são mantidos em registro.
¹³ Chegam-lhe dores como as da mulher
    em trabalho de parto,
mas é uma criança insensata;
quando chega a hora,
    não sai do ventre que a abrigou.

¹⁴ "Eu os redimirei
    do poder da sepulturaᵇ;
eu os resgatarei da morte.
Onde estão, ó morte, as suas pragas?
Onde está, ó sepultura,
    a sua destruição?

"Não terei compaixão alguma,
¹⁵ embora Efraim floresça
    entre os seus irmãos.
Um vento oriental virá
    da parte do Senhor,
    soprando desde o deserto;
sua fonte falhará,
    e seu poço secará.

they make idols for themselves from
    their silver,
cleverly fashioned images,
    all of them the work of craftsmen.
It is said of these people,
    "They offer human sacrifice
    and kissª the calf-idols."
³ Therefore they will be like the morning mist,
    like the early dew that disappears,
    like chaff swirling from a threshing floor,
    like smoke escaping through a window.

⁴ "But I am the Lord your God,
    ⌊who brought you⌋ out ofᵇ Egypt.
You shall acknowledge no God but me,
    no Savior except me.
⁵ I cared for you in the desert,
    in the land of burning heat.
⁶ When I fed them, they were satisfied;
    when they were satisfied, they became proud;
    then they forgot me.
⁷ So I will come upon them like a lion,
    like a leopard I will lurk by the path.
⁸ Like a bear robbed of her cubs,
    I will attack them and rip them open.
Like a lion I will devour them;
    a wild animal will tear them apart.

⁹ "You are destroyed, O Israel,
    because you are against me, against
        your helper.
¹⁰ Where is your king, that he may save you?
    Where are your rulers in all your towns,
    of whom you said,
    'Give me a king and princes'?
¹¹ So in my anger I gave you a king,
    and in my wrath I took him away.
¹² The guilt of Ephraim is stored up,
    his sins are kept on record.
¹³ Pains as of a woman in childbirth come to him,
    but he is a child without wisdom;
when the time arrives,
    he does not come to the opening of the womb.

¹⁴ "I will ransom them from the power of
        the graveᶜ;
    I will redeem them from death.
Where, O death, are your plagues?
Where, O grave,ᵈ is your destruction?

"I will have no compassion,
¹⁵   even though he thrives among his brothers.
An east wind from the Lord will come,
    blowing in from the desert;
his spring will fail
    and his well dry up.

ª13.2 Ou *"Homens que sacrificam beijam* ᵇ13.14 Hebraico: *Sheol.* Essa palavra
também pode ser traduzida por profundezas, pó ou morte.

ª13:2 Or *"Men who sacrifice / kiss* ᵇ13:4 Or *God / ever since you were in* ᶜ13:14
Hebrew *Sheol* ᵈ13:14 Hebrew *Sheol*

Todos os seus tesouros
serão saqueados dos seus depósitos.
16 O povo de Samaria
carregará sua culpa,
porque se rebelou
contra o seu Deus.
Eles serão mortos à espada;
seus pequeninos serão pisados
e despedaçados,
suas mulheres grávidas
terão rasgados os seus ventres."

As Bênçãos do Arrependimento

14 Volte, ó Israel,
para o Senhor, o seu Deus.
Seus pecados causaram sua queda!
2 Preparem o que vão dizer
e voltem para o Senhor.
Peçam-lhe:
"Perdoa todos os nossos pecados
e, por misericórdia, recebe-nos,
para que te ofereçamos
o fruto dos nossos lábios.ᵃ
3 A Assíria não nos pode salvar;
não montaremos cavalos de guerra.
Nunca mais diremos: Nossos deuses
àquilo que as nossas próprias mãos
fizeram,
porque tu amas o órfão".

4 "Eu curarei a infidelidade deles
e os amarei de todo o meu coração,
pois a minha ira desviou-se deles.
5 Serei como orvalho para Israel;
ele florescerá como o lírio.
Como o cedro do Líbano
aprofundará suas raízes;
6 seus brotos crescerão.
Seu esplendor será como o da oliveira,
sua fragrância
como a do cedro do Líbano.
7 Os que habitavam à sua sombra
voltarão.
Reviverão como o trigo.
Florescerão como a videira,
e a fama de Israel
será como o do vinho do Líbano.
8 O que Efraim ainda tem com ídolos?
Sou eu que lhe respondo
e dele cuidarei.
Sou como um pinheiro verde;
o fruto que você produz
de mim procede."

9 Quem é sábio?
Aquele que considerar essas coisas.
Quem tem discernimento?
Aquele que as compreender.
Os caminhos do Senhor são justos;
os justos andam neles,
mas os rebeldes neles tropeçam.

His storehouse will be plundered
of all its treasures.
16 The people of Samaria must bear their guilt,
because they have rebelled against their God.
They will fall by the sword;
their little ones will be dashed to the ground,
their pregnant women ripped open."

Repentance to Bring Blessing

14 Return, O Israel, to the Lord your God.
Your sins have been your downfall!
2 Take words with you
and return to the Lord.
Say to him:
"Forgive all our sins
and receive us graciously,
that we may offer the fruit of our lips.ᵃ
3 Assyria cannot save us;
we will not mount war-horses.
We will never again say 'Our gods'
to what our own hands have made,
for in you the fatherless find compassion."

4 "I will heal their waywardness
and love them freely,
for my anger has turned away from them.
5 I will be like the dew to Israel;
he will blossom like a lily.
Like a cedar of Lebanon
he will send down his roots;
6 his young shoots will grow.
His splendor will be like an olive tree,
his fragrance like a cedar of Lebanon.
7 Men will dwell again in his shade.
He will flourish like the grain.
He will blossom like a vine,
and his fame will be like the wine
from Lebanon.
8 O Ephraim, what more have Iᵇ to do with idols?
I will answer him and care for him.
I am like a green pine tree;
your fruitfulness comes from me."

9 Who is wise? He will realize these things.
Who is discerning? He will understand them.
The ways of the Lord are right;
the righteous walk in them,
but the rebellious stumble in them.

ᵃ14.2 Ou *ofereçamos nossos lábios como sacrifícios de novilhos.*

ᵃ14:2 Or *offer our lips as sacrifices of bulls* ᵇ14:8 Or *What more has Ephraim*

Joel

1 A palavra do Senhor que veio a Joel, filho de Petuel.

A Praga dos Gafanhotos

2 "Ouçam isto, anciãos[a];
    escutem, todos os habitantes do país.
Já aconteceu algo assim nos seus dias?
    Ou nos dias dos seus antepassados?
3 Contem aos seus filhos
    o que aconteceu,
e eles aos seus netos,
    e os seus netos, à geração seguinte.
4 O que o gafanhoto cortador deixou,
    o gafanhoto peregrino comeu;
o que o gafanhoto peregrino deixou,
    o gafanhoto devastador comeu;
o que o gafanhoto devastador deixou,
    o gafanhoto devorador comeu.

5 "Acordem, bêbados, e chorem!
Lamentem-se todos vocês,
    bebedores de vinho;
gritem por causa do vinho novo,
    pois ele foi tirado dos seus lábios.
6 Uma nação, poderosa e inumerável,
    invadiu a minha terra,
seus dentes são dentes de leão,
    suas presas são de leoa.
7 Arrasou as minhas videiras
    e arruinou as minhas figueiras.
Arrancou-lhes a casca e derrubou-as,
    deixando brancos os seus galhos.

8 "Pranteiem como uma virgem
    em vestes de luto
que se lamenta pelo noivo[b]
    da sua mocidade.
9 As ofertas de cereal
    e as ofertas derramadas
foram eliminadas
    do templo do Senhor.
Os sacerdotes,
    que ministram diante do Senhor,
estão de luto.
10 Os campos estão arruinados,
    a terra está seca;
o trigo está destruído,
    o vinho novo acabou,
o azeite está em falta.
11 Desesperem-se, agricultores,
    chorem, produtores de vinho;
fiquem aflitos pelo trigo e pela cevada,
    porque a colheita foi destruída.
12 A vinha está seca,
    e a figueira murchou;
a romãzeira, a palmeira, a macieira
    e todas as árvores do campo
    secaram.
Secou-se, mais ainda,
    a alegria dos homens".

Chamada ao Arrependimento

13 Ponham vestes de luto, ó sacerdotes,
    e pranteiem;
chorem alto,
    vocês que ministram perante o altar.

Joel

1 The word of the Lord that came to Joel son of Pethuel.

An Invasion of Locusts

2 Hear this, you elders;
    listen, all who live in the land.
Has anything like this ever happened in your days
    or in the days of your forefathers?
3 Tell it to your children,
    and let your children tell it to their children,
    and their children to the next generation.
4 What the locust swarm has left
    the great locusts have eaten;
what the great locusts have left
    the young locusts have eaten;
what the young locusts have left
    other locusts[a] have eaten.

5 Wake up, you drunkards, and weep!
    Wail, all you drinkers of wine;
wail because of the new wine,
    for it has been snatched from your lips.
6 A nation has invaded my land,
    powerful and without number;
it has the teeth of a lion,
    the fangs of a lioness.
7 It has laid waste my vines
    and ruined my fig trees.
It has stripped off their bark
    and thrown it away,
    leaving their branches white.

8 Mourn like a virgin[b] in sackcloth
    grieving for the husband[c] of her youth.
9 Grain offerings and drink offerings
    are cut off from the house of the Lord.
The priests are in mourning,
    those who minister before the Lord.
10 The fields are ruined,
    the ground is dried up[d];
the grain is destroyed,
    the new wine is dried up,
    the oil fails.
11 Despair, you farmers,
    wail, you vine growers;
grieve for the wheat and the barley,
    because the harvest of the field is destroyed.
12 The vine is dried up
    and the fig tree is withered;
the pomegranate, the palm and the apple tree—
    all the trees of the field—are dried up.
Surely the joy of mankind
    is withered away.

A Call to Repentance

13 Put on sackcloth, O priests, and mourn;
    wail, you who minister before the altar.

---

a1.2 Ou *autoridades do povo* b1.8 Ou *uma jovem em vestes de luto que se lamenta pelo marido* c1.10 Ou *a terra chora*

a1:4 The precise meaning of the four Hebrew words used here for locusts is uncertain. b1:8 Or *young woman* c1:8 Or *betrothed* d1:10 Or *ground mourns*

Venham,
    passem a noite vestidos de luto,
vocês que ministram
    perante o meu Deus;
pois as ofertas de cereal
    e as ofertas derramadas
foram suprimidas
    do templo do seu Deus.
¹⁴ Decretem um jejum santo;
    convoquem uma assembléia sagrada.
Reúnam as autoridades
    e todos os habitantes do país
no templo do Senhor, o seu Deus,
    e clamem ao Senhor.

¹⁵ Ah! Aquele dia!
    Sim, o dia do Senhor está próximo;
    como destruição poderosa
da parte do Todo-poderoso,
    ele virá.

¹⁶ Não é verdade que a comida
    foi eliminada
    diante dos nossos próprios olhos,
e que a alegria e a satisfação
    foram suprimidas
    do templo do nosso Deus?
¹⁷ As sementes estão murchas
    debaixo dos torrões de terra.
Os celeiros estão em ruínas,
    os depósitos de cereal foram derrubados,
pois a colheita se perdeu.
¹⁸ Como muge o gado!
    As manadas andam agitadas
    porque não têm pasto;
até os rebanhos de ovelhas
    estão sendo castigados.

¹⁹ A ti, Senhor, eu clamo,
    pois o fogo devorou as pastagens
e as chamas consumiram
    todas as árvores do campo.
²⁰ Até os animais do campo clamam a ti,
    pois os canais de água se secaram
e o fogo devorou as pastagens.

O Dia do Senhor se Aproxima

2 Toquem a trombeta em Sião;
    dêem o alarme no meu santo monte.
Tremam todos os habitantes do país,
    pois o dia do Senhor está chegando.
Está próximo!
² É dia de trevas e de escuridão,
    dia de nuvens e negridão.
Assim como a luz da aurora
    se estende pelos montes,
um grande e poderoso exército
    se aproxima,
como nunca antes se viu
    nem jamais se verá nas gerações futuras.

³ Diante deles o fogo devora,
    atrás deles arde uma chama.
Diante deles a terra
    é como o jardim do Éden,
atrás deles, um deserto arrasado;
    nada lhes escapa.
⁴ Eles têm a aparência de cavalos;
    como cavalaria, atacam galopando.

Come, spend the night in sackcloth,
    you who minister before my God;
for the grain offerings and drink offerings
    are withheld from the house of your God.
¹⁴ Declare a holy fast;
    call a sacred assembly.
Summon the elders
    and all who live in the land
to the house of the Lord your God,
    and cry out to the Lord.

¹⁵ Alas for that day!
    For the day of the Lord is near;
    it will come like destruction from the
        Almighty.ᵃ

¹⁶ Has not the food been cut off
    before our very eyes—
joy and gladness
    from the house of our God?
¹⁷ The seeds are shriveled
    beneath the clods.ᵇ
The storehouses are in ruins,
    the granaries have been broken down,
    for the grain has dried up.
¹⁸ How the cattle moan!
    The herds mill about
because they have no pasture;
    even the flocks of sheep are suffering.

¹⁹ To you, O Lord, I call,
    for fire has devoured the open pastures
    and flames have burned up all the trees of
        the field.
²⁰ Even the wild animals pant for you;
    the streams of water have dried up
    and fire has devoured the open pastures.

An Army of Locusts

2 Blow the trumpet in Zion;
    sound the alarm on my holy hill.
Let all who live in the land tremble,
    for the day of the Lord is coming.
It is close at hand—
²   a day of darkness and gloom,
    a day of clouds and blackness.
Like dawn spreading across the mountains
    a large and mighty army comes,
such as never was of old
    nor ever will be in ages to come.

³ Before them fire devours,
    behind them a flame blazes.
Before them the land is like the garden of Eden,
    behind them, a desert waste—
    nothing escapes them.
⁴ They have the appearance of horses;
    they gallop along like cavalry.

ᵃ1:15 Hebrew *Shaddai* ᵇ1:17 The meaning of the Hebrew for this word is uncertain.

5 Com um barulho semelhante ao de carros
  saltam sobre os cumes dos montes,
como um fogo crepitante
  que consome o restolho,
como um exército poderoso
  em posição de combate.

6 Diante deles
  povos se contorcem angustiados;
todos os rostos ficam pálidos de medo.
7 Eles atacam como guerreiros;
  escalam muralhas como soldados.
Todos marcham em linha,
  sem desviar-se do curso.
8 Não empurram uns aos outros;
  cada um marcha sempre em frente.
Avançam por entre os dardos[a]
  sem desfazer a formação.
9 Lançam-se sobre a cidade;
  correm ao longo da muralha.
Sobem nas casas;
  como ladrões entram pelas janelas.

10 Diante deles a terra treme,
  os céus estremecem,
o sol e a lua escurecem
  e as estrelas param de brilhar.
11 O Senhor levanta a sua voz
  à frente do seu exército!
Como é grande o seu exército!
Como são poderosos
  os que obedecem à sua ordem!
Como é grande o dia do Senhor!
  Como será terrível!
  Quem poderá suportá-lo?

Chamada ao Arrependimento

12 "Agora, porém", declara o Senhor,
  "voltem-se para mim
  de todo o coração,
com jejum, lamento e pranto."

13 Rasguem o coração, e não as vestes.
  Voltem-se para o Senhor,
   o seu Deus,
pois ele é misericordioso e compassivo,
muito paciente e cheio de amor;
  arrepende-se, e não envia a desgraça.
14 Talvez ele volte atrás, arrependa-se,
  e ao passar deixe uma bênção.
Assim vocês poderão fazer
  ofertas de cereal
e ofertas derramadas
  para o Senhor, o seu Deus.

15 Toquem a trombeta em Sião,
  decretem jejum santo,
convoquem uma assembléia sagrada.
16 Reúnam o povo,
  consagrem a assembléia;
  ajuntem os anciãos,
reúnam as crianças,
  mesmo as que mamam no peito.
Até os recém-casados
  devem deixar os seus aposentos.
17 Que os sacerdotes,
  que ministram perante o Senhor,
chorem entre o pórtico do templo
  e o altar, orando:
"Poupa o teu povo, Senhor.
  Não faças da tua herança

---

5 With a noise like that of chariots
  they leap over the mountaintops,
like a crackling fire consuming stubble,
  like a mighty army drawn up for battle.

6 At the sight of them, nations are in anguish;
  every face turns pale.
7 They charge like warriors;
  they scale walls like soldiers.
They all march in line,
  not swerving from their course.
8 They do not jostle each other;
  each marches straight ahead.
They plunge through defenses
  without breaking ranks.
9 They rush upon the city;
  they run along the wall.
They climb into the houses;
  like thieves they enter through the windows.

10 Before them the earth shakes,
  the sky trembles,
the sun and moon are darkened,
  and the stars no longer shine.
11 The Lord thunders
  at the head of his army;
his forces are beyond number,
  and mighty are those who obey his command.
The day of the Lord is great;
  it is dreadful.
  Who can endure it?

Rend Your Heart

12 "Even now," declares the Lord,
  "return to me with all your heart,
  with fasting and weeping and mourning."

13 Rend your heart
  and not your garments.
Return to the Lord your God,
  for he is gracious and compassionate,
slow to anger and abounding in love,
  and he relents from sending calamity.
14 Who knows? He may turn and have pity
  and leave behind a blessing—
grain offerings and drink offerings
  for the Lord your God.

15 Blow the trumpet in Zion,
  declare a holy fast,
  call a sacred assembly.
16 Gather the people,
  consecrate the assembly;
bring together the elders,
  gather the children,
  those nursing at the breast.
Let the bridegroom leave his room
  and the bride her chamber.
17 Let the priests, who minister before the Lord,
  weep between the temple porch and the altar.
Let them say, "Spare your people, O Lord.
  Do not make your inheritance an object

---

objeto de zombaria
e de chacota entre as nações.
Por que se haveria de dizer
entre os povos:
'Onde está o Deus deles?' "

A Resposta do Senhor

18 Então o Senhor mostrou zelo
por sua terra
e teve piedade do seu povo.

19 O Senhor respondeuᵃ ao seu povo:
"Estou lhes enviando trigo,
vinho novo e azeite,
o bastante
para satisfazê-los plenamente;
nunca mais farei de vocês
objeto de zombaria para as nações.

20 "Levarei o invasor que vem do norte
para longe de vocês,
empurrando-o
para uma terra seca e estéril,
a vanguarda para o mar orientalᵇ
e a retaguarda para o mar ocidentalᶜ.
E a sua podridão subirá;
o seu mau cheiro se espalhará".

Ele tem feito coisas grandiosas!
21 Não tenha medo, ó terra;
regozije-se e alegre-se.
O Senhor tem feito coisas grandiosas!
22 Não tenham medo, animais do campo,
pois as pastagens estão ficando verdes.
As árvores estão dando os seus frutos;
a figueira e a videira
estão carregadas.
23 Ó povo de Sião, alegre-se
e regozije-se no Senhor,
o seu Deus,
pois ele lhe dá as chuvas de outono,
conforme a sua justiçaᵈ.
Ele lhe envia muitas chuvas,
as de outono e as de primavera,
como antes fazia.
24 As eiras ficarão cheias de trigo;
os tonéis transbordarão
de vinho novo e de azeite.
25 "Vou compensá-los
pelos anos de colheitas
que os gafanhotos destruíram:
o gafanhoto peregrino,
o gafanhoto devastador,
o gafanhoto devorador
e o gafanhoto cortador,
o meu grande exército
que enviei contra vocês.
26 Vocês comerão até ficarem satisfeitos,
e louvarão o nome do Senhor,
o seu Deus,
que fez maravilhas em favor de vocês;
nunca mais o meu povo será humilhado.
27 Então vocês saberão
que eu estou no meio de Israel.
Eu sou o Senhor, o seu Deus,
e não há nenhum outro;
nunca mais o meu povo será humilhado.

of scorn,
a byword among the nations.
Why should they say among the peoples,
'Where is their God?' "

The Lord's Answer

18 Then the Lord will be jealous for his land
and take pity on his people.

19 The Lord will replyᵃ to them:

"I am sending you grain, new wine and oil,
enough to satisfy you fully;
never again will I make you
an object of scorn to the nations.

20 "I will drive the northern army far from you,
pushing it into a parched and barren land,
with its front columns going into the
eastern seaᵇ
and those in the rear into the western sea.ᶜ
And its stench will go up;
its smell will rise."

Surely he has done great things.ᵈ
21   Be not afraid, O land;
be glad and rejoice.
Surely the Lord has done great things.
22   Be not afraid, O wild animals,
for the open pastures are becoming green.
The trees are bearing their fruit;
the fig tree and the vine yield their riches.
23 Be glad, O people of Zion,
rejoice in the Lord your God,
'for he has given you
the autumn rains in righteousness.ᵉ
He sends you abundant showers,
both autumn and spring rains, as before.
24 The threshing floors will be filled with grain;
the vats will overflow with new wine and oil.

25 "I will repay you for the years the locusts
have eaten—
the great locust and the young locust,
the other locusts and the locust swarmᶠ—
my great army that I sent among you.
26 You will have plenty to eat, until you are full,
and you will praise the name of the Lord
your God,
who has worked wonders for you;
never again will my people be shamed.
27 Then you will know that I am in Israel,
that I am the Lord your God,
and that there is no other;
never again will my people be shamed.

ᵃ2.18,19 Ou *o Senhor mostrará zelo ... e terá piedade ...* **19**O Senhor responderá *ᵇ*2.20 Isto é, o mar Morto. ᶜ2.20 Isto é, o Mediterrâneo. ᵈ2.23 Ou *no tempo certo*

ᵃ2:18,19 Or Lord *was jealous ... / and took pity ... / 19 The* Lord *replied* ᵇ2:20 That is, the Dead Sea ᶜ2:20 That is, the Mediterranean ᵈ2:20 Or *rise. / Surely he has done great things."* ᵉ2:23 Or */ the teacher for righteousness:* ᶠ2:25 The precise meaning of the four Hebrew words used here for locusts is uncertain.

O Dia do Senhor

28 "E, depois disso,
      derramarei do meu Espírito
      sobre todos os povos.
  Os seus filhos e as suas filhas
      profetizarão,
  os velhos terão sonhos,
  os jovens terão visões.
29 Até sobre os servos e as servas
      derramarei do meu Espírito
  naqueles dias.
30 Mostrarei maravilhas no céu e na terra:
      sangue, fogo e nuvens de fumaça.
31 O sol se tornará em trevas,
      e a lua em sangue,
  antes que venha o grande e temível
      dia do Senhor.
32 E todo aquele que invocar
      o nome do Senhor será salvo,
      pois, conforme prometeu o Senhor,
  no monte Sião e em Jerusalém
      haverá livramento
      para os sobreviventes,
  para aqueles a quem o Senhor chamar.

O Julgamento das Nações

3 "Sim, naqueles dias e naquele tempo,
      quando eu restaurar a sorte
      de Judá e de Jerusalém,
2 reunirei todos os povos
      e os farei descer ao vale de Josafá.ᵃ
  Ali os julgarei
      por causa da minha herança
  — Israel, o meu povo —
      pois o espalharam
      entre as nações
  e repartiram entre si a minha terra.
3 Lançaram sortes sobre o meu povo
  e deram meninos
      em troca de prostitutas;
  venderam meninas por vinho,
      para se embriagarem.

4 "O que vocês têm contra mim,
      Tiro, Sidom,
  e todas as regiões da Filístia?
  Vocês estão me retribuindo
      algo que eu lhes fiz?
  Se estão querendo vingar-se de mim,
      ágil e veloz
  me vingarei do que vocês têm feito.
5 Pois roubaram a minha prata
      e o meu ouro
  e levaram para os seus templos
      os meus tesouros mais valiosos.
6 Vocês venderam o povo de Judá
      e o de Jerusalém aos gregos,
  mandando-os para longe
      da sua terra natal.

7 "Vou tirá-los dos lugares
      para onde os venderam,
  e sobre vocês farei recair o que fizeram:
8 venderei os filhos e as filhas de vocês
      ao povo de Judá,
  e eles os venderão

The Day of the Lord

28 "And afterward,
      I will pour out my Spirit on all people.
  Your sons and daughters will prophesy,
      your old men will dream dreams,
      your young men will see visions.
29 Even on my servants, both men and women,
      I will pour out my Spirit in those days.
30 I will show wonders in the heavens
      and on the earth,
      blood and fire and billows of smoke.
31 The sun will be turned to darkness
      and the moon to blood
      before the coming of the great and dreadful day of
      the Lord.
32 And everyone who calls
      on the name of the Lord will be saved;
  for on Mount Zion and in Jerusalem
      there will be deliverance,
      as the Lord has said,
  among the survivors
      whom the Lord calls.

The Nations Judged

3 "In those days and at that time,
      when I restore the fortunes of Judah and Jerusalem,
2 I will gather all nations
      and bring them down to the Valley of Jehoshaphat.ᵃ
  There I will enter into judgment against them
      concerning my inheritance, my people Israel,
  for they scattered my people among
      the nations
  and divided up my land.
3 They cast lots for my people
      and traded boys for prostitutes;
  they sold girls for wine
      that they might drink.

4 "Now what have you against me, O Tyre and Sidon and all you regions of Philistia? Are you repaying me for something I have done? If you are paying me back, I will swiftly and speedily return on your own heads what you have done. 5 For you took my silver and my gold and carried off my finest treasures to your temples. 6 You sold the people of Judah and Jerusalem to the Greeks, that you might send them far from their homeland.

7 "See, I am going to rouse them out of the places to which you sold them, and I will return on your own heads what you have done. 8 I will sell your sons and daughters to the people of Judah, and they will sell them to the Sabeans, a nation far

---

ᵃ3.2 *Josafá* significa *o Senhor julga*; também no versículo 12.

ᵃ3:2 *Jehoshaphat* means *the Lord judges*; also in verse 12.

à distante nação dos sabeus".
Assim disse o SENHOR.

9 Proclamem isto entre as nações:
Preparem-se para a guerra!
Despertem os guerreiros!
Todos os homens de guerra
aproximem-se e ataquem.
10 Forjem os seus arados,
fazendo deles espadas;
e de suas foices façam lanças.
Diga o fraco: "Sou um guerreiro!"
11 Venham depressa,
vocês, nações vizinhas,
e reúnam-se ali.
Faze descer os teus guerreiros,
ó Senhor!

12 "Despertem, nações;
avancem para o vale de Josafá,
pois ali me assentarei
para julgar todas as nações vizinhas.
13 Lancem a foice,
pois a colheita está madura.
Venham, pisem com força as uvas,
pois o lagar está cheio
e os tonéis transbordam,
tão grande é a maldade dessas nações!"

14 Multidões, multidões
no vale da Decisão!
Pois o dia do SENHOR está próximo,
no vale da Decisão.
15 O sol e a lua escurecerão,
e as estrelas já não brilharão.
16 O SENHOR rugirá de Sião,
e de Jerusalém levantará a sua voz;
a terra e o céu tremerão.
Mas o SENHOR será um refúgio
para o seu povo,
uma fortaleza para Israel.

Bênçãos para o Povo de Deus

17 "Então vocês saberão
que eu sou o SENHOR, o seu Deus,
que habito em Sião, o meu santo monte.
Jerusalém será santa;
e estrangeiros jamais a conquistarão.
18 "Naquele dia os montes
gotejarão vinho novo;
das colinas manará leite;
todos os ribeiros de Judá
terão água corrente.
Uma fonte fluirá do templo do SENHOR
e regará o vale das Acácias.
19 Mas o Egito ficará desolado,
Edom será um deserto arrasado,
por causa da violência
feita ao povo de Judá,
em cuja terra derramaram
sangue inocente.
20 Judá será habitada para sempre
e Jerusalém por todas as gerações.
21 Sua culpa de sangue,
ainda não perdoada,
eu a perdoarei."

O SENHOR habita em Sião!

away." The LORD has spoken.

9 Proclaim this among the nations:
Prepare for war!
Rouse the warriors!
Let all the fighting men draw near and attack.
10 Beat your plowshares into swords
and your pruning hooks into spears.
Let the weakling say,
"I am strong!"
11 Come quickly, all you nations from every side,
and assemble there.

Bring down your warriors, O LORD!

12 "Let the nations be roused;
let them advance into the Valley of Jehoshaphat,
for there I will sit
to judge all the nations on every side.
13 Swing the sickle,
for the harvest is ripe.
Come, trample the grapes,
for the winepress is full
and the vats overflow—
so great is their wickedness!"

14 Multitudes, multitudes
in the valley of decision!
For the day of the LORD is near
in the valley of decision.
15 The sun and moon will be darkened,
and the stars no longer shine.
16 The LORD will roar from Zion
and thunder from Jerusalem;
the earth and the sky will tremble.
But the LORD will be a refuge for his people,
a stronghold for the people of Israel.

Blessings for God's People

17 "Then you will know that I, the LORD your God,
dwell in Zion, my holy hill.
Jerusalem will be holy;
never again will foreigners invade her.

18 "In that day the mountains will drip new wine,
and the hills will flow with milk;
all the ravines of Judah will run with water.
A fountain will flow out of the LORD's house
and will water the valley of acacias.[a]
19 But Egypt will be desolate,
Edom a desert waste,
because of violence done to the people of Judah,
in whose land they shed innocent blood.
20 Judah will be inhabited forever
and Jerusalem through all generations.
21 Their bloodguilt, which I have not pardoned,
I will pardon."

The LORD dwells in Zion!

Amós

1 Palavras que Amós, criador de ovelhas em Tecoa, recebeu em visões, a respeito de Israel, dois anos antes do terremoto. Nesse tempo, Uzias era rei de Judá e Jeroboão, filho de Jeoás, era rei de Israel.

2 Ele disse:

"O Senhor ruge de Sião
e troveja de Jerusalém;
secam-se[a] as pastagens dos pastores,
e murcha o topo do Carmelo".

Julgamento dos Povos Vizinhos de Israel

3 Assim diz o Senhor:

"Por três transgressões de Damasco
e ainda mais por quatro,
não anularei o castigo.
Porque trilhou Gileade
com trilhos de ferro pontudos,
4 porei fogo na casa de Hazael,
e as chamas consumirão
as fortalezas de Ben-Hadade.
5 Derrubarei a porta de Damasco;
destruirei o rei que está
no vale[b] de Áven[c]
e aquele que segura o cetro
em Bete-Éden[d].
O povo da Síria
irá para o exílio em Quir",
diz o Senhor.

6 Assim diz o Senhor:

"Por três transgressões de Gaza,
e ainda mais por quatro,
não anularei o castigo.
Porque levou cativas
comunidades inteiras
e as vendeu a Edom,
7 porei fogo nos muros de Gaza,
e as chamas consumirão
as suas fortalezas.
8 Destruirei o rei[e] de Asdode
e aquele que segura o cetro em Ascalom.
Erguerei a minha mão contra Ecrom,
até que morra o último dos filisteus",
diz o Senhor, o Soberano.

9 Assim diz o Senhor:

"Por três transgressões de Tiro,
e ainda mais por quatro,
não anularei o castigo.
Porque vendeu comunidades inteiras
de cativos a Edom,
desprezando irmãos,
10 porei fogo nos muros de Tiro,
e as chamas consumirão
as suas fortalezas".

11 Assim diz o Senhor:

"Por três transgressões de Edom,
e ainda mais por quatro,
não anularei o castigo.
Porque com a espada
perseguiu seu irmão,
e reprimiu toda a compaixão,[f]

Amos

1 The words of Amos, one of the shepherds of Tekoa—what he saw concerning Israel two years before the earthquake, when Uzziah was king of Judah and Jeroboam son of Jehoash[a] was king of Israel.

2 He said:

"The Lord roars from Zion
and thunders from Jerusalem;
the pastures of the shepherds dry up,[b]
and the top of Carmel withers."

Judgment on Israel's Neighbors

3 This is what the Lord says:

"For three sins of Damascus,
even for four, I will not turn back ⌞my wrath⌟.
Because she threshed Gilead
with sledges having iron teeth,
4 I will send fire upon the house of Hazael
that will consume the fortresses of Ben-Hadad.
5 I will break down the gate of Damascus;
I will destroy the king who is in[c] the Valley
of Aven[c]
and the one who holds the scepter in Beth Eden.
The people of Aram will go into exile to Kir,"
says the Lord.

6 This is what the Lord says:

"For three sins of Gaza,
even for four, I will not turn back ⌞my wrath⌟.
Because she took captive whole communities
and sold them to Edom,
7 I will send fire upon the walls of Gaza
that will consume her fortresses.
8 I will destroy the king[e] of Ashdod
and the one who holds the scepter
in Ashkelon.
I will turn my hand against Ekron,
till the last of the Philistines is dead,"
says the Sovereign Lord.

9 This is what the Lord says:

"For three sins of Tyre,
even for four, I will not turn back ⌞my wrath⌟.
Because she sold whole communities of
captives to Edom,
disregarding a treaty of brotherhood,
10 I will send fire upon the walls of Tyre
that will consume her fortresses."

11 This is what the Lord says:

"For three sins of Edom,
even for four, I will not turn back ⌞my wrath⌟.
Because he pursued his brother with a sword,
stifling all compassion,[f]

ᵃ1.2 Ou *pranteiam* ᵇ1.5 Ou *os habitantes do vale* ᶜ1.5 *Áven* significa *iniquidade.* ᵈ1.5 *Bete-Éden* significa *casa do prazer.* ᵉ1.8 Ou *os habitantes* ᶠ1.11 Ou *e destruiu os seus aliados,*

ᵃ1:1 Hebrew *Joash,* a variant of *Jehoash* ᵇ1:2 Or *shepherds mourn* ᶜ1:5 Or *the inhabitants of* ᵈ1:5 *Aven* means *wickedness.* ᵉ1:8 Or *inhabitants* ᶠ1:11 Or *sword / and destroyed his allies*

mutilando-o furiosamente
e perpetuando para sempre a sua ira,
¹² porei fogo em Temã,
e as chamas consumirão
as fortalezas de Bozra".

¹³ Assim diz o Senhor:

"Por três transgressões de Amom,
e ainda mais por quatro,
não anularei o castigo.
Porque rasgou ao meio
as grávidas de Gileade
a fim de ampliar as suas fronteiras,
¹⁴ porei fogo nos muros de Rabá,
e as chamas consumirão
as suas fortalezas
em meio a gritos de guerra
no dia do combate,
em meio a ventos violentos
num dia de tempestade.
¹⁵ O seu rei irá para o exílio,
ele e toda a sua corte",
diz o Senhor.

2 Assim diz o Senhor:

"Por três transgressões de Moabe,
e ainda mais por quatro,
não anularei o castigo.
Porque ele queimou até reduzir a cinzasᵃ
os ossos do rei de Edom,
² porei fogo em Moabe,
e as chamas consumirão
as fortalezas de Queriote ᵇ.
Moabe perecerá em grande tumulto,
em meio a gritos de guerra
e ao toque da trombeta.
³ Destruirei o seu governante ᶜ
e com ele matarei todas as autoridades",
diz o Senhor.

⁴ Assim diz o Senhor:

"Por três transgressões de Judá,
e ainda mais por quatro,
não anularei o castigo.
Porque rejeitou a lei do Senhor
e não obedeceu aos seus decretos,
porque se deixou enganar
por deuses falsos,
deuses que ᵈ os seus
antepassados seguiram,
⁵ porei fogo em Judá,
e as chamas consumirão
as fortalezas de Jerusalém".

O Julgamento de Israel

⁶ Assim diz o Senhor:

"Por três transgressões de Israel,
e ainda mais por quatro,
não anularei o castigo.
Vendem por prata o justo,
e por um par de sandálias o pobre.
⁷ Pisam a cabeça dos necessitados
como pisam o pó da terra,
e negam justiça ao oprimido.
Pai e filho possuem a mesma mulher
e assim profanam o meu santo nome.

because his anger raged continually
and his fury flamed unchecked,
¹² I will send fire upon Teman
that will consume the fortresses of Bozrah."

¹³ This is what the Lord says:

"For three sins of Ammon,
even for four, I will not turn back ⌐my wrath⌐.
Because he ripped open the pregnant women
of Gilead
in order to extend his borders,
¹⁴ I will set fire to the walls of Rabbah
that will consume her fortresses
amid war cries on the day of battle,
amid violent winds on a stormy day.
¹⁵ Her king ᵃ will go into exile,
he and his officials together,"
says the Lord.

2 This is what the Lord says:

"For three sins of Moab,
even for four, I will not turn back ⌐my wrath⌐.
Because he burned, as if to lime,
the bones of Edom's king,
² I will send fire upon Moab
that will consume the fortresses of Kerioth. ᵇ
Moab will go down in great tumult
amid war cries and the blast of the trumpet.
³ I will destroy her ruler
and kill all her officials with him,"
says the Lord.

⁴ This is what the Lord says:

"For three sins of Judah,
even for four, I will not turn back ⌐my wrath⌐.
Because they have rejected the law of the Lord
and have not kept his decrees,
because they have been led astray by false gods, ᶜ
the gods ᵈ their ancestors followed,
⁵ I will send fire upon Judah
that will consume the fortresses of Jerusalem."

Judgment on Israel

⁶ This is what the Lord says:

"For three sins of Israel,
even for four, I will not turn back ⌐my wrath⌐.
They sell the righteous for silver,
and the needy for a pair of sandals.
⁷ They trample on the heads of the poor
as upon the dust of the ground
and deny justice to the oppressed.
Father and son use the same girl
and so profane my holy name.

ᵃ2.1 Hebraico: *cal.* ᵇ2.2 Ou *de suas cidades* ᶜ2.3 Hebraico: *juiz.* ᵈ2.4 Ou *por mentiras, mentiras que*

ᵃ1:15 Or / *Molech*; Hebrew *malcam* ᵇ2:2 Or *of her cities* ᶜ2:4 Or *by lies* ᵈ2:4 Or *lies*

8 Inclinam-se diante de qualquer altar
    com roupas tomadas como penhor.
No templo do seu deus
    bebem vinho recebido como multa.

9 "Fui eu que destruí os amorreus
    diante deles,
embora fossem altos como o cedro
    e fortes como o carvalho.
Eu destruí os seus frutos em cima
    e as suas raízes embaixo.

10 "Eu mesmo tirei vocês do Egito,
    e os conduzi por quarenta anos
    no deserto
para lhes dar a terra dos amorreus.

11 Também escolhi alguns de seus filhos
    para serem profetas
e alguns de seus jovens
    para serem nazireus.
Não é verdade, povo de Israel?",
    declara o SENHOR.

12 "Mas vocês fizeram os nazireus
    beber vinho
e ordenaram aos profetas
    que não profetizassem.

13 "Agora, então, eu os amassarei
    como uma carroça amassa a terra
quando carregada de trigo.

14 O ágil não escapará,
    o forte não reunirá as suas forças,
e o guerreiro não salvará a sua vida.

15 O arqueiro não manterá a sua posição,
    o que corre não se livrará,
e o cavaleiro não salvará a própria vida.

16 Até mesmo os guerreiros
    mais corajosos
fugirão nus naquele dia",
        declara o SENHOR.

Testemunhas Convocadas para Acusar Israel

3 Ouçam esta palavra que o SENHOR falou contra vocês, ó israelitas; contra toda esta família que tirei do Egito:

2 "Escolhi apenas vocês
    de todas as famílias da terra;
por isso eu os castigarei
    por todas as suas maldades".

3 Duas pessoas andarão juntas
    se não estiverem de acordo³?

4 O leão ruge na floresta
    se não apanhou presa alguma?
O leão novo não ruge em sua toca
    se nada caçou?

5 Cai o pássaro numa armadilha
    que não foi armada?
Será que a armadilha se desarma
    se nada foi apanhado?

6 Quando a trombeta toca na cidade,
    o povo não treme?
Ocorre alguma desgraça na cidade
    sem que o SENHOR a tenha mandado?

7 Certamente o SENHOR, o Soberano,
    não faz coisa alguma
sem revelar o seu plano
    aos seus servos, os profetas.

8 O leão rugiu,

8 They lie down beside every altar
    on garments taken in pledge.
In the house of their god
    they drink wine taken as fines.

9 "I destroyed the Amorite before them,
    though he was tall as the cedars
    and strong as the oaks.
I destroyed his fruit above
    and his roots below.

10 "I brought you up out of Egypt,
    and I led you forty years in the desert
    to give you the land of the Amorites.

11 I also raised up prophets from among your sons
    and Nazirites from among your young men.
Is this not true, people of Israel?"
        declares the LORD.

12 "But you made the Nazirites drink wine
    and commanded the prophets not
    to prophesy.

13 "Now then, I will crush you
    as a cart crushes when loaded with grain.

14 The swift will not escape,
    the strong will not muster their strength,
    and the warrior will not save his life.

15 The archer will not stand his ground,
    the fleet-footed soldier will not get away,
    and the horseman will not save his life.

16 Even the bravest warriors
    will flee naked on that day,"
        declares the LORD.

Witnesses Summoned Against Israel

3 Hear this word the LORD has spoken against you, O people of Israel—against the whole family I brought up out of Egypt:

2 "You only have I chosen
    of all the families of the earth;
therefore I will punish you
    for all your sins."

3 Do two walk together
    unless they have agreed to do so?

4 Does a lion roar in the thicket
    when he has no prey?
Does he growl in his den
    when he has caught nothing?

5 Does a bird fall into a trap on the ground
    where no snare has been set?
Does a trap spring up from the earth
    when there is nothing to catch?

6 When a trumpet sounds in a city,
    do not the people tremble?
When disaster comes to a city,
    has not the LORD caused it?

7 Surely the Sovereign LORD does nothing
    without revealing his plan
    to his servants the prophets.

8 The lion has roared—

³3.3 Ou *tiverem combinado*

quem não temerá?
O Senhor, o Soberano, falou,
  quem não profetizará?

⁹ Proclamem nos palácios de Asdode*
  e do Egito:
"Reúnam-se nos montes de Samaria
  para verem o grande tumulto que há ali,
e a opressão no meio do seu povo".

¹⁰ "Eles não sabem agir com retidão",
  declara o Senhor,
"eles, que acumulam em seus palácios
  o que roubaram e saquearam".

¹¹ Portanto, assim diz o Senhor,
  o Soberano:

"Um inimigo cercará o país.
  Ele derrubará as suas fortalezas
  e saqueará os seus palácios".

¹² Assim diz o Senhor:

"Assim como o pastor livra a ovelha,
  arrancando da boca do leão
  só dois ossos da perna
  ou um pedaço da orelha,
assim serão arrancados
  os israelitas de Samaria,
com a ponta de uma cama
  e um pedaço de sofá*.

¹³ "Ouçam isto e testemunhem contra a descendência de Jacó", declara o Senhor, o Soberano, o Deus dos Exércitos.

¹⁴ "No dia em que eu castigar Israel
  por causa dos seus pecados,
  destruirei os altares de Betel;
as pontas do altar serão cortadas
  e cairão no chão.

¹⁵ Derrubarei a casa de inverno
  junto com a casa de verão;
as casas enfeitadas de marfim
  serão destruídas,
e as mansões desaparecerão",
  declara o Senhor.

Israel Manteve-se Rebelde

4 Ouçam esta palavra, vocês,
  vacas de Basã que estão
  no monte de Samaria,
vocês, que oprimem os pobres
  e esmagam os necessitados
e dizem aos senhores deles:
  "Tragam bebidas e vamos beber!"

² O Senhor, o Soberano,
  jurou pela sua santidade:
"Certamente chegará o tempo
  em que vocês serão levados com ganchos,
  e os últimos de vocês com anzóis.

³ Cada um de vocês sairá
  pelas brechas do muro,
e serão atirados
  na direção do Harmome",
  declara o Senhor.

⁴ "Vão a Betel e ponham-se a pecar;
  vão a Gilgal e pequem ainda mais.
Ofereçam os seus sacrifícios cada manhã,
  os seus dízimos no terceiro dia*.

who will not fear?
The Sovereign Lord has spoken—
  who can but prophesy?

⁹ Proclaim to the fortresses of Ashdod
  and to the fortresses of Egypt:
"Assemble yourselves on the mountains
    of Samaria;
  see the great unrest within her
  and the oppression among her people."

¹⁰ "They do not know how to do right," declares
    the Lord,
  "who hoard plunder and loot in their
    fortresses."

¹¹ Therefore this is what the Sovereign Lord says:

"An enemy will overrun the land;
  he will pull down your strongholds
  and plunder your fortresses."

¹² This is what the Lord says:

"As a shepherd saves from the lion's mouth
  only two leg bones or a piece of an ear,
  so will the Israelites be saved,
those who sit in Samaria
  on the edge of their beds
  and in Damascus on their couches.*"

¹³ "Hear this and testify against the house of Jacob," declares the Lord, the Lord God Almighty.

¹⁴ "On the day I punish Israel for her sins,
  I will destroy the altars of Bethel;
  the horns of the altar will be cut off
  and fall to the ground.

¹⁵ I will tear down the winter house
  along with the summer house;
  the houses adorned with ivory will
    be destroyed
  and the mansions will be demolished,"
    declares the Lord.

Israel Has Not Returned to God

4 Hear this word, you cows of Bashan on
    Mount Samaria,
  you women who oppress the poor and
    crush the needy
  and say to your husbands, "Bring us
    some drinks!"

² The Sovereign Lord has sworn by his holiness:
  "The time will surely come
when you will be taken away with hooks,
  the last of you with fishhooks.

³ You will each go straight out
  through breaks in the wall,
  and you will be cast out toward Harmon,*
    declares the Lord.

⁴ "Go to Bethel and sin;
  go to Gilgal and sin yet more.
Bring your sacrifices every morning,
  your tithes every three years.*

---

*3.9 A Septuaginta diz *da Assíria*. *3.12 Ou *uma capa de sofá*; ou ainda *uma almofada de Damasco* *4.3 Ou *atirados, ó montanha de opressão* *4.4 Ou *a cada três anos*

*3:12 The meaning of the Hebrew for this line is uncertain. *4:3 Masoretic Text; with a different word division of the Hebrew (see Septuagint) *out, O mountain of oppression* *4:4 Or *tithes on the third day*

⁵Queimem pão fermentado
    como oferta de gratidão
e proclamem em toda parte
    suas ofertas voluntárias;
anunciem-nas, israelitas,
    pois é isso que vocês gostam de fazer",
declara o Senhor, o Soberano.

⁶"Fui eu mesmo que dei a vocês
    estômagos vaziosᵃ em cada cidade
e falta de alimentos em todo lugar,
e mesmo assim vocês
    não se voltaram para mim",
    declara o Senhor.

⁷"Também fui eu que retive a chuva
    quando ainda faltavam
    três meses para a colheita.
Mandei chuva a uma cidade,
    mas não a outra.
Uma plantação teve chuva;
    outra não teve e secou.
⁸Gente de duas ou três cidades
    ia cambaleando de uma cidade a outra
em busca de água, sem matar a sede,
e mesmo assim
    vocês não se voltaram para mim",
    declara o Senhor.

⁹"Muitas vezes
    castiguei os seus jardins e as suas vinhas,
castiguei-os com pragas e ferrugem.
Gafanhotos devoraram
    as suas figueiras e as suas oliveiras,
e mesmo assim
    vocês não se voltaram para mim",
    declara o Senhor.

¹⁰"Enviei pragas contra vocês
    como fiz com o Egito.
Matei os seus jovens à espada,
    deixei que capturassem os seus cavalos.
Enchi os seus narizes
    com o mau cheiro dos mortos
    em seus acampamentos,
e mesmo assim
    vocês não se voltaram para mim",
    declara o Senhor.

¹¹"Destruí algumas de suas cidades,
    como destruíᵇ Sodoma e Gomorra.
Ficaram como um tição tirado do fogo,
e mesmo assim
    vocês não se voltaram para mim",
    declara o Senhor.

¹²"Por isso, ainda o castigarei, ó Israel,
    e, porque eu farei isto com você,
prepare-se para encontrar-se
    com o seu Deus, ó Israel."

¹³Aquele que forma os montes,
    cria o vento
e revela os seus pensamentos ao homem,
aquele que transforma
    a alvorada em trevas,
    e pisa as montanhas da terra;
Senhor, Deus dos Exércitos,
    é o seu nome.

⁵Burn leavened bread as a thank offering
    and brag about your freewill offerings—
boast about them, you Israelites,
    for this is what you love to do,"
                  declares the Sovereign Lord.

⁶"I gave you empty stomachsᵃ in every city
    and lack of bread in every town,
    yet you have not returned to me,"
                  declares the Lord.

⁷"I also withheld rain from you
    when the harvest was still three months away.
I sent rain on one town,
    but withheld it from another.
One field had rain;
    another had none and dried up.
⁸People staggered from town to town for water
    but did not get enough to drink,
    yet you have not returned to me,"
                  declares the Lord.

⁹"Many times I struck your gardens
    and vineyards,
    I struck them with blight and mildew.
Locusts devoured your fig and olive trees,
    yet you have not returned to me,"
                  declares the Lord.

¹⁰"I sent plagues among you
    as I did to Egypt.
I killed your young men with the sword,
    along with your captured horses.
I filled your nostrils with the stench of
        your camps,
    yet you have not returned to me,"
                  declares the Lord.

¹¹"I overthrew some of you
    as Iᵇ overthrew Sodom and Gomorrah.
You were like a burning stick snatched from
        the fire,
    yet you have not returned to me,"
                  declares the Lord.

¹²"Therefore this is what I will do to you, Israel,
    and because I will do this to you,
    prepare to meet your God, O Israel."

¹³He who forms the mountains,
    creates the wind,
    and reveals his thoughts to man,
he who turns dawn to darkness,
    and treads the high places of the earth—
    the Lord God Almighty is his name.

ᵃ4.6 Hebraico: *dentes limpos.*ᵇ4.11 Hebraico: *como Deus destruiu.*   ᵃ4:6 Hebrew *you cleanness of teeth* ᵇ4:11 Hebrew *God*

Lamento pelo Castigo do Povo

5 Ouça esta palavra, ó nação de Israel, este lamento acerca de vocês:

2 "Caída para nunca mais se levantar,
  está a virgem Israel.
Abandonada em sua própria terra,
  não há quem a levante".

3 Assim diz o Soberano, o SENHOR:

"A cidade que mandar mil
  para o exército ficará com cem;
e a que mandar cem ficará com dez".

4 Assim diz o SENHOR à nação de Israel:

"Busquem-me e terão vida;
5 não busquem Betel,
  não vão a Gilgal,
não façam peregrinação a Berseba.
Pois Gilgalª certamente irá para o exílio,
  e Betelᵇ será reduzida a nada".
6 Busquem o SENHOR e terão vida,
  do contrário,
ele irromperá como um fogo
  entre os descendentes de José,
  e devastará a cidade de Betel,
e não haverá ninguém ali
  para apagá-lo.

7 Vocês estão transformando
  o direito em amargura
e atirando a justiça ao chão,
8 (aquele que fez as Plêiades e o Órion,
  que faz da escuridão, alvorada
  e do dia, noite escura,
que chama as águas do mar
  e as espalha sobre a face da terra;
SENHOR é o seu nome.
9 Ele traz repentina destruição
  sobre a fortaleza,
e a destruição vem
  sobre a cidade fortificada),
10 vocês odeiam aquele que defende
  a justiça no tribunalᶜ
e detestam aquele que fala a verdade.

11 Vocês oprimem o pobre
  e o forçam a dar-lhes o trigo.
Por isso, embora vocês
  tenham construído
  mansões de pedra,
  nelas não morarão;
embora tenham plantado
  vinhas verdejantes,
  não beberão do seu vinho.
12 Pois eu sei quantas são
  as suas transgressões
e quão grandes são os seus pecados.

Vocês oprimem o justo,
  recebem suborno
e impedem que se faça justiça ao pobre
  nos tribunais.
13 Por isso o prudente se cala
  em tais situações,
pois é tempo de desgraças.

14 Busquem o bem, não o mal,
  para que tenham vida.

A Lament and Call to Repentance

5 Hear this word, O house of Israel, this lament I take up concerning you:

2 "Fallen is Virgin Israel,
  never to rise again,
deserted in her own land,
  with no one to lift her up."

3 This is what the Sovereign LORD says:

"The city that marches out a thousand strong
  for Israel
will have only a hundred left;
the town that marches out a hundred strong
  will have only ten left."

4 This is what the LORD says to the house of Israel:

"Seek me and live;
5 do not seek Bethel,
  do not go to Gilgal,
  do not journey to Beersheba.
For Gilgal will surely go into exile,
  and Bethel will be reduced to nothing.ª"
6 Seek the LORD and live,
  or he will sweep through the house of
    Joseph like a fire;
it will devour,
  and Bethel will have no one to quench it.

7 You who turn justice into bitterness
  and cast righteousness to the ground
8 (he who made the Pleiades and Orion,
  who turns blackness into dawn
  and darkens day into night,
who calls for the waters of the sea
  and pours them out over the face of
    the land—
  the LORD is his name—
9 he flashes destruction on the stronghold
  and brings the fortified city to ruin),
10 you hate the one who reproves in court
  and despise him who tells the truth.

11 You trample on the poor
  and force him to give you grain.
Therefore, though you have built
    stone mansions,
  you will not live in them;
though you have planted lush vineyards,
  you will not drink their wine.
12 For I know how many are your offenses
  and how great your sins.

You oppress the righteous and take bribes
  and you deprive the poor of justice in
    the courts.
13 Therefore the prudent man keeps quiet in
    such times,
  for the times are evil.

14 Seek good, not evil,
  that you may live.

ª5.5 *Gilgal* no hebraico assemelha-se à expressão aqui traduzida por *irá para o exílio*. ᵇ5.5 Hebraico: *Áven;* referência a *Bete-Áven* (casa da iniqüidade), nome depreciativo de *Betel,* que significa *casa de Deus.* ᶜ5.10 Hebraico: *na porta.*

ª5:5 Or *grief;* or *wickedness;* Hebrew *aven,* a reference to Beth Aven (a derogatory name for Bethel)

Então o Senhor,
   o Deus dos Exércitos,
estará com vocês,
   conforme vocês afirmam.
¹⁵ Odeiem o mal, amem o bem;
   estabeleçam a justiça nos tribunais.
Talvez o Senhor,
   o Deus dos Exércitos,
tenha misericórdia
   do remanescente de José.

¹⁶ Portanto, assim diz o Senhor, o Deus dos Exércitos, o Soberano:

"Haverá lamentação em todas as praças
   e gritos de angústia em todas as ruas.
Os lavradores serão convocados
   para chorar
e os pranteadores para se lamentar.
¹⁷ Haverá lamentos em todas as vinhas,
   pois passarei no meio de vocês",
diz o Senhor.

O Dia do Senhor

¹⁸ Ai de vocês que anseiam
   pelo dia do Senhor!
O que pensam vocês
   do dia do Senhor?
Será dia de trevas, não de luz.
¹⁹ Será como se um homem
   fugisse de um leão
   e encontrasse um urso;
como alguém que entrasse em sua casa
   e, encostando a mão na parede,
   fosse picado por uma serpente.
²⁰ O dia do Senhor será de trevas
   e não de luz.
Uma escuridão total,
   sem um raio de claridade.

²¹ "Eu odeio e desprezo
   as suas festas religiosas;
não suporto as suas assembléias solenes.
²² Mesmo que vocês
   me tragam holocaustosᵃ
e ofertas de cereal,
   isso não me agradará.
Mesmo que me tragam
   as melhores ofertas de comunhãoᵇ,
não darei a menor atenção a elas.
²³ Afastem de mim
   o som das suas canções
   e a música das suas liras.
²⁴ Em vez disso, corra a retidão
   como um rio,
a justiça como um ribeiro perene!"

²⁵ "Foi a mim que vocês trouxeram
   sacrifícios e ofertas
durante os quarenta anos no deserto,
   ó nação de Israel?
²⁶ Não! Vocês carregaram
   o seu rei Sicute,
e Quium, imagens dos deuses astrais,
   que vocês fizeram para si mesmos.ᶜ
²⁷ Por isso eu os mandarei para o exílio,
   para além de Damasco",
diz o Senhor;
   Deus dos Exércitos é o seu nome.

Then the Lord God Almighty will be with you,
   just as you say he is.
¹⁵ Hate evil, love good;
   maintain justice in the courts.
Perhaps the Lord God Almighty will have mercy
   on the remnant of Joseph.

¹⁶ Therefore this is what the Lord, the Lord God Almighty, says:

"There will be wailing in all the streets
   and cries of anguish in every public square.
The farmers will be summoned to weep
   and the mourners to wail.
¹⁷ There will be wailing in all the vineyards,
   for I will pass through your midst,"
                  says the Lord.

The Day of the Lord

¹⁸ Woe to you who long
   for the day of the Lord!
Why do you long for the day of the Lord?
   That day will be darkness, not light.
¹⁹ It will be as though a man fled from a lion
   only to meet a bear,
as though he entered his house
   and rested his hand on the wall
   only to have a snake bite him.
²⁰ Will not the day of the Lord be darkness,
          not light—
pitch-dark, without a ray of brightness?

²¹ "I hate, I despise your religious feasts;
   I cannot stand your assemblies.
²² Even though you bring me burnt offerings
        and grain offerings,
   I will not accept them.
Though you bring choice fellowship offerings,ᵃ
   I will have no regard for them.
²³ Away with the noise of your songs!
   I will not listen to the music of your harps.
²⁴ But let justice roll on like a river,
   righteousness like a never-failing stream!

²⁵ "Did you bring me sacrifices and offerings
   forty years in the desert, O house of Israel?
²⁶ You have lifted up the shrine of your king,
   the pedestal of your idols,
   the star of your godᵇ—
which you made for yourselves.
²⁷ Therefore I will send you into exile
   beyond Damascus,"
   says the Lord, whose name is God Almighty.

ᵃ5.22 Isto é, sacrifícios totalmente queimados. ᵇ5.22 Ou *de paz* ᶜ5.26 Ou *ergueram seu rei Sicute e seus ídolos Quium, seus deuses astrais*. A Septuaginta diz *levantaram o santuário de Moloque e a estrela do seu deus Renfã, ídolos que fizeram para adorar!*

ᵃ5:22 Traditionally *peace offerings* ᵇ5:26 Or *lifted up Sakkuth your king / and Kaiwan your idols, / your star-gods; Septuagint lifted up the shrine of Molech / and the star of your god Rephan, / their idols*

A Destruição de Israel

6 Ai de vocês
que vivem tranquilos em Sião,
e que se sentem seguros
no monte de Samaria;
vocês, homens notáveis
da primeira entre as nações,
aos quais o povo de Israel recorre!
[2] Vão a Calné e olhem para ela;
depois prossigam até a grande Hamate
e em seguida desçam até Gate,
na Filístia.
São elas melhores
do que os seus dois reinos?
O território delas
é maior do que o de vocês?
[3] Vocês acham que estão afastando
o dia mau,
mas na verdade estão atraindo
o reinado do terror.
[4] Vocês se deitam em camas de marfim
e se espreguiçam em seus sofás.
Comem os melhores cordeiros
e os novilhos mais gordos.
[5] Dedilham suas liras como Davi
e improvisam em instrumentos musicais.
[6] Vocês bebem vinho em grandes taças
e se ungem com os mais finos óleos,
mas não se entristecem
com a ruína de José.
[7] Por isso vocês estarão
entre os primeiros a ir para o exílio;
cessarão os banquetes
dos que vivem no ócio.

Condenação do Orgulho de Israel

[8] O Senhor, o Soberano, jurou por si mesmo! Assim declara o Senhor, o Deus dos Exércitos:

"Eu detesto o orgulho de Jacó
e odeio os seus palácios;
entregarei a cidade
e tudo o que nela existe".

[9] Se dez homens forem deixados numa casa, também eles morrerão. [10] E se um parente que tiver que queimar os corpos vier para tirá-los da casa e perguntar a alguém que ainda estiver escondido ali: "Há mais alguém com você?", e a resposta for: "Não", ele dirá: "Calado! Não devemos sequer mencionar o nome do Senhor".

[11] Pois o Senhor deu a ordem,
e ele despedaçará a casa grande
e fará em pedacinhos a casa pequena.

[12] Acaso correm os cavalos
sobre os rochedos?
Poderá alguémará-los com bois?
Mas vocês transformaram
o direito em veneno,
e o fruto da justiça em amargura;
[13] vocês que se regozijam pela conquista
de Lo-Debar[a] e dizem:
"Acaso não conquistamos Carnaim[b]
com a nossa própria força?"

[14] Palavra do Senhor,
o Deus dos Exércitos:
"Farei vir uma nação contra você,
ó nação de Israel,
e ela a oprimirá desde Lebo-Hamate
até o vale da Arabá".

Woe to the Complacent

6 Woe to you who are complacent in Zion,
and to you who feel secure on Mount Samaria,
you notable men of the foremost nation,
to whom the people of Israel come!
[2] Go to Calneh and look at it;
go from there to great Hamath,
and then go down to Gath in Philistia.
Are they better off than your two kingdoms?
Is their land larger than yours?
[3] You put off the evil day
and bring near a reign of terror.
[4] You lie on beds inlaid with ivory
and lounge on your couches.
You dine on choice lambs
and fattened calves.
[5] You strum away on your harps like David
and improvise on musical instruments.
[6] You drink wine by the bowlful
and use the finest lotions,
but you do not grieve over the ruin of Joseph.
[7] Therefore you will be among the first to go
into exile;
your feasting and lounging will end.

The Lord Abhors the Pride of Israel

[8] The Sovereign Lord has sworn by himself—the Lord God Almighty declares:

"I abhor the pride of Jacob
and detest his fortresses;
I will deliver up the city
and everything in it."

[9] If ten men are left in one house, they too will die. [10] And if a relative who is to burn the bodies comes to carry them out of the house and asks anyone still hiding there, "Is anyone with you?" and he says, "No," then he will say, "Hush! We must not mention the name of the Lord."

[11] For the Lord has given the command,
and he will smash the great house into pieces
and the small house into bits.

[12] Do horses run on the rocky crags?
Does one plow there with oxen?
But you have turned justice into poison
and the fruit of righteousness
into bitterness—
[13] you who rejoice in the conquest of Lo Debar[a]
and say, "Did we not take Karnaim[b] by
our own strength?"

[14] For the Lord God Almighty declares,
"I will stir up a nation against you, O house
of Israel,
that will oppress you all the way
from Lebo[c] Hamath to the valley of the
Arabah."

---

[a]6.13 *Lo-Debar* significa *nada.* [b]6.13 *Carnaim* significa *chifres.* Chifre simboliza força.

[a]6:13 *Lo Debar* means *nothing.* [b]6:13 *Karnaim* means *horns;* horn here symbolizes strength. [c]6:14 Or *from the entrance to*

As Três Visões de Amós

7 Foi isto que o Senhor, o Soberano, me mostrou: ele estava preparando enxames de gafanhotos depois da colheita do rei, justo quando brotava a segunda safra. **2** Depois que eles devoraram todas as plantas dos campos, eu clamei: "Senhor Soberano, perdoa! Como Jacó poderá sobreviver? Ele é tão pequeno!"

3 Então o Senhor arrependeu-se e declarou: "Isso não acontecerá".

4 O Soberano, o Senhor, mostrou-me também que, para o julgamento, estava chamando o fogo, o qual secou o grande abismo e devorou a terra. **5** Então eu clamei: "Soberano Senhor, eu te imploro que pares! Como Jacó poderá sobreviver? Ele é tão pequeno!"

6 Então o Senhor arrependeu-se e declarou: "Isso também não acontecerá".

7 Ele me mostrou ainda isto: o Senhor, com um prumo na mão, estava junto a um muro construído no rigor do prumo. **8** E o Senhor me perguntou: "O que você está vendo, Amós?"

"Um prumo", respondi.

Então disse o Senhor: "Veja! Estou pondo um prumo no meio de Israel, o meu povo; não vou poupá-lo mais.

9 "Os altares idólatras de Isaque
serão destruídos,
e os santuários de Israel
ficarão em ruínas;
com a espada me levantarei
contra a dinastia de Jeroboão".

O Confronto entre Amós e Amazias

10 Então o sacerdote de Betel, Amazias, enviou esta mensagem a Jeroboão, rei de Israel: "Amós está tramando uma conspiração contra ti no centro de Israel. A nação não suportará as suas palavras. **11** Amós está dizendo o seguinte:

'Jeroboão morrerá à espada,
e certamente Israel irá para o exílio,
para longe da sua terra natal' ".

12 Depois Amazias disse a Amós: "Vá embora, vidente! Vá profetizar em Judá; vá ganhar lá o seu pão. **13** Não profetize mais em Betel, porque este é o santuário do rei e o templo do reino".

14 Amós respondeu a Amazias: "Eu não sou profeta nem pertenço a nenhum grupo de profetas^a, apenas cuido do gado e faço colheita de figos silvestres. **15** Mas o Senhor me tirou do serviço junto ao rebanho e me disse: 'Vá, profetize a Israel, o meu povo'. **16** Agora ouça, então, a palavra do Senhor. Você diz:

" 'Não profetize contra Israel,
e pare de pregar
contra a descendência de Isaque'.

17 "Mas, o Senhor lhe diz:

" 'Sua mulher se tornará
uma prostituta na cidade,
e os seus filhos e as suas filhas
morrerão à espada.
Suas terras serão loteadas,
e você mesmo morrerá numa terra pagã^b.
E Israel certamente irá para o exílio,
para longe da sua terra natal' ".

A Visão de um Cesto de Frutas Maduras

8 O Senhor, o Soberano, me mostrou um cesto de frutas maduras. **2** "O que você está vendo, Amós?", ele perguntou.

Um cesto de frutas maduras, respondi.

Então o Senhor me disse: "Chegou o fim de Israel, o meu povo; não mais o pouparei".

Locusts, Fire and a Plumb Line

7 This is what the Sovereign Lord showed me: He was preparing swarms of locusts after the king's share had been harvested and just as the second crop was coming up. **2** When they had stripped the land clean, I cried out, "Sovereign Lord, forgive! How can Jacob survive? He is so small!"

3 So the Lord relented.

"This will not happen," the Lord said.

4 This is what the Sovereign Lord showed me: The Sovereign Lord was calling for judgment by fire; it dried up the great deep and devoured the land. **5** Then I cried out, "Sovereign Lord, I beg you, stop! How can Jacob survive? He is so small!"

6 So the Lord relented.

"This will not happen either," the Sovereign Lord said.

7 This is what he showed me: The Lord was standing by a wall that had been built true to plumb, with a plumb line in his hand. **8** And the Lord asked me, "What do you see, Amos?"

"A plumb line," I replied.

Then the Lord said, "Look, I am setting a plumb line among my people Israel; I will spare them no longer.

9 "The high places of Isaac will be destroyed
and the sanctuaries of Israel will be ruined;
with my sword I will rise against the
house of Jeroboam."

Amos and Amaziah

10 Then Amaziah the priest of Bethel sent a message to Jeroboam king of Israel: "Amos is raising a conspiracy against you in the very heart of Israel. The land cannot bear all his words. **11** For this is what Amos is saying:

" 'Jeroboam will die by the sword,
and Israel will surely go into exile,
away from their native land.' "

12 Then Amaziah said to Amos, "Get out, you seer! Go back to the land of Judah. Earn your bread there and do your prophesying there. **13** Don't prophesy anymore at Bethel, because this is the king's sanctuary and the temple of the kingdom."

14 Amos answered Amaziah, "I was neither a prophet nor a prophet's son, but I was a shepherd, and I also took care of sycamore-fig trees. **15** But the Lord took me from tending the flock and said to me, 'Go, prophesy to my people Israel.' **16** Now then, hear the word of the Lord. You say,

" 'Do not prophesy against Israel,
and stop preaching against the house
of Isaac.'

17 "Therefore this is what the Lord says:

" 'Your wife will become a prostitute in the city,
and your sons and daughters will fall by
the sword.
Your land will be measured and divided up,
and you yourself will die in a pagan^a country.
And Israel will certainly go into exile,
away from their native land.' "

A Basket of Ripe Fruit

8 This is what the Sovereign Lord showed me: a basket of ripe fruit. **2** "What do you see, Amos?" he asked.

"A basket of ripe fruit," I answered.

Then the Lord said to me, "The time is ripe for my people Israel; I will spare them no longer.

---

a7.14 Hebraico: *nem filho de profeta.* **b**7.17 Hebraico: *impura.*

a7:17 Hebrew *an unclean*

3 "Naquele dia", declara o Senhor, o Soberano, "as canções no templo se tornarão lamentos.ᵃ Muitos, muitos serão os corpos, atirados por todos os lados! Silêncio!"

4 Ouçam, vocês que pisam os pobres
　　e arruínam os necessitados da terra,
5 dizendo:

"Quando acabará a lua nova
　　para que vendamos o cereal?
E quando terminará o sábado
　　para que comercializemos o trigo,
　　diminuindo a medida,
aumentando o preçoᵇ,
　　enganando com balanças desonestas e
6 comprando o pobre com prata
　　e o necessitado por um par de sandálias,
vendendo até palha com o trigo?"

7 O Senhor jurou contra o orgulho de Jacó: "Jamais esquecerei coisa alguma do que eles fizeram.

8 "Acaso não tremerá
　　a terra por causa disso,
e não chorarão
　　todos os que nela vivem?
Toda esta terra
　　se levantará como o Nilo;
será agitada e depois afundará
　　como o ribeiro do Egito.

9 "Naquele dia", declara o Senhor, o Soberano:

"Farei o sol se pôr ao meio-dia
　　e em plena luz do dia escurecerei a terra.
10 Transformarei as suas festas em velório
　　e todos os seus cânticos em lamentação.
Farei que todos vocês
　　vistam roupas de luto
e rapem a cabeça.
Farei daquele dia
　　um dia de luto por um filho único,
e o fim dele, como um dia de amargura.

11 "Estão chegando os dias",
　　declara o Senhor, o Soberano,
"em que enviarei fome a toda esta terra;
　　não fome de comida nem sede de água,
mas fome e sede de ouvir
　　as palavras do Senhor.
12 Os homens vaguearão
　　de um mar a outro,
do Norte ao Oriente,
　　buscando a palavra do Senhor,
mas não a encontrarão.

13 "Naquele dia as jovens belas
　　e os rapazes fortes
desmaiarão de sede.
14 Aqueles que juram
　　pela vergonhaᶜ de Samaria,
e os que dizem:
　　'Juro pelo nome do seu deus, ó Dã'
ou 'Juro pelo nome
　　do deusᵈ de Berseba',
cairão, para nunca mais se levantar!"

Israel Será Destruído

9 Vi o Senhor junto ao altar,
e ele disse:

"Bata no topo das colunas
　　para que tremam os umbrais.

3 "In that day," declares the Sovereign Lord, "the songs in the temple will turn to wailing.ᵃ Many, many bodies—flung everywhere! Silence!"

4 Hear this, you who trample the needy
　　and do away with the poor of the land,
5 saying,

"When will the New Moon be over
　　that we may sell grain,
and the Sabbath be ended
　　that we may market wheat?"—
skimping the measure,
　　boosting the price
　　and cheating with dishonest scales,
6 buying the poor with silver
　　and the needy for a pair of sandals,
　　selling even the sweepings with the wheat.

7 The Lord has sworn by the Pride of Jacob: "I will never forget anything they have done.

8 "Will not the land tremble for this,
　　and all who live in it mourn?
The whole land will rise like the Nile;
　　it will be stirred up and then sink
　　like the river of Egypt.

9 "In that day," declares the Sovereign Lord,

"I will make the sun go down at noon
　　and darken the earth in broad daylight.
10 I will turn your religious feasts into mourning
　　and all your singing into weeping.
I will make all of you wear sackcloth
　　and shave your heads.
I will make that time like mourning for an
　　　　only son
　　and the end of it like a bitter day.

11 "The days are coming," declares the
　　　　Sovereign Lord,
"when I will send a famine through the land—
　　not a famine of food or a thirst for water,
　　but a famine of hearing the words of the Lord.
12 Men will stagger from sea to sea
　　and wander from north to east,
searching for the word of the Lord,
　　but they will not find it.

13 "In that day

"the lovely young women and strong young men
　　will faint because of thirst.
14 They who swear by the shameᵇ of Samaria,
　　or say, 'As surely as your god lives, O Dan,'
　　or, 'As surely as the godᶜ of Beersheba lives'—
they will fall,
　　never to rise again."

Israel to Be Destroyed

9 I saw the Lord standing by the altar, and he said:

"Strike the tops of the pillars
　　so that the thresholds shake.

ᵃ8.3 Ou *"os cantores do templo se lamentarão".* ᵇ8.5 Hebraico: *diminuindo o efa, aumentando o siclo.* ᶜ8.14 Ou *por Asima;* ou ainda *pelo ídolo* ᵈ8.14 Ou *poder*

ᵃ8:3 Or *"the temple singers will wail* ᵇ8:14 Or *by Ashima;* or *by the idol* ᶜ8:14 Or *power*

Faça que elas caiam
    sobre todos os presentes;
e os que sobrarem matarei à espada.
    Ninguém fugirá, ninguém escapará.
² Ainda que escavem
    até às profundezasª,
    dali a minha mão irá tirá-los.
Se subirem até os céus,
    de lá os farei descer.
³ Mesmo que se escondam
    no topo do Carmelo,
    lá os caçarei e os prenderei.
Ainda que se escondam de mim
    no fundo do mar,
    ali ordenarei à serpente que os morda.
⁴ Mesmo que sejam levados ao exílio
    por seus inimigos,
    ali ordenarei que a espada os mate.
Vou vigiá-los para lhes fazer
    o mal e não o bem".

⁵ Quanto ao Senhor,
    o Senhor dos Exércitos,
ele toca na terra, e ela se derrete,
    e todos os que nela vivem pranteiam;
ele ergue toda a terra como o Nilo,
    e depois a afunda
    como o ribeiro do Egito.
⁶ Ele constrói suas câmaras altasᵇ,
    e firma a abóbada sobre a terra;
ele reúne as águas do mar e as espalha
    sobre a superfície da terra.
Senhor é o seu nome.

⁷ "Vocês, israelitas, não são para mim
    melhores do que os etíopesᶜ",
    declara o Senhor.
"Eu tirei Israel do Egito,
    os filisteus de Caftorᵈ
e os arameus de Quir.
⁸ "Sem dúvida, os olhos
    do Senhor, o Soberano,
    se voltam para este reino pecaminoso.
Eu o varrerei da superfície da terra,
    mas não destruirei totalmente
    a descendência de Jacó",
    declara o Senhor.
⁹ "Pois darei a ordem,
    e sacudirei a nação de Israel
    entre todas as nações,
tal como o trigo
    é abanado numa peneira,
    e nem um grão cai na terra.
¹⁰ Todos os pecadores
    que há no meio do meu povo
    morrerão à espada,
todos os que dizem:
'A desgraça não nos atingirá
    nem nos encontrará'.

A Restauração de Israel

¹¹ "Naquele dia levantarei
    a tenda caída de Davi.
Consertarei o que estiver quebrado,
    e restaurarei as suas ruínas.
Eu a reerguerei,
    para que seja como era no passado,
¹² para que o meu povo conquiste

Bring them down on the heads of all the people;
    those who are left I will kill with the sword.
Not one will get away,
    none will escape.
² Though they dig down to the depths of
    the grave,ª
    from there my hand will take them.
Though they climb up to the heavens,
    from there I will bring them down.
³ Though they hide themselves on the top
    of Carmel,
    there I will hunt them down and seize them.
Though they hide from me at the bottom
    of the sea,
    there I will command the serpent to bite them.
⁴ Though they are driven into exile by
    their enemies,
    there I will command the sword to slay them.
I will fix my eyes upon them
    for evil and not for good."

⁵ The Lord, the Lord Almighty,
    he who touches the earth and it melts,
    and all who live in it mourn—
the whole land rises like the Nile,
    then sinks like the river of Egypt—
⁶ he who builds his lofty palaceᵇ in the heavens
    and sets its foundationᶜ on the earth,
who calls for the waters of the sea
    and pours them out over the face of
    the land—
    the Lord is his name.

⁷ "Are not you Israelites
    the same to me as the Cushitesᵈ?"
              declares the Lord.
"Did I not bring Israel up from Egypt,
    the Philistines from Caphtorᵉ
    and the Arameans from Kir?
⁸ "Surely the eyes of the Sovereign Lord
    are on the sinful kingdom.
I will destroy it
    from the face of the earth—
yet I will not totally destroy
    the house of Jacob,"
              declares the Lord.
⁹ "For I will give the command,
    and I will shake the house of Israel
    among all the nations
as grain is shaken in a sieve,
    and not a pebble will reach the ground.
¹⁰ All the sinners among my people
    will die by the sword,
all those who say,
    'Disaster will not overtake or meet us.'

Israel's Restoration

¹¹ "In that day I will restore
    David's fallen tent.
I will repair its broken places,
    restore its ruins,
    and build it as it used to be,
¹² so that they may possess the remnant of Edom

ª9.2 Hebraico: *Sheol*. Essa palavra também pode ser traduzida por sepultura, pó ou morte. ᵇ9.6 Ou *a sua escadaria até os céus* ᶜ9.7 Hebraico: *cuxitas*. ᵈ9.7 Isto é, Creta.

ª9:2 Hebrew *to Sheol* ᵇ9:6 The meaning of the Hebrew for this phrase is uncertain. ᶜ9:6 The meaning of the Hebrew for this word is uncertain. ᵈ9:7 That is, people from the upper Nile region ᵉ9:7 That is, Crete

o remanescente de Edom
e todas as nações que me pertencem",
declara o Senhor,[a]
que realizará essas coisas.

¹³ "Dias virão", declara o Senhor,
"em que a ceifa continuará
até o tempo de arar,
e o pisar das uvas
até o tempo de semear.
Vinho novo gotejará dos montes
e fluirá de todas as colinas.

¹⁴ Trarei de volta Israel,
o meu povo exilado,[b]
eles reconstruirão as cidades em ruínas
e nelas viverão.
Plantarão vinhas
e beberão do seu vinho;
cultivarão pomares
e comerão do seu fruto.

¹⁵ Plantarei Israel em sua própria terra,
para nunca mais ser desarraigado
da terra que lhe dei",
diz o Senhor, o seu Deus.

Obadias

O Julgamento de Edom

¹ Visão de Obadias. Assim diz o Soberano,
o Senhor, a respeito de Edom:

Nós ouvimos uma mensagem do Senhor.
Um mensageiro foi enviado às nações para dizer:
"Levantem-se! Vamos atacar Edom!"

² "Veja! Eu tornarei você pequeno entre as
nações.
Será completamente desprezado!

³ A arrogância do seu coração o tem
enganado,
você que vive nas cavidades das rochas[c]
e constrói sua morada no alto dos montes;
você que diz a si mesmo: 'Quem pode me derrubar?'

⁴ Ainda que você suba tão alto como a águia
e faça o seu ninho entre as estrelas,
dali eu o derrubarei", declara o Senhor.

⁵ "Se ladrões o atacassem,
saqueadores no meio da noite
— como você está destruído! —
não roubariam apenas quanto achassem
suficiente?
Se os que colhem uvas chegassem a você,
não deixariam para trás pelo menos
alguns cachos?

⁶ Entretanto, como Esaú foi saqueado!
Como foram pilhados
os seus tesouros ocultos!

⁷ Empurram você para as fronteiras
todos os seus aliados;
enganam você e o sobrepujarão
os seus melhores amigos;
aqueles que comem com você
lhe armam ciladas".
E Esaú não percebe nada!

⁸ "Naquele dia", declara o Senhor,
"destruirei os sábios de Edom,
e os mestres dos montes de Esaú.

---

and all the nations that bear my name,[a]"
declares the Lord, who will do these things

¹³ "The days are coming," declares the Lord,
"when the reaper will be overtaken by
the plowman
and the planter by the one treading grapes.
New wine will drip from the mountains
and flow from all the hills.

¹⁴ I will bring back my exiled[b] people Israel;
they will rebuild the ruined cities and
live in them.
They will plant vineyards and drink their wine;
they will make gardens and eat their fruit.

¹⁵ I will plant Israel in their own land,
never again to be uprooted
from the land I have given them,"
says the Lord your God

Obadiah

¹ The vision of Obadiah.

This is what the Sovereign Lord says about Edom—

We have heard a message from the Lord:
An envoy was sent to the nations to say,
"Rise, and let us go against her for battle"—

² "See, I will make you small among the nations;
you will be utterly despised.

³ The pride of your heart has deceived you,
you who live in the clefts of the rocks[c]
and make your home on the heights,
you who say to yourself,
'Who can bring me down to the ground?'

⁴ Though you soar like the eagle
and make your nest among the stars,
from there I will bring you down,"
declares the Lord.

⁵ "If thieves came to you,
if robbers in the night—
Oh, what a disaster awaits you—
would they not steal only as much as they wanted?
If grape pickers came to you,
would they not leave a few grapes?

⁶ But how Esau will be ransacked,
his hidden treasures pillaged!

⁷ All your allies will force you to the border;
your friends will deceive and overpower you;
those who eat your bread will set a trap for you,[d]
but you will not detect it.

⁸ "In that day," declares the Lord,
"will I not destroy the wise men of Edom,
men of understanding in the mountains
of Esau?

---

[a]9.12 A Septuaginta diz *para que o remanescente e todas as nações que levam o meu nome busquem o* Senhor. [b]9.14 Ou *Restaurarei a sorte de Israel, o meu povo,* [c]3 Ou *de Selá*

[a]9:12 Hebrew; Septuagint *so that the remnant of men / and all the nations that bear my name may seek the Lord* [b]9:14 Or *will restore the fortunes of my* [c]3 Or *of Sela* [d]7 The meaning of the Hebrew for this clause is uncertain.

⁹ Então os seus guerreiros, ó Temã,
    ficarão apavorados,
e serão eliminados todos os homens
    dos montes de Esaú.
¹⁰ Por causa da violenta matança
    que você fez contra o seu irmão
    Jacó,
você será coberto de vergonha
    e eliminado para sempre.
¹¹ No dia em que você ficou por perto,
    quando estrangeiros roubaram
    os bens dele,
e estranhos entraram por suas portas
    e lançaram sortes sobre Jerusalém,
    você fez exatamente como eles.
¹² Você não devia ter olhado
    com satisfação
    o dia da desgraça de seu irmão;
nem ter se alegrado
    com a destruição do povo de Judá;
não devia ter falado com arrogância
    no dia da sua aflição.
¹³ Não devia ter entrado pelas portas
    do meu povo
    no dia da sua calamidade,
nem devia ter ficado alegre
    com o sofrimento dele
    no dia da sua ruína;
nem ter roubado a riqueza dele
    no dia da sua desgraça.
¹⁴ Não devia ter esperado
    nas encruzilhadas,
para matar os que conseguiram escapar;
nem ter entregado os sobreviventes
    no dia da sua aflição.

¹⁵ "Pois o dia do Senhor está próximo
    para todas as nações.
Como você fez, assim lhe será feito.
A maldade que você praticou
    recairá sobre você.
¹⁶ Assim como vocês beberam
    do meu castigo
    no meu santo monte,
também todas as nações[a]
    beberão sem parar.
Beberão até o fim,
    e serão como se nunca tivessem
    existido.
¹⁷ Mas no monte Sião estarão os que
    escaparam;
ele será santo
e a descendência de Jacó
    possuirá a sua herança.
¹⁸ A descendência de Jacó será
    um fogo,
e a de José uma chama;
a descendência de Esaú será a palha.
    Eles a incendiarão e a consumirão.
Não haverá sobreviventes
    da descendência de Esaú",
declara o Senhor.

¹⁹ Os do Neguebe se apossarão
    dos montes de Esaú,
e os da Sefelá[b] ocuparão
    a terra dos filisteus.

⁹ Your warriors, O Teman, will be terrified,
    and everyone in Esau's mountains
    will be cut down in the slaughter.
¹⁰ Because of the violence against your brother
    Jacob,
    you will be covered with shame;
    you will be destroyed forever.
¹¹ On the day you stood aloof
    while strangers carried off his wealth
and foreigners entered his gates
    and cast lots for Jerusalem,
    you were like one of them.
¹² You should not look down on your brother
    in the day of his misfortune,
nor rejoice over the people of Judah
    in the day of their destruction,
nor boast so much
    in the day of their trouble.
¹³ You should not march through the gates of
    my people
    in the day of their disaster,
nor look down on them in their calamity
    in the day of their disaster,
nor seize their wealth
    in the day of their disaster.
¹⁴ You should not wait at the crossroads
    to cut down their fugitives,
nor hand over their survivors
    in the day of their trouble.

¹⁵ "The day of the Lord is near
    for all nations.
As you have done, it will be done to you;
    your deeds will return upon your own head.
¹⁶ Just as you drank on my holy hill,
    so all the nations will drink continually;
they will drink and drink
    and be as if they had never been.
¹⁷ But on Mount Zion will be deliverance;
    it will be holy,
and the house of Jacob
    will possess its inheritance.
¹⁸ The house of Jacob will be a fire
    and the house of Joseph a flame;
the house of Esau will be stubble,
    and they will set it on fire and consume it.
There will be no survivors
    from the house of Esau."

The Lord has spoken.

¹⁹ People from the Negev will occupy
    the mountains of Esau,
and people from the foothills will possess
    the land of the Philistines.

---

[a]16 Muitos manuscritos do Texto Massorético dizem *todas as nações ao redor*.
[b]19 Pequena faixa de terra de relevo variável entre a planície costeira e as montanhas.

Eles tomarão posse dos campos
    de Efraim e de Samaria,
e Benjamim se apossará de Gileade.
20 Os israelitas exilados se apossarão
    do território dos cananeus
    até Sarepta;
os exilados de Jerusalém
    que estão em Sefarade
ocuparão as cidades do Neguebe.
21 Os vencedores subirão ao*ª* monte Sião
    para governar a montanha de Esaú.
E o reino será do Senhor.

Jonas

Chamado e Fuga de Jonas

1 A palavra do Senhor veio a Jonas, filho de Amitai, com esta ordem: **2** "Vá depressa à grande cidade de Nínive e pregue contra ela, porque a sua maldade subiu até à minha presença".

3 Mas Jonas fugiu da presença do Senhor, dirigindo-se para Társis. Desceu à cidade de Jope, onde encontrou um navio que se destinava àquele porto. Depois de pagar a passagem, embarcou para Társis, para fugir do Senhor.

4 O Senhor, porém, fez soprar um forte vento sobre o mar, e caiu uma tempestade tão violenta que o barco ameaçava arrebentar-se. **5** Todos os marinheiros ficaram com medo e cada um clamava ao seu próprio deus. E atiraram as cargas ao mar para tornar o navio mais leve*ᵇ*.

Enquanto isso, Jonas, que tinha descido ao porão e se deitara, dormia profundamente. **6** O capitão dirigiu-se a ele e disse: "Como você pode ficar aí dormindo? Levante-se e clame ao seu deus! Talvez ele tenha piedade de nós e não morramos".

7 Então os marinheiros combinaram entre si: "Vamos lançar sortes para descobrir quem é o responsável por esta desgraça que se abateu sobre nós". Lançaram sortes, e a sorte caiu sobre Jonas.

8 Por isso lhe perguntaram: "Diga-nos, quem é o responsável por esta calamidade? Qual é a sua profissão? De onde você vem? Qual é a sua terra? A que povo você pertence?"

9 Ele respondeu: "Eu sou hebreu, adorador do Senhor, o Deus dos céus, que fez o mar e a terra".

10 Então os homens ficaram apavorados e perguntaram: "O que foi que você fez?", pois sabiam que Jonas estava fugindo do Senhor, porque ele já lhes tinha dito.

11 Visto que o mar estava cada vez mais agitado, eles lhe perguntaram: "O que devemos fazer com você, para que o mar se acalme?"

12 Respondeu ele: "Peguem-me e joguem-me ao mar, e ele se acalmará. Pois eu sei que é por minha causa que esta violenta tempestade caiu sobre vocês".

13 Ao invés disso, os homens se esforçaram ao máximo para remar de volta à terra. Mas não conseguiram, porque o mar tinha ficado ainda mais violento. **14** Eles clamaram ao Senhor: "Senhor, nós suplicamos, não nos deixes morrer por tirarmos a vida deste homem. Não caia sobre nós a culpa de matar um inocente, porque tu, ó Senhor, fizeste o que desejavas". **15** Em seguida pegaram Jonas e o lançaram ao mar enfurecido, e este se aquietou. **16** Ao verem isso, os homens adoraram o Senhor com temor, oferecendo-lhe sacrifício e fazendo-lhe votos.

17 O Senhor fez com que um grande peixe engolisse Jonas, e ele ficou dentro do peixe três dias e três noites.

A Oração de Jonas

2 Dentro do peixe, Jonas orou ao Senhor, o seu Deus. **2** E disse:

They will occupy the fields of Ephraim and
    Samaria,
    and Benjamin will possess Gilead.
20 This company of Israelite exiles who are
    in Canaan
    will possess ⌊the land⌋ as far as Zarephath;
the exiles from Jerusalem who are in Sepharad
    will possess the towns of the Negev.
21 Deliverers will go up onª Mount Zion
    to govern the mountains of Esau.
And the kingdom will be the Lord's.

Jonah

Jonah Flees From the Lord

1 The word of the Lord came to Jonah son of Amittai: **2** "Go to the great city of Nineveh and preach against it, because its wickedness has come up before me."

3 But Jonah ran away from the Lord and headed for Tarshish. He went down to Joppa, where he found a ship bound for that port. After paying the fare, he went aboard and sailed for Tarshish to flee from the Lord.

4 Then the Lord sent a great wind on the sea, and such a violent storm arose that the ship threatened to break up. **5** All the sailors were afraid and each cried out to his own god. And they threw the cargo into the sea to lighten the ship.

But Jonah had gone below deck, where he lay down and fell into a deep sleep. **6** The captain went to him and said, "How can you sleep? Get up and call on your god! Maybe he will take notice of us, and we will not perish."

7 Then the sailors said to each other, "Come, let us cast lots to find out who is responsible for this calamity." They cast lots and the lot fell on Jonah.

8 So they asked him, "Tell us, who is responsible for making all this trouble for us? What do you do? Where do you come from? What is your country? From what people are you?"

9 He answered, "I am a Hebrew and I worship the Lord, the God of heaven, who made the sea and the land."

10 This terrified them and they asked, "What have you done?" (They knew he was running away from the Lord, because he had already told them so.)

11 The sea was getting rougher and rougher. So they asked him, "What should we do to you to make the sea calm down for us?"

12 "Pick me up and throw me into the sea," he replied, "and it will become calm. I know that it is my fault that this great storm has come upon you."

13 Instead, the men did their best to row back to land. But they could not, for the sea grew even wilder than before. **14** Then they cried to the Lord, "O Lord, please do not let us die for taking this man's life. Do not hold us accountable for killing an innocent man, for you, O Lord, have done as you pleased." **15** Then they took Jonah and threw him overboard, and the raging sea grew calm. **16** At this the men greatly feared the Lord, and they offered a sacrifice to the Lord and made vows to him.

17 But the Lord provided a great fish to swallow Jonah, and Jonah was inside the fish three days and three nights.

Jonah's Prayer

2 From inside the fish Jonah prayed to the Lord his God. **2** He said:

"Em meu desespero clamei ao Senhor,
  e ele me respondeu.
Do ventre da morte[a] gritei por socorro,
  e ouviste o meu clamor.
3 Jogaste-me nas profundezas,
  no coração dos mares;
correntezas formavam um turbilhão
  ao meu redor;
todas as tuas ondas e vagas
  passaram sobre mim.
4 Eu disse: Fui expulso da tua presença;
  contudo, olharei de novo
para o teu santo templo.[b]
5 As águas agitadas me envolveram,[c]
  o abismo me cercou,
as algas marinhas
  se enrolaram em minha cabeça.
6 Afundei até chegar aos fundamentos
  dos montes;
à terra embaixo, cujas trancas
  me aprisionaram para sempre.
Mas tu trouxeste a minha vida
  de volta da sepultura,
ó Senhor meu Deus!
7 "Quando a minha vida já se apagava,
  eu me lembrei de ti, Senhor,
e a minha oração subiu a ti,
  ao teu santo templo.
8 "Aqueles que acreditam
  em ídolos inúteis
desprezam a misericórdia.
9 Mas eu, com um cântico de gratidão,
  oferecerei sacrifício a ti.
O que eu prometi
  cumprirei totalmente.
A salvação vem do Senhor".

10 E o Senhor deu ordens ao peixe, e ele vomitou Jonas em terra firme.

O Arrependimento de Nínive

3 A palavra do Senhor veio a Jonas pela segunda vez com esta ordem: 2 "Vá à grande cidade de Nínive e pregue contra ela a mensagem que eu lhe darei".

3 Jonas obedeceu à palavra do Senhor e foi para Nínive. Era uma cidade muito grande[d]; sendo necessários três dias para percorrê-la. 4 Jonas entrou na cidade e a percorreu durante um dia, proclamando: "Daqui a quarenta dias Nínive será destruída". 5 Os ninivitas creram em Deus. Proclamaram um jejum, e todos eles, do maior ao menor, vestiram-se de pano de saco.

6 Quando as notícias chegaram ao rei de Nínive, ele se levantou do trono, tirou o manto real, vestiu-se de pano de saco e sentou-se sobre cinza. 7 Então fez uma proclamação em Nínive:

"Por decreto do rei e de seus nobres:
Não é permitido a nenhum homem ou animal, bois ou ovelhas, provar coisa alguma; não comam nem bebam! 8 Cubram-se de pano de saco, homens e animais. E todos clamem a Deus com todas as suas forças. Deixem os maus caminhos e a violência. 9 Talvez Deus se arrependa e abandone a sua ira, e não sejamos destruídos".

10 Tendo em vista o que eles fizeram e como abandonaram os seus maus caminhos, Deus se arrependeu e não os destruiu como tinha ameaçado.

"In my distress I called to the Lord,
  and he answered me.
From the depths of the grave[a] I called for help,
  and you listened to my cry.
3 You hurled me into the deep,
  into the very heart of the seas,
  and the currents swirled about me;
all your waves and breakers
  swept over me.
4 I said, 'I have been banished
  from your sight;
yet I will look again
  toward your holy temple.'
5 The engulfing waters threatened me,[b]
  the deep surrounded me;
seaweed was wrapped around my head.
6 To the roots of the mountains I sank down;
  the earth beneath barred me in forever.
But you brought my life up from the pit,
  O Lord my God.
7 "When my life was ebbing away,
  I remembered you, Lord,
and my prayer rose to you,
  to your holy temple.
8 "Those who cling to worthless idols
  forfeit the grace that could be theirs.
9 But I, with a song of thanksgiving,
  will sacrifice to you.
What I have vowed I will make good.
  Salvation comes from the Lord."

10 And the Lord commanded the fish, and it vomited Jonah onto dry land.

Jonah Goes to Nineveh

3 Then the word of the Lord came to Jonah a second time: 2 "Go to the great city of Nineveh and proclaim to it the message I give you."

3 Jonah obeyed the word of the Lord and went to Nineveh. Now Nineveh was a very important city—a visit required three days. 4 On the first day, Jonah started into the city. He proclaimed: "Forty more days and Nineveh will be overturned." 5 The Ninevites believed God. They declared a fast, and all of them, from the greatest to the least, put on sackcloth.

6 When the news reached the king of Nineveh, he rose from his throne, took off his royal robes, covered himself with sackcloth and sat down in the dust. 7 Then he issued a proclamation in Nineveh:

"By the decree of the king and his nobles:
Do not let any man or beast, herd or flock, taste anything; do not let them eat or drink. 8 But let man and beast be covered with sackcloth. Let everyone call urgently on God. Let them give up their evil ways and their violence. 9 Who knows? God may yet relent and with compassion turn from his fierce anger so that we will not perish."

10 When God saw what they did and how they turned from their evil ways, he had compassion and did not bring upon them the destruction he had threatened.

---

[a]2.2 Hebraico: Sheol. Essa palavra também pode ser traduzida por sepultura, profundezas ou pó. [b]2.4 Ou como poderei ver novamente o teu santo templo? [c]2.5 Ou As águas estavam em minha garganta, [d]3.3 Ou cidade importante para Deus

[a]2:2 Hebrew Sheol [b]2:5 Or waters were at my throat

A Ira de Jonas

4 Jonas, porém, ficou profundamente descontente com isso e enfureceu-se. ² Ele orou ao Senhor: "Senhor, não foi isso que eu disse quando ainda estava em casa? Foi por isso que me apressei em fugir para Társis. Eu sabia que tu és Deus misericordioso e compassivo, muito paciente, cheio de amor e que prometes castigar mas de-pois te arrependes. ³ Agora, Senhor, tira a minha vida, eu imploro, porque para mim é melhor morrer do que viver".

⁴ O Senhor lhe respondeu: "Você tem alguma razão para essa fúria?"

⁵ Jonas saiu e sentou-se num lugar a leste da cidade. Ali, construiu para si um abrigo, sentou-se à sua sombra e esperou para ver o que aconteceria com a cidade. ⁶ Então o Senhor Deus fez crescer uma planta sobre Jonas, para dar sombra à sua cabeça e livrá-lo do calor, o que deu grande alegria a Jonas. ⁷ Mas na madrugada do dia seguinte, Deus mandou uma lagarta atacar a planta e ela secou-se. ⁸ Ao nascer do sol, Deus trouxe um vento oriental muito quente, e o sol bateu na cabeça de Jonas, ao pon-to de ele quase desmaiar. Com isso ele desejou morrer, e disse: "Para mim seria melhor morrer do que viver".

⁹ Mas Deus disse a Jonas: "Você tem alguma razão para estar tão furioso por causa da planta?"

Respondeu ele: "Sim, tenho! E estou furioso ao ponto de querer morrer".

¹⁰ Mas o Senhor lhe disse: "Você tem pena dessa planta, embora não a tenha podado nem a tenha feito crescer. Ela nasceu numa noite e numa noite morreu. ¹¹ Contudo, Nínive tem mais de cento e vinte mil pessoas que não sabem nem distinguir a mão direita da esquerdaª, além de muitos rebanhos. Não deveria eu ter pena dessa grande cidade?"

Miquéias

1 A palavra do Senhor que veio a Miquéias de Moresete durante os reinados de Jotão, Acaz e Ezequias, reis de Judá; visão que ele teve acerca de Samaria e de Jerusalém:

² Ouçam, todos os povos;
    prestem atenção, ó terra
      e todos os que nela habitam;
que o Senhor, o Soberano,
    do seu santo templo
    testemunhe contra vocês.

O Julgamento de Samaria e de Jerusalém

³ Vejam! O Senhor já está saindo
    da sua habitação;
ele desce e pisa os lugares altos da terra.
⁴ Debaixo dele os montes se derretem
    como cera diante do fogo,
e os vales racham ao meio,
    como que rasgados pelas águas
    que descem velozes encosta abaixo.
⁵ Tudo por causa
    da transgressão de Jacó,
dos pecados da nação de Israel.
Qual é a transgressão de Jacó?
    Acaso não é Samaria?
Qual é o altar idólatra de Judá?
    Acaso não é Jerusalém?

⁶ "Por isso farei de Samaria
    um monte de entulho
    em campo aberto,
um lugar para plantação de vinhas;
atirarei as suas pedras no vale
    e porei a descoberto os seus alicerces.

Jonah's Anger at the Lord's Compassion

4 But Jonah was greatly displeased and became angry. ² He prayed to the Lord, "O Lord, is this not what I said when I was still at home? That is why I was so quick to flee to Tarshish. I knew that you are a gracious and compassionate God, slow to anger and abounding in love, a God who relents from sending calamity. ³ Now, O Lord, take away my life, for it is better for me to die than to live."

⁴ But the Lord replied, "Have you any right to be angry?"

⁵ Jonah went out and sat down at a place east of the city. There he made himself a shelter, sat in its shade and waited to see what would happen to the city. ⁶ Then the Lord God provided a vine and made it grow up over Jonah to give shade for his head to ease his discomfort, and Jonah was very happy about the vine. ⁷ But at dawn the next day God provided a worm, which chewed the vine so that it withered. ⁸ When the sun rose, God provided a scorching east wind, and the sun blazed on Jonah's head so that he grew faint. He wanted to die, and said, "It would be better for me to die than to live."

⁹ But God said to Jonah, "Do you have a right to be angry about the vine?"

"I do," he said. "I am angry enough to die."

¹⁰ But the Lord said, "You have been concerned about this vine, though you did not tend it or make it grow. It sprang up overnight and died overnight. ¹¹ But Nineveh has more than a hundred and twenty thousand people who cannot tell their right hand from their left, and many cattle as well. Should I not be concerned about that great city?"

Micah

1 The word of the Lord that came to Micah of Moresheth during the reigns of Jotham, Ahaz and Hezekiah, kings of Judah—the vision he saw concerning Samaria and Jerusalem.

² Hear, O peoples, all of you,
    listen, O earth and all who are in it,
that the Sovereign Lord may witness against you,
    the Lord from his holy temple.

Judgment Against Samaria and Jerusalem

³ Look! The Lord is coming from his
    dwelling place;
he comes down and treads the high places
    of the earth.
⁴ The mountains melt beneath him
    and the valleys split apart,
like wax before the fire,
    like water rushing down a slope.
⁵ All this is because of Jacob's transgression,
    because of the sins of the house of Israel.
What is Jacob's transgression?
    Is it not Samaria?
What is Judah's high place?
    Is it not Jerusalem?

⁶ "Therefore I will make Samaria a heap of rubble,
    a place for planting vineyards.
I will pour her stones into the valley
    and lay bare her foundations.

ᵃ4.11 Ou *o certo do errado*

7 Todas as suas imagens esculpidas
serão despedaçadas
e todos os seus ganhos imorais
serão consumidos pelo fogo;
destruirei todas as suas imagens.
Visto que o que ela ajuntou
foi como ganho da prostituição,
como salário de prostituição
tornará a ser usado."

O Lamento do Profeta

8 Por causa disso chorarei e lamentarei;
andarei descalço e nu.
Uivarei como um chacal e gemerei
como um filhote de coruja.
9 Pois a ferida de Samaria é incurável
e chegou a Judá.
O flagelo alcançou até mesmo
a porta do meu povo,
até a própria Jerusalém!
10 Não contem isso em Gate,
e não chorem.
Habitantes de Bete-Ofra[a],
revolvam-se no pó.
11 Saiam nus e cobertos de vergonha,
vocês que moram em Safir[b].
Os habitantes de Zaanã[c]
não sairão de sua cidade.
Bete-Ezel está em prantos;
foi-lhe tirada a proteção.
12 Os que vivem em Marote[d]
se contorcem de dor
aguardando alívio,
porque a desgraça veio
da parte do Senhor
até as portas de Jerusalém.
13 Habitantes de Láquise[e],
atrelem aos carros
as parelhas de cavalos.
Vocês foram o início do pecado
da cidade[f] de Sião,
pois as transgressões de Israel
foram aprendidas com vocês.
14 Por isso vocês darão presentes
de despedida a Moresete-Gate.
A cidade de Aczibe[g]
se revelará enganosa
aos reis de Israel.
15 Trarei um conquistador contra vocês que
vivem em Maressah[h].
A glória de Israel irá a Adulão.
16 Rapem a sua cabeça em pranto
por causa dos filhos
nos quais vocês tanto se alegram;
fiquem calvos como a águia,
pois eles serão tirados de vocês
e levados para o exílio.

O Castigo dos Opressores

2 Ai daqueles que planejam maldade,
dos que tramam o mal
em suas camas!
Quando alvorece, eles o executam,
porque isso eles podem fazer.

---

7 All her idols will be broken to pieces;
all her temple gifts will be burned with fire;
I will destroy all her images.
Since she gathered her gifts from the wages
of prostitutes,
as the wages of prostitutes they will again
be used."

Weeping and Mourning

8 Because of this I will weep and wail;
I will go about barefoot and naked.
I will howl like a jackal
and moan like an owl.
9 For her wound is incurable;
it has come to Judah.
It[a] has reached the very gate of my people,
even to Jerusalem itself.
10 Tell it not in Gath[b];
weep not at all.[c]
In Beth Ophrah[d]
roll in the dust.
11 Pass on in nakedness and shame,
you who live in Shaphir.[e]
Those who live in Zaanan[f]
will not come out.
Beth Ezel is in mourning;
its protection is taken from you.
12 Those who live in Maroth[g] writhe in pain,
waiting for relief,
because disaster has come from the Lord,
even to the gate of Jerusalem.
13 You who live in Lachish,[h]
harness the team to the chariot.
You were the beginning of sin
to the Daughter of Zion,
for the transgressions of Israel
were found in you.
14 Therefore you will give parting gifts
to Moresheth Gath.
The town of Aczib[i] will prove deceptive
to the kings of Israel.
15 I will bring a conqueror against you
who live in Mareshah.[j]
He who is the glory of Israel
will come to Adullam.
16 Shave your heads in mourning
for the children in whom you delight;
make yourselves as bald as the vulture,
for they will go from you into exile.

Man's Plans and God's

2 Woe to those who plan iniquity,
to those who plot evil on their beds!
At morning's light they carry it out
because it is in their power to do it.

---

a1.10 *Bete-Ofra* significa *casa de poeira*. **b**1.11 *Safir* significa *agradável*. **c**1.11 *Zaanã* assemelha-se à palavra que se traduz por *sairão*. **d**1.12 *Marote* assemelha-se à palavra *Mara*, que significa *amarga*. **e**1.13 *Láquis* assemelha-se à palavra *lareques*, que se traduz por *junta* ou *parelha*. **f**1.13 Hebraico: *filha*. **g**1.14 *Aczibe* significa *engano*. **h**1.15 *Maressa* assemelha-se à palavra que se traduz por *conquistador*.

a1:9 Or *He* **b**1:10 *Gath* sounds like the Hebrew for *tell.* **c**1:10 Hebrew; Septuagint may suggest *not in Acco.* The Hebrew for *in Acco* sounds like the Hebrew for *weep.* **d**1:10 *Beth Ophrah* means *house of dust.* **e**1:11 *Shaphir* means *pleasant.* **f**1:11 *Zaanan* sounds like the Hebrew for *come out.* **g**1:12 *Maroth* sounds like the Hebrew for *bitter.* **h**1:13 *Lachish* sounds like the Hebrew for *team.* **i**1:14 *Aczib* means *deception.* **j**1:15 *Mareshah* sounds like the Hebrew for *conqueror.*

² Cobiçam terrenos e se apoderam deles;
     cobiçam casas e as tomam.
Fazem violência ao homem
     e à sua família;
a ele e aos seus herdeiros.

³ Portanto, assim diz o Senhor:

"Estou planejando contra essa gente
     uma desgraça,
da qual vocês não poderão livrar-se.
Vocês não vão mais andar com arrogância,
     pois será tempo de desgraça.
⁴ Naquele dia vocês serão ridicularizados;
     zombarão de vocês
     com esta triste canção:
'Estamos totalmente arruinados;
     dividida foi a propriedade do meu povo.
Ele tirou-a de mim!
     Entregou a invasores as nossas terras' ".

⁵ Portanto, vocês não estarão
     na assembléia do Senhor
para a divisão da terra por sorteio.

Advertência contra os Falsos Profetas

⁶ "Não preguem",
     dizem os seus profetas.
"Não preguem acerca dessas coisas;
     a desgraça não nos alcançará."
Ó descendência de Jacó,
⁷ é isto que está sendo falado:
     "O Espírito do Senhor perdeu a paciência?
É assim que ele age?"

"As minhas palavras fazem bem
     àquele cujos caminhos são retos.
⁸ Mas, ultimamente, como inimigos
     vocês atacam o meu povo.
Além da túnica, arrancam a capa
     daqueles que passam confiantes,
     como quem volta da guerra.
⁹ Vocês tiram as mulheres do meu povo
     de seus lares agradáveis.
De seus filhos vocês removem
     a minha dignidade para sempre.
¹⁰ Levantem-se, vão embora!
Pois este não é o lugar de descanso,
porque ele está contaminado,
     e arruinado,
sem que haja remédio.
¹¹ Se um mentiroso e enganador
     vier e disser:
'Eu pregarei para vocês fartura de vinho
     e de bebida fermentada',
ele será o profeta deste povo!

Promessa de Livramento

¹² "Vou de fato ajuntar todos vocês,
     ó Jacó;
sim, vou reunir o remanescente de Israel.
Eu os ajuntarei
     como ovelhas num aprisco,
     como um rebanho numa pastagem;
haverá ruído de grande multidão.
¹³ Aquele que abre o caminho
     irá adiante deles;
passarão pela porta e sairão.
O rei deles, o Senhor, os guiará."

Repreensão aos Líderes e aos Profetas

3 Então eu disse:
Ouçam, vocês que são chefes de Jacó,

² They covet fields and seize them,
     and houses, and take them.
They defraud a man of his home,
     a fellowman of his inheritance.

³ Therefore, the Lord says:

"I am planning disaster against this people,
     from which you cannot save yourselves.
You will no longer walk proudly,
     for it will be a time of calamity.
⁴ In that day men will ridicule you;
     they will taunt you with this mournful song:
'We are utterly ruined;
     my people's possession is divided up.
He takes it from me!
     He assigns our fields to traitors.' "

⁵ Therefore you will have no one in the assembly
     of the Lord
to divide the land by lot.

False Prophets

⁶ "Do not prophesy," their prophets say.
     "Do not prophesy about these things;
disgrace will not overtake us."
⁷ Should it be said, O house of Jacob:
     "Is the Spirit of the Lord angry?
Does he do such things?"

"Do not my words do good
     to him whose ways are upright?
⁸ Lately my people have risen up
     like an enemy.
You strip off the rich robe
     from those who pass by without a care,
     like men returning from battle.
⁹ You drive the women of my people
     from their pleasant homes.
You take away my blessing
     from their children forever.
¹⁰ Get up, go away!
For this is not your resting place,
because it is defiled,
     it is ruined, beyond all remedy.
¹¹ If a liar and deceiver comes and says,
     'I will prophesy for you plenty of wine
     and beer,'
he would be just the prophet for this people!

Deliverance Promised

¹² "I will surely gather all of you, O Jacob;
I will surely bring together the remnant
     of Israel.
I will bring them together like sheep
     in a pen,
like a flock in its pasture;
     the place will throng with people.
¹³ One who breaks open the way will go up
     before them;
they will break through the gate and go out.
Their king will pass through before them,
     the Lord at their head."

Leaders and Prophets Rebuked

3 Then I said,
"Listen, you leaders of Jacob,

governantes da nação de Israel.
Vocês deveriam conhecer a justiça!
² Mas odeiam o bem e amam o mal;
arrancam a pele do meu povo
e a carne dos seus ossos.
³ Aqueles que comem a carne
do meu povo,
arrancam a sua pele,
despedaçam os seus ossos
e os cortam como se fossem
carne para a panela,
⁴ um dia clamarão ao Senhor,
mas ele não lhes responderá.
Naquele tempo
ele esconderá deles o rosto
por causa do mal que eles têm feito.

⁵ Assim diz o Senhor:

"Aos profetas
que fazem o meu povo desviar-se,
e que, quando lhes dão o que mastigar,
proclamam paz,
mas proclamam guerra santa
contra quem não lhes enche a boca:
⁶ Por tudo isso a noite virá sobre vocês,
noite sem visões;
haverá trevas, sem adivinhações.
O sol se porá
e o dia se escurecerá
para os profetas.
⁷ Os videntes envergonhados,
e os adivinhos constrangidos,
todos cobrirão o rosto
porque não haverá resposta
da parte de Deus".

⁸ Mas, quanto a mim,
graças ao poder
do Espírito do Senhor,
estou cheio de força e de justiça,
para declarar a Jacó a sua transgressão,
e a Israel o seu pecado.
⁹ Ouçam isto,
vocês que são chefes
da descendência de Jacó,
governantes da nação de Israel,
que detestam a justiça
e pervertem tudo o que é justo;
¹⁰ que constroem Sião
com derramamento de sangue,
e Jerusalém com impiedade.
¹¹ Seus líderes julgam sob suborno,
seus sacerdotes ensinam visando lucro,
e seus profetas adivinham
em troca de prata.
E ainda se apóiam no Senhor,
dizendo:
"O Senhor está no meio de nós.
Nenhuma desgraça nos acontecerá".
¹² Por isso, por causa de vocês,
Sião será arada como um campo,
Jerusalém se tornará
um monte de entulho,
e a colina do templo, um matagal.

A Montanha do Senhor

4 Nos últimos dias acontecerá que
o monte do templo do Senhor
será estabelecido
como o principal entre os montes,

you rulers of the house of Israel.
Should you not know justice,
² you who hate good and love evil;
who tear the skin from my people
and the flesh from their bones;
³ who eat my people's flesh,
strip off their skin
and break their bones in pieces;
who chop them up like meat for the pan,
like flesh for the pot?"

⁴ Then they will cry out to the Lord,
but he will not answer them.
At that time he will hide his face from them
because of the evil they have done.

⁵ This is what the Lord says:

"As for the prophets
who lead my people astray,
if one feeds them,
they proclaim 'peace';
if he does not,
they prepare to wage war against him.
⁶ Therefore night will come over you,
without visions,
and darkness, without divination.
The sun will set for the prophets,
and the day will go dark for them.
⁷ The seers will be ashamed
and the diviners disgraced.
They will all cover their faces
because there is no answer from God."

⁸ But as for me, I am filled with power,
with the Spirit of the Lord,
and with justice and might,
to declare to Jacob his transgression,
to Israel his sin.
⁹ Hear this, you leaders of the house of Jacob,
you rulers of the house of Israel,
who despise justice
and distort all that is right;
¹⁰ who build Zion with bloodshed,
and Jerusalem with wickedness.
¹¹ Her leaders judge for a bribe,
her priests teach for a price,
and her prophets tell fortunes for money.
Yet they lean upon the Lord and say,
"Is not the Lord among us?
No disaster will come upon us."
¹² Therefore because of you,
Zion will be plowed like a field,
Jerusalem will become a heap of rubble,
the temple hill a mound overgrown
with thickets.

The Mountain of the Lord

4 In the last days
the mountain of the Lord's temple will
be established
as chief among the mountains;

e se elevará acima das colinas.
    E os povos a ele acorrerão.
2 Muitas nações virão, dizendo:

"Venham, subamos
    ao monte do Senhor,
    ao templo do Deus de Jacó.
Ele nos ensinará os seus caminhos,
    para que andemos nas suas veredas".
Pois a lei virá de Sião,
    a palavra do Senhor, de Jerusalém.
3 Ele julgará entre muitos povos
e resolverá contendas
    entre nações poderosas e distantes.
Das suas espadas farão arados,
    e das suas lanças, foices.
Nenhuma nação erguerá
    a espada contra outra,
    e não aprenderão mais a guerra.
4 Todo homem poderá sentar-se
    debaixo da sua videira
    e debaixo da sua figueira,
    e ninguém o incomodará,
pois assim falou
    o Senhor dos Exércitos.
5 Pois todas as nações andam,
    cada uma em nome dos seus deuses,
mas nós andaremos
    em nome do Senhor, o nosso Deus,
para todo o sempre.

O Plano do Senhor

6 "Naquele dia", declara o Senhor,

"ajuntarei os que tropeçam
    e reunirei os dispersos,
aqueles a quem afligi.
7 Farei dos que tropeçam
    um remanescente,
e dos dispersos, uma nação forte.
O Senhor reinará sobre eles
    no monte Sião,
daquele dia em diante e para sempre.
8 Quanto a você, ó torre do rebanho,
    ó fortaleza[a] da cidade[b] de Sião,
o antigo domínio lhe será restaurado;
a realeza voltará
    para a cidade de Jerusalém."

9 Agora, por que gritar tão alto?
Você não tem rei?
Seu conselheiro morreu,
    para que a dor lhe seja tão forte
    como a de uma mulher
    em trabalho de parto?
10 Contorça-se em agonia,
    ó povo da cidade de Sião,
    como a mulher em trabalho de parto,
porque agora terá que deixar
    os seus muros
    para habitar em campo aberto.
Você irá para a Babilônia,
    e lá será libertada.
Lá o Senhor a resgatará
    da mão dos seus inimigos.
11 Mas agora muitas nações
    estão reunidas contra você.
Elas dizem: "Que Sião seja profanada,
    e que isso aconteça
    diante dos nossos olhos!"

it will be raised above the hills,
    and peoples will stream to it.
2 Many nations will come and say,

"Come, let us go up to the mountain of the Lord,
    to the house of the God of Jacob.
He will teach us his ways,
    so that we may walk in his paths."
The law will go out from Zion,
    the word of the Lord from Jerusalem.
3 He will judge between many peoples
    and will settle disputes for strong nations far and
    wide.
They will beat their swords into plowshares
    and their spears into pruning hooks.
Nation will not take up sword against nation,
    nor will they train for war anymore.
4 Every man will sit under his own vine
    and under his own fig tree,
and no one will make them afraid,
    for the Lord Almighty has spoken.
5 All the nations may walk
    in the name of their gods;
we will walk in the name of the Lord
    our God for ever and ever.

The Lord's Plan

6 "In that day," declares the Lord,

"I will gather the lame;
    I will assemble the exiles
    and those I have brought to grief.
7 I will make the lame a remnant,
    those driven away a strong nation.
The Lord will rule over them in Mount Zion
    from that day and forever.
8 As for you, O watchtower of the flock,
    O stronghold[a] of the Daughter of Zion,
the former dominion will be restored to you;
    kingship will come to the Daughter
    of Jerusalem."

9 Why do you now cry aloud—
    have you no king?
Has your counselor perished,
    that pain seizes you like that of a woman
    in labor?
10 Writhe in agony, O Daughter of Zion,
    like a woman in labor,
for now you must leave the city
    to camp in the open field.
You will go to Babylon;
    there you will be rescued.
There the Lord will redeem you
    out of the hand of your enemies.
11 But now many nations
    are gathered against you.
They say, "Let her be defiled,
    let our eyes gloat over Zion!"

---

a4.8 Ou *colina* **b**4.8 Hebraico: *filha*; também nos versículos 10 e 13.   **a**4:8 Or *hill*

12 Mas elas não conhecem
os pensamentos do S<small>ENHOR</small>;
não compreendem o plano
daquele que as ajunta
como feixes para a eira.

13 "Levante-se e debulhe,
ó cidade de Sião,
pois eu darei a você chifres de ferro
e cascos de bronze
para despedaçar muitas nações."

Você consagrará ao S<small>ENHOR</small>
ao Soberano de toda a terra,
os ganhos ilícitos
e a riqueza delas

5 Reúna suas tropas,
ó cidade das tropas,[a]
pois há um cerco contra nós.
O líder de Israel será ferido na face,
com uma vara.

O Governante que Virá de Belém

2 "Mas tu, Belém-Efrata,
embora pequena
entre os clãs[b] de Judá,
de ti virá para mim
aquele que será
o governante sobre Israel.
Suas origens[c] estão no passado distante,
em tempos antigos.[d]"

3 Por isso os israelitas serão abandonados
até que aquela
que está em trabalho de parto
dê à luz.
Então o restante dos irmãos
do governante
voltará para unir-se aos israelitas.

4 Ele se estabelecerá e os pastoreará
na força do S<small>ENHOR</small>,
na majestade do nome do S<small>ENHOR</small>,
o seu Deus.
E eles viverão em segurança,
pois a grandeza dele
alcançará os confins da terra.

5 Ele será a sua paz.

Livramento e Destruição

Quando os assírios
invadirem a nossa terra
e marcharem sobre as nossas fortalezas,
levantaremos contra eles sete pastores,
até oito líderes escolhidos.

6 Eles pastorearão[e] a Assíria
com a espada,
e a terra de Ninrode
com a espada empunhada[f].
Eles nos livrarão quando os assírios
invadirem a nossa terra,
e entrarem por nossas fronteiras.

7 O remanescente de Jacó estará
no meio de muitos povos
como orvalho da parte do S<small>ENHOR</small>,
como aguaceiro sobre a relva;
não porá sua esperança no homem
nem dependerá dos seres humanos.

12 But they do not know
the thoughts of the L<small>ORD</small>;
they do not understand his plan,
he who gathers them like sheaves to
the threshing floor.

13 "Rise and thresh, O Daughter of Zion,
for I will give you horns of iron;
I will give you hoofs of bronze
and you will break to pieces many nations."

You will devote their ill-gotten gains to the L<small>ORD</small>,
their wealth to the Lord of all the earth.

A Promised Ruler From Bethlehem

Marshal your troops, O city of troops,[a]
for a siege is laid against us.
They will strike Israel's ruler
on the cheek with a rod.

2 "But you, Bethlehem Ephrathah,
though you are small among the clans[b] of
Judah,
out of you will come for me
one who will be ruler over Israel,
whose origins[c] are from of old,
from ancient times.[d]"

3 Therefore Israel will be abandoned
until the time when she who is in labor
gives birth
and the rest of his brothers return
to join the Israelites.

4 He will stand and shepherd his flock
in the strength of the L<small>ORD</small>,
in the majesty of the name of the L<small>ORD</small>
his God.
And they will live securely, for then
his greatness
will reach to the ends of the earth.

5 And he will be their peace.

Deliverance and Destruction

When the Assyrian invades our land
and marches through our fortresses,
we will raise against him seven shepherds,
even eight leaders of men.

6 They will rule[e] the land of Assyria with
the sword,
the land of Nimrod with drawn sword.[f]
He will deliver us from the Assyrian
when he invades our land
and marches into our borders.

7 The remnant of Jacob will be
in the midst of many peoples
like dew from the L<small>ORD</small>,
like showers on the grass,
which do not wait for man
or linger for mankind.

---

a5.1 Ou *Fortifique seus muros, ó cidade murada,* **b5.2** Ou *governantes* **c5.2** Hebraico: *saídas.* **d5.2** Ou *desde os dias da eternidade.* **e5.6** Ou *esmagarão*; ou ainda *governarão* **f5.6** Ou *Ninrode em suas portas*

a5:1 Or *Strengthen your walls, O walled city* **b5:2** Or *rulers* **c5:2** Hebrew *goings out* **d5:2** Or *from days of eternity* **e5:6** Or *crush* **f5:6** Or *Nimrod in its gates*

⁸ O remanescente de Jacó
    estará entre as nações,
    no meio de muitos povos,
como um leão
    entre os animais da floresta,
como um leão forte
    entre rebanhos de ovelhas,
leão que, quando ataca,
    destroça e mutila a presa,
    sem que ninguém a possa livrar.
⁹ Sua mão se levantará
    contra os seus adversários,
e todos os seus inimigos
    serão destruídos.

¹⁰ "Naquele dia", declara o SENHOR,

"matarei os seus cavalos
    e destruirei os seus carros de guerra.
¹¹ Destruirei também
    as cidades da sua terra
e arrasarei todas as suas fortalezas.
¹² Acabarei com a sua feitiçaria,
    e vocês não farão mais adivinhações.
¹³ Destruirei as suas imagens esculpidas
    e as suas colunas sagradas;
vocês não se curvarão mais
    diante da obra de suas mãos.
¹⁴ Desarraigarei do meio de vocês
    os seus postes sagrados
e derrubarei os seus ídolos^a.
¹⁵ Com ira e indignação me vingarei
    das nações que não me obedeceram."

A Acusação do SENHOR contra Israel

6 Ouçam o que diz o SENHOR:

"Fique em pé,
    defenda a sua causa;
que as colinas ouçam
    o que você tem para dizer.
² Ouçam, ó montes,
    a acusação do SENHOR;
escutem, alicerces eternos da terra.
Pois o SENHOR tem uma acusação
    contra o seu povo;
ele está entrando em juízo
    contra Israel.

³ "Meu povo, o que fiz
    contra você?
Fui muito exigente? Responda-me.
⁴ Eu o tirei do Egito,
    e o redimi da terra da escravidão;
enviei Moisés, Arão e Miriã
    para conduzi-lo.
⁵ Meu povo, lembre-se do que Balaque,
    rei de Moabe, pediu
e do que Balaão,
    filho de Beor, respondeu.
Recorde a viagem que você fez
    desde Sitim até Gilgal,
e reconheça
    que os atos do SENHOR são justos."

⁶ Com que eu poderia comparecer
    diante do SENHOR
    e curvar-me perante o Deus exaltado?
Deveria oferecer holocaustos^b
    de bezerros de um ano?

⁸ The remnant of Jacob will be among the nations,
    in the midst of many peoples,
like a lion among the beasts of the forest,
    like a young lion among flocks of sheep,
which mauls and mangles as it goes,
    and no one can rescue.
⁹ Your hand will be lifted up in triumph over
        your enemies,
    and all your foes will be destroyed.

¹⁰ "In that day," declares the LORD,

"I will destroy your horses from among you
    and demolish your chariots.
¹¹ I will destroy the cities of your land
    and tear down all your strongholds.
¹² I will destroy your witchcraft
    and you will no longer cast spells.
¹³ I will destroy your carved images
    and your sacred stones from among you;
you will no longer bow down
    to the work of your hands.
¹⁴ I will uproot from among you your
        Asherah poles^a
    and demolish your cities.
¹⁵ I will take vengeance in anger and wrath
    upon the nations that have not obeyed me."

The LORD's Case Against Israel

6 Listen to what the LORD says:

"Stand up, plead your case before the
        mountains;
    let the hills hear what you have to say.
² Hear, O mountains, the LORD's accusation;
    listen, you everlasting foundations of
        the earth.
For the LORD has a case against his people;
    he is lodging a charge against Israel.

³ "My people, what have I done to you?
    How have I burdened you? Answer me.
⁴ I brought you up out of Egypt
    and redeemed you from the land of slavery.
I sent Moses to lead you,
    also Aaron and Miriam.
⁵ My people, remember
    what Balak king of Moab counseled
    and what Balaam son of Beor answered.
Remember ⌐your journey¬ from Shittim to Gilgal,
    that you may know the righteous acts of
        the LORD."

⁶ With what shall I come before the LORD
    and bow down before the exalted God?
Shall I come before him with burnt offerings,
    with calves a year old?

---

^a5.14 Ou *as suas cidades* ^b6.6 Isto é, sacrifícios totalmente queimados.   ^a5:14 That is, symbols of the goddess Asherah

7 Ficaria o Senhor satisfeito
com milhares de carneiros,
com dez mil ribeiros de azeite?
Devo oferecer o meu filho mais velho
por causa da minha transgressão,
o fruto do meu corpo
por causa do pecado que eu cometi?
8 Ele mostrou a você, ó homem,
o que é bom
e o que o Senhor exige:
pratique a justiça, ame a fidelidade
e ande humildemente com o seu Deus.

A Culpa e o Castigo de Israel

9 A voz do Senhor
está clamando à cidade;
é sensato temer o seu nome!
"Ouçam, tribo de Judá
e assembléia da cidade!ª
10 Não há,ᵇ na casa do ímpio,
o tesouro da impiedade
e a medida falsificada, que é maldita?
11 Poderia alguém ser puro
com balanças desonestas
e pesos falsos?
12 Os ricos que vivem entre vocês
são violentos;
o seu povo é mentiroso
e as suas línguas falam enganosamente.
13 Por isso, eu mesmo os farei sofrer,
e os arruinarei
por causa dos seus pecados.
14 Vocês comerão,
mas não ficarão satisfeitos;
continuarão de estômago vazio.
Vocês ajuntarão,
mas nada preservarão,
porquanto o que guardarem,
à espada entregarei.
15 Vocês plantarão, mas não colherão;
espremerão azeitonas,
mas não se ungirão com o azeite;
espremerão uvas,
mas não beberão o vinho.
16 Vocês têm obedecido
aos decretos de Onri
e a todas as práticas da família de Acabe,
e têm seguido as tradições deles.
Por isso os entregarei à ruína,
e o seu povo ao desprezo;
vocês sofrerão a zombaria das naçõesᶜ."

A Desgraça de Israel

7 Que desgraça a minha!
Sou como quem colhe frutos de verão
na respiga da vinha;
não há nenhum cacho de uvas
para provar,
nenhum figo novo que eu tanto desejo.
2 Os piedosos desapareceram do país;
não há um justo sequer.
Todos estão à espreita
para derramar sangue;
cada um caça seu irmão com uma armadilha.
3 Com as mãos prontas para fazer o mal
o governante exige presentes,

7 Will the Lord be pleased with thousands of rams,
with ten thousand rivers of oil?
Shall I offer my firstborn for my transgression,
the fruit of my body for the sin of my soul?
8 He has showed you, O man, what is good.
And what does the Lord require of you?
To act justly and to love mercy
and to walk humbly with your God.

Israel's Guilt and Punishment

9 Listen! The Lord is calling to the city—
and to fear your name is wisdom—
"Heed the rod and the One who
appointed it.ª
10 Am I still to forget, O wicked house,
your ill-gotten treasures
and the short ephah,ᵇ which is accursed?
11 Shall I acquit a man with dishonest scales,
with a bag of false weights?
12 Her rich men are violent;
her people are liars
and their tongues speak deceitfully.
13 Therefore, I have begun to destroy you,
to ruin you because of your sins.
14 You will eat but not be satisfied;
your stomach will still be empty.ᶜ
You will store up but save nothing,
because what you save I will give to the sword.
15 You will plant but not harvest;
you will press olives but not use the oil on
yourselves,
you will crush grapes but not drink the wine.
16 You have observed the statutes of Omri
and all the practices of Ahab's house,
and you have followed their traditions.
Therefore I will give you over to ruin
and your people to derision;
you will bear the scorn of the nations.ᵈ"

Israel's Misery

7 What misery is mine!
I am like one who gathers summer fruit
at the gleaning of the vineyard;
there is no cluster of grapes to eat,
none of the early figs that I crave.
2 The godly have been swept from the land;
not one upright man remains.
All men lie in wait to shed blood;
each hunts his brother with a net.
3 Both hands are skilled in doing evil;
the ruler demands gifts,

ª6.9 Ou *e suas assembléias!* ᵇ6.10 Ou *Não há, ainda,* ᶜ6.16 Conforme a Septuaginta. O Texto Massorético diz *zombaria devida ao meu povo.*

ª6:9 The meaning of the Hebrew for this line is uncertain. ᵇ6:10 An ephah was a dry measure. ᶜ6:14 The meaning of the Hebrew for this word is uncertain. ᵈ6:16 Septuagint; Hebrew *scorn due my people*

o juiz aceita suborno,
os poderosos impõem o que querem;
todos tramam em conjunto.
⁴ O melhor deles é como espinheiro,
e o mais correto
é pior que uma cerca de espinhos.
Chegou o dia anunciado
pelas suas sentinelas,
o dia do castigo de Deus.
Agora reinará a confusão entre eles.
⁵ Não confie nos vizinhos;
nem acredite nos amigos.
Até com aquela que o abraça
tenha cada um cuidado com o que diz.
⁶ Pois o filho despreza o pai,
a filha se rebela contra a mãe,
a nora, contra a sogra;
os inimigos do homem
são os seus próprios familiares.

⁷ Mas, quanto a mim,
ficarei atento ao Senhor,
esperando em Deus, o meu Salvador,
pois o meu Deus me ouvirá.

Israel se Levantará

⁸ Não se alegre a minha inimiga
com a minha desgraça.
Embora eu tenha caído,
eu me levantarei.
Embora eu esteja morando nas trevas,
o Senhor será a minha luz.
⁹ Por eu ter pecado contra o Senhor,
suportarei a sua ira
até que ele apresente a minha defesa
e estabeleça o meu direito.
Ele me fará sair para a luz;
contemplarei a sua justiça.
¹⁰ Então a minha inimiga o verá
e ficará coberta de vergonha,
ela, que me disse:
"Onde está o Senhor, o seu Deus?"
Meus olhos verão a sua queda;
ela será pisada como o barro das ruas.

¹¹ O dia da reconstrução dos seus muros
chegará,
o dia em que se ampliarão
as suas fronteiras virá.
¹² Naquele dia virá a você gente
desde a Assíria até o Egito,
e desde o Egito até o Eufrates,
de mar a mar
e de montanha a montanha.
¹³ Mas a terra será desolada
por causa dos seus habitantes,
em conseqüência de suas ações.

Súplica por Misericórdia

¹⁴ Pastoreia o teu povo com o teu cajado,
o rebanho da tua herança
que vive à parte numa floresta,
em férteis pastagensᵃ.
Deixa-o pastar em Basã e em Gileade,
como antigamente.
¹⁵ "Como nos dias
em que você saiu do Egito,
ali mostrarei as minhas maravilhas."

¹⁶ As nações verão isso
e se envergonharão,

the judge accepts bribes,
the powerful dictate what they desire—
they all conspire together.
⁴ The best of them is like a brier,
the most upright worse than a thorn hedge.
The day of your watchmen has come,
the day God visits you.
Now is the time of their confusion.
⁵ Do not trust a neighbor;
put no confidence in a friend.
Even with her who lies in your embrace
be careful of your words.
⁶ For a son dishonors his father,
a daughter rises up against her mother,
a daughter-in-law against her mother-in-law—
a man's enemies are the members of his
own household.

⁷ But as for me, I watch in hope for the Lord,
I wait for God my Savior;
my God will hear me.

Israel Will Rise

⁸ Do not gloat over me, my enemy!
Though I have fallen, I will rise.
Though I sit in darkness,
the Lord will be my light.
⁹ Because I have sinned against him,
I will bear the Lord's wrath,
until he pleads my case
and establishes my right.
He will bring me out into the light;
I will see his righteousness.
¹⁰ Then my enemy will see it
and will be covered with shame,
she who said to me,
"Where is the Lord your God?"
My eyes will see her downfall;
even now she will be trampled underfoot
like mire in the streets.

¹¹ The day for building your walls will come,
the day for extending your boundaries.
¹² In that day people will come to you
from Assyria and the cities of Egypt,
even from Egypt to the Euphrates
and from sea to sea
and from mountain to mountain.
¹³ The earth will become desolate because of
its inhabitants,
as the result of their deeds.

Prayer and Praise

¹⁴ Shepherd your people with your staff,
the flock of your inheritance,
which lives by itself in a forest,
in fertile pasturelands.ᵃ
Let them feed in Bashan and Gilead
as in days long ago.
¹⁵ "As in the days when you came out of Egypt,
I will show them my wonders."
¹⁶ Nations will see and be ashamed,

ᵃ7.14 Ou *no meio do Carmelo*   ᵃ7:14 Or *in the middle of Carmel*

despojadas de todo o seu poder.
Porão a mão sobre a boca,
  e taparão os ouvidos.
¹⁷Lamberão o pó como a serpente,
  como animais
  que se arrastam no chão.
Sairão tremendo das suas fortalezas;
  com temor se voltarão
    para o Senhor, o nosso Deus,
  e terão medo de ti.
¹⁸Quem é comparável a ti, ó Deus,
  que perdoas o pecado
  e esqueces a transgressão
    do remanescente da sua herança?
Tu, que não permaneces irado
  para sempre,
mas tens prazer em mostrar amor.
¹⁹De novo terás compaixão de nós;
  pisarás as nossas maldades
e atirarás todos os nossos pecados
  nas profundezas do mar.
²⁰Mostrarás fidelidade a Jacó,
  e bondade a Abraão,
conforme prometeste sob juramento
  aos nossos antepassados,
na antiguidade.

Naum

1 Advertência contra Nínive. Livro da visão de Naum, de Elcós.

A Ira do Senhor contra Nínive

²O Senhor é Deus zeloso e vingador!
O Senhor é vingador!
  Seu furor é terrível!
O Senhor executa vingança
  contra os seus adversários,
e manifesta o seu furor
  contra os seus inimigos.
³O Senhor é muito paciente,
  mas o seu poder é imenso;
o Senhor não deixará impune o culpado.
O seu caminho está no vendaval
  e na tempestade,
e as nuvens são a poeira de seus pés.
⁴Ele repreende o mar e o faz secar,
faz que todos os rios se sequem.
Basã e o Carmelo se desvanecem
  e as flores do Líbano murcham.
⁵Quando ele se aproxima
  os montes tremem
  e as colinas se derretem.
A terra se agita na sua presença,
  o mundo e todos os que nele vivem.
⁶Quem pode resistir à sua indignação?
Quem pode suportar
  o despertar de sua ira?
O seu furor se derrama como fogo,
  e as rochas se despedaçam
    diante dele.
⁷O Senhor é bom,
  um refúgio em tempos de angústia.
Ele protege os que nele confiam,
⁸mas com uma enchente devastadora
  dará fim a Nínive;
expulsará os seus inimigos
  para a escuridão.
⁹O Senhor acabará com tudo

deprived of all their power.
They will lay their hands on their mouths
  and their ears will become deaf.
¹⁷They will lick dust like a snake,
  like creatures that crawl on the ground.
They will come trembling out of their dens;
  they will turn in fear to the Lord our God
  and will be afraid of you.
¹⁸Who is a God like you,
  who pardons sin and forgives the
    transgression
  of the remnant of his inheritance?
You do not stay angry forever
  but delight to show mercy.
¹⁹You will again have compassion on us;
  you will tread our sins underfoot
  and hurl all our iniquities into the depths of
    the sea.
²⁰You will be true to Jacob,
  and show mercy to Abraham,
as you pledged on oath to our fathers
  in days long ago.

Nahum

1 An oracle concerning Nineveh. The book of the vision of Nahum the Elkoshite.

The Lord's Anger Against Nineveh

²The Lord is a jealous and avenging God;
  the Lord takes vengeance and is filled
    with wrath.
The Lord takes vengeance on his foes
  and maintains his wrath against his enemies.
³The Lord is slow to anger and great in power;
  the Lord will not leave the guilty unpunished.
His way is in the whirlwind and the storm,
  and clouds are the dust of his feet.
⁴He rebukes the sea and dries it up;
  he makes all the rivers run dry.
Bashan and Carmel wither
  and the blossoms of Lebanon fade.
⁵The mountains quake before him
  and the hills melt away.
The earth trembles at his presence,
  the world and all who live in it.
⁶Who can withstand his indignation?
  Who can endure his fierce anger?
His wrath is poured out like fire;
  the rocks are shattered before him.
⁷The Lord is good,
  a refuge in times of trouble.
He cares for those who trust in him,
⁸ but with an overwhelming flood
he will make an end of *Nineveh*;
  he will pursue his foes into darkness.
⁹Whatever they plot against the Lord

o que vocês planejarem contra ele[a];
a tribulação não precisará vir
uma segunda vez.
10 Embora estejam entrelaçados
como espinhos
e encharcados de bebida como bêbados,
serão consumidos
como a palha mais seca.
11 Foi de você, ó Nínive,
que saiu aquele que trama perversidades,
que planeja o mal contra o SENHOR.
12 Assim diz o SENHOR:
"Apesar de serem fortes
e numerosos,
serão ceifados e destruídos;
mas, você, Judá,
embora eu a tenha afligido,
não a afligirei mais.
13 Agora vou quebrar o jugo
do seu pescoço
e arrancar as suas algemas".
14 O SENHOR decreta o seguinte
a seu respeito, ó rei de Nínive:
"Você não terá descendentes
que perpetuem o seu nome.
Destruirei as imagens esculpidas
e os ídolos de metal
do templo dos seus deuses.
Prepararei o seu túmulo,
porque você é desprezível".
15 Vejam sobre os montes
os pés do que anuncia boas notícias
e proclama a paz!
Celebre as suas festas, ó Judá,
e cumpra os seus votos.
Nunca mais o perverso a invadirá;
ele será completamente destruído.

A Queda de Nínive

2 O destruidor avança contra você,
Nínive!
Guarde a fortaleza!
Vigie a estrada!
Prepare a resistência!
Reúna todas as suas forças!
2 O SENHOR restaurará
o esplendor de Jacó,
restaurará o esplendor de Israel,
embora os saqueadores
tenham devastado e destruído
as suas videiras.
3 Os escudos e os uniformes
dos soldados inimigos são vermelhos.
Os seus carros de guerra reluzem
quando se alinham para a batalha;
agitam-se as lanças de pinho.[b]
4 Os carros de guerra
percorrem loucamente as ruas
e se cruzam velozmente
pelos quarteirões.
Parecem tochas de fogo
e se arremessam como relâmpagos.
5 As suas tropas de elite são convocadas,
mas elas vêm tropeçando;
correm para a muralha da cidade
para formar a linha de proteção.

he[a] will bring to an end;
trouble will not come a second time.
10 They will be entangled among thorns
and drunk from their wine;
they will be consumed like dry stubble.[b]
11 From you, *O Nineveh*, has one come forth
who plots evil against the LORD
and counsels wickedness.
12 This is what the LORD says:
"Although they have allies and are numerous,
they will be cut off and pass away.
Although I have afflicted you, *O Judah*,
I will afflict you no more.
13 Now I will break their yoke from your neck
and tear your shackles away."
14 The LORD has given a command concerning
you, *Nineveh*:
"You will have no descendants to bear your
name.
I will destroy the carved images and cast idols
that are in the temple of your gods.
I will prepare your grave,
for you are vile."
15 Look, there on the mountains,
the feet of one who brings good news,
who proclaims peace!
Celebrate your festivals, O Judah,
and fulfill your vows.
No more will the wicked invade you;
they will be completely destroyed.

Nineveh to Fall

2 An attacker advances against you, *Nineveh*.
Guard the fortress,
watch the road,
brace yourselves,
marshal all your strength!
2 The LORD will restore the splendor of Jacob
like the splendor of Israel,
though destroyers have laid them waste
and have ruined their vines.
3 The shields of his soldiers are red;
the warriors are clad in scarlet.
The metal on the chariots flashes
on the day they are made ready;
the spears of pine are brandished.[c]
4 The chariots storm through the streets,
rushing back and forth through the squares.
They look like flaming torches;
they dart about like lightning.
5 He summons his picked troops,
yet they stumble on their way.
They dash to the city wall;
the protective shield is put in place.

---

[a]1.9 Ou *O que vocês planejam contra o SENHOR?* [b]2.3 A Septuaginta e a Versão Siríaca dizem *os cavaleiros correm de um lado para outro.*

[a]1:9 Or *What do you foes plot against the LORD? / He* [b]1:10 The meaning of the Hebrew for this verse is uncertain. [c]2:3 Hebrew; Septuagint and Syriac / *the horsemen rush to and fro*

6 As comportas dos canais são abertas,
e o palácio desaba.
7 Está decretado:
A cidade irá para o exílio;
será deportada.
As jovens tomadas como escravas
batem no peito;
seu gemer é como o arrulhar das pombas.
8 Nínive é como um açude antigo
cujas águas estão vazando.
"Parem, parem", eles gritam,
mas ninguém sequer olha para trás.
9 Saqueiem a prata! Saqueiem o ouro!
Sua riqueza não tem fim;
está repleta de objetos de valor!
10 Ah! Devastação! Destruição!
Desolação!
Os corações se derretem,
os joelhos vacilam,
todos os corpos tremem
e o rosto de todos empalidece!
11 Onde está agora a toca dos leões?
O lugar em que alimentavam
seus filhotes,
para onde iam o leão, a leoa
e os leõezinhos, sem nada temer?
12 Onde está o leão que caçava
o bastante para os seus filhotes,
estrangulava animais
para as suas leoas
e enchia as suas covas de presas
e as suas tocas de vítimas?
13 "Estou contra você",
declara o Senhor dos Exércitos;
"queimarei no fogo
os seus carros de guerra,
e a espada matará os seus leões.
Eliminarei da terra a sua caça,
e a voz dos seus mensageiros
jamais será ouvida."

Lamentação por Nínive

3 Ai da cidade sangüinária,
repleta de fraudes e cheia de roubos,
sempre fazendo as suas vítimas!
2 Ah, o estalo dos chicotes,
o barulho das rodas,
o galope dos cavalos
e o sacudir dos carros de guerra!
3 Cavaleiros atacando,
espadas reluzentes e lanças cintilantes!
Muitos mortos,
montanhas de cadáveres,
corpos sem conta,
gente tropeçando por cima deles!
4 Tudo por causa do desejo desenfreado
de uma prostituta sedutora,
mestra de feitiçarias,
que escravizou nações
com a sua prostituição
e povos, com a sua feitiçaria.
5 "Eu estou contra você",
declara o Senhor dos Exércitos;
"vou levantar o seu vestido
até a altura do seu rosto.
Mostrarei às nações a sua nudez
e aos reinos, as suas vergonhas.

6 The river gates are thrown open
and the palace collapses.
7 It is decreed[a] that *the city*
be exiled and carried away.
Its slave girls moan like doves
and beat upon their breasts.
8 Nineveh is like a pool,
and its water is draining away.
"Stop! Stop!" they cry,
but no one turns back.
9 Plunder the silver!
Plunder the gold!
The supply is endless,
the wealth from all its treasures!
10 She is pillaged, plundered, stripped!
Hearts melt, knees give way,
bodies tremble, every face grows pale.
11 Where now is the lions' den,
the place where they fed their young,
where the lion and lioness went,
and the cubs, with nothing to fear?
12 The lion killed enough for his cubs
and strangled the prey for his mate,
filling his lairs with the kill
and his dens with the prey.
13 "I am against you,"
declares the Lord Almighty.
"I will burn up your chariots in smoke,
and the sword will devour your young lions.
I will leave you no prey on the earth.
The voices of your messengers
will no longer be heard."

Woe to Nineveh

3 Woe to the city of blood,
full of lies,
full of plunder,
never without victims!
2 The crack of whips,
the clatter of wheels,
galloping horses
and jolting chariots!
3 Charging cavalry,
flashing swords
and glittering spears!
Many casualties,
piles of dead,
bodies without number,
people stumbling over the corpses—
4 all because of the wanton lust of a harlot,
alluring, the mistress of sorceries,
who enslaved nations by her prostitution
and peoples by her witchcraft.
5 "I am against you," declares the Lord Almighty.
"I will lift your skirts over your face.
I will show the nations your nakedness
and the kingdoms your shame.

---

[a] 2:7 The meaning of the Hebrew for this word is uncertain.

⁶ Eu jogarei imundície sobre você,
  e a tratarei com desprezo;
farei de você um exemplo.
⁷ Todos os que a virem fugirão, dizendo:
  'Nínive está arrasada!
  Quem a lamentará?'
  Onde encontrarei quem a console?"

⁸ Acaso você é melhor do que Tebasᵃ,
  situada junto ao Nilo,
  rodeada de águas?
O rio era a sua defesa;
  as águas, o seu muro.
⁹ A Etiópiaᵇ e o Egito
  eram a sua força ilimitada;
Fute e a Líbia
  estavam entre os seus aliados.
¹⁰ Apesar disso, ela foi deportada,
  levada para o exílio.
Em todas as esquinas
  as suas crianças foram massacradas.
Lançaram sortes para decidir
  o destino dos seus nobres;
todos os poderosos foram acorrentados.
¹¹ Você também ficará embriagada;
  irá esconder-se,
  tentando proteger-se do inimigo.
¹² Todas as suas fortalezas
  são como figueiras
  carregadas de figos maduros;
basta sacudi-las,
  e os figos caem em bocas vorazes.
¹³ Olhe bem para as suas tropas:
  não passam de mulheres!
As suas portas estão escancaradas
  para os seus inimigos;
o fogo devorou as suas trancas.
¹⁴ Reserve água para o tempo do cerco!
  Reforce as suas fortalezas!
Entre no barro, pise a argamassa,
  prepare a forma para os tijolos!
¹⁵ Mesmo assim o fogo consumirá você;
  a espada a eliminará,
e, como gafanhotos devastadores,
  a devorará!
Multiplique-se como
  gafanhotos devastadores,
multiplique-se como
  gafanhotos peregrinos!
¹⁶ Você multiplicou os seus comerciantes,
  tornando-os mais numerosos
  que as estrelas do céu;
mas como gafanhotos devastadores,
  eles devoram o país
  e depois voam para longe.
¹⁷ Os seus guardas
  são como gafanhotos peregrinos,
os seus oficiais,
  como enxames de gafanhotos
  que se ajuntam sobre os muros
  em dias frios;
mas quando o sol aparece, eles voam,
  ninguém sabe para onde.
¹⁸ Ó rei da Assíria,
  os seus pastoresᵃ dormem;
  os seus nobres adormecem.
O seu povo está espalhado pelos montes
  e não há ninguém para reuni-lo.

⁶ I will pelt you with filth,
  I will treat you with contempt
  and make you a spectacle.
⁷ All who see you will flee from you and say,
  'Nineveh is in ruins—who will mourn for her?'
  Where can I find anyone to comfort you?"

⁸ Are you better than Thebes,ᵃ
  situated on the Nile,
  with water around her?
The river was her defense,
  the waters her wall.
⁹ Cushᵇ and Egypt were her boundless strength;
  Put and Libya were among her allies.
¹⁰ Yet she was taken captive
  and went into exile.
Her infants were dashed to pieces
  at the head of every street.
Lots were cast for her nobles,
  and all her great men were put in chains.
¹¹ You too will become drunk;
  you will go into hiding
  and seek refuge from the enemy.
¹² All your fortresses are like fig trees
  with their first ripe fruit;
when they are shaken,
  the figs fall into the mouth of the eater.
¹³ Look at your troops—
  they are all women!
The gates of your land
  are wide open to your enemies;
  fire has consumed their bars.

¹⁴ Draw water for the siege,
  strengthen your defenses!
Work the clay,
  tread the mortar,
  repair the brickwork!
¹⁵ There the fire will devour you;
  the sword will cut you down
  and, like grasshoppers, consume you.
Multiply like grasshoppers,
  multiply like locusts!
¹⁶ You have increased the number of
       your merchants
  till they are more than the stars of the sky,
but like locusts they strip the land
  and then fly away.
¹⁷ Your guards are like locusts,
  your officials like swarms of locusts
  that settle in the walls on a cold day—
but when the sun appears they fly away,
  and no one knows where.
¹⁸ O king of Assyria, your shepherdsᶜ slumber;
  your nobles lie down to rest.
Your people are scattered on the mountains
  with no one to gather them.

ᵃ3.8 Hebraico: *No Amon.* ᵇ3.9 Hebraico: *Cuxe.*   ᵃ3:8 Hebrew *No Amon* ᵇ3:9 That is, the upper Nile region ᶜ3:18 Or *rulers*

19 Não há cura para a sua chaga;
  a sua ferida é mortal.
Quem ouve notícias a seu respeito
  bate palmas pela sua queda,
pois, quem não sofreu por
  sua crueldade sem limites?

Habacuque

1

Advertência revelada ao profeta Habacuque.

A Primeira Queixa de Habacuque

2 Até quando, Senhor,
  clamarei por socorro,
  sem que tu ouças?
Até quando gritarei a ti: "Violência!"
  sem que tragas salvação?
3 Por que me fazes ver a injustiça,
  e contemplar a maldade?
A destruição e a violência
  estão diante de mim;
há luta e conflito por todo lado.
4 Por isso a lei se enfraquece
  e a justiça nunca prevalece.
Os ímpios prejudicam os justos,
  e assim a justiça é pervertida.

A Resposta do Senhor

5 "Olhem as nações e contemplem-nas,
  fiquem atônitos e pasmem;
pois nos dias de vocês farei algo
  em que não creriam
  se lhes fosse contado.
6 Estou trazendo os babilônios[a],
nação cruel e impetuosa,
  que marcha por toda a extensão da terra
  para apoderar-se de moradias
  que não lhe pertencem.
7 É uma nação apavorante e temível,
  que cria a sua própria justiça
  e promove a sua própria honra.
8 Seus cavalos são mais velozes
  que os leopardos,
mais ferozes[b] que
  os lobos no crepúsculo.
Sua cavalaria vem de longe.
Seus cavalos vêm a galope;
  vêm voando como ave de rapina
  que mergulha para devorar;
9 todos vêm prontos para a violência.
Suas hordas avançam
  como o vento do deserto,
e fazendo tantos prisioneiros
  como a areia da praia.
10 Menosprezam os reis
  e zombam dos governantes.
Riem de todas as cidades fortificadas,
pois constroem rampas de terra
  e por elas as conquistam.
11 Depois passam como o vento
  e prosseguem;
homens carregados de culpa,
  e que têm por deus a sua própria força."

A Segunda Queixa de Habacuque

12 Senhor,
  tu não és desde a eternidade?

---

19 Nothing can heal your wound;
  your injury is fatal.
Everyone who hears the news about you
  claps his hands at your fall,
for who has not felt
  your endless cruelty?

Habakkuk

1

The oracle that Habakkuk the prophet received.

Habakkuk's Complaint

2 How long, O Lord, must I call for help,
  but you do not listen?
Or cry out to you, "Violence!"
  but you do not save?
3 Why do you make me look at injustice?
  Why do you tolerate wrong?
Destruction and violence are before me;
  there is strife, and conflict abounds.
4 Therefore the law is paralyzed,
  and justice never prevails.
The wicked hem in the righteous,
  so that justice is perverted.

The Lord's Answer

5 "Look at the nations and watch—
  and be utterly amazed.
For I am going to do something in your days
  that you would not believe,
  even if you were told.
6 I am raising up the Babylonians,[a]
  that ruthless and impetuous people,
who sweep across the whole earth
  to seize dwelling places not their own.
7 They are a feared and dreaded people;
  they are a law to themselves
  and promote their own honor.
8 Their horses are swifter than leopards,
  fiercer than wolves at dusk.
Their cavalry gallops headlong;
  their horsemen come from afar.
They fly like a vulture swooping to devour;
9 they all come bent on violence.
Their hordes[b] advance like a desert wind
  and gather prisoners like sand.
10 They deride kings
  and scoff at rulers.
They laugh at all fortified cities;
  they build earthen ramps and capture them.
11 Then they sweep past like the wind and go on—
  guilty men, whose own strength is their god."

Habakkuk's Second Complaint

12 O Lord, are you not from everlasting?

---

a1.6 Hebraico: *caldeus*. **b**1.8 Ou *ligeiros*   **a**1:6 Or *Chaldeans* **b**1:9 The meaning of the Hebrew for this word is uncertain.

Meu Deus, meu Santo,
  tu não morrerás[a].
Senhor, tu designaste essa nação
  para executar juízo;
ó Rocha, determinaste que ela
  aplicasse castigo.
¹³ Teus olhos são tão puros
  que não suportam ver o mal;
não podes tolerar a maldade.
  Então, por que toleras os perversos?
Por que ficas calado
  enquanto os ímpios devoram
  os que são mais justos que eles?
¹⁴ Tornaste os homens
  como peixes do mar,
como animais[b],
  que não são governados por ninguém.
¹⁵ O inimigo puxa todos
  com anzóis,
apanha-os em sua rede
  e nela os arrasta;
então alegra-se e exulta.
¹⁶ E por essa razão
  ele oferece sacrifício à sua rede
  e queima incenso em sua honra,
pois, graças à sua rede,
  vive em grande conforto
  e desfruta iguarias.
¹⁷ Mas, continuará ele
  esvaziando a sua rede,
  destruindo sem misericórdia as nações?

2 Ficarei no meu posto de sentinela
  e tomarei posição sobre a muralha;
aguardarei para ver o que o Senhor me dirá
  e que resposta terei à minha queixa.

A Resposta do Senhor

² Então o Senhor me respondeu:

"Escreva claramente a visão
  em tábuas,
para que se leia facilmente[c].
³ Pois a visão aguarda
  um tempo designado;
ela fala do fim, e não falhará[d].
Ainda que demore, espere-a;
  porque ela[e] certamente virá
  e não se atrasará.

⁴ "Escreva: O ímpio está envaidecido;
  seus desejos não são bons;
mas o justo viverá
  pela sua fidelidade[f].
⁵ De fato, a riqueza é ilusória[g],
  e o ímpio é arrogante e não descansa;
ele é voraz como a sepultura[h]
  e como a morte.
Nunca se satisfaz;
  apanha para si todas as nações
  e ajunta para si todos os povos.

⁶ "Todos estes povos um dia rirão dele
  com canções de zombaria, e dirão:

My God, my Holy One, we will not die.
O Lord, you have appointed them to
  execute judgment;
O Rock, you have ordained them to punish.
¹³ Your eyes are too pure to look on evil;
  you cannot tolerate wrong.
Why then do you tolerate the treacherous?
  Why are you silent while the wicked
  swallow up those more righteous than themselves?
¹⁴ You have made men like fish in the sea,
  like sea creatures that have no ruler.
¹⁵ The wicked foe pulls all of them up with hooks,
  he catches them in his net,
he gathers them up in his dragnet;
  and so he rejoices and is glad.
¹⁶ Therefore he sacrifices to his net
  and burns incense to his dragnet,
for by his net he lives in luxury
  and enjoys the choicest food.
¹⁷ Is he to keep on emptying his net,
  destroying nations without mercy?

2 I will stand at my watch
  and station myself on the ramparts;
I will look to see what he will say to me,
  and what answer I am to give to this complaint.[a]

The Lord's Answer

² Then the Lord replied:

"Write down the revelation
  and make it plain on tablets
  so that a herald[b] may run with it.
³ For the revelation awaits an appointed time;
  it speaks of the end
  and will not prove false.
Though it linger, wait for it;
  it[c] will certainly come and will not delay.

⁴ "See, he is puffed up;
  his desires are not upright—
  but the righteous will live by his faith[d]—
⁵ indeed, wine betrays him;
  he is arrogant and never at rest.
Because he is as greedy as the grave[e]
  and like death is never satisfied,
he gathers to himself all the nations
  and takes captive all the peoples.

⁶ "Will not all of them taunt him with ridicule and scorn, saying,

---

ᵃ1.12 O Texto Massorético diz *nós não morreremos*. ᵇ1.14 Ou *peixes, criaturas do mar* ᶜ2.2 Ou *para que todo que a ler, corra* ᵈ2.3 Ou *e se cumprirá* ᵉ2.3 Ou *Embora ele demore, espere por ele; porque ele* ᶠ2.4 Várias versões dizem *sua fé*, com possível base na Septuaginta. ᵍ2.5 Conforme um dos manuscritos do mar Morto. O Texto Massorético diz *o vinho é traiçoeiro*. ʰ2.5 Hebraico: *Sheol*. Essa palavra também pode ser traduzida por profundezas, pó ou morte.

ᵃ2:1 Or *and what to answer when I am rebuked* ᵇ2:2 Or *so that whoever reads it* ᶜ2:3 Or *Though he linger, wait for him; / he* ᵈ2:4 Or *faithfulness* ᵉ2:5 Hebrew *Sheol*

" 'Ai daquele que amontoa bens roubados
  e enriquece mediante extorsão!
Até quando isto continuará assim?'
7 Não se levantarão
  de repente os seus credores?
Não se despertarão os que o fazem tremer?
Agora você se tornará vítima deles.
8 Porque você saqueou muitas nações,
  todos os povos que restaram
  o saquearão.
Pois você derramou muito sangue,
  e cometeu violência contra terras,
  cidades e seus habitantes.

9 "Ai daquele que obtém lucros injustos
  para a sua casa,
para pôr seu ninho no alto
  e escapar das garras do mal!
10 Você tramou a ruína de muitos povos,
  envergonhando a sua própria casa
  e pecando contra a sua própria vida.
11 Pois as pedras clamarão da parede,
  e as vigas responderão do madeiramento
  contra você.

12 "Ai daquele que edifica uma cidade
  com sangue
  e a estabelece com crime!
13 Acaso não vem
  do Senhor dos Exércitos
que o trabalho dos povos
  seja só para satisfazer o fogo,
  e que as nações se afadiguem em vão?
14 Mas a terra se encherá do conhecimento
  da glória do Senhor,
  como as águas enchem o mar.

15 "Ai daquele que dá bebida
  ao seu próximo,
misturando-a com o seu furor[a],
  até que ele fique bêbado,
  para lhe contemplar a nudez.
16 Beba bastante vergonha,
  em vez de glória!
Sim! Beba você também e exponha-se[b]!
A taça da mão direita do Senhor
  é dada a você,
muita vergonha[c] cobrirá a sua glória.
17 A violência que você cometeu
  contra o Líbano o alcançará,
e você ficará apavorado
  com a matança, que você fez,
  de animais.
Pois você derramou muito sangue
  e cometeu violência contra terras,
  cidades e seus habitantes.

18 "De que vale uma imagem feita
  por um escultor?
Ou um ídolo de metal
  que ensina mentiras?
Pois aquele que o faz
  confia em sua própria criação,
  fazendo ídolos incapazes de falar.
19 Ai daquele que diz à madeira:
  'Desperte!'
Ou à pedra sem vida: 'Acorde!'
Poderá o ídolo dar orientação?
Está coberto de ouro e prata,
  mas não respira.

" 'Woe to him who piles up stolen goods
  and makes himself wealthy by extortion!
How long must this go on?'
7 Will not your debtors[a] suddenly arise?
  Will they not wake up and make you tremble?
  Then you will become their victim.
8 Because you have plundered many nations,
  the peoples who are left will plunder you.
For you have shed man's blood;
  you have destroyed lands and cities and
    everyone in them.

9 "Woe to him who builds his realm by unjust gain
  to set his nest on high,
  to escape the clutches of ruin!
10 You have plotted the ruin of many peoples,
  shaming your own house and forfeiting
    your life.
11 The stones of the wall will cry out,
  and the beams of the woodwork will echo it.

12 "Woe to him who builds a city with bloodshed
  and establishes a town by crime!
13 Has not the Lord Almighty determined
  that the people's labor is only fuel for the fire,
  that the nations exhaust themselves
    for nothing?
14 For the earth will be filled with the knowledge
  of the glory of the Lord,
  as the waters cover the sea.

15 "Woe to him who gives drink to his neighbors,
  pouring it from the wineskin till they
    are drunk,
  so that he can gaze on their naked bodies.
16 You will be filled with shame instead of glory.
  Now it is your turn! Drink and be exposed[b]!
The cup from the Lord's right hand is
    coming around to you,
  and disgrace will cover your glory.
17 The violence you have done to Lebanon will
    overwhelm you,
  and your destruction of animals will
    terrify you.
For you have shed man's blood;
  you have destroyed lands and cities and everyone
    in them.

18 "Of what value is an idol, since a man
    has carved it?
  Or an image that teaches lies?
For he who makes it trusts in his own creation;
  he makes idols that cannot speak.
19 Woe to him who says to wood, 'Come to life!'
  Or to lifeless stone, 'Wake up!'
Can it give guidance?
  It is covered with gold and silver;
  there is no breath in it.

---

a2.15 Ou veneno b2.16 Os manuscritos do mar Morto, a Vulgata e a Versão
Siríaca dizem e cambaleie. c2.16 Ou muito vômito

a2:7 Or creditors b2:16 Masoretic Text; Dead Sea Scrolls, Aquila, Vulgate and
Syriac (see also Septuagint) and stagger

20 O Senhor, porém,
está em seu santo templo;
diante dele fique em silêncio
toda a terra".

A Oração de Habacuque

3 Oração do profeta Habacuque.
Uma confissão.

2 Senhor, ouvi falar da tua fama;
tremo diante dos teus atos, Senhor.
Realiza de novo, em nossa época,
as mesmas obras,
faze-as conhecidas em nosso tempo;
em tua ira, lembra-te da misericórdia.

3 Deus veio de Temã,
o Santo veio do monte Parã.   [Pausa]ª
Sua glória cobriu os céus
e seu louvor encheu a terra.

4 Seu esplendor era como a luz do sol;
raios lampejavam de sua mão,
onde se escondia o seu poder.

5 Pragas iam adiante dele;
doenças terríveis seguiam os seus passos.

6 Ele parou, e a terra tremeu;
olhou, e fez estremecer as nações.
Montes antigos se desmancharam;
colinas antiquíssimas se desfizeram.
Os caminhos dele são eternos.

7 Vi a aflição das tendas de Cuchã;
tremiam as cortinas das tendas de Midiã.

8 Era com os rios que estavas irado,
Senhor?
Era contra os riachos o teu furor?
Foi contra o mar
que a tua fúria transbordou
quando cavalgaste com os teus cavalos
e com os teus carros vitoriosos?

9 Preparaste o teu arco;
pediste muitas flechas.   [Pausa]

Fendeste a terra com rios;
10 os montes te viram e se contorceram.
Torrentes de água
desceram com violência;
o abismo estrondou,
erguendo as suas ondas.

11 O sol e a lua pararam em suas moradas,
diante do reflexo
de tuas flechas voadoras,
diante do lampejo
de tua lança reluzente.

12 Com ira andaste a passos largos
por toda a terra
e com indignação
pisoteaste as nações.

13 Saíste para salvar o teu povo,
para libertar o teu ungido.
Esmagaste o líder da nação ímpia,
tu o desnudaste da cabeça aos pés.   [Pausa]

14 Com as suas próprias flechas
lhe atravessaste a cabeça,
quando os seus guerreiros saíram
como um furacão para nos espalhar
com maldoso prazer,
como se estivessem prestes a devorar

Habakkuk's Prayer

3 A prayer of Habakkuk the prophet. On *shigionoth*.ª

2 Lord, I have heard of your fame;
I stand in awe of your deeds, O Lord.
Renew them in our day,
in our time make them known;
in wrath remember mercy.

3 God came from Teman,
the Holy One from Mount Paran.
     Selahᵇ
His glory covered the heavens
and his praise filled the earth.

4 His splendor was like the sunrise;
rays flashed from his hand,
where his power was hidden.

5 Plague went before him;
pestilence followed his steps.

6 He stood, and shook the earth;
he looked, and made the nations tremble.
The ancient mountains crumbled
and the age-old hills collapsed.
His ways are eternal.

7 I saw the tents of Cushan in distress,
the dwellings of Midian in anguish.

8 Were you angry with the rivers, O Lord?
Was your wrath against the streams?
Did you rage against the sea
when you rode with your horses
and your victorious chariots?

9 You uncovered your bow,
you called for many arrows.
     Selah

You split the earth with rivers;
10 the mountains saw you and writhed.
Torrents of water swept by;
the deep roared
and lifted its waves on high.

11 Sun and moon stood still in the heavens
at the glint of your flying arrows,
at the lightning of your flashing spear.

12 In wrath you strode through the earth
and in anger you threshed the nations.

13 You came out to deliver your people,
to save your anointed one.
You crushed the leader of the land
of wickedness,
you stripped him from head to foot.
     Selah

14 With his own spear you pierced his head
when his warriors stormed out to scatter us,
gloating as though about to devour

ª**3.3** Hebraico: *Selá*; também nos versículos 9 e 13.

ª**3:1** Probably a literary or musical term ᵇ**3:3** A word of uncertain meaning; possibly a musical term; also in verses 9 and 13

o necessitado em seu esconderijo.

15 Pisaste o mar com teus cavalos,
    agitando as grandes águas.

16 Ouvi isso, e o meu íntimo estremeceu,
    meus lábios tremeram;
os meus ossos desfaleceram;
    minhas pernas vacilavam.
Tranqüilo esperarei o dia da desgraça,
    que virá sobre o povo que nos ataca.

17 Mesmo não florescendo a figueira,
    e não havendo uvas nas videiras,
mesmo falhando a safra de azeitonas,
    não havendo produção de alimento
nas lavouras,
    nem ovelhas no curral
nem bois nos estábulos,

18 ainda assim eu exultarei no Senhor
    e me alegrarei
no Deus da minha salvação.

19 O Senhor, o Soberano, é a minha força;
    ele faz os meus pés como os do cervo;
faz-me andar em lugares altos.

Para o mestre de música. Para os meus instrumentos de cordas.

Sofonias

1 Palavra do Senhor que veio a Sofonias, filho de Cuchi, neto de Gedalias, bisneto de Amarias e trineto de Ezequias, durante o reinado de Josias, filho de Amom, rei de Judá:

A Destruição Vindoura

2 "Destruirei[a] todas as coisas
    na face da terra";
palavra do Senhor.

3 "Destruirei tanto os homens
    quanto os animais;
destruirei as aves do céu
    e os peixes do mar,
e os que causam tropeço
    junto com os ímpios[a].
Farei isso quando eu ceifar o homem
    da face da terra",
declara o Senhor.

O Castigo de Judá

4 "Estenderei a mão contra Judá
    e contra todos
os habitantes de Jerusalém.
Eliminarei deste lugar
    o remanescente de Baal,
os nomes dos ministros idólatras
    e dos sacerdotes,

5 aqueles que no alto dos terraços
    adoram o exército de estrelas,
e aqueles que se prostram jurando
       pelo Senhor
    e também por Moloque;

6 aqueles que se desviam
    e deixam de seguir o Senhor,
não o buscam nem o consultam.

7 Calem-se diante do Soberano, o Senhor,
    pois o dia do Senhor está próximo.
O Senhor preparou um sacrifício;
    consagrou seus convidados.

8 No dia do sacrifício do Senhor

the wretched who were in hiding.

15 You trampled the sea with your horses,
    churning the great waters.

16 I heard and my heart pounded,
    my lips quivered at the sound;
decay crept into my bones,
    and my legs trembled.
Yet I will wait patiently for the day of calamity
    to come on the nation invading us.

17 Though the fig tree does not bud
    and there are no grapes on the vines,
though the olive crop fails
    and the fields produce no food,
though there are no sheep in the pen
    and no cattle in the stalls,

18 yet I will rejoice in the Lord,
    I will be joyful in God my Savior.

19 The Sovereign Lord is my strength;
    he makes my feet like the feet of a deer,
he enables me to go on the heights.

For the director of music. On my stringed instruments.

Zephaniah

1 The word of the Lord that came to Zephaniah son of Cushi, the son of Gedaliah, the son of Amariah, the son of Hezekiah, during the reign of Josiah son of Amon king of Judah:

Warning of Coming Destruction

2 "I will sweep away everything
    from the face of the earth,"
                    declares the Lord.

3 "I will sweep away both men and animals;
    I will sweep away the birds of the air
    and the fish of the sea.
The wicked will have only heaps of rubble[a]
    when I cut off man from the face of the earth,"
                    declares the Lord.

Against Judah

4 "I will stretch out my hand against Judah
    and against all who live in Jerusalem.
I will cut off from this place every remnant
    of Baal,
the names of the pagan and the idolatrous
    priests—

5 those who bow down on the roofs
    to worship the starry host,
those who bow down and swear by the Lord
    and who also swear by Molech,[b]

6 those who turn back from following the Lord
    and neither seek the Lord nor inquire of him.

7 Be silent before the Sovereign Lord,
    for the day of the Lord is near.
The Lord has prepared a sacrifice;
    he has consecrated those he has invited.

8 On the day of the Lord's sacrifice

---

a1.2 Ou *Tornarei a destruir* **b**1.3 Ou *os ímpios terão apenas montões de destroços*

a1:3 The meaning of the Hebrew for this line is uncertain. **b**1:5 Hebrew *Malcam,* that is, Milcom

castigarei os líderes e os filhos do rei
e todos os que estão vestidos
   com roupas estrangeiras.
⁹ Naquele dia castigarei
   todos os que evitam pisar
   a soleira dos ídolosª,
e que enchem o templo de seus deusesᵇ
   com violência e engano.
¹⁰ "Naquele dia", declara o Senhor,
   "haverá gritos perto da porta dos Peixes,
   lamentos no novo distrito,
e estrondos nas colinas.
¹¹ Lamentem-se, vocês que moram
   na cidade baixaᶜ;
todos os seus comerciantes
   serão completamente destruídos,
todos os que negociam com prata
   serão arruinados.
¹² Nessa época vasculharei Jerusalém
   com lamparinas
e castigarei os complacentes,
   que são como vinho envelhecido,
   deixado com os seus resíduos,
que pensam: 'O Senhor nada fará,
   nem bem nem mal'.
¹³ A riqueza deles será saqueada,
   suas casas serão demolidas.
Embora construam novas casas,
   nelas não morarão;
plantarão vinhas,
   mas o vinho não beberão.

O Grande Dia do Senhor

¹⁴ "O grande dia do Senhor
   está próximo;
está próximo e logo vem.
Ouçam! O dia do Senhor será amargo,
   até os guerreiros gritarão.
¹⁵ Aquele dia será um dia de ira,
   dia de aflição e angústia,
   dia de sofrimento e ruína,
   dia de trevas e escuridão,
   dia de nuvens e negridão,
¹⁶ dia de toques de trombeta
   e gritos de guerra
contra as cidades fortificadas
   e contra as torres elevadas.
¹⁷ Trarei aflição aos homens;
   andarão como se fossem cegos,
porque pecaram contra o Senhor.
O sangue deles será derramado
   como poeira,
e suas entranhas como lixo.
¹⁸ Nem a sua prata nem o seu ouro
   poderão livrá-los
   no dia da ira do Senhor.
No fogo do seu zelo
   o mundo inteiro será consumido,
pois ele dará fim repentino
   a todos os que vivem na terra."

2 Reúna-se e ajunte-se,
   nação sem pudor,
² antes que chegue o tempo determinado
   e aquele dia passe como a palha,
antes que venha sobre vocês
   a ira impetuosa do Senhor,

I will punish the princes
   and the king's sons
and all those clad
   in foreign clothes.
⁹ On that day I will punish
   all who avoid stepping on the threshold,ª
who fill the temple of their gods
   with violence and deceit.
¹⁰ "On that day," declares the Lord,
   "a cry will go up from the Fish Gate,
   wailing from the New Quarter,
   and a loud crash from the hills.
¹¹ Wail, you who live in the market districtᵇ;
   all your merchants will be wiped out,
   all who trade withᶜ silver will be ruined.
¹² At that time I will search Jerusalem with lamps
   and punish those who are complacent,
   who are like wine left on its dregs,
who think, 'The Lord will do nothing,
   either good or bad.'
¹³ Their wealth will be plundered,
   their houses demolished.
They will build houses
   but not live in them;
they will plant vineyards
   but not drink the wine.

The Great Day of the Lord

¹⁴ "The great day of the Lord is near—
   near and coming quickly.
Listen! The cry on the day of the Lord
   will be bitter,
   the shouting of the warrior there.
¹⁵ That day will be a day of wrath,
   a day of distress and anguish,
   a day of trouble and ruin,
   a day of darkness and gloom,
   a day of clouds and blackness,
¹⁶ a day of trumpet and battle cry
   against the fortified cities
   and against the corner towers.
¹⁷ I will bring distress on the people
   and they will walk like blind men,
because they have sinned against the Lord.
Their blood will be poured out like dust
   and their entrails like filth.
¹⁸ Neither their silver nor their gold
   will be able to save them
   on the day of the Lord's wrath.
In the fire of his jealousy
   the whole world will be consumed,
for he will make a sudden end
   of all who live in the earth."

2 Gather together, gather together,
   O shameful nation,
² before the appointed time arrives
   and that day sweeps on like chaff,
before the fierce anger of the Lord comes

ª1.9 Ver 1Sm 5.5. ᵇ1.9 Ou *de seu senhor* ᶜ1.11 Ou *moram no lugar onde se faz*
argamassa

ª1:9 See 1 Samuel 5:5. ᵇ1:11 Or *the Mortar* ᶜ1:11 Or *in*

antes que o dia da ira do Senhor
   os alcance.
³ Busquem o Senhor,
   todos vocês, os humildes da terra,
   vocês que fazem o que ele ordena.
Busquem a justiça,
   busquem a humildade;
talvez vocês tenham abrigo
   no dia da ira do Senhor.

O Castigo da Filístia

⁴ Gaza será abandonada,
   e Ascalom ficará arruinada.
Ao meio-dia Asdode será banida,
   e Ecrom será desarraigada.
⁵ Ai de vocês que vivem junto ao mar,
   nação dos queretitas;
a palavra do Senhor está contra você,
   ó Canaã, terra dos filisteus.

"Eu a destruirei,
   e não sobrará ninguém."

⁶ Essa terra junto ao mar,
   onde habitam os queretitas,
será morada de pastores
   e curral de ovelhas.
⁷ Pertencerá ao remanescente
   da tribo de Judá.
Ali encontrarão pastagem;
   e, ao entardecer, eles se deitarão
   nas casas de Ascalom.
O Senhor, o seu Deus, cuidará deles,
   e lhes restaurará a sorteª.

O Castigo de Moabe e de Amom

⁸ "Ouvi os insultos de Moabe
   e as zombarias dos amonitas,
que insultaram o meu povo
   e fizeram ameaças
   contra o seu território.
⁹ Por isso, juro pela minha vida",
   declara o Senhor dos Exércitos,
   o Deus de Israel,
"Moabe se tornará como Sodoma
   e os amonitas como Gomorra:
um lugar tomado por ervas daninhas
   e poços de sal,
uma desolação perpétua.
O remanescente do meu povo
   os saqueará;
os sobreviventes da minha nação
   herdarão a terra deles."

¹⁰ É isso que eles receberão
   como recompensa pelo seu orgulho,
por insultarem e ridicularizarem
   o povo do Senhor dos Exércitos.
¹¹ O Senhor será terrível contra eles,
   quando destruir todos os deuses da terra.
As nações de todo o mundo o adorarão,
   cada uma em sua própria terra.

O Castigo da Etiópia

¹² "Vocês também, ó etíopes,ᵇ
   serão mortos pela minha espada."

O Castigo da Assíria

¹³ Ele estenderá a mão contra o norte
   e destruirá a Assíria,
deixando Nínive totalmente em ruínas,

upon you,
   before the day of the Lord's wrath comes
   upon you.
³ Seek the Lord, all you humble of the land,
   you who do what he commands.
Seek righteousness, seek humility;
   perhaps you will be sheltered
   on the day of the Lord's anger.

Against Philistia

⁴ Gaza will be abandoned
   and Ashkelon left in ruins.
At midday Ashdod will be emptied
   and Ekron uprooted.
⁵ Woe to you who live by the sea,
   O Kerethite people;
the word of the Lord is against you,
   O Canaan, land of the Philistines.

"I will destroy you,
   and none will be left."

⁶ The land by the sea, where the Kerethitesª dwell,
   will be a place for shepherds and sheep pens.
⁷ It will belong to the remnant of the house
   of Judah;
there they will find pasture.
In the evening they will lie down
   in the houses of Ashkelon.
The Lord their God will care for them;
   he will restore their fortunes.ᵇ

Against Moab and Ammon

⁸ "I have heard the insults of Moab
   and the taunts of the Ammonites,
who insulted my people
   and made threats against their land.
⁹ Therefore, as surely as I live,"
   declares the Lord Almighty, the God of Israel,
"surely Moab will become like Sodom,
   the Ammonites like Gomorrah—
a place of weeds and salt pits,
   a wasteland forever.
The remnant of my people will plunder them;
   the survivors of my nation will inherit
   their land."

¹⁰ This is what they will get in return for
   their pride,
for insulting and mocking the people of the Lord
   Almighty.
¹¹ The Lord will be awesome to them
   when he destroys all the gods of the land.
The nations on every shore will worship him,
   every one in its own land.

Against Cush

¹² "You too, O Cushites,ᶜ
   will be slain by my sword."

Against Assyria

¹³ He will stretch out his hand against the north
   and destroy Assyria,
leaving Nineveh utterly desolate

ª2.7 Ou *trará de volta seus cativos* ᵇ2.12 Hebraico: *cuxitas*

ª2:6 The meaning of the Hebrew for this word is uncertain. ᵇ2:7 Or *will bring back their captives* ᶜ2:12 That is, people from the upper Nile region

tão seca como o deserto.

¹⁴ No meio dela se deitarão rebanhos
e todo tipo de animais selvagens.
Até a coruja do deserto e o mocho
se empoleirarão no topo
de suas colunas.
Seus gritos ecoarão pelas janelas.
Haverá entulho nas entradas,
e as vigas de cedro ficarão expostas.

¹⁵ Essa é a cidade que exultava,
vivendo despreocupada,
e dizia para si mesma:
"Eu, e mais ninguém!"
Que ruínas sobraram!
Uma toca de animais selvagens!
Todos os que passam por ela zombam
e sacodem os punhos.

O Futuro de Jerusalém

3 Ai da cidade rebelde,
impura e opressora!

² Não ouve a ninguém,
e não aceita correção.
Não confia no Senhor,
não se aproxima do seu Deus.

³ No meio dela os seus líderes
são leões que rugem.
Seus juízes são lobos vespertinos
que nada deixam
para a manhã seguinte.

⁴ Seus profetas são irresponsáveis,
são homens traiçoeiros.
Seus sacerdotes profanam o santuário
e fazem violência à lei.

⁵ No meio dela está o Senhor,
que é justo e jamais comete injustiça.
A cada manhã ele ministra a sua justiça,
e a cada novo dia ele não falha,
mas o injusto não se envergonha
da sua injustiça.

⁶ "Eliminei nações;
suas fortificações estão devastadas.
Deixei desertas as suas ruas.
Suas cidades estão destruídas;
ninguém foi deixado; ninguém!

⁷ Eu disse à cidade:
Com certeza você me temerá
e aceitará correção!
Pois, então, a sua habitação
não seria eliminada,
nem cairiam sobre ela
todos os meus castigos.
Mas eles ainda estavam ávidos
por fazer todo tipo de maldade.

⁸ Por isso, esperem por mim",
declara o Senhor,
"no dia em que eu me levantar
para testemunhar.
Decidi ajuntar as nações,
reunir os reinos
e derramar a minha ira sobre eles,
toda a minha impetuosa indignação.
O mundo inteiro será consumido
pelo fogo da minha zelosa ira.

⁹ "Então purificarei os lábios dos povos,
para que todos eles invoquem
o nome do Senhor

and dry as the desert.

¹⁴ Flocks and herds will lie down there,
creatures of every kind.
The desert owl and the screech owl
will roost on her columns.
Their calls will echo through the windows,
rubble will be in the doorways,
the beams of cedar will be exposed.

¹⁵ This is the carefree city
that lived in safety.
She said to herself,
"I am, and there is none besides me."
What a ruin she has become,
a lair for wild beasts!
All who pass by her scoff
and shake their fists.

The Future of Jerusalem

3 Woe to the city of oppressors,
rebellious and defiled!

² She obeys no one,
she accepts no correction.
She does not trust in the Lord,
she does not draw near to her God.

³ Her officials are roaring lions,
her rulers are evening wolves,
who leave nothing for the morning.

⁴ Her prophets are arrogant;
they are treacherous men.
Her priests profane the sanctuary
and do violence to the law.

⁵ The Lord within her is righteous;
he does no wrong.
Morning by morning he dispenses his justice,
and every new day he does not fail,
yet the unrighteous know no shame.

⁶ "I have cut off nations;
their strongholds are demolished.
I have left their streets deserted,
with no one passing through.
Their cities are destroyed;
no one will be left—no one at all.

⁷ I said to the city,
'Surely you will fear me
and accept correction!'
Then her dwelling would not be cut off,
nor all my punishments come upon her.
But they were still eager
to act corruptly in all they did.

⁸ Therefore wait for me," declares the Lord,
"for the day I will stand up to testify.ᵃ
I have decided to assemble the nations,
to gather the kingdoms
and to pour out my wrath on them—
all my fierce anger.
The whole world will be consumed
by the fire of my jealous anger.

⁹ "Then will I purify the lips of the peoples,
that all of them may call on the name of
the Lord

ᵃ3:8 Septuagint and Syriac; Hebrew *will rise up to plunder*

e o sirvam de comum acordo.

10 Desde além dos rios da Etiópia
    os meus adoradores,
o meu povo disperso,
    me trarão ofertas.

11 Naquele dia
    vocês não serão envergonhados
pelos seus atos de rebelião,
porque retirarei desta cidade
    os que se regozijam em seu orgulho.
Nunca mais vocês serão altivos
    no meu santo monte.

12 Mas deixarei no meio da cidade
    os mansos e humildes,
que se refugiarão no nome do S<small>ENHOR</small>.

13 O remanescente de Israel
    não cometerá injustiças;
eles não mentirão,
    nem se achará engano
    em suas bocas.
Eles se alimentarão e descansarão,
    sem que ninguém os amedronte."

14 Cante, ó cidade^a de Sião;
    exulte, ó Israel!
Alegre-se, regozije-se de todo o coração,
    ó cidade de Jerusalém!

15 O S<small>ENHOR</small> anulou a sentença
    contra você,
ele fez retroceder os seus inimigos.
O S<small>ENHOR</small>, o Rei de Israel,
    está em seu meio;
nunca mais você temerá perigo algum.

16 Naquele dia se dirá a Jerusalém:
    "Não tema, ó Sião;
não deixe suas mãos enfraquecerem.

17 O S<small>ENHOR</small>, o seu Deus,
    está em seu meio,
    poderoso para salvar.
Ele se regozijará em você;
    com o seu amor a renovará^b,
ele se regozijará em você
    com brados de alegria".

18 "Eu ajuntarei os que choram
    pelas festas fixas,
os que se afastaram de vocês,
para que isso não mais
    lhes pese como vergonha.

19 Nessa época agirei
    contra todos os que oprimiram vocês;
salvarei os aleijados
    e ajuntarei os dispersos.
Darei a eles louvor e honra
    em todas as terras
    onde foram envergonhados.

20 Naquele tempo eu ajuntarei vocês;
    naquele tempo os trarei para casa.
Eu lhes darei honra e louvor
    entre todos os povos da terra,
quando eu restaurar a sua sorte^c
    diante dos seus próprios olhos",
diz o S<small>ENHOR</small>.

---

and serve him shoulder to shoulder.

10 From beyond the rivers of Cush^a
    my worshipers, my scattered people,
    will bring me offerings.

11 On that day you will not be put to shame
    for all the wrongs you have done to me,
because I will remove from this city
    those who rejoice in their pride.
Never again will you be haughty
    on my holy hill.

12 But I will leave within you
    the meek and humble,
who trust in the name of the L<small>ORD</small>.

13 The remnant of Israel will do no wrong;
    they will speak no lies,
nor will deceit be found in their mouths.
They will eat and lie down
    and no one will make them afraid."

14 Sing, O Daughter of Zion;
    shout aloud, O Israel!
Be glad and rejoice with all your heart,
    O Daughter of Jerusalem!

15 The L<small>ORD</small> has taken away your punishment,
    he has turned back your enemy.
The L<small>ORD</small>, the King of Israel, is with you;
    never again will you fear any harm.

16 On that day they will say to Jerusalem,
    "Do not fear, O Zion;
do not let your hands hang limp.

17 The L<small>ORD</small> your God is with you,
    he is mighty to save.
He will take great delight in you,
    he will quiet you with his love,
he will rejoice over you with singing."

18 "The sorrows for the appointed feasts
    I will remove from you;
they are a burden and a reproach to you.^b

19 At that time I will deal
    with all who oppressed you;
I will rescue the lame
    and gather those who have been scattered.
I will give them praise and honor
    in every land where they were put to shame.

20 At that time I will gather you;
    at that time I will bring you home.
I will give you honor and praise
    among all the peoples of the earth
when I restore your fortunes^c
    before your very eyes,"
                says the L<small>ORD</small>.

---

^a**3:10** That is, the upper Nile region   ^b**3:18** Or *"I will gather you who mourn for the appointed feasts; / your reproach is a burden to you"*   ^c**3:20** Or *I bring back your captives*

^a**3.14** Hebraico: *filha.* ^b**3.17** Ou *a tranqüilizará* ^c**3.20** Ou *eu os trouxer de volta*

Ageu

A Ordem para a Reconstrução do Templo

1 No primeiro dia do sexto mês do segundo ano do reinado de Dario, a palavra do Senhor veio por meio do profeta Ageu ao governador de Judá, Zorobabel, filho de Sealtiel, e ao sumo sacerdote Josué, filho de Jeozadaque, dizendo:

2 "Assim diz o Senhor dos Exércitos: Este povo afirma: 'Ainda não chegou o tempo de reconstruir a casa do Senhor' ".

3 Por isso, a palavra do Senhor veio novamente por meio do profeta Ageu: **4** "Acaso é tempo de vocês morarem em casas de fino acabamento, enquanto a minha casa continua destruída?"

5 Agora, assim diz o Senhor dos Exércitos: "Vejam aonde os seus caminhos os levaram. **6** Vocês têm plantado muito, e colhido pouco. Vocês comem, mas não se fartam. Bebem, mas não se satisfazem. Vestem-se, mas não se aquecem. Aquele que recebe salário, recebe-o para colocá-lo numa bolsa furada".

7 Assim diz o Senhor dos Exércitos: "Vejam aonde os seus caminhos os levaram! **8** Subam o monte para trazer madeira. Construam o temploª, para que eu me alegre e nele seja glorificado", diz o Senhor. **9** "Vocês esperavam muito, mas, eis que veio pouco. E o que vocês trouxeram para casa eu dissipei com um sopro. E por que o fiz?", pergunta o Senhor dos Exércitos. "Por causa do meu templo, que ainda está destruído, enquanto cada um de vocês se ocupa com a sua própria casa. **10** Por isso, por causa de vocês, o céu reteve o orvalho e a terra deixou de dar o seu fruto. **11** Nos campos e nos montes provoquei uma seca que atingiu o trigo, o vinho, o azeite e tudo mais que a terra produz, e também os homens e o gado. O trabalho das mãos de vocês foi prejudicado".

12 Zorobabel, filho de Sealtiel, o sumo sacerdote Josué, filho de Jeozadaque, e todo o restante do povo obedeceram à voz do Senhor, o seu Deus, por causa das palavras do profeta Ageu, a quem o Senhor, o seu Deus, enviara. E o povo temeu o Senhor.

13 Então Ageu, o mensageiro do Senhor, trouxe esta mensagem do Senhor para o povo: "Eu estou com vocês", declara o Senhor. **14** Assim o Senhor encorajou o governador de Judá, Zorobabel, filho de Sealtiel, o sumo sacerdote Josué, filho de Jeozadaque, e todo o restante do povo, e eles começaram a trabalhar no templo do Senhor dos Exércitos, o seu Deus, **15** no vigésimo quarto dia do sexto mês do segundo ano do reinado de Dario.

O Esplendor do Novo Templo

2 No vigésimo primeiro dia do sétimo mês, veio a palavra do Senhor por meio do profeta Ageu: **2** "Pergunte o seguinte ao governador de Judá, Zorobabel, filho de Sealtiel, ao sumo sacerdote Josué, filho de Jeozadaque, e ao restante do povo: **3** Quem de vocês viu este templo em seu primeiro esplendor? Comparado a ele, não é como nada o que vocês vêem agora?

4 "Coragem, Zorobabel", declara o Senhor. "Coragem, sumo sacerdote Josué, filho de Jeozadaque. Coragem! Ao trabalho, ó povo da terra!", declara o Senhor. "Porque eu estou com vocês", declara o Senhor dos Exércitos. **5** "Esta é a aliança que fiz com vocês quando vocês saíram do Egito: Meu espírito está entre vocês. Não tenham medo".

6 Assim diz o Senhor dos Exércitos: "Dentro de pouco tempo farei tremer o céu, a terra, o mar e o continente. **7** Farei tremer todas as nações, as quais trarão para cá os seus tesouros,ᵇ e encherei este templo de glória", diz o Senhor dos Exércitos. **8** "Tanto a prata quanto o ouro me pertencem", declara o Senhor dos Exércitos. **9** "A glória deste novo templo será maior do que a do antigo", diz o Senhor dos Exércitos. "E neste lugar estabelecerei a paz", declara o Senhor dos Exércitos.

Haggai

A Call to Build the House of the Lord

1 In the second year of King Darius, on the first day of the sixth month, the word of the Lord came through the prophet Haggai to Zerubbabel son of Shealtiel, governor of Judah, and to Joshuaª son of Jehozadak, the high priest:

2 This is what the Lord Almighty says: "These people say, 'The time has not yet come for the Lord's house to be built.' "

3 Then the word of the Lord came through the prophet Haggai: **4** "Is it a time for you yourselves to be living in your paneled houses, while this house remains a ruin?"

5 Now this is what the Lord Almighty says: "Give careful thought to your ways. **6** You have planted much, but have harvested little. You eat, but never have enough. You drink, but never have your fill. You put on clothes, but are not warm. You earn wages, only to put them in a purse with holes in it."

7 This is what the Lord Almighty says: "Give careful thought to your ways. **8** Go up into the mountains and bring down timber and build the house, so that I may take pleasure in it and be honored," says the Lord. **9** "You expected much, but see, it turned out to be little. What you brought home, I blew away. Why?" declares the Lord Almighty. "Because of my house, which remains a ruin, while each of you is busy with his own house. **10** Therefore, because of you the heavens have withheld their dew and the earth its crops. **11** I called for a drought on the fields and the mountains, on the grain, the new wine, the oil and whatever the ground produces, on men and cattle, and on the labor of your hands."

12 Then Zerubbabel son of Shealtiel, Joshua son of Jehozadak, the high priest, and the whole remnant of the people obeyed the voice of the Lord their God and the message of the prophet Haggai, because the Lord their God had sent him. And the people feared the Lord.

13 Then Haggai, the Lord's messenger, gave this message of the Lord to the people: "I am with you," declares the Lord. **14** So the Lord stirred up the spirit of Zerubbabel son of Shealtiel, governor of Judah, and the spirit of Joshua son of Jehozadak, the high priest, and the spirit of the whole remnant of the people. They came and began to work on the house of the Lord Almighty, their God, **15** on the twenty-fourth day of the sixth month in the second year of King Darius.

The Promised Glory of the New House

2 On the twenty-first day of the seventh month, the word of the Lord came through the prophet Haggai: **2** "Speak to Zerubbabel son of Shealtiel, governor of Judah, to Joshua son of Jehozadak, the high priest, and to the remnant of the people. Ask them, **3** 'Who of you is left who saw this house in its former glory? How does it look to you now? Does it not seem to you like nothing? **4** But now be strong, O Zerubbabel,' declares the Lord. 'Be strong, O Joshua son of Jehozadak, the high priest. Be strong, all you people of the land,' declares the Lord, 'and work. For I am with you,' declares the Lord Almighty. **5** 'This is what I covenanted with you when you came out of Egypt. And my Spirit remains among you. Do not fear.'

6 "This is what the Lord Almighty says: 'In a little while I will once more shake the heavens and the earth, the sea and the dry land. **7** I will shake all nations, and the desired of all nations will come, and I will fill this house with glory,' says the Lord Almighty. **8** 'The silver is mine and the gold is mine,' declares the Lord Almighty. **9** 'The glory of this present house will be greater than the glory of the former house,' says the Lord Almighty. 'And in this place I will grant peace,' declares the Lord Almighty."

ª**1.8** Hebraico: *casa*; também nos versículos 9 e 14, e em 2.3,7,9 e 15. ᵇ**2.7** A Vulgata e algumas outras traduções dizem *e o desejado de todas as nações virá*.

ª**1:1** A variant of *Jeshua*; here and elsewhere in Haggai

Promessa de Bênçãos

10 No vigésimo quarto dia do nono mês, no segundo ano do reinado de Dario, a palavra do Senhor veio ao profeta Ageu:

11 Assim diz o Senhor dos Exércitos: "Faça aos sacerdotes a seguinte pergunta sobre a Lei: **12** Se alguém levar carne consagrada na borda de suas vestes, e com elas tocar num pão, ou em algo cozido, ou em vinho, ou em azeite ou em qualquer comida, isso ficará consagrado?" Os sacerdotes responderam: "Não".

13 Em seguida perguntou Ageu: "Se alguém ficar impuro por tocar num cadáver e depois tocar em alguma dessas coisas, ela ficará impura?"

"Sim", responderam os sacerdotes, "ficará impura."

14 Ageu transmitiu esta resposta do Senhor: "É o que acontece com este povo e com esta nação. Tudo o que fazem e tudo o que me oferecem é impuro.

15 "Agora prestem atenção; de hoje em diante^a reconsiderem. Em que condições vocês viviam antes que se colocasse pedra sobre pedra no templo do Senhor? **16** Quando alguém chegava a um monte de trigo procurando vinte medidas, havia apenas dez. Quando alguém ia ao depósito de vinho para tirar cinqüenta medidas, só encontrava vinte. **17** Eu destruí todo o trabalho das mãos de vocês, com mofo, ferrugem e granizo, mas vocês não se voltaram para mim", declara o Senhor. **18** "A partir de hoje, vigésimo quarto dia do nono mês, atentem para o dia em que os fundamentos do templo do Senhor foram lançados. Reconsiderem: **19** ainda há alguma semente no celeiro? Até hoje a videira, a figueira, a romeira e a oliveira não têm dado fruto. Mas, de hoje em diante, abençoarei vocês."

As Promessas para Zorobabel

20 A palavra do Senhor veio a Ageu pela segunda vez, no vigésimo quarto dia do nono mês: **21** "Diga a Zorobabel, governador de Judá, que eu farei tremer o céu e a terra. **22** Derrubarei tronos e destruirei o poder dos reinos estrangeiros. Virarei os carros e os seus condutores; os cavalos e os seus cavaleiros cairão, cada um pela espada do seu companheiro.

23 "Naquele dia", declara o Senhor dos Exércitos, "eu o tomarei, meu servo Zorobabel, filho de Sealtiel", declara o Senhor, "e farei de você um anel de selar, porque o tenho escolhido", declara o Senhor dos Exércitos.

Blessings for a Defiled People

10 On the twenty-fourth day of the ninth month, in the second year of Darius, the word of the Lord came to the prophet Haggai: **11** "This is what the Lord Almighty says: 'Ask the priests what the law says: **12** If a person carries consecrated meat in the fold of his garment, and that fold touches some bread or stew, some wine, oil or other food, does it become consecrated?' "

The priests answered, "No."

13 Then Haggai said, "If a person defiled by contact with a dead body touches one of these things, does it become defiled?"

"Yes," the priests replied, "it becomes defiled."

14 Then Haggai said, " 'So it is with this people and this nation in my sight,' declares the Lord. 'Whatever they do and whatever they offer there is defiled.

15 " 'Now give careful thought to this from this day on^a—consider how things were before one stone was laid on another in the Lord's temple. **16** When anyone came to a heap of twenty measures, there were only ten. When anyone went to a wine vat to draw fifty measures, there were only twenty. **17** I struck all the work of your hands with blight, mildew and hail, yet you did not turn to me,' declares the Lord. **18** 'From this day on, from this twenty-fourth day of the ninth month, give careful thought to the day when the foundation of the Lord's temple was laid. Give careful thought: **19** Is there yet any seed left in the barn? Until now, the vine and the fig tree, the pomegranate and the olive tree have not borne fruit.

" 'From this day on I will bless you.' "

Zerubbabel the Lord's Signet Ring

20 The word of the Lord came to Haggai a second time on the twenty-fourth day of the month: **21** "Tell Zerubbabel governor of Judah that I will shake the heavens and the earth. **22** I will overturn royal thrones and shatter the power of the foreign kingdoms. I will overthrow chariots and their drivers; horses and their riders will fall, each by the sword of his brother.

23 " 'On that day,' declares the Lord Almighty, 'I will take you, my servant Zerubbabel son of Shealtiel,' declares the Lord, 'and I will make you like my signet ring, for I have chosen you,' declares the Lord Almighty."

Zacarias

Chamado ao Arrependimento

1 No oitavo mês do segundo ano do reinado de Dario, a palavra do Senhor veio ao profeta Zacarias, filho de Berequias e neto de Ido:

2 "O Senhor muito se irou contra os seus antepassados. **3** Por isso, diga ao povo: Assim diz o Senhor dos Exércitos: Voltem para mim, e eu me voltarei para vocês", diz o Senhor dos Exércitos. **4** "Não sejam como os seus antepassados aos quais os antigos profetas proclamaram: 'Assim diz o Senhor dos Exércitos: Deixem os seus caminhos e as suas más obras'. Mas eles não me ouviram nem me deram atenção", declara o Senhor. **5** "Onde estão agora os seus antepassados? E os profetas, acaso vivem eles para sempre? **6** Mas as minhas palavras e os meus decretos, que ordenei aos meus servos, os profetas, alcançaram os seus antepassados e os levaram a converter-se e a dizer: 'O Senhor dos Exércitos fez conosco o que os nossos caminhos e práticas mereciam, conforme prometeu' ".

A Visão dos Cavalos

7 No vigésimo quarto dia do décimo primeiro mês, o mês de sebate^b, no segundo ano do reinado de Dario, a palavra do Senhor veio ao profeta Zacarias, filho de Berequias e neto de

Zechariah

A Call to Return to the Lord

1 In the eighth month of the second year of Darius, the word of the Lord came to the prophet Zechariah son of Berekiah, the son of Iddo:

2 "The Lord was very angry with your forefathers. **3** Therefore tell the people: This is what the Lord Almighty says: 'Return to me,' declares the Lord Almighty, 'and I will return to you,' says the Lord Almighty. **4** Do not be like your forefathers, to whom the earlier prophets proclaimed: This is what the Lord Almighty says: 'Turn from your evil ways and your evil practices.' But they would not listen or pay attention to me, declares the Lord. **5** Where are your forefathers now? And the prophets, do they live forever? **6** But did not my words and my decrees, which I commanded my servants the prophets, overtake your forefathers?

"Then they repented and said, 'The Lord Almighty has done to us what our ways and practices deserve, just as he determined to do.' "

The Man Among the Myrtle Trees

7 On the twenty-fourth day of the eleventh month, the month of Shebat, in the second year of Darius, the word of the Lord came to the prophet Zechariah son of Berekiah, the son of

Ido. **8** Durante a noite tive uma visão; apareceu na minha frente um homem montado num cavalo vermelho. Ele estava parado entre as murtas num desfiladeiro. Atrás dele havia cavalos vermelhos, marrons e brancos.

9 Então perguntei: Quem são estes, meu senhor? O anjo que estava falando comigo respondeu: "Eu lhe mostrarei quem são".

10 O homem que estava entre as murtas explicou: "São aqueles que o Senhor enviou por toda a terra".

11 E eles relataram ao anjo do Senhor que estava entre as murtas: "Percorremos toda a terra e a encontramos em paz e tranqüila".

12 Então o anjo do Senhor respondeu: "Senhor dos Exércitos, até quando deixarás de ter misericórdia de Jerusalém e das cidades de Judá, com as quais estás indignado há setenta anos?"

13 Então o Senhor respondeu palavras boas e confortadoras ao anjo que falava comigo.

14 E o anjo me disse: "Proclame: Assim diz o Senhor dos Exércitos: 'Eu tenho sido muito zeloso com Jerusalém e Sião, **15** mas estou muito irado contra as nações que se sentem seguras. Porque eu estava apenas um pouco irado com meu povo, mas elas aumentaram a dor que ele sofria!'

16 "Por isso, assim diz o Senhor: 'Estou me voltando para Jerusalém com misericórdia, e ali o meu templo será reconstruído. A corda de medir será esticada sobre Jerusalém', declara o Senhor dos Exércitos.

17 "Diga mais: Assim diz o Senhor dos Exércitos: 'As minhas cidades transbordarão de prosperidade novamente', e o Senhor tornará a consolar Sião e a escolher Jerusalém' ".

Quatro Chifres e Quatro Artesãos

18 Depois eu olhei para o alto e vi quatro chifres. **19** Então perguntei ao anjo que falava comigo: O que é isso?

Ele me respondeu: "São os chifres que dispersaram Judá, Israel e Jerusalém".

20 Depois o Senhor mostrou-me quatro artesãos. **21** Eu perguntei: O que eles vêm fazer?

Ele respondeu: "Ali estão os chifres que dispersaram Judá ao ponto de ninguém conseguir sequer levantar a cabeça, mas os artesãos vieram aterrorizar e quebrar esses chifres das nações que se levantaram contra o povo de Judá para dispersá-lo".

O Homem com a Corda de Medir

2 Olhei em seguida e vi um homem segurando uma corda de medir. **2** Eu lhe perguntei: Aonde você vai?

Ele me respondeu: "Vou medir Jerusalém para saber o seu comprimento e a sua largura".

3 Então o anjo que falava comigo retirou-se, e outro anjo foi ao seu encontro **4** e lhe disse: "Corra e diga àquele jovem: Jerusalém será habitada como uma cidade sem muros por causa dos seus muitos habitantes e rebanhos. **5** E eu mesmo serei para ela um muro de fogo ao seu redor, declara o Senhor, e dentro dela serei a sua glória".

6 "Atenção! Atenção! Fujam da terra do norte", declara o Senhor, "porque eu os espalhei aos quatro ventos da terra", diz o Senhor.

7 "Atenção, ó Sião! Escapem, vocês que vivem na cidade[a] da Babilônia! **8** Porque assim diz o Senhor dos Exércitos: 'Ele me enviou para buscar a sua glória entre as nações que saquearam vocês, porque todo o que tocar em vocês, toca na menina dos olhos dele'. **9** Certamente levantarei a minha mão contra as nações de forma que serão um espólio para os seus servos. Então vocês saberão que foi o Senhor dos Exércitos que me enviou.

10 "Cante e alegre-se, ó cidade de Sião! Porque venho fazer de você a minha habitação", declara o Senhor. **11** "Muitas na-

Iddo.

8 During the night I had a vision—and there before me was a man riding a red horse! He was standing among the myrtle trees in a ravine. Behind him were red, brown and white horses.

9 I asked, "What are these, my lord?"

The angel who was talking with me answered, "I will show you what they are."

10 Then the man standing among the myrtle trees explained, "They are the ones the Lord has sent to go throughout the earth."

11 And they reported to the angel of the Lord, who was standing among the myrtle trees, "We have gone throughout the earth and found the whole world at rest and in peace."

12 Then the angel of the Lord said, "Lord Almighty, how long will you withhold mercy from Jerusalem and from the towns of Judah, which you have been angry with these seventy years?"

13 So the Lord spoke kind and comforting words to the angel who talked with me.

14 Then the angel who was speaking to me said, "Proclaim this word: This is what the Lord Almighty says: 'I am very jealous for Jerusalem and Zion, **15** but I am very angry with the nations that feel secure. I was only a little angry, but they added to the calamity.'

16 "Therefore, this is what the Lord says: 'I will return to Jerusalem with mercy, and there my house will be rebuilt. And the measuring line will be stretched out over Jerusalem,' declares the Lord Almighty.

17 "Proclaim further: This is what the Lord Almighty says: 'My towns will again overflow with prosperity, and the Lord will again comfort Zion and choose Jerusalem.' "

Four Horns and Four Craftsmen

18 Then I looked up—and there before me were four horns! **19** I asked the angel who was speaking to me, "What are these?"

He answered me, "These are the horns that scattered Judah, Israel and Jerusalem."

20 Then the Lord showed me four craftsmen. **21** I asked, "What are these coming to do?"

He answered, "These are the horns that scattered Judah so that no one could raise his head, but the craftsmen have come to terrify them and throw down these horns of the nations who lifted up their horns against the land of Judah to scatter its people."

A Man With a Measuring Line

2 Then I looked up—and there before me was a man with a measuring line in his hand! **2** I asked, "Where are you going?"

He answered me, "To measure Jerusalem, to find out how wide and how long it is."

3 Then the angel who was speaking to me left, and another angel came to meet him **4** and said to him: "Run, tell that young man, 'Jerusalem will be a city without walls because of the great number of men and livestock in it. **5** And I myself will be a wall of fire around it,' declares the Lord, 'and I will be its glory within.'

6 "Come! Come! Flee from the land of the north," declares the Lord, "for I have scattered you to the four winds of heaven," declares the Lord.

7 "Come, O Zion! Escape, you who live in the Daughter of Babylon!" **8** For this is what the Lord Almighty says: "After he has honored me and has sent me against the nations that have plundered you—for whoever touches you touches the apple of his eye— **9** I will surely raise my hand against them so that their slaves will plunder them.[a] Then you will know that the Lord Almighty has sent me.

10 "Shout and be glad, O Daughter of Zion. For I am coming, and I will live among you," declares the Lord. **11** "Many nations

---

[a]2.7 Hebraico: *filha*; também no versículo 10.

[a]2:8,9 Or *says after … eye:* **9** *"I … plunder them."*

ções se unirão ao Senhor naquele dia e se tornarão meu povo. Então você será a minha habitação e reconhecerá que o Senhor dos Exércitos me enviou a você. ¹²O Senhor herdará Judá como sua propriedade na terra santa e escolherá de novo Jerusalém. ¹³Aquietem-se todos perante o Senhor, porque ele se levantou de sua santa habitação".

Vestes Limpas para o Sumo Sacerdote

3 Depois disso ele me mostrou o sumo sacerdote Josué diante do anjo do Senhor, e Satanás, à sua direita, para acusá-lo. ²O anjo do Senhor disse a Satanás: "O Senhor o repreenda, Satanás! O Senhor que escolheu Jerusalém o repreenda! Este homem não parece um tição tirado do fogo?"

³Ora, Josué, vestido de roupas impuras, estava em pé diante do anjo. ⁴O anjo disse aos que estavam diante dele: "Tirem as roupas impuras dele".

Depois disse a Josué: "Veja, eu tirei de você o seu pecado, e coloquei vestes nobres sobre você".

⁵Disse também: "Coloquem um turbante limpo em sua cabeça". Colocaram o turbante nele e o vestiram, enquanto o anjo do Senhor observava.

⁶O anjo do Senhor exortou Josué, dizendo: ⁷"Assim diz o Senhor dos Exércitos: 'Se você andar nos meus caminhos e obedecer aos meus preceitos, você governará a minha casa e também estará encarregado das minhas cortes, e eu lhe darei um lugar entre estes que estão aqui.

⁸"Ouçam bem, sumo sacerdote Josué e seus companheiros sentados diante de você, homens que simbolizam coisas que virão: Trarei o meu servo, o Renovo. ⁹Vejam a pedra que coloquei na frente de Josué! Ela tem sete pares de olhosᵃ, e eu gravarei nela uma inscrição', declara o Senhor dos Exércitos, 'e removerei o pecado desta terra num único dia.

¹⁰"'Naquele dia', declara o Senhor dos Exércitos, 'cada um de vocês convidará seu próximo para assentar-se debaixo da sua videira e debaixo da sua figueira' ".

O Candelabro de Ouro e as Duas Oliveiras

4 Depois o anjo que falava comigo tornou a despertar-me, como se desperta alguém do sono, ²e me perguntou: "O que você está vendo?"

Respondi: Vejo um candelabro de ouro maciço, com um recipiente para azeite na parte superior e sete lâmpadas e sete canos para as lâmpadas. ³Há também duas oliveiras junto ao recipiente, uma à direita e outra à esquerda.

⁴Perguntei ao anjo que falava comigo: O que significa isso, meu senhor?

⁵Ele disse: "Você não sabe?"

Não, meu senhor, respondi.

Oráculo sobre Zorobabel e o Templo

⁶"Esta é a palavra do Senhor para Zorobabel: 'Não por força nem por violência, mas pelo meu Espírito', diz o Senhor dos Exércitos.

⁷"Quem você pensa que é, ó montanha majestosa? Diante de Zorobabel você se tornará uma planície. Ele colocará a pedra principal aos gritos de 'Deus abençoe! Deus abençoe!' "

⁸Então o Senhor me falou: ⁹"As mãos de Zorobabel colocaram os fundamentos deste templo; suas mãos também o terminarão. Assim saberão que o Senhor dos Exércitos me enviou a vocês.

¹⁰"Pois aqueles que desprezaram o dia das pequenas coisas terão grande alegria ao verem a pedra principal nas mãos de Zorobabel".

Explicação da Visão do Candelabro

Então ele me disse: "Estas sete lâmpadas são os olhos do Senhor, que sondam toda a terra".

---

will be joined with the Lord in that day and will become my people. I will live among you and you will know that the Lord Almighty has sent me to you. ¹²The Lord will inherit Judah as his portion in the holy land and will again choose Jerusalem. ¹³Be still before the Lord, all mankind, because he has roused himself from his holy dwelling."

Clean Garments for the High Priest

3 Then he showed me Joshuaᵃ the high priest standing before the angel of the Lord, and Satanᵇ standing at his right side to accuse him. ²The Lord said to Satan, "The Lord rebuke you, Satan! The Lord, who has chosen Jerusalem, rebuke you! Is not this man a burning stick snatched from the fire?"

³Now Joshua was dressed in filthy clothes as he stood before the angel. ⁴The angel said to those who were standing before him, "Take off his filthy clothes."

Then he said to Joshua, "See, I have taken away your sin, and I will put rich garments on you."

⁵Then I said, "Put a clean turban on his head." So they put a clean turban on his head and clothed him, while the angel of the Lord stood by.

⁶The angel of the Lord gave this charge to Joshua: ⁷"This is what the Lord Almighty says: 'If you will walk in my ways and keep my requirements, then you will govern my house and have charge of my courts, and I will give you a place among these standing here.

⁸"'Listen, O high priest Joshua and your associates seated before you, who are men symbolic of things to come: I am going to bring my servant, the Branch. ⁹See, the stone I have set in front of Joshua! There are seven eyesᶜ on that one stone, and I will engrave an inscription on it,' says the Lord Almighty, 'and I will remove the sin of this land in a single day.

¹⁰"'In that day each of you will invite his neighbor to sit under his vine and fig tree,' declares the Lord Almighty."

The Gold Lampstand and the Two Olive Trees

4 Then the angel who talked with me returned and wakened me, as a man is wakened from his sleep. ²He asked me, "What do you see?"

I answered, "I see a solid gold lampstand with a bowl at the top and seven lights on it, with seven channels to the lights. ³Also there are two olive trees by it, one on the right of the bowl and the other on its left."

⁴I asked the angel who talked with me, "What are these, my lord?"

⁵He answered, "Do you not know what these are?"

"No, my lord," I replied.

⁶So he said to me, "This is the word of the Lord to Zerubbabel: 'Not by might nor by power, but by my Spirit,' says the Lord Almighty.

⁷"Whatᵈ are you, O mighty mountain? Before Zerubbabel you will become level ground. Then he will bring out the capstone to shouts of 'God bless it! God bless it!' "

⁸Then the word of the Lord came to me: ⁹"The hands of Zerubbabel have laid the foundation of this temple; his hands will also complete it. Then you will know that the Lord Almighty has sent me to you.

¹⁰"Who despises the day of small things? Men will rejoice when they see the plumb line in the hand of Zerubbabel.

"(These seven are the eyes of the Lord, which range throughout the earth.)"

ᵃ3.9 Ou *7 faces*

ᵃ3:1 A variant of *Jeshua*; here and elsewhere in Zechariah ᵇ3:1 *Satan* means *accuser.* ᶜ3:9 Or *facets* ᵈ4:7 Or *Who*

11 A seguir perguntei ao anjo: O que significam estas duas oliveiras à direita e à esquerda do candelabro? **12** E perguntei também: O que significam estes dois ramos de oliveira ao lado dos dois tubos de ouro que derramam azeite dourado? **13** Ele disse: "Você não sabe?"

Não, meu senhor, respondi. **14** Então ele me disse: "São os dois homens que foram ungidos para servir[a] ao Soberano de toda a terra!"

A Visão do Pergaminho que Voava

5 Levantei novamente os olhos, e vi diante de mim um pergaminho que voava.

2 O anjo me perguntou: "O que você está vendo?"

Respondi: Vejo um pergaminho voando, com nove metros de comprimento por quatro e meio de largura[b].

3 Então ele me disse: "Nele está escrita a maldição que está sendo derramada sobre toda a terra, porque tanto o ladrão como o que jura falsamente serão expulsos, conforme essa maldição. **4** Assim declara o Senhor dos Exércitos: 'Eu lancei essa maldição para que ela entre na casa do ladrão e na casa do que jura falsamente pelo meu nome. Ela ficará em sua casa e destruirá tanto as vigas como os tijolos!' "

A Mulher Dentro de Um Cesto

5 Em seguida o anjo que falava comigo se adiantou e me disse: "Olhe e veja o que vem surgindo".

6 Perguntei o que era aquilo, e ele me respondeu: "É uma vasilha[c]". E disse mais: "Aí está o pecado[d] de todo o povo desta terra".

7 Então a tampa de chumbo foi retirada, e dentro da vasilha estava sentada uma mulher! **8** Ele disse: "Esta é a Perversidade", e a empurrou para dentro da vasilha e a fechou de novo com a tampa de chumbo.

9 De novo ergui os olhos e vi chegarem à minha frente duas mulheres com asas como de cegonha; o vento impeliu suas asas, e elas ergueram a vasilha entre o céu e a terra.

10 Perguntei ao anjo: Para onde estão levando a vasilha? **11** Ele respondeu: "Para a Babilônia[e], onde vão construir um santuário para ele. Quando ficar pronto, a vasilha será colocada lá, em seu pedestal".

Quatro Carruagens

6 Olhei novamente e vi diante de mim quatro carruagens que vinham saindo do meio de duas montanhas de bronze. **2** À primeira estavam atrelados cavalos vermelhos, à segunda, cavalos pretos, **3** à terceira, cavalos brancos, e à quarta, cavalos malhados. Todos eram vigorosos. **4** Perguntei ao anjo que falava comigo: Que representam estes cavalos atrelados, meu senhor?

5 O anjo me respondeu: "Estes são os quatro espíritos[f] dos céus, que acabam de sair da presença do Soberano de toda a terra. **6** A carruagem puxada pelos cavalos pretos vai em direção à terra do norte, a que tem cavalos brancos vai em direção ao ocidente[g], e a que tem cavalos malhados vai para a terra do sul".

7 Os vigorosos cavalos avançavam, impacientes por percorrer a terra. E o anjo lhes disse: "Percorram toda a terra!" E eles foram.

8 Então ele me chamou e disse: "Veja, os que foram para a terra do norte deram repouso ao meu Espírito[h] naquela terra".

A Coroa de Josué

9 E o Senhor me ordenou: **10** "Tome prata e ouro dos exila-

11 Then I asked the angel, "What are these two olive trees on the right and the left of the lampstand?" **12** Again I asked him, "What are these two olive branches beside the two gold pipes that pour out golden oil?" **13** He replied, "Do you not know what these are?"

"No, my lord," I said.

14 So he said, "These are the two who are anointed to[a] serve the Lord of all the earth."

The Flying Scroll

5 I looked again—and there before me was a flying scroll!

2 He asked me, "What do you see?"

I answered, "I see a flying scroll, thirty feet long and fifteen feet wide.[b]"

3 And he said to me, "This is the curse that is going out over the whole land; for according to what it says on one side, every thief will be banished, and according to what it says on the other, everyone who swears falsely will be banished. **4** The Lord Almighty declares, 'I will send it out, and it will enter the house of the thief and the house of him who swears falsely by my name. It will remain in his house and destroy it, both its timbers and its stones.' "

The Woman in a Basket

5 Then the angel who was speaking to me came forward and said to me, "Look up and see what this is that is appearing." **6** I asked, "What is it?"

He replied, "It is a measuring basket.[c]" And he added, "This is the iniquity[d] of the people throughout the land."

7 Then the cover of lead was raised, and there in the basket sat a woman! **8** He said, "This is wickedness," and he pushed her back into the basket and pushed the lead cover down over its mouth.

9 Then I looked up—and there before me were two women, with the wind in their wings! They had wings like those of a stork, and they lifted up the basket between heaven and earth.

10 "Where are they taking the basket?" I asked the angel who was speaking to me.

11 He replied, "To the country of Babylonia[e] to build a house for it. When it is ready, the basket will be set there in its place."

Four Chariots

6 I looked up again—and there before me were four chariots coming out from between two mountains—mountains of bronze! **2** The first chariot had red horses, the second black, **3** the third white, and the fourth dappled—all of them powerful. **4** I asked the angel who was speaking to me, "What are these, my lord?"

5 The angel answered me, "These are the four spirits[f] of heaven, going out from standing in the presence of the Lord of the whole world. **6** The one with the black horses is going toward the north country, the one with the white horses toward the west,[g] and the one with the dappled horses toward the south."

7 When the powerful horses went out, they were straining to go throughout the earth. And he said, "Go throughout the earth!" So they went throughout the earth.

8 Then he called to me, "Look, those going toward the north country have given my Spirit[h] rest in the land of the north."

A Crown for Joshua

9 The word of the Lord came to me: **10** "Take ⌊silver and gold⌋

---

a4.14 Ou *os dois que trazem óleo e servem* **b**5.2 Hebraico: *20 côvados de comprimento e 10 côvados de largura*. O côvado era uma medida linear de cerca de 45 centímetros. **c**5.6 Hebraico: *1 efa.* **d**5.6 Ou *aparência* **e**5.11 Hebraico: *Sinear.* **f**6.5 Ou *ventos* **g**6.6 Hebraico: *vai atrás deles.* **h**6.8 Ou *espírito*

a4.14 Or *two who bring oil and* **b**5.2 Hebrew *twenty cubits long and ten cubits wide* (about 9 meters long and 4.5 meters wide) **c**5.6 Hebrew *an ephah*; also in verses 7-11 **d**5.6 Or *appearance* **e**5.11 Hebrew *Shinar* **f**6.5 Or *winds* **g**6.6 Or *horses after them* **h**6.8 Or *spirit*

dos Heldai, Tobias e Jedaías, que chegaram da Babilônia. No mesmo dia vá à casa de Josias, filho de Sofonias. **11** Pegue a prata e o ouro, faça uma coroa, e coloque-a na cabeça do sumo sacerdote Josué, filho de Jeozadaque. **12** Diga-lhe que assim diz o Senhor dos Exércitos: Aqui está o homem cujo nome é Renovo, e ele sairá do seu lugar e construirá o templo do Senhor. **13** Ele construirá o templo do Senhor, será revestido de majestade e se assentará em seu trono para governar. Ele será sacerdote no trono. E haverá harmonia entre os dois. **14** A coroa será para Heldai[a], Tobias, Jedaías e Hem[b], filho de Sofonias, como um memorial no templo do Senhor. **15** Gente de longe virá ajudar a construir o templo do Senhor. Então vocês saberão que o Senhor dos Exércitos me enviou a vocês. Isto só acontecerá se obedecerem fielmente à voz do Senhor, o seu Deus".

Justiça e Misericórdia ao invés de Jejuns

7 No quarto ano do reinado do rei Dario, a palavra do Senhor veio a Zacarias, no quarto dia do nono mês, o mês de quisleu[c]. **2** Foi quando o povo de Betel enviou Sarezer e Regém-Meleque com seus homens, para suplicarem ao Senhor, **3** perguntando aos sacerdotes do templo do Senhor dos Exércitos e aos profetas: "Devemos lamentar e jejuar no quinto mês, como já estamos fazendo há tantos anos?"

4 Então o Senhor dos Exércitos me falou: **5** "Pergunte a todo o povo e aos sacerdotes: Quando vocês jejuaram no quinto e no sétimo meses durante os últimos setenta anos, foi de fato para mim que jejuaram? **6** E quando comiam e bebiam, não era para vocês mesmos que o faziam? **7** Não são essas as palavras do Senhor proclamadas pelos antigos profetas quando Jerusalém e as cidades ao seu redor estavam em paz e prosperavam, e o Neguebe e a Sefelá[d] eram habitados?"

8 E a palavra do Senhor veio novamente a Zacarias: **9** "Assim diz o Senhor dos Exércitos: Administrem a verdadeira justiça, mostrem misericórdia e compaixão uns para com os outros. **10** Não oprimam a viúva e o órfão, nem o estrangeiro e o necessitado. Nem tramem maldades uns contra os outros".

11 Mas eles se recusaram a dar atenção; teimosamente viraram as costas e taparam os ouvidos. **12** Endureceram o coração e não ouviram a Lei e as palavras que o Senhor dos Exércitos tinha falado, pelo seu Espírito, por meio dos antigos profetas. Por isso o Senhor dos Exércitos irou-se muito.

13 "Quando eu os chamei, não me deram ouvidos; por isso, quando eles me chamarem, também não os ouvirei", diz o Senhor dos Exércitos. **14** "Eu os espalhei com um vendaval entre nações que eles nem conhecem. A terra que deixaram para trás ficou tão destruída que ninguém podia atravessá-la. Foi assim que transformaram a terra aprazível em ruínas."

A Bênção do Senhor para Jerusalém

8 Mais uma vez veio a mim a palavra do Senhor dos Exércitos. **2** Assim diz o Senhor dos Exércitos: "Tenho muito ciúme de Sião; estou me consumindo de ciúmes por ela."

3 Assim diz o Senhor: "Estou voltando para Sião e habitarei em Jerusalém. Então Jerusalém será chamada Cidade da Verdade, e o monte do Senhor dos Exércitos será chamado monte Sagrado".

4 Assim diz o Senhor dos Exércitos: "Homens e mulheres de idade avançada voltarão a sentar-se nas praças de Jerusalém, cada um com sua bengala, por causa da idade. **5** As ruas da cidade ficarão cheias de meninos e meninas brincando.

6 "Mesmo que isso pareça impossível para o remanescente deste povo naquela época, será impossível para mim?", declara o Senhor dos Exércitos.

from the exiles Heldai, Tobijah and Jedaiah, who have arrived from Babylon. Go the same day to the house of Josiah son of Zephaniah. **11** Take the silver and gold and make a crown, and set it on the head of the high priest, Joshua son of Jehozadak. **12** Tell him this is what the Lord Almighty says: 'Here is the man whose name is the Branch, and he will branch out from his place and build the temple of the Lord. **13** It is he who will build the temple of the Lord, and he will be clothed with majesty and will sit and rule on his throne. And he will be a priest on his throne. And there will be harmony between the two.' **14** The crown will be given to Heldai,[a] Tobijah, Jedaiah and Hen[b] son of Zephaniah as a memorial in the temple of the Lord. **15** Those who are far away will come and help to build the temple of the Lord, and you will know that the Lord Almighty has sent me to you. This will happen if you diligently obey the Lord your God."

Justice and Mercy, Not Fasting

7 In the fourth year of King Darius, the word of the Lord came to Zechariah on the fourth day of the ninth month, the month of Kislev. **2** The people of Bethel had sent Sharezer and Regem-Melech, together with their men, to entreat the Lord **3** by asking the priests of the house of the Lord Almighty and the prophets, "Should I mourn and fast in the fifth month, as I have done for so many years?"

4 Then the word of the Lord Almighty came to me: **5** "Ask all the people of the land and the priests, 'When you fasted and mourned in the fifth and seventh months for the past seventy years, was it really for me that you fasted? **6** And when you were eating and drinking, were you not just feasting for yourselves? **7** Are these not the words the Lord proclaimed through the earlier prophets when Jerusalem and its surrounding towns were at rest and prosperous, and the Negev and the western foothills were settled?' "

8 And the word of the Lord came again to Zechariah: **9** "This is what the Lord Almighty says: 'Administer true justice; show mercy and compassion to one another. **10** Do not oppress the widow or the fatherless, the alien or the poor. In your hearts do not think evil of each other.'

11 "But they refused to pay attention; stubbornly they turned their backs and stopped up their ears. **12** They made their hearts as hard as flint and would not listen to the law or to the words that the Lord Almighty had sent by his Spirit through the earlier prophets. So the Lord Almighty was very angry.

13 " 'When I called, they did not listen; so when they called, I would not listen,' says the Lord Almighty. **14** 'I scattered them with a whirlwind among all the nations, where they were strangers. The land was left so desolate behind them that no one could come or go. This is how they made the pleasant land desolate.' "

The Lord Promises to Bless Jerusalem

8 Again the word of the Lord Almighty came to me. **2** This is what the Lord Almighty says: "I am very jealous for Zion; I am burning with jealousy for her."

3 This is what the Lord says: "I will return to Zion and dwell in Jerusalem. Then Jerusalem will be called the City of Truth, and the mountain of the Lord Almighty will be called the Holy Mountain."

4 This is what the Lord Almighty says: "Once again men and women of ripe old age will sit in the streets of Jerusalem, each with cane in hand because of his age. **5** The city streets will be filled with boys and girls playing there."

6 This is what the Lord Almighty says: "It may seem marvelous to the remnant of this people at that time, but will it seem marvelous to me?" declares the Lord Almighty.

---

[a]6.14 Conforme a Versão Siríaca. O Texto Massorético diz *Helém*. [b]6.14 Ou *o bondoso* [c]7.1 Aproximadamente novembro/dezembro. [d]7.7 Pequena faixa de terra de relevo variável entre a planície costeira e as montanhas.

[a]6:14 Syriac; Hebrew *Helem* [b]6:14 Or *and the gracious one, the*

7 Assim diz o Senhor dos Exércitos: "Salvarei meu povo dos países do oriente e do ocidente. **8** Eu os trarei de volta para que habitem em Jerusalém; serão meu povo e eu serei o Deus deles, com fidelidade e justiça".

9 Assim diz o Senhor dos Exércitos: "Vocês que estão ouvindo hoje estas palavras já proferidas pelos profetas quando foram lançados os alicerces do templo do Senhor dos Exércitos, fortaleçam as mãos para que o templo seja construído. **10** Pois antes daquele tempo não havia salários para os homens nem para os animais. Ninguém podia tratar dos seus negócios com segurança por causa de seus adversários, porque eu tinha posto cada um contra o seu próximo. **11** Mas agora não mais tratarei com o remanescente deste povo como fiz no passado", declara o Senhor dos Exércitos.

12 "Haverá uma rica semeadura, a videira dará o seu fruto, a terra produzirá suas colheitas e o céu derramará o orvalho. E darei todas essas coisas como uma herança ao remanescente deste povo. **13** Assim como vocês foram uma maldição para as nações, ó Judá e Israel, também os salvarei e vocês serão uma bênção. Não tenham medo, antes, sejam fortes."

14 Assim diz o Senhor dos Exércitos: "Assim como eu havia decidido castigar vocês sem compaixão quando os seus antepassados me enfureceram", diz o Senhor dos Exércitos, **15** "também agora decidi fazer de novo o bem a Jerusalém e a Judá. Não tenham medo! **16** Eis o que devem fazer: Falem somente a verdade uns com os outros, e julguem retamente em seus tribunais; **17** não planejem no íntimo o mal contra o seu próximo, e não queiram jurar com falsidade. Porque eu odeio todas essas coisas", declara o Senhor.

18 Mais uma vez veio a mim a palavra do Senhor dos Exércitos. **19** Assim diz o Senhor dos Exércitos:

"Os jejuns do quarto mês, bem como os do quinto, do sétimo e do décimo mês serão ocasiões alegres e cheias de júbilo, festas felizes para o povo de Judá. Por isso amem a verdade e a paz".

20 Assim diz o Senhor dos Exércitos: "Povos e habitantes de muitas cidades ainda virão, **21** e os habitantes de uma cidade irão a outra e dirão: 'Vamos logo suplicar o favor do Senhor e buscar o Senhor dos Exércitos. Eu mesmo já estou indo'. **22** E muitos povos e nações poderosas virão buscar o Senhor dos Exércitos em Jerusalém e suplicar o seu favor".

23 Assim diz o Senhor dos Exércitos: "Naqueles dias, dez homens de todas as línguas e nações agarrarão firmemente a barra das vestes de um judeu e dirão: 'Nós vamos com você porque ouvimos dizer que Deus está com o seu povo'".

Julgamento dos Inimigos de Israel

9 A advertência do Senhor é contra a terra de Hadraque
e cairá sobre Damasco,
porque os olhos do Senhor estão sobre toda a humanidade
e sobre todas as tribos de Israel,
2 e também sobre Hamate que faz fronteira com Damasco,
e sobre Tiro e Sidom, embora sejam muito sábias.
3 Tiro construiu para si uma fortaleza;
acumulou prata como pó,
e ouro como lama das ruas.
4 Mas o Senhor se apossará dela
e lançará no mar suas riquezas,
e ela será consumida pelo fogo.
5 Ao ver isso Ascalom ficará com medo;
Gaza também se contorcerá de agonia,
assim como Ecrom,
porque a sua esperança fracassou.

7 This is what the Lord Almighty says: "I will save my people from the countries of the east and the west. **8** I will bring them back to live in Jerusalem; they will be my people, and I will be faithful and righteous to them as their God."

9 This is what the Lord Almighty says: "You who now hear these words spoken by the prophets who were there when the foundation was laid for the house of the Lord Almighty, let your hands be strong so that the temple may be built. **10** Before that time there were no wages for man or beast. No one could go about his business safely because of his enemy, for I had turned every man against his neighbor. **11** But now I will not deal with the remnant of this people as I did in the past," declares the Lord Almighty.

12 "The seed will grow well, the vine will yield its fruit, the ground will produce its crops, and the heavens will drop their dew. I will give all these things as an inheritance to the remnant of this people. **13** As you have been an object of cursing among the nations, O Judah and Israel, so will I save you, and you will be a blessing. Do not be afraid, but let your hands be strong."

14 This is what the Lord Almighty says: "Just as I had determined to bring disaster upon you and showed no pity when your fathers angered me," says the Lord Almighty, **15** "so now I have determined to do good again to Jerusalem and Judah. Do not be afraid. **16** These are the things you are to do: Speak the truth to each other, and render true and sound judgment in your courts; **17** do not plot evil against your neighbor, and do not love to swear falsely. I hate all this," declares the Lord.

18 Again the word of the Lord Almighty came to me. **19** This is what the Lord Almighty says: "The fasts of the fourth, fifth, seventh and tenth months will become joyful and glad occasions and happy festivals for Judah. Therefore love truth and peace."

20 This is what the Lord Almighty says: "Many peoples and the inhabitants of many cities will yet come, **21** and the inhabitants of one city will go to another and say, 'Let us go at once to entreat the Lord and seek the Lord Almighty. I myself am going.' **22** And many peoples and powerful nations will come to Jerusalem to seek the Lord Almighty and to entreat him."

23 This is what the Lord Almighty says: "In those days ten men from all languages and nations will take firm hold of one Jew by the hem of his robe and say, 'Let us go with you, because we have heard that God is with you.' "

Judgment on Israel's Enemies

An Oracle

9 The word of the Lord is against the land of Hadrach
and will rest upon Damascus—
for the eyes of men and all the tribes of Israel
are on the Lord—^a
2 and upon Hamath too, which borders on it,
and upon Tyre and Sidon, though they are very skillful.
3 Tyre has built herself a stronghold;
she has heaped up silver like dust,
and gold like the dirt of the streets.
4 But the Lord will take away her possessions
and destroy her power on the sea,
and she will be consumed by fire.
5 Ashkelon will see it and fear;
Gaza will writhe in agony,
and Ekron too, for her hope will wither.

a9:1 Or *Damascus. / For the eye of the* Lord *is on all mankind, / as well as on the tribes of Israel,*

Gaza perderá o seu rei,
e Ascalom ficará deserta.
⁶ Um povo bastardo ocupará Asdode,
e assim eu acabarei
com o orgulho dos filisteus.
⁷ Tirarei o sangue de suas bocas,
e a comida proibida
dentre os seus dentes.
Aquele que restar pertencerá
ao nosso Deus
e se tornará chefe em Judá,
e Ecrom será como os jebuseus.
⁸ Defenderei a minha casa
contra os invasores.
Nunca mais um opressor
passará por cima do meu povo,
porque agora eu vejo isso
com os meus próprios olhos.

A Vinda do Rei de Sião

⁹ Alegre-se muito, cidadeª de Sião!
Exulte, Jerusalém!
Eis que o seu reiᵇ vem a você,
justo e vitorioso,
humilde e montado num jumento,
um jumentinho, cria de jumenta.
¹⁰ Ele destruirá
os carros de guerra de Efraim
e os cavalos de Jerusalém,
e os arcos de batalha serão quebrados.
Ele proclamará paz às nações
e dominará de um mar a outro,
e do Eufratesᶜ até os confins da terraᵈ.
¹¹ Quanto a você, por causa do sangue
da minha aliança com você,
libertarei os seus prisioneiros
de um poço sem água.
¹² Voltem à sua fortaleza,
ó prisioneiros da esperança;
pois hoje mesmo anuncio que restaurarei
tudo em dobro para vocês.
¹³ Quando eu curvar Judá
como se curva um arco
e usar Efraim como flecha,
levantarei os filhos de Sião
contra os filhos da Grécia,
e farei Sião semelhante
à espada de um guerreiro.

O Aparecimento do Senhor

¹⁴ Então o Senhor aparecerá sobre eles;
sua flecha brilhará como o relâmpago.
O Soberano, o Senhor,
tocará a trombeta
e marchará em meio às
tempestades do sul;
¹⁵ o Senhor dos Exércitos os protegerá.
Eles pisotearão e destruirão
as pedras das atiradeiras.
Eles beberão o sangue do inimigo
como se fosse vinho;
estarão cheios como a bacia
usada para aspergirᵉ água
nos cantos do altar.
¹⁶ Naquele dia o Senhor, o seu Deus,
os salvará como rebanho do seu povo,
e como jóias de uma coroa
brilharão em sua terra.

Gaza will lose her king
and Ashkelon will be deserted.
⁶ Foreigners will occupy Ashdod,
and I will cut off the pride of the Philistines.
⁷ I will take the blood from their mouths,
the forbidden food from between their teeth.
Those who are left will belong to our God
and become leaders in Judah,
and Ekron will be like the Jebusites.
⁸ But I will defend my house
against marauding forces.
Never again will an oppressor overrun my
people,
for now I am keeping watch.

The Coming of Zion's King

⁹ Rejoice greatly, O Daughter of Zion!
Shout, Daughter of Jerusalem!
See, your kingª comes to you,
righteous and having salvation,
gentle and riding on a donkey,
on a colt, the foal of a donkey.
¹⁰ I will take away the chariots from Ephraim
and the war-horses from Jerusalem,
and the battle bow will be broken.
He will proclaim peace to the nations.
His rule will extend from sea to sea
and from the Riverᵇ to the ends of the earth.ᶜ
¹¹ As for you, because of the blood of my covenant
with you,
I will free your prisoners from the
waterless pit.
¹² Return to your fortress, O prisoners of hope;
even now I announce that I will restore twice
as much to you.
¹³ I will bend Judah as I bend my bow
and fill it with Ephraim.
I will rouse your sons, O Zion,
against your sons, O Greece,
and make you like a warrior's sword.

The Lord Will Appear

¹⁴ Then the Lord will appear over them;
his arrow will flash like lightning.
The Sovereign Lord will sound the trumpet;
he will march in the storms of the south,
¹⁵ and the Lord Almighty will shield them.
They will destroy
and overcome with slingstones.
They will drink and roar as with wine;
they will be full like a bowl
used for sprinklingᵈ the corners of the altar.
¹⁶ The Lord their God will save them on that day
as the flock of his people.
They will sparkle in his land
like jewels in a crown.

ª9.9 Hebraico: *filha*. ᵇ9.9 Ou *Rei* ᶜ9.10 Hebraico: *do Rio*. ᵈ9.10 Ou *da nação*
ᵉ9.15 Ou *aspergir, como*

ª9:9 Or *King* ᵇ9:10 That is, the Euphrates ᶜ9:10 Or *the end of the land* ᵈ9:15 Or
bowl, / like

17 Ah! Como serão belos!
Como serão formosos!
O trigo dará vigor aos rapazes,
e o vinho novo às moças.

O Cuidado do Senhor por Judá

10 Peça ao Senhor
chuva de primavera,
pois é o Senhor quem faz o trovão,
quem envia a chuva aos homens
e lhes dá as plantas do campo.
2 Porque os ídolos falam mentiras,
os adivinhadores têm falsas visões
e contam sonhos enganadores;
o consolo que trazem é vão.
Por isso o povo vagueia como ovelhas
aflitas pela falta de um pastor.
3 "Contra os pastores
acende-se a minha ira,
e contra os líderes eu agirei."
Porque o Senhor dos Exércitos
cuidará de seu rebanho, o povo de Judá,
ele fará dele o seu brioso corcel
na batalha.
4 Dele virão a pedra fundamental,
e a estaca da tenda,
o arco da batalha e os governantes.
5 Juntos serãoª como guerreiros
que pisam a lama das ruas
na batalha.
Lutarão e derrubarão os cavaleiros
porque o Senhor estará com eles.

6 "Assim, eu fortalecerei a tribo de Judá
e salvarei a casa de José.
Eu os restaurarei
porque tenho compaixão deles.
Eles serão como se
eu nunca os tivesse rejeitado,
porque eu sou o Senhor, o Deus deles,
e lhes responderei.
7 Efraim será como um homem poderoso;
seu coração se alegrará
como se fosse com vinho,
seus filhos o verão e se alegrarão;
seus corações exultarão no Senhor.
8 Assobiarei para eles e os ajuntarei,
pois eu já os resgatei.
Serão numerosos como antes.
9 Embora eu os espalhe por entre
os povos de terras distantes,
eles se lembrarão de mim.
Criarão seus filhos e voltarão.
10 Eu os farei retornar do Egito
e os ajuntarei de volta da Assíria.
Eu os levarei para as terras de Gileade
e do Líbano,
e mesmo assim não haverá espaço
suficiente para eles.
11 Vencerei o mar da aflição,
ferirei o mar revoltoso,
e as profundezas do Nilo se secarão.
O orgulho da Assíria será abatido
e o poder do Egito será derrubado.
12 Eu os fortalecerei no Senhor,
e em meu nome marcharão",
diz o Senhor.

17 How attractive and beautiful they will be!
Grain will make the young men thrive,
and new wine the young women.

The Lord Will Care for Judah

10 Ask the Lord for rain in the springtime;
it is the Lord who makes the storm clouds.
He gives showers of rain to men,
and plants of the field to everyone.
2 The idols speak deceit,
diviners see visions that lie;
they tell dreams that are false,
they give comfort in vain.
Therefore the people wander like sheep
oppressed for lack of a shepherd.
3 "My anger burns against the shepherds,
and I will punish the leaders;
for the Lord Almighty will care
for his flock, the house of Judah,
and make them like a proud horse in battle.
4 From Judah will come the cornerstone,
from him the tent peg,
from him the battle bow,
from him every ruler.
5 Together theyª will be like mighty men
trampling the muddy streets in battle.
Because the Lord is with them,
they will fight and overthrow the horsemen.

6 "I will strengthen the house of Judah
and save the house of Joseph.
I will restore them
because I have compassion on them.
They will be as though
I had not rejected them,
for I am the Lord their God
and I will answer them.
7 The Ephraimites will become like mighty men,
and their hearts will be glad as with wine.
Their children will see it and be joyful;
their hearts will rejoice in the Lord.
8 I will signal for them
and gather them in.
Surely I will redeem them;
they will be as numerous as before.
9 Though I scatter them among the peoples,
yet in distant lands they will remember me.
They and their children will survive,
and they will return.
10 I will bring them back from Egypt
and gather them from Assyria.
I will bring them to Gilead and Lebanon,
and there will not be room enough for them.
11 They will pass through the sea of trouble;
the surging sea will be subdued
and all the depths of the Nile will dry up.
Assyria's pride will be brought down
and Egypt's scepter will pass away.
12 I will strengthen them in the Lord
and in his name they will walk,"
declares the Lord.

ª10.4,5 Ou *governará, todos eles juntos.* **5** *Eles serão*

ª10:4,5 Or *ruler, all of them together.* / **5** *They*

11

Abra as suas portas, ó Líbano,
para que o fogo devore os seus cedros.
² Agonize, ó pinheiro,
porque o cedro caiu
e as majestosas árvores
foram devastadas.
Agonizem, carvalhos de Basã,
pois a floresta densa
está sendo derrubada.
³ Ouçam o gemido dos pastores;
os seus formosos pastos
foram devastados.
Ouçam o rugido dos leões;
pois a rica floresta do Jordão
foi destruída.

Dois Pastores

⁴ Assim diz o Senhor, o meu Deus: "Pastoreie o rebanho destinado à matança, ⁵ porque os seus compradores o matam e ninguém os castiga. Aqueles que o vendem dizem: 'Bendito seja o Senhor, estou rico!' Nem os próprios pastores poupam o rebanho. ⁶ Por isso, não pouparei mais os habitantes desta terra", diz o Senhor. "Entregarei cada um ao seu próximo e ao seu rei. Eles acabarão com a terra e eu não livrarei ninguém das suas mãos".

⁷ Eu me tornei pastor do rebanho destinado à matança, os oprimidos do rebanho. Então peguei duas varas e chamei a uma Favor e a outra União, e com elas pastoreei o rebanho. ⁸ Em um só mês eu me livrei dos três pastores. Porque eu me cansei deles e o rebanho me detestava. ⁹ Então eu disse: Não serei o pastor de vocês. Morram as que estão morrendo, pereçam as que estão perecendo. E as que sobrarem comam a carne umas das outras.

¹⁰ Então peguei a vara chamada Favor e a quebrei, cancelando a aliança que tinha feito com todas as nações. ¹¹ Foi cancelada naquele dia, e assim os aflitos do rebanho que estavam me olhando entenderam que essa palavra era do Senhor.

¹² Eu lhes disse: Se acharem melhor assim, paguem-me; se não, não me paguem. Então eles me pagaram trinta moedas de prata.

¹³ E o Senhor me disse: "Lance isto ao oleiro", o ótimo preço pelo qual me avaliaram! Por isso tomei as trinta moedas de prata e as atirei no templo do Senhor, para o oleiro.

¹⁴ Depois disso, quebrei minha segunda vara, chamada União, rompendo a relação de irmãos entre Judá e Israel.

¹⁵ Então o Senhor me disse: "Pegue novamente os utensílios de um pastor insensato. ¹⁶ Porque levantarei nesta terra um pastor que não se preocupará com as ovelhas perdidas, nem procurará a que está solta, nem curará as machucadas, nem alimentará as sadias, mas comerá a carne das ovelhas mais gordas, arrancando as suas patas.

¹⁷ "Ai do pastor imprestável,
que abandona o rebanho!
Que a espada fira o seu braço
e fure o seu olho direito!
Que o seu braço seque completamente,
e fique totalmente cego
o seu olho direito!"

A Destruição dos Inimigos de Jerusalém

12

Esta é a palavra do Senhor para Israel; palavra do Senhor que estende o céu, assenta o alicerce da terra e forma o espírito do homem dentro dele:

² "Farei de Jerusalém uma taça que embriague todos os povos ao seu redor, todos os que estarão no cerco contra Judá e Jerusalém. ³ Naquele dia, quando todas as nações da terra estiverem reunidas para atacá-la, farei de Jerusalém uma pedra pesada para todas as nações. Todos os que tentarem levantá-la se machucarão muito. ⁴ Naquele dia porei em pânico todos os cavalos e deixarei loucos os seus cavaleiros", diz o Senhor. "Protegerei o povo de Judá, mas cegarei todos os cavalos das

11

Open your doors, O Lebanon,
so that fire may devour your cedars!
² Wail, O pine tree, for the cedar has fallen;
the stately trees are ruined!
Wail, oaks of Bashan;
the dense forest has been cut down!
³ Listen to the wail of the shepherds;
their rich pastures are destroyed!
Listen to the roar of the lions;
the lush thicket of the Jordan is ruined!

Two Shepherds

⁴ This is what the Lord my God says: "Pasture the flock marked for slaughter. ⁵ Their buyers slaughter them and go unpunished. Those who sell them say, 'Praise the Lord, I am rich!' Their own shepherds do not spare them. ⁶ For I will no longer have pity on the people of the land," declares the Lord. "I will hand everyone over to his neighbor and his king. They will oppress the land, and I will not rescue them from their hands."

⁷ So I pastured the flock marked for slaughter, particularly the oppressed of the flock. Then I took two staffs and called one Favor and the other Union, and I pastured the flock. ⁸ In one month I got rid of the three shepherds.

The flock detested me, and I grew weary of them ⁹ and said, "I will not be your shepherd. Let the dying die, and the perishing perish. Let those who are left eat one another's flesh." ¹⁰ Then I took my staff called Favor and broke it, revoking the covenant I had made with all the nations. ¹¹ It was revoked on that day, and so the afflicted of the flock who were watching me knew it was the word of the Lord.

¹² I told them, "If you think it best, give me my pay; but if not, keep it." So they paid me thirty pieces of silver.

¹³ And the Lord said to me, "Throw it to the potter"—the handsome price at which they priced me! So I took the thirty pieces of silver and threw them into the house of the Lord to the potter.

¹⁴ Then I broke my second staff called Union, breaking the brotherhood between Judah and Israel.

¹⁵ Then the Lord said to me, "Take again the equipment of a foolish shepherd. ¹⁶ For I am going to raise up a shepherd over the land who will not care for the lost, or seek the young, or heal the injured, or feed the healthy, but will eat the meat of the choice sheep, tearing off their hoofs.

¹⁷ "Woe to the worthless shepherd,
who deserts the flock!
May the sword strike his arm and his right eye!
May his arm be completely withered,
his right eye totally blinded!"

Jerusalem's Enemies to Be Destroyed

An Oracle

12

This is the word of the Lord concerning Israel. The Lord, who stretches out the heavens, who lays the foundation of the earth, and who forms the spirit of man within him, declares: ² "I am going to make Jerusalem a cup that sends all the surrounding peoples reeling. Judah will be besieged as well as Jerusalem. ³ On that day, when all the nations of the earth are gathered against her, I will make Jerusalem an immovable rock for all the nations. All who try to move it will injure themselves. ⁴ On that day I will strike every horse with panic and its rider with madness," declares the Lord. "I will keep a watchful eye over the house of Judah, but I will blind all

nações. 5 Então os líderes de Judá pensarão: 'Os habitantes de Jerusalém são fortes porque o Senhor dos Exércitos é o seu Deus!'

6 "Naquele dia farei que os líderes de Judá sejam semelhantes a um braseiro no meio de um monte de lenha, como uma tocha incandescente entre gravetos. Eles consumirão à direita e à esquerda todos os povos ao redor, mas Jerusalém permanecerá intacta em seu lugar.

7 "O Senhor salvará primeiro as tendas de Judá, para que a honra da família de Davi e dos habitantes de Jerusalém não seja superior à de Judá. 8 Naquele dia o Senhor protegerá os que vivem em Jerusalém, e assim o mais fraco dentre eles será como Davi, e a família de Davi será como Deus, como o anjo do Senhor que vai adiante deles.

Arrependimento dos Habitantes de Jerusalém

9 "Naquele dia procurarei destruir todas as nações que atacarem Jerusalém. 10 E derramarei sobre a família de Davi e sobre os habitantes de Jerusalém um espírito[a] de ação de graças e de súplicas. Olharão para mim, aquele a quem traspassaram, e chorarão por ele como quem chora a perda de um filho único, e se lamentarão amargamente por ele como quem lamenta a perda do filho mais velho. 11 Naquele dia muitos chorarão em Jerusalém, como os que choraram em Hadade-Rimom no vale de Megido. 12 Todo o país chorará, separadamente cada família com suas mulheres chorará: a família de Davi com suas mulheres, a família de Natã com suas mulheres, 13 a família de Levi com suas mulheres, a família de Simei com suas mulheres, 14 e todas as demais famílias com suas mulheres.

A Eliminação dos Profetas

13 "Naquele dia uma fonte jorrará para os descendentes de Davi e para os habitantes de Jerusalém, para purificá-los do pecado e da impureza.

2 "Naquele dia eliminarei da terra de Israel os nomes dos ídolos, e nunca mais serão lembrados", diz o Senhor dos Exércitos. "Removerei da terra tanto os profetas como o espírito imundo. 3 E se alguém ainda profetizar, seu próprio pai e sua mãe lhe dirão: 'Você deve morrer porque disse mentiras em nome do Senhor'. Quando ele profetizar, os seus próprios pais o esfaquearão.

4 "Naquele dia todo profeta se envergonhará de sua visão profética. Não usará o manto de profeta, feito de pele, para enganar. 5 Ele dirá: 'Eu não sou profeta. Sou um homem do campo; a terra tem sido o meu sustento desde a minha mocidade[b]'. 6 Se alguém lhe perguntar: 'Que feridas são estas no seu corpo?[c]', ele responderá: 'Fui ferido na casa de meus amigos'.

O Pastor Ferido e as Ovelhas Dispersas

7 "Levante-se, ó espada,
    contra o meu pastor,
contra o meu companheiro!",
    declara o Senhor dos Exércitos.
"Fira o pastor,
    e as ovelhas se dispersarão,
e voltarei minha mão
    para os pequeninos.
8 Na terra toda, dois terços
    serão ceifados e morrerão;
todavia a terça parte permanecerá",
    diz o Senhor.
9 "Colocarei essa terça parte no fogo,
    e a refinarei como prata,
    e a purificarei como ouro.
Ela invocará o meu nome,
    e eu lhe responderei.

the horses of the nations. 5 Then the leaders of Judah will say in their hearts, 'The people of Jerusalem are strong, because the Lord Almighty is their God.'

6 "On that day I will make the leaders of Judah like a firepot in a woodpile, like a flaming torch among sheaves. They will consume right and left all the surrounding peoples, but Jerusalem will remain intact in her place.

7 "The Lord will save the dwellings of Judah first, so that the honor of the house of David and of Jerusalem's inhabitants may not be greater than that of Judah. 8 On that day the Lord will shield those who live in Jerusalem, so that the feeblest among them will be like David, and the house of David will be like God, like the Angel of the Lord going before them. 9 On that day I will set out to destroy all the nations that attack Jerusalem.

Mourning for the One They Pierced

10 "And I will pour out on the house of David and the inhabitants of Jerusalem a spirit[a] of grace and supplication. They will look on[b] me, the one they have pierced, and they will mourn for him as one mourns for an only child, and grieve bitterly for him as one grieves for a firstborn son. 11 On that day the weeping in Jerusalem will be great, like the weeping of Hadad Rimmon in the plain of Megiddo. 12 The land will mourn, each clan by itself, with their wives by themselves: the clan of the house of David and their wives, the clan of the house of Nathan and their wives, 13 the clan of the house of Levi and their wives, the clan of Shimei and their wives, 14 and all the rest of the clans and their wives.

Cleansing From Sin

13 "On that day a fountain will be opened to the house of David and the inhabitants of Jerusalem, to cleanse them from sin and impurity.

2 "On that day, I will banish the names of the idols from the land, and they will be remembered no more," declares the Lord Almighty. "I will remove both the prophets and the spirit of impurity from the land. 3 And if anyone still prophesies, his father and mother, to whom he was born, will say to him, 'You must die, because you have told lies in the Lord's name.' When he prophesies, his own parents will stab him.

4 "On that day every prophet will be ashamed of his prophetic vision. He will not put on a prophet's garment of hair in order to deceive. 5 He will say, 'I am not a prophet. I am a farmer; the land has been my livelihood since my youth.[c]' 6 If someone asks him, 'What are these wounds on your body[d]?' he will answer, 'The wounds I was given at the house of my friends.'

The Shepherd Struck, the Sheep Scattered

7 "Awake, O sword, against my shepherd,
    against the man who is close to me!"
    declares the Lord Almighty.
"Strike the shepherd,
    and the sheep will be scattered,
    and I will turn my hand against the little ones.
8 In the whole land," declares the Lord,
    "two-thirds will be struck down and perish;
    yet one-third will be left in it.
9 This third I will bring into the fire;
    I will refine them like silver
    and test them like gold.
They will call on my name
    and I will answer them;

É o meu povo, direi;
e ela dirá: 'O Senhor é o meu Deus'. "

A Vinda do Reino do Senhor

14 Vejam, o dia do Senhor virá, quando no meio de vocês os seus bens serão divididos.

2 Reunirei todos os povos para lutarem contra Jerusalém; a cidade será conquistada, as casas saqueadas e as mulheres violentadas. Metade da população será levada para o exílio, mas o restante do povo não será tirado da cidade.

3 Depois o Senhor sairá para a guerra contra aquelas nações, como ele faz em dia de batalha. **4** Naquele dia os seus pés estarão sobre o monte das Oliveiras, a leste de Jerusalém, e o monte se dividirá ao meio, de leste a oeste, por um grande vale; metade do monte será removido para o norte, e a outra metade para o sul. **5** Vocês fugirão pelo meu vale entre os montes, pois ele se estenderá até Azel. Fugirão como fugiram do terremoto[a] nos dias de Uzias, rei de Judá. Então o Senhor, o meu Deus, virá com todos os seus santos.

6 Naquele dia não haverá calor nem frio. **7** Será um dia único, um dia que o Senhor conhece, no qual não haverá separação entre dia e noite, porque, mesmo depois de anoitecer, haverá claridade.

8 Naquele dia águas correntes fluirão de Jerusalém, metade delas para o mar do leste[b] e metade para o mar do oeste[c]. Isso acontecerá tanto no verão como no inverno.

9 O Senhor será rei de toda a terra. Naquele dia haverá um só Senhor e o seu nome será o único nome.

10 A terra toda, desde Geba até Rimom, ao sul de Jerusalém, será semelhante à Arabá. Mas Jerusalém será restabelecida e permanecerá em seu lugar, desde a porta de Benjamim até o lugar da primeira porta, até a porta da Esquina, e desde a torre de Hananeel até os tanques de prensar uvas do rei. **11** Será habitada; nunca mais será destruída. Jerusalém estará segura.

12 Esta é a praga com a qual o Senhor castigará todas as nações que lutarem contra Jerusalém: sua carne apodrecerá enquanto estiverem ainda em pé, seus olhos apodrecerão em suas órbitas e sua língua apodrecerá em sua boca. **13** Naquele dia, grande confusão causada pelo Senhor dominará essas nações. Cada um atacará o que estiver ao seu lado. **14** Também Judá lutará em Jerusalém. A riqueza de todas as nações vizinhas será recolhida, grandes quantidades de ouro, prata e roupas. **15** A mesma praga cairá sobre cavalos e mulas, camelos e burros, sobre todos os animais daquelas nações.

16 Então, os sobreviventes de todas as nações que atacaram Jerusalém subirão ano após ano para adorar o rei, o Senhor dos Exércitos, para celebrar a festa das cabanas[d]. **17** Se algum dentre os povos da terra não subir a Jerusalém para adorar o Rei, o Senhor dos Exércitos, não virá para ele a chuva. **18** Se os egípcios não subirem para participar, o Senhor mandará sobre eles a praga com a qual afligirá as nações que se recusarem a subir para celebrar a festa das cabanas. **19** Sim, essa será a punição do Egito e de todas as nações que não subirem para celebrar a festa das cabanas.

20 Naquele dia estará inscrito nas sinetas penduradas nos cavalos: "Separado para o Senhor". Os caldeirões do templo do Senhor serão tão sagrados quanto as bacias diante do altar. **21** Cada panela de Jerusalém e de Judá será separada para o Senhor dos Exércitos, e todos os que vierem sacrificar pegarão panelas e cozinharão nelas. E, a partir daquele dia, nunca mais haverá comerciantes[e] no templo do Senhor dos Exércitos.

I will say, 'They are my people,'
and they will say, 'The Lord is our God.' "

The Lord Comes and Reigns

14 A day of the Lord is coming when your plunder will be divided among you.

2 I will gather all the nations to Jerusalem to fight against it; the city will be captured, the houses ransacked, and the women raped. Half of the city will go into exile, but the rest of the people will not be taken from the city.

3 Then the Lord will go out and fight against those nations, as he fights in the day of battle. **4** On that day his feet will stand on the Mount of Olives, east of Jerusalem, and the Mount of Olives will be split in two from east to west, forming a great valley, with half of the mountain moving north and half moving south. **5** You will flee by my mountain valley, for it will extend to Azel. You will flee as you fled from the earthquake[a] in the days of Uzziah king of Judah. Then the Lord my God will come, and all the holy ones with him.

6 On that day there will be no light, no cold or frost. **7** It will be a unique day, without daytime or nighttime—a day known to the Lord. When evening comes, there will be light.

8 On that day living water will flow out from Jerusalem, half to the eastern sea[b] and half to the western sea,[c] in summer and in winter.

9 The Lord will be king over the whole earth. On that day there will be one Lord, and his name the only name.

10 The whole land, from Geba to Rimmon, south of Jerusalem, will become like the Arabah. But Jerusalem will be raised up and remain in its place, from the Benjamin Gate to the site of the First Gate, to the Corner Gate, and from the Tower of Hananel to the royal winepresses. **11** It will be inhabited; never again will it be destroyed. Jerusalem will be secure.

12 This is the plague with which the Lord will strike all the nations that fought against Jerusalem: Their flesh will rot while they are still standing on their feet, their eyes will rot in their sockets, and their tongues will rot in their mouths. **13** On that day men will be stricken by the Lord with great panic. Each man will seize the hand of another, and they will attack each other. **14** Judah too will fight at Jerusalem. The wealth of all the surrounding nations will be collected—great quantities of gold and silver and clothing. **15** A similar plague will strike the horses and mules, the camels and donkeys, and all the animals in those camps.

16 Then the survivors from all the nations that have attacked Jerusalem will go up year after year to worship the King, the Lord Almighty, and to celebrate the Feast of Tabernacles. **17** If any of the peoples of the earth do not go up to Jerusalem to worship the King, the Lord Almighty, they will have no rain. **18** If the Egyptian people do not go up and take part, they will have no rain. The Lord[d] will bring on them the plague he inflicts on the nations that do not go up to celebrate the Feast of Tabernacles. **19** This will be the punishment of Egypt and the punishment of all the nations that do not go up to celebrate the Feast of Tabernacles.

20 On that day HOLY TO THE Lord will be inscribed on the bells of the horses, and the cooking pots in the Lord's house will be like the sacred bowls in front of the altar. **21** Every pot in Jerusalem and Judah will be holy to the Lord Almighty, and all who come to sacrifice will take some of the pots and cook in them. And on that day there will no longer be a Canaanite[e] in the house of the Lord Almighty.

Malaquias

1 Uma advertência: a palavra do Senhor contra Israel, por meio de Malaquias[a].

O Amor de Deus por Israel

2 "Eu sempre os amei", diz o Senhor.

"Mas vocês perguntam: 'De que maneira nos amaste?'

"Não era Esaú irmão de Jacó?", declara o Senhor. "Todavia eu amei Jacó, 3 mas rejeitei Esaú. Transformei suas montanhas em terra devastada e as terras de sua herança em morada de chacais do deserto."

4 Embora Edom afirme: "Fomos esmagados, mas reconstruiremos as ruínas", assim diz o Senhor dos Exércitos:

"Podem construir, mas eu demolirei. Eles serão chamados Terra Perversa, povo contra quem o Senhor está irado para sempre. 5 Vocês verão isso com os seus próprios olhos e exclamarão: 'Grande é o Senhor, até mesmo além das fronteiras de Israel![b]'

A Rejeição dos Sacrifícios Impuros

6 "O filho honra seu pai, e o servo, o seu senhor. Se eu sou pai, onde está a honra que me é devida? Se eu sou senhor, onde está o temor que me devem?", pergunta o Senhor dos Exércitos a vocês, sacerdotes. "São vocês que desprezam o meu nome!

"Mas vocês perguntam: 'De que maneira temos desprezado o teu nome?'

7 "Trazendo comida impura ao meu altar!

"E mesmo assim ainda perguntam: 'De que maneira te desonramos?'

"Ao dizerem que a mesa do Senhor é desprezível.

8 "Na hora de trazerem animais cegos para sacrificar, vocês não vêem mal algum. Na hora de trazerem animais aleijados e doentes como oferta, também não vêem mal algum. Tentem oferecê-los de presente ao governador! Será que ele se agradará de vocês? Será que os atenderá?", pergunta o Senhor dos Exércitos.

9 "E agora, sacerdotes, tentem apaziguar Deus para que tenha compaixão de nós! Será que com esse tipo de oferta ele os atenderá?", pergunta o Senhor dos Exércitos.

10 "Ah, se um de vocês fechasse as portas do templo! Assim ao menos não acenderiam o fogo do meu altar inutilmente. Não tenho prazer em vocês", diz o Senhor dos Exércitos, "e não aceitarei as suas ofertas. 11 Pois do oriente ao ocidente, grande é o meu nome entre as nações. Em toda parte incenso é queimado e ofertas puras são trazidas ao meu nome, porque grande é o meu nome[c] entre as nações", diz o Senhor dos Exércitos.

12 "Mas vocês o profanam ao dizerem que a mesa do Senhor é imunda e que a sua comida é desprezível. 13 E ainda dizem: 'Que canseira!' e riem dela com desprezo', diz o Senhor dos Exércitos.

"Quando vocês trazem animais roubados, aleijados e doentes e os oferecem em sacrifício, deveria eu aceitá-los de suas mãos?", pergunta o Senhor.

14 "Maldito seja o enganador que, tendo no rebanho um macho sem defeito, promete oferecê-lo e depois sacrifica para mim um animal defeituoso", diz o Senhor dos Exércitos; "pois eu sou um grande rei, e o meu nome é[d] temido entre as nações."

A Repreensão aos Sacerdotes

2 "E agora esta advertência é para vocês, ó sacerdotes. 2 Se vocês não derem ouvidos e não se dispuserem a

Malachi

1 An oracle: The word of the Lord to Israel through Malachi.[a]

Jacob Loved, Esau Hated

2 "I have loved you," says the Lord.

"But you ask, 'How have you loved us?'

"Was not Esau Jacob's brother?" the Lord says. "Yet I have loved Jacob, 3 but Esau I have hated, and I have turned his mountains into a wasteland and left his inheritance to the desert jackals."

4 Edom may say, "Though we have been crushed, we will rebuild the ruins."

But this is what the Lord Almighty says: "They may build, but I will demolish. They will be called the Wicked Land, a people always under the wrath of the Lord. 5 You will see it with your own eyes and say, 'Great is the Lord—even beyond the borders of Israel!'

Blemished Sacrifices

6 "A son honors his father, and a servant his master. If I am a father, where is the honor due me? If I am a master, where is the respect due me?" says the Lord Almighty. "It is you, O priests, who show contempt for my name.

"But you ask, 'How have we shown contempt for your name?'

7 "You place defiled food on my altar.

"But you ask, 'How have we defiled you?'

"By saying that the Lord's table is contemptible. 8 When you bring blind animals for sacrifice, is that not wrong? When you sacrifice crippled or diseased animals, is that not wrong? Try offering them to your governor! Would he be pleased with you? Would he accept you?" says the Lord Almighty.

9 "Now implore God to be gracious to us. With such offerings from your hands, will he accept you?"—says the Lord Almighty.

10 "Oh, that one of you would shut the temple doors, so that you would not light useless fires on my altar! I am not pleased with you," says the Lord Almighty, "and I will accept no offering from your hands. 11 My name will be great among the nations, from the rising to the setting of the sun. In every place incense and pure offerings will be brought to my name, because my name will be great among the nations," says the Lord Almighty.

12 "But you profane it by saying of the Lord's table, 'It is defiled,' and of its food, 'It is contemptible.' 13 And you say, 'What a burden!' and you sniff at it contemptuously," says the Lord Almighty.

"When you bring injured, crippled or diseased animals and offer them as sacrifices, should I accept them from your hands?" says the Lord. 14 "Cursed is the cheat who has an acceptable male in his flock and vows to give it, but then sacrifices a blemished animal to the Lord. For I am a great king," says the Lord Almighty, "and my name is to be feared among the nations.

Admonition for the Priests

2 "And now this admonition is for you, O priests. 2 If you do not listen, and if you do not set your heart to honor

---

a1.1 *Malaquias* significa *meu mensageiro*. b1.5 Ou *Grande é o Senhor sobre o território de Israel!* c1.11 Ou *grande será ... incenso será queimado e ofertas puras serão trazidas ... meu nome será grande ...* d1.14 Ou *deve ser*

a1:1 *Malachi* means *my messenger*.

honrar o meu nome", diz o Senhor dos Exércitos, "lançarei maldição sobre vocês, e até amaldiçoarei as suas bênçãos. Aliás, já as amaldiçoei, porque vocês não me honram de coração.

3 "Por causa de vocês eu destruirei a sua descendência^b; esfregarei na cara de vocês os excrementos dos animais oferecidos em sacrifício em suas festas e lançarei vocês fora, com os excrementos. 4 Então vocês saberão que fui eu que lhes fiz esta advertência para que a minha aliança com Levi fosse mantida", diz o Senhor dos Exércitos.

5 "A minha aliança com ele foi uma aliança de vida e de paz, que na verdade lhe dei para que me temesse. Ele me temeu, e tremeu diante do meu nome. 6 A verdadeira lei estava em sua boca e nenhuma falsidade achou-se em seus lábios. Ele andou comigo em paz e retidão, e desviou muitos do pecado.

7 "Porque os lábios do sacerdote devem guardar o conhecimento, e da sua boca todos esperam a instrução na Lei, porque ele é o mensageiro do Senhor dos Exércitos. 8 Mas vocês se desviaram do caminho e pelo seu ensino causaram a queda de muita gente; vocês quebraram a aliança de Levi", diz o Senhor dos Exércitos.

9 "Por isso eu fiz que fossem desprezados e humilhados diante de todo o povo, porque vocês não seguem os meus caminhos, mas são parciais quando ensinam^c a Lei."

A Infidelidade de Judá

10 Não temos todos o mesmo Pai^d? Não fomos todos criados pelo mesmo Deus? Por que será, então, que quebramos a aliança dos nossos antepassados sendo infiéis uns com os outros?

11 Judá tem sido infiel. Uma coisa repugnante foi cometida em Israel e em Jerusalém; Judá desonrou o santuário que o Senhor ama; homens casaram-se com mulheres que adoram deuses estrangeiros.

12 Que o Senhor lance fora das tendas de Jacó o homem que faz isso, seja ele quem for,^e mesmo que esteja trazendo ofertas ao Senhor dos Exércitos.

13 Há outra coisa que vocês fazem: Enchem de lágrimas o altar do Senhor; choram e gemem porque ele já não dá atenção às suas ofertas nem as aceita com prazer. 14 E vocês ainda perguntam: "Por quê?" É porque o Senhor é testemunha entre você e a mulher da sua mocidade, pois você não cumpriu a sua promessa de fidelidade, embora ela fosse a sua companheira, a mulher do seu acordo matrimonial.

15 Não foi o Senhor que os fez um só? Em corpo e em espírito eles lhe pertencem. E por que um só? Porque ele desejava uma descendência consagrada.^f Portanto, tenham cuidado: Ninguém seja infiel à mulher da sua mocidade.

16 "Eu odeio o divórcio", diz o Senhor, o Deus de Israel, "e também odeio homem que se cobre de violência^g como se cobre de roupas", diz o Senhor dos Exércitos.

Por isso, tenham bom senso; não sejam infiéis.

O Dia do Julgamento

17 Vocês têm cansado o Senhor com as suas palavras.

"Como o temos cansado?", vocês ainda perguntam. Quando dizem: "Todos os que fazem o mal são bons aos olhos do Senhor, e ele se agrada deles" e também quando perguntam: "Onde está o Deus da justiça?"

3 "Vejam, eu enviarei o meu mensageiro, que preparará o caminho diante de mim. E então, de repente, o Senhor que vocês buscam virá para o seu templo; o mensageiro da aliança, aquele que vocês desejam, virá", diz o Senhor dos Exércitos.

2 Mas quem suportará o dia da sua vinda? Quem ficará em pé

my name," says the Lord Almighty, "I will send a curse upon you, and I will curse your blessings. Yes, I have already cursed them, because you have not set your heart to honor me.

3 "Because of you I will rebuke^a your descendants^b; I will spread on your faces the offal from your festival sacrifices, and you will be carried off with it. 4 And you will know that I have sent you this admonition so that my covenant with Levi may continue," says the Lord Almighty. 5 "My covenant was with him, a covenant of life and peace, and I gave them to him; this called for reverence and he revered me and stood in awe of my name. 6 True instruction was in his mouth and nothing false was found on his lips. He walked with me in peace and uprightness, and turned many from sin.

7 "For the lips of a priest ought to preserve knowledge, and from his mouth men should seek instruction—because he is the messenger of the Lord Almighty. 8 But you have turned from the way and by your teaching have caused many to stumble; you have violated the covenant with Levi," says the Lord Almighty. 9 "So I have caused you to be despised and humiliated before all the people, because you have not followed my ways but have shown partiality in matters of the law."

Judah Unfaithful

10 Have we not all one Father^c? Did not one God create us? Why do we profane the covenant of our fathers by breaking faith with one another?

11 Judah has broken faith. A detestable thing has been committed in Israel and in Jerusalem: Judah has desecrated the sanctuary the Lord loves, by marrying the daughter of a foreign god. 12 As for the man who does this, whoever he may be, may the Lord cut him off from the tents of Jacob^d—even though he brings offerings to the Lord Almighty.

13 Another thing you do: You flood the Lord's altar with tears. You weep and wail because he no longer pays attention to your offerings or accepts them with pleasure from your hands. 14 You ask, "Why?" It is because the Lord is acting as the witness between you and the wife of your youth, because you have broken faith with her, though she is your partner, the wife of your marriage covenant.

15 Has not ⌊the Lord⌋ made them one? In flesh and spirit they are his. And why one? Because he was seeking godly offspring.^e So guard yourself in your spirit, and do not break faith with the wife of your youth.

16 "I hate divorce," says the Lord God of Israel, "and I hate a man's covering himself^f Pequena faixa de terra de relevo variável entre a planície costeira e as montanhas. with violence as well as with his garment," says the Lord Almighty.

So guard yourself in your spirit, and do not break faith.

The Day of Judgment

17 You have wearied the Lord with your words.

"How have we wearied him?" you ask.

By saying, "All who do evil are good in the eyes of the Lord, and he is pleased with them" or "Where is the God of justice?"

3 "See, I will send my messenger, who will prepare the way before me. Then suddenly the Lord you are seeking will come to his temple; the messenger of the covenant, whom you desire, will come," says the Lord Almighty.

2 But who can endure the day of his coming? Who can stand

---

^a2.3 Hebraico: *repreenderei.* ^b2.3 Ou *o seu trigo* ^c2.9 Ou *aplicam* ^d2.10 Ou *pai* ^e2.12 Ou *Que o Senhor corte das tendas de Jacó qualquer pessoa que dê testemunho em favor do homem que faz isso,* ^f2.15 Ou *Mas aquele que é nosso pai não fez isso, não enquanto a vida esteve nele. E o que ele buscava? Uma descendência de Deus.* ^g2.16 Ou *cobre sua mulher de violência*

^a2:3 Or *cut off* (see Septuagint) ^b2:3 Or *will blight your grain* ^c2:10 Or *father* ^d2:12 Or ¹² *May the Lord cut off from the tents of Jacob anyone who gives testimony in behalf of the man who does this* ^e2:15 Or ¹⁵ *But the one [who is our father] did not do this, not as long as life remained in him. And what was he seeking? An offspring from God* ^f2:16 Or *his wife*

quando ele aparecer? Porque ele será como o fogo do ourives e como o sabão do lavandeiro. **3** Ele se assentará como um refinador e purificador de prata; purificará os levitas e os refinará como ouro e prata. Assim trarão ao Senhor ofertas com justiça. **4** Então as ofertas de Judá e de Jerusalém serão agradáveis ao Senhor, como nos dias passados, como nos tempos antigos.

5 "Eu virei a vocês trazendo juízo. Sem demora testemunharei contra os feiticeiros, contra os adúlteros, contra os que juram falsamente e contra aqueles que exploram os trabalhadores em seus salários, que oprimem os órfãos e as viúvas e privam os estrangeiros dos seus direitos, e não têm respeito por mim", diz o Senhor dos Exércitos.

Roubando a Deus

6 "De fato, eu, o Senhor, não mudo. Por isso vocês, descendentes de Jacó, não foram destruídos. **7** Desde o tempo dos seus antepassados vocês se desviaram dos meus decretos e não lhes obedeceram. Voltem para mim e eu voltarei para vocês", diz o Senhor dos Exércitos.

"Mas vocês perguntam: 'Como voltaremos?'

8 "Pode um homem roubar de Deus? Contudo vocês estão me roubando. E ainda perguntam: 'Como é que te roubamos?' Nos dízimos e nas ofertas. **9** Vocês estão debaixo de grande maldição porque estão me roubando; a nação toda está me roubando. **10** Tragam o dízimo todo ao depósito do templo, para que haja alimento em minha casa. Ponham-me à prova", diz o Senhor dos Exércitos, "e vejam se não vou abrir as comportas dos céus e derramar sobre vocês tantas bênçãos que nem terão onde guardá-las. **11** Impedirei que pragas devorem suas colheitas, e as videiras nos campos não perderão o seu fruto", diz o Senhor dos Exércitos. **12** "Então todas as nações os chamarão felizes, porque a terra de vocês será maravilhosa", diz o Senhor dos Exércitos.

13 "Vocês têm dito palavras duras contra mim", diz o Senhor. "Ainda assim perguntam: 'O que temos falado contra ti?'

14 "Vocês dizem: 'É inútil servir a Deus. O que ganhamos quando obedecemos aos seus preceitos e ficamos nos lamentando diante do Senhor dos Exércitos? **15** Por isso, agora consideramos felizes os arrogantes, pois tanto prosperam os que praticam o mal como escapam ilesos os que desafiam a Deus!'"

16 Depois, aqueles que temiam o Senhor conversaram uns com os outros, e o Senhor os ouviu com atenção. Foi escrito um livro como memorial na sua presença acerca dos que temiam o Senhor e honravam o seu nome.

17 "No dia em que eu agir", diz o Senhor dos Exércitos, "eles serão o meu tesouro pessoal.ᵃ Eu terei compaixão deles como um pai tem compaixão do filho que lhe obedece. **18** Então vocês verão novamente a diferença entre o justo e o ímpio, entre os que servem a Deus e os que não o servem.

O Dia do Senhor

4 "Pois certamente vem o dia, ardente como uma fornalha. Todos os arrogantes e todos os malfeitores serão como palha, e aquele dia, que está chegando, ateará fogo neles", diz o Senhor dos Exércitos. "Não sobrará raiz ou galho algum. **2** Mas para vocês que reverenciam o meu nome, o sol da justiça se levantará trazendo cura em suas asas. E vocês sairão e saltarão como bezerros soltos do curral. **3** Depois esmagarão os ímpios, que serão como pó sob as solas dos seus pés, no dia em que eu agir", diz o Senhor dos Exércitos.

4 "Lembrem-se da Lei do meu servo Moisés, dos decretos e das ordenanças que lhe dei em Horebe para todo o povo de Israel.

5 "Vejam, eu enviarei a vocês o profeta Elias antes do grande e temível dia do Senhor. **6** Ele fará com que os corações dos pais se voltem para seus filhos, e os corações dos filhos para seus pais; do contrário, eu virei e castigarei a terra com maldição."

when he appears? For he will be like a refiner's fire or a launderer's soap. **3** He will sit as a refiner and purifier of silver; he will purify the Levites and refine them like gold and silver. Then the Lord will have men who will bring offerings in righteousness, **4** and the offerings of Judah and Jerusalem will be acceptable to the Lord, as in days gone by, as in former years.

5 "So I will come near to you for judgment. I will be quick to testify against sorcerers, adulterers and perjurers, against those who defraud laborers of their wages, who oppress the widows and the fatherless, and deprive aliens of justice, but do not fear me," says the Lord Almighty.

Robbing God

6 "I the Lord do not change. So you, O descendants of Jacob, are not destroyed. **7** Ever since the time of your forefathers you have turned away from my decrees and have not kept them. Return to me, and I will return to you," says the Lord Almighty.

"But you ask, 'How are we to return?'

8 "Will a man rob God? Yet you rob me.

"But you ask, 'How do we rob you?'

"In tithes and offerings. **9** You are under a curse—the whole nation of you—because you are robbing me. **10** Bring the whole tithe into the storehouse, that there may be food in my house. Test me in this," says the Lord Almighty, "and see if I will not throw open the floodgates of heaven and pour out so much blessing that you will not have room enough for it. **11** I will prevent pests from devouring your crops, and the vines in your fields will not cast their fruit," says the Lord Almighty. **12** "Then all the nations will call you blessed, for yours will be a delightful land," says the Lord Almighty.

13 "You have said harsh things against me," says the Lord.

"Yet you ask, 'What have we said against you?'

14 "You have said, 'It is futile to serve God. What did we gain by carrying out his requirements and going about like mourners before the Lord Almighty? **15** But now we call the arrogant blessed. Certainly the evildoers prosper, and even those who challenge God escape.' "

16 Then those who feared the Lord talked with each other, and the Lord listened and heard. A scroll of remembrance was written in his presence concerning those who feared the Lord and honored his name.

17 "They will be mine," says the Lord Almighty, "in the day when I make up my treasured possession.ᵃ I will spare them, just as in compassion a man spares his son who serves him. **18** And you will again see the distinction between the righteous and the wicked, between those who serve God and those who do not.

The Day of the Lord

4 "Surely the day is coming; it will burn like a furnace. All the arrogant and every evildoer will be stubble, and that day that is coming will set them on fire," says the Lord Almighty. "Not a root or a branch will be left to them. **2** But for you who revere my name, the sun of righteousness will rise with healing in its wings. And you will go out and leap like calves released from the stall. **3** Then you will trample down the wicked; they will be ashes under the soles of your feet on the day when I do these things," says the Lord Almighty.

4 "Remember the law of my servant Moses, the decrees and laws I gave him at Horeb for all Israel.

5 "See, I will send you the prophet Elijah before that great and dreadful day of the Lord comes. **6** He will turn the hearts of the fathers to their children, and the hearts of the children to their fathers; or else I will come and strike the land with a curse."

ᵃ**3.17** Ou *"No dia em que eu fizer deles o meu tesouro pessoal", diz o Senhor dos Exércitos.*

ᵃ**3:17** Or *Almighty, "my treasured possession, in the day when I act*

Novo Testamento

Mateus

A Genealogia de Jesus
(Lc 3.23-38)

1 Registro da genealogia de Jesus Cristo, filho de Davi, filho de Abraão:

² Abraão gerou Isaque;
Isaque gerou Jacó;
Jacó gerou Judá e seus irmãos;
³ Judá gerou Perez e Zerá,
cuja mãe foi Tamar;
Perez gerou Esrom;
Esrom gerou Arão;
⁴ Arão gerou Aminadabe;
Aminadabe gerou Naassom;
Naassom gerou Salmom;
⁵ Salmom gerou Boaz,
cuja mãe foi Raabe;
Boaz gerou Obede,
cuja mãe foi Rute;
Obede gerou Jessé;
⁶ e Jessé gerou o rei Davi.

Davi gerou Salomão,
cuja mãe tinha sido
mulher de Urias;
⁷ Salomão gerou Roboão;
Roboão gerou Abias;
Abias gerou Asa;
⁸ Asa gerou Josafá;
Josafá gerou Jorão;
Jorão gerou Uzias;
⁹ Uzias gerou Jotão;
Jotão gerou Acaz;
Acaz gerou Ezequias;
¹⁰ Ezequias gerou Manassés;
Manassés gerou Amom;
Amom gerou Josias;
¹¹ e Josias gerou Jeconias^a
e seus irmãos,
no tempo do exílio
na Babilônia.

¹² Depois do exílio na Babilônia:
Jeconias gerou Salatiel;
Salatiel gerou Zorobabel;
¹³ Zorobabel gerou Abiúde;
Abiúde gerou Eliaquim;
Eliaquim gerou Azor;
¹⁴ Azor gerou Sadoque;
Sadoque gerou Aquim;
Aquim gerou Eliúde;
¹⁵ Eliúde gerou Eleazar;
Eleazar gerou Matã;
Matã gerou Jacó;
¹⁶ e Jacó gerou José,
marido de Maria,
da qual nasceu Jesus,
que é chamado Cristo.

¹⁷ Assim, ao todo houve catorze gerações de Abraão a Davi, catorze de Davi até o exílio na Babilônia, e catorze do exílio até o Cristo^b.

O Nascimento de Jesus Cristo
(Lc 2.1-7)

¹⁸ Foi assim o nascimento de Jesus Cristo: Maria, sua mãe,

Matthew

The Genealogy of Jesus

1 A record of the genealogy of Jesus Christ the son of David, the son of Abraham:

² Abraham was the father of Isaac,
Isaac the father of Jacob,
Jacob the father of Judah and his brothers,
³ Judah the father of Perez and Zerah, whose mother was Tamar,
Perez the father of Hezron,
Hezron the father of Ram,
⁴ Ram the father of Amminadab,
Amminadab the father of Nahshon,
Nahshon the father of Salmon,
⁵ Salmon the father of Boaz, whose mother was Rahab,
Boaz the father of Obed, whose mother was Ruth,
Obed the father of Jesse,
⁶ and Jesse the father of King David.

David was the father of Solomon, whose mother had been Uriah's wife,
⁷ Solomon the father of Rehoboam,
Rehoboam the father of Abijah,
Abijah the father of Asa,
⁸ Asa the father of Jehoshaphat,
Jehoshaphat the father of Jehoram,
Jehoram the father of Uzziah,
⁹ Uzziah the father of Jotham,
Jotham the father of Ahaz,
Ahaz the father of Hezekiah,
¹⁰ Hezekiah the father of Manasseh,
Manasseh the father of Amon,
Amon the father of Josiah,
¹¹ and Josiah the father of Jeconiah^a and his brothers at the time of the exile to Babylon.

¹² After the exile to Babylon:
Jeconiah was the father of Shealtiel,
Shealtiel the father of Zerubbabel,
¹³ Zerubbabel the father of Abiud,
Abiud the father of Eliakim,
Eliakim the father of Azor,
¹⁴ Azor the father of Zadok,
Zadok the father of Akim,
Akim the father of Eliud,
¹⁵ Eliud the father of Eleazar,
Eleazar the father of Matthan,
Matthan the father of Jacob,
¹⁶ and Jacob the father of Joseph, the husband of Mary, of whom was born Jesus, who is called Christ.

¹⁷ Thus there were fourteen generations in all from Abraham to David, fourteen from David to the exile to Babylon, and fourteen from the exile to the Christ.^b

The Birth of Jesus Christ
¹⁸ This is how the birth of Jesus Christ came about: His mother

ᵃ1.11 Isto é, Joaquim; também no versículo 12. ᵇ1.17 Ou *Messias*. Tanto *Cristo* (grego) como *Messias* (hebraico) significam *Ungido*; também em todo o livro de Mateus.

ᵃ1:11 That is, Jehoiachin; also in verse 12 ᵇ1:17 Or *Messiah*. "The Christ" (Greek) and "the Messiah" (Hebrew) both mean "the Anointed One."

estava prometida em casamento a José, mas, antes que se unissem, achou-se grávida pelo Espírito Santo. **19** Por ser José, seu marido, um homem justo, e não querendo expô-la à desonra pública, pretendia anular o casamento secretamente. **20** Mas, depois de ter pensado nisso, apareceu-lhe um anjo do Senhor em sonho e disse: "José, filho de Davi, não tema receber Maria como sua esposa, pois o que nela foi gerado procede do Espírito Santo. **21** Ela dará à luz um filho, e você deverá dar-lhe o nome de Jesus**a**, porque ele salvará o seu povo dos seus pecados".

22 Tudo isso aconteceu para que se cumprisse o que o Senhor dissera pelo profeta: **23** "A virgem ficará grávida e dará à luz um filho, e lhe chamarão Emanuel"**b**, que significa "Deus conosco".

24 Ao acordar, José fez o que o anjo do Senhor lhe tinha ordenado e recebeu Maria como sua esposa. **25** Mas não teve relações com ela enquanto ela não deu à luz um filho. E ele lhe pôs o nome de Jesus.

A Visita dos Magos

2 Depois que Jesus nasceu em Belém da Judéia, nos dias do rei Herodes, magos vindos do oriente chegaram a Jerusalém **2** e perguntaram: "Onde está o recém-nascido rei dos judeus? Vimos a sua estrela no oriente**c** e viemos adorá-lo".

3 Quando o rei Herodes ouviu isso, ficou perturbado, e com ele toda Jerusalém. **4** Tendo reunido todos os chefes dos sacerdotes do povo e os mestres da lei, perguntou-lhes onde deveria nascer o Cristo. **5** E eles responderam: "Em Belém da Judéia; pois assim escreveu o profeta:

6 " 'Mas tu, Belém,
     da terra de Judá,
  de forma alguma és a menor
     entre as principais cidades
     de Judá;
  pois de ti virá o líder
     que, como pastor, conduzirá
     Israel, o meu povo'**d** ".

7 Então Herodes chamou os magos secretamente e informou-se com eles a respeito do tempo exato em que a estrela tinha aparecido. **8** Enviou-os a Belém e disse: "Vão informar-se com exatidão sobre o menino. Logo que o encontrarem, avisem-me, para que eu também vá adorá-lo".

9 Depois de ouvirem o rei, eles seguiram o seu caminho, e a estrela que tinham visto no oriente foi adiante deles, até que finalmente parou sobre o lugar onde estava o menino. **10** Quando tornaram a ver a estrela, encheram-se de júbilo. **11** Ao entrarem na casa, viram o menino com Maria, sua mãe, e, prostrando-se, o adoraram. Então abriram os seus tesouros e lhe deram presentes: ouro, incenso e mirra. **12** E, tendo sido advertidos em sonho para não voltarem a Herodes, retornaram a sua terra por outro caminho.

A Fuga para o Egito

13 Depois que partiram, um anjo do Senhor apareceu a José em sonho e lhe disse: "Levante-se, tome o menino e sua mãe, e fuja para o Egito. Fique lá até que eu lhe diga, pois Herodes vai procurar o menino para matá-lo".

14 Então ele se levantou, tomou o menino e sua mãe durante a noite, e partiu para o Egito, **15** onde ficou até a morte de Herodes. E assim se cumpriu o que o Senhor tinha dito pelo profeta: "Do Egito chamei o meu filho"**e**.

16 Quando Herodes percebeu que havia sido enganado pelos magos, ficou furioso e ordenou que matassem todos os meninos de dois anos para baixo, em Belém e nas proximidades, de

Mary was pledged to be married to Joseph, but before they came together, she was found to be with child through the Holy Spirit. **19** Because Joseph her husband was a righteous man and did not want to expose her to public disgrace, he had in mind to divorce her quietly.

20 But after he had considered this, an angel of the Lord appeared to him in a dream and said, "Joseph son of David, do not be afraid to take Mary home as your wife, because what is conceived in her is from the Holy Spirit. **21** She will give birth to a son, and you are to give him the name Jesus,**a** because he will save his people from their sins."

22 All this took place to fulfill what the Lord had said through the prophet: **23** "The virgin will be with child and will give birth to a son, and they will call him Immanuel"**b**—which means, "God with us."

24 When Joseph woke up, he did what the angel of the Lord had commanded him and took Mary home as his wife. **25** But he had no union with her until she gave birth to a son. And he gave him the name Jesus.

The Visit of the Magi

2 After Jesus was born in Bethlehem in Judea, during the time of King Herod, Magi**c** from the east came to Jerusalem **2** and asked, "Where is the one who has been born king of the Jews? We saw his star in the east**d** and have come to worship him."

3 When King Herod heard this he was disturbed, and all Jerusalem with him. **4** When he had called together all the people's chief priests and teachers of the law, he asked them where the Christ**e** was to be born. **5** "In Bethlehem in Judea," they replied, "for this is what the prophet has written:

6 " 'But you, Bethlehem, in the land of Judah,
     are by no means least among the rulers of
     Judah;
  for out of you will come a ruler
     who will be the shepherd of my people
     Israel.'**f**"

7 Then Herod called the Magi secretly and found out from them the exact time the star had appeared. **8** He sent them to Bethlehem and said, "Go and make a careful search for the child. As soon as you find him, report to me, so that I too may go and worship him."

9 After they had heard the king, they went on their way, and the star they had seen in the east**g** went ahead of them until it stopped over the place where the child was. **10** When they saw the star, they were overjoyed. **11** On coming to the house, they saw the child with his mother Mary, and they bowed down and worshiped him. Then they opened their treasures and presented him with gifts of gold and of incense and of myrrh. **12** And having been warned in a dream not to go back to Herod, they returned to their country by another route.

The Escape to Egypt

13 When they had gone, an angel of the Lord appeared to Joseph in a dream. "Get up," he said, "take the child and his mother and escape to Egypt. Stay there until I tell you, for Herod is going to search for the child to kill him." **14** So he got up, took the child and his mother during the night and left for Egypt, **15** where he stayed until the death of Herod. And so was fulfilled what the Lord had said through the prophet: "Out of Egypt I called my son."**h**

16 When Herod realized that he had been outwitted by the Magi, he was furious, and he gave orders to kill all the boys in Bethlehem and its vicinity who were two years old and under,

---

a1.21 *Jesus* é a forma grega de *Josué*, que significa *o Senhor salva.* **b**1.23 Is 7.14 **c**2.2 Ou *estrela quando se levantava;* também no versículo 9. **d**2.6 Mq 5.2 **e**2.15 Os 11.1

a1:21 *Jesus* is the Greek form of *Joshua,* which means *the Lord saves.* **b**1:23 Isaiah 7:14 **c**2:1 Traditionally *Wise Men* **d**2:2 Or *star when it rose* **e**2:4 Or *Messiah* **f**2:6 Micah 5:2 **g**2:9 Or *seen when it rose* **h**2:15 Hosea 11:1

acordo com a informação que havia obtido dos magos. **17** Então se cumpriu o que fora dito pelo profeta Jeremias:

18 "Ouviu-se uma voz em Ramá,
    choro e grande lamentação;
    é Raquel que chora por seus filhos
    e recusa ser consolada,
porque já não existem"ª.

A Volta para Israel

19 Depois que Herodes morreu, um anjo do Senhor apareceu em sonho a José, no Egito, **20** e disse: "Levante-se, tome o menino e sua mãe, e vá para a terra de Israel, pois estão mortos os que procuravam tirar a vida do menino".

21 Ele se levantou, tomou o menino e sua mãe, e foi para a terra de Israel. **22** Mas, ao ouvir que Arquelau estava reinando na Judéia em lugar de seu pai Herodes, teve medo de ir para lá. Tendo sido avisado em sonho, retirou-se para a região da Galiléia **23** e foi viver numa cidade chamada Nazaré. Assim cumpriu-se o que fora dito pelos profetas: "Ele será chamado Nazareno"ᵇ.

João Batista Prepara o Caminho
(Mc 1.2-8; Lc 3.1-18)

3 Naqueles dias surgiu João Batista, pregando no deserto da Judéia. **2** Ele dizia: "Arrependam-se, pois o Reino dos céus está próximo". **3** Este é aquele que foi anunciado pelo profeta Isaías:

"Voz do que clama no deserto:
    'Preparemᶜ o caminho
    para o Senhor,
façam veredas retas
    para ele' "ᵈ.

4 As roupas de João eram feitas de pêlos de camelo, e ele usava um cinto de couro na cintura. O seu alimento era gafanhotos e mel silvestre. **5** A ele vinha gente de Jerusalém, de toda a Judéia e de toda a região ao redor do Jordão. **6** Confessando os seus pecados, eram batizados por ele no rio Jordão.

7 Quando viu que muitos fariseus e saduceus vinham para onde ele estava batizando, disse-lhes: "Raça de víboras! Quem lhes deu a idéia de fugir da ira que se aproxima? **8** Dêem fruto que mostre o arrependimento! **9** Não pensem que vocês podem dizer a si mesmos: 'Abraão é nosso pai'. Pois eu lhes digo que destas pedras Deus pode fazer surgir filhos a Abraão. **10** O machado já está posto à raiz das árvores, e toda árvore que não der bom fruto será cortada e lançada ao fogo.

11 "Eu os batizo comª água para arrependimento. Mas depois de mim vem alguém mais poderoso do que eu, tanto que não sou digno nem de levar as suas sandálias. Ele os batizará com o Espírito Santo e com fogo. **12** Ele traz a pá em sua mão e limpará sua eira, juntando seu trigo no celeiro, mas queimará a palha com fogo que nunca se apaga".

O Batismo de Jesus
(Mc 1.9-11; Lc 3.21,22)

13 Então Jesus veio da Galiléia ao Jordão para ser batizado por João. **14** João, porém, tentou impedi-lo, dizendo: "Eu preciso ser batizado por ti, e tu vens a mim?"

15 Respondeu Jesus: "Deixe assim por enquanto; convém que assim façamos, para cumprir toda a justiça". E João concordou.

16 Assim que Jesus foi batizado, saiu da água. Naquele momento o céu se abriu, e ele viu o Espírito de Deus descendo como pomba e pousando sobre ele. **17** Então uma voz dos céus disse: "Este é o meu Filho amado, em quem me agrado".

---

in accordance with the time he had learned from the Magi. **17** Then what was said through the prophet Jeremiah was fulfilled:

18 "A voice is heard in Ramah,
    weeping and great mourning,
    Rachel weeping for her children
    and refusing to be comforted,
    because they are no more."ª

The Return to Nazareth

19 After Herod died, an angel of the Lord appeared in a dream to Joseph in Egypt **20** and said, "Get up, take the child and his mother and go to the land of Israel, for those who were trying to take the child's life are dead."

21 So he got up, took the child and his mother and went to the land of Israel. **22** But when he heard that Archelaus was reigning in Judea in place of his father Herod, he was afraid to go there. Having been warned in a dream, he withdrew to the district of Galilee, **23** and he went and lived in a town called Nazareth. So was fulfilled what was said through the prophets: "He will be called a Nazarene."

John the Baptist Prepares the Way

3 In those days John the Baptist came, preaching in the Desert of Judea **2** and saying, "Repent, for the kingdom of heaven is near." **3** This is he who was spoken of through the prophet Isaiah:

"A voice of one calling in the desert,
    'Prepare the way for the Lord,
    make straight paths for him.' "ᵇ

4 John's clothes were made of camel's hair, and he had a leather belt around his waist. His food was locusts and wild honey. **5** People went out to him from Jerusalem and all Judea and the whole region of the Jordan. **6** Confessing their sins, they were baptized by him in the Jordan River.

7 But when he saw many of the Pharisees and Sadducees coming to where he was baptizing, he said to them: "You brood of vipers! Who warned you to flee from the coming wrath? **8** Produce fruit in keeping with repentance. **9** And do not think you can say to yourselves, 'We have Abraham as our father.' I tell you that out of these stones God can raise up children for Abraham. **10** The ax is already at the root of the trees, and every tree that does not produce good fruit will be cut down and thrown into the fire.

11 "I baptize you withᶜ water for repentance. But after me will come one who is more powerful than I, whose sandals I am not fit to carry. He will baptize you with the Holy Spirit and with fire. **12** His winnowing fork is in his hand, and he will clear his threshing floor, gathering his wheat into the barn and burning up the chaff with unquenchable fire."

The Baptism of Jesus

13 Then Jesus came from Galilee to the Jordan to be baptized by John. **14** But John tried to deter him, saying, "I need to be baptized by you, and do you come to me?"

15 Jesus replied, "Let it be so now; it is proper for us to do this to fulfill all righteousness." Then John consented.

16 As soon as Jesus was baptized, he went up out of the water. At that moment heaven was opened, and he saw the Spirit of God descending like a dove and lighting on him. **17** And a voice from heaven said, "This is my Son, whom I love; with him I am well pleased."

ª**2.18** Jr 31.15 ᵇ**2.23** Provável referência a textos como Is 11.1, no hebraico. ᶜ**3.3** Ou *que clama: 'No deserto preparem* ᵈ**3.3** Is 40.3 ᵉ**3.11** Ou *em*

ª**2:18** Jer. 31:15 ᵇ**3:3** Isaiah 40:3 ᶜ**3:11** Or *in*

A Tentação de Jesus
(Mc 1.12,13; Lc 4.1-13)

4 Então Jesus foi levado pelo Espírito ao deserto, para ser tentado pelo Diabo. **2** Depois de jejuar quarenta dias e quarenta noites, teve fome. **3** O tentador aproximou-se dele e disse: "Se és o Filho de Deus, manda que estas pedras se transformem em pães".

4 Jesus respondeu: "Está escrito: 'Nem só de pão viverá o homem, mas de toda palavra que procede da boca de Deus'ª".

5 Então o Diabo o levou à cidade santa, colocou-o na parte mais alta do templo e lhe disse: **6** "Se és o Filho de Deus, joga-te daqui para baixo. Pois está escrito:

" 'Ele dará ordens a seus anjos a seu respeito,
    e com as mãos eles o segurarão,
para que você não tropece
    em alguma pedra'ᵇ".

7 Jesus lhe respondeu: "Também está escrito: 'Não ponha à prova o Senhor, o seu Deus'ᶜ".

8 Depois, o Diabo o levou a um monte muito alto e mostrou-lhe todos os reinos do mundo e o seu esplendor. **9** E lhe disse: "Tudo isto te darei, se te prostrares e me adorares".

10 Jesus lhe disse: "Retire-se, Satanás! Pois está escrito: 'Adore o Senhor, o seu Deus, e só a ele preste culto'ᵈ".

11 Então o Diabo o deixou, e anjos vieram e o serviram.

Jesus Começa a Pregar
(Mc 1.14,15; Lc 4.14,15)

12 Quando Jesus ouviu que João tinha sido preso, voltou para a Galiléia. **13** Saindo de Nazaré, foi viver em Cafarnaum, que ficava junto ao mar, na região de Zebulom e Naftali, **14** para cumprir o que fora dito pelo profeta Isaías:

15 "Terra de Zebulom
    e terra de Naftali,
caminho do mar,
    além do Jordão,
Galiléia dos gentiosᵉ;
16 o povo que vivia nas trevas
    viu uma grande luz;
sobre os que viviam
    na terra da sombra da morte
raiou uma luz"ᶠ.

17 Daí em diante Jesus começou a pregar: "Arrependam-se, pois o Reino dos céus está próximo".

Jesus Chama os Primeiros Discípulos
(Mc 1.16-20; Lc 5.1-11; Jo 1.35-42)

18 Andando à beira do mar da Galiléia, Jesus viu dois irmãos: Simão, chamado Pedro, e seu irmão André. Eles estavam lançando redes ao mar, pois eram pescadores. **19** E disse Jesus: "Sigam-me, e eu os farei pescadores de homens". **20** No mesmo instante eles deixaram as suas redes e o seguiram.

21 Indo adiante, viu outros dois irmãos: Tiago, filho de Zebedeu, e João, seu irmão. Eles estavam num barco com seu pai, Zebedeu, preparando as suas redes. Jesus os chamou, **22** e eles, deixando imediatamente seu pai e o barco, o seguiram.

Jesus Ensina o Povo e Cura os Doentes

23 Jesus foi por toda a Galiléia, ensinando nas sinagogas deles, pregando as boas novas do Reino e curando todas as enfermidades e doenças entre o povo. **24** Notícias sobre ele se espalharam por toda a Síria, e o povo lhe trouxe todos os que estavam padecendo vários males e tormentos: endemoninhados, epiléticosᵍ e paralíticos; e ele os curou. **25** Grandes multidões o seguiam, vindas da Galiléia, Decápolis, Jerusalém, Judéia e da região do outro lado do Jordão.

The Temptation of Jesus

4 Then Jesus was led by the Spirit into the desert to be tempted by the devil. **2** After fasting forty days and forty nights, he was hungry. **3** The tempter came to him and said, "If you are the Son of God, tell these stones to become bread."

4 Jesus answered, "It is written: 'Man does not live on bread alone, but on every word that comes from the mouth of God.'ª"

5 Then the devil took him to the holy city and had him stand on the highest point of the temple. **6** "If you are the Son of God," he said, "throw yourself down. For it is written:

" 'He will command his angels concerning you,
    and they will lift you up in their hands,
so that you will not strike your foot against a
    stone.'ᵇ"

7 Jesus answered him, "It is also written: 'Do not put the Lord your God to the test.'ᶜ"

8 Again, the devil took him to a very high mountain and showed him all the kingdoms of the world and their splendor. **9** "All this I will give you," he said, "if you will bow down and worship me."

10 Jesus said to him, "Away from me, Satan! For it is written: 'Worship the Lord your God, and serve him only.'ᵈ"

11 Then the devil left him, and angels came and attended him.

Jesus Begins to Preach

12 When Jesus heard that John had been put in prison, he returned to Galilee. **13** Leaving Nazareth, he went and lived in Capernaum, which was by the lake in the area of Zebulun and Naphtali— **14** to fulfill what was said through the prophet Isaiah:

15 "Land of Zebulun and land of Naphtali,
    the way to the sea, along the Jordan,
    Galilee of the Gentiles—
16 the people living in darkness
    have seen a great light;
on those living in the land of the shadow of death
    a light has dawned."ᵉ

17 From that time on Jesus began to preach, "Repent, for the kingdom of heaven is near."

The Calling of the First Disciples

18 As Jesus was walking beside the Sea of Galilee, he saw two brothers, Simon called Peter and his brother Andrew. They were casting a net into the lake, for they were fishermen. **19** "Come, follow me," Jesus said, "and I will make you fishers of men." **20** At once they left their nets and followed him.

21 Going on from there, he saw two other brothers, James son of Zebedee and his brother John. They were in a boat with their father Zebedee, preparing their nets. Jesus called them, **22** and immediately they left the boat and their father and followed him.

Jesus Heals the Sick

23 Jesus went throughout Galilee, teaching in their synagogues, preaching the good news of the kingdom, and healing every disease and sickness among the people. **24** News about him spread all over Syria, and people brought to him all who were ill with various diseases, those suffering severe pain, the demon-possessed, those having seizures, and the paralyzed, and he healed them. **25** Large crowds from Galilee, the Decapolis,ᶠ Jerusalem, Judea and the region across the Jordan followed him.

ª4.4 Dt 8.3 ᵇ4.6 Sl 91.11,12 ᶜ4.7 Dt 6.16 ᵈ4.10 Dt 6.13 ᵉ4.15 Isto é, os que não são judeus. ᶠ4.15,16 Is 9.1,2 ᵍ4.24 Grego: *lunáticos*.

ª4:4 Deut. 8:3 ᵇ4:6 Psalm 91:11,12 ᶜ4:7 Deut. 6:16 ᵈ4:10 Deut. 6:13 ᵉ4:16 Isaiah 9:1,2 ᶠ4:25 That is, the Ten Cities

As Bem-aventuranças
(Lc 6.20-23)

5 Vendo as multidões, Jesus subiu ao monte e se assentou. Seus discípulos aproximaram-se dele, ² e ele começou a ensiná-los, dizendo:

³ "Bem-aventurados[a]
    os pobres em espírito,
    pois deles é o Reino dos céus.
⁴ Bem-aventurados
    os que choram,
    pois serão consolados.
⁵ Bem-aventurados os humildes,
    pois eles receberão a terra por herança.
⁶ Bem-aventurados os que têm fome e sede de justiça,
    pois serão satisfeitos.
⁷ Bem-aventurados
    os misericordiosos,
    pois obterão misericórdia.
⁸ Bem-aventurados
    os puros de coração,
    pois verão a Deus.
⁹ Bem-aventurados
    os pacificadores,
    pois serão chamados
    filhos de Deus.
¹⁰ Bem-aventurados
    os perseguidos
    por causa da justiça,
    pois deles é o Reino dos céus.

¹¹ "Bem-aventurados serão vocês quando, por minha causa, os insultarem, os perseguirem e levantarem todo tipo de calúnia contra vocês. ¹² Alegrem-se e regozijem-se, porque grande é a sua recompensa nos céus, pois da mesma forma perseguiram os profetas que viveram antes de vocês.

O Sal da Terra e a Luz do Mundo

¹³ "Vocês são o sal da terra. Mas se o sal perder o seu sabor, como restaurá-lo? Não servirá para nada, exceto para ser jogado fora e pisado pelos homens.
¹⁴ "Vocês são a luz do mundo. Não se pode esconder uma cidade construída sobre um monte. ¹⁵ E, também, ninguém acende uma candeia e a coloca debaixo de uma vasilha. Ao contrário, coloca-a no lugar apropriado, e assim ilumina a todos os que estão na casa. ¹⁶ Assim brilhe a luz de vocês diante dos homens, para que vejam as suas boas obras e glorifiquem ao Pai de vocês, que está nos céus.

Jesus Cumpre a Lei

¹⁷ "Não pensem que vim abolir a Lei ou os Profetas; não vim abolir, mas cumprir. ¹⁸ Digo-lhes a verdade: Enquanto existirem céus e terra, de forma alguma desaparecerá da Lei a menor letra ou o menor traço, até que tudo se cumpra. ¹⁹ Todo aquele que desobedecer a um desses mandamentos, ainda que dos menores, e ensinar os outros a fazerem o mesmo, será chamado menor no Reino dos céus; mas todo aquele que praticar e ensinar estes mandamentos será chamado grande no Reino dos céus. ²⁰ Pois eu lhes digo que se a justiça de vocês não for muito superior à dos fariseus e mestres da lei, de modo nenhum entrarão no Reino dos céus.

O Homicídio

²¹ "Vocês ouviram o que foi dito aos seus antepassados: 'Não matarás'[b], e 'quem matar estará sujeito a julgamento'. ²² Mas eu lhes digo que qualquer que se irar contra seu irmão[c] estará sujeito a julgamento. Também, qualquer que disser a seu irmão: 'Racá'[d], será levado ao tribunal. E qualquer que disser: 'Louco!', corre o risco de ir para o fogo do inferno.

The Beatitudes

5 Now when he saw the crowds, he went up on a mountainside and sat down. His disciples came to him, ² and he began to teach them saying:

³ "Blessed are the poor in spirit,
    for theirs is the kingdom of heaven.
⁴ Blessed are those who mourn,
    for they will be comforted.
⁵ Blessed are the meek,
    for they will inherit the earth.
⁶ Blessed are those who hunger and thirst for
    righteousness,
    for they will be filled.
⁷ Blessed are the merciful,
    for they will be shown mercy.
⁸ Blessed are the pure in heart,
    for they will see God.
⁹ Blessed are the peacemakers,
    for they will be called sons of God.
¹⁰ Blessed are those who are persecuted because
    of righteousness,
    for theirs is the kingdom of heaven.

¹¹ "Blessed are you when people insult you, persecute you and falsely say all kinds of evil against you because of me. ¹² Rejoice and be glad, because great is your reward in heaven, for in the same way they persecuted the prophets who were before you.

Salt and Light

¹³ "You are the salt of the earth. But if the salt loses its saltiness, how can it be made salty again? It is no longer good for anything, except to be thrown out and trampled by men.
¹⁴ "You are the light of the world. A city on a hill cannot be hidden. ¹⁵ Neither do people light a lamp and put it under a bowl. Instead they put it on its stand, and it gives light to everyone in the house. ¹⁶ In the same way, let your light shine before men, that they may see your good deeds and praise your Father in heaven.

The Fulfillment of the Law

¹⁷ "Do not think that I have come to abolish the Law or the Prophets; I have not come to abolish them but to fulfill them. ¹⁸ I tell you the truth, until heaven and earth disappear, not the smallest letter, not the least stroke of a pen, will by any means disappear from the Law until everything is accomplished. ¹⁹ Anyone who breaks one of the least of these commandments and teaches others to do the same will be called least in the kingdom of heaven, but whoever practices and teaches these commands will be called great in the kingdom of heaven. ²⁰ For I tell you that unless your righteousness surpasses that of the Pharisees and the teachers of the law, you will certainly not enter the kingdom of heaven.

Murder

²¹ "You have heard that it was said to the people long ago, 'Do not murder,[a] and anyone who murders will be subject to judgment.' ²² But I tell you that anyone who is angry with his brother[b] will be subject to judgment. Again, anyone who says to his brother, 'Raca,[c]' is answerable to the Sanhedrin. But anyone who says, 'You fool!' will be in danger of the fire of hell.

---

[a]5.3 Isto é, como são felizes; também nos versículos 4 a 11. [b]5.21 Êx 20.13; Dt 5.17 [c]5.22 Alguns manuscritos acrescentam *sem motivo.* [d]5.22 Termo aramaico de desprezo, equivalente a *tolo.*

[a]5:21 Exodus 20:13 [b]5:22 Some manuscripts *brother without cause* [c]5:22 An Aramaic term of contempt

23 "Portanto, se você estiver apresentando sua oferta diante do altar e ali se lembrar de que seu irmão tem algo contra você, **24** deixe sua oferta ali, diante do altar, e vá primeiro reconciliar-se com seu irmão; depois volte e apresente sua oferta.

25 "Entre em acordo depressa com seu adversário que pretende levá-lo ao tribunal. Faça isso enquanto ainda estiver com ele a caminho, pois, caso contrário, ele poderá entregá-lo ao juiz, e o juiz ao guarda, e você poderá ser jogado na prisão. **26** Eu lhe garanto que você não sairá de lá enquanto não pagar o último centavo**ª**.

O Adultério

27 "Vocês ouviram o que foi dito: 'Não adulterarás'**b**. **28** Mas eu lhes digo: Qualquer que olhar para uma mulher para desejá-la, já cometeu adultério com ela no seu coração. **29** Se o seu olho direito o fizer pecar, arranque-o e lance-o fora. É melhor perder uma parte do seu corpo do que ser todo ele lançado no inferno. **30** E se a sua mão direita o fizer pecar, corte-a e lance-a fora. É melhor perder uma parte do seu corpo do que ir todo ele para o inferno.

O Divórcio

31 "Foi dito: 'Aquele que se divorciar de sua mulher deverá dar-lhe certidão de divórcio'**c**. **32** Mas eu lhes digo que todo aquele que se divorciar de sua mulher, exceto por imoralidade sexual**d**, faz que ela se torne adúltera, e quem se casar com a mulher divorciada estará cometendo adultério.

Os Juramentos

33 "Vocês também ouviram o que foi dito aos seus antepassados: 'Não jure falsamente**e**, mas cumpra os juramentos que você fez diante do Senhor'. **34** Mas eu lhes digo: Não jurem de forma alguma: nem pelos céus, porque é o trono de Deus; **35** nem pela terra, porque é o estrado de seus pés; nem por Jerusalém, porque é a cidade do grande Rei. **36** E não jure pela sua cabeça, pois você não pode tornar branco ou preto nem um fio de cabelo. **37** Seja o seu 'sim', 'sim', e o seu 'não', 'não'; o que passar disso vem do Maligno.

A Vingança
(Lc 6.29,30)

38 "Vocês ouviram o que foi dito: 'Olho por olho e dente por dente'**f**. **39** Mas eu lhes digo: Não resistam ao perverso. Se alguém o ferir na face direita, ofereça-lhe também a outra. **40** E se alguém quiser processá-lo e tirar-lhe a túnica, deixe que leve também a capa. **41** Se alguém o forçar a caminhar com ele uma milha**g**, vá com ele duas. **42** Dê a quem lhe pede, e não volte as costas àquele que deseja pedir-lhe algo emprestado.

O Amor aos Inimigos
(Lc 6.27,28,32-36)

43 "Vocês ouviram o que foi dito: 'Ame o seu próximo**h** e odeie o seu inimigo'. **44** Mas eu lhes digo: Amem os seus inimigos**i** e orem por aqueles que os perseguem, **45** para que vocês venham a ser filhos de seu Pai que está nos céus. Porque ele faz raiar o seu sol sobre maus e bons e derrama chuva sobre justos e injustos. **46** Se vocês amarem aqueles que os amam, que recompensa vocês receberão? Até os publicanos**j** fazem isso! **47** E se saudarem apenas os seus irmãos, o que estarão fazendo de mais? Até os pagãos fazem isso! **48** Portanto, sejam perfeitos como perfeito é o Pai celestial de vocês.

23 "Therefore, if you are offering your gift at the altar and there remember that your brother has something against you, **24** leave your gift there in front of the altar. First go and be reconciled to your brother; then come and offer your gift.

25 "Settle matters quickly with your adversary who is taking you to court. Do it while you are still with him on the way, or he may hand you over to the judge, and the judge may hand you over to the officer, and you may be thrown into prison. **26** I tell you the truth, you will not get out until you have paid the last penny.**ª**

Adultery

27 "You have heard that it was said, 'Do not commit adultery.'**b** **28** But I tell you that anyone who looks at a woman lustfully has already committed adultery with her in his heart. **29** If your right eye causes you to sin, gouge it out and throw it away. It is better for you to lose one part of your body than for your whole body to be thrown into hell. **30** And if your right hand causes you to sin, cut it off and throw it away. It is better for you to lose one part of your body than for your whole body to go into hell.

Divorce

31 "It has been said, 'Anyone who divorces his wife must give her a certificate of divorce.'**c** **32** But I tell you that anyone who divorces his wife, except for marital unfaithfulness, causes her to become an adulteress, and anyone who marries the divorced woman commits adultery.

Oaths

33 "Again, you have heard that it was said to the people long ago, 'Do not break your oath, but keep the oaths you have made to the Lord.' **34** But I tell you, Do not swear at all: either by heaven, for it is God's throne; **35** or by the earth, for it is his footstool; or by Jerusalem, for it is the city of the Great King. **36** And do not swear by your head, for you cannot make even one hair white or black. **37** Simply let your 'Yes' be 'Yes,' and your 'No,' 'No'; anything beyond this comes from the evil one.

An Eye for an Eye

38 "You have heard that it was said, 'Eye for eye, and tooth for tooth.'**d** **39** But I tell you, Do not resist an evil person. If someone strikes you on the right cheek, turn to him the other also. **40** And if someone wants to sue you and take your tunic, let him have your cloak as well. **41** If someone forces you to go one mile, go with him two miles. **42** Give to the one who asks you, and do not turn away from the one who wants to borrow from you.

Love for Enemies

43 "You have heard that it was said, 'Love your neighbor**e** and hate your enemy.' **44** But I tell you: Love your enemies**f** and pray for those who persecute you, **45** that you may be sons of your Father in heaven. He causes his sun to rise on the evil and the good, and sends rain on the righteous and the unrighteous. **46** If you love those who love you, what reward will you get? Are not even the tax collectors doing that? **47** And if you greet only your brothers, what are you doing more than others? Do not even pagans do that? **48** Be perfect, therefore, as your heavenly Father is perfect.

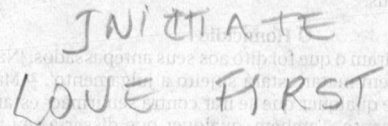

ª5.26 Grego: *quadrante*. **b5.27** Êx 20.14; Dt 5.18 **c5.31** Dt 24.1 **d5.32** Grego: *pornéia*; termo genérico que se refere a práticas sexuais ilícitas. **e5.33** Lv 19.12; Nm 30.2 **f5.38** Êx 21.24; Lv 24.20; Dt 19.21 **g5.41** A milha romana tinha cerca de 1.500 metros. **h5.43** Lv 19.18 **i5.44** Alguns manuscritos acrescentam *abençoem os que os amaldiçoam, façam o bem aos que os odeiam* **j5.46** Os publicanos eram coletores de impostos, mal-vistos pelo povo; também em 9.10,11; 10.3; 11.19; 18.17; 21.31 e 32.

ª5:26 Greek *kodrantes* **b5:27** Exodus 20:14 **c5:31** Deut. 24:1 **d5:38** Exodus 21:24; Lev. 24:20; Deut. 19:21 **e5:43** Lev. 19:18 **f5:44** Some late manuscripts *enemies, bless those who curse you, do good to those who hate you*

A Ajuda aos Necessitados

6 "Tenham o cuidado de não praticar suas 'obras de justiça' diante dos outros para serem vistos por eles. Se fizerem isso, vocês não terão nenhuma recompensa do Pai celestial.

2 "Portanto, quando você der esmola, não anuncie isso com trombetas, como fazem os hipócritas nas sinagogas e nas ruas, a fim de serem honrados pelos outros. Eu lhes garanto que eles já receberam sua plena recompensa. 3 Mas quando você der esmola, que a sua mão esquerda não saiba o que está fazendo a direita, 4 de forma que você preste a sua ajuda em segredo. E seu Pai, que vê o que é feito em segredo, o recompensará.

A Oração
(Lc 11.1-4)

5 "E quando vocês orarem, não sejam como os hipócritas. Eles gostam de ficar orando em pé nas sinagogas e nas esquinas, a fim de serem vistos pelos outros. Eu lhes asseguro que eles já receberam sua plena recompensa. 6 Mas quando você orar, vá para seu quarto, feche a porta e ore a seu Pai, que está em secreto. Então seu Pai, que vê em secreto, o recompensará. 7 E quando orarem, não fiquem sempre repetindo a mesma coisa, como fazem os pagãos. Eles pensam que por muito falarem serão ouvidos. 8 Não sejam iguais a eles, porque o seu Pai sabe do que vocês precisam, antes mesmo de o pedirem. 9 Vocês, orem assim:

"Pai nosso, que estás nos céus!
Santificado seja o teu nome.
10 Venha o teu Reino;
seja feita a tua vontade,
assim na terra como no céu.
11 Dá-nos hoje o nosso
pão de cada dia.
12 Perdoa as nossas dívidas,
assim como perdoamos
aos nossos devedores.
13 E não nos deixes cair
em^a tentação,
mas livra-nos do mal^b,
porque teu é o Reino, o poder e a glória
para sempre. Amém^c.

14 Pois se perdoarem as ofensas uns dos outros, o Pai celestial também lhes perdoará. 15 Mas se não perdoarem uns aos outros, o Pai celestial não lhes perdoará as ofensas.

O Jejum

16 "Quando jejuarem, não mostrem uma aparência triste como os hipócritas, pois eles mudam a aparência do rosto a fim de que os outros vejam que eles estão jejuando. Eu lhes digo verdadeiramente que eles já receberam sua plena recompensa. 17 Ao jejuar, arrume o cabelo^d e lave o rosto, 18 para que não pareça aos outros que você está jejuando, mas apenas a seu Pai, que vê em secreto. E seu Pai, que vê em secreto, o recompensará.

Os Tesouros no Céu

19 "Não acumulem para vocês tesouros na terra, onde a traça e a ferrugem destroem, e onde os ladrões arrombam e furtam. 20 Mas acumulem para vocês tesouros nos céus, onde a traça e a ferrugem não destroem, e onde os ladrões não arrombam nem furtam. 21 Pois onde estiver o seu tesouro, aí também estará o seu coração.

22 "Os olhos são a candeia do corpo. Se os seus olhos forem bons, todo o seu corpo será cheio de luz. 23 Mas se os seus olhos forem maus, todo o seu corpo será cheio de trevas. Portanto, se a luz que está dentro de você são trevas, que tremendas trevas são!

Giving to the Needy

6 "Be careful not to do your 'acts of righteousness' before men, to be seen by them. If you do, you will have no reward from your Father in heaven.

2 "So when you give to the needy, do not announce it with trumpets, as the hypocrites do in the synagogues and on the streets, to be honored by men. I tell you the truth, they have received their reward in full. 3 But when you give to the needy, do not let your left hand know what your right hand is doing, 4 so that your giving may be in secret. Then your Father, who sees what is done in secret, will reward you.

Prayer

5 "And when you pray, do not be like the hypocrites, for they love to pray standing in the synagogues and on the street corners to be seen by men. I tell you the truth, they have received their reward in full. 6 But when you pray, go into your room, close the door and pray to your Father, who is unseen. Then your Father, who sees what is done in secret, will reward you. 7 And when you pray, do not keep on babbling like pagans, for they think they will be heard because of their many words. 8 Do not be like them, for your Father knows what you need before you ask him.

9 "This, then, is how you should pray:

" 'Our Father in heaven,
hallowed be your name,
10 your kingdom come,
your will be done
on earth as it is in heaven.
11 Give us today our daily bread.
12 Forgive us our debts,
as we also have forgiven our debtors.
13 And lead us not into temptation,
but deliver us from the evil one.^a'

14 For if you forgive men when they sin against you, your heavenly Father will also forgive you. 15 But if you do not forgive men their sins, your Father will not forgive your sins.

Fasting

16 "When you fast, do not look somber as the hypocrites do, for they disfigure their faces to show men they are fasting. I tell you the truth, they have received their reward in full. 17 But when you fast, put oil on your head and wash your face, 18 so that it will not be obvious to men that you are fasting, but only to your Father, who is unseen; and your Father, who sees what is done in secret, will reward you.

Treasures in Heaven

19 "Do not store up for yourselves treasures on earth, where moth and rust destroy, and where thieves break in and steal. 20 But store up for yourselves treasures in heaven, where moth and rust do not destroy, and where thieves do not break in and steal. 21 For where your treasure is, there your heart will be also.

22 "The eye is the lamp of the body. If your eyes are good, your whole body will be full of light. 23 But if your eyes are bad, your whole body will be full of darkness. If then the light within you is darkness, how great is that darkness!

---

^a6.13 Grego: *E não nos induzas à.* ^b6.13 Ou *do Maligno* ^c6.13 Alguns manuscritos não trazem *porque teu é o Reino, o poder e a glória para sempre. Amém.* ^d6.17 Grego: *unja a cabeça.*

^a6:13 Or *from evil;* some late manuscripts *one, / for yours is the kingdom and the power and the glory forever. Amen.*

24 "Ninguém pode servir a dois senhores; pois odiará um e amará o outro, ou se dedicará a um e desprezará o outro. Vocês não podem servir a Deus e ao Dinheiro.ª

As Preocupações da Vida
(Lc 12.22-31)

25 "Portanto eu lhes digo: Não se preocupem com sua própria vida, quanto ao que comer ou beber; nem com seu próprio corpo, quanto ao que vestir. Não é a vida mais importante que a comida, e o corpo mais importante que a roupa? **26** Observem as aves do céu: não semeiam nem colhem nem armazenam em celeiros; contudo, o Pai celestial as alimenta. Não têm vocês muito mais valor do que elas? **27** Quem de vocês, por mais que se preocupe, pode acrescentar uma hora que seja à sua vida?ᵇ

28 "Por que vocês se preocupam com roupas? Vejam como crescem os lírios do campo. Eles não trabalham nem tecem. **29** Contudo, eu lhes digo que nem Salomão, em todo o seu esplendor, vestiu-se como um deles. **30** Se Deus veste assim a erva do campo, que hoje existe e amanhã é lançada ao fogo, não vestirá muito mais a vocês, homens de pequena fé? **31** Portanto, não se preocupem, dizendo: 'Que vamos comer?' ou 'Que vamos beber?' ou 'Que vamos vestir?' **32** Pois os pagãos é que correm atrás dessas coisas; mas o Pai celestial sabe que vocês precisam delas. **33** Busquem, pois, em primeiro lugar o Reino de Deus e a sua justiça, e todas essas coisas lhes serão acrescentadas. **34** Portanto, não se preocupem com o amanhã, pois o amanhã trará as suas próprias preocupações. Basta a cada dia o seu próprio mal.

O Julgamento ao Próximo
(Lc 6.37-42)

7 "Não julguem, para que vocês não sejam julgados. **2** Pois da mesma forma que julgarem, vocês serão julgados; e a medida que usarem, também será usada para medir vocês.

3 "Por que você repara no cisco que está no olho do seu irmão, e não se dá conta da viga que está em seu próprio olho? **4** Como você pode dizer ao seu irmão: 'Deixe-me tirar o cisco do seu olho', quando há uma viga no seu? **5** Hipócrita, tire primeiro a viga do seu olho, e então você verá claramente para tirar o cisco do olho do seu irmão.

6 "Não dêem o que é sagrado aos cães, nem atirem suas pérolas aos porcos; caso contrário, estes as pisarão e, aqueles, voltando-se contra vocês, os despedaçarão.

A Persistência na Oração
(Lc 11.9-13)

7 "Peçam, e lhes será dado; busquem, e encontrarão; batam, e a porta lhes será aberta. **8** Pois todo o que pede, recebe; o que busca, encontra; e àquele que bate, a porta será aberta.

9 "Qual de vocês, se seu filho pedir pão, lhe dará uma pedra? **10** Ou se pedir peixe, lhe dará uma cobra? **11** Se vocês, apesar de serem maus, sabem dar boas coisas aos seus filhos, quanto mais o Pai de vocês, que está nos céus, dará coisas boas aos que lhe pedirem! **12** Assim, em tudo, façam aos outros o que vocês querem que eles lhes façam; pois esta é a Lei e os Profetas.

A Porta Estreita e a Porta Larga

13 "Entrem pela porta estreita, pois larga é a porta e amplo o caminho que leva à perdição, e são muitos os que entram por ela. **14** Como é estreita a porta, e apertado o caminho que leva à vida! São poucos os que a encontram.

A Árvore e seu Fruto
(Lc 6.43-45)

15 "Cuidado com os falsos profetas. Eles vêm a vocês vestidos de peles de ovelhas, mas por dentro são lobos devoradores.

ª**6.24** Grego: *Mamom.* ᵇ**6.27** Ou *um único côvado à sua altura?* O côvado era uma medida linear de cerca de 45 centímetros.

24 "No one can serve two masters. Either he will hate the one and love the other, or he will be devoted to the one and despise the other. You cannot serve both God and Money.

Do Not Worry

25 "Therefore I tell you, do not worry about your life, what you will eat or drink; or about your body, what you will wear. Is not life more important than food, and the body more important than clothes? **26** Look at the birds of the air; they do not sow or reap or store away in barns, and yet your heavenly Father feeds them. Are you not much more valuable than they? **27** Who of you by worrying can add a single hour to his lifeª?

28 "And why do you worry about clothes? See how the lilies of the field grow. They do not labor or spin. **29** Yet I tell you that not even Solomon in all his splendor was dressed like one of these. **30** If that is how God clothes the grass of the field, which is here today and tomorrow is thrown into the fire, will he not much more clothe you, O you of little faith? **31** So do not worry, saying, 'What shall we eat?' or 'What shall we drink?' or 'What shall we wear?' **32** For the pagans run after all these things, and your heavenly Father knows that you need them. **33** But seek first his kingdom and his righteousness, and all these things will be given to you as well. **34** Therefore do not worry about tomorrow, for tomorrow will worry about itself. Each day has enough trouble of its own.

Judging Others

7 "Do not judge, or you too will be judged. **2** For in the same way you judge others, you will be judged, and with the measure you use, it will be measured to you.

3 "Why do you look at the speck of sawdust in your brother's eye and pay no attention to the plank in your own eye? **4** How can you say to your brother, 'Let me take the speck out of your eye,' when all the time there is a plank in your own eye? **5** You hypocrite, first take the plank out of your own eye, and then you will see clearly to remove the speck from your brother's eye.

6 "Do not give dogs what is sacred; do not throw your pearls to pigs. If you do, they may trample them under their feet, and then turn and tear you to pieces.

Ask, Seek, Knock

7 "Ask and it will be given to you; seek and you will find; knock and the door will be opened to you. **8** For everyone who asks receives; he who seeks finds; and to him who knocks, the door will be opened.

9 "Which of you, if his son asks for bread, will give him a stone? **10** Or if he asks for a fish, will give him a snake? **11** If you, then, though you are evil, know how to give good gifts to your children, how much more will your Father in heaven give good gifts to those who ask him! **12** So in everything, do to others what you would have them do to you, for this sums up the Law and the Prophets.

The Narrow and Wide Gates

13 "Enter through the narrow gate. For wide is the gate and broad is the road that leads to destruction, and many enter through it. **14** But small is the gate and narrow the road that leads to life, and only a few find it.

A Tree and Its Fruit

15 "Watch out for false prophets. They come to you in sheep's clothing, but inwardly they are ferocious wolves.

ª**6:27** Or *single cubit to his height*

16 Vocês os reconhecerão por seus frutos. Pode alguém colher uvas de um espinheiro ou figos de ervas daninhas? **17** Semelhantemente, toda árvore boa dá frutos bons, mas a árvore ruim dá frutos ruins. **18** A árvore boa não pode dar frutos ruins, nem a árvore ruim pode dar frutos bons. **19** Toda árvore que não produz bons frutos é cortada e lançada ao fogo. **20** Assim, pelos seus frutos vocês os reconhecerão.

21 "Nem todo aquele que me diz: 'Senhor, Senhor', entrará no Reino dos céus, mas apenas aquele que faz a vontade de meu Pai que está nos céus. **22** Muitos me dirão naquele dia: 'Senhor, Senhor, não profetizamos em teu nome? Em teu nome não expulsamos demônios e não realizamos muitos milagres?' **23** Então eu lhes direi claramente: Nunca os conheci. Afastem-se de mim vocês, que praticam o mal!

O Prudente e o Insensato
(Lc 6.46-49)

24 "Portanto, quem ouve estas minhas palavras e as pratica é como um homem prudente que construiu a sua casa sobre a rocha. **25** Caiu a chuva, transbordaram os rios, sopraram os ventos e deram contra aquela casa, e ela não caiu, porque tinha seus alicerces na rocha. **26** Mas quem ouve estas minhas palavras e não as pratica é como um insensato que construiu a sua casa sobre a areia. **27** Caiu a chuva, transbordaram os rios, sopraram os ventos e deram contra aquela casa, e ela caiu. E foi grande a sua queda".

28 Quando Jesus acabou de dizer essas coisas, as multidões estavam maravilhadas com o seu ensino, **29** porque ele as ensinava como quem tem autoridade, e não como os mestres da lei.

A Cura de um Leproso
(Mc 1.40-45; Lc 5.12-16)

8 Quando ele desceu do monte, grandes multidões o seguiram. **2** Um leproso^a, aproximando-se, adorou-o de joelhos e disse: "Senhor, se quiseres, podes purificar-me!"

3 Jesus estendeu a mão, tocou nele e disse: "Quero. Seja purificado!" Imediatamente ele foi purificado da lepra. **4** Em seguida Jesus lhe disse: "Olhe, não conte isso a ninguém. Mas vá mostrar-se ao sacerdote e apresente a oferta que Moisés ordenou, para que sirva de testemunho".

Um Centurião Demonstra Fé
(Lc 7.1-10)

5 Entrando Jesus em Cafarnaum, dirigiu-se a ele um centurião, pedindo-lhe ajuda. **6** E disse: "Senhor, meu servo está em casa, paralítico, em terrível sofrimento".

7 Jesus lhe disse: "Eu irei curá-lo".

8 Respondeu o centurião: "Senhor, não mereço receber-te debaixo do meu teto. Mas dize apenas uma palavra, e o meu servo será curado. **9** Pois eu também sou homem sujeito à autoridade e com soldados sob o meu comando. Digo a um: Vá, e ele vai; e a outro: Venha, e ele vem. Digo a meu servo: Faça isto, e ele faz".

10 Ao ouvir isso, Jesus admirou-se e disse aos que o seguiam: "Digo-lhes a verdade: Não encontrei em Israel ninguém com tamanha fé. **11** Eu lhes digo que muitos virão do oriente e do ocidente, e se sentarão à mesa com Abraão, Isaque e Jacó no Reino dos céus. **12** Mas os súditos do Reino serão lançados para fora, nas trevas, onde haverá choro e ranger de dentes".

13 Então Jesus disse ao centurião: "Vá! Como você creu, assim lhe acontecerá!" Na mesma hora o seu servo foi curado.

O Poder de Jesus sobre os Demônios e as Doenças
(Mc 1.29-34; Lc 4.38-41)

14 Entrando Jesus na casa de Pedro, viu a sogra deste de cama, com febre. **15** Tomando-a pela mão, a febre a deixou, e ela se levantou e começou a servi-lo.

---

16 By their fruit you will recognize them. Do people pick grapes from thornbushes, or figs from thistles? **17** Likewise every good tree bears good fruit, but a bad tree bears bad fruit. **18** A good tree cannot bear bad fruit, and a bad tree cannot bear good fruit. **19** Every tree that does not bear good fruit is cut down and thrown into the fire. **20** Thus, by their fruit you will recognize them.

21 "Not everyone who says to me, 'Lord, Lord,' will enter the kingdom of heaven, but only he who does the will of my Father who is in heaven. **22** Many will say to me on that day, 'Lord, Lord, did we not prophesy in your name, and in your name drive out demons and perform many miracles?' **23** Then I will tell them plainly, 'I never knew you. Away from me, you evildoers!'

The Wise and Foolish Builders

24 "Therefore everyone who hears these words of mine and puts them into practice is like a wise man who built his house on the rock. **25** The rain came down, the streams rose, and the winds blew and beat against that house; yet it did not fall, because it had its foundation on the rock. **26** But everyone who hears these words of mine and does not put them into practice is like a foolish man who built his house on sand. **27** The rain came down, the streams rose, and the winds blew and beat against that house, and it fell with a great crash."

28 When Jesus had finished saying these things, the crowds were amazed at his teaching, **29** because he taught as one who had authority, and not as their teachers of the law.

The Man With Leprosy

8 When he came down from the mountainside, large crowds followed him. **2** A man with leprosy^a came and knelt before him and said, "Lord, if you are willing, you can make me clean."

3 Jesus reached out his hand and touched the man. "I am willing," he said. "Be clean!" Immediately he was cured^b of his leprosy. **4** Then Jesus said to him, "See that you don't tell anyone. But go, show yourself to the priest and offer the gift Moses commanded, as a testimony to them."

The Faith of the Centurion

5 When Jesus had entered Capernaum, a centurion came to him, asking for help. **6** "Lord," he said, "my servant lies at home paralyzed and in terrible suffering."

7 Jesus said to him, "I will go and heal him."

8 The centurion replied, "Lord, I do not deserve to have you come under my roof. But just say the word, and my servant will be healed. **9** For I myself am a man under authority, with soldiers under me. I tell this one, 'Go,' and he goes; and that one, 'Come,' and he comes. I say to my servant, 'Do this,' and he does it."

10 When Jesus heard this, he was astonished and said to those following him, "I tell you the truth, I have not found anyone in Israel with such great faith. **11** I say to you that many will come from the east and the west, and will take their places at the feast with Abraham, Isaac and Jacob in the kingdom of heaven. **12** But the subjects of the kingdom will be thrown outside, into the darkness, where there will be weeping and gnashing of teeth."

13 Then Jesus said to the centurion, "Go! It will be done just as you believed it would." And his servant was healed at that very hour.

Jesus Heals Many

14 When Jesus came into Peter's house, he saw Peter's mother-in-law lying in bed with a fever. **15** He touched her hand and the fever left her, and she got up and began to wait on him.

---

^a8.2 O termo grego não se refere somente à lepra, mas também a diversas doenças da pele.

^a8:2 The Greek word was used for various diseases affecting the skin-not necessarily leprosy. ^b8:3 Greek *made clean*

16 Ao anoitecer foram trazidos a ele muitos endemoninhados, e ele expulsou os espíritos com uma palavra e curou todos os doentes. **17** E assim se cumpriu o que fora dito pelo profeta Isaías:

"Ele tomou sobre si as nossas enfermidades
e sobre si levou as nossas doenças"ª.

Quão Difícil é Seguir Jesus!
(Lc 9.57-62)

18 Quando Jesus viu a multidão ao seu redor, deu ordens para que atravessassem para o outro lado do mar. **19** Então, um mestre da lei aproximou-se e disse: "Mestre, eu te seguirei por onde quer que fores".

20 Jesus respondeu: "As raposas têm suas tocas e as aves do céu têm seus ninhos, mas o Filho do homem não tem onde repousar a cabeça".

21 Outro discípulo lhe disse: "Senhor, deixa-me ir primeiro sepultar meu pai".

22 Mas Jesus lhe disse: "Siga-me, e deixe que os mortos sepultem os seus próprios mortos".

Jesus Acalma a Tempestade
(Mc 4.35-41; Lc 8.22-25)

23 Entrando ele no barco, seus discípulos o seguiram. **24** De repente, uma violenta tempestade abateu-se sobre o mar, de forma que as ondas inundavam o barco. Jesus, porém, dormia. **25** Os discípulos foram acordá-lo, clamando: "Senhor, salva-nos! Vamos morrer!"

26 Ele perguntou: "Por que vocês estão com tanto medo, homens de pequena fé?" Então ele se levantou e repreendeu os ventos e o mar, e fez-se completa bonança. **27** Os homens ficaram perplexos e perguntaram: "Quem é este que até os ventos e o mar lhe obedecem?"

A Cura de Dois Endemoninhados
(Mc 5.1-20; Lc 8.26-39)

28 Quando ele chegou ao outro lado, à região dos gadarenosᵇ, foram ao seu encontro dois endemoninhados, que vinham dos sepulcros. Eles eram tão violentos que ninguém podia passar por aquele caminho. **29** Então eles gritaram: "Que queres conosco, Filho de Deus? Vieste aqui para nos atormentar antes do devido tempo?"

30 A certa distância deles estava pastando uma grande manada de porcos. **31** Os demônios imploravam a Jesus: "Se nos expulsas, manda-nos entrar naquela manada de porcos". **32** Ele lhes disse: "Vão!" Eles saíram e entraram nos porcos, e toda a manada atirou-se precipício abaixo, em direção ao mar, e morreu afogada. **33** Os que cuidavam dos porcos fugiram, foram à cidade e contaram tudo, inclusive o que acontecera aos endemoninhados. **34** Toda a cidade saiu ao encontro de Jesus, e, quando o viram, suplicaram-lhe que saísse do território deles.

Jesus Cura um Paralítico
(Mc 2.1-12; Lc 5.17-26)

9 Entrando Jesus num barco, atravessou o mar e foi para a sua cidade. **2** Alguns homens trouxeram-lhe um paralítico, deitado em sua maca. Vendo a fé que eles tinham, Jesus disse ao paralítico: "Tenha bom ânimo, filho; os seus pecados estão perdoados".

3 Diante disso, alguns mestres da lei disseram a si mesmos: "Este homem está blasfemando!"

4 Conhecendo Jesus seus pensamentos, disse-lhes: "Por que vocês pensam maldosamente em seu coração? **5** Que é mais fácil dizer: 'Os seus pecados estão perdoados', ou: 'Levante-se e ande'? **6** Mas, para que vocês saibam que o Filho do homem tem na terra autoridade para perdoar pecados" — disse ao paralítico: "Levante-se, pegue a sua maca e vá para casa". **7** Ele se levantou e foi.

16 When evening came, many who were demon-possessed were brought to him, and he drove out the spirits with a word and healed all the sick. **17** This was to fulfill what was spoken through the prophet Isaiah:

"He took up our infirmities
and carried our diseases."ª

The Cost of Following Jesus
18 When Jesus saw the crowd around him, he gave orders to cross to the other side of the lake. **19** Then a teacher of the law came to him and said, "Teacher, I will follow you wherever you go."

20 Jesus replied, "Foxes have holes and birds of the air have nests, but the Son of Man has no place to lay his head."

21 Another disciple said to him, "Lord, first let me go and bury my father."

22 But Jesus told him, "Follow me, and let the dead bury their own dead."

Jesus Calms the Storm
23 Then he got into the boat and his disciples followed him. **24** Without warning, a furious storm came up on the lake, so that the waves swept over the boat. But Jesus was sleeping. **25** The disciples went and woke him, saying, "Lord, save us! We're going to drown!"

26 He replied, "You of little faith, why are you so afraid?" Then he got up and rebuked the winds and the waves, and it was completely calm.

27 The men were amazed and asked, "What kind of man is this? Even the winds and the waves obey him!"

The Healing of Two Demon-possessed Men
28 When he arrived at the other side in the region of the Gadarenes,ᵇ two demon-possessed men coming from the tombs met him. They were so violent that no one could pass that way. **29** "What do you want with us, Son of God?" they shouted. "Have you come here to torture us before the appointed time?"

30 Some distance from them a large herd of pigs was feeding. **31** The demons begged Jesus, "If you drive us out, send us into the herd of pigs."

32 He said to them, "Go!" So they came out and went into the pigs, and the whole herd rushed down the steep bank into the lake and died in the water. **33** Those tending the pigs ran off, went into the town and reported all this, including what had happened to the demon-possessed men. **34** Then the whole town went out to meet Jesus. And when they saw him, they pleaded with him to leave their region.

Jesus Heals a Paralytic
9 Jesus stepped into a boat, crossed over and came to his own town. **2** Some men brought to him a paralytic, lying on a mat. When Jesus saw their faith, he said to the paralytic, "Take heart, son; your sins are forgiven."

3 At this, some of the teachers of the law said to themselves, "This fellow is blaspheming!"

4 Knowing their thoughts, Jesus said, "Why do you entertain evil thoughts in your hearts? **5** Which is easier: to say, 'Your sins are forgiven,' or to say, 'Get up and walk'? **6** But so that you may know that the Son of Man has authority on earth to forgive sins...." Then he said to the paralytic, "Get up, take your mat and go home." **7** And the man got up and went home.

ª**8.17** Is 53.4 ᵇ**8.28** Alguns manuscritos trazem *gergesenos*; outros dizem *gerasenos*.

ª**8:17** Isaiah 53:4 ᵇ**8:28** Some manuscripts *Gergesenes*; others *Gerasenes*

8 Vendo isso, a multidão ficou cheia de temor e glorificou a Deus, que dera tal autoridade aos homens.

O Chamado de Mateus
(Mc 2.13-17; Lc 5.27-32)

9 Saindo, Jesus viu um homem chamado Mateus, sentado na coletoria, e disse-lhe: "Siga-me". Mateus levantou-se e o seguiu.

10 Estando Jesus em casa[a], foram comer com ele e seus discípulos muitos publicanos e "pecadores". **11** Vendo isso, os fariseus perguntaram aos discípulos dele: "Por que o mestre de vocês come com publicanos e 'pecadores'?"

12 Ouvindo isso, Jesus disse: "Não são os que têm saúde que precisam de médico, mas sim os doentes. **13** Vão aprender o que significa isto: 'Desejo misericórdia, não sacrifícios'[b]. Pois eu não vim chamar justos, mas pecadores".

Jesus é Interrogado acerca do Jejum
(Mc 2.18-22; Lc 5.33-39)

14 Então os discípulos de João vieram perguntar-lhe: "Por que nós e os fariseus jejuamos, mas os teus discípulos não?"

15 Jesus respondeu: "Como podem os convidados do noivo ficar de luto enquanto o noivo está com eles? Virão dias quando o noivo lhes será tirado; então jejuarão.

16 "Ninguém põe remendo de pano novo em roupa velha, pois o remendo forçará a roupa, tornando pior o rasgo. **17** Nem se põe vinho novo em vasilha de couro velha; se o fizer, a vasilha rebentará, o vinho se derramará e a vasilha se estragará. Ao contrário, põe-se vinho novo em vasilha de couro nova; e ambos se conservam".

O Poder de Jesus sobre a Doença e a Morte
(Mc 5.21-43; Lc 8.40-56)

18 Falava ele ainda quando um dos dirigentes da sinagoga chegou, ajoelhou-se diante dele e disse: "Minha filha acaba de morrer. Vem e impõe a tua mão sobre ela, e ela viverá". **19** Jesus levantou-se e foi com ele, e também os seus discípulos.

20 Nisso uma mulher que havia doze anos vinha sofrendo de hemorragia, chegou por trás dele e tocou na borda do seu manto, **21** pois dizia a si mesma: "Se eu tão-somente tocar em seu manto, ficarei curada".

22 Voltando-se, Jesus a viu e disse: "Ânimo, filha, a sua fé a curou!"[c] E desde aquele instante a mulher ficou curada.

23 Quando ele chegou à casa do dirigente da sinagoga e viu os flautistas e a multidão agitada, **24** disse: "Saiam! A menina não está morta, mas dorme". Todos começaram a rir dele. **25** Depois que a multidão se afastou, ele entrou e tomou a menina pela mão, e ela se levantou. **26** A notícia deste acontecimento espalhou-se por toda aquela região.

A Cura de Dois Cegos e de Um Mudo

27 Saindo Jesus dali, dois cegos o seguiram, clamando: "Filho de Davi, tem misericórdia de nós!"

28 Entrando ele em casa, os cegos se aproximaram, e ele lhes perguntou: "Vocês crêem que eu sou capaz de fazer isso?"

Eles responderam: "Sim, Senhor!"

29 E ele, tocando nos olhos deles, disse: "Que lhes seja feito segundo a fé que vocês têm!" **30** E a visão deles foi restaurada. Então Jesus os advertiu severamente: "Cuidem para que ninguém saiba disso". **31** Eles, porém, saíram e espalharam a notícia por toda aquela região.

32 Enquanto eles se retiravam, foi levado a Jesus um homem endemoninhado que não podia falar. **33** Quando o demônio foi expulso, o mudo começou a falar. A multidão ficou admirada e disse: "Nunca se viu nada parecido em Israel!"

34 Mas os fariseus diziam: "É pelo príncipe dos demônios que ele expulsa demônios".

Poucos São os Trabalhadores

35 Jesus ia passando por todas as cidades e povoados, ensi-

---

8 When the crowd saw this, they were filled with awe; and they praised God, who had given such authority to men.

The Calling of Matthew

9 As Jesus went on from there, he saw a man named Matthew sitting at the tax collector's booth. "Follow me," he told him, and Matthew got up and followed him.

10 While Jesus was having dinner at Matthew's house, many tax collectors and "sinners" came and ate with him and his disciples. **11** When the Pharisees saw this, they asked his disciples, "Why does your teacher eat with tax collectors and 'sinners'?"

12 On hearing this, Jesus said, "It is not the healthy who need a doctor, but the sick. **13** But go and learn what this means: 'I desire mercy, not sacrifice.'[a] For I have not come to call the righteous, but sinners."

Jesus Questioned About Fasting

14 Then John's disciples came and asked him, "How is it that we and the Pharisees fast, but your disciples do not fast?"

15 Jesus answered, "How can the guests of the bridegroom mourn while he is with them? The time will come when the bridegroom will be taken from them; then they will fast.

16 "No one sews a patch of unshrunk cloth on an old garment, for the patch will pull away from the garment, making the tear worse. **17** Neither do men pour new wine into old wineskins. If they do, the skins will burst, the wine will run out and the wineskins will be ruined. No, they pour new wine into new wineskins, and both are preserved."

A Dead Girl and a Sick Woman

18 While he was saying this, a ruler came and knelt before him and said, "My daughter has just died. But come and put your hand on her, and she will live." **19** Jesus got up and went with him, and so did his disciples.

20 Just then a woman who had been subject to bleeding for twelve years came up behind him and touched the edge of his cloak. **21** She said to herself, "If I only touch his cloak, I will be healed."

22 Jesus turned and saw her. "Take heart, daughter," he said, "your faith has healed you." And the woman was healed from that moment.

23 When Jesus entered the ruler's house and saw the flute players and the noisy crowd, **24** he said, "Go away. The girl is not dead but asleep." But they laughed at him. **25** After the crowd had been put outside, he went in and took the girl by the hand, and she got up. **26** News of this spread through all that region.

Jesus Heals the Blind and Mute

27 As Jesus went on from there, two blind men followed him, calling out, "Have mercy on us, Son of David!"

28 When he had gone indoors, the blind men came to him, and he asked them, "Do you believe that I am able to do this?"

"Yes, Lord," they replied.

29 Then he touched their eyes and said, "According to your faith will it be done to you"; **30** and their sight was restored. Jesus warned them sternly, "See that no one knows about this." **31** But they went out and spread the news about him all over that region.

32 While they were going out, a man who was demon-possessed and could not talk was brought to Jesus. **33** And when the demon was driven out, the man who had been mute spoke. The crowd was amazed and said, "Nothing like this has ever been seen in Israel."

34 But the Pharisees said, "It is by the prince of demons that he drives out demons."

The Workers Are Few

35 Jesus went through all the towns and villages, teaching in

---

a9.10 Ou *na casa de Mateus*; veja Lc 5.29. **b9.13** Os 6.6 **c9.22** Ou *a salvou!*

a9:13 Hosea 6:6

nando nas sinagogas, pregando as boas novas do Reino e curando todas as enfermidades e doenças. **36** Ao ver as multidões, teve compaixão delas, porque estavam aflitas e desamparadas, como ovelhas sem pastor. **37** Então disse aos seus discípulos: "A colheita é grande, mas os trabalhadores são poucos. **38** Peçam, pois, ao Senhor da colheita que envie trabalhadores para a sua colheita".

Jesus Envia os Doze
(Mc 5.7-13; Lc 9.1-6)

10 Chamando seus doze discípulos, deu-lhes autoridade para expulsar espíritos imundos[a] e curar todas as doenças e enfermidades.

2 Estes são os nomes dos doze apóstolos: primeiro, Simão, chamado Pedro, e André, seu irmão; Tiago, filho de Zebedeu, e João, seu irmão; **3** Filipe e Bartolomeu; Tomé e Mateus, o publicano; Tiago, filho de Alfeu, e Tadeu; **4** Simão, o zelote, e Judas Iscariotes, que o traiu.

5 Jesus enviou os doze com as seguintes instruções: "Não se dirijam aos gentios[b], nem entrem em cidade alguma dos samaritanos. **6** Antes, dirijam-se às ovelhas perdidas de Israel. **7** Por onde forem, preguem esta mensagem: O Reino dos céus está próximo. **8** Curem os enfermos, ressuscitem os mortos, purifiquem os leprosos[c], expulsem os demônios. Vocês receberam de graça; deem também de graça. **9** Não levem nem ouro, nem prata, nem cobre em seus cintos; **10** não levem nenhum saco de viagem, nem túnica extra, nem sandálias, nem bordão; pois o trabalhador é digno do seu sustento.

11 "Na cidade ou povoado em que entrarem, procurem alguém digno de recebê-los, e fiquem em sua casa até partirem. **12** Ao entrarem na casa, saúdem-na. **13** Se a casa for digna, que a paz de vocês repouse sobre ela; se não for, que a paz retorne para vocês. **14** Se alguém não os receber nem ouvir suas palavras, sacudam a poeira dos pés quando saírem daquela casa ou cidade. **15** Eu lhes digo a verdade: No dia do juízo haverá menor rigor para Sodoma e Gomorra do que para aquela cidade. **16** Eu os estou enviando como ovelhas entre lobos. Portanto, sejam astutos como as serpentes e sem malícia como as pombas.

17 "Tenham cuidado, pois os homens os entregarão aos tribunais e os açoitarão nas sinagogas deles. **18** Por minha causa vocês serão levados à presença de governadores e reis como testemunhas a eles e aos gentios. **19** Mas quando os prenderem, não se preocupem quanto ao que dizer, ou como dizê-lo. Naquela hora lhes será dado o que dizer, **20** pois não serão vocês que estarão falando, mas o Espírito do Pai de vocês falará por intermédio de vocês.

21 "O irmão entregará à morte o seu irmão, e o pai, o seu filho; filhos se rebelarão contra seus pais e os matarão. **22** Todos odiarão vocês por minha causa, mas aquele que perseverar até o fim será salvo. **23** Quando forem perseguidos num lugar, fujam para outro. Eu lhes garanto que vocês não terão percorrido todas as cidades de Israel antes que venha o Filho do homem.

24 "O discípulo não está acima do seu mestre, nem o servo acima do seu senhor. **25** Basta ao discípulo ser como o seu mestre, e ao servo, como o seu senhor. Se o dono da casa foi chamado Belzebu, quanto mais os membros da sua família!

26 "Portanto, não tenham medo deles. Não há nada escondido que não venha a ser revelado, nem oculto que não venha a se tornar conhecido. **27** O que eu lhes digo na escuridão, falem à luz do dia; o que é sussurrado em seus ouvidos, proclamem dos telhados. **28** Não tenham medo dos que matam o corpo, mas não podem matar a alma. Antes, tenham medo daquele que pode destruir tanto a alma como o

their synagogues, preaching the good news of the kingdom and healing every disease and sickness. **36** When he saw the crowds, he had compassion on them, because they were harassed and helpless, like sheep without a shepherd. **37** Then he said to his disciples, "The harvest is plentiful but the workers are few. **38** Ask the Lord of the harvest, therefore, to send out workers into his harvest field."

Jesus Sends Out the Twelve

10 He called his twelve disciples to him and gave them authority to drive out evil[a] spirits and to heal every disease and sickness.

2 These are the names of the twelve apostles: first, Simon (who is called Peter) and his brother Andrew; James son of Zebedee, and his brother John; **3** Philip and Bartholomew; Thomas and Matthew the tax collector; James son of Alphaeus, and Thaddaeus; **4** Simon the Zealot and Judas Iscariot, who betrayed him.

5 These twelve Jesus sent out with the following instructions: "Do not go among the Gentiles or enter any town of the Samaritans. **6** Go rather to the lost sheep of Israel. **7** As you go, preach this message: 'The kingdom of heaven is near.' **8** Heal the sick, raise the dead, cleanse those who have leprosy,[b] drive out demons. Freely you have received, freely give. **9** Do not take along any gold or silver or copper in your belts; **10** take no bag for the journey, or extra tunic, or sandals or a staff; for the worker is worth his keep.

11 "Whatever town or village you enter, search for some worthy person there and stay at his house until you leave. **12** As you enter the home, give it your greeting. **13** If the home is deserving, let your peace rest on it; if it is not, let your peace return to you. **14** If anyone will not welcome you or listen to your words, shake the dust off your feet when you leave that home or town. **15** I tell you the truth, it will be more bearable for Sodom and Gomorrah on the day of judgment than for that town. **16** I am sending you out like sheep among wolves. Therefore be as shrewd as snakes and as innocent as doves.

17 "Be on your guard against men; they will hand you over to the local councils and flog you in their synagogues. **18** On my account you will be brought before governors and kings as witnesses to them and to the Gentiles. **19** But when they arrest you, do not worry about what to say or how to say it. At that time you will be given what to say, **20** for it will not be you speaking, but the Spirit of your Father speaking through you.

21 "Brother will betray brother to death, and a father his child; children will rebel against their parents and have them put to death. **22** All men will hate you because of me, but he who stands firm to the end will be saved. **23** When you are persecuted in one place, flee to another. I tell you the truth, you will not finish going through the cities of Israel before the Son of Man comes.

24 "A student is not above his teacher, nor a servant above his master. **25** It is enough for the student to be like his teacher, and the servant like his master. If the head of the house has been called Beelzebub,[c] how much more the members of his household!

26 "So do not be afraid of them. There is nothing concealed that will not be disclosed, or hidden that will not be made known. **27** What I tell you in the dark, speak in the daylight; what is whispered in your ear, proclaim from the roofs. **28** Do not be afraid of those who kill the body but cannot kill the soul. Rather, be afraid of the One who can destroy both soul

---

[a]**10.1** Ou *malignos* [b]**10.5** Isto é, os que não são judeus; também no versículo 18. [c]**10.8** O termo grego não se refere somente à lepra, mas também a diversas doenças da pele.

[a]**10:1** Greek *unclean* [b]**10:8** The Greek word was used for various diseases affecting the skin—not necessarily leprosy. [c]**10:25** Greek *Beezeboul* or *Beelzeboul*

corpo no inferno. ²⁹ Não se vendem dois pardais por uma moedinhaª? Contudo, nenhum deles cai no chão sem o consentimento do Pai de vocês. ³⁰ Até os cabelos da cabeça de vocês estão todos contados. ³¹ Portanto, não tenham medo; vocês valem mais do que muitos pardais!

³² "Quem, pois, me confessar diante dos homens, eu também o confessarei diante do meu Pai que está nos céus. ³³ Mas aquele que me negar diante dos homens, eu também o negarei diante do meu Pai que está nos céus.

³⁴ "Não pensem que vim trazer paz à terra; não vim trazer paz, mas espada. ³⁵ Pois eu vim para fazer que

" 'o homem fique contra seu pai,
    a filha contra sua mãe,
  a nora contra sua sogra;
³⁶ os inimigos do homem serão os da sua
         própria família'.ᵇ

³⁷ "Quem ama seu pai ou sua mãe mais do que a mim não é digno de mim; quem ama seu filho ou sua filha mais do que a mim não é digno de mim; ³⁸ e quem não toma a sua cruz e não me segue, não é digno de mim. ³⁹ Quem acha a sua vida a perderá, e quem perde a sua vida por minha causa a encontrará.

⁴⁰ "Quem recebe vocês, recebe a mim; e quem me recebe, recebe aquele que me enviou. ⁴¹ Quem recebe um profeta, porque ele é profeta, receberá a recompensa de profeta, e quem recebe um justo, porque ele é justo, receberá a recompensa de justo. ⁴² E se alguém der mesmo que seja apenas um copo de água fria a um destes pequeninos, porque ele é meu discípulo, eu lhes asseguro que não perderá a sua recompensa".

Jesus e João Batista
(Lc 7.18-35)

11 Depois que terminou de instruir seus doze discípulos, Jesus saiu para ensinar e pregar nas cidades da Galiléiaᶜ.

² João, ao ouvir na prisão o que Cristo estava fazendo, enviou seus discípulos para lhe perguntarem: ³ "És tu aquele que haveria de vir ou devemos esperar algum outro?"

⁴ Jesus respondeu: "Voltem e anunciem a João o que vocês estão ouvindo e vendo: ⁵ os cegos vêem, os mancos andam, os leprososᵈ são purificados, os surdos ouvem, os mortos são ressuscitados, e as boas novas são pregadas aos pobres; ⁶ e feliz é aquele que não se escandaliza por minha causa".

⁷ Enquanto saíam os discípulos de João, Jesus começou a falar à multidão a respeito de João: "O que vocês foram ver no deserto? Um caniço agitado pelo vento? ⁸ Ou, o que foram ver? Um homem vestido de roupas finas? Ora, os que usam roupas finas estão nos palácios reais. ⁹ Afinal, o que foram ver? Um profeta? Sim, eu lhes digo, e mais que profeta. ¹⁰ Este é aquele a respeito de quem está escrito:

" 'Enviarei o meu mensageiro
    à tua frente;
  ele preparará o teu caminho diante de ti'.ᵉ

¹¹ Digo-lhes a verdade: Entre os nascidos de mulher não surgiu ninguém maior do que João Batista; todavia, o menor no Reino dos céus é maior do que ele. ¹² Desde os dias de João Batista até agora, o Reino dos céus é tomado à força, e os que usam de força se apoderam dele. ¹³ Pois todos os Profetas e a Lei profetizaram até João. ¹⁴ E se vocês quiserem aceitar, este é o Elias que havia de vir. ¹⁵ Aquele que tem ouvidos, ouça!

¹⁶ "A que posso comparar esta geração? São como crianças que ficam sentadas nas praças e gritam umas às outras:

and body in hell. ²⁹ Are not two sparrows sold for a pennyª? Yet not one of them will fall to the ground apart from the will of your Father. ³⁰ And even the very hairs of your head are all numbered. ³¹ So don't be afraid; you are worth more than many sparrows.

³² "Whoever acknowledges me before men, I will also acknowledge him before my Father in heaven. ³³ But whoever disowns me before men, I will disown him before my Father in heaven.

³⁴ "Do not suppose that I have come to bring peace to the earth. I did not come to bring peace, but a sword. ³⁵ For I have come to turn

" 'a man against his father,
    a daughter against her mother,
  a daughter-in-law against her mother-in-law–
³⁶   a man's enemies will be the members of his
         own household.'ᵇ

³⁷ "Anyone who loves his father or mother more than me is not worthy of me; anyone who loves his son or daughter more than me is not worthy of me; ³⁸ and anyone who does not take his cross and follow me is not worthy of me. ³⁹ Whoever finds his life will lose it, and whoever loses his life for my sake will find it.

⁴⁰ "He who receives you receives me, and he who receives me receives the one who sent me. ⁴¹ Anyone who receives a prophet because he is a prophet will receive a prophet's reward, and anyone who receives a righteous man because he is a righteous man will receive a righteous man's reward. ⁴² And if anyone gives even a cup of cold water to one of these little ones because he is my disciple, I tell you the truth, he will certainly not lose his reward."

Jesus and John the Baptist

11 After Jesus had finished instructing his twelve disciples, he went on from there to teach and preach in the towns of Galilee.ᶜ

² When John heard in prison what Christ was doing, he sent his disciples ³ to ask him, "Are you the one who was to come, or should we expect someone else?"

⁴ Jesus replied, "Go back and report to John what you hear and see: ⁵ The blind receive sight, the lame walk, those who have leprosyᵈ are cured, the deaf hear, the dead are raised, and the good news is preached to the poor. ⁶ Blessed is the man who does not fall away on account of me."

⁷ As John's disciples were leaving, Jesus began to speak to the crowd about John: "What did you go out into the desert to see? A reed swayed by the wind? ⁸ If not, what did you go out to see? A man dressed in fine clothes? No, those who wear fine clothes are in kings' palaces. ⁹ Then what did you go out to see? A prophet? Yes, I tell you, and more than a prophet. ¹⁰ This is the one about whom it is written:

" 'I will send my messenger ahead of you,
    who will prepare your way before you.'ᵉ

¹¹ I tell you the truth: Among those born of women there has not risen anyone greater than John the Baptist; yet he who is least in the kingdom of heaven is greater than he. ¹² From the days of John the Baptist until now, the kingdom of heaven has been forcefully advancing, and forceful men lay hold of it. ¹³ For all the Prophets and the Law prophesied until John. ¹⁴ And if you are willing to accept it, he is the Elijah who was to come. ¹⁵ He who has ears, let him hear.

¹⁶ "To what can I compare this generation? They are like children sitting in the marketplaces and calling out to others:

ª10.29 Grego: *um asse.* ᵇ10.35,36 Mq 7.6 ᶜ11.1 Grego: *cidades deles.*ᵈ11.5 O termo grego não se refere somente à lepra, mas também a diversas doenças da pele. ᵉ11.10 Ml 3.1

ª10:29 Greek *an assarion* ᵇ10:36 Micah 7:6 ᶜ11:1 Greek *in their towns* ᵈ11:5 The Greek word was used for various diseases affecting the skin- not necessarily leprosy. ᵉ11:10 Mal. 3:1

17 " 'Nós lhes tocamos flauta,
     mas vocês não dançaram;
cantamos um lamento,
     mas vocês não
se entristeceram'.

18 Pois veio João, que jejua e não bebe vinho^a, e dizem: 'Ele tem demônio'. **19** Veio o Filho do homem comendo e bebendo, e dizem: 'Aí está um comilão e beberrão, amigo de publicanos e "pecadores" '. Mas a sabedoria é comprovada pelas obras que a acompanham".

Ai das Cidades que Não se Arrependem
(Lc 10.13-15)

20 Então Jesus começou a denunciar as cidades em que havia sido realizada a maioria dos seus milagres, porque não se arrependeram. **21** "Ai de você, Corazim! Ai de você, Betsaida! Porque se os milagres que foram realizados entre vocês tivessem sido realizados em Tiro e Sidom, há muito tempo elas se teriam arrependido, vestindo roupas de saco e cobrindo-se de cinzas. **22** Mas eu lhes afirmo que no dia do juízo haverá menor rigor para Tiro e Sidom do que para vocês. **23** E você, Cafarnaum, será elevada até ao céu? Não, você descerá até o Hades^b! Se os milagres que em você foram realizados tivessem sido realizados em Sodoma, ela teria permanecido até hoje. **24** Mas eu lhe afirmo que no dia do juízo haverá menor rigor para Sodoma do que para você".

Repouso para os Cansados
(Lc 10.21,22)

25 Naquela ocasião Jesus disse: "Eu te louvo, Pai, Senhor dos céus e da terra, porque escondeste estas coisas dos sábios e cultos, e as revelaste aos pequeninos. **26** Sim, Pai, pois assim foi do teu agrado.

27 "Todas as coisas me foram entregues por meu Pai. Ninguém conhece o Filho a não ser o Pai, e ninguém conhece o Pai a não ser o Filho e aqueles a quem o Filho o quiser revelar.

28 "Venham a mim, todos os que estão cansados e sobrecarregados, e eu lhes darei descanso. **29** Tomem sobre vocês o meu jugo e aprendam de mim, pois sou manso e humilde de coração, e vocês encontrarão descanso para as suas almas. **30** Pois o meu jugo é suave e o meu fardo é leve".

O Senhor do Sábado
(Mc 2.23-3.6; Lc 6.1-11)

12 Naquela ocasião Jesus passou pelas lavouras de cereal no sábado. Seus discípulos estavam com fome e começaram a colher espigas para comê-las. **2** Os fariseus, vendo aquilo, lhe disseram: "Olha, os teus discípulos estão fazendo o que não é permitido no sábado".

3 Ele respondeu: "Vocês não leram o que fez Davi quando ele e seus companheiros estavam com fome? **4** Ele entrou na casa de Deus e, junto com os seus companheiros, comeu os pães da Presença, o que não lhes era permitido fazer, mas apenas aos sacerdotes. **5** Ou vocês não leram na Lei que, no sábado, os sacerdotes no templo profanam esse dia e, contudo, ficam sem culpa? **6** Eu lhes digo que aqui está o que é maior do que o templo. **7** Se vocês soubessem o que significam estas palavras: 'Desejo misericórdia, não sacrifícios'^c, não teriam condenado inocentes. **8** Pois o Filho do homem é Senhor do sábado".

9 Saindo daquele lugar, dirigiu-se à sinagoga deles, **10** e estava ali um homem com uma das mãos atrofiada. Procurando um motivo para acusar Jesus, eles lhe perguntaram: "É permitido curar no sábado?"

11 Ele lhes respondeu: "Qual de vocês, se tiver uma ovelha e ela cair num buraco no sábado, não irá pegá-la e tirá-la de lá? **12** Quanto mais vale um homem do que uma ovelha! Portanto, é permitido fazer o bem no sábado".

---

17 " 'We played the flute for you,
     and you did not dance;
we sang a dirge
     and you did not mourn.'

18 For John came neither eating nor drinking, and they say, 'He has a demon.' **19** The Son of Man came eating and drinking, and they say, 'Here is a glutton and a drunkard, a friend of tax collectors and "sinners." ' But wisdom is proved right by her actions."

Woe on Unrepentant Cities

20 Then Jesus began to denounce the cities in which most of his miracles had been performed, because they did not repent. **21** "Woe to you, Korazin! Woe to you, Bethsaida! If the miracles that were performed in you had been performed in Tyre and Sidon, they would have repented long ago in sackcloth and ashes. **22** But I tell you, it will be more bearable for Tyre and Sidon on the day of judgment than for you. **23** And you, Capernaum, will you be lifted up to the skies? No, you will go down to the depths.^a If the miracles that were performed in you had been performed in Sodom, it would have remained to this day. **24** But I tell you that it will be more bearable for Sodom on the day of judgment than for you."

Rest for the Weary

25 At that time Jesus said, "I praise you, Father, Lord of heaven and earth, because you have hidden these things from the wise and learned, and revealed them to little children. **26** Yes, Father, for this was your good pleasure.

27 "All things have been committed to me by my Father. No one knows the Son except the Father, and no one knows the Father except the Son and those to whom the Son chooses to reveal him.

28 "Come to me, all you who are weary and burdened, and I will give you rest. **29** Take my yoke upon you and learn from me, for I am gentle and humble in heart, and you will find rest for your souls. **30** For my yoke is easy and my burden is light."

Lord of the Sabbath

12 At that time Jesus went through the grainfields on the Sabbath. His disciples were hungry and began to pick some heads of grain and eat them. **2** When the Pharisees saw this, they said to him, "Look! Your disciples are doing what is unlawful on the Sabbath."

3 He answered, "Haven't you read what David did when he and his companions were hungry? **4** He entered the house of God, and he and his companions ate the consecrated bread— which was not lawful for them to do, but only for the priests. **5** Or haven't you read in the Law that on the Sabbath the priests in the temple desecrate the day and yet are innocent? **6** I tell you that one^b greater than the temple is here. **7** If you had known what these words mean, 'I desire mercy, not sacrifice,'^c you would not have condemned the innocent. **8** For the Son of Man is Lord of the Sabbath."

9 Going on from that place, he went into their synagogue, **10** and a man with a shriveled hand was there. Looking for a reason to accuse Jesus, they asked him, "Is it lawful to heal on the Sabbath?"

11 He said to them, "If any of you has a sheep and it falls into a pit on the Sabbath, will you not take hold of it and lift it out? **12** How much more valuable is a man than a sheep! Therefore it is lawful to do good on the Sabbath."

---

^a11.18 Grego: *não comendo, nem bebendo.* ^b11.23 Essa palavra pode ser traduzida por inferno, sepulcro, morte ou profundezas. ^c12.7 Os 6.6

^a11:23 Greek *Hades* ^b12:6 Or *something*; also in verses 41 and 42 ^c12:7 Hosea 6:6

13 Então ele disse ao homem: "Estenda a mão". Ele a estendeu, e ela foi restaurada, e ficou boa como a outra. **14** Então os fariseus saíram e começaram a conspirar sobre como poderiam matar Jesus.

O Servo Escolhido de Deus

15 Sabendo disso, Jesus retirou-se daquele lugar. Muitos o seguiram, e ele curou todos os doentes que havia entre eles, **16** advertindo-os que não dissessem quem ele era. **17** Isso aconteceu para se cumprir o que fora dito por meio do profeta Isaías:

18 "Eis o meu servo,
    a quem escolhi,
o meu amado,
    em quem tenho prazer.
Porei sobre ele o meu Espírito,
    e ele anunciará justiça
    às nações.
19 Não discutirá nem gritará;
    ninguém ouvirá sua voz
    nas ruas.
20 Não quebrará o caniço rachado,
    não apagará o pavio fumegante,
até que leve à vitória a justiça.
21 Em seu nome as nações
    porão sua esperança"ª.

A Acusação contra Jesus
(Mc 3.20-30; Lc 11.14-23)

22 Depois disso, levaram-lhe um endemoninhado que era cego e mudo, e Jesus o curou, de modo que ele pôde falar e ver. **23** Todo o povo ficou atônito e disse: "Não será este o Filho de Davi?"

24 Mas quando os fariseus ouviram isso, disseram: "É somente por Belzebu, o príncipe dos demônios, que ele expulsa demônios".

25 Jesus, conhecendo os seus pensamentos, disse-lhes: "Todo reino dividido contra si mesmo será arruinado, e toda cidade ou casa dividida contra si mesma não subsistirá. **26** Se Satanás expulsa Satanás, está dividido contra si mesmo. Como, então, subsistirá seu reino? **27** E se eu expulso demônios por Belzebu, por quem os expulsam os filhosᵇ de vocês? Por isso, eles mesmos serão juízes sobre vocês. **28** Mas se é pelo Espírito de Deus que eu expulso demônios, então chegou a vocês o Reino de Deus.

29 "Ou, como alguém pode entrar na casa do homem forte e levar dali seus bens, sem antes amarrá-lo? Só então poderá roubar a casa dele.

30 "Aquele que não está comigo, está contra mim; e aquele que comigo não ajunta, espalha. **31** Por esse motivo eu lhes digo: Todo pecado e blasfêmia serão perdoados aos homens, mas a blasfêmia contra o Espírito não será perdoada. **32** Todo aquele que disser uma palavra contra o Filho do homem será perdoado, mas quem falar contra o Espírito Santo não será perdoado, nem nesta era nem na que há de vir.

33 "Considerem: Uma árvore boa dá fruto bom, e uma árvore ruim dá fruto ruim, pois uma árvore é conhecida por seu fruto. **34** Raça de víboras, como podem vocês, que são maus, dizer coisas boas? Pois a boca fala do que está cheio o coração. **35** O homem bom do seu bom tesouro tira coisas boas, e o homem mau do seu mau tesouro tira coisas más. **36** Mas eu lhes digo que, no dia do juízo, os homens haverão de dar conta de toda palavra inútil que tiverem falado. **37** Pois por suas palavras vocês serão absolvidos, e por suas palavras serão condenados".

O Sinal de Jonas
(Lc 11.29-32)

38 Então alguns dos fariseus e mestres da lei lhe disseram: "Mestre, queremos ver um sinal miraculoso feito por ti".

God's Chosen Servant

15 Aware of this, Jesus withdrew from that place. Many followed him, and he healed all their sick, **16** warning them not to tell who he was. **17** This was to fulfill what was spoken through the prophet Isaiah:

18 "Here is my servant whom I have chosen,
    the one I love, in whom I delight;
I will put my Spirit on him,
    and he will proclaim justice to the nations.
19 He will not quarrel or cry out;
    no one will hear his voice in the streets.
20 A bruised reed he will not break,
    and a smoldering wick he will not snuff out,
    till he leads justice to victory.
21 In his name the nations will put their hope."ª

Jesus and Beelzebub

22 Then they brought him a demon-possessed man who was blind and mute, and Jesus healed him, so that he could both talk and see. **23** All the people were astonished and said, "Could this be the Son of David?"

24 But when the Pharisees heard this, they said, "It is only by Beelzebub,ᵇ the prince of demons, that this fellow drives out demons."

25 Jesus knew their thoughts and said to them, "Every kingdom divided against itself will be ruined, and every city or household divided against itself will not stand. **26** If Satan drives out Satan, he is divided against himself. How then can his kingdom stand? **27** And if I drive out demons by Beelzebub, by whom do your people drive them out? So then, they will be your judges. **28** But if I drive out demons by the Spirit of God, then the kingdom of God has come upon you.

29 "Or again, how can anyone enter a strong man's house and carry off his possessions unless he first ties up the strong man? Then he can rob his house.

30 "He who is not with me is against me, and he who does not gather with me scatters. **31** And so I tell you, every sin and blasphemy will be forgiven men, but the blasphemy against the Spirit will not be forgiven. **32** Anyone who speaks a word against the Son of Man will be forgiven, but anyone who speaks against the Holy Spirit will not be forgiven, either in this age or in the age to come.

33 "Make a tree good and its fruit will be good, or make a tree bad and its fruit will be bad, for a tree is recognized by its fruit. **34** You brood of vipers, how can you who are evil say anything good? For out of the overflow of the heart the mouth speaks. **35** The good man brings good things out of the good stored up in him, and the evil man brings evil things out of the evil stored up in him. **36** But I tell you that men will have to give account on the day of judgment for every careless word they have spoken. **37** For by your words you will be acquitted, and by your words you will be condemned."

The Sign of Jonah

38 Then some of the Pharisees and teachers of the law said to him, "Teacher, we want to see a miraculous sign from you."

ª12.18-21 Is 42.1-4 ᵇ12.27 Ou *discípulos*   ª12:21 Isaiah 42:1-4 ᵇ12:24 Greek *Beezebul* or *Beelzeboul*; also in verse 27

39 Ele respondeu: "Uma geração perversa e adúltera pede um sinal miraculoso! Mas nenhum sinal lhe será dado, exceto o sinal do profeta Jonas. **40** Pois assim como Jonas esteve três dias e três noites no ventre de um grande peixe, assim o Filho do homem ficará três dias e três noites no coração da terra. **41** Os homens de Nínive se levantarão no juízo com esta geração e a condenarão; pois eles se arrependeram com a pregação de Jonas, e agora está aqui o que é maior do que Jonas. **42** A rainha do Sul se levantará no juízo com esta geração e a condenará, pois ela veio dos confins da terra para ouvir a sabedoria de Salomão, e agora está aqui o que é maior do que Salomão.

43 "Quando um espírito imundoª sai de um homem, passa por lugares áridos procurando descanso. Como não o encontra, **44** diz: 'Voltarei para a casa de onde saí'. Chegando, encontra a casa desocupada, varrida e em ordem. **45** Então vai e traz consigo outros sete espíritos piores do que ele, e, entrando, passam a viver ali. E o estado final daquele homem torna-se pior do que o primeiro. Assim acontecerá a esta geração perversa".

A Mãe e os Irmãos de Jesus
(Mc 3.31-35; Lc 8.19-21)

46 Falava ainda Jesus à multidão quando sua mãe e seus irmãos chegaram do lado de fora, querendo falar com ele. **47** Alguém lhe disse: "Tua mãe e teus irmãos estão lá fora e querem falar contigo"ᵇ.

48 "Quem é minha mãe, e quem são meus irmãos?", perguntou ele. **49** E, estendendo a mão para os discípulos, disse: "Aqui estão minha mãe e meus irmãos! **50** Pois quem faz a vontade de meu Pai que está nos céus, este é meu irmão, minha irmã e minha mãe".

A Parábola do Semeador
(Mc 4.1-20; Lc 8.1-15)

13 Naquele mesmo dia Jesus saiu de casa e assentou-se à beira-mar. **2** Reuniu-se ao seu redor uma multidão tão grande que, por isso, ele entrou num barco e assentou-se. Ao povo reunido na praia **3** Jesus falou muitas coisas por parábolas, dizendo: "O semeador saiu a semear. **4** Enquanto lançava a semente, parte dela caiu à beira do caminho, e as aves vieram e a comeram. **5** Parte dela caiu em terreno pedregoso, onde não havia muita terra; e logo brotou, porque a terra não era profunda. **6** Mas quando saiu o sol, as plantas se queimaram e secaram, porque não tinham raiz. **7** Outra parte caiu entre espinhos, que cresceram e sufocaram as plantas. **8** Outra ainda caiu em boa terra, deu boa colheita, a cem, sessenta e trinta por um. **9** Aquele que tem ouvidos para ouvir, ouça!"

10 Os discípulos aproximaram-se dele e perguntaram: "Por que falas ao povo por parábolas?"

11 Ele respondeu: "A vocês foi dado o conhecimento dos mistérios do Reino dos céus, mas a eles não. **12** A quem tem será dado, e este terá em grande quantidade. De quem não tem, até o que tem lhe será tirado. **13** Por essa razão eu lhes falo por parábolas:

" 'Porque vendo, eles não vêem
   e, ouvindo, não ouvem
   nem entendem'ᶜ.

14 Neles se cumpre a profecia de Isaías:

" 'Ainda que estejam sempre ouvindo,
   vocês nunca entenderão;
  ainda que estejam sempre vendo,
   jamais perceberão.
15 Pois o coração deste povo
   se tornou insensível;

39 He answered, "A wicked and adulterous generation asks for a miraculous sign! But none will be given it except the sign of the prophet Jonah. **40** For as Jonah was three days and three nights in the belly of a huge fish, so the Son of Man will be three days and three nights in the heart of the earth. **41** The men of Nineveh will stand up at the judgment with this generation and condemn it; for they repented at the preaching of Jonah, and now oneª greater than Jonah is here. **42** The Queen of the South will rise at the judgment with this generation and condemn it; for she came from the ends of the earth to listen to Solomon's wisdom, and now one greater than Solomon is here.

43 "When an evilᵇ spirit comes out of a man, it goes through arid places seeking rest and does not find it. **44** Then it says, 'I will return to the house I left.' When it arrives, it finds the house unoccupied, swept clean and put in order. **45** Then it goes and takes with it seven other spirits more wicked than itself, and they go in and live there. And the final condition of that man is worse than the first. That is how it will be with this wicked generation."

Jesus' Mother and Brothers

46 While Jesus was still talking to the crowd, his mother and brothers stood outside, wanting to speak to him. **47** Someone told him, "Your mother and brothers are standing outside, wanting to speak to you."ᶜ

48 He replied to him, "Who is my mother, and who are my brothers?" **49** Pointing to his disciples, he said, "Here are my mother and my brothers. **50** For whoever does the will of my Father in heaven is my brother and sister and mother."

The Parable of the Sower

13 That same day Jesus went out of the house and sat by the lake. **2** Such large crowds gathered around him that he got into a boat and sat in it, while all the people stood on the shore. **3** Then he told them many things in parables, saying: "A farmer went out to sow his seed. **4** As he was scattering the seed, some fell along the path, and the birds came and ate it up. **5** Some fell on rocky places, where it did not have much soil. It sprang up quickly, because the soil was shallow. **6** But when the sun came up, the plants were scorched, and they withered because they had no root. **7** Other seed fell among thorns, which grew up and choked the plants. **8** Still other seed fell on good soil, where it produced a crop—a hundred, sixty or thirty times what was sown. **9** He who has ears, let him hear."

10 The disciples came to him and asked, "Why do you speak to the people in parables?"

11 He replied, "The knowledge of the secrets of the kingdom of heaven has been given to you, but not to them. **12** Whoever has will be given more, and he will have an abundance. Whoever does not have, even what he has will be taken from him. **13** This is why I speak to them in parables:

"Though seeing, they do not see;
   though hearing, they do not hear or
   understand.

14 In them is fulfilled the prophecy of Isaiah:

" 'You will be ever hearing but never
   understanding;
  you will be ever seeing but never perceiving.
15 For this people's heart has become calloused;
   they hardly hear with their ears,

ª12.43 Ou *maligno* ᵇ12.47 Alguns manuscritos não trazem o versículo 47. ᶜ13.13 Alguns manuscritos trazem *Para que vendo, eles não vejam e, ouvindo, não ouçam nem entendam.*

ª12.41 Or *something*; also in verse 42 ᵇ12.43 Greek *unclean* ᶜ12.47 Some manuscripts do not have verse 47.

de má vontade
    ouviram com os seus ouvidos,
    e fecharam os seus olhos.
Se assim não fosse,
poderiam ver com os olhos,
    ouvir com os ouvidos,
entender com o coração
    e converter-se,
e eu os curaria'ª.

16 Mas, felizes são os olhos de vocês, porque vêem; e os ouvidos de vocês, porque ouvem. **17** Pois eu lhes digo a verdade: Muitos profetas e justos desejaram ver o que vocês estão vendo, mas não viram, e ouvir o que vocês estão ouvindo, mas não ouviram.

18 "Portanto, ouçam o que significa a parábola do semeador: **19** Quando alguém ouve a mensagem do Reino e não a entende, o Maligno vem e lhe arranca o que foi semeado em seu coração. Este é o que foi semeado à beira do caminho. **20** Quanto ao que foi semeado em terreno pedregoso, este é aquele que ouve a palavra e logo a recebe com alegria. **21** Todavia, visto que não tem raiz em si mesmo, permanece pouco tempo. Quando surge alguma tribulação ou perseguição por causa da palavra, logo a abandona. **22** Quanto ao que foi semeado entre os espinhos, este é aquele que ouve a palavra, mas a preocupação desta vida e o engano das riquezas a sufocam, tornando-a infrutífera. **23** E, finalmente, o que foi semeado em boa terra: este é aquele que ouve a palavra e a entende, e dá uma colheita de cem, sessenta e trinta por um".

A Parábola do Joio

24 Jesus lhes contou outra parábola, dizendo: "O Reino dos céus é como um homem que semeou boa semente em seu campo. **25** Mas enquanto todos dormiam, veio o seu inimigo e semeou o joioᵇ no meio do trigo e se foi. **26** Quando o trigo brotou e formou espigas, o joio também apareceu.

27 "Os servos do dono do campo dirigiram-se a ele e disseram: 'O senhor não semeou boa semente em seu campo? Então, de onde veio o joio?'

28 " 'Um inimigo fez isso', respondeu ele.

"Os servos lhe perguntaram: 'O senhor quer que o tiremos?'

29 "Ele respondeu: 'Não, porque, ao tirar o joio, vocês poderão arrancar com ele o trigo. **30** Deixem que cresçam juntos até a colheita. Então direi aos encarregados da colheita: Juntem primeiro o joio e amarrem-no em feixes para ser queimado; depois juntem o trigo e guardem-no no meu celeiro' ".

As Parábolas do Grão de Mostarda e do Fermento
(Mc 4.30-34; Lc 13.18-21)

31 E contou-lhes outra parábola: "O Reino dos céus é como um grão de mostarda que um homem plantou em seu campo. **32** Embora seja a menor dentre todas as sementes, quando cresce torna-se a maior das hortaliças e se transforma numa árvore, de modo que as aves do céu vêm fazer os seus ninhos em seus ramos".

33 E contou-lhes ainda outra parábola: "O Reino dos céus é como o fermento que uma mulher tomou e misturou com uma grande quantidadeᶜ de farinha, e toda a massa ficou fermentada".

34 Jesus falou todas estas coisas à multidão por parábolas. Nada lhes dizia sem usar alguma parábola, **35** cumprindo-se, assim, o que fora dito pelo profeta:

"Abrirei minha boca
    em parábolas,
proclamarei coisas ocultas
    desde a criação do mundo"ᵈ.

---

and they have closed their eyes.
Otherwise they might see with their eyes,
    hear with their ears,
    understand with their hearts
and turn, and I would heal them.'ª

16 But blessed are your eyes because they see, and your ears because they hear. **17** For I tell you the truth, many prophets and righteous men longed to see what you see but did not see it, and to hear what you hear but did not hear it.

18 "Listen then to what the parable of the sower means: **19** When anyone hears the message about the kingdom and does not understand it, the evil one comes and snatches away what was sown in his heart. This is the seed sown along the path. **20** The one who received the seed that fell on rocky places is the man who hears the word and at once receives it with joy. **21** But since he has no root, he lasts only a short time. When trouble or persecution comes because of the word, he quickly falls away. **22** The one who received the seed that fell among the thorns is the man who hears the word, but the worries of this life and the deceitfulness of wealth choke it, making it unfruitful. **23** But the one who received the seed that fell on good soil is the man who hears the word and understands it. He produces a crop, yielding a hundred, sixty or thirty times what was sown."

The Parable of the Weeds

24 Jesus told them another parable: "The kingdom of heaven is like a man who sowed good seed in his field. **25** But while everyone was sleeping, his enemy came and sowed weeds among the wheat, and went away. **26** When the wheat sprouted and formed heads, then the weeds also appeared.

27 "The owner's servants came to him and said, 'Sir, didn't you sow good seed in your field? Where then did the weeds come from?'

28 " 'An enemy did this,' he replied.

"The servants asked him, 'Do you want us to go and pull them up?'

29 " 'No,' he answered, 'because while you are pulling the weeds, you may root up the wheat with them. **30** Let both grow together until the harvest. At that time I will tell the harvesters: First collect the weeds and tie them in bundles to be burned; then gather the wheat and bring it into my barn.' "

The Parables of the Mustard Seed and the Yeast

31 He told them another parable: "The kingdom of heaven is like a mustard seed, which a man took and planted in his field. **32** Though it is the smallest of all your seeds, yet when it grows, it is the largest of garden plants and becomes a tree, so that the birds of the air come and perch in its branches."

33 He told them still another parable: "The kingdom of heaven is like yeast that a woman took and mixed into a large amountᵇ of flour until it worked all through the dough."

34 Jesus spoke all these things to the crowd in parables; he did not say anything to them without using a parable. **35** So was fulfilled what was spoken through the prophet:

"I will open my mouth in parables,
    I will utter things hidden since the creation
      of the world."ᶜ

ª**13.14,15** Is 6.9,10 ᵇ**13.25** Grego: *cizânia*, erva daninha parecida com o trigo; também no restante do capítulo. ᶜ**13.33** Grego: *3 satos*. O sato era uma medida de capacidade para secos. As estimativas variam entre 7 e 13 litros. ᵈ**13.35** Sl 78.2

ª**13:15** Isaiah 6:9,10 ᵇ**13:33** Greek *three satas* (probably about 1/2 bushel or 22 liters) ᶜ**13:35** Psalm 78:2

A Explicação da Parábola do Joio

36 Então ele deixou a multidão e foi para casa. Seus discípulos aproximaram-se dele e pediram: "Explica-nos a parábola do joio no campo".

37 Ele respondeu: "Aquele que semeou a boa semente é o Filho do homem. **38** O campo é o mundo, e a boa semente são os filhos do Reino. O joio são os filhos do Maligno, **39** e o inimigo que o semeia é o Diabo. A colheita é o fim desta era, e os encarregados da colheita são anjos.

40 "Assim como o joio é colhido e queimado no fogo, assim também acontecerá no fim desta era. **41** O Filho do homem enviará os seus anjos, e eles tirarão do seu Reino tudo o que faz tropeçar e todos os que praticam o mal. **42** Eles os lançarão na fornalha ardente, onde haverá choro e ranger de dentes. **43** Então os justos brilharão como o sol no Reino de seu Pai. Aquele que tem ouvidos, ouça.

As Parábolas do Tesouro Escondido e da Pérola de Grande Valor

44 "O Reino dos céus é como um tesouro escondido num campo. Certo homem, tendo-o encontrado, escondeu-o de novo e, então, cheio de alegria, foi, vendeu tudo o que tinha e comprou aquele campo.

45 "O Reino dos céus também é como um negociante que procura pérolas preciosas. **46** Encontrando uma pérola de grande valor, foi, vendeu tudo o que tinha e a comprou.

A Parábola da Rede

47 "O Reino dos céus é ainda como uma rede que é lançada ao mar e apanha toda sorte de peixes. **48** Quando está cheia, os pescadores a puxam para a praia. Então se assentam e juntam os peixes bons em cestos, mas jogam fora os ruins. **49** Assim acontecerá no fim desta era. Os anjos virão, separarão os perversos dos justos **50** e lançarão aqueles na fornalha ardente, onde haverá choro e ranger de dentes".

51 Então perguntou Jesus: "Vocês entenderam todas essas coisas?"

"Sim", responderam eles.

52 Ele lhes disse: "Por isso, todo mestre da lei instruído quanto ao Reino dos céus é como o dono de uma casa que tira do seu tesouro coisas novas e coisas velhas".

Um Profeta sem Honra

(Mc 6.1-6)

53 Tendo terminado de contar essas parábolas, Jesus saiu dali. **54** Chegando à sua cidade, começou a ensinar o povo na sinagoga. Todos ficaram admirados e perguntavam: "De onde lhe vêm esta sabedoria e estes poderes miraculosos? **55** Não é este o filho do carpinteiro? O nome de sua mãe não é Maria, e não são seus irmãos Tiago, José, Simão e Judas? **56** Não estão conosco todas as suas irmãs? De onde, pois, ele obteve todas essas coisas?" **57** E ficavam escandalizados por causa dele.

Mas Jesus lhes disse: "Só em sua própria terra e em sua própria casa é que um profeta não tem honra".

58 E não realizou muitos milagres ali, por causa da incredulidade deles.

João Batista é Decapitado

(Mc 6.14-29)

14 Por aquele tempo Herodes, o tetrarca[a], ouviu os relatos a respeito de Jesus **2** e disse aos que o serviam: "Este é João Batista; ele ressuscitou dos mortos! Por isso estão operando nele poderes miraculosos".

3 Pois Herodes havia prendido e amarrado João, colocando-o na prisão por causa de Herodias, mulher de Filipe, seu irmão, **4** porquanto João lhe dizia: "Não te é permitido viver com ela". **5** Herodes queria matá-lo, mas tinha medo do povo, porque este o considerava profeta.

[a]**14.1** Um tetrarca era o governador da quarta parte de uma região.

The Parable of the Weeds Explained

36 Then he left the crowd and went into the house. His disciples came to him and said, "Explain to us the parable of the weeds in the field."

37 He answered, "The one who sowed the good seed is the Son of Man. **38** The field is the world, and the good seed stands for the sons of the kingdom. The weeds are the sons of the evil one, **39** and the enemy who sows them is the devil. The harvest is the end of the age, and the harvesters are angels.

40 "As the weeds are pulled up and burned in the fire, so it will be at the end of the age. **41** The Son of Man will send out his angels, and they will weed out of his kingdom everything that causes sin and all who do evil. **42** They will throw them into the fiery furnace, where there will be weeping and gnashing of teeth. **43** Then the righteous will shine like the sun in the kingdom of their Father. He who has ears, let him hear.

The Parables of the Hidden Treasure and the Pearl

44 "The kingdom of heaven is like treasure hidden in a field. When a man found it, he hid it again, and then in his joy went and sold all he had and bought that field.

45 "Again, the kingdom of heaven is like a merchant looking for fine pearls. **46** When he found one of great value, he went away and sold everything he had and bought it.

The Parable of the Net

47 "Once again, the kingdom of heaven is like a net that was let down into the lake and caught all kinds of fish. **48** When it was full, the fishermen pulled it up on the shore. Then they sat down and collected the good fish in baskets, but threw the bad away. **49** This is how it will be at the end of the age. The angels will come and separate the wicked from the righteous **50** and throw them into the fiery furnace, where there will be weeping and gnashing of teeth.

51 "Have you understood all these things?" Jesus asked.

"Yes," they replied.

52 He said to them, "Therefore every teacher of the law who has been instructed about the kingdom of heaven is like the owner of a house who brings out of his storeroom new treasures as well as old."

A Prophet Without Honor

53 When Jesus had finished these parables, he moved on from there. **54** Coming to his hometown, he began teaching the people in their synagogue, and they were amazed. "Where did this man get this wisdom and these miraculous powers?" they asked. **55** "Isn't this the carpenter's son? Isn't his mother's name Mary, and aren't his brothers James, Joseph, Simon and Judas? **56** Aren't all his sisters with us? Where then did this man get all these things?" **57** And they took offense at him.

But Jesus said to them, "Only in his hometown and in his own house is a prophet without honor."

58 And he did not do many miracles there because of their lack of faith.

John the Baptist Beheaded

14 At that time Herod the tetrarch heard the reports about Jesus, **2** and he said to his attendants, "This is John the Baptist; he has risen from the dead! That is why miraculous powers are at work in him."

3 Now Herod had arrested John and bound him and put him in prison because of Herodias, his brother Philip's wife, **4** for John had been saying to him: "It is not lawful for you to have her." **5** Herod wanted to kill John, but he was afraid of the people, because they considered him a prophet.

6 No aniversário de Herodes, a filha de Herodias dançou diante de todos, e agradou tanto a Herodes **7** que ele prometeu sob juramento dar-lhe o que ela pedisse. **8** Influenciada por sua mãe, ela disse: "Dá-me aqui, num prato, a cabeça de João Batista". **9** O rei ficou aflito, mas, por causa do juramento e dos convidados, ordenou que lhe fosse dado o que ela pedia **10** e mandou decapitar João na prisão. **11** Sua cabeça foi levada num prato e entregue à jovem, que a levou à sua mãe. **12** Os discípulos de João vieram, levaram o seu corpo e o sepultaram. Depois foram contar isso a Jesus.

A Primeira Multiplicação dos Pães
(Mc 6.30-44; Lc 9.10-17; Jo 6.1-15)

13 Ouvindo o que havia ocorrido, Jesus retirou-se de barco, em particular, para um lugar deserto. As multidões, ao ouvirem falar disso, saíram das cidades e o seguiram a pé. **14** Quando Jesus saiu do barco e viu tão grande multidão, teve compaixão deles e curou os seus doentes.

15 Ao cair da tarde, os discípulos aproximaram-se dele e disseram: "Este é um lugar deserto, e já está ficando tarde. Manda embora a multidão para que possam ir aos povoados comprar comida".

16 Respondeu Jesus: "Eles não precisam ir. Dêem-lhes vocês algo para comer".

17 Eles lhe disseram: "Tudo o que temos aqui são cinco pães e dois peixes".

18 "Tragam-nos aqui para mim", disse ele. **19** E ordenou que a multidão se assentasse na grama. Tomando os cinco pães e os dois peixes e, olhando para o céu, deu graças e partiu os pães. Em seguida, deu-os aos discípulos, e estes à multidão. **20** Todos comeram e ficaram satisfeitos, e os discípulos recolheram doze cestos cheios de pedaços que sobraram. **21** Os que comeram foram cerca de cinco mil homens, sem contar mulheres e crianças.

Jesus Anda sobre as Águas
(Mc 6.45-56; Jo 6.16-24)

22 Logo em seguida, Jesus insistiu com os discípulos para que entrassem no barco e fossem adiante dele para o outro lado, enquanto ele despedia a multidão. **23** Tendo despedido a multidão, subiu sozinho a um monte para orar. Ao anoitecer, ele estava ali sozinho, **24** mas o barco já estava a considerável distância[a] da terra, fustigado pelas ondas, porque o vento soprava contra ele.

25 Alta madrugada[b], Jesus dirigiu-se a eles, andando sobre o mar. **26** Quando o viram andando sobre o mar, ficaram aterrorizados e disseram: "É um fantasma!" E gritaram de medo.

27 Mas Jesus imediatamente lhes disse: "Coragem! Sou eu. Não tenham medo!"

28 "Senhor", disse Pedro, "se és tu, manda-me ir ao teu encontro por sobre as águas".

29 "Venha", respondeu ele.

Então Pedro saiu do barco, andou sobre as águas e foi na direção de Jesus. **30** Mas, quando reparou no vento, ficou com medo e, começando a afundar, gritou: "Senhor, salva-me!"

31 Imediatamente Jesus estendeu a mão e o segurou. E disse: "Homem de pequena fé, por que você duvidou?"

32 Quando entraram no barco, o vento cessou. **33** Então os que estavam no barco o adoraram, dizendo: "Verdadeiramente tu és o Filho de Deus".

34 Depois de atravessarem o mar, chegaram a Gene-saré. **35** Quando os homens daquele lugar reconheceram Jesus, espalharam a notícia em toda aquela região e lhe trouxeram os seus doentes. **36** Suplicavam-lhe que apenas pudessem tocar na borda do seu manto; e todos os que nele tocaram foram curados.

6 On Herod's birthday the daughter of Herodias danced for them and pleased Herod so much **7** that he promised with an oath to give her whatever she asked. **8** Prompted by her mother, she said, "Give me here on a platter the head of John the Baptist." **9** The king was distressed, but because of his oaths and his dinner guests, he ordered that her request be granted **10** and had John beheaded in the prison. **11** His head was brought in on a platter and given to the girl, who carried it to her mother. **12** John's disciples came and took his body and buried it. Then they went and told Jesus.

Jesus Feeds the Five Thousand

13 When Jesus heard what had happened, he withdrew by boat privately to a solitary place. Hearing of this, the crowds followed him on foot from the towns. **14** When Jesus landed and saw a large crowd, he had compassion on them and healed their sick.

15 As evening approached, the disciples came to him and said, "This is a remote place, and it's already getting late. Send the crowds away, so they can go to the villages and buy themselves some food."

16 Jesus replied, "They do not need to go away. You give them something to eat."

17 "We have here only five loaves of bread and two fish," they answered.

18 "Bring them here to me," he said. **19** And he directed the people to sit down on the grass. Taking the five loaves and the two fish and looking up to heaven, he gave thanks and broke the loaves. Then he gave them to the disciples, and the disciples gave them to the people. **20** They all ate and were satisfied, and the disciples picked up twelve basketfuls of broken pieces that were left over. **21** The number of those who ate was about five thousand men, besides women and children.

Jesus Walks on the Water

22 Immediately Jesus made the disciples get into the boat and go on ahead of him to the other side, while he dismissed the crowd. **23** After he had dismissed them, he went up on a mountainside by himself to pray. When evening came, he was there alone, **24** but the boat was already a considerable distance[a] from land, buffeted by the waves because the wind was against it.

25 During the fourth watch of the night Jesus went out to them, walking on the lake. **26** When the disciples saw him walking on the lake, they were terrified. "It's a ghost," they said, and cried out in fear.

27 But Jesus immediately said to them: "Take courage! It is I. Don't be afraid."

28 "Lord, if it's you," Peter replied, "tell me to come to you on the water."

29 "Come," he said.

Then Peter got down out of the boat, walked on the water and came toward Jesus. **30** But when he saw the wind, he was afraid and, beginning to sink, cried out, "Lord, save me!"

31 Immediately Jesus reached out his hand and caught him. "You of little faith," he said, "why did you doubt?"

32 And when they climbed into the boat, the wind died down. **33** Then those who were in the boat worshiped him, saying, "Truly you are the Son of God."

34 When they had crossed over, they landed at Gennesaret. **35** And when the men of that place recognized Jesus, they sent word to all the surrounding country. People brought all their sick to him **36** and begged him to let the sick just touch the edge of his cloak, and all who touched him were healed.

---

a14.24 Grego: *a muitos estádios.* **b14.25** Grego: *quarta vigília da noite* (entre 3 e 6 horas da manhã).

a14.24 Greek *many stadia*

Jesus e a Tradição Judaica
(Mc 7.1-23)

15 Então alguns fariseus e mestres da lei, vindos de Jerusalém, foram a Jesus e perguntaram: ² "Por que os seus discípulos transgridem a tradição dos líderes religiosos? Pois não lavam as mãos antes de comer!"

³ Respondeu Jesus: "E por que vocês transgridem o mandamento de Deus por causa da tradição de vocês? ⁴ Pois Deus disse: 'Honra teu pai e tua mãe'ª e 'Quem amaldiçoar seu pai ou sua mãe terá que ser executado'ᵇ. ⁵ Mas vocês afirmam que se alguém disser a seu pai ou a sua mãe: 'Qualquer ajuda que vocês poderiam receber de mim é uma oferta dedicada a Deus', ⁶ ele não está mais obrigado a 'honrar seu pai'ᶜ dessa forma. Assim, por causa da sua tradição, vocês anulam a palavra de Deus. ⁷ Hipócritas! Bem profetizou Isaías acerca de vocês, dizendo:

⁸ " 'Este povo me honra
com os lábios,
mas o seu coração está longe de mim.
⁹ Em vão me adoram;
seus ensinamentos
não passam de regras
ensinadas por homens'ᵈ.

¹⁰ Jesus chamou para junto de si a multidão e disse: "Ouçam e entendam. ¹¹ O que entra pela boca não torna o homem 'impuro'; mas o que sai de sua boca, isto o torna 'impuro' ".

¹² Então os discípulos se aproximaram dele e perguntaram: "Sabes que os fariseus ficaram ofendidos quando ouviram isso?"

¹³ Ele respondeu: "Toda planta que meu Pai celestial não plantou será arrancada pelas raízes. ¹⁴ Deixem-nos; eles são guias cegosᵉ. Se um cego conduzir outro cego, ambos cairão num buraco".

¹⁵ Então Pedro pediu-lhe: "Explica-nos a parábola".

¹⁶ "Será que vocês ainda não conseguem entender?", perguntou Jesus. ¹⁷ "Não percebem que o que entra pela boca vai para o estômago e mais tarde é expelido? ¹⁸ Mas as coisas que saem da boca vêm do coração, e são essas que tornam o homem 'impuro'. ¹⁹ Pois do coração saem os maus pensamentos, os homicídios, os adultérios, as imoralidades sexuais, os roubos, os falsos testemunhos e as calúnias. ²⁰ Essas coisas tornam o homem 'impuro'; mas o comer sem lavar as mãos não o torna 'impuro'."

Uma Mulher Cananéia Demonstra Fé
(Mc 7.24-30)

²¹ Saindo daquele lugar, Jesus retirou-se para a região de Tiro e de Sidom. ²² Uma mulher cananéia, natural dali, veio a ele, gritando: "Senhor, Filho de Davi, tem misericórdia de mim! Minha filha está endemoni-nhada e está sofrendo muito".

²³ Mas Jesus não lhe respondeu palavra. Então seus discípulos se aproximaram dele e pediram: "Manda-a embora, pois vem gritando atrás de nós".

²⁴ Ele respondeu: "Eu fui enviado apenas às ovelhas perdidas de Israel".

²⁵ A mulher veio, adorou-o de joelhos e disse: "Senhor, ajuda-me!"

²⁶ Ele respondeu: "Não é certo tirar o pão dos filhos e lançá-lo aos cachorrinhos".

²⁷ Disse ela, porém: "Sim, Senhor, mas até os cachorrinhos comem das migalhas que caem da mesa dos seus donos".

²⁸ Jesus respondeu: "Mulher, grande é a sua fé! Seja conforme você deseja". E naquele mesmo instante a sua filha foi curada.

Clean and Unclean

15 Then some Pharisees and teachers of the law came to Jesus from Jerusalem and asked, ² "Why do your disciples break the tradition of the elders? They don't wash their hands before they eat!"

³ Jesus replied, "And why do you break the command of God for the sake of your tradition? ⁴ For God said, 'Honor your father and mother'ª and 'Anyone who curses his father or mother must be put to death.'ᵇ ⁵ But you say that if a man says to his father or mother, 'Whatever help you might otherwise have received from me is a gift devoted to God,' ⁶ he is not to 'honor his father'ᶜ with it. Thus you nullify the word of God for the sake of your tradition. ⁷ You hypocrites! Isaiah was right when he prophesied about you:

⁸ " 'These people honor me with their lips,
but their hearts are far from me.
⁹ They worship me in vain;
their teachings are but rules taught by men.'ᵈ

¹⁰ Jesus called the crowd to him and said, "Listen and understand. ¹¹ What goes into a man's mouth does not make him 'unclean,' but what comes out of his mouth, that is what makes him 'unclean.' "

¹² Then the disciples came to him and asked, "Do you know that the Pharisees were offended when they heard this?"

¹³ He replied, "Every plant that my heavenly Father has not planted will be pulled up by the roots. ¹⁴ Leave them; they are blind guides.ᵉ If a blind man leads a blind man, both will fall into a pit."

¹⁵ Peter said, "Explain the parable to us."

¹⁶ "Are you still so dull?" Jesus asked them. ¹⁷ "Don't you see that whatever enters the mouth goes into the stomach and then out of the body? ¹⁸ But the things that come out of the mouth come from the heart, and these make a man 'unclean.' ¹⁹ For out of the heart come evil thoughts, murder, adultery, sexual immorality, theft, false testimony, slander. ²⁰ These are what make a man 'unclean'; but eating with unwashed hands does not make him 'unclean.' "

The Faith of the Canaanite Woman

²¹ Leaving that place, Jesus withdrew to the region of Tyre and Sidon. ²² A Canaanite woman from that vicinity came to him, crying out, "Lord, Son of David, have mercy on me! My daughter is suffering terribly from demon-possession."

²³ Jesus did not answer a word. So his disciples came to him and urged him, "Send her away, for she keeps crying out after us."

²⁴ He answered, "I was sent only to the lost sheep of Israel."

²⁵ The woman came and knelt before him. "Lord, help me!" she said.

²⁶ He replied, "It is not right to take the children's bread and toss it to their dogs."

²⁷ "Yes, Lord," she said, "but even the dogs eat the crumbs that fall from their masters' table."

²⁸ Then Jesus answered, "Woman, you have great faith! Your request is granted." And her daughter was healed from that very hour.

ª15.4 Êx 20.12; Dt 5.16 ᵇ15.4 Êx 21.17; Lv 20.9 ᶜ15.6 Alguns manuscritos acrescentam *ou sua mãe*. ᵈ15.8,9 Is 29.13 ᵉ15.14 Alguns manuscritos dizem *são cegos, guias de cegos*.

ª15:4 Exodus 20:12; Deut. 5:16 ᵇ15:4 Exodus 21:17; Lev. 20:9 ᶜ15:6 Some manuscripts *father or his mother* ᵈ15:9 Isaiah 29:13 ᵉ15:14 Some manuscripts *guides of the blind*

A Segunda Multiplicação dos Pães

(Mc 8.1-10)

29 Jesus saiu dali e foi para a beira do mar da Galiléia. Depois subiu a um monte e se assentou. **30** Uma grande multidão dirigiu-se a ele, levando-lhe os mancos, os aleijados, os cegos, os mudos e muitos outros, e os colocaram aos seus pés; e ele os curou. **31** O povo ficou admirado quando viu os mudos falando, os aleijados curados, os mancos andando e os cegos vendo. E louvaram o Deus de Israel.

32 Jesus chamou os seus discípulos e disse: "Tenho compaixão desta multidão; já faz três dias que eles estão comigo e nada têm para comer. Não quero mandá-los embora com fome, porque podem desfalecer no caminho".

33 Os seus discípulos responderam: "Onde poderíamos encontrar, neste lugar deserto, pão suficiente para alimentar tanta gente?"

34 "Quantos pães vocês têm?", perguntou Jesus.

"Sete", responderam eles, "e alguns peixinhos".

35 Ele ordenou à multidão que se assentasse no chão. **36** Depois de tomar os sete pães e os peixes e dar graças, partiu-os e os entregou aos discípulos, e os discípulos à multidão. **37** Todos comeram até se fartar. E ajuntaram sete cestos cheios de pedaços que sobraram. **38** Os que comeram foram quatro mil homens, sem contar mulheres e crianças. **39** E, havendo despedido a multidão, Jesus entrou no barco e foi para a região de Magadã.

Os Fariseus e os Saduceus Pedem um Sinal

(Mc 8.11-13)

16 Os fariseus e os saduceus aproximaram-se de Jesus e o puseram à prova, pedindo-lhe que lhes mostrasse um sinal do céu.

2 Ele respondeu: "Quando a tarde vem, vocês dizem: 'Vai fazer bom tempo, porque o céu está vermelho', **3** e de manhã: 'Hoje haverá tempestade, porque o céu está vermelho e nublado'. Vocês sabem interpretar o aspecto do céu, mas não sabem interpretar os sinais dos tempos!ª **4** Uma geração perversa e adúltera pede um sinal miraculoso, mas nenhum sinal lhe será dado, a não ser o sinal de Jonas". Então Jesus os deixou e retirou-se.

O Fermento dos Fariseus e dos Saduceus

(Mc 8.14-21)

5 Indo os discípulos para o outro lado do mar, esqueceram-se de levar pão. **6** Disse-lhes Jesus: "Estejam atentos e tenham cuidado com o fermento dos fariseus e dos saduceus".

7 E eles discutiam entre si, dizendo: "É porque não trouxemos pão".

8 Percebendo a discussão, Jesus lhes perguntou: "Homens de pequena fé, por que vocês estão discutindo entre si sobre não terem pão? **9** Ainda não compreendem? Não se lembram dos cinco pães para os cinco mil e de quantos cestos vocês recolheram? **10** Nem dos sete pães para os quatro mil e de quantos cestos recolheram? **11** Como é que vocês não entendem que não era de pão que eu estava lhes falando? Tomem cuidado com o fermento dos fariseus e dos saduceus". **12** Então entenderam que não estava lhes dizendo que tomassem cuidado com o fermento de pão, mas com o ensino dos fariseus e dos saduceus.

A Confissão de Pedro

(Mc 8.27-30; Lc 9.18-21)

13 Chegando Jesus à região de Cesaréia de Filipe, perguntou aos seus discípulos: "Quem os outros dizem que é o Filho do homem é?"

14 Eles responderam: "Alguns dizem que é João Batista; outros, Elias; e, ainda outros, Jeremias ou um dos profetas".

Jesus Feeds the Four Thousand

29 Jesus left there and went along the Sea of Galilee. Then he went up on a mountainside and sat down. **30** Great crowds came to him, bringing the lame, the blind, the crippled, the mute and many others, and laid them at his feet; and he healed them. **31** The people were amazed when they saw the mute speaking, the crippled made well, the lame walking and the blind seeing. And they praised the God of Israel.

32 Jesus called his disciples to him and said, "I have compassion for these people; they have already been with me three days and have nothing to eat. I do not want to send them away hungry, or they may collapse on the way."

33 His disciples answered, "Where could we get enough bread in this remote place to feed such a crowd?"

34 "How many loaves do you have?" Jesus asked.

"Seven," they replied, "and a few small fish."

35 He told the crowd to sit down on the ground. **36** Then he took the seven loaves and the fish, and when he had given thanks, he broke them and gave them to the disciples, and they in turn to the people. **37** They all ate and were satisfied. Afterward the disciples picked up seven basketfuls of broken pieces that were left over. **38** The number of those who ate was four thousand, besides women and children. **39** After Jesus had sent the crowd away, he got into the boat and went to the vicinity of Magadan.

The Demand for a Sign

16 The Pharisees and Sadducees came to Jesus and tested him by asking him to show them a sign from heaven.

2 He replied,ª "When evening comes, you say, 'It will be fair weather, for the sky is red,' **3** and in the morning, 'Today it will be stormy, for the sky is red and overcast.' You know how to interpret the appearance of the sky, but you cannot interpret the signs of the times. **4** A wicked and adulterous generation looks for a miraculous sign, but none will be given it except the sign of Jonah." Jesus then left them and went away.

The Yeast of the Pharisees and Sadducees

5 When they went across the lake, the disciples forgot to take bread. **6** "Be careful," Jesus said to them. "Be on your guard against the yeast of the Pharisees and Sadducees."

7 They discussed this among themselves and said, "It is because we didn't bring any bread."

8 Aware of their discussion, Jesus asked, "You of little faith, why are you talking among yourselves about having no bread? **9** Do you still not understand? Don't you remember the five loaves for the five thousand, and how many basketfuls you gathered? **10** Or the seven loaves for the four thousand, and how many basketfuls you gathered? **11** How is it you don't understand that I was not talking to you about bread? But be on your guard against the yeast of the Pharisees and Sadducees." **12** Then they understood that he was not telling them to guard against the yeast used in bread, but against the teaching of the Pharisees and Sadducees.

Peter's Confession of Christ

13 When Jesus came to the region of Caesarea Philippi, he asked his disciples, "Who do people say the Son of Man is?"

14 They replied, "Some say John the Baptist; others say Elijah; and still others, Jeremiah or one of the prophets."

ª**16.2,3** Alguns manuscritos antigos não trazem os versículos 2 e 3.

ª**16:2** Some early manuscripts do not have the rest of verse 2 and all of verse 3.

15 "E vocês?", perguntou ele. "Quem vocês dizem que eu sou?" **16** Simão Pedro respondeu: "Tu és o Cristo, o Filho do Deus vivo".

17 Respondeu Jesus: "Feliz é você, Simão, filho de Jonas! Porque isto não lhe foi revelado por carne ou sangue, mas por meu Pai que está nos céus. **18** E eu lhe digo que você é Pedro, e sobre esta pedra edificarei a minha igreja, e as portas do Hades[a] não poderão vencê-la[b]. **19** Eu lhe darei as chaves do Reino dos céus; o que você ligar na terra terá sido ligado nos céus, e o que você desligar na terra terá sido desligado[c] nos céus". **20** Então advertiu a seus discípulos que não contassem a ninguém que ele era o Cristo.

Jesus Prediz sua Morte e Ressurreição
(Mc 8.31-9.1; Lc 9.22-27)

21 Desde aquele momento Jesus começou a explicar aos seus discípulos que era necessário que ele fosse para Jerusalém e sofresse muitas coisas nas mãos dos líderes religiosos, dos chefes dos sacerdotes e dos mestres da lei, e fosse morto e ressuscitasse no terceiro dia.

22 Então Pedro, chamando-o à parte, começou a repreendê-lo, dizendo: "Nunca, Senhor! Isso nunca te acontecerá!"

23 Jesus virou-se e disse a Pedro: "Para trás de mim, Satanás! Você é uma pedra de tropeço para mim, e não pensa nas coisas de Deus, mas nas dos homens".

24 Então Jesus disse aos seus discípulos: "Se alguém quiser acompanhar-me, negue-se a si mesmo, tome a sua cruz e siga-me. **25** Pois quem quiser salvar a sua vida[d], a perderá, mas quem perder a sua vida por minha causa, a encontrará. **26** Pois, que adiantará ao homem ganhar o mundo inteiro e perder a sua alma? Ou, o que o homem poderá dar em troca de sua alma? **27** Pois o Filho do homem virá na glória de seu Pai, com os seus anjos, e então recompensará a cada um de acordo com o que tenha feito. **28** Garanto-lhes que alguns dos que aqui se acham não experimentarão a morte antes de verem o Filho do homem vindo em seu Reino".

A Transfiguração
(Mc 9.2-13; Lc 9.28-36)

17 Seis dias depois, Jesus tomou consigo Pedro, Tiago e João, irmão de Tiago, e os levou, em particular, a um alto monte. **2** Ali ele foi transfigurado diante deles. Sua face brilhou como o sol, e suas roupas se tornaram brancas como a luz. **3** Naquele mesmo momento apareceram diante deles Moisés e Elias, conversando com Jesus.

4 Então Pedro disse a Jesus: "Senhor, é bom estarmos aqui. Se quiseres, farei três tendas: uma para ti, uma para Moisés e outra para Elias".

5 Enquanto ele ainda estava falando, uma nuvem resplandecente os envolveu, e dela saiu uma voz, que dizia: "Este é o meu Filho amado em quem me agrado. Ouçam-no!"

6 Ouvindo isso, os discípulos prostraram-se com o rosto em terra e ficaram aterrorizados. **7** Mas Jesus se aproximou, tocou neles e disse: "Levantem-se! Não tenham medo!" **8** E erguendo eles os olhos, não viram mais ninguém a não ser Jesus.

9 Enquanto desciam do monte, Jesus lhes ordenou: "Não contem a ninguém o que vocês viram, até que o Filho do homem tenha sido ressuscitado dos mortos".

10 Os discípulos lhe perguntaram: "Então, por que os mestres da lei dizem que é necessário que Elias venha primeiro?"

11 Jesus respondeu: "De fato, Elias vem e restaurará todas as coisas. **12** Mas eu lhes digo: Elias já veio, e eles não o reconheceram, mas fizeram com ele tudo o que quiseram. Da mesma forma o Filho do homem será maltratado por eles". **13** Então os discípulos entenderam que era de João Batista que ele tinha falado.

15 "But what about you?" he asked. "Who do you say I am?" **16** Simon Peter answered, "You are the Christ,[a] the Son of the living God."

17 Jesus replied, "Blessed are you, Simon son of Jonah, for this was not revealed to you by man, but by my Father in heaven. **18** And I tell you that you are Peter,[b] and on this rock I will build my church, and the gates of Hades[c] will not overcome it.[d] **19** I will give you the keys of the kingdom of heaven; whatever you bind on earth will be[e] bound in heaven, and whatever you loose on earth will be[f] loosed in heaven." **20** Then he warned his disciples not to tell anyone that he was the Christ.

Jesus Predicts His Death

21 From that time on Jesus began to explain to his disciples that he must go to Jerusalem and suffer many things at the hands of the elders, chief priests and teachers of the law, and that he must be killed and on the third day be raised to life.

22 Peter took him aside and began to rebuke him. "Never, Lord!" he said. "This shall never happen to you!"

23 Jesus turned and said to Peter, "Get behind me, Satan! You are a stumbling block to me; you do not have in mind the things of God, but the things of men."

24 Then Jesus said to his disciples, "If anyone would come after me, he must deny himself and take up his cross and follow me. **25** For whoever wants to save his life[g] will lose it, but whoever loses his life for me will find it. **26** What good will it be for a man if he gains the whole world, yet forfeits his soul? Or what can a man give in exchange for his soul? **27** For the Son of Man is going to come in his Father's glory with his angels, and then he will reward each person according to what he has done. **28** I tell you the truth, some who are standing here will not taste death before they see the Son of Man coming in his kingdom."

The Transfiguration

17 After six days Jesus took with him Peter, James and John the brother of James, and led them up a high mountain by themselves. **2** There he was transfigured before them. His face shone like the sun, and his clothes became as white as the light. **3** Just then there appeared before them Moses and Elijah, talking with Jesus.

4 Peter said to Jesus, "Lord, it is good for us to be here. If you wish, I will put up three shelters—one for you, one for Moses and one for Elijah."

5 While he was still speaking, a bright cloud enveloped them, and a voice from the cloud said, "This is my Son, whom I love; with him I am well pleased. Listen to him!"

6 When the disciples heard this, they fell facedown to the ground, terrified. **7** But Jesus came and touched them. "Get up," he said. "Don't be afraid." **8** When they looked up, they saw no one except Jesus.

9 As they were coming down the mountain, Jesus instructed them, "Don't tell anyone what you have seen, until the Son of Man has been raised from the dead."

10 The disciples asked him, "Why then do the teachers of the law say that Elijah must come first?"

11 Jesus replied, "To be sure, Elijah comes and will restore all things. **12** But I tell you, Elijah has already come, and they did not recognize him, but have done to him everything they wished. In the same way the Son of Man is going to suffer at their hands." **13** Then the disciples understood that he was talking to them about John the Baptist.

---

[a]**16.18** Essa palavra pode ser traduzida por inferno, sepulcro, morte ou profundezas. [b]**16.18** Ou *não se mostrarão mais fortes do que ela* [c]**16.19** Ou *será ligado ... será desligado* [d]**16.25** Ou *alma*

[a]**16:16** Or *Messiah*; also in verse 20 [b]**16:18** *Peter* means *rock*. [c]**16:18** Or *hell* [d]**16:18** Or *not prove stronger than it* [e]**16:19** Or *have been* [f]**16:19** Or *have been* [g]**16:25** The Greek word means either *life* or *soul*; also in verse 26.

A Cura de um Menino Endemoninhado

(Mc 9.14-32; Lc 9.37-45)

14 Quando chegaram onde estava a multidão, um homem aproximou-se de Jesus, ajoelhou-se diante dele e disse: **15** "Senhor, tem misericórdia do meu filho. Ele tem ataques[a] e está sofrendo muito. Muitas vezes cai no fogo ou na água. **16** Eu o trouxe aos teus discípulos, mas eles não puderam curá-lo".

17 Respondeu Jesus: "Ó geração incrédula e perversa, até quando estarei com vocês? Até quando terei que suportá-los? Tragam-me o menino". **18** Jesus repreendeu o demônio; este saiu do menino, que daquele momento em diante, ficou curado.

19 Então os discípulos aproximaram-se de Jesus em particular e perguntaram: "Por que não conseguimos expulsá-lo?"

20 Ele respondeu: "Porque a fé que vocês têm é pequena. Eu lhes asseguro que se vocês tiverem fé do tamanho de um grão de mostarda, poderão dizer a este monte: 'Vá daqui para lá', e ele irá. Nada lhes será impossível. **21** Mas esta espécie só sai pela oração e pelo jejum".[b]

22 Reunindo-se eles na Galiléia, Jesus lhes disse: "O Filho do homem será entregue nas mãos dos homens. **23** Eles o matarão, e no terceiro dia ele ressuscitará". E os discípulos ficaram cheios de tristeza.

O Imposto do Templo

24 Quando Jesus e seus discípulos chegaram a Cafarnaum, os coletores do imposto de duas dracmas[c] vieram a Pedro e perguntaram: "O mestre de vocês não paga o imposto do templo[d]?"

25 "Sim, paga", respondeu ele.

Quando Pedro entrou na casa, Jesus foi o primeiro a falar, perguntando-lhe: "O que você acha, Simão? De quem os reis da terra cobram tributos e impostos: de seus próprios filhos ou dos outros?"

26 "Dos outros", respondeu Pedro.

Disse-lhe Jesus: "Então os filhos estão isentos. **27** Mas, para não escandalizá-los, vá ao mar e jogue o anzol. Tire o primeiro peixe que você pegar, abra-lhe a boca, e você encontrará uma moeda de quatro dracmas[e]. Pegue-a e entregue-a a eles, para pagar o meu imposto e o seu".

O Maior no Reino dos Céus

(Mc 9.33-37,42-46; Lc 9.46-48)

18 Naquele momento os discípulos chegaram a Jesus e perguntaram: "Quem é o maior no Reino dos céus?"

2 Chamando uma criança, colocou-a no meio deles, **3** e disse: "Eu lhes asseguro que, a não ser que vocês se convertam e se tornem como crianças, jamais entrarão no Reino dos céus. **4** Portanto, quem se faz humilde como esta criança, este é o maior no Reino dos céus.

5 "Quem recebe uma destas crianças em meu nome, está me recebendo. **6** Mas se alguém fizer tropeçar um destes pequeninos que crêem em mim, melhor lhe seria amarrar uma pedra de moinho no pescoço e se afogar nas profundezas do mar.

7 "Ai do mundo, por causa das coisas que fazem tropeçar! É inevitável que tais coisas aconteçam, mas ai daquele por meio de quem elas acontecem! **8** Se a sua mão ou o seu pé o fizerem tropeçar, corte-os e jogue-os fora. É melhor entrar na vida mutilado ou aleijado do que, tendo as duas mãos ou os dois pés, ser lançado no fogo eterno. **9** E se o seu olho o fizer tropeçar, arranque-o e jogue-o fora. É melhor entrar na vida com um só olho do que, tendo os dois olhos, ser lançado no fogo do inferno.

The Healing of a Boy With a Demon

14 When they came to the crowd, a man approached Jesus and knelt before him. **15** "Lord, have mercy on my son," he said. "He has seizures and is suffering greatly. He often falls into the fire or into the water. **16** I brought him to your disciples, but they could not heal him."

17 "O unbelieving and perverse generation," Jesus replied, "how long shall I stay with you? How long shall I put up with you? Bring the boy here to me." **18** Jesus rebuked the demon, and it came out of the boy, and he was healed from that moment.

19 Then the disciples came to Jesus in private and asked, "Why couldn't we drive it out?"

20 He replied, "Because you have so little faith. I tell you the truth, if you have faith as small as a mustard seed, you can say to this mountain, 'Move from here to there' and it will move. Nothing will be impossible for you."[a]

22 When they came together in Galilee, he said to them, "The Son of Man is going to be betrayed into the hands of men. **23** They will kill him, and on the third day he will be raised to life." And the disciples were filled with grief.

The Temple Tax

24 After Jesus and his disciples arrived in Capernaum, the collectors of the two-drachma tax came to Peter and asked, "Doesn't your teacher pay the temple tax[b]?"

25 "Yes, he does," he replied.

When Peter came into the house, Jesus was the first to speak. "What do you think, Simon?" he asked. "From whom do the kings of the earth collect duty and taxes—from their own sons or from others?"

26 "From others," Peter answered.

"Then the sons are exempt," Jesus said to him. **27** "But so that we may not offend them, go to the lake and throw out your line. Take the first fish you catch; open its mouth and you will find a four-drachma coin. Take it and give it to them for my tax and yours."

The Greatest in the Kingdom of Heaven

18 At that time the disciples came to Jesus and asked, "Who is the greatest in the kingdom of heaven?"

2 He called a little child and had him stand among them. **3** And he said: "I tell you the truth, unless you change and become like little children, you will never enter the kingdom of heaven. **4** Therefore, whoever humbles himself like this child is the greatest in the kingdom of heaven.

5 "And whoever welcomes a little child like this in my name welcomes me. **6** But if anyone causes one of these little ones who believe in me to sin, it would be better for him to have a large millstone hung around his neck and to be drowned in the depths of the sea.

7 "Woe to the world because of the things that cause people to sin! Such things must come, but woe to the man through whom they come! **8** If your hand or your foot causes you to sin, cut it off and throw it away. It is better for you to enter life maimed or crippled than to have two hands or two feet and be thrown into eternal fire. **9** And if your eye causes you to sin, gouge it out and throw it away. It is better for you to enter life with one eye than to have two eyes and be thrown into the fire of hell.

---

[a]**17.15** Grego: *Ele é lunático.* [b]**17.21** Vários manuscritos não trazem o versículo 21. [c]**17.24** A dracma era uma moeda de prata equivalente à diária de um trabalhador braçal; também no versículo 27. [d]**17.24** Grego: *paga as duas dracmas.* [e]**17.27** Grego: *1 estáter.*

[a]**17.20** Some manuscripts *you. 21 But this kind does not go out except by prayer and fasting.* [b]**17.24** Greek *the two drachmas*

A Parábola da Ovelha Perdida
(Lc 15.3-7)

10 "Cuidado para não desprezarem um só destes pequeninos! Pois eu lhes digo que os anjos deles nos céus estão sempre vendo á face de meu Pai celeste. **11** O Filho do homem veio para salvar o que se havia perdido.ª

12 "O que acham vocês? Se alguém possui cem ovelhas, e uma delas se perde, não deixará as noventa e nove nos montes, indo procurar a que se perdeu? **13** E se conseguir encontrá-la, garanto-lhes que ele ficará mais contente com aquela ovelha do que com as noventa e nove que não se perderam. **14** Da mesma forma, o Pai de vocês, que está nos céus, não quer que nenhum destes pequeninos se perca.

Como Tratar a Ofensa de um Irmão

15 "Se o seu irmão pecar contra vocêᵇ, vá e, a sós com ele, mostre-lhe o erro. Se ele o ouvir, você ganhou seu irmão. **16** Mas se ele não o ouvir, leve consigo mais um ou dois outros, de modo que 'qualquer acusação seja confirmada pelo depoimento de duas ou três testemunhas'.ᶜ **17** Se ele se recusar a ouvi-los, conte à igreja; e se ele se recusar a ouvir também a igreja, trate-o como pagão ou publicano.

18 "Digo-lhes a verdade: Tudo o que vocês ligarem na terra terá sido ligado no céu, e tudo o que vocês desligarem na terra terá sido desligadoᵈ no céu.

19 "Também lhes digo que se dois de vocês concordarem na terra em qualquer assunto sobre o qual pedirem, isso lhes será feito por meu Pai que está nos céus. **20** Pois onde se reunirem dois ou três em meu nome, ali eu estou no meio deles".

A Parábola do Servo Impiedoso

21 Então Pedro aproximou-se de Jesus e perguntou: "Senhor, quantas vezes deverei perdoar a meu irmão quando ele pecar contra mim? Até sete vezes?"

22 Jesus respondeu: "Eu lhe digo: Não até sete, mas até setenta vezes seteᵉ.

23 "Por isso, o Reino dos céus é como um rei que desejava acertar contas com seus servos. **24** Quando começou o acerto, foi trazido à sua presença um que lhe devia uma enorme quantidade de prataᶠ. **25** Como não tinha condições de pagar, o senhor ordenou que ele, sua mulher, seus filhos e tudo o que ele possuía fossem vendidos para pagar a dívida.

26 "O servo prostrou-se diante dele e lhe implorou: 'Tem paciência comigo, e eu te pagarei tudo'. **27** O senhor daquele servo teve compaixão dele, cancelou a dívida e o deixou ir.

28 "Mas quando aquele servo saiu, encontrou um de seus conservos, que lhe devia cem denáriosᵍ. Agarrou-o e começou a sufocá-lo, dizendo: 'Pague-me o que me deve!'

29 "Então o seu conservo caiu de joelhos e implorou-lhe: 'Tenha paciência comigo, e eu lhe pagarei'.

30 "Mas ele não quis. Antes, saiu e mandou lançá-lo na prisão, até que pagasse a dívida. **31** Quando os outros servos, companheiros dele, viram o que havia acontecido, ficaram muito tristes e foram contar ao seu senhor tudo o que havia acontecido.

32 "Então o senhor chamou o servo e disse: 'Servo mau, cancelei toda a sua dívida porque você me implorou. **33** Você não devia ter tido misericórdia do seu conservo como eu tive de você?' **34** Irado, seu senhor entregou-o aos torturadores, até que pagasse tudo o que devia.

35 "Assim também lhes fará meu Pai celestial, se cada um de vocês não perdoar de coração a seu irmão".

The Parable of the Lost Sheep

10 "See that you do not look down on one of these little ones. For I tell you that their angels in heaven always see the face of my Father in heaven.ª

12 "What do you think? If a man owns a hundred sheep, and one of them wanders away, will he not leave the ninety-nine on the hills and go to look for the one that wandered off? **13** And if he finds it, I tell you the truth, he is happier about that one sheep than about the ninety-nine that did not wander off. **14** In the same way your Father in heaven is not willing that any of these little ones should be lost.

A Brother Who Sins Against You

15 "If your brother sins against you,ᵇ go and show him his fault, just between the two of you. If he listens to you, you have won your brother over. **16** But if he will not listen, take one or two others along, so that 'every matter may be established by the testimony of two or three witnesses.'ᶜ **17** If he refuses to listen to them, tell it to the church; and if he refuses to listen even to the church, treat him as you would a pagan or a tax collector.

18 "I tell you the truth, whatever you bind on earth will beᵈ bound in heaven, and whatever you loose on earth will beᵉ loosed in heaven.

19 "Again, I tell you that if two of you on earth agree about anything you ask for, it will be done for you by my Father in heaven. **20** For where two or three come together in my name, there am I with them."

The Parable of the Unmerciful Servant

21 Then Peter came to Jesus and asked, "Lord, how many times shall I forgive my brother when he sins against me? Up to seven times?"

22 Jesus answered, "I tell you, not seven times, but seventy-seven times.ᶠ

23 "Therefore, the kingdom of heaven is like a king who wanted to settle accounts with his servants. **24** As he began the settlement, a man who owed him ten thousand talentsᵍ was brought to him. **25** Since he was not able to pay, the master ordered that he and his wife and his children and all that he had be sold to repay the debt.

26 "The servant fell on his knees before him. 'Be patient with me,' he begged, 'and I will pay back everything.' **27** The servant's master took pity on him, canceled the debt and let him go.

28 "But when that servant went out, he found one of his fellow servants who owed him a hundred denarii.ʰ He grabbed him and began to choke him. 'Pay back what you owe me!' he demanded.

29 "His fellow servant fell to his knees and begged him, 'Be patient with me, and I will pay you back.'

30 "But he refused. Instead, he went off and had the man thrown into prison until he could pay the debt. **31** When the other servants saw what had happened, they were greatly distressed and went and told their master everything that had happened.

32 "Then the master called the servant in. 'You wicked servant,' he said, 'I canceled all that debt of yours because you begged me to. **33** Shouldn't you have had mercy on your fellow servant just as I had on you?' **34** In anger his master turned him over to the jailers to be tortured, until he should pay back all he owed.

35 "This is how my heavenly Father will treat each of you unless you forgive your brother from your heart."

ª18.11 Vários manuscritos não trazem o versículo 11. ᵇ18.15 Alguns manuscritos não trazem *contra você*. ᶜ18.16 Dt 19.15 ᵈ18.18 Ou *será ligado ... será desligado* ᵉ18.22 Ou *77* ᶠ18.24 Grego: *10.000 talentos*. O talento equivalia a 35 quilos. ᵍ18.28 O denário era uma moeda de prata equivalente à diária de um trabalhador braçal.

ª18:10 Some manuscripts *heaven.* **11** *The Son of Man came to save what was lost.* ᵇ18:15 Some manuscripts do not have *against you.* ᶜ18:16 Deut. 19:15 ᵈ18:18 Or *have been* ᵉ18:18 Or *have been* ᶠ18:22 Or *seventy times seven* ᵍ18:24 That is, millions of dollars ʰ18:28 That is, a few dollars

A Questão do Divórcio
(Mc 10.1-12)

19 Tendo acabado de dizer essas coisas, Jesus saiu da Galiléia e foi para a região da Judéia, no outro lado do Jordão. **2** Grandes multidões o seguiam, e ele as curou ali.

3 Alguns fariseus aproximaram-se dele para pô-lo à prova. E perguntaram-lhe: "É permitido ao homem divorciar-se de sua mulher por qualquer motivo?"

4 Ele respondeu: "Vocês não leram que, no princípio, o Criador 'os fez homem e mulher'**a 5** e disse: 'Por essa razão, o homem deixará pai e mãe e se unirá à sua mulher, e os dois se tornarão uma só carne'**b**? **6** Assim, eles já não são dois, mas sim uma só carne. Portanto, o que Deus uniu, ninguém separe".

7 Perguntaram eles: "Então, por que Moisés mandou dar uma certidão de divórcio à mulher e mandá-la embora?"

8 Jesus respondeu: "Moisés permitiu que vocês se divorciassem de suas mulheres por causa da dureza de coração de vocês. Mas não foi assim desde o princípio. **9** Eu lhes digo que todo aquele que se divorciar de sua mulher, exceto por imoralidade sexual**c**, e se casar com outra mulher, estará cometendo adultério".

10 Os discípulos lhe disseram: "Se esta é a situação entre o homem e sua mulher, é melhor não casar".

11 Jesus respondeu: "Nem todos têm condições de aceitar esta palavra; somente aqueles a quem isso é dado. **12** Alguns são eunucos porque nasceram assim; outros foram feitos assim pelos homens; outros ainda se fizeram eunucos**d** por causa do Reino dos céus. Quem puder aceitar isso, aceite".

Jesus e as Crianças
(Mc 10.13-16; Lc 18.15-17)

13 Depois trouxeram crianças a Jesus, para que lhes impusesse as mãos e orasse por elas. Mas os discípulos os repreendiam.

14 Então disse Jesus: "Deixem vir a mim as crianças e não as impeçam; pois o Reino dos céus pertence aos que são semelhantes a elas". **15** Depois de lhes impor as mãos, partiu dali.

O Jovem Rico
(Mc 10.17-31; Lc 18.18-30)

16 Eis que alguém se aproximou de Jesus e lhe perguntou: "Mestre, que farei de bom para ter a vida eterna?"

17 Respondeu-lhe Jesus: "Por que você me pergunta sobre o que é bom? Há somente um que é bom. Se você quer entrar na vida, obedeça aos mandamentos".

18 "Quais?", perguntou ele.

Jesus respondeu: " 'Não matarás, não adulterarás, não furtarás, não darás falso testemunho, **19** honra teu pai e tua mãe'**e** e 'Amarás o teu próximo como a ti mesmo'**f**".

20 Disse-lhe o jovem: "A tudo isso tenho obedecido. O que me falta ainda?"

21 Jesus respondeu: "Se você quer ser perfeito, vá, venda os seus bens e dê o dinheiro aos pobres, e você terá um tesouro nos céus. Depois, venha e siga-me".

22 Ouvindo isso, o jovem afastou-se triste, porque tinha muitas riquezas.

23 Então Jesus disse aos discípulos: "Digo-lhes a verdade: Dificilmente um rico entrará no Reino dos céus. **24** E lhes digo ainda: É mais fácil passar um camelo pelo fundo de uma agulha do que um rico entrar no Reino de Deus".

25 Ao ouvirem isso, os discípulos ficaram perplexos e perguntaram: "Neste caso, quem pode ser salvo?"

26 Jesus olhou para eles e respondeu: "Para o homem é impossível, mas para Deus todas as coisas são possíveis".

27 Então Pedro lhe respondeu: "Nós deixamos tudo para seguir-te! Que será de nós?"

28 Jesus lhes disse: "Digo-lhes a verdade: Por ocasião da

Divorce

19 When Jesus had finished saying these things, he left Galilee and went into the region of Judea to the other side of the Jordan. **2** Large crowds followed him, and he healed them there.

3 Some Pharisees came to him to test him. They asked, "Is it lawful for a man to divorce his wife for any and every reason?"

4 "Haven't you read," he replied, "that at the beginning the Creator 'made them male and female,'**a 5** and said, 'For this reason a man will leave his father and mother and be united to his wife, and the two will become one flesh'**b**? **6** So they are no longer two, but one. Therefore what God has joined together, let man not separate."

7 "Why then," they asked, "did Moses command that a man give his wife a certificate of divorce and send her away?"

8 Jesus replied, "Moses permitted you to divorce your wives because your hearts were hard. But it was not this way from the beginning. **9** I tell you that anyone who divorces his wife, except for marital unfaithfulness, and marries another woman commits adultery."

10 The disciples said to him, "If this is the situation between a husband and wife, it is better not to marry."

11 Jesus replied, "Not everyone can accept this word, but only those to whom it has been given. **12** For some are eunuchs because they were born that way; others were made that way by men; and others have renounced marriage**c** because of the kingdom of heaven. The one who can accept this should accept it."

The Little Children and Jesus

13 Then little children were brought to Jesus for him to place his hands on them and pray for them. But the disciples rebuked those who brought them.

14 Jesus said, "Let the little children come to me, and do not hinder them, for the kingdom of heaven belongs to such as these." **15** When he had placed his hands on them, he went on from there.

The Rich Young Man

16 Now a man came up to Jesus and asked, "Teacher, what good thing must I do to get eternal life?"

17 "Why do you ask me about what is good?" Jesus replied. "There is only One who is good. If you want to enter life, obey the commandments."

18 "Which ones?" the man inquired.

Jesus replied, " 'Do not murder, do not commit adultery, do not steal, do not give false testimony, **19** honor your father and mother,'**d** and 'love your neighbor as yourself.'**e**"

20 "All these I have kept," the young man said. "What do I still lack?"

21 Jesus answered, "If you want to be perfect, go, sell your possessions and give to the poor, and you will have treasure in heaven. Then come, follow me."

22 When the young man heard this, he went away sad, because he had great wealth.

23 Then Jesus said to his disciples, "I tell you the truth, it is hard for a rich man to enter the kingdom of heaven. **24** Again I tell you, it is easier for a camel to go through the eye of a needle than for a rich man to enter the kingdom of God."

25 When the disciples heard this, they were greatly astonished and asked, "Who then can be saved?"

26 Jesus looked at them and said, "With man this is impossible, but with God all things are possible."

27 Peter answered him, "We have left everything to follow you! What then will there be for us?"

28 Jesus said to them, "I tell you the truth, at the renewal of all

---

a19.4 Gn 1.27 **b19.5** Gn 2.24**c19.9** Grego: *pornéia*; termo genérico que se refere a práticas sexuais ilícitas. **d19.12** Ou *renunciaram ao casamento* **e19.19** Êx 20.12-16; Dt 5.16-20 **f19.19** Lv 19.18

a19.4 Gen. 1:27 **b19:5** Gen. 2:24 **c19:12** Or *have made themselves eunuchs* **d19:19** Exodus 20:12-16; Deut. 5:16-20 **e19:19** Lev. 19:18

regeneração de todas as coisas, quando o Filho do homem se assentar em seu trono glorioso, vocês que me seguiram também se assentarão em doze tronos, para julgar as doze tribos de Israel. ²⁹ E todos os que tiverem deixado casas, irmãos, irmãs, pai, mãeᵃ, filhos ou campos, por minha causa, receberão cem vezes mais e herdarão a vida eterna. ³⁰ Contudo, muitos primeiros serão últimos, e muitos últimos serão primeiros.

A Parábola dos Trabalhadores na Vinha

20 "Pois o Reino dos céus é como um proprietário que saiu de manhã cedo para contratar trabalhadores para a sua vinha. ² Ele combinou pagar-lhes um denárioᵇ pelo dia e mandou-os para a sua vinha.

³ "Por volta das nove horas da manhãᶜ, ele saiu e viu outros que estavam desocupados na praça, ⁴ e lhes disse: 'Vão também trabalhar na vinha, e eu lhes pagarei o que for justo'. ⁵ E eles foram.

"Saindo outra vez, por volta do meio-dia e das três horas da tardeᵈ, fez a mesma coisa. ⁶ Saindo por volta das cinco horas da tardeᵉ, encontrou ainda outros que estavam desocupados e lhes perguntou: 'Por que vocês estiveram aqui desocupados o dia todo?' ⁷ 'Porque ninguém nos contratou', responderam eles.

"Ele lhes disse: 'Vão vocês também trabalhar na vinha'.

⁸ "Ao cair da tarde, o dono da vinha disse a seu administrador: 'Chame os trabalhadores e pague-lhes o salário, começando com os últimos contratados e terminando nos primeiros'.

⁹ "Vieram os trabalhadores contratados por volta das cinco horas da tarde, e cada um recebeu um denário. ¹⁰ Quando vieram os que tinham sido contratados primeiro, esperavam receber mais. Mas cada um deles também recebeu um denário. ¹¹ Quando o receberam, começaram a se queixar do proprietário da vinha, ¹² dizendo-lhe: 'Estes homens contratados por último trabalharam apenas uma hora, e o senhor os igualou a nós, que suportamos o peso do trabalho e o calor do dia'.

¹³ "Mas ele respondeu a um deles: 'Amigo, não estou sendo injusto com você. Você não concordou em trabalhar por um denário? ¹⁴ Receba o que é seu e vá. Eu quero dar ao que foi contratado por último o mesmo que lhe dei. ¹⁵ Não tenho o direito de fazer o que quero com o meu dinheiro? Ou você está com inveja porque sou generoso?'

¹⁶ "Assim, os últimos serão primeiros, e os primeiros serão últimos"ᶠ.

Jesus Prediz Novamente sua Morte e Ressurreição
(Mc 10.32-34; Lc 18.31-34)

¹⁷ Enquanto estava subindo para Jerusalém, Jesus chamou em particular os doze discípulos e lhes disse: ¹⁸ "Estamos subindo para Jerusalém, e o Filho do homem será entregue aos chefes dos sacerdotes e aos mestres da lei. Eles o condenarão à morte ¹⁹ e o entregarão aos gentiosᵍ para que zombem dele, o açoitem e o crucifiquem. No terceiro dia ele ressuscitará!"

O Pedido de uma Mãe
(Mc 10.35-45)

²⁰ Então, aproximou-se de Jesus a mãe dos filhos de Zebedeu com seus filhos e, prostrando-se, fez-lhe um pedido.

²¹ "O que você quer?", perguntou ele.

Ela respondeu: "Declara que no teu Reino estes meus dois filhos se assentarão um à tua direita e o outro à tua esquerda".

²² Disse-lhes Jesus: "Vocês não sabem o que estão pedindo. Podem vocês beber o cálice que eu vou beber?"

"Podemos", responderam eles.

things, when the Son of Man sits on his glorious throne, you who have followed me will also sit on twelve thrones, judging the twelve tribes of Israel. ²⁹ And everyone who has left houses or brothers or sisters or father or motherᵃ or children or fields for my sake will receive a hundred times as much and will inherit eternal life. ³⁰ But many who are first will be last, and many who are last will be first.

The Parable of the Workers in the Vineyard

20 "For the kingdom of heaven is like a landowner who went out early in the morning to hire men to work in his vineyard. ² He agreed to pay them a denarius for the day and sent them into his vineyard.

³ "About the third hour he went out and saw others standing in the marketplace doing nothing. ⁴ He told them, 'You also go and work in my vineyard, and I will pay you whatever is right.' ⁵ So they went.

"He went out again about the sixth hour and the ninth hour and did the same thing. ⁶ About the eleventh hour he went out and found still others standing around. He asked them, 'Why have you been standing here all day long doing nothing?'

⁷ " 'Because no one has hired us,' they answered.

"He said to them, 'You also go and work in my vineyard.'

⁸ "When evening came, the owner of the vineyard said to his foreman, 'Call the workers and pay them their wages, beginning with the last ones hired and going on to the first.'

⁹ "The workers who were hired about the eleventh hour came and each received a denarius. ¹⁰ So when those came who were hired first, they expected to receive more. But each one of them also received a denarius. ¹¹ When they received it, they began to grumble against the landowner. ¹² 'These men who were hired last worked only one hour,' they said, 'and you have made them equal to us who have borne the burden of the work and the heat of the day.'

¹³ "But he answered one of them, 'Friend, I am not being unfair to you. Didn't you agree to work for a denarius? ¹⁴ Take your pay and go. I want to give the man who was hired last the same as I gave you. ¹⁵ Don't I have the right to do what I want with my own money? Or are you envious because I am generous?'

¹⁶ "So the last will be first, and the first will be last."

Jesus Again Predicts His Death

¹⁷ Now as Jesus was going up to Jerusalem, he took the twelve disciples aside and said to them, ¹⁸ "We are going up to Jerusalem, and the Son of Man will be betrayed to the chief priests and the teachers of the law. They will condemn him to death ¹⁹ and will turn him over to the Gentiles to be mocked and flogged and crucified. On the third day he will be raised to life!"

A Mother's Request

²⁰ Then the mother of Zebedee's sons came to Jesus with her sons and, kneeling down, asked a favor of him.

²¹ "What is it you want?" he asked.

She said, "Grant that one of these two sons of mine may sit at your right and the other at your left in your kingdom."

²² "You don't know what you are asking," Jesus said to them. "Can you drink the cup I am going to drink?"

"We can," they answered.

ᵃ19.29 Alguns manuscritos acrescentam *ou mulher*. ᵇ20.2 O denário era uma moeda de prata equivalente à diária de um trabalhador braçal; também nos versículos 9, 10 e 13. ᶜ20.3 Grego: *da hora terceira*. ᵈ20.5 Grego: *da hora sexta e da hora nona*. ᵉ20.6 Grego: *da décima primeira hora*; também no versículo 9. ᶠ20.16 Alguns manuscritos acrescentam *Porque muitos são chamados, mas poucos escolhidos*. ᵍ20.19 Isto é, os que não são judeus.

ᵃ19:29 Some manuscripts *mother or wife*

23 Jesus lhes disse: "Certamente vocês beberão do meu cálice; mas o assentar-se à minha direita ou à minha esquerda não cabe a mim conceder. Esses lugares pertencem àqueles para quem foram preparados por meu Pai".

24 Quando os outros dez ouviram isso, ficaram indignados com os dois irmãos. **25** Jesus os chamou e disse: "Vocês sabem que os governantes das nações as dominam, e as pessoas importantes exercem poder sobre elas. **26** Não será assim entre vocês. Ao contrário, quem quiser tornar-se importante entre vocês deverá ser servo, **27** e quem quiser ser o primeiro deverá ser escravo; **28** como o Filho do homem, que não veio para ser servido, mas para servir e dar a sua vida em resgate por muitos".

Dois Cegos Recuperam a Visão
(Mc 10.46-52; Lc 18.35-43)

29 Ao saírem de Jericó, uma grande multidão seguiu Jesus. **30** Dois cegos estavam sentados à beira do caminho e, quando ouviram falar que Jesus estava passando, puseram-se a gritar: "Senhor, Filho de Davi, tem misericórdia de nós!"

31 A multidão os repreendeu para que ficassem quietos, mas eles gritavam ainda mais: "Senhor, Filho de Davi, tem misericórdia de nós!"

32 Jesus, parando, chamou-os e perguntou-lhes: "O que vocês querem que eu lhes faça?"

33 Responderam eles: "Senhor, queremos que se abram os nossos olhos".

34 Jesus teve compaixão deles e tocou nos olhos deles. Imediatamente eles recuperaram a visão e o seguiram.

A Entrada Triunfal
(Mc 11.1-11; Lc 19.28-40; Jo 12.12-19)

21 Quando se aproximaram de Jerusalém e chegaram a Betfagé, ao monte das Oliveiras, Jesus enviou dois discípulos, **2** dizendo-lhes: "Vão ao povoado que está adiante de vocês; logo encontrarão uma jumenta amarrada, com um jumentinho ao lado. Desamarrem-nos e tragam-nos para mim. **3** Se alguém lhes perguntar algo, digam-lhe que o Senhor precisa deles e logo os enviará de volta".

4 Isso aconteceu para que se cumprisse o que fora dito pelo profeta:

5 "Digam à cidade[a] de Sião:
'Eis que o seu rei vem a você,
   humilde e montado num jumento,
num jumentinho,
   cria de jumenta'[b] ".

6 Os discípulos foram e fizeram o que Jesus tinha ordenado. **7** Trouxeram a jumenta e o jumentinho, colocaram sobre eles os seus mantos, e sobre estes Jesus montou. **8** Uma grande multidão estendeu seus mantos pelo caminho, outros cortavam ramos de árvores e os espalhavam pelo caminho. **9** A multidão que ia adiante dele e os que o seguiam gritavam:

"Hosana[c] ao Filho de Davi!"
"Bendito é o que vem
   em nome do Senhor!"[d]
"Hosana nas alturas!"

10 Quando Jesus entrou em Jerusalém, toda a cidade ficou agitada e perguntava: "Quem é este?"

11 A multidão respondia: "Este é Jesus, o profeta de Nazaré da Galiléia".

Jesus Purifica o Templo
(Mc 11.15-19; Lc 19.45-48)

12 Jesus entrou no templo e expulsou todos os que ali estavam comprando e vendendo. Derrubou as mesas dos cambis-

23 Jesus said to them, "You will indeed drink from my cup, but to sit at my right or left is not for me to grant. These places belong to those for whom they have been prepared by my Father."

24 When the ten heard about this, they were indignant with the two brothers. **25** Jesus called them together and said, "You know that the rulers of the Gentiles lord it over them, and their high officials exercise authority over them. **26** Not so with you. Instead, whoever wants to become great among you must be your servant, **27** and whoever wants to be first must be your slave– **28** just as the Son of Man did not come to be served, but to serve, and to give his life as a ransom for many."

Two Blind Men Receive Sight

29 As Jesus and his disciples were leaving Jericho, a large crowd followed him. **30** Two blind men were sitting by the roadside, and when they heard that Jesus was going by, they shouted, "Lord, Son of David, have mercy on us!"

31 The crowd rebuked them and told them to be quiet, but they shouted all the louder, "Lord, Son of David, have mercy on us!"

32 Jesus stopped and called them. "What do you want me to do for you?" he asked.

33 "Lord," they answered, "we want our sight."

34 Jesus had compassion on them and touched their eyes. Immediately they received their sight and followed him.

The Triumphal Entry

21 As they approached Jerusalem and came to Bethphage on the Mount of Olives, Jesus sent two disciples, **2** saying to them, "Go to the village ahead of you, and at once you will find a donkey tied there, with her colt by her. Untie them and bring them to me. **3** If anyone says anything to you, tell them that the Lord needs them, and he will send them right away."

4 This took place to fulfill what was spoken through the prophet:

5 "Say to the Daughter of Zion,
'See, your king comes to you,
   gentle and riding on a donkey,
on a colt, the foal of a donkey.' "[a]

6 The disciples went and did as Jesus had instructed them. **7** They brought the donkey and the colt, placed their cloaks on them, and Jesus sat on them. **8** A very large crowd spread their cloaks on the road, while others cut branches from the trees and spread them on the road. **9** The crowds that went ahead of him and those that followed shouted,

"Hosanna[b] to the Son of David!"

"Blessed is he who comes in the name of the Lord!"[c]

"Hosanna[d] in the highest!"

10 When Jesus entered Jerusalem, the whole city was stirred and asked, "Who is this?"

11 The crowds answered, "This is Jesus, the prophet from Nazareth in Galilee."

Jesus at the Temple

12 Jesus entered the temple area and drove out all who were buying and selling there. He overturned the tables of the money

---

a21.5 Grego: *filha*. **b21.5** Zc 9.9 **c21.9** Expressão hebraica que significa *"Salve!"*, e que se tornou uma exclamação de louvor; também no versículo 15. **d21.9** Sl 118.26

a21:5 Zech. 9:9 **b21:9** A Hebrew expression meaning "Save!" which became an exclamation of praise; also in verse 15 **c21:9** Psalm 118:26 **d21:9** A Hebrew expression meaning "Save!" which became an exclamation of praise; also in verse 15

tas e as cadeiras dos que vendiam pombas, **13** e lhes disse: "Está escrito: 'A minha casa será chamada casa de oração'ª; mas vocês estão fazendo dela um 'covil de ladrões'ᵇ".

14 Os cegos e os mancos aproximaram-se dele no templo, e ele os curou. **15** Mas quando os chefes dos sacerdotes e os mestres da lei viram as coisas maravilhosas que Jesus fazia e as crianças gritando no templo: "Hosana ao Filho de Davi", ficaram indignados, **16** e lhe perguntaram: "Não estás ouvindo o que estas crianças estão dizendo?"

Respondeu Jesus: "Sim, vocês nunca leram:

" 'Dos lábios das crianças e dos recém-nascidos suscitaste louvor'ᶜ"?

17 E, deixando-os, saiu da cidade para Betânia, onde passou a noite.

A Figueira Seca
(Mc 11.20-25)

18 De manhã cedo, quando voltava para a cidade, Jesus teve fome. **19** Vendo uma figueira à beira do caminho, aproximou-se dela, mas nada encontrou, a não ser folhas. Então lhe disse: "Nunca mais dê frutos!" Imediatamente a árvore secou.

20 Ao verem isso, os discípulos ficaram espantados e perguntaram: "Como a figueira secou tão depressa?"

21 Jesus respondeu: "Eu lhes asseguro que, se vocês tiverem fé e não duvidarem, poderão fazer não somente o que foi feito à figueira, mas também dizer a este monte: 'Levante-se e atire-se no mar', e assim será feito. **22** E tudo o que pedirem em oração, se crerem, vocês receberão".

A Autoridade de Jesus é Questionada
(Mc 11.27-33; Lc 20.1-8)

23 Jesus entrou no templo e, enquanto ensinava, aproximaram-se dele os chefes dos sacerdotes e os líderes religiosos do povo e perguntaram: "Com que autoridade estás fazendo estas coisas? E quem te deu tal autoridade?"

24 Respondeu Jesus: "Eu também lhes farei uma pergunta. Se vocês me responderem, eu lhes direi com que autoridade estou fazendo estas coisas. **25** De onde era o batismo de João? Do céu ou dos homens?"

Eles discutiam entre si, dizendo: "Se dissermos: Do céu, ele perguntará: 'Então por que vocês não creram nele?' **26** Mas se dissermos: Dos homens — temos medo do povo, pois todos consideram João um profeta".

27 Eles responderam a Jesus: "Não sabemos".

E ele lhes disse: "Tampouco lhes direi com que autoridade estou fazendo estas coisas.

A Parábola dos Dois Filhos

28 "O que acham? Havia um homem que tinha dois filhos. Chegando ao primeiro, disse: 'Filho, vá trabalhar hoje na vinha'.

29 "E este respondeu: 'Não quero!' Mas depois mudou de idéia e foi.

30 "O pai chegou ao outro filho e disse a mesma coisa. Ele respondeu: 'Sim, senhor!' Mas não foi.

31 "Qual dos dois fez a vontade do pai?"

"O primeiro", responderam eles.

Jesus lhes disse: "Digo-lhes a verdade: Os publicanos e as prostitutas estão entrando antes de vocês no Reino de Deus. **32** Porque João veio para lhes mostrar o caminho da justiça, e vocês não creram nele, mas os publica-nos e as prostitutas creram. E, mesmo depois de verem isso, vocês não se arrependeram nem creram nele.

A Parábola dos Lavradores
(Mc 12.1-12; Lc 20.9-19)

33 "Ouçam outra parábola: Havia um proprietário de terras

changers and the benches of those selling doves. **13** "It is written," he said to them, " 'My house will be called a house of prayer,ª but you are making it a 'den of robbers.'ᵇ"

14 The blind and the lame came to him at the temple, and he healed them. **15** But when the chief priests and the teachers of the law saw the wonderful things he did and the children shouting in the temple area, "Hosanna to the Son of David," they were indignant.

16 "Do you hear what these children are saying?" they asked him.

"Yes," replied Jesus, "have you never read,

" 'From the lips of children and infants
you have ordained praise'ᶜ?"

17 And he left them and went out of the city to Bethany, where he spent the night.

The Fig Tree Withers

18 Early in the morning, as he was on his way back to the city, he was hungry. **19** Seeing a fig tree by the road, he went up to it but found nothing on it except leaves. Then he said to it, "May you never bear fruit again!" Immediately the tree withered.

20 When the disciples saw this, they were amazed. "How did the fig tree wither so quickly?" they asked.

21 Jesus replied, "I tell you the truth, if you have faith and do not doubt, not only can you do what was done to the fig tree, but also you can say to this mountain, 'Go, throw yourself into the sea,' and it will be done. **22** If you believe, you will receive whatever you ask for in prayer."

The Authority of Jesus Questioned

23 Jesus entered the temple courts, and, while he was teaching, the chief priests and the elders of the people came to him. "By what authority are you doing these things?" they asked. "And who gave you this authority?"

24 Jesus replied, "I will also ask you one question. If you answer me, I will tell you by what authority I am doing these things. **25** John's baptism—where did it come from? Was it from heaven, or from men?"

They discussed it among themselves and said, "If we say, 'From heaven,' he will ask, 'Then why didn't you believe him?' **26** But if we say, 'From men'—we are afraid of the people, for they all hold that John was a prophet."

27 So they answered Jesus, "We don't know."

Then he said, "Neither will I tell you by what authority I am doing these things.

The Parable of the Two Sons

28 "What do you think? There was a man who had two sons. He went to the first and said, 'Son, go and work today in the vineyard.'

29 " 'I will not,' he answered, but later he changed his mind and went.

30 "Then the father went to the other son and said the same thing. He answered, 'I will, sir,' but he did not go.

31 "Which of the two did what his father wanted?"

"The first," they answered.

Jesus said to them, "I tell you the truth, the tax collectors and the prostitutes are entering the kingdom of God ahead of you. **32** For John came to you to show you the way of righteousness, and you did not believe him, but the tax collectors and the prostitutes did. And even after you saw this, you did not repent and believe him.

The Parable of the Tenants

33 "Listen to another parable: There was a landowner who

que plantou uma vinha. Colocou uma cerca ao redor dela, cavou um tanque para prensar as uvas e construiu uma torre. Depois arrendou a vinha a alguns lavradores e foi fazer uma viagem. **34** Aproximando-se a época da colheita, enviou seus servos aos lavradores, para receber os frutos que lhe pertenciam.

35 "Os lavradores agarraram seus servos; a um espancaram, a outro mataram e apedrejaram o terceiro. **36** Então enviou-lhes outros servos em maior número, e os lavradores os trataram da mesma forma. **37** Por último, enviou-lhes seu filho, dizendo: 'A meu filho respeitarão'.

38 "Mas quando os lavradores viram o filho, disseram uns aos outros: 'Este é o herdeiro. Venham, vamos matá-lo e tomar a sua herança'. **39** Assim eles o agarraram, lançaram-no para fora da vinha e o mataram.

40 "Portanto, quando vier o dono da vinha, o que fará àqueles lavradores?"

41 Responderam eles: "Matará de modo horrível esses perversos e arrendará a vinha a outros lavradores, que lhe dêem a sua parte no tempo da colheita".

42 Jesus lhes disse: "Vocês nunca leram isto nas Escrituras?

" 'A pedra que os construtores rejeitaram
  tornou-se a pedra angular;
isso vem do Senhor,
  e é algo maravilhoso
  para nós'.**ª**

43 "Portanto eu lhes digo que o Reino de Deus será tirado de vocês e será dado a um povo que dê os frutos do Reino. **44** Aquele que cair sobre esta pedra será despedaçado, e aquele sobre quem ela cair será reduzido a pó".**b**

45 Quando os chefes dos sacerdotes e os fariseus ouviram as parábolas de Jesus, compreenderam que ele falava a respeito deles. **46** E procuravam um meio de prendê-lo; mas tinham medo das multidões, pois elas o consideravam profeta.

A Parábola do Banquete de Casamento
(Lc 14.15-24)

22 Jesus lhes falou novamente por parábolas, dizendo: **2** "O Reino dos céus é como um rei que preparou um banquete de casamento para seu filho. **3** Enviou seus servos aos que tinham sido convidados para o banquete, dizendo-lhes que viessem; mas eles não quiseram vir.

4 "De novo enviou outros servos e disse: 'Digam aos que foram convidados que preparei meu banquete: meus bois e meus novilhos gordos foram abatidos, e tudo está preparado. Venham para o banquete de casamento!'

5 "Mas eles não lhes deram atenção e saíram, um para o seu campo, outro para os seus negócios. **6** Os restantes, agarrando os servos, maltrataram-nos e os mataram. **7** O rei ficou irado e, enviando o seu exército, destruiu aqueles assassinos e queimou a cidade deles.

8 "Então disse a seus servos: 'O banquete de casamento está pronto, mas os meus convidados não eram dignos. **9** Vão às esquinas e convidem para o banquete todos os que vocês encontrarem'. **10** Então os servos saíram para as ruas e reuniram todas as pessoas que puderam encontrar, gente boa e gente má, e a sala do banquete de casamento ficou cheia de convidados.

11 "Mas quando o rei entrou para ver os convidados, notou ali um homem que não estava usando veste nupcial. **12** E lhe perguntou: 'Amigo, como você entrou aqui sem veste nupcial?' O homem emudeceu.

13 "Então o rei disse aos que serviam: 'Amarrem-lhe as mãos e os pés, e lancem-no para fora, nas trevas; ali haverá choro e ranger de dentes'.

planted a vineyard. He put a wall around it, dug a winepress in it and built a watchtower. Then he rented the vineyard to some farmers and went away on a journey. **34** When the harvest time approached, he sent his servants to the tenants to collect his fruit.

35 "The tenants seized his servants; they beat one, killed another, and stoned a third. **36** Then he sent other servants to them, more than the first time, and the tenants treated them the same way. **37** Last of all, he sent his son to them. 'They will respect my son,' he said.

38 "But when the tenants saw the son, they said to each other, 'This is the heir. Come, let's kill him and take his inheritance.' **39** So they took him and threw him out of the vineyard and killed him.

40 "Therefore, when the owner of the vineyard comes, what will he do to those tenants?"

41 "He will bring those wretches to a wretched end," they replied, "and he will rent the vineyard to other tenants, who will give him his share of the crop at harvest time."

42 Jesus said to them, "Have you never read in the Scriptures:

" 'The stone the builders rejected
  has become the capstone**ª**;
  the Lord has done this,
  and it is marvelous in our eyes'**b**?

43 "Therefore I tell you that the kingdom of God will be taken away from you and given to a people who will produce its fruit. **44** He who falls on this stone will be broken to pieces, but he on whom it falls will be crushed."**c**

45 When the chief priests and the Pharisees heard Jesus' parables, they knew he was talking about them. **46** They looked for a way to arrest him, but they were afraid of the crowd because the people held that he was a prophet.

The Parable of the Wedding Banquet

22 Jesus spoke to them again in parables, saying: **2** "The kingdom of heaven is like a king who prepared a wedding banquet for his son. **3** He sent his servants to those who had been invited to the banquet to tell them to come, but they refused to come.

4 "Then he sent some more servants and said, 'Tell those who have been invited that I have prepared my dinner: My oxen and fattened cattle have been butchered, and everything is ready. Come to the wedding banquet.'

5 "But they paid no attention and went off-one to his field, another to his business. **6** The rest seized his servants, mistreated them and killed them. **7** The king was enraged. He sent his army and destroyed those murderers and burned their city.

8 "Then he said to his servants, 'The wedding banquet is ready, but those I invited did not deserve to come. **9** Go to the street corners and invite to the banquet anyone you find.' **10** So the servants went out into the streets and gathered all the people they could find, both good and bad, and the wedding hall was filled with guests.

11 "But when the king came in to see the guests, he noticed a man there who was not wearing wedding clothes. **12** 'Friend,' he asked, 'how did you get in here without wedding clothes?' The man was speechless.

13 "Then the king told the attendants, 'Tie him hand and foot, and throw him outside, into the darkness, where there will be weeping and gnashing of teeth.'

ª21.42 Sl 118.22,23 **b**21.44 Muitos manuscritos não trazem o versículo 44.

ª21:42 Or *cornerstone* **b**21:42 Psalm 118:22,23 **c**21:44 Some manuscripts do not have verse 44.

¹⁴ "Pois muitos são chamados, mas poucos são escolhidos".

O Pagamento de Imposto a César
(Mc 12.13-17; Lc 20.20-26)

¹⁵ Então os fariseus saíram e começaram a planejar um meio de enredá-lo em suas próprias palavras. ¹⁶ Enviaram-lhe seus discípulos junto com os herodianos, que lhe disseram: "Mestre, sabemos que és íntegro e que ensinas o caminho de Deus conforme a verdade. Tu não te deixas influenciar por ninguém, porque não te prendes à aparência dos homens. ¹⁷ Dize-nos, pois: Qual é a tua opinião? É certo pagar imposto a César ou não?"

¹⁸ Mas Jesus, percebendo a má intenção deles, perguntou: "Hipócritas! Por que vocês estão me pondo à prova? ¹⁹ Mostrem-me a moeda usada para pagar o imposto". Eles lhe mostraram um denário^a, ²⁰ e ele lhes perguntou: "De quem é esta imagem e esta inscrição?"

²¹ "De César", responderam eles.

E ele lhes disse: "Então, dêem^b a César o que é de César e a Deus o que é de Deus".

²² Ao ouvirem isso, eles ficaram admirados; e, deixando-o, retiraram-se.

A Realidade da Ressurreição
(Mc 12.18-27; Lc 20.27-40)

²³ Naquele mesmo dia, os saduceus, que dizem que não há ressurreição, aproximaram-se dele com a seguinte questão: ²⁴ "Mestre, Moisés disse que se um homem morrer sem deixar filhos, seu irmão deverá casar-se com a viúva e dar-lhe descendência. ²⁵ Entre nós havia sete irmãos. O primeiro casou-se e morreu. Como não teve filhos, deixou a mulher para seu irmão. ²⁶ A mesma coisa aconteceu com o segundo, com o terceiro, até o sétimo. ²⁷ Finalmente, depois de todos, morreu a mulher. ²⁸ Pois bem, na ressurreição, de qual dos sete ela será esposa, visto que todos foram casados com ela?"

²⁹ Jesus respondeu: "Vocês estão enganados porque não conhecem as Escrituras nem o poder de Deus! ³⁰ Na ressurreição, as pessoas não se casam nem são dadas em casamento; mas são como os anjos no céu. ³¹ E quanto à ressurreição dos mortos, vocês não leram o que Deus lhes disse: ³² 'Eu sou o Deus de Abraão, o Deus de Isaque e o Deus de Jacó'^c? Ele não é Deus de mortos, mas de vivos!"

³³ Ouvindo isso, a multidão ficou admirada com o seu ensino.

O Maior Mandamento
(Mc 12.28-34)

³⁴ Ao ouvirem dizer que Jesus havia deixado os saduceus sem resposta, os fariseus se reuniram. ³⁵ Um deles, perito na lei, o pôs à prova com esta pergunta: ³⁶ "Mestre, qual é o maior mandamento da Lei?"

³⁷ Respondeu Jesus: " 'Ame o Senhor, o seu Deus de todo o seu coração, de toda a sua alma e de todo o seu entendimento'^c. ³⁸ Este é o primeiro e maior mandamento. ³⁹ E o segundo é semelhante a ele: 'Ame o seu próximo como a si mesmo'^d. ⁴⁰ Destes dois mandamentos dependem toda a Lei e os Profetas".

O Cristo é Senhor de Davi
(Mc 12.35-37; Lc 20.41-44)

⁴¹ Estando os fariseus reunidos, Jesus lhes perguntou: ⁴² "O que vocês pensam a respeito do Cristo? De quem ele é filho?"

"É filho de Davi", responderam eles.

⁴³ Ele lhes disse: "Então, como é que Davi, falando pelo Espírito, o chama 'Senhor'? Pois ele afirma:

⁴⁴ " 'O Senhor disse
ao meu Senhor:

¹⁴ "For many are invited, but few are chosen."

Paying Taxes to Caesar

¹⁵ Then the Pharisees went out and laid plans to trap him in his words. ¹⁶ They sent their disciples to him along with the Herodians. "Teacher," they said, "we know you are a man of integrity and that you teach the way of God in accordance with the truth. You aren't swayed by men, because you pay no attention to who they are. ¹⁷ Tell us then, what is your opinion? Is it right to pay taxes to Caesar or not?"

¹⁸ But Jesus, knowing their evil intent, said, "You hypocrites, why are you trying to trap me? ¹⁹ Show me the coin used for paying the tax." They brought him a denarius, ²⁰ and he asked them, "Whose portrait is this? And whose inscription?"

²¹ "Caesar's," they replied.

Then he said to them, "Give to Caesar what is Caesar's, and to God what is God's."

²² When they heard this, they were amazed. So they left him and went away.

Marriage at the Resurrection

²³ That same day the Sadducees, who say there is no resurrection, came to him with a question. ²⁴ "Teacher," they said, "Moses told us that if a man dies without having children, his brother must marry the widow and have children for him. ²⁵ Now there were seven brothers among us. The first one married and died, and since he had no children, he left his wife to his brother. ²⁶ The same thing happened to the second and third brother, right on down to the seventh. ²⁷ Finally, the woman died. ²⁸ Now then, at the resurrection, whose wife will she be of the seven, since all of them were married to her?"

²⁹ Jesus replied, "You are in error because you do not know the Scriptures or the power of God. ³⁰ At the resurrection people will neither marry nor be given in marriage; they will be like the angels in heaven. ³¹ But about the resurrection of the dead—have you not read what God said to you, ³² 'I am the God of Abraham, the God of Isaac, and the God of Jacob'^a? He is not the God of the dead but of the living."

³³ When the crowds heard this, they were astonished at his teaching.

The Greatest Commandment

³⁴ Hearing that Jesus had silenced the Sadducees, the Pharisees got together. ³⁵ One of them, an expert in the law, tested him with this question: ³⁶ "Teacher, which is the greatest commandment in the Law?"

³⁷ Jesus replied: " 'Love the Lord your God with all your heart and with all your soul and with all your mind.'^b ³⁸ This is the first and greatest commandment. ³⁹ And the second is like it: 'Love your neighbor as yourself.'^c ⁴⁰ All the Law and the Prophets hang on these two commandments."

Whose Son Is the Christ?

⁴¹ While the Pharisees were gathered together, Jesus asked them, ⁴² "What do you think about the Christ^d? Whose son is he?"

"The son of David," they replied.

⁴³ He said to them, "How is it then that David, speaking by the Spirit, calls him 'Lord'? For he says,

⁴⁴ " 'The Lord said to my Lord:

---

^a22.19 O denário era uma moeda de prata equivalente à diária de um trabalhador braçal. ^b22.21 Ou *devolvam* ^c22.32 Êx 3.6 ^d22.37 Dt 6.5 ^e22.39 Lv 19.18

^a22:32 Exodus 3:6 ^b22:37 Deut. 6:5 ^c22:39 Lev. 19:18 ^d22:42 Or *Messiah*

Senta-te à minha direita,
    até que eu ponha
    os teus inimigos
debaixo de teus pés' ª.

45 Se, pois, Davi o chama 'Senhor', como pode ser ele seu filho?" **46** Ninguém conseguia responder-lhe uma palavra; e daquele dia em diante, ninguém jamais se atreveu a lhe fazer perguntas.

Jesus Condena a Hipocrisia dos Fariseus e dos Mestres da Lei

23 Então, Jesus disse à multidão e aos seus discípulos: **2** "Os mestres da lei e os fariseus se assentam na cadeira de Moisés. **3** Obedeçam-lhes e façam tudo o que eles lhes dizem. Mas não façam o que eles fazem, pois não praticam o que pregam. **4** Eles atam fardos pesados e os colocam sobre os ombros dos homens, mas eles mesmos não estão dispostos a levantar um só dedo para movê-los.

5 "Tudo o que fazem é para serem vistos pelos homens. Eles fazem seus filactériosᵇ bem largos e as franjas de suas vestes bem longas; **6** gostam do lugar de honra nos banquetes e dos assentos mais importantes nas sinagogas, **7** de serem saudados nas praças e de serem chamados 'rabis'.

8 "Mas vocês não devem ser chamados 'rabis'; um só é o Mestre de vocês, e todos vocês são irmãos. **9** A ninguém na terra chamem 'pai', porque vocês só têm um Pai, aquele que está nos céus. **10** Tampouco vocês devem ser chamados 'chefes', porquanto vocês têm um só Chefe, o Cristo. **11** O maior entre vocês deverá ser servo. **12** Pois todo aquele que a si mesmo se exaltar será humilhado, e todo aquele que a si mesmo se humilhar será exaltado.

13 "Ai de vocês, mestres da lei e fariseus, hipócritas! Vocês fecham o Reino dos céus diante dos homens! Vocês mesmos não entram, nem deixam entrar aqueles que gostariam de fazê-lo.

14 "Ai de vocês, mestres da lei e fariseus, hipócritas! Vocês devoram as casas das viúvas e, para disfarçar, fazem longas orações. Por isso serão castigados mais severamente.ᶜ

15 "Ai de vocês, mestres da lei e fariseus, hipócritas, porque percorrem terra e mar para fazer um convertido e, quando conseguem, vocês o tornam duas vezes mais filho do inferno do que vocês.

16 "Ai de vocês, guias cegos!, pois dizem: 'Se alguém jurar pelo santuário, isto nada significa; mas se alguém jurar pelo ouro do santuário, está obrigado por seu juramento'. **17** Cegos insensatos! Que é mais importante: o ouro ou o santuário que santifica o ouro? **18** Vocês também dizem: 'Se alguém jurar pelo altar, isto nada significa; mas se alguém jurar pela oferta que está sobre ele, está obrigado por seu juramento'. **19** Cegos! Que é mais importante: a oferta, ou o altar que santifica a oferta? **20** Portanto, aquele que jurar pelo altar, jura por ele e por tudo o que está sobre ele. **21** E o que jurar pelo santuário, jura por ele e por aquele que nele habita. **22** E aquele que jurar pelos céus, jura pelo trono de Deus e por aquele que nele se assenta.

23 "Ai de vocês, mestres da lei e fariseus, hipócritas! Vocês dão o dízimo da hortelã, do endro e do cominho, mas têm negligenciado os preceitos mais importantes da lei: a justiça, a misericórdia e a fidelidade. Vocês devem praticar estas coisas, sem omitir aquelas. **24** Guias cegos! Vocês coam um mosquito e engolem um camelo.

25 "Ai de vocês, mestres da lei e fariseus, hipócritas! Vocês limpam o exterior do copo e do prato, mas por dentro eles estão cheios de ganância e cobiça. **26** Fariseu cego! Limpe primeiro o interior do copo e do prato, para que o exterior também fique limpo.

"Sit at my right hand
until I put your enemies
    under your feet." 'ª

45 If then David calls him 'Lord,' how can he be his son?" **46** No one could say a word in reply, and from that day on no one dared to ask him any more questions.

Seven Woes

23 Then Jesus said to the crowds and to his disciples: **2** "The teachers of the law and the Pharisees sit in Moses' seat. **3** So you must obey them and do everything they tell you. But do not do what they do, for they do not practice what they preach. **4** They tie up heavy loads and put them on men's shoulders, but they themselves are not willing to lift a finger to move them.

5 "Everything they do is done for men to see: They make their phylacteriesᵇ wide and the tassels on their garments long; **6** they love the place of honor at banquets and the most important seats in the synagogues; **7** they love to be greeted in the marketplaces and to have men call them 'Rabbi.'

8 "But you are not to be called 'Rabbi,' for you have only one Master and you are all brothers. **9** And do not call anyone on earth 'father,' for you have one Father, and he is in heaven. **10** Nor are you to be called 'teacher,' for you have one Teacher, the Christ.ᶜ **11** The greatest among you will be your servant. **12** For whoever exalts himself will be humbled, and whoever humbles himself will be exalted.

13 "Woe to you, teachers of the law and Pharisees, you hypocrites! You shut the kingdom of heaven in men's faces. You yourselves do not enter, nor will you let those enter who are trying to.ᵈ

15 "Woe to you, teachers of the law and Pharisees, you hypocrites! You travel over land and sea to win a single convert, and when he becomes one, you make him twice as much a son of hell as you are.

16 "Woe to you, blind guides! You say, 'If anyone swears by the temple, it means nothing; but if anyone swears by the gold of the temple, he is bound by his oath.' **17** You blind fools! Which is greater: the gold, or the temple that makes the gold sacred? **18** You also say, 'If anyone swears by the altar, it means nothing; but if anyone swears by the gift on it, he is bound by his oath.' **19** You blind men! Which is greater: the gift, or the altar that makes the gift sacred? **20** Therefore, he who swears by the altar swears by it and by everything on it. **21** And he who swears by the temple swears by it and by the one who dwells in it. **22** And he who swears by heaven swears by God's throne and by the one who sits on it.

23 "Woe to you, teachers of the law and Pharisees, you hypocrites! You give a tenth of your spices—mint, dill and cummin. But you have neglected the more important matters of the law—justice, mercy and faithfulness. You should have practiced the latter, without neglecting the former. **24** You blind guides! You strain out a gnat but swallow a camel.

25 "Woe to you, teachers of the law and Pharisees, you hypocrites! You clean the outside of the cup and dish, but inside they are full of greed and self-indulgence. **26** Blind Pharisee! First clean the inside of the cup and dish, and then the outside also will be clean.

ª**22.44** Sl 110.1 ᵇ**23.5** Isto é, tefilins, pequenas caixas que continham textos bíblicos, presas na testa e nos braços. ᶜ**23.14** Vários manuscritos não trazem o versículo 14.

ª**22:44** Psalm 110:1 ᵇ**23:5** That is, boxes containing Scripture verses, worn on forehead and arm ᶜ**23:10** Or *Messiah* ᵈ**23:13** Some manuscripts *to.* **14** *Woe to you, teachers of the law and Pharisees! You hypocrites! You devour widows' houses and for a show make lengthy prayers. Therefore you will be punished more severely.*

27 "Ai de vocês, mestres da lei e fariseus, hipócritas! Vocês são como sepulcros caiados: bonitos por fora, mas por dentro estão cheios de ossos e de todo tipo de imundície. 28 Assim são vocês: por fora parecem justos ao povo, mas por dentro estão cheios de hipocrisia e maldade.

29 "Ai de vocês, mestres da lei e fariseus, hipócritas! Vocês edificam os túmulos dos profetas e adornam os monumentos dos justos. 30 E dizem: 'Se tivéssemos vivido no tempo dos nossos antepassados, não teríamos tomado parte com eles no derramamento do sangue dos profetas'. 31 Assim, vocês testemunham contra si mesmos que são descendentes dos que assassinaram os profetas. 32 Acabem, pois, de encher a medida do pecado dos seus antepassados!

33 "Serpentes! Raça de víboras! Como vocês escaparão da condenação ao inferno? 34 Por isso, eu lhes estou enviando profetas, sábios e mestres. A uns vocês matarão e crucificarão; a outros açoitarão nas sinagogas de vocês e perseguirão de cidade em cidade. 35 E, assim, sobre vocês recairá todo o sangue justo derramado na terra, desde o sangue do justo Abel, até o sangue de Zacarias, filho de Baraquias, a quem vocês assassinaram entre o santuário e o altar. 36 Eu lhes asseguro que tudo isso sobrevirá a esta geração.

37 "Jerusalém, Jerusalém, você, que mata os profetas e apedreja os que lhe são enviados! Quantas vezes eu quis reunir os seus filhos, como a galinha reúne os seus pintinhos debaixo das suas asas, mas vocês não quiseram. 38 Eis que a casa de vocês ficará deserta. 39 Pois eu lhes digo que vocês não me verão mais, até que digam: 'Bendito é o que vem em nome do Senhor'a".

O Sinal do Fim dos Tempos
(Mc 13.1-31; Lc 21.5-37)

24 Jesus saiu do templo e, enquanto caminhava, seus discípulos aproximaram-se dele para lhe mostrar as construções do templo. 2 "Vocês estão vendo tudo isto?", perguntou ele. "Eu lhes garanto que não ficará aqui pedra sobre pedra; serão todas derrubadas".

3 Tendo Jesus se assentado no monte das Oliveiras, os discípulos dirigiram-se a ele em particular e disseram: "Dize-nos, quando acontecerão essas coisas? E qual será o sinal da tua vinda e do fim dos tempos?"

4 Jesus respondeu: "Cuidado, que ninguém os engane. 5 Pois muitos virão em meu nome, dizendo: 'Eu sou o Cristo!' e enganarão a muitos. 6 Vocês ouvirão falar de guerras e rumores de guerras, mas não tenham medo. É necessário que tais coisas aconteçam, mas ainda não é o fim. 7 Nação se levantará contra nação, e reino contra reino. Haverá fomes e terremotos em vários lugares. 8 Tudo isso será o início das dores.

9 "Então eles os entregarão para serem perseguidos e condenados à morte, e vocês serão odiados por todas as nações por minha causa. 10 Naquele tempo muitos ficarão escandalizados, trairão e odiarão uns aos outros, 11 e numerosos falsos profetas surgirão e enganarão a muitos. 12 Devido ao aumento da maldade, o amor de muitos esfriará, 13 mas aquele que perseverar até o fim será salvo. 14 E este evangelho do Reino será pregado em todo o mundo como testemunho a todas as nações, e então virá o fim.

15 "Assim, quando vocês virem 'o sacrilégio terrível'b, do qual falou o profeta Daniel, no Lugar Santo — quem lê, entenda — 16 então, os que estiverem na Judéia fujam para os montes. 17 Quem estiver no telhado de sua casa não desça para tirar dela coisa alguma. 18 Quem estiver no campo não volte para pegar seu manto. 19 Como serão terríveis aqueles dias para as grávidas e para as que estiverem amamentando! 20 Orem para que a fuga de vocês não aconteça no inverno nem no sábado. 21 Porque haverá então grande tribulação, como nunca houve desde o princípio do mundo até agora, nem jamais haverá.

27 "Woe to you, teachers of the law and Pharisees, you hypocrites! You are like whitewashed tombs, which look beautiful on the outside but on the inside are full of dead men's bones and everything unclean. 28 In the same way, on the outside you appear to people as righteous but on the inside you are full of hypocrisy and wickedness.

29 "Woe to you, teachers of the law and Pharisees, you hypocrites! You build tombs for the prophets and decorate the graves of the righteous. 30 And you say, 'If we had lived in the days of our forefathers, we would not have taken part with them in shedding the blood of the prophets.' 31 So you testify against yourselves that you are the descendants of those who murdered the prophets. 32 Fill up, then, the measure of the sin of your forefathers!

33 "You snakes! You brood of vipers! How will you escape being condemned to hell? 34 Therefore I am sending you prophets and wise men and teachers. Some of them you will kill and crucify; others you will flog in your synagogues and pursue from town to town. 35 And so upon you will come all the righteous blood that has been shed on earth, from the blood of righteous Abel to the blood of Zechariah son of Berekiah, whom you murdered between the temple and the altar. 36 I tell you the truth, all this will come upon this generation.

37 "O Jerusalem, Jerusalem, you who kill the prophets and stone those sent to you, how often I have longed to gather your children together, as a hen gathers her chicks under her wings, but you were not willing. 38 Look, your house is left to you desolate. 39 For I tell you, you will not see me again until you say, 'Blessed is he who comes in the name of the Lord.'a"

Signs of the End of the Age

24 Jesus left the temple and was walking away when his disciples came up to him to call his attention to its buildings. 2 "Do you see all these things?" he asked. "I tell you the truth, not one stone here will be left on another; every one will be thrown down."

3 As Jesus was sitting on the Mount of Olives, the disciples came to him privately. "Tell us," they said, "when will this happen, and what will be the sign of your coming and of the end of the age?"

4 Jesus answered: "Watch out that no one deceives you. 5 For many will come in my name, claiming, 'I am the Christ,b' and will deceive many. 6 You will hear of wars and rumors of wars, but see to it that you are not alarmed. Such things must happen, but the end is still to come. 7 Nation will rise against nation, and kingdom against kingdom. There will be famines and earthquakes in various places. 8 All these are the beginning of birth pains.

9 "Then you will be handed over to be persecuted and put to death, and you will be hated by all nations because of me. 10 At that time many will turn away from the faith and will betray and hate each other, 11 and many false prophets will appear and deceive many people. 12 Because of the increase of wickedness, the love of most will grow cold, 13 but he who stands firm to the end will be saved. 14 And this gospel of the kingdom will be preached in the whole world as a testimony to all nations, and then the end will come.

15 "So when you see standing in the holy place 'the abomination that causes desolation,'c spoken of through the prophet Daniel—let the reader understand— 16 then let those who are in Judea flee to the mountains. 17 Let no one on the roof of his house go down to take anything out of the house. 18 Let no one in the field go back to get his cloak. 19 How dreadful it will be in those days for pregnant women and nursing mothers! 20 Pray that your flight will not take place in winter or on the Sabbath. 21 For then there will be great distress, unequaled from the beginning of the world until now—and never to be equaled again.

---

a23.39 Sl 118.26 b24.15 Dn 9.27; 11.31; 12.11

a23.39 Psalm 118:26 b24:5 Or *Messiah*; also in verse 23 c24:15 Daniel 9:27; 11:31; 12:11

22 Se aqueles dias não fossem abreviados, ninguém sobreviveria[a]; mas, por causa dos eleitos, aqueles dias serão abreviados. **23** Se, então, alguém lhes disser: 'Vejam, aqui está o Cristo!' ou: 'Ali está ele!', não acreditem. **24** Pois aparecerão falsos cristos e falsos profetas que realizarão grandes sinais e maravilhas para, se possível, enganar até os eleitos. **25** Vejam que eu os avisei antecipadamente.

26 "Assim, se alguém lhes disser: 'Ele está lá, no deserto!', não saiam; ou: 'Ali está ele, dentro da casa!', não acreditem. **27** Porque assim como o relâmpago sai do Oriente e se mostra no Ocidente, assim será a vinda do Filho do homem. **28** Onde houver um cadáver, aí se ajuntarão os abutres.

29 "Imediatamente após a tribulação daqueles dias

" 'o sol escurecerá,
    e a lua não dará a sua luz;
as estrelas cairão do céu,
    e os poderes celestes
    serão abalados'[b].

30 "Então aparecerá no céu o sinal do Filho do homem, e todas as nações da terra se lamentarão e verão o Filho do homem vindo nas nuvens do céu com poder e grande glória. **31** E ele enviará os seus anjos com grande som de trombeta, e estes reunirão os seus eleitos dos quatro ventos, de uma a outra extremidade dos céus.

32 "Aprendam a lição da figueira: quando seus ramos se renovam e suas folhas começam a brotar, vocês sabem que o verão está próximo. **33** Assim também, quando virem todas estas coisas, saibam que ele está próximo, às portas. **34** Eu lhes asseguro que não passará esta geração até que todas estas coisas aconteçam. **35** Os céus e a terra passarão, mas as minhas palavras jamais passarão.

O Dia e a Hora São Desconhecidos
(Mc 13.32-37)

36 "Quanto ao dia e à hora ninguém sabe, nem os anjos dos céus, nem o Filho[c], senão somente o Pai. **37** Como foi nos dias de Noé, assim também será na vinda do Filho do homem. **38** Pois nos dias anteriores ao Dilúvio, o povo vivia comendo e bebendo, casando-se e dando-se em casamento, até o dia em que Noé entrou na arca; **39** e eles nada perceberam, até que veio o Dilúvio e os levou a todos. Assim acontecerá na vinda do Filho do homem. **40** Dois homens estarão no campo: um será levado e o outro deixado. **41** Duas mulheres estarão trabalhando num moinho: uma será levada e a outra deixada.

42 "Portanto, vigiem, porque vocês não sabem em que dia virá o seu Senhor. **43** Mas entendam isto: se o dono da casa soubesse a que hora da noite o ladrão viria, ele ficaria de guarda e não deixaria que a sua casa fosse arrombada. **44** Assim, vocês também precisam estar preparados, porque o Filho do homem virá numa hora em que vocês menos esperam.

45 "Quem é, pois, o servo fiel e sensato, a quem seu senhor encarrega dos de sua casa para lhes dar alimento no tempo devido? **46** Feliz o servo que seu senhor encontrar fazendo assim quando voltar. **47** Garanto-lhes que ele o encarregará de todos os seus bens. **48** Mas suponham que esse servo seja mau e diga a si mesmo: 'Meu senhor está demorando', **49** e então comece a bater em seus conservos e a comer e a beber com os beberrões. **50** O senhor daquele servo virá num dia em que ele não o espera e numa hora que não sabe. **51** Ele o punirá severamente[d] e lhe dará lugar com os hipócritas, onde haverá choro e ranger de dentes.

A Parábola das Dez Virgens

25 "O Reino dos céus será, pois, semelhante a dez virgens que pegaram suas candeias e saíram para en-

22 If those days had not been cut short, no one would survive, but for the sake of the elect those days will be shortened. **23** At that time if anyone says to you, 'Look, here is the Christ!' or, 'There he is!' do not believe it. **24** For false Christs and false prophets will appear and perform great signs and miracles to deceive even the elect-if that were possible. **25** See, I have told you ahead of time.

26 "So if anyone tells you, 'There he is, out in the desert,' do not go out; or, 'Here he is, in the inner rooms,' do not believe it. **27** For as lightning that comes from the east is visible even in the west, so will be the coming of the Son of Man. **28** Wherever there is a carcass, there the vultures will gather.

29 "Immediately after the distress of those days

" 'the sun will be darkened,
    and the moon will not give its light;
the stars will fall from the sky,
    and the heavenly bodies will be shaken.'[a]

30 "At that time the sign of the Son of Man will appear in the sky, and all the nations of the earth will mourn. They will see the Son of Man coming on the clouds of the sky, with power and great glory. **31** And he will send his angels with a loud trumpet call, and they will gather his elect from the four winds, from one end of the heavens to the other.

32 "Now learn this lesson from the fig tree: As soon as its twigs get tender and its leaves come out, you know that summer is near. **33** Even so, when you see all these things, you know that it[b] is near, right at the door. **34** I tell you the truth, this generation[c] will certainly not pass away until all these things have happened. **35** Heaven and earth will pass away, but my words will never pass away.

The Day and Hour Unknown

36 "No one knows about that day or hour, not even the angels in heaven, nor the Son,[d] but only the Father. **37** As it was in the days of Noah, so it will be at the coming of the Son of Man. **38** For in the days before the flood, people were eating and drinking, marrying and giving in marriage, up to the day Noah entered the ark; **39** and they knew nothing about what would happen until the flood came and took them all away. That is how it will be at the coming of the Son of Man. **40** Two men will be in the field; one will be taken and the other left. **41** Two women will be grinding with a hand mill; one will be taken and the other left.

42 "Therefore keep watch, because you do not know on what day your Lord will come. **43** But understand this: If the owner of the house had known at what time of night the thief was coming, he would have kept watch and would not have let his house be broken into. **44** So you also must be ready, because the Son of Man will come at an hour when you do not expect him.

45 "Who then is the faithful and wise servant, whom the master has put in charge of the servants in his household to give them their food at the proper time? **46** It will be good for that servant whose master finds him doing so when he returns. **47** I tell you the truth, he will put him in charge of all his possessions. **48** But suppose that servant is wicked and says to himself, 'My master is staying away a long time,' **49** and he then begins to beat his fellow servants and to eat and drink with drunkards. **50** The master of that servant will come on a day when he does not expect him and at an hour he is not aware of. **51** He will cut him to pieces and assign him a place with the hypocrites, where there will be weeping and gnashing of teeth.

The Parable of the Ten Virgins

25 "At that time the kingdom of heaven will be like ten virgins who took their lamps and went out to

---

[a]24.22 Ou *seria salvo* [b]24.29 Is 13.10; 34.4 [c]24.36 Alguns manuscritos não trazem *nem o Filho.* [d]24.51 Grego: *cortará ao meio.*

[a]24:29 Isaiah 13:10; 34:4 [b]24:33 Or *he* [c]24:34 Or *race* [d]24:36 Some manuscripts do not have *nor the Son.*

contrar-se com o noivo. ² Cinco delas eram insensatas, e cinco eram prudentes. ³ As insensatas pegaram suas candeias, mas não levaram óleo. ⁴ As prudentes, porém, levaram óleo em vasilhas, junto com suas candeias. ⁵ O noivo demorou a chegar, e todas ficaram com sono e adormeceram.

⁶ "À meia-noite, ouviu-se um grito: 'O noivo se aproxima! Saiam para encontrá-lo!'

⁷ "Então todas as virgens acordaram e prepararam suas candeias. ⁸ As insensatas disseram às prudentes: 'Dêem-nos um pouco do seu óleo, pois as nossas candeias estão se apagando'.

⁹ "Elas responderam: 'Não, pois pode ser que não haja o suficiente para nós e para vocês. Vão comprar óleo para vocês'.

¹⁰ "E saindo elas para comprar o óleo, chegou o noivo. As virgens que estavam preparadas entraram com ele para o banquete nupcial. E a porta foi fechada.

¹¹ "Mais tarde vieram também as outras e disseram: 'Senhor! Senhor! Abra a porta para nós!'

¹² "Mas ele respondeu: 'A verdade é que não as conheço!'

¹³ "Portanto, vigiem, porque vocês não sabem o dia nem a hora!

A Parábola dos Talentos

¹⁴ "E também será como um homem que, ao sair de viagem, chamou seus servos e confiou-lhes os seus bens. ¹⁵ A um deu cinco talentos[a], a outro dois, e a outro um; a cada um de acordo com a sua capacidade. Em seguida partiu de viagem. ¹⁶ O que havia recebido cinco talentos saiu imediatamente, aplicou-os, e ganhou mais cinco. ¹⁷ Também o que tinha dois talentos ganhou mais dois. ¹⁸ Mas o que tinha recebido um talento saiu, cavou um buraco no chão e escondeu o dinheiro do seu senhor.

¹⁹ "Depois de muito tempo o senhor daqueles servos voltou e acertou contas com eles. ²⁰ O que tinha recebido cinco talentos trouxe os outros cinco e disse: 'O senhor me confiou cinco talentos; veja, eu ganhei mais cinco'.

²¹ "O senhor respondeu: 'Muito bem, servo bom e fiel! Você foi fiel no pouco, eu o porei sobre o muito. Venha e participe da alegria do seu senhor!'

²² "Veio também o que tinha recebido dois talentos e disse: 'O senhor me confiou dois talentos; veja, eu ganhei mais dois'.

²³ "O senhor respondeu: 'Muito bem, servo bom e fiel! Você foi fiel no pouco, eu o porei sobre o muito. Venha e participe da alegria do seu senhor!'

²⁴ "Por fim veio o que tinha recebido um talento e disse: 'Eu sabia que o senhor é um homem severo, que colhe onde não plantou e junta onde não semeou. ²⁵ Por isso, tive medo, saí e escondi o seu talento no chão. Veja, aqui está o que lhe pertence'.

²⁶ "O senhor respondeu: 'Servo mau e negligente! Você sabia que eu colho onde não plantei e junto onde não semeei? ²⁷ Então você devia ter confiado o meu dinheiro aos banqueiros, para que, quando eu voltasse, o recebesse de volta com juros. ²⁸ " 'Tirem o talento dele e entreguem-no ao que tem dez. ²⁹ Pois a quem tem, mais será dado, e terá em grande quantidade. Mas a quem não tem, até o que tem lhe será tirado. ³⁰ E lancem fora o servo inútil, nas trevas, onde haverá choro e ranger de dentes'.

O Julgamento das Nações

³¹ "Quando o Filho do homem vier em sua glória, com todos os anjos, assentar-se-á em seu trono na glória celestial. ³² Todas as nações serão reunidas diante dele, e ele separará umas das outras como o pastor separa as ovelhas dos bodes. ³³ E colocará as ovelhas à sua direita e os bodes à sua esquerda.

³⁴ "Então o Rei dirá aos que estiverem à sua direita: 'Venham,

meet the bridegroom. ² Five of them were foolish and five were wise. ³ The foolish ones took their lamps but did not take any oil with them. ⁴ The wise, however, took oil in jars along with their lamps. ⁵ The bridegroom was a long time in coming, and they all became drowsy and fell asleep.

⁶ "At midnight the cry rang out: 'Here's the bridegroom! Come out to meet him!'

⁷ "Then all the virgins woke up and trimmed their lamps. ⁸ The foolish ones said to the wise, 'Give us some of your oil; our lamps are going out.'

⁹ " 'No,' they replied, 'there may not be enough for both us and you. Instead, go to those who sell oil and buy some for yourselves.'

¹⁰ "But while they were on their way to buy the oil, the bridegroom arrived. The virgins who were ready went in with him to the wedding banquet. And the door was shut.

¹¹ "Later the others also came. 'Sir! Sir!' they said. 'Open the door for us!'

¹² "But he replied, 'I tell you the truth, I don't know you.'

¹³ "Therefore keep watch, because you do not know the day or the hour.

The Parable of the Talents

¹⁴ "Again, it will be like a man going on a journey, who called his servants and entrusted his property to them. ¹⁵ To one he gave five talents[a] of money, to another two talents, and to another one talent, each according to his ability. Then he went on his journey. ¹⁶ The man who had received the five talents went at once and put his money to work and gained five more. ¹⁷ So also, the one with the two talents gained two more. ¹⁸ But the man who had received the one talent went off, dug a hole in the ground and hid his master's money.

¹⁹ "After a long time the master of those servants returned and settled accounts with them. ²⁰ The man who had received the five talents brought the other five. 'Master,' he said, 'you entrusted me with five talents. See, I have gained five more.'

²¹ "His master replied, 'Well done, good and faithful servant! You have been faithful with a few things; I will put you in charge of many things. Come and share your master's happiness!'

²² "The man with the two talents also came. 'Master,' he said, 'you entrusted me with two talents; see, I have gained two more.'

²³ "His master replied, 'Well done, good and faithful servant! You have been faithful with a few things; I will put you in charge of many things. Come and share your master's happiness!'

²⁴ "Then the man who had received the one talent came. 'Master,' he said, 'I knew that you are a hard man, harvesting where you have not sown and gathering where you have not scattered seed. ²⁵ So I was afraid and went out and hid your talent in the ground. See, here is what belongs to you.'

²⁶ "His master replied, 'You wicked, lazy servant! So you knew that I harvest where I have not sown and gather where I have not scattered seed? ²⁷ Well then, you should have put my money on deposit with the bankers, so that when I returned I would have received it back with interest.

²⁸ " 'Take the talent from him and give it to the one who has the ten talents. ²⁹ For everyone who has will be given more, and he will have an abundance. Whoever does not have, even what he has will be taken from him. ³⁰ And throw that worthless servant outside, into the darkness, where there will be weeping and gnashing of teeth.'

The Sheep and the Goats

³¹ "When the Son of Man comes in his glory, and all the angels with him, he will sit on his throne in heavenly glory. ³² All the nations will be gathered before him, and he will separate the people one from another as a shepherd separates the sheep from the goats. ³³ He will put the sheep on his right and the goats on his left.

³⁴ "Then the King will say to those on his right, 'Come, you

---

[a]25.15 Um talento equivalia a 35 quilos; também no restante do capítulo.

[a]25:15 A talent was worth more than a thousand dollars.

benditos de meu Pai! Recebam como herança o Reino que lhes foi preparado desde a criação do mundo. **35** Pois eu tive fome, e vocês me deram de comer; tive sede, e vocês me deram de beber; fui estrangeiro, e vocês me acolheram; **36** necessitei de roupas, e vocês me vestiram; estive enfermo, e vocês cuidaram de mim; estive preso, e vocês me visitaram'.

37 "Então os justos lhe responderão: 'Senhor, quando te vimos com fome e te demos de comer, ou com sede e te demos de beber? **38** Quando te vimos como estrangeiro e te acolhemos, ou necessitado de roupas e te vestimos? **39** Quando te vimos enfermo ou preso e fomos te visitar?'

40 "O Rei responderá: 'Digo-lhes a verdade: O que vocês fizeram a algum dos meus menores irmãos, a mim o fizeram'.

41 "Então ele dirá aos que estiverem à sua esquerda: 'Malditos, apartem-se de mim para o fogo eterno, preparado para o Diabo e os seus anjos. **42** Pois eu tive fome, e vocês não me deram de comer; tive sede, e nada me deram para beber; **43** fui estrangeiro, e vocês não me acolheram; necessitei de roupas, e vocês não me vestiram; estive enfermo e preso, e vocês não me visitaram'.

44 "Eles também responderão: 'Senhor, quando te vimos com fome ou com sede ou estrangeiro ou necessitado de roupas ou enfermo ou preso, e não te ajudamos?'

45 "Ele responderá: 'Digo-lhes a verdade: O que vocês deixaram de fazer a alguns destes mais pequeninos, também a mim deixaram de fazê-lo'.

46 "E estes irão para o castigo eterno, mas os justos para a vida eterna".

A Conspiração contra Jesus

26 Tendo dito essas coisas, disse Jesus aos seus discípulos: **2** "Como vocês sabem, estamos a dois dias da Páscoa, e o Filho do homem será entregue para ser crucificado".

3 Naquela ocasião os chefes dos sacerdotes e os líderes religiosos do povo se reuniram no palácio do sumo sacerdote, cujo nome era Caifás, **4** e juntos planejaram prender Jesus à traição e matá-lo. **5** Mas diziam: "Não durante a festa, para que não haja tumulto entre o povo".

Jesus é Ungido em Betânia
(Mc 14.3-9; Jo 12.1-8)

6 Estando Jesus em Betânia, na casa de Simão, o leproso, **7** aproximou-se dele uma mulher com um frasco de alabastro contendo um perfume muito caro. Ela o derramou sobre a cabeça de Jesus, quando ele se encontrava reclinado à mesa.

8 Os discípulos, ao verem isso, ficaram indignados e perguntaram: "Por que este desperdício? **9** Este perfume poderia ser vendido por alto preço, e o dinheiro dado aos pobres".

10 Percebendo isso, Jesus lhes disse: "Por que vocês estão perturbando essa mulher? Ela praticou uma boa ação para comigo. **11** Pois os pobres vocês sempre terão consigo, mas a mim vocês nem sempre terão. **12** Quando derramou este perfume sobre o meu corpo, ela o fez a fim de me preparar para o sepultamento. **13** Eu lhes asseguro que em qualquer lugar do mundo inteiro onde este evangelho for anunciado, também o que ela fez será contado, em sua memória".

A Conspiração

14 Então, um dos Doze, chamado Judas Iscariotes, dirigiu-se aos chefes dos sacerdotes **15** e lhes perguntou: "O que me darão se eu o entregar a vocês?" E lhe fixaram o preço: trinta moedas de prata. **16** Desse momento em diante Judas passou a procurar uma oportunidade para entregá-lo.

A Ceia do Senhor
(Mc 14.12-26; Lc 22.7-23; Jo 13.18-30)

17 No primeiro dia da festa dos pães sem fermento, os discípulos dirigiram-se a Jesus e lhe perguntaram: "Onde queres que preparemos a refeição da Páscoa?"

18 Ele respondeu dizendo que entrassem na cidade, procu-

who are blessed by my Father; take your inheritance, the kingdom prepared for you since the creation of the world. **35** For I was hungry and you gave me something to eat, I was thirsty and you gave me something to drink, I was a stranger and you invited me in, **36** I needed clothes and you clothed me, I was sick and you looked after me, I was in prison and you came to visit me.'

37 "Then the righteous will answer him, 'Lord, when did we see you hungry and feed you, or thirsty and give you something to drink? **38** When did we see you a stranger and invite you in, or needing clothes and clothe you? **39** When did we see you sick or in prison and go to visit you?'

40 "The King will reply, 'I tell you the truth, whatever you did for one of the least of these brothers of mine, you did for me.'

41 "Then he will say to those on his left, 'Depart from me, you who are cursed, into the eternal fire prepared for the devil and his angels. **42** For I was hungry and you gave me nothing to eat, I was thirsty and you gave me nothing to drink, **43** I was a stranger and you did not invite me in, I needed clothes and you did not clothe me, I was sick and in prison and you did not look after me.'

44 "They also will answer, 'Lord, when did we see you hungry or thirsty or a stranger or needing clothes or sick or in prison, and did not help you?'

45 "He will reply, 'I tell you the truth, whatever you did not do for one of the least of these, you did not do for me.'

46 "Then they will go away to eternal punishment, but the righteous to eternal life."

The Plot Against Jesus

26 When Jesus had finished saying all these things, he said to his disciples, **2** "As you know, the Passover is two days away—and the Son of Man will be handed over to be crucified."

3 Then the chief priests and the elders of the people assembled in the palace of the high priest, whose name was Caiaphas, **4** and they plotted to arrest Jesus in some sly way and kill him. **5** "But not during the Feast," they said, "or there may be a riot among the people."

Jesus Anointed at Bethany

6 While Jesus was in Bethany in the home of a man known as Simon the Leper, **7** a woman came to him with an alabaster jar of very expensive perfume, which she poured on his head as he was reclining at the table.

8 When the disciples saw this, they were indignant. "Why this waste?" they asked. **9** "This perfume could have been sold at a high price and the money given to the poor."

10 Aware of this, Jesus said to them, "Why are you bothering this woman? She has done a beautiful thing to me. **11** The poor you will always have with you, but you will not always have me. **12** When she poured this perfume on my body, she did it to prepare me for burial. **13** I tell you the truth, wherever this gospel is preached throughout the world, what she has done will also be told, in memory of her."

Judas Agrees to Betray Jesus

14 Then one of the Twelve—the one called Judas Iscariot—went to the chief priests **15** and asked, "What are you willing to give me if I hand him over to you?" So they counted out for him thirty silver coins. **16** From then on Judas watched for an opportunity to hand him over.

The Lord's Supper

17 On the first day of the Feast of Unleavened Bread, the disciples came to Jesus and asked, "Where do you want us to make preparations for you to eat the Passover?"

18 He replied, "Go into the city to a certain man and tell him,

rassem um certo homem e lhe dissessem: "O Mestre diz: O meu tempo está próximo. Vou celebrar a Páscoa com meus discípulos em sua casa". [19] Os discípulos fizeram como Jesus os havia instruído e prepararam a Páscoa.

[20] Ao anoitecer, Jesus estava reclinado à mesa com os Doze. [21] E, enquanto estavam comendo, ele disse: "Digo-lhes que certamente um de vocês me trairá".

[22] Eles ficaram muito tristes e começaram a dizer-lhe, um após outro: "Com certeza não sou eu, Senhor!"

[23] Afirmou Jesus: "Aquele que comeu comigo do mesmo prato há de me trair. [24] O Filho do homem vai, como está escrito a seu respeito. Mas ai daquele que trai o Filho do homem! Melhor lhe seria não haver nascido".

[25] Então, Judas, que haveria de traí-lo, disse: "Com certeza não sou eu, Mestre[a]!"

Jesus afirmou: "Sim, é você"[b].

[26] Enquanto comiam, Jesus tomou o pão, deu graças, partiu-o, e o deu aos seus discípulos, dizendo: "Tomem e comam; isto é o meu corpo".

[27] Em seguida tomou o cálice, deu graças e o ofereceu aos discípulos, dizendo: "Bebam dele todos vocês. [28] Isto é o meu sangue da aliança[c], que é derramado em favor de muitos, para perdão de pecados. [29] Eu lhes digo que, de agora em diante, não beberei deste fruto da videira até aquele dia em que beberei o vinho novo com vocês no Reino de meu Pai".

[30] Depois de terem cantado um hino, saíram para o monte das Oliveiras.

Jesus Prediz que Pedro o Negará
(Mc 14.27-31; Lc 22.31-34; Jo 13.36-38)

[31] Então Jesus lhes disse: "Ainda esta noite todos vocês me abandonarão. Pois está escrito:

" 'Ferirei o pastor,
    e as ovelhas do rebanho
        serão dispersas'[d].

[32] Mas, depois de ressuscitar, irei adiante de vocês para a Galiléia".

[33] Pedro respondeu: "Ainda que todos te abandonem, eu nunca te abandonarei!"

[34] Respondeu Jesus: "Asseguro-lhe que ainda esta noite, antes que o galo cante, três vezes você me negará".

[35] Mas Pedro declarou: "Mesmo que seja preciso que eu morra contigo, nunca te negarei". E todos os outros discípulos disseram o mesmo.

Jesus no Getsêmani
(Mc 14.32-42; Lc 22.39-46)

[36] Então Jesus foi com seus discípulos para um lugar chamado Getsêmani e lhes disse: "Sentem-se aqui enquanto vou ali orar". [37] Levando consigo Pedro e os dois filhos de Zebedeu, começou a entristecer-se e a angustiar-se. [38] Disse-lhes então: "A minha alma está profundamente triste, numa tristeza mortal. Fiquem aqui e vigiem comigo".

[39] Indo um pouco mais adiante, prostrou-se com o rosto em terra e orou: "Meu Pai, se for possível, afasta de mim este cálice; contudo, não seja como eu quero, mas sim como tu queres".

[40] Depois, voltou aos seus discípulos e os encontrou dormindo. "Vocês não puderam vigiar comigo nem por uma hora?", perguntou ele a Pedro. [41] "Vigiem e orem para que não caiam em tentação. O espírito está pronto, mas a carne é fraca."

[42] E retirou-se outra vez para orar: "Meu Pai, se não for possível afastar de mim este cálice sem que eu o beba, faça-se a tua vontade".

[43] Quando voltou, de novo os encontrou dormindo, porque seus olhos estavam pesados. [44] Então os deixou novamente e orou pela terceira vez, dizendo as mesmas palavras.

'The Teacher says: My appointed time is near. I am going to celebrate the Passover with my disciples at your house.' " [19] So the disciples did as Jesus had directed them and prepared the Passover.

[20] When evening came, Jesus was reclining at the table with the Twelve. [21] And while they were eating, he said, "I tell you the truth, one of you will betray me."

[22] They were very sad and began to say to him one after the other, "Surely not I, Lord?"

[23] Jesus replied, "The one who has dipped his hand into the bowl with me will betray me. [24] The Son of Man will go just as it is written about him. But woe to that man who betrays the Son of Man! It would be better for him if he had not been born."

[25] Then Judas, the one who would betray him, said, "Surely not I, Rabbi?"

Jesus answered, "Yes, it is you."[a]

[26] While they were eating, Jesus took bread, gave thanks and broke it, and gave it to his disciples, saying, "Take and eat; this is my body."

[27] Then he took the cup, gave thanks and offered it to them, saying, "Drink from it, all of you. [28] This is my blood of the[b] covenant, which is poured out for many for the forgiveness of sins. [29] I tell you, I will not drink of this fruit of the vine from now on until that day when I drink it anew with you in my Father's kingdom."

[30] When they had sung a hymn, they went out to the Mount of Olives.

Jesus Predicts Peter's Denial

[31] Then Jesus told them, "This very night you will all fall away on account of me, for it is written:

" 'I will strike the shepherd,
    and the sheep of the flock will be scattered.'[c]

[32] But after I have risen, I will go ahead of you into Galilee."
[33] Peter replied, "Even if all fall away on account of you, I never will."

[34] "I tell you the truth," Jesus answered, "this very night, before the rooster crows, you will disown me three times."

[35] But Peter declared, "Even if I have to die with you, I will never disown you." And all the other disciples said the same.

Gethsemane

[36] Then Jesus went with his disciples to a place called Gethsemane, and he said to them, "Sit here while I go over there and pray." [37] He took Peter and the two sons of Zebedee along with him, and he began to be sorrowful and troubled. [38] Then he said to them, "My soul is overwhelmed with sorrow to the point of death. Stay here and keep watch with me."

[39] Going a little farther, he fell with his face to the ground and prayed, "My Father, if it is possible, may this cup be taken from me. Yet not as I will, but as you will."

[40] Then he returned to his disciples and found them sleeping. "Could you men not keep watch with me for one hour?" he asked Peter. [41] "Watch and pray so that you will not fall into temptation. The spirit is willing, but the body is weak."

[42] He went away a second time and prayed, "My Father, if it is not possible for this cup to be taken away unless I drink it, may your will be done."

[43] When he came back, he again found them sleeping, because their eyes were heavy. [44] So he left them and went away once more and prayed the third time, saying the same thing.

[a]26.25 Grego: *Rabi*; também no versículo 49. [b]26.25 Ou "*Você mesmo o disse!*" [c]26.28 Outros manuscritos trazem *da nova aliança.* [d]26.31 Zc 13.7

[a]26:25 Or "*You yourself have said it*" [b]26:28 Some manuscripts *the new* [c]26:31 Zech. 13:7

45 Depois voltou aos discípulos e lhes disse: "Vocês ainda dormem e descansam? Chegou a hora! Eis que o Filho do homem está sendo entregue nas mãos de pecadores. **46** Levantem-se e vamos! Aí vem aquele que me trai!"

Jesus é Preso
(Mc 14.43-50; Lc 22.47-53; Jo 18.1-11)

47 Enquanto ele ainda falava, chegou Judas, um dos Doze. Com ele estava uma grande multidão armada de espadas e varas, enviada pelos chefes dos sacerdotes e líderes religiosos do povo. **48** O traidor havia combinado um sinal com eles, dizendo-lhes: "Aquele a quem eu saudar com um beijo, é ele; prendam-no". **49** Dirigindo-se imediatamente a Jesus, Judas disse: "Salve, Mestre!", e o beijou.

50 Jesus perguntou: "Amigo, o que o traz?"ª

Então os homens se aproximaram, agarraram Jesus e o prenderam. **51** Um dos que estavam com Jesus, estendendo a mão, puxou a espada e feriu o servo do sumo sacerdote, decepando-lhe a orelha.

52 Disse-lhe Jesus: "Guarde a espada! Pois todos os que empunham a espada, pela espada morrerão. **53** Você acha que eu não posso pedir a meu Pai, e ele não colocaria imediatamente à minha disposição mais de doze legiões de anjos? **54** Como então se cumpririam as Escrituras que dizem que as coisas deveriam acontecer desta forma?"

55 Naquela hora Jesus disse à multidão: "Estou eu chefiando alguma rebelião, para que vocês venham prender-me com espadas e varas? Todos os dias eu estive ensinando no templo, e vocês não me prenderam! **56** Mas tudo isso aconteceu para que se cumprissem as Escrituras dos profetas". Então todos os discípulos o abandonaram e fugiram.

Jesus diante do Sinédrio

57 Os que prenderam Jesus o levaram a Caifás, o sumo sacerdote, em cuja casa se haviam reunido os mestres da lei e os líderes religiosos. **58** E Pedro o seguiu de longe até o pátio do sumo sacerdote, entrou e sentou-se com os guardas, para ver o que aconteceria.

59 Os chefes dos sacerdotes e todo o Sinédriob estavam procurando um depoimento falso contra Jesus, para que pudessem condená-lo à morte. **60** Mas nada encontraram, embora se apresentassem muitas falsas testemunhas.

Finalmente se apresentaram duas **61** que declararam: "Este homem disse: 'Sou capaz de destruir o santuário de Deus e reconstruí-lo em três dias' ".

62 Então o sumo sacerdote levantou-se e disse a Jesus: "Você não vai responder à acusação que estes lhe fazem?" **63** Mas Jesus permaneceu em silêncio.

O sumo sacerdote lhe disse: "Exijo que você jure pelo Deus vivo: se você é o Cristo, o Filho de Deus, diga-nos".

64 "Tu mesmo o disseste"c, respondeu Jesus. "Mas eu digo a todos vós: Chegará o dia em que vereis o Filho do homem assentado à direita do Poderoso e vindo sobre as nuvens do céu."

65 Foi quando o sumo sacerdote rasgou as próprias vestes e disse: "Blasfemou! Por que precisamos de mais testemunhas? Vocês acabaram de ouvir a blasfêmia. **66** O que acham?"

"É réu de morte!", responderam eles.

67 Então alguns lhe cuspiram no rosto e lhe deram murros. Outros lhe davam tapas **68** e diziam: "Profetize-nos, Cristo. Quem foi que lhe bateu?"

Pedro Nega Jesus
(Mc 14.66-72; Lc 22.54-62; Jo 18.15-18,25-27)

69 Pedro estava sentado no pátio, e uma criada, aproximando-se dele, disse: "Você também estava com Jesus, o galileu".

70 Mas ele o negou diante de todos, dizendo: "Não sei do que você está falando".

Jesus Arrested

47 While he was still speaking, Judas, one of the Twelve, arrived. With him was a large crowd armed with swords and clubs, sent from the chief priests and the elders of the people. **48** Now the betrayer had arranged a signal with them: "The one I kiss is the man; arrest him." **49** Going at once to Jesus, Judas said, "Greetings, Rabbi!" and kissed him.

50 Jesus replied, "Friend, do what you came for."ª

Then the men stepped forward, seized Jesus and arrested him. **51** With that, one of Jesus' companions reached for his sword, drew it out and struck the servant of the high priest, cutting off his ear.

52 "Put your sword back in its place," Jesus said to him, "for all who draw the sword will die by the sword. **53** Do you think I cannot call on my Father, and he will at once put at my disposal more than twelve legions of angels? **54** But how then would the Scriptures be fulfilled that say it must happen in this way?"

55 At that time Jesus said to the crowd, "Am I leading a rebellion, that you have come out with swords and clubs to capture me? Every day I sat in the temple courts teaching, and you did not arrest me. **56** But this has all taken place that the writings of the prophets might be fulfilled." Then all the disciples deserted him and fled.

Before the Sanhedrin

57 Those who had arrested Jesus took him to Caiaphas, the high priest, where the teachers of the law and the elders had assembled. **58** But Peter followed him at a distance, right up to the courtyard of the high priest. He entered and sat down with the guards to see the outcome.

59 The chief priests and the whole Sanhedrin were looking for false evidence against Jesus so that they could put him to death. **60** But they did not find any, though many false witnesses came forward.

Finally two came forward **61** and declared, "This fellow said, 'I am able to destroy the temple of God and rebuild it in three days.' "

62 Then the high priest stood up and said to Jesus, "Are you not going to answer? What is this testimony that these men are bringing against you?" **63** But Jesus remained silent.

The high priest said to him, "I charge you under oath by the living God: Tell us if you are the Christ,b the Son of God."

64 "Yes, it is as you say," Jesus replied. "But I say to all of you: In the future you will see the Son of Man sitting at the right hand of the Mighty One and coming on the clouds of heaven."

65 Then the high priest tore his clothes and said, "He has spoken blasphemy! Why do we need any more witnesses? Look, now you have heard the blasphemy. **66** What do you think?"

"He is worthy of death," they answered.

67 Then they spit in his face and struck him with their fists. Others slapped him **68** and said, "Prophesy to us, Christ. Who hit you?"

Peter Disowns Jesus

69 Now Peter was sitting out in the courtyard, and a servant girl came to him. "You also were with Jesus of Galilee," she said.

70 But he denied it before them all. "I don't know what you're talking about," he said.

ª**26.50** Ou *"Amigo, para que você veio?"* b**26.59** Conselho dos principais líderes do povo judeu. c**26.64** Ou *"É como disseste"*

ª**26:50** Or *"Friend, why have you come?"* b**26:63** Or *Messiah*; also in verse 68

71 Depois, saiu em direção à porta, onde outra criada o viu e disse aos que estavam ali: "Este homem estava com Jesus, o Nazareno".

72 E ele, jurando, o negou outra vez: "Não conheço esse homem!"

73 Pouco tempo depois, os que estavam por ali chegaram a Pedro e disseram: "Certamente você é um deles! O seu modo de falar o denuncia".

74 Aí ele começou a se amaldiçoar e a jurar: "Não conheço esse homem!"

Imediatamente um galo cantou. **75** Então Pedro se lembrou da palavra que Jesus tinha dito: "Antes que o galo cante, você me negará três vezes". E, saindo dali, chorou amargamente.

O Suicídio de Judas

27 De manhã cedo, todos os chefes dos sacerdotes e líderes religiosos do povo tomaram a decisão de condenar Jesus à morte. **2** E, amarrando-o, levaram-no e o entregaram a Pilatos, o governador.

3 Quando Judas, que o havia traído, viu que Jesus fora condenado, foi tomado de remorso e devolveu aos chefes dos sacerdotes e aos líderes religiosos as trinta moedas de prata. **4** E disse: "Pequei, pois traí sangue inocente". E eles retrucaram: "Que nos importa? A responsabilidade é sua".

5 Então Judas jogou o dinheiro dentro do templo e, saindo, foi e enforcou-se.

6 Os chefes dos sacerdotes ajuntaram as moedas e disseram: "É contra a lei colocar este dinheiro no tesouro, visto que é preço de sangue". **7** Então decidiram usar aquele dinheiro para comprar o campo do Oleiro, para cemitério de estrangeiros. **8** Por isso ele se chama campo de Sangue até o dia de hoje. **9** Então se cumpriu o que fora dito pelo profeta Jeremias: "Tomaram as trinta moedas de prata, preço em que foi avaliado pelo povo de Israel, **10** e as usaram para comprar o campo do Oleiro, como o Senhor me havia ordenado"ª.

Jesus diante de Pilatos

11 Jesus foi posto diante do governador, e este lhe perguntou: "Você é o rei dos judeus?"

Respondeu-lhe Jesus: "Tu o dizes"ᵇ.

12 Acusado pelos chefes dos sacerdotes e pelos líderes religiosos, ele nada respondeu. **13** Então Pilatos lhe perguntou: "Você não ouve a acusação que eles estão fazendo contra você?" **14** Mas Jesus não lhe respondeu nenhuma palavra, de modo que o governador ficou muito impressionado.

15 Por ocasião da festa era costume do governador soltar um prisioneiro escolhido pela multidão. **16** Eles tinham, naquela ocasião, um prisioneiro muito conhecido, chamado Barrabás. **17** Pilatos perguntou à multidão que ali se havia reunido: "Qual destes vocês querem que lhes solte: Barrabás ou Jesus, chamado Cristo?" **18** Porque sabia que o haviam entregado por inveja.

19 Estando Pilatos sentado no tribunal, sua mulher lhe enviou esta mensagem: "Não se envolva com este inocente, porque hoje, em sonho, sofri muito por causa dele".

20 Mas os chefes dos sacerdotes e os líderes religiosos convenceram a multidão a que pedisse Barrabás e mandasse executar Jesus.

21 Então perguntou o governador: "Qual dos dois vocês querem que eu lhes solte?"

Responderam eles: "Barrabás!"

22 Perguntou Pilatos: "Que farei então com Jesus, chamado Cristo?"

Todos responderam: "Crucifica-o!"

23 "Por quê? Que crime ele cometeu?", perguntou Pilatos.

Mas eles gritavam ainda mais: "Crucifica-o!"

24 Quando Pilatos percebeu que não estava obtendo nenhum resultado, mas, ao contrário, estava se iniciando um tumulto, mandou trazer água, lavou as mãos diante da multidão e dis-

71 Then he went out to the gateway, where another girl saw him and said to the people there, "This fellow was with Jesus of Nazareth."

72 He denied it again, with an oath: "I don't know the man!"

73 After a little while, those standing there went up to Peter and said, "Surely you are one of them, for your accent gives you away."

74 Then he began to call down curses on himself and he swore to them, "I don't know the man!"

Immediately a rooster crowed. **75** Then Peter remembered the word Jesus had spoken: "Before the rooster crows, you will disown me three times." And he went outside and wept bitterly.

Judas Hangs Himself

27 Early in the morning, all the chief priests and the elders of the people came to the decision to put Jesus to death. **2** They bound him, led him away and handed him over to Pilate, the governor.

3 When Judas, who had betrayed him, saw that Jesus was condemned, he was seized with remorse and returned the thirty silver coins to the chief priests and the elders. **4** "I have sinned," he said, "for I have betrayed innocent blood."

"What is that to us?" they replied. "That's your responsibility."

5 So Judas threw the money into the temple and left. Then he went away and hanged himself.

6 The chief priests picked up the coins and said, "It is against the law to put this into the treasury, since it is blood money." **7** So they decided to use the money to buy the potter's field as a burial place for foreigners. **8** That is why it has been called the Field of Blood to this day. **9** Then what was spoken by Jeremiah the prophet was fulfilled: "They took the thirty silver coins, the price set on him by the people of Israel, **10** and they used them to buy the potter's field, as the Lord commanded me."ª

Jesus Before Pilate

11 Meanwhile Jesus stood before the governor, and the governor asked him, "Are you the king of the Jews?"

"Yes, it is as you say," Jesus replied.

12 When he was accused by the chief priests and the elders, he gave no answer. **13** Then Pilate asked him, "Don't you hear the testimony they are bringing against you?" **14** But Jesus made no reply, not even to a single charge—to the great amazement of the governor.

15 Now it was the governor's custom at the Feast to release a prisoner chosen by the crowd. **16** At that time they had a notorious prisoner, called Barabbas. **17** So when the crowd had gathered, Pilate asked them, "Which one do you want me to release to you: Barabbas, or Jesus who is called Christ?" **18** For he knew it was out of envy that they had handed Jesus over to him.

19 While Pilate was sitting on the judge's seat, his wife sent him this message: "Don't have anything to do with that innocent man, for I have suffered a great deal today in a dream because of him."

20 But the chief priests and the elders persuaded the crowd to ask for Barabbas and to have Jesus executed.

21 "Which of the two do you want me to release to you?" asked the governor.

"Barabbas," they answered.

22 "What shall I do, then, with Jesus who is called Christ?" Pilate asked.

They all answered, "Crucify him!"

23 "Why? What crime has he committed?" asked Pilate.

But they shouted all the louder, "Crucify him!"

24 When Pilate saw that he was getting nowhere, but that instead an uproar was starting, he took water and washed

ª**27.10** Veja Zc 11.12,13; Jr 19.1-13; 32.6-9. ᵇ**27.11** Ou *"Sim, é como dizes"*

ª**27:10** See Zech. 11:12,13; Jer. 19:1-13; 32:6-9.

se: "Estou inocente do sangue deste homem; a responsabilidade é de vocês".

25 Todo o povo respondeu: "Que o sangue dele caia sobre nós e sobre nossos filhos!"

26 Então Pilatos soltou-lhes Barrabás, mandou açoitar Jesus e o entregou para ser crucificado.

Os Soldados Zombam de Jesus
(Mc 15.16-20)

27 Então, os soldados do governador levaram Jesus ao Pretório[a] e reuniram toda a tropa ao seu redor. **28** Tiraram-lhe as vestes e puseram nele um manto vermelho; **29** fizeram uma coroa de espinhos e a colocaram em sua cabeça. Puseram uma vara em sua mão direita e, ajoelhando-se diante dele, zombavam: "Salve, rei dos judeus!" **30** Cuspiram nele e, tirando-lhe a vara, batiam-lhe com ela na cabeça. **31** Depois de terem zombado dele, tiraram-lhe o manto e vestiram-lhe suas próprias roupas. Então o levaram para crucificá-lo.

A Crucificação
(Mc 15.21-32; Lc 23.26-43; Jo 19.16-27)

32 Ao saírem, encontraram um homem de Cirene, chamado Simão, e o forçaram a carregar a cruz. **33** Chegaram a um lugar chamado Gólgota, que quer dizer lugar da Caveira, **34** e lhe deram para beber vinho misturado com fel; mas ele, depois de prová-lo, recusou-se a beber. **35** Depois de o crucificarem, dividiram as roupas dele, tirando sortes[b]. **36** E, sentando-se, vigiavam-no ali. **37** Por cima de sua cabeça colocaram por escrito a acusação feita contra ele: ESTE É JESUS, O REI DOS JUDEUS. **38** Dois ladrões foram crucificados com ele, um à sua direita e outro à sua esquerda. **39** Os que passavam lançavam-lhe insultos, balançando a cabeça **40** e dizendo: "Você que destrói o templo e o reedifica em três dias, salve-se! Desça da cruz, se é Filho de Deus!"

41 Da mesma forma, os chefes dos sacerdotes, os mestres da lei e os líderes religiosos zombavam dele, **42** dizendo: "Salvou os outros, mas não é capaz de salvar a si mesmo! E é o rei de Israel! Desça agora da cruz, e creremos nele. **43** Ele confiou em Deus. Que Deus o salve agora, se dele tem compaixão, pois disse: 'Sou o Filho de Deus!' " **44** Igualmente o insultavam os ladrões que haviam sido crucificados com ele.

A Morte de Jesus
(Mc 15.33-41; Lc 23.44-49; Jo 19.28-30)

45 E houve trevas sobre toda a terra, do meio-dia às três horas da tarde[c]. **46** Por volta das três horas da tarde, Jesus bradou em alta voz: "Eloí, Eloí,[d] lamá sabactâni?", que significa "Meu Deus! Meu Deus! Por que me abandonaste?"[e]

47 Quando alguns dos que estavam ali ouviram isso, disseram: "Ele está chamando Elias".

48 Imediatamente, um deles correu em busca de uma esponja, embebeu-a em vinagre, colocou-a na ponta de uma vara e deu-a a Jesus para beber. **49** Mas os outros disseram: "Deixem-no. Vejamos se Elias vem salvá-lo".

50 Depois de ter bradado novamente em alta voz, Jesus entregou o espírito.

51 Naquele momento, o véu do santuário rasgou-se em duas partes, de alto a baixo. A terra tremeu, e as rochas se partiram. **52** Os sepulcros se abriram, e os corpos de muitos santos que tinham morrido foram ressuscitados.

53 E, saindo dos sepulcros, depois da ressurreição de Jesus, entraram na cidade santa e apareceram a muitos.

54 Quando o centurião e os que com ele vigiavam Jesus viram o terremoto e tudo o que havia acontecido, ficaram aterrorizados e exclamaram: "Verdadeiramente este era o Filho[f] de Deus!"

his hands in front of the crowd. "I am innocent of this man's blood," he said. "It is your responsibility!"

25 All the people answered, "Let his blood be on us and on our children!"

26 Then he released Barabbas to them. But he had Jesus flogged, and handed him over to be crucified.

The Soldiers Mock Jesus

27 Then the governor's soldiers took Jesus into the Praetorium and gathered the whole company of soldiers around him. **28** They stripped him and put a scarlet robe on him, **29** and then twisted together a crown of thorns and set it on his head. They put a staff in his right hand and knelt in front of him and mocked him. "Hail, king of the Jews!" they said. **30** They spit on him, and took the staff and struck him on the head again and again. **31** After they had mocked him, they took off the robe and put his own clothes on him. Then they led him away to crucify him.

The Crucifixion

32 As they were going out, they met a man from Cyrene, named Simon, and they forced him to carry the cross. **33** They came to a place called Golgotha (which means The Place of the Skull). **34** There they offered Jesus wine to drink, mixed with gall; but after tasting it, he refused to drink it. **35** When they had crucified him, they divided up his clothes by casting lots.[a] **36** And sitting down, they kept watch over him there. **37** Above his head they placed the written charge against him: THIS IS JESUS, THE KING OF THE JEWS. **38** Two robbers were crucified with him, one on his right and one on his left. **39** Those who passed by hurled insults at him, shaking their heads **40** and saying, "You who are going to destroy the temple and build it in three days, save yourself! Come down from the cross, if you are the Son of God!"

41 In the same way the chief priests, the teachers of the law and the elders mocked him. **42** "He saved others," they said, "but he can't save himself! He's the King of Israel! Let him come down now from the cross, and we will believe in him. **43** He trusts in God. Let God rescue him now if he wants him, for he said, 'I am the Son of God.' " **44** In the same way the robbers who were crucified with him also heaped insults on him.

The Death of Jesus

45 From the sixth hour until the ninth hour darkness came over all the land. **46** About the ninth hour Jesus cried out in a loud voice, "Eloi, Eloi,[b] lama sabachthani?"—which means, "My God, my God, why have you forsaken me?"[c]

47 When some of those standing there heard this, they said, "He's calling Elijah."

48 Immediately one of them ran and got a sponge. He filled it with wine vinegar, put it on a stick, and offered it to Jesus to drink. **49** The rest said, "Now leave him alone. Let's see if Elijah comes to save him."

50 And when Jesus had cried out again in a loud voice, he gave up his spirit.

51 At that moment the curtain of the temple was torn in two from top to bottom. The earth shook and the rocks split. **52** The tombs broke open and the bodies of many holy people who had died were raised to life. **53** They came out of the tombs, and after Jesus' resurrection they went into the holy city and appeared to many people.

54 When the centurion and those with him who were guarding Jesus saw the earthquake and all that had happened, they were terrified, and exclaimed, "Surely he was the Son[d] of God!"

---

[a]27.27 Residência oficial do governador romano. [b]27.35 Alguns manuscritos dizem *sortes, para que se cumprisse a palavra falada pelo profeta: "Dividiram as minhas roupas entre si, e tiraram sortes pelas minhas vestes"* (Sl 22.18). [c]27.45 Grego: *da hora sexta até a hora nona.* [d]27.46 Alguns manuscritos dizem *"Eli, Eli,* [e]27.46 Sl 22.1 [f]27.54 Ou *era filho*

[a]27.35 A few late manuscripts *lots that the word spoken by the prophet might be fulfilled: "They divided my garments among themselves and cast lots for my clothing"* (Psalm 22:18) [b]27.46 Some manuscripts *Eli, Eli* [c]27.46 Psalm 22:1 [d]27.54 Or *a son*

55 Muitas mulheres estavam ali, observando de longe. Elas haviam seguido Jesus desde a Galiléia, para o servir. **56** Entre elas estavam Maria Madalena; Maria, mãe de Tiago e de José; e a mãe dos filhos de Zebedeu.

O Sepultamento de Jesus
(Mc 15.42-47; Lc 23.50-56; Jo 19.38-42)

57 Ao cair da tarde chegou um homem rico, de Arimatéia, chamado José, que se tornara discípulo de Jesus. **58** Dirigindo-se a Pilatos, pediu o corpo de Jesus, e Pilatos ordenou que lhe fosse entregue. **59** José tomou o corpo, envolveu-o num lençol limpo de linho **60** e o colocou num sepulcro novo, que ele havia mandado cavar na rocha. E, fazendo rolar uma grande pedra sobre a entrada do sepulcro, retirou-se. **61** Maria Madalena e a outra Maria estavam assentadas ali, em frente do sepulcro.

A Guarda do Sepulcro

62 No dia seguinte, isto é, no sábado,ª os chefes dos sacerdotes e os fariseus dirigiram-se a Pilatos **63** e disseram: "Senhor, lembramos que, enquanto ainda estava vivo, aquele impostor disse: 'Depois de três dias ressuscitarei'. **64** Ordena, pois, que o sepulcro dele seja guardado até o terceiro dia, para que não venham seus discípulos e, roubando o corpo, digam ao povo que ele ressuscitou dentre os mortos. Este último engano será pior do que o primeiro".

65 "Levem um destacamento"ᵇ, respondeu Pilatos. "Podem ir, e mantenham o sepulcro em segurança como acharem melhor". **66** Eles foram e armaram um esquema de segurança no sepulcro; e além de deixarem um destacamento montando guarda, lacraram a pedra.

A Ressurreição
(Mc 16.1-8; Lc 24.1-12; Jo 20.1-9)

28 Depois do sábado, tendo começado o primeiro dia da semana, Maria Madalena e a outra Maria foram ver o sepulcro.

2 E eis que sobreveio um grande terremoto, pois um anjo do Senhor desceu dos céus e, chegando ao sepulcro, rolou a pedra da entrada e assentou-se sobre ela. **3** Sua aparência era como um relâmpago, e suas vestes eram brancas como a neve. **4** Os guardas tremeram de medo e ficaram como mortos.

5 O anjo disse às mulheres: "Não tenham medo! Sei que vocês estão procurando Jesus, que foi crucificado. **6** Ele não está aqui; ressuscitou, como tinha dito. Venham ver o lugar onde ele jazia. **7** Vão depressa e digam aos discípulos dele: Ele ressuscitou dos mortos e está indo adiante de vocês para a Galiléia. Lá vocês o verão. Notem que eu já os avisei".

8 As mulheres saíram depressa do sepulcro, amedrontadas e cheias de alegria, e foram correndo anunciá-lo aos discípulos de Jesus. **9** De repente, Jesus as encontrou e disse: "Salve!" Elas se aproximaram dele, abraçaram-lhe os pés e o adoraram. **10** Então Jesus lhes disse: "Não tenham medo. Vão dizer a meus irmãos que se dirijam para a Galiléia; lá eles me verão".

O Relato dos Guardas

11 Enquanto as mulheres estavam a caminho, alguns dos guardas dirigiram-se à cidade e contaram aos chefes dos sacerdotes tudo o que havia acontecido. **12** Quando os chefes dos sacerdotes se reuniram com os líderes religiosos, elaboraram um plano. Deram aos soldados grande soma de dinheiro, **13** dizendo-lhes: "Vocês devem declarar o seguinte: Os discípulos dele vieram durante a noite e furtaram o corpo, enquanto estávamos dormindo. **14** Se isso chegar aos ouvidos do governador, nós lhe daremos explicações e livraremos vocês de qualquer problema". **15** Assim, os soldados receberam o dinheiro e fizeram como tinham sido instruídos. E esta versão se divulgou entre os judeus até o dia de hoje.

A Grande Comissão

16 Os onze discípulos foram para a Galiléia, para o monte

55 Many women were there, watching from a distance. They had followed Jesus from Galilee to care for his needs. **56** Among them were Mary Magdalene, Mary the mother of James and Joses, and the mother of Zebedee's sons.

The Burial of Jesus

57 As evening approached, there came a rich man from Arimathea, named Joseph, who had himself become a disciple of Jesus. **58** Going to Pilate, he asked for Jesus' body, and Pilate ordered that it be given to him. **59** Joseph took the body, wrapped it in a clean linen cloth, **60** and placed it in his own new tomb that he had cut out of the rock. He rolled a big stone in front of the entrance to the tomb and went away. **61** Mary Magdalene and the other Mary were sitting there opposite the tomb.

The Guard at the Tomb

62 The next day, the one after Preparation Day, the chief priests and the Pharisees went to Pilate. **63** "Sir," they said, "we remember that while he was still alive that deceiver said, 'After three days I will rise again.' **64** So give the order for the tomb to be made secure until the third day. Otherwise, his disciples may come and steal the body and tell the people that he has been raised from the dead. This last deception will be worse than the first."

65 "Take a guard," Pilate answered. "Go, make the tomb as secure as you know how." **66** So they went and made the tomb secure by putting a seal on the stone and posting the guard.

The Resurrection

28 After the Sabbath, at dawn on the first day of the week, Mary Magdalene and the other Mary went to look at the tomb.

2 There was a violent earthquake, for an angel of the Lord came down from heaven and, going to the tomb, rolled back the stone and sat on it. **3** His appearance was like lightning, and his clothes were white as snow. **4** The guards were so afraid of him that they shook and became like dead men.

5 The angel said to the women, "Do not be afraid, for I know that you are looking for Jesus, who was crucified. **6** He is not here; he has risen, just as he said. Come and see the place where he lay. **7** Then go quickly and tell his disciples: 'He has risen from the dead and is going ahead of you into Galilee. There you will see him.' Now I have told you."

8 So the women hurried away from the tomb, afraid yet filled with joy, and ran to tell his disciples. **9** Suddenly Jesus met them. "Greetings," he said. They came to him, clasped his feet and worshiped him. **10** Then Jesus said to them, "Do not be afraid. Go and tell my brothers to go to Galilee; there they will see me."

The Guards' Report

11 While the women were on their way, some of the guards went into the city and reported to the chief priests everything that had happened. **12** When the chief priests had met with the elders and devised a plan, they gave the soldiers a large sum of money, **13** telling them, "You are to say, 'His disciples came during the night and stole him away while we were asleep.' **14** If this report gets to the governor, we will satisfy him and keep you out of trouble." **15** So the soldiers took the money and did as they were instructed. And this story has been widely circulated among the Jews to this very day.

The Great Commission

16 Then the eleven disciples went to Galilee, to the mountain

ª27.62 Ou *No dia seguinte ao da Preparação*, ᵇ27.65 Ou *"Vocês têm um destacamento!"*

que Jesus lhes indicara. **17** Quando o viram, o adoraram; mas alguns duvidaram. **18** Então, Jesus aproximou-se deles e disse: "Foi-me dada toda a autoridade nos céus e na terra. **19** Portanto, vão e façam discípulos de todas as nações, batizando-os em**ª** nome do Pai e do Filho e do Espírito Santo, **20** ensinando-os a obedecer a tudo o que eu lhes ordenei. E eu estarei sempre com vocês, até o fim dos tempos".

Marcos

João Batista Prepara o Caminho
(Mt 3.1-12; Lc 3.1-18)

1 Princípio do evangelho de Jesus Cristo, o Filho de Deus**b**.

2 Conforme está escrito no profeta Isaías:

"Enviarei à tua frente
   o meu mensageiro;
ele preparará
   o teu caminho"**c**—
3 "voz do que clama no deserto:
   'Preparem**d** o caminho
   para o Senhor,
   façam veredas retas
   para ele' "**e**.

4 Assim surgiu João, batizando no deserto e pregando um batismo de arrependimento para o perdão dos pecados. **5** A ele vinha toda a região da Judéia e todo o povo de Jerusalém. Confessando os seus pecados, eram batizados por ele no rio Jordão. **6** João vestia roupas feitas de pêlos de camelo, usava um cinto de couro e comia gafanhotos e mel silvestre. **7** E esta era a sua mensagem: "Depois de mim vem alguém mais poderoso do que eu, tanto que não sou digno nem de curvar-me e desamarrar as correias das suas sandálias. **8** Eu os batizo com**f** água, mas ele os batizará com o Espírito Santo".

O Batismo e a Tentação de Jesus
(Mt 3.13-4.11; Lc 3.21,22; 4.1-13)

9 Naquela ocasião Jesus veio de Nazaré da Galiléia e foi batizado por João no Jordão. **10** Assim que saiu da água, Jesus viu o céu se abrindo, e o Espírito descendo como pomba sobre ele. **11** Então veio dos céus uma voz: "Tu és o meu Filho amado; em ti me agrado".

12 Logo após, o Espírito o impeliu para o deserto. **13** Ali esteve quarenta dias, sendo tentado por Satanás. Estava com os animais selvagens, e os anjos o serviam.

Jesus Chama os Primeiros Discípulos
(Mt 4.12-22; Lc 4.14,15; 5.1-11; Jo 1.35-42)

14 Depois que João foi preso, Jesus foi para a Galiléia, proclamando as boas novas de Deus. **15** "O tempo é chegado", dizia ele. "O Reino de Deus está próximo. Arrependam-se e creiam nas boas novas!"

16 Andando à beira do mar da Galiléia, Jesus viu Simão e seu irmão André lançando redes ao mar, pois eram pescadores. **17** E disse Jesus: "Sigam-me, e eu os farei pescadores de homens". **18** No mesmo instante eles deixaram as suas redes e o seguiram. **19** Indo um pouco mais adiante, viu num barco Tiago, filho de Zebedeu, e João, seu irmão, preparando as suas redes. **20** Logo os chamou, e eles o seguiram, deixando seu pai, Zebedeu, com os empregados no barco.

Jesus Expulsa um Espírito Imundo
(Lc 4.31-37)

21 Eles foram para Cafarnaum e, logo que chegou o sábado,

---

where Jesus had told them to go. **17** When they saw him, they worshiped him; but some doubted. **18** Then Jesus came to them and said, "All authority in heaven and on earth has been given to me. **19** Therefore go and make disciples of all nations, baptizing them in**ª** the name of the Father and of the Son and of the Holy Spirit, **20** and teaching them to obey everything I have commanded you. And surely I am with you always, to the very end of the age."

Mark

John the Baptist Prepares the Way

1 The beginning of the gospel about Jesus Christ, the Son of God.**b**
2 It is written in Isaiah the prophet:

"I will send my messenger ahead of you,
   who will prepare your way"**c**—
3 "a voice of one calling in the desert,
   'Prepare the way for the Lord,
   make straight paths for him.' "**d**

4 And so John came, baptizing in the desert region and preaching a baptism of repentance for the forgiveness of sins. **5** The whole Judean countryside and all the people of Jerusalem went out to him. Confessing their sins, they were baptized by him in the Jordan River. **6** John wore clothing made of camel's hair, with a leather belt around his waist, and he ate locusts and wild honey. **7** And this was his message: "After me will come one more powerful than I, the thongs of whose sandals I am not worthy to stoop down and untie. **8** I baptize you with**e** water, but he will baptize you with the Holy Spirit."

The Baptism and Temptation of Jesus

9 At that time Jesus came from Nazareth in Galilee and was baptized by John in the Jordan. **10** As Jesus was coming up out of the water, he saw heaven being torn open and the Spirit descending on him like a dove. **11** And a voice came from heaven: "You are my Son, whom I love; with you I am well pleased."

12 At once the Spirit sent him out into the desert, **13** and he was in the desert forty days, being tempted by Satan. He was with the wild animals, and angels attended him.

The Calling of the First Disciples

14 After John was put in prison, Jesus went into Galilee, proclaiming the good news of God. **15** "The time has come," he said. "The kingdom of God is near. Repent and believe the good news!"

16 As Jesus walked beside the Sea of Galilee, he saw Simon and his brother Andrew casting a net into the lake, for they were fishermen. **17** "Come, follow me," Jesus said, "and I will make you fishers of men." **18** At once they left their nets and followed him. **19** When he had gone a little farther, he saw James son of Zebedee and his brother John in a boat, preparing their nets. **20** Without delay he called them, and they left their father Zebedee in the boat with the hired men and followed him.

Jesus Drives Out an Evil Spirit

21 They went to Capernaum, and when the Sabbath came,

ª28.19 Veja At 8.16; 19.5; Rm 6.3; 1 Co 1.13; 10.2 e Gl 3.27. **b1.1** Alguns manuscritos não trazem *o Filho de Deus*. **c1.2** Ml 3.1 **d1.3** Ou *que clama: 'No deserto preparem* **e1.2,3** Is 40.3 **f1.8** Ou *em*

ª28:19 Or *into*; see Acts 8:16; 19:5; Romans 6:3; 1 Cor. 1:13; 10:2 and Gal. 3:27. **b1:1** Some manuscripts do not have *the Son of God*. **c1:2** Mal. 3:1 **d1:3** Isaiah 40:3 **e1:8** Or *in*

Jesus entrou na sinagoga e começou a ensinar. **22** Todos ficavam maravilhados com o seu ensino, porque lhes ensinava como alguém que tem autoridade e não como os mestres da lei. **23** Justo naquele momento, na sinagoga, um homem possesso de um espírito imundoª gritou: **24** "O que queres conosco, Jesus de Nazaré? Vieste para nos destruir? Sei quem tu és: o Santo de Deus!"

25 "Cale-se e saia dele!", repreendeu-o Jesus. **26** O espírito imundo sacudiu o homem violentamente e saiu dele gritando.

27 Todos ficaram tão admirados que perguntavam uns aos outros: "O que é isto? Um novo ensino — e com autoridade! Até aos espíritos imundos ele dá ordens, e eles lhe obedecem!" **28** As notícias a seu respeito se espalharam rapidamente por toda a região da Galiléia.

O Poder de Jesus sobre os Demônios e as Doenças
(Mt 8.14-17; Lc 4.38-41)

29 Logo que saíram da sinagoga, foram com Tiago e João à casa de Simão e André. **30** A sogra de Simão estava de cama, com febre, e falaram a respeito dela a Jesus. **31** Então ele se aproximou dela, tomou-a pela mão e ajudou-a a levantar-se. A febre a deixou, e ela começou a servi-los.

32 Ao anoitecer, depois do pôr-do-sol, o povo levou a Jesus todos os doentes e os endemoninhados. **33** Toda a cidade se reuniu à porta da casa, **34** e Jesus curou muitos que sofriam de várias doenças. Também expulsou muitos demônios; não permitia, porém, que estes falassem, porque sabiam quem ele era.

Jesus Ora num Lugar Deserto
(Lc 4.42-44)

35 De madrugada, quando ainda estava escuro, Jesus levantou-se, saiu de casa e foi para um lugar deserto, onde ficou orando. **36** Simão e seus companheiros foram procurá-lo **37** e, ao encontrá-lo, disseram: "Todos estão te procurando!"

38 Jesus respondeu: "Vamos para outro lugar, para os povoados vizinhos, para que também lá eu pregue. Foi para isso que eu vim". **39** Então ele percorreu toda a Galiléia, pregando nas sinagogas e expulsando os demônios.

A Cura de um Leproso
(Mt 8.1-4; Lc 5.12-16)

40 Um leprosoᵇ aproximou-se dele e suplicou-lhe de joelhos: "Se quiseres, podes purificar-me!"

41 Cheio de compaixão, Jesus estendeu a mão, tocou nele e disse: "Quero. Seja purificado!" **42** Imediatamente a lepra o deixou, e ele foi purificado.

43 Em seguida Jesus o despediu, com uma severa advertência: **44** "Olhe, não conte isso a ninguém. Mas vá mostrar-se ao sacerdote e ofereça pela sua purificação os sacrifícios que Moisés ordenou, para que sirva de testemunho". **45** Ele, porém, saiu e começou a tornar público o fato, espalhando a notícia. Por isso Jesus não podia mais entrar publicamente em nenhuma cidade, mas ficava fora, em lugares solitários. Todavia, assim mesmo vinha a ele gente de todas as partes.

Jesus Cura um Paralítico
(Mt 9.1-8; Lc 5.17-26)

2 Poucos dias depois, tendo Jesus entrado novamente em Cafarnaum, o povo ouviu falar que ele estava em casa. **2** Então muita gente se reuniu ali, de forma que não havia lugar nem junto à porta; e ele lhes pregava a palavra. **3** Vieram alguns homens, trazendo-lhe um paralítico, carregado por quatro deles. **4** Não podendo levá-lo até Jesus, por causa da multidão, removeram parte da cobertura do lugar onde Jesus estava e, pela abertura no teto, baixaram a maca em que estava deitado o paralítico. **5** Vendo a fé que eles tinham, Jesus disse ao paralítico: "Filho, os seus pecados estão perdoados".

6 Estavam sentados ali alguns mestres da lei, raciocinando

Jesus went into the synagogue and began to teach. **22** The people were amazed at his teaching, because he taught them as one who had authority, not as the teachers of the law. **23** Just then a man in their synagogue who was possessed by an evilª spirit cried out, **24** "What do you want with us, Jesus of Nazareth? Have you come to destroy us? I know who you are—the Holy One of God!"

25 "Be quiet!" said Jesus sternly. "Come out of him!" **26** The evil spirit shook the man violently and came out of him with a shriek.

27 The people were all so amazed that they asked each other, "What is this? A new teaching—and with authority! He even gives orders to evil spirits and they obey him." **28** News about him spread quickly over the whole region of Galilee.

Jesus Heals Many

29 As soon as they left the synagogue, they went with James and John to the home of Simon and Andrew. **30** Simon's mother-in-law was in bed with a fever, and they told Jesus about her. **31** So he went to her, took her hand and helped her up. The fever left her and she began to wait on them.

32 That evening after sunset the people brought to Jesus all the sick and demon-possessed. **33** The whole town gathered at the door, **34** and Jesus healed many who had various diseases. He also drove out many demons, but he would not let the demons speak because they knew who he was.

Jesus Prays in a Solitary Place

35 Very early in the morning, while it was still dark, Jesus got up, left the house and went off to a solitary place, where he prayed. **36** Simon and his companions went to look for him, **37** and when they found him, they exclaimed: "Everyone is looking for you!"

38 Jesus replied, "Let us go somewhere else—to the nearby villages—so I can preach there also. That is why I have come." **39** So he traveled throughout Galilee, preaching in their synagogues and driving out demons.

A Man With Leprosy

40 A man with leprosyᵇ came to him and begged him on his knees, "If you are willing, you can make me clean."

41 Filled with compassion, Jesus reached out his hand and touched the man. "I am willing," he said. "Be clean!" **42** Immediately the leprosy left him and he was cured.

43 Jesus sent him away at once with a strong warning: **44** "See that you don't tell this to anyone. But go, show yourself to the priest and offer the sacrifices that Moses commanded for your cleansing, as a testimony to them." **45** Instead he went out and began to talk freely, spreading the news. As a result, Jesus could no longer enter a town openly but stayed outside in lonely places. Yet the people still came to him from everywhere.

Jesus Heals a Paralytic

2 A few days later, when Jesus again entered Capernaum, the people heard that he had come home. **2** So many gathered that there was no room left, not even outside the door, and he preached the word to them. **3** Some men came, bringing to him a paralytic, carried by four of them. **4** Since they could not get him to Jesus because of the crowd, they made an opening in the roof above Jesus and, after digging through it, lowered the mat the paralyzed man was lying on. **5** When Jesus saw their faith, he said to the paralytic, "Son, your sins are forgiven."

6 Now some teachers of the law were sitting there, thinking

ª**1.23** Ou *maligno*; também em todo o livro de Marcos. ᵇ**1.40** O termo grego não se refere somente à lepra, mas também a diversas doenças da pele.

ª**1:23** Greek *unclean*; also in verses 26 and 27 ᵇ**1:40** The Greek word was used for various diseases affecting the skin — not necessarily leprosy.

em seu íntimo: **7** "Por que esse homem fala assim? Está blasfemando! Quem pode perdoar pecados, a não ser somente Deus?"

8 Jesus percebeu logo em seu espírito que era isso que eles estavam pensando e lhes disse: "Por que vocês estão remoendo essas coisas em seu coração? **9** Que é mais fácil dizer ao paralítico: Os seus pecados estão perdoados, ou: Levante-se, pegue a sua maca e ande? **10** Mas, para que vocês saibam que o Filho do homem tem na terra autoridade para perdoar pecados" — disse ao paralítico — **11** "eu lhe digo: Levante-se, pegue a sua maca e vá para casa". **12** Ele se levantou, pegou a maca e saiu à vista de todos, que, atônitos, glorificaram a Deus, dizendo: "Nunca vimos nada igual!"

O Chamado de Levi
(Mt 9.9-13; Lc 5.27-32)

13 Jesus saiu outra vez para beira-mar. Uma grande multidão aproximou-se, e ele começou a ensiná-los. **14** Passando por ali, viu Levi, filho de Alfeu, sentado na coletoria, e disse-lhe: "Siga-me". Levi levantou-se e o seguiu.

15 Durante uma refeição na casa de Levi, muitos publicanos^a e "pecadores" estavam comendo com Jesus e seus discípulos, pois havia muitos que o seguiam. **16** Quando os mestres da lei que eram fariseus o viram comendo com "pecadores" e publicanos, perguntaram aos discípulos de Jesus: "Por que ele come com publicanos e 'pecadores'?"

17 Ouvindo isso, Jesus lhes disse: "Não são os que têm saúde que precisam de médico, mas sim os doentes. Eu não vim para chamar justos, mas pecadores".

Jesus é Interrogado acerca do Jejum
(Mt 9.14-17; Lc 5.33-39)

18 Os discípulos de João e os fariseus estavam jejuando. Algumas pessoas vieram a Jesus e lhe perguntaram: "Por que os discípulos de João e os dos fariseus jejuam, mas os teus não?"

19 Jesus respondeu: "Como podem os convidados do noivo jejuar enquanto este está com eles? Não podem, enquanto o têm consigo. **20** Mas virão dias quando o noivo lhes será tirado; e nesse tempo jejuarão.

21 "Ninguém põe remendo de pano novo em roupa velha, pois o remendo forçará a roupa, tornando pior o rasgo. **22** E ninguém põe vinho novo em vasilha de couro velha; se o fizer, o vinho rebentará a vasilha, e tanto o vinho quanto a vasilha se estragarão. Ao contrário, põe-se vinho novo em vasilha de couro nova".

O Senhor do Sábado
(Mt 12.1-14; Lc 6.1-11)

23 Certo sábado Jesus estava passando pelas lavouras de cereal. Enquanto caminhavam, seus discípulos começaram a colher espigas. **24** Os fariseus lhe perguntaram: "Olha, por que eles estão fazendo o que não é permitido no sábado?"

25 Ele respondeu: "Vocês nunca leram o que fez Davi quando ele e seus companheiros estavam necessitados e com fome? **26** Nos dias do sumo sacerdote Abiatar, Davi entrou na casa de Deus e comeu os pães da Presença, que apenas aos sacerdotes era permitido comer, e os deu também aos seus companheiros".

27 E então lhes disse: "O sábado foi feito por causa do homem, e não o homem por causa do sábado. **28** Assim, pois, o Filho do homem é Senhor até mesmo do sábado".

3 Noutra ocasião ele entrou na sinagoga, e estava ali um homem com uma das mãos atrofiada. **2** Alguns deles estavam procurando um motivo para acusar Jesus; por isso o observavam atentamente, para ver se ele iria curá-lo no sábado. **3** Jesus disse ao homem da mão atrofiada: "Levante-se e venha para o meio".

---

^a**2.15** Os publicanos eram coletores de impostos, mal vistos pelo povo; também no versículo 16.

to themselves, **7** "Why does this fellow talk like that? He's blaspheming! Who can forgive sins but God alone?"

8 Immediately Jesus knew in his spirit that this was what they were thinking in their hearts, and he said to them, "Why are you thinking these things? **9** Which is easier: to say to the paralytic, 'Your sins are forgiven,' or to say, 'Get up, take your mat and walk'? **10** But that you may know that the Son of Man has authority on earth to forgive sins . . . ." He said to the paralytic, **11** "I tell you, get up, take your mat and go home." **12** He got up, took his mat and walked out in full view of them all. This amazed everyone and they praised God, saying, "We have never seen anything like this!"

The Calling of Levi

13 Once again Jesus went out beside the lake. A large crowd came to him, and he began to teach them. **14** As he walked along, he saw Levi son of Alphaeus sitting at the tax collector's booth. "Follow me," Jesus told him, and Levi got up and followed him.

15 While Jesus was having dinner at Levi's house, many tax collectors and "sinners" were eating with him and his disciples, for there were many who followed him. **16** When the teachers of the law who were Pharisees saw him eating with the "sinners" and tax collectors, they asked his disciples: "Why does he eat with tax collectors and 'sinners'?"

17 On hearing this, Jesus said to them, "It is not the healthy who need a doctor, but the sick. I have not come to call the righteous, but sinners."

Jesus Questioned About Fasting

18 Now John's disciples and the Pharisees were fasting. Some people came and asked Jesus, "How is it that John's disciples and the disciples of the Pharisees are fasting, but yours are not?"

19 Jesus answered, "How can the guests of the bridegroom fast while he is with them? They cannot, so long as they have him with them. **20** But the time will come when the bridegroom will be taken from them, and on that day they will fast.

21 "No one sews a patch of unshrunk cloth on an old garment. If he does, the new piece will pull away from the old, making the tear worse. **22** And no one pours new wine into old wineskins. If he does, the wine will burst the skins, and both the wine and the wineskins will be ruined. No, he pours new wine into new wineskins."

Lord of the Sabbath

23 One Sabbath Jesus was going through the grainfields, and as his disciples walked along, they began to pick some heads of grain. **24** The Pharisees said to him, "Look, why are they doing what is unlawful on the Sabbath?"

25 He answered, "Have you never read what David did when he and his companions were hungry and in need? **26** In the days of Abiathar the high priest, he entered the house of God and ate the consecrated bread, which is lawful only for priests to eat. And he also gave some to his companions."

27 Then he said to them, "The Sabbath was made for man, not man for the Sabbath. **28** So the Son of Man is Lord even of the Sabbath."

3 Another time he went into the synagogue, and a man with a shriveled hand was there. **2** Some of them were looking for a reason to accuse Jesus, so they watched him closely to see if he would heal him on the Sabbath. **3** Jesus said to the man with the shriveled hand, "Stand up in front of everyone."

4 Depois Jesus lhes perguntou: "O que é permitido fazer no sábado: o bem ou o mal, salvar a vida ou matar?" Mas eles permaneceram em silêncio. **5** Irado, olhou para os que estavam à sua volta e, profundamente entristecido por causa do coração endurecido deles, disse ao homem: "Estenda a mão". Ele a estendeu, e ela foi restaurada. **6** Então os fariseus saíram e começaram a conspirar com os herodianos contra Jesus, sobre como poderiam matá-lo.

Jesus é Procurado por uma Multidão

7 Jesus retirou-se com os seus discípulos para o mar, e uma grande multidão vinda da Galiléia o seguia. **8** Quando ouviram a respeito de tudo o que ele estava fazendo, muitas pessoas procedentes da Judéia, de Jerusalém, da Iduméia, das regiões do outro lado do Jordão e dos arredores de Tiro e de Sidom foram atrás dele. **9** Por causa da multidão, ele disse aos discípulos que lhe preparassem um pequeno barco, para evitar que o comprimissem. **10** Pois ele havia curado a muitos, de modo que os que sofriam de doenças ficavam se empurrando para conseguir tocar nele. **11** Sempre que os espíritos imundos o viam, prostravam-se diante dele e gritavam: "Tu és o Filho de Deus". **12** Mas ele lhes dava ordens severas para que não dissessem quem ele era.

A Escolha dos Doze Apóstolos
(Lc 6.12-16)

13 Jesus subiu a um monte e chamou a si aqueles que ele quis, os quais vieram para junto dele. **14** Escolheu doze, designando-os apóstolos[a], para que estivessem com ele, os enviasse a pregar **15** e tivessem autoridade para expulsar demônios. **16** Estes são os doze que ele escolheu: Simão, a quem deu o nome de Pedro; **17** Tiago, filho de Zebedeu, e João, seu irmão, aos quais deu o nome de Boanerges, que significa "filhos do trovão"; **18** André; Filipe; Bartolomeu; Mateus; Tomé; Tiago, filho de Alfeu; Tadeu; Simão, o zelote; **19** e Judas Iscariotes, que o traiu.

A Acusação contra Jesus
(Mt 12.22-32; Lc 11.14-23)

20 Então Jesus entrou numa casa, e novamente reuniu-se ali uma multidão, de modo que ele e os seus discípulos não conseguiam nem comer. **21** Quando seus familiares ouviram falar disso, saíram para trazê-lo à força, pois diziam: "Ele está fora de si". **22** E os mestres da lei que haviam descido de Jerusalém diziam: "Ele está com Belzebu! Pelo príncipe dos demônios é que ele expulsa demônios". **23** Então Jesus os chamou e lhes falou por parábolas: "Como pode Satanás expulsar Satanás? **24** Se um reino estiver dividido contra si mesmo, não poderá subsistir. **25** Se uma casa estiver dividida contra si mesma, também não poderá subsistir. **26** E se Satanás se opuser a si mesmo e estiver dividido, não poderá subsistir; chegou o seu fim. **27** De fato, ninguém pode entrar na casa do homem forte e levar dali os seus bens, sem que antes o amarre. Só então poderá roubar a casa dele. **28** Eu lhes asseguro que todos os pecados e blasfêmias dos homens lhes serão perdoados, **29** mas quem blasfemar contra o Espírito Santo nunca terá perdão: é culpado de pecado eterno". **30** Jesus falou isso porque eles estavam dizendo: "Ele está com um espírito imundo".

A Mãe e os Irmãos de Jesus
(Mt 12.46-50; Lc 8.19-21)

31 Então chegaram a mãe e os irmãos de Jesus. Ficando do lado de fora, mandaram alguém chamá-lo. **32** Havia muita gente assentada ao seu redor; e lhe disseram: "Tua mãe e teus irmãos estão lá fora e te procuram". **33** "Quem é minha mãe, e quem são meus irmãos?", perguntou ele.

4 Then Jesus asked them, "Which is lawful on the Sabbath: to do good or to do evil, to save life or to kill?" But they remained silent. **5** He looked around at them in anger and, deeply distressed at their stubborn hearts, said to the man, "Stretch out your hand." He stretched it out, and his hand was completely restored. **6** Then the Pharisees went out and began to plot with the Herodians how they might kill Jesus.

Crowds Follow Jesus

7 Jesus withdrew with his disciples to the lake, and a large crowd from Galilee followed. **8** When they heard all he was doing, many people came to him from Judea, Jerusalem, Idumea, and the regions across the Jordan and around Tyre and Sidon. **9** Because of the crowd he told his disciples to have a small boat ready for him, to keep the people from crowding him. **10** For he had healed many, so that those with diseases were pushing forward to touch him. **11** Whenever the evil[a] spirits saw him, they fell down before him and cried out, "You are the Son of God." **12** But he gave them strict orders not to tell who he was.

The Appointing of the Twelve Apostles

13 Jesus went up on a mountainside and called to him those he wanted, and they came to him. **14** He appointed twelve—designating them apostles[b]—that they might be with him and that he might send them out to preach **15** and to have authority to drive out demons. **16** These are the twelve he appointed: Simon (to whom he gave the name Peter); **17** James son of Zebedee and his brother John (to them he gave the name Boanerges, which means Sons of Thunder); **18** Andrew, Philip, Bartholomew, Matthew, Thomas, James son of Alphaeus, Thaddaeus, Simon the Zealot **19** and Judas Iscariot, who betrayed him.

Jesus and Beelzebub

20 Then Jesus entered a house, and again a crowd gathered, so that he and his disciples were not even able to eat. **21** When his family heard about this, they went to take charge of him, for they said, "He is out of his mind." **22** And the teachers of the law who came down from Jerusalem said, "He is possessed by Beelzebub[c]! By the prince of demons he is driving out demons." **23** So Jesus called them and spoke to them in parables: "How can Satan drive out Satan? **24** If a kingdom is divided against itself, that kingdom cannot stand. **25** If a house is divided against itself, that house cannot stand. **26** And if Satan opposes himself and is divided, he cannot stand; his end has come. **27** In fact, no one can enter a strong man's house and carry off his possessions unless he first ties up the strong man. Then he can rob his house. **28** I tell you the truth, all the sins and blasphemies of men will be forgiven them. **29** But whoever blasphemes against the Holy Spirit will never be forgiven; he is guilty of an eternal sin."

30 He said this because they were saying, "He has an evil spirit."

Jesus' Mother and Brothers

31 Then Jesus' mother and brothers arrived. Standing outside, they sent someone in to call him. **32** A crowd was sitting around him, and they told him, "Your mother and brothers are outside looking for you."

33 "Who are my mother and my brothers?" he asked.

---

[a]3.14 Alguns manuscritos não trazem *designando-os apóstolos.*

[a]3:11 Greek *unclean;* also in verse 30   [b]3:14 Some manuscripts do not have *designating them apostles.*   [c]3:22 Greek *Beezeboul* or *Beelzeboul*

34 Então olhou para os que estavam assentados ao seu redor e disse: "Aqui estão minha mãe e meus irmãos! **35** Quem faz a vontade de Deus, este é meu irmão, minha irmã e minha mãe".

A Parábola do Semeador
(Mt 13.1-23; Lc 8.1-15)

4 Novamente Jesus começou a ensinar à beira-mar. Reuniu-se ao seu redor uma multidão tão grande que ele teve que entrar num barco e assentar-se nele. O barco estava no mar, enquanto todo o povo ficava na beira da praia. **2** Ele lhes ensinava muitas coisas por parábolas, dizendo em seu ensino: **3** "Ouçam! O semeador saiu a semear. **4** Enquanto lançava a semente, parte dela caiu à beira do caminho, e as aves vieram e a comeram. **5** Parte dela caiu em terreno pedregoso, onde não havia muita terra; e logo brotou, porque a terra não era profunda. **6** Mas quando saiu o sol, as plantas se queimaram e secaram, porque não tinham raiz. **7** Outra parte caiu entre espinhos, que cresceram e sufocaram as plantas, de forma que ela não deu fruto. **8** Outra ainda caiu em boa terra, germinou, cresceu e deu boa colheita, a trinta, sessenta e até cem por um".

9 E acrescentou: "Aquele que tem ouvidos para ouvir, ouça!"

10 Quando ele ficou sozinho, os Doze e os outros que estavam ao seu redor lhe fizeram perguntas acerca das parábolas. **11** Ele lhes disse: "A vocês foi dado o mistério do Reino de Deus, mas aos que estão fora tudo é dito por parábolas, **12** a fim de que,

" 'ainda que vejam,
     não percebam;
ainda que ouçam,
     não entendam;
de outro modo,
     poderiam converter-se
e ser perdoados!'ª"

13 Então Jesus lhes perguntou: "Vocês não entendem esta parábola? Como, então, compreenderão todas as outras? **14** O semeador semeia a palavra. **15** Algumas pessoas são como a semente à beira do caminho, onde a palavra é semeada. Logo que a ouvem, Satanás vem e retira a palavra nelas semeada. **16** Outras, como a semente lançada em terreno pedregoso, ouvem a palavra e logo a recebem com alegria. **17** Todavia, visto que não têm raiz em si mesmas, permanecem por pouco tempo. Quando surge alguma tribulação ou perseguição por causa da palavra, logo a abandonam. **18** Outras ainda, como a semente lançada entre espinhos, ouvem a palavra; **19** mas, quando chegam as preocupações desta vida, o engano das riquezas e os anseios por outras coisas sufocam a palavra, tornando-a infrutífera. **20** Outras pessoas são como a semente lançada em boa terra: ouvem a palavra, aceitam-na e dão uma colheita de trinta, sessenta e até cem por um".

A Candeia
(Lc 8.16-18)

21 Ele lhes disse: "Quem traz uma candeia para ser colocada debaixo de uma vasilha ou de uma cama? Acaso não a coloca num lugar apropriado? **22** Porque não há nada oculto, senão para ser revelado, e nada escondido, senão para ser trazido à luz. **23** Se alguém tem ouvidos para ouvir, ouça!

24 "Considerem atentamente o que vocês estão ouvindo", continuou ele. "Com a medida com que medirem, vocês serão medidos; e ainda mais lhes acrescentarão. **25** A quem tiver, mais lhe será dado; de quem não tiver, até o que tem lhe será tirado".

A Parábola da Semente

26 Ele prosseguiu dizendo: "O Reino de Deus é semelhante a um homem que lança a semente sobre a terra. **27** Noite e dia, estando ele dormindo ou acordado, a semente germina e cres-

The Parable of the Sower

34 Then he looked at those seated in a circle around him and said, "Here are my mother and my brothers! **35** Whoever does God's will is my brother and sister and mother."

4 Again Jesus began to teach by the lake. The crowd that gathered around him was so large that he got into a boat and sat in it out on the lake, while all the people were along the shore at the water's edge. **2** He taught them many things by parables, and in his teaching said: **3** "Listen! A farmer went out to sow his seed. **4** As he was scattering the seed, some fell along the path, and the birds came and ate it up. **5** Some fell on rocky places, where it did not have much soil. It sprang up quickly, because the soil was shallow. **6** But when the sun came up, the plants were scorched, and they withered because they had no root. **7** Other seed fell among thorns, which grew up and choked the plants, so that they did not bear grain. **8** Still other seed fell on good soil. It came up, grew and produced a crop, multiplying thirty, sixty, or even a hundred times."

9 Then Jesus said, "He who has ears to hear, let him hear."

10 When he was alone, the Twelve and the others around him asked him about the parables. **11** He told them, "The secret of the kingdom of God has been given to you. But to those on the outside everything is said in parables **12** so that,

" 'they may be ever seeing but never
     perceiving,
     and ever hearing but never understanding;
otherwise they might turn and be forgiven!'ª"

13 Then Jesus said to them, "Don't you understand this parable? How then will you understand any parable? **14** The farmer sows the word. **15** Some people are like seed along the path, where the word is sown. As soon as they hear it, Satan comes and takes away the word that was sown in them. **16** Others, like seed sown on rocky places, hear the word and at once receive it with joy. **17** But since they have no root, they last only a short time. When trouble or persecution comes because of the word, they quickly fall away. **18** Still others, like seed sown among thorns, hear the word; **19** but the worries of this life, the deceitfulness of wealth and the desires for other things come in and choke the word, making it unfruitful. **20** Others, like seed sown on good soil, hear the word, accept it, and produce a crop — thirty, sixty or even a hundred times what was sown."

A Lamp on a Stand

21 He said to them, "Do you bring in a lamp to put it under a bowl or a bed? Instead, don't you put it on its stand? **22** For whatever is hidden is meant to be disclosed, and whatever is concealed is meant to be brought out into the open. **23** If anyone has ears to hear, let him hear."

24 "Consider carefully what you hear," he continued. "With the measure you use, it will be measured to you — and even more. **25** Whoever has will be given more; whoever does not have, even what he has will be taken from him."

The Parable of the Growing Seed

26 He also said, "This is what the kingdom of God is like. A man scatters seed on the ground. **27** Night and day, whether he sleeps or gets up, the seed sprouts and grows, though he does

---

ª4.12 Is 6.9,10   ª4:12 Isaiah 6:9,10

ce, embora ele não saiba como. 28 A terra por si própria produz o grão: primeiro o talo, depois a espiga e, então, o grão cheio na espiga. 29 Logo que o grão fica maduro, o homem lhe passa a foice, porque chegou a colheita".

A Parábola do Grão de Mostarda
(Mt 13.31-35; Lc 13.18-21)

30 Novamente ele disse: "Com que compararemos o Reino de Deus? Que parábola usaremos para descrevê-lo? 31 É como um grão de mostarda, que é a menor semente que se planta na terra. 32 No entanto, uma vez plantado, cresce e se torna a maior de todas as hortaliças, com ramos tão grandes que as aves do céu podem abrigar-se à sua sombra".

33 Com muitas parábolas semelhantes Jesus lhes anunciava a palavra, tanto quanto podiam receber. 34 Não lhes dizia nada sem usar alguma parábola. Quando, porém, estava a sós com os seus discípulos, explicava-lhes tudo.

Jesus Acalma a Tempestade
(Mt 8.23-27; Lc 8.22-25)

35 Naquele dia, ao anoitecer, disse ele aos seus discípulos: "Vamos para o outro lado". 36 Deixando a multidão, eles o levaram no barco, assim como estava. Outros barcos também o acompanhavam. 37 Levantou-se um forte vendaval, e as ondas se lançavam sobre o barco, de forma que este foi se enchendo de água. 38 Jesus estava na popa, dormindo com a cabeça sobre um travesseiro. Os discípulos o acordaram e clamaram: "Mestre, não te importas que morramos?"

39 Ele se levantou, repreendeu o vento e disse ao mar: "Aquiete-se! Acalme-se!" O vento se aquietou, e fez-se completa bonança.

40 Então perguntou aos seus discípulos: "Por que vocês estão com tanto medo? Ainda não têm fé?"

41 Eles estavam apavorados e perguntavam uns aos outros: "Quem é este que até o vento e o mar lhe obedecem?"

A Cura de um Endemoninhado
(Mt 8.28-34; Lc 8.26-39)

5 Eles atravessaram o mar e foram para a região dos gerasenosª. 2 Quando Jesus desembarcou, um homem com um espírito imundo veio dos sepulcros ao seu encontro. 3 Esse homem vivia nos sepulcros, e ninguém conseguia prendê-lo, nem mesmo com correntes; 4 pois muitas vezes lhe haviam sido acorrentados pés e mãos, mas ele arrebentara as correntes e quebrara os ferros de seus pés. Ninguém era suficientemente forte para dominá-lo. 5 Noite e dia ele andava gritando e cortando-se com pedras entre os sepulcros e nas colinas.

6 Quando ele viu Jesus de longe, correu e prostrou-se diante dele, 7 e gritou em alta voz: "Que queres comigo, Jesus, Filho do Deus Altíssimo? Rogo-te por Deus que não me atormentes!" 8 Pois Jesus lhe tinha dito: "Saia deste homem, espírito imundo!"

9 Então Jesus lhe perguntou: "Qual é o seu nome?"

"Meu nome é Legião", respondeu ele, "porque somos muitos." 10 E implorava a Jesus, com insistência, que não os mandasse sair daquela região.

11 Uma grande manada de porcos estava pastando numa colina próxima. 12 Os demônios imploraram a Jesus: "Manda-nos para os porcos, para que entremos neles". 13 Ele lhes deu permissão, e os espíritos imundos saíram e entraram nos porcos. A manada de cerca de dois mil porcos atirou-se precipício abaixo, em direção ao mar, e nele se afogou.

14 Os que cuidavam dos porcos fugiram e contaram esses fatos na cidade e nos campos, e o povo foi ver o que havia acontecido. 15 Quando se aproximaram de Jesus, viram ali o homem que fora possesso da legião de demônios, assentado, vestido e em perfeito juízo; e ficaram com medo. 16 Os

not know how. 28 All by itself the soil produces grain—first the stalk, then the head, then the full kernel in the head. 29 As soon as the grain is ripe, he puts the sickle to it, because the harvest has come."

The Parable of the Mustard Seed

30 Again he said, "What shall we say the kingdom of God is like, or what parable shall we use to describe it? 31 It is like a mustard seed, which is the smallest seed you plant in the ground. 32 Yet when planted, it grows and becomes the largest of all garden plants, with such big branches that the birds of the air can perch in its shade."

33 With many similar parables Jesus spoke the word to them, as much as they could understand. 34 He did not say anything to them without using a parable. But when he was alone with his own disciples, he explained everything.

Jesus Calms the Storm

35 That day when evening came, he said to his disciples, "Let us go over to the other side." 36 Leaving the crowd behind, they took him along, just as he was, in the boat. There were also other boats with him. 37 A furious squall came up, and the waves broke over the boat, so that it was nearly swamped. 38 Jesus was in the stern, sleeping on a cushion. The disciples woke him and said to him, "Teacher, don't you care if we drown?"

39 He got up, rebuked the wind and said to the waves, "Quiet! Be still!" Then the wind died down and it was completely calm.

40 He said to his disciples, "Why are you so afraid? Do you still have no faith?"

41 They were terrified and asked each other, "Who is this? Even the wind and the waves obey him!"

The Healing of a Demon-possessed Man

5 They went across the lake to the region of the Gerasenes.ª 2 When Jesus got out of the boat, a man with an evilᵇ spirit came from the tombs to meet him. 3 This man lived in the tombs, and no one could bind him any more, not even with a chain. 4 For he had often been chained hand and foot, but he tore the chains apart and broke the irons on his feet. No one was strong enough to subdue him. 5 Night and day among the tombs and in the hills he would cry out and cut himself with stones.

6 When he saw Jesus from a distance, he ran and fell on his knees in front of him. 7 He shouted at the top of his voice, "What do you want with me, Jesus, Son of the Most High God? Swear to God that you won't torture me!" 8 For Jesus had said to him, "Come out of this man, you evil spirit!"

9 Then Jesus asked him, "What is your name?"

"My name is Legion," he replied, "for we are many." 10 And he begged Jesus again and again not to send them out of the area.

11 A large herd of pigs was feeding on the nearby hillside. 12 The demons begged Jesus, "Send us among the pigs; allow us to go into them." 13 He gave them permission, and the evil spirits came out and went into the pigs. The herd, about two thousand in number, rushed down the steep bank into the lake and were drowned.

14 Those tending the pigs ran off and reported this in the town and countryside, and the people went out to see what had happened. 15 When they came to Jesus, they saw the man who had been possessed by the legion of demons, sitting there, dressed and in his right mind; and they were afraid. 16 Those

---

ª5.1 Alguns manuscritos trazem *gadarenos*; outros dizem *gergesenos*.

ª5:1 Some manuscripts *Gadarenes*; other manuscripts *Gergesenes* ᵇ5:2 Greek *unclean*; also in verses 8 and 13

que estavam presentes contaram ao povo o que acontecera ao endemoninhado, e falaram também sobre os porcos. [17] Então o povo começou a suplicar a Jesus que saísse do território deles.

[18] Quando Jesus estava entrando no barco, o homem que estivera endemoninhado suplicava-lhe que o deixasse ir com ele. [19] Jesus não o permitiu, mas disse: "Vá para casa, para a sua família e anuncie-lhes quanto o Senhor fez por você e como teve misericórdia de você". [20] Então, aquele homem se foi e começou a anunciar em Decápolis o quanto Jesus tinha feito por ele. Todos ficavam admirados.

O Poder de Jesus sobre a Doença e a Morte
(Mt 9.18-26; Lc 8.40-56)

[21] Tendo Jesus voltado de barco para a outra margem, uma grande multidão se reuniu ao seu redor, enquanto ele estava à beira do mar. [22] Então chegou ali um dos dirigentes da sinagoga, chamado Jairo. Vendo Jesus, prostrou-se aos seus pés [23] e lhe implorou insistentemente: "Minha filhinha está morrendo! Vem, por favor, e impõe as mãos sobre ela, para que seja curada e que viva". [24] Jesus foi com ele.

Uma grande multidão o seguia e o comprimia. [25] E estava ali certa mulher que havia doze anos vinha sofrendo de hemorragia. [26] Ela padecera muito sob o cuidado de vários médicos e gastara tudo o que tinha, mas, em vez de melhorar, piorava. [27] Quando ouviu falar de Jesus, chegou por trás dele, no meio da multidão, e tocou em seu manto, [28] porque pensava: "Se eu tão-somente tocar em seu manto, ficarei curada". [29] Imediatamente cessou sua hemorragia e ela sentiu em seu corpo que estava livre do seu sofrimento.

[30] No mesmo instante, Jesus percebeu que dele havia saído poder, virou-se para a multidão e perguntou: "Quem tocou em meu manto?"

[31] Responderam os seus discípulos: "Vês a multidão aglomerada ao teu redor e ainda perguntas: 'Quem tocou em mim?' "

[32] Mas Jesus continuou olhando ao seu redor para ver quem tinha feito aquilo. [33] Então a mulher, sabendo o que lhe tinha acontecido, aproximou-se, prostrou-se aos seus pés e, tremendo de medo, contou-lhe toda a verdade. [34] Então ele lhe disse: "Filha, a sua fé a curou![a] Vá em paz e fique livre do seu sofrimento".

[35] Enquanto Jesus ainda estava falando, chegaram algumas pessoas da casa de Jairo, o dirigente da sinagoga. "Sua filha morreu", disseram eles. "Não precisa mais incomodar o mestre!"

[36] Não fazendo caso do que eles disseram, Jesus disse ao dirigente da sinagoga: "Não tenha medo; tão-somente creia".

[37] E não deixou ninguém segui-lo, senão Pedro, Tiago e João, irmão de Tiago. [38] Quando chegaram à casa do dirigente da sinagoga, Jesus viu um alvoroço, com gente chorando e se lamentando em alta voz. [39] Então entrou e lhes disse: "Por que todo este alvoroço e lamento? A criança não está morta, mas dorme". [40] Mas todos começaram a rir de Jesus. Ele, porém, ordenou que eles saíssem, tomou consigo o pai e a mãe da criança e os discípulos que estavam com ele, e entrou onde se encontrava a criança. [41] Tomou-a pela mão e lhe disse: "Talita cumi!", que significa "menina, eu lhe ordeno, levante-se!". [42] Imediatamente a menina, que tinha doze anos de idade, levantou-se e começou a andar. Isso os deixou atônitos. [43] Ele deu ordens expressas para que não dissessem nada a ninguém e mandou que dessem a ela alguma coisa para comer.

Um Profeta sem Honra
(Mt 13.53-58)

6 Jesus saiu dali e foi para a sua cidade, acompanhado dos seus discípulos. [2] Quando chegou o sábado, começou a ensinar na sinagoga, e muitos dos que o ouviam ficavam admirados.

who had seen it told the people what had happened to the demon-possessed man—and told about the pigs as well. [17] Then the people began to plead with Jesus to leave their region.

[18] As Jesus was getting into the boat, the man who had been demon-possessed begged to go with him. [19] Jesus did not let him, but said, "Go home to your family and tell them how much the Lord has done for you, and how he has had mercy on you." [20] So the man went away and began to tell in the Decapolis[a] how much Jesus had done for him. And all the people were amazed.

A Dead Girl and a Sick Woman

[21] When Jesus had again crossed over by boat to the other side of the lake, a large crowd gathered around him while he was by the lake. [22] Then one of the synagogue rulers, named Jairus, came there. Seeing Jesus, he fell at his feet [23] and pleaded earnestly with him, "My little daughter is dying. Please come and put your hands on her so that she will be healed and live." [24] So Jesus went with him.

A large crowd followed and pressed around him. [25] And a woman was there who had been subject to bleeding for twelve years. [26] She had suffered a great deal under the care of many doctors and had spent all she had, yet instead of getting better she grew worse. [27] When she heard about Jesus, she came up behind him in the crowd and touched his cloak, [28] because she thought, "If I just touch his clothes, I will be healed." [29] Immediately her bleeding stopped and she felt in her body that she was freed from her suffering.

[30] At once Jesus realized that power had gone out from him. He turned around in the crowd and asked, "Who touched my clothes?"

[31] "You see the people crowding against you," his disciples answered, "and yet you can ask, 'Who touched me?' "

[32] But Jesus kept looking around to see who had done it. [33] Then the woman, knowing what had happened to her, came and fell at his feet and, trembling with fear, told him the whole truth. [34] He said to her, "Daughter, your faith has healed you. Go in peace and be freed from your suffering."

[35] While Jesus was still speaking, some men came from the house of Jairus, the synagogue ruler. "Your daughter is dead," they said. "Why bother the teacher any more?"

[36] Ignoring what they said, Jesus told the synagogue ruler, "Don't be afraid; just believe."

[37] He did not let anyone follow him except Peter, James and John the brother of James. [38] When they came to the home of the synagogue ruler, Jesus saw a commotion, with people crying and wailing loudly. [39] He went in and said to them, "Why all this commotion and wailing? The child is not dead but asleep." [40] But they laughed at him.

After he put them all out, he took the child's father and mother and the disciples who were with him, and went in where the child was. [41] He took her by the hand and said to her, "Talitha koum!" (which means, "Little girl, I say to you, get up!"). [42] Immediately the girl stood up and walked around (she was twelve years old). At this they were completely astonished. [43] He gave strict orders not to let anyone know about this, and told them to give her something to eat.

A Prophet Without Honor

6 Jesus left there and went to his hometown, accompanied by his disciples. [2] When the Sabbath came, he began to teach in the synagogue, and many who heard him were amazed.

---

[a]5.34 Ou *a salvou!*

[a]5:20 That is, the Ten Cities

"De onde lhe vêm estas coisas?", perguntavam eles. "Que sabedoria é esta que lhe foi dada? E estes milagres que ele faz? [3] Não é este o carpinteiro, filho de Maria e irmão de Tiago, José, Judas e Simão? Não estão aqui conosco as suas irmãs?" E ficavam escandalizados por causa dele.

[4] Jesus lhes disse: "Só em sua própria terra, entre seus parentes e em sua própria casa, é que um profeta não tem honra". [5] E não pôde fazer ali nenhum milagre, exceto impor as mãos sobre alguns doentes e curá-los. [6] E ficou admirado com a incredulidade deles.

Jesus Envia os Doze
(Mt 10.1,5-14; Lc 9.1-6)

Então Jesus passou a percorrer os povoados, ensinando. [7] Chamando os Doze para junto de si, enviou-os de dois em dois e deu-lhes autoridade sobre os espíritos imundos.

[8] Estas foram as suas instruções: "Não levem nada pelo caminho, a não ser um bordão. Não levem pão, nem saco de viagem, nem dinheiro em seus cintos; [9] calcem sandálias, mas não levem túnica extra; [10] sempre que entrarem numa casa, fiquem ali até partirem; [11] e, se algum povoado não os receber nem os ouvir, sacudam a poeira dos seus pés quando saírem de lá, como testemunho contra eles".

[12] Eles saíram e pregaram ao povo que se arrependesse. [13] Expulsavam muitos demônios e ungiam muitos doentes com óleo, e os curavam.

João Batista é Decapitado
(Mt 14.1-12)

[14] O rei Herodes ouviu falar dessas coisas, pois o nome de Jesus havia se tornado bem conhecido. Algumas pessoas estavam dizendo[a]: "João Batista ressuscitou dos mortos! Por isso estão operando nele poderes miraculosos".

[15] Outros diziam: "Ele é Elias".

E ainda outros afirmavam: "Ele é um profeta, como um dos antigos profetas".

[16] Mas quando Herodes ouviu essas coisas, disse: "João, o homem a quem decapitei, ressuscitou dos mortos!"

[17] Pois o próprio Herodes tinha dado ordens para que prendessem João, o amarrassem e o colocassem na prisão, por causa de Herodias, mulher de Filipe, seu irmão, com a qual se casara. [18] Porquanto João dizia a Herodes: "Não te é permitido viver com a mulher do teu irmão", [19] Assim, Herodias o odiava e queria matá-lo. Mas não podia fazê-lo, [20] porque Herodes temia João e o protegia, sabendo que ele era um homem justo e santo; e quando o ouvia, ficava perplexo[b]. Mesmo assim gostava de ouvi-lo.

[21] Finalmente Herodias teve uma ocasião oportuna. No seu aniversário, Herodes ofereceu um banquete aos seus líderes mais importantes, aos comandantes militares e às principais personalidades da Galiléia. [22] Quando a filha de Herodias entrou e dançou, agradou a Herodes e aos convidados.

O rei disse à jovem: "Peça-me qualquer coisa que você quiser, e eu lhe darei". [23] E prometeu-lhe sob juramento: "Seja o que for que me pedir, eu lhe darei, até a metade do meu reino".

[24] Ela saiu e disse à sua mãe: "Que pedirei?"

"A cabeça de João Batista", respondeu ela.

[25] Imediatamente a jovem apressou-se em apresentar-se ao rei com o pedido: "Desejo que me dês agora mesmo a cabeça de João Batista num prato".

[26] O rei ficou aflito, mas, por causa do seu juramento e dos convidados, não quis negar o pedido à jovem. [27] Enviou, pois, imediatamente um carrasco com ordens para trazer a cabeça de João. O homem foi, decapitou João na prisão [28] e trouxe sua cabeça num prato. Ele a entregou à jovem, e esta a deu à sua mãe. [29] Tendo ouvido isso, os discípulos de João vieram, levaram o seu corpo e o colocaram num túmulo.

"Where did this man get these things?" they asked. "What's this wisdom that has been given him, that he even does miracles? [3] Isn't this the carpenter? Isn't this Mary's son and the brother of James, Joseph,[a] Judas and Simon? Aren't his sisters here with us?" And they took offense at him.

[4] Jesus said to them, "Only in his hometown, among his relatives and in his own house is a prophet without honor." [5] He could not do any miracles there, except lay his hands on a few sick people and heal them. [6] And he was amazed at their lack of faith.

Jesus Sends Out the Twelve

Then Jesus went around teaching from village to village. [7] Calling the Twelve to him, he sent them out two by two and gave them authority over evil[b] spirits.

[8] These were his instructions: "Take nothing for the journey except a staff — no bread, no bag, no money in your belts. [9] Wear sandals but not an extra tunic. [10] Whenever you enter a house, stay there until you leave that town. [11] And if any place will not welcome you or listen to you, shake the dust off your feet when you leave, as a testimony against them."

[12] They went out and preached that people should repent. [13] They drove out many demons and anointed many sick people with oil and healed them.

John the Baptist Beheaded

[14] King Herod heard about this, for Jesus' name had become well known. Some were saying,[c] "John the Baptist has been raised from the dead, and that is why miraculous powers are at work in him."

[15] Others said, "He is Elijah."

And still others claimed, "He is a prophet, like one of the prophets of long ago."

[16] But when Herod heard this, he said, "John, the man I beheaded, has been raised from the dead!"

[17] For Herod himself had given orders to have John arrested, and he had him bound and put in prison. He did this because of Herodias, his brother Philip's wife, whom he had married. [18] For John had been saying to Herod, "It is not lawful for you to have your brother's wife." [19] So Herodias nursed a grudge against John and wanted to kill him. But she was not able to, [20] because Herod feared John and protected him, knowing him to be a righteous and holy man. When Herod heard John, he was greatly puzzled[d]; yet he liked to listen to him.

[21] Finally the opportune time came. On his birthday Herod gave a banquet for his high officials and military commanders and the leading men of Galilee. [22] When the daughter of Herodias came in and danced, she pleased Herod and his dinner guests.

The king said to the girl, "Ask me for anything you want, and I'll give it to you." [23] And he promised her with an oath, "Whatever you ask I will give you, up to half my kingdom."

[24] She went out and said to her mother, "What shall I ask for?"

"The head of John the Baptist," she answered.

[25] At once the girl hurried in to the king with the request: "I want you to give me right now the head of John the Baptist on a platter."

[26] The king was greatly distressed, but because of his oaths and his dinner guests, he did not want to refuse her. [27] So he immediately sent an executioner with orders to bring John's head. The man went, beheaded John in the prison, [28] and brought back his head on a platter. He presented it to the girl, and she gave it to her mother. [29] On hearing of this, John's disciples came and took his body and laid it in a tomb.

---

[a]6.14 Muitos manuscritos dizem *E ele dizia.* [b]6.20 Alguns manuscritos antigos dizem *fazia muitas coisas.*

[a]6:3 Greek *Joses,* a variant of *Joseph* [b]6:7 Greek *unclean* [c]6:14 Some early manuscripts *He was saying* [d]6:20 Some early manuscripts *he did many things*

A Primeira Multiplicação dos Pães
(Mt 14.13-21; Lc 9.10-17; Jo 6.1-15)

30 Os apóstolos reuniram-se a Jesus e lhe relataram tudo o que tinham feito e ensinado. 31 Havia muita gente indo e vindo, ao ponto de eles não terem tempo para comer. Jesus lhes disse: "Venham comigo para um lugar deserto e descansem um pouco".

32 Então eles se afastaram num barco para um lugar deserto. 33 Mas muitos dos que os viram retirar-se, tendo-os reconhecido, correram a pé de todas as cidades e chegaram lá antes deles. 34 Quando Jesus saiu do barco e viu uma grande multidão, teve compaixão deles, porque eram como ovelhas sem pastor. Então começou a ensinar-lhes muitas coisas.

35 Já era tarde e, por isso, os seus discípulos aproximaram-se dele e disseram: "Este é um lugar deserto, e já é tarde. 36 Manda embora o povo para que possa ir aos campos e povoados vizinhos comprar algo para comer".

37 Ele, porém, respondeu: "Dêem-lhes vocês algo para comer". Eles lhe disseram: "Isto exigiria duzentos denários! Devemos gastar tanto dinheiro em pão e dar-lhes de comer?"

38 Perguntou ele: "Quantos pães vocês têm? Verifiquem". Quando ficaram sabendo, disseram: "Cinco pães e dois peixes".

39 Então Jesus ordenou que fizessem todo o povo assentar-se em grupos na grama verde. 40 Assim, eles se assentaram em grupos de cem e de cinqüenta. 41 Tomando os cinco pães e os dois peixes e, olhando para o céu, deu graças e partiu os pães. Em seguida, entregou-os aos seus discípulos para que os servissem ao povo. E também dividiu os dois peixes entre todos eles. 42 Todos comeram e ficaram satisfeitos, 43 e os discípulos recolheram doze cestos cheios de pedaços de pão e de peixe. 44 Os que comeram foram cinco mil homens.

Jesus Anda sobre as Águas
(Mt 14.22-36; Jo 6.16-24)

45 Logo em seguida, Jesus insistiu com os discípulos para que entrassem no barco e fossem adiante dele para Betsaida, enquanto ele despedia a multidão. 46 Tendo-a despedido, subiu a um monte para orar.

47 Ao anoitecer, o barco estava no meio do mar, e Jesus se achava sozinho em terra. 48 Ele viu os discípulos remando com dificuldade, porque o vento soprava contra eles. Alta madrugada[b], Jesus dirigiu-se a eles, andando sobre o mar; e estava já a ponto de passar por eles. 49 Quando o viram andando sobre o mar, pensaram que fosse um fantasma. Então gritaram, 50 pois todos o tinham visto e ficaram aterrorizados.

Mas Jesus imediatamente lhes disse: "Coragem! Sou eu! Não tenham medo!" 51 Então subiu no barco para junto deles, e o vento se acalmou; e eles ficaram atônitos, 52 pois não tinham entendido o milagre dos pães. O coração deles estava endurecido.

53 Depois de atravessarem o mar, chegaram a Genesaré e ali amarraram o barco. 54 Logo que desembarcaram, o povo reconheceu Jesus. 55 Eles percorriam toda aquela região e levavam os doentes em macas, para onde ouviam que ele estava. 56 E aonde quer que ele fosse, povoados, cidades ou campos, levavam os doentes para as praças. Suplicavam-lhe que pudessem pelo menos tocar na borda do seu manto; e todos os que nele tocavam eram curados.

Jesus e a Tradição Judaica
(Mt 15.1-20)

7 Os fariseus e alguns dos mestres da lei, vindos de Jerusalém, reuniram-se a Jesus e 2 viram alguns dos seus discípulos comerem com as mãos "impuras", isto é, por lavar.

Jesus Feeds the Five Thousand

30 The apostles gathered around Jesus and reported to him all they had done and taught. 31 Then, because so many people were coming and going that they did not even have a chance to eat, he said to them, "Come with me by yourselves to a quiet place and get some rest."

32 So they went away by themselves in a boat to a solitary place. 33 But many who saw them leaving recognized them and ran on foot from all the towns and got there ahead of them. 34 When Jesus landed and saw a large crowd, he had compassion on them, because they were like sheep without a shepherd. So he began teaching them many things.

35 By this time it was late in the day, so his disciples came to him. "This is a remote place," they said, "and it's already very late. 36 Send the people away so they can go to the surrounding countryside and villages and buy themselves something to eat."

37 But he answered, "You give them something to eat." They said to him, "That would take eight months of a man's wages[a]! Are we to go and spend that much on bread and give it to them to eat?"

38 "How many loaves do you have?" he asked. "Go and see." When they found out, they said, "Five—and two fish."

39 Then Jesus directed them to have all the people sit down in groups on the green grass. 40 So they sat down in groups of hundreds and fifties. 41 Taking the five loaves and the two fish and looking up to heaven, he gave thanks and broke the loaves. Then he gave them to his disciples to set before the people. He also divided the two fish among them all. 42 They all ate and were satisfied, 43 and the disciples picked up twelve basketfuls of broken pieces of bread and fish. 44 The number of the men who had eaten was five thousand.

Jesus Walks on the Water

45 Immediately Jesus made his disciples get into the boat and go on ahead of him to Bethsaida, while he dismissed the crowd. 46 After leaving them, he went up on a mountainside to pray.

47 When evening came, the boat was in the middle of the lake, and he was alone on land. 48 He saw the disciples straining at the oars, because the wind was against them. About the fourth watch of the night he went out to them, walking on the lake. He was about to pass by them, 49 but when they saw him walking on the lake, they thought he was a ghost. They cried out, 50 because they all saw him and were terrified.

Immediately he spoke to them and said, "Take courage! It is I. Don't be afraid." 51 Then he climbed into the boat with them, and the wind died down. They were completely amazed, 52 for they had not understood about the loaves; their hearts were hardened.

53 When they had crossed over, they landed at Gennesaret and anchored there. 54 As soon as they got out of the boat, people recognized Jesus. 55 They ran throughout that whole region and carried the sick on mats to wherever they heard he was. 56 And wherever he went—into villages, towns or countryside—they placed the sick in the marketplaces. They begged him to let them touch even the edge of his cloak, and all who touched him were healed.

Clean and Unclean

7 The Pharisees and some of the teachers of the law who had come from Jerusalem gathered around Jesus and 2 saw some of his disciples eating food with hands that were

---

[a]6.37 O denário era uma moeda de prata equivalente à diária de um trabalhador braçal. [b]6.48 Grego: *Por volta da quarta vigília da noite* (entre 3 e 6 horas da manhã).

[a]6:37 Greek *take two hundred denarii*

³ (Os fariseus e todos os judeus não comem sem lavar as mãos cerimonialmente, apegando-se, assim, à tradição dos líderes religiosos. ⁴ Quando chegam da rua, não comem sem antes se lavarem. E observam muitas outras tradições, tais como o lavar de copos, jarros e vasilhas de metalª.)

⁵ Então os fariseus e os mestres da lei perguntaram a Jesus: "Por que os seus discípulos não vivem de acordo com a tradição dos líderes religiosos, em vez de comerem o alimento com as mãos 'impuras'?"

⁶ Ele respondeu: "Bem profetizou Isaías acerca de vocês, hipócritas; como está escrito:

" 'Este povo me honra
    com os lábios,
mas o seu coração está longe de mim.
⁷ Em vão me adoram;
    seus ensinamentos
    não passam de regras
ensinadas por homens'ᵇ.

⁸ Vocês negligenciam os mandamentos de Deus e se apegam às tradições dos homens".

⁹ E disse-lhes: "Vocês estão sempre encontrando uma boa maneira de pôr de lado os mandamentos de Deus, a fim de obedeceremᶜ às suas tradições! ¹⁰ Pois Moisés disse: 'Honra teu pai e tua mãe'ᵈ e 'Quem amaldiçoar seu pai ou sua mãe terá que ser executado'ᵉ. ¹¹ Mas vocês afirmam que se alguém disser a seu pai ou a sua mãe: 'Qualquer ajuda que vocês poderiam receber de mim é Corbã', isto é, uma oferta dedicada a Deus, ¹² vocês o desobrigam de qualquer dever para com seu pai ou sua mãe. ¹³ Assim vocês anulam a palavra de Deus, por meio da tradição que vocês mesmos transmitiram. E fazem muitas coisas como essas".

¹⁴ Jesus chamou novamente a multidão para junto de si e disse: "Ouçam-me todos e entendam isto: ¹⁵ Não há nada fora do homem que, nele entrando, possa torná-lo 'impuro'. Ao contrário, o que sai do homem é que o torna 'impuro'. ¹⁶ Se alguém tem ouvidos para ouvir, ouça!ᶠ"

¹⁷ Depois de deixar a multidão e entrar em casa, os discípulos lhe pediram explicação da parábola. ¹⁸ "Será que vocês também não conseguem entender?", perguntou-lhes Jesus. "Não percebem que nada que entre no homem pode torná-lo 'impuro'? ¹⁹ Porque não entra em seu coração, mas em seu estômago, sendo depois eliminado." Ao dizer isso, Jesus declarou "puros" todos os alimentos.

²⁰ E continuou: "O que sai do homem é que o torna 'impuro'. ²¹ Pois do interior do coração dos homens vêm os maus pensamentos, as imoralidades sexuais, os roubos, os homicídios, os adultérios, ²² as cobiças, as maldades, o engano, a devassidão, a inveja, a calúnia, a arrogância e a insensatez. ²³ Todos esses males vêm de dentro e tornam o homem 'impuro' ".

Uma Mulher Siro-fenícia Demonstra Fé
(Mt 15.21-28)

²⁴ Jesus saiu daquele lugar e foi para os arredores de Tiro e de Sidomᵍ. Entrou numa casa e não queria que ninguém o soubesse; contudo, não conseguiu manter em segredo a sua presença. ²⁵ De fato, logo que ouviu falar dele, certa mulher, cuja filha estava com um espírito imundo, veio e lançou-se aos seus pés. ²⁶ A mulher era grega, siro-fenícia de origem, e rogava a Jesus que expulsasse de sua filha o demônio.

²⁷ Ele lhe disse: "Deixe que primeiro os filhos comam até se fartar; pois não é correto tirar o pão dos filhos e lançá-lo aos cachorrinhos".

²⁸ Ela respondeu: "Sim, Senhor, mas até os cachorrinhos, debaixo da mesa, comem das migalhas das crianças".

"unclean," that is, unwashed. ³ (The Pharisees and all the Jews do not eat unless they give their hands a ceremonial washing, holding to the tradition of the elders. ⁴ When they come from the marketplace they do not eat unless they wash. And they observe many other traditions, such as the washing of cups, pitchers and kettles.ª)

⁵ So the Pharisees and teachers of the law asked Jesus, "Why don't your disciples live according to the tradition of the elders instead of eating their food with 'unclean' hands?"

⁶ He replied, "Isaiah was right when he prophesied about you hypocrites; as it is written:

" 'These people honor me with their lips,
    but their hearts are far from me.
⁷ They worship me in vain;
    their teachings are but rules taught by men.'ᵇ

⁸ You have let go of the commands of God and are holding on to the traditions of men."

⁹ And he said to them: "You have a fine way of setting aside the commands of God in order to observeᶜ your own traditions! ¹⁰ For Moses said, 'Honor your father and your mother,'ᵈ and, 'Anyone who curses his father or mother must be put to death.'ᵉ ¹¹ But you say that if a man says to his father or mother: 'Whatever help you might otherwise have received from me is Corban' (that is, a gift devoted to God), ¹² then you no longer let him do anything for his father or mother. ¹³ Thus you nullify the word of God by your tradition that you have handed down. And you do many things like that."

¹⁴ Again Jesus called the crowd to him and said, "Listen to me, everyone, and understand this. ¹⁵ Nothing outside a man can make him 'unclean' by going into him. Rather, it is what comes out of a man that makes him 'unclean.' "ᶠ

¹⁷ After he had left the crowd and entered the house, his disciples asked him about this parable. ¹⁸ "Are you so dull?" he asked. "Don't you see that nothing that enters a man from the outside can make him 'unclean'? ¹⁹ For it doesn't go into his heart but into his stomach, and then out of his body." (In saying this, Jesus declared all foods "clean.")

²⁰ He went on: "What comes out of a man is what makes him 'unclean.' ²¹ For from within, out of men's hearts, come evil thoughts, sexual immorality, theft, murder, adultery, ²² greed, malice, deceit, lewdness, envy, slander, arrogance and folly. ²³ All these evils come from inside and make a man 'unclean.' "

The Faith of a Syrophoenician Woman

²⁴ Jesus left that place and went to the vicinity of Tyre.ᵍ He entered a house and did not want anyone to know it; yet he could not keep his presence secret. ²⁵ In fact, as soon as she heard about him, a woman whose little daughter was possessed by an evilʰ spirit came and fell at his feet. ²⁶ The woman was a Greek, born in Syrian Phoenicia. She begged Jesus to drive the demon out of her daughter.

²⁷ "First let the children eat all they want," he told her, "for it is not right to take the children's bread and toss it to their dogs."

²⁸ "Yes, Lord," she replied, "but even the dogs under the table eat the children's crumbs."

ª7.4 Alguns manuscritos antigos dizem *vasos, vasilhas de metal e almofadas da sala de jantar* (onde se reclinavam para comer). ᵇ7.6,7 Is 29.13 ᶜ7.9 Alguns manuscritos trazem *estabelecerem*. ᵈ7.10 Êx 20.12; Dt 5.16 ᵉ7.10 Êx 21.17; Lv 20.9 ᶠ7.16 Alguns manuscritos não trazem o versículo 16. ᵍ7.24 Vários manuscritos não trazem *e de Sidom*.

ª7:4 Some early manuscripts *pitchers, kettles and dining couches* ᵇ7:7 Isaiah 29:13 ᶜ7:9 Some manuscripts *set up* ᵈ7:10 Exodus 20:12; Deut. 5:16 ᵉ7:10 Exodus 21:17; Lev. 20:9 ᶠ7:15 Some early manuscripts *'unclean.'* ¹⁶ *If anyone has ears to hear, let him hear.* ᵍ7:24 Many early manuscripts *Tyre and Sidon* ʰ7:25 Greek *unclean*

29 Então ele lhe disse: "Por causa desta resposta, você pode ir; o demônio já saiu da sua filha".

30 Ela foi para casa e encontrou sua filha deitada na cama, e o demônio já a deixara.

A Cura de um Surdo e Gago

31 A seguir Jesus saiu dos arredores de Tiro e atravessou Sidom, até o mar da Galiléia e a região de Decápolis. **32** Ali algumas pessoas lhe trouxeram um homem que era surdo e mal podia falar, suplicando que lhe impusesse as mãos.

33 Depois de levá-lo à parte, longe da multidão, Jesus colocou os dedos nos ouvidos dele. Em seguida, cuspiu e tocou na língua do homem. **34** Então voltou os olhos para o céu e, com um profundo suspiro, disse-lhe: "Efatá!", que significa "abra-se!" **35** Com isso, os ouvidos do homem se abriram, sua língua ficou livre e ele começou a falar corretamente.

36 Jesus ordenou-lhes que não o contassem a ninguém. Contudo, quanto mais ele os proibia, mais eles falavam. **37** O povo ficava simplesmente maravilhado e dizia: "Ele faz tudo muito bem. Faz até o surdo ouvir e o mudo falar".

A Segunda Multiplicação dos Pães
(Mt 15.29-39)

8 Naqueles dias, outra vez reuniu-se uma grande multidão. Visto que não tinham nada para comer, Jesus chamou os seus discípulos e disse-lhes: **2** "Tenho compaixão desta multidão; já faz três dias que eles estão comigo e nada têm para comer. **3** Se eu os mandar para casa com fome, vão desfalecer no caminho, porque alguns deles vieram de longe".

4 Os seus discípulos responderam: "Onde, neste lugar deserto, poderia alguém conseguir pão suficiente para alimentá-los?"

5 "Quantos pães vocês têm?", perguntou Jesus.

"Sete", responderam eles.

6 Ele ordenou à multidão que se assentasse no chão. Depois de tomar os sete pães e dar graças, partiu-os e os entregou aos seus discípulos, para que os servissem à multidão; e eles o fizeram. **7** Tinham também alguns peixes pequenos; ele deu graças igualmente por eles e disse aos discípulos que os distribuíssem. **8** O povo comeu até se fartar. E ajuntaram sete cestos cheios de pedaços que sobraram. **9** Cerca de quatro mil homens estavam presentes. E, tendo-os despedido, **10** entrou no barco com seus discípulos e foi para a região de Dalmanuta.

Os Fariseus Pedem um Sinal
(Mt 16.1-4)

11 Os fariseus vieram e começaram a interrogar Jesus. Para pô-lo à prova, pediram-lhe um sinal do céu. **12** Ele suspirou profundamente e disse: "Por que esta geração pede um sinal miraculoso? Eu lhes afirmo que nenhum sinal lhe será dado". **13** Então se afastou deles, voltou para o barco e foi para o outro lado.

O Fermento dos Fariseus e de Herodes
(Mt 16.5-12)

14 Os discípulos haviam se esquecido de levar pão, a não ser um pão que tinham consigo no barco. **15** Advertiu-os Jesus: "Estejam atentos e tenham cuidado com o fermento dos fariseus e com o fermento de Herodes".

16 E eles discutiam entre si, dizendo: "É porque não temos pão".

17 Percebendo a discussão, Jesus lhes perguntou: "Por que vocês estão discutindo sobre não terem pão? Ainda não compreendem nem percebem? O coração de vocês está endurecido? **18** Vocês têm olhos, mas não vêem? Têm ouvidos, mas não ouvem? Não se lembram? **19** Quando eu parti os cinco pães para os cinco mil, quantos cestos cheios de pedaços vocês recolheram?"

29 Then he told her, "For such a reply, you may go; the demon has left your daughter."

30 She went home and found her child lying on the bed, and the demon gone.

The Healing of a Deaf and Mute Man

31 Then Jesus left the vicinity of Tyre and went through Sidon, down to the Sea of Galilee and into the region of Decapolis.ᵃ **32** There some people brought to him a man who was deaf and could hardly talk, and they begged him to place his hand on the man.

33 After he took him aside, away from the crowd, Jesus put his fingers into the man's ears. Then he spit and touched the man's tongue. **34** He looked up to heaven and with a deep sigh said to him, "Ephphatha!" (which means, "Be opened!"). **35** At this, the man's ears were opened, his tongue was loosened and he began to speak plainly.

36 Jesus commanded them not to tell anyone. But the more he did so, the more they kept talking about it. **37** People were overwhelmed with amazement. "He has done everything well," they said. "He even makes the deaf hear and the mute speak."

Jesus Feeds the Four Thousand

8 During those days another large crowd gathered. Since they had nothing to eat, Jesus called his disciples to him and said, **2** "I have compassion for these people; they have already been with me three days and have nothing to eat. **3** If I send them home hungry, they will collapse on the way, because some of them have come a long distance."

4 His disciples answered, "But where in this remote place can anyone get enough bread to feed them?"

5 "How many loaves do you have?" Jesus asked.

"Seven," they replied.

6 He told the crowd to sit down on the ground. When he had taken the seven loaves and given thanks, he broke them and gave them to his disciples to set before the people, and they did so. **7** They had a few small fish as well; he gave thanks for them also and told the disciples to distribute them. **8** The people ate and were satisfied. Afterward the disciples picked up seven basketfuls of broken pieces that were left over. **9** About four thousand men were present. And having sent them away, **10** he got into the boat with his disciples and went to the region of Dalmanutha.

11 The Pharisees came and began to question Jesus. To test him, they asked him for a sign from heaven. **12** He sighed deeply and said, "Why does this generation ask for a miraculous sign? I tell you the truth, no sign will be given to it." **13** Then he left them, got back into the boat and crossed to the other side.

The Yeast of the Pharisees and Herod

14 The disciples had forgotten to bring bread, except for one loaf they had with them in the boat. **15** "Be careful," Jesus warned them. "Watch out for the yeast of the Pharisees and that of Herod."

16 They discussed this with one another and said, "It is because we have no bread."

17 Aware of their discussion, Jesus asked them: "Why are you talking about having no bread? Do you still not see or understand? Are your hearts hardened? **18** Do you have eyes but fail to see, and ears but fail to hear? And don't you remember? **19** When I broke the five loaves for the five thousand, how many basketfuls of pieces did you pick up?"

ᵃ**7:31** That is, the Ten Cities

"Doze", responderam eles.

20 "E quando eu parti os sete pães para os quatro mil, quantos cestos cheios de pedaços vocês recolheram?"

"Sete", responderam eles.

21 Ele lhes disse: "Vocês ainda não entendem?"

A Cura de um Cego em Betsaida

22 Eles foram para Betsaida, e algumas pessoas trouxeram um cego a Jesus, suplicando-lhe que tocasse nele. **23** Ele tomou o cego pela mão e o levou para fora do povoado. Depois de cuspir nos olhos do homem e impor-lhe as mãos, Jesus perguntou: "Você está vendo alguma coisa?"

24 Ele levantou os olhos e disse: "Vejo pessoas; elas parecem árvores andando".

25 Mais uma vez, Jesus colocou as mãos sobre os olhos do homem. Então seus olhos foram abertos, e sua vista lhe foi restaurada, e ele via tudo claramente. **26** Jesus mandou-o para casa, dizendo: "Não entre no povoado**ª**!"

A Confissão de Pedro
(Mt 16.13-20; Lc 9.18-21)

27 Jesus e os seus discípulos dirigiram-se para os povoados nas proximidades de Cesaréia de Filipe. No caminho, ele lhes perguntou: "Quem o povo diz que eu sou?"

28 Eles responderam: "Alguns dizem que és João Batista; outros, Elias; e, ainda outros, um dos profetas".

29 "E vocês?", perguntou ele. "Quem vocês dizem que eu sou?" Pedro respondeu: "Tu és o Cristo**b**".

30 Jesus os advertiu que não falassem a ninguém a seu respeito.

Jesus Prediz sua Morte e Ressurreição
(Mt 16.21-28; Lc 9.22-27)

31 Então ele começou a ensinar-lhes que era necessário que o Filho do homem sofresse muitas coisas e fosse rejeitado pelos líderes religiosos, pelos chefes dos sacerdotes e pelos mestres da lei, fosse morto e três dias depois ressuscitasse. **32** Ele falou claramente a esse respeito. Então Pedro, chamando-o à parte, começou a repreendê-lo.

33 Jesus, porém, voltou-se, olhou para os seus discípulos e repreendeu Pedro, dizendo: "Para trás de mim, Satanás! Você não pensa nas coisas de Deus, mas nas dos homens".

34 Então ele chamou a multidão e os discípulos e disse: "Se alguém quiser acompanhar-me, negue-se a si mesmo, tome a sua cruz e siga-me. **35** Pois quem quiser salvar a sua vida**c**, a perderá; mas quem perder a sua vida por minha causa e pelo evangelho, a salvará. **36** Pois, que adianta ao homem ganhar o mundo inteiro e perder a sua alma? **37** Ou, o que o homem poderia dar em troca de sua alma? **38** Se alguém se envergonhar de mim e das minhas palavras nesta geração adúltera e pecadora, o Filho do homem se envergonhará dele quando vier na glória de seu Pai com os santos anjos".

9 E lhes disse: "Garanto-lhes que alguns dos que aqui estão de modo nenhum experimentarão a morte, antes de verem o Reino de Deus vindo com poder".

A Transfiguração
(Mt 17.1-13; Lc 9.28-36)

2 Seis dias depois, Jesus tomou consigo Pedro, Tiago e João e os levou a um alto monte, onde ficaram a sós. Ali ele foi transfigurado diante deles. **3** Suas roupas se tornaram brancas, de um branco resplandecente, como nenhum lavandeiro no mundo seria capaz de branqueá-las. **4** E apareceram diante deles Elias e Moisés, os quais conversavam com Jesus.

5 Então Pedro disse a Jesus: "Mestre**d**, é bom estarmos aqui. Façamos três tendas: uma para ti, uma para Moisés e uma

"Twelve," they replied.

20 "And when I broke the seven loaves for the four thousand, how many basketfuls of pieces did you pick up?"

They answered, "Seven."

21 He said to them, "Do you still not understand?"

The Healing of a Blind Man at Bethsaida

22 They came to Bethsaida, and some people brought a blind man and begged Jesus to touch him. **23** He took the blind man by the hand and led him outside the village. When he had spit on the man's eyes and put his hands on him, Jesus asked, "Do you see anything?"

24 He looked up and said, "I see people; they look like trees walking around."

25 Once more Jesus put his hands on the man's eyes. Then his eyes were opened, his sight was restored, and he saw everything clearly. **26** Jesus sent him home, saying, "Don't go into the village.**ª**"

Peter's Confession of Christ

27 Jesus and his disciples went on to the villages around Caesarea Philippi. On the way he asked them, "Who do people say I am?"

28 They replied, "Some say John the Baptist; others say Elijah; and still others, one of the prophets."

29 "But what about you?" he asked. "Who do you say I am?" Peter answered, "You are the Christ.**b**"

30 Jesus warned them not to tell anyone about him.

Jesus Predicts His Death

31 He then began to teach them that the Son of Man must suffer many things and be rejected by the elders, chief priests and teachers of the law, and that he must be killed and after three days rise again. **32** He spoke plainly about this, and Peter took him aside and began to rebuke him.

33 But when Jesus turned and looked at his disciples, he rebuked Peter. "Get behind me, Satan!" he said. "You do not have in mind the things of God, but the things of men."

34 Then he called the crowd to him along with his disciples and said: "If anyone would come after me, he must deny himself and take up his cross and follow me. **35** For whoever wants to save his life**c** will lose it, but whoever loses his life for me and for the gospel will save it. **36** What good is it for a man to gain the whole world, yet forfeit his soul? **37** Or what can a man give in exchange for his soul? **38** If anyone is ashamed of me and my words in this adulterous and sinful generation, the Son of Man will be ashamed of him when he comes in his Father's glory with the holy angels."

9 And he said to them, "I tell you the truth, some who are standing here will not taste death before they see the kingdom of God come with power."

The Transfiguration

2 After six days Jesus took Peter, James and John with him and led them up a high mountain, where they were all alone. There he was transfigured before them. **3** His clothes became dazzling white, whiter than anyone in the world could bleach them. **4** And there appeared before them Elijah and Moses, who were talking with Jesus.

5 Peter said to Jesus, "Rabbi, it is good for us to be here. Let us put up three shelters—one for you, one for Moses and one

---

ª8.26 Vários manuscritos acrescentam *nem conte nada a ninguém no povoado*. **b8.29** Ou *Messias*. Tanto *Cristo* (grego) como *Messias* (hebraico) significam *Ungido*; também em todo o livro de Marcos. **c8.35** Ou *alma* **d9.5** Grego: *Rabi*; também em 10.51; 11.21 e 14.45.

ª8.26 Some manuscripts *Don't go and tell anyone in the village* **b8:29** Or *Messiah*. "The Christ" (Greek) and "the Messiah" (Hebrew) both mean "the Anointed One." **c8:35** The Greek word means either *life* or *soul*; also in verse 36.

para Elias". **6** Ele não sabia o que dizer, pois estavam apavorados.

7 A seguir apareceu uma nuvem e os envolveu, e dela saiu uma voz, que disse: "Este é o meu Filho amado. Ouçam-no!"

8 Repentinamente, quando olharam ao redor, não viram mais ninguém, a não ser Jesus.

9 Enquanto desciam do monte, Jesus lhes ordenou que não contassem a ninguém o que tinham visto, até que o Filho do homem tivesse ressuscitado dos mortos. **10** Eles guardaram o assunto apenas entre si, discutindo o que significaria "ressuscitar dos mortos".

11 E lhe perguntaram: "Por que os mestres da lei dizem que é necessário que Elias venha primeiro?"

12 Jesus respondeu: "De fato, Elias vem primeiro e restaura todas as coisas. Então, por que está escrito que é necessário que o Filho do homem sofra muito e seja rejeitado com desprezo? **13** Mas eu lhes digo: Elias já veio, e fizeram com ele tudo o que quiseram, como está escrito a seu respeito".

A Cura de um Menino Endemoninhado
(Mt 17.14-23; Lc 9.37-45)

14 Quando chegaram onde estavam os outros discípulos, viram uma grande multidão ao redor deles e os mestres da lei discutindo com eles. **15** Logo que todo o povo viu Jesus, ficou muito surpreso e correu para saudá-lo.

16 Perguntou Jesus: "O que vocês estão discutindo?"

17 Um homem, no meio da multidão, respondeu: "Mestre, eu te trouxe o meu filho, que está com um espírito que o impede de falar. **18** Onde quer que o apanhe, joga-o no chão. Ele espuma pela boca, range os dentes e fica rígido. Pedi aos teus discípulos que expulsassem o espírito, mas eles não conseguiram".

19 Respondeu Jesus: "Ó geração incrédula, até quando estarei com vocês? Até quando terei que suportá-los? Tragam-me o menino".

20 Então, eles o trouxeram. Quando o espírito viu Jesus, imediatamente causou uma convulsão no menino. Este caiu no chão e começou a rolar, espumando pela boca.

21 Jesus perguntou ao pai do menino: "Há quanto tempo ele está assim?"

"Desde a infância", respondeu ele. **22** "Muitas vezes esse espírito o tem lançado no fogo e na água para matá-lo. Mas, se podes fazer alguma coisa, tem compaixão de nós e ajuda-nos."

23 "Se podes?", disse Jesus. "Tudo é possível àquele que crê".

24 Imediatamente o pai do menino exclamou: "Creio, ajuda-me a vencer a minha incredulidade!"

25 Quando Jesus viu que uma multidão estava se ajuntando, repreendeu o espírito imundo, dizendo: "Espírito mudo e surdo, eu ordeno que o deixe e nunca mais entre nele".

26 O espírito gritou, agitou-o violentamente e saiu. O menino ficou como morto, ao ponto de muitos dizerem: "Ele morreu". **27** Mas Jesus tomou-o pela mão e o levantou, e ele ficou em pé.

28 Depois de Jesus ter entrado em casa, seus discípulos lhe perguntaram em particular: "Por que não conseguimos expulsá-lo?"

29 Ele respondeu: "Essa espécie só sai pela oração e pelo jejumª".

30 Eles saíram daquele lugar e atravessaram a Galiléia. Jesus não queria que ninguém soubesse onde eles estavam, **31** porque estava ensinando os seus discípulos. E lhes dizia: "O Filho do homem está para ser entregue nas mãos dos homens. Eles o matarão, e três dias depois ele ressuscitará". **32** Mas eles não entendiam o que ele queria dizer e tinham receio de perguntar-lhe.

Quem é o Maior?
(Mt 18.1-5; Lc 9.46-48)

33 E chegaram a Cafarnaum. Quando ele estava em casa, perguntou-lhes: "O que vocês estavam discutindo no caminho?" **34** Mas eles guardaram silêncio, porque no caminho haviam discutido sobre quem era o maior.

ª**9.29** Alguns manuscritos não trazem *e pelo jejum.*

for Elijah." **6** (He did not know what to say, they were so frightened.)

7 Then a cloud appeared and enveloped them, and a voice came from the cloud: "This is my Son, whom I love. Listen to him!"

8 Suddenly, when they looked around, they no longer saw anyone with them except Jesus.

9 As they were coming down the mountain, Jesus gave them orders not to tell anyone what they had seen until the Son of Man had risen from the dead. **10** They kept the matter to themselves, discussing what "rising from the dead" meant.

11 And they asked him, "Why do the teachers of the law say that Elijah must come first?"

12 Jesus replied, "To be sure, Elijah does come first, and restores all things. Why then is it written that the Son of Man must suffer much and be rejected? **13** But I tell you, Elijah has come, and they have done to him everything they wished, just as it is written about him."

The Healing of a Boy with an Evil Spirit

14 When they came to the other disciples, they saw a large crowd around them and the teachers of the law arguing with them. **15** As soon as all the people saw Jesus, they were overwhelmed with wonder and ran to greet him.

16 "What are you arguing with them about?" he asked.

17 A man in the crowd answered, "Teacher, I brought you my son, who is possessed by a spirit that has robbed him of speech. **18** Whenever it seizes him, it throws him to the ground. He foams at the mouth, gnashes his teeth and becomes rigid. I asked your disciples to drive out the spirit, but they could not."

19 "O unbelieving generation," Jesus replied, "how long shall I stay with you? How long shall I put up with you? Bring the boy to me."

20 So they brought him. When the spirit saw Jesus, it immediately threw the boy into a convulsion. He fell to the ground and rolled around, foaming at the mouth.

21 Jesus asked the boy's father, "How long has he been like this?"

"From childhood," he answered. **22** "It has often thrown him into fire or water to kill him. But if you can do anything, take pity on us and help us."

23 "'If you can'?" said Jesus. "Everything is possible for him who believes."

24 Immediately the boy's father exclaimed, "I do believe; help me overcome my unbelief!"

25 When Jesus saw that a crowd was running to the scene, he rebuked the evilª spirit. "You deaf and mute spirit," he said, "I command you, come out of him and never enter him again."

26 The spirit shrieked, convulsed him violently and came out. The boy looked so much like a corpse that many said, "He's dead." **27** But Jesus took him by the hand and lifted him to his feet, and he stood up.

28 After Jesus had gone indoors, his disciples asked him privately, "Why couldn't we drive it out?"

29 He replied, "This kind can come out only by prayer.ᵇ"

30 They left that place and passed through Galilee. Jesus did not want anyone to know where they were, **31** because he was teaching his disciples. He said to them, "The Son of Man is going to be betrayed into the hands of men. They will kill him, and after three days he will rise." **32** But they did not understand what he meant and were afraid to ask him about it.

Who is Greatest?

33 They came to Capernaum. When he was in the house, he asked them, "What were you arguing about on the road?" **34** But they kept quiet because on the way they had argued about who was the greatest.

ª**9.25** Greek *unclean* ᵇ**9.29** Some manuscripts *prayer and fasting*

35 Assentando-se, Jesus chamou os Doze e disse: "Se alguém quiser ser o primeiro, será o último, e servo de todos".

36 E, tomando uma criança, colocou-a no meio deles. Pegando-a nos braços, disse-lhes: **37** "Quem recebe uma destas crianças em meu nome, está me recebendo; e quem me recebe, não está apenas me recebendo, mas também àquele que me enviou".

Quem Não é contra Nós é por Nós
(Lc 9.49,50)

38 "Mestre", disse João, "vimos um homem expulsando demônios em teu nome e procuramos impedi-lo, porque ele não era um dos nossos."

39 "Não o impeçam", disse Jesus. "Ninguém que faça um milagre em meu nome, pode falar mal de mim logo em seguida, **40** pois quem não é contra nós está a nosso favor. **41** Eu lhes digo a verdade: Quem lhes der um copo de água em meu nome, por vocês pertencerem a Cristo, de modo nenhum perderá a sua recompensa.

A Indução ao Pecado
(Mt 18.6-9)

42 "Se alguém fizer tropeçar um destes pequeninos que crêem em mim, seria melhor que fosse lançado no mar com uma grande pedra amarrada no pescoço. **43** Se a sua mão o fizer tropeçar, corte-a. É melhor entrar na vida mutilado do que, tendo as duas mãos, ir para o inferno, onde o fogo nunca se apaga, **44** onde o seu verme não morre, e o fogo não se apaga.ᵃ **45** E se o seu pé o fizer tropeçar, corte-o. É melhor entrar na vida aleijado do que, tendo os dois pés, ser lançado no inferno, **46** onde o seu verme não morre, e o fogo não se apaga.ᵇ **47** E se o seu olho o fizer tropeçar, arranque-o. É melhor entrar no Reino de Deus com um só olho do que, tendo os dois olhos, ser lançado no inferno, **48** onde

   " 'o seu verme não morre,
     e o fogo não se apaga'.ᶜ

49 Cada um será salgado com fogo.

50 "O sal é bom, mas se deixar de ser salgado, como restaurar o seu sabor? Tenham sal em vocês mesmos e vivam em paz uns com os outros."

A Questão do Divórcio
(Mt 19.1-12)

10 Então Jesus saiu dali e foi para a região da Judéia e para o outro lado do Jordão. Novamente uma multidão veio a ele e, segundo o seu costume, ele a ensinava.

2 Alguns fariseus aproximaram-se dele para pô-lo à prova, perguntando: "É permitido ao homem divorciar-se de sua mulher?"

3 "O que Moisés lhes ordenou?", perguntou ele.

4 Eles disseram: "Moisés permitiu ao homem lhe desse uma certidão de divórcio e a mandasse embora"ᵈ.

5 Respondeu Jesus: "Moisés escreveu essa lei por causa da dureza de coração de vocês. **6** Mas no princípio da criação Deus 'os fez homem e mulher'ᵉ. **7** 'Por esta razão, o homem deixará pai e mãe e se unirá à sua mulherᶠ, **8** e os dois se tornarão uma só carne'.ᵍ Assim, eles já não são dois, mas sim uma só carne. **9** Portanto, o que Deus uniu, ninguém o separe".

10 Quando estava em casa novamente, os discípulos interrogaram Jesus sobre o mesmo assunto. **11** Ele respondeu: "Todo aquele que se divorciar de sua mulher e se casar com outra mulher, estará cometendo adultério contra ela. **12** E se ela se divorciar de seu marido e se casar com outro homem, estará cometendo adultério".

35 Sitting down, Jesus called the Twelve and said, "If anyone wants to be first, he must be the very last, and the servant of all."

36 He took a little child and had him stand among them. Taking him in his arms, he said to them, **37** "Whoever welcomes one of these little children in my name welcomes me; and whoever welcomes me does not welcome me but the one who sent me."

Whoever Is Not Against Us Is for Us

38 "Teacher," said John, "we saw a man driving out demons in your name and we told him to stop, because he was not one of us."

39 "Do not stop him," Jesus said. "No one who does a miracle in my name can in the next moment say anything bad about me, **40** for whoever is not against us is for us. **41** I tell you the truth, anyone who gives you a cup of water in my name because you belong to Christ will certainly not lose his reward.

Causing to Sin

42 "And if anyone causes one of these little ones who believe in me to sin, it would be better for him to be thrown into the sea with a large millstone tied around his neck. **43** If your hand causes you to sin, cut it off. It is better for you to enter life maimed than with two hands to go into hell, where the fire never goes out.ᵃ **45** And if your foot causes you to sin, cut it off. It is better for you to enter life crippled than to have two feet and be thrown into hell.ᵇ **47** And if your eye causes you to sin, pluck it out. It is better for you to enter the kingdom of God with one eye than to have two eyes and be thrown into hell, **48** where

   " 'their worm does not die,
     and the fire is not quenched.'ᶜ

49 Everyone will be salted with fire.

50 "Salt is good, but if it loses its saltiness, how can you make it salty again? Have salt in yourselves, and be at peace with each other."

Divorce

10 Jesus then left that place and went into the region of Judea and across the Jordan. Again crowds of people came to him, and as was his custom, he taught them.

2 Some Pharisees came and tested him by asking, "Is it lawful for a man to divorce his wife?"

3 "What did Moses command you?" he replied.

4 They said, "Moses permitted a man to write a certificate of divorce and send her away."

5 "It was because your hearts were hard that Moses wrote you this law," Jesus replied. **6** "But at the beginning of creation God 'made them male and female.'ᵈ **7** 'For this reason a man will leave his father and mother and be united to his wife,ᵉ **8** and the two will become one flesh.'ᶠ So they are no longer two, but one. **9** Therefore what God has joined together, let man not separate."

10 When they were in the house again, the disciples asked Jesus about this. **11** He answered, "Anyone who divorces his wife and marries another woman commits adultery against her. **12** And if she divorces her husband and marries another man, she commits adultery."

ᵃ**9.44** Os manuscritos mais antigos não trazem o versículo 44. ᵇ**9.46** Os manuscritos mais antigos não trazem o versículo 46. ᶜ**9.48** Is 66.24 ᵈ**10.6** Dt 24.1-3 ᵉ**10.6** Gn 1.27 ᶠ**10.7** Alguns manuscritos antigos não trazem *e se unirá à sua mulher*. ᵍ**10.8** Gn 2.24

ᵃ**9:43** Some manuscripts *out,* **44** *where / " 'their worm does not die, / and the fire is not quenched.'* ᵇ**9:45** Some manuscripts *hell,* **46** *where / " 'their worm does not die, / and the fire is not quenched.'* ᶜ**9:48** Isaiah 66:24 ᵈ**10:6** Gen. 1:27 ᵉ**10:7** Some early manuscripts do not have *and be united to his wife.* ᶠ**10:8** Gen. 2:24

Jesus e as Crianças
(Mt 19.13-15; Lc 18.15-17)

13 Alguns traziam crianças a Jesus para que ele tocasse nelas, mas os discípulos os repreendiam. **14** Quando Jesus viu isso, ficou indignado e lhes disse: "Deixem vir a mim as crianças, não as impeçam; pois o Reino de Deus pertence aos que são semelhantes a elas. **15** Digo-lhes a verdade: Quem não receber o Reino de Deus como uma criança, nunca entrará nele". **16** Em seguida, tomou as crianças nos braços, impôs-lhes as mãos e as abençoou.

O Jovem Rico
(Mt 19.16-30; Lc 18.18-30)

17 Quando Jesus ia saindo, um homem correu em sua direção e se pôs de joelhos diante dele e lhe perguntou: "Bom mestre, que farei para herdar a vida eterna?"

18 Respondeu-lhe Jesus: "Por que você me chama bom? Ninguém é bom, a não ser um, que é Deus. **19** Você conhece os mandamentos: 'Não matarás, não adulterarás, não furtarás, não darás falso testemunho, não enganarás ninguém, honra teu pai e tua mãe'ᵃ".

20 E ele declarou: "Mestre, a tudo isso tenho obedecido desde a minha adolescência".

21 Jesus olhou para ele e o amou. "Falta-lhe uma coisa", disse ele. "Vá, venda tudo o que você possui e dê o dinheiro aos pobres, e você terá um tesouro no céu. Depois, venha e siga-me."

22 Diante disso ele ficou abatido e afastou-se triste, porque tinha muitas riquezas.

23 Jesus olhou ao redor e disse aos seus discípulos: "Como é difícil aos ricos entrar no Reino de Deus!"

24 Os discípulos ficaram admirados com essas palavras. Mas Jesus repetiu: "Filhos, como é difícilᵇ entrar no Reino de Deus! **25** É mais fácil passar um camelo pelo fundo de uma agulha do que um rico entrar no Reino de Deus".

26 Os discípulos ficaram perplexos, e perguntavam uns aos outros: "Neste caso, quem pode ser salvo?"

27 Jesus olhou para eles e respondeu: "Para o homem é impossível, mas para Deus não; todas as coisas são possíveis para Deus".

28 Então Pedro começou a dizer-lhe: "Nós deixamos tudo para seguir-te".

29 Respondeu Jesus: "Digo-lhes a verdade: Ninguém que tenha deixado casa, irmãos, irmãs, mãe, pai, filhos, ou campos, por causa de mim e do evangelho, **30** deixará de receber cem vezes mais, já no tempo presente, casas, irmãos, irmãs, mães, filhos e campos, e com eles perseguição; e, na era futura, a vida eterna. **31** Contudo, muitos primeiros serão últimos, e os últimos serão primeiros".

Jesus Prediz Novamente sua Morte e Ressurreição
(Mt 20.17-19; Lc 18.31-34)

32 Eles estavam subindo para Jerusalém, e Jesus ia à frente. Os discípulos estavam admirados, enquanto os que o seguiam estavam com medo. Novamente ele chamou à parte os Doze e lhes disse o que haveria de lhe acontecer: **33** "Estamos subindo para Jerusalém e o Filho do homem será entregue aos chefes dos sacerdotes e aos mestres da lei. Eles o condenarão à morte e o entregarão aos gentiosᶜ, **34** que zombarão dele, cuspirão nele, o açoitarão e o matarão. Três dias depois ele ressuscitará".

O Pedido de Tiago e João
(Mt 20.20-28)

35 Nisso Tiago e João, filhos de Zebedeu, aproximaram-se dele e disseram: "Mestre, queremos que nos faças o que vamos te pedir".

36 "O que vocês querem que eu lhes faça?", perguntou ele.

37 Eles responderam: "Permite que, na tua glória, nos assentemos um à tua direita e o outro à tua esquerda".

The Little Children and Jesus

13 People were bringing little children to Jesus to have him touch them, but the disciples rebuked them. **14** When Jesus saw this, he was indignant. He said to them, "Let the little children come to me, and do not hinder them, for the kingdom of God belongs to such as these. **15** I tell you the truth, anyone who will not receive the kingdom of God like a little child will never enter it." **16** And he took the children in his arms, put his hands on them and blessed them.

The Rich Young Man

17 As Jesus started on his way, a man ran up to him and fell on his knees before him. "Good teacher," he asked, "what must I do to inherit eternal life?"

18 "Why do you call me good?" Jesus answered. "No one is good—except God alone. **19** You know the commandments: 'Do not murder, do not commit adultery, do not steal, do not give false testimony, do not defraud, honor your father and mother.'ᵃ"

20 "Teacher," he declared, "all these I have kept since I was a boy."

21 Jesus looked at him and loved him. "One thing you lack," he said. "Go, sell everything you have and give to the poor, and you will have treasure in heaven. Then come, follow me."

22 At this the man's face fell. He went away sad, because he had great wealth.

23 Jesus looked around and said to his disciples, "How hard it is for the rich to enter the kingdom of God!"

24 The disciples were amazed at his words. But Jesus said again, "Children, how hard it isᵇ to enter the kingdom of God! **25** It is easier for a camel to go through the eye of a needle than for a rich man to enter the kingdom of God."

26 The disciples were even more amazed, and said to each other, "Who then can be saved?"

27 Jesus looked at them and said, "With man this is impossible, but not with God; all things are possible with God."

28 Peter said to him, "We have left everything to follow you!"

29 "I tell you the truth," Jesus replied, "no one who has left home or brothers or sisters or mother or father or children or fields for me and the gospel **30** will fail to receive a hundred times as much in this present age (homes, brothers, sisters, mothers, children and fields—and with them, persecutions) and in the age to come, eternal life. **31** But many who are first will be last, and the last first."

Jesus Again Predicts His Death

32 They were on their way up to Jerusalem, with Jesus leading the way, and the disciples were astonished, while those who followed were afraid. Again he took the Twelve aside and told them what was going to happen to him. **33** "We are going up to Jerusalem," he said, "and the Son of Man will be betrayed to the chief priests and teachers of the law. They will condemn him to death and will hand him over to the Gentiles, **34** who will mock him and spit on him, flog him and kill him. Three days later he will rise."

The Request of James and John

35 Then James and John, the sons of Zebedee, came to him. "Teacher," they said, "we want you to do for us whatever we ask."

36 "What do you want me to do for you?" he asked.

37 They replied, "Let one of us sit at your right and the other at your left in your glory."

ᵃ**10.19** Êx 20.12-16; Dt 5.16-20 ᵇ**10.24** Outros manuscritos dizem *é difícil para aqueles que confiam nas riquezas.* ᶜ**10.33** Isto é, os que não são judeus.

ᵃ**10:19** Exodus 20:12-16; Deut. 5:16-20 ᵇ**10:24** Some manuscripts *is for those who trust in riches*

38 Disse-lhes Jesus: "Vocês não sabem o que estão pedindo. Podem vocês beber o cálice que eu estou bebendo ou ser batizados com o batismo com que estou sendo batizado?"

39 "Podemos", responderam eles.

Jesus lhes disse: "Vocês beberão o cálice que estou bebendo e serão batizados com o batismo com que estou sendo batizado; 40 mas o assentar-se à minha direita ou à minha esquerda não cabe a mim conceder. Esses lugares pertencem àqueles para quem foram preparados".

41 Quando os outros dez ouviram essas coisas, ficaram indignados com Tiago e João. 42 Jesus os chamou e disse: "Vocês sabem que aqueles que são considerados governantes das nações as dominam, e as pessoas importantes exercem poder sobre elas. 43 Não será assim entre vocês. Ao contrário, quem quiser tornar-se importante entre vocês deverá ser servo; 44 e quem quiser ser o primeiro deverá ser escravo de todos. 45 Pois nem mesmo o Filho do homem veio para ser servido, mas para servir e dar a sua vida em resgate por muitos".

O Cego Bartimeu Recupera a Visão
(Mt 20.29-34; Lc 18.35-43)

46 Então chegaram a Jericó. Quando Jesus e seus discípulos, juntamente com uma grande multidão, estavam saindo da cidade, o filho de Timeu, Bartimeu, que era cego, estava sentado à beira do caminho pedindo esmolas. 47 Quando ouviu que era Jesus de Nazaré, começou a gritar: "Jesus, Filho de Davi, tem misericórdia de mim!"

48 Muitos o repreendiam para que ficasse quieto, mas ele gritava ainda mais: "Filho de Davi, tem misericórdia de mim!"

49 Jesus parou e disse: "Chamem-no".

E chamaram o cego: "Ânimo! Levante-se! Ele o está chamando". 50 Lançando sua capa para o lado, de um salto pôs-se em pé e dirigiu-se a Jesus.

51 "O que você quer que eu lhe faça?", perguntou-lhe Jesus.

O cego respondeu: "Mestre, eu quero ver!"

52 "Vá", disse Jesus, "a sua fé o curou". Imediatamente ele recuperou a visão e seguiu Jesus pelo caminho.

A Entrada Triunfal
(Mt 21.1-11; Lc 19.28-40; Jo 12.12-19)

11 Quando se aproximaram de Jerusalém e chegaram a Betfagé e Betânia, perto do monte das Oliveiras, Jesus enviou dois de seus discípulos, 2 dizendo-lhes: "Vão ao povoado que está adiante de vocês; logo que entrarem, encontrarão um jumentinho amarrado, no qual ninguém jamais montou. Desamarrem-no e tragam-no aqui. 3 Se alguém lhes perguntar: 'Por que vocês estão fazendo isso?', digam-lhe: O Senhor precisa dele e logo o devolverá".

4 Eles foram e encontraram um jumentinho na rua, amarrado a um portão. Enquanto o desamarravam, 5 alguns dos que ali estavam lhes perguntaram: "O que vocês estão fazendo, desamarrando esse jumentinho?" 6 Os discípulos responderam como Jesus lhes tinha dito, e eles os deixaram ir. 7 Trouxeram o jumentinho a Jesus, puseram sobre ele os seus mantos; e Jesus montou. 8 Muitos estenderam seus mantos pelo caminho, outros espalharam ramos que haviam cortado nos campos. 9 Os que iam adiante dele e os que o seguiam gritavam:

"Hosana!"a

"Bendito é o que vem
em nome do Senhor!"b

10 "Bendito é o Reino vindouro de nosso pai Davi!"

"Hosana nas alturas!"

11 Jesus entrou em Jerusalém e dirigiu-se ao templo. Observou tudo à sua volta e, como já era tarde, foi para Betânia com os Doze.

---

38 "You don't know what you are asking," Jesus said. "Can you drink the cup I drink or be baptized with the baptism I am baptized with?"

39 "We can," they answered. Jesus said to them, "You will drink the cup I drink and be baptized with the baptism I am baptized with, 40 but to sit at my right or left is not for me to grant. These places belong to those for whom they have been prepared."

41 When the ten heard about this, they became indignant with James and John. 42 Jesus called them together and said, "You know that those who are regarded as rulers of the Gentiles lord it over them, and their high officials exercise authority over them. 43 Not so with you. Instead, whoever wants to become great among you must be your servant, 44 and whoever wants to be first must be slave of all. 45 For even the Son of Man did not come to be served, but to serve, and to give his life as a ransom for many."

Blind Bartimaeus Receives His Sight

46 Then they came to Jericho. As Jesus and his disciples, together with a large crowd, were leaving the city, a blind man, Bartimaeus (that is, the Son of Timaeus), was sitting by the roadside begging. 47 When he heard that it was Jesus of Nazareth, he began to shout, "Jesus, Son of David, have mercy on me!"

48 Many rebuked him and told him to be quiet, but he shouted all the more, "Son of David, have mercy on me!"

49 Jesus stopped and said, "Call him." So they called to the blind man, "Cheer up! On your feet! He's calling you." 50 Throwing his cloak aside, he jumped to his feet and came to Jesus.

51 "What do you want me to do for you?" Jesus asked him.

The blind man said, "Rabbi, I want to see."

52 "Go," said Jesus, "your faith has healed you." Immediately he received his sight and followed Jesus along the road.

The Triumphal Entry

11 As they approached Jerusalem and came to Bethphage and Bethany at the Mount of Olives, Jesus sent two of his disciples, 2 saying to them, "Go to the village ahead of you, and just as you enter it, you will find a colt tied there, which no one has ever ridden. Untie it and bring it here. 3 If anyone asks, 'Why are you doing this?' tell him, 'The Lord needs it and will send it back here shortly.' "

4 They went and found a colt outside in the street, tied at a doorway. As they untied it, 5 some people standing there asked, "What are you doing, untying that colt?" 6 They answered as Jesus had told them to, and the people let them go. 7 When they brought the colt to Jesus and threw their cloaks over it, he sat on it. 8 Many people spread their cloaks on the road, while others spread branches they had cut in the fields. 9 Those who went ahead and those who followed shouted,

"Hosanna!"a

"Blessed is he who comes in the name of
the Lord!"b

10 "Blessed is the coming kingdom of our
father David!"

"Hosanna in the highest!"

11 Jesus entered Jerusalem and went to the temple. He looked around at everything, but since it was already late, he went out to Bethany with the Twelve.

---

a11.9 Expressão hebraica que significa "Salve!", e que se tornou uma exclamação de louvor; também no versículo 10. b11.9 Sl 118.25,26

a11:9 A Hebrew expression meaning "Save!" which became an exclamation of praise; also in verse 10 b11:9 Psalm 118:25,26

Jesus Purifica o Templo

(Mt 21.12-17; Lc 19.45-48)

12 No dia seguinte, quando estavam saindo de Betânia, Jesus teve fome. **13** Vendo à distância uma figueira com folhas, foi ver se encontraria nela algum fruto. Aproximando-se dela, nada encontrou, a não ser folhas, porque não era tempo de figos. **14** Então lhe disse: "Ninguém mais coma de seu fruto". E os seus discípulos ouviram-no dizer isso.

15 Chegando a Jerusalém, Jesus entrou no templo e ali começou a expulsar os que estavam comprando e vendendo. Derrubou as mesas dos cambistas e as cadeiras dos que vendiam pombas **16** e não permitia que ninguém carregasse mercadorias pelo templo. **17** E os ensinava, dizendo: "Não está escrito:

" 'A minha casa será chamada
    casa de oração
para todos os povos'**a**?

Mas vocês fizeram dela um 'covil de ladrões'**b**".

18 Os chefes dos sacerdotes e os mestres da lei ouviram essas palavras e começaram a procurar uma forma de matá-lo, pois o temiam, visto que toda a multidão estava maravilhada com o seu ensino.

19 Ao cair da tarde, eles**c** saíram da cidade.

A Figueira Seca

(Mt 21.18-22)

20 De manhã, ao passarem, viram a figueira seca desde as raízes. **21** Pedro, lembrando-se, disse a Jesus: "Mestre! Vê! A figueira que amaldiçoaste secou!"

22 Respondeu Jesus: "Tenham fé**d** em Deus. **23** Eu lhes asseguro que se alguém disser a este monte: 'Levante-se e atire-se no mar', e não duvidar em seu coração, mas crer que acontecerá o que diz, assim lhe será feito. **24** Portanto, eu lhes digo: Tudo o que vocês pedirem em oração, creiam que já o receberam, e assim lhes sucederá. **25** E quando estiverem orando, se tiverem alguma coisa contra alguém, perdoem-no, para que também o Pai celestial lhes perdoe os seus pecados. **26** Mas se vocês não perdoarem, também o seu Pai que está nos céus não perdoará os seus pecados**e**.

A Autoridade de Jesus é Questionada

(Mt 21.23-27; Lc 20.1-8)

27 Chegaram novamente a Jerusalém e, quando Jesus estava passando pelo templo, aproximaram-se dele os chefes dos sacerdotes, os mestres da lei e os líderes religiosos e lhe perguntaram: **28** "Com que autoridade estás fazendo estas coisas? Quem te deu autoridade para fazê-las?"

29 Respondeu Jesus: "Eu lhes farei uma pergunta. Respondam-me, e eu lhes direi com que autoridade estou fazendo estas coisas. **30** O batismo de João era do céu ou dos homens? Digam-me!"

31 Eles discutiam entre si, dizendo: "Se dissermos: Dos céus, ele perguntará: 'Então por que vocês não creram nele?' **32** Mas se dissermos: Dos homens..." Eles temiam o povo, pois todos realmente consideravam João um profeta.

33 Eles responderam a Jesus: "Não sabemos".

Disse então Jesus: "Tampouco lhes direi com que autoridade estou fazendo estas coisas".

A Parábola dos Lavradores

(Mt 21.33-46; Lc 20.9-19)

12 Então Jesus começou a lhes falar por parábolas: "Certo homem plantou uma vinha, colocou uma cerca ao redor dela, cavou um tanque para prensar as uvas e construiu uma torre. Depois arrendou a vinha a alguns lavradores e foi fazer uma viagem. **2** Na época da colheita, enviou

Jesus Clears the Temple

12 The next day as they were leaving Bethany, Jesus was hungry. **13** Seeing in the distance a fig tree in leaf, he went to find out if it had any fruit. When he reached it, he found nothing but leaves, because it was not the season for figs. **14** Then he said to the tree, "May no one ever eat fruit from you again." And his disciples heard him say it.

15 On reaching Jerusalem, Jesus entered the temple area and began driving out those who were buying and selling there. He overturned the tables of the money changers and the benches of those selling doves, **16** and would not allow anyone to carry merchandise through the temple courts. **17** And as he taught them, he said, "Is it not written:

" 'My house will be called
    a house of prayer for all nations'**a**?

But you have made it 'a den of robbers.'**b**"

18 The chief priests and the teachers of the law heard this and began looking for a way to kill him, for they feared him, because the whole crowd was amazed at his teaching.

19 When evening came, they**c** went out of the city.

The Withered Fig Tree

20 In the morning, as they went along, they saw the fig tree withered from the roots. **21** Peter remembered and said to Jesus, "Rabbi, look! The fig tree you cursed has withered!"

22 "Have**d** faith in God," Jesus answered. **23** "I tell you the truth, if anyone says to this mountain, 'Go, throw yourself into the sea,' and does not doubt in his heart but believes that what he says will happen, it will be done for him. **24** Therefore I tell you, whatever you ask for in prayer, believe that you have received it, and it will be yours. **25** And when you stand praying, if you hold anything against anyone, forgive him, so that your Father in heaven may forgive you your sins.**e**

The Authority of Jesus Questioned

27 They arrived again in Jerusalem, and while Jesus was walking in the temple courts, the chief priests, the teachers of the law and the elders came to him. **28** "By what authority are you doing these things?" they asked. "And who gave you authority to do this?"

29 Jesus replied, "I will ask you one question. Answer me, and I will tell you by what authority I am doing these things. **30** John's baptism—was it from heaven, or from men? Tell me!"

31 They discussed it among themselves and said, "If we say, 'From heaven,' he will ask, 'Then why didn't you believe him?' **32** But if we say, 'From men'...." (They feared the people, for everyone held that John really was a prophet.)

33 So they answered Jesus, "We don't know."

Jesus said, "Neither will I tell you by what authority I am doing these things."

The Parable of the Tenants

12 He then began to speak to them in parables: "A man planted a vineyard. He put a wall around it, dug a pit for the winepress and built a watchtower. Then he rented the vineyard to some farmers and went away on a journey. **2** At

---

a11.17 Is 56.7 **b**11.17 Jr 7.11 **c**11.19 Vários manuscritos dizem *ele saiu.* **d**11.22 Vários manuscritos dizem *Se vocês tiverem fé.* **e**11.26 Muitos manuscritos antigos não trazem o versículo 26.

a11:17 Isaiah 56:7 **b**11:17 Jer. 7:11 **c**11:19 Some early manuscripts *he* **d**11:22 Some early manuscripts *If you have* **e**11:25 Some manuscripts *sins.* **26** *But if you do not forgive, neither will your Father who is in heaven forgive your sins.*

um servo aos lavradores, para receber deles parte do fruto da vinha. **3** Mas eles o agarraram, o espancaram e o mandaram embora de mãos vazias. **4** Então enviou-lhes outro servo; e lhe bateram na cabeça e o humilharam. **5** E enviou ainda outro, o qual mataram. Enviou muitos outros; em alguns bateram, a outros mataram.

6 "Faltava-lhe ainda um para enviar: seu filho amado. Por fim o enviou, dizendo: 'A meu filho respeitarão'.

7 "Mas os lavradores disseram uns aos outros: 'Este é o herdeiro. Venham, vamos matá-lo, e a herança será nossa'. **8** Assim eles o agarraram, o mataram e o lançaram para fora da vinha.

9 "O que fará então o dono da vinha? Virá e matará aqueles lavradores e dará a vinha a outros. **10** Vocês nunca leram esta passagem das Escrituras?

" 'A pedra que os construtores rejeitaram
tornou-se a pedra angular;
11 isso vem do Senhor,
e é algo maravilhoso
para nós'ᵃ".

12 Então começaram a procurar um meio de prendê-lo, pois perceberam que era contra eles que ele havia contado aquela parábola. Mas tinham medo da multidão; por isso o deixaram e foram embora.

O Pagamento de Imposto a César
(Mt 22.15-22; Lc 20.20-26)

13 Mais tarde enviaram a Jesus alguns dos fariseus e herodianos para o apanharem em alguma coisa que ele dissesse. **14** Estes se aproximaram dele e disseram: "Mestre, sabemos que és íntegro e que não te deixas influenciar por ninguém, porque não te prendes à aparência dos homens, mas ensinas o caminho de Deus conforme a verdade. É certo pagar imposto a César ou não? **15** Devemos pagar ou não?"

Mas Jesus, percebendo a hipocrisia deles, perguntou: "Por que vocês estão me pondo à prova? Tragam-me um denárioᵇ para que eu o veja". **16** Eles lhe trouxeram a moeda, e ele lhes perguntou: "De quem é esta imagem e esta inscrição?"

"De César", responderam eles.

17 Então Jesus lhes disse: "Dêemᶜ a César o que é de César e a Deus o que é de Deus".

E ficaram admirados com ele.

A Realidade da Ressurreição
(Mt 22.23-33; Lc 20.27-40)

18 Depois os saduceus, que dizem que não há ressurreição, aproximaram-se dele com a seguinte questão: **19** "Mestre, Moisés nos deixou escrito que, se um homem morrer e deixar mulher sem filhos, seu irmão deverá casar-se com a viúva e ter filhos para seu irmão. **20** Havia sete irmãos. O primeiro casou-se e morreu sem deixar filhos. **21** O segundo casou-se com a viúva, mas também morreu sem deixar filhos. O mesmo aconteceu com o terceiro. **22** Nenhum dos sete deixou filhos. Finalmente, morreu também a mulher. **23** Na ressurreição,ᵈ de quem ela será esposa, visto que os sete foram casados com ela?"

24 Jesus respondeu: "Vocês estão enganados!, pois não conhecem as Escrituras nem o poder de Deus! **25** Quando os mortos ressuscitam, não se casam nem são dados em casamento, mas são como os anjos nos céus. **26** Quanto à ressurreição dos mortos, vocês não leram no livro de Moisés, no relato da sarça, como Deus lhe disse: 'Eu sou o Deus de Abraão, o Deus de Isaque e o Deus de Jacó'ᵉ? **27** Ele não é Deus de mortos, mas de vivos. Vocês estão muito enganados!"

harvest time he sent a servant to the tenants to collect from them some of the fruit of the vineyard. **3** But they seized him, beat him and sent him away empty-handed. **4** Then he sent another servant to them; they struck this man on the head and treated him shamefully. **5** He sent still another, and that one they killed. He sent many others; some of them they beat, others they killed.

6 "He had one left to send, a son, whom he loved. He sent him last of all, saying, 'They will respect my son.'

7 "But the tenants said to one another, 'This is the heir. Come, let's kill him, and the inheritance will be ours.' **8** So they took him and killed him, and threw him out of the vineyard.

9 "What then will the owner of the vineyard do? He will come and kill those tenants and give the vineyard to others. **10** Haven't you read this scripture:

" 'The stone the builders rejected
has become the capstoneᵃ;
11 the Lord has done this,
and it is marvelous in our eyes'ᵇ?"

12 Then they looked for a way to arrest him because they knew he had spoken the parable against them. But they were afraid of the crowd; so they left him and went away.

Paying Taxes to Caesar

13 Later they sent some of the Pharisees and Herodians to Jesus to catch him in his words. **14** They came to him and said, "Teacher, we know you are a man of integrity. You aren't swayed by men, because you pay no attention to who they are; but you teach the way of God in accordance with the truth. Is it right to pay taxes to Caesar or not? **15** Should we pay or shouldn't we?"

But Jesus knew their hypocrisy. "Why are you trying to trap me?" he asked. "Bring me a denarius and let me look at it." **16** They brought the coin, and he asked them, "Whose portrait is this? And whose inscription?"

"Caesar's," they replied.

17 Then Jesus said to them, "Give to Caesar what is Caesar's and to God what is God's."

And they were amazed at him.

Marriage at the Resurrection

18 Then the Sadducees, who say there is no resurrection, came to him with a question. **19** "Teacher," they said, "Moses wrote for us that if a man's brother dies and leaves a wife but no children, the man must marry the widow and have children for his brother. **20** Now there were seven brothers. The first one married and died without leaving any children. **21** The second one married the widow, but he also died, leaving no child. It was the same with the third. **22** In fact, none of the seven left any children. Last of all, the woman died too. **23** At the resurrectionᶜ whose wife will she be, since the seven were married to her?"

24 Jesus replied, "Are you not in error because you do not know the Scriptures or the power of God? **25** When the dead rise, they will neither marry nor be given in marriage; they will be like the angels in heaven. **26** Now about the dead rising—have you not read in the book of Moses, in the account of the bush, how God said to him, 'I am the God of Abraham, the God of Isaac, and the God of Jacob'ᵈ? **27** He is not the God of the dead, but of the living. You are badly mistaken!"

ᵃ**12.10,11** Sl 118.22,23 ᵇ**12.15** O denário era uma moeda de prata equivalente à diária de um trabalhador braçal. ᶜ**12.17** Ou *Devolvam* ᵈ**12.23** Alguns manuscritos acrescentam *quando ressuscitarem.* ᵉ**12.26** Êx 3.6

ᵃ**12:10** Or *cornerstone* ᵇ**12:11** Psalm 118:22,23 ᶜ**12:23** Some manuscripts *resurrection, when men rise from the dead,* ᵈ**12:26** Exodus 3:6

O Maior Mandamento
(Mt 22.34-40)

28 Um dos mestres da lei aproximou-se e os ouviu discutindo. Notando que Jesus lhes dera uma boa resposta, perguntou-lhe: "De todos os mandamentos, qual é o mais importante?"

29 Respondeu Jesus: "O mais importante é este: 'Ouve, ó Israel, o Senhor, o nosso Deus, o Senhor é o único Senhor. **30** Ame o Senhor, o seu Deus, de todo o seu coração, de toda a sua alma, de todo o seu entendimento e de todas as suas forças'ª. **31** O segundo é este: 'Ame o seu próximo como a si mesmo'ᵇ. Não existe mandamento maior do que estes".

32 "Muito bem, mestre", disse o homem. "Estás certo ao dizeres que Deus é único e que não existe outro além dele. **33** Amá-lo de todo o coração, de todo o entendimento e de todas as forças, e amar ao próximo como a si mesmo é mais importante do que todos os sacrifícios e ofertas".

34 Vendo que ele tinha respondido sabiamente, Jesus lhe disse: "Você não está longe do Reino de Deus". Daí por diante ninguém mais ousava lhe fazer perguntas.

O Cristo é Senhor de Davi
(Mt 22.41-46; Lc 20.41-44)

35 Ensinando no templo, Jesus perguntou: "Como os mestres da lei dizem que o Cristo é filho de Davi? **36** O próprio Davi, falando pelo Espírito Santo, disse:

" 'O Senhor disse
ao meu Senhor:
Senta-te à minha direita
até que eu ponha
os teus inimigos
debaixo de teus pés'ᶜ.

37 O próprio Davi o chama 'Senhor'. Como pode, então, ser ele seu filho?"

E a grande multidão o ouvia com prazer.

38 Ao ensinar, Jesus dizia: "Cuidado com os mestres da lei. Eles fazem questão de andar com roupas especiais, de receber saudações nas praças **39** e de ocupar os lugares mais importantes nas sinagogas e os lugares de honra nos banquetes. **40** Eles devoram as casas das viúvas, e, para disfarçar, fazem longas orações. Esses receberão condenação mais severa!"

A Oferta da Viúva
(Lc 21.1-4)

41 Jesus sentou-se em frente do lugar onde eram colocadas as contribuições, e observava a multidão colocando o dinheiro nas caixas de ofertas. Muitos ricos lançavam ali grandes quantias. **42** Então, uma viúva pobre chegou-se e colocou duas pequeninas moedas de cobre, de muito pouco valorᵈ.

43 Chamando a si os seus discípulos, Jesus declarou: "Afirmo-lhes que esta viúva pobre colocou na caixa de ofertas mais do que todos os outros. **44** Todos deram do que lhes sobrava; mas ela, da sua pobreza, deu tudo o que possuía para viver".

O Sinal do Fim dos Tempos
(Mt 24.1-35; Lc 21.5-37)

13 Quando ele estava saindo do templo, um de seus discípulos lhe disse: "Olha, Mestre! Que pedras enormes! Que construções magníficas!"

2 "Você está vendo todas estas grandes construções?", perguntou Jesus. "Aqui não ficará pedra sobre pedra; serão todas derrubadas."

3 Tendo Jesus se assentado no monte das Oliveiras, de frente para o templo, Pedro, Tiago, João e André lhe perguntaram em particular: **4** "Dize-nos, quando acontecerão essas coisas? E qual será o sinal de que tudo isso está prestes a cumprir-se?"

The Greatest Commandment

28 One of the teachers of the law came and heard them debating. Noticing that Jesus had given them a good answer, he asked him, "Of all the commandments, which is the most important?"

29 "The most important one," answered Jesus, "is this: 'Hear, O Israel, the Lord our God, the Lord is one.ª **30** Love the Lord your God with all your heart and with all your soul and with all your mind and with all your strength.'ᵇ **31** The second is this: 'Love your neighbor as yourself.'ᶜ There is no commandment greater than these."

32 "Well said, teacher," the man replied. "You are right in saying that God is one and there is no other but him. **33** To love him with all your heart, with all your understanding and with all your strength, and to love your neighbor as yourself is more important than all burnt offerings and sacrifices."

34 When Jesus saw that he had answered wisely, he said to him, "You are not far from the kingdom of God." And from then on no one dared ask him any more questions.

Whose Son Is the Christ

35 While Jesus was teaching in the temple courts, he asked, "How is it that the teachers of the law say that the Christᵈ is the son of David? **36** David himself, speaking by the Holy Spirit, declared:

" 'The Lord said to my Lord:
"Sit at my right hand
until I put your enemies
under your feet." 'ᵉ

37 David himself calls him 'Lord.' How then can he be his son?"

The large crowd listened to him with delight.

38 As he taught, Jesus said, "Watch out for the teachers of the law. They like to walk around in flowing robes and be greeted in the marketplaces, **39** and have the most important seats in the synagogues and the places of honor at banquets. **40** They devour widows' houses and for a show make lengthy prayers. Such men will be punished most severely."

The Widow's Offering

41 Jesus sat down opposite the place where the offerings were put and watched the crowd putting their money into the temple treasury. Many rich people threw in large amounts. **42** But a poor widow came and put in two very small copper coins,ᶠ worth only a fraction of a penny.ᵍ

43 Calling his disciples to him, Jesus said, "I tell you the truth, this poor widow has put more into the treasury than all the others. **44** They all gave out of their wealth; but she, out of her poverty, put in everything—all she had to live on."

Signs of the End of the Age

13 As he was leaving the temple, one of his disciples said to him, "Look, Teacher! What massive stones! What magnificent buildings!"

2 "Do you see all these great buildings?" replied Jesus. "Not one stone here will be left on another; every one will be thrown down."

3 As Jesus was sitting on the Mount of Olives opposite the temple, Peter, James, John and Andrew asked him privately, **4** "Tell us, when will these things happen? And what will be the sign that they are all about to be fulfilled?"

ª**12.30** Dt 6.4,5 ᵇ**12.31** Lv 19.18 ᶜ**12.36** Sl 110.1 ᵈ**12.42** Grego: *2 leptos*, que valiam 1 quadrante.

ª**12:29** Or *the Lord our God is one Lord* ᵇ**12:30** Deut. 6:4,5 ᶜ**12:31** Lev. 19:18 ᵈ**12:35** Or *Messiah* ᵉ**12:36** Psalm 110:1 ᶠ**12:42** Greek *two lepta* ᵍ**12:42** Greek *kodrantes*

⁵ Jesus lhes disse: "Cuidado, que ninguém os engane. ⁶ Muitos virão em meu nome, dizendo: 'Sou eu!' e enganarão a muitos. ⁷ Quando ouvirem falar de guerras e rumores de guerras, não tenham medo. É necessário que tais coisas aconteçam, mas ainda não é o fim. ⁸ Nação se levantará contra nação, e reino contra reino. Haverá terremotos em vários lugares e também fomes. Essas coisas são o início das dores.

⁹ "Fiquem atentos, pois vocês serão entregues aos tribunais e serão açoitados nas sinagogas. Por minha causa vocês serão levados à presença de governadores e reis, como testemunho a eles. ¹⁰ E é necessário que antes o evangelho seja pregado a todas as nações. ¹¹ Sempre que forem presos e levados a julgamento, não fiquem preocupados com o que vão dizer. Digam tão-somente o que lhes for dado naquela hora, pois não serão vocês que estarão falando, mas o Espírito Santo.

¹² "O irmão trairá seu próprio irmão, entregando-o à morte, e o mesmo fará o pai a seu filho. Filhos se rebelarão contra seus pais e os matarão. ¹³ Todos odiarão vocês por minha causa; mas aquele que perseverar até o fim será salvo.

¹⁴ "Quando vocês virem 'o sacrilégio terrível'^a no lugar onde não deve estar — quem lê, entenda — então, os que estiverem na Judéia fujam para os montes. ¹⁵ Quem estiver no telhado de sua casa não desça nem entre em casa para tirar dela coisa alguma. ¹⁶ Quem estiver no campo não volte para pegar seu manto. ¹⁷ Como serão terríveis aqueles dias para as grávidas e para as que estiverem amamentando! ¹⁸ Orem para que essas coisas não aconteçam no inverno. ¹⁹ Porque aqueles serão dias de tribulação como nunca houve desde que Deus criou o mundo até agora, nem jamais haverá. ²⁰ Se o Senhor não tivesse abreviado tais dias, ninguém sobreviveria^b. Mas, por causa dos eleitos por ele escolhidos, ele os abreviou. ²¹ Se, então, alguém lhes disser: 'Vejam, aqui está o Cristo!' ou: 'Vejam, ali está ele!', não acreditem. ²² Pois aparecerão falsos cristos e falsos profetas que realizarão sinais e maravilhas para, se possível, enganar os eleitos. ²³ Por isso, fiquem atentos: avisei-os de tudo antecipadamente.

²⁴ "Mas naqueles dias, após aquela tribulação,

" 'o sol escurecerá
     e a lua não dará a sua luz;
²⁵ as estrelas cairão do céu
     e os poderes celestes
     serão abalados'^c.

²⁶ "Então se verá o Filho do homem vindo nas nuvens com grande poder e glória. ²⁷ E ele enviará os seus anjos e reunirá os seus eleitos dos quatro ventos, dos confins da terra até os confins do céu.

²⁸ "Aprendam a lição da figueira: Quando seus ramos se renovam e suas folhas começam a brotar, vocês sabem que o verão está próximo. ²⁹ Assim também, quando virem estas coisas acontecendo, saibam que ele está próximo, às portas. ³⁰ Eu lhes asseguro que não passará esta geração até que todas estas coisas aconteçam. ³¹ Os céus e a terra passarão, mas as minhas palavras jamais passarão.

O Dia e a Hora São Desconhecidos
(Mt 24.36-51)

³² "Quanto ao dia e à hora ninguém sabe, nem os anjos no céu, nem o Filho, senão somente o Pai. ³³ Fiquem atentos! Vigiem!^d Vocês não sabem quando virá esse tempo. ³⁴ É como um homem que sai de viagem. Ele deixa sua casa, encarrega de tarefas cada um dos seus servos e ordena ao porteiro que vigie. ³⁵ Portanto, vigiem, porque vocês não sabem quando o dono da casa voltará: se à tarde, à meia-noite, ao cantar do galo ou ao amanhecer. ³⁶ Se ele vier de repente, que não os encontre dormindo! ³⁷ O que lhes digo, digo a todos: Vigiem!"

⁵ Jesus said to them: "Watch out that no one deceives you. ⁶ Many will come in my name, claiming, 'I am he,' and will deceive many. ⁷ When you hear of wars and rumors of wars, do not be alarmed. Such things must happen, but the end is still to come. ⁸ Nation will rise against nation, and kingdom against kingdom. There will be earthquakes in various places, and famines. These are the beginning of birth pains.

⁹ "You must be on your guard. You will be handed over to the local councils and flogged in the synagogues. On account of me you will stand before governors and kings as witnesses to them. ¹⁰ And the gospel must first be preached to all nations. ¹¹ Whenever you are arrested and brought to trial, do not worry beforehand about what to say. Just say whatever is given you at the time, for it is not you speaking, but the Holy Spirit.

¹² "Brother will betray brother to death, and a father his child. Children will rebel against their parents and have them put to death. ¹³ All men will hate you because of me, but he who stands firm to the end will be saved.

¹⁴ "When you see 'the abomination that causes desolation'^a standing where it^b does not belong—let the reader understand—then let those who are in Judea flee to the mountains. ¹⁵ Let no one on the roof of his house go down or enter the house to take anything out. ¹⁶ Let no one in the field go back to get his cloak. ¹⁷ How dreadful it will be in those days for pregnant women and nursing mothers! ¹⁸ Pray that this will not take place in winter, ¹⁹ because those will be days of distress unequaled from the beginning, when God created the world, until now—and never to be equaled again. ²⁰ If the Lord had not cut short those days, no one would survive. But for the sake of the elect, whom he has chosen, he has shortened them. ²¹ At that time if anyone says to you, 'Look, here is the Christ!' or, 'Look, there he is!' do not believe it. ²² For false Christs and false prophets will appear and perform signs and miracles to deceive the elect—if that were possible. ²³ So be on your guard; I have told you everything ahead of time.

²⁴ "But in those days, following that distress,

" 'the sun will be darkened,
     and the moon will not give its light;
²⁵ the stars will fall from the sky,
     and the heavenly bodies will be shaken.'^d

²⁶ "At that time men will see the Son of Man coming in clouds with great power and glory. ²⁷ And he will send his angels and gather his elect from the four winds, from the ends of the earth to the ends of the heavens.

²⁸ "Now learn this lesson from the fig tree: As soon as its twigs get tender and its leaves come out, you know that summer is near. ²⁹ Even so, when you see these things happening, you know that it is near, right at the door. ³⁰ I tell you the truth, this generation^e will certainly not pass away until all these things have happened. ³¹ Heaven and earth will pass away, but my words will never pass away.

The Day and Hour Unknown

³² "No one knows about that day or hour, not even the angels in heaven, nor the Son, but only the Father. ³³ Be on guard! Be alert^f! You do not know when that time will come. ³⁴ It's like a man going away: He leaves his house and puts his servants in charge, each with his assigned task, and tells the one at the door to keep watch.

³⁵ "Therefore keep watch because you do not know when the owner of the house will come back—whether in the evening, or at midnight, or when the rooster crows, or at dawn. ³⁶ If he comes suddenly, do not let him find you sleeping. ³⁷ What I say to you, I say to everyone: 'Watch!' "

---

^a13.14 Dn 9.27; 11.31; 12.11 ^b13.20 Ou *seria salvo* ^c13.24,25 Is 13.10; 34.4 ^d13.33 Alguns manuscritos acrescentam *e orem!*

^a13:14 Daniel 9:27; 11:31; 12:11 ^b13:14 Or *he*; also in verse 29 ^c13:21 Or *Messiah* ^d13:25 Isaiah 13:10; 34:4 ^e13:30 Or *race* ^f13:33 Some manuscripts *alert and pray*

Jesus é Ungido em Betânia
(Mt 26.6-13; Jo 12.1-8)

14 Faltavam apenas dois dias para a Páscoa e para a festa dos pães sem fermento. Os chefes dos sacerdotes e os mestres da lei estavam procurando um meio de flagrar Jesus em algum erro[a] e matá-lo. **2** Mas diziam: "Não durante a festa, para que não haja tumulto entre o povo".

3 Estando Jesus em Betânia, reclinado à mesa na casa de um homem conhecido como Simão, o leproso, aproximou-se dele certa mulher com um frasco de alabastro contendo um perfume muito caro, feito de nardo puro. Ela quebrou o frasco e derramou o perfume sobre a cabeça de Jesus.

4 Alguns dos presentes começaram a dizer uns aos outros, indignados: "Por que este desperdício de perfume? **5** Ele poderia ser vendido por trezentos denários[b], e o dinheiro ser dado aos pobres". E a repreendiam severamente.

6 "Deixem-na em paz", disse Jesus. "Por que a estão perturbando? Ela praticou uma boa ação para comigo. **7** Pois os pobres vocês sempre terão com vocês, e poderão ajudá-los sempre que o desejarem. Mas a mim vocês nem sempre terão. **8** Ela fez o que pôde. Derramou o perfume em meu corpo antecipadamente, preparando-o para o sepultamento. **9** Eu lhes asseguro que onde quer que o evangelho for anunciado, em todo o mundo, também o que ela fez será contado em sua memória."

10 Então Judas Iscariotes, um dos Doze, dirigiu-se aos chefes dos sacerdotes a fim de lhes entregar Jesus. **11** A proposta muito os alegrou, e lhe prometeram dinheiro. Assim, ele procurava uma oportunidade para entregá-lo.

A Ceia do Senhor
(Mt 26.17-30; Lc 22.7-23; Jo 13.18-30)

12 No primeiro dia da festa dos pães sem fermento, quando se costumava sacrificar o cordeiro pascal, os discípulos de Jesus lhe perguntaram: "Aonde queres que vamos e te preparemos a refeição da Páscoa?"

13 Então ele enviou dois de seus discípulos, dizendo-lhes: "Entrem na cidade, e um homem carregando um pote de água virá ao encontro de vocês. Sigam-no **14** e digam ao dono da casa em que ele entrar: O Mestre pergunta: Onde é o meu salão de hóspedes, no qual poderei comer a Páscoa com meus discípulos? **15** Ele lhes mostrará uma ampla sala no andar superior, mobiliada e pronta. Façam ali os preparativos para nós".

16 Os discípulos se retiraram, entraram na cidade e encontraram tudo como Jesus lhes tinha dito. E prepararam a Páscoa.

17 Ao anoitecer, Jesus chegou com os Doze. **18** Quando estavam comendo, reclinados à mesa, Jesus disse: "Digo-lhes que certamente um de vocês me trairá, alguém que está comendo comigo".

19 Eles ficaram tristes e, um por um, lhe disseram: "Com certeza não sou eu!"

20 Afirmou Jesus: "É um dos Doze, alguém que come comigo do mesmo prato. **21** O Filho do homem vai, como está escrito a seu respeito. Mas ai daquele que trai o Filho do homem! Melhor lhe seria não haver nascido".

22 Enquanto comiam, Jesus tomou o pão, deu graças, partiu-o, e o deu aos discípulos, dizendo: "Tomem; isto é o meu corpo".

23 Em seguida tomou o cálice, deu graças, ofereceu-o aos discípulos, e todos beberam.

24 E lhes disse: "Isto é o meu sangue da aliança[c], que é derramado em favor de muitos. **25** Eu lhes afirmo que não beberei outra vez do fruto da videira, até aquele dia em que beberei o vinho novo no Reino de Deus".

26 Depois de terem cantado um hino, saíram para o monte das Oliveiras.

Jesus Anointed at Bethany

14 Now the Passover and the Feast of Unleavened Bread were only two days away, and the chief priests and the teachers of the law were looking for some sly way to arrest Jesus and kill him. **2** "But not during the Feast," they said, "or the people may riot."

3 While he was in Bethany, reclining at the table in the home of a man known as Simon the Leper, a woman came with an alabaster jar of very expensive perfume, made of pure nard. She broke the jar and poured the perfume on his head.

4 Some of those present were saying indignantly to one another, "Why this waste of perfume? **5** It could have been sold for more than a year's wages[a] and the money given to the poor." And they rebuked her harshly.

6 "Leave her alone," said Jesus. "Why are you bothering her? She has done a beautiful thing to me. **7** The poor you will always have with you, and you can help them any time you want. But you will not always have me. **8** She did what she could. She poured perfume on my body beforehand to prepare for my burial. **9** I tell you the truth, wherever the gospel is preached throughout the world, what she has done will also be told, in memory of her."

10 Then Judas Iscariot, one of the Twelve, went to the chief priests to betray Jesus to them. **11** They were delighted to hear this and promised to give him money. So he watched for an opportunity to hand him over.

The Lord's Supper

12 On the first day of the Feast of Unleavened Bread, when it was customary to sacrifice the Passover lamb, Jesus' disciples asked him, "Where do you want us to go and make preparations for you to eat the Passover?"

13 So he sent two of his disciples, telling them, "Go into the city, and a man carrying a jar of water will meet you. Follow him. **14** Say to the owner of the house he enters, 'The Teacher asks: Where is my guest room, where I may eat the Passover with my disciples?' **15** He will show you a large upper room, furnished and ready. Make preparations for us there."

16 The disciples left, went into the city and found things just as Jesus had told them. So they prepared the Passover.

17 When evening came, Jesus arrived with the Twelve. **18** While they were reclining at the table eating, he said, "I tell you the truth, one of you will betray me—one who is eating with me."

19 They were saddened, and one by one they said to him, "Surely not I?"

20 "It is one of the Twelve," he replied, "one who dips bread into the bowl with me. **21** The Son of Man will go just as it is written about him. But woe to that man who betrays the Son of Man! It would be better for him if he had not been born."

22 While they were eating, Jesus took bread, gave thanks and broke it, and gave it to his disciples, saying, "Take it; this is my body."

23 Then he took the cup, gave thanks and offered it to them, and they all drank from it.

24 "This is my blood of the[b] covenant, which is poured out for many," he said to them. **25** "I tell you the truth, I will not drink again of the fruit of the vine until that day when I drink it anew in the kingdom of God."

26 When they had sung a hymn, they went out to the Mount of Olives.

---

[a]14.1 Ou *prender Jesus por meio de engano* [b]14.5 O denário era uma moeda de prata equivalente à diária de um trabalhador braçal. [c]14.24 Alguns manuscritos trazem *da nova aliança*.

[a]14:5 Greek *than three hundred denarii* [b]14:24 Some manuscripts *the new*

Jesus Prediz que Pedro o Negará
(Mt 26.31-35; Lc 22.31-34; Jo 13.36-38)

27 Disse-lhes Jesus: "Vocês todos me abandonarão. Pois está escrito:

" 'Ferirei o pastor,
     e as ovelhas serão dispersas'ª.

28 Mas, depois de ressuscitar, irei adiante de vocês para a Galiléia".

29 Pedro declarou: "Ainda que todos te abandonem, eu não te abandonarei!"

30 Respondeu Jesus: "Asseguro-lhe que ainda hoje, esta noite, antes que duas vezesᵇ cante o galo, três vezes você me negará".

31 Mas Pedro insistia ainda mais: "Mesmo que seja preciso que eu morra contigo, nunca te negarei". E todos os outros disseram o mesmo.

Jesus no Getsêmani
(Mt 26.36-46; Lc 22.39-46)

32 Então foram para um lugar chamado Getsêmani, e Jesus disse aos seus discípulos: "Sentem-se aqui enquanto vou orar". **33** Levou consigo Pedro, Tiago e João, e começou a ficar aflito e angustiado. **34** E lhes disse: "A minha alma está profundamente triste, numa tristeza mortal. Fiquem aqui e vigiem".

35 Indo um pouco mais adiante, prostrou-se e orava para que, se possível, fosse afastada dele aquela hora. **36** E dizia: "*Abaᶜ*, Pai, tudo te é possível. Afasta de mim este cálice; contudo, não seja o que eu quero, mas sim o que tu queres".

37 Então, voltou aos seus discípulos e os encontrou dormindo. "Simão", disse ele a Pedro, "você está dormindo? Não pôde vigiar nem por uma hora? **38** Vigiem e orem para que não caiam em tentação. O espírito está pronto, mas a carne é fraca".

39 Mais uma vez ele se afastou e orou, repetindo as mesmas palavras. **40** Quando voltou, de novo os encontrou dormindo, porque seus olhos estavam pesados. Eles não sabiam o que lhe dizer.

41 Voltando pela terceira vez, ele lhes disse: "Vocês ainda dormem e descansam? Basta! Chegou a hora! Eis que o Filho do homem está sendo entregue nas mãos dos pecadores. **42** Levantem-se e vamos! Aí vem aquele que me trai!"

Jesus é Preso
(Mt 26.47-56; Lc 22.47-53; Jo 18.1-11)

43 Enquanto ele ainda falava, apareceu Judas, um dos Doze. Com ele estava uma multidão armada de espadas e varas, enviada pelos chefes dos sacerdotes, mestres da lei e líderes religiosos.

44 O traidor havia combinado um sinal com eles: "Aquele a quem eu saudar com um beijo, é ele: prendam-no e levem-no em segurança". **45** Dirigindo-se imediatamente a Jesus, Judas disse: "Mestre!", e o beijou. **46** Os homens agarraram Jesus e o prenderam. **47** Então, um dos que estavam por perto puxou a espada e feriu o servo do sumo sacerdote, decepando-lhe a orelha.

48 Disse Jesus: "Estou eu chefiando alguma rebelião, para que vocês venham me prender com espadas e varas? **49** Todos os dias eu estive com vocês, ensinando no templo, e vocês não me prenderam. Mas as Escrituras precisam ser cumpridas". **50** Então todos o abandonaram e fugiram.

51 Um jovem, vestindo apenas um lençol de linho, estava seguindo Jesus. Quando tentaram prendê-lo, **52** ele fugiu nu, deixando o lençol para trás.

Jesus diante do Sinédrio

53 Levaram Jesus ao sumo sacerdote; e então se reuniram todos os chefes dos sacerdotes, os líderes religiosos e os mestres da lei. **54** Pedro o seguiu de longe até o pátio do sumo sacerdote. Sentando-se ali com os guardas, esquentava-se junto ao fogo.

55 Os chefes dos sacerdotes e todo o Sinédrioᵈ estavam pro-

Jesus Predicts Peter's Denial

27 "You will all fall away," Jesus told them, "for it is written:

" 'I will strike the shepherd,
     and the sheep will be scattered.'ª

28 But after I have risen, I will go ahead of you into Galilee." **29** Peter declared, "Even if all fall away, I will not."

30 "I tell you the truth," Jesus answered, "today—yes, tonight—before the rooster crows twiceᶜ you yourself will disown me three times."

31 But Peter insisted emphatically, "Even if I have to die with you, I will never disown you." And all the others said the same.

Gethsemane

32 They went to a place called Gethsemane, and Jesus said to his disciples, "Sit here while I pray." **33** He took Peter, James and John along with him, and he began to be deeply distressed and troubled. **34** "My soul is overwhelmed with sorrow to the point of death," he said to them. "Stay here and keep watch."

35 Going a little farther, he fell to the ground and prayed that if possible the hour might pass from him. **36** "Abba,ª Father," he said, "everything is possible for you. Take this cup from me. Yet not what I will, but what you will."

37 Then he returned to his disciples and found them sleeping. "Simon," he said to Peter, "are you asleep? Could you not keep watch for one hour? **38** Watch and pray so that you will not fall into temptation. The spirit is willing, but the body is weak."

39 Once more he went away and prayed the same thing. **40** When he came back, he again found them sleeping, because their eyes were heavy. They did not know what to say to him.

41 Returning the third time, he said to them, "Are you still sleeping and resting? Enough! The hour has come. Look, the Son of Man is betrayed into the hands of sinners. **42** Rise! Let us go! Here comes my betrayer!"

Jesus Arrested

43 Just as he was speaking, Judas, one of the Twelve, appeared. With him was a crowd armed with swords and clubs, sent from the chief priests, the teachers of the law, and the elders.

44 Now the betrayer had arranged a signal with them: "The one I kiss is the man; arrest him and lead him away under guard." **45** Going at once to Jesus, Judas said, "Rabbi!" and kissed him. **46** The men seized Jesus and arrested him. **47** Then one of those standing near drew his sword and struck the servant of the high priest, cutting off his ear.

48 "Am I leading a rebellion," said Jesus, "that you have come out with swords and clubs to capture me? **49** Every day I was with you, teaching in the temple courts, and you did not arrest me. But the Scriptures must be fulfilled." **50** Then everyone deserted him and fled.

51 A young man, wearing nothing but a linen garment, was following Jesus. When they seized him, **52** he fled naked, leaving his garment behind.

Before the Sanhedrin

53 They took Jesus to the high priest, and all the chief priests, elders and teachers of the law came together. **54** Peter followed him at a distance, right into the courtyard of the high priest. There he sat with the guards and warmed himself at the fire.

55 The chief priests and the whole Sanhedrin were looking

ª14.27 Zc 13.7 ᵇ14.30 Alguns manuscritos não trazem *duas vezes*. ᶜ14.36 Termo aramaico para *Pai*. ᵈ14.55 Conselho dos principais líderes do povo judeu.

ª14:27 Zech. 13:7 ᵇ14:30 Some early manuscripts do not have *twice*. ᶜ14:36 Aramaic for *Father*

curando depoimentos contra Jesus, para que pudessem condená-lo à morte, mas não encontravam nenhum. **56** Muitos testemunharam falsamente contra ele, mas as declarações deles não eram coerentes.

57 Então se levantaram alguns e declararam falsamente contra ele: **58** "Nós o ouvimos dizer: 'Destruirei este templo feito por mãos humanas e em três dias construirei outro, não feito por mãos de homens' ". **59** Mas, nem mesmo assim, o depoimento deles era coerente.

60 Depois o sumo sacerdote levantou-se diante deles e perguntou a Jesus: "Você não vai responder à acusação que estes lhe fazem?" **61** Mas Jesus permaneceu em silêncio e nada respondeu.

Outra vez o sumo sacerdote lhe perguntou: "Você é o Cristo, o Filho do Deus Bendito?"

62 "Sou", disse Jesus. "E vereis o Filho do homem assentado à direita do Poderoso vindo com as nuvens do céu."

63 O sumo sacerdote, rasgando as próprias vestes, perguntou: "Por que precisamos de mais testemunhas? **64** Vocês ouviram a blasfêmia. Que acham?"

Todos o julgaram digno de morte. **65** Então alguns começaram a cuspir nele; vendaram-lhe os olhos e, dando-lhe murros, diziam: "Profetize!" E os guardas o levaram, dando-lhe tapas.

Pedro Nega Jesus
(Mt 26.69-75; Lc 22.54-62; Jo 18.15-18,25-27)

66 Estando Pedro embaixo, no pátio, uma das criadas do sumo sacerdote passou por ali. **67** Vendo Pedro a aquecer-se, olhou bem para ele e disse:

"Você também estava com Jesus, o Nazareno".

68 Contudo ele o negou, dizendo: "Não o conheço, nem sei do que você está falando". E saiu para o alpendre[a].

69 Quando a criada o viu lá, disse novamente aos que estavam por perto: "Esse aí é um deles". **70** De novo ele negou.

Pouco tempo depois, os que estavam sentados ali perto disseram a Pedro: "Certamente você é um deles. Você é galileu!"

71 Ele começou a se amaldiçoar e a jurar: "Não conheço o homem de quem vocês estão falando!"

72 E logo o galo cantou pela segunda vez[b]. Então Pedro se lembrou da palavra que Jesus lhe tinha dito: "Antes que duas vezes[c] cante o galo, você me negará três vezes". E se pôs a chorar.

Jesus diante de Pilatos

15 De manhã bem cedo, os chefes dos sacerdotes com os líderes religiosos, os mestres da lei e todo o Sinédrio[d] chegaram a uma decisão. Amarrando Jesus, levaram-no e o entregaram a Pilatos.

2 "Você é o rei dos judeus?", perguntou Pilatos.

"Tu o dizes"[e], respondeu Jesus.

3 Os chefes dos sacerdotes o acusavam de muitas coisas. **4** Então Pilatos lhe perguntou novamente: "Você não vai responder? Veja de quantas coisas o estão acusando".

5 Mas Jesus não respondeu nada, e Pilatos ficou impressionado.

6 Por ocasião da festa, era costume soltar um prisioneiro que o povo pedisse. **7** Um homem chamado Barrabás estava na prisão com os rebeldes que haviam cometido assassinato durante uma rebelião. **8** A multidão chegou e pediu a Pilatos que lhe fizesse o que costumava fazer.

9 "Vocês querem que eu lhes solte o rei dos judeus?", perguntou Pilatos, **10** sabendo que fora por inveja que os chefes dos sacerdotes lhe haviam entregado Jesus. **11** Mas os chefes dos sacerdotes incitaram a multidão a pedir que Pilatos, ao contrário, soltasse Barrabás.

for evidence against Jesus so that they could put him to death, but they did not find any. **56** Many testified falsely against him, but their statements did not agree.

57 Then some stood up and gave this false testimony against him: **58** "We heard him say, 'I will destroy this man-made temple and in three days will build another, not made by man.' " **59** Yet even then their testimony did not agree.

60 Then the high priest stood up before them and asked Jesus, "Are you not going to answer? What is this testimony that these men are bringing against you?" **61** But Jesus remained silent and gave no answer.

Again the high priest asked him, "Are you the Christ,[a] the Son of the Blessed One?"

62 "I am," said Jesus. "And you will see the Son of Man sitting at the right hand of the Mighty One and coming on the clouds of heaven."

63 The high priest tore his clothes. "Why do we need any more witnesses?" he asked. **64** "You have heard the blasphemy. What do you think?"

They all condemned him as worthy of death. **65** Then some began to spit at him; they blindfolded him, struck him with their fists, and said, "Prophesy!" And the guards took him and beat him.

Peter Disowns Jesus

66 While Peter was below in the courtyard, one of the servant girls of the high priest came by. **67** When she saw Peter warming himself, she looked closely at him.

"You also were with that Nazarene, Jesus," she said.

68 But he denied it. "I don't know or understand what you're talking about," he said, and went out into the entryway.[b]

69 When the servant girl saw him there, she said again to those standing around, "This fellow is one of them." **70** Again he denied it.

After a little while, those standing near said to Peter, "Surely you are one of them, for you are a Galilean."

71 He began to call down curses on himself, and he swore to them, "I don't know this man you're talking about."

72 Immediately the rooster crowed the second time.[c] Then Peter remembered the word Jesus had spoken to him: "Before the rooster crows twice[d] you will disown me three times." And he broke down and wept.

Jesus Before Pilate

15 Very early in the morning, the chief priests, with the elders, the teachers of the law and the whole Sanhedrin, reached a decision. They bound Jesus, led him away and handed him over to Pilate.

2 "Are you the king of the Jews?" asked Pilate.

"Yes, it is as you say," Jesus replied.

3 The chief priests accused him of many things. **4** So again Pilate asked him, "Aren't you going to answer? See how many things they are accusing you of."

5 But Jesus still made no reply, and Pilate was amazed.

6 Now it was the custom at the Feast to release a prisoner whom the people requested. **7** A man called Barabbas was in prison with the insurrectionists who had committed murder in the uprising. **8** The crowd came up and asked Pilate to do for them what he usually did.

9 "Do you want me to release to you the king of the Jews?" asked Pilate, **10** knowing it was out of envy that the chief priests had handed Jesus over to him. **11** But the chief priests stirred up the crowd to have Pilate release Barabbas instead.

---

[a]**14.68** Muitos manuscritos acrescentam *e o galo cantou.* [b]**14.72** Alguns manuscritos não trazem *pela segunda vez.* [c]**14.72** Alguns manuscritos não trazem *duas vezes.* [d]**15.1** Conselho dos principais líderes do povo judeu; também no versículo 43. [e]**15.2** Ou *"Sim, é como dizes"*

[a]**14:61** Or *Messiah* [b]**14:68** Some early manuscripts *entryway and the rooster crowed* [c]**14:72** Some early manuscripts do not have *the second time.* [d]**14:72** Some early manuscripts do not have *twice.*

¹² "Então, que farei com aquele a quem vocês chamam rei dos judeus?", perguntou-lhes Pilatos.

¹³ "Crucifica-o!", gritaram eles.

¹⁴ "Por quê? Que crime ele cometeu?", perguntou Pilatos.
Mas eles gritavam ainda mais: "Crucifica-o!"

¹⁵ Desejando agradar a multidão, Pilatos soltou-lhes Barrabás, mandou açoitar Jesus e o entregou para ser crucificado.

Os Soldados Zombam de Jesus
(Mt 27.27-31)

¹⁶ Os soldados levaram Jesus para dentro do palácio, isto é, ao Pretório[a], e reuniram toda a tropa. ¹⁷ Vestiram-no com um manto de púrpura, depois fizeram uma coroa de espinhos e a colocaram nele. ¹⁸ E começaram a saudá-lo: "Salve, rei dos judeus!" ¹⁹ Batiam-lhe na cabeça com uma vara e cuspiam nele. Ajoelhavam-se e lhe prestavam adoração. ²⁰ Depois de terem zombado dele, tiraram-lhe o manto de púrpura e vestiram-lhe suas próprias roupas. Então o levaram para fora, a fim de crucificá-lo.

A Crucificação
(Mt 27.32-44; Lc 23.26-43; Jo 19.16-27)

²¹ Certo homem de Cirene, chamado Simão, pai de Alexandre e de Rufo, passava por ali, chegando do campo. Eles o forçaram a carregar a cruz. ²² Levaram Jesus ao lugar chamado Gólgota, que quer dizer lugar da Caveira. ²³ Então lhe deram vinho misturado com mirra, mas ele não o bebeu. ²⁴ E o crucificaram. Dividindo as roupas dele, tiraram sortes para saber com o que cada um iria ficar.

²⁵ Eram nove horas da manhã[b] quando o crucificaram. ²⁶ E assim estava escrito na acusação contra ele: O REI DOS JUDEUS. ²⁷ Com ele crucificaram dois ladrões, um à sua direita e outro à sua esquerda, ²⁸ e cumpriu-se a Escritura que diz: "Ele foi contado entre os transgressores"[c]. ²⁹ Os que passavam lançavam-lhe insultos, balançando a cabeça e dizendo: "Ora, você que destrói o templo e o reedifica em três dias, ³⁰ desça da cruz e salve-se a si mesmo!"

³¹ Da mesma forma, os chefes dos sacerdotes e os mestres da lei zombavam dele entre si, dizendo: "Salvou os outros, mas não é capaz de salvar a si mesmo! ³² O Cristo, o Rei de Israel... Desça da cruz, para que o vejamos e creiamos!" Os que foram crucificados com ele também o insultavam.

A Morte de Jesus
(Mt 27.45-56; Lc 23.44-49; Jo 19.28-30)

³³ E houve trevas sobre toda a terra, do meio-dia às três horas da tarde[d]. ³⁴ Por volta das três horas da tarde, Jesus bradou em alta voz: "Eloí, Eloí, lamá sabactâni?", que significa "Meu Deus! Meu Deus! Por que me abandonaste?"[e]

³⁵ Quando alguns dos que estavam presentes ouviram isso, disseram: "Ouçam! Ele está chamando Elias".

³⁶ Um deles correu, embebeu uma esponja em vinagre, colocou-a na ponta de uma vara e deu-a a Jesus para beber. E disse: "Deixem-no. Vejamos se Elias vem tirá-lo daí".

³⁷ Mas Jesus, com um alto brado, expirou.

³⁸ E o véu do santuário rasgou-se em duas partes, de alto a baixo. ³⁹ Quando o centurião que estava em frente de Jesus ouviu o seu brado e[f] viu como ele morreu, disse: "Realmente este homem era o Filho de Deus!"

⁴⁰ Algumas mulheres estavam observando de longe. Entre elas estavam Maria Madalena, Salomé e Maria, mãe de Tiago, o mais jovem, e de José. ⁴¹ Na Galiléia elas tinham seguido e servido a Jesus. Muitas outras mulheres que tinham subido com ele para Jerusalém também estavam ali.

¹² "What shall I do, then, with the one you call the king of the Jews?" Pilate asked them.

¹³ "Crucify him!" they shouted.

¹⁴ "Why? What crime has he committed?" asked Pilate.
But they shouted all the louder, "Crucify him!"

¹⁵ Wanting to satisfy the crowd, Pilate released Barabbas to them. He had Jesus flogged, and handed him over to be crucified.

The Soldiers Mock Jesus

¹⁶ The soldiers led Jesus away into the palace (that is, the Praetorium) and called together the whole company of soldiers. ¹⁷ They put a purple robe on him, then twisted together a crown of thorns and set it on him. ¹⁸ And they began to call out to him, "Hail, king of the Jews!" ¹⁹ Again and again they struck him on the head with a staff and spit on him. Falling on their knees, they paid homage to him. ²⁰ And when they had mocked him, they took off the purple robe and put his own clothes on him. Then they led him out to crucify him.

The Crucifixion

²¹ A certain man from Cyrene, Simon, the father of Alexander and Rufus, was passing by on his way in from the country, and they forced him to carry the cross. ²² They brought Jesus to the place called Golgotha (which means The Place of the Skull). ²³ Then they offered him wine mixed with myrrh, but he did not take it. ²⁴ And they crucified him. Dividing up his clothes, they cast lots to see what each would get.

²⁵ It was the third hour when they crucified him. ²⁶ The written notice of the charge against him read: THE KING OF THE JEWS. ²⁷ They crucified two robbers with him, one on his right and one on his left.[a] ²⁹ Those who passed by hurled insults at him, shaking their heads and saying, "So! You who are going to destroy the temple and build it in three days, ³⁰ come down from the cross and save yourself!"

³¹ In the same way the chief priests and the teachers of the law mocked him among themselves. "He saved others," they said, "but he can't save himself! ³² Let this Christ,[b] this King of Israel, come down now from the cross, that we may see and believe." Those crucified with him also heaped insults on him.

The Death of Jesus

³³ At the sixth hour darkness came over the whole land until the ninth hour. ³⁴ And at the ninth hour Jesus cried out in a loud voice, "Eloi, Eloi, lama sabachthani?"—which means, "My God, my God, why have you forsaken me?"[c]

³⁵ When some of those standing near heard this, they said, "Listen, he's calling Elijah."

³⁶ One man ran, filled a sponge with wine vinegar, put it on a stick, and offered it to Jesus to drink. "Now leave him alone. Let's see if Elijah comes to take him down," he said.

³⁷ With a loud cry, Jesus breathed his last.

³⁸ The curtain of the temple was torn in two from top to bottom. ³⁹ And when the centurion, who stood there in front of Jesus, heard his cry and[d] saw how he died, he said, "Surely this man was the Son[e] of God!"

⁴⁰ Some women were watching from a distance. Among them were Mary Magdalene, Mary the mother of James the younger and of Joses, and Salome. ⁴¹ In Galilee these women had followed him and cared for his needs. Many other women who had come up with him to Jerusalem were also there.

[a]15.16 Residência oficial do governador romano. [b]15.25 Grego: Era a hora terceira. [c]15.28 Is 53.12 [d]15.33 Grego: da hora sexta até a hora nona. [e]15.34 Sl 22.1 [f]15.39 Alguns manuscritos não trazem ouviu o seu brado e.

[a]15:27 Some manuscripts left, 28 and the scripture was fulfilled which says, "He was counted with the lawless ones" (Isaiah 53:12) [b]15:32 Or Messiah [c]15:34 Psalm 22:1 [d]15:39 Some manuscripts do not have heard his cry and. [e]15:39 Or a son

O Sepultamento de Jesus
(Mt 27.57-61; Lc 23.50-56; Jo 19.38-42)

42 Era o Dia da Preparação, isto é, a véspera do sábado, **43** José de Arimatéia, membro de destaque do Sinédrio, que também esperava o Reino de Deus, dirigiu-se corajosamente a Pilatos e pediu o corpo de Jesus. **44** Pilatos ficou surpreso ao ouvir que ele já tinha morrido. Chamando o centurião, perguntou-lhe se Jesus já tinha morrido. **45** Sendo informado pelo centurião, entregou o corpo a José. **46** Então José comprou um lençol de linho, baixou o corpo da cruz, envolveu-o no lençol e o colocou num sepulcro cavado na rocha. Depois, fez rolar uma pedra sobre a entrada do sepulcro. **47** Maria Madalena e Maria, mãe de José, viram onde ele fora colocado.

A Ressurreição
(Mt 28.1-10; Lc 24.1-12; Jo 20.1-9)

16 Quando terminou o sábado, Maria Madalena, Salomé e Maria, mãe de Tiago, compraram especiarias aromáticas para ungir o corpo de Jesus. **2** No primeiro dia da semana, bem cedo, ao nascer do sol, elas se dirigiram ao sepulcro, **3** perguntando umas às outras: "Quem removerá para nós a pedra da entrada do sepulcro?"

4 Mas, quando foram verificar, viram que a pedra, que era muito grande, havia sido removida. **5** Entrando no sepulcro, viram um jovem vestido de roupas brancas assentado à direita, e ficaram amedrontadas.

6 "Não tenham medo", disse ele. "Vocês estão procurando Jesus, o Nazareno, que foi crucificado. Ele ressuscitou! Não está aqui. Vejam o lugar onde o haviam posto. **7** Vão e digam aos discípulos dele e a Pedro: Ele está indo adiante de vocês para a Galiléia. Lá vocês o verão, como ele lhes disse."

8 Tremendo e assustadas, as mulheres saíram e fugiram do sepulcro. E não disseram nada a ninguém, porque estavam amedrontadas.

9 ªQuando Jesus ressuscitou, na madrugada do primeiro dia da semana, apareceu primeiramente a Maria Madalena, de quem havia expulsado sete demônios. **10** Ela foi e contou aos que com ele tinham estado; eles estavam lamentando e chorando. **11** Quando ouviram que Jesus estava vivo e fora visto por ela, não creram.

12 Depois Jesus apareceu noutra forma a dois deles, estando eles a caminho do campo. **13** Eles voltaram e relataram isso aos outros; mas também nestes eles não creram.

14 Mais tarde Jesus apareceu aos Onze enquanto eles comiam; censurou-lhes a incredulidade e a dureza de coração, porque não acreditaram nos que o tinham visto depois de ressurreto.

15 E disse-lhes: "Vão pelo mundo todo e preguem o evangelho a todas as pessoas. **16** Quem crer e for batizado será salvo, mas quem não crer será condenado. **17** Estes sinais acompanharão os que crerem: em meu nome expulsarão demônios; falarão novas línguas; **18** pegarão em serpentes; e, se beberem algum veneno mortal, não lhes fará mal nenhum; imporão as mãos sobre os doentes, e estes ficarão curados".

19 Depois de lhes ter falado, o Senhor Jesus foi elevado aos céus e assentou-se à direita de Deus. **20** Então, os discípulos saíram e pregaram por toda parte; e o Senhor cooperava com eles, confirmando-lhes a palavra com os sinais que a acompanhavam.

The Burial of Jesus

42 It was Preparation Day (that is, the day before the Sabbath). So as evening approached, **43** Joseph of Arimathea, a prominent member of the Council, who was himself waiting for the kingdom of God, went boldly to Pilate and asked for Jesus' body. **44** Pilate was surprised to hear that he was already dead. Summoning the centurion, he asked him if Jesus had already died. **45** When he learned from the centurion that it was so, he gave the body to Joseph. **46** So Joseph bought some linen cloth, took down the body, wrapped it in the linen, and placed it in a tomb cut out of rock. Then he rolled a stone against the entrance of the tomb. **47** Mary Magdalene and Mary the mother of Joses saw where he was laid.

The Resurrection

16 When the Sabbath was over, Mary Magdalene, Mary the mother of James, and Salome bought spices so that they might go to anoint Jesus' body. **2** Very early on the first day of the week, just after sunrise, they were on their way to the tomb **3** and they asked each other, "Who will roll the stone away from the entrance of the tomb?"

4 But when they looked up, they saw that the stone, which was very large, had been rolled away. **5** As they entered the tomb, they saw a young man dressed in a white robe sitting on the right side, and they were alarmed.

6 "Don't be alarmed," he said. "You are looking for Jesus the Nazarene, who was crucified. He has risen! He is not here. See the place where they laid him. **7** But go, tell his disciples and Peter, 'He is going ahead of you into Galilee. There you will see him, just as he told you.' "

8 Trembling and bewildered, the women went out and fled from the tomb. They said nothing to anyone, because they were afraid.

[The most reliable early manuscripts and other ancient witnesses do not have Mark 16:9-20.]

9 When Jesus rose early on the first day of the week, he appeared first to Mary Magdalene, out of whom he had driven seven demons. **10** She went and told those who had been with him and who were mourning and weeping. **11** When they heard that Jesus was alive and that she had seen him, they did not believe it.

12 Afterward Jesus appeared in a different form to two of them while they were walking in the country. **13** These returned and reported it to the rest; but they did not believe them either.

14 Later Jesus appeared to the Eleven as they were eating; he rebuked them for their lack of faith and their stubborn refusal to believe those who had seen him after he had risen.

15 He said to them, "Go into all the world and preach the good news to all creation. **16** Whoever believes and is baptized will be saved, but whoever does not believe will be condemned. **17** And these signs will accompany those who believe: In my name they will drive out demons; they will speak in new tongues; **18** they will pick up snakes with their hands; and when they drink deadly poison, it will not hurt them at all; they will place their hands on sick people, and they will get well."

19 After the Lord Jesus had spoken to them, he was taken up into heaven and he sat at the right hand of God. **20** Then the disciples went out and preached everywhere, and the Lord worked with them and confirmed his word by the signs that accompanied it.

ª16.9 Alguns manuscritos antigos não trazem os versículos 9-20; outros manuscritos do evangelho de Marcos, apresentam finais diferentes.

Lucas

Introdução

1 Muitos já se dedicaram a elaborar um relato dos fatos que se cumpriram[a] entre nós, **2** conforme nos foram transmitidos por aqueles que desde o início foram testemunhas oculares e servos da palavra. **3** Eu mesmo investiguei tudo cuidadosamente, desde o começo, e decidi escrever-te um relato ordenado, ó excelentíssimo Teófilo, **4** para que tenhas a certeza das coisas que te foram ensinadas.

O Nascimento de João Batista é Predito

5 No tempo de Herodes, rei da Judéia, havia um sacerdote chamado Zacarias, que pertencia ao grupo sacerdotal de Abias; Isabel, sua mulher, também era descendente de Arão. **6** Ambos eram justos aos olhos de Deus, obedecendo de modo irrepreensível a todos os mandamentos e preceitos do Senhor. **7** Mas eles não tinham filhos, porque Isabel era estéril; e ambos eram de idade avançada.

8 Certa vez, estando de serviço o seu grupo, Zacarias estava servindo como sacerdote diante de Deus, **9** Ele foi escolhido por sorteio, de acordo com o costume do sacerdócio, para entrar no santuário do Senhor e oferecer incenso. **10** Chegando a hora de oferecer incenso, o povo todo estava orando do lado de fora.

11 Então um anjo do Senhor apareceu a Zacarias, à direita do altar do incenso. **12** Quando Zacarias o viu, perturbou-se e foi dominado pelo medo. **13** Mas o anjo lhe disse: "Não tenha medo, Zacarias; sua oração foi ouvida. Isabel, sua mulher, lhe dará um filho, e você lhe dará o nome de João. **14** Ele será motivo de prazer e de alegria para você, e muitos se alegrarão por causa do nascimento dele, **15** pois será grande aos olhos do Senhor. Ele nunca tomará vinho nem bebida fermentada, e será cheio do Espírito Santo desde antes do seu nascimento[b]. **16** Fará retornar muitos dentre o povo de Israel ao Senhor, o seu Deus. **17** E irá adiante do Senhor, no espírito e no poder de Elias, para fazer voltar o coração dos pais a seus filhos e os desobedientes à sabedoria dos justos, para deixar um povo preparado para o Senhor".

18 Zacarias perguntou ao anjo: "Como posso ter certeza disso? Sou velho, e minha mulher é de idade avançada".

19 O anjo respondeu: "Sou Gabriel, o que está sempre na presença de Deus. Fui enviado para lhe transmitir estas boas novas. **20** Agora você ficará mudo. Não poderá falar até o dia em que isso acontecer, porque não acreditou em minhas palavras, que se cumprirão no tempo oportuno".

21 Enquanto isso, o povo esperava por Zacarias, estranhando sua demora no santuário. **22** Quando saiu, não conseguia falar nada; o povo percebeu então que ele tivera uma visão no santuário. Zacarias fazia sinais para eles, mas permanecia mudo.

23 Quando se completou seu período de serviço, ele voltou para casa. **24** Depois disso, Isabel, sua mulher, engravidou e durante cinco meses não saiu de casa. **25** E ela dizia: "Isto é obra do Senhor! Agora ele olhou para mim favoravelmente, para desfazer a minha humilhação perante o povo".

O Nascimento de Jesus é Predito

26 No sexto mês Deus enviou o anjo Gabriel a Nazaré, cidade da Galiléia, **27** a uma virgem prometida em casamento a certo homem chamado José, descendente de Davi. O nome da virgem era Maria. **28** O anjo, aproximando-se dela, disse: "Alegre-se, agraciada! O Senhor está com você!"

29 Maria ficou perturbada com essas palavras, pensando no que poderia significar esta saudação. **30** Mas o anjo lhe disse:

"Não tenha medo, Maria;
    você foi agraciada por Deus!
31 Você ficará grávida

Luke

Introduction

1 Many have undertaken to draw up an account of the things that have been fulfilled[a] among us, **2** just as they were handed down to us by those who from the first were eyewitnesses and servants of the word. **3** Therefore, since I myself have carefully investigated everything from the beginning, it seemed good also to me to write an orderly account for you, most excellent Theophilus, **4** so that you may know the certainty of the things you have been taught.

The Birth of John the Baptist Foretold

5 In the time of Herod king of Judea there was a priest named Zechariah, who belonged to the priestly division of Abijah; his wife Elizabeth was also a descendant of Aaron. **6** Both of them were upright in the sight of God, observing all the Lord's commandments and regulations blamelessly. **7** But they had no children, because Elizabeth was barren; and they were both well along in years.

8 Once when Zechariah's division was on duty and he was serving as priest before God, **9** he was chosen by lot, according to the custom of the priesthood, to go into the temple of the Lord and burn incense. **10** And when the time for the burning of incense came, all the assembled worshipers were praying outside.

11 Then an angel of the Lord appeared to him, standing at the right side of the altar of incense. **12** When Zechariah saw him, he was startled and was gripped with fear. **13** But the angel said to him: "Do not be afraid, Zechariah; your prayer has been heard. Your wife Elizabeth will bear you a son, and you are to give him the name John. **14** He will be a joy and delight to you, and many will rejoice because of his birth, **15** for he will be great in the sight of the Lord. He is never to take wine or other fermented drink, and he will be filled with the Holy Spirit even from birth.[b] **16** Many of the people of Israel will he bring back to the Lord their God. **17** And he will go on before the Lord, in the spirit and power of Elijah, to turn the hearts of the fathers to their children and the disobedient to the wisdom of the righteous—to make ready a people prepared for the Lord."

18 Zechariah asked the angel, "How can I be sure of this? I am an old man and my wife is well along in years."

19 The angel answered, "I am Gabriel. I stand in the presence of God, and I have been sent to speak to you and to tell you this good news. **20** And now you will be silent and not able to speak until the day this happens, because you did not believe my words, which will come true at their proper time."

21 Meanwhile, the people were waiting for Zechariah and wondering why he stayed so long in the temple. **22** When he came out, he could not speak to them. They realized he had seen a vision in the temple, for he kept making signs to them but remained unable to speak.

23 When his time of service was completed, he returned home. **24** After this his wife Elizabeth became pregnant and for five months remained in seclusion. **25** "The Lord has done this for me," she said. "In these days he has shown his favor and taken away my disgrace among the people."

The Birth of Jesus Foretold

26 In the sixth month, God sent the angel Gabriel to Nazareth, a town in Galilee, **27** to a virgin pledged to be married to a man named Joseph, a descendant of David. The virgin's name was Mary. **28** The angel went to her and said, "Greetings, you who are highly favored! The Lord is with you."

29 Mary was greatly troubled at his words and wondered what kind of greeting this might be. **30** But the angel said to her, "Do not be afraid, Mary, you have found favor with God. **31** You will

---

a1.1 Ou *que foram aceitos com convicção* **b**1.15 Ou *desde o ventre de sua mãe*   **a**1:1 Or *been surely believed* **b**1:15 Or *from his mother's womb*

e dará à luz um filho,
e lhe porá o nome de Jesus.
32 Ele será grande
e será chamado
Filho do Altíssimo.
O Senhor Deus lhe dará
o trono de seu pai Davi,
33 e ele reinará para sempre sobre o povo de Jacó;
seu Reino jamais terá fim".

34 Perguntou Maria ao anjo: "Como acontecerá isso, se sou virgem?"

35 O anjo respondeu: "O Espírito Santo virá sobre você, e o poder do Altíssimo a cobrirá com a sua sombra. Assim, aquele que há de nascer será chamado Santo, Filho de Deus.ª **36** Também Isabel, sua parenta, terá um filho na velhice; aquela que diziam ser estéril já está em seu sexto mês de gestação. **37** Pois nada é impossível para Deus".

38 Respondeu Maria: "Sou serva do Senhor; que aconteça comigo conforme a tua palavra". Então o anjo a deixou.

Maria Visita Isabel

39 Naqueles dias, Maria preparou-se e foi depressa para uma cidade da região montanhosa da Judéia, **40** onde entrou na casa de Zacarias e saudou Isabel. **41** Quando Isabel ouviu a saudação de Maria, o bebê agitou-se em seu ventre, e Isabel ficou cheia do Espírito Santo. **42** Em alta voz exclamou:

"Bendita é você
entre as mulheres,
e bendito é o filho
que você dará à luz!

43 Mas por que sou tão agraciada, ao ponto de me visitar a mãe do meu Senhor? **44** Logo que a sua saudação chegou aos meus ouvidos, o bebê que está em meu ventre agitou-se de alegria. **45** Feliz é aquela que creu que se cumprirá aquilo que o Senhor lhe disse!"

O Cântico de Maria

46 Então disse Maria:

"Minha alma engrandece
ao Senhor
47 e o meu espírito se alegra
em Deus,
meu Salvador,
48 pois atentou
para a humildade
da sua serva.
De agora em diante,
todas as gerações
me chamarão
bem-aventurada,
49 pois o Poderoso fez
grandes coisas em meu favor;
santo é o seu nome.
50 A sua misericórdia estende-se aos que o temem,
de geração em geração.
51 Ele realizou poderosos feitos com seu braço;
dispersou os que são soberbos
no mais íntimo do coração.
52 Derrubou governantes
dos seus tronos,
mas exaltou os humildes.
53 Encheu de coisas boas
os famintos,
mas despediu de mãos vazias os ricos.
54 Ajudou a seu servo Israel,
lembrando-se
da sua misericórdia

be with child and give birth to a son, and you are to give him the name Jesus. **32** He will be great and will be called the Son of the Most High. The Lord God will give him the throne of his father David, **33** and he will reign over the house of Jacob forever; his kingdom will never end."

34 "How will this be," Mary asked the angel, "since I am a virgin?"

35 The angel answered, "The Holy Spirit will come upon you, and the power of the Most High will overshadow you. So the holy one to be born will be calledª the Son of God. **36** Even Elizabeth your relative is going to have a child in her old age, and she who was said to be barren is in her sixth month. **37** For nothing is impossible with God."

38 "I am the Lord's servant," Mary answered. "May it be to me as you have said." Then the angel left her.

Mary Visits Elizabeth

39 At that time Mary got ready and hurried to a town in the hill country of Judea, **40** where she entered Zechariah's home and greeted Elizabeth. **41** When Elizabeth heard Mary's greeting, the baby leaped in her womb, and Elizabeth was filled with the Holy Spirit. **42** In a loud voice she exclaimed: "Blessed are you among women, and blessed is the child you will bear! **43** But why am I so favored, that the mother of my Lord should come to me? **44** As soon as the sound of your greeting reached my ears, the baby in my womb leaped for joy. **45** Blessed is she who has believed that what the Lord has said to her will be accomplished!"

Mary's Song

46 And Mary said:

"My soul glorifies the Lord
47 and my spirit rejoices in God my Savior,
48 for he has been mindful
of the humble state of his servant.
From now on all generations will call me blessed,
49 for the Mighty One has done great
things for me—
holy is his name.
50 His mercy extends to those who fear him,
from generation to generation.
51 He has performed mighty deeds with his arm;
he has scattered those who are proud in
their inmost thoughts.
52 He has brought down rulers from their thrones
but has lifted up the humble.
53 He has filled the hungry with good things
but has sent the rich away empty.
54 He has helped his servant Israel,
remembering to be merciful

ª1.35 Ou *Assim, o santo que há de nascer será chamado Filho de Deus.*

ª1:35 Or *So the child to be born will be called holy,*

55 para com Abraão
 e seus descendentes
 para sempre,
como dissera
 aos nossos antepassados".

56 Maria ficou com Isabel cerca de três meses e depois voltou para casa.

O Nascimento de João Batista

57 Ao se completar o tempo de Isabel dar à luz, ela teve um filho. **58** Seus vizinhos e parentes ouviram falar da grande misericórdia que o Senhor lhe havia demonstrado e se alegraram com ela.

59 No oitavo dia foram circuncidar o menino e queriam dar-lhe o nome do pai, Zacarias; **60** mas sua mãe tomou a palavra e disse: "Não! Ele será chamado João".

61 Disseram-lhe: "Você não tem nenhum parente com esse nome".

62 Então fizeram sinais ao pai do menino, para saber como queria que a criança se chamasse. **63** Ele pediu uma tabuinha e, para admiração de todos, escreveu: "O nome dele é João". **64** Imediatamente sua boca se abriu, sua língua se soltou e ele começou a falar, louvando a Deus. **65** Todos os vizinhos ficaram cheios de temor, e por toda a região montanhosa da Judéia se falava sobre essas coisas. **66** Todos os que ouviam falar disso se perguntavam: "O que vai ser este menino?" Pois a mão do Senhor estava com ele.

O Cântico de Zacarias

67 Seu pai, Zacarias, foi cheio do Espírito Santo e profetizou:

68 "Louvado seja o Senhor,
 o Deus de Israel,
porque visitou e redimiu
 o seu povo.
69 Ele promoveu
 poderosa salvaçãoª para nós,
 na linhagem do seu servo Davi,
70 (como falara pelos seus santos profetas,
 na antigüidade),
71 salvando-nos
 dos nossos inimigos
 e da mão de todos
 os que nos odeiam,
72 para mostrar sua misericórdia aos nossos
 antepassados
 e lembrar sua santa aliança,
73 o juramento que fez
 ao nosso pai Abraão;
74 resgatar-nos da mão
 dos nossos inimigos
 para o servirmos sem medo,
75 em santidade e justiça,
 diante dele
 todos os nossos dias.
76 E você, menino, será chamado profeta do Altíssimo,
 pois irá adiante do Senhor,
 para lhe preparar o caminho,
77 para dar ao seu povo
 o conhecimento da salvação,
 mediante o perdão
 dos seus pecados,
78 por causa
 das ternas misericórdias
 de nosso Deus,
 pelas quais do alto
 nos visitará
 o sol nascente,
79 para brilhar sobre aqueles

55 to Abraham and his descendants forever,
 even as he said to our fathers."

56 Mary stayed with Elizabeth for about three months and then returned home.

The Birth of John the Baptist

57 When it was time for Elizabeth to have her baby, she gave birth to a son. **58** Her neighbors and relatives heard that the Lord had shown her great mercy, and they shared her joy.

59 On the eighth day they came to circumcise the child, and they were going to name him after his father Zechariah, **60** but his mother spoke up and said, "No! He is to be called John."

61 They said to her, "There is no one among your relatives who has that name."

62 Then they made signs to his father, to find out what he would like to name the child. **63** He asked for a writing tablet, and to everyone's astonishment he wrote, "His name is John." **64** Immediately his mouth was opened and his tongue was loosed, and he began to speak, praising God. **65** The neighbors were all filled with awe, and throughout the hill country of Judea people were talking about all these things. **66** Everyone who heard this wondered about it, asking, "What then is this child going to be?" For the Lord's hand was with him.

Zechariah's Song

67 His father Zechariah was filled with the Holy Spirit and prophesied:

68 "Praise be to the Lord, the God of Israel,
 because he has come and has redeemed his
 people.
69 He has raised up a hornª of salvation for us
 in the house of his servant David
70 (as he said through his holy prophets
 of long ago),
71 salvation from our enemies
 and from the hand of all who hate us—
72 to show mercy to our fathers
 and to remember his holy covenant,
73   the oath he swore to our father Abraham:
74 to rescue us from the hand of our enemies,
 and to enable us to serve him without fear
75 in holiness and righteousness before him
 all our days.

76 And you, my child, will be called a prophet of
 the Most High;
 for you will go on before the Lord to prepare
 the way for him,
77 to give his people the knowledge of salvation
 through the forgiveness of their sins,
78 because of the tender mercy of our God,
 by which the rising sun will come to us
 from heaven
79 to shine on those living in darkness

ª**1.69** Grego: *Ele erigiu um chifre de salvação.*

ª**1:69** *Horn* here symbolizes strength.

que estão vivendo nas trevas
e na sombra da morte,
e guiar nossos pés
no caminho da paz".

80 E o menino crescia e se fortalecia em espírito; e viveu no deserto, até aparecer publicamente a Israel.

O Nascimento de Jesus
(Mt 1.18-25)

2 Naqueles dias César Augusto publicou um decreto ordenando o recenseamento de todo o império romano. **2** Este foi o primeiro recenseamento feito quando Quirino era governador da Síria. **3** E todos iam para a sua cidade natal, a fim de alistar-se.

4 Assim, José também foi da cidade de Nazaré da Galiléia para a Judéia, para Belém, cidade de Davi, porque pertencia à casa e à linhagem de Davi. **5** Ele foi a fim de alistar-se, com Maria, que lhe estava prometida em casamento e esperava um filho.

6 Enquanto estavam lá, chegou o tempo de nascer o bebê, **7** e ela deu à luz o seu primogênito. Envolveu-o em panos e o colocou numa manjedoura, porque não havia lugar para eles na hospedaria.

Os Pastores e os Anjos

8 Havia pastores que estavam nos campos próximos e durante a noite tomavam conta dos seus rebanhos. **9** E aconteceu que um anjo do Senhor apareceu-lhes e a glória do Senhor resplandeceu ao redor deles; e ficaram aterrorizados. **10** Mas o anjo lhes disse: "Não tenham medo. Estou lhes trazendo boas novas de grande alegria, que são para todo o povo: **11** Hoje, na cidade de Davi, lhes nasceu o Salvador, que é Cristoª, o Senhor. **12** Isto lhes servirá de sinal: encontrarão o bebê envolto em panos e deitado numa manjedoura".

13 De repente, uma grande multidão do exército celestial apareceu com o anjo, louvando a Deus e dizendo:

14 "Glória a Deus nas alturas,
e paz na terra aos homens
aos quais ele concede
o seu favor".

15 Quando os anjos os deixaram e foram para os céus, os pastores disseram uns aos outros: "Vamos a Belém, e vejamos isso que aconteceu, e que o Senhor nos deu a conhecer".

16 Então correram para lá e encontraram Maria e José, e o bebê deitado na manjedoura. **17** Depois de o verem, contaram a todos o que lhes fora dito a respeito daquele menino, **18** e todos os que ouviram o que os pastores diziam ficaram admirados. **19** Maria, porém, guardava todas essas coisas e sobre elas refletia em seu coração. **20** Os pastores voltaram glorificando e louvando a Deus por tudo o que tinham visto e ouvido, como lhes fora dito.

Jesus é Apresentado no Templo

21 Completando-se os oito dias para a circuncisão do menino, foi-lhe posto o nome de Jesus, o qual lhe tinha sido dado pelo anjo antes de ele nascer.

22 Completando-se o tempo da purificação deles, de acordo com a Lei de Moisés, José e Maria o levaram a Jerusalém para apresentá-lo ao Senhor **23** (como está escrito na Lei do Senhor: "Todo primogênito do sexo masculino será consagrado ao Senhor")ᵇ **24** e para oferecer um sacrifício, de acordo com o que diz a Lei do Senhor: "duas rolinhas ou dois pombinhos"ᶜ.

25 Havia em Jerusalém um homem chamado Simeão, que era justo e piedoso, e que esperava a consolação de Israel; e o Espírito Santo estava sobre ele. **26** Fora-lhe revelado pelo

and in the shadow of death,
to guide our feet into the path of peace."

80 And the child grew and became strong in spirit; and he lived in the desert until he appeared publicly to Israel.

The Birth of Jesus

2 In those days Caesar Augustus issued a decree that a census should be taken of the entire Roman world. **2** (This was the first census that took place while Quirinius was governor of Syria.) **3** And everyone went to his own town to register.

4 So Joseph also went up from the town of Nazareth in Galilee to Judea, to Bethlehem the town of David, because he belonged to the house and line of David. **5** He went there to register with Mary, who was pledged to be married to him and was expecting a child. **6** While they were there, the time came for the baby to be born, **7** and she gave birth to her firstborn, a son. She wrapped him in cloths and placed him in a manger, because there was no room for them in the inn.

The Shepherds and the Angels

8 And there were shepherds living out in the fields nearby, keeping watch over their flocks at night. **9** An angel of the Lord appeared to them, and the glory of the Lord shone around them, and they were terrified. **10** But the angel said to them, "Do not be afraid. I bring you good news of great joy that will be for all the people. **11** Today in the town of David a Savior has been born to you; he is Christª the Lord. **12** This will be a sign to you: You will find a baby wrapped in cloths and lying in a manger."

13 Suddenly a great company of the heavenly host appeared with the angel, praising God and saying,

14 "Glory to God in the highest,
and on earth peace to men on whom his
favor rests."

15 When the angels had left them and gone into heaven, the shepherds said to one another, "Let's go to Bethlehem and see this thing that has happened, which the Lord has told us about." **16** So they hurried off and found Mary and Joseph, and the baby, who was lying in the manger. **17** When they had seen him, they spread the word concerning what had been told them about this child, **18** and all who heard it were amazed at what the shepherds said to them. **19** But Mary treasured up all these things and pondered them in her heart. **20** The shepherds returned, glorifying and praising God for all the things they had heard and seen, which were just as they had been told.

Jesus Presented in the Temple

21 On the eighth day, when it was time to circumcise him, he was named Jesus, the name the angel had given him before he had been conceived.

22 When the time of their purification according to the Law of Moses had been completed, Joseph and Mary took him to Jerusalem to present him to the Lord **23** (as it is written in the Law of the Lord, "Every firstborn male is to be consecrated to the Lord"ᵇ), **24** and to offer a sacrifice in keeping with what is said in the Law of the Lord: "a pair of doves or two young pigeons."ᶜ

25 Now there was a man in Jerusalem called Simeon, who was righteous and devout. He was waiting for the consolation of Israel, and the Holy Spirit was upon him. **26** It had been re-

---

ª**2.11** Ou *Messias*. Tanto *Cristo* (grego) como *Messias* (hebraico) significam *Ungido*; também em todo o livro de Lucas. ᵇ**2.23** Êx 13.2,12 ᶜ**2.24** Lv 12.8

ª**2:11** Or *Messiah*. "The Christ" (Greek) and "the Messiah" (Hebrew) both mean "the Anointed One"; also in verse 26. ᵇ**2:23** Exodus 13:2,12 ᶜ**2:24** Lev. 12:8

Espírito Santo que ele não morreria antes de ver o Cristo do Senhor. **27** Movido pelo Espírito, ele foi ao templo. Quando os pais trouxeram o menino Jesus para lhe fazerem o que requeria o costume da Lei, **28** Simeão o tomou nos braços e louvou a Deus, dizendo:

29 "Ó Soberano, como prometeste,
agora podes despedir em paz
o teu servo.
30 Pois os meus olhos já viram
a tua salvação,
31 que preparaste
à vista de todos os povos:
32 luz para revelação
aos gentios^a
e para a glória de Israel, teu povo".

33 O pai e a mãe do menino estavam admirados com o que fora dito a respeito dele. **34** E Simeão os abençoou e disse a Maria, mãe de Jesus: "Este menino está destinado a causar a queda e o soerguimento de muitos em Israel, e a ser um sinal de contradição, **35** de modo que o pensamento de muitos corações será revelado. Quanto a você, uma espada atravessará a sua alma".

36 Estava ali a profetisa Ana, filha de Fanuel, da tribo de Aser. Era muito idosa; tinha vivido com seu marido sete anos depois de se casar **37** e então permanecera viúva até a idade de oitenta e quatro anos^b. Nunca deixava o templo: adorava a Deus jejuando e orando dia e noite. **38** Tendo chegado ali naquele exato momento, deu graças a Deus e falava a respeito do menino a todos os que esperavam a redenção de Jerusalém.

39 Depois de terem feito tudo o que era exigido pela Lei do Senhor, voltaram para a sua própria cidade, Nazaré, na Galiléia. **40** O menino crescia e se fortalecia, enchendo-se de sabedoria; e a graça de Deus estava sobre ele.

O Menino Jesus no Templo

41 Todos os anos seus pais iam a Jerusalém para a festa da Páscoa. **42** Quando ele completou doze anos de idade, eles subiram à festa, conforme o costume. **43** Terminada a festa, voltando seus pais para casa, o menino Jesus ficou em Jerusalém, sem que eles percebessem. **44** Pensando que ele estava entre os companheiros de viagem, caminharam o dia todo. Então começaram a procurá-lo entre os seus parentes e conhecidos. **45** Não o encontrando, voltaram a Jerusalém para procurá-lo. **46** Depois de três dias o encontraram no templo, sentado entre os mestres, ouvindo-os e fazendo-lhes perguntas. **47** Todos os que o ouviam ficavam maravilhados com o seu entendimento e com as suas respostas. **48** Quando seus pais o viram, ficaram perplexos. Sua mãe lhe disse: "Filho, por que você nos fez isto? Seu pai e eu estávamos aflitos, à sua procura".

49 Ele perguntou: "Por que vocês estavam me procurando? Não sabiam que eu devia estar na casa de meu Pai?" **50** Mas eles não compreenderam o que lhes dizia.

51 Então foi com eles para Nazaré, e era-lhes obediente. Sua mãe, porém, guardava todas essas coisas em seu coração. **52** Jesus ia crescendo em sabedoria, estatura e graça diante de Deus e dos homens.

João Batista Prepara o Caminho
(Mt 3.1-12; Mc 1.2-8)

3 No décimo quinto ano do reinado de Tibério César, quando Pôncio Pilatos era governador da Judéia; Herodes, tetrarca^c da Galiléia; seu irmão Filipe, tetrarca da Ituréia e Traconites; e Lisânias, tetrarca de Abilene; **2** Anás e Caifás exerciam o sumo sacerdócio. Foi nesse ano que veio a palavra do

vealed to him by the Holy Spirit that he would not die before he had seen the Lord's Christ. **27** Moved by the Spirit, he went into the temple courts. When the parents brought in the child Jesus to do for him what the custom of the Law required, **28** Simeon took him in his arms and praised God, saying:

29 "Sovereign Lord, as you have promised,
you now dismiss^a your servant in peace.
30 For my eyes have seen your salvation,
31 which you have prepared in the sight
of all people,
32 a light for revelation to the Gentiles
and for glory to your people Israel."

33 The child's father and mother marveled at what was said about him. **34** Then Simeon blessed them and said to Mary, his mother: "This child is destined to cause the falling and rising of many in Israel, and to be a sign that will be spoken against, **35** so that the thoughts of many hearts will be revealed. And a sword will pierce your own soul too."

36 There was also a prophetess, Anna, the daughter of Phanuel, of the tribe of Asher. She was very old; she had lived with her husband seven years after her marriage, **37** and then was a widow until she was eighty-four.^b She never left the temple but worshiped night and day, fasting and praying. **38** Coming up to them at that very moment, she gave thanks to God and spoke about the child to all who were looking forward to the redemption of Jerusalem.

39 When Joseph and Mary had done everything required by the Law of the Lord, they returned to Galilee to their own town of Nazareth. **40** And the child grew and became strong; he was filled with wisdom, and the grace of God was upon him.

The Boy Jesus at the Temple

41 Every year his parents went to Jerusalem for the Feast of the Passover. **42** When he was twelve years old, they went up to the Feast, according to the custom. **43** After the Feast was over, while his parents were returning home, the boy Jesus stayed behind in Jerusalem, but they were unaware of it. **44** Thinking he was in their company, they traveled on for a day. Then they began looking for him among their relatives and friends. **45** When they did not find him, they went back to Jerusalem to look for him. **46** After three days they found him in the temple courts, sitting among the teachers, listening to them and asking them questions. **47** Everyone who heard him was amazed at his understanding and his answers. **48** When his parents saw him, they were astonished. His mother said to him, "Son, why have you treated us like this? Your father and I have been anxiously searching for you."

49 "Why were you searching for me?" he asked. "Didn't you know I had to be in my Father's house?" **50** But they did not understand what he was saying to them.

51 Then he went down to Nazareth with them and was obedient to them. But his mother treasured all these things in her heart. **52** And Jesus grew in wisdom and stature, and in favor with God and men.

John the Baptist Prepares the Way

3 In the fifteenth year of the reign of Tiberius Caesar—when Pontius Pilate was governor of Judea, Herod tetrarch of Galilee, his brother Philip tetrarch of Iturea and Traconitis, and Lysanias tetrarch of Abilene— **2** during the high priesthood of Annas and Caiaphas, the word of God came to

---

^a**2.32** Isto é, os que não são judeus. ^b**2.37** Ou *viúva por oitenta e quatro anos* ^c**3.1** Um tetrarca era o governador da quarta parte de uma região; também no versículo 19.

^a**2:29** Or *promised, / now dismiss* ^b**2:37** Or *widow for eighty-four years*

Senhor a João, filho de Zacarias, no deserto. ³ Ele percorreu toda a região próxima ao Jordão, pregando um batismo de arrependimento para o perdão dos pecados. ⁴ Como está escrito no livro das palavras de Isaías, o profeta:

"Voz do que clama no deserto:
  'Preparemª o caminho
  para o Senhor,
façam veredas retas
  para ele.
⁵ Todo vale será aterrado
  e todas as montanhas
  e colinas, niveladas.
As estradas tortuosas
serão endireitadas
  e os caminhos acidentados, aplanados.
⁶ E toda a humanidadeᵇ
  verá a salvação de Deus' "ᶜ

⁷ João dizia às multidões que saíam para serem batizadas por ele: "Raça de víboras! Quem lhes deu a idéia de fugir da ira que se aproxima? ⁸ Dêem frutos que mostrem o arrependimento. E não comecem a dizer a si mesmos: 'Abraão é nosso pai'. Pois eu lhes digo que destas pedras Deus pode fazer surgir filhos a Abraão. ⁹ O machado já está posto à raiz das árvores, e toda árvore que não der bom fruto será cortada e lançada ao fogo".

¹⁰ "O que devemos fazer então?", perguntavam as multidões.

¹¹ João respondia: "Quem tem duas túnicas dê uma a quem não tem nenhuma; e quem tem comida faça o mesmo".

¹² Alguns publicanosᵈ também vieram para serem batizados. Eles perguntaram: "Mestre, o que devemos fazer?"

¹³ Ele respondeu: "Não cobrem nada além do que lhes foi estipulado".

¹⁴ Então alguns soldados lhe perguntaram: "E nós, o que devemos fazer?"

Ele respondeu: "Não pratiquem extorsão nem acusem ninguém falsamente; contentem-se com o seu salário".

¹⁵ O povo estava em grande expectativa, questionando em seu coração se acaso João não seria o Cristo. ¹⁶ João respondeu a todos: "Eu os batizo comᵉ água. Mas virá alguém mais poderoso do que eu, tanto que não sou digno nem de desamarrar as correias das suas sandálias. Ele os batizará com o Espírito Santo e com fogo. ¹⁷ Ele traz a pá em sua mão, a fim de limpar sua eira e juntar o trigo em seu celeiro; mas queimará a palha com fogo que nunca se apaga". ¹⁸ E com muitas outras palavras João exortava o povo e lhe pregava as boas novas.

¹⁹ Todavia, quando João repreendeu Herodes, o tetrarca, por causa de Herodias, mulher do próprio irmão de Herodes, e por todas as outras coisas más que ele tinha feito, ²⁰ Herodes acrescentou a todas elas a de colocar João na prisão.

O Batismo e a Genealogia de Jesus
(Mt 3.13-17; Mt 1.1-17; Mc 1.9-11)

²¹ Quando todo o povo estava sendo batizado, também Jesus o foi. E, enquanto ele estava orando, o céu se abriu ²² e o Espírito Santo desceu sobre ele em forma corpórea, como pomba. Então veio do céu uma voz: "Tu és o meu Filho amado; em ti me agrado".

²³ Jesus tinha cerca de trinta anos de idade quando começou seu ministério. Ele era, como se pensava, filho de José,

filho de Eli, ²⁴ filho de Matate,
filho de Levi, filho de Melqui,
filho de Janai, filho de José,
²⁵ filho de Matatias,
filho de Amós,
filho de Naum, filho de Esli,
filho de Nagai,
²⁶ filho de Máate,

John son of Zechariah in the desert. ³ He went into all the country around the Jordan, preaching a baptism of repentance for the forgiveness of sins. ⁴ As is written in the book of the words of Isaiah the prophet:

"A voice of one calling in the desert,
  'Prepare the way for the Lord,
  make straight paths for him.
⁵ Every valley shall be filled in,
  every mountain and hill made low.
The crooked roads shall become straight,
  the rough ways smooth.
⁶ And all mankind will see God's salvation.' "ª

⁷ John said to the crowds coming out to be baptized by him, "You brood of vipers! Who warned you to flee from the coming wrath? ⁸ Produce fruit in keeping with repentance. And do not begin to say to yourselves, 'We have Abraham as our father.' For I tell you that out of these stones God can raise up children for Abraham. ⁹ The ax is already at the root of the trees, and every tree that does not produce good fruit will be cut down and thrown into the fire."

¹⁰ "What should we do then?" the crowd asked.

¹¹ John answered, "The man with two tunics should share with him who has none, and the one who has food should do the same."

¹² Tax collectors also came to be baptized. "Teacher," they asked, "what should we do?"

¹³ "Don't collect any more than you are required to," he told them. ¹⁴ Then some soldiers asked him, "And what should we do?"

He replied, "Don't extort money and don't accuse people falsely—be content with your pay."

¹⁵ The people were waiting expectantly and were all wondering in their hearts if John might possibly be the Christ.ᵇ ¹⁶ John answered them all, "I baptize you withᶜ water. But one more powerful than I will come, the thongs of whose sandals I am not worthy to untie. He will baptize you with the Holy Spirit and with fire. ¹⁷ His winnowing fork is in his hand to clear his threshing floor and to gather the wheat into his barn, but he will burn up the chaff with unquenchable fire." ¹⁸ And with many other words John exhorted the people and preached the good news to them.

¹⁹ But when John rebuked Herod the tetrarch because of Herodias, his brother's wife, and all the other evil things he had done, ²⁰ Herod added this to them all: He locked John up in prison.

The Baptism and Genealogy of Jesus

²¹ When all the people were being baptized, Jesus was baptized too. And as he was praying, heaven was opened ²² and the Holy Spirit descended on him in bodily form like a dove. And a voice came from heaven: "You are my Son, whom I love; with you I am well pleased."

²³ Now Jesus himself was about thirty years old when he began his ministry. He was the son, so it was thought, of Joseph,

the son of Heli, ²⁴ the son of Matthat,
the son of Levi, the son of Melki,
the son of Jannai, the son of Joseph,
²⁵ the son of Mattathias, the son of Amos,
the son of Nahum, the son of Esli,
the son of Naggai, ²⁶ the son of Maath,

ª**3.4** Ou *daquele que clama: 'No deserto preparem* ᵇ**3.6** Grego: *carne.* ᶜ**3.6** Is 40.3-5 ᵈ**3.12** Os publicanos eram coletores de impostos, mal vistos pelo povo; também em 5.27,29,30; 7.29,34; 15.1; 18.10,11,13 e 19.2. ᵉ**3.16** Ou *em*

ª**3:6** Isaiah 40:3-5 ᵇ**3:15** Or *Messiah* ᶜ**3:16** Or *in*

filho de Matatias,
filho de Semei,
filho de Joseque, filho de Jodá,
27 filho de Joanã, filho de Ressa,
filho de Zorobabel,
filho de Salatiel,
filho de Neri,
28 filho de Melqui,
filho de Adi, filho de Cosã,
filho de Elmadã, filho de Er,
29 filho de Josué, filho de Eliézer,
filho de Jorim, filho de Matate,
filho de Levi,
30 filho de Simeão,
filho de Judá, filho de José,
filho de Jonã,
filho de Eliaquim,
31 filho de Meleá, filho de Mená,
filho de Matatá, filho de Natã,
filho de Davi, **32** filho de Jessé,
filho de Obede, filho de Boaz,
filho de Salmom**ª**,
filho de Naassom,
33 filho de Aminadabe,
filho de Ram**b**,
filho de Esrom, filho de Perez,
filho de Judá, **34** filho de Jacó,
filho de Isaque,
filho de Abraão,
filho de Terá, filho de Naor,
35 filho de Serugue,
filho de Ragaú,
filho de Faleque, filho de Éber,
filho de Salá, **36** filho de Cainã,
filho de Arfaxade, filho de Sem,
filho de Noé, filho de Lameque,
37 filho de Matusalém,
filho de Enoque,
filho de Jarede,
filho de Maalaleel,
filho de Cainã, **38** filho de Enos,
filho de Sete, filho de Adão,
filho de Deus.

A Tentação de Jesus
(Mt 4.1-11; Mc 1.12,13)

4 Jesus, cheio do Espírito Santo, voltou do Jordão e foi levado pelo Espírito ao deserto, **2** onde, durante quarenta dias, foi tentado pelo Diabo. Não comeu nada durante esses dias e, ao fim deles, teve fome.

3 O Diabo lhe disse: "Se és o Filho de Deus, manda esta pedra transformar-se em pão".

4 Jesus respondeu: "Está escrito: 'Nem só de pão viverá o homem'**c**".

5 O Diabo o levou a um lugar alto e mostrou-lhe num relance todos os reinos do mundo. **6** E lhe disse: "Eu te darei toda a autoridade sobre eles e todo o seu esplendor, porque me foram dados e posso dá-los a quem eu quiser. **7** Então, se me adorares, tudo será teu".

8 Jesus respondeu: "Está escrito: 'Adore o Senhor, o seu Deus, e só a ele preste culto'**d**".

9 O Diabo o levou a Jerusalém, colocou-o na parte mais alta do templo e lhe disse: "Se és o Filho de Deus, joga-te daqui para baixo. **10** Pois está escrito:

" 'Ele dará ordens a seus anjos a seu respeito,

the son of Mattathias, the son of Semein,
the son of Josech, the son of Joda,
27 the son of Joanan, the son of Rhesa,
the son of Zerubbabel, the son of Shealtiel,
the son of Neri, **28** the son of Melki,
the son of Addi, the son of Cosam,
the son of Elmadam, the son of Er,
29 the son of Joshua, the son of Eliezer,
the son of Jorim, the son of Matthat,
the son of Levi, **30** the son of Simeon,
the son of Judah, the son of Joseph,
the son of Jonam, the son of Eliakim,
31 the son of Melea, the son of Menna,
the son of Mattatha, the son of Nathan,
the son of David, **32** the son of Jesse,
the son of Obed, the son of Boaz,
the son of Salmon,**ª** the son of Nahshon,
33 the son of Amminadab, the son of Ram,**b**
the son of Hezron, the son of Perez,
the son of Judah, **34** the son of Jacob,
the son of Isaac, the son of Abraham,
the son of Terah, the son of Nahor,
35 the son of Serug, the son of Reu,
the son of Peleg, the son of Eber,
the son of Shelah, **36** the son of Cainan,
the son of Arphaxad, the son of Shem,
the son of Noah, the son of Lamech,
37 the son of Methuselah, the son of Enoch,
the son of Jared, the son of Mahalalel,
the son of Kenan, **38** the son of Enosh,
the son of Seth, the son of Adam,
the son of God.

The Temptation of Jesus

4 Jesus, full of the Holy Spirit, returned from the Jordan and was led by the Spirit in the desert, **2** where for forty days he was tempted by the devil. He ate nothing during those days, and at the end of them he was hungry.

3 The devil said to him, "If you are the Son of God, tell this stone to become bread."

4 Jesus answered, "It is written: 'Man does not live on bread alone.'**c**"

5 The devil led him up to a high place and showed him in an instant all the kingdoms of the world. **6** And he said to him, "I will give you all their authority and splendor, for it has been given to me, and I can give it to anyone I want to. **7** So if you worship me, it will all be yours."

8 Jesus answered, "It is written: 'Worship the Lord your God and serve him only.'**d**"

9 The devil led him to Jerusalem and had him stand on the highest point of the temple. "If you are the Son of God," he said, "throw yourself down from here. **10** For it is written:

" 'He will command his angels concerning you

ª3.32 Alguns manuscritos dizem *Salá*. **b3.33** Alguns manuscritos dizem *Aminadabe, filho de Admim, filho de Arni, filho de Esrom*. Outros manuscritos trazem variações maiores.**c4.4** Dt 8.3 **d4.8** Dt 6.13

ª3:32 Some early manuscripts *Sala* **b3:33** Some manuscripts *Amminadab, the son of Admin, the son of Arni*; other manuscripts vary widely. **c4:4** Deut. 8:3 **d4:8** Deut. 6:13

para o guardarem;

11 com as mãos eles o segurarão,

para que você não tropece

em alguma pedra'ᵃ".

12 Jesus respondeu: "Dito está: 'Não ponha à prova o Senhor, o seu Deus'ᵇ".

13 Tendo terminado todas essas tentações, o Diabo o deixou até ocasião oportuna.

Jesus é Rejeitado em Nazaré

14 Jesus voltou para a Galiléia no poder do Espírito, e por toda aquela região se espalhou a sua fama. **15** Ensinava nas sinagogas, e todos o elogiavam.

16 Ele foi a Nazaré, onde havia sido criado, e no dia de sábado entrou na sinagoga, como era seu costume. E levantou-se para ler. **17** Foi-lhe entregue o livro do profeta Isaías. Abriu-o e encontrou o lugar onde está escrito:

18 "O Espírito do Senhor

está sobre mim,

porque ele me ungiu

para pregar boas novas

aos pobres.

Ele me enviou

para proclamar liberdade

aos presos

e recuperação da vista

aos cegos,

para libertar os oprimidos

19 e proclamar o ano da graça

do Senhor"ᶜ.

20 Então ele fechou o livro, devolveu-o ao assistente e assentou-se. Na sinagoga todos tinham os olhos fitos nele; **21** e ele começou a dizer-lhes: "Hoje se cumpriu a Escritura que vocês acabaram de ouvir".

22 Todos falavam bem dele, e estavam admirados com as palavras de graça que saíam de seus lábios. Mas perguntavam: "Não é este o filho de José?"

23 Jesus lhes disse: "É claro que vocês me citarão este provérbio: 'Médico, cura-te a ti mesmo! Faze aqui em tua terra o que ouvimos que fizeste em Cafarnaum' ".

24 Continuou ele: "Digo-lhes a verdade: Nenhum profeta é aceito em sua terra. **25** Asseguro-lhes que havia muitas viúvas em Israel no tempo de Elias, quando o céu foi fechado por três anos e meio, e houve uma grande fome em toda a terra. **26** Contudo, Elias não foi enviado a nenhuma delas, senão a uma viúva de Sarepta, na região de Sidom. **27** Também havia muitos leprososᵈ em Israel no tempo de Eliseu, o profeta; todavia, nenhum deles foi purificado — somente Naamã, o sírio".

28 Todos os que estavam na sinagoga ficaram furiosos quando ouviram isso. **29** Levantaram-se, expulsaram-no da cidade e o levaram até o topo da colina sobre a qual fora construída a cidade, a fim de atirá-lo precipício abaixo. **30** Mas Jesus passou por entre eles e retirou-se.

Jesus Expulsa um Espírito Imundo
(Mc 1.21-28)

31 Então ele desceu a Cafarnaum, cidade da Galiléia, e, no sábado, começou a ensinar o povo. **32** Todos ficavam maravilhados com o seu ensino, porque falava com autoridade.

33 Na sinagoga havia um homem possesso de um demônio, de um espírito imundoᵉ. Ele gritou com toda a força: **34** "Ah!, que queres conosco, Jesus de Nazaré? Vieste para nos destruir? Sei quem tu és: o Santo de Deus!"

35 Jesus o repreendeu, e disse: "Cale-se e saia dele!" Então o demônio jogou o homem no chão diante de todos, e saiu dele sem o ferir.

to guard you carefully;

11 they will lift you up in their hands,

so that you will not strike your foot

against a stone.'ᵃ"

12 Jesus answered, "It says: 'Do not put the Lord your God to the test.'ᵇ"

13 When the devil had finished all this tempting, he left him until an opportune time.

Jesus Rejected at Nazareth

14 Jesus returned to Galilee in the power of the Spirit, and news about him spread through the whole countryside. **15** He taught in their synagogues, and everyone praised him.

16 He went to Nazareth, where he had been brought up, and on the Sabbath day he went into the synagogue, as was his custom. And he stood up to read. **17** The scroll of the prophet Isaiah was handed to him. Unrolling it, he found the place where it is written:

18 "The Spirit of the Lord is on me,

because he has anointed me

to preach good news to the poor.

He has sent me to proclaim freedom for

the prisoners

and recovery of sight for the blind,

to release the oppressed,

19 to proclaim the year of the Lord's favor."ᶜ

20 Then he rolled up the scroll, gave it back to the attendant and sat down. The eyes of everyone in the synagogue were fastened on him, **21** and he began by saying to them, "Today this scripture is fulfilled in your hearing."

22 All spoke well of him and were amazed at the gracious words that came from his lips. "Isn't this Joseph's son?" they asked.

23 Jesus said to them, "Surely you will quote this proverb to me: 'Physician, heal yourself! Do here in your hometown what we have heard that you did in Capernaum.' "

24 "I tell you the truth," he continued, "no prophet is accepted in his hometown. **25** I assure you that there were many widows in Israel in Elijah's time, when the sky was shut for three and a half years and there was a severe famine throughout the land. **26** Yet Elijah was not sent to any of them, but to a widow in Zarephath in the region of Sidon. **27** And there were many in Israel with leprosyᵈ in the time of Elisha the prophet, yet not one of them was cleansed—only Naaman the Syrian."

28 All the people in the synagogue were furious when they heard this. **29** They got up, drove him out of the town, and took him to the brow of the hill on which the town was built, in order to throw him down the cliff. **30** But he walked right through the crowd and went on his way.

Jesus Drives Out an Evil Spirit

31 Then he went down to Capernaum, a town in Galilee, and on the Sabbath began to teach the people. **32** They were amazed at his teaching, because his message had authority.

33 In the synagogue there was a man possessed by a demon, an evilᵉ spirit. He cried out at the top of his voice, **34** "Ha! What do you want with us, Jesus of Nazareth? Have you come to destroy us? I know who you are—the Holy One of God!"

35 "Be quiet!" Jesus said sternly. "Come out of him!" Then the demon threw the man down before them all and came out without injuring him.

ᵃ4.10,11 Sl 91.11,12 ᵇ4.12 Dt 6.16 ᶜ4.18,19 Is 58.6; 61.1,2 ᵈ4.27 O termo grego não se refere somente à lepra, mas também a diversas doenças da pele. ᵉ4.33 Ou *maligno*; também em todo o livro de Lucas.

ᵃ4:11 Psalm 91:11,12 ᵇ4:12 Deut. 6:16 ᶜ4:19 Isaiah 61:1,2 ᵈ4:27 The Greek word was used for various diseases affecting the skin-not necessarily leprosy. ᵉ4:33 Greek *unclean*; also in verse 36

36 Todos ficaram admirados, e diziam uns aos outros: "Que palavra é esta? Até aos espíritos imundos ele dá ordens com autoridade e poder, e eles saem!" **37** E a sua fama se espalhava por toda a região circunvizinha.

O Poder de Jesus sobre os Demônios e as Doenças
(Mt 8.14-17; Mc 1.29-34)

38 Jesus saiu da sinagoga e foi à casa de Simão. A sogra de Simão estava com febre alta, e pediram a Jesus que fizesse algo por ela. **39** Estando ele em pé junto dela, inclinou-se e repreendeu a febre, que a deixou. Ela se levantou imediatamente e passou a servi-los.

40 Ao pôr-do-sol, o povo trouxe a Jesus todos os que tinham vários tipos de doenças; e ele os curou, impondo as mãos sobre cada um deles. **41** Além disso, de muitas pessoas saíam demônios gritando: "Tu és o Filho de Deus!" Ele, porém, os repreendia e não permitia que falassem, porque sabiam que ele era o Cristo.

42 Ao romper do dia, Jesus foi para um lugar solitário. As multidões o procuravam, e, quando chegaram até onde ele estava, insistiram que não as deixasse. **43** Mas ele disse: "É necessário que eu pregue as boas novas do Reino de Deus noutras cidades também, porque para isso fui enviado". **44** E continuava pregando nas sinagogas da Judéia.ᵃ

Jesus Chama os Primeiros Discípulos
(Mt 4.18-22; Mc 1.16-20; Jo 1.35-42)

5 Certo dia Jesus estava perto do lago de Genesaréᵇ, e uma multidão o comprimia de todos os lados para ouvir a palavra de Deus. **2** Viu à beira do lago dois barcos, deixados ali pelos pescadores, que estavam lavando as suas redes. **3** Entrou num dos barcos, o que pertencia a Simão, e pediu-lhe que o afastasse um pouco da praia. Então sentou-se, e do barco ensinava o povo.

4 Tendo acabado de falar, disse a Simão: "Vá para onde as águas são mais fundas", e a todos: "Lancem as redes para a pesca".

5 Simão respondeu: "Mestre, esforçamo-nos a noite inteira e não pegamos nada. Mas, porque és tu quem está dizendo isto, vou lançar as redes".

6 Quando o fizeram, pegaram tal quantidade de peixes que as redes começaram a rasgar-se. **7** Então fizeram sinais a seus companheiros no outro barco, para que viessem ajudá-los; e eles vieram e encheram ambos os barcos, ao ponto de começarem a afundar.

8 Quando Simão Pedro viu isso, prostrou-se aos pés de Jesus e disse: "Afasta-te de mim, Senhor, porque sou um homem pecador!" **9** Pois ele e todos os seus companheiros estavam perplexos com a pesca que haviam feito, **10** como também Tiago e João, os filhos de Zebedeu, sócios de Simão.

Jesus disse a Simão: "Não tenha medo; de agora em diante você será pescador de homens". **11** Eles então arrastaram seus barcos para a praia, deixaram tudo e o seguiram.

A Cura de um Leproso
(Mt 8.1-4; Mc 1.40-45)

12 Estando Jesus numa das cidades, passou um homem coberto de lepraᶜ. Quando viu Jesus, prostrou-se, rosto em terra, e rogou-lhe: "Se quiseres, podes purificar-me".

13 Jesus estendeu a mão e tocou nele, dizendo: "Quero. Seja purificado!" E imediatamente a lepra o deixou.

14 Então Jesus lhe ordenou: "Não conte isso a ninguém; mas vá mostrar-se ao sacerdote e ofereça pela sua purificação os sacrifícios que Moisés ordenou, para que sirva de testemunho".

15 Todavia, as notícias a respeito dele se espalhavam ainda

36 All the people were amazed and said to each other, "What is this teaching? With authority and power he gives orders to evil spirits and they come out!" **37** And the news about him spread throughout the surrounding area.

Jesus Heals Many

38 Jesus left the synagogue and went to the home of Simon. Now Simon's mother-in-law was suffering from a high fever, and they asked Jesus to help her. **39** So he bent over her and rebuked the fever, and it left her. She got up at once and began to wait on them.

40 When the sun was setting, the people brought to Jesus all who had various kinds of sickness, and laying his hands on each one, he healed them. **41** Moreover, demons came out of many people, shouting, "You are the Son of God!" But he rebuked them and would not allow them to speak, because they knew he was the Christ.ᵃ

42 At daybreak Jesus went out to a solitary place. The people were looking for him and when they came to where he was, they tried to keep him from leaving them. **43** But he said, "I must preach the good news of the kingdom of God to the other towns also, because that is why I was sent." **44** And he kept on preaching in the synagogues of Judea.ᵇ

The Calling of the First Disciples

5 One day as Jesus was standing by the Lake of Gennesaret,ᶜ with the people crowding around him and listening to the word of God, **2** he saw at the water's edge two boats, left there by the fishermen, who were washing their nets. **3** He got into one of the boats, the one belonging to Simon, and asked him to put out a little from shore. Then he sat down and taught the people from the boat.

4 When he had finished speaking, he said to Simon, "Put out into deep water, and let downᵈ the nets for a catch."

5 Simon answered, "Master, we've worked hard all night and haven't caught anything. But because you say so, I will let down the nets."

6 When they had done so, they caught such a large number of fish that their nets began to break. **7** So they signaled their partners in the other boat to come and help them, and they came and filled both boats so full that they began to sink.

8 When Simon Peter saw this, he fell at Jesus' knees and said, "Go away from me, Lord; I am a sinful man!" **9** For he and all his companions were astonished at the catch of fish they had taken, **10** and so were James and John, the sons of Zebedee, Simon's partners.

Then Jesus said to Simon, "Don't be afraid; from now on you will catch men." **11** So they pulled their boats up on shore, left everything and followed him.

The Man With Leprosy

12 While Jesus was in one of the towns, a man came along who was covered with leprosy.ᵉ When he saw Jesus, he fell with his face to the ground and begged him, "Lord, if you are willing, you can make me clean."

13 Jesus reached out his hand and touched the man. "I am willing," he said. "Be clean!" And immediately the leprosy left him.

14 Then Jesus ordered him, "Don't tell anyone, but go, show yourself to the priest and offer the sacrifices that Moses commanded for your cleansing, as a testimony to them."

15 Yet the news about him spread all the more, so that crowds

---

ᵃ**4.44** Alguns manuscritos dizem *Galiléia*. ᵇ**5.1** Isto é, o mar da Galiléia. ᶜ**5.12** O termo grego não se refere somente à lepra, mas também a diversas doenças da pele.

ᵃ**4:41** Or *Messiah* ᵇ**4:44** Or *the land of the Jews*; some manuscripts *Galilee* ᶜ**5:1** That is, Sea of Galilee ᵈ**5:4** The Greek verb is plural. ᵉ**5:12** The Greek word was used for various diseases affecting the skin — not necessarily leprosy.

mais, de forma que multidões vinham para ouvi-lo e para serem curadas de suas doenças. **16** Mas Jesus retirava-se para lugares solitários, e orava.

Jesus Cura um Paralítico
(Mt 9.1-8; Mc 2.1-12)

17 Certo dia, quando ele ensinava, estavam sentados ali fariseus e mestres da lei, procedentes de todos os povoados da Galiléia, da Judéia e de Jerusalém. E o poder do Senhor estava com ele para curar os doentes. **18** Vieram alguns homens trazendo um paralítico numa maca e tentaram fazê-lo entrar na casa, para colocá-lo diante de Jesus. **19** Não conseguindo fazer isso, por causa da multidão, subiram ao terraço e o baixaram em sua maca, através de uma abertura, até o meio da multidão, bem em frente de Jesus.

20 Vendo a fé que eles tinham, Jesus disse: "Homem, os seus pecados estão perdoados".

21 Os fariseus e os mestres da lei começaram a pensar: "Quem é esse que blasfema? Quem pode perdoar pecados, a não ser somente Deus?"

22 Jesus, sabendo o que eles estavam pensando, perguntou: "Por que vocês estão pensando assim? **23** Que é mais fácil dizer: 'Os seus pecados estão perdoados', ou: 'Levante-se e ande'? **24** Mas, para que vocês saibam que o Filho do homem tem na terra autoridade para perdoar pecados" — disse ao paralítico — "eu lhe digo: Levante-se, pegue a sua maca e vá para casa". **25** Imediatamente ele se levantou na frente deles, pegou a maca em que estivera deitado e foi para casa louvando a Deus. **26** Todos ficaram atônitos e glorificavam a Deus, e, cheios de temor, diziam: "Hoje vimos coisas extraordinárias!"

O Chamado de Levi
(Mt 9.9-13; Mc 2.13-17)

27 Depois disso, Jesus saiu e viu um publicano chamado Levi, sentado na coletoria, e disse-lhe: "Siga-me". **28** Levi levantou-se, deixou tudo e o seguiu.

29 Então Levi ofereceu um grande banquete a Jesus em sua casa. Havia muita gente comendo com eles: publicanos e outras pessoas. **30** Mas os fariseus e aqueles mestres da lei que eram da mesma facção queixaram-se aos discípulos de Jesus: "Por que vocês comem e bebem com publicanos e 'pecadores'?"

31 Jesus lhes respondeu: "Não são os que têm saúde que precisam de médico, mas sim os doentes. **32** Eu não vim chamar justos, mas pecadores ao arrependimento".

Jesus é Interrogado acerca do Jejum
(Mt 9.14-17; Mc 2.18-22)

33 E eles lhe disseram: "Os discípulos de João jejuam e oram freqüentemente, bem como os discípulos dos fariseus; mas os teus vivem comendo e bebendo".

34 Jesus respondeu: "Podem vocês fazer os convidados do noivo jejuar enquanto o noivo está com eles? **35** Mas virão dias quando o noivo lhes será tirado; naqueles dias jejuarão".

36 Então lhes contou esta parábola: "Ninguém tira um remendo de roupa nova e o costura em roupa velha; se o fizer, estragará a roupa nova, além do que o remendo da nova não se ajustará à velha. **37** E ninguém põe vinho novo em vasilha de couro velha; se o fizer, o vinho novo rebentará a vasilha, se derramará, e a vasilha se estragará. **38** Ao contrário, vinho novo deve ser posto em vasilha de couro nova. **39** E ninguém, depois de beber o vinho velho, prefere o novo, pois diz: 'O vinho velho é melhor!' "

O Senhor do Sábado
(Mt 12.1-14; Mc 2.23-3.6)

6 Certo sábado, enquanto Jesus passava pelas lavouras de cereal, seus discípulos começaram a colher e a debulhar espigas com as mãos, comendo os grãos. **2** Alguns fariseus perguntaram: "Por que vocês estão fazendo o que não é permitido no sábado?"

3 Jesus lhes respondeu: "Vocês nunca leram o que fez Davi, quando ele e seus companheiros estavam com fome? **4** Ele en-

of people came to hear him and to be healed of their sicknesses. **16** But Jesus often withdrew to lonely places and prayed.

Jesus Heals a Paralytic

17 One day as he was teaching, Pharisees and teachers of the law, who had come from every village of Galilee and from Judea and Jerusalem, were sitting there. And the power of the Lord was present for him to heal the sick. **18** Some men came carrying a paralytic on a mat and tried to take him into the house to lay him before Jesus. **19** When they could not find a way to do this because of the crowd, they went up on the roof and lowered him on his mat through the tiles into the middle of the crowd, right in front of Jesus.

20 When Jesus saw their faith, he said, "Friend, your sins are forgiven."

21 The Pharisees and the teachers of the law began thinking to themselves, "Who is this fellow who speaks blasphemy? Who can forgive sins but God alone?"

22 Jesus knew what they were thinking and asked, "Why are you thinking these things in your hearts? **23** Which is easier: to say, 'Your sins are forgiven,' or to say, 'Get up and walk'? **24** But that you may know that the Son of Man has authority on earth to forgive sins...." He said to the paralyzed man, "I tell you, get up, take your mat and go home." **25** Immediately he stood up in front of them, took what he had been lying on and went home praising God. **26** Everyone was amazed and gave praise to God. They were filled with awe and said, "We have seen remarkable things today."

The Calling of Levi

27 After this, Jesus went out and saw a tax collector by the name of Levi sitting at his tax booth. "Follow me," Jesus said to him, **28** and Levi got up, left everything and followed him.

29 Then Levi held a great banquet for Jesus at his house, and a large crowd of tax collectors and others were eating with them. **30** But the Pharisees and the teachers of the law who belonged to their sect complained to his disciples, "Why do you eat and drink with tax collectors and 'sinners'?"

31 Jesus answered them, "It is not the healthy who need a doctor, but the sick. **32** I have not come to call the righteous, but sinners to repentance."

Jesus Questioned About Fasting

33 They said to him, "John's disciples often fast and pray, and so do the disciples of the Pharisees, but yours go on eating and drinking."

34 Jesus answered, "Can you make the guests of the bridegroom fast while he is with them? **35** But the time will come when the bridegroom will be taken from them; in those days they will fast."

36 He told them this parable: "No one tears a patch from a new garment and sews it on an old one. If he does, he will have torn the new garment, and the patch from the new will not match the old. **37** And no one pours new wine into old wineskins. If he does, the new wine will burst the skins, the wine will run out and the wineskins will be ruined. **38** No, new wine must be poured into new wineskins. **39** And no one after drinking old wine wants the new, for he says, 'The old is better.' "

Lord of the Sabbath

6 One Sabbath Jesus was going through the grain fields, and his disciples began to pick some heads of grain, rub them in their hands and eat the kernels. **2** Some of the Pharisees asked, "Why are you doing what is unlawful on the Sabbath?"

3 Jesus answered them, "Have you never read what David did when he and his companions were hungry? **4** He entered

trou na casa de Deus e, tomando os pães da Presença, comeu o que apenas aos sacerdotes era permitido comer, e os deu também aos seus companheiros". **5** E então lhes disse: "O Filho do homem é Senhor do sábado".

6 Noutro sábado, ele entrou na sinagoga e começou a ensinar; estava ali um homem cuja mão direita era atrofiada. **7** Os fariseus e os mestres da lei estavam procurando um motivo para acusar Jesus; por isso o observavam atentamente, para ver se ele iria curá-lo no sábado. **8** Mas Jesus sabia o que eles estavam pensando e disse ao homem da mão atrofiada: "Levante-se e venha para o meio". Ele se levantou e foi.

9 Jesus lhes disse: "Eu lhes pergunto: O que é permitido fazer no sábado: o bem ou o mal, salvar a vida ou destruí-la?"

10 Então, olhou para todos os que estavam à sua volta e disse ao homem: "Estenda a mão". Ele a estendeu, e ela foi restaurada. **11** Mas eles ficaram furiosos e começaram a discutir entre si o que poderiam fazer contra Jesus.

A Escolha dos Doze Apóstolos
(Mc 3.13-19)

12 Num daqueles dias, Jesus saiu para o monte a fim de orar, e passou a noite orando a Deus. **13** Ao amanhecer, chamou seus discípulos e escolheu doze deles, a quem também designou apóstolos: **14** Simão, a quem deu o nome de Pedro; seu irmão André; Tiago; João; Filipe; Bartolomeu; **15** Mateus; Tomé; Tiago, filho de Alfeu; Simão, chamado zelote; **16** Judas, filho de Tiago; e Judas Iscariotes, que veio a ser o traidor.

Bênçãos e Ais

17 Jesus desceu com eles e parou num lugar plano. Estavam ali muitos dos seus discípulos e uma imensa multidão procedente de toda a Judéia, de Jerusalém e do litoral de Tiro e de Sidom, **18** que vieram para ouvi-lo e serem curados de suas doenças. Os que eram perturbados por espíritos imundos ficaram curados, **19** e todos procuravam tocar nele, porque dele saía poder que curava todos.

20 Olhando para os seus discípulos, ele disse:

"Bem-aventurados vocês,
  os pobres,
pois a vocês pertence
  o Reino de Deus.
21 Bem-aventurados vocês,
  que agora têm fome,
pois serão satisfeitos.
  Bem-aventurados vocês,
  que agora choram,
pois haverão de rir.
22 Bem-aventurados serão vocês,
  quando os odiarem,
  expulsarem e insultarem,
e eliminarem o nome de vocês, como sendo mau,
  por causa do Filho do homem.

23 "Regozijem-se nesse dia e saltem de alegria, porque grande é a sua recompensa no céu. Pois assim os antepassados deles trataram os profetas.

24 "Mas ai de vocês, os ricos,
pois já receberam
  sua consolação.
25 Ai de vocês,
  que agora têm fartura,
porque passarão fome.
  Ai de vocês, que agora riem,
  pois haverão de se lamentar
  e chorar.
26 Ai de vocês,
  quando todos
  falarem bem de vocês,
  pois assim

the house of God, and taking the consecrated bread, he ate what is lawful only for priests to eat. And he also gave some to his companions." **5** Then Jesus said to them, "The Son of Man is Lord of the Sabbath."

6 On another Sabbath he went into the synagogue and was teaching, and a man was there whose right hand was shriveled. **7** The Pharisees and the teachers of the law were looking for a reason to accuse Jesus, so they watched him closely to see if he would heal on the Sabbath. **8** But Jesus knew what they were thinking and said to the man with the shriveled hand, "Get up and stand in front of everyone." So he got up and stood there.

9 Then Jesus said to them, "I ask you, which is lawful on the Sabbath: to do good or to do evil, to save life or to destroy it?"

10 He looked around at them all, and then said to the man, "Stretch out your hand." He did so, and his hand was completely restored. **11** But they were furious and began to discuss with one another what they might do to Jesus.

The Twelve Apostles

12 One of those days Jesus went out to a mountainside to pray, and spent the night praying to God. **13** When morning came, he called his disciples to him and chose twelve of them, whom he also designated apostles: **14** Simon (whom he named Peter), his brother Andrew, James, John, Philip, Bartholomew, **15** Matthew, Thomas, James son of Alphaeus, Simon who was called the Zealot, **16** Judas son of James, and Judas Iscariot, who became a traitor.

Blessings and Woes

17 He went down with them and stood on a level place. A large crowd of his disciples was there and a great number of people from all over Judea, from Jerusalem, and from the coast of Tyre and Sidon, **18** who had come to hear him and to be healed of their diseases. Those troubled by evil[a] spirits were cured, **19** and the people all tried to touch him, because power was coming from him and healing them all.

20 Looking at his disciples, he said:

"Blessed are you who are poor,
  for yours is the kingdom of God.
21 Blessed are you who hunger now,
  for you will be satisfied.
  Blessed are you who weep now,
  for you will laugh.
22 Blessed are you when men hate you,
  when they exclude you and insult you
  and reject your name as evil, because of the
  Son of Man.

23 "Rejoice in that day and leap for joy, because great is your reward in heaven. For that is how their fathers treated the prophets.

24 "But woe to you who are rich,
  for you have already received your comfort.
25 Woe to you who are well fed now,
  for you will go hungry.
  Woe to you who laugh now,
  for you will mourn and weep.
26 Woe to you when all men speak well of you,

---

[a] 6:18 Greek unclean

os antepassados deles trataram os falsos profetas.

O Amor aos Inimigos
(Mt 5.38-48)

27 "Mas eu digo a vocês que estão me ouvindo: Amem os seus inimigos, façam o bem aos que os odeiam, **28** abençoem os que os amaldiçoam, orem por aqueles que os maltratam. **29** Se alguém lhe bater numa face, ofereça-lhe também a outra. Se alguém lhe tirar a capa, não o impeça de tirar-lhe a túnica. **30** Dê a todo aquele que lhe pedir, e se alguém tirar o que pertence a você, não lhe exija que o devolva. **31** Como vocês querem que os outros lhes façam, façam também vocês a eles.

32 "Que mérito vocês terão, se amarem aos que os amam? Até os 'pecadores' amam aos que os amam. **33** E que mérito terão, se fizerem o bem àqueles que são bons para com vocês? Até os 'pecadores' agem assim. **34** E que mérito terão, se emprestarem a pessoas de quem esperam devolução? Até os 'pecadores' emprestam a 'pecadores', esperando receber devolução integral. **35** Amem, porém, os seus inimigos, façam-lhes o bem e emprestem a eles, sem esperar receber nada de volta. Então, a recompensa que terão será grande e vocês serão filhos do Altíssimo, porque ele é bondoso para com os ingratos e maus. **36** Sejam misericordiosos, assim como o Pai de vocês é misericordioso.

O Julgamento ao Próximo
(Mt 7.1-6)

37 "Não julguem, e vocês não serão julgados. Não condenem, e não serão condenados. Perdoem, e serão perdoados. **38** Dêem, e lhes será dado: uma boa medida, calcada, sacudida e transbordante será dada a vocês. Pois a medida que usarem também será usada para medir vocês".

39 Jesus fez também a seguinte comparação: "Pode um cego guiar outro cego? Não cairão os dois no buraco? **40** O discípulo não está acima do seu mestre, mas todo aquele que for bem preparado será como o seu mestre.

41 "Por que você repara no cisco que está no olho do seu irmão e não se dá conta da viga que está em seu próprio olho? **42** Como você pode dizer ao seu irmão: 'Irmão, deixe-me tirar o cisco do seu olho', se você mesmo não consegue ver a viga que está em seu próprio olho? Hipócrita, tire primeiro a viga do seu olho, e então você verá claramente para tirar o cisco do olho do seu irmão.

A Árvore e seu Fruto
(Mt 7.15-20)

43 "Nenhuma árvore boa dá fruto ruim, nenhuma árvore ruim dá fruto bom. **44** Toda árvore é reconhecida por seus frutos. Ninguém colhe figos de espinheiros, nem uvas de ervas daninhas. **45** O homem bom tira coisas boas do bom tesouro que está em seu coração, e o homem mau tira coisas más do mal que está em seu coração, porque a sua boca fala do que está cheio o coração.

O Prudente e o Insensato
(Mt 7.24-29)

46 "Por que vocês me chamam 'Senhor, Senhor' e não fazem o que eu digo? **47** Eu lhes mostrarei com quem se compara aquele que vem a mim, ouve as minhas palavras e as pratica. **48** É como um homem que, ao construir uma casa, cavou fundo e colocou os alicerces na rocha. Quando veio a inundação, a torrente deu contra aquela casa, mas não a conseguiu abalar, porque estava bem construída. **49** Mas aquele que ouve as minhas palavras e não as pratica, é como um homem que construiu uma casa sobre o chão, sem alicerces. No momento em que a torrente deu contra aquela casa, ela caiu, e a sua destruição foi completa".

Um Centurião Demonstra Fé
(Mt 8.5-13)

7 Tendo terminado de dizer tudo isso ao povo, Jesus entrou em Cafarnaum. **2** Ali estava o servo de um centurião,

---

for that is how their fathers treated the false prophets.

Love for Enemies

27 "But I tell you who hear me: Love your enemies, do good to those who hate you, **28** bless those who curse you, pray for those who mistreat you. **29** If someone strikes you on one cheek, turn to him the other also. If someone takes your cloak, do not stop him from taking your tunic. **30** Give to everyone who asks you, and if anyone takes what belongs to you, do not demand it back. **31** Do to others as you would have them do to you.

32 "If you love those who love you, what credit is that to you? Even 'sinners' love those who love them. **33** And if you do good to those who are good to you, what credit is that to you? Even 'sinners' do that. **34** And if you lend to those from whom you expect repayment, what credit is that to you? Even 'sinners' lend to 'sinners,' expecting to be repaid in full. **35** But love your enemies, do good to them, and lend to them without expecting to get anything back. Then your reward will be great, and you will be sons of the Most High, because he is kind to the ungrateful and wicked. **36** Be merciful, just as your Father is merciful.

Judging Others

37 "Do not judge, and you will not be judged. Do not condemn, and you will not be condemned. Forgive, and you will be forgiven. **38** Give, and it will be given to you. A good measure, pressed down, shaken together and running over, will be poured into your lap. For with the measure you use, it will be measured to you."

39 He also told them this parable: "Can a blind man lead a blind man? Will they not both fall into a pit? **40** A student is not above his teacher, but everyone who is fully trained will be like his teacher.

41 "Why do you look at the speck of sawdust in your brother's eye and pay no attention to the plank in your own eye? **42** How can you say to your brother, 'Brother, let me take the speck out of your eye,' when you yourself fail to see the plank in your own eye? You hypocrite, first take the plank out of your eye, and then you will see clearly to remove the speck from your brother's eye.

A Tree and Its Fruit

43 "No good tree bears bad fruit, nor does a bad tree bear good fruit. **44** Each tree is recognized by its own fruit. People do not pick figs from thornbushes, or grapes from briers. **45** The good man brings good things out of the good stored up in his heart, and the evil man brings evil things out of the evil stored up in his heart. For out of the overflow of his heart his mouth speaks.

The Wise and Foolish Builders

46 "Why do you call me, 'Lord, Lord,' and do not do what I say? **47** I will show you what he is like who comes to me and hears my words and puts them into practice. **48** He is like a man building a house, who dug down deep and laid the foundation on rock. When a flood came, the torrent struck that house but could not shake it, because it was well built. **49** But the one who hears my words and does not put them into practice is like a man who built a house on the ground without a foundation. The moment the torrent struck that house, it collapsed and its destruction was complete."

The Faith of the Centurion

7 When Jesus had finished saying all this in the hearing of the people, he entered Capernaum. **2** There a

doente e quase à morte, a quem seu senhor estimava muito. 3 Ele ouviu falar de Jesus e enviou-lhe alguns líderes religiosos dos judeus, pedindo-lhe que fosse curar o seu servo. 4 Chegando-se a Jesus, suplicaram-lhe com insistência: "Este homem merece que lhe faças isso, 5 porque ama a nossa nação e construiu a nossa sinagoga". 6 Jesus foi com eles.

Já estava perto da casa quando o centurião mandou amigos dizerem a Jesus: "Senhor, não te incomodes, pois não mereço receber-te debaixo do meu teto. 7 Por isso, nem me considerei digno de ir ao teu encontro. Mas dize uma palavra, e o meu servo será curado. 8 Pois eu também sou homem sujeito a autoridade, e com soldados sob o meu comando. Digo a um: Vá, e ele vai; e a outro: Venha, e ele vem. Digo a meu servo: Faça isto, e ele faz".

9 Ao ouvir isso, Jesus admirou-se dele e, voltando-se para a multidão que o seguia, disse: "Eu lhes digo que nem em Israel encontrei tamanha fé". 10 Então os homens que haviam sido enviados voltaram para casa e encontraram o servo restabelecido.

Jesus Ressuscita o Filho de uma Viúva

11 Logo depois, Jesus foi a uma cidade chamada Naim, e com ele iam os seus discípulos e uma grande multidão. 12 Ao se aproximar da porta da cidade, estava saindo o enterro do filho único de uma viúva; e uma grande multidão da cidade estava com ela. 13 Ao vê-la, o Senhor se compadeceu dela e disse: "Não chore".

14 Depois, aproximou-se e tocou no caixão, e os que o carregavam pararam. Jesus disse: "Jovem, eu lhe digo, levante-se!" 15 O jovema sentou-se e começou a conversar, e Jesus o entregou à sua mãe.

16 Todos ficaram cheios de temor e louvavam a Deus. "Um grande profeta se levantou entre nós", diziam eles. "Deus interveio em favor do seu povo." 17 Essas notícias sobre Jesus espalharam-se por toda a Judéia e regiões circunvizinhas.

Jesus e João Batista
(Mt 11.1-19)

18 Os discípulos de João contaram-lhe todas essas coisas. Chamando dois deles, 19 enviou-os ao Senhor para perguntarem: "És tu aquele que haveria de vir ou devemos esperar algum outro?"

20 Dirigindo-se a Jesus, aqueles homens disseram: "João Batista nos enviou para te perguntarmos: 'És tu aquele que haveria de vir ou devemos esperar algum outro?' " 21 Naquele momento Jesus curou muitos que tinham males, doenças graves e espíritos malignos, e concedeu visão a muitos que eram cegos. 22 Então ele respondeu aos mensageiros: "Voltem e anunciem a João o que vocês viram e ouviram: os cegos vêem, os aleijados andam, os leprososb são purificados, os surdos ouvem, os mortos são ressuscitados e as boas novas são pregadas aos pobres; 23 e feliz é aquele que não se escandaliza por minha causa".

24 Depois que os mensageiros de João foram embora, Jesus começou a falar à multidão a respeito de João: "O que vocês foram ver no deserto? Um caniço agitado pelo vento? 25 Ou, o que foram ver? Um homem vestido de roupas finas? Ora, os que vestem roupas esplêndidas e se entregam ao luxo estão nos palácios. 26 Afinal, o que foram ver? Um profeta? Sim, eu lhes digo, e mais que profeta. 27 Este é aquele a respeito de quem está escrito:

" 'Enviarei o meu mensageiro
　　à tua frente;
ele preparará o teu caminho diante de ti'c.

28 Eu lhes digo que entre os que nasceram de mulher não há ninguém maior do que João; todavia, o menor no Reino de Deus é maior do que ele".

centurion's servant, whom his master valued highly, was sick and about to die. 3 The centurion heard of Jesus and sent some elders of the Jews to him, asking him to come and heal his servant. 4 When they came to Jesus, they pleaded earnestly with him, "This man deserves to have you do this, 5 because he loves our nation and has built our synagogue." 6 So Jesus went with them.

He was not far from the house when the centurion sent friends to say to him: "Lord, don't trouble yourself, for I do not deserve to have you come under my roof. 7 That is why I did not even consider myself worthy to come to you. But say the word, and my servant will be healed. 8 For I myself am a man under authority, with soldiers under me. I tell this one, 'Go,' and he goes; and that one, 'Come,' and he comes. I say to my servant, 'Do this,' and he does it."

9 When Jesus heard this, he was amazed at him, and turning to the crowd following him, he said, "I tell you, I have not found such great faith even in Israel." 10 Then the men who had been sent returned to the house and found the servant well.

Jesus Raises a Widow's Son

11 Soon afterward, Jesus went to a town called Nain, and his disciples and a large crowd went along with him. 12 As he approached the town gate, a dead person was being carried out—the only son of his mother, and she was a widow. And a large crowd from the town was with her. 13 When the Lord saw her, his heart went out to her and he said, "Don't cry."

14 Then he went up and touched the coffin, and those carrying it stood still. He said, "Young man, I say to you, get up!" 15 The dead man sat up and began to talk, and Jesus gave him back to his mother.

16 They were all filled with awe and praised God. "A great prophet has appeared among us," they said. "God has come to help his people." 17 This news about Jesus spread throughout Judeaa and the surrounding country.

Jesus and John the Baptist

18 John's disciples told him about all these things. Calling two of them, 19 he sent them to the Lord to ask, "Are you the one who was to come, or should we expect someone else?"

20 When the men came to Jesus, they said, "John the Baptist sent us to you to ask, 'Are you the one who was to come, or should we expect someone else?' "

21 At that very time Jesus cured many who had diseases, sicknesses and evil spirits, and gave sight to many who were blind. 22 So he replied to the messengers, "Go back and report to John what you have seen and heard: The blind receive sight, the lame walk, those who have leprosyb are cured, the deaf hear, the dead are raised, and the good news is preached to the poor. 23 Blessed is the man who does not fall away on account of me."

24 After John's messengers left, Jesus began to speak to the crowd about John: "What did you go out into the desert to see? A reed swayed by the wind? 25 If not, what did you go out to see? A man dressed in fine clothes? No, those who wear expensive clothes and indulge in luxury are in palaces. 26 But what did you go out to see? A prophet? Yes, I tell you, and more than a prophet. 27 This is the one about whom it is written:

" 'I will send my messenger ahead of you,
　　who will prepare your way before you.'c

28 I tell you, among those born of women there is no one greater than John; yet the one who is least in the kingdom of God is greater than he."

---

a7.15 Grego: O morto.b7.22 O termo grego não se refere somente à lepra, mas também a diversas doenças da pele. c7.27 Ml 3.1

a7.17 Or the land of the Jews b7.22 The Greek word was used for various diseases affecting the skin—not necessarily leprosy. c7.27 Mal. 3:1

29 Todo o povo, até os publicanos, ouvindo as palavras de Jesus, reconheceram que o caminho de Deus era justo, sendo batizados por João. **30** Mas os fariseus e os peritos na lei rejeitaram o propósito de Deus para eles, não sendo batizados por João.

31 "A que posso, pois, comparar os homens desta geração?", prosseguiu Jesus. "Com que se parecem? **32** São como crianças que ficam sentadas na praça e gritam umas às outras:

" 'Nós lhes tocamos flauta,
     mas vocês não dançaram;
cantamos um lamento,
     mas vocês não choraram'.

33 Pois veio João Batista, que jejua e não bebe[a] vinho, e vocês dizem: 'Ele tem demônio'. **34** Veio o Filho do homem, comendo e bebendo, e vocês dizem: 'Aí está um comilão e beberrão, amigo de publicanos e "pecadores" '. **35** Mas a sabedoria é comprovada por todos os seus discípulos[b]."

Jesus é Ungido por uma Pecadora

36 Convidado por um dos fariseus para jantar, Jesus foi à casa dele e reclinou-se à mesa. **37** Ao saber que Jesus estava comendo na casa do fariseu, certa mulher daquela cidade, uma 'pecadora', trouxe um frasco de alabastro com perfume, **38** e se colocou atrás de Jesus, a seus pés. Chorando, começou a molhar-lhe os pés com suas lágrimas. Depois os enxugou com seus cabelos, beijou-os e os ungiu com o perfume.

39 Ao ver isso, o fariseu que o havia convidado disse a si mesmo: "Se este homem fosse profeta, saberia quem nele está tocando e que tipo de mulher ela é: uma 'pecadora' ".

40 Então lhe disse Jesus: "Simão, tenho algo a lhe dizer".

"Dize, Mestre", disse ele.

41 "Dois homens deviam a certo credor. Um lhe devia quinhentos denários[c] e o outro, cinqüenta. **42** Nenhum dos dois tinha com que lhe pagar, por isso perdoou a dívida a ambos. Qual deles o amará mais?"

43 Simão respondeu: "Suponho que aquele a quem foi perdoada a dívida maior".

"Você julgou bem", disse Jesus.

44 Em seguida, virou-se para a mulher e disse a Simão: "Vê esta mulher? Entrei em sua casa, mas você não me deu água para lavar os pés; ela, porém, molhou os meus pés com suas lágrimas e os enxugou com seus cabelos. **45** Você não me saudou com um beijo, mas esta mulher, desde que entrei aqui, não parou de beijar os meus pés. **46** Você não ungiu a minha cabeça com óleo, mas ela derramou perfume nos meus pés. **47** Portanto, eu lhe digo, os muitos pecados dela lhe foram perdoados; pois ela amou muito. Mas aquele a quem pouco foi perdoado, pouco ama".

48 Então Jesus disse a ela: "Seus pecados estão perdoados".

49 Os outros convidados começaram a perguntar: "Quem é este que até perdoa pecados?"

50 Jesus disse à mulher: "Sua fé a salvou; vá em paz".

A Parábola do Semeador
(Mt 13.1-23; Mc 4.1-20)

8 Depois disso Jesus ia passando pelas cidades e povoados proclamando as boas novas do Reino de Deus. Os Doze estavam com ele, **2** e também algumas mulheres que haviam sido curadas de espíritos malignos e doenças: Maria, chamada Madalena, de quem haviam saído sete demônios; **3** Joana, mulher de Cuza, administrador da casa de Herodes; Susana e muitas outras. Essas mulheres ajudavam a sustentá-los com seus bens.

29 (All the people, even the tax collectors, when they heard Jesus' words, acknowledged that God's way was right, because they had been baptized by John. **30** But the Pharisees and experts in the law rejected God's purpose for themselves, because they had not been baptized by John.)

31 "To what, then, can I compare the people of this generation? What are they like? **32** They are like children sitting in the marketplace and calling out to each other:

" 'We played the flute for you,
     and you did not dance;
we sang a dirge,
     and you did not cry.'

33 For John the Baptist came neither eating bread nor drinking wine, and you say, 'He has a demon.' **34** The Son of Man came eating and drinking, and you say, 'Here is a glutton and a drunkard, a friend of tax collectors and "sinners." ' **35** But wisdom is proved right by all her children."

Jesus Anointed by a Sinful Woman

36 Now one of the Pharisees invited Jesus to have dinner with him, so he went to the Pharisee's house and reclined at the table. **37** When a woman who had lived a sinful life in that town learned that Jesus was eating at the Pharisee's house, she brought an alabaster jar of perfume, **38** and as she stood behind him at his feet weeping, she began to wet his feet with her tears. Then she wiped them with her hair, kissed them and poured perfume on them.

39 When the Pharisee who had invited him saw this, he said to himself, "If this man were a prophet, he would know who is touching him and what kind of woman she is–that she is a sinner."

40 Jesus answered him, "Simon, I have something to tell you."

"Tell me, teacher," he said.

41 "Two men owed money to a certain moneylender. One owed him five hundred denarii,[a] and the other fifty. **42** Neither of them had the money to pay him back, so he canceled the debts of both. Now which of them will love him more?"

43 Simon replied, "I suppose the one who had the bigger debt canceled."

"You have judged correctly," Jesus said.

44 Then he turned toward the woman and said to Simon, "Do you see this woman? I came into your house. You did not give me any water for my feet, but she wet my feet with her tears and wiped them with her hair. **45** You did not give me a kiss, but this woman, from the time I entered, has not stopped kissing my feet. **46** You did not put oil on my head, but she has poured perfume on my feet. **47** Therefore, I tell you, her many sins have been forgiven—for she loved much. But he who has been forgiven little loves little."

48 Then Jesus said to her, "Your sins are forgiven."

49 The other guests began to say among themselves, "Who is this who even forgives sins?"

50 Jesus said to the woman, "Your faith has saved you; go in peace."

The Parable of the Sower

8 After this, Jesus traveled about from one town and village to another, proclaiming the good news of the kingdom of God. The Twelve were with him, **2** and also some women who had been cured of evil spirits and diseases: Mary (called Magdalene) from whom seven demons had come out; **3** Joanna the wife of Cuza, the manager of Herod's household; Susanna; and many others. These women were helping to support them out of their own means.

---

[a]**7.33** Grego: *não comendo, nem bebendo.* [b]**7.35** Grego: *filhos.* [c]**7.41** O denário era uma moeda de prata equivalente à diária de um trabalhador braçal.

[a]**7:41** A denarius was a coin worth about a day's wages.

4 Reunindo-se uma grande multidão e vindo a Jesus gente de várias cidades, ele contou esta parábola: **5** "O semeador saiu a semear. Enquanto lançava a semente, parte dela caiu à beira do caminho; foi pisada, e as aves do céu a comeram. **6** Parte dela caiu sobre pedras e, quando germinou, as plantas secaram, porque não havia umidade. **7** Outra parte caiu entre espinhos, que cresceram com ela e sufocaram as plantas. **8** Outra ainda caiu em boa terra. Cresceu e deu boa colheita, a cem por um".

Tendo dito isso, exclamou: "Aquele que tem ouvidos para ouvir, ouça!"

9 Seus discípulos perguntaram-lhe o que significava aquela parábola. **10** Ele disse: "A vocês foi dado o conhecimento dos mistérios do Reino de Deus, mas aos outros falo por parábolas, para que

" 'vendo, não vejam;
e ouvindo, não entendam'ª.

11 "Este é o significado da parábola: A semente é a palavra de Deus. **12** As que caíram à beira do caminho são os que ouvem, e então vem o Diabo e tira a palavra do seu coração, para que não creiam e não sejam salvos. **13** As que caíram sobre as pedras são os que recebem a palavra com alegria quando a ouvem, mas não têm raiz. Crêem durante algum tempo, mas desistem na hora da provação. **14** As que caíram entre espinhos são os que ouvem, mas, ao seguirem seu caminho, são sufocados pelas preocupações, pelas riquezas e pelos prazeres desta vida, e não amadurecem. **15** Mas as que caíram em boa terra são os que, com coração bom e generoso, ouvem a palavra, a retêm e dão fruto, com perseverança.

A Candeia
(Mc 4.21-25)

16 "Ninguém acende uma candeia e a esconde num jarro ou a coloca debaixo de uma cama. Ao contrário, coloca-a num lugar apropriado, de modo que os que entram possam ver a luz. **17** Porque não há nada oculto que não venha a ser revelado, e nada escondido que não venha a ser conhecido e trazido à luz. **18** Portanto, considerem atentamente como vocês estão ouvindo. A quem tiver, mais lhe será dado; de quem não tiver, até o que pensa que tem lhe será tirado".

A Mãe e os Irmãos de Jesus
(Mt 12.46-50; Mc 3.31-35)

19 A mãe e os irmãos de Jesus foram vê-lo, mas não conseguiam aproximar-se dele, por causa da multidão. **20** Alguém lhe disse: "Tua mãe e teus irmãos estão lá fora e querem ver-te". **21** Ele lhe respondeu: "Minha mãe e meus irmãos são aqueles que ouvem a palavra de Deus e a praticam".

Jesus Acalma a Tempestade
(Mt 8.23-27; Mc 4.35-41)

22 Certo dia Jesus disse aos seus discípulos: "Vamos para o outro lado do lago". Eles entraram num barco e partiram. **23** Enquanto navegavam, ele adormeceu. Abateu-se sobre o lago um forte vendaval, de modo que o barco estava sendo inundado, e eles corriam grande perigo. **24** Os discípulos foram acordá-lo, clamando: "Mestre, Mestre, vamos morrer!"

Ele se levantou e repreendeu o vento e a violência das águas; tudo se acalmou e ficou tranqüilo. **25** "Onde está a sua fé?", perguntou ele aos seus discípulos.

Amedrontados e admirados, eles perguntaram uns aos outros: "Quem é este que até aos ventos e às águas dá ordens, e eles lhe obedecem?"

A Cura de um Endemoninhado
(Mt 8.28-34; Mc 5.1-20)

26 Navegaram para a região dos gerasenosᵇ, que fica do outro

4 While a large crowd was gathering and people were coming to Jesus from town after town, he told this parable: **5** "A farmer went out to sow his seed. As he was scattering the seed, some fell along the path; it was trampled on, and the birds of the air ate it up. **6** Some fell on rock, and when it came up, the plants withered because they had no moisture. **7** Other seed fell among thorns, which grew up with it and choked the plants. **8** Still other seed fell on good soil. It came up and yielded a crop, a hundred times more than was sown."

When he said this, he called out, "He who has ears to hear, let him hear."

9 His disciples asked him what this parable meant. **10** He said, "The knowledge of the secrets of the kingdom of God has been given to you, but to others I speak in parables, so that,

" 'though seeing, they may not see;
though hearing, they may not understand.'ª

11 "This is the meaning of the parable: The seed is the word of God. **12** Those along the path are the ones who hear, and then the devil comes and takes away the word from their hearts, so that they may not believe and be saved. **13** Those on the rock are the ones who receive the word with joy when they hear it, but they have no root. They believe for a while, but in the time of testing they fall away. **14** The seed that fell among thorns stands for those who hear, but as they go on their way they are choked by life's worries, riches and pleasures, and they do not mature. **15** But the seed on good soil stands for those with a noble and good heart, who hear the word, retain it, and by persevering produce a crop.

A Lamp on a Stand

16 "No one lights a lamp and hides it in a jar or puts it under a bed. Instead, he puts it on a stand, so that those who come in can see the light. **17** For there is nothing hidden that will not be disclosed, and nothing concealed that will not be known or brought out into the open. **18** Therefore consider carefully how you listen. Whoever has will be given more; whoever does not have, even what he thinks he has will be taken from him."

Jesus' Mother and Brother

19 Now Jesus' mother and brothers came to see him, but they were not able to get near him because of the crowd. **20** Someone told him, "Your mother and brothers are standing outside, wanting to see you."

21 He replied, "My mother and brothers are those who hear God's word and put it into practice."

Jesus Calms the Storm

22 One day Jesus said to his disciples, "Let's go over to the other side of the lake." So they got into a boat and set out. **23** As they sailed, he fell asleep. A squall came down on the lake, so that the boat was being swamped, and they were in great danger.

24 The disciples went and woke him, saying, "Master, Master, we're going to drown!"

He got up and rebuked the wind and the raging waters; the storm subsided, and all was calm. **25** "Where is your faith?" he asked his disciples.

In fear and amazement they asked one another, "Who is this? He commands even the winds and the water, and they obey him."

The Healing of a Demon-possessed Man

26 They sailed to the region of the Gerasenes,ᵇ which is

ª**8.10** Is 6.9 ᵇ**8.26** Alguns manuscritos trazem *gadarenos*; outros manuscritos dizem *gergesenos*; também no versículo 37.

ª**8:10** Isaiah 6:9 ᵇ**8:26** Some manuscripts *Gadarenes*; other manuscripts *Gergesenes*; also in verse 37

lado do lago, frente à Galiléia. **27** Quando Jesus pisou em terra, foi ao encontro dele um endemoninhado daquela cidade. Fazia muito tempo que aquele homem não usava roupas, nem vivia em casa alguma, mas nos sepulcros. **28** Quando viu Jesus, gritou, prostrou-se aos seus pés e disse em alta voz: "Que queres comigo, Jesus, Filho do Deus Altíssimo? Rogo-te que não me atormentes!" **29** Pois Jesus havia ordenado que o espírito imundo saísse daquele homem. Muitas vezes ele tinha se apoderado dele. Mesmo com os pés e as mãos acorrentados e entregue aos cuidados de guardas, quebrava as correntes, e era levado pelo demônio a lugares solitários.

30 Jesus lhe perguntou: "Qual é o seu nome?"

"Legião", respondeu ele; porque muitos demônios haviam entrado nele. **31** E imploravam-lhe que não os mandasse para o Abismo.

32 Uma grande manada de porcos estava pastando naquela colina. Os demônios imploraram a Jesus que lhes permitisse entrar neles, e Jesus lhes deu permissão. **33** Saindo do homem, os demônios entraram nos porcos, e toda a manada atirou-se precipício abaixo em direção ao lago e se afogou.

34 Vendo o que acontecera, os que cuidavam dos porcos fugiram e contaram esses fatos, na cidade e nos campos, **35** e o povo foi ver o que havia acontecido. Quando se aproximaram de Jesus, viram que o homem de quem haviam saído os demônios estava assentado aos pés de Jesus, vestido e em perfeito juízo, e ficaram com medo. **36** Os que o tinham visto contaram ao povo como o endemoninhado fora curado. **37** Então, todo o povo da região dos gerasenos suplicou a Jesus que se retirasse, porque estavam dominados pelo medo. Ele entrou no barco e regressou.

38 O homem de quem haviam saído os demônios suplicava-lhe que o deixasse ir com ele; mas Jesus o mandou embora, dizendo: **39** "Volte para casa e conte o quanto Deus lhe fez". Assim, o homem se foi e anunciou na cidade inteira o quanto Jesus tinha feito por ele.

O Poder de Jesus sobre a Doença e a Morte
(Mt 9.18-26; Mc 5.21-43)

40 Quando Jesus voltou, uma multidão o recebeu com alegria, pois todos o esperavam. **41** Então um homem chamado Jairo, dirigente da sinagoga, veio e prostrou-se aos pés de Jesus, implorando-lhe que fosse à sua casa **42** porque sua única filha, de cerca de doze anos, estava à morte.

Estando Jesus a caminho, a multidão o comprimia. **43** E estava ali certa mulher que havia doze anos vinha sofrendo de hemorragia e gastara tudo o que tinha com os médicos**a**; mas ninguém pudera curá-la. **44** Ela chegou por trás dele, tocou na borda de seu manto, e imediatamente cessou sua hemorragia.

45 "Quem tocou em mim?", perguntou Jesus.

Como todos negassem, Pedro disse: "Mestre, a multidão se aglomera e te comprime".

46 Mas Jesus disse: "Alguém tocou em mim; eu sei que de mim saiu poder".

47 Então a mulher, vendo que não conseguiria passar despercebida, veio tremendo e prostrou-se aos seus pés. Na presença de todo o povo contou por que tinha tocado nele e como fora instantaneamente curada. **48** Então ele lhe disse: "Filha, a sua fé a curou**b**! Vá em paz".

49 Enquanto Jesus ainda estava falando, chegou alguém da casa de Jairo, o dirigente da sinagoga, e disse: "Sua filha morreu. Não incomode mais o Mestre".

50 Ouvindo isso, Jesus disse a Jairo: "Não tenha medo; tãosomente creia, e ela será curada".

51 Quando chegou à casa de Jairo, não deixou ninguém entrar com ele, exceto Pedro, João, Tiago e o pai e a mãe da criança. **52** Enquanto isso, todo o povo estava se lamentando e chorando por ela. "Não chorem", disse Jesus. "Ela não está morta, mas dorme."

across the lake from Galilee. **27** When Jesus stepped ashore, he was met by a demon-possessed man from the town. For a long time this man had not worn clothes or lived in a house, but had lived in the tombs. **28** When he saw Jesus, he cried out and fell at his feet, shouting at the top of his voice, "What do you want with me, Jesus, Son of the Most High God? I beg you, don't torture me!" **29** For Jesus had commanded the evil**a** spirit to come out of the man. Many times it had seized him, and though he was chained hand and foot and kept under guard, he had broken his chains and had been driven by the demon into solitary places.

30 Jesus asked him, "What is your name?"

"Legion," he replied, because many demons had gone into him. **31** And they begged him repeatedly not to order them to go into the Abyss.

32 A large herd of pigs was feeding there on the hillside. The demons begged Jesus to let them go into them, and he gave them permission. **33** When the demons came out of the man, they went into the pigs, and the herd rushed down the steep bank into the lake and was drowned.

34 When those tending the pigs saw what had happened, they ran off and reported this in the town and countryside, **35** and the people went out to see what had happened. When they came to Jesus, they found the man from whom the demons had gone out, sitting at Jesus' feet, dressed and in his right mind; and they were afraid. **36** Those who had seen it told the people how the demon-possessed man had been cured. **37** Then all the people of the region of the Gerasenes asked Jesus to leave them, because they were overcome with fear. So he got into the boat and left.

38 The man from whom the demons had gone out begged to go with him, but Jesus sent him away, saying, **39** "Return home and tell how much God has done for you." So the man went away and told all over town how much Jesus had done for him.

A Dead Girl and a Sick Woman

40 Now when Jesus returned, a crowd welcomed him, for they were all expecting him. **41** Then a man named Jairus, a ruler of the synagogue, came and fell at Jesus' feet, pleading with him to come to his house **42** because his only daughter, a girl of about twelve, was dying.

As Jesus was on his way, the crowds almost crushed him. **43** And a woman was there who had been subject to bleeding for twelve years,**b** but no one could heal her. **44** She came up behind him and touched the edge of his cloak, and immediately her bleeding stopped.

45 "Who touched me?" Jesus asked.

When they all denied it, Peter said, "Master, the people are crowding and pressing against you."

46 But Jesus said, "Someone touched me; I know that power has gone out from me."

47 Then the woman, seeing that she could not go unnoticed, came trembling and fell at his feet. In the presence of all the people, she told why she had touched him and how she had been instantly healed. **48** Then he said to her, "Daughter, your faith has healed you. Go in peace."

49 While Jesus was still speaking, someone came from the house of Jairus, the synagogue ruler. "Your daughter is dead," he said. "Don't bother the teacher any more."

50 Hearing this, Jesus said to Jairus, "Don't be afraid; just believe, and she will be healed."

51 When he arrived at the house of Jairus, he did not let anyone go in with him except Peter, John and James, and the child's father and mother. **52** Meanwhile, all the people were wailing and mourning for her. "Stop wailing," Jesus said. "She is not dead but asleep."

---

a8.43 Alguns manuscritos não trazem *gastara tudo o que tinha com os médicos*.**b**8.48 Ou *a salvou*

a8:29 Greek *unclean* **b**8:43 Many manuscripts *years, and she had spent all she had on doctors*

53 Todos começaram a rir dele, pois sabiam que ela estava morta. **54** Mas ele a tomou pela mão e disse: "Menina, levante-se!" **55** O espírito dela voltou, e ela se levantou imediatamente. Então Jesus lhes ordenou que lhe dessem de comer. **56** Os pais dela ficaram maravilhados, mas ele lhes ordenou que não contassem a ninguém o que tinha acontecido.

Jesus Envia os Doze
(Mt 10.5-14; Mc 5.7-13)

9 Reunindo os Doze, Jesus deu-lhes poder e autoridade para expulsar todos os demônios e curar doenças, **2** e os enviou a pregar o Reino de Deus e a curar os enfermos. **3** E disse-lhes: "Não levem nada pelo caminho: nem bordão, nem saco de viagem, nem pão, nem dinheiro, nem túnica extra. **4** Na casa em que vocês entrarem, fiquem ali até partirem. **5** Se não os receberem, sacudam a poeira dos seus pés quando saírem daquela cidade, como testemunho contra eles". **6** Então, eles saíram e foram pelos povoados, pregando o evangelho e fazendo curas por toda parte.

7 Herodes, o tetrarca[a], ouviu falar de tudo o que estava acontecendo e ficou perplexo, porque algumas pessoas estavam dizendo que João tinha ressuscitado dos mortos; **8** outros, que Elias tinha aparecido; e ainda outros, que um dos profetas do passado tinha voltado à vida. **9** Mas Herodes disse: "João, eu decapitei! Quem, pois, é este de quem ouço essas coisas?" E procurava vê-lo.

A Primeira Multiplicação dos Pães
(Mt 14.13-21; Mc 6.30-44; Jo 6.1-15)

10 Ao voltarem, os apóstolos relataram a Jesus o que tinham feito. Então ele os tomou consigo, e retiraram-se para uma cidade chamada Betsaida; **11** mas as multidões ficaram sabendo, e o seguiram. Ele as acolheu, e falava-lhes acerca do Reino de Deus, e curava os que precisavam de cura.

12 Ao fim da tarde os Doze aproximaram-se dele e disseram: "Manda embora a multidão para que eles possam ir aos campos vizinhos e aos povoados, e encontrem comida e pousada, porque aqui estamos em lugar deserto".

13 Ele, porém, respondeu: "Dêem-lhes vocês algo para comer". Eles disseram: "Temos apenas cinco pães e dois peixes — a menos que compremos alimento para toda esta multidão". **14** (E estavam ali cerca de cinco mil homens.)

Mas ele disse aos seus discípulos: "Façam-nos sentar-se em grupos de cinqüenta". **15** Os discípulos assim fizeram, e todos se assentaram. **16** Tomando os cinco pães e os dois peixes, e olhando para o céu, deu graças e os partiu. Em seguida, entregou-os aos discípulos para que os servissem ao povo. **17** Todos comeram e ficaram satisfeitos, e os discípulos recolheram doze cestos cheios de pedaços que sobraram.

A Confissão de Pedro
(Mt 16.13-20; Mc 8.27-30)

18 Certa vez Jesus estava orando em particular, e com ele estavam os seus discípulos; então lhes perguntou: "Quem as multidões dizem que eu sou?"

19 Eles responderam: "Alguns dizem que és João Batista; outros, Elias; e, ainda outros, que és um dos profetas do passado que ressuscitou".

20 "E vocês, o que dizem?", perguntou. "Quem vocês dizem que eu sou?"

Pedro respondeu: "O Cristo de Deus".

21 Jesus os advertiu severamente que não contassem isso a ninguém. **22** E disse: "É necessário que o Filho do homem sofra muitas coisas e seja rejeitado pelos líderes religiosos, pelos chefes dos sacerdotes e pelos mestres da lei, seja morto e ressuscite no terceiro dia".

23 Jesus dizia a todos: "Se alguém quiser acompanhar-me, negue-se a si mesmo, tome diariamente a sua cruz e siga-me.

53 They laughed at him, knowing that she was dead. **54** But he took her by the hand and said, "My child, get up!" **55** Her spirit returned, and at once she stood up. Then Jesus told them to give her something to eat. **56** Her parents were astonished, but he ordered them not to tell anyone what had happened.

Jesus Sends Out the Twelve

9 When Jesus had called the Twelve together, he gave them power and authority to drive out all demons and to cure diseases, **2** and he sent them out to preach the kingdom of God and to heal the sick. **3** He told them: "Take nothing for the journey—no staff, no bag, no bread, no money, no extra tunic. **4** Whatever house you enter, stay there until you leave that town. **5** If people do not welcome you, shake the dust off your feet when you leave their town, as a testimony against them." **6** So they set out and went from village to village, preaching the gospel and healing people everywhere.

7 Now Herod the tetrarch heard about all that was going on. And he was perplexed, because some were saying that John had been raised from the dead, **8** others that Elijah had appeared, and still others that one of the prophets of long ago had come back to life. **9** But Herod said, "I beheaded John. Who, then, is this I hear such things about?" And he tried to see him.

Jesus Feeds the Five Thousand

10 When the apostles returned, they reported to Jesus what they had done. Then he took them with him and they withdrew by themselves to a town called Bethsaida, **11** but the crowds learned about it and followed him. He welcomed them and spoke to them about the kingdom of God, and healed those who needed healing.

12 Late in the afternoon the Twelve came to him and said, "Send the crowd away so they can go to the surrounding villages and countryside and find food and lodging, because we are in a remote place here."

13 He replied, "You give them something to eat."

They answered, "We have only five loaves of bread and two fish—unless we go and buy food for all this crowd." **14** (About five thousand men were there.)

But he said to his disciples, "Have them sit down in groups of about fifty each." **15** The disciples did so, and everybody sat down. **16** Taking the five loaves and the two fish and looking up to heaven, he gave thanks and broke them. Then he gave them to the disciples to set before the people. **17** They all ate and were satisfied, and the disciples picked up twelve basketfuls of broken pieces that were left over.

Peter's Confession of Christ

18 Once when Jesus was praying in private and his disciples were with him, he asked them, "Who do the crowds say I am?"

19 They replied, "Some say John the Baptist; others say Elijah; and still others, that one of the prophets of long ago has come back to life."

20 "But what about you?" he asked. "Who do you say I am?"

Peter answered, "The Christ[a] of God."

21 Jesus strictly warned them not to tell this to anyone. **22** And he said, "The Son of Man must suffer many things and be rejected by the elders, chief priests and teachers of the law, and he must be killed and on the third day be raised to life."

23 Then he said to them all: "If anyone would come after me, he must deny himself and take up his cross daily and

---

[a]9.7 Um tetrarca era o governador da quarta parte de uma região.

[a]9:20 Or *Messiah*

24 Pois quem quiser salvar a sua vida[a], a perderá; mas quem perder a sua vida por minha causa, este a salvará. **25** Pois que adianta ao homem ganhar o mundo inteiro, e perder-se ou destruir a si mesmo? **26** Se alguém se envergonhar de mim e das minhas palavras, o Filho do homem se envergonhará dele, quando vier em sua glória e na glória do Pai e dos santos anjos. **27** Garanto-lhes que alguns que aqui se acham de modo nenhum experimentarão a morte antes de verem o Reino de Deus".

A Transfiguração
(Mt 17.1-13; Mc 9.2-13)

28 Aproximadamente oito dias depois de dizer essas coisas, Jesus tomou consigo a Pedro, João e Tiago e subiu a um monte para orar. **29** Enquanto orava, a aparência de seu rosto se transformou, e suas roupas ficaram alvas e resplandecentes como o brilho de um relâmpago. **30** Surgiram dois homens que começaram a conversar com Jesus. Eram Moisés e Elias. **31** Apareceram em glorioso esplendor, e falavam sobre a partida de Jesus, que estava para se cumprir em Jerusalém.

32 Pedro e os seus companheiros estavam dominados pelo sono; acordando subitamente, viram a glória de Jesus e os dois homens que estavam com ele. **33** Quando estes iam se retirando, Pedro disse a Jesus: "Mestre, é bom estarmos aqui. Façamos três tendas: uma para ti, uma para Moisés e uma para Elias". (Ele não sabia o que estava dizendo.)

34 Enquanto ele estava falando, uma nuvem apareceu e os envolveu, e eles ficaram com medo ao entrarem na nuvem. **35** Dela saiu uma voz que dizia: "Este é o meu Filho, o Escolhido[b]; ouçam-no!" **36** Tendo-se ouvido a voz, Jesus ficou só. Os discípulos guardaram isto somente para si; naqueles dias, não contaram a ninguém o que tinham visto.

A Cura de um Menino Endemoninhado
(Mt 17.14-23; Mc 9.14-32)

37 No dia seguinte, quando desceram do monte, uma grande multidão veio ao encontro dele. **38** Um homem da multidão bradou: "Mestre, rogo-te que dês atenção ao meu filho, pois é o único que tenho. **39** Um espírito o domina; de repente ele grita, lança-o em convulsões e o faz espumar; quase nunca o abandona, e o está destruindo. **40** Roguei aos teus discípulos que o expulsassem, mas eles não conseguiram".

41 Respondeu Jesus: "Ó geração incrédula e perversa, até quando estarei com vocês e terei que suportá-los? Traga-me aqui o seu filho".

42 Quando o menino vinha vindo, o demônio o lançou por terra, em convulsão. Mas Jesus repreendeu o espírito imundo, curou o menino e o entregou de volta a seu pai. **43** E todos ficaram atônitos ante a grandeza de Deus.

Estando todos maravilhados com tudo o que Jesus fazia, ele disse aos seus discípulos: **44** "Ouçam atentamente o que vou lhes dizer: O Filho do homem será traído e entregue nas mãos dos homens". **45** Mas eles não entendiam o que isso significava; era-lhes encoberto, para que não o entendessem. E tinham receio de perguntar-lhe a respeito dessa palavra.

Quem Será o Maior?
(Mt 18.1-5; Mc 9.33-41)

46 Começou uma discussão entre os discípulos acerca de qual deles seria o maior. **47** Jesus, conhecendo os seus pensamentos, tomou uma criança e a colocou em pé, a seu lado. **48** Então lhes disse: "Quem recebe esta criança em meu nome, está me recebendo; e quem me recebe, está recebendo aquele que me enviou. Pois aquele que entre vocês for o menor, este será o maior".

49 Disse João: "Mestre, vimos um homem expulsando demônios em teu nome e procuramos impedi-lo, porque ele não era um dos nossos".

follow me. **24** For whoever wants to save his life will lose it, but whoever loses his life for me will save it. **25** What good is it for a man to gain the whole world, and yet lose or forfeit his very self? **26** If anyone is ashamed of me and my words, the Son of Man will be ashamed of him when he comes in his glory and in the glory of the Father and of the holy angels. **27** I tell you the truth, some who are standing here will not taste death before they see the kingdom of God."

The Transfiguration

28 About eight days after Jesus said this, he took Peter, John and James with him and went up onto a mountain to pray. **29** As he was praying, the appearance of his face changed, and his clothes became as bright as a flash of lightning. **30** Two men, Moses and Elijah, **31** appeared in glorious splendor, talking with Jesus. They spoke about his departure, which he was about to bring to fulfillment at Jerusalem. **32** Peter and his companions were very sleepy, but when they became fully awake, they saw his glory and the two men standing with him. **33** As the men were leaving Jesus, Peter said to him, "Master, it is good for us to be here. Let us put up three shelters—one for you, one for Moses and one for Elijah." (He did not know what he was saying.)

34 While he was speaking, a cloud appeared and enveloped them, and they were afraid as they entered the cloud. **35** A voice came from the cloud, saying, "This is my Son, whom I have chosen; listen to him." **36** When the voice had spoken, they found that Jesus was alone. The disciples kept this to themselves, and told no one at that time what they had seen.

The Healing of a Boy With an Evil Spirit

37 The next day, when they came down from the mountain, a large crowd met him. **38** A man in the crowd called out, "Teacher, I beg you to look at my son, for he is my only child. **39** A spirit seizes him and he suddenly screams; it throws him into convulsions so that he foams at the mouth. It scarcely ever leaves him and is destroying him. **40** I begged your disciples to drive it out, but they could not."

41 "O unbelieving and perverse generation," Jesus replied, "how long shall I stay with you and put up with you? Bring your son here."

42 Even while the boy was coming, the demon threw him to the ground in a convulsion. But Jesus rebuked the evil[a] spirit, healed the boy and gave him back to his father. **43** And they were all amazed at the greatness of God.

While everyone was marveling at all that Jesus did, he said to his disciples, **44** "Listen carefully to what I am about to tell you: The Son of Man is going to be betrayed into the hands of men." **45** But they did not understand what this meant. It was hidden from them, so that they did not grasp it, and they were afraid to ask him about it.

Who Will Be the Greatest

46 An argument started among the disciples as to which of them would be the greatest. **47** Jesus, knowing their thoughts, took a little child and had him stand beside him. **48** Then he said to them, "Whoever welcomes this little child in my name welcomes me; and whoever welcomes me welcomes the one who sent me. For he who is least among you all—he is the greatest."

49 "Master," said John, "we saw a man driving out demons in your name and we tried to stop him, because he is not one of us."

---

a9.24 Ou *alma* **b**9.35 Vários manuscritos dizem *o Amado*.   **a**9:42 Greek *unclean*

⁵⁰"Não o impeçam", disse Jesus, "pois quem não é contra vocês, é a favor de vocês."

A Oposição Samaritana

⁵¹Aproximando-se o tempo em que seria elevado aos céus, Jesus partiu resolutamente em direção a Jerusalém. ⁵²E enviou mensageiros à sua frente. Indo estes, entraram num povoado samaritano para lhe fazer os preparativos; ⁵³mas o povo dali não o recebeu porque se notava que ele se dirigia para Jerusalém. ⁵⁴Ao verem isso, os discípulos Tiago e João perguntaram: "Senhor, queres que façamos cair fogo do céu para destruí-los?"[a] ⁵⁵Mas Jesus, voltando-se, os repreendeu, dizendo: "Vocês não sabem de que espécie de espírito vocês são, pois o Filho do homem não veio para destruir a vida dos homens, mas para salvá-los"[b]; ⁵⁶e foram para outro povoado.

Quão Difícil é Seguir Jesus!
(Mt 8.19-22)

⁵⁷Quando andavam pelo caminho, um homem lhe disse: "Eu te seguirei por onde quer que fores".

⁵⁸Jesus respondeu: "As raposas têm suas tocas e as aves do céu têm seus ninhos, mas o Filho do homem não tem onde repousar a cabeça".

⁵⁹A outro disse: "Siga-me".

Mas o homem respondeu: "Senhor, deixa-me ir primeiro sepultar meu pai".

⁶⁰Jesus lhe disse: "Deixe que os mortos sepultem os seus próprios mortos; você, porém, vá e proclame o Reino de Deus".

⁶¹Ainda outro disse: "Vou seguir-te, Senhor, mas deixa-me primeiro voltar e despedir-me da minha família".

⁶²Jesus respondeu: "Ninguém que põe a mão no arado e olha para trás é apto para o Reino de Deus".

Jesus Envia Setenta e Dois Discípulos

10 Depois disso o Senhor designou outros setenta e dois e os enviou dois a dois, adiante dele, a todas as cidades e lugares para onde ele estava prestes a ir. ²E lhes disse: "A colheita é grande, mas os trabalhadores são poucos. Portanto, peçam ao Senhor da colheita que mande trabalhadores para a sua colheita. ³Vão! Eu os estou enviando como cordeiros entre lobos. ⁴Não levem bolsa, nem saco de viagem, nem sandálias; e não saúdem ninguém pelo caminho.

⁵"Quando entrarem numa casa, digam primeiro: Paz a esta casa. ⁶Se houver ali um homem de paz, a paz de vocês repousará sobre ele; se não, ela voltará para vocês. ⁷Fiquem naquela casa, e comam e bebam o que lhes derem, pois o trabalhador merece o seu salário. Não fiquem mudando de casa em casa.

⁸"Quando entrarem numa cidade e forem bem recebidos, comam o que for posto diante de vocês. ⁹Curem os doentes que ali houver e digam-lhes: O Reino de Deus está próximo de vocês. ¹⁰Mas quando entrarem numa cidade e não forem bem recebidos, saiam por suas ruas e digam: ¹¹Até o pó da sua cidade, que se apegou aos nossos pés, sacudimos contra vocês. Fiquem certos disto: o Reino de Deus está próximo. ¹²Eu lhes digo: Naquele dia haverá mais tolerância para Sodoma do que para aquela cidade.

¹³"Ai de você, Corazim! Ai de você, Betsaida! Porque se os milagres que foram realizados entre vocês o fossem em Tiro e Sidom, há muito tempo elas teriam se arrependido, vestindo roupas de saco e cobrindo-se de cinzas. ¹⁴Mas no juízo haverá menor rigor para Tiro e Sidom do que para vocês. ¹⁵E você, Cafarnaum: será elevada até ao céu? Não; você descerá até o Hades[d]!

¹⁶"Aquele que lhes dá ouvidos, está me dando ouvidos; aquele que os rejeita, está me rejeitando; mas aquele que me rejeita, está rejeitando aquele que me enviou".

⁵⁰"Do not stop him," Jesus said, "for whoever is not against you is for you."

Samaritan Opposition

⁵¹As the time approached for him to be taken up to heaven, Jesus resolutely set out for Jerusalem. ⁵²And he sent messengers on ahead, who went into a Samaritan village to get things ready for him; ⁵³but the people there did not welcome him, because he was heading for Jerusalem. ⁵⁴When the disciples James and John saw this, they asked, "Lord, do you want us to call fire down from heaven to destroy them[a]?" ⁵⁵But Jesus turned and rebuked them, ⁵⁶and[b] they went to another village.

The Cost of Following Jesus

⁵⁷As they were walking along the road, a man said to him, "I will follow you wherever you go."

⁵⁸Jesus replied, "Foxes have holes and birds of the air have nests, but the Son of Man has no place to lay his head."

⁵⁹He said to another man, "Follow me."

But the man replied, "Lord, first let me go and bury my father."

⁶⁰Jesus said to him, "Let the dead bury their own dead, but you go and proclaim the kingdom of God."

⁶¹Still another said, "I will follow you, Lord; but first let me go back and say good-by to my family."

⁶²Jesus replied, "No one who puts his hand to the plow and looks back is fit for service in the kingdom of God."

Jesus Sends Out the Seventy-two

10 After this the Lord appointed seventy-two[c] others and sent them two by two ahead of him to every town and place where he was about to go. ²He told them, "The harvest is plentiful, but the workers are few. Ask the Lord of the harvest, therefore, to send out workers into his harvest field. ³Go! I am sending you out like lambs among wolves. ⁴Do not take a purse or bag or sandals; and do not greet anyone on the road.

⁵"When you enter a house, first say, 'Peace to this house.' ⁶If a man of peace is there, your peace will rest on him; if not, it will return to you. ⁷Stay in that house, eating and drinking whatever they give you, for the worker deserves his wages. Do not move around from house to house.

⁸"When you enter a town and are welcomed, eat what is set before you. ⁹Heal the sick who are there and tell them, 'The kingdom of God is near you.' ¹⁰But when you enter a town and are not welcomed, go into its streets and say, ¹¹'Even the dust of your town that sticks to our feet we wipe off against you. Yet be sure of this: The kingdom of God is near.' ¹²I tell you, it will be more bearable on that day for Sodom than for that town.

¹³"Woe to you, Korazin! Woe to you, Bethsaida! For if the miracles that were performed in you had been performed in Tyre and Sidon, they would have repented long ago, sitting in sackcloth and ashes. ¹⁴But it will be more bearable for Tyre and Sidon at the judgment than for you. ¹⁵And you, Capernaum, will you be lifted up to the skies? No, you will go down to the depths.[d]

¹⁶"He who listens to you listens to me; he who rejects you rejects me; but he who rejects me rejects him who sent me."

ᵃ9.54 Alguns manuscritos dizem *destruí-los, como fez Elias?* ᵇ9.55 Muitos manuscritos não trazem esta sentença. ᶜ10.1 Alguns manuscritos dizem *70*; também no versículo 17. ᵈ10.15 Essa palavra pode ser traduzida por inferno, sepulcro, morte ou profundezas.

ᵃ9:54 Some manuscripts *them, even as Elijah did* ᵇ9:55,56 Some manuscripts *them. And he said, "You do not know what kind of spirit you are of, for the Son of Man did not come to destroy men's lives, but to save them."* ⁵⁶ *And* ᶜ10:1 Some manuscripts *seventy*; also in verse 17 ᵈ10:15 Greek *Hades*

17 Os setenta e dois voltaram alegres e disseram: "Senhor, até os demônios se submetem a nós, em teu nome". **18** Ele respondeu: "Eu vi Satanás caindo do céu como relâmpago. **19** Eu lhes dei autoridade para pisarem sobre cobras e escorpiões, e sobre todo o poder do inimigo; nada lhes fará dano. **20** Contudo, alegrem-se, não porque os espíritos se submetem a vocês, mas porque seus nomes estão escritos nos céus".

21 Naquela hora Jesus, exultando no Espírito Santo, disse: "Eu te louvo, Pai, Senhor do céu e da terra, porque escondeste estas coisas dos sábios e cultos e as revelaste aos pequeninos. Sim, Pai, pois assim foi do teu agrado.

22 "Todas as coisas me foram entregues por meu Pai. Ninguém sabe quem é o Filho, a não ser o Pai; e ninguém sabe quem é o Pai, a não ser o Filho e aqueles a quem o Filho o quiser revelar".

23 Então ele se voltou para os seus discípulos e lhes disse em particular: "Felizes são os olhos que vêem o que vocês vêem. **24** Pois eu lhes digo que muitos profetas e reis desejaram ver o que vocês estão vendo, mas não viram; e ouvir o que vocês estão ouvindo, mas não ouviram".

A Parábola do Bom Samaritano

25 Certa ocasião, um perito na lei levantou-se para pôr Jesus à prova e lhe perguntou: "Mestre, o que preciso fazer para herdar a vida eterna?"

26 "O que está escrito na Lei?", respondeu Jesus. "Como você a lê?"

27 Ele respondeu: " 'Ame o Senhor, o seu Deus, de todo o seu coração, de toda a sua alma, de todas as suas forças e de todo o seu entendimento'ᵃ e 'Ame o seu próximo como a si mesmo'ᵇ".

28 Disse Jesus: "Você respondeu corretamente. Faça isso, e viverá".

29 Mas ele, querendo justificar-se, perguntou a Jesus: "E quem é o meu próximo?"

30 Em resposta, disse Jesus: "Um homem descia de Jerusalém para Jericó, quando caiu nas mãos de assaltantes. Estes lhe tiraram as roupas, espancaram-no e se foram, deixando-o quase morto. **31** Aconteceu estar descendo pela mesma estrada um sacerdote. Quando viu o homem, passou pelo outro lado. **32** E assim também um levita; quando chegou ao lugar e o viu, passou pelo outro lado. **33** Mas um samaritano, estando de viagem, chegou onde se encontrava o homem e, quando o viu, teve piedade dele. **34** Aproximou-se, enfaixou-lhe as feridas, derramando nelas vinho e óleo. Depois colocou-o sobre o seu próprio animal, levou-o para uma hospedaria e cuidou dele. **35** No dia seguinte, deu dois denáriosᶜ ao hospedeiro e lhe disse: 'Cuide dele. Quando eu voltar lhe pagarei todas as despesas que você tiver'.

36 "Qual destes três você acha que foi o próximo do homem que caiu nas mãos dos assaltantes?"

37 "Aquele que teve misericórdia dele", respondeu o perito na lei.

Jesus lhe disse: "Vá e faça o mesmo".

Na Casa de Marta e de Maria

38 Caminhando Jesus e os seus discípulos, chegaram a um povoado, onde certa mulher chamada Marta o recebeu em sua casa.

39 Maria, sua irmã, ficou sentada aos pés do Senhor, ouvindo a sua palavra. **40** Marta, porém, estava ocupada com muito serviço. E, aproximando-se dele, perguntou: "Senhor, não te importas que minha irmã tenha me deixado sozinha com o serviço? Dize-lhe que me ajude!"

41 Respondeu o Senhor: "Marta! Marta! Você está preocupada e inquieta com muitas coisas; **42** todavia apenas uma é necessária.ᵈ Maria escolheu a boa parte, e esta não lhe será tirada".

17 The seventy-two returned with joy and said, "Lord, even the demons submit to us in your name." **18** He replied, "I saw Satan fall like lightning from heaven. **19** I have given you authority to trample on snakes and scorpions and to overcome all the power of the enemy; nothing will harm you. **20** However, do not rejoice that the spirits submit to you, but rejoice that your names are written in heaven."

21 At that time Jesus, full of joy through the Holy Spirit, said, "I praise you, Father, Lord of heaven and earth, because you have hidden these things from the wise and learned, and revealed them to little children. Yes, Father, for this was your good pleasure.

22 "All things have been committed to me by my Father. No one knows who the Son is except the Father, and no one knows who the Father is except the Son and those to whom the Son chooses to reveal him."

23 Then he turned to his disciples and said privately, "Blessed are the eyes that see what you see. **24** For I tell you that many prophets and kings wanted to see what you see but did not see it, and to hear what you hear but did not hear it."

The Parable of the Good Samaritan

25 On one occasion an expert in the law stood up to test Jesus. "Teacher," he asked, "what must I do to inherit eternal life?"

26 "What is written in the Law?" he replied. "How do you read it?"

27 He answered: " 'Love the Lord your God with all your heart and with all your soul and with all your strength and with all your mind'ᵃ; and, 'Love your neighbor as yourself.'ᵇ"

28 "You have answered correctly," Jesus replied. "Do this and you will live."

29 But he wanted to justify himself, so he asked Jesus, "And who is my neighbor?"

30 In reply Jesus said: "A man was going down from Jerusalem to Jericho, when he fell into the hands of robbers. They stripped him of his clothes, beat him and went away, leaving him half dead. **31** A priest happened to be going down the same road, and when he saw the man, he passed by on the other side. **32** So too, a Levite, when he came to the place and saw him, passed by on the other side. **33** But a Samaritan, as he traveled, came where the man was; and when he saw him, he took pity on him. **34** He went to him and bandaged his wounds, pouring on oil and wine. Then he put the man on his own donkey, took him to an inn and took care of him. **35** The next day he took out two silver coinsᶜ and gave them to the innkeeper. 'Look after him,' he said, 'and when I return, I will reimburse you for any extra expense you may have.'

36 "Which of these three do you think was a neighbor to the man who fell into the hands of robbers?"

37 The expert in the law replied, "The one who had mercy on him."

Jesus told him, "Go and do likewise."

At the Home of Martha and Mary

38 As Jesus and his disciples were on their way, he came to a village where a woman named Martha opened her home to him. **39** She had a sister called Mary, who sat at the Lord's feet listening to what he said. **40** But Martha was distracted by all the preparations that had to be made. She came to him and asked, "Lord, don't you care that my sister has left me to do the work by myself? Tell her to help me!"

41 "Martha, Martha," the Lord answered, "you are worried and upset about many things, **42** but only one thing is needed.ᵈ Mary has chosen what is better, and it will not be taken away from her."

ᵃ10.27 Dt 6.5 ᵇ10.27 Lv 19.18 ᶜ10.35 O denário era uma moeda de prata equivalente à diária de um trabalhador braçal.ᵈ10.42 Alguns manuscritos dizem *todavia, poucas coisas são necessárias*.

ᵃ10:27 Deut. 6:5 ᵇ10:27 Lev. 19:18 ᶜ10:35 Greek *two denarii* ᵈ10:42 Some manuscripts *but few things are needed — or only one*

O Ensino de Jesus acerca da Oração
(Mt 6.5-15; 7.7-12)

11 Certo dia Jesus estava orando em determinado lugar. Tendo terminado, um dos seus discípulos lhe disse: "Senhor, ensina-nos a orar, como João ensinou aos discípulos dele".

² Ele lhes disse: "Quando vocês orarem, digam:

" Pai!ᵃ
Santificado seja o teu nome.
Venha o teu Reino.ᵇ
³ Dá-nos cada dia o nosso pão cotidiano.
⁴ Perdoa-nos os nossos pecados,
　　pois também perdoamos
　　　a todos os que nos devem.
E não nos deixes cair
　　emᶜ tentaçãoᵈ".

⁵ Então lhes disse: "Suponham que um de vocês tenha um amigo e que recorra a ele à meia-noite e diga: 'Amigo, empreste-me três pães, ⁶ porque um amigo meu chegou de viagem, e não tenho nada para lhe oferecer'.

⁷ "E o que estiver dentro responda: 'Não me incomode. A porta já está fechada, e eu e meus filhos já estamos deitados. Não posso me levantar e lhe dar o que me pede'. ⁸ Eu lhes digo: Embora ele não se levante para dar-lhe o pão por ser seu amigo, por causa da importunação se levantará e lhe dará tudo o que precisar.

⁹ "Por isso lhes digo: Peçam, e lhes será dado; busquem, e encontrarão; batam, e a porta lhes será aberta. ¹⁰ Pois todo o que pede, recebe; o que busca, encontra; e àquele que bate, a porta será aberta.

¹¹ "Qual pai, entre vocês, se o filho lhe pedir umᵉ peixe, em lugar disso lhe dará uma cobra? ¹² Ou se pedir um ovo, lhe dará um escorpião? ¹³ Se vocês, apesar de serem maus, sabem dar boas coisas aos seus filhos, quanto mais o Pai que está nos céus dará o Espírito Santo a quem o pedir!"

A Acusação contra Jesus
(Mt 12.22-32; Mc 3.20-30)

¹⁴ Jesus estava expulsando um demônio que era mudo. Quando o demônio saiu, o mudo falou, e a multidão ficou admirada. ¹⁵ Mas alguns deles disseram: "É por Belzebu, o príncipe dos demônios, que ele expulsa demônios". ¹⁶ Outros o punham à prova, pedindo-lhe um sinal do céu.

¹⁷ Jesus, conhecendo os seus pensamentos, disse-lhes: "Todo reino dividido contra si mesmo será arruinado, e uma casa dividida contra si mesma cairá. ¹⁸ Se Satanás está dividido contra si mesmo, como o seu reino pode subsistir? Digo isso porque vocês estão dizendo que expulso demônios por Belzebu. ¹⁹ Se eu expulso demônios por Belzebu, por quem os expulsam os filhosᶠ de vocês? Por isso, eles mesmos estarão como juízes sobre vocês. ²⁰ Mas se é pelo dedo de Deus que eu expulso demônios, então chegou a vocês o Reino de Deus.

²¹ "Quando um homem forte, bem armado, guarda sua casa, seus bens estão seguros. ²² Mas quando alguém mais forte o ataca e o vence, tira-lhe a armadura em que confiava e divide os despojos.

²³ "Aquele que não está comigo é contra mim, e aquele que comigo não ajunta, espalha.

²⁴ "Quando um espírito imundo sai de um homem, passa por lugares áridos procurando descanso, e, não o encontrando, diz: 'Voltarei para a casa de onde saí'. ²⁵ Quando chega, encontra a casa varrida e em ordem. ²⁶ Então vai e traz outros sete espíritos piores do que ele, e entrando passam a viver ali. E o estado final daquele homem torna-se pior do que o primeiro".

Jesus' Teaching on Prayer

11 One day Jesus was praying in a certain place. When he finished, one of his disciples said to him, "Lord, teach us to pray, just as John taught his disciples."

² He said to them, "When you pray, say:

" 'Father,ᵃ
hallowed be your name,
your kingdom come.ᵇ
³ Give us each day our daily bread.
⁴ Forgive us our sins,
　　for we also forgive everyone who sins
　　　against us.ᶜ
And lead us not into temptation.ᵈ' "

⁵ Then he said to them, "Suppose one of you has a friend, and he goes to him at midnight and says, 'Friend, lend me three loaves of bread, ⁶ because a friend of mine on a journey has come to me, and I have nothing to set before him.'

⁷ "Then the one inside answers, 'Don't bother me. The door is already locked, and my children are with me in bed. I can't get up and give you anything.' ⁸ I tell you, though he will not get up and give him the bread because he is his friend, yet because of the man's boldnessᵉ he will get up and give him as much as he needs.

⁹ "So I say to you: Ask and it will be given to you; seek and you will find; knock and the door will be opened to you. ¹⁰ For everyone who asks receives; he who seeks finds; and to him who knocks, the door will be opened.

¹¹ "Which of you fathers, if your son asks forᶠ a fish, will give him a snake instead? ¹² Or if he asks for an egg, will give him a scorpion? ¹³ If you then, though you are evil, know how to give good gifts to your children, how much more will your Father in heaven give the Holy Spirit to those who ask him!"

Jesus and Beelzebub

¹⁴ Jesus was driving out a demon that was mute. When the demon left, the man who had been mute spoke, and the crowd was amazed. ¹⁵ But some of them said, "By Beelzebub,ᵍ the prince of demons, he is driving out demons." ¹⁶ Others tested him by asking for a sign from heaven.

¹⁷ Jesus knew their thoughts and said to them: "Any kingdom divided against itself will be ruined, and a house divided against itself will fall. ¹⁸ If Satan is divided against himself, how can his kingdom stand? I say this because you claim that I drive out demons by Beelzebub. ¹⁹ Now if I drive out demons by Beelzebub, by whom do your followers drive them out? So then, they will be your judges. ²⁰ But if I drive out demons by the finger of God, then the kingdom of God has come to you.

²¹ "When a strong man, fully armed, guards his own house, his possessions are safe. ²² But when someone stronger attacks and overpowers him, he takes away the armor in which the man trusted and divides up the spoils.

²³ "He who is not with me is against me, and he who does not gather with me, scatters.

²⁴ "When an evilʰ spirit comes out of a man, it goes through arid places seeking rest and does not find it. Then it says, 'I will return to the house I left.' ²⁵ When it arrives, it finds the house swept clean and put in order. ²⁶ Then it goes and takes seven other spirits more wicked than itself, and they go in and live there. And the final condition of that man is worse than the first."

ᵃ11.2 Muitos manuscritos dizem *Pai nosso, que estás no céu.*ᵇ11.2 Muitos manuscritos dizem *Reino. Seja feita a tua vontade assim na terra como no céu.* ᶜ11.4 Grego: *E não nos induzas à.* ᵈ11.4 Muitos manuscritos dizem *tentação, mas livra-nos do Maligno.* ᵉ11.11 Muitos manuscritos acrescentam *pão, lhe dará uma pedra, ou se pedir um* ᶠ11.19 Ou *discípulos*

ᵃ11:2 Some manuscripts *Our Father in heaven* ᵇ11:2 Some manuscripts *come. May your will be done on earth as it is in heaven.* ᶜ11:4 Greek *everyone who is indebted to us* ᵈ11:4 Some manuscripts *temptation but deliver us from the evil one* ᵉ11:8 Or *persistence* ᶠ11:11 Some manuscripts *for bread, will give him a stone; or if he asks for* ᵍ11:15 Greek *Beezeboul* or *Beelzeboul;* also in verses 18 and 19 ʰ11:24 Greek *unclean*

27 Enquanto Jesus dizia estas coisas, uma mulher da multidão exclamou: "Feliz é a mulher que te deu à luz e te amamentou". **28** Ele respondeu: "Antes, felizes são aqueles que ouvem a palavra de Deus e lhe obedecem".

O Sinal de Jonas
(Mt 12.38-42)

29 Aumentando a multidão, Jesus começou a dizer: "Esta é uma geração perversa. Ela pede um sinal miraculoso, mas nenhum sinal lhe será dado, exceto o sinal de Jonas. **30** Pois assim como Jonas foi um sinal para os ninivitas, o Filho do homem também o será para esta geração. **31** A rainha do Sul se levantará no juízo com os homens desta geração e os condenará, pois ela veio dos confins da terra para ouvir a sabedoria de Salomão, e agora está aqui quem é maior do que Salomão. **32** Os homens de Nínive se levantarão no juízo com esta geração e a condenarão; pois eles se arrependeram com a pregação de Jonas, e agora está aqui quem é maior do que Jonas.

A Candeia do Corpo

33 "Ninguém acende uma candeia e a coloca em lugar onde fique escondida ou debaixo de uma vasilha. Ao contrário, coloca-a no lugar apropriado, para que os que entram possam ver a luz. **34** Os olhos são a candeia do corpo. Quando os seus olhos forem bons, igualmente todo o seu corpo estará cheio de luz. Mas quando forem maus, igualmente o seu corpo estará cheio de trevas. **35** Portanto, cuidado para que a luz que está em seu interior não sejam trevas. **36** Logo, se todo o seu corpo estiver cheio de luz, e nenhuma parte dele estiver em trevas, estará completamente iluminado, como quando a luz de uma candeia brilha sobre você".

Jesus Condena a Hipocrisia dos Fariseus e dos Peritos na Lei

37 Tendo terminado de falar, um fariseu o convidou para comer com ele. Então Jesus foi, e reclinou-se à mesa; **38** mas o fariseu, notando que Jesus não se lavara cerimonialmente antes da refeição, ficou surpreso. **39** Então o Senhor lhe disse: "Vocês, fariseus, limpam o exterior do copo e do prato, mas interiormente estão cheios de ganância e de maldade. **40** Insensatos! Quem fez o exterior não fez também o interior? **41** Mas dêem o que está dentro do prato[a] como esmola, e verão que tudo lhes ficará limpo.

42 "Ai de vocês, fariseus, porque dão a Deus o dízimo da hortelã, da arruda e de toda a sorte de hortaliças, mas desprezam a justiça e o amor de Deus! Vocês deviam praticar estas coisas, sem deixar de fazer aquelas.

43 "Ai de vocês, fariseus, porque amam os lugares de honra nas sinagogas e as saudações em público!

44 "Ai de vocês, porque são como túmulos que não são vistos, por sobre os quais os homens andam sem o saber!"

45 Um dos peritos na lei lhe respondeu: "Mestre, quando dizes essas coisas, insultas também a nós".

46 "Quanto a vocês, peritos na lei", disse Jesus, "ai de vocês também!, porque sobrecarregam os homens com fardos que dificilmente eles podem carregar, e vocês mesmos não levantam nem um dedo para ajudá-los.

47 "Ai de vocês, porque edificam os túmulos dos profetas, sendo que foram os seus próprios antepassados que os mataram. **48** Assim vocês dão testemunho de que aprovam o que os seus antepassados fizeram. Eles mataram os profetas, e vocês lhes edificam os túmulos. **49** Por isso, Deus disse em sua sabedoria: 'Eu lhes mandarei profetas e apóstolos, dos quais eles matarão alguns, e a outros perseguirão'. **50** Pelo que, esta geração será considerada responsável pelo sangue de todos os profetas, derramado desde o princípio do mundo; **51** desde o sangue de Abel até o sangue de Zacarias, que foi morto entre o altar e o santuário. Sim, eu lhes digo, esta geração será considerada responsável por tudo isso.

27 As Jesus was saying these things, a woman in the crowd called out, "Blessed is the mother who gave you birth and nursed you." **28** He replied, "Blessed rather are those who hear the word of God and obey it."

The Sign of Jonah

29 As the crowds increased, Jesus said, "This is a wicked generation. It asks for a miraculous sign, but none will be given it except the sign of Jonah. **30** For as Jonah was a sign to the Ninevites, so also will the Son of Man be to this generation. **31** The Queen of the South will rise at the judgment with the men of this generation and condemn them; for she came from the ends of the earth to listen to Solomon's wisdom, and now one[a] greater than Solomon is here. **32** The men of Nineveh will stand up at the judgment with this generation and condemn it; for they repented at the preaching of Jonah, and now one greater than Jonah is here.

The Lamp of the Body

33 "No one lights a lamp and puts it in a place where it will be hidden, or under a bowl. Instead he puts it on its stand, so that those who come in may see the light. **34** Your eye is the lamp of your body. When your eyes are good, your whole body also is full of light. But when they are bad, your body also is full of darkness. **35** See to it, then, that the light within you is not darkness. **36** Therefore, if your whole body is full of light, and no part of it dark, it will be completely lighted, as when the light of a lamp shines on you."

Six Woes

37 When Jesus had finished speaking, a Pharisee invited him to eat with him; so he went in and reclined at the table. **38** But the Pharisee, noticing that Jesus did not first wash before the meal, was surprised.

39 Then the Lord said to him, "Now then, you Pharisees clean the outside of the cup and dish, but inside you are full of greed and wickedness. **40** You foolish people! Did not the one who made the outside make the inside also? **41** But give what is inside ⌊the dish⌋[b] to the poor, and everything will be clean for you.

42 "Woe to you Pharisees, because you give God a tenth of your mint, rue and all other kinds of garden herbs, but you neglect justice and the love of God. You should have practiced the latter without leaving the former undone.

43 "Woe to you Pharisees, because you love the most important seats in the synagogues and greetings in the marketplaces.

44 "Woe to you, because you are like unmarked graves, which men walk over without knowing it."

45 One of the experts in the law answered him, "Teacher, when you say these things, you insult us also."

46 Jesus replied, "And you experts in the law, woe to you, because you load people down with burdens they can hardly carry, and you yourselves will not lift one finger to help them.

47 "Woe to you, because you build tombs for the prophets, and it was your forefathers who killed them. **48** So you testify that you approve of what your forefathers did; they killed the prophets, and you build their tombs. **49** Because of this, God in his wisdom said, 'I will send them prophets and apostles, some of whom they will kill and others they will persecute.' **50** Therefore this generation will be held responsible for the blood of all the prophets that has been shed since the beginning of the world, **51** from the blood of Abel to the blood of Zechariah, who was killed between the altar and the sanctuary. Yes, I tell you, this generation will be held responsible for it all.

ª**11.41** Ou *o que vocês têm*

ª**11:31** Or *something*; also in verse 32 ᵇ**11:41** Or *what you have*

52 "Ai de vocês, peritos na lei, porque se apoderaram da chave do conhecimento. Vocês mesmos não entraram e impediram os que estavam prestes a entrar!"

53 Quando Jesus saiu dali, os fariseus e os mestres da lei começaram a opor-se fortemente a ele e a interrogá-lo com muitas perguntas, **54** esperando apanhá-lo em algo que dissesse.

Advertências e Motivações

12 Nesse meio tempo, tendo-se juntado uma multidão de milhares de pessoas, ao ponto de se atropelarem umas às outras, Jesus começou a falar primeiramente aos seus discípulos, dizendo: "Tenham cuidado com o fermento dos fariseus, que é a hipocrisia. **2** Não há nada escondido que não venha a ser descoberto, ou oculto que não venha a ser conhecido. **3** O que vocês disseram nas trevas será ouvido à luz do dia, e o que vocês sussurraram aos ouvidos dentro de casa, será proclamado dos telhados.

4 "Eu lhes digo, meus amigos: Não tenham medo dos que matam o corpo e depois nada mais podem fazer. **5** Mas eu lhes mostrarei a quem vocês devem temer: temam aquele que, depois de matar o corpo, tem poder para lançar no inferno. Sim, eu lhes digo, esse vocês devem temer. **6** Não se vendem cinco pardais por duas moedinhasª? Contudo, nenhum deles é esquecido por Deus. **7** Até os cabelos da cabeça de vocês estão todos contados. Não tenham medo; vocês valem mais do que muitos pardais!

8 "Eu lhes digo: Quem me confessar diante dos homens, também o Filho do homem o confessará diante dos anjos de Deus. **9** Mas aquele que me negar diante dos homens será negado diante dos anjos de Deus. **10** Todo aquele que disser uma palavra contra o Filho do homem será perdoado, mas quem blasfemar contra o Espírito Santo não será perdoado.

11 "Quando vocês forem levados às sinagogas e diante dos governantes e das autoridades, não se preocupem com a forma pela qual se defenderão, ou com o que dirão, **12** pois naquela hora o Espírito Santo lhes ensinará o que deverão dizer".

A Parábola do Rico Insensato

13 Alguém da multidão lhe disse: "Mestre, dize a meu irmão que divida a herança comigo".

14 Respondeu Jesus: "Homem, quem me designou juiz ou árbitro entre vocês?" **15** Então lhes disse: "Cuidado! Fiquem de sobreaviso contra todo tipo de ganância; a vida de um homem não consiste na quantidade dos seus bens".

16 Então lhes contou esta parábola: "A terra de certo homem rico produziu muito. **17** Ele pensou consigo mesmo: 'O que vou fazer? Não tenho onde armazenar minha colheita'.

18 "Então disse: 'Já sei o que vou fazer. Vou derrubar os meus celeiros e construir outros maiores, e ali guardarei toda a minha safra e todos os meus bens. **19** E direi a mim mesmo: Você tem grande quantidade de bens, armazenados para muitos anos. Descanse, coma, beba e alegre-se'.

20 "Contudo, Deus lhe disse: 'Insensato! Esta mesma noite a sua vida lhe será exigida. Então, quem ficará com o que você preparou?'

21 "Assim acontece com quem guarda para si riquezas, mas não é rico para com Deus".

As Preocupações da Vida
(Mt 6.25-34)

22 Dirigindo-se aos seus discípulos, Jesus acrescentou: "Portanto eu lhes digo: Não se preocupem com sua própria vida, quanto ao que comer; nem com seu próprio corpo, quanto ao que vestir. **23** A vida é mais importante do que a comida, e o corpo, mais do que as roupas. **24** Observem os corvos: não semeiam nem colhem, não têm armazéns nem celeiros; contudo, Deus os alimenta. E vocês têm muito mais valor do que as aves!

52 "Woe to you experts in the law, because you have taken away the key to knowledge. You yourselves have not entered, and you have hindered those who were entering."

53 When Jesus left there, the Pharisees and the teachers of the law began to oppose him fiercely and to besiege him with questions, **54** waiting to catch him in something he might say.

Warnings and Encouragements

12 Meanwhile, when a crowd of many thousands had gathered, so that they were trampling on one another, Jesus began to speak first to his disciples, saying: "Be on your guard against the yeast of the Pharisees, which is hypocrisy. **2** There is nothing concealed that will not be disclosed, or hidden that will not be made known. **3** What you have said in the dark will be heard in the daylight, and what you have whispered in the ear in the inner rooms will be proclaimed from the roofs.

4 "I tell you, my friends, do not be afraid of those who kill the body and after that can do no more. **5** But I will show you whom you should fear: Fear him who, after the killing of the body, has power to throw you into hell. Yes, I tell you, fear him. **6** Are not five sparrows sold for two penniesª? Yet not one of them is forgotten by God. **7** Indeed, the very hairs of your head are all numbered. Don't be afraid; you are worth more than many sparrows.

8 "I tell you, whoever acknowledges me before men, the Son of Man will also acknowledge him before the angels of God. **9** But he who disowns me before men will be disowned before the angels of God. **10** And everyone who speaks a word against the Son of Man will be forgiven, but anyone who blasphemes against the Holy Spirit will not be forgiven.

11 "When you are brought before synagogues, rulers and authorities, do not worry about how you will defend yourselves or what you will say, **12** for the Holy Spirit will teach you at that time what you should say."

The Parable of the Rich Fool

13 Someone in the crowd said to him, "Teacher, tell my brother to divide the inheritance with me."

14 Jesus replied, "Man, who appointed me a judge or an arbiter between you?" **15** Then he said to them, "Watch out! Be on your guard against all kinds of greed; a man's life does not consist in the abundance of his possessions."

16 And he told them this parable: "The ground of a certain rich man produced a good crop. **17** He thought to himself, 'What shall I do? I have no place to store my crops.'

18 "Then he said, 'This is what I'll do. I will tear down my barns and build bigger ones, and there I will store all my grain and my goods. **19** And I'll say to myself, "You have plenty of good things laid up for many years. Take life easy; eat, drink and be merry." '

20 "But God said to him, 'You fool! This very night your life will be demanded from you. Then who will get what you have prepared for yourself?'

21 "This is how it will be with anyone who stores up things for himself but is not rich toward God."

Do Not Worry

22 Then Jesus said to his disciples: "Therefore I tell you, do not worry about your life, what you will eat; or about your body, what you will wear. **23** Life is more than food, and the body more than clothes. **24** Consider the ravens: They do not sow or reap, they have no storeroom or barn; yet God feeds them. And how much more valuable you are than birds!

ª12.6 Grego: *dois asses.*

ª12:6 Greek *two assaria*

Robin — 415-892-5334 home

— 415-246-9591 cd

25233

25 Quem de vocês, por mais que se preocupe, pode acrescentar uma hora que seja à sua vida?ª **26** Visto que vocês não podem sequer fazer uma coisa tão pequena, por que se preocupar com o restante?

27 "Observem como crescem os lírios. Eles não trabalham nem tecem. Contudo, eu lhes digo que nem Salomão, em todo o seu esplendor, vestiu-se como um deles. **28** Se Deus veste assim a erva do campo, que hoje existe e amanhã é lançada ao fogo, quanto mais vestirá vocês, homens de pequena fé! **29** Não busquem ansiosamente o que comer ou beber; não se preocupem com isso. **30** Pois o mundo pagão é que corre atrás dessas coisas; mas o Pai sabe que vocês precisam delas. **31** Busquem, pois, o Reino de Deus, e essas coisas lhes serão acrescentadas.

32 "Não tenham medo, pequeno rebanho, pois foi do agrado do Pai dar-lhes o Reino. **33** Vendam o que têm e dêem esmolas. Façam para vocês bolsas que não se gastem com o tempo, um tesouro nos céus que não se acabe, onde ladrão algum chega perto e nenhuma traça destrói. **34** Pois onde estiver o seu tesouro, ali também estará o seu coração.

Prontidão para o Serviço

35 "Estejam prontos para servir, e conservem acesas as suas candeias, **36** como aqueles que esperam seu senhor voltar de um banquete de casamento; para que, quando ele chegar e bater, possam abrir-lhe a porta imediatamente. **37** Felizes os servos cujo senhor os encontrar vigiando, quando voltar. Eu lhes afirmo que ele se vestirá para servir, fará que se reclinem à mesa, e virá servi-los. **38** Mesmo que ele chegue de noite ou de madrugadaᵇ, felizes os servos que o senhor encontrar preparados. **39** Entendam, porém, isto: se o dono da casa soubesse a que hora viria o ladrão, não permitiria que a sua casa fosse arrombada. **40** Estejam também vocês preparados, porque o Filho do homem virá numa hora em que não o esperam."

41 Pedro perguntou: "Senhor, estás contando esta parábola para nós ou para todos?"

42 O Senhor respondeu: "Quem é, pois, o administrador fiel e sensato, a quem seu senhor encarrega dos seus servos, para lhes dar sua porção de alimento no tempo devido? **43** Feliz o servo a quem o seu senhor encontrar fazendo assim quando voltar. **44** Garanto-lhes que ele o encarregará de todos os seus bens. **45** Mas suponham que esse servo diga a si mesmo: 'Meu senhor se demora a voltar', e então comece a bater nos servos e nas servas, a comer, a beber e a embriagar-se. **46** O senhor daquele servo virá num dia em que ele não o espera e numa hora que não sabe, e o puniráᶜ severamenteᶜ e lhe dará um lugar com os infiéis.

47 "Aquele servo que conhece a vontade de seu senhor e não prepara o que ele deseja, nem o realiza, receberá muitos açoites. **48** Mas aquele que não a conhece e pratica coisas merecedoras de castigo, receberá poucos açoites. A quem muito foi dado, muito será exigido; e a quem muito foi confiado, muito mais será pedido.

Jesus Não Traz Paz, mas Divisão

49 "Vim trazer fogo à terra, e como gostaria que já estivesse aceso! **50** Mas tenho que passar por um batismo, e como estou angustiado até que ele se realize! **51** Vocês pensam que vim trazer paz à terra? Não, eu lhes digo. Ao contrário, vim trazer divisão. **52** De agora em diante haverá cinco numa família divididos uns contra os outros: três contra dois e dois contra três. **53** Estarão divididos pai contra filho e filho contra pai, mãe contra filha e filha contra mãe, sogra contra nora e nora contra sogra".

ª**12.25** Ou *um único côvado à sua altura?* O côvado era uma medida linear de cerca de 45 centímetros. ᵇ**12.38** Grego: *na segunda ou na terceira vigília da noite.* Isto é, entre 9 horas da noite e 3 horas da manhã. ᶜ**12.46** Grego: *cortará ao meio.*

---

25 Who of you by worrying can add a single hour to his lifeª? **26** Since you cannot do this very little thing, why do you worry about the rest?

27 "Consider how the lilies grow. They do not labor or spin. Yet I tell you, not even Solomon in all his splendor was dressed like one of these. **28** If that is how God clothes the grass of the field, which is here today, and tomorrow is thrown into the fire, how much more will he clothe you, O you of little faith! **29** And do not set your heart on what you will eat or drink; do not worry about it. **30** For the pagan world runs after all such things, and your Father knows that you need them. **31** But seek his kingdom, and these things will be given to you as well.

32 "Do not be afraid, little flock, for your Father has been pleased to give you the kingdom. **33** Sell your possessions and give to the poor. Provide purses for yourselves that will not wear out, a treasure in heaven that will not be exhausted, where no thief comes near and no moth destroys. **34** For where your treasure is, there your heart will be also.

Watchfulness

35 "Be dressed ready for service and keep your lamps burning, **36** like men waiting for their master to return from a wedding banquet, so that when he comes and knocks they can immediately open the door for him. **37** It will be good for those servants whose master finds them watching when he comes. I tell you the truth, he will dress himself to serve, will have them recline at the table and will come and wait on them. **38** It will be good for those servants whose master finds them ready, even if he comes in the second or third watch of the night. **39** But understand this: If the owner of the house had known at what hour the thief was coming, he would not have let his house be broken into. **40** You also must be ready, because the Son of Man will come at an hour when you do not expect him."

41 Peter asked, "Lord, are you telling this parable to us, or to everyone?"

42 The Lord answered, "Who then is the faithful and wise manager, whom the master puts in charge of his servants to give them their food allowance at the proper time? **43** It will be good for that servant whom the master finds doing so when he returns. **44** I tell you the truth, he will put him in charge of all his possessions. **45** But suppose the servant says to himself, 'My master is taking a long time in coming,' and he then begins to beat the menservants and maidservants and to eat and drink and get drunk. **46** The master of that servant will come on a day when he does not expect him and at an hour he is not aware of. He will cut him to pieces and assign him a place with the unbelievers.

47 "That servant who knows his master's will and does not get ready or does not do what his master wants will be beaten with many blows. **48** But the one who does not know and does things deserving punishment will be beaten with few blows. From everyone who has been given much, much will be demanded; and from the one who has been entrusted with much, much more will be asked.

Not Peace but Division

49 "I have come to bring fire on the earth, and how I wish it were already kindled! **50** But I have a baptism to undergo, and how distressed I am until it is completed! **51** Do you think I came to bring peace on earth? No, I tell you, but division. **52** From now on there will be five in one family divided against each other, three against two and two against three. **53** They will be divided, father against son and son against father, mother against daughter and daughter against mother, mother-in-law against daughter-in-law and daughter-in-law against mother-in-law."

ª**12:25** Or *single cubit to his height*

Os Sinais dos Tempos

54 Dizia ele à multidão: "Quando vocês vêem uma nuvem se levantando no ocidente, logo dizem: 'Vai chover', e assim acontece. **55** E quando sopra o vento sul, vocês dizem: 'Vai fazer calor', e assim ocorre. **56** Hipócritas! Vocês sabem interpretar o aspecto da terra e do céu. Como não sabem interpretar o tempo presente?

57 "Por que vocês não julgam por si mesmos o que é justo? **58** Quando algum de vocês estiver indo com seu adversário para o magistrado, faça tudo para se reconciliar com ele no caminho; para que ele não o arraste ao juiz, o juiz o entregue ao oficial de justiça, e o oficial de justiça o jogue na prisão. **59** Eu lhe digo que você não sairá de lá enquanto não pagar o último centavoª".

Arrependimento ou Morte

13 Naquela ocasião, alguns dos que estavam presentes contaram a Jesus que Pilatos misturara o sangue de alguns galileus com os sacrifícios deles. **2** Jesus respondeu: "Vocês pensam que esses galileus eram mais pecadores que todos os outros, por terem sofrido dessa maneira? **3** Eu lhes digo que não! Mas se não se arrependerem, todos vocês também perecerão. **4** Ou vocês pensam que aqueles dezoito que morreram, quando caiu sobre eles a torre de Siloé, eram mais culpados do que todos os outros habitantes de Jerusalém? **5** Eu lhes digo que não! Mas se não se arrependerem, todos vocês também perecerão.

6 Então contou esta parábola: "Um homem tinha uma figueira plantada em sua vinha. Foi procurar fruto nela, e não achou nenhum. **7** Por isso disse ao que cuidava da vinha: 'Já faz três anos que venho procurar fruto nesta figueira e não acho. Corte-a! Por que deixá-la inutilizar a terra?'

8 "Respondeu o homem: 'Senhor, deixe-a por mais um ano, e eu cavarei ao redor dela e a adubarei. **9** Se der fruto no ano que vem, muito bem! Se não, corte-a' ".

Uma Mulher Curada no Sábado

10 Certo sábado Jesus estava ensinando numa das sinagogas, **11** e ali estava uma mulher que tinha um espírito que a mantinha doente havia dezoito anos. Ela andava encurvada e de forma alguma podia endireitar-se. **12** Ao vê-la, Jesus chamou-a à frente e lhe disse: "Mulher, você está livre da sua doença". **13** Então lhe impôs as mãos; e imediatamente ela se endireitou, e passou a louvar a Deus.

14 Indignado porque Jesus havia curado no sábado, o dirigente da sinagoga disse ao povo: "Há seis dias em que se deve trabalhar. Venham para ser curados nesses dias, e não no sábado".

15 O Senhor lhe respondeu: "Hipócritas! Cada um de vocês não desamarra no sábado o seu boi ou jumento do estábulo e o leva dali para dar-lhe água? **16** Então, esta mulher, uma filha de Abraão a quem Satanás mantinha presa por dezoito longos anos, não deveria no dia de sábado ser libertada daquilo que a prendia?"

17 Tendo dito isso, todos os seus oponentes ficaram envergonhados, mas o povo se alegrava com todas as maravilhas que ele estava fazendo.

As Parábolas do Grão de Mostarda e do Fermento
(Mt 13.31-35; Mc 4.30-34)

18 Então Jesus perguntou: "Com que se parece o Reino de Deus? Com que o compararei? **19** É como um grão de mostarda que um homem semeou em sua horta. Ele cresceu e se tornou uma árvore, e as aves do céu fizeram ninhos em seus ramos".

20 Mais uma vez ele perguntou: "Com que compararei o Reino de Deus? **21** É como o fermento que uma mulher misturou com uma grande quantidadeᵇ de farinha, e toda a massa ficou fermentada".

Interpreting the Times

54 He said to the crowd: "When you see a cloud rising in the west, immediately you say, 'It's going to rain,' and it does. **55** And when the south wind blows, you say, 'It's going to be hot,' and it is. **56** Hypocrites! You know how to interpret the appearance of the earth and the sky. How is it that you don't know how to interpret this present time?

57 "Why don't you judge for yourselves what is right? **58** As you are going with your adversary to the magistrate, try hard to be reconciled to him on the way, or he may drag you off to the judge, and the judge turn you over to the officer, and the officer throw you into prison. **59** I tell you, you will not get out until you have paid the last penny.ª"

Repent or Perish

13 Now there were some present at that time who told Jesus about the Galileans whose blood Pilate had mixed with their sacrifices. **2** Jesus answered, "Do you think that these Galileans were worse sinners than all the other Galileans because they suffered this way? **3** I tell you, no! But unless you repent, you too will all perish. **4** Or those eighteen who died when the tower in Siloam fell on them—do you think they were more guilty than all the others living in Jerusalem? **5** I tell you, no! But unless you repent, you too will all perish."

6 Then he told this parable: "A man had a fig tree, planted in his vineyard, and he went to look for fruit on it, but did not find any. **7** So he said to the man who took care of the vineyard, 'For three years now I've been coming to look for fruit on this fig tree and haven't found any. Cut it down! Why should it use up the soil?'

8 " 'Sir,' the man replied, 'leave it alone for one more year, and I'll dig around it and fertilize it. **9** If it bears fruit next year, fine! If not, then cut it down.' "

A Crippled Woman Healed on the Sabbath

10 On a Sabbath Jesus was teaching in one of the synagogues, **11** and a woman was there who had been crippled by a spirit for eighteen years. She was bent over and could not straighten up at all. **12** When Jesus saw her, he called her forward and said to her, "Woman, you are set free from your infirmity." **13** Then he put his hands on her, and immediately she straightened up and praised God.

14 Indignant because Jesus had healed on the Sabbath, the synagogue ruler said to the people, "There are six days for work. So come and be healed on those days, not on the Sabbath."

15 The Lord answered him, "You hypocrites! Doesn't each of you on the Sabbath untie his ox or donkey from the stall and lead it out to give it water? **16** Then should not this woman, a daughter of Abraham, whom Satan has kept bound for eighteen long years, be set free on the Sabbath day from what bound her?"

17 When he said this, all his opponents were humiliated, but the people were delighted with all the wonderful things he was doing.

The Parables of the Mustard Seed and the Yeast

18 Then Jesus asked, "What is the kingdom of God like? What shall I compare it to? **19** It is like a mustard seed, which a man took and planted in his garden. It grew and became a tree, and the birds of the air perched in its branches."

20 Again he asked, "What shall I compare the kingdom of God to? **21** It is like yeast that a woman took and mixed into a large amountᵇ of flour until it worked all through the dough."

LEAVEN

ª**12.59** Grego: *lepto*. ᵇ**13.21** Grego: *3 satos*. O sato era uma medida de capacidade para secos. As estimativas variam entre 7 e 13 litros.

ª**12:59** Greek *lepton* ᵇ**13:21** Greek *three satas* (probably about 1/2 bushel or 22 liters)

A Porta Estreita

22 Depois Jesus foi pelas cidades e povoados e ensinava, prosseguindo em direção a Jerusalém. **23** Alguém lhe perguntou: "Senhor, serão poucos os salvos?"

Ele lhes disse: **24** "Esforcem-se para entrar pela porta estreita, porque eu lhes digo que muitos tentarão entrar e não conseguirão. **25** Quando o dono da casa se levantar e fechar a porta, vocês ficarão do lado de fora, batendo e pedindo: 'Senhor, abre-nos a porta'.

"Ele, porém, responderá: 'Não os conheço, nem sei de onde são vocês'.

26 "Então vocês dirão: 'Comemos e bebemos contigo, e ensinaste em nossas ruas'.

27 "Mas ele responderá: 'Não os conheço, nem sei de onde são vocês. Afastem-se de mim, todos vocês, que praticam o mal!'

28 "Ali haverá choro e ranger de dentes, quando vocês virem Abraão, Isaque e Jacó, e todos os profetas no Reino de Deus, mas vocês excluídos. **29** Pessoas virão do oriente e do ocidente, do norte e do sul, e ocuparão os seus lugares à mesa no Reino de Deus. **30** De fato, há últimos que serão primeiros, e primeiros que serão últimos".

O Lamento Profético sobre Jerusalém

(Mt 23.37-39)

31 Naquela mesma hora alguns fariseus aproximaram-se de Jesus e lhe disseram: "Saia e vá embora daqui, pois Herodes quer matá-lo".

32 Ele respondeu: "Vão dizer àquela raposa: Expulsarei demônios e curarei o povo hoje e amanhã, e no terceiro dia estarei pronto. **33** Mas, preciso prosseguir hoje, amanhã e depois de amanhã, pois certamente nenhum profeta deve morrer fora de Jerusalém!

34 "Jerusalém, Jerusalém, você, que mata os profetas e apedreja os que lhe são enviados! Quantas vezes eu quis reunir os seus filhos, como a galinha reúne os seus pintinhos debaixo das suas asas, mas vocês não quiseram! **35** Eis que a casa de vocês ficará deserta. Eu lhes digo que vocês não me verão mais até que digam: 'Bendito o que vem em nome do Senhor'ª"

Jesus na Casa de um Fariseu

14 Certo sábado, entrando Jesus para comer na casa de um fariseu importante, observavam-no atentamente. **2** À frente dele estava um homem doente, com o corpo inchadoᵇ. **3** Jesus perguntou aos fariseus e aos peritos na lei: "É permitido ou não curar no sábado?" **4** Mas eles ficaram em silêncio. Assim, tomando o homem pela mão, Jesus o curou e o mandou embora.

5 Então ele lhes perguntou: "Se um de vocês tiver um filhoᶜ ou um boi, e este cair num poço no dia de sábado, não irá tirá-lo imediatamente?" **6** E eles nada puderam responder.

7 Quando notou como os convidados escolhiam os lugares de honra à mesa, Jesus lhes contou esta parábola: **8** "Quando alguém o convidar para um banquete de casamento, não ocupe o lugar de honra, pois pode ser que tenha sido convidado alguém de maior honra do que você. **9** Se for assim, aquele que convidou os dois virá e lhe dirá: 'Dê o lugar a este'. Então, humilhado, você precisará ocupar o lugar menos importante. **10** Mas quando você for convidado, ocupe o lugar menos importante, de forma que, quando vier aquele que o convidou, diga-lhe: 'Amigo, passe para um lugar mais importante'. Então você será honrado na presença de todos os convidados. **11** Pois todo o que se exalta será humilhado, e o que se humilha será exaltado".

12 Então Jesus disse ao que o tinha convidado: "Quando você

The Narrow Door

22 Then Jesus went through the towns and villages, teaching as he made his way to Jerusalem. **23** Someone asked him, "Lord, are only a few people going to be saved?"

He said to them, **24** "Make every effort to enter through the narrow door, because many, I tell you, will try to enter and will not be able to. **25** Once the owner of the house gets up and closes the door, you will stand outside knocking and pleading, 'Sir, open the door for us.'

"But he will answer, 'I don't know you or where you come from.'

26 "Then you will say, 'We ate and drank with you, and you taught in our streets.'

27 "But he will reply, 'I don't know you or where you come from. Away from me, all you evildoers!'

28 "There will be weeping there, and gnashing of teeth, when you see Abraham, Isaac and Jacob and all the prophets in the kingdom of God, but you yourselves thrown out. **29** People will come from east and west and north and south, and will take their places at the feast in the kingdom of God. **30** Indeed there are those who are last who will be first, and first who will be last."

Jesus' Sorrow for Jerusalem

31 At that time some Pharisees came to Jesus and said to him, "Leave this place and go somewhere else. Herod wants to kill you."

32 He replied, "Go tell that fox, 'I will drive out demons and heal people today and tomorrow, and on the third day I will reach my goal.' **33** In any case, I must keep going today and tomorrow and the next day — for surely no prophet can die outside Jerusalem!

34 "O Jerusalem, Jerusalem, you who kill the prophets and stone those sent to you, how often I have longed to gather your children together, as a hen gathers her chicks under her wings, but you were not willing! **35** Look, your house is left to you desolate. I tell you, you will not see me again until you say, 'Blessed is he who comes in the name of the Lord.'ª"

Jesus at a Pharisee's House

14 One Sabbath, when Jesus went to eat in the house of a prominent Pharisee, he was being carefully watched. **2** There in front of him was a man suffering from dropsy. **3** Jesus asked the Pharisees and experts in the law, "Is it lawful to heal on the Sabbath or not?" **4** But they remained silent. So taking hold of the man, he healed him and sent him away.

5 Then he asked them, "If one of you has a sonᵇ or an ox that falls into a well on the Sabbath day, will you not immediately pull him out?" **6** And they had nothing to say.

7 When he noticed how the guests picked the places of honor at the table, he told them this parable: **8** "When someone invites you to a wedding feast, do not take the place of honor, for a person more distinguished than you may have been invited. **9** If so, the host who invited both of you will come and say to you, 'Give this man your seat.' Then, humiliated, you will have to take the least important place. **10** But when you are invited, take the lowest place, so that when your host comes, he will say to you, 'Friend, move up to a better place.' Then you will be honored in the presence of all your fellow guests. **11** For everyone who exalts himself will be humbled, and he who humbles himself will be exalted."

12 Then Jesus said to his host, "When you give a luncheon or

ª13.35 Sl 118.26 **ᵇ14.2** Grego: *que sofria de hidropisia.*ᶜ**14.5** Alguns manuscritos dizem *um jumento.*

ª13.35 Psalm 118:26 **ᵇ14:5** Some manuscripts *donkey*

der um banquete ou jantar, não convide seus amigos, irmãos ou parentes, nem seus vizinhos ricos; se o fizer, eles poderão também, por sua vez, convidá-lo, e assim você será recompensado. **13** Mas, quando der um banquete, convide os pobres, os aleijados, os mancos, e os cegos. **14** Feliz será você, porque estes não têm como retribuir. A sua recompensa virá na ressurreição dos justos".

A Parábola do Grande Banquete
(Mt 22.1-14)

15 Ao ouvir isso, um dos que estavam à mesa com Jesus, disse-lhe: "Feliz será aquele que comer no banquete do Reino de Deus".

16 Jesus respondeu: "Certo homem estava preparando um grande banquete e convidou muitas pessoas. **17** Na hora de começar, enviou seu servo para dizer aos que haviam sido convidados: 'Venham, pois tudo já está pronto'.

18 "Mas eles começaram, um por um, a apresentar desculpas. O primeiro disse: 'Acabei de comprar uma propriedade, e preciso ir vê-la. Por favor, desculpe-me'.

19 "Outro disse: 'Acabei de comprar cinco juntas de bois e estou indo experimentá-las. Por favor, desculpe-me'.

20 "Ainda outro disse: 'Acabo de me casar, por isso não posso ir'.

21 "O servo voltou e relatou isso ao seu senhor. Então o dono da casa irou-se e ordenou ao seu servo: 'Vá rapidamente para as ruas e becos da cidade e traga os pobres, os aleijados, os cegos e os mancos'.

22 "Disse o servo: 'O que o senhor ordenou foi feito, e ainda há lugar'.

23 "Então o senhor disse ao servo: 'Vá pelos caminhos e valados e obrigue-os a entrar, para que a minha casa fique cheia. **24** Eu lhes digo: Nenhum daqueles que foram convidados provará do meu banquete' ".

O Preço do Discipulado

25 Uma grande multidão ia acompanhando Jesus; este, voltando-se para ela, disse: **26** "Se alguém vem a mim e ama o seu pai, sua mãe, sua mulher, seus filhos, seus irmãos e irmãs, e até sua própria vida mais do que a mim, não pode ser meu discípulo. **27** E aquele que não carrega sua cruz e não me segue não pode ser meu discípulo.

28 "Qual de vocês, se quiser construir uma torre, primeiro não se assenta e calcula o preço, para ver se tem dinheiro suficiente para completá-la? **29** Pois, se lançar o alicerce e não for capaz de terminá-la, todos os que a virem rirão dele, **30** dizendo: 'Este homem começou a construir e não foi capaz de terminar'.

31 "Ou, qual é o rei que, pretendendo sair à guerra contra outro rei, primeiro não se assenta e pensa se com dez mil homens é capaz de enfrentar aquele que vem contra ele com vinte mil? **32** Se não for capaz, enviará uma delegação, enquanto o outro ainda está longe, e pedirá um acordo de paz. **33** Da mesma forma, qualquer de vocês que não renunciar a tudo o que possui não pode ser meu discípulo.

34 "O sal é bom, mas se ele perder o sabor, como restaurá-lo? **35** Não serve nem para o solo nem para adubo; é jogado fora.

"Aquele que tem ouvidos para ouvir, ouça".

A Parábola da Ovelha Perdida
(Mt 18.12-14)

15 Todos os publicanos e "pecadores" estavam se reunindo para ouvi-lo. **2** Mas os fariseus e os mestres da lei o criticavam: "Este homem recebe pecadores e come com eles".

3 Então Jesus lhes contou esta parábola: **4** "Qual de vocês que, possuindo cem ovelhas, e perdendo uma, não deixa as noventa e nove no campo e vai atrás da ovelha perdida, até encontrá-la? **5** E quando a encontra, coloca-a alegremente nos ombros **6** e vai para casa. Ao chegar, reúne seus amigos e vizinhos e diz: 'Ale-

dinner, do not invite your friends, your brothers or relatives, or your rich neighbors; if you do, they may invite you back and so you will be repaid. **13** But when you give a banquet, invite the poor, the crippled, the lame, the blind, **14** and you will be blessed. Although they cannot repay you, you will be repaid at the resurrection of the righteous."

The Parable of the Great Banquet

15 When one of those at the table with him heard this, he said to Jesus, "Blessed is the man who will eat at the feast in the kingdom of God."

16 Jesus replied: "A certain man was preparing a great banquet and invited many guests. **17** At the time of the banquet he sent his servant to tell those who had been invited, 'Come, for everything is now ready.'

18 "But they all alike began to make excuses. The first said, 'I have just bought a field, and I must go and see it. Please excuse me.'

19 "Another said, 'I have just bought five yoke of oxen, and I'm on my way to try them out. Please excuse me.'

20 "Still another said, 'I just got married, so I can't come.'

21 "The servant came back and reported this to his master. Then the owner of the house became angry and ordered his servant, 'Go out quickly into the streets and alleys of the town and bring in the poor, the crippled, the blind and the lame.'

22 " 'Sir,' the servant said, 'what you ordered has been done, but there is still room.'

23 "Then the master told his servant, 'Go out to the roads and country lanes and make them come in, so that my house will be full. **24** I tell you, not one of those men who were invited will get a taste of my banquet.' "

The Cost of Being a Disciple

25 Large crowds were traveling with Jesus, and turning to them he said: **26** "If anyone comes to me and does not hate his father and mother, his wife and children, his brothers and sisters—yes, even his own life — he cannot be my disciple. **27** And anyone who does not carry his cross and follow me cannot be my disciple.

28 "Suppose one of you wants to build a tower. Will he not first sit down and estimate the cost to see if he has enough money to complete it? **29** For if he lays the foundation and is not able to finish it, everyone who sees it will ridicule him, **30** saying, 'This fellow began to build and was not able to finish.'

31 "Or suppose a king is about to go to war against another king. Will he not first sit down and consider whether he is able with ten thousand men to oppose the one coming against him with twenty thousand? **32** If he is not able, he will send a delegation while the other is still a long way off and will ask for terms of peace. **33** In the same way, any of you who does not give up everything he has cannot be my disciple.

34 "Salt is good, but if it loses its saltiness, how can it be made salty again? **35** It is fit neither for the soil nor for the manure pile; it is thrown out.

"He who has ears to hear, let him hear."

The Parable of the Lost Sheep

15 Now the tax collectors and "sinners" were all gathering around to hear him. **2** But the Pharisees and the teachers of the law muttered, "This man welcomes sinners and eats with them."

3 Then Jesus told them this parable: **4** "Suppose one of you has a hundred sheep and loses one of them. Does he not leave the ninety-nine in the open country and go after the lost sheep until he finds it? **5** And when he finds it, he joyfully puts it on his shoulders **6** and goes home. Then he calls his friends and

grem-se comigo, pois encontrei minha ovelha perdida'. **7** Eu lhes digo que, da mesma forma, haverá mais alegria no céu por um pecador que se arrepende do que por noventa e nove justos que não precisam arrepender-se.

A Parábola da Moeda Perdida

8 "Ou, qual é a mulher que, possuindo dez dracmas[a] e, perdendo uma delas, não acende uma candeia, varre a casa e procura atentamente, até encontrá-la? **9** E quando a encontra, reúne suas amigas e vizinhas e diz: 'Alegrem-se comigo, pois encontrei minha moeda perdida'. **10** Eu lhes digo que, da mesma forma, há alegria na presença dos anjos de Deus por um pecador que se arrepende".

A Parábola do Filho Perdido

11 Jesus continuou: "Um homem tinha dois filhos. **12** O mais novo disse ao seu pai: 'Pai, quero a minha parte da herança'. Assim, ele repartiu sua propriedade entre eles.

13 "Não muito tempo depois, o filho mais novo reuniu tudo o que tinha, e foi para uma região distante; e lá desperdiçou os seus bens vivendo irresponsavelmente. **14** Depois de ter gasto tudo, houve uma grande fome em toda aquela região, e ele começou a passar necessidade. **15** Por isso foi empregar-se com um dos cidadãos daquela região, que o mandou para o seu campo a fim de cuidar de porcos. **16** Ele desejava encher o estômago com as vagens de alfarrobeira que os porcos comiam, mas ninguém lhe dava nada.

17 "Caindo em si, ele disse: 'Quantos empregados de meu pai têm comida de sobra, e eu aqui, morrendo de fome! **18** Eu me porei a caminho e voltarei para meu pai, e lhe direi: Pai, pequei contra o céu e contra ti. **19** Não sou mais digno de ser chamado teu filho; trata-me como um dos teus empregados'. **20** A seguir, levantou-se e foi para seu pai.

"Estando ainda longe, seu pai o viu e, cheio de compaixão, correu para seu filho, e o abraçou e beijou.

21 "O filho lhe disse: 'Pai, pequei contra o céu e contra ti. Não sou mais digno de ser chamado teu filho[b]'.

22 "Mas o pai disse aos seus servos: 'Depressa! Tragam a melhor roupa e vistam nele. Coloquem um anel em seu dedo e calçados em seus pés. **23** Tragam o novilho gordo e matem-no. Vamos fazer uma festa e alegrar-nos. **24** Pois este meu filho estava morto e voltou à vida; estava perdido e foi achado'. E começaram a festejar o seu regresso.

25 "Enquanto isso, o filho mais velho estava no campo. Quando se aproximou da casa, ouviu a música e a dança. **26** Então chamou um dos servos e perguntou-lhe o que estava acontecendo. **27** Este lhe respondeu: 'Seu irmão voltou, e seu pai matou o novilho gordo, porque o recebeu de volta são e salvo'.

28 "O filho mais velho encheu-se de ira, e não quis entrar. Então seu pai saiu e insistiu com ele. **29** Mas ele respondeu ao seu pai: 'Olha! todos esses anos tenho trabalhado como um escravo ao teu serviço e nunca desobedeci às tuas ordens. Mas tu nunca me deste nem um cabrito para eu festejar com os meus amigos. **30** Mas quando volta para casa esse teu filho, que esbanjou os teus bens com as prostitutas, matas o novilho gordo para ele!'

31 "Disse o pai: 'Meu filho, você está sempre comigo, e tudo o que tenho é seu. **32** Mas nós tínhamos que celebrar a volta deste seu irmão e alegrar-nos, porque ele estava morto e voltou à vida, estava perdido e foi achado' ".

A Parábola do Administrador Astuto

16 Jesus disse aos seus discípulos: "O administrador de um homem rico foi acusado de estar desperdiçando os seus bens. **2** Então ele o chamou e lhe perguntou: 'Que é isso que estou ouvindo a seu respeito? Preste contas da sua administração, porque você não pode continuar sendo o administrador'.

neighbors together and says, 'Rejoice with me; I have found my lost sheep.' **7** I tell you that in the same way there will be more rejoicing in heaven over one sinner who repents than over ninety-nine righteous persons who do not need to repent.

The Parable of the Lost Coin

8 "Or suppose a woman has ten silver coins[a] and loses one. Does she not light a lamp, sweep the house and search carefully until she finds it? **9** And when she finds it, she calls her friends and neighbors together and says, 'Rejoice with me; I have found my lost coin.' **10** In the same way, I tell you, there is rejoicing in the presence of the angels of God over one sinner who repents."

The Parable of the Lost Son

11 Jesus continued: "There was a man who had two sons. **12** The younger one said to his father, 'Father, give me my share of the estate.' So he divided his property between them.

13 "Not long after that, the younger son got together all he had, set off for a distant country and there squandered his wealth in wild living. **14** After he had spent everything, there was a severe famine in that whole country, and he began to be in need. **15** So he went and hired himself out to a citizen of that country, who sent him to his fields to feed pigs. **16** He longed to fill his stomach with the pods that the pigs were eating, but no one gave him anything.

17 "When he came to his senses, he said, 'How many of my father's hired men have food to spare, and here I am starving to death! **18** I will set out and go back to my father and say to him: Father, I have sinned against heaven and against you. **19** I am no longer worthy to be called your son; make me like one of your hired men.' **20** So he got up and went to his father.

"But while he was still a long way off, his father saw him and was filled with compassion for him; he ran to his son, threw his arms around him and kissed him.

21 "The son said to him, 'Father, I have sinned against heaven and against you. I am no longer worthy to be called your son.[b]'

22 "But the father said to his servants, 'Quick! Bring the best robe and put it on him. Put a ring on his finger and sandals on his feet. **23** Bring the fattened calf and kill it. Let's have a feast and celebrate. **24** For this son of mine was dead and is alive again; he was lost and is found.' So they began to celebrate.

25 "Meanwhile, the older son was in the field. When he came near the house, he heard music and dancing. **26** So he called one of the servants and asked him what was going on. **27** 'Your brother has come,' he replied, 'and your father has killed the fattened calf because he has him back safe and sound.'

28 "The older brother became angry and refused to go in. So his father went out and pleaded with him. **29** But he answered his father, 'Look! All these years I've been slaving for you and never disobeyed your orders. Yet you never gave me even a young goat so I could celebrate with my friends. **30** But when this son of yours who has squandered your property with prostitutes comes home, you kill the fattened calf for him!'

31 " 'My son,' the father said, 'you are always with me, and everything I have is yours. **32** But we had to celebrate and be glad, because this brother of yours was dead and is alive again; he was lost and is found.' "

The Parable of the Shrewd Manager

16 Jesus told his disciples: "There was a rich man whose manager was accused of wasting his possessions. **2** So he called him in and asked him, 'What is this I hear about you? Give an account of your management, because you cannot be manager any longer.'

---

[a]15.8 A dracma era uma moeda de prata equivalente à diária de um trabalhador braçal. [b]15.21 Alguns manuscritos acrescentam *Trata-me como um dos teus empregados.*

[a]15:8 Greek *ten drachmas*, each worth about a day's wages [b]15:21 Some early manuscripts *son. Make me like one of your hired men.*

3 "O administrador disse a si mesmo: 'Meu senhor está me despedindo. Que farei? Para cavar não tenho força, e tenho vergonha de mendigar... **4** Já sei o que vou fazer para que, quando perder o meu emprego aqui, as pessoas me recebam em suas casas'.

5 "Então chamou cada um dos devedores do seu senhor. Perguntou ao primeiro: 'Quanto você deve ao meu senhor?' **6** 'Cem potesª de azeite', respondeu ele.

"O administrador lhe disse: 'Tome a sua conta, sente-se depressa e escreva cinqüenta'.

7 "A seguir ele perguntou ao segundo: 'E você, quanto deve?' 'Cem tonéisᵇ de trigo', respondeu ele.

"Ele lhe disse: 'Tome a sua conta e escreva oitenta'.

8 "O senhor elogiou o administrador desonesto, porque agiu astutamente. Pois os filhos deste mundo são mais astutos no trato entre si do que os filhos da luz. **9** Por isso, eu lhes digo: Usem a riqueza deste mundo ímpio para ganhar amigos, de forma que, quando ela acabar, estes os recebam nas moradas eternas.

10 "Quem é fiel no pouco, também é fiel no muito, e quem é desonesto no pouco, também é desonesto no muito. **11** Assim, se vocês não forem dignos de confiança em lidar com as riquezas deste mundo ímpio, quem lhes confiará as verdadeiras riquezas? **12** E se vocês não forem dignos de confiança em relação ao que é dos outros, quem lhes dará o que é de vocês?

13 "Nenhum servo pode servir a dois senhores; pois odiará um e amará outro, ou se dedicará a um e desprezará outro. Vocês não podem servir a Deus e ao Dinheiro".

14 Os fariseus, que amavam o dinheiro, ouviam tudo isso e zombavam de Jesus. **15** Ele lhes disse: "Vocês são os que se justificam a si mesmos aos olhos dos homens, mas Deus conhece o coração de vocês. Aquilo que tem muito valor entre os homens é detestável aos olhos de Deus.

Outros Ensinamentos

16 "A Lei e os Profetas profetizaram até João. Desse tempo em diante estão sendo pregadas as boas novas do Reino de Deus, e todos tentam forçar sua entrada nele. **17** É mais fácil os céus e a terra desaparecerem do que cair da Lei o menor traço.

18 "Quem se divorciar de sua mulher e se casar com outra mulher estará cometendo adultério, e o homem que se casar com uma mulher divorciada estará cometendo adultério.

O Rico e Lázaro

19 "Havia um homem rico que se vestia de púrpura e de linho fino e vivia no luxo todos os dias. **20** Diante do seu portão fora deixado um mendigo chamado Lázaro, coberto de chagas; **21** este ansiava comer o que caía da mesa do rico. Até os cães vinham lamber suas feridas.

22 "Chegou o dia em que o mendigo morreu, e os anjos o levaram para junto de Abraão. O rico também morreu e foi sepultado. **23** No Hadesᵈ, onde estava sendo atormentado, ele olhou para cima e viu Abraão de longe, com Lázaro ao seu lado. **24** Então, chamou-o: 'Pai Abraão, tem misericórdia de mim e manda que Lázaro molhe a ponta do dedo na água e refresque a minha língua, porque estou sofrendo muito neste fogo'.

25 "Mas Abraão respondeu: 'Filho, lembre-se de que durante a sua vida você recebeu coisas boas, enquanto que Lázaro recebeu coisas más. Agora, porém, ele está sendo consolado aqui e você está em sofrimento. **26** E além disso, entre vocês e nós há um grande abismo, de forma que os que desejam passar do nosso lado para o seu, ou do seu lado para o nosso, não conseguem'.

27 "Ele respondeu: 'Então eu te suplico, pai: manda Lázaro ir à casa de meu pai, **28** pois tenho cinco irmãos. Deixa que ele os

---

3 "The manager said to himself, 'What shall I do now? My master is taking away my job. I'm not strong enough to dig, and I'm ashamed to beg— **4** I know what I'll do so that, when I lose my job here, people will welcome me into their houses.'

5 "So he called in each one of his master's debtors. He asked the first, 'How much do you owe my master?'

6 " 'Eight hundred gallonsª of olive oil,' he replied.

"The manager told him, 'Take your bill, sit down quickly, and make it four hundred.'

7 "Then he asked the second, 'And how much do you owe?'

" 'A thousand bushelsᵇ of wheat,' he replied.

"He told him, 'Take your bill and make it eight hundred.'

8 "The master commended the dishonest manager because he had acted shrewdly. For the people of this world are more shrewd in dealing with their own kind than are the people of the light. **9** I tell you, use worldly wealth to gain friends for yourselves, so that when it is gone, you will be welcomed into eternal dwellings.

10 "Whoever can be trusted with very little can also be trusted with much, and whoever is dishonest with very little will also be dishonest with much. **11** So if you have not been trustworthy in handling worldly wealth, who will trust you with true riches? **12** And if you have not been trustworthy with someone else's property, who will give you property of your own?

13 "No servant can serve two masters. Either he will hate the one and love the other, or he will be devoted to the one and despise the other. You cannot serve both God and Money."

14 The Pharisees, who loved money, heard all this and were sneering at Jesus. **15** He said to them, "You are the ones who justify yourselves in the eyes of men, but God knows your hearts. What is highly valued among men is detestable in God's sight.

Additional Teachings

16 "The Law and the Prophets were proclaimed until John. Since that time, the good news of the kingdom of God is being preached, and everyone is forcing his way into it. **17** It is easier for heaven and earth to disappear than for the least stroke of a pen to drop out of the Law.

18 "Anyone who divorces his wife and marries another woman commits adultery, and the man who marries a divorced woman commits adultery.

The Rich Man and Lazarus

19 "There was a rich man who was dressed in purple and fine linen and lived in luxury every day. **20** At his gate was laid a beggar named Lazarus, covered with sores **21** and longing to eat what fell from the rich man's table. Even the dogs came and licked his sores.

22 "The time came when the beggar died and the angels carried him to Abraham's side. The rich man also died and was buried. **23** In hell,ᶜ where he was in torment, he looked up and saw Abraham far away, with Lazarus by his side. **24** So he called to him, 'Father Abraham, have pity on me and send Lazarus to dip the tip of his finger in water and cool my tongue, because I am in agony in this fire.'

25 "But Abraham replied, 'Son, remember that in your lifetime you received your good things, while Lazarus received bad things, but now he is comforted here and you are in agony. **26** And besides all this, between us and you a great chasm has been fixed, so that those who want to go from here to you cannot, nor can anyone cross over from there to us.'

27 "He answered, 'Then I beg you, father, send Lazarus to my father's house, **28** for I have five brothers. Let him warn them,

---

ª**16.6** Grego: *100 batos*. O bato era uma medida de capacidade. As estimativas variam entre 20 e 40 litros. ᵇ**16.7** Grego: *100 coros*. O coro era uma medida de capacidade. As estimativas variam entre 200 e 400 litros. ᶜ**16.13** Grego: *Mamom*. ᵈ**16.23** Essa palavra pode ser traduzida por inferno, sepulcro, morte ou profundezas.

ª**16:6** Greek *one hundred batous* (probably about 3 kiloliters) ᵇ**16:7** Greek *one hundred korous* (probably about 35 kiloliters) ᶜ**16:23** Greek *Hades*

avise, a fim de que eles não venham também para este lugar de tormento'.

29 "Abraão respondeu: 'Eles têm Moisés e os Profetas; que os ouçam'.

30 " 'Não, pai Abraão', disse ele, 'mas se alguém dentre os mortos fosse até eles, eles se arrependeriam.'

31 "Abraão respondeu: 'Se não ouvem a Moisés e aos Profetas, tampouco se deixarão convencer, ainda que ressuscite alguém dentre os mortos' ".

O Pecado, a Fé e o Dever

17 Jesus disse aos seus discípulos: "É inevitável que aconteçam coisas que levem o povo a tropeçar, mas ai da pessoa por meio de quem elas acontecem. **2** Seria melhor que ela fosse lançada no mar com uma pedra de moinho amarrada no pescoço, do que levar um desses pequeninos a pecar. **3** Tomem cuidado.

"Se o seu irmão pecar, repreenda-o e, se ele se arrepender, perdoe-lhe. **4** Se pecar contra você sete vezes no dia, e sete vezes voltar a você e disser: 'Estou arrependido', perdoe-lhe".

5 Os apóstolos disseram ao Senhor: "Aumenta a nossa fé!"

6 Ele respondeu: "Se vocês tiverem fé do tamanho de uma semente de mostarda, poderão dizer a esta amoreira: 'Arranque-se e plante-se no mar', e ela lhes obedecerá.

7 "Qual de vocês que, tendo um servo que esteja arando ou cuidando das ovelhas, lhe dirá, quando ele chegar do campo: 'Venha agora e sente-se para comer'? **8** Ao contrário, não dirá: 'Prepare o meu jantar, apronte-se e sirva-me enquanto como e bebo; depois disso você pode comer e beber'? **9** Será que ele agradecerá ao servo por ter feito o que lhe foi ordenado? **10** Assim também vocês, quando tiverem feito tudo o que lhes for ordenado, devem dizer: 'Somos servos inúteis; apenas cumprimos o nosso dever' ".

Dez Leprosos São Curados

11 A caminho de Jerusalém, Jesus passou pela divisa entre Samaria e Galiléia. **12** Ao entrar num povoado, dez leprosos[a] dirigiram-se a ele. Ficaram a certa distância **13** e gritaram em alta voz: "Jesus, Mestre, tem piedade de nós!"

14 Ao vê-los, ele disse: "Vão mostrar-se aos sacerdotes". Enquanto eles iam, foram purificados.

15 Um deles, quando viu que estava curado, voltou, louvando a Deus em alta voz. **16** Prostrou-se aos pés de Jesus e lhe agradeceu. Este era samaritano.

17 Jesus perguntou: "Não foram purificados todos os dez? Onde estão os outros nove? **18** Não se achou nenhum que voltasse e desse louvor a Deus, a não ser este estrangeiro?" **19** Então ele lhe disse: "Levante-se e vá; a sua fé o salvou[b]".

A Vinda do Reino de Deus

20 Certa vez, tendo sido interrogado pelos fariseus sobre quando viria o Reino de Deus, Jesus respondeu: "O Reino de Deus não vem de modo visível, **21** nem se dirá: 'Aqui está ele', ou 'Lá está'; porque o Reino de Deus está entre[c] vocês".

22 Depois disse aos seus discípulos: "Chegará o tempo em que vocês desejarão ver um dos dias do Filho do homem, mas não verão. **23** Dirão a vocês: 'Lá está ele!' ou 'Aqui está!' Não se apressem em segui-los. **24** Pois o Filho do homem no seu dia[d] será como o relâmpago cujo brilho vai de uma extremidade à outra do céu. **25** Mas antes é necessário que ele sofra muito e seja rejeitado por esta geração.

26 "Assim como foi nos dias de Noé, também será nos dias do Filho do homem. **27** O povo vivia comendo, bebendo, casando-se e sendo dado em casamento, até o dia em que Noé entrou na arca. Então veio o Dilúvio e os destruiu a todos.

---

so that they will not also come to this place of torment.'

29 Abraham replied, 'They have Moses and the Prophets; let them listen to them.'

30 " 'No, father Abraham,' he said, 'but if someone from the dead goes to them, they will repent.'

31 "He said to him, 'If they do not listen to Moses and the Prophets, they will not be convinced even if someone rises from the dead.' "

Sin, Faith, Duty

17 Jesus said to his disciples: "Things that cause people to sin are bound to come, but woe to that person through whom they come. **2** It would be better for him to be thrown into the sea with a millstone tied around his neck than for him to cause one of these little ones to sin. **3** So watch yourselves.

"If your brother sins, rebuke him, and if he repents, forgive him. **4** If he sins against you seven times in a day, and seven times comes back to you and says, 'I repent,' forgive him."

5 The apostles said to the Lord, "Increase our faith!"

6 He replied, "If you have faith as small as a mustard seed, you can say to this mulberry tree, 'Be uprooted and planted in the sea,' and it will obey you.

7 "Suppose one of you had a servant plowing or looking after the sheep. Would he say to the servant when he comes in from the field, 'Come along now and sit down to eat'? **8** Would he not rather say, 'Prepare my supper, get yourself ready and wait on me while I eat and drink; after that you may eat and drink'? **9** Would he thank the servant because he did what he was told to do? **10** So you also, when you have done everything you were told to do, should say, 'We are unworthy servants; we have only done our duty.' "

Ten Healed of Leprosy

11 Now on his way to Jerusalem, Jesus traveled along the border between Samaria and Galilee. **12** As he was going into a village, ten men who had leprosy[a] met him. They stood at a distance **13** and called out in a loud voice, "Jesus, Master, have pity on us!"

14 When he saw them, he said, "Go, show yourselves to the priests." And as they went, they were cleansed.

15 One of them, when he saw he was healed, came back, praising God in a loud voice. **16** He threw himself at Jesus' feet and thanked him—and he was a Samaritan.

17 Jesus asked, "Were not all ten cleansed? Where are the other nine? **18** Was no one found to return and give praise to God except this foreigner?" **19** Then he said to him, "Rise and go; your faith has made you well."

The Coming of the Kingdom of God

20 Once, having been asked by the Pharisees when the kingdom of God would come, Jesus replied, "The kingdom of God does not come with your careful observation, **21** nor will people say, 'Here it is,' or 'There it is,' because the kingdom of God is within[b] you."

22 Then he said to his disciples, "The time is coming when you will long to see one of the days of the Son of Man, but you will not see it. **23** Men will tell you, 'There he is!' or 'Here he is!' Do not go running off after them. **24** For the Son of Man in his day[c] will be like the lightning, which flashes and lights up the sky from one end to the other. **25** But first he must suffer many things and be rejected by this generation.

26 "Just as it was in the days of Noah, so also will it be in the days of the Son of Man. **27** People were eating, drinking, marrying and being given in marriage up to the day Noah entered the ark. Then the flood came and destroyed them all.

---

28 "Aconteceu a mesma coisa nos dias de Ló. O povo estava comendo e bebendo, comprando e vendendo, plantando e construindo. **29** Mas no dia em que Ló saiu de Sodoma, choveu fogo e enxofre do céu e os destruiu a todos.

30 "Acontecerá exatamente assim no dia em que o Filho do homem for revelado. **31** Naquele dia, quem estiver no telhado de sua casa, não deve descer para apanhar os seus bens dentro de casa. Semelhantemente, quem estiver no campo, não deve voltar atrás por coisa alguma. **32** Lembrem-se da mulher de Ló! **33** Quem tentar conservar a sua vida a perderá, e quem perder a sua vida a preservará. **34** Eu lhes digo: Naquela noite duas pessoas estarão numa cama; uma será tirada e a outra deixada. **35** Duas mulheres estarão moendo trigo juntas; uma será tirada e a outra deixada. **36** Duas pessoas estarão no campo; uma será tirada e a outra deixadaª".

37 "Onde, Senhor?", perguntaram eles.

Ele respondeu: "Onde houver um cadáver, ali se ajuntarão os abutres".

A Parábola da Viúva Persistente

18 Então Jesus contou aos seus discípulos uma parábola, para mostrar-lhes que eles deviam orar sempre e nunca desanimar. **2** Ele disse: "Em certa cidade havia um juiz que não temia a Deus nem se importava com os homens. **3** E havia naquela cidade uma viúva que se dirigia continuamente a ele, suplicando-lhe: 'Faze-me justiça contra o meu adversário'.

4 "Por algum tempo ele se recusou. Mas finalmente disse a si mesmo: 'Embora eu não tema a Deus e nem me importe com os homens, **5** esta viúva está me aborrecendo; vou fazer-lhe justiça para que ela não venha mais me importunar' ".

6 E o Senhor continuou: "Ouçam o que diz o juiz injusto. **7** Acaso Deus não fará justiça aos seus escolhidos, que clamam a ele dia e noite? Continuará fazendo-os esperar? **8** Eu lhes digo: Ele lhes fará justiça, e depressa. Contudo, quando o Filho do homem vier, encontrará fé na terra?"

A Parábola do Fariseu e do Publicano

9 A alguns que confiavam em sua própria justiça e desprezavam os outros, Jesus contou esta parábola: **10** "Dois homens subiram ao templo para orar; um era fariseu e o outro, publicano. **11** O fariseu, em pé, orava no íntimo: 'Deus, eu te agradeço porque não sou como os outros homens: ladrões, corruptos, adúlteros; nem mesmo como este publicano. **12** Jejuo duas vezes por semana e dou o dízimo de tudo quanto ganho'.

13 "Mas o publicano ficou à distância. Ele nem ousava olhar para o céu, mas batendo no peito, dizia: 'Deus, tem misericórdia de mim, que sou pecador'.

14 "Eu lhes digo que este homem, e não o outro, foi para casa justificado diante de Deus. Pois quem se exalta será humilhado, e quem se humilha será exaltado".

Jesus e as Crianças
(Mt 19.13-15; Mc 10.13-16)

15 O povo também estava trazendo criancinhas para que Jesus tocasse nelas. Ao verem isso, os discípulos repreendiam aqueles que as tinham trazido. **16** Mas Jesus chamou a si as crianças e disse: "Deixem vir a mim as crianças e não as impeçam; pois o Reino de Deus pertence aos que são semelhantes a elas. **17** Digo-lhes a verdade: Quem não receber o Reino de Deus como uma criança, nunca entrará nele".

Jesus e o Homem Rico
(Mt 19.16-30; Mc 10.17-31)

18 Certo homem importante lhe perguntou: "Bom Mestre, que farei para herdar a vida eterna?"

---

28 "It was the same in the days of Lot. People were eating and drinking, buying and selling, planting and building. **29** But the day Lot left Sodom, fire and sulfur rained down from heaven and destroyed them all.

30 "It will be just like this on the day the Son of Man is revealed. **31** On that day no one who is on the roof of his house, with his goods inside, should go down to get them. Likewise, no one in the field should go back for anything. **32** Remember Lot's wife! **33** Whoever tries to keep his life will lose it, and whoever loses his life will preserve it. **34** I tell you, on that night two people will be in one bed; one will be taken and the other left. **35** Two women will be grinding grain together; one will be taken and the other left."ª

37 "Where, Lord?" they asked.

He replied, "Where there is a dead body, there the vultures will gather."

The Parable of the Persistent Widow

18 Then Jesus told his disciples a parable to show them that they should always pray and not give up. **2** He said: "In a certain town there was a judge who neither feared God nor cared about men. **3** And there was a widow in that town who kept coming to him with the plea, 'Grant me justice against my adversary.'

4 "For some time he refused. But finally he said to himself, 'Even though I don't fear God or care about men, **5** yet because this widow keeps bothering me, I will see that she gets justice, so that she won't eventually wear me out with her coming!' "

6 And the Lord said, "Listen to what the unjust judge says. **7** And will not God bring about justice for his chosen ones, who cry out to him day and night? Will he keep putting them off? **8** I tell you, he will see that they get justice, and quickly. However, when the Son of Man comes, will he find faith on the earth?"

The Parable of the Pharisee and the Tax Collector

9 To some who were confident of their own righteousness and looked down on everybody else, Jesus told this parable: **10** "Two men went up to the temple to pray, one a Pharisee and the other a tax collector. **11** The Pharisee stood up and prayed aboutᵇ himself: 'God, I thank you that I am not like other men—robbers, evildoers, adulterers—or even like this tax collector. **12** I fast twice a week and give a tenth of all I get.'

13 "But the tax collector stood at a distance. He would not even look up to heaven, but beat his breast and said, 'God, have mercy on me, a sinner.'

14 "I tell you that this man, rather than the other, went home justified before God. For everyone who exalts himself will be humbled, and he who humbles himself will be exalted."

The Little Children and Jesus

15 People were also bringing babies to Jesus to have him touch them. When the disciples saw this, they rebuked them. **16** But Jesus called the children to him and said, "Let the little children come to me, and do not hinder them, for the kingdom of God belongs to such as these. **17** I tell you the truth, anyone who will not receive the kingdom of God like a little child will never enter it."

The Rich Ruler

18 A certain ruler asked him, "Good teacher, what must I do to inherit eternal life?"

ª**17.36** Muitos manuscritos não trazem este versículo.

ª**17:35** Some manuscripts *left.* **36** *Two men will be in the field; one will be taken and the other left.* ᵇ**18:11** Or *to*

19 "Por que você me chama bom?", respondeu Jesus. "Não há ninguém que seja bom, a não ser somente Deus. **20** Você conhece os mandamentos: 'Não adulterarás, não matarás, não furtarás, não darás falso testemunho, honra teu pai e tua mãe'ᵃ."

21 "A tudo isso tenho obedecido desde a adolescência", disse ele.

22 Ao ouvir isso, disse-lhe Jesus: "Falta-lhe ainda uma coisa. Venda tudo o que você possui e dê o dinheiro aos pobres, e você terá um tesouro nos céus. Depois venha e siga-me".

23 Ouvindo isso, ele ficou triste, porque era muito rico. **24** Vendo-o entristecido, Jesus disse: "Como é difícil aos ricos entrar no Reino de Deus! **25** De fato, é mais fácil passar um camelo pelo fundo de uma agulha do que um rico entrar no Reino de Deus".

26 Os que ouviram isso perguntaram: "Então, quem pode ser salvo?"

27 Jesus respondeu: "O que é impossível para os homens é possível para Deus".

28 Pedro lhe disse: "Nós deixamos tudo o que tínhamos para seguir-te!"

29 Respondeu Jesus: "Digo-lhes a verdade: Ninguém que tenha deixado casa, mulher, irmãos, pai ou filhos por causa do Reino de Deus **30** deixará de receber, na presente era, muitas vezes mais, e, na era futura, a vida eterna".

Jesus Prediz Novamente sua Morte e Ressurreição
(Mt 20.17-19; Mc 10.32-34)

31 Jesus chamou à parte os Doze e lhes disse: "Estamos subindo para Jerusalém, e tudo o que está escrito pelos profetas acerca do Filho do homem se cumprirá. **32** Ele será entregue aos gentiosᵇ que zombarão dele, o insultarão, cuspirão nele, o açoitarão e o matarão. **33** No terceiro dia ele ressuscitará".

34 Os discípulos não entenderam nada dessas coisas. O significado dessas palavras lhes estava oculto, e eles não sabiam do que ele estava falando.

Um Mendigo Cego Recupera a Visão
(Mt 20.29-34; Mc 10.46-52)

35 Ao aproximar-se Jesus de Jericó, um homem cego estava sentado à beira do caminho, pedindo esmola. **36** Quando ouviu a multidão passando, ele perguntou o que estava acontecendo. **37** Disseram-lhe: "Jesus de Nazaré está passando".

38 Então ele se pôs a gritar: "Jesus, filho de Davi, tem misericórdia de mim!"

39 Os que iam adiante o repreendiam para que ficasse quieto, mas ele gritava ainda mais: "Filho de Davi, tem misericórdia de mim!"

40 Jesus parou e ordenou que o homem lhe fosse trazido. Quando ele chegou perto, Jesus perguntou-lhe: **41** "O que você quer que eu lhe faça?"

"Senhor, eu quero ver", respondeu ele.

42 Jesus lhe disse: "Recupere a visão! A sua fé o curouᶜ". **43** Imediatamente ele recuperou a visão, e seguia Jesus glorificando a Deus. Quando todo o povo viu isso, deu louvores a Deus.

Zaqueu, o Publicano

19 Jesus entrou em Jericó, e atravessava a cidade. **2** Havia ali um homem rico chamado Zaqueu, chefe dos publicanos. **3** Ele queria ver quem era Jesus, mas, sendo de pequena estatura, não o conseguia, por causa da multidão. **4** Assim, correu adiante e subiu numa figueira brava para vê-lo, pois Jesus ia passar por ali.

5 Quando Jesus chegou àquele lugar, olhou para cima e lhe disse: "Zaqueu, desça depressa. Quero ficar em sua casa hoje". **6** Então ele desceu rapidamente e o recebeu com alegria.

19 "Why do you call me good?" Jesus answered. "No one is good—except God alone. **20** You know the commandments: 'Do not commit adultery, do not murder, do not steal, do not give false testimony, honor your father and mother.'ᵃ"

21 "All these I have kept since I was a boy," he said.

22 When Jesus heard this, he said to him, "You still lack one thing. Sell everything you have and give to the poor, and you will have treasure in heaven. Then come, follow me."

23 When he heard this, he became very sad, because he was a man of great wealth. **24** Jesus looked at him and said, "How hard it is for the rich to enter the kingdom of God! **25** Indeed, it is easier for a camel to go through the eye of a needle than for a rich man to enter the kingdom of God."

26 Those who heard this asked, "Who then can be saved?"

27 Jesus replied, "What is impossible with men is possible with God."

28 Peter said to him, "We have left all we had to follow you!"

29 "I tell you the truth," Jesus said to them, "no one who has left home or wife or brothers or parents or children for the sake of the kingdom of God **30** will fail to receive many times as much in this age and, in the age to come, eternal life."

Jesus Again Predicts His Death

31 Jesus took the Twelve aside and told them, "We are going up to Jerusalem, and everything that is written by the prophets about the Son of Man will be fulfilled. **32** He will be handed over to the Gentiles. They will mock him, insult him, spit on him, flog him and kill him. **33** On the third day he will rise again."

34 The disciples did not understand any of this. Its meaning was hidden from them, and they did not know what he was talking about.

A Blind Beggar Receives His Sight

35 As Jesus approached Jericho, a blind man was sitting by the roadside begging. **36** When he heard the crowd going by, he asked what was happening. **37** They told him, "Jesus of Nazareth is passing by."

38 He called out, "Jesus, Son of David, have mercy on me!"

39 Those who led the way rebuked him and told him to be quiet, but he shouted all the more, "Son of David, have mercy on me!"

40 Jesus stopped and ordered the man to be brought to him. When he came near, Jesus asked him, **41** "What do you want me to do for you?"

"Lord, I want to see," he replied.

42 Jesus said to him, "Receive your sight; your faith has healed you." **43** Immediately he received his sight and followed Jesus, praising God. When all the people saw it, they also praised God.

Zacchaeus the Tax Collector

19 Jesus entered Jericho and was passing through. **2** A man was there by the name of Zacchaeus; he was a chief tax collector and was wealthy. **3** He wanted to see who Jesus was, but being a short man he could not, because of the crowd. **4** So he ran ahead and climbed a sycamore-fig tree to see him, since Jesus was coming that way.

5 When Jesus reached the spot, he looked up and said to him, "Zacchaeus, come down immediately. I must stay at your house today." **6** So he came down at once and welcomed him gladly.

ᵃ**18.20** Êx 20.12-16; Dt 5.16-20 ᵇ**18.32** Isto é, os que não são judeus. ᶜ**18.42** Ou *o salvou*

ᵃ**18:20** Exodus 20:12-16; Deut. 5:16-20

7 Todo o povo viu isso e começou a se queixar: "Ele se hospedou na casa de um 'pecador' ".

8 Mas Zaqueu levantou-se e disse ao Senhor: "Olha, Senhor! Estou dando a metade dos meus bens aos pobres; e se de alguém extorqui alguma coisa, devolverei quatro vezes mais".

9 Jesus lhe disse: "Hoje houve salvação nesta casa! Porque este homem também é filho de Abraão. **10** Pois o Filho do homem veio buscar e salvar o que estava perdido".

A Parábola das Dez Minas

11 Estando eles a ouvi-lo, Jesus passou a contar-lhes uma parábola, porque estava perto de Jerusalém e o povo pensava que o Reino de Deus ia se manifestar de imediato. **12** Ele disse: "Um homem de nobre nascimento foi para uma terra distante para ser coroado rei e depois voltar. **13** Então, chamou dez dos seus servos e lhes deu dez minasᵃ. Disse ele: 'Façam esse dinheiro render até a minha volta'.

14 "Mas os seus súditos o odiavam e por isso enviaram uma delegação para lhe dizer: 'Não queremos que este homem seja nosso rei'.

15 "Contudo, ele foi feito rei e voltou. Então mandou chamar os servos a quem dera o dinheiro, a fim de saber quanto tinham lucrado.

16 "O primeiro veio e disse: 'Senhor, a tua mina rendeu outras dez'.

17 " 'Muito bem, meu bom servo!', respondeu o seu senhor. 'Por ter sido confiável no pouco, governe sobre dez cidades.'

18 "O segundo veio e disse: 'Senhor, a tua mina rendeu cinco vezes mais'.

19 "O seu senhor respondeu: 'Também você, encarregue-se de cinco cidades'.

20 "Então veio outro servo e disse: 'Senhor, aqui está a tua mina; eu a conservei guardada num pedaço de pano. **21** Tive medo, porque és um homem severo. Tiras o que não puseste e colhes o que não semeaste'.

22 "O seu senhor respondeu: 'Eu o julgarei pelas suas próprias palavras, servo mau! Você sabia que sou homem severo, que tiro o que não pus e colho o que não semeei. **23** Então, por que não confiou o meu dinheiro ao banco? Assim, quando eu voltasse o receberia com os juros'.

24 "E disse aos que estavam ali: 'Tomem dele a sua mina e dêem-na ao que tem dez'.

25 " 'Senhor', disseram, 'ele já tem dez!'

26 "Ele respondeu: 'Eu lhes digo que a quem tem, mais será dado, mas a quem não tem, até o que tiver lhe será tirado. **27** E aqueles inimigos meus, que não queriam que eu reinasse sobre eles, tragam-nos aqui e matem-nos na minha frente!' "

A Entrada Triunfal
(Mt 21.1-11; Mc 11.1-11; Jo 12.12-19)

28 Depois de dizer isso, Jesus foi adiante, subindo para Jerusalém. **29** Ao aproximar-se de Betfagé e de Betânia, no monte chamado das Oliveiras, enviou dois dos seus discípulos, dizendo-lhes: **30** "Vão ao povoado que está adiante e, ao entrarem, encontrarão um jumentinho amarrado, no qual ninguém jamais montou. Desamarrem-no e tragam-no aqui. **31** Se alguém lhes perguntar: 'Por que o estão desamarrando?' digam-lhe: O Senhor precisa dele ".

32 Os que tinham sido enviados foram e encontraram o animal exatamente como ele lhes tinha dito. **33** Quando estavam desamarrando o jumentinho, os seus donos lhes perguntaram: "Por que vocês estão desamarrando o jumentinho?"

34 Eles responderam: "O Senhor precisa dele".

35 Levaram-no a Jesus, lançaram seus mantos sobre o jumentinho e fizeram que Jesus montasse nele. **36** Enquanto ele prosseguia, o povo estendia os seus mantos pelo caminho. **37** Quando ele já estava perto da descida do monte das Oliveiras, toda a multidão dos discípulos começou a louvar a Deus alegre-

7 All the people saw this and began to mutter, "He has gone to be the guest of a 'sinner.' "

8 But Zacchaeus stood up and said to the Lord, "Look, Lord! Here and now I give half of my possessions to the poor, and if I have cheated anybody out of anything, I will pay back four times the amount."

9 Jesus said to him, "Today salvation has come to this house, because this man, too, is a son of Abraham. **10** For the Son of Man came to seek and to save what was lost."

The Parable of the Ten Minas

11 While they were listening to this, he went on to tell them a parable, because he was near Jerusalem and the people thought that the kingdom of God was going to appear at once. **12** He said: "A man of noble birth went to a distant country to have himself appointed king and then to return. **13** So he called ten of his servants and gave them ten minas.ᵃ 'Put this money to work,' he said, 'until I come back.'

14 "But his subjects hated him and sent a delegation after him to say, 'We don't want this man to be our king.'

15 "He was made king, however, and returned home. Then he sent for the servants to whom he had given the money, in order to find out what they had gained with it.

16 "The first one came and said, 'Sir, your mina has earned ten more.'

17 " 'Well done, my good servant!' his master replied. 'Because you have been trustworthy in a very small matter, take charge of ten cities.'

18 "The second came and said, 'Sir, your mina has earned five more.'

19 "His master answered, 'You take charge of five cities.'

20 "Then another servant came and said, 'Sir, here is your mina; I have kept it laid away in a piece of cloth. **21** I was afraid of you, because you are a hard man. You take out what you did not put in and reap what you did not sow.'

22 "His master replied, 'I will judge you by your own words, you wicked servant! You knew, did you, that I am a hard man, taking out what I did not put in, and reaping what I did not sow? **23** Why then didn't you put my money on deposit, so that when I came back, I could have collected it with interest?'

24 "Then he said to those standing by, 'Take his mina away from him and give it to the one who has ten minas.'

25 " 'Sir,' they said, 'he already has ten!'

26 "He replied, 'I tell you that to everyone who has, more will be given, but as for the one who has nothing, even what he has will be taken away. **27** But those enemies of mine who did not want me to be king over them—bring them here and kill them in front of me.' "

The Triumphal Entry

28 After Jesus had said this, he went on ahead, going up to Jerusalem. **29** As he approached Bethphage and Bethany at the hill called the Mount of Olives, he sent two of his disciples, saying to them, **30** "Go to the village ahead of you, and as you enter it, you will find a colt tied there, which no one has ever ridden. Untie it and bring it here. **31** If anyone asks you, 'Why are you untying it?' tell him, 'The Lord needs it.' "

32 Those who were sent ahead went and found it just as he had told them. **33** As they were untying the colt, its owners asked them, "Why are you untying the colt?"

34 They replied, "The Lord needs it."

35 They brought it to Jesus, threw their cloaks on the colt and put Jesus on it. **36** As he went along, people spread their cloaks on the road.

37 When he came near the place where the road goes down the Mount of Olives, the whole crowd of disciples began joy-

---

ᵃ**19.13** Isto é, cerca de 1/2 quilo de prata, ou seja, o salário de 3 meses de um trabalhador braçal.

ᵃ**19:13** A mina was about three months' wages.

mente e em alta voz, por todos os milagres que tinham visto. Exclamavam:

38 "Bendito é o rei que vem
em nome do Senhor!"ª
"Paz no céu
e glória nas alturas!"

39 Alguns dos fariseus que estavam no meio da multidão disseram a Jesus: "Mestre, repreende os teus discípulos!"

40 "Eu lhes digo", respondeu ele; "se eles se calarem, as pedras clamarão."

Lamento sobre Jerusalém

41 Quando se aproximou e viu a cidade, Jesus chorou sobre ela **42** e disse: "Se você compreendesse neste dia, sim, você também, o que traz a paz! Mas agora isso está oculto aos seus olhos. **43** Virão dias em que os seus inimigos construirão trincheiras contra você, a rodearão e a cercarão de todos os lados. **44** Também a lançarão por terra, você e os seus filhos. Não deixarão pedra sobre pedra, porque você não reconheceu a oportunidade que Deus lhe concedeu".

Jesus Purifica o Templo
(Mt 21.12-17; Mc 11.15-19)

45 Então ele entrou no templo e começou a expulsar os que estavam vendendo. **46** Disse-lhes: "Está escrito: 'A minha casa será casa de oração'ᵇ; mas vocês fizeram dela 'um covil de ladrões'ᶜ".

47 Todos os dias ele ensinava no templo. Mas os chefes dos sacerdotes, os mestres da lei e os líderes do povo procuravam matá-lo. **48** Todavia, não conseguiam encontrar uma forma de fazê-lo, porque todo o povo estava fascinado pelas suas palavras.

A Autoridade de Jesus é Questionada
(Mt 21.23-27; Mc 11.27-33)

20 Certo dia, quando Jesus estava ensinando o povo no templo e pregando as boas novas, chegaram-se a ele os chefes dos sacerdotes, os mestres da lei e os líderes religiosos, **2** e lhe perguntaram: "Com que autoridade estás fazendo estas coisas? Quem te deu esta autoridade?"

3 Ele respondeu: "Eu também lhes farei uma pergunta; digam-me: **4** O batismo de João era do céu, ou dos homens?"

5 Eles discutiam entre si, dizendo: "Se dissermos: Do céu, ele perguntará: 'Então por que vocês não creram nele?' **6** Mas se dissermos: Dos homens, todo o povo nos apedrejará, porque convencidos estão de que João era um profeta".

7 Por isso responderam: "Não sabemos de onde era".

8 Disse então Jesus: "Tampouco lhes direi com que autoridade estou fazendo estas coisas".

A Parábola dos Lavradores
(Mt 21.33-46; Mc 12.1-12)

9 Então Jesus passou a contar ao povo esta parábola: "Certo homem plantou uma vinha, arrendou-a a alguns lavradores e ausentou-se por longo tempo. **10** Na época da colheita, ele enviou um servo aos lavradores, para que lhe entregassem parte do fruto da vinha. Mas os lavradores o espancaram e o mandaram embora de mãos vazias. **11** Ele mandou outro servo, mas a esse também espancaram e o trataram de maneira humilhante, mandando-o embora de mãos vazias. **12** Enviou ainda um terceiro, e eles o feriram e o expulsaram da vinha.

13 "Então o proprietário da vinha disse: 'Que farei? Mandarei meu filho amado; quem sabe o respeitarão'.

14 "Mas quando os lavradores o viram, combinaram entre si dizendo: 'Este é o herdeiro. Vamos matá-lo, e a herança será nossa'. **15** Assim, lançaram-no fora da vinha e o mataram.

"O que lhes fará então o dono da vinha? **16** Virá, matará aqueles lavradores e dará a vinha a outros".

fully to praise God in loud voices for all the miracles they had seen:

38 "Blessed is the king who comes in the name of the Lord!"ª
"Peace in heaven and glory in the highest!"

39 Some of the Pharisees in the crowd said to Jesus, "Teacher, rebuke your disciples!"

40 "I tell you," he replied, "if they keep quiet, the stones will cry out."

41 As he approached Jerusalem and saw the city, he wept over it **42** and said, "If you, even you, had only known on this day what would bring you peace — but now it is hidden from your eyes. **43** The days will come upon you when your enemies will build an embankment against you and encircle you and hem you in on every side. **44** They will dash you to the ground, you and the children within your walls. They will not leave one stone on another, because you did not recognize the time of God's coming to you."

Jesus at the Temple

45 Then he entered the temple area and began driving out those who were selling. **46** "It is written," he said to them, " 'My house will be a house of prayer'ᵇ; but you have made it 'a den of robbers.'ᶜ"

47 Every day he was teaching at the temple. But the chief priests, the teachers of the law and the leaders among the people were trying to kill him. **48** Yet they could not find any way to do it, because all the people hung on his words.

The Authority of Jesus Questioned

20 One day as he was teaching the people in the temple courts and preaching the gospel, the chief priests and the teachers of the law, together with the elders, came up to him. **2** "Tell us by what authority you are doing these things," they said. "Who gave you this authority?"

3 He replied, "I will also ask you a question. Tell me, **4** John's baptism—was it from heaven, or from men?"

5 They discussed it among themselves and said, "If we say, 'From heaven,' he will ask, 'Why didn't you believe him?' **6** But if we say, 'From men,' all the people will stone us, because they are persuaded that John was a prophet."

7 So they answered, "We don't know where it was from."

8 Jesus said, "Neither will I tell you by what authority I am doing these things."

The Parable of the Tenants

9 He went on to tell the people this parable: "A man planted a vineyard, rented it to some farmers and went away for a long time. **10** At harvest time he sent a servant to the tenants so they would give him some of the fruit of the vineyard. But the tenants beat him and sent him away empty-handed. **11** He sent another servant, but that one also they beat and treated shamefully and sent away empty-handed. **12** He sent still a third, and they wounded him and threw him out.

13 "Then the owner of the vineyard said, 'What shall I do? I will send my son, whom I love; perhaps they will respect him.'

14 "But when the tenants saw him, they talked the matter over. 'This is the heir,' they said. 'Let's kill him, and the inheritance will be ours.' **15** So they threw him out of the vineyard and killed him.

"What then will the owner of the vineyard do to them? **16** He will come and kill those tenants and give the vineyard to others." When the people heard this, they said, "May this never be!"

Quando o povo ouviu isso, disse: "Que isso nunca aconteça!"

¹⁷ Jesus olhou fixamente para eles e perguntou: "Então, qual é o significado do que está escrito?

'A pedra que os construtores rejeitaram
tornou-se a pedra angular.'ª

¹⁸ Todo o que cair sobre esta pedra será despedaçado, e aquele sobre quem ela cair será reduzido a pó".

¹⁹ Os mestres da lei e os chefes dos sacerdotes procuravam uma forma de prendê-lo imediatamente, pois perceberam que era contra eles que ele havia contado essa parábola. Todavia tinham medo do povo.

O Pagamento de Imposto a César
(Mt 22.15-22; Mc 12.13-17)

²⁰ Pondo-se a vigiá-lo, eles mandaram espiões que se fingiam justos para apanhar Jesus em alguma coisa que ele dissesse, de forma que o pudessem entregar ao poder e à autoridade do governador.

²¹ Assim, os espiões lhe perguntaram: "Mestre, sabemos que falas e ensinas o que é correto, e que não mostras parcialidade, mas ensinas o caminho de Deus conforme a verdade. ²² É certo pagar imposto a César ou não?"

²³ Ele percebeu a astúcia deles e lhes disse: ²⁴ "Mostrem-me um denárioᵇ. De quem é a imagem e a inscrição que há nele?"

²⁵ "De César", responderam eles.

Ele lhes disse: "Portanto, dêemᶜ a César o que é de César, e a Deus o que é de Deus".

²⁶ E não conseguiram apanhá-lo em nenhuma palavra diante do povo. Admirados com a sua resposta, ficaram em silêncio.

A Realidade da Ressurreição
(Mt 22.23-33; Mc 12.18-27)

²⁷ Alguns dos saduceus, que dizem que não há ressurreição, aproximaram-se de Jesus com a seguinte questão: ²⁸ "Mestre", disseram eles, "Moisés nos deixou escrito que, se o irmão de um homem morrer e deixar a mulher sem filhos, este deverá casar-se com a viúva e ter filhos para seu irmão. ²⁹ Havia sete irmãos. O primeiro casou-se e morreu sem deixar filhos. ³⁰ O segundo ³¹ e o terceiro e depois também os outros casaram-se com ela; e morreram os sete sucessivamente, sem deixar filhos. ³² Finalmente morreu também a mulher. ³³ Na ressurreição, de quem ela será esposa, visto que os sete foram casados com ela?"

³⁴ Jesus respondeu: "Os filhos desta era casam-se e são dados em casamento, ³⁵ mas os que forem considerados dignos de tomar parte na era que há de vir e na ressurreição dos mortos não se casarão nem serão dados em casamento, ³⁶ e não podem mais morrer, pois são como os anjos. São filhos de Deus, visto que são filhos da ressurreição. ³⁷ E que os mortos ressuscitam, já Moisés mostrou, no relato da sarça, quando ao Senhor ele chama 'Deus de Abraão, Deus de Isaque e Deus de Jacó'ᵈ. ³⁸ Ele não é Deus de mortos, mas de vivos, pois para ele todos vivem".

³⁹ Alguns dos mestres da lei disseram: "Respondeste bem, Mestre!" ⁴⁰ E ninguém mais ousava fazer-lhe perguntas.

O Cristo é Senhor de Davi
(Mt 22.41-46; Mc 12.35-37)

⁴¹ Então Jesus lhes perguntou: "Como dizem que o Cristo é Filho de Davi?

⁴² "O próprio Davi afirma no Livro de Salmos:

" 'O Senhor disse
ao meu Senhor:
Senta-te à minha direita

¹⁷ Jesus looked directly at them and asked, "Then what is the meaning of that which is written:

" 'The stone the builders rejected
has become the capstoneᵃ'ᵇ?

¹⁸ Everyone who falls on that stone will be broken to pieces, but he on whom it falls will be crushed."

¹⁹ The teachers of the law and the chief priests looked for a way to arrest him immediately, because they knew he had spoken this parable against them. But they were afraid of the people.

Paying Taxes to Caesar

²⁰ Keeping a close watch on him, they sent spies, who pretended to be honest. They hoped to catch Jesus in something he said so that they might hand him over to the power and authority of the governor. ²¹ So the spies questioned him: "Teacher, we know that you speak and teach what is right, and that you do not show partiality but teach the way of God in accordance with the truth. ²² Is it right for us to pay taxes to Caesar or not?"

²³ He saw through their duplicity and said to them, ²⁴ "Show me a denarius. Whose portrait and inscription are on it?"

²⁵ "Caesar's," they replied.

He said to them, "Then give to Caesar what is Caesar's, and to God what is God's."

²⁶ They were unable to trap him in what he had said there in public. And astonished by his answer, they became silent.

The Resurrection and Marriage

²⁷ Some of the Sadducees, who say there is no resurrection, came to Jesus with a question. ²⁸ "Teacher," they said, "Moses wrote for us that if a man's brother dies and leaves a wife but no children, the man must marry the widow and have children for his brother. ²⁹ Now there were seven brothers. The first one married a woman and died childless. ³⁰ The second ³¹ and then the third married her, and in the same way the seven died, leaving no children. ³² Finally, the woman died too. ³³ Now then, at the resurrection whose wife will she be, since the seven were married to her?"

³⁴ Jesus replied, "The people of this age marry and are given in marriage. ³⁵ But those who are considered worthy of taking part in that age and in the resurrection from the dead will neither marry nor be given in marriage, ³⁶ and they can no longer die; for they are like the angels. They are God's children, since they are children of the resurrection. ³⁷ But in the account of the bush, even Moses showed that the dead rise, for he calls the Lord 'the God of Abraham, and the God of Isaac, and the God of Jacob.'ᶜ ³⁸ He is not the God of the dead, but of the living, for to him all are alive."

³⁹ Some of the teachers of the law responded, "Well said, teacher!" ⁴⁰ And no one dared to ask him any more questions.

Whose Son Is the Christ?

⁴¹ Then Jesus said to them, "How is it that they say the Christᵈ is the Son of David? ⁴² David himself declares in the Book of Psalms:

" 'The Lord said to my Lord:
"Sit at my right hand

ª20.17 Sl 118.22 ᵇ20.24 O denário era uma moeda de prata equivalente à diária de um trabalhador braçal. ᶜ20.25 Ou *devolvam* ᵈ20.37 Êx 3.6

ª20:17 Or *cornerstone* ᵇ20:17 Psalm 118:22 ᶜ20:37 Exodus 3:6 ᵈ20:41 Or *Messiah*

43 até que eu ponha
　　os teus inimigos
　　como estrado
　　　para os teus pés'ᵃ.

44 Portanto Davi o chama 'Senhor'. Então, como é que ele pode ser seu filho?"

45 Estando todo o povo a ouvi-lo, Jesus disse aos seus discípulos: **46** "Cuidado com os mestres da lei. Eles fazem questão de andar com roupas especiais, e gostam muito de receber saudações nas praças e de ocupar os lugares mais importantes nas sinagogas e os lugares de honra nos banquetes. **47** Eles devoram as casas das viúvas, e, para disfarçar, fazem longas orações. Esses homens serão punidos com maior rigor!"

A Oferta da Viúva
(Mc 12.41-44)

21 Jesus olhou e viu os ricos colocando suas contribuições nas caixas de ofertas. **2** Viu também uma viúva pobre colocar duas pequeninas moedas de cobreᵇ. **3** E disse: "Afirmo-lhes que esta viúva pobre colocou mais do que todos os outros. **4** Todos esses deram do que lhes sobrava; mas ela, da sua pobreza, deu tudo o que possuía para viver".

O Sinal do Fim dos Tempos
(Mt 24.1-35; Mc 13.1-31)

5 Alguns dos seus discípulos estavam comentando como o templo era adornado com lindas pedras e dádivas dedicadas a Deus. Mas Jesus disse: **6** "Disso que vocês estão vendo, dias virão em que não ficará pedra sobre pedra; serão todas derrubadas".

7 "Mestre", perguntaram eles, "quando acontecerão essas coisas? E qual será o sinal de que elas estão prestes a acontecer?"

8 Ele respondeu: "Cuidado para não serem enganados. Pois muitos virão em meu nome, dizendo: 'Sou eu!' e 'O tempo está próximo'. Não os sigam. **9** Quando ouvirem falar de guerras e rebeliões, não tenham medo. É necessário que primeiro aconteçam essas coisas, mas o fim não virá imediatamente".

10 Então lhes disse: "Nação se levantará contra nação, e reino contra reino. **11** Haverá grandes terremotos, fomes e pestes em vários lugares, e acontecimentos terríveis e grandes sinais provenientes do céu.

12 "Mas antes de tudo isso, prenderão e perseguirão vocês. Então os entregarão às sinagogas e prisões, e vocês serão levados à presença de reis e governadores, tudo por causa do meu nome. **13** Será para vocês uma oportunidade de dar testemunho. **14** Mas convençam-se de uma vez de que não devem preocupar-se com o que dirão para se defender. **15** Pois eu lhes darei palavras e sabedoria a que nenhum dos seus adversários será capaz de resistir ou contradizer. **16** Vocês serão traídos até por pais, irmãos, parentes e amigos, e eles entregarão alguns de vocês à morte. **17** Todos odiarão vocês por causa do meu nome. **18** Contudo, nenhum fio de cabelo da cabeça de vocês se perderá. **19** É perseverando que vocês obterão a vida.

20 "Quando virem Jerusalém rodeada de exércitos, vocês saberão que a sua devastação está próxima. **21** Então os que estiverem na Judéia fujam para os montes, os que estiverem na cidade saiam, e os que estiverem no campo não entrem na cidade. **22** Pois esses são os dias da vingança, em cumprimento de tudo o que foi escrito. **23** Como serão terríveis aqueles dias para as grávidas e para as que estiverem amamentando! Haverá grande aflição na terra e ira contra este povo. **24** Cairão pela espada e serão levados como prisioneiros para todas as nações. Jerusalém será pisada pelos gentios, até que os tempos deles se cumpram.

25 "Haverá sinais no sol, na lua e nas estrelas. Na terra, as nações estarão em angústia e perplexidade com o bramido e a

43 until I make your enemies
　　a footstool for your feet." 'ᵃ

44 David calls him 'Lord.' How then can he be his son?"

45 While all the people were listening, Jesus said to his disciples, **46** "Beware of the teachers of the law. They like to walk around in flowing robes and love to be greeted in the marketplaces and have the most important seats in the synagogues and the places of honor at banquets. **47** They devour widows' houses and for a show make lengthy prayers. Such men will be punished most severely."

The Widow's Offering

21 As he looked up, Jesus saw the rich putting their gifts into the temple treasury. **2** He also saw a poor widow put in two very small copper coins.ᵇ **3** "I tell you the truth," he said, "this poor widow has put in more than all the others. **4** All these people gave their gifts out of their wealth; but she out of her poverty put in all she had to live on."

Signs of the End of the Age

5 Some of his disciples were remarking about how the temple was adorned with beautiful stones and with gifts dedicated to God. But Jesus said, **6** "As for what you see here, the time will come when not one stone will be left on another; every one of them will be thrown down."

7 "Teacher," they asked, "when will these things happen? And what will be the sign that they are about to take place?"

8 He replied: "Watch out that you are not deceived. For many will come in my name, claiming, 'I am he,' and, 'The time is near.' Do not follow them. **9** When you hear of wars and revolutions, do not be frightened. These things must happen first, but the end will not come right away."

10 Then he said to them: "Nation will rise against nation, and kingdom against kingdom. **11** There will be great earthquakes, famines and pestilences in various places, and fearful events and great signs from heaven.

12 "But before all this, they will lay hands on you and persecute you. They will deliver you to synagogues and prisons, and you will be brought before kings and governors, and all on account of my name. **13** This will result in your being witnesses to them. **14** But make up your mind not to worry beforehand how you will defend yourselves. **15** For I will give you words and wisdom that none of your adversaries will be able to resist or contradict. **16** You will be betrayed even by parents, brothers, relatives and friends, and they will put some of you to death. **17** All men will hate you because of me. **18** But not a hair of your head will perish. **19** By standing firm you will gain life.

20 "When you see Jerusalem being surrounded by armies, you will know that its desolation is near. **21** Then let those who are in Judea flee to the mountains, let those in the city get out, and let those in the country not enter the city. **22** For this is the time of punishment in fulfillment of all that has been written. **23** How dreadful it will be in those days for pregnant women and nursing mothers! There will be great distress in the land and wrath against this people. **24** They will fall by the sword and will be taken as prisoners to all the nations. Jerusalem will be trampled on by the Gentiles until the times of the Gentiles are fulfilled.

25 "There will be signs in the sun, moon and stars. On the earth, nations will be in anguish and perplexity at the roaring

---

ᵃ20.42,43 Sl 110.1 ᵇ21.2 Grego: *2 leptos.*ᶜ21.24 Isto é, os que não são judeus.

ᵃ20:43 Psalm 110:1ᵇ21:2 Greek *two lepta*

agitação do mar. 26 Os homens desmaiarão de terror, apreensivos com o que estará sobrevindo ao mundo; e os poderes celestes serão abalados. 27 Então se verá o Filho do homem vindo numa nuvem com poder e grande glória. 28 Quando começarem a acontecer estas coisas, levantem-se e ergam a cabeça, porque estará próxima a redenção de vocês".

29 Ele lhes contou esta parábola: "Observem a figueira e todas as árvores. 30 Quando elas brotam, vocês mesmos percebem e sabem que o verão está próximo. 31 Assim também, quando virem estas coisas acontecendo, saibam que o Reino de Deus está próximo.

32 "Eu lhes asseguro que não passará esta geração até que todas essas coisas aconteçam. 33 Os céus e a terra passarão, mas as minhas palavras jamais passarão.

34 "Tenham cuidado, para não sobrecarregar o coração de vocês de libertinagem, bebedeira e ansiedades da vida, e aquele dia venha sobre vocês inesperadamente. 35 Porque ele virá sobre todos os que vivem na face de toda a terra. 36 Estejam sempre atentos e orem para que vocês possam escapar de tudo o que está para acontecer, e estar em pé diante do Filho do homem".

37 Jesus passava o dia ensinando no templo; e, ao entardecer, saía para passar a noite no monte chamado das Oliveiras. 38 Todo o povo ia de manhã cedo ouvi-lo no templo.

A Conspiração

22 Estava se aproximando a festa dos pães sem fermento, chamada Páscoa, 2 e os chefes dos sacerdotes e os mestres da lei estavam procurando um meio de matar Jesus, mas tinham medo do povo. 3 Então Satanás entrou em Judas, chamado Iscariotes, um dos Doze. 4 Judas dirigiu-se aos chefes dos sacerdotes e aos oficiais da guarda do templo e tratou com eles como lhes poderia entregar Jesus. 5 A proposta muito os alegrou, e lhe prometeram dinheiro. 6 Ele consentiu e ficou esperando uma oportunidade para lhes entregar Jesus quando a multidão não estivesse presente.

A Ceia do Senhor
(Mt 26.17-35; Mc 14.12-31; Jo 13.18-30,36-38)

7 Finalmente, chegou o dia dos pães sem fermento, no qual devia ser sacrificado o cordeiro pascal. 8 Jesus enviou Pedro e João, dizendo: "Vão preparar a refeição da Páscoa".

9 "Onde queres que a preparemos?", perguntaram eles.

10 Ele respondeu: "Ao entrarem na cidade, vocês encontrarão um homem carregando um pote de água. Sigam-no até a casa em que ele entrar 11 e digam ao dono da casa: O Mestre pergunta: Onde é o salão de hóspedes no qual poderei comer a Páscoa com os meus discípulos? 12 Ele lhes mostrará uma ampla sala no andar superior, toda mobiliada. Façam ali os preparativos".

13 Eles saíram e encontraram tudo como Jesus lhes tinha dito. Então, prepararam a Páscoa. 14 Quando chegou a hora, Jesus e os seus apóstolos reclinaram-se à mesa. 15 E lhes disse: "Desejei ansiosamente comer esta Páscoa com vocês antes de sofrer. 16 Pois eu lhes digo: Não comerei dela novamente até que se cumpra no Reino de Deus".

17 Recebendo um cálice, ele deu graças e disse: "Tomem isto e partilhem uns com os outros. 18 Pois eu lhes digo que não beberei outra vez do fruto da videira até que venha o Reino de Deus".

19 Tomando o pão, deu graças, partiu-o e o deu aos discípulos, dizendo: "Isto é o meu corpo dado em favor de vocês; façam isto em memória de mim".

20 Da mesma forma, depois da ceia, tomou o cálice, dizendo: "Este cálice é a nova aliança no meu sangue, derramado em favor de vocês.

21 "Mas eis que a mão daquele que vai me trair está com a minha sobre a mesa. 22 O Filho do homem vai, como foi determinado; mas ai daquele que o trair!" 23 Eles começaram a per-

and tossing of the sea. 26 Men will faint from terror, apprehensive of what is coming on the world, for the heavenly bodies will be shaken. 27 At that time they will see the Son of Man coming in a cloud with power and great glory. 28 When these things begin to take place, stand up and lift up your heads, because your redemption is drawing near."

29 He told them this parable: "Look at the fig tree and all the trees. 30 When they sprout leaves, you can see for yourselves and know that summer is near. 31 Even so, when you see these things happening, you know that the kingdom of God is near.

32 "I tell you the truth, this generationª will certainly not pass away until all these things have happened. 33 Heaven and earth will pass away, but my words will never pass away.

34 "Be careful, or your hearts will be weighed down with dissipation, drunkenness and the anxieties of life, and that day will close on you unexpectedly like a trap. 35 For it will come upon all those who live on the face of the whole earth. 36 Be always on the watch, and pray that you may be able to escape all that is about to happen, and that you may be able to stand before the Son of Man."

37 Each day Jesus was teaching at the temple, and each evening he went out to spend the night on the hill called the Mount of Olives, 38 and all the people came early in the morning to hear him at the temple.

Judas Agrees to Betray Jesus

22 Now the Feast of Unleavened Bread, called the Passover, was approaching, 2 and the chief priests and the teachers of the law were looking for some way to get rid of Jesus, for they were afraid of the people. 3 Then Satan entered Judas, called Iscariot, one of the Twelve. 4 And Judas went to the chief priests and the officers of the temple guard and discussed with them how he might betray Jesus. 5 They were delighted and agreed to give him money. 6 He consented, and watched for an opportunity to hand Jesus over to them when no crowd was present.

The Last Supper

7 Then came the day of Unleavened Bread on which the Passover lamb had to be sacrificed. 8 Jesus sent Peter and John, saying, "Go and make preparations for us to eat the Passover."

9 "Where do you want us to prepare for it?" they asked.

10 He replied, "As you enter the city, a man carrying a jar of water will meet you. Follow him to the house that he enters, 11 and say to the owner of the house, 'The Teacher asks: Where is the guest room, where I may eat the Passover with my disciples?' 12 He will show you a large upper room, all furnished. Make preparations there."

13 They left and found things just as Jesus had told them. So they prepared the Passover.

14 When the hour came, Jesus and his apostles reclined at the table. 15 And he said to them, "I have eagerly desired to eat this Passover with you before I suffer. 16 For I tell you, I will not eat it again until it finds fulfillment in the kingdom of God."

17 After taking the cup, he gave thanks and said, "Take this and divide it among you. 18 For I tell you I will not drink again of the fruit of the vine until the kingdom of God comes."

19 And he took bread, gave thanks and broke it, and gave it to them, saying, "This is my body given for you; do this in remembrance of me."

20 In the same way, after the supper he took the cup, saying, "This cup is the new covenant in my blood, which is poured out for you. 21 But the hand of him who is going to betray me is with mine on the table. 22 The Son of Man will go as it has been decreed, but woe to that man who betrays him." 23 They began

ª21:32 Or *race*

guntar entre si qual deles iria fazer aquilo. **24** Surgiu também uma discussão entre eles, acerca de qual deles era considerado o maior. **25** Jesus lhes disse: "Os reis das nações dominam sobre elas; e os que exercem autoridade sobre elas são chamados benfeitores. **26** Mas, vocês não serão assim. Ao contrário, o maior entre vocês deverá ser como o mais jovem, e aquele que governa, como o que serve. **27** Pois quem é maior: o que está à mesa, ou o que serve? Não é o que está à mesa? Mas eu estou entre vocês como quem serve. **28** Vocês são os que têm permanecido ao meu lado durante as minhas provações. **29** E eu lhes designo um Reino, assim como meu Pai o designou a mim, **30** para que vocês possam comer e beber à minha mesa no meu Reino e sentar-se em tronos, julgando as doze tribos de Israel.

31 "Simão, Simão, Satanás pediu vocês para peneirá-los como trigo. **32** Mas eu orei por você, para que a sua fé não desfaleça. E quando você se converter, fortaleça os seus irmãos".

33 Mas ele respondeu: "Estou pronto para ir contigo para a prisão e para a morte".

34 Respondeu Jesus: "Eu lhe digo, Pedro, que antes que o galo cante hoje, três vezes você negará que me conhece".

35 Então Jesus lhes perguntou: "Quando eu os enviei sem bolsa, saco de viagem ou sandálias, faltou-lhes alguma coisa?" "Nada", responderam eles.

36 Ele lhes disse: "Mas agora, se vocês têm bolsa, levem-na, e também o saco de viagem; e se não têm espada, vendam a sua capa e comprem uma. **37** Está escrito: 'E ele foi contado com os transgressores'ª; e eu lhes digo que isso precisa cumprir-se em mim. Sim, o que está escrito a meu respeito está para se cumprir".

38 Os discípulos disseram: "Vê, Senhor, aqui estão duas espadas". "É o suficiente!", respondeu ele.

Jesus Ora no Monte das Oliveiras
(Mt 26.36-46; Mc 14.32-42)

39 Como de costume, Jesus foi para o monte das Oliveiras, e os seus discípulos o seguiram. **40** Chegando ao lugar, ele lhes disse: "Orem para que vocês não caiam em tentação". **41** Ele se afastou deles a uma pequena distânciaᵇ, ajoelhou-se e começou a orar: **42** "Pai, se queres, afasta de mim este cálice; contudo, não seja feita a minha vontade, mas a tua". **43** Apareceu-lhe então um anjo do céu que o fortalecia. **44** Estando angustiado, ele orou ainda mais intensamente; e o seu suor era como gotas de sangue que caíam no chão.ᶜ

45 Quando se levantou da oração e voltou aos discípulos, encontrou-os dormindo, dominados pela tristeza. **46** "Por que estão dormindo?", perguntou-lhes. "Levantem-se e orem para que vocês não caiam em tentação!"

Jesus é Preso
(Mt 26.47-56; Mc 14.43-50; Jo 18.1-11)

47 Enquanto ele ainda falava, apareceu uma multidão conduzida por Judas, um dos Doze. Este se aproximou de Jesus para saudá-lo com um beijo. **48** Mas Jesus lhe perguntou: "Judas, com um beijo você está traindo o Filho do homem?"

49 Ao verem o que ia acontecer, os que estavam com Jesus lhe disseram: "Senhor, atacaremos com espadas?" **50** E um deles feriu o servo do sumo sacerdote, decepando-lhe a orelha direita.

51 Jesus, porém, respondeu: "Basta!" E tocando na orelha do homem, ele o curou.

52 Então Jesus disse aos chefes dos sacerdotes, aos oficiais da guarda do templo e aos líderes religiosos que tinham vindo procurá-lo: "Estou eu chefiando alguma rebelião, para que vocês tenham vindo com espadas e varas? **53** Todos os dias eu estive com vocês no templo e vocês não levantaram a mão contra mim. Mas esta é a hora de vocês — quando as trevas reinam".

to question among themselves which of them it might be who would do this.

24 Also a dispute arose among them as to which of them was considered to be greatest. **25** Jesus said to them, "The kings of the Gentiles lord it over them; and those who exercise authority over them call themselves Benefactors. **26** But you are not to be like that. Instead, the greatest among you should be like the youngest, and the one who rules like the one who serves. **27** For who is greater, the one who is at the table or the one who serves? Is it not the one who is at the table? But I am among you as one who serves. **28** You are those who have stood by me in my trials. **29** And I confer on you a kingdom, just as my Father conferred one on me, **30** so that you may eat and drink at my table in my kingdom and sit on thrones, judging the twelve tribes of Israel.

31 "Simon, Simon, Satan has asked to sift youª as wheat. **32** But I have prayed for you, Simon, that your faith may not fail. And when you have turned back, strengthen your brothers."

33 But he replied, "Lord, I am ready to go with you to prison and to death."

34 Jesus answered, "I tell you, Peter, before the rooster crows today, you will deny three times that you know me."

35 Then Jesus asked them, "When I sent you without purse, bag or sandals, did you lack anything?" "Nothing," they answered.

36 He said to them, "But now if you have a purse, take it, and also a bag; and if you don't have a sword, sell your cloak and buy one. **37** It is written: 'And he was numbered with the transgressors'ᵇ; and I tell you that this must be fulfilled in me. Yes, what is written about me is reaching its fulfillment."

38 The disciples said, "See, Lord, here are two swords." "That is enough," he replied.

Jesus Prays on the Mount of Olives

39 Jesus went out as usual to the Mount of Olives, and his disciples followed him. **40** On reaching the place, he said to them, "Pray that you will not fall into temptation." **41** He withdrew about a stone's throw beyond them, knelt down and prayed, **42** "Father, if you are willing, take this cup from me; yet not my will, but yours be done." **43** An angel from heaven appeared to him and strengthened him. **44** And being in anguish, he prayed more earnestly, and his sweat was like drops of blood falling to the ground.ᶜ

45 When he rose from prayer and went back to the disciples, he found them asleep, exhausted from sorrow. **46** "Why are you sleeping?" he asked them. "Get up and pray so that you will not fall into temptation."

Jesus Arrested

47 While he was still speaking a crowd came up, and the man who was called Judas, one of the Twelve, was leading them. He approached Jesus to kiss him, **48** but Jesus asked him, "Judas, are you betraying the Son of Man with a kiss?"

49 When Jesus' followers saw what was going to happen, they said, "Lord, should we strike with our swords?" **50** And one of them struck the servant of the high priest, cutting off his right ear.

51 But Jesus answered, "No more of this!" And he touched the man's ear and healed him.

52 Then Jesus said to the chief priests, the officers of the temple guard, and the elders, who had come for him, "Am I leading a rebellion, that you have come with swords and clubs? **53** Every day I was with you in the temple courts, and you did not lay a hand on me. But this is your hour—when darkness reigns."

ª**22.37** Is 53.12 ᵇ**22.41** Grego: *a um tiro de pedra*. ᶜ**22.44** Alguns manuscritos não trazem os versículos 43 e 44.

ª**22:31** The Greek is plural. ᵇ**22:37** Isaiah 53:12 ᶜ**22:44** Some early manuscripts do not have verses 43 and 44.

Pedro Nega Jesus

(Mt 26.69-75; Mc 14.66-72; Jo 18.15-18,25-27)

⁵⁴ Então, prendendo-o, levaram-no para a casa do sumo sacerdote. Pedro os seguia à distância. ⁵⁵ Mas, quando acenderam um fogo no meio do pátio e se sentaram ao redor dele, Pedro sentou-se com eles. ⁵⁶ Uma criada o viu sentado ali à luz do fogo. Olhou fixamente para ele e disse: "Este homem estava com ele".

⁵⁷ Mas ele negou: "Mulher, não o conheço".

⁵⁸ Pouco depois, um homem o viu e disse: "Você também é um deles".

"Homem, não sou!", respondeu Pedro.

⁵⁹ Cerca de uma hora mais tarde, outro afirmou: "Certamente este homem estava com ele, pois é galileu".

⁶⁰ Pedro respondeu: "Homem, não sei do que você está falando!" Falava ele ainda, quando o galo cantou. ⁶¹ O Senhor voltou-se e olhou diretamente para Pedro. Então Pedro se lembrou da palavra que o Senhor lhe tinha dito: "Antes que o galo cante hoje, você me negará três vezes". ⁶² Saindo dali, chorou amargamente.

Os Soldados Zombam de Jesus

⁶³ Os homens que estavam detendo Jesus começaram a zombar dele e a bater nele. ⁶⁴ Cobriam seus olhos e perguntavam: "Profetize! Quem foi que lhe bateu?" ⁶⁵ E lhe dirigiam muitas outras palavras de insulto.

Jesus perante Pilatos e Herodes

⁶⁶ Ao amanhecer, reuniu-se o Sinédrio^a, tanto os chefes dos sacerdotes quanto os mestres da lei, e Jesus foi levado perante eles. ⁶⁷ "Se você é o Cristo, diga-nos", disseram eles.

Jesus respondeu: "Se eu vos disser, não crereis em mim ⁶⁸ e, se eu vos perguntar, não me respondereis. ⁶⁹ Mas de agora em diante o Filho do homem estará assentado à direita do Deus todo-poderoso".

⁷⁰ Perguntaram-lhe todos: "Então, você é o Filho de Deus?"

"Vós estais dizendo que eu sou", respondeu ele.

⁷¹ Eles disseram: "Por que precisamos de mais testemunhas? Acabamos de ouvir dos próprios lábios dele".

23 Então toda a assembléia levantou-se e o levou a Pilatos. ² E começaram a acusá-lo, dizendo: "Encontramos este homem subvertendo a nossa nação. Ele proíbe o pagamento de imposto a César e se declara ele próprio o Cristo, um rei".

³ Pilatos perguntou a Jesus: "Você é o rei dos judeus?"

"Tu o dizes"^b, respondeu Jesus.

⁴ Então Pilatos disse aos chefes dos sacerdotes e à multidão: "Não encontro motivo para acusar este homem".

⁵ Mas eles insistiam: "Ele está subvertendo o povo em toda a Judéia com os seus ensinamentos. Começou na Galiléia e chegou até aqui".

⁶ Ouvindo isso, Pilatos perguntou se Jesus era galileu. ⁷ Quando ficou sabendo que ele era da jurisdição de Herodes, enviou-o a Herodes, que também estava em Jerusalém naqueles dias.

⁸ Quando Herodes viu Jesus, ficou muito alegre, porque havia muito tempo queria vê-lo. Pelo que ouvira falar dele, esperava vê-lo realizar algum milagre. ⁹ Interrogou-o com muitas perguntas, mas Jesus não lhe deu resposta. ¹⁰ Os chefes dos sacerdotes e os mestres da lei estavam ali, acusando-o com veemência. ¹¹ Então Herodes e os seus soldados ridicularizaram-no e zombaram dele. Vestindo-o com um manto esplêndido, mandaram-no de volta a Pilatos. ¹² Herodes e Pilatos, que até ali eram inimigos, naquele dia tornaram-se amigos.

¹³ Pilatos reuniu os chefes dos sacerdotes, as autoridades e o povo, ¹⁴ dizendo-lhes: "Vocês me trouxeram este homem como alguém que estava incitando o povo à rebelião. Eu o examinei na presença de vocês e não achei nenhuma base para as acusa-

Peter Disowns Jesus

⁵⁴ Then seizing him, they led him away and took him into the house of the high priest. Peter followed at a distance. ⁵⁵ But when they had kindled a fire in the middle of the courtyard and had sat down together, Peter sat down with them. ⁵⁶ A servant girl saw him seated there in the firelight. She looked closely at him and said, "This man was with him."

⁵⁷ But he denied it. "Woman, I don't know him," he said.

⁵⁸ A little later someone else saw him and said, "You also are one of them."

"Man, I am not!" Peter replied.

⁵⁹ About an hour later another asserted, "Certainly this fellow was with him, for he is a Galilean."

⁶⁰ Peter replied, "Man, I don't know what you're talking about!" Just as he was speaking, the rooster crowed. ⁶¹ The Lord turned and looked straight at Peter. Then Peter remembered the word the Lord had spoken to him: "Before the rooster crows today, you will disown me three times." ⁶² And he went outside and wept bitterly.

The Guards Mock Jesus

⁶³ The men who were guarding Jesus began mocking and beating him. ⁶⁴ They blindfolded him and demanded, "Prophesy! Who hit you?" ⁶⁵ And they said many other insulting things to him.

Jesus Before Pilate and Herod

⁶⁶ At daybreak the council of the elders of the people, both the chief priests and teachers of the law, met together, and Jesus was led before them. ⁶⁷ "If you are the Christ,^a" they said, "tell us."

Jesus answered, "If I tell you, you will not believe me, ⁶⁸ and if I asked you, you would not answer. ⁶⁹ But from now on, the Son of Man will be seated at the right hand of the mighty God."

⁷⁰ They all asked, "Are you then the Son of God?"

He replied, "You are right in saying I am."

⁷¹ Then they said, "Why do we need any more testimony? We have heard it from his own lips."

23 Then the whole assembly rose and led him off to Pilate. ² And they began to accuse him, saying, "We have found this man subverting our nation. He opposes payment of taxes to Caesar and claims to be Christ,^b a king."

³ So Pilate asked Jesus, "Are you the king of the Jews?"

"Yes, it is as you say," Jesus replied.

⁴ Then Pilate announced to the chief priests and the crowd, "I find no basis for a charge against this man."

⁵ But they insisted, "He stirs up the people all over Judea^c by his teaching. He started in Galilee and has come all the way here."

⁶ On hearing this, Pilate asked if the man was a Galilean. ⁷ When he learned that Jesus was under Herod's jurisdiction, he sent him to Herod, who was also in Jerusalem at that time.

⁸ When Herod saw Jesus, he was greatly pleased, because for a long time he had been wanting to see him. From what he had heard about him, he hoped to see him perform some miracle. ⁹ He plied him with many questions, but Jesus gave him no answer. ¹⁰ The chief priests and the teachers of the law were standing there, vehemently accusing him. ¹¹ Then Herod and his soldiers ridiculed and mocked him. Dressing him in an elegant robe, they sent him back to Pilate. ¹² That day Herod and Pilate became friends—before this they had been enemies.

¹³ Pilate called together the chief priests, the rulers and the people, ¹⁴ and said to them, "You brought me this man as one who was inciting the people to rebellion. I have examined him in your presence and have found no basis for

ções que fazem contra ele. **15** Nem Herodes, pois ele o mandou de volta para nós. Como podem ver, ele nada fez que mereça a morte. **16** Portanto, eu o castigarei e depois o soltarei". **17** Ele era obrigado a soltar-lhes um preso durante a festa.ª

18 A uma só voz eles gritaram: "Acaba com ele! Solta-nos Barrabás!" **19** (Barrabás havia sido lançado na prisão por causa de uma insurreição na cidade e por assassinato.)

20 Desejando soltar a Jesus, Pilatos dirigiu-se a eles novamente. **21** Mas eles continuaram gritando: "Crucifica-o! Crucifica-o!"

22 Pela terceira vez ele lhes falou: "Por quê? Que crime este homem cometeu? Não encontrei nele nada digno de morte. Vou mandar castigá-lo e depois o soltarei".

23 Eles, porém, pediam insistentemente, com fortes gritos, que ele fosse crucificado; e a gritaria prevaleceu. **24** Então Pilatos decidiu fazer a vontade deles. **25** Libertou o homem que havia sido lançado na prisão por insurreição e assassinato, aquele que eles haviam pedido, e entregou Jesus à vontade deles.

A Crucificação
(Mt 27.32-44; Mc 15.21-32; Jo 19.16-27)

26 Enquanto o levavam, agarraram Simão de Cirene, que estava chegando do campo, e lhe colocaram a cruz às costas, fazendo-o carregá-la atrás de Jesus. **27** Um grande número de pessoas o seguia, inclusive mulheres que lamentavam e choravam por ele. **28** Jesus voltou-se e disse-lhes: "Filhas de Jerusalém, não chorem por mim; chorem por vocês mesmas e por seus filhos! **29** Pois chegará a hora em que vocês dirão: 'Felizes as estéreis, os ventres que nunca geraram e os seios que nunca amamentaram!'

30 " 'Então

dirão às montanhas:
"Caiam sobre nós!"
e às colinas: "Cubram-nos!" 'ᵇ

31 Pois, se fazem isto com a árvore verde, o que acontecerá quando ela estiver seca?"

32 Dois outros homens, ambos criminosos, também foram levados com ele, para serem executados. **33** Quando chegaram ao lugar chamado Caveira, ali o crucificaram com os criminosos, um à sua direita e o outro à sua esquerda. **34** Jesus disse: "Pai, perdoa-lhes, pois não sabem o que estão fazendo".ᶜ Então eles dividiram as roupas dele, tirando sortes.

35 O povo ficou observando, e as autoridades o ridicularizavam. "Salvou os outros", diziam; "salve-se a si mesmo, se é o Cristo de Deus, o Escolhido."

36 Os soldados, aproximando-se, também zombavam dele. Oferecendo-lhe vinagre, **37** diziam: "Se você é o rei dos judeus, salve-se a si mesmo".

38 Havia uma inscrição acima dele, que dizia: ESTE É O REI DOS JUDEUS.

39 Um dos criminosos que ali estavam dependurados lançava-lhe insultos: "Você não é o Cristo? Salve-se a si mesmo e a nós!"

40 Mas o outro criminoso o repreendeu, dizendo: "Você não teme a Deus, nem estando sob a mesma sentença? **41** Nós estamos sendo punidos com justiça, porque estamos recebendo o que os nossos atos merecem. Mas este homem não cometeu nenhum mal".

42 Então ele disse: "Jesus, lembra-te de mim quando entrares no teu Reinoᵈ".

43 Jesus lhe respondeu: "Eu lhe garanto: Hoje você estará comigo no paraíso".

A Morte de Jesus
(Mt 27.45-56; Mc 15.33-41; Jo 19.28-30)

44 Já era quase meio-dia, e trevas cobriram toda a terra até as três horas da tardeᵉ; **45** o sol deixara de brilhar. E o véu do

your charges against him. **15** Neither has Herod, for he sent him back to us; as you can see, he has done nothing to deserve death. **16** Therefore, I will punish him and then release him."ª

18 With one voice they cried out, "Away with this man! Release Barabbas to us!" **19** (Barabbas had been thrown into prison for an insurrection in the city, and for murder.)

20 Wanting to release Jesus, Pilate appealed to them again. **21** But they kept shouting, "Crucify him! Crucify him!"

22 For the third time he spoke to them: "Why? What crime has this man committed? I have found in him no grounds for the death penalty. Therefore I will have him punished and then release him."

23 But with loud shouts they insistently demanded that he be crucified, and their shouts prevailed. **24** So Pilate decided to grant their demand. **25** He released the man who had been thrown into prison for insurrection and murder, the one they asked for, and surrendered Jesus to their will.

The Crucifixion

26 As they led him away, they seized Simon from Cyrene, who was on his way in from the country, and put the cross on him and made him carry it behind Jesus. **27** A large number of people followed him, including women who mourned and wailed for him. **28** Jesus turned and said to them, "Daughters of Jerusalem, do not weep for me; weep for yourselves and for your children. **29** For the time will come when you will say, 'Blessed are the barren women, the wombs that never bore and the breasts that never nursed!' **30** Then

" 'they will say to the mountains, "Fall on us!"
and to the hills, "Cover us!" 'ᵇ

31 For if men do these things when the tree is green, what will happen when it is dry?"

32 Two other men, both criminals, were also led out with him to be executed. **33** When they came to the place called the Skull, there they crucified him, along with the criminals—one on his right, the other on his left. **34** Jesus said, "Father, forgive them, for they do not know what they are doing."ᶜ And they divided up his clothes by casting lots.

35 The people stood watching, and the rulers even sneered at him. They said, "He saved others; let him save himself if he is the Christ of God, the Chosen One."

36 The soldiers also came up and mocked him. They offered him wine vinegar **37** and said, "If you are the king of the Jews, save yourself."

38 There was a written notice above him, which read: THIS IS THE KING OF THE JEWS.

39 One of the criminals who hung there hurled insults at him: "Aren't you the Christ? Save yourself and us!"

40 But the other criminal rebuked him. "Don't you fear God," he said, "since you are under the same sentence? **41** We are punished justly, for we are getting what our deeds deserve. But this man has done nothing wrong."

42 Then he said, "Jesus, remember me when you come into your kingdom.ᵈ"

43 Jesus answered him, "I tell you the truth, today you will be with me in paradise."

Jesus' Death

44 It was now about the sixth hour, and darkness came over the whole land until the ninth hour, **45** for the sun stopped

---

ª**23.17** Muitos manuscritos não trazem este versículo. ᵇ**23.30** Os 10.8 ᶜ**23.34** Alguns manuscritos não trazem esta sentença. ᵈ**23.42** Muitos manuscritos dizem *quando vieres no teu poder real.* ᵉ**23.44** Grego: *quase a hora sexta, ... até a hora nona.*

ª**23:16** Some manuscripts *him."* **17** *Now he was obliged to release one man to them at the Feast.* ᵇ**23:30** Hosea 10:8 ᶜ**23:34** Some early manuscripts do not have this sentence. ᵈ**23:42** Some manuscripts *come with your kingly power*

santuário rasgou-se ao meio. **46** Jesus bradou em alta voz: "Pai, nas tuas mãos entrego o meu espírito". Tendo dito isso, expirou.

47 O centurião, vendo o que havia acontecido, louvou a Deus, dizendo: "Certamente este homem era justo". **48** E todo o povo que se havia juntado para presenciar o que estava acontecendo, ao ver isso, começou a bater no peito e a afastar-se. **49** Mas todos os que o conheciam, inclusive as mulheres que o haviam seguido desde a Galiléia, ficaram de longe, observando essas coisas.

O Sepultamento de Jesus
(Mt 27.57-61; Mc 15.42-47; Jo 19.38-42)

50 Havia um homem chamado José, membro do Conselho, homem bom e justo, **51** que não tinha consentido na decisão e no procedimento dos outros. Ele era da cidade de Arimatéia, na Judéia, e esperava o Reino de Deus. **52** Dirigindo-se a Pilatos, pediu o corpo de Jesus. **53** Então, desceu-o, envolveu-o num lençol de linho e o colocou num sepulcro cavado na rocha, no qual ninguém ainda fora colocado. **54** Era o Dia da Preparação, e estava para começar o sábado.

55 As mulheres que haviam acompanhado Jesus desde a Galiléia, seguiram José, e viram o sepulcro, e como o corpo de Jesus fora colocado nele. **56** Em seguida, foram para casa e prepararam perfumes e especiarias aromáticas. E descansaram no sábado, em obediência ao mandamento.

A Ressurreição
(Mt 28.1-10; Mc 16.1-8; Jo 20.1-9)

24 No primeiro dia da semana, de manhã bem cedo, as mulheres levaram ao sepulcro as especiarias aromáticas que haviam preparado. **2** Encontraram removida a pedra do sepulcro, **3** mas, quando entraram, não encontraram o corpo do Senhor Jesus. **4** Ficaram perplexas, sem saber o que fazer. De repente, dois homens com roupas que brilhavam como a luz do sol colocaram-se ao lado delas. **5** Amedrontadas, as mulheres baixaram o rosto para o chão, e os homens lhes disseram: "Por que vocês estão procurando entre os mortos aquele que vive? **6** Ele não está aqui! Ressuscitou! Lembrem-se do que ele lhes disse, quando ainda estava com vocês na Galiléia: **7** 'É necessário que o Filho do homem seja entregue nas mãos de homens pecadores, seja crucificado e ressuscite no terceiro dia' ". **8** Então se lembraram das palavras de Jesus.

9 Quando voltaram do sepulcro, elas contaram todas estas coisas aos Onze e a todos os outros. **10** As que contaram estas coisas aos apóstolos foram Maria Madalena, Joana e Maria, mãe de Tiago, e as outras que estavam com elas. **11** Mas eles não acreditaram nas mulheres; as palavras delas lhes pareciam loucura. **12** Pedro, todavia, levantou-se e correu ao sepulcro. Abaixando-se, viu as faixas de linho e mais nada; afastou-se, e voltou admirado com o que acontecera.

No Caminho de Emaús

13 Naquele mesmo dia, dois deles estavam indo para um povoado chamado Emaús, a onze quilômetros[a] de Jerusalém. **14** No caminho, conversavam a respeito de tudo o que havia acontecido. **15** Enquanto conversavam e discutiam, o próprio Jesus se aproximou e começou a caminhar com eles; **16** mas os olhos deles foram impedidos de reconhecê-lo.

17 Ele lhes perguntou: "Sobre o que vocês estão discutindo enquanto caminham?"

Eles pararam, com os rostos entristecidos. **18** Um deles, chamado Cleopas, perguntou-lhe: "Você é o único visitante em Jerusalém que não sabe das coisas que ali aconteceram nestes dias?"

19 "Que coisas?", perguntou ele.

"O que aconteceu com Jesus de Nazaré", responderam eles.

shining. And the curtain of the temple was torn in two. **46** Jesus called out with a loud voice, "Father, into your hands I commit my spirit." When he had said this, he breathed his last.

47 The centurion, seeing what had happened, praised God and said, "Surely this was a righteous man." **48** When all the people who had gathered to witness this sight saw what took place, they beat their breasts and went away. **49** But all those who knew him, including the women who had followed him from Galilee, stood at a distance, watching these things.

Jesus' Burial

50 Now there was a man named Joseph, a member of the Council, a good and upright man, **51** who had not consented to their decision and action. He came from the Judean town of Arimathea and he was waiting for the kingdom of God. **52** Going to Pilate, he asked for Jesus' body. **53** Then he took it down, wrapped it in linen cloth and placed it in a tomb cut in the rock, one in which no one had yet been laid. **54** It was Preparation Day, and the Sabbath was about to begin.

55 The women who had come with Jesus from Galilee followed Joseph and saw the tomb and how his body was laid in it. **56** Then they went home and prepared spices and perfumes. But they rested on the Sabbath in obedience to the commandment.

The Resurrection

24 On the first day of the week, very early in the morning, the women took the spices they had prepared and went to the tomb. **2** They found the stone rolled away from the tomb, **3** but when they entered, they did not find the body of the Lord Jesus. **4** While they were wondering about this, suddenly two men in clothes that gleamed like lightning stood beside them. **5** In their fright the women bowed down with their faces to the ground, but the men said to them, "Why do you look for the living among the dead? **6** He is not here; he has risen! Remember how he told you, while he was still with you in Galilee: **7** 'The Son of Man must be delivered into the hands of sinful men, be crucified and on the third day be raised again.' " **8** Then they remembered his words.

9 When they came back from the tomb, they told all these things to the Eleven and to all the others. **10** It was Mary Magdalene, Joanna, Mary the mother of James, and the others with them who told this to the apostles. **11** But they did not believe the women, because their words seemed to them like nonsense. **12** Peter, however, got up and ran to the tomb. Bending over, he saw the strips of linen lying by themselves, and he went away, wondering to himself what had happened.

On the Road to Emmaus

13 Now that same day two of them were going to a village called Emmaus, about seven miles[a] from Jerusalem. **14** They were talking with each other about everything that had happened. **15** As they talked and discussed these things with each other, Jesus himself came up and walked along with them; **16** but they were kept from recognizing him.

17 He asked them, "What are you discussing together as you walk along?"

They stood still, their faces downcast. **18** One of them, named Cleopas, asked him, "Are you only a visitor to Jerusalem and do not know the things that have happened there in these days?"

19 "What things?" he asked.

"About Jesus of Nazareth," they replied. "He was a prophet,

---

[a]**24:13** Greek *sixty stadia* (about 11 kilometers)

"Ele era um profeta, poderoso em palavras e em obras diante de Deus e de todo o povo. **20** Os chefes dos sacerdotes e as nossas autoridades o entregaram para ser condenado à morte, e o crucificaram; **21** e nós esperávamos que era ele que ia trazer a redenção a Israel. E hoje é o terceiro dia desde que tudo isso aconteceu. **22** Algumas das mulheres entre nós nos deram um susto hoje. Foram de manhã bem cedo ao sepulcro **23** e não acharam o corpo dele. Voltaram e nos contaram ter tido uma visão de anjos, que disseram que ele está vivo. **24** Alguns dos nossos companheiros foram ao sepulcro e encontraram tudo exatamente como as mulheres tinham dito, mas não o viram."

25 Ele lhes disse: "Como vocês custam a entender e como demoram a crer em tudo o que os profetas falaram! **26** Não devia o Cristo sofrer estas coisas, para entrar na sua glória?" **27** E começando por Moisés e todos os profetas, explicou-lhes o que constava a respeito dele em todas as Escrituras.

28 Ao se aproximarem do povoado para o qual estavam indo, Jesus fez como quem ia mais adiante. **29** Mas eles insistiram muito com ele: "Fique conosco, pois a noite já vem; o dia já está quase findando". Então, ele entrou para ficar com eles.

30 Quando estava à mesa com eles, tomou o pão, deu graças, partiu-o e o deu a eles. **31** Então os olhos deles foram abertos e o reconheceram, e ele desapareceu da vista deles. **32** Perguntaram-se um ao outro: "Não estava queimando o nosso coração, enquanto ele nos falava no caminho e nos expunha as Escrituras?"

33 Levantaram-se e voltaram imediatamente para Jerusalém. Ali encontraram os Onze e os que estavam com eles reunidos, **34** que diziam: "É verdade! O Senhor ressuscitou e apareceu a Simão!" **35** Então os dois contaram o que tinha acontecido no caminho, e como Jesus fora reconhecido por eles quando partia o pão.

Jesus Aparece aos Discípulos
(Jo 20.19-23)

36 Enquanto falavam sobre isso, o próprio Jesus apresentou-se entre eles e lhes disse: "Paz seja com vocês!"

37 Eles ficaram assustados e com medo, pensando que estavam vendo um espírito. **38** Ele lhes disse: "Por que vocês estão perturbados e por que se levantam dúvidas no coração de vocês? **39** Vejam as minhas mãos e os meus pés. Sou eu mesmo! Toquem-me e vejam; um espírito não tem carne nem ossos, como vocês estão vendo que eu tenho".

40 Tendo dito isso, mostrou-lhes as mãos e os pés. **41** E por não crerem ainda, tão cheios estavam de alegria e de espanto, ele lhes perguntou: "Vocês têm aqui algo para comer?" **42** Deram-lhe um pedaço de peixe assado, **43** e ele o comeu na presença deles.

44 E disse-lhes: "Foi isso que eu lhes falei enquanto ainda estava com vocês: Era necessário que se cumprisse tudo o que a meu respeito está escrito na Lei de Moisés, nos Profetas e nos Salmos".

45 Então lhes abriu o entendimento, para que pudessem compreender as Escrituras. **46** E lhes disse: "Está escrito que o Cristo haveria de sofrer e ressuscitar dos mortos no terceiro dia, **47** e que em seu nome seria pregado o arrependimento para perdão de pecados a todas as nações, começando por Jerusalém. **48** Vocês são testemunhas destas coisas. **49** Eu lhes envio a promessa de meu Pai; mas fiquem na cidade até serem revestidos do poder do alto".

A Ascensão

50 Tendo-os levado até as proximidades de Betânia, Jesus ergueu as mãos e os abençoou. **51** Estando ainda a abençoá-los, ele os deixou e foi elevado ao céu. **52** Então eles o adoraram e voltaram para Jerusalém com grande alegria. **53** E permaneciam constantemente no templo, louvando a Deus.

powerful in word and deed before God and all the people. **20** The chief priests and our rulers handed him over to be sentenced to death, and they crucified him; **21** but we had hoped that he was the one who was going to redeem Israel. And what is more, it is the third day since all this took place. **22** In addition, some of our women amazed us. They went to the tomb early this morning **23** but didn't find his body. They came and told us that they had seen a vision of angels, who said he was alive. **24** Then some of our companions went to the tomb and found it just as the women had said, but him they did not see."

25 He said to them, "How foolish you are, and how slow of heart to believe all that the prophets have spoken! **26** Did not the Christ[a] have to suffer these things and then enter his glory?" **27** And beginning with Moses and all the Prophets, he explained to them what was said in all the Scriptures concerning himself.

28 As they approached the village to which they were going, Jesus acted as if he were going farther. **29** But they urged him strongly, "Stay with us, for it is nearly evening; the day is almost over." So he went in to stay with them.

30 When he was at the table with them, he took bread, gave thanks, broke it and began to give it to them. **31** Then their eyes were opened and they recognized him, and he disappeared from their sight. **32** They asked each other, "Were not our hearts burning within us while he talked with us on the road and opened the Scriptures to us?"

33 They got up and returned at once to Jerusalem. There they found the Eleven and those with them, assembled together **34** and saying, "It is true! The Lord has risen and has appeared to Simon." **35** Then the two told what had happened on the way, and how Jesus was recognized by them when he broke the bread.

Jesus Appears to the Disciples

36 While they were still talking about this, Jesus himself stood among them and said to them, "Peace be with you."

37 They were startled and frightened, thinking they saw a ghost. **38** He said to them, "Why are you troubled, and why do doubts rise in your minds? **39** Look at my hands and my feet. It is I myself! Touch me and see; a ghost does not have flesh and bones, as you see I have."

40 When he had said this, he showed them his hands and feet. **41** And while they still did not believe it because of joy and amazement, he asked them, "Do you have anything here to eat?" **42** They gave him a piece of broiled fish, **43** and he took it and ate it in their presence.

44 He said to them, "This is what I told you while I was still with you: Everything must be fulfilled that is written about me in the Law of Moses, the Prophets and the Psalms."

45 Then he opened their minds so they could understand the Scriptures. **46** He told them, "This is what is written: The Christ will suffer and rise from the dead on the third day, **47** and repentance and forgiveness of sins will be preached in his name to all nations, beginning at Jerusalem. **48** You are witnesses of these things. **49** I am going to send you what my Father has promised; but stay in the city until you have been clothed with power from on high."

The Ascension

50 When he had led them out to the vicinity of Bethany, he lifted up his hands and blessed them. **51** While he was blessing them, he left them and was taken up into heaven. **52** Then they worshiped him and returned to Jerusalem with great joy. **53** And they stayed continually at the temple, praising God.

---

b24:26 Or *Messiah*; also in verse 46

João

A Palavra Tornou-se Carne

1 No princípio era aquele que é a Palavra[a]. Ele estava com Deus, e era Deus. **2** Ele estava com Deus no princípio. **3** Todas as coisas foram feitas por intermédio dele; sem ele, nada do que existe teria sido feito. **4** Nele estava a vida, e esta era a luz dos homens. **5** A luz brilha nas trevas, e as trevas não a derrotaram.[b]

6 Surgiu um homem enviado por Deus, chamado João. **7** Ele veio como testemunha, para testificar acerca da luz, a fim de que por meio dele todos os homens cressem. **8** Ele próprio não era a luz, mas veio como testemunha da luz. **9** Estava chegando ao mundo a verdadeira luz, que ilumina todos os homens.[c]

10 Aquele que é a Palavra estava no mundo, e o mundo foi feito por intermédio dele, mas o mundo não o reconheceu. **11** Veio para o que era seu, mas os seus não o receberam. **12** Contudo, aos que o receberam, aos que creram em seu nome, deu-lhes o direito de se tornarem filhos de Deus, **13** os quais não nasceram por descendência natural[d], nem pela vontade da carne nem pela vontade de algum homem, mas nasceram de Deus.

14 Aquele que é a Palavra tornou-se carne e viveu entre nós. Vimos a sua glória, glória como do Unigênito[e] vindo do Pai, cheio de graça e de verdade.

15 João dá testemunho dele. Ele exclama: "Este é aquele de quem eu falei: aquele que vem depois de mim é superior a mim, porque já existia antes de mim". **16** Todos recebemos da sua plenitude, graça sobre[f] graça. **17** Pois a Lei foi dada por intermédio de Moisés; a graça e a verdade vieram por intermédio de Jesus Cristo. **18** Ninguém jamais viu a Deus, mas o Deus[g] Unigênito, que está junto do Pai, o tornou conhecido.

João Batista Nega Ser Ele o Cristo

19 Este foi o testemunho de João, quando os judeus de Jerusalém enviaram sacerdotes e levitas para lhe perguntarem quem ele era. **20** Ele confessou e não negou; declarou abertamente: "Não sou o Cristo[h]".

21 Perguntaram-lhe: "E então, quem é você? É Elias?"

Ele disse: "Não sou".

"É o Profeta?"

Ele respondeu: "Não".

22 Finalmente perguntaram: "Quem é você? Dê-nos uma resposta, para que a levemos àqueles que nos enviaram. Que diz você acerca de si próprio?"

23 João respondeu com as palavras do profeta Isaías: "Eu sou a voz do que clama no deserto:[i] 'Façam um caminho reto para o Senhor' "[j].

24 Alguns fariseus que tinham sido enviados **25** interrogaram-no: "Então, por que você batiza, se não é o Cristo, nem Elias, nem o Profeta?"

26 Respondeu João: "Eu batizo com[k] água, mas entre vocês está alguém que vocês não conhecem. **27** Ele é aquele que vem depois de mim, e não sou digno de desamarrar as correias de suas sandálias".

28 Tudo isso aconteceu em Betânia, do outro lado do Jordão, onde João estava batizando.

Jesus, o Cordeiro de Deus

29 No dia seguinte João viu Jesus aproximando-se e disse: "Vejam! É o Cordeiro de Deus, que tira o pecado do mundo! **30** Este é aquele a quem eu me referi, quando disse: Vem depois de

John

The Word Became Flesh

1 In the beginning was the Word, and the Word was with God, and the Word was God. **2** He was with God in the beginning.

3 Through him all things were made; without him nothing was made that has been made. **4** In him was life, and that life was the light of men. **5** The light shines in the darkness, but the darkness has not understood[a] it.

6 There came a man who was sent from God; his name was John. **7** He came as a witness to testify concerning that light, so that through him all men might believe. **8** He himself was not the light; he came only as a witness to the light. **9** The true light that gives light to every man was coming into the world.[b]

10 He was in the world, and though the world was made through him, the world did not recognize him. **11** He came to that which was his own, but his own did not receive him. **12** Yet to all who received him, to those who believed in his name, he gave the right to become children of God— **13** children born not of natural descent,[c] nor of human decision or a husband's will, but born of God.

14 The Word became flesh and made his dwelling among us. We have seen his glory, the glory of the One and Only,[d] who came from the Father, full of grace and truth.

15 John testifies concerning him. He cries out, saying, "This was he of whom I said, 'He who comes after me has surpassed me because he was before me.' " **16** From the fullness of his grace we have all received one blessing after another. **17** For the law was given through Moses; grace and truth came through Jesus Christ. **18** No one has ever seen God, but God the One and Only,[e][f] who is at the Father's side, has made him known.

John the Baptist Denies Being the Christ

19 Now this was John's testimony when the Jews of Jerusalem sent priests and Levites to ask him who he was. **20** He did not fail to confess, but confessed freely, "I am not the Christ.[g]"

21 They asked him, "Then who are you? Are you Elijah?"

He said, "I am not."

"Are you the Prophet?"

He answered, "No."

22 Finally they said, "Who are you? Give us an answer to take back to those who sent us. What do you say about yourself?"

23 John replied in the words of Isaiah the prophet, "I am the voice of one calling in the desert, 'Make straight the way for the Lord.' "[h]

24 Now some Pharisees who had been sent **25** questioned him, "Why then do you baptize if you are not the Christ, nor Elijah, nor the Prophet?"

26 "I baptize with[i] water," John replied, "but among you stands one you do not know. **27** He is the one who comes after me, the thongs of whose sandals I am not worthy to untie."

28 This all happened at Bethany on the other side of the Jordan, where John was baptizing.

Jesus the Lamb of God

29 The next day John saw Jesus coming toward him and said, "Look, the Lamb of God, who takes away the sin of the world! **30** This is the one I meant when I said, 'A man who comes after me

---

[a]**1.1** Ou *o Verbo*. Grego: *Logos*. [b]**1.5** Ou *trevas, mas as trevas não a compreenderam*. [c]**1.9** Ou *Esta era a luz verdadeira que ilumina todo homem que vem ao mundo*. [d]**1.13** Grego: *de sangues*. [e]**1.14** Ou *Único*; também no versículo 18. [f]**1.16** Ou *em lugar de*. [g]**1.18** Vários manuscritos dizem *o Filho*. [h]**1.20** Ou *Messias*. Tanto *Cristo* (grego) como *Messias* (hebraico) significam *Ungido*; também em todo o livro de João. [i]**1.23** Ou *que clama: 'No deserto façam*.* [j]**1.23** Is 40.3 [k]**1.26** Ou *em*; também nos versículos 31 e 33.

[a]**1:5** Or *darkness, and the darkness has not overcome* [b]**1:9** Or *This was the true light that gives light to every man who comes into the world* [c]**1:13** Greek *of bloods* [d]**1:14** Or *the Only Begotten* [e]**1:18** Or *the Only Begotten* [f]**1:18** Some manuscripts *but the only* (or *only begotten*) *Son* [g]**1:20** Or *Messiah*. "The Christ" (Greek) and "the Messiah" (Hebrew) both mean "the Anointed One"; also in verse 25. [h]**1:23** Isaiah 40:3 [i]**1:26** Or *in;* also in verses 31 and 33

mim um homem que é superior a mim, porque já existia antes de mim. ³¹ Eu mesmo não o conhecia, mas por isso é que vim batizando com água: para que ele viesse a ser revelado a Israel".

³² Então João deu o seguinte testemunho: "Eu vi o Espírito descer dos céus como pomba e permanecer sobre ele. ³³ Eu não o teria reconhecido, se aquele que me enviou para batizar com água não me tivesse dito: 'Aquele sobre quem você vir o Espírito descer e permanecer, esse é o que batiza com o Espírito Santo'. ³⁴ Eu vi e testifico que este é o Filho de Deus".

Os Primeiros Discípulos de Jesus
(Mt 4.18-22; Mc 1.16-20; Lc 5.1-11)

³⁵ No dia seguinte João estava ali novamente com dois dos seus discípulos. ³⁶ Quando viu Jesus passando, disse: "Vejam! É o Cordeiro de Deus!"

³⁷ Ouvindo-o dizer isso, os dois discípulos seguiram Jesus. ³⁸ Voltando-se e vendo Jesus que os dois o seguiam, perguntou-lhes: "O que vocês querem?"

Eles disseram: "Rabi" (que significa "Mestre"), "onde estás hospedado?"

³⁹ Respondeu ele: "Venham e verão".

Então foram, por volta das quatro horas da tarde^a, viram onde ele estava hospedado e passaram com ele aquele dia.

⁴⁰ André, irmão de Simão Pedro, era um dos dois que tinham ouvido o que João dissera e que haviam seguido Jesus. ⁴¹ O primeiro que ele encontrou foi Simão, seu irmão, e lhe disse: "Achamos o Messias" (isto é, o Cristo). ⁴² E o levou a Jesus.

Jesus olhou para ele e disse: "Você é Simão, filho de João. Será chamado Cefas" (que traduzido é "Pedro^b").

Jesus Chama Filipe e Natanael

⁴³ No dia seguinte Jesus decidiu partir para a Galiléia. Quando encontrou Filipe, disse-lhe: "Siga-me".

⁴⁴ Filipe, como André e Pedro, era da cidade de Betsaida. ⁴⁵ Filipe encontrou Natanael e lhe disse: "Achamos aquele sobre quem Moisés escreveu na Lei, e a respeito de quem os profetas também escreveram: Jesus de Nazaré, filho de José".

⁴⁶ Perguntou Natanael: "Nazaré? Pode vir alguma coisa boa de lá?"

Disse Filipe: "Venha e veja".

⁴⁷ Ao ver Natanael se aproximando, disse Jesus: "Aí está um verdadeiro israelita, em quem não há falsidade".

⁴⁸ Perguntou Natanael: "De onde me conheces?"

Jesus respondeu: "Eu o vi quando você ainda estava debaixo da figueira, antes de Filipe o chamar".

⁴⁹ Então Natanael declarou: "Mestre^c, tu és o Filho de Deus, tu és o Rei de Israel!"

⁵⁰ Jesus disse: "Você crê porque eu disse que o vi debaixo da figueira.^d Você verá coisas maiores do que essa!" ⁵¹ E então acrescentou: "Digo-lhes a verdade: Vocês verão o céu aberto e os anjos de Deus subindo e descendo sobre o Filho do homem".

Jesus Transforma Água em Vinho

2 No terceiro dia houve um casamento em Caná da Galiléia. A mãe de Jesus estava ali; ² Jesus e seus discípulos também haviam sido convidados para o casamento. ³ Tendo acabado o vinho, a mãe de Jesus lhe disse: "Eles não têm mais vinho".

⁴ Respondeu Jesus: "Que temos nós em comum, mulher? A minha hora ainda não chegou".

⁵ Sua mãe disse aos serviçais: "Façam tudo o que ele lhes mandar".

⁶ Ali perto havia seis potes de pedra, do tipo usado pelos

---

has surpassed me because he was before me.' ³¹ I myself did not know him, but the reason I came baptizing with water was that he might be revealed to Israel."

³² Then John gave this testimony: "I saw the Spirit come down from heaven as a dove and remain on him. ³³ I would not have known him, except that the one who sent me to baptize with water told me, 'The man on whom you see the Spirit come down and remain is he who will baptize with the Holy Spirit.' ³⁴ I have seen and I testify that this is the Son of God."

Jesus' First Disciples

³⁵ The next day John was there again with two of his disciples. ³⁶ When he saw Jesus passing by, he said, "Look, the Lamb of God!"

³⁷ When the two disciples heard him say this, they followed Jesus. ³⁸ Turning around, Jesus saw them following and asked, "What do you want?"

They said, "Rabbi" (which means Teacher), "where are you staying?"

³⁹ "Come," he replied, "and you will see."

So they went and saw where he was staying, and spent that day with him. It was about the tenth hour.

⁴⁰ Andrew, Simon Peter's brother, was one of the two who heard what John had said and who had followed Jesus. ⁴¹ The first thing Andrew did was to find his brother Simon and tell him, "We have found the Messiah" (that is, the Christ). ⁴² And he brought him to Jesus.

Jesus looked at him and said, "You are Simon son of John. You will be called Cephas" (which, when translated, is Peter^a).

Jesus Calls Philip and Nathanael

⁴³ The next day Jesus decided to leave for Galilee. Finding Philip, he said to him, "Follow me."

⁴⁴ Philip, like Andrew and Peter, was from the town of Bethsaida. ⁴⁵ Philip found Nathanael and told him, "We have found the one Moses wrote about in the Law, and about whom the prophets also wrote—Jesus of Nazareth, the son of Joseph."

⁴⁶ "Nazareth! Can anything good come from there?" Nathanael asked.

"Come and see," said Philip.

⁴⁷ When Jesus saw Nathanael approaching, he said of him, "Here is a true Israelite, in whom there is nothing false."

⁴⁸ "How do you know me?" Nathanael asked.

Jesus answered, "I saw you while you were still under the fig tree before Philip called you."

⁴⁹ Then Nathanael declared, "Rabbi, you are the Son of God; you are the King of Israel."

⁵⁰ Jesus said, "You believe^b because I told you I saw you under the fig tree. You shall see greater things than that." ⁵¹ He then added, "I tell you^c the truth, you^d shall see heaven open, and the angels of God ascending and descending on the Son of Man."

Jesus Changes Water to Wine

2 On the third day a wedding took place at Cana in Galilee. Jesus' mother was there, ² and Jesus and his disciples had also been invited to the wedding. ³ When the wine was gone, Jesus' mother said to him, "They have no more wine."

⁴ "Dear woman, why do you involve me?" Jesus replied, "My time has not yet come."

⁵ His mother said to the servants, "Do whatever he tells you."

⁶ Nearby stood six stone water jars, the kind used by the

ᵃ1.39 Grego: *hora décima.* **ᵇ1.42** Tanto *Cefas* (aramaico) como *Pedro* (grego) significam *pedra.* **ᶜ1.49** Grego: *Rabi*; também em 3.2,26; 4.31; 6.25; 9.2 e 11.8. **ᵈ1.50** Ou *Você crê ... figueira?*

ᵃ1:42 Both *Cephas* (Aramaic) and *Peter* (Greek) mean *rock.* **ᵇ1:50** Or *Do you believe ...?* **ᶜ1:51** The Greek is plural. **ᵈ1:51** The Greek is plural.

judeus para as purificações cerimoniais; em cada pote cabiam entre oitenta e cento e vinte litros[a].

⁷ Disse Jesus aos serviçais: "Encham os potes com água". E os encheram até a borda.

⁸ Então lhes disse: "Agora, levem um pouco ao encarregado da festa".

Eles assim fizeram, ⁹ e o encarregado da festa provou a água que fora transformada em vinho, sem saber de onde este viera, embora o soubessem os serviçais que haviam tirado a água. Então chamou o noivo ¹⁰ e disse: "Todos servem primeiro o melhor vinho e, depois que os convidados já beberam bastante, o vinho inferior é servido; mas você guardou o melhor até agora".

¹¹ Este sinal miraculoso, em Caná da Galiléia, foi o primeiro que Jesus realizou. Revelou assim a sua glória, e os seus discípulos creram nele.

Jesus Purifica o Templo

¹² Depois disso ele desceu a Cafarnaum com sua mãe, seus irmãos e seus discípulos. Ali ficaram durante alguns dias.

¹³ Quando já estava chegando a Páscoa judaica, Jesus subiu a Jerusalém. ¹⁴ No pátio do templo viu alguns vendendo bois, ovelhas e pombas, e outros assentados diante de mesas, trocando dinheiro. ¹⁵ Então ele fez um chicote de cordas e expulsou todos do templo, bem como as ovelhas e os bois; espalhou as moedas dos cambistas e virou as suas mesas. ¹⁶ Aos que vendiam pombas disse: "Tirem estas coisas daqui! Parem de fazer da casa de meu Pai um mercado!"

¹⁷ Seus discípulos lembraram-se que está escrito: "O zelo pela tua casa me consumirá"[b].

¹⁸ Então os judeus lhe perguntaram: "Que sinal miraculoso o senhor pode mostrar-nos como prova da sua autoridade para fazer tudo isso?"

¹⁹ Jesus lhes respondeu: "Destruam este templo, e eu o levantarei em três dias".

²⁰ Os judeus responderam: "Este templo levou quarenta e seis anos para ser edificado, e o senhor vai levantá-lo em três dias?" ²¹ Mas o templo do qual ele falava era o seu corpo. ²² Depois que ressuscitou dos mortos, os seus discípulos lembraram-se do que ele tinha dito. Então creram na Escritura e na palavra que Jesus dissera.

²³ Enquanto estava em Jerusalém, na festa da Páscoa, muitos viram os sinais miraculosos que ele estava realizando e creram em seu nome[c]. ²⁴ Mas Jesus não se confiava a eles, pois conhecia a todos. ²⁵ Não precisava que ninguém lhe desse testemunho a respeito do homem, pois ele bem sabia o que havia no homem.

O Encontro de Jesus com Nicodemos

3 Havia um fariseu chamado Nicodemos, uma autoridade entre os judeus. ² Ele veio a Jesus, à noite, e disse: "Mestre, sabemos que ensinas da parte de Deus, pois ninguém pode realizar os sinais miraculosos que estás fazendo, se Deus não estiver com ele".

³ Em resposta, Jesus declarou: "Digo-lhe a verdade: Ninguém pode ver o Reino de Deus, se não nascer de novo[d]".

⁴ Perguntou Nicodemos: "Como alguém pode nascer, sendo velho? É claro que não pode entrar pela segunda vez no ventre de sua mãe e renascer!"

⁵ Respondeu Jesus: "Digo-lhe a verdade: Ninguém pode entrar no Reino de Deus, se não nascer da água e do Espírito. ⁶ O que nasce da carne é carne, mas o que nasce do Espírito é espírito. ⁷ Não se surpreenda pelo fato de eu ter dito: É necessário que vocês nasçam de novo. ⁸ O vento[e] sopra onde quer. Você o escuta, mas não pode dizer de onde vem nem para onde vai. Assim acontece com todos os nascidos do Espírito".

Jews for ceremonial washing, each holding from twenty to thirty gallons.[a]

⁷ Jesus said to the servants, "Fill the jars with water"; so they filled them to the brim.

⁸ Then he told them, "Now draw some out and take it to the master of the banquet."

They did so, ⁹ and the master of the banquet tasted the water that had been turned into wine. He did not realize where it had come from, though the servants who had drawn the water knew. Then he called the bridegroom aside ¹⁰ and said, "Everyone brings out the choice wine first and then the cheaper wine after the guests have had too much to drink; but you have saved the best till now."

¹¹ This, the first of his miraculous signs, Jesus performed in Cana of Galilee. He thus revealed his glory, and his disciples put their faith in him.

Jesus Clears the Temple

¹² After this he went down to Capernaum with his mother and brothers and his disciples. There they stayed for a few days.

¹³ When it was almost time for the Jewish Passover, Jesus went up to Jerusalem. ¹⁴ In the temple courts he found men selling cattle, sheep and doves, and others sitting at tables exchanging money. ¹⁵ So he made a whip out of cords, and drove all from the temple area, both sheep and cattle; he scattered the coins of the money changers and overturned their tables. ¹⁶ To those who sold doves he said, "Get these out of here! How dare you turn my Father's house into a market!"

¹⁷ His disciples remembered that it is written: "Zeal for your house will consume me."[b]

¹⁸ Then the Jews demanded of him, "What miraculous sign can you show us to prove your authority to do all this?"

¹⁹ Jesus answered them, "Destroy this temple, and I will raise it again in three days."

²⁰ The Jews replied, "It has taken forty-six years to build this temple, and you are going to raise it in three days?" ²¹ But the temple he had spoken of was his body. ²² After he was raised from the dead, his disciples recalled what he had said. Then they believed the Scripture and the words that Jesus had spoken.

²³ Now while he was in Jerusalem at the Passover Feast, many people saw the miraculous signs he was doing and believed in his name.[c] ²⁴ But Jesus would not entrust himself to them, for he knew all men. ²⁵ He did not need man's testimony about man, for he knew what was in a man.

Jesus Teaches Nicodemus

3 Now there was a man of the Pharisees named Nicodemus, a member of the Jewish ruling council. ² He came to Jesus at night and said, "Rabbi, we know you are a teacher who has come from God. For no one could perform the miraculous signs you are doing if God were not with him."

³ In reply Jesus declared, "I tell you the truth, no one can see the kingdom of God unless he is born again.[d]"

⁴ "How can a man be born when he is old?" Nicodemus asked. "Surely he cannot enter a second time into his mother's womb to be born!"

⁵ Jesus answered, "I tell you the truth, no one can enter the kingdom of God unless he is born of water and the Spirit. ⁶ Flesh gives birth to flesh, but the Spirit[f] gives birth to spirit. ⁷ You should not be surprised at my saying, 'You[f] must be born again.' ⁸ The wind blows wherever it pleases. You hear its sound, but you cannot tell where it comes from or where it is going. So it is with everyone born of the Spirit."

---

[a]2.6 Grego: *2 ou 3 metretas*. A metreta era uma medida de capacidade de cerca de 40 litros. [b]2.17 Sl 69.9 [c]2.23 Ou *creram nele* [d]3.3 Ou *nascer de cima*; também no versículo 7. [e]3.8 Traduz o mesmo termo grego para designar *espírito*.

[a]2:6 Greek *two to three metretes* (probably about 75 to 115 liters) [b]2:17 Psalm 69:9 [c]2:23 Or *and believed in him* [d]3:3 Or *born from above;* also in verse [e]3:6 Or *but spirit* [f]3:7 The Greek is plural.

9 Perguntou Nicodemos: "Como pode ser isso?"

10 Disse Jesus: "Você é mestre em Israel e não entende essas coisas? **11** Asseguro-lhe que nós falamos do que conhecemos e testemunhamos do que vimos, mas mesmo assim vocês não aceitam o nosso testemunho. **12** Eu lhes falei de coisas terrenas e vocês não creram; como crerão se lhes falar de coisas celestiais? **13** Ninguém jamais subiu ao céu, a não ser aquele que veio do céu: o Filho do homem.ᵃ **14** Da mesma forma como Moisés levantou a serpente no deserto, assim também é necessário que o Filho do homem seja levantado, **15** para que todo o que nele crer tenha a vida eterna.

16 "Porque Deus tanto amou o mundo que deu o seu Filho Unigênitoᵇ, para que todo o que nele crer não pereça, mas tenha a vida eterna. **17** Pois Deus enviou o seu Filho ao mundo, não para condenar o mundo, mas para que este fosse salvo por meio dele. **18** Quem nele crê não é condenado, mas quem não crê já está condenado, por não crer no nome do Filho Unigênito de Deus. **19** Este é o julgamento: a luz veio ao mundo, mas os homens amaram as trevas, e não a luz, porque as suas obras eram más. **20** Quem pratica o mal odeia a luz e não se aproxima da luz, temendo que as suas obras sejam manifestas. **21** Mas quem pratica a verdade vem para a luz, para que se veja claramente que as suas obras são realizadas por intermédio de Deus".ᶜ

O Testemunho de João Batista acerca de Jesus

22 Depois disso Jesus foi com os seus discípulos para a terra da Judéia, onde passou algum tempo com eles e batizava. **23** João também estava batizando em Enom, perto de Salim, porque havia ali muitas águas, e o povo vinha para ser batizado. **24** (Isto se deu antes de João ser preso.) **25** Surgiu uma discussão entre alguns discípulos de João e um certo judeuᵈ, a respeito da purificação cerimonial. **26** Eles se dirigiram a João e lhe disseram: "Mestre, aquele homem que estava contigo no outro lado do Jordão, do qual testemunhaste, está batizando, e todos estão se dirigindo a ele".

27 A isso João respondeu: "Uma pessoa só pode receber o que lhe é dado dos céus. **28** Vocês mesmos são testemunhas de que eu disse: Eu não sou o Cristo, mas sou aquele que foi enviado adiante dele. **29** A noiva pertence ao noivo. O amigo que presta serviço ao noivo e que o atende e o ouve, enche-se de alegria quando ouve a voz do noivo. Esta é a minha alegria, que agora se completa. **30** É necessário que ele cresça e que eu diminua.

31 "Aquele que vem do alto está acima de todos; aquele que é da terra pertence à terra e fala como quem é da terra. Aquele que vem dos céus está acima de todos. **32** Ele testifica o que tem visto e ouvido, mas ninguém aceita o seu testemunho. **33** Aquele que o aceita confirma que Deus é verdadeiro. **34** Pois aquele que Deus enviou fala as palavras de Deus, porque ele dá o Espírito sem limitações. **35** O Pai ama o Filho e entregou tudo em suas mãos. **36** Quem crê no Filho tem a vida eterna; já quem rejeita o Filho não verá a vida, mas a ira de Deus permanece sobre ele".ᵉ

Jesus Conversa com uma Samaritana

4 Os fariseus ouviram falar que Jesusᶠ estava fazendo e batizando mais discípulos do que João, **2** embora não fosse Jesus quem batizasse, mas os seus discípulos. **3** Quando o Senhor ficou sabendo disso, saiu da Judéia e voltou uma vez mais à Galiléia.

4 Era-lhe necessário passar por Samaria. **5** Assim, chegou a uma cidade de Samaria, chamada Sicar, perto das terras que Jacó dera a seu filho José. **6** Havia ali o poço de Jacó. Jesus,

9 "How can this be?" Nicodemus asked.

10 "You are Israel's teacher," said Jesus, "and do you not understand these things? **11** I tell you the truth, we speak of what we know, and we testify to what we have seen, but still you people do not accept our testimony. **12** I have spoken to you of earthly things and you do not believe; how then will you believe if I speak of heavenly things? **13** No one has ever gone into heaven except the one who came from heaven—the Son of Man.ᵃ **14** Just as Moses lifted up the snake in the desert, so the Son of Man must be lifted up, **15** that everyone who believes in him may have eternal life.ᵇ

16 "For God so loved the world that he gave his one and only Son,ᶜ that whoever believes in him shall not perish but have eternal life. **17** For God did not send his Son into the world to condemn the world, but to save the world through him. **18** Whoever believes in him is not condemned, but whoever does not believe stands condemned already because he has not believed in the name of God's one and only Son.ᵈ **19** This is the verdict: Light has come into the world, but men loved darkness instead of light because their deeds were evil. **20** Everyone who does evil hates the light, and will not come into the light for fear that his deeds will be exposed. **21** But whoever lives by the truth comes into the light, so that it may be seen plainly that what he has done has been done through God."ᵉ

John the Baptist's Testimony About Jesus

22 After this, Jesus and his disciples went out into the Judean countryside, where he spent some time with them, and baptized. **23** Now John also was baptizing at Aenon near Salim, because there was plenty of water, and people were constantly coming to be baptized. **24** (This was before John was put in prison.) **25** An argument developed between some of John's disciples and a certain Jewᶠ over the matter of ceremonial washing. **26** They came to John and said to him, "Rabbi, that man who was with you on the other side of the Jordan—the one you testified about—well, he is baptizing, and everyone is going to him."

27 To this John replied, "A man can receive only what is given him from heaven. **28** You yourselves can testify that I said, 'I am not the Christᵍ but am sent ahead of him.' **29** The bride belongs to the bridegroom. The friend who attends the bridegroom waits and listens for him, and is full of joy when he hears the bridegroom's voice. That joy is mine, and it is now complete. **30** He must become greater; I must become less.

31 "The one who comes from above is above all; the one who is from the earth belongs to the earth, and speaks as one from the earth. The one who comes from heaven is above all. **32** He testifies to what he has seen and heard, but no one accepts his testimony. **33** The man who has accepted it has certified that God is truthful. **34** For the one whom God has sent speaks the words of God, for Godʰ gives the Spirit without limit. **35** The Father loves the Son and has placed everything in his hands. **36** Whoever believes in the Son has eternal life, but whoever rejects the Son will not see life, for God's wrath remains on him."ⁱ

Jesus Talks With a Samaritan Woman

4 The Pharisees heard that Jesus was gaining and baptizing more disciples than John, **2** although in fact it was not Jesus who baptized, but his disciples. **3** When the Lord learned of this, he left Judea and went back once more to Galilee.

4 Now he had to go through Samaria. **5** So he came to a town in Samaria called Sychar, near the plot of ground Jacob had given to his son Joseph. **6** Jacob's well was there, and Jesus,

---

ᵃ3.13 Alguns manuscritos acrescentam *que está no céu*. **ᵇ3.16** Ou *Único*; também no versículo 18. **ᶜ3.21** Alguns intérpretes encerram a citação no fim do versículo 15. **ᵈ3.25** Alguns manuscritos dizem *e certos judeus*. **ᵉ3.36** Alguns intérpretes encerram a citação no fim do versículo 30. **ᶠ4.1** Muitos manuscritos dizem *o Senhor*.

ᵃ3:13 Some manuscripts *Man, who is in heaven* **ᵇ3:15** Or *believes may have eternal life in him* **ᶜ3:16** Or *his only begotten Son* **ᵈ3:18** Or *God's only begotten Son* **ᵉ3:21** Some interpreters end the quotation after verse 15. **ᶠ3:25** Some manuscripts *and certain Jews* **ᵍ3:28** Or *Messiah* **ʰ3:34** Greek *he* **ⁱ3:36** Some interpreters end the quotation after verse 30.

cansado da viagem, sentou-se à beira do poço. Isto se deu por volta do meio-dia**a**.

7 Nisso veio uma mulher samaritana tirar água. Disse-lhe Jesus: "Dê-me um pouco de água". **8** (Os seus discípulos tinham ido à cidade comprar comida.)

9 A mulher samaritana lhe perguntou: "Como o senhor, sendo judeu, pede a mim, uma samaritana, água para beber?" (Pois os judeus não se dão bem com os samaritanos.**b**)

10 Jesus lhe respondeu: "Se você conhecesse o dom de Deus e quem lhe está pedindo água, você lhe teria pedido e ele lhe teria dado água viva".

11 Disse a mulher: "O senhor não tem com que tirar água, e o poço é fundo. Onde pode conseguir essa água viva? **12** Acaso o senhor é maior do que o nosso pai Jacó, que nos deu o poço, do qual ele mesmo bebeu, bem como seus filhos e seu gado?"

13 Jesus respondeu: "Quem beber desta água terá sede outra vez, **14** mas quem beber da água que eu lhe der nunca mais terá sede. Ao contrário, a água que eu lhe der se tornará nele uma fonte de água a jorrar para a vida eterna".

15 A mulher lhe disse: "Senhor, dê-me dessa água, para que eu não tenha mais sede, nem precise voltar aqui para tirar água".

16 Ele lhe disse: "Vá, chame o seu marido e volte".

17 "Não tenho marido", respondeu ela.

Disse-lhe Jesus: "Você falou corretamente, dizendo que não tem marido. **18** O fato é que você já teve cinco; e o homem com quem agora vive não é seu marido. O que você acabou de dizer é verdade".

19 Disse a mulher: "Senhor, vejo que é profeta. **20** Nossos antepassados adoraram neste monte, mas vocês, judeus, dizem que Jerusalém é o lugar onde se deve adorar".

21 Jesus declarou: "Creia em mim, mulher: está próxima a hora em que vocês não adorarão o Pai nem neste monte, nem em Jerusalém. **22** Vocês, samaritanos, adoram o que não conhecem; nós adoramos o que conhecemos, pois a salvação vem dos judeus. **23** No entanto, está chegando a hora, e de fato já chegou, em que os verdadeiros adoradores adorarão o Pai em espírito e em verdade. São estes os adoradores que o Pai procura. **24** Deus é espírito, e é necessário que os seus adoradores o adorem em espírito e em verdade".

25 Disse a mulher: "Eu sei que o Messias (chamado Cristo) está para vir. Quando ele vier, explicará tudo para nós".

26 Então Jesus declarou: "Eu sou o Messias! Eu, que estou falando com você".

Os Discípulos Voltam da Cidade

27 Naquele momento os seus discípulos voltaram e ficaram surpresos ao encontrá-lo conversando com uma mulher. Mas ninguém perguntou: "Que queres saber?" ou: "Por que estás conversando com ela?"

28 Então, deixando o seu cântaro, a mulher voltou à cidade e disse ao povo: **29** "Venham ver um homem que me disse tudo o que tenho feito. Será que ele não é o Cristo?" **30** Então saíram da cidade e foram para onde ele estava.

31 Enquanto isso, os discípulos insistiam com ele: "Mestre, come alguma coisa".

32 Mas ele lhes disse: "Tenho algo para comer que vocês não conhecem".

33 Então os seus discípulos disseram uns aos outros: "Será que alguém lhe trouxe comida?"

34 Disse Jesus: "A minha comida é fazer a vontade daquele que me enviou e concluir a sua obra. **35** Vocês não dizem: 'Daqui a quatro meses haverá a colheita'? Eu lhes digo: Abram os olhos e vejam os campos! Eles estão maduros para a colheita. **36** Aquele que colhe já recebe o seu salário e colhe fruto para a vida eterna, de forma que se alegram juntos o que semeia e o que colhe. **37** Assim é verdadeiro o ditado: 'Um semeia, e outro colhe'. **38** Eu os enviei para colherem o que vocês não cultiva-

tired as he was from the journey, sat down by the well. It was about the sixth hour.

7 When a Samaritan woman came to draw water, Jesus said to her, "Will you give me a drink?" **8** (His disciples had gone into the town to buy food.)

9 The Samaritan woman said to him, "You are a Jew and I am a Samaritan woman. How can you ask me for a drink?" (For Jews do not associate with Samaritans.**a**)

10 Jesus answered her, "If you knew the gift of God and who it is that asks you for a drink, you would have asked him and he would have given you living water."

11 "Sir," the woman said, "you have nothing to draw with and the well is deep. Where can you get this living water? **12** Are you greater than our father Jacob, who gave us the well and drank from it himself, as did also his sons and his flocks and herds?"

13 Jesus answered, "Everyone who drinks this water will be thirsty again, **14** but whoever drinks the water I give him will never thirst. Indeed, the water I give him will become in him a spring of water welling up to eternal life."

15 The woman said to him, "Sir, give me this water so that I won't get thirsty and have to keep coming here to draw water."

16 He told her, "Go, call your husband and come back."

17 "I have no husband," she replied.

Jesus said to her, "You are right when you say you have no husband. **18** The fact is, you have had five husbands, and the man you now have is not your husband. What you have just said is quite true."

19 "Sir," the woman said, "I can see that you are a prophet. **20** Our fathers worshiped on this mountain, but you Jews claim that the place where we must worship is in Jerusalem."

21 Jesus declared, "Believe me, woman, a time is coming when you will worship the Father neither on this mountain nor in Jerusalem. **22** You Samaritans worship what you do not know; we worship what we do know, for salvation is from the Jews. **23** Yet a time is coming and has now come when the true worshipers will worship the Father in spirit and truth, for they are the kind of worshipers the Father seeks. **24** God is spirit, and his worshipers must worship in spirit and in truth."

25 The woman said, "I know that Messiah" (called Christ) "is coming. When he comes, he will explain everything to us."

26 Then Jesus declared, "I who speak to you am he."

The Disciples Rejoin Jesus

27 Just then his disciples returned and were surprised to find him talking with a woman. But no one asked, "What do you want?" or "Why are you talking with her?"

28 Then, leaving her water jar, the woman went back to the town and said to the people, **29** "Come, see a man who told me everything I ever did. Could this be the Christ**b**?" **30** They came out of the town and made their way toward him.

31 Meanwhile his disciples urged him, "Rabbi, eat something."

32 But he said to them, "I have food to eat that you know nothing about."

33 Then his disciples said to each other, "Could someone have brought him food?"

34 "My food," said Jesus, "is to do the will of him who sent me and to finish his work. **35** Do you not say, 'Four months more and then the harvest'? I tell you, open your eyes and look at the fields! They are ripe for harvest. **36** Even now the reaper draws his wages, even now he harvests the crop for eternal life, so that the sower and the reaper may be glad together. **37** Thus the saying 'One sows and another reaps' is true. **38** I sent you to reap what you have not

---

a4.6 Grego: *da hora sexta.* **b**4.9 Ou *não usam pratos que os samaritanos usaram.*

a4:9 Or *do not use dishes Samaritans have used* **b**4:29 Or *Messiah*

ram. Outros realizaram o trabalho árduo, e vocês vieram a usufruir do trabalho deles".

Muitos Samaritanos Crêem

39 Muitos samaritanos daquela cidade creram nele por causa do seguinte testemunho dado pela mulher: "Ele me disse tudo o que tenho feito". **40** Assim, quando se aproximaram dele, os samaritanos insistiram em que ficasse com eles, e ele ficou dois dias. **41** E por causa da sua palavra, muitos outros creram.

42 E disseram à mulher: "Agora cremos não somente por causa do que você disse, pois nós mesmos o ouvimos e sabemos que este é realmente o Salvador do mundo".

Jesus Cura o Filho de um Oficial

43 Depois daqueles dois dias, ele partiu para a Galiléia. **44** (O próprio Jesus tinha afirmado que nenhum profeta tem honra em sua própria terra.) **45** Quando chegou à Galiléia, os galileus deram-lhe boas-vindas. Eles tinham visto tudo o que ele fizera em Jerusalém, por ocasião da festa da Páscoa, pois também haviam estado lá.

46 Mais uma vez ele visitou Caná da Galiléia, onde tinha transformado água em vinho. E havia ali um oficial do rei, cujo filho estava doente em Cafarnaum. **47** Quando ele ouviu falar que Jesus tinha chegado à Galiléia, vindo da Judéia, procurou-o e suplicou-lhe que fosse curar seu filho, que estava à beira da morte.

48 Disse-lhe Jesus: "Se vocês não virem sinais e maravilhas, nunca crerão".

49 O oficial do rei disse: "Senhor, vem, antes que o meu filho morra!"

50 Jesus respondeu: "Pode ir. O seu filho continuará vivo". O homem confiou na palavra de Jesus e partiu. **51** Estando ele ainda a caminho, seus servos vieram ao seu encontro com notícias de que o menino estava vivo. **52** Quando perguntou a que horas o seu filho tinha melhorado, eles lhe disseram: "A febre o deixou ontem, à uma hora da tarde[a]".

53 Então o pai constatou que aquela fora exatamente a hora em que Jesus lhe dissera: "O seu filho continuará vivo". Assim, creram ele e todos os de sua casa.

54 Esse foi o segundo sinal miraculoso que Jesus realizou, depois que veio da Judéia para a Galiléia.

A Cura Junto ao Tanque de Betesda

5 Algum tempo depois, Jesus subiu a Jerusalém para uma festa dos judeus. **2** Há em Jerusalém, perto da porta das Ovelhas, um tanque que, em aramaico[b], é chamado Betesda[c], tendo cinco entradas em volta. **3** Ali costumava ficar grande número de pessoas doentes e inválidas: cegos, mancos e paralíticos. Eles esperavam um movimento nas águas.[d] **4** De vez em quando descia um anjo do Senhor e agitava as águas. O primeiro que entrasse no tanque, depois de agitadas as águas, era curado de qualquer doença que tivesse. **5** Um dos que estavam ali era paralítico fazia trinta e oito anos. **6** Quando o viu deitado e soube que ele vivia naquele estado durante tanto tempo, Jesus lhe perguntou: "Você quer ser curado?"

7 Disse o paralítico: "Senhor, não tenho ninguém que me ajude a entrar no tanque quando a água é agitada. Enquanto estou tentando entrar, outro chega antes de mim".

8 Então Jesus lhe disse: "Levante-se! Pegue a sua maca e ande". **9** Imediatamente o homem ficou curado, pegou a maca e começou a andar.

Isso aconteceu num sábado, **10** e, por essa razão, os judeus disseram ao homem que havia sido curado: "Hoje é sábado, não lhe é permitido carregar a maca".

11 Mas ele respondeu: "O homem que me curou me disse:

worked for. Others have done the hard work, and you have reaped the benefits of their labor."

Many Samaritans Believe

39 Many of the Samaritans from that town believed in him because of the woman's testimony, "He told me everything I ever did." **40** So when the Samaritans came to him, they urged him to stay with them, and he stayed two days. **41** And because of his words many more became believers.

42 They said to the woman, "We no longer believe just because of what you said; now we have heard for ourselves, and we know that this man really is the Savior of the world."

Jesus Heals the Official's Son

43 After the two days he left for Galilee. **44** (Now Jesus himself had pointed out that a prophet has no honor in his own country.) **45** When he arrived in Galilee, the Galileans welcomed him. They had seen all that he had done in Jerusalem at the Passover Feast, for they also had been there.

46 Once more he visited Cana in Galilee, where he had turned the water into wine. And there was a certain royal official whose son lay sick at Capernaum. **47** When this man heard that Jesus had arrived in Galilee from Judea, he went to him and begged him to come and heal his son, who was close to death.

48 "Unless you people see miraculous signs and wonders," Jesus told him, "you will never believe."

49 The royal official said, "Sir, come down before my child dies."

50 Jesus replied, "You may go. Your son will live."

The man took Jesus at his word and departed. **51** While he was still on the way, his servants met him with the news that his boy was living. **52** When he inquired as to the time when his son got better, they said to him, "The fever left him yesterday at the seventh hour."

53 Then the father realized that this was the exact time at which Jesus had said to him, "Your son will live." So he and all his household believed.

54 This was the second miraculous sign that Jesus performed, having come from Judea to Galilee.

The Healing at the Pool

5 Some time later, Jesus went up to Jerusalem for a feast of the Jews. **2** Now there is in Jerusalem near the Sheep Gate a pool, which in Aramaic is called Bethesda[a] and which is surrounded by five covered colonnades. **3** Here a great number of disabled people used to lie—the blind, the lame, the paralyzed.[b] **5** One who was there had been an invalid for thirty-eight years. **6** When Jesus saw him lying there and learned that he had been in this condition for a long time, he asked him, "Do you want to get well?"

7 "Sir," the invalid replied, "I have no one to help me into the pool when the water is stirred. While I am trying to get in, someone else goes down ahead of me."

8 Then Jesus said to him, "Get up! Pick up your mat and walk." **9** At once the man was cured; he picked up his mat and walked.

The day on which this took place was a Sabbath, **10** and so the Jews said to the man who had been healed, "It is the Sabbath; the law forbids you to carry your mat."

11 But he replied, "The man who made me well said to me,

---

[a]4.52 Grego: *à hora sétima*. [b]5.2 Grego: *em hebraico*; também em 19.13,17,20 e 20.16. [c]5.2 Alguns manuscritos dizem *Betzata*; outros trazem *Betsaida*. [d]5.3 A maioria dos manuscritos mais antigos não trazem essa frase e todo o versículo 4.

[a]5:2 Some manuscripts *Bethzatha;* other manuscripts *Bethsaida* [b]5:3 Some less important manuscripts *paralyzed — and they waited for the moving of the waters.* **4** *From time to time an angel of the Lord would come down and stir up the waters. The first one into the pool after each disturbance would be cured of whatever disease he had.*

'Pegue a sua maca e ande' ".

[12] Então lhe perguntaram: "Quem é esse homem que lhe mandou pegar a maca e andar?"

[13] O homem que fora curado não tinha idéia de quem era ele, pois Jesus havia desaparecido no meio da multidão.

[14] Mais tarde Jesus o encontrou no templo e lhe disse: "Olhe, você está curado. Não volte a pecar, para que algo pior não lhe aconteça". [15] O homem foi contar aos judeus que fora Jesus quem o tinha curado.

Vida por meio do Filho

[16] Então os judeus passaram a perseguir Jesus, porque ele estava fazendo essas coisas no sábado. [17] Disse-lhes Jesus: "Meu Pai continua trabalhando até hoje, e eu também estou trabalhando". [18] Por essa razão, os judeus mais ainda queriam matá-lo, pois não somente estava violando o sábado, mas também estava dizendo que Deus era seu próprio Pai, igualando-se a Deus.

[19] Jesus lhes deu esta resposta: "Eu lhes digo verdadeiramente que o Filho não pode fazer nada de si mesmo; só pode fazer o que vê o Pai fazer, porque o que o Pai faz o Filho também faz. [20] Pois o Pai ama ao Filho e lhe mostra tudo o que faz. Sim, para admiração de vocês, ele lhe mostrará obras ainda maiores do que estas. [21] Pois, da mesma forma que o Pai ressuscita os mortos e lhes dá vida, o Filho também dá vida a quem ele quer. [22] Além disso, o Pai a ninguém julga, mas confiou todo julgamento ao Filho, [23] para que todos honrem o Filho como honram o Pai. Aquele que não honra o Filho, também não honra o Pai que o enviou.

[24] "Eu lhes asseguro: Quem ouve a minha palavra e crê naquele que me enviou, tem a vida eterna e não será condenado, mas já passou da morte para a vida. [25] Eu lhes afirmo que está chegando a hora, e já chegou, em que os mortos ouvirão a voz do Filho de Deus, e aqueles que a ouvirem, viverão. [26] Pois, da mesma forma como o Pai tem vida em si mesmo, ele concedeu ao Filho ter vida em si mesmo. [27] E deu-lhe autoridade para julgar, porque é o Filho do homem.

[28] "Não fiquem admirados com isto, pois está chegando a hora em que todos os que estiverem nos túmulos ouvirão a sua voz [29] e sairão; os que fizeram o bem ressuscitarão para a vida, e os que fizeram o mal ressuscitarão para serem condenados. [30] Por mim mesmo, nada posso fazer; eu julgo apenas conforme ouço, e o meu julgamento é justo, pois não procuro agradar a mim mesmo, mas àquele que me enviou.

Testemunhos acerca de Jesus

[31] "Se testifico acerca de mim mesmo, o meu testemunho não é válido.[a] [32] Há outro que testemunha em meu favor, e sei que o seu testemunho a meu respeito é válido.

[33] "Vocês enviaram representantes a João, e ele testemunhou da verdade. [34] Não que eu busque testemunho humano, mas menciono isso para que vocês sejam salvos. [35] João era uma candeia que queimava e irradiava luz, e durante certo tempo vocês quiseram alegrar-se com a sua luz.

[36] "Eu tenho um testemunho maior que o de João; a própria obra que o Pai me deu para concluir, e que estou realizando, testemunha que o Pai me enviou. [37] E o Pai que me enviou, ele mesmo testemunhou a meu respeito. Vocês nunca ouviram a sua voz, nem viram a sua forma, [38] nem a sua palavra habita em vocês, pois não crêem naquele que ele enviou. [39] Vocês estudam cuidadosamente[b] as Escrituras, porque pensam que nelas vocês têm a vida eterna. E são as Escrituras que testemunham a meu respeito; [40] contudo, vocês não querem vir a mim para terem vida.

[41] "Eu não aceito glória dos homens, [42] mas conheço vocês. Sei que vocês não têm o amor de Deus. [43] Eu vim em nome de meu Pai, e vocês não me aceitaram; mas, se outro vier em seu próprio nome, vocês o aceitarão. [44] Como vocês podem crer, se

'Pick up your mat and walk.' "

[12] So they asked him, "Who is this fellow who told you to pick it up and walk?"

[13] The man who was healed had no idea who it was, for Jesus had slipped away into the crowd that was there.

[14] Later Jesus found him at the temple and said to him, "See, you are well again. Stop sinning or something worse may happen to you." [15] The man went away and told the Jews that it was Jesus who had made him well.

Life Through the Son

[16] So, because Jesus was doing these things on the Sabbath, the Jews persecuted him. [17] Jesus said to them, "My Father is always at his work to this very day, and I, too, am working." [18] For this reason the Jews tried all the harder to kill him; not only was he breaking the Sabbath, but he was even calling God his own Father, making himself equal with God.

[19] Jesus gave them this answer: "I tell you the truth, the Son can do nothing by himself; he can do only what he sees his Father doing, because whatever the Father does the Son also does. [20] For the Father loves the Son and shows him all he does. Yes, to your amazement he will show him even greater things than these. [21] For just as the Father raises the dead and gives them life, even so the Son gives life to whom he is pleased to give it. [22] Moreover, the Father judges no one, but has entrusted all judgment to the Son, [23] that all may honor the Son just as they honor the Father. He who does not honor the Son does not honor the Father, who sent him.

[24] "I tell you the truth, whoever hears my word and believes him who sent me has eternal life and will not be condemned; he has crossed over from death to life. [25] I tell you the truth, a time is coming and has now come when the dead will hear the voice of the Son of God and those who hear will live. [26] For as the Father has life in himself, so he has granted the Son to have life in himself. [27] And he has given him authority to judge because he is the Son of Man.

[28] "Do not be amazed at this, for a time is coming when all who are in their graves will hear his voice [29] and come out—those who have done good will rise to live, and those who have done evil will rise to be condemned. [30] By myself I can do nothing; I judge only as I hear, and my judgment is just, for I seek not to please myself but him who sent me.

Testimonies About Jesus

[31] "If I testify about myself, my testimony is not valid. [32] There is another who testifies in my favor, and I know that his testimony about me is valid.

[33] "You have sent to John and he has testified to the truth. [34] Not that I accept human testimony; but I mention it that you may be saved. [35] John was a lamp that burned and gave light, and you chose for a time to enjoy his light.

[36] "I have testimony weightier than that of John. For the very work that the Father has given me to finish, and which I am doing, testifies that the Father has sent me. [37] And the Father who sent me has himself testified concerning me. You have never heard his voice nor seen his form, [38] nor does his word dwell in you, for you do not believe the one he sent. [39] You diligently study[a] the Scriptures because you think that by them you possess eternal life. These are the Scriptures that testify about me, [40] yet you refuse to come to me to have life.

[41] "I do not accept praise from men, [42] but I know you. I know that you do not have the love of God in your hearts. [43] I have come in my Father's name, and you do not accept me; but if someone else comes in his own name, you will accept him. [44] How can you believe if you accept praise from one another,

---

[a]5.31 Os judeus exigiam mais de um testemunho para condenar ou justificar uma declaração. [b]5.39 Ou *Estudem cuidadosamente*

[a]5:39 Or *Study diligently* (the imperative)

aceitam glória uns dos outros, mas não procuram a glória que vem do Deus[a] único?

⁴⁵ "Contudo, não pensem que eu os acusarei perante o Pai. Quem os acusa é Moisés, em quem estão as suas esperanças. ⁴⁶ Se vocês cressem em Moisés, creriam em mim, pois ele escreveu a meu respeito. ⁴⁷ Visto, porém, que não crêem no que ele escreveu, como crerão no que eu digo?"

A Primeira Multiplicação dos Pães
(Mt 14.13-21; Mc 6.30-44; Lc 9.10-17)

6 Algum tempo depois, Jesus partiu para a outra margem do mar da Galiléia (ou seja, do mar de Tiberíades), ² e grande multidão continuava a segui-lo, porque vira os sinais miraculosos que ele tinha realizado nos doentes. ³ Então Jesus subiu ao monte e sentou-se com os seus discípulos. ⁴ Estava próxima a festa judaica da Páscoa.

⁵ Levantando os olhos e vendo uma grande multidão que se aproximava, Jesus disse a Filipe: "Onde compraremos pão para esse povo comer?" ⁶ Fez essa pergunta apenas para pô-lo à prova, pois já tinha em mente o que ia fazer.

⁷ Filipe lhe respondeu: "Duzentos denários[b] não comprariam pão suficiente para que cada um recebesse um pedaço!"

⁸ Outro discípulo, André, irmão de Simão Pedro, tomou a palavra: ⁹ "Aqui está um rapaz com cinco pães de cevada e dois peixinhos, mas o que é isto para tanta gente?"

¹⁰ Disse Jesus: "Mandem o povo assentar-se". Havia muita grama naquele lugar, e todos se assentaram. Eram cerca de cinco mil homens. ¹¹ Então Jesus tomou os pães, deu graças e os repartiu entre os que estavam assentados, tanto quanto queriam; e fez o mesmo com os peixes.

¹² Depois que todos receberam o suficiente para comer, disse aos seus discípulos: "Ajuntem os pedaços que sobraram. Que nada seja desperdiçado". ¹³ Então eles os ajuntaram e encheram doze cestos com os pedaços dos cinco pães de cevada deixados por aqueles que tinham comido.

¹⁴ Depois de ver o sinal miraculoso que Jesus tinha realizado, o povo começou a dizer: "Sem dúvida este é o Profeta que devia vir ao mundo". ¹⁵ Sabendo Jesus que pretendiam proclamá-lo rei à força, retirou-se novamente sozinho para o monte.

Jesus Anda sobre as Águas
(Mt 14.22-36; Mc 6.45-56)

¹⁶ Ao anoitecer seus discípulos desceram para o mar, ¹⁷ entraram num barco e começaram a travessia para Cafarnaum. Já estava escuro, e Jesus ainda não tinha ido até onde eles estavam. ¹⁸ Soprava um vento forte, e as águas estavam agitadas. ¹⁹ Depois de terem remado cerca de cinco ou seis quilômetros[c], viram Jesus aproximando-se do barco, andando sobre o mar, e ficaram aterrorizados. ²⁰ Mas ele lhes disse: "Sou eu! Não tenham medo!" ²¹ Então resolveram recebê-lo no barco, e logo chegaram à praia para a qual se dirigiam.

²² No dia seguinte, a multidão que tinha ficado no outro lado do mar percebeu que apenas um barco estivera ali, e que Jesus não havia entrado nele com os seus discípulos, mas que eles tinham partido sozinhos. ²³ Então alguns barcos de Tiberíades aproximaram-se do lugar onde o povo tinha comido o pão após o Senhor ter dado graças. ²⁴ Quando a multidão percebeu que nem Jesus nem os discípulos estavam ali, entrou nos barcos e foi para Cafarnaum em busca de Jesus.

Jesus, o Pão da Vida

²⁵ Quando o encontraram do outro lado do mar, perguntaram-lhe: "Mestre, quando chegaste aqui?"

²⁶ Jesus respondeu: "A verdade é que vocês estão me procurando, não porque viram os sinais miraculosos, mas porque

yet make no effort to obtain the praise that comes from the only God[a]?

⁴⁵ "But do not think I will accuse you before the Father. Your accuser is Moses, on whom your hopes are set. ⁴⁶ If you believed Moses, you would believe me, for he wrote about me. ⁴⁷ But since you do not believe what he wrote, how are you going to believe what I say?"

Jesus Feeds the Five Thousand

6 Some time after this, Jesus crossed to the far shore of the Sea of Galilee (that is, the Sea of Tiberias), ² and a great crowd of people followed him because they saw the miraculous signs he had performed on the sick. ³ Then Jesus went up on a mountainside and sat down with his disciples. ⁴ The Jewish Passover Feast was near.

⁵ When Jesus looked up and saw a great crowd coming toward him, he said to Philip, "Where shall we buy bread for these people to eat?" ⁶ He asked this only to test him, for he already had in mind what he was going to do.

⁷ Philip answered him, "Eight months' wages[b] would not buy enough bread for each one to have a bite!"

⁸ Another of his disciples, Andrew, Simon Peter's brother, spoke up, ⁹ "Here is a boy with five small barley loaves and two small fish, but how far will they go among so many?"

¹⁰ Jesus said, "Have the people sit down." There was plenty of grass in that place, and the men sat down, about five thousand of them. ¹¹ Jesus then took the loaves, gave thanks, and distributed to those who were seated as much as they wanted. He did the same with the fish.

¹² When they had all had enough to eat, he said to his disciples, "Gather the pieces that are left over. Let nothing be wasted." ¹³ So they gathered them and filled twelve baskets with the pieces of the five barley loaves left over by those who had eaten.

¹⁴ After the people saw the miraculous sign that Jesus did, they began to say, "Surely this is the Prophet who is to come into the world." ¹⁵ Jesus, knowing that they intended to come and make him king by force, withdrew again to a mountain by himself.

Jesus Walks on the Water

¹⁶ When evening came, his disciples went down to the lake, ¹⁷ where they got into a boat and set off across the lake for Capernaum. By now it was dark, and Jesus had not yet joined them. ¹⁸ A strong wind was blowing and the waters grew rough. ¹⁹ When they had rowed three or three and a half miles,[c] they saw Jesus approaching the boat, walking on the water; and they were terrified. ²⁰ But he said to them, "It is I; don't be afraid." ²¹ Then they were willing to take him into the boat, and immediately the boat reached the shore where they were heading.

²² The next day the crowd that had stayed on the opposite shore of the lake realized that only one boat had been there, and that Jesus had not entered it with his disciples, but that they had gone away alone. ²³ Then some boats from Tiberias landed near the place where the people had eaten the bread after the Lord had given thanks. ²⁴ Once the crowd realized that neither Jesus nor his disciples were there, they got into the boats and went to Capernaum in search of Jesus.

Jesus the Bread of Life

²⁵ When they found him on the other side of the lake, they asked him, "Rabbi, when did you get here?"

²⁶ Jesus answered, "I tell you the truth, you are looking for me, not because you saw miraculous signs but because

---

[a]5.44 Alguns manuscritos antigos não trazem *Deus.* 66 [b]6.7 O denário era uma moeda de prata equivalente à diária de um trabalhador braçal. [c]6.19 Grego: *25 ou 30 estádios.* Um estádio equivalia a 185 metros.

[a]5:44 Some early manuscripts *the Only One* [b]6:7 Greek *two hundred denarii* [c]6:19 Greek *rowed twenty-five or thirty stadia* (about 5 or 6 kilometers)

comeram os pães e ficaram satisfeitos. **27** Não trabalhem pela comida que se estraga, mas pela comida que permanece para a vida eterna, a qual o Filho do homem lhes dará. Deus, o Pai, nele colocou o seu selo de aprovação".

28 Então lhe perguntaram: "O que precisamos fazer para realizar as obras que Deus requer?"

29 Jesus respondeu: "A obra de Deus é esta: crer naquele que ele enviou".

30 Então lhe perguntaram: "Que sinal miraculoso mostrarás para que o vejamos e creiamos em ti? Que farás? **31** Os nossos antepassados comeram o maná no deserto; como está escrito: 'Ele lhes deu a comer pão dos céus'ᵃ".

32 Declarou-lhes Jesus: "Digo-lhes a verdade: Não foi Moisés quem lhes deu pão do céu, mas é meu Pai quem lhes dá o verdadeiro pão do céu. **33** Pois o pão de Deus é aquele que desceu do céu e dá vida ao mundo".

34 Disseram eles: "Senhor, dá-nos sempre desse pão!"

35 Então Jesus declarou: "Eu sou o pão da vida. Aquele que vem a mim nunca terá fome; aquele que crê em mim nunca terá sede. **36** Mas, como eu lhes disse, vocês me viram, mas ainda não crêem. **37** Todo aquele que o Pai me der virá a mim, e quem vier a mim eu jamais rejeitarei. **38** Pois desci dos céus, não para fazer a minha vontade, mas para fazer a vontade daquele que me enviou. **39** E esta é a vontade daquele que me enviou: que eu não perca nenhum dos que ele me deu, mas os ressuscite no último dia. **40** Porque a vontade de meu Pai é que todo aquele que olhar para o Filho e nele crer tenha a vida eterna, e eu o ressuscitarei no último dia".

41 Com isso os judeus começaram a criticar Jesus, porque dissera: "Eu sou o pão que desceu do céu". **42** E diziam: "Este não é Jesus, o filho de José? Não conhecemos seu pai e sua mãe? Como ele pode dizer: 'Desci do céu'?"

43 Respondeu Jesus: "Parem de me criticar. **44** Ninguém pode vir a mim, se o Pai, que me enviou, não o atrair; e eu o ressuscitarei no último dia. **45** Está escrito nos Profetas: 'Todos serão ensinados por Deus'ᵇ. Todos os que ouvem o Pai e dele aprendem vêm a mim. **46** Ninguém viu o Pai, a não ser aquele que vem de Deus; somente ele viu o Pai. **47** Asseguro-lhes que aquele que crê tem a vida eterna. **48** Eu sou o pão da vida. **49** Os seus antepassados comeram o maná no deserto, mas morreram. **50** Todavia, aqui está o pão que desce do céu, para que não morra quem dele comer. **51** Eu sou o pão vivo que desceu do céu. Se alguém comer deste pão, viverá para sempre. Este pão é a minha carne, que eu darei pela vida do mundo".

52 Então os judeus começaram a discutir exaltadamente entre si: "Como pode este homem nos oferecer a sua carne para comermos?"

53 Jesus lhes disse: "Eu lhes digo a verdade: Se vocês não comerem a carne do Filho do homem e não beberem o seu sangue, não terão vida em si mesmos. **54** Todo aquele que come a minha carne e bebe o meu sangue tem a vida eterna, e eu o ressuscitarei no último dia. **55** Pois a minha carne é verdadeira comida e o meu sangue é verdadeira bebida. **56** Todo aquele que come a minha carne e bebe o meu sangue permanece em mim e eu nele. **57** Da mesma forma como o Pai que vive me enviou e eu vivo por causa do Pai, assim aquele que se alimenta de mim viverá por minha causa. **58** Este é o pão que desceu dos céus. Os antepassados de vocês comeram o maná e morreram, mas aquele que se alimenta deste pão viverá para sempre". **59** Ele disse isso quando ensinava na sinagoga de Cafarnaum.

Muitos Discípulos Abandonam Jesus

60 Ao ouvirem isso, muitos dos seus discípulos disseram: "Dura é essa palavra. Quem pode suportá-la?"

61 Sabendo em seu íntimo que os seus discípulos estavam se queixando do que ouviram, Jesus lhes disse: "Isso os escandaliza? **62** Que acontecerá se vocês virem o Filho do homem subir

you ate the loaves and had your fill. **27** Do not work for food that spoils, but for food that endures to eternal life, which the Son of Man will give you. On him God the Father has placed his seal of approval."

28 Then they asked him, "What must we do to do the works God requires?"

29 Jesus answered, "The work of God is this: to believe in the one he has sent."

30 So they asked him, "What miraculous sign then will you give that we may see it and believe you? What will you do? **31** Our forefathers ate the manna in the desert; as it is written: 'He gave them bread from heaven to eat.'ᵃ"

32 Jesus said to them, "I tell you the truth, it is not Moses who has given you the bread from heaven, but it is my Father who gives you the true bread from heaven. **33** For the bread of God is he who comes down from heaven and gives life to the world."

34 "Sir," they said, "from now on give us this bread."

35 Then Jesus declared, "I am the bread of life. He who comes to me will never go hungry, and he who believes in me will never be thirsty. **36** But as I told you, you have seen me and still you do not believe. **37** All that the Father gives me will come to me, and whoever comes to me I will never drive away. **38** For I have come down from heaven not to do my will but to do the will of him who sent me. **39** And this is the will of him who sent me, that I shall lose none of all that he has given me, but raise them up at the last day. **40** For my Father's will is that everyone who looks to the Son and believes in him shall have eternal life, and I will raise him up at the last day."

41 At this the Jews began to grumble about him because he said, "I am the bread that came down from heaven." **42** They said, "Is this not Jesus, the son of Joseph, whose father and mother we know? How can he now say, 'I came down from heaven'?"

43 "Stop grumbling among yourselves," Jesus answered. **44** "No one can come to me unless the Father who sent me draws him, and I will raise him up at the last day. **45** It is written in the Prophets: 'They will all be taught by God.'ᵇ Everyone who listens to the Father and learns from him comes to me. **46** No one has seen the Father except the one who is from God; only he has seen the Father. **47** I tell you the truth, he who believes has everlasting life. **48** I am the bread of life. **49** Your forefathers ate the manna in the desert, yet they died. **50** But here is the bread that comes down from heaven, which a man may eat and not die. **51** I am the living bread that came down from heaven. If anyone eats of this bread, he will live forever. This bread is my flesh, which I will give for the life of the world."

52 Then the Jews began to argue sharply among themselves, "How can this man give us his flesh to eat?"

53 Jesus said to them, "I tell you the truth, unless you eat the flesh of the Son of Man and drink his blood, you have no life in you. **54** Whoever eats my flesh and drinks my blood has eternal life, and I will raise him up at the last day. **55** For my flesh is real food and my blood is real drink. **56** Whoever eats my flesh and drinks my blood remains in me, and I in him. **57** Just as the living Father sent me and I live because of the Father, so the one who feeds on me will live because of me. **58** This is the bread that came down from heaven. Your forefathers ate manna and died, but he who feeds on this bread will live forever.] **59** He said this while teaching in the synagogue in Capernaum.]

Many Disciples Desert Jesus

60 On hearing it, many of his disciples said, "This is a hard teaching. Who can accept it?"

61 Aware that his disciples were grumbling about this, Jesus said to them, "Does this offend you? **62** What if you see the Son

ᵃ**6.31** Êx 16.4; Ne 9.15; Sl 78.24,25 ᵇ**6.45** Is 54.13

ᵃ**6:31** Exodus 16:4; Neh. 9:15; Psalm 78:24,25 ᵇ**6:45** Isaiah 54:13

para onde estava antes? **63** O Espírito dá vida; a carne não produz nada que se aproveite. As palavras que eu lhes disse são espírito e vida. **64** Contudo, há alguns de vocês que não crêem". Pois Jesus sabia desde o princípio quais deles não criam e quem o iria trair. **65** E prosseguiu: "É por isso que eu lhes disse que ninguém pode vir a mim, a não ser que isto lhe seja dado pelo Pai".

66 Daquela hora em diante, muitos dos seus discípulos voltaram atrás e deixaram de segui-lo.

67 Jesus perguntou aos Doze: "Vocês também não querem ir?"

68 Simão Pedro lhe respondeu: "Senhor, para quem iremos? Tu tens as palavras de vida eterna. **69** Nós cremos e sabemos que és o Santo de Deus".

70 Então Jesus respondeu: "Não fui eu que os escolhi, os Doze? Todavia, um de vocês é um diabo!" **71** (Ele se referia a Judas, filho de Simão Iscariotes, que, embora fosse um dos Doze, mais tarde haveria de traí-lo.)

Jesus Vai à Festa das Cabanas

7 Depois disso Jesus percorreu a Galiléia, mantendo-se deliberadamente longe da Judéia, porque ali os judeus procuravam tirar-lhe a vida. **2** Mas, ao se aproximar a festa judaica das cabanas**a**, **3** os irmãos de Jesus lhe disseram: "Você deve sair daqui e ir para a Judéia, para que os seus discípulos possam ver as obras que você faz. **4** Ninguém que deseja ser reconhecido publicamente age em segredo. Visto que você está fazendo estas coisas, mostre-se ao mundo". **5** Pois nem os seus irmãos criam nele.

6 Então Jesus lhes disse: "Para mim ainda não chegou o tempo certo; para vocês qualquer tempo é certo. **7** O mundo não pode odiá-los, mas a mim odeia porque dou testemunho de que o que ele faz é mau. **8** Vão vocês à festa; eu ainda**b** não subirei a esta festa, porque para mim ainda não chegou o tempo apropriado". **9** Tendo dito isso, permaneceu na Galiléia.

10 Contudo, depois que os seus irmãos subiram para a festa, ele também subiu, não abertamente, mas em segredo. **11** Na festa os judeus o estavam esperando e perguntavam: "Onde está aquele homem?"

12 Entre a multidão havia muitos boatos a respeito dele. Alguns diziam: "É um bom homem".

Outros respondiam: "Não, ele está enganando o povo". **13** Mas ninguém falava dele em público, por medo dos judeus.

Jesus Ensina na Festa

14 Quando a festa estava na metade, Jesus subiu ao templo e começou a ensinar. **15** Os judeus ficaram admirados e perguntaram: "Como foi que este homem adquiriu tanta instrução, sem ter estudado?"

16 Jesus respondeu: "O meu ensino não é de mim mesmo. Vem daquele que me enviou. **17** Se alguém decidir fazer a vontade de Deus, descobrirá se o meu ensino vem de Deus ou se falo por mim mesmo. **18** Aquele que fala por si mesmo busca a sua própria glória, mas aquele que busca a glória de quem o enviou, este é verdadeiro; não há nada de falso a seu respeito. **19** Moisés não lhes deu a Lei? No entanto, nenhum de vocês lhe obedece. Por que vocês procuram matar-me?"

20 "Você está endemoninhado", respondeu a multidão. "Quem está procurando matá-lo?"

21 Jesus lhes disse: "Fiz um milagre**c**, e vocês todos estão admirados. **22** No entanto, porque Moisés lhes deu a circuncisão (embora, na verdade, ela não tenha vindo de Moisés, mas dos patriarcas), vocês circuncidam no sábado. **23** Ora, se um menino pode ser circuncidado no sábado para que a Lei de Moisés não seja quebrada, por que vocês ficam cheios de ira contra mim por ter curado completamente um homem no sábado? **24** Não julguem apenas pela aparência, mas façam julgamentos justos".

of Man ascend to where he was before! **63** The Spirit gives life; the flesh counts for nothing. The words I have spoken to you are spirit**a** and they are life. **64** Yet there are some of you who do not believe." For Jesus had known from the beginning which of them did not believe and who would betray him. **65** He went on to say, "This is why I told you that no one can come to me unless the Father has enabled him."

66 From this time many of his disciples turned back and no longer followed him.

67 "You do not want to leave too, do you?" Jesus asked the Twelve.

68 Simon Peter answered him, "Lord, to whom shall we go? You have the words of eternal life. **69** We believe and know that you are the Holy One of God."

70 Then Jesus replied, "Have I not chosen you, the Twelve? Yet one of you is a devil!" **71** (He meant Judas, the son of Simon Iscariot, who, though one of the Twelve, was later to betray him.)

Jesus Goes to the Feast of Tabernacles

7 After this, Jesus went around in Galilee, purposely staying away from Judea because the Jews there were waiting to take his life. **2** But when the Jewish Feast of Tabernacles was near, **3** Jesus' brothers said to him, "You ought to leave here and go to Judea, so that your disciples may see the miracles you do. **4** No one who wants to become a public figure acts in secret. Since you are doing these things, show yourself to the world." **5** For even his own brothers did not believe in him.

6 Therefore Jesus told them, "The right time for me has not yet come; for you any time is right. **7** The world cannot hate you, but it hates me because I testify that what it does is evil. **8** You go to the Feast. I am not yet**b** going up to this Feast, because for me the right time has not yet come." **9** Having said this, he stayed in Galilee.

10 However, after his brothers had left for the Feast, he went also, not publicly, but in secret. **11** Now at the Feast the Jews were watching for him and asking, "Where is that man?"

12 Among the crowds there was widespread whispering about him. Some said, "He is a good man."

Others replied, "No, he deceives the people." **13** But no one would say anything publicly about him for fear of the Jews.

Jesus Teaches at the Feast

14 Not until halfway through the Feast did Jesus go up to the temple courts and begin to teach. **15** The Jews were amazed and asked, "How did this man get such learning without having studied?"

16 Jesus answered, "My teaching is not my own. It comes from him who sent me. **17** If anyone chooses to do God's will, he will find out whether my teaching comes from God or whether I speak on my own. **18** He who speaks on his own does so to gain honor for himself, but he who works for the honor of the one who sent him is a man of truth; there is nothing false about him. **19** Has not Moses given you the law? Yet not one of you keeps the law. Why are you trying to kill me?"

20 "You are demon-possessed," the crowd answered. "Who is trying to kill you?"

21 Jesus said to them, "I did one miracle, and you are all astonished. **22** Yet, because Moses gave you circumcision (though actually it did not come from Moses, but from the patriarchs), you circumcise a child on the Sabbath. **23** Now if a child can be circumcised on the Sabbath so that the law of Moses may not be broken, why are you angry with me for healing the whole man on the Sabbath? **24** Stop judging by mere appearances, and make a right judgment."

---

a 7.2 Ou *dos tabernáculos* **b** 7.8 Vários manuscritos não trazem *ainda*. **c** 7.21 Grego: *uma obra*.

a 6:63 Or *Spirit* **b** 7:8 Some early manuscripts do not have *yet*.

É Jesus o Cristo?

25 Então alguns habitantes de Jerusalém começaram a perguntar: "Não é este o homem que estão procurando matar? **26** Aqui está ele, falando publicamente, e não lhe dizem uma palavra. Será que as autoridades chegaram à conclusão de que ele é realmente o Cristo? **27** Mas nós sabemos de onde é este homem; quando o Cristo vier, ninguém saberá de onde ele é".

28 Enquanto ensinava no pátio do templo, Jesus exclamou: "Sim, vocês me conhecem e sabem de onde sou. Eu não estou aqui por mim mesmo, mas aquele que me enviou é verdadeiro. Vocês não o conhecem, **29** mas eu o conheço porque venho da parte dele, e ele me enviou".

30 Então tentaram prendê-lo, mas ninguém lhe pôs as mãos, porque a sua hora ainda não havia chegado. **31** Assim mesmo, muitos dentre a multidão creram nele e diziam: "Quando o Cristo vier, fará mais sinais miraculosos do que este homem fez?"

32 Os fariseus ouviram a multidão falando essas coisas a respeito dele. Então os chefes dos sacerdotes e os fariseus enviaram guardas do templo para o prenderem.

33 Disse-lhes Jesus: "Estou com vocês apenas por pouco tempo e logo irei para aquele que me enviou. **34** Vocês procurarão por mim, mas não me encontrarão; vocês não podem ir ao lugar onde eu estarei".

35 Os judeus disseram uns aos outros: "Aonde pretende ir este homem, que não o possamos encontrar? Para onde vive o nosso povo, espalhado entre os gregos, a fim de ensiná-lo? **36** O que ele quis dizer quando falou: 'Vocês procurarão por mim, mas não me encontrarão' e 'vocês não podem ir ao lugar onde eu estarei'?"

37 No último e mais importante dia da festa, Jesus levantou-se e disse em alta voz: "Se alguém tem sede, venha a mim e beba. **38** Quem crer em mim, como diz a Escritura, do seu interior fluirão rios de água viva". **39** Ele estava se referindo ao Espírito, que mais tarde receberiam os que nele cressem. Até então o Espírito ainda não tinha sido dado, pois Jesus ainda não fora glorificado.

40 Ouvindo as suas palavras, alguns dentre o povo disseram: "Certamente este homem é o Profeta".

41 Outros disseram: "Ele é o Cristo".

Ainda outros perguntaram: "Como pode o Cristo vir da Galiléia? **42** A Escritura não diz que o Cristo virá da descendência[a] de Davi, da cidade de Belém, onde viveu Davi?" **43** Assim o povo ficou dividido por causa de Jesus. **44** Alguns queriam prendê-lo, mas ninguém lhe pôs as mãos.

A Incredulidade dos Líderes Judeus

45 Finalmente, os guardas do templo voltaram aos chefes dos sacerdotes e aos fariseus, os quais lhes perguntaram: "Por que vocês não o trouxeram?"

46 "Ninguém jamais falou da maneira como esse homem fala", declararam os guardas.

47 "Será que vocês também foram enganados?", perguntaram os fariseus. **48** "Por acaso alguém das autoridades ou dos fariseus creu nele? **49** Não! Mas essa ralé que nada entende da lei é maldita."

50 Nicodemos, um deles, que antes tinha procurado Jesus, perguntou-lhes: **51** "A nossa lei condena alguém, sem primeiro ouvi-lo para saber o que ele está fazendo?"

52 Eles responderam: "Você também é da Galiléia? Verifique, e descobrirá que da Galiléia não surge profeta[b]".

53 [c] Então cada um foi para a sua casa.

Is Jesus the Christ?

25 At that point some of the people of Jerusalem began to ask, "Isn't this the man they are trying to kill? **26** Here he is, speaking publicly, and they are not saying a word to him. Have the authorities really concluded that he is the Christ[a]? **27** But we know where this man is from; when the Christ comes, no one will know where he is from."

28 Then Jesus, still teaching in the temple courts, cried out, "Yes, you know me, and you know where I am from. I am not here on my own, but he who sent me is true. You do not know him, **29** but I know him because I am from him and he sent me."

30 At this they tried to seize him, but no one laid a hand on him, because his time had not yet come. **31** Still, many in the crowd put their faith in him. They said, "When the Christ comes, will he do more miraculous signs than this man?"

32 The Pharisees heard the crowd whispering such things about him. Then the chief priests and the Pharisees sent temple guards to arrest him.

33 Jesus said, "I am with you for only a short time, and then I go to the one who sent me. **34** You will look for me, but you will not find me; and where I am, you cannot come."

35 The Jews said to one another, "Where does this man intend to go that we cannot find him? Will he go where our people live scattered among the Greeks, and teach the Greeks? **36** What did he mean when he said, 'You will look for me, but you will not find me,' and 'Where I am, you cannot come'?"

37 On the last and greatest day of the Feast, Jesus stood and said in a loud voice, "If anyone is thirsty, let him come to me and drink. **38** Whoever believes in me, as[b] the Scripture has said, streams of living water will flow from within him." **39** By this he meant the Spirit, whom those who believed in him were later to receive. Up to that time the Spirit had not been given, since Jesus had not yet been glorified.

40 On hearing his words, some of the people said, "Surely this man is the Prophet."

41 Others said, "He is the Christ."

Still others asked, "How can the Christ come from Galilee? **42** Does not the Scripture say that the Christ will come from David's family[c] and from Bethlehem, the town where David lived?" **43** Thus the people were divided because of Jesus. **44** Some wanted to seize him, but no one laid a hand on him.

Unbelief of the Jewish Leaders

45 Finally the temple guards went back to the chief priests and Pharisees, who asked them, "Why didn't you bring him in?"

46 "No one ever spoke the way this man does," the guards declared.

47 "You mean he has deceived you also?" the Pharisees retorted. **48** "Has any of the rulers or of the Pharisees believed in him? **49** No! But this mob that knows nothing of the law—there is a curse on them."

50 Nicodemus, who had gone to Jesus earlier and who was one of their own number, asked, **51** "Does our law condemn anyone without first hearing him to find out what he is doing?"

52 They replied, "Are you from Galilee, too? Look into it, and you will find that a prophet[d] does not come out of Galilee."

——————————

((The earliest and most reliable manuscripts and other ancient witnesses do not have John 7:53-8:11.))

53 Then each went to his own home.

---

a7.42 Grego: *semente.* **b7.52** Dois manuscritos dizem *o Profeta.* **c7.53** Muitos manuscritos não trazem João 7.53-8.11; outros manuscritos deslocam o texto.

a7:26 Or *Messiah;* also in verses 27, 31, 41 and 42 **b7:38** Or */ If anyone is thirsty, let him come to me. / And let him drink,* **38** *who believes in me. / As* **c7:42** Greek *seed* **d7:52** Two early manuscripts *the Prophet*

8 Jesus, porém, foi para o monte das Oliveiras. ² Ao amanhecer ele apareceu novamente no templo, onde todo o povo se reuniu ao seu redor, e ele se assentou para ensiná-lo. ³ Os mestres da lei e os fariseus trouxeram-lhe uma mulher surpreendida em adultério. Fizeram-na ficar em pé diante de todos ⁴ e disseram a Jesus: "Mestre, esta mulher foi surpreendida em ato de adultério. ⁵ Na Lei, Moisés nos ordena apedrejar tais mulheres. E o senhor, que diz?" ⁶ Eles estavam usando essa pergunta como armadilha, a fim de terem uma base para acusá-lo.

Mas Jesus inclinou-se e começou a escrever no chão com o dedo. ⁷ Visto que continuavam a interrogá-lo, ele se levantou e lhes disse: "Se algum de vocês estiver sem pecado, seja o primeiro a atirar pedra nela". ⁸ Inclinou-se novamente e continuou escrevendo no chão.

⁹ Os que o ouviram foram saindo, um de cada vez, começando pelos mais velhos. Jesus ficou só, com a mulher em pé diante dele. ¹⁰ Então Jesus pôs-se em pé e perguntou-lhe: "Mulher, onde estão eles? Ninguém a condenou?"

¹¹ "Ninguém, Senhor", disse ela.

Declarou Jesus: "Eu também não a condeno. Agora vá e abandone sua vida de pecado".

A Validade do Testemunho de Jesus

¹² Falando novamente ao povo, Jesus disse: "Eu sou a luz do mundo. Quem me segue, nunca andará em trevas, mas terá a luz da vida".

¹³ Os fariseus lhe disseram: "Você está testemunhando a respeito de si próprio. O seu testemunho não é válido!"

¹⁴ Respondeu Jesus: "Ainda que eu mesmo testemunhe em meu favor, o meu testemunho é válido, pois sei de onde vim e para onde vou. Mas vocês não sabem de onde vim nem para onde vou. ¹⁵ Vocês julgam por padrões humanos; eu não julgo ninguém. ¹⁶ Mesmo que eu julgue, as minhas decisões são verdadeiras, porque não estou sozinho. Eu estou com o Pai, que me enviou. ¹⁷ Na Lei de vocês está escrito que o testemunho de dois homens é válido.ᵃ ¹⁸ Eu testemunho acerca de mim mesmo; a minha outra testemunha é o Pai, que me enviou".

¹⁹ Então lhe perguntaram: "Onde está o seu pai?"

Respondeu Jesus: "Vocês não conhecem nem a mim nem a meu Pai. Se me conhecessem, também conheceriam a meu Pai". ²⁰ Ele proferiu essas palavras enquanto ensinava no templo, perto do lugar onde se colocavam as ofertas.ᵇ No entanto, ninguém o prendeu, porque a sua hora ainda não havia chegado.

²¹ Mais uma vez, Jesus lhes disse: "Eu vou embora, e vocês procurarão por mim, e morrerão em seus pecados. Para onde vou, vocês não podem ir".

²² Isso levou os judeus a perguntarem: "Será que ele irá matar-se? Será por isso que ele diz: 'Para onde vou, vocês não podem ir'?"

²³ Mas ele continuou: "Vocês são daqui de baixo; eu sou lá de cima. Vocês são deste mundo; eu não sou deste mundo. ²⁴ Eu lhes disse que vocês morrerão em seus pecados. Se vocês não crerem que Eu Souᶜ, de fato morrerão em seus pecados".

²⁵ "Quem é você?", perguntaram eles.

"Exatamente o que tenho dito o tempo todo", respondeu Jesus. ²⁶ "Tenho muitas coisas para dizer e julgar a respeito de vocês. Pois aquele que me enviou merece confiança, e digo ao mundo aquilo que dele ouvi".

²⁷ Eles não entenderam que lhes estava falando a respeito do Pai. ²⁸ Então Jesus disse: "Quando vocês levantarem o Filho do homem, saberão que Eu Sou, e que nada faço de mim mesmo, mas falo exatamente o que o Pai me ensinou. ²⁹ Aquele que me enviou está comigo; ele não me deixou sozinho, pois sempre faço o que lhe agrada". ³⁰ Tendo dito essas coisas, muitos creram nele.

Os Filhos de Abraão e os Filhos do Diabo

³¹ Disse Jesus aos judeus que haviam crido nele: "Se vocês

8 But Jesus went to the Mount of Olives. ² At dawn he appeared again in the temple courts, where all the people gathered around him, and he sat down to teach them. ³ The teachers of the law and the Pharisees brought in a woman caught in adultery. They made her stand before the group ⁴ and said to Jesus, "Teacher, this woman was caught in the act of adultery. ⁵ In the Law Moses commanded us to stone such women. Now what do you say?" ⁶ They were using this question as a trap, in order to have a basis for accusing him.

But Jesus bent down and started to write on the ground with his finger. ⁷ When they kept on questioning him, he straightened up and said to them, "If any one of you is without sin, let him be the first to throw a stone at her." ⁸ Again he stooped down and wrote on the ground.

⁹ At this, those who heard began to go away one at a time, the older ones first, until only Jesus was left, with the woman still standing there. ¹⁰ Jesus straightened up and asked her, "Woman, where are they? Has no one condemned you?"

¹¹ "No one, sir," she said.

"Then neither do I condemn you," Jesus declared. "Go now and leave your life of sin."

The Validity of Jesus' Testimony

¹² When Jesus spoke again to the people, he said, "I am the light of the world. Whoever follows me will never walk in darkness, but will have the light of life."

¹³ The Pharisees challenged him, "Here you are, appearing as your own witness; your testimony is not valid."

¹⁴ Jesus answered, "Even if I testify on my own behalf, my testimony is valid, for I know where I came from and where I am going. But you have no idea where I come from or where I am going. ¹⁵ You judge by human standards; I pass judgment on no one. ¹⁶ But if I do judge, my decisions are right, because I am not alone. I stand with the Father, who sent me. ¹⁷ In your own Law it is written that the testimony of two men is valid. ¹⁸ I am one who testifies for myself; my other witness is the Father, who sent me."

¹⁹ Then they asked him, "Where is your father?"

"You do not know me or my Father," Jesus replied. "If you knew me, you would know my Father also." ²⁰ He spoke these words while teaching in the temple area near the place where the offerings were put. Yet no one seized him, because his time had not yet come.

²¹ Once more Jesus said to them, "I am going away, and you will look for me, and you will die in your sin. Where I go, you cannot come."

²² This made the Jews ask, "Will he kill himself? Is that why he says, 'Where I go, you cannot come'?"

²³ But he continued, "You are from below; I am from above. You are of this world; I am not of this world. ²⁴ I told you that you would die in your sins; if you do not believe that I am ⌊the one I claim to be⌋,ᵃ you will indeed die in your sins."

²⁵ "Who are you?" they asked.

"Just what I have been claiming all along," Jesus replied. ²⁶ "I have much to say in judgment of you. But he who sent me is reliable, and what I have heard from him I tell the world."

²⁷ They did not understand that he was telling them about his Father. ²⁸ So Jesus said, "When you have lifted up the Son of Man, then you will know that I am ⌊the one I claim to be⌋ and that I do nothing on my own but speak just what the Father has taught me. ²⁹ The one who sent me is with me; he has not left me alone, for I always do what pleases him." ³⁰ Even as he spoke, many put their faith in him.

The Children of Abraham

³¹ To the Jews who had believed him, Jesus said, "If you hold

---

ᵃ**8.17** Dt 17.6; 19.15 ᵇ**8.20** Grego: *gazofilácio*. ᶜ**8.24** Uma referência ao nome de Deus; também nos versículos 28 e 58.

ᵃ**8:24** Or *I am he;* also in verse 28

permanecerem firmes na minha palavra, verdadeiramente se-rão meus discípulos. **32** E conhecerão a verdade, e a verdade os libertará".

33 Eles lhe responderam: "Somos descendentes**a** de Abraão e nunca fomos escravos de ninguém. Como você pode dizer que seremos livres?"

34 Jesus respondeu: "Digo-lhes a verdade: Todo aquele que vive pecando é escravo do pecado. **35** O escravo não tem lugar permanente na família, mas o filho pertence a ela para sem-pre. **36** Portanto, se o Filho os libertar, vocês de fato serão livres. **37** Eu sei que vocês são descendentes de Abraão. Con-tudo, estão procurando matar-me, porque em vocês não há lugar para a minha palavra. **38** Eu lhes estou dizendo o que vi na presença do Pai, e vocês fazem o que ouviram do pai de vocês**b**".

39 "Abraão é o nosso pai", responderam eles.

Disse Jesus: "Se vocês fossem filhos de Abraão, fariam**c** as obras que Abraão fez. **40** Mas vocês estão procurando matar-me, sendo que eu lhes falei a verdade que ouvi de Deus; Abraão não agiu assim. **41** Vocês estão fazendo as obras do pai de vocês".

Protestaram eles: "Nós não somos filhos ilegítimos**d**. O úni-co Pai que temos é Deus".

42 Disse-lhes Jesus: "Se Deus fosse o Pai de vocês, vocês me amariam, pois eu vim de Deus e agora estou aqui. Eu não vim por mim mesmo, mas ele me enviou. **43** Por que a minha lin-guagem não é clara para vocês? Porque são incapazes de ouvir o que eu digo.

44 "Vocês pertencem ao pai de vocês, o Diabo, e querem realizar o desejo dele. Ele foi homicida desde o princípio e não se apegou à verdade, pois não há verdade nele. Quando mente, fala a sua própria língua, pois é mentiroso e pai da mentira. **45** No entanto, vocês não crêem em mim, porque lhes digo a verdade! **46** Qual de vocês pode me acusar de al-gum pecado? Se estou falando a verdade, porque vocês não crêem em mim? **47** Aquele que pertence a Deus ouve o que Deus diz. Vocês não o ouvem porque não pertencem a Deus".

As Declarações de Jesus acerca de si mesmo

48 Os judeus lhe responderam: "Não estamos certos em dizer que você é samaritano e está endemoninhado?"

49 Disse Jesus: "Não estou endemoninhado! Ao contrário, honro o meu Pai, e vocês me desonram. **50** Não estou buscando glória para mim mesmo; mas, há quem a busque e julgue. **51** As-seguro-lhes que, se alguém obedecer à minha palavra, jamais verá a morte".

52 Diante disso, os judeus exclamaram: "Agora sabemos que você está endemoninhado! Abraão morreu, bem como os pro-fetas, mas você diz que se alguém obedecer à sua palavra, nunca experimentará a morte. **53** Você é maior do que o nosso pai Abraão? Ele morreu, bem como os profetas. Quem você pensa que é?"

54 Respondeu Jesus: "Se glorifico a mim mesmo, a minha gló-ria nada significa. Meu Pai, que vocês dizem ser o seu Deus, é quem me glorifica. **55** Vocês não o conhecem, mas eu o conheço. Se eu dissesse que não o conheço, seria mentiroso como vocês, mas eu de fato o conheço e obedeço à sua palavra. **56** Abraão, pai de vocês, regozijou-se porque veria o meu dia; ele o viu e alegrou-se".

57 Disseram-lhe os judeus: "Você ainda não tem cinqüenta anos, e viu Abraão?"

58 Respondeu Jesus: "Eu lhes afirmo que antes de Abraão nascer, Eu Sou!" **59** Então eles apanharam pedras para apedrejá-lo, mas Jesus escondeu-se e saiu do templo.

to my teaching, you are really my disciples. **32** Then you will know the truth, and the truth will set you free."

33 They answered him, "We are Abraham's descendants**a** and have never been slaves of anyone. How can you say that we shall be set free?"

34 Jesus replied, "I tell you the truth, everyone who sins is a slave to sin. **35** Now a slave has no permanent place in the fam-ily, but a son belongs to it forever. **36** So if the Son sets you free, you will be free indeed. **37** I know you are Abraham's descen-dants. Yet you are ready to kill me, because you have no room for my word. **38** I am telling you what I have seen in the Father's presence, and you do what you have heard from your father.**b**"

39 "Abraham is our father," they answered.

"If you were Abraham's children," said Jesus, "then you would**c** do the things Abraham did. **40** As it is, you are deter-mined to kill me, a man who has told you the truth that I heard from God. Abraham did not do such things. **41** You are doing the things your own father does."

"We are not illegitimate children," they protested. "The only Father we have is God himself."

The Children of the Devil

42 Jesus said to them, "If God were your Father, you would love me, for I came from God and now am here. I have not come on my own; but he sent me. **43** Why is my language not clear to you? Because you are unable to hear what I say. **44** You belong to your father, the devil, and you want to carry out your father's desire. He was a murderer from the beginning, not holding to the truth, for there is no truth in him. When he lies, he speaks his native language, for he is a liar and the father of lies. **45** Yet because I tell the truth, you do not be-lieve me! **46** Can any of you prove me guilty of sin? If I am telling the truth, why don't you believe me? **47** He who be-longs to God hears what God says. The reason you do not hear is that you do not belong to God."

The Claims of Jesus About Himself

48 The Jews answered him, "Aren't we right in saying that you are a Samaritan and demon-possessed?"

49 "I am not possessed by a demon," said Jesus, "but I honor my Father and you dishonor me. **50** I am not seeking glory for myself; but there is one who seeks it, and he is the judge. **51** I tell you the truth, if anyone keeps my word, he will never see death."

52 At this the Jews exclaimed, "Now we know that you are demon-possessed! Abraham died and so did the prophets, yet you say that if anyone keeps your word, he will never taste death. **53** Are you greater than our father Abraham? He died, and so did the prophets. Who do you think you are?"

54 Jesus replied, "If I glorify myself, my glory means nothing. My Father, whom you claim as your God, is the one who glori-fies me. **55** Though you do not know him, I know him. If I said I did not, I would be a liar like you, but I do know him and keep his word. **56** Your father Abraham rejoiced at the thought of seeing my day; he saw it and was glad."

57 "You are not yet fifty years old," the Jews said to him, "and you have seen Abraham!"

58 "I tell you the truth," Jesus answered, "before Abraham was born, I am!" **59** At this, they picked up stones to stone him, but Jesus hid himself, slipping away from the temple grounds.

---

a8.33 Grego: *semente*; também no versículo 37. **b**8.38 Ou *Pai. Portanto, façam o que vocês ouviram do Pai* **c**8.39 Alguns manuscritos dizem *Se vocês são filhos de Abraão, então façam.* **d**8.41 Grego: *não nascemos de pornéia*, termo genérico que se refere a práticas sexuais ilícitas.

a8:33 Greek *seed;* also in verse 37 **b**8:38 Or *presence. Therefore do what you have heard from the Father.* **c**8:39 Some early manuscripts *"If you are Abraham's children," said Jesus, "then*

Jesus Cura um Cego de Nascença

9 Ao passar, Jesus viu um cego de nascença. ² Seus discípulos lhe perguntaram: "Mestre, quem pecou: este homem ou seus pais, para que ele nascesse cego?"

³ Disse Jesus: "Nem ele nem seus pais pecaram, mas isto aconteceu para que a obra de Deus se manifestasse na vida dele. ⁴ Enquanto é dia, precisamos realizar a obra daquele que me enviou. A noite se aproxima, quando ninguém pode trabalhar. ⁵ Enquanto estou no mundo, sou a luz do mundo".

⁶ Tendo dito isso, cuspiu no chão, misturou terra com saliva e aplicou-a aos olhos do homem. ⁷ Então lhe disse: "Vá lavar-se no tanque de Siloé" (que significa "enviado"). O homem foi, lavou-se e voltou vendo.

⁸ Seus vizinhos e os que anteriormente o tinham visto mendigando perguntaram: "Não é este o mesmo homem que costumava ficar sentado, mendigando?" ⁹ Alguns afirmavam que era ele.

Outros diziam: "Não, apenas se parece com ele".

Mas ele próprio insistia: "Sou eu mesmo".

¹⁰ "Então, como foram abertos os seus olhos?", interrogaram-no eles.

¹¹ Ele respondeu: "O homem chamado Jesus misturou terra com saliva, colocou-a nos meus olhos e me disse que fosse lavar-me em Siloé. Fui, lavei-me, e agora vejo".

¹² Eles lhe perguntaram: "Onde está esse homem?"

"Não sei", disse ele.

Os Fariseus Investigam a Cura

¹³ Levaram aos fariseus o homem que fora cego. ¹⁴ Era sábado o dia em que Jesus havia misturado terra com saliva e aberto os olhos daquele homem. ¹⁵ Então os fariseus também lhe perguntaram como ele recuperara a vista. O homem respondeu: "Ele colocou uma mistura de terra e saliva em meus olhos, eu me lavei e agora vejo".

¹⁶ Alguns dos fariseus disseram: "Esse homem não é de Deus, pois não guarda o sábado".

Mas outros perguntaram: "Como pode um pecador fazer tais sinais miraculosos?" E houve divisão entre eles.

¹⁷ Tornaram, pois, a perguntar ao cego: "Que diz você a respeito dele? Foram os seus olhos que ele abriu".

O homem respondeu: "Ele é um profeta".

¹⁸ Os judeus não acreditaram que ele fora cego e havia sido curado enquanto não mandaram buscar os seus pais. ¹⁹ Então perguntaram: "É este o seu filho, o qual vocês dizem que nasceu cego? Como ele pode ver agora?"

²⁰ Responderam os pais: "Sabemos que ele é nosso filho e que nasceu cego. ²¹ Mas não sabemos como ele pode ver agora ou quem lhe abriu os olhos. Perguntem a ele. Idade ele tem; falará por si mesmo". ²² Seus pais disseram isso porque tinham medo dos judeus, pois estes já haviam decidido que, se alguém confessasse que Jesus era o Cristo, seria expulso da sinagoga. ²³ Foi por isso que seus pais disseram: "Idade ele tem; perguntem a ele".

²⁴ Pela segunda vez, chamaram o homem que fora cego e lhe disseram: "Para a glória de Deus, diga a verdade. Sabemos que esse homem é pecador".

²⁵ Ele respondeu: "Não sei se ele é pecador ou não. Uma coisa sei: eu era cego e agora vejo!"

²⁶ Então lhe perguntaram: "O que lhe fez ele? Como lhe abriu os olhos?"

²⁷ Ele respondeu: "Eu já lhes disse, e vocês não me deram ouvidos. Por que querem ouvir outra vez? Acaso vocês também querem ser discípulos dele?"

²⁸ Então o insultaram e disseram: "Discípulo dele é você! Nós somos discípulos de Moisés! ²⁹ Sabemos que Deus falou a Moisés, mas, quanto a esse, nem sabemos de onde ele vem".

³⁰ O homem respondeu: "Ora, isso é extraordinário! Vocês

Jesus Heals a Man Born Blind

9 As he went along, he saw a man blind from birth. ² His disciples asked him, "Rabbi, who sinned, this man or his parents, that he was born blind?"

³ "Neither this man nor his parents sinned," said Jesus, "but this happened so that the work of God might be displayed in his life. ⁴ As long as it is day, we must do the work of him who sent me. Night is coming, when no one can work. ⁵ While I am in the world, I am the light of the world."

⁶ Having said this, he spit on the ground, made some mud with the saliva, and put it on the man's eyes. ⁷ "Go," he told him, "wash in the Pool of Siloam" (this word means Sent). So the man went and washed, and came home seeing.

⁸ His neighbors and those who had formerly seen him begging asked, "Isn't this the same man who used to sit and beg?" ⁹ Some claimed that he was.

Others said, "No, he only looks like him."

But he himself insisted, "I am the man."

¹⁰ "How then were your eyes opened?" they demanded.

¹¹ He replied, "The man they call Jesus made some mud and put it on my eyes. He told me to go to Siloam and wash. So I went and washed, and then I could see."

¹² "Where is this man?" they asked him.

"I don't know," he said.

The Pharisees Investigate the Healing

¹³ They brought to the Pharisees the man who had been blind. ¹⁴ Now the day on which Jesus had made the mud and opened the man's eyes was a Sabbath. ¹⁵ Therefore the Pharisees also asked him how he had received his sight. "He put mud on my eyes," the man replied, "and I washed, and now I see."

¹⁶ Some of the Pharisees said, "This man is not from God, for he does not keep the Sabbath."

But others asked, "How can a sinner do such miraculous signs?" So they were divided.

¹⁷ Finally they turned again to the blind man, "What have you to say about him? It was your eyes he opened."

The man replied, "He is a prophet."

¹⁸ The Jews still did not believe that he had been blind and had received his sight until they sent for the man's parents. ¹⁹ "Is this your son?" they asked. "Is this the one you say was born blind? How is it that now he can see?"

²⁰ "We know he is our son," the parents answered, "and we know he was born blind. ²¹ But how he can see now, or who opened his eyes, we don't know. Ask him. He is of age; he will speak for himself." ²² His parents said this because they were afraid of the Jews, for already the Jews had decided that anyone who acknowledged that Jesus was the Christ[a] would be put out of the synagogue. ²³ That was why his parents said, "He is of age; ask him."

²⁴ A second time they summoned the man who had been blind. "Give glory to God,[b]" they said. "We know this man is a sinner."

²⁵ He replied, "Whether he is a sinner or not, I don't know. One thing I do know. I was blind but now I see!"

²⁶ Then they asked him, "What did he do to you? How did he open your eyes?"

²⁷ He answered, "I have told you already and you did not listen. Why do you want to hear it again? Do you want to become his disciples, too?"

²⁸ Then they hurled insults at him and said, "You are this fellow's disciple! We are disciples of Moses! ²⁹ We know that God spoke to Moses, but as for this fellow, we don't even know where he comes from."

³⁰ The man answered, "Now that is remarkable! You don't know

---

a 9:22 Or *Messiah*   **b** 9:24 A solemn charge to tell the truth (see Joshua 7:19)

não sabem de onde ele vem, contudo ele me abriu os olhos. **31** Sabemos que Deus não ouve pecadores, mas ouve o homem que o teme e pratica a sua vontade. **32** "Ninguém jamais ouviu que os olhos de um cego de nascença tivessem sido abertos. **33** Se esse homem não fosse de Deus, não poderia fazer coisa alguma". **34** Diante disso, eles responderam: "Você nasceu cheio de pecado; como tem a ousadia de nos ensinar?" E o expulsaram.

A Cegueira Espiritual

35 Jesus ouviu que o haviam expulsado, e, ao encontrá-lo, disse: "Você crê no Filho do homem?" **36** Perguntou o homem: "Quem é ele, Senhor, para que eu nele creia?" **37** Disse Jesus: "Você já o tem visto. É aquele que está falando com você". **38** Então o homem disse: "Senhor, eu creio". E o adorou. **39** Disse Jesus: "Eu vim a este mundo para julgamento, a fim de que os cegos vejam e os que vêem se tornem cegos". **40** Alguns fariseus que estavam com ele ouviram-no dizer isso e perguntaram: "Acaso nós também somos cegos?" **41** Disse Jesus: "Se vocês fossem cegos, não seriam culpados de pecado; mas agora que dizem que podem ver, a culpa de vocês permanece.

O Pastor e o seu Rebanho

10 "Eu lhes asseguro que aquele que não entra no aprisco das ovelhas pela porta, mas sobe por outro lugar, é ladrão e assaltante. **2** Aquele que entra pela porta é o pastor das ovelhas. **3** O porteiro abre-lhe a porta, e as ovelhas ouvem a sua voz. Ele chama as suas ovelhas pelo nome e as leva para fora. **4** Depois de conduzir para fora todas as suas ovelhas, vai adiante delas, e estas o seguem, porque conhecem a sua voz. **5** Mas nunca seguirão um estranho; na verdade, fugirão dele, porque não reconhecem a voz de estranhos". **6** Jesus usou essa comparação, mas eles não compreenderam o que lhes estava falando.

7 Então Jesus afirmou de novo: "Digo-lhes a verdade: Eu sou a porta das ovelhas. **8** Todos os que vieram antes de mim eram ladrões e assaltantes, mas as ovelhas não os ouviram. **9** Eu sou a porta; quem entra por mim será salvo. Entrará e sairá, e encontrará pastagemª. **10** O ladrão vem apenas para roubar, matar e destruir; eu vim para que tenham vida, e a tenham plenamente.

11 "Eu sou o bom pastor. O bom pastor dá a sua vida pelas ovelhas. **12** O assalariado não é o pastor a quem as ovelhas pertencem. Assim, quando vê que o lobo vem, abandona as ovelhas e foge. Então o lobo ataca o rebanho e o dispersa. **13** Ele foge porque é assalariado e não se importa com as ovelhas.

14 "Eu sou o bom pastor; conheço as minhas ovelhas, e elas me conhecem, **15** assim como o Pai me conhece e eu conheço o Pai; e dou a minha vida pelas ovelhas. **16** Tenho outras ovelhas que não são deste aprisco. É necessário que eu as conduza também. Elas ouvirão a minha voz, e haverá um só rebanho e um só pastor. **17** Por isso é que meu Pai me ama, porque eu dou a minha vida para retomá-la. **18** Ninguém a tira de mim, mas eu a dou por minha espontânea vontade. Tenho autoridade para dá-la e para retomá-la. Esta ordem recebi de meu Pai".

19 Diante dessas palavras, os judeus ficaram outra vez divididos. **20** Muitos deles diziam: "Ele está endemoni-nhado e enlouqueceu. Por que ouvi-lo?" **21** Mas outros diziam: "Essas palavras não são de um endemoninhado. Pode um demônio abrir os olhos dos cegos?"

A Incredulidade dos Judeus

22 Celebrava-se a festa da Dedicação, em Jerusalém. Era in-

where he comes from, yet he opened my eyes. **31** We know that God does not listen to sinners. He listens to the godly man who does his will. **32** Nobody has ever heard of opening the eyes of a man born blind. **33** If this man were not from God, he could do nothing." **34** To this they replied, "You were steeped in sin at birth; how dare you lecture us!" And they threw him out.

Spiritual Blindness

35 Jesus heard that they had thrown him out, and when he found him, he said, "Do you believe in the Son of Man?" **36** "Who is he, sir?" the man asked. "Tell me so that I may believe in him." **37** Jesus said, "You have now seen him; in fact, he is the one speaking with you." **38** Then the man said, "Lord, I believe," and he worshiped him. **39** Jesus said, "For judgment I have come into this world, so that the blind will see and those who see will become blind." **40** Some Pharisees who were with him heard him say this and asked, "What? Are we blind too?" **41** Jesus said, "If you were blind, you would not be guilty of sin; but now that you claim you can see, your guilt remains.

The Shepherd and His Flock

10 "I tell you the truth, the man who does not enter the sheep pen by the gate, but climbs in by some other way, is a thief and a robber. **2** The man who enters by the gate is the shepherd of his sheep. **3** The watchman opens the gate for him, and the sheep listen to his voice. He calls his own sheep by name and leads them out. **4** When he has brought out all his own, he goes on ahead of them, and his sheep follow him because they know his voice. **5** But they will never follow a stranger; in fact, they will run away from him because they do not recognize a stranger's voice." **6** Jesus used this figure of speech, but they did not understand what he was telling them.

7 Therefore Jesus said again, "I tell you the truth, I am the gate for the sheep. **8** All who ever came before me were thieves and robbers, but the sheep did not listen to them. **9** I am the gate; whoever enters through me will be saved.ª He will come in and go out, and find pasture. **10** The thief comes only to steal and kill and destroy; I have come that they may have life, and have it to the full.

11 "I am the good shepherd. The good shepherd lays down his life for the sheep. **12** The hired hand is not the shepherd who owns the sheep. So when he sees the wolf coming, he abandons the sheep and runs away. Then the wolf attacks the flock and scatters it. **13** The man runs away because he is a hired hand and cares nothing for the sheep.

14 "I am the good shepherd; I know my sheep and my sheep know me— **15** just as the Father knows me and I know the Father—and I lay down my life for the sheep. **16** I have other sheep that are not of this sheep pen. I must bring them also. They too will listen to my voice, and there shall be one flock and one shepherd. **17** The reason my Father loves me is that I lay down my life—only to take it up again. **18** No one takes it from me, but I lay it down of my own accord. I have authority to lay it down and authority to take it up again. This command I received from my Father."

19 At these words the Jews were again divided. **20** Many of them said, "He is demon-possessed and raving mad. Why listen to him?" **21** But others said, "These are not the sayings of a man possessed by a demon. Can a demon open the eyes of the blind?"

The Unbelief of the Jews

22 Then came the Feast of Dedicationᵇ at Jerusalem. It was

ª10.9 Ou *ficará em segurança*

ª10:9 Or *kept safe* ᵇ10:22 That is, Hanukkah

verno, **23** e Jesus estava no templo, caminhando pelo Pórtico de Salomão. **24** Os judeus reuniram-se ao redor dele e perguntaram: "Até quando nos deixará em suspense? Se é você o Cristo, diga-nos abertamente".

25 Jesus respondeu: "Eu já lhes disse, mas vocês não crêem. As obras que eu realizo em nome de meu Pai falam por mim, **26** mas vocês não crêem, porque não são minhas ovelhas. **27** As minhas ovelhas ouvem a minha voz; eu as conheço, e elas me seguem. **28** Eu lhes dou a vida eterna, e elas jamais perecerão; ninguém as poderá arrancar da minha mão. **29** Meu Pai, que as deu para mim, é maior do que todos;ª ninguém as pode arrancar da mão de meu Pai. **30** Eu e o Pai somos um".

31 Novamente os judeus pegaram pedras para apedrejá-lo, **32** mas Jesus lhes disse: "Eu lhes mostrei muitas boas obras da parte do Pai. Por qual delas vocês querem me apedrejar?"

33 Responderam os judeus: "Não vamos apedrejá-lo por nenhuma boa obra, mas pela blasfêmia, porque você é um simples homem e se apresenta como Deus".

34 Jesus lhes respondeu: "Não está escrito na Lei de vocês: 'Eu disse: Vocês são deuses'ᵇ? **35** Se ele chamou 'deuses' àqueles a quem veio a palavra de Deus (e a Escritura não pode ser anulada), **36** que dizer a respeito daquele a quem o Pai santificou e enviou ao mundo? Então, por que vocês me acusam de blasfêmia porque eu disse: Sou Filho de Deus? **37** Se eu não realizo as obras do meu Pai, não creiam em mim. **38** Mas se as realizo, mesmo que não creiam em mim, creiam nas obras, para que possam saber e entender que o Pai está em mim, e eu no Pai". **39** Outra vez tentaram prendê-lo, mas ele se livrou das mãos deles.

40 Então Jesus atravessou novamente o Jordão e foi para o lugar onde João batizava nos primeiros dias do seu ministério. Ali ficou, **41** e muita gente foi até onde ele estava, dizendo: "Embora João nunca tenha realizado um sinal miraculoso, tudo o que ele disse a respeito deste homem era verdade". **42** E ali muitos creram em Jesus.

A Morte de Lázaro

11 Havia um homem chamado Lázaro. Ele era de Betânia, do povoado de Maria e de sua irmã Marta. E aconteceu que Lázaro ficou doente. **2** Maria, sua irmã, era a mesma que derramara perfume sobre o Senhor e lhe enxugara os pés com os cabelos. **3** Então as irmãs de Lázaro mandaram dizer a Jesus: "Senhor, aquele a quem amas está doente".

4 Ao ouvir isso, Jesus disse: "Essa doença não acabará em morte; é para a glória de Deus, para que o Filho de Deus seja glorificado por meio dela". **5** Jesus amava Marta, a irmã dela e Lázaro. **6** No entanto, quando ouviu falar que Lázaro estava doente, ficou mais dois dias onde estava.

7 Depois disse aos seus discípulos: "Vamos voltar para a Judéia".

8 Estes disseram: "Mestre, há pouco os judeus tentaram apedrejar-te, e assim mesmo vais voltar para lá?"

9 Jesus respondeu: "O dia não tem doze horas? Quem anda de dia não tropeça, pois vê a luz deste mundo. **10** Quando anda de noite, tropeça, pois nele não há luz".

11 Depois de dizer isso, prosseguiu dizendo-lhes: "Nosso amigo Lázaro adormeceu, mas vou até lá para acordá-lo".

12 Seus discípulos responderam: "Senhor, se ele dorme, vai melhorar". **13** Jesus tinha falado de sua morte, mas os seus discípulos pensaram que ele estava falando simplesmente do sono.

14 Então lhes disse claramente: "Lázaro morreu, **15** e para o bem de vocês estou contente por não ter estado lá, para que vocês creiam. Mas, vamos até ele".

16 Então Tomé, chamado Dídimoᶜ, disse aos outros discípulos: "Vamos também para morrermos com ele".

winter, **23** and Jesus was in the temple area walking in Solomon's Colonnade. **24** The Jews gathered around him, saying, "How long will you keep us in suspense? If you are the Christ,ª tell us plainly."

25 Jesus answered, "I did tell you, but you do not believe. The miracles I do in my Father's name speak for me, **26** but you do not believe because you are not my sheep. **27** My sheep listen to my voice; I know them, and they follow me. **28** I give them eternal life, and they shall never perish; no one can snatch them out of my hand. **29** My Father, who has given them to me, is greater than allᵇ; no one can snatch them out of my Father's hand. **30** I and the Father are one."

31 Again the Jews picked up stones to stone him, **32** but Jesus said to them, "I have shown you many great miracles from the Father. For which of these do you stone me?"

33 "We are not stoning you for any of these," replied the Jews, "but for blasphemy, because you, a mere man, claim to be God."

34 Jesus answered them, "Is it not written in your Law, 'I have said you are gods'ᶜ? **35** If he called them 'gods,' to whom the word of God came—and the Scripture cannot be broken— **36** what about the one whom the Father set apart as his very own and sent into the world? Why then do you accuse me of blasphemy because I said, 'I am God's Son'? **37** Do not believe me unless I do what my Father does. **38** But if I do it, even though you do not believe me, believe the miracles, that you may know and understand that the Father is in me, and I in the Father." **39** Again they tried to seize him, but he escaped their grasp.

40 Then Jesus went back across the Jordan to the place where John had been baptizing in the early days. Here he stayed **41** and many people came to him. They said, "Though John never performed a miraculous sign, all that John said about this man was true." **42** And in that place many believed in Jesus.

The Death of Lazarus

11 Now a man named Lazarus was sick. He was from Bethany, the village of Mary and her sister Martha. **2** This Mary, whose brother Lazarus now lay sick, was the same one who poured perfume on the Lord and wiped his feet with her hair. **3** So the sisters sent word to Jesus, "Lord, the one you love is sick."

4 When he heard this, Jesus said, "This sickness will not end in death. No, it is for God's glory so that God's Son may be glorified through it." **5** Jesus loved Martha and her sister and Lazarus. **6** Yet when he heard that Lazarus was sick, he stayed where he was two more days.

7 Then he said to his disciples, "Let us go back to Judea."

8 "But Rabbi," they said, "a short while ago the Jews tried to stone you, and yet you are going back there?"

9 Jesus answered, "Are there not twelve hours of daylight? A man who walks by day will not stumble, for he sees by this world's light. **10** It is when he walks by night that he stumbles, for he has no light."

11 After he had said this, he went on to tell them, "Our friend Lazarus has fallen asleep; but I am going there to wake him up."

12 His disciples replied, "Lord, if he sleeps, he will get better." **13** Jesus had been speaking of his death, but his disciples thought he meant natural sleep.

14 So then he told them plainly, "Lazarus is dead, **15** and for your sake I am glad I was not there, so that you may believe. But let us go to him."

16 Then Thomas (called Didymus) said to the rest of the disciples, "Let us also go, that we may die with him."

ª**10.29** Muitos manuscritos antigos dizem O que meu Pai me deu é maior do que tudo. ᵇ**10.34** Sl 82.6 ᶜ**11.16** Tanto *Tomé* (aramaico) como *Dídimo* (grego) significam *gêmeo*.

ª**10:24** Or *Messiah* ᵇ**10:29** Many early manuscripts *What my Father has given me is greater than all* ᶜ**10:34** Psalm 82:6

Jesus Conforta as Irmãs de Lázaro

17 Ao chegar, Jesus verificou que Lázaro já estava no sepulcro havia quatro dias. **18** Betânia distava cerca de três quilômetrosª de Jerusalém, **19** e muitos judeus tinham ido visitar Marta e Maria para confortá-las pela perda do irmão. **20** Quando Marta ouviu que Jesus estava chegando, foi encontrá-lo, mas Maria ficou em casa.

21 Disse Marta a Jesus: "Senhor, se estivesses aqui meu irmão não teria morrido. **22** Mas sei que, mesmo agora, Deus te dará tudo o que pedires".

23 Disse-lhe Jesus: "O seu irmão vai ressuscitar".

24 Marta respondeu: "Eu sei que ele vai ressuscitar na ressurreição, no último dia".

25 Disse-lhe Jesus: "Eu sou a ressurreição e a vida. Aquele que crê em mim, ainda que morra, viverá; **26** e quem vive e crê em mim, não morrerá eternamente. Você crê nisso?"

27 Ela lhe respondeu: "Sim, Senhor, eu tenho crido que tu és o Cristo, o Filho de Deus que devia vir ao mundo".

28 E depois de dizer isso, foi para casa e, chamando à parte Maria, disse-lhe: "O Mestre está aqui e está chamando você". **29** Ao ouvir isso, Maria levantou-se depressa e foi ao encontro dele. **30** Jesus ainda não tinha entrado no povoado, mas estava no lugar onde Marta o encontrara. **31** Quando notaram que ela se levantou depressa e saiu, os judeus, que a estavam confortando em casa, seguiram-na, supondo que ela ia ao sepulcro, para ali chorar. **32** Chegando ao lugar onde Jesus estava e vendo-o, Maria prostrou-se aos seus pés e disse: "Senhor, se estivesses aqui meu irmão não teria morrido".

33 Ao ver chorando Maria e os judeus que a acompanhavam, Jesus agitou-se no espírito e perturbou-se.

34 "Onde o colocaram?", perguntou ele.

"Vem e vê, Senhor", responderam eles.

35 Jesus chorou.

36 Então os judeus disseram: "Vejam como ele o amava!"

37 Mas alguns deles disseram: "Ele, que abriu os olhos do cego, não poderia ter impedido que este homem morresse?"

Jesus Ressuscita Lázaro

38 Jesus, outra vez profundamente comovido, foi até o sepulcro. Era uma gruta com uma pedra colocada à entrada.

39 "Tirem a pedra", disse ele.

Disse Marta, irmã do morto: "Senhor, ele já cheira mal, pois já faz quatro dias".

40 Disse-lhe Jesus: "Não lhe falei que, se você cresse, veria a glória de Deus?"

41 Então tiraram a pedra. Jesus olhou para cima e disse: "Pai, eu te agradeço porque me ouviste. **42** Eu sei que sempre me ouves, mas disse isso por causa do povo que está aqui, para que creia que tu me enviaste".

43 Depois de dizer isso, Jesus bradou em alta voz: "Lázaro, venha para fora!" **44** O morto saiu, com as mãos e os pés envolvidos em faixas de linho e o rosto envolto num pano.

Disse-lhes Jesus: "Tirem as faixas dele e deixem-no ir".

A Conspiração para Matar Jesus

45 Muitos dos judeus que tinham vindo visitar Maria, vendo o que Jesus fizera, creram nele. **46** Mas alguns deles foram contar aos fariseus o que Jesus tinha feito. **47** Então os chefes dos sacerdotes e os fariseus convocaram uma reunião do Sinédriob.

"O que estamos fazendo?", perguntaram eles. "Aí está esse homem realizando muitos sinais miraculosos. **48** Se o deixarmos, todos crerão nele, e então os romanos virão e tirarão tanto o nosso lugarc como a nossa nação."

49 Então um deles, chamado Caifás, que naquele ano era o sumo sacerdote, tomou a palavra e disse: "Nada sabeis! **50** Não percebeis

Jesus Comforts the Sisters

17 On his arrival, Jesus found that Lazarus had already been in the tomb for four days. **18** Bethany was less than two miles from Jerusalem, **19** and many Jews had come to Martha and Mary to comfort them in the loss of their brother. **20** When Martha heard that Jesus was coming, she went out to meet him, but Mary stayed at home.

21 "Lord," Martha said to Jesus, "if you had been here, my brother would not have died. **22** But I know that even now God will give you whatever you ask."

23 Jesus said to her, "Your brother will rise again."

24 Martha answered, "I know he will rise again in the resurrection at the last day."

25 Jesus said to her, "I am the resurrection and the life. He who believes in me will live, even though he dies; **26** and whoever lives and believes in me will never die. Do you believe this?"

27 "Yes, Lord," she told him, "I believe that you are the Christ,b the Son of God, who was to come into the world."

28 And after she had said this, she went back and called her sister Mary aside. "The Teacher is here," she said, "and is asking for you." **29** When Mary heard this, she got up quickly and went to him. **30** Now Jesus had not yet entered the village, but was still at the place where Martha had met him. **31** When the Jews who had been with Mary in the house, comforting her, noticed how quickly she got up and went out, they followed her, supposing she was going to the tomb to mourn there.

32 When Mary reached the place where Jesus was and saw him, she fell at his feet and said, "Lord, if you had been here, my brother would not have died."

33 When Jesus saw her weeping, and the Jews who had come along with her also weeping, he was deeply moved in spirit and troubled. **34** "Where have you laid him?" he asked.

"Come and see, Lord," they replied.

35 Jesus wept.

36 Then the Jews said, "See how he loved him!"

37 But some of them said, "Could not he who opened the eyes of the blind man have kept this man from dying?"

Jesus Raises Lazarus From the Dead

38 Jesus, once more deeply moved, came to the tomb. It was a cave with a stone laid across the entrance. **39** "Take away the stone," he said.

"But, Lord," said Martha, the sister of the dead man, "by this time there is a bad odor, for he has been there four days."

40 Then Jesus said, "Did I not tell you that if you believed, you would see the glory of God?"

41 So they took away the stone. Then Jesus looked up and said, "Father, I thank you that you have heard me. **42** I knew that you always hear me, but I said this for the benefit of the people standing here, that they may believe that you sent me."

43 When he had said this, Jesus called in a loud voice, "Lazarus, come out!" **44** The dead man came out, his hands and feet wrapped with strips of linen, and a cloth around his face.

Jesus said to them, "Take off the grave clothes and let him go."

The Plot to Kill Jesus

45 Therefore many of the Jews who had come to visit Mary, and had seen what Jesus did, put their faith in him. **46** But some of them went to the Pharisees and told them what Jesus had done. **47** Then the chief priests and the Pharisees called a meeting of the Sanhedrin.

"What are we accomplishing?" they asked. "Here is this man performing many miraculous signs. **48** If we let him go on like this, everyone will believe in him, and then the Romans will come and take away both our placec and our nation."

49 Then one of them, named Caiaphas, who was high priest that year, spoke up, "You know nothing at all! **50** You do not realize

---

ª11.18 Grego: *15 estádios.* Um estádio equivalia a 185 metros. b11.47 Conselho dos principais líderes do povo judeu. c11.48 Ou *templo*

ª11.18 Greek *fifteen stadia* (about 3 kilometers) b11.27 Or *Messiah* c11.48 Or *temple*

que vos é melhor que morra um homem pelo povo, e que não pereça toda a nação".

⁵¹ Ele não disse isso de si mesmo, mas, sendo o sumo sacerdote naquele ano, profetizou que Jesus morreria pela nação judaica, ⁵² e não somente por aquela nação, mas também pelos filhos de Deus que estão espalhados, para reuni-los num povo. ⁵³ E daquele dia em diante, resolveram tirar-lhe a vida.

⁵⁴ Por essa razão, Jesus não andava mais publicamente entre os judeus. Ao invés disso, retirou-se para uma região próxima do deserto, para um povoado chamado Efraim, onde ficou com os seus discípulos.

⁵⁵ Ao se aproximar a Páscoa judaica, muitos foram daquela região para Jerusalém a fim de participarem das purificações cerimoniais antes da Páscoa. ⁵⁶ Continuavam procurando Jesus e, no templo, perguntavam uns aos outros: "O que vocês acham? Será que ele virá à festa?" ⁵⁷ Mas os chefes dos sacerdotes e os fariseus tinham ordenado que, se alguém soubesse onde Jesus estava, o denunciasse, para que o pudessem prender.

Jesus é Ungido em Betânia
(Mt 26.6-13; Mc 14.3-9)

12 Seis dias antes da Páscoa Jesus chegou a Betânia, onde vivia Lázaro, a quem ressuscitara dos mortos. ² Ali prepararam um jantar para Jesus. Marta servia, enquanto Lázaro estava à mesa com ele. ³ Então Maria pegou um frasco[a] de nardo puro, que era um perfume caro, derramou-o sobre os pés de Jesus e os enxugou com os seus cabelos. E a casa encheu-se com a fragrância do perfume.

⁴ Mas um dos seus discípulos, Judas Iscariotes, que mais tarde iria traí-lo, fez uma objeção: ⁵ "Por que este perfume não foi vendido, e o dinheiro dado aos pobres? Seriam trezentos denários[b]". ⁶ Ele não falou isso por se interessar pelos pobres, mas porque era ladrão; sendo responsável pela bolsa de dinheiro, costumava tirar o que nela era colocado.

⁷ Respondeu Jesus: "Deixe-a em paz; que o guarde para o dia do meu sepultamento. ⁸ Pois os pobres vocês sempre terão consigo, mas a mim vocês nem sempre terão".

⁹ Enquanto isso, uma grande multidão de judeus, ao descobrir que Jesus estava ali, veio, não apenas por causa de Jesus, mas também para ver Lázaro, a quem ele ressuscitara dos mortos. ¹⁰ Assim, os chefes dos sacerdotes fizeram planos para matar também Lázaro, ¹¹ pois por causa dele muitos estavam se afastando dos judeus e crendo em Jesus.

A Entrada Triunfal
(Mt 21.1-11; Mc 11.1-11; Lc 19.28-40)

¹² No dia seguinte, a grande multidão que tinha vindo para a festa ouviu falar que Jesus estava chegando a Jerusalém. ¹³ Pegaram ramos de palmeiras e saíram ao seu encontro, gritando:

"Hosana![c]
"Bendito é o que vem
em nome do Senhor!"[d]
"Bendito é o Rei de Israel!"

¹⁴ Jesus conseguiu um jumentinho e montou nele, como está escrito:

¹⁵ "Não tenha medo,
ó cidade[e] de Sião;
eis que o seu rei vem,
montado num jumentinho"[f].

¹⁶ A princípio seus discípulos não entenderam isso. Só depois que Jesus foi glorificado, eles se lembraram de que essas coisas estavam escritas a respeito dele e lhe foram feitas.

---

that it is better for you that one man die for the people than that the whole nation perish."

⁵¹ He did not say this on his own, but as high priest that year he prophesied that Jesus would die for the Jewish nation, ⁵² and not only for that nation but also for the scattered children of God, to bring them together and make them one. ⁵³ So from that day on they plotted to take his life.

⁵⁴ Therefore Jesus no longer moved about publicly among the Jews. Instead he withdrew to a region near the desert, to a village called Ephraim, where he stayed with his disciples.

⁵⁵ When it was almost time for the Jewish Passover, many went up from the country to Jerusalem for their ceremonial cleansing before the Passover. ⁵⁶ They kept looking for Jesus, and as they stood in the temple area they asked one another, "What do you think? Isn't he coming to the Feast at all?" ⁵⁷ But the chief priests and Pharisees had given orders that if anyone found out where Jesus was, he should report it so that they might arrest him.

Jesus Anointed at Bethany

12 Six days before the Passover, Jesus arrived at Bethany, where Lazarus lived, whom Jesus had raised from the dead. ² Here a dinner was given in Jesus' honor. Martha served, while Lazarus was among those reclining at the table with him. ³ Then Mary took about a pint[a] of pure nard, an expensive perfume; she poured it on Jesus' feet and wiped his feet with her hair. And the house was filled with the fragrance of the perfume.

⁴ But one of his disciples, Judas Iscariot, who was later to betray him, objected, ⁵ "Why wasn't this perfume sold and the money given to the poor? It was worth a year's wages.[b]" ⁶ He did not say this because he cared about the poor but because he was a thief; as keeper of the money bag, he used to help himself to what was put into it.

⁷ "Leave her alone," Jesus replied. "⌈It was intended⌉ that she should save this perfume for the day of my burial. ⁸ You will always have the poor among you, but you will not always have me."

⁹ Meanwhile a large crowd of Jews found out that Jesus was there and came, not only because of him but also to see Lazarus, whom he had raised from the dead. ¹⁰ So the chief priests made plans to kill Lazarus as well, ¹¹ for on account of him many of the Jews were going over to Jesus and putting their faith in him.

The Triumphal Entry

¹² The next day the great crowd that had come for the Feast heard that Jesus was on his way to Jerusalem. ¹³ They took palm branches and went out to meet him, shouting,

"Hosanna![c]

"Blessed is he who comes in the name of
the Lord!"[d]

"Blessed is the King of Israel!"

¹⁴ Jesus found a young donkey and sat upon it, as it is written,

¹⁵ "Do not be afraid, O Daughter of Zion;
see, your king is coming,
seated on a donkey's colt."[e]

¹⁶ At first his disciples did not understand all this. Only after Jesus was glorified did they realize that these things had been written about him and that they had done these things to him.

---

a12.3 Grego: *1 litra*. A litra era uma medida de capacidade de cerca de um terço de litro. **b12.5** O denário era uma moeda de prata equivalente à diária de um trabalhador braçal. **c12.13** Expressão hebraica que significa *"Salve!"*, e que se tornou exclamação de louvor. **d12.13** Sl 118.25,26 **e12.15** Grego: *filha*. **f12.15** Zc 9.9

a12:3 Greek *a litra* (probably about 0.5 liter) **b12:5** Greek *three hundred denarii* **c12:13** A Hebrew expression meaning "Save!" which became an exclamation of praise **d12:13** Psalm 118:25, 26 **e12:15** Zech. 9:9

17 A multidão que estava com ele, quando mandara Lázaro sair do sepulcro e o ressuscitara dos mortos, continuou a espalhar o fato. **18** Muitas pessoas, por terem ouvido falar que ele realizara tal sinal miraculoso, foram ao seu encontro. **19** E assim os fariseus disseram uns aos outros: "Não conseguimos nada. Olhem como o mundo todo vai atrás dele!"

Jesus Prediz sua Morte

20 Entre os que tinham ido adorar a Deus na festa da Páscoa, estavam alguns gregos. **21** Eles se aproximaram de Filipe, que era de Betsaida da Galiléia, com um pedido: "Senhor, queremos ver Jesus". **22** Filipe foi dizê-lo a André, e os dois juntos o disseram a Jesus.

23 Jesus respondeu: "Chegou a hora de ser glorificado o Filho do homem. **24** Digo-lhes verdadeiramente que, se o grão de trigo não cair na terra e não morrer, continuará ele só. Mas se morrer, dará muito fruto. **25** Aquele que ama a sua vida, a perderá; ao passo que aquele que odeia a sua vida neste mundo, a conservará para a vida eterna. **26** Quem me serve precisa seguir-me; e, onde estou, o meu servo também estará. Aquele que me serve, meu Pai o honrará.

27 "Agora meu coração está perturbado, e o que direi? Pai, salva-me desta hora? Não; eu vim exatamente para isto, para esta hora. **28** Pai, glorifica o teu nome!"

Então veio uma voz dos céus: "Eu já o glorifiquei e o glorificarei novamente". **29** A multidão que ali estava e a ouviu, disse que tinha trovejado; outros disseram que um anjo lhe tinha falado.

30 Jesus disse: "Esta voz veio por causa de vocês, e não por minha causa. **31** Chegou a hora de ser julgado este mundo; agora será expulso o príncipe deste mundo. **32** Mas eu, quando for levantado da terra, atrairei todos a mim". **33** Ele disse isso para indicar o tipo de morte que haveria de sofrer.

34 A multidão falou: "A Lei nos ensina que o Cristo permanecerá para sempre; como podes dizer: 'O Filho do homem precisa ser levantado'? Quem é esse 'Filho do homem'?"

35 Disse-lhes então Jesus: "Por mais um pouco de tempo a luz estará entre vocês. Andem enquanto vocês têm a luz, para que as trevas não os surpreendam, pois aquele que anda nas trevas não sabe para onde está indo. **36** Creiam na luz enquanto vocês a têm, para que se tornem filhos da luz". Terminando de falar, Jesus saiu e ocultou-se deles.

A Incredulidade dos Judeus

37 Mesmo depois que Jesus fez todos aqueles sinais miraculosos, não creram nele. **38** Isso aconteceu para se cumprir a palavra do profeta Isaías, que disse:

"Senhor, quem creu
   em nossa mensagem,
e a quem foi revelado
   o braço do Senhor?"ª

39 Por esta razão eles não podiam crer, porque, como disse Isaías noutro lugar:

40 "Cegou os seus olhos
   e endureceu-lhes o coração,
para que não vejam
   com os olhos
nem entendam com o coração,
   nem se convertam,
e eu os cure"ᵇ.

41 Isaías disse isso porque viu a glória de Jesus e falou sobre ele.

42 Ainda assim, muitos líderes dos judeus creram nele. Mas, por causa dos fariseus, não confessavam a sua fé, com medo de serem expulsos da sinagoga; **43** pois preferiam a aprovaçãoᶜ dos homens do que a aprovação de Deus.

44 Então Jesus disse em alta voz: "Quem crê em mim, não

17 Now the crowd that was with him when he called Lazarus from the tomb and raised him from the dead continued to spread the word. **18** Many people, because they had heard that he had given this miraculous sign, went out to meet him. **19** So the Pharisees said to one another, "See, this is getting us nowhere. Look how the whole world has gone after him!"

Jesus Predicts His Death

20 Now there were some Greeks among those who went up to worship at the Feast. **21** They came to Philip, who was from Bethsaida in Galilee, with a request. "Sir," they said, "we would like to see Jesus." **22** Philip went to tell Andrew; Andrew and Philip in turn told Jesus.

23 Jesus replied, "The hour has come for the Son of Man to be glorified. **24** I tell you the truth, unless a kernel of wheat falls to the ground and dies, it remains only a single seed. But if it dies, it produces many seeds. **25** The man who loves his life will lose it, while the man who hates his life in this world will keep it for eternal life. **26** Whoever serves me must follow me; and where I am, my servant also will be. My Father will honor the one who serves me.

27 "Now my heart is troubled, and what shall I say? 'Father, save me from this hour'? No, it was for this very reason I came to this hour. **28** Father, glorify your name!"

Then a voice came from heaven, "I have glorified it, and will glorify it again." **29** The crowd that was there and heard it said it had thundered; others said an angel had spoken to him.

30 Jesus said, "This voice was for your benefit, not mine. **31** Now is the time for judgment on this world; now the prince of this world will be driven out. **32** But I, when I am lifted up from the earth, will draw all men to myself." **33** He said this to show the kind of death he was going to die.

34 The crowd spoke up, "We have heard from the Law that the Christª will remain forever, so how can you say, 'The Son of Man must be lifted up'? Who is this 'Son of Man'?"

35 Then Jesus told them, "You are going to have the light just a little while longer. Walk while you have the light, before darkness overtakes you. The man who walks in the dark does not know where he is going. **36** Put your trust in the light while you have it, so that you may become sons of light." When he had finished speaking, Jesus left and hid himself from them.

The Jews Continue in Their Unbelief

37 Even after Jesus had done all these miraculous signs in their presence, they still would not believe in him. **38** This was to fulfill the word of Isaiah the prophet:

"Lord, who has believed our message
   and to whom has the arm of the Lord
      been revealed?"ᵇ

39 For this reason they could not believe, because, as Isaiah says elsewhere:

40 "He has blinded their eyes
   and deadened their hearts,
so they can neither see with their eyes,
   nor understand with their hearts,
   nor turn—and I would heal them."ᶜ

41 Isaiah said this because he saw Jesus' glory and spoke about him.

42 Yet at the same time many even among the leaders believed in him. But because of the Pharisees they would not confess their faith for fear they would be put out of the synagogue; **43** for they loved praise from men more than praise from God.

44 Then Jesus cried out, "When a man believes in me, he does

ª12.38 Is 53.1 ᵇ12.40 Is 6.10 ᶜ12.43 Grego: *glória.*

ª12:34 Or *Messiah* ᵇ12:38 Isaiah 53:1 ᶜ12:40 Isaiah 6:10

crê apenas em mim, mas naquele que me enviou. **45** Quem me vê, vê aquele que me enviou. **46** Eu vim ao mundo como luz, para que todo aquele que crê em mim não permaneça nas trevas.

47 "Se alguém ouve as minhas palavras, e não lhes obedece, eu não o julgo. Pois não vim para julgar o mundo, mas para salvá-lo. **48** Há um juiz para quem me rejeita e não aceita as minhas palavras; a própria palavra que proferi o condenará no último dia. **49** Pois não falei por mim mesmo, mas o Pai que me enviou me ordenou o que dizer e o que falar. **50** Sei que o seu mandamento é a vida eterna. Portanto, o que eu digo é exatamente o que o Pai me mandou dizer".

Jesus Lava os Pés dos Discípulos

13 Um pouco antes da festa da Páscoa, sabendo Jesus que havia chegado o tempo em que deixaria este mundo e iria para o Pai, tendo amado os seus que estavam no mundo, amou-os até o fim.ª

2 Estava sendo servido o jantar, e o Diabo já havia induzido Judas Iscariotes, filho de Simão, a trair Jesus. **3** Jesus sabia que o Pai havia colocado todas as coisas debaixo do seu poder, e que viera de Deus e estava voltando para Deus; **4** assim, levantou-se da mesa, tirou sua capa e colocou uma toalha em volta da cintura. **5** Depois disso, derramou água numa bacia e começou a lavar os pés dos seus discípulos, enxugando-os com a toalha que estava em sua cintura.

6 Chegou-se a Simão Pedro, que lhe disse: "Senhor, vais lavar os meus pés?"

7 Respondeu Jesus: "Você não compreende agora o que estou lhe fazendo; mais tarde, porém, entenderá".

8 Disse Pedro: "Não; nunca lavarás os meus pés!".

Jesus respondeu: "Se eu não os lavar, você não terá parte comigo".

9 Respondeu Simão Pedro: "Então, Senhor, não apenas os meus pés, mas também as minhas mãos e a minha cabeça!"

10 Respondeu Jesus: "Quem já se banhou precisa apenas lavar os pés; todo o seu corpo está limpo. Vocês estão limpos, mas nem todos". **11** Pois ele sabia quem iria traí-lo, e por isso disse que nem todos estavam limpos.

12 Quando terminou de lavar-lhes os pés, Jesus tornou a vestir sua capa e voltou ao seu lugar. Então lhes perguntou: "Vocês entendem o que lhes fiz? **13** Vocês me chamam 'Mestre' e 'Senhor', e com razão, pois eu o sou. **14** Pois bem, se eu, sendo Senhor e Mestre de vocês, lavei-lhes os pés, vocês também devem lavar os pés uns dos outros. **15** Eu lhes dei o exemplo, para que vocês façam como lhes fiz. **16** Digo-lhes verdadeiramente que nenhum escravo é maior do que o seu senhor, como também nenhum mensageiroᵇ é maior do que aquele que o enviou. **17** Agora que vocês sabem estas coisas, felizes serão se as praticarem.

Jesus Prediz que Será Traído
(Mt 26.17-30; Mc 14.12-26; Lc 22.7-23)

18 "Não estou me referindo a todos vocês; conheço os que escolhi. Mas isto acontece para que se cumpra a Escritura: 'Aquele que partilhava do meu pão voltou-se contra mim'.ᶜ

19 "Estou lhes dizendo antes que aconteça, a fim de que, quando acontecer, vocês creiam que Eu Sou.ᵈ **20** Eu lhes garanto: Quem receber aquele que eu enviar, estará me recebendo; e quem me recebe, recebe aquele que me enviou".

21 Depois de dizer isso, Jesus perturbou-se em espírito e declarou: "Digo-lhes que certamente um de vocês me trairá".

22 Seus discípulos olharam uns para os outros, sem saber a quem ele se referia. **23** Um deles, o discípulo a quem Jesus amava, estava reclinado ao lado dele. **24** Simão Pedro fez sinais para esse discípulo, como a dizer: "Pergunte-lhe a quem ele está se referindo".

not believe in me only, but in the one who sent me. **45** When he looks at me, he sees the one who sent me. **46** I have come into the world as a light, so that no one who believes in me should stay in darkness.

47 "As for the person who hears my words but does not keep them, I do not judge him. For I did not come to judge the world, but to save it. **48** There is a judge for the one who rejects me and does not accept my words; that very word which I spoke will condemn him at the last day. **49** For I did not speak of my own accord, but the Father who sent me commanded me what to say and how to say it. **50** I know that his command leads to eternal life. So whatever I say is just what the Father has told me to say."

Jesus Washes His Disciples' Feet

13 It was just before the Passover Feast. Jesus knew that the time had come for him to leave this world and go to the Father. Having loved his own who were in the world, he now showed them the full extent of his love.ª

2 The evening meal was being served, and the devil had already prompted Judas Iscariot, son of Simon, to betray Jesus. **3** Jesus knew that the Father had put all things under his power, and that he had come from God and was returning to God; **4** so he got up from the meal, took off his outer clothing, and wrapped a towel around his waist. **5** After that, he poured water into a basin and began to wash his disciples' feet, drying them with the towel that was wrapped around him.

6 He came to Simon Peter, who said to him, "Lord, are you going to wash my feet?"

7 Jesus replied, "You do not realize now what I am doing, but later you will understand."

8 "No," said Peter, "you shall never wash my feet."

Jesus answered, "Unless I wash you, you have no part with me."

9 "Then, Lord," Simon Peter replied, "not just my feet but my hands and my head as well!"

10 Jesus answered, "A person who has had a bath needs only to wash his feet; his whole body is clean. And you are clean, though not every one of you." **11** For he knew who was going to betray him, and that was why he said not every one was clean.

12 When he had finished washing their feet, he put on his clothes and returned to his place. "Do you understand what I have done for you?" he asked them. **13** "You call me 'Teacher' and 'Lord,' and rightly so, for that is what I am. **14** Now that I, your Lord and Teacher, have washed your feet, you also should wash one another's feet. **15** I have set you an example that you should do as I have done for you. **16** I tell you the truth, no servant is greater than his master, nor is a messenger greater than the one who sent him. **17** Now that you know these things, you will be blessed if you do them.

Jesus Predicts His Betrayal

18 "I am not referring to all of you; I know those I have chosen. But this is to fulfill the scripture: 'He who shares my bread has lifted up his heel against me.'ᵇ

19 "I am telling you now before it happens, so that when it does happen you will believe that I am He. **20** I tell you the truth, whoever accepts anyone I send accepts me; and whoever accepts me accepts the one who sent me."

21 After he had said this, Jesus was troubled in spirit and testified, "I tell you the truth, one of you is going to betray me."

22 His disciples stared at one another, at a loss to know which of them he meant. **23** One of them, the disciple whom Jesus loved, was reclining next to him. **24** Simon Peter motioned to this disciple and said, "Ask him which one he means."

ª**13.1** Ou *mostrou-lhes então que os amava perfeitamente* ᵇ**13.16** Grego: *apóstolo.* ᶜ**13.18** Grego: *levantou o calcanhar contra mim.* Sl 41.9 ᵈ**13.19** Uma referência ao nome de Deus.

ª**13:1** Or *he loved them to the last* ᵇ**13:18** Psalm 41:9

25 Inclinando-se esse discípulo para Jesus, perguntou-lhe: "Senhor, quem é?"

26 Respondeu Jesus: "Aquele a quem eu der este pedaço de pão molhado no prato". Então, molhando o pedaço de pão, deu-o a Judas Iscariotes, filho de Simão. **27** Tão logo Judas comeu o pão, Satanás entrou nele. "O que você está para fazer, faça depressa", disse-lhe Jesus. **28** Mas ninguém à mesa entendeu por que Jesus lhe disse isso. **29** Visto que Judas era o encarregado do dinheiro, alguns pensaram que Jesus estava lhe dizendo que comprasse o necessário para a festa, ou que desse algo aos pobres. **30** Assim que comeu o pão, Judas saiu. E era noite.

Jesus Prediz que Pedro o Negará
(Mt 26.31-35; Mc 14.27-31; Lc 22.31-34)

31 Depois que Judas saiu, Jesus disse: "Agora o Filho do homem é glorificado, e Deus é glorificado nele. **32** Se Deus é glorificado nele,[a] Deus também glorificará o Filho nele mesmo, e o glorificará em breve.

33 "Meus filhinhos, vou estar com vocês apenas mais um pouco. Vocês procurarão por mim e, como eu disse aos judeus, agora lhes digo: Para onde eu vou, vocês não podem ir.

34 "Um novo mandamento lhes dou: Amem-se uns aos outros. Como eu os amei, vocês devem amar-se uns aos outros. **35** Com isso todos saberão que vocês são meus discípulos, se vocês se amarem uns aos outros".

36 Simão Pedro lhe perguntou: "Senhor, para onde vais?"

Jesus respondeu: "Para onde vou, vocês não podem seguir-me agora, mas me seguirão mais tarde".

37 Pedro perguntou: "Senhor, por que não posso seguir-te agora? Darei a minha vida por ti!"

38 Então Jesus respondeu: "Você dará a vida por mim? Asseguro-lhe que, antes que o galo cante, você me negará três vezes!

Jesus Fortalece os seus Discípulos

14 "Não se perturbe o coração de vocês. Creiam em Deus;[b] creiam também em mim. **2** Na casa de meu Pai há muitos aposentos; se não fosse assim, eu lhes teria dito. Vou preparar-lhes lugar.[c] **3** E se eu for e lhes preparar lugar, voltarei e os levarei para mim, para que vocês estejam onde eu estiver. **4** Vocês conhecem o caminho para onde vou".

Jesus, o Caminho para o Pai

5 Disse-lhe Tomé: "Senhor, não sabemos para onde vais; como então podemos saber o caminho?"

6 Respondeu Jesus: "Eu sou o caminho, a verdade e a vida. Ninguém vem ao Pai, a não ser por mim. **7** Se vocês realmente me conhecessem, conheceriam[d] também o meu Pai. Já agora vocês o conhecem e o têm visto".

8 Disse Filipe: "Senhor, mostra-nos o Pai, e isso nos basta".

9 Jesus respondeu: "Você não me conhece, Filipe, mesmo depois de eu ter estado com vocês durante tanto tempo? Quem me vê, vê o Pai. Como você pode dizer: 'Mostra-nos o Pai'? **10** Você não crê que eu estou no Pai e que o Pai está em mim? As palavras que eu lhes digo não são apenas minhas. Ao contrário, o Pai, que vive em mim, está realizando a sua obra. **11** Creiam em mim quando digo que estou no Pai e que o Pai está em mim; ou pelo menos creiam por causa das mesmas obras. **12** Digo-lhes a verdade: Aquele que crê em mim fará também as obras que tenho realizado. Fará coisas ainda maiores do que estas, porque eu estou indo para o Pai. **13** E eu farei o que vocês pedirem em meu nome, para que o Pai seja glorificado no Filho. **14** O que vocês pedirem em meu nome, eu farei.

25 Leaning back against Jesus, he asked him, "Lord, who is it?"

26 Jesus answered, "It is the one to whom I will give this piece of bread when I have dipped it in the dish." Then, dipping the piece of bread, he gave it to Judas Iscariot, son of Simon. **27** As soon as Judas took the bread, Satan entered into him.

"What you are about to do, do quickly," Jesus told him, **28** but no one at the meal understood why Jesus said this to him. **29** Since Judas had charge of the money, some thought Jesus was telling him to buy what was needed for the Feast, or to give something to the poor. **30** As soon as Judas had taken the bread, he went out. And it was night.

Jesus Predicts Peter's Denial

31 When he was gone, Jesus said, "Now is the Son of Man glorified and God is glorified in him. **32** If God is glorified in him,[a] God will glorify the Son in himself, and will glorify him at once.

33 "My children, I will be with you only a little longer. You will look for me, and just as I told the Jews, so I tell you now: Where I am going, you cannot come.

34 "A new command I give you: Love one another. As I have loved you, so you must love one another. **35** By this all men will know that you are my disciples, if you love one another."

36 Simon Peter asked him, "Lord, where are you going?"

Jesus replied, "Where I am going, you cannot follow now, but you will follow later."

37 Peter asked, "Lord, why can't I follow you now? I will lay down my life for you."

38 Then Jesus answered, "Will you really lay down your life for me? I tell you the truth, before the rooster crows, you will disown me three times!

Jesus Comforts His Disciples

14 "Do not let your hearts be troubled. Trust in God[b]; trust also in me. **2** In my Father's house are many rooms; if it were not so, I would have told you. I am going there to prepare a place for you. **3** And if I go and prepare a place for you, I will come back and take you to be with me that you also may be where I am. **4** You know the way to the place where I am going."

Jesus the Way to the Father

5 Thomas said to him, "Lord, we don't know where you are going, so how can we know the way?"

6 Jesus answered, "I am the way and the truth and the life. No one comes to the Father except through me. **7** If you really knew me, you would know[c] my Father as well. From now on, you do know him and have seen him."

8 Philip said, "Lord, show us the Father and that will be enough for us."

9 Jesus answered: "Don't you know me, Philip, even after I have been among you such a long time? Anyone who has seen me has seen the Father. How can you say, 'Show us the Father'? **10** Don't you believe that I am in the Father, and that the Father is in me? The words I say to you are not just my own. Rather, it is the Father, living in me, who is doing his work. **11** Believe me when I say that I am in the Father and the Father is in me; or at least believe on the evidence of the miracles themselves. **12** I tell you the truth, anyone who has faith in me will do what I have been doing. He will do even greater things than these, because I am going to the Father. **13** And I will do whatever you ask in my name, so that the Son may bring glory to the Father. **14** You may ask me for anything in my name, and I will do it.

Jesus Promete o Espírito Santo

15 "Se vocês me amam, obedecerão aos meus mandamentos. **16** E eu pedirei ao Pai, e ele lhes dará outro Conselheiro para estar com vocês para sempre, **17** o Espírito da verdade. O mundo não pode recebê-lo, porque não o vê nem o conhece. Mas vocês o conhecem, pois ele vive com vocês e estará[a] em vocês. **18** Não os deixarei órfãos; voltarei para vocês. **19** Dentro de pouco tempo o mundo não me verá mais; vocês, porém, me verão. Porque eu vivo, vocês também viverão. **20** Naquele dia compreenderão que estou em meu Pai, vocês em mim, e eu em vocês. **21** Quem tem os meus mandamentos e lhes obedece, esse é o que me ama. Aquele que me ama será amado por meu Pai, e eu também o amarei e me revelarei a ele".

22 Disse então Judas (não o Iscariotes): "Senhor, mas por que te revelarás a nós e não ao mundo?"

23 Respondeu Jesus: "Se alguém me ama, obedecerá à minha palavra. Meu Pai o amará, nós viremos a ele e faremos morada nele. **24** Aquele que não me ama não obedece às minhas palavras. Estas palavras que vocês estão ouvindo não são minhas; são de meu Pai que me enviou.

25 "Tudo isso lhes tenho dito enquanto ainda estou com vocês. **26** Mas o Conselheiro, o Espírito Santo, que o Pai enviará em meu nome, lhes ensinará todas as coisas e lhes fará lembrar tudo o que eu lhes disse. **27** Deixo-lhes a paz; a minha paz lhes dou. Não a dou como o mundo a dá. Não se perturbe o seu coração, nem tenham medo.

28 "Vocês me ouviram dizer: Vou, mas volto para vocês. Se vocês me amassem, ficariam contentes porque vou para o Pai, pois o Pai é maior do que eu. **29** Isso eu lhes digo agora, antes que aconteça, para que, quando acontecer, vocês creiam. **30** Já não lhes falarei muito, pois o príncipe deste mundo está vindo. Ele não tem nenhum direito sobre mim. **31** Todavia é preciso que o mundo saiba que eu amo o Pai e que faço o que meu Pai me ordenou. Levantem-se, vamo-nos daqui!

A Videira e os Ramos

15 "Eu sou a videira verdadeira, e meu Pai é o agricultor. **2** Todo ramo que, estando em mim, não dá fruto, ele corta; e todo que dá fruto ele poda[b], para que dê mais fruto ainda. **3** Vocês já estão limpos, pela palavra que lhes tenho falado. **4** Permaneçam em mim, e eu permanecerei em vocês. Nenhum ramo pode dar fruto por si mesmo, se não permanecer na videira. Vocês também não podem dar fruto, se não permanecerem em mim.

5 "Eu sou a videira; vocês são os ramos. Se alguém permanecer em mim e eu nele, esse dará muito fruto; pois sem mim vocês não podem fazer coisa alguma. **6** Se alguém não permanecer em mim, será como o ramo que é jogado fora e seca. Tais ramos são apanhados, lançados ao fogo e queimados. **7** Se vocês permanecerem em mim, e as minhas palavras permanecerem em vocês, pedirão o que quiserem, e lhes será concedido. **8** Meu Pai é glorificado pelo fato de vocês darem muito fruto; e assim serão meus discípulos.

9 "Como o Pai me amou, assim eu os amei; permaneçam no meu amor. **10** Se vocês obedecerem aos meus mandamentos, permanecerão no meu amor, assim como tenho obedecido aos mandamentos de meu Pai e em seu amor permaneço. **11** Tenho lhes dito estas palavras para que a minha alegria esteja em vocês e a alegria de vocês seja completa. **12** O meu mandamento é este: Amem-se uns aos outros como eu os amei. **13** Ninguém tem maior amor do que aquele que dá a sua vida pelos seus amigos. **14** Vocês serão meus amigos, se fizerem o que eu lhes ordeno. **15** Já não os chamo servos, porque o servo não sabe o que o seu senhor faz. Em vez disso, eu os tenho chamado amigos, porque tudo o que ouvi de meu Pai eu lhes tornei conhecido. **16** Vocês não me

Jesus Promises the Holy Spirit

15 "If you love me, you will obey what I command. **16** And I will ask the Father, and he will give you another Counselor to be with you forever— **17** the Spirit of truth. The world cannot accept him, because it neither sees him nor knows him. But you know him, for he lives with you and will be[a] in you. **18** I will not leave you as orphans; I will come to you. **19** Before long, the world will not see me anymore, but you will see me. Because I live, you also will live. **20** On that day you will realize that I am in my Father, and you are in me, and I am in you. **21** Whoever has my commands and obeys them, he is the one who loves me. He who loves me will be loved by my Father, and I too will love him and show myself to him."

22 Then Judas (not Judas Iscariot) said, "But, Lord, why do you intend to show yourself to us and not to the world?"

23 Jesus replied, "If anyone loves me, he will obey my teaching. My Father will love him, and we will come to him and make our home with him. **24** He who does not love me will not obey my teaching. These words you hear are not my own; they belong to the Father who sent me.

25 "All this I have spoken while still with you. **26** But the Counselor, the Holy Spirit, whom the Father will send in my name, will teach you all things and will remind you of everything I have said to you. **27** Peace I leave with you; my peace I give you. I do not give to you as the world gives. Do not let your hearts be troubled and do not be afraid.

28 "You heard me say, 'I am going away and I am coming back to you.' If you loved me, you would be glad that I am going to the Father, for the Father is greater than I. **29** I have told you now before it happens, so that when it does happen you will believe. **30** I will not speak with you much longer, for the prince of this world is coming. He has no hold on me, **31** but the world must learn that I love the Father and that I do exactly what my Father has commanded me.

"Come now; let us leave.

The Vine and the Branches

15 "I am the true vine, and my Father is the gardener. **2** He cuts off every branch in me that bears no fruit, while every branch that does bear fruit he prunes[b] so that it will be even more fruitful. **3** You are already clean because of the word I have spoken to you. **4** Remain in me, and I will remain in you. No branch can bear fruit by itself; it must remain in the vine. Neither can you bear fruit unless you remain in me.

5 "I am the vine; you are the branches. If a man remains in me and I in him, he will bear much fruit; apart from me you can do nothing. **6** If anyone does not remain in me, he is like a branch that is thrown away and withers; such branches are picked up, thrown into the fire and burned. **7** If you remain in me and my words remain in you, ask whatever you wish, and it will be given you. **8** This is to my Father's glory, that you bear much fruit, showing yourselves to be my disciples.

9 "As the Father has loved me, so have I loved you. Now remain in my love. **10** If you obey my commands, you will remain in my love, just as I have obeyed my Father's commands and remain in his love. **11** I have told you this so that my joy may be in you and that your joy may be complete. **12** My command is this: Love each other as I have loved you. **13** Greater love has no one than this, that he lay down his life for his friends. **14** You are my friends if you do what I command. **15** I no longer call you servants, because a servant does not know his master's business. Instead, I have called you friends, for everything that I learned from my Father I have made known to you. **16** You did

---

[a]14.17 Alguns manuscritos dizem *está*. [b]15.2 O termo grego traduzido como *poda* também significa *limpa*.

[a]14:17 Some early manuscripts *and is* [b]15:2 The Greek for *prunes* also means *cleans*.

escolheram, mas eu os escolhi para irem e darem fruto, fruto que permaneça, a fim de que o Pai lhes conceda o que pedirem em meu nome. [17] Este é o meu mandamento: Amem-se uns aos outros.

O Mundo Odeia os Discípulos

[18] "Se o mundo os odeia, tenham em mente que antes me odiou. [19] Se vocês pertencessem ao mundo, ele os amaria como se fossem dele. Todavia, vocês não são do mundo, mas eu os escolhi, tirando-os do mundo; por isso o mundo os odeia. [20] Lembrem-se das palavras que eu lhes disse: Nenhum escravo é maior do que o seu senhor.[a] Se me perseguiram, também perseguirão vocês. Se obedeceram à minha palavra, também obedecerão à de vocês. [21] Tratarão assim vocês por causa do meu nome, pois não conhecem aquele que me enviou. [22] Se eu não tivesse vindo e lhes falado, não seriam culpados de pecado. Agora, contudo, eles não têm desculpa para o seu pecado. [23] Aquele que me odeia, também odeia o meu Pai. [24] Se eu não tivesse realizado no meio deles obras que ninguém mais fez, eles não seriam culpados de pecado. Mas agora eles as viram e odiaram a mim e a meu Pai. [25] Mas isto aconteceu para se cumprir o que está escrito na Lei deles: 'Odiaram-me sem razão'[b].

[26] "Quando vier o Conselheiro, que eu enviarei a vocês da parte do Pai, o Espírito da verdade que provém do Pai, ele testemunhará a meu respeito. [27] E vocês também testemunharão, pois estão comigo desde o princípio.

16

[1] "Eu lhes tenho dito tudo isso para que vocês não venham a tropeçar. [2] Vocês serão expulsos das sinagogas; de fato, virá o tempo quando quem os matar pensará que está prestando culto a Deus. [3] Farão essas coisas porque não conheceram nem o Pai, nem a mim. [4] Estou lhes dizendo isto para que, quando chegar a hora, lembrem-se de que eu os avisei. Não lhes disse isso no princípio, porque eu estava com vocês.

A Obra do Espírito Santo

[5] "Agora que vou para aquele que me enviou, nenhum de vocês me pergunta: 'Para onde vais?' [6] Porque falei estas coisas, o coração de vocês encheu-se de tristeza. [7] Mas eu lhes afirmo que é para o bem de vocês que eu vou. Se eu não for, o Conselheiro não virá para vocês; mas se eu for, eu o enviarei. [8] Quando ele vier, convencerá o mundo do pecado, da justiça e do juízo.[c] [9] Do pecado, porque os homens não crêem em mim; [10] da justiça, porque vou para o Pai, e vocês não me verão mais; [11] e do juízo, porque o príncipe deste mundo já está condenado.

[12] "Tenho ainda muito que lhes dizer, mas vocês não o podem suportar agora. [13] Mas quando o Espírito da verdade vier, ele os guiará a toda a verdade. Não falará de si mesmo; falará apenas o que ouvir, e lhes anunciará o que está por vir. [14] Ele me glorificará, porque receberá do que é meu e o tornará conhecido a vocês. [15] Tudo o que pertence ao Pai é meu. Por isso eu disse que o Espírito receberá do que é meu e o tornará conhecido a vocês.

[16] "Mais um pouco e já não me verão; um pouco mais, e me verão de novo".

A Tristeza dos Discípulos Será Transformada em Alegria

[17] Alguns dos seus discípulos disseram uns aos outros: "O que ele quer dizer com isso: 'Mais um pouco e não me verão'; e 'um pouco mais e me verão de novo', e 'porque vou para o Pai'?" [18] E perguntavam: "Que quer dizer 'um pouco mais'? Não entendemos o que ele está dizendo".

[19] Jesus percebeu que desejavam interrogá-lo a respeito disso, pelo que lhes disse: "Vocês estão perguntando uns aos outros o que eu quis dizer quando falei: Mais um pouco

not choose me, but I chose you and appointed you to go and bear fruit—fruit that will last. Then the Father will give you whatever you ask in my name. [17] This is my command: Love each other.

The World Hates the Disciples

[18] "If the world hates you, keep in mind that it hated me first. [19] If you belonged to the world, it would love you as its own. As it is, you do not belong to the world, but I have chosen you out of the world. That is why the world hates you. [20] Remember the words I spoke to you: 'No servant is greater than his master.'[a] If they persecuted me, they will persecute you also. If they obeyed my teaching, they will obey yours also. [21] They will treat you this way because of my name, for they do not know the One who sent me. [22] If I had not come and spoken to them, they would not be guilty of sin. Now, however, they have no excuse for their sin. [23] He who hates me hates my Father as well. [24] If I had not done among them what no one else did, they would not be guilty of sin. But now they have seen these miracles, and yet they have hated both me and my Father. [25] But this is to fulfill what is written in their Law: 'They hated me without reason.'[b]

[26] "When the Counselor comes, whom I will send to you from the Father, the Spirit of truth who goes out from the Father, he will testify about me. [27] And you also must testify, for you have been with me from the beginning.

16

[1] "All this I have told you so that you will not go astray. [2] They will put you out of the synagogue; in fact, a time is coming when anyone who kills you will think he is offering a service to God. [3] They will do such things because they have not known the Father or me. [4] I have told you this, so that when the time comes you will remember that I warned you. I did not tell you this at first because I was with you.

The Work of the Holy Spirit

[5] "Now I am going to him who sent me, yet none of you asks me, 'Where are you going?' [6] Because I have said these things, you are filled with grief. [7] But I tell you the truth: It is for your good that I am going away. Unless I go away, the Counselor will not come to you; but if I go, I will send him to you. [8] When he comes, he will convict the world of guilt[c] in regard to sin and righteousness and judgment: [9] in regard to sin, because men do not believe in me; [10] in regard to righteousness, because I am going to the Father, where you can see me no longer; [11] and in regard to judgment, because the prince of this world now stands condemned.

[12] "I have much more to say to you, more than you can now bear. [13] But when he, the Spirit of truth, comes, he will guide you into all truth. He will not speak on his own; he will speak only what he hears, and he will tell you what is yet to come. [14] He will bring glory to me by taking from what is mine and making it known to you. [15] All that belongs to the Father is mine. That is why I said the Spirit will take from what is mine and make it known to you.

[16] "In a little while you will see me no more, and then after a little while you will see me."

The Disciples' Grief Will Turn to Joy

[17] Some of his disciples said to one another, "What does he mean by saying, 'In a little while you will see me no more, and then after a little while you will see me,' and 'Because I am going to the Father'?" [18] They kept asking, "What does he mean by 'a little while'? We don't understand what he is saying."

[19] Jesus saw that they wanted to ask him about this, so he said to them, "Are you asking one another what I meant when I said, 'In a little while you will see me no more, and then

---

[a]15.20 Jo 13.16 [b]15.25 Sl 35.19; 69.4 [c]16.8 Ou *exporá ao mundo o pecado, a justiça e o juízo.*

[a]15:20 John 13:16 [b]15:25 Psalms 35:19; 69:4 [c]16:8 Or *will expose the guilt of the world*

e não me verão; um pouco mais e me verão de novo? **20** Digo-lhes que certamente vocês chorarão e se lamentarão, mas o mundo se alegrará. Vocês se entristecerão, mas a tristeza de vocês se transformará em alegria. **21** A mulher que está dando à luz sente dores, porque chegou a sua hora; mas, quando o bebê nasce, ela esquece a angústia, por causa da alegria de ter vindo ao mundo. **22** Assim acontece com vocês: agora é hora de tristeza para vocês, mas eu os verei outra vez, e vocês se alegrarão, e ninguém lhes tirará essa alegria. **23** Naquele dia vocês não me perguntarão mais nada. Eu lhes asseguro que meu Pai lhes dará tudo o que pedirem em meu nome. **24** Até agora vocês não pediram nada em meu nome. Peçam e receberão, para que a alegria de vocês seja completa.

25 "Embora eu tenha falado por meio de figuras, vem a hora em que não usarei mais esse tipo de linguagem, mas lhes falarei abertamente a respeito de meu Pai. **26** Nesse dia, vocês pedirão em meu nome. Não digo que pedirei ao Pai em favor de vocês, **27** pois o próprio Pai os ama, porquanto vocês me amaram e creram que eu vim de Deus. **28** Eu vim do Pai e entrei no mundo; agora deixo o mundo e volto para o Pai".

29 Então os discípulos de Jesus disseram: "Agora estás falando claramente, e não por figuras. **30** Agora podemos perceber que sabes todas as coisas e nem precisas que te façam perguntas. Por isso cremos que vieste de Deus".

31 Respondeu Jesus: "Agora vocês crêem? **32** Aproxima-se a hora, e já chegou, quando vocês serão espalhados cada um para a sua casa. Vocês me deixarão sozinho. Mas eu não estou sozinho, pois meu Pai está comigo.

33 "Eu lhes disse essas coisas para que em mim vocês tenham paz. Neste mundo vocês terão aflições; contudo, tenham ânimo! Eu venci o mundo".

Jesus Ora por si mesmo

17 Depois de dizer isso, Jesus olhou para o céu e orou:

"Pai, chegou a hora. Glorifica o teu Filho, para que o teu Filho te glorifique. **2** Pois lhe deste autoridade sobre toda a humanidade[a], para que conceda a vida eterna a todos os que lhe deste. **3** Esta é a vida eterna: que te conheçam, o único Deus verdadeiro, e a Jesus Cristo, a quem enviaste. **4** Eu te glorifiquei na terra, completando a obra que me deste para fazer. **5** E agora, Pai, glorifica-me junto a ti, com a glória que eu tinha contigo antes que o mundo existisse.

Jesus Ora por seus Discípulos

6 "Eu revelei teu nome àqueles que do mundo me deste. Eles eram teus; tu os deste a mim, e eles têm obedecido à tua palavra. **7** Agora eles sabem que tudo o que me deste vem de ti. **8** Pois eu lhes transmiti as palavras que me deste, e eles as aceitaram. Eles reconheceram de fato que vim de ti e creram que me enviaste. **9** Eu rogo por eles. Não estou rogando pelo mundo, mas por aqueles que me deste, pois são teus. **10** Tudo o que tenho é teu, e tudo o que tens é meu. E eu tenho sido glorificado por meio deles. **11** Não ficarei mais no mundo, mas eles ainda estão no mundo, e eu vou para ti. Pai santo, protege-os em teu nome, o nome que me deste, para que sejam um, assim como somos um. **12** Enquanto estava com eles, eu os protegi e os guardei no nome que me deste. Nenhum deles se perdeu, a não ser aquele que estava destinado à perdição[b], para que se cumprisse a Escritura.

13 "Agora vou para ti, mas digo estas coisas enquanto ainda estou no mundo, para que eles tenham a plenitude da minha alegria. **14** Dei-lhes a tua palavra, e o mundo os

after a little while you will see me'? **20** I tell you the truth, you will weep and mourn while the world rejoices. You will grieve, but your grief will turn to joy. **21** A woman giving birth to a child has pain because her time has come; but when her baby is born she forgets the anguish because of her joy that a child is born into the world. **22** So with you: Now is your time of grief, but I will see you again and you will rejoice, and no one will take away your joy. **23** In that day you will no longer ask me anything. I tell you the truth, my Father will give you whatever you ask in my name. **24** Until now you have not asked for anything in my name. Ask and you will receive, and your joy will be complete.

25 "Though I have been speaking figuratively, a time is coming when I will no longer use this kind of language but will tell you plainly about my Father. **26** In that day you will ask in my name. I am not saying that I will ask the Father on your behalf. **27** No, the Father himself loves you because you have loved me and have believed that I came from God. **28** I came from the Father and entered the world; now I am leaving the world and going back to the Father."

29 Then Jesus' disciples said, "Now you are speaking clearly and without figures of speech. **30** Now we can see that you know all things and that you do not even need to have anyone ask you questions. This makes us believe that you came from God."

31 "You believe at last!"[a] Jesus answered. **32** "But a time is coming, and has come, when you will be scattered, each to his own home. You will leave me all alone. Yet I am not alone, for my Father is with me.

33 "I have told you these things, so that in me you may have peace. In this world you will have trouble. But take heart! I have overcome the world."

Jesus Prays for Himself

17 After Jesus said this, he looked toward heaven and prayed:

"Father, the time has come. Glorify your Son, that your Son may glorify you. **2** For you granted him authority over all people that he might give eternal life to all those you have given him. **3** Now this is eternal life: that they may know you, the only true God, and Jesus Christ, whom you have sent. **4** I have brought you glory on earth by completing the work you gave me to do. **5** And now, Father, glorify me in your presence with the glory I had with you before the world began.

Jesus Prays for His Disciples

6 "I have revealed you[b] to those whom you gave me out of the world. They were yours; you gave them to me and they have obeyed your word. **7** Now they know that everything you have given me comes from you. **8** For I gave them the words you gave me and they accepted them. They knew with certainty that I came from you, and they believed that you sent me. **9** I pray for them. I am not praying for the world, but for those you have given me, for they are yours. **10** All I have is yours, and all you have is mine. And glory has come to me through them. **11** I will remain in the world no longer, but they are still in the world, and I am coming to you. Holy Father, protect them by the power of your name—the name you gave me—so that they may be one as we are one. **12** While I was with them, I protected them and kept them safe by that name you gave me. None has been lost except the one doomed to destruction so that Scripture would be fulfilled.

13 "I am coming to you now, but I say these things while I am still in the world, so that they may have the full measure of my joy within them. **14** I have given them your

---

[a]**17.2** Grego: *carne.* [b]**17.12** Grego: *a não ser o filho da perdição.*   [a]**16:31** Or *"Do you now believe?"* [b]**17:6** Greek *your name;* also in verse 26

odiou, pois eles não são do mundo, como eu também não sou. **15** Não rogo que os tires do mundo, mas que os protejas do Maligno. **16** Eles não são do mundo, como eu também não sou. **17** Santifica-os na verdade; a tua palavra é a verdade. **18** Assim como me enviaste ao mundo, eu os enviei ao mundo. **19** Em favor deles eu me santifico, para que também eles sejam santificados pela verdade.

Jesus Ora por Todos os Crentes

20 "Minha oração não é apenas por eles. Rogo também por aqueles que crerão em mim, por meio da mensagem deles, **21** para que todos sejam um, Pai, como tu estás em mim e eu em ti. Que eles também estejam em nós, para que o mundo creia que tu me enviaste. **22** Dei-lhes a glória que me deste, para que eles sejam um, assim como nós somos um: **23** eu neles e tu em mim. Que eles sejam levados à plena unidade, para que o mundo saiba que tu me enviaste, e os amaste como igualmente me amaste.

24 "Pai, quero que os que me deste estejam comigo onde eu estou e vejam a minha glória, a glória que me deste porque me amaste antes da criação do mundo.

25 "Pai justo, embora o mundo não te conheça, eu te conheço, e estes sabem que me enviaste. **26** Eu os fiz conhecer o teu nome, e continuarei a fazê-lo, a fim de que o amor que tens por mim esteja neles, e eu neles esteja".

Jesus é Preso
(Mt 26.47-56; Mc 14.43-50; Lc 22.47-53)

18 Tendo terminado de orar, Jesus saiu com os seus discípulos e atravessou o vale do Cedrom. Do outro lado havia um olival, onde entrou com eles.

2 Ora, Judas, o traidor, conhecia aquele lugar, porque Jesus muitas vezes se reunira ali com os seus discípulos. **3** Então Judas foi para o olival, levando consigo um destacamento de soldados e alguns guardas enviados pelos chefes dos sacerdotes e fariseus, levando tochas, lanternas e armas.

4 Jesus, sabendo tudo o que lhe ia acontecer, saiu e lhes perguntou: "A quem vocês estão procurando?"

5 "A Jesus de Nazaré", responderam eles.

"Sou eu", disse Jesus.

(E Judas, o traidor, estava com eles.) **6** Quando Jesus disse: "Sou eu", eles recuaram e caíram por terra.

7 Novamente lhes perguntou: "A quem procuram?"

E eles disseram: "A Jesus de Nazaré".

8 Respondeu Jesus: "Já lhes disse que sou eu. Se vocês estão me procurando, deixem ir embora estes homens". **9** Isso aconteceu para que se cumprissem as palavras que ele dissera: "Não perdi nenhum dos que me deste"ᵃ.

10 Simão Pedro, que trazia uma espada, tirou-a e feriu o servo do sumo sacerdote, decepando-lhe a orelha direita. (O nome daquele servo era Malco.)

11 Jesus, porém, ordenou a Pedro: "Guarde a espada! Acaso não haverei de beber o cálice que o Pai me deu?"

Jesus é Levado a Anás

12 Assim, o destacamento de soldados com o seu comandante e os guardas dos judeus prenderam Jesus. Amarraram-no **13** e o levaram primeiramente a Anás, que era sogro de Caifás, o sumo sacerdote naquele ano. **14** Caifás era quem tinha dito aos judeus que seria bom que um homem morresse pelo povo.

Pedro Nega Jesus
(Mt 26.69,70; Mc 14.66-68; Lc 22.54-57)

15 Simão Pedro e outro discípulo estavam seguindo Jesus. Por ser conhecido do sumo sacerdote, este discípulo entrou

word and the world has hated them, for they are not of the world any more than I am of the world. **15** My prayer is not that you take them out of the world but that you protect them from the evil one. **16** They are not of the world, even as I am not of it. **17** Sanctifyᵃ them by the truth; your word is truth. **18** As you sent me into the world, I have sent them into the world. **19** For them I sanctify myself, that they too may be truly sanctified.

Jesus Prays for All Believers

20 "My prayer is not for them alone. I pray also for those who will believe in me through their message, **21** that all of them may be one, Father, just as you are in me and I am in you. May they also be in us so that the world may believe that you have sent me. **22** I have given them the glory that you gave me, that they may be one as we are one: **23** I in them and you in me. May they be brought to complete unity to let the world know that you sent me and have loved them even as you have loved me.

24 "Father, I want those you have given me to be with me where I am, and to see my glory, the glory you have given me because you loved me before the creation of the world.

25 "Righteous Father, though the world does not know you, I know you, and they know that you have sent me. **26** I have made you known to them, and will continue to make you known in order that the love you have for me may be in them and that I myself may be in them."

Jesus Arrested

18 When he had finished praying, Jesus left with his disciples and crossed the Kidron Valley. On the other side there was an olive grove, and he and his disciples went into it.

2 Now Judas, who betrayed him, knew the place, because Jesus had often met there with his disciples. **3** So Judas came to the grove, guiding a detachment of soldiers and some officials from the chief priests and Pharisees. They were carrying torches, lanterns and weapons.

4 Jesus, knowing all that was going to happen to him, went out and asked them, "Who is it you want?"

5 "Jesus of Nazareth," they replied.

"I am he," Jesus said. (And Judas the traitor was standing there with them.) **6** When Jesus said, "I am he," they drew back and fell to the ground.

7 Again he asked them, "Who is it you want?"

And they said, "Jesus of Nazareth."

8 "I told you that I am he," Jesus answered. "If you are looking for me, then let these men go." **9** This happened so that the words he had spoken would be fulfilled: "I have not lost one of those you gave me."ᵇ

10 Then Simon Peter, who had a sword, drew it and struck the high priest's servant, cutting off his right ear. (The servant's name was Malchus.)

11 Jesus commanded Peter, "Put your sword away! Shall I not drink the cup the Father has given me?"

Jesus Taken to Annas

12 Then the detachment of soldiers with its commander and the Jewish officials arrested Jesus. They bound him **13** and brought him first to Annas, who was the father-in-law of Caiaphas, the high priest that year. **14** Caiaphas was the one who had advised the Jews that it would be good if one man died for the people.

Peter's First Denial

15 Simon Peter and another disciple were following Jesus. Because this disciple was known to the high priest, he went

---

ᵃ**18.9** Jo 6.39

ᵃ**17:17** Greek *hagiazo (set apart for sacred use or make holy);* also in verse 19
ᵇ**18:9** John 6:39

com Jesus no pátio da casa do sumo sacerdote, **16** mas Pedro teve que ficar esperando do lado de fora da porta. O outro discípulo, que era conhecido do sumo sacerdote, voltou, falou com a moça encarregada da porta e fez Pedro entrar.

17 Ela então perguntou a Pedro: "Você não é um dos discípulos desse homem?"

Ele respondeu: "Não sou".

18 Fazia frio; os servos e os guardas estavam ao redor de uma fogueira que haviam feito para se aquecerem. Pedro também estava em pé com eles, aquecendo-se.

O Sumo Sacerdote Interroga Jesus

19 Enquanto isso, o sumo sacerdote interrogou Jesus acerca dos seus discípulos e dos seus ensinamentos.

20 Respondeu-lhe Jesus: "Eu falei abertamente ao mundo; sempre ensinei nas sinagogas e no templo, onde todos os judeus se reúnem. Nada disse em segredo. **21** Por que me interrogas? Pergunta aos que me ouviram. Certamente eles sabem o que eu disse".

22 Quando Jesus disse isso, um dos guardas que estava perto bateu-lhe no rosto. "Isso é jeito de responder ao sumo sacerdote?", perguntou ele.

23 Respondeu Jesus: "Se eu disse algo de mal, denuncie o mal. Mas se falei a verdade, por que me bateu?" **24** Então, Anás enviou[a] Jesus, de mãos amarradas, a Caifás, o sumo sacerdote.

Pedro Nega Jesus Mais Duas Vezes
(Mt 26.71-75; Mc 14.69-72; Lc 22.58-62)

25 Enquanto Simão Pedro estava se aquecendo, perguntaram-lhe: "Você não é um dos discípulos dele?"

Ele negou, dizendo: "Não sou".

26 Um dos servos do sumo sacerdote, parente do homem cuja orelha Pedro cortara, insistiu: "Eu não o vi com ele no olival?" **27** Mais uma vez Pedro negou, e no mesmo instante um galo cantou.

Jesus diante de Pilatos

28 Em seguida, os judeus levaram Jesus da casa de Caifás para o Pretório[b]. Já estava amanhecendo e, para evitar contaminação cerimonial, os judeus não entraram no Pretório; pois queriam participar da Páscoa. **29** Então Pilatos saiu para falar com eles e perguntou: "Que acusação vocês têm contra este homem?"

30 Responderam eles: "Se ele não fosse criminoso, não o teríamos entregado a ti".

31 Pilatos disse: "Levem-no e julguem-no conforme a lei de vocês".

"Mas nós não temos o direito de executar ninguém", protestaram os judeus. **32** Isso aconteceu para que se cumprissem as palavras que Jesus tinha dito, indicando a espécie de morte que ele estava para sofrer.

33 Pilatos então voltou para o Pretório, chamou Jesus e lhe perguntou: "Você é o rei dos judeus?"

34 Perguntou-lhe Jesus: "Essa pergunta é tua, ou outros te falaram a meu respeito?"

35 Respondeu Pilatos: "Acaso sou judeu? Foram o seu povo e os chefes dos sacerdotes que entregaram você a mim. Que é que você fez?"

36 Disse Jesus: "O meu Reino não é deste mundo. Se fosse, os meus servos lutariam para impedir que os judeus me prendessem. Mas agora o meu Reino não é daqui".

37 "Então, você é rei!", disse Pilatos.

Jesus respondeu: "Tu dizes que sou rei. De fato, por esta razão nasci e para isto vim ao mundo: para testemunhar da verdade. Todos os que são da verdade me ouvem".

38 "Que é a verdade?", perguntou Pilatos. Ele disse isso e saiu novamente para onde estavam os judeus, e disse: "Não acho nele motivo algum de acusação. **39** Contudo, segundo o costu-

with Jesus into the high priest's courtyard, **16** but Peter had to wait outside at the door. The other disciple, who was known to the high priest, came back, spoke to the girl on duty there and brought Peter in.

17 "You are not one of his disciples, are you?" the girl at the door asked Peter.

He replied, "I am not."

18 It was cold, and the servants and officials stood around a fire they had made to keep warm. Peter also was standing with them, warming himself.

The High Priest Questions Jesus

19 Meanwhile, the high priest questioned Jesus about his disciples and his teaching.

20 "I have spoken openly to the world," Jesus replied. "I always taught in synagogues or at the temple, where all the Jews come together. I said nothing in secret. **21** Why question me? Ask those who heard me. Surely they know what I said."

22 When Jesus said this, one of the officials nearby struck him in the face. "Is this the way you answer the high priest?" he demanded.

23 "If I said something wrong," Jesus replied, "testify as to what is wrong. But if I spoke the truth, why did you strike me?" **24** Then Annas sent him, still bound, to Caiaphas the high priest.[a]

Peter's Second and Third Denials

25 As Simon Peter stood warming himself, he was asked, "You are not one of his disciples, are you?"

He denied it, saying, "I am not."

26 One of the high priest's servants, a relative of the man whose ear Peter had cut off, challenged him, "Didn't I see you with him in the olive grove?" **27** Again Peter denied it, and at that moment a rooster began to crow.

Jesus Before Pilate

28 Then the Jews led Jesus from Caiaphas to the palace of the Roman governor. By now it was early morning, and to avoid ceremonial uncleanness the Jews did not enter the palace; they wanted to be able to eat the Passover. **29** So Pilate came out to them and asked, "What charges are you bringing against this man?"

30 "If he were not a criminal," they replied, "we would not have handed him over to you."

31 Pilate said, "Take him yourselves and judge him by your own law."

"But we have no right to execute anyone," the Jews objected. **32** This happened so that the words Jesus had spoken indicating the kind of death he was going to die would be fulfilled.

33 Pilate then went back inside the palace, summoned Jesus and asked him, "Are you the king of the Jews?"

34 "Is that your own idea," Jesus asked, "or did others talk to you about me?"

35 "Am I a Jew?" Pilate replied. "It was your people and your chief priests who handed you over to me. What is it you have done?"

36 Jesus said, "My kingdom is not of this world. If it were, my servants would fight to prevent my arrest by the Jews. But now my kingdom is from another place."

37 "You are a king, then!" said Pilate.

Jesus answered, "You are right in saying I am a king. In fact, for this reason I was born, and for this I came into the world, to testify to the truth. Everyone on the side of truth listens to me."

38 "What is truth?" Pilate asked. With this he went out again to the Jews and said, "I find no basis for a charge against him. **39** But it is your custom for me to release to you one

---

[a]18.24 Ou *Ora, Anás havia enviado* [b]18.28 Residência oficial do governador romano; também no versículo 33.

[a]18.24 Or *(Now Annas had sent him, still bound, to Caiaphas the high priest.)*

me de vocês, devo libertar um prisioneiro por ocasião da Páscoa. Querem que eu solte 'o rei dos judeus'?"

40 Eles, em resposta, gritaram: "Não, ele não! Queremos Barrabás!" Ora, Barrabás era um bandido.

Jesus é Condenado à Crucificação

19 Então Pilatos mandou açoitar Jesus. **2** Os soldados teceram uma coroa de espinhos e a puseram na cabeça dele. Vestiram-no com uma capa de púrpura, **3** e, chegando-se a ele, diziam: "Salve, rei dos judeus!" E batiam-lhe no rosto.

4 Mais uma vez, Pilatos saiu e disse aos judeus: "Vejam, eu o estou trazendo a vocês, para que saibam que não acho nele motivo algum de acusação". **5** Quando Jesus veio para fora, usando a coroa de espinhos e a capa de púrpura, disse-lhes Pilatos: "Eis o homem!"

6 Ao vê-lo, os chefes dos sacerdotes e os guardas gritaram: "Crucifica-o! Crucifica-o!"

Mas Pilatos respondeu: "Levem-no vocês e crucifiquem-no. Quanto a mim, não encontro base para acusá-lo".

7 Os judeus insistiram: "Temos uma lei e, de acordo com essa lei, ele deve morrer, porque se declarou Filho de Deus".

8 Ao ouvir isso, Pilatos ficou ainda mais amedrontado **9** e voltou para dentro do palácio. Então perguntou a Jesus: "De onde você vem?", mas Jesus não lhe deu resposta. **10** "Você se nega a falar comigo?", disse Pilatos. "Não sabe que eu tenho autoridade para libertá-lo e para crucificá-lo?"

11 Jesus respondeu: "Não terias nenhuma autoridade sobre mim, se esta não te fosse dada de cima. Por isso, aquele que me entregou a ti é culpado de um pecado maior".

12 Daí em diante Pilatos procurou libertar Jesus, mas os judeus gritavam: "Se deixares esse homem livre, não és amigo de César. Quem se diz rei opõe-se a César".

13 Ao ouvir isso, Pilatos trouxe Jesus para fora e sentou-se na cadeira de juiz, num lugar conhecido como Pavimento de Pedra (que em aramaico é Gábata). **14** Era o Dia da Preparação na semana da Páscoa, por volta do meio-dia[a].

"Eis o rei de vocês", disse Pilatos aos judeus.

15 Mas eles gritaram: "Mata! Mata! Crucifica-o!"

"Devo crucificar o rei de vocês?", perguntou Pilatos.

"Não temos rei, senão César", responderam os chefes dos sacerdotes.

16 Finalmente Pilatos o entregou a eles para ser crucificado.

A Crucificação
(Mt 27.32-44; Mc 15.21-32; Lc 23.26-43)

Então os soldados encarregaram-se de Jesus. **17** Levando a sua própria cruz, ele saiu para o lugar chamado Caveira (que em aramaico é chamado Gólgota). **18** Ali o crucificaram, e com ele dois outros, um de cada lado de Jesus.

19 Pilatos mandou preparar uma placa e pregá-la na cruz, com a seguinte inscrição: JESUS NAZARENO, O REI DOS JUDEUS. **20** Muitos dos judeus leram a placa, pois o lugar em que Jesus foi crucificado ficava próximo da cidade, e a placa estava escrita em aramaico, latim e grego. **21** Os chefes dos sacerdotes dos judeus protestaram junto a Pilatos: "Não escrevas 'O Rei dos Judeus', mas sim que esse homem se dizia rei dos judeus".

22 Pilatos respondeu: "O que escrevi, escrevi".

23 Tendo crucificado Jesus, os soldados tomaram as roupas dele e as dividiram em quatro partes, uma para cada um deles, restando a túnica. Esta, porém, era sem costura, tecida numa única peça, de alto a baixo.

24 "Não a rasguemos", disseram uns aos outros. "Vamos decidir por sorteio quem ficará com ela."

Isso aconteceu para que se cumprisse a Escritura que diz:

"Dividiram as minhas roupas entre si,
e tiraram sortes
　　pelas minhas vestes"[b].

Foi o que os soldados fizeram.

---

prisoner at the time of the Passover. Do you want me to release 'the king of the Jews'?"

40 They shouted back, "No, not him! Give us Barabbas!" Now Barabbas had taken part in a rebellion.

Jesus Sentenced to be Crucified

19 Then Pilate took Jesus and had him flogged. **2** The soldiers twisted together a crown of thorns and put it on his head. They clothed him in a purple robe **3** and went up to him again and again, saying, "Hail, king of the Jews!" And they struck him in the face.

4 Once more Pilate came out and said to the Jews, "Look, I am bringing him out to you to let you know that I find no basis for a charge against him." **5** When Jesus came out wearing the crown of thorns and the purple robe, Pilate said to them, "Here is the man!"

6 As soon as the chief priests and their officials saw him, they shouted, "Crucify! Crucify!"

But Pilate answered, "You take him and crucify him. As for me, I find no basis for a charge against him."

7 The Jews insisted, "We have a law, and according to that law he must die, because he claimed to be the Son of God."

8 When Pilate heard this, he was even more afraid, **9** and he went back inside the palace. "Where do you come from?" he asked Jesus, but Jesus gave him no answer. **10** "Do you refuse to speak to me?" Pilate said. "Don't you realize I have power either to free you or to crucify you?"

11 Jesus answered, "You would have no power over me if it were not given to you from above. Therefore the one who handed me over to you is guilty of a greater sin."

12 From then on, Pilate tried to set Jesus free, but the Jews kept shouting, "If you let this man go, you are no friend of Caesar. Anyone who claims to be a king opposes Caesar."

13 When Pilate heard this, he brought Jesus out and sat down on the judge's seat at a place known as the Stone Pavement (which in Aramaic is Gabbatha). **14** It was the day of Preparation of Passover Week, about the sixth hour.

"Here is your king," Pilate said to the Jews.

15 But they shouted, "Take him away! Take him away! Crucify him!"

"Shall I crucify your king?" Pilate asked.

"We have no king but Caesar," the chief priests answered.

16 Finally Pilate handed him over to them to be crucified.

The Crucifixion

So the soldiers took charge of Jesus. **17** Carrying his own cross, he went out to the place of the Skull (which in Aramaic is called Golgotha). **18** Here they crucified him, and with him two others—one on each side and Jesus in the middle.

19 Pilate had a notice prepared and fastened to the cross. It read: JESUS OF NAZARETH, THE KING OF THE JEWS. **20** Many of the Jews read this sign, for the place where Jesus was crucified was near the city, and the sign was written in Aramaic, Latin and Greek. **21** The chief priests of the Jews protested to Pilate, "Do not write 'The King of the Jews,' but that this man claimed to be king of the Jews."

22 Pilate answered, "What I have written, I have written."

23 When the soldiers crucified Jesus, they took his clothes, dividing them into four shares, one for each of them, with the undergarment remaining. This garment was seamless, woven in one piece from top to bottom.

24 "Let's not tear it," they said to one another. "Let's decide by lot who will get it."

This happened that the scripture might be fulfilled which said,

"They divided my garments among them
　　and cast lots for my clothing."[a]

So this is what the soldiers did.

---

[a] **19.14** Grego: *da hora sexta.* [b] **19.24** Sl 22.18　　　　　　　　　　[a] **19:24** Psalm 22:18

25 Perto da cruz de Jesus estavam sua mãe, a irmã dela, Maria, mulher de Clopas, e Maria Madalena. **26** Quando Jesus viu sua mãe ali, e, perto dela, o discípulo a quem ele amava, disse à sua mãe: "Aí está o seu filho", **27** e ao discípulo: "Aí está a sua mãe". Daquela hora em diante, o discípulo a recebeu em sua família.

A Morte de Jesus
(Mt 27.45-56; Mc 15.33-41; Lc 23.44-49)

28 Mais tarde, sabendo então que tudo estava concluído, para que a Escritura se cumprisse, Jesus disse: "Tenho sede". **29** Estava ali uma vasilha cheia de vinagre. Então embeberam uma esponja nela, colocaram a esponja na ponta de um caniço de hissopo e a ergueram até os lábios de Jesus. **30** Tendo-o provado, Jesus disse: "Está consumado!" Com isso, curvou a cabeça e entregou o espírito.

31 Era o Dia da Preparação e o dia seguinte seria um sábado especialmente sagrado. Como não queriam que os corpos permanecessem na cruz durante o sábado, os judeus pediram a Pilatos que mandasse quebrar as pernas dos crucificados e retirar os corpos. **32** Vieram, então, os soldados e quebraram as pernas do primeiro homem que fora crucificado com Jesus e em seguida as do outro. **33** Mas quando chegaram a Jesus, constatando que já estava morto, não lhe quebraram as pernas. **34** Em vez disso, um dos soldados perfurou o lado de Jesus com uma lança, e logo saiu sangue e água. **35** Aquele que o viu, disso deu testemunho, e o seu testemunho é verdadeiro. Ele sabe que está dizendo a verdade, e dela testemunha para que vocês também creiam. **36** Estas coisas aconteceram para que se cumprisse a Escritura: "Nenhum dos seus ossos será quebrado"**ᵃ**, **37** e, como diz a Escritura noutro lugar: "Olharão para aquele que traspassaram"**ᵇ**.

O Sepultamento de Jesus
(Mt 27.57-61; Mc 15.42-47; Lc 23.50-56)

38 Depois disso José de Arimatéia pediu a Pilatos o corpo de Jesus. José era discípulo de Jesus, mas o era secretamente, porque tinha medo dos judeus. Com a permissão de Pilatos, veio e levou embora o corpo. **39** Ele estava acompanhado de Nicodemos, aquele que antes tinha visitado Jesus à noite. Nicodemos levou cerca de trinta e quatro quilos**ᶜ** de uma mistura de mirra e aloés. **40** Tomando o corpo de Jesus, os dois o envolveram em faixas de linho, com as especiarias, de acordo com os costumes judaicos de sepultamento. **41** No lugar onde Jesus foi crucificado havia um jardim; e no jardim, um sepulcro novo, onde ninguém jamais fora colocado. **42** Por ser o Dia da Preparação dos judeus, e visto que o sepulcro ficava perto, colocaram Jesus ali.

A Ressurreição
(Mt 28.1-10; Mc 16.1-8; Lc 24.1-12)

20 No primeiro dia da semana, bem cedo, estando ainda escuro, Maria Madalena chegou ao sepulcro e viu que a pedra da entrada tinha sido removida. **2** Então correu ao encontro de Simão Pedro e do outro discípulo, aquele a quem Jesus amava, e disse: "Tiraram o Senhor do sepulcro, e não sabemos onde o colocaram!"

3 Pedro e o outro discípulo saíram e foram para o sepulcro. **4** Os dois corriam, mas o outro discípulo foi mais rápido que Pedro e chegou primeiro ao sepulcro. **5** Ele se curvou e olhou para dentro, viu as faixas de linho ali, mas não entrou. **6** A seguir, Simão Pedro, que vinha atrás dele, chegou, entrou no sepulcro e viu as faixas de linho, **7** bem como o lenço que estivera sobre a cabeça de Jesus. Ele estava dobrado à parte, separado das faixas de linho. **8** Depois o outro discípulo, que chegara primeiro ao sepulcro, também entrou. Ele viu e creu. **9** (Eles ainda não haviam compreendido que, conforme a Escritura, era necessário que Jesus ressuscitasse dos mortos.)

The Death of Jesus

28 Later, knowing that all was now completed, and so that the Scripture would be fulfilled, Jesus said, "I am thirsty." **29** A jar of wine vinegar was there, so they soaked a sponge in it, put the sponge on a stalk of the hyssop plant, and lifted it to Jesus' lips. **30** When he had received the drink, Jesus said, "It is finished." With that, he bowed his head and gave up his spirit.

31 Now it was the day of Preparation, and the next day was to be a special Sabbath. Because the Jews did not want the bodies left on the crosses during the Sabbath, they asked Pilate to have the legs broken and the bodies taken down. **32** The soldiers therefore came and broke the legs of the first man who had been crucified with Jesus, and then those of the other. **33** But when they came to Jesus and found that he was already dead, they did not break his legs. **34** Instead, one of the soldiers pierced Jesus' side with a spear, bringing a sudden flow of blood and water. **35** The man who saw it has given testimony, and his testimony is true. He knows that he tells the truth, and he testifies so that you also may believe. **36** These things happened so that the scripture would be fulfilled: "Not one of his bones will be broken,"**ᵃ** **37** and, as another scripture says, "They will look on the one they have pierced."**ᵇ**

The Burial of Jesus

38 Later, Joseph of Arimathea asked Pilate for the body of Jesus. Now Joseph was a disciple of Jesus, but secretly because he feared the Jews. With Pilate's permission, he came and took the body away. **39** He was accompanied by Nicodemus, the man who earlier had visited Jesus at night. Nicodemus brought a mixture of myrrh and aloes, about seventy-five pounds.**ᶜ** **40** Taking Jesus' body, the two of them wrapped it, with the spices, in strips of linen. This was in accordance with Jewish burial customs. **41** At the place where Jesus was crucified, there was a garden, and in the garden a new tomb, in which no one had ever been laid. **42** Because it was the Jewish day of Preparation and since the tomb was nearby, they laid Jesus there.

The Empty Tomb

20 Early on the first day of the week, while it was still dark, Mary Magdalene went to the tomb and saw that the stone had been removed from the entrance. **2** So she came running to Simon Peter and the other disciple, the one Jesus loved, and said, "They have taken the Lord out of the tomb, and we don't know where they have put him!"

3 So Peter and the other disciple started for the tomb. **4** Both were running, but the other disciple outran Peter and reached the tomb first. **5** He bent over and looked in at the strips of linen lying there but did not go in. **6** Then Simon Peter, who was behind him, arrived and went into the tomb. He saw the strips of linen lying there, **7** as well as the burial cloth that had been around Jesus' head. The cloth was folded up by itself, separate from the linen. **8** Finally the other disciple, who had reached the tomb first, also went inside. He saw and believed. **9** (They still did not understand from Scripture that Jesus had to rise from the dead.)

ᵃ19.36 Êx 12.46; Nm 9.12; Sl 34.20 **ᵇ19.37** Zc 12.10 **ᶜ19.39** Grego: *100 litras*. A litra era uma medida de capacidade de cerca de um terço de litro.

ᵃ19:36 Exodus 12:46; Num. 9:12; Psalm 34:20 **ᵇ19:37** Zech. 12:10 **ᶜ19:39** Greek *a hundred litrai* (about 34 kilograms)

Jesus Aparece a Maria Madalena

10 Os discípulos voltaram para casa. **11** Maria, porém, ficou à entrada do sepulcro, chorando. Enquanto chorava, curvou-se para olhar dentro do sepulcro **12** e viu dois anjos vestidos de branco, sentados onde estivera o corpo de Jesus, um à cabeceira e o outro aos pés.

13 Eles lhe perguntaram: "Mulher, por que você está chorando?"

"Levaram embora o meu Senhor", respondeu ela, "e não sei onde o puseram". **14** Nisso ela se voltou e viu Jesus ali, em pé, mas não o reconheceu.

15 Disse ele: "Mulher, por que está chorando? Quem você está procurando?"

Pensando que fosse o jardineiro, ela disse: "Se o senhor o levou embora, diga-me onde o colocou, e eu o levarei".

16 Jesus lhe disse: "Maria!"

Então, voltando-se para ele, Maria exclamou em aramaico: "Rabôni!" (que significa "Mestre!").

17 Jesus disse: "Não me segure, pois ainda não voltei para o Pai. Vá, porém, a meus irmãos e diga-lhes: Estou voltando para meu Pai e Pai de vocês, para meu Deus e Deus de vocês".

18 Maria Madalena foi e anunciou aos discípulos: "Eu vi o Senhor!" E contou o que ele lhe dissera.

Jesus Aparece aos Discípulos
(Lc 24.36-49)

19 Ao cair da tarde daquele primeiro dia da semana, estando os discípulos reunidos a portas trancadas, por medo dos judeus, Jesus entrou, pôs-se no meio deles e disse: "Paz seja com vocês!" **20** Tendo dito isso, mostrou-lhes as mãos e o lado. Os discípulos alegraram-se quando viram o Senhor.

21 Novamente Jesus disse: "Paz seja com vocês! Assim como o Pai me enviou, eu os envio". **22** E com isso, soprou sobre eles e disse: "Recebam o Espírito Santo. **23** Se perdoarem os pecados de alguém, estarão perdoados; se não os perdoarem, não estarão perdoados".

Jesus Aparece a Tomé

24 Tomé, chamado Dídimo, um dos Doze, não estava com os discípulos quando Jesus apareceu. **25** Os outros discípulos lhe disseram: "Vimos o Senhor!" Mas ele lhes disse: "Se eu não vir as marcas dos pregos nas suas mãos, não colocar o meu dedo onde estavam os pregos e não puser a minha mão no seu lado, não crerei".

26 Uma semana mais tarde, os seus discípulos estavam outra vez ali, e Tomé com eles. Apesar de estarem trancadas as portas, Jesus entrou, pôs-se no meio deles e disse: "Paz seja com vocês!" **27** E Jesus disse a Tomé: "Coloque o seu dedo aqui; veja as minhas mãos. Estenda a mão e coloque-a no meu lado. Pare de duvidar e creia".

28 Disse-lhe Tomé: "Senhor meu e Deus meu!"

29 Então Jesus lhe disse: "Porque me viu, você creu? Felizes os que não viram e creram".

30 Jesus realizou na presença dos seus discípulos muitos outros sinais miraculosos, que não estão registrados neste livro. **31** Mas estes foram escritos para que vocês creiam*a* que Jesus é o Cristo, o Filho de Deus e, crendo, tenham vida em seu nome.

Jesus e a Pesca Maravilhosa

21 Depois disso Jesus apareceu novamente aos seus discípulos, à margem do mar de Tiberíades*b*. Foi

*a*20.31 Alguns manuscritos dizem *continuem a crer.* *b*21.1 Isto é, o mar da Galiléia.

Jesus Appears to Mary Magdalene

10 Then the disciples went back to their homes, **11** but Mary stood outside the tomb crying. As she wept, she bent over to look into the tomb **12** and saw two angels in white, seated where Jesus' body had been, one at the head and the other at the foot.

13 They asked her, "Woman, why are you crying?"

"They have taken my Lord away," she said, "and I don't know where they have put him." **14** At this, she turned around and saw Jesus standing there, but she did not realize that it was Jesus.

15 "Woman," he said, "why are you crying? Who is it you are looking for?"

Thinking he was the gardener, she said, "Sir, if you have carried him away, tell me where you have put him, and I will get him."

16 Jesus said to her, "Mary."

She turned toward him and cried out in Aramaic, "Rabboni!" (which means Teacher).

17 Jesus said, "Do not hold on to me, for I have not yet returned to the Father. Go instead to my brothers and tell them, 'I am returning to my Father and your Father, to my God and your God.' "

18 Mary Magdalene went to the disciples with the news: "I have seen the Lord!" And she told them that he had said these things to her.

Jesus Appears to His Disciples

19 On the evening of that first day of the week, when the disciples were together, with the doors locked for fear of the Jews, Jesus came and stood among them and said, "Peace be with you!" **20** After he said this, he showed them his hands and side. The disciples were overjoyed when they saw the Lord.

21 Again Jesus said, "Peace be with you! As the Father has sent me, I am sending you." **22** And with that he breathed on them and said, "Receive the Holy Spirit. **23** If you forgive anyone his sins, they are forgiven; if you do not forgive them, they are not forgiven."

Jesus Appears to Thomas

24 Now Thomas (called Didymus), one of the Twelve, was not with the disciples when Jesus came. **25** So the other disciples told him, "We have seen the Lord!"

But he said to them, "Unless I see the nail marks in his hands and put my finger where the nails were, and put my hand into his side, I will not believe it."

26 A week later his disciples were in the house again, and Thomas was with them. Though the doors were locked, Jesus came and stood among them and said, "Peace be with you!" **27** Then he said to Thomas, "Put your finger here; see my hands. Reach out your hand and put it into my side. Stop doubting and believe."

28 Thomas said to him, "My Lord and my God!"

29 Then Jesus told him, "Because you have seen me, you have believed; blessed are those who have not seen and yet have believed."

30 Jesus did many other miraculous signs in the presence of his disciples, which are not recorded in this book. **31** But these are written that you may*a* believe that Jesus is the Christ, the Son of God, and that by believing you may have life in his name.

Jesus and the Miraculous Catch of Fish

21 Afterward Jesus appeared again to his disciples, by the Sea of Tiberias.*b* It happened this way: **2** Simon

*a*20:31 Some manuscripts *may continue to* *b*21:1 That is, Sea of Galilee

assim: ² Estavam juntos Simão Pedro; Tomé, chamado Dídimo; Natanael, de Caná da Galiléia; os filhos de Zebedeu; e dois outros discípulos. ³ "Vou pescar", disse-lhes Simão Pedro. E eles disseram: "Nós vamos com você". Eles foram e entraram no barco, mas naquela noite não pegaram nada.

⁴ Ao amanhecer, Jesus estava na praia, mas os discípulos não o reconheceram.

⁵ Ele lhes perguntou: "Filhos, vocês têm algo para comer?" Eles responderam que não.

⁶ Ele disse: "Lancem a rede do lado direito do barco e vocês encontrarão". Eles a lançaram, e não conseguiam recolher a rede, tal era a quantidade de peixes.

⁷ O discípulo a quem Jesus amava disse a Pedro: "É o Senhor!" Simão Pedro, ouvindo-o dizer isso, vestiu a capa, pois a havia tirado, e lançou-se ao mar. ⁸ Os outros discípulos vieram no barco, arrastando a rede cheia de peixes, pois estavam apenas a cerca de noventa metrosª da praia. ⁹ Quando desembarcaram, viram ali uma fogueira, peixe sobre brasas, e um pouco de pão.

¹⁰ Disse-lhes Jesus: "Tragam alguns dos peixes que acabaram de pescar".

¹¹ Simão Pedro entrou no barco e arrastou a rede para a praia. Ela estava cheia: tinha cento e cinqüenta e três grandes peixes. Embora houvesse tantos peixes, a rede não se rompeu. ¹² Jesus lhes disse: "Venham comer".ᵇ Nenhum dos discípulos tinha coragem de lhe perguntar: "Quem és tu?" Sabiam que era o Senhor. ¹³ Jesus aproximou-se, tomou o pão e o deu a eles, fazendo o mesmo com o peixe. ¹⁴ Esta foi a terceira vez que Jesus apareceu aos seus discípulos, depois que ressuscitou dos mortos.

Jesus Restaura Pedro

¹⁵ Depois de comerem, Jesus perguntou a Simão Pedro: "Simão, filho de João, você me ama mais do que estes?"

Disse ele: "Sim, Senhor, tu sabes que te amo".

Disse Jesus: "Cuide dos meus cordeiros".

¹⁶ Novamente Jesus disse: "Simão, filho de João, você me ama?"

Ele respondeu: "Sim, Senhor, tu sabes que te amo".

Disse Jesus: "Pastoreie as minhas ovelhas".

¹⁷ Pela terceira vez, ele lhe disse: "Simão, filho de João, você me ama?"

Pedro ficou magoado por Jesus lhe ter perguntado pela terceira vez "Você me ama?" e lhe disse: "Senhor, tu sabes todas as coisas e sabes que te amo".

Disse-lhe Jesus: "Cuide das minhas ovelhas. ¹⁸ Digo-lhe a verdade: Quando você era mais jovem, vestia-se e ia para onde queria; mas quando for velho, estenderá as mãos e outra pessoa o vestirá e o levará para onde você não deseja ir". ¹⁹ Jesus disse isso para indicar o tipo de morte com a qual Pedro iria glorificar a Deus. E então lhe disse: "Siga-me!"

²⁰ Pedro voltou-se e viu que o discípulo a quem Jesus amava os seguia. (Este era o que estivera ao lado de Jesus durante a ceia e perguntara: "Senhor, quem te irá trair?") ²¹ Quando Pedro o viu, perguntou: "Senhor, e quanto a ele?"

²² Respondeu Jesus: "Se eu quiser que ele permaneça vivo até que eu volte, o que lhe importa? Quanto a você, siga-me!". ²³ Foi por isso que se espalhou entre os irmãos o rumor de que aquele discípulo não iria morrer. Mas Jesus não disse que ele não iria morrer; apenas disse: "Se eu quiser que ele permaneça vivo até que eu volte, o que lhe importa?"

²⁴ Este é o discípulo que dá testemunho dessas coisas e que as registrou. Sabemos que o seu testemunho é verdadeiro.

²⁵ Jesus fez também muitas outras coisas. Se cada uma delas fosse escrita, penso que nem mesmo o mundo inteiro haveria espaço suficiente para os livros que seriam escritos.

Peter, Thomas (called Didymus), Nathanael from Cana in Galilee, the sons of Zebedee, and two other disciples were together. ³ "I'm going out to fish," Simon Peter told them, and they said, "We'll go with you." So they went out and got into the boat, but that night they caught nothing.

⁴ Early in the morning, Jesus stood on the shore, but the disciples did not realize that it was Jesus.

⁵ He called out to them, "Friends, haven't you any fish?"

"No," they answered.

⁶ He said, "Throw your net on the right side of the boat and you will find some." When they did, they were unable to haul the net in because of the large number of fish.

⁷ Then the disciple whom Jesus loved said to Peter, "It is the Lord!" As soon as Simon Peter heard him say, "It is the Lord," he wrapped his outer garment around him (for he had taken it off) and jumped into the water. ⁸ The other disciples followed in the boat, towing the net full of fish, for they were not far from shore, about a hundred yards.ª ⁹ When they landed, they saw a fire of burning coals there with fish on it, and some bread.

¹⁰ Jesus said to them, "Bring some of the fish you have just caught."

¹¹ Simon Peter climbed aboard and dragged the net ashore. It was full of large fish, 153, but even with so many the net was not torn. ¹² Jesus said to them, "Come and have breakfast." None of the disciples dared ask him, "Who are you?" They knew it was the Lord. ¹³ Jesus came, took the bread and gave it to them, and did the same with the fish. ¹⁴ This was now the third time Jesus appeared to his disciples after he was raised from the dead.

Jesus Reinstates Peter

¹⁵ When they had finished eating, Jesus said to Simon Peter, "Simon son of John, do you truly love me more than these?"

"Yes, Lord," he said, "you know that I love you."

Jesus said, "Feed my lambs."

¹⁶ Again Jesus said, "Simon son of John, do you truly love me?"

He answered, "Yes, Lord, you know that I love you."

Jesus said, "Take care of my sheep."

¹⁷ The third time he said to him, "Simon son of John, do you love me?"

Peter was hurt because Jesus asked him the third time, "Do you love me?" He said, "Lord, you know all things; you know that I love you."

Jesus said, "Feed my sheep. ¹⁸ I tell you the truth, when you were younger you dressed yourself and went where you wanted; but when you are old you will stretch out your hands, and someone else will dress you and lead you where you do not want to go." ¹⁹ Jesus said this to indicate the kind of death by which Peter would glorify God. Then he said to him, "Follow me!"

²⁰ Peter turned and saw that the disciple whom Jesus loved was following them. (This was the one who had leaned back against Jesus at the supper and had said, "Lord, who is going to betray you?") ²¹ When Peter saw him, he asked, "Lord, what about him?"

²² Jesus answered, "If I want him to remain alive until I return, what is that to you? You must follow me." ²³ Because of this, the rumor spread among the brothers that this disciple would not die. But Jesus did not say that he would not die; he only said, "If I want him to remain alive until I return, what is that to you?"

²⁴ This is the disciple who testifies to these things and who wrote them down. We know that his testimony is true.

²⁵ Jesus did many other things as well. If every one of them were written down, I suppose that even the whole world would not have room for the books that would be written.

ª21.8 Grego: *200 côvados*. O côvado era uma medida linear de cerca de 45 centímetros. ᵇ21.12 Grego: *"Tomem o desjejum"*.

ª21:8 Greek *about two hundred cubits* (about 90 meters)

Atos dos Apóstolos

A Ascensão de Jesus

1 Em meu livro anterior, Teófilo, escrevi a respeito de tudo o que Jesus começou a fazer e a ensinar, ²até o dia em que foi elevado aos céus, depois de ter dado instruções por meio do Espírito Santo aos apóstolos que havia escolhido. ³Depois do seu sofrimento, Jesus apresentou-se a eles e deu-lhes muitas provas indiscutíveis de que estava vivo. Apareceu-lhes por um período de quarenta dias falando-lhes acerca do Reino de Deus. ⁴Certa ocasião, enquanto comia com eles, deu-lhes esta ordem: "Não saiam de Jerusalém, mas esperem pela promessa de meu Pai, da qual lhes falei. ⁵Pois João batizou comᵃ água, mas dentro de poucos dias vocês serão batizados com o Espírito Santo".

⁶Então os que estavam reunidos lhe perguntaram: "Senhor, é neste tempo que vais restaurar o reino a Israel?"

⁷Ele lhes responderam: "Não lhes compete saber os tempos ou as datas que o Pai estabeleceu pela sua própria autoridade. ⁸Mas receberão poder quando o Espírito Santo descer sobre vocês, e serão minhas testemunhas em Jerusalém, em toda a Judéia e Samaria, e até os confins da terra".

⁹Tendo dito isso, foi elevado às alturas enquanto eles olhavam, e uma nuvem o encobriu da vista deles. ¹⁰E eles ficaram com os olhos fixos no céu enquanto ele subia. De repente surgiram diante deles dois homens vestidos de branco, ¹¹que lhes disseram: "Galileus, por que vocês estão olhando para o céu? Este mesmo Jesus, que dentre vocês foi elevado aos céus, voltará da mesma forma como o viram subir".

A Escolha de Matias

¹²Então eles voltaram para Jerusalém, vindo do monte chamado das Oliveiras, que fica perto da cidade, cerca de um quilômetroᵇ. ¹³Quando chegaram, subiram ao aposento onde estavam hospedados. Achavam-se presentes Pedro, João, Tiago e André; Filipe, Tomé, Bartolomeu e Mateus; Tiago, filho de Alfeu, Simão, o zelote, e Judas, filho de Tiago. ¹⁴Todos eles se reuniam sempre em oração, com as mulheres, inclusive Maria, a mãe de Jesus, e com os irmãos dele.

¹⁵Naqueles dias Pedro levantou-se entre os irmãos, um grupo de cerca de cento e vinte pessoas, ¹⁶e disse: "Irmãos, era necessário que se cumprisse a Escritura que o Espírito Santo predisse por boca de Davi, a respeito de Judas, que serviu de guia aos que prenderam Jesus. ¹⁷Ele foi contado como um dos nossos e teve participação neste ministério".

¹⁸(Com a recompensa que recebeu pelo seu pecado, Judas comprou um campo. Ali caiu de cabeça, seu corpo partiu-se ao meio, e as suas vísceras se derramaram. ¹⁹Todos em Jerusalém ficaram sabendo disso, de modo que, na língua deles, esse campo passou a chamar-se Aceldama, isto é, campo de Sangue.)

²⁰"Porque", prosseguiu Pedro, "está escrito no Livro de Salmos:

" 'Fique deserto o seu lugar,
    e não haja ninguém
       que nele habite'ᶜ;

e ainda:

" 'Que outro ocupe o seu lugarᵈ ᵉ.

²¹Portanto, é necessário que escolhamos um dos homens que estiveram conosco durante todo o tempo em que o Senhor Jesus viveu entre nós, ²²desde o batismo de João até o dia em que Jesus foi elevado dentre nós às alturas. É preciso que um deles seja conosco testemunha de sua ressurreição."

²³Então indicaram dois nomes: José, chamado Barsabás, também conhecido como Justo, e Matias. ²⁴Depois oraram: "Se-

---

ᵃ1.5 Ou *em* ᵇ1.12 Grego: *à distância da caminhada de um sábado.* ᶜ1.20 Sl 69.25 ᵈ1.20 Grego: *episcopado.* Palavra que descreve a função pastoral. ᵉ1.20 Sl 109.8

Acts

Jesus Taken Up Into Heaven

1 In my former book, Theophilus, I wrote about all that Jesus began to do and to teach ²until the day he was taken up to heaven, after giving instructions through the Holy Spirit to the apostles he had chosen. ³After his suffering, he showed himself to these men and gave many convincing proofs that he was alive. He appeared to them over a period of forty days and spoke about the kingdom of God. ⁴On one occasion, while he was eating with them, he gave them this command: "Do not leave Jerusalem, but wait for the gift my Father promised, which you have heard me speak about. ⁵For John baptized withᵃ water, but in a few days you will be baptized with the Holy Spirit."

⁶So when they met together, they asked him, "Lord, are you at this time going to restore the kingdom to Israel?"

⁷He said to them: "It is not for you to know the times or dates the Father has set by his own authority. ⁸But you will receive power when the Holy Spirit comes on you; and you will be my witnesses in Jerusalem, and in all Judea and Samaria, and to the ends of the earth."

⁹After he said this, he was taken up before their very eyes, and a cloud hid him from their sight.

¹⁰They were looking intently up into the sky as he was going, when suddenly two men dressed in white stood beside them. ¹¹"Men of Galilee," they said, "why do you stand here looking into the sky? This same Jesus, who has been taken from you into heaven, will come back in the same way you have seen him go into heaven."

Matthias Chosen to Replace Judas

¹²Then they returned to Jerusalem from the hill called the Mount of Olives, a Sabbath day's walkᵇ from the city. ¹³When they arrived, they went upstairs to the room where they were staying. Those present were Peter, John, James and Andrew; Philip and Thomas, Bartholomew and Matthew; James son of Alphaeus and Simon the Zealot, and Judas son of James. ¹⁴They all joined together constantly in prayer, along with the women and Mary the mother of Jesus, and with his brothers.

¹⁵In those days Peter stood up among the believersᶜ (a group numbering about a hundred and twenty) ¹⁶and said, "Brothers, the Scripture had to be fulfilled which the Holy Spirit spoke long ago through the mouth of David concerning Judas, who served as guide for those who arrested Jesus— ¹⁷he was one of our number and shared in this ministry."

¹⁸(With the reward he got for his wickedness, Judas bought a field; there he fell headlong, his body burst open and all his intestines spilled out. ¹⁹Everyone in Jerusalem heard about this, so they called that field in their language Akeldama, that is, Field of Blood.)

²⁰"For," said Peter, "it is written in the book of Psalms,

" 'May his place be deserted;
    let there be no one to dwell in it,'ᵈ

and,

" 'May another take his place of leadership.'ᵉ

²¹Therefore it is necessary to choose one of the men who have been with us the whole time the Lord Jesus went in and out among us, ²²beginning from John's baptism to the time when Jesus was taken up from us. For one of these must become a witness with us of his resurrection."

²³So they proposed two men: Joseph called Barsabbas (also known as Justus) and Matthias. ²⁴Then they prayed, "Lord,

---

ᵃ1:5 Or *in* ᵇ1:12 That is, about 3/4 mile (about 1,100 meters) ᶜ1:15 Greek *brothers* ᵈ1:20 Psalm 69:25 ᵉ1:20 Psalm 109:8

nhor, tu conheces o coração de todos. Mostra-nos qual destes dois tens escolhido [25] para assumir este ministério apostólico que Judas abandonou, indo para o lugar que lhe era devido". [26] Então tiraram sortes, e a sorte caiu sobre Matias; assim, ele foi acrescentado aos onze apóstolos.

A Vinda do Espírito Santo no Dia de Pentecoste

2 Chegando o dia de Pentecoste, estavam todos reunidos num só lugar. [2] De repente veio do céu um som, como de um vento muito forte, e encheu toda a casa na qual estavam assentados. [3] E viram o que parecia línguas de fogo, que se separaram e pousaram sobre cada um deles. [4] Todos ficaram cheios do Espírito Santo e começaram a falar noutras línguas, conforme o Espírito os capacitava.

[5] Havia em Jerusalém judeus, tementes a Deus, vindos de todas as nações do mundo. [6] Ouvindo-se o som, ajuntou-se uma multidão que ficou perplexa, pois cada um os ouvia falar em sua própria língua. [7] Atônitos e maravilhados, eles perguntavam: "Acaso não são galileus todos estes homens que estão falando? [8] Então, como os ouvimos, cada um de nós, em nossa própria língua materna? [9] Partos, medos e elamitas; habitantes da Mesopotâmia, Judéia e Capadócia, do Ponto e da província da Ásia, [10] Frígia e Panfília, Egito e das partes da Líbia próximas a Cirene; visitantes vindos de Roma, [11] tanto judeus como convertidos ao judaísmo; cretenses e árabes. Nós os ouvimos declarar as maravilhas de Deus em nossa própria língua!" [12] Atônitos e perplexos, todos perguntavam uns aos outros: "Que significa isto?"

[13] Alguns, todavia, zombavam deles e diziam: "Eles beberam vinho demais".

A Pregação de Pedro

[14] Então Pedro levantou-se com os Onze e, em alta voz, dirigiu-se à multidão: "Homens da Judéia e todos os que vivem em Jerusalém, deixem-me explicar-lhes isto! Ouçam com atenção: [15] estes homens não estão bêbados, como vocês supõem. Ainda são nove horas da manhã![a] [16] Ao contrário, isto é o que foi predito pelo profeta Joel:

[17] " 'Nos últimos dias, diz Deus,
    derramarei do meu Espírito sobre todos os povos.
Os seus filhos e as suas filhas profetizarão,
    os jovens terão visões,
    os velhos terão sonhos.
[18] Sobre os meus servos
    e as minhas servas[b]
derramarei do meu Espírito naqueles dias,
    e eles profetizarão.
[19] Mostrarei maravilhas
    em cima, no céu,
e sinais em baixo, na terra:
    sangue, fogo
e nuvens de fumaça.
[20] O sol se tornará em trevas
    e a lua em sangue,
antes que venha o grande
    e glorioso dia do Senhor.
[21] E todo aquele que invocar
    o nome do Senhor
    será salvo!'[c]

[22] "Israelitas, ouçam estas palavras: Jesus de Nazaré foi aprovado por Deus diante de vocês por meio de milagres, maravilhas e sinais que Deus fez entre vocês por intermédio dele, como vocês mesmos sabem. [23] Este homem lhes foi entregue por propósito determinado e pré-conhecimento de Deus; e vocês, com a ajuda de homens perversos[d], o mataram, pregan-

The Holy Spirit Comes at Pentecost

you know everyone's heart. Show us which of these two you have chosen [25] to take over this apostolic ministry, which Judas left to go where he belongs." [26] Then they cast lots, and the lot fell to Matthias; so he was added to the eleven apostles.

2 When the day of Pentecost came, they were all together in one place. [2] Suddenly a sound like the blowing of a violent wind came from heaven and filled the whole house where they were sitting. [3] They saw what seemed to be tongues of fire that separated and came to rest on each of them. [4] All of them were filled with the Holy Spirit and began to speak in other tongues[a] as the Spirit enabled them.

[5] Now there were staying in Jerusalem God-fearing Jews from every nation under heaven. [6] When they heard this sound, a crowd came together in bewilderment, because each one heard them speaking in his own language. [7] Utterly amazed, they asked: "Are not all these men who are speaking Galileans? [8] Then how is it that each of us hears them in his own native language? [9] Parthians, Medes and Elamites; residents of Mesopotamia, Judea and Cappadocia, Pontus and Asia, [10] Phrygia and Pamphylia, Egypt and the parts of Libya near Cyrene; visitors from Rome [11] (both Jews and converts to Judaism); Cretans and Arabs—we hear them declaring the wonders of God in our own tongues!" [12] Amazed and perplexed, they asked one another, "What does this mean?"

[13] Some, however, made fun of them and said, "They have had too much wine.[b]"

Peter Addresses the Crowd

[14] Then Peter stood up with the Eleven, raised his voice and addressed the crowd: "Fellow Jews and all of you who live in Jerusalem, let me explain this to you; listen carefully to what I say. [15] These men are not drunk, as you suppose. It's only nine in the morning! [16] No, this is what was spoken by the prophet Joel:

[17] " 'In the last days, God says,
    I will pour out my Spirit on all people.
Your sons and daughters will prophesy,
    your young men will see visions,
    your old men will dream dreams.
[18] Even on my servants, both men and women,
    I will pour out my Spirit in those days,
    and they will prophesy.
[19] I will show wonders in the heaven above
    and signs on the earth below,
    blood and fire and billows of smoke.
[20] The sun will be turned to darkness
    and the moon to blood
    before the coming of the great and glorious
        day of the Lord.
[21] And everyone who calls
    on the name of the Lord will be saved.'[c]

[22] "Men of Israel, listen to this: Jesus of Nazareth was a man accredited by God to you by miracles, wonders and signs, which God did among you through him, as you yourselves know. [23] This man was handed over to you by God's set purpose and foreknowledge; and you, with the help of wicked men,[d] put

---

[a]2.15 Grego: Esta é ainda a terceira hora do dia! [b]2.18 Ou *Até sobre os meus escravos e as minhas escravas.* [c]2.17-21 Jl. 2.28-32 [d]2.23 Ou *daqueles que não possuem a lei,* (isto é, os gentios).

[a]2:4 Or *languages*; also in verse 11 [b]2:13 Or *sweet wine* [c]2:21 Joel 2:28-32 [d]2:23 Or *of those not having the law* (that is, Gentiles)

do-o na cruz. ²⁴ Mas Deus o ressuscitou dos mortos, rompendo os laços da morte, porque era impossível que a morte o retivesse. ²⁵ A respeito dele, disse Davi:

" 'Eu sempre via o Senhor diante de mim.
Porque ele está
   à minha direita,
não serei abalado.
²⁶ Por isso o meu coração
   está alegre
e a minha língua exulta;
o meu corpo também repousará
   em esperança,
²⁷ porque tu não me abandonarás no sepulcroᵃ,
nem permitirás que
   o teu Santo
sofra decomposição.
²⁸ Tu me fizeste conhecer
   os caminhos da vida
e me encherás de alegria
   na tua presença'ᵇ.

²⁹ "Irmãos, posso dizer-lhes com franqueza que o patriarca Davi morreu e foi sepultado, e o seu túmulo está entre nós até o dia de hoje. ³⁰ Mas ele era profeta e sabia que Deus lhe prometera sob juramento que colocaria um dos seus descendentes em seu trono. ³¹ Prevendo isso, falou da ressurreição do Cristoᶜ, que não foi abandonado no sepulcro e cujo corpo não sofreu decomposição. ³² Deus ressuscitou este Jesus, e todos nós somos testemunhas desse fato. ³³ Exaltado à direita de Deus, ele recebeu do Pai o Espírito Santo prometido e derramou o que vocês agora vêem e ouvem. ³⁴ Pois Davi não subiu aos céus, mas ele mesmo declarou:

" 'O Senhor disse
   ao meu Senhor:
Senta-te à minha direita
³⁵ até que eu ponha
   os teus inimigos
como estrado
   para os teus pés'ᵈ.

³⁶ "Portanto, que todo o Israel fique certo disto: Este Jesus, a quem vocês crucificaram, Deus o fez Senhor e Cristo".

³⁷ Quando ouviram isso, ficaram aflitos em seu coração, e perguntaram a Pedro e aos outros apóstolos: "Irmãos, que faremos?"

³⁸ Pedro respondeu: "Arrependam-se, e cada um de vocês seja batizado em nome de Jesus Cristo para perdão dos seus pecados, e receberão o dom do Espírito Santo. ³⁹ Pois a promessa é para vocês, para os seus filhos e para todos os que estão longe, para todos quantos o Senhor, o nosso Deus, chamar".

⁴⁰ Com muitas outras palavras os advertia e insistia com eles: "Salvem-se desta geração corrompida!" ⁴¹ Os que aceitaram a mensagem foram batizados, e naquele dia houve um acréscimo de cerca de três mil pessoas.

A Comunhão dos Cristãos

⁴² Eles se dedicavam ao ensino dos apóstolos e à comunhão, ao partir do pão e às orações. ⁴³ Todos estavam cheios de temor, e muitas maravilhas e sinais eram feitos pelos apóstolos. ⁴⁴ Os que criam mantinham-se unidos e tinham tudo em comum. ⁴⁵ Vendendo suas propriedades e bens, distribuíam a cada um conforme a sua necessidade. ⁴⁶ Todos os dias, continuavam a reunir-se no pátio do templo. Partiam o pão em suas casas, e juntos participavam das refeições, com alegria e sinceridade de coração, ⁴⁷ louvando a Deus e tendo a simpatia de

him to death by nailing him to the cross. ²⁴ But God raised him from the dead, freeing him from the agony of death, because it was impossible for death to keep its hold on him. ²⁵ David said about him:

" 'I saw the Lord always before me.
Because he is at my right hand,
   I will not be shaken.
²⁶ Therefore my heart is glad and my
   tongue rejoices;
my body also will live in hope,
²⁷ because you will not abandon me to the grave,
   nor will you let your Holy One see decay.
²⁸ You have made known to me the paths of life;
   you will fill me with joy in your presence.'ᵃ

²⁹ "Brothers, I can tell you confidently that the patriarch David died and was buried, and his tomb is here to this day. ³⁰ But he was a prophet and knew that God had promised him on oath that he would place one of his descendants on his throne. ³¹ Seeing what was ahead, he spoke of the resurrection of the Christ,ᵇ that he was not abandoned to the grave, nor did his body see decay. ³² God has raised this Jesus to life, and we are all witnesses of the fact. ³³ Exalted to the right hand of God, he has received from the Father the promised Holy Spirit and has poured out what you now see and hear. ³⁴ For David did not ascend to heaven, and yet he said,

" 'The Lord said to my Lord:
"Sit at my right hand
³⁵ until I make your enemies
   a footstool for your feet." 'ᶜ

³⁶ "Therefore let all Israel be assured of this: God has made this Jesus, whom you crucified, both Lord and Christ."

³⁷ When the people heard this, they were cut to the heart and said to Peter and the other apostles, "Brothers, what shall we do?"

³⁸ Peter replied, "Repent and be baptized, every one of you, in the name of Jesus Christ for the forgiveness of your sins. And you will receive the gift of the Holy Spirit. ³⁹ The promise is for you and your children and for all who are far off—for all whom the Lord our God will call."

⁴⁰ With many other words he warned them; and he pleaded with them, "Save yourselves from this corrupt generation." ⁴¹ Those who accepted his message were baptized, and about three thousand were added to their number that day.

The Fellowship of the Believers

⁴² They devoted themselves to the apostles' teaching and to the fellowship, to the breaking of bread and to prayer. ⁴³ Everyone was filled with awe, and many wonders and miraculous signs were done by the apostles. ⁴⁴ All the believers were together and had everything in common. ⁴⁵ Selling their possessions and goods, they gave to anyone as he had need. ⁴⁶ Every day they continued to meet together in the temple courts. They broke bread in their homes and ate together with glad and sincere hearts, ⁴⁷ praising God and enjoying the favor of all the

---

ᵃ2.27 Grego: *Hades*; também no versículo 31. Esta palavra também pode ser traduzida por inferno, morte ou profundezas. ᵇ2.25-28 Sl 16.8-11ᶜ2.31 Ou *Messias*. Tanto *Cristo* (grego) como *Messias* (hebraico) significam *Ungido*; também em todo o livro de Atos. ᵈ2.34,35 Sl 110.1

ᵃ2:28 Psalm 16:8-11 ᵇ2:31 Or *Messiah*. "The Christ" (Greek) and "the Messiah" (Hebrew) both mean "the Anointed One"; also in verse 36. ᶜ2:35 Psalm 110:1

todo o povo. E o Senhor lhes acrescentava diariamente os que iam sendo salvos.

A Cura de um Mendigo Aleijado

3 Certo dia Pedro e João estavam subindo ao templo na hora da oração, às três horas da tarde.[a] ²Estava sendo levado para a porta do templo chamada Formosa um aleijado de nascença, que ali era colocado todos os dias para pedir esmolas aos que entravam no templo. ³Vendo que Pedro e João iam entrar no pátio do templo, pediu-lhes esmola. ⁴Pedro e João olharam bem para ele e, então, Pedro disse: "Olhe para nós!" ⁵O homem olhou para eles com atenção, esperando receber deles alguma coisa.

⁶Disse Pedro: "Não tenho prata nem ouro, mas o que tenho, isto lhe dou. Em nome de Jesus Cristo, o Nazareno, ande". ⁷Segurando-o pela mão direita, ajudou-o a levantar-se, e imediatamente os pés e os tornozelos do homem ficaram firmes. ⁸E de um salto pôs-se em pé e começou a andar. Depois entrou com eles no pátio do templo, andando, saltando e louvando a Deus. ⁹Quando todo o povo o viu andando e louvando a Deus, ¹⁰reconheceu que era ele o mesmo homem que costumava mendigar sentado à porta do templo chamada Formosa. Todos ficaram perplexos e muito admirados com o que lhe tinha acontecido.

A Pregação de Pedro no Templo

¹¹Apegando-se o mendigo a Pedro e João, todo o povo ficou maravilhado e correu até eles, ao lugar chamado Pórtico de Salomão. ¹²Vendo isso, Pedro lhes disse: "Israelitas, por que isto os surpreende? Por que vocês estão olhando para nós, como se tivéssemos feito este homem andar por nosso próprio poder ou piedade? ¹³O Deus de Abraão, de Isaque e de Jacó, o Deus dos nossos antepassados, glorificou seu servo Jesus, a quem vocês entregaram para ser morto e negaram perante Pilatos, embora ele tivesse decidido soltá-lo. ¹⁴Vocês negaram publicamente o Santo e Justo e pediram que lhes fosse libertado um assassino. ¹⁵Vocês mataram o autor da vida, mas Deus o ressuscitou dos mortos. E nós somos testemunhas disso. ¹⁶Pela fé no nome de Jesus, o Nome curou este homem que vocês vêem e conhecem. A fé que vem por meio dele lhe deu esta saúde perfeita, como todos podem ver.

¹⁷"Agora, irmãos, eu sei que vocês agiram por ignorância, bem como os seus líderes. ¹⁸Mas foi assim que Deus cumpriu o que tinha predito por todos os profetas, dizendo que o seu Cristo haveria de sofrer. ¹⁹Arrependam-se, pois, e voltem-se para Deus, para que os seus pecados sejam cancelados, ²⁰para que venham tempos de descanso da parte do Senhor, e ele mande o Cristo, o qual lhes foi designado, Jesus. ²¹É necessário que ele permaneça no céu até que chegue o tempo em que Deus restaurará todas as coisas, como falou há muito tempo, por meio dos seus santos profetas. ²²Pois disse Moisés: 'O Senhor Deus lhes levantará dentre seus irmãos um profeta como eu; ouçam-no em tudo o que ele lhes disser. ²³Quem não ouvir esse profeta, será eliminado do meio do seu povo'.[b]

²⁴"De fato, todos os profetas, de Samuel em diante, um por um, falaram e predisseram estes dias. ²⁵E vocês são herdeiros dos profetas e da aliança que Deus fez com os seus antepassados. Ele disse a Abraão: 'Por meio da sua descendência todos os povos da terra serão abençoados'.[c] ²⁶Tendo Deus ressuscitado o seu Servo[d], enviou-o primeiramente a vocês, para abençoá-los, convertendo cada um de vocês das suas maldades".

Pedro e João perante o Sinédrio

4 Enquanto Pedro e João falavam ao povo, chegaram os sacerdotes, o capitão da guarda do templo e os saduceus. ²Eles estavam muito perturbados porque os apóstolos esta-

people. And the Lord added to their number daily those who were being saved.

Peter Heals the Crippled Beggar

3 One day Peter and John were going up to the temple at the time of prayer—at three in the afternoon. ²Now a man crippled from birth was being carried to the temple gate called Beautiful, where he was put every day to beg from those going into the temple courts. ³When he saw Peter and John about to enter, he asked them for money. ⁴Peter looked straight at him, as did John. Then Peter said, "Look at us!" ⁵So the man gave them his attention, expecting to get something from them.

⁶Then Peter said, "Silver or gold I do not have, but what I have I give you. In the name of Jesus Christ of Nazareth, walk." ⁷Taking him by the right hand, he helped him up, and instantly the man's feet and ankles became strong. ⁸He jumped to his feet and began to walk. Then he went with them into the temple courts, walking and jumping, and praising God. ⁹When all the people saw him walking and praising God, ¹⁰they recognized him as the same man who used to sit begging at the temple gate called Beautiful, and they were filled with wonder and amazement at what had happened to him.

Peter Speaks to the Onlookers

¹¹While the beggar held on to Peter and John, all the people were astonished and came running to them in the place called Solomon's Colonnade. ¹²When Peter saw this, he said to them: "Men of Israel, why does this surprise you? Why do you stare at us as if by our own power or godliness we had made this man walk? ¹³The God of Abraham, Isaac and Jacob, the God of our fathers, has glorified his servant Jesus. You handed him over to be killed, and you disowned him before Pilate, though he had decided to let him go. ¹⁴You disowned the Holy and Righteous One and asked that a murderer be released to you. ¹⁵You killed the author of life, but God raised him from the dead. We are witnesses of this. ¹⁶By faith in the name of Jesus, this man whom you see and know was made strong. It is Jesus' name and the faith that comes through him that has given this complete healing to him, as you can all see.

¹⁷"Now, brothers, I know that you acted in ignorance, as did your leaders. ¹⁸But this is how God fulfilled what he had foretold through all the prophets, saying that his Christ[a] would suffer. ¹⁹Repent, then, and turn to God, so that your sins may be wiped out, that times of refreshing may come from the Lord, ²⁰and that he may send the Christ, who has been appointed for you—even Jesus. ²¹He must remain in heaven until the time comes for God to restore everything, as he promised long ago through his holy prophets. ²²For Moses said, 'The Lord your God will raise up for you a prophet like me from among your own people; you must listen to everything he tells you. ²³Anyone who does not listen to him will be completely cut off from among his people.'[b]

²⁴"Indeed, all the prophets from Samuel on, as many as have spoken, have foretold these days. ²⁵And you are heirs of the prophets and of the covenant God made with your fathers. He said to Abraham, 'Through your offspring all peoples on earth will be blessed.'[c] ²⁶When God raised up his servant, he sent him first to you to bless you by turning each of you from your wicked ways."

Peter and John Before the Sanhedrin

4 The priests and the captain of the temple guard and the Sadducees came up to Peter and John while they were speaking to the people. ²They were greatly disturbed be-

ª3.1 Grego: à hora nona. b3.23 Dt 18.15,18,19 c3.25 Gn 12.3; 22.18; 26.4 e 28.14 d3.26 Is 52.13

ª3:18 Or Messiah; also in verse 20　b3:23 Deut. 18:15,18,19　c3:25 Gen. 22:18; 26:4

vam ensinando o povo e proclamando em Jesus a ressurreição dos mortos. ³Agarraram Pedro e João e, como já estava anoitecendo, os colocaram na prisão até o dia seguinte. ⁴Mas muitos dos que tinham ouvido a mensagem creram, chegando o número dos homens que creram a perto de cinco mil.

⁵No dia seguinte, as autoridades, os líderes religiosos e os mestres da lei reuniram-se em Jerusalém. ⁶Estavam ali Anás, o sumo sacerdote, bem como Caifás, João, Alexandre e todos os que eram da família do sumo sacerdote. ⁷Mandaram trazer Pedro e João diante deles e começaram a interrogá-los: "Com que poder ou em nome de quem vocês fizeram isso?"

⁸Então Pedro, cheio do Espírito Santo, disse-lhes: "Autoridades e líderes do povo! ⁹Visto que hoje somos chamados para prestar contas de um ato de bondade em favor de um aleijado, sendo interrogados acerca de como ele foi curado, ¹⁰saibam os senhores e todo o povo de Israel que por meio do nome de Jesus Cristo, o Nazareno, a quem os senhores crucificaram, mas a quem Deus ressuscitou dos mortos, este homem está aí curado diante dos senhores. ¹¹Este Jesus é

" 'a pedra que vocês,
    construtores,
    rejeitaram,
e que se tornou
    a pedra angular'ᵃ.

¹²Não há salvação em nenhum outro, pois, debaixo do céu não há nenhum outro nome dado aos homens pelo qual devamos ser salvos".

¹³Vendo a coragem de Pedro e de João, e percebendo que eram homens comuns e sem instrução, ficaram admirados e reconheceram que eles haviam estado com Jesus. ¹⁴E como podiam ver ali com eles o homem que fora curado, nada podiam dizer contra eles. ¹⁵Assim, ordenaram que se retirassem do Sinédrioᵇ e começaram a discutir, ¹⁶perguntando: "Que faremos com esses homens? Todos os que moram em Jerusalém sabem que eles realizaram um milagre notório que não podemos negar. ¹⁷Todavia, para impedir que isso se espalhe ainda mais entre o povo, precisamos adverti-los de que não falem com mais ninguém sobre esse nome".

¹⁸Então, chamando-os novamente, ordenaram-lhes que não falassem nem ensinassem em nome de Jesus. ¹⁹Mas Pedro e João responderam: "Julguem os senhores mesmos se é justo aos olhos de Deus obedecer aos senhores e não a Deus. ²⁰Pois não podemos deixar de falar do que vimos e ouvimos".

²¹Depois de mais ameaças, eles os deixaram ir. Não tinham como castigá-los, porque todo o povo estava louvando a Deus pelo que acontecera, ²²pois o homem que fora curado milagrosamente tinha mais de quarenta anos de idade.

A Oração dos Primeiros Cristãos

²³Quando foram soltos, Pedro e João voltaram para os seus companheiros e contaram tudo o que os chefes dos sacerdotes e os líderes religiosos lhes tinham dito. ²⁴Ouvindo isso, levantaram juntos a voz a Deus, dizendo: "Ó Soberano, tu fizeste os céus, a terra, o mar e tudo o que neles há! ²⁵Tu falaste pelo Espírito Santo por boca do teu servo, nosso pai Davi:

" 'Por que se enfurecem
    as nações,
e os povos conspiram em vão?
²⁶Os reis da terra se levantam,
    e os governantes se reúnem
    contra o Senhor
e contra o seu Ungido'ᶜ.

²⁷De fato, Herodes e Pôncio Pilatos reuniram-se com os gentiosᵈ e com o povo de Israel nesta cidade, para conspirar contra o teu santo servo Jesus, a quem ungiste. ²⁸Fizeram o

cause the apostles were teaching the people and proclaiming in Jesus the resurrection of the dead. ³They seized Peter and John, and because it was evening, they put them in jail until the next day. ⁴But many who heard the message believed, and the number of men grew to about five thousand.

⁵The next day the rulers, elders and teachers of the law met in Jerusalem. ⁶Annas the high priest was there, and so were Caiaphas, John, Alexander and the other men of the high priest's family. ⁷They had Peter and John brought before them and began to question them: "By what power or what name did you do this?"

⁸Then Peter, filled with the Holy Spirit, said to them: "Rulers and elders of the people! ⁹If we are being called to account today for an act of kindness shown to a cripple and are asked how he was healed, ¹⁰then know this, you and all the people of Israel: It is by the name of Jesus Christ of Nazareth, whom you crucified but whom God raised from the dead, that this man stands before you healed. ¹¹He is

" 'the stone you builders rejected,
    which has become the capstone.ᵃᵇ

¹²Salvation is found in no one else, for there is no other name under heaven given to men by which we must be saved."

¹³When they saw the courage of Peter and John and realized that they were unschooled, ordinary men, they were astonished and they took note that these men had been with Jesus. ¹⁴But since they could see the man who had been healed standing there with them, there was nothing they could say. ¹⁵So they ordered them to withdraw from the Sanhedrin and then conferred together. ¹⁶"What are we going to do with these men?" they asked. "Everybody living in Jerusalem knows they have done an outstanding miracle, and we cannot deny it. ¹⁷But to stop this thing from spreading any further among the people, we must warn these men to speak no longer to anyone in this name."

¹⁸Then they called them in again and commanded them not to speak or teach at all in the name of Jesus. ¹⁹But Peter and John replied, "Judge for yourselves whether it is right in God's sight to obey you rather than God. ²⁰For we cannot help speaking about what we have seen and heard."

²¹After further threats they let them go. They could not decide how to punish them, because all the people were praising God for what had happened. ²²For the man who was miraculously healed was over forty years old.

The Believers' Prayer

²³On their release, Peter and John went back to their own people and reported all that the chief priests and elders had said to them. ²⁴When they heard this, they raised their voices together in prayer to God. "Sovereign Lord," they said, "you made the heaven and the earth and the sea, and everything in them. ²⁵You spoke by the Holy Spirit through the mouth of your servant, our father David:

" 'Why do the nations rage
    and the peoples plot in vain?
²⁶The kings of the earth take their stand
    and the rulers gather together
against the Lord
    and against his Anointed One.ᶜᵈ

²⁷Indeed Herod and Pontius Pilate met together with the Gentiles and the peopleᵉ of Israel in this city to conspire against your holy servant Jesus, whom you anointed. ²⁸They did what

---

ᵃ4.11 Sl 118.22 ᵇ4.15 Conselho dos principais líderes do povo judeu; também em todo o livro de Atos. ᶜ4.25,26 Sl 2.1,2 ᵈ4.27 Isto é, os que não são judeus; também em todo o livro de Atos.

ᵃ4:11 Or *cornerstone* ᵇ4:11 Psalm 118:22 ᶜ4:26 That is, Christ or Messiah ᵈ4:26 Psalm 2:1,2 ᵉ4:27 The Greek is plural.

que o teu poder e a tua vontade haviam decidido de antemão que acontecesse. **29** Agora, Senhor, considera as ameaças deles e capacita os teus servos para anunciarem a tua palavra corajosamente. **30** Estende a tua mão para curar e realizar sinais e maravilhas por meio do nome do teu santo servo Jesus".

31 Depois de orarem, tremeu o lugar em que estavam reunidos; todos ficaram cheios do Espírito Santo e anunciavam corajosamente a palavra de Deus.

Os Discípulos Repartem seus Bens

32 Da multidão dos que creram, uma era a mente e um o coração. Ninguém considerava unicamente sua coisa alguma que possuísse, mas compartilhavam tudo o que tinham. **33** Com grande poder os apóstolos continuavam a testemunhar da ressurreição do Senhor Jesus, e grandiosa graça estava sobre todos eles. **34** Não havia pessoas necessitadas entre eles, pois os que possuíam terras ou casas as vendiam, traziam o dinheiro da venda **35** e o colocavam aos pés dos apóstolos, que o distribuíam segundo a necessidade de cada um.

36 José, um levita de Chipre a quem os apóstolos deram o nome de Barnabé, que significa "encorajadorª", **37** vendeu um campo que possuía, trouxe o dinheiro e o colocou aos pés dos apóstolos.

Ananias e Safira

5 Um homem chamado Ananias, com Safira, sua mulher, também vendeu uma propriedade. **2** Ele reteve parte do dinheiro para si, sabendo disso também sua mulher; e o restante levou e colocou aos pés dos apóstolos.

3 Então perguntou Pedro: "Ananias, como você permitiu que Satanás enchesse o seu coração, ao ponto de você mentir ao Espírito Santo e guardar para si uma parte do dinheiro que recebeu pela propriedade? **4** Ela não lhe pertencia? E, depois de vendida, o dinheiro não estava em seu poder? O que o levou a pensar em fazer tal coisa? Você não mentiu aos homens, mas sim a Deus".

5 Ouvindo isso, Ananias caiu morto. Grande temor apoderou-se de todos os que ouviram o que tinha acontecido. **6** Então os moços vieram, envolveram seu corpo, levaram-no para fora e o sepultaram.

7 Cerca de três horas mais tarde, entrou sua mulher, sem saber o que havia acontecido. **8** Pedro lhe perguntou: "Diga-me, foi esse o preço que vocês conseguiram pela propriedade?"

Respondeu ela: "Sim, foi esse mesmo".

9 Pedro lhe disse: "Por que vocês entraram em acordo para tentar o Espírito do Senhor? Veja! Estão à porta os pés dos que sepultaram seu marido, e eles a levarão também".

10 Naquele mesmo instante, ela caiu morta aos pés dele. Então os moços entraram e, encontrando-a morta, levaram-na e a sepultaram ao lado de seu marido. **11** E grande temor apoderou-se de toda a igreja e de todos os que ouviram falar desses acontecimentos.

Os Apóstolos Curam Muitos Doentes

12 Os apóstolos realizavam muitos sinais e maravilhas entre o povo. Todos os que creram costumavam reunir-se no Pórtico de Salomão. **13** Dos demais, ninguém ousava juntar-se a eles, embora o povo os tivesse em alto conceito. **14** Em número cada vez maior, homens e mulheres criam no Senhor e lhes eram acrescentados, **15** de modo que o povo também levava os doentes às ruas e os colocava em camas e macas, para que pelo menos a sombra de Pedro se projetasse sobre alguns, enquanto ele passava. **16** Afluíam também multidões das cidades próximas a Jerusalém, trazendo seus doentes e os que eram atormentados por espíritos imundosᵇ; e todos eram curados.

Os Apóstolos São Perseguidos

17 Então o sumo sacerdote e todos os seus companheiros,

your power and will had decided beforehand should happen. **29** Now, Lord, consider their threats and enable your servants to speak your word with great boldness. **30** Stretch out your hand to heal and perform miraculous signs and wonders through the name of your holy servant Jesus."

31 After they prayed, the place where they were meeting was shaken. And they were all filled with the Holy Spirit and spoke the word of God boldly.

The Believers Share Their Possessions

32 All the believers were one in heart and mind. No one claimed that any of his possessions was his own, but they shared everything they had. **33** With great power the apostles continued to testify to the resurrection of the Lord Jesus, and much grace was upon them all. **34** There were no needy persons among them. For from time to time those who owned lands or houses sold them, brought the money from the sales **35** and put it at the apostles' feet, and it was distributed to anyone as he had need.

36 Joseph, a Levite from Cyprus, whom the apostles called Barnabas (which means Son of Encouragement), **37** sold a field he owned and brought the money and put it at the apostles' feet.

Ananias and Sapphira

5 Now a man named Ananias, together with his wife Sapphira, also sold a piece of property. **2** With his wife's full knowledge he kept back part of the money for himself, but brought the rest and put it at the apostles' feet.

3 Then Peter said, "Ananias, how is it that Satan has so filled your heart that you have lied to the Holy Spirit and have kept for yourself some of the money you received for the land? **4** Didn't it belong to you before it was sold? And after it was sold, wasn't the money at your disposal? What made you think of doing such a thing? You have not lied to men but to God."

5 When Ananias heard this, he fell down and died. And great fear seized all who heard what had happened. **6** Then the young men came forward, wrapped up his body, and carried him out and buried him.

7 About three hours later his wife came in, not knowing what had happened. **8** Peter asked her, "Tell me, is this the price you and Ananias got for the land?"

"Yes," she said, "that is the price."

9 Peter said to her, "How could you agree to test the Spirit of the Lord? Look! The feet of the men who buried your husband are at the door, and they will carry you out also."

10 At that moment she fell down at his feet and died. Then the young men came in and, finding her dead, carried her out and buried her beside her husband. **11** Great fear seized the whole church and all who heard about these events.

The Apostles Heal Many

12 The apostles performed many miraculous signs and wonders among the people. And all the believers used to meet together in Solomon's Colonnade. **13** No one else dared join them, even though they were highly regarded by the people. **14** Nevertheless, more and more men and women believed in the Lord and were added to their number. **15** As a result, people brought the sick into the streets and laid them on beds and mats so that at least Peter's shadow might fall on some of them as he passed by. **16** Crowds gathered also from the towns around Jerusalem, bringing their sick and those tormented by evilª spirits, and all of them were healed.

The Apostles Persecuted

17 Then the high priest and all his associates, who were

ª**4.36** Ou *consolador*. Grego: *filho da consolação*. ᵇ**5.16** Ou *malignos*   ª**5:16** Greek *unclean*

membros do partido dos saduceus, ficaram cheios de inveja. **18** Por isso, mandaram prender os apóstolos, colocando-os numa prisão pública. **19** Mas durante a noite um anjo do Senhor abriu as portas do cárcere, levou-os para fora e **20** disse: "Dirijam-se ao templo e relatem ao povo toda a mensagem desta Vida".

21 Ao amanhecer, eles entraram no pátio do templo, como haviam sido instruídos, e começaram a ensinar o povo.

Quando chegaram o sumo sacerdote e os seus companheiros, convocaram o Sinédrio — toda a assembléia dos líderes religiosos de Israel — e mandaram buscar os apóstolos na prisão. **22** Todavia, ao chegarem à prisão, os guardas não os encontraram ali. Então, voltaram e relataram: **23** "Encontramos a prisão trancada com toda a segurança, com os guardas diante das portas; mas, quando as abrimos não havia ninguém". **24** Diante desse relato, o capitão da guarda do templo e os chefes dos sacerdotes ficaram perplexos, imaginando o que teria acontecido.

25 Nesse momento chegou alguém e disse: "Os homens que os senhores puseram na prisão estão no pátio do templo, ensinando o povo". **26** Então, indo para lá com os guardas, o capitão trouxe os apóstolos, mas sem o uso de força, pois temiam que o povo os apedrejasse.

27 Tendo levado os apóstolos, apresentaram-nos ao Sinédrio para serem interrogados pelo sumo sacerdote, **28** que lhes disse: "Demos ordens expressas a vocês para que não ensinassem neste nome. Todavia, vocês encheram Jerusalém com sua doutrina e nos querem tornar culpados do sangue desse homem".

29 Pedro e os outros apóstolos responderam: "É preciso obedecer antes a Deus do que aos homens! **30** O Deus dos nossos antepassados ressuscitou Jesus, a quem os senhores mataram, suspendendo-o num madeiro. **31** Deus o exaltou, colocando-o à sua direita como Príncipe e Salvador, para dar a Israel arrependimento e perdão de pecados. **32** Nós somos testemunhas destas coisas, bem como o Espírito Santo, que Deus concedeu aos que lhe obedecem".

33 Ouvindo isso, eles ficaram furiosos e queriam matá-los. **34** Mas um fariseu chamado Gamaliel, mestre da lei, respeitado por todo o povo, levantou-se no Sinédrio e pediu que os homens fossem retirados por um momento. **35** Então lhes disse: "Israelitas, considerem cuidadosamente o que pretendem fazer a esses homens. **36** Há algum tempo, apareceu Teudas, reivindicando ser alguém, e cerca de quatrocentos homens se juntaram a ele. Ele foi morto, todos os seus seguidores se dispersaram e acabaram em nada. **37** Depois dele, nos dias do recenseamento, apareceu Judas, o galileu, que liderou um grupo em rebelião. Ele também foi morto, e todos os seus seguidores foram dispersos. **38** Portanto, neste caso eu os aconselho: deixem esses homens em paz e soltem-nos. Se o propósito ou atividade deles for de origem humana, fracassará; **39** se proceder de Deus, vocês não serão capazes de impedi-los, pois se acharão lutando contra Deus".

40 Eles foram convencidos pelo discurso de Gamaliel. Chamaram os apóstolos e mandaram açoitá-los. Depois, ordenaram-lhes que não falassem no nome de Jesus e os deixaram sair em liberdade.

41 Os apóstolos saíram do Sinédrio, alegres por terem sido considerados dignos de serem humilhados por causa do Nome. **42** Todos os dias, no templo e de casa em casa, não deixavam de ensinar e proclamar que Jesus é o Cristo.

A Escolha dos Sete

6 Naqueles dias, crescendo o número de discípulos, os judeus de fala grega entre eles queixaram-se dos judeus de fala hebraica[a], porque suas viúvas estavam sendo esquecidas na distribuição diária de alimento. **2** Por isso os Doze reuniram todos os discípulos e disseram: "Não é certo negligenciarmos o ministério da palavra de Deus, a fim de servir às mesas. **3** Irmãos, escolham entre vocês sete homens de bom

members of the party of the Sadducees, were filled with jealousy. **18** They arrested the apostles and put them in the public jail. **19** But during the night an angel of the Lord opened the doors of the jail and brought them out. **20** "Go, stand in the temple courts," he said, "and tell the people the full message of this new life."

21 At daybreak they entered the temple courts, as they had been told, and began to teach the people.

When the high priest and his associates arrived, they called together the Sanhedrin—the full assembly of the elders of Israel—and sent to the jail for the apostles. **22** But on arriving at the jail, the officers did not find them there. So they went back and reported, **23** "We found the jail securely locked, with the guards standing at the doors; but when we opened them, we found no one inside." **24** On hearing this report, the captain of the temple guard and the chief priests were puzzled, wondering what would come of this.

25 Then someone came and said, "Look! The men you put in jail are standing in the temple courts teaching the people." **26** At that, the captain went with his officers and brought the apostles. They did not use force, because they feared that the people would stone them.

27 Having brought the apostles, they made them appear before the Sanhedrin to be questioned by the high priest. **28** "We gave you strict orders not to teach in this name," he said. "Yet you have filled Jerusalem with your teaching and are determined to make us guilty of this man's blood."

29 Peter and the other apostles replied: "We must obey God rather than men! **30** The God of our fathers raised Jesus from the dead—whom you had killed by hanging him on a tree. **31** God exalted him to his own right hand as Prince and Savior that he might give repentance and forgiveness of sins to Israel. **32** We are witnesses of these things, and so is the Holy Spirit, whom God has given to those who obey him."

33 When they heard this, they were furious and wanted to put them to death. **34** But a Pharisee named Gamaliel, a teacher of the law, who was honored by all the people, stood up in the Sanhedrin and ordered that the men be put outside for a little while. **35** Then he addressed them: "Men of Israel, consider carefully what you intend to do to these men. **36** Some time ago Theudas appeared, claiming to be somebody, and about four hundred men rallied to him. He was killed, all his followers were dispersed, and it all came to nothing. **37** After him, Judas the Galilean appeared in the days of the census and led a band of people in revolt. He too was killed, and all his followers were scattered. **38** Therefore, in the present case I advise you: Leave these men alone! Let them go! For if their purpose or activity is of human origin, it will fail. **39** But if it is from God, you will not be able to stop these men; you will only find yourselves fighting against God."

40 His speech persuaded them. They called the apostles in and had them flogged. Then they ordered them not to speak in the name of Jesus, and let them go.

41 The apostles left the Sanhedrin, rejoicing because they had been counted worthy of suffering disgrace for the Name. **42** Day after day, in the temple courts and from house to house, they never stopped teaching and proclaiming the good news that Jesus is the Christ.[a]

The Choosing of the Seven

6 In those days when the number of disciples was increasing, the Grecian Jews among them complained against the Hebraic Jews because their widows were being overlooked in the daily distribution of food. **2** So the Twelve gathered all the disciples together and said, "It would not be right for us to neglect the ministry of the word of God in order to wait on tables. **3** Brothers, choose seven men from among you

---

a6.1 Ou *aramaica*

a5:42 Or *Messiah*

testemunho, cheios do Espírito e de sabedoria. Passaremos a eles essa tarefa **4** e nos dedicaremos à oração e ao ministério da palavra".

5 Tal proposta agradou a todos. Então escolheram Estêvão, homem cheio de fé e do Espírito Santo, além de Filipe, Prócoro, Nicanor, Timom, Pármenas e Nicolau, um convertido ao judaísmo, proveniente de Antioquia. **6** Apresentaram esses homens aos apóstolos, os quais oraram e lhes impuseram as mãos.

7 Assim, a palavra de Deus se espalhava. Crescia rapidamente o número de discípulos em Jerusalém; também um grande número de sacerdotes obedecia à fé.

A Prisão de Estêvão

8 Estêvão, homem cheio da graça e do poder de Deus, realizava grandes maravilhas e sinais entre o povo. **9** Contudo, levantou-se oposição dos membros da chamada sinagoga dos Libertos, dos judeus de Cirene e de Alexandria, bem como das províncias da Cilícia e da Ásia. Esses homens começaram a discutir com Estêvão, **10** mas não podiam resistir à sabedoria e ao Espírito com que ele falava.

11 Então subornaram alguns homens para dizerem: "Ouvimos Estêvão falar palavras blasfemas contra Moisés e contra Deus".

12 Com isso agitaram o povo, os líderes religiosos e os mestres da lei. E, prendendo Estêvão, levaram-no ao Sinédrio. **13** Ali apresentaram falsas testemunhas que diziam: "Este homem não pára de falar contra este lugar santo e contra a Lei. **14** Pois o ouvimos dizer que esse Jesus, o Nazareno, destruirá este lugar e mudará os costumes que Moisés nos deixou".

15 Olhando para ele, todos os que estavam sentados no Sinédrio viram que o seu rosto parecia o rosto de um anjo.

O Discurso de Estêvão no Sinédrio

7 Então o sumo sacerdote perguntou a Estêvão: "São verdadeiras estas acusações?"

2 A isso ele respondeu: "Irmãos e pais, ouçam-me! O Deus glorioso apareceu a Abraão, nosso pai, estando ele ainda na Mesopotâmia, antes de morar em Harã, e lhe disse: 'Saia da sua terra e do meio dos seus parentes e vá para a terra que eu lhe mostrarei'[a].

4 "Então ele saiu da terra dos caldeus e se estabeleceu em Harã. Depois da morte de seu pai, Deus o trouxe a esta terra, onde vocês agora vivem. **5** Deus não lhe deu nenhuma herança aqui, nem mesmo o espaço de um pé. Mas lhe prometeu que ele e, depois dele, seus descendentes, possuiriam a terra, embora, naquele tempo, Abraão não tivesse filhos. **6** Deus lhe falou desta forma: 'Seus descendentes serão peregrinos numa terra estrangeira, e serão escravizados e maltratados por quatrocentos anos. **7** Mas eu castigarei a nação a quem servirão como escravos, e depois sairão dali e me adorarão neste lugar'[b]. **8** E deu a Abraão a aliança da circuncisão. Por isso, Abraão gerou Isaque e o circuncidou oito dias depois do seu nascimento. Mais tarde, Isaque gerou Jacó, e este os doze patriarcas.

9 "Os patriarcas, tendo inveja de José, venderam-no como escravo para o Egito. Mas Deus estava com ele **10** e o libertou de todas as suas tribulações, dando a José favor e sabedoria diante do faraó, rei do Egito; este o tornou governador do Egito e de todo o seu palácio.

11 "Depois houve fome em todo o Egito e em Canaã, trazendo grande sofrimento, e os nossos antepassados não encontravam alimento. **12** Ouvindo que havia trigo no Egito, Jacó enviou nossos antepassados em sua primeira viagem. **13** Na segunda viagem deles, José fez-se reconhecer por seus irmãos, e o faraó pôde conhecer a família de José. **14** Depois disso, José mandou buscar seu pai Jacó e toda a sua família, que eram

a7.3 Gn 12.1 **b**7.6,7 Gn 15.13,14

---

who are known to be full of the Spirit and wisdom. We will turn this responsibility over to them **4** and will give our attention to prayer and the ministry of the word."

5 This proposal pleased the whole group. They chose Stephen, a man full of faith and of the Holy Spirit; also Philip, Procorus, Nicanor, Timon, Parmenas, and Nicolas from Antioch, a convert to Judaism. **6** They presented these men to the apostles, who prayed and laid their hands on them.

7 So the word of God spread. The number of disciples in Jerusalem increased rapidly, and a large number of priests became obedient to the faith.

Stephen Seized

8 Now Stephen, a man full of God's grace and power, did great wonders and miraculous signs among the people. **9** Opposition arose, however, from members of the Synagogue of the Freedmen (as it was called)—Jews of Cyrene and Alexandria as well as the provinces of Cilicia and Asia. These men began to argue with Stephen, **10** but they could not stand up against his wisdom or the Spirit by whom he spoke.

11 Then they secretly persuaded some men to say, "We have heard Stephen speak words of blasphemy against Moses and against God."

12 So they stirred up the people and the elders and the teachers of the law. They seized Stephen and brought him before the Sanhedrin. **13** They produced false witnesses, who testified, "This fellow never stops speaking against this holy place and against the law. **14** For we have heard him say that this Jesus of Nazareth will destroy this place and change the customs Moses handed down to us."

15 All who were sitting in the Sanhedrin looked intently at Stephen, and they saw that his face was like the face of an angel.

Stephen's Speech to the Sanhedrin

7 Then the high priest asked him, "Are these charges true?"

2 To this he replied: "Brothers and fathers, listen to me! The God of glory appeared to our father Abraham while he was still in Mesopotamia, before he lived in Haran. **3** 'Leave your country and your people,' God said, 'and go to the land I will show you.'[a]

4 "So he left the land of the Chaldeans and settled in Haran. After the death of his father, God sent him to this land where you are now living. **5** He gave him no inheritance here, not even a foot of ground. But God promised him that he and his descendants after him would possess the land, even though at that time Abraham had no child. **6** God spoke to him in this way: 'Your descendants will be strangers in a country not their own, and they will be enslaved and mistreated four hundred years. **7** But I will punish the nation they serve as slaves,' God said, 'and afterward they will come out of that country and worship me in this place.'[b] **8** Then he gave Abraham the covenant of circumcision. And Abraham became the father of Isaac and circumcised him eight days after his birth. Later Isaac became the father of Jacob, and Jacob became the father of the twelve patriarchs.

9 "Because the patriarchs were jealous of Joseph, they sold him as a slave into Egypt. But God was with him **10** and rescued him from all his troubles. He gave Joseph wisdom and enabled him to gain the goodwill of Pharaoh king of Egypt; so he made him ruler over Egypt and all his palace.

11 "Then a famine struck all Egypt and Canaan, bringing great suffering, and our fathers could not find food. **12** When Jacob heard that there was grain in Egypt, he sent our fathers on their first visit. **13** On their second visit, Joseph told his brothers who he was, and Pharaoh learned about Joseph's family. **14** After this, Joseph sent for his father Jacob and his whole

a7:3 Gen. 12:1 **b**7:7 Gen. 15:13,14

setenta e cinco pessoas. **15** Então Jacó desceu ao Egito, onde faleceram ele e os nossos antepassados. **16** Seus corpos foram levados de volta a Siquém e colocados no túmulo que Abraão havia comprado ali dos filhos de Hamor, por certa quantia.

17 "Ao se aproximar o tempo em que Deus cumpriria sua promessa a Abraão, aumentou muito o número do nosso povo no Egito. **18** Então outro rei, que nada sabia a respeito de José, passou a governar o Egito. **19** Ele agiu traiçoeiramente para com o nosso povo e oprimiu os nossos antepassados, obrigando-os a abandonar os seus recém-nascidos, para que não sobrevivessem.

20 "Naquele tempo nasceu Moisés, que era um menino extraordinário^a. Por três meses ele foi criado na casa de seu pai. **21** Quando foi abandonado, a filha do faraó o tomou e o criou como seu próprio filho. **22** Moisés foi educado em toda a sabedoria dos egípcios e veio a ser poderoso em palavras e obras.

23 "Ao completar quarenta anos, Moisés decidiu visitar seus irmãos israelitas. **24** Ao ver um deles sendo maltratado por um egípcio, saiu em defesa do oprimido e o vingou, matando o egípcio. **25** Ele pensava que seus irmãos compreenderiam que Deus o estava usando para salvá-los, mas eles não o compreenderam. **26** No dia seguinte, Moisés dirigiu-se a dois israelitas que estavam brigando, e tentou reconciliá-los, dizendo: 'Homens, vocês são irmãos; por que ferem um ao outro?'

27 "Mas o homem que maltratava o outro empurrou Moisés e disse: 'Quem o nomeou líder e juiz sobre nós? **28** Quer matar-me como matou o egípcio ontem?'^b **29** Ouvindo isso, Moisés fugiu para Midiã, onde ficou morando como estrangeiro e teve dois filhos.

30 "Passados quarenta anos, apareceu a Moisés um anjo nas labaredas de uma sarça em chamas no deserto, perto do monte Sinai. **31** Vendo aquilo, ficou atônito. E, aproximando-se para observar, ouviu a voz do Senhor: **32** 'Eu sou o Deus dos seus antepassados, o Deus de Abraão, o Deus de Isaque e o Deus de Jacó'^c. Moisés, tremendo de medo, não ousava olhar.

33 "Então o Senhor lhe disse: 'Tire as sandálias dos pés, porque o lugar em que você está é terra santa. **34** De fato tenho visto a opressão sobre o meu povo no Egito. Ouvi seus gemidos e desci para livrá-lo. Venha agora, e eu o enviarei de volta ao Egito'^d.

35 "Este é o mesmo Moisés que tinham rejeitado com estas palavras: 'Quem o nomeou líder e juiz?' Ele foi enviado pelo próprio Deus para ser líder e libertador deles, por meio do anjo que lhe tinha aparecido na sarça. **36** Ele os tirou de lá, fazendo maravilhas e sinais no Egito, no mar Vermelho e no deserto durante quarenta anos.

37 "Este é aquele Moisés que disse aos israelitas: 'Deus lhes levantará dentre seus irmãos um profeta como eu'^e. **38** Ele estava na congregação, no deserto, com o anjo que lhe falava no monte Sinai e com os nossos antepassados, e recebeu palavras vivas, para transmiti-las a nós.

39 "Mas nossos antepassados se recusaram a obedecer-lhe; ao contrário, rejeitaram-no, e em seu coração voltaram para o Egito. **40** Disseram a Arão: 'Faça para nós deuses que nos conduzam, pois a esse Moisés que nos tirou do Egito, não sabemos o que lhe aconteceu!'^f **41** Naquela ocasião fizeram um ídolo em forma de bezerro. Trouxeram-lhe sacrifícios e fizeram uma celebração em honra ao que suas mãos tinham feito. **42** Mas Deus afastou-se deles e os entregou à adoração dos astros, conforme o que foi escrito no livro dos profetas:

" 'Foi a mim
    que vocês apresentaram
    sacrifícios e ofertas
durante os quarenta anos no deserto,
ó nação de Israel?

family, seventy-five in all. **15** Then Jacob went down to Egypt, where he and our fathers died. **16** Their bodies were brought back to Shechem and placed in the tomb that Abraham had bought from the sons of Hamor at Shechem for a certain sum of money.

17 "As the time drew near for God to fulfill his promise to Abraham, the number of our people in Egypt greatly increased. **18** Then another king, who knew nothing about Joseph, became ruler of Egypt. **19** He dealt treacherously with our people and oppressed our forefathers by forcing them to throw out their newborn babies so that they would die.

20 "At that time Moses was born, and he was no ordinary child.^a For three months he was cared for in his father's house. **21** When he was placed outside, Pharaoh's daughter took him and brought him up as her own son. **22** Moses was educated in all the wisdom of the Egyptians and was powerful in speech and action.

23 "When Moses was forty years old, he decided to visit his fellow Israelites. **24** He saw one of them being mistreated by an Egyptian, so he went to his defense and avenged him by killing the Egyptian. **25** Moses thought that his own people would realize that God was using him to rescue them, but they did not. **26** The next day Moses came upon two Israelites who were fighting. He tried to reconcile them by saying, 'Men, you are brothers; why do you want to hurt each other?'

27 "But the man who was mistreating the other pushed Moses aside and said, 'Who made you ruler and judge over us? **28** Do you want to kill me as you killed the Egyptian yesterday?'^b **29** When Moses heard this, he fled to Midian, where he settled as a foreigner and had two sons.

30 "After forty years had passed, an angel appeared to Moses in the flames of a burning bush in the desert near Mount Sinai. **31** When he saw this, he was amazed at the sight. As he went over to look more closely, he heard the Lord's voice: **32** 'I am the God of your fathers, the God of Abraham, Isaac and Jacob.'^c Moses trembled with fear and did not dare to look.

33 "Then the Lord said to him, 'Take off your sandals; the place where you are standing is holy ground. **34** I have indeed seen the oppression of my people in Egypt. I have heard their groaning and have come down to set them free. Now come, I will send you back to Egypt.'^d

35 "This is the same Moses whom they had rejected with the words, 'Who made you ruler and judge?' He was sent to be their ruler and deliverer by God himself, through the angel who appeared to him in the bush. **36** He led them out of Egypt and did wonders and miraculous signs in Egypt, at the Red Sea^e and for forty years in the desert.

37 "This is that Moses who told the Israelites, 'God will send you a prophet like me from your own people.'^f **38** He was in the assembly in the desert, with the angel who spoke to him on Mount Sinai, and with our fathers; and he received living words to pass on to us.

39 "But our fathers refused to obey him. Instead, they rejected him and in their hearts turned back to Egypt. **40** They told Aaron, 'Make us gods who will go before us. As for this fellow Moses who led us out of Egypt—we don't know what has happened to him!'^g **41** That was the time they made an idol in the form of a calf. They brought sacrifices to it and held a celebration in honor of what their hands had made. **42** But God turned away and gave them over to the worship of the heavenly bodies. This agrees with what is written in the book of the prophets:

" 'Did you bring me sacrifices and offerings
    forty years in the desert, O house of Israel?

---

^a7.20 Grego: *era bonito aos olhos de Deus.* ^b7.27,28 Êx 2.14 ^c7.32 Êx 3.6 ^d7.33,34 Êx 3.5,7,8,10 ^e7.37 Dt 18.15 ^f7.40 Êx 32.1

^a7:20 Or *was fair in the sight of God* ^b7:28 Exodus 2:14 ^c7:32 Exodus 3:6 ^d7:34 Exodus 3:5,7,8,10 ^e7:36 That is, Sea of Reeds ^f7:37 Deut. 18:15 ^g7:40 Exodus 32:1

43 Ao invés disso, levantaram
  o santuário de Moloque
e a estrela do seu deus Renfã,
  ídolos que vocês fizeram
    para adorar!
Portanto, eu os enviarei
  para o exílio,
para além da Babilônia'ª.

44 "No deserto os nossos antepassados tinham o tabernáculo da aliança, que fora feito segundo a ordem de Deus a Moisés, de acordo com o modelo que ele tinha visto. **45** Tendo recebido o tabernáculo, nossos antepassados o levaram, sob a liderança de Josué, quando tomaram a terra das nações que Deus expulsou de diante deles. Esse tabernáculo permaneceu nesta terra até a época de Davi, **46** que encontrou graça diante de Deus e pediu que ele lhe permitisse providenciar uma habitação para o Deus de Jacóᵇ. **47** Mas foi Salomão quem lhe construiu a casa.

48 "Todavia, o Altíssimo não habita em casas feitas por homens. Como diz o profeta:

49 " 'O céu é o meu trono,
  e a terra,
  o estrado dos meus pés.
Que espécie de casa
  vocês me edificarão?
diz o Senhor,
ou, onde seria
  meu lugar de descanso?
50 Não foram as minhas mãos que fizeram todas
    estas coisas?'ᶜ

51 "Povo rebelde, obstinadoᵈ de coração e de ouvidos! Vocês são iguais aos seus antepassados: sempre resistem ao Espírito Santo! **52** Qual dos profetas os seus antepassados não perseguiram? Eles mataram aqueles que prediziam a vinda do Justo, de quem agora vocês se tornaram traidores e assassinos — **53** vocês, que receberam a Lei por intermédio de anjos, mas não lhe obedeceram".

O Apedrejamento de Estêvão

54 Ouvindo isso, ficaram furiosos e rangeram os dentes contra ele. **55** Mas Estêvão, cheio do Espírito Santo, levantou os olhos para o céu e viu a glória de Deus, e Jesus em pé, à direita de Deus, **56** e disse: "Vejo os céus abertos e o Filho do homem em pé, à direita de Deus".

57 Mas eles taparam os ouvidos e, dando fortes gritos, lançaram-se todos juntos contra ele, **58** arrastaram-no para fora da cidade e começaram a apedrejá-lo. As testemunhas deixaram seus mantos aos pés de um jovem chamado Saulo.

59 Enquanto apedrejavam Estêvão, este orava: "Senhor Jesus, recebe o meu espírito". **60** Então caiu de joelhos e bradou: "Senhor, não os considere culpados deste pecado". E, tendo dito isso, adormeceu.

8 E Saulo estava ali, consentindo na morte de Estêvão.

A Perseguição e a Dispersão da Igreja

Naquela ocasião desencadeou-se grande perseguição contra a igreja em Jerusalém. Todos, exceto os apóstolos, foram dispersos pelas regiões da Judéia e de Samaria. **2** Alguns homens piedosos sepultaram Estêvão e fizeram por ele grande lamentação. **3** Saulo, por sua vez, devastava a igreja. Indo de casa em casa, arrastava homens e mulheres e os lançava na prisão.

Filipe em Samaria

4 Os que haviam sido dispersos pregavam a palavra por onde quer que fossem. **5** Indo Filipe para uma cidade de Samaria, ali

ª**7.42,43** Am 5.25-27, segundo a antiga versão grega. ᵇ**7.46** Alguns manuscritos dizem para a casa de Jacó. ᶜ**7.49,50** Is 66.1,2 ᵈ**7.51** Grego: *incircunciso*.

43 You have lifted up the shrine of Molech
  and the star of your god Rephan,
  the idols you made to worship.
Therefore I will send you into exile'ª
  beyond Babylon.

44 "Our forefathers had the tabernacle of the Testimony with them in the desert. It had been made as God directed Moses, according to the pattern he had seen. **45** Having received the tabernacle, our fathers under Joshua brought it with them when they took the land from the nations God drove out before them. It remained in the land until the time of David, **46** who enjoyed God's favor and asked that he might provide a dwelling place for the God of Jacob.ᵇ **47** But it was Solomon who built the house for him.

48 "However, the Most High does not live in houses made by men. As the prophet says:

49 " 'Heaven is my throne,
  and the earth is my footstool.
What kind of house will you build for me?
  says the Lord.
Or where will my resting place be?
50 Has not my hand made all these things?'ᶜ

51 "You stiff-necked people, with uncircumcised hearts and ears! You are just like your fathers: You always resist the Holy Spirit! **52** Was there ever a prophet your fathers did not persecute? They even killed those who predicted the coming of the Righteous One. And now you have betrayed and murdered him— **53** you who have received the law that was put into effect through angels but have not obeyed it."

The Stoning of Stephen

54 When they heard this, they were furious and gnashed their teeth at him. **55** But Stephen, full of the Holy Spirit, looked up to heaven and saw the glory of God, and Jesus standing at the right hand of God. **56** "Look," he said, "I see heaven open and the Son of Man standing at the right hand of God."

57 At this they covered their ears and, yelling at the top of their voices, they all rushed at him, **58** dragged him out of the city and began to stone him. Meanwhile, the witnesses laid their clothes at the feet of a young man named Saul.

59 While they were stoning him, Stephen prayed, "Lord Jesus, receive my spirit." **60** Then he fell on his knees and cried out, "Lord, do not hold this sin against them." When he had said this, he fell asleep.

8 And Saul was there, giving approval to his death.

The Church Persecuted and Scattered

On that day a great persecution broke out against the church at Jerusalem, and all except the apostles were scattered throughout Judea and Samaria. **2** Godly men buried Stephen and mourned deeply for him. **3** But Saul began to destroy the church. Going from house to house, he dragged off men and women and put them in prison.

Philip in Samaria

4 Those who had been scattered preached the word wherever they went. **5** Philip went down to a city in Samaria and

ª**7:43** Amos 5:25-27 ᵇ**7:46** Some early manuscripts *the house of Jacob* ᶜ**7:50** Isaiah 66:1,2

lhes anunciava o Cristo. **6** Quando a multidão ouviu Filipe e viu os sinais miraculosos que ele realizava, deu unânime atenção ao que ele dizia. **7** Os espíritos imundos^a saíam de muitos, dando gritos, e muitos paralíticos e mancos foram curados. **8** Assim, houve grande alegria naquela cidade.

Simão, o Mago

9 Um homem chamado Simão vinha praticando feitiçaria durante algum tempo naquela cidade, impressionando todo o povo de Samaria. Ele se dizia muito importante, **10** e todo o povo, do mais simples ao mais rico, dava-lhe atenção e exclamava: "Este homem é o poder divino conhecido como Grande Poder". **11** Eles o seguiam, pois ele os havia iludido com sua mágica durante muito tempo. **12** No entanto, quando Filipe lhes pregou as boas novas do Reino de Deus e do nome de Jesus Cristo, creram nele, e foram batizados, tanto homens como mulheres. **13** O próprio Simão também creu e foi batizado, e seguia Filipe por toda parte, observando maravilhado os grandes sinais e milagres que eram realizados.

14 Os apóstolos em Jerusalém, ouvindo que Samaria havia aceitado a palavra de Deus, enviaram para lá Pedro e João. **15** Estes, ao chegarem, oraram para que eles recebessem o Espírito Santo, **16** pois o Espírito ainda não havia descido sobre nenhum deles; tinham apenas sido batizados em nome do Senhor Jesus. **17** Então Pedro e João lhes impuseram as mãos, e eles receberam o Espírito Santo.

18 Vendo Simão que o Espírito era dado com a imposição das mãos dos apóstolos, ofereceu-lhes dinheiro **19** e disse: "Dêem-me também este poder, para que a pessoa sobre quem eu puser as mãos receba o Espírito Santo".

20 Pedro respondeu: "Pereça com você o seu dinheiro! Você pensa que pode comprar o dom de Deus com dinheiro? **21** Você não tem parte nem direito algum neste ministério, porque o seu coração não é reto diante de Deus. **22** Arrependa-se dessa maldade e ore ao Senhor. Talvez ele lhe perdoe tal pensamento do seu coração, **23** pois vejo que você está cheio de amargura e preso pelo pecado".

24 Simão, porém, respondeu: "Orem vocês ao Senhor por mim, para que não me aconteça nada do que vocês disseram".

25 Tendo testemunhado e proclamado a palavra do Senhor, Pedro e João voltaram a Jerusalém, pregando o evangelho em muitos povoados samaritanos.

Filipe e o Etíope

26 Um anjo do Senhor disse a Filipe: "Vá para o sul, para a estrada deserta que desce de Jerusalém a Gaza". **27** Ele se levantou e partiu. No caminho encontrou um eunuco etíope, um oficial importante, encarregado de todos os tesouros de Candace, rainha dos etíopes. Esse homem viera a Jerusalém para adorar a Deus e, **28** de volta para casa, sentado em sua carruagem, lia o livro do profeta Isaías. **29** E o Espírito disse a Filipe: "Aproxime-se dessa carruagem e acompanhe-a".

30 Então Filipe correu para a carruagem, ouviu o homem lendo o profeta Isaías e lhe perguntou: "O senhor entende o que está lendo?"

31 Ele respondeu: "Como posso entender se alguém não me explicar?" Assim, convidou Filipe para subir e sentar-se ao seu lado.

32 O eunuco estava lendo esta passagem da Escritura:

"Ele foi levado como ovelha para o matadouro,
e como cordeiro mudo
    diante do tosquiador,
ele não abriu a sua boca.
33 Em sua humilhação
    foi privado de justiça.
Quem pode falar
    dos seus descendentes?

proclaimed the Christ^a there. **6** When the crowds heard Philip and saw the miraculous signs he did, they all paid close attention to what he said. **7** With shrieks, evil^b spirits came out of many, and many paralytics and cripples were healed. **8** So there was great joy in that city.

Simon the Sorcerer

9 Now for some time a man named Simon had practiced sorcery in the city and amazed all the people of Samaria. He boasted that he was someone great, **10** and all the people, both high and low, gave him their attention and exclaimed, "This man is the divine power known as the Great Power." **11** They followed him because he had amazed them for a long time with his magic. **12** But when they believed Philip as he preached the good news of the kingdom of God and the name of Jesus Christ, they were baptized, both men and women. **13** Simon himself believed and was baptized. And he followed Philip everywhere, astonished by the great signs and miracles he saw.

14 When the apostles in Jerusalem heard that Samaria had accepted the word of God, they sent Peter and John to them. **15** When they arrived, they prayed for them that they might receive the Holy Spirit, **16** because the Holy Spirit had not yet come upon any of them; they had simply been baptized into^c the name of the Lord Jesus. **17** Then Peter and John placed their hands on them, and they received the Holy Spirit.

18 When Simon saw that the Spirit was given at the laying on of the apostles' hands, he offered them money **19** and said, "Give me also this ability so that everyone on whom I lay my hands may receive the Holy Spirit."

20 Peter answered: "May your money perish with you, because you thought you could buy the gift of God with money! **21** You have no part or share in this ministry, because your heart is not right before God. **22** Repent of this wickedness and pray to the Lord. Perhaps he will forgive you for having such a thought in your heart. **23** For I see that you are full of bitterness and captive to sin."

24 Then Simon answered, "Pray to the Lord for me so that nothing you have said may happen to me."

25 When they had testified and proclaimed the word of the Lord, Peter and John returned to Jerusalem, preaching the gospel in many Samaritan villages.

Philip and the Ethiopian

26 Now an angel of the Lord said to Philip, "Go south to the road—the desert road—that goes down from Jerusalem to Gaza." **27** So he started out, and on his way he met an Ethiopian^d eunuch, an important official in charge of all the treasury of Candace, queen of the Ethiopians. This man had gone to Jerusalem to worship, **28** and on his way home was sitting in his chariot reading the book of Isaiah the prophet. **29** The Spirit told Philip, "Go to that chariot and stay near it."

30 Then Philip ran up to the chariot and heard the man reading Isaiah the prophet. "Do you understand what you are reading?" Philip asked.

31 "How can I," he said, "unless someone explains it to me?" So he invited Philip to come up and sit with him. **32** The eunuch was reading this passage of Scripture:

"He was led like a sheep to the slaughter,
    and as a lamb before the shearer is silent,
      so he did not open his mouth.
33 In his humiliation he was deprived of justice.
    Who can speak of his descendants?

---

^a8.7 Ou *malignos*

^a8:5 Or *Messiah* ^b8:7 Greek *unclean* ^c8:16 Or *in* ^d8:27 That is, from the upper Nile region

Pois a sua vida foi tirada
da terra"[a].

34 O eunuco perguntou a Filipe: "Diga-me, por favor: de quem o profeta está falando? De si próprio ou de outro?" **35** Então Filipe, começando com aquela passagem da Escritura, anunciou-lhe as boas novas de Jesus.

36 Prosseguindo pela estrada, chegaram a um lugar onde havia água. O eunuco disse: "Olhe, aqui há água. Que me impede de ser batizado?" **37** Disse Filipe: "Você pode, se crê de todo o coração". O eunuco respondeu: "Creio que Jesus Cristo é o Filho de Deus".[b] **38** Assim, deu ordem para parar a carruagem. Então Filipe e o eunuco desceram à água, e Filipe o batizou. **39** Quando saíram da água, o Espírito do Senhor arrebatou Filipe repentinamente. O eunuco não o viu mais e, cheio de alegria, seguiu o seu caminho. **40** Filipe, porém, apareceu em Azoto e, indo para Cesaréia, pregava o evangelho em todas as cidades pelas quais passava.

A Conversão de Saulo

9 Enquanto isso, Saulo ainda respirava ameaças de morte contra os discípulos do Senhor. Dirigindo-se ao sumo sacerdote, **2** pediu-lhe cartas para as sinagogas de Damasco, de maneira que, caso encontrasse ali homens ou mulheres que pertencessem ao Caminho, pudesse levá-los presos para Jerusalém. **3** Em sua viagem, quando se aproximava de Damasco, de repente brilhou ao seu redor uma luz vinda do céu. **4** Ele caiu por terra e ouviu uma voz que lhe dizia: "Saulo, Saulo, por que você me persegue?"

5 Saulo perguntou: "Quem és tu, Senhor?"

Ele respondeu: "Eu sou Jesus, a quem você persegue. **6** Levante-se, entre na cidade; alguém lhe dirá o que você deve fazer".

7 Os homens que viajavam com Saulo pararam emudecidos; ouviam a voz mas não viam ninguém. **8** Saulo levantou-se do chão e, abrindo os olhos, não conseguia ver nada. E os homens o levaram pela mão até Damasco. **9** Por três dias ele esteve cego, não comeu nem bebeu.

10 Em Damasco havia um discípulo chamado Ananias. O Senhor o chamou numa visão: "Ananias!"

"Eis-me aqui, Senhor", respondeu ele.

11 O Senhor lhe disse: "Vá à casa de Judas, na rua chamada Direita, e pergunte por um homem de Tarso chamado Saulo. Ele está orando; **12** numa visão viu um homem chamado Ananias chegar e impor-lhe as mãos para que voltasse a ver".

13 Respondeu Ananias: "Senhor, tenho ouvido muita coisa a respeito desse homem e de todo o mal que ele tem feito aos teus santos em Jerusalém. **14** Ele chegou aqui com autorização dos chefes dos sacerdotes para prender todos os que invocam o teu nome".

15 Mas o Senhor disse a Ananias: "Vá! Este homem é meu instrumento escolhido para levar o meu nome perante os gentios e seus reis, e perante o povo de Israel. **16** Mostrarei a ele o quanto deve sofrer pelo meu nome".

17 Então Ananias foi, entrou na casa, pôs as mãos sobre Saulo e disse: "Irmão Saulo, o Senhor Jesus, que lhe apareceu no caminho por onde você vinha, enviou-me para que você volte a ver e seja cheio do Espírito Santo". **18** Imediatamente, algo como escamas caiu dos olhos de Saulo e ele passou a ver novamente. Levantando-se, foi batizado **19** e, depois de comer, recuperou as forças.

Saulo em Damasco e em Jerusalém

Saulo passou vários dias com os discípulos em Damasco. **20** Logo começou a pregar nas sinagogas que Jesus é o Filho de Deus. **21** Todos os que o ouviam ficavam perplexos e pergunta-

For his life was taken from the earth."[a]

34 The eunuch asked Philip, "Tell me, please, who is the prophet talking about, himself or someone else?" **35** Then Philip began with that very passage of Scripture and told him the good news about Jesus.

36 As they traveled along the road, they came to some water and the eunuch said, "Look, here is water. Why shouldn't I be baptized?"[b] **38** And he gave orders to stop the chariot. Then both Philip and the eunuch went down into the water and Philip baptized him. **39** When they came up out of the water, the Spirit of the Lord suddenly took Philip away, and the eunuch did not see him again, but went on his way rejoicing. **40** Philip, however, appeared at Azotus and traveled about, preaching the gospel in all the towns until he reached Caesarea.

Saul's Conversion

9 Meanwhile, Saul was still breathing out murderous threats against the Lord's disciples. He went to the high priest **2** and asked him for letters to the synagogues in Damascus, so that if he found any there who belonged to the Way, whether men or women, he might take them as prisoners to Jerusalem. **3** As he neared Damascus on his journey, suddenly a light from heaven flashed around him. **4** He fell to the ground and heard a voice say to him, "Saul, Saul, why do you persecute me?"

5 "Who are you, Lord?" Saul asked.

"I am Jesus, whom you are persecuting," he replied. **6** "Now get up and go into the city, and you will be told what you must do."

7 The men traveling with Saul stood there speechless; they heard the sound but did not see anyone. **8** Saul got up from the ground, but when he opened his eyes he could see nothing. So they led him by the hand into Damascus. **9** For three days he was blind, and did not eat or drink anything.

10 In Damascus there was a disciple named Ananias. The Lord called to him in a vision, "Ananias!"

"Yes, Lord," he answered.

11 The Lord told him, "Go to the house of Judas on Straight Street and ask for a man from Tarsus named Saul, for he is praying. **12** In a vision he has seen a man named Ananias come and place his hands on him to restore his sight."

13 "Lord," Ananias answered, "I have heard many reports about this man and all the harm he has done to your saints in Jerusalem. **14** And he has come here with authority from the chief priests to arrest all who call on your name."

15 But the Lord said to Ananias, "Go! This man is my chosen instrument to carry my name before the Gentiles and their kings and before the people of Israel. **16** I will show him how much he must suffer for my name."

17 Then Ananias went to the house and entered it. Placing his hands on Saul, he said, "Brother Saul, the Lord—Jesus, who appeared to you on the road as you were coming here—has sent me so that you may see again and be filled with the Holy Spirit." **18** Immediately, something like scales fell from Saul's eyes, and he could see again. He got up and was baptized, **19** and after taking some food, he regained his strength.

Saul in Damascus and Jerusalem

Saul spent several days with the disciples in Damascus. **20** At once he began to preach in the synagogues that Jesus is the Son of God. **21** All those who heard him were astonished and

---

[a]8.32,33 Is 53.7,8 [b]8.37 Muitos manuscritos antigos não trazem o versículo 37.

[a]8:33 Isaiah 53:7,8 [b]8:36 Some late manuscripts *baptized?"* **37** *Philip said, "If you believe with all your heart, you may." The eunuch answered, "I believe that Jesus Christ is the Son of God."*

vam: "Não é ele o homem que procurava destruir em Jerusalém aqueles que invocam este nome? E não veio para cá justamente para levá-los presos aos chefes dos sacerdotes?" **22** Todavia, Saulo se fortalecia cada vez mais e confundia os judeus que viviam em Damasco, demonstrando que Jesus é o Cristo.

23 Decorridos muitos dias, os judeus decidiram de comum acordo matá-lo, **24** mas Saulo ficou sabendo do plano deles. Dia e noite eles vigiavam as portas da cidade a fim de matá-lo. **25** Mas os seus discípulos o levaram de noite e o fizeram descer num cesto, através de uma abertura na muralha.

26 Quando chegou a Jerusalém, tentou reunir-se aos discípulos, mas todos estavam com medo dele, não acreditando que fosse realmente um discípulo. **27** Então Barnabé o levou aos apóstolos e lhes contou como, no caminho, Saulo vira o Senhor, que lhe falara, e como em Damasco ele havia pregado corajosamente em nome de Jesus. **28** Assim, Saulo ficou com eles, e andava com liberdade em Jerusalém, pregando corajosamente em nome do Senhor. **29** Falava e discutia com os judeus de fala grega, mas estes tentavam matá-lo. **30** Sabendo disso, os irmãos o levaram para Cesaréia e o enviaram para Tarso.

31 A igreja passava por um período de paz em toda a Judéia, Galiléia e Samaria. Ela se edificava e, encorajada pelo Espírito Santo, crescia em número, vivendo no temor do Senhor.

Enéias e Dorcas

32 Viajando por toda parte, Pedro foi visitar os santos que viviam em Lida. **33** Ali encontrou um paralítico chamado Enéias, que estava acamado fazia oito anos. **34** Disse-lhe Pedro: "Enéias, Jesus Cristo vai curá-lo! Levante-se e arrume a sua cama". Ele se levantou imediatamente. **35** Todos os que viviam em Lida e Sarona o viram e se converteram ao Senhor.

36 Em Jope havia uma discípula chamada Tabita, que em grego é Dorcas[a], que se dedicava a praticar boas obras e dar esmolas. **37** Naqueles dias ela ficou doente e morreu, e seu corpo foi lavado e colocado num quarto do andar superior. **38** Lida ficava perto de Jope, e, quando os discípulos ouviram falar que Pedro estava em Lida, mandaram-lhe dois homens dizer-lhe: "Não se demore em vir até nós".

39 Pedro foi com eles e, quando chegou, foi levado para o quarto do andar superior. Todas as viúvas o rodearam, chorando e mostrando-lhe os vestidos e outras roupas que Dorcas tinha feito quando ainda estava com elas.

40 Pedro mandou que todos saíssem do quarto; depois, ajoelhou-se e orou. Voltando-se para a mulher morta, disse: "Tabita, levante-se". Ela abriu os olhos e, vendo Pedro, sentou-se. **41** Tomando-a pela mão, ajudou-a a pôr-se em pé. Então, chamando os santos e as viúvas, apresentou-a viva. **42** Este fato se tornou conhecido em toda a cidade de Jope, e muitos creram no Senhor. **43** Pedro ficou em Jope durante algum tempo, com um curtidor de couro chamado Simão.

asked, "Isn't he the man who raised havoc in Jerusalem among those who call on this name? And hasn't he come here to take them as prisoners to the chief priests?" **22** Yet Saul grew more and more powerful and baffled the Jews living in Damascus by proving that Jesus is the Christ.[a]

23 After many days had gone by, the Jews conspired to kill him, **24** but Saul learned of their plan. Day and night they kept close watch on the city gates in order to kill him. **25** But his followers took him by night and lowered him in a basket through an opening in the wall.

26 When he came to Jerusalem, he tried to join the disciples, but they were all afraid of him, not believing that he really was a disciple. **27** But Barnabas took him and brought him to the apostles. He told them how Saul on his journey had seen the Lord and that the Lord had spoken to him, and how in Damascus he had preached fearlessly in the name of Jesus. **28** So Saul stayed with them and moved about freely in Jerusalem, speaking boldly in the name of the Lord. **29** He talked and debated with the Grecian Jews, but they tried to kill him. **30** When the brothers learned of this, they took him down to Caesarea and sent him off to Tarsus.

31 Then the church throughout Judea, Galilee and Samaria enjoyed a time of peace. It was strengthened; and encouraged by the Holy Spirit, it grew in numbers, living in the fear of the Lord.

Aeneas and Dorcas

32 As Peter traveled about the country, he went to visit the saints in Lydda. **33** There he found a man named Aeneas, a paralytic who had been bedridden for eight years. **34** "Aeneas," Peter said to him, "Jesus Christ heals you. Get up and take care of your mat." Immediately Aeneas got up. **35** All those who lived in Lydda and Sharon saw him and turned to the Lord.

36 In Joppa there was a disciple named Tabitha (which, when translated, is Dorcas[b]), who was always doing good and helping the poor. **37** About that time she became sick and died, and her body was washed and placed in an upstairs room. **38** Lydda was near Joppa; so when the disciples heard that Peter was in Lydda, they sent two men to him and urged him, "Please come at once!"

39 Peter went with them, and when he arrived he was taken upstairs to the room. All the widows stood around him, crying and showing him the robes and other clothing that Dorcas had made while she was still with them.

40 Peter sent them all out of the room; then he got down on his knees and prayed. Turning toward the dead woman, he said, "Tabitha, get up." She opened her eyes, and seeing Peter she sat up. **41** He took her by the hand and helped her to her feet. Then he called the believers and the widows and presented her to them alive. **42** This became known all over Joppa, and many people believed in the Lord. **43** Peter stayed in Joppa for some time with a tanner named Simon.

O Centurião Cornélio

10 Havia em Cesaréia um homem chamado Cornélio, centurião do regimento conhecido como Italiano. **2** Ele e toda a sua família eram piedosos e tementes a Deus; dava muitas esmolas ao povo e orava continuamente a Deus. **3** Certo dia, por volta das três horas da tarde[b], ele teve uma visão. Viu claramente um anjo de Deus que se aproximava dele e dizia: "Cornélio!"

4 Atemorizado, Cornélio olhou para ele e perguntou: "Que é, Senhor?"

O anjo respondeu: "Suas orações e esmolas subiram como oferta memorial diante de Deus. **5** Agora, mande alguns homens a Jope para trazerem um certo Simão, também conhecido como Pedro, **6** que está hospedado na casa de Simão, o curtidor de cou-

Cornelius Calls for Peter

10 At Caesarea there was a man named Cornelius, a centurion in what was known as the Italian Regiment. **2** He and all his family were devout and God-fearing; he gave generously to those in need and prayed to God regularly. **3** One day at about three in the afternoon he had a vision. He distinctly saw an angel of God, who came to him and said, "Cornelius!"

4 Cornelius stared at him in fear. "What is it, Lord?" he asked.

The angel answered, "Your prayers and gifts to the poor have come up as a memorial offering before God. **5** Now send men to Joppa to bring back a man named Simon who is called Peter. **6** He is staying with Simon the tanner, whose house is

---

[a]**9.36** Tanto *Tabita* (aramaico) como *Dorcas* (grego) significam *gazela*.
[b]**10.3** Grego: *da hora nona*; também no versículo 30.

[a]**9:22** Or *Messiah* [b]**9:36** Both *Tabitha* (Aramaic) and *Dorcas* (Greek) mean *gazelle*.

ro, que fica perto do mar".

7 Depois que o anjo que lhe falou se foi, Cornélio chamou dois dos seus servos e um soldado piedoso dentre os seus auxiliares **8** e, contando-lhes tudo o que tinha acontecido, enviou-os a Jope.

A Visão de Pedro

9 No dia seguinte, por volta do meio-dia^a, enquanto eles viajavam e se aproximavam da cidade, Pedro subiu ao terraço para orar. **10** Tendo fome, queria comer; enquanto a refeição estava sendo preparada, caiu em êxtase. **11** Viu o céu aberto e algo semelhante a um grande lençol que descia à terra, preso pelas quatro pontas, **12** contendo toda espécie de quadrúpedes, bem como de répteis da terra e aves do céu. **13** Então uma voz lhe disse: "Levante-se, Pedro; mate e coma".

14 Mas Pedro respondeu: "De modo nenhum, Senhor! Jamais comi algo impuro ou imundo!"

15 A voz lhe falou segunda vez: "Não chame impuro ao que Deus purificou".

16 Isso aconteceu três vezes, e em seguida o lençol foi recolhido ao céu.

17 Enquanto Pedro estava refletindo no significado da visão, os homens enviados por Cornélio descobriram onde era a casa de Simão e chegaram à porta. **18** Chamando, perguntaram se ali estava hospedado Simão, conhecido como Pedro.

19 Enquanto Pedro ainda estava pensando na visão, o Espírito lhe disse: "Simão, três homens estão procurando por você. **20** Portanto, levante-se e desça. Não hesite em ir com eles, pois eu os enviei".

21 Pedro desceu e disse aos homens: "Eu sou quem vocês estão procurando. Por que motivo vieram?"

22 Os homens responderam: "Viemos da parte do centurião Cornélio. Ele é um homem justo e temente a Deus, respeitado por todo o povo judeu. Um santo anjo lhe disse que o chamasse à sua casa, para que ele ouça o que você tem para dizer". **23** Pedro os convidou a entrar e os hospedou.

Pedro na Casa de Cornélio

No dia seguinte Pedro partiu com eles, e alguns dos irmãos de Jope o acompanharam. **24** No outro dia chegaram a Cesaréia. Cornélio os esperava com seus parentes e amigos mais íntimos que tinha convidado. **25** Quando Pedro ia entrando na casa, Cornélio dirigiu-se a ele e prostrou-se aos seus pés, adorando-o. **26** Mas Pedro o fez levantar-se, dizendo: "Levante-se, eu sou homem como você".

27 Conversando com ele, Pedro entrou e encontrou ali reunidas muitas pessoas **28** e lhes disse: "Vocês sabem muito bem que é contra a nossa lei um judeu associar-se a um gentio ou mesmo visitá-lo. Mas Deus me mostrou que eu não deveria chamar impuro ou imundo a homem nenhum. **29** Por isso, quando fui procurado, vim sem qualquer objeção. Posso perguntar por que vocês me mandaram buscar?"

30 Cornélio respondeu: "Há quatro dias eu estava em minha casa orando a esta hora, às três horas da tarde. De repente, colocou-se diante de mim um homem com roupas resplandecentes **31** e disse: 'Cornélio, Deus ouviu sua oração e lembrou-se de suas esmolas. **32** Mande buscar em Jope a Simão, chamado Pedro. Ele está hospedado na casa de Simão, o curtidor de couro, que mora perto do mar'. **33** Assim, mandei buscar-te imediatamente, e foi bom que tenhas vindo. Agora estamos todos aqui na presença de Deus, para ouvir tudo que o Senhor te mandou dizer-nos".

34 Então Pedro começou a falar: "Agora percebo verdadeiramente que Deus não trata as pessoas com parcialidade, **35** mas de todas as nações aceita todo aquele que o teme e faz o que é justo. **36** Vocês conhecem a mensagem enviada por Deus ao povo de Israel, que fala das boas novas de paz por meio de Jesus Cristo, Senhor de todos. **37** Sabem o que aconteceu em

Peter's Vision

7 When the angel who spoke to him had gone, Cornelius called two of his servants and a devout soldier who was one of his attendants. **8** He told them everything that had happened and sent them to Joppa.

9 About noon the following day as they were on their journey and approaching the city, Peter went up on the roof to pray. **10** He became hungry and wanted to eat, and while the meal was being prepared, he fell into a trance. **11** He saw heaven opened and something like a large sheet being let down to earth by its four corners. **12** It contained all kinds of four-footed animals, as well as reptiles of the earth and birds of the air. **13** Then a voice told him, "Get up, Peter. Kill and eat."

14 "Surely not, Lord!" Peter replied. "I have never eaten anything impure or unclean."

15 The voice spoke to him a second time, "Do not call anything impure that God has made clean."

16 This happened three times, and immediately the sheet was taken back to heaven.

17 While Peter was wondering about the meaning of the vision, the men sent by Cornelius found out where Simon's house was and stopped at the gate. **18** They called out, asking if Simon who was known as Peter was staying there.

19 While Peter was still thinking about the vision, the Spirit said to him, "Simon, three^a men are looking for you. **20** So get up and go downstairs. Do not hesitate to go with them, for I have sent them."

21 Peter went down and said to the men, "I'm the one you're looking for. Why have you come?"

22 The men replied, "We have come from Cornelius the centurion. He is a righteous and God-fearing man, who is respected by all the Jewish people. A holy angel told him to have you come to his house so that he could hear what you have to say." **23** Then Peter invited the men into the house to be his guests.

Peter at Cornelius' House

The next day Peter started out with them, and some of the brothers from Joppa went along. **24** The following day he arrived in Caesarea. Cornelius was expecting them and had called together his relatives and close friends. **25** As Peter entered the house, Cornelius met him and fell at his feet in reverence. **26** But Peter made him get up. "Stand up," he said, "I am only a man myself."

27 Talking with him, Peter went inside and found a large gathering of people. **28** He said to them: "You are well aware that it is against our law for a Jew to associate with a Gentile or visit him. But God has shown me that I should not call any man impure or unclean. **29** So when I was sent for, I came without raising any objection. May I ask why you sent for me?"

30 Cornelius answered: "Four days ago I was in my house praying at this hour, at three in the afternoon. Suddenly a man in shining clothes stood before me **31** and said, 'Cornelius, God has heard your prayer and remembered your gifts to the poor. **32** Send to Joppa for Simon who is called Peter. He is a guest in the home of Simon the tanner, who lives by the sea.' **33** So I sent for you immediately, and it was good of you to come. Now we are all here in the presence of God to listen to everything the Lord has commanded you to tell us."

34 Then Peter began to speak: "I now realize how true it is that God does not show favoritism **35** but accepts men from every nation who fear him and do what is right. **36** You know the message God sent to the people of Israel, telling the good news of peace through Jesus Christ, who is Lord of all. **37** You know what

---

a10.9 Grego: *da hora sexta*.

a10:19 One early manuscript *two*; other manuscripts do not have the number.

toda a Judéia, começando na Galiléia, depois do batismo que João pregou, **38** como Deus ungiu a Jesus de Nazaré com o Espírito Santo e poder, e como ele andou por toda parte fazendo o bem e curando todos os oprimidos pelo Diabo, porque Deus estava com ele.

39 "Nós somos testemunhas de tudo o que ele fez na terra dos judeus e em Jerusalém, onde o mataram, suspendendo-o num madeiro. **40** Deus, porém, o ressuscitou no terceiro dia e fez que ele fosse visto, **41** não por todo o povo, mas por testemunhas que designara de antemão, por nós que comemos e bebemos com ele depois que ressuscitou dos mortos. **42** Ele nos mandou pregar ao povo e testemunhar que foi a ele que Deus constituiu juiz de vivos e de mortos. **43** Todos os profetas dão testemunho dele, de que todo o que nele crê recebe o perdão dos pecados mediante o seu nome".

44 Enquanto Pedro ainda estava falando estas palavras, o Espírito Santo desceu sobre todos os que ouviam a mensagem. **45** Os judeus convertidos que vieram com Pedro ficaram admirados de que o dom do Espírito Santo fosse derramado até sobre os gentios, **46** pois os ouviam falando em línguas[a] e exaltando a Deus.

A seguir Pedro disse: **47** "Pode alguém negar a água, impedindo que estes sejam batizados? Eles receberam o Espírito Santo como nós!" **48** Então ordenou que fossem batizados em nome de Jesus Cristo. Depois pediram a Pedro que ficasse com eles alguns dias.

Pedro Explica-se perante a Igreja

11 Os apóstolos e os irmãos de toda a Judéia ouviram falar que os gentios também haviam recebido a palavra de Deus. **2** Assim, quando Pedro subiu a Jerusalém, os que eram do partido dos circuncisos o criticavam, dizendo: **3** "Você entrou na casa de homens incircuncisos e comeu com eles".

4 Pedro, então, começou a explicar-lhes exatamente como tudo havia acontecido: **5** "Eu estava na cidade de Jope orando; caindo em êxtase, tive uma visão. Vi algo parecido com um grande lençol sendo baixado do céu, preso pelas quatro pontas, e que vinha até o lugar onde eu estava. **6** Olhei para dentro dele e notei que havia ali quadrúpedes da terra, animais selvagens, répteis e aves do céu. **7** Então ouvi uma voz que me dizia: 'Levante-se, Pedro; mate e coma'.

8 "Eu respondi: De modo nenhum, Senhor! Nunca entrou em minha boca algo impuro ou imundo.

9 "A voz falou do céu segunda vez: 'Não chame impuro ao que Deus purificou'. **10** Isso aconteceu três vezes, e então tudo foi recolhido ao céu.

11 "Na mesma hora chegaram à casa em que eu estava hospedado três homens que me haviam sido enviados de Cesaréia. **12** O Espírito me disse que não hesitasse em ir com eles. Estes seis irmãos também foram comigo, e entramos na casa de um certo homem. **13** Ele nos contou como um anjo lhe tinha aparecido em sua casa e dissera: 'Mande buscar, em Jope, a Simão, chamado Pedro. **14** Ele lhe trará uma mensagem por meio da qual serão salvos você e todos os da sua casa'.

15 "Quando comecei a falar, o Espírito Santo desceu sobre eles como sobre nós no princípio. **16** Então me lembrei do que o Senhor tinha dito: 'João batizou com[b] água, mas vocês serão batizados com o Espírito Santo'. **17** Se, pois, Deus lhes deu o mesmo dom que nos tinha dado quando cremos no Senhor Jesus Cristo, quem era eu para pensar em opor-me a Deus?"

18 Ouvindo isso, não apresentaram mais objeções e louvaram a Deus, dizendo: "Então, Deus concedeu arrependimento para a vida até mesmo aos gentios!"

A Igreja em Antioquia

19 Os que tinham sido dispersos por causa da perseguição desencadeada com a morte de Estêvão chegaram até a Fenícia, Chipre e Antioquia, anunciando a mensagem apenas aos ju-

has happened throughout Judea, beginning in Galilee after the baptism that John preached— **38** how God anointed Jesus of Nazareth with the Holy Spirit and power, and how he went around doing good and healing all who were under the power of the devil, because God was with him.

39 "We are witnesses of everything he did in the country of the Jews and in Jerusalem. They killed him by hanging him on a tree, **40** but God raised him from the dead on the third day and caused him to be seen. **41** He was not seen by all the people, but by witnesses whom God had already chosen—by us who ate and drank with him after he rose from the dead. **42** He commanded us to preach to the people and to testify that he is the one whom God appointed as judge of the living and the dead. **43** All the prophets testify about him that everyone who believes in him receives forgiveness of sins through his name."

44 While Peter was still speaking these words, the Holy Spirit came on all who heard the message. **45** The circumcised believers who had come with Peter were astonished that the gift of the Holy Spirit had been poured out even on the Gentiles. **46** For they heard them speaking in tongues[a] and praising God.

Then Peter said, **47** "Can anyone keep these people from being baptized with water? They have received the Holy Spirit just as we have." **48** So he ordered that they be baptized in the name of Jesus Christ. Then they asked Peter to stay with them for a few days.

Peter Explains His Actions

11 The apostles and the brothers throughout Judea heard that the Gentiles also had received the word of God. **2** So when Peter went up to Jerusalem, the circumcised believers criticized him **3** and said, "You went into the house of uncircumcised men and ate with them."

4 Peter began and explained everything to them precisely as it had happened: **5** "I was in the city of Joppa praying, and in a trance I saw a vision. I saw something like a large sheet being let down from heaven by its four corners, and it came down to where I was. **6** I looked into it and saw four-footed animals of the earth, wild beasts, reptiles, and birds of the air. **7** Then I heard a voice telling me, 'Get up, Peter. Kill and eat.'

8 "I replied, 'Surely not, Lord! Nothing impure or unclean has ever entered my mouth.'

9 "The voice spoke from heaven a second time, 'Do not call anything impure that God has made clean.' **10** This happened three times, and then it was all pulled up to heaven again.

11 "Right then three men who had been sent to me from Caesarea stopped at the house where I was staying. **12** The Spirit told me to have no hesitation about going with them. These six brothers also went with me, and we entered the man's house. **13** He told us how he had seen an angel appear in his house and say, 'Send to Joppa for Simon who is called Peter. **14** He will bring you a message through which you and all your household will be saved.'

15 "As I began to speak, the Holy Spirit came on them as he had come on us at the beginning. **16** Then I remembered what the Lord had said: 'John baptized with[b] water, but you will be baptized with the Holy Spirit.' **17** So if God gave them the same gift as he gave us, who believed in the Lord Jesus Christ, who was I to think that I could oppose God?"

18 When they heard this, they had no further objections and praised God, saying, "So then, God has granted even the Gentiles repentance unto life."

The Church in Antioch

19 Now those who had been scattered by the persecution in connection with Stephen traveled as far as Phoenicia, Cyprus

---

deus. **20** Alguns deles, todavia, cipriotas e cireneus, foram a Antioquia e começaram a falar também aos gregos, contando-lhes as boas novas a respeito do Senhor Jesus. **21** A mão do Senhor estava com eles, e muitos creram e se converteram ao Senhor.

22 Notícias desse fato chegaram aos ouvidos da igreja em Jerusalém, e eles enviaram Barnabé a Antioquia. **23** Este, ali chegando e vendo a graça de Deus, ficou alegre e os animou a permanecerem fiéis ao Senhor, de todo o coração. **24** Ele era um homem bom, cheio do Espírito Santo e de fé; e muitas pessoas foram acrescentadas ao Senhor.

25 Então Barnabé foi a Tarso procurar Saulo **26** e, quando o encontrou, levou-o para Antioquia. Assim, durante um ano inteiro Barnabé e Saulo se reuniram com a igreja e ensinaram a muitos. Em Antioquia, os discípulos foram pela primeira vez chamados cristãos.

27 Naqueles dias alguns profetas desceram de Jerusalém para Antioquia. **28** Um deles, Ágabo, levantou-se e pelo Espírito predisse que uma grande fome sobreviria a todo o mundo romano, o que aconteceu durante o reinado de Cláudio. **29** Os discípulos, cada um segundo as suas possibilidades, decidiram providenciar ajuda para os irmãos que viviam na Judéia. **30** E o fizeram, enviando suas ofertas aos presbíteros pelas mãos de Barnabé e Saulo.

Pedro é Milagrosamente Libertado da Prisão

12 Nessa ocasião, o rei Herodes prendeu alguns que pertenciam à igreja, com a intenção de maltratá-los, **2** e mandou matar à espada Tiago, irmão de João. **3** Vendo que isso agradava aos judeus, prosseguiu, prendendo também Pedro durante a festa dos pães sem fermento. **4** Tendo-o prendido, lançou-o no cárcere, entregando-o para ser guardado por quatro escoltas de quatro soldados cada uma. Herodes pretendia submetê-lo a julgamento público depois da Páscoa.

5 Pedro, então, ficou detido na prisão, mas a igreja orava intensamente a Deus por ele.

6 Na noite anterior ao dia em que Herodes iria submetê-lo a julgamento, Pedro estava dormindo entre dois soldados, preso com duas algemas, e sentinelas montavam guarda à entrada do cárcere. **7** Repentinamente apareceu um anjo do Senhor, e uma luz brilhou na cela. Ele tocou no lado de Pedro e o acordou. "Depressa, levante-se!", disse ele. Então as algemas caíram dos punhos de Pedro.

8 O anjo lhe disse: "Vista-se e calce as sandálias". E Pedro assim fez. Disse-lhe ainda o anjo: "Ponha a capa e siga-me". **9** E, saindo, Pedro o seguiu, não sabendo que era real o que se fazia por meio do anjo; tudo lhe parecia uma visão. **10** Passaram a primeira e a segunda guarda, e chegaram ao portão de ferro que dava para a cidade. Este se abriu por si mesmo para eles, e passaram. Tendo saído, caminharam ao longo de uma rua e, de repente, o anjo o deixou.

11 Então Pedro caiu em si e disse: "Agora sei, sem nenhuma dúvida, que o Senhor enviou o seu anjo e me libertou das mãos de Herodes e de tudo o que o povo judeu esperava".

12 Percebendo isso, ele se dirigiu à casa de Maria, mãe de João, também chamado Marcos, onde muita gente se havia reunido e estava orando. **13** Pedro bateu à porta do alpendre, e uma serva chamada Rode veio atender. **14** Ao reconhecer a voz de Pedro, tomada de alegria, ela correu de volta, sem abrir a porta, e exclamou: "Pedro está à porta!"

15 Eles porém lhe disseram: "Você está fora de si!" Insistindo ela em afirmar que era Pedro, disseram-lhe: "Deve ser o anjo dele".

16 Mas Pedro continuou batendo e, quando abriram a porta e o viram, ficaram perplexos. **17** Mas ele, fazendo-lhes sinal para que se calassem, descreveu como o Senhor o havia tirado da prisão e disse: "Contem isso a Tiago e aos irmãos". Então saiu e foi para outro lugar.

and Antioch, telling the message only to Jews. **20** Some of them, however, men from Cyprus and Cyrene, went to Antioch and began to speak to Greeks also, telling them the good news about the Lord Jesus. **21** The Lord's hand was with them, and a great number of people believed and turned to the Lord.

22 News of this reached the ears of the church at Jerusalem, and they sent Barnabas to Antioch. **23** When he arrived and saw the evidence of the grace of God, he was glad and encouraged them all to remain true to the Lord with all their hearts. **24** He was a good man, full of the Holy Spirit and faith, and a great number of people were brought to the Lord.

25 Then Barnabas went to Tarsus to look for Saul, **26** and when he found him, he brought him to Antioch. So for a whole year Barnabas and Saul met with the church and taught great numbers of people. The disciples were called Christians first at Antioch.

27 During this time some prophets came down from Jerusalem to Antioch. **28** One of them, named Agabus, stood up and through the Spirit predicted that a severe famine would spread over the entire Roman world. (This happened during the reign of Claudius.) **29** The disciples, each according to his ability, decided to provide help for the brothers living in Judea. **30** This they did, sending their gift to the elders by Barnabas and Saul.

Peter's Miraculous Escape From Prison

12 It was about this time that King Herod arrested some who belonged to the church, intending to persecute them. **2** He had James, the brother of John, put to death with the sword. **3** When he saw that this pleased the Jews, he proceeded to seize Peter also. This happened during the Feast of Unleavened Bread. **4** After arresting him, he put him in prison, handing him over to be guarded by four squads of four soldiers each. Herod intended to bring him out for public trial after the Passover.

5 So Peter was kept in prison, but the church was earnestly praying to God for him.

6 The night before Herod was to bring him to trial, Peter was sleeping between two soldiers, bound with two chains, and sentries stood guard at the entrance. **7** Suddenly an angel of the Lord appeared and a light shone in the cell. He struck Peter on the side and woke him up. "Quick, get up!" he said, and the chains fell off Peter's wrists.

8 Then the angel said to him, "Put on your clothes and sandals." And Peter did so. "Wrap your cloak around you and follow me," the angel told him. **9** Peter followed him out of the prison, but he had no idea that what the angel was doing was really happening; he thought he was seeing a vision. **10** They passed the first and second guards and came to the iron gate leading to the city. It opened for them by itself, and they went through it. When they had walked the length of one street, suddenly the angel left him.

11 Then Peter came to himself and said, "Now I know without a doubt that the Lord sent his angel and rescued me from Herod's clutches and from everything the Jewish people were anticipating."

12 When this had dawned on him, he went to the house of Mary the mother of John, also called Mark, where many people had gathered and were praying. **13** Peter knocked at the outer entrance, and a servant girl named Rhoda came to answer the door. **14** When she recognized Peter's voice, she was so overjoyed she ran back without opening it and exclaimed, "Peter is at the door!"

15 "You're out of your mind," they told her. When she kept insisting that it was so, they said, "It must be his angel."

16 But Peter kept on knocking, and when they opened the door and saw him, they were astonished. **17** Peter motioned with his hand for them to be quiet and described how the Lord had brought him out of prison. "Tell James and the brothers about this," he said, and then he left for another place.

¹⁸ De manhã, não foi pequeno o alvoroço entre os soldados quanto ao que tinha acontecido a Pedro. ¹⁹ Fazendo uma busca completa e não o encontrando, Herodes fez uma investigação entre os guardas e ordenou que fossem executados.

A Morte de Herodes

Depois Herodes foi da Judéia para Cesaréia e permaneceu ali durante algum tempo. ²⁰ Ele estava cheio de ira contra o povo de Tiro e Sidom; contudo, eles haviam se reunido e procuravam ter uma audiência com ele. Tendo conseguido o apoio de Blasto, homem de confiança^a do rei, pediram paz, porque dependiam das terras do rei para obter alimento.

²¹ No dia marcado, Herodes, vestindo seus trajes reais, sentou-se em seu trono e fez um discurso ao povo. ²² Eles começaram a gritar: "É voz de deus, e não de homem". ²³ Visto que Herodes não glorificou a Deus, imediatamente um anjo do Senhor o feriu; e ele morreu comido por vermes.

²⁴ Entretanto, a palavra de Deus continuava a crescer e a espalhar-se.

²⁵ Tendo terminado sua missão, Barnabé e Saulo voltaram de Jerusalém, levando consigo João, também chamado Marcos.

A Missão de Barnabé e Saulo

13 Na igreja de Antioquia havia profetas e mestres: Barnabé, Simeão, chamado Níger, Lúcio de Cirene, Manaém, que fora criado com Herodes, o tetrarca^b, e Saulo. ² Enquanto adoravam o Senhor e jejuavam, disse o Espírito Santo: "Separem-me Barnabé e Saulo para a obra a que os tenho chamado". ³ Assim, depois de jejuar e orar, impuseram-lhes as mãos e os enviaram.

Em Chipre

⁴ Enviados pelo Espírito Santo, desceram a Selêucia e dali navegaram para Chipre. ⁵ Chegando em Salamina, proclamaram a palavra de Deus nas sinagogas judaicas. João estava com eles como auxiliar.

⁶ Viajaram por toda a ilha, até que chegaram a Pafos. Ali encontraram um judeu, chamado Barjesus, que praticava magia e era falso profeta. ⁷ Ele era assessor do procônsul Sérgio Paulo. O procônsul, sendo homem culto, mandou chamar Barnabé e Saulo, porque queria ouvir a palavra de Deus. ⁸ Mas Elimas, o mágico (esse é o significado do seu nome), opôs-se a eles e tentava desviar da fé o procônsul. ⁹ Então Saulo, também chamado Paulo, cheio do Espírito Santo, olhou firmemente para Elimas e disse: ¹⁰ "Filho do Diabo e inimigo de tudo o que é justo! Você está cheio de toda espécie de engano e maldade. Quando é que vai parar de perverter os retos caminhos do Senhor? ¹¹ Saiba agora que a mão do Senhor está contra você, e você ficará cego e incapaz de ver a luz do sol durante algum tempo".

Imediatamente vieram sobre ele névoa e escuridão, e ele, tateando, procurava quem o guiasse pela mão. ¹² O procônsul, vendo o que havia acontecido, creu, profundamente impressionado com o ensino do Senhor.

Em Antioquia da Pisídia

¹³ De Pafos, Paulo e seus companheiros navegaram para Perge, na Panfília. João os deixou ali e voltou para Jerusalém. ¹⁴ De Perge prosseguiram até Antioquia da Pisídia. No sábado, entraram na sinagoga e se assentaram. ¹⁵ Depois da leitura da Lei e dos Profetas, os chefes da sinagoga lhes mandaram dizer: "Irmãos, se vocês têm uma mensagem de encorajamento para o povo, falem".

¹⁶ Pondo-se em pé, Paulo fez sinal com a mão e disse: "Israelitas e gentios que temem a Deus, ouçam-me! ¹⁷ O Deus do povo de Israel escolheu nossos antepassados e exaltou o

Herod's Death

¹⁸ In the morning, there was no small commotion among the soldiers as to what had become of Peter. ¹⁹ After Herod had a thorough search made for him and did not find him, he cross-examined the guards and ordered that they be executed.

Herod's Death

Then Herod went from Judea to Caesarea and stayed there a while. ²⁰ He had been quarreling with the people of Tyre and Sidon; they now joined together and sought an audience with him. Having secured the support of Blastus, a trusted personal servant of the king, they asked for peace, because they depended on the king's country for their food supply.

²¹ On the appointed day Herod, wearing his royal robes, sat on his throne and delivered a public address to the people. ²² They shouted, "This is the voice of a god, not of a man." ²³ Immediately, because Herod did not give praise to God, an angel of the Lord struck him down, and he was eaten by worms and died.

²⁴ But the word of God continued to increase and spread.

²⁵ When Barnabas and Saul had finished their mission, they returned from^a Jerusalem, taking with them John, also called Mark.

Barnabas and Saul Sent Off

13 In the church at Antioch there were prophets and teachers: Barnabas, Simeon called Niger, Lucius of Cyrene, Manaen (who had been brought up with Herod the tetrarch) and Saul. ² While they were worshiping the Lord and fasting, the Holy Spirit said, "Set apart for me Barnabas and Saul for the work to which I have called them." ³ So after they had fasted and prayed, they placed their hands on them and sent them off.

On Cyprus

⁴ The two of them, sent on their way by the Holy Spirit, went down to Seleucia and sailed from there to Cyprus. ⁵ When they arrived at Salamis, they proclaimed the word of God in the Jewish synagogues. John was with them as their helper.

⁶ They traveled through the whole island until they came to Paphos. There they met a Jewish sorcerer and false prophet named Bar-Jesus, ⁷ who was an attendant of the proconsul, Sergius Paulus. The proconsul, an intelligent man, sent for Barnabas and Saul because he wanted to hear the word of God. ⁸ But Elymas the sorcerer (for that is what his name means) opposed them and tried to turn the proconsul from the faith. ⁹ Then Saul, who was also called Paul, filled with the Holy Spirit, looked straight at Elymas and said, ¹⁰ "You are a child of the devil and an enemy of everything that is right! You are full of all kinds of deceit and trickery. Will you never stop perverting the right ways of the Lord? ¹¹ Now the hand of the Lord is against you. You are going to be blind, and for a time you will be unable to see the light of the sun."

Immediately mist and darkness came over him, and he groped about, seeking someone to lead him by the hand. ¹² When the proconsul saw what had happened, he believed, for he was amazed at the teaching about the Lord.

In Pisidian Antioch

¹³ From Paphos, Paul and his companions sailed to Perga in Pamphylia, where John left them to return to Jerusalem. ¹⁴ From Perga they went on to Pisidian Antioch. On the Sabbath they entered the synagogue and sat down. ¹⁵ After the reading from the Law and the Prophets, the synagogue rulers sent word to them, saying, "Brothers, if you have a message of encouragement for the people, please speak."

¹⁶ Standing up, Paul motioned with his hand and said: "Men of Israel and you Gentiles who worship God, listen to me! ¹⁷ The God of the people of Israel chose our fathers; he made the

---

^a 12.20 Grego: *camareiro*. ^b 13.1 Um tetrarca era o governador da quarta parte de uma região.

^a 12:25 Some manuscripts *to*

povo durante a sua permanência no Egito; com grande poder os fez sair daquele país [18] e os aturou [a] no deserto durante cerca de quarenta anos. [19] Ele destruiu sete nações em Canaã e deu a terra delas como herança ao seu povo. [20] Tudo isso levou cerca de quatrocentos e cinqüenta anos.

"Depois disso, ele lhes deu juízes até o tempo do profeta Samuel. [21] Então o povo pediu um rei, e Deus lhes deu Saul, filho de Quis, da tribo de Benjamim, que reinou quarenta anos. [22] Depois de rejeitar Saul, levantou-lhes Davi como rei, sobre quem testemunhou: 'Encontrei Davi, filho de Jessé, homem segundo o meu coração; ele fará tudo o que for da minha vontade' [b].

[23] "Da descendência desse homem Deus trouxe a Israel o Salvador Jesus, como prometera. [24] Antes da vinda de Jesus, João pregou um batismo de arrependimento para todo o povo de Israel. [25] Quando estava completando sua carreira, João disse: 'Quem vocês pensam que eu sou? Não sou quem vocês pensam. Mas eis que vem depois de mim aquele cujas sandálias não sou digno nem de desamarrar'.

[26] "Irmãos, filhos de Abraão, e gentios que temem a Deus, a nós foi enviada esta mensagem de salvação. [27] O povo de Jerusalém e seus governantes não reconheceram Jesus, mas, ao condená-lo, cumpriram as palavras dos profetas, que são lidas todos os sábados. [28] Mesmo não achando motivo legal para uma sentença de morte, pediram a Pilatos que o mandasse executar. [29] Tendo cumprido tudo o que estava escrito a respeito dele, tiraram-no do madeiro e o colocaram num sepulcro. [30] Mas Deus o ressuscitou dos mortos, [31] e, por muitos dias, foi visto por aqueles que tinham ido com ele da Galiléia para Jerusalém. Eles agora são testemunhas dele para o povo.

[32] "Nós lhes anunciamos as boas novas: o que Deus prometeu a nossos antepassados [33] ele cumpriu para nós, seus filhos, ressuscitando Jesus, como está escrito no Salmo segundo:

" 'Tu és meu filho;
    eu hoje te gerei' [c].

[34] O fato de que Deus o ressuscitou dos mortos, para que nunca entrasse em decomposição, é declarado nestas palavras:

" 'Eu lhes dou as santas
    e fiéis bênçãos prometidas
a Davi' [d].

[35] Assim ele diz noutra passagem:

" 'Não permitirás
    que o teu Santo
sofra decomposição' [e].

[36] "Tendo, pois, Davi servido ao propósito de Deus em sua geração, adormeceu, foi sepultado com os seus antepassados e seu corpo se decompôs. [37] Mas aquele a quem Deus ressuscitou não sofreu decomposição.

[38] "Portanto, meus irmãos, quero que saibam que mediante Jesus lhes é proclamado o perdão dos pecados. [39] Por meio dele, todo aquele que crê é justificado de todas as coisas das quais não podiam ser justificados pela Lei de Moisés. [40] Cuidem para que não lhes aconteça o que disseram os profetas:

[41] " 'Olhem, escarnecedores,
    admirem-se e pereçam;
pois nos dias de vocês
    farei algo que vocês jamais creriam
se alguém lhes contasse!' [f]

[42] Quando Paulo e Barnabé estavam saindo da sinagoga, o povo os convidou a falar mais a respeito dessas coisas no sábado seguinte. [43] Despedida a congregação, muitos dos judeus e estrangeiros piedosos convertidos ao judaísmo seguiram Paulo e Barnabé. Estes conversavam com eles, recomendando-lhes que continuassem na graça de Deus.

people prosper during their stay in Egypt, with mighty power he led them out of that country, [18] he endured their conduct [a] for about forty years in the desert, [19] he overthrew seven nations in Canaan and gave their land to his people as their inheritance. [20] All this took about 450 years.

"After this, God gave them judges until the time of Samuel the prophet. [21] Then the people asked for a king, and he gave them Saul son of Kish, of the tribe of Benjamin, who ruled forty years. [22] After removing Saul, he made David their king. He testified concerning him: 'I have found David son of Jesse a man after my own heart; he will do everything I want him to do.'

[23] "From this man's descendants God has brought to Israel the Savior Jesus, as he promised. [24] Before the coming of Jesus, John preached repentance and baptism to all the people of Israel. [25] As John was completing his work, he said: 'Who do you think I am? I am not that one. No, but he is coming after me, whose sandals I am not worthy to untie.'

[26] "Brothers, children of Abraham, and you God-fearing Gentiles, it is to us that this message of salvation has been sent. [27] The people of Jerusalem and their rulers did not recognize Jesus, yet in condemning him they fulfilled the words of the prophets that are read every Sabbath. [28] Though they found no proper ground for a death sentence, they asked Pilate to have him executed. [29] When they had carried out all that was written about him, they took him down from the tree and laid him in a tomb. [30] But God raised him from the dead, [31] and for many days he was seen by those who had traveled with him from Galilee to Jerusalem. They are now his witnesses to our people.

[32] "We tell you the good news: What God promised our fathers [33] he has fulfilled for us, their children, by raising up Jesus. As it is written in the second Psalm:

" 'You are my Son;
    today I have become your Father.' [b][c]

[34] The fact that God raised him from the dead, never to decay, is stated in these words:

" 'I will give you the holy and sure
    blessings promised to David.' [d]

[35] So it is stated elsewhere:

" 'You will not let your Holy One see decay.' [e]

[36] "For when David had served God's purpose in his own generation, he fell asleep; he was buried with his fathers and his body decayed. [37] But the one whom God raised from the dead did not see decay.

[38] "Therefore, my brothers, I want you to know that through Jesus the forgiveness of sins is proclaimed to you. [39] Through him everyone who believes is justified from everything you could not be justified from by the law of Moses. [40] Take care that what the prophets have said does not happen to you:

[41] " 'Look, you scoffers,
    wonder and perish,
for I am going to do something in your days
    that you would never believe,
    even if someone told you.' [f]

[42] As Paul and Barnabas were leaving the synagogue, the people invited them to speak further about these things on the next Sabbath. [43] When the congregation was dismissed, many of the Jews and devout converts to Judaism followed Paul and Barnabas, who talked with them and urged them to continue in the grace of God.

---

[a] 13.18 Alguns manuscritos dizem *e cuidou deles.* [b] 13.22 1Sm 13.14 [c] 13.33 Sl 2.7 [d] 13.34 Is 55.3 [e] 13.35 Sl 16.10 [f] 13.41 Hc 1.5

[a] 13.18 Some manuscripts *and cared for them* [b] 13.33 Or *have begotten you* [c] 13.33 Psalm 2:7 [d] 13.34 Isaiah 55:3 [e] 13.35 Psalm 16:10 [f] 13.41 Hab. 1:5

44 No sábado seguinte, quase toda a cidade se reuniu para ouvir a palavra do Senhor. **45** Quando os judeus viram a multidão, ficaram cheios de inveja e, blasfemando, contradiziam o que Paulo estava dizendo.

46 Então Paulo e Barnabé lhes responderam corajosamente: "Era necessário anunciar primeiro a vocês a palavra de Deus; uma vez que a rejeitam e não se julgam dignos da vida eterna, agora nos voltamos para os gentios. **47** Pois assim o Senhor nos ordenou:

" 'Eu fiz de você luz para os gentios,
para que você leve a salvação
    até aos confins da terra'ᵃ".

48 Ouvindo isso, os gentios alegraram-se e bendisseram a palavra do Senhor; e creram todos os que haviam sido designados para a vida eterna.

49 A palavra do Senhor se espalhava por toda a região. **50** Mas os judeus incitaram as mulheres piedosas de elevada posição e os principais da cidade. E, provocando perseguição contra Paulo e Barnabé, os expulsaram do seu território. **51** Estes sacudiram o pó dos seus pés em protesto contra eles e foram para Icônio. **52** Os discípulos continuavam cheios de alegria e do Espírito Santo.

Em Icônio

14 Em Icônio, Paulo e Barnabé, como de costume, foram à sinagoga judaica. Ali falaram de tal modo que veio a crer grande multidão de judeus e gentios. **2** Mas os judeus que se tinham recusado a crer incitaram os gentios e irritaram-lhes os ânimos contra os irmãos. **3** Paulo e Barnabé passaram bastante tempo ali, falando corajosamente do Senhor, que confirmava a mensagem de sua graça realizando sinais e maravilhas pelas mãos deles. **4** O povo da cidade ficou dividido: alguns estavam a favor dos judeus, outros a favor dos apóstolos. **5** Formou-se uma conspiração de gentios e judeus, com os seus líderes, para maltratá-los e apedrejá-los. **6** Quando eles souberam disso, fugiram para as cidades licaônicas de Listra e Derbe, e seus arredores, **7** onde continuaram a pregar as boas novas.

Em Listra e em Derbe

8 Em Listra havia um homem paralítico dos pés, aleijado desde o nascimento, que vivia ali sentado e nunca tinha andado. **9** Ele ouvira Paulo falar. Quando Paulo olhou diretamente para ele e viu que o homem tinha fé para ser curado, **10** disse em alta voz: "Levante-se! Fique em pé!" Com isso, o homem deu um salto e começou a andar.

11 Ao ver o que Paulo fizera, a multidão começou a gritar em língua licaônica: "Os deuses desceram até nós em forma humana!" **12** A Barnabé chamavam Zeus e a Paulo Hermes, porque era ele quem trazia a palavra. **13** O sacerdote de Zeus, cujo templo ficava diante da cidade, trouxe bois e coroas de flores à porta da cidade, porque ele e a multidão queriam oferecer-lhes sacrifícios.

14 Ouvindo isso, os apóstolos Barnabé e Paulo rasgaram as roupas e correram para o meio da multidão, gritando: **15** "Homens, por que vocês estão fazendo isso? Nós também somos humanos como vocês. Estamos trazendo boas novas para vocês, dizendo-lhes que se afastem dessas coisas vãs e se voltem para o Deus vivo, que fez o céu, a terra, o mar e tudo o que neles há. **16** No passado ele permitiu que todas as nações seguissem os seus próprios caminhos. **17** Contudo, Deus não ficou sem testemunho: mostrou sua bondade, dando-lhes chuva do céu e colheitas no tempo certo, concedendo-lhes sustento com fartura e um coração cheio de alegria". **18** Apesar dessas palavras, eles tiveram dificuldade para impedir que a multidão lhes oferecesse sacrifícios.

44 On the next Sabbath almost the whole city gathered to hear the word of the Lord. **45** When the Jews saw the crowds, they were filled with jealousy and talked abusively against what Paul was saying.

46 Then Paul and Barnabas answered them boldly: "We had to speak the word of God to you first. Since you reject it and do not consider yourselves worthy of eternal life, we now turn to the Gentiles. **47** For this is what the Lord has commanded us:

" 'I have made youᵃ a light for the Gentiles,
that youᵇ may bring salvation to the ends
    of the earth.'ᶜ"

48 When the Gentiles heard this, they were glad and honored the word of the Lord; and all who were appointed for eternal life believed.

49 The word of the Lord spread through the whole region. **50** But the Jews incited the God-fearing women of high standing and the leading men of the city. They stirred up persecution against Paul and Barnabas, and expelled them from their region. **51** So they shook the dust from their feet in protest against them and went to Iconium. **52** And the disciples were filled with joy and with the Holy Spirit.

In Iconium

14 At Iconium Paul and Barnabas went as usual into the Jewish synagogue. There they spoke so effectively that a great number of Jews and Gentiles believed. **2** But the Jews who refused to believe stirred up the Gentiles and poisoned their minds against the brothers. **3** So Paul and Barnabas spent considerable time there, speaking boldly for the Lord, who confirmed the message of his grace by enabling them to do miraculous signs and wonders. **4** The people of the city were divided; some sided with the Jews, others with the apostles. **5** There was a plot afoot among the Gentiles and Jews, together with their leaders, to mistreat them and stone them. **6** But they found out about it and fled to the Lycaonian cities of Lystra and Derbe and to the surrounding country, **7** where they continued to preach the good news.

In Lystra and Derbe

8 In Lystra there sat a man crippled in his feet, who was lame from birth and had never walked. **9** He listened to Paul as he was speaking. Paul looked directly at him, saw that he had faith to be healed **10** and called out, "Stand up on your feet!" At that, the man jumped up and began to walk.

11 When the crowd saw what Paul had done, they shouted in the Lycaonian language, "The gods have come down to us in human form!" **12** Barnabas they called Zeus, and Paul they called Hermes because he was the chief speaker. **13** The priest of Zeus, whose temple was just outside the city, brought bulls and wreaths to the city gates because he and the crowd wanted to offer sacrifices to them.

14 But when the apostles Barnabas and Paul heard of this, they tore their clothes and rushed out into the crowd, shouting: **15** "Men, why are you doing this? We too are only men, human like you. We are bringing you good news, telling you to turn from these worthless things to the living God, who made heaven and earth and sea and everything in them. **16** In the past, he let all nations go their own way. **17** Yet he has not left himself without testimony: He has shown kindness by giving you rain from heaven and crops in their seasons; he provides you with plenty of food and fills your hearts with joy." **18** Even with these words, they had difficulty keeping the crowd from sacrificing to them.

ᵃ**13.47** Is 49.6

ᵃ**13:47** The Greek is singular. ᵇ**13:47** The Greek is singular. ᶜ**13:47** Isaiah 49:6

19 Então alguns judeus chegaram de Antioquia e de Icônio e mudaram o ânimo das multidões. Apedrejaram Paulo e o arrastaram para fora da cidade, pensando que estivesse morto. **20** Mas quando os discípulos se ajuntaram em volta de Paulo, ele se levantou e voltou à cidade. No dia seguinte, ele e Barnabé partiram para Derbe.

O Retorno para Antioquia da Síria

21 Eles pregaram as boas novas naquela cidade e fizeram muitos discípulos. Então voltaram para Listra, Icônio e Antioquia, **22** fortalecendo os discípulos e encorajando-os a permanecer na fé, dizendo: "É necessário que passemos por muitas tribulações para entrarmos no Reino de Deus". **23** Paulo e Barnabé designaram-lhesª presbíteros em cada igreja; tendo orado e jejuado, eles os encomendaram ao Senhor, em quem haviam confiado. **24** Passando pela Pisídia, chegaram à Panfília **25** e, tendo pregado a palavra em Perge, desceram para Atália. **26** De Atália navegaram de volta a Antioquia, onde tinham sido recomendados à graça de Deus para a missão que agora haviam completado. **27** Chegando ali, reuniram a igreja e relataram tudo o que Deus tinha feito por meio deles e como abrira a porta da fé aos gentios. **28** E ficaram ali muito tempo com os discípulos.

O Concílio de Jerusalém

15 Alguns homens desceram da Judéia para Antioquia e passaram a ensinar aos irmãos: "Se vocês não forem circuncidados conforme o costume ensinado por Moisés, não poderão ser salvos". **2** Isso levou Paulo e Barnabé a uma grande contenda e discussão com eles. Assim, Paulo e Barnabé foram designados, junto com outros, para irem a Jerusalém tratar dessa questão com os apóstolos e com os presbíteros. **3** A igreja os enviou e, ao passarem pela Fenícia e por Samaria, contaram como os gentios tinham se convertido; essas notícias alegravam muito a todos os irmãos. **4** Chegando a Jerusalém, foram bem recebidos pela igreja, pelos apóstolos e pelos presbíteros, a quem relataram tudo o que Deus tinha feito por meio deles.

5 Então se levantaram alguns do partido religioso dos fariseus que haviam crido e disseram: "É necessário circuncidá-los e exigir deles que obedeçam à Lei de Moisés".

6 Os apóstolos e os presbíteros se reuniram para considerar essa questão. **7** Depois de muita discussão, Pedro levantou-se e dirigiu-se a eles: "Irmãos, vocês sabem que há muito tempo Deus me escolheu dentre vocês para que os gentios ouvissem de meus lábios a mensagem do evangelho e cressem. **8** Deus, que conhece os corações, demonstrou que os aceitou, dando-lhes o Espírito Santo, como antes nos tinha concedido. **9** Ele não fez distinção alguma entre nós e eles, visto que purificou os seus corações pela fé. **10** Então, por que agora vocês estão querendo tentar a Deus, pondo sobre os discípulos um jugo que nem nós nem nossos antepassados conseguimos suportar? **11** De modo nenhum! Cremos que somos salvos pela graça de nosso Senhor Jesus, assim como eles também".

12 Toda a assembléia ficou em silêncio, enquanto ouvia Barnabé e Paulo falando de todos os sinais e maravilhas que, por meio deles, Deus fizera entre os gentios. **13** Quando terminaram de falar, Tiago tomou a palavra e disse: "Irmãos, ouçam-me. **14** Simão nos expôs como Deus, no princípio, voltou-se para os gentios a fim de reunir dentre as nações um povo para o seu nome. **15** Concordam com isso as palavras dos profetas, conforme está escrito:

16 " 'Depois disso voltarei
e reconstruirei
a tenda caída de Davi.
Reedificarei as suas ruínas,

---

19 Then some Jews came from Antioch and Iconium and won the crowd over. They stoned Paul and dragged him outside the city, thinking he was dead. **20** But after the disciples had gathered around him, he got up and went back into the city. The next day he and Barnabas left for Derbe.

The Return to Antioch in Syria

21 They preached the good news in that city and won a large number of disciples. Then they returned to Lystra, Iconium and Antioch, **22** strengthening the disciples and encouraging them to remain true to the faith. "We must go through many hardships to enter the kingdom of God," they said. **23** Paul and Barnabas appointed eldersª for them in each church and, with prayer and fasting, committed them to the Lord, in whom they had put their trust. **24** After going through Pisidia, they came into Pamphylia, **25** and when they had preached the word in Perga, they went down to Attalia.

26 From Attalia they sailed back to Antioch, where they had been committed to the grace of God for the work they had now completed. **27** On arriving there, they gathered the church together and reported all that God had done through them and how he had opened the door of faith to the Gentiles. **28** And they stayed there a long time with the disciples.

The Council at Jerusalem

15 Some men came down from Judea to Antioch and were teaching the brothers: "Unless you are circumcised, according to the custom taught by Moses, you cannot be saved." **2** This brought Paul and Barnabas into sharp dispute and debate with them. So Paul and Barnabas were appointed, along with some other believers, to go up to Jerusalem to see the apostles and elders about this question. **3** The church sent them on their way, and as they traveled through Phoenicia and Samaria, they told how the Gentiles had been converted. This news made all the brothers very glad. **4** When they came to Jerusalem, they were welcomed by the church and the apostles and elders, to whom they reported everything God had done through them.

5 Then some of the believers who belonged to the party of the Pharisees stood up and said, "The Gentiles must be circumcised and required to obey the law of Moses."

6 The apostles and elders met to consider this question. **7** After much discussion, Peter got up and addressed them: "Brothers, you know that some time ago God made a choice among you that the Gentiles might hear from my lips the message of the gospel and believe. **8** God, who knows the heart, showed that he accepted them by giving the Holy Spirit to them, just as he did to us. **9** He made no distinction between us and them, for he purified their hearts by faith. **10** Now then, why do you try to test God by putting on the necks of the disciples a yoke that neither we nor our fathers have been able to bear? **11** No! We believe it is through the grace of our Lord Jesus that we are saved, just as they are."

12 The whole assembly became silent as they listened to Barnabas and Paul telling about the miraculous signs and wonders God had done among the Gentiles through them. **13** When they finished, James spoke up: "Brothers, listen to me. **14** Simonª has described to us how God at first showed his concern by taking from the Gentiles a people for himself. **15** The words of the prophets are in agreement with this, as it is written:

16 " 'After this I will return
and rebuild David's fallen tent.
Its ruins I will rebuild,

ª **14.23** Ou *ordenaram-lhes*; ou ainda *elegeram*

ª **14:23** Or *Barnabas ordained elders*; or *Barnabas had elders elected* ᵇ **15:14** Greek *Simeon*, a variant of *Simon*; that is, Peter

e a restaurarei,
17 para que o restante
dos homens
busque o Senhor,
e todos os gentios
sobre os quais
tem sido invocado
o meu nome,
diz o Senhor,
que faz estas coisas'a
18 conhecidas desde os tempos antigos.b

19 "Portanto, julgo que não devemos pôr dificuldades aos gentios que estão se convertendo a Deus. **20** Ao contrário, devemos escrever a eles, dizendo-lhes que se abstenham da comida contaminada pelos ídolos, da imoralidade sexual, da carne de animais estrangulados e do sangue. **21** Pois, desde os tempos antigos, Moisés é pregado em todas as cidades, sendo lido nas sinagogas todos os sábados".

A Carta do Concílio aos Cristãos Gentios

22 Então os apóstolos e os presbíteros, com toda a igreja, decidiram escolher alguns dentre eles e enviá-los a Antioquia com Paulo e Barnabé. Escolheram Judas, chamado Barsabás, e Silas, dois líderes entre os irmãos. **23** Com eles enviaram a seguinte carta:

" Os irmãos apóstolos e presbíteros,c

aos cristãos gentios que estão em Antioquia, na Síria e na Cilícia:
Saudações.

24 "Soubemos que alguns saíram de nosso meio, sem nossa autorização, e os perturbaram, transtornando a mente de vocês com o que disseram. **25** Assim, concordamos todos em escolher alguns homens e enviá-los a vocês com nossos amados irmãos Paulo e Barnabé, **26** homens que têm arriscado a vida pelo nome de nosso Senhor Jesus Cristo. **27** Portanto, estamos enviando Judas e Silas para confirmarem verbalmente o que estamos escrevendo. **28** Pareceu bem ao Espírito Santo e a nós não impor a vocês nada além das seguintes exigências necessárias: **29** Que se abstenham de comida sacrificada aos ídolos, do sangue, da carne de animais estrangulados e da imoralidade sexual. Vocês farão bem em evitar essas coisas.

"Que tudo lhes vá bem".

30 Uma vez despedidos, os homens desceram para Antioquia, onde reuniram a igreja e entregaram a carta. **31** Os irmãos a leram e se alegraram com a sua animadora mensagem. **32** Judas e Silas, que eram profetas, encorajaram e fortaleceram os irmãos com muitas palavras. **33** Tendo passado algum tempo ali, foram despedidos pelos irmãos com a bênção da paz para voltarem aos que os tinham enviado, **34** mas Silas decidiu ficar ali.d **35** Paulo e Barnabé permaneceram em Antioquia, onde, com muitos outros, ensinavam e pregavam a palavra do Senhor.

O Desentendimento entre Paulo e Barnabé

36 Algum tempo depois, Paulo disse a Barnabé: "Voltemos para visitar os irmãos em todas as cidades onde pregamos a palavra do Senhor, para ver como estão indo". **37** Barnabé queria levar João, também chamado Marcos. **38** Mas Paulo não achava prudente levá-lo, pois ele, abandonando-os na Panfília, não permanecera com eles no trabalho. **39** Tiveram um desentendimento tão sério que se separaram. Barnabé, levando consigo Marcos, navegou para Chipre, **40** mas Paulo escolheu Silas e partiu, encomendado pelos irmãos à graça do Senhor. **41** Passou, então, pela Síria e pela Cilícia, fortalecendo as igrejas.

---

and I will restore it,
17 that the remnant of men may seek the Lord,
and all the Gentiles who bear my name,
says the Lord, who does these things'a
18 that have been known for ages.b

19 "It is my judgment, therefore, that we should not make it difficult for the Gentiles who are turning to God. **20** Instead we should write to them, telling them to abstain from food polluted by idols, from sexual immorality, from the meat of strangled animals and from blood. **21** For Moses has been preached in every city from the earliest times and is read in the synagogues on every Sabbath."

The Council's Letter to Gentile Believers

22 Then the apostles and elders, with the whole church, decided to choose some of their own men and send them to Antioch with Paul and Barnabas. They chose Judas (called Barsabbas) and Silas, two men who were leaders among the brothers. **23** With them they sent the following letter:

The apostles and elders, your brothers,

To the Gentile believers in Antioch, Syria and Cilicia:

Greetings.

24 We have heard that some went out from us without our authorization and disturbed you, troubling your minds by what they said. **25** So we all agreed to choose some men and send them to you with our dear friends Barnabas and Paul—**26** men who have risked their lives for the name of our Lord Jesus Christ. **27** Therefore we are sending Judas and Silas to confirm by word of mouth what we are writing. **28** It seemed good to the Holy Spirit and to us not to burden you with anything beyond the following requirements: **29** You are to abstain from food sacrificed to idols, from blood, from the meat of strangled animals and from sexual immorality. You will do well to avoid these things.

Farewell.

30 The men were sent off and went down to Antioch, where they gathered the church together and delivered the letter. **31** The people read it and were glad for its encouraging message. **32** Judas and Silas, who themselves were prophets, said much to encourage and strengthen the brothers. **33** After spending some time there, they were sent off by the brothers with the blessing of peace to return to those who had sent them.c **35** But Paul and Barnabas remained in Antioch, where they and many others taught and preached the word of the Lord.

Disagreement Between Paul and Barnabas

36 Some time later Paul said to Barnabas, "Let us go back and visit the brothers in all the towns where we preached the word of the Lord and see how they are doing." **37** Barnabas wanted to take John, also called Mark, with them, **38** but Paul did not think it wise to take him, because he had deserted them in Pamphylia and had not continued with them in the work. **39** They had such a sharp disagreement that they parted company. Barnabas took Mark and sailed for Cyprus, **40** but Paul chose Silas and left, commended by the brothers to the grace of the Lord. **41** He went through Syria and Cilicia, strengthening the churches.

---

a15.16,17 Am 9.11,12 b15.18 Alguns manuscritos dizem *Conhecida do Senhor desde os tempos antigos é a sua obra.* c15.23 Vários manuscritos dizem *Os apóstolos, os presbíteros e os irmãos.* d15.34 Muitos manuscritos antigos não trazem o versículo 34.

a15:17 Amos 9:11,12 b15:17,18 Some manuscripts *things'—* /**18** *known to the Lord for ages is his work* c15:33 Some manuscripts *them,* 34 *but Silas decided to remain there*

Timóteo Acompanha Paulo e Silas

16 Chegou a Derbe e depois a Listra, onde vivia um discípulo chamado Timóteo. Sua mãe era uma judia convertida e seu pai era grego. ² Os irmãos de Listra e Icônio davam bom testemunho dele. ³ Paulo, querendo levá-lo na viagem, circuncidou-o por causa dos judeus que viviam naquela região, pois todos sabiam que seu pai era grego. ⁴ Nas cidades por onde passavam, transmitiam as decisões tomadas pelos apóstolos e presbíteros em Jerusalém, para que fossem obedecidas. ⁵ Assim as igrejas eram fortalecidas na fé e cresciam em número cada dia.

A Visão de Paulo em Trôade

⁶ Paulo e seus companheiros viajaram pela região da Frígia e da Galácia, tendo sido impedidos pelo Espírito Santo de pregar a palavra na província da Ásia. ⁷ Quando chegaram à fronteira da Mísia, tentaram entrar na Bitínia, mas o Espírito de Jesus os impediu. ⁸ Então, contornaram a Mísia e desceram a Trôade. ⁹ Durante a noite Paulo teve uma visão, na qual um homem da Macedônia estava em pé e lhe suplicava: "Passe à Macedônia e ajude-nos". ¹⁰ Depois que Paulo teve essa visão, preparamo-nos imediatamente para partir para a Macedônia, concluindo que Deus nos tinha chamado para lhes pregar o evangelho.

A Conversão de Lídia em Filipos

¹¹ Partindo de Trôade, navegamos diretamente para Samotrácia e, no dia seguinte, para Neápolis. ¹² Dali partimos para Filipos, na Macedônia, que é colônia romana e a principal cidade daquele distrito. Ali ficamos vários dias.

¹³ No sábado saímos da cidade e fomos para a beira do rio, onde esperávamos encontrar um lugar de oração. Sentamo-nos e começamos a conversar com as mulheres que haviam se reunido ali. ¹⁴ Uma das que ouviam era uma mulher temente a Deus chamada Lídia, vendedora de tecido de púrpura, da cidade de Tiatira. O Senhor abriu seu coração para atender à mensagem de Paulo. ¹⁵ Tendo sido batizada, bem como os de sua casa, ela nos convidou, dizendo: "Se os senhores me consideram uma crente no Senhor, venham ficar em minha casa". E nos convenceu.

Paulo e Silas na Prisão

¹⁶ Certo dia, indo nós para o lugar de oração, encontramos uma escrava que tinha um espírito pelo qual predizia o futuro. Ela ganhava muito dinheiro para os seus senhores com adivinhações. ¹⁷ Essa moça seguia a Paulo e a nós, gritando: "Estes homens são servos do Deus Altíssimo e lhes anunciam o caminho da salvação". ¹⁸ Ela continuou fazendo isso por muitos dias. Finalmente, Paulo ficou indignado, voltou-se e disse ao espírito: "Em nome de Jesus Cristo eu lhe ordeno que saia dela!" No mesmo instante o espírito a deixou.

¹⁹ Percebendo que a sua esperança de lucro tinha se acabado, os donos da escrava agarraram Paulo e Silas e os arrastaram para a praça principal, diante das autoridades. ²⁰ E, levando-os aos magistrados, disseram: "Estes homens são judeus e estão perturbando a nossa cidade, ²¹ propagando costumes que a nós, romanos, não é permitido aceitar nem praticar".

²² A multidão ajuntou-se contra Paulo e Silas, e os magistrados ordenaram que se lhes tirassem as roupas e fossem açoitados. ²³ Depois de serem severamente açoitados, foram lançados na prisão. O carcereiro recebeu instrução para vigiá-los com cuidado. ²⁴ Tendo recebido tais ordens, ele os lançou no cárcere interior e lhes prendeu os pés no tronco.

²⁵ Por volta da meia-noite, Paulo e Silas estavam orando e cantando hinos a Deus; os outros presos os ouviam. ²⁶ De repente, houve um terremoto tão violento que os alicerces da prisão foram abalados. Imediatamente todas as portas se abriram, e as correntes de todos se soltaram. ²⁷ O carcereiro acordou e, vendo abertas as portas da prisão, desembainhou sua espada para se matar, porque pensava que os presos tivessem fugido. ²⁸ Mas Paulo gritou: "Não faça isso! Estamos todos aqui!"

Timothy Joins Paul and Silas

16 He came to Derbe and then to Lystra, where a disciple named Timothy lived, whose mother was a Jewess and a believer, but whose father was a Greek. ² The brothers at Lystra and Iconium spoke well of him. ³ Paul wanted to take him along on the journey, so he circumcised him because of the Jews who lived in that area, for they all knew that his father was a Greek. ⁴ As they traveled from town to town, they delivered the decisions reached by the apostles and elders in Jerusalem for the people to obey. ⁵ So the churches were strengthened in the faith and grew daily in numbers.

Paul's Vision of the Man of Macedonia

⁶ Paul and his companions traveled throughout the region of Phrygia and Galatia, having been kept by the Holy Spirit from preaching the word in the province of Asia. ⁷ When they came to the border of Mysia, they tried to enter Bithynia, but the Spirit of Jesus would not allow them to. ⁸ So they passed by Mysia and went down to Troas. ⁹ During the night Paul had a vision of a man of Macedonia standing and begging him, "Come over to Macedonia and help us." ¹⁰ After Paul had seen the vision, we got ready at once to leave for Macedonia, concluding that God had called us to preach the gospel to them.

Lydia's Conversion in Philippi

¹¹ From Troas we put out to sea and sailed straight for Samothrace, and the next day on to Neapolis. ¹² From there we traveled to Philippi, a Roman colony and the leading city of that district of Macedonia. And we stayed there several days.

¹³ On the Sabbath we went outside the city gate to the river, where we expected to find a place of prayer. We sat down and began to speak to the women who had gathered there. ¹⁴ One of those listening was a woman named Lydia, a dealer in purple cloth from the city of Thyatira, who was a worshiper of God. The Lord opened her heart to respond to Paul's message. ¹⁵ When she and the members of her household were baptized, she invited us to her home. "If you consider me a believer in the Lord," she said, "come and stay at my house." And she persuaded us.

Paul and Silas in Prison

¹⁶ Once when we were going to the place of prayer, we were met by a slave girl who had a spirit by which she predicted the future. She earned a great deal of money for her owners by fortune-telling. ¹⁷ This girl followed Paul and the rest of us, shouting, "These men are servants of the Most High God, who are telling you the way to be saved." ¹⁸ She kept this up for many days. Finally Paul became so troubled that he turned around and said to the spirit, "In the name of Jesus Christ I command you to come out of her!" At that moment the spirit left her.

¹⁹ When the owners of the slave girl realized that their hope of making money was gone, they seized Paul and Silas and dragged them into the marketplace to face the authorities. ²⁰ They brought them before the magistrates and said, "These men are Jews, and are throwing our city into an uproar ²¹ by advocating customs unlawful for us Romans to accept or practice."

²² The crowd joined in the attack against Paul and Silas, and the magistrates ordered them to be stripped and beaten. ²³ After they had been severely flogged, they were thrown into prison, and the jailer was commanded to guard them carefully. ²⁴ Upon receiving such orders, he put them in the inner cell and fastened their feet in the stocks.

²⁵ About midnight Paul and Silas were praying and singing hymns to God, and the other prisoners were listening to them. ²⁶ Suddenly there was such a violent earthquake that the foundations of the prison were shaken. At once all the prison doors flew open, and everybody's chains came loose. ²⁷ The jailer woke up, and when he saw the prison doors open, he drew his sword and was about to kill himself because he thought the prisoners had escaped. ²⁸ But Paul shouted, "Don't harm yourself! We are all here!"

²⁹ O carcereiro pediu luz, entrou correndo e, trêmulo, prostrou-se diante de Paulo e Silas. ³⁰ Então levou-os para fora e perguntou: "Senhores, que devo fazer para ser salvo?" ³¹ Eles responderam: "Creia no Senhor Jesus, e serão salvos, você e os de sua casa". ³² E pregaram a palavra de Deus, a ele e a todos os de sua casa. ³³ Naquela mesma hora da noite o carcereiro lavou as feridas deles; em seguida, ele e todos os seus foram batizados. ³⁴ Então os levou para a sua casa, serviu-lhes uma refeição e com todos os de sua casa alegrou-se muito por haver crido em Deus.

³⁵ Quando amanheceu, os magistrados mandaram os seus soldados ao carcereiro com esta ordem: "Solte estes homens". ³⁶ O carcereiro disse a Paulo: "Os magistrados deram ordens para que você e Silas sejam libertados. Agora podem sair. Vão em paz".

³⁷ Mas Paulo disse aos soldados: "Sendo nós cidadãos romanos, eles nos açoitaram publicamente sem processo formal e nos lançaram na prisão. E agora querem livrar-se de nós secretamente? Não! Venham eles mesmos e nos libertem".

³⁸ Os soldados relataram isso aos magistrados, os quais, ouvindo que Paulo e Silas eram romanos, ficaram atemorizados. ³⁹ Vieram para se desculpar diante deles e, conduzindo-os para fora da prisão, pediram-lhes que saíssem da cidade. ⁴⁰ Depois de saírem da prisão, Paulo e Silas foram à casa de Lídia, onde se encontraram com os irmãos e os encorajaram. E então partiram.

Em Tessalônica

17 Tendo passado por Anfípolis e Apolônia, chegaram a Tessalônica, onde havia uma sinagoga judaica. ² Segundo o seu costume, Paulo foi à sinagoga e por três sábados discutiu com eles com base nas Escrituras, ³ explicando e provando que o Cristo deveria sofrer e ressuscitar dentre os mortos. E dizia: "Este Jesus que lhes proclamo é o Cristo". ⁴ Alguns dos judeus foram persuadidos e se uniram a Paulo e Silas, bem como muitos gregos tementes a Deus, e não poucas mulheres de alta posição.

⁵ Mas os judeus ficaram com inveja. Reuniram alguns homens perversos dentre os desocupados e, com a multidão, iniciaram um tumulto na cidade. Invadiram a casa de Jasom, em busca de Paulo e Silas, a fim de trazê-los para o meio da multidãoᵃ. ⁶ Contudo, não os achando, arrastaram Jasom e alguns outros irmãos para diante dos oficiais da cidade, gritando: "Esses homens, que têm causado alvoroço por todo o mundo, agora chegaram aqui, ⁷ e Jasom os recebeu em sua casa. Todos eles estão agindo contra os decretos de César, dizendo que existe um outro rei, chamado Jesus". ⁸ Ouvindo isso, a multidão e os oficiais da cidade ficaram agitados. ⁹ Então receberam de Jasom e dos outros a fiança estipulada e os soltaram.

Em Beréia

¹⁰ Logo que anoiteceu, os irmãos enviaram Paulo e Silas para Beréia. Chegando ali, eles foram à sinagoga judaica. ¹¹ Os bereanos eram mais nobres do que os tessalonicenses, pois receberam a mensagem com grande interesse, examinando todos os dias as Escrituras, para ver se tudo era assim mesmo. ¹² E creram muitos dentre os judeus, bem como dentre os gregos, um bom número de mulheres de elevada posição e não poucos homens.

¹³ Quando os judeus de Tessalônica ficaram sabendo que Paulo estava pregando a palavra de Deus em Beréia, dirigiram-se também para lá, agitando e alvoroçando as multidões. ¹⁴ Imediatamente os irmãos enviaram Paulo ao litoral, mas Silas e Timóteo permaneceram em Beréia. ¹⁵ Os homens que foram com Paulo o levaram até Atenas, partindo depois com instruções para que Silas e Timóteo se juntassem a ele, tão logo fosse possível.

²⁹ The jailer called for lights, rushed in and fell trembling before Paul and Silas. ³⁰ He then brought them out and asked, "Sirs, what must I do to be saved?" ³¹ They replied, "Believe in the Lord Jesus, and you will be saved—you and your household." ³² Then they spoke the word of the Lord to him and to all the others in his house. ³³ At that hour of the night the jailer took them and washed their wounds; then immediately he and all his family were baptized. ³⁴ The jailer brought them into his house and set a meal before them; he was filled with joy because he had come to believe in God—he and his whole family.

³⁵ When it was daylight, the magistrates sent their officers to the jailer with the order: "Release those men." ³⁶ The jailer told Paul, "The magistrates have ordered that you and Silas be released. Now you can leave. Go in peace."

³⁷ But Paul said to the officers: "They beat us publicly without a trial, even though we are Roman citizens, and threw us into prison. And now do they want to get rid of us quietly? No! Let them come themselves and escort us out."

³⁸ The officers reported this to the magistrates, and when they heard that Paul and Silas were Roman citizens, they were alarmed. ³⁹ They came to appease them and escorted them from the prison, requesting them to leave the city. ⁴⁰ After Paul and Silas came out of the prison, they went to Lydia's house, where they met with the brothers and encouraged them. Then they left.

In Thessalonica

17 When they had passed through Amphipolis and Apollonia, they came to Thessalonica, where there was a Jewish synagogue. ² As his custom was, Paul went into the synagogue, and on three Sabbath days he reasoned with them from the Scriptures, ³ explaining and proving that the Christᵃ had to suffer and rise from the dead. "This Jesus I am proclaiming to you is the Christ,ᵇ" he said. ⁴ Some of the Jews were persuaded and joined Paul and Silas, as did a large number of God-fearing Greeks and not a few prominent women.

⁵ But the Jews were jealous; so they rounded up some bad characters from the marketplace, formed a mob and started a riot in the city. They rushed to Jason's house in search of Paul and Silas in order to bring them out to the crowd.ᶜ ⁶ But when they did not find them, they dragged Jason and some other brothers before the city officials, shouting: "These men who have caused trouble all over the world have now come here, ⁷ and Jason has welcomed them into his house. They are all defying Caesar's decrees, saying that there is another king, one called Jesus." ⁸ When they heard this, the crowd and the city officials were thrown into turmoil. ⁹ Then they made Jason and the others post bond and let them go.

In Berea

¹⁰ As soon as it was night, the brothers sent Paul and Silas away to Berea. On arriving there, they went to the Jewish synagogue. ¹¹ Now the Bereans were of more noble character than the Thessalonians, for they received the message with great eagerness and examined the Scriptures every day to see if what Paul said was true. ¹² Many of the Jews believed, as did also a number of prominent Greek women and many Greek men.

¹³ When the Jews in Thessalonica learned that Paul was preaching the word of God at Berea, they went there too, agitating the crowds and stirring them up. ¹⁴ The brothers immediately sent Paul to the coast, but Silas and Timothy stayed at Berea. ¹⁵ The men who escorted Paul brought him to Athens and then left with instructions for Silas and Timothy to join him as soon as possible.

ᵃ17.5 Ou *da assembléia do povo*

ᵃ17:3 Or *Messiah* ᵇ17:3 Or *Messiah* ᶜ17:5 Or *the assembly of the people*

Em Atenas

16 Enquanto esperava por eles em Atenas, Paulo ficou profundamente indignado ao ver que a cidade estava cheia de ídolos. **17** Por isso, discutia na sinagoga com judeus e com gregos tementes a Deus, bem como na praça principal, todos os dias, com aqueles que por ali se encontravam. **18** Alguns filósofos epicureus e estóicos começaram a discutir com ele. Alguns perguntavam: "O que está tentando dizer esse tagarela?" Outros diziam: "Parece que ele está anunciando deuses estrangeiros", pois Paulo estava pregando as boas novas a respeito de Jesus e da ressurreição. **19** Então o levaram a uma reunião do Areópago, onde lhe perguntaram: "Podemos saber que novo ensino é esse que você está anunciando? **20** Você está nos apresentando algumas idéias estranhas, e queremos saber o que elas significam". **21** Todos os atenienses e estrangeiros que ali viviam não se preocupavam com outra coisa senão falar ou ouvir as últimas novidades.

22 Então Paulo levantou-se na reunião do Areópago e disse: "Atenienses! Vejo que em todos os aspectos vocês são muito religiosos, **23** pois, andando pela cidade, observei cuidadosamente seus objetos de culto e encontrei até um altar com esta inscrição: AO DEUS DESCONHECIDO. Ora, o que vocês adoram, apesar de não conhecerem, eu lhes anuncio.

24 "O Deus que fez o mundo e tudo o que nele há é o Senhor dos céus e da terra, e não habita em santuários feitos por mãos humanas. **25** Ele não é servido por mãos de homens, como se necessitasse de algo, porque ele mesmo dá a todos a vida, o fôlego e as demais coisas. **26** De um só fez ele todos os povos, para que povoassem toda a terra, tendo determinado os tempos anteriormente estabelecidos e os lugares exatos em que deveriam habitar. **27** Deus fez isso para que os homens o buscassem e talvez, tateando, pudessem encontrá-lo, embora não esteja longe de cada um de nós. **28** 'Pois nele vivemos, nos movemos e existimos', como disseram alguns dos poetas de vocês: 'Também somos descendência dele'.

29 "Assim, visto que somos descendência de Deus, não devemos pensar que a Divindade é semelhante a uma escultura de ouro, prata ou pedra, feita pela arte e imaginação do homem. **30** No passado Deus não levou em conta essa ignorância, mas agora ordena que todos, em todo lugar, se arrependam. **31** Pois estabeleceu um dia em que há de julgar o mundo com justiça, por meio do homem que designou. E deu provas disso a todos, ressuscitando-o dentre os mortos".

32 Quando ouviram sobre a ressurreição dos mortos, alguns deles zombaram, e outros disseram: "A esse respeito nós o ouviremos outra vez". **33** Com isso, Paulo retirou-se do meio deles. **34** Alguns homens juntaram-se a ele e creram. Entre eles estava Dionísio, membro do Areópago, e também uma mulher chamada Dâmaris, e outros com eles.

Em Corinto

18 Depois disso Paulo saiu de Atenas e foi para Corinto. **2** Ali, encontrou um judeu chamado Áquila, natural do Ponto, que havia chegado recentemente da Itália com Priscila, sua mulher, pois Cláudio havia ordenado que todos os judeus saíssem de Roma. Paulo foi vê-los **3** e, uma vez que tinham a mesma profissão, ficou morando e trabalhando com eles, pois eram fabricantes de tendas. **4** Todos os sábados ele debatia na sinagoga, e convencia judeus e gregos.

5 Depois que Silas e Timóteo chegaram da Macedônia, Paulo se dedicou exclusivamente à pregação, testemunhando aos judeus que Jesus era o Cristo. **6** Opondo-se eles e lançando maldições, Paulo sacudiu a roupa e lhes disse: "Caia sobre a cabeça de vocês o seu próprio sangue! Estou livre da minha responsabilidade. De agora em diante irei para os gentios". **7** Então Paulo saiu da sinagoga e foi para a casa de Tício Justo, que era temente a Deus e que morava ao lado da sinagoga. **8** Crispo, chefe da sinagoga, creu no Senhor, ele e toda a sua casa; e dos coríntios que o ouviam, muitos criam e eram batizados.

In Athens

16 While Paul was waiting for them in Athens, he was greatly distressed to see that the city was full of idols. **17** So he reasoned in the synagogue with the Jews and the God-fearing Greeks, as well as in the marketplace day by day with those who happened to be there. **18** A group of Epicurean and Stoic philosophers began to dispute with him. Some of them asked, "What is this babbler trying to say?" Others remarked, "He seems to be advocating foreign gods." They said this because Paul was preaching the good news about Jesus and the resurrection. **19** Then they took him and brought him to a meeting of the Areopagus, where they said to him, "May we know what this new teaching is that you are presenting? **20** You are bringing some strange ideas to our ears, and we want to know what they mean." **21** (All the Athenians and the foreigners who lived there spent their time doing nothing but talking about and listening to the latest ideas.)

22 Paul then stood up in the meeting of the Areopagus and said: "Men of Athens! I see that in every way you are very religious. **23** For as I walked around and looked carefully at your objects of worship, I even found an altar with this inscription: TO AN UNKNOWN GOD. Now what you worship as something unknown I am going to proclaim to you.

24 "The God who made the world and everything in it is the Lord of heaven and earth and does not live in temples built by hands. **25** And he is not served by human hands, as if he needed anything, because he himself gives all men life and breath and everything else. **26** From one man he made every nation of men, that they should inhabit the whole earth; and he determined the times set for them and the exact places where they should live. **27** God did this so that men would seek him and perhaps reach out for him and find him, though he is not far from each one of us. **28** 'For in him we live and move and have our being.' As some of your own poets have said, 'We are his offspring.'

29 "Therefore since we are God's offspring, we should not think that the divine being is like gold or silver or stone—an image made by man's design and skill. **30** In the past God overlooked such ignorance, but now he commands all people everywhere to repent. **31** For he has set a day when he will judge the world with justice by the man he has appointed. He has given proof of this to all men by raising him from the dead."

32 When they heard about the resurrection of the dead, some of them sneered, but others said, "We want to hear you again on this subject." **33** At that, Paul left the Council. **34** A few men became followers of Paul and believed. Among them was Dionysius, a member of the Areopagus, also a woman named Damaris, and a number of others.

In Corinth

18 After this, Paul left Athens and went to Corinth. **2** There he met a Jew named Aquila, a native of Pontus, who had recently come from Italy with his wife Priscilla, because Claudius had ordered all the Jews to leave Rome. Paul went to see them, **3** and because he was a tentmaker as they were, he stayed and worked with them. **4** Every Sabbath he reasoned in the synagogue, trying to persuade Jews and Greeks.

5 When Silas and Timothy came from Macedonia, Paul devoted himself exclusively to preaching, testifying to the Jews that Jesus was the Christ.[a] **6** But when the Jews opposed Paul and became abusive, he shook out his clothes in protest and said to them, "Your blood be on your own heads! I am clear of my responsibility. From now on I will go to the Gentiles." **7** Then Paul left the synagogue and went next door to the house of Titius Justus, a worshiper of God. **8** Crispus, the synagogue ruler, and his entire household believed in the Lord; and many of the Corinthians who heard him believed and were baptized.

---

[a] 18:5 Or *Messiah*; also in verse 28

9 Certa noite o Senhor falou a Paulo em visão: "Não tenha medo, continue falando e não fique calado, 10 pois estou com você, e ninguém vai lhe fazer mal ou feri-lo, porque tenho muita gente nesta cidade". 11 Assim, Paulo ficou ali durante um ano e meio, ensinando-lhes a palavra de Deus.

12 Sendo Gálio procônsul da Acaia, os judeus fizeram em conjunto um levante contra Paulo e o levaram ao tribunal, fazendo a seguinte acusação: 13 "Este homem está persuadindo o povo a adorar a Deus de maneira contrária à lei".

14 Quando Paulo ia começar a falar, Gálio disse aos judeus: "Se vocês, judeus, estivessem apresentando queixa de algum delito ou crime grave, seria razoável que eu os ouvisse. 15 Mas, visto que se trata de uma questão de palavras e nomes de sua própria lei, resolvam o problema vocês mesmos. Não serei juiz dessas coisas". 16 E mandou expulsá-los do tribunal. 17 Então todos se voltaram contra Sóstenes, o chefe da sinagoga, e o espancaram diante do tribunal. Mas Gálio não demonstrou nenhuma preocupação com isso.

Priscila, Áquila e Apolo

18 Paulo permaneceu em Corinto por algum tempo. Depois despediu-se dos irmãos e navegou para a Síria, acompanhado de Priscila e Áquila. Antes de embarcar, rapou a cabeça em Cencréia, devido a um voto que havia feito. 19 Chegaram a Éfeso, onde Paulo deixou Priscila e Áquila. Ele, porém, entrando na sinagoga, começou a debater com os judeus. 20 Pedindo eles que ficasse mais tempo, não cedeu. 21 Mas, ao partir, prometeu: "Voltarei, se for da vontade de Deus". Então, embarcando, partiu de Éfeso. 22 Ao chegar a Cesaréia, subiu até a igreja para saudá-la, e depois desceu para Antioquia.

23 Depois de passar algum tempo em Antioquia, Paulo partiu dali e viajou por toda a região da Galácia e da Frígia, fortalecendo todos os discípulos.

24 Enquanto isso, um judeu chamado Apolo, natural de Alexandria, chegou a Éfeso. Ele era homem cultoª e tinha grande conhecimento das Escrituras. 25 Fora instruído no caminho do Senhor e com grande fervorᵇ falava e ensinava com exatidão acerca de Jesus, embora conhecesse apenas o batismo de João. 26 Logo começou a falar corajosamente na sinagoga. Quando Priscila e Áquila o ouviram, convidaram-no para ir à sua casa e lhe explicaram com mais exatidão o caminho de Deus.

27 Querendo ele ir para a Acaia, os irmãos o encorajaram e escreveram aos discípulos que o recebessem. Ao chegar, ele auxiliou muito os que pela graça haviam crido, 28 pois refutava vigorosamente os judeus em debate público, provando pelas Escrituras que Jesus é o Cristo.

Paulo em Éfeso

19 Enquanto Apolo estava em Corinto, Paulo, atravessando as regiões altas, chegou a Éfeso. Ali encontrou alguns discípulos 2 e lhes perguntou: "Vocês receberam o Espírito Santo quandoᶜ creram?"

Eles responderam: "Não, nem sequer ouvimos que existe o Espírito Santo".

3 "Então, que batismo vocês receberam?", perguntou Paulo. "O batismo de João", responderam eles.

4 Disse Paulo: "O batismo de João foi um batismo de arrependimento. Ele dizia ao povo que cresse naquele que viria depois dele, isto é, em Jesus". 5 Ouvindo isso,ᵉ eles foram batizados no nome do Senhor Jesus. 6 Quando Paulo lhes impôs as mãos, veio sobre eles o Espírito Santo, e começaram a falar em línguasᵈ e a profetizar. 7 Eram ao todo uns doze homens.

8 Paulo entrou na sinagoga e ali falou com liberdade durante três meses, argumentando convincentemente acerca do Reino de Deus. 9 Mas alguns deles se endureceram e se recusaram a

9 One night the Lord spoke to Paul in a vision: "Do not be afraid; keep on speaking, do not be silent. 10 For I am with you, and no one is going to attack and harm you, because I have many people in this city." 11 So Paul stayed for a year and a half, teaching them the word of God.

12 While Gallio was proconsul of Achaia, the Jews made a united attack on Paul and brought him into court. 13 "This man," they charged, "is persuading the people to worship God in ways contrary to the law."

14 Just as Paul was about to speak, Gallio said to the Jews, "If you Jews were making a complaint about some misdemeanor or serious crime, it would be reasonable for me to listen to you. 15 But since it involves questions about words and names and your own law—settle the matter yourselves. I will not be a judge of such things." 16 So he had them ejected from the court. 17 Then they all turned on Sosthenes the synagogue ruler and beat him in front of the court. But Gallio showed no concern whatever.

Priscilla, Aquila and Apollos

18 Paul stayed on in Corinth for some time. Then he left the brothers and sailed for Syria, accompanied by Priscilla and Aquila. Before he sailed, he had his hair cut off at Cenchrea because of a vow he had taken. 19 They arrived at Ephesus, where Paul left Priscilla and Aquila. He himself went into the synagogue and reasoned with the Jews. 20 When they asked him to spend more time with them, he declined. 21 But as he left, he promised, "I will come back if it is God's will." Then he set sail from Ephesus. 22 When he landed at Caesarea, he went up and greeted the church and then went down to Antioch.

23 After spending some time in Antioch, Paul set out from there and traveled from place to place throughout the region of Galatia and Phrygia, strengthening all the disciples.

24 Meanwhile a Jew named Apollos, a native of Alexandria, came to Ephesus. He was a learned man, with a thorough knowledge of the Scriptures. 25 He had been instructed in the way of the Lord, and he spoke with great fervorª and taught about Jesus accurately, though he knew only the baptism of John. 26 He began to speak boldly in the synagogue. When Priscilla and Aquila heard him, they invited him to their home and explained to him the way of God more adequately.

27 When Apollos wanted to go to Achaia, the brothers encouraged him and wrote to the disciples there to welcome him. On arriving, he was a great help to those who by grace had believed. 28 For he vigorously refuted the Jews in public debate, proving from the Scriptures that Jesus was the Christ.

Paul in Ephesus

19 While Apollos was at Corinth, Paul took the road through the interior and arrived at Ephesus. There he found some disciples 2 and asked them, "Did you receive the Holy Spirit whenᵇ you believed?"

They answered, "No, we have not even heard that there is a Holy Spirit."

3 So Paul asked, "Then what baptism did you receive?"

"John's baptism," they replied.

4 Paul said, "John's baptism was a baptism of repentance. He told the people to believe in the one coming after him, that is, in Jesus." 5 On hearing this, they were baptized intoᶜ the name of the Lord Jesus. 6 When Paul placed his hands on them, the Holy Spirit came on them, and they spoke in tonguesᵈ and prophesied. 7 There were about twelve men in all.

8 Paul entered the synagogue and spoke boldly there for three months, arguing persuasively about the kingdom of God. 9 But some of them became obstinate; they refused to believe

ª18.24 Ou *eloqüente* ᵇ18.25 Ou *com fervor no Espírito* ᶜ19.2 Ou *depois que* ᵈ19.6 Ou *em outros idiomas*

ª18:25 Or *with fervor in the Spirit* ᵇ19:2 Or *after* ᶜ19:5 Or *in* ᵈ19:6 Or *other languages*

crer, e começaram a falar mal do Caminho diante da multidão. Paulo, então, afastou-se deles. Tomando consigo os discípulos, passou a ensinar diariamente na escola de Tirano. **10** Isso continuou por dois anos, de forma que todos os judeus e os gregos que viviam na província da Ásia ouviram a palavra do Senhor.

11 Deus fazia milagres extraordinários por meio de Paulo, **12** de modo que até lenços e aventais que Paulo usava eram levados e colocados sobre os enfermos. Estes eram curados de suas doenças, e os espíritos malignos saíam deles.

13 Alguns judeus que andavam expulsando espíritos malignos tentaram invocar o nome do Senhor Jesus sobre os endemoninhados, dizendo: "Em nome de Jesus, a quem Paulo prega, eu lhes ordeno que saiam!" **14** Os que estavam fazendo isso eram os sete filhos de Ceva, um dos chefes dos sacerdotes dos judeus. **15** Um dia, o espírito maligno lhes respondeu: "Jesus, eu conheço, Paulo, eu sei quem é; mas vocês, quem são?" **16** Então o endemoninhado saltou sobre eles e os dominou, espancando-os com tamanha violência que eles fugiram da casa nus e feridos.

17 Quando isso se tornou conhecido de todos os judeus e gregos que viviam em Éfeso, todos eles foram tomados de temor; e o nome do Senhor Jesus era engrandecido. **18** Muitos dos que creram vinham, e confessavam e declaravam abertamente suas más obras. **19** Grande número dos que tinham praticado ocultismo reuniram seus livros e os queimaram publicamente. Calculado o valor total, este chegou a cinqüenta mil dracmas[a]. **20** Dessa maneira a palavra do Senhor muito se difundia e se fortalecia.

21 Depois dessas coisas, Paulo decidiu no espírito ir a Jerusalém, passando pela Macedônia e pela Acaia. Ele dizia: "Depois de haver estado ali, é necessário também que eu vá visitar Roma". **22** Então enviou à Macedônia dois dos seus auxiliares, Timóteo e Erasto, e permaneceu mais um pouco na província da Ásia.

O Tumulto em Éfeso

23 Naquele tempo houve um grande tumulto por causa do Caminho. **24** Um ourives chamado Demétrio, que fazia miniaturas de prata do templo de Ártemis e que dava muito lucro aos artífices, **25** reuniu-os com os trabalhadores dessa profissão e disse: "Senhores, vocês sabem que temos uma boa fonte de lucro nesta atividade **26** e estão vendo e ouvindo como este indivíduo, Paulo, está convencendo e desviando grande número de pessoas aqui em Éfeso e em quase toda a província da Ásia. Diz ele que deuses feitos por mãos humanas não são deuses. **27** Não somente há o perigo de nossa profissão perder sua reputação, mas também de o templo da grande deusa Ártemis cair em descrédito e de a própria deusa, adorada em toda a província da Ásia e em todo o mundo, ser destituída de sua majestade divina".

28 Ao ouvirem isso, eles ficaram furiosos e começaram a gritar: "Grande é a Ártemis dos efésios!" **29** Em pouco tempo a cidade toda estava em tumulto. O povo foi às pressas para o teatro, arrastando os companheiros de viagem de Paulo, os macedônios Gaio e Aristarco. **30** Paulo queria apresentar-se à multidão, mas os discípulos não o permitiram. **31** Alguns amigos de Paulo dentre as autoridades da província chegaram a mandar-lhe um recado, pedindo-lhe que não se arriscasse a ir ao teatro.

32 A assembléia estava em confusão: uns gritavam uma coisa, outros gritavam outra. A maior parte do povo nem sabia por que estava ali. **33** Alguns da multidão julgaram que Alexandre era a causa do tumulto, quando os judeus o empurraram para frente. Ele fez sinal pedindo silêncio, com a intenção de fazer sua defesa diante do povo. **34** Mas quando ficaram sabendo que ele era judeu, todos gritaram a uma só voz durante cerca de duas horas: "Grande é a Ártemis dos efésios!"

35 O escrivão da cidade acalmou a multidão e disse: "Efésios, quem não sabe que a cidade de Éfeso é a guardiã do templo da

and publicly maligned the Way. So Paul left them. He took the disciples with him and had discussions daily in the lecture hall of Tyrannus. **10** This went on for two years, so that all the Jews and Greeks who lived in the province of Asia heard the word of the Lord.

11 God did extraordinary miracles through Paul, **12** so that even handkerchiefs and aprons that had touched him were taken to the sick, and their illnesses were cured and the evil spirits left them.

13 Some Jews who went around driving out evil spirits tried to invoke the name of the Lord Jesus over those who were demon-possessed. They would say, "In the name of Jesus, whom Paul preaches, I command you to come out." **14** Seven sons of Sceva, a Jewish chief priest, were doing this. **15** ⌊One day⌋ the evil spirit answered them, "Jesus I know, and I know about Paul, but who are you?" **16** Then the man who had the evil spirit jumped on them and overpowered them all. He gave them such a beating that they ran out of the house naked and bleeding.

17 When this became known to the Jews and Greeks living in Ephesus, they were all seized with fear, and the name of the Lord Jesus was held in high honor. **18** Many of those who believed now came and openly confessed their evil deeds. **19** A number who had practiced sorcery brought their scrolls together and burned them publicly. When they calculated the value of the scrolls, the total came to fifty thousand drachmas.[a] **20** In this way the word of the Lord spread widely and grew in power.

21 After all this had happened, Paul decided to go to Jerusalem, passing through Macedonia and Achaia. "After I have been there," he said, "I must visit Rome also." **22** He sent two of his helpers, Timothy and Erastus, to Macedonia, while he stayed in the province of Asia a little longer.

The Riot in Ephesus

23 About that time there arose a great disturbance about the Way. **24** A silversmith named Demetrius, who made silver shrines of Artemis, brought in no little business for the craftsmen. **25** He called them together, along with the workmen in related trades, and said: "Men, you know we receive a good income from this business. **26** And you see and hear how this fellow Paul has convinced and led astray large numbers of people here in Ephesus and in practically the whole province of Asia. He says that man-made gods are no gods at all. **27** There is danger not only that our trade will lose its good name, but also that the temple of the great goddess Artemis will be discredited, and the goddess herself, who is worshiped throughout the province of Asia and the world, will be robbed of her divine majesty."

28 When they heard this, they were furious and began shouting: "Great is Artemis of the Ephesians!" **29** Soon the whole city was in an uproar. The people seized Gaius and Aristarchus, Paul's traveling companions from Macedonia, and rushed as one man into the theater. **30** Paul wanted to appear before the crowd, but the disciples would not let him. **31** Even some of the officials of the province, friends of Paul, sent him a message begging him not to venture into the theater.

32 The assembly was in confusion: Some were shouting one thing, some another. Most of the people did not even know why they were there. **33** The Jews pushed Alexander to the front, and some of the crowd shouted instructions to him. He motioned for silence in order to make a defense before the people. **34** But when they realized he was a Jew, they all shouted in unison for about two hours: "Great is Artemis of the Ephesians!"

35 The city clerk quieted the crowd and said: "Men of Ephesus, doesn't all the world know that the city of Ephesus is the guardian of the temple of the great Artemis and of her image, which

---

[a]**19.19** A dracma era uma moeda de prata equivalente à diária de um trabalhador braçal.

[a]**19:19** A drachma was a silver coin worth about a day's wages.

grande Ártemis e da sua imagem que caiu do céu? ³⁶ Portanto, visto que estes fatos são inegáveis, acalmem-se e não façam nada precipitadamente. ³⁷ Vocês trouxeram estes homens aqui, embora eles não tenham roubado templos nem blasfemado contra a nossa deusa. ³⁸ Se Demétrio e seus companheiros de profissão têm alguma queixa contra alguém, os tribunais estão abertos, e há procônsules. Eles que apresentem suas queixas ali. ³⁹ Se há mais alguma coisa que vocês desejam apresentar, isso será decidido em assembléia, conforme a lei. ⁴⁰ Da maneira como está, corremos o perigo de sermos acusados de perturbar a ordem pública por causa dos acontecimentos de hoje. Nesse caso, não seríamos capazes de justificar este tumulto, visto que não há razão para tal". ⁴¹ E, tendo dito isso, encerrou a assembléia.

Paulo Viaja pela Macedônia e pela Grécia

20 Cessado o tumulto, Paulo mandou chamar os discípulos e, depois de encorajá-los, despediu-se e partiu para a Macedônia. ² Viajou por aquela região, encorajando os irmãos com muitas palavras e, por fim, chegou à Grécia, ³ onde ficou três meses. Quando estava a ponto de embarcar para a Síria, os judeus fizeram uma conspiração contra ele; por isso decidiu voltar pela Macedônia, ⁴ sendo acompanhado por Sópatro, filho de Pirro, de Beréia; Aristarco e Secundo, de Tessalônica; Gaio, de Derbe; e Timóteo, além de Tíquico e Trófimo, da província da Ásia. ⁵ Esses homens foram adiante e nos esperaram em Trôade. ⁶ Navegamos de Filipos, após a festa dos pães sem fermento, e cinco dias depois nos reunimos com os outros em Trôade, onde ficamos sete dias.

A Ressurreição de Êutico em Trôade

⁷ No primeiro dia da semana reunimo-nos para partir o pão, e Paulo falou ao povo. Pretendendo partir no dia seguinte, continuou falando até a meia-noite. ⁸ Havia muitas candeias no piso superior onde estávamos reunidos. ⁹ Um jovem chamado Êutico, que estava sentado numa janela, adormeceu profundamente durante o longo discurso de Paulo. Vencido pelo sono, caiu do terceiro andar. Quando o levantaram, estava morto. ¹⁰ Paulo desceu, inclinou-se sobre o rapaz e o abraçou, dizendo: "Não fiquem alarmados! Ele está vivo!" ¹¹ Então subiu novamente, partiu o pão e comeu. Depois, continuou a falar até o amanhecer e foi embora. ¹² Levaram vivo o jovem, o que muito os consolou.

Paulo Despede-se dos Presbíteros de Éfeso

¹³ Quanto a nós, fomos até o navio e embarcamos para Assôs, onde iríamos receber Paulo a bordo. Assim ele tinha determinado, tendo preferido ir a pé. ¹⁴ Quando nos encontrou em Assôs, nós o recebemos a bordo e prosseguimos até Mitilene. ¹⁵ No dia seguinte navegamos dali e chegamos defronte de Quio; no outro dia atravessamos para Samos e, um dia depois, chegamos a Mileto. ¹⁶ Paulo tinha decidido não aportar em Éfeso, para não se demorar na província da Ásia, pois estava com pressa de chegar a Jerusalém, se possível antes do dia de Pentecoste.

¹⁷ De Mileto, Paulo mandou chamar os presbíteros da igreja de Éfeso. ¹⁸ Quando chegaram, ele lhes disse: "Vocês sabem como vivi todo o tempo em que estive com vocês, desde o primeiro dia em que cheguei à província da Ásia. ¹⁹ Servi ao Senhor com toda a humildade e com lágrimas, sendo severamente provado pelas conspirações dos judeus. ²⁰ Vocês sabem que não deixei de pregar-lhes nada que fosse proveitoso, mas ensinei-lhes tudo publicamente e de casa em casa. ²¹ Testifiquei, tanto a judeus como a gregos, que eles precisam converter-se a Deus com arrependimento e fé em nosso Senhor Jesus.

²² "Agora, compelido pelo Espírito, estou indo para Jerusalém, sem saber o que me acontecerá ali. ²³ Só sei que, em todas as cidades, o Espírito Santo me avisa que prisões e sofrimentos me esperam. ²⁴ Todavia, não me importo, nem considero a minha vida de valor algum para mim mesmo, se tão-somente puder terminar a corrida e completar o ministério que o Senhor Jesus

fell from heaven? ³⁶ Therefore, since these facts are undeniable, you ought to be quiet and not do anything rash. ³⁷ You have brought these men here, though they have neither robbed temples nor blasphemed our goddess. ³⁸ If, then, Demetrius and his fellow craftsmen have a grievance against anybody, the courts are open and there are proconsuls. They can press charges. ³⁹ If there is anything further you want to bring up, it must be settled in a legal assembly. ⁴⁰ As it is, we are in danger of being charged with rioting because of today's events. In that case we would not be able to account for this commotion, since there is no reason for it." ⁴¹ After he had said this, he dismissed the assembly.

Through Macedonia and Greece

20 When the uproar had ended, Paul sent for the disciples and, after encouraging them, said good-by and set out for Macedonia. ² He traveled through that area, speaking many words of encouragement to the people, and finally arrived in Greece, ³ where he stayed three months. Because the Jews made a plot against him just as he was about to sail for Syria, he decided to go back through Macedonia. ⁴ He was accompanied by Sopater son of Pyrrhus from Berea, Aristarchus and Secundus from Thessalonica, Gaius from Derbe, Timothy also, and Tychicus and Trophimus from the province of Asia. ⁵ These men went on ahead and waited for us at Troas. ⁶ But we sailed from Philippi after the Feast of Unleavened Bread, and five days later joined the others at Troas, where we stayed seven days.

Eutychus Raised From the Dead at Troas

⁷ On the first day of the week we came together to break bread. Paul spoke to the people and, because he intended to leave the next day, kept on talking until midnight. ⁸ There were many lamps in the upstairs room where we were meeting. ⁹ Seated in a window was a young man named Eutychus, who was sinking into a deep sleep as Paul talked on and on. When he was sound asleep, he fell to the ground from the third story and was picked up dead. ¹⁰ Paul went down, threw himself on the young man and put his arms around him. "Don't be alarmed," he said. "He's alive!" ¹¹ Then he went upstairs again and broke bread and ate. After talking until daylight, he left. ¹² The people took the young man home alive and were greatly comforted.

Paul's Farewell to the Ephesian Elders

¹³ We went on ahead to the ship and sailed for Assos, where we were going to take Paul aboard. He had made this arrangement because he was going there on foot. ¹⁴ When he met us at Assos, we took him aboard and went on to Mitylene. ¹⁵ The next day we set sail from there and arrived off Kios. The day after that we crossed over to Samos, and on the following day arrived at Miletus. ¹⁶ Paul had decided to sail past Ephesus to avoid spending time in the province of Asia, for he was in a hurry to reach Jerusalem, if possible, by the day of Pentecost.

¹⁷ From Miletus, Paul sent to Ephesus for the elders of the church. ¹⁸ When they arrived, he said to them: "You know how I lived the whole time I was with you, from the first day I came into the province of Asia. ¹⁹ I served the Lord with great humility and with tears, although I was severely tested by the plots of the Jews. ²⁰ You know that I have not hesitated to preach anything that would be helpful to you but have taught you publicly and from house to house. ²¹ I have declared to both Jews and Greeks that they must turn to God in repentance and have faith in our Lord Jesus.

²² "And now, compelled by the Spirit, I am going to Jerusalem, not knowing what will happen to me there. ²³ I only know that in every city the Holy Spirit warns me that prison and hardships are facing me. ²⁴ However, I consider my life worth nothing to me, if only I may finish the race and complete the

me confiou, de testemunhar do evangelho da graça de Deus.

25 "Agora sei que nenhum de vocês, entre os quais passei pregando o Reino, verá novamente a minha face. **26** Portanto, eu lhes declaro hoje que estou inocente do sangue de todos. **27** Pois não deixei de proclamar-lhes toda a vontade de Deus. **28** Cuidem de vocês mesmos e de todo o rebanho sobre o qual o Espírito Santo os colocou como bispos^a, para pastorearem a igreja de Deus^b, que ele comprou com o seu próprio sangue. **29** Sei que, depois da minha partida, lobos ferozes penetrarão no meio de vocês e não pouparão o rebanho. **30** E dentre vocês mesmos se levantarão homens que torcerão a verdade, a fim de atrair os discípulos. **31** Por isso, vigiem! Lembrem-se de que durante três anos jamais cessei de advertir cada um de vocês disso, noite e dia, com lágrimas.

32 "Agora, eu os entrego a Deus e à palavra da sua graça, que pode edificá-los e dar-lhes herança entre todos os que são santificados. **33** Não cobicei a prata nem o ouro nem as roupas de ninguém. **34** Vocês mesmos sabem que estas minhas mãos supriram minhas necessidades e as de meus companheiros. **35** Em tudo o que fiz, mostrei-lhes que mediante trabalho árduo devemos ajudar os fracos, lembrando as palavras do próprio Senhor Jesus, que disse: 'Há maior felicidade em dar do que em receber' ".

36 Tendo dito isso, ajoelhou-se com todos eles e orou. **37** Todos choraram muito e, abraçando-o, o beijavam. **38** O que mais os entristeceu foi a declaração de que nunca mais veriam a sua face. Então o acompanharam até o navio.

A Caminho de Jerusalém

21 Depois de nos separarmos deles, embarcamos e navegamos diretamente para Cós. No dia seguinte fomos para Rodes, e dali até Pátara. **2** Encontrando um navio que ia fazer a travessia para a Fenícia, embarcamos nele e partimos. **3** Depois de avistarmos Chipre e seguirmos rumo sul, navegamos para a Síria. Desembarcamos em Tiro, onde o nosso navio deveria deixar sua carga. **4** Encontrando os discípulos dali, ficamos com eles sete dias. Eles, pelo Espírito, recomendavam a Paulo que não fosse a Jerusalém. **5** Mas quando terminou o nosso tempo ali, partimos e continuamos nossa viagem. Todos os discípulos, com suas mulheres e filhos, nos acompanharam até fora da cidade, e ali na praia nos ajoelhamos e oramos. **6** Depois de nos despedirmos, embarcamos, e eles voltaram para casa.

7 Demos prosseguimento à nossa viagem partindo de Tiro, e aportamos em Ptolemaida, onde saudamos os irmãos e passamos um dia com eles. **8** Partindo no dia seguinte, chegamos a Cesaréia e ficamos na casa de Filipe, o evangelista, um dos sete. **9** Ele tinha quatro filhas virgens, que profetizavam.

10 Depois de passarmos ali vários dias, desceu da Judéia um profeta chamado Ágabo. **11** Vindo ao nosso encontro, tomou o cinto de Paulo e, amarrando as suas próprias mãos e pés, disse: "Assim diz o Espírito Santo: 'Desta maneira os judeus amarrarão o dono deste cinto em Jerusalém e o entregarão aos gentios'".

12 Quando ouvimos isso, nós e o povo dali rogamos a Paulo que não subisse para Jerusalém. **13** Então Paulo respondeu: "Por que vocês estão chorando e partindo o meu coração? Estou pronto não apenas para ser amarrado, mas também para morrer em Jerusalém pelo nome do Senhor Jesus". **14** Como não pudemos dissuadi-lo, desistimos e dissemos: "Seja feita a vontade do Senhor".

15 Depois disso, preparamo-nos e subimos para Jerusalém. **16** Alguns dos discípulos de Cesaréia nos acompanharam e nos levaram à casa de Mnasom, onde devíamos ficar. Ele era natural de Chipre e um dos primeiros discípulos.

task the Lord Jesus has given me—the task of testifying to the gospel of God's grace.

25 "Now I know that none of you among whom I have gone about preaching the kingdom will ever see me again. **26** Therefore, I declare to you today that I am innocent of the blood of all men. **27** For I have not hesitated to proclaim to you the whole will of God. **28** Keep watch over yourselves and all the flock of which the Holy Spirit has made you overseers.^a Be shepherds of the church of God,^b which he bought with his own blood. **29** I know that after I leave, savage wolves will come in among you and will not spare the flock. **30** Even from your own number men will arise and distort the truth in order to draw away disciples after them. **31** So be on your guard! Remember that for three years I never stopped warning each of you night and day with tears.

32 "Now I commit you to God and to the word of his grace, which can build you up and give you an inheritance among all those who are sanctified. **33** I have not coveted anyone's silver or gold or clothing. **34** You yourselves know that these hands of mine have supplied my own needs and the needs of my companions. **35** In everything I did, I showed you that by this kind of hard work we must help the weak, remembering the words the Lord Jesus himself said: 'It is more blessed to give than to receive.' "

36 When he had said this, he knelt down with all of them and prayed. **37** They all wept as they embraced him and kissed him. **38** What grieved them most was his statement that they would never see his face again. Then they accompanied him to the ship.

On to Jerusalem

21 After we had torn ourselves away from them, we put out to sea and sailed straight to Cos. The next day we went to Rhodes and from there to Patara. **2** We found a ship crossing over to Phoenicia, went on board and set sail. **3** After sighting Cyprus and passing to the south of it, we sailed on to Syria. We landed at Tyre, where our ship was to unload its cargo. **4** Finding the disciples there, we stayed with them seven days. Through the Spirit they urged Paul not to go on to Jerusalem. **5** But when our time was up, we left and continued on our way. All the disciples and their wives and children accompanied us out of the city, and there on the beach we knelt to pray. **6** After saying good-by to each other, we went aboard the ship, and they returned home.

7 We continued our voyage from Tyre and landed at Ptolemais, where we greeted the brothers and stayed with them for a day. **8** Leaving the next day, we reached Caesarea and stayed at the house of Philip the evangelist, one of the Seven. **9** He had four unmarried daughters who prophesied.

10 After we had been there a number of days, a prophet named Agabus came down from Judea. **11** Coming over to us, he took Paul's belt, tied his own hands and feet with it and said, "The Holy Spirit says, 'In this way the Jews of Jerusalem will bind the owner of this belt and will hand him over to the Gentiles.' "

12 When we heard this, we and the people there pleaded with Paul not to go up to Jerusalem. **13** Then Paul answered, "Why are you weeping and breaking my heart? I am ready not only to be bound, but also to die in Jerusalem for the name of the Lord Jesus." **14** When he would not be dissuaded, we gave up and said, "The Lord's will be done."

15 After this, we got ready and went up to Jerusalem. **16** Some of the disciples from Caesarea accompanied us and brought us to the home of Mnason, where we were to stay. He was a man from Cyprus and one of the early disciples.

---

^a**20.28** Grego: *episcopos*. Designa a pessoa que exerce função pastoral.
^b**20.28** Muitos manuscritos trazem *igreja do Senhor*.

^a**20:28** Traditionally *bishops*   ^b**20:28** Many manuscripts *of the Lord*

A Chegada de Paulo a Jerusalém

17 Quando chegamos a Jerusalém, os irmãos nos receberam com alegria. **18** No dia seguinte Paulo foi conosco encontrar-se com Tiago, e todos os presbíteros estavam presentes. **19** Paulo os saudou e relatou minuciosamente o que Deus havia feito entre os gentios por meio do seu ministério.

20 Ouvindo isso, eles louvaram a Deus e disseram a Paulo: "Veja, irmão, quantos milhares de judeus creram, e todos eles são zelosos da lei. **21** Eles foram informados de que você ensina todos os judeus que vivem entre os gentios a se afastarem de Moisés, dizendo-lhes que não circuncidem seus filhos nem vivam de acordo com os nossos costumes. **22** Que faremos? Certamente eles saberão que você chegou; **23** portanto, faça o que lhe dizemos. Estão conosco quatro homens que fizeram um voto. **24** Participe com esses homens dos rituais de purificação e pague as despesas deles, para que rapem a cabeça. Assim, todos saberão que não é verdade o que falam de você, mas que você continua vivendo em obediência à lei. **25** Quanto aos gentios convertidos, já lhes escrevemos a nossa decisão de que eles devem abster-se de comida sacrificada aos ídolos, do sangue, da carne de animais estrangulados e da imoralidade sexual".

26 No dia seguinte Paulo tomou aqueles homens e purificou-se com eles. Depois foi ao templo para declarar o prazo do cumprimento dos dias da purificação e a oferta que seria feita individualmente em favor deles.

A Prisão de Paulo

27 Quando já estavam para terminar os sete dias, alguns judeus da província da Ásia, vendo Paulo no templo, agitaram toda a multidão e o agarraram, **28** gritando: "Israelitas, ajudem-nos! Este é o homem que ensina a todos em toda parte contra o nosso povo, contra a nossa lei e contra este lugar. Além disso, ele fez entrar gregos no templo e profanou este santo lugar". **29** Anteriormente eles haviam visto o efésio Trófimo na cidade com Paulo e julgaram que Paulo o tinha introduzido no templo.

30 Toda a cidade ficou alvoroçada, e juntou-se uma multidão. Agarrando Paulo, arrastaram-no para fora do templo, e imediatamente as portas foram fechadas. **31** Tentando eles matá-lo, chegaram notícias ao comandante das tropas romanas de que toda a cidade de Jerusalém estava em tumulto. **32** Ele reuniu imediatamente alguns oficiais e soldados, e com eles correu para o meio da multidão. Quando viram o comandante e os seus soldados, pararam de espancar Paulo.

33 O comandante chegou, prendeu-o e ordenou que ele fosse amarrado com duas correntes. Então perguntou quem era ele e o que tinha feito. **34** Alguns da multidão gritavam uma coisa, outros gritavam outra; não conseguindo saber ao certo o que havia acontecido, por causa do tumulto, o comandante ordenou que Paulo fosse levado para a fortaleza. **35** Quando chegou às escadas, a violência do povo era tão grande que ele precisou ser carregado pelos soldados. **36** A multidão que o seguia continuava gritando: "Acaba com ele!"

O Discurso de Paulo

37 Quando os soldados estavam para introduzir Paulo na fortaleza, ele perguntou ao comandante: "Posso dizer-te algo?"

"Você fala grego?", perguntou ele. **38** "Não é você o egípcio que iniciou uma revolta e há algum tempo levou quatro mil assassinos para o deserto?"

39 Paulo respondeu: "Sou judeu, cidadão de Tarso, cidade importante da Cilícia. Permite-me falar ao povo".

40 Tendo recebido permissão do comandante, Paulo levantou-se na escadaria e fez sinal à multidão. Quando todos fizeram silêncio, dirigiu-se a eles em aramaico[a]:

22 "Irmãos e pais, ouçam agora a minha defesa". **2** Quando ouviram que lhes falava em aramaico, ficaram em absoluto silêncio.

Paul's Arrival at Jerusalem

17 When we arrived at Jerusalem, the brothers received us warmly. **18** The next day Paul and the rest of us went to see James, and all the elders were present. **19** Paul greeted them and reported in detail what God had done among the Gentiles through his ministry.

20 When they heard this, they praised God. Then they said to Paul: "You see, brother, how many thousands of Jews have believed, and all of them are zealous for the law. **21** They have been informed that you teach all the Jews who live among the Gentiles to turn away from Moses, telling them not to circumcise their children or live according to our customs. **22** What shall we do? They will certainly hear that you have come, **23** so do what we tell you. There are four men with us who have made a vow. **24** Take these men, join in their purification rites and pay their expenses, so that they can have their heads shaved. Then everybody will know there is no truth in these reports about you, but that you yourself are living in obedience to the law. **25** As for the Gentile believers, we have written to them our decision that they should abstain from food sacrificed to idols, from blood, from the meat of strangled animals and from sexual immorality."

26 The next day Paul took the men and purified himself along with them. Then he went to the temple to give notice of the date when the days of purification would end and the offering would be made for each of them.

Paul Arrested

27 When the seven days were nearly over, some Jews from the province of Asia saw Paul at the temple. They stirred up the whole crowd and seized him, **28** shouting, "Men of Israel, help us! This is the man who teaches all men everywhere against our people and our law and this place. And besides, he has brought Greeks into the temple area and defiled this holy place." **29** (They had previously seen Trophimus the Ephesian in the city with Paul and assumed that Paul had brought him into the temple area.)

30 The whole city was aroused, and the people came running from all directions. Seizing Paul, they dragged him from the temple, and immediately the gates were shut. **31** While they were trying to kill him, news reached the commander of the Roman troops that the whole city of Jerusalem was in an uproar. **32** He at once took some officers and soldiers and ran down to the crowd. When the rioters saw the commander and his soldiers, they stopped beating Paul.

33 The commander came up and arrested him and ordered him to be bound with two chains. Then he asked who he was and what he had done. **34** Some in the crowd shouted one thing and some another, and since the commander could not get at the truth because of the uproar, he ordered that Paul be taken into the barracks. **35** When Paul reached the steps, the violence of the mob was so great he had to be carried by the soldiers. **36** The crowd that followed kept shouting, "Away with him!"

Paul Speaks to the Crowd

37 As the soldiers were about to take Paul into the barracks, he asked the commander, "May I say something to you?"

"Do you speak Greek?" he replied. **38** "Aren't you the Egyptian who started a revolt and led four thousand terrorists out into the desert some time ago?"

39 Paul answered, "I am a Jew, from Tarsus in Cilicia, a citizen of no ordinary city. Please let me speak to the people."

40 Having received the commander's permission, Paul stood on the steps and motioned to the crowd. When they were all silent, he said to them in Aramaic[a]:

22 "Brothers and fathers, listen now to my defense." **2** When they heard him speak to them in Aramaic, they became very quiet.

---

[a]21.40 Ou *hebraico*; também em 22.2 e 26.14.

[a]21:40 Or possibly *Hebrew*; also in 22:2

Então Paulo disse: ³ "Sou judeu, nascido em Tarso da Cilícia, mas criado nesta cidade. Fui instruído rigorosamente por Gamaliel na lei de nossos antepassados, sendo tão zeloso por Deus quanto qualquer de vocês hoje. ⁴ Persegui os seguidores deste Caminho até a morte, prendendo tanto homens como mulheres e lançando-os na prisão, ⁵ como o podem testemunhar o sumo sacerdote e todo o Sinédrio; deles cheguei a obter cartas para seus irmãos em Damasco e fui até lá, a fim de trazer essas pessoas a Jerusalém como prisioneiras, para serem punidas.

⁶ "Por volta do meio-dia, eu me aproximava de Damasco, quando de repente uma forte luz vinda do céu brilhou ao meu redor. ⁷ Caí por terra e ouvi uma voz que me dizia: 'Saulo, Saulo, por que você está me perseguindo?' ⁸ Então perguntei: Quem és tu, Senhor? E ele respondeu: 'Eu sou Jesus, o Nazareno, a quem você persegue'. ⁹ Os que me acompanhavam viram a luz, mas não entenderam a voz daquele que falava comigo.

¹⁰ "Assim perguntei: Que devo fazer, Senhor? Disse o Senhor: 'Levante-se, entre em Damasco, onde lhe será dito o que você deve fazer'. ¹¹ Os que estavam comigo me levaram pela mão até Damasco, porque o resplendor da luz me deixara cego.

¹² "Um homem chamado Ananias, piedoso segundo a lei e muito respeitado por todos os judeus que ali viviam, ¹³ veio ver-me e, pondo-se junto a mim, disse: 'Irmão Saulo, recupere a visão'. Naquele mesmo instante pude vê-lo.

¹⁴ "Então ele disse: 'O Deus dos nossos antepassados o escolheu para conhecer a sua vontade, ver o Justo e ouvir as palavras de sua boca. ¹⁵ Você será testemunha dele a todos os homens, daquilo que viu e ouviu. ¹⁶ E agora, que está esperando? Levante-se, seja batizado e lave os seus pecados, invocando o nome dele'.

¹⁷ "Quando voltei a Jerusalém, estando eu a orar no templo, caí em êxtase e ¹⁸ vi o Senhor que me dizia: 'Depressa! Saia de Jerusalém imediatamente, pois não aceitarão seu testemunho a meu respeito'.

¹⁹ "Eu respondi: Senhor, estes homens sabem que eu ia de uma sinagoga a outra, a fim de prender e açoitar os que crêem em ti. ²⁰ E quando foi derramado o sangue de tua testemunhaᵃ Estêvão, eu estava lá, dando minha aprovação e cuidando das roupas dos que o matavam.

²¹ "Então o Senhor me disse: 'Vá, eu o enviarei para longe, aos gentios' ".

Paulo, Cidadão Romano

²² A multidão ouvia Paulo até que ele disse isso. Então todos levantaram a voz e gritaram: "Tira esse homem da face da terra! Ele não merece viver!"

²³ Estando eles gritando, tirando suas capas e lançando poeira para o ar, ²⁴ o comandante ordenou que Paulo fosse levado à fortaleza e fosse açoitado e interrogado, para saber por que o povo gritava daquela forma contra ele. ²⁵ Enquanto o amarravam a fim de açoitá-lo, Paulo disse ao centurião que ali estava: "Vocês têm o direito de açoitar um cidadão romano sem que ele tenha sido condenado?"

²⁶ Ao ouvir isso, o centurião foi prevenir o comandante: "Que vais fazer? Este homem é cidadão romano".

²⁷ O comandante dirigiu-se a Paulo e perguntou: "Diga-me, você é cidadão romano?"

Ele respondeu: "Sim, sou".

²⁸ Então o comandante disse: "Eu precisei pagar um elevado preço por minha cidadania". Respondeu Paulo: "Eu a tenho por direito de nascimento".

²⁹ Os que iam interrogá-lo retiraram-se imediatamente. O próprio comandante ficou alarmado, ao saber que havia prendido um cidadão romano.

Paulo Diante do Sinédrio

³⁰ No dia seguinte, visto que o comandante queria desco-

Then Paul said: ³ "I am a Jew, born in Tarsus of Cilicia, but brought up in this city. Under Gamaliel I was thoroughly trained in the law of our fathers and was just as zealous for God as any of you are today. ⁴ I persecuted the followers of this Way to their death, arresting both men and women and throwing them into prison, ⁵ as also the high priest and all the Council can testify. I even obtained letters from them to their brothers in Damascus, and went there to bring these people as prisoners to Jerusalem to be punished.

⁶ "About noon as I came near Damascus, suddenly a bright light from heaven flashed around me. ⁷ I fell to the ground and heard a voice say to me, 'Saul! Saul! Why do you persecute me?'

⁸ " 'Who are you, Lord?' I asked.

" 'I am Jesus of Nazareth, whom you are persecuting,' he replied. ⁹ My companions saw the light, but they did not understand the voice of him who was speaking to me.

¹⁰ " 'What shall I do, Lord?' I asked.

" 'Get up,' the Lord said, 'and go into Damascus. There you will be told all that you have been assigned to do.' ¹¹ My companions led me by the hand into Damascus, because the brilliance of the light had blinded me.

¹² "A man named Ananias came to see me. He was a devout observer of the law and highly respected by all the Jews living there. ¹³ He stood beside me and said, 'Brother Saul, receive your sight!' And at that very moment I was able to see him.

¹⁴ "Then he said: 'The God of our fathers has chosen you to know his will and to see the Righteous One and to hear words from his mouth. ¹⁵ You will be his witness to all men of what you have seen and heard. ¹⁶ And now what are you waiting for? Get up, be baptized and wash your sins away, calling on his name.'

¹⁷ "When I returned to Jerusalem and was praying at the temple, I fell into a trance ¹⁸ and saw the Lord speaking. 'Quick!' he said to me. 'Leave Jerusalem immediately, because they will not accept your testimony about me.'

¹⁹ " 'Lord,' I replied, 'these men know that I went from one synagogue to another to imprison and beat those who believe in you. ²⁰ And when the blood of your martyrᵃ Stephen was shed, I stood there giving my approval and guarding the clothes of those who were killing him.'

²¹ "Then the Lord said to me, 'Go; I will send you far away to the Gentiles.' "

Paul the Roman Citizen

²² The crowd listened to Paul until he said this. Then they raised their voices and shouted, "Rid the earth of him! He's not fit to live!"

²³ As they were shouting and throwing off their cloaks and flinging dust into the air, ²⁴ the commander ordered Paul to be taken into the barracks. He directed that he be flogged and questioned in order to find out why the people were shouting at him like this. ²⁵ As they stretched him out to flog him, Paul said to the centurion standing there, "Is it legal for you to flog a Roman citizen who hasn't even been found guilty?"

²⁶ When the centurion heard this, he went to the commander and reported it. "What are you going to do?" he asked. "This man is a Roman citizen."

²⁷ The commander went to Paul and asked, "Tell me, are you a Roman citizen?"

"Yes, I am," he answered.

²⁸ Then the commander said, "I had to pay a big price for my citizenship."

"But I was born a citizen," Paul replied.

²⁹ Those who were about to question him withdrew immediately. The commander himself was alarmed when he realized that he had put Paul, a Roman citizen, in chains.

Before the Sanhedrin

³⁰ The next day, since the commander wanted to find out

brir exatamente por que Paulo estava sendo acusado pelos judeus, libertou-o e ordenou que se reunissem os chefes dos sacerdotes e todo o Sinédrio. Então, trazendo Paulo, apresentou-o a eles.

23 Paulo, fixando os olhos no Sinédrio, disse: "Meus irmãos, tenho cumprido meu dever para com Deus com toda a boa consciência, até o dia de hoje". ² Diante disso o sumo sacerdote Ananias deu ordens aos que estavam perto de Paulo para que lhe batessem na boca. ³ Então Paulo lhe disse: "Deus te ferirá, parede branqueada! Estás aí sentado para me julgar conforme a lei, mas contra a lei me mandas ferir?"

⁴ Os que estavam perto de Paulo disseram: "Você ousa insultar o sumo sacerdote de Deus?"

⁵ Paulo respondeu: "Irmãos, eu não sabia que ele era o sumo sacerdote, pois está escrito: 'Não fale mal de uma autoridade do seu povo'ᵃ".

⁶ Então Paulo, sabendo que alguns deles eram saduceus e os outros fariseus, bradou no Sinédrio: "Irmãos, sou fariseu, filho de fariseu. Estou sendo julgado por causa da minha esperança na ressurreição dos mortos!" ⁷ Dizendo isso, surgiu uma violenta discussão entre os fariseus e os saduceus, e a assembléia ficou dividida. ⁸ (Os saduceus dizem que não há ressurreição nem anjos nem espíritos, mas os fariseus admitem todas essas coisas.)

⁹ Houve um grande alvoroço, e alguns dos mestres da lei que eram fariseus se levantaram e começaram a discutir intensamente, dizendo: "Não encontramos nada de errado neste homem. Quem sabe se algum espírito ou anjo falou com ele?" ¹⁰ A discussão tornou-se tão violenta que o comandante teve medo que Paulo fosse despedaçado por eles. Então ordenou que as tropas descessem e o retirassem à força do meio deles, levando-o para a fortaleza. ¹¹ Na noite seguinte o Senhor, pondo-se ao lado dele, disse: "Coragem! Assim como você testemunhou a meu respeito em Jerusalém, deverá testemunhar também em Roma".

A Conspiração para Matar Paulo

¹² Na manhã seguinte os judeus tramaram uma conspiração e juraram solenemente que não comeriam nem beberiam enquanto não matassem Paulo. ¹³ Mais de quarenta homens estavam envolvidos nessa conspiração. ¹⁴ E, dirigindo-se aos chefes dos sacerdotes e aos líderes dos judeus, disseram: "Juramos solenemente, sob maldição, que não comeremos nada enquanto não matarmos Paulo. ¹⁵ Agora, portanto, vocês e o Sinédrio peçam ao comandante que o faça comparecer diante de vocês com o pretexto de obter informações mais exatas sobre o seu caso. Estaremos prontos para matá-lo antes que ele chegue aqui".

¹⁶ Entretanto, o sobrinho de Paulo, filho de sua irmã, teve conhecimento dessa conspiração, foi à fortaleza e contou tudo a Paulo, ¹⁷ que, chamando um dos centuriões, disse: "Leve este rapaz ao comandante; ele tem algo para lhe dizer". ¹⁸ Assim ele o levou ao comandante.

Então disse o centurião: "Paulo, o prisioneiro, chamou-me, pediu-me que te trouxesse este rapaz, pois ele tem algo para te falar".

¹⁹ O comandante tomou o rapaz pela mão, levou-o à parte e perguntou: "O que você tem para me dizer?"

²⁰ Ele respondeu: "Os judeus planejam pedir-te que apresentes Paulo ao Sinédrio amanhã, sob pretexto de buscar informações mais exatas a respeito dele. ²¹ Não te deixes convencer, pois mais de quarenta deles estão preparando uma emboscada contra Paulo. Eles juraram solenemente não comer nem beber enquanto não o matarem. Estão preparados agora, esperando que prometas atender-lhes o pedido".

²² O comandante despediu o rapaz e recomendou-lhe: "Não diga a ninguém que você me contou isso".

exactly why Paul was being accused by the Jews, he released him and ordered the chief priests and all the Sanhedrin to assemble. Then he brought Paul and had him stand before them.

23 Paul looked straight at the Sanhedrin and said, "My brothers, I have fulfilled my duty to God in all good conscience to this day." ² At this the high priest Ananias ordered those standing near Paul to strike him on the mouth. ³ Then Paul said to him, "God will strike you, you whitewashed wall! You sit there to judge me according to the law, yet you yourself violate the law by commanding that I be struck!"

⁴ Those who were standing near Paul said, "You dare to insult God's high priest?"

⁵ Paul replied, "Brothers, I did not realize that he was the high priest; for it is written: 'Do not speak evil about the ruler of your people.'ᵃ"

⁶ Then Paul, knowing that some of them were Sadducees and the others Pharisees, called out in the Sanhedrin, "My brothers, I am a Pharisee, the son of a Pharisee. I stand on trial because of my hope in the resurrection of the dead." ⁷ When he said this, a dispute broke out between the Pharisees and the Sadducees, and the assembly was divided. ⁸ (The Sadducees say that there is no resurrection, and that there are neither angels nor spirits, but the Pharisees acknowledge them all.)

⁹ There was a great uproar, and some of the teachers of the law who were Pharisees stood up and argued vigorously. "We find nothing wrong with this man," they said. "What if a spirit or an angel has spoken to him?" ¹⁰ The dispute became so violent that the commander was afraid Paul would be torn to pieces by them. He ordered the troops to go down and take him away from them by force and bring him into the barracks.

¹¹ The following night the Lord stood near Paul and said, "Take courage! As you have testified about me in Jerusalem, so you must also testify in Rome."

The Plot to Kill Paul

¹² The next morning the Jews formed a conspiracy and bound themselves with an oath not to eat or drink until they had killed Paul. ¹³ More than forty men were involved in this plot. ¹⁴ They went to the chief priests and elders and said, "We have taken a solemn oath not to eat anything until we have killed Paul. ¹⁵ Now then, you and the Sanhedrin petition the commander to bring him before you on the pretext of wanting more accurate information about his case. We are ready to kill him before he gets here."

¹⁶ But when the son of Paul's sister heard of this plot, he went into the barracks and told Paul.

¹⁷ Then Paul called one of the centurions and said, "Take this young man to the commander; he has something to tell him." ¹⁸ So he took him to the commander.

The centurion said, "Paul, the prisoner, sent for me and asked me to bring this young man to you because he has something to tell you."

¹⁹ The commander took the young man by the hand, drew him aside and asked, "What is it you want to tell me?"

²⁰ He said: "The Jews have agreed to ask you to bring Paul before the Sanhedrin tomorrow on the pretext of wanting more accurate information about him. ²¹ Don't give in to them, because more than forty of them are waiting in ambush for him. They have taken an oath not to eat or drink until they have killed him. They are ready now, waiting for your consent to their request."

²² The commander dismissed the young man and cautioned him, "Don't tell anyone that you have reported this to me."

ᵃ23.5 Êx 22.28

ᵃ23:5 Exodus 22:28

Paulo é Transferido para Cesaréia

23 Então ele chamou dois de seus centuriões e ordenou-lhes: "Preparem um destacamento de duzentos soldados, setenta cavaleiros e duzentos lanceiros a fim de irem para Cesaréia esta noite, às nove horasª. **24** Providenciem montarias para Paulo, e levem-no em segurança ao governador Félix".

25 O comandante escreveu uma carta nestes termos:

26 "Cláudio Lísias,

ao Excelentíssimo Governador Félix,

Saudações.

27 "Este homem foi preso pelos judeus, que estavam prestes a matá-lo quando eu, chegando com minhas tropas, o resgatei, pois soube que ele é cidadão romano. **28** Querendo saber por que o estavam acusando, levei-o ao Sinédrio deles. **29** Descobri que ele estava sendo acusado em questões acerca da lei deles, mas não havia contra ele nenhuma acusação que merecesse morte ou prisão. **30** Quando fui informado de que estava sendo preparada uma cilada contra ele, enviei-o imediatamente a Vossa Excelência. Também ordenei que os seus acusadores apresentassem a Vossa Excelência aquilo que têm contra ele".

31 Os soldados, cumprindo o seu dever, levaram Paulo durante a noite, e chegaram a Antipátride. **32** No dia seguinte deixaram a cavalaria prosseguir com ele, e voltaram para a fortaleza. **33** Quando a cavalaria chegou a Cesaréia, deu a carta ao governador e lhe entregou Paulo. **34** O governador leu a carta e perguntou de que província era ele. Informado de que era da Cilícia, **35** disse: "Ouvirei seu caso quando os seus acusadores chegarem aqui". Então ordenou que Paulo fosse mantido sob custódia no palácioᵇ de Herodes.

O Julgamento de Paulo perante Félix

24 Cinco dias depois, o sumo sacerdote Ananias desceu a Cesaréia com alguns dos líderes dos judeus e um advogado chamado Tértulo, os quais apresentaram ao governador suas acusações contra Paulo. **2** Quando Paulo foi chamado, Tértulo apresentou sua causa a Félix: "Temos desfrutado de um longo período de paz durante o teu governo, e o teu providente cuidado resultou em reformas nesta nação. **3** Em tudo e em toda parte, excelentíssimo Félix, reconhecemos estes benefícios com profunda gratidão. **4** Todavia, a fim de não tomar-te mais tempo, peço-te o favor de ouvir-nos apenas por um pouco. **5** Verificamos que este homem é um perturbador, que promove tumultos entre os judeus pelo mundo todo. Ele é o principal cabeça da seita dos nazarenos **6** e tentou até mesmo profanar o templo; então o prendemos e quisemos julgá-lo segundo a nossa lei. **7** Mas o comandante Lísias interveio, e com muita força o arrebatou de nossas mãos e ordenou que os seus acusadores se apresentassem.ᶜ **8** Se tu mesmo o interrogares, poderás verificar a verdade a respeito de todas estas acusações que estamos fazendo contra ele".

9 Os judeus confirmaram a acusação, garantindo que as afirmações eram verdadeiras.

10 Quando o governador lhe deu sinal para que falasse, Paulo declarou: "Sei que há muitos anos tens sido juiz nesta nação; por isso, de bom grado faço minha defesa. **11** Facilmente poderás verificar que há menos de doze dias subi a Jerusalém para adorar a Deus. **12** Meus acusadores não me encontraram discutindo com ninguém no templo, nem incitando uma multidão nas sinagogas ou em qualquer outro lugar da cidade. **13** Nem tampouco podem provar-te as acusações que agora estão levantando contra mim. **14** Confesso-te, porém, que adoro o Deus dos

Paul Transferred to Caesarea

23 Then he called two of his centurions and ordered them, "Get ready a detachment of two hundred soldiers, seventy horsemen and two hundred spearmenª to go to Caesarea at nine tonight. **24** Provide mounts for Paul so that he may be taken safely to Governor Felix."

25 He wrote a letter as follows:

26 Claudius Lysias,

To His Excellency, Governor Felix:

Greetings.

27 This man was seized by the Jews and they were about to kill him, but I came with my troops and rescued him, for I had learned that he is a Roman citizen. **28** I wanted to know why they were accusing him, so I brought him to their Sanhedrin. **29** I found that the accusation had to do with questions about their law, but there was no charge against him that deserved death or imprisonment. **30** When I was informed of a plot to be carried out against the man, I sent him to you at once. I also ordered his accusers to present to you their case against him.

31 So the soldiers, carrying out their orders, took Paul with them during the night and brought him as far as Antipatris. **32** The next day they let the cavalry go on with him, while they returned to the barracks. **33** When the cavalry arrived in Caesarea, they delivered the letter to the governor and handed Paul over to him. **34** The governor read the letter and asked what province he was from. Learning that he was from Cilicia, **35** he said, "I will hear your case when your accusers get here." Then he ordered that Paul be kept under guard in Herod's palace.

The Trial Before Felix

24 Five days later the high priest Ananias went down to Caesarea with some of the elders and a lawyer named Tertullus, and they brought their charges against Paul before the governor. **2** When Paul was called in, Tertullus presented his case before Felix: "We have enjoyed a long period of peace under you, and your foresight has brought about reforms in this nation. **3** Everywhere and in every way, most excellent Felix, we acknowledge this with profound gratitude. **4** But in order not to weary you further, I would request that you be kind enough to hear us briefly.

5 "We have found this man to be a troublemaker, stirring up riots among the Jews all over the world. He is a ringleader of the Nazarene sect **6** and even tried to desecrate the temple; so we seized him. **8** Byᵇ examining him yourself you will be able to learn the truth about all these charges we are bringing against him."

9 The Jews joined in the accusation, asserting that these things were true.

10 When the governor motioned for him to speak, Paul replied: "I know that for a number of years you have been a judge over this nation; so I gladly make my defense. **11** You can easily verify that no more than twelve days ago I went up to Jerusalem to worship. **12** My accusers did not find me arguing with anyone at the temple, or stirring up a crowd in the synagogues or anywhere else in the city. **13** And they cannot prove to you the charges they are now making against me. **14** However, I admit that I worship the God of our fa-

---

ª**23.23** Grego: *à hora terceira.* ᵇ**23.35** Isto é, o Pretório, residência oficial do governador romano. ᶜ**24.7** Muitos manuscritos antigos não trazem *e quisemos julgá-lo segundo a nossa lei* e todo o versículo 7.

ª**23:23** The meaning of the Greek for this word is uncertain. ᵇ**24:6-8** Some manuscripts *him and wanted to judge him according to our law.* **7** *But the commander, Lysias, came and with the use of much force snatched him from our hands* **8** *and ordered his accusers to come before you. By*

nossos antepassados como seguidor do Caminho, a que chamam seita. Creio em tudo o que concorda com a Lei e no que está escrito nos Profetas, **15** e tenho em Deus a mesma esperança desses homens: de que haverá ressurreição tanto de justos como de injustos. **16** Por isso procuro sempre conservar minha consciência limpa diante de Deus e dos homens.

17 "Depois de estar ausente por vários anos, vim a Jerusalém para trazer esmolas ao meu povo e apresentar ofertas. **18** Enquanto fazia isso, já cerimonialmente puro, encontraram-me no templo, sem envolver-me em nenhum ajuntamento ou tumulto. **19** Mas há alguns judeus da província da Ásia que deveriam estar aqui diante de ti e apresentar acusações, se é que têm algo contra mim. **20** Ou os que aqui se acham deveriam declarar que crime encontraram em mim quando fui levado perante o Sinédrio, **21** a não ser que tenha sido este: quando me apresentei a eles, bradei: Por causa da ressurreição dos mortos estou sendo julgado hoje diante de vocês".

22 Então Félix, que tinha bom conhecimento do Caminho, adiou a causa e disse: "Quando chegar o comandante Lísias, decidirei o caso de vocês". **23** E ordenou ao centurião que mantivesse Paulo sob custódia, mas que lhe desse certa liberdade e permitisse que os seus amigos o servissem.

24 Vários dias depois, Félix veio com Drusila, sua mulher, que era judia, mandou chamar Paulo e o ouviu falar sobre a fé em Cristo Jesus. **25** Quando Paulo se pôs a discorrer acerca da justiça, do domínio próprio e do juízo vindouro, Félix teve medo e disse: "Basta, por enquanto! Pode sair. Quando achar conveniente, mandarei chamá-lo de novo". **26** Ao mesmo tempo esperava que Paulo lhe oferecesse algum dinheiro, pelo que mandava buscá-lo freqüentemente e conversava com ele.

27 Passados dois anos, Félix foi sucedido por Pórcio Festo; todavia, porque desejava manter a simpatia dos judeus, Félix deixou Paulo na prisão.

O Julgamento perante Festo

25 Três dias depois de chegar à província, Festo subiu de Cesaréia para Jerusalém, **2** onde os chefes dos sacerdotes e os judeus mais importantes compareceram diante dele, apresentando as acusações contra Paulo. **3** Pediram a Festo o favor de transferir Paulo para Jerusalém, contra os interesses do próprio Paulo, pois estavam preparando uma emboscada para matá-lo no caminho. **4** Festo respondeu: "Paulo está preso em Cesaréia, e eu mesmo vou para lá em breve. **5** Desçam comigo alguns dos seus líderes e apresentem ali as acusações que têm contra esse homem, se realmente ele fez algo de errado".

6 Tendo passado com eles oito a dez dias, desceu para Cesaréia e, no dia seguinte, convocou o tribunal e ordenou que Paulo fosse trazido perante ele. **7** Quando Paulo apareceu, os judeus que tinham chegado de Jerusalém se aglomeraram ao seu redor, fazendo contra ele muitas e graves acusações que não podiam provar.

8 Então Paulo fez sua defesa: "Nada fiz de errado contra a lei dos judeus, contra o templo ou contra César".

9 Festo, querendo prestar um favor aos judeus, perguntou a Paulo: "Você está disposto a ir a Jerusalém e ali ser julgado diante de mim, acerca destas acusações?"

10 Paulo respondeu: "Estou agora diante do tribunal de César, onde devo ser julgado. Não fiz nenhum mal aos judeus, como bem sabes. **11** Se, de fato, sou culpado de ter feito algo que mereça pena de morte, não me recuso a morrer. Mas se as acusações feitas contra mim por estes judeus não são verdadeiras, ninguém tem o direito de me entregar a eles. Apelo para César!"

12 Depois de ter consultado seus conselheiros, Festo declarou: "Você apelou para César, para César irá!"

Festo Consulta o Rei Agripa

13 Alguns dias depois, o rei Agripa e Berenice chegaram a Cesaréia para saudar Festo. **14** Visto que estavam passando

thers as a follower of the Way, which they call a sect. I believe everything that agrees with the Law and that is written in the Prophets, **15** and I have the same hope in God as these men, that there will be a resurrection of both the righteous and the wicked. **16** So I strive always to keep my conscience clear before God and man.

17 "After an absence of several years, I came to Jerusalem to bring my people gifts for the poor and to present offerings. **18** I was ceremonially clean when they found me in the temple courts doing this. There was no crowd with me, nor was I involved in any disturbance. **19** But there are some Jews from the province of Asia, who ought to be here before you and bring charges if they have anything against me. **20** Or these who are here should state what crime they found in me when I stood before the Sanhedrin— **21** unless it was this one thing I shouted as I stood in their presence: 'It is concerning the resurrection of the dead that I am on trial before you today.' "

22 Then Felix, who was well acquainted with the Way, adjourned the proceedings. "When Lysias the commander comes," he said, "I will decide your case." **23** He ordered the centurion to keep Paul under guard but to give him some freedom and permit his friends to take care of his needs.

24 Several days later Felix came with his wife Drusilla, who was a Jewess. He sent for Paul and listened to him as he spoke about faith in Christ Jesus. **25** As Paul discoursed on righteousness, self-control and the judgment to come, Felix was afraid and said, "That's enough for now! You may leave. When I find it convenient, I will send for you." **26** At the same time he was hoping that Paul would offer him a bribe, so he sent for him frequently and talked with him.

27 When two years had passed, Felix was succeeded by Porcius Festus, but because Felix wanted to grant a favor to the Jews, he left Paul in prison.

The Trial Before Festus

25 Three days after arriving in the province, Festus went up from Caesarea to Jerusalem, **2** where the chief priests and Jewish leaders appeared before him and presented the charges against Paul. **3** They urgently requested Festus, as a favor to them, to have Paul transferred to Jerusalem, for they were preparing an ambush to kill him along the way. **4** Festus answered, "Paul is being held at Caesarea, and I myself am going there soon. **5** Let some of your leaders come with me and press charges against the man there, if he has done anything wrong."

6 After spending eight or ten days with them, he went down to Caesarea, and the next day he convened the court and ordered that Paul be brought before him. **7** When Paul appeared, the Jews who had come down from Jerusalem stood around him, bringing many serious charges against him, which they could not prove.

8 Then Paul made his defense: "I have done nothing wrong against the law of the Jews or against the temple or against Caesar."

9 Festus, wishing to do the Jews a favor, said to Paul, "Are you willing to go up to Jerusalem and stand trial before me there on these charges?"

10 Paul answered: "I am now standing before Caesar's court, where I ought to be tried. I have not done any wrong to the Jews, as you yourself know very well. **11** If, however, I am guilty of doing anything deserving death, I do not refuse to die. But if the charges brought against me by these Jews are not true, no one has the right to hand me over to them. I appeal to Caesar!"

12 After Festus had conferred with his council, he declared: "You have appealed to Caesar. To Caesar you will go!"

Festus Consults King Agrippa

13 A few days later King Agrippa and Bernice arrived at Caesarea to pay their respects to Festus. **14** Since they were spending many days there, Festus discussed Paul's case with

muitos dias ali, Festo explicou o caso de Paulo ao rei: "Há aqui um homem que Félix deixou preso. 15 Quando fui a Jerusalém, os chefes dos sacerdotes e os líderes dos judeus fizeram acusações contra ele, pedindo que fosse condenado.

16 "Eu lhes disse que não é costume romano condenar ninguém antes que ele se defronte pessoalmente com seus acusadores e tenha a oportunidade de se defender das acusações que lhe fazem. 17 Vindo eles comigo para cá, não retardei o caso; convoquei o tribunal no dia seguinte e ordenei que o homem fosse apresentado. 18 Quando os seus acusadores se levantaram para falar, não o acusaram de nenhum dos crimes que eu esperava. 19 Ao contrário, tinham alguns pontos de divergência com ele acerca de sua própria religião e de um certo Jesus, já morto, o qual Paulo insiste que está vivo. 20 Fiquei sem saber como investigar tais assuntos; por isso perguntei-lhe se ele estaria disposto a ir a Jerusalém e ser julgado ali acerca destas acusações. 21 Apelando Paulo para que fosse guardado até a decisão do Imperador, ordenei que ficasse sob custódia até que eu pudesse enviá-lo a César".

22 Então Agripa disse a Festo: "Eu também gostaria de ouvir esse homem".

Ele respondeu: "Amanhã o ouvirás".

Paulo perante Agripa

23 No dia seguinte, Agripa e Berenice vieram com grande pompa e entraram na sala de audiências com os altos oficiais e os homens importantes da cidade. Por ordem de Festo, Paulo foi trazido. 24 Então Festo disse: "Ó rei Agripa e todos os senhores aqui presentes conosco, vejam este homem! Toda a comunidade judaica me fez petições a respeito dele em Jerusalém e aqui em Cesaréia, gritando que ele não deveria mais viver. 25 Mas verifiquei que ele nada fez que mereça pena de morte; todavia, porque apelou para o Imperador, decidi enviá-lo a Roma. 26 No entanto, não tenho nada definido a respeito dele para escrever a Sua Majestade. Por isso, eu o trouxe diante dos senhores, e especialmente diante de ti, rei Agripa, de forma que, feita esta investigação, eu tenha algo para escrever. 27 Pois não me parece razoável enviar um preso sem especificar as acusações contra ele".

26 Então Agripa disse a Paulo: "Você tem permissão para falar em sua defesa".

A seguir, Paulo fez sinal com a mão e começou a sua defesa: 2 "Rei Agripa, considero-me feliz por poder estar hoje em tua presença, para fazer a minha defesa contra todas as acusações dos judeus, 3 e especialmente porque estás bem familiarizado com todos os costumes e controvérsias deles. Portanto, peço que me ouças pacientemente.

4 "Todos os judeus sabem como tenho vivido desde pequeno, tanto em minha terra natal como em Jerusalém. 5 Eles me conhecem há muito tempo e podem testemunhar, se quiserem, que, como fariseu, vivi de acordo com a seita mais severa da nossa religião. 6 Agora, estou sendo julgado por causa da minha esperança no que Deus prometeu aos nossos antepassados. 7 Esta é a promessa que as nossas doze tribos esperam que se cumpra, cultuando a Deus com fervor, dia e noite. É por causa desta esperança, ó rei, que estou sendo acusado pelos judeus. 8 Por que os senhores acham impossível que Deus ressuscite os mortos?

9 "Eu também estava convencido de que deveria fazer todo o possível para me opor ao nome de Jesus, o Nazareno. 10 E foi exatamente isso que fiz em Jerusalém. Com autorização dos chefes dos sacerdotes lancei muitos santos na prisão, e quando eles eram condenados à morte eu dava o meu voto contra eles. 11 Muitas vezes ia de uma sinagoga para outra a fim de castigá-los, e tentava forçá-los a blasfemar. Em minha fúria contra eles, cheguei a ir a cidades estrangeiras para persegui-los.

12 "Numa dessas viagens eu estava indo para Damasco, com autorização e permissão dos chefes dos sacerdotes. 13 Por volta

the king. He said: "There is a man here whom Felix left as a prisoner. 15 When I went to Jerusalem, the chief priests and elders of the Jews brought charges against him and asked that he be condemned.

16 "I told them that it is not the Roman custom to hand over any man before he has faced his accusers and has had an opportunity to defend himself against their charges. 17 When they came here with me, I did not delay the case, but convened the court the next day and ordered the man to be brought in. 18 When his accusers got up to speak, they did not charge him with any of the crimes I had expected. 19 Instead, they had some points of dispute with him about their own religion and about a dead man named Jesus who Paul claimed was alive. 20 I was at a loss how to investigate such matters; so I asked if he would be willing to go to Jerusalem and stand trial there on these charges. 21 When Paul made his appeal to be held over for the Emperor's decision, I ordered him held until I could send him to Caesar."

22 Then Agrippa said to Festus, "I would like to hear this man myself." He replied, "Tomorrow you will hear him."

Paul Before Agrippa

23 The next day Agrippa and Bernice came with great pomp and entered the audience room with the high ranking officers and the leading men of the city. At the command of Festus, Paul was brought in. 24 Festus said: "King Agrippa, and all who are present with us, you see this man! The whole Jewish community has petitioned me about him in Jerusalem and here in Caesarea, shouting that he ought not to live any longer. 25 I found he had done nothing deserving of death, but because he made his appeal to the Emperor I decided to send him to Rome. 26 But I have nothing definite to write to His Majesty about him. Therefore I have brought him before all of you, and especially before you, King Agrippa, so that as a result of this investigation I may have something to write. 27 For I think it is unreasonable to send on a prisoner without specifying the charges against him."

26 Then Agrippa said to Paul, "You have permission to speak for yourself." So Paul motioned with his hand and began his defense: 2 "King Agrippa, I consider myself fortunate to stand before you today as I make my defense against all the accusations of the Jews, 3 and especially so because you are well acquainted with all the Jewish customs and controversies. Therefore, I beg you to listen to me patiently.

4 "The Jews all know the way I have lived ever since I was a child, from the beginning of my life in my own country, and also in Jerusalem. 5 They have known me for a long time and can testify, if they are willing, that according to the strictest sect of our religion, I lived as a Pharisee. 6 And now it is because of my hope in what God has promised our fathers that I am on trial today. 7 This is the promise our twelve tribes are hoping to see fulfilled as they earnestly serve God day and night. O king, it is because of this hope that the Jews are accusing me. 8 Why should any of you consider it incredible that God raises the dead?

9 "I too was convinced that I ought to do all that was possible to oppose the name of Jesus of Nazareth. 10 And that is just what I did in Jerusalem. On the authority of the chief priests I put many of the saints in prison, and when they were put to death, I cast my vote against them. 11 Many a time I went from one synagogue to another to have them punished, and I tried to force them to blaspheme. In my obsession against them, I even went to foreign cities to persecute them.

12 "On one of these journeys I was going to Damascus with the authority and commission of the chief priests. 13 About

do meio-dia, ó rei, estando eu a caminho, vi uma luz do céu, mais resplandecente que o sol, brilhando ao meu redor e ao redor dos que iam comigo. ¹⁴Todos caímos por terra. Então ouvi uma voz que me dizia em aramaico: 'Saulo, Saulo, por que você está me perseguindo? Resistir ao aguilhão só lhe trará dor!'

¹⁵ "Então perguntei: Quem és tu, Senhor?

"Respondeu o Senhor: 'Sou Jesus, a quem você está perseguindo. ¹⁶Agora, levante-se, fique em pé. Eu lhe apareci para constituí-lo servo e testemunha do que você viu a meu respeito e do que lhe mostrarei. ¹⁷Eu o livrarei do seu próprio povo e dos gentios, aos quais eu o envio ¹⁸para abrir-lhes os olhos e convertê-los das trevas para a luz, e do poder de Satanás para Deus, a fim de que recebam o perdão dos pecados e herança entre os que são santificados pela fé em mim'.

¹⁹ "Assim, rei Agripa, não fui desobediente à visão celestial. ²⁰Preguei em primeiro lugar aos que estavam em Damasco, depois aos que estavam em Jerusalém e em toda a Judéia, e também aos gentios, dizendo que se arrependessem e se voltassem para Deus, praticando obras que mostrassem o seu arrependimento. ²¹Por isso os judeus me prenderam no pátio do templo e tentaram matar-me. ²²Mas tenho contado com a ajuda de Deus até o dia de hoje, e, por este motivo, estou aqui e dou testemunho tanto a gente simples como a gente importante. Não estou dizendo nada além do que os profetas e Moisés disseram que haveria de acontecer: ²³que o Cristo haveria de sofrer e, sendo o primeiro a ressuscitar dentre os mortos, proclamaria luz para o seu próprio povo e para os gentios".

²⁴A esta altura Festo interrompeu a defesa de Paulo e disse em alta voz: "Você está louco, Paulo! As muitas letras o estão levando à loucura!"

²⁵Respondeu Paulo: "Não estou louco, excelentíssimo Festo. O que estou dizendo é verdadeiro e de bom senso. ²⁶O rei está familiarizado com essas coisas, e lhe posso falar abertamente. Estou certo de que nada disso escapou do seu conhecimento, pois nada se passou num lugar qualquer. ²⁷Rei Agripa, crês nos profetas? Eu sei que sim".

²⁸Então Agripa disse a Paulo: "Você acha que em tão pouco tempo pode convencer-me a tornar-me cristão?"ª

²⁹Paulo respondeu: "Em pouco ou em muito tempo, peço a Deus que não apenas tu, mas todos os que hoje me ouvem se tornem como eu, porém sem estas algemas".

³⁰O rei se levantou, e com ele o governador e Berenice, como também os que estavam assentados com eles. ³¹Saindo do salão, comentavam entre si: "Este homem não fez nada que mereça morte ou prisão".

³²Agripa disse a Festo: "Ele poderia ser posto em liberdade, se não tivesse apelado para César".

A Viagem de Paulo para Roma

27 Quando ficou decidido que navegaríamos para a Itália, Paulo e alguns outros presos foram entregues a um centurião chamado Júlio, que pertencia ao Regimento Imperial. ²Embarcamos num navio de Adramítio, que estava de partida para alguns lugares da província da Ásia, e saímos ao mar, estando conosco Aristarco, um macedônio de Tessalônica.

³No dia seguinte, ancoramos em Sidom; e Júlio, num gesto de bondade para com Paulo, permitiu-lhe que fosse ao encontro dos seus amigos, para que estes suprissem as suas necessidades. ⁴Quando partimos de lá, passamos ao norte de Chipre, porque os ventos nos eram contrários. ⁵Tendo atravessado o mar aberto ao longo da Cilícia e da Panfília, ancoramos em Mirra, na Lícia. ⁶Ali, o centurião encontrou um navio alexandrino que estava de partida para a Itália e nele nos fez embarcar. ⁷Navegamos vagarosamente por muitos dias e tivemos dificuldade para chegar a Cnido. Não sendo possível prosseguir em nossa rota, devido aos ventos contrários, navegamos ao sul de Creta, defronte de Salmona. ⁸Costeamos a

noon, O king, as I was on the road, I saw a light from heaven, brighter than the sun, blazing around me and my companions. ¹⁴We all fell to the ground, and I heard a voice saying to me in Aramaic,ª 'Saul, Saul, why do you persecute me? It is hard for you to kick against the goads.'

¹⁵ "Then I asked, 'Who are you, Lord?'

" 'I am Jesus, whom you are persecuting,' the Lord replied. ¹⁶'Now get up and stand on your feet. I have appeared to you to appoint you as a servant and as a witness of what you have seen of me and what I will show you. ¹⁷I will rescue you from your own people and from the Gentiles. I am sending you to them ¹⁸to open their eyes and turn them from darkness to light, and from the power of Satan to God, so that they may receive forgiveness of sins and a place among those who are sanctified by faith in me.'

¹⁹ "So then, King Agrippa, I was not disobedient to the vision from heaven. ²⁰First to those in Damascus, then to those in Jerusalem and in all Judea, and to the Gentiles also, I preached that they should repent and turn to God and prove their repentance by their deeds. ²¹That is why the Jews seized me in the temple courts and tried to kill me. ²²But I have had God's help to this very day, and so I stand here and testify to small and great alike. I am saying nothing beyond what the prophets and Moses said would happen— ²³that the Christ would suffer and, as the first to rise from the dead, would proclaim light to his own people and to the Gentiles."

²⁴At this point Festus interrupted Paul's defense. "You are out of your mind, Paul!" he shouted. "Your great learning is driving you insane."

²⁵"I am not insane, most excellent Festus," Paul replied. "What I am saying is true and reasonable. ²⁶The king is familiar with these things, and I can speak freely to him. I am convinced that none of this has escaped his notice, because it was not done in a corner. ²⁷King Agrippa, do you believe the prophets? I know you do."

²⁸Then Agrippa said to Paul, "Do you think that in such a short time you can persuade me to be a Christian?"

²⁹Paul replied, "Short time or long—I pray God that not only you but all who are listening to me today may become what I am, except for these chains."

³⁰The king rose, and with him the governor and Bernice and those sitting with them. ³¹They left the room, and while talking with one another, they said, "This man is not doing anything that deserves death or imprisonment."

³²Agrippa said to Festus, "This man could have been set free if he had not appealed to Caesar."

Paul Sails for Rome

27 When it was decided that we would sail for Italy, Paul and some other prisoners were handed over to a centurion named Julius, who belonged to the Imperial Regiment. ²We boarded a ship from Adramyttium about to sail for ports along the coast of the province of Asia, and we put out to sea. Aristarchus, a Macedonian from Thessalonica, was with us.

³The next day we landed at Sidon; and Julius, in kindness to Paul, allowed him to go to his friends so they might provide for his needs. ⁴From there we put out to sea again and passed to the lee of Cyprus because the winds were against us. ⁵When we had sailed across the open sea off the coast of Cilicia and Pamphylia, we landed at Myra in Lycia. ⁶There the centurion found an Alexandrian ship sailing for Italy and put us on board. ⁷We made slow headway for many days and had difficulty arriving off Cnidus. When the wind did not allow us to hold our course, we sailed to the lee of Crete, opposite Salmone. ⁸We moved

---

ª26.28 Ou *Por pouco você me convence a tornar-me cristão".*

ª26:14 Or *Hebrew* ᵇ26:23 Or *Messiah*

ilha com dificuldade e chegamos a um lugar chamado Bons Portos, perto da cidade de Laséia.

⁹ Tínhamos perdido muito tempo, e agora a navegação se tornara perigosa, pois já havia passado o Jejumª. Por isso Paulo os advertiu: ¹⁰ "Senhores, vejo que a nossa viagem será desastrosa e acarretará grande prejuízo para o navio, para a carga e também para a nossa vida". ¹¹ Mas o centurião, em vez de ouvir o que Paulo falava, seguiu o conselho do piloto e do dono do navio. ¹² Visto que o porto não era próprio para passar o inverno, a maioria decidiu que deveríamos continuar navegando, com a esperança de alcançar Fenice e ali passar o inverno. Este era um porto de Creta, que dava para sudoeste e noroeste.

A Tempestade

¹³ Começando a soprar suavemente o vento sul, eles pensaram que haviam obtido o que desejavam; por isso levantaram âncoras e foram navegando ao longo da costa de Creta. ¹⁴ Pouco tempo depois, desencadeou-se da ilha um vento muito forte, chamado Nordeste. ¹⁵ O navio foi arrastado pela tempestade, sem poder resistir ao vento; assim, cessamos as manobras e ficamos à deriva. ¹⁶ Passando ao sul de uma pequena ilha chamada Clauda, foi com dificuldade que conseguimos recolher o barco salva-vidas. ¹⁷ Levantando-o, lançaram mão de todos os meios para reforçar o navio com cordas; e temendo que ele encalhasse nos bancos de areia de Sirte, baixaram as velas e deixaram o navio à deriva. ¹⁸ No dia seguinte, sendo violentamente castigados pela tempestade, começaram a lançar fora a carga. ¹⁹ No terceiro dia, lançaram fora, com as próprias mãos, a armação do navio. ²⁰ Não aparecendo nem sol nem estrelas por muitos dias, e continuando a abater-se sobre nós grande tempestade, finalmente perdemos toda a esperança de salvamento.

²¹ Visto que os homens tinham passado muito tempo sem comer, Paulo levantou-se diante deles e disse: "Os senhores deviam ter aceitado o meu conselho de não partir de Creta, pois assim teriam evitado este dano e prejuízo. ²² Mas agora recomendo-lhes que tenham coragem, pois nenhum de vocês perderá a vida; apenas o navio será destruído. ²³ Pois ontem à noite apareceu-me um anjo do Deus a quem pertenço e a quem adoro, dizendo-me: ²⁴ 'Paulo, não tenha medo. É preciso que você compareça perante César; Deus, por sua graça, deu-lhe a vida de todos os que estão navegando com você'. ²⁵ Assim, tenham ânimo, senhores! Creio em Deus que acontecerá do modo como me foi dito. ²⁶ Devemos ser arrastados para alguma ilha".

O Naufrágio

²⁷ Na décima quarta noite, ainda estávamos sendo levados de um lado para outro no mar Adriáticoᵇ, quando, por volta da meia-noite, os marinheiros imaginaram que estávamos próximos da terra. ²⁸ Lançando a sonda, verificaram que a profundidade era de trinta e sete metrosᶜ; pouco tempo depois, lançaram novamente a sonda e encontraram vinte e sete metrosᵈ. ²⁹ Temendo que fôssemos jogados contra as pedras, lançaram quatro âncoras da popa e faziam preces para que amanhecesse o dia. ³⁰ Tentando escapar do navio, os marinheiros baixaram o barco salva-vidas ao mar, a pretexto de lançar âncoras da proa. ³¹ Então Paulo disse ao centurião e aos soldados: "Se estes homens não ficarem no navio, vocês não poderão salvar-se". ³² Com isso os soldados cortaram as cordas que prendiam o barco salva-vidas e o deixaram cair.

³³ Pouco antes do amanhecer, Paulo insistia que todos se alimentassem, dizendo: "Hoje faz catorze dias que vocês têm estado em vigília constante, sem nada comer. ³⁴ Agora eu os aconselho a comerem algo, pois só assim poderão sobreviver. Nenhum de vocês perderá um fio de cabelo sequer". ³⁵ Tendo dito isso, tomou pão e deu graças a Deus diante de todos. Então o partiu e começou a comer. ³⁶ Todos se reanimaram e também come-

along the coast with difficulty and came to a place called Fair Havens, near the town of Lasea.

⁹ Much time had been lost, and sailing had already become dangerous because by now it was after the Fast.ª So Paul warned them, ¹⁰ "Men, I can see that our voyage is going to be disastrous and bring great loss to ship and cargo, and to our own lives also." ¹¹ But the centurion, instead of listening to what Paul said, followed the advice of the pilot and of the owner of the ship. ¹² Since the harbor was unsuitable to winter in, the majority decided that we should sail on, hoping to reach Phoenix and winter there. This was a harbor in Crete, facing both southwest and northwest.

The Storm

¹³ When a gentle south wind began to blow, they thought they had obtained what they wanted; so they weighed anchor and sailed along the shore of Crete. ¹⁴ Before very long, a wind of hurricane force, called the "northeaster," swept down from the island. ¹⁵ The ship was caught by the storm and could not head into the wind; so we gave way to it and were driven along. ¹⁶ As we passed to the lee of a small island called Cauda, we were hardly able to make the lifeboat secure. ¹⁷ When the men had hoisted it aboard, they passed ropes under the ship itself to hold it together. Fearing that they would run aground on the sandbars of Syrtis, they lowered the sea anchor and let the ship be driven along. ¹⁸ We took such a violent battering from the storm that the next day they began to throw the cargo overboard. ¹⁹ On the third day, they threw the ship's tackle overboard with their own hands. ²⁰ When neither sun nor stars appeared for many days and the storm continued raging, we finally gave up all hope of being saved.

²¹ After the men had gone a long time without food, Paul stood up before them and said: "Men, you should have taken my advice not to sail from Crete; then you would have spared yourselves this damage and loss. ²² But now I urge you to keep up your courage, because not one of you will be lost; only the ship will be destroyed. ²³ Last night an angel of the God whose I am and whom I serve stood beside me ²⁴ and said, 'Do not be afraid, Paul. You must stand trial before Caesar; and God has graciously given you the lives of all who sail with you.' ²⁵ So keep up your courage, men, for I have faith in God that it will happen just as he told me. ²⁶ Nevertheless, we must run aground on some island."

The Shipwreck

²⁷ On the fourteenth night we were still being driven across the Adriaticᵇ Sea, when about midnight the sailors sensed they were approaching land. ²⁸ They took soundings and found that the water was a hundred and twenty feetᶜ deep. A short time later they took soundings again and found it was ninety feetᵈ deep. ²⁹ Fearing that we would be dashed against the rocks, they dropped four anchors from the stern and prayed for daylight. ³⁰ In an attempt to escape from the ship, the sailors let the lifeboat down into the sea, pretending they were going to lower some anchors from the bow. ³¹ Then Paul said to the centurion and the soldiers, "Unless these men stay with the ship, you cannot be saved." ³² So the soldiers cut the ropes that held the lifeboat and let it fall away.

³³ Just before dawn Paul urged them all to eat. "For the last fourteen days," he said, "you have been in constant suspense and have gone without food—you haven't eaten anything. ³⁴ Now I urge you to take some food. You need it to survive. Not one of you will lose a single hair from his head." ³⁵ After he said this, he took some bread and gave thanks to God in front of them all. Then he broke it and began to eat. ³⁶ They were all encour-

---

ª27.9 Isto é, o Dia da Expiação (*Yom Kippur*). ᵇ27.27 O nome *Adriático* referia-se a uma área que se estendia até o extremo sul da Itália. ᶜ27.28 Grego: *20 braças*. ᵈ27.28 Grego: *15 braças*.

ª27:9 That is, the Day of Atonement (Yom Kippur) ᵇ27:27 In ancient times the name referred to an area extending well south of Italy. ᶜ27:28 Greek *twenty orguias* (about 37 meters) ᵈ27:28 Greek *fifteen orguias* (about 27 meters)

ram algo. **37** Estavam a bordo duzentas e setenta e seis pessoas. **38** Depois de terem comido até ficarem satisfeitos, aliviaram o peso do navio, atirando todo o trigo ao mar.

39 Quando amanheceu não reconheceram a terra, mas viram uma enseada com uma praia, para onde decidiram conduzir o navio, se fosse possível. **40** Cortando as âncoras, deixaram-nas no mar, desatando ao mesmo tempo as cordas que prendiam os lemes. Então, alçando a vela da proa ao vento, dirigiram-se para a praia. **41** Mas o navio encalhou num banco de areia, onde tocou o fundo. A proa encravou-se e ficou imóvel, e a popa foi quebrada pela violência das ondas.

42 Os soldados resolveram matar os presos para impedir que algum deles fugisse, jogando-se ao mar. **43** Mas o centurião queria poupar a vida de Paulo e os impediu de executar o plano. Então ordenou aos que sabiam nadar que se lançassem primeiro ao mar em direção à terra. **44** Os outros teriam que salvar-se em tábuas ou em pedaços do navio. Dessa forma, todos chegaram a salvo em terra.

Paulo na Ilha de Malta

28 Uma vez em terra, descobrimos que a ilha se chamava Malta. **2** Os habitantes da ilha mostraram extraordinária bondade para conosco. Fizeram uma fogueira e receberam bem a todos nós, pois estava chovendo e fazia frio. **3** Paulo ajuntou um monte de gravetos; quando os colocava no fogo, uma víbora, fugindo do calor, prendeu-se à sua mão. **4** Quando os habitantes da ilha viram a cobra agarrada na mão de Paulo, disseram uns aos outros: "Certamente este homem é assassino, pois, tendo escapado do mar, a Justiça não lhe permite viver". **5** Mas Paulo, sacudindo a cobra no fogo, não sofreu mal nenhum. **6** Eles, porém, esperavam que ele começasse a inchar ou que caísse morto de repente, mas, tendo esperado muito tempo e vendo que nada de estranho lhe sucedia, mudaram de idéia e passaram a dizer que ele era um deus.

7 Próximo dali havia uma propriedade pertencente a Públio, o homem principal da ilha. Ele nos convidou a ficar em sua casa e, por três dias, bondosamente nos recebeu e nos hospedou. **8** Seu pai estava doente, acamado, sofrendo de febre e disenteria. Paulo entrou para vê-lo e, depois de orar, impôs-lhe as mãos e o curou. **9** Tendo acontecido isso, os outros doentes da ilha vieram e foram curados. **10** Eles nos prestaram muitas honras e, quando estávamos para embarcar, forneceram-nos os suprimentos de que necessitávamos.

A Chegada a Roma

11 Passados três meses, embarcamos num navio que tinha passado o inverno na ilha; era um navio alexandrino, que tinha por emblema os deuses gêmeos Cástor e Pólux. **12** Aportando em Siracusa, ficamos ali três dias. **13** Dali partimos e chegamos a Régio. No dia seguinte, soprando o vento sul, prosseguimos, chegando a Potéoli no segundo dia. **14** Ali encontramos alguns irmãos que nos convidaram a passar uma semana com eles. E depois fomos para Roma. **15** Os irmãos dali tinham ouvido falar que estávamos chegando e vieram até a praça de Ápio e às Três Vendas para nos encontrar. Vendo-os, Paulo deu graças a Deus e sentiu-se encorajado. **16** Quando chegamos a Roma, Paulo recebeu permissão para morar por conta própria, sob a custódia de um soldado.

A Pregação de Paulo em Roma

17 Três dias depois, ele convocou os líderes dos judeus. Quando estes se reuniram, Paulo lhes disse: "Meus irmãos, embora eu não tenha feito nada contra o nosso povo nem contra os costumes dos nossos antepassados, fui preso em Jerusalém e entregue aos romanos. **18** Eles me interrogaram e queriam me soltar, porque eu não era culpado de crime algum que merecesse pena de morte. **19** Todavia, tendo os judeus feito objeção, fui obrigado a apelar para César, não porém, por ter alguma acusação contra o meu próprio povo. **20** Por essa razão pedi para vê-los e conver-

aged and ate some food themselves. **37** Altogether there were 276 of us on board. **38** When they had eaten as much as they wanted, they lightened the ship by throwing the grain into the sea.

39 When daylight came, they did not recognize the land, but they saw a bay with a sandy beach, where they decided to run the ship aground if they could. **40** Cutting loose the anchors, they left them in the sea and at the same time untied the ropes that held the rudders. Then they hoisted the foresail to the wind and made for the beach. **41** But the ship struck a sandbar and ran aground. The bow stuck fast and would not move, and the stern was broken to pieces by the pounding of the surf.

42 The soldiers planned to kill the prisoners to prevent any of them from swimming away and escaping. **43** But the centurion wanted to spare Paul's life and kept them from carrying out their plan. He ordered those who could swim to jump overboard first and get to land. **44** The rest were to get there on planks or on pieces of the ship. In this way everyone reached land in safety.

Ashore on Malta

28 Once safely on shore, we found out that the island was called Malta. **2** The islanders showed us unusual kindness. They built a fire and welcomed us all because it was raining and cold. **3** Paul gathered a pile of brushwood and, as he put it on the fire, a viper, driven out by the heat, fastened itself on his hand. **4** When the islanders saw the snake hanging from his hand, they said to each other, "This man must be a murderer; for though he escaped from the sea, Justice has not allowed him to live." **5** But Paul shook the snake off into the fire and suffered no ill effects. **6** The people expected him to swell up or suddenly fall dead, but after waiting a long time and seeing nothing unusual happen to him, they changed their minds and said he was a god.

7 There was an estate nearby that belonged to Publius, the chief official of the island. He welcomed us to his home and for three days entertained us hospitably. **8** His father was sick in bed, suffering from fever and dysentery. Paul went in to see him and, after prayer, placed his hands on him and healed him. **9** When this had happened, the rest of the sick on the island came and were cured. **10** They honored us in many ways and when we were ready to sail, they furnished us with the supplies we needed.

Arrival at Rome

11 After three months we put out to sea in a ship that had wintered in the island. It was an Alexandrian ship with the figurehead of the twin gods Castor and Pollux. **12** We put in at Syracuse and stayed there three days. **13** From there we set sail and arrived at Rhegium. The next day the south wind came up, and on the following day we reached Puteoli. **14** There we found some brothers who invited us to spend a week with them. And so we came to Rome. **15** The brothers there had heard that we were coming, and they traveled as far as the Forum of Appius and the Three Taverns to meet us. At the sight of these men Paul thanked God and was encouraged. **16** When we got to Rome, Paul was allowed to live by himself, with a soldier to guard him.

Paul Preaches at Rome Under Guard

17 Three days later he called together the leaders of the Jews. When they had assembled, Paul said to them: "My brothers, although I have done nothing against our people or against the customs of our ancestors, I was arrested in Jerusalem and handed over to the Romans. **18** They examined me and wanted to release me, because I was not guilty of any crime deserving death. **19** But when the Jews objected, I was compelled to appeal to Caesar—not that I had any charge to bring against my own people. **20** For this reason I have asked to see you and talk

sar com vocês. Por causa da esperança de Israel é que estou preso com estas algemas".

21 Eles responderam: "Não recebemos nenhuma carta da Judéia a seu respeito, e nenhum dos irmãos que vieram de lá relatou ou disse qualquer coisa de mal contra você. **22** Todavia, queremos ouvir de sua parte o que você pensa, pois sabemos que por todo lugar há gente falando contra esta seita".

23 Assim combinaram encontrar-se com Paulo em dia determinado, indo em grupo ainda mais numeroso ao lugar onde ele estava. Desde a manhã até a tarde ele lhes deu explicações e lhes testemunhou do Reino de Deus, procurando convencê-los a respeito de Jesus, com base na Lei de Moisés e nos Profetas. **24** Alguns foram convencidos pelo que ele dizia, mas outros não creram. **25** Discordaram entre si mesmos e começaram a ir embora, depois de Paulo ter feito esta declaração final: "Bem que o Espírito Santo falou aos seus antepassados, por meio do profeta Isaías:

26 " 'Vá a este povo e diga:
Ainda que estejam sempre ouvindo,
    vocês nunca entenderão;
ainda que estejam sempre vendo,
    jamais perceberão.
27 Pois o coração deste povo
    se tornou insensível;
de má vontade
    ouviram com os seus ouvidos,
    e fecharam os seus olhos.
Se assim não fosse,
    poderiam ver com os olhos,
    ouvir com os ouvidos,
    entender com o coração
e converter-se,
    e eu os curaria'.ª

28 "Portanto, quero que saibam que esta salvação de Deus é enviada aos gentios; eles a ouvirão!" **29** Depois que ele disse isto, os judeus se retiraram, discutindo intensamente entre si.b

30 Por dois anos inteiros Paulo permaneceu na casa que havia alugado, e recebia a todos os que iam vê-lo. **31** Pregava o Reino de Deus e ensinava a respeito do Senhor Jesus Cristo, abertamente e sem impedimento algum.

Romanos

1 Paulo, servoᶜ de Cristo Jesus, chamado para ser apóstolo, separado para o evangelho de Deus, **2** o qual foi prometido por ele de antemão por meio dos seus profetas nas Escrituras Sagradas, **3** acerca de seu Filho, que, como homem, era descendente de Davi, **4** e que mediante o Espíritoᵈ de santidade foi declarado Filho de Deus com poder, pela sua ressurreição dentre os mortos: Jesus Cristo, nosso Senhor. **5** Por meio dele e por causa do seu nome, recebemos graça e apostolado para chamar dentre todas as nações um povo para a obediência que vem pela fé. **6** E vocês também estão entre os chamados para pertencerem a Jesus Cristo.

7 A todos os que em Roma são amados de Deus e chamados para serem santos:

A vocês, graça e paz da parte de Deus nosso Pai e do Senhor Jesus Cristo.

Paulo Anseia Visitar a Igreja em Roma

8 Antes de tudo, sou grato a meu Deus, mediante Jesus Cristo, por todos vocês, porque em todo o mundo está sendo anunciada a fé que vocês têm. **9** Deus, a quem sirvo de todo o cora-

---

with you. It is because of the hope of Israel that I am bound with this chain."

21 They replied, "We have not received any letters from Judea concerning you, and none of the brothers who have come from there has reported or said anything bad about you. **22** But we want to hear what your views are, for we know that people everywhere are talking against this sect."

23 They arranged to meet Paul on a certain day, and came in even larger numbers to the place where he was staying. From morning till evening he explained and declared to them the kingdom of God and tried to convince them about Jesus from the Law of Moses and from the Prophets. **24** Some were convinced by what he said, but others would not believe. **25** They disagreed among themselves and began to leave after Paul had made this final statement: "The Holy Spirit spoke the truth to your forefathers when he said through Isaiah the prophet:

26 " 'Go to this people and say,
"You will be ever hearing but never
    understanding;
you will be ever seeing but never perceiving."
27 For this people's heart has become calloused;
    they hardly hear with their ears,
    and they have closed their eyes.
Otherwise they might see with their eyes,
    hear with their ears,
    understand with their hearts
and turn, and I would heal them.'ª

28 "Therefore I want you to know that God's salvation has been sent to the Gentiles, and they will listen!"b

30 For two whole years Paul stayed there in his own rented house and welcomed all who came to see him. **31** Boldly and without hindrance he preached the kingdom of God and taught about the Lord Jesus Christ.

Romans

1 Paul, a servant of Christ Jesus, called to be an apostle and set apart for the gospel of God— **2** the gospel he promised beforehand through his prophets in the Holy Scriptures **3** regarding his Son, who as to his human nature was a descendant of David, **4** and who through the Spiritᵈ of holiness was declared with power to be the Son of Godᵉ by his resurrection from the dead: Jesus Christ our Lord. **5** Through him and for his name's sake, we received grace and apostleship to call people from among all the Gentiles to the obedience that comes from faith. **6** And you also are among those who are called to belong to Jesus Christ.

7 To all in Rome who are loved by God and called to be saints:

Grace and peace to you from God our Father and from the Lord Jesus Christ.

Paul's Longing to Visit Rome

8 First, I thank my God through Jesus Christ for all of you, because your faith is being reported all over the world. **9** God, whom I serve with my whole heart in preaching the gospel of

---

ª**28.26,27** Is 6.9,10 b**28.29** Muitos manuscritos antigos não trazem o versículo 29. ᶜ**1.1** Isto é, escravo. ᵈ**1.4** Ou *que quanto a seu espírito*

ª**28:27** Isaiah 6:9,10 b**28:28** Some manuscripts *listen!"* ᶜ*After he said this, the Jews left, arguing vigorously among themselves.* ᵈ**1:4** Or *who as to his spirit* ᵉ**1:4** Or *was appointed to be the Son of God with power*

ção pregando o evangelho de seu Filho, é minha testemunha de como sempre me lembro de vocês **10** em minhas orações; e peço que agora, finalmente, pela vontade de Deus, seja-me aberto o caminho para que eu possa visitá-los.

11 Anseio vê-los, a fim de compartilhar com vocês algum dom espiritual, para fortalecê-los, **12** isto é, para que eu e vocês sejamos mutuamente encorajados pela fé. **13** Quero que vocês saibam, irmãos, que muitas vezes planejei visitá-los, mas fui impedido até agora. Meu propósito é colher algum fruto entre vocês, assim como tenho colhido entre os demais gentios[a].

14 Sou devedor tanto a gregos como a bárbaros[b], tanto a sábios como a ignorantes. **15** Por isso estou disposto a pregar o evangelho também a vocês que estão em Roma.

16 Não me envergonho do evangelho, porque é o poder de Deus para a salvação de todo aquele que crê: primeiro do judeu, depois do grego. **17** Porque no evangelho é revelada a justiça de Deus, uma justiça que do princípio ao fim é pela fé[c], como está escrito: "O justo viverá pela fé"[d].

A Ira de Deus contra a Humanidade

18 Portanto, a ira de Deus é revelada dos céus contra toda impiedade e injustiça dos homens que suprimem a verdade pela injustiça, **19** pois o que de Deus se pode conhecer é manifesto entre eles, porque Deus lhes manifestou. **20** Pois desde a criação do mundo os atributos invisíveis de Deus, seu eterno poder e sua natureza divina, têm sido vistos claramente, sendo compreendidos por meio das coisas criadas, de forma que tais homens são indesculpáveis; **21** porque, tendo conhecido a Deus, não o glorificaram como Deus, nem lhe renderam graças, mas os seus pensamentos tornaram-se fúteis e o coração insensato deles obscureceu-se. **22** Dizendo-se sábios, tornaram-se loucos **23** e trocaram a glória do Deus imortal por imagens feitas segundo a semelhança do homem mortal, bem como de pássaros, quadrúpedes e répteis.

24 Por isso Deus os entregou à impureza sexual, segundo os desejos pecaminosos do seu coração, para a degradação do seu corpo entre si. **25** Trocaram a verdade de Deus pela mentira, e adoraram e serviram a coisas e seres criados, em lugar do Criador, que é bendito para sempre. Amém.

26 Por causa disso Deus os entregou a paixões vergonhosas. Até suas mulheres trocaram suas relações sexuais naturais por outras, contrárias à natureza. **27** Da mesma forma, os homens também abandonaram as relações naturais com as mulheres e se inflamaram de paixão uns pelos outros. Começaram a cometer atos indecentes, homens com homens, e receberam em si mesmos o castigo merecido pela sua perversão.

28 Além do mais, visto que desprezaram o conhecimento de Deus, ele os entregou a uma disposição mental reprovável, para praticarem o que não deviam. **29** Tornaram-se cheios de toda sorte de injustiça, maldade, ganância e depravação. Estão cheios de inveja, homicídio, rivalidades, engano e malícia. São bisbilhoteiros, **30** caluniadores, inimigos de Deus, insolentes, arrogantes e presunçosos; inventam maneiras de praticar o mal; desobedecem a seus pais; **31** são insensatos, desleais, sem amor pela família, implacáveis. **32** Embora conheçam o justo decreto de Deus, de que as pessoas que praticam tais coisas merecem a morte, não somente continuam a praticá-las, mas também aprovam aqueles que as praticam.

O Justo Juízo de Deus

2 Portanto, você, que julga os outros é indesculpável; pois está condenando a si mesmo naquilo em que julga, visto que você, que julga, pratica as mesmas coisas. **2** Sabemos que o juízo de Deus contra os que praticam tais coisas é conforme a verdade. **3** Assim, quando você, um simples homem,

his Son, is my witness how constantly I remember you **10** in my prayers at all times; and I pray that now at last by God's will the way may be opened for me to come to you.

11 I long to see you so that I may impart to you some spiritual gift to make you strong— **12** that is, that you and I may be mutually encouraged by each other's faith. **13** I do not want you to be unaware, brothers, that I planned many times to come to you (but have been prevented from doing so until now) in order that I might have a harvest among you, just as I have had among the other Gentiles.

14 I am obligated both to Greeks and non-Greeks, both to the wise and the foolish. **15** That is why I am so eager to preach the gospel also to you who are at Rome.

16 I am not ashamed of the gospel, because it is the power of God for the salvation of everyone who believes: first for the Jew, then for the Gentile. **17** For in the gospel a righteousness from God is revealed, a righteousness that is by faith from first to last,[a] just as it is written: "The righteous will live by faith."[b]

God's Wrath Against Mankind

18 The wrath of God is being revealed from heaven against all the godlessness and wickedness of men who suppress the truth by their wickedness, **19** since what may be known about God is plain to them, because God has made it plain to them. **20** For since the creation of the world God's invisible qualities—his eternal power and divine nature—have been clearly seen, being understood from what has been made, so that men are without excuse.

21 For although they knew God, they neither glorified him as God nor gave thanks to him, but their thinking became futile and their foolish hearts were darkened. **22** Although they claimed to be wise, they became fools **23** and exchanged the glory of the immortal God for images made to look like mortal man and birds and animals and reptiles.

24 Therefore God gave them over in the sinful desires of their hearts to sexual impurity for the degrading of their bodies with one another. **25** They exchanged the truth of God for a lie, and worshiped and served created things rather than the Creator—who is forever praised. Amen.

26 Because of this, God gave them over to shameful lusts. Even their women exchanged natural relations for unnatural ones. **27** In the same way the men also abandoned natural relations with women and were inflamed with lust for one another. Men committed indecent acts with other men, and received in themselves the due penalty for their perversion.

28 Furthermore, since they did not think it worthwhile to retain the knowledge of God, he gave them over to a depraved mind, to do what ought not to be done. **29** They have become filled with every kind of wickedness, evil, greed and depravity. They are full of envy, murder, strife, deceit and malice. They are gossips, **30** slanderers, God-haters, insolent, arrogant and boastful; they invent ways of doing evil; they disobey their parents; **31** they are senseless, faithless, heartless, ruthless. **32** Although they know God's righteous decree that those who do such things deserve death, they not only continue to do these very things but also approve of those who practice them.

God's Righteous Judgment

2 You, therefore, have no excuse, you who pass judgment on someone else, for at whatever point you judge the other, you are condemning yourself, because you who pass judgment do the same things. **2** Now we know that God's judgment against those who do such things is based on truth. **3** So when you, a mere man, pass judgment on them and yet do

---

[a]**1.13** Isto é, os que não são judeus; também em todo o livro de Romanos. [b]**1.14** Isto é, aqueles que não possuíam cultura grega. [c]**1.17** Ou *é de fé em fé;* ou ainda *de fé para fé* [d]**1.17** Hc 2.4

[a]**1:17** Or *is from faith to faith* [b]**1:17** Hab. 2:4

os julga, mas pratica as mesmas coisas, pensa que escapará do juízo de Deus? **4** Ou será que você despreza as riquezas da sua bondade, tolerância e paciência, não reconhecendo que a bondade de Deus o leva ao arrependimento?

5 Contudo, por causa da sua teimosia e do seu coração obstinado, você está acumulando ira contra si mesmo, para o dia da ira de Deus, quando se revelará o seu justo julgamento. **6** Deus "retribuirá a cada um conforme o seu procedimento"ª. **7** Ele dará vida eterna aos que, persistindo em fazer o bem, buscam glória, honra e imortalidade. **8** Mas haverá ira e indignação para os que são egoístas, que rejeitam a verdade e seguem a injustiça. **9** Haverá tribulação e angústia para todo ser humano que pratica o mal: primeiro para o judeu, depois para o grego; **10** mas glória, honra e paz para todo o que pratica o bem: primeiro para o judeu, depois para o grego. **11** Pois em Deus não há parcialidade.

12 Todo aquele que pecar sem a Lei, sem a Lei também perecerá, e todo aquele que pecar sob a Lei, pela Lei será julgado. **13** Porque não são os que ouvem a Lei que são justos aos olhos de Deus; mas os que obedecem à Lei, estes serão declarados justos. **14** (De fato, quando os gentios, que não têm a Lei, praticam naturalmente o que ela ordena, tornam-se lei para si mesmos, embora não possuam a Lei; **15** pois mostram que as exigências da Lei estão gravadas em seu coração. Disso dão testemunho também a sua consciência e os pensamentos deles, ora acusando-os, ora defendendo-os.) **16** Isso tudo se verá no dia em que Deus julgar os segredos dos homens, mediante Jesus Cristo, conforme o declara o meu evangelho.

Os Judeus e a Lei

17 Ora, você leva o nome de judeu, apóia-se na Lei e orgulha-se de Deus. **18** Você conhece a vontade de Deus e aprova o que é superior, porque é instruído pela Lei. **19** Você está convencido de que é guia de cegos, luz para os que estão em trevas, **20** instrutor de insensatos, mestre de crianças, porque tem na Lei a expressão do conhecimento e da verdade. **21** E então? Você, que ensina os outros, não ensina a si mesmo? Você, que prega contra o furto, furta? **22** Você, que diz que não se deve adulterar, adultera? Você, que detesta ídolos, rouba-lhes os templos? **23** Você, que se orgulha da Lei, desonra a Deus, desobedecendo à Lei? **24** Pois, como está escrito: "O nome de Deus é blasfemado entre os gentios por causa de vocês"ᵇ.

25 A circuncisão tem valor se você obedece à Lei; mas, se você desobedece à Lei, a sua circuncisão já se tornou incircuncisão. **26** Se aqueles que não são circuncidados obedecem aos preceitos da Lei, não serão eles considerados circuncidados? **27** Aquele que não é circuncidado fisicamente, mas obedece à Lei, condenará você que, tendo a Lei escrita e a circuncisão, é transgressor da Lei.

28 Não é judeu quem o é apenas exteriormente, nem é circuncisão a que é meramente exterior e física. **29** Não! Judeu é quem o é interiormente, e circuncisão é a operada no coração, pelo Espírito, e não pela Lei escrita. Para estes o louvor não provém dos homens, mas de Deus.

3 Que vantagem há então em ser judeu, ou que utilidade há na circuncisão? **2** Muita, em todos os sentidos! Principalmente porque aos judeus foram confiadas as palavras de Deus.

3 Que importa se alguns deles foram infiéis? A sua infidelidade anulará a fidelidade de Deus? **4** De maneira nenhuma! Seja Deus verdadeiro, e todo homem mentiroso. Como está escrito:

"Para que sejas justificado

ª**2.6** Sl 62.12; Pv 24.12 ᵇ**2.24** Is 52.5; Ez 36.22

---

the same things, do you think you will escape God's judgment? **4** Or do you show contempt for the riches of his kindness, tolerance and patience, not realizing that God's kindness leads you toward repentance?

5 But because of your stubbornness and your unrepentant heart, you are storing up wrath against yourself for the day of God's wrath, when his righteous judgment will be revealed. **6** God "will give to each person according to what he has done."ª **7** To those who by persistence in doing good seek glory, honor and immortality, he will give eternal life. **8** But for those who are self-seeking and who reject the truth and follow evil, there will be wrath and anger. **9** There will be trouble and distress for every human being who does evil: first for the Jew, then for the Gentile; **10** but glory, honor and peace for everyone who does good: first for the Jew, then for the Gentile. **11** For God does not show favoritism.

12 All who sin apart from the law will also perish apart from the law, and all who sin under the law will be judged by the law. **13** For it is not those who hear the law who are righteous in God's sight, but it is those who obey the law who will be declared righteous. **14** (Indeed, when Gentiles, who do not have the law, do by nature things required by the law, they are a law for themselves, even though they do not have the law, **15** since they show that the requirements of the law are written on their hearts, their consciences also bearing witness, and their thoughts now accusing, now even defending them.) **16** This will take place on the day when God will judge men's secrets through Jesus Christ, as my gospel declares.

The Jews and the Law

17 Now you, if you call yourself a Jew; if you rely on the law and brag about your relationship to God; **18** if you know his will and approve of what is superior because you are instructed by the law; **19** if you are convinced that you are a guide for the blind, a light for those who are in the dark, **20** an instructor of the foolish, a teacher of infants, because you have in the law the embodiment of knowledge and truth— **21** you, then, who teach others, do you not teach yourself? You who preach against stealing, do you steal? **22** You who say that people should not commit adultery, do you commit adultery? You who abhor idols, do you rob temples? **23** You who brag about the law, do you dishonor God by breaking the law? **24** As it is written: "God's name is blasphemed among the Gentiles because of you."ᵇ

25 Circumcision has value if you observe the law, but if you break the law, you have become as though you had not been circumcised. **26** If those who are not circumcised keep the law's requirements, will they not be regarded as though they were circumcised? **27** The one who is not circumcised physically and yet obeys the law will condemn you who, even though you have theᶜ written code and circumcision, are a lawbreaker.

28 A man is not a Jew if he is only one outwardly, nor is circumcision merely outward and physical. **29** No, a man is a Jew if he is one inwardly; and circumcision is circumcision of the heart, by the Spirit, not by the written code. Such a man's praise is not from men, but from God.

God's Faithfulness

3 What advantage, then, is there in being a Jew, or what value is there in circumcision? **2** Much in every way! First of all, they have been entrusted with the very words of God.

3 What if some did not have faith? Will their lack of faith nullify God's faithfulness? **4** Not at all! Let God be true, and every man a liar. As it is written:

"So that you may be proved right when you

ª**2:6** Psalm 62:12; Prov. 24:12 ᵇ**2:24** Isaiah 52:5; Ezek. 36:22 ᶜ**2:27** Or *who, by means of*

nas tuas palavras
e prevaleças"ª.

⁵Mas, se a nossa injustiça ressalta de maneira ainda mais clara a justiça de Deus, que diremos? Que Deus é injusto por aplicar a sua ira? (Estou usando um argumento humano.) ⁶Claro que não! Se fosse assim, como Deus iria julgar o mundo? ⁷Alguém pode alegar ainda: "Se a minha mentira ressalta a veracidade de Deus, aumentando assim a sua glória, por que sou condenado como pecador?" ⁸Por que não dizer como alguns caluniosamente afirmam que dizemos: "Façamos o mal, para que nos venha o bem"? A condenação dos tais é merecida.

Ninguém é Justo

⁹Que concluiremos então? Estamos em posição de vantagemᵇ? Não! Já demonstramos que tanto judeus quanto gentios estão debaixo do pecado. ¹⁰Como está escrito:

"Não há nenhum justo,
   nem um sequer;
¹¹não há ninguém que entenda,
   ninguém que busque a Deus.
¹²Todos se desviaram,
   tornaram-se juntamente inúteis;
não há ninguém
   que faça o bem,
não há nem um sequer"ᶜ.
¹³"Suas gargantas
   são um túmulo aberto;
com suas línguas enganam"ᵈ.
"Veneno de serpentes
   está em seus lábios"ᵉ.
¹⁴"Suas bocas estão cheias
   de maldição e amargura"ᶠ.
¹⁵"Seus pés são ágeis
   para derramar sangue;
¹⁶ruína e desgraça marcam
   os seus caminhos,
¹⁷e não conhecem
   o caminho da paz"ᵍ.
¹⁸"Aos seus olhos é inútil
   temer a Deus"ʰ.

¹⁹Sabemos que tudo o que a Lei diz, o diz àqueles que estão debaixo dela, para que toda boca se cale e todo o mundo esteja sob o juízo de Deus. ²⁰Portanto, ninguém será declarado justo diante dele baseando-se na obediência à Lei, pois é mediante a Lei que nos tornamos plenamente conscientes do pecado.

A Justiça por meio da Fé

²¹Mas agora se manifestou uma justiça que provém de Deus, independente da Lei, da qual testemunham a Lei e os Profetas, ²²justiça de Deus mediante a fé em Jesus Cristo para todos os que crêem. Não há distinção, ²³pois todos pecaram e estão destituídos da glória de Deus, ²⁴sendo justificados gratuitamente por sua graça, por meio da redenção que há em Cristo Jesus. ²⁵Deus o ofereceu como sacrifício para propiciaçãoⁱ mediante a fé, pelo seu sangue, demonstrando a sua justiça. Em sua tolerância, havia deixado impunes os pecados anteriormente cometidos; ²⁶mas, no presente, demonstrou a sua justiça, a fim de ser justo e justificador daquele que tem fé em Jesus.

²⁷Onde está, então, o motivo de vanglória? É excluído. Baseado em que princípio? No da obediência à Lei? Não, mas no princípio da fé. ²⁸Pois sustentamos que o homem é justificado pela fé, independente da obediência à Lei. ²⁹Deus é Deus apenas dos judeus? Ele não é também o Deus dos gentios? Sim, dos gentios também, ³⁰visto que existe um só Deus, que pela

speak
and prevail when you judge."ª

⁵But if our unrighteousness brings out God's righteousness more clearly, what shall we say? That God is unjust in bringing his wrath on us? (I am using a human argument.) ⁶Certainly not! If that were so, how could God judge the world? ⁷Someone might argue, "If my falsehood enhances God's truthfulness and so increases his glory, why am I still condemned as a sinner?" ⁸Why not say—as we are being slanderously reported as saying and as some claim that we say—"Let us do evil that good may result"? Their condemnation is deserved.

No One is Righteous

⁹What shall we conclude then? Are we any betterᵇ? Not at all! We have already made the charge that Jews and Gentiles alike are all under sin. ¹⁰As it is written:

"There is no one righteous, not even one;
¹¹ there is no one who understands,
  no one who seeks God.
¹²All have turned away,
   they have together become worthless;
there is no one who does good,
   not even one."ᶜ
¹³"Their throats are open graves;
   their tongues practice deceit."ᵈ
"The poison of vipers is on their lips."ᵉ
¹⁴"Their mouths are full of cursing and
   bitterness."ᶠ
¹⁵"Their feet are swift to shed blood;
¹⁶ruin and misery mark their ways,
¹⁷and the way of peace they do not know."ᵍ
¹⁸"There is no fear of God before their eyes."ʰ

¹⁹Now we know that whatever the law says, it says to those who are under the law, so that every mouth may be silenced and the whole world held accountable to God. ²⁰Therefore no one will be declared righteous in his sight by observing the law; rather, through the law we become conscious of sin.

Righteousness Through Faith

²¹But now a righteousness from God, apart from law, has been made known, to which the Law and the Prophets testify. ²²This righteousness from God comes through faith in Jesus Christ to all who believe. There is no difference, ²³for all have sinned and fall short of the glory of God, ²⁴and are justified freely by his grace through the redemption that came by Christ Jesus. ²⁵God presented him as a sacrifice of atonement,ⁱ through faith in his blood. He did this to demonstrate his justice, because in his forbearance he had left the sins committed beforehand unpunished— ²⁶he did it to demonstrate his justice at the present time, so as to be just and the one who justifies those who have faith in Jesus.

²⁷Where, then, is boasting? It is excluded. On what principle? On that of observing the law? No, but on that of faith. ²⁸For we maintain that a man is justified by faith apart from observing the law. ²⁹Is God the God of Jews only? Is he not the God of Gentiles too? Yes, of Gentiles too, ³⁰since there is only one God, who will justify the circumcised by faith and the un-

ª3.4 Sl 51.4 ᵇ3.9 Ou *desvantagem* ᶜ3.10-12 Sl 14.1-3; Sl 53.1-3; Ec 7.20 ᵈ3.13 Sl 5.9 ᵉ3.13 Sl 140.3 ᶠ3.14 Sl 10.7 ᵍ3.15-17 Is 59.7,8 ʰ3.18 Sl 36.1 ⁱ3.25 Ou *como sacrifício que desviava a sua ira, removendo o pecado*

ª3:4 Psalm 51:4 ᵇ3:9 Or *worse* ᶜ3:12 Psalms 14:1-3; 53:1-3; Eccles. 7:20 ᵈ3:13 Psalm 5:9 ᵉ3:13 Psalm 140:3 ᶠ3:14 Psalm 10:7 ᵍ3:17 Isaiah 59:7,8 ʰ3:18 Psalm 36:1ⁱ3:25 Or *as the one who would turn aside his wrath, taking away sin*

fé justificará os circuncisos e os incircuncisos. **31** Anulamos então a Lei pela fé? De maneira nenhuma! Ao contrário, confirmamos a Lei.

Abraão Foi Justificado pela Fé

4 Portanto, que diremos do nosso antepassado Abraão? **2** Sè de fato Abraão foi justificado pelas obras, ele tem do que se gloriar, mas não diante de Deus. **3** Que diz a Escritura? "Abraão creu em Deus, e isso lhe foi creditado como justiça."ᵃ

4 Ora, o salário do homem que trabalha não é considerado como favor, mas como dívida. **5** Todavia, àquele que não trabalha, mas confia em Deus, que justifica o ímpio, sua fé lhe é creditada como justiça. **6** Davi diz a mesma coisa, quando fala da felicidade do homem a quem Deus credita justiça independente de obras:

7 "Como são felizes aqueles
    que têm suas transgressões
      perdoadas,
cujos pecados são apagados!
8 Como é feliz aquele
    a quem o Senhor não atribui culpa!"ᵇ

9 Destina-se esta felicidade apenas aos circuncisos ou também aos incircuncisos? Já dissemos que, no caso de Abraão, a fé lhe foi creditada como justiça. **10** Sob quais circunstâncias? Antes ou depois de ter sido circuncidado? Não foi depois, mas antes! **11** Assim ele recebeu a circuncisão como sinal, como selo da justiça que ele tinha pela fé, quando ainda não fora circuncidado. Portanto, ele é o pai de todos os que crêem, sem terem sido circuncidados, a fim de que a justiça fosse creditada também a eles; **12** e é igualmente o pai dos circuncisos que não somente são circuncisos, mas também andam nos passos da fé que teve nosso pai Abraão antes de passar pela circuncisão.

13 Não foi mediante a Lei que Abraão e a sua descendência receberam a promessa de que ele seria herdeiro do mundo, mas mediante a justiça que vem da fé. **14** Pois se os que vivem pela Lei são herdeiros, a fé não tem valor, e a promessa é inútil; **15** porque a Lei produz a ira. E onde não há Lei, não há transgressão.

16 Portanto, a promessa vem pela fé, para que seja de acordo com a graça e seja assim garantida a toda a descendência de Abraão; não apenas aos que estão sob o regime da Lei, mas também aos que têm a fé que Abraão teve. Ele é o pai de todos nós. **17** Como está escrito: "Eu o constituí pai de muitas nações"ᶜ. Ele é nosso pai aos olhos de Deus, em quem creu, o Deus que dá vida aos mortos e chama à existência coisas que não existem, como se existissem.

18 Abraão, contra toda esperança, em esperança creu, tornando-se assim pai de muitas nações, como foi dito a seu respeito: "Assim será a sua descendência"ᵈ. **19** Sem se enfraquecer na fé, reconheceu que o seu corpo já estava sem vitalidade, pois já contava cerca de cem anos de idade, e que também o ventre de Sara já estava sem vigor. **20** Mesmo assim não duvidou nem foi incrédulo em relação à promessa de Deus, mas foi fortalecido em sua fé e deu glória a Deus, **21** estando plenamente convencido de que ele era poderoso para cumprir o que havia prometido. **22** Em conseqüência, "isso lhe foi creditado como justiça"ᵉ. **23** As palavras "lhe foi creditado" não foram escritas apenas para ele, **24** mas também para nós, a quem Deus creditará justiça, a nós, que cremos naquele que ressuscitou dos mortos a Jesus, nosso Senhor. **25** Ele foi entregue à morte por nossos pecados e ressuscitado para nossa justificação.

Paz e Alegria

5 Tendo sido, pois, justificados pela fé, temosᶠ paz com Deus, por nosso Senhor Jesus Cristo, **2** por meio de

circumcised through that same faith. **31** Do we, then, nullify the law by this faith? Not at all! Rather, we uphold the law.

Abraham Justified by Faith

4 What then shall we say that Abraham, our forefather, discovered in this matter? **2** If, in fact, Abraham was justified by works, he had something to boast about—but not before God. **3** What does the Scripture say? "Abraham believed God, and it was credited to him as righteousness."ᵃ

4 Now when a man works, his wages are not credited to him as a gift, but as an obligation. **5** However, to the man who does not work but trusts God who justifies the wicked, his faith is credited as righteousness. **6** David says the same thing when he speaks of the blessedness of the man to whom God credits righteousness apart from works:

7 "Blessed are they
    whose transgressions are forgiven,
    whose sins are covered.
8 Blessed is the man
    whose sin the Lord will never count
      against him."ᵇ

9 Is this blessedness only for the circumcised, or also for the uncircumcised? We have been saying that Abraham's faith was credited to him as righteousness. **10** Under what circumstances was it credited? Was it after he was circumcised, or before? It was not after, but before! **11** And he received the sign of circumcision, a seal of the righteousness that he had by faith while he was still uncircumcised. So then, he is the father of all who believe but have not been circumcised, in order that righteousness might be credited to them. **12** And he is also the father of the circumcised who not only are circumcised but who also walk in the footsteps of the faith that our father Abraham had before he was circumcised.

13 It was not through law that Abraham and his offspring received the promise that he would be heir of the world, but through the righteousness that comes by faith. **14** For if those who live by law are heirs, faith has no value and the promise is worthless, **15** because law brings wrath. And where there is no law there is no transgression.

16 Therefore, the promise comes by faith, so that it may be by grace and may be guaranteed to all Abraham's offspring—not only to those who are of the law but also to those who are of the faith of Abraham. He is the father of us all. **17** As it is written: "I have made you a father of many nations."ᶜ He is our father in the sight of God, in whom he believed—the God who gives life to the dead and calls things that are not as though they were.

18 Against all hope, Abraham in hope believed and so became the father of many nations, just as it had been said to him, "So shall your offspring be."ᵈ **19** Without weakening in his faith, he faced the fact that his body was as good as dead—since he was about a hundred years old—and that Sarah's womb was also dead. **20** Yet he did not waver through unbelief regarding the promise of God, but was strengthened in his faith and gave glory to God, **21** being fully persuaded that God had power to do what he had promised. **22** This is why "it was credited to him as righteousness." **23** The words "it was credited to him" were written not for him alone, **24** but also for us, to whom God will credit righteousness—for us who believe in him who raised Jesus our Lord from the dead. **25** He was delivered over to death for our sins and was raised to life for our justification.

Peace and Joy

5 Therefore, since we have been justified through faith, weᵉ have peace with God through our Lord Jesus

---

ᵃ**4.3** Gn 15.6 ᵇ**4.7,8** Sl 32.1,2 ᶜ**4.17** Gn 17.5 ᵈ**4.18** Gn 15.5 ᵉ**4.22** Gn 15.6
ᶠ**5.1** Ou *tenhamos*

ᵃ**4:3** Gen. 15:6; also in verse 22 ᵇ**4:8** Psalm 32:1,2 ᶜ**4:17** Gen. 17:5 ᵈ**4:18** Gen. 15:5 ᵉ**5:1** Or *let us*

quem obtivemos acesso pela fé a esta graça na qual agora estamos firmes; e nos gloriamos[a] na esperança da glória de Deus. [3] Não só isso, mas também nos gloriamos nas tribulações, porque sabemos que a tribulação produz perseverança; [4] a perseverança, um caráter aprovado; e o caráter aprovado, esperança. [5] E a esperança não nos decepciona, porque Deus derramou seu amor em nossos corações, por meio do Espírito Santo que ele nos concedeu.

[6] De fato, no devido tempo, quando ainda éramos fracos, Cristo morreu pelos ímpios. [7] Dificilmente haverá alguém que morra por um justo, embora pelo homem bom talvez alguém tenha coragem de morrer. [8] Mas Deus demonstra seu amor por nós: Cristo morreu em nosso favor quando ainda éramos pecadores.

[9] Como agora fomos justificados por seu sangue, muito mais ainda, por meio dele, seremos salvos da ira de Deus! [10] Se quando éramos inimigos de Deus fomos reconciliados com ele mediante a morte de seu Filho, quanto mais agora, tendo sido reconciliados, seremos salvos por sua vida! [11] Não apenas isso, mas também nos gloriamos em Deus, por meio de nosso Senhor Jesus Cristo, mediante quem recebemos agora a reconciliação.

Morte em Adão, Vida em Cristo

[12] Portanto, da mesma forma como o pecado entrou no mundo por um homem, e pelo pecado a morte, assim também a morte veio a todos os homens, porque todos pecaram; [13] pois antes de ser dada a Lei, o pecado já estava no mundo. Mas o pecado não é levado em conta quando não existe lei. [14] Todavia, a morte reinou desde o tempo de Adão até o de Moisés, mesmo sobre aqueles que não cometeram pecado semelhante à transgressão de Adão, o qual era um tipo daquele que haveria de vir.

[15] Entretanto, não há comparação entre a dádiva e a transgressão. Pois se muitos morreram por causa da transgressão de um só, muito mais a graça de Deus, isto é, a dádiva pela graça de um só homem, Jesus Cristo, transbordou para muitos! [16] Não se pode comparar a dádiva de Deus com a conseqüência do pecado de um só homem: por um pecado veio o julgamento que trouxe condenação, mas a dádiva decorreu de muitas transgressões e trouxe justificação. [17] Se pela transgressão de um só a morte reinou por meio dele, muito mais aqueles que recebem de Deus a imensa provisão da graça e a dádiva da justiça reinarão em vida por meio de um único homem, Jesus Cristo.

[18] Conseqüentemente, assim como uma só transgressão resultou na condenação de todos os homens, assim também um só ato de justiça resultou na justificação que traz vida a todos os homens. [19] Logo, assim como por meio da desobediência de um só homem muitos foram feitos pecadores, assim também, por meio da obediência de um único homem muitos serão feitos justos.

[20] A Lei foi introduzida para que a transgressão fosse ressaltada. Mas onde aumentou o pecado, transbordou a graça, [21] a fim de que, assim como o pecado reinou na morte, também a graça reine pela justiça para conceder vida eterna, mediante Jesus Cristo, nosso Senhor.

Mortos para o Pecado, Vivos em Cristo

6 Que diremos então? Continuaremos pecando para que a graça aumente? [2] De maneira nenhuma! Nós, os que morremos para o pecado, como podemos continuar vivendo nele? [3] Ou vocês não sabem que todos nós, que fomos batizados em Cristo Jesus, fomos batizados em sua morte? [4] Portanto, fomos sepultados com ele na morte por meio do batismo, a fim de que, assim como Cristo foi ressuscitado dos mortos mediante a glória do Pai, também nós vivamos uma vida nova.

[5] Se dessa forma fomos unidos a ele na semelhança da sua morte, certamente o seremos também na semelhança da sua ressurreição. [6] Pois sabemos que o nosso velho

Christ, [2] through whom we have gained access by faith into this grace in which we now stand. And we[a] rejoice in the hope of the glory of God. [3] Not only so, but we[b] also rejoice in our sufferings, because we know that suffering produces perseverance; [4] perseverance, character; and character, hope. [5] And hope does not disappoint us, because God has poured out his love into our hearts by the Holy Spirit, whom he has given us.

[6] You see, at just the right time, when we were still powerless, Christ died for the ungodly. [7] Very rarely will anyone die for a righteous man, though for a good man someone might possibly dare to die. [8] But God demonstrates his own love for us in this: While we were still sinners, Christ died for us.

[9] Since we have now been justified by his blood, how much more shall we be saved from God's wrath through him! [10] For if, when we were God's enemies, we were reconciled to him through the death of his Son, how much more, having been reconciled, shall we be saved through his life! [11] Not only is this so, but we also rejoice in God through our Lord Jesus Christ, through whom we have now received reconciliation.

Death Through Adam, Life Through Christ

[12] Therefore, just as sin entered the world through one man, and death through sin, and in this way death came to all men, because all sinned— [13] for before the law was given, sin was in the world. But sin is not taken into account when there is no law. [14] Nevertheless, death reigned from the time of Adam to the time of Moses, even over those who did not sin by breaking a command, as did Adam, who was a pattern of the one to come.

[15] But the gift is not like the trespass. For if the many died by the trespass of the one man, how much more did God's grace and the gift that came by the grace of the one man, Jesus Christ, overflow to the many! [16] Again, the gift of God is not like the result of the one man's sin: The judgment followed one sin and brought condemnation, but the gift followed many trespasses and brought justification. [17] For if, by the trespass of the one man, death reigned through that one man, how much more will those who receive God's abundant provision of grace and of the gift of righteousness reign in life through the one man, Jesus Christ.

[18] Consequently, just as the result of one trespass was condemnation for all men, so also the result of one act of righteousness was justification that brings life for all men. [19] For just as through the disobedience of the one man the many were made sinners, so also through the obedience of the one man the many will be made righteous.

[20] The law was added so that the trespass might increase. But where sin increased, grace increased all the more, [21] so that, just as sin reigned in death, so also grace might reign through righteousness to bring eternal life through Jesus Christ our Lord.

Dead to Sin, Alive in Christ

6 What shall we say, then? Shall we go on sinning so that grace may increase? [2] By no means! We died to sin; how can we live in it any longer? [3] Or don't you know that all of us who were baptized into Christ Jesus were baptized into his death? [4] We were therefore buried with him through baptism into death in order that, just as Christ was raised from the dead through the glory of the Father, we too may live a new life.

[5] If we have been united with him like this in his death, we will certainly also be united with him in his resurrection. [6] For we know that our old self was crucified with him so that the

---

homemª foi crucificado com ele, para que o corpo do pecado seja destruídoᵇ, e não mais sejamos escravos do pecado; **7** pois quem morreu, foi justificado do pecado.

8 Ora, se morremos com Cristo, cremos que também com ele viveremos. **9** Pois sabemos que, tendo sido ressuscitado dos mortos, Cristo não pode morrer outra vez: a morte não tem mais domínio sobre ele. **10** Porque morrendo, ele morreu para o pecado uma vez por todas; mas vivendo, vive para Deus.

11 Da mesma forma, considerem-se mortos para o pecado, mas vivos para Deus em Cristo Jesus. **12** Portanto, não permitam que o pecado continue dominando os seus corpos mortais, fazendo que vocês obedeçam aos seus desejos. **13** Não ofereçam os membros do corpo de vocês ao pecado, como instrumentos de injustiça; antes ofereçam-se a Deus como quem voltou da morte para a vida; e ofereçam os membros do corpo de vocês a ele, como instrumentos de justiça. **14** Pois o pecado não os dominará, porque vocês não estão debaixo da Lei, mas debaixo da graça.

Escravos da Justiça

15 E então? Vamos pecar porque não estamos debaixo da Lei, mas debaixo da graça? De maneira nenhuma! **16** Não sabem que, quando vocês se oferecem a alguém para lhe obedecer como escravos, tornam-se escravos daquele a quem obedecem: escravos do pecado que leva à morte, ou da obediência que leva à justiça? **17** Mas, graças a Deus, porque, embora vocês tenham sido escravos do pecado, passaram a obedecer de coração à forma de ensino que lhes foi transmitida. **18** Vocês foram libertados do pecado e tornaram-se escravos da justiça.

19 Falo isso em termos humanos, por causa das suas limitaçõesᶜ humanas. Assim como vocês ofereceram os membros do seu corpo em escravidão à impureza e à maldade que leva à maldade, ofereçam-nos agora em escravidão à justiça que leva à santidade. **20** Quando vocês eram escravos do pecado, estavam livres da justiça. **21** Que fruto colheram então das coisas das quais agora vocês se envergonham? O fim delas é a morte! **22** Mas agora que vocês foram libertados do pecado e se tornaram escravos de Deus, o fruto que colhem leva à santidade, e o seu fim é a vida eterna. **23** Pois o salário do pecado é a morte, mas o dom gratuito de Deus é a vida eterna emᵈ Cristo Jesus, nosso Senhor.

A Ilustração do Casamento

7 Meus irmãos, falo a vocês como a pessoas que conhecem a lei. Acaso vocês não sabem que a lei tem autoridade sobre alguém apenas enquanto ele vive? **2** Por exemplo, pela lei a mulher casada está ligada a seu marido enquanto ele estiver vivo; mas, se o marido morrer, ela estará livre da lei do casamento. **3** Por isso, se ela se casar com outro homem enquanto seu marido ainda estiver vivo, será considerada adúltera. Mas se o marido morrer, ela estará livre daquela lei, e mesmo que venha a se casar com outro homem, não será adúltera.

4 Assim, meus irmãos, vocês também morreram para a Lei, por meio do corpo de Cristo, para pertencerem a outro, àquele que ressuscitou dos mortos, a fim de que venhamos a dar fruto para Deus. **5** Pois quando éramos controlados pela carneᵉ, as paixões pecaminosas despertadas pela Lei atuavam em nosso corpo, de forma que dávamos fruto para a morte. **6** Mas agora, morrendo para aquilo que antes nos prendia, fomos libertados da Lei, para que sirvamos conforme o novo modo do Espírito, e não segundo a velha forma da Lei escrita.

A Luta contra o Pecado

7 Que diremos então? A Lei é pecado? De maneira nenhuma! De fato, eu não saberia o que é pecado, a não ser por meio da Lei. Pois, na realidade, eu não saberia o que é cobiça, se a Lei

body of sin might be done away with,ᵃ that we should no longer be slaves to sin— **7** because anyone who has died has been freed from sin.

8 Now if we died with Christ, we believe that we will also live with him. **9** For we know that since Christ was raised from the dead, he cannot die again; death no longer has mastery over him. **10** The death he died, he died to sin once for all; but the life he lives, he lives to God.

11 In the same way, count yourselves dead to sin but alive to God in Christ Jesus. **12** Therefore do not let sin reign in your mortal body so that you obey its evil desires. **13** Do not offer the parts of your body to sin, as instruments of wickedness, but rather offer yourselves to God, as those who have been brought from death to life; and offer the parts of your body to him as instruments of righteousness. **14** For sin shall not be your master, because you are not under law, but under grace.

Slaves to Righteousness

15 What then? Shall we sin because we are not under law but under grace? By no means! **16** Don't you know that when you offer yourselves to someone to obey him as slaves, you are slaves to the one whom you obey—whether you are slaves to sin, which leads to death, or to obedience, which leads to righteousness? **17** But thanks be to God that, though you used to be slaves to sin, you wholeheartedly obeyed the form of teaching to which you were entrusted. **18** You have been set free from sin and have become slaves to righteousness.

19 I put this in human terms because you are weak in your natural selves. Just as you used to offer the parts of your body in slavery to impurity and to ever-increasing wickedness, so now offer them in slavery to righteousness leading to holiness. **20** When you were slaves to sin, you were free from the control of righteousness. **21** What benefit did you reap at that time from the things you are now ashamed of? Those things result in death! **22** But now that you have been set free from sin and have become slaves to God, the benefit you reap leads to holiness, and the result is eternal life. **23** For the wages of sin is death, but the gift of God is eternal life inᵇ Christ Jesus our Lord.

An Illustration From Marriage

7 Do you not know, brothers—for I am speaking to men who know the law—that the law has authority over a man only as long as he lives? **2** For example, by law a married woman is bound to her husband as long as he is alive, but if her husband dies, she is released from the law of marriage. **3** So then, if she marries another man while her husband is still alive, she is called an adulteress. But if her husband dies, she is released from that law and is not an adulteress, even though she marries another man.

4 So, my brothers, you also died to the law through the body of Christ, that you might belong to another, to him who was raised from the dead, in order that we might bear fruit to God. **5** For when we were controlled by the sinful nature,ᶜ the sinful passions aroused by the law were at work in our bodies, so that we bore fruit for death. **6** But now, by dying to what once bound us, we have been released from the law so that we serve in the new way of the Spirit, and not in the old way of the written code.

Struggling With Sin

7 What shall we say, then? Is the law sin? Certainly not! Indeed I would not have known what sin was except through the law. For I would not have known what coveting really was if

---

ᵃ6.6 Isto é, a nossa velha vida em Adão. ᵇ6.6 Ou *seja deixado sem poder*
ᶜ6.19 Grego: *por causa da fraqueza da sua carne.* ᵈ6.23 Ou *por meio de*
ᵉ7.5 Ou *pela natureza pecaminosa*; também nos versículos 18 e 25.

ᵃ6:6 Or *be rendered powerless* ᵇ6:23 Or *through* ᶜ7:5 Or *the flesh*; also in verse 25

não dissesse: "Não cobiçarás"ᵃ. **8** Mas o pecado, aproveitando a oportunidade dada pelo mandamento, produziu em mim todo tipo de desejo cobiçoso. Pois, sem a Lei, o pecado está morto. **9** Antes eu vivia sem a Lei, mas quando o mandamento veio, o pecado reviveu, e eu morri. **10** Descobri que o próprio mandamento, destinado a produzir vida, na verdade produziu morte. **11** Pois o pecado, aproveitando a oportunidade dada pelo mandamento, enganou-me e por meio do mandamento me matou.

12 De fato a Lei é santa, e o mandamento é santo, justo e bom. **13** E então, o que é bom se tornou em morte para mim? De maneira nenhuma! Mas, para que o pecado se mostrasse como pecado, ele produziu morte em mim por meio do que era bom, de modo que por meio do mandamento ele se mostrasse extremamente pecaminoso.

14 Sabemos que a Lei é espiritual; eu, contudo, não o sou, pois fui vendido como escravo ao pecado. **15** Não entendo o que faço. Pois não faço o que desejo, mas o que odeio. **16** E, se faço o que não desejo, admito que a Lei é boa. **17** Neste caso, não sou mais eu quem o faz, mas o pecado que habita em mim. **18** Sei que nada de bom habita em mim, isto é, em minha carne. Porque tenho o desejo de fazer o que é bom, mas não consigo realizá-lo. **19** Pois o que faço não é o bem que desejo, mas o mal que não quero fazer, esse eu continuo fazendo. **20** Ora, se faço o que não quero, já não sou eu quem o faz, mas o pecado que habita em mim.

21 Assim, encontro esta lei que atua em mim: Quando quero fazer o bem, o mal está junto a mim. **22** No íntimo do meu ser tenho prazer na Lei de Deus; **23** mas vejo outra lei atuando nos membros do meu corpo, guerreando contra a lei da minha mente, tornando-me prisioneiro da lei do pecado que atua em meus membros. **24** Miserável homem que eu sou! Quem me libertará do corpo sujeito a esta morte? **25** Graças a Deus por Jesus Cristo, nosso Senhor! De modo que, com a mente, eu próprio sou escravo da Lei de Deus; mas, com a carne, da lei do pecado.

A Vida pelo Espírito

8 Portanto, agora já não há condenação para os que estão em Cristo Jesusᵇ, **2** porque por meio de Cristo Jesus a lei do Espírito de vida me libertou da lei do pecado e da morte. **3** Porque, aquilo que a Lei fora incapaz de fazer por estar enfraquecida pela carneᶜ, Deus o fez, enviando seu próprio Filho, à semelhança do homem pecador, como oferta pelo pecadoᵈ. E assim condenou o pecado na carne, **4** a fim de que as justas exigências da Lei fossem plenamente satisfeitas em nós, que não vivemos segundo a carne, mas segundo o Espírito.

5 Quem vive segundo a carne tem a mente voltada para o que a carne deseja; mas quem vive de acordo com o Espírito, tem a mente voltada para o que o Espírito deseja. **6** A mentalidade da carne é morte, mas a mentalidade do Espírito é vida e paz; **7** a mentalidade da carne é inimiga de Deus porque não se submete à Lei de Deus, nem pode fazê-lo. **8** Quem é dominado pela carne não pode agradar a Deus.

9 Entretanto, vocês não estão sob o domínio da carne, mas do Espírito, se de fato o Espírito de Deus habita em vocês. E, se alguém não tem o Espírito de Cristo, não pertence a Cristo. **10** Mas se Cristo está em vocês, o corpo está morto por causa do pecado, mas o espírito está vivoᵉ por causa da justiça. **11** E, se o Espírito daquele que ressuscitou Jesus dentre os mortos habita em vocês, aquele que ressuscitou a Cristo dentre os mortos também dará vida a seus corpos mortais, por meio do seu Espírito, que habita em vocês.

---

the law had not said, "Do not covet."ᵃ **8** But sin, seizing the opportunity afforded by the commandment, produced in me every kind of covetous desire. For apart from law, sin is dead. **9** Once I was alive apart from law; but when the commandment came, sin sprang to life and I died. **10** I found that the very commandment that was intended to bring life actually brought death.

11 For sin, seizing the opportunity afforded by the commandment, deceived me, and through the commandment put me to death. **12** So then, the law is holy, and the commandment is holy, righteous and good. **13** Did that which is good, then, become death to me? By no means! But in order that sin might be recognized as sin, it produced death in me through what was good, so that through the commandment sin might become utterly sinful.

14 We know that the law is spiritual; but I am unspiritual, sold as a slave to sin. **15** I do not understand what I do. For what I want to do I do not do, but what I hate I do. **16** And if I do what I do not want to do, I agree that the law is good. **17** As it is, it is no longer I myself who do it, but it is sin living in me. **18** I know that nothing good lives in me, that is, in my sinful nature.ᵇ For I have the desire to do what is good, but I cannot carry it out. **19** For what I do is not the good I want to do; no, the evil I do not want to do—this I keep on doing. **20** Now if I do what I do not want to do, it is no longer I who do it, but it is sin living in me that does it.

21 So I find this law at work: When I want to do good, evil is right there with me. **22** For in my inner being I delight in God's law; **23** but I see another law at work in the members of my body, waging war against the law of my mind and making me a prisoner of the law of sin at work within my members. **24** What a wretched man I am! Who will rescue me from this body of death? **25** Thanks be to God—through Jesus Christ our Lord!

So then, I myself in my mind am a slave to God's law, but in the sinful nature a slave to the law of sin.

Life Through the Spirit

8 Therefore, there is now no condemnation for those who are in Christ Jesus,ᶜ **2** because through Christ Jesus the law of the Spirit of life set me free from the law of sin and death. **3** For what the law was powerless to do in that it was weakened by the sinful nature,ᵈ God did by sending his own Son in the likeness of sinful man to be a sin offering.ᵉ And so he condemned sin in sinful man,ᶠ **4** in order that the righteous requirements of the law might be fully met in us, who do not live according to the sinful nature but according to the Spirit.

5 Those who live according to the sinful nature have their minds set on what that nature desires; but those who live in accordance with the Spirit have their minds set on what the Spirit desires. **6** The mind of sinful manᵍ is death, but the mind controlled by the Spirit is life and peace; **7** the sinful mindʰ is hostile to God. It does not submit to God's law, nor can it do so. **8** Those controlled by the sinful nature cannot please God.

9 You, however, are controlled not by the sinful nature but by the Spirit, if the Spirit of God lives in you. And if anyone does not have the Spirit of Christ, he does not belong to Christ. **10** But if Christ is in you, your body is dead because of sin, yet your spirit is alive because of righteousness. **11** And if the Spirit of him who raised Jesus from the dead is living in you, he who raised Christ from the dead will also give life to your mortal bodies through his Spirit, who lives in you.

ᵃ**7.7** Êx 20.17; Dt 5.21 ᵇ**8.1** Alguns manuscritos dizem Jesus, que não vivem segundo a carne, mas segundo o Espírito. ᶜ**8.3** Ou *pela natureza pecaminosa*; também nos versículos 4, 5, 8, 9, 12 e 13. ᵈ**8.3** Ou *homem pecador, pelo pecado* ᵉ**8.10** Ou *o Espírito é vida*

ᵃ**7:7** Exodus 20:17; Deut. 5:21 ᵇ**7:18** Or *my flesh* ᶜ**8:1** Some later manuscripts *Jesus, who do not live according to the sinful nature but according to the Spirit,* ᵈ**8:3** Or *the flesh;* also in verses 4, 5, 8, 9, 12 and 13 ᵉ**8:3** Or *man, for sin* ᶠ**8:3** Or *in the flesh* ᵍ**8:6** Or *mind set on the flesh* ʰ**8:7** Or *the mind set on the flesh*

12 Portanto, irmãos, estamos em dívida, não para com a carne, para vivermos sujeitos a ela. **13** Pois se vocês viverem de acordo com a carne, morrerão; mas, se pelo Espírito fizerem morrer os atos do corpo, viverão, **14** porque todos os que são guiados pelo Espírito de Deus são filhos de Deus. **15** Pois vocês não receberam um espírito que os escravize para novamente temerem, mas receberam o Espírito que os adota como filhos, por meio do qual clamamos: "*Aba*ª, Pai". **16** O próprio Espírito testemunha ao nosso espírito que somos filhos de Deus. **17** Se somos filhos, então somos herdeiros; herdeiros de Deus e co-herdeiros com Cristo, se de fato participamos dos seus sofrimentos, para que também participemos da sua glória.

A Glória Futura

18 Considero que os nossos sofrimentos atuais não podem ser comparados com a glória que em nós será revelada. **19** A natureza criada aguarda, com grande expectativa, que os filhos de Deus sejam revelados. **20** Pois ela foi submetida à inutilidade, não pela sua própria escolha, mas por causa da vontade daquele que a sujeitou, na esperança **21** de que^b a própria natureza criada será libertada da escravidão da decadência e em que se encontra, recebendo a gloriosa liberdade dos filhos de Deus.

22 Sabemos que toda a natureza criada geme até agora, como em dores de parto. **23** E não só isso, mas nós mesmos, que temos os primeiros frutos do Espírito, gememos interiormente, esperando ansiosamente nossa adoção como filhos, a redenção do nosso corpo. **24** Pois nessa esperança fomos salvos. Mas, esperança que se vê não é esperança. Quem espera por aquilo que está vendo? **25** Mas se esperamos o que ainda não vemos, aguardamo-lo pacientemente.

26 Da mesma forma o Espírito nos ajuda em nossa fraqueza, pois não sabemos como orar, mas o próprio Espírito intercede por nós com gemidos inexprimíveis. **27** E aquele que sonda os corações conhece a intenção do Espírito, porque o Espírito intercede pelos santos de acordo com a vontade de Deus.

Mais que Vencedores

28 Sabemos que Deus age em todas as coisas para o bem daqueles que o amam,^c dos que foram chamados de acordo com o seu propósito. **29** Pois aqueles que de antemão conheceu, também os predestinou para serem conformes à imagem de seu Filho, a fim de que ele seja o primogênito entre muitos irmãos. **30** E aos que predestinou, também chamou; aos que chamou, também justificou; aos que justificou, também glorificou.

31 Que diremos, pois, diante dessas coisas? Se Deus é por nós, quem será contra nós? **32** Aquele que não poupou seu próprio Filho, mas o entregou por todos nós, como não nos dará juntamente com ele, e de graça, todas as coisas? **33** Quem fará alguma acusação contra os escolhidos de Deus? É Deus quem os justifica. **34** Quem os condenará? Foi Cristo Jesus que morreu; e mais, que ressuscitou e está à direita de Deus, e também intercede por nós. **35** Quem nos separará do amor de Cristo? Será tribulação, ou angústia, ou perseguição, ou fome, ou nudez, ou perigo, ou espada? **36** Como está escrito:

"Por amor de ti enfrentamos
    a morte todos os dias;
somos considerados
    como ovelhas
destinadas ao matadouro"^d.

37 Mas, em todas estas coisas somos mais que vencedores, por meio daquele que nos amou. **38** Pois estou convencido de que nem morte nem vida, nem anjos nem demônios^e, nem o presente

12 Therefore, brothers, we have an obligation-but it is not to the sinful nature, to live according to it. **13** For if you live according to the sinful nature, you will die; but if by the Spirit you put to death the misdeeds of the body, you will live, **14** because those who are led by the Spirit of God are sons of God. **15** For you did not receive a spirit that makes you a slave again to fear, but you received the Spirit of sonship.^a And by him we cry, "Abba,^b Father." **16** The Spirit himself testifies with our spirit that we are God's children. **17** Now if we are children, then we are heirs—heirs of God and co-heirs with Christ, if indeed we share in his sufferings in order that we may also share in his glory.

Future Glory

18 I consider that our present sufferings are not worth comparing with the glory that will be revealed in us. **19** The creation waits in eager expectation for the sons of God to be revealed. **20** For the creation was subjected to frustration, not by its own choice, but by the will of the one who subjected it, in hope **21** that^c the creation itself will be liberated from its bondage to decay and brought into the glorious freedom of the children of God.

22 We know that the whole creation has been groaning as in the pains of childbirth right up to the present time. **23** Not only so, but we ourselves, who have the firstfruits of the Spirit, groan inwardly as we wait eagerly for our adoption as sons, the redemption of our bodies. **24** For in this hope we were saved. But hope that is seen is no hope at all. Who hopes for what he already has? **25** But if we hope for what we do not yet have, we wait for it patiently.

26 In the same way, the Spirit helps us in our weakness. We do not know what we ought to pray for, but the Spirit himself intercedes for us with groans that words cannot express. **27** And he who searches our hearts knows the mind of the Spirit, because the Spirit intercedes for the saints in accordance with God's will.

More Than Conquerors

28 And we know that in all things God works for the good of those who love him,^d who^e have been called according to his purpose. **29** For those God foreknew he also predestined to be conformed to the likeness of his Son, that he might be the firstborn among many brothers. **30** And those he predestined, he also called; those he called, he also justified; those he justified, he also glorified.

31 What, then, shall we say in response to this? If God is for us, who can be against us? **32** He who did not spare his own Son, but gave him up for us all—how will he not also, along with him, graciously give us all things? **33** Who will bring any charge against those whom God has chosen? It is God who justifies. **34** Who is he that condemns? Christ Jesus, who died—more than that, who was raised to life—is at the right hand of God and is also interceding for us. **35** Who shall separate us from the love of Christ? Shall trouble or hardship or persecution or famine or nakedness or danger or sword? **36** As it is written:

"For your sake we face death all day long;
    we are considered as sheep to be
        slaughtered."^f

37 No, in all these things we are more than conquerors through him who loved us. **38** For I am convinced that neither death nor life, neither angels nor demons,^g neither the present

---

^a**8.15** Termo aramaico para *Pai*. ^b**8.20,21** Ou *a sujeitou em esperança*. ²¹*Pois* ^c**8.28** Alguns manuscritos dizem *Sabemos que todas as coisas contribuem juntamente para o bem dos que amam a Deus;* outros trazem *Sabemos que em todas as coisas Deus coopera juntamente com aqueles que o amam, para trazer à existência o que é bom, com os que foram.* ^d**8.36** Sl 44.22 ^e**8.38** Ou *autoridades celestiais*

^a**8:15** Or *adoption* ^b**8:15** Aramaic for *Father* ^c**8:21** Or *subjected it in hope.* ²¹*For* ^d**8:28** Some manuscripts *And we know that all things work together for good to those who love God* ^e**8:28** Or *works together with those who love him to bring about what is good—with those who* ^f**8:36** Psalm 44:22 ^g**8:38** Or *nor heavenly rulers*

nem o futuro, nem quaisquer poderes, **39** nem altura nem profundidade, nem qualquer outra coisa na criação será capaz de nos separar do amor de Deus que está em Cristo Jesus, nosso Senhor.

A Soberania de Deus

9 Digo a verdade em Cristo, não minto; minha consciência o confirma no Espírito Santo: **2** tenho grande tristeza e constante angústia em meu coração. **3** Pois eu até desejaria ser amaldiçoado e separado de Cristo por amor de meus irmãos, os de minha raça, **4** o povo de Israel. Deles é a adoção de filhos; deles é a glória divina, as alianças, a concessão da Lei, a adoração no templo e as promessas. **5** Deles são os patriarcas, e a partir deles se traça a linhagem humana de Cristo, que é Deus acima de todos, bendito para sempre!ª Amém.

6 Não pensemos que a palavra de Deus falhou. Pois nem todos os descendentes de Israel são Israel. **7** Nem por serem descendentes de Abraão passaram todos a ser filhos de Abraão. Ao contrário: "Por meio de Isaque a sua descendência será considerada"b. **8** Noutras palavras, não são os filhos naturaisc que são filhos de Deus, mas os filhos da promessa é que são considerados descendência de Abraão. **9** Pois foi assim que a promessa foi feita: "No tempo devido virei novamente, e Sara terá um filho"d.

10 E esse não foi o único caso; também os filhos de Rebeca tiveram um mesmo pai, nosso pai Isaque. **11** Todavia, antes que os gêmeos nascessem ou fizessem qualquer coisa boa ou má — a fim de que o propósito de Deus conforme a eleição permanecesse, **12** não por obras, mas por aquele que chama — foi dito a ela: "O mais velho servirá ao mais novo"e. **13** Como está escrito: "Amei Jacó, mas rejeitei Esaú"f.

14 E então, que diremos? Acaso Deus é injusto? De maneira nenhuma! **15** Pois ele diz a Moisés:

"Terei misericórdia de quem
    eu quiser ter misericórdia
e terei compaixão de quem
    eu quiser ter compaixão"g.

16 Portanto, isso não depende do desejo ou do esforço humano, mas da misericórdia de Deus. **17** Pois a Escritura diz ao faraó: "Eu o levantei exatamente com este propósito: mostrar em você o meu poder, e para que o meu nome seja proclamado em toda a terra"h. **18** Portanto, Deus tem misericórdia de quem ele quer, e endurece a quem ele quer.

19 Mas algum de vocês me dirá: "Então, por que Deus ainda nos culpa? Pois, quem resiste à sua vontade?" **20** Mas quem é você, ó homem, para questionar a Deus? "Acaso aquilo que é formado pode dizer ao que o formou: 'Por que me fizeste assim?'"i **21** O oleiro não tem direito de fazer do mesmo barro um vaso para fins nobres e outro para uso desonroso?

22 E se Deus, querendo mostrar a sua ira e tornar conhecido de seu poder, suportou com grande paciência os vasos de sua ira, preparadosj para a destruição? **23** Que dizer, se ele fez isto para tornar conhecidas as riquezas de sua glória aos vasos de sua misericórdia, que preparou de antemão para glória, **24** ou seja, a nós, a quem também chamou, não apenas dentre os judeus, mas também dentre os gentios? **25** Como ele diz em Oséias:

"Chamarei 'meu povo'
    a quem não é meu povo;
e chamarei 'minha amada'
    a quem não é minha amada"k,

26 e:

"Acontecerá que, no mesmo
    lugar em que se lhes declarou:
'Vocês não são meu povo',

nor the future, nor any powers, **39** neither height nor depth, nor anything else in all creation, will be able to separate us from the love of God that is in Christ Jesus our Lord.

God's Sovereign Choice

9 I speak the truth in Christ—I am not lying, my conscience confirms it in the Holy Spirit— **2** I have great sorrow and unceasing anguish in my heart. **3** For I could wish that I myself were cursed and cut off from Christ for the sake of my brothers, those of my own race, **4** the people of Israel. Theirs is the adoption as sons; theirs the divine glory, the covenants, the receiving of the law, the temple worship and the promises. **5** Theirs are the patriarchs, and from them is traced the human ancestry of Christ, who is God over all, forever praised!ª Amen.

6 It is not as though God's word had failed. For not all who are descended from Israel are Israel. **7** Nor because they are his descendants are they all Abraham's children. On the contrary, "It is through Isaac that your offspring will be reckoned."b **8** In other words, it is not the natural children who are God's children, but it is the children of the promise who are regarded as Abraham's offspring. **9** For this was how the promise was stated: "At the appointed time I will return, and Sarah will have a son."c

10 Not only that, but Rebekah's children had one and the same father, our father Isaac. **11** Yet, before the twins were born or had done anything good or bad—in order that God's purpose in election might stand: **12** not by works but by him who calls—she was told, "The older will serve the younger."d **13** Just as it is written: "Jacob I loved, but Esau I hated."e

14 What then shall we say? Is God unjust? Not at all! **15** For he says to Moses,

"I will have mercy on whom I have mercy,
    and I will have compassion on whom I
    have compassion."f

16 It does not, therefore, depend on man's desire or effort, but on God's mercy. **17** For the Scripture says to Pharaoh: "I raised you up for this very purpose, that I might display my power in you and that my name might be proclaimed in all the earth."g **18** Therefore God has mercy on whom he wants to have mercy, and he hardens whom he wants to harden.

19 One of you will say to me: "Then why does God still blame us? For who resists his will?" **20** But who are you, O man, to talk back to God? "Shall what is formed say to him who formed it, 'Why did you make me like this?' "h **21** Does not the potter have the right to make out of the same lump of clay some pottery for noble purposes and some for common use?

22 What if God, choosing to show his wrath and make his power known, bore with great patience the objects of his wrath—prepared for destruction? **23** What if he did this to make the riches of his glory known to the objects of his mercy, whom he prepared in advance for glory— **24** even us, whom he also called, not only from the Jews but also from the Gentiles? **25** As he says in Hosea:

"I will call them 'my people' who are not
    my people;
and I will call her 'my loved one' who is
    not my loved one,"i

26 and,

"It will happen that in the very place where
    it was said to them,
'You are not my people,'

ª**9.5** Ou *Cristo, que é sobre tudo. Seja Deus louvado para sempre!* b**9.7** Gn 21.12 c**9.8** Grego: *da carne.* d**9.9** Gn 18.10,14 e**9.12** Gn 25.23 f**9.13** Ml 1,2,3 g**9.15** Êx 33.19 h**9.17** Êx 9.16 i**9.20** Is 29.16; 45.9 j**9.22** Ou *prontos* k**9.25** Os 2.23

ª**9:5** Or *Christ, who is over all. God be forever praised!* Or *Christ. God who is over all be forever praised!* b**9:7** Gen. 21:12 c**9:9** Gen. 18:10,14 d**9:12** Gen. 25:23 e**9:13** Mal. 1:2,3 f**9:15** Exodus 33:19 g**9:17** Exodus 9:16 h**9:20** Isaiah 29:16; 45:9 i**9:25** Hosea 2:23

eles serão chamados
'filhos do Deus vivo' "ª.

27 Isaías exclama com relação a Israel:

"Embora o número
    dos israelitas
seja como a areia do mar,
    apenas o remanescente
    será salvo.
28 Pois o Senhor executará
    na terra a sua sentença,
rápida e definitivamente"ᵇ.

29 Como anteriormente disse Isaías:

"Se o Senhor dos Exércitos
    não nos tivesse deixado descendentes,
já estaríamos como Sodoma,
    e semelhantes a Gomorra"ᶜ.

A Incredulidade de Israel

30 Que diremos, então? Os gentios, que não buscavam justiça, a obtiveram, uma justiça que vem da fé; **31** mas Israel, que buscava uma lei que trouxesse justiça, não a alcançou. **32** Por que não? Porque não a buscava pela fé, mas como se fosse por obras. Eles tropeçaram na "pedra de tropeço". **33** Como está escrito:

"Eis que ponho em Sião
    uma pedra de tropeço
e uma rocha que faz cair;
    e aquele que nela confia
jamais será envergonhado"ᵈ.

10 Irmãos, o desejo do meu coração e a minha oração a Deus pelos israelitas é que eles sejam salvos. **2** Posso testemunhar que eles têm zelo por Deus, mas o seu zelo não se baseia no conhecimento. **3** Porquanto, ignorando a justiça que vem de Deus e procurando estabelecer a sua própria, não se submeteram à justiça de Deus. **4** Porque o fim da Lei é Cristo, para a justificaçãoᵉ de todo o que crê.

5 Moisés descreve desta forma a justiça que vem da Lei: "O homem que fizer estas coisas viverá por meio delas"ᶠ. **6** Mas a justiça que vem da fé diz: "Não diga em seu coração: 'Quem subirá aos céus?'ᵍ (isto é, para fazer Cristo descer) **7** ou 'Quem descerá ao abismo?'ʰ" (isto é, para fazer Cristo subir dentre os mortos). **8** Mas o que ela diz? "A palavra está perto de você; está em sua boca e em seu coração"ⁱ, isto é, a palavra da fé que estamos proclamando: **9** Se você confessar com a sua boca que Jesus é Senhor e crer em seu coração que Deus o ressuscitou dentre os mortos, será salvo. **10** Pois com o coração se crê para justiça, e com a boca se confessa para salvação. **11** Como diz a Escritura: "Todo o que nele confia jamais será envergonhado"ʲ. **12** Não há diferença entre judeus e gentios, pois o mesmo Senhor é Senhor de todos e abençoa ricamente todos os que o invocam, **13** porque "todo aquele que invocar o nome do Senhor será salvo"ᵏ.

14 Como, pois, invocarão aquele em quem não creram? E como crerão naquele de quem não ouviram falar? E como ouvirão, se não houver quem pregue? **15** E como pregarão, se não forem enviados? Como está escrito: "Como são belos os pés dos que anunciam boas novas!"ˡ

16 No entanto, nem todos os israelitas aceitaram as boas novas. Pois Isaías diz: "Senhor, quem creu em nossa mensagem?"ᵐ **17** Conseqüentemente, a fé vem por se ouvir a mensagem, e a mensagem é ouvida mediante a palavra de Cristo. **18** Mas eu pergunto: Eles não a ouviram? Claro que sim:

they will be called 'sons of the living God.' "ª

27 Isaiah cries out concerning Israel:

"Though the number of the Israelites be like
    the sand by the sea,
    only the remnant will be saved.
28 For the Lord will carry out
    his sentence on earth with speed and
        finality."ᵇ

29 It is just as Isaiah said previously:

"Unless the Lord Almighty
    had left us descendants,
we would have become like Sodom,
    we would have been like Gomorrah."ᶜ

Israel's Unbelief

30 What then shall we say? That the Gentiles, who did not pursue righteousness, have obtained it, a righteousness that is by faith; **31** but Israel, who pursued a law of righteousness, has not attained it. **32** Why not? Because they pursued it not by faith but as if it were by works. They stumbled over the "stumbling stone." **33** As it is written:

"See, I lay in Zion a stone that causes men
    to stumble
  and a rock that makes them fall,
  and the one who trusts in him will never be
    put to shame."ᵈ

10 Brothers, my heart's desire and prayer to God for the Israelites is that they may be saved. **2** For I can testify about them that they are zealous for God, but their zeal is not based on knowledge. **3** Since they did not know the righteousness that comes from God and sought to establish their own, they did not submit to God's righteousness. **4** Christ is the end of the law so that there may be righteousness for everyone who believes.

5 Moses describes in this way the righteousness that is by the law: "The man who does these things will live by them."ᵉ **6** But the righteousness that is by faith says: "Do not say in your heart, 'Who will ascend into heaven?'ᶠ" (that is, to bring Christ down) **7** "or 'Who will descend into the deep?'ᵍ" (that is, to bring Christ up from the dead). **8** But what does it say? "The word is near you; it is in your mouth and in your heart,"ʰ that is, the word of faith we are proclaiming: **9** That if you confess with your mouth, "Jesus is Lord," and believe in your heart that God raised him from the dead, you will be saved. **10** For it is with your heart that you believe and are justified, and it is with your mouth that you confess and are saved. **11** As the Scripture says, "Anyone who trusts in him will never be put to shame."ⁱ **12** For there is no difference between Jew and Gentile—the same Lord is Lord of all and richly blesses all who call on him, **13** for, "Everyone who calls on the name of the Lord will be saved."ʲ

14 How, then, can they call on the one they have not believed in? And how can they believe in the one of whom they have not heard? And how can they hear without someone preaching to them? **15** And how can they preach unless they are sent? As it is written, "How beautiful are the feet of those who bring good news!"ᵏ

16 But not all the Israelites accepted the good news. For Isaiah says, "Lord, who has believed our message?"ˡ **17** Consequently, faith comes from hearing the message, and the message is heard through the word of Christ. **18** But I ask: Did they not hear? Of course they did:

ª**9.26** Os 1.10 ᵇ**9.27,28** Is 10.22,23 ᶜ**9.29** Is 1.9 ᵈ**9.33** Is 8.14; 28.16 ᵉ**10.4** Grego: *justiça.* ᶠ**10.5** Lv 18.5 ᵍ**10.6** Dt 30.12 ʰ**10.7** Dt 30.13 ⁱ**10.8** Dt 30.14 ʲ**10.11** Is 28.16 ᵏ**10.13** Jl 2.32 ˡ**10.15** Is 52.7 ᵐ**10.16** Is 53.1

ª**9:26** Hosea 1:10 ᵇ**9:28** Isaiah 10:22,23 ᶜ**9:29** Isaiah 1:9 ᵈ**9:33** Isaiah 8:14; 28:16 ᵉ**10:5** Lev. 18:5 ᶠ**10:6** Deut. 30:12 ᵍ**10:7** Deut. 30:13 ʰ**10:8** Deut. 30:14 ⁱ**10:11** Isaiah 28:16 ʲ**10:13** Joel 2:32 ᵏ**10:15** Isaiah 52:7 ˡ**10:16** Isaiah 53:1

"A sua voz ressoou
   por toda a terra,
e as suas palavras,
   até os confins do mundo"ª.

¹⁹ Novamente pergunto: Será que Israel não entendeu? Em primeiro lugar, Moisés disse:

"Farei que tenham ciúmes
   de quem não é meu povo;
eu os provocarei à ira
   por meio de um povo
sem entendimento"ᵇ.

²⁰ E Isaías diz ousadamente:

"Fui achado por aqueles que não me procuravam;
   revelei-me àqueles que não perguntavam
      por mim"ᶜ.

²¹ Mas a respeito de Israel, ele diz:

"O tempo todo
   estendi as mãos a um povo
desobediente e rebelde"ᵈ.

O Remanescente de Israel

11 Pergunto, pois: Acaso Deus rejeitou o seu povo? De maneira nenhuma! Eu mesmo sou israelita, descendente de Abraão, da tribo de Benjamim. ² Deus não rejeitou o seu povo, o qual de antemão conheceu. Ou vocês não sabem como Elias clamou a Deus contra Israel, conforme diz a Escritura? ³ "Senhor, mataram os teus profetas e derrubaram os teus altares; sou o único que sobrou, e agora estão procurando matar-me."ᵉ ⁴ E qual foi a resposta divina? "Reservei para mim sete mil homens que não dobraram os joelhos diante de Baal."ᶠ ⁵ Assim, hoje também há um remanescente escolhido pela graça. ⁶ E, se é pela graça, já não é mais pelas obras; se fosse, a graça já não seria graça.ᵍ

⁷ Que dizer então? Israel não conseguiu aquilo que tanto buscava, mas os eleitos o obtiveram. Os demais foram endurecidos, ⁸ como está escrito:

"Deus lhes deu um espírito
   de atordoamento,
olhos para não ver
   e ouvidos para não ouvir,
até o dia de hoje"ʰ.

⁹ E Davi diz:

"Que a mesa deles
   se transforme
em laço e armadilha,
   pedra de tropeço e retribuição para eles.
¹⁰ Escureçam-se os seus olhos,
   para que não consigam ver,
e suas costas fiquem encurvadas
   para sempre"ⁱ.

Os Ramos Enxertados

¹¹ Novamente pergunto: Acaso tropeçaram para que ficassem caídos? De maneira nenhuma! Ao contrário, por causa da transgressão deles, veio salvação para os gentios, para provocar ciúme em Israel. ¹² Mas se a transgressão deles significa riqueza para o mundo, e o seu fracasso, riqueza para os gentios, quanto mais significará a sua plenitude!

¹³ Estou falando a vocês, gentios. Visto que sou apóstolo para os gentios, exalto o meu ministério, ¹⁴ na esperança de que de alguma forma possa provocar ciúme em meu próprio povo e salvar alguns deles. ¹⁵ Pois se a rejeição deles é a reconciliação

"Their voice has gone out into all the earth,
   their words to the ends of the world."ª

¹⁹ Again I ask: Did Israel not understand? First, Moses says,

"I will make you envious by those who are not
      a nation;
I will make you angry by a nation that has
   no understanding."ᵇ

²⁰ And Isaiah boldly says,

"I was found by those who did not seek me;
   I revealed myself to those who did not
      ask for me."ᶜ

²¹ But concerning Israel he says,

"All day long I have held out my hands
   to a disobedient and obstinate people."ᵈ

The Remnant of Israel

11 I ask then: Did God reject his people? By no means! I am an Israelite myself, a descendant of Abraham, from the tribe of Benjamin. ² God did not reject his people, whom he foreknew. Don't you know what the Scripture says in the passage about Elijah–how he appealed to God against Israel: ³ "Lord, they have killed your prophets and torn down your altars; I am the only one left, and they are trying to kill me"ᵉ? ⁴ And what was God's answer to him? "I have reserved for myself seven thousand who have not bowed the knee to Baal."ᶠ ⁵ So too, at the present time there is a remnant chosen by grace. ⁶ And if by grace, then it is no longer by works; if it were, grace would no longer be grace.ᵍ

⁷ What then? What Israel sought so earnestly it did not obtain, but the elect did. The others were hardened, ⁸ as it is written:

"God gave them a spirit of stupor,
   eyes so that they could not see
   and ears so that they could not hear,
to this very day."ʰ

⁹ And David says:

"May their table become a snare and a trap,
   a stumbling block and a retribution for them.
¹⁰ May their eyes be darkened so they cannot see,
   and their backs be bent forever."ⁱ

Ingrafted Branches

¹¹ Again I ask: Did they stumble so as to fall beyond recovery? Not at all! Rather, because of their transgression, salvation has come to the Gentiles to make Israel envious. ¹² But if their transgression means riches for the world, and their loss means riches for the Gentiles, how much greater riches will their fullness bring!

¹³ I am talking to you Gentiles. Inasmuch as I am the apostle to the Gentiles, I make much of my ministry ¹⁴ in the hope that I may somehow arouse my own people to envy and save some of them. ¹⁵ For if their rejection is the reconciliation of the

ª10.18 Sl 19.4 ᵇ10.19 Dt 32.21 ᶜ10.20 Is 65.1 ᵈ10.21 Is 65.2 ᵉ11.3 1Rs 19.10,14 ᶠ11.4 1Rs 19.18 ᵍ11.6 Alguns manuscritos dizem *Mas se é por obras, já não é mais a graça; se assim fosse, as obras já não seriam obras.* ʰ11.8 Dt 29.4; Is 29.10 ⁱ11.9,10 Sl 69.22,23

ª10:18 Psalm 19:4 ᵇ10:19 Deut. 32:21 ᶜ10:20 Isaiah 65:1 ᵈ10:21 Isaiah 65:2 ᵉ11:3 1 Kings 19:10,14 ᶠ11:4 1 Kings 19:18 ᵍ11:6 Some manuscripts *by grace. But if by works, then it is no longer grace; if it were, work would no longer be work.* ʰ11:8 Deut. 29:4; Isaiah 29:10 ⁱ11:10 Psalm 69:22,23

do mundo, o que será a sua aceitação, senão vida dentre os mortos? **16** Se é santa a parte da massa que é oferecida como primeiros frutos, toda a massa também o é; se a raiz é santa, os ramos também o serão.

17 Se alguns ramos foram cortados, e você, sendo oliveira brava, foi enxertado entre os outros e agora participa da seiva que vem da raiz da oliveira cultivada, **18** não se glorie contra esses ramos. Se o fizer, saiba que não é você quem sustenta a raiz, mas a raiz a você. **19** Então você dirá: "Os ramos foram cortados, para que eu fosse enxertado". **20** Está certo. Eles, porém, foram cortados devido à incredulidade, e você permanece pela fé. Não se orgulhe, mas tema. **21** Pois, se Deus não poupou os ramos naturais, também não poupará você.

22 Portanto, considere a bondade e a severidade de Deus: severidade para com aqueles que caíram, mas bondade para com você, desde que permaneça na bondade dele. De outra forma, você também será cortado. **23** E quanto a eles, se não continuarem na incredulidade, serão enxertados, pois Deus é capaz de enxertá-los outra vez. **24** Afinal de contas, se você foi cortado de uma oliveira brava por natureza e, de maneira antinatural, foi enxertado numa oliveira cultivada, quanto mais serão enxertados os ramos naturais em sua própria oliveira?

Todo o Israel Será Salvo

25 Irmãos, não quero que ignorem este mistério, para que não se tornem presunçosos: Israel experimentou um endurecimento em parte, até que chegue a plenitude dos gentios. **26** E assim todo o Israel será salvo, como está escrito:

"Virá de Sião o redentor
    que desviará de Jacó
    a impiedade.
27 E esta *é* a minha aliança
    com eles
    quando eu remover
    os seus pecados"**b**.

28 Quanto ao evangelho, eles são inimigos por causa de vocês; mas quanto à eleição, são amados por causa dos patriarcas, **29** pois os dons e o chamado de Deus são irrevogáveis. **30** Assim como vocês, que antes eram desobedientes a Deus mas agora receberam misericórdia, graças à desobediência deles, **31** assim também agora eles se tornaram desobedientes, a fim de que também recebam agora**c** misericórdia, graças à misericórdia de Deus para com vocês. **32** Pois Deus colocou todos sob a desobediência, para exercer misericórdia para com todos.

Hino de Louvor a Deus

33 Ó profundidade da riqueza
    da sabedoria
    e do conhecimento**d** de Deus!
Quão insondáveis são
    os seus juízos
e inescrutáveis
    os seus caminhos!
34 "Quem conheceu a mente
    do Senhor?
Ou quem foi seu conselheiro?"**e**
35 "Quem primeiro lhe deu,
    para que ele o recompense?"**f**
36 Pois dele, por ele e para ele são todas as coisas.
A ele seja a glória
    para sempre! Amém.

Sacrifícios Vivos

12 Portanto, irmãos, rogo-lhes pelas misericórdias de Deus que se ofereçam em sacrifício vivo, santo e

world, what will their acceptance be but life from the dead? **16** If the part of the dough offered as firstfruits is holy, then the whole batch is holy; if the root is holy, so are the branches.

17 If some of the branches have been broken off, and you, though a wild olive shoot, have been grafted in among the others and now share in the nourishing sap from the olive root, **18** do not boast over those branches. If you do, consider this: You do not support the root, but the root supports you. **19** You will say then, "Branches were broken off so that I could be grafted in." **20** Granted. But they were broken off because of unbelief, and you stand by faith. Do not be arrogant, but be afraid. **21** For if God did not spare the natural branches, he will not spare you either.

22 Consider therefore the kindness and sternness of God: sternness to those who fell, but kindness to you, provided that you continue in his kindness. Otherwise, you also will be cut off. **23** And if they do not persist in unbelief, they will be grafted in, for God is able to graft them in again. **24** After all, if you were cut out of an olive tree that is wild by nature, and contrary to nature were grafted into a cultivated olive tree, how much more readily will these, the natural branches, be grafted into their own olive tree!

All Israel Will Be Saved

25 I do not want you to be ignorant of this mystery, brothers, so that you may not be conceited: Israel has experienced a hardening in part until the full number of the Gentiles has come in. **26** And so all Israel will be saved, as it is written:

"The deliverer will come from Zion;
    he will turn godlessness away from Jacob.
27 And this is**a** my covenant with them
    when I take away their sins."**b**

28 As far as the gospel is concerned, they are enemies on your account; but as far as election is concerned, they are loved on account of the patriarchs, **29** for God's gifts and his call are irrevocable. **30** Just as you who were at one time disobedient to God have now received mercy as a result of their disobedience, **31** so they too have now become disobedient in order that they too may now**c** receive mercy as a result of God's mercy to you. **32** For God has bound all men over to disobedience so that he may have mercy on them all.

Doxology

33 Oh, the depth of the riches of the wisdom and**d**
    knowledge of God!
How unsearchable his judgments,
    and his paths beyond tracing out!
34 "Who has known the mind of the Lord?
    Or who has been his counselor?"**e**
35 "Who has ever given to God,
    that God should repay him?"**f**
36 For from him and through him and to him
    are all things.
To him be the glory forever! Amen.

Living Sacrifices

12 Therefore, I urge you, brothers, in view of God's mercy, to offer your bodies as living sacrifices, holy

---

a11.27 Ou *será* **b**11.26,27 Is 59.20,21; 27.9; Jr 31.33,34 **c**11.31 Alguns manuscritos não trazem *agora*. **d**11.33 Ou *da riqueza, da sabedoria e do conhecimento* **e**11.34 Is 40.13 **f**11.35 Jó 41.11

a11:27 Or *will be* **b**11:27 Isaiah 59:20,21; 27:9; Jer. 31:33,34 **c**11:31 Some manuscripts do not have *now*. **d**11:33 Or *riches and the wisdom and the* **e**11:34 Isaiah 40:13 **f**11:35 Job 41:11

agradável a Deus; este é o culto racional[a] de vocês. **2** Não se amoldem ao padrão deste mundo, mas transformem-se pela renovação da sua mente, para que sejam capazes de experimentar e comprovar a boa, agradável e perfeita vontade de Deus. **3** Por isso, pela graça que me foi dada digo a todos vocês: Ninguém tenha de si mesmo um conceito mais elevado do que deve ter; mas, ao contrário, tenha um conceito equilibrado, de acordo com a medida da fé que Deus lhe concedeu. **4** Assim como cada um de nós tem um corpo com muitos membros e esses membros não exercem todos a mesma função, **5** assim também em Cristo nós, que somos muitos, formamos um corpo, e cada membro está ligado a todos os outros. **6** Temos diferentes dons, de acordo com a graça que nos foi dada. Se alguém tem o dom de profetizar[b], use-o na proporção da[c] sua fé. **7** Se o seu dom é servir, sirva; se é ensinar, ensine; **8** se é dar ânimo, que assim faça; se é contribuir, que contribua generosamente; se é exercer liderança, que a exerça com zelo; se é mostrar misericórdia, que o faça com alegria.

O Amor

9 O amor deve ser sincero. Odeiem o que é mau; apeguem-se ao que é bom. **10** Dediquem-se uns aos outros com amor fraternal. Prefiram dar honra aos outros mais do que a si próprios. **11** Nunca lhes falte o zelo, sejam fervorosos no espírito, sirvam ao Senhor. **12** Alegrem-se na esperança, sejam pacientes na tribulação, perseverem na oração. **13** Compartilhem o que vocês têm com os santos em suas necessidades. Pratiquem a hospitalidade.

14 Abençoem aqueles que os perseguem; abençoem, e não os amaldiçoem. **15** Alegrem-se com os que se alegram; chorem com os que choram. **16** Tenham uma mesma atitude uns para com os outros. Não sejam orgulhosos, mas estejam dispostos a associar-se a pessoas de posição inferior[d]. Não sejam sábios aos seus próprios olhos.

17 Não retribuam a ninguém mal por mal. Procurem fazer o que é correto aos olhos de todos. **18** Façam todo o possível para viver em paz com todos. **19** Amados, nunca procurem vingar-se, mas deixem com Deus a ira, pois está escrito: "Minha é a vingança; eu retribuirei"[e], diz o Senhor. **20** Ao contrário:

"Se o seu inimigo tiver fome, dê-lhe de comer;
    se tiver sede, dê-lhe de beber.
Fazendo isso, você amontoará brasas vivas
    sobre a cabeça dele"[f].

21 Não se deixem vencer pelo mal, mas vençam o mal com o bem.

Submissão às Autoridades

13 Todos devem sujeitar-se às autoridades governamentais, pois não há autoridade que não venha de Deus; as autoridades que existem foram por ele estabelecidas. **2** Portanto, aquele que se rebela contra a autoridade está se colocando contra o que Deus instituiu, e aqueles que assim procedem trazem condenação sobre si mesmos. **3** Pois os governantes não devem ser temidos, a não ser pelos que praticam o mal. Você quer viver livre do medo da autoridade? Pratique o bem, e ela o enaltecerá. **4** Pois é serva de Deus para o seu bem. Mas se você praticar o mal, tenha medo, pois ela não porta a espada sem motivo. É serva de Deus, agente da justiça para punir quem pratica o mal. **5** Portanto, é necessário que sejamos submissos às autoridades, não apenas por causa da possibilidade de uma punição, mas também por questão de consciência.

6 É por isso também que vocês pagam imposto, pois as autoridades estão a serviço de Deus, sempre dedicadas a esse trabalho. **7** Dêem a cada um o que lhe é devido: se imposto, imposto; se tributo, tributo; se temor, temor; se honra, honra.

and pleasing to God—this is your spiritual[a] act of worship. **2** Do not conform any longer to the pattern of this world, but be transformed by the renewing of your mind. Then you will be able to test and approve what God's will is—his good, pleasing and perfect will.

3 For by the grace given me I say to every one of you: Do not think of yourself more highly than you ought, but rather think of yourself with sober judgment, in accordance with the measure of faith God has given you. **4** Just as each of us has one body with many members, and these members do not all have the same function, **5** so in Christ we who are many form one body, and each member belongs to all the others. **6** We have different gifts, according to the grace given us. If a man's gift is prophesying, let him use it in proportion to his[b] faith. **7** If it is serving, let him serve; if it is teaching, let him teach; **8** if it is encouraging, let him encourage; if it is contributing to the needs of others, let him give generously; if it is leadership, let him govern diligently; if it is showing mercy, let him do it cheerfully.

Love

9 Love must be sincere. Hate what is evil; cling to what is good. **10** Be devoted to one another in brotherly love. Honor one another above yourselves. **11** Never be lacking in zeal, but keep your spiritual fervor, serving the Lord. **12** Be joyful in hope, patient in affliction, faithful in prayer. **13** Share with God's people who are in need. Practice hospitality.

14 Bless those who persecute you; bless and do not curse. **15** Rejoice with those who rejoice; mourn with those who mourn. **16** Live in harmony with one another. Do not be proud, but be willing to associate with people of low position.[c] Do not be conceited.

17 Do not repay anyone evil for evil. Be careful to do what is right in the eyes of everybody. **18** If it is possible, as far as it depends on you, live at peace with everyone. **19** Do not take revenge, my friends, but leave room for God's wrath, for it is written: "It is mine to avenge; I will repay,"[d] says the Lord. **20** On the contrary:

"If your enemy is hungry, feed him;
    if he is thirsty, give him something to drink.
In doing this, you will heap burning coals on
    his head."[e]

21 Do not be overcome by evil, but overcome evil with good.

Submission to the Authorities

13 Everyone must submit himself to the governing authorities, for there is no authority except that which God has established. The authorities that have been established by God. **2** Consequently, he who rebels against the authority is rebelling against what God has instituted, and those who do so will bring judgment on themselves. **3** For rulers hold no terror for those who do right, but for those who do wrong. Do you want to be free from fear of the one in authority? Then do what is right and he will commend you. **4** For he is God's servant to do you good. But if you do wrong, be afraid, for he does not bear the sword for nothing. He is God's servant, an agent of wrath to bring punishment on the wrongdoer. **5** Therefore, it is necessary to submit to the authorities, not only because of possible punishment but also because of conscience. **6** This is also why you pay taxes, for the authorities are God's servants, who give their full time to governing. **7** Give everyone what you owe him: If you owe taxes, pay taxes; if revenue, then revenue; if respect, then respect; if honor, then honor.

---

[a]12.1 Ou *espiritual* [b]12.6 Isto é, falar por inspiração de Deus. [c]12.6 Ou *de acordo com a* [d]12.16 Ou *mas adotem um comportamento humilde* [e]12.19 Dt 32.35 [f]12.20 Pv 25.21,22

[a]12:1 Or *reasonable* [b]12:6 Or *in agreement with the* [c]12:16 Or *willing to do menial work* [d]12:19 Deut. 32:35 [e]12:20 Prov. 25:21,22

todos vocês que concordem uns com os outros no que falam, para que não haja divisões entre vocês; antes, que todos estejam unidos num só pensamento e num só parecer. **11** Meus irmãos, fui informado por alguns da casa de Cloe de que há divisões entre vocês. **12** Com isso quero dizer que algum de vocês afirma: "Eu sou de Paulo"; ou "Eu sou de Apolo"; ou "Eu sou de Pedro**ᵃ**"; ou ainda "Eu sou de Cristo".

13 Acaso Cristo está dividido? Foi Paulo crucificado em favor de vocês? Foram vocês batizados em nome de Paulo? **14** Dou graças a Deus por não ter batizado nenhum de vocês, exceto Crispo e Gaio; **15** de modo que ninguém pode dizer que foi batizado em meu nome. **16** (Batizei também os da casa de Estéfanas; além destes, não me lembro se batizei alguém mais.) **17** Pois Cristo não me enviou para batizar, mas para pregar o evangelho, não porém com palavras de sabedoria humana, para que a cruz de Cristo não seja esvaziada.

Cristo, Sabedoria e Poder de Deus

18 Pois a mensagem da cruz é loucura para os que estão perecendo, mas para nós, que estamos sendo salvos, é o poder de Deus. **19** Pois está escrito:

"Destruirei a sabedoria
  dos sábios
e rejeitarei a inteligência
  dos inteligentes"**ᵇ**.

20 Onde está o sábio? Onde está o erudito? Onde está o questionador desta era? Acaso não tornou Deus louca a sabedoria deste mundo? **21** Visto que, na sabedoria de Deus, o mundo não o conheceu por meio da sabedoria humana, agradou a Deus salvar aqueles que crêem por meio da loucura da pregação. **22** Os judeus pedem sinais miraculosos, e os gregos procuram sabedoria; **23** nós, porém, pregamos a Cristo crucificado, o qual, de fato, é escândalo para os judeus e loucura para os gentios**ᶜ**, **24** mas para os que foram chamados, tanto judeus como gregos, Cristo é o poder de Deus e a sabedoria de Deus. **25** Porque a loucura de Deus é mais sábia que a sabedoria humana, e a fraqueza de Deus é mais forte que a força do homem.

26 Irmãos, pensem no que vocês eram quando foram chamados. Poucos eram sábios segundo os padrões humanos**ᵈ**; poucos eram poderosos; poucos eram de nobre nascimento. **27** Mas Deus escolheu o que para o mundo é loucura para envergonhar os sábios, e escolheu o que para o mundo é fraqueza para envergonhar o que é forte. **28** Ele escolheu o que para o mundo é insignificante, desprezado e o que nada é, para reduzir a nada o que é, **29** a fim de que ninguém se vanglorie diante dele. **30** É, porém, por iniciativa dele que vocês estão em Cristo Jesus, o qual se tornou sabedoria de Deus para nós, isto é, justiça, santidade e redenção, **31** para que, como está escrito: "Quem se gloriar, glorie-se no Senhor"**ᵉ**.

2 Eu mesmo, irmãos, quando estive entre vocês, não fui com discurso eloqüente, nem com muita sabedoria para lhes proclamar o mistério de Deus**ᶠ**. **2** Pois decidi nada saber entre vocês, a não ser Jesus Cristo, e este, crucificado. **3** E foi com fraqueza, temor e com muito tremor que estive entre vocês. **4** Minha mensagem e minha pregação não consistiram de palavras persuasivas de sabedoria, mas consistiram de demonstração do poder do Espírito, **5** para que a fé que vocês têm não se baseasse na sabedoria humana, mas no poder de Deus.

A Sabedoria Procedente do Espírito

6 Entretanto, falamos de sabedoria entre os que já têm maturidade, mas não da sabedoria desta era ou dos poderosos desta era, que estão sendo reduzidos a nada. **7** Ao contrário, falamos da sabedoria de Deus, do mistério que estava oculto, o qual Deus preordenou, antes do princípio das eras, para a

Christ, that all of you agree with one another so that there may be no divisions among you and that you may be perfectly united in mind and thought. **11** My brothers, some from Chloe's household have informed me that there are quarrels among you. **12** What I mean is this: One of you says, "I follow Paul"; another, "I follow Apollos"; another, "I follow Cephas**ᵃ**"; still another, "I follow Christ."

13 Is Christ divided? Was Paul crucified for you? Were you baptized into**ᵇ** the name of Paul? **14** I am thankful that I did not baptize any of you except Crispus and Gaius, **15** so no one can say that you were baptized into my name. **16** (Yes, I also baptized the household of Stephanas; beyond that, I don't remember if I baptized anyone else.) **17** For Christ did not send me to baptize, but to preach the gospel—not with words of human wisdom, lest the cross of Christ be emptied of its power.

Christ the Wisdom and Power of God

18 For the message of the cross is foolishness to those who are perishing, but to us who are being saved it is the power of God. **19** For it is written:

"I will destroy the wisdom of the wise;
  the intelligence of the intelligent I will
    frustrate."**ᶜ**

20 Where is the wise man? Where is the scholar? Where is the philosopher of this age? Has not God made foolish the wisdom of the world? **21** For since in the wisdom of God the world through its wisdom did not know him, God was pleased through the foolishness of what was preached to save those who believe. **22** Jews demand miraculous signs and Greeks look for wisdom, **23** but we preach Christ crucified: a stumbling block to Jews and foolishness to Gentiles, **24** but to those whom God has called, both Jews and Greeks, Christ the power of God and the wisdom of God. **25** For the foolishness of God is wiser than man's wisdom, and the weakness of God is stronger than man's strength.

26 Brothers, think of what you were when you were called. Not many of you were wise by human standards; not many were influential; not many were of noble birth. **27** But God chose the foolish things of the world to shame the wise; God chose the weak things of the world to shame the strong. **28** He chose the lowly things of this world and the despised things—and the things that are not—to nullify the things that are, **29** so that no one may boast before him. **30** It is because of him that you are in Christ Jesus, who has become for us wisdom from God—that is, our righteousness, holiness and redemption. **31** Therefore, as it is written: "Let him who boasts boast in the Lord."**ᵈ**

2 When I came to you, brothers, I did not come with eloquence or superior wisdom as I proclaimed to you the testimony about God.**ᵉ** **2** For I resolved to know nothing while I was with you except Jesus Christ and him crucified. **3** I came to you in weakness and fear, and with much trembling. **4** My message and my preaching were not with wise and persuasive words, but with a demonstration of the Spirit's power, **5** so that your faith might not rest on men's wisdom, but on God's power.

Wisdom From the Spirit

6 We do, however, speak a message of wisdom among the mature, but not the wisdom of this age or of the rulers of this age, who are coming to nothing. **7** No, we speak of God's secret wisdom, a wisdom that has been hidden and that God des-

---

ᵃ1.12 Grego: *Cefas*; também em 3.22, 9.5 e 15.5. **ᵇ1.19** Is 29.14 **ᶜ1.23** Isto é, os que não são judeus. **ᵈ1.26** Grego: *a carne*. **ᵉ1.31** Jr 9.24 **ᶠ2.1** Vários manuscritos dizem *o testemunho de Deus*.

ᵃ1:12 That is, Peter **ᵇ1:13** Or *in*; also in verse 15 **ᶜ1:19** Isaiah 29:14 **ᵈ1:31** Jer. 9:24 **ᵉ2:1** Some manuscripts *as I proclaimed to you God's mystery*

nossa glória. **8** Nenhum dos poderosos desta era o entendeu, pois, se o tivessem entendido, não teriam crucificado o Senhor da glória. **9** Todavia, como está escrito:

> "Olho nenhum viu,
>> ouvido nenhum ouviu,
>> mente nenhuma imaginou
> o que Deus preparou
>> para aqueles que o amam"ª;

10 mas Deus o revelou a nós por meio do Espírito.

O Espírito sonda todas as coisas, até mesmo as coisas mais profundas de Deus. **11** Pois, quem conhece os pensamentos do homem, a não ser o espírito do homem que nele está? Da mesma forma, ninguém conhece os pensamentos de Deus, a não ser o Espírito de Deus. **12** Nós, porém, não recebemos o espírito do mundo, mas o Espírito procedente de Deus, para que entendamos as coisas que Deus nos tem dado gratuitamente. **13** Delas também falamos, não com palavras ensinadas pela sabedoria humana, mas com palavras ensinadas pelo Espírito, interpretando verdades espirituais para os que são espirituaisᵇ. **14** Quem não tem o Espírito não aceita as coisas que vêm do Espírito de Deus, pois lhe são loucura; e não é capaz de entendê-las, porque elas são discernidas espiritualmente. **15** Mas quem é espiritual discerne todas as coisas, e ele mesmo por ninguém é discernido; pois

16 "quem conheceu a mente
> do Senhor
para que possa instruí-lo?"ᶜ

Nós, porém, temos a mente de Cristo.

As Divisões na Igreja

3 Irmãos, não lhes pude falar como a espirituais, mas como a carnais, como a crianças em Cristo. **2** Dei-lhes leite, e não alimento sólido, pois vocês não estavam em condições de recebê-lo. De fato, vocês ainda não estão em condições, **3** porque ainda são carnais. Porque, visto que há inveja e divisão entre vocês, não estão sendo carnais e agindo como mundanos? **4** Pois quando alguém diz: "Eu sou de Paulo", e outro: "Eu sou de Apolo", não estão sendo mundanos?

5 Afinal de contas, quem é Apolo? Quem é Paulo? Apenas servos por meio dos quais vocês vieram a crer, conforme o ministério que o Senhor atribuiu a cada um. **6** Eu plantei, Apolo regou, mas Deus é quem fez crescer; **7** de modo que nem o que planta nem o que rega são alguma coisa, mas unicamente Deus, que efetua o crescimento. **8** O que planta e o que rega têm um só propósito, e cada um será recompensado de acordo com o seu próprio trabalho. **9** Pois nós somos cooperadores de Deus; vocês são lavoura de Deus e edifício de Deus.

10 Conforme a graça de Deus que me foi concedida, eu, como sábio construtor, lancei o alicerce, e outro está construindo sobre ele. Contudo, veja cada um como constrói. **11** Porque ninguém pode colocar outro alicerce além do que já está posto, que é Jesus Cristo. **12** Se alguém constrói sobre esse alicerce usando ouro, prata, pedras preciosas, madeira, feno ou palha, **13** sua obra será mostrada, porque o Dia a trará à luz; pois será revelada pelo fogo, que provará a qualidade da obra de cada um. **14** Se o que alguém construiu permanecer, esse receberá recompensa. **15** Se o que alguém construiu se queimar, esse sofrerá prejuízo; contudo, será salvo como alguém que escapa através do fogo.

16 Vocês não sabem que são santuário de Deus e que o Espírito de Deus habita em vocês? **17** Se alguém destruir o santuário de Deus, Deus o destruirá; pois o santuário de Deus, que são vocês, é sagrado.

18 Não se enganem. Se algum de vocês pensa que é sábio segundo os padrões desta era, deve tornar-se "louco" para que se torne sábio. **19** Porque a sabedoria deste mundo é loucura

tined for our glory before time began. **8** None of the rulers of this age understood it, for if they had, they would not have crucified the Lord of glory. **9** However, as it is written:

> "No eye has seen,
>> no ear has heard,
>> no mind has conceived
>> what God has prepared for those who
>> love him"ª—

10 but God has revealed it to us by his Spirit.

The Spirit searches all things, even the deep things of God. **11** For who among men knows the thoughts of a man except the man's spirit within him? In the same way no one knows the thoughts of God except the Spirit of God. **12** We have not received the spirit of the world but the Spirit who is from God, that we may understand what God has freely given us. **13** This is what we speak, not in words taught us by human wisdom but in words taught by the Spirit, expressing spiritual truths in spiritual words.ᵇ **14** The man without the Spirit does not accept the things that come from the Spirit of God, for they are foolishness to him, and he cannot understand them, because they are spiritually discerned. **15** The spiritual man makes judgments about all things, but he himself is not subject to any man's judgment:

16 "For who has known the mind of the Lord
> that he may instruct him?"ᶜ

But we have the mind of Christ.

On Divisions in the Church

3 Brothers, I could not address you as spiritual but as worldly—mere infants in Christ. **2** I gave you milk, not solid food, for you were not yet ready for it. Indeed, you are still not ready. **3** You are still worldly. For since there is jealousy and quarreling among you, are you not worldly? Are you not acting like mere men? **4** For when one says, "I follow Paul," and another, "I follow Apollos," are you not mere men?

5 What, after all, is Apollos? And what is Paul? Only servants, through whom you came to believe—as the Lord has assigned to each his task. **6** I planted the seed, Apollos watered it, but God made it grow. **7** So neither he who plants nor he who waters is anything, but only God, who makes things grow. **8** The man who plants and the man who waters have one purpose, and each will be rewarded according to his own labor. **9** For we are God's fellow workers; you are God's field, God's building.

10 By the grace God has given me, I laid a foundation as an expert builder, and someone else is building on it. But each one should be careful how he builds. **11** For no one can lay any foundation other than the one already laid, which is Jesus Christ. **12** If any man builds on this foundation using gold, silver, costly stones, wood, hay or straw, **13** his work will be shown for what it is, because the Day will bring it to light. It will be revealed with fire, and the fire will test the quality of each man's work. **14** If what he has built survives, he will receive his reward. **15** If it is burned up, he will suffer loss; he himself will be saved, but only as one escaping through the flames.

16 Don't you know that you yourselves are God's temple and that God's Spirit lives in you? **17** If anyone destroys God's temple, God will destroy him; for God's temple is sacred, and you are that temple.

18 Do not deceive yourselves. If any one of you thinks he is wise by the standards of this age, he should become a "fool" so that he may become wise. **19** For the wisdom of this world is

---

ª**2.9** Is 64.4 ᵇ**2.13** Ou *comparando realidades espirituais com realidades espirituais* ᶜ**2.16** Is 40.13

ª**2:9** Isaiah 64:4 ᵇ**2:13** Or *Spirit, interpreting spiritual truths to spiritual men* ᶜ**2:16** Isaiah 40:13

aos olhos de Deus. Pois está escrito: "Ele apanha os sábios na astúcia deles"ª; **20** e também: "O Senhor conhece os pensamentos dos sábios e sabe como são fúteis"b. **21** Portanto, ninguém se glorie em homens; porque todas as coisas são de vocês, **22** seja Paulo, seja Apolo, seja Pedro, seja o mundo, a vida, a morte, o presente ou o futuro; tudo é de vocês, **23** e vocês são de Cristo, e Cristo, de Deus.

Apóstolos de Cristo

4 Portanto, que todos nos considerem como servos de Cristo e encarregados dos mistérios de Deus. **2** O que se requer destes encarregados é que sejam fiéis. **3** Pouco me importa ser julgado por vocês ou por qualquer tribunal humano; de fato, nem eu julgo a mim mesmo. **4** Embora em nada minha consciência me acuse, nem por isso justifico a mim mesmo; o Senhor é quem me julga. **5** Portanto, não julguem nada antes da hora devida; esperem até que o Senhor venha. Ele trará à luz o que está oculto nas trevas e manifestará as intenções dos corações. Nessa ocasião, cada um receberá de Deus a sua aprovação.

6 Irmãos, apliquei essas coisas a mim e a Apolo por amor a vocês, para que aprendam de nós o que significa: "Não ultrapassem o que está escrito". Assim, ninguém se orgulhe a favor de um homem em detrimento de outro. **7** Pois, quem torna você diferente de qualquer outra pessoa? O que você tem que não tenha recebido? E se o recebeu, por que se orgulha, como se assim não fosse?

8 Vocês já têm tudo o que querem! Já se tornaram ricos! Chegaram a ser reis — e sem nós! Como eu gostaria que vocês realmente fossem reis, para que nós também reinássemos com vocês! **9** Porque me parece que Deus nos colocou a nós, os apóstolos, em último lugar, como condenados à morte. Viemos a ser um espetáculo para o mundo, tanto diante de anjos como de homens. **10** Nós somos loucos por causa de Cristo, mas vocês são sensatos em Cristo! Nós somos fracos, mas vocês são fortes! Vocês são respeitados, mas nós somos desprezados! **11** Até agora estamos passando fome, sede e necessidade de roupas, estamos sendo tratados brutalmente, não temos residência certa e **12** trabalhamos arduamente com nossas próprias mãos. Quando somos amaldiçoados, abençoamos; quando perseguidos, suportamos; **13** quando caluniados, respondemos amavelmente. Até agora nos tornamos a escória da terra, o lixo do mundo.

14 Não estou tentando envergonhá-los ao escrever estas coisas, mas procuro adverti-los, como a meus filhos amados. **15** Embora possam ter dez mil tutores em Cristo, vocês não têm muitos pais, pois em Cristo Jesus eu mesmo os gerei por meio do evangelho. **16** Portanto, suplico-lhes que sejam meus imitadores. **17** Por essa razão estou lhes enviando Timóteo, meu filho amado e fiel no Senhor, o qual lhes trará à lembrança a minha maneira de viver em Cristo Jesus, de acordo com o que eu ensino por toda parte, em todas as igrejas.

18 Alguns de vocês se tornaram arrogantes, como se eu não fosse mais visitá-los. **19** Mas irei muito em breve, se o Senhor permitir; então saberei não apenas o que estão falando esses arrogantes, mas que poder eles têm. **20** Pois o Reino de Deus não consiste de palavras, mas de poder. **21** Que é que vocês querem? Devo ir a vocês com vara, ou com amor e espírito de mansidão?

Imoralidade na Igreja!

5 Por toda parte se ouve que há imoralidade entre vocês, imoralidade que não ocorre nem entre os pagãos, ao ponto de um de vocês possuir a mulher de seu pai. **2** E vocês estão orgulhosos! Não deviam, porém, estar cheios de tristeza e expulsar da comunhão aquele que fez isso? **3** Apesar de eu não

foolishness in God's sight. As it is written: "He catches the wise in their craftiness"ª; **20** and again, "The Lord knows that the thoughts of the wise are futile."b **21** So then, no more boasting about men! All things are yours, **22** whether Paul or Apollos or Cephasᶜ or the world or life or death or the present or the future—all are yours, **23** and you are of Christ, and Christ is of God.

Apostles of Christ

4 So then, men ought to regard us as servants of Christ and as those entrusted with the secret things of God. **2** Now it is required that those who have been given a trust must prove faithful. **3** I care very little if I am judged by you or by any human court; indeed, I do not even judge myself. **4** My conscience is clear, but that does not make me innocent. It is the Lord who judges me. **5** Therefore judge nothing before the appointed time; wait till the Lord comes. He will bring to light what is hidden in darkness and will expose the motives of men's hearts. At that time each will receive his praise from God.

6 Now, brothers, I have applied these things to myself and Apollos for your benefit, so that you may learn from us the meaning of the saying, "Do not go beyond what is written." Then you will not take pride in one man over against another. **7** For who makes you different from anyone else? What do you have that you did not receive? And if you did receive it, why do you boast as though you did not?

8 Already you have all you want! Already you have become rich! You have become kings—and that without us! How I wish that you really had become kings so that we might be kings with you! **9** For it seems to me that God has put us apostles on display at the end of the procession, like men condemned to die in the arena. We have been made a spectacle to the whole universe, to angels as well as to men. **10** We are fools for Christ, but you are so wise in Christ! We are weak, but you are strong! You are honored, we are dishonored! **11** To this very hour we go hungry and thirsty, we are in rags, we are brutally treated, we are homeless. **12** We work hard with our own hands. When we are cursed, we bless; when we are persecuted, we endure it; **13** when we are slandered, we answer kindly. Up to this moment we have become the scum of the earth, the refuse of the world.

14 I am not writing this to shame you, but to warn you, as my dear children. **15** Even though you have ten thousand guardians in Christ, you do not have many fathers, for in Christ Jesus I became your father through the gospel. **16** Therefore I urge you to imitate me. **17** For this reason I am sending to you Timothy, my son whom I love, who is faithful in the Lord. He will remind you of my way of life in Christ Jesus, which agrees with what I teach everywhere in every church.

18 Some of you have become arrogant, as if I were not coming to you. **19** But I will come to you very soon, if the Lord is willing, and then I will find out not only how these arrogant people are talking, but what power they have. **20** For the kingdom of God is not a matter of talk but of power. **21** What do you prefer? Shall I come to you with a whip, or in love and with a gentle spirit?

Expel the Immoral Brother!

5 It is actually reported that there is sexual immorality among you, and of a kind that does not occur even among pagans: A man has his father's wife. **2** And you are proud! Shouldn't you rather have been filled with grief and have put out of your fellowship the man who did this? **3** Even though I

ª3.19 Jó 5.13 **b3.20** Sl 94.11   **ª3:19** Job 5:13 **b3:20** Psalm 94:11 **c3:22** That is, Peter

estar presente fisicamente, estou com vocês em espírito. E já condenei aquele que fez isso, como se estivesse presente. [4] Quando vocês estiverem reunidos em nome de nosso Senhor Jesus, estando eu com vocês em espírito, estando presente também o poder de nosso Senhor Jesus Cristo, [5] entreguem esse homem a Satanás, para que o corpo[a] seja destruído, e seu espírito seja salvo no dia do Senhor.

[6] O orgulho de vocês não é bom. Vocês não sabem que um pouco de fermento faz toda a massa ficar fermentada? [7] Livrem-se do fermento velho, para que sejam massa nova e sem fermento, como realmente são. Pois Cristo, nosso Cordeiro pascal, foi sacrificado. [8] Por isso, celebremos a festa, não com o fermento velho, nem com o fermento da maldade e da perversidade, mas com os pães sem fermento, os pães da sinceridade e da verdade.

[9] Já lhes disse por carta que vocês não devem associar-se com pessoas imorais. [10] Com isso não me refiro aos imorais deste mundo, nem aos avarentos, aos ladrões ou aos idólatras. Se assim fosse, vocês precisariam sair deste mundo. [11] Mas agora estou lhes escrevendo que não devem associar-se com qualquer que, dizendo-se irmão, seja imoral, avarento, idólatra, caluniador, alcoólatra ou ladrão. Com tais pessoas vocês nem devem comer.

[12] Pois, como haveria eu de julgar os de fora da igreja? Não devem vocês julgar os que estão dentro? [13] Deus julgará os de fora. "Expulsem esse perverso do meio de vocês."[b]

6 Se algum de vocês tem queixa contra outro irmão, como ousa apresentar a causa para ser julgada pelos ímpios, em vez de levá-la aos santos? [2] Vocês não sabem que os santos hão de julgar o mundo? Se vocês hão de julgar o mundo, acaso não são capazes de julgar as causas de menor importância? [3] Vocês não sabem que haveremos de julgar os anjos? Quanto mais as coisas desta vida! [4] Portanto, se vocês têm questões relativas às coisas desta vida, designem para juízes os que são da igreja, mesmo que sejam os menos importantes.[c] [5] Digo isso para envergonhá-los. Acaso não há entre vocês alguém suficientemente sábio para julgar uma causa entre irmãos? [6] Mas, ao invés disso, um irmão vai ao tribunal contra outro irmão, e isso diante de descrentes!

[7] O fato de haver litígios entre vocês já significa uma completa derrota. Por que não preferem sofrer a injustiça? Por que não preferem sofrer o prejuízo? [8] Em vez disso vocês mesmos causam injustiças e prejuízos, e isso contra irmãos!

[9] Vocês não sabem que os perversos não herdarão o Reino de Deus? Não se deixem enganar: nem imorais, nem idólatras, nem adúlteros, nem homossexuais passivos ou ativos[d], [10] nem ladrões, nem avarentos, nem alcoólatras, nem caluniadores, nem trapaceiros herdarão o Reino de Deus. [11] Assim foram alguns de vocês. Mas vocês foram lavados, foram santificados, foram justificados no nome do Senhor Jesus Cristo e no Espírito de nosso Deus.

O Perigo da Imoralidade

[12] "Tudo me é permitido", mas nem tudo convém. "Tudo me é permitido", mas eu não deixarei que nada me domine. [13] "Os alimentos foram feitos para o estômago e o estômago para os alimentos", mas Deus destruirá ambos. O corpo, porém, não é para a imoralidade, mas para o Senhor, e o Senhor para o corpo. [14] Por seu poder, Deus ressuscitou o Senhor e também nos ressuscitará. [15] Vocês não sabem que os seus corpos são membros de Cristo? Tomarei eu os membros de Cristo e os unirei a uma prostituta? De maneira nenhuma! [16] Vocês não sabem que aquele que se une a uma prostituta é um corpo com ela? Pois, como está escrito: "Os dois serão uma só carne"[e]. [17] Mas aquele que se une ao Senhor é um espírito com ele.

am not physically present, I am with you in spirit. And I have already passed judgment on the one who did this, just as if I were present. [4] When you are assembled in the name of our Lord Jesus and I am with you in spirit, and the power of our Lord Jesus is present, [5] hand this man over to Satan, so that the sinful nature[a] may be destroyed and his spirit saved on the day of the Lord.

[6] Your boasting is not good. Don't you know that a little yeast works through the whole batch of dough? [7] Get rid of the old yeast that you may be a new batch without yeast—as you really are. For Christ, our Passover lamb, has been sacrificed. [8] Therefore let us keep the Festival, not with the old yeast, the yeast of malice and wickedness, but with bread without yeast, the bread of sincerity and truth.

[9] I have written you in my letter not to associate with sexually immoral people— [10] not at all meaning the people of this world who are immoral, or the greedy and swindlers, or idolaters. In that case you would have to leave this world. [11] But now I am writing you that you must not associate with anyone who calls himself a brother but is sexually immoral or greedy, an idolater or a slanderer, a drunkard or a swindler. With such a man do not even eat.

[12] What business is it of mine to judge those outside the church? Are you not to judge those inside? [13] God will judge those outside. "Expel the wicked man from among you."[b]

Lawsuits Among Believers

6 If any of you has a dispute with another, dare he take it before the ungodly for judgment instead of before the saints? [2] Do you not know that the saints will judge the world? And if you are to judge the world, are you not competent to judge trivial cases? [3] Do you not know that we will judge angels? How much more the things of this life! [4] Therefore, if you have disputes about such matters, appoint as judges even men of little account in the church![c] [5] I say this to shame you. Is it possible that there is nobody among you wise enough to judge a dispute between believers? [6] But instead, one brother goes to law against another–and this in front of unbelievers!

[7] The very fact that you have lawsuits among you means you have been completely defeated already. Why not rather be wronged? Why not rather be cheated? [8] Instead, you yourselves cheat and do wrong, and you do this to your brothers.

[9] Do you not know that the wicked will not inherit the kingdom of God? Do not be deceived: Neither the sexually immoral nor idolaters nor adulterers nor male prostitutes nor homosexual offenders [10] nor thieves nor the greedy nor drunkards nor slanderers nor swindlers will inherit the kingdom of God. [11] And that is what some of you were. But you were washed, you were sanctified, you were justified in the name of the Lord Jesus Christ and by the Spirit of our God.

Sexual Immorality

[12] "Everything is permissible for me"—but not everything is beneficial. "Everything is permissible for me"—but I will not be mastered by anything. [13] "Food for the stomach and the stomach for food"—but God will destroy them both. The body is not meant for sexual immorality, but for the Lord, and the Lord for the body. [14] By his power God raised the Lord from the dead, and he will raise us also. [15] Do you not know that your bodies are members of Christ himself? Shall I then take the members of Christ and unite them with a prostitute? Never! [16] Do you not know that he who unites himself with a prostitute is one with her in body? For it is said, "The two will become one flesh."[d] [17] But he who unites himself with the Lord is one with him in spirit.

---

[a]**5.5** Grego: *a carne.* [b]**5.13** Dt 17.7; 19.19; 21.21; 22.21,24; 24.7 [c]**6.4** Ou *designam para juízes os que são menos importantes na igreja?* [d]**6.9** Ou *nem efeminados.* O termo grego refere-se a homens que se submetem a todo tipo de depravação sexual com outros homens. [e]**6.16** Gn 2.24

[a]**5:5** Or *that his body;* or *that the flesh* [b]**5:13** Deut. 17:7; 19:19; 21:21; 22:21,24; 24:7 [c]**6:4** Or *matters, do you appoint as judges men of little account in the church?* [d]**6:16** Gen. 2:24

18 Fujam da imoralidade sexual. Todos os outros pecados que alguém comete, fora do corpo os comete; mas quem peca sexualmente, peca contra o seu próprio corpo. **19** Acaso não sabem que o corpo de vocês é santuário do Espírito Santo que habita em vocês, que lhes foi dado por Deus, e que vocês não são de si mesmos? **20** Vocês foram comprados por alto preço. Portanto, glorifiquem a Deus com o seu próprio corpo.

Acerca do Casamento

7 Quanto aos assuntos sobre os quais vocês escreveram, é bom que o homem não toque em mulher,ᵃ **2** mas, por causa da imoralidade, cada um deve ter sua esposa, e cada mulher o seu próprio marido. **3** O marido deve cumprir os seus deveres conjugais para com a sua mulher, e da mesma forma a mulher para com o seu marido. **4** A mulher não tem autoridade sobre o seu próprio corpo, mas sim o marido. Da mesma forma, o marido não tem autoridade sobre o seu próprio corpo, mas sim a mulher. **5** Não se recusem um ao outro, exceto por mútuo consentimento e durante certo tempo, para se dedicarem à oração. Depois, unam-se de novo, para que Satanás não os tente por não terem domínio próprio. **6** Digo isso como concessão, e não como mandamento. **7** Gostaria que todos os homens fossem como eu; mas cada um tem o seu próprio dom da parte de Deus; um de um modo, outro de outro.

8 Digo, porém, aos solteiros e às viúvas: É bom que permaneçam como eu. **9** Mas, se não conseguem controlar-se, devem casar-se, pois é melhor casar-se do que ficar ardendo de desejo.

10 Aos casados dou este mandamento, não eu, mas o Senhor: Que a esposa não se separe do seu marido. **11** Mas, se o fizer, que permaneça sem se casar ou, então, reconcilie-se com o seu marido. E o marido não se divorcie da sua mulher.

12 Aos outros, eu mesmo digo isto, não o Senhor: Se um irmão tem mulher descrente, e ela se dispõe a viver com ele, não se divorcie dela. **13** E, se uma mulher tem marido descrente, e ele se dispõe a viver com ela, não se divorcie dele. **14** Pois o marido descrente é santificado por meio da mulher, e a mulher descrente é santificada por meio do marido. Se assim não fosse, seus filhos seriam impuros, mas agora são santos.

15 Todavia, se o descrente separar-se, que se separe. Em tais casos, o irmão ou a irmã não fica debaixo de servidão; Deus nos chamou para vivermos em paz. **16** Você, mulher, como sabe se salvará seu marido? Ou você, marido, como sabe se salvará sua mulher?

17 Entretanto, cada um continue vivendo na condição que o Senhor lhe designou e de acordo com o chamado de Deus. Esta é a minha ordem para todas as igrejas. **18** Foi alguém chamado sendo já circunciso? Não desfaça a sua circuncisão. Foi alguém chamado sendo incircunciso? Não se circuncide. **19** A circuncisão não significa nada, e a incircuncisão também nada é; o que importa é obedecer aos mandamentos de Deus. **20** Cada um deve permanecer na condição em que foi chamado por Deus. **21** Foi você chamado sendo escravo? Não se incomode com isso. Mas, se você puder conseguir a liberdade, consiga-a. **22** Pois aquele que, sendo escravo, foi chamado pelo Senhor, é liberto e pertence ao Senhor; semelhantemente, aquele que era livre quando foi chamado, é escravo de Cristo. **23** Vocês foram comprados por alto preço; não se tornem escravos de homens. **24** Irmãos, cada um deve permanecer diante de Deus na condição em que foi chamado.

25 Quanto às pessoas virgens, não tenho mandamento do Senhor, mas dou meu parecer como alguém que, pela misericórdia de Deus, é digno de confiança. **26** Por causa dos problemas atuais, penso que é melhor o homem permanecer como está. **27** Você está casado? Não procure separar-se. Está soltei-

18

Flee from sexual immorality. All other sins a man commits are outside his body, but he who sins sexually sins against his own body. **19** Do you not know that your body is a temple of the Holy Spirit, who is in you, whom you have received from God? You are not your own; **20** you were bought at a price. Therefore honor God with your body.

Marriage

7 Now for the matters you wrote about: It is good for a man not to marry.ᵃ **2** But since there is so much immorality, each man should have his own wife, and each woman her own husband. **3** The husband should fulfill his marital duty to his wife, and likewise the wife to her husband. **4** The wife's body does not belong to her alone but also to her husband. In the same way, the husband's body does not belong to him alone but also to his wife. **5** Do not deprive each other except by mutual consent and for a time, so that you may devote yourselves to prayer. Then come together again so that Satan will not tempt you because of your lack of self-control. **6** I say this as a concession, not as a command. **7** I wish that all men were as I am. But each man has his own gift from God; one has this gift, another has that.

8 Now to the unmarried and the widows I say: It is good for them to stay unmarried, as I am. **9** But if they cannot control themselves, they should marry, for it is better to marry than to burn with passion.

10 To the married I give this command (not I, but the Lord): A wife must not separate from her husband. **11** But if she does, she must remain unmarried or else be reconciled to her husband. And a husband must not divorce his wife.

12 To the rest I say this (I, not the Lord): If any brother has a wife who is not a believer and she is willing to live with him, he must not divorce her. **13** And if a woman has a husband who is not a believer and he is willing to live with her, she must not divorce him. **14** For the unbelieving husband has been sanctified through his wife, and the unbelieving wife has been sanctified through her believing husband. Otherwise your children would be unclean, but as it is, they are holy.

15 But if the unbeliever leaves, let him do so. A believing man or woman is not bound in such circumstances; God has called us to live in peace. **16** How do you know, wife, whether you will save your husband? Or, how do you know, husband, whether you will save your wife?

17 Nevertheless, each one should retain the place in life that the Lord assigned to him and to which God has called him. This is the rule I lay down in all the churches. **18** Was a man already circumcised when he was called? He should not become uncircumcised. Was a man uncircumcised when he was called? He should not be circumcised. **19** Circumcision is nothing and uncircumcision is nothing. Keeping God's commands is what counts. **20** Each one should remain in the situation which he was in when God called him. **21** Were you a slave when you were called? Don't let it trouble you—although if you can gain your freedom, do so. **22** For he who was a slave when he was called by the Lord is the Lord's freedman; similarly, he who was a free man when he was called is Christ's slave. **23** You were bought at a price; do not become slaves of men. **24** Brothers, each man, as responsible to God, should remain in the situation God called him to.

25 Now about virgins: I have no command from the Lord, but I give a judgment as one who by the Lord's mercy is trustworthy. **26** Because of the present crisis, I think that it is good for you to remain as you are. **27** Are you married? Do not seek a

---

ro? Não procure esposa. **28** Mas, se vier a casar-se, não comete pecado; e, se uma virgem se casar, também não comete pecado. Mas aqueles que se casarem enfrentarão muitas dificuldades na vida[a], e eu gostaria de poupá-los disso.

29 O que quero dizer é que o tempo é curto. De agora em diante, aqueles que têm esposa, vivam como se não tivessem; **30** aqueles que choram, como se não chorassem; os que estão felizes, como se não estivessem; os que compram algo, como se nada possuíssem; **31** os que usam as coisas do mundo, como se não as usassem; porque a forma presente deste mundo está passando.

32 Gostaria de vê-los livres de preocupações. O homem que não é casado preocupa-se com as coisas do Senhor, em como agradar ao Senhor. **33** Mas o homem casado preocupa-se com as coisas deste mundo, em como agradar sua mulher, **34** e está dividido. Tanto a mulher não casada como a virgem preocupam-se com as coisas do Senhor, para serem santas no corpo e no espírito. Mas a casada preocupa-se com as coisas deste mundo, em como agradar seu marido. **35** Estou dizendo isso para o próprio bem de vocês; não para lhes impor restrições, mas para que vocês possam viver de maneira correta, em plena consagração ao Senhor.

36 Se alguém acha que está agindo de forma indevida diante da virgem de quem está noivo, que ela está passando da idade, achando que deve se casar, faça como achar melhor. Com isso não peca. Casem-se. **37** Contudo, o homem que decidiu firmemente em seu coração que não se sente obrigado, mas tem controle sobre sua própria vontade e decidiu não se casar com a virgem — este também faz bem. **38** Assim, aquele que se casa com a virgem faz bem, mas aquele que não se casa faz melhor.[b]

39 A mulher está ligada a seu marido enquanto ele viver. Mas, se o seu marido morrer, ela estará livre para se casar com quem quiser, contanto que ele pertença ao Senhor. **40** Em meu parecer, ela será mais feliz se permanecer como está; e penso que também tenho o Espírito de Deus.

A Comida Sacrificada aos Ídolos

8 Com respeito aos alimentos sacrificados aos ídolos, sabemos que todos temos conhecimento.[c] O conhecimento traz orgulho, mas o amor edifica. **2** Quem pensa conhecer alguma coisa, ainda não conhece como deveria. **3** Mas quem ama a Deus, este é conhecido por Deus.

4 Portanto, em relação ao alimento sacrificado aos ídolos, sabemos que o ídolo não significa nada no mundo e que só existe um Deus. **5** Pois, mesmo que haja os chamados deuses, quer no céu, quer na terra (como de fato há muitos "deuses" e muitos "senhores"), **6** para nós, porém, há um único Deus, o Pai, de quem vêm todas as coisas e para quem vivemos; e um só Senhor, Jesus Cristo, por meio de quem vieram todas as coisas e por meio de quem vivemos.

7 Contudo, nem todos têm esse conhecimento. Alguns, ainda habituados com os ídolos, comem esse alimento como se fosse um sacrifício idólatra; e como a consciência deles é fraca, fica contaminada. **8** A comida, porém, não nos torna aceitáveis diante de Deus; não seremos piores se não comermos, nem melhores se comermos.

9 Contudo, tenham cuidado para que o exercício da liberdade de vocês não se torne uma pedra de tropeço para os fracos. **10** Pois, se alguém que tem a consciência fraca vir você que tem este conhecimento comer num templo de ídolos, não será in-

divorce. Are you unmarried? Do not look for a wife. **28** But if you do marry, you have not sinned; and if a virgin marries, she has not sinned. But those who marry will face many troubles in this life, and I want to spare you this.

29 What I mean, brothers, is that the time is short. From now on those who have wives should live as if they had none; **30** those who mourn, as if they did not; those who are happy, as if they were not; those who buy something, as if it were not theirs to keep; **31** those who use the things of the world, as if not engrossed in them. For this world in its present form is passing away.

32 I would like you to be free from concern. An unmarried man is concerned about the Lord's affairs—how he can please the Lord. **33** But a married man is concerned about the affairs of this world—how he can please his wife— **34** and his interests are divided. An unmarried woman or virgin is concerned about the Lord's affairs: Her aim is to be devoted to the Lord in both body and spirit. But a married woman is concerned about the affairs of this world—how she can please her husband. **35** I am saying this for your own good, not to restrict you, but that you may live in a right way in undivided devotion to the Lord.

36 If anyone thinks he is acting improperly toward the virgin he is engaged to, and if she is getting along in years and he feels he ought to marry, he should do as he wants. He is not sinning. They should get married. **37** But the man who has settled the matter in his own mind, who is under no compulsion but has control over his own will, and who has made up his mind not to marry the virgin—this man also does the right thing. **38** So then, he who marries the virgin does right, but he who does not marry her does even better.[a]

39 A woman is bound to her husband as long as he lives. But if her husband dies, she is free to marry anyone she wishes, but he must belong to the Lord. **40** In my judgment, she is happier if she stays as she is — and I think that I too have the Spirit of God.

Food Sacrificed to Idols

8 Now about food sacrificed to idols: We know that we all possess knowledge.[b] Knowledge puffs up, but love builds up. **2** The man who thinks he knows something does not yet know as he ought to know. **3** But the man who loves God is known by God.

4 So then, about eating food sacrificed to idols: We know that an idol is nothing at all in the world and that there is no God but one. **5** For even if there are so-called gods, whether in heaven or on earth (as indeed there are many "gods" and many "lords"), **6** yet for us there is but one God, the Father, from whom all things came and for whom we live; and there is but one Lord, Jesus Christ, through whom all things came and through whom we live.

7 But not everyone knows this. Some people are still so accustomed to idols that when they eat such food they think of it as having been sacrificed to an idol, and since their conscience is weak, it is defiled. **8** But food does not bring us near to God; we are no worse if we do not eat, and no better if we do.

9 Be careful, however, that the exercise of your freedom does not become a stumbling block to the weak. **10** For if anyone with a weak conscience sees you who have this knowledge eating in an idol's temple, won't he be emboldened to

---

[a]7.28 Grego: *carne.* [b]7.36-38 Ou *36Se alguém acha que não está tratando sua filha como é devido e que ela está numa idade madura, pelo que ele se sente obrigado a casá-la, faça como achar melhor. Com isso não peca. Deve permitir que se case. 37Contudo, o que se mantém firme no seu propósito e não é dominado por seus impulsos, mas domina sua própria vontade, e resolveu manter solteira sua filha, este também faz bem. 38De modo que aquele que dá sua filha em casamento faz bem, mas o que não a dá em casamento faz melhor.* [c]8.1 Ou *ídolos, "todos temos conhecimento", conforme vocês dizem.*

[a]7:36-38 Or *36 If anyone thinks he is not treating his daughter properly, and if she is getting along in years, and he feels she ought to marry, he should do as he wants. He is not sinning. He should let her get married. 37 But the man who has settled the matter in his own mind, who is under no compulsion but has control over his own will, and who has made up his mind to keep the virgin unmarried—this man also does the right thing. 38 So then, he who gives his virgin in marriage does right, but he who does not give her in marriage does even better.* [b]8:1 Or *"We all possess knowledge," as you say*

duzido a comer do que foi sacrificado a ídolos? **11** Assim, esse irmão fraco, por quem Cristo morreu, é destruído por causa do conhecimento que você tem. **12** Quando você peca contra seus irmãos dessa maneira, ferindo a consciência fraca deles, peca contra Cristo. **13** Portanto, se aquilo que eu como leva o meu irmão a pecar, nunca mais comerei carne, para não fazer meu irmão tropeçar.

Os Direitos de um Apóstolo

9 Não sou livre? Não sou apóstolo? Não vi Jesus, nosso Senhor? Não são vocês resultado do meu trabalho no Senhor? **2** Ainda que eu não seja apóstolo para outros, certamente o sou para vocês! Pois vocês são o selo do meu apostolado no Senhor.

3 Esta é minha defesa diante daqueles que me julgam. **4** Não temos nós o direito de comer e beber? **5** Não temos nós o direito de levar conosco uma esposa crente como fazem os outros apóstolos, os irmãos do Senhor e Pedro? **6** Ou será que só eu e Barnabé temos direito de receber sustento sem trabalhar?

7 Quem serve como soldado à própria custa? Quem planta uma vinha e não come do seu fruto? Quem apascenta um rebanho e não bebe do seu leite? **8** Não digo isso do ponto de vista meramente humano; a Lei não diz a mesma coisa? **9** Pois está escrito na Lei de Moisés: "Não amordace o boi enquanto ele estiver debulhando o cereal"ᵃ. Por acaso é com bois que Deus está preocupado? **10** Não é certamente por nossa causa que ele o diz? Sim, isso foi escrito em nosso favor. Porque "o lavrador quando ara e o debulhador quando debulha, devem fazê-lo na esperança de participar da colheita". **11** Se entre vocês semeamos coisas espirituais, seria demais colhermos de vocês coisas materiais? **12** Se outros têm direito de ser sustentados por vocês, não o temos nós ainda mais?

Mas nós nunca usamos desse direito. Ao contrário, suportamos tudo para não colocar obstáculo algum ao evangelho de Cristo. **13** Vocês não sabem que aqueles que trabalham no templo alimentam-se das coisas do templo, e que os que servem diante do altar participam do que é oferecido no altar? **14** Da mesma forma, o Senhor ordenou àqueles que pregam o evangelho, que vivam do evangelho.

15 Mas eu não tenho usado de nenhum desses direitos. Não estou escrevendo na esperança de que vocês façam isso por mim. Prefiro morrer a permitir que alguém me prive deste meu orgulho. **16** Contudo, quando prego o evangelho, não posso me orgulhar, pois me é imposta a necessidade de pregar. Ai de mim se não pregar o evangelho! **17** Porque, se prego de livre vontade, tenho recompensa; contudo, como prego por obrigação, estou simplesmente cumprindo uma incumbência a mim confiada. **18** Qual é, pois, a minha recompensa? Apenas esta: que, pregando o evangelho, eu o apresente gratuitamente, não usando, assim, dos meus direitos ao pregá-lo.

19 Porque, embora seja livre de todos, fiz-me escravo de todos, para ganhar o maior número possível de pessoas. **20** Tornei-me judeu para os judeus, a fim de ganhar os judeus. Para os que estão debaixo da Lei, tornei-me como se estivesse sujeito à Lei (embora eu mesmo não esteja debaixo da Lei), a fim de ganhar os que estão debaixo da Lei. **21** Para os que estão sem lei, tornei-me como sem lei (embora não esteja livre da lei de Deus, e sim sob a lei de Cristo), a fim de ganhar os que não têm a Lei. **22** Para com os fracos tornei-me fraco, para ganhar os fracos. Tornei-me tudo para com todos, para de alguma forma salvar alguns. **23** Faço tudo isso por causa do evangelho, para ser co-participante dele.

24 Vocês não sabem que os que correm no estádio, apenas um ganha o prêmio? Corram de tal modo que alcancem o prêmio. **25** Todos os que competem nos jogos se submetem a um treinamento rigoroso, para obter uma coroa que logo perece; mas nós o fazemos para ganhar uma

eat what has been sacrificed to idols? **11** So this weak brother, for whom Christ died, is destroyed by your knowledge. **12** When you sin against your brothers in this way and wound their weak conscience, you sin against Christ. **13** Therefore, if what I eat causes my brother to fall into sin, I will never eat meat again, so that I will not cause him to fall.

The Rights of an Apostle

9 Am I not free? Am I not an apostle? Have I not seen Jesus our Lord? Are you not the result of my work in the Lord? **2** Even though I may not be an apostle to others, surely I am to you! For you are the seal of my apostleship in the Lord.

3 This is my defense to those who sit in judgment on me. **4** Don't we have the right to food and drink? **5** Don't we have the right to take a believing wife along with us, as do the other apostles and the Lord's brothers and Cephasᵃ? **6** Or is it only I and Barnabas who must work for a living?

7 Who serves as a soldier at his own expense? Who plants a vineyard and does not eat of its grapes? Who tends a flock and does not drink of the milk? **8** Do I say this merely from a human point of view? Doesn't the Law say the same thing? **9** For it is written in the Law of Moses: "Do not muzzle an ox while it is treading out the grain."ᵇ Is it about oxen that God is concerned? **10** Surely he says this for us, doesn't he? Yes, this was written for us, because when the plowman plows and the thresher threshes, they ought to do so in the hope of sharing in the harvest. **11** If we have sown spiritual seed among you, is it too much if we reap a material harvest from you? **12** If others have this right of support from you, shouldn't we have it all the more?

But we did not use this right. On the contrary, we put up with anything rather than hinder the gospel of Christ. **13** Don't you know that those who work in the temple get their food from the temple, and those who serve at the altar share in what is offered on the altar? **14** In the same way, the Lord has commanded that those who preach the gospel should receive their living from the gospel.

15 But I have not used any of these rights. And I am not writing this in the hope that you will do such things for me. I would rather die than have anyone deprive me of this boast. **16** Yet when I preach the gospel, I cannot boast, for I am compelled to preach. Woe to me if I do not preach the gospel! **17** If I preach voluntarily, I have a reward; if not voluntarily, I am simply discharging the trust committed to me. **18** What then is my reward? Just this: that in preaching the gospel I may offer it free of charge, and so not make use of my rights in preaching it.

19 Though I am free and belong to no man, I make myself a slave to everyone, to win as many as possible. **20** To the Jews I became like a Jew, to win the Jews. To those under the law I became like one under the law (though I myself am not under the law), so as to win those under the law. **21** To those not having the law I became like one not having the law (though I am not free from God's law but am under Christ's law), so as to win those not having the law. **22** To the weak I became weak, to win the weak. I have become all things to all men so that by all possible means I might save some. **23** I do all this for the sake of the gospel, that I may share in its blessings.

24 Do you not know that in a race all the runners run, but only one gets the prize? Run in such a way as to get the prize. **25** Everyone who competes in the games goes into strict training. They do it to get a crown that will not last; but we do

---

ᵃ9.9 Dt 25.4

ᵃ9:5 That is, Peter   ᵇ9:9 Deut. 25:4

coroa que dura para sempre. **26** Sendo assim, não corro como quem corre sem alvo, e não luto como quem esmurra o ar. **27** Mas esmurro o meu corpo e faço dele meu escravo, para que, depois de ter pregado aos outros, eu mesmo não venha a ser reprovado.

Exemplos da História de Israel

10 Porque não quero, irmãos, que vocês ignorem o fato de que todos os nossos antepassados estiveram sob a nuvem e todos passaram pelo mar. **2** Em Moisés, todos eles foram batizados na nuvem e no mar. **3** Todos comeram do mesmo alimento espiritual **4** e beberam da mesma bebida espiritual; pois bebiam da rocha espiritual que os acompanhava, e essa rocha era Cristo. **5** Contudo, Deus não se agradou da maioria deles; por isso os seus corpos ficaram espalhados no deserto.

6 Essas coisas ocorreram como exemplos[a] para nós, para que não cobicemos coisas más, como eles fizeram. **7** Não sejam idólatras, como alguns deles foram, conforme está escrito: "O povo se assentou para comer e beber, e levantou-se para se entregar à farra"[b]. **8** Não pratiquemos imoralidade, como alguns deles fizeram — e num só dia morreram vinte e três mil. **9** Não devemos pôr o Senhor à prova, como alguns deles fizeram — e foram mortos por serpentes. **10** E não se queixem, como alguns deles se queixaram — e foram mortos pelo anjo destruidor.

11 Essas coisas aconteceram a eles como exemplos e foram escritas como advertência para nós, sobre quem tem chegado o fim dos tempos. **12** Assim, aquele que julga estar firme, cuide-se para que não caia! **13** Não sobreveio a vocês tentação que não fosse comum aos homens. E Deus é fiel; ele não permitirá que vocês sejam tentados além do que podem suportar. Mas, quando forem tentados, ele mesmo lhes providenciará um escape, para que o possam suportar.

As Festas Idólatras e a Ceia do Senhor

14 Por isso, meus amados irmãos, fujam da idolatria. **15** Estou falando a pessoas sensatas; julguem vocês mesmos o que estou dizendo. **16** Não é verdade que o cálice da bênção que abençoamos é uma participação no sangue de Cristo, e que o pão que partimos é uma participação no corpo de Cristo? **17** Como há somente um pão, nós, que somos muitos, somos um só corpo, pois todos participamos de um único pão.

18 Considerem o povo de Israel: os que comem dos sacrifícios não participam do altar? **19** Portanto, que estou querendo dizer? Será que o sacrifício oferecido a um ídolo é alguma coisa? Ou o ídolo é alguma coisa? **20** Não! Quero dizer que o que os pagãos sacrificam é oferecido aos demônios e não a Deus, e não quero que vocês tenham comunhão com os demônios. **21** Vocês não podem beber do cálice do Senhor e do cálice dos demônios; não podem participar da mesa do Senhor e da mesa dos demônios. **22** Porventura provocaremos o ciúme do Senhor? Somos mais fortes do que ele?

A Liberdade do Cristão

23 "Tudo é permitido", mas nem tudo convém. "Tudo é permitido", mas nem tudo edifica. **24** Ninguém deve buscar o seu próprio bem, mas sim o dos outros.

25 Comam de tudo o que se vende no mercado, sem fazer perguntas por causa da consciência, **26** pois "do Senhor é a terra e tudo o que nela existe"[c].

27 Se algum descrente o convidar para uma refeição e você quiser ir, coma de tudo o que lhe for apresentado, sem nada perguntar por causa da consciência. **28** Mas se alguém lhe disser: "Isto foi oferecido em sacrifício", não coma, tanto por causa da pessoa que o comentou, como da consciência[d], **29** isto é, da consciência do outro e não da sua própria. Pois, por que minha liberdade deve ser julgada pela consciência

it to get a crown that will last forever. **26** Therefore I do not run like a man running aimlessly; I do not fight like a man beating the air. **27** No, I beat my body and make it my slave so that after I have preached to others, I myself will not be disqualified for the prize.

Warnings From Israel's History

10 For I do not want you to be ignorant of the fact, brothers, that our forefathers were all under the cloud and that they all passed through the sea. **2** They were all baptized into Moses in the cloud and in the sea. **3** They all ate the same spiritual food **4** and drank the same spiritual drink; for they drank from the spiritual rock that accompanied them, and that rock was Christ. **5** Nevertheless, God was not pleased with most of them; their bodies were scattered over the desert.

6 Now these things occurred as examples[a] to keep us from setting our hearts on evil things as they did. **7** Do not be idolaters, as some of them were; as it is written: "The people sat down to eat and drink and got up to indulge in pagan revelry."[b] **8** We should not commit sexual immorality, as some of them did—and in one day twenty-three thousand of them died. **9** We should not test the Lord, as some of them did—and were killed by snakes. **10** And do not grumble, as some of them did—and were killed by the destroying angel.

11 These things happened to them as examples[a] and were written down as warnings for us, on whom the fulfillment of the ages has come. **12** So, if you think you are standing firm, be careful that you don't fall! **13** No temptation has seized you except what is common to man. And God is faithful; he will not let you be tempted beyond what you can bear. But when you are tempted, he will also provide a way out so that you can stand up under it.

Idol Feasts and the Lord's Supper

14 Therefore, my dear friends, flee from idolatry. **15** I speak to sensible people; judge for yourselves what I say. **16** Is not the cup of thanksgiving for which we give thanks a participation in the blood of Christ? And is not the bread that we break a participation in the body of Christ? **17** Because there is one loaf, we, who are many, are one body, for we all partake of the one loaf.

18 Consider the people of Israel: Do not those who eat the sacrifices participate in the altar? **19** Do I mean then that a sacrifice offered to an idol is anything, or that an idol is anything? **20** No, but the sacrifices of pagans are offered to demons, not to God, and I do not want you to be participants with demons. **21** You cannot drink the cup of the Lord and the cup of demons too; you cannot have a part in both the Lord's table and the table of demons. **22** Are we trying to arouse the Lord's jealousy? Are we stronger than he?

The Believer's Freedom

23 "Everything is permissible"—but not everything is beneficial. "Everything is permissible"—but not everything is constructive. **24** Nobody should seek his own good, but the good of others.

25 Eat anything sold in the meat market without raising questions of conscience, **26** for, "The earth is the Lord's, and everything in it."[c]

27 If some unbeliever invites you to a meal and you want to go, eat whatever is put before you without raising questions of conscience. **28** But if anyone says to you, "This has been offered in sacrifice," then do not eat it, both for the sake of the man who told you and for conscience' sake[d]— **29** the other man's conscience, I mean, not yours. For why should my freedom be

---

[a]**10.6** Ou *como tipos*; também no versículo 11. [b]**10.7** Êx 32.6 [c]**10.26** Sl 24.1 [d]**10.28** Alguns manuscritos dizem *por motivos de consciência, porque "do Senhor é a terra e tudo o que nela existe".*

[a]**10.6** Or *types*; also in verse 11 [b]**10.7** Exodus 32:6 [c]**10.26** Psalm 24:1 [d]**10.28** Some manuscripts *conscience' sake, for "the earth is the Lord's and everything in it"*

dos outros? **30** Se participo da refeição com ação de graças, por que sou condenado por algo pelo qual dou graças a Deus? **31** Assim, quer vocês comam, bebam ou façam qualquer outra coisa, façam tudo para a glória de Deus. **32** Não se tornem motivo de tropeço, nem para judeus, nem para gregos, nem para a igreja de Deus. **33** Também eu procuro agradar a todos, de todas as formas. Porque não estou procurando o meu próprio bem, mas o bem de muitos, para que sejam salvos.

11 Tornem-se meus imitadores, como eu o sou de Cristo.

Instruções sobre a Adoração

2 Eu os elogio por se lembrarem de mim em tudo e por se apegarem às tradições exatamente como eu as transmiti a vocês.

3 Quero, porém, que entendam que o cabeça de todo homem é Cristo, e o cabeça da mulher é o homem, e o cabeça de Cristo é Deus. **4** Todo homem que ora ou profetiza com a cabeça coberta desonra a sua cabeça; **5** e toda mulher que ora ou profetiza com a cabeça descoberta desonra a sua cabeça; pois é como se a tivesse rapada. **6** Se a mulher não cobre a cabeça, deve também cortar o cabelo; se, porém, é vergonhoso para a mulher ter o cabelo cortado ou rapado, ela deve cobrir a cabeça. **7** O homem não deve cobrir a cabeça, visto que ele é imagem e glória de Deus; mas a mulher é glória do homem. **8** Pois o homem não se originou da mulher, mas a mulher do homem; **9** além disso, o homem não foi criado por causa da mulher, mas a mulher por causa do homem. **10** Por essa razão e por causa dos anjos, a mulher deve ter sobre a cabeça um sinal de autoridade.

11 No Senhor, todavia, a mulher não é independente do homem, nem o homem independente da mulher. **12** Pois, assim como a mulher proveio do homem, também o homem nasce da mulher. Mas tudo provém de Deus. **13** Julguem entre vocês mesmos: é apropriado a uma mulher orar a Deus com a cabeça descoberta? **14** A própria natureza das coisas não lhes ensina que é uma desonra para o homem ter cabelo comprido, **15** e que o cabelo comprido é uma glória para a mulher? Pois o cabelo comprido foi lhe dado como manto. **16** Mas se alguém quiser fazer polêmica a esse respeito, nós não temos esse costume, nem as igrejas de Deus.

A Ceia do Senhor

17 Entretanto, nisto que lhes vou dizer não os elogio, pois as reuniões de vocês mais fazem mal do que bem. **18** Em primeiro lugar, ouço que, quando vocês se reúnem como igreja, há divisões entre vocês, e até certo ponto eu o creio. **19** Pois é necessário que haja divergências entre vocês, para que sejam conhecidos quais dentre vocês são aprovados. **20** Quando vocês se reúnem, não é para comer a ceia do Senhor, **21** porque cada um come sua própria ceia sem esperar pelos outros. Assim, enquanto um fica com fome, outro se embriaga. **22** Será que vocês não têm casa onde comer e beber? Ou desprezam a igreja de Deus e humilham os que nada têm? Que lhes direi? Eu os elogiarei por isso? Certamente que não!

23 Pois recebi do Senhor o que também lhes entreguei: Que o Senhor Jesus, na noite em que foi traído, tomou o pão **24** e, tendo dado graças, partiu-o e disse: "Isto é o meu corpo, que é dado em favor de vocês; façam isto em memória de mim". **25** Da mesma forma, depois da ceia ele tomou o cálice e disse: "Este cálice é a nova aliança no meu sangue; façam isso sempre que o beberem em memória de mim". **26** Porque, sempre que comerem deste pão e beberem deste cálice, vocês anunciam a morte do Senhor até que ele venha.

judged by another's conscience? **30** If I take part in the meal with thankfulness, why am I denounced because of something I thank God for?

31 So whether you eat or drink or whatever you do, do it all for the glory of God. **32** Do not cause anyone to stumble, whether Jews, Greeks or the church of God— **33** even as I try to please everybody in every way. For I am not seeking my own good but the good of many, so that they may be saved.

11 Follow my example, as I follow the example of Christ.

Propriety in Worship

2 I praise you for remembering me in everything and for holding to the teachings,[a] just as I passed them on to you.

3 Now I want you to realize that the head of every man is Christ, and the head of the woman is man, and the head of Christ is God. **4** Every man who prays or prophesies with his head covered dishonors his head. **5** And every woman who prays or prophesies with her head uncovered dishonors her head—it is just as though her head were shaved. **6** If a woman does not cover her head, she should have her hair cut off; and if it is a disgrace for a woman to have her hair cut or shaved off, she should cover her head. **7** A man ought not to cover his head,[b] since he is the image and glory of God; but the woman is the glory of man. **8** For man did not come from woman, but woman from man; **9** neither was man created for woman, but woman for man. **10** For this reason, and because of the angels, the woman ought to have a sign of authority on her head.

11 In the Lord, however, woman is not independent of man, nor is man independent of woman. **12** For as woman came from man, so also man is born of woman. But everything comes from God. **13** Judge for yourselves: Is it proper for a woman to pray to God with her head uncovered? **14** Does not the very nature of things teach you that if a man has long hair, it is a disgrace to him, **15** but that if a woman has long hair, it is her glory? For long hair is given to her as a covering. **16** If anyone wants to be contentious about this, we have no other practice—nor do the churches of God.

The Lord's Supper

17 In the following directives I have no praise for you, for your meetings do more harm than good. **18** In the first place, I hear that when you come together as a church, there are divisions among you, and to some extent I believe it. **19** No doubt there have to be differences among you to show which of you have God's approval. **20** When you come together, it is not the Lord's Supper you eat, **21** for as you eat, each of you goes ahead without waiting for anybody else. One remains hungry, another gets drunk. **22** Don't you have homes to eat and drink in? Or do you despise the church of God and humiliate those who have nothing? What shall I say to you? Shall I praise you for this? Certainly not!

23 For I received from the Lord what I also passed on to you: The Lord Jesus, on the night he was betrayed, took bread, **24** and when he had given thanks, he broke it and said, "This is my body, which is for you; do this in remembrance of me." **25** In the same way, after supper he took the cup, saying, "This cup is the new covenant in my blood; do this, whenever you drink it, in remembrance of me." **26** For whenever you eat this bread and drink this cup, you proclaim the Lord's death until he comes.

---

a11:2 Or *traditions* **b**11:4-7 Or **4** *Every man who prays or prophesies with long hair dishonors his head.* **5** *And every woman who prays or prophesies with no covering of hair on her head dishonors her head–she is just like one of the "shorn women."* **6** *If a woman has no covering, let her be for now with short hair, but since it is a disgrace for a woman to have her hair shorn or shaved, she should grow it again.* **7** *A man ought not to have long hair*

27 Portanto, todo aquele que comer o pão ou beber o cálice do Senhor indignamente será culpado de pecar contra o corpo e o sangue do Senhor. **28** Examine-se cada um a si mesmo, e então coma do pão e beba do cálice. **29** Pois quem come e bebe sem discernir o corpo do Senhor, come e bebe para sua própria condenação. **30** Por isso há entre vocês muitos fracos e doentes, e vários já dormiram. **31** Mas, se nós tivéssemos o cuidado de examinar a nós mesmos, não receberíamos juízo. **32** Quando, porém, somos julgados pelo Senhor, estamos sendo disciplinados para que não sejamos condenados com o mundo.

33 Portanto, meus irmãos, quando vocês se reunirem para comer, esperem uns pelos outros. **34** Se alguém estiver com fome, coma em casa, para que, quando vocês se reunirem, isso não resulte em condenação.

Quanto ao mais, quando eu for lhes darei instruções.

Os Dons Espirituais

12 Irmãos, quanto aos dons espirituais[a], não quero que vocês sejam ignorantes. **2** Vocês sabem que, quando eram pagãos, de uma forma ou de outra eram fortemente atraídos e levados para os ídolos mudos. **3** Por isso, eu lhes afirmo que ninguém que fala pelo Espírito de Deus diz: "Jesus seja amaldiçoado"; e ninguém pode dizer: "Jesus é Senhor", a não ser pelo Espírito Santo.

4 Há diferentes tipos de dons, mas o Espírito é o mesmo. **5** Há diferentes tipos de ministérios, mas o Senhor é o mesmo. **6** Há diferentes formas de atuação, mas é o mesmo Deus quem efetua tudo em todos.

7 A cada um, porém, é dada a manifestação do Espírito, visando ao bem comum. **8** Pelo Espírito, a um é dada a palavra de sabedoria; a outro, pelo mesmo Espírito, a palavra de conhecimento; **9** a outro, fé, pelo mesmo Espírito; a outro, dons de curar, pelo único Espírito; **10** a outro, poder para operar milagres; a outro, profecia; a outro, discernimento de espíritos; a outro, variedade de línguas; e ainda a outro, interpretação de línguas. **11** Todas essas coisas, porém, são realizadas pelo mesmo e único Espírito, e ele as distribui individualmente, a cada um, como quer.

Diversidade na Unidade

12 Ora, assim como o corpo é uma unidade, embora tenha muitos membros, e todos os membros, mesmo sendo muitos, formam um só corpo, assim também com respeito a Cristo. **13** Pois em um só corpo todos nós fomos batizados em[b] um único Espírito: quer judeus, quer gregos, quer escravos, quer livres. E a todos nós foi dado beber de um único Espírito.

14 O corpo não é feito de um só membro, mas de muitos. **15** Se o pé disser: "Porque não sou mão, não pertenço ao corpo", nem por isso deixa de fazer parte do corpo. **16** E se o ouvido disser: "Porque não sou olho, não pertenço ao corpo", nem por isso deixa de fazer parte do corpo. **17** Se todo o corpo fosse olho, onde estaria a audição? Se todo o corpo fosse ouvido, onde estaria o olfato? **18** De fato, Deus dispôs cada um dos membros no corpo, segundo a sua vontade. **19** Se todos fossem um só membro, onde estaria o corpo? **20** Assim, há muitos membros, mas um só corpo.

21 O olho não pode dizer à mão: "Não preciso de você!" Nem a cabeça pode dizer aos pés: "Não preciso de vocês!" **22** Ao contrário, os membros do corpo que parecem mais fracos são indispensáveis, **23** e os membros que pensamos serem menos honrosos, tratamos com especial honra. E os membros que em nós são indecorosos são tratados com decoro especial, **24** enquanto os que em nós são decorosos não precisam ser tratados de maneira especial. Mas Deus estruturou o corpo dando maior honra aos membros que dela tinham falta, **25** a fim de que não haja divisão no corpo, mas, sim, que todos os membros tenham igual cuidado uns pelos outros. **26** Quando um

27 Therefore, whoever eats the bread or drinks the cup of the Lord in an unworthy manner will be guilty of sinning against the body and blood of the Lord. **28** A man ought to examine himself before he eats of the bread and drinks of the cup. **29** For anyone who eats and drinks without recognizing the body of the Lord eats and drinks judgment on himself. **30** That is why many among you are weak and sick, and a number of you have fallen asleep. **31** But if we judged ourselves, we would not come under judgment. **32** When we are judged by the Lord, we are being disciplined so that we will not be condemned with the world.

33 So then, my brothers, when you come together to eat, wait for each other. **34** If anyone is hungry, he should eat at home, so that when you meet together it may not result in judgment.

And when I come I will give further directions.

Spiritual Gifts

12 Now about spiritual gifts, brothers, I do not want you to be ignorant. **2** You know that when you were pagans, somehow or other you were influenced and led astray to mute idols. **3** Therefore I tell you that no one who is speaking by the Spirit of God says, "Jesus be cursed," and no one can say, "Jesus is Lord," except by the Holy Spirit.

4 There are different kinds of gifts, but the same Spirit. **5** There are different kinds of service, but the same Lord. **6** There are different kinds of working, but the same God works all of them in all men.

7 Now to each one the manifestation of the Spirit is given for the common good. **8** To one there is given through the Spirit the message of wisdom, to another the message of knowledge by means of the same Spirit, **9** to another faith by the same Spirit, to another gifts of healing by that one Spirit, **10** to another miraculous powers, to another prophecy, to another distinguishing between spirits, to another speaking in different kinds of tongues,[a] and to still another the interpretation of tongues.[b] **11** All these are the work of one and the same Spirit, and he gives them to each one, just as he determines.

12 The body is a unit, though it is made up of many parts; and though all its parts are many, they form one body. So it is with Christ. **13** For we were all baptized by[c] one Spirit into one body—whether Jews or Greeks, slave or free—and we were all given the one Spirit to drink.

14 Now the body is not made up of one part but of many. **15** If the foot should say, "Because I am not a hand, I do not belong to the body," it would not for that reason cease to be part of the body. **16** And if the ear should say, "Because I am not an eye, I do not belong to the body," it would not for that reason cease to be part of the body. **17** If the whole body were an eye, where would the sense of hearing be? If the whole body were an ear, where would the sense of smell be? **18** But in fact God has arranged the parts in the body, every one of them, just as he wanted them to be. **19** If they were all one part, where would the body be? **20** As it is, there are many parts, but one body.

21 The eye cannot say to the hand, "I don't need you!" And the head cannot say to the feet, "I don't need you!" **22** On the contrary, those parts of the body that seem to be weaker are indispensable, **23** and the parts that we think are less honorable we treat with special honor. And the parts that are unpresentable are treated with special modesty, **24** while our presentable parts need no special treatment. But God has combined the members of the body and has given greater honor to the parts that lacked it, **25** so that there should be no division in the body, but that its parts should have equal concern for each other. **26** If one part suffers, every part suffers with it; if one part is honored, every part rejoices with it.

---

a 12.1 Ou *às pessoas espirituais* **b** 12.13 Ou *com*; ou ainda *por*

a 12:10 Or *languages*; also in verse 28 **b** 12:10 Or *languages*; also in verse 28 **c** 12:13 Or *with*; or *in*

membro sofre, todos os outros sofrem com ele; quando um membro é honrado, todos os outros se alegram com ele.

27 Ora, vocês são o corpo de Cristo, e cada um de vocês, individualmente, é membro desse corpo. **28** Assim, na igreja, Deus estabeleceu primeiramente apóstolos; em segundo lugar, profetas; em terceiro lugar, mestres; depois os que realizam milagres, os que têm dons de curar, os que têm dom de prestar ajuda, os que têm dons de administração e os que falam diversas línguas. **29** São todos apóstolos? São todos profetas? São todos mestres? Têm todos o dom de realizar milagres? **30** Têm todos dons de curar? Falam todos em línguas? Todos interpretam? **31** Entretanto, busquem[a] com dedicação os melhores dons.

O Amor

Passo agora a mostrar-lhes um caminho ainda mais excelente.

13 Ainda que eu fale as línguas dos homens e dos anjos, se não tiver amor, serei como o sino que ressoa ou como o prato que retine. **2** Ainda que eu tenha o dom de profecia e saiba todos os mistérios e todo o conhecimento, e tenha uma fé capaz de mover montanhas, se não tiver amor, nada serei. **3** Ainda que eu dê aos pobres tudo o que possuo e entregue o meu corpo para ser queimado[b], se não tiver amor, nada disso me valerá.

4 O amor é paciente, o amor é bondoso. Não inveja, não se vangloria, não se orgulha. **5** Não maltrata, não procura seus interesses, não se ira facilmente, não guarda rancor. **6** O amor não se alegra com a injustiça, mas se alegra com a verdade. **7** Tudo sofre, tudo crê, tudo espera, tudo suporta.

8 O amor nunca perece; mas as profecias desaparecerão, as línguas cessarão, o conhecimento passará. **9** Pois em parte conhecemos e em parte profetizamos; **10** quando, porém, vier o que é perfeito, o que é imperfeito desaparecerá. **11** Quando eu era menino, falava como menino, pensava como menino e raciocinava como menino. Quando me tornei homem, deixei para trás as coisas de menino. **12** Agora, pois, vemos apenas um reflexo obscuro, como em espelho; mas, então, veremos face a face. Agora conheço em parte; então, conhecerei plenamente, da mesma forma como sou plenamente conhecido.

13 Assim, permanecem agora estes três: a fé, a esperança e o amor. O maior deles, porém, é o amor.

Os Dons de Profecia e de Línguas

14 Sigam o caminho do amor e busquem com dedicação os dons espirituais, principalmente o dom de profecia. **2** Pois quem fala em uma língua[c] não fala aos homens, mas a Deus. De fato, ninguém o entende; em espírito fala mistérios. **3** Mas quem profetiza o faz para edificação, encorajamento e consolação dos homens. **4** Quem fala em língua a si mesmo se edifica, mas quem profetiza edifica a igreja. **5** Gostaria que todos vocês falassem em línguas, mas prefiro que profetizem. Quem profetiza é maior do que aquele que fala em línguas, a não ser que as interprete, para que a igreja seja edificada.

6 Agora, irmãos, se eu for visitá-los e falar em línguas, em que lhes serei útil, a não ser que lhes leve alguma revelação, ou conhecimento, ou profecia, ou doutrina? **7** Até no caso de coisas inanimadas que produzem sons, tais como a flauta ou a cítara, como alguém reconhecerá o que está sendo tocado, se os sons não forem distintos? **8** Além disso, se a trombeta não

27 Now you are the body of Christ, and each one of you is a part of it. **28** And in the church God has appointed first of all apostles, second prophets, third teachers, then workers of miracles, also those having gifts of healing, those able to help others, those with gifts of administration, and those speaking in different kinds of tongues. **29** Are all apostles? Are all prophets? Are all teachers? Do all work miracles? **30** Do all have gifts of healing? Do all speak in tongues[a]? Do all interpret? **31** But eagerly desire[b] the greater gifts.

Love

And now I will show you the most excellent way.

13 If I speak in the tongues[c] of men and of angels, but have not love, I am only a resounding gong or a clanging cymbal. **2** If I have the gift of prophecy and can fathom all mysteries and all knowledge, and if I have a faith that can move mountains, but have not love, I am nothing. **3** If I give all I possess to the poor and surrender my body to the flames,[d] but have not love, I gain nothing.

4 Love is patient, love is kind. It does not envy, it does not boast, it is not proud. **5** It is not rude, it is not self-seeking, it is not easily angered, it keeps no record of wrongs. **6** Love does not delight in evil but rejoices with the truth. **7** It always protects, always trusts, always hopes, always perseveres.

8 Love never fails. But where there are prophecies, they will cease; where there are tongues, they will be stilled; where there is knowledge, it will pass away. **9** For we know in part and we prophesy in part, **10** but when perfection comes, the imperfect disappears. **11** When I was a child, I talked like a child, I thought like a child, I reasoned like a child. When I became a man, I put childish ways behind me. **12** Now we see but a poor reflection as in a mirror; then we shall see face to face. Now I know in part; then I shall know fully, even as I am fully known.

13 And now these three remain: faith, hope and love. But the greatest of these is love.

Gifts of Prophecy and Tongues

14 Follow the way of love and eagerly desire spiritual gifts, especially the gift of prophecy. **2** For anyone who speaks in a tongue[e] does not speak to men but to God. Indeed, no one understands him; he utters mysteries with his spirit.[f] **3** But everyone who prophesies speaks to men for their strengthening, encouragement and comfort. **4** He who speaks in a tongue edifies himself, but he who prophesies edifies the church. **5** I would like every one of you to speak in tongues,[g] but I would rather have you prophesy. He who prophesies is greater than one who speaks in tongues,[h] unless he interprets, so that the church may be edified.

6 Now, brothers, if I come to you and speak in tongues, what good will I be to you, unless I bring you some revelation or knowledge or prophecy or word of instruction? **7** Even in the case of lifeless things that make sounds, such as the flute or harp, how will anyone know what tune is being played unless there is a distinction in the notes? **8** Again, if the trum-

---

emitir um som claro, quem se preparará para a batalha? ⁹Assim acontece com vocês. Se não proferirem palavras compreensíveis com a língua, como alguém saberá o que está sendo dito? Vocês estarão simplesmente falando ao ar. ¹⁰Sem dúvida, há diversos idiomas no mundo; todavia, nenhum deles é sem sentido. ¹¹Portanto, se eu não entender o significado do que alguém está falando, serei estrangeiro para quem fala, e ele, estrangeiro para mim. ¹²Assim acontece com vocês. Visto que estão ansiosos por terem dons espirituaisª, procurem crescer naqueles que trazem a edificação para a igreja.

¹³Por isso, quem fala em uma língua, ore para que a possa interpretar. ¹⁴Pois, se oro em uma língua, meu espírito ora, mas a minha mente fica infrutífera. ¹⁵Então, que farei? Orarei com o espírito, mas também orarei com o entendimento; cantarei com o espírito, mas também cantarei com o entendimento. ¹⁶Se você estiver louvando a Deus em espírito, como poderá aquele que está entre os não instruídos dizer o "Amém" à sua ação de graças, visto que não sabe o que você está dizendo? ¹⁷Pode ser que você esteja dando graças muito bem, mas o outro não é edificado.

¹⁸Dou graças a Deus por falar em línguas mais do que todos vocês. ¹⁹Todavia, na igreja prefiro falar cinco palavras compreensíveis para instruir os outros a falar dez mil palavras em uma língua.

²⁰Irmãos, deixem de pensar como crianças. Com respeito ao mal, sejam crianças; mas, quanto ao modo de pensar, sejam adultos. ²¹Pois está escrito na Lei:

"Por meio de homens
    de outras línguas
e por meio de lábios
    de estrangeiros
falarei a este povo,
mas, mesmo assim,
    eles não me ouvirão"ᵇ,
diz o Senhor.

²²Portanto, as línguas são um sinal para os descrentes, e não para os que crêem; a profecia, porém, é para os que crêem, não para os descrentes. ²³Assim, se toda a igreja se reunir e todos falarem em línguas, e entrarem alguns não instruídos ou descrentes, não dirão que vocês estão loucos? ²⁴Mas se entrar algum descrente ou não instruído quando todos estiverem profetizando, ele por todos será convencido de que é pecador e por todos será julgado, ²⁵e os segredos do seu coração serão expostos. Assim, ele se prostrará, rosto em terra, e adorará a Deus, exclamando: "Deus realmente está entre vocês!"

Ordem no Culto

²⁶Portanto, que diremos, irmãos? Quando vocês se reúnem, cada um de vocês tem um salmo, ou uma palavra de instrução, uma revelação, uma palavra em uma língua ou uma interpretação. Tudo seja feito para a edificação da igreja. ²⁷Se, porém, alguém falar em língua, devem falar dois, no máximo três, e alguém deve interpretar. ²⁸Se não houver intérprete, fique calado na igreja, falando consigo mesmo e com Deus.

²⁹Tratando-se de profetas, falem dois ou três, e os outros julguem cuidadosamente o que foi dito. ³⁰Se vier uma revelação a alguém que está sentado, cale-se o primeiro. ³¹Pois vocês todos podem profetizar, cada um por sua vez, de forma que todos sejam instruídos e encorajados. ³²O espírito dos profetas está sujeito aos profetas. ³³Pois Deus não é Deus de desordem, mas de paz.

Como em todas as congregações dos santos, ³⁴permaneçam as mulheres em silêncio nas igrejas, pois não lhes é permitido falar; antes permaneçam em submissão, como diz a Lei. ³⁵Se quiserem aprender alguma coisa, que perguntem a seus maridos em casa; pois é vergonhoso uma mulher falar na igreja.

pet does not sound a clear call, who will get ready for battle? ⁹So it is with you. Unless you speak intelligible words with your tongue, how will anyone know what you are saying? You will just be speaking into the air. ¹⁰Undoubtedly there are all sorts of languages in the world, yet none of them is without meaning. ¹¹If then I do not grasp the meaning of what someone is saying, I am a foreigner to the speaker, and he is a foreigner to me. ¹²So it is with you. Since you are eager to have spiritual gifts, try to excel in gifts that build up the church.

¹³For this reason anyone who speaks in a tongue should pray that he may interpret what he says. ¹⁴For if I pray in a tongue, my spirit prays, but my mind is unfruitful. ¹⁵So what shall I do? I will pray with my spirit, but I will also pray with my mind; I will sing with my spirit, but I will also sing with my mind. ¹⁶If you are praising God with your spirit, how can one who finds himself among those who do not understandª say "Amen" to your thanksgiving, since he does not know what you are saying? ¹⁷You may be giving thanks well enough, but the other man is not edified.

¹⁸I thank God that I speak in tongues more than all of you. ¹⁹But in the church I would rather speak five intelligible words to instruct others than ten thousand words in a tongue.

²⁰Brothers, stop thinking like children. In regard to evil be infants, but in your thinking be adults. ²¹In the Law it is written:

"Through men of strange tongues
    and through the lips of foreigners
I will speak to this people,
    but even then they will not listen to me,"ᵇ
says the Lord.

²²Tongues, then, are a sign, not for believers but for unbelievers; prophecy, however, is for believers, not for unbelievers. ²³So if the whole church comes together and everyone speaks in tongues, and some who do not understandᶜ or some unbelievers come in, will they not say that you are out of your mind? ²⁴But if an unbeliever or someone who does not understandᵈ comes in while everybody is prophesying, he will be convinced by all that he is a sinner and will be judged by all, ²⁵and the secrets of his heart will be laid bare. So he will fall down and worship God, exclaiming, "God is really among you!"

Orderly Worship

²⁶What then shall we say, brothers? When you come together, everyone has a hymn, or a word of instruction, a revelation, a tongue or an interpretation. All of these must be done for the strengthening of the church. ²⁷If anyone speaks in a tongue, two—or at the most three—should speak, one at a time, and someone must interpret. ²⁸If there is no interpreter, the speaker should keep quiet in the church and speak to himself and God.

²⁹Two or three prophets should speak, and the others should weigh carefully what is said. ³⁰And if a revelation comes to someone who is sitting down, the first speaker should stop. ³¹For you can all prophesy in turn so that everyone may be instructed and encouraged. ³²The spirits of prophets are subject to the control of prophets. ³³For God is not a God of disorder but of peace.

As in all the congregations of the saints, ³⁴women should remain silent in the churches. They are not allowed to speak, but must be in submission, as the Law says. ³⁵If they want to inquire about something, they should ask their own husbands at home; for it is disgraceful for a woman to speak in the church.

ª14.12 Grego: *serem zelosos dos espíritos.* ᵇ14.21 Is 28.11,12

ª14.16 Or *among the inquirers* ᵇ14.21 Isaiah 28:11,12 ᶜ14.23 Or *some inquirers* ᵈ14.24 Or *or some inquirer*

36 Acaso a palavra de Deus originou-se entre vocês? São vocês o único povo que ela alcançou? **37** Se alguém pensa que é profeta ou espiritual, reconheça que o que lhes estou escrevendo é mandamento do Senhor. **38** Se ignorar isso, ele mesmo será ignorado.ᵃ

39 Portanto, meus irmãos, busquem com dedicação o profetizar e não proíbam o falar em línguas. **40** Mas tudo deve ser feito com decência e ordem.

A Ressurreição de Cristo

15 Irmãos, quero lembrar-lhes o evangelho que lhes preguei, o qual vocês receberam e no qual estão firmes. **2** Por meio deste evangelho vocês são salvos, desde que se apeguem firmemente à palavra que lhes preguei; caso contrário, vocês têm crido em vão.

3 Pois o que primeiramenteᵇ lhes transmiti foi o que recebi: que Cristo morreu pelos nossos pecados, segundo as Escrituras, **4** foi sepultado e ressuscitou no terceiro dia, segundo as Escrituras, **5** e apareceu a Pedro e depois aos Doze. **6** Depois disso apareceu a mais de quinhentos irmãos de uma só vez, a maioria dos quais ainda vive, embora alguns já tenham adormecido. **7** Depois apareceu a Tiago e, então, a todos os apóstolos; **8** depois destes apareceu também a mim, como a um que nasceu fora de tempo.

9 Pois sou o menor dos apóstolos e nem sequer mereço ser chamado apóstolo, porque persegui a igreja de Deus. **10** Mas, pela graça de Deus, sou o que sou, e sua graça para comigo não foi inútil; antes, trabalhei mais do que todos eles; contudo, não eu, mas a graça de Deus comigo. **11** Portanto, quer tenha sido eu, quer tenham sido eles, é isto que pregamos, e é isto que vocês creram.

A Ressurreição dentre os Mortos

12 Ora, se está sendo pregado que Cristo ressuscitou dentre os mortos, como alguns de vocês estão dizendo que não existe ressurreição dos mortos? **13** Se não há ressurreição dos mortos, nem Cristo ressuscitou; **14** e, se Cristo não ressuscitou, é inútil a nossa pregação, como também é inútil a fé que vocês têm. **15** Mais que isso, seremos considerados falsas testemunhas de Deus, pois contra ele testemunhamos que ressuscitou a Cristo dentre os mortos. Mas se de fato os mortos não ressuscitam, ele também não ressuscitou a Cristo. **16** Pois, se os mortos não ressuscitam, nem mesmo Cristo ressuscitou. **17** E, se Cristo não ressuscitou, inútil é a fé que vocês têm, e ainda estão em seus pecados. **18** Neste caso, também os que dormiram em Cristo estão perdidos. **19** Se é somente para esta vida que temos esperança em Cristo, somos, de todos os homens, os mais dignos de compaixão.

20 Mas de fato Cristo ressuscitou dentre os mortos, sendo ele as primíciasᶜ dentre aqueles que dormiram. **21** Visto que a morte veio por meio de um só homem, também a ressurreição dos mortos veio por meio de um só homem. **22** Pois da mesma forma como em Adão todos morrem, em Cristo todos serão vivificados. **23** Mas cada um por sua vez: Cristo, o primeiro; depois, quando ele vier, os que lhe pertencem. **24** Então virá o fim, quando ele entregar o Reino a Deus, o Pai, depois de ter destruído todo domínio, autoridade e poder. **25** Pois é necessário que ele reine até que todos os seus inimigos sejam postos debaixo de seus pés. **26** O último inimigo a ser destruído é a morte. **27** Porque ele "tudo sujeitou debaixo de seus pés"ᵈ. Ora, quando se diz que "tudo" lhe foi sujeito, fica claro que isso não inclui o próprio Deus, que tudo submeteu a Cristo. **28** Quando, porém, tudo lhe estiver sujeito, então o próprio Filho se sujeitará àquele que todas as coisas lhe sujeitou, a fim de que Deus seja tudo em todos.

29 Se não há ressurreição, que farão aqueles que se batizam pelos mortos? Se absolutamente os mortos não ressuscitam, por que se batizam por eles? **30** Também nós, por que estamos

---

36 Did the word of God originate with you? Or are you the only people it has reached? **37** If anybody thinks he is a prophet or spiritually gifted, let him acknowledge that what I am writing to you is the Lord's command. **38** If he ignores this, he himself will be ignored.ᵃ

39 Therefore, my brothers, be eager to prophesy, and do not forbid speaking in tongues. **40** But everything should be done in a fitting and orderly way.

The Resurrection of Christ

15 Now, brothers, I want to remind you of the gospel I preached to you, which you received and on which you have taken your stand. **2** By this gospel you are saved, if you hold firmly to the word I preached to you. Otherwise, you have believed in vain.

3 For what I received I passed on to you as of first importanceᵇ: that Christ died for our sins according to the Scriptures, **4** that he was buried, that he was raised on the third day according to the Scriptures, **5** and that he appeared to Peter,ᶜ and then to the Twelve. **6** After that, he appeared to more than five hundred of the brothers at the same time, most of whom are still living, though some have fallen asleep. **7** Then he appeared to James, then to all the apostles, **8** and last of all he appeared to me also, as to one abnormally born.

9 For I am the least of the apostles and do not even deserve to be called an apostle, because I persecuted the church of God. **10** But by the grace of God I am what I am, and his grace to me was not without effect. No, I worked harder than all of them—yet not I, but the grace of God that was with me. **11** Whether, then, it was I or they, this is what we preach, and this is what you believed.

The Resurrection of the Dead

12 But if it is preached that Christ has been raised from the dead, how can some of you say that there is no resurrection of the dead? **13** If there is no resurrection of the dead, then not even Christ has been raised. **14** And if Christ has not been raised, our preaching is useless and so is your faith. **15** More than that, we are then found to be false witnesses about God, for we have testified about God that he raised Christ from the dead. But he did not raise him if in fact the dead are not raised. **16** For if the dead are not raised, then Christ has not been raised either. **17** And if Christ has not been raised, your faith is futile; you are still in your sins. **18** Then those also who have fallen asleep in Christ are lost. **19** If only for this life we have hope in Christ, we are to be pitied more than all men.

20 But Christ has indeed been raised from the dead, the firstfruits of those who have fallen asleep. **21** For since death came through a man, the resurrection of the dead comes also through a man. **22** For as in Adam all die, so in Christ all will be made alive. **23** But each in his own turn: Christ, the firstfruits; then, when he comes, those who belong to him. **24** Then the end will come, when he hands over the kingdom to God the Father after he has destroyed all dominion, authority and power. **25** For he must reign until he has put all his enemies under his feet. **26** The last enemy to be destroyed is death. **27** For he "has put everything under his feet."ᵈ Now when it says that "everything" has been put under him, it is clear that this does not include God himself, who put everything under Christ. **28** When he has done this, then the Son himself will be made subject to him who put everything under him, so that God may be all in all.

29 Now if there is no resurrection, what will those do who are baptized for the dead? If the dead are not raised at all, why are people baptized for them? **30** And as for us, why do we

---

ᵃ**14.38** Alguns manuscritos dizem *Se ele ignora isso, deixe-o ignorar.* ᵇ**15.3** Ou *em primeira mão* ᶜ**15.20** Isto é, os primeiros frutos. ᵈ**15.27** Sl 8.6

ᵃ**14:38** Some manuscripts *If he is ignorant of this, let him be ignorant* ᵇ**15:3** Or *you at the first* ᶜ**15:5** Greek *Cephas* ᵈ**15:27** Psalm 8:6

nos expondo a perigos o tempo todo? **31** Todos os dias enfrento a morte, irmãos; isso digo pelo orgulho que tenho de vocês em Cristo Jesus, nosso Senhor. **32** Se foi por meras razões humanas que lutei com feras em Éfeso, que ganhei com isso? Se os mortos não ressuscitam,

"comamos e bebamos,
    porque amanhã morreremos"ª.

33 Não se deixem enganar: "As más companhias corrompem os bons costumes". **34** Como justos, recuperem o bom senso e parem de pecar; pois alguns há que não têm conhecimento de Deus; digo isso para vergonha de vocês.

O Corpo da Ressurreição

35 Mas alguém pode perguntar: "Como ressuscitam os mortos? Com que espécie de corpo virão?" **36** Insensato! O que você semeia não nasce a não ser que morra. **37** Quando você semeia, não semeia o corpo que virá a ser, mas apenas uma simples semente, como de trigo ou de alguma outra coisa. **38** Mas Deus lhe dá um corpo, como determinou, e a cada espécie de semente dá seu corpo apropriado. **39** Nem toda carne é a mesma: os homens têm uma espécie de carne, os animais têm outra, as aves outra, e os peixes outra. **40** Há corpos celestes e há também corpos terrestres; mas o esplendor dos corpos celestes é um, e o dos corpos terrestres é outro. **41** Um é o esplendor do sol, outro o da lua, e outro o das estrelas; e as estrelas diferem em esplendor umas das outras.

42 Assim será com a ressurreição dos mortos. O corpo que é semeado é perecível e ressuscita imperecível; **43** é semeado em desonra e ressuscita em glória; é semeado em fraqueza e ressuscita em poder; **44** é semeado um corpo natural e ressuscita um corpo espiritual.

Se há corpo natural, há também corpo espiritual. **45** Assim está escrito: "O primeiro homem, Adão, tornou-se um ser vivente"b; o último Adão, espírito vivificante. **46** Não foi o espiritual que veio antes, mas o natural; depois dele, o espiritual. **47** O primeiro homem era do pó da terra; o segundo homem, dos céus. **48** Os que são da terra são semelhantes ao homem terreno; os que são dos céus, ao homem celestial. **49** Assim como tivemos a imagem do homem terreno, teremosc também a imagem do homem celestial.

50 Irmãos, eu lhes declaro que carne e sangue não podem herdar o Reino de Deus, nem o que é perecível pode herdar o imperecível. **51** Eis que eu lhes digo um mistério: Nem todos dormiremos, mas todos seremos transformados, **52** num momento, num abrir e fechar de olhos, ao som da última trombeta. Pois a trombeta soará, os mortos ressuscitarão incorruptíveis e nós seremos transformados. **53** Pois é necessário que aquilo que é corruptível se revista de incorruptibilidade, e aquilo que é mortal, se revista de imortalidade. **54** Quando, porém, o que é corruptível se revestir de incorruptibilidade, e o que é mortal, de imortalidade, então se cumprirá a palavra que está escrita: "A morte foi destruída pela vitória"d.

55 "Onde está, ó morte,
    a sua vitória?
Onde está, ó morte,
    o seu aguilhão?"e

56 O aguilhão da morte é o pecado, e a força do pecado é a Lei. **57** Mas graças a Deus, que nos dá a vitória por meio de nosso Senhor Jesus Cristo.

58 Portanto, meus amados irmãos, mantenham-se firmes, e que nada os abale. Sejam sempre dedicados à obra do Senhor, pois vocês sabem que, no Senhor, o trabalho de vocês não será inútil.

A Coleta para o Povo de Deus

16 Quanto à coleta para o povo de Deus, façam como ordenei às igrejas da Galácia. **2** No primeiro dia

endanger ourselves every hour? **31** I die every day—I mean that, brothers—just as surely as I glory over you in Christ Jesus our Lord. **32** If I fought wild beasts in Ephesus for merely human reasons, what have I gained? If the dead are not raised,

"Let us eat and drink,
    for tomorrow we die."a

33 Do not be misled: "Bad company corrupts good character." **34** Come back to your senses as you ought, and stop sinning; for there are some who are ignorant of God—I say this to your shame.

The Resurrection Body

35 But someone may ask, "How are the dead raised? With what kind of body will they come?" **36** How foolish! What you sow does not come to life unless it dies. **37** When you sow, you do not plant the body that will be, but just a seed, perhaps of wheat or of something else. **38** But God gives it a body as he has determined, and to each kind of seed he gives its own body. **39** All flesh is not the same: Men have one kind of flesh, animals have another, birds another and fish another. **40** There are also heavenly bodies and there are earthly bodies; but the splendor of the heavenly bodies is one kind, and the splendor of the earthly bodies is another. **41** The sun has one kind of splendor, the moon another and the stars another; and star differs from star in splendor.

42 So will it be with the resurrection of the dead. The body that is sown is perishable, it is raised imperishable; **43** it is sown in dishonor, it is raised in glory; it is sown in weakness, it is raised in power; **44** it is sown a natural body, it is raised a spiritual body.

If there is a natural body, there is also a spiritual body. **45** So it is written: "The first man Adam became a living being"b; the last Adam, a life-giving spirit. **46** The spiritual did not come first, but the natural, and after that the spiritual. **47** The first man was of the dust of the earth, the second man from heaven. **48** As was the earthly man, so are those who are of the earth; and as is the man from heaven, so also are those who are of heaven. **49** And just as we have borne the likeness of the earthly man, so shall wec bear the likeness of the man from heaven.

50 I declare to you, brothers, that flesh and blood cannot inherit the kingdom of God, nor does the perishable inherit the imperishable. **51** Listen, I tell you a mystery: We will not all sleep, but we will all be changed— **52** in a flash, in the twinkling of an eye, at the last trumpet. For the trumpet will sound, the dead will be raised imperishable, and we will be changed. **53** For the perishable must clothe itself with the imperishable, and the mortal with immortality. **54** When the perishable has been clothed with the imperishable, and the mortal with immortality, then the saying that is written will come true: "Death has been swallowed up in victory."d

55 "Where, O death, is your victory?
    Where, O death, is your sting?"e

56 The sting of death is sin, and the power of sin is the law. **57** But thanks be to God! He gives us the victory through our Lord Jesus Christ.

58 Therefore, my dear brothers, stand firm. Let nothing move you. Always give yourselves fully to the work of the Lord, because you know that your labor in the Lord is not in vain.

The Collection for God's People

16 Now about the collection for God's people: Do what I told the Galatian churches to do. **2** On the first

---

ª15.32 Is 22.13 b15.45 Gn 2.7 c15.49 Alguns manuscritos dizem *tenhamos*. d15.54 Is 25.8 e15.55 Os 13.14

a15.32 Isaiah 22:13 b15.45 Gen. 2:7 c15.49 Some early manuscripts *so let us* d15.54 Isaiah 25:8 e15.55 Hosea 13:14

da semana, cada um de vocês separe uma quantia, de acordo com a sua renda, reservando-a para que não seja preciso fazer coletas quando eu chegar. ³Então, quando eu chegar, entregarei cartas de recomendação aos homens que vocês aprovarem e os mandarei para Jerusalém com a oferta de vocês. ⁴Se me parecer conveniente ir também, eles me acompanharão.

Pedidos Pessoais

⁵Depois de passar pela Macedônia irei visitá-los, já que passarei por lá. ⁶Talvez eu permaneça com vocês durante algum tempo, ou até mesmo passe o inverno com vocês, para que me ajudem na viagem, aonde quer que eu vá. ⁷Desta vez não quero apenas vê-los e fazer uma visita de passagem; espero ficar algum tempo com vocês, se o Senhor permitir. ⁸Mas permanecerei em Éfeso até o Pentecoste, ⁹porque se abriu para mim uma porta ampla e promissora; e há muitos adversários.

¹⁰Se Timóteo for, tomem providências para que ele não tenha nada que temer enquanto estiver com vocês, pois ele trabalha na obra do Senhor, assim como eu. ¹¹Portanto, ninguém o despreze. Ajudem-no a prosseguir viagem em paz, para que ele possa voltar a mim. Eu o estou esperando com os irmãos.

¹²Quanto ao irmão Apolo, insisti que fosse com os irmãos visitar vocês. Ele não quis de modo nenhum ir agora, mas irá quando tiver boa oportunidade.

¹³Estejam vigilantes, mantenham-se firmes na fé, sejam homens de coragem, sejam fortes. ¹⁴Façam tudo com amor.

¹⁵Vocês sabem que os da casa de Estéfanas foram o primeiro fruto da Acaia e que eles têm se dedicado ao serviço dos santos. Recomendo-lhes, irmãos, ¹⁶que se submetam a pessoas como eles e a todos os que cooperam e trabalham conosco. ¹⁷Alegrei-me com a vinda de Estéfanas, Fortunato e Acaico, porque eles supriram o que estava faltando da parte de vocês. ¹⁸Eles trouxeram alívio ao meu espírito, e ao de vocês também. Valorizem homens como estes.

Saudações Finais

¹⁹As igrejas da província da Ásia enviam-lhes saudações. Áquila e Priscilaᵃ os saúdam afetuosamente no Senhor, e também a igreja que se reúne na casa deles. ²⁰Todos os irmãos daqui lhes enviam saudações. Saúdem uns aos outros com beijo santo.

²¹Eu, Paulo, escrevi esta saudação de próprio punho.

²²Se alguém não ama o Senhor, seja amaldiçoado. Vem, Senhorᵇ!

²³A graça do Senhor Jesus seja com vocês.

²⁴Recebam o amor que tenho por todos vocês em Cristo Jesus. Amém.ᶜ

2Coríntios

1 Paulo, apóstolo de Cristo Jesus pela vontade de Deus, e o irmão Timóteo,

à igreja de Deus que está em Corinto, com todos os santos de toda a Acaia:

²A vocês, graça e paz da parte de Deus nosso Pai e do Senhor Jesus Cristo.

Deus é o Nosso Consolador

³Bendito seja o Deus e Pai de nosso Senhor Jesus Cristo, Pai das misericórdias e Deus de toda consolação, ⁴que nos consola em todas as nossas tribulações, para que, com a consolação que recebemos de Deusᵈ, possamos consolar os que estão passando por tribulações. ⁵Pois assim como os sofrimentos de Cristo transbordam sobre nós, também por meio de Cristo transborda a nossa consolação. ⁶Se somos atribulados, é para consolação e salvação de vocês; se somos consolados, é para

day of every week, each one of you should set aside a sum of money in keeping with his income, saving it up, so that when I come no collections will have to be made. ³Then, when I arrive, I will give letters of introduction to the men you approve and send them with your gift to Jerusalem. ⁴If it seems advisable for me to go also, they will accompany me.

Personal Requests

⁵After I go through Macedonia, I will come to you-for I will be going through Macedonia. ⁶Perhaps I will stay with you awhile, or even spend the winter, so that you can help me on my journey, wherever I go. ⁷I do not want to see you now and make only a passing visit; I hope to spend some time with you, if the Lord permits. ⁸But I will stay on at Ephesus until Pentecost, ⁹because a great door for effective work has opened to me, and there are many who oppose me.

¹⁰If Timothy comes, see to it that he has nothing to fear while he is with you, for he is carrying on the work of the Lord, just as I am. ¹¹No one, then, should refuse to accept him. Send him on his way in peace so that he may return to me. I am expecting him along with the brothers.

¹²Now about our brother Apollos: I strongly urged him to go to you with the brothers. He was quite unwilling to go now, but he will go when he has the opportunity.

¹³Be on your guard; stand firm in the faith; be men of courage; be strong. ¹⁴Do everything in love.

¹⁵You know that the household of Stephanas were the first converts in Achaia, and they have devoted themselves to the service of the saints. I urge you, brothers, ¹⁶to submit to such as these and to everyone who joins in the work, and labors at it. ¹⁷I was glad when Stephanas, Fortunatus and Achaicus arrived, because they have supplied what was lacking from you. ¹⁸For they refreshed my spirit and yours also. Such men deserve recognition.

Final Greetings

¹⁹The churches in the province of Asia send you greetings. Aquila and Priscilaᵃ greet you warmly in the Lord, and so does the church that meets at their house. ²⁰All the brothers here send you greetings. Greet one another with a holy kiss.

²¹I, Paul, write this greeting in my own hand.

²²If anyone does not love the Lord—a curse be on him. Come, O Lordᵇ!

²³The grace of the Lord Jesus be with you.

²⁴My love to all of you in Christ Jesus. Amen.ᶜ

2Corinthians

1 Paul, an apostle of Christ Jesus by the will of God, and Timothy our brother,

To the church of God in Corinth, together with all the saints throughout Achaia:

²Grace and peace to you from God our Father and the Lord Jesus Christ.

The God of All Comfort

³Praise be to the God and Father of our Lord Jesus Christ, the Father of compassion and the God of all comfort, ⁴who comforts us in all our troubles, so that we can comfort those in any trouble with the comfort we ourselves have received from God. ⁵For just as the sufferings of Christ flow over into our lives, so also through Christ our comfort overflows. ⁶If we are distressed, it is for your comfort and salvation; if we are

---

ᵃ16.19 Grego: *Prisca*, variante de *Priscila*. ᵇ16.22 Em aramaico a expressão *Vem, Senhor* é *Maranatha*. ᶜ16.24 Alguns manuscritos não trazem *Amém.*ᵈ1.4 Grego: *com a consolação com que fomos consolados.*

ᵃ16:19 Greek *Prisca*, a variant of *Priscilla* ᵇ16:22 In Aramaic the expression *Come, O Lord* is *Marana tha.* ᶜ16:24 Some manuscripts do not have *Amen.*

consolação de vocês, a qual lhes dá paciência para suportarem os mesmos sofrimentos que nós estamos padecendo. **7** E a nossa esperança em relação a vocês está firme, porque sabemos que, da mesma forma como vocês participam dos nossos sofrimentos, participam também da nossa consolação.

8 Irmãos, não queremos que vocês desconheçam as tribulações que sofremos na província da Ásia, as quais foram muito além da nossa capacidade de suportar, ao ponto de perdermos a esperança da própria vida. **9** De fato, já tínhamos sobre nós a sentença de morte, para que não confiássemos em nós mesmos, mas em Deus, que ressuscita os mortos. **10** Ele nos livrou e continuará nos livrando de tal perigo de morte. Nele temos colocado a nossa esperança de que continuará a livrar-nos, **11** enquanto vocês nos ajudam com as suas orações. Assim muitos darão graças por nossa causaª, pelo favor a nós concedido em resposta às orações de muitos.

Paulo Muda seus Planos

12 Este é o nosso orgulho: A nossa consciência dá testemunho de que nos temos conduzido no mundo, especialmente em nosso relacionamento com vocês, com santidade e sinceridade provenientes de Deus, não de acordo com a sabedoria do mundo, mas de acordo com a graça de Deus. **13** Pois nada lhes escrevemos que vocês não sejam capazes de ler ou entender. E espero que, **14** assim como vocês nos entenderam em parte, venham a entender plenamente que podem orgulhar-se de nós, assim como nos orgulharemos de vocês no dia do Senhor Jesus.

15 Confiando nisso, e para que vocês fossem duplamente beneficiados, planejava primeiro visitá-los **16** em minha ida à Macedônia e voltar a vocês vindo de lá, para que me ajudassem em minha viagem para a Judéia. **17** Quando planejei isso, será que o fiz levianamente? Ou será que faço meus planos de modo mundanoᵇ, dizendo ao mesmo tempo "sim" e "não"?

18 Todavia, como Deus é fiel, nossa mensagem a vocês não é "sim" e "não", **19** pois o Filho de Deus, Jesus Cristo, pregado entre vocês por mim e também por Silvanoᶜ e Timóteo, não foi "sim" e "não", mas nele sempre houve "sim"; **20** pois quantas forem as promessas feitas por Deus, tantas têm em Cristo o "sim". Por isso, por meio dele, o "Amém" é pronunciado por nós para a glória de Deus. **21** Ora, é Deus que faz que nós e vocês permaneçamos firmes em Cristo. Ele nos ungiu, **22** nos selou como sua propriedade e pôs o seu Espírito em nossos corações como garantia do que está por vir.

23 Invoco a Deus como testemunha de que foi a fim de poupá-los que não voltei a Corinto. **24** Não que tenhamos domínio sobre a sua fé, mas cooperamos com vocês para que tenham alegria, pois é pela fé que vocês permanecem firmes.

2 Por isso resolvi não lhes fazer outra visita que causasse tristeza. **2** Pois, se os entristeço, quem me alegrará senão vocês, a quem tenho entristecido? **3** Escrevi como escrevi para que, quando eu for, não seja entristecido por aqueles que deveriam alegrar-me. Estava confiante em que todos vocês compartilhariam da minha alegria. **4** Pois eu lhes escrevi com grande aflição e angústia de coração, e com muitas lágrimas, não para entristecê-los, mas para que soubessem como é profundo o meu amor por vocês.

Perdão para o Pecador

5 Se um de vocês tem causado tristeza, não a tem causado apenas a mim, mas também, em parte, para eu não ser demasiadamente severo, a todos vocês. **6** A punição que lhe foi imposta pela maioria é suficiente. **7** Agora, ao contrário, vocês devem perdoar-lhe e consolá-lo, para que ele não seja dominado por excessiva tristeza. **8** Portanto, eu lhes recomendo que reafirmem o amor que têm por ele. **9** Eu lhes escrevi com o propósito de saber se

comforted, it is for your comfort, which produces in you patient endurance of the same sufferings we suffer. **7** And our hope for you is firm, because we know that just as you share in our sufferings, so also you share in our comfort.

8 We do not want you to be uninformed, brothers, about the hardships we suffered in the province of Asia. We were under great pressure, far beyond our ability to endure, so that we despaired even of life. **9** Indeed, in our hearts we felt the sentence of death. But this happened that we might not rely on ourselves but on God, who raises the dead. **10** He has delivered us from such a deadly peril, and he will deliver us. On him we have set our hope that he will continue to deliver us, **11** as you help us by your prayers. Then many will give thanks on ourª behalf for the gracious favor granted us in answer to the prayers of many.

Paul's Change of Plans

12 Now this is our boast: Our conscience testifies that we have conducted ourselves in the world, and especially in our relations with you, in the holiness and sincerity that are from God. We have done so not according to worldly wisdom but according to God's grace. **13** For we do not write you anything you cannot read or understand. And I hope that, **14** as you have understood us in part, you will come to understand fully that you can boast of us just as we will boast of you in the day of the Lord Jesus.

15 Because I was confident of this, I planned to visit you first so that you might benefit twice. **16** I planned to visit you on my way to Macedonia and to come back to you from Macedonia, and then to have you send me on my way to Judea. **17** When I planned this, did I do it lightly? Or do I make my plans in a worldly manner so that in the same breath I say, "Yes, yes" and "No, no"?

18 But as surely as God is faithful, our message to you is not "Yes" and "No." **19** For the Son of God, Jesus Christ, who was preached among you by me and Silasᵇ and Timothy, was not "Yes" and "No," but in him it has always been "Yes." **20** For no matter how many promises God has made, they are "Yes" in Christ. And so through him the "Amen" is spoken by us to the glory of God. **21** Now it is God who makes both us and you stand firm in Christ. He anointed us, **22** set his seal of ownership on us, and put his Spirit in our hearts as a deposit, guaranteeing what is to come.

23 I call God as my witness that it was in order to spare you that I did not return to Corinth. **24** Not that we lord it over your faith, but we work with you for your joy, because it is by faith you stand firm.

2 So I made up my mind that I would not make another painful visit to you. **2** For if I grieve you, who is left to make me glad but you whom I have grieved? **3** I wrote as I did so that when I came I should not be distressed by those who ought to make me rejoice. I had confidence in all of you, that you would all share my joy. **4** For I wrote you out of great distress and anguish of heart and with many tears, not to grieve you but to let you know the depth of my love for you.

Forgiveness for the Sinner

5 If anyone has caused grief, he has not so much grieved me as he has grieved all of you, to some extent—not to put it too severely. **6** The punishment inflicted on him by the majority is sufficient for him. **7** Now instead, you ought to forgive and comfort him, so that he will not be overwhelmed by excessive sorrow. **8** I urge you, therefore, to reaffirm your love for him. **9** The reason I wrote you was to see if you would stand the test and

---

ª**1.11** Muitos manuscritos dizem *por causa de vocês*. ᵇ**1.17** Grego: *segundo a carne*. ᶜ**1.19** Ou *Silas*, variante de *Silvano*.

ª**1:11** Many manuscripts *your* ᵇ**1:19** Greek *Silvanus*, a variant of *Silas*

vocês seriam aprovados, isto é, se seriam obedientes em tudo. **10** Se vocês perdoam a alguém, eu também perdôo; e aquilo que perdoei, se é que havia alguma coisa para perdoar, perdoei na presença de Cristo, por amor a vocês, **11** a fim de que Satanás não tivesse vantagem sobre nós; pois não ignoramos as suas intenções.

Ministros da Nova Aliança

12 Quando cheguei a Trôade para pregar o evangelho de Cristo e vi que o Senhor me havia aberto uma porta, **13** ainda assim, não tive sossego em meu espírito, porque não encontrei ali meu irmão Tito. Por isso, despedi-me deles e fui para a Macedônia.

14 Mas graças a Deus, que sempre nos conduz vitoriosamente em Cristo e por nosso intermédio exala em todo lugar a fragrância do seu conhecimento; **15** porque para Deus somos o aroma de Cristo entre os que estão sendo salvos e os que estão perecendo. **16** Para estes somos cheiro de morte; para aqueles, fragrância de vida. Mas quem está capacitado para tanto? **17** Ao contrário de muitos, não negociamos a palavra de Deus visando lucro; antes, em Cristo falamos diante de Deus com sinceridade, como homens enviados por Deus.

3 Será que com isso estamos começando a nos recomendar a nós mesmos novamente? Será que precisamos, como alguns, de cartas de recomendação para vocês ou da parte de vocês? **2** Vocês mesmos são a nossa carta, escrita em nosso coração, conhecida e lida por todos. **3** Vocês demonstram que são uma carta de Cristo, resultado do nosso ministério, escrita não com tinta, mas com o Espírito do Deus vivo, não em tábuas de pedra, mas em tábuas de corações humanos.

4 Tal é a confiança que temos diante de Deus, por meio de Cristo. **5** Não que possamos reivindicar qualquer coisa com base em nossos próprios méritos, mas a nossa capacidade vem de Deus. **6** Ele nos capacitou para sermos ministros de uma nova aliança, não da letra, mas do Espírito; pois a letra mata, mas o Espírito vivifica.

A Glória da Nova Aliança

7 O ministério que trouxe a morte foi gravado com letras em pedras; mas esse ministério veio com tal glória que os israelitas não podiam fixar os olhos na face de Moisés, por causa do resplendor do seu rosto, ainda que desvanecente. **8** Não será o ministério do Espírito ainda muito mais glorioso? **9** Se era glorioso o ministério que trouxe condenação, quanto mais glorioso será o ministério que produz justificação! **10** Pois o que outrora foi glorioso, agora não tem glória, em comparação com a glória insuperável. **11** E se o que estava se desvanecendo se manifestou com glória, quanto maior será a glória do que permanece!

12 Portanto, visto que temos tal esperança, mostramos muita confiança. **13** Não somos como Moisés, que colocava um véu sobre a face para que os israelitas não contemplassem o resplendor que se desvanecia. **14** Na verdade a mente deles se fechou, pois até hoje o mesmo véu permanece quando é lida a antiga aliança. Não foi retirado, porque é somente em Cristo que ele é removido. **15** De fato, até o dia de hoje, quando Moisés é lido, um véu cobre os seus corações. **16** Mas quando alguém se converte ao Senhor, o véu é retirado. **17** Ora, o Senhor é o Espírito e, onde está o Espírito do Senhor, ali há liberdade. **18** E todos nós, que com a face descoberta contemplamos[a] a glória do Senhor, segundo a sua imagem estamos sendo transformados com glória cada vez maior, a qual vem do Senhor, que é o Espírito.

be obedient in everything. **10** If you forgive anyone, I also forgive him. And what I have forgiven—if there was anything to forgive—I have forgiven in the sight of Christ for your sake, **11** in order that Satan might not outwit us. For we are not unaware of his schemes.

Ministers of the New Covenant

12 Now when I went to Troas to preach the gospel of Christ and found that the Lord had opened a door for me, **13** I still had no peace of mind, because I did not find my brother Titus there. So I said good-by to them and went on to Macedonia.

14 But thanks be to God, who always leads us in triumphal procession in Christ and through us spreads everywhere the fragrance of the knowledge of him. **15** For we are to God the aroma of Christ among those who are being saved and those who are perishing. **16** To the one we are the smell of death; to the other, the fragrance of life. And who is equal to such a task? **17** Unlike so many, we do not peddle the word of God for profit. On the contrary, in Christ we speak before God with sincerity, like men sent from God.

3 Are we beginning to commend ourselves again? Or do we need, like some people, letters of recommendation to you or from you? **2** You yourselves are our letter, written on our hearts, known and read by everybody. **3** You show that you are a letter from Christ, the result of our ministry, written not with ink but with the Spirit of the living God, not on tablets of stone but on tablets of human hearts.

4 Such confidence as this is ours through Christ before God. **5** Not that we are competent in ourselves to claim anything for ourselves, but our competence comes from God. **6** He has made us competent as ministers of a new covenant—not of the letter but of the Spirit; for the letter kills, but the Spirit gives life.

The Glory of the New Covenant

7 Now if the ministry that brought death, which was engraved in letters on stone, came with glory, so that the Israelites could not look steadily at the face of Moses because of its glory, fading though it was, **8** will not the ministry of the Spirit be even more glorious? **9** If the ministry that condemns men is glorious, how much more glorious is the ministry that brings righteousness! **10** For what was glorious has no glory now in comparison with the surpassing glory. **11** And if what was fading away came with glory, how much greater is the glory of that which lasts!

12 Therefore, since we have such a hope, we are very bold. **13** We are not like Moses, who would put a veil over his face to keep the Israelites from gazing at it while the radiance was fading away. **14** But their minds were made dull, for to this day the same veil remains when the old covenant is read. It has not been removed, because only in Christ is it taken away. **15** Even to this day when Moses is read, a veil covers their hearts. **16** But whenever anyone turns to the Lord, the veil is taken away. **17** Now the Lord is the Spirit, and where the Spirit of the Lord is, there is freedom. **18** And we, who with unveiled faces all reflect[a] the Lord's glory, are being transformed into his likeness with ever-increasing glory, which comes from the Lord, who is the Spirit.

---

[a]**3.18** Ou *refletimos*   [a]**3.18** Or *contemplate*

Tesouros em Vasos de Barro

4 Portanto, visto que temos este ministério pela misericórdia que nos foi dada, não desanimamos. ² Antes, renunciamos aos procedimentos secretos e vergonhosos; não usamos de engano, nem torcemos a palavra de Deus. Ao contrário, mediante a clara exposição da verdade, recomendamo-nos à consciência de todos, diante de Deus. ³ Mas se o nosso evangelho está encoberto, para os que estão perecendo é que está encoberto. ⁴ O deus desta era cegou o entendimento dos descrentes, para que não vejam a luz do evangelho da glória de Cristo, que é a imagem de Deus. ⁵ Mas não pregamos a nós mesmos, mas a Jesus Cristo, o Senhor, e a nós como escravos de vocês, por causa de Jesus. ⁶ Pois Deus, que disse: "Das trevas resplandeça a luz"ᵃ, ele mesmo brilhou em nossos corações, para iluminação do conhecimento da glória de Deus na face de Cristo.

⁷ Mas temos esse tesouro em vasos de barro, para mostrar que este poder que a tudo excede provém de Deus, e não de nós. ⁸ De todos os lados somos pressionados, mas não desanimados; ficamos perplexos, mas não desesperados; ⁹ somos perseguidos, mas não abandonados; abatidos, mas não destruídos. ¹⁰ Trazemos sempre em nosso corpo o morrer de Jesus, para que a vida de Jesus também seja revelada em nosso corpo. ¹¹ Pois nós, que estamos vivos, somos sempre entregues à morte por amor a Jesus, para que a sua vida também se manifeste em nosso corpo mortal. ¹² De modo que em nós atua a morte; mas em vocês, a vida.

¹³ Está escrito: "Cri, por isso falei"ᵇ. Com esse mesmo espírito de fé nós também cremos e, por isso, falamos, ¹⁴ porque sabemos que aquele que ressuscitou o Senhor Jesus dentre os mortos, também nos ressuscitará com Jesus e nos apresentará com vocês. ¹⁵ Tudo isso é para o bem de vocês, para que a graça, que está alcançando um número cada vez maior de pessoas, faça que transbordem as ações de graças para a glória de Deus.

¹⁶ Por isso não desanimamos. Embora exteriormente estejamos a desgastar-nos, interiormente estamos sendo renovados dia após dia, ¹⁷ pois os nossos sofrimentos leves e momentâneos estão produzindo para nós uma glória eterna que pesa mais do que todos eles. ¹⁸ Assim, fixamos os olhos, não naquilo que se vê, mas no que não se vê, pois o que se vê é transitório, mas o que não se vê é eterno.

Nossa Habitação Celestial

5 Sabemos que, se for destruída a temporária habitação terrena em que vivemos, temos da parte de Deus um edifício, uma casa eterna nos céus, não construída por mãos humanas. ² Enquanto isso, gememos, desejando ser revestidos da nossa habitação celestial, ³ porque, estando vestidos, não seremos encontrados nus. ⁴ Pois, enquanto estamos nesta casa, gememos e nos angustiamos, porque não queremos ser despidos, mas revestidos da nossa habitação celestial, para que aquilo que é mortal seja absorvido pela vida. ⁵ Foi Deus que nos preparou para esse propósito, dando-nos o Espírito como garantia do que está por vir.

⁶ Portanto, temos sempre confiança e sabemos que, enquanto estamos no corpo, estamos longe do Senhor. ⁷ Porque vivemos por fé, e não pelo que vemos. ⁸ Temos, pois, confiança e preferimos estar ausentes do corpo e habitar com o Senhor. ⁹ Por isso, temos o propósito de lhe agradar, quer estejamos no corpo, quer o deixemos. ¹⁰ Pois todos nós devemos comparecer perante o tribunal de Cristo, para que cada um receba de acordo com as obras praticadas por meio do corpo, quer sejam boas quer sejam más.

O Ministério da Reconciliação

¹¹ Uma vez que conhecemos o temor ao Senhor, procuramos persuadir os homens. O que somos está manifesto diante de Deus, e esperamos que esteja manifesto também diante da consciência de vocês. ¹² Não estamos tentando novamente recomendar-nos a

Treasures in Jars of Clay

4 Therefore, since through God's mercy we have this ministry, we do not lose heart. ² Rather, we have renounced secret and shameful ways; we do not use deception, nor do we distort the word of God. On the contrary, by setting forth the truth plainly we commend ourselves to every man's conscience in the sight of God. ³ And even if our gospel is veiled, it is veiled to those who are perishing. ⁴ The god of this age has blinded the minds of unbelievers, so that they cannot see the light of the gospel of the glory of Christ, who is the image of God. ⁵ For we do not preach ourselves, but Jesus Christ as Lord, and ourselves as your servants for Jesus' sake. ⁶ For God, who said, "Let light shine out of darkness,"ᵃ made his light shine in our hearts to give us the light of the knowledge of the glory of God in the face of Christ.

⁷ But we have this treasure in jars of clay to show that this all-surpassing power is from God and not from us. ⁸ We are hard pressed on every side, but not crushed; perplexed, but not in despair; ⁹ persecuted, but not abandoned; struck down, but not destroyed. ¹⁰ We always carry around in our body the death of Jesus, so that the life of Jesus may also be revealed in our body. ¹¹ For we who are alive are always being given over to death for Jesus' sake, so that his life may be revealed in our mortal body. ¹² So then, death is at work in us, but life is at work in you.

¹³ It is written: "I believed; therefore I have spoken."ᵇ With that same spirit of faith we also believe and therefore speak, ¹⁴ because we know that the one who raised the Lord Jesus from the dead will also raise us with Jesus and present us with you in his presence. ¹⁵ All this is for your benefit, so that the grace that is reaching more and more people may cause thanksgiving to overflow to the glory of God.

¹⁶ Therefore we do not lose heart. Though outwardly we are wasting away, yet inwardly we are being renewed day by day. ¹⁷ For our light and momentary troubles are achieving for us an eternal glory that far outweighs them all. ¹⁸ So we fix our eyes not on what is seen, but on what is unseen. For what is seen is temporary, but what is unseen is eternal.

Our Heavenly Dwelling

5 Now we know that if the earthly tent we live in is destroyed, we have a building from God, an eternal house in heaven, not built by human hands. ² Meanwhile we groan, longing to be clothed with our heavenly dwelling, ³ because when we are clothed, we will not be found naked. ⁴ For while we are in this tent, we groan and are burdened, because we do not wish to be unclothed but to be clothed with our heavenly dwelling, so that what is mortal may be swallowed up by life. ⁵ Now it is God who has made us for this very purpose and has given us the Spirit as a deposit, guaranteeing what is to come.

⁶ Therefore we are always confident and know that as long as we are at home in the body we are away from the Lord. ⁷ We live by faith, not by sight. ⁸ We are confident, I say, and would prefer to be away from the body and at home with the Lord. ⁹ So we make it our goal to please him, whether we are at home in the body or away from it. ¹⁰ For we must all appear before the judgment seat of Christ, that each one may receive what is due him for the things done while in the body, whether good or bad.

The Ministry of Reconciliation

¹¹ Since, then, we know what it is to fear the Lord, we try to persuade men. What we are is plain to God, and I hope it is also plain to your conscience. ¹² We are not trying to com-

ᵃ4.6 Gn 1.3 ᵇ4.13 Sl 116.10   ᵃ4:6 Gen. 1:3 ᵇ4:13 Psalm 116:10

vocês, porém lhes estamos dando a oportunidade de exultarem em nós, para que tenham o que responder aos que se vangloriam das aparências e não do que está no coração. 13 Se enlouquecemos, é por amor a Deus; se conservamos o juízo, é por amor a vocês. 14 Pois o amor de Cristo nos constrange, porque estamos convencidos de que um morreu por todos; logo, todos morreram. 15 E ele morreu por todos para que aqueles que vivem já não vivam mais para si mesmos, mas para aquele que por eles morreu e ressuscitou.

16 De modo que, de agora em diante, a ninguém mais consideramos do ponto de vista humanoª. Ainda que antes tenhamos considerado Cristo dessa forma, agora já não o consideramos assim. 17 Portanto, se alguém está em Cristo, é nova criação. As coisas antigas já passaram; eis que surgiram coisas novas!b 18 Tudo isso provém de Deus, que nos reconciliou consigo mesmo por meio de Cristo e nos deu o ministério da reconciliação, 19 ou seja, que Deus em Cristo estava reconciliando consigo o mundo, não levando em conta os pecados dos homens, e nos confiou a mensagem da reconciliação. 20 Portanto, somos embaixadores de Cristo, como se Deus estivesse fazendo o seu apelo por nosso intermédio. Por amor a Cristo lhes suplicamos: Reconciliem-se com Deus. 21 Deus tornou pecadoc por nós aquele que não tinha pecado, para que nele nos tornássemos justiça de Deus.

6 Como cooperadores de Deus, insistimos com vocês para não receberem em vão a graça de Deus. 2 Pois ele diz:

"Eu o ouvi no tempo favorável
    e o socorri no dia da salvação"d.

Digo-lhes que agora é o tempo favorável, agora é o dia da salvação!

Os Sofrimentos de Paulo

3 Não damos motivo de escândalo a ninguém, em circunstância alguma, para que o nosso ministério não caia em descrédito. 4 Ao contrário, como servos de Deus, recomendamo-nos de todas as formas: em muita perseverança; em sofrimentos, privações e tristezas; 5 em açoites, prisões e tumultos; em trabalhos árduos, noites sem dormir e jejuns; 6 em pureza, conhecimento, paciência e bondade; no Espírito Santo e no amor sincero; 7 na palavra da verdade e no poder de Deus; com as armas da justiça, quer de ataque, quer de defesaª; 8 por honra e por desonra; por difamação e por boa fama; tidos por enganadores, sendo verdadeiros; 9 como desconhecidos, apesar de bem conhecidos; como morrendo, mas eis que vivemos; espancados, mas não mortos; 10 entristecidos, mas sempre alegres; pobres, mas enriquecendo muitos outros; nada tendo, mas possuindo tudo.

11 Falamos abertamente a vocês, coríntios, e lhes abrimos todo o nosso coração! 12 Não lhes estamos limitando nosso afeto, mas vocês estão limitando o afeto que têm por nós. 13 Numa justa compensação, falo como a meus filhos, abram também o coração para nós!

O Problema da Associação com os Descrentes

14 Não se ponham em jugo desigual com descrentes. Pois o que têm em comum a justiça e a maldade? Ou que comunhão pode ter a luz com as trevas? 15 Que harmonia existe entre Cristo e Belial? Que há de comum entre o crente e o descrente? 16 Que acordo há entre o templo de Deus e os ídolos? Pois somos santuário do Deus vivo. Como disse Deus:

"Habitarei com eles
    e entre eles andarei;
serei o seu Deus,
    e eles serão o meu povo"f.

mend ourselves to you again, but are giving you an opportunity to take pride in us, so that you can answer those who take pride in what is seen rather than in what is in the heart. 13 If we are out of our mind, it is for the sake of God; if we are in our right mind, it is for you. 14 For Christ's love compels us, because we are convinced that one died for all, and therefore all died. 15 And he died for all, that those who live should no longer live for themselves but for him who died for them and was raised again.

16 So from now on we regard no one from a worldly point of view. Though we once regarded Christ in this way, we do so no longer. 17 Therefore, if anyone is in Christ, he is a new creation; the old has gone, the new has come! 18 All this is from God, who reconciled us to himself through Christ and gave us the ministry of reconciliation: 19 that God was reconciling the world to himself in Christ, not counting men's sins against them. And he has committed to us the message of reconciliation. 20 We are therefore Christ's ambassadors, as though God were making his appeal through us. We implore you on Christ's behalf: Be reconciled to God. 21 God made him who had no sin to be sinª for us, so that in him we might become the righteousness of God.

6 As God's fellow workers we urge you not to receive God's grace in vain. 2 For he says,

"In the time of my favor I heard you,
    and in the day of salvation I helped you."b

I tell you, now is the time of God's favor, now is the day of salvation.

Paul's Hardships

3 We put no stumbling block in anyone's path, so that our ministry will not be discredited. 4 Rather, as servants of God we commend ourselves in every way: in great endurance; in troubles, hardships and distresses; 5 in beatings, imprisonments and riots; in hard work, sleepless nights and hunger; 6 in purity, understanding, patience and kindness; in the Holy Spirit and in sincere love; 7 in truthful speech and in the power of God; with weapons of righteousness in the right hand and in the left; 8 through glory and dishonor, bad report and good report; genuine, yet regarded as impostors; 9 known, yet regarded as unknown; dying, and yet we live on; beaten, and yet not killed; 10 sorrowful, yet always rejoicing; poor, yet making many rich; having nothing, and yet possessing everything.

11 We have spoken freely to you, Corinthians, and opened wide our hearts to you. 12 We are not withholding our affection from you, but you are withholding yours from us. 13 As a fair exchange—I speak as to my children—open wide your hearts also.

Do Not Be Yoked With Unbelievers

14 Do not be yoked together with unbelievers. For what do righteousness and wickedness have in common? Or what fellowship can light have with darkness? 15 What harmony is there between Christ and Belialc? What does a believer have in common with an unbeliever? 16 What agreement is there between the temple of God and idols? For we are the temple of the living God. As God has said: "I will live with them and walk among them, and I will be their God, and they will be my people."d

---

ª5.16 Grego: segundo a carne. b5.17 Vários manuscritos dizem eis que tudo se fez novo!c5.21 Ou uma oferta pelo pecado d6.2 Is 49.8 e6.7 Grego: à direita e à esquerda. f6.16 Lv 26.12; Jr 32.38; Ez 37.27

ª5:21 Or be a sin offering b6:2 Isaiah 49:8 c6:15 Greek Beliar, a variant of Belial d6:16 Lev. 26:12; Jer. 32:38; Ezek. 37:27

17 Portanto,

"saiam do meio deles
e separem-se",
    diz o Senhor.
"Não toquem
    em coisas impuras,
e eu os receberei"ª

18 "e lhes serei Pai,
e vocês serão meus filhos
    e minhas filhas",
    diz o Senhor todo-poderosob.

7 Amados, visto que temos essas promessas, purifiquemo-nos de tudo o que contamina o corpoc e o espírito, aperfeiçoando a santidade no temor de Deus.

A Alegria de Paulo

2 Concedam-nos lugar no coração de vocês. A ninguém prejudicamos, a ninguém causamos dano, a ninguém exploramos. **3** Não digo isso para condená-los; já lhes disse que vocês estão em nosso coração para juntos morrermos ou vivermos. **4** Tenho grande confiança em vocês, e de vocês tenho muito orgulho. Sinto-me bastante encorajado; minha alegria transborda em todas as tribulações.

5 Pois, quando chegamos à Macedônia, não tivemos nenhum descanso, mas fomos atribulados de toda forma: conflitos externos, temores internos. **6** Deus, porém, que consola os abatidos, consolou-nos com a chegada de Tito, **7** e não apenas com a vinda dele, mas também com a consolação que vocês lhe deram. Ele nos falou da saudade, da tristeza e da preocupação de vocês por mim, de modo que a minha alegria se tornou ainda maior.

8 Mesmo que a minha carta lhes tenha causado tristeza, não me arrependo. É verdade que a princípio me arrependi, pois percebi que a minha carta os entristeceu, ainda que por pouco tempo. **9** Agora, porém, me alegro, não porque vocês foram entristecidos, mas porque a tristeza os levou ao arrependimento. Pois vocês se entristeceram como Deus desejava, e de forma alguma foram prejudicados por nossa causa. **10** A tristeza segundo Deus não produz remorso, mas sim um arrependimento que leva à salvação, e a tristeza segundo o mundo produz morte. **11** Vejam o que esta tristeza segundo Deus produziu em vocês: que dedicação, que desculpas, que indignação, que temor, que saudade, que preocupação, que desejo de ver a justiça feita! Em tudo vocês se mostraram inocentes a esse respeito. **12** Assim, se lhes escrevi, não foi por causa daquele que cometeu o erro nem daquele que foi prejudicado, mas para que diante de Deus vocês pudessem ver por si próprios como são dedicados a nós. **13** Por isso tudo fomos revigorados.

Além de encorajados, ficamos mais contentes ainda ao ver como Tito estava alegre, porque seu espírito recebeu refrigério de todos vocês. **14** Eu lhe tinha dito que estava orgulhoso de vocês, e vocês não me decepcionaram. Da mesma forma como era verdade tudo o que lhes dissemos, o orgulho que temos de vocês diante de Tito também mostrou-se verdadeiro. **15** E a afeição dele por vocês fica maior ainda, quando lembra que todos vocês foram obedientes, recebendo-o com temor e tremor. **16** Alegro-me por poder ter plena confiança em vocês.

Incentivo à Contribuição

8 Agora, irmãos, queremos que vocês tomem conhecimento da graça que Deus concedeu às igrejas da Macedônia. **2** No meio da mais severa tribulação, a grande alegria e a extrema pobreza deles transbordaram em rica generosidade. **3** Pois dou testemunho de que eles deram tudo quanto podiam, e até além do que podiam. Por iniciativa própria **4** eles nos suplica-

17 "Therefore come out from them
and be separate,
                    says the Lord.
Touch no unclean thing,
    and I will receive you."ª
18 "I will be a Father to you,
and you will be my sons and daughters,
                    says the Lord Almighty."b

7 Since we have these promises, dear friends, let us purify ourselves from everything that contaminates body and spirit, perfecting holiness out of reverence for God.

Paul's Joy

2 Make room for us in your hearts. We have wronged no one, we have corrupted no one, we have exploited no one. **3** I do not say this to condemn you; I have said before that you have such a place in our hearts that we would live or die with you. **4** I have great confidence in you; I take great pride in you. I am greatly encouraged; in all our troubles my joy knows no bounds.

5 For when we came into Macedonia, this body of ours had no rest, but we were harassed at every turn—conflicts on the outside, fears within. **6** But God, who comforts the downcast, comforted us by the coming of Titus, **7** and not only by his coming but also by the comfort you had given him. He told us about your longing for me, your deep sorrow, your ardent concern for me, so that my joy was greater than ever.

8 Even if I caused you sorrow by my letter, I do not regret it. Though I did regret it—I see that my letter hurt you, but only for a little while— **9** yet now I am happy, not because you were made sorry, but because your sorrow led you to repentance. For you became sorrowful as God intended and so were not harmed in any way by us. **10** Godly sorrow brings repentance that leads to salvation and leaves no regret, but worldly sorrow brings death. **11** See what this godly sorrow has produced in you: what earnestness, what eagerness to clear yourselves, what indignation, what alarm, what longing, what concern, what readiness to see justice done. At every point you have proved yourselves to be innocent in this matter. **12** So even though I wrote to you, it was not on account of the one who did the wrong or of the injured party, but rather that before God you could see for yourselves how devoted to us you are. **13** By all this we are encouraged.

In addition to our own encouragement, we were especially delighted to see how happy Titus was, because his spirit has been refreshed by all of you. **14** I had boasted to him about you, and you have not embarrassed me. But just as everything we said to you was true, so our boasting about you to Titus has proved to be true as well. **15** And his affection for you is all the greater when he remembers that you were all obedient, receiving him with fear and trembling. **16** I am glad I can have complete confidence in you.

Generosity Encouraged

8 And now, brothers, we want you to know about the grace that God has given the Macedonian churches. **2** Out of the most severe trial, their overflowing joy and their extreme poverty welled up in rich generosity. **3** For I testify that they gave as much as they were able, and even beyond their ability. Entirely on their own, **4** they urgently pleaded with us

---

ª**6.17** Is 52.11; Ez 20.34,41 b**6.18** 2 Sm 7.8,14 c**7.1** Grego: *a carne.*

ª**6:17** Isaiah 52:11; Ezek. 20:34,41 b**6:18** 2 Samuel 7:14; 7:8

ram insistentemente o privilégio de participar da assistência aos santos. **5** E não somente fizeram o que esperávamos, mas entregaram-se primeiramente a si mesmos ao Senhor e, depois, a nós, pela vontade de Deus. **6** Assim, recomendamos a Tito que, assim como ele já havia começado, também completasse esse ato de graça da parte de vocês. **7** Todavia, assim como vocês se destacam em tudo: na fé, na palavra, no conhecimento, na dedicação completa e no amor que vocês têm por nós^a, destaquem-se também neste privilégio de contribuir.

8 Não lhes estou dando uma ordem, mas quero verificar a sinceridade do amor de vocês, comparando-o com a dedicação dos outros. **9** Pois vocês conhecem a graça de nosso Senhor Jesus Cristo que, sendo rico, se fez pobre por amor de vocês, para que por meio de sua pobreza vocês se tornassem ricos.

10 Este é meu conselho: convém que vocês contribuam, já que desde o ano passado vocês foram os primeiros, não somente a contribuir, mas também a propor esse plano. **11** Agora, completem a obra, para que a forte disposição de realizá-la seja igualada pelo zelo em concluí-la, de acordo com os bens que vocês possuem. **12** Porque, se há prontidão, a contribuição é aceitável de acordo com aquilo que alguém tem, e não de acordo com o que não tem.

13 Nosso desejo não é que outros sejam aliviados enquanto vocês são sobrecarregados, mas que haja igualdade. **14** No presente momento, a fartura de vocês suprirá a necessidade deles, para que, por sua vez, a fartura deles supra a necessidade de vocês. Então haverá igualdade, **15** como está escrito: "Quem tinha recolhido muito não teve demais, e não faltou a quem tinha recolhido pouco"^b.

A Coleta para os Crentes da Judéia

16 Agradeço a Deus ter ele posto no coração de Tito o mesmo cuidado que tenho por vocês, **17** pois Tito não apenas aceitou o nosso pedido, mas está indo até vocês, com muito entusiasmo e por iniciativa própria. **18** Com ele estamos enviando o irmão que é recomendado por todas as igrejas por seu serviço no evangelho. **19** Não só por isso, mas ele também foi escolhido pelas igrejas para nos acompanhar quando formos ministrar esta doação, o que fazemos para honrar o próprio Senhor e mostrar a nossa disposição. **20** Queremos evitar que alguém nos critique quanto ao nosso modo de administrar essa generosa oferta, **21** pois estamos tendo o cuidado de fazer o que é correto, não apenas aos olhos do Senhor, mas também aos olhos dos homens.

22 Além disso, estamos enviando com eles o nosso irmão que muitas vezes e de muitas maneiras já nos provou que é muito dedicado, e agora ainda mais, por causa da grande confiança que ele tem em vocês. **23** Quanto a Tito, ele é meu companheiro e cooperador entre vocês; quanto a nossos irmãos, eles são representantes das igrejas e uma honra para Cristo. **24** Portanto, diante das demais igrejas, demonstrem a esses irmãos a prova do amor que vocês têm e a razão do orgulho que temos de vocês.

9 Não tenho necessidade de escrever-lhes a respeito dessa assistência aos santos. **2** Reconheço a sua disposição em ajudar e já mostrei aos macedônios o orgulho que tenho de vocês, dizendo-lhes que, desde o ano passado, vocês da Acaia estavam prontos a contribuir; e a dedicação de vocês motivou a muitos. **3** Contudo, estou enviando os irmãos para que o orgulho que temos de vocês a esse respeito não seja em vão, mas que vocês estejam preparados, como eu disse que estariam, **4** a fim de que, se alguns macedônios forem comigo e os encontrarem despreparados, nós, para não mencionar vocês, não fiquemos envergonhados por tanta confiança que tivemos. **5** Assim, achei necessário recomendar que os irmãos os visitem antes e concluam os preparativos para a contribuição que vocês prometeram. Então ela estará pronta como ofer-

for the privilege of sharing in this service to the saints. **5** And they did not do as we expected, but they gave themselves first to the Lord and then to us in keeping with God's will. **6** So we urged Titus, since he had earlier made a beginning, to bring also to completion this act of grace on your part. **7** But just as you excel in everything—in faith, in speech, in knowledge, in complete earnestness and in your love for us^a—see that you also excel in this grace of giving.

8 I am not commanding you, but I want to test the sincerity of your love by comparing it with the earnestness of others. **9** For you know the grace of our Lord Jesus Christ, that though he was rich, yet for your sakes he became poor, so that you through his poverty might become rich.

10 And here is my advice about what is best for you in this matter: Last year you were the first not only to give but also to have the desire to do so. **11** Now finish the work, so that your eager willingness to do it may be matched by your completion of it, according to your means. **12** For if the willingness is there, the gift is acceptable according to what one has, not according to what he does not have.

13 Our desire is not that others might be relieved while you are hard pressed, but that there might be equality. **14** At the present time your plenty will supply what they need, so that in turn their plenty will supply what you need. Then there will be equality, **15** as it is written: "He who gathered much did not have too much, and he who gathered little did not have too little."^b

Titus Sent to Corinth

16 I thank God, who put into the heart of Titus the same concern I have for you. **17** For Titus not only welcomed our appeal, but he is coming to you with much enthusiasm and on his own initiative. **18** And we are sending along with him the brother who is praised by all the churches for his service to the gospel. **19** What is more, he was chosen by the churches to accompany us as we carry the offering, which we administer in order to honor the Lord himself and to show our eagerness to help. **20** We want to avoid any criticism of the way we administer this liberal gift. **21** For we are taking pains to do what is right, not only in the eyes of the Lord but also in the eyes of men.

22 In addition, we are sending with them our brother who has often proved to us in many ways that he is zealous, and now even more so because of his great confidence in you. **23** As for Titus, he is my partner and fellow worker among you; as for our brothers, they are representatives of the churches and an honor to Christ. **24** Therefore show these men the proof of your love and the reason for our pride in you, so that the churches can see it.

9 There is no need for me to write to you about this service to the saints. **2** For I know your eagerness to help, and I have been boasting about it to the Macedonians, telling them that since last year you in Achaia were ready to give; and your enthusiasm has stirred most of them to action. **3** But I am sending the brothers in order that our boasting about you in this matter should not prove hollow, but that you may be ready, as I said you would be. **4** For if any Macedonians come with me and find you unprepared, we—not to say anything about you—would be ashamed of having been so confident. **5** So I thought it necessary to urge the brothers to visit you in advance and finish the arrangements for the generous gift you had prom-

---

^a**8.7** Alguns manuscritos dizem *e em nosso amor por vocês.* ^b**8.15** Êx 16.18   ^a**8:7** Some manuscripts *in our love for you* ^b**8:15** Exodus 16:18

ta generosa, e não como algo dado com avareza.

Semeando com Generosidade

⁶Lembrem-se: aquele que semeia pouco, também colherá pouco, e aquele que semeia com fartura, também colherá fartamente. ⁷Cada um dê ᵃconforme determinou em seu coração, não com pesar ou por obrigação, pois Deus ama quem dá com alegria. ⁸E Deus é poderoso para fazer que lhes seja acrescentada toda a graça, para que em todas as coisas, em todo o tempo, tendo tudo o que é necessário, vocês transbordem em toda boa obra. ⁹Como está escrito:

"Distribuiu, deu os seus bens aos necessitados;
a sua justiça dura para sempre"ᵇ.

¹⁰Aquele que supre a semente ao que semeia e o pão ao que come, também lhes suprirá e multiplicará a semente e fará crescer os frutos da sua justiça. ¹¹Vocês serão enriquecidos de todas as formas, para que possam ser generosos em qualquer ocasião e, por nosso intermédio, a sua generosidade resulte em ação de graças a Deus.

¹²O serviço ministerial que vocês estão realizando não está apenas suprindo as necessidades do povo de Deus, mas também transbordando em muitas expressões de gratidão a Deus. ¹³Por meio dessa prova de serviço ministerial, outros louvarão a Deus pela obediência que acompanha a confissão que vocês fazem do evangelho de Cristo e pela generosidade de vocês em compartilhar seus bens com eles e com todos os outros. ¹⁴E nas orações que fazem por vocês, eles estarão cheios de amor por vocês, por causa da insuperável graça que Deus tem dado a vocês. ¹⁵Graças a Deus por seu dom indescritível!

Paulo Defende o seu Ministério

10 Eu, Paulo, pela mansidão e pela bondade de Cristo, apelo para vocês; eu, que sou "humilde" quando estou face a face com vocês, mas "audaz" quando ausente! ²Rogo-lhes que, quando estiver presente, não me obriguem a agir com audácia, tal como penso que ousarei fazer, para com alguns que acham que procedemos segundo os padrões humanosᶜ. ³Pois, embora vivamos como homensᵈ, não lutamos segundo os padrões humanos. ⁴As armas com as quais lutamos não são humanasᵉ; ao contrário, são poderosas em Deus para destruir fortalezas. ⁵Destruímos argumentos e toda pretensão que se levanta contra o conhecimento de Deus, e levamos cativo todo pensamento, para torná-lo obediente a Cristo. ⁶E estaremos prontos para punir todo ato de desobediência, uma vez estando completa a obediência de vocês.

⁷Vocês observam apenas a aparência das coisas.ᶠ Se alguém está convencido de que pertence a Cristo, deveria considerar novamente consigo mesmo que, assim como ele, nós também pertencemos a Cristo. ⁸Pois mesmo que eu tenha me orgulhado um pouco mais da autoridade que o Senhor nos deu, não me envergonho disso, pois essa autoridade é para edificá-los, e não para destruí-los. ⁹Não quero que pareça que estou tentando amedrontá-los com as minhas cartas. ¹⁰Pois alguns dizem: "As cartas dele são duras e fortes, mas ele pessoalmente não impressiona, e a sua palavra é desprezível". ¹¹Saibam tais pessoas que aquilo que somos em cartas, quando estamos ausentes, seremos em atos, quando estivermos presentes.

¹²Não temos a pretensão de nos igualar ou de nos comparar com alguns que se recomendam a si mesmos. Quando eles se medem e se comparam consigo mesmos, agem sem entendimento. ¹³Nós, porém, não nos gloriaremos além do limite adequado, mas limitaremos nosso orgulho à esfera de ação que Deus nos confiou, a qual alcança vocês inclusive. ¹⁴Não estamos indo longe demais em nosso orgulho, como seria se não tivés-

Sowing Generously

ised. Then it will be ready as a generous gift, not as one grudgingly given.

⁶Remember this: Whoever sows sparingly will also reap sparingly, and whoever sows generously will also reap generously. ⁷Each man should give what he has decided in his heart to give, not reluctantly or under compulsion, for God loves a cheerful giver. ⁸And God is able to make all grace abound to you, so that in all things at all times, having all that you need, you will abound in every good work. ⁹As it is written:

"He has scattered abroad his gifts to the poor;
his righteousness endures forever."ᵃ

¹⁰Now he who supplies seed to the sower and bread for food will also supply and increase your store of seed and will enlarge the harvest of your righteousness. ¹¹You will be made rich in every way so that you can be generous on every occasion, and through us your generosity will result in thanksgiving to God.

¹²This service that you perform is not only supplying the needs of God's people but is also overflowing in many expressions of thanks to God. ¹³Because of the service by which you have proved yourselves, men will praise God for the obedience that accompanies your confession of the gospel of Christ, and for your generosity in sharing with them and with everyone else. ¹⁴And in their prayers for you their hearts will go out to you, because of the surpassing grace God has given you. ¹⁵Thanks be to God for his indescribable gift!

Paul's Defense of His Ministry

10 By the meekness and gentleness of Christ, I appeal to you—I, Paul, who am "timid" when face to face with you, but "bold" when away! ²I beg you that when I come I may not have to be as bold as I expect to be toward some people who think that we live by the standards of this world. ³For though we live in the world, we do not wage war as the world does. ⁴The weapons we fight with are not the weapons of the world. On the contrary, they have divine power to demolish strongholds. ⁵We demolish arguments and every pretension that sets itself up against the knowledge of God, and we take captive every thought to make it obedient to Christ. ⁶And we will be ready to punish every act of disobedience, once your obedience is complete.

⁷You are looking only on the surface of things.ᵇ If anyone is confident that he belongs to Christ, he should consider again that we belong to Christ just as much as he. ⁸For even if I boast somewhat freely about the authority the Lord gave us for building you up rather than pulling you down, I will not be ashamed of it. ⁹I do not want to seem to be trying to frighten you with my letters. ¹⁰For some say, "His letters are weighty and forceful, but in person he is unimpressive and his speaking amounts to nothing." ¹¹Such people should realize that what we are in our letters when we are absent, we will be in our actions when we are present.

¹²We do not dare to classify or compare ourselves with some who commend themselves. When they measure themselves by themselves and compare themselves with themselves, they are not wise. ¹³We, however, will not boast beyond proper limits, but will confine our boasting to the field God has assigned to us, a field that reaches even to you. ¹⁴We are not going too far in our boasting, as would be the case if

---

ᵃ9.7 Grego: *semeie.* ᵇ9.9 Sl 112:9 ᶜ10.2 Grego: *segundo a carne*; também no versículo 3. ᵈ10.3 Grego: *na carne.* ᵉ10.4 Grego: *carnais.* ᶠ10.7 Ou *Observem os acontecimentos evidentes.*

ᵃ9:9 Psalm 112:9 ᵇ10:7 Or *Look at the obvious facts*

semos chegado até vocês, pois chegamos a vocês com o evangelho de Cristo. **15** Da mesma forma, não vamos além de nossos limites, gloriando-nos de trabalhos que outros fizeram.ª Nossa esperança é que, à medida que for crescendo a fé que vocês têm, nossa atuação entre vocês aumente ainda mais, **16** para que possamos pregar o evangelho nas regiões que estão além de vocês, sem nos vangloriarmos de trabalho já realizado em território de outro. **17** Contudo, "quem se gloriar, glorie-se no Senhor",ᵇ **18** pois não é aprovado quem a si mesmo se recomenda, mas aquele a quem o Senhor recomenda.

A Preocupação de
Paulo com a Fidelidade dos Coríntios

11 Espero que vocês suportem um pouco da minha insensatez. Sim, por favor, sejam pacientes comigo.ᶜ **2** O zelo que tenho por vocês é um zelo que vem de Deus. Eu os prometi a um único marido, Cristo, querendo apresentá-los a ele como uma virgem pura. **3** O que receio, e quero evitar, é que assim como a serpente enganou Eva com astúcia, a mente de vocês seja corrompida e se desvie da sua sincera e pura devoção a Cristo. **4** Pois, se alguém lhes vem pregando um Jesus que não é aquele que pregamos, ou se vocês acolhem um espírito diferente do que acolheram ou um evangelho diferente do que aceitaram, vocês o toleram com facilidade. **5** Todavia, não me julgo nem um pouco inferior a esses "superapóstolos". **6** Eu posso não ser um orador eloquente; contudo tenho conhecimento. De fato, já manifestamos isso a vocês em todo tipo de situação.

7 Será que cometi algum pecado ao humilhar-me a fim de elevá-los, pregando-lhes gratuitamente o evangelho de Deus? **8** Despojei outras igrejas, recebendo delas sustento, a fim de servi-los. **9** Quando estive entre vocês e passei por alguma necessidade, não fui um peso para ninguém; pois os irmãos, quando vieram da Macedônia, supriram aquilo de que eu necessitava. Fiz tudo para não ser pesado a vocês, e continuarei a agir assim. **10** Tão certo como a verdade de Cristo está em mim, ninguém na região da Acaia poderá privar-me deste orgulho. **11** Por quê? Por que não amo vocês? Deus sabe que os amo! **12** E continuarei fazendo o que faço, a fim de não dar oportunidade àqueles que desejam encontrar ocasião de serem considerados iguais a nós nas coisas de que se orgulham.

13 Pois tais homens são falsos apóstolos, obreiros enganosos, fingindo-se apóstolos de Cristo. **14** Isto não é de admirar, pois o próprio Satanás se disfarça de anjo de luz. **15** Portanto, não é surpresa que os seus servos finjam que são servos da justiça. O fim deles será o que as suas ações merecem.

Paulo Orgulha-se dos seus Sofrimentos

16 Faço questão de repetir: Ninguém me considere insensato. Mas se vocês assim me consideram, recebam-me como receberiam um insensato, a fim de que eu me orgulhe um pouco. **17** Ao ostentar este orgulho, não estou falando segundo o Senhor, mas como insensato. **18** Visto que muitos estão se vangloriando de modo bem humanoᵈ, eu também me orgulharei. **19** Vocês, por serem tão sábios, suportam de boa vontade os insensatos! **20** De fato, vocês suportam até quem os escraviza ou os explora, ou quem se exalta ou lhes fere a face. **21** Para minha vergonha, admito que fomos fracos demais para isso!

Naquilo em que todos os outros se atrevem a gloriar-se — falo como insensato — eu também me atrevo. **22** São eles hebreus? Eu também. São israelitas? Eu também. São descendentes de Abraão? Eu também. **23** São eles servos de Cristo? — estou fora de mim para falar desta forma — eu ainda mais:

we had not come to you, for we did get as far as you with the gospel of Christ. **15** Neither do we go beyond our limits by boasting of work done by others.ª Our hope is that, as your faith continues to grow, our area of activity among you will greatly expand, **16** so that we can preach the gospel in the regions beyond you. For we do not want to boast about work already done in another man's territory. **17** But, "Let him who boasts boast in the Lord."ᵇ **18** For it is not the one who commends himself who is approved, but the one whom the Lord commends.

Paul and the False Apostles

11 I hope you will put up with a little of my foolishness; but you are already doing that. **2** I am jealous for you with a godly jealousy. I promised you to one husband, to Christ, so that I might present you as a pure virgin to him. **3** But I am afraid that just as Eve was deceived by the serpent's cunning, your minds may somehow be led astray from your sincere and pure devotion to Christ. **4** For if someone comes to you and preaches a Jesus other than the Jesus we preached, or if you receive a different spirit from the one you received, or a different gospel from the one you accepted, you put up with it easily enough. **5** But I do not think I am in the least inferior to those "super-apostles." **6** I may not be a trained speaker, but I do have knowledge. We have made this perfectly clear to you in every way.

7 Was it a sin for me to lower myself in order to elevate you by preaching the gospel of God to you free of charge? **8** I robbed other churches by receiving support from them so as to serve you. **9** And when I was with you and needed something, I was not a burden to anyone, for the brothers who came from Macedonia supplied what I needed. I have kept myself from being a burden to you in any way, and will continue to do so. **10** As surely as the truth of Christ is in me, nobody in the regions of Achaia will stop this boasting of mine. **11** Why? Because I do not love you? God knows I do! **12** And I will keep on doing what I am doing in order to cut the ground from under those who want an opportunity to be considered equal with us in the things they boast about. **13** For such men are false apostles, deceitful workmen, masquerading as apostles of Christ. **14** And no wonder, for Satan himself masquerades as an angel of light. **15** It is not surprising, then, if his servants masquerade as servants of righteousness. Their end will be what their actions deserve.

Paul Boasts About His Sufferings

16 I repeat: Let no one take me for a fool. But if you do, then receive me just as you would a fool, so that I may do a little boasting. **17** In this self-confident boasting I am not talking as the Lord would, but as a fool. **18** Since many are boasting in the way the world does, I too will boast. **19** You gladly put up with fools since you are so wise! **20** In fact, you even put up with anyone who enslaves you or exploits you or takes advantage of you or pushes himself forward or slaps you in the face. **21** To my shame I admit that we were too weak for that!

What anyone else dares to boast about—I am speaking as a fool—I also dare to boast about. **22** Are they Hebrews? So am I. Are they Israelites? So am I. Are they Abraham's descendants? So am I. **23** Are they servants of Christ? (I am out of my mind to talk like this.) I am more. I have worked much harder, been in

---

ª**10.13-15** Ou *Nós, porém, não nos gloriaremos a respeito das coisas que não podem ser medidas, mas sim segundo o padrão de medida que o Deus de medida atribuiu a nós, a qual também se refere a vocês.* **14**... **15** *Tampouco nos gloriamos no que não se pode medir quanto ao trabalho feito por outros.* ᵇ**10.17** Jr 9.24 ᶜ**11.1** Ou *De fato, já estão suportando.* ᵈ**11.18** Grego: *segundo a carne.*

ª**10.13-15** Or **13** *We, however, will not boast about things that cannot be measured, but we will boast according to the standard of measurement that the God of measure has assigned us—a measurement that relates even to you.* **14** ... **15** *Neither do we boast about things that cannot be measured in regard to the work done by others.* ᵇ**10.17** Jer. 9:24

trabalhei muito mais, fui encarcerado mais vezes, fui açoitado mais severamente e exposto à morte repetidas vezes. **24** Cinco vezes recebi dos judeus trinta e nove açoites. **25** Três vezes fui golpeado com varas, uma vez apedrejado, três vezes sofri naufrágio, passei uma noite e um dia exposto à fúria do mar. **26** Estive continuamente viajando de uma parte a outra, enfrentei perigos nos rios, perigos de assaltantes, perigos dos meus compatriotas, perigos dos gentios^a; perigos na cidade, perigos no deserto, perigos no mar, e perigos dos falsos irmãos. **27** Trabalhei arduamente; muitas vezes fiquei sem dormir, passei fome e sede, e muitas vezes fiquei em jejum; suportei frio e nudez. **28** Além disso, enfrento diariamente uma pressão interior, a saber, a minha preocupação com todas as igrejas. **29** Quem está fraco, que eu não me sinta fraco? Quem não se escandaliza, que eu não me queime por dentro?

30 Se devo orgulhar-me, que seja nas coisas que mostram a minha fraqueza. **31** O Deus e Pai do Senhor Jesus, que é bendito para sempre, sabe que não estou mentindo. **32** Em Damasco, o governador nomeado pelo rei Aretas mandou que se vigiasse a cidade para me prender. **33** Mas de uma janela na muralha fui baixado numa cesta e escapei das mãos dele.

A Visão de Paulo

12 É necessário que eu continue a gloriar-me com isso. Ainda que eu não ganhe nada com isso^b, passarei às visões e revelações do Senhor. **2** Conheço um homem em Cristo que há catorze anos foi arrebatado ao terceiro céu. Se foi no corpo ou fora do corpo, não sei; Deus o sabe. **3** E sei que esse homem — se no corpo ou fora do corpo, não sei, mas Deus o sabe — **4** foi arrebatado ao paraíso e ouviu coisas indizíveis, coisas que ao homem não é permitido falar. **5** Nesse homem me gloriarei, mas não em mim mesmo, a não ser em minhas fraquezas. **6** Mesmo que eu preferisse gloriar-me não seria insensato, porque estaria falando a verdade. Evito fazer isso para que ninguém pense a meu respeito mais do que em mim vê ou de mim ouve.

7 Para impedir que eu me exaltasse por causa da grandeza dessas revelações, foi-me dado um espinho na carne, um mensageiro de Satanás, para me atormentar. **8** Três vezes roguei ao Senhor que o tirasse de mim. **9** Mas ele me disse: "Minha graça é suficiente para você, pois o meu poder se aperfeiçoa na fraqueza". Portanto, eu me gloriarei ainda mais alegremente em minhas fraquezas, para que o poder de Cristo repouse em mim. **10** Por isso, por amor de Cristo, regozijo-me nas fraquezas, nos insultos, nas necessidades, nas perseguições, nas angústias. Pois, quando sou fraco é que sou forte.

A Preocupação de Paulo com os Coríntios

11 Fui insensato, mas vocês me obrigaram a isso. Eu devia ser recomendado por vocês, pois em nada sou inferior aos "superapóstolos", embora em nada seja. **12** As marcas de um apóstolo — sinais, maravilhas e milagres — foram demonstradas entre vocês, com grande perseverança. **13** Em que vocês foram inferiores às outras igrejas, exceto no fato de eu nunca ter sido um peso para vocês? Perdoem-me esta ofensa!

14 Agora, estou pronto para visitá-los pela terceira vez e não lhes serei um peso, porque o que desejo não são os seus bens, mas vocês mesmos. Além disso, os filhos não devem ajuntar riquezas para os pais, mas os pais para os filhos. **15** Assim, de boa vontade, por amor de vocês, gastarei tudo o que tenho e também me desgastarei pessoalmente. Visto que os amo tanto, devo ser menos amado? **16** Seja como for, não lhes tenho sido um peso. No entanto, como sou astuto, eu os prendi com astúcia. **17** Porventura eu os explorei por meio de alguém que lhes enviei? **18** Recomendei a Tito que os visitasse, acompanhado de outro irmão. Por acaso Tito os explorou? Não agimos nós no mesmo espírito e não seguimos os mesmos passos?

prison more frequently, been flogged more severely, and been exposed to death again and again. **24** Five times I received from the Jews the forty lashes minus one. **25** Three times I was beaten with rods, once I was stoned, three times I was shipwrecked, I spent a night and a day in the open sea, **26** I have been constantly on the move. I have been in danger from rivers, in danger from bandits, in danger from my own countrymen, in danger from Gentiles; in danger in the city, in danger in the country, in danger at sea; and in danger from false brothers. **27** I have labored and toiled and have often gone without sleep; I have known hunger and thirst and have often gone without food; I have been cold and naked. **28** Besides everything else, I face daily the pressure of my concern for all the churches. **29** Who is weak, and I do not feel weak? Who is led into sin, and I do not inwardly burn?

30 If I must boast, I will boast of the things that show my weakness. **31** The God and Father of the Lord Jesus, who is to be praised forever, knows that I am not lying. **32** In Damascus the governor under King Aretas had the city of the Damascenes guarded in order to arrest me. **33** But I was lowered in a basket from a window in the wall and slipped through his hands.

Paul's Vision and His Thorn

12 I must go on boasting. Although there is nothing to be gained, I will go on to visions and revelations from the Lord. **2** I know a man in Christ who fourteen years ago was caught up to the third heaven. Whether it was in the body or out of the body I do not know—God knows. **3** And I know that this man—whether in the body or apart from the body I do not know, but God knows— **4** was caught up to paradise. He heard inexpressible things, things that man is not permitted to tell. **5** I will boast about a man like that, but I will not boast about myself, except about my weaknesses. **6** Even if I should choose to boast, I would not be a fool, because I would be speaking the truth. But I refrain, so no one will think more of me than is warranted by what I do or say.

7 To keep me from becoming conceited because of these surpassingly great revelations, there was given me a thorn in my flesh, a messenger of Satan, to torment me. **8** Three times I pleaded with the Lord to take it away from me. **9** But he said to me, "My grace is sufficient for you, for my power is made perfect in weakness." Therefore I will boast all the more gladly about my weaknesses, so that Christ's power may rest on me. **10** That is why, for Christ's sake, I delight in weaknesses, in insults, in hardships, in persecutions, in difficulties. For when I am weak, then I am strong.

Paul's Concern for the Corinthians

11 I have made a fool of myself, but you drove me to it. I ought to have been commended by you, for I am not in the least inferior to the "super-apostles," even though I am nothing. **12** The things that mark an apostle—signs, wonders and miracles—were done among you with great perseverance. **13** How were you inferior to the other churches, except that I was never a burden to you? Forgive me this wrong!

14 Now I am ready to visit you for the third time, and I will not be a burden to you, because what I want is not your possessions but you. After all, children should not have to save up for their parents, but parents for their children. **15** So I will very gladly spend for you everything I have and expend myself as well. If I love you more, will you love me less? **16** Be that as it may, I have not been a burden to you. Yet, crafty fellow that I am, I caught you by trickery! **17** Did I exploit you through any of the men I sent you? **18** I urged Titus to go to you and I sent our brother with him. Titus did not exploit you, did he? Did we not act in the same spirit and follow the same course?

---

^a**11.26** Isto é, os que não são judeus. ^b**12.1** Vários manuscritos dizem *Embora não me seja vantajoso gloriar-me.*

19 Vocês pensam que durante todo este tempo estamos nos defendendo perante vocês? Falamos diante de Deus com alguém que está em Cristo, e tudo o que fazemos, amados irmãos, é para fortalecê-los. **20** Pois temo que, ao visitá-los, não os encontre como eu esperava, e que vocês não me encontrem como esperavam. Temo que haja entre vocês brigas, invejas, manifestações de ira, divisões, calúnias, intrigas, arrogância e desordem. **21** Receio que, ao visitá-los outra vez, o meu Deus me humilhe diante de vocês e eu lamente por causa de muitos que pecaram anteriormente e não se arrependeram da impureza, da imoralidade sexual e da libertinagem que praticaram.

Advertências Finais

13 Esta será minha terceira visita a vocês. "Toda questão precisa ser confirmada pelo depoimento de duas ou três testemunhas"ª. **2** Já os adverti quando estive com vocês pela segunda vez. Agora, estando ausente, escrevo aos que antes pecaram e aos demais: quando voltar, não os pouparei, **3** visto que vocês estão exigindo uma prova de que Cristo fala por meu intermédio. Ele não é fraco ao tratar com vocês, mas poderoso entre vocês. **4** Pois, na verdade, foi crucificado em fraqueza, mas vive pelo poder de Deus. Da mesma forma, somos fracos nele, mas, pelo poder de Deus, viveremos com ele para servir vocês.

5 Examinem-se para ver se vocês estão na fé; provem-se a si mesmos. Não percebem que Cristo Jesus está em vocês? A não ser que tenham sidob reprovados! **6** E espero que saibam que nós não fomos reprovados. **7** Agora, oramos a Deus para que vocês não pratiquem mal algum. Não para que os outros vejam que temos sido aprovados, mas para que vocês façam o que é certo, embora pareça que tenhamos falhado. **8** Pois nada podemos contra a verdade, mas somente em favor da verdade. **9** Ficamos alegres sempre que estamos fracos e vocês estão fortes; nossa oração é que vocês sejam aperfeiçoados. **10** Por isso escrevo estas coisas estando ausente, para que, quando eu for, não precise ser rigoroso no uso da autoridade que o Senhor me deu para edificá-los, e não para destruí-los.

Saudações Finais

11 Sem mais, irmãos, despeço-me de vocês! Procurem aperfeiçoar-se, exortem-se mutuamentec, tenham um só pensamento, vivam em paz. E o Deus de amor e paz estará com vocês.

12 Saúdem uns aos outros com beijo santo. **13** Todos os santos lhes enviam saudações.

14 A graça do Senhor Jesus Cristo, o amor de Deus e a comunhão do Espírito Santo sejam com todos vocês.

Gálatas

1 Paulo, apóstolo enviado, não da parte de homens nem por meio de pessoa alguma, mas por Jesus Cristo e por Deus Pai, que o ressuscitou dos mortos, **2** e todos os irmãos que estão comigo,

às igrejas da Galácia:

3 A vocês, graça e paz da parte de Deus nosso Pai e do Senhor Jesus Cristo, **4** que se entregou a si mesmo por nossos pecados a fim de nos resgatar desta presente era perversa, segundo a vontade de nosso Deus e Pai, **5** a quem seja a glória para todo o sempre. Amém.

Não Há Outro Evangelho

6 Admiro-me de que vocês estejam abandonando tão rapidamente aquele que os chamou pela graça de Cristo, para seguirem outro evangelho **7** que, na realidade, não é o evangelho. O que ocorre é que algumas pessoas os estão perturbando,

19 Have you been thinking all along that we have been defending ourselves to you? We have been speaking in the sight of God as those in Christ; and everything we do, dear friends, is for your strengthening. **20** For I am afraid that when I come I may not find you as I want you to be, and you may not find me as you want me to be. I fear that there may be quarreling, jealousy, outbursts of anger, factions, slander, gossip, arrogance and disorder. **21** I am afraid that when I come again my God will humble me before you, and I will be grieved over many who have sinned earlier and have not repented of the impurity, sexual sin and debauchery in which they have indulged.

Final Warnings

13 This will be my third visit to you. "Every matter must be established by the testimony of two or three witnesses."ª **2** I already gave you a warning when I was with you the second time. I now repeat it while absent: On my return I will not spare those who sinned earlier or any of the others, **3** since you are demanding proof that Christ is speaking through me. He is not weak in dealing with you, but is powerful among you. **4** For to be sure, he was crucified in weakness, yet he lives by God's power. Likewise, we are weak in him, yet by God's power we will live with him to serve you.

5 Examine yourselves to see whether you are in the faith; test yourselves. Do you not realize that Christ Jesus is in you—unless, of course, you fail the test? **6** And I trust that you will discover that we have not failed the test. **7** Now we pray to God that you will not do anything wrong. Not that people will see that we have stood the test but that you will do what is right even though we may seem to have failed. **8** For we cannot do anything against the truth, but only for the truth. **9** We are glad whenever we are weak but you are strong; and our prayer is for your perfection. **10** This is why I write these things when I am absent, that when I come I may not have to be harsh in my use of authority—the authority the Lord gave me for building you up, not for tearing you down.

Final Greetings

11 Finally, brothers, good-by. Aim for perfection, listen to my appeal, be of one mind, live in peace. And the God of love and peace will be with you.

12 Greet one another with a holy kiss. **13** All the saints send their greetings.

14 May the grace of the Lord Jesus Christ, and the love of God, and the fellowship of the Holy Spirit be with you all.

Galatians

1 Paul, an apostle—sent not from men nor by man, but by Jesus Christ and God the Father, who raised him from the dead— **2** and all the brothers with me,

To the churches in Galatia:

3 Grace and peace to you from God our Father and the Lord Jesus Christ, **4** who gave himself for our sins to rescue us from the present evil age, according to the will of our God and Father, **5** to whom be glory for ever and ever. Amen.

No Other Gospel

6 I am astonished that you are so quickly deserting the one who called you by the grace of Christ and are turning to a different gospel— **7** which is really no gospel at all. Evidently some people are throwing you into confusion and are trying to

---

ª**13.1** Dt 19.15 b**13.5** Ou *que se considerem* c**13.11** Ou *aceitem minha exortação*

ª**13:1** Deut. 19:15

querendo perverter o evangelho de Cristo. **8** Mas ainda que nós ou um anjo dos céus pregue um evangelho diferente daquele que lhes pregamos, que seja amaldiçoado! **9** Como já dissemos, agora repito: Se alguém lhes anuncia um evangelho diferente daquele que já receberam, que seja amaldiçoado!

10 Acaso busco eu agora a aprovação dos homens ou a de Deus? Ou estou tentando agradar a homens? Se eu ainda estivesse procurando agradar a homens, não seria servo de Cristo.

Paulo, Chamado por Deus

11 Irmãos, quero que saibam que o evangelho por mim anunciado não é de origem humana. **12** Não o recebi de pessoa alguma nem me foi ele ensinado; ao contrário, eu o recebi de Jesus Cristo por revelação.

13 Vocês ouviram qual foi o meu procedimento no judaísmo, como perseguia com violência a igreja de Deus, procurando destruí-la. **14** No judaísmo, eu superava a maioria dos judeus da minha idade, e era extremamente zeloso das tradições dos meus antepassados. **15** Mas Deus me separou desde o ventre materno e me chamou por sua graça. Quando lhe agradou **16** revelar o seu Filho em mim para que eu o anunciasse entre os gentios[a], não consultei pessoa alguma[b]. **17** Tampouco subi a Jerusalém para ver os que já eram apóstolos antes de mim, mas de imediato parti para a Arábia, e voltei outra vez a Damasco.

18 Depois de três anos, subi a Jerusalém para conhecer Pedro[c] pessoalmente, e estive com ele quinze dias. **19** Não vi nenhum dos outros apóstolos, a não ser Tiago, irmão do Senhor. **20** Quanto ao que lhes escrevo, afirmo diante de Deus que não minto. **21** A seguir, fui para as regiões da Síria e da Cilícia. **22** Eu não era pessoalmente conhecido pelas igrejas da Judéia que estão em Cristo. **23** Apenas ouviam dizer: "Aquele que antes nos perseguia, agora está anunciando a fé que outrora procurava destruir". **24** E glorificavam a Deus por minha causa.

Paulo é Aceito pelos Apóstolos

2 Catorze anos depois, subi novamente a Jerusalém, dessa vez com Barnabé, levando também Tito comigo. **2** Fui para lá por causa de uma revelação e expus diante deles o evangelho que prego entre os gentios, fazendo-o, porém, em particular aos que pareciam mais influentes, para não correr ou ter corrido inutilmente. **3** Mas nem mesmo Tito, que estava comigo, foi obrigado a circuncidar-se, apesar de ser grego. **4** Essa questão foi levantada porque alguns falsos irmãos infiltraram-se em nosso meio para espionar a liberdade que temos em Cristo Jesus e nos reduzir à escravidão. **5** Não nos submetemos a eles nem por um instante, para que a verdade do evangelho permanecesse com vocês.

6 Quanto aos que pareciam influentes — o que eram então não faz diferença para mim; Deus não julga pela aparência — tais homens influentes não me acrescentaram nada. **7** Ao contrário, reconheceram que a mim havia sido confiada a pregação do evangelho aos incircuncisos[d], assim como a Pedro, aos circuncisos[e]. **8** Pois Deus, que operou por meio de Pedro como apóstolo aos circuncisos, também operou por meu intermédio para com os gentios. **9** Reconhecendo a graça que me fora concedida, Tiago, Pedro[f] e João, tidos como colunas, estenderam a mão direita a mim e a Barnabé em sinal de comunhão. Eles concordaram em que devíamos nos dirigir aos gentios, e eles, aos circuncisos. **10** Somente pediram que nos lembrássemos dos pobres, o que me esforcei por fazer.

Paulo Repreende a Pedro

11 Quando, porém, Pedro veio a Antioquia, enfrentei-o face a face, por sua atitude condenável. **12** Pois, antes de chegarem

a1.16 Isto é, os que não são judeus; também em todo o livro de Gálatas. **b**1.16 Grego: *carne e sangue*. **c**1.18 Grego: *Cefas*. **d**2.7 Ou *aos gentios* **e**2.7 Ou *aos judeus*; também nos versículos 8 e 9. **f**2.9 Grego: *Cefas*; também nos versículos 11 e 14.

pervert the gospel of Christ. **8** But even if we or an angel from heaven should preach a gospel other than the one we preached to you, let him be eternally condemned! **9** As we have already said, so now I say again: If anybody is preaching to you a gospel other than what you accepted, let him be eternally condemned!

10 Am I now trying to win the approval of men, or of God? Or am I trying to please men? If I were still trying to please men, I would not be a servant of Christ.

Paul Called by God

11 I want you to know, brothers, that the gospel I preached is not something that man made up. **12** I did not receive it from any man, nor was I taught it; rather, I received it by revelation from Jesus Christ.

13 For you have heard of my previous way of life in Judaism, how intensely I persecuted the church of God and tried to destroy it. **14** I was advancing in Judaism beyond many Jews of my own age and was extremely zealous for the traditions of my fathers. **15** But when God, who set me apart from birth[a] and called me by his grace, was pleased **16** to reveal his Son in me so that I might preach him among the Gentiles, I did not consult any man, **17** nor did I go up to Jerusalem to see those who were apostles before I was, but I went immediately into Arabia and later returned to Damascus.

18 Then after three years, I went up to Jerusalem to get acquainted with Peter[b] and stayed with him fifteen days. **19** I saw none of the other apostles—only James, the Lord's brother. **20** I assure you before God that what I am writing you is no lie. **21** Later I went to Syria and Cilicia. **22** I was personally unknown to the churches of Judea that are in Christ. **23** They only heard the report: "The man who formerly persecuted us is now preaching the faith he once tried to destroy." **24** And they praised God because of me.

Paul Accepted by the Apostles

2 Fourteen years later I went up again to Jerusalem, this time with Barnabas. I took Titus along also. **2** I went in response to a revelation and set before them the gospel that I preach among the Gentiles. But I did this privately to those who seemed to be leaders, for fear that I was running or had run my race in vain. **3** Yet not even Titus, who was with me, was compelled to be circumcised, even though he was a Greek. **4** This matter arose because some false brothers had infiltrated our ranks to spy on the freedom we have in Christ Jesus and to make us slaves. **5** We did not give in to them for a moment, so that the truth of the gospel might remain with you.

6 As for those who seemed to be important—whatever they were makes no difference to me; God does not judge by external appearance—those men added nothing to my message. **7** On the contrary, they saw that I had been entrusted with the task of preaching the gospel to the Gentiles,[c] just as Peter had been to the Jews.[d] **8** For God, who was at work in the ministry of Peter as an apostle to the Jews, was also at work in my ministry as an apostle to the Gentiles. **9** James, Peter[e] and John, those reputed to be pillars, gave me and Barnabas the right hand of fellowship when they recognized the grace given to me. They agreed that we should go to the Gentiles, and they to the Jews. **10** All they asked was that we should continue to remember the poor, the very thing I was eager to do.

Paul Opposes Peter

11 When Peter came to Antioch, I opposed him to his face, because he was clearly in the wrong. **12** Before certain men came

a1:15 Or *from my mother's womb* **b**1:18 Greek *Cephas* **c**2:7 Greek *uncircumcised* **d**2:7 Greek *circumcised*; also in verses 8 and **e**2:9 Greek *Cephas*; also in verses 11 and 14

alguns da parte de Tiago, ele comia com os gentios. Quando, porém, eles chegaram, afastou-se e separou-se dos gentios, temendo os que eram da circuncisão. ¹³Os demais judeus também se uniram a ele nessa hipocrisia, de modo que até Barnabé se deixou levar.

¹⁴Quando vi que não estavam andando de acordo com a verdade do evangelho, declarei a Pedro, diante de todos: "Você é judeu, mas vive como gentio e não como judeu. Portanto, como pode obrigar gentios a viverem como judeus?

¹⁵"Nós, judeus de nascimento e não 'gentios pecadores', ¹⁶sabemos que ninguém é justificado pela prática da Lei, mas mediante a fé em Jesus Cristo. Assim, nós também cremos em Cristo Jesus para sermos justificados pela fé em Cristo, e não pela prática da Lei, porque pela prática da Lei ninguém será justificado.

¹⁷"Se, porém, procurando ser justificados em Cristo descobrimos que nós mesmos somos pecadores, será Cristo então ministro do pecado? De modo algum! ¹⁸Se reconstruo o que destruí, provo que sou transgressor. ¹⁹Pois, por meio da Lei eu morri para a Lei, a fim de viver para Deus. ²⁰Fui crucificado com Cristo. Assim, já não sou eu quem vive, mas Cristo vive em mim. A vida que agora vivo no corpoᵃ, vivo-a pela fé no filho de Deus, que me amou e se entregou por mim. ²¹Não anulo a graça de Deus; pois, se a justiça vem pela Lei, Cristo morreu inutilmente!"

Fé ou Obediência à Lei?

3 Ó gálatas insensatos! Quem os enfeitiçou? Não foi diante dos seus olhos que Jesus Cristo foi exposto como crucificado? ²Gostaria de saber apenas uma coisa: foi pela prática da Lei que vocês receberam o Espírito, ou pela fé naquilo que ouviram? ³Será que vocês são tão insensatos que, tendo começado pelo Espírito, querem agora se aperfeiçoar pelo esforço próprioᵇ? ⁴Será que foi inútil sofrerem tantas coisas? Se é que foi inútil! ⁵Aquele que lhes dá o seu Espírito e opera milagres entre vocês realiza essas coisas pela prática da Lei ou pela fé com a qual receberam a palavra?

⁶Considerem o exemplo de Abraão: "Ele creu em Deus, e isso lhe foi creditado como justiça"ᶜ. ⁷Estejam certos, portanto, de que os que são da fé, estes é que são filhos de Abraão. ⁸Prevendo a Escritura que Deus justificaria os gentios pela fé, anunciou primeiro as boas novas a Abraão: "Por meio de você todas as nações serão abençoadas"ᵈ. ⁹Assim, os que são da fé são abençoados junto com Abraão, homem de fé.

¹⁰Já os que se apóiam na prática da Lei estão debaixo de maldição, pois está escrito: "Maldito todo aquele que não persiste em praticar todas as coisas escritas no livro da Lei"ᵉ. ¹¹É evidente que diante de Deus ninguém é justificado pela Lei, pois "o justo viverá pela fé"ᶠ. ¹²A Lei não é baseada na fé; ao contrário, "quem praticar estas coisas, por elas viverá"ᵍ. ¹³Cristo nos redimiu da maldição da Lei quando se tornou maldição em nosso lugar, pois está escrito: "Maldito todo aquele que for pendurado num madeiro"ʰ. ¹⁴Isso para que em Cristo Jesus a bênção de Abraão chegasse também aos gentios, para que recebêssemos a promessa do Espírito mediante a fé.

A Lei e a Promessa

¹⁵Irmãos, humanamente falando, ninguém pode anular um testamentoⁱ depois de ratificado, nem acrescentar-lhe algo. ¹⁶Assim também as promessas foram feitas a Abraão e ao seu descendente. A Escritura não diz: "E aos seus descendentes", como se falando de muitos, mas: "Ao seu descendenteʲ", dando a entender que se trata de um só, isto é, Cristo. ¹⁷Quero dizer isto: A Lei, que veio quatrocentos e trinta anos depois, não anula a aliança previamente estabelecida por Deus, de

from James, he used to eat with the Gentiles. But when they arrived, he began to draw back and separate himself from the Gentiles because he was afraid of those who belonged to the circumcision group. ¹³The other Jews joined him in his hypocrisy, so that by their hypocrisy even Barnabas was led astray.

¹⁴When I saw that they were not acting in line with the truth of the gospel, I said to Peter in front of them all, "You are a Jew, yet you live like a Gentile and not like a Jew. How is it, then, that you force Gentiles to follow Jewish customs?

¹⁵"We who are Jews by birth and not 'Gentile sinners' ¹⁶know that a man is not justified by observing the law, but by faith in Jesus Christ. So we, too, have put our faith in Christ Jesus that we may be justified by faith in Christ and not by observing the law, because by observing the law no one will be justified.

¹⁷"If, while we seek to be justified in Christ, it becomes evident that we ourselves are sinners, does that mean that Christ promotes sin? Absolutely not! ¹⁸If I rebuild what I destroyed, I prove that I am a lawbreaker. ¹⁹For through the law I died to the law so that I might live for God. ²⁰I have been crucified with Christ and I no longer live, but Christ lives in me. The life I live in the body, I live by faith in the Son of God, who loved me and gave himself for me. ²¹I do not set aside the grace of God, for if righteousness could be gained through the law, Christ died for nothing!"ᵃ

Faith or Observance of the Law

3 You foolish Galatians! Who has bewitched you? Before your very eyes Jesus Christ was clearly portrayed as crucified. ²I would like to learn just one thing from you: Did you receive the Spirit by observing the law, or by believing what you heard? ³Are you so foolish? After beginning with the Spirit, are you now trying to attain your goal by human effort? ⁴Have you suffered so much for nothing—if it really was for nothing? ⁵Does God give you his Spirit and work miracles among you because you observe the law, or because you believe what you heard?

⁶Consider Abraham: "He believed God, and it was credited to him as righteousness."ᵇ ⁷Understand, then, that those who believe are children of Abraham. ⁸The Scripture foresaw that God would justify the Gentiles by faith, and announced the gospel in advance to Abraham: "All nations will be blessed through you."ᶜ ⁹So those who have faith are blessed along with Abraham, the man of faith.

¹⁰All who rely on observing the law are under a curse, for it is written: "Cursed is everyone who does not continue to do everything written in the Book of the Law."ᵈ ¹¹Clearly no one is justified before God by the law, because, "The righteous will live by faith."ᵉ ¹²The law is not based on faith; on the contrary, "The man who does these things will live by them."ᶠ ¹³Christ redeemed us from the curse of the law by becoming a curse for us, for it is written: "Cursed is everyone who is hung on a tree."ᵍ ¹⁴He redeemed us in order that the blessing given to Abraham might come to the Gentiles through Christ Jesus, so that by faith we might receive the promise of the Spirit.

The Law and the Promise

¹⁵Brothers, let me take an example from everyday life. Just as no one can set aside or add to a human covenant that has been duly established, so it is in this case. ¹⁶The promises were spoken to Abraham and to his seed. The Scripture does not say "and to seeds," meaning many people, but "and to your seed,"ʰ meaning one person, who is Christ. ¹⁷What I mean is this: The law, introduced 430 years later, does not set aside the covenant previously established by God and thus do away

ᵃ2.20 Grego: *na carne*. ᵇ3.3 Grego: *pela carne*. ᶜ3.6 Gn 15.6 ᵈ3.8 Gn 12.3; 18.18; 22.18 ᵉ3.10 Dt 27.26 ᶠ3.11 Hc 2.4 ᵍ3.12 Lv 18.5 ʰ3.13 Dt 21.23 ⁱ3.15 Ou *uma aliança*. Veja o versículo 17. ʲ3.16 Grego: *semente*; também nos versículos 19 e 29. Gn 12.7; 13.15; 24.7

ᵃ2:21 Some interpreters end the quotation after verse 14. ᵇ3:6 Gen. 15:6 ᶜ3:8 Gen. 12:3; 18:18; 22:18 ᵈ3:10 Deut. 27:26 ᵉ3:11 Hab. 2:4 ᶠ3:12 Lev. 18:5 ᵍ3:13 Deut. 21:23 ʰ3:16 Gen. 12:7; 13:15; 24:7

modo que venha a invalidar a promessa. **18** Pois, se a herança depende da Lei, já não depende de promessa. Deus, porém, concedeu-a gratuitamente a Abraão mediante promessa.

19 Qual era então o propósito da Lei? Foi acrescentada por causa das transgressões, até que viesse o Descendente a quem se referia a promessa, e foi promulgada por meio de anjos, pela mão de um mediador. **20** Contudo, o mediador representa mais de um; Deus, porém, é um.

21 Então, a Lei opõe-se às promessas de Deus? De maneira nenhuma! Pois, se tivesse sido dada uma lei que pudesse conceder vida, certamente a justiça viria da lei. **22** Mas a Escritura encerrou tudo debaixo do pecado, a fim de que a promessa, que é pela fé em Jesus Cristo, fosse dada aos que crêem.

23 Antes que viesse essa fé, estávamos sob a custódia da Lei, nela encerrados, até que a fé que haveria de vir fosse revelada. **24** Assim, a Lei foi o nosso tutor até Cristo, para que fôssemos justificados pela fé. **25** Agora, porém, tendo chegado a fé, já não estamos mais sob o controle do tutor.

Os Filhos de Deus

26 Todos vocês são filhos de Deus mediante a fé em Cristo Jesus, **27** pois os que em Cristo foram batizados, de Cristo se revestiram. **28** Não há judeu nem grego, escravo nem livre, homem nem mulher; pois todos são um em Cristo Jesus. **29** E, se vocês são de Cristo, são descendência de Abraão e herdeiros segundo a promessa.

4 Digo porém que, enquanto o herdeiro é menor de idade, em nada difere de um escravo, embora seja dono de tudo. **2** No entanto, ele está sujeito a guardiães e administradores até o tempo determinado por seu pai. **3** Assim também nós, quando éramos menores, estávamos escravizados aos princípios elementares do mundo. **4** Mas, quando chegou a plenitude do tempo, Deus enviou seu Filho, nascido de mulher, nascido debaixo da Lei, **5** a fim de redimir os que estavam sob a Lei, para que recebêssemos a adoção de filhos. **6** E, porque vocês são filhos, Deus enviou o Espírito de seu Filho ao coração de vocês, e ele clama: "Abaª, Pai". **7** Assim, você já não é mais escravo, mas filho; e, por ser filho, Deus também o tornou herdeiro.

A Preocupação de Paulo com os Gálatas

8 Antes, quando vocês não conheciam a Deus, eram escravos daqueles que, por natureza, não são deuses. **9** Mas agora, conhecendo a Deus, ou melhor, sendo por ele conhecidos, como é que estão voltando àqueles mesmos princípios elementares, fracos e sem poder? Querem ser escravizados por eles outra vez? **10** Vocês estão observando dias especiais, meses, ocasiões específicas e anos! **11** Temo que os meus esforços por vocês tenham sido inúteis.

12 Eu lhes suplico, irmãos, que se tornem como eu, pois eu me tornei como vocês. Em nada vocês me ofenderam; **13** como sabem, foi por causa de uma doença que lhes preguei o evangelho pela primeira vez. **14** Embora a minha doença lhes tenha sido uma provação, vocês não me trataram com desprezo ou desdém; ao contrário, receberam-me como se eu fosse um anjo de Deus, como o próprio Cristo Jesus. **15** Que aconteceu com a alegria de vocês? Tenho certeza que, se fosse possível, vocês teriam arrancado os próprios olhos para dá-los a mim. **16** Tornei-me inimigo de vocês por lhes dizer a verdade?

17 Os que fazem tanto esforço para agradá-los não agem bem, mas querem isolá-los a fim de que vocês também mostrem zelo por eles. **18** É bom sempre ser zeloso pelo bem, e não apenas quando estou presente. **19** Meus filhos, novamente estou sofrendo dores de parto por sua causa, até que Cristo seja formado em vocês. **20** Eu gostaria de estar com vocês agora e mudar o meu tom de voz, pois estou perplexo quanto a vocês.

with the promise. **18** For if the inheritance depends on the law, then it no longer depends on a promise; but God in his grace gave it to Abraham through a promise.

19 What, then, was the purpose of the law? It was added because of transgressions until the Seed to whom the promise referred had come. The law was put into effect through angels by a mediator. **20** A mediator, however, does not represent just one party; but God is one.

21 Is the law, therefore, opposed to the promises of God? Absolutely not! For if a law had been given that could impart life, then righteousness would certainly have come by the law. **22** But the Scripture declares that the whole world is a prisoner of sin, so that what was promised, being given through faith in Jesus Christ, might be given to those who believe.

23 Before this faith came, we were held prisoners by the law, locked up until faith should be revealed. **24** So the law was put in charge to lead us to Christª that we might be justified by faith. **25** Now that faith has come, we are no longer under the supervision of the law.

Sons of God

26 You are all sons of God through faith in Christ Jesus, **27** for all of you who were baptized into Christ have clothed yourselves with Christ. **28** There is neither Jew nor Greek, slave nor free, male nor female, for you are all one in Christ Jesus. **29** If you belong to Christ, then you are Abraham's seed, and heirs according to the promise.

4 What I am saying is that as long as the heir is a child, he is no different from a slave, although he owns the whole estate. **2** He is subject to guardians and trustees until the time set by his father. **3** So also, when we were children, we were in slavery under the basic principles of the world. **4** But when the time had fully come, God sent his Son, born of a woman, born under law, **5** to redeem those under law, that we might receive the full rights of sons. **6** Because you are sons, God sent the Spirit of his Son into our hearts, the Spirit who calls out, "Abba,ᵇ Father." **7** So you are no longer a slave, but a son; and since you are a son, God has made you also an heir.

Paul's Concern for the Galatians

8 Formerly, when you did not know God, you were slaves to those who by nature are not gods. **9** But now that you know God—or rather are known by God—how is it that you are turning back to those weak and miserable principles? Do you wish to be enslaved by them all over again? **10** You are observing special days and months and seasons and years! **11** I fear for you, that somehow I have wasted my efforts on you.

12 I plead with you, brothers, become like me, for I became like you. You have done me no wrong. **13** As you know, it was because of an illness that I first preached the gospel to you. **14** Even though my illness was a trial to you, you did not treat me with contempt or scorn. Instead, you welcomed me as if I were an angel of God, as if I were Christ Jesus himself. **15** What has happened to all your joy? I can testify that, if you could have done so, you would have torn out your eyes and given them to me. **16** Have I now become your enemy by telling you the truth?

17 Those people are zealous to win you over, but for no good. What they want is to alienate you ⌐from us ⌐, so that you may be zealous for them. **18** It is fine to be zealous, provided the purpose is good, and to be so always and not just when I am with you. **19** My dear children, for whom I am again in the pains of childbirth until Christ is formed in you, **20** how I wish I could be with you now and change my tone, because I am perplexed about you!

ª4.6 Termo aramaico para *Pai*.

ª3:24 Or *charge until Christ came* ᵇ4:6 Aramaic for *Father*

Sara e Hagar

21 Digam-me vocês, os que querem estar debaixo da Lei: Acaso vocês não ouvem a Lei? **22** Pois está escrito que Abraão teve dois filhos, um da escrava e outro da livre. **23** O filho da escrava nasceu de modo natural, mas o filho da livre nasceu mediante promessa.

24 Isto é usado aqui como uma ilustração[a]; estas mulheres representam duas alianças. Uma aliança procede do monte Sinai e gera filhos para a escravidão: esta é Hagar. **25** Hagar representa o monte Sinai, na Arábia, e corresponde à atual cidade de Jerusalém, que está escravizada com os seus filhos. **26** Mas a Jerusalém do alto é livre, e é a nossa mãe. **27** Pois está escrito:

"Regozije-se, ó estéril,
    você que nunca teve um filho;
grite de alegria,
    você que nunca esteve
    em trabalho de parto;
porque mais são os filhos
    da mulher abandonada
do que os daquela
    que tem marido"[b].

28 Vocês, irmãos, são filhos da promessa, como Isaque. **29** Naquele tempo, o filho nascido de modo natural perseguiu o filho nascido segundo o Espírito. O mesmo acontece agora. **30** Mas o que diz a Escritura? "Mande embora a escrava e o seu filho, porque o filho da escrava jamais será herdeiro com o filho da livre"[c]. **31** Portanto, irmãos, não somos filhos da escrava, mas da livre.

A Liberdade em Cristo

5 Foi para a liberdade que Cristo nos libertou. Portanto, permaneçam firmes e não se deixem submeter novamente a um jugo de escravidão.

2 Ouçam bem o que eu, Paulo, lhes digo: Caso se deixem circuncidar, Cristo de nada lhes servirá. **3** De novo declaro a todo homem que se deixa circuncidar, que está obrigado a cumprir toda a Lei. **4** Vocês, que procuram ser justificados pela Lei, separaram-se de Cristo; caíram da graça. **5** Pois é mediante o Espírito que nós aguardamos pela fé a justiça, que é a nossa esperança. **6** Porque em Cristo Jesus nem circuncisão nem incircuncisão têm efeito algum, mas sim a fé que atua pelo amor.

7 Vocês corriam bem. Quem os impediu de continuar obedecendo à verdade? **8** Tal persuasão não provém daquele que os chama. **9** "Um pouco de fermento leveda toda a massa." **10** Estou convencido no Senhor de que vocês não pensarão de nenhum outro modo. Aquele que os perturba, seja quem for, sofrerá a condenação. **11** Irmãos, se ainda estou pregando a circuncisão, por que continuo sendo perseguido? Nesse caso, o escândalo da cruz foi removido. **12** Quanto a esses que os perturbam, quem dera que se castrassem!

13 Irmãos, vocês foram chamados para a liberdade. Mas não usem a liberdade para dar ocasião à vontade da carne[d]; ao contrário, sirvam uns aos outros mediante o amor. **14** Toda a Lei se resume num só mandamento: "Ame o seu próximo como a si mesmo"[e]. **15** Mas se vocês se mordem e se devoram uns aos outros, cuidado para não se destruírem mutuamente.

Vida pelo Espírito

16 Por isso digo: Vivam pelo Espírito, e de modo nenhum satisfarão os desejos da carne. **17** Pois a carne deseja o que é contrário ao Espírito; e o Espírito, o que é contrário à carne. Eles estão em conflito um com o outro, de modo que vocês não fazem o que

Hagar and Sarah

21 Tell me, you who want to be under the law, are you not aware of what the law says? **22** For it is written that Abraham had two sons, one by the slave woman and the other by the free woman. **23** His son by the slave woman was born in the ordinary way; but his son by the free woman was born as the result of a promise.

24 These things may be taken figuratively, for the women represent two covenants. One covenant is from Mount Sinai and bears children who are to be slaves: This is Hagar. **25** Now Hagar stands for Mount Sinai in Arabia and corresponds to the present city of Jerusalem, because she is in slavery with her children. **26** But the Jerusalem that is above is free, and she is our mother. **27** For it is written:

"Be glad, O barren woman,
    who bears no children;
break forth and cry aloud,
    you who have no labor pains;
because more are the children of the
        desolate woman
    than of her who has a husband."[a]

28 Now you, brothers, like Isaac, are children of promise. **29** At that time the son born in the ordinary way persecuted the son born by the power of the Spirit. It is the same now. **30** But what does the Scripture say? "Get rid of the slave woman and her son, for the slave woman's son will never share in the inheritance with the free woman's son."[b] **31** Therefore, brothers, we are not children of the slave woman, but of the free woman.

Freedom in Christ

5 It is for freedom that Christ has set us free. Stand firm, then, and do not let yourselves be burdened again by a yoke of slavery.

2 Mark my words! I, Paul, tell you that if you let yourselves be circumcised, Christ will be of no value to you at all. **3** Again I declare to every man who lets himself be circumcised that he is obligated to obey the whole law. **4** You who are trying to be justified by law have been alienated from Christ; you have fallen away from grace. **5** But by faith we eagerly await through the Spirit the righteousness for which we hope. **6** For in Christ Jesus neither circumcision nor uncircumcision has any value. The only thing that counts is faith expressing itself through love.

7 You were running a good race. Who cut in on you and kept you from obeying the truth? **8** That kind of persuasion does not come from the one who calls you. **9** "A little yeast works through the whole batch of dough." **10** I am confident in the Lord that you will take no other view. The one who is throwing you into confusion will pay the penalty, whoever he may be. **11** Brothers, if I am still preaching circumcision, why am I still being persecuted? In that case the offense of the cross has been abolished. **12** As for those agitators, I wish they would go the whole way and emasculate themselves!

13 You, my brothers, were called to be free. But do not use your freedom to indulge the sinful nature[c]; rather, serve one another in love. **14** The entire law is summed up in a single command: "Love your neighbor as yourself."[d] **15** If you keep on biting and devouring each other, watch out or you will be destroyed by each other.

Life by the Spirit

16 So I say, live by the Spirit, and you will not gratify the desires of the sinful nature. **17** For the sinful nature desires what is contrary to the Spirit, and the Spirit what is contrary to the sinful nature. They are in conflict with each other, so that you

---

a4.24 Grego: *alegoria*. **b4.27** Is 54.1 **c4.30** Gn 21.10 **d5.13** Ou *da natureza pecaminosa*; também 5.16,17,19,24 e 6.8. **e5.14** Lv 19.18

a4:27 Isaiah 54:1 **b4:30** Gen. 21:10 **c5:13** Or *the flesh*; also in verses 16, 17, 19 and 24 **d5:14** Lev. 19:18

desejam[a]. **18** Mas, se vocês são guiados pelo Espírito, não estão debaixo da Lei.

19 Ora, as obras da carne são manifestas: imoralidade sexual, impureza e libertinagem; **20** idolatria e feitiçaria; ódio, discórdia, ciúmes, ira, egoísmo, dissensões, facções **21** e inveja; embriaguez, orgias e coisas semelhantes. Eu os advirto, como antes já os adverti: Aqueles que praticam essas coisas não herdarão o Reino de Deus.

22 Mas o fruto do Espírito é amor, alegria, paz, paciência, amabilidade, bondade, fidelidade, **23** mansidão e domínio próprio. Contra essas coisas não há lei. **24** Os que pertencem a Cristo Jesus crucificaram a carne, com as suas paixões e os seus desejos. **25** Se vivemos pelo Espírito, andemos também pelo Espírito. **26** Não sejamos presunçosos, provocando uns aos outros e tendo inveja uns dos outros.

Façamos o Bem a Todos

6 Irmãos, se alguém for surpreendido em algum pecado, vocês, que são espirituais, deverão restaurá-lo com mansidão. Cuide-se, porém, cada um para que também não seja tentado. **2** Levem os fardos pesados uns dos outros e, assim, cumpram[b] a lei de Cristo. **3** Se alguém se considera alguma coisa, não sendo nada, engana-se a si mesmo. **4** Cada um examine os próprios atos, e então poderá orgulhar-se de si mesmo, sem se comparar com ninguém, **5** pois cada um deverá levar a própria carga.

6 O que está sendo instruído na palavra partilhe todas as coisas boas com aquele que o instrui.

7 Não se deixem enganar: de Deus não se zomba. Pois o que o homem semear, isso também colherá. **8** Quem semeia para a sua carne, da carne colherá destruição; mas quem semeia para o Espírito, do Espírito colherá a vida eterna. **9** E não nos cansemos de fazer o bem, pois no tempo próprio colheremos, se não desanimarmos. **10** Portanto, enquanto temos oportunidade, façamos o bem a todos, especialmente aos da família da fé.

A Nova Criação Substitui a Circuncisão

11 Vejam com que letras grandes estou lhes escrevendo de próprio punho!

12 Os que desejam causar boa impressão exteriormente[c], tentando obrigá-los a se circuncidarem, agem desse modo apenas para não serem perseguidos por causa da cruz de Cristo. **13** Nem mesmo os que são circuncidados cumprem a Lei; querem, no entanto, que vocês sejam circuncidados a fim de se gloriarem no corpo[d] de vocês. **14** Quanto a mim, que eu jamais me glorie, a não ser na cruz de nosso Senhor Jesus Cristo, por meio da qual[e] o mundo foi crucificado para mim, e eu para o mundo. **15** De nada vale ser circuncidado ou não. O que importa é ser uma nova criação. **16** Paz e misericórdia estejam sobre todos os que andam conforme essa regra, e também sobre o Israel de Deus.

17 Sem mais, que ninguém me perturbe, pois trago em meu corpo as marcas de Jesus.

18 Irmãos, que a graça de nosso Senhor Jesus Cristo seja com o espírito de vocês. Amém.

Efésios

1 Paulo, apóstolo de Cristo Jesus pela vontade de Deus, aos santos e fiéis[f] em Cristo Jesus que estão em Éfeso[g]:

2 A vocês, graça e paz da parte de Deus nosso Pai e do Senhor Jesus Cristo.

do not do what you want. **18** But if you are led by the Spirit, you are not under law.

19 The acts of the sinful nature are obvious: sexual immorality, impurity and debauchery; **20** idolatry and witchcraft; hatred, discord, jealousy, fits of rage, selfish ambition, dissensions, factions **21** and envy; drunkenness, orgies, and the like. I warn you, as I did before, that those who live like this will not inherit the kingdom of God.

22 But the fruit of the Spirit is love, joy, peace, patience, kindness, goodness, faithfulness, **23** gentleness and self-control. Against such things there is no law. **24** Those who belong to Christ Jesus have crucified the sinful nature with its passions and desires. **25** Since we live by the Spirit, let us keep in step with the Spirit. **26** Let us not become conceited, provoking and envying each other.

Doing Good to All

6 Brothers, if someone is caught in a sin, you who are spiritual should restore him gently. But watch yourself, or you also may be tempted. **2** Carry each other's burdens, and in this way you will fulfill the law of Christ. **3** If anyone thinks he is something when he is nothing, he deceives himself. **4** Each one should test his own actions. Then he can take pride in himself, without comparing himself to somebody else, **5** for each one should carry his own load.

6 Anyone who receives instruction in the word must share all good things with his instructor.

7 Do not be deceived: God cannot be mocked. A man reaps what he sows. **8** The one who sows to please his sinful nature, from that nature[a] will reap destruction; the one who sows to please the Spirit, from the Spirit will reap eternal life. **9** Let us not become weary in doing good, for at the proper time we will reap a harvest if we do not give up. **10** Therefore, as we have opportunity, let us do good to all people, especially to those who belong to the family of believers.

Not Circumcision but a New Creation

11 See what large letters I use as I write to you with my own hand!

12 Those who want to make a good impression outwardly are trying to compel you to be circumcised. The only reason they do this is to avoid being persecuted for the cross of Christ. **13** Not even those who are circumcised obey the law, yet they want you to be circumcised that they may boast about your flesh. **14** May I never boast except in the cross of our Lord Jesus Christ, through which[b] the world has been crucified to me, and I to the world. **15** Neither circumcision nor uncircumcision means anything; what counts is a new creation. **16** Peace and mercy to all who follow this rule, even to the Israel of God.

17 Finally, let no one cause me trouble, for I bear on my body the marks of Jesus.

18 The grace of our Lord Jesus Christ be with your spirit, brothers. Amen.

Ephesians

1 Paul, an apostle of Christ Jesus by the will of God,

To the saints in Ephesus,[c] the faithful[d] in Christ Jesus:

2 Grace and peace to you from God our Father and the Lord Jesus Christ.

---

[a]**5.17** Ou *o bem que desejam*; ou ainda *não podem fazer o que desejam* [b]**6.2** Vários manuscritos dizem *cumprirão*. [c]**6.12** Grego: *na carne*. [d]**6.13** Grego: *na carne*. [e]**6.14** Ou *de quem* [f]**1.1** Ou *crentes* [g]**1.1** Alguns manuscritos mais antigos não trazem *que estão em Éfeso*.

[a]**6:8** Or *his flesh, from the flesh* [b]**6:14** Or *whom* [c]**1:1** Some early manuscripts do not have *in Ephesus*. [d]**1:1** Or *believers who are*

As Bênçãos Espirituais em Cristo

3 Bendito seja o Deus e Pai de nosso Senhor Jesus Cristo, que nos abençoou com todas as bênçãos espirituais nas regiões celestiais em Cristo. **4** Porque Deus nos escolheu nele antes da criação do mundo, para sermos santos e irrepreensíveis em sua presença. **5** Em amor nos predestinou[a] para sermos adotados como filhos, por meio de Jesus Cristo, conforme o bom propósito da sua vontade, **6** para o louvor da sua gloriosa graça, a qual nos deu gratuitamente no Amado.

7 Nele temos a redenção por meio de seu sangue, o perdão dos pecados, de acordo com as riquezas da graça de Deus, **8** a qual ele derramou sobre nós com toda a sabedoria e entendimento. **9** E nos[b] revelou o mistério da sua vontade, de acordo com o seu bom propósito que ele estabeleceu em Cristo, **10** isto é, de fazer convergir em Cristo todas as coisas, celestiais ou terrenas, na dispensação da plenitude dos tempos. **11** Nele fomos também escolhidos[c], tendo sido predestinados conforme o plano daquele que faz todas as coisas segundo o propósito da sua vontade, **12** a fim de que nós, os que primeiro esperamos em Cristo, sejamos para o louvor da sua glória.

13 Quando vocês ouviram e creram na palavra da verdade, o evangelho que os salvou, vocês foram selados em Cristo com o Espírito Santo da promessa, **14** que é a garantia da nossa herança até a redenção daqueles que pertencem a Deus, para o louvor da sua glória.

Ação de Graças e Oração

15 Por essa razão, desde que ouvi falar da fé que vocês têm no Senhor Jesus e do amor que demonstram para com todos os santos, **16** não deixo de dar graças por vocês, mencionando-os em minhas orações. **17** Peço que o Deus de nosso Senhor Jesus Cristo, o glorioso Pai, lhes dê espírito[d] de sabedoria e de revelação, no pleno conhecimento dele. **18** Oro também para que os olhos do coração de vocês sejam iluminados, a fim de que vocês conheçam a esperança para a qual ele os chamou, as riquezas da gloriosa herança dele nos santos **19** e a incomparável grandeza do seu poder para conosco, os que cremos, conforme a atuação da sua poderosa força. **20** Esse poder ele exerceu em Cristo, ressuscitando-o dos mortos e fazendo-o assentar-se à sua direita, nas regiões celestiais, **21** muito acima de todo governo e autoridade, poder e domínio, e de todo nome que se possa mencionar, não apenas nesta era, mas também na que há de vir. **22** Deus colocou todas as coisas debaixo de seus pés e o designou cabeça de todas as coisas para a igreja, **23** que é o seu corpo, a plenitude daquele que enche todas as coisas, em toda e qualquer circunstância.

A Nova Vida em Cristo

2 Vocês estavam mortos em suas transgressões e pecados, **2** nos quais costumavam viver, quando seguiam a presente ordem[e] deste mundo e o príncipe do poder do ar, o espírito que agora está atuando nos que vivem na desobediência. **3** Anteriormente, todos nós também vivíamos entre eles, satisfazendo as vontades da nossa carne[f], seguindo os seus desejos e pensamentos. Como os outros, éramos por natureza merecedores da ira. **4** Todavia, Deus, que é rico em misericórdia, pelo grande amor com que nos amou, **5** deu-nos vida com Cristo, quando ainda estávamos mortos em transgressões — pela graça vocês são salvos. **6** Deus nos ressuscitou com Cristo e com ele nos fez assentar nos lugares celestiais em Cristo Jesus, **7** para mostrar, nas eras que hão de vir, a incomparável riqueza de sua graça, demonstrada em sua bondade para conosco em Cristo Jesus. **8** Pois vocês são salvos pela graça, por meio da fé, e isto não vem de vocês, é dom de Deus; **9** não por obras, para que ninguém se glorie. **10** Porque somos criação de Deus realizada

Spiritual Blessings in Christ

3 Praise be to the God and Father of our Lord Jesus Christ, who has blessed us in the heavenly realms with every spiritual blessing in Christ. **4** For he chose us in him before the creation of the world to be holy and blameless in his sight. In love **5** he[a] predestined us to be adopted as his sons through Jesus Christ, in accordance with his pleasure and will— **6** to the praise of his glorious grace, which he has freely given us in the One he loves. **7** In him we have redemption through his blood, the forgiveness of sins, in accordance with the riches of God's grace **8** that he lavished on us with all wisdom and understanding. **9** And he[b] made known to us the mystery of his will according to his good pleasure, which he purposed in Christ, **10** to be put into effect when the times will have reached their fulfillment—to bring all things in heaven and on earth together under one head, even Christ.

11 In him we were also chosen,[c] having been predestined according to the plan of him who works out everything in conformity with the purpose of his will, **12** in order that we, who were the first to hope in Christ, might be for the praise of his glory. **13** And you also were included in Christ when you heard the word of truth, the gospel of your salvation. Having believed, you were marked in him with a seal, the promised Holy Spirit, **14** who is a deposit guaranteeing our inheritance until the redemption of those who are God's possession—to the praise of his glory.

Thanksgiving and Prayer

15 For this reason, ever since I heard about your faith in the Lord Jesus and your love for all the saints, **16** I have not stopped giving thanks for you, remembering you in my prayers. **17** I keep asking that the God of our Lord Jesus Christ, the glorious Father, may give you the Spirit[d] of wisdom and revelation, so that you may know him better. **18** I pray also that the eyes of your heart may be enlightened in order that you may know the hope to which he has called you, the riches of his glorious inheritance in the saints, **19** and his incomparably great power for us who believe. That power is like the working of his mighty strength, **20** which he exerted in Christ when he raised him from the dead and seated him at his right hand in the heavenly realms, **21** far above all rule and authority, power and dominion, and every title that can be given, not only in the present age but also in the one to come. **22** And God placed all things under his feet and appointed him to be head over everything for the church, **23** which is his body, the fullness of him who fills everything in every way.

Made Alive in Christ

2 As for you, you were dead in your transgressions and sins, **2** in which you used to live when you followed the ways of this world and of the ruler of the kingdom of the air, the spirit who is now at work in those who are disobedient. **3** All of us also lived among them at one time, gratifying the cravings of our sinful nature[e] and following its desires and thoughts. Like the rest, we were by nature objects of wrath. **4** But because of his great love for us, God, who is rich in mercy, **5** made us alive with Christ even when we were dead in transgressions—it is by grace you have been saved. **6** And God raised us up with Christ and seated us with him in the heavenly realms in Christ Jesus, **7** in order that in the coming ages he might show the incomparable riches of his grace, expressed in his kindness to us in Christ Jesus. **8** For it is by grace you have been saved, through faith— and this not from yourselves, it is the gift of God— **9** not by works, so that no one can boast. **10** For we are God's workman-

---

a1.4,5 Ou *presença nó amor.* **5**Ele nos predestinou **b**1.8,9 Ou *nós. Com toda a sabedoria e entendimento* **9**nos **c**1.11 Alguns manuscritos dizem *feitos herdeiros.* **d**1.17 Ou *o Espírito* **e**2.2 Grego: *era.* **f**2.3 Ou *natureza pecaminosa*

a1:5 Or *sight in love.* **5** He[b]1:9 Or *us. With all wisdom and understanding,* **9** he[c]1:11 Or *were made heirs* **d**1:17 Or *a spirit* **e**2:3 Or *our flesh*

em Cristo Jesus para fazermos boas obras, as quais Deus preparou antes para nós as praticarmos.

A Nova Humanidade em Cristo

[11] Portanto, lembrem-se de que anteriormente vocês eram gentios[a] por nascimento[b] e chamados incircuncisão pelos que se chamam circuncisão, feita no corpo[c] por mãos humanas, e que [12] naquela época vocês estavam sem Cristo, separados da comunidade de Israel, sendo estrangeiros quanto às alianças da promessa, sem esperança e sem Deus no mundo. [13] Mas agora, em Cristo Jesus, vocês, que antes estavam longe, foram aproximados mediante o sangue de Cristo.

[14] Pois ele é a nossa paz, o qual de ambos fez um e destruiu a barreira, o muro de inimizade, [15] anulando em seu corpo a Lei dos mandamentos expressa em ordenanças. O objetivo dele era criar em si mesmo, dos dois, um novo homem, fazendo a paz, [16] e reconciliar com Deus os dois em um corpo, por meio da cruz, pela qual ele destruiu a inimizade. [17] Ele veio e anunciou paz a vocês que estavam longe e paz aos que estavam perto, [18] pois por meio dele tanto nós como vocês temos acesso ao Pai, por um só Espírito.

[19] Portanto, vocês já não são estrangeiros nem forasteiros, mas concidadãos dos santos e membros da família de Deus, [20] edificados sobre o fundamento dos apóstolos e dos profetas, tendo Jesus Cristo como pedra angular, [21] no qual todo o edifício é ajustado e cresce para tornar-se um santuário santo no Senhor. [22] Nele vocês também estão sendo edificados juntos, para se tornarem morada de Deus por seu Espírito.

O Apóstolo dos Gentios

3 Por essa razão, eu, Paulo, sou prisioneiro de Cristo Jesus por amor de vocês, gentios —

[2] Certamente vocês ouviram falar da responsabilidade imposta a mim em favor de vocês pela graça de Deus, [3] isto é, o mistério que me foi dado a conhecer por revelação, como já lhes escrevi em poucas palavras. [4] Ao lerem isso vocês poderão entender a minha compreensão do mistério de Cristo. [5] Esse mistério não foi dado a conhecer aos homens doutras gerações, mas agora foi revelado pelo Espírito aos santos apóstolos e profetas de Deus, [6] significando que, mediante o evangelho, os gentios são co-herdeiros com Israel, membros do mesmo corpo, e co-participantes da promessa em Cristo Jesus. [7] Deste evangelho me tornei ministro pelo dom da graça de Deus, a mim concedida pela operação de seu poder.

[8] Embora eu seja o menor dos menores de todos os santos, foi-me concedida esta graça de anunciar aos gentios as insondáveis riquezas de Cristo [9] e esclarecer a todos a administração deste mistério que, durante as épocas passadas, foi mantido oculto em Deus, que criou todas as coisas. [10] A intenção dessa graça era que agora, mediante a igreja, a multiforme sabedoria de Deus se tornasse conhecida dos poderes e autoridades nas regiões celestiais, [11] de acordo com o seu eterno plano que ele realizou em Cristo Jesus, nosso Senhor, [12] por intermédio de quem temos livre acesso a Deus em confiança, pela fé nele. [13] Portanto, peço-lhes que não desanimem por causa das minhas tribulações em seu favor, pois elas são uma glória para vocês.

A Oração de Paulo pelos Santos

[14] Por essa razão, ajoelho-me diante do Pai, [15] do qual recebe o nome toda a família[d] nos céus e na terra. [16] Oro para que, com as suas gloriosas riquezas, ele os fortaleça no íntimo do seu ser com poder, por meio do seu Espírito, [17] para que Cristo habite no coração de vocês mediante a fé; e oro para que, estando arraigados e alicerçados em amor, [18] vocês

ship, created in Christ Jesus to do good works, which God prepared in advance for us to do.

One in Christ

[11] Therefore, remember that formerly you who are Gentiles by birth and called "uncircumcised" by those who call themselves "the circumcision" (that done in the body by the hands of men)— [12] remember that at that time you were separate from Christ, excluded from citizenship in Israel and foreigners to the covenants of the promise, without hope and without God in the world. [13] But now in Christ Jesus you who once were far away have been brought near through the blood of Christ.

[14] For he himself is our peace, who has made the two one and has destroyed the barrier, the dividing wall of hostility, [15] by abolishing in his flesh the law with its commandments and regulations. His purpose was to create in himself one new man out of the two, thus making peace, [16] and in this one body to reconcile both of them to God through the cross, by which he put to death their hostility. [17] He came and preached peace to you who were far away and peace to those who were near. [18] For through him we both have access to the Father by one Spirit.

[19] Consequently, you are no longer foreigners and aliens, but fellow citizens with God's people and members of God's household, [20] built on the foundation of the apostles and prophets, with Christ Jesus himself as the chief cornerstone. [21] In him the whole building is joined together and rises to become a holy temple in the Lord. [22] And in him you too are being built together to become a dwelling in which God lives by his Spirit.

Paul the Preacher to the Gentiles

3 For this reason I, Paul, the prisoner of Christ Jesus for the sake of you Gentiles—

[2] Surely you have heard about the administration of God's grace that was given to me for you, [3] that is, the mystery made known to me by revelation, as I have already written briefly. [4] In reading this, then, you will be able to understand my insight into the mystery of Christ, [5] which was not made known to men in other generations as it has now been revealed by the Spirit to God's holy apostles and prophets. [6] This mystery is that through the gospel the Gentiles are heirs together with Israel, members together of one body, and sharers together in the promise in Christ Jesus.

[7] I became a servant of this gospel by the gift of God's grace given me through the working of his power. [8] Although I am less than the least of all God's people, this grace was given me: to preach to the Gentiles the unsearchable riches of Christ, [9] and to make plain to everyone the administration of this mystery, which for ages past was kept hidden in God, who created all things. [10] His intent was that now, through the church, the manifold wisdom of God should be made known to the rulers and authorities in the heavenly realms, [11] according to his eternal purpose which he accomplished in Christ Jesus our Lord. [12] In him and through faith in him we may approach God with freedom and confidence. [13] I ask you, therefore, not to be discouraged because of my sufferings for you, which are your glory.

A Prayer for the Ephesians

[14] For this reason I kneel before the Father, [15] from whom his whole family[a] in heaven and on earth derives its name. [16] I pray that out of his glorious riches he may strengthen you with power through his Spirit in your inner being, [17] so that Christ may dwell in your hearts through faith. And I pray that you, being rooted and established in love, [18] may

---

[a]2.11 Isto é, os que não são judeus; também em 3.1,6,8 e 4.17. [b]2.11 Grego: *gentios na carne*. [c]2.11 Grego: *carne*; também no versículo 15. [d]3.15 Ou *do qual se deriva toda a paternidade*

[a]3:15 Or *whom all fatherhood*

possam, juntamente com todos os santos, compreender a largura, o comprimento, a altura e a profundidade, **19** e conhecer o amor de Cristo que excede todo conhecimento, para que vocês sejam cheios de toda a plenitude de Deus.

20 Àquele que é capaz de fazer infinitamente mais do que tudo o que pedimos ou pensamos, de acordo com o seu poder que atua em nós, **21** a ele seja a glória na igreja e em Cristo Jesus, por todas as gerações, para todo o sempre! Amém!

A Unidade do Corpo de Cristo

4 Como prisioneiro no Senhor, rogo-lhes que vivam de maneira digna da vocação que receberam. **2** Sejam completamente humildes e dóceis, e sejam pacientes, suportando uns aos outros com amor. **3** Façam todo o esforço para conservar a unidade do Espírito pelo vínculo da paz. **4** Há um só corpo e um só Espírito, assim como a esperança para a qual vocês foram chamados é uma só; **5** há um só Senhor, uma só fé, um só batismo, **6** um só Deus e Pai de todos, que é sobre todos, por meio de todos e em todos.

7 E a cada um de nós foi concedida a graça, conforme a medida repartida por Cristo. **8** Por isso é que foi dito:

"Quando ele subiu em triunfo às alturas,
    levou cativos muitos prisioneiros,
e deu dons aos homens"ª.

9 (Que significa "ele subiu", senão que também havia descido às profundezas da terrab? **10** Aquele que desceu é o mesmo que subiu acima de todos os céus, a fim de encher todas as coisas.) **11** E ele designou alguns para apóstolos, outros para profetas, outros para evangelistas, e outros para pastores e mestres, **12** com o fim de preparar os santos para a obra do ministério, para que o corpo de Cristo seja edificado, **13** até que todos alcancemos a unidade da fé e do conhecimento do Filho de Deus, e cheguemos à maturidade, atingindo a medida da plenitude de Cristo. **14** O propósito é que não sejamos mais como crianças, levados de um lado para outro pelas ondas, nem jogados para cá e para lá por todo vento de doutrina e pela astúcia e esperteza de homens que induzem ao erro. **15** Antes, seguindo a verdade em amor, cresçamos em tudo naquele que é a cabeça, Cristo. **16** Dele todo o corpo, ajustado e unido pelo auxílio de todas as juntas, cresce e edifica-se a si mesmo em amor, na medida em que cada parte realiza a sua função.

O Procedimento dos Filhos da Luz

17 Assim, eu lhes digo, e no Senhor insisto, que não vivam mais como os gentios, que vivem na inutilidade dos seus pensamentos. **18** Eles estão obscurecidos no entendimento e separados da vida de Deus por causa da ignorância em que estão, devido ao endurecimento do seu coração. **19** Tendo perdido toda a sensibilidade, eles se entregaram à depravação, cometendo com avidez toda espécie de impureza.

20 Todavia, não foi isso que vocês aprenderam de Cristo. **21** De fato, vocês ouviram falar dele, e nele foram ensinados de acordo com a verdade que está em Jesus. **22** Quanto à antiga maneira de viver, vocês foram ensinados a despir-se do velho homemc, que se corrompe por desejos enganosos, **23** a serem renovados no modo de pensar e **24** a revestir-se do novo homem, criado para ser semelhante a Deus em justiça e em santidade provenientes da verdade.

25 Portanto, cada um de vocês deve abandonar a mentira e falar a verdade ao seu próximo, pois todos somos membros de um mesmo corpo. **26** "Quando vocês ficarem irados, não pequem"d. Apaziguem a sua ira antes que o sol se ponha, **27** e não dêem lugar ao Diabo. **28** O que furtava não furte mais; antes trabalhe, fazendo algo de útil com as mãos, para que tenha o que repartir com quem estiver em necessidade.

have power, together with all the saints, to grasp how wide and long and high and deep is the love of Christ, **19** and to know this love that surpasses knowledge—that you may be filled to the measure of all the fullness of God.

20 Now to him who is able to do immeasurably more than all we ask or imagine, according to his power that is at work within us, **21** to him be glory in the church and in Christ Jesus throughout all generations, for ever and ever! Amen.

Unity in the Body of Christ

4 As a prisoner for the Lord, then, I urge you to live a life worthy of the calling you have received. **2** Be completely humble and gentle; be patient, bearing with one another in love. **3** Make every effort to keep the unity of the Spirit through the bond of peace. **4** There is one body and one Spirit—just as you were called to one hope when you were called— **5** one Lord, one faith, one baptism; **6** one God and Father of all, who is over all and through all and in all.

7 But to each one of us grace has been given as Christ apportioned it. **8** This is why itª says:

"When he ascended on high,
    he led captives in his train
    and gave gifts to men."b

9 (What does "he ascended" mean except that he also descended to the lower, earthly regions? **10** He who descended is the very one who ascended higher than all the heavens, in order to fill the whole universe.) **11** It was he who gave some to be apostles, some to be prophets, some to be evangelists, and some to be pastors and teachers, **12** to prepare God's people for works of service, so that the body of Christ may be built up **13** until we all reach unity in the faith and in the knowledge of the Son of God and become mature, attaining to the whole measure of the fullness of Christ.

14 Then we will no longer be infants, tossed back and forth by the waves, and blown here and there by every wind of teaching and by the cunning and craftiness of men in their deceitful scheming. **15** Instead, speaking the truth in love, we will in all things grow up into him who is the Head, that is, Christ. **16** From him the whole body, joined and held together by every supporting ligament, grows and builds itself up in love, as each part does its work.

Living as Children of Light

17 So I tell you this, and insist on it in the Lord, that you must no longer live as the Gentiles do, in the futility of their thinking. **18** They are darkened in their understanding and separated from the life of God because of the ignorance that is in them due to the hardening of their hearts. **19** Having lost all sensitivity, they have given themselves over to sensuality so as to indulge in every kind of impurity, with a continual lust for more.

20 You, however, did not come to know Christ that way. **21** Surely you heard of him and were taught in him in accordance with the truth that is in Jesus. **22** You were taught, with regard to your former way of life, to put off your old self, which is being corrupted by its deceitful desires; **23** to be made new in the attitude of your minds; **24** and to put on the new self, created to be like God in true righteousness and holiness.

25 Therefore each of you must put off falsehood and speak truthfully to his neighbor, for we are all members of one body. **26** "In your anger do not sin"d: Do not let the sun go down while you are still angry, **27** and do not give the devil a foothold. **28** He who has been stealing must steal no longer, but must work, doing something useful with his own hands, that he may have something to share with those in need.

ª**4.8** Sl 68.18 b**4.9** Ou *regiões mais baixas, à terra* c**4.22** Isto é, da velha vida dos não regenerados. d**4.26** Sl 4.4

ª**4:8** Or *God* b**4:8** Psalm 68:18 c**4:9** Or *the depths of the earth* d**4:26** Psalm 4:4

29 Nenhuma palavra torpe saia da boca de vocês, mas apenas a que for útil para edificar os outros, conforme a necessidade, para que conceda graça aos que a ouvem. **30** Não entristeçam o Espírito Santo de Deus, com o qual vocês foram selados para o dia da redenção. **31** Livrem-se de toda amargura, indignação e ira, gritaria e calúnia, bem como de toda maldade. **32** Sejam bondosos e compassivos uns para com os outros, perdoando-se mutuamente, assim como Deus os perdoou em Cristo.

5 Portanto, sejam imitadores de Deus, como filhos amados, **2** e vivam em amor, como também Cristo nos amou e se entregou por nós como oferta e sacrifício de aroma agradável a Deus.

3 Entre vocês não deve haver nem sequer menção de imoralidade sexual como também de nenhuma espécie de impureza e de cobiça; pois essas coisas não são próprias para os santos. **4** Não haja obscenidade, nem conversas tolas, nem gracejos imorais, que são inconvenientes, mas, ao invés disso, ações de graças. **5** Porque vocês podem estar certos disto: nenhum imoral, ou impuro, ou ganancioso, que é idólatra, tem herança no Reino de Cristo e de Deusª. **6** Ninguém os engane com palavras tolas, pois é por causa dessas coisas que a ira de Deus vem sobre os que vivem na desobediência. **7** Portanto, não participem com eles dessas coisas.

8 Porque outrora vocês eram trevas, mas agora são luz no Senhor. Vivam como filhos da luz, **9** pois o fruto da luzᵇ consiste em toda bondade, justiça e verdade; **10** e aprendam a discernir o que é agradável ao Senhor. **11** Não participem das obras infrutíferas das trevas; antes, exponham-nas à luz. **12** Porque aquilo que eles fazem em oculto, até mencionar é vergonhoso. **13** Mas, tudo o que é exposto pela luz torna-se visível, pois a luz torna visíveis todas as coisas. **14** Por isso é que foi dito:

"Desperta, ó tu que dormes,
    levanta-te dentre os mortos
e Cristo resplandecerá
    sobre ti".

Vida em Comunidade

15 Tenham cuidado com a maneira como vocês vivem; que não seja como insensatos, mas como sábios, **16** aproveitando ao máximo cada oportunidade, porque os dias são maus. **17** Portanto, não sejam insensatos, mas procurem compreender qual é a vontade do Senhor. **18** Não se embriaguem com vinho, que leva à libertinagem, mas deixem-se encher pelo Espírito, **19** falando entre si com salmos, hinos e cânticos espirituais, cantando e louvando de coração ao Senhor, **20** dando graças constantemente a Deus Pai por todas as coisas, em nome de nosso Senhor Jesus Cristo.

21 Sujeitem-se uns aos outros, por temor a Cristo.

Deveres Conjugais

22 Mulheres, sujeite-se cada uma a seu marido, como ao Senhor, **23** pois o marido é o cabeça da mulher, como também Cristo é o cabeça da igreja, que é o seu corpo, do qual ele é o Salvador. **24** Assim como a igreja está sujeita a Cristo, também as mulheres estejam em tudo sujeitas a seus maridos.

25 Maridos, ame cada um a sua mulher, assim como Cristo amou a igreja e entregou-se por ela **26** para santificá-la, tendo-a purificado pelo lavar da água mediante a palavra, **27** e para apresentá-la a si mesmo como igreja gloriosa, sem mancha nem ruga ou coisa semelhante, mas santa e inculpável. **28** Da mesma forma, os maridos devem amar cada um a sua mulher como a seu próprio corpo. Quem ama sua mulher, ama a si mesmo. **29** Além do mais, ninguém jamais odiou o seu próprio corpoᶜ, antes o alimenta e dele cuida, como também Cristo faz com a igreja, **30** pois somos membros do seu corpo. **31** "Por essa razão, o homem deixará pai e mãe e se unirá à sua mulher, e

---

ª**5.5** Ou *Cristo e Deus* ᵇ**5.9** Alguns manuscritos dizem *o fruto do Espírito.* ᶜ**5.29** Grego: *carne.*

29 Do not let any unwholesome talk come out of your mouths, but only what is helpful for building others up according to their needs, that it may benefit those who listen. **30** And do not grieve the Holy Spirit of God, with whom you were sealed for the day of redemption. **31** Get rid of all bitterness, rage and anger, brawling and slander, along with every form of malice. **32** Be kind and compassionate to one another, forgiving each other, just as in Christ God forgave you.

5 Be imitators of God, therefore, as dearly loved children **2** and live a life of love, just as Christ loved us and gave himself up for us as a fragrant offering and sacrifice to God.

3 But among you there must not be even a hint of sexual immorality, or of any kind of impurity, or of greed, because these are improper for God's holy people. **4** Nor should there be obscenity, foolish talk or coarse joking, which are out of place, but rather thanksgiving. **5** For of this you can be sure: No immoral, impure or greedy person—such a man is an idolater—has any inheritance in the kingdom of Christ and of God.ª **6** Let no one deceive you with empty words, for because of such things God's wrath comes on those who are disobedient. **7** Therefore do not be partners with them.

8 For you were once darkness, but now you are light in the Lord. Live as children of light **9** (for the fruit of the light consists in all goodness, righteousness and truth) **10** and find out what pleases the Lord. **11** Have nothing to do with the fruitless deeds of darkness, but rather expose them. **12** For it is shameful even to mention what the disobedient do in secret. **13** But everything exposed by the light becomes visible, **14** for it is light that makes everything visible. This is why it is said:

"Wake up, O sleeper,
    rise from the dead,
    and Christ will shine on you."

15 Be very careful, then, how you live—not as unwise but as wise, **16** making the most of every opportunity, because the days are evil. **17** Therefore do not be foolish, but understand what the Lord's will is. **18** Do not get drunk on wine, which leads to debauchery. Instead, be filled with the Spirit. **19** Speak to one another with psalms, hymns and spiritual songs. Sing and make music in your heart to the Lord, **20** always giving thanks to God the Father for everything, in the name of our Lord Jesus Christ.

21 Submit to one another out of reverence for Christ.

Wives and Husbands

22 Wives, submit to your husbands as to the Lord. **23** For the husband is the head of the wife as Christ is the head of the church, his body, of which he is the Savior. **24** Now as the church submits to Christ, so also wives should submit to their husbands in everything.

25 Husbands, love your wives, just as Christ loved the church and gave himself up for her **26** to make her holy, cleansingᵇ her by the washing with water through the word, **27** and to present her to himself as a radiant church, without stain or wrinkle or any other blemish, but holy and blameless. **28** In this same way, husbands ought to love their wives as their own bodies. He who loves his wife loves himself. **29** After all, no one ever hated his own body, but he feeds and cares for it, just as Christ does the church— **30** for we are members of his body. **31** "For this reason a man will leave his father and mother

---

ª**5:5** Or *kingdom of the Christ and God* ᵇ**5:26** Or *having cleansed*

os dois se tornarão uma só carne."**ª** **32** Este é um mistério profundo; refiro-me, porém, a Cristo e à igreja. **33** Portanto, cada um de vocês também ame a sua mulher como a si mesmo, e a mulher trate o marido com todo o respeito.

Deveres de Pais e Filhos

6 Filhos, obedeçam a seus pais no Senhor, pois isso é justo. **2** "Honra teu pai e tua mãe" — este é o primeiro mandamento com promessa — **3** "para que tudo te corra bem e tenhas longa vida sobre a terra"**ᵇ**.

4 Pais, não irritem seus filhos; antes criem-nos segundo a instrução e o conselho do Senhor.

Deveres de Escravos e Senhores

5 Escravos, obedeçam a seus senhores terrenos com respeito e temor, com sinceridade de coração, como a Cristo. **6** Obedeçam-lhes, não apenas para agradá-los quando eles os observam, mas como escravos de Cristo, fazendo de coração a vontade de Deus. **7** Sirvam aos seus senhores de boa vontade, como servindo ao Senhor, e não aos homens, **8** porque vocês sabem que o Senhor recompensará cada um pelo bem que praticar, seja escravo, seja livre.

9 Vocês, senhores, tratem seus escravos da mesma forma. Não os ameacem, uma vez que vocês sabem que o Senhor deles e de vocês está nos céus, e ele não faz diferença entre as pessoas.

A Armadura de Deus

10 Finalmente, fortaleçam-se no Senhor e no seu forte poder. **11** Vistam toda a armadura de Deus, para poderem ficar firmes contra as ciladas do Diabo, **12** pois a nossa luta não é contra seres humanos, mas contra os poderes e autoridades, contra os dominadores deste mundo de trevas, contra as forças espirituais do mal nas regiões celestiais. **13** Por isso, vistam toda a armadura de Deus, para que possam resistir no dia mau e permanecer inabaláveis, depois de terem feito tudo. **14** Assim, mantenham-se firmes, cingindo-se com o cinto da verdade, vestindo a couraça da justiça **15** e tendo os pés calçados com a prontidão do evangelho da paz. **16** Além disso, usem o escudo da fé, com o qual vocês poderão apagar todas as setas inflamadas do Maligno. **17** Usem o capacete da salvação e a espada do Espírito, que é a palavra de Deus. **18** Orem no Espírito em todas as ocasiões, com toda oração e súplica; tendo isso em mente, estejam atentos e perseverem na oração por todos os santos.

19 Orem também por mim, para que, quando eu falar, seja-me dada a mensagem a fim de que, destemidamente, torne conhecido o mistério do evangelho, **20** pelo qual sou embaixador preso em correntes. Orem para que, permanecendo nele, eu fale com coragem, como me cumpre fazer.

Saudações Finais

21 Tíquico, o irmão amado e fiel servo do Senhor, lhes informará tudo, para que vocês também saibam qual é a minha situação e o que estou fazendo. **22** Enviei-o a vocês por essa mesma razão, para que saibam como estamos e para que ele os encoraje. **23** Paz seja com os irmãos, e amor com fé da parte de Deus Pai e do Senhor Jesus Cristo. **24** A graça seja com todos os que amam a nosso Senhor Jesus Cristo com amor incorruptível.

Filipenses

1 Paulo e Timóteo, servos**ᵈ** de Cristo Jesus, a todos os santos em Cristo Jesus que estão em Filipos, com os bispos**ᵉ** e diáconos:

---

and be united to his wife, and the two will become one flesh."**ª** **32** This is a profound mystery—but I am talking about Christ and the church. **33** However, each one of you also must love his wife as he loves himself, and the wife must respect her husband.

Children and Parents

6 Children, obey your parents in the Lord, for this is right. **2** "Honor your father and mother"—which is the first commandment with a promise— **3** "that it may go well with you and that you may enjoy long life on the earth."**ᵇ** **4** Fathers, do not exasperate your children; instead, bring them up in the training and instruction of the Lord.

Slaves and Masters

5 Slaves, obey your earthly masters with respect and fear, and with sincerity of heart, just as you would obey Christ. **6** Obey them not only to win their favor when their eye is on you, but like slaves of Christ, doing the will of God from your heart. **7** Serve wholeheartedly, as if you were serving the Lord, not men, **8** because you know that the Lord will reward everyone for whatever good he does, whether he is slave or free.

9 And masters, treat your slaves in the same way. Do not threaten them, since you know that he who is both their Master and yours is in heaven, and there is no favoritism with him.

The Armor of God

10 Finally, be strong in the Lord and in his mighty power. **11** Put on the full armor of God so that you can take your stand against the devil's schemes. **12** For our struggle is not against flesh and blood, but against the rulers, against the authorities, against the powers of this dark world and against the spiritual forces of evil in the heavenly realms. **13** Therefore put on the full armor of God, so that when the day of evil comes, you may be able to stand your ground, and after you have done everything, to stand. **14** Stand firm then, with the belt of truth buckled around your waist, with the breastplate of righteousness in place, **15** and with your feet fitted with the readiness that comes from the gospel of peace. **16** In addition to all this, take up the shield of faith, with which you can extinguish all the flaming arrows of the evil one. **17** Take the helmet of salvation and the sword of the Spirit, which is the word of God. **18** And pray in the Spirit on all occasions with all kinds of prayers and requests. With this in mind, be alert and always keep on praying for all the saints.

19 Pray also for me, that whenever I open my mouth, words may be given me so that I will fearlessly make known the mystery of the gospel, **20** for which I am an ambassador in chains. Pray that I may declare it fearlessly, as I should.

Final Greetings

21 Tychicus, the dear brother and faithful servant in the Lord, will tell you everything, so that you also may know how I am and what I am doing. **22** I am sending him to you for this very purpose, that you may know how we are, and that he may encourage you.

23 Peace to the brothers, and love with faith from God the Father and the Lord Jesus Christ. **24** Grace to all who love our Lord Jesus Christ with an undying love.

Philippians

1 Paul and Timothy, servants of Christ Jesus, To all the saints in Christ Jesus at Philippi, together with the overseers**ᶜ** and deacons:

ª5.31 Gn 2.24 **ᵇ6.3** Dt 5.16 **ᶜ6.12** Grego: *contra carne e sangue.* **ᵈ1.1** Isto é, escravos. **ᵉ1.1** Grego: *epíscopos.* Palavra que descreve a pessoa que exerce função pastoral.

ª5.31 Gen. 2:24 **ᵇ6:3** Deut. 5:16 **ᶜ1:1** Traditionally *bishops*

2 A vocês, graça e paz da parte de Deus nosso Pai e do Senhor Jesus Cristo.

Ação de Graças e Oração

3 Agradeço a meu Deus toda vez que me lembro de vocês. **4** Em todas as minhas orações em favor de vocês, sempre oro com alegria **5** por causa da cooperação que vocês têm dado ao evangelho, desde o primeiro dia até agora. **6** Estou convencido de que aquele que começou boa obra em vocês, vai completá-la até o dia de Cristo Jesus.

7 É justo que eu assim me sinta a respeito de todos vocês, uma vez que os tenho em meu coração, pois, quer nas correntes que me prendem, quer defendendo e confirmando o evangelho, todos vocês participam comigo da graça de Deus. **8** Deus é minha testemunha de como tenho saudade de todos vocês, com a profunda afeição de Cristo Jesus.

9 Esta é a minha oração: Que o amor de vocês aumente cada vez mais em conhecimento e em toda a percepção, **10** para discernirem o que é melhor, a fim de serem puros e irrepreensíveis até o dia de Cristo, **11** cheios do fruto da justiça, fruto que vem por meio de Jesus Cristo, para glória e louvor de Deus.

Os Sofrimentos de Paulo
Contribuem para a Expansão do Evangelho

12 Quero que saibam, irmãos, que aquilo que me aconteceu tem, ao contrário, servido para o progresso do evangelho. **13** Como resultado, tornou-se evidente a toda a guarda do palácio[a] e a todos os demais que estou na prisão por causa de Cristo. **14** E os irmãos, em sua maioria, motivados no Senhor pela minha prisão, estão anunciando a palavra[b] com maior determinação e destemor.

15 É verdade que alguns pregam Cristo por inveja e rivalidade, mas outros o fazem de boa vontade. **16** Estes o fazem por amor, sabendo que aqui me encontro para a defesa do evangelho. **17** Aqueles pregam Cristo por ambição egoísta, sem sinceridade, pensando que me podem causar sofrimento enquanto estou preso.[c] **18** Mas, que importa? O importante é que de qualquer forma, seja por motivos falsos ou verdadeiros, Cristo está sendo pregado, e por isso me alegro.

De fato, continuarei a alegrar-me, **19** pois sei que o que me aconteceu resultará em minha libertação[d], graças às orações de vocês e ao auxílio do Espírito de Jesus Cristo. **20** Aguardo ansiosamente e espero que em nada serei envergonhado. Ao contrário, com toda a determinação de sempre, também agora Cristo será engrandecido em meu corpo, quer pela vida, quer pela morte; **21** porque para mim o viver é Cristo e o morrer é lucro. **22** Caso continue vivendo no corpo[e], terei fruto do meu trabalho. E já não sei o que escolher! **23** Estou pressionado dos dois lados: desejo partir e estar com Cristo, o que é muito melhor; **24** contudo, é mais necessário, por causa de vocês, que eu permaneça no corpo. **25** Convencido disso, sei que vou permanecer e continuar com todos vocês, para o seu progresso e alegria na fé, **26** a fim de que, pela minha presença, outra vez a exultação de vocês em Cristo Jesus transborde por minha causa.

27 Não importa o que aconteça, exerçam a sua cidadania de maneira digna do evangelho de Cristo, para que assim, quer eu vá e os veja, quer apenas ouça a seu respeito em minha ausência, fique eu sabendo que vocês permanecem firmes num só espírito, lutando unânimes pela fé evangélica, **28** sem de forma alguma deixar-se intimidar por aqueles que se opõem a vocês. Para eles isso é sinal de destruição, mas para vocês, de salvação, e isso da parte de Deus; **29** pois a vocês foi dado o privilégio de não apenas crer em Cristo, mas também de sofrer por ele, **30** já que estão passando pelo mesmo combate que me viram enfrentar e agora ouvem que ainda enfrento.

2 Grace and peace to you from God our Father and the Lord Jesus Christ.

Thanksgiving and Prayer

3 I thank my God every time I remember you. **4** In all my prayers for all of you, I always pray with joy **5** because of your partnership in the gospel from the first day until now, **6** being confident of this, that he who began a good work in you will carry it on to completion until the day of Christ Jesus.

7 It is right for me to feel this way about all of you, since I have you in my heart; for whether I am in chains or defending and confirming the gospel, all of you share in God's grace with me. **8** God can testify how I long for all of you with the affection of Christ Jesus.

9 And this is my prayer: that your love may abound more and more in knowledge and depth of insight, **10** so that you may be able to discern what is best and may be pure and blameless until the day of Christ, **11** filled with the fruit of righteousness that comes through Jesus Christ—to the glory and praise of God.

Paul's Chains Advance the Gospel

12 Now I want you to know, brothers, that what has happened to me has really served to advance the gospel. **13** As a result, it has become clear throughout the whole palace guard[a] and to everyone else that I am in chains for Christ. **14** Because of my chains, most of the brothers in the Lord have been encouraged to speak the word of God more courageously and fearlessly.

15 It is true that some preach Christ out of envy and rivalry, but others out of goodwill. **16** The latter do so in love, knowing that I am put here for the defense of the gospel. **17** The former preach Christ out of selfish ambition, not sincerely, supposing that they can stir up trouble for me while I am in chains.[b] **18** But what does it matter? The important thing is that in every way, whether from false motives or true, Christ is preached. And because of this I rejoice.

Yes, and I will continue to rejoice, **19** for I know that through your prayers and the help given by the Spirit of Jesus Christ, what has happened to me will turn out for my deliverance.[c] **20** I eagerly expect and hope that I will in no way be ashamed, but will have sufficient courage so that now as always Christ will be exalted in my body, whether by life or by death. **21** For to me, to live is Christ and to die is gain. **22** If I am to go on living in the body, this will mean fruitful labor for me. Yet what shall I choose? I do not know! **23** I am torn between the two: I desire to depart and be with Christ, which is better by far; **24** but it is more necessary for you that I remain in the body. **25** Convinced of this, I know that I will remain, and I will continue with all of you for your progress and joy in the faith, **26** so that through my being with you again your joy in Christ Jesus will overflow on account of me.

27 Whatever happens, conduct yourselves in a manner worthy of the gospel of Christ. Then, whether I come and see you or only hear about you in my absence, I will know that you stand firm in one spirit, contending as one man for the faith of the gospel **28** without being frightened in any way by those who oppose you. This is a sign to them that they will be destroyed, but that you will be saved—and that by God. **29** For it has been granted to you on behalf of Christ not only to believe on him, but also to suffer for him, **30** since you are going through the same struggle you saw I had, and now hear that I still have.

---

[a]**1.13** Ou *a todo o palácio*. Isto é, o Pretório, residência oficial do governador romano. [b]**1.14** Alguns manuscritos dizem *a palavra de Deus*. [c]**1.16,17** Alguns manuscritos apresentam os versículos 16 e 17 em ordem inversa. [d]**1.19** Ou *salvação* [e]**1.22** Grego: *na carne*; também no versículo 24.

[a]**1:13** Or *whole palace* [b]**1:16,17** Some late manuscripts have verses 16 and 17 in reverse order. [c]**1:19** Or *salvation*

A Humildade Cristã

2 Se por estarmos em Cristo nós temos alguma motivação, alguma exortação de amor, alguma comunhão no Espírito, alguma profunda afeição e compaixão, [2] completem a minha alegria, tendo o mesmo modo de pensar, o mesmo amor, um só espírito e uma só atitude. [3] Nada façam por ambição egoísta ou por vaidade, mas humildemente considerem os outros superiores a si mesmos. [4] Cada um cuide, não somente dos seus interesses, mas também dos interesses dos outros.

[5] Seja a atitude de vocês a mesma de Cristo Jesus,

[6] que, embora sendo Deus[a],
   não considerou
   que o ser igual a Deus
   era algo a que devia apegar-se;
[7] mas esvaziou-se a si mesmo,
   vindo a ser servo[b],
   tornando-se semelhante
   aos homens.
[8] E, sendo encontrado
   em forma[c] humana,
   humilhou-se a si mesmo
   e foi obediente até a morte,
   e morte de cruz!
[9] Por isso Deus o exaltou
   à mais alta posição
   e lhe deu o nome que está acima de todo nome,
[10] para que ao nome de Jesus
   se dobre todo joelho,
   nos céus, na terra
   e debaixo da terra,
[11] e toda língua confesse que Jesus Cristo é o Senhor,
   para a glória de Deus Pai.

Brilhando como Estrelas

[12] Assim, meus amados, como sempre vocês obedeceram, não apenas na minha presença, porém muito mais agora na minha ausência, ponham em ação a salvação de vocês com temor e tremor, [13] pois é Deus quem efetua em vocês tanto o querer quanto o realizar, de acordo com a boa vontade dele. [14] Façam tudo sem queixas nem discussões, [15] para que venham a tornar-se puros e irrepreensíveis, filhos de Deus inculpáveis no meio de uma geração corrompida e depravada, na qual vocês brilham como estrelas no universo, [16] retendo firmemente a palavra[d] da vida. Assim, no dia de Cristo eu me orgulharei de não ter corrido nem me esforçado inutilmente. [17] Contudo, mesmo que eu esteja sendo derramado como oferta de bebida[e] sobre o serviço que provém da fé que vocês têm, o sacrifício que oferecem a Deus, estou alegre e me regozijo com todos vocês. [18] Estejam vocês também alegres, e regozijem-se comigo.

Timóteo e Epafrodito

[19] Espero no Senhor Jesus enviar-lhes Timóteo brevemente, para que eu também me sinta animado quando receber notícias de vocês. [20] Não tenho ninguém que, como ele, tenha interesse sincero pelo bem-estar de vocês, [21] pois todos buscam os seus próprios interesses e não os de Jesus Cristo. [22] Mas vocês sabem que Timóteo foi aprovado porque serviu comigo no trabalho do evangelho como um filho ao lado de seu pai. [23] Portanto, é ele quem espero enviar, tão logo me certifique da minha situação, [24] confiando no Senhor que em breve também poderei ir.

[25] Contudo, penso que será necessário enviar-lhes de volta Epafrodito, meu irmão, cooperador e companheiro de lutas, mensageiro que vocês enviaram para atender às minhas necessidades. [26] Pois ele tem saudade de todos vocês e está angustiado porque ficaram sabendo que ele esteve doente. [27] De fato, ficou doente e quase morreu. Mas Deus teve misericórdia

Imitating Christ's Humility

2 If you have any encouragement from being united with Christ, if any comfort from his love, if any fellowship with the Spirit, if any tenderness and compassion, [2] then make my joy complete by being like-minded, having the same love, being one in spirit and purpose. [3] Do nothing out of selfish ambition or vain conceit, but in humility consider others better than yourselves. [4] Each of you should look not only to your own interests, but also to the interests of others.

[5] Your attitude should be the same as that of Christ Jesus:

[6] Who, being in very nature[a] God,
   did not consider equality with God something
      to be grasped,
[7] but made himself nothing,
   taking the very nature[b] of a servant,
   being made in human likeness.
[8] And being found in appearance as a man,
   he humbled himself
   and became obedient to death—
      even death on a cross!
[9] Therefore God exalted him to the highest place
   and gave him the name that is above
      every name,
[10] that at the name of Jesus every knee should bow,
   in heaven and on earth and under the earth,
[11] and every tongue confess that Jesus Christ
      is Lord,
   to the glory of God the Father.

Shining as Stars

[12] Therefore, my dear friends, as you have always obeyed—not only in my presence, but now much more in my absence—continue to work out your salvation with fear and trembling, [13] for it is God who works in you to will and to act according to his good purpose.

[14] Do everything without complaining or arguing, [15] so that you may become blameless and pure, children of God without fault in a crooked and depraved generation, in which you shine like stars in the universe [16] as you hold out[c] the word of life—in order that I may boast on the day of Christ that I did not run or labor for nothing. [17] But even if I am being poured out like a drink offering on the sacrifice and service coming from your faith, I am glad and rejoice with all of you. [18] So you too should be glad and rejoice with me.

Timothy and Epaphroditus

[19] I hope in the Lord Jesus to send Timothy to you soon, that I also may be cheered when I receive news about you. [20] I have no one else like him, who takes a genuine interest in your welfare. [21] For everyone looks out for his own interests, not those of Jesus Christ. [22] But you know that Timothy has proved himself, because as a son with his father he has served with me in the work of the gospel. [23] I hope, therefore, to send him as soon as I see how things go with me. [24] And I am confident in the Lord that I myself will come soon.

[25] But I think it is necessary to send back to you Epaphroditus, my brother, fellow worker and fellow soldier, who is also your messenger, whom you sent to take care of my needs. [26] For he longs for all of you and is distressed because you heard he was ill. [27] Indeed he was ill, and almost died. But God had mercy on him, and not on him only but also on me, to spare me sorrow

---

[a]2.6 Ou *existindo na forma de Deus* [b]2.7 Ou *assumindo a forma de escravo* [c]2.8 Ou *figura* [d]2.16 Ou *firmando-se na palavra* [e]2.17 Veja Nm 28.7.

[a]2:6 Or *in the form of* [b]2:7 Or *the form* [c]2:16 Or *hold on to*

dele, e não somente dele, mas também de mim, para que eu não tivesse tristeza sobre tristeza. ²⁸ Por isso, logo o enviarei, para que, quando o virem novamente, fiquem alegres e eu tenha menos tristeza. ²⁹ E peço que vocês o recebam no Senhor com grande alegria e honrem homens como este, ³⁰ porque ele quase morreu por amor à causa de Cristo, arriscando a vida para suprir a ajuda que vocês não me podiam dar.

Plena Confiança em Cristo

3 Finalmente, meus irmãos, alegrem-se no Senhor! Escrever-lhes de novo as mesmas coisas não é cansativo para mim e é uma segurança para vocês.

² Cuidado com os "cães", cuidado com esses que praticam o mal, cuidado com a falsa circuncisão[a]! ³ Pois nós é que somos a circuncisão, nós que adoramos pelo Espírito de Deus, que nos gloriamos em Cristo Jesus e não temos confiança alguma na carne, ⁴ embora eu mesmo tivesse razões para ter tal confiança.

Se alguém pensa que tem razões para confiar na carne, eu ainda mais: ⁵ circuncidado no oitavo dia de vida, pertencente ao povo de Israel, à tribo de Benjamim, verdadeiro hebreu; quanto à Lei, fariseu; ⁶ quanto ao zelo, perseguidor da igreja; quanto à justiça que há na Lei, irrepreensível.

⁷ Mas o que para mim era lucro, passei a considerar como perda, por causa de Cristo. ⁸ Mais do que isso, considero tudo como perda, comparado com a suprema grandeza do conhecimento de Cristo Jesus, meu Senhor, por quem perdi todas as coisas. Eu as considero como esterco para poder ganhar Cristo ⁹ e ser encontrado nele, não tendo a minha própria justiça que procede da Lei, mas a que vem mediante a fé em Cristo, a justiça que procede de Deus e se baseia na fé. ¹⁰ Quero conhecer Cristo, o poder da sua ressurreição e a participação em seus sofrimentos, tornando-me como ele em sua morte ¹¹ para, de alguma forma, alcançar a ressurreição dentre os mortos.

Prosseguindo para o Alvo

¹² Não que eu já tenha obtido tudo isso ou tenha sido aperfeiçoado, mas prossigo para alcançá-lo, pois para isso também fui alcançado por Cristo Jesus. ¹³ Irmãos, não penso que eu mesmo já o tenha alcançado, mas uma coisa faço: esquecendo-me das coisas que ficaram para trás e avançando para as que estão adiante, ¹⁴ prossigo para o alvo, a fim de ganhar o prêmio do chamado celestial de Deus em Cristo Jesus.

¹⁵ Todos nós que alcançamos a maturidade devemos ver as coisas dessa forma, e, se em algum aspecto vocês pensam de modo diferente, isso também Deus lhes esclarecerá. ¹⁶ Tão-somente vivamos de acordo com o que já alcançamos.

¹⁷ Irmãos, sigam unidos o meu exemplo e observem os que vivem de acordo com o padrão que lhes apresentamos. ¹⁸ Pois, como já lhes disse repetidas vezes, e agora repito com lágrimas, há muitos que vivem como inimigos da cruz de Cristo. ¹⁹ O destino deles é a perdição, o seu deus é o estômago e eles têm orgulho do que é vergonhoso; só pensam nas coisas terrenas. ²⁰ A nossa cidadania, porém, está nos céus, de onde esperamos ansiosamente o Salvador, o Senhor Jesus Cristo. ²¹ Pelo poder que o capacita a colocar todas as coisas debaixo do seu domínio, ele transformará os nossos corpos humilhados, tornando-os semelhantes ao seu corpo glorioso.

4 Portanto, meus irmãos, a quem amo e de quem tenho saudade, vocês que são a minha alegria e a minha coroa, permaneçam assim firmes no Senhor, ó amados!

Exortações

² O que eu rogo a Evódia e também a Síntique é que vivam em harmonia no Senhor. ³ Sim, e peço a você, leal companheiro de jugo[b], que as ajude; pois lutaram ao meu lado na causa

upon sorrow. ²⁸ Therefore I am all the more eager to send him, so that when you see him again you may be glad and I may have less anxiety. ²⁹ Welcome him in the Lord with great joy, and honor men like him, ³⁰ because he almost died for the work of Christ, risking his life to make up for the help you could not give me.

No Confidence in the Flesh

3 Finally, my brothers, rejoice in the Lord! It is no trouble for me to write the same things to you again, and it is a safeguard for you.

² Watch out for those dogs, those men who do evil, those mutilators of the flesh. ³ For it is we who are the circumcision, we who worship by the Spirit of God, who glory in Christ Jesus, and who put no confidence in the flesh— ⁴ though I myself have reasons for such confidence.

If anyone else thinks he has reasons to put confidence in the flesh, I have more: ⁵ circumcised on the eighth day, of the people of Israel, of the tribe of Benjamin, a Hebrew of Hebrews; in regard to the law, a Pharisee; ⁶ as for zeal, persecuting the church; as for legalistic righteousness, faultless.

⁷ But whatever was to my profit I now consider loss for the sake of Christ. ⁸ What is more, I consider everything a loss compared to the surpassing greatness of knowing Christ Jesus my Lord, for whose sake I have lost all things. I consider them rubbish, that I may gain Christ ⁹ and be found in him, not having a righteousness of my own that comes from the law, but that which is through faith in Christ—the righteousness that comes from God and is by faith. ¹⁰ I want to know Christ and the power of his resurrection and the fellowship of sharing in his sufferings, becoming like him in his death, ¹¹ and so, somehow, to attain to the resurrection from the dead.

Pressing on Toward the Goal

¹² Not that I have already obtained all this, or have already been made perfect, but I press on to take hold of that for which Christ Jesus took hold of me. ¹³ Brothers, I do not consider myself yet to have taken hold of it. But one thing I do: Forgetting what is behind and straining toward what is ahead, ¹⁴ I press on toward the goal to win the prize for which God has called me heavenward in Christ Jesus.

¹⁵ All of us who are mature should take such a view of things. And if on some point you think differently, that too God will make clear to you. ¹⁶ Only let us live up to what we have already attained.

¹⁷ Join with others in following my example, brothers, and take note of those who live according to the pattern we gave you. ¹⁸ For, as I have often told you before and now say again even with tears, many live as enemies of the cross of Christ. ¹⁹ Their destiny is destruction, their god is their stomach, and their glory is in their shame. Their mind is on earthly things. ²⁰ But our citizenship is in heaven. And we eagerly await a Savior from there, the Lord Jesus Christ, ²¹ who, by the power that enables him to bring everything under his control, will transform our lowly bodies so that they will be like his glorious body.

4 Therefore, my brothers, you whom I love and long for, my joy and crown, that is how you should stand firm in the Lord, dear friends!

Exhortations

² I plead with Euodia and I plead with Syntyche to agree with each other in the Lord. ³ Yes, and I ask you, loyal yokefellow,[a] help these women who have contended at my side in the cause

---

[a]3.2 Grego: *mutilação*. [b]4.3 Ou *leal Sízigo*

[a]4:3 Or *loyal Syzygus*

do evangelho, com Clemente e meus demais cooperadores. Os seus nomes estão no livro da vida.

⁴ Alegrem-se sempre no Senhor. Novamente direi: Alegrem-se! ⁵ Seja a amabilidade de vocês conhecida por todos. Perto está o Senhor. ⁶ Não andem ansiosos por coisa alguma, mas em tudo, pela oração e súplicas, e com ação de graças, apresentem seus pedidos a Deus. ⁷ E a paz de Deus, que excede todo o entendimento, guardará o coração e a mente de vocês em Cristo Jesus.

⁸ Finalmente, irmãos, tudo o que for verdadeiro, tudo o que for nobre, tudo o que for correto, tudo o que for puro, tudo o que for amável, tudo o que for de boa fama, se houver algo de excelente ou digno de louvor, pensem nessas coisas. ⁹ Ponham em prática tudo o que vocês aprenderam, receberam, ouviram e viram em mim. E o Deus da paz estará com vocês.

Agradecimentos pelas Ofertas

¹⁰ Alegro-me grandemente no Senhor, porque finalmente vocês renovaram o seu interesse por mim. De fato, vocês já se interessavam, mas não tinham oportunidade para demonstrá-lo. ¹¹ Não estou dizendo isso porque esteja necessitado, pois aprendi a adaptar-me a toda e qualquer circunstância. ¹² Sei o que é passar necessidade e sei o que é ter fartura. Aprendi o segredo de viver contente em toda e qualquer situação, seja bem alimentado, seja com fome, tendo muito, ou passando necessidade. ¹³ Tudo posso naquele que me fortalece.

¹⁴ Apesar disso, vocês fizeram bem em participar de minhas tribulações. ¹⁵ Como vocês sabem, filipenses, nos seus primeiros dias no evangelho, quando parti da Macedônia, nenhuma igreja partilhou comigo no que se refere a dar e receber, exceto vocês; ¹⁶ pois, estando eu em Tessalônica, vocês me mandaram ajuda, não apenas uma vez, mas duas, quando tive necessidade. ¹⁷ Não que eu esteja procurando ofertas, mas o que pode ser creditado na conta de vocês. ¹⁸ Recebi tudo, e o que tenho é mais que suficiente. Estou amplamente suprido, agora que recebi de Epafrodito os donativos que vocês enviaram. São uma oferta de aroma suave, um sacrifício aceitável e agradável a Deus. ¹⁹ O meu Deus suprirá todas as necessidades de vocês, de acordo com as suas gloriosas riquezas em Cristo Jesus.

²⁰ A nosso Deus e Pai seja a glória para todo o sempre. Amém.

Saudações Finais

²¹ Saúdem a todos os santos em Cristo Jesus. Os irmãos que estão comigo enviam saudações. ²² Todos os santos lhes enviam saudações, especialmente os que estão no palácio de César.

²³ A graça do Senhor Jesus Cristo seja com o espírito de vocês. Amém.ª

Colossenses

1 Paulo, apóstolo de Cristo Jesus pela vontade de Deus, e o irmão Timóteo,

² aos santos e fiéisᵇ irmãos em Cristo que estão em Colossos:

A vocês, graça e paz da parte de Deus nosso Pai e do Senhor Jesus Cristoᶜ.

Ação de Graças

³ Sempre agradecemos a Deus, o Pai de nosso Senhor Jesus Cristo, quando oramos por vocês, ⁴ pois temos ouvido falar da fé que vocês têm em Cristo Jesus e do amor que têm por todos os santos, ⁵ por causa da esperança que lhes está reservada nos céus, a respeito da qual vocês ouviram por meio da palavra da verdade, o evangelho ⁶ que chegou até vocês. Por todo o mundo este evangelho vai frutificando e crescendo, como também ocorre entre vocês, desde o dia em que o ouviram e enten-

---

of the gospel, along with Clement and the rest of my fellow workers, whose names are in the book of life.

⁴ Rejoice in the Lord always. I will say it again: Rejoice! ⁵ Let your gentleness be evident to all. The Lord is near. ⁶ Do not be anxious about anything, but in everything, by prayer and petition, with thanksgiving, present your requests to God. ⁷ And the peace of God, which transcends all understanding, will guard your hearts and your minds in Christ Jesus.

⁸ Finally, brothers, whatever is true, whatever is noble, whatever is right, whatever is pure, whatever is lovely, whatever is admirable—if anything is excellent or praiseworthy—think about such things. ⁹ Whatever you have learned or received or heard from me, or seen in me-put it into practice. And the God of peace will be with you.

Thanks for Their Gifts

¹⁰ I rejoice greatly in the Lord that at last you have renewed your concern for me. Indeed, you have been concerned, but you had no opportunity to show it. ¹¹ I am not saying this because I am in need, for I have learned to be content whatever the circumstances. ¹² I know what it is to be in need, and I know what it is to have plenty. I have learned the secret of being content in any and every situation, whether well fed or hungry, whether living in plenty or in want. ¹³ I can do everything through him who gives me strength.

¹⁴ Yet it was good of you to share in my troubles. ¹⁵ Moreover, as you Philippians know, in the early days of your acquaintance with the gospel, when I set out from Macedonia, not one church shared with me in the matter of giving and receiving, except you only; ¹⁶ for even when I was in Thessalonica, you sent me aid again and again when I was in need. ¹⁷ Not that I am looking for a gift, but I am looking for what may be credited to your account. ¹⁸ I have received full payment and even more; I am amply supplied, now that I have received from Epaphroditus the gifts you sent. They are a fragrant offering, an acceptable sacrifice, pleasing to God. ¹⁹ And my God will meet all your needs according to his glorious riches in Christ Jesus.

²⁰ To our God and Father be glory for ever and ever. Amen.

Final Greetings

²¹ Greet all the saints in Christ Jesus. The brothers who are with me send greetings. ²² All the saints send you greetings, especially those who belong to Caesar's household.

²³ The grace of the Lord Jesus Christ be with your spirit. Amen.ª

Colossians

1 Paul, an apostle of Christ Jesus by the will of God, and Timothy our brother,

² To the holy and faithfulᵇ brothers in Christ at Colosse:

Grace and peace to you from God our Father.ᶜ

Thanksgiving and Prayer

³ We always thank God, the Father of our Lord Jesus Christ, when we pray for you, ⁴ because we have heard of your faith in Christ Jesus and of the love you have for all the saints— ⁵ the faith and love that spring from the hope that is stored up for you in heaven and that you have already heard about in the word of truth, the gospel ⁶ that has come to you. All over the world this gospel is bearing fruit and growing, just as it has been doing among you since the day you heard it and under-

---

deram a graça de Deus em toda a sua verdade. **7** Vocês o aprenderam de Epafras, nosso amado cooperador, fiel ministro de Cristo para conosco[a], **8** que também nos falou do amor que vocês têm no Espírito.

9 Por essa razão, desde o dia em que o ouvimos, não deixamos de orar por vocês e de pedir que sejam cheios do pleno conhecimento da vontade de Deus, com toda a sabedoria e entendimento espiritual. **10** E isso para que vocês vivam de maneira digna do Senhor e em tudo possam agradá-lo, frutificando em toda boa obra, crescendo no conhecimento de Deus e **11** sendo fortalecidos com todo o poder, de acordo com a força da sua glória, para que tenham toda a perseverança e paciência com alegria, **12** dando graças ao Pai, que nos[b] tornou dignos de participar da herança dos santos no reino da luz. **13** Pois ele nos resgatou do domínio das trevas e nos transportou para o Reino do seu Filho amado, **14** em quem temos a redenção[c], a saber, o perdão dos pecados.

A Supremacia de Cristo

15 Ele é a imagem
   do Deus invisível,
  o primogênito
   de toda a criação,
16 pois nele foram criadas
   todas as coisas
  nos céus e na terra,
   as visíveis e as invisíveis,
  sejam tronos ou soberanias,
   poderes ou autoridades;
  todas as coisas foram criadas por ele e para ele.
17 Ele é antes de todas as coisas,
   e nele tudo subsiste.
18 Ele é a cabeça do corpo,
   que é a igreja;
  é o princípio e o primogênito
   dentre os mortos,
  para que em tudo tenha a supremacia.
19 Pois foi do agrado de Deus
   que nele habitasse toda a plenitude,[d]
20 e por meio dele reconciliasse consigo
   todas as coisas,
  tanto as que estão na terra
   quanto as que estão nos céus,
  estabelecendo a paz
   pelo seu sangue derramado na cruz.

21 Antes vocês estavam separados de Deus e, na mente de vocês, eram inimigos por causa do mau[e] procedimento de vocês. **22** Mas agora ele os reconciliou pelo corpo físico de Cristo[f], mediante a morte, para apresentá-los diante dele santos, inculpáveis e livres de qualquer acusação, **23** desde que continuem alicerçados e firmes na fé, sem se afastarem da esperança do evangelho, que vocês ouviram e que tem sido proclamado a todos os que estão debaixo do céu. Esse é o evangelho do qual eu, Paulo, me tornei ministro.

O Trabalho de Paulo pela Igreja

24 Agora me alegro em meus sofrimentos por vocês, e completo no meu corpo[g] o que resta das aflições de Cristo, em favor do seu corpo, que é a igreja. **25** Dela me tornei ministro de acordo com a responsabilidade, por Deus a mim atribuída, de apresentar-lhes plenamente a palavra de Deus, **26** o mistério que esteve oculto durante épocas e gerações, mas que agora foi manifestado a seus santos. **27** A ele quis Deus dar a conhecer entre os gentios[h] a gloriosa riqueza deste mistério, que é Cristo em vocês, a esperança da glória.

---

stood God's grace in all its truth. **7** You learned it from Epaphras, our dear fellow servant, who is a faithful minister of Christ on our[a] behalf, **8** and who also told us of your love in the Spirit.

9 For this reason, since the day we heard about you, we have not stopped praying for you and asking God to fill you with the knowledge of his will through all spiritual wisdom and understanding. **10** And we pray this in order that you may live a life worthy of the Lord and may please him in every way: bearing fruit in every good work, growing in the knowledge of God, **11** being strengthened with all power according to his glorious might so that you may have great endurance and patience, and joyfully **12** giving thanks to the Father, who has qualified you[b] to share in the inheritance of the saints in the kingdom of light. **13** For he has rescued us from the dominion of darkness and brought us into the kingdom of the Son he loves, **14** in whom we have redemption,[c] the forgiveness of sins.

The Supremacy of Christ

15 He is the image of the invisible God, the firstborn over all creation. **16** For by him all things were created: things in heaven and on earth, visible and invisible, whether thrones or powers or rulers or authorities; all things were created by him and for him. **17** He is before all things, and in him all things hold together. **18** And he is the head of the body, the church; he is the beginning and the firstborn from among the dead, so that in everything he might have the supremacy. **19** For God was pleased to have all his fullness dwell in him, **20** and through him to reconcile to himself all things, whether things on earth or things in heaven, by making peace through his blood, shed on the cross.

21 Once you were alienated from God and were enemies in your minds because of[d] your evil behavior. **22** But now he has reconciled you by Christ's physical body through death to present you holy in his sight, without blemish and free from accusation— **23** if you continue in your faith, established and firm, not moved from the hope held out in the gospel. This is the gospel that you heard and that has been proclaimed to every creature under heaven, and of which I, Paul, have become a servant.

Paul's Labor for the Church

24 Now I rejoice in what was suffered for you, and I fill up in my flesh what is still lacking in regard to Christ's afflictions, for the sake of his body, which is the church. **25** I have become its servant by the commission God gave me to present to you the word of God in its fullness— **26** the mystery that has been kept hidden for ages and generations, but is now disclosed to the saints. **27** To them God has chosen to make known among the Gentiles the glorious riches of this mystery, which is Christ in you, the hope of glory.

---

a1.7 Vários manuscritos dizem *para com vocês*. **b**1.12 Alguns manuscritos dizem *os*. **c**1.14 Alguns manuscritos dizem *redenção por meio do seu sangue*. **d**1.19 Ou *Pois toda a plenitude agradou-se em habitar nele*, **e**1.21 Ou *conforme demonstrado pelo mau* **f**1.22 Grego: *corpo da sua carne*. **g**1.24 Grego: *na minha carne*. **h**1.27 Isto é, os que não são judeus.

a1:7 Some manuscripts *your* **b**1:12 Some manuscripts *us* **c**1:14 A few late manuscripts *redemption through his blood* **d**1:21 Or *minds, as shown by*

28 Nós o proclamamos, advertindo e ensinando a cada um com toda a sabedoria, para que apresentemos todo homem perfeito em Cristo. **29** Para isso eu me esforço, lutando conforme a sua força, que atua poderosamente em mim.

2 Quero que vocês saibam quanto estou lutando por vocês, pelos que estão em Laodicéia e por todos os que ainda não me conhecem pessoalmente. **2** Esforço-me para que eles sejam fortalecidos em seu coração, estejam unidos em amor e alcancem toda a riqueza do pleno entendimento, a fim de conhecerem plenamente o mistério de Deus, a saber, Cristo. **3** Nele estão escondidos todos os tesouros da sabedoria e do conhecimento. **4** Eu lhes digo isso para que ninguém os engane com argumentos que só parecem convincentes. **5** Porque, embora esteja fisicamente longe de vocês, em espírito estou presente, e me alegro em ver como estão vivendo em ordem e como está firme a fé que vocês têm em Cristo.

Livres do Legalismo por meio de Cristo

6 Portanto, assim como vocês receberam Cristo Jesus, o Senhor, continuem a viver nele, **7** enraizados e edificados nele, firmados na fé, como foram ensinados, transbordando de gratidão.

8 Tenham cuidado para que ninguém os escravize a filosofias vãs e enganosas, que se fundamentam nas tradições humanas e nos princípios elementares deste mundo, e não em Cristo.

9 Pois em Cristo habita corporalmente toda a plenitude da divindade, **10** e, por estarem nele, que é o Cabeça de todo poder e autoridade, vocês receberam a plenitude. **11** Nele também vocês foram circuncidados, não com uma circuncisão feita por mãos humanas, mas com a circuncisão feita por Cristo, que é o despojar do corpo da carne[a]. **12** Isso aconteceu quando vocês foram sepultados com ele no batismo, e com ele foram ressuscitados mediante a fé no poder de Deus que o ressuscitou dentre os mortos.

13 Quando vocês estavam mortos em pecados e na incircuncisão da sua carne[b], Deus os[c] vivificou com Cristo. Ele nos perdoou todas as transgressões, **14** e cancelou a escrita de dívida, que consistia em ordenanças, e que nos era contrária. Ele a removeu, pregando-a na cruz, **15** e, tendo despojado os poderes e as autoridades, fez deles um espetáculo público, triunfando sobre eles na cruz.

16 Portanto, não permitam que ninguém os julgue pelo que vocês comem ou bebem, ou com relação a alguma festividade religiosa ou à celebração das luas novas ou dos dias de sábado. **17** Estas coisas são sombras do que haveria de vir; a realidade, porém, encontra-se em Cristo[d]. **18** Não permitam que ninguém que tenha prazer numa falsa humildade e na adoração de anjos os impeça de alcançar o prêmio. Tal pessoa conta detalhadamente suas visões, e sua mente carnal a torna orgulhosa. **19** Trata-se de alguém que não está unido à Cabeça, a partir da qual todo o corpo, sustentado e unido por seus ligamentos e juntas, efetua o crescimento dado por Deus.

20 Já que vocês morreram com Cristo para os princípios elementares deste mundo, por que, como se ainda pertencessem a ele, vocês se submetem a regras: **21** "Não manuseie!", "Não prove!", "Não toque!"? **22** Todas essas coisas estão destinadas a perecer pelo uso, pois se baseiam em mandamentos e ensinos humanos. **23** Essas regras têm, de fato, aparência de sabedoria, com sua pretensa religiosidade, falsa humildade e severidade com o corpo, mas não têm valor algum para refrear os impulsos da carne.

28 We proclaim him, admonishing and teaching everyone with all wisdom, so that we may present everyone perfect in Christ. **29** To this end I labor, struggling with all his energy, which so powerfully works in me.

2 I want you to know how much I am struggling for you and for those at Laodicea, and for all who have not met me personally. **2** My purpose is that they may be encouraged in heart and united in love, so that they may have the full riches of complete understanding, in order that they may know the mystery of God, namely, Christ, **3** in whom are hidden all the treasures of wisdom and knowledge. **4** I tell you this so that no one may deceive you by fine-sounding arguments. **5** For though I am absent from you in body, I am present with you in spirit and delight to see how orderly you are and how firm your faith in Christ is.

Freedom From Human
Regulations Through Life With Christ

6 So then, just as you received Christ Jesus as Lord, continue to live in him, **7** rooted and built up in him, strengthened in the faith as you were taught, and overflowing with thankfulness.

8 See to it that no one takes you captive through hollow and deceptive philosophy, which depends on human tradition and the basic principles of this world rather than on Christ.

9 For in Christ all the fullness of the Deity lives in bodily form, **10** and you have been given fullness in Christ, who is the head over every power and authority. **11** In him you were also circumcised, in the putting off of the sinful nature,[a] not with a circumcision done by the hands of men but with the circumcision done by Christ, **12** having been buried with him in baptism and raised with him through your faith in the power of God, who raised him from the dead.

13 When you were dead in your sins and in the uncircumcision of your sinful nature,[b] God made you[c] alive with Christ. He forgave us all our sins, **14** having canceled the written code, with its regulations, that was against us and that stood opposed to us; he took it away, nailing it to the cross. **15** And having disarmed the powers and authorities, he made a public spectacle of them, triumphing over them by the cross.[d]

16 Therefore do not let anyone judge you by what you eat or drink, or with regard to a religious festival, a New Moon celebration or a Sabbath day. **17** These are a shadow of the things that were to come; the reality, however, is found in Christ. **18** Do not let anyone who delights in false humility and the worship of angels disqualify you for the prize. Such a person goes into great detail about what he has seen, and his unspiritual mind puffs him up with idle notions. **19** He has lost connection with the Head, from whom the whole body, supported and held together by its ligaments and sinews, grows as God causes it to grow.

20 Since you died with Christ to the basic principles of this world, why, as though you still belonged to it, do you submit to its rules: **21** "Do not handle! Do not taste! Do not touch!"? **22** These are all destined to perish with use, because they are based on human commands and teachings. **23** Such regulations indeed have an appearance of wisdom, with their self-imposed worship, their false humility and their harsh treatment of the body, but they lack any value in restraining sensual indulgence.

---

[a] **2.11** Isto é, da velha vida dos não regenerados. [b] **2.13** Ou *da sua natureza pecaminosa*; também no versículo 23. [c] **2.13** Alguns manuscritos dizem *nos*. [d] **2.17** Grego: *o corpo, porém, é de Cristo.*

[a] **2:11** Or *the flesh* [b] **2:13** Or *your flesh* [c] **2:13** Some manuscripts *us* [d] **2:15** Or *them in him*

Instruções para um Viver Santo

3 Portanto, já que vocês ressuscitaram com Cristo, procurem as coisas que são do alto, onde Cristo está assentado à direita de Deus. **2** Mantenham o pensamento nas coisas do alto, e não nas coisas terrenas. **3** Pois vocês morreram, e agora a sua vida está escondida com Cristo em Deus. **4** Quando Cristo, que é a sua*a* vida, for manifestado, então vocês também serão manifestados com ele em glória.

5 Assim, façam morrer tudo o que pertence à natureza terrena de vocês: imoralidade sexual, impureza, paixão, desejos maus e a ganância, que é idolatria. **6** É por causa dessas coisas que vem a ira de Deus sobre os que vivem na desobediência*b*, **7** as quais vocês praticaram no passado, quando costumavam viver nelas. **8** Mas agora, abandonem todas estas coisas: ira, indignação, maldade, maledicência e linguagem indecente no falar. **9** Não mintam uns aos outros, visto que vocês já se despiram do velho homem*c* com suas práticas **10** e se revestiram do novo, o qual está sendo renovado em conhecimento, à imagem do seu Criador. **11** Nessa nova vida já não há diferença entre grego e judeu, circunciso e incircunciso, bárbaro*d* e cita*e*, escravo e livre, mas Cristo é tudo e está em todos.

12 Portanto, como povo escolhido de Deus, santo e amado, revistam-se de profunda compaixão, bondade, humildade, mansidão e paciência. **13** Suportem-se uns aos outros e perdoem as queixas que tiverem uns contra os outros. Perdoem como o Senhor lhes perdoou. **14** Acima de tudo, porém, revistam-se do amor, que é o elo perfeito.

15 Que a paz de Cristo seja o juiz em seu coração, visto que vocês foram chamados para viver em paz, como membros de um só corpo. E sejam agradecidos. **16** Habite ricamente em vocês a palavra de Cristo; ensinem e aconselhem-se uns aos outros com toda a sabedoria, e cantem salmos, hinos e cânticos espirituais com gratidão a Deus em seu coração. **17** Tudo o que fizerem, seja em palavra ou em ação, façam-no em nome do Senhor Jesus, dando por meio dele graças a Deus Pai.

Responsabilidade Social

18 Mulheres, sujeite-se cada uma a seu marido, como convém a quem está no Senhor.

19 Maridos, ame cada um a sua mulher e não a tratem com amargura.

20 Filhos, obedeçam a seus pais em tudo, pois isso agrada ao Senhor.

21 Pais, não irritem seus filhos, para que eles não desanimem.

22 Escravos, obedeçam em tudo a seus senhores terrenos, não somente para agradá-los quando eles estão observando, mas com sinceridade de coração, pelo fato de vocês temerem o Senhor. **23** Tudo o que fizerem, façam de todo o coração, como para o Senhor, e não para os homens, **24** sabendo que receberão do Senhor a recompensa da herança. É a Cristo, o Senhor, que vocês estão servindo. **25** Quem cometer injustiça receberá de volta injustiça, e não haverá exceção para ninguém.

4 Senhores, dêem aos seus escravos o que é justo e direito, sabendo que vocês também têm um Senhor nos céus.

Outras Instruções

2 Dediquem-se à oração, estejam alerta e sejam agradecidos. **3** Ao mesmo tempo, orem também por nós, para que Deus abra uma porta para a nossa mensagem, a fim de que possamos proclamar o mistério de Cristo, pelo qual estou

Rules for Holy Living

3 Since, then, you have been raised with Christ, set your hearts on things above, where Christ is seated at the right hand of God. **2** Set your minds on things above, not on earthly things. **3** For you died, and your life is now hidden with Christ in God. **4** When Christ, who is your*a* life, appears, then you also will appear with him in glory.

5 Put to death, therefore, whatever belongs to your earthly nature: sexual immorality, impurity, lust, evil desires and greed, which is idolatry. **6** Because of these, the wrath of God is coming.*b* **7** You used to walk in these ways, in the life you once lived. **8** But now you must rid yourselves of all such things as these: anger, rage, malice, slander, and filthy language from your lips. **9** Do not lie to each other, since you have taken off your old self with its practices **10** and have put on the new self, which is being renewed in knowledge in the image of its Creator. **11** Here there is no Greek or Jew, circumcised or uncircumcised, barbarian, Scythian, slave or free, but Christ is all, and is in all.

12 Therefore, as God's chosen people, holy and dearly loved, clothe yourselves with compassion, kindness, humility, gentleness and patience. **13** Bear with each other and forgive whatever grievances you may have against one another. Forgive as the Lord forgave you. **14** And over all these virtues put on love, which binds them all together in perfect unity.

15 Let the peace of Christ rule in your hearts, since as members of one body you were called to peace. And be thankful. **16** Let the word of Christ dwell in you richly as you teach and admonish one another with all wisdom, and as you sing psalms, hymns and spiritual songs with gratitude in your hearts to God. **17** And whatever you do, whether in word or deed, do it all in the name of the Lord Jesus, giving thanks to God the Father through him.

Rules for Christian Households

18 Wives, submit to your husbands, as is fitting in the Lord.

19 Husbands, love your wives and do not be harsh with them.

20 Children, obey your parents in everything, for this pleases the Lord.

21 Fathers, do not embitter your children, or they will become discouraged.

22 Slaves, obey your earthly masters in everything; and do it, not only when their eye is on you and to win their favor, but with sincerity of heart and reverence for the Lord. **23** Whatever you do, work at it with all your heart, as working for the Lord, not for men, **24** since you know that you will receive an inheritance from the Lord as a reward. It is the Lord Christ you are serving. **25** Anyone who does wrong will be repaid for his wrong, and there is no favoritism.

4 Masters, provide your slaves with what is right and fair, because you know that you also have a Master in heaven.

Further Instructions

2 Devote yourselves to prayer, being watchful and thankful. **3** And pray for us, too, that God may open a door for our message, so that we may proclaim the mystery of Christ, for which I am in

---

*a***3.4** Alguns manuscritos dizem *nossa*. *b***3.6** Alguns manuscritos antigos não trazem *sobre os que vivem na desobediência*. *c***3.9** Isto é, da velha vida dos não regenerados. *d***3.11** Isto é, aquele que não possuía cultura grega. *e***3.11** Isto é, habitante da região ao norte do mar Negro, que não fazia parte do Império Romano.

*a***3:4** Some manuscripts *our* *b***3:6** Some early manuscripts *coming on those who are disobedient*

preso. [4] Orem para que eu possa manifestá-lo abertamente, como me cumpre fazê-lo. [5] Sejam sábios no procedimento para com os de fora; aproveitem ao máximo todas as oportunidades. [6] O seu falar seja sempre agradável e temperado com sal, para que saibam como responder a cada um.

Saudações Finais

[7] Tíquico lhes informará todas as coisas a meu respeito. Ele é um irmão amado, ministro fiel e cooperador no serviço do Senhor. [8] Eu o envio a vocês precisamente com o propósito de que saibam de tudo o que se passa conosco[a], e para que ele lhes fortaleça o coração. [9] Ele irá com Onésimo, fiel e amado irmão, que é um de vocês. Eles irão contar-lhes tudo o que está acontecendo aqui.

[10] Aristarco, meu companheiro de prisão, envia-lhes saudações, bem como Marcos, primo de Barnabé. Vocês receberam instruções a respeito de Marcos, e se ele for visitá-los, recebam-no. [11] Jesus, chamado Justo, também envia saudações. Esses são os únicos da circuncisão que são meus cooperadores em favor do Reino de Deus. Eles têm sido uma fonte de ânimo para mim. [12] Epafras, que é um de vocês e servo[b] de Cristo Jesus, envia saudações. Ele está sempre batalhando por vocês em oração, para que, como pessoas maduras e plenamente convictas, continuem firmes em toda a vontade de Deus. [13] Dele dou testemunho de que se esforça muito por vocês e pelos que estão em Laodicéia e em Hierápolis. [14] Lucas, o médico amado, e Demas enviam saudações. [15] Saúdem os irmãos de Laodicéia, bem como Ninfa e a igreja que se reúne em sua casa.

[16] Depois que esta carta for lida entre vocês, façam que também seja lida na igreja dos laodicenses, e que vocês igualmente leiam a carta de Laodicéia.

[17] Digam a Arquipo: "Cuide em cumprir o ministério que você recebeu no Senhor".

[18] Eu, Paulo, escrevo esta saudação de próprio punho. Lembrem-se das minhas algemas. A graça seja com vocês.

1Tessalonicenses

1 Paulo, Silvano[c] e Timóteo,

à igreja dos tessalonicenses, em Deus Pai e no Senhor Jesus Cristo:

A vocês, graça e paz da parte de Deus e de nosso Senhor Jesus Cristo[d].

Ação de Graças pela
Fé e pelo Exemplo dos Tessalonicenses

[2] Sempre damos graças a Deus por todos vocês, mencionando-os em nossas orações. [3] Lembramos continuamente, diante de nosso Deus e Pai, o que vocês têm demonstrado: o trabalho que resulta da fé, o esforço motivado pelo amor e a perseverança proveniente da esperança em nosso Senhor Jesus Cristo. [4] Sabemos, irmãos, amados de Deus, que ele os escolheu [5] porque o nosso evangelho não chegou a vocês somente em palavra, mas também em poder, no Espírito Santo e em plena convicção. Vocês sabem como procedemos entre vocês, em seu favor. [6] De fato, vocês se tornaram nossos imitadores e do Senhor, pois, apesar de muito sofrimento, receberam a palavra com alegria que vem do Espírito Santo. [7] Assim, tornaram-se modelo para todos os crentes que estão na Macedônia e na Acaia. [8] Porque, partindo de vocês, propagou-se a mensagem do Senhor na Macedônia e na Acaia. Não somente isso, mas também por toda parte tornou-se conhecida a fé que vocês têm em Deus. O resultado é que não temos necessidade de dizer

chains. [4] Pray that I may proclaim it clearly, as I should. [5] Be wise in the way you act toward outsiders; make the most of every opportunity. [6] Let your conversation be always full of grace, seasoned with salt, so that you may know how to answer everyone.

Final Greetings

[7] Tychicus will tell you all the news about me. He is a dear brother, a faithful minister and fellow servant in the Lord. [8] I am sending him to you for the express purpose that you may know about our[a] circumstances and that he may encourage your hearts. [9] He is coming with Onesimus, our faithful and dear brother, who is one of you. They will tell you everything that is happening here.

[10] My fellow prisoner Aristarchus sends you his greetings, as does Mark, the cousin of Barnabas. (You have received instructions about him; if he comes to you, welcome him.) [11] Jesus, who is called Justus, also sends greetings. These are the only Jews among my fellow workers for the kingdom of God, and they have proved a comfort to me. [12] Epaphras, who is one of you and a servant of Christ Jesus, sends greetings. He is always wrestling in prayer for you, that you may stand firm in all the will of God, mature and fully assured. [13] I vouch for him that he is working hard for you and for those at Laodicea and Hierapolis. [14] Our dear friend Luke, the doctor, and Demas send greetings. [15] Give my greetings to the brothers at Laodicea, and to Nympha and the church in her house.

[16] After this letter has been read to you, see that it is also read in the church of the Laodiceans and that you in turn read the letter from Laodicea.

[17] Tell Archippus: "See to it that you complete the work you have received in the Lord."

[18] I, Paul, write this greeting in my own hand. Remember my chains. Grace be with you.

1Thessalonians

1 Paul, Silas[b] and Timothy,

To the church of the Thessalonians in God the Father and the Lord Jesus Christ:

Grace and peace to you.[c]

Thanksgiving for the Thessalonians' Faith

[2] We always thank God for all of you, mentioning you in our prayers. [3] We continually remember before our God and Father your work produced by faith, your labor prompted by love, and your endurance inspired by hope in our Lord Jesus Christ.

[4] For we know, brothers loved by God, that he has chosen you, [5] because our gospel came to you not simply with words, but also with power, with the Holy Spirit and with deep conviction. You know how we lived among you for your sake. [6] You became imitators of us and of the Lord; in spite of severe suffering, you welcomed the message with the joy given by the Holy Spirit. [7] And so you became a model to all the believers in Macedonia and Achaia. [8] The Lord's message rang out from you not only in Macedonia and Achaia—your faith in God has become known everywhere. Therefore we do not need to say

---

[a]4.8 Alguns manuscritos dizem *de que ele saiba de tudo o que se passa com vocês.* [b]4.12 Isto é, escravo. [c]1.1 Ou *Silas,* variante de *Silvano.* [d]1.1 Vários manuscritos não trazem *da parte de Deus e de nosso Senhor Jesus Cristo.*

---

[a]4:8 Some manuscripts *that he may know about your* [b]1:1 Greek *Silvanus,* a variant of *Silas* [c]1:1 Some early manuscripts *you from God our Father and the Lord Jesus Christ*

mais nada sobre isso, **9** pois eles mesmos relatam de que maneira vocês nos receberam, e como se voltaram para Deus, deixando os ídolos a fim de servir ao Deus vivo e verdadeiro, **10** e esperar dos céus seu Filho, a quem ressuscitou dos mortos: Jesus, que nos livra da ira que há de vir.

O Ministério de Paulo em Tessalônica

2 Irmãos, vocês mesmos sabem que a visita que lhes fizemos não foi inútil. **2** Apesar de termos sido maltratados e insultados em Filipos, como vocês sabem, com a ajuda de nosso Deus tivemos coragem de anunciar-lhes o evangelho de Deus, em meio a muita luta. **3** Pois nossa exortação não tem origem no erro nem em motivos impuros, nem temos intenção de enganá-los; **4** ao contrário, como homens aprovados por Deus para nos confiar o evangelho, não falamos para agradar pessoas, mas a Deus, que prova o nosso coração. **5** Vocês bem sabem que a nossa palavra nunca foi de bajulação nem de pretexto para ganância; Deus é testemunha. **6** Nem buscamos reconhecimento humano, quer de vocês quer de outros.

7 Embora, como apóstolos de Cristo, pudéssemos ter sido um peso, fomos bondosos quando estávamos entre vocês, como uma mãe[a] que cuida dos próprios filhos. **8** Sentindo, assim, tanta afeição por vocês, decidimos dar-lhes não somente o evangelho de Deus, mas também a nossa própria vida, porque vocês se tornaram muito amados por nós. **9** Irmãos, certamente vocês se lembram do nosso trabalho esgotante e da nossa fadiga; trabalhamos noite e dia para não sermos pesados a ninguém, enquanto lhes pregávamos o evangelho de Deus.

10 Tanto vocês como Deus são testemunhas de como nos portamos de maneira santa, justa e irrepreensível entre vocês, os que crêem. **11** Pois vocês sabem que tratamos cada um como um pai trata seus filhos, **12** exortando, consolando e dando testemunho, para que vocês vivam de maneira digna de Deus, que os chamou para o seu Reino e glória.

13 Também agradecemos a Deus sem cessar o fato de que, ao receberem de nossa parte a palavra de Deus, vocês a aceitaram, não como palavra de homens, mas conforme ela verdadeiramente é, como palavra de Deus, que atua com eficácia em vocês, os que crêem. **14** Porque vocês, irmãos, tornaram-se imitadores das igrejas de Deus em Cristo Jesus que estão na Judéia. Vocês sofreram da parte dos seus próprios conterrâneos as mesmas coisas que aquelas igrejas sofreram da parte dos judeus, **15** que mataram o Senhor Jesus e os profetas, e também nos perseguiram. Eles desagradam a Deus e são hostis a todos, **16** esforçando-se para nos impedir que falemos aos gentios[b], e estes sejam salvos. Dessa forma, continuam acumulando seus pecados. Sobre eles, finalmente[c], veio a ira[d].

Paulo Deseja Rever os Tessalonicenses

17 Nós, porém, irmãos, privados da companhia de vocês por breve tempo, em pessoa, mas não no coração, esforçamo-nos ainda mais para vê-los pessoalmente, pela saudade que temos de vocês. **18** Quisemos visitá-los. Eu mesmo, Paulo, o quis, e não apenas uma vez, mas duas; Satanás, porém, nos impediu. **19** Pois quem é a nossa esperança, alegria ou coroa em que nos gloriamos perante o Senhor Jesus na sua vinda? Não são vocês? **20** De fato, vocês são a nossa glória e a nossa alegria.

3 Por isso, quando não pudemos mais suportar, achamos por bem permanecer sozinhos em Atenas **2** e, assim, enviamos Timóteo, nosso irmão e cooperador de Deus[e] no evangelho de Cristo, para fortalecê-los e dar-lhes ânimo na fé,

anything about it, **9** for they themselves report what kind of reception you gave us. They tell how you turned to God from idols to serve the living and true God, **10** and to wait for his Son from heaven, whom he raised from the dead—Jesus, who rescues us from the coming wrath.

Paul's Ministry in Thesalonica

2 You know, brothers, that our visit to you was not a failure. **2** We had previously suffered and been insulted in Philippi, as you know, but with the help of our God we dared to tell you his gospel in spite of strong opposition. **3** For the appeal we make does not spring from error or impure motives, nor are we trying to trick you. **4** On the contrary, we speak as men approved by God to be entrusted with the gospel. We are not trying to please men but God, who tests our hearts. **5** You know we never used flattery, nor did we put on a mask to cover up greed—God is our witness. **6** We were not looking for praise from men, not from you or anyone else.

As apostles of Christ we could have been a burden to you, **7** but we were gentle among you, like a mother caring for her little children. **8** We loved you so much that we were delighted to share with you not only the gospel of God but our lives as well, because you had become so dear to us. **9** Surely you remember, brothers, our toil and hardship; we worked night and day in order not to be a burden to anyone while we preached the gospel of God to you.

10 You are witnesses, and so is God, of how holy, righteous and blameless we were among you who believed. **11** For you know that we dealt with each of you as a father deals with his own children, **12** encouraging, comforting and urging you to live lives worthy of God, who calls you into his kingdom and glory.

13 And we also thank God continually because, when you received the word of God, which you heard from us, you accepted it not as the word of men, but as it actually is, the word of God, which is at work in you who believe. **14** For you, brothers, became imitators of God's churches in Judea, which are in Christ Jesus: You suffered from your own countrymen the same things those churches suffered from the Jews, **15** who killed the Lord Jesus and the prophets and also drove us out. They displease God and are hostile to all men **16** in their effort to keep us from speaking to the Gentiles so that they may be saved. In this way they always heap up their sins to the limit. The wrath of God has come upon them at last.[a]

Paul's Longing to See the Thessalonians

17 But, brothers, when we were torn away from you for a short time (in person, not in thought), out of our intense longing we made every effort to see you. **18** For we wanted to come to you—certainly I, Paul, did, again and again—but Satan stopped us. **19** For what is our hope, our joy, or the crown in which we will glory in the presence of our Lord Jesus when he comes? Is it not you? **20** Indeed, you are our glory and joy.

3 So when we could stand it no longer, we thought it best to be left by ourselves in Athens. **2** We sent Timothy, who is our brother and God's fellow worker[b] in spreading the gospel of Christ, to strengthen and encourage you in your faith,

---

[a]**2.7** Grego: *ama.* [b]**2.16** Isto é, os que não são judeus. [c]**2.16** Ou *plenamente* [d]**2.16** Alguns manuscritos acrescentam *de Deus.* [e]**3.2** Alguns manuscritos não trazem *de Deus*; outros manuscritos dizem *ministro de Deus.*

[a]**2:16** Or *them fully* [b]**3:2** Some manuscripts *brother and fellow worker*; other manuscripts *brother and God's servant*

3 para que ninguém seja abalado por essas tribulações. Vocês sabem muito bem que fomos designados para isso. **4** Quando estávamos com vocês, já lhes dizíamos que seríamos perseguidos, o que realmente aconteceu, como vocês sabem. **5** Por essa razão, não suportando mais, enviei Timóteo para saber a respeito da fé que vocês têm, a fim de que o tentador não os seduzisse, tornando inútil o nosso esforço.

As Boas Notícias Trazidas por Timóteo

6 Agora, porém, Timóteo acaba de chegar da parte de vocês, dando-nos boas notícias a respeito da fé e do amor que vocês têm. Ele nos falou que vocês sempre guardam boas recordações de nós, desejando ver-nos, assim como nós queremos vê-los. **7** Por isso, irmãos, em toda a nossa necessidade e tribulação ficamos animados quando soubemos da sua fé; **8** pois agora vivemos, visto que vocês estão firmes no Senhor. **9** Como podemos ser suficientemente gratos a Deus por vocês, por toda a alegria que temos diante dele por causa de vocês? **10** Noite e dia insistimos em orar para que possamos vê-los pessoalmente e suprir o que falta à sua fé.

11 Que o próprio Deus, nosso Pai, e nosso Senhor Jesus preparem o nosso caminho até vocês. **12** Que o Senhor faça crescer e transbordar o amor que vocês têm uns para com os outros e para com todos, a exemplo do nosso amor por vocês. **13** Que ele fortaleça o coração de vocês para serem irrepreensíveis em santidade diante de nosso Deus e Pai, na vinda de nosso Senhor Jesus com todos os seus santos.

Vivendo para Agradar a Deus

4 Quanto ao mais, irmãos, já os instruímos acerca de como viver a fim de agradar a Deus e, de fato, assim vocês estão procedendo. Agora lhes pedimos e exortamos no Senhor Jesus que cresçam nisso cada vez mais. **2** Pois vocês conhecem os mandamentos que lhes demos pela autoridade do Senhor Jesus.

3 A vontade de Deus é que vocês sejam santificados: abstenham-se da imoralidade sexual. **4** Cada um saiba controlar o seu próprio corpoª de maneira santa e honrosa, **5** não dominado pela paixão de desejos desenfreados, como os pagãos que desconhecem a Deus. **6** Neste assunto, ninguém prejudique seu irmão nem dele se aproveite. O Senhor castigará todas essas práticas, como já lhes dissemos e asseguramos. **7** Porque Deus não nos chamou para a impureza, mas para a santidade. **8** Portanto, aquele que rejeita estas coisas não está rejeitando o homem, mas a Deus, que lhes dá o seu Espírito Santo.

9 Quanto ao amor fraternal, não precisamos escrever-lhes, pois vocês mesmos já foram ensinados por Deus a se amarem uns aos outros. **10** E, de fato, vocês amam todos os irmãos em toda a Macedônia. Contudo, irmãos, insistimos com vocês que cada vez mais assim procedam. **11** Esforcem-se para ter uma vida tranqüila, cuidar dos seus próprios negócios e trabalhar com as próprias mãos, como nós os instruímos; **12** a fim de que andem decentemente aos olhos dos que são de fora e não dependam de ninguém.

A Vinda do Senhor

13 Irmãos, não queremos que vocês sejam ignorantes quanto aos que dormem, para que não se entristeçam como os outros que não têm esperança. **14** Se cremos que Jesus morreu e ressurgiu, cremos também que Deus trará, mediante Jesus e com ele, aqueles que nele dormiram. **15** Dizemos a vocês, pela palavra do Senhor, que nós, os que estivermos vivos, os que ficarmos até a vinda do Senhor, certamente não precederemos os que dormem. **16** Pois, dada a ordem, com a voz do arcanjo e o ressoar da trombeta de Deus, o próprio Senhor descerá dos céus, e os mortos em Cristo ressuscitarão primeiro.

3 so that no one would be unsettled by these trials. You know quite well that we were destined for them. **4** In fact, when we were with you, we kept telling you that we would be persecuted. And it turned out that way, as you well know. **5** For this reason, when I could stand it no longer, I sent to find out about your faith. I was afraid that in some way the tempter might have tempted you and our efforts might have been useless.

Timothy's Encouraging Report

6 But Timothy has just now come to us from you and has brought good news about your faith and love. He has told us that you always have pleasant memories of us and that you long to see us, just as we also long to see you. **7** Therefore, brothers, in all our distress and persecution we were encouraged about you because of your faith. **8** For now we really live, since you are standing firm in the Lord. **9** How can we thank God enough for you in return for all the joy we have in the presence of our God because of you? **10** Night and day we pray most earnestly that we may see you again and supply what is lacking in your faith.

11 Now may our God and Father himself and our Lord Jesus clear the way for us to come to you. **12** May the Lord make your love increase and overflow for each other and for everyone else, just as ours does for you. **13** May he strengthen your hearts so that you will be blameless and holy in the presence of our God and Father when our Lord Jesus comes with all his holy ones.

Living to Please God

4 Finally, brothers, we instructed you how to live in order to please God, as in fact you are living. Now we ask you and urge you in the Lord Jesus to do this more and more. **2** For you know what instructions we gave you by the authority of the Lord Jesus.

3 It is God's will that you should be sanctified: that you should avoid sexual immorality; **4** that each of you should learn to control his own bodyª in a way that is holy and honorable, **5** not in passionate lust like the heathen, who do not know God; **6** and that in this matter no one should wrong his brother or take advantage of him. The Lord will punish men for all such sins, as we have already told you and warned you. **7** For God did not call us to be impure, but to live a holy life. **8** Therefore, he who rejects this instruction does not reject man but God, who gives you his Holy Spirit.

9 Now about brotherly love we do not need to write to you, for you yourselves have been taught by God to love each other. **10** And in fact, you do love all the brothers throughout Macedonia. Yet we urge you, brothers, to do so more and more. **11** Make it your ambition to lead a quiet life, to mind your own business and to work with your hands, just as we told you, **12** so that your daily life may win the respect of outsiders and so that you will not be dependent on anybody.

The Coming of the Lord

13 Brothers, we do not want you to be ignorant about those who fall asleep, or to grieve like the rest of men, who have no hope. **14** We believe that Jesus died and rose again and so we believe that God will bring with Jesus those who have fallen asleep in him. **15** According to the Lord's own word, we tell you that we who are still alive, who are left till the coming of the Lord, will certainly not precede those who have fallen asleep. **16** For the Lord himself will come down from heaven, with a loud command, with the voice of the archangel and with the trumpet call of God, and the dead in Christ will rise first.

ª**4.4** Grego: *vaso*. Ou *aprenda como conseguir esposa*; ou ainda *aprenda a viver com sua própria mulher*

ª**4:4** Or *learn to live with his own wife*; or *learn to acquire a wife*

17 Depois nós, os que estivermos vivos seremos arrebatados com eles nas nuvens, para o encontro com o Senhor nos ares. E assim estaremos com o Senhor para sempre. **18** Consolem-se uns aos outros com essas palavras.

5 Irmãos, quanto aos tempos e épocas, não precisamos escrever-lhes, **2** pois vocês mesmos sabem perfeitamente que o dia do Senhor virá como ladrão à noite. **3** Quando disserem: "Paz e segurança", a destruição virá sobre eles de repente, como as dores de parto à mulher grávida; e de modo nenhum escaparão.

4 Mas vocês, irmãos, não estão nas trevas, para que esse dia os surpreenda como ladrão. **5** Vocês todos são filhos da luz, filhos do dia. Não somos da noite nem das trevas. **6** Portanto, não durmamos como os demais, mas estejamos atentos e sejamos sóbrios; **7** pois os que dormem, dormem de noite, e os que se embriagam, embriagam-se de noite. **8** Nós, porém, que somos do dia, sejamos sóbrios, vestindo a couraça da fé e do amor e o capacete da esperança da salvação. **9** Porque Deus não nos destinou para a ira, mas para recebermos a salvação por meio de nosso Senhor Jesus Cristo. **10** Ele morreu por nós para que, quer estejamos acordados quer dormindo, vivamos unidos a ele. **11** Por isso, exortem-se e edifiquem-se uns aos outros, como de fato vocês estão fazendo.

Instruções Finais

12 Agora lhes pedimos, irmãos, que tenham consideração para com os que se esforçam no trabalho entre vocês, que os lideram no Senhor e os aconselham. **13** Tenham-nos na mais alta estima, com amor, por causa do trabalho deles. Vivam em paz uns com os outros. **14** Exortamos vocês, irmãos, a que advirtam os ociosos[a], confortem os desanimados, auxiliem os fracos, sejam pacientes para com todos. **15** Tenham cuidado para que ninguém retribua o mal com o mal, mas sejam sempre bondosos uns para com os outros e para com todos.

16 Alegrem-se sempre. **17** Orem continuamente. **18** Deem graças em todas as circunstâncias, pois esta é a vontade de Deus para vocês em Cristo Jesus.

19 Não apaguem o Espírito. **20** Não tratem com desprezo as profecias, **21** mas ponham à prova todas as coisas e fiquem com o que é bom. **22** Afastem-se de toda forma de mal.

23 Que o próprio Deus da paz os santifique inteiramente. Que todo o espírito, a alma e o corpo de vocês sejam preservados irrepreensíveis na vinda de nosso Senhor Jesus Cristo. **24** Aquele que os chama é fiel, e fará isso.

25 Irmãos, orem por nós. **26** Saúdem todos os irmãos com beijo santo. **27** Diante do Senhor, encarrego vocês de lerem esta carta a todos os irmãos.

28 A graça de nosso Senhor Jesus Cristo seja com vocês.

2Tessalonicenses

1 Paulo, Silvano[b] e Timóteo,

à igreja dos tessalonicenses, em Deus nosso Pai e no Senhor Jesus Cristo:

2 A vocês, graça e paz da parte de Deus Pai e do Senhor Jesus Cristo.

Ação de Graças e Oração

3 Irmãos, devemos sempre dar graças a Deus por vocês; e isso é justo, porque a fé que vocês têm cresce cada vez mais, e muito aumenta o amor de todos vocês uns pelos outros. **4** Por esta causa nos gloriamos em vocês entre as igrejas de Deus pela perseverança e fé demonstrada por vocês em todas as perseguições e tribulações que estão suportando.

---

17 After that, we who are still alive and are left will be caught up together with them in the clouds to meet the Lord in the air. And so we will be with the Lord forever. **18** Therefore encourage each other with these words.

5 Now, brothers, about times and dates we do not need to write to you, **2** for you know very well that the day of the Lord will come like a thief in the night. **3** While people are saying, "Peace and safety," destruction will come on them suddenly, as labor pains on a pregnant woman, and they will not escape.

4 But you, brothers, are not in darkness so that this day should surprise you like a thief. **5** You are all sons of the light and sons of the day. We do not belong to the night or to the darkness. **6** So then, let us not be like others, who are asleep, but let us be alert and self-controlled. **7** For those who sleep, sleep at night, and those who get drunk, get drunk at night. **8** But since we belong to the day, let us be self-controlled, putting on faith and love as a breastplate, and the hope of salvation as a helmet. **9** For God did not appoint us to suffer wrath but to receive salvation through our Lord Jesus Christ. **10** He died for us so that, whether we are awake or asleep, we may live together with him. **11** Therefore encourage one another and build each other up, just as in fact you are doing.

Final Instructions

12 Now we ask you, brothers, to respect those who work hard among you, who are over you in the Lord and who admonish you. **13** Hold them in the highest regard in love because of their work. Live in peace with each other. **14** And we urge you, brothers, warn those who are idle, encourage the timid, help the weak, be patient with everyone. **15** Make sure that nobody pays back wrong for wrong, but always try to be kind to each other and to everyone else.

16 Be joyful always; **17** pray continually; **18** give thanks in all circumstances, for this is God's will for you in Christ Jesus.

19 Do not put out the Spirit's fire; **20** do not treat prophecies with contempt. **21** Test everything. Hold on to the good. **22** Avoid every kind of evil.

23 May God himself, the God of peace, sanctify you through and through. May your whole spirit, soul and body be kept blameless at the coming of our Lord Jesus Christ. **24** The one who calls you is faithful and he will do it.

25 Brothers, pray for us. **26** Greet all the brothers with a holy kiss. **27** I charge you before the Lord to have this letter read to all the brothers.

28 The grace of our Lord Jesus Christ be with you.

2Thessalonians

1 Paul, Silas[a] and Timothy,

To the church of the Thessalonians in God our Father and the Lord Jesus Christ:

2 Grace and peace to you from God the Father and the Lord Jesus Christ.

Thanksgiving and Prayer

3 We ought always to thank God for you, brothers, and rightly so, because your faith is growing more and more, and the love every one of you has for each other is increasing. **4** Therefore, among God's churches we boast about your perseverance and faith in all the persecutions and trials you are enduring.

---

a5.14 Ou *insubordinados* **b1.1** Ou *Silas*, variante de *Silvano*.   **a1:1** Greek *Silvanus*, a variant of *Silas*

dores, para os profanos e irreverentes, para os que matam pai e mãe, para os homicidas, [10] para os que praticam imoralidade sexual e os homossexuais, para os seqüestradores, para os mentirosos e os que juram falsamente; e para todo aquele que se opõe à sã doutrina. [11] Esta sã doutrina se vê no glorioso evangelho que me foi confiado, o evangelho do Deus bendito.

A Graça de Deus Concedida a Paulo

[12] Dou graças a Cristo Jesus, nosso Senhor, que me deu forças e me considerou fiel, designando-me para o ministério, [13] a mim que anteriormente fui blasfemo, perseguidor e insolente; mas alcancei misericórdia, porque o fiz por ignorância e na minha incredulidade; [14] contudo, a graça de nosso Senhor transbordou sobre mim, com a fé e o amor que estão em Cristo Jesus.

[15] Esta afirmação é fiel e digna de toda aceitação: Cristo Jesus veio ao mundo para salvar os pecadores, dos quais eu sou o pior. [16] Mas por isso mesmo alcancei misericórdia, para que em mim, o pior dos pecadores, Cristo Jesus demonstrasse toda a grandeza da sua paciência, usando-me como um exemplo para aqueles que nele haveriam de crer para a vida eterna. [17] Ao Rei eterno, o Deus único, imortal e invisível, sejam honra e glória para todo o sempre. Amém.

[18] Timóteo, meu filho, dou-lhe esta instrução, segundo as profecias já proferidas a seu respeito, para que, seguindo-as, você combata o bom combate, [19] mantendo a fé e a boa consciência que alguns rejeitaram e, por isso, naufragaram na fé. [20] Entre eles estão Himeneu e Alexandre, os quais entreguei a Satanás, para que aprendam a não blasfemar.

Instruções acerca da Adoração

2 Antes de tudo, recomendo que se façam súplicas, orações, intercessões e ações de graças por todos os homens; [2] pelos reis e por todos os que exercem autoridade, para que tenhamos uma vida tranqüila e pacífica, com toda a piedade e dignidade. [3] Isso é bom e agradável perante Deus, nosso Salvador, [4] que deseja que todos os homens sejam salvos e cheguem ao conhecimento da verdade.

[5] Pois há um só Deus
    e um só mediador
      entre Deus e os homens:
    o homem Cristo Jesus,
[6] o qual se entregou a si mesmo
      como resgate por todos.
    Esse foi o testemunho dado
      em seu próprio tempo.

[7] Para isso fui designado pregador e apóstolo (Digo-lhes a verdade, não minto.), mestre da verdadeira fé aos gentios[a].

[8] Quero, pois, que os homens orem em todo lugar, levantando mãos santas, sem ira e sem discussões.

[9] Da mesma forma, quero que as mulheres se vistam modestamente, com decência e discrição, não se adornando com tranças e com ouro, nem com pérolas ou com roupas caras, [10] mas com boas obras, como convém a mulheres que declaram adorar a Deus.

[11] A mulher deve aprender em silêncio, com toda a sujeição. [12] Não permito que a mulher ensine, nem que tenha autoridade sobre o homem. Esteja, porém, em silêncio. [13] Porque primeiro foi formado Adão, e depois Eva. [14] E Adão não foi enganado, mas sim a mulher que, tendo sido enganada, tornou-se transgressora. [15] Entretanto, a mulher[b] será salva[c] dando à luz filhos — se elas permanecerem na fé, no amor e na santidade, com bom senso.

Bispos e Diáconos

3 Esta afirmação é digna de confiança: Se alguém deseja ser bispo[d], deseja uma nobre função. [2] É necessário, pois, que o

---

holy and irreligious; for those who kill their fathers or mothers, for murderers, [10] for adulterers and perverts, for slave traders and liars and perjurers-and for whatever else is contrary to the sound doctrine [11] that conforms to the glorious gospel of the blessed God, which he entrusted to me.

The Lord's Grace to Paul

[12] I thank Christ Jesus our Lord, who has given me strength, that he considered me faithful, appointing me to his service. [13] Even though I was once a blasphemer and a persecutor and a violent man, I was shown mercy because I acted in ignorance and unbelief. [14] The grace of our Lord was poured out on me abundantly, along with the faith and love that are in Christ Jesus.

[15] Here is a trustworthy saying that deserves full acceptance: Christ Jesus came into the world to save sinners—of whom I am the worst. [16] But for that very reason I was shown mercy so that in me, the worst of sinners, Christ Jesus might display his unlimited patience as an example for those who would believe on him and receive eternal life. [17] Now to the King eternal, immortal, invisible, the only God, be honor and glory for ever and ever. Amen.

[18] Timothy, my son, I give you this instruction in keeping with the prophecies once made about you, so that by following them you may fight the good fight, [19] holding on to faith and a good conscience. Some have rejected these and so have shipwrecked their faith. [20] Among them are Hymenaeus and Alexander, whom I have handed over to Satan to be taught not to blaspheme.

Instructions on Worship

2 I urge, then, first of all, that requests, prayers, intercession and thanksgiving be made for everyone— [2] for kings and all those in authority, that we may live peaceful and quiet lives in all godliness and holiness. [3] This is good, and pleases God our Savior, [4] who wants all men to be saved and to come to a knowledge of the truth. [5] For there is one God and one mediator between God and men, the man Christ Jesus, [6] who gave himself as a ransom for all men—the testimony given in its proper time. [7] And for this purpose I was appointed a herald and an apostle—I am telling the truth, I am not lying-and a teacher of the true faith to the Gentiles.

[8] I want men everywhere to lift up holy hands in prayer, without anger or disputing.

[9] I also want women to dress modestly, with decency and propriety, not with braided hair or gold or pearls or expensive clothes, [10] but with good deeds, appropriate for women who profess to worship God.

[11] A woman should learn in quietness and full submission. [12] I do not permit a woman to teach or to have authority over a man; she must be silent. [13] For Adam was formed first, then Eve. [14] And Adam was not the one deceived; it was the woman who was deceived and became a sinner. [15] But women[a] will be saved[b] through childbearing—if they continue in faith, love and holiness with propriety.

Overseers and Deacons

3 Here is a trustworthy saying: If anyone sets his heart on being an overseer,[c] he desires a noble task. [2] Now the

---

[a]2.7 Isto é, os que não são judeus. [b]2.15 Grego: *ela.* [c]2.15 Ou *restaurada* [d]3.1 Grego: *epíscopo.* Palavra que descreve a pessoa que exerce função pastoral; também no versículo 2.

[a]2:15 Greek *she* [b]2:15 Or *restored* [c]3:1 Traditionally *bishop*; also in verse

bispo seja irrepreensível, marido de uma só mulher, moderado, sensato, respeitável, hospitaleiro e apto para ensinar; **3** não deve ser apegado ao vinho, nem violento, mas sim amável, pacífico e não apegado ao dinheiro. **4** Ele deve governar bem sua própria família, tendo os filhos sujeitos a ele, com toda a dignidade. **5** Pois, se alguém não sabe governar sua própria família, como poderá cuidar da igreja de Deus? **6** Não pode ser recém-convertido, para que não se ensoberbeça e caia na mesma condenação em que caiu o Diabo. **7** Também deve ter boa reputação perante os de fora, para que não caia em descrédito nem na cilada do Diabo.

8 Os diáconos igualmente devem ser dignos, homens de palavra, não amigos de muito vinho nem de lucros desonestos. **9** Devem apegar-se ao mistério da fé com a consciência limpa. **10** Devem ser primeiramente experimentados; depois, se não houver nada contra eles, que atuem como diáconos.

11 As mulheres[a] igualmente sejam dignas, não caluniadoras, mas sóbrias e confiáveis em tudo.

12 O diácono deve ser marido de uma só mulher e governar bem seus filhos e sua própria casa. **13** Os que servirem bem alcançarão uma excelente posição e grande determinação na fé em Cristo Jesus.

14 Escrevo-lhe estas coisas, embora espere ir vê-lo em breve; **15** mas, se eu demorar, saiba como as pessoas devem comportar-se na casa de Deus, que é a igreja do Deus vivo, coluna e fundamento da verdade. **16** Não há dúvida de que é grande o mistério da piedade:

> Deus[b] foi manifestado
>   em corpo[c],
> justificado no Espírito,
> visto pelos anjos,
> pregado entre as nações,
> crido no mundo,
> recebido na glória.

Instruções a Timóteo

4 O Espírito diz claramente que nos últimos tempos alguns abandonarão a fé e seguirão espíritos enganadores e doutrinas de demônios. **2** Tais ensinamentos vêm de homens hipócritas e mentirosos, que têm a consciência cauterizada **3** e proíbem o casamento e o consumo de alimentos que Deus criou para serem recebidos com ação de graças pelos que crêem e conhecem a verdade. **4** Pois tudo o que Deus criou é bom, e nada deve ser rejeitado, se for recebido com ação de graças, **5** pois é santificado pela palavra de Deus e pela oração.

6 Se você transmitir essas instruções aos irmãos, será um bom ministro de Cristo Jesus, nutrido com as verdades da fé e da boa doutrina que tem seguido. **7** Rejeite, porém, as fábulas profanas e tolas[d], e exercite-se na piedade. **8** O exercício físico é de pouco proveito; a piedade, porém, para tudo é proveitosa, porque tem promessa da vida presente e da futura.

9 Esta é uma afirmação fiel e digna de plena aceitação. **10** Se trabalhamos e lutamos é porque temos colocado a nossa esperança no Deus vivo, o Salvador de todos os homens, especialmente dos que crêem.

11 Ordene e ensine estas coisas. **12** Ninguém o despreze pelo fato de você ser jovem, mas seja um exemplo para os fiéis na palavra, no procedimento, no amor, na fé e na pureza. **13** Até a minha chegada, dedique-se à leitura pública da Escritura, à exortação e ao ensino. **14** Não negligencie o dom

overseer must be above reproach, the husband of but one wife, temperate, self-controlled, respectable, hospitable, able to teach, **3** not given to drunkenness, not violent but gentle, not quarrelsome, not a lover of money. **4** He must manage his own family well and see that his children obey him with proper respect. **5** (If anyone does not know how to manage his own family, how can he take care of God's church?) **6** He must not be a recent convert, or he may become conceited and fall under the same judgment as the devil. **7** He must also have a good reputation with outsiders, so that he will not fall into disgrace and into the devil's trap.

8 Deacons, likewise, are to be men worthy of respect, sincere, not indulging in much wine, and not pursuing dishonest gain. **9** They must keep hold of the deep truths of the faith with a clear conscience. **10** They must first be tested; and then if there is nothing against them, let them serve as deacons.

11 In the same way, their wives[a] are to be women worthy of respect, not malicious talkers but temperate and trustworthy in everything.

12 A deacon must be the husband of but one wife and must manage his children and his household well. **13** Those who have served well gain an excellent standing and great assurance in their faith in Christ Jesus.

14 Although I hope to come to you soon, I am writing you these instructions so that, **15** if I am delayed, you will know how people ought to conduct themselves in God's household, which is the church of the living God, the pillar and foundation of the truth. **16** Beyond all question, the mystery of godliness is great:

> He[b] appeared in a body,[c]
>   was vindicated by the Spirit,
> was seen by angels,
>   was preached among the nations,
> was believed on in the world,
>   was taken up in glory.

Instructions to Timothy

4 The Spirit clearly says that in later times some will abandon the faith and follow deceiving spirits and things taught by demons. **2** Such teachings come through hypocritical liars, whose consciences have been seared as with a hot iron. **3** They forbid people to marry and order them to abstain from certain foods, which God created to be received with thanksgiving by those who believe and who know the truth. **4** For everything God created is good, and nothing is to be rejected if it is received with thanksgiving, **5** because it is consecrated by the word of God and prayer.

6 If you point these things out to the brothers, you will be a good minister of Christ Jesus, brought up in the truths of the faith and of the good teaching that you have followed. **7** Have nothing to do with godless myths and old wives' tales; rather, train yourself to be godly. **8** For physical training is of some value, but godliness has value for all things, holding promise for both the present life and the life to come.

9 This is a trustworthy saying that deserves full acceptance **10** (and for this we labor and strive), that we have put our hope in the living God, who is the Savior of all men, and especially of those who believe.

11 Command and teach these things. **12** Don't let anyone look down on you because you are young, but set an example for the believers in speech, in life, in love, in faith and in purity. **13** Until I come, devote yourself to the public reading of Scripture, to preaching and to teaching. **14** Do not neglect your gift,

---

a3.11 Ou *As esposas dos diáconos;* ou ainda *As diaconisas* **b3.16** Muitos manuscritos dizem *Aquele que.* **c3.16** Grego: *na carne.* **d4.7** Grego: *fábulas profanas e de velhas.*

a3:11 Or *way, deaconesses* **b3:16** Some manuscripts *God* **c3:16** Or *in the flesh*

que lhe foi dado por mensagem profética com imposição de mãos dos presbíteros.

¹⁵ Seja diligente nessas coisas; dedique-se inteiramente a elas, para que todos vejam o seu progresso. ¹⁶ Atente bem para a sua própria vida e para a doutrina, perseverando nesses deveres, pois, agindo assim, você salvará tanto a si mesmo quanto aos que o ouvem.

Conselhos acerca de Viúvas, Líderes e Escravos

5 Não repreenda asperamente o homem idoso, mas exorte-o como se ele fosse seu pai; trate os jovens como a irmãos; ² as mulheres idosas, como a mães; e as moças, como a irmãs, com toda a pureza.

³ Trate adequadamente as viúvas que são realmente necessitadas. ⁴ Mas se uma viúva tem filhos ou netos, que estes aprendam primeiramente a colocar a sua religião em prática, cuidando de sua própria família e retribuindo o bem recebido de seus pais e avós, pois isso agrada a Deus. ⁵ A viúva realmente necessitada e desamparada põe sua esperança em Deus e persiste dia e noite em oração e em súplica. ⁶ Mas a que vive para os prazeres, ainda que esteja viva, está morta. ⁷ Dê-lhes estas ordens, para que sejam irrepreensíveis. ⁸ Se alguém não cuida de seus parentes, e especialmente dos de sua própria família, negou a fé e é pior que um descrente.

⁹ Nenhuma mulher deve ser inscrita na lista de viúvas, a não ser que tenha mais de sessenta anos de idade, tenha sido fiel a seu marido[a] ¹⁰ e seja bem conhecida por suas boas obras, tais como criar filhos, ser hospitaleira, lavar os pés dos santos, socorrer os atribulados e dedicar-se a todo tipo de boa obra.

¹¹ Não inclua nessa lista as viúvas mais jovens, pois, quando os seus desejos sensuais superam a sua dedicação a Cristo, querem se casar. ¹² Assim elas trazem condenação sobre si, por haverem rompido seu primeiro compromisso. ¹³ Além disso, aprendem a ficar ociosas, andando de casa em casa; e não se tornam apenas ociosas, mas também fofoqueiras e indiscretas, falando coisas que não devem. ¹⁴ Portanto, aconselho que as viúvas mais jovens se casem, tenham filhos, administrem suas casas e não dêem ao inimigo nenhum motivo para maledicência. ¹⁵ Algumas, na verdade, já se desviaram, para seguir a Satanás.

¹⁶ Se alguma mulher crente tem viúvas em sua família, deve ajudá-las. Não seja a igreja sobrecarregada com elas, a fim de que as viúvas realmente necessitadas sejam auxiliadas.

¹⁷ Os presbíteros que lideram bem a igreja são dignos de dupla honra[b], especialmente aqueles cujo trabalho é a pregação e o ensino, ¹⁸ pois a Escritura diz: "Não amordace o boi enquanto está debulhando o cereal"[c], e "o trabalhador merece o seu salário"[d]. ¹⁹ Não aceite acusação contra um presbítero, se não for apoiada por duas ou três testemunhas. ²⁰ Os que pecarem deverão ser repreendidos em público, para que os demais também temam.

²¹ Eu o exorto solenemente, diante de Deus, de Cristo Jesus e dos anjos eleitos, a que procure observar essas instruções sem parcialidade; e não faça nada por favoritismo.

²² Não se precipite em impor as mãos sobre ninguém e não participe dos pecados dos outros. Conserve-se puro.

²³ Não continue a beber somente água; tome também um pouco de vinho, por causa do seu estômago e das suas freqüentes enfermidades.

²⁴ Os pecados de alguns são evidentes, mesmo antes de serem submetidos a julgamento, ao passo que os pecados de outros se manifestam posteriormente. ²⁵ Da mesma forma, as boas obras são evidentes, e as que não o são não podem permanecer ocultas.

which was given you through a prophetic message when the body of elders laid their hands on you.

¹⁵ Be diligent in these matters; give yourself wholly to them, so that everyone may see your progress. ¹⁶ Watch your life and doctrine closely. Persevere in them, because if you do, you will save both yourself and your hearers.

Advice About Widows, Elders and Slaves

5 Do not rebuke an older man harshly, but exhort him as if he were your father. Treat younger men as brothers, ² older women as mothers, and younger women as sisters, with absolute purity.

³ Give proper recognition to those widows who are really in need. ⁴ But if a widow has children or grandchildren, these should learn first of all to put their religion into practice by caring for their own family and so repaying their parents and grandparents, for this is pleasing to God. ⁵ The widow who is really in need and left all alone puts her hope in God and continues night and day to pray and to ask God for help. ⁶ But the widow who lives for pleasure is dead even while she lives. ⁷ Give the people these instructions, too, so that no one may be open to blame. ⁸ If anyone does not provide for his relatives, and especially for his immediate family, he has denied the faith and is worse than an unbeliever.

⁹ No widow may be put on the list of widows unless she is over sixty, has been faithful to her husband,[a] ¹⁰ and is well known for her good deeds, such as bringing up children, showing hospitality, washing the feet of the saints, helping those in trouble and devoting herself to all kinds of good deeds.

¹¹ As for younger widows, do not put them on such a list. For when their sensual desires overcome their dedication to Christ, they want to marry. ¹² Thus they bring judgment on themselves, because they have broken their first pledge. ¹³ Besides, they get into the habit of being idle and going about from house to house. And not only do they become idlers, but also gossips and busybodies, saying things they ought not to. ¹⁴ So I counsel younger widows to marry, to have children, to manage their homes and to give the enemy no opportunity for slander. ¹⁵ Some have in fact already turned away to follow Satan.

¹⁶ If any woman who is a believer has widows in her family, she should help them and not let the church be burdened with them, so that the church can help those widows who are really in need.

¹⁷ The elders who direct the affairs of the church well are worthy of double honor, especially those whose work is preaching and teaching. ¹⁸ For the Scripture says, "Do not muzzle the ox while it is treading out the grain,"[b] and "The worker deserves his wages."[c] ¹⁹ Do not entertain an accusation against an elder unless it is brought by two or three witnesses. ²⁰ Those who sin are to be rebuked publicly, so that the others may take warning.

²¹ I charge you, in the sight of God and Christ Jesus and the elect angels, to keep these instructions without partiality, and to do nothing out of favoritism.

²² Do not be hasty in the laying on of hands, and do not share in the sins of others. Keep yourself pure.

²³ Stop drinking only water, and use a little wine because of your stomach and your frequent illnesses.

²⁴ The sins of some men are obvious, reaching the place of judgment ahead of them; the sins of others trail behind them. ²⁵ In the same way, good deeds are obvious, and even those that are not cannot be hidden.

---

[a]5.9 Ou *tenha tido apenas um marido* [b]5.17 Ou *duplos honorários* [c]5.18 Dt 25.4 [d]5.18 Lc 10.7

[a]5:9 Or *has had but one husband* [b]5:18 Deut. 25:4 [c]5:18 Luke 10:7

6 Todos os que estão sob o jugo da escravidão devem considerar seus senhores como dignos de todo o respeito, para que o nome de Deus e o nosso ensino não sejam blasfemados. [2] Os que têm senhores crentes não devem ter por eles menos respeito, pelo fato de serem irmãos; ao contrário, devem servi-los ainda melhor, porque os que se beneficiam do seu serviço são fiéis e amados. Ensine e recomende essas coisas.

O Amor ao Dinheiro

[3] Se alguém ensina falsas doutrinas e não concorda com a sã doutrina de nosso Senhor Jesus Cristo e com o ensino que é segundo a piedade, [4] é orgulhoso e nada entende. Esse tal mostra um interesse doentio por controvérsias e contendas acerca de palavras, que resultam em inveja, brigas, difamações, suspeitas malignas [5] e atritos constantes entre aqueles que têm a mente corrompida e que são privados da verdade, os quais pensam que a piedade é fonte de lucro.

[6] De fato, a piedade com contentamento é grande fonte de lucro, [7] pois nada trouxemos para este mundo e dele nada podemos levar; [8] por isso, tendo o que comer e com que vestir-nos, estejamos com isso satisfeitos. [9] Os que querem ficar ricos caem em tentação, em armadilhas e em muitos desejos descontrolados e nocivos, que levam os homens a mergulharem na ruína e na destruição, [10] pois o amor ao dinheiro é a raiz de todos os males. Algumas pessoas, por cobiçarem o dinheiro, desviaram-se da fé e se atormentaram com muitos sofrimentos.

Recomendação de Paulo a Timóteo

[11] Você, porém, homem de Deus, fuja de tudo isso e busque a justiça, a piedade, a fé, o amor, a perseverança e a mansidão. [12] Combata o bom combate da fé. Tome posse da vida eterna, para a qual você foi chamado e fez a boa confissão na presença de muitas testemunhas. [13] Diante de Deus, que a tudo dá vida, e de Cristo Jesus, que diante de Pôncio Pilatos fez a boa confissão, eu lhe recomendo: [14] Guarde este mandamento imaculado e irrepreensível, até a manifestação de nosso Senhor Jesus Cristo, [15] a qual Deus fará se cumprir no seu devido tempo.

Ele é o bendito e único Soberano,
   o Rei dos reis
     e Senhor dos senhores,
[16] o único que é imortal
     e habita em luz inacessível,
   a quem ninguém viu
     nem pode ver.
A ele sejam honra e poder para sempre. Amém.

[17] Ordene aos que são ricos no presente mundo que não sejam arrogantes, nem ponham sua esperança na incerteza da riqueza, mas em Deus, que de tudo nos provê ricamente, para a nossa satisfação. [18] Ordene-lhes que pratiquem o bem, sejam ricos em boas obras, generosos e prontos a repartir. [19] Dessa forma, eles acumularão um tesouro para si mesmos, um firme fundamento para a era que há de vir, e assim alcançarão a verdadeira vida.

[20] Timóteo, guarde o que lhe foi confiado. Evite as conversas inúteis e profanas e as idéias contraditórias do que é falsamente chamado conhecimento; [21] professando-o, alguns desviaram-se da fé.

A graça seja com vocês.[a]

Love of Money

[3] If anyone teaches false doctrines and does not agree to the sound instruction of our Lord Jesus Christ and to godly teaching, [4] he is conceited and understands nothing. He has an unhealthy interest in controversies and quarrels about words that result in envy, strife, malicious talk, evil suspicions [5] and constant friction between men of corrupt mind, who have been robbed of the truth and who think that godliness is a means to financial gain.

[6] But godliness with contentment is great gain. [7] For we brought nothing into the world, and we can take nothing out of it. [8] But if we have food and clothing, we will be content with that. [9] People who want to get rich fall into temptation and a trap and into many foolish and harmful desires that plunge men into ruin and destruction. [10] For the love of money is a root of all kinds of evil. Some people, eager for money, have wandered from the faith and pierced themselves with many griefs.

Paul's Charge to Timothy

[11] But you, man of God, flee from all this, and pursue righteousness, godliness, faith, love, endurance and gentleness. [12] Fight the good fight of the faith. Take hold of the eternal life to which you were called when you made your good confession in the presence of many witnesses. [13] In the sight of God, who gives life to everything, and of Christ Jesus, who while testifying before Pontius Pilate made the good confession, I charge you [14] to keep this command without spot or blame until the appearing of our Lord Jesus Christ, [15] which God will bring about in his own time—God, the blessed and only Ruler, the King of kings and Lord of lords, [16] who alone is immortal and who lives in unapproachable light, whom no one has seen or can see. To him be honor and might forever. Amen.

[17] Command those who are rich in this present world not to be arrogant nor to put their hope in wealth, which is so uncertain, but to put their hope in God, who richly provides us with everything for our enjoyment. [18] Command them to do good, to be rich in good deeds, and to be generous and willing to share. [19] In this way they will lay up treasure for themselves as a firm foundation for the coming age, so that they may take hold of the life that is truly life.

[20] Timothy, guard what has been entrusted to your care. Turn away from godless chatter and the opposing ideas of what is falsely called knowledge, [21] which some have professed and in so doing have wandered from the faith.

Grace be with you.

2Timóteo

1 Paulo, apóstolo de Cristo Jesus pela vontade de Deus, segundo a promessa da vida que está em Cristo Jesus,

2Timothy

1 Paul, an apostle of Christ Jesus by the will of God, according to the promise of life that is in Christ Jesus,

---

[a] **6.21** Vários manuscritos dizem *você*. Vários manuscritos acrescentam *Amém*.

² a Timóteo, meu amado filho:

Graça, misericórdia e paz da parte de Deus Pai e de Cristo Jesus, nosso Senhor.

Um Incentivo à Fidelidade

³ Dou graças a Deus, a quem sirvo com a consciência limpa, como o serviram os meus antepassados, ao lembrar-me constantemente de você, noite e dia, em minhas orações. ⁴ Lembro-me das suas lágrimas e desejo muito vê-lo, para que a minha alegria seja completa. ⁵ Recordo-me da sua fé não fingida, que primeiro habitou em sua avó Lóide e em sua mãe, Eunice, e estou convencido de que também habita em você. ⁶ Por essa razão, torno a lembrar-lhe que mantenha viva a chama do dom de Deus que está em você mediante a imposição das minhas mãos. ⁷ Pois Deus não nos deu espíritoª de covardia, mas de poder, de amor e de equilíbrio.

⁸ Portanto, não se envergonhe de testemunhar do Senhor, nem de mim, que sou prisioneiro dele, mas suporte comigo os meus sofrimentos pelo evangelho, segundo o poder de Deus, ⁹ que nos salvou e nos chamou com uma santa vocação, não em virtude das nossas obras, mas por causa da sua própria determinação e graça. Esta graça nos foi dada em Cristo Jesus desde os tempos eternos, ¹⁰ sendo agora revelada pela manifestação de nosso Salvador, Cristo Jesus. Ele tornou inoperante a morte e trouxe à luz a vida e a imortalidade por meio do evangelho. ¹¹ Deste evangelho fui constituído pregador, apóstolo e mestre. ¹² Por essa causa também sofro, mas não me envergonho, porque sei em quem tenho crido e estou bem certo de que ele é poderoso para guardar o que lhe confiei até aquele dia.

¹³ Retenha, com fé e amor em Cristo Jesus, o modelo da sã doutrina que você ouviu de mim. ¹⁴ Quanto ao que lhe foi confiado, guarde-o por meio do Espírito Santo que habita em nós.

¹⁵ Você sabe que todos os da província da Ásia me abandonaram, inclusive Fígelo e Hermógenes.

¹⁶ O Senhor conceda misericórdia à casa de Onesíforo, porque muitas vezes ele me reanimou e não se envergonhou por eu estar preso; ¹⁷ ao contrário, quando chegou a Roma, procurou-me diligentemente até me encontrar. ¹⁸ Conceda-lhe o Senhor que, naquele dia, encontre misericórdia da parte do Senhor! Você sabe muito bem quantos serviços ele me prestou em Éfeso.

2 Portanto, você, meu filho, fortifique-se na graça que há em Cristo Jesus. ² E as palavras que me ouviu dizer na presença de muitas testemunhas, confie-as a homens fiéis que sejam também capazes de ensinar outros. ³ Suporte comigo os meus sofrimentos, como bom soldado de Cristo Jesus. ⁴ Nenhum soldado se deixa envolver pelos negócios da vida civil, já que deseja agradar aquele que o alistou. ⁵ Semelhantemente, nenhum atleta é coroado como vencedor, se não competir de acordo com as regras. ⁶ O lavrador que trabalha arduamente deve ser o primeiro a participar dos frutos da colheita. ⁷ Reflita no que estou dizendo, pois o Senhor lhe dará entendimento em tudo.

⁸ Lembre-se de Jesus Cristo, ressuscitado dos mortos, descendente de Davi, conforme o meu evangelho, ⁹ pelo qual sofro e até estou preso como criminoso; contudo a palavra de Deus não está presa. ¹⁰ Por isso, tudo suporto por causa dos eleitos, para que também eles alcancem a salvação que está em Cristo Jesus, com glória eterna.

¹¹ Esta palavra é digna de confiança:

Se morremos com ele,
    com ele também viveremos;
¹² se perseveramos,
    com ele também reinaremos.
Se o negamos,
    ele também nos negará;

---

² To Timothy, my dear son:

Grace, mercy and peace from God the Father and Christ Jesus our Lord.

Encouragement to Be Faithful

³ I thank God, whom I serve, as my forefathers did, with a clear conscience, as night and day I constantly remember you in my prayers. ⁴ Recalling your tears, I long to see you, so that I may be filled with joy. ⁵ I have been reminded of your sincere faith, which first lived in your grandmother Lois and in your mother Eunice, and I am persuaded, now lives in you also. ⁶ For this reason I remind you to fan into flame the gift of God, which is in you through the laying on of my hands. ⁷ For God did not give us a spirit of timidity, but a spirit of power, of love and of self-discipline.

⁸ So do not be ashamed to testify about our Lord, or ashamed of me his prisoner. But join with me in suffering for the gospel, by the power of God, ⁹ who has saved us and called us to a holy life—not because of anything we have done but because of his own purpose and grace. This grace was given us in Christ Jesus before the beginning of time, ¹⁰ but it has now been revealed through the appearing of our Savior, Christ Jesus, who has destroyed death and has brought life and immortality to light through the gospel. ¹¹ And of this gospel I was appointed a herald and an apostle and a teacher. ¹² That is why I am suffering as I am. Yet I am not ashamed, because I know whom I have believed, and am convinced that he is able to guard what I have entrusted to him for that day.

¹³ What you heard from me, keep as the pattern of sound teaching, with faith and love in Christ Jesus. ¹⁴ Guard the good deposit that was entrusted to you—guard it with the help of the Holy Spirit who lives in us.

¹⁵ You know that everyone in the province of Asia has deserted me, including Phygelus and Hermogenes.

¹⁶ May the Lord show mercy to the household of Onesiphorus, because he often refreshed me and was not ashamed of my chains. ¹⁷ On the contrary, when he was in Rome, he searched hard for me until he found me. ¹⁸ May the Lord grant that he will find mercy from the Lord on that day! You know very well in how many ways he helped me in Ephesus.

2 You then, my son, be strong in the grace that is in Christ Jesus. ² And the things you have heard me say in the presence of many witnesses entrust to reliable men who will also be qualified to teach others. ³ Endure hardship with us like a good soldier of Christ Jesus. ⁴ No one serving as a soldier gets involved in civilian affairs—he wants to please his commanding officer. ⁵ Similarly, if anyone competes as an athlete, he does not receive the victor's crown unless he competes according to the rules. ⁶ The hardworking farmer should be the first to receive a share of the crops. ⁷ Reflect on what I am saying, for the Lord will give you insight into all this.

⁸ Remember Jesus Christ, raised from the dead, descended from David. This is my gospel, ⁹ for which I am suffering even to the point of being chained like a criminal. But God's word is not chained. ¹⁰ Therefore I endure everything for the sake of the elect, that they too may obtain the salvation that is in Christ Jesus, with eternal glory.

¹¹ Here is a trustworthy saying:

If we died with him,
    we will also live with him;
¹² if we endure,
    we will also reign with him.
If we disown him,
    he will also disown us;

ª1.7 Ou *o Espírito que Deus nos deu não é*

13 se somos infiéis,
   ele permanece fiel,
pois não pode negar-se
   a si mesmo.

O Obreiro Aprovado por Deus

14 Continue a lembrar essas coisas a todos, advertindo-os solenemente diante de Deus, para que não se envolvam em discussões acerca de palavras; isso não traz proveito, e serve apenas para perverter os ouvintes. **15** Procure apresentar-se a Deus aprovado, como obreiro que não tem do que se envergonhar e que maneja corretamente a palavra da verdade. **16** Evite as conversas inúteis e profanas, pois os que se dão a isso prosseguem cada vez mais para a impiedade. **17** O ensino deles alastra-se como câncer[a]; entre eles estão Himeneu e Fileto. **18** Estes se desviaram da verdade, dizendo que a ressurreição já aconteceu, e assim a alguns pervertem a fé. **19** Entretanto, o firme fundamento de Deus permanece inabalável e selado com esta inscrição: "O Senhor conhece quem lhe pertence"[b] e "afaste-se da iniquidade todo aquele que confessa o nome do Senhor". **20** Numa grande casa há vasos não apenas de ouro e prata, mas também de madeira e barro; alguns para fins honrosos, outros para fins desonrosos. **21** Se alguém se purificar dessas coisas, será vaso para honra, santificado, útil para o Senhor e preparado para toda boa obra. **22** Fuja dos desejos malignos da juventude e siga a justiça, a fé, o amor e a paz, com aqueles que, de coração puro, invocam o Senhor. **23** Evite as controvérsias tolas e inúteis, pois você sabe que acabam em brigas. **24** Ao servo do Senhor não convém brigar mas, sim, ser amável para com todos, apto para ensinar, paciente. **25** Deve corrigir com mansidão os que se lhe opõem, na esperança de que Deus lhes conceda o arrependimento, levando-os ao conhecimento da verdade, **26** para que assim voltem à sobriedade e escapem da armadilha do Diabo, que os aprisionou para fazerem a sua vontade.

A Impiedade dos Últimos Dias

3 Saiba disto: nos últimos dias sobrevirão tempos terríveis. **2** Os homens serão egoístas, avarentos, presunçosos, arrogantes, blasfemos, desobedientes aos pais, ingratos, ímpios, **3** sem amor pela família, irreconciliáveis, caluniadores, sem domínio próprio, cruéis, inimigos do bem, **4** traidores, precipitados, soberbos, mais amantes dos prazeres do que amigos de Deus, **5** tendo aparência de piedade, mas negando o seu poder. Afaste-se desses também. **6** São esses os que se introduzem pelas casas e conquistam mulheres instáveis[c] sobrecarregadas de pecados, as quais se deixam levar por toda espécie de desejos. **7** Elas estão sempre aprendendo, e jamais conseguem chegar ao conhecimento da verdade. **8** Como Janes e Jambres se opuseram a Moisés, esses também resistem à verdade. A mente deles é depravada; são reprovados na fé. **9** Não irão longe, porém; como no caso daqueles, a sua insensatez se tornará evidente a todos.

A Recomendação de Paulo a Timóteo

10 Mas você tem seguido de perto o meu ensino, a minha conduta, o meu propósito, a minha fé, a minha paciência, o meu amor, a minha perseverança, **11** as perseguições e os sofrimentos que enfrentei, coisas que me aconteceram em Antioquia, Icônio e Listra. Quanta perseguição suportei! Mas, de todas essas coisas o Senhor me livrou! **12** De fato, todos os que desejam viver piedosamente em Cristo Jesus serão perseguidos. **13** Contudo, os perversos e impostores irão de mal a pior, enganando e sendo enganados. **14** Quanto a você, porém, permaneça nas coisas que aprendeu e das quais tem convicção, pois você sabe de quem o apren-

13 if we are faithless,
   he will remain faithful,
for he cannot disown himself.

A Workman Approved by God

14 Keep reminding them of these things. Warn them before God against quarreling about words; it is of no value, and only ruins those who listen. **15** Do your best to present yourself to God as one approved, a workman who does not need to be ashamed and who correctly handles the word of truth. **16** Avoid godless chatter, because those who indulge in it will become more and more ungodly. **17** Their teaching will spread like gangrene. Among them are Hymenaeus and Philetus, **18** who have wandered away from the truth. They say that the resurrection has already taken place, and they destroy the faith of some. **19** Nevertheless, God's solid foundation stands firm, sealed with this inscription: "The Lord knows those who are his,"[a] and, "Everyone who confesses the name of the Lord must turn away from wickedness." **20** In a large house there are articles not only of gold and silver, but also of wood and clay; some are for noble purposes and some for ignoble. **21** If a man cleanses himself from the latter, he will be an instrument for noble purposes, made holy, useful to the Master and prepared to do any good work. **22** Flee the evil desires of youth, and pursue righteousness, faith, love and peace, along with those who call on the Lord out of a pure heart. **23** Don't have anything to do with foolish and stupid arguments, because you know they produce quarrels. **24** And the Lord's servant must not quarrel; instead, he must be kind to everyone, able to teach, not resentful. **25** Those who oppose him he must gently instruct, in the hope that God will grant them repentance leading them to a knowledge of the truth, **26** and that they will come to their senses and escape from the trap of the devil, who has taken them captive to do his will.

Godlessness in the Last Days

3 But mark this: There will be terrible times in the last days. **2** People will be lovers of themselves, lovers of money, boastful, proud, abusive, disobedient to their parents, ungrateful, unholy, **3** without love, unforgiving, slanderous, without self-control, brutal, not lovers of the good, **4** treacherous, rash, conceited, lovers of pleasure rather than lovers of God— **5** having a form of godliness but denying its power. Have nothing to do with them. **6** They are the kind who worm their way into homes and gain control over weak-willed women, who are loaded down with sins and are swayed by all kinds of evil desires, **7** always learning but never able to acknowledge the truth. **8** Just as Jannes and Jambres opposed Moses, so also these men oppose the truth—men of depraved minds, who, as far as the faith is concerned, are rejected. **9** But they will not get very far because, as in the case of those men, their folly will be clear to everyone.

Paul's Charge to Timothy

10 You, however, know all about my teaching, my way of life, my purpose, faith, patience, love, endurance, **11** persecutions, sufferings—what kinds of things happened to me in Antioch, Iconium and Lystra, the persecutions I endured. Yet the Lord rescued me from all of them. **12** In fact, everyone who wants to live a godly life in Christ Jesus will be persecuted, **13** while evil men and impostors will go from bad to worse, deceiving and being deceived. **14** But as for you, continue in what you have learned and have become convinced of, because you know those from whom you

---

[a]2.17 Grego: *gangrena*. [b]2.19 Nm 16.5 [c]3.6 Grego: *mulherezinhas*.   [a]2:19 Num. 16:5 (see Septuagint)

deu. **15** Porque desde criança você conhece as Sagradas Letras, que são capazes de torná-lo sábio para a salvação mediante a fé em Cristo Jesus. **16** Toda a Escritura é inspirada por Deus e útil para o ensino, para a repreensão, para a correção e para a instrução na justiça, **17** para que o homem de Deus seja apto e plenamente preparado para toda boa obra.

4 Na presença de Deus e de Cristo Jesus, que há de julgar os vivos e os mortos por sua manifestação e por seu Reino, eu o exorto solenemente: **2** Pregue a palavra, esteja preparado a tempo e fora de tempo, repreenda, corrija, exorte com toda a paciência e doutrina. **3** Pois virá o tempo em que não suportarão a sã doutrina; ao contrário, sentindo coceira nos ouvidos, juntarão mestres para si mesmos, segundo os seus próprios desejos. **4** Eles se recusarão a dar ouvidos à verdade, voltando-se para os mitos. **5** Você, porém, seja moderado em tudo, suporte os sofrimentos, faça a obra de um evangelista, cumpra plenamente o seu ministério.

6 Eu já estou sendo derramado como uma oferta de bebidaª. Está próximo o tempo da minha partida. **7** Combati o bom combate, terminei a corrida, guardei a fé. **8** Agora me está reservada a coroa da justiça, que o Senhor, justo Juiz, me dará naquele dia; e não somente a mim, mas também a todos os que amam a sua vinda.

Recomendações Finais

9 Procure vir logo ao meu encontro, **10** pois Demas, amando este mundo, abandonou-me e foi para Tessalônica. Crescente foi para a Galácia, e Tito, para a Dalmácia. **11** Só Lucas está comigo. Traga Marcos com você, porque ele me é útil para o ministério. **12** Enviei Tíquico a Éfeso. **13** Quando você vier, traga a capa que deixei na casa de Carpo, em Trôade, e os meus livros, especialmente os pergaminhos.

14 Alexandre, o ferreiroᵇ, causou-me muitos males. O Senhor lhe dará a retribuição pelo que fez. **15** Previna-se contra ele, porque se opôs fortemente às nossas palavras.

16 Na minha primeira defesa, ninguém apareceu para me apoiar; todos me abandonaram. Que isso não lhes seja cobrado. **17** Mas o Senhor permaneceu ao meu lado e me deu forças, para que por mim a mensagem fosse plenamente proclamada e todos os gentiosᶜ a ouvissem. E eu fui libertado da boca do leão. **18** O Senhor me livrará de toda obra maligna e me levará a salvo para o seu Reino celestial. A ele seja a glória para todo o sempre. Amém.

Saudações Finais

19 Saudações a Priscilaᵈ e Áquila, e à casa de Onesíforo. **20** Erasto permaneceu em Corinto, mas deixei Trófimo doente em Mileto. **21** Procure vir antes do inverno. Êubulo, Prudente, Lino, Cláudia e todos os irmãos enviam-lhe saudações.

22 O Senhor seja com o seu espírito. A graça seja com vocês.

Tito

1 Paulo, servoᵉ de Deus e apóstolo de Jesus Cristo para levar os eleitos de Deus à fé e ao conhecimento da verdade que conduz à piedade; **2** fé e conhecimento que se fundamentam na esperança da vida eterna, a qual o Deus que não mente prometeu antes dos tempos eternos. **3** No devido tempo, ele trouxe à luz a sua palavra, por meio da pregação a

---

learned it, **15** and how from infancy you have known the holy Scriptures, which are able to make you wise for salvation through faith in Christ Jesus. **16** All Scripture is God-breathed and is useful for teaching, rebuking, correcting and training in righteousness, **17** so that the man of God may be thoroughly equipped for every good work.

4 In the presence of God and of Christ Jesus, who will judge the living and the dead, and in view of his appearing and his kingdom, I give you this charge: **2** Preach the Word; be prepared in season and out of season; correct, rebuke and encourage—with great patience and careful instruction. **3** For the time will come when men will not put up with sound doctrine. Instead, to suit their own desires, they will gather around them a great number of teachers to say what their itching ears want to hear. **4** They will turn their ears away from the truth and turn aside to myths. **5** But you, keep your head in all situations, endure hardship, do the work of an evangelist, discharge all the duties of your ministry.

6 For I am already being poured out like a drink offering, and the time has come for my departure. **7** I have fought the good fight, I have finished the race, I have kept the faith. **8** Now there is in store for me the crown of righteousness, which the Lord, the righteous Judge, will award to me on that day–and not only to me, but also to all who have longed for his appearing.

Personal Remarks

9 Do your best to come to me quickly, **10** for Demas, because he loved this world, has deserted me and has gone to Thessalonica. Crescens has gone to Galatia, and Titus to Dalmatia. **11** Only Luke is with me. Get Mark and bring him with you, because he is helpful to me in my ministry. **12** I sent Tychicus to Ephesus. **13** When you come, bring the cloak that I left with Carpus at Troas, and my scrolls, especially the parchments.

14 Alexander the metalworker did me a great deal of harm. The Lord will repay him for what he has done. **15** You too should be on your guard against him, because he strongly opposed our message.

16 At my first defense, no one came to my support, but everyone deserted me. May it not be held against them. **17** But the Lord stood at my side and gave me strength, so that through me the message might be fully proclaimed and all the Gentiles might hear it. And I was delivered from the lion's mouth. **18** The Lord will rescue me from every evil attack and will bring me safely to his heavenly kingdom. To him be glory for ever and ever. Amen.

Final Greetings

19 Greet Priscillaª and Aquila and the household of Onesiphorus. **20** Erastus stayed in Corinth, and I left Trophimus sick in Miletus. **21** Do your best to get here before winter. Eubulus greets you, and so do Pudens, Linus, Claudia and all the brothers.

22 The Lord be with your spirit. Grace be with you.

Titus

1 Paul, a servant of God and an apostle of Jesus Christ for the faith of God's elect and the knowledge of the truth that leads to godliness— **2** a faith and knowledge resting on the hope of eternal life, which God, who does not lie, promised before the beginning of time, **3** and at his appointed season he brought his word to light through the preaching entrusted to

---

ª**4.6** Veja Nm 28.7. ᵇ**4.14** Grego: *latoeiro*. Isto é, um artífice em bronze. ᶜ**4.17** Isto é, os que não são judeus. **4.19** Grego: *Prisca*, variante de *Priscila* ᵉ**1.1** Isto é, escravo..

ª**4:19** Greek *Prisca*, a variant of *Priscilla*

mim confiada por ordem de Deus, nosso Salvador,

4 a Tito, meu verdadeiro filho em nossa fé comum:

Graça e paz[a] da parte de Deus Pai e de Cristo Jesus, nosso Salvador.

A Tarefa de Tito em Creta

5 A razão de tê-lo deixado em Creta foi para que você pusesse em ordem o que ainda faltava e constituísse[b] presbíteros em cada cidade, como eu o instruí. **6** É preciso que o presbítero seja irrepreensível, marido de uma só mulher e tenha filhos crentes que não sejam acusados de libertinagem ou de insubmissão. **7** Por ser encarregado da obra de Deus, é necessário que o bispo[c] seja irrepreensível: não orgulhoso, não briguento, não apegado ao vinho, não violento, nem ávido por lucro desonesto. **8** Ao contrário, é preciso que ele seja hospitaleiro, amigo do bem, sensato, justo, consagrado, tenha domínio próprio **9** e apegue-se firmemente à mensagem fiel, da maneira como foi ensinada, para que seja capaz de encorajar outros pela sã doutrina e de refutar os que se opõem a ela.

10 Pois há muitos insubordinados, que não passam de faladores e enganadores, especialmente os do grupo da circuncisão. **11** É necessário que eles sejam silenciados, pois estão arruinando famílias inteiras, ensinando coisas que não devem, e tudo por ganância. **12** Um dos seus próprios profetas chegou a dizer: "Cretenses, sempre mentirosos, feras malignas, glutões preguiçosos". **13** Tal testemunho é verdadeiro. Portanto, repreenda-os severamente, para que sejam sadios na fé **14** e não dêem atenção a lendas judaicas nem a mandamentos de homens que rejeitam a verdade. **15** Para os puros, todas as coisas são puras; mas para os impuros e descrentes, nada é puro. De fato, tanto a mente como a consciência deles estão corrompidas. **16** Eles afirmam que conhecem a Deus, mas por seus atos o negam; são detestáveis, desobedientes e desqualificados para qualquer boa obra.

Instruções para Vários Grupos

2 Você, porém, fale o que está de acordo com a sã doutrina. **2** Ensine os homens mais velhos a serem moderados, dignos de respeito, sensatos e sadios na fé, no amor e na perseverança.

3 Semelhantemente, ensine as mulheres mais velhas a serem reverentes na sua maneira de viver, a não serem caluniadoras nem escravizadas a muito vinho, mas a serem capazes de ensinar o que é bom. **4** Assim, poderão orientar as mulheres mais jovens a amarem seus maridos e seus filhos, **5** a serem prudentes e puras, a estarem ocupadas em casa, e a serem bondosas e sujeitas a seus maridos, a fim de que a palavra de Deus não seja difamada.

6 Da mesma maneira, encoraje os jovens a serem prudentes. **7** Em tudo seja você mesmo um exemplo para eles, fazendo boas obras. Em seu ensino, mostre integridade e seriedade; **8** use linguagem sadia, contra a qual nada se possa dizer, para que aqueles que se opõem a você fiquem envergonhados por não poderem falar mal de nós.

9 Ensine os escravos a se submeterem em tudo a seus senhores, a procurarem agradá-los, a não serem respondões e **10** a não roubá-los, mas a mostrarem que são inteiramente dignos de confiança, para que assim tornem atraente, em tudo, o ensino de Deus, nosso Salvador.

11 Porque a graça de Deus se manifestou salvadora a todos os homens. **12** Ela nos ensina a renunciar à impiedade e às paixões mundanas e a viver de maneira sensata, justa e piedosa nesta era presente, **13** enquanto aguardamos a bendita esperança: a gloriosa manifestação de nosso grande Deus e Salvador, Jesus Cristo. **14** Ele se entregou por nós a fim de nos remir

---

me by the command of God our Savior,

4 To Titus, my true son in our common faith:

Grace and peace from God the Father and Christ Jesus our Savior.

Titus' Task on Crete

5 The reason I left you in Crete was that you might straighten out what was left unfinished and appoint[a] elders in every town, as I directed you. **6** An elder must be blameless, the husband of but one wife, a man whose children believe and are not open to the charge of being wild and disobedient. **7** Since an overseer[b] is entrusted with God's work, he must be blameless—not overbearing, not quick-tempered, not given to drunkenness, not violent, not pursuing dishonest gain. **8** Rather he must be hospitable, one who loves what is good, who is self-controlled, upright, holy and disciplined. **9** He must hold firmly to the trustworthy message as it has been taught, so that he can encourage others by sound doctrine and refute those who oppose it.

10 For there are many rebellious people, mere talkers and deceivers, especially those of the circumcision group. **11** They must be silenced, because they are ruining whole households by teaching things they ought not to teach—and that for the sake of dishonest gain. **12** Even one of their own prophets has said, "Cretans are always liars, evil brutes, lazy gluttons." **13** This testimony is true. Therefore, rebuke them sharply, so that they will be sound in the faith **14** and will pay no attention to Jewish myths or to the commands of those who reject the truth. **15** To the pure, all things are pure, but to those who are corrupted and do not believe, nothing is pure. In fact, both their minds and consciences are corrupted. **16** They claim to know God, but by their actions they deny him. They are detestable, disobedient and unfit for doing anything good.

What Must Be Taught to Various Groups

2 You must teach what is in accord with sound doctrine. **2** Teach the older men to be temperate, worthy of respect, self-controlled, and sound in faith, in love and in endurance.

3 Likewise, teach the older women to be reverent in the way they live, not to be slanderers or addicted to much wine, but to teach what is good. **4** Then they can train the younger women to love their husbands and children, **5** to be self-controlled and pure, to be busy at home, to be kind, and to be subject to their husbands, so that no one will malign the word of God.

6 Similarly, encourage the young men to be self-controlled. **7** In everything set them an example by doing what is good. In your teaching show integrity, seriousness **8** and soundness of speech that cannot be condemned, so that those who oppose you may be ashamed because they have nothing bad to say about us.

9 Teach slaves to be subject to their masters in everything, to try to please them, not to talk back to them, **10** and not to steal from them, but to show that they can be fully trusted, so that in every way they will make the teaching about God our Savior attractive.

11 For the grace of God that brings salvation has appeared to all men. **12** It teaches us to say "No" to ungodliness and worldly passions, and to live self-controlled, upright and godly lives in this present age, **13** while we wait for the blessed hope—the glorious appearing of our great God and Savior, Jesus Christ, **14** who gave himself for us to redeem us from all wickedness

---

[a] 1.4 Muitos manuscritos dizem *Graça, misericórdia e paz.* [b] 1.5 Ou *ordenasse* [c] 1.7 Grego: *epíscopo*. Palavra que descreve a pessoa que exerce função pastoral.

[a] 1:5 Or *ordain* [b] 1:7 Traditionally *bishop*

de toda a maldade e purificar para si mesmo um povo particularmente seu, dedicado à prática de boas obras. **15** É isso que você deve ensinar, exortando-os e repreendendo-os com toda a autoridade. Ninguém o despreze.

A Conduta Cristã

3 Lembre a todos que se sujeitem aos governantes e às autoridades, sejam obedientes, estejam sempre prontos a fazer tudo o que é bom, **2** não caluniem ninguém, sejam pacíficos, amáveis e mostrem sempre verdadeira mansidão para com todos os homens.

3 Houve tempo em que nós também éramos insensatos e desobedientes, vivíamos enganados e escravizados por toda espécie de paixões e prazeres. Vivíamos na maldade e na inveja, sendo detestáveis e odiando uns aos outros. **4** Mas quando, da parte de Deus, nosso Salvador, se manifestaram a bondade e o amor pelos homens, **5** não por causa de atos de justiça por nós praticados, mas devido à sua misericórdia, ele nos salvou pelo lavar regenerador e renovador do Espírito Santo, **6** que ele derramou sobre nós generosamente, por meio de Jesus Cristo, nosso Salvador. **7** Ele o fez a fim de que, justificados por sua graça, nos tornemos seus herdeiros, tendo a esperança da vida eterna. **8** Fiel é esta palavra, e quero que você afirme categoricamente essas coisas, para que os que crêem em Deus se empenhem na prática de boas obras. Tais coisas são excelentes e úteis aos homens.

9 Evite, porém, controvérsias tolas, genealogias, discussões e contendas a respeito da Lei, porque essas coisas são inúteis e sem valor. **10** Quanto àquele que provoca divisões, advirta-o uma primeira e uma segunda vez. Depois disso, rejeite-o. **11** Você sabe que tal pessoa se perverteu e está em pecado; por si mesma está condenada.

Observações Finais

12 Quando eu lhe enviar Ártemas ou Tíquico, faça o possível para vir ao meu encontro em Nicópolis, pois decidi passar o inverno ali. **13** Providencie tudo o que for necessário para a viagem de Zenas, o jurista, e de Apolo, de modo que nada lhes falte. **14** Quanto aos nossos, que aprendam a dedicar-se à prática de boas obras, a fim de que supram as necessidades diárias e não sejam improdutivos.

15 Todos os que estão comigo enviam-lhe saudações. Saudações àqueles que nos amam na fé.

A graça seja com todos vocês.

Filemom

1 Paulo, prisioneiro de Cristo Jesus, e o irmão Timóteo,

a você, Filemom, nosso amado cooperador, **2** à irmã Áfia, a Arquipo, nosso companheiro de lutas, e à igreja que se reúne com você em sua casa:

3 A vocês, graça e paz da parte de Deus nosso Pai e do Senhor Jesus Cristo.

Ação de Graças e Intercessão

4 Sempre dou graças a meu Deus, lembrando-me de você nas minhas orações, **5** porque ouço falar da sua fé no Senhor Jesus e do seu amor por todos os santos. **6** Oro para que a comunhão que procede da sua fé seja eficaz no pleno conhecimento de todo o bem que temos em Cristo. **7** Seu amor me tem dado grande alegria e consolação, porque você, irmão, tem reanimado o coração dos santos.

A Intercessão de Paulo em favor de Onésimo

8 Por isso, mesmo tendo em Cristo plena liberdade para mandar que você cumpra o seu dever, **9** prefiro fazer um apelo com base no amor. Eu, Paulo, já velho, e agora também prisioneiro de Cristo Jesus, **10** apelo em favor de meu filho Onésimo[a],

[a] **10** *Onésimo* significa *útil*.

---

and to purify for himself a people that are his very own, eager to do what is good. **15** These, then, are the things you should teach. Encourage and rebuke with all authority. Do not let anyone despise you.

Doing What is Good

3 Remind the people to be subject to rulers and authorities, to be obedient, to be ready to do whatever is good, **2** to slander no one, to be peaceable and considerate, and to show true humility toward all men.

3 At one time we too were foolish, disobedient, deceived and enslaved by all kinds of passions and pleasures. We lived in malice and envy, being hated and hating one another. **4** But when the kindness and love of God our Savior appeared, **5** he saved us, not because of righteous things we had done, but because of his mercy. He saved us through the washing of rebirth and renewal by the Holy Spirit, **6** whom he poured out on us generously through Jesus Christ our Savior, **7** so that, having been justified by his grace, we might become heirs having the hope of eternal life. **8** This is a trustworthy saying. And I want you to stress these things, so that those who have trusted in God may be careful to devote themselves to doing what is good. These things are excellent and profitable for everyone.

9 But avoid foolish controversies and genealogies and arguments and quarrels about the law, because these are unprofitable and useless. **10** Warn a divisive person once, and then warn him a second time. After that, have nothing to do with him. **11** You may be sure that such a man is warped and sinful; he is self-condemned.

Final Remarks

12 As soon as I send Artemas or Tychicus to you, do your best to come to me at Nicopolis, because I have decided to winter there. **13** Do everything you can to help Zenas the lawyer and Apollos on their way and see that they have everything they need. **14** Our people must learn to devote themselves to doing what is good, in order that they may provide for daily necessities and not live unproductive lives.

15 Everyone with me sends you greetings. Greet those who love us in the faith.

Grace be with you all.

Philemon

1 Paul, a prisoner of Christ Jesus, and Timothy our brother,

To Philemon our dear friend and fellow worker, **2** to Apphia our sister, to Archippus our fellow soldier and to the church that meets in your home:

3 Grace to you and peace from God our Father and the Lord Jesus Christ.

Thanksgiving and Prayer

4 I always thank my God as I remember you in my prayers, **5** because I hear about your faith in the Lord Jesus and your love for all the saints. **6** I pray that you may be active in sharing your faith, so that you will have a full understanding of every good thing we have in Christ. **7** Your love has given me great joy and encouragement, because you, brother, have refreshed the hearts of the saints.

Paul's Plea for Onesimus

8 Therefore, although in Christ I could be bold and order you to do what you ought to do, **9** yet I appeal to you on the basis of love. I then, as Paul—an old man and now also a prisoner of Christ Jesus— **10** I appeal to you for my son Onesimus,[a]

[a] **10** *Onesimus* means *useful*.

que gerei enquanto estava preso. **11** Ele antes lhe era inútil, mas agora é útil, tanto para você quanto para mim.

12 Mando-o de volta a você, como se fosse o meu próprio coração. **13** Gostaria de mantê-lo comigo para que me ajudasse em seu lugar enquanto estou preso por causa do evangelho. **14** Mas não quis fazer nada sem a sua permissão, para que qualquer favor que você fizer seja espontâneo, e não forçado. **15** Talvez ele tenha sido separado de você por algum tempo, para que você o tivesse de volta para sempre, **16** não mais como escravo, mas, acima de escravo, como irmão amado. Para mim ele é um irmão muito amado, e ainda mais para você, tanto como pessoa quanto como cristão**ᵃ**.

17 Assim, se você me considera companheiro na fé, receba-o como se estivesse recebendo a mim. **18** Se ele o prejudicou em algo ou lhe deve alguma coisa, ponha na minha conta. **19** Eu, Paulo, escrevo de próprio punho: Eu pagarei — para não dizer que você me deve a própria vida. **20** Sim, irmão, eu gostaria de receber de você algum benefício por estarmos no Senhor. Reanime o meu coração em Cristo! **21** Escrevo-lhe certo de que você me obedecerá, sabendo que fará ainda mais do que lhe peço.

22 Além disso, prepare-me um aposento, porque, graças às suas orações, espero poder ser restituído a vocês.

23 Epafras, meu companheiro de prisão por causa de Cristo Jesus, envia-lhe saudações, **24** assim como também Marcos, Aristarco, Demas e Lucas, meus cooperadores.

25 A graça do Senhor Jesus Cristo seja com o espírito de todos vocês.

Hebreus

O Filho é Superior aos Anjos

1 Há muito tempo Deus falou muitas vezes e de várias maneiras aos nossos antepassados por meio dos profetas, **2** mas nestes últimos dias falou-nos por meio do Filho, a quem constituiu herdeiro de todas as coisas e por meio de quem fez o universo. **3** O Filho é o resplendor da glória de Deus e a expressão exata do seu ser, sustentando todas as coisas por sua palavra poderosa. Depois de ter realizado a purificação dos pecados, ele se assentou à direita da Majestade nas alturas, **4** tornando-se tão superior aos anjos quanto o nome que herdou é superior ao deles.

5 Pois a qual dos anjos Deus alguma vez disse:

"Tu és meu Filho;
    eu hoje te gerei"**ᵇ**?

E outra vez:

"Eu serei seu Pai,
    e ele será meu Filho"**ᶜ**?

6 E ainda, quando Deus introduz o Primogênito no mundo, diz:

"Todos os anjos de Deus
    o adorem"**ᵈ**.

7 Quanto aos anjos, ele diz:

"Ele faz dos seus anjos ventos,
    e dos seus servos,
clarões reluzentes"**ᵉ**.

8 Mas a respeito do Filho, diz:

"O teu trono, ó Deus,
    subsiste para todo o sempre;
cetro de eqüidade
    é o cetro do teu Reino.
9 Amas a justiça
    e odeias a iniqüidade;

---

who became my son while I was in chains. **11** Formerly he was useless to you, but now he has become useful both to you and to me.

12 I am sending him—who is my very heart—back to you. **13** I would have liked to keep him with me so that he could take your place in helping me while I am in chains for the gospel. **14** But I did not want to do anything without your consent, so that any favor you do will be spontaneous and not forced. **15** Perhaps the reason he was separated from you for a little while was that you might have him back for good— **16** no longer as a slave, but better than a slave, as a dear brother. He is very dear to me but even dearer to you, both as a man and as a brother in the Lord.

17 So if you consider me a partner, welcome him as you would welcome me. **18** If he has done you any wrong or owes you anything, charge it to me. **19** I, Paul, am writing this with my own hand. I will pay it back—not to mention that you owe me your very self. **20** I do wish, brother, that I may have some benefit from you in the Lord; refresh my heart in Christ. **21** Confident of your obedience, I write to you, knowing that you will do even more than I ask.

22 And one thing more: Prepare a guest room for me, because I hope to be restored to you in answer to your prayers.

23 Epaphras, my fellow prisoner in Christ Jesus, sends you greetings. **24** And so do Mark, Aristarchus, Demas and Luke, my fellow workers.

25 The grace of the Lord Jesus Christ be with your spirit.

Hebrews

The Son Superior to Angels

1 In the past God spoke to our forefathers through the prophets at many times and in various ways, **2** but in these last days he has spoken to us by his Son, whom he appointed heir of all things, and through whom he made the universe. **3** The Son is the radiance of God's glory and the exact representation of his being, sustaining all things by his powerful word. After he had provided purification for sins, he sat down at the right hand of the Majesty in heaven. **4** So he became as much superior to the angels as the name he has inherited is superior to theirs.

5 For to which of the angels did God ever say,

"You are my Son;
    today I have become your Father**ᵃ**"**ᵇ**?

Or again,

"I will be his Father,
    and he will be my Son"**ᶜ**?

6 And again, when God brings his firstborn into the world, he says,

"Let all God's angels worship him."**ᵈ**

7 In speaking of the angels he says,

"He makes his angels winds,
    his servants flames of fire."**ᵉ**

8 But about the Son he says,

"Your throne, O God, will last for ever and ever,
    and righteousness will be the scepter of your
       kingdom.
9 You have loved righteousness and hated
    wickedness;

ᵃ16 Grego: *tanto na carne quanto no Senhor.* **ᵇ1.5** Sl 2.7 **ᶜ1.5** 2Sm 7.14; 1Cr 17.13 **ᵈ1.6** Dt 32.43 (segundo a Septuaginta e os manuscritos do mar Morto). **ᵉ1.7** Sl 104.4

ᵃ1:5 Or *have begotten you* **ᵇ1:5** Psalm 2:7 **ᶜ1:5** 2 Samuel 7:14; 1 Chron. 17:13 **ᵈ1:6** Deut. 32:43 (see Dead Sea Scrolls and Septuagint) **ᵉ1:7** Psalm 104:4

por isso Deus, o teu Deus,
escolheu-te dentre
   os teus companheiros,
ungindo-te com óleo de alegria"[a].

10 E também diz:

"No princípio, Senhor,
   firmaste os fundamentos
     da terra,
e os céus são obras
   das tuas mãos.
11 Eles perecerão,
   mas tu permanecerás;
envelhecerão como vestimentas.
12 Tu as enrolarás como um manto,
   como roupas
     eles serão trocados.
Mas tu permaneces o mesmo,
   e os teus dias jamais terão fim"[b].

13 A qual dos anjos Deus alguma vez disse:

"Senta-te à minha direita,
até que eu faça
   dos teus inimigos
um estrado para os teus pés"[c]?

14 Os anjos não são, todos eles, espíritos ministradores enviados para servir aqueles que hão de herdar a salvação?

O Perigo da Negligência

2 Por isso é preciso que prestemos maior atenção ao que temos ouvido, para que jamais nos desviemos. **2** Porque, se a mensagem transmitida por anjos provou a sua firmeza, e toda transgressão e desobediência recebeu a devida punição, **3** como escaparemos, se negligenciarmos tão grande salvação? Esta salvação, primeiramente anunciada pelo Senhor, foi-nos confirmada pelos que a ouviram. **4** Deus também deu testemunho dela por meio de sinais, maravilhas, diversos milagres e dons do Espírito Santo distribuídos de acordo com a sua vontade.

Jesus é Feito Semelhante a seus Irmãos

5 Não foi a anjos que ele sujeitou o mundo que há de vir, a respeito do qual estamos falando, **6** mas alguém em certo lugar testemunhou, dizendo:

"Que é o homem, para que
   com ele te importes?
E o filho do homem,
   para que com ele te preocupes?
7 Tu o fizeste um[d] pouco menor
   do que os anjos
e o coroaste de glória e de honra;
8 tudo sujeitaste debaixo
   dos seus pés"[e].

Ao lhe sujeitar todas as coisas, nada deixou que não lhe estivesse sujeito. Agora, porém, ainda não vemos que todas as coisas lhe estejam sujeitas. **9** Vemos, todavia, aquele que por um pouco foi feito menor do que os anjos, Jesus, coroado de honra e de glória por ter sofrido a morte, para que, pela graça de Deus, em favor de todos, experimentasse a morte.

10 Ao levar muitos filhos à glória, convinha que Deus, por causa de quem e por meio de quem tudo existe, tornasse perfeito, mediante o sofrimento, o autor da salvação deles. **11** Ora, tanto o que santifica quanto os que são santificados provêm de um só. Por isso Jesus não se envergonha de chamá-los irmãos. **12** Ele diz:

"Proclamarei o teu nome

---

therefore God, your God, has set you above
   your companions
by anointing you with the oil of joy."[a]

10 He also says,

"In the beginning, O Lord, you laid the
   foundations of the earth,
and the heavens are the work of your hands.
11 They will perish, but you remain;
   they will all wear out like a garment.
12 You will roll them up like a robe;
   like a garment they will be changed.
But you remain the same,
   and your years will never end."[b]

13 To which of the angels did God ever say,

"Sit at my right hand
until I make your enemies
   a footstool for your feet"[c]?

14 Are not all angels ministering spirits sent to serve those who will inherit salvation?

Warning to Pay Attention

2 We must pay more careful attention, therefore, to what we have heard, so that we do not drift away. **2** For if the message spoken by angels was binding, and every violation and disobedience received its just punishment, **3** how shall we escape if we ignore such a great salvation? This salvation, which was first announced by the Lord, was confirmed to us by those who heard him. **4** God also testified to it by signs, wonders and various miracles, and gifts of the Holy Spirit distributed according to his will.

Jesus Made Like His Brothers

5 It is not to angels that he has subjected the world to come, about which we are speaking. **6** But there is a place where someone has testified:

"What is man that you are mindful of him,
   the son of man that you care for him?
7 You made him a little[d] lower than the angels;
   you crowned him with glory and honor
8   and put everything under his feet."[e]

In putting everything under him, God left nothing that is not subject to him. Yet at present we do not see everything subject to him. **9** But we see Jesus, who was made a little lower than the angels, now crowned with glory and honor because he suffered death, so that by the grace of God he might taste death for everyone.

10 In bringing many sons to glory, it was fitting that God, for whom and through whom everything exists, should make the author of their salvation perfect through suffering. **11** Both the one who makes men holy and those who are made holy are of the same family. So Jesus is not ashamed to call them brothers. **12** He says,

"I will declare your name to my brothers;

---

a1.8,9 Sl 45.6,7 **b**1.10-12 Sl 102.25-27 **c**1.13 Sl 110.1 **d**2.7 Ou *por um* **e**2.6-8
Sl 8.4-6

a1:9 Psalm 45:6,7 **b**1:12 Psalm 102:25-27 **c**1:13 Psalm 110:1 **d**2:7 Or *him
for a little while*; also in verse **e**2:8 Psalm 8:4-6

a meus irmãos;
na assembléia te louvarei"ᵃ.

13 E também:

"Nele porei
a minha confiança"ᵇ.

Novamente ele diz:

"Aqui estou eu com os filhos
que Deus me deu"ᶜ.

14 Portanto, visto que os filhos são pessoas de carne e sangue, ele também participou dessa condição humana, para que, por sua morte, derrotasse aquele que tem o poder da morte, isto é, o Diabo, **15** e libertasse aqueles que durante toda a vida estiveram escravizados pelo medo da morte. **16** Pois é claro que não é a anjos que ele ajuda, mas aos descendentes de Abraão. **17** Por essa razão era necessário que ele se tornasse semelhante a seus irmãos em todos os aspectos, para se tornar sumo sacerdote misericordioso e fiel com relação a Deus, e fazer propiciaçãoᵈ pelos pecados do povo. **18** Porque, tendo em vista o que ele mesmo sofreu quando tentado, ele é capaz de socorrer aqueles que também estão sendo tentados.

Jesus é Superior a Moisés

3 Portanto, santos irmãos, participantes do chamado celestial, fixem os seus pensamentos em Jesus, apóstolo e sumo sacerdote que confessamos. **2** Ele foi fiel àquele que o havia constituído, assim como Moisés foi fiel em toda a casa de Deus. **3** Jesus foi considerado digno de maior glória do que Moisés, da mesma forma que o construtor de uma casa tem mais honra do que a própria casa. **4** Pois toda casa é construída por alguém, mas Deus é o edificador de tudo. **5** Moisés foi fiel como servo em toda a casa de Deus, dando testemunho do que haveria de ser dito no futuro, **6** mas Cristo é fiel como Filho sobre a casa de Deus; e esta casa somos nós, se é que nos apegamos firmementeᵉ à confiança e à esperança da qual nos gloriamos.

Advertência contra a Incredulidade

7 Assim, como diz o Espírito Santo:

"Hoje, se vocês ouvirem
a sua voz,
8 não endureçam o coração,
como na rebelião,
durante o tempo da provação no deserto,
9 onde os seus antepassados
me tentaram,
pondo-me à prova,
apesar de, durante quarenta anos,
terem visto o que eu fiz.
10 Por isso fiquei irado
contra aquela geração
e disse: O seu coração
está sempre se desviando,
e eles não reconheceram
os meus caminhos.
11 Assim jurei na minha ira:
Jamais entrarão
no meu descanso"ᶠ.

12 Cuidado, irmãos, para que nenhum de vocês tenha coração perverso e incrédulo, que se afaste do Deus vivo. **13** Ao contrário, encorajem-se uns aos outros todos os dias, durante o tempo que se chama "hoje", de modo que nenhum de vocês seja endurecido pelo engano do pecado, **14** pois passamos a ser participantes de Cristo, desde que, de fato, nos apeguemos até o

in the presence of the congregation I will sing
your praises."ᵃ

13 And again,

"I will put my trust in him."ᵇ

And again he says,

"Here am I, and the children God has
given me."ᶜ

14 Since the children have flesh and blood, he too shared in their humanity so that by his death he might destroy him who holds the power of death—that is, the devil— **15** and free those who all their lives were held in slavery by their fear of death. **16** For surely it is not angels he helps, but Abraham's descendants. **17** For this reason he had to be made like his brothers in every way, in order that he might become a merciful and faithful high priest in service to God, and that he might make atonement forᵈ the sins of the people. **18** Because he himself suffered when he was tempted, he is able to help those who are being tempted.

Jesus Greater Than Moses

3 Therefore, holy brothers, who share in the heavenly calling, fix your thoughts on Jesus, the apostle and high priest whom we confess. **2** He was faithful to the one who appointed him, just as Moses was faithful in all God's house. **3** Jesus has been found worthy of greater honor than Moses, just as the builder of a house has greater honor than the house itself. **4** For every house is built by someone, but God is the builder of everything. **5** Moses was faithful as a servant in all God's house, testifying to what would be said in the future. **6** But Christ is faithful as a son over God's house. And we are his house, if we hold on to our courage and the hope of which we boast.

Warning Against Unbelief

7 So, as the Holy Spirit says:

"Today, if you hear his voice,
8　do not harden your hearts
as you did in the rebellion,
during the time of testing in the desert,
9 where your fathers tested and tried me
and for forty years saw what I did.
10 That is why I was angry with that generation,
and I said, 'Their hearts are always going
astray,
and they have not known my ways.'
11 So I declared on oath in my anger,
'They shall never enter my rest.' "ᵉ

12 See to it, brothers, that none of you has a sinful, unbelieving heart that turns away from the living God. **13** But encourage one another daily, as long as it is called Today, so that none of you may be hardened by sin's deceitfulness. **14** We have come to share in Christ if we hold firmly till the end the confidence

---

ᵃ2.12 Sl 22.22 ᵇ2.13 Is 8.17 ᶜ2.13 Is 8.18 ᵈ2.17 Ou *desviar a ira de Deus dos pecados e removê-los* ᵉ3.6 Muitos manuscritos trazem *firmemente até o fim.* ᶠ3.7-11 Sl 95.7-11

ᵃ2:12 Psalm 22:22 ᵇ2:13 Isaiah 8:17 ᶜ2:13 Isaiah 8:18 ᵈ2:17 Or *and that he might turn aside God's wrath, taking away* ᵉ3:11 Psalm 95:7-11

fim à confiança que tivemos no princípio. **15** Por isso é que se diz:

"Se hoje vocês ouvirem
    a sua voz,
não endureçam o coração,
    como na rebelião"ᵃ.

16 Quem foram os que ouviram e se rebelaram? Não foram todos os que Moisés tirou do Egito? **17** Contra quem Deus esteve irado durante quarenta anos? Não foi contra aqueles que pecaram, cujos corpos caíram no deserto? **18** E a quem jurou que nunca haveriam de entrar no seu descanso? Não foi àqueles que foram desobedientes?ᵇ **19** Vemos, assim, que por causa da incredulidade não puderam entrar.

Um Descanso Sabático para o Povo de Deus

4 Visto que nos foi deixada a promessa de entrarmos no descanso de Deus, que nenhum de vocês pense que falhouᶜ. **2** Pois as boas novas foram pregadas também a nós, tanto quanto a eles; mas a mensagem que eles ouviram de nada lhes valeu, pois não foi acompanhada de fé por aqueles que a ouviramᵈ. **3** Pois nós, os que cremos, é que entramos naquele descanso, conforme Deus disse:

"Assim jurei na minha ira:
Jamais entrarão
    no meu descanso"ᵉ;

embora as suas obras estivessem concluídas desde a criação do mundo. **4** Pois em certo lugar ele falou sobre o sétimo dia, nestas palavras: "No sétimo dia Deus descansou de toda obra que realizara"ᶠ. **5** E de novo, na passagem citada há pouco, diz: "Jamais entrarão no meu descanso".

6 Portanto, resta entrarem alguns naquele descanso, e aqueles a quem anteriormente as boas novas foram pregadas não entraram, por causa da desobediência. **7** Por isso Deus estabelece outra vez um determinado dia, chamando-o "hoje", ao declarar muito tempo depois, por meio de Davi, de acordo com o que fora dito antes:

"Se hoje vocês ouvirem
    a sua voz,
não endureçam o coração".

8 Porque, se Josué lhes tivesse dado descanso, Deus não teria falado posteriormente a respeito de outro dia. **9** Assim, ainda resta um descanso sabático para o povo de Deus; **10** pois todo aquele que entra no descanso de Deus, também descansa das suas obras, como Deus descansou das suas. **11** Portanto, esforcemo-nos por entrar nesse descanso, para que ninguém venha a cair, seguindo aquele exemplo de desobediência.

12 Pois a palavra de Deus é viva e eficaz, e mais afiada que qualquer espada de dois gumes; ela penetra até o ponto de dividir alma e espírito, juntas e medulas, e julga os pensamentos e intenções do coração. **13** Nada, em toda a criação, está oculto aos olhos de Deus. Tudo está descoberto e exposto diante dos olhos daquele a quem havemos de prestar contas.

Jesus, o Grande Sumo Sacerdote

14 Portanto, visto que temos um grande sumo sacerdote que adentrou os céus, Jesus, o Filho de Deus, apeguemo-nos com toda a firmeza à fé que professamos, **15** pois não temos um sumo sacerdote que não possa compadecer-se das nossas fraquezas, mas sim alguém que, como nós, passou por todo tipo de tentação, porém, sem pecado. **16** Assim, aproximemo-nos do trono da graça com toda a confiança, a fim de recebermos misericórdia e encontrarmos graça que nos ajude no momento da necessidade.

we had at first. **15** As has just been said:

"Today, if you hear his voice,
    do not harden your hearts
    as you did in the rebellion."ᵃ

16 Who were they who heard and rebelled? Were they not all those Moses led out of Egypt? **17** And with whom was he angry for forty years? Was it not with those who sinned, whose bodies fell in the desert? **18** And to whom did God swear that they would never enter his rest if not to those who disobeyedᵇ? **19** So we see that they were not able to enter, because of their unbelief.

A Sabbath-Rest for the People of God

4 Therefore, since the promise of entering his rest still stands, let us be careful that none of you be found to have fallen short of it. **2** For we also have had the gospel preached to us, just as they did; but the message they heard was of no value to them, because those who heard did not combine it with faith.ᶜ **3** Now we who have believed enter that rest, just as God has said,

"So I declared on oath in my anger,
    'They shall never enter my rest.' "ᵈ

And yet his work has been finished since the creation of the world. **4** For somewhere he has spoken about the seventh day in these words: "And on the seventh day God rested from all his work."ᵉ **5** And again in the passage above he says, "They shall never enter my rest."

6 It still remains that some will enter that rest, and those who formerly had the gospel preached to them did not go in, because of their disobedience. **7** Therefore God again set a certain day, calling it Today, when a long time later he spoke through David, as was said before:

"Today, if you hear his voice,
    do not harden your hearts."ᶠ

8 For if Joshua had given them rest, God would not have spoken later about another day. **9** There remains, then, a Sabbath-rest for the people of God; **10** for anyone who enters God's rest also rests from his own work, just as God did from his. **11** Let us, therefore, make every effort to enter that rest, so that no one will fall by following their example of disobedience.

12 For the word of God is living and active. Sharper than any double-edged sword, it penetrates even to dividing soul and spirit, joints and marrow; it judges the thoughts and attitudes of the heart. **13** Nothing in all creation is hidden from God's sight. Everything is uncovered and laid bare before the eyes of him to whom we must give account.

Jesus the Great High Priest

14 Therefore, since we have a great high priest who has gone through the heavens,ᵍ Jesus the Son of God, let us hold firmly to the faith we profess. **15** For we do not have a high priest who is unable to sympathize with our weaknesses, but we have one who has been tempted in every way, just as we are—yet was without sin. **16** Let us then approach the throne of grace with confidence, so that we may receive mercy and find grace to help us in our time of need.

ᵃ**3.15** Sl 95.7,8; também em 4.7. ᵇ**3.18** Ou *que não creram?* ᶜ**4.1** Ou *que a promessa falhou* ᵈ**4.2** Muitos manuscritos dizem *pois não compartilharam a fé daqueles que obedeceram.* ᵉ**4.3** Sl 95.11; também no versículo 5. ᶠ**4.4** Gn 2.2

ᵃ**3:15** Psalm 95:7,8 ᵇ**3:18** Or *disbelieved* ᶜ**4:2** Many manuscripts *because they did not share in the faith of those who obeyed* ᵈ**4:3** Psalm 95:11; also in verse ᵉ**4:4** Gen. 2:2 ᶠ**4:7** Psalm 95:7,8 ᵍ**4:14** Or *gone into heaven*

5 Todo sumo sacerdote é escolhido dentre os homens e designado para representá-los em questões relacionadas com Deus e apresentar ofertas e sacrifícios pelos pecados. ² Ele é capaz de se compadecer dos que não têm conhecimento e se desviam, visto que ele próprio está sujeito à fraqueza. ³ Por isso ele precisa oferecer sacrifícios por seus próprios pecados, bem como pelos pecados do povo.

⁴ Ninguém toma esta honra para si mesmo, mas deve ser chamado por Deus, como de fato o foi Arão. ⁵ Da mesma forma, Cristo não tomou para si a glória de se tornar sumo sacerdote, mas Deus lhe disse:

"Tu és meu Filho;
    eu hoje te gerei"ª.

⁶ E diz noutro lugar:

"Tu és sacerdote para sempre,
    segundo a ordem
        de Melquisedeque"ᵇ.

⁷ Durante os seus dias de vida na terra, Jesus ofereceu orações e súplicas, em alta voz e com lágrimas, àquele que o podia salvar da morte, sendo ouvido por causa da sua reverente submissão. ⁸ Embora sendo Filho, ele aprendeu a obedecer por meio daquilo que sofreu; ⁹ e, uma vez aperfeiçoado, tornou-se a fonte da salvação eterna para todos os que lhe obedecem, ¹⁰ sendo designado por Deus sumo sacerdote, segundo a ordem de Melquisedeque.

Advertência contra a Apostasia

¹¹ Quanto a isso, temos muito que dizer, coisas difíceis de explicar, porque vocês se tornaram lentos para aprender. ¹² Embora a esta altura já devessem ser mestres, vocês precisam de alguém que lhes ensine novamente os princípios elementares da palavra de Deus. Estão precisando de leite, e não de alimento sólido! ¹³ Quem se alimenta de leite ainda é criança, e não tem experiência no ensino da justiça. ¹⁴ Mas o alimento sólido é para os adultos, os quais, pelo exercício constante, tornaram-se aptos para discernir tanto o bem quanto o mal.

6 Portanto, deixemos os ensinos elementares a respeito de Cristo e avancemos para a maturidade, sem lançar novamente o fundamento do arrependimento de atos que conduzem à morteᶜ, da fé em Deus, ² da instrução a respeito de batismos, da imposição de mãos, da ressurreição dos mortos e do juízo eterno. ³ Assim faremos, se Deus o permitir.

⁴ Ora, para aqueles que uma vez foram iluminados, provaram o dom celestial, tornaram-se participantes do Espírito Santo, ⁵ experimentaram a bondade da palavra de Deus e os poderes da era que há de vir, ⁶ e caíram, é impossível que sejam reconduzidos ao arrependimento;ᵈ pois para si mesmosᵉ estão crucificando de novo o Filho de Deus, sujeitando-o à desonra pública.

⁷ Pois a terra, que absorve a chuva que cai freqüentemente, e dá colheita proveitosa àqueles que a cultivam, recebe a bênção de Deus. ⁸ Mas a terra que produz espinhos e ervas daninhas, é inútil e logo será amaldiçoada. Seu fim é ser queimada.

⁹ Amados, mesmo falando dessa forma, estamos convictos de coisas melhores em relação a vocês, coisas próprias da salvação. ¹⁰ Deus não é injusto; ele não se esquecerá do trabalho de vocês e do amor que demonstraram por ele, pois ajudaram os santos e continuam a ajudá-los. ¹¹ Queremos que cada um de vocês mostre essa mesma prontidão até o fim, para que tenham a plena certeza da esperança, ¹² de modo que vocês não se tornem negligentes, mas imitem aqueles que, por meio da fé e da paciência, recebem a herança prometida.

A Certeza da Promessa de Deus

¹³ Quando Deus fez a sua promessa a Abraão, por não haver

5 Every high priest is selected from among men and is appointed to represent them in matters related to God, to offer gifts and sacrifices for sins. ² He is able to deal gently with those who are ignorant and are going astray, since he himself is subject to weakness. ³ This is why he has to offer sacrifices for his own sins, as well as for the sins of the people.

⁴ No one takes this honor upon himself; he must be called by God, just as Aaron was. ⁵ So Christ also did not take upon himself the glory of becoming a high priest. But God said to him,

"You are my Son;
    today I have become your Father.ª"ᵇ

⁶ And he says in another place,

"You are a priest forever,
    in the order of Melchizedek."ᶜ

⁷ During the days of Jesus' life on earth, he offered up prayers and petitions with loud cries and tears to the one who could save him from death, and he was heard because of his reverent submission. ⁸ Although he was a son, he learned obedience from what he suffered ⁹ and, once made perfect, he became the source of eternal salvation for all who obey him ¹⁰ and was designated by God to be high priest in the order of Melchizedek.

Warning Against Falling Away

¹¹ We have much to say about this, but it is hard to explain because you are slow to learn. ¹² In fact, though by this time you ought to be teachers, you need someone to teach you the elementary truths of God's word all over again. You need milk, not solid food! ¹³ Anyone who lives on milk, being still an infant, is not acquainted with the teaching about righteousness. ¹⁴ But solid food is for the mature, who by constant use have trained themselves to distinguish good from evil.

6 Therefore let us leave the elementary teachings about Christ and go on to maturity, not laying again the foundation of repentance from acts that lead to death,ᵈ and of faith in God, ² instruction about baptisms, the laying on of hands, the resurrection of the dead, and eternal judgment. ³ And God permitting, we will do so.

⁴ It is impossible for those who have once been enlightened, who have tasted the heavenly gift, who have shared in the Holy Spirit, ⁵ who have tasted the goodness of the word of God and the powers of the coming age, ⁶ if they fall away, to be brought back to repentance, becauseᵉ to their loss they are crucifying the Son of God all over again and subjecting him to public disgrace.

⁷ Land that drinks in the rain often falling on it and that produces a crop useful to those for whom it is farmed receives the blessing of God. ⁸ But land that produces thorns and thistles is worthless and is in danger of being cursed. In the end it will be burned.

⁹ Even though we speak like this, dear friends, we are confident of better things in your case—things that accompany salvation. ¹⁰ God is not unjust; he will not forget your work and the love you have shown him as you have helped his people and continue to help them. ¹¹ We want each of you to show this same diligence to the very end, in order to make your hope sure. ¹² We do not want you to become lazy, but to imitate those who through faith and patience inherit what has been promised.

The Certainty of God's Promise

¹³ When God made his promise to Abraham, since there was

ª5.5 Sl 2.7 ᵇ5.6 Sl 110.4 ᶜ6.1 Ou *de ritos inúteis* ᵈ6.6 Ou *ao arrependimento enquanto estão crucificando de novo;* ᵉ6.6 Ou *para o seu próprio mal*

ª5:5 Or *have begotten you* ᵇ5:5 Psalm 2:7 ᶜ5:6 Psalm 110:4 ᵈ6:1 Or *from useless rituals* ᵉ6:6 Or *repentance while*

ninguém superior por quem jurar, jurou por si mesmo, **14** dizendo: "Esteja certo de que o abençoarei e farei numerosos os seus descendentes"ª. **15** E foi assim que, depois de esperar pacientemente, Abraão alcançou a promessa.

16 Os homens juram por alguém superior a si mesmos, e o juramento confirma o que foi dito, pondo fim a toda discussão. **17** Querendo mostrar de forma bem clara a natureza imutável do seu propósito para com os herdeiros da promessa, Deus o confirmou com juramento, **18** para que, por meio de duas coisas imutáveis nas quais é impossível que Deus minta, sejamos firmemente encorajados, nós, que nos refugiamos nele para tomar posse da esperança a nós proposta. **19** Temos esta esperança como âncora da alma, firme e segura, a qual adentra o santuário interior, por trás do véu, **20** onde Jesus, que nos precedeu, entrou em nosso lugar, tornando-se sumo sacerdote para sempre, segundo a ordem de Melquisedeque.

O Sacerdote Melquisedeque

7 Esse Melquisedeque, rei de Salém e sacerdote do Deus Altíssimo, encontrou-se com Abraão quando este voltava, depois de derrotar os reis, e o abençoou; **2** e Abraão lhe deu o dízimo de tudo.ᵇ Em primeiro lugar, seu nome significa "rei de justiça"; depois, "rei de Salém" quer dizer "rei de paz". **3** Sem pai, sem mãe, sem genealogia, sem princípio de dias nem fim de vida, feito semelhante ao Filho de Deus, ele permanece sacerdote para sempre.

4 Considerem a grandeza desse homem: até mesmo o patriarca Abraão lhe deu o dízimo dos despojos! **5** A Lei requer dos sacerdotes dentre os descendentes de Levi que recebam o dízimo do povo, isto é, dos seus irmãos, embora estes sejam descendentes de Abraão. **6** Este homem, porém, que não pertencia à linhagem de Levi, recebeu os dízimos de Abraão e abençoou aquele que tinha as promessas. **7** Sem dúvida alguma, o inferior é abençoado pelo superior. **8** No primeiro caso, quem recebe o dízimo são homens mortais; no outro caso é aquele de quem se declara que vive. **9** Pode-se até dizer que Levi, que recebe os dízimos, entregou-os por meio de Abraão, **10** pois, quando Melquisedeque se encontrou com Abraão, Levi ainda não havia sido geradoᶜ.

Jesus é Semelhante a Melquisedeque

11 Se fosse possível alcançar a perfeição por meio do sacerdócio levítico (visto que em sua vigência o povo recebeu a Lei), por que haveria ainda necessidade de se levantar outro sacerdote, segundo a ordem de Melquisedeque e não de Arão? **12** Certo é que, quando há mudança de sacerdócio, é necessário que haja mudança de lei. **13** Ora, aquele de quem se dizem estas coisas pertencia a outra tribo, da qual ninguém jamais havia servido diante do altar, **14** pois é bem conhecido que o nosso Senhor descende de Judá, tribo da qual Moisés nada fala quanto a sacerdócio. **15** O que acabamos de dizer fica ainda mais claro quando aparece outro sacerdote semelhante a Melquisedeque, **16** alguém que se tornou sacerdote, não por regras relativas à linhagem, mas segundo o poder de uma vida indestrutível. **17** Porquanto sobre ele é afirmado:

"Tu és sacerdote para sempre,
segundo a ordem
de Melquisedeque"ᵈ.

18 A ordenança anterior é revogada, porque era fraca e inútil **19** (pois a Lei não havia aperfeiçoado coisa alguma), sendo introduzida uma esperança superior, pela qual nos aproximamos de Deus.

20 E isso não aconteceu sem juramento! Outros se tornaram sacerdotes sem qualquer juramento, **21** mas ele se tornou sacerdote com juramento, quando Deus lhe disse:

"O Senhor jurou

no one greater for him to swear by, he swore by himself, **14** saying, "I will surely bless you and give you many descendants."ª **15** And so after waiting patiently, Abraham received what was promised.

16 Men swear by someone greater than themselves, and the oath confirms what is said and puts an end to all argument. **17** Because God wanted to make the unchanging nature of his purpose very clear to the heirs of what was promised, he confirmed it with an oath. **18** God did this so that, by two unchangeable things in which it is impossible for God to lie, we who have fled to take hold of the hope offered to us may be greatly encouraged. **19** We have this hope as an anchor for the soul, firm and secure. It enters the inner sanctuary behind the curtain, **20** where Jesus, who went before us, has entered on our behalf. He has become a high priest forever, in the order of Melchizedek.

Melchizedek the Priest

7 This Melchizedek was king of Salem and priest of God Most High. He met Abraham returning from the defeat of the kings and blessed him, **2** and Abraham gave him a tenth of everything. First, his name means "king of righteousness"; then also, "king of Salem" means "king of peace." **3** Without father or mother, without genealogy, without beginning of days or end of life, like the Son of God he remains a priest forever.

4 Just think how great he was: Even the patriarch Abraham gave him a tenth of the plunder! **5** Now the law requires the descendants of Levi who become priests to collect a tenth from the people—that is, their brothers—even though their brothers are descended from Abraham. **6** This man, however, did not trace his descent from Levi, yet he collected a tenth from Abraham and blessed him who had the promises. **7** And without doubt the lesser person is blessed by the greater. **8** In the one case, the tenth is collected by men who die; but in the other case, by him who is declared to be living. **9** One might even say that Levi, who collects the tenth, paid the tenth through Abraham, **10** because when Melchizedek met Abraham, Levi was still in the body of his ancestor.

Jesus Like Melchizedek

11 If perfection could have been attained through the Levitical priesthood (for on the basis of it the law was given to the people), why was there still need for another priest to come—one in the order of Melchizedek, not in the order of Aaron? **12** For when there is a change of the priesthood, there must also be a change of the law. **13** He of whom these things are said belonged to a different tribe, and no one from that tribe has ever served at the altar. **14** For it is clear that our Lord descended from Judah, and in regard to that tribe Moses said nothing about priests. **15** And what we have said is even more clear if another priest like Melchizedek appears, **16** one who has become a priest not on the basis of a regulation as to his ancestry but on the basis of the power of an indestructible life. **17** For it is declared:

"You are a priest forever,
in the order of Melchizedek."ᵇ

18 The former regulation is set aside because it was weak and useless **19** (for the law made nothing perfect), and a better hope is introduced, by which we draw near to God.

20 And it was not without an oath! Others became priests without any oath, **21** but he became a priest with an oath when God said to him:

"The Lord has sworn

ª6.14 Gn 22.17 ᵇ7.2 Gn 14.17-20 ᶜ7.10 Ou *estava no corpo do seu antepassado* ᵈ7.17 Sl 110.4; também no versículo 21.

ª6:14 Gen. 22:17 ᵇ7:17 Psalm 110:4

e não se arrependerá:
'Tu és sacerdote
    para sempre' ".

22 Jesus tornou-se, por isso mesmo, a garantia de uma aliança superior.

23 Ora, daqueles sacerdotes tem havido muitos, porque a morte os impede de continuar em seu ofício; **24** mas, visto que vive para sempre, Jesus tem um sacerdócio permanente. **25** Portanto, ele é capaz de salvar definitivamente[a] aqueles que, por meio dele, aproximam-se de Deus, pois vive sempre para interceder por eles.

26 É de um sumo sacerdote como este que precisávamos: santo, inculpável, puro, separado dos pecadores, exaltado acima dos céus. **27** Ao contrário dos outros sumos sacerdotes, ele não tem necessidade de oferecer sacrifícios dia após dia, primeiro por seus próprios pecados e, depois, pelos pecados do povo. E ele o fez uma vez por todas quando a si mesmo se ofereceu. **28** Pois a Lei constitui sumos sacerdotes a homens que têm fraquezas; mas o juramento, que veio depois da Lei, constitui o Filho perfeito para sempre.[b]

O Sumo Sacerdote de uma Nova Aliança

8 O mais importante do que estamos tratando é que temos um sumo sacerdote como esse, o qual se assentou à direita do trono da Majestade nos céus **2** e serve no santuário, no verdadeiro tabernáculo que o Senhor erigiu, e não o homem.

3 Todo sumo sacerdote é constituído para apresentar ofertas e sacrifícios, e por isso era necessário que também este tivesse algo a oferecer. **4** Se ele estivesse na terra, nem seria sumo sacerdote, visto que já existem aqueles que apresentam as ofertas prescritas pela Lei. **5** Eles servem num santuário que é cópia e sombra daquele que está nos céus, já que Moisés foi avisado quando estava para construir o tabernáculo: "Tenha o cuidado de fazer tudo segundo o modelo que lhe foi mostrado no monte"[c]. **6** Agora, porém, o ministério que Jesus recebeu é superior ao deles, assim como também a aliança da qual ele é mediador é superior à antiga, sendo baseada em promessas superiores.

7 Pois, se aquela primeira aliança fosse perfeita, não seria necessário procurar lugar para outra. **8** Deus, porém, achou o povo em falta e disse:

"Estão chegando os dias, declara o Senhor,
    quando farei uma nova aliança
        com a comunidade de Israel
        e com a comunidade de Judá.
9 Não será como a aliança
    que fiz com os seus antepassados,
    quando os tomei pela mão
        para tirá-los do Egito;
visto que eles
    não permaneceram fiéis
    à minha aliança",
eu me afastei deles",
    diz o Senhor.
10 "Esta é a aliança que farei
    com a comunidade de Israel
depois daqueles dias",
    declara o Senhor.
"Porei minhas leis
    em sua mente
e as escreverei
    em seu coração.
Serei o seu Deus,
    e eles serão o meu povo.
11 Ninguém mais ensinará

---

and will not change his mind:
'You are a priest forever.' "[a]

22 Because of this oath, Jesus has become the guarantee of a better covenant.

23 Now there have been many of those priests, since death prevented them from continuing in office; **24** but because Jesus lives forever, he has a permanent priesthood. **25** Therefore he is able to save completely[b] those who come to God through him, because he always lives to intercede for them.

26 Such a high priest meets our need—one who is holy, blameless, pure, set apart from sinners, exalted above the heavens. **27** Unlike the other high priests, he does not need to offer sacrifices day after day, first for his own sins, and then for the sins of the people. He sacrificed for their sins once for all when he offered himself. **28** For the law appoints as high priests men who are weak; but the oath, which came after the law, appointed the Son, who has been made perfect forever.

The High Priest of a New Covenant

8 The point of what we are saying is this: We do have such a high priest, who sat down at the right hand of the throne of the Majesty in heaven, **2** and who serves in the sanctuary, the true tabernacle set up by the Lord, not by man.

3 Every high priest is appointed to offer both gifts and sacrifices, and so it was necessary for this one also to have something to offer. **4** If he were on earth, he would not be a priest, for there are already men who offer the gifts prescribed by the law. **5** They serve at a sanctuary that is a copy and shadow of what is in heaven. This is why Moses was warned when he was about to build the tabernacle: "See to it that you make everything according to the pattern shown you on the mountain."[c] **6** But the ministry Jesus has received is as superior to theirs as the covenant of which he is mediator is superior to the old one, and it is founded on better promises.

7 For if there had been nothing wrong with that first covenant, no place would have been sought for another. **8** But God found fault with the people and said[d]:

"The time is coming, declares the Lord,
    when I will make a new covenant
    with the house of Israel
    and with the house of Judah.
9 It will not be like the covenant
    I made with their forefathers
when I took them by the hand
    to lead them out of Egypt,
because they did not remain faithful to my
    covenant,
    and I turned away from them,
        declares the Lord.
10 This is the covenant I will make with the house
    of Israel
    after that time, declares the Lord.
I will put my laws in their minds
    and write them on their hearts.
I will be their God,
    and they will be my people.
11 No longer will a man teach his neighbor,

---

[a]7.25 Ou *eternamente* [b]7.28 Ou *constitui para sempre o Filho, que foi aperfeiçoado.* [c]8.5 Êx 25.40

[a]7:21 Psalm 110:4 [b]7:25 Or *forever* [c]8:5 Exodus 25:40 [d]8:8 Some manuscripts may be translated *fault and said to the people.*

depois daqueles dias,
diz o Senhor.
Porei as minhas leis
em seu coração
e as escreverei
em sua mente"ª;

17 e acrescenta:

"Dos seus pecados
e iniqüidades
não me lembrarei mais"ᵇ.

18 Onde esses pecados foram perdoados, não há mais necessidade de sacrifício por eles.

Um Apelo à Perseverança

19 Portanto, irmãos, temos plena confiança para entrar no Santo dos Santos pelo sangue de Jesus, **20** por um novo e vivo caminho que ele nos abriu por meio do véu, isto é, do seu corpo. **21** Temos, pois, um grande sacerdote sobre a casa de Deus. **22** Sendo assim, aproximemo-nos de Deus com um coração sincero e com plena convicção de fé, tendo os corações aspergidos para nos purificar de uma consciência culpada, e tendo os nossos corpos lavados com água pura. **23** Apeguemo-nos com firmeza à esperança que professamos, pois aquele que prometeu é fiel. **24** E consideremos uns aos outros para nos incentivarmos ao amor e às boas obras. **25** Não deixemos de reunir-nos como igreja, segundo o costume de alguns, mas procuremos encorajar-nos uns aos outros, ainda mais quando vocês vêem que se aproxima o Dia.

26 Se continuarmos a pecar deliberadamente depois que recebemos o conhecimento da verdade, já não resta sacrifício pelos pecados, **27** mas tão-somente uma terrível expectativa de juízo e de fogo intenso que consumirá os inimigos de Deus. **28** Quem rejeitava a Lei de Moisés morria sem misericórdia pelo depoimento de duas ou três testemunhas. **29** Quão mais severo castigo, julgam vocês, merece aquele que pisou aos pés o Filho de Deus, profanou o sangue da aliança pelo qual ele foi santificado, e insultou o Espírito da graça? **30** Pois conhecemos aquele que disse: "A mim pertence a vingança; eu retribuirei"ᶜ; e outra vez: "O Senhor julgará o seu povo"ᵈ. **31** Terrível coisa é cair nas mãos do Deus vivo!

32 Lembrem-se dos primeiros dias, depois que vocês foram iluminados, quando suportaram muita luta e muito sofrimento. **33** Algumas vezes vocês foram expostos a insultos e tribulações; em outras ocasiões fizeram-se solidários com os que assim foram tratados. **34** Vocês se compadeceram dos que estavam na prisão e aceitaram alegremente o confisco dos seus próprios bens, pois sabiam que possuíam bens superiores e permanentes.

35 Por isso, não abram mão da confiança que vocês têm; ela será ricamente recompensada. **36** Vocês precisam perseverar, de modo que, quando tiverem feito a vontade de Deus, recebam o que ele prometeu; **37** pois em breve, muito em breve

"Aquele que vem virá,
e não demorará.
38 Mas o meu justo
viverá pela fé.
E, se retroceder,
não me agradarei dele"ᶠ.

39 Nós, porém, não somos dos que retrocedem e são destruídos, mas dos que crêem e são salvos.ᵍ

Exemplos de Fé

11 Ora, a fé é a certeza daquilo que esperamos e a prova das coisas que não vemos. **2** Pois foi por meio dela que os antigos receberam bom testemunho.

after that time, says the Lord.
I will put my laws in their hearts,
and I will write them on their minds."ª

17 Then he adds:

"Their sins and lawless acts
I will remember no more."ᵇ

18 And where these have been forgiven, there is no longer any sacrifice for sin. **19** Therefore, brothers, since we have confidence to enter the Most Holy Place by the blood of Jesus, **20** by a new and living way opened for us through the curtain, that is, his body, **21** and since we have a great priest over the house of God, **22** let us draw near to God with a sincere heart in full assurance of faith, having our hearts sprinkled to cleanse us from a guilty conscience and having our bodies washed with pure water. **23** Let us hold unswervingly to the hope we profess, for he who promised is faithful. **24** And let us consider how we may spur one another on toward love and good deeds. **25** Let us not give up meeting together, as some are in the habit of doing, but let us encourage one another—and all the more as you see the Day approaching.

26 If we deliberately keep on sinning after we have received the knowledge of the truth, no sacrifice for sins is left, **27** but only a fearful expectation of judgment and of raging fire that will consume the enemies of God. **28** Anyone who rejected the law of Moses died without mercy on the testimony of two or three witnesses. **29** How much more severely do you think a man deserves to be punished who has trampled the Son of God under foot, who has treated as an unholy thing the blood of the covenant that sanctified him, and who has insulted the Spirit of grace? **30** For we know him who said, "It is mine to avenge; I will repay,"ᶜ and again, "The Lord will judge his people."ᵈ **31** It is a dreadful thing to fall into the hands of the living God.

32 Remember those earlier days after you had received the light, when you stood your ground in a great contest in the face of suffering. **33** Sometimes you were publicly exposed to insult and persecution; at other times you stood side by side with those who were so treated. **34** You sympathized with those in prison and joyfully accepted the confiscation of your property, because you knew that you yourselves had better and lasting possessions.

35 So do not throw away your confidence; it will be richly rewarded. **36** You need to persevere so that when you have done the will of God, you will receive what he has promised. **37** For in just a very little while,

"He who is coming will come and will not delay.
38 But my righteous oneᵉ will live by faith.
And if he shrinks back,
I will not be pleased with him."ᶠ

39 But we are not of those who shrink back and are destroyed, but of those who believe and are saved.

By Faith

11 Now faith is being sure of what we hope for and certain of what we do not see. **2** This is what the ancients were commended for.

ª**10.16** Jr 31.33 ᵇ**10.17** Jr 31.34 ᶜ**10.30** Dt 32.35 ᵈ**10.30** Dt 32.36; Sl 135.14 ᵉ**10.38** Vários manuscritos não trazem *meu.* ᶠ**10.37,38** Hc 2.3,4 (segundo a Septuaginta). ᵍ**10.39** Grego: *retrocedem para a perdição, mas dos que crêem para a preservação da vida.*

ª**10:16** Jer. 31:33 ᵇ**10:17** Jer. 31:34 ᶜ**10:30** Deut. 32:35 ᵈ**10:30** Deut. 32:36; Psalm 135:14 ᵉ**10:38** One early manuscript *But the righteous* ᶠ**10:38** Hab. 2:3,4

3 Pela fé entendemos que o universo foi formado pela palavra de Deus, de modo que aquilo que se vê não foi feito do que é visível.

4 Pela fé Abel ofereceu a Deus um sacrifício superior ao de Caim. Pela fé ele foi reconhecido como justo, quando Deus aprovou as suas ofertas. Embora esteja morto, por meio da fé ainda fala.

5 Pela fé Enoque foi arrebatado, de modo que não experimentou a morte; "e já não foi encontrado, porque Deus o havia arrebatado"ª, pois antes de ser arrebatado recebeu testemunho de que tinha agradado a Deus. **6** Sem fé é impossível agradar a Deus, pois quem dele se aproxima precisa crer que ele existe e que recompensa aqueles que o buscam.

7 Pela fé Noé, quando avisado a respeito de coisas que ainda não se viam, movido por santo temor, construiu uma arca para salvar sua família. Por meio da fé ele condenou o mundo e tornou-se herdeiro da justiça que é segundo a fé.

8 Pela fé Abraão, quando chamado, obedeceu e dirigiu-se a um lugar que mais tarde receberia como herança, embora não soubesse para onde estava indo. **9** Pela fé peregrinou na terra prometida como se estivesse em terra estranha; viveu em tendas, bem como Isaque e Jacó, co-herdeiros da mesma promessa. **10** Pois ele esperava a cidade que tem alicerces, cujo arquiteto e edificador é Deus.

11 Pela fé Abraão — e também a própria Sara, apesar de estéril e avançada em idade — recebeu poder para gerar um filho,ᵇ porque considerou fiel aquele que lhe havia feito a promessa. **12** Assim, daquele homem já sem vitalidade originaram-se descendentes tão numerosos como as estrelas do céu e tão incontáveis como a areia da praia do mar.

13 Todos estes viveram pela fé, e morreram sem receber o que tinha sido prometido; viram-no de longe e de longe o saudaram, reconhecendo que eram estrangeiros e peregrinos na terra. **14** Os que assim falam mostram que estão buscando uma pátria. **15** Se estivessem pensando naquela de onde saíram, teriam oportunidade de voltar. **16** Em vez disso, esperavam eles uma pátria melhor, isto é, a pátria celestial. Por essa razão Deus não se envergonha de ser chamado o Deus deles, e lhes preparou uma cidade.

17 Pela fé Abraão, quando Deus o pôs à prova, ofereceu Isaque como sacrifício. Aquele que havia recebido as promessas estava a ponto de sacrificar o seu único filho, **18** embora Deus lhe tivesse dito: "Por meio de Isaque a sua descendênciaᶜ será considerada"ᵈ. **19** Abraão levou em conta que Deus pode ressuscitar os mortos e, figuradamente, recebeu Isaque de volta dentre os mortos.

20 Pela fé Isaque abençoou Jacó e Esaú com respeito ao futuro deles.

21 Pela fé Jacó, à beira da morte, abençoou cada um dos filhos de José e adorou a Deus, apoiado na extremidade do seu bordão.

22 Pela fé José, no fim da vida, fez menção do êxodo dos israelitas do Egito e deu instruções acerca dos seus próprios ossos.

23 Pela fé Moisés, recém-nascido, foi escondido durante três meses por seus pais, pois estes viram que ele não era uma criança comum, e não temeram o decreto do rei.

24 Pela fé Moisés, já adulto, recusou ser chamado filho da filha do faraó, **25** preferindo ser maltratado com o povo de Deus a desfrutar os prazeres do pecado durante algum tempo. **26** Por amor de Cristo, considerou sua desonra uma riqueza maior do que os tesouros do Egito, porque contemplava a sua recompensa. **27** Pela fé saiu do Egito, não temendo a ira do rei, e perseverou, porque via aquele que é invisível. **28** Pela fé celebrou a Páscoa e fez a aspersão do sangue, para que o destruidor não tocasse nos filhos mais velhos dos israelitas.

3 By faith we understand that the universe was formed at God's command, so that what is seen was not made out of what was visible. **4** By faith Abel offered God a better sacrifice than Cain did. By faith he was commended as a righteous man, when God spoke well of his offerings. And by faith he still speaks, even though he is dead.

5 By faith Enoch was taken from this life, so that he did not experience death; he could not be found, because God had taken him away. For before he was taken, he was commended as one who pleased God. **6** And without faith it is impossible to please God, because anyone who comes to him must believe that he exists and that he rewards those who earnestly seek him.

7 By faith Noah, when warned about things not yet seen, in holy fear built an ark to save his family. By his faith he condemned the world and became heir of the righteousness that comes by faith.

8 By faith Abraham, when called to go to a place he would later receive as his inheritance, obeyed and went, even though he did not know where he was going. **9** By faith he made his home in the promised land like a stranger in a foreign country; he lived in tents, as did Isaac and Jacob, who were heirs with him of the same promise. **10** For he was looking forward to the city with foundations, whose architect and builder is God.

11 By faith Abraham, even though he was past age—and Sarah herself was barren—was enabled to become a father because heª considered him faithful who had made the promise. **12** And so from this one man, and he as good as dead, came descendants as numerous as the stars in the sky and as countless as the sand on the seashore.

13 All these people were still living by faith when they died. They did not receive the things promised; they only saw them and welcomed them from a distance. And they admitted that they were aliens and strangers on earth. **14** People who say such things show that they are looking for a country of their own. **15** If they had been thinking of the country they had left, they would have had opportunity to return. **16** Instead, they were longing for a better country—a heavenly one. Therefore God is not ashamed to be called their God, for he has prepared a city for them.

17 By faith Abraham, when God tested him, offered Isaac as a sacrifice. He who had received the promises was about to sacrifice his one and only son, **18** even though God had said to him, "It is through Isaac that your offspringᵇ will be reckoned."ᶜ **19** Abraham reasoned that God could raise the dead, and figuratively speaking, he did receive Isaac back from death.

20 By faith Isaac blessed Jacob and Esau in regard to their future.

21 By faith Jacob, when he was dying, blessed each of Joseph's sons, and worshiped as he leaned on the top of his staff.

22 By faith Joseph, when his end was near, spoke about the exodus of the Israelites from Egypt and gave instructions about his bones.

23 By faith Moses' parents hid him for three months after he was born, because they saw he was no ordinary child, and they were not afraid of the king's edict.

24 By faith Moses, when he had grown up, refused to be known as the son of Pharaoh's daughter. **25** He chose to be mistreated along with the people of God rather than to enjoy the pleasures of sin for a short time. **26** He regarded disgrace for the sake of Christ as of greater value than the treasures of Egypt, because he was looking ahead to his reward. **27** By faith he left Egypt, not fearing the king's anger; he persevered because he saw him who is invisible. **28** By faith he kept the Passover and the sprinkling of blood, so that the destroyer of the firstborn would not touch the firstborn of Israel.

ª11.5 Gn 5.24 ᵇ11.11 Ou *Pela fé, Sara também, que era de idade avançada, pôde ter filhos,*ᶜ11.18 Grego: *semente.* ᵈ11.18 Gn 21.12

ª11:11 Or *By faith even Sarah, who was past age, was enabled to bear children because she* ᵇ11:18 Greek *seed* ᶜ11:18 Gen. 21:12

29 Pela fé o povo atravessou o mar Vermelho como em terra seca; mas, quando os egípcios tentaram fazê-lo, morreram afogados.

30 Pela fé caíram os muros de Jericó, depois de serem rodeados durante sete dias.

31 Pela fé a prostituta Raabe, por ter acolhido os espiões, não foi morta com os que haviam sido desobedientes^a.

32 Que mais direi? Não tenho tempo para falar de Gideão, Baraque, Sansão, Jefté, Davi, Samuel e os profetas, **33** os quais pela fé conquistaram reinos, praticaram a justiça, alcançaram o cumprimento de promessas, fecharam a boca de leões, **34** apagaram o poder do fogo e escaparam do fio da espada; da fraqueza tiraram força, tornaram-se poderosos na batalha e puseram em fuga exércitos estrangeiros. **35** Houve mulheres que, pela ressurreição, tiveram de volta os seus mortos. Uns foram torturados e recusaram ser libertados, para poderem alcançar uma ressurreição superior; **36** outros enfrentaram zombaria e açoites; outros ainda foram acorrentados e colocados na prisão, **37** apedrejados, serrados ao meio, postos à prova^b, mortos ao fio da espada. Andaram errantes, vestidos de pele de ovelhas e de cabras, necessitados, afligidos e maltratados. **38** O mundo não era digno deles. Vagaram pelos desertos e montes, pelas cavernas e grutas.

39 Todos estes receberam bom testemunho por meio da fé; no entanto, nenhum deles recebeu o que havia sido prometido. **40** Deus havia planejado algo melhor para nós, para que conosco fossem eles aperfeiçoados.

Deus Disciplina os seus Filhos

12 Portanto, também nós, uma vez que estamos rodeados por tão grande nuvem de testemunhas, livremo-nos de tudo o que nos atrapalha e do pecado que nos envolve, e corramos com perseverança a corrida que nos é proposta, **2** tendo os olhos fitos em Jesus, autor e consumador da nossa fé. Ele, pela alegria que lhe fora proposta, suportou a cruz, desprezando a vergonha, e assentou-se à direita do trono de Deus. **3** Pensem bem naquele que suportou tal oposição dos pecadores contra si mesmo, para que vocês não se cansem nem desanimem.

4 Na luta contra o pecado, vocês ainda não resistiram até o ponto de derramar o próprio sangue. **5** Vocês se esqueceram da palavra de ânimo que ele lhes dirige como a filhos:

"Meu filho, não despreze
    a disciplina do Senhor,
nem se magoe
    com a sua repreensão,
6 pois o Senhor disciplina
    a quem ama,
e castiga todo aquele
    a quem aceita como filho"^c.

7 Suportem as dificuldades, recebendo-as como disciplina; Deus os trata como filhos. Ora, qual o filho que não é disciplinado por seu pai? **8** Se vocês não são disciplinados, e a disciplina é para todos os filhos, então vocês não são filhos legítimos, mas sim ilegítimos . **9** Além disso, tínhamos pais humanos que nos disciplinavam, e nós os respeitávamos. Quanto mais devemos submeter-nos ao Pai dos espíritos, para assim vivermos! **10** Nossos pais nos disciplinavam por curto período, segundo lhes parecia melhor; mas Deus nos disciplina para o nosso bem, para que participemos da sua santidade. **11** Nenhuma disciplina parece ser motivo de alegria no momento, mas sim de tristeza. Mais tarde, porém, produz fruto de justiça e paz para aqueles que por ela foram exercitados.

12 Portanto, fortaleçam as mãos enfraquecidas e os joelhos vacilantes. **13** "Façam caminhos retos para os seus pés"^d, para que o manco não se desvie, antes, seja curado.

29 By faith the people passed through the Red Sea^a as on dry land; but when the Egyptians tried to do so, they were drowned.

30 By faith the walls of Jericho fell, after the people had marched around them for seven days.

31 By faith the prostitute Rahab, because she welcomed the spies, was not killed with those who were disobedient.^b

32 And what more shall I say? I do not have time to tell about Gideon, Barak, Samson, Jephthah, David, Samuel and the prophets, **33** who through faith conquered kingdoms, administered justice, and gained what was promised; who shut the mouths of lions, **34** quenched the fury of the flames, and escaped the edge of the sword; whose weakness was turned to strength; and who became powerful in battle and routed foreign armies. **35** Women received back their dead, raised to life again. Others were tortured and refused to be released, so that they might gain a better resurrection. **36** Some faced jeers and flogging, while still others were chained and put in prison. **37** They were stoned^c; they were sawed in two; they were put to death by the sword. They went about in sheepskins and goatskins, destitute, persecuted and mistreated— **38** the world was not worthy of them. They wandered in deserts and mountains, and in caves and holes in the ground.

39 These were all commended for their faith, yet none of them received what had been promised. **40** God had planned something better for us so that only together with us would they be made perfect.

God Disciplines His Sons

12 Therefore, since we are surrounded by such a great cloud of witnesses, let us throw off everything that hinders and the sin that so easily entangles, and let us run with perseverance the race marked out for us. **2** Let us fix our eyes on Jesus, the author and perfecter of our faith, who for the joy set before him endured the cross, scorning its shame, and sat down at the right hand of the throne of God. **3** Consider him who endured such opposition from sinful men, so that you will not grow weary and lose heart.

4 In your struggle against sin, you have not yet resisted to the point of shedding your blood. **5** And you have forgotten that word of encouragement that addresses you as sons:

"My son, do not make light of the Lord's
    discipline,
and do not lose heart when he rebukes you,
6 because the Lord disciplines those he loves,
    and he punishes everyone he accepts as a
    son."^d

7 Endure hardship as discipline; God is treating you as sons. For what son is not disciplined by his father? **8** If you are not disciplined (and everyone undergoes discipline), then you are illegitimate children and not true sons. **9** Moreover, we have all had human fathers who disciplined us and we respected them for it. How much more should we submit to the Father of our spirits and live! **10** Our fathers disciplined us for a little while as they thought best; but God disciplines us for our good, that we may share in his holiness. **11** No discipline seems pleasant at the time, but painful. Later on, however, it produces a harvest of righteousness and peace for those who have been trained by it.

12 Therefore, strengthen your feeble arms and weak knees. **13** "Make level paths for your feet,"^e so that the lame may not be disabled, but rather healed.

---

^a**11.31** Ou *incrédulos* ^b**11.37** Alguns manuscritos não trazem *postos à prova*. ^c**12.5,6** Pv 3.11,12 ^d**12.13** Pv 4.26

^a**11:29** That is, Sea of Reeds ^b**11:31** Or *unbelieving* ^c**11:37** Some early manuscripts *stoned; they were put to the test;* ^d**12:6** Prov. 3:11,12 ^e**12:13** Prov. 4:26

Advertência contra a Rejeição de Deus

14 Esforcem-se para viver em paz com todos e para serem santos; sem santidade ninguém verá o Senhor. **15** Cuidem que ninguém se exclua da graça de Deus; que nenhuma raiz de amargura[a] brote e cause perturbação, contaminando muitos; **16** que não haja nenhum imoral ou profano, como Esaú, que por uma única refeição vendeu os seus direitos de herança como filho mais velho. **17** Como vocês sabem, posteriormente, quando quis herdar a bênção, foi rejeitado; e não teve como alterar a sua decisão, embora buscasse a bênção com lágrimas.

18 Vocês não chegaram ao monte que se podia tocar, e que estava em chamas, nem às trevas, à escuridão, nem à tempestade, **19** ao soar da trombeta e ao som de palavras tais, que os ouvintes rogaram que nada mais lhes fosse dito; **20** pois não podiam suportar o que lhes estava sendo ordenado: "Até um animal, se tocar no monte, deve ser apedrejado".[b] **21** O espetáculo era tão terrível que até Moisés disse: "Estou apavorado e trêmulo!"[c]

22 Mas vocês chegaram ao monte Sião, à Jerusalém celestial, à cidade do Deus vivo. Chegaram aos milhares de milhares de anjos em alegre reunião, **23** à igreja dos primogênitos, cujos nomes estão escritos nos céus. Vocês chegaram a Deus, juiz de todos os homens, aos espíritos dos justos aperfeiçoados, **24** a Jesus, mediador de uma nova aliança, e ao sangue aspergido, que fala melhor do que o sangue de Abel.

25 Cuidado! Não rejeitem aquele que fala. Se os que se recusaram a ouvir aquele que os advertia na terra não escaparam, quanto mais nós, se nos desviarmos daquele que nos adverte dos céus? **26** Aquele cuja voz outrora abalou a terra, agora promete: "Ainda uma vez abalarei não apenas a terra, mas também o céu"[d]. **27** As palavras "ainda uma vez" indicam a remoção do que pode ser abalado, isto é, coisas criadas, de forma que permaneça o que não pode ser abalado.

28 Portanto, já que estamos recebendo um Reino inabalável, sejamos agradecidos e, assim, adoremos a Deus de modo aceitável, com reverência e temor, **29** pois o nosso "Deus é fogo consumidor!"[e]

Exortações Finais

13 Seja constante o amor fraternal. **2** Não se esqueçam da hospitalidade; foi praticando-a que, sem o saber, alguns acolheram anjos. **3** Lembrem-se dos que estão na prisão, como se aprisionados com eles; dos que estão sendo maltratados, como se vocês mesmos estivessem sendo maltratados.

4 O casamento deve ser honrado por todos; o leito conjugal, conservado puro; pois Deus julgará os imorais e os adúlteros. **5** Conservem-se livres do amor ao dinheiro e contentem-se com o que vocês têm, porque Deus mesmo disse:

"Nunca o deixarei,
    nunca o abandonarei"[f].

6 Podemos, pois, dizer com confiança:

"O Senhor é o meu ajudador,
    não temerei.
O que me podem fazer
    os homens?"[g]

7 Lembrem-se dos seus líderes, que lhes falaram a palavra de Deus. Observem bem o resultado da vida que tiveram e imitem a sua fé. **8** Jesus Cristo é o mesmo, ontem, hoje e para sempre.

9 Não se deixem levar pelos diversos ensinos estranhos. É bom que o nosso coração seja fortalecido pela graça, e não por alimentos cerimoniais, os quais não têm valor para aqueles

Warning Against Refusing God

14 Make every effort to live in peace with all men and to be holy; without holiness no one will see the Lord. **15** See to it that no one misses the grace of God and that no bitter root grows up to cause trouble and defile many. **16** See that no one is sexually immoral, or is godless like Esau, who for a single meal sold his inheritance rights as the oldest son. **17** Afterward, as you know, when he wanted to inherit this blessing, he was rejected. He could bring about no change of mind, though he sought the blessing with tears.

18 You have not come to a mountain that can be touched and that is burning with fire; to darkness, gloom and storm; **19** to a trumpet blast or to such a voice speaking words that those who heard it begged that no further word be spoken to them, **20** because they could not bear what was commanded: "If even an animal touches the mountain, it must be stoned."[a] **21** The sight was so terrifying that Moses said, "I am trembling with fear."[b]

22 But you have come to Mount Zion, to the heavenly Jerusalem, the city of the living God. You have come to thousands upon thousands of angels in joyful assembly, **23** to the church of the firstborn, whose names are written in heaven. You have come to God, the judge of all men, to the spirits of righteous men made perfect, **24** to Jesus the mediator of a new covenant, and to the sprinkled blood that speaks a better word than the blood of Abel.

25 See to it that you do not refuse him who speaks. If they did not escape when they refused him who warned them on earth, how much less will we, if we turn away from him who warns us from heaven? **26** At that time his voice shook the earth, but now he has promised, "Once more I will shake not only the earth but also the heavens."[c] **27** The words "once more" indicate the removing of what can be shaken—that is, created things—so that what cannot be shaken may remain.

28 Therefore, since we are receiving a kingdom that cannot be shaken, let us be thankful, and so worship God acceptably with reverence and awe, **29** for our "God is a consuming fire."[d]

Concluding Exhortations

13 Keep on loving each other as brothers. **2** Do not forget to entertain strangers, for by so doing some people have entertained angels without knowing it. **3** Remember those in prison as if you were their fellow prisoners, and those who are mistreated as if you yourselves were suffering.

4 Marriage should be honored by all, and the marriage bed kept pure, for God will judge the adulterer and all the sexually immoral. **5** Keep your lives free from the love of money and be content with what you have, because God has said,

"Never will I leave you;
    never will I forsake you."[e]

6 So we say with confidence,

"The Lord is my helper; I will not be afraid.
    What can man do to me?"[f]

7 Remember your leaders, who spoke the word of God to you. Consider the outcome of their way of life and imitate their faith. **8** Jesus Christ is the same yesterday and today and forever.

9 Do not be carried away by all kinds of strange teachings. It is good for our hearts to be strengthened by grace, not by ceremonial foods, which are of no value to those who eat them.

---

[a]12.15 Isto é, raiz venenosa. [b]12.18-20 Êx 19.12,13 [c]12.21 Dt 9.19 [d]12.26 Ag 2.6 [e]12.29 Dt 4.24 [f]13.5 Dt 31.6 [g]13.6 Sl 118.6

[a]12:20 Exodus 19:12,13 [b]12:21 Deut. 9:19 [c]12:26 Haggai 2:6 [d]12:29 Deut. 4:24 [e]13:5 Deut. 31:6 [f]13:6 Psalm 118:6,7

que os comem. **10** Nós temos um altar do qual não têm direito de comer os que ministram no tabernáculo.

11 O sumo sacerdote leva sangue de animais até o Santo dos Santos, como oferta pelo pecado, mas os corpos dos animais são queimados fora do acampamento. **12** Assim, Jesus também sofreu fora das portas da cidade, para santificar o povo por meio do seu próprio sangue. **13** Portanto, saiamos até ele, fora do acampamento, suportando a desonra que ele suportou. **14** Pois não temos aqui nenhuma cidade permanente, mas buscamos a que há de vir.

15 Por meio de Jesus, portanto, ofereçamos continuamente a Deus um sacrifício de louvor, que é fruto de lábios que confessam o seu nome. **16** Não se esqueçam de fazer o bem e de repartir com os outros o que vocês têm, pois de tais sacrifícios Deus se agrada.

17 Obedeçam aos seus líderes e submetam-se à autoridade deles. Eles cuidam de vocês como quem deve prestar contas. Obedeçam-lhes, para que o trabalho deles seja uma alegria e não um peso, pois isso não seria proveitoso para vocês.

18 Orem por nós. Estamos certos de que temos consciência limpa, e desejamos viver de maneira honrosa em tudo. **19** Particularmente, recomendo-lhes que orem para que eu lhes seja restituído em breve.

20 O Deus da paz, que pelo sangue da aliança eterna trouxe de volta dentre os mortos o nosso Senhor Jesus, o grande Pastor das ovelhas, **21** os aperfeiçoe em todo o bem para fazerem a vontade dele, e opere em nós o que lhe é agradável, mediante Jesus Cristo, a quem seja a glória para todo o sempre. Amém.

22 Irmãos, peço-lhes que suportem a minha palavra de exortação; na verdade o que eu lhes escrevi é pouco.

23 Quero que saibam que o nosso irmão Timóteo foi posto em liberdade. Se ele chegar logo, irei vê-los com ele.

24 Saúdem a todos os seus líderes e a todos os santos. Os da Itália lhes enviam saudações.

25 A graça seja com todos vocês.

Tiago

1 Tiago, servo[a] de Deus e do Senhor Jesus Cristo,
às doze tribos dispersas entre as nações:

Saudações.

Provas e Tentações

2 Meus irmãos, considerem motivo de grande alegria o fato de passarem por diversas provações, **3** pois vocês sabem que a prova da sua fé produz perseverança. **4** E a perseverança deve ter ação completa, a fim de que vocês sejam maduros e íntegros, sem lhes faltar coisa alguma. **5** Se algum de vocês tem falta de sabedoria, peça-a a Deus, que a todos dá livremente, de boa vontade; e lhe será concedida. **6** Peça-a, porém, com fé, sem duvidar, pois aquele que duvida é semelhante à onda do mar, levada e agitada pelo vento. **7** Não pense tal pessoa que receberá coisa alguma do Senhor, **8** pois tem mente dividida e é instável em tudo o que faz.

9 O irmão de condição humilde deve orgulhar-se quando estiver em elevada posição. **10** E o rico deve orgulhar-se caso passe a viver em condição humilde, porque o rico passará como a flor do campo. **11** Pois o sol se levanta, traz o calor e seca a planta; cai então a sua flor, e a sua beleza é destruída. Da mesma forma o rico murchará em meio aos seus afazeres.

12 Feliz é o homem que persevera na provação, porque depois de aprovado receberá a coroa da vida, que Deus prometeu ao que o amam.

13 Quando alguém for tentado, jamais deverá dizer: "Estou sendo tentado por Deus". Pois Deus não pode ser tentado pelo mal, e a ninguém tenta. **14** Cada um, porém, é tentado pelo

10 We have an altar from which those who minister at the tabernacle have no right to eat.

11 The high priest carries the blood of animals into the Most Holy Place as a sin offering, but the bodies are burned outside the camp. **12** And so Jesus also suffered outside the city gate to make the people holy through his own blood. **13** Let us, then, go to him outside the camp, bearing the disgrace he bore. **14** For here we do not have an enduring city, but we are looking for the city that is to come.

15 Through Jesus, therefore, let us continually offer to God a sacrifice of praise—the fruit of lips that confess his name. **16** And do not forget to do good and to share with others, for with such sacrifices God is pleased. **17** Obey your leaders and submit to their authority. They keep watch over you as men who must give an account. Obey them so that their work will be a joy, not a burden, for that would be of no advantage to you.

18 Pray for us. We are sure that we have a clear conscience and desire to live honorably in every way. **19** I particularly urge you to pray so that I may be restored to you soon.

20 May the God of peace, who through the blood of the eternal covenant brought back from the dead our Lord Jesus, that great Shepherd of the sheep, **21** equip you with everything good for doing his will, and may he work in us what is pleasing to him, through Jesus Christ, to whom be glory for ever and ever. Amen.

22 Brothers, I urge you to bear with my word of exhortation, for I have written you only a short letter.

23 I want you to know that our brother Timothy has been released. If he arrives soon, I will come with him to see you.

24 Greet all your leaders and all God's people. Those from Italy send you their greetings.

25 Grace be with you all.

James

1 James, a servant of God and of the Lord Jesus Christ,
To the twelve tribes scattered among the nations:

Greetings.

Trials and Temptations

2 Consider it pure joy, my brothers, whenever you face trials of many kinds, **3** because you know that the testing of your faith develops perseverance. **4** Perseverance must finish its work so that you may be mature and complete, not lacking anything. **5** If any of you lacks wisdom, he should ask God, who gives generously to all without finding fault, and it will be given to him. **6** But when he asks, he must believe and not doubt, because he who doubts is like a wave of the sea, blown and tossed by the wind. **7** That man should not think he will receive anything from the Lord; **8** he is a double-minded man, unstable in all he does.

9 The brother in humble circumstances ought to take pride in his high position. **10** But the one who is rich should take pride in his low position, because he will pass away like a wild flower. **11** For the sun rises with scorching heat and withers the plant; its blossom falls and its beauty is destroyed. In the same way, the rich man will fade away even while he goes about his business.

12 Blessed is the man who perseveres under trial, because when he has stood the test, he will receive the crown of life that God has promised to those who love him.

13 When tempted, no one should say, "God is tempting me." For God cannot be tempted by evil, nor does he tempt anyone; **14** but each one is tempted when, by his own evil desire,

---

[a] **1.1** Isto é, escravo.

próprio mau desejo, sendo por este arrastado e seduzido. **15** Então esse desejo, tendo concebido, dá à luz o pecado, e o pecado, após ter se consumado, gera a morte.

16 Meus amados irmãos, não se deixem enganar. **17** Toda boa dádiva e todo dom perfeito vêm do alto, descendo do Pai das luzes, que não muda como sombras inconstantes. **18** Por sua decisão ele nos gerou pela palavra da verdade, a fim de sermos como que os primeiros frutos de tudo o que ele criou.

Praticando a Palavra

19 Meus amados irmãos, tenham isto em mente: Sejam todos prontos para ouvir, tardios para falar e tardios para irar-se, **20** pois a ira do homem não produz a justiça de Deus. **21** Portanto, livrem-se de toda impureza moral e da maldade que prevalece, e aceitem humildemente a palavra implantada em vocês, a qual é poderosa para salvá-los.

22 Sejam praticantes da palavra, e não apenas ouvintes, enganando-se a si mesmos. **23** Aquele que ouve a palavra, mas não a põe em prática, é semelhante a um homem que olha a sua face num espelho **24** e, depois de olhar para si mesmo, sai e logo esquece a sua aparência. **25** Mas o homem que observa atentamente a lei perfeita, que traz a liberdade, e persevera na prática dessa lei, não esquecendo o que ouviu mas praticando-o, será feliz naquilo que fizer.

26 Se alguém se considera religioso, mas não refreia a sua língua, engana-se a si mesmo. Sua religião não tem valor algum! **27** A religião que Deus, o nosso Pai, aceita como pura e imaculada é esta: cuidar dos órfãos e das viúvas em suas dificuldades e não se deixar corromper pelo mundo.

Proibida a Acepção de Pessoas

2 Meus irmãos, como crentes em nosso glorioso Senhor Jesus Cristo, não façam diferença entre as pessoas, tratando-as com parcialidade. **2** Suponham que na reunião de vocês entre um homem com anel de ouro e roupas finas, e também entre um pobre com roupas velhas e sujas. **3** Se vocês derem atenção especial ao homem que está vestido com roupas finas e disserem: "Aqui está um lugar apropriado para o senhor", mas disserem ao pobre: "Você, fique em pé ali", ou: "Sente-se no chão, junto ao estrado onde ponho os meus pés", **4** não estarão fazendo discriminação, fazendo julgamentos com critérios errados?

5 Ouçam, meus amados irmãos: Não escolheu Deus os que são pobres aos olhos do mundo para serem ricos em fé e herdarem o Reino que ele prometeu aos que o amam? **6** Mas vocês têm desprezado o pobre. Não são os ricos que oprimem vocês? Não são eles os que os arrastam para os tribunais? **7** Não são eles que difamam o bom nome que sobre vocês foi invocado?

8 Se vocês de fato obedecerem à lei do Reino encontrada na Escritura que diz: "Ame o seu próximo como a si mesmo"ª, estarão agindo corretamente. **9** Mas se tratarem os outros com parcialidade, estarão cometendo pecado e serão condenados pela Lei como transgressores. **10** Pois quem obedece a toda a Lei, mas tropeça em apenas um ponto, torna-se culpado de quebrá-la inteiramente. **11** Pois aquele que disse: "Não adulterarás"b, também disse: "Não matarás"c. Se você não comete adultério, mas comete assassinato, torna-se transgressor da Lei.

12 Falem e ajam como quem vai ser julgado pela lei da liberdade; **13** porque será exercido juízo sem misericórdia sobre quem não foi misericordioso. A misericórdia triunfa sobre o juízo!

Fé e Obras

14 De que adianta, meus irmãos, alguém dizer que tem fé, se não tem obras? Acaso a fé pode salvá-lo? **15** Se um irmão ou irmã estiver necessitando de roupas e do alimento de cada dia **16** e um de vocês lhe disser: "Vá em paz, aqueça-se e alimente-

he is dragged away and enticed. **15** Then, after desire has conceived, it gives birth to sin; and sin, when it is full-grown, gives birth to death.

16 Don't be deceived, my dear brothers. **17** Every good and perfect gift is from above, coming down from the Father of the heavenly lights, who does not change like shifting shadows. **18** He chose to give us birth through the word of truth, that we might be a kind of firstfruits of all he created.

Listening and Doing

19 My dear brothers, take note of this: Everyone should be quick to listen, slow to speak and slow to become angry, **20** for man's anger does not bring about the righteous life that God desires. **21** Therefore, get rid of all moral filth and the evil that is so prevalent and humbly accept the word planted in you, which can save you.

22 Do not merely listen to the word, and so deceive yourselves. Do what it says. **23** Anyone who listens to the word but does not do what it says is like a man who looks at his face in a mirror **24** and, after looking at himself, goes away and immediately forgets what he looks like. **25** But the man who looks intently into the perfect law that gives freedom, and continues to do this, not forgetting what he has heard, but doing it–he will be blessed in what he does.

26 If anyone considers himself religious and yet does not keep a tight rein on his tongue, he deceives himself and his religion is worthless. **27** Religion that God our Father accepts as pure and faultless is this: to look after orphans and widows in their distress and to keep oneself from being polluted by the world.

Favoritism Forbidden

2 My brothers, as believers in our glorious Lord Jesus Christ, don't show favoritism. **2** Suppose a man comes into your meeting wearing a gold ring and fine clothes, and a poor man in shabby clothes also comes in. **3** If you show special attention to the man wearing fine clothes and say, "Here's a good seat for you," but say to the poor man, "You stand there" or "Sit on the floor by my feet," **4** have you not discriminated among yourselves and become judges with evil thoughts?

5 Listen, my dear brothers: Has not God chosen those who are poor in the eyes of the world to be rich in faith and to inherit the kingdom he promised those who love him? **6** But you have insulted the poor. Is it not the rich who are exploiting you? Are they not the ones who are dragging you into court? **7** Are they not the ones who are slandering the noble name of him to whom you belong?

8 If you really keep the royal law found in Scripture, "Love your neighbor as yourself,"ª you are doing right. **9** But if you show favoritism, you sin and are convicted by the law as lawbreakers. **10** For whoever keeps the whole law and yet stumbles at just one point is guilty of breaking all of it. **11** For he who said, "Do not commit adultery,"b also said, "Do not murder."c If you do not commit adultery but do commit murder, you have become a lawbreaker.

12 Speak and act as those who are going to be judged by the law that gives freedom, **13** because judgment without mercy will be shown to anyone who has not been merciful. Mercy triumphs over judgment!

Faith and Deeds

14 What good is it, my brothers, if a man claims to have faith but has no deeds? Can such faith save him? **15** Suppose a brother or sister is without clothes and daily food. **16** If one of you says

ª2.8 Lv 19.18 b2.11 Êx 20.14; Dt 5.18 c2.11 Êx 20.13; Dt 5.17

ª2:8 Lev. 19:18 b2:11 Exodus 20:14; Deut. 5:18 c2:11 Exodus 20:13; Deut. 5:17

se até satisfazer-se", sem porém lhe dar nada, de que adianta isso? **17** Assim também a fé, por si só, se não for acompanhada de obras, está morta.

18 Mas alguém dirá: "Você tem fé; eu tenho obras".

Mostre-me a sua fé sem obras, e eu lhe mostrarei a minha fé pelas obras. **19** Você crê que existe um só Deus? Muito bem! mesmo os demônios crêem — e tremem!

20 Insensato! Quer certificar-se de que a fé sem obras é inútil? **21** Não foi Abraão, nosso antepassado, justificado por obras, quando ofereceu seu filho Isaque sobre o altar? **22** Você pode ver que tanto a fé como as obras estavam atuando juntas, e a fé foi aperfeiçoada pelas obras. **23** Cumpriu-se assim a Escritura que diz: "Abraão creu em Deus, e isso lhe foi creditado como justiça"b, e ele foi chamado amigo de Deus. **24** Vejam que uma pessoa é justificada por obras, e não apenas pela fé.

25 Caso semelhante é o de Raabe, a prostituta: não foi ela justificada pelas obras, quando acolheu os espias e os fez sair por outro caminho? **26** Assim como o corpo sem espírito está morto, também a fé sem obras está morta.

O Domínio sobre a Língua

3 Meus irmãos, não sejam muitos de vocês mestres, pois vocês sabem que nós, os que ensinamos, seremos julgados com maior rigor. **2** Todos tropeçamos de muitas maneiras. Se alguém não tropeça no falar, tal homem é perfeito, sendo também capaz de dominar todo o seu corpo.

3 Quando colocamos freios na boca dos cavalos para que eles nos obedeçam, podemos controlar o animal todo. **4** Tomem também como exemplo os navios; embora sejam tão grandes e impelidos por fortes ventos, são dirigidos por um leme muito pequeno, conforme a vontade do piloto. **5** Semelhantemente, a língua é um pequeno órgão do corpo, mas se vangloria de grandes coisas. Vejam como um grande bosque é incendiado por uma simples fagulha. **6** Assim também, a língua é um fogo; é um mundo de iniqüidade. Colocada entre os membros do nosso corpo, contamina a pessoa por inteiro, incendeia todo o curso de sua vida, sendo ela mesma incendiada pelo inferno.

7 Toda espécie de animais, aves, répteis e criaturas do mar doma-se e tem sido domada pela espécie humana; **8** a língua, porém, ninguém consegue domar. É um mal incontrolável, cheio de veneno mortífero.

9 Com a língua bendizemos o Senhor e Pai, e com ela amaldiçoamos os homens, feitos à semelhança de Deus. **10** Da mesma boca procedem bênção e maldição. Meus irmãos, não pode ser assim! **11** Acaso podem sair água doce e água amarga da mesma fonte? **12** Meus irmãos, pode uma figueira produzir azeitonas ou uma videira, figos? Da mesma forma, uma fonte de água salgada não pode produzir água doce.

Os Dois Tipos de Sabedoria

13 Quem é sábio e tem entendimento entre vocês? Que o demonstre por seu bom procedimento, mediante obras praticadas com a humildade que provém da sabedoria. **14** Contudo, se vocês abrigam no coração inveja amarga e ambição egoísta, não se gloriem disso, nem neguem a verdade. **15** Esse tipo de "sabedoria" não vem dos céus, mas é terrena; não é espiritual, mas é demoníaca. **16** Pois onde há inveja e ambição egoísta, aí há confusão e toda espécie de males.

17 Mas a sabedoria que vem do alto é antes de tudo pura; depois, pacífica, amável, compreensiva, cheia de misericórdia e de bons frutos, imparcial e sincera. **18** O fruto da justiça semeia-se em paz parac os pacificadores.

to him, "Go, I wish you well; keep warm and well fed," but does nothing about his physical needs, what good is it? **17** In the same way, faith by itself, if it is not accompanied by action, is dead.

18 But someone will say, "You have faith; I have deeds."

Show me your faith without deeds, and I will show you my faith by what I do. **19** You believe that there is one God. Good! Even the demons believe that–and shudder.

20 You foolish man, do you want evidence that faith without deeds is uselessª? **21** Was not our ancestor Abraham considered righteous for what he did when he offered his son Isaac on the altar? **22** You see that his faith and his actions were working together, and his faith was made complete by what he did. **23** And the scripture was fulfilled that says, "Abraham believed God, and it was credited to him as righteousness,"b and he was called God's friend. **24** You see that a person is justified by what he does and not by faith alone.

25 In the same way, was not even Rahab the prostitute considered righteous for what she did when she gave lodging to the spies and sent them off in a different direction? **26** As the body without the spirit is dead, so faith without deeds is dead.

Taming the Tongue

3 Not many of you should presume to be teachers, my brothers, because you know that we who teach will be judged more strictly. **2** We all stumble in many ways. If anyone is never at fault in what he says, he is a perfect man, able to keep his whole body in check.

3 When we put bits into the mouths of horses to make them obey us, we can turn the whole animal. **4** Or take ships as an example. Although they are so large and are driven by strong winds, they are steered by a very small rudder wherever the pilot wants to go. **5** Likewise the tongue is a small part of the body, but it makes great boasts. Consider what a great forest is set on fire by a small spark. **6** The tongue also is a fire, a world of evil among the parts of the body. It corrupts the whole person, sets the whole course of his life on fire, and is itself set on fire by hell.

7 All kinds of animals, birds, reptiles and creatures of the sea are being tamed and have been tamed by man, **8** but no man can tame the tongue. It is a restless evil, full of deadly poison.

9 With the tongue we praise our Lord and Father, and with it we curse men, who have been made in God's likeness. **10** Out of the same mouth come praise and cursing. My brothers, this should not be. **11** Can both fresh water and saltc water flow from the same spring? **12** My brothers, can a fig tree bear olives, or a grapevine bear figs? Neither can a salt spring produce fresh water.

Two Kinds of Wisdom

13 Who is wise and understanding among you? Let him show it by his good life, by deeds done in the humility that comes from wisdom. **14** But if you harbor bitter envy and selfish ambition in your hearts, do not boast about it or deny the truth. **15** Such "wisdom" does not come down from heaven but is earthly, unspiritual, of the devil. **16** For where you have envy and selfish ambition, there you find disorder and every evil practice.

17 But the wisdom that comes from heaven is first of all pure; then peace-loving, considerate, submissive, full of mercy and good fruit, impartial and sincere. **18** Peacemakers who sow in peace raise a harvest of righteousness.

ª**2.20** Vários manuscritos antigos dizem *morta*. b**2.23** Gn 15.6 c**3.18** Ou *pelos pacificadores*

ª**2:20** Some early manuscripts *dead* b**2:23** Gen. 15:6 c**3:11** Greek *bitter* (see also verse 14)

A Submissão a Deus

4 De onde vêm as guerras e contendas que há entre vocês? Não vêm das paixões que guerreiam dentro de vocês?[a] ² Vocês cobiçam coisas, e não as têm; matam e invejam, mas não conseguem obter o que desejam. Vocês vivem a lutar e a fazer guerras. Não têm, porque não pedem. ³ Quando pedem, não recebem, pois pedem por motivos errados, para gastar em seus prazeres.

⁴ Adúlteros, vocês não sabem que a amizade com o mundo é inimizade com Deus? Quem quer ser amigo do mundo faz-se inimigo de Deus. ⁵ Ou vocês acham que é sem razão que a Escritura diz que o Espírito que ele fez habitar em nós tem fortes ciúmes?[b] ⁶ Mas ele nos concede graça maior. Por isso diz a Escritura:

"Deus se opõe aos orgulhosos,
mas concede graça
    aos humildes"[c].

⁷ Portanto, submetam-se a Deus. Resistam ao Diabo, e ele fugirá de vocês. ⁸ Aproximem-se de Deus, e ele se aproximará de vocês! Pecadores, limpem as mãos, e vocês, que têm a mente dividida, purifiquem o coração. ⁹ Entristeçam-se, lamentem-se e chorem. Troquem o riso por lamento e a alegria por tristeza. ¹⁰ Humilhem-se diante do Senhor, e ele os exaltará.

¹¹ Irmãos, não falem mal uns dos outros. Quem fala contra o seu irmão ou julga o seu irmão, fala contra a Lei e a julga. Quando você julga a Lei, não a está cumprindo, mas está se colocando como juiz. ¹² Há apenas um Legislador e Juiz, aquele que pode salvar e destruir. Mas quem é você para julgar o seu próximo?

A Incerteza dos Planos Humanos

¹³ Ouçam agora, vocês que dizem: "Hoje ou amanhã iremos para esta ou aquela cidade, passaremos um ano ali, faremos negócios e ganharemos dinheiro". ¹⁴ Vocês nem sabem o que lhes acontecerá amanhã! Que é a sua vida? Vocês são como a neblina que aparece por um pouco de tempo e depois se dissipa. ¹⁵ Ao invés disso, deveriam dizer: "Se o Senhor quiser, viveremos e faremos isto ou aquilo". ¹⁶ Agora, porém, vocês se vangloriam das suas pretensões. Toda vanglória como essa é maligna. ¹⁷ Pensem nisto, pois: Quem sabe que deve fazer o bem e não o faz, comete pecado.

Advertência aos Ricos Opressores

5 Ouçam agora vocês, ricos! Chorem e lamentem-se, tendo em vista a desgraça que lhes sobrevirá. ² A riqueza de vocês apodreceu, e as traças corroeram as suas roupas. ³ O ouro e a prata de vocês enferrujaram, e a ferrugem deles testemunhará contra vocês e como fogo lhes devorará a carne. Vocês acumularam bens nestes últimos dias. ⁴ Vejam, o salário dos trabalhadores que ceifaram os seus campos, e que vocês retiveram com fraude, está clamando contra vocês. O lamento dos ceifeiros chegou aos ouvidos do Senhor dos Exércitos. ⁵ Vocês viveram luxuosamente na terra, desfrutando prazeres, e fartaram-se de comida em dia de abate[d]. ⁶ Vocês têm condenado e matado o justo, sem que ele ofereça resistência.

Paciência nos Sofrimentos

⁷ Portanto, irmãos, sejam pacientes até a vinda do Senhor. Vejam como o agricultor aguarda que a terra produza a preciosa colheita e como espera com paciência até virem as chuvas do outono e da primavera. ⁸ Sejam também pacientes e fortaleçam o seu coração, pois a vinda do Senhor está próxima. ⁹ Irmãos, não se queixem uns dos outros, para que não sejam julgados. O Juiz já está às portas!

¹⁰ Irmãos, tenham os profetas que falaram em nome do Se-

Submit Yourselves to God

4 What causes fights and quarrels among you? Don't they come from your desires that battle within you? ² You want something but don't get it. You kill and covet, but you cannot have what you want. You quarrel and fight. You do not have, because you do not ask God. ³ When you ask, you do not receive, because you ask with wrong motives, that you may spend what you get on your pleasures.

⁴ You adulterous people, don't you know that friendship with the world is hatred toward God? Anyone who chooses to be a friend of the world becomes an enemy of God. ⁵ Or do you think Scripture says without reason that the spirit he caused to live in us envies intensely?[a] ⁶ But he gives us more grace. That is why Scripture says:

"God opposes the proud
    but gives grace to the humble."[b]

⁷ Submit yourselves, then, to God. Resist the devil, and he will flee from you. ⁸ Come near to God and he will come near to you. Wash your hands, you sinners, and purify your hearts, you double-minded. ⁹ Grieve, mourn and wail. Change your laughter to mourning and your joy to gloom. ¹⁰ Humble yourselves before the Lord, and he will lift you up.

¹¹ Brothers, do not slander one another. Anyone who speaks against his brother or judges him speaks against the law and judges it. When you judge the law, you are not keeping it, but sitting in judgment on it. ¹² There is only one Lawgiver and Judge, the one who is able to save and destroy. But you—who are you to judge your neighbor?

Boasting About Tomorrow

¹³ Now listen, you who say, "Today or tomorrow we will go to this or that city, spend a year there, carry on business and make money." ¹⁴ Why, you do not even know what will happen tomorrow. What is your life? You are a mist that appears for a little while and then vanishes. ¹⁵ Instead, you ought to say, "If it is the Lord's will, we will live and do this or that." ¹⁶ As it is, you boast and brag. All such boasting is evil. ¹⁷ Anyone, then, who knows the good he ought to do and doesn't do it, sins.

Warning to Rich Oppressors

5 Now listen, you rich people, weep and wail because of the misery that is coming upon you. ² Your wealth has rotted, and moths have eaten your clothes. ³ Your gold and silver are corroded. Their corrosion will testify against you and eat your flesh like fire. You have hoarded wealth in the last days. ⁴ Look! The wages you failed to pay the workmen who mowed your fields are crying out against you. The cries of the harvesters have reached the ears of the Lord Almighty. ⁵ You have lived on earth in luxury and self-indulgence. You have fattened yourselves in the day of slaughter.[c] ⁶ You have condemned and murdered innocent men, who were not opposing you.

Patience in Suffering

⁷ Be patient, then, brothers, until the Lord's coming. See how the farmer waits for the land to yield its valuable crop and how patient he is for the autumn and spring rains. ⁸ You too, be patient and stand firm, because the Lord's coming is near. ⁹ Don't grumble against each other, brothers, or you will be judged. The Judge is standing at the door!

¹⁰ Brothers, as an example of patience in the face of suffer-

---

a4.1 Grego: *nos seus membros.* **b4.5** Ou *que Deus tem fortes ciúmes pelo espírito que ele fez habitar em nós?*; ou ainda *que o Espírito que ele fez habitar em nós nos ama zelosamente?* **c4.6** Pv 3.34 (segundo a Septuaginta). **d5.5** Ou *como em dia de festa*

a4:5 Or *that God jealously longs for the spirit that he made to live in us;* or *that the Spirit he caused to live in us longs jealously* **b4:6** Prov. 3:34 **c5:5** Or *yourselves as in a day of feasting*

nhor como exemplo de paciência diante do sofrimento. **11** Como vocês sabem, nós consideramos felizes aqueles que mostraram perseverança. Vocês ouviram falar sobre a perseverança de Jó e viram o fim que o Senhor lhe proporcionou. O Senhor é cheio de compaixão e misericórdia.

12 Sobretudo, meus irmãos, não jurem, nem pelo céu, nem pela terra, nem por qualquer outra coisa. Seja o sim de vocês, sim, e o não, não, para que não caiam em condenação.

A Oração da Fé

13 Entre vocês há alguém que está sofrendo? Que ele ore. Há alguém que se sente feliz? Que ele cante louvores. **14** Entre vocês há alguém que está doente? Que ele mande chamar os presbíteros da igreja, para que estes orem sobre ele e o unjam com óleo, em nome do Senhor. **15** A oração feita com fé curará o doente; o Senhor o levantará. E se houver cometido pecados, ele será perdoado. **16** Portanto, confessem os seus pecados uns aos outros e orem uns pelos outros para serem curados. A oração de um justo é poderosa e eficaz.

17 Elias era humano como nós. Ele orou fervorosamente para que não chovesse, e não choveu sobre a terra durante três anos e meio. **18** Orou outra vez, e os céus enviaram chuva, e a terra produziu os seus frutos.

19 Meus irmãos, se algum de vocês se desviar da verdade e alguém o trouxer de volta, **20** lembrem-se disso: Quem converte um pecador do erro do seu caminho, salvará a vida dessa pessoa e fará que muitíssimos pecados sejam perdoados[a].

ing, take the prophets who spoke in the name of the Lord. **11** As you know, we consider blessed those who have persevered. You have heard of Job's perseverance and have seen what the Lord finally brought about. The Lord is full of compassion and mercy.

12 Above all, my brothers, do not swear—not by heaven or by earth or by anything else. Let your "Yes" be yes, and your "No," no, or you will be condemned.

The Prayer of Faith

13 Is any one of you in trouble? He should pray. Is anyone happy? Let him sing songs of praise. **14** Is any one of you sick? He should call the elders of the church to pray over him and anoint him with oil in the name of the Lord. **15** And the prayer offered in faith will make the sick person well; the Lord will raise him up. If he has sinned, he will be forgiven. **16** Therefore confess your sins to each other and pray for each other so that you may be healed. The prayer of a righteous man is powerful and effective.

17 Elijah was a man just like us. He prayed earnestly that it would not rain, and it did not rain on the land for three and a half years. **18** Again he prayed, and the heavens gave rain, and the earth produced its crops. **19** My brothers, if one of you should wander from the truth and someone should bring him back, **20** remember this: Whoever turns a sinner from the error of his way will save him from death and cover over a multitude of sins.

1Pedro

1 Pedro, apóstolo de Jesus Cristo,

aos eleitos de Deus, peregrinos dispersos no Ponto, na Galácia, na Capadócia, na província da Ásia e na Bitínia, **2** escolhidos de acordo com o pré-conhecimento de Deus Pai, pela obra santificadora do Espírito, para a obediência a Jesus Cristo e a aspersão do seu sangue:

Graça e paz lhes sejam multiplicadas.

Louvor a Deus por uma Esperança Viva

3 Bendito seja o Deus e Pai de nosso Senhor Jesus Cristo! Conforme a sua grande misericórdia, ele nos regenerou para uma esperança viva, por meio da ressurreição de Jesus Cristo dentre os mortos, **4** para uma herança que jamais poderá perecer, macular-se ou perder o seu valor. Herança guardada nos céus para vocês **5** que, mediante a fé, são protegidos pelo poder de Deus até chegar a salvação prestes a ser revelada no último tempo. **6** Nisso vocês exultam, ainda que agora, por um pouco de tempo, devam ser entristecidos por todo tipo de provação. **7** Assim acontece para que fique comprovado que a fé que vocês têm, muito mais valiosa do que o ouro que perece, mesmo que refinado pelo fogo, é genuína e resultará em louvor, glória e honra, quando Jesus Cristo for revelado. **8** Mesmo não o tendo visto, vocês o amam; e apesar de não o verem agora, crêem nele e exultam com alegria indizível e gloriosa, **9** pois vocês estão alcançando o alvo da sua fé, a salvação das suas almas.

10 Foi a respeito dessa salvação que os profetas que falaram da graça destinada a vocês investigaram e examinaram, **11** procurando saber o tempo e as circunstâncias para os quais apontava o Espírito de Cristo que neles estava, quando lhes predisse os sofrimentos de Cristo e as glórias que se seguiriam àqueles sofrimentos. **12** A eles foi revelado que estavam ministrando, não para si próprios, mas para vocês, quando falaram das coisas que agora lhes foram anunciadas por meio daqueles que lhes pregaram o evangelho pelo Espírito Santo enviado dos céus; coisas que até os anjos anseiam observar.

1Peter

1 Peter, an apostle of Jesus Christ,

To God's elect, strangers in the world, scattered throughout Pontus, Galatia, Cappadocia, Asia and Bithynia, **2** who have been chosen according to the foreknowledge of God the Father, through the sanctifying work of the Spirit, for obedience to Jesus Christ and sprinkling by his blood:

Grace and peace be yours in abundance.

Praise to God for a Living Hope

3 Praise be to the God and Father of our Lord Jesus Christ! In his great mercy he has given us new birth into a living hope through the resurrection of Jesus Christ from the dead, **4** and into an inheritance that can never perish, spoil or fade—kept in heaven for you, **5** who through faith are shielded by God's power until the coming of the salvation that is ready to be revealed in the last time. **6** In this you greatly rejoice, though now for a little while you may have had to suffer grief in all kinds of trials. **7** These have come so that your faith-of greater worth than gold, which perishes even though refined by fire—may be proved genuine and may result in praise, glory and honor when Jesus Christ is revealed. **8** Though you have not seen him, you love him; and even though you do not see him now, you believe in him and are filled with an inexpressible and glorious joy, **9** for you are receiving the goal of your faith, the salvation of your souls.

10 Concerning this salvation, the prophets, who spoke of the grace that was to come to you, searched intently and with the greatest care, **11** trying to find out the time and circumstances to which the Spirit of Christ in them was pointing when he predicted the sufferings of Christ and the glories that would follow. **12** It was revealed to them that they were not serving themselves but you, when they spoke of the things that have now been told you by those who have preached the gospel to you by the Holy Spirit sent from heaven. Even angels long to look into these things.

[a]**5.20** Grego: *cobrirá muitíssimos pecados.*

Exortação à Santidade

13 Portanto, estejam com a mente preparada, prontos para agir; estejam alertas e coloquem toda a esperança na graça que lhes será dada quando Jesus Cristo for revelado. **14** Como filhos obedientes, não se deixem amoldar pelos maus desejos de outrora, quando viviam na ignorância. **15** Mas, assim como é santo aquele que os chamou, sejam santos vocês também em tudo o que fizerem, **16** pois está escrito: "Sejam santos, porque eu sou santo"ᵃ.

17 Uma vez que vocês chamam Pai aquele que julga imparcialmente as obras de cada um, portem-se com temor durante a jornada terrena de vocês. **18** Pois vocês sabem que não foi por meio de coisas perecíveis como prata ou ouro que vocês foram redimidos da sua maneira vazia de viver, transmitida por seus antepassados, **19** mas pelo precioso sangue de Cristo, como de um cordeiro sem mancha e sem defeito, **20** conhecidoᵇ antes da criação do mundo, revelado nestes últimos tempos em favor de vocês. **21** Por meio dele vocês crêem em Deus, que o ressuscitou dentre os mortos e o glorificou, de modo que a fé e a esperança de vocês estão em Deus.

22 Agora que vocês purificaram a sua vida pela obediência à verdade, visando ao amor fraternal e sincero, amem sinceramente uns aos outros e de todo o coração. **23** Vocês foram regenerados, não de uma semente perecível, mas imperecível, por meio da palavra de Deus, viva e permanente. **24** Pois

"toda a humanidadeᶜ
    é como a relva,
e toda a sua glória,
    como a flor da relva;
a relva murcha e cai a sua flor,
25 mas a palavra do Senhor
    permanece para sempre"ᵈ.

Essa é a palavra que lhes foi anunciada.

2 Portanto, livrem-se de toda maldade e de todo engano, hipocrisia, inveja e toda espécie de maledicência. **2** Como crianças recém-nascidas, desejem de coração o leite espiritual puro, para que por meio dele cresçam para a salvação, **3** agora que provaram que o Senhor é bom.

A Pedra Viva e o Povo Escolhido

4 À medida que se aproximam dele, a pedra viva — rejeitada pelos homens, mas escolhida por Deus e preciosa para ele — **5** vocês também estão sendo utilizados como pedras vivas na edificação de uma casa espiritual para serem sacerdócio santo, oferecendo sacrifícios espirituais aceitáveis a Deus, por meio de Jesus Cristo. **6** Pois assim é dito na Escritura:

"Eis que ponho em Sião
    uma pedra angular,
    escolhida e preciosa,
e aquele que nela confia
    jamais será envergonhado"ᵉ.

7 Portanto, para vocês, os que crêem, esta pedra é preciosa; mas para os que não crêem,

"a pedra que os construtores rejeitaram
    tornou-se a pedra angular"ᶠ,

8 e,

"pedra de tropeço
    e rocha que faz cair"ᵍ.

Os que não crêem tropeçam, porque desobedecem à mensagem; para o que também foram destinados.

9 Vocês, porém, são geração eleita, sacerdócio real, nação santa, povo exclusivo de Deus, para anunciar as grandezas

Be Holy

13 Therefore, prepare your minds for action; be self-controlled; set your hope fully on the grace to be given you when Jesus Christ is revealed. **14** As obedient children, do not conform to the evil desires you had when you lived in ignorance. **15** But just as he who called you is holy, so be holy in all you do; **16** for it is written: "Be holy, because I am holy."ᵃ

17 Since you call on a Father who judges each man's work impartially, live your lives as strangers here in reverent fear. **18** For you know that it was not with perishable things such as silver or gold that you were redeemed from the empty way of life handed down to you from your forefathers, **19** but with the precious blood of Christ, a lamb without blemish or defect. **20** He was chosen before the creation of the world, but was revealed in these last times for your sake. **21** Through him you believe in God, who raised him from the dead and glorified him, and so your faith and hope are in God.

22 Now that you have purified yourselves by obeying the truth so that you have sincere love for your brothers, love one another deeply, from the heart.ᵇ **23** For you have been born again, not of perishable seed, but of imperishable, through the living and enduring word of God. **24** For,

"All men are like grass,
    and all their glory is like the flowers of
        the field;
the grass withers and the flowers fall,
25   but the word of the Lord stands forever."ᶜ

And this is the word that was preached to you.

2 Therefore, rid yourselves of all malice and all deceit, hypocrisy, envy, and slander of every kind. **2** Like newborn babies, crave pure spiritual milk, so that by it you may grow up in your salvation, **3** now that you have tasted that the Lord is good.

The Living Stone and a Chosen People

4 As you come to him, the living Stone—rejected by men but chosen by God and precious to him— **5** you also, like living stones, are being built into a spiritual house to be a holy priesthood, offering spiritual sacrifices acceptable to God through Jesus Christ. **6** For in Scripture it says:

"See, I lay a stone in Zion,
    a chosen and precious cornerstone,
and the one who trusts in him
    will never be put to shame."ᵈ

7 Now to you who believe, this stone is precious. But to those who do not believe,

"The stone the builders rejected
    has become the capstone,"ᵉ,ᶠ

8 and,

"A stone that causes men to stumble
    and a rock that makes them fall."ᵍ

They stumble because they disobey the message—which is also what they were destined for.

9 But you are a chosen people, a royal priesthood, a holy nation, a people belonging to God, that you may declare the

---

ᵃ**1.16** Lv 11.44,45; 19.2; 20.7 ᵇ**1.20** Ou *escolhido* ᶜ**1.24** Grego: *carne*. ᵈ**1.24,25** Is 40.6-8 ᵉ**2.6** Is 28.16 ᶠ**2.7** Sl 118.22 ᵍ**2.8** Is 8.14

ᵃ**1:16** Lev. 11:44,45; 19:2; 20:7 ᵇ**1:22** Some early manuscripts *from a pure heart* ᶜ**1:25** Isaiah 40:6-8 ᵈ**2:6** Isaiah 28:16 ᵉ**2:7** Or *cornerstone* ᶠ**2:7** Psalm 118:22 ᵍ**2:8** Isaiah 8:14

daquele que os chamou das trevas para a sua maravilhosa luz. **10** Antes vocês nem sequer eram povo, mas agora são povo de Deus; não haviam recebido misericórdia, mas agora a recebe-ram.

Deveres Sociais dos Cristãos

11 Amados, insisto em que, como estrangeiros e peregrinos no mundo, vocês se abstenham dos desejos carnais que guer-reiam contra a alma. **12** Vivam entre os pagãos de maneira exem-plar para que, mesmo que eles os acusem de praticarem o mal, observem as boas obras que vocês praticam e glorifiquem a Deus no dia da sua intervenção^a.

13 Por causa do Senhor, sujeitem-se a toda autoridade cons-tituída entre os homens; seja ao rei, como autoridade supre-ma, **14** seja aos governantes, como por ele enviados para punir os que praticam o mal e honrar os que praticam o bem. **15** Pois é da vontade de Deus que, praticando o bem, vocês silenciem a ignorância dos insensatos. **16** Vivam como pessoas livres, mas não usem a liberdade como desculpa para fazer o mal; vivam como servos^b de Deus. **17** Tratem a todos com o devido respei-to: amem os irmãos, temam a Deus e honrem o rei.

18 Escravos, sujeitem-se a seus senhores com todo o respei-to, não apenas aos bons e amáveis, mas também aos maus. **19** Porque é louvável que, por motivo de sua consciência para com Deus, alguém suporte aflições sofrendo injustamente. **20** Pois, que vantagem há em suportar açoites recebidos por terem cometido o mal? Mas se vocês suportam o sofrimento por terem feito o bem, isso é louvável diante de Deus. **21** Para isso vocês foram chamados, pois também Cristo sofreu no lu-gar de vocês, deixando-lhes exemplo, para que sigam os seus passos.

22 "Ele não cometeu
      pecado algum,
   e nenhum engano
      foi encontrado em sua boca."^c

23 Quando insultado, não revidava; quando sofria, não fazia ameaças, mas entregava-se àquele que julga com justiça. **24** Ele mesmo levou em seu corpo os nossos pecados sobre o madei-ro, a fim de que morrêssemos para os pecados e vivêssemos para a justiça; por suas feridas vocês foram curados. **25** Pois vocês eram como ovelhas desgarradas, mas agora se converte-ram ao Pastor e Bispo de suas almas.

Deveres Conjugais

3 Do mesmo modo, mulheres, sujeite-se cada uma a seu marido, a fim de que, se ele não obedece à palavra, seja ganho sem palavras, pelo procedimento de sua mulher, **2** observando a conduta honesta e respeitosa de vocês. **3** A be-leza de vocês não deve estar nos enfeites exteriores, como ca-belos trançados e jóias de ouro ou roupas finas. **4** Ao contrário, esteja no ser interior^d, que não perece, beleza demonstrada num espírito dócil e tranqüilo, o que é de grande valor para Deus. **5** Pois era assim que também costumavam adornar-se as santas mulheres do passado, que colocavam sua esperança em Deus. Elas se sujeitavam cada uma a seu marido, **6** como Sara, que obedecia a Abraão e o chamava senhor. Dela vocês serão filhas, se praticarem o bem e não derem lugar ao medo.

7 Do mesmo modo vocês, maridos, sejam sábios no convívio com suas mulheres e tratem-nas com honra, como parte mais frágil e co-herdeiras do dom da graça da vida, de forma que não sejam interrompidas as suas orações.

Sofrendo por Fazer o Bem

8 Quanto ao mais, tenham todos o mesmo modo de pensar, sejam compassivos, amem-se fraternalmente, sejam misericor-diosos e humildes. **9** Não retribuam mal com mal, nem insulto

praises of him who called you out of darkness into his won-derful light. **10** Once you were not a people, but now you are the people of God; once you had not received mercy, but now you have received mercy.

11 Dear friends, I urge you, as aliens and strangers in the world, to abstain from sinful desires, which war against your soul. **12** Live such good lives among the pagans that, though they accuse you of doing wrong, they may see your good deeds and glorify God on the day he visits us.

Submission to Rulers and Masters

13 Submit yourselves for the Lord's sake to every author-ity instituted among men: whether to the king, as the su-preme authority, **14** or to governors, who are sent by him to punish those who do wrong and to commend those who do right. **15** For it is God's will that by doing good you should silence the ignorant talk of foolish men. **16** Live as free men, but do not use your freedom as a cover-up for evil; live as servants of God. **17** Show proper respect to everyone: Love the brotherhood of believers, fear God, honor the king.

18 Slaves, submit yourselves to your masters with all respect, not only to those who are good and considerate, but also to those who are harsh. **19** For it is commendable if a man bears up under the pain of unjust suffering because he is conscious of God. **20** But how is it to your credit if you receive a beating for doing wrong and endure it? But if you suffer for doing good and you endure it, this is commendable before God. **21** To this you were called, because Christ suffered for you, leaving you an example, that you should follow in his steps.

22 "He committed no sin,
      and no deceit was found in his mouth."^a

23 When they hurled their insults at him, he did not retaliate; when he suffered, he made no threats. Instead, he entrusted himself to him who judges justly. **24** He himself bore our sins in his body on the tree, so that we might die to sins and live for righteousness; by his wounds you have been healed. **25** For you were like sheep going astray, but now you have returned to the Shepherd and Overseer of your souls.

Wives and Husbands

3 Wives, in the same way be submissive to your hus-bands so that, if any of them do not believe the word, they may be won over without words by the behavior of their wives, **2** when they see the purity and reverence of your lives. **3** Your beauty should not come from outward adornment, such as braided hair and the wearing of gold jewelry and fine clothes. **4** Instead, it should be that of your inner self, the unfading beauty of a gentle and quiet spirit, which is of great worth in God's sight. **5** For this is the way the holy women of the past who put their hope in God used to make themselves beautiful. They were submissive to their own husbands, **6** like Sarah, who obeyed Abraham and called him her master. You are her daugh-ters if you do what is right and do not give way to fear.

7 Husbands, in the same way be considerate as you live with your wives, and treat them with respect as the weaker partner and as heirs with you of the gracious gift of life, so that noth-ing will hinder your prayers.

Suffering for Doing Good

8 Finally, all of you, live in harmony with one another; be sympathetic, love as brothers, be compassionate and humble. **9** Do not repay evil with evil or insult with insult, but with

---

^a**2.12** Grego: *visitação.* ^b**2.16** Isto é, escravos. ^c**2.22** Is 53.9 ^d**3.4** Grego: *no homem oculto do coração.*

^a**2:22** Isaiah 53:9

com insulto; ao contrário, bendigam; pois para isso vocês foram chamados, para receberem bênção por herança. **10** Pois,

"quem quiser amar a vida
  e ver dias felizes,
guarde a sua língua do mal
  e os seus lábios da falsidade.
11 Afaste-se do mal e faça o bem;
  busque a paz com perseverança.
12 Porque os olhos do Senhor
  estão sobre os justos
e os seus ouvidos
  estão atentos à sua oração,
mas o rosto do Senhor
  volta-se contra
  os que praticam o mal"ᵃ.

13 Quem há de maltratá-los, se vocês forem zelosos na prática do bem? **14** Todavia, mesmo que venham a sofrer porque praticam a justiça, vocês serão felizes. "Não temam aquilo que eles tememᵇ, não fiquem amedrontados."ᶜ **15** Antes, santifiquem Cristo como Senhor em seu coração. Estejam sempre preparados para responder a qualquer pessoa que lhes pedir a razão da esperança que há em vocês. **16** Contudo, façam isso com mansidão e respeito, conservando boa consciência, de forma que os que falam maldosamente contra o bom procedimento de vocês, porque estão em Cristo, fiquem envergonhados de suas calúnias. **17** É melhor sofrer por fazer o bem, se for da vontade de Deus, do que por fazer o mal. **18** Pois também Cristo sofreu pelos pecados uma vez por todas, o justo pelos injustos, para conduzir-nos a Deus. Ele foi morto no corpoᵈ, mas vivificado pelo Espíritoᵉ, **19** no qual também foi e pregou aos espíritos em prisão **20** que há muito tempo desobedeceram, quando Deus esperava pacientemente nos dias de Noé, enquanto a arca era construída. Nela apenas algumas pessoas, a saber, oito, foram salvas por meio da água, **21** e isso é representado pelo batismo que agora também salva vocês — não a remoção da sujeira do corpo, mas o compromisso deᶠ uma boa consciência diante de Deus — por meio da ressurreição de Jesus Cristo, **22** que subiu aos céus e está à direita de Deus; a ele estão sujeitos anjos, autoridades e poderes.

Vivendo para Deus

4 Portanto, uma vez que Cristo sofreu corporalmenteᵍ, armem-se também do mesmo pensamento, pois aquele que sofreu em seu corpoʰ rompeu com o pecado, **2** para que, no tempo que lhe resta, não viva mais para satisfazer os maus desejos humanos, mas sim para fazer a vontade de Deus. **3** No passado vocês já gastaram tempo suficiente fazendo o que agrada aos pagãos. Naquele tempo vocês viviam em libertinagem, na sensualidade, nas bebedeiras, orgias e farras, e na idolatria repugnante. **4** Eles acham estranho que vocês não se lancem com eles na mesma torrente de imoralidade, e por isso os insultam. **5** Contudo, eles terão que prestar contas àquele que está pronto para julgar os vivos e os mortos. **6** Por isso mesmo o evangelho foi pregado também a mortos, para que eles, mesmo julgados no corpo segundo os homens, vivam pelo Espírito segundo Deus.

7 O fim de todas as coisas está próximo. Portanto, sejam criteriosos e estejam alertas; dediquem-se à oração. **8** Sobretudo, amem-se sinceramente uns aos outros, porque o amor perdoa muitíssimos pecados. **9** Sejam mutuamente hospitaleiros, sem reclamação. **10** Cada um exerça o dom que recebeu para servir os outros, administrando fielmente a graça de Deus em suas múltiplas formas. **11** Se alguém fala, faça-o como quem transmite a palavra de Deus. Se alguém serve, faça-o com a força que

blessing, because to this you were called so that you may inherit a blessing. **10** For,

"Whoever would love life
  and see good days
must keep his tongue from evil
  and his lips from deceitful speech.
11 He must turn from evil and do good;
  he must seek peace and pursue it.
12 For the eyes of the Lord are on the righteous
  and his ears are attentive to their prayer,
but the face of the Lord is against those
  who do evil."ᵃ

13 Who is going to harm you if you are eager to do good? **14** But even if you should suffer for what is right, you are blessed. "Do not fear what they fearᵇ; do not be frightened."ᶜ **15** But in your hearts set apart Christ as Lord. Always be prepared to give an answer to everyone who asks you to give the reason for the hope that you have. But do this with gentleness and respect, **16** keeping a clear conscience, so that those who speak maliciously against your good behavior in Christ may be ashamed of their slander. **17** It is better, if it is God's will, to suffer for doing good than for doing evil. **18** For Christ died for sins once for all, the righteous for the unrighteous, to bring you to God. He was put to death in the body but made alive by the Spirit, **19** through whomᵈ also he went and preached to the spirits in prison **20** who disobeyed long ago when God waited patiently in the days of Noah while the ark was being built. In it only a few people, eight in all, were saved through water, **21** and this water symbolizes baptism that now saves you also—not the removal of dirt from the body but the pledgeᵉ of a good conscience toward God. It saves you by the resurrection of Jesus Christ, **22** who has gone into heaven and is at God's right hand—with angels, authorities and powers in submission to him.

Living for God

4 Therefore, since Christ suffered in his body, arm yourselves also with the same attitude, because he who has suffered in his body is done with sin. **2** As a result, he does not live the rest of his earthly life for evil human desires, but rather for the will of God. **3** For you have spent enough time in the past doing what pagans choose to do—living in debauchery, lust, drunkenness, orgies, carousing and detestable idolatry. **4** They think it strange that you do not plunge with them into the same flood of dissipation, and they heap abuse on you. **5** But they will have to give account to him who is ready to judge the living and the dead. **6** For this is the reason the gospel was preached even to those who are now dead, so that they might be judged according to men in regard to the body, but live according to God in regard to the spirit.

7 The end of all things is near. Therefore be clear minded and self-controlled so that you can pray. **8** Above all, love each other deeply, because love covers over a multitude of sins. **9** Offer hospitality to one another without grumbling. **10** Each one should use whatever gift he has received to serve others, faithfully administering God's grace in its various forms. **11** If anyone speaks, he should do it as one speaking the very words

---

ᵃ**3.10-12** Sl 34.12-16 ᵇ**3.14** Ou *"Não temam as ameaças deles* ᶜ**3.14** Is 8.12 ᵈ**3.18** Grego: *carne*; também no versículo 21. ᵉ**3.18** Ou *no espírito*; também em 4.6. ᶠ**3.21** Ou *a indagação de*; ou ainda *a súplica por*; ou ainda *o resultado de* ᵍ**4.1** Grego: *na carne*; também em 4.6. ʰ**4.1** Grego: *em sua carne*.

ᵃ**3:12** Psalm 34:12-16 ᵇ**3:14** Or *not fear their threats* ᶜ**3:14** Isaiah 8:12 ᵈ**3:18,19** Or *alive in the spirit,* **19** *through which* ᵉ**3:21** Or *response*

Deus provê, de forma que em todas as coisas Deus seja glorificado mediante Jesus Cristo, a quem sejam a glória e o poder para todo o sempre. Amém.

Sofrendo por ser Cristão

12 Amados, não se surpreendam com o fogo que surge entre vocês para os provar, como se algo estranho lhes estivesse acontecendo. **13** Mas alegrem-se à medida que participam dos sofrimentos de Cristo, para que também, quando a sua glória for revelada, vocês exultem com grande alegria. **14** Se vocês são insultados por causa do nome de Cristo, felizes são vocês, pois o Espírito da glória, o Espírito de Deus, repousa sobre vocês. **15** Se algum de vocês sofre, que não seja como assassino, ladrão, criminoso, ou como quem se intromete em negócios alheios. **16** Contudo, se sofre como cristão, não se envergonhe, mas glorifique a Deus por meio desse nome. **17** Pois chegou a hora de começar o julgamento pela casa de Deus; e, se começa primeiro conosco, qual será o fim daqueles que não obedecem ao evangelho de Deus? **18** E,

"se ao justo é difícil ser salvo,
que será do ímpio e pecador?"ᵃ

19 Por isso mesmo, aqueles que sofrem de acordo com a vontade de Deus devem confiar sua vida ao seu fiel Criador e praticar o bem.

Aos Presbíteros e aos Jovens

5 Portanto, apelo para os presbíteros que há entre vocês, e o faço na qualidade de presbítero como eles e testemunha dos sofrimentos de Cristo, como alguém que participará da glória a ser revelada: **2** pastoreiem o rebanho de Deus que está aos seus cuidados. Olhem por ele, não por obrigação, mas de livre vontade, como Deus quer. Não façam isso por ganância, mas com o desejo de servir. **3** Não ajam como dominadores dos que lhes foram confiados, mas como exemplos para o rebanho. **4** Quando se manifestar o Supremo Pastor, vocês receberão a imperecível coroa da glória. **5** Da mesma forma, jovens, sujeitem-se aos mais velhosᵇ. Sejam todos humildesᶜ uns para com os outros, porque

"Deus se opõe aos orgulhosos,
mas concede graça
aos humildes"ᵈ.

6 Portanto, humilhem-se debaixo da poderosa mão de Deus, para que ele os exalte no tempo devido. **7** Lancem sobre ele toda a sua ansiedade, porque ele tem cuidado de vocês. **8** Estejam alertas e vigiem. O Diabo, o inimigo de vocês, anda ao redor como leão, rugindo e procurando a quem possa devorar. **9** Resistam-lhe, permanecendo firmes na fé, sabendo que os irmãos que vocês têm em todo o mundo estão passando pelos mesmos sofrimentos. **10** O Deus de toda a graça, que os chamou para a sua glória eterna em Cristo Jesus, depois de terem sofrido durante um pouco de tempo, os restaurará, os confirmará, lhes dará forças e os porá sobre firmes alicerces. **11** A ele seja o poder para todo o sempre. Amém.

Saudações Finais

12 Com a ajuda de Silvanoᵉ, a quem considero irmão fiel, eu lhes escrevi resumidamente, encorajando-os e testemunhando que esta é a verdadeira graça de Deus. Mantenham-se firmes na graça de Deus.

13 Aquela que está em Babilôniaᶠ, também eleita, envia-lhes saudações, e também Marcos, meu filho. **14** Saúdem uns aos outros com beijo de santo amor.

Paz a todos vocês que estão em Cristo.

of God. If anyone serves, he should do it with the strength God provides, so that in all things God may be praised through Jesus Christ. To him be the glory and the power for ever and ever. Amen.

Suffering for Being a Christian

12 Dear friends, do not be surprised at the painful trial you are suffering, as though something strange were happening to you. **13** But rejoice that you participate in the sufferings of Christ, so that you may be overjoyed when his glory is revealed. **14** If you are insulted because of the name of Christ, you are blessed, for the Spirit of glory and of God rests on you. **15** If you suffer, it should not be as a murderer or thief or any other kind of criminal, or even as a meddler. **16** However, if you suffer as a Christian, do not be ashamed, but praise God that you bear that name. **17** For it is time for judgment to begin with the family of God; and if it begins with us, what will the outcome be for those who do not obey the gospel of God? **18** And,

"If it is hard for the righteous to be saved,
what will become of the ungodly and
the sinner?"ᵃ

19 So then, those who suffer according to God's will should commit themselves to their faithful Creator and continue to do good.

To Elders and Young Men

5 To the elders among you, I appeal as a fellow elder, a witness of Christ's sufferings and one who also will share in the glory to be revealed: **2** Be shepherds of God's flock that is under your care, serving as overseers—not because you must, but because you are willing, as God wants you to be; not greedy for money, but eager to serve; **3** not lording it over those entrusted to you, but being examples to the flock. **4** And when the Chief Shepherd appears, you will receive the crown of glory that will never fade away.

5 Young men, in the same way be submissive to those who are older. All of you, clothe yourselves with humility toward one another, because,

"God opposes the proud
but gives grace to the humble."ᵇ

6 Humble yourselves, therefore, under God's mighty hand, that he may lift you up in due time. **7** Cast all your anxiety on him because he cares for you.

8 Be self-controlled and alert. Your enemy the devil prowls around like a roaring lion looking for someone to devour. **9** Resist him, standing firm in the faith, because you know that your brothers throughout the world are undergoing the same kind of sufferings.

10 And the God of all grace, who called you to his eternal glory in Christ, after you have suffered a little while, will himself restore you and make you strong, firm and steadfast. **11** To him be the power for ever and ever. Amen.

Final Greetings

12 With the help of Silas,ᶜ whom I regard as a faithful brother, I have written to you briefly, encouraging you and testifying that this is the true grace of God. Stand fast in it. **13** She who is in Babylon, chosen together with you, sends you her greetings, and so does my son Mark. **14** Greet one another with a kiss of love. Peace to all of you who are in Christ.

ᵃ**4.18** Pv 11.31 ᵇ**5.5** Ou *aos presbíteros* ᶜ**5.5** Grego: *Vistam todos o avental da humildade.* ᵈ**5.5** Pv 3.34 ᵉ**5.12** Ou *Silas*, variante de *Silvano.* ᶠ**5.13** Muito provavelmente Roma.

ᵃ**4:18** Prov. 11:31 ᵇ**5:5** Prov. 3:34 ᶜ**5:12** Greek *Silvanus*, a variant of *Silas*

2Pedro

1 Simão Pedro, servo[a] e apóstolo de Jesus Cristo,
àqueles que, mediante a justiça de nosso Deus e Salvador Jesus Cristo, receberam conosco uma fé igualmente valiosa:

[2] Graça e paz lhes sejam multiplicadas, pelo pleno conhecimento de Deus e de Jesus, o nosso Senhor.

A Certeza de nossa Vocação e Eleição

[3] Seu divino poder nos deu tudo de que necessitamos para a vida e para a piedade, por meio do pleno conhecimento daquele que nos chamou para a sua própria glória e virtude. [4] Dessa maneira, ele nos deu as suas grandiosas e preciosas promessas, para que por elas vocês se tornassem participantes da natureza divina e fugissem da corrupção que há no mundo, causada pela cobiça.
[5] Por isso mesmo, empenhem-se para acrescentar à sua fé a virtude; à virtude o conhecimento; [6] ao conhecimento o domínio próprio; ao domínio próprio a perseverança; à perseverança a piedade; [7] à piedade a fraternidade; e à fraternidade o amor. [8] Porque, se essas qualidades existirem e estiverem crescendo em sua vida, elas impedirão que vocês, no pleno conhecimento de nosso Senhor Jesus Cristo, sejam inoperantes e improdutivos. [9] Todavia, se alguém não as tem, está cego, só vê o que está perto, esquecendo-se da purificação dos seus antigos pecados.
[10] Portanto, irmãos, empenhem-se ainda mais para consolidar o chamado e a eleição de vocês, pois se agirem dessa forma, jamais tropeçarão, [11] e assim vocês estarão ricamente providos quando entrarem no Reino eterno de nosso Senhor e Salvador Jesus Cristo.

A Glória de Cristo e a Firmeza das Escrituras

[12] Por isso, sempre terei o cuidado de lembrar-lhes estas coisas, se bem que vocês já as sabem e estão solidamente firmados na verdade que receberam. [13] Considero importante, enquanto estiver no tabernáculo deste corpo, despertar a memória de vocês, [14] porque sei que em breve deixarei este tabernáculo, como o nosso Senhor Jesus Cristo já me revelou. [15] Eu me empenharei para que, também depois da minha partida, vocês sejam sempre capazes de lembrar-se destas coisas.
[16] De fato, não seguimos fábulas engenhosamente inventadas, quando lhes falamos a respeito do poder e da vinda de nosso Senhor Jesus Cristo; ao contrário, nós fomos testemunhas oculares da sua majestade. [17] Ele recebeu honra e glória da parte de Deus Pai, quando da suprema glória lhe foi dirigida a voz que disse: "Este é o meu filho amado, em quem me agrado"[b]. [18] Nós mesmos ouvimos essa voz vinda dos céus, quando estávamos com ele no monte santo.
[19] Assim, temos ainda mais firme a palavra dos profetas, e vocês farão bem se a ela prestarem atenção, como a uma candeia que brilha em lugar escuro, até que o dia clareie e a estrela da alva nasça no coração de vocês. [20] Antes de mais nada, saibam que nenhuma profecia da Escritura provém de interpretação pessoal, [21] pois jamais a profecia teve origem na vontade humana, mas homens[c] falaram da parte de Deus, impelidos pelo Espírito Santo.

Os Falsos Mestres e a sua Destruição

2 No passado surgiram falsos profetas no meio do povo, como também surgirão entre vocês falsos mestres. Estes introduzirão secretamente heresias destruidoras, chegando a negar o Soberano que os resgatou, trazendo sobre si mesmos repentina destruição. [2] Muitos seguirão os caminhos vergonhosos desses homens e, por causa deles, será difamado o caminho da verdade. [3] Em sua cobiça, tais mestres os explorarão com histó-

2Peter

1 Simon Peter, a servant and apostle of Jesus Christ,
To those who through the righteousness of our God and Savior Jesus Christ have received a faith as precious as ours:

[2] Grace and peace be yours in abundance through the knowledge of God and of Jesus our Lord.

Making One's Calling and Election Sure

[3] His divine power has given us everything we need for life and godliness through our knowledge of him who called us by his own glory and goodness. [4] Through these he has given us his very great and precious promises, so that through them you may participate in the divine nature and escape the corruption in the world caused by evil desires.
[5] For this very reason, make every effort to add to your faith goodness; and to goodness, knowledge; [6] and to knowledge, self-control; and to self-control, perseverance; and to perseverance, godliness; [7] and to godliness, brotherly kindness; and to brotherly kindness, love. [8] For if you possess these qualities in increasing measure, they will keep you from being ineffective and unproductive in your knowledge of our Lord Jesus Christ. [9] But if anyone does not have them, he is nearsighted and blind, and has forgotten that he has been cleansed from his past sins.
[10] Therefore, my brothers, be all the more eager to make your calling and election sure. For if you do these things, you will never fall, [11] and you will receive a rich welcome into the eternal kingdom of our Lord and Savior Jesus Christ.

Prophecy of Scripture

[12] So I will always remind you of these things, even though you know them and are firmly established in the truth you now have. [13] I think it is right to refresh your memory as long as I live in the tent of this body, [14] because I know that I will soon put it aside, as our Lord Jesus Christ has made clear to me. [15] And I will make every effort to see that after my departure you will always be able to remember these things.
[16] We did not follow cleverly invented stories when we told you about the power and coming of our Lord Jesus Christ, but we were eyewitnesses of his majesty. [17] For he received honor and glory from God the Father when the voice came to him from the Majestic Glory, saying, "This is my Son, whom I love; with him I am well pleased."[a] [18] We ourselves heard this voice that came from heaven when we were with him on the sacred mountain.
[19] And we have the word of the prophets made more certain, and you will do well to pay attention to it, as to a light shining in a dark place, until the day dawns and the morning star rises in your hearts. [20] Above all, you must understand that no prophecy of Scripture came about by the prophet's own interpretation. [21] For prophecy never had its origin in the will of man, but men spoke from God as they were carried along by the Holy Spirit.

False Teachers and Their Destruction

2 But there were also false prophets among the people, just as there will be false teachers among you. They will secretly introduce destructive heresies, even denying the sovereign Lord who bought them—bringing swift destruction on themselves. [2] Many will follow their shameful ways and will bring the way of truth into disrepute. [3] In their greed these teachers will exploit you with stories they have

---

[a]**1.1** Isto é, escravo. [b]**1.17** Mt 17.5; Mc 9.7; Lc 9.35 [c]**1.21** Muitos manuscritos dizem *homens santos.*

[a]**1:17** Matt. 17:5; Mark 9:7; Luke 9:35

rias que inventaram. Há muito tempo a sua condenação paira sobre eles, e a sua destruição não tarda. ⁴ Pois Deus não poupou os anjos que pecaram, mas os lançou no inferno², prendendo-os em abismos tenebrosos⁵ a fim de serem reservados para o juízo. ⁵ Ele não poupou o mundo antigo quando trouxe o Dilúvio sobre aquele povo ímpio, mas preservou Noé, pregador da justiça, e mais sete pessoas. ⁶ Também condenou as cidades de Sodoma e Gomorra, reduzindo-as a cinzas, tornando-as exemplo do que acontecerá aos ímpios; ⁷ mas livrou Ló, homem justo, que se afligia com o procedimento libertino dos que não tinham princípios morais ⁸ (pois, vivendo entre eles, todos os dias aquele justo se atormentava em sua alma justa por causa das maldades que via e ouvia). ⁹ Vemos, portanto, que o Senhor sabe livrar os piedosos da provação e manter em castigo os ímpios para o dia do juízo⁶, ¹⁰ especialmente os que seguem os desejos impuros da carne⁴ e desprezam a autoridade.

Insolentes e arrogantes, tais homens não têm medo de difamar os seres celestiais; ¹¹ contudo, nem os anjos, embora sendo maiores em força e poder, fazem acusações injuriosas contra aqueles seres na presença do Senhor. ¹² Mas eles difamam o que desconhecem e são como criaturas irracionais, guiadas pelo instinto, nascidas para serem capturadas e destruídas; serão corrompidos pela sua própria corrupção! ¹³ Eles receberão retribuição pela injustiça que causaram. Consideram prazer entregar-se à devassidão em plena luz do dia. São nódoas e manchas, regalando-se em seus prazeres⁶, quando participam das festas de vocês. ¹⁴ Tendo os olhos cheios de adultério, nunca param de pecar, iludem os instáveis e têm o coração exercitado na ganância. Malditos! ¹⁵ Eles abandonaram o caminho reto e se desviaram, seguindo o caminho de Balaão, filho de Beor⁴, que amou o salário da injustiça, ¹⁶ mas em sua transgressão foi repreendido por uma jumenta, um animal mudo, que falou com voz humana e refreou a insensatez do profeta.

¹⁷ Esses homens são fontes sem água e névoas impelidas pela tempestade. A escuridão das trevas lhes está reservada, ¹⁸ pois eles, com palavras de vaidosa arrogância e provocando os desejos libertinos da carne, seduzem os que estão quase conseguindo fugir daqueles que vivem no erro. ¹⁹ Prometendo-lhes liberdade, eles mesmos são escravos da corrupção, pois o homem é escravo daquilo que o domina. ²⁰ Se, tendo escapado das contaminações do mundo por meio do conhecimento de nosso Senhor e Salvador Jesus Cristo, encontram-se novamente nelas enredados e por elas dominados, estão em pior estado do que no princípio. ²¹ Teria sido melhor que não tivessem conhecido o caminho da justiça, do que, depois de o terem conhecido, voltarem as costas para o santo mandamento que lhes foi transmitido. ²² Confirma-se neles que é verdadeiro o provérbio: "O cão volta ao seu vômito"⁸ e ainda: "A porca lavada volta a revolver-se na lama".

O Dia do Senhor

3 Amados, esta é agora a segunda carta que lhes escrevo. Em ambas quero despertar com estas lembranças a sua mente sincera para que vocês se recordem ² das palavras proferidas no passado pelos santos profetas, e do mandamento de nosso Senhor e Salvador que os apóstolos de vocês lhes ensinaram.

³ Antes de tudo saibam que, nos últimos dias, surgirão escarnecedores zombando e seguindo suas próprias paixões. ⁴ Eles dirão: "O que houve com a promessa da sua vinda? Desde que os antepassados morreram, tudo continua como desde o princípio da criação". ⁵ Mas eles deliberadamente se esquecem de que há muito tempo, pela palavra de Deus, existem

made up. Their condemnation has long been hanging over them, and their destruction has not been sleeping. ⁴ For if God did not spare angels when they sinned, but sent them to hell,ᵃ putting them into gloomy dungeonsᵇ to be held for judgment; ⁵ if he did not spare the ancient world when he brought the flood on its ungodly people, but protected Noah, a preacher of righteousness, and seven others; ⁶ if he condemned the cities of Sodom and Gomorrah by burning them to ashes, and made them an example of what is going to happen to the ungodly; ⁷ and if he rescued Lot, a righteous man, who was distressed by the filthy lives of lawless men ⁸ (for that righteous man, living among them day after day, was tormented in his righteous soul by the lawless deeds he saw and heard)— ⁹ if this is so, then the Lord knows how to rescue godly men from trials and to hold the unrighteous for the day of judgment, while continuing their punishment.ᶜ ¹⁰ This is especially true of those who follow the corrupt desire of the sinful natureᵈ and despise authority.

Bold and arrogant, these men are not afraid to slander celestial beings; ¹¹ yet even angels, although they are stronger and more powerful, do not bring slanderous accusations against such beings in the presence of the Lord. ¹² But these men blaspheme in matters they do not understand. They are like brute beasts, creatures of instinct, born only to be caught and destroyed, and like beasts they too will perish.

¹³ They will be paid back with harm for the harm they have done. Their idea of pleasure is to carouse in broad daylight. They are blots and blemishes, reveling in their pleasures while they feast with you.ᵉ ¹⁴ With eyes full of adultery, they never stop sinning; they seduce the unstable; they are experts in greed—an accursed brood! ¹⁵ They have left the straight way and wandered off to follow the way of Balaam son of Beor, who loved the wages of wickedness. ¹⁶ But he was rebuked for his wrongdoing by a donkey—a beast without speech—who spoke with a man's voice and restrained the prophet's madness.

¹⁷ These men are springs without water and mists driven by a storm. Blackest darkness is reserved for them. ¹⁸ For they mouth empty, boastful words and, by appealing to the lustful desires of sinful human nature, they entice people who are just escaping from those who live in error. ¹⁹ They promise them freedom, while they themselves are slaves of depravity—for a man is a slave to whatever has mastered him. ²⁰ If they have escaped the corruption of the world by knowing our Lord and Savior Jesus Christ and are again entangled in it and overcome, they are worse off at the end than they were at the beginning. ²¹ It would have been better for them not to have known the way of righteousness, than to have known it and then to turn their backs on the sacred command that was passed on to them. ²² Of them the proverbs are true: "A dog returns to its vomit,"ᶠ and, "A sow that is washed goes back to her wallowing in the mud."

The Day of the Lord

3 Dear friends, this is now my second letter to you. I have written both of them as reminders to stimulate you to wholesome thinking. ² I want you to recall the words spoken in the past by the holy prophets and the command given by our Lord and Savior through your apostles.

³ First of all, you must understand that in the last days scoffers will come, scoffing and following their own evil desires. ⁴ They will say, "Where is this 'coming' he promised? Ever since our fathers died, everything goes on as it has since the beginning of creation." ⁵ But they deliberately forget that long ago by God's word the heavens existed and the earth was formed

---

ᵃ2.4 Grego: *tártaro.* ᵇ2.4 Alguns manuscritos dizem *em cadeias de escuridão.* ᶜ2.9 Ou *ímpios para punição até o dia do juízo* ᵈ2.10 Ou *da natureza pecaminosa;* também no versículo 18. ᵉ2.13 Alguns manuscritos dizem *nas suas festas de fraternidade.* ᶠ2.15 Vários manuscritos dizem *Bosor.* ᵍ2.22 Pv 26.11

ᵃ2:4 Greek *Tartarus* ᵇ2:4 Some manuscripts *into chains of darkness* ᶜ2:9 Or *unrighteous for punishment until the day of judgment* ᵈ2:10 Or *the flesh* ᵉ2:13 Some manuscripts *in their love feasts* ᶠ2:22 Prov. 26:11

céus e terra, esta formada da água e pela água. **6** E pela água o mundo daquele tempo foi submerso e destruído. **7** Pela mesma palavra os céus e a terra que agora existem estão reservados para o fogo, guardados para o dia do juízo e para a destruição dos ímpios.

8 Não se esqueçam disto, amados: para o Senhor um dia é como mil anos, e mil anos como um dia. **9** O Senhor não demora em cumprir a sua promessa, como julgam alguns. Ao contrário, ele é paciente com vocês**a**, não querendo que ninguém pereça, mas que todos cheguem ao arrependimento.

10 O dia do Senhor, porém, virá como ladrão. Os céus desaparecerão com um grande estrondo, os elementos serão desfeitos pelo calor, e a terra, e tudo o que nela há, será desnudada**b**.

11 Visto que tudo será assim desfeito, que tipo de pessoas é necessário que vocês sejam? Vivam de maneira santa e piedosa, **12** esperando o dia de Deus e apressando a sua vinda**c**. Naquele dia os céus serão desfeitos pelo fogo, e os elementos se derreterão pelo calor. **13** Todavia, de acordo com a sua promessa, esperamos novos céus e nova terra, onde habita a justiça.

14 Portanto, amados, enquanto esperam estas coisas, empenhem-se para serem encontrados por ele em paz, imaculados e inculpáveis. **15** Tenham em mente que a paciência de nosso Senhor significa salvação, como também o nosso amado irmão Paulo lhes escreveu, com a sabedoria que Deus lhe deu. **16** Ele escreve da mesma forma em todas as suas cartas, falando nelas destes assuntos. Suas cartas contêm algumas coisas difíceis de entender, as quais os ignorantes e instáveis torcem, como também o fazem com as demais Escrituras, para a própria destruição deles.

17 Portanto, amados, sabendo disso, guardem-se para que não sejam levados pelo erro dos que não têm princípios morais, nem percam a sua firmeza e caiam. **18** Cresçam, porém, na graça e no conhecimento de nosso Senhor e Salvador Jesus Cristo. A ele seja a glória, agora e para sempre! Amém.

1João

A Palavra da Vida

1 O que era desde o princípio, o que ouvimos, o que vimos com os nossos olhos, o que contemplamos e as nossas mãos apalparam — isto proclamamos a respeito da Palavra da vida. **2** A vida se manifestou; nós a vimos e dela testemunhamos, e proclamamos a vocês a vida eterna, que estava com o Pai e nos foi manifestada. **3** Nós lhes proclamamos o que vimos e ouvimos para que vocês também tenham comunhão conosco. Nossa comunhão é com o Pai e com seu Filho Jesus Cristo. **4** Escrevemos estas coisas para que a nossa alegria**d** seja completa.

Andar na Luz

5 Esta é a mensagem que dele ouvimos e transmitimos a vocês: Deus é luz; nele não há treva alguma. **6** Se afirmarmos que temos comunhão com ele, mas andamos nas trevas, mentimos e não praticamos a verdade. **7** Se, porém, andarmos na luz, como ele está na luz, temos comunhão uns com os outros, e o sangue de Jesus, seu Filho, nos purifica de todo**e** pecado.

8 Se afirmarmos que estamos sem pecado, enganamos a nós mesmos, e a verdade não está em nós. **9** Se confessarmos os nossos pecados, ele é fiel e justo para perdoar os nossos pecados e nos purificar de toda injustiça. **10** Se afirmarmos que não temos cometido pecado, fazemos de Deus um mentiroso, e a sua palavra não está em nós.

---

out of water and by water. **6** By these waters also the world of that time was deluged and destroyed. **7** By the same word the present heavens and earth are reserved for fire, being kept for the day of judgment and destruction of ungodly men.

8 But do not forget this one thing, dear friends: With the Lord a day is like a thousand years, and a thousand years are like a day. **9** The Lord is not slow in keeping his promise, as some understand slowness. He is patient with you, not wanting anyone to perish, but everyone to come to repentance.

10 But the day of the Lord will come like a thief. The heavens will disappear with a roar; the elements will be destroyed by fire, and the earth and everything in it will be laid bare.**a**

11 Since everything will be destroyed in this way, what kind of people ought you to be? You ought to live holy and godly lives **12** as you look forward to the day of God and speed its coming.**b** That day will bring about the destruction of the heavens by fire, and the elements will melt in the heat. **13** But in keeping with his promise we are looking forward to a new heaven and a new earth, the home of righteousness.

14 So then, dear friends, since you are looking forward to this, make every effort to be found spotless, blameless and at peace with him. **15** Bear in mind that our Lord's patience means salvation, just as our dear brother Paul also wrote you with the wisdom that God gave him. **16** He writes the same way in all his letters, speaking in them of these matters. His letters contain some things that are hard to understand, which ignorant and unstable people distort, as they do the other Scriptures, to their own destruction.

17 Therefore, dear friends, since you already know this, be on your guard so that you may not be carried away by the error of lawless men and fall from your secure position. **18** But grow in the grace and knowledge of our Lord and Savior Jesus Christ. To him be glory both now and forever! Amen.

1John

The Word of Life

1 That which was from the beginning, which we have heard, which we have seen with our eyes, which we have looked at and our hands have touched—this we proclaim concerning the Word of life. **2** The life appeared; we have seen it and testify to it, and we proclaim to you the eternal life, which was with the Father and has appeared to us. **3** We proclaim to you what we have seen and heard, so that you also may have fellowship with us. And our fellowship is with the Father and with his Son, Jesus Christ. **4** We write this to make our**c** joy complete.

Walking in the light

5 This is the message we have heard from him and declare to you: God is light; in him there is no darkness at all. **6** If we claim to have fellowship with him yet walk in the darkness, we lie and do not live by the truth. **7** But if we walk in the light, as he is in the light, we have fellowship with one another, and the blood of Jesus, his Son, purifies us from all**d** sin.

8 If we claim to be without sin, we deceive ourselves and the truth is not in us. **9** If we confess our sins, he is faithful and just and will forgive us our sins and purify us from all unrighteousness. **10** If we claim we have not sinned, we make him out to be a liar and his word has no place in our lives.

---

a3.9 Alguns manuscritos dizem *por causa de vocês*. **b**3.10 Alguns manuscritos antigos dizem *será queimada*. **c**3.12 Ou *aguardando com ansiedade a vinda do dia de Deus* **d**1.4 Vários manuscritos dizem *a alegria de vocês*. **e**1.7 Ou *de cada*

a3:10 Some manuscripts *be burned up* **b**3:12 Or *as you wait eagerly for the day of God to come* **c**1:4 Some manuscripts *your* **d**1:7 Or *every*

2 Meus filhinhos, escrevo-lhes estas coisas para que vocês não pequem. Se, porém, alguém pecar, temos um intercessor junto ao Pai, Jesus Cristo, o Justo. ² Ele é a propiciação pelos nossos pecados, e não somente pelos nossos, mas também pelosᵃ pecados de todo o mundo.

³ Sabemos que o conhecemos, se obedecemos aos seus mandamentos. ⁴ Aquele que diz: "Eu o conheço", mas não obedece aos seus mandamentos, é mentiroso, e a verdade não está nele. ⁵ Mas, se alguém obedece à sua palavra, nele verdadeiramente o amor de Deusᵇ está aperfeiçoado. Desta forma sabemos que estamos nele: ⁶ aquele que afirma que permanece nele, deve andar como ele andou.

⁷ Amados, não lhes escrevo um mandamento novo, mas um mandamento antigo, que vocês têm desde o princípio: a mensagem que ouviram. ⁸ No entanto, o que lhes escrevo é um mandamento novo, o qual é verdadeiro nele e em vocês, pois as trevas estão se dissipando e já brilha a verdadeira luz.

⁹ Quem afirma estar na luz mas odeia seu irmão, continua nas trevas. ¹⁰ Quem ama seu irmão permanece na luz, e neleᶜ não há causa de tropeço. ¹¹ Mas quem odeia seu irmão está nas trevas e anda nas trevas; não sabe para onde vai, porque as trevas o cegaram.

¹² Filhinhos, eu lhes escrevo
porque os seus pecados
foram perdoados,
graças ao nome de Jesus.
¹³ Pais, eu lhes escrevo
porque vocês conhecem
aquele que é desde o princípio.
Jovens, eu lhes escrevo
porque venceram o Maligno.
¹⁴ Filhinhosᵈ, eu lhes escrevi
porque vocês conhecem o Pai.
Pais, eu lhes escrevi
porque vocês conhecem
aquele que é desde o princípio.
Jovens, eu lhes escrevi,
porque vocês são fortes,
e em vocês a Palavra de Deus permanece
e vocês venceram o Maligno.

Não se Deve Amar o Mundo

¹⁵ Não amem o mundo nem o que nele há. Se alguém ama o mundo, o amor do Paiᵉ não está nele. ¹⁶ Pois tudo o que há no mundo — a cobiça da carneᶠ, a cobiça dos olhos e a ostentação dos bens — não provém do Pai, mas do mundo. ¹⁷ O mundo e a sua cobiça passam, mas aquele que faz a vontade de Deus permanece para sempre.

Advertência contra os Anticristos

¹⁸ Filhinhos, esta é a última hora e, assim como vocês ouviram que o anticristo está vindo, já agora muitos anticristos têm surgido. Por isso sabemos que esta é a última hora. ¹⁹ Eles saíram do nosso meio, mas na realidade não eram dos nossos, pois, se fossem dos nossos, teriam permanecido conosco; o fato de terem saído mostra que nenhum deles era dos nossos.

²⁰ Mas vocês têm uma unção que procede do Santo, e todos vocês têm conhecimentoᵍ. ²¹ Não lhes escrevo porque não conhecem a verdade, mas porque vocês a conhecem e porque nenhuma mentira procede da verdade. ²² Quem é o mentiroso, senão aquele que nega que Jesus é o Cristo? Este é o anticristo: aquele que nega o Pai e o Filho. ²³ Todo o que nega o Filho também não tem o Pai; quem confessa publicamente o Filho tem também o Pai.

²⁴ Quanto a vocês, cuidem para que aquilo que ouviram des-

2 My dear children, I write this to you so that you will not sin. But if anybody does sin, we have one who speaks to the Father in our defense—Jesus Christ, the Righteous One. ² He is the atoning sacrifice for our sins, and not only for oursᵃ but also for the sins of the whole world.

³ We know that we have come to know him if we obey his commands. ⁴ The man who says, "I know him," but does not do what he commands is a liar, and the truth is not in him. ⁵ But if anyone obeys his word, God's loveᵇ is truly made complete in him. This is how we know we are in him: ⁶ Whoever claims to live in him must walk as Jesus did.

⁷ Dear friends, I am not writing you a new command but an old one, which you have had since the beginning. This old command is the message you have heard. ⁸ Yet I am writing you a new command; its truth is seen in him and you, because the darkness is passing and the true light is already shining.

⁹ Anyone who claims to be in the light but hates his brother is still in the darkness. ¹⁰ Whoever loves his brother lives in the light, and there is nothing in himᶜ to make him stumble. ¹¹ But whoever hates his brother is in the darkness and walks around in the darkness; he does not know where he is going, because the darkness has blinded him.

¹² I write to you, dear children,
because your sins have been forgiven on
account of his name.
¹³ I write to you, fathers,
because you have known him who is from the
beginning.
I write to you, young men,
because you have overcome the evil one.
I write to you, dear children,
because you have known the Father.
¹⁴ I write to you, fathers,
because you have known him who is from
the beginning.
I write to you, young men,
because you are strong,
and the word of God lives in you,
and you have overcome the evil one.

Do Not Love the World

¹⁵ Do not love the world or anything in the world. If anyone loves the world, the love of the Father is not in him. ¹⁶ For everything in the world—the cravings of sinful man, the lust of his eyes and the boasting of what he has and does—comes not from the Father but from the world. ¹⁷ The world and its desires pass away, but the man who does the will of God lives forever.

Warning Against Antichrists

¹⁸ Dear children, this is the last hour; and as you have heard that the antichrist is coming, even now many antichrists have come. This is how we know it is the last hour. ¹⁹ They went out from us, but they did not really belong to us. For if they had belonged to us, they would have remained with us; but their going showed that none of them belonged to us.

²⁰ But you have an anointing from the Holy One, and all of you know the truth.ᵈ ²¹ I do not write to you because you do not know the truth, but because you do know it and because no lie comes from the truth. ²² Who is the liar? It is the man who denies that Jesus is the Christ. Such a man is the antichrist—he denies the Father and the Son. ²³ No one who denies the Son has the Father; whoever acknowledges the Son has the Father also.

²⁴ See that what you have heard from the beginning remains

ᵃ2.2 Ou *Ele é o sacrifício que desvia a ira de Deus, tirando os nossos pecados, e não somente os nossos mas também* ᵇ2.5 Ou *o amor a Deus* ᶜ2.10 Ou *nela* ᵈ2.14 Grego: *Crianças*; também no versículo 18. ᵉ2.15 Ou *amor ao Pai* ᶠ2.16 Ou *da natureza pecaminosa* ᵍ2.20 Muitos manuscritos dizem *e vocês conhecem todas as coisas.*

ᵃ2:2 Or *He is the one who turns aside God's wrath, taking away our sins, and not only ours but also* ᵇ2:5 Or *word, love for God* ᶜ2:10 Or *it* ᵈ2:20 Some manuscripts *and you know all things*

de o princípio permaneça em vocês. Se o que ouviram desde o princípio permanecer em vocês, vocês também permanecerão no Filho e no Pai. ²⁵ E esta é a promessa que ele nos fez: a vida eterna.

²⁶ Escrevo-lhes estas coisas a respeito daqueles que os querem enganar. ²⁷ Quanto a vocês, a unção que receberam dele permanece em vocês, e não precisam que alguém os ensine; mas, como a unção dele recebida, que é verdadeira e não falsa, os ensina acerca de todas as coisas, permaneçam nele como ele os ensinou.

Os Filhos de Deus

²⁸ Filhinhos, agora permaneçam nele para que, quando ele se manifestar, tenhamos confiança e não sejamos envergonhados diante dele na sua vinda.

²⁹ Se vocês sabem que ele é justo, saibam também que todo aquele que pratica a justiça é nascido dele.

3 Vejam como é grande o amor que o Pai nos concedeu: sermos chamados filhos de Deus, o que de fato somos! Por isso o mundo não nos conhece, porque não o conheceu. ² Amados, agora somos filhos de Deus, e ainda não se manifestou o que havemos de ser, mas sabemos que, quando ele se manifestarᵃ, seremos semelhantes a ele, pois o veremos como ele é. ³ Todo aquele que nele tem esta esperança purifica-se a si mesmo, assim como ele é puro.

⁴ Todo aquele que pratica o pecado transgride a Lei; de fato, o pecado é a transgressão da Lei. ⁵ Vocês sabem que ele se manifestou para tirar os nossos pecados, e nele não há pecado. ⁶ Todo aquele que nele permanece não está no pecadoᵇ. Todo aquele que está no pecado não o viu nem o conheceu.

⁷ Filhinhos, não deixem que ninguém os engane. Aquele que pratica a justiça é justo, assim como ele é justo. ⁸ Aquele que pratica o pecado é do Diabo, porque o Diabo vem pecando desde o princípio. Para isso o Filho de Deus se manifestou: para destruir as obras do Diabo. ⁹ Todo aquele que é nascido de Deus não pratica o pecado, porque a semente de Deus permanece nele; ele não pode estar no pecadoᶜ, porque é nascido de Deus. ¹⁰ Desta forma sabemos quem são os filhos de Deus e quem são os filhos do Diabo: quem não pratica a justiça não procede de Deus, tampouco quem não ama seu irmão.

O Amor Fraternal

¹¹ Esta é a mensagem que vocês ouviram desde o princípio: que nos amemos uns aos outros. ¹² Não sejamos como Caim, que pertencia ao Maligno e matou seu irmão. E por que o matou? Porque suas obras eram más e as de seu irmão eram justas. ¹³ Meus irmãos, não se admirem se o mundo os odeia. ¹⁴ Sabemos que já passamos da morte para a vida porque amamos nossos irmãos. Quem não ama permanece na morte. ¹⁵ Quem odeia seu irmão é assassino, e vocês sabem que nenhum assassino tem a vida eterna em si mesmo.

¹⁶ Nisto conhecemos o que é o amor: Jesus Cristo deu a sua vida por nós, e devemos dar a nossa vida por nossos irmãos. ¹⁷ Se alguém tiver recursos materiais e, vendo seu irmão em necessidade, não se compadecer dele, como pode permanecer nele o amor de Deus? ¹⁸ Filhinhos, não amemos de palavra nem de boca, mas em ação e em verdade. ¹⁹ Assim saberemos que somos da verdade; e tranquilizaremos o nosso coração diante dele ²⁰ quando o nosso coração nos condenar. Porque Deus éᵈ maior do que o nosso coração e sabe todas as coisas.

²¹ Amados, se o nosso coração não nos condenar, temos confiança diante de Deus ²² e recebemos dele tudo o que pe-

---

in you. If it does, you also will remain in the Son and in the Father. ²⁵ And this is what he promised us — even eternal life.

²⁶ I am writing these things to you about those who are trying to lead you astray. ²⁷ As for you, the anointing you received from him remains in you, and you do not need anyone to teach you. But as his anointing teaches you about all things and as that anointing is real, not counterfeit—just as it has taught you, remain in him.

Children of God

²⁸ And now, dear children, continue in him, so that when he appears we may be confident and unashamed before him at his coming.

²⁹ If you know that he is righteous, you know that everyone who does what is right has been born of him.

3 How great is the love the Father has lavished on us, that we should be called children of God! And that is what we are! The reason the world does not know us is that it did not know him. ² Dear friends, now we are children of God, and what we will be has not yet been made known. But we know that when he appears,ᵃ we shall be like him, for we shall see him as he is. ³ Everyone who has this hope in him purifies himself, just as he is pure.

⁴ Everyone who sins breaks the law; in fact, sin is lawlessness. ⁵ But you know that he appeared so that he might take away our sins. And in him is no sin. ⁶ No one who lives in him keeps on sinning. No one who continues to sin has either seen him or known him.

⁷ Dear children, do not let anyone lead you astray. He who does what is right is righteous, just as he is righteous. ⁸ He who does what is sinful is of the devil, because the devil has been sinning from the beginning. The reason the Son of God appeared was to destroy the devil's work. ⁹ No one who is born of God will continue to sin, because God's seed remains in him; he cannot go on sinning, because he has been born of God. ¹⁰ This is how we know who the children of God are and who the children of the devil are: Anyone who does not do what is right is not a child of God; nor is anyone who does not love his brother.

Love one another

¹¹ This is the message you heard from the beginning: We should love one another. ¹² Do not be like Cain, who belonged to the evil one and murdered his brother. And why did he murder him? Because his own actions were evil and his brother's were righteous. ¹³ Do not be surprised, my brothers, if the world hates you. ¹⁴ We know that we have passed from death to life, because we love our brothers. Anyone who does not love remains in death. ¹⁵ Anyone who hates his brother is a murderer, and you know that no murderer has eternal life in him.

¹⁶ This is how we know what love is: Jesus Christ laid down his life for us. And we ought to lay down our lives for our brothers. ¹⁷ If anyone has material possessions and sees his brother in need but has no pity on him, how can the love of God be in him? ¹⁸ Dear children, let us not love with words or tongue but with actions and in truth. ¹⁹ This then is how we know that we belong to the truth, and how we set our hearts at rest in his presence ²⁰ whenever our hearts condemn us. For God is greater than our hearts, and he knows everything.

²¹ Dear friends, if our hearts do not condemn us, we have confidence before God ²² and receive from him anything we

---

ᵃ3.2 Ou *quando isto for revelado* ᵇ3.6 Grego: *não peca*; também no final do mesmo versículo. ᶜ3.9 Grego: *não pode pecar*. ᵈ3.19,20 Ou *dele, 20 pois se o nosso coração nos condenar, Deus é*

ᵃ3:2 Or *when it is made known*

dimos, porque obedecemos aos seus mandamentos e fazemos o que lhe agrada. **23** E este é o seu mandamento: Que creiamos no nome de seu Filho Jesus Cristo e que nos amemos uns aos outros, como ele nos ordenou. **24** Os que obedecem aos seus mandamentos nele permanecem, e ele neles. Do seguinte modo sabemos que ele permanece em nós: pelo Espírito que nos deu.

Como Discernir os Espíritos

4 Amados, não creiam em qualquer espírito, mas examinem os espíritos para ver se eles procedem de Deus, porque muitos falsos profetas têm saído pelo mundo. **2** Vocês podem reconhecer o Espírito de Deus^a deste modo: todo espírito que confessa que Jesus Cristo veio em carne procede de Deus; **3** mas todo espírito que não confessa Jesus não procede de Deus. Esse é o espírito do anticristo^b, acerca do qual vocês ouviram que está vindo, e agora já está no mundo.

4 Filhinhos, vocês são de Deus e os venceram, porque aquele que está em vocês é maior do que aquele que está no mundo. **5** Eles vêm do mundo. Por isso, o que falam procede do mundo, e o mundo os ouve. **6** Nós viemos de Deus, e todo aquele que conhece a Deus nos ouve; mas quem não vem de Deus não nos ouve. Dessa forma reconhecemos o Espírito^c da verdade e o espírito do erro.

O Amor de Deus

7 Amados, amemos uns aos outros, pois o amor procede de Deus. Aquele que ama é nascido de Deus e conhece a Deus. **8** Quem não ama não conhece a Deus, porque Deus é amor. **9** Foi assim que Deus manifestou o seu amor entre nós: enviou o seu Filho Unigênito^d ao mundo, para que pudéssemos viver por meio dele. **10** Nisto consiste o amor: não em que nós tenhamos amado a Deus, mas em que ele nos amou e enviou seu Filho como propiciação pelos nossos pecados.^e **11** Amados, visto que Deus assim nos amou, nós também devemos amar uns aos outros. **12** Ninguém jamais viu a Deus; se amarmos uns aos outros, Deus permanece em nós, e o seu amor está aperfeiçoado em nós.

13 Sabemos que permanecemos nele, e ele em nós, porque ele nos deu do seu Espírito. **14** E vimos e testemunhamos que o Pai enviou seu Filho para ser o Salvador do mundo. **15** Se alguém confessa publicamente que Jesus é o Filho de Deus, Deus permanece nele, e ele em Deus. **16** Assim conhecemos o amor que Deus tem por nós e confiamos nesse amor.

Deus é amor. Todo aquele que permanece no amor permanece em Deus, e Deus nele. **17** Dessa forma o amor está aperfeiçoado entre nós, para que no dia do juízo tenhamos confiança, porque neste mundo somos como ele. **18** No amor não há medo; ao contrário o perfeito amor expulsa o medo, porque o medo supõe castigo. Aquele que tem medo não está aperfeiçoado no amor.

19 Nós amamos porque ele nos amou primeiro. **20** Se alguém afirmar: "Eu amo a Deus", mas odiar seu irmão, é mentiroso, pois quem não ama seu irmão, a quem vê, não pode amar a Deus, a quem não vê.^f **21** Ele nos deu este mandamento: Quem ama a Deus, ame também seu irmão.

A Fé no Filho de Deus

5 Todo aquele que crê que Jesus é o Cristo é nascido de Deus, e todo aquele que ama o Pai ama também o que dele foi gerado. **2** Assim sabemos que amamos os filhos de Deus: amando a Deus e obedecendo aos seus mandamentos. **3** Porque nisto consiste o amor a Deus: em obedecer aos seus mandamentos. E os seus mandamentos não são pesados. **4** O que é nascido

---

^a**4.2** Ou *espírito que vem de Deus* ^b**4.3** Ou *espírito que vem do anticristo* ^c**4.6** Ou *espírito* ^d**4.9** Ou *Único* ^e**4.10** Ou *sacrifício que desvia a ira de Deus, tirando os nossos pecados.* ^f**4.20** Vários manuscritos dizem *como pode amar a Deus, a quem não vê?*

---

ask, because we obey his commands and do what pleases him. **23** And this is his command: to believe in the name of his Son, Jesus Christ, and to love one another as he commanded us. **24** Those who obey his commands live in him, and he in them. And this is how we know that he lives in us: We know it by the Spirit he gave us.

Test the Spirits

4 Dear friends, do not believe every spirit, but test the spirits to see whether they are from God, because many false prophets have gone out into the world. **2** This is how you can recognize the Spirit of God: Every spirit that acknowledges that Jesus Christ has come in the flesh is from God, **3** but every spirit that does not acknowledge Jesus is not from God. This is the spirit of the antichrist, which you have heard is coming and even now is already in the world.

4 You, dear children, are from God and have overcome them, because the one who is in you is greater than the one who is in the world. **5** They are from the world and therefore speak from the viewpoint of the world, and the world listens to them. **6** We are from God, and whoever knows God listens to us; but whoever is not from God does not listen to us. This is how we recognize the Spirit^a of truth and the spirit of falsehood.

God's Love and Ours

7 Dear friends, let us love one another, for love comes from God. Everyone who loves has been born of God and knows God. **8** Whoever does not love does not know God, because God is love. **9** This is how God showed his love among us: He sent his one and only Son^b into the world that we might live through him. **10** This is love: not that we loved God, but that he loved us and sent his Son as an atoning sacrifice for^c our sins. **11** Dear friends, since God so loved us, we also ought to love one another. **12** No one has ever seen God; but if we love one another, God lives in us and his love is made complete in us.

13 We know that we live in him and he in us, because he has given us of his Spirit. **14** And we have seen and testify that the Father has sent his Son to be the Savior of the world. **15** If anyone acknowledges that Jesus is the Son of God, God lives in him and he in God. **16** And so we know and rely on the love God has for us.

God is love. Whoever lives in love lives in God, and God in him. **17** In this way, love is made complete among us so that we will have confidence on the day of judgment, because in this world we are like him. **18** There is no fear in love. But perfect love drives out fear, because fear has to do with punishment. The one who fears is not made perfect in love.

19 We love because he first loved us. **20** If anyone says, "I love God," yet hates his brother, he is a liar. For anyone who does not love his brother, whom he has seen, cannot love God, whom he has not seen. **21** And he has given us this command: Whoever loves God must also love his brother.

Faith in the Son of God

5 Everyone who believes that Jesus is the Christ is born of God, and everyone who loves the father loves his child as well. **2** This is how we know that we love the children of God: by loving God and carrying out his commands. **3** This is love for God: to obey his commands. And his commands are not burdensome, **4** for everyone born of God over-

---

^a**4.6** Or *spirit* ^b**4.9** Or *his only begotten Son* ^c**4.10** Or *as the one who would turn aside his wrath, taking away*

de Deus vence o mundo; e esta é a vitória que vence o mundo: a nossa fé. **5** Quem é que vence o mundo? Somente aquele que crê que Jesus é o Filho de Deus.

6 Este é aquele que veio por meio de água e sangue, Jesus Cristo: não somente por água, mas por água e sangue. E o Espírito é quem dá testemunho, porque o Espírito é a verdade. **7** Há três que dão testemunho: **8** o Espírito, **a** a água e o sangue; e os três são unânimes. **9** Nós aceitamos o testemunho dos homens, mas o testemunho de Deus tem maior valor, pois é o testemunho de Deus, que ele dá acerca de seu Filho. **10** Quem crê no Filho de Deus tem em si mesmo esse testemunho. Quem não crê em Deus o faz mentiroso, porque não crê no testemunho que Deus dá acerca de seu Filho. **11** E este é o testemunho: Deus nos deu a vida eterna, e essa vida está em seu Filho. **12** Quem tem o Filho, tem a vida; quem não tem o Filho de Deus, não tem a vida.

Observações Finais

13 Escrevi-lhes estas coisas, a vocês que crêem no nome do Filho de Deus, para que vocês saibam que têm a vida eterna. **14** Esta é a confiança que temos ao nos aproximarmos de Deus: se pedirmos alguma coisa de acordo com a vontade de Deus, ele nos ouvirá. **15** E se sabemos que ele nos ouve em tudo o que pedimos, sabemos que temos o que dele pedimos.

16 Se alguém vir seu irmão cometer pecado que não leva à morte, ore, e Deus dará vida ao que pecou. Refiro-me àqueles cujo pecado não leva à morte. Há pecado que leva à morte; não estou dizendo que se deva orar por este. **17** Toda injustiça é pecado, mas há pecado que não leva à morte.

18 Sabemos que todo aquele que é nascido de Deus não está no pecado**b**; aquele que nasceu de Deus o protege**c**, e o Maligno não o atinge. **19** Sabemos que somos de Deus e que o mundo todo está sob o poder do Maligno. **20** Sabemos também que o Filho de Deus veio e nos deu entendimento, para que conheçamos aquele que é o Verdadeiro. E nós estamos naquele que é o Verdadeiro, em seu Filho Jesus Cristo. Este é o verdadeiro Deus e a vida eterna.

21 Filhinhos, guardem-se dos ídolos.

2 João

1 O presbítero

à senhora eleita e aos seus filhos, a quem amo na verdade, — e não apenas eu os amo, mas também todos os que conhecem a verdade — **2** por causa da verdade que permanece em nós e estará conosco para sempre.

3 A graça, a misericórdia e a paz da parte de Deus Pai e de Jesus Cristo, seu Filho, estarão conosco em verdade e em amor.

4 Ao encontrar alguns dos seus filhos, muito me alegrei, pois eles estão andando na verdade, conforme o mandamento que recebemos do Pai. **5** E agora eu lhe peço, senhora — não como se estivesse escrevendo um mandamento novo, mas o que já tínhamos desde o princípio — que amemos uns aos outros. **6** E este é o amor: que andemos em obediência aos seus mandamentos. Como vocês já têm ouvido desde o princípio, o mandamento é este: Que vocês andem em amor.

7 De fato, muitos enganadores têm saído pelo mundo, os quais não confessam que Jesus Cristo veio em corpo**d**. Tal é o enganador e o anticristo. **8** Tenham cuidado, para que vocês não destruam o fruto do nosso trabalho, antes sejam recompensados plenamente. **9** Todo aquele que não permanece no

comes the world. This is the victory that has overcome the world, even our faith. **5** Who is it that overcomes the world? Only he who believes that Jesus is the Son of God.

6 This is the one who came by water and blood—Jesus Christ. He did not come by water only, but by water and blood. And it is the Spirit who testifies, because the Spirit is the truth. **7** For there are three that testify: **8** the**a** Spirit, the water and the blood; and the three are in agreement. **9** We accept man's testimony, but God's testimony is greater because it is the testimony of God, which he has given about his Son. **10** Anyone who believes in the Son of God has this testimony in his heart. Anyone who does not believe God has made him out to be a liar, because he has not believed the testimony God has given about his Son. **11** And this is the testimony: God has given us eternal life, and this life is in his Son. **12** He who has the Son has life; he who does not have the Son of God does not have life.

Concluding Remarks

13 I write these things to you who believe in the name of the Son of God so that you may know that you have eternal life. **14** This is the confidence we have in approaching God: that if we ask anything according to his will, he hears us. **15** And if we know that he hears us–whatever we ask—we know that we have what we asked of him.

16 If anyone sees his brother commit a sin that does not lead to death, he should pray and God will give him life. I refer to those whose sin does not lead to death. There is a sin that leads to death. I am not saying that he should pray about that. **17** All wrongdoing is sin, and there is sin that does not lead to death.

18 We know that anyone born of God does not continue to sin; the one who was born of God keeps him safe, and the evil one cannot harm him. **19** We know that we are children of God, and that the whole world is under the control of the evil one. **20** We know also that the Son of God has come and has given us understanding, so that we may know him who is true. And we are in him who is true—even in his Son Jesus Christ. He is the true God and eternal life.

21 Dear children, keep yourselves from idols.

2 John

1 The elder,

To the chosen lady and her children, whom I love in the truth—and not I only, but also all who know the truth— **2** because of the truth, which lives in us and will be with us forever:

3 Grace, mercy and peace from God the Father and from Jesus Christ, the Father's Son, will be with us in truth and love.

4 It has given me great joy to find some of your children walking in the truth, just as the Father commanded us. **5** And now, dear lady, I am not writing you a new command but one we have had from the beginning. I ask that we love one another. **6** And this is love: that we walk in obedience to his commands. As you have heard from the beginning, his command is that you walk in love.

7 Many deceivers, who do not acknowledge Jesus Christ as coming in the flesh, have gone out into the world. Any such person is the deceiver and the antichrist. **8** Watch out that you do not lose what you have worked for, but that you may be rewarded fully. **9** Anyone who runs ahead and

---

a5.7,8 Alguns manuscritos da Vulgata dizem *testemunho no céu: o Pai, a Palavra e o Espírito Santo, e estes três são um.* **8** *E há três que testificam na terra: o Espírito,* (isto não consta em nenhum manuscrito grego anterior ao século doze). **b5.18** Grego: *não peca.* **c5.18** Ou *a si mesmo se protege* **d7** Grego: *carne.*

a5.7,8 Late manuscripts of the Vulgate *testify in heaven: the Father, the Word and the Holy Spirit, and these three are one.* **8** *And there are three that testify on earth: the* (not found in any Greek manuscript before the sixteenth century)

ensino de Cristo, mas vai além dele, não tem Deus; quem permanece no ensino tem o Pai e também o Filho. ¹⁰ Se alguém chegar a vocês e não trouxer esse ensino, não o recebam em casa^a nem o saúdem. ¹¹ Pois quem o saúda torna-se participante das suas obras malignas.

¹² Tenho muito que lhes escrever, mas não é meu propósito fazê-lo com papel e tinta. Em vez disso, espero visitá-los e falar com vocês face a face, para que a nossa alegria seja completa.

¹³ Os filhos da sua irmã eleita lhe enviam saudações.

3João

¹ O presbítero

ao amado Gaio, à quem amo na verdade.

² Amado, oro para que você tenha boa saúde e tudo lhe corra bem, assim como vai bem a sua alma. ³ Muito me alegrei ao receber a visita de alguns irmãos que falaram a respeito da sua fidelidade, de como você continua andando na verdade. ⁴ Não tenho alegria maior do que ouvir que meus filhos estão andando na verdade.

⁵ Amado, você é fiel no que está fazendo pelos irmãos, apesar de lhe serem desconhecidos. ⁶ Eles falaram à igreja a respeito deste seu amor. Você fará bem se os encaminhar em sua viagem de modo agradável a Deus, ⁷ pois foi por causa do Nome que eles saíram, sem receber ajuda alguma dos gentios^b. ⁸ É, pois, nosso dever receber com hospitalidade irmãos como esses, para que nos tornemos cooperadores em favor da verdade.

⁹ Escrevi à igreja, mas Diótrefes, que gosta muito de ser o mais importante entre eles, não nos recebe. ¹⁰ Portanto, se eu for, chamarei a atenção dele para o que está fazendo com suas palavras maldosas contra nós. Não satisfeito com isso, ele se recusa a receber os irmãos, impede os que desejam recebê-los e os expulsa da igreja.

¹¹ Amado, não imite o que é mau, mas sim o que é bom. Aquele que faz o bem é de Deus; aquele que faz o mal não viu a Deus. ¹² Quanto a Demétrio, todos falam bem dele, e a própria verdade testemunha a seu favor. Nós também testemunhamos, e você sabe que o nosso testemunho é verdadeiro.

¹³ Tenho muito que lhe escrever, mas não desejo fazê-lo com pena e tinta. ¹⁴ Espero vê-lo em breve, e então conversaremos face a face.

¹⁵ A paz seja com você. Os amigos daqui lhe enviam saudações. Saúde os amigos daí, um por um.

Judas

¹ Judas, servo^c de Jesus Cristo e irmão de Tiago,

aos que foram chamados, amados por Deus Pai e guardados por^d Jesus Cristo:

² Misericórdia, paz e amor lhes sejam multiplicados.

O Pecado e o Destino dos ímpios

³ Amados, embora estivesse muito ansioso por lhes escrever acerca da salvação que compartilhamos, senti que era necessário escrever-lhes insistindo que batalhassem pela fé de uma vez por todas confiada aos santos. ⁴ Pois certos homens, cuja condenação já estava sentenciada^e há muito tempo, infiltraram-se dissimu-ladamente no meio de vocês. Estes são ímpios, e transformam a graça de nosso Deus em libertinagem e negam Jesus Cristo, nosso único Soberano e Senhor.

---

^a10 Isto é, nas reuniões da igreja realizadas em casa. ^b7 Isto é, dos que não são judeus. ^c1 Isto é, escravo. ^d1 Ou *para*; ou ainda *em* ^e4 Ou *homens que estavam marcados para esta condenação*

---

does not continue in the teaching of Christ does not have God; whoever continues in the teaching has both the Father and the Son. ¹⁰ If anyone comes to you and does not bring this teaching, do not take him into your house or welcome him. ¹¹ Anyone who welcomes him shares in his wicked work.

¹² I have much to write to you, but I do not want to use paper and ink. Instead, I hope to visit you and talk with you face to face, so that our joy may be complete.

¹³ The children of your chosen sister send their greetings.

3John

¹ The elder,

To my dear friend Gaius, whom I love in the truth.

² Dear friend, I pray that you may enjoy good health and that all may go well with you, even as your soul is getting along well. ³ It gave me great joy to have some brothers come and tell about your faithfulness to the truth and how you continue to walk in the truth. ⁴ I have no greater joy than to hear that my children are walking in the truth.

⁵ Dear friend, you are faithful in what you are doing for the brothers, even though they are strangers to you. ⁶ They have told the church about your love. You will do well to send them on their way in a manner worthy of God. ⁷ It was for the sake of the Name that they went out, receiving no help from the pagans. ⁸ We ought therefore to show hospitality to such men so that we may work together for the truth.

⁹ I wrote to the church, but Diotrephes, who loves to be first, will have nothing to do with us. ¹⁰ So if I come, I will call attention to what he is doing, gossiping maliciously about us. Not satisfied with that, he refuses to welcome the brothers. He also stops those who want to do so and puts them out of the church.

¹¹ Dear friend, do not imitate what is evil but what is good. Anyone who does what is good is from God. Anyone who does what is evil has not seen God. ¹² Demetrius is well spoken of by everyone–and even by the truth itself. We also speak well of him, and you know that our testimony is true.

¹³ I have much to write you, but I do not want to do so with pen and ink. ¹⁴ I hope to see you soon, and we will talk face to face.

Peace to you. The friends here send their greetings. Greet the friends there by name.

Jude

¹ Jude, a servant of Jesus Christ and a brother of James,

To those who have been called, who are loved by God the Father and kept by^a Jesus Christ:

² Mercy, peace and love be yours in abundance.

The sin and doom of Godless men

³ Dear friends, although I was very eager to write to you about the salvation we share, I felt I had to write and urge you to contend for the faith that was once for all entrusted to the saints. ⁴ For certain men whose condemnation was written about^b long ago have secretly slipped in among you. They are godless men, who change the grace of our God into a license for immorality and deny Jesus Christ our only Sovereign and Lord.

---

^a1 Or *for*; or *in* ^b4 Or *men who were marked out for condemnation*

⁵ Embora vocês já tenham conhecimento de tudo isso, quero lembrar-lhes que o Senhorᵃ libertou um povo do Egito mas, posteriormente, destruiu os que não creram. ⁶ E, quanto aos anjos que não conservaram suas posições de autoridade mas abandonaram sua própria morada, ele os tem guardado em trevas, presos com correntes eternas para o juízo do grande Dia. ⁷ De modo semelhante a estes, Sodoma e Gomorra e as cidades em redor se entregaram à imoralidade e a relações sexuais antinaturaisᵇ. Estando sob o castigo do fogo eterno, elas servem de exemplo.

⁸ Da mesma forma, estes sonhadores contaminam o próprio corpoᶜ, rejeitam as autoridades e difamam os seres celestiais. ⁹ Contudo, nem mesmo o arcanjo Miguel, quando estava disputando com o Diabo acerca do corpo de Moisés, ousou fazer acusação injuriosa contra ele, mas disse: "O Senhor o repreenda!" ¹⁰ Todavia, esses tais difamam tudo o que não entendem; e as coisas que entendem por instinto, como animais irracionais, nessas mesmas coisas se corrompem.

¹¹ Ai deles! Pois seguiram o caminho de Caim, buscando o lucro caíram no erro de Balaão, e foram destruídos na rebelião de Corá.

¹² Esses homens são rochas submersasᵈ nas festas de fraternidade que vocês fazem, comendo com vocês de maneira desonrosa. São pastores que só cuidam de si mesmos. São nuvens sem água, impelidas pelo vento; árvores de outono, sem frutos, duas vezes mortas, arrancadas pela raiz. ¹³ São ondas bravias do mar, espumando seus próprios atos vergonhosos; estrelas errantes, para as quais estão reservadas para sempre as mais densas trevas.

¹⁴ Enoque, o sétimo a partir de Adão, profetizou acerca deles: "Vejam, o Senhor vem com milhares de milhares de seus santos, ¹⁵ para julgar a todos e convencer todos os ímpios a respeito de todos os atos de impiedade que eles cometeram impiamente e acerca de todas as palavras insolentes que os pecadores ímpios falaram contra ele". ¹⁶ Essas pessoas vivem se queixando, descontentes com a sua sorte, e seguem os seus próprios desejos impuros; são cheias de si e adulam os outros por interesse.

Um Chamado à Perseverança

¹⁷ Todavia, amados, lembrem-se do que foi predito pelos apóstolos de nosso Senhor Jesus Cristo. ¹⁸ Eles diziam a vocês: "Nos últimos tempos haverá zombadores que seguirão os seus próprios desejos ímpios". ¹⁹ Estes são os que causam divisões entre vocês, os quais seguem a tendência da sua própria alma e não têm o Espírito.

²⁰ Edifiquem-se, porém, amados, na santíssima fé que vocês têm, orando no Espírito Santo. ²¹ Mantenham-se no amor de Deus, enquanto esperam que a misericórdia de nosso Senhor Jesus Cristo os leve para a vida eterna.

²² Tenham compaixão daqueles que duvidam; ²³ a outros, salvem, arrebatando-os do fogo; a outros ainda, mostrem misericórdia com temor, odiando até a roupa contaminada pela carne.

Doxologia

²⁴ Àquele que é poderoso para impedi-los de cair e para apresentá-los diante da sua glória sem mácula e com grande alegria, ²⁵ ao único Deus, nosso Salvador, sejam glória, majestade, poder e autoridade, mediante Jesus Cristo, nosso Senhor, antes de todos os tempos, agora e para todo o sempre! Amém.

⁵ Though you already know all this, I want to remind you that the Lordᵃ delivered his people out of Egypt, but later destroyed those who did not believe. ⁶ And the angels who did not keep their positions of authority but abandoned their own home—these he has kept in darkness, bound with everlasting chains for judgment on the great Day. ⁷ In a similar way, Sodom and Gomorrah and the surrounding towns gave themselves up to sexual immorality and perversion. They serve as an example of those who suffer the punishment of eternal fire.

⁸ In the very same way, these dreamers pollute their own bodies, reject authority and slander celestial beings. ⁹ But even the archangel Michael, when he was disputing with the devil about the body of Moses, did not dare to bring a slanderous accusation against him, but said, "The Lord rebuke you!" ¹⁰ Yet these men speak abusively against whatever they do not understand; and what things they do understand by instinct, like unreasoning animals—these are the very things that destroy them.

¹¹ Woe to them! They have taken the way of Cain; they have rushed for profit into Balaam's error; they have been destroyed in Korah's rebellion.

¹² These men are blemishes at your love feasts, eating with you without the slightest qualm—shepherds who feed only themselves. They are clouds without rain, blown along by the wind; autumn trees, without fruit and uprooted—twice dead. ¹³ They are wild waves of the sea, foaming up their shame; wandering stars, for whom blackest darkness has been reserved forever.

¹⁴ Enoch, the seventh from Adam, prophesied about these men: "See, the Lord is coming with thousands upon thousands of his holy ones ¹⁵ to judge everyone, and to convict all the ungodly of all the ungodly acts they have done in the ungodly way, and of all the harsh words ungodly sinners have spoken against him." ¹⁶ These men are grumblers and faultfinders; they follow their own evil desires; they boast about themselves and flatter others for their own advantage.

A call to persevere

¹⁷ But, dear friends, remember what the apostles of our Lord Jesus Christ foretold. ¹⁸ They said to you, "In the last times there will be scoffers who will follow their own ungodly desires." ¹⁹ These are the men who divide you, who follow mere natural instincts and do not have the Spirit.

²⁰ But you, dear friends, build yourselves up in your most holy faith and pray in the Holy Spirit. ²¹ Keep yourselves in God's love as you wait for the mercy of our Lord Jesus Christ to bring you to eternal life.

²² Be merciful to those who doubt; ²³ snatch others from the fire and save them; to others show mercy, mixed with fear—hating even the clothing stained by corrupted flesh.

Doxology

²⁴ To him who is able to keep you from falling and to present you before his glorious presence without fault and with great joy— ²⁵ to the only God our Savior be glory, majesty, power and authority, through Jesus Christ our Lord, before all ages, now and forevermore! Amen.

ᵃ5 Alguns manuscritos dizem *Jesus*. ᵇ7 Grego: *foram após outra carne*. ᶜ8 Grego: *sua própria carne*. ᵈ12 Ou *são manchas*

ᵃ5 Some early manuscripts *Jesus*

Apocalipse

Introdução

1 Revelação de Jesus Cristo, que Deus lhe deu para mostrar aos seus servos[a] o que em breve há de acontecer. Ele enviou o seu anjo para torná-la conhecida ao seu servo João, [2] que dá testemunho de tudo o que viu, isto é, a palavra de Deus e o testemunho de Jesus Cristo. [3] Feliz aquele que lê as palavras desta profecia e felizes aqueles que ouvem e guardam o que nela está escrito, porque o tempo está próximo.

Saudação e Doxologia

[4] João

às sete igrejas da província da Ásia:

A vocês, graça e paz da parte daquele que é, que era e que há de vir, dos sete espíritos[b] que estão diante do seu trono, [5] e de Jesus Cristo, que é a testemunha fiel, o primogênito dentre os mortos e o soberano dos reis da terra[c].

Ele nos ama e nos libertou dos nossos pecados por meio do seu sangue, [6] e nos constituiu reino e sacerdotes para servir a seu Deus e Pai. A ele sejam glória e poder para todo o sempre! Amém.

[7] Eis que ele vem
        com as nuvens,
    e todo olho o verá,
    até mesmo aqueles
        que o traspassaram;
    e todos os povos da terra
        se lamentarão por causa dele.
    Assim será! Amém.

[8] "Eu sou o Alfa e o Ômega", diz o Senhor Deus, "o que é, o que era e o que há de vir, o Todo-poderoso."

Alguém Semelhante a um Filho de Homem

[9] Eu, João, irmão e companheiro de vocês no sofrimento, no Reino e na perseverança em Jesus, estava na ilha de Patmos por causa da palavra de Deus e do testemunho de Jesus. [10] No dia do Senhor achei-me no Espírito e ouvi por trás de mim uma voz forte, como de trombeta, [11] que dizia: "Escreva num livro[d] o que você vê e envie a estas sete igrejas: Éfeso, Esmirna, Pérgamo, Tiatira, Sardes, Filadélfia e Laodicéia".

[12] Voltei-me para ver quem falava comigo. Voltando-me, vi sete candelabros de ouro [13] e entre os candelabros alguém "semelhante a um filho de homem"[e], com uma veste que chegava aos seus pés e um cinturão de ouro ao redor do peito. [14] Sua cabeça e seus cabelos eram brancos como a lã, tão brancos quanto a neve, e seus olhos eram como chama de fogo. [15] Seus pés eram como o bronze numa fornalha ardente e sua voz como o som de muitas águas. [16] Tinha em sua mão direita sete estrelas, e da sua boca saía uma espada afiada de dois gumes. Sua face era como o sol quando brilha em todo o seu fulgor.

[17] Quando o vi, caí aos seus pés como morto. Então ele colocou sua mão direita sobre mim e disse: "Não tenha medo. Eu sou o Primeiro e o Último. [18] Sou Aquele que Vive. Estive morto mas agora estou vivo para todo o sempre! E tenho as chaves da morte e do Hades[f].

[19] "Escreva, pois, as coisas que você viu, tanto as presentes como as que acontecerão.[g] [20] Este é o mistério das sete estrelas que você viu em minha mão direita e dos sete candelabros: as sete estrelas são os anjos das sete igrejas, e os sete candelabros são as sete igrejas.

---

[a]**1.1** Isto é, escravos; também em todo o livro de Apocalipse. [b]**1.4** Ou *séptuplo Espírito*; também em 3.1; 4.5 e 5.6 [c]**1.5** Veja Sl 89.27. [d]**1.11** Grego: *rolo.* [e]**1.13** Dn 7.13 [f]**1.18** Essa palavra pode ser traduzida por inferno, sepulcro, morte ou profundezas. [g]**1.19** Ou *você viu, as coisas presentes e as que acontecerão depois destas.*

Revelation

Prologue

1 The revelation of Jesus Christ, which God gave him to show his servants what must soon take place. He made it known by sending his angel to his servant John, [2] who testifies to everything he saw—that is, the word of God and the testimony of Jesus Christ. [3] Blessed is the one who reads the words of this prophecy, and blessed are those who hear it and take to heart what is written in it, because the time is near.

Greetings and doxology

[4] John,

To the seven churches in the province of Asia:

Grace and peace to you from him who is, and who was, and who is to come, and from the seven spirits[a] before his throne, [5] and from Jesus Christ, who is the faithful witness, the firstborn from the dead, and the ruler of the kings of the earth.

To him who loves us and has freed us from our sins by his blood, [6] and has made us to be a kingdom and priests to serve his God and Father—to him be glory and power for ever and ever! Amen.

[7] Look, he is coming with the clouds,
        and every eye will see him,
        even those who pierced him;
    and all the peoples of the earth will mourn
        because of him.
            So shall it be! Amen.

[8] "I am the Alpha and the Omega," says the Lord God, "who is, and who was, and who is to come, the Almighty."

One like a Son of Man

[9] I, John, your brother and companion in the suffering and kingdom and patient endurance that are ours in Jesus, was on the island of Patmos because of the word of God and the testimony of Jesus. [10] On the Lord's Day I was in the Spirit, and I heard behind me a loud voice like a trumpet, [11] which said: "Write on a scroll what you see and send it to the seven churches: to Ephesus, Smyrna, Pergamum, Thyatira, Sardis, Philadelphia and Laodicea."

[12] I turned around to see the voice that was speaking to me. And when I turned I saw seven golden lampstands, [13] and among the lampstands was someone "like a son of man,"[b] dressed in a robe reaching down to his feet and with a golden sash around his chest. [14] His head and hair were white like wool, as white as snow, and his eyes were like blazing fire. [15] His feet were like bronze glowing in a furnace, and his voice was like the sound of rushing waters. [16] In his right hand he held seven stars, and out of his mouth came a sharp double-edged sword. His face was like the sun shining in all its brilliance.

[17] When I saw him, I fell at his feet as though dead. Then he placed his right hand on me and said: "Do not be afraid. I am the First and the Last. [18] I am the Living One; I was dead, and behold I am alive for ever and ever! And I hold the keys of death and Hades.

[19] "Write, therefore, what you have seen, what is now and what will take place later. [20] The mystery of the seven stars that you saw in my right hand and of the seven golden lampstands is this: The seven stars are the angels[c] of the seven churches, and the seven lampstands are the seven churches.

---

[a]**1:4** Or *the sevenfold Spirit* [b]**1:13** Daniel 7:13 [c]**1:20** Or *messengers*

Carta à Igreja de Éfeso

2 "Ao anjo da igreja em Éfeso escreva:

"Estas são as palavras daquele que tem as sete estrelas em sua mão direita e anda entre os sete candelabros de ouro. ² Conheço as suas obras, o seu trabalho árduo e a sua perseverança. Sei que você não pode tolerar homens maus, que pôs à prova os que dizem ser apóstolos mas não são, e descobriu que eles eram impostores. ³ Você tem perseverado e suportado sofrimentos por causa do meu nome, e não tem desfalecido.

⁴ "Contra você, porém, tenho isto: você abandonou o seu primeiro amor. ⁵ Lembre-se de onde caiu! Arrependa-se e pratique as obras que praticava no princípio. Se não se arrepender, virei a você e tirarei o seu candelabro do lugar dele. ⁶ Mas há uma coisa a seu favor: você odeia as práticas dos nicolaítas, como eu também as odeio.

⁷ "Aquele que tem ouvidos ouça o que o Espírito diz às igrejas. Ao vencedor darei o direito de comer da árvore da vida, que está no paraíso de Deus.

Carta à Igreja de Esmirna

⁸ "Ao anjo da igreja em Esmirna escreva:

"Estas são as palavras daquele que é o Primeiro e o Último, que morreu e tornou a viver. ⁹ Conheço as suas aflições e a sua pobreza; mas você é rico! Conheço a blasfêmia dos que se dizem judeus mas não são, sendo antes sinagoga de Satanás. ¹⁰ Não tenha medo do que você está prestes a sofrer. O Diabo lançará alguns de vocês na prisão para prová-los, e vocês sofrerão perseguição durante dez dias. Seja fiel até a morte, e eu lhe darei a coroa da vida.

¹¹ "Aquele que tem ouvidos ouça o que o Espírito diz às igrejas. O vencedor de modo algum sofrerá a segunda morte.

Carta à Igreja de Pérgamo

¹² "Ao anjo da igreja em Pérgamo escreva:

"Estas são as palavras daquele que tem a espada afiada de dois gumes. ¹³ Sei onde você vive — onde está o trono de Satanás. Contudo, você permanece fiel ao meu nome e não renunciou à sua fé em mim, nem mesmo quando Antipas, minha fiel testemunha, foi morto nessa cidade, onde Satanás habita.

¹⁴ "No entanto, tenho contra você algumas coisas: você tem aí pessoas que se apegam aos ensinos de Balaão, que ensinou Balaque a armar ciladas contra os israelitas, induzindo-os a comer alimentos sacrificados a ídolos e a praticar imoralidade sexual. ¹⁵ De igual modo você tem também os que se apegam aos ensinos dos nicolaítas. ¹⁶ Portanto, arrependa-se! Se não, virei até você e lutarei contra eles com a espada da minha boca.

¹⁷ "Aquele que tem ouvidos ouça o que o Espírito diz às igrejas. Ao vencedor darei do maná escondido. Também lhe darei uma pedra branca com um novo nome nela inscrito, conhecido apenas por aquele que o recebe.

Carta à Igreja de Tiatira

¹⁸ "Ao anjo da igreja em Tiatira escreva:

"Estas são as palavras do Filho de Deus, cujos olhos são como chama de fogo e os pés como bronze reluzente. ¹⁹ Conheço as suas obras, o seu amor, a sua fé, o seu serviço e a sua perseverança, e sei que você está fazendo mais agora do que no princípio.

²⁰ "No entanto, contra você tenho isto: você tolera Jezabel,

To the church in Ephesus

2 "To the angel[a] of the church in Ephesus write:

These are the words of him who holds the seven stars in his right hand and walks among the seven golden lampstands: ² I know your deeds, your hard work and your perseverance. I know that you cannot tolerate wicked men, that you have tested those who claim to be apostles but are not, and have found them false. ³ You have persevered and have endured hardships for my name, and have not grown weary.

⁴ Yet I hold this against you: You have forsaken your first love. ⁵ Remember the height from which you have fallen! Repent and do the things you did at first. If you do not repent, I will come to you and remove your lampstand from its place. ⁶ But you have this in your favor: You hate the practices of the Nicolaitans, which I also hate.

⁷ He who has an ear, let him hear what the Spirit says to the churches. To him who overcomes, I will give the right to eat from the tree of life, which is in the paradise of God.

To the Church in Smyrna

⁸ "To the angel of the church in Smyrna write:

These are the words of him who is the First and the Last, who died and came to life again. ⁹ I know your afflictions and your poverty—yet you are rich! I know the slander of those who say they are Jews and are not, but are a synagogue of Satan. ¹⁰ Do not be afraid of what you are about to suffer. I tell you, the devil will put some of you in prison to test you, and you will suffer persecution for ten days. Be faithful, even to the point of death, and I will give you the crown of life.

¹¹ He who has an ear, let him hear what the Spirit says to the churches. He who overcomes will not be hurt at all by the second death.

To the Church in Pergamum

¹² "To the angel of the church in Pergamum write:

These are the words of him who has the sharp, double-edged sword. ¹³ I know where you live—where Satan has his throne. Yet you remain true to my name. You did not renounce your faith in me, even in the days of Antipas, my faithful witness, who was put to death in your city—where Satan lives.

¹⁴ Nevertheless, I have a few things against you: You have people there who hold to the teaching of Balaam, who taught Balak to entice the Israelites to sin by eating food sacrificed to idols and by committing sexual immorality. ¹⁵ Likewise you also have those who hold to the teaching of the Nicolaitans. ¹⁶ Repent therefore! Otherwise, I will soon come to you and will fight against them with the sword of my mouth.

¹⁷ He who has an ear, let him hear what the Spirit says to the churches. To him who overcomes, I will give some of the hidden manna. I will also give him a white stone with a new name written on it, known only to him who receives it.

To the Church in Thyatira

¹⁸ "To the angel of the church in Thyatira write:

These are the words of the Son of God, whose eyes are like blazing fire and whose feet are like burnished bronze. ¹⁹ I know your deeds, your love and faith, your service and perseverance, and that you are now doing more than you did at first.

²⁰ Nevertheless, I have this against you: You tolerate that

aquela mulher que se diz profetisa. Com os seus ensinos, ela induz os meus servos à imoralidade sexual e a comerem alimentos sacrificados aos ídolos. **21** Dei-lhe tempo para que se arrependesse da sua imoralidade sexual, mas ela não quer se arrepender. **22** Por isso, vou fazê-la adoecer e trarei grande sofrimento aos que cometem adultério com ela, a não ser que se arrependam das obras que ela pratica. **23** Matarei os filhos^a dessa mulher. Então, todas as igrejas saberão que eu sou aquele que sonda mentes e corações, e retribuirei a cada um de vocês de acordo com as suas obras. **24** Aos demais que estão em Tiatira, a vocês que não seguem a doutrina dela e não aprenderam, como eles dizem, os profundos segredos de Satanás, digo: Não porei outra carga sobre vocês; **25** tão-somente apeguem-se com firmeza ao que vocês têm, até que eu venha.

26 "Àquele que vencer e fizer a minha vontade até o fim darei autoridade sobre as nações.

27 " 'Ele as governará
    com cetro de ferro
e as despedaçará
    como a um vaso de barro.'^b

28 "Eu lhe darei a mesma autoridade que recebi de meu Pai. Também lhe darei a estrela da manhã. **29** Aquele que tem ouvidos ouça o que o Espírito diz às igrejas.

Carta à Igreja de Sardes

3 "Ao anjo da igreja em Sardes escreva:

"Estas são as palavras daquele que tem os sete espíritos de Deus e as sete estrelas. Conheço as suas obras; você tem fama de estar vivo, mas está morto. **2** Esteja atento! Fortaleça o que resta e que estava para morrer, pois não achei suas obras perfeitas aos olhos do meu Deus. **3** Lembre-se, portanto, do que você recebeu e ouviu; obedeça e arrependa-se. Mas se você não estiver atento, virei como um ladrão e você não saberá a que hora virei contra você. **4** "No entanto, você tem aí em Sardes uns poucos que não contaminaram as suas vestes. Eles andarão comigo, vestidos de branco, pois são dignos. **5** O vencedor será igualmente vestido de branco. Jamais apagarei o seu nome do livro da vida, mas o reconhecerei diante do meu Pai e dos seus anjos. **6** Aquele que tem ouvidos ouça o que o Espírito diz às igrejas.

Carta à Igreja de Filadélfia

7 "Ao anjo da igreja em Filadélfia escreva:

"Estas são as palavras daquele que é santo e verdadeiro, que tem a chave de Davi. O que ele abre ninguém pode fechar, e o que ele fecha ninguém pode abrir. **8** Conheço as suas obras. Eis que coloquei diante de você uma porta aberta que ninguém pode fechar. Sei que você tem pouca força, mas guardou a minha palavra e não negou o meu nome. **9** Veja o que farei com aqueles que são sinagoga de Satanás e que se dizem judeus e não são, mas são mentirosos. Farei que se prostrem aos seus pés e reconheçam que eu o amei. **10** Visto que você guardou a minha palavra de exortação à perseverança, eu também o guardarei da hora da provação que está para vir sobre todo o mundo, para pôr à prova os que habitam na terra.

11 "Venho em breve! Retenha o que você tem, para que ninguém tome a sua coroa. **12** Farei do vencedor uma coluna no santuário do meu Deus, e dali ele jamais sairá. Escreverei nele o nome do meu Deus e o nome da cidade do meu Deus, a nova Jerusalém, que desce dos céus da parte de Deus; e também escreverei nele o meu

woman Jezebel, who calls herself a prophetess. By her teaching she misleads my servants into sexual immorality and the eating of food sacrificed to idols. **21** I have given her time to repent of her immorality, but she is unwilling. **22** So I will cast her on a bed of suffering, and I will make those who commit adultery with her suffer intensely, unless they repent of her ways. **23** I will strike her children dead. Then all the churches will know that I am he who searches hearts and minds, and I will repay each of you according to your deeds. **24** Now I say to the rest of you in Thyatira, to you who do not hold to her teaching and have not learned Satan's so-called deep secrets (I will not impose any other burden on you): **25** Only hold on to what you have until I come.

26 To him who overcomes and does my will to the end, I will give authority over the nations–

27 'He will rule them with an iron scepter;
    he will dash them to pieces like pottery'^a—

just as I have received authority from my Father. **28** I will also give him the morning star. **29** He who has an ear, let him hear what the Spirit says to the churches.

To the Church in Sardis

3 "To the angel^b of the church in Sardis write:

These are the words of him who holds the seven spirits^c of God and the seven stars. I know your deeds; you have a reputation of being alive, but you are dead. **2** Wake up! Strengthen what remains and is about to die, for I have not found your deeds complete in the sight of my God. **3** Remember, therefore, what you have received and heard; obey it, and repent. But if you do not wake up, I will come like a thief, and you will not know at what time I will come to you.

4 Yet you have a few people in Sardis who have not soiled their clothes. They will walk with me, dressed in white, for they are worthy. **5** He who overcomes will, like them, be dressed in white. I will never blot out his name from the book of life, but will acknowledge his name before my Father and his angels. **6** He who has an ear, let him hear what the Spirit says to the churches.

To the Church in Philadelphia

7 "To the angel of the church in Philadelphia write:

These are the words of him who is holy and true, who holds the key of David. What he opens no one can shut, and what he shuts no one can open. **8** I know your deeds. See, I have placed before you an open door that no one can shut. I know that you have little strength, yet you have kept my word and have not denied my name. **9** I will make those who are of the synagogue of Satan, who claim to be Jews though they are not, but are liars—I will make them come and fall down at your feet and acknowledge that I have loved you. **10** Since you have kept my command to endure patiently, I will also keep you from the hour of trial that is going to come upon the whole world to test those who live on the earth.

11 I am coming soon. Hold on to what you have, so that no one will take your crown. **12** Him who overcomes I will make a pillar in the temple of my God. Never again will he leave it. I will write on him the name of my God and the name of the city of my God, the new Jerusalem, which is coming down out of heaven from my God; and I will also write on him my

---

^a**2.23** Ou *discípulos* ^b**2.27** Sl 2.9

^a**2:27** Psalm 2:9 ^b**3:1** Or *messenger*, also in verses 7 and 14 ^c**3:1** Or *the sevenfold Spirit*

novo nome. **13** Aquele que tem ouvidos ouça o que o Espírito diz às igrejas.

Carta à Igreja de Laodicéia

14 "Ao anjo da igreja em Laodicéia escreva:

"Estas são as palavras do Amém, a testemunha fiel e verdadeira, o soberano da criação de Deus. **15** Conheço as suas obras, sei que você não é frio nem quente. Melhor seria que você fosse frio ou quente! **16** Assim, porque você é morno, não é frio nem quente, estou a ponto de vomitá-lo da minha boca. **17** Você diz: 'Estou rico, adquiri riquezas e não preciso de nada'. Não reconhece, porém, que é miserável, digno de compaixão, pobre, cego, e que está nu. **18** Dou-lhe este conselho: Compre de mim ouro refinado no fogo, e você se tornará rico; compre roupas brancas e vista-se para cobrir a sua vergonhosa nudez; e compre colírio para ungir os seus olhos e poder enxergar.

19 "Repreendo e disciplino aqueles que eu amo. Por isso, seja diligente e arrependa-se. **20** Eis que estou à porta e bato. Se alguém ouvir a minha voz e abrir a porta, entrarei e cearei com ele, e ele comigo.

21 "Ao vencedor darei o direito de sentar-se comigo em meu trono, assim como eu também venci e sentei-me com meu Pai em seu trono. **22** Aquele que tem ouvidos ouça o que o Espírito diz às igrejas".

O Trono no Céu

4 Depois dessas coisas olhei, e diante de mim estava uma porta aberta no céu. A voz que eu tinha ouvido no princípio, falando comigo como trombeta, disse: "Suba para cá, e lhe mostrarei o que deve acontecer depois dessas coisas". **2** Imediatamente me vi tomado pelo Espírito, e diante de mim estava um trono no céu e nele estava assentado alguém. **3** Aquele que estava assentado era de aspecto semelhante a jaspe e sardônio. Um arco-íris, parecendo uma esmeralda, circundava o trono, **4** ao redor do qual estavam outros vinte e quatro tronos, e assentados neles havia vinte e quatro anciãos. Eles estavam vestidos de branco e na cabeça tinham coroas de ouro. **5** Do trono saíam relâmpagos, vozes e trovões. Diante dele estavam acesas sete lâmpadas de fogo, que são os sete espíritos de Deus. **6** E diante do trono havia algo parecido com um mar de vidro, claro como cristal.

No centro, ao redor do trono, havia quatro seres viventes cobertos de olhos, tanto na frente como atrás. **7** O primeiro ser parecia um leão, o segundo parecia um boi, o terceiro tinha rosto como de homem, o quarto parecia uma águia em vôo. **8** Cada um deles tinha seis asas e era cheio de olhos, tanto ao redor como por baixo das asas. Dia e noite repetem sem cessar:

"Santo, santo, santo
é o Senhor, o Deus todo-poderoso,
que era, que é e que há de vir".

9 Toda vez que os seres viventes dão glória, honra e graças àquele que está assentado no trono e que vive para todo o sempre, **10** os vinte e quatro anciãos se prostram diante daquele que está assentado no trono e adoram aquele que vive para todo o sempre. Eles lançam as suas coroas diante do trono, e dizem:

11 "Tu, Senhor e Deus nosso,
és digno de receber
  a glória, a honra e o poder,
porque criaste todas as coisas,
e por tua vontade elas existem
  e foram criadas".

new name. **13** He who has an ear, let him hear what the Spirit says to the churches.

To the Church in Laodicea

14 "To the angel of the church in Laodicea write:

These are the words of the Amen, the faithful and true witness, the ruler of God's creation. **15** I know your deeds, that you are neither cold nor hot. I wish you were either one or the other! **16** So, because you are lukewarm—neither hot nor cold—I am about to spit you out of my mouth. **17** You say, 'I am rich; I have acquired wealth and do not need a thing.' But you do not realize that you are wretched, pitiful, poor, blind and naked. **18** I counsel you to buy from me gold refined in the fire, so you can become rich; and white clothes to wear, so you can cover your shameful nakedness; and salve to put on your eyes, so you can see.

19 Those whom I love I rebuke and discipline. So be earnest, and repent. **20** Here I am! I stand at the door and knock. If anyone hears my voice and opens the door, I will come in and eat with him, and he with me.

21 To him who overcomes, I will give the right to sit with me on my throne, just as I overcame and sat down with my Father on his throne. **22** He who has an ear, let him hear what the Spirit says to the churches."

The Throne in Heaven

4 After this I looked, and there before me was a door standing open in heaven. And the voice I had first heard speaking to me like a trumpet said, "Come up here, and I will show you what must take place after this." **2** At once I was in the Spirit, and there before me was a throne in heaven with someone sitting on it. **3** And the one who sat there had the appearance of jasper and carnelian. A rainbow, resembling an emerald, encircled the throne. **4** Surrounding the throne were twenty-four other thrones, and seated on them were twenty-four elders. They were dressed in white and had crowns of gold on their heads. **5** From the throne came flashes of lightning, rumblings and peals of thunder. Before the throne, seven lamps were blazing. These are the seven spirits[a] of God. **6** Also before the throne there was what looked like a sea of glass, clear as crystal.

In the center, around the throne, were four living creatures, and they were covered with eyes, in front and in back. **7** The first living creature was like a lion, the second was like an ox, the third had a face like a man, the fourth was like a flying eagle. **8** Each of the four living creatures had six wings and was covered with eyes all around, even under his wings. Day and night they never stop saying:

"Holy, holy, holy
is the Lord God Almighty,
who was, and is, and is to come."

9 Whenever the living creatures give glory, honor and thanks to him who sits on the throne and who lives for ever and ever, **10** the twenty-four elders fall down before him who sits on the throne, and worship him who lives for ever and ever. They lay their crowns before the throne and say:

11 "You are worthy, our Lord and God,
  to receive glory and honor and power,
for you created all things,
  and by your will they were created
  and have their being."

O Livro e o Cordeiro

5 Então vi na mão direita daquele que está assentado no trono um livro em forma de rolo, escrito de ambos os lados e selado com sete selos. **2** Vi um anjo poderoso, proclamando em alta voz: "Quem é digno de romper os selos e de abrir o livro?" **3** Mas não havia ninguém, nem no céu nem na terra nem debaixo da terra, que pudesse abrir o livro, ou sequer olhar para ele. **4** Eu chorava muito, porque não se encontrou ninguém que fosse digno de abrir o livro e de olhar para ele. **5** Então um dos anciãos me disse: "Não chore! Eis que o Leão da tribo de Judá, a Raiz de Davi, venceu para abrir o livro e os seus sete selos".

6 Depois vi um Cordeiro, que parecia ter estado morto, em pé, no centro do trono, cercado pelos quatro seres viventes e pelos anciãos. Ele tinha sete chifres e sete olhos, que são os sete espíritos de Deus enviados a toda a terra. **7** Ele se aproximou e recebeu o livro da mão direita daquele que estava assentado no trono. **8** Ao recebê-lo, os quatro seres viventes e os vinte e quatro anciãos prostraram-se diante do Cordeiro. Cada um deles tinha uma harpa e taças de ouro cheias de incenso, que são as orações dos santos; **9** e eles cantavam um cântico novo:

"Tu és digno de receber o livro
    e de abrir os seus selos,
pois foste morto,
    e com teu sangue compraste para Deus
gente de toda tribo, língua, povo e nação.
10 Tu os constituíste reino
    e sacerdotes
      para o nosso Deus,
e eles reinarão sobre a terra".

11 Então olhei e ouvi a voz de muitos anjos, milhares de milhares e milhões de milhões. Eles rodeavam o trono, bem como os seres viventes e os anciãos, **12** e cantavam em alta voz:

"Digno é o Cordeiro
    que foi morto
de receber poder, riqueza, sabedoria, força,
    honra, glória e louvor!"

13 Depois ouvi todas as criaturas existentes no céu, na terra, debaixo da terra e no mar, e tudo o que neles há, que diziam:

"Àquele que está assentado
    no trono
    e ao Cordeiro
sejam o louvor, a honra,
    a glória e o poder,
para todo o sempre!"

14 Os quatro seres viventes disseram: "Amém", e os anciãos prostraram-se e o adoraram.

Os Selos

6 Observei quando o Cordeiro abriu o primeiro dos sete selos. Então ouvi um dos seres viventes dizer com voz de trovão: "Venha!" **2** Olhei, e diante de mim estava um cavalo branco. Seu cavaleiro empunhava um arco, e foi-lhe dada uma coroa; ele cavalgava como vencedor determinado a vencer.

3 Quando o Cordeiro abriu o segundo selo, ouvi o segundo ser vivente dizer: "Venha!" **4** Então saiu outro cavalo; e este era vermelho. Seu cavaleiro recebeu poder para tirar a paz da terra e fazer que os homens se matassem uns aos outros. E lhe foi dada uma grande espada.

5 Quando o Cordeiro abriu o terceiro selo, ouvi o terceiro ser vivente dizer: "Venha!" Olhei, e diante de mim estava um cavalo preto. Seu cavaleiro tinha na mão uma balança. **6** Então ouvi o que parecia uma voz entre os quatro seres viventes, dizen-

The Scroll and the Lamb

5 Then I saw in the right hand of him who sat on the throne a scroll with writing on both sides and sealed with seven seals. **2** And I saw a mighty angel proclaiming in a loud voice, "Who is worthy to break the seals and open the scroll?" **3** But no one in heaven or on earth or under the earth could open the scroll or even look inside it. **4** I wept and wept because no one was found who was worthy to open the scroll or look inside. **5** Then one of the elders said to me, "Do not weep! See, the Lion of the tribe of Judah, the Root of David, has triumphed. He is able to open the scroll and its seven seals."

6 Then I saw a Lamb, looking as if it had been slain, standing in the center of the throne, encircled by the four living creatures and the elders. He had seven horns and seven eyes, which are the seven spirits[a] of God sent out into all the earth. **7** He came and took the scroll from the right hand of him who sat on the throne. **8** And when he had taken it, the four living creatures and the twenty-four elders fell down before the Lamb. Each one had a harp and they were holding golden bowls full of incense, which are the prayers of the saints. **9** And they sang a new song:

"You are worthy to take the scroll
    and to open its seals,
because you were slain,
    and with your blood you purchased men
      for God
from every tribe and language and people
      and nation.
10 You have made them to be a kingdom and
    priests to serve our God,
    and they will reign on the earth."

11 Then I looked and heard the voice of many angels, numbering thousands upon thousands, and ten thousand times ten thousand. They encircled the throne and the living creatures and the elders. **12** In a loud voice they sang:

"Worthy is the Lamb, who was slain,
    to receive power and wealth and wisdom
      and strength
    and honor and glory and praise!"

13 Then I heard every creature in heaven and on earth and under the earth and on the sea, and all that is in them, singing:

"To him who sits on the throne and to the Lamb
    be praise and honor and glory and power,
    for ever and ever!"

14 The four living creatures said, "Amen," and the elders fell down and worshiped.

The Seals

6 I watched as the Lamb opened the first of the seven seals. Then I heard one of the four living creatures say in a voice like thunder, "Come!" **2** I looked, and there before me was a white horse! Its rider held a bow, and he was given a crown, and he rode out as a conqueror bent on conquest.

3 When the Lamb opened the second seal, I heard the second living creature say, "Come!" **4** Then another horse came out, a fiery red one. Its rider was given power to take peace from the earth and to make men slay each other. To him was given a large sword.

5 When the Lamb opened the third seal, I heard the third living creature say, "Come!" I looked, and there before me was a black horse! Its rider was holding a pair of scales in his hand. **6** Then I heard what sounded like a voice among the four living

---

[a]5:6 Or *the sevenfold Spirit*

do: "Um quilo[a] de trigo por um denário[b], e três quilos de cevada por um denário, e não danifique o azeite e o vinho!"

[7] Quando o Cordeiro abriu o quarto selo, ouvi a voz do quarto ser vivente dizer: "Venha!" [8] Olhei, e diante de mim estava um cavalo amarelo. Seu cavaleiro chamava-se Morte, e o Hades o seguia de perto. Foi-lhes dado poder sobre um quarto da terra para matar pela espada, pela fome, por pragas e por meio dos animais selvagens da terra.

[9] Quando ele abriu o quinto selo, vi debaixo do altar as almas daqueles que haviam sido mortos por causa da palavra de Deus e do testemunho que deram. [10] Eles clamavam em alta voz: "Até quando, ó Soberano, santo e verdadeiro, esperarás para julgar os habitantes da terra e vingar o nosso sangue?" [11] Então cada um deles recebeu uma veste branca, e foi-lhes dito que esperassem um pouco mais, até que se completasse o número dos seus conservos e irmãos, que deveriam ser mortos como eles.

[12] Observei quando ele abriu o sexto selo. Houve um grande terremoto. O sol ficou escuro como tecido de crina negra, toda a lua tornou-se vermelha como sangue, [13] e as estrelas do céu caíram sobre a terra como figos verdes caem da figueira quando sacudidos por um vento forte. [14] O céu foi se recolhendo como se enrola um pergaminho, e todas as montanhas e ilhas foram removidas de seus lugares.

[15] Então os reis da terra, os príncipes, os generais, os ricos, os poderosos — todos, escravos e livres, esconderam-se em cavernas e entre as rochas das montanhas. [16] Eles gritavam às montanhas e às rochas: "Caiam sobre nós e escondam-nos da face daquele que está assentado no trono e da ira do Cordeiro! [17] Pois chegou o grande dia da ira deles; e quem poderá suportar?"

Cento e Quarenta e Quatro Mil Selados

7 Depois disso vi quatro anjos em pé nos quatro cantos da terra, retendo os quatro ventos, para impedir que qualquer vento soprasse na terra, no mar ou em qualquer árvore. [2] Então vi outro anjo subindo do Oriente, tendo o selo do Deus vivo. Ele bradou em alta voz aos quatro anjos a quem havia sido dado poder para danificar a terra e o mar: [3] "Não danifiquem, nem a terra, nem o mar, nem as árvores, até que selemos as testas dos servos do nosso Deus". [4] Então ouvi o número dos que foram selados: cento e quarenta e quatro mil, de todas as tribos de Israel.

[5] Da tribo de Judá
    foram selados doze mil,
    da tribo de Rúben, doze mil,
    da tribo de Gade, doze mil,
  [6] da tribo de Aser, doze mil,
    da tribo de Naftali, doze mil,
    da tribo de Manassés, doze mil,
  [7] da tribo de Simeão, doze mil,
    da tribo de Levi, doze mil,
    da tribo de Issacar, doze mil,
  [8] da tribo de Zebulom, doze mil,
    da tribo de José, doze mil,
    da tribo de Benjamim, doze mil.

A Grande Multidão com Vestes Brancas

[9] Depois disso olhei, e diante de mim estava uma grande multidão que ninguém podia contar, de todas as nações, tribos, povos e línguas, em pé, diante do trono e do Cordeiro, com vestes brancas e segurando palmas. [10] E clamavam em alta voz:

"A salvação pertence

creatures, saying, "A quart[a] of wheat for a day's wages,[b] and three quarts of barley for a day's wages,[c] and do not damage the oil and the wine!"

[7] When the Lamb opened the fourth seal, I heard the voice of the fourth living creature say, "Come!" [8] I looked, and there before me was a pale horse! Its rider was named Death, and Hades was following close behind him. They were given power over a fourth of the earth to kill by sword, famine and plague, and by the wild beasts of the earth.

[9] When he opened the fifth seal, I saw under the altar the souls of those who had been slain because of the word of God and the testimony they had maintained. [10] They called out in a loud voice, "How long, Sovereign Lord, holy and true, until you judge the inhabitants of the earth and avenge our blood?" [11] Then each of them was given a white robe, and they were told to wait a little longer, until the number of their fellow servants and brothers who were to be killed as they had been was completed.

[12] I watched as he opened the sixth seal. There was a great earthquake. The sun turned black like sackcloth made of goat hair, the whole moon turned blood red, [13] and the stars in the sky fell to earth, as late figs drop from a fig tree when shaken by a strong wind. [14] The sky receded like a scroll, rolling up, and every mountain and island was removed from its place.

[15] Then the kings of the earth, the princes, the generals, the rich, the mighty, and every slave and every free man hid in caves and among the rocks of the mountains. [16] They called to the mountains and the rocks, "Fall on us and hide us from the face of him who sits on the throne and from the wrath of the Lamb! [17] For the great day of their wrath has come, and who can stand?"

144,000 Sealed

7 After this I saw four angels standing at the four corners of the earth, holding back the four winds of the earth to prevent any wind from blowing on the land or on the sea or on any tree. [2] Then I saw another angel coming up from the east, having the seal of the living God. He called out in a loud voice to the four angels who had been given power to harm the land and the sea: [3] "Do not harm the land or the sea or the trees until we put a seal on the foreheads of the servants of our God." [4] Then I heard the number of those who were sealed: 144,000 from all the tribes of Israel.

[5] From the tribe of Judah 12,000 were sealed,
    from the tribe of Reuben 12,000,
    from the tribe of Gad 12,000,
  [6] from the tribe of Asher 12,000,
    from the tribe of Naphtali 12,000,
    from the tribe of Manasseh 12,000,
  [7] from the tribe of Simeon 12,000,
    from the tribe of Levi 12,000,
    from the tribe of Issachar 12,000,
  [8] from the tribe of Zebulun 12,000,
    from the tribe of Joseph 12,000,
    from the tribe of Benjamin 12,000.

The Great Multitude in White Robes

[9] After this I looked and there before me was a great multitude that no one could count, from every nation, tribe, people and language, standing before the throne and in front of the Lamb. They were wearing white robes and were holding palm branches in their hands. [10] And they cried out in a loud voice:

"Salvation belongs to our God,

---

[a]6.6 Grego: *choinix*. [b]6.6 O denário era uma moeda de prata equivalente à diária de um trabalhador braçal. [c]6.8 Essa palavra pode ser traduzida por inferno, sepulcro, morte ou profundezas.

[a]6:6 Greek *a choinix* (probably about a liter) [b]6:6 Greek *a denarius* [c]6:6 Greek *a denarius*

ao nosso Deus,
que se assenta no trono,
e ao Cordeiro".

11 Todos os anjos estavam em pé ao redor do trono, dos anciãos e dos quatro seres viventes. Eles se prostraram com o rosto em terra diante do trono e adoraram a Deus, **12** dizendo:

"Amém!
Louvor e glória,
sabedoria, ação de graças,
honra, poder e força
sejam ao nosso Deus
para todo o sempre.
Amém!"

13 Então um dos anciãos me perguntou: "Quem são estes que estão vestidos de branco, e de onde vieram?"
14 Respondi: Senhor, tu o sabes.
E ele disse: "Estes são os que vieram da grande tribulação e lavaram as suas vestes e as alvejaram no sangue do Cordeiro. **15** Por isso,

eles estão diante do trono
de Deus
e o servem dia e noite
em seu santuário;
e aquele que está assentado no trono
estenderá sobre eles
o seu tabernáculo.
16 Nunca mais terão fome,
nunca mais terão sede.
Não os afligirá o sol,
nem qualquer calor abrasador,
17 pois o Cordeiro que está
no centro do trono
será o seu Pastor;
ele os guiará às fontes
de água viva.
E Deus enxugará dos seus olhos toda lágrima".

O Sétimo Selo e o Incensário de Ouro

8 Quando ele abriu o sétimo selo, houve silêncio nos céus cerca de meia hora.
2 Vi os sete anjos que se acham em pé diante de Deus; a eles foram dadas sete trombetas.
3 Outro anjo, que trazia um incensário de ouro, aproximou-se e se colocou em pé junto ao altar. A ele foi dado muito incenso para oferecer com as orações de todos os santos sobre o altar de ouro diante do trono. **4** E da mão do anjo subiu diante de Deus a fumaça do incenso com as orações dos santos. **5** Então o anjo pegou o incensário, encheu-o com fogo do altar e lançou-o sobre a terra; e houve trovões, vozes, relâmpagos e um terremoto.

As Trombetas

6 Então os sete anjos, que tinham as sete trombetas, prepararam-se para tocá-las.
7 O primeiro anjo tocou a sua trombeta, e granizo e fogo misturado com sangue foram lançados sobre a terra. Foi queimado um terço da terra, um terço das árvores e toda a relva verde.
8 O segundo anjo tocou a sua trombeta, e algo como um grande monte em chamas foi lançado ao mar. Um terço do mar transformou-se em sangue, **9** morreu um terço das criaturas do mar e foi destruído um terço das embarcações.
10 O terceiro anjo tocou a sua trombeta, e caiu do céu uma grande estrela, queimando como tocha, sobre um terço dos rios e das fontes de águas; **11** o nome da estrela é Absinto*. Tornou-se amargo um terço das águas, e muitos morreram

who sits on the throne,
and to the Lamb."

11 All the angels were standing around the throne and around the elders and the four living creatures. They fell down on their faces before the throne and worshiped God, **12** saying:

"Amen!
Praise and glory
and wisdom and thanks and honor
and power and strength
be to our God for ever and ever.
Amen!"

13 Then one of the elders asked me, "These in white robes— who are they, and where did they come from?"
14 I answered, "Sir, you know."
And he said, "These are they who have come out of the great tribulation; they have washed their robes and made them white in the blood of the Lamb. **15** Therefore,

"they are before the throne of God
and serve him day and night in his temple;
and he who sits on the throne will spread his
tent over them.
16 Never again will they hunger;
never again will they thirst.
The sun will not beat upon them,
nor any scorching heat.
17 For the Lamb at the center of the throne will be
their shepherd;
he will lead them to springs of living water.
And God will wipe away every tear from
their eyes."

The Seventh Seal and the Golden Censer

8 When he opened the seventh seal, there was silence in heaven for about half an hour.
2 And I saw the seven angels who stand before God, and to them were given seven trumpets.
3 Another angel, who had a golden censer, came and stood at the altar. He was given much incense to offer, with the prayers of all the saints, on the golden altar before the throne. **4** The smoke of the incense, together with the prayers of the saints, went up before God from the angel's hand. **5** Then the angel took the censer, filled it with fire from the altar, and hurled it on the earth; and there came peals of thunder, rumblings, flashes of lightning and an earthquake.

The Trumpets

6 Then the seven angels who had the seven trumpets prepared to sound them.
7 The first angel sounded his trumpet, and there came hail and fire mixed with blood, and it was hurled down upon the earth. A third of the earth was burned up, a third of the trees were burned up, and all the green grass was burned up.
8 The second angel sounded his trumpet, and something like a huge mountain, all ablaze, was thrown into the sea. A third of the sea turned into blood, **9** a third of the living creatures in the sea died, and a third of the ships were destroyed.
10 The third angel sounded his trumpet, and a great star, blazing like a torch, fell from the sky on a third of the rivers and on the springs of water— **11** the name of the star is

---

*8.11 Isto é, Amargor.

pela ação das águas que se tornaram amargas[a].

12 O quarto anjo tocou a sua trombeta, e foi ferido um terço do sol, um terço da lua e um terço das estrelas, de forma que um terço deles escureceu. Um terço do dia ficou sem luz, e também um terço da noite.

13 Enquanto eu olhava, ouvi uma águia que voava pelo meio do céu e dizia em alta voz: "Ai, ai, ai dos que habitam na terra, por causa do toque das trombetas que está prestes a ser dado pelos três outros anjos!"

9 O quinto anjo tocou a sua trombeta, e vi uma estrela que havia caído do céu sobre a terra. À estrela foi dada a chave do poço do Abismo. **2** Quando ela abriu o Abismo, subiu dele fumaça como a de uma gigantesca fornalha. O sol e o céu escureceram com a fumaça que saía do Abismo. **3** Da fumaça saíram gafanhotos que vieram sobre a terra, e lhes foi dado poder como o dos escorpiões da terra. **4** Eles receberam ordens para não causar dano nem à relva da terra, nem a qualquer planta ou árvore, mas apenas àqueles que não tinham o selo de Deus na testa. **5** Não lhes foi dado poder para matá-los, mas sim para causar-lhes tormento durante cinco meses. A agonia que eles sofreram era como a da picada do escorpião. **6** Naqueles dias os homens procurarão a morte, mas não a encontrarão; desejarão morrer, mas a morte fugirá deles.

7 Os gafanhotos pareciam cavalos preparados para a batalha. Tinham sobre a cabeça algo como coroas de ouro, e o rosto deles parecia rosto humano. **8** Os cabelos deles eram como os de mulher e os dentes como os de leão. **9** Tinham couraças como couraças de ferro, e o som das suas asas era como o barulho de muitos cavalos e carruagens correndo para a batalha. **10** Tinham caudas e ferrões como de escorpiões, e na cauda tinham poder para causar tormento aos homens durante cinco meses. **11** Tinham um rei sobre eles, o anjo do Abismo, cujo nome, em hebraico, é Abadom e, em grego, Apoliom[b].

12 O primeiro ai passou; dois outros ais ainda virão.

13 O sexto anjo tocou a sua trombeta, e ouvi uma voz que vinha das pontas[c] do altar de ouro que está diante de Deus. **14** Ela disse ao sexto anjo que tinha a trombeta: "Solte os quatro anjos que estão amarrados junto ao grande rio Eufrates". **15** Os quatro anjos, que estavam preparados para aquela hora, dia, mês e ano, foram soltos para matar um terço da humanidade. **16** O número dos cavaleiros que compunham os exércitos era de duzentos milhões; eu ouvi o seu número.

17 Os cavalos e os cavaleiros que vi em minha visão tinham este aspecto: as suas couraças eram vermelhas como o fogo, azuis como o jacinto, e amarelas como o enxofre. A cabeça dos cavalos parecia a cabeça de um leão, e da boca lançavam fogo, fumaça e enxofre. **18** Um terço da humanidade foi morto pelas três pragas: de fogo, fumaça e enxofre, que saíam das suas bocas. **19** O poder dos cavalos estava na boca e na cauda; pois as suas caudas eram como cobras; tinham cabeças com as quais feriam as pessoas.

20 O restante da humanidade que não morreu por essas pragas, nem assim se arrependeu das obras das suas mãos; eles não pararam de adorar os demônios e os ídolos de ouro, prata, bronze, pedra e madeira, ídolos que não podem ver, nem ouvir, nem andar. **21** Também não se arrependeram dos seus assassinatos, das suas feitiçarias, da sua imoralidade sexual e dos seus roubos.

O Anjo e o Livro

10 Então vi outro anjo poderoso, que descia dos céus. Ele estava envolto numa nuvem, e havia um arco-íris acima de sua cabeça. Sua face era como o sol, e suas pernas

Wormwood.[a] A third of the waters turned bitter, and many people died from the waters that had become bitter.

12 The fourth angel sounded his trumpet, and a third of the sun was struck, a third of the moon, and a third of the stars, so that a third of them turned dark. A third of the day was without light, and also a third of the night.

13 As I watched, I heard an eagle that was flying in midair call out in a loud voice: "Woe! Woe! Woe to the inhabitants of the earth, because of the trumpet blasts about to be sounded by the other three angels!"

9 The fifth angel sounded his trumpet, and I saw a star that had fallen from the sky to the earth. The star was given the key to the shaft of the Abyss. **2** When he opened the Abyss, smoke rose from it like the smoke from a gigantic furnace. The sun and sky were darkened by the smoke from the Abyss. **3** And out of the smoke locusts came down upon the earth and were given power like that of scorpions of the earth. **4** They were told not to harm the grass of the earth or any plant or tree, but only those people who did not have the seal of God on their foreheads. **5** They were not given power to kill them, but only to torture them for five months. And the agony they suffered was like that of the sting of a scorpion when it strikes a man. **6** During those days men will seek death, but will not find it; they will long to die, but death will elude them.

7 The locusts looked like horses prepared for battle. On their heads they wore something like crowns of gold, and their faces resembled human faces. **8** Their hair was like women's hair, and their teeth were like lions' teeth. **9** They had breastplates like breastplates of iron, and the sound of their wings was like the thundering of many horses and chariots rushing into battle. **10** They had tails and stings like scorpions, and in their tails they had power to torment people for five months. **11** They had as king over them the angel of the Abyss, whose name in Hebrew is Abaddon, and in Greek, Apollyon.[b]

12 The first woe is past; two other woes are yet to come.

13 The sixth angel sounded his trumpet, and I heard a voice coming from the horns[c] of the golden altar that is before God. **14** It said to the sixth angel who had the trumpet, "Release the four angels who are bound at the great river Euphrates." **15** And the four angels who had been kept ready for this very hour and day and month and year were released to kill a third of mankind. **16** The number of the mounted troops was two hundred million. I heard their number.

17 The horses and riders I saw in my vision looked like this: Their breastplates were fiery red, dark blue, and yellow as sulfur. The heads of the horses resembled the heads of lions, and out of their mouths came fire, smoke and sulfur. **18** A third of mankind was killed by the three plagues of fire, smoke and sulfur that came out of their mouths. **19** The power of the horses was in their mouths and in their tails; for their tails were like snakes, having heads with which they inflict injury.

20 The rest of mankind that were not killed by these plagues still did not repent of the work of their hands; they did not stop worshiping demons, and idols of gold, silver, bronze, stone and wood—idols that cannot see or hear or walk. **21** Nor did they repent of their murders, their magic arts, their sexual immorality or their thefts.

The Angel and the Little Scroll

10 Then I saw another mighty angel coming down from heaven. He was robed in a cloud, with a rainbow above his head; his face was like the sun, and his legs

---

eram como colunas de fogo. ² Ele segurava um livrinho, que estava aberto em sua mão. Colocou o pé direito sobre o mar e o pé esquerdo sobre a terra, ³ e deu um alto brado, como o rugido de um leão. Quando ele bradou, os sete trovões falaram. ⁴ Logo que os sete trovões falaram, eu estava prestes a escrever, mas ouvi uma voz dos céus, que disse: "Sele o que disseram os sete trovões, e não o escreva".

⁵ Então o anjo que eu tinha visto em pé sobre o mar e sobre a terra levantou a mão direita para o céu ⁶ e jurou por aquele que vive para todo o sempre, que criou os céus e tudo o que neles há, a terra e tudo o que nela há, e o mar e tudo o que nele há, dizendo: "Não haverá mais demora! ⁷ Mas, nos dias em que o sétimo anjo estiver para tocar sua trombeta, vai cumprir-se o mistério de Deus, da forma como ele o anunciou aos seus servos, os profetas".

⁸ Depois falou comigo mais uma vez a voz que eu tinha ouvido falar dos céus: "Vá, pegue o livroᵃ aberto que está na mão do anjo que se encontra em pé sobre o mar e sobre a terra".

⁹ Assim me aproximei do anjo e lhe pedi que me desse o livrinho. Ele me disse: "Pegue-o e coma-o! Ele será amargo em seu estômago, mas em sua boca será doce como mel". ¹⁰ Peguei o livrinho da mão do anjo e o comi. Ele me pareceu doce como mel em minha boca; mas, ao comê-lo, senti que o meu estômago ficou amargo. ¹¹ Então me foi dito: "É preciso que você profetize de novo acerca de muitos povos, nações, línguas e reis".

As Duas Testemunhas

11 Deram-me um caniço semelhante a uma vara de medir, e me disseram: "Vá e meça o templo de Deus e o altar, e conte os adoradores que lá estiverem. ² Exclua, porém, o pátio exterior; não o meça, pois ele foi dado aos gentiosᵇ. Eles pisarão a cidade santa durante quarenta e dois meses. ³ Darei poder às minhas duas testemunhas, e elas profetizarão durante mil duzentos e sessenta dias, vestidas de pano de saco". ⁴ Estas são as duas oliveiras e os dois candelabros que permanecem diante do Senhor da terra. ⁵ Se alguém quiser causar-lhes dano, da boca deles sairá fogo que devorará os seus inimigos. É assim que deve morrer qualquer pessoa que quiser causar-lhes dano. ⁶ Estes homens têm poder para fechar o céu, de modo que não chova durante o tempo em que estiverem profetizando, e têm poder para transformar a água em sangue e ferir a terra com toda sorte de pragas, quantas vezes desejarem.

⁷ Quando eles tiverem terminado o seu testemunho, a besta que vem do Abismo os atacará. E irá vencê-los e matá-los. ⁸ Os seus cadáveres ficarão expostos na rua principal da grande cidade, que figuradamente é chamada Sodoma e Egito, onde também foi crucificado o seu Senhor. ⁹ Durante três dias e meio, gente de todos os povos, tribos, línguas e nações contemplarão os seus cadáveres e não permitirão que sejam sepultados. ¹⁰ Os habitantes da terra se alegrarão por causa deles e festejarão, enviando presentes uns aos outros, pois esses dois profetas haviam atormentado os que habitam na terra.

¹¹ Mas, depois dos três dias e meio, entrou neles um sopro de vida da parte de Deus, e eles ficaram em pé, e um grande terror tomou conta daqueles que os viram. ¹² Então eles ouviram uma forte voz dos céus que lhes disse: "Subam para cá". E eles subiram para os céus numa nuvem, enquanto os seus inimigos olhavam.

¹³ Naquela mesma hora houve um forte terremoto, e um décimo da cidade ruiu. Sete mil pessoas foram mortas no terremoto; os sobreviventes ficaram aterrorizados e deram glória ao Deus dos céus.

¹⁴ O segundo ai passou; o terceiro ai virá em breve.

A Sétima Trombeta

¹⁵ O sétimo anjo tocou a sua trombeta, e houve fortes vozes nos céus que diziam:

were like fiery pillars. ² He was holding a little scroll, which lay open in his hand. He planted his right foot on the sea and his left foot on the land, ³ and he gave a loud shout like the roar of a lion. When he shouted, the voices of the seven thunders spoke. ⁴ And when the seven thunders spoke, I was about to write; but I heard a voice from heaven say, "Seal up what the seven thunders have said and do not write it down."

⁵ Then the angel I had seen standing on the sea and on the land raised his right hand to heaven. ⁶ And he swore by him who lives for ever and ever, who created the heavens and all that is in them, the earth and all that is in it, and the sea and all that is in it, and said, "There will be no more delay! ⁷ But in the days when the seventh angel is about to sound his trumpet, the mystery of God will be accomplished, just as he announced to his servants the prophets."

⁸ Then the voice that I had heard from heaven spoke to me once more: "Go, take the scroll that lies open in the hand of the angel who is standing on the sea and on the land."

⁹ So I went to the angel and asked him to give me the little scroll. He said to me, "Take it and eat it. It will turn your stomach sour, but in your mouth it will be as sweet as honey." ¹⁰ I took the little scroll from the angel's hand and ate it. It tasted as sweet as honey in my mouth, but when I had eaten it, my stomach turned sour. ¹¹ Then I was told, "You must prophesy again about many peoples, nations, languages and kings."

The Two Witnesses

11 I was given a reed like a measuring rod and was told, "Go and measure the temple of God and the altar, and count the worshipers there. ² But exclude the outer court; do not measure it, because it has been given to the Gentiles. They will trample on the holy city for 42 months. ³ And I will give power to my two witnesses, and they will prophesy for 1,260 days, clothed in sackcloth." ⁴ These are the two olive trees and the two lampstands that stand before the Lord of the earth. ⁵ If anyone tries to harm them, fire comes from their mouths and devours their enemies. This is how anyone who wants to harm them must die. ⁶ These men have power to shut up the sky so that it will not rain during the time they are prophesying; and they have power to turn the waters into blood and to strike the earth with every kind of plague as often as they want.

⁷ Now when they have finished their testimony, the beast that comes up from the Abyss will attack them, and overpower and kill them. ⁸ Their bodies will lie in the street of the great city, which is figuratively called Sodom and Egypt, where also their Lord was crucified. ⁹ For three and a half days men from every people, tribe, language and nation will gaze on their bodies and refuse them burial. ¹⁰ The inhabitants of the earth will gloat over them and will celebrate by sending each other gifts, because these two prophets had tormented those who live on the earth.

¹¹ But after the three and a half days a breath of life from God entered them, and they stood on their feet, and terror struck those who saw them. ¹² Then they heard a loud voice from heaven saying to them, "Come up here." And they went up to heaven in a cloud, while their enemies looked on.

¹³ At that very hour there was a severe earthquake and a tenth of the city collapsed. Seven thousand people were killed in the earthquake, and the survivors were terrified and gave glory to the God of heaven.

¹⁴ The second woe has passed; the third woe is coming soon.

The Seventh Trumpet

¹⁵ The seventh angel sounded his trumpet, and there were loud voices in heaven, which said:

ᵃ**10.8** Grego: *rolo.* ᵇ**11.2** Isto é, os que não são judeus.

"O reino do mundo
  se tornou de nosso Senhor
  e do seu Cristo,
  e ele reinará
  para todo o sempre".

16 Os vinte e quatro anciãos que estavam assentados em seus tronos diante de Deus prostraram-se sobre seus rostos e adoraram a Deus, **17** dizendo:

"Graças te damos,
  Senhor Deus todo-poderoso,
que és e que eras,
porque assumiste
  o teu grande poder
  e começaste a reinar.
18 As nações se iraram;
  e chegou a tua ira.
Chegou o tempo de julgares
  os mortos
e de recompensares
  os teus servos, os profetas,
  os teus santos
e os que temem o teu nome,
  tanto pequenos
  como grandes,
e de destruir
  os que destroem a terra".

19 Então foi aberto o santuário de Deus nos céus, e ali foi vista a arca da sua aliança. Houve relâmpagos, vozes, trovões, um terremoto e um grande temporal de granizo.

A Mulher e o Dragão

12 Apareceu no céu um sinal extraordinário: uma mulher vestida do sol, com a lua debaixo dos seus pés e uma coroa de doze estrelas sobre a cabeça. **2** Ela estava grávida e gritava de dor, pois estava para dar à luz. **3** Então apareceu no céu outro sinal: um enorme dragão vermelho com sete cabeças e dez chifres, tendo sobre as cabeças sete coroasª. **4** Sua cauda arrastou consigo um terço das estrelas do céu, lançando-as na terra. O dragão colocou-se diante da mulher que estava para dar à luz, para devorar o seu filho no momento em que nascesse. **5** Ela deu à luz um filho, um homem, que governará todas as nações com cetro de ferro. Seu filho foi arrebatado para junto de Deus e de seu trono. **6** A mulher fugiu para o deserto, para um lugar que lhe havia sido preparado por Deus, para que ali a sustentassem durante mil duzentos e sessenta dias.

7 Houve então uma guerra nos céus. Miguel e seus anjos lutaram contra o dragão, e o dragão e os seus anjos revidaram. **8** Mas estes não foram suficientemente fortes, e assim perderam o seu lugar nos céus. **9** O grande dragão foi lançado fora. Ele é a antiga serpente chamada Diabo ou Satanás, que engana o mundo todo. Ele e os seus anjos foram lançados à terra.

10 Então ouvi uma forte voz dos céus que dizia:

"Agora veio a salvação,
  o poder e o Reino
  do nosso Deus,
e a autoridade do seu Cristo,
pois foi lançado fora
  o acusador
  dos nossos irmãos,
que os acusa diante
  do nosso Deus, dia e noite.
11 Eles o venceram
  pelo sangue do Cordeiro
  e pela palavra do testemunho
  que deram;

"The kingdom of the world has become the
  kingdom of our Lord and of his Christ,
  and he will reign for ever and ever."

16 And the twenty-four elders, who were seated on their thrones before God, fell on their faces and worshiped God, **17** saying:

"We give thanks to you, Lord God Almighty,
  the One who is and who was,
because you have taken your great power
  and have begun to reign.
18 The nations were angry; and your wrath
  has come.
The time has come for judging the dead,
  and for rewarding your servants the prophets
and your saints and those who reverence
  your name,
  both small and great—
and for destroying those who destroy the earth."

19 Then God's temple in heaven was opened, and within his temple was seen the ark of his covenant. And there came flashes of lightning, rumblings, peals of thunder, an earthquake and a great hailstorm.

The Woman and the Dragon

12 A great and wondrous sign appeared in heaven: a woman clothed with the sun, with the moon under her feet and a crown of twelve stars on her head. **2** She was pregnant and cried out in pain as she was about to give birth. **3** Then another sign appeared in heaven: an enormous red dragon with seven heads and ten horns and seven crowns on his heads. **4** His tail swept a third of the stars out of the sky and flung them to the earth. The dragon stood in front of the woman who was about to give birth, so that he might devour her child the moment it was born. **5** She gave birth to a son, a male child, who will rule all the nations with an iron scepter. And her child was snatched up to God and to his throne. **6** The woman fled into the desert to a place prepared for her by God, where she might be taken care of for 1,260 days.

7 And there was war in heaven. Michael and his angels fought against the dragon, and the dragon and his angels fought back. **8** But he was not strong enough, and they lost their place in heaven. **9** The great dragon was hurled down— that ancient serpent called the devil, or Satan, who leads the whole world astray. He was hurled to the earth, and his angels with him.

10 Then I heard a loud voice in heaven say:

"Now have come the salvation and the power
  and the kingdom of our God,
  and the authority of his Christ.
For the accuser of our brothers,
  who accuses them before our God day
  and night,
  has been hurled down.
11 They overcame him
  by the blood of the Lamb
  and by the word of their testimony;
  they did not love their lives so much

diante da morte,
não amaram a própria vida.
¹²Portanto, celebrem-no, ó céus,
e os que neles habitam!
Mas, ai da terra e do mar,
pois o Diabo desceu até vocês!
Ele está cheio de fúria,
pois sabe que lhe resta
pouco tempo".

¹³Quando o dragão foi lançado à terra, começou a perseguir a mulher que dera à luz o menino. ¹⁴Foram dadas à mulher as duas asas da grande águia, para que ela pudesse voar para o lugar que lhe havia sido preparado no deserto, onde seria sustentada durante um tempo, tempos e meio tempo, fora do alcance da serpente. ¹⁵Então a serpente fez jorrar da sua boca água como um rio, para alcançar a mulher e arrastá-la com a correnteza. ¹⁶A terra, porém, ajudou a mulher, abrindo a boca e engolindo o rio que o dragão fizera jorrar da sua boca. ¹⁷O dragão irou-se contra a mulher e saiu para guerrear contra o restante da sua descendência, os que obedecem aos mandamentos de Deus e se mantêm fiéis ao testemunho de Jesus. ¹⁸Então o dragão se pôs em pé^a na areia do mar.

A Besta que Saiu do Mar

13 Vi uma besta que saía do mar. Tinha dez chifres e sete cabeças, com dez coroas^b, uma sobre cada chifre, e em cada cabeça um nome de blasfêmia. ²A besta que vi era semelhante a um leopardo, mas tinha pés como os de urso e boca como a de leão. O dragão deu à besta o seu poder, o seu trono e grande autoridade. ³Uma das cabeças da besta parecia ter sofrido um ferimento mortal, mas o ferimento mortal foi curado. Todo o mundo ficou maravilhado e seguiu a besta. ⁴Adoraram o dragão, que tinha dado autoridade à besta, e também adoraram a besta, dizendo: "Quem é como a besta? Quem pode guerrear contra ela?"

⁵À besta foi dada uma boca para falar palavras arrogantes e blasfemas, e lhe foi dada autoridade para agir durante quarenta e dois meses. ⁶Ela abriu a boca para blasfemar contra Deus e amaldiçoar o seu nome e o seu tabernáculo, os^c que habitam nos céus. ⁷Foi-lhe dado poder para guerrear contra os santos e vencê-los. Foi-lhe dada autoridade sobre toda tribo, povo, língua e nação. ⁸Todos os habitantes da terra adorarão a besta, a saber, todos aqueles que não tiveram seus nomes escritos no livro da vida do Cordeiro que foi morto desde a criação do mundo^d.

⁹Aquele que tem ouvidos ouça:

¹⁰Se alguém há de ir
para o cativeiro,
para o cativeiro irá.
Se alguém há de ser morto^e
à espada,
morto à espada haverá de ser.

Aqui estão a perseverança e a fidelidade dos santos.

A Besta que Saiu da Terra

¹¹Então vi outra besta que saía da terra, com dois chifres como cordeiro, mas que falava como dragão. ¹²Exercia toda a autoridade da primeira besta, em nome^f dela, e fazia a terra e seus habitantes adorarem a primeira besta, cujo ferimento mortal havia sido curado. ¹³E realizava grandes sinais, chegando a fazer descer fogo do céu à terra, à vista dos homens. ¹⁴Por causa dos sinais que lhe foi permitido realizar em nome da primeira besta, ela enganou os habitantes da terra. Ordenou-

---

as to shrink from death.
¹²Therefore rejoice, you heavens
and you who dwell in them!
But woe to the earth and the sea,
because the devil has gone down to you!
He is filled with fury,
because he knows that his time is short."

¹³When the dragon saw that he had been hurled to the earth, he pursued the woman who had given birth to the male child. ¹⁴The woman was given the two wings of a great eagle, so that she might fly to the place prepared for her in the desert, where she would be taken care of for a time, times and half a time, out of the serpent's reach. ¹⁵Then from his mouth the serpent spewed water like a river, to overtake the woman and sweep her away with the torrent. ¹⁶But the earth helped the woman by opening its mouth and swallowing the river that the dragon had spewed out of his mouth. ¹⁷Then the dragon was enraged at the woman and went off to make war against the rest of her offspring—those who obey God's commandments and hold to the testimony of Jesus.

13 And the dragon^a stood on the shore of the sea.

The Beast out of the Sea

And I saw a beast coming out of the sea. He had ten horns and seven heads, with ten crowns on his horns, and on each head a blasphemous name. ²The beast I saw resembled a leopard, but had feet like those of a bear and a mouth like that of a lion. The dragon gave the beast his power and his throne and great authority. ³One of the heads of the beast seemed to have had a fatal wound, but the fatal wound had been healed. The whole world was astonished and followed the beast. ⁴Men worshiped the dragon because he had given authority to the beast, and they also worshiped the beast and asked, "Who is like the beast? Who can make war against him?"

⁵The beast was given a mouth to utter proud words and blasphemies and to exercise his authority for forty-two months. ⁶He opened his mouth to blaspheme God, and to slander his name and his dwelling place and those who live in heaven. ⁷He was given power to make war against the saints and to conquer them. And he was given authority over every tribe, people, language and nation. ⁸All inhabitants of the earth will worship the beast—all whose names have not been written in the book of life belonging to the Lamb that was slain from the creation of the world.^b

⁹He who has an ear, let him hear.

¹⁰If anyone is to go into captivity,
into captivity he will go.
If anyone is to be killed^c with the sword,
with the sword he will be killed.

This calls for patient endurance and faithfulness on the part of the saints.

The Beast out of the Earth

¹¹Then I saw another beast, coming out of the earth. He had two horns like a lamb, but he spoke like a dragon. ¹²He exercised all the authority of the first beast on his behalf, and made the earth and its inhabitants worship the first beast, whose fatal wound had been healed. ¹³And he performed great and miraculous signs, even causing fire to come down from heaven to earth in full view of men. ¹⁴Because of the signs he was given power to do on behalf of the first beast, he deceived the inhabitants of the earth. He ordered

---

^a**12.18** Alguns manuscritos dizem *E eu estava em pé.* ^b**13.1** Grego: *diademas.* ^c**13.6** Alguns manuscritos dizem *e os.* ^d**13.8** Ou *escritos, desde a criação do mundo, no livro da vida do Cordeiro que foi morto* ^e**13.10** Alguns manuscritos dizem *Todo aquele que mata.* ^f**3.12** Ou *na presença*; também no versículo 14.

^a**13:1** Some late manuscripts *And I* ^b**13:8** Or *written from the creation of the world in the book of life belonging to the Lamb that was slain* ^c**13:10** Some manuscripts *anyone kills*

lhes que fizessem uma imagem em honra à besta que fora ferida pela espada e contudo revivera. **15** Foi-lhe dado poder para dar fôlego à imagem da primeira besta, de modo que ela podia falar e fazer que fossem mortos todos os que se recusassem a adorar a imagem. **16** Também obrigou todos, pequenos e grandes, ricos e pobres, livres e escravos, a receberem certa marca na mão direita ou na testa, **17** para que ninguém pudesse comprar nem vender, a não ser quem tivesse a marca, que é o nome da besta ou o número do seu nome.

18 Aqui há sabedoria. Aquele que tem entendimento calcule o número da besta, pois é número de homem. Seu número é seiscentos e sessenta e seis.

O Cordeiro e os Cento e Quarenta e Quatro Mil Selados

14 Então olhei, e diante de mim estava o Cordeiro, em pé sobre o monte Sião, e com ele cento e quarenta e quatro mil que traziam escritos na testa o nome dele e o nome de seu Pai. **2** Ouvi um som dos céus como o de muitas águas e de um forte trovão. Era como o de harpistas tocando seus instrumentos. **3** Eles cantavam um cântico novo diante do trono, dos quatro seres viventes e dos anciãos. Ninguém podia aprender o cântico, a não ser os cento e quarenta e quatro mil que haviam sido comprados da terra. **4** Estes são os que não se contaminaram com mulheres, pois se conservaram castos[a] e seguem o Cordeiro por onde quer que ele vá. Foram comprados dentre os homens e ofertados como primícias a Deus e ao Cordeiro. **5** Mentira nenhuma foi encontrada em suas bocas; são imaculados.

Os Três Anjos

6 Então vi outro anjo, que voava pelo céu e tinha na mão o evangelho eterno para proclamar aos que habitam na terra, a toda nação, tribo, língua e povo. **7** Ele disse em alta voz: "Temam a Deus e glorifiquem-no, pois chegou a hora do seu juízo. Adorem aquele que fez os céus, a terra, o mar e as fontes das águas".

8 Um segundo anjo o seguiu, dizendo: "Caiu! Caiu a grande Babilônia que fez todas as nações beberem do vinho da fúria da sua prostituição!"

9 Um terceiro anjo os seguiu, dizendo em alta voz: "Se alguém adorar a besta e a sua imagem e receber a sua marca na testa ou na mão, **10** também beberá do vinho do furor de Deus que foi derramado sem mistura no cálice da sua ira. Será ainda atormentado com enxofre ardente na presença dos santos anjos e do Cordeiro, **11** e a fumaça do tormento de tais pessoas sobe para todo o sempre. Para todos os que adoram a besta e a sua imagem, e para quem recebe a marca do seu nome, não há descanso, dia e noite". **12** Aqui está a perseverança dos santos que obedecem aos mandamentos de Deus e permanecem fiéis a Jesus.

13 Então ouvi uma voz dos céus dizendo: "Escreva: Felizes os mortos que morrem no Senhor de agora em diante".

Diz o Espírito: "Sim, eles descansarão das suas fadigas, pois as suas obras os seguirão".

A Colheita da Terra

14 Olhei, e diante de mim estava uma nuvem branca e, assentado sobre a nuvem, alguém "semelhante a um filho de homem"[b]. Ele estava com uma coroa de ouro na cabeça e uma foice afiada na mão. **15** Então saiu do santuário um outro anjo, que bradou em alta voz àquele que estava assentado sobre a nuvem: "Tome a sua foice e faça a colheita, pois a safra da terra está madura; chegou a hora de colhê-la". **16** Assim, aquele que estava assentado sobre a nuvem passou sua foice pela terra, e a terra foi ceifada.

17 Outro anjo saiu do santuário dos céus, trazendo também uma foice afiada. **18** E ainda outro anjo, que tem autoridade

them to set up an image in honor of the beast who was wounded by the sword and yet lived. **15** He was given power to give breath to the image of the first beast, so that it could speak and cause all who refused to worship the image to be killed. **16** He also forced everyone, small and great, rich and poor, free and slave, to receive a mark on his right hand or on his forehead, **17** so that no one could buy or sell unless he had the mark, which is the name of the beast or the number of his name.

18 This calls for wisdom. If anyone has insight, let him calculate the number of the beast, for it is man's number. His number is 666.

The Lamb and the 144,000

14 Then I looked, and there before me was the Lamb, standing on Mount Zion, and with him 144,000 who had his name and his Father's name written on their foreheads. **2** And I heard a sound from heaven like the roar of rushing waters and like a loud peal of thunder. The sound I heard was like that of harpists playing their harps. **3** And they sang a new song before the throne and before the four living creatures and the elders. No one could learn the song except the 144,000 who had been redeemed from the earth. **4** These are those who did not defile themselves with women, for they kept themselves pure. They follow the Lamb wherever he goes. They were purchased from among men and offered as firstfruits to God and the Lamb. **5** No lie was found in their mouths; they are blameless.

The Three Angels

6 Then I saw another angel flying in midair, and he had the eternal gospel to proclaim to those who live on the earth—to every nation, tribe, language and people. **7** He said in a loud voice, "Fear God and give him glory, because the hour of his judgment has come. Worship him who made the heavens, the earth, the sea and the springs of water."

8 A second angel followed and said, "Fallen! Fallen is Babylon the Great, which made all the nations drink the maddening wine of her adulteries."

9 A third angel followed them and said in a loud voice: "If anyone worships the beast and his image and receives his mark on the forehead or on the hand, **10** he, too, will drink of the wine of God's fury, which has been poured full strength into the cup of his wrath. He will be tormented with burning sulfur in the presence of the holy angels and of the Lamb. **11** And the smoke of their torment rises for ever and ever. There is no rest day or night for those who worship the beast and his image, or for anyone who receives the mark of his name." **12** This calls for patient endurance on the part of the saints who obey God's commandments and remain faithful to Jesus.

13 Then I heard a voice from heaven say, "Write: Blessed are the dead who die in the Lord from now on."

"Yes," says the Spirit, "they will rest from their labor, for their deeds will follow them."

The Harvest of the Earth

14 I looked, and there before me was a white cloud, and seated on the cloud was one "like a son of man"[a] with a crown of gold on his head and a sharp sickle in his hand. **15** Then another angel came out of the temple and called in a loud voice to him who was sitting on the cloud, "Take your sickle and reap, because the time to reap has come, for the harvest of the earth is ripe." **16** So he who was seated on the cloud swung his sickle over the earth, and the earth was harvested.

17 Another angel came out of the temple in heaven, and he too had a sharp sickle. **18** Still another angel, who had charge of

---

[a] **14.4** Grego: *virgens.* [b] **14.14** Dn 7.13

[a] **14:14** Daniel 7:13

sobre o fogo, saiu do altar e bradou em alta voz àquele que tinha a foice afiada: "Tome sua foice afiada e ajunte os cachos de uva da videira da terra, porque as suas uvas estão maduras!" [19] O anjo passou a foice pela terra, ajuntou as uvas e as lançou no grande lagar da ira de Deus. [20] Elas foram pisadas no lagar, fora da cidade, e correu sangue do lagar, chegando ao nível dos freios dos cavalos, numa distância de cerca de trezentos quilômetros[a].

Os Sete Anjos e as Sete Pragas

15 Vi no céu outro sinal, grande e maravilhoso: sete anjos com as sete últimas pragas, pois com elas se completa a ira de Deus. [2] Vi algo semelhante a um mar de vidro misturado com fogo, e, em pé, junto ao mar, os que tinham vencido a besta, a sua imagem e o número do seu nome. Eles seguravam harpas que lhes haviam sido dadas por Deus, [3] e cantavam o cântico de Moisés, servo de Deus, e o cântico do Cordeiro:

"Grandes e maravilhosas
   são as tuas obras,
Senhor Deus todo-poderoso.
Justos e verdadeiros
   são os teus caminhos,
ó Rei das nações.
[4] Quem não te temerá, ó Senhor?
Quem não glorificará o teu nome?
Pois tu somente és santo.
Todas as nações virão à tua presença
   e te adorarão,
pois os teus atos de justiça
   se tornaram manifestos".

[5] Depois disso olhei e vi que se abriu nos céus o santuário, o tabernáculo da aliança. [6] Saíram do santuário os sete anjos com as sete pragas. Eles estavam vestidos de linho puro e resplandecente, e tinham cinturões de ouro ao redor do peito. [7] E um dos quatro seres viventes deu aos sete anjos sete taças de ouro cheias da ira de Deus, que vive para todo o sempre. [8] O santuário ficou cheio da fumaça da glória de Deus e do seu poder, e ninguém podia entrar no santuário enquanto não se completassem as sete pragas dos sete anjos.

As Sete Taças da Ira de Deus

16 Então ouvi uma forte voz que vinha do santuário e dizia aos sete anjos: "Vão derramar sobre a terra as sete taças da ira de Deus".

[2] O primeiro anjo foi e derramou a sua taça pela terra, e abriram-se feridas malignas e dolorosas naqueles que tinham a marca da besta e adoravam a sua imagem.

[3] O segundo anjo derramou a sua taça no mar, e este se transformou em sangue como de um morto, e morreu toda criatura que vivia no mar.

[4] O terceiro anjo derramou a sua taça nos rios e nas fontes, e eles se transformaram em sangue. [5] Então ouvi o anjo que tem autoridade sobre as águas dizer:

"Tu és justo,
   tu, o Santo, que és e que eras,
porque julgaste estas coisas;
[6] pois eles derramaram
   o sangue dos teus santos
   e dos teus profetas,
e tu lhes deste sangue
   para beber,
   como eles merecem".

[7] E ouvi o altar responder:

"Sim, Senhor Deus todo-poderoso,

---

the fire, came from the altar and called in a loud voice to him who had the sharp sickle, "Take your sharp sickle and gather the clusters of grapes from the earth's vine, because its grapes are ripe." [19] The angel swung his sickle on the earth, gathered its grapes and threw them into the great winepress of God's wrath. [20] They were trampled in the winepress outside the city, and blood flowed out of the press, rising as high as the horses' bridles for a distance of 1,600 stadia.[a]

Seven Angels with Seven Plagues

15 I saw in heaven another great and marvelous sign: seven angels with the seven last plagues—last, because with them God's wrath is completed. [2] And I saw what looked like a sea of glass mixed with fire and, standing beside the sea, those who had been victorious over the beast and his image and over the number of his name. They held harps given them by God [3] and sang the song of Moses the servant of God and the song of the Lamb:

"Great and marvelous are your deeds,
   Lord God Almighty.
Just and true are your ways,
   King of the ages.
[4] Who will not fear you, O Lord,
   and bring glory to your name?
For you alone are holy.
All nations will come
   and worship before you,
for your righteous acts have been revealed."

[5] After this I looked and in heaven the temple, that is, the tabernacle of the Testimony, was opened. [6] Out of the temple came the seven angels with the seven plagues. They were dressed in clean, shining linen and wore golden sashes around their chests. [7] Then one of the four living creatures gave to the seven angels seven golden bowls filled with the wrath of God, who lives for ever and ever. [8] And the temple was filled with smoke from the glory of God and from his power, and no one could enter the temple until the seven plagues of the seven angels were completed.

The Seven Bowls of God's Wrath

16 Then I heard a loud voice from the temple saying to the seven angels, "Go, pour out the seven bowls of God's wrath on the earth." [2] The first angel went and poured out his bowl on the land, and ugly and painful sores broke out on the people who had the mark of the beast and worshiped his image.

[3] The second angel poured out his bowl on the sea, and it turned into blood like that of a dead man, and every living thing in the sea died.

[4] The third angel poured out his bowl on the rivers and springs of water, and they became blood. [5] Then I heard the angel in charge of the waters say:

"You are just in these judgments,
   you who are and who were, the Holy One,
because you have so judged;
[6] for they have shed the blood of your saints
   and prophets,
and you have given them blood to drink as
   they deserve."

[7] And I heard the altar respond:

"Yes, Lord God Almighty,

---

[a]**14.20** Grego: *1.600 estádios*. Um estádio equivalia a 185 metros.

[a]**14:20** That is, about 180 miles (about 300 kilometers)

verdadeiros e justos
são os teus juízos".

8 O quarto anjo derramou a sua taça no sol, e foi dado poder ao sol para queimar os homens com fogo. **9** Estes foram queimados pelo forte calor e amaldiçoaram o nome de Deus, que tem domínio sobre estas pragas; contudo, recusaram arrepender-se e glorificá-lo.

10 O quinto anjo derramou a sua taça sobre o trono da besta, cujo reino ficou em trevas. De tanta agonia, os homens mordiam a própria língua, **11** e blasfemavam contra o Deus dos céus, por causa das suas dores e das suas feridas; contudo, recusaram arrepender-se das obras que haviam praticado.

12 O sexto anjo derramou a sua taça sobre o grande rio Eufrates, e secaram-se as suas águas para que fosse preparado o caminho para os reis que vêm do Oriente. **13** Então vi saírem da boca do dragão, da boca da besta e da boca do falso profeta três espíritos imundos[a] semelhantes a rãs. **14** São espíritos de demônios que realizam sinais miraculosos; eles vão aos reis de todo o mundo, a fim de reuni-los para a batalha do grande dia do Deus todo-poderoso.

15 "Eis que venho como ladrão! Feliz aquele que permanece vigilante e conserva consigo as suas vestes, para que não ande nu e não seja vista a sua vergonha".

16 Então os três espíritos os reuniram no lugar que, em hebraico, é chamado Armagedom.

17 O sétimo anjo derramou a sua taça no ar, e do santuário saiu uma forte voz que vinha do trono, dizendo: "Está feito!" **18** Houve, então, relâmpagos, vozes, trovões e um forte terremoto. Nunca havia ocorrido um terremoto tão forte como esse desde que o homem existe sobre a terra. **19** A grande cidade foi dividida em três partes, e as cidades das nações se desmoronaram. Deus lembrou-se da grande Babilônia e lhe deu o cálice do vinho do furor da sua ira. **20** Todas as ilhas fugiram, e as montanhas desapareceram. **21** Caíram sobre os homens, vindas do céu, enormes pedras de granizo, de cerca de trinta e cinco quilos[b] cada; eles blasfemaram contra Deus por causa do granizo, pois a praga fora terrível.

A Mulher Montada na Besta

17 Um dos sete anjos que tinham as sete taças aproximou-se e me disse: "Venha, eu lhe mostrarei o julgamento da grande prostituta que está sentada sobre muitas águas, **2** com quem os reis da terra se prostituíram; os habitantes da terra se embriagaram com o vinho da sua prostituição".

3 Então o anjo me levou no Espírito para um deserto. Ali vi uma mulher montada numa besta vermelha, que estava coberta de nomes blasfemos e que tinha sete cabeças e dez chifres. **4** A mulher estava vestida de azul e vermelho, e adornada de ouro, pedras preciosas e pérolas. Segurava um cálice de ouro, cheio de coisas repugnantes e da impureza da sua prostituição. **5** Em sua testa havia esta inscrição:

MISTÉRIO:
BABILÔNIA, A GRANDE;
A MÃE DAS PROSTITUTAS
E DAS PRÁTICAS REPUGNANTES DA TERRA.

6 Vi que a mulher estava embriagada com o sangue dos santos, o sangue das testemunhas[c] de Jesus.

Quando a vi, fiquei muito admirado. **7** Então o anjo me disse: "Por que você está admirado? Eu lhe explicarei o mistério dessa mulher e da besta sobre a qual ela está montada, que tem sete cabeças e dez chifres. **8** A besta que você viu, era e já não é. Ela está para subir do Abismo e caminha para a perdição. Os habitantes da terra, cujos nomes não foram escritos no livro da vida desde a criação do mundo, ficarão admirados quando virem a

true and just are your judgments."

8 The fourth angel poured out his bowl on the sun, and the sun was given power to scorch people with fire. **9** They were seared by the intense heat and they cursed the name of God, who had control over these plagues, but they refused to repent and glorify him.

10 The fifth angel poured out his bowl on the throne of the beast, and his kingdom was plunged into darkness. Men gnawed their tongues in agony **11** and cursed the God of heaven because of their pains and their sores, but they refused to repent of what they had done.

12 The sixth angel poured out his bowl on the great river Euphrates, and its water was dried up to prepare the way for the kings from the East. **13** Then I saw three evil[a] spirits that looked like frogs; they came out of the mouth of the dragon, out of the mouth of the beast and out of the mouth of the false prophet. **14** They are spirits of demons performing miraculous signs, and they go out to the kings of the whole world, to gather them for the battle on the great day of God Almighty.

15 "Behold, I come like a thief! Blessed is he who stays awake and keeps his clothes with him, so that he may not go naked and be shamefully exposed."

16 Then they gathered the kings together to the place that in Hebrew is called Armageddon.

17 The seventh angel poured out his bowl into the air, and out of the temple came a loud voice from the throne, saying, "It is done!" **18** Then there came flashes of lightning, rumblings, peals of thunder and a severe earthquake. No earthquake like it has ever occurred since man has been on earth, so tremendous was the quake. **19** The great city split into three parts, and the cities of the nations collapsed. God remembered Babylon the Great and gave her the cup filled with the wine of the fury of his wrath. **20** Every island fled away and the mountains could not be found. **21** From the sky huge hailstones of about a hundred pounds each fell upon men. And they cursed God on account of the plague of hail, because the plague was so terrible.

The Woman and the Beast

17 One of the seven angels who had the seven bowls came and said to me, "Come, I will show you the punishment of the great prostitute, who sits on many waters. **2** With her the kings of the earth committed adultery and the inhabitants of the earth were intoxicated with the wine of her adulteries."

3 Then the angel carried me away in the Spirit into a desert. There I saw a woman sitting on a scarlet beast that was covered with blasphemous names and had seven heads and ten horns. **4** The woman was dressed in purple and scarlet, and was glittering with gold, precious stones and pearls. She held a golden cup in her hand, filled with abominable things and the filth of her adulteries. **5** This title was written on her forehead:

MYSTERY
BABYLON THE GREAT
THE MOTHER OF PROSTITUTES
AND OF THE ABOMINATIONS OF THE EARTH.

6 I saw that the woman was drunk with the blood of the saints, the blood of those who bore testimony to Jesus.

When I saw her, I was greatly astonished. **7** Then the angel said to me: "Why are you astonished? I will explain to you the mystery of the woman and of the beast she rides, which has the seven heads and ten horns. **8** The beast, which you saw, once was, now is not, and will come up out of the Abyss and go to his destruction. The inhabitants of the earth whose names have not been written in the book of life from the creation of the world will be astonished when they see the beast, because

---

[a]16.13 Ou *malignos* [b]16.21 Grego: *1 talento.* [c]17.6 Ou *dos mártires*   [a]16:13 Greek *unclean*

besta, porque ela era, agora não é, e entretanto virá.

⁹ "Aqui se requer mente sábia. As sete cabeças são sete colinas sobre as quais está sentada a mulher. ¹⁰ São também sete reis. Cinco já caíram, um ainda existe, e o outro ainda não surgiu; mas, quando surgir, deverá permanecer durante pouco tempo. ¹¹ A besta que era, e agora não é, é o oitavo rei. É um dos sete, e caminha para a perdição.

¹² "Os dez chifres que você viu são dez reis que ainda não receberam reino, mas que por uma hora receberão autoridade como reis, junto com a besta. ¹³ Eles têm um único propósito, e darão seu poder e sua autoridade à besta. ¹⁴ Guerrearão contra o Cordeiro, mas o Cordeiro os vencerá, pois é o Senhor dos senhores e o Rei dos reis; e vencerão com ele os seus chamados, escolhidos e fiéis".

¹⁵ Então o anjo me disse: "As águas que você viu, onde está sentada a prostituta, são povos, multidões, nações e línguas. ¹⁶ A besta e os dez chifres que você viu odiarão a prostituta. Eles a levarão à ruína e a deixarão nua, comerão a sua carne e a destruirão com fogo, ¹⁷ pois Deus colocou no coração deles o desejo de realizar o propósito que ele tem, levando-os a concordarem em dar à besta o poder que eles têm para reinar até que se cumpram as palavras de Deus. ¹⁸ A mulher que você viu é a grande cidade que reina sobre os reis da terra".

A Queda da Babilônia

18 Depois disso vi outro anjo que descia dos céus. Tinha grande autoridade, e a terra foi iluminada por seu esplendor. ² E ele bradou com voz poderosa:

"Caiu! Caiu a grande Babilônia!
Ela se tornou habitação
   de demônios
e antro de todo espírito imundoᵃ,
antro de toda ave impura
   e detestável,
³ pois todas as nações beberam
   do vinho da fúria
   da sua prostituição.
Os reis da terra
   se prostituíram com ela;
à custa do seu luxo excessivo
   os negociantes da terra
   se enriqueceram".

⁴ Então ouvi outra voz dos céus que dizia:

"Saiam dela, vocês, povo meu,
para que vocês não participem dos seus pecados,
para que as pragas
   que vão cair sobre ela
não os atinjam!
⁵ Pois os pecados da Babilônia
   acumularam-se até o céu,
e Deus se lembrou
   dos seus crimes.
⁶ Retribuam-lhe
   na mesma moeda;
paguem-lhe em dobro
   pelo que fez;
misturem para ela uma porção dupla
   no seu próprio cálice.
⁷ Façam-lhe sofrer tanto tormento
   e tanta aflição
como a glória e o luxo a que ela se entregou.
Em seu coração
   ela se vangloriava:
'Estou sentada como rainha;
   não sou viúva
e jamais terei tristeza'.

he once was, now is not, and yet will come.

⁹ "This calls for a mind with wisdom. The seven heads are seven hills on which the woman sits. ¹⁰ They are also seven kings. Five have fallen, one is, the other has not yet come; but when he does come, he must remain for a little while. ¹¹ The beast who once was, and now is not, is an eighth king. He belongs to the seven and is going to his destruction.

¹² "The ten horns you saw are ten kings who have not yet received a kingdom, but who for one hour will receive authority as kings along with the beast. ¹³ They have one purpose and will give their power and authority to the beast. ¹⁴ They will make war against the Lamb, but the Lamb will overcome them because he is Lord of lords and King of kings—and with him will be his called, chosen and faithful followers."

¹⁵ Then the angel said to me, "The waters you saw, where the prostitute sits, are peoples, multitudes, nations and languages. ¹⁶ The beast and the ten horns you saw will hate the prostitute. They will bring her to ruin and leave her naked; they will eat her flesh and burn her with fire. ¹⁷ For God has put it into their hearts to accomplish his purpose by agreeing to give the beast their power to rule, until God's words are fulfilled. ¹⁸ The woman you saw is the great city that rules over the kings of the earth."

18 After this I saw another angel coming down from heaven. He had great authority, and the earth was illuminated by his splendor. ² With a mighty voice he shouted:

"Fallen! Fallen is Babylon the Great!
She has become a home for demons
and a haunt for every evilᵃ spirit,
   a haunt for every unclean and detestable bird.
³ For all the nations have drunk
   the maddening wine of her adulteries.
The kings of the earth committed adultery
     with her,
and the merchants of the earth grew rich from
     her excessive luxuries."

⁴ Then I heard another voice from heaven say:

"Come out of her, my people,
   so that you will not share in her sins,
   so that you will not receive any of her plagues;
⁵ for her sins are piled up to heaven,
   and God has remembered her crimes.
⁶ Give back to her as she has given;
   pay her back double for what she has done.
Mix her a double portion from her own cup.
⁷ Give her as much torture and grief
   as the glory and luxury she gave herself.
In her heart she boasts,
   'I sit as queen; I am not a widow,
and I will never mourn.'

ᵃ18.2 Ou *maligno*   ᵃ18:2 Greek *unclean*

8 Por isso num só dia
    as suas pragas a alcançarão:
morte, tristeza e fome;
    e o fogo a consumirá,
pois poderoso é o Senhor Deus que a julga.

9 "Quando os reis da terra, que se prostituíram com ela e participaram do seu luxo, virem a fumaça do seu incêndio, chorarão e se lamentarão por ela. **10** Amedrontados por causa do tormento dela, ficarão de longe e gritarão:

" 'Ai! A grande cidade!
    Babilônia, cidade poderosa!
Em apenas uma hora
    chegou a sua condenação!'

11 "Os negociantes da terra chorarão e se lamentarão por causa dela, porque ninguém mais compra a sua mercadoria: **12** artigos como ouro, prata, pedras preciosas e pérolas; linho fino, púrpura, seda e tecido vermelho; todo tipo de madeira de cedro e peças de marfim, madeira preciosa, bronze, ferro e mármore; **13** canela e outras especiarias, incenso, mirra e perfumes; vinho e azeite de oliva, farinha fina e trigo; bois e ovelhas, cavalos e carruagens, e corpos e almas de seres humanosᵃ.

14 "Eles dirão: 'Foram-se as frutas que tanto lhe apeteciam! Todas as suas riquezas e todo o seu esplendor se desvaneceram; nunca mais serão recuperados'. **15** Os negociantes dessas coisas, que enriqueceram à custa dela, ficarão de longe, amedrontados com o tormento dela, e chorarão e se lamentarão, **16** gritando:

" 'Ai! A grande cidade,
    vestida de linho fino,
de roupas de púrpura
    e vestes vermelhas,
adornada de ouro,
    pedras preciosas e pérolas!
17 Em apenas uma hora,
    tamanha riqueza
    foi arruinada!'

"Todos os pilotos, todos os passageiros e marinheiros dos navios e todos os que ganham a vida no mar ficarão de longe. **18** Ao verem a fumaça do incêndio dela, exclamarão: 'Que outra cidade jamais se igualou a esta grande cidade?' **19** Lançarão pó sobre a cabeça e, lamentando-se e chorando, gritarão:

" 'Ai! A grande cidade!
Graças à sua riqueza,
    nela prosperaram
    todos os que tinham
    navios no mar!
Em apenas uma hora
    ela ficou em ruínas!
20 Celebrem o que se deu com ela, ó céus!
Celebrem, ó santos, apóstolos
    e profetas!
Deus a julgou, retribuindo-lhe
    o que ela fez a vocês ' ".

21 Então um anjo poderoso levantou uma pedra do tamanho de uma grande pedra de moinho, lançou-a ao mar e disse:

"Com igual violência
    será lançada por terra
    a grande cidade
    de Babilônia,
para nunca mais
    ser encontrada.
22 Nunca mais se ouvirá em seu meio
    o som dos harpistas, dos músicos,
dos flautistas e dos tocadores
    de trombeta.

ᵃ**18.13** Ou *corpos, e até almas humanas*

8 Therefore in one day her plagues will
    overtake her:
death, mourning and famine.
She will be consumed by fire,
    for mighty is the Lord God who judges her.

9 "When the kings of the earth who committed adultery with her and shared her luxury see the smoke of her burning, they will weep and mourn over her. **10** Terrified at her torment, they will stand far off and cry:

" 'Woe! Woe, O great city,
    O Babylon, city of power!
In one hour your doom has come!'

11 "The merchants of the earth will weep and mourn over her because no one buys their cargoes any more— **12** cargoes of gold, silver, precious stones and pearls; fine linen, purple, silk and scarlet cloth; every sort of citron wood, and articles of every kind made of ivory, costly wood, bronze, iron and marble; **13** cargoes of cinnamon and spice, of incense, myrrh and frankincense, of wine and olive oil, of fine flour and wheat; cattle and sheep; horses and carriages; and bodies and souls of men.

14 "They will say, 'The fruit you longed for is gone from you. All your riches and splendor have vanished, never to be recovered.' **15** The merchants who sold these things and gained their wealth from her will stand far off, terrified at her torment. They will weep and mourn **16** and cry out:

" 'Woe! Woe, O great city,
    dressed in fine linen, purple and scarlet,
    and glittering with gold, precious stones
    and pearls!
17 In one hour such great wealth has been
    brought to ruin!'

"Every sea captain, and all who travel by ship, the sailors, and all who earn their living from the sea, will stand far off. **18** When they see the smoke of her burning, they will exclaim, 'Was there ever a city like this great city?' **19** They will throw dust on their heads, and with weeping and mourning cry out:

" 'Woe! Woe, O great city,
    where all who had ships on the sea
became rich through her wealth!
In one hour she has been brought to ruin!
20 Rejoice over her, O heaven!
    Rejoice, saints and apostles and prophets!
God has judged her for the way she treated
    you.' "

21 Then a mighty angel picked up a boulder the size of a large millstone and threw it into the sea, and said:

"With such violence
    the great city of Babylon will be thrown down,
    never to be found again.
22 The music of harpists and musicians, flute
    players and trumpeters,
    will never be heard in you again.

Nunca mais se achará dentro de seus muros
   artífice algum, de qualquer profissão.
Nunca mais se ouvirá em seu meio
   o ruído das pedras de moinho.
23 Nunca mais brilhará dentro de seus muros
   a luz da candeia.
Nunca mais se ouvirá ali
   a voz do noivo e da noiva.
Seus mercadores eram
   os grandes do mundo.
Todas as nações
   foram seduzidas
   por suas feitiçarias.
24 Nela foi encontrado sangue
   de profetas e de santos,
   e de todos os que foram assassinados
   na terra".

Aleluia!

19 Depois disso ouvi nos céus algo semelhante à voz de uma grande multidão, que exclamava:

"Aleluia!
A salvação, a glória e o poder
   pertencem ao nosso Deus,
2 pois verdadeiros e justos
   são os seus juízos.
Ele condenou
   a grande prostituta
   que corrompia a terra
   com a sua prostituição.
Ele cobrou dela o sangue
   dos seus servos".

3 E mais uma vez a multidão exclamou:

"Aleluia!
A fumaça que dela vem,
   sobe para todo o sempre".

4 Os vinte e quatro anciãos e os quatro seres viventes prostraram-se e adoraram a Deus, que estava assentado no trono, e exclamaram:

"Amém, Aleluia!"

5 Então veio do trono uma voz, conclamando:

"Louvem o nosso Deus,
   todos vocês, seus servos,
vocês que o temem,
   tanto pequenos como grandes!"

6 Então ouvi algo semelhante ao som de uma grande multidão, como o estrondo de muitas águas e fortes trovões, que bradava:

"Aleluia!,
   pois reina
   o Senhor, o nosso Deus,
   o Todo-poderoso.
7 Regozijemo-nos! Vamos
      alegrar-nos
   e dar-lhe glória!
Pois chegou a hora
   do casamento do Cordeiro,
   e a sua noiva já se aprontou.
8 Para vestir-se, foi-lhe dado
   linho fino, brilhante e puro".

O linho fino são os atos justos dos santos.

9 E o anjo me disse: "Escreva: Felizes os convidados para o banquete do casamento do Cordeiro!" E acrescentou: "Estas são as palavras verdadeiras de Deus".

10 Então caí aos seus pés para adorá-lo, mas ele me disse: "Não faça isso! Sou servo como você e como os seus irmãos

No workman of any trade
   will ever be found in you again.
The sound of a millstone
   will never be heard in you again.
23 The light of a lamp will never shine in you again.
The voice of bridegroom and bride
   will never be heard in you again.
Your merchants were the world's great men.
   By your magic spell all the nations were
      led astray.
24 In her was found the blood of prophets and of
      the saints,
   and of all who have been killed on the earth."

Hallelujah!

19 After this I heard what sounded like the roar of a great multitude in heaven shouting:

"Hallelujah!
Salvation and glory and power belong to our God,
2 for true and just are his judgments.
He has condemned the great prostitute
   who corrupted the earth by her adulteries.
He has avenged on her the blood of his servants."

3 And again they shouted:

"Hallelujah!
The smoke from her goes up for ever and ever."

4 The twenty-four elders and the four living creatures fell down and worshiped God, who was seated on the throne. And they cried:

"Amen, Hallelujah!"

5 Then a voice came from the throne, saying:

"Praise our God,
   all you his servants,
you who fear him,
   both small and great!"

6 Then I heard what sounded like a great multitude, like the roar of rushing waters and like loud peals of thunder, shouting:

"Hallelujah!
   For our Lord God Almighty reigns.
7 Let us rejoice and be glad
   and give him glory!
For the wedding of the Lamb has come,
   and his bride has made herself ready.
8 Fine linen, bright and clean,
   was given her to wear."

(Fine linen stands for the righteous acts of the saints.)

9 Then the angel said to me, "Write: 'Blessed are those who are invited to the wedding supper of the Lamb!' " And he added, "These are the true words of God."

10 At this I fell at his feet to worship him. But he said to me, "Do not do it! I am a fellow servant with you and with your

que se mantêm fiéis ao testemunho[a] de Jesus. Adore a Deus! O testemunho de Jesus é o espírito de profecia".

O Cavaleiro no Cavalo Branco

11 Vi os céus abertos e diante de mim um cavalo branco, cujo cavaleiro se chama Fiel e Verdadeiro. Ele julga e guerreia com justiça. **12** Seus olhos são como chamas de fogo, e em sua cabeça há muitas coroas[b] e um nome que só ele conhece, e ninguém mais. **13** Está vestido com um manto tingido de sangue, e o seu nome é Palavra de Deus. **14** Os exércitos dos céus o seguiam, vestidos de linho fino, branco e puro, e montados em cavalos brancos. **15** De sua boca sai uma espada afiada, com a qual ferirá as nações. "Ele as governará com cetro de ferro."[c] Ele pisa o lagar do vinho do furor da ira do Deus todo-poderoso. **16** Em seu manto e em sua coxa está escrito este nome:

REI DOS REIS
E SENHOR DOS SENHORES.

17 Vi um anjo que estava em pé no sol e que clamava em alta voz a todas as aves que voavam pelo meio do céu: "Venham, reúnam-se para o grande banquete de Deus, **18** para comerem carne de reis, generais e poderosos, carne de cavalos e seus cavaleiros, carne de todos — livres e escravos, pequenos e grandes". **19** Então vi a besta, os reis da terra e os seus exércitos reunidos para guerrearem contra aquele que está montado no cavalo e contra o seu exército. **20** Mas a besta foi presa, e com ela o falso profeta que havia realizado os sinais miraculosos em nome dela, com os quais ele havia enganado os que receberam a marca da besta e adoraram a imagem dela. Os dois foram lançados vivos no lago de fogo que arde com enxofre. **21** Os demais foram mortos com a espada que saía da boca daquele que está montado no cavalo. E todas as aves se fartaram com a carne deles.

Os Mil Anos

20 Vi descer dos céus um anjo que trazia na mão a chave do Abismo e uma grande corrente. **2** Ele prendeu o dragão, a antiga serpente, que é o Diabo, Satanás, e o acorrentou por mil anos; **3** lançou-o no Abismo, fechou-o e pôs um selo sobre ele, para assim impedi-lo de enganar as nações, até que terminassem os mil anos. Depois disso, é necessário que ele seja solto por um pouco de tempo.

4 Vi tronos em que se assentaram aqueles a quem havia sido dada autoridade para julgar. Vi as almas dos que foram decapitados por causa do testemunho de Jesus e da palavra de Deus. Eles não tinham adorado a besta nem a sua imagem, e não tinham recebido a sua marca na testa nem nas mãos. Eles ressuscitaram e reinaram com Cristo durante mil anos. **5** (O restante dos mortos não voltou a viver até se completarem os mil anos.) Esta é a primeira ressurreição. **6** Felizes e santos os que participam da primeira ressurreição! A segunda morte não tem poder sobre eles; serão sacerdotes de Deus e de Cristo, e reinarão com ele durante mil anos.

A Destruição de Satanás

7 Quando terminarem os mil anos, Satanás será solto da sua prisão **8** e sairá para enganar as nações que estão nos quatro cantos da terra, Gogue e Magogue, a fim de reuni-las para a batalha. Seu número é como a areia do mar. **9** As nações marcharam por toda a superfície da terra e cercaram o acampamento dos santos, a cidade amada; mas um fogo desceu do céu e as devorou. **10** O Diabo, que as enganava, foi lançado no lago de fogo que arde com enxofre, onde já haviam sido lançados a besta e o falso profeta. Eles serão atormentados dia e noite, para todo o sempre.

Os Mortos São Julgados

11 Depois vi um grande trono branco e aquele que nele esta-

---

brothers who hold to the testimony of Jesus. Worship God! For the testimony of Jesus is the spirit of prophecy."

The Rider on the White Horse

11 I saw heaven standing open and there before me was a white horse, whose rider is called Faithful and True. With justice he judges and makes war. **12** His eyes are like blazing fire, and on his head are many crowns. He has a name written on him that no one knows but he himself. **13** He is dressed in a robe dipped in blood, and his name is the Word of God. **14** The armies of heaven were following him, riding on white horses and dressed in fine linen, white and clean. **15** Out of his mouth comes a sharp sword with which to strike down the nations. "He will rule them with an iron scepter."[a] He treads the winepress of the fury of the wrath of God Almighty. **16** On his robe and on his thigh he has this name written:

KING OF KINGS AND LORD OF LORDS.

17 And I saw an angel standing in the sun, who cried in a loud voice to all the birds flying in midair, "Come, gather together for the great supper of God, **18** so that you may eat the flesh of kings, generals, and mighty men, of horses and their riders, and the flesh of all people, free and slave, small and great."

19 Then I saw the beast and the kings of the earth and their armies gathered together to make war against the rider on the horse and his army. **20** But the beast was captured, and with him the false prophet who had performed the miraculous signs on his behalf. With these signs he had deluded those who had received the mark of the beast and worshiped his image. The two of them were thrown alive into the fiery lake of burning sulfur. **21** The rest of them were killed with the sword that came out of the mouth of the rider on the horse, and all the birds gorged themselves on their flesh.

The Thousand Years

20 And I saw an angel coming down out of heaven, having the key to the Abyss and holding in his hand a great chain. **2** He seized the dragon, that ancient serpent, who is the devil, or Satan, and bound him for a thousand years. **3** He threw him into the Abyss, and locked and sealed it over him, to keep him from deceiving the nations anymore until the thousand years were ended. After that, he must be set free for a short time.

4 I saw thrones on which were seated those who had been given authority to judge. And I saw the souls of those who had been beheaded because of their testimony for Jesus and because of the word of God. They had not worshiped the beast or his image and had not received his mark on their foreheads or their hands. They came to life and reigned with Christ a thousand years. **5** (The rest of the dead did not come to life until the thousand years were ended.) This is the first resurrection. **6** Blessed and holy are those who have part in the first resurrection. The second death has no power over them, but they will be priests of God and of Christ and will reign with him for a thousand years.

Satan's Doom

7 When the thousand years are over, Satan will be released from his prison **8** and will go out to deceive the nations in the four corners of the earth—Gog and Magog—to gather them for battle. In number they are like the sand on the seashore. **9** They marched across the breadth of the earth and surrounded the camp of God's people, the city he loves. But fire came down from heaven and devoured them. **10** And the devil, who deceived them, was thrown into the lake of burning sulfur, where the beast and the false prophet had been thrown. They will be tormented day and night for ever and ever.

The Dead Are Judged

11 Then I saw a great white throne and him who was seated on it.

---

[a]**19.10** Ou *que mantêm o testemunho* [b]**19.12** Grego: *diademas.* [c]**19.15** Sl 2.9

[a]**19:15** Psalm 2:9

va assentado. A terra e o céu fugiram da sua presença, e não se encontrou lugar para eles. **12** Vi também os mortos, grandes e pequenos, em pé diante do trono, e livros foram abertos. Outro livro foi aberto, o livro da vida. Os mortos foram julgados de acordo com o que tinham feito, segundo o que estava registrado nos livros. **13** O mar entregou os mortos que nele havia, e a morte e o Hades[a] entregaram os mortos que neles havia; e cada um foi julgado de acordo com o que tinha feito. **14** Então a morte e o Hades foram lançados no lago de fogo. O lago de fogo é a segunda morte. **15** Aqueles cujos nomes não foram encontrados no livro da vida foram lançados no lago de fogo.

A Nova Jerusalém

21 Então vi novos céus e nova terra, pois o primeiro céu e a primeira terra tinham passado; e o mar já não existia. **2** Vi a Cidade Santa, a nova Jerusalém, que descia dos céus, da parte de Deus, preparada como uma noiva adornada para o seu marido. **3** Ouvi uma forte voz que vinha do trono e dizia: "Agora o tabernáculo de Deus está com os homens, com os quais ele viverá. Eles serão os seus povos[b]; o próprio Deus estará com eles e será o seu Deus. **4** Ele enxugará dos seus olhos toda lágrima. Não haverá mais morte, nem tristeza, nem choro, nem dor, pois a antiga ordem já passou".

5 Aquele que estava assentado no trono disse: "Estou fazendo novas todas as coisas!" E acrescentou: "Escreva isto, pois estas palavras são verdadeiras e dignas de confiança".

6 Disse-me ainda: "Está feito. Eu sou o Alfa e o Ômega, o Princípio e o Fim. A quem tiver sede, darei de beber gratuitamente da fonte da água da vida. **7** O vencedor herdará tudo isto, e eu serei seu Deus e ele será meu filho. **8** Mas os covardes, os incrédulos, os depravados, os assassinos, os que cometem imoralidade sexual, os que praticam feitiçaria, os idólatras e todos os mentirosos — o lugar deles será no lago de fogo que arde com enxofre. Esta é a segunda morte".

9 Um dos sete anjos que tinham as sete taças cheias das últimas sete pragas aproximou-se e me disse: "Venha, eu lhe mostrarei a noiva, a esposa do Cordeiro". **10** Ele me levou no Espírito a um grande e alto monte e mostrou-me a Cidade Santa, Jerusalém, que descia dos céus, da parte de Deus. **11** Ela resplandecia com a glória de Deus, e o seu brilho era como o de uma jóia muito preciosa, como jaspe, clara como cristal. **12** Tinha um grande e alto muro com doze portas e doze anjos junto às portas. Nas portas estavam escritos os nomes das doze tribos de Israel. **13** Havia três portas ao oriente, três ao norte, três ao sul e três ao ocidente. **14** O muro da cidade tinha doze fundamentos, e neles estavam os nomes dos doze apóstolos do Cordeiro.

15 O anjo que falava comigo tinha como medida uma vara feita de ouro, para medir a cidade, suas portas e seus muros. **16** A cidade era quadrangular, de comprimento e largura iguais. Ele mediu a cidade com a vara; tinha dois mil e duzentos quilômetros[c] de comprimento; a largura e a altura eram iguais ao comprimento. **17** Ele mediu o muro, e deu sessenta e cinco metros de espessura[d], segundo a medida humana que o anjo estava usando. **18** O muro era feito de jaspe e a cidade era de ouro puro, semelhante ao vidro puro. **19** Os fundamentos dos muros da cidade eram ornamentados com toda sorte de pedras preciosas. O primeiro fundamento era ornamentado com jaspe; o segundo com safira; o terceiro com calcedônia; o quarto com esmeralda; **20** o quinto com sardônio; o sexto com sárdio; o sétimo com crisólito; o oitavo com berilo; o nono com topázio; o décimo com crisópraso; o décimo primeiro com jacinto; e o décimo segundo com ametista.[e] **21** As doze portas eram doze pérolas, cada porta feita de uma única pérola. A rua principal da cidade era de ouro puro, como vidro transparente.

Earth and sky fled from his presence, and there was no place for them. **12** And I saw the dead, great and small, standing before the throne, and books were opened. Another book was opened, which is the book of life. The dead were judged according to what they had done as recorded in the books. **13** The sea gave up the dead that were in it, and death and Hades gave up the dead that were in them, and each person was judged according to what he had done. **14** Then death and Hades were thrown into the lake of fire. The lake of fire is the second death. **15** If anyone's name was not found written in the book of life, he was thrown into the lake of fire.

The New Jerusalem

21 Then I saw a new heaven and a new earth, for the first heaven and the first earth had passed away, and there was no longer any sea. **2** I saw the Holy City, the new Jerusalem, coming down out of heaven from God, prepared as a bride beautifully dressed for her husband. **3** And I heard a loud voice from the throne saying, "Now the dwelling of God is with men, and he will live with them. They will be his people, and God himself will be with them and be their God. **4** He will wipe every tear from their eyes. There will be no more death or mourning or crying or pain, for the old order of things has passed away."

5 He who was seated on the throne said, "I am making everything new!" Then he said, "Write this down, for these words are trustworthy and true."

6 He said to me: "It is done. I am the Alpha and the Omega, the Beginning and the End. To him who is thirsty I will give to drink without cost from the spring of the water of life. **7** He who overcomes will inherit all this, and I will be his God and he will be my son. **8** But the cowardly, the unbelieving, the vile, the murderers, the sexually immoral, those who practice magic arts, the idolaters and all liars—their place will be in the fiery lake of burning sulfur. This is the second death."

9 One of the seven angels who had the seven bowls full of the seven last plagues came and said to me, "Come, I will show you the bride, the wife of the Lamb." **10** And he carried me away in the Spirit to a mountain great and high, and showed me the Holy City, Jerusalem, coming down out of heaven from God. **11** It shone with the glory of God, and its brilliance was like that of a very precious jewel, like a jasper, clear as crystal. **12** It had a great, high wall with twelve gates, and with twelve angels at the gates. On the gates were written the names of the twelve tribes of Israel. **13** There were three gates on the east, three on the north, three on the south and three on the west. **14** The wall of the city had twelve foundations, and on them were the names of the twelve apostles of the Lamb.

15 The angel who talked with me had a measuring rod of gold to measure the city, its gates and its walls. **16** The city was laid out like a square, as long as it was wide. He measured the city with the rod and found it to be 12,000 stadia[a] in length, and as wide and high as it is long. **17** He measured its wall and it was 144 cubits[b] thick,[c] by man's measurement, which the angel was using. **18** The wall was made of jasper, and the city of pure gold, as pure as glass. **19** The foundations of the city walls were decorated with every kind of precious stone. The first foundation was jasper, the second sapphire, the third chalcedony, the fourth emerald, **20** the fifth sardonyx, the sixth carnelian, the seventh chrysolite, the eighth beryl, the ninth topaz, the tenth chrysoprase, the eleventh jacinth, and the twelfth amethyst.[d] **21** The twelve gates were twelve pearls, each gate made of a single pearl. The great street of the city was of pure gold, like transparent glass.

---

[a]**20.13** Essa palavra pode ser traduzida por inferno, sepulcro, morte ou profundezas; também no versículo 14. [b]**21.3** Alguns manuscritos dizem *o seu povo*. [c]**21.16** Grego: *12.000 estádios*. Um estádio equivalia a 185 metros. [d]**21.17** Ou *metros de altura*. Grego: *144 côvados*. O côvado era uma medida linear de cerca de 45 centímetros. [e]**21.20** A identificação precisa de algumas destas pedras não é conhecida.

[a]**21:16** That is, about 1,400 miles (about 2,200 kilometers) [b]**21:17** That is, about 200 feet (about 65 meters) [c]**21:17** Or *high* [d]**21:20** The precise identification of some of these precious stones is uncertain.

22 Não vi templo algum na cidade, pois o Senhor Deus todo-poderoso e o Cordeiro são o seu templo. **23** A cidade não precisa de sol nem de lua para brilharem sobre ela, pois a glória de Deus a ilumina, e o Cordeiro é a sua candeia. **24** As nações andarão em sua luz, e os reis da terra lhe trarão a sua glória. **25** Suas portas jamais se fecharão de dia, pois ali não haverá noite. **26** A glória e a honra das nações lhe serão trazidas. **27** Nela jamais entrará algo impuro, nem ninguém que pratique o que é vergonhoso ou enganoso, mas unicamente aqueles cujos nomes estão escritos no livro da vida do Cordeiro.

O Rio da Vida

22 Então o anjo me mostrou o rio da água da vida que, claro como cristal, fluía do trono de Deus e do Cordeiro, **2** no meio da rua principal da cidade. De cada lado do rio estava a árvore da vida, que frutifica doze vezes por ano, uma por mês. As folhas da árvore servem para a cura das nações. **3** Já não haverá maldição nenhuma. O trono de Deus e do Cordeiro estará na cidade, e os seus servos o servirão. **4** Eles verão a sua face, e o seu nome estará em suas testas. **5** Não haverá mais noite. Eles não precisarão de luz de candeia, nem da luz do sol, pois o Senhor Deus os iluminará; e eles reinarão para todo o sempre.

6 O anjo me disse: "Estas palavras são dignas de confiança e verdadeiras. O Senhor, o Deus dos espíritos dos profetas, enviou o seu anjo para mostrar aos seus servos as coisas que em breve hão de acontecer[a].

Jesus Vem em Breve

7 "Eis que venho em breve! Feliz é aquele que guarda as palavras da profecia deste livro".

8 Eu, João, sou aquele que ouviu e viu estas coisas. Tendo-as ouvido e visto, caí aos pés do anjo que me mostrou tudo aquilo, para adorá-lo. **9** Mas ele me disse: "Não faça isso! Sou servo como você e seus irmãos, os profetas, e como os que guardam as palavras deste livro. Adore a Deus!"

10 Então me disse: "Não sele as palavras da profecia deste livro, pois o tempo está próximo. **11** Continue o injusto a praticar injustiça; continue o imundo na imundícia; continue o justo a praticar justiça; e continue o santo a santificar-se".

12 "Eis que venho em breve! A minha recompensa está comigo, e eu retribuirei a cada um de acordo com o que fez. **13** Eu sou o Alfa e o Ômega, o Primeiro e o Último, o Princípio e o Fim.

14 "Felizes os que lavam as suas vestes, e assim têm direito à árvore da vida e podem entrar na cidade pelas portas. **15** Fora ficam os cães, os que praticam feitiçaria, os que cometem imoralidades sexuais, os assassinos, os idólatras e todos os que amam e praticam a mentira.

16 "Eu, Jesus, enviei o meu anjo para dar a vocês este testemunho concernente às igrejas. Eu sou a Raiz e o Descendente de Davi, e a resplandecente Estrela da Manhã."

17 O Espírito e a noiva dizem: "Vem!" E todo aquele que ouvir diga: "Vem!" Quem tiver sede, venha; e quem quiser, beba de graça da água da vida.

18 Declaro a todos os que ouvem as palavras da profecia deste livro: Se alguém lhe acrescentar algo, Deus lhe acrescentará as pragas descritas neste livro. **19** Se alguém tirar alguma palavra deste livro de profecia, Deus tirará dele a sua parte na árvore da vida e na cidade santa, que são descritas neste livro.

20 Aquele que dá testemunho destas coisas diz: "Sim, venho em breve!"

Amém. Vem, Senhor Jesus!

21 A graça do Senhor Jesus seja com todos. Amém.

22 I did not see a temple in the city, because the Lord God Almighty and the Lamb are its temple. **23** The city does not need the sun or the moon to shine on it, for the glory of God gives it light, and the Lamb is its lamp. **24** The nations will walk by its light, and the kings of the earth will bring their splendor into it. **25** On no day will its gates ever be shut, for there will be no night there. **26** The glory and honor of the nations will be brought into it. **27** Nothing impure will ever enter it, nor will anyone who does what is shameful or deceitful, but only those whose names are written in the Lamb's book of life.

The River of Life

22 Then the angel showed me the river of the water of life, as clear as crystal, flowing from the throne of God and of the Lamb **2** down the middle of the great street of the city. On each side of the river stood the tree of life, bearing twelve crops of fruit, yielding its fruit every month. And the leaves of the tree are for the healing of the nations. **3** No longer will there be any curse. The throne of God and of the Lamb will be in the city, and his servants will serve him. **4** They will see his face, and his name will be on their foreheads. **5** There will be no more night. They will not need the light of a lamp or the light of the sun, for the Lord God will give them light. And they will reign for ever and ever. **6** The angel said to me, "These words are trustworthy and true. The Lord, the God of the spirits of the prophets, sent his angel to show his servants the things that must soon take place."

Jesus Is Coming

7 "Behold, I am coming soon! Blessed is he who keeps the words of the prophecy in this book."

8 I, John, am the one who heard and saw these things. And when I had heard and seen them, I fell down to worship at the feet of the angel who had been showing them to me. **9** But he said to me, "Do not do it! I am a fellow servant with you and with your brothers the prophets and of all who keep the words of this book. Worship God!"

10 Then he told me, "Do not seal up the words of the prophecy of this book, because the time is near. **11** Let him who does wrong continue to do wrong; let him who is vile continue to be vile; let him who does right continue to do right; and let him who is holy continue to be holy."

12 "Behold, I am coming soon! My reward is with me, and I will give to everyone according to what he has done. **13** I am the Alpha and the Omega, the First and the Last, the Beginning and the End.

14 "Blessed are those who wash their robes, that they may have the right to the tree of life and may go through the gates into the city. **15** Outside are the dogs, those who practice magic arts, the sexually immoral, the murderers, the idolaters and everyone who loves and practices falsehood.

16 "I, Jesus, have sent my angel to give you[a] this testimony for the churches. I am the Root and the Offspring of David, and the bright Morning Star."

17 The Spirit and the bride say, "Come!" And let him who hears say, "Come!" Whoever is thirsty, let him come; and whoever wishes, let him take the free gift of the water of life.

18 I warn everyone who hears the words of the prophecy of this book: If anyone adds anything to them, God will add to him the plagues described in this book. **19** And if anyone takes words away from this book of prophecy, God will take away from him his share in the tree of life and in the holy city, which are described in this book.

20 He who testifies to these things says, "Yes, I am coming soon." Amen. Come, Lord Jesus.

21 The grace of the Lord Jesus be with God's people. Amen.

---

[a] 22.6 Ou *que acontecerão rapidamente*

[a] 22:16 The Greek is plural.